The Routledge Dictionary of Pronunciation for Current English

The Routledge Dictionary of Pronunciation for Current English is the most up-to-date record of the pronunciation of British and American English. Based on research by a joint UK and US team of linguistics experts, this is a unique survey of how English is really spoken in the twenty-first century. This second edition has been fully revised to include:

- a full reappraisal of the pronunciation models for modern British and American English;
- 2,000 new entries, including new words from the last decade, encyclopedic terms and proper names;
- separate IPA transcriptions for British and American English for over 100,000 words;
- information on grammatical variants including plurals, comparative and superlative adjectives, and verb tenses.

The most comprehensive dictionary of its type available, *The Routledge Dictionary of Pronunciation for Current English* is the essential reference for those interested in English pronunciation.

Clive Upton is Emeritus Professor of Modern English Language at the University of Leeds, UK. He edits *English Today*, co-edited *A Handbook of Varieties of English*, and his Received Pronunciation transcription model has been used by Oxford English Dictionaries since 1993.

William A. Kretzschmar, Jr. is the Harry and Jane Willson Professor in Humanities at the University of Georgia, USA. He is Editor of the American Linguistic Atlas Project, and he has laid the foundations for analysis of language as a complex system.

The Routledge Dictionary of Pronunciation for Current English

Second Edition

Clive Upton and William A. Kretzschmar, Jr.

LONDON AND NEW YORK

Second edition published 2017
by Routledge
2 Park Square, Milton Park, Abingdon, Oxon OX14 4RN

and by Routledge
711 Third Avenue, New York, NY 10017

Routledge is an imprint of the Taylor & Francis Group, an informa business

© 2017 Clive Upton and William A. Kretzschmar, Jr.

The right of Clive Upton and William A. Kretzschmar, Jr. to be identified as authors of this work has been asserted by them in accordance with sections 77 and 78 of the Copyright, Designs and Patents Act 1988.

All rights reserved. No part of this book may be reprinted or reproduced or utilised in any form or by any electronic, mechanical, or other means, now known or hereafter invented, including photocopying and recording, or in any information storage or retrieval system, without permission in writing from the publishers.

Trademark notice: Product or corporate names may be trademarks or registered trademarks, and are used only for identification and explanation without intent to infringe.

First edition published by Oxford University Press 2001

British Library Cataloguing-in-Publication Data
A catalogue record for this book is available from the British Library

Library of Congress Cataloging-in-Publication Data
Names: Upton, Clive, 1946- | William A. Kretzschmar (Jr) compiler.
Title: The Routledge dictionary of pronunciation for current English / Clive Upton and William A. Kretzschmar, Jr.
Other titles: Oxford dictionary of pronunciation for current English | Dictionary of pronunciation for current English
Description: Second edition. | 2 Park Square, Milton Park, Abingdon Oxon ; New York, NY : Routledge, [2016] | Previously published by Oxford University Press entitled, "The Oxford dictionary of pronunciation for current English" in 2001.
Identifiers: LCCN 2016016609 | ISBN 9781138125667 (hardback) | ISBN 9781315459691 (ebook)
Subjects: LCSH: English language--Pronunciation--Dictionaries.
Classification: LCC PE1137 .U66 2016 | DDC 421/.52--dc23
LC record available at https://lccn.loc.gov/2016016609

ISBN: 978-1-138-12566-7 (hbk)
ISBN: 978-1-315-45969-1 (ebk)

Typeset in Times New Roman
by Integra Software Services Pvt. Ltd.

Printed and bound by CPI Group (UK) Ltd, Croydon, CR0 4YY

Contents

Preface vi
Use of the Dictionary viii
The Text Explained ix
Technical Discussion: Transcription Sets xii
Pronunciation Models xiv
Foreign Pronunciations xxiv
Abbreviations xxvii

Entries A–Z 1–1561

Preface

We are delighted to offer our models and transcriptions for the pronunciation of British and American English. This is our second opportunity to do so, following a period since 2001 which has seen the systems underlying our approach to describing the two models become established in, among other works, the third (online) edition of the *Oxford English Dictionary*. We have developed our British and American models, further refining them for this new edition of our dictionary, not as incremental improvements upon some prior practice but as the product of our long research experience as students of language variation in Britain and America. It is noteworthy that we, as specialists in accent and dialect, have been called upon to decide what pronunciations are held in common as national habits or norms by British and American speakers. We believe that our wide experience with variation gives us standing to create pronunciation models which avoid slavish imitation of the dictates of self-appointed arbiters of taste or style in language, in favour of patterns which reflect the actual speech of real people.

We have of course profited from the research and scholarship on English pronunciation of those who have come before us. We cannot but admire the achievements of Jones and Gimson in Britain, and of Kenyon and Artin in America. We must acknowledge our great debt to the speakers, field workers, and editors of the two great national surveys of speech in Britain and America, the Survey of English Dialects and the American Linguistic Atlas Project. And we must also offer our gratitude to our colleagues in lexicography, dialectology, sociolinguistics, and other branches of the study of the English language, whether cited in our front matter or not, without whose observations and insights we could not have assessed the facts of current English pronunciation and compiled our lists.

We would also like to make a few more individual acknowledgements. We particularly thank Eric Rochester for his invaluable technical assistance. Eric has maintained our base pronunciation files over the course of many years. He has always been prepared to generate pronunciations in the different electronic formats required, whether Unicode or XML, and to adjust our lists with new words and automated changes. We could not do what we do without Eric's help, and no acknowledgement can do justice to his many contributions to our work. We are also grateful to Rafal Konopka for all his efforts in the first version of our dictionary. He was instrumental in the initial computerization of our pronunciation archives, at a time decades ago when that work was even more difficult than it is now. Rafal also contributed materially to the development of the American pronunciation model in its relation to the British model, in particular through his experience as a learner of English. Clive Upton owes a great debt of gratitude to John Widdowson, and before him to Harold Orton and David Parry, who taught him to listen attentively and work independently; and to Lesley Upton, who herself listened and made all the right noises. William A.

Kretzschmar, Jr. would like to recognize the contributions of three people: Virginia McDavid, for her judgement and support over many years; Lee Pederson, whose unmatched knowledge of American pronunciation, and whose friendship, provided inspiration; and Claudia Kretzschmar, who not only endured and helped to brighten the extended work on transcriptions but contributed herself, on many occasions, to their quality.

Finally, we appeal to our readers, the living speakers of contemporary English, whether native or later acquired, to listen to the pronunciation of English around them and to revel in the endless variety of English voices and accents that they will hear. We have in this volume declared particular models of British and American pronunciation, and we do assert their essential value for native speakers and for learners alike. Yet we will join you our readers in the appreciation of the multitude of accents and voices which we have not included here, and assert as well their own great value for the subtlety and richness of our English language.

Use of the Dictionary

This dictionary presents the pronunciations of a large body of words in both British English (BR) and American English (AM) varieties. It is intended for use both by fluent English speakers and by learners of the language. It will offer guidance on the pronunciation of uncommon words to fluent speakers of English, and it will offer a comprehensive guide to the pronunciation of English to learners of the language.

No dictionary could present transcriptions for even a fraction of the variety of regional and social accents which characterize British and American English, much less those of postcolonial varieties. For that reason we have designed model accents, transcriptions of which may be generally accepted as embodying British and American English. Descriptions of the BR and AM models are given on pp. xiv–xxiii. For each of these varieties we offer a model which, if reproduced by the user faithfully in accordance with our transcriptions in the International Phonetic Alphabet (IPA), will enable them to be understood by native speakers of English in Britain or America without being categorized as belonging to any narrow class, age, or regional grouping.

The text of this dictionary has been designed so that users will not have to make a careful study of a set of complicated conventions. For example, British and American pronunciations are introduced by 'BR' and 'AM' rather than by symbols. Moreover, complete transcriptions rather than abbreviated transcriptions are given for alternative pronunciations. The dictionary does not employ the full range of symbols and diacritical marks available in the IPA, but rather asks users to recognize a relatively small number of special symbols.

The Text Explained

1. Headwords

Headwords are arranged in alphabetical order.

If a word can be spelled in two or more ways, the variants are given at their respective places in the alphabetical listing. Although spelling differences are sometimes associated with written British and American English, no indication is given in this dictionary as to which spelling may be most characteristic of which variety. Separate headwords are created for variant spellings, regardless of whether they occupy consecutive places in the alphabetical run or are separated by other headwords.

2. The basic entry

A most basic entry consists of a headword in bold type and identical transcriptions for BR and AM:

blameless
BR ˈbleɪmlɪs
AM ˈbleɪmlɪs

This indicates that the headword has the same pronunciations for both BR and AM, and that no derived forms need to be considered.

A simple development of this occurs when the BR and AM pronunciations differ in some way but there are still no derived forms:

blackness
BR ˈblaknəs
AM ˈblæknəs

3. Several pronunciations: use of comma

Where more than one pronunciation is shown for one variety (BR or AM), those pronunciations are separated by a comma or commas:

canard
BR kaˈnɑːd, ˈkɑnɑːd

aficionado
AM əˌfɪʃəˈnɑdoʊ, əˌfɪsjəˈnɑdoʊ

The ordering of variant pronunciations does not imply that one form is more desirable or 'correct' than another.

Commas are also used to separate transcriptions of inflectional endings: see 6 below.

4. Added elements in transcriptions: use of parentheses

Parentheses within a phonetic transcription have two functions:

(i) they enclose optional elements in a pronunciation, the presence or absence of which will not affect the acceptability of a pronunciation:

hunter
AM ˈhən(t)ər

(ii) in BR transcriptions they also enclose linking (orthographic) <r> or intrusive (non-orthographic) <r>. See p. xv. Linking r is shown in ordinary roman script; intrusive r is italicized:

dagger
BR ˈdagə(r)

delta
BR ˈdɛltə(*r*)

5. Creation of transcriptions for derived forms: use of vertical bar

A vertical bar (|) in a transcription denotes the place at which it should be broken in order that an inflectional ending (for example plural -s, verbal -ing) may be added (see 6 below).

6. Inflectional forms: use of comma, vertical bar, and reverse oblique stroke

The transcription of a first or an only inflectional ending is shown immediately after transcriptions of the headword form, separated from the headword transcription by a comma and preceded by a hyphen. Such endings are to be added either to the full headword-transcription form:

pail
peɪl, -z (gives plural [peɪlz])

or to that part of the headword-transcription form which precedes the vertical bar, should one be in place:

battery
BR ˈbat(ə)r|i, -ɪz (gives plural [ˈbat(ə)rɪz])

beat
AM bi|t, -ts, -dɪŋ (gives inflections [bits], [ˈbidɪŋ])

Endings which frequently occur in this position are:

> nominal plural and verbal -(e)s
> verbal -ing, -es, -ed
> comparative -er, and agent nominal -er(s)
> superlative -est

Transcriptions of different endings are separated from each other by commas. Alternative forms of the same ending, and plural -s additions to singular ending forms, are denoted by the use of the reverse oblique stroke (\):

> **spell**
> BR spɛl, -z, -ɪŋ, -d\-t
> AM spɛl, -z, -ɪŋ, -d

In order to keep the presentation of entries as plain as possible, the presence of endings is not signalled at the headword nor elsewhere in the alphabetical listing. A user who needs information on a word which is derived from a headword, and which does not itself have headword status, should look for it at the end of the entry for its base form.

7. The composite symbols [ɪ] and [ʊ] (see also pp. xvi and xxii)

[ɪ] and [ʊ], when they occur in unstressed or weakly stressed syllables, are regularly reduced to [ə] by many Received Pronunciation (RP) speakers. The reduced vowel [ə] is even more a feature of AM in certain contexts for [ɪ], though less so for [ʊ]. The IPA convention of using a bar to signify centralization of high vowels and retraction of front vowels is a convenient way of showing this. Whenever the barred symbols are used it is to be understood that both [ɪ] and [ə] for [ɪ], or [ʊ] and [ə] for [ʊ], are acceptable.

8. The + convention

Where a + is inserted in the second or subsequent transcriptions of an open compound, this signals that an element from the first transcription can be inserted unchanged in the place indicated.

> **balsa wood**
> BR ˈbɔːlsə wʊd,
> AM ˈbɒlsə + [=wʊd unchanged]

Technical Discussion: Transcription Sets

Transcriptions in the text are broadly phonetic. That is, the transcriptions represent actual pronunciations, often with variant forms at a headword, not abstract sound units which include and hide potential variation. For instance, both [ruːm ~ rum] and [rʊm] are possible pronunciations of *room*. We have not used all of the possible symbols and diacritical marks available in the IPA, in order not to place on the user a heavy burden of learning new symbols. A limited symbol set results in broad transcriptions, and may suggest de facto phonemicization to some readers, but our intention is always to indicate actual sounds to be produced.

No single set of vowel and consonant phonemes can represent all varieties; the following sets are appropriate to the BR and AM models used:

Vowels (BR):

	Front	Central	Back
High	iː		uː
	ɪ	ʊ	
	e		
Mid		ə	
	ɛ	ʌ	ɔː
Low	a		ɑː ɒ

Diphthongs: eɪ, ʌɪ, ɔɪ, aʊ, əʊ
Nasality (superscript diacritic): ~

Vowels (AM):

	Front	Central	Back
High	i		u
	ɪ	ʊ	
	e		o
Mid		ə	
	ɛ		ɔ
	æ		
Low		ɑ	

Diphthongs: eɪ, aɪ, ɔɪ, aʊ, oʊ

Consonants (BR and AM):

Stops: p, b, t, d, k, g
Click: ɬ
Fricatives: f, v, θ, ð, s, z, ʃ, ʒ, x, h
Lateral fricative: ɬ (=BR/Welsh <ll>)
Affricates: tʃ, dʒ
Nasals: m, n, ŋ
Liquids: l (=[ʎ]), r
Semivowels: j, w

Syllabic consonants: m̩, n̩, l̩ (the subscript syllabic diacritic is only used in situations where ambiguity might otherwise occur)

Pronunciation Models

The British English (BR) pronunciation model

An obvious model for British English pronunciation is that which is usually termed Received Pronunciation (normally abbreviated to RP), this being 'an accent that will not be the object of comment as regards elevated upbringing or social pretension' and that 'is not associated with any one geographical region in England' (Upton 2008: 239). It may also be thought of as 'a standard of pronunciation which is generally considered correct and is also used as a model for the teaching of English to foreigners' (Upton et al. 2015: 4). A model labelled 'RP' has long been the norm in British-English pronouncing and general dictionaries and in language-teaching classrooms. In this regard transcribers of BR, with access to a generally agreed model for description, may be considered to be more fortunate than transcribers of AM, for which no nationwide model can readily be identified (p. xvii).

However, problems for the transcriber of BR begin rather than end with the choice of RP as the model. It is not possible to justify the choice for British English pronunciation simply by claiming that one has selected RP: there are variations between the pronunciations of individuals who can legitimately lay claim to an RP accent. (See for example discussions by Wells 1982: 279–97, Upton 2012: 60–5, and Cruttenden 2014: 78–85 in this regard.)

Within a range of RP accents two essential trends, which have been termed 'U-RP' and 'mainstream RP' (by Wells 1982) or 'marked' and 'unmarked' (by Honey 1989), are to be distinguished. The one variety ('U' or 'marked') is an accent which, when heard by most native speakers of BR, leads to the user being judged old-fashioned, affected, or pretentious. The other ('mainstream' or 'unmarked') is an accent which, for native speakers, carries connotations of education and sophistication but no especially narrow regional overtones and no serious negative social judgements. With obvious variations between individual speakers, it is the accent we hear used by many national radio and television *newsreaders* and by very many middle-aged and younger professional people. It might very loosely be labelled 'broadcast RP' if yet another label were desirable: it is reasonable to maintain, however, that since it is 'mainstream' and 'unmarked' it can legitimately lay claim to the RP label without qualification. This variety of the accent contrasts strongly with the 'U' or 'marked' accent of the previous generation of media newsreaders and of conservative (often older) RP speakers generally. And it should also not be supposed that, whether on the British Broadcasting Corporation or other British-based stations, the *majority* of accents heard can be expected to conform to the model used here: it is for this reason that such labels as 'BBC pronunciation' (Roach et al., in Jones 2011) are avoided here.

In spite of the acknowledged existence of broadly based and more restricted RP varieties, it is the latter which has tended to characterize many descriptions of RP. Rather than being regarded as referring to a universal standard to which a large number of speakers around the country can claim at least partial access, the RP label has undeniably come to be associated restrictively with a small group of older middle- and upper-class speakers possessing close links with the southeast of England.

To correct a situation where the BR model is regarded as the possession of a small minority restricted in terms of age, class, and region, a younger, unmarked RP provides the model in this dictionary. The intention is to describe for the user that accent which will be most widely acceptable, as well as most intelligible, to native BR speakers, and to which the speech of very many of them will in turn approximate closely. The model is an accent which is not regionally centred or redolent of class. Unlike the model still very frequently described, speech conforming to this new model can be heard spoken by a wide range of natives of many parts of (especially, though not exclusively) England, with a wide variety of professional backgrounds (though generally with a higher than average level of education). Note that the linking of accent to the concept of social class is avoided here. 'Class', when considered from a linguistic point of view, has rightly been described as 'a proxy variable covering distinctions in lifestyle, attitude and belief, as well as differential access to wealth, power and prestige' (Milroy 1987: 101). Assigning social class according to accent is an increasingly unreliable procedure in Britain.

Implicit in the British English model presented here, then, is the view that a larger group of people can lay claim to having an RP accent than has often been acknowledged. Each word transcribed has been considered with this in mind, and each transcription describes a pronunciation which would be judged to be unexceptionable by native speakers of British English generally. As a result of this policy, certain regularly occurring pronunciation features which have sometimes been ignored or marked prescriptively are allowed where they are now judged to be established features of RP. Notable examples of such features are [-tʃ-] in place of [-tj-] and [-dʒ-] in place of [-dj-] in such words as *destitute* and *reduce*: since it is considered that these are very frequent in RP, both [tʃ] and [tj], [dʒ] and [dj] transcriptions are given.

Another very significant feature judged worthy of inclusion in the model is that of 'intrusive' <r>. Intrusive <r> is a 'linking' <r> which is unhistorical and which is therefore not supported by orthography. For example, *law* in the phrase *law and order* is in BR frequently [lɔːr] (i.e. [ˌlɔːr ənd ˈɔːdə]). Long condemned by teachers of pronunciation, this is nevertheless a firmly established feature of today's mainstream RP: it is indicated in transcriptions by means of a convention similar to that for linking <r>, that is by parentheses, so that *law* is transcribed [lɔː(*r*)], but with [r] italicized. Wells (1982: 284–285) tellingly makes the point that avoidance of intrusive <r> is a feature of 'speech-conscious adoptive-RP', that is the RP of those who, not being native RP-speakers, self-consciously attempt the accent and in consequence produce a mannered and somewhat artificial variety.

The range of pronunciations 'allowable' in the description of RP presented in this dictionary is therefore somewhat greater than that in the transcriptions of more prescriptive pronouncing and general dictionaries, the criterion for inclusion being what is heard to be used by educated, non-regionally-marked speakers rather than what is 'allowed' by a preconceived model. In addition to requiring the inclusion of some hitherto rejected variants, this policy of recording a modern model has necessitated changes being made to earlier RP transcription conventions. The principal regular points of departure from much traditional RP transcription practice are discussed below.

[a] is the vowel sound in *had*, *hand*, the BR vowel having in recent years come to be articulated in a more open position than the [æ] commonly (though not universally) used by

phoneticians for the RP phoneme. The use of the more open vowel is an RP change which, it has been has pointed out (Wells 1982: 291–2), is carrying BR further away from AM (where [æ] is generally found). And it is very significant that Cruttenden (2014: 119–21) now employs [a] here in what must be regarded as a seminal work on English pronunciation.

Although [ɑː] is more usually thought of as the RP sound representing <a> before a voiceless fricative [s], [f], and [θ] (*brass, staff, bath*), and before a nasal [n] and [m] + consonant (*dance, sample*), [a] is also readily to be heard. Possession of this variant is often the one significant factor distinguishing a north-British RP speaker from her or his south-British counterpart, and RP is not to be considered as exclusively a southern phenomenon. This fact is discussed elsewhere (see Upton 2008: 244 and Upton 2012: 64), but in order not to overburden the text with variation here this feature is not represented. However, [ɑː]~[a] variation in this context should not be overlooked as being likely to be heard, and [a] considered as a possibility for use.

The more open /a/ ([a] rather than [æ]) can be seen to be related to our transcribing RP /e/ as [ɛ], reflecting the lowering of this RP sound also. Gimson (1989: 106) argues that /e/ once tended to be the close variety, [e], this maintaining a marked qualitative distinction between the /a/ and /e/ phonemes at a time when /a/ was [æ]. As /a/ has become lowered from the higher [æ] to the lower [a], so /e/ as [ɛ], long an acknowledged variant, has come to be the norm.

[ʌɪ] is the diphthong of *nice, try*. The onset for the unmarked BR diphthong is judged to be now characteristically in the area of the vowel of *but* (half-open, back centralized), rather than the extreme low front position [a]. The notation [ʌɪ] was first used for RP by MacCarthy (1978).

[ɛː] is the vowel sound of *square, hair*. The mainstream sound is normally monophthongal, although it is sometimes attended by an off-glide, giving [ɛːə], particularly in a stressed final syllable. A full diphthong [ɛə] (or [eə]) in this position should now be taken to be especially a feature of a marked variety of RP. The diphthong is even more rarely heard in a compound such as *hairpiece* than it is in the simplex *hair*. Cruttenden (2014: 118–19) adopts this feature.

Final [-i] is the vowel of <-y> in *happy*. This symbol, as used in this dictionary, is intended to imply both greater tension that the [ɪ] commonly used for BR in this position and also greater length. It should be noted that the shorter, less tense [ɪ] occurs in BR when, for example, the suffix *-ness* is added, and this is signalled in the transcriptions, thus:

lazy
BR ˈleɪz|i, -ɪnɪs

In addition to these transcriptions of recent developments in RP, the two composite symbols, [ɨ] and [ʉ], are used to represent [ɪ] or [ə] and [ʊ] or ə] respectively (see p. xi and the discussion of vowel reduction, p. xxii). The following are some of the major situations in which the composite symbols are used to show the possible RP choices:

-*ity* [-ɨti] as in *falsity, responsibility*
-*ily* [-ɨli] as in *happily*

-ible [-ɪbl] as in *responsible*
-ibly [-ɪbli] as in *terribly*
-ical [-ɪkl] as in *theatrical*
-ace [-ɪs] as in *pinnace, palace*
-is [-ɪs] as in *appendicitis*
-ist [-ɪst] as in *pianist*
-ful [-fʊl] as in *beautiful*
-ed [-ɪd] as in *noted*
-es [-ɪz] as in *rises, houses*

It should be noted that in the transcriptions the endings *-ed* and *-es* are for convenience regularly transcribed as [-ɪd] and [-ɪz] when they occur as derived forms under a base headword. However, although AM pronunciations are normally [-əd] and [-əz], BR pronunciations are more normally [-ɪd] and [-ɪz]. BR usage is due at least in part to the fact that pronunciations with [ə] can in certain contexts create confusing homophones in BR in such pairs as *halted* and *haltered*, *poses* and *posers* (whereas rhoticity prevents homophones being created in such pairs in AM, the <r> being pronounced in the second of each pair in that accent).

Finally, a significant feature of everyday BR pronunciation is for [l] and [n] to act as syllabic nuclei, rather than for the nucleus of a syllable to fall on a preceding unstressed vowel: this syllabic-consonant feature is widely represented in the transcriptions, either as the sole form of pronunciation or, where appropriate, alongside other variants. For example, *institution* is transcribed [ˌɪnstɪˈtjuːʃn̩] (and [ˌɪnstɪˈtʃuːʃn̩]): the implication here is that the final syllable will most usually be [ʃn̩], although the possibility remains of [ʃən] being heard instead. Although they are not always shown, syllabic diacritics are inserted in situations of some complexity, to avoid ambiguity. Thus *nationalise* (AM spelling *nationalize*) has a BR transcription [ˈnaʃn̩lʌɪz], giving options for pronunciation precisely as this but also the less likely form [ˈnaʃənəlʌɪz]. The simple rule here is that when a syllabic consonant is encountered a [ə] might upon occasion be heard inserted.

The American English (AM) pronunciation model

English in the United States has no obvious standard spoken model (that is, no identifiable variety widely spoken by well-educated residents), nothing that parallels RP. Use of the term 'General American' is thus always a mistake. Education is the prime consideration in the formation of American standards, and different spoken standards have historically existed in different regions of the country. Regional varieties of pronunciation show no sign of giving way before the mobility of the population and the omnipresence of national broadcast media. Many educated speakers from New England and from the Coastal South have accents readily identified by speakers from other parts of the country, yet speakers from the Midwest also have their regional pronunciation habits even if these are not often recognized by the public (what Labov 1991 calls the 'Northern Cities Shift'). For example, pronunciation of the name *Ann* by a Northern Cities speaker may be heard by people from other places as *Ian*. Broadcasters with network ambitions traditionally have tried to limit the regionalisms of their accents but local reporters and weather forecasters often retain their regional accents. While there are indeed dialect coaches who help actors and some other people tone down their regional accents, many Americans take pride in their regional speech as a marker of cultural identity. On the other hand, Americans also maintain a strong belief in Standard English, even if they do not believe that they speak it themselves, as the language taught in schools (see Kretzschmar 2010).

After World War II, as transportation has improved and a national job market has emerged for the highly educated, there has been a trend among such speakers, especially those of the younger generation, towards limitation of the use of marked regional features while speaking in formal settings. College students, for example, commonly speak without much influence of regional pronunciation in the classroom, but they use regionally marked pronunciations among friends in the hallway. A minority of younger educated speakers show little influence of regional speech even in informal conversation, but the majority do have regional habits that they can largely suppress at need. Moderately educated people tend not to move away from their home regions, and they are the ones who maintain regional habits in pronunciation like the 'Northern Cities Shift' in the Inland North. Thus it is possible to hear a variety of voices in every American city or town. The pronunciation model adopted here follows the trend among younger educated speakers of exclusion of regional features. This model is quite similar to what one hears in the national broadcast media, since broadcasters have long participated in the more general trend of younger educated speakers.

Areas often mentioned as having regional varieties include Eastern New England (as far west as the Connecticut River valley), the Inland North (Western New England to Wisconsin along the northernmost tier of states), the North Midland (the mid-Atlantic Coast through Pennsylvania to the Mississippi River, north of the Ohio River), the South Midland (the highlands extending southwest from Pennsylvania south of the Ohio River, as far as the Mississippi River and across it to Arkansas), and the Coastal South (the area formerly of plantation agriculture from tidewater Virginia south through the Carolinas and Georgia and as far west as East Texas). The Western United States has a more recent history of settlement and less density of population so the circumstances have not been right for one accent to emerge across the entire region; local Western accents are more commonly mentioned. Regional and local accents are not mutually exclusive in their component pronunciation features; particular features like absence of postvocalic <r> (pronunciation of an <r> sound after a vowel, before a consonant or pause) are often shared by different regions, such as Eastern New England and the Coastal South for r-lessness. The same characteristics of pronunciation can be heard everywhere, just at different frequencies of occurrence. Since individual speakers show variation among themselves, the combination and distribution of features in a region are matters of statistical probabilities, not strict rules. Still, some characteristics are much more common in particular regions, and these highly frequent features are what distinguish any regional variety (see Kretzschmar 2015 for discussion of frequency effects). The AM model avoids as far as possible those pronunciation features that are strongly associated with a particular region.

Canadian English preserves some differences from the speech of the United States in its eastern provinces, while the pronunciation of its western provinces is generally quite similar to what one might hear in the western American states. Pronunciations which are distinctively Canadian are not included here. While Canadians would be quite right to ask that their speech not be subsumed by a model based on the speech of their southern neighbors, it is still the case that the American pronunciation model presented here will offer a fair description of Canadian English as well as that of the English of the United States. The most famous particularly Canadian feature of pronunciation is 'Canadian raising', in which the Canadian [aɪ, aʊ] diphthongs have higher onsets than Americans have before voiceless consonants, so [ɘɪ, ɘʊ]: *light* [lɘɪt], *out* [ɘʊt]. These pronunciations are not represented in the dictionary.

James Hartman, author of the 'Guide to Pronunciation' for the *Dictionary of American Regional English*, classifies major regional variants under four headings: postvocalic <r>, weakened variants of diphthongs, diphthongized variants of monophthongs, and vowel alternations (Cassidy et al. 1985: lviii–lxi):

Postvocalic <r> is generally not pronounced in Eastern New England and the Coastal South; the AM transcriptions always include postvocalic <r> because the various pronunciations without it (lengthening of the preceding vowel, replacement by [ə], or varying degrees of weak constriction) are regionally marked.

Weakened variants of diphthongs, whether the second element is weakly realized, for example as [aᶦz] in *eyes* (sometimes referred to as 'glide shortening'), or is absent with lengthening of the first element, eg [a:z] in *eyes*, are characteristic of the Coastal South, the South Midland, and large parts of the Great Plains and Southwest. They are also possible for many other speakers in rapid speech. These variants are not included in the transcriptions, both because of regional marking and because this volume seeks to present pronunciations typical of the model adopted in slow to moderate speech, not all possible pronunciations.

Diphthongized variants of monophthongs, e.g. [piɪt] for *pit*, [lɔoft] for *loft*, are possible in many regions but characteristic of the Coastal South and South Midland as part of what Labov 1991 calls the 'Southern Shift'. According to Bronstein (1960), it is common in all regions to realize /u/ as [ʊu] (p. 171) and /i/ as [ɪi] (p. 147), especially when positionally lengthened or under stress. These variants are not offered in the transcriptions. Possible diphthongization of vowels before r is shown by an optional mid-central vowel, as in [faɪ(ə)r] for *fire*, except for /ɔ/, for which no diphthongization is offered (only a weakly realized diphthong is likely for /ɔ/, e.g. [fɔᵊr] for *four*). /e/ and /o/, however, are always represented by [eɪ] and [oʊ] in the transcriptions, since these stressed vowels are rarely heard in AM as monophthongs unless in rapid speech (see Bronstein 1960: 152, 167–168) or from Upper Midwestern speakers. In fact, one should always use care in asserting phonemic contrasts in AM, since survey evidence shows that there is a very wide range of possible pronunciations including many diphthongized forms (see Kretzschmar 2012).

Some vowel alternations are shown in the transcription, some not.

/ɛ/~/æ/~/a/ – In words spelled with <a> or <e> before <r>, whether or not followed by another vowel, as in *care, carry, marry, merry, Mary*, the AM transcriptions present [ɛ], as [kɛr, ˈkɛri, ˈmɛri, ˈmɛri, ˈmɛri]. Kurath and McDavid (1982: 16) suggest characteristic use of [ɛ] before r in the North Midland but divided usage in the Inland North and other regions. Bronstein (1960: 152–153) reports that in the Coastal South it is possible to hear *Mary* realized with [eɪ], and there and along the Atlantic Coast *carry, marry* can be realized with [æ]. The pronunciations with [eɪ] and [æ] are recessive and regionally marked, and they are not offered in transcriptions. In Eastern New England /æ/ is realized as [a] (or retracted to [ɑ]) before voiceless fricatives /s, f, θ/, as in *ask, half, path,* and before nasal + consonant, as in *aunt*. Outside of New England, a minority of cultivated speakers, who may view it as a prestige pronunciation, realize the vowel with [ɑ] in particular words such as *aunt* or *ask*, though not systematically. These pronunciations have not been included. Hartman (Cassidy et al. 1985: lx) and Bronstein (1960: 155–6) report that /æ/ may be raised towards [ɛ] in several environments in different regions, for example before nasals in Midwest *bank* [bɛnk], but these pronunciations are not shown here.

/ɑ/~/ɔ/ – The contrast between these sounds deserves a long historical treatment, not possible here. There is high variability and ongoing change in the realization of the stressed vowels of words historically containing either [ɑ] or [ɔ]. Labov et al. 2006 offer detailed analysis of the regional status for merger of these sounds in the Midland and Western regions and in Canada. Which vowel people say is different in different places in the West, according to Hamilton-Brehm (2003) and Antieau (2006). Here the merger of the two sounds is represented in all words of the historical [ɔ] classes. Rather than present both realizations for all words with historical [ɑ], which would sanction marked regionalisms for some word classes, we have observed the following practices, though with exceptions for particular headwords: 1) short <o> words like *cot, lot* are transcribed with [ɑ]; 2) words with short <o> before <r>, with [ɔ]; 3) words with short <o> before <g, ng, nk> with [ɔ]; 4) <wa> words like *water, wash, watch*, with [ɑ] and [ɔ]. For commentary, see Hartman in Cassidy et al. (1985, lx–lxi), and Bronstein (1960: 162–7).

/o/~/ɔ/ – When it occurs before r, this sound is indicated consistently as [ɔ] in the transcriptions, as in [fɔr], [ˈfɔrəst] for *four, forest*. Our transcriptions thus will not distinguish between such historically contrastive pairs as *horse/hoarse* or *morning/mourning*. Kurath and McDavid (1985: 167, 169) indicate characteristic use of [ɔ] before <r> in the North Midland but not in the Inland North or other regions (p. 16); Bronstein reports increasing use of [ɔ] before <r>; and Hartman's later evidence indicates wide use of [ɔ] before <r> except in the Coastal South. In some words, like *forest*, the stressed vowel can sometimes be realized as [ɑ], but these pronunciations are not represented in the transcriptions.

It is quite normal in AM to simplify consonant clusters in particular environments. For example, when -*nt*- occurs intervocalically and a syllable boundary with stress does not split the cluster, it is more frequent for the <t> to be dropped than for it to be pronounced, as in [ˈtwɛn(t)i], [ˈmæn(t)l] for *twenty, mantle*, but [kənˈteɪn] for *contain*. Clusters are often simplified in word-final position, especially with addition of suffixes: *asked* is normally pronounced [æst], not [æskt], though *ask* is pronounced [æsk]. Substitution of [-ɪn] for [-ɪŋ] in the ending *ing* is often thought to be characteristic of the Coastal South and South Midland, but it occurs with some frequency in the speech of all regions. It is not represented in the transcriptions.

Another normal practice in AM is to pronounce many words according to how they are spelled, even if such a pronunciation has no historical justification. Words like *calm, palm* often acquire an [l] sound in this manner, so [kɑlm, pɑlm] instead of [kɑm, pɑm], and even *sword* sometimes gains a [w] to be pronounced as [swɔrd] instead of [sɔrd]. Unfamiliar words are routinely pronounced as they are spelled, including many learned words and foreign words and names. Common spelling pronunciations are represented here as optional, as in *palm* [pɑ(l)m].

Vowel length is not marked in the AM transcriptions. It is only rarely minimally distinctive (e.g. *have* vs *halve*), and in AM is best considered as being environmentally conditioned. Some lengthening of vowels typically occurs before voiced consonants (*grade* vs *grate*) and before juncture (*grey*), including phrase-final position.

Several variations from common transcription practices among American linguists are employed here. The schwa symbol [ə] has been used for both stressed and unstressed vowels. As a stressed vowel, /ə/ includes pronunciations written with [ʌ] by some American linguists, e.g. *sun* [sʌn], here transcribed [sən]; use of /ʌ/ in BR represents a more retracted and somewhat lowered sound. The [ɜ] symbol, often used to indicate a mid-central stressed vowel with r-coloring, as in *bird* [bɜd], is not used here, and neither is the symbol for a mid-central unstressed vowel with r-coloring, as in *father* [faðɚ]; rather, r-coloring and syllabic <r> pronunciations are always indicated by a combination of vowel + <r>, as in [bərd], [faðər]. The phonemes /t/ and /r/ include wide ranges of possible allophones, but the AM transcriptions offer only the following options. 1) Intervocalic /t/, as in *latter*, is often realized by Americans as a flap [ɾ] or voiced t [t̬], but is transcribed here as [d], so that *latter* and *ladder* have identical transcriptions (this American pronunciation is not shared by Canadians); 2) final <t> is often realized as a glottal stop [ʔ] or is unreleased, but is transcribed here as [t]; 3) /r/ may be realized as a trill or flap, or with varying degrees of constriction, but all allophones of /r/ are here transcribed [r]. AM transcriptions do not employ diacritical marks, except those for stress and syllabicity. All of these variations contribute to ease of use of the dictionary by limiting the symbol set that readers must know to read the transcriptions. The transcriptions are no less accurate for being broad; all systems must establish their appropriate level of detail in use of the IPA.

The dictionary offers a consistent AM model according to the editorial policies described, in the absence of any actual general standard. The model grants a systematic means to decide what transcriptions among many regional variants should be presented. However, every headword has been reviewed independently, and pronunciations are occasionally included that do not fit the model when they are warranted by widespread use. If any regional or idiolectal bias can be detected among the choices for transcriptions, it is that of Kretzschmar, an Inland Northern speaker.

BR and AM Stress Marking

As a general rule the standard IPA stress-marking system is employed in this volume, for both primary stress (ˈ) and secondary stress (ˌ). Marks precede the stressed syllable. Absence of a mark indicates weak or tertiary stress.

BR transcriptions simply conform to this usage. AM, however, has a heavier stressing pattern than BR, with disyllabic compounds for example exhibiting both primary and secondary stress when BR characteristically exhibits only primary and weak (or tertiary) stress. Thus AM may receive two stress marks when BR exhibits only one:

pigpen
BR ˈpɪgpɛn
AM ˈpɪgˌpɛn

AM is also characterized by the use of secondary stress on syllables with unreduced vowels or diphthongs, where BR has an unstressed reduced vowel or an elided syllable. So [ˈdɪkʃəˌnɛri] is the characteristic AM pronunciation of *dictionary*, rather than BR [ˈdɪkʃn̩(ə)ri].

Variability of the stress pattern in polysyllabic words is also characteristic of AM. To represent this fact most efficiently, we have borrowed the notation used in *Webster's Third New International Dictionary*, whereby a variably stressed syllable is marked by a combination of both stress markings (ˈˌ). In those instances where two syllables receive variable stress markings, e.g. *abject* [ˈˌæbˈˌdʒɛk(t)], only three of the four stress permutations are possible when the word is pronounced: primary-primary, primary-secondary, and secondary-primary. Each word must have primary stress for at least one syllable.

BR and AM Vowel Reduction

Stress patterns exert considerable influence on the quality of unstressed vowels. In the system adopted here, there are four vowels typically used in unstressed syllables, [ɪ], [ə], [ɨ], and, for BR though seldom for AM, [ʊ̈]. The alternations of these merit explanation. Even within the limits of our models the linguistic realities do not readily lend themselves to clearly stateable rules. We have, however, chosen certain principles as most representative of BR and AM:

[ɨ] is used invariably in those syllables where it precedes word final [k], [ʃ], [dʒ], [v] in derivational suffixes, and in the participial/gerundive suffix [-ɪŋ], as in *conic, breakage, dragging*.

Similarly, [ə] is used in the suffix [-ə(r) ~ -ər] as in *leader*, and for AM in [-ʃ(ə)n] and [-ʒ(ə)n], as in *relation, equation*.

[ʊ̈], representing a free choice between [ʊ] and [ə], is a vowel transcription in BR adjectival ending *-ful*.

For the vowel of the inflectional suffixes plural and third-person present tense *-es*, past tense *-ed*, and superlative *-est*, and for the derivational suffix *-ist*, [ɪ] is regularly used. In these suffixes, BR usually, though not necessarily, exhibits [ɪ]. For AM, environmental factors are decisive in the selection of the unstressed variant: if the preceding syllable contains a high front vowel or a diphthong ending in a high front vowel, [ɪ] is the norm; otherwise there is a free choice in AM between [ɪ] and [ə]. The same environmental factors frequently govern the choice of vowel sound for both varieties in the derivational suffixes *-ness* and, especially for BR, *-less*.

There are occasions where, for one or both models, other orthographically induced vowels are also shown in unstressed syllables where a reduced vowel transcription might occur:

abductor
BR abˈdʌktə(r)

Whenever this is encountered it can be taken that either the unreduced or reduced vowel might be expected to be heard (in this case either [ab-] or [əb-] in the first syllable). While all our practices regarding unstressed vowels are generally valid, many speakers of both BR and AM alternate between the unreduced and reduced variants in the environments we have considered. The following prefixes in AM are shown only with the stressed vowel but very frequently may be pronounced with a reduced vowel, for example *abstain* [æbˈsteɪn, əbˈsteɪn]: *ab-, ac-, ad-, de-, ef-, em-, en-, in-, ob-, pre-, pro-, re-*. The following multi-syllable prefixes may have their second element reduced in AM, for example *isotope* [ˈaɪsoʊˌtoʊp, ˈaɪsəˌtoʊp,]: *anti-, auto-, bio-, eco-, electro-, hiero-, homo-, hydro-, intro-, meso-, multi-, neuro-, poly-*. The first syllable of multi-syllable prefixes may be reduced or changed in AM, for example *ecology* [iˈkɑlədʒi, əˈkɑlədʒi]: *eco-* [ikoʊ, ɛkoʊ; iˈk, əˈk; iˌk, əˌk], *electro-* [iˈlɛktroʊ, əˈlɛktroʊ; iˌlɛktroʊ, əˌlɛktroʊ], *em-* [iˈm, əˈm], *en-* [ɛˈn, əˈn], *enc-* [ɛnˈk, ɪŋˈk, ɛŋˈk], *es-* [ɛˈs, əˈs], *ex-* [ɛg, ɪg; ɛk, ɪk], *inc-* [ɪn(ˈ)k, ɪŋ(ˈ)k], *inst-* [ɪnst, ɪnzt; ɪnst, ɪnzt], *irr-* [ɪˈr, ɪˈr; ɪˌr, ɪˌr]; *multi-* [məlti, məltaɪ], *ob-* [oʊˈb, əˈb], *neuro-* [n(j)ʊroʊ, n(j)əroʊ, n(j)ərə], *onco-* [ɑnkoʊ, ɑŋkoʊ; ɔnkoʊ, ɔŋkoʊ], *quad-* [kwɑd, kwəˈd], *tetra-* [tɛˈ, təˈ], *trans-* [trænz, træn(t)s], *with-* [wɪθ, wɪð]. Finally, in AM the suffix *-ization* normally has a reduced vowel [əˈzeɪʃən] but may be pronounced with a full vowel [aɪˈzeɪʃən], not represented in the transcriptions.

References

Antieau, Lamont. 2006. A Distributional Analysis of Rural Colorado English. Diss, University of Georgia.

Bronstein, Arthur J. 1960. *The Pronunciation of American English*. Englewood Cliffs, NJ: Prentice Hall.

Cassidy, Frederic G., et al., eds. 1985. *Dictionary of American Regional English. Vol. 1*. Cambridge, Massachusetts: Belknap/Harvard University Press.

Cruttenden, Alan. 2014. *Gimson's Pronunciation of English*. 8th edn. London: Routledge.

Fudge, Erik. 1984. *English Word Stress*. London: George Allen and Unwin.

Gimson, A. C. 1989. *An Introduction to the Pronunciation of English*. 4th edn, revised by Susan Ramsaran. London: Edward Arnold.

Hamilton-Brehm, Anne Marie. 2003. A Foundational Study of El Paso English. Diss, University of Georgia.

Honey, John. 1989. *Does Accent Matter?: The Pygmalion Factor*. London: Faber and Faber.

Jones, Daniel. 2011. *Cambridge English Pronouncing Dictionary*. 18th edn, eds Peter Roach, Jane Setter, and John Esling. Cambridge: Cambridge University Press.

Kretzschmar, William A., Jr. 2010. The Development of Standard American English. In Andy Kirkpatrick, ed. *Handbook of World English*. London: Routledge, 96–112.

Kretzschmar, William A., Jr. 2012. Variation in the Traditional Vowels of the Eastern States. *American Speech* 87: 378–90.

Kretzschmar, William A., Jr. 2015. *Language and Complex Systems*. Cambridge: Cambridge University Press.

Kurath, Hans, and Raven I. McDavid, Jr. 1982 [1961]. *The Pronunciation of English in the Atlantic States*. Tuscaloosa: University of Alabama Press.

Labov, William. 1991. The Three Dialects of English. In P. Eckert, ed. *New Ways of Analyzing Sound Change*. San Diego: Academic Press, 1–44.

Labov, William, Charles Boberg, and Sherry Ash. 2006. *Atlas of North American English: Phonetics, Phonology and Sound Change*. Berlin: Mouton de Gruyter.

MacCarthy, Peter. 1978. *The Teaching of Pronunciation*. Cambridge: Cambridge University Press.

Milroy, Lesley. 1987. *Observing and Analysing Natural Language*. Oxford: Basil Blackwell.

Upton, Clive, Stewart Sanderson, and John Widdowson. 2015 [1987]. *Word Maps: Dialect Atlas of England*. Routledge Library Editions: The English Language, Volume 27. London: Routledge. [London: Croom Helm, 1987.]

Upton, Clive. 2008. Received Pronunciation. In Bernd Kortmann and Clive Upton, eds. *Varieties of English 1: The British Isles*. Berlin: Mouton de Gruyter, 237–52.

Upton, Clive. 2012. An Evolving Standard British English Pronunciation Model. In Raymond Hickey, ed. *Standards of English: Codified Varieties Around the World*. Cambridge: Cambridge University Press, 55–71.

Wells, J. C. 1982. *Accents of English. 3 Vols.* Cambridge: Cambridge University Press.

Foreign Pronunciations

When given in native form, a limited number of foreign headwords also have native pronunciations based on current national standards, but only where these differ significantly from the anglicized pronunciations. Foreign headwords falling within specific subject fields, e.g. culinary and musical terminology, have not been given native pronunciations. Neither have words such as 'Guignolesque' and phrases such as 'au grand sérieux', because although they contain French elements they are in fact of English coinage.

Vowels

	Front	Central	Back
High	y:		u
		Y	
Mid	e(:) ø		o
			ɔ
		œ	
		ɐ	
Low	a(:)		ɑ

/a:/	German	Aachen
	Irish	Dáil, Tánaiste
/ɑ:/	Danish	Dagmar
	Dutch/Flemish	Breda
	Portuguese	Carajás
/ɐ/	German	Hannover
/œ/	Danish	Ertebølle
	French	Verdun, danseur
	German	Götterdammerung
	Hungarian	Fertö Tó
/œ:/	Norwegian	øre

/ɔ/	Czech		Brno
	Dutch/Flemish		Co̱ncertgebouw
	French		Aix-en-Pro̱vence
	German		Wo̱rms
	Greek		Ayios Nikólaos
	Hungarian		Ba̱laton, Magyar
/e/	Danish		Blixen
	Greek		Seféris
	Irish		feiseanna
	Norwegian		Lofoten
	Russian		Comintern
	Spanish		Algeciras
	Welsh		Betws-y-Coed
/e:/	Czech		háleř
	Danish		Petersen
	Dutch/Flemish		Breda, Vermeer, Zeebrugge
	German		Dresden
	Irish		Dáil Eireann
	Swedish		Alfvén
/ø/	Dutch/Flemish		Leuven
	French		Montreux, danseuse
/o/	Dutch/Flemish		Groningen
	French		Aubusson, Utrillo
	Brazilian Portuguese		Belo Horizonte, Estoril
	Lusitanian Portuguese		Belo Horizonte, Douro
/o:/	Danish		Odense
	Dutch, Flemish		Oostende
	Norwegian		Bokmål
	Swedish		Bofors
/Y/	German		Baden Württemberg, Duisburg
/y/	Afrikaans		krugerrand
	Dutch/Flemish		Rijksmuseum
	French		Althusser
/y:/	German		Zürich
	Norwegian		Nynorsk
/u/	Norwegian		Oslo
	Portuguese		Rio de Janeiro
	Russian		Godunov

Diphthongs

Dutch/Flemish		/ɛi/	Rijksmuseum
		/ɔu/	Gouda
		/œy/	Huygens
German		/ɔy/	Löwenbräu

Semivowel

/ɥ/   French   Guyenne

Consonants

	Fricatives:	
/β/	Spanish	Iberia
/z̧/	Hungarian	Magyar
/ç/	German	Leipzig
	Polish	Łódź
/ɣ/	Spanish	Segovia

	Nasals:	
/ɲ/	French	Boulogne
	Spanish	Muñoz

	Liquids:	
/ʀ/	Danish	Brahe
	Lusitanian Portuguese	Rio de Janeiro
/ʎ/	Italian	Gigli

Diacritics

~	nasality	French	Verdun
ʲ	palatalization	Irish	Dun Laoghaire, Fianna Fáil
		Russian	Yekaterinburg
ʼ	no audible release	Danish	Aarhus

Abbreviations

AFK	Afrikaans
AM	US English
B PORT	Brazilian Portuguese
BR	British English
CZ	Czech
DAN	Danish
DU	Dutch
FL	Flemish
FR	French
GER	German
GR	Greek
HU	Hungarian
IR	Irish
IT	Italian
L PORT	Lusitanian Portuguese
NO	Norwegian
POL	Polish
PORT	Brazilian and Lusitanian Portuguese
RUS	Russian
SP	Spanish
SW	Swedish
TU	Turkish
WE	Welsh

A

a[1] *indefinite article, strong form*
BR eɪ
AM eɪ

a[2] *indefinite article, weak form*
BR ə(r)
AM ə

a[3] *letter*
BR eɪ, -z
AM eɪ, -z

Aachen
BR ˈɑːk(ə)n
AM ˈɑk(ə)n
GER ˈaːxn̩

aah
BR ɑː(r), -z, -ɪŋ, -d
AM ɑ, -z, -ɪŋ, -d

Aalborg
BR ˈɔːlbɔːg
AM ˈɑlˌbɔ(ə)rg, ˈɔlˌbɔ(ə)rg
DAN ˈʌlˌbɔːˈ

aardvark
BR ˈɑːdvɑːk, -s
AM ˈɑrdˌvɑrk, -s

aardwolf
BR ˈɑːdwʊlf
AM ˈɑrdˌwʊlf

aardwolves
BR ˈɑːdwʊlvz
AM ˈɑrdˌwʊlvz

Aargau
BR ˈɑːgaʊ
AM ˈɑrˌgaʊ

aargh
BR ɑː(r)
AM arg

Aarhus
BR ˈɑːhuːs
AM ˈɑrˌ(h)us, ˈɔrˌ(h)us
DAN ˈɔːhuːˈs

Aaron
BR ˈɛːrn̩, ˈarn̩
AM ˈɛr(ə)n

aasvogel
BR ˈɑːsˌfəʊgl, -z
AM ˈɑsˌfoʊg(ə)l, -z

ab
BR ab
AM æb

aba
BR ˈabə(r), -z
AM əˈbɑ, ˈɑbə, -z

abaca
BR ˈabəkə(r), -z
AM ˈæbəkɑ, -z

abaci
BR ˈabəsʌɪ, ˈabəkʌɪ
AM ˈæbəˌkaɪ, ˈæbəˌsaɪ

aback
BR əˈbak
AM əˈbæk

abacus
BR ˈabəkəs, -ɪz
AM ˈæbəkəs, -əz

Abadan
BR ˌabəˈdɑːn, ˌabəˈdan
AM ˌæbəˈdæn, ˌɑbəˈdɑn

Abaddon
BR əˈbadn̩
AM əˈbæd(ə)n

abaft
BR əˈbɑːft
AM əˈbæft

abalone
BR ˌabəˈləʊn|i, -ɪz
AM ˈæbəˌloʊni, -z

abandon
BR əˈband|(ə)n, -(ə)nz, -ənɪŋ\-n̩ɪŋ, -(ə)nd
AM əˈbænd(ə)n, -z, -ɪŋ, -d

abandonee
BR əˌbandəˈniː, -z
AM əˌbændəˈni, -z

abandoner
BR əˈbandnə(r), -z
AM əˈbændənər, -z

abandonment
BR əˈband(ə)nm(ə)nt, -s
AM əˈbændənm(ə)nt, -s

abase
BR əˈbeɪs, -ɪz, -ɪŋ, -t
AM əˈbeɪs, -ɪz, -ɪŋ, -t

abasement
BR əˈbeɪsm(ə)nt
AM əˈbeɪsm(ə)nt

abash
BR əˈbaʃ, -ɪz, -ɪŋ, -t
AM əˈbæʃ, -əz, -ɪŋ, -t

abashment
BR əˈbaʃm(ə)nt
AM əˈbæʃm(ə)nt

abask
BR əˈbɑːsk
AM əˈbæsk

abatable
BR əˈbeɪtəbl
AM əˈbeɪdəb(ə)l

abate
BR əˈbeɪt, -s, -ɪŋ, -ɪd
AM əˈbeɪ|t, -ts, -dɪŋ, -dɪd

abatement
BR əˈbeɪtm(ə)nt, -s
AM əˈbeɪtm(ə)nt, -s

abatis[1] *singular*
BR ˈabətɪs
AM ˈæbədəs, ˈæbəˌti

abatis[2] *plural*
BR ˈabətiːz, ˈabətɪsɪz
AM ˈæbədəsəz, ˈæbəˌtiz

abatised
BR ˈabətɪst
AM ˈæbədəst, ˈæbəˌtɪd

abatises
BR ˈabətɪsɪz
AM ˈæbədəsəz

abattis[1] *singular*
BR əˈbatɪs
AM ˈæbədəs, ˈæbəˌti

abattis[2] *plural*
BR əˈbatiːz, əˈbatɪsɪz
AM ˈæbədəsəz, ˈæbəˌtiz

abattised
BR əˈbatɪst
AM ˈæbədəst, ˈæbəˌtɪd

abattises
BR əˈbatɪsɪz
AM ˈæbədəsəz

abattoir
BR ˈabətwɑː(r), -z
AM ˈæbəˌtwɑr, -z

abaxial
BR abˈaksɪəl
AM æbˈæksɪəl

abaya
BR əˈbeɪ(j)ə(r), -z
AM əˈbɑ(ɪ)jə, -z

abba
BR ˈabə(r), -z
AM əˈbɑ, ˈɑbə, ˈæbə, -z

abbacy
BR ˈabəs|i, -ɪz
AM ˈæbəsi, -z

Abbas
BR ˈabəs
AM ˈæbəs

Abbasid
BR əˈbasɪd, ˈabəsɪd
AM ˈæbəsɪd, əˈbæsɪd

abbatial
BR əˈbeɪʃl
AM əˈbeɪʃ(ə)l

abbé
BR ˈabeɪ, -z
AM əˈbeɪ, -z

abbess
BR ˈabɪs, ˈabɛs, -ɪz
AM ˈæbəs, -əz

Abbeville
BR ˈab(ɨ)vɪl
AM ˈæbiˌvɪl
FR abvil

Abbevillian
BR abˈvɪlɪən, abɨˈvɪlɪən
AM æb(ə)ˈvɪlɪən, æb(ə)ˈvɪlj(ə)n

abbey
BR ˈab|i, -ɪz
AM ˈæbi, -z

abbot
BR ˈabət, -s
AM ˈæbət, -s

abbotship
BR ˈabətʃɪp, -s
AM ˈæbətˌʃɪp, -s

Abbott
BR ˈabət
AM ˈæbət

abbreviate
BR əˈbriːvɪeɪt, -s, -ɪŋ, -ɪd
AM əˈbriviˌeɪ|t, -ts, -dɪŋ, -dɪd

abbreviation
BR əˌbriːviˈeɪʃn, -z
AM əˌbriviˈeɪʃ(ə)n, -z

abbreviatory
BR əˈbriːviət(ə)ri
AM əˈbriviəˌtɔri

Abby
BR ˈabi
AM ˈæbi

Abdela
BR abˈdɛlə(r)
AM æbˈdɛlə

abdicable
BR ˈabdɪkəbl
AM ˈæbdəkəb(ə)l

abdicant
BR ˈabdɪk(ə)nt, -s
AM ˈæbdək(ə)nt, -s

abdicate
BR ˈabdɪkeɪt, -s, -ɪŋ, -ɪd
AM ˈæbdəˌkeɪ|t, -ts, -dɪŋ, -dɪd

abdication
BR ˌabdɪˈkeɪʃn, -z
AM ˌæbdəˈkeɪʃ(ə)n, -z

abdicator
BR ˈabdɪkeɪtə(r), -z
AM ˈæbdəˌkeɪdər, -z

abdomen
BR ˈabdəm(ə)n, abˈdəʊm(ə)n, -z
AM ˈæbdəm(ə)n, -z

abdominal
BR abˈdɒmɪnl
AM æbˈdamən(ə)l, æbˈdamn(ə)l

abdominally
BR abˈdɒmɪnli
AM æbˈdamnəli, æbˈdamənəli

abdominous
BR abˈdɒmɪnəs
AM æbˈdamənəs

abduct
BR əbˈdʌkt, -s, -ɪŋ, -ɪd
AM æbˈdək|(t), -(t)s, -tɪŋ, -təd

abduction
BR əbˈdʌkʃn, -z
AM æbˈdəkʃ(ə)n, -z

abductor
BR abˈdʌktə(r), -z
AM æbˈdəktər, -z

Abdul
BR ˈabdʊl
AM æbˈdʊl, abˈdʊl

Abdullah
BR abˈdʌlə(r), abˈdʊlə(r)
AM æbˈdʊlə, abˈdʊlə

Abe
BR eɪb
AM eɪb

abeam
BR əˈbiːm
AM əˈbim

abecedarian
BR ˌeɪbiːsiːˈdɛːriən, -z
AM ˌeɪbisiˈdɛriən, -z

abed
BR əˈbɛd
AM əˈbɛd

Abednego
BR ˌabɛdˈniːgəʊ, əˈbɛdnɪgəʊ
AM əˈbɛdnəˌgoʊ

Abel
BR ˈeɪbl
AM ˈeɪb(ə)l

Abelard
BR ˈabɪlɑːd
AM ˈæbəˌlɑrd
FR abɛlaʀ

abele
BR əˈbiːl, ˈeɪbl, -z
AM əˈbeɪl, əˈbil, -z

abelia
BR əˈbiːliə(r), -z
AM əˈbiliə, əˈbiljə, -z

abelian
BR əˈbiːliən
AM əˈbiliən, əˈbilj(ə)n

Aberaeron
BR ˌabərˈʌɪrn̩
AM ˌæbərˈɛr(ə)n
WE ˌaberˈeɪrɒn

Aberavon
BR ˌabə(r)ˈavn
AM ˌæbərˈeɪv(ə)n

Abercrombie
BR ˈabəkrʌmbi, ˈabəkrɒmbi
AM ˌæbərˈkrʌmbi

Aberdare
BR ˌabəˈdɛː(r)
AM ˌæbərˈdɛ(ə)r

Aberdaron
BR ˌabəˈdarn̩
AM ˌæbərˈdɛr(ə)n

Aberdeen[1] *place in UK*
BR ˌabəˈdiːn
AM ˌæbərˈdin

Aberdeen[2] *place in USA*
BR ˈabədiːn
AM ˈæbərˌdin

Aberdonian
BR ˌabəˈdəʊniən, -z
AM ˌæbərˈdoʊniən, -z

Aberdovey
BR ˌabəˈdʌvi
AM ˌæbərˈdəvi

Aberfan
BR ˌabəˈvan
AM ˌæbərˈvæn
WE ˌaberˈvan

Abergavenny
BR ˌabəgəˈvɛni
AM ˌæbərgəˈvɛni

Abergele
BR ˌabəˈgɛli
AM ˌæbərˈgɛli

Abernathy
BR ˌabəˈnaθ|i, -ɪz
AM ˈæbərˌnæθi, -z

Abernethy
BR ˌabəˈnɛθ|i, ˌabəˈniːθ|i, -ɪz
AM ˈæbərˌnɛθi, -z

Aberporth
BR ˈabəpɔːθ, ˌabəˈpɔːθ
AM ˈæbərˌpɔ(ə)rθ

aberrance
BR əˈbɛrn̩s
AM əˈbɛr(ə)ns, ˈæbər(ə)ns

aberrancy
BR əˈbɛrn̩si
AM əˈbɛrənsi, ˈæbərənsi

aberrant
BR əˈbɛrn̩t
AM əˈbɛr(ə)nt, ˈæbər(ə)nt

aberrate
BR ˈabəreɪt, -s, -ɪŋ, -ɪd
AM ˈæbəˌreɪ|t, -ts, -dɪŋ, -dɪd

aberration
BR ˌabəˈreɪʃn, -z
AM ˌæbəˈreɪʃ(ə)n, -z

Abersoch
BR ˌabəˈsəʊk, ˌabəˈsɒk
AM ˌæbərˈsak

Abersychan
BR ˌabəˈsʌk(ə)n
AM ˌæbərˈsak(ə)n
WE ˌaberˈsʌxan

Abertillery
BR ˌabətɪˈlɛːri
AM ˌæbərtəˈlɛri

Aberystwyth
BR ˌabəˈrɪstwɪθ
AM ˌæbəˈrɪstwɪθ
WE ˌaberˈʌstwɪθ

abet
BR əˈbɛt, -s, -ɪŋ, -ɪd
AM əˈbɛ|t, -ts, -dɪŋ, -dəd

abetment
BR əˈbɛtm(ə)nt
AM əˈbɛtm(ə)nt

abetter
BR əˈbɛtə(r), -z
AM əˈbɛdər, -z

abettor
BR əˈbɛtə(r), -z
AM əˈbɛdər, -z

abeyance
BR əˈbeɪəns
AM əˈbeɪəns

abeyant
BR əˈbeɪənt
AM əˈbeɪənt

abhor
BR əbˈhɔː(r), əˈbɔː(r), -z, -ɪŋ, -d
AM æbˈhɔ(ə)r, -z, -ɪŋ, -d

abhorrence
BR əbˈhɒrn̩s, əˈbɒrn̩s
AM æbˈhɔr(ə)ns

2

abhorrent
BR əbˈhɒrənt,
əˈbɒrnt
AM æbˈhɔr(ə)nt

abhorrently
BR əbˈhɒrəntli,
əˈbɒrntli
AM æbˈhɔrən(t)li

abhorrer
BR əbˈhɔːrə(r),
əˈbɔːrə(r), -z
AM æbˈhɔrər, -z

abidance
BR əˈbʌɪd(ə)ns
AM əˈbaɪdns

abide
BR əˈbʌɪd, -z,
-ɪŋ, -ɪd
AM əˈbaɪd, -z,
-ɪŋ, -ɪd

abidingly
BR əˈbʌɪdɪŋli
AM əˈbaɪdɪŋli

Abidjan
BR ˌabɪˈdʒɑːn,
ˌabɪˈdʒan
AM ˌæbəˈdʒɑn

abient
BR ˈabiənt
AM ˈæbiənt

Abigail
BR ˈabɪɡeɪl
AM ˈæbəˌɡeɪl

Abilene
BR ˈabɪliːn
AM ˈæbəˌlin

ability
BR əˈbɪlɪt|i, -ɪz
AM əˈbɪlɪdi, -z

Abingdon
BR ˈabɪŋd(ə)n
AM ˈæbɪŋd(ə)n

ab initio
BR ˌab ɪˈnɪʃiəʊ
AM ˌæb əˈnɪʃioʊ

abiogenesis
BR ˌeɪbʌɪə(ʊ)ˈdʒɛnɪsɪs
AM ˌeɪˌbaɪoʊ-
ˈdʒɛnəsəs

abiogenic
BR ˌeɪbʌɪəʊˈdʒɛnɪk
AM ˌeɪˌbaɪoʊˈdʒɛnɪk

abiogenically
BR ˌeɪbʌɪəʊˈdʒɛnɪkli
AM ˌeɪˌbaɪoʊ-
ˈdʒɛnək(ə)li

abiogenist
BR ˌeɪbʌɪˈɒdʒɪnɪst, -s
AM ˌeɪˌbaɪˈɑdʒənəst,
-s

Abiola
BR ˌabɪˈəʊlə(r)
AM ˌabiˈoʊlə

abiologic
BR ˌeɪbʌɪəˈlɒdʒɪk
AM ˌeɪˌbaɪəˈlɑdʒək

abiologically
BR ˌeɪbʌɪəˈlɒdʒɪkli
AM ˌeɪˌbaɪəˈlɑdʒək(ə)li

abiotic
BR ˌeɪbʌɪˈɒtɪk
AM ˌeɪˌbaɪˈɑdɪk

abjad
BR ˈabdʒɑːd, -z
AM ˈabˌdʒɑd, -z

abject
BR ˈabdʒɛkt
AM ˈˌæbˈˌdʒɛk(t)

abjection
BR abˈdʒɛkʃn
AM æbˈdʒɛkʃ(ə)n

abjectly
BR ˈabdʒɛk(t)li
AM ˈˌæbˈˌdʒɛk(t)li

abjectness
BR ˈabdʒɛk(t)nəs
AM ˈˌæbˈˌdʒɛk(t)nəs

abjuration
BR ˌabdʒɝˈreɪʃn
AM ˌæbdʒɚˈreɪʃ(ə)n

abjure
BR əbˈdʒʊə(r),
əbˈdʒɔː(r), -z, -ɪŋ,
-d
AM æbˈdʒʊ(ə)r, -z,
-ɪŋ, -d

Abkhaz
BR abˈkaz,
abˈkɑːz
AM abˈkaz
RUS abˈxas

Abkhazi
BR abˈkɑːz|i, -ɪz
AM abˈkazi, -z

Abkhazia
BR abˈkɑːzɪə(r)
AM abˈkazɪə
RUS abˈxazʲijə

Abkhazian
BR abˈkɑːzɪən, -z
AM abˈkazɪən, -z

ablate
BR əˈbleɪt, -s, -ɪŋ, -ɪd
AM əˈbleɪ|t, -ts, -dɪŋ,
-dɪd

ablation
BR əˈbleɪʃn
AM əˈbleɪʃ(ə)n

ablatival
BR ˌabləˈtʌɪvl
AM ˌæbləˈtaɪv(ə)l

ablative
BR ˈablətɪv, -z
AM əˈbleɪdɪv,
ˈæblədɪv, -z

ablatively
BR ˈablətɪvli
AM əˈbleɪdɪvli,
ˈæblədɪvli

ablaut
BR ˈablaʊt, -s
AM ˈæˌblaʊt, -s

ablaze
BR əˈbleɪz
AM əˈbleɪz

able
BR ˈeɪbl, -ə(r), -ɪst, -d
AM ˈeɪb(ə)l, -ər, -əst, -d

ableism
BR ˈeɪblˌɪzm
AM ˈeɪbəˌlɪz(ə)m

abloom
BR əˈbluːm
AM əˈblum

ablush
BR əˈblʌʃ
AM əˈbləʃ

ablution
BR əˈbluːʃn, -z
AM əˈbluʃ(ə)n, -z

ablutionary
BR əˈbluːʃn(ə)ri
AM əˈbluʃəˌnɛri

ably
BR ˈeɪbli
AM ˈeɪbḷi, ˈeɪbli

abnegate
BR ˈabnɪɡeɪt, -s, -ɪŋ, -ɪd
AM ˈæbnəˌɡeɪ|t, -ts,
-dɪŋ, -dɪd

abnegation
BR ˌabnɪˈɡeɪʃn
AM ˌæbnəˈɡeɪʃ(ə)n

abnegator
BR ˈabnɪɡeɪtə(r), -z
AM ˈæbnəˌɡeɪdər, -z

Abner
BR ˈabnə(r)
AM ˈæbnər

abnormal
BR abˈnɔːml
AM æbˈnɔrm(ə)l

abnormality
BR ˌabnəˈmalɪt|i,
ˌabnɔːˈmalɪt|i, -ɪz
AM ˌæbˌnɔrˈmælədi,
ˌæbnərˈmælədi, -z

abnormally
BR abˈnɔːmli
AM æbˈnɔrməli

abnormity
BR abˈnɔːmɪt|i, -ɪz
AM æbˈnɔrmədi, -z

abo
BR ˈabəʊ, -z
AM ˈaboʊ, -z

aboard
BR əˈbɔːd
AM əˈbɔ(ə)rd

abode
BR əˈbəʊd, -z
AM əˈboʊd, -z

abolish
BR əˈbɒlɪʃ, -ɪʃɪz, -ɪʃɪŋ,
-ɪʃt
AM əˈbɑlɪʃ, -ɪz, -ɪŋ, -t

abolishable
BR əˈbɒlɪʃəbl
AM əˈbaləʃəb(ə)l

abolisher
BR əˈbɒlɪʃə(r), -z
AM əˈbalɪʃər, -z

abolishment
BR əˈbɒlɪʃm(ə)nt
AM əˈbalɪʃm(ə)nt

abolition
BR ˌabəˈlɪʃn
AM ˌæbəˈlɪʃ(ə)n

abolitionism
BR ˌabəˈlɪʃn̩ɪzm
AM ˌæbəˈlɪʃəˌnɪz(ə)m

abolitionist
BR ˌabəˈlɪʃn̩ɪst, -s
AM ˌæbəˈlɪʃənəst, -s

abomasa
BR ˌabə(ʊ)ˈmeɪsə(r)
AM ˌæbəˈmeɪsə

abomasum
BR ˌabə(ʊ)ˈmeɪsəm
AM ˌæbəˈmeɪs(ə)m

A-bomb
BR ˈeɪbɒm, -z
AM ˈeɪˌbɑm, -z

abominable
BR əˈbɒm(ɪ)nəbl
AM əˈbɑm(ə)nəb(ə)l

abominableness
BR əˈbɒm(ɪ)nəblnəs
AM əˈbɑm(ə)nəbəlnəs

abominably
BR əˈbɒm(ɪ)nəbli
AM əˈbɑm(ə)nəbli

abominate
BR əˈbɒmɪneɪt, -s, -ɪŋ, -ɪd
AM əˈbɑməˌneɪ|t, -ts, -dɪŋ, -dɪd

abomination
BR əˌbɒmɪˈneɪʃn, -z
AM əˌbɑməˈneɪʃ(ə)n, -z

abominator
BR əˈbɒmɪneɪtə(r), -z
AM əˈbɑməˌneɪdər, -z

aboral
BR abˈɔːrl
AM æbˈɔr(ə)l

aboriginal
BR ˌabəˈrɪdʒɪnl, -z
AM ˌæbəˈrɪdʒn(ə)l, ˌæbəˈrɪdʒənl, -z

aboriginality
BR ˌabəˌrɪdʒɪˈnalɪti
AM ˌæbəˌrɪdʒəˈnælədi

aboriginally
BR ˌabəˈrɪdʒɪnli
AM ˌæbəˈrɪdʒ(ə)nəli

aborigine
BR ˌabəˈrɪdʒɪn|i, -ɪz
AM ˌæbəˈrɪdʒəni, -z

aborning
BR əˈbɔːnɪŋ
AM əˈbɔrnɪŋ

abort
BR əˈbɔːt, -s, -ɪŋ, -ɪd
AM əˈbɔ(ə)rt, -ts, -ˈbɔrdɪŋ, -ˈbɔrdəd

abortifacient
BR əˌbɔːtɪˈfeɪʃnt, əˌbɔːtɪˈfeɪʃiənt, -s
AM əˌbɔrdəˈfeɪʃ(ə)nt, -s

abortion
BR əˈbɔːʃn, -z
AM əˈbɔrʃ(ə)n, -z

abortionist
BR əˈbɔːʃnɪst, -s
AM əˈbɔrʃənəst, -s

abortive
BR əˈbɔːtɪv
AM əˈbɔrdɪv

abortively
BR əˈbɔːtɪvli
AM əˈbɔrdɪvli

abortiveness
BR əˈbɔːtɪvnɪs
AM əˈbɔrdɪvnɪs

Aboukir Bay
BR ˌabʊkɪə ˈbeɪ
AM ˌɑbuˈkɪ(ə)r ˈbeɪ

aboulia
BR əˈbuːliə(r)
AM əˈbuliə, əˈbuljə

aboulic
BR əˈbuːlɪk
AM əˈbulɪk

abound
BR əˈbaʊnd, -z, -ɪŋ, -ɪd
AM əˈbaʊnd, -z, -ɪŋ, -əd

about
BR əˈbaʊt
AM əˈbaʊt

above
BR əˈbʌv
AM əˈbəv

aboveboard
BR əˈbʌvbɔːd, əˌbʌvˈbɔːd
AM əˈbəv͵bɔ(ə)rd

aboveground
BR əˈbʌvɡraʊnd, əˌbʌvˈɡraʊnd
AM əˈbəvˌɡraʊnd

ab ovo
BR ˌab ˈəʊvəʊ
AM æˈboʊˌvoʊ

abracadabra
BR ˌabrəkəˈdabrə(r)
AM ˌæbrəkəˈdæbrə

abrade
BR əˈbreɪd, -z, -ɪŋ, -ɪd
AM əˈbreɪd, -z, -ɪŋ, -ɪd

abrader
BR əˈbreɪdə(r), -z
AM əˈbreɪdər, -z

Abraham
BR ˈeɪbrəham
AM ˈeɪbrəˌhæm

Abrahams
BR ˈeɪbrəhamz
AM ˈeɪbrəˌhæmz

Abram[1] *name*
BR ˈeɪbrəm
AM ˈeɪbr(ə)m

Abram[2] *place in UK*
BR ˈabram
AM ˈeɪbr(ə)m

Abrams
BR ˈeɪbrəmz
AM ˈeɪbrəmz

abrasion
BR əˈbreɪʒn, -z
AM əˈbreɪʒ(ə)n, -z

abrasive
BR əˈbreɪsɪv, əˈbreɪzɪv, -z
AM əˈbreɪzɪv, əˈbreɪsɪv, -z

abrasively
BR əˈbreɪsɪvli, əˈbreɪzɪvli
AM əˈbreɪzɪvli, əˈbreɪsɪvli

abrasiveness
BR əˈbreɪsɪvnɪs, əˈbreɪzɪvnɪs
AM əˈbreɪzɪvnɪs, əˈbreɪsɪvnɪs

abraxus
BR əˈbraksəs
AM əˈbræksəs

abreact
BR ˌabrɪˈakt, -s, -ɪŋ, -ɪd
AM ˌæbriˈæk|(t), -(t)s, -tɪŋ, -təd

abreaction
BR ˌabrɪˈakʃn
AM ˌæbriˈækʃ(ə)n

abreactive
BR ˌabrɪˈaktɪv
AM ˌæbriˈæktɪv

abreast
BR əˈbrɛst
AM əˈbrɛst

abridgable
BR əˈbrɪdʒəbl
AM əˈbrɪdʒəb(ə)l

abridge
BR əˈbrɪdʒ, -ɪz, -ɪŋ, -d
AM əˈbrɪdʒ, -ɪz, -ɪŋ, -d

abridgement
BR əˈbrɪdʒm(ə)nt, -s
AM əˈbrɪdʒm(ə)nt, -s

abridger
BR əˈbrɪdʒə(r), -z
AM əˈbrɪdʒər, -z

abroach
BR əˈbrəʊtʃ
AM əˈbroʊtʃ

abroad
BR əˈbrɔːd
AM əˈbrɑd, əˈbrɔd

abrogate[1] *adjective*
BR ˈabrəɡət
AM ˈæbrəɡət

abrogate[2] *verb*
BR ˈabrəɡeɪt, -s, -ɪŋ, -ɪd
AM ˈæbrəˌɡeɪ|t, -ts, -dɪŋ, -dɪd

abrogation
BR ˌabrəˈɡeɪʃn
AM ˌæbrəˈɡeɪʃ(ə)n

abrogator
BR ˈabrəɡeɪtə(r), -z
AM ˈæbrəˌɡeɪdər, -z

abrupt
BR əˈbrʌpt
AM əˈbrəpt

abruption
BR əˈbrʌpʃn
AM əˈbrəpʃ(ə)n

abruptly
BR əˈbrʌp(t)li
AM əˈbrəp(t)li
abruptness
BR əˈbrʌp(t)nəs
AM əˈbrəp(t)nəs
Abruzzi
BR əˈbrʊtsi
AM əˈbrutsi
IT aˈbruttsi
Absalom
BR ˈabsləm
AM ˈæbsəˌlam
abscess
BR ˈabsɪs, ˈabsɛs,
  -ɪz, -t
AM ˈæbˌsɛs, -əz, -t
abscisic acid
BR abˌsɪsɪk ˈasɪd
AM æbˌsɪsɪk ˈæsəd
abscissa
BR abˈsɪsə(r), -z
AM æbˈsɪsə, -z
abscissae
BR abˈsɪsiː
AM æbˈsɪˌsaɪ,
  æbˈsɪsi
abscission
BR abˈsɪʃn, -z
AM æbˈsɪʒ(ə)n, -z
abscond
BR abˈskɒnd, -z, -ɪŋ,
  -ɪd
AM æbˈskɑnd, -z, -ɪŋ,
  -ɪd
absconder
BR abˈskɒndə(r), -z
AM æbˈskɑndər, -z
Abse
BR ˈabzi
AM ˈæbsi
abseil
BR ˈabseɪl, ˈapseɪl,
  ˈabsʌɪl, ˈapsʌɪl, -z,
  -ɪŋ, -d
AM ˈæbˌseɪl, -z, -ɪŋ, -d
abseiler
BR ˈabseɪlə(r),
  ˈapseɪlə(r),
  ˈabsʌɪlə(r),
  ˈapsʌɪlə(r), -z
AM ˈæbˌseɪlər, -z

absence
BR ˈabsns, -ɪz
AM ˈæbs(ə)ns, -əz
absent[1] *adjective*
BR ˈabsnt
AM ˈæbs(ə)nt
absent[2] *verb*
BR abˈsɛnt, -s, -ɪŋ, -ɪd
AM æbˈsɛn|t, -ts,
  -(t)ɪŋ, -(t)əd
absentee
BR ˌabsnˈtiː, -z
AM ˌæbsənˈti, -z
absenteeism
BR ˌabsnˈtiːɪzm
AM ˌæbsənˈtiˌɪz(ə)m
absently
BR ˈabsntli
AM ˈæbsən(t)li
absentness
BR ˈabsntnəs
AM ˈæbsən(t)nəs
absinth
BR ˈabsɪnθ, -s
AM ˈæbˌsɪnθ, -s
absinthe
BR ˈabsɪnθ, -s
AM ˈæbˌsɪnθ, -s
absit omen
BR ˌabsɪt ˈəʊmɛn
AM ˌæbsə ˈdoʊm(ə)n
absolute
BR ˈabsəluːt,
  ˌabsəˈluːt, -s
AM ˈˌæbsəˈl(j)ut, -s
absolutely
BR ˈabsəluːtli,
  ˌabsəˈluːtli
AM ˈˌæbsəˈl(j)utli
absoluteness
BR ˈabsəluːtnəs,
  ˌabsəˈluːtnəs
AM ˈˌæbsəˈl(j)utnəs
absolution
BR ˌabsəˈluːʃn, -z
AM ˌæbsəˈl(j)uʃ(ə)n,
  -z
absolutism
BR ˈabsəluːtɪzm,
  ˌabsəˈluːtɪzm
AM ˌæbsəˈl(j)udɪz(ə)m,
  ˌæbsəˈl(j)uˌtɪz(ə)m

absolutist
BR ˈabsəluːtɪst,
  ˌabsəˈluːtɪst, -s
AM ˌæbsəˈl(j)udəst, -s
absolve
BR abˈzɒlv, -z, -ɪŋ, -d
AM æbˈzɑlv,
  æbˈsɑlv,
  æbˈzalv, æbˈsalv,
  -z, -ɪŋ, -d
absolver
BR abˈzɒlvə(r), -z
AM æbˈzɑlvər,
  æbˈsɑlvər,
  æbˈzalvər,
  æbˈsalvər, -z
absorb
BR abˈzɔːb, əbˈsɔːb,
  -z, -ɪŋ, -d
AM æbˈzɔ(ə)rb,
  æbˈsɔ(ə)rb, -z,
  -ɪŋ, -d
absorbability
BR abˌzɔːbəˈbɪlɪti,
  əbˌsɔːbəˈbɪlɪti
AM æbˌzɔrbəˈbɪlɪdi,
  æbˌsɔrbəˈbɪlɪdi
absorbable
BR əbˈzɔːbəbl,
  əbˈsɔːbəbl
AM æbˈzɔrbəb(ə)l,
  æbˈsɔrbəb(ə)l
absorbance
BR əbˈzɔːb(ə)ns,
  əbˈsɔːb(ə)ns
AM æbˈzɔrb(ə)ns,
  æbˈsɔrb(ə)ns
absorbedly
BR əbˈzɔːbɪdli,
  əbˈsɔːbɪdli
AM æbˈzɔrbədli,
  æbˈsɔrbədli
absorbency
BR əbˈzɔːb(ə)nsi,
  əbˈsɔːb(ə)nsi
AM æbˈzɔrbənsi,
  æbˈsɔrbənsi
absorbent
BR əbˈzɔːb(ə)nt,
  əbˈsɔːb(ə)nt
AM æbˈzɔrb(ə)nt,
  æbˈsɔrb(ə)nt

absorbently
BR əbˈzɔːb(ə)ntli,
  əbˈsɔːb(ə)ntli
AM æbˈzɔrbən(t)li,
  æbˈsɔrbən(t)li
absorber
BR əbˈzɔːbə(r),
  əbˈsɔːbə(r), -z
AM æbˈzɔrbər,
  æbˈsɔrbər, -z
absorbingly
BR əbˈzɔːbɪŋli,
  əbˈsɔːbɪŋli
AM æbˈzɔrbɪŋli,
  æbˈsɔrbɪŋli
absorption
BR əbˈzɔːpʃn,
  əbˈsɔːpʃn
AM æbˈzɔrpʃ(ə)n,
  æbˈsɔrpʃ(ə)n
absorptive
BR əbˈzɔːptɪv,
  əbˈsɔːptɪv
AM æbˈzɔrptɪv,
  æbˈsɔrptɪv
absorptiveness
BR əbˈzɔːptɪvnɪs,
  əbˈsɔːptɪvnɪs
AM æbˈzɔrptɪvnɪs,
  æbˈsɔrptɪvnɪs
absorptivity
BR ˌabzɔːpˈtɪvɪti,
  ˌabsɔːpˈtɪvɪti
AM ˌəbzɔrpˈtɪvɪdi,
  ˌæbsɔrpˈtɪvɪdi,
  ˌəbsɔrpˈtɪvɪdi,
  ˌæbzɔrpˈtɪvɪdi
absquatulate
BR əbˈskwɒtjʉleɪt,
  əbˈskwɒtʃʉleɪt, -s,
  -ɪŋ, -ɪd
AM ˌæbˈskwatʃəˌleɪ|t,
  ˌæbzˈkwatʃəˌleɪ|t,
  -ts, -dɪŋ, -dɪd
abstain
BR əbˈsteɪn, -z,
  -ɪŋ, -d
AM æbˈsteɪn, -z,
  -ɪŋ, -d
abstainer
BR əbˈsteɪnə(r), -z
AM æbˈsteɪnər, -z

abstemious
BR əbˈstiːmɪəs
AM æbˈstimiəs
abstemiously
BR əbˈstiːmɪəsli
AM æbˈstimiəsli
abstemiousness
BR əbˈstiːmɪəsnəs
AM æbˈstimiəsnəs
abstention
BR əbˈstɛnʃn, -z
AM æbˈstɛn(t)ʃ(ə)n, -z
abstentionism
BR əbˈstɛnʃn̩ɪzm
AM æbˈstɛn(t)ʃə-
ˌnɪz(ə)m
abstergent
BR abˈstəːdʒ(ə)nt, -s
AM æbˈstɜrdʒ(ə)nt, -s
abstersion
BR abˈstəːʃn, -z
AM æbˈstɜrʒ(ə)n, -z
abstersive
BR abˈstəːsɪv
AM æbˈstɜrzɪv
abstersively
BR abˈstəːsɪvli
AM æbˈstɜrzɪvli
abstinence
BR ˈabstɪnəns
AM ˈæbstənəns
abstinency
BR ˈabstɪnənsi
AM ˈæbstənənsi
abstinent
BR ˈabstɪnənt
AM ˈæbstənənt
abstinently
BR ˈabstɪnəntli
AM ˈæbstənən(t)li
abstract[1] *adjective*
BR ˈabstrakt
AM ˈˌæbˌstræk(t),
əbˈstræk(t)
abstract[2] *noun*
BR ˈabstrakt, -s
AM ˈæbˌstræk(t), -s
abstract[3] *verb*
BR əbˈstrakt, -s, -ɪŋ, -ɪd
AM ˈˌæbˌstræk|(t),
əbˈstræk|(t), -(t)s,
-tɪŋ, -təd

abstractedly
BR əbˈstraktɪdli
AM æbˈstræktədli
abstractedness
BR əbˈstraktɪdnɪs
AM æbˈstræktədnəs
abstraction
BR əbˈstrakʃn, -z
AM æbˈstrækʃ(ə)n, -z
abstractionism
BR əbˈstrakʃn̩ɪzm
AM æbˈstrækʃə-
ˌnɪz(ə)m
abstractionist
BR əbˈstrakʃn̩ɪst, -s
AM æbˈstrækʃənəst, -s
abstractive
BR əbˈstraktɪv
AM æbˈstræktɪv
abstractly
BR ˈabstrak(t)li
AM æbˈstræk(t)li
abstractness
BR əbˈstrak(t)nəs
AM æbˈstræk(t)nəs
abstractor
BR əbˈstraktə(r), -z
AM æbˈstræktər, -z
abstruse
BR əbˈstruːs
AM æbˈstrus
abstrusely
BR əbˈstruːsli
AM æbˈstrusli
abstruseness
BR əbˈstruːsnəs
AM æbˈstrusnəs
absurd
BR əbˈsəːd,
əbˈzəːd
AM æbˈsɜrd,
æbˈzɜrd
absurdism
BR əbˈsəːdɪzm,
əbˈzəːdɪzm
AM æbˈsɜrd,ɪz(ə)m,
æbˈzɜrd,ɪz(ə)m
absurdist
BR əbˈsəːdɪst,
əbˈzəːdɪst, -s
AM æbˈsɜrdəst,
æbˈzɜrdəst, -s

absurdity
BR əbˈsəːdɪt|i,
əbˈzəːdɪt|i, -ɪz
AM æbˈsɜrdədi,
æbˈzɜrdədi, -z
absurdly
BR əbˈsəːdli, əbˈzəːdli
AM æbˈsɜrdli, æbˈzɜrdli
absurdness
BR əbˈsəːdnəs,
əbˈzəːdnəs
AM æbˈsɜrdnəs,
æbˈzɜrdnəs
ABTA
BR ˈabtə(r)
AM ˈæbdə, ˌeɪˌbiˌtiˈeɪ
Abu Dhabi
BR ˌabuː ˈdɑːbi
AM ˌabu ˈdɑbi
abuela
BR aˈbweɪlə(r), -z
AM ɑˈbweɪlə, -z
abuelo
BR aˈbweɪləʊ, -z
AM ɑˈbweɪloʊ, -z
Abuja
BR əˈbuːdʒə(r)
AM əˈbudʒə
Abukir Bay
BR ˌabʊkɪə ˈbeɪ
AM ˌabuˈkɪ(ə)r ˈbeɪ
abulia
BR əˈb(j)uːlɪə(r)
AM əˈbuliə, əˈbuljə
Abu Musa
BR ˌabuː ˈmuːsə(r)
AM ˌabu ˈmusə
abundance
BR əˈbʌnd(ə)ns
AM əˈbənd(ə)ns
abundant
BR əˈbʌnd(ə)nt
AM əˈbənd(ə)nt
abundantly
BR əˈbʌnd(ə)ntli
AM əˈbəndən(t)li
abuse[1] *noun*
BR əˈbjuːs, -ɪz
AM əˈbjus, -əz
abuse[2] *verb*
BR əˈbjuːz, -ɪz, -ɪŋ, -d
AM əˈbjuz, -əz, -ɪŋ, -d

abuser
BR əˈbjuːzə(r), -z
AM əˈbjuzər, -z
Abu Simbel
BR ˌabuː ˈsɪmbl
AM ˌabu ˈsɪmb(ə)l
abusive
BR əˈbjuːsɪv, əˈbjuːzɪv
AM əˈbjuzɪv,
əˈbjusɪv
abusively
BR əˈbjuːsɪvli,
əˈbjuːzɪvli
AM əˈbjuzɪvli,
əˈbjusɪvli
abusiveness
BR əˈbjuːsɪvnɪs,
əˈbjuːzɪvnɪs
AM əˈbjuzɪvnɪs,
əˈbjusɪvnɪs
abut
BR əˈbʌt, -s, -ɪŋ, -ɪd
AM əˈbə|t, -ts, -dɪŋ,
-dəd
abutilon
BR əˈbjuːtɪlɒn, -z
AM əˈbjudl̩ˌɑn, -z
abutment
BR əˈbʌtm(ə)nt, -s
AM əˈbətm(ə)nt, -s
abuttal
BR əˈbʌtl
AM əˈbədl
abutter
BR əˈbʌtə(r), -z
AM əˈbədər, -z
abuzz
BR əˈbʌz
AM əˈbəz
Abydos
BR əˈbʌɪdɒs
AM əˈbaɪˌdɑs,
əˈbaɪˌdɔs
abysm
BR əˈbɪz(ə)m
AM əˈbɪz(ə)m
abysmal
BR əˈbɪzml
AM əˈbɪzm(ə)l
abysmally
BR əˈbɪzml̩i
AM əˈbɪzməli

abyss
BR əˈbɪs, -ɪz
AM əˈbɪs, -ɪz
abyssal
BR əˈbɪsl
AM əˈbɪs(ə)l
Abyssinia
BR ˌæbɪˈsɪniə(r)
AM ˌæbəˈsɪniə
abzyme
BR ˈabzʌɪm, -z
AM ˈæbˌzaɪm, -z
a/c
BR əˈkaʊnt, -s
AM əˈkaʊnt, -s
acacia
BR əˈkeɪʃə(r), -z
AM əˈkeɪʃə, -z
academe
BR ˈakədiːm
AM ˌækəˈdim
academia
BR ˌakəˈdiːmiə(r)
AM ˌækəˈdimiə
academic
BR ˌakəˈdɛmɪk, -s
AM ˌækəˈdɛmɪk, -s
academical
BR ˌakəˈdɛmɪkl, -z
AM ˌækəˈdɛmək(ə)l, -z
academically
BR ˌakəˈdɛmɪkli
AM ˌækəˈdɛmək(ə)li
academician
BR əˌkadəˈmɪʃn, ˌakədəˈmɪʃn, -z
AM əˌkædəˈmɪʃ(ə)n, ˌækədəˈmɪʃ(ə)n, -z
academicism
BR ˌakəˈdɛmɪsɪzm
AM ˌækəˈdɛməˌsɪz(ə)m
academism
BR əˈkadəmɪzm
AM əˈkædəˌmɪz(ə)m
academy
BR əˈkadəm|i, -ɪz
AM əˈkædəmi, -z
Acadia
BR əˈkeɪdɪə(r)
AM əˈkeɪdiə

Acadian
BR əˈkeɪdɪən, -z
AM əˈkeɪdiən, -z
acaemia
BR əˈsiːmɪə(r)
AM əˈsimiə, əˈsimjə
acajau
BR ˈakəʒuː, -z
AM ˈɑkəʒu, -z
acanthi
BR əˈkanθʌɪ
AM əˈkænˌθaɪ
acanthine
BR əˈkanθʌɪn
AM əˈkænˌθaɪn, əˈkænθ(ə)n
acanthus
BR əˈkanθəs, -ɪz
AM əˈkænθəs, -əz
a capella
BR ˌa kəˈpɛlə(r), ˌɑː +
AM ˌɑ kəˈpɛlə
a cappella
BR ˌa kəˈpɛlə(r), ˌɑː +
AM ˌɑ kəˈpɛlə
Acapulco
BR ˌakəˈpʊlkəʊ
AM ˌakəˈpoʊkoʊ, ˌakəˈpʊlkoʊ
SP akaˈpulko
acaricide
BR ˈakərɪsʌɪd, əˈkarɪsʌɪd, -z
AM əˈkɛrəˌsaɪd, -z
acarid
BR ˈakərɪd, -z
AM ˈækərəd, -z
acaroid
BR ˈakərɔɪd
AM ˈækəˌrɔɪd
acarology
BR ˌakəˈrɒlədʒi
AM ˌækəˈrɑlədʒi
acarpous
BR (ˌ)eɪˈkɑːpəs
AM eɪˈkɑrpəs
ACAS
BR ˈeɪkas
AM ˈeɪˌkæs

acatalectic
BR əˌkatəˈlɛktɪk, ˌeɪkatəˈlɛktɪk
AM əˌkædlˈɛktɪk, ˌeɪˌkædlˈɛktɪk
acatalepsy
BR əˈkatəlɛpsi, (ˌ)eɪˈkatəlɛpsi
AM eɪˈkædlˌɛpsi
acataleptic
BR əˌkatəˈlɛptɪk, ˌeɪkatəˈlɛptɪk
AM əˌkædlˈɛptɪk, ˌeɪˌkædlˈɛptɪk
acaudal
BR (ˌ)eɪˈkɔːdl
AM eɪˈkad(ə)l, eɪˈkɔd(ə)l
acaudate
BR (ˌ)eɪˈkɔːdeɪt
AM eɪˈkaˌdeɪt, eɪˈkɔˌdeɪt
acausal
BR (ˌ)eɪˈkɔːzl
AM eɪˈkaz(ə)l, eɪˈkɔz(ə)l
Accadian
BR əˈkeɪdɪən, -z
AM əˈkeɪdiən, -z
accaroid
BR ˈakərɔɪd
AM ˈækəˌrɔɪd
accede
BR akˈsiːd, -z, -ɪŋ, -ɪd
AM ə(k)ˈsid, ækˈsid, -z, -ɪŋ, -ɪd
accelerando
BR akˌsɛləˈrandəʊ, əˌtʃɛləˈrandəʊ
AM ɑˌtʃɛləˈrandoʊ, akˌsɛləˈrandoʊ
accelerant
BR əkˈsɛlərnt, -s
AM ækˈsɛlər(ə)nt, -s
accelerate
BR akˈsɛləreɪt, -s, -ɪŋ, -ɪd
AM ækˈsɛləˌreɪ|t, -ts, -dɪŋ, -dɪd
acceleration
BR akˌsɛləˈreɪʃn
AM ækˌsɛləˈreɪʃ(ə)n

accelerative
BR əkˈsɛl(ə)rətɪv
AM ækˈsɛləˌreɪdɪv, ækˈsɛləˌreɪdɪv
accelerator
BR akˈsɛləreɪtə(r), -z
AM ækˈsɛləˌreɪdər, -z
accelerometer
BR akˌsɛləˈrɒmɪtə(r), -z
AM ækˌsɛləˈrɑmədər, -z
accent[1] *noun*
BR ˈaks(ə)nt, -s
AM ˈækˌsɛnt, -s
accent[2] *verb*
BR akˈsɛnt, -s, -ɪŋ, -ɪd
AM ˈækˌsɛn|t, -ts, -(t)ɪŋ, -(t)əd
accentor
BR akˈsɛntə(r), -z
AM ˈæksɛn(t)ər, -z
accentual
BR akˈsɛn(t)ʃʊəl, akˈsɛn(t)ʃ(ʊ)l, akˈsɛntjʊəl, akˈsɛntjʊl
AM ækˈsɛn(t)ʃ(əw)əl
accentually
BR akˈsɛn(t)ʃʊəli, akˈsɛn(t)ʃʊli, akˈsɛn(t)ʃli, akˈsɛntjʊəli, akˈsɛntjʊli
AM ækˈsɛn(t)ʃ(əw)əli
accentuate
BR akˈsɛn(t)ʃʊeɪt, akˈsɛntjʊeɪt, -s, -ɪŋ, -ɪd
AM ækˈsɛn(t)ʃəˌweɪ|t, -ts, -dɪŋ, -dɪd
accentuation
BR akˌsɛntʃʊˈeɪʃn, akˌsɛntjʊˈeɪʃn
AM ækˌsɛn(t)ʃəˈweɪʃ(ə)n
accept
BR akˈsɛpt, -s, -ɪŋ, -ɪd
AM ækˈsɛpt, -s, -ɪŋ, -əd
acceptability
BR akˌsɛptəˈbɪlɪti
AM ækˌsɛptəˈbɪlɪdi

acceptable
BR akˈsɛptəbl
AM ækˈsɛptəb(ə)l

acceptableness
BR akˈsɛptəblnəs
AM ækˈsɛptəbəlnəs

acceptably
BR akˈsɛptəbli
AM ækˈsɛptəbli

acceptance
BR akˈsɛpt(ə)ns, -ɪz
AM ækˈsɛpt(ə)ns, -əz

acceptant
BR akˈsɛpt(ə)nt, -s
AM ækˈsɛpt(ə)nt, -s

acceptation
BR ˌaksɛpˈteɪʃn, -z
AM ˌækˌsɛpˈteɪʃ(ə)n, -z

acceptee
BR ˌaksɛpˈtiː, -z
AM ækˌsɛpˈti, -z

accepter
BR akˈsɛptə(r), -z
AM ækˈsɛptər, -z

acceptor
BR əkˈsɛptə(r), akˈsɛptə(r), -z
AM ækˈsɛptər, -z

access[1] *noun*
BR ˈaksɛs, -ɪz
AM ˈækˌsɛs, -əz

access[2] *verb*
BR ˈaksɛs, əkˈsɛs, -ɪz, -ɪŋ, -t
AM ˈækˌsɛs, -əz, -ɪŋ, -t

accessary
BR akˈsɛs(ə)r|i, -ɪz
AM ækˈsɛs(ə)ri, -z

accessibility
BR akˌsɛsɪˈbɪlɪti
AM ækˌsɛsəˈbɪlɪdi

accessible
BR akˈsɛsɪbl
AM ækˈsɛsəb(ə)l

accessibly
BR akˈsɛsɪbli
AM ækˈsɛsəbli

accession
BR akˈsɛʃn
AM ækˈsɛʃ(ə)n

accessit
BR akˈsɛsɪt
AM ækˈsɛsət

accessorial
BR ˌaksɛˈsɔːriəl
AM ˌæksəˈsɔriəl

accessorise
BR akˈsɛsərʌɪz, -ɪz, -ɪŋ, -d
AM ækˈsɛsəˌraɪz, -ɪz, -ɪŋ, -d

accessorize
BR akˈsɛsərʌɪz, -ɪz, -ɪŋ, -d
AM ækˈsɛsəˌraɪz, -ɪz, -ɪŋ, -d

accessory
BR akˈsɛs(ə)r|i, -ɪz
AM ækˈsɛs(ə)ri, -z

acciaccatura
BR əˌtʃakəˈtʊərə(r)
AM aˌtʃakəˈtʊrə

accidence
BR ˈaksɪd(ə)ns
AM ˈæksəd(ə)ns

accident
BR ˈaksɪd(ə)nt, -s
AM ˈæksədnt, -s

accidental
BR ˌaksɪˈdɛntl
AM ˌæksəˈdɛn(t)l

accidentally
BR ˌaksɪˈdɛntli, ˌaksɪˈdɛntli
AM ˌæksəˈdɛn(t)li

accidie
BR ˈaksɪdi
AM ˈæksədi

accipiter
BR akˈsɪpɪtə(r), -z
AM æ(k)ˈsɪpədər, -z

acclaim
BR əˈkleɪm, -z, -ɪŋ, -d
AM əˈkleɪm, -z, -ɪŋ, -d

acclaimer
BR əˈkleɪmə(r), -z
AM əˈkleɪmər, -z

acclamation
BR ˌakləˈmeɪʃn, -z
AM ˌækləˈmeɪʃ(ə)n, -z

acclamatory
BR əˈklamət(ə)ri
AM əˈklæməˌtɔri

acclimatation
BR əˌklʌɪməˈteɪʃn
AM əˌklaɪməˈteɪʃ(ə)n

acclimate
BR ˈaklɪmeɪt, -s, -ɪŋ, -ɪd
AM ˈækləˌmeɪ|t, -ts, -dɪŋ, -dɪd

acclimation
BR ˌaklɪˈmeɪʃn
AM ˌækləˈmeɪʃ(ə)n

acclimatisation
BR əˌklʌɪmətʌɪˈzeɪʃn
AM əˌklaɪməˌtaɪˈzeɪʃ(ə)n, əˌklaɪmədəˈzeɪʃ(ə)n

acclimatise
BR əˈklʌɪmətʌɪz, -ɪz, -ɪŋ, -d
AM əˈklaɪməˌtaɪz, -ɪz, -ɪŋ, -d

acclimatization
BR əˌklʌɪmətʌɪˈzeɪʃn
AM əˌklaɪməˌtaɪˈzeɪʃ(ə)n, əˌklaɪmədəˈzeɪʃ(ə)n

acclimatize
BR əˈklʌɪmətʌɪz, -ɪz, -ɪŋ, -d
AM əˈklaɪməˌtaɪz, -ɪz, -ɪŋ, -d

acclivitous
BR əˈklɪvɪtəs
AM əˈklɪvədəs

acclivity
BR əˈklɪvɪt|i, -ɪz
AM əˈklɪvɪdi, -z

accolade
BR ˈakəleɪd, ˌakəˈleɪd, -z
AM ˈækəˌleɪd, -z

accommodate
BR əˈkɒmədeɪt, -s, -ɪŋ, -ɪd
AM əˈkaməˌdeɪ|t, -ts, -dɪŋ, -dɪd

accommodatingly
BR əˈkɒmədeɪtɪŋli
AM əˈkaməˌdeɪdɪŋli

accommodation
BR əˌkɒməˈdeɪʃn, -z
AM əˌkaməˈdeɪʃ(ə)n, -z

accommodationist
BR əˌkɒməˈdeɪʃnɪst, -s
AM əˌkaməˈdeɪʃənəst, -s

accompaniment
BR əˈkʌmp(ə)nɪm(ə)nt, -s
AM əˈkʌmp(ə)nəm(ə)nt, əˈkʌmp(ə)nɪm(ə)nt, -s

accompanist
BR əˈkʌmpnɪst, -s
AM əˈkəmpənəst, -s

accompany
BR əˈkʌmp(ə)n|i, əˈkʌmpn|i, -ɪz, -ɪŋ, -ɪd
AM əˈkəmp(ə)ni, -z, -ɪŋ, -d

accompanyist
BR əˈkʌmpnɪɪst
AM əˈkəmp(ə)niəst

accomplice
BR əˈkʌmplɪs, əˈkɒmplɪs, -ɪz
AM əˈkampləs, -əz

accomplish
BR əˈkʌmpl|ɪʃ, əˈkɒmpl|ɪʃ, -ɪʃɪz, -ɪʃɪŋ, -ɪʃt
AM əˈkamplɪʃ, -ɪz, -ɪŋ, -t

accomplishment
BR əˈkʌmplɪʃm(ə)nt, əˈkɒmplɪʃm(ə)nt, -s
AM əˈkamplɪʃm(ə)nt, -s

accompt
BR əˈkaʊnt, -s
AM əˈkaʊnt, -s

accord
BR əˈkɔːd, -z, -ɪŋ, -ɪd
AM əˈkɔ(ə)rd, -z, -ɪŋ, -əd

accordance
BR əˈkɔːd(ə)ns
AM əˈkɔrdns

accordant
BR əˈkɔːd(ə)nt
AM əˈkɔrdnt

accordantly
BR əˈkɔːd(ə)ntli
AM əˈkɔrdn(t)li

according
BR əˈkɔːdɪŋ
AM əˈkɔrdɪŋ

accordingly
BR əˈkɔːdɪŋli
AM əˈkɔrdɪŋli

accordion
BR əˈkɔːdiən, -z
AM əˈkɔrdiən, -z

accordionist
BR əˈkɔːdiənɪst, -s
AM əˈkɔrdiənəst, -s

accost
BR əˈkɒst, -s, -ɪŋ, -ɪd
AM əˈkɑst, əˈkɔst, -s, -ɪŋ, -əd

accouchement
BR əˈkuːʃmɒ̃, -z
AM əˈkuʃm(ə)nt, ˌakuʃˈmant, -s

accoucheur
BR ˌakuːˈʃəː(r), -z
AM ˌakuˈʃɜr, -z

accoucheuse
BR ˌakuːˈʃəːz, -ɪz
AM ˌakuˈʃɜz, -əz

account
BR əˈkaʊnt, -s, -ɪŋ, -ɪd
AM əˈkaʊnt, -ts, -(t)ɪŋ, -(t)əd

accountability
BR əˌkaʊntəˈbɪlɪti
AM əˌkaʊn(t)əˈbɪlɪdi

accountable
BR əˈkaʊntəbl
AM əˈkaʊn(t)əb(ə)l

accountableness
BR əˈkaʊntəblnəs
AM əˈkaʊn(t)əbəlnəs

accountably
BR əˈkaʊntəbli
AM əˈkaʊn(t)əbli

accountancy
BR əˈkaʊnt(ə)nsi
AM əˈkaʊn(t)nsi

accountant
BR əˈkaʊnt(ə)nt, -s
AM əˈkaʊn(t)ənt, -s

accounting
BR əˈkaʊntɪŋ
AM əˈkaʊn(t)ɪŋ

accouter
BR əˈkuːt|ə(r), -əz, -(ə)rɪŋ, -əd
AM əˈkudər, -z, -ɪŋ, -d

accouterment
BR əˈkuːtrɪm(ə)nt, əˈkuːtəm(ə)nt, -s
AM əˈkudərm(ə)nt, -s

accoutre
BR əˈkuːt|ə(r), -əz, -(ə)rɪŋ, -əd
AM əˈkudər, -z, -ɪŋ, -d

accoutrement
BR əˈkuːtrɪm(ə)nt, əˈkuːtəm(ə)nt, -s
AM əˈkudərm(ə)nt, -s

accra
BR ˈakrə(r), -z
AM ˈækrə, -z

Accra
BR əˈkrɑː(r)
AM ˈækrə

accredit
BR əˈkrɛd|ɪt, -ɪts, -ɪtɪŋ, -ɪtɪd
AM əˈkrɛdə|t, -ts, -dɪŋ, -dəd

accreditation
BR əˌkrɛdɪˈteɪʃn
AM əˌkrɛdəˈdeɪʃ(ə)n

accrete
BR əˈkriːt, -s, -ɪŋ, -ɪd
AM əˈkri|t, -ts, -dɪŋ, -dɪd

accretion
BR əˈkriːʃn, -z
AM əˈkriʃ(ə)n, -z

accretive
BR əˈkriːtɪv
AM əˈkridɪv

Accrington
BR ˈakrɪŋt(ə)n
AM ˈækrɪŋt(ə)n

accrual
BR əˈkruːəl, -z
AM əˈkruəl, -z

accrue
BR əˈkruː, -z, -ɪŋ, -d
AM əˈkru, -z, -ɪŋ, -d

acct
BR əˈkaʊnt, -s
AM əˈkaʊnt, -s

acculturate
BR əˈkʌltʃɚreɪt, -s, -ɪŋ, -ɪd
AM əˈkəltʃəˌreɪ|t, -ts, -dɪŋ, -dɪd

acculturation
BR əˌkʌltʃɚˈreɪʃn
AM əˌkəltʃəˈreɪʃ(ə)n

acculturative
BR əˈkʌltʃ(ə)rətɪv
AM əˈkəltʃəˌreɪdɪv, əˈkəltʃ(ə)rədɪv

accumulable
BR əˈkjuːmjʊləbl
AM əˈkjum(j)ələb(ə)l

accumulate
BR əˈkjuːmjʊleɪt, -s, -ɪŋ, -ɪd
AM əˈkjum(j)əˌleɪ|t, -ts, -dɪŋ, -dɪd

accumulation
BR əˌkjuːmjʊˈleɪʃn, -z
AM əˌkjum(j)əˈleɪʃ(ə)n, -z

accumulative
BR əˈkjuːmjʊlətɪv
AM əˈkjum(j)əˌleɪdɪv, əˈkjum(j)ələdɪv

accumulatively
BR əˈkjuːmjʊlətɪvli
AM əˈkjum(j)əˌleɪdɪvli, əˈkjum(j)ələdɪvli

accumulator
BR əˈkjuːmjʊleɪtə(r), -z
AM əˈkjum(j)əˌleɪdər, -z

accuracy
BR ˈakjʊrəsi
AM ˈækjərəsi

accurate
BR ˈakjʊrət
AM ˈækjərət

accurately
BR ˈakjʊrətli
AM ˈækjərətli

accurateness
BR ˈakjʊrətnəs
AM ˈækjərətnəs

Accurist
BR ˈakjʊrɪst
AM ˈækjʊrəst

accursed
BR əˈkəːst, əˈkəːsɪd
AM əˈkərsəd, əˈkərst

accursedly
BR əˈkəːsɪdli
AM əˈkərsədli

accusal
BR əˈkjuːzl, -z
AM əˈkjuz(ə)l, -z

accusation
BR ˌakjʊˈzeɪʃn, -z
AM ˌækjuˈzeɪʃ(ə)n, ˌækjəˈzeɪʃ(ə)n, -z

accusatival
BR əˌkjuːzəˈtʌɪvl
AM əˌkjuzəˈtaɪv(ə)l

accusative
BR əˈkjuːzətɪv, -z
AM əˈkjuzədɪv, -z

accusatively
BR əˈkjuːzətɪvli
AM əˈkjuzədɪvli

accusatorial
BR əˌkjuːzəˈtɔːriəl
AM əˌkjuzəˈtɔriəl

accusatory
BR əˈkjuːzət(ə)ri, ˌakjʊˈzeɪt(ə)ri
AM əˈkjuzəˌtɔri

accuse
BR əˈkjuːz, -ɪz, -ɪŋ, -d
AM əˈkjuz, -əz, -ɪŋ, -d

accuser
BR əˈkjuːzə(r), -z
AM əˈkjuzər, -z

accusingly
BR əˈkjuːzɪŋli
AM əˈkjuzɪŋli

accustom
BR əˈkʌst(ə)m, -z, -ɪŋ, -d
AM əˈkəst(ə)m, -z, -ɪŋ, -d

ace
BR eɪs, -ɪz, -ɪŋ, -t
AM eɪs, -ɪz, -ɪŋ, -t

acedia
BR əˈsiːdiə(r)
AM əˈsidiə

Aceldama
BR əˈkɛldəmə(r),
əˈsɛldəmə(r)
AM əˈkɛldəmə,
əˈsɛldəmə

acellular
BR (ˌ)eɪˈsɛljʊlə(r)
AM eɪˈsɛljələr

acephalous
BR (ˌ)eɪˈsɛfləs,
(ˌ)eɪˈkɛfləs
AM eɪˈsɛfələs

acer
BR ˈeɪsə(r), -z
AM ˈeɪsər, -z

acerb
BR əˈsəːb
AM əˈsɚb

acerbic
BR əˈsəːbɪk
AM əˈsɚbɪk

acerbically
BR əˈsəːbɪkli
AM əˈsɚbək(ə)li

acerbity
BR əˈsəːbɪti
AM əˈsɚbədi

acescence
BR əˈsɛsns
AM əˈsɛs(ə)ns

acescent
BR əˈsɛsnt
AM əˈsɛs(ə)nt

acetabula
BR ˌasɪˈtæbjʊlə(r)
AM ˌæsəˈtæbjələ

acetabulum
BR ˌasɪˈtæbjʊləm
AM ˌæsəˈtæbjəl(ə)m

acetal
BR ˈasɪtal
AM ˈæsəˌtæl, ˈæsədl

acetaldehyde
BR ˌasɪˈtaldɪhʌɪd
AM ˌæsəˈtældəˌhaɪd

acetaminophen
BR əˌsiːtəˈmɪnəfɛn,
əˌsɛtəˈmɪnəfɛn
AM əˌsidəˈmɪnəf(ə)n

acetanilide
BR ˌasɪˈtanɪlʌɪd
AM ˌæsəˈtænəˌlaɪd

acetate
BR ˈasɪteɪt, -s
AM ˈæsəˌteɪt, -s

acetic
BR əˈsiːtɪk, əˈsɛtɪk
AM əˈsidɪk

acetification
BR əˌsiːtɪfɪˈkeɪʃn,
əˌsɛtɪfɪˈkeɪʃn
AM əˌsɛdəfəˈkeɪʃ(ə)n,
əˌsidəfəˈkeɪʃ(ə)n

acetify
BR əˈsiːtɪfʌɪ,
əˈsɛtɪfʌɪ, -z, -ɪŋ, -d
AM əˈsɛdəˌfaɪ,
əˈsidəˌfaɪ, -z, -ɪŋ, -d

acetone
BR ˈasɪtəʊn
AM ˈæsəˌtoʊn

acetose
BR ˈasɪtəʊs
AM ˈæsəˌtoʊz,
ˈæsəˌtoʊs

acetous
BR əˈsiːtəs, ˈasɪtəs
AM ˈæsədəs, əˈsidəs

acetyl
BR ˈasɪtʌɪl, ˈasɪtɪl
AM ˈæsədl, əˈsidl

acetylcholine
BR ˌasɪtʌɪlˈkəʊliːn,
ˌasɪtɪlˈkəʊliːn,
ˌasɪtʌɪlˈkəʊlɪn,
ˌasɪtɪlˈkəʊlɪn
AM ˌæsədlˈkoʊˌlaɪn,
əˌsidlˈkoʊˌlin

acetylene
BR əˈsɛtiliːn, əˈsɛtliːn
AM əˈsɛdəˌlin,
əˈsɛtl(ə)n,
əˈsɛdəl(ə)n

acetylide
BR əˈsɛtɪlʌɪd,
əˈsɛtlʌɪd
AM əˈsɛdlˌaɪd

acetylsalicylic
BR ˌasɪtʌɪlˌsalɪˈsɪlɪk,
ˌasɪtɪlˌsalɪˈsɪlɪk
AM əˌsidlˌsæləˈsɪlɪk

acey-deucey
BR ˌeɪsɪˈdjuːsi,
ˌeɪsɪˈdʒuːsi
AM ˌeɪsɪˈd(j)usi

acey-deucy
BR ˌeɪsɪˈdjuːsi,
ˌeɪsɪˈdʒuːsi
AM ˌeɪsɪˈd(j)usi

Achaea
BR əˈkiːə(r)
AM əˈkeɪə, əˈkiə

Achaean
BR əˈkiːən, -z
AM əˈkeɪən, əˈkiən, -z

Achaemenid
BR əˈkiːmənɪd, -z
AM əˈkimənəd, -z

acharnement
BR aˈʃɑːnmɒ̃
AM əˌʃɑrnəˈmɑn(t)

Achates
BR əˈkeɪtiːz
AM əˈkeɪdiz

ache
BR eɪk, -s, -ɪŋ, -t
AM eɪk, -s, -ɪŋ, -t

Achebe
BR əˈtʃeɪbi
AM əˈtʃeɪbeɪ

achene
BR əˈkiːn, -z
AM əˈkin, -z

Acheron
BR ˈak(ə)rn, ˈakərɒn
AM ˈætʃəˌrɑn,
ˈækəˌrɑn

Acheson
BR ˈatʃɪs(ə)n
AM ˈætʃəs(ə)n

Acheulean
BR əˈ(t)ʃuːliən, -z
AM əˈʃuliən, -z

Acheulian
BR əˈ(t)ʃuːliən, -z
AM əˈʃuliən,
əˈʃulj(ə)n, -z

achievable
BR əˈtʃiːvəbl
AM əˈtʃivəb(ə)l

achieve
BR əˈtʃiːv, -z, -ɪŋ, -d
AM əˈtʃiv, -z, -ɪŋ, -d

achievement
BR əˈtʃiːvm(ə)nt, -s
AM əˈtʃivm(ə)nt, -s

achiever
BR əˈtʃiːvə(r), -z
AM əˈtʃivər, -z

achillea
BR ˌakɪˈliːə(r),
əˈkɪliə(r)
AM əˈkɪliə

Achilles
BR əˈkɪliːz
AM əˈkɪliz

Achiluese
BR ˌatʃɪˈniːz
AM ˌatʃəˈniz, ˌætʃəˈniz

achingly
BR ˈeɪkɪŋli
AM ˈeɪkɪŋli

achiral
BR eɪˈkʌɪrl
AM eɪˈkaɪr(ə)l

achondroplasia
BR əˌkɒndrəˈpleɪzɪə(r),
ˌeɪkɒndrəˈpleɪzɪə(r),
əˌkɒndrəˈpleɪʒə(r),
ˌeɪkɒndrəˈpleɪʒə(r)
AM ˌeɪˌkɑndrəˈpleɪziə,
ˌeɪˌkɑndrəˈpleɪʒ(i)ə

achondroplasic
BR əˌkɒndrəˈpleɪzɪk,
ˌeɪkɒndrəˈpleɪzɪk, -s
AM ˌeɪˌkɑndrəˈpleɪzɪk,
ˌeɪˌkɑndrəˈpleɪʒɪk,
-s

achondroplastic
BR əˌkɒndrəˈplastɪk,
ˌeɪkɒndrəˈplastɪk,
-s
AM ˌeɪˌkɑndrə-
ˈplæstɪk, -s

achoo
BR əˈtʃuː
AM əˈtʃu

achromat
BR ˈakrə(ʊ)mat, -s
AM ˈækrəˌmæt, -s

achromatic
BR ˌakrə(ʊ)ˈmatɪk,
ˌeɪkrə(ʊ)ˈmatɪk
AM ˌeɪkrəˈmædɪk,
ˌækrəˈmædɪk

achromatically
BR ˌakrə(ʊ)ˈmatɪkli, ˌeɪkrə(ʊ)ˈmatɪkli
AM ˌeɪkrəˈmædək(ə)li, ˌækrəˈmædək(ə)li

achromaticity
BR əˌkrəʊməˈtɪsɪti, ˌeɪkrəʊməˈtɪsɪti
AM æˌkroʊməˈtɪsɪdi, ˌeɪˌkroʊməˈtɪsɪdi

achromatism
BR əˈkrəʊmətɪzm, (ˌ)eɪˈkrəʊmətɪzm
AM æˈkroʊməˌtɪz(ə)m, ˌeɪˈkroʊməˌtɪz(ə)m

achromatize
BR əˈkrəʊmətʌɪz, (ˌ)eɪˈkrəʊmətʌɪz, -z, -ɪŋ, -d
AM æˈkroʊməˌtaɪz, ˌeɪˈkroʊməˌtaɪz, -ɪz, -ɪŋ, -d

achronical
BR (ˌ)eɪˈkrɒnɪkl
AM eɪˈkrɑnək(ə)l

achy
BR ˈeɪki
AM ˈeɪki

achy-breaky
BR ˌeɪkɪˈbreɪki
AM ˈeɪkiˈbreɪki

acicula
BR əˈsɪkjʊlə(r)
AM əˈsɪkjələ

acicular
BR əˈsɪkjʊlə(r)
AM əˈsɪkjələr

acid
BR ˈasɪd, -z
AM ˈæsəd, -z

acid house
BR ˈasɪd ˌhaʊs
AM ˈæsəd ˌhaʊs

acidic
BR əˈsɪdɪk
AM æˈsɪdɪk, əˈsɪdɪk

acidification
BR əˌsɪdɪfɪˈkeɪʃn
AM æˌsɪdəfəˈkeɪʃ(ə)n, əˌsɪdəfəˈkeɪʃ(ə)n

acidify
BR əˈsɪdɪfʌɪ, -z, -ɪŋ, -d
AM æˈsɪdəˌfaɪ, əˈsɪdəˌfaɪ, -z, -ɪŋ, -d

acidimeter
BR ˌasɪˈdɪmɪtə(r), -z
AM ˌæsəˈdɪmədər, -z

acidimetry
BR ˌasɪˈdɪmɪtri
AM ˌæsəˈdɪmɪtri

acidity
BR əˈsɪdɪti
AM æˈsɪdɪdi, əˈsɪdɪdi

acidly
BR ˈasɪdli
AM ˈæsədli

acidness
BR ˈasɪdnɪs
AM ˈæsədnəs

acidophilic
BR ˌasɪdə(ʊ)ˈfɪlɪk
AM ˌæsədəˈfɪlɪk, ˌæsədoʊˈfɪlɪk

acidophilus
BR ˌasɪˈdɒfɪləs
AM ˌæsəˈdɑfələs

acidosis
BR ˌasɪˈdəʊsɪs
AM ˌæsəˈdoʊsəs

acidotic
BR ˌasɪˈdɒtɪk
AM ˌæsəˈdɑdɪk

acidulate
BR əˈsɪdjʊleɪt, əˈsɪdʒʊleɪt, -s, -ɪŋ, -ɪd
AM əˈsɪdʒəˌleɪt, -ts, -dɪŋ, -dɪd

acidulation
BR əˌsɪdjʊˈleɪʃn, əˌsɪdʒʊˈleɪʃn
AM əˌsɪdʒəˈleɪʃ(ə)n

acidulous
BR əˈsɪdjʊləs, əˈsɪdʒʊləs
AM əˈsɪdʒələs

acini
BR ˈasɪnʌɪ
AM ˈæsəˌnaɪ

acinus
BR ˈasɪnəs
AM ˈæsənəs

ack
BR ak
AM æk

ack-ack
BR ˈakak
AM ˈækˌæk

ackee
BR ˈakˌi, -ɪz
AM ˈæki, -z

ack emma
BR ˌak ˈɛmə(r)
AM ˌæk ˈɛmə

Ackerman
BR ˈakəmən
AM ˈækərm(ə)n

acknowledge
BR əkˈnɒlˌɪdʒ, -ɪdʒɪz, -ɪdʒɪŋ, -ɪdʒd
AM ækˈnɑlədʒ, -əz, -ɪŋ, -d

acknowledgeable
BR əkˈnɒlɪdʒəbl
AM ækˈnɑlədʒəb(ə)l

acknowledgement
BR əkˈnɒlɪdʒm(ə)nt, -s
AM ækˈnɑlədʒm(ə)nt, -s

Ackroyd
BR ˈakrɔɪd, ˈeɪkrɔɪd
AM ˈækrɔɪd

aclinic
BR əˈklɪnɪk
AM eɪˈklɪnɪk

acme
BR ˈakmˌi, -ɪz
AM ˈækmi, -z

acne
BR ˈaknˌi, -ɪd
AM ˈækni, -d

acolyte
BR ˈakəlʌɪt, -s
AM ˈækəˌlaɪt, -s

Aconcagua
BR ˌak(ə)nˈkagwə(r), ˌakɒnˈkagwə(r)
AM ˌakənˈkagwə, ˌækənˈkagwə
SP ˌakoŋˈkaɣwa

aconite
BR ˈakənʌɪt, -s
AM ˈækəˌnaɪt, -s

aconitic
BR ˌakəˈnɪtɪk
AM ˌækəˈnɪdɪk

aconitine
BR əˈkɒnɪtiːn
AM əˈkɑnətn, əˈkɑnəd(ə)n, əˈkɑnəˌtin

acorn
BR ˈeɪkɔːn, -z
AM ˈeɪˌkɔ(ə)rn, -z

acotyledon
BR əˌkɒtɪˈliːd(ə)n, ˌeɪkɒtɪˈliːd(ə)n, -z
AM ˌeɪˌkɑdlˈid(ə)n, -z

acotyledonous
BR əˌkɒtɪˈliːdnəs, ˌeɪkɒtɪˈliːdnəs
AM ˌeɪˌkɑdlˈidn̩əs

acoustic
BR əˈkuːstɪk, -s
AM əˈkustɪk, -s

acoustical
BR əˈkuːstɪkl
AM əˈkustək(ə)l

acoustically
BR əˈkuːstɪkli
AM əˈkustək(ə)li

acoustician
BR əˌkuːˈstɪʃn, ˌakuːˈstɪʃn, -z
AM ˌæˌkuˈstɪʃ(ə)n, əˌkuˈstɪʃ(ə)n, -z

acquaint
BR əˈkweɪnt, -s, -ɪŋ, -ɪd
AM əˈkweɪnt, -ts, -(t)ɪŋ, -(t)ɪd

acquaintance
BR əˈkweɪnt(ə)ns, -ɪz
AM əˈkweɪn(t)ns, -əz

acquaintanceship
BR əˈkweɪnt(ə)n(s)ʃɪp, -s
AM əˈkweɪn(t)n(s)-ˌʃɪp, -s

acquest
BR əˈkwɛst, -s
AM əˈkwɛst, -s

acquiesce
BR ˌakwɪˈɛs, -ɪz, -ɪŋ, -t
AM ˌækwiˈɛs, -əz, -ɪŋ, -t

acquiescence
BR ˌakwɪˈɛsns
AM ˌækwiˈɛs(ə)ns

acquiescent
BR ˌakwɪˈɛsnt
AM ˌækwiˈɛs(ə)nt

acquiescingly
BR ˌakwɪˈɛsɪŋli
AM ˌækwiˈɛsɪŋli

acquirable
BR əˈkwʌɪərəbl
AM əˈkwaɪ(ə)rəb(ə)l

acquire
BR əˈkwʌɪə(r), -z,
   -ɪŋ, -d
AM əˈkwaɪ(ə)r, -z,
   -ɪŋ, -d

acquirement
BR əˈkwʌɪəm(ə)nt
AM əˈkwaɪ(ə)rm(ə)nt

acquirer
BR əˈkwʌɪərə(r), -z
AM əˈkwaɪ(ə)rər, -z

acquisition
BR ˌakwɪˈzɪʃn, -z
AM ˌækwəˈzɪʃ(ə)n, -z

acquisitive
BR əˈkwɪzɪtɪv
AM æˈkwɪzɪdɪv,
   əˈkwɪzɪdɪv

acquisitively
BR əˈkwɪzɪtɪvli
AM æˈkwɪzɪdɪvli,
   əˈkwɪzɪdɪvli

acquisitiveness
BR əˈkwɪzɪtɪvnɪs
AM æˈkwɪzɪdɪvnɪs,
   əˈkwɪzɪdɪvnɪs

acquit
BR əˈkwɪt, -s, -ɪŋ, -ɪd
AM əˈkwɪ|t, -ts, -dɪŋ,
   -dɪd

acquittal
BR əˈkwɪtl, -z
AM əˈkwɪdəl, -z

acquittance
BR əˈkwɪt(ə)ns, -ɪz
AM əˈkwɪd(ə)ns,
   əˈkwɪtns, -əz

Acre
BR ˈeɪkə(r), ˈɑːkə(r)
AM ˈɑkər, ˈɑkrə, ˈeɪkər

acre
BR ˈeɪkə(r), -z, -d
AM ˈeɪkər, -z, -d

acreage
BR ˈeɪk(ə)r|ɪdʒ, -ɪdʒɪz
AM ˈeɪk(ə)rɪdʒ, -ɪz

acrid
BR ˈakrɪd
AM ˈækrəd

acridine
BR ˈakrɪdiːn,
   ˈakrɪdʌɪn
AM ˈækrəd(ə)n,
   ˈækrəˌdin

acridity
BR əˈkrɪdɪti
AM æˈkrɪdɪdi,
   əˈkrɪdɪdi

acridly
BR ˈakrɪdli
AM ˈækrədli

acridness
BR ˈakrɪdnɪs
AM ˈækrədnəs

acriflavine
BR ˌakrɪˈfleɪvɪn,
   ˌakrɪˈfleɪviːn
AM ˌækrəˈfleɪvɪn

Acrilan
BR ˈakrɪlan
AM ˈækrəˌlæn

acrimonious
BR ˌakrɪˈməʊniəs
AM ˌækrəˈmoʊniəs

acrimoniously
BR ˌakrɪˈməʊniəsli
AM ˌækrəˈmoʊniəsli

acrimoniousness
BR ˌakrɪˈməʊniəsnəs
AM ˌækrəˈmoʊniəsnəs

acrimony
BR ˈakrɪməni
AM ˈækrəˌmoʊni

acrobat
BR ˈakrəbat, -s
AM ˈækrəˌbæt, -s

acrobatic
BR ˌakrəˈbatɪk, -s
AM ˌækrəˈbædɪk, -s

acrobatically
BR ˌakrəˈbatɪkli
AM ˌækrəˈbædək(ə)li

acrocyanosis
BR ˌakrəʊsʌɪə-
   ˈnəʊsɪs
AM ˌækroʊˌsaɪə-
   ˈnoʊsɪs

acrogen
BR ˈakrədʒ(ə)n, -z
AM ˈækrədʒ(ə)n, -z

acrogenous
BR əˈkrɒdʒnəs
AM əˈkrɑdʒənəs

acrolect
BR ˈakrəlɛkt, -s
AM ˈækrəˌlɛkt, -s

acromegalic
BR ˌakrə(ʊ)mɪˈgalɪk,
   -s
AM ˌækroʊməˈgælɪk,
   -s

acromegaly
BR ˌakrə(ʊ)ˈmɛgḷi
AM ˌækroʊˈmɛgəli

acronycal
BR əˈkrɒnɪkl
AM æˈkranək(ə)l,
   əˈkranək(ə)l

acronycally
BR əˈkrɒnɪkli
AM æˈkranək(ə)li,
   əˈkranək(ə)li

acronychal
BR əˈkrɒnɪkl
AM æˈkranək(ə)l,
   əˈkranək(ə)l

acronychally
BR əˈkrɒnɪkli
AM æˈkranək(ə)li,
   əˈkranək(ə)li

acronym
BR ˈakrənɪm, -z
AM ˈækrəˌnɪm, -z

acropetal
BR əˈkrɒpɪtl
AM æˈkrɑpɛdl,
   əˈkrɑpɛdl

acropetally
BR əˈkrɒpɪtḷi
AM æˈkrɑpɛdḷi,
   əˈkrɑpɛdḷi

acrophobia
BR ˌakrə(ʊ)ˈfəʊbiə(r)
AM ˌækrəˈfoʊbiə

acrophobic
BR ˌakrə(ʊ)ˈfəʊbɪk, -s
AM ˌækrəˈfoʊbɪk, -s

acropolis
BR əˈkrɒpḷɪs, -ɪz
AM əˈkrɑpələs, -əz

across
BR əˈkrɒs
AM əˈkrɑs, əˈkrɔs

acrostic
BR əˈkrɒstɪk, -s
AM əˈkrɑstɪk,
   əˈkrɔstɪk, -s

acrylic
BR əˈkrɪlɪk
AM æˈkrɪlɪk,
   əˈkrɪlɪk

acrylonitrate
BR ˌakrɪləʊˈnʌɪtreɪt
AM ˌækrəloʊˈnaɪˌtreɪt

act
BR akt, -s, -ɪŋ, -ɪd
AM æk|(t), -(t)s,
   -tɪŋ, -təd

acta
BR ˈaktə(r)
AM ˈæktə

actability
BR ˌaktəˈbɪlɪti
AM ˌæktəˈbɪlɪdi

actable
BR ˈaktəbl
AM ˈæktəb(ə)l

Actaeon
BR akˈtiːən
AM ˈæktiˌɑn, ækˈtiən

actant
BR ˈaktnt, -s
AM ˈækt(ə)nt, -s

actin
BR ˈaktɪn
AM ˈæktn, ˈækd(ə)n

actinia
BR akˈtiːnɪə(r)
AM ækˈtiniə

actiniae
BR akˈtiːniː
AM ækˈtiniˌaɪ,
   ækˈtiniˌi

actinic
BR akˈtɪnɪk
AM ækˈtɪnɪk

actinide
BR ˈaktɪnʌɪd, -z
AM ˈæktəˌnaɪd, -z

actinism
BR ˈaktɪnɪzm
AM ˈæktəˌnɪz(ə)m

actinium
BR akˈtɪniəm
AM ækˈtɪniəm

actinometer
BR ˌaktɪˈnɒmɪtə(r), -z
AM ˌæktəˈnɑmədər, -z

actinomorphic
BR ˌaktɪnə(ʊ)ˈmɔːfɪk
AM ˌæktənoʊ-ˈmɔrfɪk

Actinomycetales
BR ˌaktɪnəʊˌmʌɪsɪ-ˈteɪliːz
AM ˌæktənoʊˌmaɪsə-ˈteɪliz

actinomycete
BR ˌaktɪnəʊˈmʌɪsiːt, ˌaktɪnəʊˌmʌɪˈsiːt, -s
AM ˌæktənoʊˈmaɪˌsit, ˌæktənoʊˈmaɪˌsit, -s

action
BR ˈakʃn, -z
AM ˈækʃ(ə)n, -z

actionable
BR ˈakʃn̩əbl
AM ˈækʃ(ə)nəb(ə)l

actionably
BR ˈakʃn̩əbli
AM ˈækʃ(ə)nəbli

activate
BR ˈaktɪveɪt, -s, -ɪŋ, -ɪd
AM ˈæktəˌveɪ|t, -ts, -dɪŋ, -dɪd

activation
BR ˌaktɪˈveɪʃn
AM ˌæktəˈveɪʃ(ə)n

activator
BR ˈaktɪveɪtə(r), -z
AM ˈæktəˌveɪdər, -z

active
BR ˈaktɪv
AM ˈæktɪv

actively
BR ˈaktɪvli
AM ˈæktɪvli

activeness
BR ˈaktɪvnɪs
AM ˈæktɪvnɪs

activism
BR ˈaktɪvɪzm
AM ˈæktəˌvɪz(ə)m

activist
BR ˈaktɪvɪst, -s
AM ˈæktəvəst, -s

activity
BR akˈtɪvɪt|i, -ɪz
AM ækˈtɪvɪdi, -z

acton
BR ˈaktən, -z
AM ˈæktn̩, ˈækdən, -z

actor
BR ˈaktə(r), -z
AM ˈæktər, -z

actress
BR ˈaktrɪs, -ɪz
AM ˈæktrəs, -əz

actressy
BR ˈaktrɪsi
AM ˈæktrəsi

actual
BR ˈak(t)ʃʊəl, ˈak(t)ʃʊl
AM ˈæk(t)ʃ(əw)əl

actualisation
BR ˌak(t)ʃʊəlʌɪˈzeɪʃn, ˌak(t)ʃʊlʌɪˈzeɪʃn, ˌak(t)ʃlʌɪˈzeɪʃn
AM ˌæk(t)ʃ(əw)ələ-ˈzeɪʃ(ə)n, ˌæk(t)ʃ(əw)ə-ˌlaɪˈzeɪʃ(ə)n

actualise
BR ˈak(t)ʃʊəlʌɪz, ˈak(t)ʃʊlʌɪz, ˈak(t)ʃlʌɪz, -ɪz, -ɪŋ, -d
AM ˈæk(t)ʃ(əw)əˌlaɪz, -ɪz, -ɪŋ, -d

actualité
BR ˈaktjʊalɪteɪ, ˈaktʃʊalɪteɪ, ˌaktjʊalɪˈteɪ, ˌaktʃʊalɪˈteɪ
AM ˌæk(t)ʃəwɑlɪˈteɪ

actuality
BR ˌaktʃʊˈalɪti
AM ˌæk(t)ʃəˈwælədi

actualization
BR ˌak(t)ʃʊəlʌɪˈzeɪʃn, ˌak(t)ʃʊlʌɪˈzeɪʃn, ˌak(t)ʃlʌɪˈzeɪʃn
AM ˌæk(t)ʃ(əw)ələ-ˈzeɪʃ(ə)n, ˌæk(t)ʃ(əw)ə-ˌlaɪˈzeɪʃ(ə)n

actualize
BR ˈak(t)ʃʊəlʌɪz, ˈak(t)ʃʊlʌɪz, ˈak(t)ʃlʌɪz, -ɪz, -ɪŋ, -d
AM ˈæk(t)ʃ(əw)əˌlaɪz, -ɪz, -ɪŋ, -d

actually
BR ˈak(t)ʃʊəli, ˈak(t)ʃʊli, ˈak(t)ʃli
AM ˈæk(t)ʃ(əw)əli

actuarial
BR ˌaktʃʊˈɛːrɪəl
AM ˌæk(t)ʃəˈwɛriəl

actuarially
BR ˌaktʃʊˈɛːrɪəli
AM ˌæk(t)ʃəˈwɛriəli

actuary
BR ˈaktʃʊər|i, ˈaktʃər|i, -ɪz
AM ˈæk(t)ʃəˌwɛri, -z

actuate
BR ˈaktʃʊeɪt, -s, -ɪŋ, -ɪd
AM ˈæk(t)ʃəˌweɪ|t, -ts, -dɪŋ, -dɪd

actuation
BR ˌaktʃʊˈeɪʃn, -z
AM ˌæk(t)ʃəˈweɪʃ(ə)n, -z

actuator
BR ˈaktʃʊeɪtə(r), -z
AM ˈæk(t)ʃəˌweɪdər, -z

acuity
BR əˈkjuːti
AM æˈkjuədi, əˈkjuədi

aculeate
BR əˈkjuːlɪət, -s
AM əˈkjuliˌeɪt, əˈkjuliət, -s

acumen
BR ˈakjʊm(ə)n
AM æˈkjum(ə)n, ˈækjəm(ə)n, ˌækjə-ˌmɛn, əˈkjum(ə)n

acuminate
BR əˈkjuːmɪnət
AM əˈkjuməˌneɪt, əˈkjumənət

acupressure
BR ˈakjʊˌprɛʃə(r)
AM ˈækjuˌprɛʃər, ˈækjəˌprɛʃər

acupuncture
BR ˈakjʊpʌŋ(k)tʃə(r)
AM ˈækjuˌpəŋ(k)tʃər, ˈækjəˌpəŋ(k)tʃər

acupuncturist
BR ˈakjʊpʌŋ(k)tʃ(ə)rɪst, -s
AM ˈækjuˌpəŋ(k)(t)ʃərəst, ˈækjə-ˌpəŋ(k)(t)ʃərəst, -s

acushla
BR əˈkʊʃlə(r), -z
AM əˈkʊʃlə, -z

acute
BR əˈkjuːt, -ə(r), -ɪst
AM əˈkju|t, -dər, -dəst

acutely
BR əˈkjuːtli
AM əˈkjutli

acuteness
BR əˈkjuːtnəs
AM əˈkjutnəs

acyclic
BR (ˌ)eɪˈsʌɪklɪk
AM eɪˈsaɪklɪk

acyclovir
BR (ˌ)eɪˈsʌɪkləvɪə(r)
AM eɪˈsaɪkləˌvɪ(ə)r

acyl
BR ˈeɪsʌɪl, ˈasɪl
AM ˈæˌsɪl, ˈæs(ə)l

ad
BR ad
AM æd

Ada
BR ˈeɪdə(r)
AM ˈeɪdə

adage
BR ˈad|ɪdʒ, -ɪdʒɪz
AM ˈædɪdʒ, -ɪz

adagio
BR əˈdɑːdʒɪəʊ,
 əˈdadʒɪəʊ, -z
AM əˈdɑ(d)ʒioʊ, -z

Adam
BR ˈadəm
AM ˈæd(ə)m

adamance
BR ˈadəm(ə)ns
AM ˈædəm(ə)ns

adamancy
BR ˈadəm(ə)nsi
AM ˈædəmənsi

adamant
BR ˈadəm(ə)nt
AM ˈædəm(ə)nt

adamantine
BR ˌadəˈmantʌɪn
AM ˌædəˈmæntn,
 ˌædəˈmænˌtin,
 ˌædəˈmænˌtaɪn

adamantly
BR ˈadəm(ə)ntli
AM ˈædəmən(t)li

Adamite
BR ˈadəmʌɪt, -s
AM ˈædəˌmaɪt, -s

Adams
BR ˈadəmz
AM ˈædəmz

Adamson
BR ˈadəms(ə)n
AM ˈædəms(ə)n

adapt
BR əˈdapt, -s, -ɪŋ, -ɪd
AM əˈdæpt, -s, -ɪŋ, -əd

adaptability
BR əˌdaptəˈbɪlɪti
AM əˌdæptəˈbɪlɪdi

adaptable
BR əˈdaptəbl
AM əˈdæptəb(ə)l

adaptableness
BR əˈdaptəblnəs
AM əˈdæptəbəlnəs

adaptably
BR əˈdaptəbli
AM əˈdæptəbli

adaptation
BR ˌadapˈteɪʃn, -z
AM ˌædəpˈteɪʃ(ə)n,
 ˌædæpˈteɪʃ(ə)n, -z

adapter
BR əˈdaptə(r), -z
AM əˈdæptər, -z

adaptive
BR əˈdaptɪv
AM əˈdæptɪv

adaptively
BR əˈdaptɪvli
AM əˈdæptɪvli

adaptiveness
BR əˈdaptɪvnɪs
AM əˈdæptɪvnɪs

adaptogen
BR əˈdaptədʒ(ə)n, -z
AM əˈdæptəg(ə)n,
 əˈdæptəˌdʒen, -z

adaptogenic
BR əˌdaptəˈdʒenɪk
AM əˌdæptəˈdʒenɪk

adaptor
BR əˈdaptə(r), -z
AM əˈdæptər, -z

adat
BR ˈadat
AM ɑˈdɑt

adaxial
BR aˈdaksɪəl
AM æˈdæksɪəl

ad captandum vulgus
BR ˌad kapˌtandəm ˈvʌlgəs
AM ˌæd ˌkæpˌtændəm ˈvəlgəs

Adcock
BR ˈadkɒk
AM ˈædˌkɑk

add
BR ad, -z, -ɪŋ, -ɪd
AM æd, -z, -ɪŋ, -əd

Addams
BR ˈadəmz
AM ˈædəmz

addax
BR ˈadaks, -ɪz
AM ˈæˌdæks, -əz

addenda
BR əˈdɛndə(r)
AM əˈdɛndə

addendum
BR əˈdɛndəm
AM əˈdɛnd(ə)m

adder
BR ˈadə(r), -z
AM ˈædər, -z

addict¹ *noun*
BR ˈadɪkt, -s
AM ˈædɪk(t), -s

addict² *verb*
BR əˈdɪkt, -s,
 -ɪŋ, -ɪd
AM əˈdɪk(t), -s,
 -ɪŋ, -ɪd

addictedness
BR əˈdɪktɪdnɪs
AM əˈdɪktɪdnɪs

addiction
BR əˈdɪkʃn, -z
AM əˈdɪkʃ(ə)n, -z

addictive
BR əˈdɪktɪv
AM əˈdɪktɪv

addictiveness
BR əˈdɪktɪvnɪs
AM əˈdɪktɪvnɪs

Addie
BR ˈadi
AM ˈædi

Addington
BR ˈadɪŋt(ə)n
AM ˈædɪŋt(ə)n

Addis Ababa
BR ˌadɪs ˈabəbə(r)
AM ˌɑdəs ˈɑbəbə,
 ˌædəs ˈæbəbə

Addison
BR ˈadɪs(ə)n
AM ˈædəs(ə)n

addition
BR əˈdɪʃn
AM əˈdɪʃ(ə)n

additional
BR əˈdɪʃn̩l
AM əˈdɪʃn(ə)l,
 əˈdɪʃən(ə)l

additionality
BR əˌdɪʃəˈnalɪti
AM əˌdɪʃəˈnælədi

additionally
BR əˈdɪʃn̩li, əˈdɪʃnəli
AM əˈdɪʃ(ə)nəli

additive
BR ˈadɪtɪv, -z
AM ˈædədɪv, -z

addle
BR ˈadl̩, -lz, -l̩ŋ\-lɪŋ, -ld
AM ˈæd(ə)l, -z, -ɪŋ, -d

address
BR əˈdrɛs, -ɪz
AM ˈæˌdrɛs, əˈdrɛs, -əz

addressable
BR əˈdrɛsəbl
AM əˈdrɛsəb(ə)l

addressee
BR ˌadrɛˈsiː, -z
AM əˌdrɛˈsi, ˌæˌdrɛˈsi, -z

addresser
BR əˈdrɛsə(r), -z
AM æˈdrɛsər, əˈdrɛsər, -z

Addressograph
BR əˈdrɛsəgrɑːf, -s
AM əˈdrɛsəˌgræf, -s

adduce
BR əˈdjuːs, əˈdʒuːs, -ɪz, -ɪŋ, -t
AM əˈd(j)us, -əz, -ɪŋ, -t

adducible
BR əˈdjuːsɪbl, əˈdʒuːsɪbl
AM əˈd(j)usəb(ə)l

adduct
BR əˈdʌkt, -s, -ɪŋ, -ɪd
AM əˈdək|(t), -(t)s, -tɪŋ, -təd

adduction
BR əˈdʌkʃn
AM əˈdəkʃ(ə)n

adductive
BR əˈdʌktɪv
AM əˈdəktɪv

adductor
BR əˈdʌktə(r), -z
AM əˈdəktər, -z

Addy
BR ˈadi
AM ˈædi

ade
BR eɪd, -z
AM eɪd, -z

Adela
BR əˈdeɪlə(r), ˈadɪlə(r)
AM əˈdɛlə

Adelaide
BR ˈadɪleɪd, ˈadl̩eɪd
AM ˈædl̩ˌeɪd

Adele
BR əˈdɛl
AM əˈdɛl

Adélie
BR əˈdeɪli
AM əˈdeɪli

Adelina
BR ˌadɪˈliːnə(r), ˌadl̩ˈiːnə(r)
AM ˌædɛˈlinə

Adeline
BR ˈadɪlʌɪn, ˈadl̩ʌɪn
AM ˈædl̩ˌaɪn

Aden
BR ˈeɪdn
AM ˈeɪd(ə)n

Adenauer
BR ˈadənaʊə(r), ˈɑːdənaʊə(r)
AM ˈæd(ə)nˌaʊər

Adeney
BR ˈeɪdni
AM ˈæd(ə)ni

adenine
BR ˈadɪniːn, ˈadɪnʌɪn
AM ˈædn̩ˌaɪn, ˈædn̩ˌin

adenocarcinoma
BR ˌadɪnəʊˌkɑːsɪ-ˈnəʊmə(r), ˌadnəʊ-ˌkɑːsɪˈnəʊmə(r), -z
AM ˌædn̩oʊˌkɑrsəˈnoʊmə

adenoid
BR ˈadɪnɔɪd, ˈadn̩ɔɪd, -z
AM ˈædn̩ˌɔɪd, -z

adenoidal
BR ˌadn̩ˈɔɪdl
AM ˌædn̩ˈɔɪd(ə)l

adenoidally
BR ˌadɪˈnɔɪdli, ˌadn̩ˈɔɪdli
AM ˌædn̩ˈɔɪd(ə)li

adenoids
BR ˈadɪnɔɪdz, ˈadn̩ɔɪdz
AM ˈædn̩ˌɔɪdz

adenoma
BR ˌadɪˈnəʊmə(r), ˌadnˈəʊmə(r), -z
AM ˌædn̩ˈoʊmə, -z

adenomata
BR ˌadɪˈnəʊmətə(r), ˌadnˈəʊmətə(r)
AM ˌædn̩ˈoʊmədə

adenopathy
BR ˌadɪˈnɒpəθi, ˌadnˈɒpəθi
AM ˌædn̩ˈɑpəθi

adenosine
BR əˈdɛnə(ʊ)siːn
AM əˈdɛnəs(ə)n, əˈdɛnəˌsin

adept[1] *adjective*
BR ˈadɛpt, əˈdɛpt
AM əˈdɛpt

adept[2] *noun*
BR ˈadɛpt, -s
AM əˈdɛpt, -s

adeptly
BR ˈadɛptli, əˈdɛptli
AM əˈdɛp(t)li

adeptness
BR ˈadɛp(t)nəs, əˈdɛp(t)nəs
AM əˈdɛp(t)nəs

adequacy
BR ˈadɪkwəsi
AM ˈædəkwəsi

adequate
BR ˈadɪkwət
AM ˈædəkwət

adequately
BR ˈadɪkwətli
AM ˈædəkwətli

adequateness
BR ˈadɪkwətnəs
AM ˈædəkwətnəs

ad eundem
BR ˌad ɪˈʌndəm
AM ˌædi ˈənd(ə)m

à deux
BR a ˈdəː(r), ɑː +
AM ˌɑ ˈdə

ad fin
BR ˌad ˈfɪn
AM ˌæd ˈfɪn

adhan
BR ɑːˈðɑːn, -z
AM ɑˈðɑn, -z

adhere
BR adˈhɪə(r), -z, -ɪŋ, -d
AM ædˈhɪ(ə)r, -z, -ɪŋ, -d

adherence
BR adˈhɪərns
AM ædˈhɛr(ə)ns, ædˈhɪr(ə)ns

adherent
BR adˈhɪərnt, -s
AM ædˈhɛr(ə)nt, ædˈhɪr(ə)nt, -s

adhesion
BR adˈhiːʒn
AM ædˈhiʒ(ə)n

adhesive
BR adˈhiːsɪv, adˈhiːzɪv
AM ædˈhisɪv, ædˈhizɪv

adhesively
BR adˈhiːsɪvli, adˈhiːzɪvli
AM ædˈhisɪvli, ædˈhizɪvli

adhesiveness
BR adˈhiːsɪvnɪs, adˈhiːzɪvnɪs
AM ædˈhisɪvnɪs, ædˈhizɪvnɪs

adhibit
BR adˈhɪb|ɪt, -ɪts, -ɪtɪŋ, -ɪtɪd
AM ædˈhɪbə|t, -ts, -dɪŋ, -dəd

adhibition
BR ˌad(h)ɪˈbɪʃn, -z
AM ˌæd(h)əˈbɪʃ(ə)n, -z

ad hoc
BR ˌad ˈhɒk
AM ˌæd ˈhoʊk, ˌæd ˈhɑk

adhocracy
BR adˈhɒkrəsi
AM ædˈhɑkrəsi

ad hominem
BR ˌad ˈhɒmɪnɛm
AM ˌæd ˈhɑmən(ə)m

adiabatic
BR ˌeɪdʌɪəˈbatɪk, ˌadɪəˈbatɪk
AM ˌædɪəˈbædɪk, ˌeɪˌdaɪəˈbædɪk

adiabatically
BR ˌeɪdʌɪəˈbatɪkli, ˌadɪəˈbatɪkli
AM ˌædɪəˈbædək(ə)li, ˌeɪˌdaɪəˈbædək(ə)li

adiantum
BR ˌadɪˈantəm, -z
AM ˌædɪˈæn(t)əm, -z

Adidas
BR ˈadɪdas, əˈdiːdas
AM əˈdidəs

Adie
BR ˈeɪdi
AM ˈeɪdi

adieu
BR əˈdjuː, əˈdʒuː, -z
AM əˈd(j)u, -z

adieux
BR əˈdjuːz, əˈdʒuːz
AM əˈd(j)u

Adi Granth
BR ˌɑːdɪ ˈɡrʌnt
AM ˌɑdi ˈɡrɑnt

ad infinitum
BR ˌad ɪnfɪˈnʌɪtəm
AM ˌæd ˌɪnfəˈnaɪdəm

ad initium
BR ˌad ɪnˈɪʃɪəm
AM ˌæd ˌɪnˈɪʃi(ə)m

ad interim
BR ˌad ˈɪnt(ə)rɪm
AM ˌæd ˈɪn(t)ərəm

adiós
BR ˌadɪˈəʊs, ˌadɪˈɒs
AM ˌædiˈoʊs, ˌɑdiˈoʊs
SP aˈðjos

adipocere
BR ˌadɪpəˈsɪə(r)
AM ˌædəpoʊˈsɪ(ə)r

adipose
BR ˈadɪpəʊs, ˈadɪpəʊz
AM ˈædəˌpoʊz, ˈædəˌpoʊs

adiposity
BR ˌadɪˈpɒsɪti
AM ˌædəˈpɑsədi

Adirondack
BR ˌadɪˈrɒndak, -s
AM ˌædəˈrɑnˌdæk, -s

adit
BR ˈadɪt, -s
AM ˈædət, -s

Adivasi
BR ˌɑːdɪˈvɑːs|i, -ɪz
AM ˌædəˈvɑsi, -z

adjacency
BR əˈdʒeɪs(ə)nsi
AM əˈdʒeɪsənsi

adjacent
BR əˈdʒeɪs(ə)nt
AM əˈdʒeɪs(ə)nt

adjacently
BR əˈdʒeɪs(ə)ntli
AM əˈdʒeɪsn(t)li

adjectival
BR ˌadʒɪkˈtʌɪvl
AM ˌædʒə(k)ˈtaɪv(ə)l

adjectivally
BR ˌadʒɪkˈtʌɪvli
AM ˌædʒə(k)ˈtaɪvəli

adjective
BR ˈadʒɪktɪv, -z
AM ˈædʒəktɪv, -z

adjoin
BR əˈdʒɔɪn, -z, -ɪŋ, -d
AM əˈdʒɔɪn, -z, -ɪŋ, -d

adjourn
BR əˈdʒɜːn, -z, -ɪŋ, -d
AM əˈdʒɜrn, -z, -ɪŋ, -d

adjournment
BR əˈdʒɜːnm(ə)nt, -s
AM əˈdʒɜrnm(ə)nt, -s

adjudge
BR əˈdʒʌdʒ, -ɪz, -ɪŋ, -d
AM əˈdʒədʒ, -əz, -ɪŋ, -d

adjudgement
BR əˈdʒʌdʒm(ə)nt, -s
AM əˈdʒədʒm(ə)nt, -s

adjudicate
BR əˈdʒuːdɪkeɪt, -s, -ɪŋ, -ɪd
AM əˈdʒudəˌkeɪ|t, -ts, -dɪŋ, -dɪd

adjudication
BR əˌdʒuːdɪˈkeɪʃn
AM əˌdʒudəˈkeɪʃ(ə)n

adjudicative
BR əˈdʒuːdɪkətɪv
AM əˈdʒudəˌkeɪdɪv

adjudicator
BR əˈdʒuːdɪkeɪtə(r), -z
AM əˈdʒudəˌkeɪdər, -z

adjunct
BR ˈadʒʌŋ(k)t, -s
AM ˈæˌdʒəŋk(t), ˈæˌdʒəŋ(k)t, -s

adjunctive
BR əˈdʒʌŋ(k)tɪv, -z
AM æˈdʒəŋ(k)tɪv, əˈdʒəŋ(k)tɪv, -z

adjunctively
BR əˈdʒʌŋ(k)tɪvli
AM æˈdʒəŋ(k)tɪvli, əˈdʒəŋ(k)tɪvli

adjuration
BR ˌadʒʊˈreɪʃn
AM ˌædʒəˈreɪʃ(ə)n

adjuratory
BR əˈdʒʊərət(ə)ri, əˈdʒɔɪrət(ə)ri
AM ˌædʒərəˌtɔri, əˈdʒʊrəˌtɔri

adjure
BR əˈdʒʊə(r), əˈdʒɔː(r), -z, -ɪŋ, -d
AM æˈdʒʊ(ə)r, əˈdʒʊ(ə)r, -z, -ɪŋ, -d

adjust
BR əˈdʒʌst, -s, -ɪŋ, -ɪd
AM əˈdʒəst, -s, -ɪŋ, -əd

adjustability
BR əˌdʒʌstəˈbɪlɪti
AM əˌdʒəstəˈbɪlɪdi

adjustable
BR əˈdʒʌstəbl
AM əˈdʒəstəb(ə)l

adjuster
BR əˈdʒʌstə(r), -z
AM əˈdʒəstər, -z

adjustment
BR əˈdʒʌs(t)m(ə)nt, -s
AM əˈdʒəs(t)m(ə)nt, -s

adjutage
BR ˈadʒʊtɪdʒ, əˈdʒuːtɪdʒ
AM əˈdʒudɪdʒ, ˈædʒədɪdʒ

adjutancy
BR ˈadʒʊt(ə)nsi
AM ˈædʒətnsi, ˈædʒədənsi

adjutant
BR ˈadʒʊt(ə)nt, -s
AM ˈædʒətnt, ˈædʒədənt, -s

adjuvant
BR ˈadʒʊv(ə)nt, -s
AM ˈædʒəv(ə)nt, -s

Adkins
BR ˈadkɪnz
AM ˈædkɪnz

Adlai
BR ˈadlʌɪ
AM ˈædˌlaɪ

Adler
BR ˈadlə(r)
AM ˈædlər
GER ˈaːdlɐ

Adlerian
BR adˈlɪərɪən, -z
AM ædˈlɛrɪən, ɑdˈlɪrɪən, -z

ad lib
BR ˌad ˈlɪb, -z, -ɪŋ, -d
AM ˌæd ˈlɪb, -z, -ɪŋ, -d

ad libitum
BR ˌad ˈlɪbɪtəm
AM ˌæd ˈlɪbədəm

ad litem
BR ˌad ˈlʌɪtəm
AM ˌæd ˈlaɪdəm

adman
BR ˈadman
AM ˈædˌmæn

admass
BR ˈadmas
AM ˈædˌmæs

admeasure
BR adˈmɛʒə(r), -əz, -(ə)rɪŋ, -əd
AM ædˈmɛʒər, -z, -ɪŋ, -d

admeasurement
BR adˈmɛʒəm(ə)nt, -s
AM ædˈmɛʒərm(ə)nt, -s

admen
BR ˈadmɛn
AM ˈædˌmɛn

admin
BR ˈadmɪn
AM ˈˌædˌmɪn

adminicle
BR ədˈmɪnɪkl, -z
AM ædˈmɪnək(ə)l, -z

adminicular
BR ˌadmɪˈnɪkjʊlə(r)
AM ˌædməˈnɪkjələr

administer
BR ədˈmɪnɪst|ə(r), -əz, -(ə)rɪŋ, -əd
AM ədˈmɪnɪst|ər, -ərz, -(ə)rɪŋ, -ərd

administrable
BR ədˈmɪnɪstrəbl
AM ədˈmɪnɪstrəb(ə)l

administrant
BR ədˈmɪnɪstrnt, -s
AM ədˈmɪnɪstr(ə)nt, -s

administrate
BR ədˈmɪnɪstreɪt, -s, -ɪŋ, -ɪd
AM ədˈmɪnɪˌstreɪ|t, -ts, -dɪŋ, -dɪd

administration
BR ədˌmɪnɪˈstreɪʃn, -z
AM ədˌmɪnəˈstreɪʃ(ə)n, -z

administrative
BR ədˈmɪnɪstrətɪv
AM ədˈmɪnəstrədɪv, ədˈmɪnəˌstreɪdɪv

administratively
BR ədˈmɪnɪstrətɪvli
AM ədˈmɪnəˌstreɪdɪvli

administrator
BR ədˈmɪnɪstreɪtə(r), -z
AM ədˈmɪnəˌstreɪdər, -z

administratorship
BR ədˈmɪnɪstreɪtəʃɪp, -s
AM ədˈmɪnəˌstreɪdərˌʃɪp, -s

administratrices
BR ədˌmɪnɪˈstreɪtrɪsiːz
AM ədˌmɪnəˈstreɪtrəˌsiz

administratrix
BR ədˈmɪnɪstreɪtrɪks, -ɪz
AM ədˈmɪnəˌstreɪtrɪks, -ɪz

admirable
BR ˈadm(ə)rəbl
AM ˈædm(ə)rəb(ə)l

admirableness
BR ˈadm(ə)rəblnəs
AM ˈædm(ə)rəbəlnəs

admirably
BR ˈadm(ə)rəbli
AM ˈædm(ə)rəbli

admiral
BR ˈadm(ə)rl̩, -z
AM ˈædm(ə)r(ə)l, -z

admiralcy
BR ˈadm(ə)rl̩si
AM ˈædm(ə)rəlsi

admiralship
BR ˈadm(ə)rl̩ʃɪp, -s
AM ˈædm(ə)rəlˌʃɪp, -s

admiralty
BR ˈadm(ə)rl̩tˌi, -ɪz
AM ˈædm(ə)rəlti, -z

admiration
BR ˌadmɪˈreɪʃn
AM ˌædməˈreɪʃ(ə)n

admire
BR ədˈmʌɪə(r), -z, -ɪŋ, -d
AM ədˈmaɪ(ə)r, -z, -ɪŋ, -d

admirer
BR ədˈmʌɪərə(r), -z
AM ədˈmaɪ(ə)rər, -z

admiringly
BR ədˈmʌɪərɪŋli
AM ədˈmaɪ(ə)rɪŋli

admissibility
BR ədˌmɪsɪˈbɪlɪti
AM ədˌmɪsəˈbɪlɪdi

admissible
BR ədˈmɪsɪbl
AM ədˈmɪsəb(ə)l

admission
BR ədˈmɪʃn, -z
AM ədˈmɪʃ(ə)n, -z

admissive
BR ədˈmɪsɪv
AM ədˈmɪsɪv

admit
BR ədˈmɪt, -s, -ɪŋ, -ɪd
AM ədˈmɪ|t, -ts, -dɪŋ, -dɪd

admittable
BR ədˈmɪtəbl
AM ədˈmɪdəb(ə)l

admittance
BR ədˈmɪt(ə)ns
AM ədˈmɪtns

admittedly
BR ədˈmɪtɪdli
AM ədˈmɪdɪdli

admix
BR adˈmɪks, -ɪz, -ɪŋ, -t
AM ædˈmɪks, -ɪz, -ɪŋ, -t

admixture
BR adˈmɪkstʃə(r), -z
AM ædˈmɪkstʃər, -z

admonish
BR ədˈmɒn|ɪʃ, -ɪʃɪz, -ɪʃɪŋ, -ɪʃt
AM ədˈmɑnɪʃ, -ɪz, -ɪŋ, -t

admonishment
BR ədˈmɒnɪʃm(ə)nt, -s
AM ədˈmɑnɪʃm(ə)nt, -s

admonition
BR ˌadməˈnɪʃn, -z
AM ˌædməˈnɪʃ(ə)n, -z

admonitory
BR ədˈmɒnɪt(ə)ri
AM ədˈmɑnəˌtɔri

adnate
BR ˈadneɪt
AM ˈædˌneɪt

ad nauseam
BR ˌad ˈnɔːzɪam
AM ˌæd ˈnɑziˌ(ə)m, ˌæd ˈnɔzi(ə)m

adnexa
BR adˈnɛksə(r)
AM ædˈnɛksə

adnexal
BR adˈnɛksl
AM ædˈnɛks(ə)l

adnominal
BR adˈnɒmɪnl
AM ædˈnɑmən(ə)l

ado
BR əˈduː
AM əˈdu

adobe
BR əˈdəʊbi
AM əˈdoʊbi

adolescence
BR ˌadəˈlɛsns
AM ˌædlˈɛs(ə)ns

adolescent
BR ˌadəˈlɛsnt, -s
AM ˌædlˈɛs(ə)nt, -s

adolescently
BR ˌadəˈlɛsntli
AM ˌædlˈɛsn(t)li

Adonis
BR əˈdəʊnɪs, -ɪz
AM əˈdɑnəs, -əz

adopt
BR əˈdɒpt, -s, -ɪŋ, -ɪd
AM əˈdɑpt, -s, -ɪŋ, -əd

adoptee
BR əˌdɒpˈtiː, -z
AM əˌdɑpˈti, -z

adopter
BR əˈdɒptə(r), -z
AM əˈdɑptər, -z

adoption
BR əˈdɒpʃn, -z
AM əˈdɑpʃ(ə)n, -z

adoptive
BR əˈdɒptɪv
AM əˈdɑptɪv

adoptively
BR əˈdɒptɪvli
AM əˈdɑptɪvli

adorable
BR əˈdɔːrəbl
AM əˈdɔrəb(ə)l

adorably
BR əˈdɔːrəbli
AM əˈdɔrəbli

adoral
BR adˈɔːrl̩
AM ædˈɔr(ə)l

adoration
BR ˌadəˈreɪʃn
AM ˌædəˈreɪʃ(ə)n, ˌædəˈreɪʃ(ə)n

adore
BR əˈdɔː(r), -z, -ɪŋ, -d
AM əˈdɔ(ə)r, -z, -ɪŋ, -d

adorer
BR əˈdɔːrə(r), -z
AM əˈdɔrər, -z

adoringly
BR əˈdɔːrɪŋli
AM əˈdɔrɪŋli

adorn
BR əˈdɔːn, -z, -ɪŋ, -d
AM əˈdɔ(ə)rn, -z, -ɪŋ, -d

adornment
BR əˈdɔːnm(ə)nt, -s
AM əˈdɔrnm(ə)nt, -s

adown
BR əˈdaʊn
AM əˈdaʊn

ad personam
BR ˌad pəˈsəʊnam
AM ˌæd pərˈsoʊn(ə)m

ad rem
BR ˌad ˈrɛm
AM ˌæd ˈrɛm

adrenal
BR əˈdriːnl
AM əˈdrin(ə)l

adrenalin
BR əˈdrɛnlɪn
AM əˈdrɛnəl(ə)n

adrenaline
BR əˈdrɛnlɪn
AM əˈdrɛnəl(ə)n

adrenocorticotrophic
BR əˌdriːnəʊˌkɔːtɪkə(ʊ)ˈtrɒfɪk, əˌdriːnəʊˌkɔːtɪkə(ʊ)ˈtrəʊfɪk, əˌdrɛnəʊˌkɔːtɪkə(ʊ)ˈtrɒfɪk, əˌdrɛnəʊˌkɔːtɪkə(ʊ)ˈtrəʊfɪk
AM əˌdrinoʊˌkɔrdəkoʊˈtrafɪk

adrenocorticotrophin
BR əˌdriːnəʊˌkɔːtɪkə(ʊ)ˈtrəʊfɪn, əˌdrɛnəʊˌkɔːtɪkə(ʊ)ˈtrəʊfɪn
AM əˌdrinoʊˌkɔrdəkoʊˈtroʊf(ə)n

adrenocorticotropic
BR əˌdriːnəʊˌkɔːtɪkə(ʊ)ˈtrɒpɪk, əˌdriːnəʊˌkɔːtɪkə(ʊ)ˈtrəʊpɪk, əˌdrɛnəʊˌkɔːtɪkə(ʊ)ˈtrɒpɪk, əˌdrɛnəʊˌkɔːtɪkə(ʊ)ˈtrəʊpɪk
AM əˌdrinoʊˌkɔrdəkoʊˈtrapɪk

Adrian
BR ˈeɪdrɪən
AM ˈeɪdriən

Adrianne
BR ˌadrɪˈan
AM ˌeɪdriˈæn

Adriatic
BR ˌeɪdrɪˈatɪk
AM ˌeɪdriˈædɪk

Adrienne
BR ˌeɪdrɪˈɛn, ˈeɪdrɪən
AM ˌeɪdriˈɛn

adrift
BR əˈdrɪft
AM əˈdrɪft

adroit
BR əˈdrɔɪt, -ɪst
AM əˈdrɔɪ|t, -dɪst

adroitly
BR əˈdrɔɪtli
AM əˈdrɔɪtli

adroitness
BR əˈdrɔɪtnɪs
AM əˈdrɔɪtnɪs

adscititious
BR ˌadsɪˈtɪʃəs
AM ˌædsəˈtɪʃəs

adsorb
BR adˈzɔːb, adˈsɔːb
AM ædˈsɔ(ə)rb, ædˈzɔ(ə)rb

adsorbable
BR adˈzɔːbəbl, adˈsɔːbəbl
AM ædˈsɔrbəb(ə)l, ædˈzɔrbəb(ə)l

adsorbate
BR adˈzɔːbeɪt, adˈsɔːbeɪt, -s
AM ædˈsɔrbət, ædˈzɔrˌbeɪt, ædˈsɔrˌbeɪt, ædˈzɔrbət, -s

adsorbent
BR adˈzɔːb(ə)nt, adˈsɔːb(ə)nt
AM ædˈsɔrb(ə)nt, ædˈzɔrb(ə)nt

adsorption
BR adˈzɔːpʃn, adˈsɔːpʃn
AM ædˈsɔrpʃ(ə)n, ædˈzɔrbʃ(ə)n

adsorptive
BR adˈzɔːptɪv, adˈsɔːptɪv
AM ædˈsɔrptɪv, ædˈzɔrptɪv

adsuki
BR adˈsuːk|i, -ɪz
AM ædˈsuki, -z

adsum
BR ˈadsʊm, ˈadsʌm
AM ˈædˌs(ə)m

adulate
BR ˈadjʊleɪt, ˈadʒʊleɪt, -s, -ɪŋ, -ɪd
AM ˈædjəˌleɪ|t, ˈædʒəˌleɪ|t, -ts, -dɪŋ, -dɪd

adulation
BR ˌadjʊˈleɪʃn, ˌadʒʊˈleɪʃn
AM ˌædjəˈleɪʃ(ə)n, ˌædʒəˈleɪʃ(ə)n

adulator
BR ˈadjʊleɪtə(r), ˈadʒʊleɪtə(r), -z
AM ˈædjəˌleɪdər, ˈædʒəˌleɪdər, -z

adulatory
BR ˌadjʊˈleɪt(ə)ri, ˌadʒʊˈleɪt(ə)ri, ˈadjʊlət(ə)ri, ˈadʒʊlət(ə)ri
AM ˈædjələˌtɔri, ˈædʒələˌtɔri

Adullamite
BR əˈdʌləmʌɪt, -s
AM əˈdələˌmaɪt, -s

adult
BR ˈadʌlt, əˈdʌlt, -s
AM ˈæˌdəlt, əˈdəlt, -s

adulterant
BR əˈdʌlt(ə)rn̩t, -s
AM əˈdəlt(ə)r(ə)nt, -s

adulterate
BR əˈdʌltəreɪt, -s, -ɪŋ, -ɪd
AM əˈdəltəˌreɪ|t, -ts, -dɪŋ, -dɪd

adulteration
BR əˌdʌltəˈreɪʃn, -z
AM əˌdəltəˈreɪʃ(ə)n, -z

adulterator
BR əˈdʌltəreɪtə(r), -z
AM əˈdəltəˌreɪdər, -z

adulterer
BR əˈdʌlt(ə)rə(r), -z
AM əˈdəltərər, -z

adulteress
BR əˈdʌltrɪs, -ɪz
AM əˈdəlt(ə)rəs, -əz

adulterine
BR əˈdʌlt(ə)rʌɪn
AM əˈdəltəˌrin, əˈdəltəˌrain, əˈdəltər(ə)n

adulterous
BR əˈdʌlt(ə)rəs
AM əˈdəlt(ə)rəs

adulterously
BR əˈdʌlt(ə)rəsli
AM əˈdəlt(ə)rəsli

adulterousness
BR əˈdʌlt(ə)rəsnəs
AM əˈdəlt(ə)rəsnəs

adultery
BR əˈdʌlt(ə)r|i, -ɪz
AM əˈdəlt(ə)ri, -z

adulthood
BR ˈadʌlthʊd, əˈdʌlthʊd
AM əˈdəlt,(h)ʊd

adultly
BR ˈadʌltli, əˈdʌltli
AM əˈdəltli

adultness
BR ˈadʌltnəs, əˈdʌltnəs
AM əˈdəltnəs

adumbrate
BR ˈadʌmbreɪt, -s, -ɪŋ, -ɪd
AM əˈdəmˌbreɪt, ˈædəmˌbreɪ|t, -ts, -dɪŋ, -dɪd

adumbration
BR ˌadʌmˈbreɪʃn
AM ˌædəmˈbreɪʃ(ə)n

adumbrative
BR ˈadʌmbreɪtɪv
AM əˈdəmbrədɪv, ˈædəmˌbreɪdɪv

ad valorem
BR ˌad vəˈlɔːrem
AM ˌæd vəˈlɔr(ə)m

advance
BR ədˈvɑːns, -ɪz, -ɪŋ, -t
AM ədˈvæns, -əz, -ɪŋ, -t

advancement
BR ədˈvɑːnsm(ə)nt, -s
AM ədˈvænsm(ə)nt, -s

advancer
BR ədˈvɑːnsə(r), -z
AM ədˈvænsər, -z

advantage
BR ədˈvɑːnt|ɪdʒ, -ɪdʒɪz, -ɪdʒɪŋ, -ɪdʒd
AM ədˈvæn(t)ɪdʒ, -ɪz, -ɪŋ, -d

advantageous
BR ˌadv(ə)nˈteɪdʒəs, ˌadvɑːnˈteɪdʒəs
AM ˌædvənˈteɪdʒəs, ˌædˌvænˈteɪdʒəs

advantageously
BR ˌadv(ə)nˈteɪdʒəsli, ˌadvɑːnˈteɪdʒəsli
AM ˌædvənˈteɪdʒəsli, ˌædˌvænˈteɪdʒəsli

advantageousness
BR ˌadv(ə)nˈteɪdʒəsnəs, ˌadvɑːnˈteɪdʒəsnəs
AM ˌædvənˈteɪdʒəsnəs, ˌædˌvænˈteɪdʒəsnəs

advect
BR adˈvɛkt, -s, -ɪŋ, -ɪd
AM ædˈvɛk|(t), -(t)s, -tɪŋ, -təd

advection
BR adˈvɛkʃn
AM ædˈvɛkʃ(ə)n

advective
BR adˈvɛktɪv, ədˈvɛktɪv
AM ædˈvɛktɪv

advent
BR ˈadv(ə)nt, ˈadvɛnt, -s
AM ˈædˌvɛnt, -s

Adventism
BR ˈadv(ə)ntɪzm
AM ˈædˌvɛnˌtɪz(ə)m

Adventist
BR ˈadv(ə)ntɪst, -s
AM ˈædˌvɛn(t)əst, -s

adventitious
BR ˌadv(ə)nˈtɪʃəs, ˌadvɛnˈtɪʃəs
AM ˌædˌvɛnˈtɪʃəs

adventitiously
BR ˌadv(ə)nˈtɪʃəsli, ˌadvɛnˈtɪʃəsli
AM ˌædˌvɛnˈtɪʃəsli

adventure
BR ədˈvɛn(t)ʃə(r), -z
AM ədˈvɛn(t)ʃər, -z

adventurer
BR ədˈvɛn(t)ʃ(ə)rə(r), -z
AM ədˈvɛn(t)ʃərər, -z

adventuresome
BR ədˈvɛn(t)ʃəs(ə)m
AM ədˈvɛn(t)ʃərs(ə)m

adventuress
BR ədˈvɛn(t)ʃ(ə)rɪs, -ɪz
AM ədˈvɛn(t)ʃ(ə)rəs, -əz

adventurism
BR ədˈvɛn(t)ʃərɪzm, -z
AM ədˈvɛn(t)ʃəˌrɪz(ə)m, -z

adventurist
BR ədˈvɛn(t)ʃ(ə)rɪst, -s
AM ədˈvɛn(t)ʃəˌrɪst, -s

adventurous
BR ədˈvɛn(t)ʃ(ə)rəs
AM ədˈvɛn(t)ʃ(ə)rəs

adventurously
BR ədˈvɛn(t)ʃ(ə)rəsli
AM ədˈvɛn(t)ʃ(ə)rəsli

adventurousness
BR ədˈvɛn(t)ʃ(ə)rəsnəs
AM ədˈvɛn(t)ʃ(ə)rəsnəs

adverb
BR ˈadvəːb, -z
AM ˈædˌvɜrb, -z

adverbial
BR adˈvəːbɪəl, -z
AM ædˈvɜrbɪəl, -z

adverbially
BR adˈvəːbɪəli
AM ædˈvɜrbɪəli

ad verbum
BR ˌad ˈvəːbəm
AM ˌæd ˈvɜrb(ə)m, ˌæd ˈvɜrb(ə)m

adversarial
BR ˌadvəˈsɛːrɪəl
AM ˌædvərˈsɛrɪəl

adversary
BR ˈadvəs(ə)r|i, ədˈvɜːs(ə)r|i, -ɪz
AM ˈædvərˌsɛri, -z

adversative
BR ədˈvɜːsətɪv, -z
AM ədˈvɜrsədɪv, -z

adversatively
BR ədˈvɜːsətɪvli
AM ədˈvɜrsədɪvli

adverse
BR ˈadvəːs, ədˈvəːs
AM ədˈvɜrs, ˈædˌvɜrs

adversely
BR ˈadvəːsli, ədˈvəːsli
AM ədˈvɜrsli, ˈædˌvɜrsli

adverseness
BR ˈadvəːsnəs, ədˈvəːsnəs
AM ədˈvɜrsnəs, ˈædˌvɜrsnəs

adversity
BR ədˈvɜːsɪt|i, -ɪz
AM ædˈvɜrsədi, -z

advert[1] *advertisement*
BR ˈadvəːt, -s
AM ˈædˌvɜrt, -s

advert[2] *verb*
BR ədˈvəːt, -s, -ɪŋ, -ɪd
AM ædˈvɜr|t, -ts, -dɪŋ, -dəd

advertence
BR ədˈvəːt(ə)ns
AM ædˈvɜrtns

advertency
BR ədˈvəːt(ə)nsi
AM ædˈvɜrtnsi

advertent
BR ədˈvəːt(ə)nt
AM ædˈvɜrtnt

advertently
BR ədˈvəːt(ə)ntli
AM ædˈvɜrtn(t)li

advertise
BR ˈadvətʌɪz, -ɪz, -ɪŋ, -d
AM ˈædvərˌtaɪz, -ɪz, -ɪŋ, -d

advertisement
BR ədˈvəːtɪsm(ə)nt, ədˈvəːtɪzm(ə)nt, -s
AM ədˈvɜrdəzm(ə)nt, ˈædvərˌtaɪzm(ə)nt, -s

advertiser
BR ˈadvətʌɪzə(r), -z
AM ˈædvərˌtaɪzər, -z

advertize
BR ˈadvətʌɪz, -ɪz, -ɪŋ, -d
AM ˈædvərˌtaɪz, -ɪz, -ɪŋ, -d

advertizer
BR ˈadvətʌɪzə(r), -z
AM ˈædvərˌtaɪzər, -z

advertorial
BR ˌadvəˈtɔːrɪəl, -z
AM ˌædvərˈtɔrɪəl, -z

advice
BR ədˈvʌɪs
AM ədˈvaɪs

advisability
BR ədˌvʌɪzəˈbɪlɪti
AM ədˌvaɪzəˈbɪlɪdi

advisable
BR ədˈvʌɪzəbl
AM ədˈvaɪzəb(ə)l

advisableness
BR ədˈvʌɪzəblnəs
AM ədˈvaɪzəbəlnəs

advisably
BR ədˈvʌɪzəbli
AM ədˈvaɪzəbli

advise
BR ədˈvʌɪz, -ɪz, -ɪŋ, -d
AM ədˈvaɪz, -ɪz, -ɪŋ, -d

advisedly
BR ədˈvʌɪzɪdli
AM ədˈvaɪzɪdli

advisee
BR ədˌvʌɪˈziː, -z
AM ədˌvaɪˈzi, -z

adviser
BR ədˈvʌɪzə(r), -z
AM ədˈvaɪzər, -z

advisor
BR ədˈvʌɪzə(r), -z
AM ədˈvaɪzər, -z

advisory
BR ədˈvʌɪz(ə)ri
AM ədˈvaɪzəri

advocaat
BR ˈadvəkɑː(r), -z
AM ˈædvoʊˌkɑ|(t), -z \-ts

advocacy
BR ˈadvəkəsi
AM ˈædvəkəsi

advocate[1] *noun*
BR ˈadvəkət, -s
AM ˈædvəkət, -s

advocate[2] *verb*
BR ˈadvəkeɪt, -s, -ɪŋ, -ɪd
AM ˈædvəˌkeɪ|t, -ts, -dɪŋ, -dɪd

advocateship
BR ˈadvəkətʃɪp, -s
AM ˈædvəkətˌʃɪp, -s

advocation
BR ˌadvəˈkeɪʃn
AM ˌædvəˈkeɪʃ(ə)n

advocatory
BR ədˈvɒkət(ə)ri
AM ædˈvɑkəˌtɔri

advokaat
BR ˈadvəkɑː(r), -z
AM ˈædvoʊˌkɑ|(t), -z \-ts

advowson
BR ədˈvaʊzn, -z
AM ædˈvaʊzn, -z

advt.
BR ədˈvəːtɪsm(ə)nt, ədˈvəːtɪzm(ə)nt
AM ədˈvɜrdəzm(ə)nt, ˈædvərˌtaɪzm(ə)nt

adyta
BR ˈadɪtə(r)
AM ˈædədə

adytum
BR ˈadɪtəm
AM ˈædəˌt(ə)m, ˈædədəm

adz
BR adz, -ɪz, -ɪŋ, -d
AM ædz, -əz, -ɪŋ, -d

adze
BR adz, -ɪz, -ɪŋ, -d
AM ædz, -əz, -ɪŋ, -d

adzuki
BR adˈzuːk|i, -ɪz
AM ædˈzuki, -z

aedes
BR eɪˈiːdiːz
AM eɪˈidiz

aedile
BR ˈiːdʌɪl, -z
AM ˈiˌdaɪl, -z

aedileship
BR ˈiːdʌɪlʃɪp, -s
AM ˈiˌdaɪlˌʃɪp, -s

Aegean
BR iːˈdʒiːən, ɪˈdʒiːən
AM eɪˈdʒiən, əˈdʒiən

aegis
BR ˈiːdʒɪs
AM ˈeɪdʒɪs, ˈidʒɪs

Aegisthus
BR ɪˈdʒɪsθəs
AM ɪˈdʒɪsθəs, əˈdʒɪsθəs

aegrotat
BR ˌʌɪgrə(ʊ)tat, ˈiːgrə(ʊ)tat, -s
AM ˌaɪgroʊˌtat, ɪˈgroʊˌtat, -s

aelectasis
BR ˌatɪˈlɛktəsɪs
AM ˌædəˈlɛktəsɪs

Aelfric
BR ˈalfrɪk
AM ˈælfrɪk

Aeneas
BR iːˈniːəs, ɪˈniːəs
AM əˈniəs

Aeneid
BR ˈiːnɪɪd, iːˈniːɪd, ɪˈniːɪd
AM əˈniəd

aeolian
BR ɪˈəʊliən, eɪˈəʊliən
AM eɪˈoʊlj(ə)n, ɪˈoʊliən, eɪˈoʊliən, ɪˈoʊlj(ə)n

Aeolic
BR ɪˈɒlɪk, ɪˈəʊlɪk
AM eɪˈoʊlɪk, ɪˈoʊlɪk

aeolotropy
BR ˌiːə(ʊ)ˈlɒtrəpi
AM ˌiəˈlɑtrəpi

Aeolus
BR ˈəʊləs, ˈiːələs
AM eɪˈoʊləs, ɪˈoʊləs

aeon
BR ˈiːɒn, -z
AM ˈiˌɑn, ˈiən, -z

aeonian
BR ɪˈəʊniən
AM iˈoʊniən

aepyornis
BR ˌiːpɪˈɔːnɪs, -ɪz
AM ˌipiˈɔrnəs, -əz

aerate
BR ɛːˈreɪt, -s, -ɪŋ, -ɪd
AM ˈɛˌreɪ|t, -ts, -dɪŋ, -dɪd

aeration
BR ɛːˈreɪʃn
AM ɛˈreɪʃ(ə)n

aerator
BR ɛːˈreɪtə(r), -z
AM ˈɛˌreɪdər, -z

aerenchyma
BR ɛːˈrɛŋkɪmə(r), -z
AM ɛˈrɛŋkəmə, -z

aerial
BR ˈɛːrɪəl, -z
AM ˈɛriəl, -z

aerialist
BR ˈɛːrɪəlɪst, -s
AM ˈɛriələst, -s

aeriality
BR ˌɛːrɪˈalɪti
AM ˌɛriˈælədi

aerially
BR ˈɛːrɪəli
AM ˈɛriəli

aeriated
BR ˈɛːrɪeɪtɪd
AM ˈɛriˌeɪdɪd

aerie
BR ˈɪərˌi, ˈɛːrˌi, ˈʌɪrˌi, -ɪz
AM ˈɪri, ˈiri, ˈeɪri, ˈɛri, -z

aeriform
BR ˈɛːrɪfɔːm
AM ˈɛrəˌfɔ(ə)rm

Aer Lingus
BR ˌɛːˈlɪŋgəs
AM ˈɛr ˈlɪŋgəs

aero
BR ˈɛːrəʊ, -z
AM ˈɛroʊ, -z

aerobatic
BR ˌɛːrə(ʊ)ˈbatɪk, -s
AM ˌɛrəˈbædɪk, ˌɛroʊˈbædɪk, -s

aerobe
BR ˈɛːrəʊb, -z
AM ˈɛˌroʊb, -z

aerobic
BR ɛːˈrəʊbɪk, -s
AM ɛˈroʊbɪk, əˈroʊbɪk, -s

aerobically
BR ɛːˈrəʊbɪkli
AM ɛˈroʊbəkli, əˈroʊbəkli

aerobiologist
BR ˌɛːrə(ʊ)bʌɪˈɒlədʒɪst, -s
AM ˌɛrəˌbaɪˈɑlədʒəst, ˌɛroʊˌbaɪˈɑlədʒəst, -s

aerobiology
BR ˌɛːrə(ʊ)bʌɪˈɒlədʒi
AM ˌɛrəˌbaɪˈɑlədʒi, ˌɛroʊˌbaɪˈɑlədʒi

aerodrome
BR ˈɛːrədrəʊm, -z
AM ˈɛrəˌdroʊm, ˈɛroʊˌdroʊm, -z

aerodynamic
BR ˌɛːrə(ʊ)dʌɪˈnamɪk, -s
AM ˌɛrəˌdaɪˈnæmɪk, ˌɛroʊˌdaɪˈnæmɪk, -s

aerodynamically
BR ˌɛːrə(ʊ)dʌɪˈnamɪkli
AM ˌɛrəˌdaɪˈnæmək(ə)li, ˌɛroʊˌdaɪˈnæmək(ə)li

aerodynamicist
BR ˌɛːrə(ʊ)dʌɪˈnamɪsɪst, -s
AM ˌɛrəˌdaɪˈnæməsəst, ˌɛroʊˌdaɪˈnæməsəst, -s

aerodyne
BR ˈɛːrə(ʊ)dʌɪn, -z
AM ˈɛrəˌdaɪn, ˈɛroʊˌdaɪn, -z

aero-engine
BR ˈɛːrəʊˌɛn(d)ʒ(ɪ)n, -z
AM ˈɛrəˌɛndʒ(ə)n, ˈɛroʊˌɛndʒ(ə)n, -z

Aeroflot
BR ˈɛːrə(ʊ)flɒt
AM ˈɛrəˌflɑt, ˈɛroʊˌflɑt
RUS əɪrɑˈflot

aerofoil
BR ˈɛːrə(ʊ)fɔɪl, -z
AM ˈɛrəˌfɔɪl, ˈɛroʊˌfɔɪl, -z

aerogram
BR ˈɛːrə(ʊ)gram, -z
AM ˈɛrəˌgræm, ˈɛroʊˌgræm, -z

aerogramme
BR ˈɛːrə(ʊ)gram, -z
AM ˈɛrəˌgræm, ˈɛroʊˌgræm, -z

aerolite
BR ˈɛːrə(ʊ)lʌɪt, -s
AM ˈɛrəˌlaɪt, ˈɛroʊˌlaɪt, -s

aerological
BR ˌɛːrəˈlɒdʒɪkl
AM ˌɛrəˈlɑdʒək(ə)l, ˌɛroʊˈlɑdʒək(ə)l

aerologist
BR ɛːˈrɒlədʒɪst, -s
AM ɛˈrɑlədʒəst, -s

aerology
BR ɛːˈrɒlədʒi
AM ɛˈrɑlədʒi

aeromagnetic
BR ˌɛːrə(ʊ)magˈnɛtɪk
AM ˌɛrəmægˈnɛdɪk, ˌɛroʊmægˈnɛdɪk

aeronaut
BR ˈɛːrə(ʊ)nɔːt, -s
AM ˈɛrəˌnɔt, ˈɛroʊˌnɑt, ˈɛrəˌnɑt, ˈɛroʊˌnɔt, -s

aeronautic
BR ˌɛːrə(ʊ)ˈnɔːtɪk, -s
AM ˌɛrəˈnɑdɪk, ˌɛroʊˈnɑdɪk, ˌɛrəˈnɔdɪk, ˌɛroʊˈnɔdɪk, -s

aeronautical
BR ˌɛːrə(ʊ)ˈnɔːtɪkl
AM ˌɛrəˈnɑdək(ə)l,
ˌɛroʊˈnɑdək(ə)l,
ˌɛrəˈnɑdək(ə)l,
ˌɛroʊˈnɔdək(ə)l

aeronautically
BR ˌɛːrə(ʊ)ˈnɔːtɪkli
AM ˌɛrəˈnɑdək(ə)li, ˌɛroʊˈnɑdək(ə)li,
ˌɛrəˈnɑdək(ə)li,
ˌɛroʊˈnɔdək(ə)li

aeronomy
BR ɛːˈrɒnəmi
AM ɛˈrɑnəmi

aeroplane
BR ˈɛːrəpleɪn, -z
AM ˈɛroʊˌpleɪn,
ˈɛr(ə)ˌpleɪn, -z

aerosol
BR ˈɛːrəsɒl, -z
AM ˈɛrəˌsɑl, ˈɛrəˌsɔl,
-z

aerospace
BR ˈɛːrə(ʊ)speɪs
AM ˈɛrəˌspeɪs,
ˈɛroʊˌspeɪs

aerostat
BR ˈɛːrə(ʊ)stat, -s
AM ˈɛrəˌstæt,
ˈɛroʊˌstæt, -s

aerostatic
BR ˌɛːrə(ʊ)ˈstatɪk
AM ˌɛrəˈstædɪk,
ˌɛroʊˈstædɪk

aerostatically
BR ˌɛːrə(ʊ)ˈstatɪkli
AM ˌɛrəˈstædək(ə)li,
ˌɛroʊˈstædək(ə)li

aerotow
BR ˈɛːrə(ʊ)təʊ, -z,
-ɪŋ, -d
AM ˈɛrəˌtoʊ,
ˈɛroʊˌtoʊ, -z,
-ɪŋ, -d

aerotrain
BR ˈɛːrə(ʊ)treɪn, -z
AM ˈɛrəˌtreɪn,
ˈɛroʊˌtreɪn, -z

Aertex
BR ˈɛːtɛks
AM ˈɛrˌtɛks

aeruginous
BR ɪəˈruːdʒɪnəs
AM iˈrudʒənəs

aery[1] *adjective*
BR ˈɛːri
AM ˈɪri, ˈiri, ˈeɪri, ˈɛri

aery[2] *noun*
BR ˈɪərǀi, ˈɛːrǀi, ˈʌɪrǀi, -ɪz
AM ˈɪri, ˈiri, ˈeɪri, ˈɛri,
-z

Aeschines
BR ˈiːskɪniːz
AM ˈɛskəniz

Aeschylean
BR ˌiːskɪˈliːən
AM ˌɛskəˈliən

Aeschylus
BR ˈiːskɪləs, ˈiːskləs
AM ˈɛskələs

Aesculapian
BR ˌiːskjʊˈleɪpiən
AM ˌɛskəˈleɪpiən

Aesop
BR ˈiːsɒp
AM ˈeɪˌsɑp, ˈiˌsɑp

aesthete
BR ˈiːsθiːt, -s
AM ˈɛsˌθit, -s

aesthetic
BR iːsˈθɛtɪk, ɪsˈθɛtɪk,
ɛsˈθɛtɪk, -s
AM əsˈθɛdɪk, ɛsˈθɛdɪk,
-s

aesthetical
BR iːsˈθɛtɪkl, ɪsˈθɛtɪkl,
ɛsˈθɛtɪkl
AM əsˈθɛdək(ə)l,
ɛsˈθɛdək(ə)l

aesthetically
BR iːsˈθɛtɪkli,
ɪsˈθɛtɪkli, ɛsˈθɛtɪkli
AM əsˈθɛdək(ə)li,
ɛsˈθɛdək(ə)li

aesthetician
BR ˌiːsθɪˈtɪʃn, ˌɛsθɪˈtɪʃn
AM ˌɛsθəˈtɪʃ(ə)n

aestheticism
BR iːsˈθɛtɪsɪzm,
ɪsˈθɛtɪsɪzm,
ɛsˈθɛtɪsɪzm
AM əsˈθɛdəˌsɪz(ə)m,
ɛsˈθɛdəˌsɪz(ə)m

aestival
BR ˈiːstɪvl, iːsˈtʌɪvl,
ɛsˈtʌɪvl
AM ɛsˈtaɪv(ə)l,
ˈɛstəv(ə)l

aestivate
BR ˈiːstɪveɪt, ˈɛstɪveɪt,
-s, -ɪŋ
AM ˈɛstəˌveɪǀt, -ts, -dɪŋ

aestivation
BR ˌiːstɪˈveɪʃn,
ˌɛstɪˈveɪʃn
AM ˌɛstəˈveɪʃ(ə)n

aetatis
BR ʌɪˈtɑːtɪs, iːˈteɪtɪs
AM iˈtadəs, aɪˈtadəs

aether
BR ˈiːθə(r)
AM ˈiθər

aetiologic
BR ˌiːtɪəˈlɒdʒɪk
AM ˌidiəˈlɑdʒɪk

aetiological
BR ˌiːtɪəˈlɒdʒɪkl
AM ˌidiəˈlɑdʒək(ə)l

aetiologically
BR ˌiːtɪəˈlɒdʒɪkli
AM ˌidiəˈlɑdʒək(ə)li

aetiology
BR ˌiːtɪˈɒlədʒi
AM ˌidiˈalədʒi

Afar *African people*
BR ˈafɑː(r), -z
AM əˈfɑr, -z

afar
BR əˈfɑː(r)
AM əˈfɑr

afeard
BR əˈfɪəd
AM əˈfi(ə)rd

affability
BR ˌafəˈbɪlɪti
AM ˌæfəˈbɪlɪdi

affable
BR ˈafəbl
AM ˈæfəb(ə)l

affably
BR ˈafəbli
AM ˈæfəbli

affair
BR əˈfɛː(r), -z
AM əˈfɛ(ə)r, -z

affaire
BR əˈfɛː(r), -z
AM əˈfɛ(ə)r, -z

affairé
BR əˈfɛːreɪ
AM əˌfɛˈreɪ

affaire de cœur
BR əˌfɛː də ˈkəː(r)
AM əˌfɛr də ˈkɜr

affaires de cœur
BR əˌfɛː(z) də ˈkəː(r)
AM əˌfɛ(ə)r(z) də ˈkɜr

affect[1] *noun*
BR əˈfɛkt, -s
AM əˈfɛk(t), ˈæˌfɛk(t),
-s

affect[2] *verb*
BR əˈfɛkt, -s, -ɪŋ, -ɪd
AM əˈfɛkǀ(t), -(t)s,
-tɪŋ, -təd

affectation
BR ˌafɛkˈteɪʃn, -z
AM ˌæˌfɛkˈteɪʃ(ə)n, -z

affectedly
BR əˈfɛktɪdli
AM əˈfɛktədli

affectingly
BR əˈfɛktɪŋli
AM əˈfɛktɪŋli

affection
BR əˈfɛkʃn, -z
AM əˈfɛkʃ(ə)n, -z

affectional
BR əˈfɛkʃn̩l
AM əˈfɛkʃn(ə)l,
əˈfɛkʃən(ə)l

affectionally
BR əˈfɛkʃn̩li, əˈfɛkʃnəli
AM əˈfɛkʃ(ə)nəli

affectionate
BR əˈfɛkʃnət
AM əˈfɛkʃ(ə)nət

affectionately
BR əˈfɛkʃnətli
AM əˈfɛkʃ(ə)nətli

affective
BR əˈfɛktɪv
AM æˈfɛktɪv, əˈfɛktɪv

affectively
BR əˈfɛktɪvli
AM æˈfɛktɪvli,
əˈfɛktɪvli

affectiveness
BR əˈfektɪvnɪs
AM æˈfektɪvnɪs, əˈfektɪvnɪs

affectivity
BR əˌfekˈtɪvɪti, ˌafekˈtɪvɪti
AM æˌfekˈtɪvɪdi, əˌfekˈtɪvɪdi

affenpinscher
BR ˈafnˌpɪn(t)ʃə(r), -z
AM ˈafənˌpɪn(t)ʃər, -z

afferent
BR ˈaf(ə)rnt
AM ˈæf(ə)r(ə)nt

affiance
BR əˈfʌɪəns, -ɪz, -ɪŋ, -t
AM əˈfaɪəns, -əz, -ɪŋ, -t

affiant
BR əˈfʌɪənt, -s
AM əˈfaɪənt, -s

affiche
BR əˈfiːʃ, -ɪz
AM əˈfiʃ, -ɪz

affidavit
BR ˌafɪˈdeɪvɪt, -s
AM ˌæfəˈdeɪvɪt, -s

affiliate[1] *noun*
BR əˈfɪliət, -s
AM əˈfɪliət, -s

affiliate[2] *verb*
BR əˈfɪlieɪt, -s, -ɪŋ, -ɪd
AM əˈfɪliˌeɪ|t, -ts, -dɪŋ, -dɪd

affiliation
BR əˌfɪliˈeɪʃn, -z
AM əˌfɪliˈeɪʃ(ə)n, -z

affined
BR əˈfʌɪnd
AM əˈfaɪnd

affinity
BR əˈfɪnɪt|i, -ɪz
AM əˈfɪnɪdi, -z

affirm
BR əˈfəːm, -z, -ɪŋ, -d
AM əˈfɜrm, -z, -ɪŋ, -d

affirmable
BR əˈfəːməbl
AM əˈfɜrməb(ə)l

affirmation
BR ˌafəˈmeɪʃn, -z
AM ˌæfərˈmeɪʃ(ə)n, -z

affirmative
BR əˈfəːmətɪv
AM əˈfɜrmədɪv

affirmatively
BR əˈfəːmətɪvli
AM əˈfɜrmədɪvli

affirmatory
BR əˈfəːmət(ə)ri
AM əˈfɜrməˌtɔri

affirmer
BR əˈfəːmə(r), -z
AM əˈfɜrmər, -z

affix[1] *noun*
BR ˈafɪks, -ɪz
AM ˈæˌfɪks, -ɪz

affix[2] *verb*
BR əˈfɪks, -ɪz, -ɪŋ, -t
AM əˈfɪks, -ɪz, -ɪŋ, -t

affixture
BR aˈfɪkstʃə(r)
AM əˈfɪkstʃər

afflatus
BR əˈfleɪtəs
AM əˈfleɪdəs

afflict
BR əˈflɪkt, -s, -ɪŋ, -ɪd
AM əˈflɪk|(t), -(t)s, -tɪŋ, -tɪd

affliction
BR əˈflɪkʃn, -z
AM əˈflɪkʃ(ə)n, -z

afflictive
BR əˈflɪktɪv
AM əˈflɪktɪv

afflictively
BR əˈflɪktɪvli
AM əˈflɪktɪvli

affluence
BR ˈafluəns
AM əˈfluəns, ˈæˌfluəns

affluent
BR ˈafluənt
AM əˈfluənt, ˈæˌfluənt

affluential
BR ˌafluˈenʃl
AM ˌæfluˈwen(t)ʃ(ə)l

affluently
BR ˈafluəntli
AM əˈfluən(t)li, ˈæˌfluən(t)li

afflux
BR ˈaflʌks, -ɪz
AM ˈæˌflʌks, -əz

affogati
BR ˌafəˈɡaːtiː
AM ˌafəˈɡadi

affogato
BR ˌafəˈɡaːtəʊ
AM ˌafəˈɡadoʊ

afforce
BR əˈfɔːs, -ɪz, -ɪŋ, -t
AM əˈfɔ(ə)rs, -əz, -ɪŋ, -t

afford
BR əˈfɔːd, -z, -ɪŋ, -ɪd
AM əˈfɔ(ə)rd, -z, -ɪŋ, -əd

affordability
BR əˌfɔːdəˈbɪlɪti
AM əˌfɔrdəˈbɪlɪdi

affordable
BR əˈfɔːdəbl
AM əˈfɔrdəb(ə)l

affordably
BR əˈfɔːdəbli
AM əˈfɔrdəbli

afforest
BR əˈfɒrɪst, -s, -ɪŋ, -ɪd
AM əˈfɔrəst, -s, -ɪŋ, -əd

afforestation
BR əˌfɒrɪˈsteɪʃn
AM əˌfɔrəsˈteɪʃ(ə)n

affranchise
BR əˈfran(t)ʃʌɪz, -ɪz, -ɪŋ, -d
AM əˈfræn(t)ʃaɪz, -ɪz, -ɪŋ, -d

affray
BR əˈfreɪ, -z
AM əˈfreɪ, -z

affreightment
BR əˈfreɪtm(ə)nt
AM əˈfreɪtm(ə)nt

affricate
BR ˈafrɪkət, -s
AM ˈæfrəkət, -s

affrication
BR ˌafrɪˈkeɪʃn
AM ˌæfrəˈkeɪʃ(ə)n

affricative
BR ˌafrɪˈkətɪv, -z
AM ˈæfrəˌkeɪdɪv, əˈfrɪkədɪv, -z

affright
BR əˈfrʌɪt, -s, -ɪŋ, -ɪd
AM əˈfraɪ|t, -ts, -dɪŋ, -dɪd

affront
BR əˈfrʌnt, -s, -ɪŋ, -ɪd
AM əˈfrən|t, -ts, -(t)ɪŋ, -(t)əd

affusion
BR əˈfjuːʒn
AM əˈfjuʒ(ə)n

Afghan
BR ˈafgan, -z
AM ˈæfˌɡæn, -z

Afghani
BR afˈɡaːn|i, afˈɡan|i, -ɪz
AM ˌæfˈɡæni, ˌæfˈɡani, -z

Afghanistan
BR afˈɡanɪstaːn, afˈɡanɪstan, afˌɡanɪˈstaːn, afˌɡanɪˈstan
AM æfˈɡænəˌstæn

aficionado
BR əˌfɪʃ(j)əˈnaːdəʊ, əˌfɪsjəˈnaːdəʊ, -z
AM əˌfɪsjəˈnadoʊ, əˌfɪʃəˈnadoʊ, -z

afield
BR əˈfiːld
AM əˈfild

afire
BR əˈfʌɪə(r)
AM əˈfaɪ(ə)r

aflame
BR əˈfleɪm
AM əˈfleɪm

aflatoxin
BR ˌafləˈtɒksɪn, -z
AM ˌæfləˈtaks(ə)n, -z

afloat
BR əˈfləʊt
AM əˈfloʊt

aflutter
BR əˈflʌtə(r)
AM əˈflədər

afon
BR ˈav(ɒ)n
AM ˈæf(ə)n
WE ˈavɒn

afoot
BR əˈfʊt
AM əˈfʊt

afore
BR əˈfɔː(r)
AM əˈfɔ(ə)r

aforementioned
BR əˌfɔːˈmenʃnd, əˈfɔːˌmenʃnd
AM əˈfɔrˌˌmen(t)ʃənd

aforesaid
BR əˈfɔːsed
AM əˈfɔrˌsed

aforethought
BR əˈfɔːθɔːt
AM əˈfɔrˌθɑt, əˈfɔrˌθɔt

a fortiori
BR ˌeɪ ˌfɔːtɪˈɔːrʌɪ, + ˌfɔːtɪˈɔːri
AM ˌeɪ ˌfɔrdiˈɔraɪ, ˌɑ ˌfɔrdiˈɔri

afoul
BR əˈfaʊl
AM əˈfaʊl

afraid
BR əˈfreɪd
AM əˈfreɪd

afreet
BR ˈafriːt, -s
AM əˈfrit, ˈæˌfrit, -s

afresh
BR əˈfreʃ
AM əˈfreʃ

afric
BR ˈafrɪk
AM ˈæfrɪk

Africa
BR ˈafrɪkə(r)
AM ˈæfrəkə

African
BR ˈafrɪk(ə)n, -z
AM ˈæfrək(ə)n, -z

Africana
BR ˌafrɪˈkɑːnə(r)
AM ˌæfrəˈkænə

Africander
BR ˌafrɪˈkandə(r), -z
AM ˌæfrəˈkændər, -z

africanisation
BR ˌafrɪkn̩ʌɪˈzeɪʃn
AM ˌæfrəkəˌnaɪˈzeɪʃ(ə)n, ˌæfrəkənəˈzeɪʃ(ə)n

Africanise
BR ˈafrɪkn̩ʌɪz, -ɪz, -ɪŋ, -d
AM ˈæfrəkəˌnaɪz, -ɪz, -ɪŋ, -d

Africanism
BR ˈafrɪkn̩ɪzm
AM ˈæfrəkəˌnɪz(ə)m

Africanist
BR ˈafrɪkn̩ɪst, -s
AM ˈæfrəkənəst, -s

africanization
BR ˌafrɪkn̩ʌɪˈzeɪʃn
AM ˌæfrəkəˌnaɪˈzeɪʃ(ə)n, ˌæfrəkənəˈzeɪʃ(ə)n

Africanize
BR ˈafrɪkn̩ʌɪz, -ɪz, -ɪŋ, -d
AM ˈæfrəkəˌnaɪz, -ɪz, -ɪŋ, -d

Afrikaans
BR ˌafrɪˈkɑːns, ˌafrɪˈkɑːnz
AM ˌæfrəˈkɑnz

Afrika Korps
BR ˈafrɪkə ˌkɔː(r)
AM ˈæfrɪkə ˌkɔ(ə)r

afrikander
BR ˌafrɪˈkandə(r), -z
AM ˌæfrəˈkɑndər, -z

Afrikaner
BR ˌafrɪˈkɑːnə(r), -z
AM ˌæfrəˈkɑnər, -z

afrit
BR ˈafrɪt, -s
AM əˈfrit, ˈæˌfrit, -s

Afro
BR ˈafrəʊ
AM ˈæfroʊ

Afrocentric
BR ˌafrəʊˈsentrɪk
AM ˌæfroʊˈsentrɪk

afrormosia
BR ˌafrɔːˈmaʊzɪə(r)
AM ˌæfrɔrˈmoʊziə, ˌæfrərˈmoʊʒ(i)ə

AFSCME
BR ˈafsmi
AM ˈæfsmi

aft
BR ɑːft
AM æft

after
BR ˈɑːftə(r), -z
AM ˈæftər, -z

afterbirth
BR ˈɑːftəbəːθ, -s
AM ˈæftərˌbərθ, -s

afterburn
BR ˈɑːftəbəːn
AM ˈæftərˌbərn

afterburner
BR ˈɑːftəˌbəːnə(r), -z
AM ˈæftərˌbərnər, -z

aftercare
BR ˈɑːftəkɛː(r)
AM ˈæftərˌkɛ(ə)r

afterdeck
BR ˈɑːftədɛk, -s
AM ˈæftərˌdɛk, -s

afterglow
BR ˈɑːftəɡləʊ, -z
AM ˈæftərˌɡloʊ, -z

aftergrass
BR ˈɑːftəɡrɑːs
AM ˈæftərˌɡræs

afterlife
BR ˈɑːftəlʌɪf
AM ˈæftərˌlaɪf

afterlight
BR ˈɑːftəlʌɪt
AM ˈæftərˌlaɪt

afterlives
BR ˈɑːftəlʌɪvz
AM ˈæftərˌlaɪvz

aftermarket
BR ˈɑːftəˌmɑːkɪt, -s
AM ˈæftərˌmɑrkət, -s

aftermath
BR ˈɑːftəmaθ, -s
AM ˈæftərˌmæθ, -s

aftermost
BR ˈɑːftəməʊst
AM ˈæftərˌmoʊst

afternoon
BR ˌɑːftəˈnuːn, -z
AM ˌæftərˈnun, -z

afterpains
BR ˈɑːftəpeɪnz
AM ˈæftərˌpeɪnz

afterpart
BR ˈɑːftəpɑːt, -s
AM ˈæftərˌpɑrt, -s

aftershave
BR ˈɑːftəʃeɪv, -z
AM ˈæftərˌʃeɪv, -z

aftershock
BR ˈɑːftəʃɒk, -s
AM ˈæftərˌʃɑk, -s

aftertaste
BR ˈɑːftəteɪst, -s
AM ˈæftərˌteɪst, -s

afterthought
BR ˈɑːftəθɔːt, -s
AM ˈæftərˌθɑt, ˈæftərˌθɔt, -s

afterward
BR ˈɑːftəwəd, -z
AM ˈæftərwərd, -z

afterword
BR ˈɑːftəwəːd, -z
AM ˈæftərˌwərd, -z

afterworld
BR ˈɑːftəwəːld
AM ˈæftərˌwərld

aga
BR ˈɑːɡə(r), -z
AM ˈɑɡə, -z

Agadir
BR ˌaɡəˈdɪə(r)
AM ˌɑɡəˈdɪ(ə)r

Agag
BR ˈeɪɡaɡ
AM ˈɑɡæɡ

again
BR əˈɡen, əˈɡeɪn
AM əˈɡen

against
BR əˈɡenst, əˈɡeɪnst
AM əˈɡenst

Aga Khan
BR ˌɑːɡə ˈkɑːn
AM ˌɑɡə ˈkɑn

agama
BR ˈaɡəmə(r), -z
AM ˈæɡəmə, əˈɡeɪmə, -z

Agamemnon
BR ˌagəˈmɛmnɒn
AM ˌægəˈmɛmˌnɑn
agamic
BR əˈgamɪk
AM əˈgæmɪk,
eɪˈgæmɪk
agamogenesis
BR ˌagəməˈdʒɛnɪsɪs
AM ˌægəmoʊ-
ˈdʒɛnəsəs,
ˌeɪˌgæməˈdʒɛnəsəs
agamogenetic
BR ˌagəmə(ʊ)dʒɪ
ˈnɛtɪk
AM ˌægəmoʊdʒə-
ˈnɛdɪk, ˌeɪˌgæmədʒə-
ˈnɛdɪk
agamospermy
BR ˈagəməˌspɜːmi
AM ˈægəmoʊˌspɜrmi,
eɪˈgæməˌspɜrmi
agamous
BR ˈagəməs
AM ˈægəməs
agapanthus
BR ˌagəˈpanθəs, -ɪz
AM ˌægəˈpænθəs, -əz
agape[1] *adjective*
BR əˈgeɪp
AM əˈgeɪp
agape[2] *noun*
BR ˈagəpeɪ, ˈagəpiː, -z
AM ˈagəˌpeɪ,
aˈgɑˌpeɪ, -z
agapemone
BR ˌagəˈpiːmn̩i,
ˌagəˈpɛmn̩i
AM ˌægəˈpɛməni
agar
BR ˈeɪgɑː(r)
AM ˈeɪˌgɑr, ˈɑˌgɑr
agaric
BR ˈag(ə)rɪk, -s
AM əˈgɛrɪk, ˈægərɪk,
-s
agate
BR ˈagɪt
AM ˈægət
Agatha
BR ˈagəθə(r)
AM ˈægəθə

agave
BR əˈgeɪvi, əˈgɑːvi,
ˈageɪv, əˈgeɪvɪz\
əˈgɑːvɪz\ˈageɪvz
AM əˈgɑvi, -z
agaze
BR əˈgeɪz
AM əˈgeɪz
agba
BR ˈagbə(r), -z
AM ˈægbə, -z
age
BR eɪdʒ, -ɪz, -ɪŋ, -d
AM eɪdʒ, -ɪz,
-ɪŋ, -d
aged[1] *adjective*
BR ˈeɪdʒɪd
AM ˈeɪdʒɪd
aged[2] *past tense of verb age*
BR eɪdʒd
AM eɪdʒd
Agee
BR ˈeɪdʒi
AM ˈeɪˌdʒi
ageism
BR ˈeɪdʒɪzm
AM ˈeɪdʒˌɪz(ə)m
ageist
BR ˈeɪdʒɪst, -s
AM ˈeɪdʒɪst, -s
ageless
BR ˈeɪdʒlɪs
AM ˈeɪdʒlɪs
agelessness
BR ˈeɪdʒlɪsnɪs
AM ˈeɪdʒlɪsnɪs
agency
BR ˈeɪdʒ(ə)ns|i, -ɪz
AM ˈeɪdʒ(ə)nsi, -z
agenda
BR əˈdʒɛndə(r), -z
AM əˈdʒɛndə, -z
agendum
BR əˈdʒɛndəm
AM əˈdʒɛnd(ə)m
agent
BR ˈeɪdʒ(ə)nt, -s
AM ˈeɪdʒ(ə)nt, -s
agential
BR eɪˈdʒɛnʃl
AM eɪˈdʒɛn(t)ʃ(ə)l

agent provocateur
BR ˌaʒɒ̃ prəˌvɒkəˈtəː(r)
AM ˌɑʒɑn(t) prəˌvɔkə-
ˈtɜr
agents provocateurs
BR ˌaʒɒ̃ prəˌvɒkəˈtəːz
AM ˌɑʒɑn(t)(s) prə-
ˌvɔkəˈtɜr(z)
ager
BR ˈeɪdʒə(r), -z
AM ˈeɪdʒər, -z
ageratum
BR ˌadʒəˈreɪtəm, -z
AM ˌædʒəˈreɪdəm, -z
age-related
BR ˈeɪdʒˌrɪleɪtɪd,
ˌeɪdʒrɪˈleɪtɪd
AM ˈeɪdʒrəˌleɪdɪd
Agfa
BR ˈagfə(r)
AM ˈægfə
Aggie
BR ˈagi
AM ˈægi
aggiornamento
BR əˌdʒɔːnəˈmɛntəʊ
AM əˌdʒɔrnə-
ˈmɛnˌ(t)oʊ
agglomerate[1] *noun, adjective*
BR əˈglɒm(ə)rət, -s
AM əˈglɑmərət, -s
agglomerate[2] *verb*
BR əˈglɒməreɪt, -s,
-ɪŋ, -ɪd
AM əˈglɑməˌreɪ|t, -ts,
-dɪŋ, -dɪd
agglomeration
BR əˌglɒməˈreɪʃn
AM əˌglɑməˈreɪʃ(ə)n
agglomerative
BR əˈglɒm(ə)rətɪv
AM əˈglɑmərədɪv,
əˈglɑməˌreɪdɪv
agglutinate[1] *adjective*
BR əˈgluːtɪnət
AM əˈglutnət
agglutinate[2] *verb*
BR əˈgluːtɪneɪt, -s,
-ɪŋ, -ɪd
AM əˈglutn̩ˌeɪ|t, -ts,
-dɪŋ, -dɪd

agglutination
BR əˌgluːtɪˈneɪʃn
AM əˌglutn̩ˈeɪʃ(ə)n
agglutinative
BR əˈgluːtɪnətɪv
AM əˈglutn̩ˌeɪdɪv, ə
ˈglutn̩ədɪv
agglutinin
BR əˈgluːtɪnɪn, -z
AM əˈglutn̩ən, -z
aggrandise
BR əˈgrandʌɪz, -ɪz,
-ɪŋ, -d
AM əˈgrænˌdaɪz, -ɪz,
-ɪŋ, -d
aggrandisement
BR əˈgrandɪzm(ə)nt,
əˈgrandʌɪzm(ə)nt,
-s
AM əˈgræn-
ˌdaɪzm(ə)nt, -s
aggrandiser
BR əˈgrandʌɪzə(r), -z
AM əˈgrænˌdaɪzər, -z
aggrandize
BR əˈgrandʌɪz, -ɪz,
-ɪŋ, -d
AM əˈgrænˌdaɪz, -ɪz,
-ɪŋ, -d
aggrandizement
BR əˈgrandɪzm(ə)nt, ə
ˈgrandʌɪzm(ə)nt, -s
AM əˈgræn-
ˌdaɪzm(ə)nt, -s
aggrandizer
BR əˈgrandʌɪzə(r), -z
AM əˈgrænˌdaɪzər, -z
aggravate
BR ˈagrəveɪt, -s, -ɪŋ,
-ɪd
AM ˈægrəˌveɪ|t, -ts,
-dɪŋ, -dɪd
aggravatingly
BR ˈagrəveɪtɪŋli
AM ˈægrəˌveɪdɪŋli
aggravation
BR ˌagrəˈveɪʃn
AM ˌægrəˈveɪʃ(ə)n
aggregate[1] *noun, adjective*
BR ˈagrɪgət, -s
AM ˈægrəgət, -s

aggregate² *verb*
BR ˈagrɪgeɪt, -s, -ɪŋ, -ɪd
AM ˈægrəˌgeɪ|t, -ts, -dɪŋ, -dɪd

aggregation
BR ˌagrɪˈgeɪʃn
AM ˌægrəˈgeɪʃ(ə)n

aggregative
BR ˈagrɪgətɪv
AM ˈægrəˌgeɪdɪv

aggress
BR əˈgrɛs, -ɪz, -ɪŋ, -t
AM əˈgrɛs, -əz, -ɪŋ, -t

aggression
BR əˈgrɛʃn
AM əˈgrɛʃ(ə)n

aggressive
BR əˈgrɛsɪv
AM əˈgrɛsɪv

aggressively
BR əˈgrɛsɪvli
AM əˈgrɛsɪvli

aggressiveness
BR əˈgrɛsɪvnɪs
AM əˈgrɛsɪvnɪs

aggressor
BR əˈgrɛsə(r), -z
AM əˈgrɛsər, -z

aggrieve
BR əˈgriːv, -z, -ɪŋ, -d
AM əˈgriv, -z, -ɪŋ, -d

aggrievedly
BR əˈgriːvɪdli
AM əˈgrivɪdli

aggro
BR ˈagrəʊ
AM ˈægroʊ

aghast
BR əˈgɑːst
AM əˈgæst

agile
BR ˈadʒʌɪl
AM ˈædʒ(ə)l

agilely
BR ˈadʒʌɪl(l)i
AM ˈædʒə(l)li

agility
BR əˈdʒɪlɪti
AM əˈdʒɪlɪdi

agin
BR əˈgɪn
AM əˈgɪn

Agincourt
BR ˈa(d)ʒɪnkɔː(r), ˈadʒɪnkɔːt
AM ˈædʒənˌkɔ(ə)rt

aging
BR ˈeɪdʒɪŋ
AM ˈeɪdʒɪŋ

agio
BR ˈadʒɪəʊ, -z
AM ˈædʒioʊ, -z

agiotage
BR ˈadʒ(ɪ)ətɪdʒ, ˈadʒ(ɪ)ətɑːʒ
AM ˈædʒədɪdʒ

agism
BR ˈeɪdʒɪzm
AM ˈeɪˌdʒɪz(ə)m

agist
BR ˈeɪdʒɪst, -s
AM ˈeɪdʒɪst, -s

agistment
BR əˈdʒɪs(t)m(ə)nt
AM ˈədʒɪs(t)m(ə)nt

agitate
BR ˈadʒɪteɪt, -s, -ɪŋ, -ɪd
AM ˈædʒəˌteɪ|t, -ts, -dɪŋ, -dɪd

agitatedly
BR ˈadʒɪteɪtɪdli
AM ˈædʒəˌteɪdɪdli

agitation
BR ˌadʒɪˈteɪʃn, -z
AM ˌædʒəˈteɪʃ(ə)n, -z

agitato
BR ˌadʒɪˈtɑːtəʊ
AM ˌædʒəˈtɑdoʊ

agitator
BR ˈadʒɪteɪtə(r), -z
AM ˈædʒəˌteɪdər, -z

agitprop
BR ˈadʒɪtprɒp
AM ˈædʒətˌprɑp

agleam
BR əˈgliːm
AM əˈglim

aglet
BR ˈaglɪt, -s
AM ˈæglət, -s

agley
BR əˈgleɪ, əˈgliː, əˈglʌɪ
AM əˈgli, əˈgleɪ

aglow
BR əˈgləʊ
AM əˈgloʊ

agma
BR ˈagmə(r), -z
AM ˈægmə, -z

agnail
BR ˈagneɪl, -z
AM ˈægˌneɪl, -z

agnate
BR ˈagneɪt, -s
AM ˈægˌneɪt, -s

agnatic
BR agˈnatɪk
AM ægˈnædɪk

agnation
BR agˈneɪʃn
AM ægˈneɪʃ(ə)n

Agnes
BR ˈagnɪs
AM ˈægnəs

Agnew
BR ˈagnjuː
AM ˈægnu

Agni
BR ˈagni
AM ˈægni

agnomen
BR agˈnəʊmɛn
AM ægˈnoʊm(ə)n

agnosia
BR agˈnəʊzɪə(r), agˈnəʊsɪə(r)
AM ægˈnoʊʒə

agnostic
BR agˈnɒstɪk, -s
AM əgˈnɑstɪk, æɡˈnɑstɪk, -s

agnosticism
BR agˈnɒstɪsɪzm
AM əgˈnɑstəˌsɪz(ə)m, ægˈnɑstəˌsɪz(ə)m

Agnus Dei
BR ˌagnʊs ˈdeɪiː
AM ˌæɡˌnʊs ˈdeɪ, ˌɑgnəs ˈdeɪ, ˌægnəs ˈdeɪ, ˌɑgˌnʊs ˈdeɪi

ago
BR əˈgəʊ
AM əˈgoʊ

agog
BR əˈgɒg
AM əˈgɑg

agoggle
BR əˈgɒgl
AM əˈgɑg(ə)l

a-go-go
BR əˈgəʊgəʊ
AM əˈgoʊˌgoʊ

agonic
BR eɪˈgɒnɪk
AM əˈgɑnɪk, eɪˈgɑnɪk

agonise
BR ˈagənʌɪz, -ɪz, -ɪŋ, -d
AM ˈægəˌnaɪz, -ɪz, -ɪŋ, -d

agonisingly
BR ˈagənʌɪzɪŋli
AM ˈægəˌnaɪzɪŋli

agonist
BR ˈagənɪst, -s
AM ˈægənəst, -s

Agonistes
BR ˌagəˈnɪstiːz
AM ˌægəˈnɪstiz

agonistic
BR ˌagəˈnɪstɪk
AM ˌægəˈnɪstɪk

agonistically
BR ˌagəˈnɪstɪkli
AM ˌægəˈnɪstɪk(ə)li

agonize
BR ˈagənʌɪz, -ɪz, -ɪŋ, -d
AM ˈægəˌnaɪz, -ɪz, -ɪŋ, -d

agonizingly
BR ˈagənʌɪzɪŋli
AM ˈægəˌnaɪzɪŋli

agony
BR ˈagn|i, -ɪz
AM ˈægəni, -z

agoraphobe
BR ˈag(ə)rəfəʊb, -z
AM ˈæg(ə)rəˌfoʊb, -z

agoraphobia
BR ˌag(ə)rəˈfəʊbɪə(r)
AM ˌæg(ə)rəˈfoʊbɪə

agoraphobic
BR ˌag(ə)rəˈfəʊbɪk, -s
AM ˌæg(ə)rəˈfoʊbɪk, -s

agouti
BR əˈguːt|i, -ɪz
AM əˈgudi, -z
Agra
BR ˈɑːgrə(r)
AM ˈɑgrə
agrapha
BR ˈagrəfə(r)
AM ˈægrəfə
agraphon
BR ˈagrəfɒn
AM ˈægrəˌfɑn
agrarian
BR əˈgrɛːriən
AM əˈgrɛriən
agree
BR əˈgriː, -z,
-ɪŋ, -d
AM əˈgri, -z,
-ɪŋ, -d
agreeable
BR əˈgriːəbl
AM əˈgriəb(ə)l
agreeableness
BR əˈgriːəblnəs
AM əˈgriəbəlnəs
agreeably
BR əˈgriːəbli
AM əˈgriəbli
agreement
BR əˈgriːm(ə)nt, -s
AM əˈgrim(ə)nt, -s
agribusiness
BR ˈagrɪˌbɪznɪs
AM ˈægrəˌbɪznɪs
agribusinessman
BR ˈagrɪˌbɪznɪsmən
AM ˈægrəˌbɪznɪsˌmæn
agribusinessmen
BR ˈagrɪˌbɪznɪsmən
AM ˈægrəˌbɪznɪsˌmɛn
agrichemical
BR ˌagrɪˈkɛmɪkl, -z
AM ˌægrəˈkɛmək(ə)l,
-z
Agricola
BR əˈgrɪkələ(r)
AM əˈgrɪkələ
agricultural
BR ˌagrɪˈkʌltʃ(ə)rl
AM ˌægrəˈkəltʃər(ə)l,
ˌægrəˈkəltʃr(ə)l

agriculturalist
BR ˌagrɪˈkʌltʃ(ə)rlɪst,
-s
AM ˌægrə-
ˈkəltʃ(ə)rələst, -s
agriculturally
BR ˌagrɪˈkʌltʃ(ə)rli
AM ˌægrəˈkəltʃ(ə)rəli
agriculture
BR ˈagrɪkʌltʃə(r)
AM ˈægrəˌkəltʃər
agriculturist
BR ˌagrɪˈkʌltʃ(ə)rɪst, -s
AM ˌægrəˈkəltʃ(ə)rəst,
-s
agrimony
BR ˈagrɪməni
AM ˈægrəˌmoʊni
Agrippa
BR əˈgrɪpə(r)
AM əˈgrɪpə
agriscience
BR ˈagrɪˌsʌɪəns
AM ˈægrəˌsaɪəns
agrochemical
BR ˌagrə(ʊ)ˈkɛmɪkl, -z
AM ˌægrəˈkɛmək(ə)l,
ˌægroʊˈkɛmək(ə)l,
-z
agroforestry
BR ˌagrə(ʊ)ˈfɒrɪstri
AM ˌægrəˈfɔrəstri,
ˌægroʊˈfɔrəstri
agro-industry
BR ˌagrəʊˈɪndəstri
AM ˌægroʊˈɪndəstri
agronomic
BR ˌagrəˈnɒmɪk, -s
AM ˌægrəˈnɑmɪk,
-s
agronomical
BR ˌagrəˈnɒmɪkl
AM ˌægrəˈnɑmək(ə)l
agronomically
BR ˌagrəˈnɒmɪkli
AM ˌægrəˈnɑmək(ə)li
agronomist
BR əˈgrɒnəmɪst, -s
AM əˈgrɑnəməst, -s
agronomy
BR əˈgrɒnəmi
AM əˈgrɑnəmi

aground
BR əˈgraʊnd
AM əˈgraʊnd
ague
BR ˈeɪgjuː, -z, -d
AM ˈeɪˌgju, -z, -d
Aguecheek
BR ˈeɪgjuːtʃiːk
AM ˈeɪˌgju.tʃik
Aguilar
BR ˌagwɪˈlɑː(r)
AM ˌagwiˈlɑr
SP aɣiˈlar
agulsh
BR ˈeɪgjʊʃ
AM ˈeɪˌgjuʃ,
ˈeɪˌgjəwɪʃ
Agulhas
BR əˈgʌləs
AM əˈgələs
aguti
BR əˈguːt|i, -ɪz
AM əˈgudi, -z
Agutter
BR ˈagətə(r),
əˈgʌtə(r)
AM əˈgədər
ah
BR ɑː(r)
AM ɑ
aha
BR ɑːˈhɑː(r), əˈhɑː(r)
AM ɑˈhɑ
Ahab
BR ˈeɪhab
AM ˈeɪhæb
Ahasuerus
BR əˌhazjʊˈɪərəs,
ˌeɪhazjʊˈɪərəs,
əˌhazjʊˈɛːrəs,
ˌeɪhazjʊˈɛːrəs
AM əˌhæzuˈɛrəs,
əˌhæzjuˈɛrəs
ahead
BR əˈhɛd
AM əˈhɛd
ahem
BR əˈhɛm, əˈhm, hm
AM əˈhm, əˈhɛm
Aherne
BR əˈhəːn, ˈeɪhəːn
AM ˈeɪhərn

ahimsa
BR əˈhɪmsɑː(r)
AM əˈhɪmˌsɑ
ahistoric
BR ˌeɪhɪˈstɒrɪk
AM ˌeɪhɪsˈtɔrɪk
ahistorical
BR ˌeɪhɪˈstɒrɪkl
AM ˌeɪhɪsˈtɔrək(ə)l
Ahmadabad
BR ˈɑːmədəbad,
ˈɑːmədəbɑːd
AM ˈɑmədəˌbæd,
ˈɑmədəˌbad
Ahmed
BR ˈɑː(k)mɛd,
ˈɑːxmɛd
AM ˈɑmɛd
ahold
BR əˈhəʊld
AM əˈhoʊld
ahoy
BR əˈhɔɪ
AM əˈhɔɪ
ahull
BR əˈhʌl
AM əˈhəl
Ahura Mazda
BR əˌhʊərəˈmazdə(r)
AM əˌhʊrəˈmazdə
ai
BR ʌɪ, ˈɑːɪ, -z
AM aɪ, -z
AI
BR ˌeɪˈʌɪ
AM ˌeɪˈaɪ
aid
BR eɪd, -z, -ɪŋ, -ɪd
AM eɪd, -z, -ɪŋ, -ɪd
Aïda
BR ʌɪˈiːdə(r)
AM aɪˈidə
Aidan
BR ˈeɪdn
AM ˈeɪd(ə)n
aide
BR eɪd, -z
AM eɪd, -z
aide-de-camp
BR ˌeɪddəˈkɒ̃,
ˌeɪddəˈkɑː
AM ˌeɪddəˈkæmp

aide-mémoire
BR ˌeɪdmemˈwɑː(r),
ˌeɪdˈmemwɑː(r), -z
AM ˌeɪdˌmemˈwɑːr, -z

aider
BR ˈeɪdə(r), -z
AM ˈeɪdər, -z

aides-de-camp
BR ˌeɪd(z)dəˈkɒ̃,
ˌeɪd(z)dəˈkɑ̃ː
AM ˌeɪdzdəˈkæmp

aides-mémoire
BR ˌeɪd(z)mem-
ˈwɑː(r),
ˌeɪd(z)ˈmemwɑː(r)
AM ˌeɪd(z)ˌmemˈwɑːr

aides-mémoires
BR ˌeɪd(z)memˈwɑːz,
ˌeɪd(z)ˈmemwɑːz
AM ˌeɪd(z)ˌmem-
ˈwɑːr(z)

AIDS
BR eɪdz
AM eɪdz

aiglet
BR ˈeɪglɪt, -s
AM ˈeɪglət, -s

aigrette
BR ˈeɪgret, eɪˈgret, -s
AM eɪˈgret, -s

Aigues-Mortes
BR ˌeɪgˈmɔːt
AM ɛgˈmɔ(ə)rt
FR ɛg mɔrt

aiguilette
BR ˌeɪgwɪˈjet,
ˌeɪgwɪˈlet, -s
AM ˌeɪgwəˈlet, -s

aiguille
BR ˈeɪgwiː(l),
eɪˈgwiː(l), -z
AM eɪˈgwil, -z

aiguillette
BR ˌeɪgwɪˈjet,
ˌeɪgwɪˈlet, -s
AM ˌeɪgwəˈlet, -s

Aiken
BR ˈeɪk(ə)n
AM ˈeɪkɛn

aikido
BR ʌɪˈkiːdəʊ
AM ˌaɪkiˈdoʊ, aɪˈkidoʊ

aikona
BR ʌɪˈkɒnə(r)
AM aɪˈkɑnə

ail
BR eɪl, -z, -ɪŋ, -d
AM eɪl, -z, -ɪŋ, -d

ailanthus
BR eɪˈlanθəs, -ɪz
AM eɪˈlænθəs, -əz

Aileen
BR ˈeɪliːn, ˈʌɪliːn
AM aɪˈlin

aileron
BR ˈeɪlərɒn, -z
AM ˈeɪləˌrɑn, -z

ailment
BR ˈeɪlm(ə)nt, -s
AM ˈeɪlm(ə)nt, -s

Ailsa
BR ˈeɪlsə(r)
AM ˈeɪlsə

ailurophile
BR ʌɪˈl(j)ʊərə(ʊ)fʌɪl,
eɪˈl(j)ʊərə(ʊ)fʌɪl,
ˈeɪljɜːrə(ʊ)fʌɪl, -z
AM eɪˈlʊrəˌfaɪl,
aɪˈlʊrəˌfaɪl, -z

ailurophobe
BR ʌɪˈl(j)ʊərə(ʊ)fəʊb,
eɪˈl(j)ʊərə(ʊ)fəʊb,
ˈeɪljɜːrə(ʊ)fəʊb, -z
AM eɪˈlʊrəˌfoʊb,
aɪˈlʊrəˌfoʊb, -z

ailurophobia
BR ʌɪˌl(j)ʊərə(ʊ)-
ˈfəʊbɪə(r),
eɪˌl(j)ʊərə(ʊ)-
ˈfəʊbɪə(r)
AM eɪˌlʊrəˈfoʊbɪə,
aɪˌlʊrəˈfoʊbɪə

aim
BR eɪm, -z, -ɪŋ, -d
AM eɪm, -z, -ɪŋ, -d

Aimée
BR ˈeɪmeɪ, ˈeɪmi
AM ɛˈmeɪ

aimless
BR ˈeɪmlɪs
AM ˈeɪmlɪs

aimlessly
BR ˈeɪmlɪsli
AM ˈeɪmlɪsli

aimlessness
BR ˈeɪmlɪsnɪs
AM ˈeɪmlɪsnɪs

ain
BR eɪn
AM eɪn

Ainsley
BR ˈeɪnzli
AM ˈeɪnzli

ain't
BR eɪnt
AM eɪnt

Aintree
BR ˈeɪntriː
AM ˈeɪntri

Ainu
BR ˈʌɪnuː, -z
AM ˈaɪˌnu, -z

aïoli
BR ʌɪˈəʊli, eɪˈəʊli
AM eɪˈoʊli

air
BR ɛː(r), -z, -ɪŋ, -d
AM ɛ(ə)r, -z, -ɪŋ, -d

airbag
BR ˈɛːbag, -z
AM ˈɛrˌbæg, -z

airbase
BR ˈɛːbeɪs, -ɪz
AM ˈɛrˌbeɪs, -ɪz

airbed
BR ˈɛːbed, -z
AM ˈɛrˌbed, -z

airborne
BR ˈɛːbɔːn
AM ˈɛrˌbɔ(ə)rn

airbrake
BR ˈɛːbreɪk, -s
AM ˈɛrˌbreɪk, -s

airbrick
BR ˈɛːbrɪk, -s
AM ˈɛrˌbrɪk, -s

airbrush
BR ˈɛːbrʌʃ, -ɪz, -t
AM ˈɛrˌbrʌʃ, -əz,
-ɪŋ, -t

airburst
BR ˈɛːbɜːst, -s
AM ˈɛrˌbɜrst, -s

airbus
BR ˈɛːbʌs, -ɪz
AM ˈɛrˌbəs, -əz

aircraft
BR ˈɛːkrɑːft
AM ˈɛrˌkræf(t)

aircraftman
BR ˈɛːkrɑːf(t)mən
AM ˈɛrˌkræf(t)m(ə)n

aircraftmen
BR ˈɛːkrɑːf(t)mən
AM ˈɛrˌkræf(t)m(ə)n

aircraftsman
BR ˈɛːkrɑːf(t)smən
AM ˈɛrˌkræf(t)sm(ə)n

aircraftsmen
BR ˈɛːkrɑːf(t)smən
AM ˈɛrˌkræf(t)sm(ə)n

aircraftswoman
BR ˈɛːkrɑːf(t)sˌwʊmən
AM ˈɛrˌkræf(t)sˌwʊm(ə)n

aircraftswomen
BR ˈɛːkrɑːf(t)sˌwɪmɪn
AM ˈɛrˌkræf(t)sˌwɪmɪn

aircraftwoman
BR ˈɛːkrɑːf(t)ˌwʊmən
AM ˈɛrˌkræf(t)-ˌwʊm(ə)n

aircraftwomen
BR ˈɛːkrɑːf(t)ˌwɪmɪn
AM ˈɛrˌkræf(t)ˌwɪmɪn

aircrew
BR ˈɛːkruː, -z
AM ˈɛrˌkru, -z

air-cure
BR ˈɛːˌkjʊə(r),
ˈɛːˌkjɔː(r), -z,
-ɪŋ, -d
AM ˈɛrˌkjʊ(ə)r, -z, -ɪŋ,
-d

airdate
BR ˈɛːdeɪt
AM ˈɛrˌdeɪt

Airdrie
BR ˈɛːdri
AM ˈɛrdri

airdrop
BR ˈɛːdrɒp, -s, -ɪŋ, -t
AM ˈɛrˌdrɑp, -s,
-ɪŋ, -t

Airedale
BR ˈɛːdeɪl, -z
AM ˈɛrˌdeɪl, -z

airer
BR ˈɛːrə(r), -z
AM ˈɛrər, -z

airfare
BR ˈɛːfɛː(r), -z
AM ˈɛrˌfɛ(ə)r, -z

airfield
BR ˈɛːfiːld, -z
AM ˈɛrˌfild, -z

airflow
BR ˈɛːfləʊ, -z
AM ˈɛrˌfloʊ, -z

airfoil
BR ˈɛːfɔɪl, -z
AM ˈɛrˌfɔɪl, -z

airframe
BR ˈɛːfreɪm, -z
AM ˈɛrˌfreɪm, -z

airfreight
BR ˈɛːfreɪt, -s, -ɪŋ, -ɪd
AM ˈɛrˌfreɪ|t, -ts, -dɪŋ, -dɪd

airglow
BR ˈɛːgləʊ
AM ˈɛrˌgloʊ

airgun
BR ˈɛːgʌn, -z
AM ˈɛrˌgʌn, -z

airhead
BR ˈɛːhɛd, -z
AM ˈɛrˌ(h)ɛd, -z

airhole
BR ˈɛːhəʊl, -z
AM ˈɛrˌ(h)oʊl, -z

airily
BR ˈɛːrɪli
AM ˈɛrəli

airiness
BR ˈɛːrɪnɨs
AM ˈɛrɪnɨs

airing
BR ˈɛːrɪŋ, -z
AM ˈɛrɪŋ, -z

airlane
BR ˈɛːleɪn, -z
AM ˈɛrˌleɪn, -z

airless
BR ˈɛːləs
AM ˈɛrləs

airlessly
BR ˈɛːləsli
AM ˈɛrləsli

airlessness
BR ˈɛːləsnəs
AM ˈɛrləsnəs

airlift
BR ˈɛːlɪft, -s
AM ˈɛrˌlɪft, -s

airline
BR ˈɛːlʌɪn, -z
AM ˈɛrˌlaɪn, -z

airliner
BR ˈɛːˌlʌɪnə(r), -z
AM ˈɛrˌlaɪnər, -z

airlock
BR ˈɛːlɒk, -s
AM ˈɛrˌlak, -s

airmail
BR ˈɛːmeɪl, -z, -ɪŋ, -d
AM ˈɛrˌmeɪl, -z, -ɪŋ, -d

airman
BR ˈɛːmən
AM ˈɛrm(ə)n

airmen
BR ˈɛːmən
AM ˈɛrm(ə)n

airmiss
BR ˈɛːmɪs, -ɪz
AM ˈɛrˌmɪs, -ɪz

airmobile
BR ˈɛːˌmə(ʊ)biːl, -z
AM ˈɛrməˌbil, -z

airplane
BR ˈɛːpleɪn, -z
AM ˈɛrˌpleɪn, -z

airplay
BR ˈɛːpleɪ, -z
AM ˈɛrˌpleɪ, -z

airpocket
BR ˈɛːˌpɒkɪt, -s
AM ˈɛrˌpakət, -s

airport
BR ˈɛːpɔːt, -s
AM ˈɛrˌpɔ(ə)rt, -s

airscrew
BR ˈɛːskruː, -z
AM ˈɛrˌskru, -z

airshaft
BR ˈɛːʃɑːft, -s
AM ˈɛrˌʃæft, -s

airship
BR ˈɛːʃɪp, -s
AM ˈɛrˌʃɪp, -s

airsick
BR ˈɛːsɪk
AM ˈɛrˌsɪk

airsickness
BR ˈɛːˌsɪknɪs
AM ˈɛrˌsɪknɪs

airside
BR ˈɛːsʌɪd
AM ˈɛrˌsaɪd

airspace
BR ˈɛːspeɪs
AM ˈɛrˌspeɪs

airspeed
BR ˈɛːspiːd, -z
AM ˈɛrˌspid, -z

airstream
BR ˈɛːstriːm, -z
AM ˈɛrˌstrim, -z

airstrip
BR ˈɛːstrɪp, -s
AM ˈɛrˌstrɪp, -s

airtight
BR ˈɛːtʌɪt
AM ˈɛrˌtaɪt

airtime
BR ˈɛːtʌɪm
AM ˈɛrˌtaɪm

airwave
BR ˈɛːweɪv, -z
AM ˈɛrˌweɪv, -z

airway
BR ˈɛːweɪ, -z
AM ˈɛrˌweɪ, -z

airwoman
BR ˈɛːˌwʊmən
AM ˈɛrˌwʊm(ə)n

airwomen
BR ˈɛːˌwɪmɪn
AM ˈɛrˌwɪmɨn

airworthiness
BR ˈɛːˌwɜːðɪnɨs
AM ˈɛrˌwərðɪnɨs

airworthy
BR ˈɛːˌwɜːði
AM ˈɛrˌwərði

airy
BR ˈɛːr|i, -ɪə(r), -ɪst
AM ˈɛri, -ər, -ɪst

aisle
BR ʌɪl, -z, -d
AM aɪl, -z, -d

ait
BR eɪt, -s
AM eɪt, -s

aitch
BR eɪtʃ, -ɪz
AM eɪtʃ, -ɪz

aitchbone
BR ˈeɪtʃbəʊn, -z
AM ˈeɪtʃˌboʊn, -z

Aitchison
BR ˈeɪtʃɪs(ə)n
AM ˈeɪtʃɪs(ə)n

Aitken
BR ˈeɪ(t)kɪn
AM ˈeɪ(t)k(ə)n

Aix-en-Provence
BR ˌeɪksɒ̃prɒ'vɒ̃s
AM ˌɛksanproʊˈvans
FR ɛks ɑ̃ pʀɔvɑ̃s

Aix-la-Chapelle
BR ˌeɪkslaʃaˈpɛl
AM ˌɛkslaʃaˈpɛl
FR ɛks la ʃapɛl

Ajaccio
BR əˈdʒaksɪəʊ
AM əˈjatʃ(i)oʊ
FR aʒaksjo

ajar
BR əˈdʒɑː(r)
AM əˈdʒɑr

Ajax
BR ˈeɪdʒaks
AM ˈeɪˌdʒæks

aji
BR əˈhiː, -z
AM əˈhi, -z

ajiaco
BR ˌahɪˈakəʊ
AM ˌahɪˈakoʊ

ajuga
BR əˈdʒuːgə(r)
AM əˈdʒugə

aka
BR ˌeɪkeɪˈeɪ, ˈakə(r)
AM ˌeɪˌkeɪˈeɪ

Akai
BR ˈakʌɪ
AM ˈɑkaɪ

akala
BR ɑːˈkɑːlə(r), -z
AM əˈkɑlə, -z

Akbar
BR ˈakbɑː(r)
AM ˈakˌbɑr

akebia
BR əˈkiːbɪə(r)
AM əˈkibiə

akee
BR ˈak|i, -ɪz
AM ˈæˌki, æˈki, -z

akela
BR ɑːˈkeɪlə(r), -z
AM əˈkilə, -z

Akerman
BR ˈakəmən, ˈeɪkəmən
AM ˈækərm(ə)n

Akhenaten
BR akˈnɑːt(ə)n
AM akˈnɑtn

Akhetaten
BR ˌakəˈtɑːt(ə)n
AM ˌakɛˈtɑtn

akilter
BR əˈkɪltə(r)
AM əˈkɪltər

akimbo
BR əˈkɪmbəʊ
AM əˈkɪmboʊ

akin
BR əˈkɪn
AM əˈkɪn

Akins
BR ˈeɪkɪnz
AM ˈeɪkɪnz

Akita
BR ɑːˈkiːtə(r)
AM ɑˈkidə

Akkad
BR ˈakad
AM ˈakˌad, ˈækˌæd

Akkadian
BR aˈkeɪdɪən, aˈkadɪən, -z
AM əˈkeɪdɪən, -z

Akko
BR aˈkəʊ
AM ɑˈkoʊ

Akron
BR ˈakrɒn, ˈakr(ə)n
AM ˈækr(ə)n

Aksai Chin
BR ˌaksʌɪ ˈtʃɪn
AM ˌækˌsaɪ ˈtʃɪn

Aksum
BR ˈaksʊm
AM ˈakˌsʊm

Al
BR al
AM æl

à la
BR ˌa la(r), ˌaː ˈlaː(r)
AM ˌa lə, ˌa la

Alabama
BR ˌaləˈbamə(r)
AM ˌæləˈbæmə

Alabaman
BR ˌaləˈbamən, -z
AM ˌæləˈbæm(ə)n, -z

Alabamian
BR ˌaləˈbamɪən, -z
AM ˌæləˈbæmiən, -z

alabaster
BR ˈaləbɑːstə(r)
AM ˈæləˌbæstər

alabastrine
BR ˌaləˈbɑːstrʌɪn, ˌaləˈbɑːstrɪn
AM ˌæləˈbæstr(ə)n

à la carte
BR ˌa la ˈkɑːt, ˌaː laː +
AM ˌa lə ˈkɑrt, ˌa la ˈkɑrt

alack
BR əˈlak
AM əˈlæk

alacrity
BR əˈlakrɪti
AM əˈlækrədi

Aladdin
BR əˈladɪn
AM əˈlæd(ə)n

Alaister
BR ˈalɪstə(r)
AM ˈæləˌstɛ(ə)r, ˈæləstər

Alamein
BR ˈaləmeɪn, ˌaləˈmeɪn
AM ˌæləˈmeɪn

Alamo
BR ˈaləməʊ
AM ˈæləˌmoʊ

à la mode
BR ˌa la ˈməʊd, ˌaː laː +
AM ˌa la ˈmoʊd

Alan
BR ˈalən
AM ˈæl(ə)n

Alana
BR əˈlanə(r)
AM əˈlɑnə

alanine
BR ˈaləniːn, ˈalənʌɪn
AM ˈæləˌnin

Alar
BR ˈeɪlɑː(r)
AM ˈeɪˌlɑr

alar
BR ˈeɪlɑː(r)
AM ˈeɪlər

Alaric
BR ˈalərɪk
AM ˈælərɪk

alarm
BR əˈlɑːm, -z, -ɪŋ, -d
AM əˈlɑrm, -z, -ɪŋ, -d

alarmingly
BR əˈlɑːmɪŋli
AM əˈlɑrmɪŋli

alarmism
BR əˈlɑːmɪzm
AM əˈlɑrmˌɪz(ə)m

alarmist
BR əˈlɑːmɪst, -s
AM əˈlɑrməst, -s

alarum
BR əˈlɑːrəm, -z
AM əˈlɑr(ə)m, -z

alas
BR əˈlas, əˈlɑːs
AM əˈlæs

Alasdair
BR ˈaləstə(r), ˈaləstɛː(r)
AM ˈæləˌstɛ(ə)r, ˈæləstər

Alaska
BR əˈlaskə(r)
AM əˈlæskə

Alaskan
BR əˈlaskən, -z
AM əˈlæsk(ə)n, -z

Alastair
BR ˈaləstə(r), ˈaləstɛː(r)
AM ˈæləˌstɛ(ə)r, ˈæləstər

Alastor
BR əˈlɑːstə(r), -z
AM əˈlæstər, -z

alate
BR ˈeɪleɪt, -s
AM ˈeɪˌleɪt, -s

alb
BR alb, -z
AM ælb, -z

Alba
BR ˈalbə(r)
AM ˈælbə

Albacete
BR ˌalbəˈseɪti
AM ˌælbəˈseɪˌdi
SP ˌalβaˈθete, alβaˈsete

albacore
BR ˈalbəkɔː(r), -z
AM ˈælbəˌkɔ(ə)r, -z

Alban
BR ˈɔːlbən, ˈɒlbən
AM ˈalb(ə)n

Albania
BR alˈbeɪnɪə(r)
AM alˈbeɪniə, ælˈbeɪniə

Albanian
BR alˈbeɪnɪən, -z
AM alˈbeɪniən, ælˈbeɪniən, -z

Albany
BR ˈɔːlbəni, ˈɒlbəni
AM ˈalbəni, ˈɔlbəni

albata
BR alˈbeɪtə(r)
AM ælˈbædə

albatross
BR ˈalbətrɒs, -ɪz
AM ˈælbəˌtrɑs, ˈælbəˌtrɔs, -əz

albedo
BR alˈbiːdəʊ, -z
AM ælˈbidoʊ, -z

Albee
BR ˈɔːlbi, ˈalbi
AM ˈælbi

albeit
BR ɔːlˈbiːɪt
AM ɔlˈbiɪt, alˈbiɪt,
ælˈbiɪt

Albemarle
BR ˈalbəmaːl
AM ˈælbəˌmar(ə)l

Albert
BR ˈalbət
AM ˈælbərt

Alberta
BR alˈbəːtə(r)
AM ælˈbərdə

Albertan
BR alˈbəːt(ə)n, -z
AM ælˈbərtn,
ælˈbərdən, -z

Alberti
BR alˈbəːti
AM alˈbərdi
IT alˈbɛrti

Albertus Magnus
BR alˌbəːtəs ˈmagnəs
AM ælˌbərdəs ˈmægnəs

albescence
BR alˈbɛsns
AM ælˈbɛs(ə)ns

albescent
BR alˈbɛsnt
AM ælˈbɛs(ə)nt

Albigenses
BR ˌalbɪˈdʒɛnsiːz,
ˌalbɪˈgɛnsiːz
AM ˌælbəˈdʒɛnsiz

Albigensian
BR ˌalbɪˈdʒɛnsɪən,
ˌalbɪˈgɛnsɪən, -z
AM ˌælbəˈdʒɛn(t)ʃ(ə)n,
ˌælbəˈdʒɛn(t)sɪən, -z

albinism
BR ˈalbɪnɪzm
AM ˈælbəˌnɪz(ə)m

albino
BR alˈbiːnəʊ, -z
AM ælˈbaɪˌnoʊ, -z

Albinoni
BR ˌalbɪˈnəʊni
AM ˌælbəˈnoʊni
IT albiˈnoni

albinotic
BR ˌalbɪˈnɒtɪk
AM ˌælbəˈnadɪk

Albion
BR ˈalbɪən
AM ˈælbɪən

albite
BR ˈalbʌɪt
AM ˈælˌbaɪt

albondigas
BR alˈbɒndɪgas
AM alˈbandɪgəz

Ålborg
BR ˈɔːlbɔːg, ˈaːlbɔːg
AM ˈalˌbɔrg, ˈɔlˌbɔrg
DAN ˈʌlˌbɒːˈ

Albright
BR ˈɔːlbrʌɪt, ˈɒlbrʌɪt
AM ˈalbraɪt, ˈɔlbraɪt

album
BR ˈalbəm, -z
AM ˈælb(ə)m, -z

albumen
BR ˈalbjʉmɪn
AM ˈælˌbjum(ə)n

albumin
BR ˈalbjʉmɪn
AM ˈælˌbjum(ə)n

albuminoid
BR alˈbjuːmɪnɔɪd, -z
AM ælˈbjuməˌnɔɪd, -z

albuminous
BR alˈbjuːmɪnəs
AM ælˈbjumənəs

albuminuria
BR alˌbjuːmɪˈnjʊərɪə(r)
AM ælˌbjuməˈnʊrɪə

Albuquerque
BR ˈalbəkəːki
AM ˈælbəˌkərki

alburnum
BR alˈbəːnəm
AM ælˈbərn(ə)m

Albury
BR ˈɔːlb(ə)ri, ˈɒlb(ə)ri
AM ˈalbəri, ˈɔlbəri

Alcaeus
BR alˈsɪəs, alˈsiːəs
AM ælˈsiəs

alcahest
BR ˈalkəhɛst
AM ˈælkəˌhɛst

alcaic
BR alˈkeɪɪk
AM ælˈkeɪɪk

alcalde
BR alˈkald|i,
alˈkaːld|i, -ɪz
AM ælˈkaldi,
alˈkaldi, -z

Alcan
BR ˈalkan
AM ˈælkæn

Alcatraz
BR ˈalkətraz,
ˌalkəˈtraz
AM ˈælkəˌtræz

Alcazar
BR ˌalkəˈzaː(r),
alˈkazə(r)
AM ˌælˈkæzər,
ˌalkəˌzar

Alceste
BR alˈsɛst
AM alˈsɛst, ɔlˈsɛst

Alcester
BR ˈɔːlstə(r)
AM ˈalsɛstər,
ˈɔlsɛstər

Alcestis
BR alˈsɛstɪs
AM alˈsɛstəs, ɔlˈsɛstəs

alchemic
BR alˈkɛmɪk
AM ælˈkɛmɪk

alchemical
BR alˈkɛmɪkl
AM ælˈkɛmək(ə)l

alchemise
BR ˈalkəmʌɪz, -ɪz,
-ɪŋ, -d
AM ˈælkəˌmaɪz, -ɪz,
-ɪŋ, -d

alchemist
BR ˈalkəmɪst, -s
AM ˈælkəməst, -s

alchemize
BR ˈalkəmʌɪz, -ɪz,
-ɪŋ, -d
AM ˈælkəˌmaɪz, -ɪz,
-ɪŋ, -d

alchemy
BR ˈalkəmi
AM ˈælkəmi

alcheringa
BR ˌaltʃəˈrɪŋgə(r)
AM ˌæltʃəˈrɪŋgə

Alcibiades
BR ˌalsɪˈbʌɪədiːz
AM ˌælsəˈbaɪədiz

alcid
BR ˈalsɪd, -z
AM ˈælsəd, -z

Alcock
BR ˈɔːlkɒk, ˈalkɒk
AM ˈalˌkak, ˈɔlˌkak

alcohol
BR ˈalkəhɒl, -z
AM ˈælkəˌhal,
ˈælkəˌhɔl, -z

alcoholic
BR ˌalkəˈhɒlɪk
AM ˌælkəˈhalɪk,
ˌælkəˈhɔlɪk

alcoholism
BR ˈalkəhɒlɪzm
AM ˈælkəˌhaˌlɪz(ə)m,
ˈælkəˌhɔˌlɪz(ə)m

alcoholometer
BR ˌalkəhɒˈlɒmɪtə(r),
-z
AM ˌælkəˌhaˈlamədər,
ˌælkəˌhɔˈlamədər,
-z

alcoholometry
BR ˌalkəhɒˈlɒmɪtri
AM ˌælkəˌhaˈlamətri,
ˌælkəˌhɔˈlamətri

Alconbury
BR ˈɔːlk(ə)nb(ə)ri,
ˈɒlk(ə)nb(ə)ri
AM ˈalkənbəri,
ˈɔlkənbəri

Alcoran
BR ˌalkəˈraːn,
ˈalkəran
AM ˌalkoʊˈran

Alcott
BR ˈɔːlkɒt, ˈɒlkɒt
AM ˈælˌkat

alcove
BR ˈalkəʊv, -z
AM ˈælˌkoʊv, -z

Alcuin
BR ˈalkwɪn
AM ˈælkw(ə)n

Aldabra
BR alˈdabrə(r)
AM ælˈdæbrə

Aldebaran
BR alˈdɛb(ə)rn̩
AM ælˈdɛbər(ə)n

Aldeburgh
BR ˈɔːl(d)b(ə)rə(r)
AM ˈɑl(d)ˌbəroʊ

aldehyde
BR ˈaldɪhʌɪd, -z
AM ˈældəˌhaɪd, -z

aldehydic
BR ˌaldɪˈhɪdɪk
AM ˌældəˈhɪdɪk

Alden
BR ˈɔːld(ə)n, ˈɒld(ə)n
AM ˈɑld(ə)n, ˈɔld(ə)n

al dente
BR al ˈdɛnti, + ˈdɛnteɪ
AM ɑl ˈdɛn(t)eɪ, ˌæl ˈdɛn(t)eɪ

alder
BR ˈɔːldə(r), ˈɒldə(r), -z
AM ˈɑldər, ˈɔldər, -z

Aldergrove
BR ˈɔːldəgrəʊv, ˈɒldəgrəʊv
AM ˈɑldərˌgroʊv, ˈɔldərˌgroʊv

alderman
BR ˈɔːldəmən, ˈɒldəmən
AM ˈɑldərm(ə)n, ˈɔldərm(ə)n

aldermanic
BR ˌɔːldəˈmanɪk, ˌɒldəˈmanɪk
AM ˌɑldərˈmænɪk, ˌɔldərˈmænɪk

aldermanry
BR ˈɔːldəmənri, ˈɒldəmənri
AM ˈɑldərmənri, ˈɔldərmənri

aldermanship
BR ˈɔːldəmənʃɪp, ˈɒldəmənʃɪp
AM ˈɑldərmənˌʃɪp, ˈɔldərmənˌʃɪp

Aldermaston
BR ˈɔːldəmɑːst(ə)n, ˈɒldəmɑːst(ə)n
AM ˈɑldərˌmæst(ə)n, ˈɔldərˌmæst(ə)n

aldermen
BR ˈɔːldəmən, ˈɒldəmən
AM ˈɑldərm(ə)n, ˈɔldərm(ə)n

Alderney
BR ˈɔːldəni, ˈɒldəni
AM ˈɑldərni, ˈɔldərni

Aldersgate
BR ˈɔːldəzgeɪt, ˈɒldəzgeɪt
AM ˈɑldərsˌgeɪt, ˈɔldərsˌgeɪt

Aldershot
BR ˈɔːldəʃɒt, ˈɒldəʃɒt
AM ˈɑldərˌʃɑt, ˈɔldərˌʃɑt

Alderson
BR ˈɔːldəs(ə)n, ˈɒldəs(ə)n
AM ˈɑldərs(ə)n, ˈɔldərs(ə)n

Alderton
BR ˈɔːldət(ə)n, ˈɒldət(ə)n
AM ˈɑldərt(ə)n, ˈɔldərt(ə)n

alderwoman
BR ˈɔːldəˌwʊmən, ˈɒldəˌwʊmən
AM ˈɑldərˌwʊm(ə)n, ˈɔldərˌwʊm(ə)n

alderwomen
BR ˈɔːldəˌwɪmɪn, ˈɒldəˌwɪmɪn
AM ˈɑldərˌwɪmɪn, ˈɔldərˌwɪmɪn

Aldgate
BR ˈɔːl(d)gɪt, ˈɒl(d)gɪt, ˈɔːl(d)geɪt, ˈɒl(d)geɪt
AM ˈɑl(d)ˌgeɪt, ˈɔl(d)ˌgeɪt

Aldine
BR ˈɔːldʌɪn, ˈɔːldiːn, ˈɒldʌɪn, ˈɒldiːn
AM ˈɑldɪn, ˈɑlˌdaɪn, ˈɔldɪn, ˈɔlˌdaɪn

Aldis
BR ˈɔːldɪs, ˈɒldɪs
AM ˈɑldəs, ˈɔldəs

Aldiss
BR ˈɔːldɪs, ˈɒldɪs
AM ˈɑldəs, ˈɔldəs

aldol
BR ˈaldɒl
AM ˈælˌdɑl, ˈælˌdɔl

aldosterone
BR alˈdɒstərəʊn
AM ælˈdɑstəˌroʊn

Aldous
BR ˈɔːldəs, ˈɒldəs
AM ˈɑldəs, ˈɔldəs

Aldridge
BR ˈɔːldrɪdʒ, ˈɒldrɪdʒ
AM ˈɑldrɪdʒ, ˈɔldrɪdʒ

Aldrin
BR ˈɔːldrɪn, ˈɒldrɪn
AM ˈɑldrɪn, ˈɔldrɪn

Aldwych
BR ˈɔːldwɪtʃ, ˈɒldwɪtʃ
AM ˈɑldwɪtʃ, ˈɔldwɪtʃ

ale
BR eɪl, -z
AM eɪl, -z

aleatoric
BR ˌeɪlɪəˈtɒrɪk, ˌalɪəˈtɒrɪk
AM ˌæliəˈtɔrɪk, ˌeɪliəˈtɔrɪk

aleatory
BR ˌeɪlɪˈeɪt(ə)ri, ˌalɪˈeɪt(ə)ri, ˈeɪlɪət(ə)ri, ˈalɪət(ə)ri
AM ˈæliəˌtɔri, ˈeɪliəˌtɔri

Alec
BR ˈalɪk
AM ˈælək

alecost
BR ˈeɪlkɒst
AM ˈeɪlˌkɑst

alee
BR əˈliː
AM əˈli

alegar
BR ˈeɪlɪgə(r), ˈalɪgə(r)
AM ˈeɪləgər, ˈæləgər

alehouse
BR ˈeɪlhaʊ|s, -zɪz
AM ˈeɪlˌ(h)aʊ|s, -zəz

Aleksandrovsk
BR ˌalɪgzanˈdrɒfsk, ˌalɪgˈzandrɒfsk
AM ˌæləkˈsændrɑvsk, ˌæləgˈzændrɑvsk, ˌæləkˈsændrʌvsk, ˌæləgˈzændrʌvsk
RUS əlʲikˈsanˈdrofsk

alembic
BR əˈlɛmbɪk, -s
AM əˈlɛmbɪk, -s

alembicated
BR əˈlɛmbɪkeɪtɪd
AM əˈlɛmbəˌkeɪdɪd

alembication
BR əˌlɛmbɪˈkeɪʃn
AM əˌlɛmbəˈkeɪʃ(ə)n

aleph
BR ˈalɛf, ˈɑːlɛf, ˈalɪf, ˈɑːlɪf, -s
AM ˈɑləf, ˈɑlɛf, -s

Aleppo
BR əˈlɛpəʊ
AM əˈlɛpoʊ

alert
BR əˈləːt, -s, -ɪŋ, -ɪd, -ɪst
AM əˈlər|t, -ts, -dɪŋ, -dəd, -dəst

alertly
BR əˈləːtli
AM əˈlərtli

alertness
BR əˈləːtnəs
AM əˈlərtnəs

aleuron
BR ˈaljʊərən
AM əˈlʊroʊn, ˈæljəˌroʊn

aleurone
BR ˈaljʊərəʊn
AM əˈlʊroʊn, ˈæljəˌroʊn

Aleut
BR ˈaljuːt, ˈalɪuːt, əˈl(j)uːt, -s
AM ˈæliˌut, əˈlut, -s

Aleutian
BR əˈl(j)uːʃn, -z
AM əˈl(j)uʃ(ə)n, -z

alewife
BR ˈeɪlwʌɪf
AM ˈeɪlˌwaɪf

alewives
BR ˈeɪlwʌɪvz
AM ˈeɪlˌwaɪvz

Alex
BR ˈalɪks
AM ˈæleks

Alexa
BR əˈlɛksə(r)
AM əˈlɛksə

Alexander
BR ˌalɪgˈzɑːndə(r)
AM ˌæləgˈzændər

alexanders
BR ˌalɪgˈzɑːndəz
AM ˌæləgˈzændərz

Alexandra
BR ˌalɪgˈzɑːndrə(r)
AM ˌæləgˈzændrə

Alexandretta
BR ˌalɪgzɑːnˈdrɛtə(r)
AM ˌæləgˌzænˈdrɛdə

Alexandria
BR ˌalɪgˈzɑːndrɪə(r)
AM ˌæləgˈzændriə

Alexandrian
BR ˌalɪgˈzɑːndrɪən, -z
AM ˌæləgˈzændriən, -z

alexandrine
BR ˌalɪgˈzɑːndrʌɪn,
ˌalɪgˈzɑːndrɪn, -z
AM ˌæləgˈzænˌdrin,
ˌæləgˈzænˌdraɪn,
ˌæləgˈzændr(ə)n, -z

alexandrite
BR ˌalɪgˈzɑːndrʌɪt
AM ˌæləgˈzænˌdraɪt

alexia
BR əˈlɛksɪə(r)
AM əˈlɛksiə

alexin
BR əˈlɛksɪn
AM əˈlɛks(ə)n

alexine
BR əˈlɛksiːn
AM əˈlɛkˌsin

alexipharmic
BR əˌlɛksɪˈfɑːmɪk
AM əˌlɛksəˈfɑrmɪk

Alexis
BR əˈlɛksɪs
AM əˈlɛksəs

alfa
BR ˈalfə(r), -z
AM ˈælfə, -z

Alfa-Laval
BR ˌalfələˈval
AM ˌælfələˈval

alfalfa
BR alˈfalfə(r)
AM ælˈfælfə

Alfa Romeo
BR ˌalfə rə(ʊ)ˈmeɪəʊ,
+ ˈrəʊmɪəʊ, -z
AM ˌælfə ˌroʊˈmeɪoʊ,
-z

al-Fatah
BR alˈfatə(r), ˌalfə
ˈtɑː(r)
AM ˌalfəˈta

alfisol
BR ˈalfɪsɒl
AM ˈælfəˌsal, ˈælfəˌsɔl

Alfonso
BR alˈfɒnzəʊ,
alˈfɒnsəʊ
AM ælˈfanˌsoʊ,
ælˈfanˌzoʊ
SP alˈfonso

Alford
BR ˈɔːlfəd, ˈɒlfəd
AM ˈælfərd, ˈalfərd,
ˈɔlfərd

Alfred
BR ˈalfrɪd
AM ˈælfrəd

Alfreda
BR alˈfriːdə(r)
AM ælˈfrɛdə

Alfredo
BR alˈfreɪdəʊ
AM alˈfreɪdoʊ

alfresco
BR alˈfrɛskəʊ
AM alˈfrɛskoʊ,
ælˈfrɛskoʊ

Alfreton
BR ˈalfrɪt(ə)n,
ˈɔːlfrɪt(ə)n,
ˈɒlfrɪt(ə)n
AM ˈælfrədən,
ˈalfrədən, ˈalfrətn,
ˈɔlfrədən, ˈɔlfrətn,
ˈælfrətn

Alfvén
BR ˈalfveɪn, ˈalfvən
AM ˈalˌveɪn
SW alˈveːn

alga
BR ˈalgə(r)
AM ˈælgə

algae
BR ˈaldʒiː, ˈalgiː
AM ˈælˌdʒi

algal
BR ˈalgl
AM ˈælg(ə)l

Algarve
BR alˈgɑːv
AM alˈgarv
B PORT ˈawgarvi
L PORT alˈgarvə

algebra
BR ˈaldʒɪbrə(r)
AM ˈældʒəbrə

algebraic
BR ˌaldʒɪˈbreɪk
AM ˌældʒəˈbreɪk

algebraical
BR ˌaldʒɪˈbreɪkl
AM ˌældʒəˈbreɪk(ə)l

algebraically
BR ˌaldʒɪˈbreɪkli
AM ˌældʒəˈbreɪk(ə)li

algebraist
BR ˈaldʒɪbreɪɪst,
ˌaldʒɪˈbreɪɪst, -s
AM ˌældʒəˈbreɪɪst,
ˈældʒəˌbreɪɪst, -s

Algeciras
BR ˌaldʒɪˈsɪərəs
AM ˌældʒəˈsɪrəs
SP ˌalxeˈθiras,
ˌalheˈsiras

Algeo
BR ˈaldʒɪəʊ
AM ˈældʒioʊ

Alger
BR ˈaldʒə(r)
AM ˈældʒər

Algeria
BR alˈdʒɪərɪə(r)
AM ælˈdʒɪriə

Algerian
BR alˈdʒɪərɪən, -z
AM ælˈdʒɪriən, -z

Algernon
BR ˈaldʒŋən,
ˈaldʒŋɒn
AM ˈældʒərˌnan

algesic
BR alˈdʒiːzɪk,
alˈdʒiːsɪk, -s
AM ælˈdʒizɪk, -s

algicide
BR ˈaldʒɪsʌɪd, -z
AM ˈældʒəˌsaɪd, -z

algid
BR ˈaldʒɪd
AM ˈældʒɪd

algidity
BR alˈdʒɪdɪti
AM ælˈdʒɪdɨdi

Algie
BR ˈaldʒi
AM ˈældʒi

Algiers
BR alˈdʒɪəz
AM ælˈdʒɪ(ə)rz

alginate
BR ˈaldʒɪneɪt,
ˈaldʒɪnət, -s
AM ˈældʒənət,
ˈældʒəˌneɪt, -s

alginic
BR alˈdʒɪnɪk
AM ælˈdʒɪnɪk

Algipan
BR ˈaldʒɪpan
AM ˈældʒɪˌpæn

Algoa
BR alˈgəʊə(r)
AM ælˈgoʊə

algoid
BR ˈalgɔɪd
AM ˈælˌgɔɪd

Algol
BR ˈalgɒl
AM ˈælˌgal, ˈælˌgɔl

algolagnia
BR ˌalgə(ʊ)ˈlagnɪə(r)
AM ˌælgoʊˈlægniə

algolagnic
BR ˌalgə(ʊ)ˈlagnɪk
AM ˌælgoʊˈlægnɪk

algological
BR ˌalgəˈlɒdʒɪkl
AM ˌælgəˈlɑdʒək(ə)l

algologist
BR alˈgɒlədʒɪst, -s
AM ælˈgalədʒəst, -s

algology
BR alˈgɒlədʒi
AM ælˈgalədʒi

Algonkian
BR alˈgɒŋkiən
AM ælˈgaŋkiən

Algonkin
BR alˈgɒŋkɪn
AM ælˈgaŋk(ə)n

Algonquian
BR alˈgɒŋk(w)iən
AM ælˈgaŋk(w)iən

Algonquin
BR alˈgɒŋk(w)ɪn
AM ælˈgaŋkw(ə)n

algorithm
BR ˈalgərɪð(ə)m, -z
AM ˈælgəˌrɪð(ə)m, -z

algorithmic
BR ˌalgəˈrɪðmɪk
AM ˌælgəˈrɪðmɪk

algorithmically
BR ˌalgəˈrɪðmɪkli
AM ˌælgəˈrɪðmɪk(ə)li

alguacil
BR ˌalgwəˈsɪl, ˌalgwə-ˈsiːl, ˈalgwəsɪl, ˈalgwəsiːl, -z
AM ˌælgwəˈsɪl, ˌælgwəˈsil, -z

alguaciles
BR ˌalgwəˈsiːleɪz
AM ˌælgwəˈsileɪz

alguazil
BR ˌalgwəˈzɪl, ˌalgwəˈziːl, -z
AM ˌælgwəˈzɪl, ˌælgwəˈzil, -z

alguaziles
BR ˌalgwəˈziːleɪz
AM ˌælgwəˈzileɪz

Algy
BR ˈaldʒi
AM ˈældʒi

Alhambra
BR alˈhambrə(r), əˈlambrə(r)
AM ælˈhæmbrə
SP aˈlambra

Alhambresque
BR ˌalhamˈbrɛsk, ˌaləmˈbrɛsk
AM æl,(h)æmbrɛsk

Ali[1]
BR ˈali, ˈaːli
AM ˈali

Ali[2] *Muhammed, boxer*
BR ˈali, aːˈliː
AM aˈli

alias
BR ˈeɪliəs, -ɪz
AM ˈeɪliəs, -əz

Ali Baba
BR ˌali ˈbaːbə(r)
AM ˌali ˈbabə

alibi
BR ˈalɪbʌɪ, -z
AM ˈæləˌbaɪ, -z

Alicante
BR ˌalɪˈkanti
AM ˌaləˈkan(t)i, ˌæləˈkæn(t)i
SP aliˈkante

Alice
BR ˈalɪs
AM ˈæləs

Alicia
BR əˈlɪʃ(ɪ)ə(r), əˈlɪsɪə(r)
AM əˈlɪʃə

Alick
BR ˈalɪk
AM ˈælək

alicyclic
BR ˌalɪˈsʌɪklɪk
AM ˌæləˈsaɪklɪk

alidad
BR ˈalɪdad, -z
AM ˈæləˌdæd, -z

alidade
BR ˈalɪdeɪd, -z
AM ˈæləˌdeɪd, -z

alien
BR ˈeɪliən, -z
AM ˈeɪlj(ə)n, ˈeɪliən, -z

alienability
BR ˌeɪliənəˈbɪlɪti
AM ˌeɪljənəˈbɪlɪdi, ˌeɪliənəˈbɪlɪdi

alienable
BR ˈeɪliənəbl
AM ˈeɪljənəb(ə)l, ˈeɪliənəb(ə)l

alienage
BR ˈeɪliənɪdʒ
AM ˈeɪljənɪdʒ, ˈeɪliənɪdʒ

alienate
BR ˈeɪliəneɪt, -s, -ɪŋ, -ɪd
AM ˈeɪljəˌneɪt, ˈeɪliəˌneɪt, -ts, -dɪŋ, -dɪd

alienation
BR ˌeɪliəˈneɪʃn
AM ˌeɪljəˈneɪʃ(ə)n, ˌeɪliəˈneɪʃ(ə)n

alienator
BR ˈeɪliəneɪtə(r), -z
AM ˈeɪljəˌneɪdər, ˈeɪliəˌneɪdər, -z

alienism
BR ˈeɪliənɪzm
AM ˈeɪljəˌnɪz(ə)m, ˈeɪliəˌnɪz(ə)m

alienist
BR ˈeɪliənɪst, -s
AM ˈeɪljənəst, ˈeɪliənəst, -s

alienness
BR ˈeɪliənnəs
AM ˈeɪljə(n)nəs, ˈeɪliə(n)nəs

aliform
BR ˈeɪlɪfɔːm, ˈalɪfɔːm
AM ˈeɪləˌfɔ(ə)rm, ˈæləˌfɔ(ə)rm

alight
BR əˈlʌɪt, -s, -ɪŋ, -ɪd
AM əˈlaɪt, -ts, -dɪŋ, -dɪd

align
BR əˈlʌɪn, -z, -ɪŋ, -d
AM əˈlaɪn, -z, -ɪŋ, -d

alignment
BR əˈlʌɪnm(ə)nt, -s
AM əˈlaɪnm(ə)nt, -s

alike
BR əˈlʌɪk
AM əˈlaɪk

aliment
BR ˈalɪm(ə)nt, -s
AM ˈæləm(ə)nt, -s

alimental
BR ˌalɪˈmɛntl
AM ˌæləˈmɛn(t)l

alimentary
BR ˌalɪˈmɛnt(ə)ri
AM ˌæləˈmɛn(t)əri

alimentation
BR ˌalɪmɛnˈteɪʃn
AM ˌæləmənˈteɪʃ(ə)n

alimony
BR ˈalɪmən|i, -ɪz
AM ˈæləˌmoʊni, -z

aline
BR əˈlʌɪn, -z, -ɪŋ, -d
AM əˈlaɪn, -z, -ɪŋ, -d

alineation
BR əˌlɪnɪˈeɪʃn, -z
AM əˌlɪniˈeɪʃ(ə)n, -z

alinement
BR əˈlʌɪnm(ə)nt, -s
AM əˈlaɪnm(ə)nt, -s

aliphatic
BR ˌalɪˈfatɪk
AM ˌæləˈfædɪk

aliquant
BR ˈalɪkw(ə)nt
AM ˈæləkw(ə)nt, ˈæləˌkwant

aliquot
BR ˈalɪkwɒt
AM ˈæləkwət, ˈæləˌkwat

Alisdair
BR ˈalɪstə(r), ˈalɪstɛː(r)
AM ˈæləsˌtɛ(ə)r, ˈæləstər

Alison
BR ˈalɪs(ə)n
AM ˈæləs(ə)n

Alissa
BR əˈlɪsə(r)
AM əˈlɪsə

Alistair
BR ˈalɪstə(r), ˈalɪstɛː(r)
AM ˈæləsˌtɛ(ə)r, ˈæləstər

Alitalia
BR ˌalɪˈtaliə(r)
AM ˌæləˈtæljə, ˌaləˈtaliə, ˌæləˈtæliə, ˌaləˈtaljə

alive
BR əˈlaɪv
AM əˈlaɪv
aliveness
BR əˈlaɪvnɪs
AM əˈlaɪvnɪs
Alix
BR ˈalɪks
AM ˈæləks
aliyah
BR əˈliːə(r)
AM əˈliə
alizarin
BR əˈlɪz(ə)rɪn
AM əˈlɪzər(ə)n
alizarine
BR əˈlɪz(ə)riːn
AM əˈlɪzə,rin,
əˈlɪzər(ə)n
alkahest
BR ˈalkəhɛst
AM ˈælkə,hɛst
alkalescence
BR ˌalkəˈlɛsns
AM ˌælkəˈlɛs(ə)ns
alkalescency
BR ˌalkəˈlɛsnsi
AM ˌælkəˈlɛsənsi
alkalescent
BR ˌalkəˈlɛsnt
AM ˌælkəˈlɛs(ə)nt
alkali
BR ˈalkəlaɪ, -z
AM ˈælkə,laɪ, -z
alkalify
BR alˈkalɪfaɪ,
 ˈalkəlɪfaɪ, -z, -ɪŋ, -d
AM ˈælkələ,faɪ, -z,
 -ɪŋ, -d
alkalimeter
BR ˌalkəˈlɪmɨtə(r), -z
AM ˌælkəˈlɪmədər, -z
alkalimetry
BR ˌalkəˈlɪmɨtri
AM ˌælkəˈlɪmətri
alkaline
BR ˈalkəlaɪn
AM ˈælkə,laɪn,
 ˈælkəl(ə)n
alkalinity
BR ˌalkəˈlɪnɨti
AM ˌælkəˈlɪnɨdi

alkaloid
BR ˈalkəlɔɪd, -z
AM ˈælkə,lɔɪd, -z
alkaloidal
BR ˌalkəˈlɔɪdl
AM ˌælkəˈlɔɪd(ə)l
alkaloses
BR ˌalkəˈləʊsiːz
AM ˌælkəˈloʊsiz
alkalosis
BR ˌalkəˈləʊsɪs
AM ˌælkəˈloʊsəs
alkane
BR ˈalkeɪn, -z
AM ˈæl,keɪn, -z
alkanet
BR ˈalkənɛt, -s
AM ˈælkə,nɛt, -s
Alka-Seltzer
BR ˌalkəˈsɛltsə(r),
 ˈalkəˌsɛltsə(r), -z
AM ˈælkəˌsɛl(t)sər, -z
alkene
BR ˈalkiːn, -z
AM ˈæl,kin, -z
alkyd
BR ˈalkɪd
AM ˈæl,kɪd
alkyl
BR ˈalkɪl, ˈalkʌɪl, -z
AM ˈælk(ə)l, ˈæl,kɪl,
 -z
alkylate
BR ˈalkɨleɪt, -s, -ɪŋ,
 -ɪd
AM ˈælkəˌleɪ|t, -ts,
 -dɪŋ, -dɪd
alkyne
BR ˈalkʌɪn, -z
AM ˈælkaɪn, -z
all
BR ɔːl
AM ɑl, ɔl
alla breve
BR ˌalə ˈbreɪvi,
 ˌɑːlə +, + ˈbrɛvi,
 + ˈbreɪveɪ
AM ˌɑlə ˌbrɛv(ə)
alla cappella
BR ˌalə kəˈpɛlə(r),
 ˌɑːlə +
AM ˌɑlə kəˈpɛlə

Allah
BR ˈalə(r)
AM ˈælə, ˈɑlə
Allahabad
BR ˌaləhəˈbad,
 ˌaləhəˈbɑːd
AM ˌæləhəˈbæd,
 ˌɑləhəˈbad
allamanda
BR ˌaləˈmandə(r)
AM ˌæləˈmændə
Allan
BR ˈalən
AM ˈæl(ə)n
allanite
BR ˈalənʌɪt
AM ˈæləˌnaɪt
allantoic
BR ˌalənˈtəʊɪk
AM ˌælənˈtoʊɪk
allantoid
BR əˈlantɔɪd
AM əˈlæntɔɪd
allantoides
BR əˈlantəʊɪdiːz
AM ælənˈtɔɪdiz
allantoin
BR əˈlantəʊɪn
AM əˈlæntoʊən
allantois
BR əˈlantəʊɪs
AM əˈlæntəwəs
Allaun
BR əˈlɔːn
AM ˈælan, ˈælɒn
allay
BR əˈleɪ, -z, -ɪŋ, -d
AM æˈleɪ, əˈleɪ, -z,
 -ɪŋ, -d
Allbeury
BR ɔːlˈbjʊəri
AM ˈɑlbəri, ˈɔlbəri
allegation
BR ˌalɨˈgeɪʃn, -z
AM ˌæləˈgeɪʃ(ə)n, -z
allege
BR əˈlɛdʒ, -ɪz, -ɪŋ, -d
AM əˈlɛdʒ, -əz,
 -ɪŋ, -d
alleged
BR əˈlɛdʒ(ɨ)d
AM əˈlɛdʒ(ə)d

allegedly
BR əˈlɛdʒɪdli
AM əˈlɛdʒədli
Alleghany
BR ˌalɨˈgeɪn|i, -ɪz
AM ˌæləˈgeɪni, -z
Allegheny
BR ˌalɨˈgeɪn|i, -ɪz
AM ˌæləˈgeɪni, -z
allegiance
BR əˈliːdʒ(ə)ns, -ɨz
AM əˈlidʒ(ə)ns, -əz
allegiant
BR əˈliːdʒ(ə)nt
AM əˈlidʒ(ə)nt
allegoric
BR ˌalɨˈgɒrɪk
AM ˌæləˈgɔrɪk
allegorical
BR ˌalɨˈgɒrɪkl
AM ˌæləˈgɔrək(ə)l
allegorically
BR ˌalɨˈgɒrɪkli
AM ˌæləˈgɔrək(ə)li
allegorisation
BR ˌalɨg(ə)rʌɪˈzeɪʃn
AM ˌæləgəˌraɪˈzeɪʃ(ə)n,
 ˌæləˌgɔrəˈzeɪʃ(ə)n
allegorise
BR ˈalɨg(ə)rʌɪz, -ɨz,
 -ɪŋ, -d
AM ˈæləgəˌraɪz, ˈælə-
 ˌgɔˌraɪz, -ɪz, -ɪŋ, -d
allegorist
BR ˈalɨg(ə)rɪst, -s
AM ˈæləˌgɔrəst,
 ˈæləgərəst, -s
allegorization
BR ˌalɨg(ə)rʌɪˈzeɪʃn
AM ˌæləgəˌraɪˈzeɪʃ(ə)n,
 ˌæləˌgɔrəˈzeɪʃ(ə)n
allegorize
BR ˈalɨg(ə)rʌɪz, -ɨz,
 -ɪŋ, -d
AM ˈæləgəˌraɪz, ˈælə-
 ˌgɔˌraɪz, -ɪz, -ɪŋ, -d
allegory
BR ˈalɨg(ə)r|i, -ɪz
AM ˈæləˌgɔri, -z
allegretto
BR ˌalɨˈgrɛtəʊ, -z
AM ˌæləˈgrɛdoʊ, -z

allegro
BR əˈlɛgrəʊ, əˈleɪgrəʊ, -z
AM əˈlɛgroʊ, -z

allel
BR əˈlɛl, ˈalɛl, -z
AM əˈlɛl, -z

allele
BR əˈliːl, ˈaliːl, -z
AM əˈlil, -z

allelic
BR əˈliːlɪk, əˈlɛlɪk
AM əˈlɛlɪk, əˈlilɪk

allelomorph
BR əˈliːlə(ʊ)mɔːf, əˈlɛlə(ʊ)mɔːf, -s
AM əˈlilə,mɔ(ə)rf, əˈlɛlə,mɔ(ə)rf, -s

allelomorphic
BR ə,liːlə(ʊ)ˈmɔːfɪk, ə,lɛlə(ʊ)ˈmɔːfɪk
AM ə,lilə'mɔrfɪk, ə,lɛləˈmɔrfɪk

alleluia
BR ˌalɪˈluːjə(r), -z
AM ˌæləˈlujə, -z

allemande
BR ˈalɪmand, -z
AM ˈæləˌmænd, -z

Allen
BR ˈalən
AM ˈæl(ə)n

Allenby
BR ˈalənbi
AM ˈælənbi

Allende
BR ʌɪˈ(j)ɛndeɪ, ʌɪˈ(j)ɛndi
AM ɑˈjɛnˌdeɪ
SP aˈjende, aˈʒende

Allentown
BR ˈaləntaʊn
AM ˈælənˌtaʊn

allergen
BR ˈalədʒ(ɛ)n
AM ˈælərdʒ(ə)n, ˈælərˌdʒɛn

allergenic
BR ˌaləˈdʒɛnɪk
AM ˌælərˈdʒɛnɪk

allergic
BR əˈləːdʒɪk
AM əˈlərdʒɪk

allergist
BR ˈalədʒɪst, -s
AM ˈælərdʒəst, -s

allergy
BR ˈalədʒ|i, -ɪz
AM ˈælərdʒi, -z

Allerton
BR ˈalət(ə)n, ˈɒlət(ə)n
AM ˈælərt(ə)n

alleviate
BR əˈliːvɪeɪt, -s, -ɪŋ, -ɪd
AM əˈliviˌeɪ|t, -ts, -dɪŋ, -dɨd

alleviation
BR əˌliːvɪˈeɪʃn
AM əˌliviˈeɪʃ(ə)n

alleviative
BR əˈliːvɪətɪv
AM əˈliviˌeɪdɪv, əˈliviədɪv

alleviator
BR əˈliːvɪeɪtə(r), -z
AM əˈliviˌeɪdər, -z

alleviatory
BR əˈliːvɪət(ə)ri
AM əˈliviəˌtɔri

alley
BR ˈal|i, -ɪz
AM ˈæli, -z

alleycat
BR ˈalɪkat, -s
AM ˈæliˌkæt , -s

Alleyn
BR ˈalɨn
AM ˈæl(ə)n

Alleyne
BR aˈleɪn, aˈliːn, ˈalɨn
AM əˈleɪn

alleyway
BR ˈalɪweɪ, -z
AM ˈæliˌweɪ, -z

alliaceous
BR ˌalɪˈeɪʃəs
AM ˌæliˈeɪʃəs

alliance
BR əˈlʌɪəns, -ɪz
AM əˈlaɪəns, -əz

allicin
BR ˈalɪsɪn, -z
AM ˈæləs(ə)n, -z

Allie
BR ˈali
AM ˈæli

allied
BR ˈalʌɪd
AM ˈæˌlaɪd, əˈlaɪd

alligator
BR ˈalɪgeɪtə(r), -z
AM ˈæləˌgeɪdər, -z

allineation
BR əˌlɪnɪˈeɪʃn, -z
AM əˌliniˈeɪʃ(ə)n, -z

Allinson
BR ˈalɪns(ə)n
AM ˈalɪns(ə)n, ˈɒlɪns(ə)n

Allison
BR ˈalɪs(ə)n
AM ˈæləs(ə)n

alliterate
BR əˈlɪtəreɪt, -s, -ɪŋ, -ɪd
AM əˈlɪdəˌreɪ|t, -ts, -dɪŋ, -dɨd

alliteration
BR əˌlɪtəˈreɪʃn, -z
AM əˌlɪdəˈreɪʃ(ə)n, -z

alliterative
BR əˈlɪt(ə)rətɪv
AM əˈlɪdəˌreɪdɪv, əˈlɪdərədɪv

allium
BR ˈalɪəm, -z
AM ˈæliəm, -z

all-nighter
BR ˌɔːlˈnʌɪtə(r), -z
AM ˌɑlˈnaɪdər, ˌɔlˈnaɪdər, -z

Alloa
BR ˈaləʊə(r)
AM ɑˈloʊə

allocable
BR ˈaləkəbl
AM ˈæləkəb(ə)l

allocate
BR ˈaləkeɪt, -s, -ɪŋ, -ɪd
AM ˈæləˌkeɪ|t, -ts, -dɪŋ, -dɨd

allocation
BR ˌaləˈkeɪʃn, -z
AM ˌæləˈkeɪʃ(ə)n, -z

allocator
BR ˈaləkeɪtə(r), -z
AM ˈæləˌkeɪdər, -z

allochthonous
BR əˈlɒkθənəs
AM æˈlɑkθənəs, əˈlɑkθənəs

allocution
BR ˌaləˈkjuːʃn
AM ˌæləˈkjuʃ(ə)n

allodia
BR əˈləʊdɪə(r)
AM əˈloʊdiə

allodial
BR əˈləʊdɪəl, -z
AM əˈloʊdiəl, -z

allodium
BR əˈləʊdɪəm
AM əˈloʊdiəm

allogamy
BR əˈlɒgəmi
AM æˈlɑgəmi, əˈlɑgəmi

allograft
BR ˈaləgrɑːft, -s
AM ˈæləˌgræft, -s

allograph
BR ˈaləgrɑːf, -s
AM ˈæləˌgræf, -s

allographic
BR ˌaləˈgrafɪk
AM ˌæləˈgræfɪk

allomorph
BR ˈaləmɔːf, -s
AM ˈæləˌmɔ(ə)rf, -s

allomorphic
BR ˌaləˈmɔːfɪk
AM ˌæləˈmɔrfɪk

allomorphically
BR ˌaləˈmɔːfɪkli
AM ˌæləˈmɔrfək(ə)li

allopath
BR ˈaləpaθ, -s
AM ˈæləˌpæθ, -s

allopathic
BR ˌaləˈpaθɪk
AM ˌæləˈpæθɪk

allopathist
BR əˈlɒpəθɪst, -s
AM æˈlapəθəst,
əˈlapəθəst, -s

allopathy
BR əˈlɒpəθi
AM æˈlapəθi, əˈlapəθi

allopatric
BR ˌæləˈpætrɪk,
ˌæləˈpeɪtrɪk
AM ˌæləˈpeɪtrɪk,
ˌæləˈpætrɪk

allophone
BR ˈæləfəʊn, -z
AM ˈæləˌfoʊn, -z

allophonic
BR ˌæləˈfɒnɪk
AM ˌæləˈfɑnɪk

allopolyploid
BR ˌæləˈpɒləplɔɪd, -z
AM ˌæləˈpɑləˌplɔɪd, -z

allot
BR əˈlɒt, -s, -ɪŋ, -ɪd
AM əˈlɑt, -ts, -dɪŋ, -təd

allotment
BR əˈlɒtm(ə)nt, -s
AM əˈlɑtm(ə)nt, -s

allotrope
BR ˈælətrəʊp, -s
AM ˈæləˌtroʊp, -s

allotropic
BR ˌæləˈtrɒpɪk,
ˌæləˈtrəʊpɪk
AM ˌæləˈtrɑpɪk

allotropical
BR ˌæləˈtrɒpɪkl
AM ˌæləˈtrɑpək(ə)l

allotropy
BR əˈlɒtrəpi
AM əˈlɑtrəpi

Allott
BR ˈælət
AM ˈælət

allottee
BR ˌælɒˈtiː, -z
AM ˌæləˈti, əˌlɑˈti, -z

allow
BR əˈlaʊ, -z, -ɪŋ, -d
AM əˈlaʊ, -z, -ɪŋ, -d

allowable
BR əˈlaʊəbl
AM əˈlaʊəb(ə)l

allowableness
BR əˈlaʊəblnəs
AM əˈlaʊəbəlnəs

allowably
BR əˈlaʊəbli
AM əˈlaʊəbli

allowance
BR əˈlaʊəns, -ɪz
AM əˈlaʊəns, -əz

Alloway
BR ˈæləweɪ
AM ˈæləˌweɪ

allowedly
BR əˈlaʊɪdli
AM əˈlaʊədli

alloy[1] *noun*
BR ˈælɔɪ, -z
AM ˈæˌlɔɪ, -z

alloy[2] *verb*
BR əˈlɔɪ, -z, -ɪŋ, -d
AM əˈlɔɪ, ˈæˌlɔɪ, -z,
-ɪŋ, -d

all-rounder
BR ɔːlˈraʊndə(r), -z
AM ˈˌɔlˈraʊndər,
ˌɔlˈraʊndər, -z

allseed
BR ˈɔːlsiːd
AM ˈælˌsid, ˈɔlˌsid

Allsop
BR ˈɔːlsɒp, ˈɒlsɒp
AM ˈɔlsap, ˈɑlsap

Allsopp
BR ˈɔːlsɒp, ˈɒlsɒp
AM ˈɔlsap, ˈɑlsap

allsorts
BR ˈɔːlsɔːts
AM ˈælˌsɔ(ə)rts,
ˈɔlˌsɔ(ə)rts

allspice
BR ˈɔːlspʌɪs
AM ˈælˌspaɪs,
ˈɔlˌspaɪs

Allston
BR ˈɔːlst(ə)n,
ˈɒlst(ə)n
AM ˈælst(ə)n,
ˈɔlst(ə)n

allude
BR əˈl(j)uːd, -z, -ɪŋ,
-ɪd
AM əˈlud, -z, -ɪŋ, -əd

allure
BR əˈl(j)ʊə(r),
əˈljɔː(r), -z,
-ɪŋ, -d
AM æˈlu(ə)r, əˈlʊr,
æˈlʊr, əˈlu(ə)r, -z,
-ɪŋ, -d

allurement
BR əˈl(j)ʊəm(ə)nt,
əˈljɔːm(ə)nt, -s
AM əˈlʊrm(ə)nt, -s

allusion
BR əˈl(j)uːʒn, -z
AM æˈluʒ(ə)n,
əˈluʒ(ə)n, -z

allusive
BR əˈl(j)uːsɪv
AM æˈlusɪv, əˈluzɪv,
æˈluzɪv, əˈlusɪv

allusively
BR əˈl(j)uːsɪvli
AM æˈlusɪvli,
əˈluzɪvli,
æˈluzɪvli,
əˈlusɪvli

allusiveness
BR əˈl(j)uːsɪvnɪs
AM æˈlusɪvnɪs,
əˈluzɪvnɪs,
æˈluzɪvnɪs,
əˈlusɪvnɪs

alluvia
BR əˈl(j)uːvɪə(r)
AM əˈluvɪə

alluvial
BR əˈl(j)uːvɪəl
AM əˈluvɪəl

alluvion
BR əˈl(j)uːvɪən
AM əˈluvɪən

alluvium
BR əˈl(j)uːvɪəm
AM əˈluvɪəm

Ally
BR ˈali
AM ˈæli

ally[1] *noun, friend*
BR ˈælʌɪ, -z
AM əˈlaɪ, ˈæˌlaɪ, -z

ally[2] *noun, marble*
BR ˈalːi, -ɪz
AM ˈæli, -z

ally[3] *verb*
BR əˈlʌɪ, -z, -ɪŋ, -d
AM æˈlaɪ, ˈæˌlaɪ, əˈlaɪ,
-z, -ɪŋ, -d

allyl
BR ˈalʌɪl, ˈalɪl, -z
AM ˈælɪl, -z

Alma
BR ˈalmə(r)
AM ˈælmə

Alma-Ata
BR alˌmɑː(r)əˈtɑː(r)
AM ˌalˌmɑɑˈtɑ
RUS alˈmɑɑtɑ

Almagest
BR ˈalmədʒɛst
AM ˈælməˌdʒɛst

alma mater
BR ˌalmə ˈmɑːtə(r),
+ ˈmeɪtə(r), -z
AM ˌælmə ˈmɑdər,
ˌɑlmə ˈmɑdər, -z

almanac
BR ˈɔːlmənak,
ˈɒlmənak,
ˈalmənak, -s
AM ˈælməˌnæk,
ˈɑlməˌnæk,
ˈɔlməˌnæk, -s

almanack
BR ˈɔːlmənak,
ˈɒlmənak,
ˈalmənak, -s
AM ˈælməˌnæk,
ˈɑlməˌnæk,
ˈɔlməˌnæk, -s

almandine
BR ˈalməndiːn,
ˈalməndʌɪn, -z
AM ˈæ(l)mənˌdin,
ˈɑ(l)mənˌdin, -z

Alma-Tadema
BR ˌalməˈtadɪmə(r)
AM ˌɑlməˈtɑdəmə

Almería
BR ˌalməˈriːə(r)
AM ˌɑlməˈriə
SP ˌalmeˈria

almightily
BR ɔːlˈmʌɪtɪli
AM ɑlˈmaɪdɪli,
ɔlˈmaɪdɪli

almightiness
BR ɔːlˈmʌɪtɪnɪs
AM alˈmaɪdinɪs, ɔlˈmaɪdinɪs

almighty
BR ɔːlˈmʌɪti
AM alˈmaɪdi, ɔlˈmaɪdi

almirah
BR alˈmʌɪrə(r), -z
AM ælˈmaɪrə, -z

almond
BR ˈɑː(l)mənd, ˈalmənd, ˈɒlmənd, -z
AM ˈæ(l)mənd, ˈɑ(l)mənd, -z

almoner
BR ˈɑː(l)mənə(r), ˈalmənə(r), ˈɒlmənə(r), -z
AM ˈɑ(l)mənər, ˈæ(l)mənər, -z

almonry
BR ˈɑː(l)mənri, ˈalmənri, ˈɒlmənri
AM ˈɑ(l)mənri, ˈæ(l)mənri

almost
BR ˈɔːlməʊst
AM ˈɔlmoʊst, alˈmoʊst, ˈalmoʊst, ɔlˈmoʊst

alms
BR ɑːmz
AM ɑ(l)mz

almshouse
BR ˈɑːmzhaʊǀs, -zɨz
AM ˈɑ(l)mzˌ(h)aʊǀs, -zəz

almsman
BR ˈɑːmzmən
AM ˈɑ(l)mzm(ə)n

almsmen
BR ˈɑːmzmən
AM ˈɑ(l)mzm(ə)n

almucantar
BR ˌalm(j)ʊˈkantə(r), -z
AM ˌælm(j)uˈkæn(t)ər, -z

Alne
BR ɔː(l)n, aln
AM ɑln, ɔln

Alnmouth
BR ˈalnmaʊθ
AM ˈalnməθ, ˈɔlnməθ

Alnwick
BR ˈanɪk
AM ˈalnwɪk, ˈɔlnwɪk

aloe
BR ˈaləʊ, -z
AM ˈæloʊ, -z

aloetic
BR ˌaləʊˈɛtɪk
AM ˌaloʊˈɛdɪk

aloe vera
BR ˌaləʊ ˈvɛrə(r), + ˈvɪərə(r)
AM ˌæloʊ ˈvɛrə

aloft
BR əˈlɒft
AM əˈlɑft, əˈlɔft

alogical
BR eɪˈlɒdʒɪkl
AM eɪˈlɑdʒək(ə)l

alogically
BR eɪˈlɒdʒɪkli
AM eɪˈlɑdʒək(ə)li

aloha
BR əˈləʊ(h)ə(r)
AM əˈloʊˌ(h)ɑ

alone
BR əˈləʊn
AM əˈloʊn

aloneness
BR əˈləʊnnəs
AM əˈloʊ(n)nəs

along
BR əˈlɒŋ
AM əˈlɑŋ, əˈlɔŋ

alongshore
BR əˈlɒŋʃɔː(r)
AM əˌlɑŋˈʃɔ(ə)r, əˌlɔŋˈʃɔ(ə)r

alongside
BR əˈlɒŋsʌɪd, əˌlɒŋˈsʌɪd
AM əˌlɑŋˈsaɪd, əˌlɔŋˈsaɪd

Alonzo
BR əˈlɒnzəʊ
AM əˈlɑnzoʊ

aloof
BR əˈluːf
AM əˈluf

aloofly
BR əˈluːfli
AM əˈlufli

aloofness
BR əˈluːfnəs
AM əˈlufnəs

aloo gobi
BR ˌaluː ˈgəʊbi
AM ˌalu ˈgoʊbi

alopecia
BR ˌaləˈpiːʃ(ɪ)ə(r)
AM ˌæləˈpiʃ(i)ə

à l'orange
BR ˌa lɒˈrɒ̃ʒ
AM ˌa lɔˈrɑn(d)ʒ

aloud
BR əˈlaʊd
AM əˈlaʊd

alow
BR əˈləʊ
AM əˈloʊ

Aloysius
BR ˌaləʊˈɪʃəs
AM ˌæləˈwɪʃɪs

alp
BR alp, -s
AM ælp, -s

alpaca
BR alˈpakə(r), -z
AM ælˈpækə, -z

alpargata
BR ˌalpɑːˈgɑːtə(r), -z
AM ˌælpərˈgɑdə, -z
SP ˌalparˈɣata

alpenglow
BR ˈalp(ə)ngləʊ
AM ˈælpənˌgloʊ

alpenhorn
BR ˈalp(ə)nhɔːn, -z
AM ˈælpənˌ(h)ɔ(ə)rn, -z

alpenstock
BR ˈalp(ə)nstɒk, -s
AM ˈælpənˌstɑk, -s

alpha
BR ˈalfə(r)
AM ˈælfə

alphabet
BR ˈalfəbɛt, -s
AM ˈælfəˌbɛt, -s

alphabetic
BR ˌalfəˈbɛtɪk
AM ˌælfəˈbɛdɪk

alphabetical
BR ˌalfəˈbɛtɪkl
AM ˌælfəˈbɛdək(ə)l

alphabetically
BR ˌalfəˈbɛtɪkli
AM ˌælfəˈbɛdək(ə)li

alphabetisation
BR ˌalfəbɛtʌɪˈzeɪʃn, ˌalfəbɪtʌɪˈzeɪʃn
AM ˌælfəˌbɛdəˈzeɪʃ(ə)n, ˌælfəbəˌtaɪˈzeɪʃ(ə)n

alphabetise
BR ˈalfəbɛtʌɪz, ˈalfəbɪtʌɪz, -ɪz, -ɪŋ, -d
AM ˈælfəbəˌtaɪz, -ɪz, -ɪŋ, -d

alphabetization
BR ˌalfəbɛtʌɪˈzeɪʃn, ˌalfəbɪtʌɪˈzeɪʃn
AM ˌælfəˌbɛdəˈzeɪʃ(ə)n, ˌælfəbəˌtaɪˈzeɪʃ(ə)n

alphabetize
BR ˈalfəbɛtʌɪz, ˈalfəbɪtʌɪz, -ɪz, -ɪŋ, -d
AM ˈælfəbəˌtaɪz, -ɪz, -ɪŋ, -d

alphanumeric
BR ˌalfənjuːˈmɛrɪk, ˌalfənjəˈmɛrɪk
AM ˌælfən(j)uˈmɛrɪk

alphanumerical
BR ˌalfənjuːˈmɛrɪkl, ˌalfənjəˈmɛrɪkl
AM ˌælfən(j)uˈmɛrək(ə)l

alphanumerically
BR ˌalfənjuːˈmɛrɪkli, ˌalfənjəˈmɛrɪkli
AM ˌælfən(j)uˈmɛrək(ə)li

alpha-tester
BR ˈalfəˌtɛstə(r), -z
AM ˈælfəˌtɛstər, -z

Alphege
BR ˈalfɪdʒ
AM ˈælfɪdʒ

Alphonso
BR alˈfɒnsəʊ,
  alˈfɒnzəʊ
AM ælˈfanzoʊ,
  ælˈfansoʊ

alphorn
BR ˈalphɔːn, -z
AM ˈalpˌ(h)ɔ(ə)rn, -z

alpine
BR ˈalpʌɪn
AM ˈælˌpaɪn

alpinism
BR ˈalpɪnɪzm
AM ˈœlpəˌnɪz(ə)m

alpinist
BR ˈalpɪnɪst, -s
AM ˈælpənəst, -s

Alport
BR ˈɔːlpɔːt
AM ˈalpɔ(ə)rt,
  ˈɔlpɔ(ə)rt

alprazolam
BR alˈpreɪzəlam
AM ælˈpreɪzəˌlæm

al Qaeda
BR ˌal kʌɪˈiːdə(r)
AM ˌæl ˈkaɪdə,
  al kaˈɪdə

already
BR ɔːlˈrɛdi
AM ˌalˈrɛdi,
  ˌɔlˈrɛdi

Alresford
BR ˈɔːlzfəd
AM ˈalrɛsfɔ(ə)rd,
  ˈɔlrɛsfɔ(ə)rd

alright
BR ˌɔːlˈrʌɪt
AM ˌalˈraɪt, ˌɔlˈraɪt

Alsace
BR alˈsas
AM ˈˌalˌsæs, ˈælˌsas,
  ˈˌalˌsas, ˈælˌsæs

Alsager
BR ˈɔːlsədʒə(r),
  ɔːlˈseɪdʒə(r)
AM ˈalsɪdʒər,
  ˈɔlsɪdʒər

Alsatian
BR alˈseɪʃn, -z
AM alˈseɪʃ(ə)n,
  ælˈseɪʃ(ə)n, -z

alsike
BR ˈalsɪk
AM ˈælˌsaɪk,
  ˈælˌsɪk

also
BR ˈɔːlsəʊ, ˈɒlsəʊ
AM ˈalsoʊ, ˈɔlsoʊ

Alsop
BR ˈɔːlsɒp, ˈɒlsɒp
AM ˈalsap, ˈɔlsap

Alston
BR ˈɔːlst(ə)n, ˈɒlst(ə)n
AM ˈalst(ə)n, ˈɔlst(ə)n

alstroemeria
BR ˌalstrəˈmɪərɪə(r),
  -z
AM ˌælstrəˈmɪrɪə,
  ˌælztrəˈmɪrɪə, -z

alt
BR alt
AM alt

Altai
BR alˈtʌɪ, ɑːlˈtʌɪ
AM ˈalˌtaɪ, ˈælˌtaɪ
RUS alˈtaj

Altaic
BR alˈteɪk
AM alˈteɪk, ælˈteɪk

Altair
BR alˈtɛː(r), ˈaltɛː(r)
AM ˈalˌtɛ(ə)r,
  ˈælˌtɛ(ə)r

Altamira
BR ˌaltəˈmɪərə(r)
AM ˌaltəˈmɪrə
B PORT ˌawtaˈmira
L PORT altaˈmira
SP ˌaltaˈmira

altar
BR ˈɔːltə(r), ˈɒltə(r),
  -z
AM ˈaltər, ˈɔltər, -z

Altarnun
BR ˌɔːltəˈnʌn,
  ˌɒltəˈnʌn
AM ˈaltərˌnən,
  ˈɔltərˌnən

altarpiece
BR ˈɔːltəpiːs,
  ˈɒltəpiːs, -ɪz
AM ˈaltərˌpis,
  ˈɔltərˌpis, -ɪz

altazimuth
BR alˈtazɪməθ, -s
AM alˈtæzəməθ,
  ælˈtæzəməθ, -s

Altdorfer
BR ˈaltˌdɔːfə(r)
AM ˈaltˌdɔrfər

alter
BR ˈɔːlt|ə(r), ˈɒlt|ə(r),
  -əz, -(ə)rɪŋ, -əd
AM ˈalt|ər, ˈɔlt|ər, -ərz,
  -(ə)rɪŋ, -ərd

alterable
BR ˈɔːlt(ə)rəbl,
  ˈɒlt(ə)rəbl
AM ˈalt(ə)rəb(ə)l,
  ˈɔlt(ə)rəb(ə)l

alteration
BR ˌɔːltəˈreɪʃn,
  ˌɒltəˈreɪʃn, -z
AM ˌaltəˈreɪʃ(ə)n,
  ˌɔltəˈreɪʃ(ə)n, -z

alterative
BR ˈɔːlt(ə)rətɪv,
  ˈɒlt(ə)rətɪv
AM ˈɔltərədɪv,
  ˈaltəˌreɪdɪv,
  ˈaltərədɪv,
  ˈɔltəˌreɪdɪv

altercate
BR ˈɔːltəkeɪt,
  ˈɒltəkeɪt, -s, -ɪŋ,
  -ɪd
AM ˈaltərˌkeɪt,
  ˈɔltərˌkeɪt, -ts, -dɪŋ,
  -dɪd

altercation
BR ˌɔːltəˈkeɪʃn,
  ˌɒltəˈkeɪʃn, -z
AM ˌaltərˈkeɪʃ(ə)n,
  ˌɔltərˈkeɪʃ(ə)n, -z

alter ego
BR ˌaltər ˈɛgəʊ,
  ˌɔːltər +, ˌɒltə(r) +,
  + ˈiːgəʊ
AM ˌaltəˈrigoʊ,
  ˌɔltəˈrigoʊ, -z

alternance
BR ˈɔːltənəns,
  ˈɒltənəns, -ɪz
AM ˈaltərnəns,
  ˈɔltərnəns, -əz

alternant
BR ˈɔːltənənt,
  ˈɒltənənt, -s
AM ˈaltərnənt,
  ˈɔltərnənt, -s

alternate¹ *adjective*
BR ɔːlˈtəːnɪt, ɒlˈtəːnɪt
AM ˈaltərnət, ˈɔltərnət

alternate² *verb*
BR ˈɔːltəneɪt,
  ˈɒltəneɪt, -s, -ɪŋ, -ɪd
AM ˈaltərˌneɪt,
  ˈɔltərˌneɪt, -ts, -dɪŋ,
  -dɪd

alternately
BR ɔːlˈtəːnɪtli,
  ɒlˈtəːnɪtli
AM ˈaltərnətli,
  ˈɔltərnətli

alternation
BR ˌɔːltəˈneɪʃn,
  ˌɒltəˈneɪʃn
AM ˌaltərˈneɪʃ(ə)n,
  ˌɔltərˈneɪʃ(ə)n

alternative
BR ɔːlˈtəːnətɪv,
  ɒlˈtəːnətɪv, -z
AM alˈtərnədɪv,
  ɔlˈtərnədɪv, -z

alternatively
BR ɔːlˈtəːnətɪvli,
  ɒlˈtəːnətɪvli
AM alˈtərnədɪvli,
  ɔlˈtərnədɪvli

alternator
BR ˈɔːltəneɪtə(r),
  ˈɒltəneɪtə(r), -z
AM ˈaltərˌneɪdər,
  ˈɔltərˌneɪdər, -z

Althea
BR ˈalθɪə(r)
AM ælˈθiə

althorn
BR ˈalt(h)ɔːn, -z
AM ˈælt,(h)ɔ(ə)rn, -z

although
BR ɔːlˈðəʊ, ɒlˈðəʊ
AM alˈðoʊ, ɔlˈðoʊ

Althusser
BR ˌaltəˈsɛː(r)
AM ˈaltˌ(h)usər
FR altysɛr

Althusserean
BR ˌæltʊˈsɛːrɪən, -z
AM ˌɑlt(h)ʊˈsɛrɪən, -z

Althusserian
BR ˌæltʊˈsɛːrɪən, -z
AM ˌɑlt(h)ʊˈsɛrɪən, -z

altimeter
BR ˈæltɪmiːtə(r),
ˈɔːltɪmiːtə(r),
ˈɒltɪmiːtə(r), -z
AM ælˈtɪmədər,
ælˈtɪmədər, -z

altimetry
BR ælˈtɪmɪtri,
ɔːlˈtɪmɪtri, ɒlˈtɪmɪtri
AM ælˈtɪmɪtri,
ælˈtɪmɪtri

Altiplano
BR ˌæltɪˈplɑːnəʊ
AM ˌæltɪˈplɑːnoʊ,
ˌɒltɪˈplɑːnoʊ
SP ˌaltiˈplano

altissimo
BR ælˈtɪsɪməʊ
AM ælˈtɪsɪmoʊ,
ælˈtɪsɪmoʊ

altitude
BR ˈæltɪtjuːd,
ˈæltɪtʃuːd, -z
AM ˈældəˌt(j)ud, -z

altitudinal
BR ˌæltɪˈtjuːdn̩(ə)l,
ˌæltɪˈtʃuːdn̩(ə)l
AM ˌældəˈt(j)udn(ə)l,
ˌældəˈt(j)udənl

alto
BR ˈæltəʊ, -z
AM ˈɔːltoʊ, ˈɑltoʊ,
ˈæltoʊ, -z

altocumulus
BR ˌæltəʊˈkjuːmjʊləs
AM ˌɔːltoʊˈkjumjələs,
ˌɑltoʊˈkjumjələs,
ˌæltoʊˈkjumjələs

altogether
BR ˌɔːltəˈɡɛðə(r)
AM ˌæltəˈɡɛðər,
ˌɔːltəˈɡɛðər

Alton
BR ˈɔːlt(ə)n, ˈɒlt(ə)n
AM ˈɑltn, ˈɑldən,
ˈɔːltn, ˈɔːldən

Altoona
BR ælˈtuːnə(r)
AM ælˈtunə

alto-relievo
BR ˌæltəʊrɪˈliːvəʊ
AM ˌæltoʊrəˈlivoʊ,
ˌæltoʊrəˈlivoʊ
IT ˌaltoriˈljɛvo

altostratus
BR ˌæltəʊˈstrɑːtəs,
ˌæltəʊˈstreɪtəs
AM ˌæltoʊˈstrædəs,
ˌɔːltoʊˈstreɪdəs,
ˌɔːltoʊˈstrædəs,
ˌɑltoʊˈstreɪdəs,
ˌɑltoʊˈstrædəs,
ˌæltoʊˈstreɪdəs

altricial
BR ælˈtrɪʃl
AM ælˈtrɪʃ(ə)l

Altrincham
BR ˈɔːltrɪŋəm,
ˈɒltrɪŋəm
AM ˈæltrɪn(t)ʃ(ə)m,
ˈɔːltrɪn(t)ʃ(ə)m

altruism
BR ˈæltrʊɪzm
AM ˈælˌtruˌɪz(ə)m,
ˈæltrəˌwɪz(ə)m

altruist
BR ˈæltrʊɪst, -s
AM ˈælˌtruəst,
ˈæltrəwəst, -s

altruistic
BR ˌæltrʊˈɪstɪk
AM ˌælˌtruˈɪstɪk,
ˌæltrəˈwɪstɪk

altruistically
BR ˌæltrʊˈɪstɪkli
AM ˌælˌtruˈɪstɪk(ə)li,
ˌæltrəˈwɪstɪk(ə)li

aludel
BR ˈæljʊdɛl, -z
AM ˈæljəˌdɛl,
-z

alum
BR ˈæləm, -z
AM ˈæl(ə)m,
-z

alumina
BR əˈl(j)uːmɪnə(r)
AM əˈlumənə

aluminisation
BR əˌl(j)uːmɪnʌɪˈzeɪʃn
AM əˌluməˌnaɪˈzeɪʃ(ə)n, əˌlumənəˈzeɪʃ(ə)n

aluminise
BR əˈl(j)uːmɪnʌɪz, -ɪz, -ɪŋ, -d
AM əˈluməˌnaɪz, -ɪz, -ɪŋ, -d

aluminium
BR ˌæl(j)ʊˈmɪniəm
AM əˈlumən(ə)m

aluminization
BR əˌl(j)uːmɪnʌɪˈzeɪʃn
AM əˌluməˌnaɪˈzeɪʃ(ə)n, əˌlumənəˈzeɪʃ(ə)n

aluminize
BR əˈl(j)uːmɪnʌɪz, -ɪz, -ɪŋ, -d
AM əˈluməˌnaɪz, -ɪz, -ɪŋ, -d

aluminosilicate
BR əˌl(j)uːmɪnəʊˈsɪlɪkət, -s
AM əˌlumənəˈsɪləkət, -s

aluminous
BR əˈl(j)uːmɪnəs
AM əˈlumənəs

aluminum
BR əˈl(j)uːmɪnəm
AM əˈlumən(ə)m

alumna
BR əˈlʌmnə(r)
AM əˈləmnə

alumnae
BR əˈlʌmniː
AM əˈləmni, əˈləmˌnaɪ

alumni
BR əˈlʌmnʌɪ
AM əˈləmˌnaɪ

alumnus
BR əˈlʌmnəs
AM əˈləmnəs

Alun
BR ˈalɪn
AM ˈæl(ə)n

Alvar
BR ˈalvɑː(r)
AM ˈɑlˌvɑr

Alvarez
BR alˈvɑːrɛz, ˈalvərɛz
AM ˈælvəˌrɛz
SP ˈalβareθ, ˈalβares

alveolar
BR ˌælvɪˈəʊlə(r),
alˈvɪələ(r),
ˈalvɪələ(r), -z
AM ælˈviˌoʊlər,
ælˈvi(ə)lər, -z

alveolarisation
BR ˌalvɪəʊlərʌɪˈzeɪʃn,
alˌvɪələrəˈzeɪʃn
AM ælˌvi(ə)ləˌraɪˈzeɪʃ(ə)n,
ælˌvi(ə)lərəˈzeɪʃ(ə)n

alveolarise
BR ˌalvɪˈəʊlərʌɪz,
alˈvɪələrʌɪz,
ˈalvɪələrʌɪz
AM ælˈvi(ə)ləˌraɪz

alveolarization
BR ˌalvɪə(ʊ)lərʌɪˈzeɪʃn, alˌvɪələrəˈzeɪʃn
AM ælˌvi(ə)ləˌraɪˈzeɪʃ(ə)n,
ælˌvi(ə)lərəˈzeɪʃ(ə)n

alveolarize
BR ˌalvɪˈəʊlərʌɪz,
alˈvɪələrʌɪz,
ˈalvɪələrʌɪz
AM ælˈvi(ə)ləˌraɪz

alveolate
BR alˈvɪələt
AM ælˈvi(ə)lət

alveole
BR ˈalvɪəʊl, -z
AM ˈælviˌoʊl, -z

alveoli
BR ˌalvɪˈəʊlʌɪ,
ˌalvɪˈəʊliː, alˈvɪəlʌɪ,
alˈvɪəliː, ˈalvɪəlʌɪ,
ˈalvɪəliː
AM ælˈviəˌli,
ælˈviəˌlaɪ

alveolus
BR ˌalvɪˈəʊləs,
alˈvɪələs,
ˈalvɪələs
AM ˌælviˈoʊləs,
ælˈvɪələs

Alvin
BR ˈalvɪn
AM ˈælv(ə)n
always
BR ˈɔːlweɪz, ˈɔːlwɪz
AM ˈɔl‚weɪz, ˈalwəz, ˈal‚weɪz, ˈɔlwəz
Alwyn
BR ˈɔːlwɪn, ˈalwɪn
AM ˈalwɪn, ˈɔlwɪn
alyssum
BR ˈalɪsəm, -z
AM əˈlɪs(ə)m, -z
Alzheimer's
BR ˈaltshʌɪməz, ˈɔːltshʌɪməz
AM ˈalts‚(h)aɪmərz
a.m.
BR ˌeɪˈem
AM ˌeɪˈɛm
am[1] *strong form*
BR am
AM æm
am[2] *weak form*
BR əm, m
AM m, əm
amadavat
BR ˈamədəvat, -s
AM ˈæmədə‚væt, -s
amadou
BR ˈamədu:
AM ˈamə‚du
amah
BR ˈɑːmə(r), -z
AM ˈamə, -z
amain
BR əˈmeɪn
AM əˈmeɪn
Amal
BR əˈmɑːl, ˈamaːl
AM ɑˈmal
Amalekite
BR əˈmaləkʌɪt
AM əˈmælə‚kaɪt
Amalfi
BR əˈmalfi
AM əˈmɑlfi
IT aˈmalfi, əˈmælfi
amalgam
BR əˈmalgəm, -z
AM əˈmælg(ə)m, -z

amalgamate
BR əˈmalgəmeɪt, -s, -ɪŋ, -ɪd
AM əˈmælgə‚meɪ|t, -ts, -dɪŋ, -dɪd
amalgamation
BR əˌmalgəˈmeɪʃn, -z
AM əˌmælgəˈmeɪʃ(ə)n, -z
Amanda
BR əˈmandə(r)
AM əˈmændə
amanita
BR ˌaməˈnʌɪtə(r), ˌaməˈniːtə(r), -z
AM ˌæməˈnidə, ˌæməˈnaɪdə, -z
amanuenses
BR əˌmanjʊˈɛnsiːz
AM əˌmænjəˈwɛn‚siz
amanuensis
BR əˌmanjʊˈɛnsɪs
AM əˌmænjəˈwɛnsəs
amaranth
BR ˈamərənθ, -s
AM ˈæmə‚rænθ, -s
amaranthine
BR ˌaməˈranθʌɪn
AM ˌæməˈræn‚θaɪn, ˌæməˈrænθ(ə)n
amaretti
BR ˌaməˈrɛti
AM ˌæməˈrɛdi
amaretto
BR ˌaməˈrɛtəʊ
AM ˌæməˈrɛdoʊ
Amarillo
BR ˌaməˈrɪləʊ
AM ˌæməˈrɪloʊ
amaryllis
BR ˌaməˈrɪlɪs, -ɪz
AM ˌæməˈrɪlɪs, -ɪz
amass
BR əˈmas, -ɪz, -ɪŋ, -t
AM əˈmæs, -əz, -ɪŋ, -t
amasser
BR əˈmasə(r), -z
AM əˈmæsər, -z
amassment
BR əˈmasm(ə)nt
AM əˈmæsm(ə)nt

amateur
BR ˈamət(ʃ)ə(r), ˌaməˈtəː(r), -z
AM ˌˈæməˌtər, ˌæməˈt(j)ʊr, ˈæmədər, -z
amateurish
BR ˈamət(ə)rɪʃ, ˈamətʃərɪʃ, ˌaməˈtəːrɪʃ
AM ˌæməˌtərɪʃ, ˌæməˈt(j)ʊrɪʃ, ˌæməˈtʃʊrɪʃ
amateurishly
BR ˈamət(ə)rɪʃli, ˈamətʃərɪʃli, ˌaməˈtəːrɪʃli
AM ˌæməˌtərɪʃli, ˌæməˈt(j)ʊrɪʃli, ˌæməˈtʃʊrɪʃli
amateurishness
BR ˈamət(ə)rɪʃnɪs, ˈamətʃərɪʃnɪs, ˌaməˈtəːrɪʃnɪs
AM ˌæməˌtərɪʃnɪs, ˌæməˈt(j)ʊrɪʃnɪs, ˌæməˈtʃʊrɪʃnɪs
amateurism
BR ˈamət(ʃ)ərɪzm, ˌaməˈtəːrɪzm
AM ˈæmədə‚rɪz(ə)m, ˈæmə‚t(j)ʊ‚rɪz(ə)m, ˈæmə‚tʃʊ‚rɪz(ə)m
Amati
BR əˈmɑːt|i, aˈmɑːt|i, -ɪz
AM ɑˈmɑdi, -z
IT aˈmati
amative
BR ˈamətɪv
AM ˈæmədɪv
amativeness
BR ˈamətɪvnɪs
AM ˈæmədɪvnɪs
amatol
BR ˈamətɒl
AM ˈæmə‚dɑl, ˈæmə‚dɔl
amatory
BR ˈamət(ə)ri
AM ˈæmə‚tɔri

amauroses
BR ˌamɔːˈrəʊsiːz
AM ˌæməˈroʊsiz, ˌæməˈroʊsiz
amaurosis
BR ˌamɔːˈrəʊsɪs
AM ˌæmaˈroʊsəs, ˌæməˈroʊsəs
amaurotic
BR ˌamɔːˈrɒtɪk
AM ˌæmaˈrɑdɪk, ˌæməˈrɑdɪk
amaze
BR əˈmeɪz, -ɪz, -ɪŋ, -d
AM əˈmeɪz, -ɪz, -ɪŋ, -d
amazement
BR əˈmeɪzm(ə)nt
AM əˈmeɪzm(ə)nt
amazingly
BR əˈmeɪzɪŋli
AM əˈmeɪzɪŋli
amazingness
BR əˈmeɪzɪŋnɪs
AM əˈmeɪzɪŋnɪs
Amazon
BR ˈaməzn, -z
AM ˈæməz(ə)n, ˈæmə‚zɑn, -z
Amazonia
BR ˌaməˈzəʊnɪə(r)
AM ˌæməˈzoʊnɪə
Amazonian
BR ˌaməˈzəʊnɪən, -z
AM ˌæməˈzoʊnɪən, -z
Amazulu
BR ˌaməˈzuːlu:
AM ˌæməˈzulu
ambages
BR ˈambɪdʒɪz, amˈbeɪdʒɪz
AM ˌæmˈbeɪdʒɪz, ˈæmbɪdʒɪz
ambassador
BR amˈbasədə(r), -z
AM əmˈbæsədər, ˌæmˈbæsədər, -z
ambassadorial
BR amˌbasəˈdɔːrɪəl, ˌambasəˈdɔːrɪəl
AM əmˌbæsəˈdɔrɪəl, ˌæmˌbæsəˈdɔrɪəl

ambassadorship
BR amˈbasədəʃɪp, -s
AM əmˈbæsədərˌʃɪp,
æmˈbæsədərˌʃɪp, -s

ambassadress
BR amˈbasədrɛs,
amˌbasəˈdrɛs,
-ɪz
AM əmˈbæsədrəs,
æmˈbæsədrəs,
-əz

ambatch
BR ˈambatʃ, -ɪz
AM ˈæmˌbætʃ, -əz

Ambato
BR amˈbɑːtəʊ
AM ɑmˈbɑdoʊ
SP amˈbato

amber
BR ˈambə(r)
AM ˈæmbər

ambergris
BR ˈambəgriːs
AM ˈæmbərˌgrɪs,
ˈæmbərˌgri(s)

amberjack
BR ˈambədʒak, -s
AM ˈæmbərˌdʒæk, -s

ambiance
BR ˈambɪəns,
ˈɒmbɪɒns, ˈɒ̃bɪɒ̃s,
-ɪz
AM ˈæmbj(ə)ns,
ˈæmbɪəns, -əz

ambidexter
BR ˌambɪˈdɛkstə(r), -z
AM ˌæmbəˈdɛkstər,
-z

ambidexterity
BR ˌambɪdɛkˈstɛrɪti
AM ˌæmbəˌdɛksˈtɛrədi

ambidextrous
BR ˌambɪˈdɛkstrəs
AM ˌæmbəˈdɛkst(ə)rəs

ambidextrously
BR ˌambɪˈdɛkstrəsli
AM ˌæmbə-
ˈdɛkst(ə)rəsli

ambidextrousness
BR ˌambɪˈdɛkstrəsnəs
AM ˌæmbə-
ˈdɛkst(ə)rəsnəs

ambience
BR ˈambɪəns,
ˈɒmbɪɒns,
ˈɒ̃bɪɒ̃s, -ɪz
AM ˈæmbj(ə)ns,
ˈæmbɪəns, -əz

ambient
BR ˈambɪənt
AM ˈæmbj(ə)nt,
ˈæmbɪənt

ambiguous
BR amˈbɪɡjʊəs
AM æmˈbɪɡjəwəs

ambiguously
BR amˈbɪɡjʊəsli
AM æmˈbɪɡjəwəsli

ambiguousness
BR amˈbɪɡjʊəsnəs
AM æmˈbɪɡjəwəsnəs

ambisonics
BR ˌambɪˈsɒnɪks
AM ˌæmbəˈsɑnɪks

ambit
BR ˈambɪt, -s
AM ˈæmbət, -s

ambition
BR amˈbɪʃn, -z
AM æmˈbɪʃ(ə)n, -z

ambitious
BR amˈbɪʃəs
AM æmˈbɪʃəs

ambitiously
BR amˈbɪʃəsli
AM æmˈbɪʃəsli

ambitiousness
BR amˈbɪʃəsnəs
AM æmˈbɪʃəsnəs

ambivalence
BR amˈbɪvl̩ns
AM æmˈbɪv(ə)l(ə)ns

ambivalency
BR amˈbɪvl̩nsi
AM æmˈbɪv(ə)lənsi

ambivalent
BR amˈbɪvl̩nt
AM æmˈbɪv(ə)l(ə)nt

ambivalently
BR amˈbɪvl̩ntli
AM æmˈbɪvələn(t)li

ambiversion
BR ˌambɪˈvəːʃn
AM ˌæmbiˈvɜrʒ(ə)n

ambivert
BR ˈambɪvəːt, -s
AM ˈæmbəˌvərt, -s

amble
BR ˈambl̩, -lz, -lɪŋ
\-lɪŋ, -ld
AM ˈæmb(ə)l, -z,
-ɪŋ, -d

ambler
BR ˈamblə(r),
ˈamblə(r), -z
AM ˈæmblər, -z

Ambleside
BR ˈamblsʌɪd
AM ˈæmbəlˌsaɪd

amblyopia
BR ˌamblɪˈəʊpɪə(r)
AM ˌæmbliˈoʊpiə

amblyopic
BR ˌamblɪˈɒpɪk
AM ˌæmbliˈɑpɪk

ambo
BR ˈambəʊ, -z
AM ˈæmˌboʊ, -z

amboina
BR amˈbɔɪnə(r)
AM æmˈbɔɪnə

Amboinese
BR ˌambɔɪˈniːz
AM ˌæmˌbɔɪˈniz

ambones
BR amˈbəʊniːz
AM æmˈboʊniz

Ambonese
BR ˌambə(ʊ)ˈniːz
AM ˌæmbəˈniz

amboyna
BR amˈbɔɪnə(r)
AM æmˈbɔɪnə

Ambrose
BR ˈambrəʊz
AM ˈæmˌbroʊz

ambrosia
BR amˈbrəʊzɪə(r)
AM æmˈbroʊʒə

ambrosial
BR amˈbrəʊzɪəl
AM æmˈbroʊʒ(i)əl

ambrosian
BR amˈbrəʊzɪən
AM æmˈbroʊʒ(ə)n

ambry
BR ˈambr|i, -ɪz
AM ˈæmbri, -z

ambs-ace
BR ˈeɪmzeɪs,
ˈamzeɪs, ˌamzˈeɪs
AM ˈæmˌzeɪs,
ˈeɪmˌzeɪs

ambulance
BR ˈambjʊlns, -ɪz
AM ˈæmbjəl(ə)ns, -əz

ambulanceman
BR ˈambjʊlnsˌman
AM ˈæmbjələnsˌmæn

ambulancemen
BR ˈambjʊlnsˌmɛn
AM ˈæmbjələnsˌmɛn

ambulant
BR ˈambjʊlnt
AM ˈæmbjəl(ə)nt

ambulate
BR ˈambjʊleɪt, -s,
-ɪŋ, -ɪd
AM ˈæmbjəˌleɪt, -ts,
-dɪŋ, -dɪd

ambulation
BR ˌambjʊˈleɪʃn
AM ˌæmbjəˈleɪʃ(ə)n

ambulatory
BR ˈambjʊlət(ə)ri
AM ˈæmbjələˌtɔri

ambuscade
BR ˌambʊˈskeɪd, -z
AM ˌæmbəˈskeɪd,
ˈæmbəˌskeɪd, -z

ambush
BR ˈambʊʃ, -ɪz,
-ɪŋ, -t
AM ˈæmbʊʃ, -əz,
-ɪŋ, -t

ambystoma
BR amˈbɪstəmə(r), -z
AM æmˈbɪstəmə, -z

Amdahl
BR ˈamdɑːl
AM ˈæmdɑl

ameer
BR əˈmɪə(r), -z
AM əˈmɪ(ə)r, -z

Amelia
BR əˈmiːlɪə(r)
AM əˈmiliə, əˈmiljə

ameliorate
BR əˈmiːliəreɪt, -s,
-ɪŋ, -ɪd
AM əˈmiljəˌreɪ|t,
əˈmiliəˌreɪ|t, -ts,
-dɪŋ, -dɪd

amelioration
BR əˌmiːliəˈreɪʃn
AM əˌmiljəˈreɪʃ(ə)n,
əˌmiliəˈreɪʃ(ə)n

ameliorative
BR əˈmiːliərətɪv, -z
AM əˈmiljərədɪv,
əˈmiliəˌreɪdɪv,
əˈmiljəˌreɪdɪv,
əˈmiliərədɪv, -z

ameliorator
BR əˈmiːliəreɪtə(r), -z
AM əˈmiljəˌreɪdər,
əˈmiliəˌreɪdər, -z

amen
BR ˌɑːˈmen, ˌeɪˈmen,
-z
AM ˈ,eɪmen, ˈ,ɑːmen,
-z

amenability
BR əˌmiːnəˈbɪlɪti
AM əˌminəˈbɪlɪdi

amenable
BR əˈmiːnəbl
AM əˈminəb(ə)l

amenableness
BR əˈmiːnəblnəs
AM əˈminəbəlnəs

amenably
BR əˈmiːnəbli
AM əˈminəbli

amend
BR əˈmend, -z, -ɪŋ, -ɪd
AM əˈmend, -z, -ɪŋ,
-əd

amendable
BR əˈmendəbl
AM əˈmendəb(ə)l

amendatory
BR əˈmendət(ə)ri
AM əˈmendəˌtɔri

amende honorable
BR aˌmɒ̃d
ɒnəˈrɑːbl(ə)(r), -z
AM ˌɑmɑnˌdɔnəˈrɑbl,
-z

amender
BR əˈmendə(r), -z
AM əˈmendər, -z

amendment
BR əˈmen(d)m(ə)nt, -s
AM əˈmen(d)m(ə)nt, -s

Amenhotep
BR ˌɑmenˈhəʊtep,
əˈmen(h)əʊtep
AM ˌɑmənˈhoʊtəp,
ˌæmənˈhoʊtəp

amenity
BR əˈmiːnɪt|i,
əˈmenɪt|i, -ɪz
AM əˈmenədi, -z

amenorrhea
BR əˌmenəˈriːə(r)
AM ɑˌmenəˈriə,
eɪˌmenəˈriə

amenorrhoea
BR əˌmenəˈriːə(r)
AM ɑˌmenəˈriə,
eɪˌmenəˈriə

ament[1] *catkin*
BR əˈment, -s
AM ˈeɪm(ə)nt,
ˈeɪˌment, -s

ament[2] *person with amentia*
BR ˈeɪment, əˈment, -s
AM ˈeɪm(ə)nt,
ˈeɪˌment, -s

amenta
BR əˈmentə(r)
AM əˈmen(t)ə

amentia
BR eɪˈmenʃ(i)ə(r)
AM eɪˈmen(t)ʃiə

amentum
BR əˈmentəm
AM əˈmen(t)əm

Amerasian
BR ˌaməˈreɪʃn,
ˌaməˈreɪʒn, -z
AM ˌæmərˈeɪʃ(ə)n,
ˌæmərˈeɪʒ(ə)n, -z

amerce
BR əˈmɜːs, -ɪz, -ɪŋ, -t
AM əˈmɜrs, -əz, -ɪŋ, -t

amercement
BR əˈmɜːsm(ə)nt, -s
AM əˈmɜrsm(ə)nt, -s

amerciable
BR əˈmɜːsiəbl
AM əˈmɜrʃəb(ə)l,
əˈmɜrsiəb(ə)l

America
BR əˈmerɪkə(r), -z
AM əˈmerəkə, -z

American
BR əˈmerɪk(ə)n, -z
AM əˈmer(ə)k(ə)n, -z

Americana
BR əˌmerɪˈkɑːnə(r)
AM əˌmerəˈkænə,
əˌmerəˈkɑnə

Americanisation
BR əˌmerɪkṇʌɪˈzeɪʃn
AM əˌmerəkəˌnaɪ-
ˈzeɪʃ(ə)n,
əˌmerəkənəˈzeɪʃ(ə)n

Americanise
BR əˈmerɪkṇʌɪz, -ɪz,
-ɪŋ, -d
AM əˈmerəkəˌnaɪz,
-ɪz, -ɪŋ, -d

Americanism
BR əˈmerɪkṇɪzm, -z
AM əˈmerəkəˌnɪz(ə)m,
-z

americanist
BR əˈmerɪkṇɪst, -s
AM əˈmerəkənəst, -s

Americanization
BR əˌmerɪkṇʌɪˈzeɪʃn
AM əˌmerəkəˌnaɪ-
ˈzeɪʃ(ə)n,
əˌmerəkənəˈzeɪʃ(ə)n

Americanize
BR əˈmerɪkṇʌɪz, -ɪz,
-ɪŋ, -d
AM əˈmerəkəˌnaɪz,
-ɪz, -ɪŋ, -d

Americano
BR ˌemerɪˈkɑːnəʊ, -z
AM əˌmerəˈkɑnoʊ, -z

americium
BR ˌaməˈrɪsɪəm,
ˌaməˈrɪʃiəm
AM ˌæməˈrɪʃiəm,
ˌæməˈrɪsiəm

Amerind
BR ˈamərɪnd, -z
AM ˈæməˌrɪnd, -z

Amerindian
BR ˌaməˈrɪndiən, -z
AM ˌæməˈrɪndj(ə)n,
ˌæməˈrɪndiən, -z

Amerindic
BR ˌaməˈrɪndɪk
AM ˌæməˈrɪndɪk

Amersham
BR ˈaməʃ(ə)m
AM ˈæmərʃ(ə)m

Ames
BR eɪmz
AM eɪmz

Amesbury
BR ˈeɪmzb(ə)ri
AM ˈeɪmzbəri

Ameslan
BR ˈamɪslan
AM ˈæm(ə)ˌslæn

amethyst
BR ˈamɪθɪst, -s
AM ˈæməθəst, -s

amethystine
BR ˌamɪˈθɪstʌɪn
AM ˌæməˈθɪsˌtaɪn,
ˌæməˈθɪsˌtin,
ˌæməˈθɪst(ə)n

Amex
BR ˈameks,
ˈeɪmeks
AM ˈæˌmeks

Amharic
BR amˈharɪk
AM æmˈherɪk

Amherst
BR ˈam(h)əːst
AM ˈæm(h)ərst

amiability
BR ˌeɪmɪəˈbɪlɪti
AM ˌeɪmɪəˈbɪlɪdi

amiable
BR ˈeɪmɪəbl
AM ˈeɪmɪəb(ə)l

amiableness
BR ˈeɪmɪəblnəs
AM ˈeɪmɪəbəlnəs

amiably
BR ˈeɪmɪəbli
AM ˈeɪmɪəbli

amianthus
BR ˌamɪˈanθəs
AM ˌæmiˈænθəs

amibiguity
BR ˌæmbɨˈgjuːɪt|i, -ɪz
AM ˌæmbəˈgjuwədi, -z

amicability
BR ˌæmɪkəˈbɪlɪti
AM ˌæməkəˈbɪlɪdi

amicable
BR ˈæmɪkəbl
AM ˈæməkəb(ə)l

amicableness
BR ˈæmɪkəblnəs
AM ˈæməkəbəlnəs

amicably
BR ˈæmɪkəbli
AM ˈæməkəbli

amice
BR ˈæm|ɪs, -ɪsɪz
AM ˈæməs, -əz

amicus curiae
BR əˌmaɪkəs ˈkjʊərɪʌɪ, əˈmiːkəs +, + ˈkjʊəriːː, + ˈkjʊərɪʌɪ, + ˈkjɔːrɪʌɪ, + ˈkjɔːriː
AM əˌmiːkəs ˈk(j)ʊri̩i, əˌmiːkəs ˈk(j)ʊri̩aɪ

amid
BR əˈmɪd
AM əˈmɪd

amide
BR ˈæmʌɪd, -z
AM ˈæməd, ˈæˌmaɪd, -z

Amidol
BR ˈæmɪdɒl
AM ˈæmədəl, ˈæmədɔl

amidone
BR ˈæmɪdəʊn
AM ˈæməˌdoʊn

amidships
BR əˈmɪdʃɪps
AM əˈmɪdˌʃɪps

amidst
BR əˈmɪdst
AM əˈmɪdst

Amiens
BR ˈæmɪɒ̃
AM ˈɑmiən
FR amjɛ̃

Amies
BR ˈeɪmɪz
AM ˈeɪmɪs

amigo
BR əˈmiːgəʊ, -z
AM əˈmigoʊ, -z

Amin
BR ɑːˈmiːn, əˈmiːn
AM ɑˈmin

amine
BR ˈæmiːn, ˈæmɪn, əˈmiːn, -z
AM ˈæˌmin, əˈmin, -z

amino
BR əˈmiːnəʊ, əˈmʌɪnəʊ, ˈæmɪnəʊ
AM əˈminoʊ

amir
BR əˈmɪə(r), -z
AM əˈmɪ(ə)r, -z

Amirante Islands
BR ˈæmɪrant ˌʌɪlən(d)z, ˌæmɨˈranti +
AM ˈæməˌrænt ˌaɪlən(d)z

amirate
BR ˈæmɪrət, ˈæmɪərət, əˈmɪərət, əˈmɪəreɪt, -s
AM ˈɛmərət, -s

Amis
BR ˈeɪmɪs
AM ˈeɪmɪs

Amish
BR ˈɑːmɪʃ, ˈæmɪʃ
AM ˈɑmɪʃ

amiss
BR əˈmɪs
AM əˈmɪs

amitosis
BR ˌeɪmʌɪˈtəʊsɪs, ˌæmɨˈtəʊsɪs
AM ˌæməˈtoʊsəs, ˌeɪˌmaɪˈtoʊsəs

amitriptyline
BR ˌæmɨˈtrɪptɨliːn
AM ˌæməˈtrɪptəl(ə)n

amity
BR ˈæmɪti
AM ˈæmədi

Amlwch
BR ˈamlʊx, ˈamlʊk
AM ˈæmlwɪtʃ
WE ˈamlʊx

Amman[1] *place in Jordan*
BR aˈmɑːn, aˈman
AM ɑˈmɑn

Amman[2] *river in Wales*
BR ˈam(ə)n
AM ˈæm(ə)n

ammeter
BR ˈæmiːtə(r), ˈamˌmiːtə(r), -z
AM ˈæ(m)ˌmidər, -z

ammo
BR ˈaməʊ
AM ˈæmoʊ

Ammon
BR ˈam(ə)n
AM ˈæm(ə)n

ammonia
BR əˈməʊnɪə(r)
AM əˈmoʊnjə

ammoniac
BR əˈməʊnɪak
AM əˈmoʊniˌæk

ammoniacal
BR ˌamə(ʊ)ˈnʌɪəkl
AM ˌæməˈnaɪək(ə)l

ammoniated
BR əˈməʊnɪeɪtɪd
AM əˈmoʊniˌeɪdəd

ammonite
BR ˈamənʌɪt, -s
AM ˈæməˌnaɪt, -s

ammonium
BR əˈməʊnɪəm
AM əˈmoʊniəm

ammtrack
BR ˈamtrak, -s
AM ˈæmˌtræk, -s

ammunition
BR ˌamjəˈnɪʃn
AM ˌæmjəˈnɪʃ(ə)n

amnesia
BR amˈniːzɪə(r), amˈniːʒə(r)
AM æmˈniʒə

amnesiac
BR amˈniːzɪak, -s
AM æmˈnizɪˌæk, -s

amnesic
BR amˈniːzɪk, amˈniːsɪk, -s
AM æmˈnisɪk, æmˈnizɪk, -s

amnesty
BR ˈamnɪst|i, -ɪz
AM ˈæmˌnɛsti, ˈæmnəsti, -z

amniocentesis
BR ˌamnɪəʊsɛnˈtiːsɪs
AM ˌæmnioʊˌsɛnˈtisɪs

amnion
BR ˈamnɪən, -z
AM ˈæmniən, ˈæmniˌɑn, -z

amniote
BR ˈamnɪəʊt, -s
AM ˈæmniˌoʊt, -s

amniotic
BR ˌamnɪˈɒtɪk
AM ˌæmniˈɑdɪk

Amoco
BR ˈaməkəʊ
AM ˈæməkoʊ

amoeba
BR əˈmiːbə(r), -z
AM əˈmibə, -z

amoebae
BR əˈmiːbiː
AM əˈmibi

amoebean
BR əˈmiːbɪən
AM əˈmibiən

amoebic
BR əˈmiːbɪk
AM əˈmibɪk

amoeboid
BR əˈmiːbɔɪd
AM əˈmiˌbɔɪd

amok
BR əˈmɒk, əˈmʌk
AM əˈmɑk, əˈmək

among
BR əˈmʌŋ
AM əˈməŋ

amongst
BR əˈmʌŋst
AM əˈməŋs(t)

amontillado
BR ə|ˌmɒntɪˈlɑːdəʊ, -z
AM əˌmɑntəˈjɑdoʊ, əˌmɑntəˈlɑdoʊ, -z

amoral
BR ˌeɪˈmɒrl̩
AM ˌeɪˈmɔːr(ə)l

amoralism
BR ˌeɪˈmɒrl̩ɪzm
AM ˌeɪˈmɔːrəˌlɪz(ə)m

amoralist
BR ˌeɪˈmɒrl̩ɪst, -s
AM ˌeɪˈmɔːrələst, -s

amorality
BR ˌeɪməˈrælɪti
AM ˌeɪməˈrælədi

amorally
BR ˌeɪˈmɒrl̩i
AM ˌeɪˈmɔːrəli

amoretti
BR ˌæməˈrɛti
AM ˌæməˈrɛdi

amoretto
BR ˌæməˈrɛtəʊ
AM ˌæməˈrɛdoʊ

amorist
BR ˈæmərɪst, -s
AM ˈæmərəst, -s

Amorite
BR ˈæmərʌɪt, -s
AM ˈæməˌraɪt, -s

amoroso
BR ˌæməˈrəʊsəʊ, -z
AM ˌæməˈroʊsoʊ, ˌɑməˈroʊsoʊ, -z

amorous
BR ˈæm(ə)rəs
AM ˈæm(ə)rəs

amorously
BR ˈæm(ə)rəsli
AM ˈæm(ə)rəsli

amorousness
BR ˈæm(ə)rəsnəs
AM ˈæm(ə)rəsnəs

amorpha
BR əˈmɔːfə(r), -z
AM əˈmɔrfə, -z

amorphism
BR əˈmɔːfɪzm
AM eɪˈmɔrˌfɪz(ə)m, əˈmɔrˌfɪz(ə)m

amorphous
BR əˈmɔːfəs
AM eɪˈmɔrfəs, əˈmɔrfəs

amorphously
BR əˈmɔːfəsli
AM eɪˈmɔrfəsli, əˈmɔrfəsli

amorphousness
BR əˈmɔːfəsnəs
AM eɪˈmɔrfəsnəs, əˈmɔrfəsnəs

amortisable
BR əˈmɔːtʌɪzəbl
AM ˈæmərˌtaɪzəb(ə)l

amortisation
BR əˌmɔːtʌɪˈzeɪʃn, -z
AM ˈæmɔrˌtaɪˈzeɪʃ(ə)n, ˈæmərdəˈzeɪʃ(ə)n, -z

amortise
BR əˈmɔːtʌɪz, -ɪz, -ɪŋ, -d
AM ˈæmərˌtaɪz, -ɪz, -ɪŋ, -d

amortizable
BR əˈmɔːtʌɪzəbl
AM ˈæmərˌtaɪzəb(ə)l

amortization
BR əˌmɔːtʌɪˈzeɪʃn, -z
AM ˈæmɔrˌtaɪˈzeɪʃ(ə)n, ˈæmərdəˈzeɪʃ(ə)n, -z

amortize
BR əˈmɔːtʌɪz, -ɪz, -ɪŋ, -d
AM ˈæmərˌtaɪz, -ɪz, -ɪŋ, -d

Amory
BR ˈeɪm(ə)ri
AM ˈeɪməri

Amos
BR ˈeɪmɒs
AM ˈeɪməs

amount
BR əˈmaʊnt, -s, -ɪŋ, -ɪd
AM əˈmaʊn|t, -ts, -(t)ɪŋ, -(t)əd

amour
BR əˈmʊə(r), əˈmɔː(r), -z
AM ɑˈmʊ(ə)r, əˈmʊ(ə)r, -z

amorphous
BR əˈmɔːfəs
AM eɪˈmɔrfəs, əˈmɔrfəs

amourette
BR ˌæməˈrɛt, -s
AM ˌæməˈrɛt, -s

amour propre
BR ˌæmʊə ˈprɒpr(ər), ˌæmɔː +
AM ˌæmʊr ˈprɔpr(ə)

Amoy
BR əˈmɔɪ
AM ɑˈmɔɪ

amp
BR amp, -s
AM æmp, -s

ampelopsis
BR ˌæmpɪˈlɒpsɪs
AM ˌæmpəˈlɑpsəs

amperage
BR ˈamp(ə)rɪdʒ
AM ˈæmp(ə)rɪdʒ

ampere
BR ˈampɛː(r), -z
AM ˈæmˌpɛ(ə)r, ˈæmˌpɪ(ə)r, -z

ampersand
BR ˈampəsand, -z
AM ˈæmpərˌsænd, -z

Ampex
BR ˈampɛks
AM ˈæmpɛks

amphetamine
BR amˈfɛtəmiːn, amˈfɛtəmɪn, -z
AM æmˈ(p)fɛdəm(ə)n, æmˈ(p)fɛdəˌmin, -z

amphibia
BR amˈfɪbɪə(r)
AM æmˈ(p)fɪbɪə

amphibian
BR amˈfɪbɪən, -z
AM æmˈ(p)fɪbɪən, -z

amphibiology
BR ˌamˌfɪbɪˈɒlədʒi
AM ˌæmˌ(p)fɪbiˈɑlədʒi

amphibious
BR amˈfɪbɪəs
AM æmˈ(p)fɪbɪəs

amphibiously
BR amˈfɪbɪəsli
AM æmˈ(p)fɪbɪəsli

amphibole
BR ˈamfɪbəʊl, -z
AM ˈæm(p)fəˌboʊl, -z

amphibolite
BR amˈfɪbəlʌɪt, -s
AM æmˈ(p)fɪbəˌlaɪt, -s

amphibology
BR ˌamfɪˈbɒlədʒ|i, -ɪz
AM ˌæm(p)fəˈbɑlədʒi, -z

amphibrach
BR ˈamfɪbrak, -s
AM ˈæm(p)fəˌbræk, -s

amphibrachic
BR ˌamfɪˈbrakɪk
AM ˌæm(p)fəˈbrækɪk

amphictyon
BR amˈfɪktɪən, -z
AM æmˈ(p)fɪktɪən, -z

amphictyonic
BR amˌfɪktɪˈɒnɪk
AM æmˌ(p)fɪktɪˈɑnɪk

amphictyony
BR amˈfɪktɪəni
AM æmˈ(p)fɪktɪəni

amphigamous
BR amˈfɪgəməs
AM æmˈ(p)fɪgəməs

amphigori
BR ˌamfɪˌgɔːr|i, ˈamfɪɡ(ə)r|i, amˈfɪɡ(ə)r|i, -ɪz
AM æmˈ(p)fɪgəri, ˈæm(p)fəˌgɔri, -z

amphigouri
BR ˈamfɪˌɡʊər|i, ˈamfɪɡ(ə)r|i, amˈfɪɡ(ə)r|i, -ɪz
AM æmˈ(p)fɪgəri, ˈæm(p)fəˌguri, -z

amphimictic
BR ˌamfɪˈmɪktɪk
AM ˌæm(p)fəˈmɪktɪk

amphimixes
BR ˌamfɪˈmɪksiːz
AM ˌæm(p)fəˈmɪksiz

amphimixis
BR ˌamfɪˈmɪksɪs
AM ˌæm(p)fəˈmɪksɪs

amphioxi
BR ˌamfɪˈɒksi
AM ˌæm(p)fiˈɑksi

amphioxus
BR ˌamfɪˈɒksəs
AM ˌæm(p)fiˈɑksəs

amphipathic
BR ˌamfɪˈpæθɪk
AM ˌæm(p)fəˈpæθɪk

amphipod
BR ˈamfɪpɒd, -z
AM ˈæm(p)fəˌpɑd, -z

amphipoda
BR amˈfɪpədə(r)
AM æmˈ(p)fɪpədə

amphiprostyle
BR ˌamfɪˈprəʊstʌɪl, -z
AM ˌæm(p)fəˈproʊ-ˌstaɪl, -z

amphisbaena
BR ˌamfɪsˈbiːnə(r)
AM ˌæm(p)fəsˈbinə, -z

amphitheater
BR ˈamfɪθɪətə(r), -z
AM ˈæm(p)fəˌθiədər, -z

amphitheatre
BR ˈamfɪθɪətə(r), -z
AM ˈæm(p)fəˌθiədər, -z

Amphitrite
BR ˌamfɪˈtrʌɪti
AM ˌæm(p)fəˈtraɪdi

Amphitryon
BR amˈfɪtrɪən
AM æmˈ(p)fɪtriˌɑn

amphora
BR ˈamf(ə)rə(r), -z
AM ˈæm(p)ˈfərə, ˈæm(p)fərə, -z

amphorae
BR ˈamf(ə)riː
AM æm(p)ˈfɔˌraɪ, ˈæm(p)fəˌri

amphoteric
BR ˌamfə(ʊ)ˈtɛrɪk
AM ˌæm(p)fəˈtɛrɪk

amphotericin
BR ˌamfə(ʊ)ˈtɛrɪsɪn
AM ˌæm(p)fəˈtɛrəs(ə)n

ampicillin
BR ˌampɨˈsɪlɪn
AM ˈæmpəˌsɪlɨn

ample
BR ˈampl, -ə(r), -ɪst
AM ˈæmp(ə)l, -ər, -əst

Ampleforth
BR ˈamplfɔːθ
AM ˈæmpəlˌfɔ(ə)rθ

ampleness
BR ˈamplnəs
AM ˈæmpəlnəs

Amplex
BR ˈamplɛks
AM ˈæmplɛks

amplexicaul
BR amˈplɛksɪkɔːl
AM æmˈplɛksəˌkɑl, æmˈplɛksəˌkɔl

amplification
BR ˌamplɪfɪˈkeɪʃn
AM ˌæmpləfəˈkeɪʃ(ə)n

amplifier
BR ˈamplɪfʌɪə(r), -z
AM ˈæmpləˌfaɪər, -z

amplify
BR ˈamplɪfʌɪ, -z, -ɪŋ, -d
AM ˈæmpləˌfaɪ, -z, -ɪŋ, -d

amplitude
BR ˈamplɪtjuːd, ˈamplɪtʃuːd, -z
AM ˈæmpləˌt(j)ud, -z

amply
BR ˈampli
AM ˈæmp(ə)li

Ampney
BR ˈampni
AM ˈæmpni

ampoule
BR ˈamp(j)uːl, -z
AM ˈæmˌpjul, -z

Ampthill
BR ˈam(p)t(h)ɪl
AM ˈæm(p)t(h)ɪl

ampule
BR ˈamp(j)uːl, -z
AM ˈæmˌpjul, -z

ampulla
BR amˈpʊlə(r)
AM æmˈpələ, ˈæmˌpjʊlə, æmˈp(j)ʊlə

ampullae
BR amˈpʊliː
AM æmˈpəˌli, æmˈp(j)ʊˌli

amputate
BR ˈampjʊteɪt, -s, -ɪŋ, -ɪd
AM ˈæmpjəˌteɪ|t, -ts, -dɪŋ, -dɪd

amputation
BR ˌampjʊˈteɪʃn, -z
AM ˌæmpjəˈteɪʃ(ə)n, -z

amputator
BR ˈampjʊteɪtə(r), -z
AM ˈæmpjəˌteɪdər, -z

amputee
BR ˌampjʊˈtiː, -z
AM ˌæmpjəˈti, -z

Amritsar
BR amˈrɪtsə(r), amˈrɪtsɑː(r)
AM amˈrɪtsər

Amsterdam
BR ˌam(p)stəˈdam, ˈam(p)stədam
AM ˈæm(p)stərˌdæm

Amstrad
BR ˈamstrad
AM ˈæmstræd

amtrac
BR ˈamtrak, -s
AM ˈæmˌtræk, -s

Amtrak
BR ˈamtrak
AM ˈæmˌtræk

amuck
BR əˈmʌk
AM əˈmək

Amu Darya
BR ˌɑːmuː ˈdɑːrɪə(r), aˌmuː +
AM ˌɑmu ˈdɑrjə
RUS aˈmu daˈrʲja

amulet
BR ˈamjʊlət, -s
AM ˈæmjəˌlɛt, ˈæmjələt, -s

Amundsen
BR ˈamʊn(d)s(ə)n
AM ˈæmən(d)s(ə)n
NO ˈɑːmɵnsen

Amur
BR aˈmuːə(r), ˈamʊə(r)
AM ɑˈmu(ə)r
RUS aˈmur

amuse
BR əˈmjuːz, -ɪz, -ɪŋ, -d
AM əˈmjuz, -əz, -ɪŋ, -d

amusement
BR əˈmjuːzm(ə)nt, -s
AM əˈmjuzm(ə)nt, -s

amusing
BR əˈmjuːzɪŋ
AM əˈmjuzɪŋ

amusingly
BR əˈmjuːzɪŋli
AM əˈmjuzɪŋli

amusive
BR əˈmjuːzɪv
AM əˈmjuzɪv

Amy
BR ˈeɪmi
AM ˈeɪmi

amygdala
BR əˈmɪgdələ(r), -z
AM əˈmɪgdələ, -z

amygdalae
BR əˈmɪgdəliː
AM əˈmɪgdəˌlaɪ, əˈmɪgdəli

amygdale
BR əˈmɪgdəliː
AM əˈmɪgdəli

amygdaloid
BR əˈmɪgdəlɔɪd
AM əˈmɪgdəˌlɔɪd

amyl
BR ˈam(ɪ)l, ˈeɪmʌɪl
AM ˈæm(ə)l

amylase
BR ˈamɨleɪz
AM ˈæməˌleɪz, ˈæməˌleɪs

amyloid
BR ˈamɨlɔɪd
AM ˈæməˌlɔɪd

amylopsin
BR ˈamɨlɒpsɪn, ˌamɨˈlɒpsɪn
AM ˌæməˈlɑps(ə)n

amyotrophy
BR ˌamɪˈɒtrəfi
AM ˌæmiˈɑtrəfi

Amytal
BR ˈamɪtal
AM ˈæməˌtal, ˈæməˌtɔl

an[1] *strong form*
BR an
AM æn

an² *weak form*
BR ən, n
AM n, ən
ana
BR ˈɑːnə(r), -z
AM ˈɑnə, -z
Anabaptism
BR ˌanəˈbaptɪzm
AM ˌænəˈbæp.tɪz(ə)m
Anabaptist
BR ˌanəˈbaptɪst, -s
AM ˌænəˈbæptəst, -s
anabas
BR ˈanəbas
AM ˈænəˌbæs, ˈænəbəs
anabases
BR əˈnabəsiːz
AM əˈnæbəˌsiz
anabasis
BR əˈnabəsɪs
AM əˈnæbəsəs
anabatic
BR ˌanəˈbatɪk
AM ˌænəˈbædɪk
anabioses
BR ˌanəbʌɪˈəʊsiːz
AM ˌænəˌbaɪˈoʊsiz
anabiosis
BR ˌanəbʌɪˈəʊsɪs
AM ˌænəˌbaɪˈoʊsəs
anabiotic
BR ˌanəbʌɪˈɒtɪk
AM ˌænəˌbaɪˈɑdɪk
anabolic
BR ˌanəˈbɒlɪk, -s
AM ˌænəˈbɑlɪk, -s
anabolism
BR əˈnabəlɪzm
AM æˈnæbəˌlɪz(ə)m, əˈnæbəˌlɪz(ə)m
anabranch
BR ˈanəbrɑːn(t)ʃ, -ɪz
AM ˈænəˌbræŋk, -s
anachronic
BR ˌanəˈkrɒnɪk
AM ˌænəˈkrɑnɪk
anachronism
BR əˈnakrənɪzm, -z
AM əˈnækrəˌnɪz(ə)m, -z

anachronistic
BR əˌnakrəˈnɪstɪk
AM əˌnækrəˈnɪstɪk
anachronistically
BR əˌnakrəˈnɪstɪkli
AM əˌnækrəˈnɪstək(ə)li
Anacin
BR ˈanəsɪn, -z
AM ˈænəsɪn, -z
anacolutha
BR ˌanəkəˈluːθə(r)
AM ˌænəkəˈluθə
anacoluthic
BR ˌanəkəˈluːθɪk
AM ˌænəkəˈluθɪk
anacoluthon
BR ˌanəkəˈluːθ(ɒ)n
AM ˌænəkəˈluˌθɑn
anaconda
BR ˌanəˈkɒndə(r), -z
AM ˌænəˈkɑndə, -z
Anacreon
BR əˈnakrɪən
AM əˈnækriən
anacreontic
BR əˌnakrɪˈɒntɪk
AM əˌnækriˈɑn(t)ɪk
anacruses
BR ˌanəˈkruːsiːz
AM ˌænəˈkruˌsiz
anacrusis
BR ˌanəˈkruːsɪs
AM ˌænəˈkrusəs
Anadin
BR ˈanədɪn, -z
AM ˈænədɪn, -z
anadromous
BR əˈnadrəməs
AM æˈnædrəməs, əˈnædrəməs
anaemia
BR əˈniːmɪə(r)
AM əˈnimiə
anaemic
BR əˈniːmɪk, -s
AM əˈnimɪk, -s
anaerobe
BR ˈanərəʊb, -z
AM ˈænəˌroʊb, -z

anaerobic
BR ˌanəˈrəʊbɪk, ˌanɛːˈrəʊbɪk
AM ˌænəˈroʊbɪk, ˌænˌɛˈroʊbɪk
anaesthesia
BR ˌanɪsˈθiːzɪə(r), ˌanɪsˈθiːʒə(r)
AM ˌænəsˈθiʒə
anaesthesiologist
BR ˌanɪsθiːzɪˈɒlədʒɪst, -s
AM ˌænəsˌθizɪˈɑlədʒəst, -s
anaesthesiology
BR ˌanɪsθiːzɪˈɒlədʒi
AM ˌænəsˌθiziˈɑlədʒi
anaesthetic
BR ˌanɪsˈθɛtɪk, -s
AM ˌænəsˈθɛdɪk, -s
anaesthetical
BR ˌanɪsˈθɛtɪkl
AM ˌænəsˈθɛdək(ə)l
anaesthetically
BR ˌanɪsˈθɛtɪkli
AM ˌænəsˈθɛdək(ə)li
anaesthetisation
BR əˌniːsθɪtʌɪˈzeɪʃn
AM əˌnɛsθəˌtaɪˈzeɪʃ(ə)n, əˌnɛsθədəˈzeɪʃ(ə)n
anaesthetise
BR əˈniːsθɪtʌɪz, -ɪz, -ɪŋ, -d
AM əˈnɛsθəˌtaɪz, -ɪz, -ɪŋ, -d
anaesthetist
BR əˈniːsθɪtɪst, -s
AM əˈnɛsθədəst, -s
anaesthetization
BR əˌniːsθɪtʌɪˈzeɪʃn
AM əˌnɛsθəˌtaɪˈzeɪʃ(ə)n, əˌnɛsθədəˈzeɪʃ(ə)n
anaesthetize
BR əˈniːsθɪtʌɪz, -ɪz, -ɪŋ, -d
AM əˈnɛsθəˌtaɪz, -ɪz, -ɪŋ, -d
anaglyph
BR ˈanəɡlɪf, -s
AM ˈænəˌɡlɪf, -s

anaglyphic
BR ˌanəˈɡlɪfɪk
AM ˌænəˈɡlɪfɪk
anaglypta
BR ˌanəˈɡlɪptə(r), -z
AM ˌænəˈɡlɪptə, -z
anagnorises
BR ˌanəɡˈnɒrɪsiːz
AM ˌæˌnæɡˈnɔrəsiz
anagnorisis
BR ˌanəɡˈnɒrɪsɪs
AM ˌæˌnæɡˈnɔrəsəs
anagoge
BR ˈanəɡɒdʒi, ˈanəɡəʊdʒi
AM ˈænəˌɡoʊdʒi, ˈænəˌɡɑdʒi
anagogic
BR ˌanəˈɡɒdʒɪk, -s
AM ˌænəˈɡɑdʒɪk, -s
anagogical
BR ˌanəˈɡɒdʒɪkl
AM ˌænəˈɡɑdʒək(ə)l
anagogically
BR ˌanəˈɡɒdʒɪkli
AM ˌænəˈɡɑdʒək(ə)li
anagogy
BR ˈanəɡɒdʒi, ˈanəɡəʊdʒi
AM ˈænəˌɡoʊdʒi, ˈænəˌɡɑdʒi
anagram
BR ˈanəɡram, -z
AM ˈænəˌɡræm, -z
anagrammatic
BR ˌanəɡrəˈmatɪk
AM ˌænəɡrəˈmædɪk
anagrammatical
BR ˌanəɡrəˈmatɪkl
AM ˌænəɡrəˈmædək(ə)l
anagrammatically
BR ˌanəɡrəˈmatɪkli
AM ˌænəɡrəˈmædək(ə)li
anagrammatise
BR ˌanəˈɡramətʌɪz, -ɪz, -ɪŋ, -d
AM ˌænəˈɡræməˌtaɪz, -ɪz, -ɪŋ, -d

anagrammatize
BR ˌanəˈgramətʌɪz,
-ɪz, -ɪŋ, -d
AM ˌænəˈgræməˌtaɪz,
-ɪz, -ɪŋ, -d

Anaheim
BR ˈanəhʌɪm
AM ˈænəˌhaɪm

anal
BR ˈeɪnl
AM ˈeɪn(ə)l

analect
BR ˈanəlɛkt, -s
AM ˈænlˌɛk|(t),
-(t)s

analecta
BR ˌanəˈlɛktə(r)
AM ˌænəˈlɛktə

analemma
BR ˌanəˈlɛmə(r)
AM ˌænəˈlɛmə

analemmatic
BR ˌanəlɛˈmatɪk
AM ˌanələˈmædɪk

analeptic
BR ˌanəˈlɛptɪk
AM ˌænəˈlɛptɪk

analgesia
BR ˌanlˈdʒiːzɪə(r)
AM ˌænlˈdʒizə,
ˌænlˈdʒiziə

analgesic
BR ˌanlˈdʒiːzɪk, -s
AM ˌænlˈdʒizɪk,
-s

anally
BR ˈeɪnli
AM ˈeɪnəli

analog
BR ˈanlɒg, -z
AM ˈænlˌɑg,
ˈænlˌɔg, -z

analogic
BR ˌanəˈlɒdʒɪk
AM ˌænəˈlɑdʒɪk

analogical
BR ˌanəˈlɒdʒɪkl
AM ˌænəˈlɑdʒək(ə)l

analogically
BR ˌanəˈlɒdʒɪkli
AM ˌænə-
ˈlɑdʒək(ə)li

analogise
BR əˈnalədʒʌɪz, -ɪz,
-ɪŋ, -d
AM əˈnæləˌdʒaɪz, -ɪz,
-ɪŋ, -d

analogist
BR əˈnalədʒɪst, -s
AM əˈnælədʒəst, -s

analogize
BR əˈnalədʒʌɪz, -ɪz,
-ɪŋ, -d
AM əˈnæləˌdʒaɪz, -ɪz,
-ɪŋ, -d

analogous
BR əˈnaləgəs
AM əˈnæləgəs

analogously
BR əˈnaləgəsli
AM əˈnæləgəsli

analogousness
BR əˈnaləgəsnəs
AM əˈnæləgəsnəs

analogue
BR ˈanlɒg, -z
AM ˈænlˌɑg,
ˈænlˌɔg, -z

analogy
BR əˈnalədʒ|i, -ɪz
AM əˈnælədʒi, -z

analphabetic
BR ˌanalfəˈbɛtɪk
AM ˌæˌnælfəˈbɛdɪk

analphabetical
BR ˌanalfəˈbɛtɪkl
AM ˌæˌnælfəˈbɛdək(ə)l

analphabetically
BR ˌanalfəˈbɛtɪkli
AM ˌæˌnælfə-
ˈbɛdək(ə)li

analysable
BR ˈanlʌɪzəbl
AM ˈænəˈlaɪzəb(ə)l

analysand
BR əˈnalɪsand, -z
AM əˈnæləˌzænd,
əˈnæləˌsænd, -z

analyse
BR ˈanlʌɪz, -ɪz, -ɪŋ, -d
AM ˈænlˌaɪz, -ɪz, -ɪŋ, -d

analyser
BR ˈanlʌɪzə(r), -z
AM ˈænlˌaɪzər, -z

analyses
BR əˈnalɪsiːz
AM əˈnæləˌsiz

analysis
BR əˈnalɪsɪs
AM əˈnæləsəs

analyst
BR ˈanlɪst, -s
AM ˈænləst, -s

analytic
BR ˌanəˈlɪtɪk
AM ˌænəˈlɪdɪk

analytical
BR ˌanəˈlɪtɪkl
AM ˌænəˈlɪdɪk(ə)l

analytically
BR ˌanəˈlɪtɪkli
AM ˌænəˈlɪdɪk(ə)li

analyzable
BR ˈanlʌɪzəbl
AM ˌænəˈlaɪzəb(ə)l

analyze
BR ˈanlʌɪz, -ɪz,
-ɪŋ, -d
AM ˈænlˌaɪz, -ɪz,
-ɪŋ, -d

analyzer
BR ˈanlʌɪzə(r), -z
AM ˈænlˌaɪzər, -z

anamnesis
BR ˌanəmˈniːsɪs
AM ˌænəmˈnisɪs

anamorphic
BR ˌanəˈmɔːfɪk
AM ˌænəˈmɔrfɪk

anamorphoses
BR ˌanəˈmɔːfəsiːz
AM ˌænəˈmɔrfəsiz

anamorphosis
BR ˌanəˈmɔːfəsɪs
AM ˌænəˈmɔrfəsəs

ananas
BR əˈnɑːnəs,
ˈanənəs,
əˈnanəs
AM ˌɑnɑˈnɑs

anandrous
BR əˈnandrəs
AM əˈnændrəs

Ananias
BR ˌanəˈnʌɪəs
AM ˌænəˈnaɪəs

anapaest
BR ˈanəpiːst,
ˈanəpɛst, -s
AM ˈænəˌpɛst, -s

anapaestic
BR ˌanəˈpiːstɪk,
ˌanəˈpɛstɪk
AM ˌænəˈpɛstɪk

anapest
BR ˈanəpiːst,
ˈanəpɛst, -s
AM ˈænəˌpɛst, -s

anapestic
BR ˌanəˈpiːstɪk,
ˌanəˈpɛstɪk
AM ˌænəˈpɛstɪk

anaphase
BR ˈanəfeɪz, -ɪz
AM ˈænəˌfeɪz, -ɪz

anaphor
BR ˈanəfɔː(r)
AM ˈænəˌfɔ(ə)r

anaphora
BR əˈnaf(ə)rə(r)
AM əˈnæf(ə)rə

anaphoric
BR ˌanəˈfɒrɪk
AM ˌænəˈfɔrɪk

anaphrodisiac
BR əˌnafrəˈdɪzɪak,
-s
AM ˌæˌnəfrəˈdɪziˌæk,
-s

anaphylactic
BR ˌanəfɪˈlaktɪk
AM ˌænəfɪˈlæktɪk

anaphylaxis
BR ˌanəfɪˈlaksɪs
AM ˌænəfɪˈlæksəs

anaptyctic
BR ˌanapˈtɪktɪk
AM ˌænæpˈtɪktɪk

anaptyxes
BR ˌanapˈtɪksiːz
AM ˌænæpˈtɪksiz

anaptyxis
BR ˌanapˈtɪksɪs,
ˌanapˈtɪksɪs
AM ˌænæpˈtɪksɪs

anarch
BR ˈanɑːk, -s
AM ˈænˌɑrk, -s

anarchic
BR əˈnɑːkɪk
AM əˈnærkɪk,
æˈnærkɪk

anarchical
BR əˈnɑːkɪkl
AM əˈnɑrkək(ə)l,
æˈnɑrkək(ə)l

anarchically
BR əˈnɑːkɪkli
AM əˈnɑrkək(ə)li,
æˈnɑrkək(ə)li

anarchism
BR ˈænəkɪzm
AM ˈæˌnɑrˌkɪz(ə)m,
ˈænərˌkɪz(ə)m

anarchist
BR ˈænəkɪst, -s
AM ˈænərkəst, -s

anarchistic
BR ˌænəˈkɪstɪk
AM ˌænərˈkɪstɪk

anarchy
BR ˈænəki
AM ˈænərki

Anasazi
BR ˌænəˈsɑːzi,
ˌænəˈsɑzi
AM ˌænəˈsɑzi

Anastasia
BR ˌænəˈsteɪziə(r),
ˌænəˈstɑːziə(r)
AM ˌænəˈsteɪʒə
RUS ənəstɑˈsʲijə

anastigmat
BR anˈæstɪɡmat,
ˌænəˈstɪɡmat, -s
AM ˌænəˈstɪɡˌmæt,
-s

anastigmatic
BR ˌænəstɪɡˈmætɪk
AM ˌænəˌstɪɡˈmædɪk

anastomose
BR aˈnæstəməʊz,
-ɪz, -ɪŋ, -d
AM əˈnæstəˌmoʊz,
əˈnæstəˌmoʊz, -əz,
-ɪŋ, -d

anastomoses
BR aˌnæstəˈməʊsiːz,
ˌænəstəˈməʊsiːz
AM əˌnæstəˈmoʊsiz

anastomosis
BR aˌnæstəˈməʊsɪs,
ˌænəstəˈməʊsɪs
AM əˌnæstəˈmoʊsəs

anastrophe
BR aˈnæstrəfi
AM əˈnæstrəfi

anathema
BR əˈnæθɪmə(r)
AM əˈnæθəmə

anathematisation
BR əˌnæθɪmətaɪ-
ˈzeɪʃn
AM əˌnæθ(ə)məˌtaɪ-
ˈzeɪʃ(ə)n,
əˌnæθ(ə)mədə-
ˈzeɪʃ(ə)n

anathematise
BR əˈnæθɪmətaɪz, -ɪz,
-ɪŋ, -d
AM əˈnæθ(ə)məˌtaɪz,
-ɪz, -ɪŋ, -d

anathematization
BR əˌnæθɪmətaɪ-
ˈzeɪʃn
AM əˌnæθ(ə)məˌtaɪ-
ˈzeɪʃ(ə)n,
əˌnæθ(ə)mədə-
ˈzeɪʃ(ə)n

anathematize
BR əˈnæθɪmətaɪz, -ɪz,
-ɪŋ, -d
AM əˈnæθ(ə)məˌtaɪz,
-ɪz, -ɪŋ, -d

Anatolia
BR ˌænəˈtəʊliə(r)
AM ˌænəˈtoʊliə,
ˌænəˈtoʊljə

Anatolian
BR ˌænəˈtəʊliən, -z
AM ˌænəˈtoʊliən,
ˌænəˈtoʊlj(ə)n,
-z

anatomic
BR ˌænəˈtɒmɪk
AM ˌænəˈtɑmɪk

anatomical
BR ˌænəˈtɒmɪkl
AM ˌænəˈtɑmək(ə)l

anatomically
BR ˌænəˈtɒmɪkli
AM ˌænəˈtɑmək(ə)li

anatomise
BR əˈnætəmʌɪz, -ɪz,
-ɪŋ, -d
AM əˈnædəˌmaɪz, -ɪz,
-ɪŋ, -d

anatomist
BR əˈnætəmɪst, -s
AM əˈnædəməst,
-s

anatomize
BR əˈnætəmʌɪz, -ɪz,
-ɪŋ, -d
AM əˈnædəˌmaɪz, -ɪz,
-ɪŋ, -d

anatomy
BR əˈnætəm|i, -ɪz
AM əˈnædəmi, -z

anatta
BR əˈnætə(r)
AM əˈnɑdə

anatto
BR əˈnætəʊ
AM əˈnɑdoʊ

Anaxagoras
BR ˌanakˈsaɡ(ə)rəs,
ˌanakˈsaɡərəs
AM ˌænəkˈsæɡərəs

Anaximander
BR əˌnaksɪˈmandə(r)
AM əˌnæksəˈmændər

Anaximenes
BR ˌanakˈsɪmɪniːz
AM ˌænəkˈsɪməniz

anbury
BR ˈanb(ə)r|i,
-ɪz
AM ˈænbəri, -z

ancestor
BR ˈansɪstə(r),
ˈansɛstə(r), -z
AM ˈænˌsɛstər, -z

ancestral
BR anˈsɛstr(ə)l
AM ænˈsɛstr(ə)l

ancestrally
BR anˈsɛstrli
AM ænˈsɛstrəli

ancestress
BR ˈansɪstrɪs,
ˈansɛstrɪs, -ɪz
AM ˈænˌsɛstrəs,
-əz

ancestry
BR ˈansɪstr|i,
ˈansɛstr|i, -ɪz
AM ˈænˌsɛstri, -z

Anchises
BR anˈkʌɪsiːz
AM ænˈkaɪsiz

anchor
BR ˈæŋk|ə(r), -əz,
-(ə)rɪŋ, -əd
AM ˈæŋk|ər, -ərz,
-(ə)rɪŋ, -ərd

anchorage
BR ˈæŋk(ə)r|ɪdʒ, -ɪdʒɪz
AM ˈæŋk(ə)rɪdʒ, -ɪz

anchoress
BR ˈæŋk(ə)rɪs,
ˈæŋkərɛs, -ɪz
AM ˈæŋk(ə)rəs, -əz

anchoretic
BR ˌæŋkəˈrɛtɪk
AM ˌæŋkəˈrɛdɪk

anchorhold
BR ˈæŋkəhəʊld, -z
AM ˈæŋkər,(h)oʊld, -z

anchorite
BR ˈæŋkərʌɪt, -s
AM ˈæŋkəˌraɪt, -s

anchoritic
BR ˌæŋkəˈrɪtɪk
AM ˌæŋkəˈrɪdɪk

anchorman
BR ˈæŋkəman
AM ˈæŋkərˌmæn

anchormen
BR ˈæŋkəmɛn
AM ˈæŋkərˌmɛn

anchorperson
BR ˈæŋkəˌpəːsn, -z
AM ˈæŋkərˌpərs(ə)n,
-z

anchorwoman
BR ˈæŋkəˌwʊmən
AM ˈæŋkərˌwʊm(ə)n

anchorwomen
BR ˈæŋkəˌwɪmɪn
AM ˈæŋkərˌwɪmɪn

anchoveta
BR ˌæntʃ(ə)ʊˈvɛtə(r),
-z
AM ˌæntʃoʊˈvɛdə, -z
SP ˌantʃoˈβeta

anchovy
BR ˈæntʃəv|i, -ɪz
AM ˈæn,tʃoʊvi, -z

anchusa
BR æŋˈk(j)uːzə(r), anˈtʃuːzə(r), -z
AM æŋˈkjusə, æŋˈkjuzə, -z

anchylose
BR ˈæŋkɪləʊz, ˈæŋkɪləʊs, -ɪz, -ɪŋ, -d\-t
AM ˈæŋkə,loʊz, ˈæŋkə,loʊs, -əz, -ɪŋ, -t\-d

ancien régime
BR ˌɒ̃siɑ̃ reɪˈʒiːm, ˌɒnsɪɑn +, -z
AM ˌɑnsiɛn rəˈʒim, -z

ancient
BR ˈeɪnʃ(ə)nt, -s
AM ˈeɪn(t)ʃ(ə)nt, -s

anciently
BR ˈeɪnʃ(ə)ntli
AM ˈeɪn(t)ʃən(t)li

ancientness
BR ˈeɪnʃ(ə)ntnəs
AM ˈeɪn(t)ʃən(t)nəs

ancillary
BR ænˈsɪlər|i, -ɪz
AM ˈænsə,lɛri, -z

ancipital
BR ænˈsɪpɪtl
AM ænˈsɪpədl

ancon
BR ˈæŋk(ɒ)n, -z
AM ˈæŋ,kɑn, -z

ancones
BR æŋˈkəʊniːz
AM ˌæŋˈkoʊniz

Ancyra
BR ænˈsʌɪrə(r)
AM ænˈsaɪrə

and[1] *strong form*
BR ænd
AM ænd

and[2] *weak form*
BR (ə)n(d)
AM (ə)n(d)

Andalucía
BR ˌændəluːˈsɪə(r)
AM ˌændəˈluʃ(i)ə, ˌændəˈluʒə
SP ˌandaluˈθia, ˌandaluˈsia

Andalusia
BR ˌændəˈluːsɪə(r), ˌændəluːˈsiːə(r)
AM ˌændəˈluʃ(i)ə, ˌændəˈluʒə

Andalusian
BR ˌændəˈluːsɪən, ˌændəluːˈsiːən, -z
AM ˌændəˈluʃ(ə)n, ˌændəˈluʒ(ə)n, -z

Andaman
BR ˈændəmən, -z
AM ˈændəm(ə)n, -z

Andamanese
BR ˌændəməˈniːz
AM ˌændəməˈniz

andante
BR ænˈdænt|i, ænˈdænt|eɪ, -ɪz\-eɪz
AM ɑnˈdɑn(t)eɪ, -z

andantino
BR ˌændænˈtiːnəʊ, -z
AM ˌɑnˌdɑnˈtinoʊ, -z

Andean
BR ˈændɪən, ænˈdiːən
AM ˈæn,dɪən

Andersen
BR ˈændəs(ə)n
AM ˈændərs(ə)n
DAN ˈɑnʌs(ə)n

Anderson
BR ˈændəs(ə)n
AM ˈændərs(ə)n

Andes
BR ˈændiːz
AM ˈændiz

andesite
BR ˈændɪsʌɪt, ˈændɪzʌɪt
AM ˈændəˌzaɪt

Andhra Pradesh
BR ˌændrə prəˈdɛʃ
AM ˌɑndrə prəˈdɛʃ

andiron
BR ˈændʌɪən, -z
AM ˈæn,daɪ(ə)rn, -z

Andorra
BR ænˈdɔːrə(r), ænˈdɒrə(r)
AM ænˈdɔrə
SP anˈdorra

Andorran
BR ænˈdɔːrn̩, ænˈdɒrn̩, -z
AM ænˈdɔr(ə)n, -z

André
BR ˈɒndreɪ, ˈandreɪ, ˈɑːndreɪ
AM ˈɑnˌdreɪ
FR ɑ̃dʀe

Andrea
BR ˈændrɪə(r)
AM ænˈdreɪə, ˈændrɪə
IT anˈdrea

Andreas
BR ænˈdreɪəs
AM ænˈdreɪəs

Andrew
BR ˈændruː
AM ˈænˌdru

Andrews
BR ˈændruːz
AM ˈænˌdruz

androcentric
BR ˌændrə(ʊ)ˈsɛntrɪk
AM ˌændroʊˈsɛntrɪk

androcentrism
BR ˌændrə(ʊ)ˈsɛntrɪzm
AM ˌændroʊˈsɛnˌtrɪzm

Androcles
BR ˈændrəkliːz
AM ˈændrəˌkliz

androecia
BR ænˈdriːsɪə(r)
AM ænˈdriʃ(i)ə

androecium
BR ænˈdriːsɪəm
AM ænˈdriʃiəm, ænˈdriʃ(ə)m

androgen
BR ˈændrədʒ(ɛ)n, -z
AM ˈændrədʒ(ə)n, -z

androgenic
BR ˌændrə(ʊ)ˈdʒɛnɪk
AM ˌændrəˈdʒɛnɪk

androgyne
BR ˈændrədʒʌɪn, -z
AM ˈændrəˌdʒaɪn, -z

androgynous
BR ænˈdrɒdʒɪnəs
AM ænˈdrɑdʒənəs

androgyny
BR ænˈdrɒdʒɪni
AM ænˈdrɑdʒəni

android
BR ˈændrɔɪd, -z
AM ˈænˌdrɔɪd, -z

Andromache
BR ænˈdrɒməki
AM ænˈdrɑməki

Andromeda
BR ænˈdrɒmɪdə(r)
AM ænˈdrɑmədə

androstenedione
BR ˌændrɒstiːnˈdʌɪəʊn
AM ˌændrɑstinˈdaɪoʊn

androsterone
BR ˌændrə(ʊ)ˈstɪərəʊn, ænˈdrɒstərəʊn
AM ænˈdrɑstəˌroʊn

Andy
BR ˈændi
AM ˈændi

anear
BR əˈnɪə(r)
AM əˈnɪ(ə)r

anecdotage
BR ˈænɪkdəʊtɪdʒ
AM ˈænəkˌdoʊdɪdʒ

anecdotal
BR ˌænɪkˈdəʊtl
AM ˌænəkˈdoʊdl

anecdotalist
BR ˌænɪkˈdəʊtl̩ɪst, -s
AM ˌænəkˈdoʊdələst, -s

anecdotally
BR ˌænɪkˈdəʊtli
AM ˌænəkˈdoʊdəli

anecdote
BR ˈænɪkdəʊt, -s
AM ˈænəkˌdoʊt, -s

anecdotic
BR ˌænɪkˈdɒtɪk
AM ˌænəkˈdɑdɪk

anechoic
BR ˌænɪˈkəʊɪk
AM ˌænəˈkoʊɪk

anele
BR əˈniːl, -z, -ɪŋ, -d
AM əˈni(ə)l, -z, -ɪŋ, -d

anemia
BR əˈniːmɪə(r)
AM əˈnimiə

anemic
BR əˈniːmɪk, -s
AM əˈnimɪk, -s

anemograph
BR əˈnɛməgrɑːf, -s
AM əˈnɛmə͵græf, -s

anemographic
BR ə͵nɛməˈgrafɪk
AM ə͵nɛməˈgræfɪk

anemometer
BR ͵anɪˈmɒmɪtə(r), -z
AM ͵ænəˈmɑmədər, -z

anemometric
BR ͵anɪməˈmɛtrɪk
AM ͵ænəməˈmɛtrɪk

anemometry
BR ͵anɪˈmɒmɪtri
AM ͵ænəˈmɑmətri

anemone
BR əˈnɛmən|i, -ɪz
AM əˈnɛməni, -z

anemophilous
BR ͵anɪˈmɒfɪləs, ͵anɪˈmɒfləs
AM ͵ænəˈmɑfələs

anencephalic
BR ͵anɛnsɪˈfalɪk, ͵anɛŋkɛˈfalɪk
AM ͵æn͵ɛnsəˈfælɪk

anencephaly
BR ͵anɛnˈsɛfl̩i, ͵anɛnˈkɛfl̩i
AM ͵æn͵ɛnˈsɛfəli

anent
BR əˈnɛnt
AM əˈnɛnt

aneroid
BR ˈanərɔɪd
AM ˈænə͵rɔɪd

anesthesia
BR ͵anɪsˈθiːzɪə(r), ͵anɪsˈθiːʒə(r)
AM ͵ænəsˈθiʒə

anesthesiologist
BR ͵anɪsθiːzɪˈɒlədʒɪst, -s
AM ͵ænəs͵θizi-ˈɑlədʒəst, -s

anesthesiology
BR ͵anɪsθiːzɪˈɒlədʒi
AM ͵ænəs͵θiziˈɑlədʒi

anesthetic
BR ͵anɪsˈθɛtɪk, -s
AM ͵ænəsˈθɛdɪk, -s

anesthetical
BR ͵anɪsˈθɛtɪkl
AM ͵ænəsˈθɛdək(ə)l

anesthetically
BR ͵anɪsˈθɛtɪkli
AM ͵ænəsˈθɛdək(ə)li

anesthetist
BR əˈniːsθɪtɪst, -s
AM əˈnɛsθədəst, -s

anesthetization
BR ə͵niːsθɪtʌɪˈzeɪʃn
AM ͵nɛsθə͵taɪˈzeɪʃ(ə)n, ə͵nɛsθədəˈzeɪʃ(ə)n

anesthetize
BR əˈniːsθɪtʌɪz, -ɪz, -ɪŋ, -d
AM əˈnɛsθə͵taɪz, -ɪz, -ɪŋ, -d

anestrous
BR (͵)anˈiːstrəs
AM ænˈɛstrəs

anestrus
BR (͵)anˈiːstrəs
AM ænˈɛstrəs

Aneurin
BR əˈnʌɪrɪn, əˈnʌɪrn̩
AM ˈænjər(ə)n, əˈnjər(ə)n
WE anˈeɪrɪn

aneurin
BR əˈnjʊərɪn, əˈnjɔːrɪn, ˈanjɜrɪn
AM əˈnjər(ə)n, ˈænjər(ə)n

aneurism
BR ˈanjɜrɪzm, -z
AM ˈænjə͵rɪz(ə)m, -z

aneurysm
BR ˈanjɜrɪz(ə)m, -z
AM ˈænjə͵rɪz(ə)m, -z

aneurysmal
BR ͵anjɜˈrɪzml
AM ͵ænjəˈrɪzm(ə)l

anew
BR əˈnjuː
AM əˈn(j)u

Anfield
BR ˈanfiːld
AM ˈæn͵fild

anfractuosity
BR ͵anfraktjʊˈɒsɪti, ͵anfraktʃʊˈɒsɪti
AM æn͵fræktʃə-ˈwɑsədi

anfractuous
BR anˈfraktjʊəs, anˈfraktʃʊəs
AM ænˈfræk(t)ʃ(əw)əs

angary
BR ˈaŋ(ə)ri
AM ˈæŋgəri

angel
BR ˈeɪn(d)ʒ(ə)l, -z
AM ˈeɪndʒ(ə)l, -z

Angela
BR ˈan(d)ʒ(ɪ)lə(r)
AM ˈændʒələ

angeldust
BR ˈeɪn(d)ʒ(ə)ldʌst
AM ˈeɪndʒəl͵dəst

angelfish
BR ˈeɪn(d)ʒ(ə)lfɪʃ
AM ˈeɪndʒəl͵fɪʃ

angelic
BR anˈdʒɛlɪk
AM ænˈdʒɛlɪk

angelica
BR anˈdʒɛlɪkə(r)
AM ænˈdʒɛləkə

angelical
BR anˈdʒɛlɪkl
AM ænˈdʒɛlək(ə)l

angelically
BR anˈdʒɛlɪkli
AM ænˈdʒɛlək(ə)li

Angelico
BR anˈdʒɛlɪkəʊ
AM ænˈdʒɛlə͵koʊ

Angelina
BR ͵an(d)ʒɪˈliːnə(r)
AM ͵ændʒəˈlinə

Angelo
BR ˈan(d)ʒɪləʊ
AM ˈændʒɛloʊ

Angelou
BR ˈan(d)ʒəluː
AM ˈændʒəlu

angelus
BR ˈan(d)ʒ(ɪ)ləs, ˈan(d)ʒləs, -ɪz
AM ˈændʒələs, -əz

anger
BR ˈaŋɡ|ə(r), -əz, -(ə)rɪŋ, -əd
AM ˈæŋɡ|ər, -ərz, -(ə)rɪŋ, -ərd

Angers
BR ɒ̃ˈʒeɪ
AM ɑnˈʒɛr(z)

Angevin
BR ˈan(d)ʒɪvɪn, -z
AM ˈændʒəv(ə)n, -z
FR ɑ̃ʒvɛ̃

Angharad
BR aŋˈharəd
AM ˈæŋɡə͵ræd
WE aŋˈharad

Angie
BR ˈan(d)ʒi
AM ˈændʒi

angina
BR anˈdʒʌɪnə(r)
AM ænˈdʒaɪnə

angiogram
BR ˈan(d)ʒɪə(ʊ)gram, -z
AM ˈændʒ(i)ə͵græm, ˈændʒioʊ͵græm, -z

angiography
BR ͵an(d)ʒɪˈɒgrəfi
AM ͵ændʒiˈɑgrəfi

angioma
BR ͵an(d)ʒɪˈəʊmə(r), -z
AM ͵ændʒiˈoʊmə, -z

angiomata
BR ͵an(d)ʒɪˈəʊmətə(r)
AM ͵ændʒiˈoʊmədə

angioplasty
BR ˈan(d)ʒɪə(ʊ)plasti
AM ˈændʒiə͵plæsti

angiosperm
BR ˈan(d)ʒɪə(ʊ)spəːm, -z
AM ˈændʒiə͵spərm, -z

angiospermous
BR ͵an(d)ʒɪə(ʊ)-ˈspəːməs
AM ͵ændʒiəˈspərməs

Angkor
BR ˈaŋkɔː(r)
AM ˈæŋkə(ə)r

angle
BR ˈaŋg|l, -lz, -lɪŋ\-lɪŋ, -ld
AM ˈæŋg(ə)l, -z, -ɪŋ, -d

angledozer
BR ˈaŋgl,dəʊzə(r), -z
AM ˈæŋgəl,doʊzər, -z

Anglepoise
BR ˈaŋglpɔɪz
AM ˈæŋgəl,pɔɪz

angler
BR ˈaŋglə(r), -z
AM ˈæŋglər, -z

Anglesey
BR ˈaŋlsiː
AM ˈæŋgəlsi

angleworm
BR ˈaŋglwəːm, -z
AM ˈæŋgəl,wɜrm, -z

Anglia
BR ˈaŋlɪə(r)
AM ˈæŋglɪə

Anglian
BR ˈaŋglɪən, -z
AM ˈæŋglɪən, -z

Anglican
BR ˈaŋlɪk(ə)n, -z
AM ˈæŋglək(ə)n, -z

Anglicanism
BR ˈaŋlɪknɪzm
AM ˈæŋgləkə,nɪz(ə)m

anglice
BR ˈaŋlɪsi
AM ˈæŋgləsi

Anglicisation
BR ˌaŋlɪsʌɪˈzeɪʃn
AM ˌæŋglə,saɪˈzeɪʃ(ə)n, ˌæŋgləsəˈzeɪʃ(ə)n

Anglicise
BR ˈaŋlɪsʌɪz, -ɪz, -ɪŋ, -d
AM ˈæŋglə,saɪz, -ɪz, -ɪŋ, -d

Anglicism
BR ˈaŋlɪsɪzm, -z
AM ˈæŋglə,sɪz(ə)m, -z

Anglicist
BR ˈaŋlɪsɪst, -s
AM ˈæŋgləsəst, -s

Anglicization
BR ˌaŋlɪsʌɪˈzeɪʃn
AM ˌæŋglə,saɪˈzeɪʃ(ə)n, ˌæŋgləsəˈzeɪʃ(ə)n

Anglicize
BR ˈaŋlɪsʌɪz, -ɪz, -ɪŋ, -d
AM ˈæŋglə,saɪz, -ɪz, -ɪŋ, -d

Anglist
BR ˈaŋlɪst, -s
AM ˈæŋgləst, -s

Anglistics
BR aŋˈglɪstɪks
AM æŋˈlɪstɪks

Anglo
BR ˈaŋləʊ, -z
AM ˈæŋgloʊ, -z

Anglocentric
BR ˌaŋglə(ʊ)ˈsɛntrɪk
AM ˌæŋgləˈsentrɪk, ˌæŋgloʊˈsentrɪk

Anglomania
BR ˌaŋglə(ʊ)ˈmeɪnɪə(r)
AM ˌæŋgləˈmeɪnɪə, ˌæŋgloʊˈmeɪnɪə

Anglomaniac
BR ˌaŋgləʊˈmeɪnɪak, -s
AM ˌæŋgləˈmeɪni,æk, ˌæŋgloʊˈmeɪni,æk, -s

Anglophile
BR ˈaŋglə(ʊ)fʌɪl, -z
AM ˈæŋglə,faɪl, ˈæŋgloʊ,faɪl, -z

Anglophilia
BR ˌaŋglə(ʊ)ˈfɪlɪə(r)
AM ˌæŋgləˈfɪliə, ˌæŋgloʊˈfɪliə, ˌæŋgləˈfɪliə, ˌæŋgloʊˈfɪljə

Anglophobe
BR ˈaŋglə(ʊ)fəʊb, -z
AM ˈæŋglə,foʊb, ˈæŋgloʊ,foʊb, -z

Anglophobia
BR ˌaŋglə(ʊ)ˈfəʊbɪə(r)
AM ˌæŋgləˈfoʊbɪə, ˌæŋgloʊˈfoʊbɪə

Anglophone
BR ˈaŋgləfəʊn
AM ˈæŋglə,foʊn, ˈæŋgloʊ,foʊn

Angmering
BR ˈaŋmərɪŋ
AM ˈæŋˌmɛrɪŋ

Angola
BR aŋˈgəʊlə(r)
AM ænˈgoʊlə, æŋˈgoʊlə

Angolan
BR aŋˈgəʊlən, -z
AM ænˈgoʊl(ə)n, æŋˈgoʊl(ə)n, -z

angora
BR aŋˈgɔːrə(r), -z
AM æŋˈgɔrə, -z

Angostura
BR ˌaŋgəˈstjʊərə(r), ˌaŋgəˈstjɔːrə(r), ˌaŋgəˈstʃʊərə(r), ˌaŋgəˈstʃɔːrə(r)
AM ˌæŋgəˈst(j)ʊrə

Angoulême
BR ˌɒŋgʊˈlɛm
AM ˌæŋgʊˈlɛm
FR ɑ̃gulɛm

angrily
BR ˈaŋgrɪli
AM ˈæŋgrəli

angry
BR ˈaŋgr|i, -ɪə(r), -ɪɪst
AM ˈæŋgri, -ər, -ɪst

angst
BR aŋ(k)st
AM ɑŋ(k)st, æŋ(k)st

angstrom
BR ˈaŋstrʌm, ˈaŋstrɒm, -z
AM ˈæŋstr(ə)m, -z

Anguilla
BR aŋˈgwɪlə(r)
AM æŋˈgwɪlə

Anguillan
BR aŋˈgwɪlən, -z
AM æŋˈgwɪl(ə)n, -z

anguine
BR ˈaŋgwɪn
AM ˈæŋgwɪn

anguish
BR ˈaŋgw|ɪʃ, -ɪʃɪz, -ɪʃɪŋ, -ɪʃt
AM ˈæŋgwɪʃ, -əz, -ɪŋ, -t

angular
BR ˈaŋgjʉlə(r)
AM ˈæŋgjələr

angularity
BR ˌaŋgjʉˈlarɪt|i, -ɪz
AM ˌæŋgjəˈlɛrədi, -z

angularly
BR ˈaŋgjʉləli
AM ˈæŋgjələrli

Angus
BR ˈaŋgəs
AM ˈæŋgəs

angwantibo
BR əŋˈgwɒntɪbəʊ, -z
AM æŋˈ(g)wɑn(t)ə-ˌboʊ, -z

anharmonic
BR ˌanhɑːˈmɒnɪk
AM ˌænhɑrˈmɑnɪk

anhedral
BR anˈhiːdr(ə)l, anˈhɛdr(ə)l
AM ænˈhidr(ə)l

Anhui
BR ˈɑːn(h)wiː
AM ˈɑn,(h)wi

Anhwei
BR ˈɑːn(h)weɪ
AM ˈɑn,(h)weɪ

anhydride
BR anˈhʌɪdrʌɪd, -z
AM ænˈhaɪˌdraɪd, -z

anhydrite
BR anˈhʌɪdrʌɪt
AM ænˈhaɪˌdraɪt

anhydrous
BR anˈhʌɪdrəs
AM ænˈhaɪdrəs

ani
BR ˈɑːn|i, -ɪz
AM ˈɑni, -z

aniconic
BR anʌɪˈkɒnɪk
AM ˌæˌnaɪˈkɑnɪk

anicut
BR ˈanɪkʌt, -s
AM ˈænəkət, -s

anigh
BR əˈnʌɪ
AM əˈnaɪ

anil
BR ˈan(ɨ)l
AM ˈæn(ə)l

anile
BR ˈanʌɪl
AM ˈeɪˌnaɪl, ˈæˌnaɪl

aniline
BR ˈanɨliːn, ˈanliːn, ˈanɨlɪn, ˈanlɪn
AM ˈænəl(ə)n

anilingus
BR ˌeɪnɪˈlɪŋgəs
AM ˌeɪnɪˈlɪŋgəs

anility
BR əˈnɪlɨti
AM æˈnɪlɨdi, əˈnɪlɨdi

anima
BR ˈanɪmə(r)
AM ˈænəmə

animacy
BR ˈanɪməsi
AM ˈænəməsi

animadversion
BR ˌanɪmadˈvəːʃn, ˌanɪmadˈvəːʒn, -z
AM ˌænəmˌædˈvərʒ(ə)n, -z

animadvert
BR ˌanɪmadˈvəːt, -s, -ɪŋ, -ɨd
AM ˌænəmˌædˈvərǀt, -ts, -dɪŋ, -dəd

animal
BR ˈanɪml, -z
AM ˈænəm(ə)l, -z

animalcular
BR ˌanɪˈmalkjʉlə(r)
AM ˌænəˈmæ(l)kjələr

animalcule
BR ˌanɪˈmalkjuːl, -z
AM ˌænəˈmælˌkjul, -z

animalisation
BR ˌanɪmlʌɪˈzeɪʃn
AM ˌænəməˌlaɪˈzeɪʃ(ə)n, ˌænəmələˈzeɪʃ(ə)n

animalise
BR ˈanɪmlʌɪz, -ɪz, -ɪŋ, -d
AM ˈænəməˌlaɪz, -ɪz, -ɪŋ, -d

animalism
BR ˈanɨmlɪzm
AM ˈænəməˌlɪz(ə)m

animalist
BR ˈanɨmlɪst, -s
AM ˈænəmələst, -s

animalistic
BR ˌanɪməˈlɪstɪk, ˌanɪmlˈɪstɪk
AM ˌænəməˈlɪstɪk

animality
BR ˌanɪˈmalɨti
AM ˌænəˈmælədi

animalization
BR ˌanɪmlʌɪˈzeɪʃn
AM ˌænəməˌlaɪˈzeɪʃ(ə)n, ˌænəmələˈzeɪʃ(ə)n

animalize
BR ˈanɨmlʌɪz, -ɪz, -ɪŋ, -d
AM ˈænəməˌlaɪz, -ɪz, -ɪŋ, -d

anima mundi
BR ˌanɪmə ˈmʊndi
AM ˌænəmə ˈmʊndi

animate[1] *adjective*
BR ˈanɪmət
AM ˈænəmət

animate[2] *verb*
BR ˈanɪmeɪt, -s, -ɪŋ, -ɨd
AM ˈænəˌmeɪǀt, -ts, -dɪŋ, -dɨd

animatedly
BR ˈanɪmeɪtɨdli
AM ˈænəˌmeɪdɨdli

animation
BR ˌanɪˈmeɪʃn
AM ˌænəˈmeɪʃ(ə)n

animator
BR ˈanɪmeɪtə(r), -z
AM ˈænəˌmeɪdər, -z

animatron
BR ˈanɪmətrɒn, -z
AM ˈænəməˌtran, -z

animatronic
BR ˌanɪməˈtrɒnɪk, -s
AM ˌænəməˈtranɪk, -s

animé
BR ˈanɪmeɪ
AM ˌænəˈmeɪ

animism
BR ˈanɨmɪzm
AM ˈænəˌmɪz(ə)m

animist
BR ˈanɨmɪst, -s
AM ˈænəməst, -s

animistic
BR ˌanɨˈmɪstɪk
AM ˌænəˈmɪstɪk

animosity
BR ˌanɨˈmɒsɨtǀi, -ɪz
AM ˌænəˈmɑsədi, -z

animus
BR ˈanɨməs
AM ˈænəməs

anion
BR ˈanˌʌɪən, -z
AM ˈænˌaɪən, -z

anionic
BR ˌanʌɪˈɒnɪk
AM ˌænaɪˈɑnɪk

anis
BR aˈniːs
AM əˈnis, aˈnis

anise
BR ˈanɪs
AM ˈænəs

aniseed
BR ˈanɨsiːd
AM ˈænə(s)ˌsid

anisette
BR ˌanɨˈzɛt, ˌanɨˈsɛt
AM ˌænəˈzɛt, ˌænəˈsɛt

anisogamy
BR ˌanʌɪˈsɒgəmi
AM ˌænˌaɪˈsagəmi

anisomorphic
BR anˌʌɪsə(ʊ)ˈmɔːfɪk, ˌanʌɪsə(ʊ)ˈmɔːfɪk
AM ˌænˌaɪsəˈmɔrfɪk, ænˌaɪsəˈmɔrfɪk

anisotropic
BR anˌʌɪsə(ʊ)ˈtrɒpɪk, ˌanʌɪsə(ʊ)ˈtrɒpɪk, anˌʌɪsə(ʊ)ˈtrəʊpɪk, ˌanʌɪsə(ʊ)ˈtrəʊpɪk
AM ˌænˌaɪsəˈtrapɪk, ænˌaɪsəˈtrapɪk

anisotropically
BR anˌʌɪsə(ʊ)ˈtrɒpɪkli, ˌanʌɪsə(ʊ)ˈtrɒpɪkli
AM ˌænˌaɪsəˈtrapək(ə)li, ænˌaɪsəˈtrapək(ə)li

anisotropy
BR ˌanʌɪˈsɒtrəpi
AM ˌænˌaɪˈsatrəpi

Anita
BR əˈniːtə(r)
AM əˈnidə

Anjou
BR ˌɑːnˈʒuː, ˌɒ̃ˈʒuː
AM ˈɑnʒu

Ankara
BR ˈaŋk(ə)rə(r)
AM ˈæŋkərə

anker
BR ˈaŋkə(r), -z
AM ˈæŋkər, -z

ankerite
BR ˈaŋkərʌɪt
AM ˈæŋkəˌraɪt

ankh
BR aŋk, -s
AM ɑŋk, -s

ankle
BR ˈaŋkl, -z
AM ˈæŋk(ə)l, -z

anklet
BR ˈaŋklɨt, -s
AM ˈæŋklət, -s

ankylose
BR ˈaŋkɨləʊz, ˈaŋkɨləʊs, -ɪz, -ɪŋ, -d
AM ˈæŋkəˌloʊz, ˈæŋkəˌloʊs, -əz, -ɪŋ, -tǀ-d

ankyloses
BR ˌaŋkɪˈləʊsiːz
AM ˌæŋkəˈloʊsiz

ankylosis
BR ˌaŋkɪˈləʊsɪs
AM ˌæŋkəˈloʊsəs

ankylotic
BR ˌaŋkɪˈlɒtɪk
AM ˌæŋkəˈlɑdɪk

Anlaby
BR ˈanləbi
AM ˈænləbi

anlace
BR ˈanləs, -ɪz
AM ˈænləs, -əz

Ann
BR an
AM æn

Anna
BR ˈanə(r)
AM ˈænə

Annaba
BR aˈnɑːbə(r)
AM æ(n)ˈnɑbə

Annabel
BR ˈanəbɛl
AM ˈænəˌbɛl

Annabella
BR ˌanəˈbɛlə(r)
AM ˌænəˈbɛlə

annal
BR ˈanl̩, -z
AM ˈæn(ə)l, -z

annalist
BR ˈanl̩ɪst, -s
AM ˈænl̩əst, -s

annalistic
BR ˌanəˈlɪstɪk, ˌanl̩ˈɪstɪk
AM ˌænl̩ˈɪstɪk

annalistically
BR ˌanəˈlɪstɪkli, ˌanl̩ˈɪstɪkli
AM ˌænl̩ˈɪstɪk(ə)li

Annamarie
BR ˌanəməˈriː
AM ˌænəməˈri

Annamese
BR ˌanəˈmiːz
AM ˌænəˈmiz

Annapolis
BR əˈnapl̩ɪs
AM ˌænˈæpəlɪs, əˈnæpəlɪs

Annapurna
BR ˌanəˈpəːnə(r)
AM ˌænəˈpərnə

annates
BR ˈaneɪts
AM ˈænəts, ˈæˌneɪts

annatto
BR əˈnɑːtəʊ
AM əˈnɑdoʊ

Anne
BR an
AM æn

anneal
BR əˈniːl, -z, -ɪŋ, -d
AM əˈni(ə)l, -z, -ɪŋ, -d

annealer
BR əˈniːlə(r), -z
AM əˈnilər, -z

annectent
BR əˈnɛkt(ə)nt
AM əˈnɛkt(ə)nt

Anneka
BR ˈanɪkə(r)
AM ˈænɛkə

annelid
BR ˈanl̩ɪd, -z
AM ˈænəˌlɪd, ˈænələd, -z

annelidan
BR əˈnɛlɪd(ə)n
AM æˈnɛləd(ə)n, əˈnɛləd(ə)n

Annemarie
BR ˌanməˈriː
AM ˌænməˈri

Annesley
BR ˈan(ɪ)zli
AM ˈænzli

Annette
BR aˈnɛt
AM əˈnɛt

annex[1] *noun*
BR ˈanɛks, -ɪz
AM ˈæˌnɛks, -əz

annex[2] *verb*
BR əˈnɛks, ˈanɛks, -ɪz, -ɪŋ, -t
AM æˈnɛks, əˈnɛks, -əz, -ɪŋ, -t

annexation
BR ˌanɛkˈseɪʃn, -z
AM ˌænəkˈseɪʃ(ə)n, ˌæˌnɛkˈseɪʃ(ə)n, -z

annexe
BR ˈanɛks, -ɪz
AM ˈæˌnɛks, -əz

annexure
BR ˈanɛkʃʊə(r), -z
AM ˈænɛkˌʃʊ(ə)r, -z

annicut
BR ˈanɪkʌt, -s
AM ˈænəkət, -s

Annie
BR ˈani
AM ˈæni

Annigoni
BR ˌanɪˈɡəʊni
AM ˌænəˈɡɑni, ˌænəˈɡoni
IT anniˈɡoni

annihilate
BR əˈnʌɪəleɪt, -s, -ɪŋ, -ɪd
AM əˈnaɪəˌleɪ|t, -ts, -dɪŋ, -dɪd

annihilation
BR əˌnʌɪəˈleɪʃn
AM əˌnaɪəˈleɪʃ(ə)n

annihilationism
BR əˌnʌɪəˈleɪʃn̩ɪzm
AM əˌnaɪəˈleɪʃˌnɪz(ə)m

annihilator
BR əˈnʌɪəleɪtə(r), -z
AM əˈnaɪəˌleɪdər, -z

anniversary
BR ˌanɪˈvəːs(ə)r|i, -ɪz
AM ˌænəˈvərs(ə)ri, -z

Anno Domini
BR ˌanəʊ ˈdɒmɪnʌɪ, + ˈdɒmɪniː
AM ˌænoʊ ˈdɑməni

annotatable
BR ˈanə(ʊ)teɪtəbl
AM ˈænəˌteɪdəb(ə)l

annotate
BR ˈanə(ʊ)teɪt, -s, -ɪŋ, -ɪd
AM ˈænəˌteɪ|t, -ts, -dɪŋ, -dɪd

annotation
BR ˌanə(ʊ)ˈteɪʃn, -z
AM ˌænəˈteɪʃ(ə)n, -z

annotative
BR ˈanə(ʊ)teɪtɪv
AM ˈænəˌteɪdɪv

annotator
BR ˈanə(ʊ)teɪtə(r), -z
AM ˈænəˌteɪdər, -z

announce
BR əˈnaʊns, -ɪz, -ɪŋ, -t
AM əˈnaʊns, -əz, -ɪŋ, -t

announcement
BR əˈnaʊnsm(ə)nt, -s
AM əˈnaʊnsm(ə)nt, -s

announcer
BR əˈnaʊnsə(r), -z
AM əˈnaʊnsər, -z

annoy
BR əˈnɔɪ, -z, -ɪŋ, -d
AM əˈnɔɪ, -z, -ɪŋ, -d

annoyance
BR əˈnɔɪəns, -ɪz
AM əˈnɔɪəns, -əz

annoyer
BR əˈnɔɪə(r), -z
AM əˈnɔɪər, -z

annoying
BR əˈnɔɪɪŋ
AM əˈnɔɪɪŋ

annoyingly
BR əˈnɔɪɪŋli
AM əˈnɔɪɪŋli

annoyingness
BR əˈnɔɪɪŋnɪs
AM əˈnɔɪɪŋnɪs

annual
BR ˈanjʊəl, ˈanjʊl, -z
AM ˈænj(əw)əl, -z

annualise
BR ˈanjʊəlʌɪz, ˈanjʊlʌɪz, -ɪz, -ɪŋ, -d
AM ˈænj(əw)əˌlaɪz, -ɪz, -ɪŋ, -d

annualize
BR ˈanjʊəlʌɪz, ˈanjʊlʌɪz, -ɪz, -ɪŋ, -d
AM ˈænj(əw)əˌlaɪz, -ɪz, -ɪŋ, -d

annually
BR ˈanjʊəli, ˈanjʊli
AM ˈænj(əw)əli

annuitant
BR əˈnjuːɪt(ə)nt, -s
AM əˈn(j)uətnt, əˈn(j)uədənt, -s

annuity
BR əˈnjuːɪt|i, -ɪz
AM əˈn(j)uədi, -z

annul
BR əˈnʌl, -z, -ɪŋ, -d
AM əˈn(ə)l, -z, -ɪŋ, -d

annular
BR ˈænjʊlə(r)
AM ˈænjələr

annularly
BR ˈænjʊləli
AM ˈænjələrli

annulate
BR ˈænjʊleɪt, -s, -ɪŋ, -ɪd
AM ˈænjəˌleɪ|t, -ts, -dɪŋ, -dɪd

annulation
BR ˌænjʊˈleɪʃn
AM ˌænjəˈleɪʃ(ə)n

annulet
BR ˈænjʊlɪt, -s
AM ˈænjəˌlɛt, ˈænjələt, -s

annuli
BR ˈænjʊlʌɪ
AM ˈænjəˌlaɪ

annulment
BR əˈnʌlm(ə)nt, -s
AM əˈnʌlm(ə)nt, -s

annulus
BR ˈænjʊləs, -ɪz
AM ˈænjələs, -əz

annunciate
BR əˈnʌnsieɪt, əˈnʌnʃieɪt, -s, -ɪŋ, -ɪd
AM əˈnənsiˌeɪ|t, -ts, -dɪŋ, -dɪd

annunciation
BR əˌnʌnsiˈeɪʃn, əˌnʌnʃiˈeɪʃn, -z
AM əˌnənsiˈeɪʃ(ə)n, -z

annunciator
BR əˈnʌnsieɪtə(r), əˈnʌnʃieɪtə(r), -z
AM əˈnənsiˌeɪdər, -z

annus
BR ˈænʊs
AM ˈænəs

annus horribilis
BR ˌænʊs hɒˈrɪbɨlɪs
AM ˌænəs həˈrɪbələs

annus mirabilis
BR ˌænʊs mɪˈrɑːbɨlɪs
AM ˌænəs məˈrɑbələs

Anny
BR ˈæni
AM ˈæni

anoa
BR əˈnəʊə(r), -z
AM əˈnoʊə, -z

anodal
BR əˈnəʊdl
AM eɪˈnoʊd(ə)l, ˈænoʊd(ə)l

anode
BR ˈænəʊd, -z
AM ˈænoʊd, -z

anodic
BR əˈnɒdɪk
AM ænˈɑdɪk

anodise
BR ˈænədʌɪz, -ɪz, -ɪŋ, -d
AM ˈænəˌdaɪz, -ɪz, -ɪŋ, -d

anodiser
BR ˈænədʌɪzə(r), -z
AM ˈænəˌdaɪzər, -z

anodize
BR ˈænədʌɪz, -ɪz, -ɪŋ, -d
AM ˈænəˌdaɪz, -ɪz, -ɪŋ, -d

anodizer
BR ˈænədʌɪzə(r), -z
AM ˈænəˌdaɪzər, -z

anodyne
BR ˈænədʌɪn, -z
AM ˈænəˌdaɪn, -z

anoeses
BR ˌænəʊˈiːsiːz
AM ˌænoʊˈisiz

anoesis
BR ˌænəʊˈiːsɪs
AM ˌænoʊˈisəs

anoetic
BR ˌænəʊˈɛtɪk
AM ˌænəˈwɛdɪk

anoint
BR əˈnɔɪnt, -s, -ɪŋ, -ɪd
AM əˈnɔɪn|t, -(t)s, -(t)ɪŋ, -(t)ɨd

anointer
BR əˈnɔɪntə(r), -z
AM əˈnɔɪn(t)ər, -z

anole
BR əˈnəʊlli, -ɪz
AM əˈnoʊli, -z

anomalistic
BR əˌnɒməˈlɪstɪk
AM əˌnaməˈlɪstɪk

anomalous
BR əˈnɒmləs
AM əˈnamələs

anomalously
BR əˈnɒmləsli
AM əˈnamələsli

anomalousness
BR əˈnɒmləsnəs
AM əˈnamələsnəs

anomalure
BR əˈnɒməl(j)ʊə(r), əˈnɒml(j)ʊə(r), -z
AM əˈnaməˌlʊ(ə)r, -z

anomaly
BR əˈnɒmlli, -ɪz
AM əˈnaməli, -z

anomic
BR əˈnɒmɪk, əˈnəʊmɪk
AM əˈnoʊmɪk, əˈnamɪk

anomie
BR ˈænəmi
AM ˌænəˈmi, ˈænəmi

anomy
BR ˈænəmi
AM ˌænəˈmi, ˈænəmi

anon
BR əˈnɒn
AM əˈnan

Anona
BR əˈnəʊnə(r)
AM əˈnoʊnə

anonym
BR ˈænənɪm, -z
AM ˈænəˌnɪm, -z

anonymity
BR ˌænəˈnɪmɨti
AM ˌænəˈnɪmɨdi

anonymous
BR əˈnɒnɪməs
AM əˈnanəməs

anonymously
BR əˈnɒnɪməsli
AM əˈnanəməsli

anopheles
BR əˈnɒfɨliːz, əˈnɒfˌliːz
AM əˈnafəliz

anophthalmia
BR ˌænɒfˈθalmɪə(r)
AM ˌænɑpˈθælmɪə, ˌænafˈθælmɪə

anorak
BR ˈænərak, -s
AM ˈænəˌræk, -s

anorectic
BR ˌænəˈrɛktɪk, -s
AM ˌænəˈrɛktɪk, -s

anorexia
BR ˌænəˈrɛksɪə(r)
AM ˌænəˈrɛksɪə

anorexia nervosa
BR ˌænəreksɪə nɜːˈvəʊsə(r), ˌænəˌreksɪə +, + nɜːˈvəʊzə(r)
AM ˌænəˈrɛksɪə nərˈvoʊzə, ˌænəˈrɛksɪə nərˈvoʊsə

anorexic
BR ˌænəˈrɛksɪk, -s
AM ˌænəˈrɛksɪk, -s

anorexically
BR ˌænəˈrɛksɪkli
AM ˌænəˈrɛksək(ə)li

anorgasmia
BR ˌænɔːˈgazmɪə(r)
AM ˌænɔrˈgæzmɪə

anorthite
BR əˈnɔːθʌɪt
AM əˈnɔrˌθaɪt

anorthosite
BR əˈnɔːθəsʌɪt
AM əˈnɔrθəˌsaɪt

anorthositic
BR əˌnɔːθəˈsɪtɪk
AM əˌnɔrθəˈsɪdɪk

anosmia
BR əˈnɒzmɪə(r), əˈnɒsmɪə(r)
AM æˈnɑsmɪə, æˈnɑzmɪə

anosmic
BR əˈnɒzmɪk, əˈnɒsmɪk, -s
AM æˈnɑsmɪk, æˈnɑzmɪk, -s

another
BR əˈnʌðə(r)
AM əˈnəðər

Anouilh
BR ˈanʊiː, ˌanʊˈiː, aˈnuːi
AM ɑˈnwi, ɑˈnui
FR anuj

anovulant
BR aˈnɒvjələnt, -s
AM əˈnɑvjəl(ə)nt, -s

anoxaemia
BR ˌanɒkˈsiːmiə(r)
AM ˌæˌnakˈsimiə

anoxia
BR aˈnɒksiə(r)
AM æˈnɑksiə

anoxic
BR aˈnɒksɪk
AM æˈnɑksɪk

Ansafone
BR ˈɑːnsəfəʊn
AM ˈænsəˌfoʊn

Ansbacher
BR ˈanzbakə(r)
AM ˈænzˌbɑkər
GER ˈansbaxɐ

Anschluss
BR ˈanʃlʊs
AM ˈɑnˌʃlʊs

Anscombe
BR ˈanskəm, ˈanzkəm
AM ˈænskəm

Ansell
BR ˈansl
AM ˈæns(ɛ)l

Anselm
BR ˈansɛlm
AM ˈænsəlm

anserine
BR ˈansərʌɪn
AM ˈænsər(ə)n, ˈænsəˌrin, ˈænsəˌraɪn

Anshan
BR ˈanʃan
AM ˈænˌʃæn

Anson
BR ˈansn
AM ˈæns(ə)n

Anstey
BR ˈansti
AM ˈænsti

Anstruther[1]
BR ˈanstrʌðə(r)
AM ˈænstrəðər

Anstruther[2]
traditional form
BR ˈanstə(r), ˈeɪnstə(r)
AM ˈænstər

Ansty
BR ˈansti
AM ˈænsti

answer
BR ˈɑːns|ə(r), -əz, -(ə)rɪŋ, -əd
AM ˈæns|ər, -ərz, -(ə)rɪŋ, -ərd

answerability
BR ˌɑːns(ə)rəˈbɪlɪti
AM ˌæns(ə)rəˈbɪlɪdi

answerable
BR ˈɑːns(ə)rəbl
AM ˈæns(ə)rəb(ə)l

answerably
BR ˈɑːns(ə)rəbli
AM ˈæns(ə)rəbli

answerphone
BR ˈɑːnsəfəʊn, -z
AM ˈænsərˌfoʊn, -z

ant
BR ant, -s
AM ænt, -s

antacid
BR ˌantˈasɪd, ˌanˈtasɪd, -z
AM ˌæn(t)ˈæsəd, -z

Antaeus
BR anˈteɪəs
AM ænˈteɪəs

antagonisation
BR anˌtagnʌɪˈzeɪʃn
AM ænˌtægəˌnaɪˈzeɪʃ(ə)n, ænˌtægənəˈzeɪʃ(ə)n

antagonise
BR anˈtagnʌɪz, -ɪz, -ɪŋ, -d
AM ænˈtægəˌnaɪz, -ɪz, -ɪŋ, -d

antagonism
BR anˈtagnɪzm, -z
AM ænˈtægəˌnɪz(ə)m, -z

antagonist
BR anˈtagnɪst, -s
AM ænˈtægənəst, -s

antagonistic
BR anˌtagəˈnɪstɪk, ˌantagəˈnɪstɪk
AM ˌænˌtægəˈnɪstɪk

antagonistically
BR anˌtagəˈnɪstɪkli, ˌantagəˈnɪstɪkli
AM ˌænˌtægəˈnɪstɪk(ə)li

antagonization
BR anˌtagnʌɪˈzeɪʃn
AM ænˌtægəˌnaɪˈzeɪʃ(ə)n, ænˌtægənəˈzeɪʃ(ə)n

antagonize
BR anˈtagnʌɪz, -ɪz, -ɪŋ, -d
AM ænˈtægəˌnaɪz, -ɪz, -ɪŋ, -d

Antakya
BR anˈtakjə(r)
AM ænˈtakjə
TU ʌnˈtʌkjʌ

antalkali
BR antˈalkəlʌɪ, -z
AM ænˈtælkəlaɪ, -z

Antalya
BR anˈtalɪə(r)
AM ænˈtɑliə
TU ʌnˈtʌljʌ

Antananarivo
BR ˌantənanəˈriːvəʊ
AM ˌæn(t)əˌnænəˈrivoʊ, ˌæn(t)əˌnɑnəˈrivoʊ

Antarctic
BR anˈtɑːktɪk
AM ænˈ(t)ɑrdɪk, ænˈ(t)ɑrktɪk

Antarctica
BR anˈtɑːktɪkə(r)
AM ænˈ(t)ɑrdəkə, ænˈ(t)ɑrktəkə

Antares
BR anˈtɛːriːz, anˈtɑːriːz
AM ænˈtɛriz

ante
BR ˈanti
AM ˈæn(t)i

anteater
BR ˈantˌiːtə(r), -z
AM ˈæn(t)ˌidər, -z

antebellum
BR ˌantɪˈbɛləm
AM ˌæn(t)əˈbɛl(ə)m, ˌæn(t)iˈbɛl(ə)m

antecedence
BR ˌantɪˈsiːd(ə)ns, ˈantɪˌsiːd(ə)ns
AM ˌæn(t)əˈsidns

antecedent
BR ˌantɪˈsiːd(ə)nt, ˈantɪˌsiːd(ə)nt, -s
AM ˌæn(t)əˈsidnt, -s

antecedently
BR ˌantɪˈsiːd(ə)ntli, ˈantɪˌsiːd(ə)ntli
AM ˌæn(t)əˈsidn(t)li

antechamber
BR ˈantɪˌtʃeɪmbə(r), -z
AM ˈæn(t)əˌtʃeɪmbər, ˈæn(t)iˌtʃeɪmbər, -z

antechapel
BR ˈantɪˌtʃapl, -z
AM ˈæn(t)əˌtʃæp(ə)l, ˈæn(t)iˌtʃæp(ə)l, -z

antedate
BR ˈantɪdeɪt, -s, -ɪŋ, -ɪd
AM ˈæn(t)iˌdeɪ|t, ˈæn(t)əˌdeɪ|t, -ts, -dɪŋ, -dɪd

antediluvial
BR ˌantɪdɪˈluːvɪəl
AM ˌæn(t)ədəˈluviəl, ˌæn(t)idəˈluviəl

antediluvially
BR ˌantɪdɪˈluːvɪəli
AM ˌæn(t)ədəˈluviəli, ˌæn(t)idəˈluviəli

antediluvian
BR ˌantɪdɪˈluːvɪən, -z
AM ˌæn(t)ədəˈluviən, ˌæn(t)idəˈluviən, -z

antelope
BR ˈantɪləʊp, -s
AM ˈæntlˌoʊp, ˈæn(t)əˌloʊp, -s

ante-mortem
BR ˌantɪˈmɔːtəm
AM ˌæn(t)əˈmɔrd(ə)m, ˌæn(t)iˈmɔrd(ə)m

antemundane
BR ˌantɪmʌnˈdeɪn
AM ˌæn(t)əˌmənˈdeɪn,
ˌæn(t)iˌmənˈdeɪn

antenatal
BR ˌantɪˈneɪtl
AM ˌæn(t)əˈneɪdl̩,
ˌæn(t)iˈneɪdl̩

antenna
BR anˈtenə(r), -z
AM ænˈtenə, -z

antennae
BR anˈtenɪː,
anˈtenʌɪ
AM ænˈtɛˌnaɪ,
ænˈtɛni

antennal
BR anˈtenl̩
AM ænˈten(ə)l

antennary
BR anˈten(ə)ri
AM ænˈtenəri

antennule
BR anˈtenjuːl, -z
AM ænˈtenjul, -z

antenuptial
BR ˌantɪˈnʌp(t)ʃl
AM ˌæn(t)əˈnəpʃ(ə)l,
ˌæn(t)iˈnəpʃ(ə)l

antepartum
BR ˌantɪˈpɑːtəm
AM ˌæn(t)iˈpɑrdəm

antependia
BR ˌantɪˈpendiə(r)
AM ˌæn(t)əˈpendiə,
ˌæn(t)iˈpendiə

antependium
BR ˌantɪˈpendiəm
AM ˌæn(t)əˈpendiəm,
ˌæn(t)iˈpendiəm

antepenult
BR ˌantɪpɪˈnʌlt, -s
AM ˌæn(t)əˈpenəlt,
ˌæn(t)iˈpinəlt,
ˌæn(t)əˈpinəlt,
ˌæn(t)iˈpenəlt, -s

antepenultimate
BR ˌantɪpɪˈnʌltɪmət, -s
AM ˌˌæn(t)əpəˈnəltəmət,
ˌˌæn(t)ipəˈnəltəmət,
-s

anteprandial
BR ˌantɪˈprandɪəl
AM ˌæn(t)əˈprændiəl,
ˌæn(t)iˈprændiəl

anterior
BR anˈtɪərɪə(r)
AM ænˈtɪriər

anteriority
BR anˌtɪərɪˈɒrɪti
AM ænˌtɪriˈɔrədi

anteriorly
BR anˈtɪərɪəli
AM ænˈtɪriərli

anteriorness
BR anˈtɪərɪənəs
AM ænˈtɪriərnəs

anteroom
BR ˈantɪruːm,
ˈantɪrʊm, -z
AM ˈæn(t)iˌrʊm,
ˈæn(t)əˌrum,
ˈæn(t)əˌrʊm,
ˈæn(t)iˌrum, -z

Anthea
BR ˈanθɪə(r)
AM ænˈθiə

antheap
BR ˈanthiːp, -s
AM ˈæn(t)ˌ(h)ip, -s

anthelion
BR antˈhiːlɪən,
anˈθiːlɪən, -z
AM ænˈθiliən,
æntˈhiliən, -z

anthelminthic
BR ˌanθɛlˈmɪnθɪk
AM ˌænˌθɛlˈmɪnθɪk

anthelmintic
BR ˌanθɛlˈmɪntɪk
AM ˌænˌθɛlˈmɪntɪk

anthem
BR ˈanθəm, -z
AM ˈænθ(ə)m, -z

anthemia
BR anˈθiːmɪə(r)
AM ænˈθimiə

anthemion
BR anˈθiːmɪən
AM ænˈθimiən

anther
BR ˈanθə(r), -z
AM ˈænθər, -z

antheral
BR ˈanθ(ə)rl̩
AM ˈænθər(ə)l,
ˈænθr(ə)l

antheridia
BR ˌanθɪˈrɪdɪə(r)
AM ˌænθəˈrɪdiə

antheridium
BR ˌanθɪˈrɪdɪəm
AM ˌænθəˈrɪdiəm

anthill
BR ˈanthɪl, -z
AM ˈæn(t)ˌ(h)ɪl, -z

anthological
BR ˌanθəˈlɒdʒɪkl
AM ˌænθəˈlɑdʒək(ə)l

anthologise
BR anˈθɒlədʒʌɪz, -ɪz,
-ɪŋ, -d
AM ænˈθɑləˌdʒaɪz,
-ɪz, -ɪŋ, -d

anthologist
BR anˈθɒlədʒɪst, -s
AM ænˈθɑlədʒəst,
-s

anthologize
BR anˈθɒlədʒʌɪz, -ɪz,
-ɪŋ, -d
AM ænˈθɑləˌdʒaɪz,
-ɪz, -ɪŋ, -d

anthology
BR anˈθɒlədʒ|i, -ɪz
AM ænˈθɑlədʒi, -z

Anthony
BR ˈantəni
AM ˈæntəni,
ˈænθəni

anthozoan
BR ˌanθəˈzəʊən, -z
AM ˌænθəˈzoʊən, -z

anthracene
BR ˈanθrəsiːn
AM ˈænθrəˌsin

anthracic
BR anˈθrasɪk
AM ænˈθræsɪk

anthracite
BR ˈanθrəsʌɪt
AM ˈænθrəˌsaɪt

anthracitic
BR ˌanθrəˈsɪtɪk
AM ˌænθrəˈsɪdɪk

anthracnose
BR anˈθraknəʊs,
anˈθraknəʊz
AM ænˈθrækˌnoʊz,
ænˈθrækˌnoʊs

anthrax
BR ˈanθraks
AM ˈænˌθræks

anthropocentric
BR ˌanθrəpəˈsentrɪk
AM ˌænθrəpəˈsentrɪk,
ˌænθrəˌpoʊˈsentrɪk

anthropocentrically
BR ˌanθrəpəˈsentrɪkli
AM ˌænθrəpə-
ˈsentrək(ə)li,
ˌænθrə-
ˌpoʊˈsentrək(ə)li

anthropocentrism
BR ˌanθrəpə(ʊ)-
ˈsentrɪzm
AM ˌænθrəpəˈsen-
ˌtrɪz(ə)m, ˌænθrə-
ˌpoʊˈsenˌtrɪz(ə)m

anthropogenesis
BR ˌanθrəpəˈdʒenɪsɪs
AM ˌænθrəpə-
ˈdʒenəsəs,
ˌænθrəˌpoʊ-
ˈdʒenəsəs

anthropogenic
BR ˌanθrəpəˈdʒenɪk
AM ˌˌænθrəpəˈdʒenɪk,
ˌˌænθrəˌpoʊˈdʒenɪk

anthropogeny
BR ˌanθrəˈpɒdʒɪni,
ˌanθrəˈpɒdʒn̩i
AM ˌænθrəˈpɑdʒəni

anthropography
BR ˌanθrəˈpɒgrəfi
AM ˌænθrəˈpɑgrəfi

anthropoid
BR ˈanθrəpɔɪd, -z
AM ˈænθrəˌpɔɪd,
-z

anthropoidal
BR ˌanθrəˈpɔɪdl
AM ˌænθrəˈpɔɪd(ə)l

anthropological
BR ˌanθrəpəˈlɒdʒɪkl
AM ˌænθrəpə-
ˈlɑdʒək(ə)l

anthropologically
BR ˌanθrəpəˈlɒdʒɪkli
AM ˌænθrəpə-
ˈlɑdʒək(ə)li

anthropologist
BR ˌanθrəˈpɒlədʒɪst, -s
AM ˌænθrəˈpɑlədʒəst,
-s

anthropology
BR ˌanθrəˈpɒlədʒi
AM ˌænθrəˈpɑlədʒi

anthropometric
BR ˌanθrəpəˈmɛtrɪk
AM ˌænθrəpəˈmɛtrɪk

anthropometry
BR ˌanθrəˈpɒmɪtri
AM ˌænθrəˈpɑmətri

anthropomorphic
BR ˌanθrəpəˈmɔːfɪk
AM ˌænθrəpəˈmɔrfɪk

anthropomorphically
BR ˌanθrəpəˈmɔːfɪkli
AM ˌænθrəpə-
ˈmɔrfək(ə)li

anthropomorphise
BR ˌanθrəpəˈmɔːfʌɪz,
-ɪz, -ɪŋ, -d
AM ˌænθrəpəˈmɔr-
ˌfaɪz, -ɪz, -ɪŋ, -d

anthropomorphism
BR ˌanθrəpəˈmɔːfɪzm
AM ˌænθrəpə-
ˈmɔrˌfɪz(ə)m

anthropomorphist
BR ˌanθrəpəˈmɔːfɪst, -s
AM ˌænθrəpəˈmɔrfəst,
-s

anthropomorphize
BR ˌanθrəpəˈmɔːfʌɪz,
-ɪz, -ɪŋ, -d
AM ˌænθrəpəˈmɔr-
ˌfaɪz, -ɪz, -ɪŋ, -d

anthropomorphous
BR ˌanθrəpəˈmɔːfəs
AM ˌænθrəpəˈmɔrfəs

anthroponymy
BR ˌanθrəˈpɒnɪmi
AM ˌænθrəˈpɑnəmi

anthropophagi
BR ˌanθrəˈpɒfəɡʌɪ
AM ˌænθrəˈpɒfəɡaɪ,
ˌænθrəˈpɑfədʒaɪ

anthropophagous
BR ˌanθrəˈpɒfəɡəs
AM ˌænθrəˈpɑfəɡəs

anthropophagus
BR ˌanθrəˈpɒfəɡəs
AM ˌænθrəˈpɑfəɡəs

anthropophagy
BR ˌanθrəˈpɒfədʒi
AM ˌænθrəˈpɑfədʒi

anti
BR ˈantˌi, -ɪz
AM ˈæn(t)i, ˌænˌtaɪ,
-z

antibacterial
BR ˌantɪbakˈtɪərɪəl
AM ˌæn(t)iˈbæktɪrɪəl,
ˌænˌtaɪˈbæktɪrɪəl

Antibes
BR ɒnˈtiːb, ɒ̃ˈtiːb,
ɑːnˈtiːb, anˈtiːb
AM ɑnˈtib(z)

antibioses
BR ˌantɪbʌɪˈəʊsiːz
AM ˌæn(t)iˌbaɪˈoʊsiz

antibiosis
BR ˌantɪbʌɪˈəʊsɪs
AM ˌæn(t)iˌbaɪˈoʊsəs

antibiotic
BR ˌantɪbʌɪˈɒtɪk,
-s
AM ˌæn(t)iˌbaɪˈɑdɪk,
-s

antibiotically
BR ˌantɪbʌɪˈɒtɪkli
AM ˌæn(t)iˌbaɪ-
ˈɑdək(ə)li

antibody
BR ˈantɪˌbɒdˌi, -ɪz
AM ˈæn(t)iˌbɑdi,
ˈæn(t)əˌbɑdi, -z

antic
BR ˈantɪk, -s
AM ˈæn(t)ɪk, -s

anticathode
BR ˌantɪˈkaθəʊd, -z
AM ˌæn(t)iˈkæˌθoʊd,
ˌæn(t)əˈkæˌθoʊd, -z

anticatholic
BR ˌantɪˈkaθ(ə)lɪk,
ˌantɪˈkaθlɪk, -s
AM ˌæn(t)iˈkæθ(ə)lɪk,
ˌænˌtaɪˈkæθ(ə)lɪk, -s

Antichrist
BR ˈantɪkrʌɪst, -s
AM ˈæn(t)iˌkraɪst,
ˈæn(t)əˌkraɪst,
ˈænˌtaɪˌkraɪst,
-s

antichristian
BR ˌantɪˈkrɪstʃ(ə)n,
ˌantɪˈkrɪstɪən
AM ˌæn(t)iˈkrɪstʃ(ə)n,
ˌæn(t)əˈkrɪstʃ(ə)n,
ˌænˌtaɪˈkrɪstʃ(ə)n

anticipant
BR anˈtɪsɪp(ə)nt,
-s
AM ænˈtɪsəp(ə)nt,
-s

anticipate
BR anˈtɪsɪpeɪt, -s,
-ɪŋ, -ɪd
AM ænˈtɪsəˌpeɪ|t, -ts,
-dɪŋ, -dɪd

anticipation
BR anˌtɪsɪˈpeɪʃn,
ˌantɪsɪˈpeɪʃn, -z
AM ænˌtɪsəˈpeɪʃ(ə)n,
-z

anticipative
BR anˈtɪsɪpətɪv
AM ænˈtɪsəpədɪv,
ænˈtɪsəˌpeɪdɪv

anticipator
BR anˈtɪsɪpeɪtə(r),
-z
AM ænˈtɪsəˌpeɪdər,
-z

anticipatory
BR anˈtɪsɪpət(ə)ri,
ˌantɪsɪˈpeɪt(ə)ri
AM ænˈtɪsəpəˌtɔri

anticlerical
BR ˌantɪˈklɛrɪkl
AM ˌæn(t)iˈklɛrək(ə)l,
ˌæn(t)əˈklɛrək(ə)l,
ˌænˌtaɪˈklɛrək(ə)l

anticlericalism
BR ˌantɪˈklɛrɪklɪzm
AM ˌæn(t)iˈklɛrəkə-
ˌlɪz(ə)m, ˌæn(t)ə-
ˈklɛrəkəˌlɪz(ə)m,
ˌænˌtaɪˈklɛrəkə-
ˌlɪz(ə)m

anticlimactic
BR ˌantɪklʌɪˈmaktɪk
AM ˌæn(t)iˌklaɪ-
ˈmæktɪk, ˌæn(t)ə-
ˌklaɪˈmæktɪk,
ˌænˌtaɪˌklaɪˈmædɪk,
ˌæn(t)iˌklaɪˈmædɪk,
ˌæn(t)əˌklaɪˈmædɪk,
ˌænˌtaɪklaɪˈmæktɪk

anticlimactically
BR ˌantɪklʌɪˈmaktɪkli,
ˌantɪklɪˈmaktɪkli
AM ˌæn(t)iˌklaɪ-
ˈmæktək(ə)li,
ˌæn(t)əˌklaɪ-
ˈmæktək(ə)li,
ˌænˌtaɪˌklaɪ-
ˈmædək(ə)li,
ˌæn(t)iˌklaɪ-
ˈmæd(ə)ək(ə)li,
ˌæn(t)əˌklaɪ-
ˈmædək(ə)li, ˌæn-
ˌtaɪklaɪˈmæktək(ə)li

anticlimax
BR ˌantɪˈklʌɪmaks, -ɪz
AM ˌæn(t)iˈklaɪˌmæks,
ˌæn(t)əˈklaɪˌmæks,
ˌænˌtaɪˈklaɪˌmæks,
-əz

anticlinal
BR ˈantɪklʌɪnl,
ˌantɪˈklʌɪnl
AM ˌæn(t)iˈklaɪnl,
ˌæn(t)əˈklaɪnl,
ˌænˌtaɪˈklaɪnl

anticline
BR ˈantɪklʌɪn, -z
AM ˈæn(t)iˌklaɪn,
ˈæn(t)əˌklaɪn,
ˈænˌtaɪˌklaɪn, -z

anticlockwise
BR ˌantɪˈklɒkwʌɪz
AM ˌæn(t)iˈklɑkˌwaɪz,
ˌæn(t)əˈklɑkˌwaɪz,
ˌænˌtaɪˈklɑkˌwaɪz

anticoagulant
BR ˌantɪkəʊˈaɡjʊlnt, -s
AM ˌæn(t)ikoʊ-
ˈæɡjəl(ə)nt,
ˌæn(t)əkoʊ-
ˈæɡjəl(ə)nt, ˌæn-
ˌtaɪkoʊˈæɡjəl(ə)nt, -s

anticodon
BR ˌantɪˈkəʊdɒn, -z
AM ˌæn(t)iˈkoʊd(ə)n,
ˌæn(t)əˈkoʊdn,
ˌænˌtaɪˈkoʊd(ə)n, -z

anticommunist
BR ˌantɪˈkɒmjʊnɪst, -s
AM ˌæn(t)i-
ˈkamjənəst,
ˌæn(t)əˈkamjənəst,
ˌænˌtaɪˈkamjənəst, -s

anticonstitutional
BR ˌantɪˌkɒnstɪˈtjuːʃn̩l,
ˌantɪˌkɒnstɪˈtʃuːʃnl
AM ˌæn(t)iˌkanstə-
ˈt(j)uʃən(ə)l,
ˌæn(t)əˌkanstə-
ˈt(j)uʃən(ə)l, ˌæn(t)i-
ˌkanstəˈt(j)uʃn(ə)l,
ˌæn(t)əˌkanstə-
ˈt(j)uʃn(ə)l, ˌænˌtaɪ-
ˌkanstəˈt(j)uʃən(ə)l,
ˌænˌtaɪˌkanstə-
ˈt(j)uʃn(ə)l

anticonvulsant
BR ˌantɪkənˈvʌlsnt, -s
AM ˌæn(t)ikən-
ˈvəls(ə)nt,
ˌæn(t)əkən-
ˈvəls(ə)nt, ˌæn-
ˌtaɪkənˈvəls(ə)nt, -s

anticyclone
BR ˌantɪˈsʌɪkləʊn, -z
AM ˌæn(t)iˈsaɪˌkloʊn,
ˌæn(t)əˈsaɪˌkloʊn,
ˌænˌtaɪˈsaɪˌkloʊn, -z

anticyclonic
BR ˌantɪsʌɪˈklɒnɪk
AM ˌæn(t)iˌsaɪˈklɑnɪk,
ˌæn(t)əˌsaɪˈklɑnɪk,
ˌænˌtaɪˌsaɪˈklɑnɪk

antidazzle
BR ˌantɪˈdazl
AM ˌæn(t)iˈdæz(ə)l,
ˌæn(t)əˈdæz(ə)l,
ˌænˌtaɪˈdæz(ə)l

antidepressant
BR ˌantɪdɪˈpresnt, -s
AM ˌænˌtaɪdəˈpres(ə)nt,
ˌæn(t)idəˈpres(ə)nt,
ˌæn(t)ədəˈpres(ə)nt,
-s

antidiuretic
BR ˌantɪˌdʌɪjʊˈretɪk, -s
AM ˌæn(t)iˌdaɪəˈredɪk,
ˌæn(t)əˌdaɪəˈredɪk,
ˌænˌtaɪˌdaɪəˈredɪk,
-s

antidotal
BR ˈantɪdəʊtl,
ˌantɪˈdəʊtl
AM ˌæn(t)əˈdoʊdl

antidote
BR ˈantɪdəʊt, -s
AM ˈæn(t)əˌdoʊt, -s

antielectron
BR ˌantɪˈlektrɒn
AM ˌænˌtaɪəˈlekˌtrɑn,
ˌæn(t)iəˈlekˌtrɑn

anti-establishment
BR ˌantɪɪˈstablɪʃm(ə)nt,
ˌantiesˈtablɪʃm(ə)nt
AM ˌæn(t)iə-
ˈstæblɪʃm(ə)nt, ˌæn-
ˌtaɪɛˈstæblɪʃm(ə)nt,
ˌæn(t)iɛ-
ˈstæblɪʃm(ə)nt, ˌæn-
ˌtaɪəˈstæblɪʃm(ə)nt

Antietam
BR anˈtiːt(ə)m
AM ænˈtidəm

anti-fascist
BR ˌantɪˈfaʃɪst, -s
AM ˌæn(t)iˈfæʃəst,
ˌæn(t)əˈfæʃəst,
ˌænˌtaɪˈfæʃəst, -s

antifebrile
BR ˌantɪˈfiːbrʌɪl,
ˌantɪˈfebrʌɪl
AM ˌæn(t)əˈfɛˌbraɪl,
ˌæn(t)əˈfebr(ə)l

antifreeze
BR ˈantɪfriːz, -ɪz
AM ˈæn(t)iˌfriz,
ˈænˌtaɪˌfriz,
ˈæn(t)əˌfriz, -ɪz

anti-g
BR ˌantɪˈdʒiː
AM ˌæn(t)iˈdʒi,
ˌænˌtaɪˈdʒi

antigen
BR ˈantɪdʒ(ə)n, -z
AM ˈæn(t)əˌdʒɛn,
ˈæn(t)ədʒ(ə)n, -z

antigenic
BR ˌantɪˈdʒenɪk
AM ˌæn(t)əˈdʒenɪk

Antigone
BR anˈtɪgn̩i
AM ænˈtɪgəni

anti-government
BR ˌantɪ-
ˈgʌv(ə)nm(ə)nt,
ˌantɪˈgʌvəm(ə)nt
AM ˌæn(t)i-
ˈgəvər(n)m(ə)nt,
ˌæn(t)ə-
ˈgəvər(n)m(ə)nt,
ˌænˌtaɪ-
ˈgəvər(n)m(ə)nt

anti-gravity
BR ˌantɪˈgravɪti
AM ˌæn(t)iˈgrævədi,
ˌæn(t)əˈgrævədi,
ˌænˌtaɪˈgrævədi

Antigua
BR anˈtiːg(w)ə(r)
AM ænˈtig(w)ə

Antiguan
BR anˈtiːg(w)ən, -z
AM ænˈtig(wə)n,
-z

antihero
BR ˈantɪˌhɪərəʊ, -z
AM ˈæn(t)iˌhiroʊ,
ˈæn(t)əˌhiroʊ,
ˈænˌtaɪˌhiroʊ, -z

antihistamine
BR ˌantɪˈhɪstəmiːn,
ˌantɪˈhɪstəmɪn
AM ˌænˌtaɪˈhɪstəm(ə)n,
ˌæn(t)iˈhɪstəm(ə)n,
ˌæn(t)əˈhɪstəˌmin,
ˌænˌtaɪˈhɪstəˌmin,
ˌæn(t)iˈhɪstəˌmin,
ˌæn(t)əˈhɪstəm(ə)n

anti-inflammatory
BR ˌantɪɪnˈflamət(ə)r|i,
-ɪz
AM ˌæn(t)iənˈflæmə-
ˌtɔri, ˌænˌtaɪən-
ˈflæməˌtɔri, -z

anti-inflation
BR ˌæntɪɪnˈfleɪʃn
AM ˌæn(t)iənˈfleɪʃ(ə)n,
ˌænˌtaɪənˈfleɪʃ(ə)n

anti-intellectual
BR ˌantɪˌɪntɪˈlektʃʊəl,
ˌantɪˌɪntɪˈlektʃ(ʊ)l,
ˌantɪˌɪntɪˈlektjʊəl,
ˌantɪˌɪntɪˈlektjəl,
-z
AM ˌæn(t)iˌɪn(t)ə-
ˈlek(t)ʃ(əw)əl,
ˌænˌtaɪˌɪn(t)ə-
ˈlek(t)ʃ(əw)əl, -z

anti-Jacobin
BR ˌantɪˈdʒakəbɪn,
-z
AM ˌæn(t)i-
ˈdʒækəb(ə)n,
ˌæn(t)əˈdʒækəb(ə)n,
ˌænˌtaɪˈdʒækəb(ə)n,
-z

antiknock
BR ˌantɪˈnɒk
AM ˌæn(t)iˈnak,
ˌæn(t)əˈnak,
ˌænˌtaɪˈnak

Antillean
BR anˈtɪliən, -z
AM ænˈtɪliən,
ænˈtɪlj(ə)n, -z

Antilles
BR anˈtɪliːz
AM ænˈtɪliz

antilog
BR ˈantɪlɒg, -z
AM ˈæn(t)iˌlɔg,
ˈæn(t)əˌlɔg,
ˈænˌtaɪˌlɑg,
ˈæn(t)iˌlɑg,
ˈæn(t)əˌlɑg,
ˈænˌtaɪˌlɔg, -z

antilogarithm
BR ˌantɪˈlɒgərɪð(ə)m,
-z
AM ˌæn(t)iˈlɔgə-
ˌrɪð(ə)m, ˌæn(t)ə-
ˈlɔgəˌrɪð(ə)m,
ˌænˌtaɪˈlɑgəˌrɪð(ə)m,
ˌæn(t)iˈlɑgəˌrɪð(ə)m,
ˌæn(t)əˈlɑgəˌrɪð(ə)m,
ˌænˌtaɪˈlɔgəˌrɪð(ə)m,
-z

antilogy
BR anˈtɪlədʒ|i, -ɪz
AM ænˈtɪlədʒi, -z

antimacassar
BR ˌæntɪməˈkæsə(r), -z
AM ˌæn(t)əməˈkæsər, ˌæn(t)iməˈkæsər, -z

antimalarial
BR ˌæntɪməˈlɛːriəl
AM ˌæn(t)iməˈlɛriəl, ˌæn(t)əməˈlɛriəl, ˌæn̩ˌtaɪməˈlɛriəl

antimasque
BR ˈæntɪmɑːsk, -s
AM ˌæn(t)əˈmæsk, ˌæn(t)iˈmæsk, -s

antimatter
BR ˈæntɪˌmætə(r)
AM ˈæn(t)iˌmædər, ˈæn̩ˌtaɪˌmædər

antimetabolite
BR ˌæntɪmɪˈtæblˌaɪt, -s
AM ˌæn(t)iməˈtæbəˌlaɪt, ˌæn(t)əməˈtæbəˌlaɪt, ˌæn̩ˌtaɪməˈtæbəˌlaɪt, -s

antimonarchical
BR ˌæntɪməˈnɑːkɪkl
AM ˌæn(t)iməˈnɑrkək(ə)l, ˌæn(t)əməˈnɑrkək(ə)l, ˌæn̩ˌtaɪməˈnɑrkək(ə)l

antimonial
BR ˌæntɪˈməʊniəl
AM ˌæn(t)əˈmoʊniəl

antimonic
BR ˌæntɪˈmɒnɪk
AM ˌæn(t)əˈmɑnɪk

antimonious
BR ˌæntɪˈməʊniəs
AM ˌæn(t)əˈmoʊniəs

antimony
BR ˈæntɪməni
AM ˈæn(t)əˌmoʊni

antinode
BR ˈæntɪnəʊd, -z
AM ˈæn(t)əˌnoʊd, ˈæn(t)iˌnoʊd, -z

antinomian
BR ˌæntɪˈnəʊmiən, -z
AM ˈæn(t)əˌnoʊmiən, ˈæn(t)iˌnoʊmiən, -z

antinomianism
BR ˌæntɪˈnəʊmiənɪzm
AM ˌæn(t)əˈnoʊmiəˌnɪz(ə)m, ˌæn(t)iˈnoʊmiəˌnɪz(ə)m

antinomy
BR ænˈtɪnəm|i, -ɪz
AM ænˈtɪnəmi, -z

antinovel
BR ˈæntɪˌnɒvl, -z
AM ˈæn(t)iˌnɑv(ə)l, ˈæn(t)əˌnɑv(ə)l, ˈæn̩ˌtaɪˌnɑv(ə)l, -z

anti-nuclear
BR ˌæntɪˈn(j)uːklɪə(r)
AM ˌæn(t)iˈn(j)uklɪ(ə)r, ˌæn(t)əˈn(j)uklɪ(ə)r, ˌæn̩ˌtaɪˈn(j)uklɪ(ə)r

Antioch
BR ˈæntɪɒk
AM ˈɑn(t)iˌɑk

Antiochus
BR ænˈtʌɪəkəs
AM ænˈtaɪəkəs

antioxidant
BR ˌæntɪˈɒksɪd(ə)nt, -s
AM ˌæn(t)iˈɑksədnt, ˌæn(t)əˈɑksədnt, ˈæn̩ˌtaɪˈɑksədnt, -s

antiparticle
BR ˈæntɪˌpɑːtɪkl, -z
AM ˈæn(t)iˌpɑrdək(ə)l, ˈæn(t)əˌpɑrdək(ə)l, ˈæn̩ˌtaɪˌpɑrdək(ə)l, -z

Antipas
BR ˈæntɪpæs
AM ˈæn(t)əpəs

antipasto
BR ˌæntɪˈpæstəʊ, ˌæntɪˈpɑːstəʊ, ˈæntɪˌpæstəʊ, ˈæntɪˌpɑːstəʊ
AM ˌæn(t)əˈpæstoʊ, ˌæn(t)əˈpɑstoʊ

antipathetic
BR ˌæntɪpəˈθɛtɪk, anˌtɪpəˈθɛtɪk
AM ˌæn(t)ɪpəˈθɛdɪk, ˌæn(t)əpəˈθɛdɪk

antipathetical
BR ˌæntɪpəˈθɛtɪkl, anˌtɪpəˈθɛtɪkl
AM ˌæn(t)ɪpəˈθɛdək(ə)l, ˌæn(t)əpəˈθɛdək(ə)l

antipathetically
BR ˌæntɪpəˈθɛtɪkli, anˌtɪpəˈθɛtɪkli
AM ˌæn(t)ɪpəˈθɛdək(ə)li, ˌæn(t)əpəˈθɛdək(ə)li

antipathic
BR ˌæntɪˈpæθɪk
AM ˌæn(t)əˈpæθɪk

antipathy
BR ænˈtɪpəθ|i, -ɪz
AM ænˈtɪpəθi, -z

antipersonnel
BR ˌæntɪpəːsəˈnɛl, ˌæntɪpəːsˈnɛl
AM ˌæn(t)iˌpərsəˈnɛl, ˌæn(t)əˌpərsəˈnɛl, ˌæn̩ˌtaɪˌpərsəˈnɛl

antiperspirant
BR ˌæntɪˈpəːspɪr̩nt, -s
AM ˌæn(t)aɪˈpərspər(ə)nt, ˌæn(t)iˈpərspər(ə)nt, ˌæn(t)əˈpərspər(ə)nt, -s

antiphlogistic
BR ˌæntɪfləˈdʒɪstɪk
AM ˌæn(t)əfləˈdʒɪstɪk

antiphon
BR ˈæntɪf(ə)n, ˈæntɪfɒn, -z
AM ˈæn(t)əˌfɑn, ˈæn(t)if(ə)n, -z

antiphonal
BR ænˈtɪfn̩l
AM ænˈtɪfən(ə)l

antiphonally
BR ænˈtɪfn̩li, ænˈtɪfnəli
AM ænˈtɪfənəli

antiphonary
BR ænˈtɪfn̩ər|i, -ɪz
AM ænˈtɪfəˌnɛri, -z

antiphony
BR ænˈtɪfn̩|i, -ɪz
AM ænˈtɪfəni, -z

antiphrasis
BR ænˈtɪfrəsɪs
AM ænˈtɪfrəsəs

antipodal
BR ænˈtɪpədl
AM ænˈtɪpəd(ə)l

antipode
BR ˈæntɪpəʊd, -z
AM ˈæn(t)əˌpoʊd, -z

antipodean
BR anˌtɪpəˈdiən, ˌæntɪpəˈdiən, -z
AM ænˌtɪpəˈdiən, -z

antipodes
BR ænˈtɪpədiːz
AM ænˈtɪpədiz

antipole
BR ˈæntɪpəʊl, -z
AM ˌæn(t)iˈpoʊl, ˌæn(t)əˈpoʊl, ˌæn̩ˌtaɪˈpoʊl, -z

antipope
BR ˈæntɪpəʊp, -s
AM ˌæn(t)iˈpoʊp, ˌæn(t)əˈpoʊp, ˌæn̩ˌtaɪˈpoʊp, -s

antiproton
BR ˌæntɪˈprəʊtɒn, -z
AM ˌæn(t)iˈproʊˌtɑn, ˌæn(t)əˈproʊˌtɑn, ˌæn̩ˌtaɪˈproʊˌtɑn, -z

antipruritic
BR ˌæntɪprʊəˈrɪtɪk
AM ˌæn(t)iˌprəˈrɪdɪk, ˌæn(t)əˌprəˈrɪdɪk, ˌæn̩ˌtaɪprəˈrɪdɪk

antipyretic
BR ˌæntɪpʌɪˈrɛtɪk, -s
AM ˌæn(t)iˌpaɪˈrɛdɪk, ˌæn(t)əˌpaɪˈrɛdɪk, ˌæn̩ˌtaɪˌpaɪˈrɛdɪk, -s

antiquarian
BR ˌæntɪˈkwɛːriən, -z
AM ˌæn(t)əˈkwɛriən, -z

antiquarianism
BR ˌæntɪˈkwɛːriənɪzm
AM ˌæn(t)əˈkwɛriəˌnɪz(ə)m

antiquary
BR ˈæntɪkwər|i, -ɪz
AM ˈæn(t)əˌkwɛri, -z

antiquated
BR ˈæntɪkweɪtɪd
AM ˈæn(t)əˌkweɪdɪd

antique
BR anˈtiːk, -s, -ɪŋ, -t
AM ænˈtik, -s, -ɪŋ, -t
antiquity
BR anˈtɪkwɪt|i, -ɪz
AM ænˈtɪkwɨdi, -z
anti-racism
BR ˌantɪˈreɪsɪzm
AM ˌæn(t)iˈreɪˌsɪz(ə)m,
ˌæn(t)əˈreɪˌsɪz(ə)m,
ˌænˌtaɪˈreɪˌsɪz(ə)m
anti-racist
BR ˌantɪˈreɪsɪst, -s
AM ˌæn(t)iˈreɪsɪst,
ˌæn(t)əˈreɪsɪst,
ˌænˌtaɪˈreɪsɪst, -s
antirrhinum
BR ˌantɪˈrʌɪnəm, -z
AM ˌæn(t)iˈraɪn(ə)m,
ˌæn(t)əˈraɪn(ə)m, -z
antisabbatarian
BR ˌantɪˌsabəˈtɛːrɪən, -z
AM ˌæn(t)iˌsæbəˈtɛriən,
ˌæn(t)əˌsæbəˈtɛriən,
ˌænˌtaɪˌsæbəˈtɛriən,
-z
antiscorbutic
BR ˌantɪskɔːˈbjuːtɪk,
-s
AM ˌæn(t)iˌskɔrˈbjudɪk,
ˌæn(t)əˌskɔrˈbjudɪk,
ˌænˌtaɪˌskɔrˈbjudɪk,
-s
antiscriptural
BR ˌantɪˈskrɪptʃ(ə)r|
AM ˌæn(t)iˈskrɪp(t)ʃər(ə)l,
ˌæn(t)əˈskrɪp(t)ʃər(ə)l,
ˌæn(t)iˈskrɪp(t)ʃr(ə)l,
ˌæn(t)əˈskrɪp(t)ʃr(ə)l,
ˌænˌtaɪˈskrɪp(t)ʃər(ə)l,
ˌænˌtaɪˈskrɪp(t)ʃr(ə)l
antisepsis
BR ˌantɪˈsɛpsɪs
AM ˌæn(t)iˈsɛpsəs,
ˌænˌtaɪˈsɛpsəs,
ˌæn(t)əˈsɛpsəs
antiseptic
BR ˌantɪˈsɛptɪk, -s
AM ˌæn(t)əˈsɛptɪk, -s

antiseptically
BR ˌantɪˈsɛptɪkli
AM ˌæn(t)əˈsɛptək(ə)li
antisera
BR ˈantɪˌsɪərə(r)
AM ˈæn(t)iˌsɪərə,
ˈænˌtaɪˌsɪrə
antiserum
BR ˈantɪˌsɪərəm, -z
AM ˈæn(t)iˌsɪr(ə)m,
ˈænˌtaɪˌsɪr(ə)m, -z
antisocial
BR ˌantɪˈsəʊʃl
AM ˌæn(t)iˈsoʊʃ(ə)l,
ˌæn(t)əˈsoʊʃ(ə)l,
ˌænˌtaɪˈsoʊʃ(ə)l
antisocially
BR ˌantɪˈsəʊʃli
AM ˌæn(t)iˈsoʊʃəli,
ˌæn(t)əˈsoʊʃəli,
ˌænˌtaɪˈsoʊʃəli
antispasmodic
BR ˌantɪspazˈmɒdɪk, -s
AM ˌæn(t)iˌspæzˈmɑdɪk,
ˌæn(t)əˌspæzˈmɑdɪk,
ˌænˌtaɪˌspæzˈmɑdɪk,
-s
antistatic
BR ˌantɪˈstatɪk
AM ˌæn(t)iˈstædɪk,
ˌæn(t)əˈstædɪk,
ˌænˌtaɪˈstædɪk
antistatically
BR ˌantɪˈstatɪkli
AM ˌæn(t)iˈstædək(ə)li,
ˌæn(t)əˈstædək(ə)li,
ˌænˌtaɪˈstædək(ə)li
Antisthenes
BR anˈtɪsθmiːz
AM ænˈtɪsθəniz
antistrophe
BR anˈtɪstrəf|i, -ɪz
AM ænˈtɪstrəfi, -z
antistrophic
BR ˌantɪˈstrɒfɪk
AM ˌæn(t)əˈstrɑfɪk
antitetanus
BR ˌantɪˈtɛtnəs
AM ˌæn(t)iˈtɛtnəs,
ˌæn(t)əˈtɛtnəs,
ˌænˌtaɪˈtɛtnəs

antitheism
BR ˌantɪˈθiːɪzm
AM ˌæn(t)iˈθiˌɪz(ə)m,
ˌæn(t)əˈθiˌɪz(ə)m,
ˌænˌtaɪˈθiˌɪz(ə)m
antitheist
BR ˌantɪˈθiːɪst, -s
AM ˌæn(t)iˈθiɪst,
ˌæn(t)əˈθiɪst,
ˌænˌtaɪˈθiɪst, -s
antitheses
BR anˈtɪθɪsiːz
AM ænˈtɪθəˌsiz
antithesis
BR anˈtɪθɪsɪs
AM ænˈtɪθəsəs
antithetic
BR ˌantɪˈθɛtɪk
AM ˌæn(t)əˈθɛdɪk
antithetical
BR ˌantɪˈθɛtɪkl
AM ˌæn(t)əˈθɛdək(ə)l
antithetically
BR ˌantɪˈθɛtɪkli
AM ˌæn(t)əˈθɛdək(ə)li
antitoxic
BR ˌantɪˈtɒksɪk
AM ˌæn(t)iˈtɑksɪk,
ˌæn(t)əˈtɑksɪk,
ˌænˌtaɪˈtɑksɪk
antitoxin
BR ˌantɪˈtɒksɪn, -z
AM ˈæn(t)əˌtɑks(ə)n,
ˈæn(t)iˌtɑks(ə)n,
-z
antitrade
BR ˌantɪˈtreɪd, -z
AM ˌæn(t)iˈtreɪd,
ˌæn(t)əˈtreɪd,
ˌænˌtaɪˈtreɪd, -z
antitrinitarian
BR ˌantɪˌtrɪnɪˈtɛːrɪən,
-z
AM ˌæn(t)iˌtrɪnɪˈtɛriən,
ˌæn(t)əˌtrɪnɪˈtɛriən,
ˌænˌtaɪˌtrɪnɪˈtɛriən,
-z
antitrust
BR ˌantɪˈtrʌst
AM ˌæn(t)iˈtrʌst,
ˌæn(t)əˈtrʌst,
ˌænˌtaɪˈtrʌst

antitype
BR ˈantɪtʌɪp, -s
AM ˌæn(t)iˈtaɪp,
ˌæn(t)əˈtaɪp,
ˌænˌtaɪˈtaɪp, -s
antitypical
BR ˌantɪˈtɪpɪkl
AM ˌæn(t)iˈtɪpɪk(ə)l,
ˌæn(t)əˈtɪpɪk(ə)l,
ˌænˌtaɪˈtɪpɪk(ə)l
antivenene
BR ˌantɪˈvɛniːn, -z
AM ˌæn(t)iˈvɛnən,
ˌæn(t)əˈvɛnən,
ˌænˌtaɪˈvinɪn, ˌæn(t)iˈvinɪn, ˌæn(t)əˈvinɪn,
ˌænˌtaɪˈvɛnən, -z
antivenin
BR ˌantɪˈvɛnɪn, -z
AM ˌæn(t)iˈvɛnən,
ˌæn(t)əˈvɛnən,
ˌænˌtaɪˈvɛnən, -z
antiviral
BR ˌantɪˈvʌɪrl̩
AM ˌæn(t)iˈvaɪr(ə)l,
ˌæn(t)əˈvaɪr(ə)l,
ˌænˌtaɪˈvaɪr(ə)l
antivirus
BR ˈantɪvʌɪrəs, -ɪz
AM ˌæn(t)iˈvaɪrəs,
ˌæn(t)əˈvaɪrəs,
ˌænˌtaɪˈvaɪrəs, -əz
antivivisection
BR ˌantɪˌvɪvɪˈsɛkʃn̩
AM ˌæn(t)iˌvɪvəˈsɛkʃ(ə)n, ˌæn(t)əˌvɪvəˈsɛkʃ(ə)n,
ˌænˌtaɪˌvɪvəˈsɛkʃ(ə)n
antivivisectionism
BR ˌantɪˌvɪvɪˈsɛkʃn̩ɪzm
AM ˌæn(t)iˌvɪvəˈsɛkʃəˌnɪz(ə)m, ˌæn(t)əˌvɪvəˈsɛkʃəˌnɪz(ə)m,
ˌænˌtaɪˌvɪvəˈsɛkʃəˌnɪz(ə)m
antivivisectionist
BR ˌantɪˌvɪvɪˈsɛkʃn̩ɪst, -s
AM ˌæn(t)əˌvɪvəˈsɛkʃənəst, ˌænˌtaɪˌvɪvəˈsɛkʃənəst,
ˌæn(t)iˌvɪvəˈsɛkʃənəst, -s

antler
BR ˈæntlə(r), -z, -d
AM ˈæntlɚr, -z, -d

antlike
BR ˈæntlʌɪk
AM ˈænt͵laɪk

antlion
BR ˈantˌlʌɪən, -z
AM ˈæntˌlaɪən, -z

Antofagasta
BR ˌantəfəˈgastə(r)
AM ˌɑntoʊfəˈgɑstə
SP ˌantofaˈɣasta

Antoine
BR anˈtwɑːn
AM ˈænˌtwɑn

Antoinette
BR ˌantwəˈnɛt
AM ˌæntwəˈnɛt

Anton
BR ˈantɒn
AM ˈænˌtɑn

Antonia
BR anˈtəʊnɪə(r)
AM ænˈtoʊnɪə

Antonine
BR ˈantənʌɪn, -z
AM ˈæntəˌnaɪn, -z

Antoninus
BR ˌantəˈnʌɪnəs
AM ˌæntəˈnaɪnəs

Antonio
BR anˈtəʊnɪəʊ
AM ænˈtoʊnɪoʊ

Antonioni
BR ˌantəʊnɪˈəʊni, anˌtəʊnɪˈəʊni
AM ˌænˌtoʊnɪˈoʊni
IT antoˈnjoni

Antonius
BR anˈtəʊnɪəs
AM ænˈtoʊnɪəs

antonomasia
BR ˌantənəˈmeɪzɪə(r)
AM ˌæn͵tɑnəˈmeɪʒə

Antony
BR ˈantəni
AM ˈænθəni, ˈæntəni

antonym
BR ˈantənɪm, -z
AM ˈæntəˌnɪm, -z

antonymous
BR anˈtɒnɪməs
AM ænˈtɑnəməs

antonymy
BR anˈtɒnɪmi
AM ænˈtɑnəmi

antra
BR ˈantrə(r)
AM ˈæntrə

antral
BR ˈantr(ə)l
AM ˈæntr(ə)l

Antrim
BR ˈantrɪm
AM ˈæntr(ə)m

Antrobus
BR ˈantrəbəs
AM ˈæntrəbəs

antrum
BR ˈantrəm, -z
AM ˈæntr(ə)m, -z

antsy
BR ˈan(t)si
AM ˈæn(t)si

Antwerp
BR ˈantwəːp
AM ˈæntwɚrp

Anubis
BR əˈnjuːbɪs
AM əˈnubɪs

anuran
BR əˈnjʊərn, -z
AM əˈn(j)ʊr(ə)n, -z

anuresis
BR ˌanjəˈriːsɪs
AM ˌænjəˈrisɪs

anus
BR ˈeɪnəs, -ɪz
AM ˈeɪnəs, -əz

Anvers
BR ɒ̃ˈvɛː(r)
AM ɑnˈvɛ(r)(z)

anvil
BR ˈanv(ɪ)l, -z
AM ˈænˌvɪl, ˈænv(ə)l, -z

Anwar
BR ˈanwɑː(r)
AM ˈænwɑr

Anwen
BR ˈanwɛn, ˈanwɪn
AM ˈænw(ə)n

Anwyl
BR ˈanw(ɨ)l
AM ˈænw(ə)l

anxiety
BR aŋˈzʌɪt|i, -ɪz
AM æŋˈzaɪdi, -z

anxious
BR ˈaŋ(k)ʃəs
AM ˈæŋ(k)ʃəs

anxiously
BR ˈaŋ(k)ʃəsli
AM ˈæŋ(k)ʃəsli

anxiousness
BR ˈaŋ(k)ʃəsnəs
AM ˈæŋ(k)ʃəsnəs

any
BR ˈɛni
AM ˈɛni

anybody
BR ˈɛnɪbɒdi
AM ˈɛniˌbɑdi, ˈɛniˌbɑdi

anyhow
BR ˈɛnɪhaʊ
AM ˈɛniˌhaʊ

anymore
BR ˌɛnɪˈmɔː(r)
AM ˌɛniˈmɔ(ə)r

anyone
BR ˈɛnɪwʌn
AM ˈɛniˌwən

anyplace
BR ˈɛnɪpleɪs
AM ˈɛniˌpleɪs

anything
BR ˈɛnɪθɪŋ
AM ˈɛniˌθɪŋ

anytime
BR ˈɛnɪtʌɪm
AM ˈɛniˌtaɪm

anyway
BR ˈɛnɪweɪ, -z
AM ˈɛniˌweɪ, -z

anywhere
BR ˈɛnɪwɛː(r)
AM ˈɛniˌ(h)wɛ(ə)r

anywise
BR ˈɛnɪwʌɪz
AM ˈɛniˌwaɪz

Anzac
BR ˈanzak, -s
AM ˈænˌzæk, -s

Anzio
BR ˈanzɪəʊ
AM ˈænzɪoʊ
IT ˈantsio

ANZUS
BR ˈanzəs
AM ˈænzəs

ao dai
BR ˌaʊˈdʌɪ, -z
AM ˌoʊˌdaɪ, ˌɔˌdaɪ, -z

A-OK
BR ˌeɪəʊˈkeɪ
AM ˌeɪˌoʊˈkeɪ

A-okay
BR ˌeɪəʊˈkeɪ
AM ˌeɪˌoʊˈkeɪ

aorist
BR ˈeɪərɪst, ˈɛːrɪst, -s
AM ˈeɪərəst, -s

aoristic
BR ˌeɪəˈrɪstɪk, ˌɛːˈrɪstɪk
AM ˌeɪəˈrɪstɪk

aorta
BR eɪˈɔːtə(r), -z
AM eɪˈɔrdə, -z

aortal
BR eɪˈɔːtl
AM eɪˈɔrdl

aortic
BR eɪˈɔːtɪk
AM eɪˈɔrdɪk

aoudad
BR ˈɑːʊdad, ˈaʊdad, -z
AM ˈɑˌudæd, ˈaʊˌdæd, -z

à outrance
BR ˌa uːˈtrɑːns, ˌɑː +
AM ˌɑ uˈtrɑns

apace
BR əˈpeɪs
AM əˈpeɪs

Apache
BR əˈpatʃi, -ɪz
AM əˈpætʃi, -z

apanage
BR ˈapn̩|ɪdʒ, -ɪdʒɪz
AM ˈæpənɪdʒ, -ɪz

apart
BR əˈpɑːt
AM əˈpɑrt

apartheid
BR əˈpɑːteɪt,
əˈpɑːtʌɪd, əˈpɑːtʌɪt
AM əˈpɑrˌtaɪt,
əˈpɑrˌteɪt

apartment
BR əˈpɑːtm(ə)nt, -s
AM əˈpɑrtm(ə)nt, -s

apartness
BR əˈpɑːtnəs
AM əˈpɑrtnəs

apathetic
BR ˌapəˈθɛtɪk
AM ˌæpəˈθɛdɪk

apathetical
BR ˌapəˈθɛtɪkl
AM ˌæpəˈθɛdək(ə)l

apathetically
BR ˌapəˈθɛtɪkli
AM ˌæpəˈθɛdək(ə)li

apathy
BR ˈapəθi
AM ˈæpəθi

apatite
BR ˈapətʌɪt, -s
AM ˈæpəˌtaɪt, -s

ape
BR eɪp, -s,
-ɪŋ, -t
AM eɪp, -s,
-ɪŋ, -t

apeak
BR əˈpiːk
AM əˈpik

Apeldoorn
BR ˈapldɔːn
AM ˈæpəlˌdɔ(ə)rn

apelike
BR ˈeɪplʌɪk
AM ˈeɪpˌlaɪk

Apelles
BR əˈpɛliːz
AM əˈpɛliz

apeman
BR ˈeɪpman
AM ˈeɪpˌmæn

apemen
BR ˈeɪpmɛn
AM ˈeɪpˌmɛn

Apennines
BR ˈapɪnʌɪnz
AM ˈæpəˌnaɪnz

aperçu
BR ˌapəːˈs(j)uː, -z
AM ˌapərˈs(j)u,
ˌæpərˈsu, -z

aperient
BR əˈpɪərɪənt, -s
AM əˈpɪrɪənt, -s

aperiodic
BR ˌeɪpɪərɪˈɒdɪk
AM ˌeɪˌpɪriˈɑdɪk

aperiodicity
BR ˌeɪpɪərɪəˈdɪsɪti
AM ˌeɪˌpɪriəˈdɪsɪdi

aperitif
BR əˌpɛrəˈtiːf,
əˈpɛrətiːf, -s
AM əˌpɛrəˈtif,
ˌɑˌpɛrəˈtif, -s

aperture
BR ˈapətʃə(r), -z
AM ˈæpərˌtʃʊ(ə)r, -z

apery
BR ˈeɪpər|i, -ɪz
AM ˈeɪpəri, -z

apetalous
BR ˌeɪˈpɛtl̩əs
AM ˌeɪˈpɛdl̩əs

apex
BR ˈeɪpɛks, -ɪz
AM ˈeɪˌpɛks, -əz

Apfelstrudel
BR ˈapf(ə)lˌstruːdl,
ˈapf(ə)lˌʃtruːdl, -z
AM ˌæpfəlˈstrud(ə)l,
-z

aphaeresis
BR aˈfɪərɪsɪs
AM æˈfɛrəsəs,
əˈfɛrəsəs

aphasia
BR əˈfeɪzɪə(r),
əˈfeɪʒə(r)
AM əˈfeɪʒɪə

aphasic
BR əˈfeɪzɪk
AM əˈfeɪzɪk

aphelia
BR əˈfiːlɪə(r)
AM əˈfiːlɪə, əˈfiːljə

aphelion
BR əˈfiːlɪən, apˈhiːlɪən
AM əˈfiliən, əˈfiːlj(ə)n

apheresis
BR aˈfɪərɪsɪs
AM æˈfɛrəsəs,
əˈfɛrəsəs

aphesis
BR ˈafɪsɪs
AM ˈæfəsəs

aphetic
BR əˈfɛtɪk
AM æˈfɛdɪk, əˈfɛdɪk

aphetically
BR əˈfɛtɪkli
AM æˈfɛdək(ə)li,
əˈfɛdək(ə)li

aphid
BR ˈeɪfɪd, -z
AM ˈeɪfɪd, -z

aphides
BR ˈeɪfɪdiːz
AM ˈæfəˌdiz, ˈeɪfɪˌdiz

aphis
BR ˈeɪfɪs, -ɪz
AM ˈæfəs, ˈeɪfɪs, -ɪz

aphonia
BR eɪˈfəʊnɪə(r)
AM əˈfoʊnɪə,
ˌeɪˈfoʊnɪə

aphonic
BR eɪˈfɒnɪk
AM eɪˈfɑnɪk

aphony
BR ˈafn̩i
AM ˈæfəni

aphorise
BR ˈafərʌɪz, -ɪz, -ɪŋ, -d
AM ˈæfəˌraɪz, -ɪz, -ɪŋ,
-d

aphorism
BR ˈafərɪzm, -z
AM ˈæfəˌrɪz(ə)m, -z

aphorist
BR ˈaf(ə)rɪst, -s
AM ˈæfərəst, -s

aphoristic
BR ˌafəˈrɪstɪk
AM ˌæfəˈrɪstɪk

aphoristically
BR ˌafəˈrɪstɪkli
AM ˌæfəˈrɪstɪk(ə)li

aphorize
BR ˈafərʌɪz, -ɪz, -ɪŋ, -d
AM ˈæfəˌraɪz, -ɪz, -ɪŋ, -d

Aphra
BR ˈafrə(r)
AM ˈæfrə

aphrodisiac
BR ˌafrəˈdɪzɪak, -s
AM ˌæfrəˈdiziˌæk,
ˌæfrəˈdɪʒiˌæk,
ˌæfrəˈdɪziˌæk, -s

Aphrodisias
BR ˌafrəˈdɪzɪas
AM ˌæfrəˈdizɪəs,
ˌæfrəˈdɪʒɪəs,
ˌæfrəˈdɪzɪəs

Aphrodite
BR ˌafrəˈdʌɪti
AM ˌæfrəˈdaɪdi,
ˌæfroʊˈdaɪdi

aphtha
BR ˈafθə(r)
AM ˈæfθə

aphthous
BR ˈafθəs
AM ˈæfθəs

aphyllous
BR eɪˈfɪləs
AM eɪˈfɪləs

Apia
BR ɑːˈpiːə(r), ˈapɪə(r)
AM ˈɑpiə

apian
BR ˈeɪpɪən
AM ˈeɪpɪən

apiarian
BR ˌeɪpɪˈɛːrɪən
AM ˌeɪpiˈɛrɪən

apiarist
BR ˈeɪpɪərɪst, -s
AM ˈeɪpɪərəst, -s

apiary
BR ˈeɪpɪər|i, -ɪz
AM ˈeɪpiˌɛri, -z

apical
BR ˈapɪkl, ˈeɪpɪkl
AM ˈeɪpɪk(ə)l,
ˈæpək(ə)l

apically
BR ˈapɪkli, ˈeɪpɪkli
AM ˈeɪpɪk(ə)li,
ˈæpək(ə)li

apices
BR ˈeɪpɪsiːz
AM ˈæpəˌsiz, ˈeɪpəˌsiz

apicultural
BR ˌeɪpɪˈkʌltʃ(ə)rḷ
AM ˌeɪpəˈkəltʃər(ə)l, ˌeɪpəˈkəltʃr(ə)l

apiculture
BR ˈeɪpɪˌkʌltʃə(r)
AM ˈeɪpəˌkəltʃər

apiculturist
BR ˌeɪpɪˈkʌltʃ(ə)rɪst, -s
AM ˌeɪpəˈkəltʃ(ə)rəst, -s

apiece
BR əˈpiːs
AM əˈpis

apis
BR ˈeɪpɪs
AM ˈeɪpɪs

apish
BR ˈeɪpɪʃ
AM ˈeɪpɪʃ

apishly
BR ˈeɪpɪʃli
AM ˈeɪpɪʃli

apishness
BR ˈeɪpɪʃnɪs
AM ˈeɪpɪʃnɪs

aplanat
BR ˈaplənat, -s
AM ˈæpləˌnæt, -s

aplanatic
BR ˌapləˈnatɪk
AM ˌæpləˈnædɪk

aplasia
BR əˈpleɪzɪə(r), əˈpleɪʒə(r)
AM əˈpleɪʒɪə

aplastic
BR ˌeɪˈplastɪk
AM ˌeɪˈplæstɪk

aplenty
BR əˈplɛnti
AM əˈplɛn(t)i

aplomb
BR əˈplɒm
AM əˈpl(ə)m, əˈploʊm, əˈplɑm

apnea
BR ˈapnɪə(r)
AM ˈæpnɪə

apnoea
BR ˈapnɪə(r)
AM ˈæpnɪə

apocalypse
BR əˈpɒkəlɪps, -ɪz
AM əˈpakəˌlɪps, -ɪz

apocalyptic
BR əˌpɒkəˈlɪptɪk
AM əˌpakəˈlɪptɪk

apocalyptical
BR əˌpɒkəˈlɪptɪkl
AM əˌpakəˈlɪptɪk(ə)l

apocalyptically
BR əˌpɒkəˈlɪptɪkli
AM əˌpakəˈlɪptɪk(ə)li

apocarpous
BR ˌapəˈkaːpəs
AM ˌæpəˈkɑrpəs

apochromat
BR ˌapəˈkrəʊmat, ˈapəkrə(ʊ)mat, -s
AM ˌæpəˈkroʊmət, -s

apochromatic
BR ˌapəkrə(ʊ)ˈmatɪk
AM ˌæpəkroʊˈmædɪk

apocope
BR əˈpɒkəp|i, -ɪz
AM əˈpakəpi, -z

apocrine
BR ˈapəkrʌɪn, ˈapəkrɪn
AM ˈæpəˌkraɪn, ˈæpəˌkrɪn, ˈæpəkr(ə)n

apocrypha
BR əˈpɒkrɪfə(r), -z
AM əˈpakrəfə, -z

apocryphal
BR əˈpɒkrɪfl
AM əˈpakrəf(ə)l

apocryphally
BR əˈpɒkrɪf|i
AM əˈpakrəfəli

apodal
BR ˈapədl
AM eɪˈpoʊd(ə)l

apodeictic
BR ˌapəˈdʌɪktɪk
AM ˌæpəˈdaɪktɪk

apodeictical
BR ˌapəˈdʌɪktɪkl
AM ˌæpəˈdaɪktɪk(ə)l

apodeictically
BR ˌapəˈdʌɪktɪkli
AM ˌæpəˈdaɪktɪk(ə)li

apodictic
BR ˌapəˈdɪktɪk
AM ˌæpəˈdɪktɪk

apodictical
BR ˌapəˈdɪktɪkl
AM ˌæpəˈdɪktɪk(ə)l

apodictically
BR ˌapəˈdɪktɪkli
AM ˌæpəˈdɪktɪk(ə)li

apodoses
BR əˈpɒdəsiːz
AM əˈpadəsiz

apodosis
BR əˈpɒdəsɪs
AM əˈpadəsəs

apogean
BR ˌapə(ʊ)ˈdʒiːən
AM ˌæpəˈdʒiən

apogee
BR ˈapədʒiː, -z
AM ˈæpədʒi, -z

apolaustic
BR ˌapəˈlɔːstɪk
AM ˌæpəˈlɑstɪk, ˌæpəˈlɔstɪk

apolitical
BR ˌeɪpəˈlɪtɪkl
AM ˌeɪpəˈlɪdək(ə)l

apolitically
BR ˌeɪpəˈlɪtɪkli
AM ˌeɪpəˈlɪdək(ə)li

Apollinaire
BR əˌpɒlɪˈnɛː(r)
AM əˌpaləˈnɛ(ə)r

Apollinaris
BR əˌpɒlɪˈnɛːrɪs, əˌpɒlɪˈnɑːrɪs
AM əˌpaləˈnɛrəs

Apollo
BR əˈpɒləʊ
AM əˈpaloʊ

Apollonian
BR ˌapəˈləʊnɪən
AM ˌæpəˈloʊnɪən

Apollonius
BR ˌapəˌləʊnɪəs
AM ˌæpəˈloʊnɪəs

Apollyon
BR əˈpɒlɪɒn
AM əˈpɑlɪən

apologetic
BR əˌpɒləˈdʒɛtɪk, -s
AM əˌpaləˈdʒɛdɪk, -s

apologetical
BR əˌpɒləˈdʒɛtɪkl
AM əˌpaləˈdʒɛdək(ə)l

apologetically
BR əˌpɒləˈdʒɛtɪkli
AM əˌpaləˈdʒɛdək(ə)li

apologia
BR ˌapəˈləʊdʒ(ɪ)ə(r), -z
AM əˌpoʊləˈdʒɪə, ˌapəˈloʊdʒ(i)ə, -z

apologise
BR əˈpɒlədʒʌɪz, -ɪz, -ɪŋ, -d
AM əˈpaləˌdʒaɪz, -ɪz, -ɪŋ, -d

apologist
BR əˈpɒlədʒɪst, -s
AM əˈpalədʒəst, -s

apologize
BR əˈpɒlədʒʌɪz, -ɪz, -ɪŋ, -d
AM əˈpaləˌdʒaɪz, -ɪz, -ɪŋ, -d

apologue
BR ˈapəlɒg, -z
AM ˈæpəˌlag, ˈæpəˌlɔg, -z

apology
BR əˈpɒlədʒ|i, -ɪz
AM əˈpalədʒi, -z

apolune
BR ˈapəluːn, -z
AM ˈæpəˌlun, -z

apomictic
BR ˌapəˈmɪktɪk
AM ˌæpəˈmɪktɪk

apomixis
BR ˌapəˈmɪksɪs
AM ˌæpəˈmɪksɪs

apophatic
BR ˌapəˈfatɪk
AM ˌæpəˈfædɪk

apophthegm
BR ˈapəθɛm, -z
AM ˈæpəˌθɛm, -z

apophthegmatic
BR ˌapəθɛgˈmatɪk
AM ˌæpəθəˈmædɪk

apophthegmatically
BR ˌapəθegˈmatɪkli
AM ˌæpəθəˈmædək(ə)li
apophyses
BR əˈpɒfisiːz
AM əˈpɑfəˌsiz
apophysis
BR əˈpɒfɪsɪs
AM əˈpɑfəsəs
apoplectic
BR ˌapəˈplektɪk
AM ˌæpəˈplektɪk
apoplectical
BR ˌapəˈplektɪkl
AM ˌæpəˈplektək(ə)l
apoplectically
BR ˌapəˈplektɪkli
AM ˌæpəˈplektək(ə)li
apoplexy
BR ˈapəpleks|i, -ɪz
AM ˈæpəˌpleksi, -z
aposematic
BR ˌapə(ʊ)sɪˈmatɪk
AM ˌæpəseˈmædɪk
aposiopeses
BR ˌapə(ʊ)sʌɪəˈpiːsiːz
AM ˌæpəˌsaɪəˈpisiz
aposiopesis
BR ˌapə(ʊ)sʌɪəˈpiːsɪs
AM ˌæpəˌsaɪəˈpɪsɪs
apostasy
BR əˈpɒstəs|i, -ɪz
AM əˈpɑstəsi, -z
apostate
BR əˈpɒsteɪt, -s
AM əˈpɑstət, əˈpɑˌsteɪt, -s
apostatic
BR ˌapəˈstatɪk
AM ˌæpəˈstædɪk
apostatical
BR ˌapəˈstatɪkl
AM ˌæpəˈstædək(ə)l
apostatically
BR ˌapəˈstatɪkli
AM ˌæpəˈstædək(ə)li
apostatise
BR əˈpɒstətʌɪz, -ɪz, -ɪŋ, -d
AM əˈpɑstəˌtaɪz, -ɪz, -ɪŋ, -d

apostatize
BR əˈpɒstətʌɪz, -ɪz, -ɪŋ, -d
AM əˈpɑstəˌtaɪz, -ɪz, -ɪŋ, -d
a posteriori
BR ˌeɪ pɒˌsterɪˈɔːrʌɪ, ˌɑː +,
+ pɒˌstɪərɪˈɔːrʌɪ
AM ˌeɪ ˌpɑˌstɪriˈɔˌraɪ, ˌɑ ˌpɑˌstɪriˈɔˌri
apostigmat
BR ˈapəstɪgmat, -s
AM ˈæpəˌstɪgˌmæt, -s
apostil
BR əˈpɒstɪl, -z
AM əˈpɑstl, -z
apostille
BR əˈpɒstɪl, -z
AM əˈpɑstl, -z
apostle
BR əˈpɒsl, -z
AM əˈpɑs(ə)l, -z
apostleship
BR əˈpɒslʃɪp, -s
AM əˈpɑsəlˌʃɪp, -s
apostolate
BR əˈpɒstəleɪt, əˈpɒstələt, -s
AM əˈpɑstələt, əˈpɑstəˌleɪt, -s
apostolic
BR ˌapəˈstɒlɪk
AM ˌæpəˈstɑlɪk
apostolical
BR ˌapəˈstɒlɪkl
AM ˌæpəˈstɑlək(ə)l
apostolically
BR ˌapəˈstɒlɪkli
AM ˌæpəˈstɑlək(ə)li
apostrophe
BR əˈpɒstrəf|i, -ɪz
AM əˈpɑstrəfi, -z
apostrophic
BR ˌapəˈstrɒfɪk
AM ˌæpəˈstrɑfɪk
apostrophise
BR əˈpɒstrəfʌɪz, -ɪz, -ɪŋ, -d
AM əˈpɑstrəˌfaɪz, -ɪz, -ɪŋ, -d

apostrophize
BR əˈpɒstrəfʌɪz, -ɪz, -ɪŋ, -d
AM əˈpɑstrəˌfaɪz, -ɪz, -ɪŋ, -d
apothecary
BR əˈpɒθɪk(ə)r|i, -ɪz
AM əˈpɑθəˌkeri, -z
apothegm
BR ˈapəθem, -z
AM ˈæpəˌθem, -z
apothem
BR ˈapəθem, -z
AM ˈæpəˌθem, -z
apotheoses
BR əˌpɒθɪˈəʊsiːz
AM əˌpɑθiˈoʊˌsiz
apotheosis
BR əˌpɒθɪˈəʊsɪs
AM əˌpɑθiˈoʊsəs
apotheosise
BR əˈpɒθɪəsʌɪz, -ɪz, -ɪŋ, -d
AM ˌæpəˈθiəˌsaɪz, əˈpɑθiəˌsaɪz, -ɪz, -ɪŋ, -d
apotheosize
BR əˈpɒθɪəsʌɪz, -ɪz, -ɪŋ, -d
AM ˌæpəˈθiəˌsaɪz, əˈpɑθiəˌsaɪz, -ɪz, -ɪŋ, -d
apotropaic
BR ˌapətrəˈpeɪɪk
AM ˌæpətrəˈpeɪɪk
appal
BR əˈpɔːl, -z, -ɪŋ, -d
AM əˈpæl, əˈpɔl, -z, -ɪŋ, -d
Appalachia
BR ˌapəˈleɪ(t)ʃ(ɪ)ə(r)
AM ˌæpəˈlæ(t)ʃ(i)ə, ˌæpəˈleɪ(t)ʃ(i)ə
Appalachian
BR ˌapəˈleɪ(t)ʃɪən, ˌapəˈleɪtʃn, -z
AM ˌæpəˈlæ(t)ʃɪən, ˌæpəˈlæ(t)ʃ(ə)n, ˌæpəˈleɪ(t)ʃɪən, ˌæpəˈleɪ(t)ʃ(ə)n, -z

appall
BR əˈpɔːl, -z, -ɪŋ, -d
AM əˈpæl, əˈpɔl, -z, -ɪŋ, -d
appallingly
BR əˈpɔːlɪŋli
AM əˈpælɪŋli, əˈpɔlɪŋli
Appaloosa
BR ˌapəˈluːsə(r), -z
AM ˌæpəˈlusə, -z
appanage
BR ˈapn̩ɪdʒ, -ɪdʒɪz
AM ˈæpənɪdʒ, -ɪz
apparat
BR ˌapəˈrɑːt, ˌapəˈrat, -s
AM ˈɑpəˌrɑt, ˌæpəˈrɑt, ˈæpəˌræt, -s
apparatchik
BR ˌapəˈrɑ(t)tʃɪk, ˌapəˈrɑː(t)tʃɪk, -s
AM ˌɑpəˈrɑtʃɪk, -s
RUS əpəˈrɑtʃik
apparatus
BR ˌapəˈreɪtəs, -ɪz
AM ˌæpəˈreɪdəs, ˌæpəˈrædəs, -əz
apparel
BR əˈparl̩, -z, -ɪŋ, -d
AM əˈpɛr(ə)l, -z, -ɪŋ, -d
apparent
BR əˈparn̩t
AM əˈpɛr(ə)nt
apparently
BR əˈparn̩tli
AM əˈpɛrən(t)li
apparentness
BR əˈparn̩tnəs
AM əˈpɛrən(t)nəs
apparition
BR ˌapəˈrɪʃn, -z
AM ˌæpəˈrɪʃ(ə)n, -z
apparitor
BR əˈparɪtə(r), -z
AM əˈpɛrədər, -z
appassionata
BR əˌpasjəˈnɑːtə(r)
AM əˌpæsiəˈnɑdə, əˌpɑsiəˈnɑdə
appeal
BR əˈpiːl, -z, -ɪŋ, -d
AM əˈpil, -z, -ɪŋ, -d

appealable
BR əˈpiːləbl
AM əˈpiləb(ə)l

appealer
BR əˈpiːlə(r), -z
AM əˈpilɚ, -z

appealing
BR əˈpiːlɪŋ
AM əˈpilɪŋ

appealingly
BR əˈpiːlɪŋli
AM əˈpilɪŋli

appear
BR əˈpɪə(r), -z, -ɪŋ, -d
AM əˈpɪ(ə)r, -z, -ɪŋ, -d

appearance
BR əˈpɪərn̩s, -ɪz
AM əˈpɪr(ə)ns, -əz

appease
BR əˈpiːz, -ɪz, -ɪŋ, -d
AM əˈpiz, -ɪz, -ɪŋ, -d

appeasement
BR əˈpiːzm(ə)nt
AM əˈpizm(ə)nt

appeaser
BR əˈpiːzə(r), -z
AM əˈpizɚ, -z

appellant
BR əˈpɛln̩t, -s
AM əˈpɛl(ə)nt, -s

appellate
BR əˈpɛlət
AM əˈpɛlət

appellation
BR ˌapəˈleɪʃn, -z
AM ˌæpəˈleɪʃ(ə)n, -z

appellation contrôlée
BR ˌapɛlasjɔ̃ ˌkɒ̃trəʊˈleɪ
AM ɑˌpɛlɑˈsiɔn ˌkɔntrəˈleɪ

appellation d'origine contrôlée
BR ˌapɛlasjɔ̃ ˌdɒrɪˈʒiːn ˌkɒ̃trəʊˈleɪ
AM ɑˌpɛlɑˈsiɔn dɔriˌʒin ˌkɔntrəˈleɪ
FR apɛl(l)asjɔ̃ dɔriʒin kɔ̃tʀole

appellative
BR əˈpɛlətɪv, -z
AM əˈpɛlədɪv, -z

appellatively
BR əˈpɛlətɪvli
AM əˈpɛlədɪvli

appellee
BR ˌapɛlˈiː, -z
AM ˌæpɛlˈi, -z

append
BR əˈpɛnd, -z, -ɪŋ, -ɪd
AM əˈpɛnd, -z, -ɪŋ, -əd

appendage
BR əˈpɛnd|ɪdʒ, -ɪdʒɪz
AM əˈpɛndɪdʒ, -ɪz

appendant
BR əˈpɛnd(ə)nt, -s
AM əˈpɛnd(ə)nt, -s

appendectomy
BR ˌapɛnˈdɛktəm|i, -ɪz
AM ˌæˌpɛnˈdɛktəmi, ˌæpənˈdɛktəmi, -z

appendicectomy
BR əˌpɛndɪˈsɛktəm|i, -ɪz
AM əˌpɛndəˈsɛktəmi, -z

appendices
BR əˈpɛndɪsiːz
AM əˈpɛndəˌsiz

appendicitis
BR əˌpɛndɪˈsʌɪtɪs
AM əˌpɛndəˈsaɪdɪs

appendix
BR əˈpɛnd|ɪks, -ɪksɪz
AM əˈpɛndɪks, -ɪz

apperceive
BR ˌapəˈsiːv, -z, -ɪŋ, -d
AM ˌæpɚˈsiv, -z, -ɪŋ, -d

apperception
BR ˌapəˈsɛpʃn
AM ˌæpɚˈsɛpʃ(ə)n

apperceptive
BR ˌapəˈsɛptɪv
AM ˌæpɚˈsɛptɪv

appertain
BR ˌapəˈteɪn, -z, -ɪŋ, -d
AM ˌæpɚˈteɪn, -z, -ɪŋ, -d

appertinent
BR əˈpəːtɪnənt
AM əˈpɚtnənt

appestat
BR ˈapɪstat, -s
AM ˈæpəˌstæt, -s

appetence
BR ˈapɪt(ə)ns
AM ˈæpətns, ˈæpədəns

appetency
BR ˈapɪt(ə)nsi
AM ˈæpətnsi, ˈæpədənsi

appetent
BR ˈapɪt(ə)nt
AM ˈæpətnt, ˈæpədənt

appetise
BR ˈapɪtʌɪz, -ɪz, -ɪŋ, -d
AM ˈæpəˌtaɪz, -ɪz, -ɪŋ, -d

appetiser
BR ˈapɪtʌɪzə(r), -z
AM ˈæpəˌtaɪzɚ, -z

appetisingly
BR ˈapɪtʌɪzɪŋli
AM ˈæpəˌtaɪzɪŋli

appetite
BR ˈapɪtʌɪt, -s
AM ˈæpəˌtaɪt, -s

appetitive
BR əˈpɛtɪtɪv
AM əˈpədədɪv, ˈæpəˌtaɪdɪv

appetize
BR ˈapɪtʌɪz, -ɪz, -ɪŋ, -d
AM ˈæpəˌtaɪz, -ɪz, -ɪŋ, -d

appetizer
BR ˈapɪtʌɪzə(r), -z
AM ˈæpəˌtaɪzɚ, -z

appetizing
BR ˈapɪtʌɪzɪŋ
AM ˈæpəˌtaɪzɪŋ

appetizingly
BR ˈapɪtʌɪzɪŋli
AM ˈæpəˌtaɪzɪŋli

Appian Way
BR ˌapɪən ˈweɪ
AM ˌæpiən ˈweɪ

applaud
BR əˈplɔːd, -z, -ɪŋ, -ɪd
AM əˈplɑd, əˈplɔd, -z, -ɪŋ, -əd

applause
BR əˈplɔːz
AM əˈplɑz, əˈplɔz

apple
BR ˈapl, -z
AM ˈæp(ə)l, -z

Appleby
BR ˈaplbi
AM ˈæpəlˌbi

applecart
BR ˈaplkɑːt, -s
AM ˈæpəlˌkɑrt, -s

Appledore
BR ˈapldɔː(r)
AM ˈæpəlˌdɔ(ə)r

applejack
BR ˈapldʒak
AM ˈæpəlˌdʒæk

appletini
BR ˈaplˈtiːn|i, -ɪz
AM ˈæpəlˈtini, -z

Appleton
BR ˈaplt(ə)n
AM ˈæpəlt(ə)n

appliable
BR əˈplʌɪəbl
AM əˈplaɪəb(ə)l

appliableness
BR əˈplʌɪəblnəs
AM əˈplaɪəbəlnəs

appliance
BR əˈplʌɪəns, -ɪz
AM əˈplaɪəns, -əz

applicability
BR əˌplɪkəˈbɪlɪti, ˌaplɪkəˈbɪlɪti
AM ˌæpləkəˈbɪlɪdi

applicable
BR əˈplɪkəbl, ˈaplɪkəbl
AM ˈæpləkəb(ə)l

applicableness
BR əˈplɪkəblnəs, ˈaplɪkəblnəs
AM ˈæpləkəbəlnəs

applicably
BR əˈplɪkəbli, ˈaplɪkəbli
AM ˈæpləkəbli

applicant
BR ˈaplɪk(ə)nt, -s
AM ˈæplək(ə)nt, -s

application
BR ˌaplɪˈkeɪʃn, -z
AM ˌæpləˈkeɪʃ(ə)n, -z

applicator
BR ˈæplɪkeɪtə(r), -z
AM ˈæpləˌkeɪdər, -z
applied
BR əˈplaɪd
AM əˈplaɪd
applier
BR əˈplaɪə(r), -z
AM əˈplaɪər, -z
appliqué
BR əˈpliːkeɪ, -z, -ɪŋ, -d
AM ˌæpləˈkeɪ, -z, -ɪŋ, -d
apply
BR əˈplaɪ, -z, -ɪŋ, -d
AM əˈplaɪ, -z, -ɪŋ, -d
appoggiatura
BR əˌpɒdʒ(ɪ)əˈt(j)ʊərə(r), -z
AM əˌpɑdʒəˈtʊrə, -z
appoint
BR əˈpɔɪnt, -s, -ɪŋ, -ɪd
AM əˈpɔɪn|t, -ts, -(t)ɪŋ, -(t)ɪd
appointee
BR əˌpɔɪnˈtiː, ˌəpɔɪnˈtiː, -z
AM əˌpɔɪnˈti, -z
appointer
BR əˈpɔɪntə(r), -z
AM əˈpɔɪn(t)ər, -z
appointive
BR əˈpɔɪntɪv
AM əˈpɔɪn(t)ɪv
appointment
BR əˈpɔɪntm(ə)nt, -s
AM əˈpɔɪntm(ə)nt, -s
Appomattox
BR ˌæpəˈmatəks
AM ˌæpəˈmædəks
apport
BR əˈpɔːt
AM əˈpɔ(ə)rt
apportion
BR əˈpɔːʃn, -z, -ɪŋ, -d
AM əˈpɔrʃ(ə)n, -z, -ɪŋ, -d
apportionable
BR əˈpɔːʃnəbl
AM əˈpɔrʃ(ə)nəb(ə)l

apportionment
BR əˈpɔːʃnm(ə)nt, -s
AM əˈpɔrʃənm(ə)nt, -s
appose
BR əˈpəʊz, -ɪz, -ɪŋ, -d
AM əˈpoʊz, -əz, -ɪŋ, -d
apposite
BR ˈapəzɪt
AM ˈæpəzət
appositely
BR ˈapəzɪtli
AM ˈæpəzətli
appositeness
BR ˈapəzɪtnɪs
AM ˈæpəzətnəs
apposition
BR ˌapəˈzɪʃn, -z
AM ˌæpəˈzɪʃ(ə)n, -z
appositional
BR ˌapəˈzɪʃn̩
AM ˌæpəˈzɪʃən(ə)l, ˌæpəˈzɪʃn(ə)l
appositive
BR əˈpɒzɪtɪv
AM əˈpɑzədɪv
appositively
BR əˈpɒzɪtɪvli
AM əˈpɑzədɪvli
appraisable
BR əˈpreɪzəbl
AM əˈpreɪzəb(ə)l
appraisal
BR əˈpreɪzl, -z
AM əˈpreɪz(ə)l, -z
appraise
BR əˈpreɪz, -ɪz, -ɪŋ, -d
AM əˈpreɪz, -ɪz, -ɪŋ, -d
appraisee
BR əˌpreɪˈziː, -z
AM əˌpreɪˈzi, -z
appraisement
BR əˈpreɪzm(ə)nt, -s
AM əˈpreɪzm(ə)nt, -s
appraiser
BR əˈpreɪzə(r), -z
AM əˈpreɪzər, -z
appraisingly
BR əˈpreɪzɪŋli
AM əˈpreɪzɪŋli
appraisive
BR əˈpreɪzɪv
AM əˈpreɪzɪv

appreciable
BR əˈpriːʃ(ɪ)əbl
AM əˈpriʃ(i)əb(ə)l
appreciably
BR əˈpriːʃ(ɪ)əbli
AM əˈpriʃ(i)əbli
appreciate
BR əˈpriːʃieɪt, əˈpriːsieɪt, -s, -ɪŋ, -ɪd
AM əˈpriʃiˌeɪ|t, -ts, -dɪŋ, -dɪd
appreciation
BR əˌpriːʃiˈeɪʃn, əˌpriːsiˈeɪʃn, -z
AM əˌpriʃiˈeɪʃ(ə)n, -z
appreciative
BR əˈpriːʃ(ɪ)ətɪv, əˈpriːsɪətɪv
AM əˈpriʃ(i)ədɪv
appreciatively
BR əˈpriːʃ(ɪ)ətɪvli, əˈpriːsɪətɪvli
AM əˈpriʃ(i)ədɪvli
appreciativeness
BR əˈpriːʃ(ɪ)ətɪvnɪs, əˈpriːsɪətɪvnɪs
AM əˈpriʃ(i)ədɪvnɪs
appreciator
BR əˈpriːʃieɪtə(r), əˈpriːsieɪtə(r), -z
AM əˈpriʃiˌeɪdər, -z
appreciatory
BR əˈpriːʃ(ɪ)ət(ə)ri, əˈpriːsɪət(ə)ri
AM əˈpriʃ(i)əˌtɔri
apprehend
BR ˌæprɪˈhend, -z, -ɪŋ, -ɪd
AM ˌæprɪˈhend, ˌæprəˈhend, -z, -ɪŋ, -əd
apprehensibility
BR ˌæprɪhensɪˈbɪlɪti
AM ˌæprɪˌhensəˈbɪlɪdi, ˌæprəˌhensəˈbɪlɪdi
apprehensible
BR ˌæprɪˈhensɪbl
AM ˌæprɪˈhensəb(ə)l, ˌæprəˈhensəb(ə)l
apprehension
BR ˌæprɪˈhenʃn, -z
AM ˌæprɪˈhen(t)ʃ(ə)n, ˌæprəˈhen(t)ʃ(ə)n, -z

apprehensive
BR ˌæprɪˈhensɪv
AM ˌæprɪˈhensɪv, ˌæprəˈhensɪv
apprehensively
BR ˌæprɪˈhensɪvli
AM ˌæprɪˈhensɪvli, ˌæprəˈhensɪvli
apprehensiveness
BR ˌæprɪˈhensɪvnɪs
AM ˌæprɪˈhensɪvnɪs, ˌæprəˈhensɪvnɪs
apprentice
BR əˈprentɪs, -ɪz, -ɪŋ, -t
AM əˈpren(t)əs, -əz, -ɪŋ, -t
apprenticeship
BR əˈprentɪ(s)ʃɪp, -s
AM əˈpren(t)əsˌʃɪp, -s
apprise
BR əˈpraɪz, -ɪz, -ɪŋ, -d
AM əˈpraɪz, -ɪz, -ɪŋ, -d
apprize
BR əˈpraɪz, -ɪz, -ɪŋ, -d
AM əˈpraɪz, -ɪz, -ɪŋ, -d
appro
BR ˈaprəʊ
AM ˈæproʊ
approach
BR əˈprəʊtʃ, -ɪz, -ɪŋ, -t
AM əˈproʊtʃ, -əz, -ɪŋ, -t
approachability
BR əˌprəʊtʃəˈbɪlɪti
AM əˌproʊtʃəˈbɪlɪdi
approachable
BR əˈprəʊtʃəbl
AM əˈproʊtʃəb(ə)l
approbate
BR ˈaprə(ʊ)beɪt, -s, -ɪŋ, -ɪd
AM ˈæproʊˌbeɪ|t, ˈæprəˌbeɪ|t, -ts, -dɪŋ, -dɪd
approbation
BR ˌaprə(ʊ)ˈbeɪʃn
AM ˌæprəˈbeɪʃ(ə)n
approbative
BR ˈaprəbeɪtɪv
AM əˈproʊbədɪv, ˌæprəˈbeɪdɪv

approbatory
BR ˌæprə(ʊ)ˈbeɪt(ə)ri
AM əˈproʊbəˌtɔri, ˈæprəbəˌtɔri

appropriate¹ *adjective*
BR əˈprəʊpriət
AM əˈproʊpriət

appropriate² *verb*
BR əˈprəʊprieɪt, -s, -ɪŋ, -ɪd
AM əˈproʊpriˌeɪ|t, -ts, -dɪŋ, -dɪd

appropriately
BR əˈprəʊpriətli
AM əˈproʊpriətli

appropriateness
BR əˈprəʊpriətnəs
AM əˈproʊpriətnəs

appropriation
BR əˌprəʊpriˈeɪʃn, -z
AM əˌproʊpriˈeɪʃ(ə)n, -z

appropriationist
BR əˌprəʊpriˈeɪʃn̩ɪst, -s
AM əˌproʊpriˈeɪʃənəst, -s

appropriative
BR əˈprəʊpriətɪv
AM əˈproʊpriəḍɪv, əˈproʊpriˌeɪdɪv

appropriator
BR əˈprəʊprieɪtə(r), -z
AM əˈproʊpriˌeɪdər, -z

approval
BR əˈpruːvl, -z
AM əˈpruv(ə)l, -z

approve
BR əˈpruːv, -z, -ɪŋ, -d
AM əˈpruv, -z, -ɪŋ, -d

approving
BR əˈpruːvɪŋ
AM əˈpruvɪŋ

approvingly
BR əˈpruːvɪŋli
AM əˈpruvɪŋli

approximant
BR əˈprɒksɪm(ə)nt, -s
AM əˈprɑksəm(ə)nt, -s

approximate¹ *adjective*
BR əˈprɒksɪmət
AM əˈprɑksəmət

approximate² *verb*
BR əˈprɒksɪmeɪt, -s, -ɪŋ, -ɪd
AM əˈprɑksəˌmeɪ|t, -ts, -dɪŋ, -dɪd

approximately
BR əˈprɒksɪmətli
AM əˈprɑksəmətli

approximation
BR əˌprɒksɪˈmeɪʃn, -z
AM əˌprɑksəˈmeɪʃ(ə)n, -z

approximative
BR əˈprɒksɪmətɪv
AM əˈprɑksəˌmeɪdɪv

approximatively
BR əˈprɒksɪmətɪvli
AM əˈprɑksəˌmeɪdɪvli

appurtenance
BR əˈpɜːtɪnəns, əˈpɜːtn̩əns, -ɪz
AM əˈpɜrtn̩əns, -əz

appurtenant
BR əˈpɜːtɪnənt, əˈpɜːtn̩ənt
AM əˈpɜrtn̩ənt

apraxia
BR eɪˈpræksɪə(r)
AM eɪˈpræksɪə

après-ski
BR ˌæpreɪˈskiː
AM ˌæpreɪˈski

apricot
BR ˈeɪprɪkɒt, -s
AM ˈeɪprəˌkɑt, ˈæprəˌkɑt, -s

April
BR ˈeɪpr(ɨ)l, -z
AM ˈeɪpr(ə)l, -z

a priori
BR ˌeɪ praɪˈɔːraɪ, ˌɑː +, + praɪˈɔːri, + priˈɔːri
AM ˌeɪ priˈɔri, ˌɑ priˈɔri

apriorism
BR (ˌ)eɪˈpraɪərɪzm
AM eɪˈpraɪəˌrɪz(ə)m

aprioristic
BR ˌeɪpraɪəˈrɪstɪk
AM ˌeɪˌpraɪəˈrɪstɪk

aprioristically
BR ˌeɪpraɪəˈrɪstɪkli
AM ˌeɪˌpraɪəˈrɪstɪk(ə)li

apron
BR ˈeɪpr(ə)n, -z, -d
AM ˈeɪpr(ə)n, -z, -d

apronful
BR ˈeɪpr(ə)nfʊl, -z
AM ˈeɪprənˌfʊl, -z

apropos
BR ˌæprəˈpəʊ, ˈæprəpəʊ
AM ˌæprəˈpoʊ

apse
BR æps, -ɪz
AM æps, -əz

apsidal
BR ˈæpsɪdl
AM ˈæpsəd(ə)l

apsides
BR ˈæpsɪdiːz
AM ˈæpsəˌdiz

apsis
BR ˈæpsɪs
AM ˈæpsəs

Apsley
BR ˈæpsli
AM ˈæpsli

apt
BR æpt, -ə(r), -ɪst
AM æpt, -ər, -əst

Apted
BR ˈæptɪd
AM ˈæptəd

apterous
BR ˈæpt(ə)rəs
AM ˈæptərəs

apteryx
BR ˈæpt(ə)rɪks, -ɪz
AM ˈæptərɪks, -ɪz

aptitude
BR ˈæptɪtjuːd, ˈæptɪtʃuːd, -z
AM ˈæptəˌt(j)ud, -z

aptly
BR ˈæptli
AM ˈæp(t)li

aptness
BR ˈæp(t)nəs
AM ˈæp(t)nəs

Apuleius
BR ˌæpjʊˈliːəs, ˌæpjəˈleɪəs
AM ˌæpjəˈliəs

Apulia
BR əˈpjuːlɪə(r)
AM əˈpjuliə, əˈpjuljə

Aqaba
BR ˈækəbə(r), ˈækəbɑː(r)
AM ˈɑkəˌbɑ

aqua
BR ˈækwə(r)
AM ˈækwə, ˈɑkwə

aquaculture
BR ˈækwəˌkʌltʃə(r)
AM ˈækwəˌkəltʃər, ˈɑkwəˌkəltʃər

aquafarm
BR ˈækwəfɑːm, -z, -ɪŋ, -d
AM ˈɑkwəˌfɑrm, -z, -ɪŋ, -d

aqua fortis
BR ˌækwə ˈfɔːtɪs
AM ˌækwə ˈfɔrdəs, ˌɑkwə ˈfɔrdəs

Aqua Libra
BR ˌækwə ˈliːbrə(r)
AM ˌækwə ˈlɪbrə, ˌɑkwə ˈlɪbrə

aqualung
BR ˈækwəlʌŋ, -z
AM ˈækwəˌləŋ, ˈɑkwəˌləŋ, -z

aquamarine
BR ˌækwəməˈriːn, -z
AM ˌækwəməˈrin, ˌɑkwəməˈrin, -z

aquanaut
BR ˈækwənɔːt, -s
AM ˈækwəˌnɔt, ˈɑkwəˌnɑt, ˈækwəˌnɑt, ˈɑkwəˌnɔt, -s

aquaphobia
BR ˌækwəˈfəʊbɪə(r)
AM ˌækwəˈfoʊbiə, ˌɑkwəˈfoʊbiə

aquaplane
BR ˈækwəpleɪn, -z, -ɪŋ, -d
AM ˈækwəˌpleɪn, ˈɑkwəˌpleɪn, -z, -ɪŋ, -d

aquaponics
BR ˌækwəˈpɒnɪks
AM ˌɑkwəˈpɑnɪks

aqua regia
BR ˌækwə ˈreɪʒɪə(r)
AM ˌækwə ˈreɪʒɪə, ˌɑkwə ˈreɪʒɪə

aquarelle
BR ˌækwəˈrɛl, -z
AM ˌæk(w)əˈrɛl, ˌɑk(w)əˈrɛl, -z

aquaria
BR əˈkwɛːrɪə(r)
AM əˈkwɛrɪə

Aquarian
BR əˈkwɛːrɪən, -z
AM əˈkwɛrɪən, -z

aquarist
BR ˈækwərɪst, -s
AM əˈkwɛrəst, -s

aquarium
BR əˈkwɛːrɪəm, -z
AM əˈkwɛrɪəm, -z

Aquarius
BR əˈkwɛːrɪəs
AM əˈkwɛrɪəs

Aquarobics
BR ˌækwəˈrəʊbɪks
AM ˌækwəˈroʊbɪks, ˌɑkwəˈroʊbɪks

Aquascutum
BR ˌækwəˈskjuːtəm
AM ˌækwəˈskjud(ə)m, ˌɑkwəˈskjud(ə)m

aquatic
BR əˈkwætɪk, -s
AM əˈkwædɪk, əˈkwɑdɪk, -s

aquatint
BR ˈækwətɪnt, -s
AM ˈækwəˌtɪnt, ˈɑkwəˌtɪnt, -s

aquavit
BR ˈækwəvɪt, ˈækwəviːt
AM ˈækwəˌvɪt, ˈɑkwəˌvɪt

aqua vitae
BR ˌækwə ˈviːtʌɪ, + ˈvʌɪtiː
AM ˌækwə ˈvaɪdi, ˌækwə ˈviˌtaɪ, ˌɑkwə ˈvaɪdi, ˌɑkwə ˈviˌtaɪ

aqueduct
BR ˈækwɪdʌkt, -s
AM ˈækwəˌdək|(t), ˈɑkwəˌdək|(t), -(t)s

aqueous
BR ˈækwɪəs, ˈeɪkwɪəs
AM ˈeɪkwɪəs, ˈækwɪəs, ˈɑkwɪəs

aqueously
BR ˈækwɪəsli, ˈeɪkwɪəsli
AM ˈeɪkwɪəsli, ˈækwɪəsli, ˈɑkwɪəsli

aquiculture
BR ˈækwɪˌkʌltʃə(r)
AM ˈækwəˌkəltʃər, ˈɑkwəˌkəltʃər

aquifer
BR ˈækwɪfə(r), -z
AM ˈækwəfər, ˈɑkwəfər, -z

Aquila
BR əˈkwɪlə(r)
AM ˈækwələ, əˈk(w)ɪlə

aquilegia
BR ˌækwɪˈliːdʒ(ɪ)ə(r), -z
AM ˌækwəˈlidʒ(i)ə, -z

aquiline
BR ˈækwɪlʌɪn
AM ˈækwəl(ə)n, ˈækwəˌlaɪn

Aquinas
BR əˈkwʌɪnəs
AM əˈkwaɪnəs

Aquitaine
BR ˈækwɪteɪn
AM ˈækwəˌteɪn
FR akiten

Aquitania
BR ˌækwɪˈteɪnɪə(r)
AM ˌækwəˈteɪnɪə

aquiver
BR əˈkwɪvə(r)
AM əˈkwɪvər

Arab
BR ˈærəb, -z
AM ˈɛrəb, -z

Arabella
BR ˌarəˈbɛlə(r)
AM ˌɛrəˈbɛlə

arabesque
BR ˌarəˈbɛsk, -s
AM ˌɛrəˈbɛsk, -s

Arabia
BR əˈreɪbɪə(r)
AM əˈreɪbɪə

Arabian
BR əˈreɪbɪən, -z
AM əˈreɪbj(ə)n, -z

Arabic
BR ˈærəbɪk
AM ˈɛrəbɪk

Arabicism
BR əˈrabɪsɪzm, -z
AM əˈræbəˌsɪz(ə)m, -z

arabinose
BR əˈrabɪnəʊz, əˈrabɪnəʊs
AM əˈræbəˌnoʊz, əˈræbəˌnoʊs

arabis
BR ˈarəbɪs
AM ˈɛrəbəs

Arabism
BR ˈarəbɪzm
AM ˈɛrəˌbɪz(ə)m

Arabist
BR ˈarəbɪst, -s
AM ˈɛrəbəst, -s

arable
BR ˈarəbl
AM ˈɛrəb(ə)l

Araby
BR ˈarəbi
AM ˈɛrəbi

Arachne
BR əˈrakni
AM əˈrækni

arachnid
BR əˈraknɪd, -z
AM əˈræknəd, -z

arachnida
BR əˈraknɪdə(r)
AM əˈræknədə

arachnidae
BR əˈraknɪdiː
AM əˈræknəˌdaɪ, əˈræknəˌdeɪ, əˈræknəˌdi

arachnidan
BR əˈraknɪd(ə)n, -z
AM əˈræknədən, -z

arachnoid
BR əˈraknɔɪd, -z
AM əˈrækˌnɔɪd, -z

arachnologist
BR ˌarəkˈnɒlədʒɪst, -s
AM ˌɛˌræknəˈlɑdʒəst, -s

arachnology
BR ˌarəkˈnɒlədʒi
AM ˌɛˌræknəˈlɑdʒi

Arafat
BR ˈarəfat
AM ˈɛrəˌfæt

Arafura
BR ˌarəˈf(j)ʊərə(r), ˌarəˈfjɔːrə(r)
AM ˌɛrəˈf(j)ʊrə

Aragon
BR ˈarəg(ə)n
AM ˈɛrəˌgɑn

arak
BR ˈarək
AM ˈɛˌræk, ˈɛrək

Arakan
BR ˌarəˈkan
AM ˌɛrəˈkɑn

Aral
BR ˈarl̩
AM ˈɛr(ə)l

Araldite
BR ˈarl̩dʌɪt
AM ˈɛrəlˌdaɪt

Aramaic
BR ˌarəˈmeɪɪk
AM ˌɛrəˈmeɪɪk

Araminta
BR ˌarəˈmɪntə(r)
AM ˌɛrəˈmɪn(t)ə

Aran
BR ˈarn̩
AM ˈɛr(ə)n

Aranda
BR əˈrandə(r), -z
AM əˈrændə, -z

Arapaho
BR əˈrapəhəʊ
AM əˈræpəˌhoʊ

arapaima
BR ˌarəˈpʌɪmə(r), -z
AM ˌɛrəˈpaɪmə, -z

Ararat
BR ˈarərat
AM ˈɛrəˌræt

arational
BR eɪˈraʃn̩l
AM eɪˈræʃn(ə)l, eɪˈræʃən(ə)l

Araucanian
BR ˌarɔːˈkeɪnɪən, -z
AM ˌɛˌraˈkeɪnɪən, ˌɛˌrɔːˈkeɪnɪən, -z

araucaria
BR ˌarɔːˈkɛːrɪə(r), ˌarəˈkɛːrɪə(r), -z
AM ˌɛˌraˈkɛːrɪə, ˌɛˌrɔːˈkɛːrɪə, -z

Arawak
BR ˈarəwak
AM ˈɛrəˌwɑk

arb
BR ɑːb, -z
AM ɑrb, -z

arbalest
BR ˈɑːblɪst, ˈɑːblɛst, -s
AM ˈɑrbəˌlɛst, ˈɑrbələst, -s

arbiter
BR ˈɑːbɪtə(r), -z
AM ˈɑrbədər, -z

arbitrage
BR ˈɑːbɪtrɑːʒ, ˌɑːbɪˈtrɑːʒ
AM ˌɑrbəˈtrɑʒ

arbitrager
BR ˈɑːbɪtrɑːʒə(r), ˌɑːbɪˈtrɑːʒə(r), -z
AM ˌɑrbəˌtrɑʒər, -z

arbitrageur
BR ˌɑːbɪtrɑːˈʒəː(r), -z
AM ˌɑrbəˌtrɑˈʒər, -z

arbitral
BR ˈɑːbɪtr(ə)l
AM ˈɑrbətr(ə)l

arbitrament
BR ɑːˈbɪtrəm(ə)nt, -s
AM ɑrˈbɪtrəm(ə)nt, -s

arbitrarily
BR ˈɑːbɪt(rə)rɪli, ˌɑːbɪˈtrɛrɪli
AM ˌɑrbəˈtrɛrəli

arbitrariness
BR ˈɑːbɪt(rə)rɪnɪs
AM ˌɑrbəˈtrɛrɪnɪs

arbitrary
BR ˈɑːbɪt(rə)ri
AM ˈɑrbəˌtrɛri

arbitrate
BR ˈɑːbɪtreɪt, -s, -ɪŋ, -ɪd
AM ˈɑrbəˌtreɪt, -ts, -dɪŋ, -dɪd

arbitration
BR ˌɑːbɪˈtreɪʃn
AM ˌɑrbəˈtreɪʃ(ə)n

arbitrator
BR ˈɑːbɪtreɪtə(r), -z
AM ˈɑrbəˌtreɪdər, -z

arbitratorship
BR ˈɑːbɪtreɪtəʃɪp, -s
AM ˈɑrbəˌtreɪdərˌʃɪp, -s

arbitress
BR ˈɑːbətrɪs, -ɪz
AM ˈɑrbətrəs, -əz

arblast
BR ˈɑːblɑːst, -s
AM ˈɑrˌblæst, -s

arbor
BR ˈɑːbə(r), -z, -d
AM ˈɑrbər, -z, -d

arboraceous
BR ˌɑːbəˈreɪʃəs
AM ˌɑrbəˈreɪʃəs

arboreal
BR ɑːˈbɔːrɪəl
AM ɑrˈbɔrɪəl

arboreous
BR ɑːˈbɔːrɪəs
AM ɑrˈbɔrɪəs

arborescence
BR ˌɑːbəˈrɛsns
AM ˌɑrbəˈrɛs(ə)ns

arborescent
BR ˌɑːbəˈrɛsnt
AM ˌɑrbəˈrɛs(ə)nt

arboreta
BR ˌɑːbəˈriːtə(r)
AM ˌɑrbəˈridə

arboretum
BR ˌɑːbəˈriːtəm, -z
AM ˌɑrbəˈrid(ə)m, -z

arboricultural
BR ɑːˌbɔːrɪˈkʌltʃ(ə)rl, ˌɑːb(ə)rɪˈkʌltʃ(ə)rl
AM ɑrˈbɔrəˌkəltʃər(ə)l, ɑrˈbɔrəˌkəltʃr(ə)l, ˌɑrbərəˈkəltʃər(ə)l, ˌɑrbərəˈkəltʃr(ə)l

arboriculture
BR ˈɑːb(ə)rɪˌkʌltʃə(r), ɑːˈbɔːrɪˌkʌltʃə(r)
AM ɑrˈbɔrəˌkəltʃər, ˈɑrbərəˌkəltʃər

arboriculturist
BR ɑːˌbɔːrɪˈkʌltʃ(ə)rɪst, ˌɑːb(ə)rɪˈkʌltʃ(ə)rɪst, -s
AM ɑrˈbɔrəˌkəltʃ(ə)rəst, ˌɑrbərəˈkəltʃ(ə)rəst, -s

arborio
BR ɑːˈbɒrɪəʊ
AM ɑrˈbɔrioʊ

arborisation
BR ˌɑːb(ə)rʌɪˈzeɪʃn
AM ˌɑrbəˌraɪˈzeɪʃ(ə)n, ˌɑrbərəˈzeɪʃ(ə)n

arborization
BR ˌɑːb(ə)rʌɪˈzeɪʃn
AM ˌɑrbəˌraɪˈzeɪʃ(ə)n, ˌɑrbərəˈzeɪʃ(ə)n

arbor vitae
BR ˌɑːbə ˈvʌɪtiː, + ˈviːtʌɪ
AM ˌɑrbər ˈvɪˌtaɪ, ˌɑrbər ˈvaɪdi

arbour
BR ˈɑːbə(r), -z, -d
AM ˈɑrbər, -z, -d

Arbus
BR ˈɑːbəs
AM ˈɑrbəs

Arbuthnot
BR ɑːˈbʌθnɒt
AM ˈɑrbəθˌnɑt, ˈɑrbəθnət

arbutus
BR ɑːˈbjuːtəs, -ɪz
AM ɑrˈbjudəs, -əz

arc
BR ɑːk, -s, -ɪŋ, -t
AM ɑrk, -s, -ɪŋ, -t

arcade
BR ɑːˈkeɪd, -z, -ɪd
AM ɑrˈkeɪd, -z, -ɪd

Arcadia
BR ɑːˈkeɪdɪə(r)
AM ɑrˈkeɪdɪə

Arcadian
BR ɑːˈkeɪdɪən, -z
AM ɑrˈkeɪdɪən, -z

Arcadianism
BR ɑːˈkeɪdɪənɪzm
AM ɑrˈkeɪdɪəˌnɪz(ə)m

arcading
BR ɑːˈkeɪdɪŋ
AM ɑrˈkeɪdɪŋ

Arcady
BR ˈɑːkədi
AM ˈɑrkədi

arcana
BR ɑːˈkeɪnə(r), ɑːˈkɑːnə(r)
AM ɑrˈkeɪnə

arcane
BR ɑːˈkeɪn
AM ɑrˈkeɪn

arcanely
BR ɑːˈkeɪnli
AM ɑrˈkeɪnli

arcanum
BR ɑːˈkeɪnəm
AM ɑrˈkeɪn(ə)m

Arc de Triomphe
BR ˌɑːk də ˈtrɪɒmf
AM ˌɑrk də ˌtriˈɔnf

arch
BR ɑːtʃ, -ɪz, -ɪŋ, -t, -ə(r), -ɪst
AM ɑrtʃ, -əz, -ɪŋ, -t, -ər, -əst

Archaean
BR ɑːˈkiːən, -z
AM ɑrˈkiən, -z

archaeologic
BR ˌɑːkɪəˈlɒdʒɪk
AM ˌɑrkɪəˈlɑdʒɪk

archaeological
BR ˌɑːkɪəˈlɒdʒɪkl
AM ˌɑrkɪəˈlɑdʒək(ə)l

archaeologically
BR ˌɑːkɪəˈlɒdʒɪkli
AM ˌɑrkiəˈlɑdʒək(ə)li

archaeologise
BR ɑːkɪˈɒlədʒʌɪz, -ɪz, -ɪŋ, -d
AM ˌɑrkiˈɑləˌdʒaɪz, -ɪz, -ɪŋ, -d

archaeologist
BR ˌɑːkɪˈɒlədʒɪst, -s
AM ˌɑrkiˈɑlədʒəst, -s

archaeologize
BR ɑːkɪˈɒlədʒʌɪz, -ɪz, -ɪŋ, -d
AM ˌɑrkiˈɑləˌdʒaɪz, -ɪz, -ɪŋ, -d

archaeology
BR ˌɑːkɪˈɒlədʒi
AM ˌɑrkiˈɑlədʒi

archaeopteryx
BR ˌɑːkɪˈɒpt(ə)r|ɪks, -ɪksɪz
AM ˌɑrkiˈɑptərɪks, -ɪz

archaic
BR ɑːˈkeɪɪk
AM ɑrˈkeɪɪk

archaically
BR ɑːˈkeɪɪkli
AM ɑrˈkeɪɪk(ə)li

archaise
BR ˈɑːkeɪʌɪz, ˈɑːkɪʌɪz, -ɪz, -ɪŋ, -d
AM ˈɑrkeɪˌaɪz, ˈɑrkiˌaɪz, -ɪz, -ɪŋ, -d

archaism
BR ˈɑːkeɪɪzm, -z
AM ˈɑrkeɪˌɪz(ə)m, ˈɑrkiˌɪz(ə)m, -z

archaist
BR ˈɑːkeɪɪst, -s
AM ˈɑrkeɪɪst, ˈɑrkiɪst, -s

archaistic
BR ˌɑːkeɪˈɪstɪk
AM ˌɑrkeɪˈɪstɪk, ˌɑrkiˈɪstɪk

archaistically
BR ˌɑːkeɪˈɪstɪkli
AM ˌɑrkeɪˈɪstɪk(ə)li, ˌɑrkiˈɪstɪk(ə)li

archaize
BR ˈɑːkeɪʌɪz, ˈɑːkɪʌɪz, -ɪz, -ɪŋ, -d
AM ˈɑrkeɪˌaɪz, ˈɑrkiˌaɪz, -ɪz, -ɪŋ, -d

archangel
BR ˈɑːkeɪn(d)ʒ(ə)l, ɑːkˈeɪn(d)ʒ(ə)l, -z
AM ˈɑrkˌeɪndʒ(ə)l, -z

archangelic
BR ˌɑːkanˈdʒɛlɪk
AM ˌɑrkænˈdʒɛlɪk

archbishop
BR (ˌ)ɑːtʃˈbɪʃəp, -s
AM ˌɑrtʃˈbɪʃəp, -s

archbishopric
BR (ˌ)ɑːtʃˈbɪʃəprɪk, -s
AM ˌɑrtʃˈbɪʃəprɪk, -s

archdeacon
BR (ˌ)ɑːtʃˈdiːk(ə)n, -z
AM ˌɑrtʃˈdiːk(ə)n, -z

archdeaconry
BR ˌɑːtʃˈdiːk(ə)nr|i, -ɪz
AM ˌɑrtʃˈdikənri, -z

archdeaconship
BR ˌɑːtʃˈdiːk(ə)nʃɪp, -s
AM ˌɑrtʃˈdikənˌʃɪp, -s

archdiocesan
BR ˌɑːtʃdʌɪˈɒsɪsn
AM ˌɑrtʃˌdaɪˈɑsəs(ə)n

archdiocese
BR ˌɑːtʃˈdʌɪəsɪs, -ɪz
AM ˌɑrtʃˈdaɪəˌsiz, ˌɑrtʃˈdaɪəsɪs, -ɪz

archducal
BR ˌɑːtʃˈdjuːkl, ˌɑːtʃˈdʒuːkl
AM ˌɑrtʃˈd(j)uk(ə)l

archduchess
BR ˌɑːtʃˈdʌtʃɪs, -ɪz
AM ˌɑrtʃˈdətʃəs, -əz

archduchy
BR ˌɑːtʃˈdʌtʃ|i, -ɪz
AM ˌɑrtʃˈdətʃ|i, -z

archduke
BR ˌɑːtʃˈdjuːk, ˌɑːtʃˈdʒuːk, -s
AM ˌɑrtʃˈd(j)uk, -s

archdukedom
BR ˌɑːtʃˈdjuːkdəm, ˌɑːtʃˈdʒuːkdəm, -z
AM ˌɑrtʃˈd(j)ukd(ə)m, -z

archegonia
BR ˌɑːkɪˈɡəʊnɪə(r)
AM ˌɑrkəˈɡoʊnɪə

archegonium
BR ˌɑːkɪˈɡəʊnɪəm
AM ˌɑrkəˈɡoʊnɪəm

Archelaus
BR ˌɑːkɪˈleɪəs
AM ˌɑrkəˈleɪəs

arch-enemy
BR ˌɑːtʃˈɛnɪm|i, -ɪz
AM ˌɑrˈtʃɛnəmi, -z

archeologic
BR ˌɑːkɪəˈlɒdʒɪk
AM ˌɑrkiəˈlɑdʒɪk

archeological
BR ˌɑːkɪəˈlɒdʒɪkl
AM ˌɑrkiəˈlɑdʒək(ə)l

archeologically
BR ˌɑːkɪəˈlɒdʒɪkli
AM ˌɑrkiəˈlɑdʒək(ə)li

archeologist
BR ˌɑːkɪˈɒlədʒɪst, -s
AM ˌɑrkiˈɑlədʒəst, -s

archeologize
BR ɑːkɪˈɒlədʒʌɪz, -ɪz, -ɪŋ, -d
AM ˌɑrkiˈɑləˌdʒaɪz, -ɪz, -ɪŋ, -d

archeology
BR ˌɑːkɪˈɒlədʒi
AM ˌɑrkiˈɑlədʒi

archeopteryx
BR ˌɑːkɪˈɒpt(ə)r|ɪks, -ɪksɪz
AM ˌɑrkiˈɑptərɪks, -ɪz

archer
BR ˈɑːtʃə(r), -z
AM ˈɑrtʃər, -z

archery
BR ˈɑːtʃ(ə)ri
AM ˈɑrtʃ(ə)ri

archetypal
BR ˌɑːkɪˈtʌɪpl, ˈɑːkɪˌtʌɪpl
AM ˈˌɑrk(ə)ˌtaɪp(ə)l

archetypally
BR ˌɑːkɪˈtʌɪpli, ˈɑːkɪˌtʌɪpli
AM ˈˌɑrk(ə)ˌtaɪpəli

archetype
BR ˈɑːkɪtʌɪp, -s
AM ˈɑrk(ə)ˌtaɪp, -s

archetypical
BR ˌɑːkɪˈtɪpɪkl
AM ˌɑrk(ə)ˈtɪpɪk(ə)l

archetypically
BR ˌɑːkɪˈtɪpɪkli
AM ˌɑrk(ə)ˈtɪpɪk(ə)li

Archibald
BR ˈɑːtʃɪbɔːld
AM ˈɑrtʃəˌbɑld, ˈɑrtʃəˌbɔld

archidiaconal
BR ˌɑːkɪdʌɪˈakn̩l
AM ˌɑrkəˌdiˈækən(ə)l, ˌɑrkəˌdiˈækn(ə)l, ˌɑrkəˌdaɪˈækən(ə)l, ˌɑrkəˌdaɪˈækn(ə)l

archidiaconate
BR ˌɑːkɪdʌɪˈaknem, ˌɑːkɪdʌɪˈaknɪt, ˌɑːkɪdɪˈakneɪt, ˌɑːkɪdɪˈaknɪt, -s
AM ˌɑrkəˌdiˈækənət, ˌɑrkəˌdaɪˈækənət, -s

Archie
BR ˈɑːtʃi
AM ˈɑrtʃi

archiepiscopacy
BR ˌɑːkɪˈpɪskəpəs|i, -ɪz
AM ˌɑrkiəˈpɪskəpəsi, -z

archiepiscopal
BR ˌɑːkɪˈpɪskəpl
AM ˌɑrkiəˈpɪskəp(ə)l

archiepiscopate
BR ˌɑːkɪˈpɪskəpət, -s
AM ˌɑrkiəˈpɪskəpət, -s

archil
BR ˈɑːkɪl, ˈɑːtʃɪl, -z
AM ˈɑrtʃ(ə)l, -z

Archilochus
BR ˌɑːkɪˈləʊkəs
AM ˌɑrkəˈloʊkəs

archimandrite
BR ˌɑːkɪˈmandrʌɪt, -s
AM ˌɑrkəˈmænˌdraɪt, -s

Archimedean
BR ˌɑːkɪˈmiːdɪən, -z
AM ˌɑrkəˈmidiən, -z

Archimedes
BR ˌɑːkɪˈmiːdiːz
AM ˌɑrkəˈmidiz

archipelago
BR ˌɑːkɪˈpɛlɪɡəʊ, -z
AM ˌɑrtʃəˈpɛləˌɡoʊ, ˌɑrkəˈpɛləˌɡoʊ, -z

architect
BR ˈɑːkɪtɛkt, -s
AM ˈɑrkəˌtɛk|(t), -(t)s

architectonic
BR ˌɑːkɪtɛkˈtɒnɪk, -s
AM ˌɑrkəˌtɛkˈtɑnɪk, -s

architectural
BR ˌɑːkɪˈtɛktʃ(ə)rl̩
AM ˌɑrkəˈtɛk(t)ʃər(ə)l, ˌɑrkəˈtɛk(t)ʃr(ə)l

architecturally
BR ˌɑːkɪˈtɛktʃ(ə)rl̩i
AM ˌɑrkəˈtɛk(t)ʃ(ə)rəli

architecture
BR ˈɑːkɪtɛktʃə(r)
AM ˈɑrkəˌtɛk(t)ʃər

architrave
BR ˈɑːkɪtreɪv, -z
AM ˈɑrkəˌtreɪv, -z

archival
BR ˈɑːkʌɪvl, ɑːˈkʌɪvl
AM ɑrˈkaɪv(ə)l

archive
BR ˈɑːkʌɪv, -z, -ɪŋ, -d
AM ˈɑrˌkaɪv, -z, -ɪŋ, -d

archivist
BR ˈɑːkɪvɪst, -s
AM ˈɑrˌkaɪvɪst, ˈɑrkəvəst, -s

archivolt
BR ˈɑːkɪvəʊlt, -s
AM ˈɑrkəˌvoʊlt, -s

archlute
BR ˈɑːtʃl(j)uːt, -s
AM ˈɑrtʃˌlut, -s

archly
BR ˈɑːtʃli
AM ˈɑrtʃli

archness
BR ˈɑːtʃnəs
AM ˈɑrtʃnəs

archon
BR ˈɑːk(ɒ)n, -z
AM ˈɑrˌkɑn, -z

archonship
BR ˈɑːk(ɒ)nʃɪp, -s
AM ˈɑrˌkɑnˌʃɪp, -s

archpriest
BR ˌɑːtʃˈpriːst, -s
AM ˌɑrtʃˈprist, -s

arch-rival
BR ˌɑːtʃˈrʌɪvl, -z
AM ˌɑrtʃˈraɪv(ə)l, -z

archway
BR ˈɑːtʃweɪ, -z
AM ˈɑrtʃˌweɪ, -z

Archy
BR ˈɑːtʃi
AM ˈɑrtʃi

Arco
BR ˈɑːkəʊ
AM ˈɑrkoʊ

arctic
BR ˈɑːktɪk
AM ˈɑrdɪk, ˈɑrktɪk

Arcturus
BR ɑːkˈtjʊərəs
AM ˌɑrkˈt(j)ʊrəs

arcuate[1] *adjective*
BR ˈɑːkjʊət
AM ˈɑrkjəˌweɪt, ˈɑrkjəwət

arcuate[2] *verb*
BR ˈɑːkjʊeɪt, -s, -ɪŋ, -ɪd
AM ˈɑrkjəˌweɪ|t, -ts, -dɪŋ, -dɪd

arcus senilis
BR ˌɑːkəs sɪˈnʌɪlɪs
AM ˌɑrkəs səˈnɪlɪs

Ardagh
BR ˈɑːdɑː(r)
AM ˈɑrdɔ

Ardèche
BR ɑːˈdɛʃ
AM ɑrˈdɛʃ

Arden
BR ˈɑːdn
AM ˈɑrd(ə)n

ardency
BR ˈɑːdnsi
AM ˈɑrdnsi

Ardennes
BR ɑːˈdɛn(z)
AM ɑrˈdɛn(z)

ardent
BR ˈɑːdnt
AM ˈɑrdnt

ardently
BR ˈɑːdntli
AM ˈɑrdn(t)li

Ardizzone
BR ˌɑːdɪˈzəʊni
AM ˌɑrdɪˈzoʊni

Ardmore
BR ɑːdˈmɔː(r)
AM ˈɑrdmɔ(ə)r

Ardnamurchan
BR ˌɑːdnəˈməːk(ə)n
AM ˌɑrdnəˈmərtʃ(ə)n

ardor
BR ˈɑːdə(r), -z
AM ˈɑrdər, -z

ardour
BR ˈɑːdə(r), -z
AM ˈɑrdər, -z

Ardoyne
BR ɑːˈdɔɪn
AM ɑrˈdɔɪn

Ardrossan
BR ɑːˈdrɒsn
AM ˈɑrdrɑs(ə)n, ˈɑrdrɔs(ə)n

Ards
BR ɑːdz
AM ɑrdz

arduous
BR ˈɑːdjʊəs, ˈɑːdʒʊəs
AM ˈɑrdʒəwəs

arduously
BR ˈɑːdjʊəsli, ˈɑːdʒʊəsli
AM ˈɑrdʒəwəsli

arduousness
BR ˈɑːdjʊəsnəs, ˈɑːdʒʊəsnəs
AM ˈɑrdʒəwəsnəs

are[1] *strong form*
BR ɑː(r)
AM ɑr

are[2] *unit*
BR ɑː(r), -z
AM ɑr, -z

are[3] *weak form*
BR ə(r)
AM ər

area
BR ˈɛːrɪə(r), -z
AM ˈɛrɪə, -z

areal
BR ˈɛːrɪəl
AM ˈɛrɪəl

areaway
BR ˈɛːrɪəweɪ, -z
AM ˈɛrɪəˌweɪ, -z

areca
BR ˈarɪkə(r), əˈriːkə(r), -z
AM ˈɛrəkə, əˈrikə, -z

areg
BR ˈɑːrɛɡ, ˈarɛɡ
AM ˈɑˌrɛɡ

arena
BR əˈriːnə(r), -z
AM əˈrinə, -z

arenaceous
BR ˌarɪˈneɪʃəs
AM ˌærəˈneɪʃəs

Arendt
BR ˈɑːr(ə)nt
AM ˈɑr(ə)nt

Arenig
BR əˈrɛnɪɡ
AM ˈɛrənɪɡ

aren't
BR ɑːnt
AM ˈɑr(ə)nt

areola
BR əˈriːələ(r), -z
AM əˈriəlɑ, -z

areolae
BR əˈriːəliː
AM əˈriəˌlaɪ, əˈriəˌli

areolar
BR əˈriːələ(r)
AM əˈriələr

areometer
BR ˌɛːrɪˈɒmɪtə(r), ˌarɪˈɒmɪtə(r), -z
AM ˌɛriˈɑmədər, -z

Areopagi
BR ˌarɪˈɒpəɡʌɪ
AM ˌɛriˈɑpəɡaɪ

Areopagite
BR ˌarɪˈɒpəgʌɪt,
-s
AM ˌærɪˈapəˌgaɪt,
-s

Areopagitica
BR ˌarɪɒpəˈdʒɪtɪkə(r)
AM ˌˌæriˌapəˈdʒɪdɪkə

Areopagus
BR ˌarɪˈɒpəgəs
AM ˌɛriˈapəgəs

Arequipa
BR ˌarɪˈk(w)iːpə(r)
AM ˌɛrəˈk(w)ipə
SP areˈkipa

Ares
BR ˈɛːriːz
AM ˈɛriz

arête
BR aˈrɛt, -s
AM əˈreɪt, -s

Aretha
BR əˈriːθə(r)
AM əˈriθə

Arethusa
BR ˌarɪˈθjuːzə(r)
AM ˌɛrəˈθuzə

Arfon
BR ˈɑːv(ɒ)n
AM ˈarf(ə)n
WE ˈarvɒn

argala
BR ˈɑːglə(r), -z
AM ˈargələ, -z

argali
BR ˈɑːgl̩i
AM ˈargəli

argent
BR ˈɑːdʒnt
AM ˈardʒ(ə)nt

argentiferous
BR ˌɑːdʒnˈtɪf(ə)rəs
AM ˌardʒənˈtɪf(ə)rəs

Argentina
BR ˌɑːdʒnˈtiːnə(r)
AM ˌardʒənˈtinə
SP ˌarxenˈtina

Argentine
BR ˈɑːdʒntʌɪn,
ˈɑːdʒntiːn
AM ˈardʒənˌtaɪn,
ˈardʒənˌtin

Argentinian
BR ˌɑːdʒnˈtɪnɪən, -z
AM ˌardʒənˈtɪnɪən, -z

Argie
BR ˈɑːdʒ|i, -ɪz
AM ˈardʒi, -z

argil
BR ˈɑːdʒɪl
AM ˈardʒ(ə)l

argilaceous
BR ˌɑːdʒɪˈleɪʃəs
AM ˌardʒəˈleɪʃəs

argillaceous
BR ˌɑːdʒɪˈleɪʃəs
AM ˌardʒəˈleɪʃəs

arginine
BR ˈɑːdʒmiːn,
ˈɑːdʒmʌɪn
AM ˈardʒəˌnam,
ˈardʒəˌnin

Argive
BR ˈɑːgʌɪv, ˈɑːdʒʌɪv
AM ˈarˌgaɪv

argle-bargle
BR ˌɑːglˈbɑːgl
AM ˈargəlˈbarg(ə)l

Argo
BR ˈɑːgəʊ
AM ˈargoʊ

argol
BR ˈɑːgɒl, -z
AM ˈarg(ə)l, -z

argon
BR ˈɑːg(ɒ)n
AM ˈarˌgan

Argonaut
BR ˈɑːgənɔːt, -s
AM ˈargəˌnat,
ˈargəˌnɔt, -s

Argos
BR ˈɑːgɒs
AM ˈargɔs, ˈargas,
ˈargəs

argosy
BR ˈɑːgəs|i, -ɪz
AM ˈargəsi, -z

argot
BR ˈɑːgəʊ, -z
AM ˈargət, arˈgoʊ, -z

arguable
BR ˈɑːgjʊəbl
AM ˈargjəwəb(ə)l

arguably
BR ˈɑːgjʊəbli
AM ˈargjəwəbli

argue
BR ˈɑːgjuː, -z, -ɪŋ,
-d
AM ˈargju, -z, -ɪŋ, -d

arguer
BR ˈɑːgjʊə(r), -z
AM ˈargjəwər, -z

argufy
BR ˈɑːgjʊfʌɪ, -z, -ɪŋ,
-d
AM ˈargjəˌfaɪ, -z, -ɪŋ,
-d

argument
BR ˈɑːgjʊm(ə)nt, -s
AM ˈargjəm(ə)nt, -s

argumental
BR ˌɑːgjʊˈmentl
AM ˌargjəˈmen(t)l

argumentation
BR ˌɑːgjʊm(ɛ)nˈteɪʃn
AM ˌargjəˌmɛnˈteɪʃ(ə)n,
ˌargjəmənˈteɪʃ(ə)n

argumentative
BR ˌɑːgjʊˈmentətɪv
AM ˌargjəˈmen(t)ədɪv

argumentatively
BR ˌɑːgjʊˈmentətɪvli
AM ˌargjə-
ˈmen(t)ədɪvli

argumentativeness
BR ˌɑːgjʊˈmentətɪvnɪs
AM ˌargjə-
ˈmen(t)ədɪvnɪs

**argumentum
e silencio**
BR ɑːgjʊˌmentəm
eɪ sɪˈlenʃɪəʊ,
+ sɪˈlensɪəʊ
AM ˌargəˈmen(t)əm
eɪ sɪˈlensioʊ

Argus
BR ˈɑːgəs, -ɪz
AM ˈargəs, -əz

argute
BR ɑːˈgjuːt
AM arˈgjut

argutely
BR ɑːˈgjuːtli
AM arˈgjutli

argy-bargy
BR ˌɑːdʒɪˈbɑːdʒi
AM ˈardʒiˈbardʒi

Argyle
BR ɑːˈgʌɪl
AM ˈarˌgaɪl

Argyll
BR ɑːˈgʌɪl
AM ˈarˌgaɪl

Argyllshire
BR ɑːˈgʌɪlʃ(ɪ)ə(r)
AM ˈarˌgaɪlˌʃɪ(ə)r

Århus
BR ˈɔːhuːs
AM ˈarˌ(h)us,
ˈɔrˌ(h)us
DAN ˈɔːhuːˈs

aria
BR ˈɑːrɪə(r), -z
AM ˈariə, -z

Ariadne
BR ˌarɪˈadni
AM ˌɛriˈædni

Arian
BR ˈɛːrɪən, -z
AM ˈɛriən, -z

Ariane
BR ˌarɪˈan
AM ˌɛriˈæn

Arianism
BR ˈɛːrɪənɪzm
AM ˈɛriəˌnɪz(ə)m

Arianna
BR ˌarɪˈanə(r)
AM ˌɛriˈænə

arid
BR ˈarɪd
AM ˈɛrəd

aridisol
BR əˈrɪdɪsɒl
AM əˈrɪdɪˌsal,
əˈrɪdɪˌsɔl

aridity
BR əˈrɪdɪti
AM ɛˈrɪdɪdi,
əˈrɪdɪdi

aridly
BR ˈarɪdli
AM ˈɛrədli

aridness
BR ˈarɪdnɪs
AM ˈɛrədnəs

ariel
BR ˈɛːriəl, -z
AM ˈɛriəl, -z

Arielle
BR ˌariˈɛl
AM ˌeriˈɛl

Aries
BR ˈɛːriːz
AM ˈeɪˌriz, ˈɛˌriz

arietta
BR ˌariˈɛtə(r)
AM ˌeriˈɛdə, ˌariˈɛdə

aright
BR əˈrʌɪt
AM əˈraɪt

aril
BR ˈarɪl, ˈarl̩, -z
AM ˈer(ə)l, -z

arillate
BR ˈarɪlət, ˈarɪleɪt
AM ˈerəˌleɪt, ˈerələt

Arimathaea
BR ˌarɪməˈθiːə(r)
AM ˌerəməˈθiə

Arimathea
BR ˌarɪməˈθiːə(r)
AM ˌerəməˈθiə

arioso
BR ˌariˈəʊzəʊ, ˌɑːriˈəʊzəʊ, ˌariˈəʊsəʊ, ˌɑːriˈəʊsəʊ, -z
AM ˌariˈoʊzoʊ, ˌariˈoʊsoʊ, -z

Ariosto
BR ˌariˈɒstəʊ
AM ˌariˈɑstoʊ

arise
BR əˈrʌɪz, -ɪz, -ɪŋ
AM əˈraɪz, -ɪz, -ɪŋ

arisen
BR əˈrɪzn
AM əˈrɪzn

arisings
BR əˈrʌɪzɪŋz
AM əˈraɪzɪŋz

Aristarchus
BR ˌarɪˈstɑːkəs
AM ˌerəˈstɑrkəs

Aristides
BR ˌarɪˈstʌɪdiːz
AM ˌerəˈstaɪdiz

Aristippus
BR ˌarɪˈstɪpəs
AM ˌerəˈstɪpəs

aristocracy
BR ˌarɪˈstɒkrəs|i, -ɪz
AM ˌerəˈstɑkrəsi, -z

aristocrat
BR ˈarɪstəkrat, əˈrɪstəkrat, -s
AM əˈrɪstəˌkræt, -s

aristocratic
BR ˌarɪstəˈkratɪk, əˌrɪstəˈkratɪk
AM əˌrɪstəˈkrædɪk

aristocratically
BR ˌarɪstəˈkratɪkli, əˌrɪstəˈkratɪkli
AM əˌrɪstəˈkrædək(ə)li

Aristophanes
BR ˌarɪˈstɒfn̩iːz
AM ˌerəˈstɑfəniz

Aristotelian
BR ˌarɪstəˈtiːliən, -z
AM ˌerəstəˈtil(i)jən, əˌrɪstəˈtil(i)jən, -z

Aristotle
BR ˈarɪstɒtl
AM ˈerəsˌtɑd(ə)l

Arita
BR əˈriːtə(r)
AM əˈridə

arithmetic[1] *adjective*
BR ˌarɪθˈmetɪk
AM ˌerɪθˈmedɪk

arithmetic[2] *noun*
BR əˈrɪθmətɪk
AM əˈrɪθməˌtɪk

arithmetical
BR ˌarɪθˈmetɪkl
AM ˌerɪθˈmedək(ə)l

arithmetically
BR ˌarɪθˈmetɪkli
AM ˌerɪθˈmedək(ə)li

arithmetician
BR ˌarɪθməˈtɪʃn, əˌrɪθməˈtɪʃn, -z
AM əˌrɪθməˈtɪʃ(ə)n, -z

Arius
BR ˈɛːriəs, əˈrʌɪəs
AM əˈraɪəs, ˈeriəs

Arizona
BR ˌarɪˈzəʊnə(r)
AM ˌerəˈzoʊnə

Arizonan
BR ˌarɪˈzəʊnən, -z
AM ˌerəˈzoʊnən, -z

ark
BR ɑːk, -s
AM ɑrk, -s

Arkansas
BR ˈɑːk(ə)nsɔː(r)
AM ˈɑrkənˌsɑ, ˈɑrkənˌsɔ

arkose
BR ˈɑːkəʊs, ˈɑːkəʊz
AM ˈɑrˌkoʊz, ˈɑrˌkoʊs

Arkwright
BR ˈɑːkrʌɪt
AM ˈɑrkˌraɪt

Arlene
BR ˈɑːliːn
AM ɑrˈlin

Arles
BR ɑːl(z)
AM ˈɑr(ə)l(z)
FR aʁl

Arlette
BR ɑːˈlɛt
AM ɑrˈlɛt

Arlington
BR ˈɑːlɪŋt(ə)n
AM ˈɑrlɪŋt(ə)n

arm
BR ɑːm, -z, -ɪŋ, -d
AM ɑrm, -z, -ɪŋ, -d

armada
BR ɑːˈmɑːdə(r), -z
AM ɑrˈmɑdə, -z

Armadale
BR ˈɑːmədeɪl
AM ˈɑrməˌdeɪl

armadillo
BR ˌɑːməˈdɪləʊ, -z
AM ˌɑrməˈdɪloʊ, -z

Armageddon
BR ˌɑːməˈɡɛdn
AM ˌɑrməˈɡɛd(ə)n

Armagh
BR ˌɑːˈmɑː(r)
AM ɑrˈmɑ

Armagnac
BR ˈɑːmənjak, -s
AM ˈɑrmənˌjæk, -s

Armalite
BR ˈɑːməlʌɪt, -s
AM ˈɑrməˌlaɪt, -s

armament
BR ˈɑːməm(ə)nt, -s
AM ˈɑrməm(ə)nt, -s

armamentaria
BR ˌɑːməm(ɛ)nˈtɛːriə(r)
AM ˌɑrməmənˈtɛriə

armamentarium
BR ˌɑːməm(ɛ)nˈtɛːriəm
AM ˌɑrməmənˈtɛriəm

Armand
BR ˈɑːmənd
AM ˈɑrmənd

Armani
BR ɑːˈmɑːni
AM ɑrˈmɑni
IT arˈmani

Armatrading
BR ˌɑːməˈtreɪdɪŋ
AM ˈɑrməˌtreɪdɪŋ

armature
BR ˈɑːmətʃ(ʊ)ə(r), ˈɑːmətjʊə(r), -z
AM ˈɑrməˌtʃʊ(ə)r, ˈɑrməˌt(j)ʊ(ə)r, ˈɑrmətʃər, -z

armband
BR ˈɑːmband, -z
AM ˈɑrmˌbænd, -z

armchair
BR ˈɑːmtʃɛː(r), ˌɑːmˈtʃɛː(r), -z
AM ˈɑrmˌtʃɛ(ə)r, -z

arme blanche
BR ˌɑːm ˈblɒ̃ʃ
AM ˌɑrm ˈblɑ̃ʃ

Armenia
BR ɑːˈmiːniə(r)
AM ɑrˈminiə

Armenian
BR ɑːˈmiːniən, -z
AM ɑrˈminiən, -z

Armentières
BR ˌɑːm(ə)nˈtɪəz,
ˈɑːm(ə)ntɪəz,
ˌɑːm(ə)ntɪˈɛː(r)
AM ˌɑrˌməntiˈer(z)
FR ARMɑ̃tjɛR

armeria
BR ɑːˈmɪərɪə(r)
AM ɑrˈmɪriə

armes blanches
BR ˌɑːm(z) ˈblɒ̃ʃ
AM ˌɑrm(z)ˈblɑ̃ʃ

Armfield
BR ˈɑːmfiːld
AM ˈɑrmˌfild

armful
BR ˈɑːmfʊl, -z
AM ˈɑrmˌfʊl, -z

armhole
BR ˈɑːmhəʊl, -z
AM ˈɑrmˌ(h)oʊl, -z

Armidale
BR ˈɑːmɪdeɪl
AM ˈɑrməˌdeɪl

armiger
BR ˈɑːmɪdʒə(r), -z
AM ˈɑrmədʒər, -z

armigerous
BR ɑːˈmɪdʒ(ə)rəs
AM ɑrˈmɪdʒ(ə)rəs

armillaria
BR ˌɑːmɪˈlɛːrɪə(r)
AM ˌɑrməˈlɛriə

armillary
BR ɑːˈmɪl(ə)r|i,
ˈɑːmɪl(ə)r|i, -ɪz
AM ˈɑrməˌleri, -z

Arminian
BR ɑːˈmɪnɪən, -z
AM ɑrˈmɪnɪən, -z

Arminianism
BR ɑːˈmɪnɪənɪzm
AM ɑrˈmɪnɪəˌnɪz(ə)m

Arminius
BR ɑːˈmɪnɪəs
AM ɑrˈmɪnɪəs

Armistead
BR ˈɑːmɪstɛd,
ˈɑːmɪstɪd
AM ˈɑrməˌstɛd

armistice
BR ˈɑːmɪstɪs, -ɪz
AM ˈɑrməstəs, -əz

Armitage
BR ˈɑːmɪtɪdʒ
AM ˈɑrmədɪdʒ

armless
BR ˈɑːmləs
AM ˈɑrmləs

armlet
BR ˈɑːmlɪt, -s
AM ˈɑrmlət, -s

Armley
BR ˈɑːmlɪ
AM ˈɑrmli

armload
BR ˈɑːmləʊd, -z
AM ˈɑrmˌloʊd, -z

armlock
BR ˈɑːmlɒk, -s, -ɪŋ, -t
AM ˈɑrmˌlɑk, -s, -ɪŋ, -t

armoire
BR ɑːˈmwɑː(r), -z
AM ɑrmˈwɑr, -z

armor
BR ˈɑːm|ə(r), -əz, -(ə)rɪŋ, -əd
AM ˈɑrmər, -z, -ɪŋ, -d

armorer
BR ˈɑːm(ə)rə(r), -z
AM ˈɑrmərər, -z

armorial
BR ɑːˈmɔːrɪəl
AM ɑrˈmɔrɪəl

Armorica
BR ɑːˈmɒrɪkə(r)
AM ɑrˈmɔrəkə

armorist
BR ˈɑːm(ə)rɪst, -s
AM ˈɑrmərəst, -s

armory
BR ˈɑːm(ə)r|i, -ɪz
AM ˈɑrm(ə)ri, -z

armour
BR ˈɑːm|ə(r), -əz, -(ə)rɪŋ, -əd
AM ˈɑrmər, -z, -ɪŋ, -d

armourer
BR ˈɑːm(ə)rə(r), -z
AM ˈɑrmərər, -z

armoury
BR ˈɑːm(ə)r|i, -ɪz
AM ˈɑrm(ə)ri, -z

armpit
BR ˈɑːmpɪt, -s
AM ˈɑrmˌpɪt, -s

armrest
BR ˈɑːmrɛst, -s
AM ˈɑrmˌrɛst, -s

Armstrong
BR ˈɑːmstrɒŋ
AM ˈɑrmˌstrɑŋ, ˈɑrmˌstrɔŋ

army
BR ˈɑːm|i, -ɪz
AM ˈɑrmi, -z

Arndale
BR ˈɑːndeɪl
AM ˈɑrnˌdeɪl

Arne
BR ɑːn
AM ɑrn

Arnhem
BR ˈɑːn(ə)m
AM ˈɑrnˌhɛm, ˈɑrn(ə)m

arnica
BR ˈɑːnɪkə(r)
AM ˈɑrnəkə

Arno
BR ˈɑːnəʊ
AM ˈɑrˌnoʊ
IT ˈɑrno

Arnold
BR ˈɑːnld
AM ˈɑrnəld

aroid
BR ˈɛːrɔɪd, -z
AM ˈɛrɔɪd, -z

aroint
BR əˈrɔɪnt
AM əˈrɔɪnt

aroma
BR əˈrəʊmə(r), -z
AM əˈroʊmə, -z

aromatherapeutic
BR əˌrəʊməˌθɛrəˈpjuːtɪk
AM əˌroʊməˌθɛrəˈpjʊdɪk

aromatherapist
BR əˌrəʊməˈθɛrəpɪst, əˈrəʊməˌθɛrəpɪst, -s
AM əˌroʊməˈθɛrəpəst, -s

aromatherapy
BR əˌrəʊməˈθɛrəpi, əˈrəʊməˌθɛrəpi
AM əˌroʊməˈθɛrəpi

aromatic
BR ˌærəˈmætɪk
AM ˌɛroʊˈmædɪk, ˌɛrəˈmædɪk

aromatically
BR ˌærəˈmætɪkli
AM ˌɛroʊˈmædək(ə)li, ˌɛrəˈmædək(ə)li

aromaticity
BR ˌærəməˈtɪsɪti
AM ˌɛrəməˈtɪsɨdi

aromatisation
BR əˌrəʊmətʌɪˈzeɪʃn
AM əˌroʊməˌtaɪˈzeɪʃ(ə)n, əˌroʊmədəˈzeɪʃ(ə)n

aromatise
BR əˌrəʊmətʌɪz, -ɪz, -ɪŋ, -d
AM əˈroʊməˌtaɪz, -ɪz, -ɪŋ, -d

aromatization
BR əˌrəʊmətʌɪˈzeɪʃn
AM əˌroʊməˌtaɪˈzeɪʃ(ə)n, əˌroʊmədəˈzeɪʃ(ə)n

aromatize
BR əˌrəʊmətʌɪz, -ɪz, -ɪŋ, -d
AM əˈroʊməˌtaɪz, -ɪz, -ɪŋ, -d

arose
BR əˈrəʊz
AM əˈroʊz

around
BR əˈraʊnd
AM əˈraʊnd

arousable
BR əˈraʊzəbl
AM əˈraʊzəb(ə)l

arousal
BR əˈraʊzl
AM əˈraʊz(ə)l

arouse
BR əˈraʊz, -ɪz, -ɪŋ, -d
AM əˈraʊz, -əz, -ɪŋ, -d
arouser
BR əˈraʊzə(r), -z
AM əˈraʊzər, -z
Arp
BR ɑːp
AM ɑrp
arpeggio
BR ɑːˈpɛdʒɪəʊ, -z
AM ɑrˈpɛdʒioʊ, -z
arquebus
BR ˈɑːkwɪbəs, -ɪz
AM ˈɑrk(w)əbəs, -əz
arquebusier
BR ˌɑːkwɪbəˈsiːə(r), -z
AM ˌɑrk(w)əbəˈsɪ(ə)r, -z
arrack
BR ˈarək
AM ˈɛˌræk, ˈɛrək
arraign
BR əˈreɪn, -z, -ɪŋ, -d
AM əˈreɪn, -z, -ɪŋ, -d
arraignment
BR əˈreɪnm(ə)nt, -s
AM əˈreɪnm(ə)nt, -s
Arran
BR ˈarn̩
AM ˈɛr(ə)n
arrange
BR əˈreɪn(d)ʒ, -ɪz, -ɪŋ, -d
AM əˈreɪndʒ, -ɪz, -ɪŋ, -d
arrangeable
BR əˈreɪn(d)ʒəbl
AM əˈreɪndʒəb(ə)l
arrangement
BR əˈreɪn(d)ʒm(ə)nt, -s
AM əˈreɪndʒm(ə)nt, -s
arranger
BR əˈreɪn(d)ʒə(r), -z
AM əˈreɪndʒər, -z
arrant
BR ˈarn̩t
AM ˈɛr(ə)nt
arrantly
BR ˈarn̩tli
AM ˈɛrən(t)li

Arras
BR ˈarəs
AM ˈɛrəs
FR aʀas
arras
BR ˈarəs, -ɪz
AM ˈɛrəs, -əz
Arrau
BR əˈraʊ
AM əˈraʊ
array
BR əˈreɪ, -z, -ɪŋ, -d
AM əˈreɪ, -z, -ɪŋ, -d
arrear
BR əˈrɪə(r), -z
AM əˈrɪ(ə)r, -z
arrearage
BR əˈrɪərɪdʒ
AM əˈrɪrɪdʒ
arrest
BR əˈrɛst, -s, -ɪŋ, -ɪd
AM əˈrɛst, -s, -ɪŋ, -əd
arrestable
BR əˈrɛstəbl
AM əˈrɛstəb(ə)l
arrestation
BR ˌarɛˈsteɪʃn̩
AM əˌrɛsˈteɪʃ(ə)n
arrester
BR əˈrɛstə(r), -z
AM əˈrɛstər, -z
arresting
BR əˈrɛstɪŋ
AM əˈrɛstɪŋ
arrestingly
BR əˈrɛstɪŋli
AM əˈrɛstɪŋli
arrestment
BR əˈrɛs(t)m(ə)nt, -s
AM əˈrɛs(t)m(ə)nt, -s
arrhythmia
BR əˈrɪðmɪə(r), eɪˈrɪðmɪə(r)
AM eɪˈrɪðmɪə, əˈrɪðmɪə
arrière-pensée
BR ˌarɪɛːˈpɒnseɪ, ˌarɪɛːˈpɒ̃seɪ, ˌarɪɛːpɒnˈseɪ, ˌarɪɛːpɒ̃ˈseɪ
AM ˌarɪɛrˌpɑnˈseɪ

arrière-pensées
BR ˌarɪɛːˈpɒnseɪ(z), ˌarɪɛːˈpɒ̃seɪ(z), ˌarɪɛːpɒnˈseɪ(z), ˌarɪɛːpɒ̃ˈseɪ(z)
AM ˌarɪɛrˌpɑnˈseɪ(z)
arris
BR ˈarɪs, -ɪz
AM ˈɛrɪs, -əz
arrival
BR əˈrʌɪvl, -z
AM əˈraɪv(ə)l, -z
arrive
BR əˈrʌɪv, -z, -ɪŋ, -d
AM əˈraɪv, -z, -ɪŋ, -d
arrivederci
BR ˌarɪvəˈdɛːtʃi
AM əˌrivəˈdɛrtʃi, ˌɛrəvəˈdɛrtʃi
IT arriveˈdɛrtʃi
arrivisme
BR ˌariːˈvɪzm
AM ˌariˈvɪzm(ə)
arriviste
BR ˌariːˈviːst, -s
AM ˌariˈvist, -s
arrogance
BR ˈarəg(ə)ns
AM ˈɛrəg(ə)ns
arrogancy
BR ˈarəg(ə)nsi
AM ˈɛrəgənsi
arrogant
BR ˈarəg(ə)nt
AM ˈɛrəg(ə)nt
arrogantly
BR ˈarəg(ə)ntli
AM ˈɛrəgən(t)li
arrogate
BR ˈarəgeɪt, -s, -ɪŋ, -ɪd
AM ˈɛrəˌgeɪ|t, -ts, -dɪŋ, -dɪd
arrogation
BR ˌarəˈgeɪʃn, -z
AM ˌɛrəˈgeɪʃ(ə)n, -z
arrondissement
BR əˈrɒndɪsm(ə)nt, əˌrɒdiːˈsmɒ̃
AM əˈrɑndɪˌsmɑn, əˈrɑndɛsm(ə)nt
FR aʀɔ̃dismɑ̃

arrondissements
BR əˈrɒndɪsm(ə)nts, əˌrɒdiːˈsmɒ̃(z)
AM əˈrɑndɪˌsmɑn(z), əˈrɑndɛsmən(ts)
arrow
BR ˈarəʊ, -z
AM ˈɛroʊ, -z
arrowhead
BR ˈarə(ʊ)hɛd, -z
AM ˈɛroʊˌ(h)ɛd, -z
arrowroot
BR ˈarə(ʊ)ruːt
AM ˈɛroʊˌrut
Arrowsmith
BR ˈarə(ʊ)smɪθ
AM ˈɛroʊˌsmɪθ
arrowy
BR ˈarəʊi
AM ˈɛrəwi
arroyo
BR əˈrɔɪəʊ, -z
AM əˈrɔɪ(j)oʊ, -z
SP aˈrrojo
arrythmia
BR əˈrɪðmɪə(r), eɪˈrɪðmɪə(r)
AM eɪˈrɪðmɪə, əˈrɪðmɪə
arse
BR ɑːs, -ɪz
AM ɑrs, æs, -əz
arsehole
BR ˈɑːshəʊl, -z
AM ˈæsˌ(h)oʊl, ˈɑrsˌ(h)oʊl, -z
arsenal
BR ˈɑːs(ə)nl, ˈɑːsn̩l, -z
AM ˈɑrsən(ə)l, ˈɑrsn(ə)l, -z
arsenate
BR ˈɑːs(ɨ)neɪt, ˈɑːsneɪt, ˈɑːs(ɨ)nɪt, ˈɑːsnɪt, -s
AM ˈɑrs(ə)ˌneɪt, ˈɑrs(ə)nət, -s
arsenic[1] *adjective*
BR ɑːˈsɛnɪk
AM ɑrˈsɛnɪk
arsenic[2] *noun*
BR ˈɑːsn̩ɪk
AM ˈɑrs(ə)nɪk

arsenical
BR ɑːˈsenɪkl
AM ɑrˈsenək(ə)l

arsenically
BR ɑːˈsenɪkli
AM ɑrˈsenək(ə)li

arsenicum
BR ɑːˈsenɪkəm
AM ɑrˈsenək(ə)m

arsenious
BR ɑːˈsiːniəs
AM ɑrˈsiniəs

arses[1] plural of arse
BR ˈɑːsɨz
AM ˈɑrsəz, ˈæsəz

arses[2] plural of *arsis*
BR ˈɑːsiːz
AM ˈɑrˌsiz

arsine
BR ˈɑːsiːn
AM ˈɑrˌsin

arsis
BR ˈɑːsɪs, -ɨz
AM ˈɑrsəs, -əz

arson
BR ˈɑːsn
AM ˈɑrs(ə)n

arsonist
BR ˈɑːsn̩ɪst, -s
AM ˈɑrs(ə)nəst, -s

arsphenamine
BR ɑːsˈfenəmiːn,
ɑːsˈfenəmɪn
AM ɑrˈsfenəˌmin,
ɑrˈsfenəm(ə)n

arsy-versy
BR ˌɑːsɪˈvəːsi
AM ˌɑrsiˈvərsi

art
BR ɑːt, -s
AM ɑrt, -s

Artaxerxes
BR ˌɑːtəˈzəːksiːz
AM ˌɑrdəˈzərksiz

art deco
BR ˌɑːt ˈdekəʊ
AM ˌɑrt ˈdekoʊ

artefact
BR ˈɑːtɨfakt, -s
AM ˈɑrdəˌfæk(t),
-(t)s

artefactual
BR ˌɑːtɨˈfaktʃʊəl,
ˌɑːtɨˈfaktʃ(ʊ)l
AM ˌɑrdə-
ˈfæk(t)ʃ(əw)əl

artel
BR ɑːˈtel, -z
AM ɑrˈtel, -z
RUS ɑrˈtʲelʲ

Artemis
BR ˈɑːtɨmɪs
AM ˈɑrdəməs

artemisia
BR ˌɑːtɨˈmɪziə(r),
ˌɑːtɨˈmiːʒə(r),
-z
AM ˌɑrdəˈmiziə,
ˌɑrdəˈmiʒ(i)ə,
-z

Artemus
BR ˈɑːtɨməs
AM ˈɑrdəməs

arterial
BR ɑːˈtɪəriəl
AM ɑrˈtɪriəl

arterialisation
BR ɑːˌtɪəriəlʌɪˈzeɪʃn
AM ɑrˌtɪriəˌlaɪˈzeɪʃ(ə)n,
ɑrˌtɪriəléˈzeɪʃ(ə)n

arterialise
BR ɑːˈtɪəriəlʌɪz, -ɪz,
-ɪŋ, -d
AM ɑrˈtɪriəˌlaɪz, -ɪz,
-ɪŋ, -d

arterialization
BR ɑːˌtɪəriəlʌɪˈzeɪʃn
AM ɑrˌtɪriəˌlaɪˈzeɪʃ(ə)n,
ɑrˌtɪriéˈzeɪʃ(ə)n

arterialize
BR ɑːˈtɪəriəlʌɪz, -ɪz,
-ɪŋ, -d
AM ɑrˈtɪriəˌlaɪz, -ɪz,
-ɪŋ, -d

arteriogram
BR ɑːˈtɪəriə(ʊ)gram,
-z
AM ɑrˈtɪriəˌgræm,
ɑrˈtɪrioʊˌgræm,
-z

arteriole
BR ɑːˈtɪəriəʊl, -z
AM ɑrˈtɪriˌoʊl, -z

arterioscleroses
BR ɑːˌtɪəriəʊsklɪ-
ˈrəʊsiːz
AM ɑrˌtɪriəsklə-
ˈroʊsiz,
ɑrˌtɪrioʊskləˈroʊsiz

arteriosclerosis
BR ɑːˌtɪəriəʊsklə-
ˈrəʊsɪs
AM ɑrˌtɪriəsklə-
ˈroʊsəs,
ɑrˌtɪrioʊsklɪˈroʊsəs

arteriosclerotic
BR ɑːˌtɪəriəʊsklɪˈrɒtɪk
AM ɑrˌtɪriəskləˈrɑdɪk,
ɑrˌtɪrioʊskləˈrɑdɪk

arteritis
BR ˌɑːtəˈrʌɪtɪs
AM ˌɑrdəˈraɪdɪs

artery
BR ˈɑːt(ə)r|i, -ɪz
AM ˈɑrdəri, -z

artesian
BR ɑːˈtiːziən, ɑːˈtiːʒn
AM ɑrˈtiʒ(ə)n

artful
BR ˈɑːtf(ʊ)l
AM ˈɑrtf(ə)l

artfully
BR ˈɑːtfʊli, ˈɑːtfli
AM ˈɑrtfəli

artfulness
BR ˈɑːtf(ʊ)lnəs
AM ˈɑrtfəlnəs

arthritic
BR ɑːˈθrɪtɪk, -s
AM ɑrˈθrɪdɪk, -s

arthritis
BR ɑːˈθrʌɪtɪs
AM ɑrˈθraɪdɪs

arthrodesis
BR ɑːˈθrɒdɪsɪs
AM ˌɑrˈθrɑdəsɪs

arthropod
BR ˈɑːθrəpɒd, -z
AM ˈɑrθrəˌpɑd, -z

arthroscope
BR ˈɑːθrəskəʊp, -s
AM ˈɑrθrəˌskoʊp, -s

arthroscopic
BR ˌɑːθrəˈskɒpɪk
AM ˌɑrθrəˈskɑpɪk

arthroscopy
BR ɑːˈθrɒskəp|i, -ɪz
AM ɑrˈθrɑskəpi, -z

Arthur
BR ˈɑːθə(r)
AM ˈɑrθər

Arthurian
BR ɑːˈθjʊəriən,
ɑːˈθjɔːriən
AM ɑrˈθ(j)ʊriən

artic
BR ɑːˈtɪk, -s
AM ɑrˈtɪk, -s

artichoke
BR ˈɑːtɪtʃəʊk, -s
AM ˈɑrdəˌtʃoʊk, -s

article
BR ˈɑːtɪk|l, -lz,
-l̩ɪŋ/-lɪŋ, -ld
AM ˈɑrdək(ə)l, -z,
-ɪŋ, -d

articulacy
BR ɑːˈtɪkjʉləsi
AM ɑrˈtɪkjələsi

articular
BR ɑːˈtɪkjʉlə(r)
AM ɑrˈtɪkjələr

articulate[1] *adjective*
BR ɑːˈtɪkjʉlət
AM ɑrˈtɪkjələt

articulate[2] *verb*
BR ɑːˈtɪkjʉleɪt, -s, -ɪŋ,
-ɨd
AM ɑrˈtɪkjəˌleɪ|t, -ts,
-dɪŋ, -dɨd

articulately
BR ɑːˈtɪkjʉlətli
AM ɑrˈtɪkjələtli

articulateness
BR ɑːˈtɪkjʉlətnəs
AM ɑrˈtɪkjələtnəs

articulation
BR ɑːˌtɪkjʉˈleɪʃn, -z
AM ɑrˌtɪkjəˈleɪʃ(ə)n,
-z

articulator
BR ɑːˈtɪkjʉleɪtə(r), -z
AM ɑrˈtɪkjəˌleɪdər, -z

articulatory
BR ɑːˈtɪkjʉlət(ə)ri,
ɑːˌtɪkjʉˈleɪt(ə)ri
AM ɑrˈtɪkjələˌtɔri

artifact
BR ˈɑːtɪfakt, -s
AM ˈɑrdəˌfæk(t), -(t)s

artifactual
BR ˌɑːtɪˈfaktʃʊəl, ˌɑːtɪˈfaktʃ(ʊ)l
AM ˌɑrdə-ˈfæk(t)ʃ(əw)əl

artifice
BR ˈɑːtɪfɪs, -ɪz
AM ˈɑrdəfəs, -əz

artificer
BR ɑːˈtɪfɪsə(r), -z
AM ˈɑrdəˌfɪsər, ɑrˈtɪfəsər, -z

artificial
BR ˌɑːtɪˈfɪʃl
AM ˌɑrdəˈfɪʃ(ə)l

artificialise
BR ˌɑːtɪˈfɪʃlʌɪz, -ɪz, -ɪŋ, -d
AM ˌɑrdəˈfɪʃəˌlaɪz, -ɪz, -ɪŋ, -d

artificiality
BR ˌɑːtɪˌfɪʃɪˈalɪti
AM ˌɑrdəˌfɪʃiˈælədi

artificialize
BR ˌɑːtɪˈfɪʃlʌɪz, -ɪz, -ɪŋ, -d
AM ˌɑrdəˈfɪʃəˌlaɪz, -ɪz, -ɪŋ, -d

artificially
BR ˌɑːtɪˈfɪʃli
AM ˌɑrdəˈfɪʃəli

artillerist
BR ɑːˈtɪl(ə)rɪst, -s
AM ɑrˈtɪl(ə)rɪst, -s

artillery
BR ɑːˈtɪl(ə)r|i, -ɪz
AM ɑrˈtɪl(ə)ri, -z

artilleryman
BR ɑːˈtɪl(ə)rɪmən
AM ɑrˈtɪl(ə)rim(ə)n

artillerymen
BR ɑːˈtɪl(ə)rɪmən
AM ɑrˈtɪl(ə)rim(ə)n

artily
BR ˈɑːtɪli
AM ˈɑrdəli

artiness
BR ˈɑːtɪnɪs
AM ˈɑrdɪnɪs

artisan
BR ˌɑːtɪˈzan, -z
AM ˈɑrdəˌzæn, ˈɑrdəzn, -z

artisanate
BR ˌɑːtɪˈzaneɪt
AM ˈɑrdəzəˌneɪt

artist
BR ˈɑːtɪst, -s
AM ˈɑrdəst, -s

artiste
BR ɑːˈtiːst, -s
AM ɑrˈtist, -s

artistic
BR ɑːˈtɪstɪk
AM ɑrˈtɪstɪk

artistical
BR ɑːˈtɪstɪkl
AM ɑrˈtɪstɪk(ə)l

artistically
BR ɑːˈtɪstɪkli
AM ɑrˈtɪstɪk(ə)li

artistry
BR ˈɑːtɪstri
AM ˈɑrdəstri

artless
BR ˈɑːtləs
AM ˈɑrtləs

artlessly
BR ˈɑːtləsli
AM ˈɑrtləsli

artlessness
BR ˈɑːtləsnəs
AM ˈɑrtləsnəs

art nouveau
BR ˌɑː(t) nuːˈvəʊ, + nʊˈvəʊ
AM ˌɑr(t) ˌnuˈvoʊ

Artois
BR ɑːˈtwɑː(r)
AM ɑrˈtwɑ
FR artwa

artsy-craftsy
BR ˌɑːtsɪˈkraːf(t)si
AM ˌɑrtsiˈkræf(t)si

artwork
BR ˈɑːtwɜːk
AM ˈɑrtˌwərk

arty
BR ˈɑːt|i, -ɪə(r), -ɪɪst
AM ˈɑrdi, -ər, -ɪst

arty-crafty
BR ˌɑːtɪˈkrɑːfti
AM ˌɑrdiˈkræfti

Aruba
BR əˈruːbə(r)
AM əˈrubə

arugula
BR əˈruːgjʊlə(r)
AM əˈrugələ

arum
BR ˈɛːrəm, -z
AM ˈɛr(ə)m, -z

Arundel
BR ˈɑrn̩dl
AM ˈɛrəndɛl, əˈrənd(ə)l

Arunta
BR əˈrʌntə(r), -z
AM əˈrən(t)ə, -z

arvo
BR ˈɑːvəʊ, -z
AM ˈɑrˌvoʊ, -z

Arwel
BR ˈɑːwɛl
AM ˈɑrw(ə)l

Arwyn
BR ˈɑːwɪn
AM ˈɑrwɪn

Aryan
BR ˈɛːrɪən, ˈɑːrɪən, ˈarɪən, -z
AM ˈɛrɪən, -z

aryl
BR ˈarɪl, ˈɑrl̩, -z
AM ˈɛr(ə)l, -z

arytenoid
BR ˌarɪˈtiːnɔɪd
AM əˈrɪtn̩ɔɪd, ˌɛrəˈtiˌnɔɪd, əˈrɪdəˌnɔɪd

as[1] *strong form*
BR az
AM æz

as[2] *weak form*
BR əz
AM əz

Asa
BR ˈeɪsə(r), ˈeɪzə(r), ˈɑːsə(r)
AM ˈeɪzə

asafoetida
BR ˌasəˈfɛtɪdə(r), ˌasəˈfiːtɪdə(r)
AM ˌæsəˈfidədə, ˌæsəˈfɛdədə

Asante
BR əˈsanti
AM əˈsan(t)i

Asaph
BR ˈasaf
AM ˈæsæf

asbestine
BR asˈbɛstʌɪn, azˈbɛstʌɪn
AM æzˈbɛsˌtɪn, əsˈbɛsˌtɪn, əzˈbɛsˌtɪn, æsˈbɛsˌtɪn

asbestos
BR asˈbɛstɒs, azˈbɛstɒs
AM æzˈbɛstəs, əsˈbɛstəs, əzˈbɛstəs, æsˈbɛstəs

asbestosine
BR asˈbɛstəsʌɪn, azˈbɛstəsʌɪn
AM æzˈbɛstəˌsɪn, æsˈbɛstəˌsɪn

asbestosis
BR ˌasbɛˈstəʊsɪs, ˌazbɛˈstəʊsɪs
AM ˌæzˌbɛsˈtoʊsəs, ˌæsˌbɛsˈtoʊsəs

Asbury
BR ˈasb(ə)ri
AM ˈæzbəri

Ascalon
BR ˈaskəlɒn
AM ˈɑskəˌlɑn

ASCAP
BR ˈaskap
AM ˈæskæp

ascarid
BR ˈaskərɪd, -z
AM ˈæskərɪd, -z

ascaris
BR ˈaskərɪs, -ɪz
AM ˈæskərəs, -əz

ascend
BR əˈsɛnd, -z, -ɪŋ, -ɪd
AM əˈsɛnd, -z, -ɪŋ, -əd

ascendance
BR əˈsend(ə)ns
AM æˈsend(ə)ns, əˈsend(ə)ns

ascendancy
BR əˈsend(ə)nsi
AM əˈsend(ə)nsi

ascendant
BR əˈsend(ə)nt
AM əˈsend(ə)nt

ascender
BR əˈsendə(r), -z
AM əˈsendər, -z

ascension
BR əˈsenʃn
AM əˈsen(t)ʃ(ə)n

ascensional
BR əˈsenʃn̩l
AM əˈsen(t)ʃən(ə)l, əˈsen(t)ʃn(ə)l

Ascensiontide
BR əˈsenʃntʌɪd
AM əˈsen(t)ʃən,taɪd

ascent
BR əˈsent, -s
AM əˈsent, -s

ascentionist
BR əˈsenʃn̩ɪst, -s
AM əˈsen(t)ʃənəst, -s

Ascentiontide
BR əˈsenʃntʌɪd
AM əˈsen(t)ʃən,taɪd

ascertain
BR ˌasəˈteɪn, -z, -ɪŋ, -d
AM ˌæsərˈteɪn, -z, -ɪŋ, -d

ascertainable
BR ˌasəˈteɪnəbl
AM ˌæsərˈteɪnəb(ə)l

ascertainment
BR ˌasəˈteɪnm(ə)nt
AM ˌæsərˈteɪnm(ə)nt

asceses
BR əˈsiːsiːz
AM æˈsisiz, əˈsisiz

ascesis
BR əˈsiːsɪs
AM æˈsɪsɪs, əˈsɪsɪs

ascetic
BR əˈsetɪk
AM æˈsedɪk, əˈsedɪk

ascetically
BR əˈsetɪkli
AM æˈsedək(ə)li, əˈsedək(ə)li

asceticism
BR əˈsetɪsɪzm
AM æˈsedəˌsɪz(ə)m, əˈsedəˌsɪz(ə)m

Ascham
BR ˈaskəm
AM ˈæsk(ə)m

aschelminth
BR ˈaʃhelmɪnθ, ˈaskhelmɪnθ, -s
AM ˈæskɛlˌmɪnθ, ˈæʃɛlˌmɪnθ, -s

asci
BR ˈaskʌɪ, ˈaski
AM ˈæski, ˈæsˌkaɪ

ascidian
BR əˈsɪdiən, -z
AM əˈsɪdiən, -z

ASCII
BR ˈaski
AM ˈæski

ascites
BR əˈsʌɪtiːz
AM əˈsaɪdiz

Asclepiad
BR əˈskliːpɪad, -z
AM æˈsklipiəd, əˈsklipiəd, -z

Asclepius
BR əˈskliːpɪəs
AM æˈsklipiəs, əˈsklipiəs

ascomycete
BR ˌaskəˈmʌɪsiːt
AM ˌæskəˈmaɪˌsit

ascomycetes
BR ˌaskəˈmʌɪsiːts, ˌaskəmʌɪˈsiːtiːz
AM ˌæskəˌmaɪˈsidiz, ˌæskəˈmaɪˌsits

Ascona
BR aˈskəʊnə(r)
AM æsˈkoʊnə
IT asˈkona

ascorbic
BR əˈskɔːbɪk
AM əˈskɔrbɪk

ascot
BR ˈaskɒt, -s
AM ˈæskət, ˈæsˌkɑt, -s

ascribable
BR əˈskrʌɪbəbl
AM əˈskraɪbəb(ə)l

ascribe
BR əˈskrʌɪb, -z, -ɪŋ, -d
AM əˈskraɪb, -z, -ɪŋ, -d

ascription
BR əˈskrɪpʃn
AM əˈskrɪpʃ(ə)n

ascus
BR ˈaskəs
AM ˈæskəs

Asda
BR ˈazdə(r)
AM ˈæzdə

asdic
BR ˈazdɪk
AM ˈæzdɪk

ASEAN
BR ˈasɪan
AM əˈsiən

aseity
BR ˌeɪˈsiːɪti, əˈsiːɪti
AM əˈsiɪdi, eɪˈsiɪdi

asepsis
BR ˌeɪˈsepsɪs, aˈsepsɪs
AM eɪˈsepsəs

aseptic
BR ˌeɪˈseptɪk, aˈseptɪk
AM eɪˈseptɪk

aseptically
BR ˌeɪˈseptɪkli, aˈseptɪkli
AM eɪˈseptək(ə)li

asexual
BR ˌeɪˈsekʃʊəl, ˌeɪˈsekʃ(ʊ)l, ˌeɪˈseksjʊ(ə)l
AM eɪˈsekʃ(əw)əl

asexuality
BR ˌeɪsekʃʊˈalɪti, eɪˌsekʃʊˈalɪti, ˌeɪseksjʊˈalɪti, eɪˌseksjʊˈalɪti
AM eɪsekʃəˈwælədi

asexually
BR ˌeɪˈsekʃʊəli, ˌeɪˈsekʃʊli, ˌeɪˈsekʃli, ˌeɪˈseksjʊ(ə)li
AM eɪˈsekʃ(əw)əli

Asgard
BR ˈasgɑːd, ˈazgɑːd
AM ˈæzˌgɑrd, ˈæsˌgɑrd

ash
BR aʃ, -ɪz
AM æʃ, -əz

ashamed
BR əˈʃeɪmd
AM əˈʃeɪmd

ashamedly
BR əˈʃeɪmɪdli
AM əˈʃeɪmɪdli

ashamedness
BR əˈʃeɪm(ɪ)dnɪs
AM əˈʃeɪm(d)nɪs, əˈʃeɪmɪdnɪs

Ashanti
BR əˈʃanti
AM əˈʃɑn(t)i

ashbin
BR ˈaʃbɪn, -z
AM ˈæʃˌbɪn, -z

Ashby
BR ˈaʃbi
AM ˈæʃbi

Ashby-de-la-Zouch
BR ˌaʃbɪˌdələˈzuːʃ
AM ˌæʃˌbidələˈzuʃ

ashcan
BR ˈaʃkan, -z
AM ˈæʃˌkæn, -z

Ashcroft
BR ˈaʃkrɒft
AM ˈæʃˌkrɑft, ˈæʃˌkrɔft

Ashdod
BR ˈaʃdɒd
AM ˈæʃˌdɑd

Ashdown
BR ˈaʃdaʊn
AM ˈæʃˌdaʊn

Ashe
BR aʃ
AM æʃ

ashen
BR ˈaʃn
AM ˈæʃ(ə)n

Asher
BR ˈaʃə(r)
AM ˈæʃər

ashet
BR ˈaʃɪt, -s
AM ˈæʃət, -s

Ashford
BR ˈaʃfəd
AM ˈæʃfərd

ashiness
BR ˈaʃɪnɪs
AM ˈæʃɪnɪs

Ashington
BR ˈaʃɪŋt(ə)n
AM ˈæʃɪŋt(ə)n

Ashkelon
BR ˈaʃkəlɒn
AM ˈæʃkəˌlɑn

Ashkenazi
BR ˌaʃkɪˈnɑːzi
AM ˌæʃkəˈnɑzi

Ashkenazic
BR ˌaʃkɪˈnɑːzɪk
AM ˌæʃkəˈnɑzɪk

Ashkenazim
BR ˌaʃkɪˈnɑːzɪm
AM ˌæʃkəˈnɑzɪm

Ashkenazy
BR ˌaʃkɪˈnɑːzi
AM ˌæʃkəˈnɑzi
RUS əʃkʲiˈnazʲi

Ashkhabad
BR ˈaʃkəbad, ˈaʃkəbɑːd
AM ˈaʃkəˌbæd, ˈaʃkəˌbad
RUS əʃxaˈbat

ashlar
BR ˈaʃlɑː(r)
AM ˈæʃlər

ashlaring
BR ˈaʃlɑːrɪŋ
AM ˈæʃlərɪŋ

Ashley
BR ˈaʃli
AM ˈæʃli

Ashmolean
BR aʃˈməʊliən
AM æʃˈmoʊliən

ashore
BR əˈʃɔː(r)
AM əˈʃɔː(ə)r

ashpan
BR ˈaʃpan, -z
AM ˈæʃˌpæn, -z

ashplant
BR ˈaʃplɑːnt, -s
AM ˈæʃˌplænt, -s

Ashquelon
BR ˈaʃkəlɒn
AM ˈæʃkəˌlɑn, ˈæʃkəˌlan

ashram
BR ˈaʃram, -z
AM ˈaʃr(ə)m, -z

ashrama
BR ˈaʃrəmə(r), -z
AM ˈaʃrəmə, -z

Ash Shariqah
BR ˌaʃ ʃəˈriːkə(r)
AM ˌæʃ ʃəˈrikə

Ashton
BR ˈaʃt(ə)n
AM ˈæʃt(ə)n

Ashton-under-Lyne
BR ˌaʃt(ə)nˌʌndəˈlʌɪn
AM ˌæʃt(ə)nˌəndərˈlaɪn

ashtray
BR ˈaʃtreɪ, -z
AM ˈæʃˌtreɪ, -z

Ashur
BR ˈaʃə(r)
AM ˈæʃər

Ashurbanipal
BR ˌaʃʊəˈbanɪpal
AM ɑˌʃʊrˈbɑniˌpɑl

ashwood
BR ˈaʃwʊd
AM ˈæʃˌwʊd

Ashworth
BR ˈaʃwə(ː)θ
AM ˈæʃˌwərθ

ashy
BR ˈaʃ|i, -ɪə(r), -ɪɪst
AM ˈæʃi, -ər, -ɪst

Asia
BR ˈeɪʃə(r), ˈeɪʒə(r)
AM ˈeɪʒə

Asian
BR ˈeɪʃ(ə)n, ˈeɪʒ(ə)n, -z
AM ˈeɪʒ(ə)n, -z

Asiatic
BR ˌeɪzɪˈatɪk, ˌeɪsɪˈatɪk, ˌeɪʃɪˈatɪk, ˌeɪʒɪˈatɪk
AM ˌeɪzɪˈædɪk, ˌeɪʒɪˈædɪk

aside
BR əˈsʌɪd, -z
AM əˈsaɪd, -z

Asimov
BR ˈasɪmɒv, ˈazɪmɒv
AM ˈæzəˌmɑv, ˈæzəˌmɔv

asinine
BR ˈasɪnʌɪn
AM ˈæsnˌaɪn, ˈæsəˌnaɪn

asininity
BR ˌasɪˈnɪnɪt|i, -ɪz
AM ˌæsəˈnɪnɪdi, -z

ask
BR ɑːsk, -s, -ɪŋ, -t
AM æsk, -s, -ɪŋ, -t

askance
BR əˈskans, əˈskɑːns
AM əˈskæns

askari
BR aˈskɑːr|i, -ɪz
AM əˈskɑri, æˈskəri, -z

Askelon
BR ˈaskɪlɒn, ˈasklɒn
AM ˈæʃkəˌlɑn, ˈæskɛˌlɑn

asker
BR ˈɑːskə(r), -z
AM ˈæskər, -z

askeses
BR əˈskɛsiːz
AM əˈskisiz

askesis
BR əˈskɛsɪs
AM əˈskisəs

Askew *surname*
BR ˈaskjuː
AM ˈæskju

askew
BR əˈskjuː
AM əˈskju

Askey
BR ˈaski
AM ˈæski

Askham
BR ˈaskəm
AM ˈæsk(ə)m

Askrigg
BR ˈaskrɪg
AM ˈæskrɪg

aslant
BR əˈslɑːnt
AM əˈslænt

asleep
BR əˈsliːp
AM əˈslip

ASLEF
BR ˈazlɛf
AM ˈæzˌlɛf

aslope
BR əˈsləʊp
AM əˈsloʊp

Asmara
BR asˈmɑːrə(r), azˈmɑːrə(r)
AM æsˈmɛrə

asocial
BR eɪˈsəʊʃl
AM eɪˈsoʊʃ(ə)l

asocially
BR eɪˈsəʊʃli
AM eɪˈsoʊʃəli

Asoka
BR əˈsəʊkə(r), əˈʃəʊkə(r)
AM əˈʃoʊkə, əˈsoʊkə

asp
BR asp, -s
AM æsp, -s

asparagus
BR əˈsparəgəs
AM əˈspɛrəgəs

aspartame
BR əˈspɑːteɪm
AM æˈspɑrˌteɪm

aspartic
BR əˈspɑːtɪk
AM əˈspɑrdɪk

Aspatria
BR aˈspeɪtrɪə(r)
AM æˈspeɪtriə

aspect
BR ˈaspɛkt, -s
AM ˈæˌspɛk|(t), -(t)s

aspected
BR aˈspektɪd,
ˈaspektɪd
AM æˈspektəd,
ˈæsˌpektəd
aspectual
BR aˈspektʃʊəl,
aˈspektʃʊl,
aˈspektjʊəl,
aˈspektjʊl
AM æˈspek(t)ʃ(əw)əl
aspectually
BR aˈspektʃʊəli,
aˈspektʃʊli,
aˈspektʃli,
aˈspektjʊəli,
aˈspektjʊli
AM æˈspek(t)ʃ(əw)əli
Aspel
BR ˈaspl
AM ˈæspɛl
Aspell
BR ˈaspl
AM ˈæspɛl
aspen
BR ˈasp(ə)n, -z
AM ˈæsp(ə)n, -z
asperge
BR əˈspəːdʒ, -ɪz,
-ɪŋ, -d
AM əˈspɜrdʒ, -əz,
-ɪŋ, -d
aspergill
BR ˈaspədʒɪl, -z
AM ˈæspərˌdʒɪl, -z
aspergilla
BR ˌaspəˈdʒɪlə(r)
AM ˌæspərˈdʒɪlə
aspergillum
BR ˌaspəˈdʒɪləm,
-z
AM ˌæspərˈdʒɪl(ə)m,
-z
asperity
BR əˈspɛrɪtˌi, -ɪz
AM æˈspɛrədi,
əˈspɛrədi, -z
asperse
BR əˈspəːs, -ɪz,
-ɪŋ, -t
AM æˈspɜrs, əˈspɜrs,
-əz, -ɪŋ, -t

aspersion
BR əˈspəːʃn,
əˈspəːʒn, -z
AM æˈspɜrʃ(ə)n,
əˈspɜrʒ(ə)n, -z
aspersoria
BR ˌaspəˈsɔːrɪə(r)
AM ˌæspərˈsɔriə
aspersorium
BR ˌaspəˈsɔːrɪəm
AM ˌæspərˈsɔriəm
asphalt
BR ˈasfalt, ˌaʃfalt,
ˈastɔːlt, ˈaʃtɔːlt
AM ˈæsˌfalt, ˈæsˌfɔlt
asphalter
BR ˈasfaltə(r),
ˈaʃfaltə(r),
ˈasfɔːltə(r),
ˈaʃfɔːltə(r), -z
AM æsˈfaltər,
æsˈfɔltər, -z
asphaltic
BR asˈfaltɪk, aʃˈfaltɪk,
asˈfɔːltɪk, aʃˈfɔːltɪk
AM æsˈfaltɪk,
æsˈfɔltɪk
asphodel
BR ˈasfədɛl, -z
AM ˈæsfəˌdɛl, -z
asphyxia
BR əsˈfɪksɪə(r)
AM əˈsfɪksɪə,
æˈsfɪksɪə
asphyxial
BR əsˈfɪksɪəl
AM əˈsfɪksɪəl,
æˈsfɪksɪəl
asphyxiant
BR asˈfɪksɪənt, -s
AM əˈsfɪksɪənt,
æˈsfɪksɪənt, -s
asphyxiate
BR əsˈfɪksɪeɪt, -s, -ɪŋ,
-ɪd
AM əˈsfɪksiˌeɪ|t, -ts,
-dɪŋ, -dɪd
asphyxiation
BR əsˌfɪksɪˈeɪʃn
AM əˌsfɪksiˈeɪʃ(ə)n,
æˌsfɪksiˈeɪʃ(ə)n

asphyxiator
BR əsˈfɪksɪeɪtə(r), -z
AM əˈsfɪksiˌeɪdər,
æˈsfɪksiˌeɪdər, -z
aspic
BR ˈaspɪk
AM ˈæspɪk
aspidistra
BR ˌaspɪˈdɪstrə(r), -z
AM ˌæspəˈdɪstrə, -z
Aspinall
BR ˈaspɪnl, ˈaspɪnɔːl
AM ˈæspəˌnal,
ˈæspəˌnɔl
aspirant
BR ˈasp(ɪ)r̩nt,
əˈspʌɪr̩nt, -s
AM əˈspaɪr(ə)nt,
ˈæspər(ə)nt, -s
aspirate[1] noun,
adjective
BR ˈasp(ɪ)rət, -s
AM ˈæsp(ə)rət, -s
aspirate[2] verb
BR ˈaspɪreɪt, -s, -ɪŋ, -ɪd
AM ˈæspəˌreɪ|t, -ts,
-dɪŋ, -dɪd
aspiration
BR ˌaspɪˈreɪʃn, -z
AM ˌæspəˈreɪʃ(ə)n, -z
aspirational
BR ˌaspɪˈreɪʃn̩l
AM ˌæspəˈreɪʃən(ə)l,
ˌæspəˈreɪʃ(ə)l
aspirator
BR ˈaspɪreɪtə(r), -z
AM ˈæspəˌreɪdər, -z
aspire
BR əˈspʌɪə(r), -z,
-ɪŋ, -d
AM əˈspaɪ(ə)r, -z, -ɪŋ,
-d
aspirin
BR ˈaspr(ɪ)n, -z
AM ˈæsp(ə)r(ə)n, -z
asplenium
BR əˈspliːnɪəm, -z
AM æˈspliniəm,
əˈspliniəm, -z
Aspro
BR ˈasprəʊ, -z
AM ˈæsproʊ, -z

asquint
BR əˈskwɪnt
AM ˈæskwɪnt
Asquith
BR ˈaskwɪθ
AM ˈæskwəθ
ass
BR as, -ɪz
AM æs, -əz
Assad
BR aˈsɑːd, aˈsad
AM ɑˌsad, ɑˈsad
assagai
BR ˈasəgʌɪ, -z
AM ˈæsəˌgaɪ, -z
assai
BR aˈsʌɪ
AM ɑˈsaɪ
assail
BR əˈseɪl, -z,
-ɪŋ, -d
AM əˈseɪl, -z,
-ɪŋ, -d
assailable
BR əˈseɪləbl
AM æˈseɪləb(ə)l,
əˈseɪləb(ə)l
assailant
BR əˈseɪlnt, -s
AM əˈseɪl(ə)nt, -s
Assam
BR aˈsam
AM æˈsæm,
ˈæˌsæm,
əˈsæm
Assamese
BR ˌasəˈmiːz
AM ˌæsəˈmiz
assassin
BR əˈsas(ɪ)n, -z
AM əˈsæsn̩, -z
assassinate
BR əˈsasɪneɪt, -s, -ɪŋ,
-ɪd
AM əˈsæsn̩ˌeɪ|t, -ts,
-dɪŋ, -dɪd
assassination
BR əˌsasɪˈneɪʃn, -z
AM əˌsæsn̩ˈeɪʃ(ə)n, -z
assassinator
BR əˈsasɪneɪtə(r), -z
AM əˈsæsn̩ˌeɪdər, -z

assault
BR əˈsɔːlt, əˈsɒlt, -s, -ɪŋ, -ɪd
AM əˈsɑlt, əˈsɔlt, -s, -ɪŋ, -əd

assaulter
BR əˈsɔːltə(r), əˈsɒltə(r), -z
AM əˈsɑltər, əˈsɔltər, -z

assaultive
BR əˈsɔːltɪv, əˈsɒltɪv
AM əˈsɑltɪv, əˈsɔltɪv

assay
BR aˈseɪ, ˈaseɪ, -z, -ɪŋ, -d
AM əˈseɪ, ˈæˌseɪ, -z, -ɪŋ, -d

assayable
BR aˈseɪəbl, ˈaseɪəbl, -z
AM əˈseɪəbl, ˈæseɪəb(ə)l, -z

assayer
BR aˈseɪə(r), ˈaseɪə(r), -z
AM əˈseɪər, ˈæseɪər, -z

assegai
BR ˈasəɡʌɪ, -z
AM ˈˌæsəˌɡaɪ, -z

assemblage
BR əˈsɛmbl|ɪdʒ, -ɪdʒɪz
AM əˈsɛmblɪdʒ, -ɪz

assemble
BR əˈsɛmb|l, -lz, -l̩ŋ\-lɪŋ, -ld
AM əˈsɛmb(ə)l, -z, -ɪŋ, -d

assembler
BR əˈsɛmblə(r), -z
AM əˈsɛmblər, -z

assembly
BR əˈsɛmbl|i, -ɪz
AM əˈsɛmbli, -z

assemblyman
BR əˈsɛmblɪmən
AM əˈsɛmblɪm(ə)n

assemblymen
BR əˈsɛmblɪmən
AM əˈsɛmblɪm(ə)n

assent
BR əˈsɛnt, -s, -ɪŋ, -ɪd
AM æˈsɛn|t, əˈsɛn|t, -ts, -(t)ɪŋ, -(t)əd

assenter
BR əˈsɛntə(r), -z
AM æˈsɛn(t)ər, əˈsɛn(t)ər, -z

assentient
BR əˈsɛnʃ(ə)nt
AM æˈsɛn(t)ʃ(ə)nt, əˈsɛn(t)ʃ(ə)nt

assentor
BR əˈsɛntə(r), -z
AM æˈsɛn(t)ər, əˈsɛn(t)ər, -z

assert
BR əˈsɜːt, -s, -ɪŋ, -ɪd
AM əˈsɜr|t, -ts, -dɪŋ, -dəd

asserter
BR əˈsɜːtə(r), -z
AM əˈsɜrdər, -z

assertion
BR əˈsɜːʃn, -z
AM əˈsɜrʃ(ə)n, -z

assertive
BR əˈsɜːtɪv
AM əˈsɜrdɪv

assertively
BR əˈsɜːtɪvli
AM əˈsɜrdɪvli

assertiveness
BR əˈsɜːtɪvnɪs
AM əˈsɜrdɪvnɪs

assertor
BR əˈsɜːtə(r), -z
AM əˈsɜrdər, -z

assess
BR əˈsɛs, -ɪz, -ɪŋ, -t
AM əˈsɛs, -əz, -ɪŋ, -t

assessable
BR əˈsɛsəbl
AM əˈsɛsəb(ə)l

assessment
BR əˈsɛsm(ə)nt, -s
AM əˈsɛsm(ə)nt, -s

assessor
BR əˈsɛsə(r), -z
AM əˈsɛsər, -z

assessorial
BR ˌasɛˈsɔːriəl
AM ˌæsəˈsɔriəl, ˌæˌsɛˈsɔriəl

asset
BR ˈasɛt, ˈasɪt, -s
AM ˈæˌsɛt, -s

assever
BR əˈsɛvə(r), -z, -ɪŋ, -d
AM əˈsɛvər, -z, -ɪŋ, -d

asseverate
BR əˈsɛvəreɪt, -s, -ɪŋ, -ɪd
AM əˈsɛvəˌreɪ|t, -ts, -dɪŋ, -dɪd

asseveration
BR əˌsɛvəˈreɪʃn, -z
AM əˌsɛvəˈreɪʃ(ə)n, -z

asshole
BR ˈɑːshəʊl, -z
AM ˈæsˌ(h)oʊl, -z

assibilate
BR əˈsɪbɪleɪt, -s, -ɪŋ, -ɪd
AM əˈsɪbəˌleɪ|t, -ts, -dɪŋ, -dɪd

assibilation
BR əˌsɪbɪˈleɪʃn
AM əˌsɪbəˈleɪʃ(ə)n

assiduity
BR ˌasɪˈdjuːɪt|i, ˌasɪˈdʒuːɪt|i, -ɪz
AM ˌæsəˈd(j)uədi, -z

assiduous
BR əˈsɪdjʊəs, əˈsɪdʒʊəs
AM əˈsɪdʒəwəs

assiduously
BR əˈsɪdjʊəsli, əˈsɪdʒʊəsli
AM əˈsɪdʒ(ə)wəsli

assiduousness
BR əˈsɪdjʊəsnəs, əˈsɪdʒʊəsnəs
AM əˈsɪdʒ(əw)əsnəs

assign
BR əˈsʌɪn, -z, -ɪŋ, -d
AM əˈsaɪn, -z, -ɪŋ, -d

assignable
BR əˈsʌɪnəbl
AM əˈsaɪnəb(ə)l

assignat
BR ˈasɪɡnat, ˌasiˈnjɑː(r), ˈasɪɡnats\ˌasiˈnjɑːz
AM ˈæsɪɡˌnæt, -s

assignation
BR ˌasɪɡˈneɪʃn, -z
AM ˌæsɪɡˈneɪʃ(ə)n, -z

assignee
BR ˌasʌɪˈniː, -z
AM ˌæˌsaɪˈni, əˌsaɪˈni, -z

assigner
BR əˈsʌɪnə(r), -z
AM əˈsaɪnər, -z

assignment
BR əˈsʌɪnm(ə)nt, -s
AM əˈsaɪnm(ə)nt, -s

assignor
BR əˈsʌɪnə(r), -z
AM əˈsaɪnər, -z

assimilable
BR əˈsɪmɪləbl
AM əˈsɪmələb(ə)l

assimilate
BR əˈsɪmɪleɪt, -s, -ɪŋ, -ɪd
AM əˈsɪməˌleɪ|t, -ts, -dɪŋ, -dɪd

assimilation
BR əˌsɪmɪˈleɪʃn
AM əˌsɪməˈleɪʃ(ə)n

assimilative
BR əˈsɪmɪlətɪv
AM əˈsɪmələdɪv, əˈsɪməˌleɪdɪv

assimilator
BR əˈsɪmɪleɪtə(r), -z
AM əˈsɪməˌleɪdər, -z

assimilatory
BR əˈsɪmɪlət(ə)ri
AM əˈsɪmɪləˌtɔri

Assisi
BR əˈsiːsi, əˈsiːzi
AM əˈsizi, əˈsisi

assist
BR əˈsɪst, -s, -ɪŋ, -ɪd
AM əˈsɪst, -s, -ɪŋ, -ɪd

assistance
BR əˈsɪst(ə)ns
AM əˈsɪst(ə)ns

assistant
BR əˈsɪst(ə)nt, -s
AM əˈsɪst(ə)nt, -s

assister
BR əˈsɪstə(r), -z
AM əˈsɪstər, -z

assize
BR əˈsaɪz, -ɪz
AM əˈsaɪz, -ɪz

ass-kicking
BR ˈɑːsˌkɪkɪŋ
AM ˈæsˌkɪkɪŋ

ass-licking
BR ˈɑːsˌlɪkɪŋ
AM ˈæsˌlɪkɪŋ

associability
BR əˌsəʊsɪəˈbɪlɪti, əˌsəʊʃ(i)əˈbɪlɪti
AM əˌsoʊs(i)əˈbɪlɪdi

associable
BR əˈsəʊsɪəbl, əˈsəʊʃ(i)əbl
AM əˈsoʊʃ(i)əb(ə)l

associate[1] *noun*
BR əˈsəʊsɪət, əˈsəʊʃ(i)ət, -s
AM əˈsoʊʃ(i)ət, əˈsoʊsɪət, -s

associate[2] *verb*
BR əˈsəʊsɪeɪt, əˈsəʊʃieɪt, -s, -ɪŋ, -ɪd
AM əˈsoʊʃiˌeɪt, əˈsoʊsiˌeɪt, -ts, -ɪŋ, -ɪd

associateship
BR əˈsəʊsɪətʃɪp, əˈsəʊʃ(i)ətʃɪp, -s
AM əˈsoʊʃiətˌʃɪp, əˈsoʊsiətˌʃɪp, -s

association
BR əˌsəʊsɪˈeɪʃn, əˌsəʊʃɪˈeɪʃn, -z
AM əˌsoʊʃiˈeɪʃ(ə)n, əˌsoʊsiˈeɪʃ(ə)n, -z

associational
BR əˌsəʊsɪˈeɪʃn̩l, əˌsəʊʃɪˈeɪʃn̩l
AM əˌsoʊʃiˈeɪʃən(ə)l, əˌsoʊʃiˈeɪʃn(ə)l, əˌsoʊsiˈeɪʃən(ə)l, əˌsoʊsiˈeɪʃn(ə)l

associationist
BR əˌsəʊsɪˈeɪʃn̩ɪst, əˌsəʊʃɪˈeɪʃn̩ɪst, -s
AM əˌsoʊʃiˈeɪʃənəst, əˌsoʊsiˈeɪʃənəst, -s

associative
BR əˈsəʊsɪətɪv, əˈsəʊʃ(i)ətɪv
AM əˈsoʊʃədɪv, əˈsoʊsiˌeɪdɪv, əˈsoʊʃiˌeɪdɪv, əˈsoʊsiədɪv

associatively
BR əˈsəʊsɪətɪvli, əˈsəʊʃ(i)ətɪvli
AM əˈsoʊʃədɪvli, əˈsoʊsiˌeɪdɪvli, əˈsoʊʃiˌeɪdɪvli, əˈsoʊsiədɪvli

associativity
BR əˌsəʊsɪəˈtɪvɪti, əˌsəʊʃ(i)əˈtɪvɪti
AM əˌsoʊʃ(i)əˈtɪvɪdi, əˌsoʊsɪəˈtɪvɪdi

associator
BR əˈsəʊsɪeɪtə(r), əˈsəʊʃieɪtə(r), -z
AM əˈsoʊʃiˌeɪdər, əˈsoʊsiˌeɪdər, -z

associatory
BR əˈsəʊsɪət(ə)ri, əˈsəʊʃ(i)ət(ə)ri
AM əˈsoʊʃiəˌtɔri, əˈsoʊsiəˌtɔri

assoil
BR əˈsɔɪl, -z, -ɪŋ, -d
AM əˈsɔɪl, -z, -ɪŋ, -d

assonance
BR ˈasn̩əns, -ɪz
AM ˈæsn̩əns, -əz

assonant
BR ˈasn̩ənt
AM ˈæsn̩ənt

assonate
BR ˈasn̩eɪt, -s, -ɪŋ, -ɪd
AM ˈæsəˌneɪt, -ts, -ɪŋ, -ɪd

assort
BR əˈsɔːt, -s, -ɪŋ, -ɪd
AM əˈsɔ(ə)rt, -ˈsɔ(ə)rts, -ˈsɔrdɪŋ, -ˈsɔrdəd

assortative
BR əˈsɔːtətɪv
AM əˈsɔrdədɪv

assortment
BR əˈsɔːtm(ə)nt, -s
AM əˈsɔrtm(ə)nt, -s

assuage
BR əˈsweɪdʒ, -ɪz, -ɪŋ, -d
AM əˈsweɪdʒ, -ɪz, -ɪŋ, -d

assuagement
BR əˈsweɪdʒm(ə)nt
AM əˈsweɪdʒm(ə)nt

assuager
BR əˈsweɪdʒə(r), -z
AM əˈsweɪdʒər, -z

assuasive
BR əˈsweɪsɪv, əˈsweɪzɪv
AM əˈsweɪsɪv, əˈsweɪzɪv, əˈsweɪsɪv

assumable
BR əˈsjuːməbl
AM əˈsuməb(ə)l

assume
BR əˈsjuːm, -z, -ɪŋ, -d
AM əˈsum, -z, -ɪŋ, -d

assumedly
BR əˈsjuːmɪdli
AM əˈsumədli

assuming
BR əˈsjuːmɪŋ
AM əˈsumɪŋ

assumingly
BR əˈsjuːmɪŋli
AM əˈsumɪŋli

assumpsit
BR əˈsʌm(p)sɪt
AM əˈsəm(p)sət

assumption
BR əˈsʌm(p)ʃn, -z
AM əˈsəm(p)ʃ(ə)n, -z

assumptive
BR əˈsʌm(p)tɪv
AM əˈsəm(p)tɪv

Assur
BR ˈasə(r)
AM ˈæsər

assurable
BR əˈʃʊərəbl, əˈʃɔːrəbl
AM əˈʃʊrəb(ə)l

assurance
BR əˈʃʊərn̩s, əˈʃɔːrn̩s, -ɪz
AM əˈʃʊr(ə)ns, -əz

assure
BR əˈʃʊə(r), əˈʃɔː(r), -z, -ɪŋ, -d
AM əˈʃʊ(ə)r, -z, -ɪŋ, -d

assuredly
BR əˈʃʊərɪdli, əˈʃɔːrɪdli
AM əˈʃʊr(ə)dli

assuredness
BR əˈʃʊərɪdnɪs, əˈʃɔːrɪdnɪs
AM əˈʃʊr(ə)dnəs

assurer
BR əˈʃʊərə(r), əˈʃɔːrə(r), -z
AM əˈʃʊrər, -z

Assyria
BR əˈsɪrɪə(r)
AM əˈsɪriə

Assyrian
BR əˈsɪriən, -z
AM əˈsɪriən, -z

Assyriologist
BR əˌsɪriˈɒlədʒɪst, -s
AM əˌsɪriˈɑlədʒəst, -s

Assyriology
BR əˌsɪriˈɒlədʒi
AM əˌsɪriˈɑlədʒi

astable
BR eɪˈsteɪbl
AM eɪˈsteɪb(ə)l

Astaire
BR əˈstɛː(r)
AM əˈstɛ(ə)r

Astarte
BR aˈstɑːti
AM əˈstɑrdi

astatic
BR (ˌ)eɪˈstatɪk
AM eɪˈstædɪk

astatine
BR ˈastətiːn, ˈastətɪn
AM ˈæstəˌtin

Astbury
BR ˈas(t)b(ə)ri
AM ˈæs(t)bɛri

aster
BR ˈɑːstə(r), -z
AM ˈæstər, -z

asterisk
BR ˈæst(ə)rɪsk, -s, -ɪŋ, -t
AM ˈæstəˌrɪ|ks, ˈæstəˌrɪ|sk, -sks\-ksɪz, -ɪŋ, -t

asterism
BR ˈæst(ə)rɪzm, -z
AM ˈæstəˌrɪz(ə)m, -z

Asterix
BR ˈæstərɪks
AM ˈæstəˌrɪks

astern
BR əˈstɜːn
AM əˈstɜːrn

asteroid
BR ˈæstərɔɪd, -z
AM ˈæstəˌrɔɪd, -z

asteroidal
BR ˌæstəˈrɔɪdl
AM ˌæstəˈrɔɪd(ə)l

asthenia
BR æsˈθiːniə(r)
AM æsˈθiːniə, æsˈθiːniə

asthenic
BR æsˈθɛnɪk
AM æsˈθɛnɪk, æsˈθɛnɪk

asthenosphere
BR æsˈθɛnə(ʊ)sfɪə(r)
AM æsˈθɛnəˌsfɪ(ə)r, æsˈθɛnəˌsfɪ(ə)r

asthma
BR ˈæsmə(r)
AM ˈæzmə

asthmatic
BR æsˈmætɪk, -s
AM æzˈmædɪk, -s

asthmatical
BR æsˈmætɪkl
AM æzˈmædək(ə)l

asthmatically
BR æsˈmætɪkli
AM æzˈmædək(ə)li

Asti
BR ˈæst|i, -ɪz
AM ˈɑːsti, -z

astigmatic
BR ˌæstɪɡˈmætɪk
AM ˌæstɪɡˈmædɪk

astigmatism
BR əˈstɪɡmətɪzm
AM əˈstɪɡməˌtɪz(ə)m

astilbe
BR əˈstɪlb|i, -ɪz
AM əˈstɪlbi, -z

astir
BR əˈstɜː(r)
AM əˈstɜr

Asti spumante
BR ˌæstɪ spjʊˈmænti
AM ˌɑsti spʊˈmɑn(t)i

Astley
BR ˈæstli
AM ˈæs(t)li

Aston
BR ˈæst(ə)n
AM ˈæst(ə)n

astonish
BR əˈstɒn|ɪʃ, -ɪʃɪz, -ɪʃɪŋ, -ɪʃt
AM əˈstɑnɪʃ, -ɪz, -ɪŋ, -t

astonishingly
BR əˈstɒnɪʃɪŋli
AM əˈstɑnɪʃɪŋli

astonishment
BR əˈstɒnɪʃm(ə)nt, -s
AM əˈstɑnɪʃm(ə)nt, -s

Astor
BR ˈæstə(r)
AM ˈæstər

Astoria
BR æˈstɔːriə(r)
AM əˈstɔriə

astound
BR əˈstaʊnd, -z, -ɪŋ, -ɪd
AM əˈstaʊnd, -z, -ɪŋ, -əd

astoundingly
BR əˈstaʊndɪŋli
AM əˈstaʊndɪŋli

astra
BR ˈæstrə(r)
AM ˈæstrə

astraddle
BR əˈstrædl
AM əˈstræd(ə)l

astragal
BR ˈæstrəɡ(ə)l, -z
AM ˈæstrəɡ(ə)l, -z

astragali
BR əˈstræɡlʌɪ
AM əˈstræɡəˌlaɪ

astragalus
BR əˈstræɡləs
AM əˈstræɡələs

Astrakhan
BR ˌæstrəˈkæn
AM ˈæstrəˌkæn, ˈæstrəˌkæn
RUS ˌæstrəˈxæn

astral
BR ˈæstr(ə)l
AM ˈæstr(ə)l

astrally
BR ˈæstrli
AM ˈæstrəli

astrantia
BR əˈstræntɪə(r)
AM əˈstræn(t)iə

astray
BR əˈstreɪ
AM əˈstreɪ

Astrid
BR ˈæstrɪd
AM ˈæstrəd

astride
BR əˈstrʌɪd
AM əˈstraɪd

astringency
BR əˈstrɪn(d)ʒ(ə)nsi
AM əˈstrɪndʒənsi

astringent
BR əˈstrɪn(d)ʒ(ə)nt, -s
AM əˈstrɪndʒ(ə)nt, -s

astringently
BR əˈstrɪn(d)ʒ(ə)ntli
AM əˈstrɪndʒən(t)li

astrobiology
BR ˌæstrəʊbʌɪˈɒlədʒi
AM ˌæstroʊˌbaɪˈɑlədʒi

astrobotany
BR ˌæstrəʊˈbɒtn̩i
AM ˌæstroʊˈbɑtn̩i

astrochemistry
BR ˌæstrəʊˈkɛmɪstri
AM ˌæstroʊˈkɛməstri

astrodome
BR ˈæstrə(ʊ)dəʊm, -z
AM ˈæstrəˌdoʊm, -z

astrohatch
BR ˈæstrə(ʊ)hatʃ, -ɪz
AM ˈæstroʊˌhætʃ, ˈæstrəˌhætʃ, -əz

astrolabe
BR ˈæstrə(ʊ)leɪb, -z
AM ˈæstrəˌlæb, ˈæstrəˌleɪb, -z

astrologer
BR əˈstrɒlədʒə(r), -z
AM əˈstrɑlədʒər, -z

astrologic
BR ˌæstrəˈlɒdʒɪk
AM ˌæstrəˈlɑdʒɪk

astrological
BR ˌæstrəˈlɒdʒɪkl
AM ˌæstrəˈlɑdʒək(ə)l

astrologically
BR ˌæstrəˈlɒdʒɪkli
AM ˌæstrəˈlɑdʒək(ə)li

astrology
BR əˈstrɒlədʒi
AM əˈstrɑlədʒi

åstrom
BR ˈɔːstrəm, ˈɑːstrəm, -z
AM ˈæstr(ə)m, ˈɔstr(ə)m, -z

astronaut
BR ˈæstrənɔːt, -s
AM ˈæstrəˌnɑt, ˈæstrəˌnɔt, -s

astronautical
BR ˌæstrəˈnɔːtɪkl
AM ˌæstrəˈnɑdək(ə)l, ˌæstrəˈnɔdək(ə)l

astronautically
BR ˌæstrəˈnɔːtɪkli
AM ˌæstrəˈnɑdək(ə)li, ˌæstrəˈnɔdək(ə)li

astronautics
BR ˌæstrəˈnɔːtɪks
AM ˌæstrəˈnɑdɪks

astronomer
BR əˈstrɒnəmə(r), -z
AM əˈstrɑnəmər, -z

astronomic
BR ˌæstrəˈnɒmɪk
AM ˌæstrəˈnɑmɪk

astronomical
BR ˌæstrəˈnɒmɪkl
AM ˌæstrəˈnɑmək(ə)l

astronomically
BR ˌastrəˈnɒmɪkli
AM ˌæstrəˈnɑmək(ə)li

astronomy
BR əˈstrɒnəmi
AM əˈstrɑnəmi

astrophysical
BR ˌastrəʊˈfɪzɪkl
AM ˌæstroʊˈfɪzək(ə)l

astrophysicist
BR ˌastrəʊˈfɪzɪsɪst, -s
AM ˌæstroʊˈfɪzəsəst, -s

astrophysics
BR ˌastrəʊˈfɪzɪks
AM ˌæstroʊˈfɪzɪks

Astroturf
BR ˈastrəʊtɜːf
AM ˈæstroʊˌtɜrf,
ˈæstrəˌtɜrf

Asturias
BR əˈstjʊərɪəs,
əˈst(j)ʊərɪəs
AM əˈst(j)ʊriəs,
æˈst(j)ʊriəs
SP aˈsturjas

astute
BR əˈstjuːt, əˈstʃuːt,
-ə(r), -ɪst
AM əˈst(j)ut, -dər,
-dəst

astutely
BR əˈstjuːtli, əˈstʃuːtli
AM əˈst(j)utli

astuteness
BR əˈstjuːtnəs,
əˈstʃuːtnəs
AM əˈst(j)utnəs

Astyanax
BR əˈstʌɪənaks
AM əˈstaɪəˌnæks

Asunción
BR aˌsʊn(t)sɪˈɒn
AM æˌsʊn(t)siˈɔn,
æˌsʊn(t)siˈɑn
SP asunˈθjon,
asunˈsjon

asunder
BR əˈsʌndə(r)
AM əˈsəndər

Asur
BR ˈasə(r)
AM ˈæsər

Aswad
BR ˈazwɒd, ˈaswɒd
AM ˈæswad

Aswan
BR ˌasˈwɑːn, ˌasˈwan,
ˈaswɑːn, ˈaswan
AM ˈˌæzˈˌwɑn

asylum
BR əˈsʌɪləm, -z
AM əˈsaɪl(ə)m, -z

asymmetric
BR ˌeɪsɪˈmɛtrɪk,
ˌasɪˈmɛtrɪk
AM ˌeɪsəˈmɛtrɪk

asymmetrical
BR ˌeɪsɪˈmɛtrɪkl,
ˌasɪˈmɛtrɪkl
AM ˌeɪsəˈmɛtrək(ə)l

asymmetrically
BR ˌeɪsɪˈmɛtrɪkli,
ˌasɪˈmɛtrɪkli
AM ˌeɪsəˈmɛtrək(ə)li

asymmetry
BR eɪˈsɪmɪtri
AM eɪˈsɪmətri

asymptomatic
BR ˌeɪsɪm(p)təˈmatɪk
AM ˌeɪˌsɪm(p)təˈmædɪk

asymptote
BR ˈasɪm(p)təʊt, -s
AM ˈæsəm(p)ˌtoʊt, -s

asymptotic
BR ˌasɪmˈtɒtɪk
AM ˌæsəm(p)ˈtɑdɪk

asymptotically
BR ˌasɪmˈtɒtɪkli
AM ˌæsəm(p)-
ˈtɑdək(ə)li

asynchronous
BR eɪˈsɪŋkrənəs
AM eɪˈsɪŋkrənəs

asynchronously
BR eɪˈsɪŋkrənəsli
AM eɪˈsɪŋkrənəsli

asyndetic
BR ˌasɪnˈdɛtɪk,
ˌeɪsɪnˈdɛtɪk
AM ˌæsnˈdɛdɪk

asyndeton
BR əˈsɪndɪt(ə)n
AM eɪˈsɪndəˌtan,
əˈsɪndəˌtan

at[1] *strong form*
BR at
AM æt

at[2] *weak form*
BR ət
AM ət

Atabrine
BR ˈatəbriːn,
ˈatəbrɪn
AM ˈædəˌbrin,
ˈædəbr(ə)n

Atacama
BR ˌatəˈkɑːmə(r)
AM ˌadəˈkɑmə

Atack
BR ˈeɪtak
AM ˈeɪtæk

Atahualpa
BR ˌatəˈ(h)wɑːlpə(r),
ˌatəˈ(h)walpə(r)
AM ˈatəˈ(h)walpə

Atalanta
BR ˌatəˈlantə(r)
AM ˌædəˈlæn(t)ə

ataractic
BR ˌatərˈaktɪk
AM ˌædəˈræktɪk

ataraxia
BR ˌatərˈaksɪə(r)
AM ˌædəˈræksɪə

ataraxic
BR ˌatərˈaksɪk
AM ˌædəˈræksɪk

ataraxy
BR ˈatəraksi
AM ˌædəˌræksi

Atari
BR əˈtɑːri
AM aˈtari

Atatürk
BR ˈatətɜːk
AM ˈædəˌtɜrk
TU ʌtʌˈtyrk

atavism
BR ˈatəvɪzm
AM ˈædəˌvɪz(ə)m

atavistic
BR ˌatəˈvɪstɪk
AM ˌædəˈvɪstɪk

atavistically
BR ˌatəˈvɪstɪkli
AM ˌædəˈvɪstək(ə)li

ataxia
BR əˈtaksɪə(r)
AM eɪˈtæksɪə, əˈtæksɪə

ataxic
BR əˈtaksɪk, -s
AM əˈtæksɪk, -s

ataxy
BR əˈtaksi
AM əˈtæksi

Atchison
BR ˈatʃɪs(ə)n
AM ˈætʃɪs(ə)n

atchoo
BR əˈtʃuː
AM əˈtʃu

Atco
BR ˈatkəʊ
AM ˈætkoʊ

ate
BR ɛt, eɪt
AM eɪt

Atebrin
BR ˈatɪbriːn, ˈatɪbrɪn
AM ˈædəˌbrin,
ˈædəbr(ə)n

atelier
BR əˈtɛlɪeɪ, -z
AM əˈtɛlˌjeɪ,
ˌædlˈjeɪ, -z

a tempo
BR ˌɑː ˈtɛmpəʊ
AM ˌɑ ˈtɛmpoʊ

atemporal
BR eɪˈtɛmp(ə)rl̩
AM eɪˈtɛmpər(ə)l,
eɪˈtɛmpr(ə)l,
eɪˌtɛmˈpɔr(ə)l

Aten
BR ˈɑːt(ə)n
AM ˈɑtn

Athabasca
BR ˌaθəˈbaskə(r)
AM ˌæθəˈbæskə

Athabascan
BR ˌaθəˈbask(ə)n, -z
AM ˌæθəˈbæsk(ə)n, -z

Athanasian
BR ˌaθəˈneɪʃn,
ˌaθəˈneɪʒn,
ˌaθəˈneɪsɪən,
ˌaθəˈneɪzɪən
AM ˌæθəˈneɪʒ(ə)n

Athanasius
BR ˌæθəˈneɪʃəs,
ˌæθəˈneɪʒəs,
ˌæθəˈneɪsiəs,
ˌæθəˈneɪziəs
AM ˌæθəˈneɪʒ(i)əs,
ˌæθəˈneɪʃ(i)əs

Athapaskan
BR ˌæθəˈpæsk(ə)n, -z
AM ˌæθəˈpæsk(ə)n, -z

atheism
BR ˈeɪθiɪzm
AM ˈeɪθiˌɪz(ə)m

atheist
BR ˈeɪθiɪst, -s
AM ˈeɪθiɪst, -s

atheistic
BR ˌeɪθiˈɪstɪk
AM ˌeɪθiˈɪstɪk

atheistical
BR ˌeɪθiˈɪstɪkl
AM ˌeɪθiˈɪstɪk(ə)l

atheistically
BR ˌeɪθiˈɪstɪkli
AM ˌeɪθiˈɪstɪk(ə)li

atheling
BR ˈæθlɪŋ, -z
AM ˈæθ(ə)lɪŋ, -z

Athelstan
BR ˈæθəlstan,
ˈæθl̩stan
AM ˈæθəlˌstæn

athematic
BR ˌæθiːˈmætɪk,
ˌeɪθiːˈmætɪk
AM ˌeɪθiˈmædɪk,
ˌæθiˈmædɪk

Athena
BR əˈθiːnə(r)
AM əˈθinə

athenaeum
BR ˌæθɪˈniːəm, -z
AM ˌæθəˈniəm, -z

Athene
BR əˈθiːni
AM əˈθini

atheneum
BR ˌæθɪˈniːəm, -z
AM ˌæθəˈniəm, -z

Athenian
BR əˈθiːniən, -z
AM əˈθiniən, -z

Athens
BR ˈæθ(ɪ)nz
AM ˈæθənz

atheoretical
BR ˌeɪθɪəˈretɪkl
AM ˌeɪˌθiəˈrɛdək(ə)l

atheroma
BR ˌæθəˈrəʊmə(r), -z
AM ˌæθəˈroʊmə, -z

atheromata
BR ˌæθəˈrəʊmətə(r)
AM ˌæθəˈroʊmədə

atheroscleroses
BR ˌæθ(ə)rəʊsklɛˈrəʊsiːz
AM ˌæθəˌroʊskləˈroʊsiz

atherosclerosis
BR ˌæθ(ə)rəʊsklɛˈrəʊsɪs
AM ˌæθəˌroʊskləˈroʊsəs

atherosclerotic
BR ˌæθ(ə)rəʊsklɛˈrɒtɪk
AM ˌæθəˌroʊskləˈrɑdɪk

Atherstone
BR ˈæθəst(ə)n
AM ˈæðərˌstoʊn

Atherton
BR ˈæθət(ə)n
AM ˈæðərt(ə)n

athetosis
BR ˌæθɪˈtəʊsɪs
AM ˌæθəˈtoʊsɪs

athirst
BR əˈθɜːst
AM əˈθɜrst

athlete
BR ˈæθliːt, -s
AM ˈæθ(ə)ˌlit, -s

athletic
BR æθˈletɪk
AM æθ(ə)ˈlɛdɪk

athletically
BR æθˈletɪkli
AM æθ(ə)ˈlɛdək(ə)li

athleticism
BR æθˈletɪsɪzm
AM æθ(ə)ˈlɛdəˌsɪz(ə)m

Athlone
BR (ˌ)æθˈləʊn
AM ˈæθloʊn

Athol
BR ˈæθɒl
AM ˈæθɑl, ˈæθɔl

Atholl
BR ˈæθ(ɒ)l
AM ˈæθɑl, ˈæθɔl

Athos
BR ˈæθɒs, ˈeɪθɒs
AM ˈeɪˌθɑs, ˈɑˌθɑs

athwart
BR əˈθwɔːt
AM əˈθwɔ(ə)rt

atilt
BR əˈtɪlt
AM əˈtɪlt

atingle
BR əˈtɪŋgl
AM əˈtɪŋg(ə)l

atishoo
BR əˈtɪʃuː
AM əˈtɪʃu

Ativan
BR ˈætɪvan
AM ˈædɪvæn

Atkin
BR ˈatkɪn
AM ˈætkɪn

Atkins
BR ˈatkɪnz
AM ˈætkɪnz

Atkinson
BR ˈatkɪns(ə)n
AM ˈætkɪns(ə)n

Atlanta
BR ətˈlantə(r)
AM ə(t)ˈlæn(t)ə

Atlantean
BR ətˈlantɪən, -z
AM ˌætˈlæn(t)iən, -z

atlantes
BR ətˈlantiːz
AM ætˈlæntiz, ətˈlæntiz

Atlantic
BR ətˈlantɪk
AM ətˈlæn(t)ɪk

Atlanticism
BR ətˈlantɪsɪzm
AM ətˈlæn(t)əˌsɪz(ə)m

Atlanticist
BR ətˈlantɪsɪst, -s
AM ətˈlæn(t)əsəst, -s

Atlantis
BR ətˈlantɪs
AM ətˈlæn(t)əs

atlantosaurus
BR ətˌlantəˈsɔːrəs, -ɪz
AM ətˌlæn(t)əˈsɔrəs, -əz

atlas
BR ˈatləs, -ɪz
AM ˈætləs, -əz

atman
BR ˈɑːtmən
AM ˈɑtm(ə)n

atmosphere
BR ˈatməsfɪə(r), -z
AM ˈætməˌsfɪ(ə)r, -z

atmospheric
BR ˌatməsˈferɪk, -s
AM ˌætməˈsfɪrɪk, -s

atmospherical
BR ˌatməsˈferɪkl
AM ˌætməˈsfɪrɪk(ə)l

atmospherically
BR ˌatməsˈferɪkli
AM ˌætməˈsfɪrɪk(ə)li

atoll
BR ˈatɒl, -z
AM ˈæˌtɑl, ˈæˌtɔl, -z

atom
BR ˈat(ə)m, -z
AM ˈædəm, -z

atomic
BR əˈtɒmɪk
AM əˈtɑmɪk

atomically
BR əˈtɒmɪkli
AM əˈtɑmək(ə)li

atomicity
BR ˌatəˈmɪsɪti
AM ˌædəˈmɪsɪdi

atomisation
BR ˌatəmʌɪˈzeɪʃn
AM ˌædəˌmaɪˈzeɪʃ(ə)n, ˌædəməˈzeɪʃ(ə)n

atomise
BR ˈatəmʌɪz, -ɪz, -ɪŋ, -d
AM ˈædəˌmaɪz, -ɪz, -ɪŋ, -d

atomiser
BR ˈatəmʌɪzə(r), -z
AM ˈædəˌmaɪzər, -z

atomism
BR ˈatəmɪzm
AM ˈædəˌmɪz(ə)m

atomist
BR ˈatəmɪst, -s
AM ˈædəməst, -s

atomistic
BR ˌatəˈmɪstɪk
AM ˌædəˈmɪstɪk

atomistically
BR ˌatəˈmɪstɪkli
AM ˌædəˈmɪstɪk(ə)li

atomization
BR ˌatəmʌɪˈzeɪʃn
AM ˌædəˌmaɪˈzeɪʃ(ə)n, ˌædəməˈzeɪʃ(ə)n

atomize
BR ˈatəmʌɪz, -ɪz, -ɪŋ, -d
AM ˈædəˌmaɪz, -ɪz, -ɪŋ, -d

atomizer
BR ˈatəmʌɪzə(r), -z
AM ˈædəˌmaɪzər, -z

atomy
BR ˈatəm|i, -ɪz
AM ˈædəmi, -z

atonal
BR (ˌ)eɪˈtəʊnl
AM æˈtoʊn(ə)l, eɪˈtoʊn(ə)l

atonality
BR ˌeɪtə(ʊ)ˈnalɪti
AM ˌætoʊˈnælədi, ˌeɪtoʊˈnælədi

atonally
BR (ˌ)eɪˈtəʊnli
AM eɪˈtoʊnəli

atone
BR əˈtəʊn, -z, -ɪŋ, -d
AM əˈtoʊn, -z, -ɪŋ, -d

atonement
BR əˈtəʊnm(ə)nt, -s
AM əˈtoʊnm(ə)nt, -s

atonic
BR (ˌ)eɪˈtɒnɪk
AM eɪˈtɑnɪk

atony
BR ˈatəni
AM ˈætn̩i

atop
BR əˈtɒp
AM əˈtɑp

Atora
BR əˈtɔːrə(r)
AM əˈtɔrə

atrabilious
BR ˌatrəˈbɪliəs
AM ˌætrəˈbɪliəs

atrabiliousness
BR ˌatrəˈbɪliəsnəs
AM ˌætrəˈbɪliəsnəs

Atreus
BR ˈeɪtrɪəs, ˈeɪtrɪuːs
AM ˈeɪtriəs

atria
BR ˈeɪtrɪə(r)
AM ˈeɪtriə

atrial
BR ˈeɪtrɪəl
AM ˈeɪtriəl

atrium
BR ˈeɪtrɪəm, -z
AM ˈeɪtriəm, -z

atrocious
BR əˈtrəʊʃəs
AM əˈtroʊʃəs

atrociously
BR əˈtrəʊʃəsli
AM əˈtroʊʃəsli

atrociousness
BR əˈtrəʊʃəsnəs
AM əˈtroʊʃəsnəs

atrocity
BR əˈtrɒsɪt|i, -ɪz
AM əˈtrɑsədi, -z

atrophic
BR əˈtrɒfɪk, (ˌ)eɪˈtrɒfɪk
AM əˈtrɑfɪk

atrophy
BR ˈatrəf|i, -ɪz, -ɪɪŋ, -ɪd
AM ˈætrəfi, -z, -ɪŋ, -d

atropine
BR ˈatrəpiːn, ˈatrəpɪn
AM ˈætrəˌpin

Atropos
BR ˈatrəpɒs
AM ˈætrəˌpɑs, ˈætrəˌpɑs, ˈætrəˌpɔs

attaboy
BR ˈatəbɔɪ
AM ˈˌædəˌbɔɪ

attach
BR əˈtatʃ, -ɪz, -ɪŋ, -t
AM əˈtætʃ, -əz, -ɪŋ, -t

attachable
BR əˈtatʃəbl
AM əˈtætʃəb(ə)l

attaché
BR əˈtaʃeɪ, -z
AM æˌtæˈʃeɪ, ˌædəˈʃeɪ, -z

attacher
BR əˈtatʃə(r), -z
AM əˈtætʃər, -z

attachment
BR əˈtatʃm(ə)nt, -s
AM əˈtætʃm(ə)nt, -s

attack
BR əˈtak, -s, -ɪŋ, -t
AM əˈtæk, -s, -ɪŋ, -t

attacker
BR əˈtakə(r), -z
AM əˈtækər, -z

attain
BR əˈteɪn, -z, -ɪŋ, -d
AM əˈteɪn, -z, -ɪŋ, -d

attainability
BR əˌteɪməˈbɪlɪti
AM əˌteɪməˈbɪlɨdi

attainable
BR əˈteɪnəbl
AM əˈteɪnəb(ə)l

attainableness
BR əˈteɪnəblnəs
AM əˈteɪnəbəlnəs

attainder
BR əˈteɪndə(r), -z
AM əˈteɪndər, -z

attainment
BR əˈteɪnm(ə)nt, -s
AM əˈteɪnm(ə)nt, -s

attaint
BR əˈteɪnt, -s, -ɪŋ, -ɪd
AM əˈteɪn|t, -ts, -(t)ɪŋ, -(t)ɪd

Attalid
BR ˈatəlɪd, -z
AM ˈædlˌɪd, -z

attar
BR ˈatɑː(r)
AM ˈæˌtɑr, ˈædər

attemper
BR əˈtemp|ə(r), -əz, -(ə)rɪŋ, -əd
AM əˈtemp|ər, -ərz, -(ə)rɪŋ, -ərd

attempt
BR əˈtem(p)t, -s, -ɪŋ, -ɪd
AM əˈtem(p)t, -s, -ɪŋ, -əd

attemptable
BR əˈtem(p)təbl
AM əˈtem(p)təb(ə)l

Attenborough
BR ˈatnb(ə)rə(r)
AM ˈætnˌbərə

attend
BR əˈtend, -z, -ɪŋ, -ɪd
AM əˈtend, -z, -ɪŋ, -əd

attendance
BR əˈtend(ə)ns, -ɪz
AM əˈtend(ə)ns, -əz

attendant
BR əˈtend(ə)nt, -s
AM əˈtend(ə)nt, -s

attendee
BR əˌtenˈdiː, ˌatenˈdiː, -z
AM ˌætenˈdi, əˌtenˈdi, -z

attender
BR əˈtendə(r), -z
AM əˈtendər, -z

attention
BR əˈtenʃn, -z
AM əˈten(t)ʃ(ə)n, -z

attentional
BR əˈtenʃn̩l
AM əˈten(t)ʃən(ə)l, əˈten(t)ʃn(ə)l

attentive
BR əˈtentɪv
AM əˈten(t)ɪv

attentively
BR əˈtentɪvli
AM əˈten(t)ɪvli

attentiveness
BR əˈtentɪvnɪs
AM əˈten(t)ɪvnɪs

attenuate[1] *adjective*
BR əˈtenjuət
AM əˈtenjəwət
attenuate[2] *verb*
BR əˈtenjueɪt, -s, -ɪŋ, -ɪd
AM əˈtenjəˌweɪ|t, -ts, -dɪŋ, -dɪd
attenuation
BR əˌtenjuˈeɪʃn
AM əˌtenjəˈweɪʃ(ə)n
attenuator
BR əˈtenjueɪtə(r), -z
AM əˈtenjəˌweɪdər, -z
attest
BR əˈtest, -s, -ɪŋ, -ɪd
AM əˈtest, -s, -ɪŋ, -əd
attestable
BR əˈtestəbl
AM əˈtestəb(ə)l
attestation
BR ˌateˈsteɪʃn, -z
AM ˌædəˈsteɪʃ(ə)n, ˌæˌteˈsteɪʃ(ə)n, -z
attestor
BR əˈtestə(r), -z
AM əˈtestər, -z
attic
BR ˈatɪk, -s
AM ˈædɪk, -s
Attica
BR ˈatɪkə(r)
AM ˈædəkə
Atticism
BR ˈatɪsɪzm, -z
AM ˈædəˌsɪz(ə)m, -z
Attila
BR əˈtɪlə(r)
AM əˈtɪlə
attire
BR əˈtaɪə(r), -z, -ɪŋ, -d
AM əˈtaɪ(ə)r, -z, -ɪŋ, -d
Attis
BR ˈatɪs
AM ˈædəs
attitude
BR ˈatɪtjuːd, ˈatɪtʃuːd, -z
AM ˈædəˌt(j)ud, -z
attitudinal
BR ˌatɪˈtjuːdɪnl, ˌatɪˈtʃuːdɪnl
AM ˌædəˈt(j)udṇəl

attitudinise
BR ˌatɪˈtjuːdɪnʌɪz, ˌatɪˈtʃuːdɪnʌɪz, -ɪz, -ɪŋ, -d
AM ˌædəˈt(j)udnˌaɪz, -ɪz, -ɪŋ, -d
attitudinize
BR ˌatɪˈtjuːdɪnʌɪz, ˌatɪˈtʃuːdɪnʌɪz, -ɪz, -ɪŋ, -d
AM ˌædəˈt(j)udnˌaɪz, -ɪz, -ɪŋ, -d
Attlee
BR ˈatli
AM ˈætli
attorney
BR əˈtəːn|i, -ɪz
AM əˈtɜrni, -z
attorneyship
BR əˈtəːnɪʃɪp, -s
AM əˈtɜrniˌʃɪp, -s
attract
BR əˈtrakt, -s, -ɪŋ, -ɪd
AM əˈtræk(t), -(t)s, -tɪŋ, -təd
attractability
BR əˌtraktəˈbɪlɪti
AM əˌtræktəˈbɪlɪdi
attractable
BR əˈtraktəbl
AM əˈtræktəb(ə)l
attractant
BR əˈtrakt(ə)nt, -s
AM əˈtræktnt, -s
attraction
BR əˈtrakʃn, -z
AM əˈtrækʃ(ə)n, -z
attractive
BR əˈtraktɪv
AM əˈtræktɪv
attractively
BR əˈtraktɪvli
AM əˈtræktɪvli
attractiveness
BR əˈtraktɪvnɪs
AM əˈtræktɪvnɪs
attractor
BR əˈtraktə(r), -z
AM əˈtræktər, -z
attributable
BR əˈtrɪbjʉtəbl
AM əˈtrɪbjədəb(ə)l

attributableness
BR əˈtrɪbjʉtəblnəs
AM əˈtrɪbjədəbəlnəs
attributably
BR əˈtrɪbjʉtəbli
AM əˈtrɪbjədəbli
attribute[1] *noun*
BR ˈatrɪbjuːt, -s
AM ˈætrəˌbjut, -s
attribute[2] *verb*
BR əˈtrɪbj|uːt, -uːts, -uːtɪŋ, -uːtɪd
AM əˈtrɪˌbj|ut, əˈtrɪbj|ət, -əts\-uts, -ədɪŋ, -ədəd
attribution
BR ˌatrɪˈbjuːʃn, -z
AM ˌætrəˈbjuʃ(ə)n, -z
attributive
BR əˈtrɪbjʉtɪv
AM əˈtrɪbjədɪv
attributively
BR əˈtrɪbjʉtɪvli
AM əˈtrɪbjədɪvli
attrition
BR əˈtrɪʃn
AM əˈtrɪʃ(ə)n
attritional
BR əˈtrɪʃn̩l
AM əˈtrɪʃən(ə)l, əˈtrɪʃn(ə)l
attune
BR əˈtjuːn, əˈtʃuːn, -z, -ɪŋ, -d
AM əˈt(j)un, -z, -ɪŋ, -d
Atwell
BR ˈatwel
AM ˈætwel
atwitter
BR əˈtwɪtə(r)
AM əˈtwɪdər
Atwood
BR ˈatwʊd
AM ˈætˌwʊd
atypical
BR (ˌ)eɪˈtɪpɪkl
AM ˌeɪˈtɪpɪk(ə)l
atypically
BR (ˌ)eɪˈtɪpɪkli
AM ˌeɪˈtɪpɪk(ə)li

aubade
BR əʊˈbaːd, -z
AM ouˈbad, -z
auberge
BR əʊˈbeːʒ, ˈəʊbeːʒ, -ɪz
AM ouˈbɛrʒ, -ɪz
aubergine
BR ˈəʊbəʒiːn, -z
AM ˈoubərˌʒin, -z
Auberon
BR ˈɔːb(ə)rn, ˈɔːb(ə)rɒn, ˈəʊb(ə)rn, ˈəʊb(ə)rɒn
AM ˈoubəˌrɑn
Aubrey
BR ˈɔːbri
AM ˈabri, ˈɔbri
aubrietia
BR ɔːˈbriːʃə(r), -z
AM aˈbriʃ(i)ə, ɔˈbriʃ(i)ə, -z
auburn
BR ˈɔːbən
AM ˈabərn, ˈɔbərn
Aubusson
BR ˈəʊbjʉsɒn, -z
AM ˌoubəˈsan, ˌoubəˈsɔn, -z
FR obysɔ̃
Auchinleck
BR ˈɔːk(ɪ)nlek
AM ˈæflək, ˈakɪnˌlek, ˈɔkɪnˌlek
Auchtermuchty
BR ˌɒxtəˈmʊxti, ˌɒktəˈmʌkti, ˌɔːktəˈmʌkti
AM ˌaktərˌməkti, ˌɔktərˌməkti
Auckland
BR ˈɔːklənd
AM ˈaklənd, ˈɔklənd
au contraire
BR ˌəʊ kɒnˈtrɛː(r)
AM ˌou ˌkɑnˈtrɛ(ə)r
au courant
BR ˌəʊ kuˈrɒ̃
AM ˌou ˈkʊrant

auction
BR ˈɔːkʃn̩, ˈɒkʃn̩, -z,
-ɪŋ, -d
AM ˈakʃ(ə)n, ˈɔkʃ(ə)n,
-z, -(əɪŋ, -d
auctioneer
BR ˌɔːkʃəˈnɪə(r),
ˌɒkʃəˈnɪə(r), -z
AM ˌakʃəˈnɪ(ə)r,
ˌɔkʃəˈnɪ(ə)r, -z
auctioneering
BR ˌɔːkʃəˈnɪərɪŋ,
ˌɒkʃəˈnɪərɪŋ
AM ˌakʃəˈnɪrɪŋ,
ˌɔkʃəˈnɪrɪŋ
auctorial
BR ɔːkˈtɔːrɪəl
AM akˈtɔrɪəl, ɔkˈtɔrɪəl
audacious
BR ɔːˈdeɪʃəs
AM əˈdeɪʃəs, ɔˈdeɪʃəs
audaciously
BR ɔːˈdeɪʃəsli
AM əˈdeɪʃəsli,
ɔˈdeɪʃəsli
audaciousness
BR ɔːˈdeɪʃəsnəs
AM əˈdeɪʃəsnəs,
ɔˈdeɪʃəsnəs
audacity
BR ɔːˈdasɪti
AM əˈdæsədi,
ɔˈdæsədi
Auden
BR ˈɔːdn
AM ˈad(ə)n,
ˈɔd(ə)n
Audi
BR ˈaʊdǀi, -ɪz
AM ˈaʊdi, -z
audibility
BR ˌɔːdɪˈbɪlɪti
AM ˌadəˈbɪlɪdi,
ˌɔdəˈbɪlɪdi
audible
BR ˈɔːdɪbl
AM ˈadəb(ə)l,
ˈɔdəb(ə)l
audibleness
BR ˈɔːdɪblnəs
AM ˈadəbəlnəs,
ˈɔdəbəlnəs

audibly
BR ˈɔːdɪbli
AM ˈadəbli, ˈɔdəbli
Audie
BR ˈɔːdi
AM ˈadi, ˈɔdi
audience
BR ˈɔːdɪəns, -ɪz
AM ˈadɪəns,
ˈɔdɪəns, -əz
audile
BR ˈɔːdʌɪl, -z
AM ˈaˌdaɪl, ˈɔˌdaɪl, -z
audio
BR ˈɔːdɪəʊ, -z
AM ˈadiəʊ, ˈɔdiəʊ, -z
audiocassette
BR ˈɔːdɪəʊkəˌset, -s
AM ˌadiəʊkəˈset,
ˌɔdiəʊkəˈset, -s
audiolingual
BR ˌɔːdɪəʊˈlɪŋgw(ə)l
AM ˌadiəʊˈlɪŋgw(ə)l,
ˌɔdiəʊˈlɪŋgw(ə)l
audiological
BR ˌɔːdɪəˈlɒdʒɪkl
AM ˌadiəˈlɑdʒək(ə)l,
ˌɔdiəˈlɑdʒək(ə)l
audiologist
BR ˌɔːdɪˈɒlədʒɪst, -s
AM ˌadiˈɑlədʒəst,
ˌɔdiˈɑlədʒəst, -s
audiology
BR ˌɔːdɪˈɒlədʒi
AM ˌadiˈɑlədʒi,
ˌɔdiˈɑlədʒi
audiometer
BR ˌɔːdɪˈɒmɪtə(r), -z
AM ˌadiˈamədər,
ˌɔdiˈamədər, -z
audiometry
BR ˌɔːdɪˈɒmɪtri
AM ˌadiˈamətri,
ˌɔdiˈamətri
audiophile
BR ˈɔːdɪə(ʊ)fʌɪl, -z
AM ˈadiəʊˌfaɪl,
ˈɔdiəʊˌfaɪl, -z
audiotape
BR ˈɔːdɪəʊˌteɪp, -s
AM ˈadiəʊˌteɪp,
ˈɔdiəʊˌteɪp, -s

audiotyping
BR ˈɔːdɪəʊˌtʌɪpɪŋ
AM ˈadiəʊˌtaɪpɪŋ,
ˈɔdiəʊˌtaɪpɪŋ
audiotypist
BR ˈɔːdɪəʊˌtʌɪpɪst, -s
AM ˈadiəʊˌtaɪpɪst,
ˈɔdiəʊˌtaɪpɪst, -s
audio-visual
BR ˌɔːdɪəʊˈvɪʒʊ(ə)l,
ˌɔːdɪəʊˈvɪzjʊ(ə)l,
ˌɔːdɪəʊˈvɪʒ(ʉ)l,
ˌɔːdɪəʊˈvɪzj(ʉ)l
AM ˌadiəʊˈvɪʒ(ə)l,
ˌadiəʊˈvɪʒ(ə)w(ə)l,
ˌadiəʊˈvɪʒ(ə)l,
ˌɔdiəʊˈvɪʒ(ə)l,
ˌɔdiəʊˈvɪʒ(ə)w(ə)l
audit
BR ˈɔːdǀɪt, -ɪts, -ɪtɪŋ,
-ɪtɪd
AM ˈadəǀt, ˈɔdəǀt, -ts,
-dɪŋ, -dəd
audition
BR ɔːˈdɪʃǀn, -nz,
-n̩ɪŋ\-nɪŋ, -nd
AM əˈdɪʃ(ə)n,
ɔˈdɪʃ(ə)n, -z, -ɪŋ, -d
auditive
BR ˈɔːdɪtɪv
AM ˈadədɪv, ˈɔdədɪv
auditor
BR ˈɔːdɪtə(r), -z
AM ˈadədər, ˈɔdədər,
-z
auditoria
BR ˌɔːdɪˈtɔːrɪə(r)
AM ˌadəˈtɔrɪə,
ˌɔdəˈtɔrɪə
auditorial
BR ˌɔːdɪˈtɔːrɪəl
AM ˌadəˈtɔrɪəl,
ˌɔdəˈtɔrɪəl
auditorium
BR ˌɔːdɪˈtɔːrɪəm, -z
AM ˌadəˈtɔrɪəm,
ˌɔdəˈtɔrɪəm, -z
auditory
BR ˈɔːdɪt(ə)ri
AM ˈadəˌtɔri, ˈɔdəˌtɔri
Audlem
BR ˈɔːdl(ə)m
AM ˈadl(ə)m, ˈɔdl(ə)m

Audley
BR ˈɔːdli
AM ˈadli, ˈɔdli
Audra
BR ˈɔːdrə(r)
AM ˈadrə, ˈɔdrə
Audrey
BR ˈɔːdri
AM ˈadri, ˈɔdri
Audubon
BR ˈɔːdəbɒn
AM ˈadəˌban,
ˈɔdəˌbɑn
au fait
BR ˌəʊ ˈfeɪ
AM ˌoʊ ˈfeɪ
au fond
BR ˌəʊ ˈfɒ̃
AM ˌoʊ ˈfɔnd
Augean
BR ɔːˈdʒiːən
AM ˈɔˌgiən, əˈdʒiən,
ˈagiən, ɔˈdʒiən
auger
BR ˈɔːgə(r), -z
AM ˈagər, ˈɔgər, -z
aught
BR ɔːt
AM ɑt, ɔt
augite
BR ˈɔːdʒʌɪt
AM ˈɔgaɪt, ˈaˌdʒaɪt,
ˈagaɪt, ˈɔˌdʒaɪt
augment
BR ɔːgˈment, -s,
-ɪŋ, -ɪd
AM agˈmɛnǀt, ɔgˈmɛnǀt,
-ts, -(t)ɪŋ, -(t)əd
augmentation
BR ˌɔːgmenˈteɪʃn
AM ˌɔgˌmɛnˈteɪʃ(ə)n,
ˌagmənˈteɪʃ(ə)n,
ˌagˌmɛnˈteɪʃ(ə)n,
ˌɔgmənˈteɪʃ(ə)n
augmentative
BR ɔːgˈmentətɪv
AM agˈmɛn(t)ədɪv,
ɔgˈmɛn(t)ədɪv
augmenter
BR ɔːgˈmentə(r), -z
AM agˈmɛn(t)ər,
ɔgˈmɛn(t)ər, -z

au grand sérieux
BR əʊ ˌgrɒ̃ ˌsɛrɪˈəː(z)
AM ˌoʊ ˌgrɑn ˌsɛrɪˈə

au gratin
BR əʊ ˈgratɑ̃, + ˈgratan
AM ˌoʊ ˈgrætn, ˌoʊ ˈgrɑtn

Augsburg
BR ˈaʊgzbəːg
AM ˈaʊgzˌbɜrg, ˈɑgzˌbɜrg, ˈɔgzbɜrg
GER ˈaʊksbʊrk

augur
BR ˈɔːgə(r), -z, -ɪŋ, -d
AM ˈɑgər, ˈɔgər, -z, -ɪŋ, -d

augural
BR ˈɔːgjʊr l̩
AM ˈɑg(j)ər(ə)l, ˈɔg(j)ər(ə)l

augury
BR ˈɔːgjʊr|i, -ɪz
AM ˈɑg(j)əri, ˈɔg(j)əri, -z

August[1] *forename*
BR ˈaʊgʊst
AM ˈɑgəst, ˈɔgəst

august[2] *adjective*
BR ɔːˈgʌst, -ɪst
AM əˈgəst, ɔːˈgəst, -əst

August[3] *month*
BR ˈɔːgəst, -s
AM ˈɑgəst, ˈɔgəst, -s

august[4] *clown*
BR ˈaʊgʊst, -s
AM ˈɑgəst, ˈɔgəst, -s

Augusta
BR ɔːˈgʌstə(r)
AM əˈgəstə

Augustan
BR ɔːˈgʌst(ə)n, -z
AM əˈgəst(ə)n, əˈgəst(ə)n, ɔːˈgəst(ə)n, -z

Augustine
BR ˈɔːgəstiːn, ˈɔːgəstʌm, -z
AM ˈɑgəˌstin, əˈgəst(ə)n, ˈɔgəˌstin, -z

Augustinian
BR ˌɔːgəˈstɪnɪən, -z
AM ˌɑgəˈstɪnɪən, ˌɔgəˈstɪnɪən, -z

augustly
BR ɔːˈgʌstli
AM əˈgəs(t)li, ɔːˈgəs(t)li

augustness
BR ɔːˈgʌs(t)nəs
AM əˈgəs(t)nəs, ɔːˈgəs(t)nəs

Augustus
BR ɔːˈgʌstəs
AM əˈgəstəs

au jus
BR əʊ ˈʒuː(s)
AM oʊ ˈʒu(s)

auk
BR ɔːk, -s
AM ɑk, ɔk, -s

auklet
BR ˈɔːklɪt, -s
AM ˈɑklət, ˈɔklət, -s

auld lang syne
BR ˌɔːld laŋ ˈzʌɪn, ˌəʊld +, + ˈsʌɪn
AM ˌoʊl ˌdlæŋ ˈzaɪn, ˌoʊ(l) ˌlæŋ ˈzaɪn

aulic
BR ˈɔːlɪk
AM ˈɑlɪk, ˈɔlɪk

aumbry
BR ˈɔːmbr|i, -ɪz
AM ˈɑmbri, ˈɔmbri, -z

au naturel
BR əʊ ˌnatʃʊˈrɛl, + ˌnatjʊˈrɛl
AM ˌoʊ ˌnætʃʊˈrɛl

aunt
BR ɑːnt, -s
AM ænt, -s

auntie
BR ˈɑːnt|i, -ɪz
AM ˈæn(t)i, -z

aunty
BR ˈɑːnt|i, -ɪz
AM ˈæn(t)i, -z

au pair
BR ˌəʊ ˈpɛː(r), -z
AM ˌoʊ ˈpɛ(ə)r, -z

aura
BR ˈɔːrə(r), -z
AM ˈɔrə, -z

aural
BR ˈɔːr l̩
AM ˈɔr(ə)l

aurally
BR ˈɔːr l̩i
AM ˈɔrəli

Aurangzeb
BR ˌɔːraŋˈzɛb
AM ɑˌræŋˈzɛb, ɔˌræŋˈzɛb

aureate
BR ˈɔːrɪeɪt, ˈɔːrɪət
AM ˈɔriˌeɪt, ˈɔriət

Aurelia
BR ɔːˈriːlɪə(r)
AM əˈriliə, ɔˈriljə, əˈriljə, ɔˈriliə

Aurelian
BR ɔːˈriːlɪən
AM əˈriliən, ɔˈrilj(ə)n, əˈrilj(ə)n, ɔˈriliən

Aurelius
BR ɔːˈriːlɪəs
AM əˈriliəs, ɔˈriliəs

aureola
BR ɔːˈriːələ(r), ˌɔːrɪˈəʊlə(r), -z
AM əˈriələ, ɔˈriələ, -z

aureole
BR ˈɔːrɪəʊl, -z
AM ˈɔriˌoʊl, -z

aureomycin
BR ˌɔːrɪə(ʊ)ˈmʌɪsɪn
AM ˌɔrioʊˈmaɪsɪn

au revoir
BR ˌəʊ rɪˈvwɑː(r), ˌɔː +
AM ˌoʊ rəˈvwɑr, ˌɔ rəˈvwɑr

auric
BR ˈɔːrɪk
AM ˈɔrɪk

auricle
BR ˈɔːrɪkl, ˈɒrɪkl, -z
AM ˈɔrək(ə)l, -z

auricula
BR ɔːˈrɪkjʊlə(r), -z
AM əˈrɪkjələ, ɔˈrɪkjələ, -z

auricular
BR ɔːˈrɪkjʊlə(r)
AM əˈrɪkjələr, ɔˈrɪkjələr

auricularly
BR ɔːˈrɪkjʊləli
AM əˈrɪkjələrli, ɔˈrɪkjələrli

auriculate[1] *adjective*
BR ɔːˈrɪkjʊlət
AM əˈrɪkjələt, ɔˈrɪkjələt

auriculate[2] *verb*
BR ɔːˈrɪkjʊleɪt, -s, -ɪŋ, -ɪd
AM əˈrɪkjəˌleɪt, ɔˈrɪkjəˌleɪt, -ts, -dɪŋ, -dɪd

auriferous
BR ɔːˈrɪf(ə)rəs
AM əˈrɪfərəs, ɔˈrɪfərəs

Auriga
BR ɔːˈrʌɪgə(r)
AM əˈraɪgə, ɔˈraɪgə

Aurignacian
BR ˌɔːrɪ(g)ˈnjeɪʃn, -z
AM ˌɔrəˈgneɪʃ(ə)n, -z

auriscope
BR ˈɔːrɪskəʊp, -s
AM ˈɔrəˌskoʊp, -s

aurist
BR ˈɔːrɪst, -s
AM ˈɔrəst, -s

aurochs
BR ˈɔːrɒks
AM ˈɔˌrɑks, ˈɑˌrɑks, ˈaʊˌrɑks

aurora
BR ɔːˈrɔːrə(r)
AM ɔˈrɔrə, ɑˈrɔrə, əˈrɔrə

aurora australis
BR ɔː,rɔːrə(r)
ɔːˈstrɑːlɪs,
+ ɔːˈstreɪlɪs,
+ ɒˈstrɑːlɪs,
+ ɒˈstreɪlɪs
AM ɔˈrɔrə ɔˈstreɪlɪs,
ɑˈrɔrə ɔˈstreɪlɪs,
əˈrɔrə ɔˈstreɪlɪs

aurora borealis
BR ɔː,rɔːrə ,bɔːrɪˈeɪlɪs,
+ ,bɔːrɪˈɑːlɪs
AM ɔˈrɔrə ,bɔrɪˈæləs,
ɑˈrɔrə ,bɔrɪˈæləs,
əˈrɔrə ,bɔrɪˈæləs

auroral
BR ɔːˈrɔːrl̩
AM ɔˈrɔr(ə)l, ɑˈrɔr(ə)l,
əˈrɔr(ə)l

Auschwitz
BR ˈaʊʃwɪts, ˈaʊʃvɪts
AM ˈaʊʃvɪts, ˈaʊʃwɪts

auscultate
BR ˈɔːskʌlteɪt, -s, -ɪŋ, -ɪd
AM ˈaskəl,teɪ|t, ˈɔskəl-
,teɪ|t, -ts, -dɪŋ, -dɪd

auscultation
BR ,ɔːskʌlˈteɪʃn, -z
AM ,askəlˈteɪʃ(ə)n,
,ɔskəlˈteɪʃ(ə)n, -z

auscultatory
BR ɔːˈskʌltət(ə)ri
AM ɑˈskəltə,tɔri,
ɔˈskəltə,tɔri

au sérieux
BR ,əʊ sɛrɪˈəː(z)
AM ,oʊ ,sɛrɪˈə

auspicate
BR ˈɔːspɪkeɪt, -s, -ɪŋ, -ɪd
AM ˈaspə,keɪ|t, ˈɔspə-
,keɪ|t, -ts, -dɪŋ, -dɪd

auspice
BR ˈɔːsp|ɪs, -ɪsɪz\-ɪsiːz
AM ˈaspəs, ˈɔspəs, -əz

auspicious
BR ɔːˈspɪʃəs
AM ɑˈspɪʃəs, ɔˈspɪʃəs

auspiciously
BR ɔːˈspɪʃəsli
AM ɑˈspɪʃəsli,
ɔˈspɪʃəsli

auspiciousness
BR ɔːˈspɪʃəsnəs
AM ɑˈspɪʃəsnəs,
ɔˈspɪʃəsnəs

Aussie
BR ˈɒz|i, -ɪz
AM ˈɑsi, ˈɔsi, -z

Aust
BR ɔːst
AM ɑst, ɔst

Austell
BR ˈɔːstl, ˈɒstl
AM ˌasˈtɛl, ˌɔsˈtɛl

Austen
BR ˈɒstɪn, ˈɔːstɪn
AM ˈast(ə)n,
ˈɔst(ə)n

austere
BR ɔːˈstɪə(r), ɒˈstɪə(r),
-ə(r), -ɪst
AM ɑˈstɪ(ə)r, ɔˈstɪ(ə)r,
-ər, -ɪst

austerely
BR ɔːˈstɪəli, ɒˈstɪəli
AM ɑˈstɪrli, ɔˈstɪrli

austereness
BR ɔːˈstɪənəs,
ɒˈstɪənəs
AM ɑˈstɪrnɪs,
ɔˈstɪrnɪs

austerity
BR ɔːˈstɛrɪti, ɒˈstɛrɪt|i,
-ɪz
AM ɑˈstɛrədi,
ɔˈstɛrədi, -z

Austerlitz
BR ˈaʊstəlɪts,
ˈɔːstəlɪts
AM ˈaʊstər,lɪts,
ˈastər,lɪts,
ˈɔstər,lɪts

Austick
BR ˈɔːstɪk, ˈɒstɪk
AM ˈastɪk, ˈɔstɪk

Austin
BR ˈɒstɪn, ˈɔːstɪn
AM ˈast(ə)n,
ˈɔst(ə)n

austral
BR ˈɔːstr(ə)l,
ˈɒstr(ə)l
AM ˈastr(ə)l, ˈɔstr(ə)l

Australasia
BR ˌɒstrəˈleɪʒə(r),
ˌɒstrəˈleɪʃə(r),
ˌɔːstrəˈleɪʒə(r),
ˌɔːstrəˈleɪʃə(r)
AM ˌɒstrəˈleɪʃə,
ˌastrəˈleɪʒə,
ˌastrəˈleɪʃə,
ˌɔstrəˈleɪʒə

Australasian
BR ˌɒstrəˈleɪʒn,
ˌɒstrəˈleɪʃn,
ˌɔːstrəˈleɪʒn,
ˌɔːstrəˈleɪʃn, -z
AM ˌɒstrəˈleɪʃ(ə)n,
ˌastrəˈleɪʒ(ə)n,
ˌastrəˈleɪʃ(ə)n,
ˌɔstrəˈleɪʒ(ə)n,
-z

Australia
BR ɒˈstreɪlɪə(r),
ɔːˈstreɪlɪə(r),
əˈstreɪlɪə(r)
AM ɔˈstreɪlɪə,
ɑˈstreɪljə,
ɑˈstreɪlɪə,
ɔˈstreɪljə

Australian
BR ɒˈstreɪlɪən,
ɔːˈstreɪlɪən, -z
AM ɔˈstreɪlɪən,
ɑˈstreɪlj(ə)n,
ɑˈstreɪliən,
ɔˈstreɪlj(ə)n, -z

Australianise
BR ɒˈstreɪlɪənʌɪz,
ɔːˈstreɪlɪənʌɪz, -ɪz,
-ɪŋ, -d
AM ɔˈstreɪliəˌnaɪz,
ɑˈstreɪljəˌnaɪz,
ɑˈstreɪliəˌnaɪz,
ɔˈstreɪljəˌnaɪz, -ɪz,
-ɪŋ, -d

Australianism
BR ɒˈstreɪlɪənɪzm,
ɔːˈstreɪlɪənɪzm,
-z
AM ɔˈstreɪliəˌnɪz(ə)m,
ɑˈstreɪljəˌnɪz(ə)m,
ɑˈstreɪliəˌnɪz(ə)m,
ɔˈstreɪljəˌnɪz(ə)m,
-z

Australianize
BR ɒˈstreɪlɪənʌɪz,
ɔːˈstreɪlɪənʌɪz, -ɪz,
-ɪŋ, -d
AM ɔˈstreɪliəˌnaɪz,
ɑˈstreɪljəˌnaɪz,
ɑˈstreɪliəˌnaɪz,
ɔˈstreɪljəˌnaɪz, -ɪz,
-ɪŋ, -d

Australoid
BR ˈɒstrəlɔɪd,
ˈɔːstrəlɔɪd, -z
AM ˈastrəˌlɔɪd,
ˈɔstrəˌlɔɪd, -z

australopithecine
BR ˌɒstrələʊˈpɪθɪsiːn,
ˌɒstrələʊˈpɪθɪsʌɪn,
ˌɔːstrələʊˈpɪθɪsiːn,
ˌɔːstrələʊˈpɪθɪsʌɪn,
-z
AM ˌastrəloʊˈpɪθəˌsin,
ˌɔstrəloʊˈpɪθəˌsin,
-z

Australopithecus
BR ˌɒstrələˈpɪθɪkəs,
ˌɔːstrələˈpɪθɪkəs
AM ˌastroʊˈpɪθəkəs,
ˌɔstroʊˈpɪθəkəs

Austria
BR ˈɒstrɪə(r),
ˈɔːstrɪə(r)
AM ˈastriə, ˈɔstriə

Austrian
BR ˈɒstrɪən, ˈɔːstrɪən,
-z
AM ˈastriən, ˈɔstriən,
-z

Austro-
BR ˈɒstrəʊ, ˈɔːstrəʊ
AM ˈastroʊ, ˈɔstroʊ

Austronesian
BR ˌɒstrəˈniːzj(ə)n,
ˌɔːstrəˈniːzj(ə)n,
ˌɒstrəˈniːʒn,
ˌɔːstrəˈniːʒn, -z
AM ˌɔstroʊˈniːʃ(ə)n,
ˌastroʊˈniːʒ(ə)n,
ˌastroʊˈniːʃ(ə)n,
ˌɔstroʊˈniːʒ(ə)n, -z

Austyn
BR ˈɒstɪn, ˈɔːstɪn
AM ˈast(ə)n, ˈɔst(ə)n

autarchic
BR ɔːˈtɑːkɪk
AM ɑˈtɑrkɪk, ɔˈtɑrkɪk

autarchical
BR ɔːˈtɑːkɪkl
AM ɑˈtɑrkək(ə)l, ɔˈtɑrkək(ə)l

autarchy
BR ˈɔːtɑːk|i, -ɪz
AM ˈɑˌtɑrki, ˈɔˌtɑrki, -z

autarkic
BR ɔːˈtɑːkɪk
AM ɑˈtɑrkɪk, ɔˈtɑrkɪk

autarkical
BR ɔːˈtɑːkɪkl
AM ɑˈtɑrkək(ə)l, ɔˈtɑrkək(ə)l

autarkist
BR ɔːˈtɑːkɪst, -s
AM ˈɑˌtɑrkəst, ˈɔˌtɑrkəst, -s

autarky
BR ˈɔːtɑːk|i, -ɪz
AM ˈɑˌtɑrki, ˈɔˌtɑrki, -z

auteur
BR ɔːˈtɜː(r), əʊˈtɜː(r), -z
AM ɔˈtɜr, ɑˈtɜr, oʊˈtɜr, -z

auteurism
BR ɔːˈtɜːrɪzm, əʊˈtɜːrɪzm
AM ɔˈtɜˌrɪz(ə)m, ɑˈtɜˌrɪz(ə)m, oʊˈtɜˌrɪz(ə)m

auteurist
BR ɔːˈtɜːrɪst, əʊˈtɜːrɪst
AM ɔˈtɜrəst, ɑˈtɜrəst, oʊˈtɜrəst

authentic
BR ɔːˈθɛntɪk
AM əˈθɛn(t)ɪk, ɑˈθɛn(t)ɪk, əˈθɛn(t)ɪk

authentically
BR ɔːˈθɛntɪkli
AM əˈθɛn(t)ək(ə)li, ɑˈθɛn(t)ək(ə)li, əˈθɛn(t)ək(ə)li

authenticate
BR ɔːˈθɛntɪkeɪt, -s, -ɪŋ, -ɪd
AM əˈθɛn(t)əˌkeɪ|t, ɑˈθɛn(t)əˌkeɪ|t, əˈθɛn(t)əˌkeɪ|t, -ts, -dɪŋ, -dɪd

authentication
BR ɔːˌθɛntɪˈkeɪʃn
AM əˈθɛn(t)əˈkeɪʃ(ə)n, ɑˈθɛn(t)əˈkeɪʃ(ə)n, əˌθɛn(t)əˈkeɪʃ(ə)n

authenticator
BR ɔːˈθɛntɪkeɪtə(r), -z
AM ɔːˈθɛn(t)əˌkeɪdər, ɑˈθɛn(t)əˌkeɪdər, əˈθɛn(t)əˌkeɪdər, -z

authenticity
BR ˌɔːθɛnˈtɪsɪti
AM ˌɑθənˈtɪsɪdi, ˌɑˌθɛnˈtɪsɪdi, ˌɑθənˈtɪsɪdi, ˌɔˌθɛnˈtɪsɪdi

author
BR ˈɔːθə(r), -z, -ɪŋ, -d
AM ˈɑθər, ˈɔːθər, -z, -ɪŋ, -d

authoress
BR ˈɔːθ(ə)rɪs, ˌɔːθəˈrɛs, -ɪz
AM ˈɑθ(ə)rəs, ˈɔːθ(ə)rəs, -əz

authorial
BR ɔːˈθɔːriəl
AM ɑˈθɔriəl, ɔˈθɔriəl

authorisation
BR ˌɔːθ(ə)rʌɪˈzeɪʃn, -z
AM ˌɑθəˌraɪˈzeɪʃ(ə)n, ˌɑθərəˈzeɪʃ(ə)n, ˌɑθəˌraɪˈzeɪʃ(ə)n, ˌɔθərəˈzeɪʃ(ə)n, -z

authorise
BR ˈɔːθərʌɪz, -ɪz, -ɪŋ, -d
AM ˈɑθəˌraɪz, ˈɔθəˌraɪz, -ɪz, -ɪŋ, -d

authoritarian
BR ɔːˌθɒrɪˈtɛːriən, ˌɔːθɒrɪˈtɛːriən, -z
AM əˌθɔrəˈtɛriən, ɑˌθɔrəˈtɛriən, ɔˌθɔrəˈtɛriən, -z

authoritarianism
BR ɔːˌθɒrɪˈtɛːriənɪzm, ˌɔːθɒrɪˈtɛːriənɪzm
AM əˌθɔrəˈtɛriəˌnɪz(ə)m, ɑˌθɔrəˈtɛriəˌnɪz(ə)m, ɔˌθɔrəˈtɛriəˌnɪz(ə)m

authoritative
BR ɔːˈθɒrɪtətɪv
AM əˈθɔrəˌteɪdɪv, ɑˈθɔrəˌteɪdɪv, ɔˈθɔrəˌteɪdɪv

authoritatively
BR ɔːˈθɒrɪtətɪvli
AM əˈθɔrəˌteɪdɪvli, ɑˈθɔrəˌteɪdɪvli, ɔˈθɔrəˌteɪdɪvli

authoritativeness
BR ɔːˈθɒrɪtətɪvnɪs
AM əˈθɔrəˌteɪdɪvnɪs, ɑˈθɔrəˌteɪdɪvnɪs, ɔˈθɔrəˌteɪdɪvnɪs

authority
BR ɔːˈθɒrɪt|i, -ɪz
AM əˈθɔrədi, ɑˈθɔrədi, ɔˈθɔrədi, -z

authorization
BR ˌɔːθərʌɪˈzeɪʃn, -z
AM ˌɑθəˌraɪˈzeɪʃ(ə)n, ˌɑθərəˈzeɪʃ(ə)n, ˌɑθəˌraɪˈzeɪʃ(ə)n, ˌɔθərəˈzeɪʃ(ə)n, -z

authorize
BR ˈɔːθərʌɪz, -ɪz, -ɪŋ, -d
AM ˈɑθəˌraɪz, ˈɔθəˌraɪz, -ɪz, -ɪŋ, -d

authorship
BR ˈɔːθəʃɪp
AM ˈɑθərˌʃɪp, ˈɔθərˌʃɪp

autism
BR ˈɔːtɪzm
AM ˈɑˌtɪz(ə)m, ˈɔˌtɪz(ə)m

autistic
BR ɔːˈtɪstɪk
AM ɑˈtɪstɪk, ɔˈtɪstɪk

auto
BR ˈɔːtəʊ, -z
AM ˈɑdoʊ, ˈɔdoʊ, -z

auto-activate
BR ˌɔːtəʊˈaktɪveɪt, -s, -ɪŋ, -ɪd
AM ˌɑdoʊˈæktəˌveɪ|t, ˌɑdoʊˈæktəˌveɪ|t, -ts, -dɪŋ, -dɪd

auto-answer
BR ˌɔːtəʊˈɑːnsə(r)
AM ˌɑdoʊˈænsər, ˌɑdoʊˈænsər, -z, -ɪŋ, -d

Autobahn
BR ˈɔːtəbɑːn, -z
AM ˈɔdoʊˌbɑn, ˈɑdəˌbɑn, ˈɑdoʊˌbɑn, ˈɔdəˌbɑn, -z
GER ˈautobaːn

autobiographer
BR ˌɔːtə(ʊ)bʌɪˈɒɡrəfə(r), -z
AM ˌɑdoʊˌbaɪˈɑɡrəfər, ˌɑdəˌbaɪˈɑɡrəfər, ˌɑdoʊˌbaɪˈɑɡrəfər, ˌɑdəˌbaɪˈɑɡrəfər, -z

autobiographic
BR ˌɔːtə(ʊ)bʌɪəˈɡrafɪk
AM ˌɑdoʊˌbaɪəˈɡræfɪk, ˌɑdəˌbaɪəˈɡræfɪk, ˌɑdoʊˌbaɪəˈɡræfɪk, ˌɑdəˌbaɪəˈɡræfɪk

autobiographical
BR ˌɔːtə(ʊ)bʌɪəˈɡrafɪkl
AM ˌɑdoʊˌbaɪəˈɡræfək(ə)l, ˌɑdəˌbaɪəˈɡræfək(ə)l, ˌɑdoʊˌbaɪəˈɡræfək(ə)l, ˌɑdəˌbaɪəˈɡræfək(ə)l

autobiographically
BR ˌɔːtə(ʊ)bʌɪəˈɡrafɪkli
AM ˌɑdoʊˌbaɪəˈɡræfək(ə)li, ˌɑdəˌbaɪəˈɡræfək(ə)li, ˌɑdoʊˌbaɪəˈɡræfək(ə)li, ˌɑdəˌbaɪəˈɡræfək(ə)li

autobiography
BR ˌɔːtə(ʊ)baɪˈɒɡrəf|i, -ɪz
AM ˌɔːdoʊˌbaɪˈɑɡrəfi, ˌɑdəˌbaɪˈɑɡrəfi, ˌɑdoʊˌbaɪˈɑɡrəfi, ˌɔdəˌbaɪˈɑɡrəfi, -z

auto-boot
BR ˈɔːtə(ʊ)buːt, -s, -ɪŋ, -ɪd
AM ˈɔdoʊˌbuːt, ˈɑdoʊˌbuːt, -ts, -dɪŋ, -dəd

autocade
BR ˈɔːtəkeɪd, -z
AM ˈɔdoʊˌkeɪd, ˈɑdəˌkeɪd, ˈɑdoʊˌkeɪd, ˈɔdəˌkeɪd, -z

autocar
BR ˈɔːtə(ʊ)kɑː(r), -z
AM ˈɔdoʊˌkɑr, ˈɑdəˌkɑr, ˈɑdoʊˌkɑr, ˈɔdəˌkɑr, -z

autocatalyst
BR ˌɔːtəʊˈkætl̩ɪst, -s
AM ˌɔdoʊˈkædələst, ˌɑdəˈkædələst, ˌɑdoʊˈkædələst, ˌɔdəˈkædələst, -s

autocephalous
BR ˌɔːtəˈsɛfləs, ˌɔːtəˈkɛfləs
AM ˌɔdoʊˈsɛfələs, ˌɑdəˈsɛfələs, ˌɑdoʊˈsɛfələs, ˌɔdəˈsɛfələs

autochange
BR ˈɔːtə(ʊ)tʃeɪn(d)ʒ, -ɪz
AM ˈɔdoʊˌtʃeɪndʒ, ˈɑdəˌtʃeɪndʒ, ˈɑdoʊˌtʃeɪndʒ, ˈɔdəˌtʃeɪndʒ, -ɪz

autochanger
BR ˈɔːtə(ʊ)-ˌtʃeɪn(d)ʒə(r), -z
AM ˈɔdoʊˌtʃeɪndʒər, ˈɑdəˌtʃeɪndʒər, ˈɑdoʊˌtʃeɪndʒər, ˈɔdəˌtʃeɪndʒər, -z

autochthon
BR ɔːˈtɒkθɒn, -z
AM ɔˈtɑkˌθɑn, əˈtɑkθ(ə)n, əˈtɑkˌθɑn, ɔˈtɑkθ(ə)n, -z

autochthonal
BR ɔːˈtɒkθn̩l
AM əˈtɑkθən(ə)l, ɔˈtɑkθən(ə)l

autochthonic
BR ˌɔːtɒkˈθɒnɪk
AM ˌɑˌtɑkˈθɑnɪk, ˌɔˌtɑkˈθɑnɪk

autochthonous
BR ɔːˈtɒkθənəs
AM əˈtɑkθənəs, ɔˈtɑkθənəs

autoclave
BR ˈɔːtə(ʊ)kleɪv, -z
AM ˈɔdoʊˌkleɪv, ˈɑdəˌkleɪv, ˈɑdoʊˌkleɪv, ˈɔdəˌkleɪv, -z

autocode
BR ˈɔːtə(ʊ)kəʊd, -z
AM ˈɔdoʊˌkoʊd, ˈɑdəˌkoʊd, ˈɑdoʊˌkoʊd, ˈɔdəˌkoʊd, -z

auto-complete
BR ˌɔːtə(ʊ)kəmˈpliːt, -s, -ɪŋ, -ɪd
AM ˌɔdoʊkəmˈpliːt, ˌɑdoʊkəmˈpliːt, -ts, -dɪŋ, -dɪd

auto-correct
BR ˌɔːtə(ʊ)kəˈrɛkt, -s, -ɪŋ, -ɪd
AM ˌɔdoʊkəˈrɛk|(t), ˌɑdoʊkəˈrɛk|(t), -(t)s, -dɪŋ, -dəd

autocracy
BR ɔːˈtɒkrəs|i, -ɪz
AM əˈtɑkrəsi, ɔˈtɑkrəsi, -z

autocrat
BR ˈɔːtəkræt, -s
AM ˈɔdoʊˌkræt, ˈɑdəˌkræt, ˈɑdoʊˌkræt, ˈɔdəˌkræt, -s

autocratic
BR ˌɔːtəˈkrætɪk
AM ˌɔdoʊˈkrædɪk, ˌɑdəˈkrædɪk, ˌɑdoʊˈkrædɪk, ˌɔdəˈkrædɪk

autocratical
BR ˌɔːtəˈkrætɪkl
AM ˌɔdoʊˈkrædək(ə)l, ˌɑdəˈkrædək(ə)l, ˌɑdoʊˈkrædək(ə)l, ˌɔdəˈkrædək(ə)l

autocratically
BR ˌɔːtəˈkrætɪkli
AM ˌɔdoʊˈkrædək(ə)li, ˌɑdəˈkrædək(ə)li, ˌɑdoʊˈkrædək(ə)li, ˌɔdəˈkrædək(ə)li

autocross
BR ˈɔːtəʊkrɒs
AM ˈɔdəˌkrɔs, ˈɑdoʊˌkrɑs, ˈɑdəˌkrɑs, ˈɔdoʊˌkrɔs

Autocue
BR ˈɔːtə(ʊ)kjuː, -z
AM ˈɔdəˌkju, ˈɑdoʊˌkju, ˈɑdəˌkju, ˈɔdoʊˌkju, -z

autocue
BR ˈɔːtəʊkjuː, -z
AM ˈɔdəˌkju, ˈɑdoʊˌkju, -z

autocycle
BR ˈɔːtə(ʊ)ˌsaɪkl, -z
AM ˈɔdoʊˌsaɪk(ə)l, ˈɑdəˌsaɪk(ə)l, ˈɑdoʊˌsaɪk(ə)l, ˈɔdəˌsaɪk(ə)l, -z

autocyclic
BR ˌɔːtə(ʊ)ˈsaɪklɪk
AM ˌɔdoʊˈsaɪklɪk, ˌɑdoʊˈsaɪklɪk

auto-da-fé
BR ˌɔːtə(ʊ)dəˈfeɪ, -z
AM ˌɔˌtoʊdəˈfeɪ, ˌɑdədəˈfeɪ, ˌɑˌtoʊdəˈfeɪ, ˌɔdədəˈfeɪ, -z

autodestruct
BR ˌɔːtəʊdɪˈstrʌkt, -s, -ɪŋ, -ɪd
AM ˌɔdədiˈstrʌk|(t), ˌɑdoʊdəˈstrək|(t), ˌɑdoʊdiˈstrək|(t), ˌɑdədəˈstrək|(t), ˌɑdədiˈstrək|(t), ˌɑdoʊdəˈstrək|(t), ˌɑdoʊdiˈstrək|(t), ˌɔdədəˈstrək|(t), -(t)s, -tɪŋ, -təd

autodial
BR ˈɔːtə(ʊ)ˌdʌɪəl, -z, -ɪŋ, -d
AM ˈɔdoʊˌdaɪ(ə)l, ˈɑdoʊˌdaɪ(ə)l, -z, -ɪŋ, -d

autodidact
BR ˌɔːtəʊˈdʌɪdakt, -s
AM ˌɔdoʊˈdaɪˌdæk(t), ˌɑdəˈdaɪˌdæk(t), ˌɑdoʊˈdaɪˌdæk(t), ˌɔdəˈdaɪˌdæk(t), -s

autodidactic
BR ˌɔːtə(ʊ)dʌɪˈdaktɪk
AM ˌɔdəˌdaɪˈdæktɪk, ˌɑdoʊdəˈdæktɪk, ˌɑdoʊˌdaɪˈdæktɪk, ˌɑdədəˈdæktɪk, ˌɑdəˌdaɪˈdæktɪk, ˌɑdoʊdəˈdæktɪk, ˌɑdoʊˌdaɪˈdæktɪk, ˌɔdədəˈdæktɪk

autoerotic
BR ˌɔːtəʊɪˈrɒtɪk
AM ˌɑdoʊəˈrɑdɪk, ˌɔdoʊəˈrɑdɪk

autoeroticism
BR ˌɔːtəʊɪˈrɒtɨsɪzm
AM ˌɑdoʊəˈrɑdəˌsɪz(ə)m, ˌɔdoʊəˈrɑdəˌsɪz(ə)m

autofocus
BR ˈɔːtə(ʊ)ˌfəʊkəs
AM ˈɔdoʊˌfoʊkəs, ˈɑdəˌfoʊkəs, ˈɑdoʊˌfoʊkəs, ˈɔdəˌfoʊkəs

autogamous
BR ɔːˈtɒgəməs
AM əˈtagəməs, aˈtagəməs, ɔˈtagəməs

autogamy
BR ɔːˈtɒgəmi
AM əˈtagəmi, aˈtagəmi, ɔˈtagəmi

autogenic
BR ˌɔːtə(ʊ)ˈdʒɛnɪk
AM ˌɔdoʊˈdʒɛnɪk, ˌadəˈdʒɛnɪk, ˌadoʊˈdʒɛnɪk, ˌɔdəˈdʒɛnɪk

autogenous
BR ɔːˈtɒdʒɪnəs
AM əˈtadʒənəs, aˈtadʒənəs, ɔˈtadʒənəs

autogiro
BR ˌɔːtə(ʊ)ˈdʒʌɪrəʊ, ˈɔːtə(ʊ)ˌdʒʌɪrəʊ, -z
AM ˌɔdəˈdʒaɪroʊ, ˌadoʊˈdʒaɪroʊ, ˌadəˈdʒaɪroʊ, ˌɔdoʊˈdʒaɪroʊ, -z

autograft
BR ˈɔːtə(ʊ)grɑːft, -s
AM ˈɔdoʊˌgræft, ˈadəˌgræft, ˈadoʊˌgræft, ˈɔdəˌgræft, -s

autograph
BR ˈɔːtəgrɑːf, -s, -ɪŋ, -t
AM ˈɔdoʊˌgræf, ˈadəˌgræf, ˈadoʊˌgræf, ˈɔdəˌgræf, -s, -ɪŋ, -t

autographic
BR ˌɔːtəˈgrafɪk
AM ˌɔdoʊˈgræfɪk, ˌadəˈgræfɪk, ˌadoʊˈgræfɪk, ˌɔdəˈgræfɪk

autography
BR ɔːˈtɒgrəfi
AM əˈtagrəfi, ɔˈtagrəfi

autogyro
BR ˌɔːtə(ʊ)ˈdʒʌɪrəʊ, ˈɔːtə(ʊ)ˌdʒʌɪrəʊ, -z
AM ˌɔdəˈdʒaɪroʊ, ˌadoʊˈdʒaɪroʊ, ˌadəˈdʒaɪroʊ, ˌɔdoʊˈdʒaɪroʊ, -z

autoharp
BR ˈɔːtəʊhɑːp, -s
AM ˈɔdoʊˌhɑrp, ˈadəˌhɑrp, ˈadoʊˌhɑrp, ˈɔdəˌhɑrp, -s

autoimmune
BR ˌɔːtəʊɪˈmjuːn
AM ˌadoʊəˈmjun, ˌɔdoʊəˈmjun

autoimmunity
BR ˌɔːtəʊɪˈmjuːnɪti
AM ˌadoʊəˈmjʊnədi, ˌɔdoʊəˈmjʊnədi, -z

autointoxication
BR ˌɔːtəʊɪnˌtɒksɪˈkeɪʃn
AM ˌadoʊənˌtaksəˈkeɪʃ(ə)n, ˌɔdoʊənˌtaksəˈkeɪʃ(ə)n

autologous
BR ɔːˈtɒləgəs
AM aˈtaləgəs, ɔˈtaləgəs

Autolycus
BR ɔːˈtɒlɪkəs
AM aˈtaləkəs, ɔˈtaləkəs

autolyses
BR ɔːˈtɒlɪsiːz
AM aˈtaləsiz, ɔˈtaləsiz

autolysis
BR ɔːˈtɒlɪsɪs
AM aˈtaləsəs, ɔˈtaləsəs

autolytic
BR ˌɔːtə(ʊ)ˈlɪtɪk
AM ˌadlˈɪdɪk, ˌɔdlˈɪdɪk

automaker
BR ˈɔːtəʊˌmeɪkə(r), -z
AM ˈɔdəˌmeɪkər, ˈadoʊˌmeɪkər, ˈadəˌmeɪkər, ˈɔdoʊˌmeɪkər, -z

automat
BR ˈɔːtəmat, -s
AM ˈɔdoʊˌmæt, ˈadəˌmæt, ˈadoʊˌmæt, ˈɔdəˌmæt, -s

automata
BR ɔːˈtɒmətə(r)
AM aˈtamədə, ɔˈtamədə

automate
BR ˈɔːtəmeɪt, -s, -ɪŋ, -ɪd
AM ˈɔdoʊˌmeɪt, ˈadəˌmeɪt, ˈadoʊˌmeɪt, ˈɔdəˌmeɪt, -ts, -dɪŋ, -dɪd

automatic
BR ˌɔːtəˈmatɪk
AM ˌɔdoʊˈmædɪk, ˌadəˈmædɪk, ˌadoʊˈmædɪk, ˌɔdəˈmædɪk

automatically
BR ˌɔːtəˈmatɪkli
AM ˌɔdoʊˈmædək(ə)li, ˌadəˈmædək(ə)li, ˌadoʊˈmædək(ə)li, ˌɔdəˈmædək(ə)li

automaticity
BR ˌɔːtəməˈtɪsɪti
AM ˌadəməˈtɪsɪdi, ˌɔdəməˈtɪsɪdi

automation
BR ˌɔːtəˈmeɪʃn
AM ˌɔdoʊˈmeɪʃ(ə)n, ˌadəˈmeɪʃ(ə)n, ˌadoʊˈmeɪʃ(ə)n, ˌɔdəˈmeɪʃ(ə)n

automatisation
BR ˌɔːtəmatʌɪˈzeɪʃn
AM ɔˌtaməˌtaɪˈzeɪʃ(ə)n, əˌtamədəˈzeɪʃ(ə)n, aˌtamədəˈzeɪʃ(ə)n, aˌtaməˌtaɪˈzeɪʃ(ə)n, ɔˌtamədəˈzeɪʃ(ə)n

automatise
BR ˈɔːtəmətʌɪz, -ɪz, -ɪŋ, -d
AM əˈtaməˌtaɪz, aˈtaməˌtaɪz, ɔˈtaməˌtaɪz, -ɪz, -ɪŋ, -d

automatism
BR ɔːˈtɒmətɪzm
AM əˈtaməˌtɪz(ə)m, aˈtaməˌtɪz(ə)m, ɔˈtaməˌtɪz(ə)m

automatist
BR ɔːˈtɒmətɪst, -s
AM əˈtamədəst, aˈtamədəst, ɔˈtamədəst, -s

automatization
BR ˌɔːtəmatʌɪˈzeɪʃn
AM ɔˌtaməˌtaɪˈzeɪʃ(ə)n, əˌtamədəˈzeɪʃ(ə)n, aˌtamədəˈzeɪʃ(ə)n, aˌtaməˌtaɪˈzeɪʃ(ə)n, ɔˌtamədəˈzeɪʃ(ə)n

automatize
BR ˈɔːtəmətʌɪz, -ɪz, -ɪŋ, -d
AM əˈtaməˌtaɪz, aˈtaməˌtaɪz, ɔˈtaməˌtaɪz, -ɪz, -ɪŋ, -d

automaton
BR ɔːˈtɒmət(ə)n, -z
AM aˈtamətn, aˈtamədən, ɔːˈtaməˌtan, aˈtaməˌtan, ɔˈtamətn, ɔˈtamədən, -z

automobile
BR ˈɔːtəmə(ʊ)biːl, -z
AM ˈɔdoʊmoʊˌbil, ˈadəmoʊˌbil, ˈadoʊmoʊˌbil, ˈɔdəmoʊˌbil, -z

automotive
BR ˌɔːtəˈməʊtɪv
AM ˌɔdoʊˈmoʊdɪv, ˌadəˈmoʊdɪv, ˌadoʊˈmoʊdɪv, ˌɔdəˈmoʊdɪv

autonomic
BR ˌɔːtəˈnɒmɪk
AM ˌɔdoʊˈnamɪk, ˌadəˈnamɪk, ˌadoʊˈnamɪk, ˌɔdəˈnamɪk

autonomist
BR ɔːˈtɒnəmɪst, -s
AM əˈtɑnəməst,
  ɑˈtɑnəməst,
  ɔˈtɑnəməst, -s
autonomous
BR ɔːˈtɒnəməs
AM əˈtɑnəməs,
  ɑˈtɑnəməs,
  ɔˈtɑnəməs
autonomously
BR ɔːˈtɒnəməsli
AM əˈtɑnəməsli,
  ɑˈtɑnəməsli,
  ɔˈtɑnəməsli
autonomy
BR ɔːˈtɒnəm|i, -ɪz
AM əˈtɑnəmi,
  ɑˈtɑnəmi, ɔˈtɑnəmi,
  -z
autopilot
BR ˈɔːtə(ʊ)ˌpʌɪlət, -s
AM ˈɔdəˌpaɪlət, ˈɑdoʊ-
  ˌpaɪlət, ˈɑdəˌpaɪlət,
  ˈɔdoʊˌpaɪlət, -s
autopista
BR ˈɔːtə(ʊ)ˌpiːstə(r),
  -z
AM ˈɑdoʊˌpistə,
  ˈɔdoʊˌpistə, -z
autopolyploid
BR ˌɔːtəʊˈpɒlɪplɔɪd, -z
AM ˌɔdəˈpɑləˌplɔɪd,
  ˌɑdoʊˈpɑləˌplɔɪd,
  ˌɑdəˈpɑləˌplɔɪd,
  ˌɔdoʊˈpɑləˌplɔɪd, -z
autopolyploidy
BR ˌɔːtəʊˈpɒlɪplɔɪdi
AM ˌɔdəˈpɑləˌplɔɪdi,
  ˌɑdoʊˈpɑləˌplɔɪdi,
  ˌɑdəˈpɑləˌplɔɪdi,
  ˌɔdoʊˈpɑləˌplɔɪdi
autopsy
BR ˈɔːtɒps|i, -ɪz
AM ˈɑˌtɑpsi, ˈɔˌtɑpsi,
  -z
autoradiograph
BR ˌɔːtəʊˈreɪdiə(ʊ)grɑːf
AM ˌɔdoʊˈreɪdiəˌgræf,
  ˌɑdəˈreɪdiəˌgræf,
  ˌɑdoʊˈreɪdiəˌgræf,
  ˌɔdəˈreɪdiəˌgræf

autoradiographic
BR ˌɔːtəʊˌreɪdɪəˈgræfɪk
AM ˌɑdoʊˌreɪdiə-
  ˈgræfɪk, ˌɑdəˌreɪdiə-
  ˈgræfɪk,
  ˌɑdoʊˌreɪdiəˈgræfɪk,
  ˌɔdəˌreɪdiəˈgræfɪk
autoradiography
BR ˌɔːtəʊˌreɪdɪˈɒgrəfi
AM ˌɔdoʊˌreɪdiˈɑgrəfi,
  ˌɑdəˌreɪdiˈɑgrəfi,
  ˌɑdoʊˌreɪdiˈɑgrəfi,
  ˌɔdəˌreɪdiˈɑgrəfi
autorotation
BR ˌɔːtəʊrə(ʊ)ˈteɪʃn, -z
AM ˌɑdoʊˌroʊˈteɪʃ(ə)n,
  ˌɔdoʊˌroʊˈteɪʃ(ə)n,
  -z
autoroute
BR ˈɔːtəʊruːt, -s
AM ˈɑdoʊˌrut, ˈɔdoʊ-
  ˌrʊt, ˈɑdoʊˌrʊt,
  ˈɔdoʊˌraʊt, ˈɑdoʊ-
  ˌraʊt, ˈɔdoʊˌrut, -s
autosave
BR ˈɔːtə(ʊ)seɪv, -z,
  -ɪŋ, -d
AM ˈɔdoʊˌseɪv, ˈɑdoʊ-
  ˌseɪv, -z, -ɪŋ, -d
autostrada
BR ˈɔːtə(ʊ)ˌstrɑːdə(r),
  -z
AM ˈɔdəˌstrɑdə,
  ˈɑdoʊˌstrɑdə,
  ˈɑdəˌstrɑdə,
  ˈɔdoʊˌstrɑdə, -z
IT autoˈstrada
autostrade
BR ˈɔːtə(ʊ)ˌstrɑːdi
AM ˈɔdəˌstrɑdi,
  ˈɑdoʊˌstrɑdi, ˈɑdə-
  ˌstrɑdi, ˈɔdoʊˌstrɑdi
IT autoˈstrade
autotelic
BR ˌɔːtə(ʊ)ˈtɛlɪk
AM ˌɔdəˈtɛlɪk, ˌɑdoʊ-
  ˈtɛlɪk, ˌɑdəˈtɛlɪk,
  ˌɔdoʊˈtɛlɪk
autotomy
BR ɔːˈtɒtəmi
AM ɑˈtɑdəmi,
  ɔˈtɑdəmi

autotoxic
BR ˌɔːtəʊˈtɒksɪk
AM ˌɑdəˈtɑksɪk,
  ˌɑdoʊˈtɑksɪk,
  ˌɑdəˈtɑksɪk,
  ˌɔdoʊˈtɑksɪk
autotoxin
BR ˈɔːtə(ʊ)ˌtɒksɪn, -z
AM ˈɑdəˌtɑks(ə)n,
  ˈɑdoʊˌtɑks(ə)n,
  ˈɑdəˌtɑks(ə)n,
  ˈɔdoʊˌtɑks(ə)n, -z
autotrophic
BR ˌɔːtə(ʊ)ˈtrɒfɪk,
  ˌɔːtə(ʊ)ˈtrəʊfɪk
AM ˌɑdəˈtrɑfɪk,
  ˌɑdoʊˈtrɑfɪk,
  ˌɑdəˈtrɑfɪk,
  ˌɔdoʊˈtrɑfɪk
autotype
BR ˈɔːtə(ʊ)tʌɪp, -s,
  -ɪŋ, -t
AM ˈɔdəˌtaɪp,
  ˈɑdoʊˌtaɪp,
  ˈɑdəˌtaɪp,
  ˈɔdoʊˌtaɪp, -s, -ɪŋ, -t
autotypography
BR ˌɔːtə(ʊ)taɪˈpɒgrəfi
AM ˌɑdəˌtaɪˈpɑgrəfi,
  ˌɑdoʊˌtaɪˈpɑgrəfi,
  ˌɑdəˌtaɪˈpɑgrəfi,
  ˌɔdoʊˌtaɪˈpɑgrəfi
autoworker
BR ˈɔːtəʊˌwɜːkə(r), -z
AM ˈɔdoʊˌwɜrkər,
  ˈɑdəˌwɜrkər,
  ˈɑdoʊˌwɜrkər,
  ˈɔdəˌwɜrkər, -z
autoxidation
BR ˌɔːtəʊˌɒksɪˈdeɪʃn
AM ˌɔdoʊˌɑksə-
  ˈdeɪʃ(ə)n, ˌɑdəˌɑksə-
  ˈdeɪʃ(ə)n, ˌɑdoʊ-
  ˌɑksəˈdeɪʃ(ə)n, ˌɔdə-
  ˌɑksəˈdeɪʃ(ə)n
autumn
BR ˈɔːt(ə)m, -z
AM ˈɑdəm, ˈɔdəm, -z
autumnal
BR ɔːˈtʌmn(ə)l
AM ɑˈtəmn(ə)l,
  ɔˈtəmn(ə)l

autumnally
BR ɔːˈtʌmn̩li
AM ɑˈtəmnəli,
  ɔˈtəmnəli
Auty
BR ˈɔːti
AM ˈɑdi, ˈɔdi
Auvergne
BR əʊˈvɛːn, əʊˈvɜːn
AM oʊˈvɜrn,
  oʊˈvɛ(ə)rn
FR overɲ
auxanometer
BR ˌɔːksəˈnɒmɪtə(r),
  -z
AM ˌɑksəˈnɑmədər,
  ˌɑgzəˈnɑmədər,
  ˌɑksəˈnɑmədər,
  ˌɔgzəˈnɑmədər, -z
auxiliary
BR ɔːgˈzɪliər|i,
  ɒgˈzɪliər|i, -ɪz
AM əgˈzɪl(ə)ri,
  ɑgˈzɪl(ə)ri,
  əgˈzɪljəri, əgˈzɪljəri,
  ɑgˈzɪljəri,
  ɔgˈzɪl(ə)ri, -z
auxin
BR ˈɔːksɪn, -z
AM ˈɑks(ə)n, ˈɔks(ə)n,
  -z
Ava
BR ˈeɪvə(r)
AM ˈeɪvə
avadavat
BR ˈavədəvat, -s
AM ˈævədəˌvæt, -s
avail
BR əˈveɪl, -z, -ɪŋ, -d
AM əˈveɪl, -z, -ɪŋ, -d
availability
BR əˌveɪləˈbɪlɪti
AM əˌveɪləˈbɪlɪdi
available
BR əˈveɪləbl
AM əˈveɪləb(ə)l
availableness
BR əˈveɪləblnəs
AM əˈveɪləbəlnəs
availably
BR əˈveɪləbli
AM əˈveɪlɪbli

avalanche
BR ˈavəlɑːn(t)ʃ, -ɪz,
-ɪŋ, -t
AM ˈævəˌlæn(t)ʃ, -əz,
-ɪŋ, -t
Avalon
BR ˈavəlɒn
AM ˈævəˌlɑn
avant-garde
BR ˌavɒ̃ˈgɑːd,
ˌavɒŋˈgɑːd
AM əˌvɑn(t)ˈgɑrd,
ˌɑˌvɑnˈgɑrd
avant-gardism
BR ˌavɒ̃ˈgɑːdɪzm,
ˌavɒŋˈgɑːdɪzm
AM əˌvɑn(t)ˈgɑr-
ˌdɪz(ə)m, ˌɑˌvɑn-
ˈgɑrˌdɪz(ə)m
avant-gardist
BR ˌavɒ̃ˈgɑːdɪst,
ˌavɒŋˈgɑːdɪst, -s
AM əˌvɑn(t)ˈgɑrdəst,
ˌɑˌvɑnˈgɑrdəst,
-s
Avar
BR ˈavɑː(r), -z
AM ˈɑvɑr, -z
avarice
BR ˈav(ə)rɪs
AM ˈævərəs
avaricious
BR ˌavəˈrɪʃəs
AM ˌævəˈrɪʃəs
avariciously
BR ˌavəˈrɪʃəsli
AM ˌævəˈrɪʃəsli
avariciousness
BR ˌavəˈrɪʃəsnəs
AM ˌævəˈrɪʃəsnəs
avast
BR əˈvɑːst
AM əˈvæst
avatar
BR ˈavətɑː(r),
ˌavəˈtɑː(r), -z
AM ˌævəˈtɑr,
ˈævəˌtɑr, -z
avaunt
BR əˈvɔːnt
AM əˈvɑnt,
əˈvɔnt

ave *prayer*
BR ˈɑːv|i, ˈɑːv|eɪ,
-ɪz\-eɪz
AM ˈɑˌvi, ˈɑˌveɪ, -z
Avebury
BR ˈeɪvb(ə)ri
AM ˈeɪvbəri
avenge
BR əˈven(d)ʒ, -ɪz,
-ɪŋ, -d
AM əˈvendʒ, -əz, -ɪŋ, -d
avenger
BR əˈven(d)ʒə(r), -z
AM əˈvendʒər, -z
avens
BR ˈeɪv(ɪ)nz, ˈav(ɪ)nz
AM ˈævənz
aventurine
BR əˈventʃʊraɪn
AM əˈven(t)ʃəˌraɪn,
əˈven(t)ʃərɪn
avenue
BR ˈavɪnjuː, -z
AM ˈævəˌn(j)u, -z
aver
BR əˈvɜː(r), -z, -ɪŋ, -d
AM əˈvɜr, -z, -ɪŋ, -d
average
BR ˈav(ə)r|ɪdʒ, -ɪdʒɪz,
-ɪdʒɪŋ, -ɪdʒd
AM ˈæv(ə)rɪdʒ, -ɪz,
-ɪŋ, -d
averagely
BR ˈav(ə)rɪdʒli
AM ˈæv(ə)rɪdʒli
avermectin
BR ˌeɪvəˈmektɪn
AM ˌeɪvərˈmektɪn
averment
BR əˈvɜːm(ə)nt
AM əˈvɜrm(ə)nt
Avernus
BR əˈvɜːnəs
AM əˈvɜrnəs
Averroës
BR əˈverəʊiːz,
ˌavəˈrəʊiːz
AM əˈverəwiːz,
əˈveroʊˌiz
averse
BR əˈvɜːs
AM əˈvɜrs

aversely
BR əˈvɜːsli
AM əˈvɜrsli
averseness
BR əˈvɜːsnəs
AM əˈvɜrsnəs
aversion
BR əˈvɜːʃn, -z
AM əˈvɜrʒ(ə)n, -z
aversive
BR əˈvɜːsɪv, əˈvɜːzɪv
AM əˈvɜrzɪv, əˈvɜrsɪv
aversively
BR əˈvɜːsɪvli,
əˈvɜːzɪvli
AM əˈvɜrzɪvli,
əˈvɜrsɪvli
avert
BR əˈvɜːt, -s, -ɪŋ,
-ɪd
AM æˈvərt, əˈvərt,
-ts, -ɪŋ, -əd
avertable
BR əˈvɜːtəbl
AM əˈvɜrdəb(ə)l
avertible
BR əˈvɜːtɪbl
AM əˈvɜrdəb(ə)l
Avery
BR ˈeɪv(ə)ri
AM ˈeɪvəri
Avesta
BR əˈvestə(r)
AM əˈvestə
Avestan
BR əˈvest(ə)n, -z
AM əˈvest(ə)n, -z
Avestic
BR əˈvestɪk, -s
AM əˈvestɪk, -s
avgolemono
BR ˌavgə(ʊ)ˈlemənəʊ
AM ˌɑvgəˈlemənoʊ
Avia
BR ˈeɪviə(r)
AM ˈɑviə
avian
BR ˈeɪviən
AM ˈeɪviən
aviary
BR ˈeɪviər|i, -ɪz
AM ˈeɪviˌeri, -z

aviate
BR ˈeɪvieɪt, -s, -ɪŋ,
-ɪd
AM ˈeɪviˌeɪ|t, -ts, -dɪŋ,
-dɪd
aviation
BR ˌeɪviˈeɪʃn
AM ˌeɪviˈeɪʃ(ə)n
aviator
BR ˈeɪvieɪtə(r), -z
AM ˈeɪviˌeɪdər, -z
aviatrices
BR ˌeɪviˈeɪtrɪsiːz
AM ˌeɪvɪˈeɪtrɪˌsiz
aviatrix
BR ˈeɪviətrɪks, -ɪz
AM ˈeɪviəˌtrɪks,
ˌeɪviˈeɪtrɪks, -ɪz
Avicenna
BR ˌavɪˈsenə(r)
AM ˌævəˈsenə
aviculture
BR ˈeɪvɪˌkʌltʃə(r)
AM ˈævəˌkəltʃər,
ˈeɪvəˌkəltʃər
aviculturist
BR ˈeɪvɪˌkʌltʃ(ə)rɪst, -s
AM ˈævəˌkəltʃ(ə)rəst,
ˈeɪvəˌkəltʃ(ə)rəst, -s
avid
BR ˈavɪd
AM ˈævəd
avidity
BR əˈvɪdɪti
AM əˈvɪdɪdi
avidly
BR ˈavɪdli
AM ˈævədli
Aviemore
BR ˌavɪˈmɔː(r),
ˈavɪmɔː(r)
AM ˈævɪˌmɔ(ə)r
avifauna
BR ˈeɪvɪˌfɔːnə(r)
AM ˈævɪˌfɑnə,
ˌeɪvɪˈfɑnə,
ˌævɪˈfɑnə,
ˌeɪvɪˈfɔnə
Avignon
BR ˈaviːnjɒ̃
AM ˌævənˈjɑn,
ˌævənˈjɔn

Ávila
BR ˈavlə(r)
AM ˈavilə
SP ˈavila

avionic
BR ˌeɪviˈɒnɪk, -s
AM ˌeɪviˈɑnɪk, -s

Avis
BR ˈeɪvɪs
AM ˈeɪvɪs

avitaminoses
BR eɪˌvɪtəmɪˈnəʊsiːz, eɪˌvaɪtəmɪˈnəʊsiːz
AM ˌeɪˌvaɪdəməˈnoʊsiz

avitaminosis
BR eɪˌvɪtəmɪˈnəʊsɪs, eɪˌvaɪtəmɪˈnəʊsɪs
AM ˌeɪˌvaɪdəməˈnoʊsəs

avizandum
BR ˌavɪˈzandəm
AM ˌævɪˈzænd(ə)m

Avoca
BR əˈvəʊkə(r)
AM əˈvoʊkə

avocado
BR ˌavəˈkɑːdəʊ, -z
AM ˌavəˈkadoʊ, ˌævəˈkadoʊ, -z

avocation
BR ˌavəˈkeɪʃn, -z
AM ˌævəˈkeɪʃ(ə)n, -z

avocet
BR ˈavəset, -s
AM ˈævəˌset, -s

Avogadro
BR ˌavə(ʊ)ˈgadrəʊ, ˌavə(ʊ)ˈgɑːdrəʊ
AM ˌavəˈgadroʊ
IT avoˈgadro

avoid
BR əˈvɔɪd, -z, -ɪŋ, -ɪd
AM əˈvɔɪd, -z, -ɪŋ, -ɪd

avoidable
BR əˈvɔɪdəbl
AM əˈvɔɪdəb(ə)l

avoidably
BR əˈvɔɪdəbli
AM əˈvɔɪdəbli

avoidance
BR əˈvɔɪd(ə)ns, -ɪz
AM əˈvɔɪd(ə)ns, -ɪz

avoider
BR əˈvɔɪdə(r), -z
AM əˈvɔɪdər, -z

avoirdupois
BR ˌavədəˈpɔɪz, ˌavwəd(j)uːˈpwɑː(r)
AM ˈavərdəˌpɔɪz, ˌavərdəˈpɔɪz

Avon[1] *Devon river*
BR ˈavn
AM ˈeɪˌvan

Avon[2] *English county, English Midland river*
BR ˈeɪvn
AM ˈeɪˌvan

Avon[3] *Scottish loch and river*
BR ɑːn
AM ˈeɪˌvan

Avon[4] *tradename*
BR ˈeɪvɒn
AM ˈeɪˌvan

Avonmouth
BR ˈeɪvnmaʊθ
AM ˈeɪˌvanˌmaʊθ

avouch
BR əˈvaʊtʃ, -ɪz, -ɪŋ, -t
AM əˈvaʊtʃ, -əz, -ɪŋ, -t

avouchment
BR əˈvaʊtʃm(ə)nt, -s
AM əˈvaʊtʃm(ə)nt, -s

avow
BR əˈvaʊ, -z, -ɪŋ, -d
AM əˈvaʊ, -z, -ɪŋ, -d

avowable
BR əˈvaʊəbl
AM əˈvaʊəb(ə)l

avowal
BR əˈvaʊəl, -z
AM əˈvaʊ(ə)l, -z

avowedly
BR əˈvaʊɪdli
AM əˈvaʊədli

Avril
BR ˈavrɪl
AM ˈævr(ə)l

avulsion
BR əˈvʌlʃn
AM əˈvəlʃ(ə)n

avuncular
BR əˈvʌŋkjʊlə(r)
AM əˈvəŋkjələr

AWACS
BR ˈeɪwaks
AM ˈeɪˌwæks

await
BR əˈweɪt, -s, -ɪŋ, -ɪd
AM əˈweɪ|t, -ts, -dɪŋ, -dɪd

awake
BR əˈweɪk, -s, -ɪŋ
AM əˈweɪk, -s, -ɪŋ

awaken
BR əˈweɪk|(ə)n, -(ə)nz, -(ə)nɪŋ\-n̩ɪŋ, -(ə)nd
AM əˈweɪk(ə)n, -z, -ɪŋ, -d

award
BR əˈwɔːd, -z, -ɪŋ, -ɪd
AM əˈwɔ(ə)rd, -z, -ɪŋ, -əd

awarder
BR əˈwɔːdə(r), -z
AM əˈwɔrdər, -z

aware
BR əˈwɛː(r)
AM əˈwɛ(ə)r

awareness
BR əˈwɛːnəs, -ɪz
AM əˈwɛrnəs, -əz

awash
BR əˈwɒʃ
AM əˈwaʃ, əˈwɔʃ

away
BR əˈweɪ
AM əˈweɪ

awe
BR ɔː(r), -z, -ɪŋ, -d
AM ɑ, ɔ, -z, -ɪŋ, -d

aweary
BR əˈwɪəri
AM əˈwɪri

aweigh
BR əˈweɪ
AM əˈweɪ

aweless
BR ˈɔːləs
AM ˈɑləs, ˈɔləs

awelessness
BR ˈɔːləsnəs
AM ˈɑləsnəs, ˈɔləsnəs

awesome
BR ˈɔːs(ə)m
AM ˈɑs(ə)m, ˈɔs(ə)m

awesomely
BR ˈɔːs(ə)mli
AM ˈɑsəmli, ˈɔsəmli

awesomeness
BR ˈɔːs(ə)mnəs
AM ˈɑsəmnəs, ˈɔsəmnəs

awestricken
BR ˈɔːˌstrɪk(ə)n
AM ˈɑˌstrɪk(ə)n, ˈɔˌstrɪk(ə)n

awestruck
BR ˈɔːstrʌk
AM ˈɑˌstrək, ˈɔˌstrək

awful
BR ˈɔːf(ʊ)l
AM ˈaf(ə)l, ˈɔf(ə)l

awfully[1] *horribly*
BR ˈɔːfʊli, ˈɔːfli
AM ˈaf(ə)li, ˈɔf(ə)li

awfully[2] *very*
BR ˈɔːfli, ˈɔːfli
AM ˈaf(ə)li, ˈɔf(ə)li

awfulness
BR ˈɔːf(ʊ)lnəs
AM ˈafəlnəs, ˈɔfəlnəs

awheel
BR əˈwiːl
AM əˈ(h)wil

awhile
BR əˈwʌɪl
AM əˈ(h)waɪl

awkward
BR ˈɔːkwəd
AM ˈakwərd, ˈɔkwərd

awkwardly
BR ˈɔːkwədli
AM ˈakwərdli, ˈɔkwərdli

awkwardness
BR ˈɔːkwədnəs, -ɪz
AM ˈakwərdnəs, ˈɔkwərdnəs, -əz

awl
BR ɔːl, -z
AM al, ɔl, -z

awn
BR ɔːn, -z, -d
AM ɑn, ɔn, -z, -d

awning
BR ˈɔːnɪŋ, -z
AM ˈɑnɪŋ, ˈɔnɪŋ, -z

awoke
BR əˈwəʊk
AM əˈwoʊk

awoken
BR əˈwəʊk(ə)n
AM əˈwoʊk(ə)n

AWOL
BR ˈeɪwɒl
AM ˈeɪˌwɑl, ˈeɪˌwɔl

awry
BR əˈraɪ
AM əˈraɪ

ax
BR aks, -ɪz, -ɪŋ, -t
AM æks, -əz, -ɪŋ, -t

axe
BR aks, -ɪz, -ɪŋ, -t
AM æks, -əz, -ɪŋ, -t

axel
BR ˈaksl, -z
AM ˈæks(ə)l, -z

axeman
BR ˈaksman
AM ˈæksˌmæn

axemen
BR ˈaksmɛn
AM ˈæksˌmɛn

axes[1] *plural of axis*
BR ˈaksiːz
AM ˈækˌsiz

axes[2] *plural of ax, axe*
BR ˈaksɪz
AM ˈæksəz

Axholme
BR ˈakshəʊm
AM ˈæksˌ(h)oʊm

axial
BR ˈaksɪəl
AM ˈæksɪəl

axiality
BR ˌaksɪˈalɪti
AM ˌæksɪˈælədi

axially
BR ˈaksɪəli
AM ˈæksɪəli

axil
BR ˈaks(ɪ)l, -z
AM ˈæks(ə)l, -z

axilla
BR akˈsɪlə(r)
AM ækˈsɪlə

axillae
BR akˈsɪliː
AM ækˈsɪˌlaɪ, ækˈsɪli

axillary
BR akˈsɪl(ə)ri
AM ækˈsɪləri

axiological
BR ˌaksɪəˈlɒdʒɪkl
AM ˌæksɪəˈlɑdʒək(ə)l

axiologist
BR ˌaksɪˈɒlədʒɪst, -s
AM ˌæksɪˈɑlədʒəst, -s

axiology
BR ˌaksɪˈɒlədʒi
AM ˌæksɪˈɑlədʒi

axiom
BR ˈaksɪəm, -z
AM ˈæksɪəm, -z

axiomatic
BR ˌaksɪəˈmatɪk
AM ˌæksɪəˈmædɪk

axiomatically
BR ˌaksɪəˈmatɪkli
AM ˌæksɪəˈmædək(ə)li

axis
BR ˈaksɪs
AM ˈæksəs

axle
BR ˈaksl, -z, -d
AM ˈæks(ə)l, -z, -d

axman
BR ˈaksman
AM ˈæksˌmæn

axmen
BR ˈaksmɛn
AM ˈæksˌmɛn

Axminster
BR ˈaksˌmɪnstə(r), -z
AM ˈæksˌmɪnstər, -z

axolotl
BR ˌaksəˈlɒtl, ˈaksəlɒtl, -z
AM ˌæksəˈlɑdl, -z

axon
BR ˈaksɒn, -z
AM ˈækˌsɑn, -z

axonometric
BR ˌaksnəˌ(ʊ)ˈmɛtrɪk
AM ˌæksənəˈmɛtrɪk

axonometrically
BR ˌaksnəˌ(ʊ)ˈmɛtrɪkli
AM ˌæksənəˈmɛtrək(ə)li

Axum
BR ˈaksʌm
AM ˈɑkˌsʊm

ay *yes*
BR ʌɪ, -z
AM aɪ, -z

Ayacucho
BR ˌʌɪ(j)əˈkuːtʃəʊ
AM ˌaɪəˈkutʃoʊ
SP ajaˈkutʃo

ayah
BR ˈʌɪ(j)ə(r), -z
AM ˈaɪə, -z

ayatollah
BR ˌʌɪ(j)əˈtɒlə(r), -z
AM ˌaɪəˈtoʊlə, -z

Ayckbourn
BR ˈeɪkbɔːn
AM ˈaɪkˌbɔ(ə)rn

Aycliffe
BR ˈeɪklɪf
AM ˈaɪklɪf

aye[1] *always*
BR eɪ, ʌɪ
AM eɪ

aye[2] *yes*
BR ʌɪ, -z
AM aɪ, -z

aye-aye *noun*
BR ˈʌɪʌɪ, -z
AM ˈaɪˌaɪ, -z

aye aye *interjection*
BR ʌɪ ˈʌɪ
AM ˈaɪ ˈaɪ

Ayer
BR ɛː(r)
AM ɛ(ə)r

Ayers
BR ɛːz
AM ɛ(ə)rz

Áyios Nikólaos
BR ˌʌɪ(j)ɒs ˌnɪkəˈleɪɒs
AM ˌaɪəs ˌnɪkəˈleɪəs
GR aɪɔs niːˈkɔlaɔs

Aylesbury
BR ˈeɪlzb(ə)r|i, -ɪz
AM ˈeɪlzbəri, -z

Aylesham
BR ˈeɪlʃ(ə)m
AM ˈeɪlʃ(ə)m, ˈeɪlˌʃæm

Aylmer
BR ˈeɪlmə(r)
AM ˈeɪlmər

Aylsham
BR ˈeɪlʃ(ə)m
AM ˈeɪlʃ(ə)m, ˈeɪlˌʃæm

Aylward
BR ˈeɪlwɔːd
AM ˈeɪlwɔ(ə)rd

Aymara
BR ˌʌɪməraː(r), -z
AM ˈaɪmarɑ, -z
SP ajˈmara

Aynho
BR ˈeɪnhəʊ
AM ˈeɪnhoʊ

Ayot
BR ˈeɪət
AM ˈeɪət

Ayr
BR ɛː(r)
AM ɛ(ə)r

Ayrshire
BR ˈɛːʃ(ɪ)ə(r)
AM ˈɛrˌʃɪ(ə)r

Ayrton
BR ˈɛːt(ə)n
AM ˈɛrt(ə)n

Aysgarth
BR ˈeɪzgɑːθ
AM ˈaɪsgɑrθ

Ayto
BR ˈeɪtəʊ
AM ˈeɪtu

Ayub Khan
BR ʌɪˌjuːb ˈkɑːn, ˌʌɪjuːb +
AM ˌɑˈjub ˈkɑn

azalea
BR əˈzeɪlɪə(r), -z
AM əˈzeɪlɪə, əˈzeɪljə, -z

Azania
BR əˈzeɪnɪə(r)
AM əˈzeɪnɪə

Azanian
BR əˈzeɪnɪən
AM əˈzeɪnɪən
azeotrope
BR eɪzɪətrəʊp,
əˈziːətrəʊp, -s
AM eɪˈziəˌtroʊp, -s
azeotropic
BR ˌeɪzɪəˈtrɒpɪk,
ˌeɪzɪəˈtrəʊpɪk,
əˌziːəˈtrɒpɪk,
əˌziːəˈtrəʊpɪk
AM ˌeɪˌziəˈtrɑpɪk
Azerbaijan
BR ˌæzəbaɪˈ(d)ʒɑːn
AM ˌæʒərˌbaɪˈ(d)ʒɑn,
ˌæzərˌbaɪˈ(d)ʒɑn
RUS əzʲirbajˈdʒan
Azerbaijani
BR ˌæzəbaɪˈ(d)ʒɑːn|i,
-ɪz
AM ˌæʒərˌbaɪˈ(d)ʒɑni,
ˌæzərˌbaɪˈ(d)ʒɑni,
-z
Azeri
BR əˈzɛːr|i, -ɪz
AM əˈzɛri, -z
azide
BR ˈeɪzʌɪd, -z
AM ˈeɪˌzaɪd, -z
Azilian
BR əˈzɪlɪən
AM əˈzɪlɪən,
əˈzɪlj(ə)n
azimuth
BR ˈæzɪməθ, -s
AM ˈæzəməθ, -s
azimuthal
BR ˌazɪˈmʌθl,
ˌazɪˈmjuːθl
AM ˌæzəˈməθ(ə)l
azine
BR ˈeɪziːn, -z
AM ˈeɪˌzin,
ˈæˌzin, -z
Aziz
BR aˈziːz, aˈzɪz
AM əˈziz
Aznavour
BR ˈaznəvʊə(r),
ˈaznəvɔː(r)
AM ˈæznəˌvɔ(ə)r

azobenzine
BR ˌeɪzəʊˈbɛnziːn,
ˌazəʊˈbɛnziːn
AM ˌæzoʊˈbɛnzin,
ˌeɪzoʊˈbɛnzin
azoic
BR eɪˈzəʊɪk
AM əˈzɔɪk, eɪˈzoʊɪk
Azores
BR əˈzɔːz
AM ˈeɪˌzɔː(ə)rz
Azov
BR ˈazɒv, ˈɑːzɒv, ˈeɪzɒv
AM ˈæzɑv, ˈæzɔv
Aztec
BR ˈaztɛk, -s
AM ˈæztɛk, -s
Aztecan
BR ˈaztɛk(ə)n,
azˈtɛk(ə)n
AM ˈæzˌtɛk(ə)n
azuki
BR əˈzuːk|i, -ɪz
AM əˈzuki, -z
azure
BR ˈaʒə(r), ˈaʒj(ʊ)ə(r),
ˈazj(ʊ)ə(r), ˈeɪʒə(r),
ˈeɪʒj(ʊ)ə(r),
ˈeɪzj(ʊ)ə(r)
AM ˈæʒər
azurite
BR ˈaʒərʌɪt,
ˈaʒj(ʊ)ərʌɪt,
ˈazj(ʊ)ərʌɪt,
ˈeɪʒərʌɪt,
ˈeɪʒ(ʊ)ərʌɪt,
ˈeɪzj(ʊ)ərʌɪt
AM ˈæʒəˌraɪt
azygous
BR ˈazɪɡəs
AM ˌeɪˈzaɪɡəs

B

b
BR biː, -z
AM bi, -z
baa
BR bɑː(r), -z, -ɪŋ, -d
AM bɑ, -z, -ɪŋ, -d

Baader-Meinhof
BR ˌbɑːdəˈmʌɪnhɒf
AM ˌbɑdərˈmaɪnˌ(h)ɑf,
ˌbɑdərˈmaɪnˌ(h)ɔf
Baal
BR ˈbeɪ(ə)l, bɑːl
AM bɑl, ˈbeɪ(ə)l
Baalbek
BR ˈbɑːlbɛk
AM ˈbɑlˌbɛk
Baalim
BR ˈbeɪlɪm, ˈbɑːlɪm
AM ˈbeɪlɨm
Baalism
BR ˈbeɪlɪzm,
ˈbɑːlɪzm
AM ˈbeɪˌlɪz(ə)m
baas
BR bɑːs, -ɪz
AM bɑs, -əz
baasskap
BR ˈbɑːskap,
ˈbɑːskɑːp,
ˈbaskap
AM ˈbæsˌkæp,
ˈbasˌkæp
Baath
BR bɑːθ
AM bɑθ, bɑs
Ba'ath
BR bɑːθ
AM bɑθ, bɑs
Baathist
BR ˈbɑːθɪst, -s
AM ˈbɑθəst, -s
baba
BR ˈbɑːbɑː(r),
ˈbɑːbə(r), -z
AM ˈbɑˌbɑ, -z
babacoote
BR ˈbabəkuːt,
ˈbɑːbəkuːt, -s
AM ˈbɑbəˌkut, -s
Babbage
BR ˈbabɪdʒ
AM ˈbæbɪdʒ
Babbitt
BR ˈbabɪt
AM ˈbæbət
Babbittry
BR ˈbabɪtri
AM ˈbæbətri

babble
BR ˈbab|l, -lz, -l̩ɪŋ
\-lɪŋ, -ld
AM ˈbæb(ə)l, -z,
-ɪŋ, -d
babblement
BR ˈbablm(ə)nt
AM ˈbæbəlm(ə)nt
babbler
BR ˈbablə(r),
ˈbablə(r), -z
AM ˈbæb(ə)lər, -z
babbling
BR ˈbabl̩ŋ, ˈbablɪŋ, -z
AM ˈbæb(ə)lɪŋ, -z
Babcock
BR ˈbabkɒk
AM ˈbæbˌkɑk
babe
BR beɪb, -z
AM beɪb, -z
Babel
BR ˈbeɪbl, -z
AM ˈbæb(ə)l,
ˈbeɪb(ə)l, -z
babesiasis
BR ˌbɑːbɪˈzʌɪəsɪs
AM ˌbæbəˈzaɪəsɪs
babesiosis
BR bəˌbiːziˈəʊsɪs
AM ˌbæbəˈzaɪəsɪs
Babi
BR ˈbɑːb|i, -ɪz
AM ˈbɑbi, -z
babiche
BR bəˈbiːʃ
AM bəˈbiʃ
Babington
BR ˈbabɪŋt(ə)n
AM ˈbæbɪŋt(ə)n
babirusa
BR ˌbɑːbɪˈruːsə(r), -z
AM ˌbɑbəˈrusə, -z
Babism
BR ˈbɑːbɪzm
AM ˈbɑˌbɪz(ə)m
Babist
BR ˈbɑːbɪst, -s
AM ˈbɑbəst, -s
baboo
BR ˈbɑːbuː, -z
AM ˈbɑˌbu, -z

baboon
BR bəˈbuːn, -z
AM bæˈbun, -z

Babs
BR babz
AM bæbz

babu
BR ˈbɑːbuː, -z
AM ˌbɑˈbu, -z

babushka
BR baˈbuːʃkə(r),
baˈbʊʃkə(r), -z
AM bəˈbʊʃkə, -z
RUS ˈbabʊʃkə

baby
BR ˈbeɪb|i, -ɪz, -ɪɪŋ,
-ɪd
AM ˈbeɪbi, -z, -ɪŋ, -d

Babycham
BR ˈbeɪbɪʃam, -z
AM ˈbeɪbɪʃ(ə)m, -z

Babygro
BR ˈbeɪbɪgrəʊ, -z
AM ˈbeɪbiˌgroʊ, -z

babyhood
BR ˈbeɪbɪhʊd
AM ˈbeɪbiˌ(h)ʊd

babyish
BR ˈbeɪbɪɪʃ
AM ˈbeɪbiɪʃ

babyishly
BR ˈbeɪbɪɪʃli
AM ˈbeɪbiɪʃli

babyishness
BR ˈbeɪbɪɪʃnɪs
AM ˈbeɪbiɪʃnɪs

Babylon
BR ˈbabɪlɒn, ˈbablɒn
AM ˈbæbəˌlɑn

Babylonia
BR ˌbabɪˈləʊnɪə(r)
AM ˌbæbəˈloʊnɪə

Babylonian
BR ˌbabɪˈləʊnɪən, -z
AM ˌbæbəˈloʊnɪən, -z

babysat
BR ˈbeɪbɪsat
AM ˈbeɪbiˌsæt

babysit
BR ˈbeɪbɪsɪt, -s, -ɪŋ
AM ˈbeɪbiˌsɪ|t, -ts,
-dɪŋ

babysitter
BR ˈbeɪbɪˌsɪtə(r), -z
AM ˈbeɪbiˌsɪdər, -z

Bacall
BR bəˈkɔːl
AM bəˈkal, bəˈkɔl

Bacardi
BR bəˈkɑːd|i, -ɪz
AM bəˈkɑrdi, -z

baccalaureate
BR ˌbakəˈlɔːrɪət, -s
AM ˌbækəˈlɔrɪət, -s

baccara
BR ˈbakərɑː(r),
ˌbakəˈrɑː(r)
AM ˈˌbækəˌrɑ,
ˈbakəˌrɑ

baccarat
BR ˈbakərɑː(r),
ˌbakəˈrɑː(r)
AM ˈˌbækəˌrɑ,
ˈbakəˌrɑ

baccate
BR ˈbakeɪt
AM ˈbæˌkeɪt

Bacchae
BR ˈbakiː, ˈbakʌɪ
AM ˈbakˌaɪ,
ˈbækˌi, ˈbækˌaɪ,
ˈbakˌi

bacchanal
BR ˌbakəˈnal,
ˈbakənal, ˈbaknl̩, -z
AM ˈˌbækəˌnæl,
ˈbakəˌnal, -z

bacchanalia
BR ˌbakəˈneɪlɪə(r)
AM ˌbækəˈneɪljə,
ˌbakəˈneɪlɪə,
ˌbækəˈneɪlɪə,
ˌbakəˈneɪljə

bacchanalian
BR ˌbakəˈneɪlɪən, -z
AM ˌbækəˈneɪlj(ə)n,
ˌbakəˈneɪlɪən,
ˌbækəˈneɪlɪən,
ˌbakəˈneɪlj(ə)n,
-z

bacchant
BR ˈbak(ə)nt, -s
AM bəˈkænt,
bəˈkant, -s

bacchante
BR bəˈkant|i, bəˈkant,
-ɪz\-s
AM bəˈkæn(t)i,
bəˈkan(t)i, -z

bacchantic
BR bəˈkantɪk
AM bəˈkæn(t)ɪk,
bəˈkan(t)ɪk

bacchic
BR ˈbakɪk
AM ˈbækɪk, ˈbakɪk

Bacchus
BR ˈbakəs
AM ˈbækəs,
ˈbakəs

bacciferous
BR bakˈsɪf(ə)rəs
AM bækˈsɪf(ə)rəs,
bakˈsɪf(ə)rəs

baccy
BR ˈbaki
AM ˈbæki, ˈbaki

Bach
BR bɑːk, bɑːx
AM bak

Bacharach
BR ˈbakərak
AM ˈbakəˌrak,
ˈbækəˌræk

bachelor
BR ˈbatʃlə(r), -z
AM ˈbætʃ(ə)lər, -z

bachelorhood
BR ˈbatʃləhʊd
AM ˈbætʃ(ə)lərˌ(h)ʊd

bachelorship
BR ˈbatʃ(ə)ləʃɪp
AM ˈbætʃ(ə)lərˌʃɪp

bacillar
BR bəˈsɪlə(r),
ˈbasɪlə(r)
AM ˈbæsələr,
bəˈsɪlər

bacillary
BR bəˈsɪl(ə)ri,
ˈbasɪl(ə)ri,
ˈbasl̩(ə)ri
AM ˈbæsəˌlɛri

bacilli
BR bəˈsɪlʌɪ
AM bəˈsɪˌlaɪ

bacilliform
BR bəˈsɪlɪfɔːm
AM bəˈsɪləˌfɔ(ə)rm

bacillus
BR bəˈsɪləs
AM bəˈsɪləs

bacitracin
BR ˌbasɪˈtreɪsɪn
AM ˌbæ(k)səˈtreɪsɪn

back
BR bak, -s, -ɪŋ, -t
AM bæk, -s, -ɪŋ, -t

backache
BR ˈbakeɪk, -s
AM ˈbækˌeɪk, -s

backbench
BR ˌbakˈbɛn(t)ʃ, -ɪz
AM ˌbækˈbɛn(t)ʃ,
-əz

backbencher
BR ˈbakˌbɛn(t)ʃə(r),
ˌbakˈbɛn(t)ʃə(r), -z
AM ˌbækˈbɛn(t)ʃər, -z

backbit
BR ˈbakbɪt
AM ˈbækˌbɪt

backbite
BR ˈbakbʌɪt, -s, -ɪŋ
AM ˈbækˌbaɪ|t, -ts,
-dɪŋ

backbiter
BR ˈbakˌbʌɪtə(r), -z
AM ˈbækˌbaɪdər, -z

backbitten
BR ˈbakˌbɪtn̩
AM ˈbækˌbɪtn̩

backblocks
BR ˈbakblɒks
AM ˈbækˌblɑks

backboard
BR ˈbakbɔːd, -z
AM ˈbækˌbɔ(ə)rd,
-z

backbone
BR ˈbakbəʊn, -z
AM ˈbækˌboʊn, -z

backbreaking
BR ˈbakˌbreɪkɪŋ
AM ˈbækˌbreɪkɪŋ

backchat
BR ˈbaktʃat
AM ˈbækˌtʃæt

backcloth
BR ˈbakklɒ|θ, -θs\-ðz
AM ˈbæk‚klɑ|θ,
 ˈbæk‚klɔ|θ, -θs\-ðz

backcomb
BR ˈbakkəʊm, -z,
 -ɪŋ, -d
AM ˈbæk‚koʊm, -z,
 -ɪŋ, -d

backcourt
BR ˈbakkɔːt, -s
AM ˈbæk‚kɔ(ə)rt, -s

backdate
BR ˌbakˈdeɪt, -s, -ɪŋ, -ɪd
AM ˈbæk‚deɪ|t, -ts, -dɪŋ, -dɪd

backdraft
BR ˈbakdrɑːft, -s
AM ˈbæk‚dræft, -s

backdrop
BR ˈbakdrɒp, -s
AM ˈbæk‚drɑp, -s

backer
BR ˈbakə(r), -z
AM ˈbækər, -z

backfield
BR ˈbakfiːld, -z
AM ˈbæk‚fild, -z

back-fill
BR ˈbakfɪl, -z, -ɪŋ, -d
AM ˈbæk‚fɪl, -z, -ɪŋ, -d

backfire[1] *noun*
BR ˌbakˈfʌɪə(r), -z
AM ˈbæk‚faɪ(ə)r, -z

backfire[2] *verb*
BR ˌbakˈfʌɪə(r), -z, -ɪŋ, -d
AM ˈbæk‚faɪ(ə)r, -z, -ɪŋ, -d

backgammon
BR ˈbak‚gam(ə)n
AM ˈbæk‚gæm(ə)n

background
BR ˈbakgraʊnd, -z
AM ˈbæk‚graʊnd, -z

backhand
BR ˈbakhand, -z
AM ˈbæk‚(h)ænd, -z

backhanded
BR ˌbakˈhandɪd
AM ˈbæk‚(h)ændəd

backhandedly
BR ˌbakˈhandɪdli
AM ˈbæk‚(h)ændədli

backhander
BR ˈbak‚handə(r),
 ˌbakˈhandə(r), -z
AM ˈbæk‚(h)ændər, -z

Backhouse
BR ˈbakhaʊs
AM ˈbæk‚(h)aʊs

backing
BR ˈbakɪŋ, -z
AM ˈbækɪŋ, -z

backlash
BR ˈbaklaʃ, -ɪz
AM ˈbæk‚læʃ, -əz

backless
BR ˈbakləs
AM ˈbækləs

backlighting
BR ˌbakˈlʌɪtɪŋ,
 ˈbak‚lʌɪtɪŋ
AM ˈbæk‚laɪdɪŋ

backlist
BR ˈbaklɪst, -s
AM ˈbæk‚lɪst, -s

backlit
BR ˌbakˈlɪt, ˈbaklɪt
AM ˈbæk‚lɪt

backlog
BR ˈbaklɒg, -z
AM ˈbæk‚lɑg,
 ˈbæk‚lɔg, -z

backmarker
BR ˈbak‚mɑːkə(r), -z
AM ˈbæk‚mɑrkər, -z

backmost
BR ˈbakməʊst
AM ˈbæk‚moʊst

backpack
BR ˈbakpak, -s, -ɪŋ, -t
AM ˈbæk‚pæk, -s, -ɪŋ, -t

backpacker
BR ˈbak‚pakə(r), -z
AM ˈbæk‚pækər, -z

backpedal
BR ˌbakˈpɛd|l, -lz, -lɪŋ
 \-lɪŋ, -ld
AM ˈbæk‚pɛd(ə)l, -z, -ɪŋ, -d

backrest
BR ˈbakrɛst, -s
AM ˈbæk‚rɛst, -s

backroom
BR ˌbakˈruːm,
 ˌbakˈrʊm, ˈbakruːm,
 ˈbakrʊm, -z
AM ˈ‚bækˈrʊm,
 ˈ‚bækˈrum, -z

Backs
BR baks
AM bæks

backscratcher
BR ˈbak‚skratʃə(r), -z
AM ˈbæk‚skrætʃər, -z

backscratching
BR ˈbak‚skratʃɪŋ
AM ˈbæk‚skrætʃɪŋ

backsheesh
BR ˈbakʃiːʃ, ˌbakˈʃiːʃ
AM ˈ‚bækˈʃiʃ

backside
BR ˈbaksʌɪd,
 ˌbakˈsʌɪd, -z
AM ˈbæk‚saɪd, -z

backsight
BR ˈbaksʌɪt, -s
AM ˈbæk‚saɪt, -s

backslapping
BR ˈbak‚slapɪŋ, -z
AM ˈbæk‚slæpɪŋ, -z

backslash
BR ˈbakslaʃ, -ɪz
AM ˈbæk‚slæʃ, -əz

backslid
BR ˌbakˈslɪd
AM ˈbæk‚slɪd

backslide
BR ˌbakˈslʌɪd, -z, -ɪŋ
AM ˈbæk‚slaɪd, -z, -ɪŋ

backslider
BR ˈbak‚slʌɪdə(r),
 ˌbakˈslʌɪdə(r), -z
AM ˈbæk‚slaɪdər, -z

backspace[1] *noun*
BR ˈbakspeɪs, -ɪz
AM ˈbæk‚speɪs, -ɪz

backspace[2] *verb*
BR ˌbakˈspeɪs, -ɪz,
 -ɪŋ, -t
AM ˈbæk‚speɪs, -ɪz,
 -ɪŋ, -t

backspin
BR ˈbakspɪn, -z
AM ˈbæk‚spɪn, -z

backstage
BR ˌbakˈsteɪdʒ
AM ˌbækˈsteɪdʒ

backstair *adjective*
BR ˌbakˈstɛː(r)
AM ˌbækˈstɛ(ə)r

backstairs
BR ˌbakˈstɛːz
AM ˌbækˈstɛ(ə)rz

backstay
BR ˈbaksteɪ, -z
AM ˈbæk‚steɪ, -z

backstitch
BR ˈbakstɪtʃ, -ɪz, -ɪŋ,
 -t
AM ˈbæk‚stɪtʃ, -ɪz,
 -ɪŋ, -t

backstop
BR ˈbakstɒp, -s
AM ˈbæk‚stɑp, -s

backstrap
BR ˈbakstrap, -s
AM ˈbæk‚stræp, -s

backstreet
BR ˈbakstriːt, -s
AM ˈ‚bækˈstrit, -s

backstretch
BR ˈbakstrɛtʃ
AM ˈbæk‚strɛtʃ

backstroke
BR ˈbakstrəʊk
AM ˈbæk‚stroʊk

backtalk
BR ˈbaktɔːk
AM ˈbæk‚tɑk,
 ˈbæk‚tɔk

backtrack
BR ˈbaktrak, -s, -ɪŋ, -t
AM ˈbæk‚træk, -s,
 -ɪŋ, -t

backtracker
BR ˈbak‚trakə(r), -z
AM ˈbæk‚trækər, -z

backup
BR ˈbakʌp, -s
AM ˈbæk‚əp, -s

backveld
BR ˈbakvɛlt, -s
AM ˈbæk‚vɛlt, -s

backvelder
BR ˈbakˌvɛltə(r),
ˈbakˌvɛldə(r),
-z
AM ˈbækˌvɛldər,
-z

backward
BR ˈbakwəd
AM ˈbækwərd

backwardation
BR ˌbakwəˈdeɪʃn
AM ˌbækwərˈdeɪʃ(ə)n

backwardly
BR ˈbakwədli
AM ˈbækwərdli

backwardness
BR ˈbakwədnəs
AM ˈbækwərdnəs

backwards
BR ˈbakwədz
AM ˈbækwərdz

backwash
BR ˈbakwɒʃ
AM ˈbækˌwɑʃ,
ˈbækˌwɔʃ

backwater
BR ˈbakˌwɔːtə(r),
-z
AM ˈbækˌwɑdər,
ˈbækˌwɔdər,
-z

backwoods
BR ˈbakwʊdz
AM ˌbækˈwʊdz

backwoodsman
BR ˈbakˌwʊdzmən
AM ˌbækˈwʊdzm(ə)n

backwoodsmen
BR ˈbakˌwʊdzmən
AM ˌbækˈwʊdzm(ə)n

backy
BR ˈbaki
AM ˈbæki

backyard
BR ˌbakˈjɑːd, -z
AM ˌbækˈjɑrd, -z

Bacofoil
BR ˈbeɪkə(ʊ)fɔɪl
AM ˈbækəˌfɔɪl

Bacolod
BR bəˈkəʊlɒd
AM bəˈkoʊˌlɑd

bacon
BR ˈbeɪk(ə)n
AM ˈbeɪk(ə)n

Baconian
BR beɪˈkəʊniən,
-z
AM beɪˈkoʊniən,
bəˈkoʊniən, -z

bacteraemia
BR ˌbaktəˈriːmiə(r)
AM ˌbæktəˈrimiə

bacteremia
BR ˌbaktəˈriːmiə(r)
AM ˌbæktəˈrimiə

bacteria
BR bakˈtɪəriə(r)
AM bækˈtɪriə

bacterial
BR bakˈtɪəriəl
AM bækˈtɪriəl

bactericidal
BR bakˌtɪərɪˈsʌɪdl
AM bækˌtɪrɪˈsaɪd(ə)l

bactericide
BR bakˈtɪərɪsʌɪd, -z
AM bækˈtɪrɪˌsaɪd,
-z

bacteriological
BR bakˌtɪəriəˈlɒdʒɪkl
AM bækˌtɪriə-
ˈlɑdʒək(ə)l

bacteriologically
BR bakˌtɪəriəˈlɒdʒɪkli
AM bækˌtɪriə-
ˈlɑdʒək(ə)li

bacteriologist
BR bakˌtɪərɪˈɒlədʒɪst,
-s
AM bækˌtɪriˈɑlədʒəst,
-s

bacteriology
BR bakˌtɪərɪˈɒlədʒi
AM bækˌtɪriˈɑlədʒi

bacteriolyses
BR bakˌtɪərɪˈɒlisiːz
AM bækˌtɪriˈɑləsiz

bacteriolysis
BR bakˌtɪərɪˈɒlɪsɪs
AM bækˌtɪriˈɑləsəs

bacteriolytic
BR bakˌtɪəriəˈlɪtɪk
AM bækˌtɪriəˈlɪdɪk

bacteriophage
BR bakˈtɪəriəˌfeɪdʒ,
-ɪz
AM bækˈtɪriəˌfeɪdʒ,
-ɪz

bacteriostases
BR bakˌtɪəriəʊˈsteɪsiːz
AM bækˌtɪrioʊˈstæsiz,
bækˌtɪriˈɑstəsiz,
bækˌtɪrioʊˈsteɪsiz

bacteriostasis
BR bakˌtɪəriəʊˈsteɪsɪs
AM bækˌtɪrioʊˈstæsəs,
bækˌtɪriˈɑstəsəs,
bækˌtɪrioʊˈsteɪsɪs

bacteriostatic
BR bakˌtɪəriə(ʊ)ˈstatɪk
AM bækˌtɪriəˈstædɪk

bacterium
BR bakˈtɪəriəm
AM bækˈtɪriəm

Bactria
BR ˈbaktriə(r)
AM ˈbæktriə

Bactrian
BR ˈbaktriən, -z
AM ˈbæktriən,
-z

bad
BR bad
AM bæd

badass
BR ˈbadɑːs, -ɪz
AM ˈbædˌæs,
-əz

Baddesley
BR ˈbad(ɪ)zli
AM ˈbæd(ə)zli

baddish
BR ˈbadɪʃ
AM ˈbædɪʃ

baddy
BR ˈbad|i, -ɪz
AM ˈbædi, -z

bade
BR bad, beɪd
AM bæd, beɪd

Badedas
BR bəˈdeɪdas,
ˈbɑːdɪdas,
ˈbadɪdas
AM bəˈdædəs

Badel
BR bəˈdɛl
AM ˈbæd(ə)l, ˈbeɪd(ə)l

Baden[1] *English surname*
BR ˈbeɪdn
AM ˈbeɪd(ə)n

Baden[2] *German placename*
BR ˈbɑːdən
AM ˈbɑd(ə)n

Baden-Baden
BR ˌbɑːdənˈbɑːdən
AM ˌbɑd(ə)nˈbɑd(ə)n

Baden-Powell
BR ˌbeɪdnˈpaʊ(ə)l
AM ˌbɑdnˈpaʊ(ə)l

Baden(-)Württemberg
BR ˌbɑːdən-
ˈwəːtəmbəːg
AM ˌbɑdnˈwərtəmˌbərg
GER ˈbɑːdn-
ˌvʏrtəmbɛrk

Bader
BR ˈbɑːdə(r)
AM ˈbeɪdər

badge
BR badʒ, -ɪz, -ɪŋ, -d
AM bædʒ, -əz, -ɪŋ, -d

badger
BR ˈbadʒ|ə(r), -əz,
-(ə)rɪŋ, -əd
AM ˈbædʒər, -z,
-ɪŋ, -d

Badian
BR ˈbeɪdiən, -z
AM ˈbɑdiən, -z

badinage
BR ˈbadɪnɑːʒ,
ˌbadɪˈnɑːʒ
AM ˌbædnˈɑʒ

badlands
BR ˈbadlandz
AM ˈbædˌlændz

badly
BR ˈbadli
AM ˈbædli

badminton
BR ˈbadmɪnt(ə)n
AM ˈbædˌmɪn(t)ən,
ˈbædˌmɪtn

bad-mouth
BR ˈbadmaʊ|θ,
ˈbabmaʊ|θ,
ˈbadmaʊ|ð,
ˈbabmaʊ|ð, -θs\-ðz,
-θɪŋ\-ðɪŋ, -θt\-ðd
AM ˈbæd‚maʊ|θ,
-θs\-ðz, -θɪŋ\-ðɪŋ,
-θt\-ðd

badness
BR ˈbadnəs
AM ˈbædnəs

Badon
BR ˈheɪdn
AM ˈbeɪd(ə)n

Baedeker
BR ˈbeɪdɪkə(r),
ˈbeɪˌdɛkə(r), -z
AM ˈbeɪdəkər,
ˈbeɪˌdɛkə(r), -z
GER ˈbɛːdəkɐ

Baerlein
BR ˈbɛːlʌɪn
AM ˈbɛrˌlaɪn

Baez
BR ˈbʌɪ(ɛ)z
AM baɪˈɛz

Baffin
BR ˈbafɪn
AM ˈbæf(ə)n

baffle
BR ˈbaf|l, -lz, -lɪŋ\-lɪŋ,
-ld
AM ˈbæf(ə)l, -z, -ɪŋ,
-d

baffleboard
BR ˈbaflbɔːd, -z
AM ˈbæfəlˌbɔ(ə)rd,
-z

bafflement
BR ˈbaflm(ə)nt
AM ˈbæfəlm(ə)nt

baffle-plate
BR ˈbaflpleɪt, -s
AM ˈbæfəlˌpleɪt, -s

baffler
BR ˈbafl̩ə(r), ˈbaflə(r),
-z
AM ˈbæf(ə)lər, -z

bafflingly
BR ˈbaflɪŋli, ˈbaflɪŋli
AM ˈbæf(ə)lɪŋli

BAFTA
BR ˈbaftə(r)
AM ˈbæftə

bag
BR bag, -z, -ɪŋ, -d
AM bæg, -z, -ɪŋ, -d

Baganda
BR bəˈgandə(r)
AM bəˈgandə

Bagandan
BR bəˈgandən, -z
AM bəˈgand(ə)n, -z

bagarre
BR baˈgʊː(r), -z
AM bəˈgɑr, -z

bagasse
BR baˈgas,
baˈgɑːs
AM bəˈgas

bagatelle
BR ˌbagəˈtɛl
AM ˌbægəˈtɛl

Bagdad
BR ˌbagˈdad
AM ˈbægˌdæd

Bagehot
BR ˈbadʒət
AM ˈbædʒət

bagel
BR ˈbeɪgl, -z
AM ˈbeɪg(ə)l, -z

bagful
BR ˈbagfʊl, -z
AM ˈbægˌfʊl, -z

baggage
BR ˈbagɪdʒ
AM ˈbægɪdʒ

baggily
BR ˈbagɪli
AM ˈbægəli

bagginess
BR ˈbagɪnɪs
AM ˈbægɪnɪs

baggy
BR ˈbag|i, -ɪə(r), -ɪɪst
AM ˈbægi, -ər, -ɪst

Baghdad
BR ˌbagˈdad
AM ˈbægˌdæd

bagman
BR ˈbagman
AM ˈbægˌmæn

bagmen
BR ˈbagmɛn
AM ˈbægˌmɛn

Bagnall
BR ˈbagnl
AM ˈbægnl

Bagnell
BR ˈbagnl
AM ˈbægnl

bagnio
BR ˈbanjəʊ, ˈbɑːnjəʊ, -z
AM ˈbænˌjoʊ, -z

bagpipe
BR ˈbagpʌɪp, -s, -ɪŋ, -t
AM ˈbægˌpaɪp, -s, -ɪŋ, -t

bagpiper
BR ˈbagˌpʌɪpə(r), -z
AM ˈbægˌpaɪpər, -z

Bagshaw
BR ˈbagʃɔː(r)
AM ˈbægˌʃɔ

Bagshot
BR ˈbagʃɒt
AM ˈbægˌʃɑt

baguet
BR baˈgɛt, -s
AM bæˈgɛt, -s

baguette
BR baˈgɛt, -s
AM bæˈgɛt, -s

Baguley
BR ˈbagli
AM ˈbægəli

bagwash
BR ˈbagwɒʃ, -ɪz
AM ˈbægˌwɑʃ,
ˈbægˌwɔʃ, -əz

bah
BR bɑː(r)
AM bɑ

Bahai
BR bɑːˈhʌɪ, -z
AM bɑˈhaɪ, -z

Baha'i
BR bɑːˈhʌɪ, -z
AM bɑˈhaɪ, -z

Baha'ism
BR bɑːˈhʌɪɪzm
AM bɑˈhaɪˌɪz(ə)m

Baha'ist
BR bɑːˈhʌɪɪst, -s
AM bɑˈhaɪɪst, -s

Baha'ite
BR bɑːˈhəʌɪt, -s
AM bɑhaɪˌaɪt, -s

Bahamas
BR bəˈhɑːməz
AM bəˈhɑməs

Bahamian
BR bəˈheɪmɪən,
bəˈhɑːmɪən, -z
AM bəˈheɪmɪən,
bəˈhɑmɪən, -z

Bahasa
BR bəˈhɑːsə(r)
AM bəˈhɑsə

Baha Ullah
BR ˌbɑːhɑːˈʊlɑː(r),
+ ˈʊlə(r),
bəˌhɑː(r)
ʊˈlɑː(r)
AM ˌbɑhɑˈʊlɑ

Bahawalpur
BR bəˌhɑːˈw(ə)lˈpʊə(r)
AM bɑˌhɑwəlˈpʊ(ə)r

Bahía
BR bəˈhiːə(r)
AM bɑˈ(h)iə

Bahrain
BR bɑːˈreɪn
AM bɑˈreɪn

Bahraini
BR bɑːˈreɪn|i, -ɪz
AM bɑˈreɪni, -z

Bahrein
BR bɑːˈreɪn
AM bɑˈreɪn

Bahreini
BR bɑːˈreɪn|i, -ɪz
AM bɑˈreɪni, -z

baht
BR bɑːt, -s
AM bɑt, -s

baignoire
BR ˈbeɪnwɑː(r), -z
AM ˌbeɪnˈwɑr, -z

Baikal
BR bʌɪˈkɑːl
AM baɪˈkɑl
RUS bajˈkal

bail
BR beɪl, -z, -ɪŋ, -d
AM beɪl, -z,
-ɪŋ, -d

bailable
BR ˈbeɪləbl
AM ˈbeɪləb(ə)l

Baildon
BR ˈbeɪld(ə)n
AM ˈbeɪld(ə)n

Baile Átha Cliath
BR ˌblɑː ˌaθə ˈklɪə(r)
AM ˌbal ˌæθə ˈklɪə
IR ˌblʲaː ˈkʲlʲiə

bailee
BR ˌbeɪˈliː, ˈbeɪliː, -z
AM beɪˈli, -z

bailer
BR ˈbeɪlə(r), -z
AM ˈbeɪlər, -z

bailey
BR ˈbeɪl|i, -ɪz
AM ˈbeɪli, -z

bailie
BR ˈbeɪl|i, -ɪz
AM ˈbeɪli, -z

bailiff
BR ˈbeɪlɪf, -s
AM ˈbeɪlɪf, -s

bailiwick
BR ˈbeɪlɪwɪk, -s
AM ˈbeɪlɪˌwɪk, ˈbeɪliˌwɪk, -s

Baillie
BR ˈbeɪli
AM ˈbeɪli

Bailly
BR ˈbeɪli
AM ˈbeɪli

bailment
BR ˈbeɪlm(ə)nt
AM ˈbeɪlm(ə)nt

bailor
BR ˈbeɪlə(r), -z
AM ˈbeɪlər, -z

bailout
BR ˈbeɪlaʊt
AM ˈbeɪˌlaʊt

bailsman
BR ˈbeɪlzmən
AM ˈbeɪlzm(ə)n

bailsmen
BR ˈbeɪlzmən
AM ˈbeɪlzm(ə)n

Bain
BR beɪn
AM beɪn

Bainbridge
BR ˈbeɪnbrɪdʒ
AM ˈbeɪnˌbrɪdʒ

Baines
BR beɪnz
AM beɪnz

bain-marie
BR ˌbanməˈriː, ˌba(m)məˈriː, -z
AM ˌbæ(m)məˈri, ˌbænməˈri, -z

bains-marie
BR ˌbanməˈriː, ˌba(m)məˈriː, -z
AM ˌbæ(m)məˈri, ˌbænməˈri, -z

Bairam
BR baɪˈrɑːm
AM baɪˈrɑm

Baird
BR bɛːd
AM bɛ(ə)rd

bairn
BR bɛːn, -z
AM bɛ(ə)rn, -z

Bairstow
BR ˈbɛːstəʊ
AM ˈbɛrstoʊ

bait
BR beɪt, -s, -ɪŋ, -ɪd
AM beɪ|t, -ts, -dɪŋ, -dɪd

baize
BR beɪz
AM beɪz

Baja California
BR ˌbɑːhə ˌkalɪˈfɔːnɪə(r)
AM ˌbɑhɑ ˌkæləˈfɔrnɪə

Bajan
BR ˈbeɪdʒ(ə)n, -z
AM ˈbeɪdʒ(ə)n, -z

bajra
BR ˈbɑːdʒrɑː(r)
AM ˈbɑdʒrə

bake
BR beɪk, -s, -ɪŋ, -t
AM beɪk, -s, -ɪŋ, -t

bakehouse
BR ˈbeɪkhaʊ|s, -zɪz
AM ˈbeɪkˌ(h)aʊ|s, -zəz

Bakelite
BR ˈbeɪkəlʌɪt
AM ˈbeɪk(ə)ˌlaɪt

baker
BR ˈbeɪkə(r), -z
AM ˈbeɪkər, -z

Bakerloo
BR ˌbeɪkəˈluː
AM ˌbeɪkərˈlu

bakery
BR ˈbeɪk(ə)r|i, -ɪz
AM ˈbeɪkəri, -z

Bakewell
BR ˈbeɪkw(ɛ)l
AM ˈbeɪkˌwɛl

Bakhtin
BR bakˈtiːn
AM ˌbækˈtin, ˌbakˈtin
RUS baxˈtʲin

baklava
BR ˈbakləvə(r)
AM ˌbakləˈva
TU bʌklʌˈvʌ

baksheesh
BR ˈbakʃiːʃ, bakˈʃiːʃ
AM ˈbækˌʃiʃ

Bakst
BR bakst
AM bækst

Baku
BR ˈbɑːˌkuː, bɑːˈkuː
AM bɑˈku
RUS baˈku

Bakunin
BR baˈkuːnɪn
AM bəˈkunɪn

Bala
BR ˈbalə(r), ˈbɑːlə(r)
AM ˈbalə

Balaam
BR ˈbeɪl(ə)m
AM ˈbeɪl(ə)m

balaclava
BR ˌbaləˈklɑːvə(r), -z
AM ˌbaləˈklavə, ˌbæləˈklavə, -z

balafon
BR ˈbaləfɒn, -z
AM ˈbæləˌfɑn, -z

balalaika
BR ˌbaləˈlʌɪkə(r), -z
AM ˌbæləˈlaɪkə, ˌbaləˈlaɪkə, -z
RUS bəlaˈlajkə

balance
BR ˈbalns̩, -ɪz, -ɪŋ, -t
AM ˈbæl(ə)ns, -əz, -ɪŋ, -t

balanceable
BR ˈbalns̩bl
AM ˈbælənsəb(ə)l

balancer
BR ˈbalns̩ə(r), -z
AM ˈbælənsər, -z

Balanchine
BR ˈbalən(t)ʃiːn, ˌbalən(t)ʃiːn
AM ˈbalæn(t)ʃin

balas-ruby
BR ˈbaləsˌruːb|i, -ɪz
AM ˈbæləsˌrubi, -z

balata
BR ˈbalətə(r), bəˈlɑːtə(r), -z
AM ˈbælədə, bəˈlɑdə, -z

Balaton
BR ˈbalətɒn
AM ˈbaləˌtɑn
HU ˈbɒlɒˈtɒn

Balboa
BR balˈbəʊə(r)
AM bælˈboʊə

Balbriggan
BR balˈbrɪɡ(ə)n
AM bælˈbrɪɡ(ə)n

Balchin
BR ˈbɔːl(t)ʃɪn, ˈbɒl(t)ʃɪn
AM ˈbaltʃɪn, ˈbɔltʃɪn

Balcomb
BR ˈbɔːlkəm, ˈbɒlkəm
AM ˈbalkəm, ˈbɔlkəm

Balcombe
BR ˈbɔːlkəm, ˈbɒlkəm
AM ˈbalkəm, ˈbɔlkəm

Balcon

Balcon
BR ˈbɔːlk(ə)n,
 ˈbɒlk(ə)n
AM ˈbælk(ə)n

balcony
BR ˈbalkn̩|i, -ɪz, -ɪd
AM ˈbælkəni, -z, -d

bald
BR bɔːld, -z, -ɪŋ, -ɪd,
 -ə(r), -ɪst
AM bald, bɒld, -ər,
 -əst, -z, -ɪŋ, -əd

baldachin
BR ˈbɑːldəkɪn, -z
AM ˈbaldək(ə)n,
 ˈbɒldək(ə)n, -z

baldaquin
BR ˈbɔːldəkɪn, -z
AM ˈbaldək(ə)n,
 ˈbɒldək(ə)n, -z

Balder
BR ˈbɔːldə(r),
 ˈbɒldə(r)
AM ˈbaldər, ˈbɒldər

balderdash
BR ˈbɔːldədaʃ
AM ˈbaldərˌdæʃ,
 ˈbɒldərˌdæʃ

baldhead
BR ˈbɔːldhɛd, -z
AM ˈbald,(h)ɛd,
 ˈbɒld,(h)ɛd, -z

baldheaded
BR ˌbɔːldˈhɛdɪd
AM ˈˌbaldˈhɛdəd,
 ˈˌbɒldˈhɛdəd

baldie
BR ˈbɔːld|i, -ɪz
AM ˈbaldi,
 ˈbɒldi, -z

baldish
BR ˈbɔːldɪʃ
AM ˈbaldɪʃ,
 ˈbɒldɪʃ

baldly
BR ˈbɔːldli
AM ˈbal(d)li,
 ˈbɒl(d)li

baldmoney
BR ˈbɔːldˌmʌn|i, -ɪz
AM ˈbal(d)ˌməni,
 ˈbɒl(d)ˌməni, -z

baldness
BR ˈbɔːldnəs
AM ˈbal(d)nəs,
 ˈbɒl(d)nəs

Baldock
BR ˈbɔːldɒk, ˈbɒldɒk
AM ˈbaldak, ˈbɒldak

baldpate
BR ˈbɔːldpeɪt, -s
AM ˈbal(d)ˌpeɪt,
 ˈbɒl(d)ˌpeɪt, -s

baldric
BR ˈbɔːldrɪk, -s
AM ˈbaldˌrɪk,
 ˈbɒldˌrɪk, -s

Baldry
BR ˈbɔːldri, ˈbɒldri
AM ˈbaldri, ˈbɒldri

Baldwin
BR ˈbɔːldwɪn
AM ˈbaldw(ə)n,
 ˈbɒldw(ə)n

baldy
BR ˈbɔːld|i, -ɪz
AM ˈbaldi, ˈbɒldi, -z

bale
BR beɪl, -z, -ɪŋ, -d
AM beɪl, -z, -ɪŋ, -d

Balearic
BR ˌbalɪˈarɪk, bəˈlɪərɪk,
 bəˈlɛːrɪk, -s
AM ˌbæliˈɛrɪk, -s

baleen
BR bəˈliːn
AM bəˈlin

baleful
BR ˈbeɪlf(ʊ)l
AM ˈbeɪlf(ə)l

balefully
BR ˈbeɪlfʊli, ˈbeɪlfli
AM ˈbeɪlfəli

balefulness
BR ˈbeɪlf(ʊ)lnəs
AM ˈbeɪlfəlnəs

Balenciaga
BR bəˌlɛnsɪˈɑːgə(r)
AM bəˈlɛnsiˈagə
SP ˌbalɛnˈθjaɣa,
 ˌbalɛnˈsjaɣa

baler
BR ˈbeɪlə(r), -z
AM ˈbeɪlər, -z

Balfour
BR ˈbalfə(r),
 ˈbalfɔː(r), ˌbalˈfɔː(r)
AM ˈbælˌfɔ(ə)r

Balham
BR ˈbaləm
AM ˈbal(ə)m, ˈbɒl(ə)m

Bali
BR ˈbɑːliː
AM ˈbɑˌli

Balinese
BR ˌbɑːlɪˈniːz
AM ˌbæləˈniz,
 ˌbɑləˈniz

Baliol
BR ˈbeɪlɪəl
AM ˈbeɪliəl

balk
BR bɔː(l)k, -s, -ɪŋ, -t
AM ba(l)k, bɔ(l)k, -s,
 -ɪŋ, -t

Balkan
BR ˈbɔːlkn̩,
 ˈbɒlkn̩, -z
AM ˈbalk(ə)n,
 ˈbɒlk(ə)n, -z

Balkanisation
BR ˌbɔːlkn̩ʌɪˈzeɪʃn,
 ˌbɒlkn̩ʌɪˈzeɪʃn
AM ˌbɒlkəˌnaɪˈzeɪʃ(ə)n,
 ˌbalkənəˈzeɪʃ(ə)n,
 ˌbalkəˌnaɪˈzeɪʃ(ə)n,
 ˌbɒlkənəˈzeɪʃ(ə)n

Balkanise
BR ˈbɔːlkn̩ʌɪz,
 ˈbɒlkn̩ʌɪz, -ɪz, -ɪŋ, -d
AM ˈbalkəˌnaɪz,
 ˈbɒlkəˌnaɪz, -ɪz,
 -ɪŋ, -d

Balkanization
BR ˌbɔːlkn̩ʌɪˈzeɪʃn,
 ˌbɒlkn̩ʌɪˈzeɪʃn
AM ˌbɒlkəˌnaɪˈzeɪʃ(ə)n,
 ˌbalkənəˈzeɪʃ(ə)n,
 ˌbalkəˌnaɪˈzeɪʃ(ə)n,
 ˌbɒlkənəˈzeɪʃ(ə)n

Balkanize
BR ˈbɔːlkn̩ʌɪz,
 ˈbɒlkn̩ʌɪz, -ɪz, -ɪŋ, -d
AM ˈbalkəˌnaɪz,
 ˈbɒlkəˌnaɪz, -ɪz,
 -ɪŋ, -d

ballbearing

Balkhash
BR ˈbalkaʃ
AM ˈbælˌkæʃ
RUS balˈxaʃ

balky
BR ˈbɔːk|i, -ɪə(r), -ɪıst
AM ˈbaki, ˈbɒki,
 -ər, -ɪst

ball
BR bɔːl, -z, -ɪŋ, -d
AM bal, bɒl, -z, -ɪŋ, -d

Ballachulish
BR ˌbaləˈhʊːlɪʃ
AM ˌbæləˈtʃulɪʃ

ballad
BR ˈbaləd, -z
AM ˈbæləd, -z

ballade
BR baˈlɑːd, -z
AM bəˈlad, -z

balladeer
BR ˌbaləˈdɪə(r), -z
AM ˌbæləˈdɪ(ə)r, -z

balladry
BR ˈbalədr|i, -ɪz
AM ˈbælədri, -z

Ballantine
BR ˈbalntʌɪn
AM ˈbælənˌtaɪn

Ballantrae
BR ˌbalənˈtreɪ
AM ˈbæləntri

Ballantyne
BR ˈbalntʌɪn
AM ˈbælənˌtaɪn

Ballarat
BR ˈbalərat,
 ˌbaləˈrat
AM ˈbæləˌræt

Ballard
BR ˈbalɑːd
AM ˈbælərd

ballast
BR ˈbaləst
AM ˈbæləst

Ballater
BR ˈbalətə(r)
AM ˈbælədər

ballbearing
BR ˌbɔːlˈbɛːrɪŋ, -z
AM ˈˌbalˌbɛrɪŋ,
 ˈˌbɒlˌbɛrɪŋ, -z

ballboy
BR ˈbɔːlbɔɪ, -z
AM ˈbɑːlˌbɔɪ, ˈbɔːlˌbɔɪ, -z

ballcock
BR ˈbɔːlkɒk, -s
AM ˈbɑːlˌkɑːk, ˈbɔːlˌkɑːk, -s

ballerina
BR ˌbæləˈriːnə(r), -z
AM ˌbæləˈriːnə, -z

Ballesteros
BR ˌbælɪˈstɛːrɒs
AM ˌbaɪjəsˈtɛroʊs, ˌbæləˈstɛˌroʊs
SP ˌbajesˈteros

ballet
BR ˈbæleɪ, -z
AM bæˈleɪ, -z

balletic
BR bəˈletɪk
AM bəˈleɾɪk, bæˈleɾɪk

balletomane
BR ˈbælɪtə(ʊ)meɪn, bəˈletə(ʊ)meɪn, -z
AM bæˈleɾəˌmeɪn, bəˈleɾəˌmeɪn, -z

balletomania
BR ˌbælɪtə(ʊ)ˈmeɪniə(r), bəˌletəˌmeɪniə(r)
AM bæˌleɾəˈmeɪniə, bəˌleɾəˈmeɪniə

Ballets Russes
BR ˌbæleɪ ˈruːs
AM ˌbæˌleɪ ˈrus

ballgirl
BR ˈbɔːlɡɜːl, -z
AM ˈbɑːlˌɡɜrl, ˈbɔːlˌɡɜrl, -z

ballhandler
BR ˈbɔːlˌhændlə(r), ˈbɔːlˌhændlə(r), -z
AM ˈbɑːlˌ(h)ændələr, ˈbɔːlˌ(h)ændələr, -z

ballhawk
BR ˈbɔːlhɔːk, -s
AM ˈbɑːlˌ(h)ɑːk, ˈbɔːlˌ(h)ɔːk, -s

Balliol
BR ˈbeɪliəl
AM ˈbeɪliəl

ballista
BR bəˈlɪstə(r), -z
AM bəˈlɪstə, -z

ballistae
BR bəˈlɪstiː
AM bəˈlɪsti

ballistic
BR bəˈlɪstɪk, -s
AM bəˈlɪstɪk, -s

ballistically
BR bəˈlɪstɪkli
AM bəˈlɪstɪk(ə)li

ballock
BR ˈbɒlək, -s
AM ˈbɑːlək, ˈbɔːlək, -s

ballon d'essai
BR ˌbalɒ̃ dɛˈseɪ
AM bɑːˌlɔn ˌdɛˈseɪ

ballons d'essai
BR ˌbalɒ̃ dɛˈseɪ
AM bɑːˌlɔn ˌdɛˈseɪ

balloon
BR bəˈluːn, -z, -ɪŋ, -d
AM bəˈlun, -z, -ɪŋ, -d

balloonist
BR bəˈluːnɪst, -s
AM bəˈlunəst, -s

ballot
BR ˈbælət, -s, -ɪŋ, -ɪd
AM ˈbæləˌt, -ts, -dɪŋ, -dɪd

ballotin
BR ˈbælətɪn, -z
AM ˈbælətn, ˈbæləd(ə)n, -z

ballpark
BR ˈbɔːlpɑːk, -s
AM ˈbɑːlˌpɑrk, ˈbɔːlˌpɑrk, -s

ballplayer
BR ˈbɔːlˌpleɪə(r), -z
AM ˈbɑːlˌpleɪər, ˈbɔːlˌpleɪər, -z

ballpoint
BR ˈbɔːlpɔɪnt, -s
AM ˈbɑːlˌpɔɪnt, ˈbɔːlˌpɔɪnt, -s

ballroom
BR ˈbɔːlruːm, ˈbɔːlrʊm, -z
AM ˈbɑːlˌrʊm, ˈbɑːlˌrum, ˈbɑːlˌrʊm, ˈbɔːlˌrum, -z

balls *verb*
BR bɔːlz, -ɪz, -ɪŋ, -d
AM bɑlz, bɔlz, -əz, -ɪŋ, -d

ballsy
BR ˈbɔːlzi
AM ˈbɑlzi, ˈbɔlzi

bally
BR ˈbæli
AM ˈbæli

Ballycastle
BR ˌbælɪˈkɑːsl, ˌbælɪˈkæsl
AM ˈbæliˌkæs(ə)l

ballyhoo
BR ˌbælɪˈhuː, -z
AM ˈbæliˌhu, -z

Ballymacarrett
BR ˌbælɪməˈkærət
AM ˌbælɪməˈkɛrət

Ballymena
BR ˌbælɪˈmiːnə(r)
AM ˌbæliˈminə

Ballymoney
BR ˌbælɪˈmʌni
AM ˌbæliˈməni

ballyrag
BR ˈbælɪræɡ, -z, -ɪŋ, -d
AM ˈbæliˌræɡ, -z, -ɪŋ, -d

balm
BR bɑːm, -z
AM bɑ(l)m, -z

Balmain
BR ˈbalmã
AM ˈbɑlmeɪn, ˈbɔlmeɪn

balmily
BR ˈbɑːmɪli
AM ˈbɑ(l)məli

balminess
BR ˈbɑːmɪnɪs
AM ˈbɑ(l)mɪnɪs

Balmoral
BR balˈmɒrl̩
AM bælˈmɔr(ə)l

balmy
BR ˈbɑːm|i, -ɪə(r), -ɪɪst
AM ˈbɑ(l)mi, -ər, -ɪst

balneary
BR ˈbælnɪəri
AM ˈbælnɪˌɛri

balneological
BR ˌbælnɪəˈlɒdʒɪkl
AM ˌbælnɪəˈlɑdʒək(ə)l

balneologist
BR ˌbælnɪˈɒlədʒɪst, -s
AM ˌbælniˈɑlədʒəst, -s

balneology
BR ˌbælnɪˈɒlədʒi
AM ˌbælniˈɑlədʒi

balniel
BR ˈbælnɪəl
AM ˈbælniəl

baloney
BR bəˈləʊni
AM bəˈloʊni

BALPA
BR ˈbælpə(r)
AM ˈbælpə

balsam
BR ˈbɔːls(ə)m, ˈbɒls(ə)m, -z
AM ˈbɑls(ə)m, ˈbɔls(ə)m, -z

balsamic
BR bɔːlˈsæmɪk, bɒlˈsæmɪk
AM bɑlˈsæmɪk, bɔlˈsæmɪk, bælˈsæmɪk, bɔlˈsæmɪk

balsamiferous
BR ˌbɔːlsəˈmɪf(ə)rəs, ˌbɒlsəˈmɪf(ə)rəs
AM ˌbɑlsəˈmɪf(ə)rəs, ˌbɔlsəˈmɪf(ə)rəs

balsa wood
BR ˈbɔːlsə wʊd, ˈbɒlsə +
AM ˈbɑlsə ˌwʊd, ˈbɔlsə ˌwʊd

Balt
BR bɔːlt, bɒlt, -s
AM bɑlt, bɔlt, -s

Balthasar
BR balˈθazə(r),
ˈbalθəzɑː(r),
ˌbalθəˈzɑː(r)
AM bɔlˈθæzər,
balˈθæzər,
ˈbɒlθəˌzar, ˈbalθə-
ˌzar, bælˈθæzər

Balthazar
BR balˈθazə(r),
ˈbalθəzɑː(r),
ˌbalθəˈzɑː(r)
AM bɔlˈθæzər,
balˈθæzər, ˈbɒlθə-
ˌzar, ˈbalθəˌzar,
bælˈθæzər

balti
BR ˈbɔːlt|i, ˈbɒlt|i,
-ɪz
AM ˈbɒlti, ˈbalti,
ˈbælti, -z

Baltic
BR ˈbɔːltɪk, ˈbɒltɪk
AM ˈbaltɪk, ˈbɔltɪk

Baltimore
BR ˈbɔːltɪmɔː(r),
ˈbɒltɪmɔː(r)
AM ˈbaltəˌmɔː(ə)r,
ˈbɒltəˌmɔː(ə)r

Baltistan
BR ˌbɔːltɪˈstɑːn,
ˌbɔːltɪˈstan,
ˌbɒltɪˈstɑːn,
ˌbɒltɪˈstan
AM ˈbaltəˌstæn,
ˈbɒltəˌstæn

Baluchistan
BR bəˌluːtʃɪˈstɑːn,
bəˌluːtʃɪˈstan
AM bəˈlutʃəˌstæn

balun
BR ˈbalʌn, -z
AM ˈbæl(ə)n, -z

baluster
BR ˈbaləstə(r),
-z, -d
AM ˈbæləstər, -z, -d

balustrade
BR ˌbaləˈstreɪd, -z,
-ɪŋ, -ɪd
AM ˈbæləˌstreɪd, -z,
-ɪŋ, -ɪd

Balzac
BR ˈbalzak
AM balˈzæk,
balˈzak

Bamako
BR ˌbaməˈkəʊ,
ˈbamakəʊ
AM bəˈmɑːˌkoʊ,
bəˈmæˌkoʊ

bambini
BR bamˈbiːni
AM bæmˈbini

bambino
BR bamˈbiːnəʊ, -z
AM bæmˈbinoʊ, -z

bamboo
BR ˌbamˈbuː, -z
AM ˌbæmˈbu, -z

bamboozle
BR bamˈbuːz|l, -lz,
-l̩ŋ\-lɪŋ, -ld
AM bæmˈbuːz(ə)l, -z,
-ɪŋ, -d

bamboozlement
BR bamˈbuːzlm(ə)nt
AM bæmˈbuzlm(ə)nt

bamboozler
BR bamˈbuːzlə(r),
bamˈbuːzlə(r), -z
AM bæmˈbuːz(ə)lər,
-z

Bamian
BR ˈbeɪmɪən
AM ˈbeɪmɪən

ban
BR ban, -z, -ɪŋ, -d
AM bæn, -z, -ɪŋ,
-d

banal
BR bəˈnɑːl
AM bəˈnæl,
bəˈnal, ˈbeɪnl

banality
BR bəˈnalɪt|i, -ɪz
AM beɪˈnælədi,
bəˈnælədi, -z

banally
BR bəˈnɑːlli
AM ˈbeɪnɨli

banana
BR bəˈnɑːnə(r), -z
AM bəˈnænə, -z

banausic
BR bəˈnɔːzɪk,
bəˈnɔːsɪk
AM bəˈnɒsɪk,
bəˈnazɪk, bəˈnasɪk,
bəˈnɔzɪk

Banbury
BR ˈbanb(ə)ri
AM ˈbænbəri

banc
BR baŋk
AM bæŋk

Bancroft
BR ˈbankrɒft,
ˈbaŋkrɒft
AM ˈbæŋˌkrɔft,
ˈbænˌkraft,
ˈbæŋˌkraft,
ˈbænˌkrɔft

band
BR band, -z, -ɪŋ, -ɪd
AM bænd, -z, -ɪŋ,
-əd

Banda
BR ˈbandə(r)
AM ˈbændə

bandage
BR ˈband|ɪdʒ, -ɪdʒɪz,
-ɪdʒɪŋ, -ɪdʒd
AM ˈbænd|ɪdʒ, -ɪdʒɪz,
-ɪdʒɪŋ, -ɪdʒd

bandana
BR banˈdanə(r), -z
AM bænˈdænə, -z

bandanna
BR banˈdanə(r), -z
AM bænˈdænə, -z

Bandaranaike
BR ˌband(ə)rəˈnʌɪkə(r)
AM ˌbændrəˈniki

Bandar Seri Begawan
BR ˌbandɑːˌsɛri bəˈgɑːwən, ˌbandə +
AM ˌbændərˌsɛri bəˈgaw(ə)n

bandbox
BR ˈban(d)bɒks, -ɪz
AM ˈbæn(d)ˌbaks, -əz

bandeau
BR ˈbandəʊ, -z
AM ˈbænˌdoʊ, -z

bandeaux
BR ˈbandəʊz
AM ˈbænˌdoʊz

banderilla
BR ˌbandəˈrɪljə(r), -z
AM ˌbændəˈri(j)ə, -z

banderol
BR ˈbandərəʊl, -z
AM ˈbændəˌroʊl, -z

banderole
BR ˈbandərəʊl, -z
AM ˈbændəˌroʊl, -z

bandicoot
BR ˈbandɪkuːt, -s
AM ˈbændiˌkut, -s

bandit
BR ˈbandɪt, -s
AM ˈbændɪt, -s

bandito
BR banˈdiːtəʊ, -z
AM bænˈdidoʊ, -z

banditry
BR ˈbandɨtri
AM ˈbændɨtri

banditti
BR banˈdɪtiː
AM bænˈdidi

bandleader
BR ˈbandˌliːdə(r), -z
AM ˈbæn(d)ˌlidər, -z

bandmaster
BR ˈban(d)ˌmɑːstə(r), -z
AM ˈbæn(d)ˌmæstər, -z

bandoleer
BR ˌbandəˈlɪə(r), -z
AM ˌbændəˈlɪ(ə)r, -z

bandolier
BR ˌbandəˈlɪə(r), -z
AM ˌbændəˈlɪ(ə)r, -z

bandore
BR banˈdɔː(r),
ˈbandɔː(r), -z
AM ˈbænˌdɔ(ə)r, -z

bandsman
BR ˈban(d)zmən
AM ˈbæn(d)zm(ə)n

bandsmen
BR ˈban(d)smən
AM ˈbæn(d)zm(ə)n

bandstand
BR ˈban(d)stand, -z
AM ˈbæn(d)ˌstænd, -z

Bandung
BR ˈbandʊŋ, ˌbanˈdʊŋ
AM ˈbɑn͵dʊŋ, ˈbɑn͵duŋ

bandwagon
BR ˈband͵wæɡ(ə)n, -z
AM ˈbæn(d)͵wæɡ(ə)n, -z

bandwidth
BR ˈbandwɪdθ, ˈbandwɪtθ
AM ˈbæn(d)͵wɪtθ, ˈbæn(d)͵wɪdθ

bandy
BR ˈband|i, -ɪz, -ɪɪŋ, -ɪd, -ɪə(r), -ɪɪst
AM ˈbændi, -z, -ɪŋ, -d, -ər, -ɪst

bane
BR beɪn
AM beɪn

baneberry
BR ˈbeɪnb(ə)r|i, -ɪz
AM ˈbeɪn͵bɛri, -z

baneful
BR ˈbeɪnf(ʊ)l
AM ˈbeɪnf(ə)l

banefully
BR ˈbeɪnfʊli, ˈbeɪnfl̩i
AM ˈbeɪnfəli

banefulness
BR ˈbeɪnf(ʊ)lnəs
AM ˈbeɪnfəlnəs

Banff
BR banf
AM bænf

bang
BR baŋ, -z, -ɪŋ, -d
AM bæŋ, -z, -ɪŋ, -d

Bangalore
BR ˌbaŋɡəˈlɔː(r)
AM ˌbæŋɡəˈlɔ(ə)r

banger
BR ˈbaŋə(r), -z
AM ˈbæŋər, -z

Bangkok
BR ˌbaŋˈkɒk
AM ˈbæŋkɑk

Bangladesh
BR ˌbaŋgləˈdɛʃ
AM ˌbɑŋgləˈdɛʃ

Bangladeshi
BR ˌbaŋgləˈdɛʃ|i, -ɪz
AM ˌbɑŋgləˈdɛʃi, -z

bangle
BR ˈbaŋgl, -z
AM ˈbæŋg(ə)l, -z

Bangor
BR ˈbaŋgə(r)
AM ˈbæŋ͵ɡɔ(ə)r, ˈbæŋɡər

bangtail
BR ˈbaŋteɪl, -z
AM ˈbæŋ͵teɪl, -z

Bangui
BR ˌbɒŋˈɡiː, ˌbɑːŋˈɡiː, ˈbɑːŋɡi
AM ˈbæŋɡi

banh mi
BR ˌbɑːn ˈmiː, -z
AM ˈbɑn ˌmi, -z

banian
BR ˈbanjan, -z
AM ˈbænj(ə)n, -z

banish
BR ˈban|ɪʃ, -ɪʃɪz, -ɪʃɪŋ, -ɪʃt
AM ˈbænɪʃ, -ɪz, -ɪŋ, -t

banishment
BR ˈbanɪʃm(ə)nt
AM ˈbænɪʃm(ə)nt

banister
BR ˈbanɪstə(r), -z
AM ˈbænəstər, -z

banjax
BR ˈbandʒaks, -t
AM ˈbæn͵dʒæks, -t

banjo
BR ˈbandʒəʊ, -z
AM ˈbændʒoʊ, -z

banjoist
BR ˈbandʒəʊɪst, -s
AM ˈbændʒoʊəst, -s

Banjul
BR banˈdʒuːl
AM ˈbæn͵dʒul

bank
BR baŋ|k, -ks, -kɪŋ, -(k)t
AM bæŋ|k, -ks, -kɪŋ, -(k)t

bankability
BR ˌbaŋkəˈbɪlɪti
AM ˌbæŋkəˈbɪlɨdi

bankable
BR ˈbaŋkəbl
AM ˈbæŋkəb(ə)l

bankbill
BR ˈbaŋkbɪl, -z
AM ˈbæŋk͵bɪl, -z

bankbook
BR ˈbaŋkbʊk, -s
AM ˈbæŋk͵bʊk, -s

banker
BR ˈbaŋkə(r), -z
AM ˈbæŋkər, -z

banknote
BR ˈbaŋknəʊt, -s
AM ˈbæŋk͵noʊt, -s

bankroll
BR ˈbaŋkrəʊl, -z, -ɪŋ, -d
AM ˈbæŋk͵roʊl, -z, -ɪŋ, -d

bankrupt
BR ˈbaŋkrʌpt, -s, -ɪŋ, -ɪd
AM ˈbæŋk͵rʌpt, -s, -ɪŋ, -əd

bankruptcy
BR ˈbaŋkrʌp(t)s|i, -ɪz
AM ˈbæŋk͵rʌp(t)si, -z

banksia
BR ˈbaŋksɪə(r), -z
AM ˈbæŋksɪə, -z

banner
BR ˈbanə(r), -z, -d
AM ˈbænər, -z, -d

banneret
BR ˈbanərɪt, ˌbanəˈrɛt, -s
AM ˌbænəˈrɛt, ˈbænərət, -s

bannister
BR ˈbanɪstə(r), -z
AM ˈbænəstər, -z

bannock
BR ˈbanək, -s
AM ˈbænək, -s

Bannockburn
BR ˈbanəkbəːn
AM ˈbænək͵bɚn

banns
BR banz
AM bænz

banquet
BR ˈbaŋkw|ɪt, -ɪts, -ɪtɪŋ, -ɪtɪd
AM ˈbæŋkwɨ|t, -ts, -dɪŋ, -dɪd

banqueter
BR ˈbaŋkwɪtə(r), -z
AM ˈbæŋkwɨdər, -z

banquette
BR baŋˈkɛt, -s
AM bæŋˈkɛt, -s

banshee
BR ˈbanʃiː, -z
AM ˈbænʃi, -z

banshie
BR ˈbanʃiː, -z
AM ˈbænʃi, -z

bantam
BR ˈbant(ə)m, -z
AM ˈbæn(t)əm, -z

bantamweight
BR ˈbantəmweɪt, -s
AM ˈbæn(t)əm͵weɪt, -s

banter
BR ˈbant|ə(r), -əz, -(ə)rɪŋ, -əd
AM ˈbæn(t)ər, -z, -ɪŋ, -d

banterer
BR ˈbant(ə)rə(r), -z
AM ˈbæn(t)ərər, -z

Banting
BR ˈbantɪŋ
AM ˈbæn(t)ɪŋ

Bantu
BR ˈbantuː, banˈtuː, -z
AM ˈbæn͵tu, -z

Bantustan
BR ˌbantuːˈstɑːn, -z
AM ˌbæn͵tuˌstæn, -z

banyan
BR ˈbanjan, -z
AM ˈbæn͵jæn, ˈbænj(ə)n, -z

banzai
BR ˈbanzʌɪ
AM ˈbɑn͵zaɪ

baobab
BR ˈbeɪə(ʊ)bab,
ˈbaʊbab, -z
AM ˈbeɪəˌbæb,
ˈbaʊˌbæb, -z

bap
BR bap, -s
AM bæp, -s

baptise
BR bapˈtʌɪz, -ɪz, -ɪŋ, -d
AM ˈbæbˌtaɪz,
ˈbæpˌtaɪz, -ɪz, -ɪŋ, -d

baptism
BR ˈbaptɪzm, -z
AM ˈbæbˌtɪz(ə)m,
ˈbæpˌtɪz(ə)m, -z

baptismal
BR bapˈtɪzml
AM bæbˈtɪzm(ə)l,
bæpˈtɪzm(ə)l

Baptist
BR ˈbaptɪst, -s
AM ˈbæbtəst,
ˈbæptəst, -s

baptistery
BR ˈbaptɪst(ə)r|i, -ɪz
AM ˈbæbtəstri,
ˈbæptəstri, -z

baptistry
BR ˈbaptɪstr|i, -ɪz
AM ˈbæbtəstri,
ˈbæptəstri, -z

baptize
BR bapˈtʌɪz, -ɪz, -ɪŋ, -d
AM ˈbæbˌtaɪz, ˈbæpˌtaɪz, -ɪz, -ɪŋ, -d

bar
BR bɑː(r), -z, -ɪŋ, -d
AM bɑr, -z, -ɪŋ, -d

Barabbas
BR bəˈrabəs
AM bəˈræbəs

barathea
BR ˌbarəˈθiːə(r)
AM ˌbærəˈθiə

barb
BR bɑːb, -z, -ɪŋ, -d
AM bɑrb, -z, -ɪŋ, -d

Barbadian
BR bɑːˈbeɪdɪən, bɑːˈbeɪdʒ(ə)n, -z
AM bɑrˈbeɪdɪən, -z

Barbados
BR bɑːˈbeɪdɒs
AM bɑrˈbeɪˌdoʊs, bɑrˈbeɪdəs

Barbara
BR ˈbɑːb(ə)rə(r)
AM ˈbɑrb(ə)rə

barbarian
BR bɑːˈbɛːrɪən, -z
AM bɑrˈbɛrɪən, -z

barbaric
BR bɑːˈbarɪk
AM bɑrˈbɛrɪk

barbarically
BR bɑːˈbarɪkli
AM bɑrˈbɛrək(ə)li

barbarisation
BR ˌbɑːb(ə)rʌɪˈzeɪʃn
AM ˌbɑrbəˌraɪˈzeɪʃ(ə)n, ˌbɑrbərəˈzeɪʃ(ə)n

barbarise
BR ˈbɑːbərʌɪz, -ɪz, -ɪŋ, -d
AM ˈbɑrbəˌraɪz, -ɪz, -ɪŋ, -d

barbarism
BR ˈbɑːbərɪzm, -z
AM ˈbɑrbəˌrɪz(ə)m, -z

barbarity
BR bɑːˈbarɪt|i, -ɪz
AM bɑrˈbɛrədi, -z

barbarization
BR ˌbɑːb(ə)rʌɪˈzeɪʃn
AM ˌbɑrbəˌraɪˈzeɪʃ(ə)n, ˌbɑrbərəˈzeɪʃ(ə)n

barbarize
BR ˈbɑːbərʌɪz, -ɪz, -ɪŋ, -d
AM ˈbɑrbəˌraɪz, -ɪz, -ɪŋ, -d

Barbarossa
BR ˌbɑːbəˈrɒsə(r)
AM ˌbɑrbəˈrɔsə, ˌbɑrbəˈroʊsə

barbarous
BR ˈbɑːb(ə)rəs
AM ˈbɑrbərəs

barbarously
BR ˈbɑːb(ə)rəsli
AM ˈbɑrbərəsli

barbarousness
BR ˈbɑːb(ə)rəsnəs
AM ˈbɑrbərəsnəs

Barbary
BR ˈbɑːb(ə)ri
AM ˈbɑrbəri

barbate
BR ˈbɑːbeɪt
AM ˈbɑrˌbeɪt

barbecue
BR ˈbɑːbɪkjuː, -z, -ɪŋ, -d
AM ˈbɑrbɪˌkju, ˈbɑrbəˌkju, -z, -ɪŋ, -d

barbel
BR ˈbɑːbl, -z
AM ˈbɑrb(ə)l, -z

barbell
BR ˈbɑːbɛl, -z
AM ˈbɑrˌbɛl, -z

barber
BR ˈbɑːbə(r), -z
AM ˈbɑrbər, -z

barberry
BR ˈbɑːb(ə)r|i, -ɪz
AM ˈbɑrˌbɛri, -z

barbershop
BR ˈbɑːbəʃɒp, -s
AM ˈbɑrbərˌʃɑp, -s

barbet
BR ˈbɑːbɪt, -s
AM ˈbɑrbət, -s

barbette
BR bɑːˈbɛt, -s
AM bɑrˈbɛt, -s

barbican
BR ˈbɑːbɪk(ə)n, -z
AM ˈbɑrbək(ə)n, -z

Barbirolli
BR ˌbɑːbɪˈrɒli
AM ˌbɑrbəˈroʊli

barbital
BR ˈbɑːbɪtl
AM ˈbɑrbəˌtɔl, ˈbɑrbəˌtal

barbitone
BR ˈbɑːbɪtəʊn
AM ˈbɑrbəˌtoʊn

barbiturate
BR bɑːˈbɪtʃ(ʊ)rɪt, bɑːˈbɪtjʊrɪt, -s
AM bɑrˈbɪtʃərət, -s

barbituric
BR ˌbɑːbɪˈtʃʊərɪk, ˌbɑːbɪˈtjʊərɪk
AM ˌbɑrbəˈtʃʊrɪk

Barbizon
BR ˈbɑːbɪzɒn
AM ˈbɑrbəˌzɑn

barbless
BR ˈbɑːbləs
AM ˈbɑrbləs

barbola
BR bɑːˈbəʊlə(r)
AM bɑrˈboʊlə

Barbour
BR ˈbɑːbə(r), -z
AM ˈbɑrbər, -z

Barbuda
BR bɑːˈbjuːdə(r)
AM bɑrˈbjudə

Barbudan
BR bɑːˈbjuːdn, -z
AM bɑrˈbjud(ə)n, -z

barbule
BR ˈbɑːbjuːl, -z
AM ˈbɑrˌbjul, -z

barbwire
BR ˌbɑːbˈwʌɪə(r)
AM ˌbɑrbˈwaɪ(ə)r

barcarole
BR ˌbɑːkəˈrəʊl, ˈbɑːkərəʊl, -z
AM ˈbɑrkəˌroʊl, -z

barcarolle
BR ˌbɑːkəˈrəʊl, ˈbɑːkərəʊl, -z
AM ˈbɑrkəˌroʊl, -z

Barcelona
BR ˌbɑːsɪˈləʊnə(r)
AM ˌbɑrsəˈloʊnə
SP ˌbɑrθeˈlona, ˌbɑrseˈlona

Barclay
BR ˈbɑːkli, ˈbɑːkleɪ
AM ˈbɑrkli

Bar-Cochba
BR ˌbɑːˈkɒtʃbə(r)
AM ˌbɑrˈkatʃbə, ˌbɑrˈkɔtʃbə

barcode
BR ˈbɑːkəʊd, -z, -ɪŋ, -ɪd
AM ˈbɑrˌkoʊd, -z, -ɪŋ, -əd

bard
BR bɑːd, -z
AM bɑrd, -z

bardic
BR ˈbɑːdɪk
AM ˈbɑrdɪk

Bardo
BR ˈbɑːdəʊ
AM ˈbɑrˌdoʊ

bardolater
BR bɑːˈdɒlətə(r), -z
AM bɑrˈdɑlədər, -z

bardolatry
BR bɑːˈdɒlətri
AM bɑrˈdɑlətri

Bardot
BR bɑːˈdəʊ
AM bɑrˈdoʊ

bardy
BR ˈbɑːd|i, -ɪz
AM ˈbɑrdi, -z

bare
BR bɛː(r), -ə(r), -ɪst, -z, -ɪŋ, -d
AM bɛ(ə)r, -ər, -əst, -z, -ɪŋ, -d

bareback
BR ˈbɛːbak
AM ˈbɛrˌbæk

barebacked
BR ˌbɛːˈbakt
AM ˈbɛrˌbækt

barebones
BR ˈbɛːbəʊnz
AM ˌbɛrˈboʊnz

barefaced
BR ˌbɛːˈfeɪst
AM ˌbɛrˈfeɪst

barefacedly
BR ˌbɛːˈfeɪstli, ˌbɛːˈfeɪsɪdli
AM ˌbɛrˈfeɪs(t)li, ˌbɛrˈfeɪsɪdli

barefacedness
BR ˌbɛːˈfeɪstnɪs, ˌbɛːˈfeɪsɪdnɪs
AM ˌbɛrˈfeɪs(t)nɪs, ˌbɛrˈfeɪsɪdnɪs

barefoot
BR ˈbɛːfʊt
AM ˈbɛrˌfʊt

barefooted
BR ˌbɛːˈfʊtɪd
AM ˈbɛrˌfʊdəd

barège
BR bɑˈrɛːʒ, -ɪz
AM bəˈrɛʒ, -əz

bareheaded
BR ˌbɛːˈhɛdɪd
AM ˈˌbɛrˌhɛdəd

barelegged
BR ˌbɛːˈlɛg(ɪ)d
AM ˈˌbɛrˌlɛg(ə)d

barely
BR ˈbɛːli
AM ˈbɛrli

bareness
BR ˈbɛːnəs
AM ˈbɛrnəs

Barents
BR ˈbɑrn̩ts
AM ˈbɛrən(t)s

barf
BR bɑːf, -s, -ɪŋ, -t
AM bɑrf, -s, -ɪŋ, -t

barfly
BR ˈbɑːflʌɪ, -z
AM ˈbɑrˌflʌɪ, -z

bargain
BR ˈbɑːg|(ɪ)n, -(ɪ)nz, -ɪnɪŋ\-ŋɪŋ, -(ɪ)nd
AM ˈbɑrg(ə)n, -z, -ɪŋ, -d

bargainer
BR ˈbɑːgɪnə(r), ˈbɑːgn̩ə(r), -z
AM ˈbɑrgənər, -z

barge
BR bɑːdʒ, -ɪz, -ɪŋ, -d
AM bɑrdʒ, -əz, -ɪŋ, -d

bargeboard
BR ˈbɑːdʒbɔːd, -z
AM ˈbɑrdʒˌbɔ(ə)rd, -z

bargee
BR bɑːˈdʒiː, -z
AM ˈbɑrdʒi, -z

Bargello
BR bɑːˈdʒɛləʊ
AM bɑrˈ(d)ʒɛloʊ

bargeman
BR ˈbɑːdʒmən
AM ˈbɑrdʒm(ə)n

bargemen
BR ˈbɑːdʒmən
AM ˈbɑrdʒm(ə)n

bargepole
BR ˈbɑːdʒpəʊl, -z
AM ˈbɑrdʒˌpoʊl, -z

bargirl
BR ˈbɑːgəːl, -z
AM ˈbɑrˌgɜrl, -z

bargraph
BR ˈbɑːgrɑːf, -s
AM ˈbɑrˌgræf, -s

Bari
BR ˈbɑːri
AM ˈbɛri, ˈbɑri

baric
BR ˈbɛːrɪk, ˈbarɪk
AM ˈbɛrɪk

barilla
BR bəˈrɪlə(r), -z
AM bəˈrɪlə, -z

Barisal
BR ˌbarɪˈsɑːl
AM ˈbɛrəˌsɑl, ˈbɛrəˌsɔl

barite
BR ˈbarʌɪt, ˈbɛːrʌɪt
AM ˈbɛˌraɪt

baritone
BR ˈbarɪtəʊn, -z
AM ˈbɛrəˌtoʊn, -z

barium
BR ˈbɛːriəm
AM ˈbɛriəm

bark
BR bɑːk, -s, -ɪŋ, -t
AM bɑrk, -s, -ɪŋ, -t

barkeep
BR ˈbɑːkiːp, -s
AM ˈbɑrˌkip, -s

barkeeper
BR ˈbɑːˌkiːpə(r), -z
AM ˈbɑrˌkipər, -z

barkentine
BR ˈbɑːk(ə)ntiːn
AM ˈbɑrkənˌtin

barker
BR ˈbɑːkə(r), -z
AM ˈbɑrkər, -z

Barkley
BR ˈbɑːkli
AM ˈbɑrkli

Barkly
BR ˈbɑːkli
AM ˈbɑrkli

barley
BR ˈbɑːli
AM ˈbɑrli

barleycorn
BR ˈbɑːlɪkɔːn, -z
AM ˈbɑrliˌkɔ(ə)rn, -z

barleymow
BR ˌbɑːlɪˈməʊ, -z
AM ˈbɑrliˌmoʊ, -z

Barlow
BR ˈbɑːləʊ
AM ˈbɑrloʊ

barm
BR bɑːm
AM bɑrm

barmaid
BR ˈbɑːmeɪd, -z
AM ˈbɑrˌmeɪd, -z

barman
BR ˈbɑːmən
AM ˈbɑrm(ə)n

barmbrack
BR ˈbɑːmbrak, -s
AM ˈbɑrmˌbræk, -s

barmecidal
BR ˌbɑːmɪˈsʌɪdl
AM ˌbɑrməˈsaɪd(ə)l

Barmecide
BR ˈbɑːmɪsʌɪd, -z
AM ˈbɑrməˌsaɪd, -z

barmen
BR ˈbɑːmən
AM ˈbɑrm(ə)n

barmily
BR ˈbɑːmɪli
AM ˈbɑrməli

barminess
BR ˈbɑːmɪnɪs
AM ˈbɑrmɪnɪs

bar mitzvah
BR ˌbɑːˈmɪtsvə(r), -z
AM ˌbɑrˈmɪtsvə, -z

barmy
BR ˈbɑːm|i, -ɪə(r), -ɪɪst
AM ˈbɑrmi, -ər, -ɪst

barn
BR bɑːn, -z
AM bɑrn, -z

Barnabas
BR ˈbɑːnəbəs
AM ˈbɑrnəbəs

Barnaby
BR ˈbɑːnəbi
AM ˈbɑrnəbi

barnacle
BR ˈbɑːnəkl̩, -z, -d
AM ˈbɑrnək(ə)l, -z, -d

Barnard
BR ˈbɑːnɑːd
AM ˈbɑrˌnɑrd

Barnardo
BR bəˈnɑːdəʊ
AM bərˈnɑrdoʊ

barnbrack
BR ˈbɑːnbrak, -s
AM ˈbɑrnˌbræk, -s

Barnes
BR bɑːnz
AM bɑrnz

Barnett
BR ˈbɑːnɪt, bɑːˈnet
AM bɑrˈnet

Barney
BR ˈbɑːni
AM ˈbɑrni

barney
BR ˈbɑːn|i, -ɪz, -ɪŋ, -ɪd
AM ˈbɑrni, -z, -ɪŋ, -d

Barnsley
BR ˈbɑːnzli
AM ˈbɑrnzli

barnstorm
BR ˈbɑːnstɔːm, -z, -ɪŋ, -d
AM ˈbɑrnˌstɔ(ə)rm, -z, -ɪŋ, -d

barnstormer
BR ˈbɑːnˌstɔːmə(r), -z
AM ˈbɑrnˌstɔrmər, -z

Barnum
BR ˈbɑːnəm
AM ˈbɑrn(ə)m

barnyard
BR ˈbɑːnjɑːd, -z
AM ˈbɑrnˌjɑrd, -z

Baroda
BR bəˈrəʊdə(r)
AM bəˈroʊdə

barograph
BR ˈbarəgrɑːf, -s
AM ˈberəˌɡræf, -s

barographic
BR ˌbarəˈɡrafɪk
AM ˌberəˈɡræfɪk

barographical
BR ˌbarəˈɡrafɪkl
AM ˌberəˈɡræfək(ə)l

barographically
BR ˌbarəˈɡrafɪkli
AM ˌberəˈɡræfək(ə)li

barometer
BR bəˈrɒmɪtə(r), -z
AM bəˈrɑmədər, -z

barometric
BR ˌbarəˈmetrɪk
AM ˌberəˈmetrɪk

barometrical
BR ˌberəˈmetrɪkl
AM ˌberəˈmetrək(ə)l

barometrically
BR ˌbarəˈmetrɪkli
AM ˌberəˈmetrək(ə)li

barometry
BR bəˈrɒmɪtri
AM bəˈrɑmətri

baron
BR ˈbarn̩, -z
AM ˈber(ə)n, -z

baronage
BR ˈbarn̩|ɪdʒ, -ɪdʒɪz
AM ˈberənɪdʒ, -ɪz

baroness
BR ˈbarn̩ɪs, ˈbarn̩es, -ɪz
AM ˈberənəs, -əz

baronet
BR ˈbarn̩ɪt, ˈbarn̩et, ˌbarəˈnet, -s
AM ˈberəˌnet, -s

baronetage
BR ˈbarn̩ɪt|ɪdʒ, ˈbarn̩et|ɪdʒ, ˌbarˈnet|ɪdʒ, -ɪdʒɪz
AM ˌberənədɪdʒ, ˈberəˌnedɪdʒ, -ɪz

baronetcy
BR ˈbarn̩ɪts|i, ˈbarn̩ets|i, -ɪz
AM ˈberənetsi, -z

baronial
BR bəˈrəʊniəl
AM bəˈroʊniəl

barony
BR ˈbarn̩|i, -ɪz
AM ˈberəni, -z

baroque
BR bəˈrɒk
AM bəˈrɑk, bəˈroʊk

barouche
BR bəˈruːʃ, -ɪz
AM bəˈruʃ, -əz

barquantine
BR ˈbɑːk(ə)ntiːn, -z
AM ˈbɑrkənˌtin, -z

barque
BR bɑːk, -s
AM bɑrk, -s

barquentine
BR ˈbɑːk(ə)ntiːn, -z
AM ˈbɑrkənˌtin, -z

Barr
BR bɑː(r)
AM bɑr

barrack
BR ˈbarək, -s, -ɪŋ, -t
AM ˈberək, -s, -ɪŋ, -t

barracks
BR ˈbarəks
AM ˈberəks

barracoon
BR ˌbarəˈkuːn, -z
AM ˌberəˈkun, -z

barracouta
BR ˌbarəˈkuːtə(r), -z
AM ˌberəˈkudə, -z

barracuda
BR ˌbarəˈk(j)uːdə(r), -z
AM ˌberəˈkudə, -z

barrage
BR ˈbarɑː(d)ʒ, -ɪz, -ɪŋ, -d
AM bəˈrɑ(d)ʒ, -əz, -ɪŋ, -d

barramunda
BR ˌbarəˈmʌndə(r), -z
AM ˌberəˈməndə, -z

barramundi
BR ˌbarəˈmʌndi
AM ˌberəˈməndi

barrator
BR ˈbarətə(r), -z
AM ˈberədər, -z

barratrous
BR ˈbarətrəs
AM ˈberətrəs

barratry
BR ˈbarətri
AM ˈberətri

barre
BR bɑː(r), -z
AM bɑr, -z

barré
BR ˈbareɪ
AM bɑˈreɪ

barrel
BR ˈbarl̩, -z
AM ˈber(ə)l, -z

barrelful
BR ˈbarl̩fʊl, -z
AM ˈberəlˌfʊl, -z

barrelhead
BR ˈbarl̩hed, -z
AM ˈberəlˌ(h)ed, -z

barrelhouse
BR ˈbarl̩haʊ|s, -zɪz
AM ˈberəlˌ(h)aʊ|s, -zəz

barren
BR ˈbarn̩, -ə(r), -ɪst
AM ˈber(ə)n, -ər, -əst

barrenly
BR ˈbarn̩li
AM ˈberənli

barrenness
BR ˈbarn̩nəs
AM ˈberə(n)nəs

barret
BR ˈbarɪt, -s
AM ˈberət, -s

barrette
BR bəˈret, bɑːˈret, -s
AM bəˈret, -s

barricade
BR ˌbarɪˈkeɪd, ˈbarɪkeɪd, -z, -ɪŋ, -ɪd
AM ˈberəˌkeɪd, -z, -ɪŋ, -ɪd

Barrie
BR ˈbari
AM ˈbɛri

barrier
BR ˈbarɪə(r), -z
AM ˈbɛriər, -z

barrio
BR ˈbariəʊ, -z
AM ˈbarioʊ, -z

barrister
BR ˈbarɪstə(r), -z
AM ˈbɛrəstər, -z

Barron
BR ˈbarn̩
AM ˈbɛr(ə)n

barrow
BR ˈbarəʊ, -z
AM ˈbɛroʊ, -z

Barrow-in-Furness
BR ˌbarəʊɪnˈfəːnɪs
AM ˌbɛroʊənˈfərnəs

barrowload
BR ˈbarə(ʊ)ləʊd, -z
AM ˈbɛroʊˌloʊd, -z

Barry
BR ˈbari
AM ˈbɛri

Barrymore
BR ˈbarɪmɔː(r)
AM ˈbɛriˌmɔ(ə)r

Barsac
BR ˈbaːsak, -s
AM ˈbarˌsæk, -s

Bart
BR baːt
AM bart

Bart. *Baronet*
BR ˈbarn̩ɪt, ˈbarn̩ɛt, ˌbarəˈnɛt
AM ˈbɛrənət

bartender
BR ˈbaːˌtɛndə(r), -z
AM ˈbarˌtɛndər, -z

barter
BR ˈbaːt|ə(r), -əz, -(ə)rɪŋ, -əd
AM ˈbartər, -z, -ɪŋ, -d

barterer
BR ˈbaːt(ə)rə(r), -z
AM ˈbartərər, -z

Barth
BR baːθ
AM barθ

Barthes
BR baːt
AM bart

Bartholomew
BR baːˈθɒləmjuː
AM barˈθɑləˌmju

bartizan
BR ˈbaːtɪz(ə)n, ˌbaːtɪˈzan, -z, -d
AM ˈbardəˌzæn, ˈbardəz(ə)n, -z, -d

Bartlett
BR ˈbaːtlɪt
AM ˈbartlət

Bartók
BR ˈbaːtɒk
AM ˈbarˌtak
HU ˈbɒrtɔːk

Bartolomeo
BR baːˌtɒləˈmeɪəʊ
AM barˌtɑləˈmeɪoʊ

Barton
BR ˈbaːtn̩
AM ˈbart(ə)n

bartsia
BR ˈbaːtsɪə(r), -z
AM ˈbartsiə, -z

Baruch
BR ˈbarək
AM bəˈruk, ˈbarək

baryon
BR ˈbarɪɒn, -z
AM ˈbɛriˌɑn, -z

baryonic
BR ˌbarɪˈɒnɪk
AM ˌbɛriˈɑnɪk

Baryshnikov
BR bəˈrɪʃnɪkɒf, bəˈrɪʃnɪkɒv
AM bəˈrɪʃnəˌkɔf, bəˈrɪʃnəˌkav, bəˈrɪʃnəˌkaf, bəˈrɪʃnəˌkɒv

barysphere
BR ˈbarɪsfɪə(r), -z
AM ˈbɛrəˌsfɪ(ə)r, -z

baryta
BR bəˈrʌɪtə(r)
AM bəˈraɪdə

barytes
BR bəˈrʌɪtiːz
AM bəˈraɪdiz

barytic
BR bəˈrɪtɪk
AM bəˈrɪdɪk

barytone
BR ˈbarɪtəʊn, -z
AM ˈbɛrəˌtoʊn, -z

basal
BR ˈbeɪsl
AM ˈbeɪz(ə)l, ˈbeɪs(ə)l

basalt
BR ˈbasɔːlt, ˈbaslt
AM ˈbæˌsɔlt, ˈbeɪˌsɔlt, bəˈsɔlt, ˈbæˌsalt, ˈbeɪˌsalt, bəˈsɔlt

basaltic
BR bəˈsɔːltɪk, bəˈsɒltɪk
AM bəˈsaltɪk, bəˈsɔltɪk

basan
BR ˈbaz(ə)n
AM ˈbæzn, ˈbæs(ə)n

bascule
BR ˈbaskjuːl, -z
AM ˈbæsˌkjul, -z

base
BR beɪs, -ɪz, -ɪŋ, -t, -ə(r), -ɪst
AM beɪs, -ɪz, -ɪŋ, -t, -ər, -ɪst

baseball
BR ˈbeɪsbɔːl, -z
AM ˈbeɪsˌbal, ˈbeɪsˌbɔl, -z

baseboard
BR ˈbeɪsbɔːd, -z
AM ˈbeɪsˌbɔ(ə)rd, -z

baseborn
BR ˌbeɪsˈbɔːn, ˈbeɪsbɔːn
AM ˈbeɪsˌbɔ(ə)rn

basehead
BR ˈbeɪshɛd, -z
AM ˈbeɪsˌ(h)ɛd, -z

Basel
BR ˈbaːzl
AM ˈbaz(ə)l

baseless
BR ˈbeɪslɪs
AM ˈbeɪslɪs

baselessly
BR ˈbeɪslɪsli
AM ˈbeɪslɪsli

baselessness
BR ˈbeɪslɪsnɪs
AM ˈbeɪslɪsnɪs

baseline
BR ˈbeɪslʌɪn, -z
AM ˈbeɪˌslaɪn, -z

baseload
BR ˈbeɪsləʊd, -z
AM ˈbeɪsˌloʊd, -z

baseman
BR ˈbeɪsmən
AM ˈbeɪsm(ə)n

basemen
BR ˈbeɪsmən
AM ˈbeɪsm(ə)n

basement
BR ˈbeɪsm(ə)nt, -s
AM ˈbeɪsm(ə)nt, -s

baseness
BR ˈbeɪsnɪs
AM ˈbeɪsnɪs

basenji
BR bəˈsɛn(d)ʒ|i, -ɪz
AM bəˈsɛn(d)ʒi, -z

baseplate
BR ˈbeɪspleɪt, -s
AM ˈbeɪsˌpleɪt, -s

bases *plural of basis*
BR ˈbeɪsiːz
AM ˈbeɪsiz

bash
BR baʃ, -ɪz, -ɪŋ, -t
AM bæʃ, -əz, -ɪŋ, -t

bashful
BR ˈbaʃf(ʊ)l
AM ˈbæʃf(ə)l

bashfully
BR ˈbaʃfəli, ˈbaʃfli
AM ˈbæʃfəli

bashfulness
BR ˈbaʃf(ʊ)lnəs
AM ˈbæʃfəlnəs
bashi-bazouk
BR ˌbaʃibəˈzuːk, -s
AM ˌbæʃibəˈzuk, -s
Bashkir
BR baʃˈkɪə(r), -z
AM bæʃˈkɪ(ə)r, -z
Bashkiria
BR baʃˈkɪərɪə(r)
AM bæʃˈkɪrɪə
basho
BR ˈbaʃoʊ, ɒ
AM ˈbaʃoʊ, ˈbaʃɔ, -z
basic
BR ˈbeɪsɪk, -s
AM ˈbeɪsɪk, -s
basically
BR ˈbeɪsɪkli
AM ˈbeɪsɪk(ə)li
basicity
BR beɪˈsɪsɪt|i, -ɪz
AM beɪˈsɪsɪdi, -z
basidia
BR bəˈsɪdɪə(r)
AM bəˈsɪdɪə
basidial
BR bəˈsɪdɪəl
AM bəˈsɪdɪəl
basidium
BR bəˈsɪdɪəm
AM bəˈsɪdɪəm
Basie
BR ˈbeɪsi, ˈbeɪzi
AM ˈbeɪsi
basil
BR ˈbazl
AM ˈbeɪz(ə)l, ˈbæz(ə)l
basilar
BR ˈbazɪlə(r), ˈbazlə(r), ˈbasɪlə(r), ˈbaslə(r)
AM ˈbeɪsələr, ˈbæzələr
basilect
BR ˈbazɪlɛkt, ˈbeɪsɪlɛkt, -s
AM ˈbeɪsəˌlɛk|(t), ˈbæzəˌlɛk|(t), -(t)s

basilectal
BR ˌbazɪˈlɛktl, ˌbeɪsɪˈlɛktl
AM ˌbeɪsəˈlɛkt(ə)l, ˌbæzəˈlɛkt(ə)l
basilectally
BR ˌbazɪˈlɛktli, ˌbeɪsɪˈlɛktəli
AM ˌbeɪsəˈlɛktəli, ˌbæzəˈlɛktəli
basilica
BR bəˈzɪlɪkə(r), bəˈsɪlɪkə(r), -z
AM bəˈzɪləkə, bəˈsɪləkə, -z
basilican
BR bəˈzɪlɪkn, bəˈsɪlɪkn
AM bəˈzɪlək(ə)n, bəˈsɪlək(ə)n
basilisk
BR ˈbazɪlɪsk, ˈbasɪlɪsk, -s
AM ˈbæzəˌlɪsk, ˈbæsəˌlɪsk, -s
basin
BR ˈbeɪsn, -z
AM ˈbeɪsn, -z
basinet
BR ˌbasɪˈnɛt, ˈbasɪnɛt, ˈbasɪnɪt, -s
AM ˌbæsəˈnɛt, -s
basinful
BR ˈbeɪsnfʊl, -z
AM ˈbeɪsnˌfʊl, -z
basipetal
BR beɪˈsɪpɪtl
AM beɪˈsɪpɪdl
basipetally
BR beɪˈsɪpɪtli
AM beɪˈsɪpɪdli
basis
BR ˈbeɪsɪs
AM ˈbeɪsəs
bask
BR bɑːsk, -s, -ɪŋ, -t
AM bæsk, -s, -ɪŋ, -t
Baskerville
BR ˈbaskəvɪl
AM ˈbæskərˌvɪl

basket
BR ˈbɑːskɪt, -s
AM ˈbæskət, -s
basketball
BR ˈbɑːskɪtbɔːl, -z
AM ˈbæskətˌbal, ˈbæskətˌbɔl, -z
basketful
BR ˈbɑːskɪtfʊl, -z
AM ˈbæskətˌfʊl, -z
basketry
BR ˈbɑːskɪtri
AM ˈbæskətri
basketwork
BR ˈbɑːskɪtwɜːk
AM ˈbæskətˌwɜrk
Baskin
BR ˈbaskɪn
AM ˈbæsk(ə)n
Basle
BR bɑːl, ˈbɑːzl
AM baz(ə)l, bal
basmati
BR basˈmɑːti, bazˈmɑːti, basˈmati, bazˈmati
AM ˌbazˈmadi, ˌbasˈmadi
bas mitzvah
BR ˌbɑːs ˈmɪtsvə(r), -z
AM ˌbas ˈmɪtsvə, -z
basnet
BR ˈbasnɪt, -s
AM ˈbæsnət, -s
basophilic
BR ˌbeɪsə(ʊ)ˈfɪlɪk
AM ˌbeɪsəˈfɪlɪk
Basotho
BR bəˈsuːtuː
AM bəˈsoʊθoʊ, bəˈsoʊtoʊ
Basotholand
BR bəˈsuːtuːland
AM bəˈsoʊθoʊˌlænd, bəˈsoʊdoʊˌlænd
Basque
BR bask, bɑːsk, -s
AM bæsk, -s
Basra
BR ˈbazrə(r), ˈbɑːzrə(r)
AM ˈbasrə

bas-relief
BR ˈbasrɪˌliːf, ˌbɑːrɪˈliːf, ˌbasrɪˈliːf, -s
AM ˌbɑrəˈlif, -s
Bass
BR bas, -ɪz
AM bæs, -əz
bass[1] *fish*
BR bas, -ɪz
AM bæs, -əz
bass[2] *music*
BR beɪs, -ɪz
AM beɪs, -ɪz
basset
BR ˈbasɪt, -s
AM ˈbæsət, -s
Bassey
BR ˈbasi
AM ˈbæsi
bassi
BR ˈbasi
AM ˈbæsi
bassinet
BR ˌbasɪˈnɛt, -s
AM ˌbæsəˈnɛt, -s
bassinette
BR ˌbasɪˈnɛt, -s
AM ˌbæsəˈnɛt, -s
bassi profondi
BR ˌbasɪ prəˈfɒndi
AM ˌbæsi prəˈfəndi
bassi profundi
BR ˌbasɪ prəˈfʌndi
AM ˌbæsi prəˈfəndi
bassist
BR ˈbeɪsɪst, -s
AM ˈbeɪsɪst, -s
basso
BR ˈbasəʊ
AM ˈbæsoʊ
bassoon
BR bəˈsuːn, -z
AM bəˈsun, -z
bassoonist
BR bəˈsuːnɪst, -s
AM bəˈsunəst, -s
basso profondo
BR ˌbasəʊ prəˈfɒndəʊ
AM ˌbæsoʊ prəˈfəndoʊ

basso-relievo
BR ˌbasəʊriˈliːvəʊ,
ˌbasəʊriˈljeɪvəʊ, -z
AM ˌbæsoʊriˈlivoʊ,
ˌbæsoʊrəˈlivoʊ,
-z

basswood
BR ˈbaswʊd
AM ˈbæsˌwʊd

bast
BR bast
AM bæst

bastard
BR ˈbɑːstəd, -z
AM ˈbæstərd, -z

bastardisation
BR ˌbɑːstədʌɪˈzeɪʃn
AM ˌbæstərˌdaɪ-
ˈzeɪʃ(ə)n,
ˌbæstərdəˈzeɪʃ(ə)n

bastardise
BR ˈbɑːstədʌɪz, -ɪz,
-ɪŋ, -d
AM ˈbæstərˌdaɪz, -ɪz,
-ɪŋ, -d

bastardization
BR ˌbɑːstədʌɪˈzeɪʃn
AM ˌbæstərˌdaɪ-
ˈzeɪʃ(ə)n,
ˌbæstərdəˈzeɪʃ(ə)n

bastardize
BR ˈbɑːstədʌɪz, -ɪz,
-ɪŋ, -d
AM ˈbæstərˌdaɪz, -ɪz,
-ɪŋ, -d

bastardy
BR ˈbɑːstədi
AM ˈbæstərdi

baste
BR beɪst, -s, -ɪŋ,
-ɪd
AM beɪst, -s, -ɪŋ,
-ɪd

Bastet
BR ˈbastɪt
AM ˈbæstət

Bastia
BR ˈbastiə(r)
AM ˈbɑstiə

Bastille
BR baˈstiːl
AM bæˈstil

bastinado
BR ˌbastɪˈnɑːdəʊ,
ˌbastɪˈneɪdəʊ, -z
AM ˌbæstəˈneɪdoʊ, -z

bastion
BR ˈbastɪən, -z
AM ˈbæstɪən,
ˈbæstʃ(ə)n, -z

Bastogne
BR baˈstəʊn(jə(r))
AM bæˈstoʊn(jə)
FR bastɔɲ

basuco
BR bəˈsuːkəʊ
AM bəˈsukoʊ

Basuto
BR bəˈsuːtəʊ
AM bəˈsudoʊ

Basutoland
BR bəˈsuːtəʊland
AM bəˈsudoʊˌlænd

bat
BR bat, -s, -ɪŋ, -ɪd
AM bæ|t, -ts, -dɪŋ,
-dəd

Bata
BR ˈbɑːtə(r)
AM ˈbɑdə

batata
BR bəˈtɑːtə(r), -z
AM bəˈtɑdə, -z

Batavia
BR bəˈteɪvɪə(r)
AM bəˈteɪvɪə

Batavian
BR bəˈteɪvɪən, -z
AM bəˈteɪvɪən, -z

batch
BR batʃ, -ɪz, -ɪŋ, -t
AM bætʃ, -əz, -ɪŋ, -t

Batdambang
BR ˌbat(ə)mˈbaŋ
AM ˌbædəmˈbæŋ

bate
BR beɪt, -s, -ɪŋ, -ɪd
AM beɪ|t, -ts, -dɪŋ,
-dɪd

bateau
BR ˈbatəʊ, baˈtəʊ,
-z
AM bəˈtoʊ, ˈbædoʊ,
bæˈtoʊ, -z

bateaux
BR ˈbatəʊz, baˈtəʊz
AM bəˈtoʊ, ˈbædoʊ,
bæˈtoʊ

bateleur
BR ˈbatlə:(r), -z
AM ˌbædəˈlər, -z

Bates
BR beɪts
AM beɪts

Batesian mimicry
BR ˌbeɪtsɪən ˈmɪmɪkri
AM ˌbeɪtsɪən ˈmɪməkri

Bateson
BR ˈbeɪtsn
AM ˈbeɪts(ə)n

bath[1] *noun*
BR bɑː|θ, -θs\-ðz
AM bæ|θ, -ðz\-θs

bath[2] *verb*
BR bɑːθ, -s, -ɪŋ, -t
AM bæθ, -s, -ɪŋ, -t

bathe
BR beɪð, -z, -ɪŋ, -d
AM beɪð, -z, -ɪŋ,
-d

bather
BR ˈbeɪðə(r), -z
AM ˈbeɪðər, -z

bathetic
BR bəˈθetɪk
AM bəˈθɛdɪk

bathhouse
BR ˈbɑːθhaʊ|s,
-zɪz
AM ˈbæθˌ(h)aʊ|s,
-zəz

batholith
BR ˈbaθəlɪθ, -s
AM ˈbæθəˌlɪθ, -s

bathometer
BR bəˈθɒmɪtə(r), -z
AM bəˈθɑmədər, -z

bathos
BR ˈbeɪθɒs
AM ˈbeɪθɑs

bathotic
BR beɪˈθɒtɪk
AM beɪˈθɑdɪk

bathrobe
BR ˈbɑːθrəʊb, -z
AM ˈbæθˌroʊb, -z

bathroom
BR ˈbɑːθruːm,
ˈbɑːθrʊm, -z
AM ˈbæθˌrʊm,
ˈbæθˌrum, -z

Bathsheba
BR ˌbaθˈʃiːbə(r),
ˈbaθʃibə(r)
AM ˌbæθˈʃibə

bathtub
BR ˈbɑːθtʌb, -z
AM ˈbæθˌtəb, -z

Bathurst
BR ˈbaθəːst
AM ˈbæθərst

bathwater
BR ˈbɑːθˌwɔːtə(r)
AM ˈbæθˌwadər,
ˈbæθˌwɑdər

bathyal
BR ˈbaθɪəl
AM ˈbæθɪəl

bathypelagic
BR ˌbaθɪpɪˈladʒɪk
AM ˌbæθəpəˈlædʒɪk

bathyscaphe
BR ˈbaθɪskaf, -s
AM ˈbæθəˌskæf, -s

bathysphere
BR ˈbaθɪsfɪə(r), -z
AM ˈbæθəˌsfɪ(ə)r, -z

batik
BR baˈtiːk, ˈbatɪk, -s
AM ˈbædɪk, bəˈtik,
-s

Batista
BR baˈtiːstə(r)
AM bəˈtistə

batiste
BR baˈtiːst, -s
AM bəˈtist, -s

Batman *cartoon and film hero*
BR ˈbatman
AM ˈbætˌmæn

batman *army servant*
BR ˈbatmən
AM ˈbætm(ə)n

batmen *army servants*
BR ˈbatmən
AM ˈbætm(ə)n

baton
BR ˈbat(ɒ)n, -z
AM bæˈtan, bəˈtan, -z

Baton Rouge
BR ˌbat(ə)n ˈruːʒ
AM ˌbætn ˈruʒ, ˌbædən ˈruʒ

batrachian
BR bəˈtreɪkɪən, -z
AM bəˈtreɪkɪən, -z

batsman
BR ˈbatsmən
AM ˈbætsm(ə)n

batsmanship
BR ˈbatsmənʃɪp
AM ˈbætsmənˌʃɪp

batsmen
BR ˈbatsmən
AM ˈbætsm(ə)n

battalion
BR bəˈtalɪən, -z
AM bəˈtælj(ə)n, -z

Battambang
BR ˌbat(ə)mˈbaŋ
AM ˈbædəmˌbæŋ

batteau
BR ˈbatəʊ, baˈtəʊ, -z
AM bəˈtoʊ, ˈbædoʊ, bæˈtoʊ, -z

batteaux
BR ˈbatəʊz, baˈtəʊz
AM bəˈtoʊ, ˈbædoʊ, bæˈtoʊ

battels
BR ˈbatlz
AM ˈbædlz

batten
BR ˈbat|n, -nz, -n̩ŋ\-nɪŋ, -nd
AM ˈbætn, -z, -ɪŋ, -d

Battenberg
BR ˈbatnbəːg, -z
AM ˈbætnˌbɜrg, -z

batter
BR ˈbat|ə(r), -əz, -(ə)rɪŋ, -əd
AM ˈbædər, -z, -ɪŋ, -d

batterer
BR ˈbat(ə)rə(r), -z
AM ˈbædərər, -z

Battersea
BR ˈbatəsiː
AM ˈbædərˌsi

battery
BR ˈbat(ə)r|i, -ɪz
AM ˈbædəri, -z

Batticaloa
BR ˌbatɪkəˈləʊə(r)
AM ˌbædəkəˈloʊə

battily
BR ˈbatɪli
AM ˈbædəli

battiness
BR ˈbatɪnɪs
AM ˈbædɪnɪs

battle
BR ˈbat|l, -lz, -l̩ŋ\-lɪŋ, -ld
AM ˈbæd(ə)l, -z, -ɪŋ, -d

battleax
BR ˈbatl̩aks, -ɪz
AM ˈbædlˌæks, -əz

battleaxe
BR ˈbatl̩aks, -ɪz
AM ˈbædlˌæks, -əz

battlebus
BR ˈbatlbʌs, -ɪz
AM ˈbædlˌbəs, -əz

battlecruiser
BR ˈbatlˌkruːzə(r), -z
AM ˈbædlˌkruzər, -z

battledore
BR ˈbatldɔː(r), -z
AM ˈbædlˌdɔ(ə)r, -z

battledress
BR ˈbatldrɛs
AM ˈbædlˌdrɛs

battlefield
BR ˈbatlfiːld, -z
AM ˈbædlˌfild, -z

battleground
BR ˈbatlgraʊnd, -z
AM ˈbædlˌgraʊnd, -z

battlegroup
BR ˈbatlgruːp, -s
AM ˈbædlˌgrup, -s

battlement
BR ˈbatlm(ə)nt, -s, -ɪd
AM ˈbædlmən|t, -ts, -(t)əd

battler
BR ˈbatlə(r), ˈbatlə(r), -z
AM ˈbædələr, ˈbætlər, -z

battleship
BR ˈbatlʃɪp, -s
AM ˈbædlˌʃɪp, -s

battue
BR baˈt(j)uː, -z
AM bæˈtu, -z

batty
BR ˈbat|i, -ɪə(r), -ɪst
AM ˈbædi, -ər, -ɪst

batwing
BR ˈbatwɪŋ, -z
AM ˈbætˌwɪŋ, -z

batwoman
BR ˈbatˌwʊmən
AM ˈbætˌwʊm(ə)n

batwomen
BR ˈbatˌwɪmɪn
AM ˈbætˌwɪmɪn

bauble
BR ˈbɔːbl, -z
AM ˈbab(ə)l, ˈbɔb(ə)l, -z

baud
BR bɔːd, baʊd, -z
AM bad, bɔd, -z

Baudelaire
BR ˈbəʊdlɛː(r)
AM ˌboʊdəˈlɛ(ə)r

Bauer
BR ˈbaʊə(r)
AM ˈbaʊər

Bauhaus
BR ˈbaʊhaʊs
AM ˈbaʊˌhaʊs

baulk
BR bɔː(l)k, -s, -ɪŋ, -t
AM bak, bɔk, -s, -ɪŋ, -t

baulker
BR ˈbɔː(l)kə(r), -z
AM ˈbakər, ˈbɔkər, -z

baulkiness
BR ˈbɔː(l)kɪnɪs
AM ˈbakɪnɪs, ˈbɔkɪnɪs

baulky
BR ˈbɔː(l)k|i, -ɪə(r), -ɪst
AM ˈbaki, ˈbɔki, -ər, -ɪst

Baum
BR bɔːm, baʊm
AM bam, baʊm, bɔm

bauxite
BR ˈbɔːksʌɪt
AM ˈbɔkˌsaɪt, ˈbakˌsaɪt

bauxitic
BR bɔːkˈsɪtɪk
AM ˌbɔkˈsɪdɪk, ˌbakˈsɪdɪk

Bavaria
BR bəˈvɛːrɪə(r)
AM bəˈvɛriə

Bavarian
BR bəˈvɛːrɪən, -z
AM bəˈvɛriən, -z

bawbee
BR ˌbɔːˈb|iː, ˈbɔːb|i, -iːz\-ɪz
AM ˌbaˈbi, ˌbɔˈbi, -z

bawd
BR bɔːd, -z
AM bad, bɔd, -z

bawdily
BR ˈbɔːdɪli
AM ˈbadəli, ˈbɔdəli

bawdiness
BR ˈbɔːdɪnɪs
AM ˈbadɪnɪs, ˈbɔdɪnɪs

bawdry
BR ˈbɔːdri
AM ˈbadri, ˈbɔdri

bawdy
BR ˈbɔːd|i, -ɪə(r), -ɪst
AM ˈbadi, ˈbɔdi, -ər, -ɪst

bawl
BR bɔːl, -z, -ɪŋ, -d
AM bal, bɔl, -z, -ɪŋ, -d

bawler
BR ˈbɔːlə(r), -z
AM ˈbalər, ˈbɔlər, -z

Bax
BR baks
AM bæks

Baxter
BR ˈbakstə(r)
AM ˈbækstər

bay
BR beɪ, -z, -ɪŋ, -d
AM beɪ, -z, -ɪŋ, -d

bayadère
BR ˌbʌɪəˈdɪə(r), ˌbʌɪəˈdɛː(r)
AM ˌbaɪəˈdɛ(ə)r

Bayard
BR ˈbeɪɑːd
AM baɪˈɑrd

bayberry
BR ˈbeɪb(ə)r|i, -ɪz
AM ˈbeɪˌbɛri, -z

Bayer
BR ˈbeɪə(r)
AM ˈbeɪər

Bayern
BR ˈbʌɪəːn
AM ˈbaɪərn

Bayeux Tapestry
BR ˌbʌɪəːˈtapɪstri, ˌbeɪəː +
AM bɑˌjəˈtæpəstri

Baylis
BR ˈbeɪlɪs
AM ˈbeɪlɪs

bayonet
BR ˈbeɪənɛt, ˌbeɪəˈnɛt, -s, -ɪŋ, -ɪd
AM ˌbeɪəˈnɛ|t, -ts, -dɪŋ, -dəd

Bayonne[1] *place in France*
BR bʌɪˈɒn
AM ˌbɑˈjɒn

Bayonne[2] *place in New Jersey*
BR beɪˈəʊn
AM ˌbeɪˈjoʊn

bayou
BR ˈbʌɪuː, -z
AM ˈbaɪoʊ, ˈbaɪu, -z

Bayreuth
BR ˈbʌɪrɔɪt, ˌbʌɪˈrɔɪt
AM ˌˈbaɪˌrɔɪt

Baz
BR baz
AM bæz

bazaar
BR bəˈzɑː(r), -z
AM bəˈzɑr, -z

bazar
BR bəˈzɑː(r), -z
AM bəˈzɑr, -z

bazooka
BR bəˈzuːkə(r), -z
AM bəˈzukə, -z

bazuco
BR bəˈzuːkəʊ
AM bəˈzukoʊ

bdellium
BR ˈdɛlɪəm
AM ˈ(b)dɛlɪəm

be
BR biː, -ɪŋ
AM bi, -ɪŋ

Bea
BR biː
AM bi

beach
BR biːtʃ, -ɪz, -ɪŋ, -t
AM bitʃ, -ɪz, -ɪŋ, -t

beachcomber
BR ˈbiːtʃˌkəʊmə(r), -z
AM ˈbitʃˌkoʊmər, -z

beachfront
BR ˈbiːtʃfrʌnt, -s
AM ˈbitʃˌfrənt, -s

beachhead
BR ˈbiːtʃhɛd, -z
AM ˈbitʃˌ(h)ɛd, -z

Beach-la-mar
BR ˌbiːtʃləˈmɑː(r)
AM ˌbitʃləˈmɑr

beachside
BR ˈbiːtʃsʌɪd
AM ˈbitʃˌsaɪd

beachwear
BR ˈbiːtʃwɛː(r)
AM ˈbitʃˌwɛ(ə)r

Beachy Head
BR ˌbiːtʃɪˈhɛd
AM ˌbitʃiˈhɛd

beacon
BR ˈbiːk(ə)n, -z
AM ˈbik(ə)n, -z

bead
BR biːd, -z, -ɪŋ, -ɪd
AM bid, -z, -ɪŋ, -ɪd

beadily
BR ˈbiːdɪli
AM ˈbidɪli

beadiness
BR ˈbiːdɪnɪs
AM ˈbidɪnɪs

beadle
BR ˈbiːdl, -z
AM ˈbid(ə)l, -z

beadleship
BR ˈbiːdlʃɪp, -s
AM ˈbidlˌʃɪp, -s

beadsman
BR ˈbiːdzmən
AM ˈbidzm(ə)n

beadsmen
BR ˈbiːdzmən
AM ˈbidzm(ə)n

beadwork
BR ˈbiːdwəːk
AM ˈbidˌwərk

beady
BR ˈbiːd|i, -ɪə(r), -ɪst
AM ˈbidi, -ər, -ɪst

beagle
BR ˈbiːg|l, -lz, -l̩ɪŋ \-lɪŋ, -ld
AM ˈbig(ə)l, -z, -ɪŋ, -d

beagler
BR ˈbiːglə(r), ˈbiːglə(r), -z
AM ˈbig(ə)lər, -z

beak
BR biːk, -s, -t
AM bik, -s, -t

beaker
BR ˈbiːkə(r), -z
AM ˈbikər, -z

beaky
BR ˈbiːki
AM ˈbiki

Beale
BR biːl
AM bil

beam
BR biːm, -z, -ɪŋ, -d
AM bim, -z, -ɪŋ, -d

beamer
BR ˈbiːmə(r), -z
AM ˈbimər, -z

Beamon
BR ˈbiːm(ə)n
AM ˈbim(ə)n

beamy
BR ˈbiːm|i, -ɪə(r), -ɪst
AM ˈbimi, -ər, -ɪst

bean
BR biːn, -z
AM bin, -z

beanbag
BR ˈbiːnbag, -z
AM ˈbinˌbæg, -z

beanery
BR ˈbiːn(ə)r|i, -ɪz
AM ˈbinəri, -z

beanfeast
BR ˈbiːnfiːst, -s
AM ˈbinˌfist, -s

beanie
BR ˈbiːn|i, -ɪz
AM ˈbini, -z

beano
BR ˈbiːnəʊ, -z
AM ˈbinoʊ, -z

beanpole
BR ˈbiːnpəʊl, -z
AM ˈbinˌpoʊl, -z

beanshoot
BR ˈbiːnʃuːt, -s
AM ˈbinˌʃut, -s

beansprout
BR ˈbiːnspraʊt, -s
AM ˈbinˌspraʊt, -s

beanstalk
BR ˈbiːnstɔːk, -s
AM ˈbinˌstɑk, ˈbinˌstɔk, -s

bear
BR bɛː(r), -z, -ɪŋ
AM bɛ(ə)r, -z, -ɪŋ

bearability
BR ˌbɛːrəˈbɪlɪti
AM ˌbɛrəˈbɪlɪdi

bearable
BR ˈbɛːrəbl
AM ˈbɛrəb(ə)l

bearably
BR ˈbɛːrəbli
AM ˈbɛrəbli

bearcat
BR ˈbɛːkat, -s
AM ˈbɛrˌkæt, -s

beard
BR bɪəd, -z, -ɪŋ, -ɪd
AM bɪ(ə)rd, -z, -ɪŋ, -ɪd

beardie
BR ˈbɪəd|i, -ɪz
AM ˈbɪrdi, -z

beardless
BR ˈbɪədləs
AM ˈbɪrdləs
beardlessness
BR ˈbɪədləsnəs
AM ˈbɪrdləsnəs
Beardsley
BR ˈbɪədzli
AM ˈbɪrdzli
bearer
BR ˈbɛːrə(r), -z
AM ˈbɛrər, -z
beargarden
BR ˈbɪəˌɡɑːdn, -z
AM ˈbɛrˌɡɑrd(ə)n, -z
bearing
BR ˈbɛːrɪŋ, -z
AM ˈbɛrɪŋ, -z
bearish
BR ˈbɛːrɪʃ
AM ˈbɛrɪʃ
bearishness
BR ˈbɛːrɪʃnɪs
AM ˈbɛrɪʃnəs
bearleader
BR ˈbɛːˌliːdə(r), -z
AM ˈbɛrˌlidər, -z
Béarnaise
BR ˌbɛːˈneɪz
AM ˌbɛrˈneɪz
bearpit
BR ˈbɛːpɪt, -s
AM ˈbɛrˌpɪt, -s
bearskin
BR ˈbɛːskɪn, -z
AM ˈbɛrˌskɪn, -z
Beasley
BR ˈbiːzli
AM ˈbizli
beast
BR biːst, -s
AM bist, -s
beastie
BR ˈbiːstǀi, -ɪz
AM ˈbisti, -z
beastings
BR ˈbiːstɪŋz
AM ˈbistɪŋz
beastliness
BR ˈbiːs(t)lɪnɪs
AM ˈbis(t)lɪnɪs

beastly
BR ˈbiːs(t)lǀi, -ɪə(r), -ɪıst
AM ˈbis(t)li, -ər, -ɪst
beat
BR biːt, -s, -ɪŋ
AM biǀt, -ts, -dɪŋ
beatable
BR ˈbiːtəbl
AM ˈbidəb(ə)l
beatboxer
BR ˈbiːtˌbɒksə(r), -z
AM ˈbitˌbaksər, -z
beaten
BR ˈbiːtn
AM ˈbitn
beater
BR ˈbiːtə(r), -z
AM ˈbidər, -z
beatific
BR ˌbɪəˈtɪfɪk
AM ˌbɪəˈtɪfɪk
beatifically
BR ˌbɪəˈtɪfɪkli
AM ˌbɪəˈtɪfɪk(ə)li
beatification
BR bɪˌatɪfɪˈkeɪʃn
AM biˌædəfəˈkeɪʃ(ə)n
beatify
BR bɪˈatɪfʌɪ, -z, -ɪŋ, -d
AM biˈædəˌfaɪ, -z, -ɪŋ, -d
beating
BR ˈbiːtɪŋ, -z
AM ˈbidɪŋ, -z
beatitude
BR bɪˈatɪtjuːd, bɪˈatɪtʃuːd, -z
AM biˈædəˌt(j)ud, -z
Beatles
BR ˈbiːtlz
AM ˈbidlz
beatnik
BR ˈbiːtnɪk, -s
AM ˈbitnɪk, -s
Beaton
BR ˈbiːtn
AM ˈbitn
Beatrice
BR ˈbɪətrɪs
AM ˈbɪətrɪs

Beatrix
BR ˈbɪətrɪks
AM ˈbɪətrɪks
Beatty
BR ˈbiːti, ˈbeɪti
AM ˈbeɪdi, ˈbidi
beau
BR bəʊ, -z
AM boʊ, -z
Beaufort
BR ˈbəʊfət, ˈbəʊfɔːt
AM ˈboʊfərt
beau geste
BR ˌbəʊ ˈʒest
AM ˌboʊ ˈʒest
beau idéal
BR ˌbəʊ ʌɪˈdɪəl, +ˌideɪˈɑːl, -z
AM ˌboʊ ɪdeɪˈɑl, -z
Beaujolais
BR ˈbəʊʒəleɪ
AM ˌboʊʒəˈleɪ
Beaujolais Nouveau
BR ˌbəʊʒəleɪ nuːˈvəʊ
AM ˌboʊʒəˌleɪ nuˈvoʊ
Beaumarchais
BR ˌbəʊmɑːˈʃeɪ, ˌbəʊmɑːˈʃeɪ
AM ˌboʊˌmɑrˈʃeɪ
Beaumaris
BR ˌbəʊˈmarɪs
AM ˌboʊˈmɛrəs
beau monde
BR ˌbəʊ ˈmɒnd
AM ˌboʊ ˈmɔnd
Beaumont
BR ˈbəʊmɒnt
AM ˈboʊˌmɑnt
Beaune
BR bəʊn, -z
AM boʊn, -z
beaut
BR bjuːt, -s
AM bjut, -s
beauteous
BR ˈbjuːtɪəs
AM ˈbjudiəs
beauteously
BR ˈbjuːtɪəsli
AM ˈbjudiəsli

beauteousness
BR ˈbjuːtɪəsnəs
AM ˈbjudiəsnəs
beautician
BR bjuːˈtɪʃn, -z
AM bjuˈtɪʃ(ə)n, -z
beautification
BR ˌbjuːtɪfɪˈkeɪʃn
AM ˌbjudəfəˈkeɪʃ(ə)n
beautifier
BR ˈbjuːtɪfʌɪə(r), -z
AM ˈbjudəˌfaɪər, -z
beautiful
BR ˈbjuːtɪf(ʊ)l
AM ˈbjudəf(ə)l
beautifully
BR ˈbjuːtɪf(ʊ)li, ˈbjuːtɪfli
AM ˈbjudəf(ə)li
beautify
BR ˈbjuːtɪfʌɪ, -z, -ɪŋ, -d
AM ˈbjudəˌfaɪ, -z, -ɪŋ, -d
beauty
BR ˈbjuːtǀi, -ɪz
AM ˈbjudi, -z
Beauvais
BR bəʊˈveɪ
AM ˌboʊˈveɪ
beaux
BR bəʊ(z)
AM boʊ
beaux-arts
BR ˌbəʊˈzɑː(r)
AM ˌboʊˈzɑr
beaver
BR ˈbiːvǀə(r), -əz, -(ə)rɪŋ, -əd
AM ˈbivər, -z, -ɪŋ, -d
Beaverboard
BR ˈbiːvəbɔːd
AM ˈbivərˌbɔ(ə)rd
Beaverbrook
BR ˈbiːvəbrʊk
AM ˈbivərˌbrʊk
bebop
BR ˈbiːbɒp
AM ˈbiˌbɑp
bebopper
BR ˈbiːˌbɒpə(r), -z
AM ˈbiˌbɑpər, -z

116

becalm
BR bɪˈkɑːm, -z, -ɪŋ, -d
AM biˈkɑ(l)m,
bəˈkɑ(l)m, -z, -ɪŋ, -d

became
BR bɪˈkeɪm
AM biˈkeɪm, bəˈkeɪm

becard
BR ˈbekəd, bəˈkɑːd, -z
AM ˈbekərd, bəˈkɑrd, -z

because
BR bɪˈkɒz, bɪˈkʌz
AM biˈkəz, bəˈkɔz,
biˈkɔz, bəˈkɑz,
biˈkɑz, bəˈkəz

béchamel
BR ˌbeɪʃəˈmel
AM ˌbeɪʃəˈmel

bêche-de-mer
BR ˌbeʃdəˈmeː(r)
AM ˌbeʃdəˈme(ə)r

Bechstein
BR ˈbekstʌɪn, -z
AM ˈbekˌstaɪn, -z

Bechuanaland
BR ˌbetʃʊˈɑːnəland
AM ˌbetʃˈwɑnəˌlænd

beck
BR bek, -s
AM bek, -s

Beckenbauer
BR ˈbek(ə)nbaʊə(r)
AM ˈbekənˌbaʊər

Becker
BR ˈbekə(r)
AM ˈbekər

Becket
BR ˈbekɪt
AM ˈbekət

Beckett
BR ˈbekɪt
AM ˈbekət

Beckford
BR ˈbekfəd
AM ˈbekfərd

Beckmann
BR ˈbekmən
AM ˈbekm(ə)n

beckon
BR ˈbek|(ə)n, -(ə)nz,
-ənɪŋ\-n̩ɪŋ, -(ə)nd
AM ˈbek(ə)n, -z, -ŋ, -d

Becky
BR ˈbeki
AM ˈbeki

becloud
BR bɪˈklaʊd, -z, -ɪŋ, -ɪd
AM biˈklaʊd,
bəˈklaʊd, -z, -ɪŋ, -əd

become
BR bɪˈkʌm, -z, -ɪŋ
AM biˈkəm, bəˈkəm, -z, -ɪŋ

becoming
BR bɪˈkʌmɪŋ
AM biˈkəmɪŋ, bəˈkəmɪŋ

becomingly
BR bɪˈkʌmɪŋli
AM biˈkəmɪŋli, bəˈkəmɪŋli

becomingness
BR bɪˈkʌmɪŋnɪs
AM biˈkəmɪŋnɪs, bəˈkəmɪŋnɪs

bed
BR bed, -z, -ɪŋ, -ɪd
AM bed, -z, -ɪŋ, -əd

bedabble
BR bɪˈdab|l, -lz, -l̩ɪŋ
\-lɪŋ, -ld
AM biˈdæbl,
bəˈdæb(ə)l, -z, -ɪŋ, -d

bedad
BR bɪˈdad
AM bəˈdæd

bedaub
BR bɪˈdɔːb, -z, -ɪŋ, -d
AM biˈdɔb, bəˈdɑb,
biˈdɑb, bəˈdɔb, -z, -ɪŋ, -d

bedazzle
BR bɪˈdaz|l, -lz, -l̩ɪŋ
\-lɪŋ, -ld
AM biˈdæzl, bəˈdæzl, -z, -ɪŋ, -d

bedazzlement
BR bɪˈdazlm(ə)nt
AM biˈdæzlm(ə)nt, bəˈdæzlm(ə)nt

bedbug
BR ˈbedbʌg, -z
AM ˈbedˌbəg, -z

bedchamber
BR ˈbedˌtʃeɪmbə(r), -z
AM ˈbedˌtʃeɪmbər, -z

bedclothes
BR ˈbedkləʊ(ð)z
AM ˈbedˌkloʊ(ð)z

beddable
BR ˈbedəbl
AM ˈbedəb(ə)l

bedder
BR ˈbedə(r), -z
AM ˈbedər, -z

Beddoes
BR ˈbedəʊz
AM ˈbedoʊz

Bede
BR biːd
AM bid

bedeck
BR bɪˈdek, -s, -ɪŋ, -t
AM biˈdek, bəˈdek, -s, -ɪŋ, -t

bedeguar
BR ˈbedɪgɑː(r)
AM ˈbedəˌgɑr

bedel
BR ˈbiːdl, bɪˈdel, -z
AM ˈbid(ə)l, -z

bedell
BR ˈbiːdl, -z
AM ˈbid(ə)l, -z

bedevil
BR bɪˈdev|l, -lz, -l̩ɪŋ
\-lɪŋ, -ld
AM biˈdev(ə)l,
bəˈdev(ə)l, -z, -ɪŋ, -d

bedevilment
BR bɪˈdevlm(ə)nt
AM biˈdevəlm(ə)nt, bəˈdevəlm(ə)nt

bedew
BR bɪˈdjuː, bɪˈdʒuː, -z, -ɪŋ, -d
AM biˈd(j)u, bəˈd(j)u, -z, -ɪŋ, -d

bedfast
BR ˈbedfɑːst
AM ˈbedˌfæst

bedfellow
BR ˈbedˌfeləʊ, -z
AM ˈbedˌfeloʊ, -z

Bedford
BR ˈbedfəd
AM ˈbedfərd

Bedfordshire
BR ˈbedfədʃ(i)ə(r)
AM ˈbedfərdˌʃi(ə)r

bedframe
BR ˈbedfreɪm, -z
AM ˈbedˌfreɪm, -z

bedhead
BR ˈbedhed, -z
AM ˈbedˌ(h)ed, -z

bedight
BR bɪˈdʌɪt, -s, -ɪŋ, -ɪd
AM biˈdaɪt, bəˈdaɪt, -ts, -dɪŋ, -dɪd

bedim
BR bɪˈdɪm, -z, -ɪŋ, -d
AM biˈdɪm, bəˈdɪm, -z, -ɪŋ, -d

bedizen
BR bɪˈdʌɪz|(ə)n, -(ə)nz,
-ənɪŋ\-n̩ɪŋ, -(ə)nd
AM bəˈdaɪz(ə)n, -z, -ɪŋ, -d

bedjacket
BR ˈbedˌdʒakɪt, -s
AM ˈbedˌdʒækət, -s

bedlam
BR ˈbedl(ə)m
AM ˈbedl(ə)m

bedlinen
BR ˈbedˌlɪnɪn
AM ˈbedˌlɪnɨn

Bedlington
BR ˈbedlɪŋt(ə)n, -z
AM ˈbedlɪŋt(ə)n, -z

bedmaker
BR ˈbedˌmeɪkə(r), -z
AM ˈbedˌmeɪkər, -z

Bedouin
BR ˈbedʊɪn, -z
AM ˈbed(ə)w(ə)n, -z

bedpan
BR ˈbedpan, -z
AM ˈbedˌpæn, -z

bedplate
BR ˈbedˌpleɪt, -s
AM ˈbedˌpleɪt, -s

bedpost
BR ˈbedpəʊst, -s
AM ˈbedˌpoʊst, -s

bedraggle
BR bɪˈdræg|l, -lz,
-|ɪŋ\-lɪŋ, -ld
AM biˈdrægl,
bəˈdrægl, -z, -ɪŋ, -d
bedridden
BR ˈbɛd.rɪdn
AM ˈbɛd.rɪd(ə)n
bedrock
BR ˈbɛdrɒk
AM ˈbɛd.rɑk
bedroll
BR ˈbɛdrəʊl, -z
AM ˈbɛd.roʊl, -z
bedroom
BR ˈbɛdruːm,
ˈbɛdrʊm, -z
AM ˈbɛd.rʊm,
ˈbɛd.rum, -z
bedside
BR ˈbɛdsʌɪd
AM ˈbɛd.saɪd
bedsit
BR ˌbɛdˈsɪt, ˈbɛdsɪt, -s
AM ˈbɛd.sɪt, -s
bedsitter
BR ˌbɛdˈsɪtə(r), -z
AM ˈbɛd.sɪdər, -z
bed-sitting room
BR ˌbɛdˈsɪtɪŋ ruːm,
+ rʊm, -z
AM ˌbɛdˈsɪdɪŋ ˌrʊm,
ˌbɛdˈsɪdɪŋ ˌrum, -z
bedsock
BR ˈbɛdsɒk, -s
AM ˈbɛd.sɑk, -s
bedsore
BR ˈbɛdsɔː(r), -z
AM ˈbɛd.sɔ(ə)r, -z
bedspread
BR ˈbɛdsprɛd, -z
AM ˈbɛd.sprɛd, -z
bedstead
BR ˈbɛdstɛd, -z
AM ˈbɛd.stɛd, -z
bedstraw
BR ˈbɛdstrɔː(r)
AM ˈbɛd.strɑ,
ˈbɛd.strɔ
bedtable
BR ˈbɛd.teɪbl, -z
AM ˈbɛd.teɪb(ə)l, -z

bedtime
BR ˈbɛdtʌɪm, -z
AM ˈbɛd.taɪm, -z
Beduin
BR ˈbɛdʊɪn, -z
AM ˈbɛdə.wɪn,
ˈbɛd(ə)w(ə)n, -z
bee
BR biː, -z
AM bi, -z
Beeb
BR biːb
AM bib
Beebe
BR ˈbiːbi
AM ˈbibi
beech
BR biːtʃ, -ɪz
AM bitʃ, -ɪz
Beecham
BR ˈbiːtʃəm
AM ˈbitʃ(ə)m
beechmast
BR ˈbiːtʃmɑːst
AM ˈbitʃ.mæst
beechnut
BR ˈbiːtʃnʌt, -s
AM ˈbitʃ.nət, -s
beechwood
BR ˈbiːtʃwʊd
AM ˈbitʃ.wʊd
beechy
BR ˈbiːtʃi
AM ˈbitʃi
beef
BR biːf, -s, -ɪŋ, -t
AM bif, -s, -ɪŋ, -t
beefalo
BR ˈbiːfələʊ, -z
AM ˈbifə.loʊ, -z
beefburger
BR ˈbiːf.bəːgə(r), -z
AM ˈbif.bərgər, -z
beefcake
BR ˈbiːfkeɪk, -s
AM ˈbif.keɪk, -s
beefeater
BR ˈbiːf.iːtə(r), -z
AM ˈbif.idər, -z
beefheart
BR ˈbiːfhɑːt
AM ˈbif.(h)ɑrt

beefily
BR ˈbiːfɪli
AM ˈbifɪli
beefiness
BR ˈbiːfɪnɪs
AM ˈbifɪnɪs
beefsteak
BR ˈbiːfsteɪk, -s
AM ˈbif.steɪk, -s
beefwood
BR ˈbiːfwʊd, -z
AM ˈbif.wʊd, -z
beefy
BR ˈbiːf|i, -ɪə(r), -ɪɪst
AM ˈbifi, -ər, -ɪst
beehive
BR ˈbiːhʌɪv, -z
AM ˈbi.(h)aɪv, -z
beeline
BR ˈbiːlʌɪn
AM ˈbi.laɪn
Beelzebub
BR bɪˈɛlzɪbʌb
AM biˈɛlzəbəb
been
BR biːn
AM bin
beep
BR biːp, -s, -ɪŋ, -t
AM bip, -s, -ɪŋ, -t
beeper
BR ˈbiːpə(r), -z
AM ˈbipər, -z
beer
BR bɪə(r), -z
AM bɪ(ə)r, -z
beerbelly
BR ˈbɪə.bɛl|i, -ɪz
AM ˈbɪr.bɛli, -z
Beerbohm
BR ˈbɪəbəʊm
AM ˈbɪr.bɑm
beerhouse
BR ˈbɪəhaʊ|s, -zɪz
AM ˈbɪr.(h)aʊ|s,
-zəz
beerily
BR ˈbɪərɪli
AM ˈbɪrɪli
beeriness
BR ˈbɪərɪnɪs
AM ˈbɪrɪnɪs

beermoney
BR ˈbɪə.mʌni
AM ˈbɪr.məni
beerpot
BR ˈbɪəpɒt, -s
AM ˈbɪr.pɑt, -s
Beersheba
BR ˌbɪəˈʃiːbə(r)
AM ˌbɪrˈʃibə
beery
BR ˈbɪər|i, -ɪə(r),
-ɪɪst
AM ˈbɪri, -ər,
-ɪst
beestings
BR ˈbiːstɪŋz
AM ˈbi.stɪŋz
beeswax
BR ˈbiːzwaks
AM ˈbiz.wæks
beeswing
BR ˈbiːzwɪŋ
AM ˈbiz.wɪŋ
beet
BR biːt, -s
AM bit, -s
Beethoven
BR ˈbeɪt(h)əʊvn
AM ˈbeɪ.toʊv(ə)n
beetle
BR ˈbiːt|l, -lz, -|ɪŋ\-lɪŋ,
-ld
AM ˈbid(ə)l, -z, -ɪŋ, -d
Beeton
BR ˈbiːtn
AM ˈbitn
beetroot
BR ˈbiːtruːt, -s
AM ˈbit.rut, -s
beeves
BR biːvz
AM bivz
befall
BR bɪˈfɔːl, -z, -ɪŋ
AM biˈfɔl, bəˈfɑl,
biˈfɑl, bəˈfɔl, -z, -ɪŋ
befall
BR bɪˈfɔːlən
AM biˈfɔl(ə)n,
bəˈfɑl(ə)n,
biˈfɑl(ə)n,
bəˈfɔl(ə)n

befell
BR bɪˈfel
AM biˈfel, bəˈfel

befit
BR bɪˈfit, -s, -ɪŋ, -ɪd
AM biˈfi|t, bəˈfi|t, -ts, -dɪŋ, -dɪd

befittingly
BR bɪˈfitɪŋli
AM biˈfidɪŋli, bəˈfidɪŋli

befog
BR bɪˈfɒg, -z, -ɪŋ, -d
AM biˈfɑg, bəˈfɑg, -z, -ɪŋ, -d

befool
BR bɪˈfuːl, -z, -ɪŋ, -d
AM biˈful, bəˈful, -z, -ɪŋ, -d

before
BR bɪˈfɔː(r)
AM biˈfɔ(ə)r, bəˈfɔ(ə)r

beforehand
BR bɪˈfɔːhand
AM biˈfɔrˌ(h)ænd, bəˈfɔrˌ(h)ænd

beforetime
BR bɪˈfɔːtʌɪm
AM biˈfɔrˌtaɪm, bəˈfɔrˌtaɪm

befoul
BR bɪˈfaʊl, -z, -ɪŋ, -d
AM biˈfaʊl, bəˈfaʊl, -z, -ɪŋ, -d

befriend
BR bɪˈfrend, -z, -ɪŋ, -ɪd
AM biˈfrend, bəˈfrend, -z, -ɪŋ, -əd

befuddle
BR bɪˈfʌd|l, -lz, -l̩ɪŋ \-lɪŋ, -ld
AM biˈfədl, bəˈfədl, -z, -ɪŋ, -d

befuddlement
BR bɪˈfʌdlm(ə)nt
AM biˈfədəlm(ə)nt, bəˈfədəlm(ə)nt

beg
BR beg, -z, -ɪŋ, -d
AM beg, -z, -ɪŋ, -d

begad
BR bɪˈgad
AM biˈgæd, bəˈgæd

began
BR bɪˈgan
AM biˈgæn, bəˈgæn

begat
BR bɪˈgat
AM biˈgæt, bəˈgæt

beget
BR bɪˈget, -s, -ɪŋ
AM biˈge|t, bəˈge|t, -ts, -dɪŋ

begetter
BR bɪˈgetə(r), -z
AM biˈgedər, bəˈgedər, -z

beggar
BR ˈbegə(r), -z, -ɪŋ, -d
AM ˈbegər, -z, -ɪŋ, -d

beggarliness
BR ˈbegəlinɪs
AM ˈbegərlinɪs

beggarly
BR ˈbegəli
AM ˈbegərli

beggary
BR ˈbegəri
AM ˈbegəri

Begin Menachem
BR ˈbeigin
AM ˈbeigin

begin
BR bɪˈgɪn, -z, -ɪŋ
AM biˈgɪn, bəˈgɪn, -z, -ɪŋ

beginner
BR bɪˈgɪnə(r), -z
AM biˈgɪnər, bəˈgɪnər, -z

beginning
BR bɪˈgɪnɪŋ, -z
AM biˈgɪnɪŋ, bəˈgɪnɪŋ, -z

begird
BR bɪˈgəːd, -z, -ɪŋ
AM biˈgərd, bəˈgərd, -z, -ɪŋ

begirt
BR bɪˈgəːt
AM biˈgərt, bəˈgərt

begone
BR bɪˈgɒn
AM bəˈgɑn, biˈgɔn, biˈgɑn, bəˈgɔn

begonia
BR bɪˈgəʊnɪə(r), -z
AM biˈgoʊnjə, bəˈgoʊnjə, -z

begorra
BR bɪˈgɒrə(r)
AM biˈgɔrə, bəˈgɔrə

begot
BR bɪˈgɒt
AM biˈgɑt, bəˈgɑt

begotten
BR bɪˈgɒtn
AM biˈgɑtn, bəˈgɑtn

begrime
BR bɪˈgrʌɪm, -z, -ɪŋ, -d
AM biˈgraɪm, bəˈgraɪm, -z, -ɪŋ, -d

begrudge
BR bɪˈgrʌdʒ, -ɪz, -ɪŋ, -d
AM biˈgrədʒ, bəˈgrədʒ, -əz, -ɪŋ, -d

begrudgingly
BR bɪˈgrʌdʒɪŋli
AM biˈgrədʒɪŋli, bəˈgrədʒɪŋli

beguile
BR bɪˈgʌɪl, -z, -ɪŋ, -d
AM biˈgaɪl, bəˈgaɪl, -z, -ɪŋ, -d

beguilement
BR bɪˈgʌɪlm(ə)nt
AM biˈgaɪlm(ə)nt, bəˈgaɪlm(ə)nt

beguiler
BR bɪˈgʌɪlə(r), -z
AM biˈgaɪlər, bəˈgaɪlər, -z

beguilingly
BR bɪˈgʌɪlɪŋli
AM biˈgaɪlɪŋli, bəˈgaɪlɪŋli

beguine
BR bɪˈgiːn, -z
AM bəˈgin, -z

begum
BR ˈbiːgəm, ˈbeigəm, -z
AM ˈbeɪg(ə)m, ˈbɪg(ə)m, -z

begun
BR bɪˈgʌn
AM biˈgən, bəˈgən

behalf
BR bɪˈhɑːf
AM bəˈhaf, biˈhæf, biˈhaf, bəˈhæf

Behan
BR ˈbiːən
AM ˈbiən

behave
BR bɪˈheɪv, -z, -ɪŋ, -d
AM biˈheɪv, bəˈheɪv, -z, -ɪŋ, -d

behavior
BR bɪˈheɪvjə(r), -z
AM biˈheɪvjər, bəˈheɪvjər, -z

behavioral
BR bɪˈheɪvjərl̩
AM biˈheɪvjər(ə)l, bəˈheɪvjər(ə)l

behavioralist
BR bɪˈheɪvjərl̩ɪst, -s
AM biˈheɪvjərələst, bəˈheɪvjərələst, -s

behaviorally
BR bɪˈheɪvjərli
AM biˈheɪvjərəli, bəˈheɪvjərəli

behaviorism
BR bɪˈheɪvjərɪzm
AM biˈheɪvjəˌrɪz(ə)m, bəˈheɪvjəˌrɪz(ə)m

behaviorist
BR bɪˈheɪvjərɪst, -s
AM biˈheɪvjərəst, bəˈheɪvjərəst, -s

behavioristic
BR bɪˌheɪvjəˈrɪstɪk
AM biˌheɪvjəˈrɪstɪk, bəˌheɪvjəˈrɪstɪk

behavioristically
BR bɪˌheɪvjəˈrɪstɪkli
AM biˌheɪvjəˈrɪstɪk(ə)li, bəˌheɪvjəˈrɪstɪk(ə)li

behaviour
BR bɪˈheɪvjə(r), -z
AM biˈheɪvjər,
bəˈheɪvjər, -z

behavioural
BR bɪˈheɪvjərl̩
AM biˈheɪvjər(ə)l,
bəˈheɪvjər(ə)l

behaviouralist
BR bɪˈheɪvjərl̩ɪst, -s
AM biˈheɪvjərələst,
bəˈheɪvjərələst, -s

behaviourally
BR bɪˈheɪvjərli
AM biˈheɪvjərəli,
bəˈheɪvjərəli

behaviourism
BR bɪˈheɪvjərɪzm
AM biˈheɪvjəˌrɪz(ə)m,
bəˈheɪvjəˌrɪz(ə)m

behaviourist
BR bɪˈheɪvjərɪst, -s
AM biˈheɪvjərɪst,
bəˈheɪvjərɪst, -s

behaviouristic
BR bɪˌheɪvjəˈrɪstɪk
AM biˌheɪvjəˈrɪstɪk,
bəˌheɪvjəˈrɪstɪk

behaviouristically
BR bɪˌheɪvjəˈrɪstɪkli
AM biˌheɪvjəˈrɪstɪk(ə)li,
bəˌheɪvjəˈrɪstɪk(ə)li

behead
BR bɪˈhed, -z, -ɪŋ, -ɪd
AM biˈhed, bəˈhed, -z, -ɪŋ, -əd

beheld
BR bɪˈheld
AM biˈheld, bəˈheld

behemoth
BR bɪˈhiːməθ,
bɪˈhiːmɒθ, -s
AM bɪˈhiməθ, ˈbiəməθ,
bɪˈhiməθ, -s

behest
BR bɪˈhest, -s
AM biˈhest, bəˈhest, -s

behind
BR bɪˈhaɪnd, -z
AM biˈhaɪnd,
bəˈhaɪnd, -z

behindhand
BR bɪˈhaɪndhand
AM biˈhaɪn(d),(h)ænd,
bəˈhaɪn(d),(h)ænd

Behn
BR ben
AM beɪn

behold
BR bɪˈhəʊld, -z, -ɪŋ
AM biˈhoʊld,
bəˈhoʊld, -z, -ɪŋ

beholden
BR bɪˈhəʊld(ə)n
AM biˈhoʊld(ə)n,
bəˈhoʊld(ə)n

beholder
BR bɪˈhəʊldə(r), -z
AM biˈhoʊldər,
bəˈhoʊldər, -z

behoof
BR bɪˈhuːf
AM biˈhuf, bəˈhuf

behoove
BR bɪˈhuːv, -z, -ɪŋ, -d
AM biˈhuv, bəˈhuv, -z, -ɪŋ, -d

behove
BR bɪˈhəʊv, -z, -ɪŋ, -d
AM biˈhuv, bəˈhuv, -z, -ɪŋ, -d

Behrens
BR ˈbeːrəns, ˈbɛːrənz
AM ˈbɛr(ə)ns

Behring
BR ˈbeːrɪŋ
AM ˈbɛrɪŋ

Beiderbecke
BR ˈbʌɪdəbek
AM ˈbaɪdərˌbek

beige
BR beɪʒ
AM beɪʒ

beigel
BR ˈbeɪgl, -z
AM ˈbeɪg(ə)l, -z

Beijing
BR ˌbeɪˈ(d)ʒɪŋ
AM ˌbeɪˈ(d)ʒɪŋ

being
BR ˈbiːɪŋ, -z
AM ˈbiɪŋ, -z

Beira
BR ˈbʌɪrə(r)
AM ˈbaɪrə

Beirut
BR ˌbeɪˈruːt
AM ˌbeɪˈrut

beisa
BR ˈbeɪzə(r)
AM ˈbeɪzə

bejabbers
BR bɪˈdʒabəz
AM biˈdʒæbərz,
bəˈdʒæbərz

bejabers
BR bɪˈdʒeɪbəz
AM biˈdʒæbərz,
bəˈdʒæbərz

bejewel
BR bɪˈdʒuː(ə)l, -z, -ɪŋ, -d
AM biˈdʒuəl,
bəˈdʒuəl, -z, -ɪŋ, -d

Bekaa
BR bɛˈkaː(r),
bɪˈkaː(r)
AM bəˈka

bel
BR bɛl, -z
AM bɛl, -z

belabor
BR bɪˈleɪb|ə(r), -əz, -(ə)rɪŋ, -əd
AM biˈleɪbər,
bəˈleɪbər, -z, -ɪŋ, -d

belabour
BR bɪˈleɪb|ə(r), -əz, -(ə)rɪŋ, -əd
AM biˈleɪbər,
bəˈleɪbər, -z, -ɪŋ, -d

Belafonte
BR ˌbɛləˈfɒnti
AM ˌbɛləˈfɑn(t)i

Belarus
BR ˌbɛləˈruːs, ˌbɛləˈrʊs
AM ˌbɛləˈrus

belated
BR bɪˈleɪtɪd
AM biˈleɪdɪd,
bəˈleɪdɪd

belatedly
BR bɪˈleɪtɪdli
AM biˈleɪdɪdli,
bəˈleɪdɪdli

belatedness
BR bɪˈleɪtɪdnɪs
AM biˈleɪdɪdnɪs,
bəˈleɪdɪdnɪs

Belau
BR bɛˈlaʊ, bɪˈlaʊ
AM bəˈlaʊ

belay[1] *noun*
BR ˈbiːleɪ, -z
AM biˈleɪ, bəˈleɪ, -z

belay[2] *verb*
BR bɪˈleɪ, -z, -ɪŋ, -d
AM biˈleɪ, bəˈleɪ, -z, -ɪŋ, -d

bel canto
BR ˌbɛlˈkantəʊ
AM ˌbɛlˈkan(t)oʊ

belch
BR bɛltʃ, -ɪz, -ɪŋ, -t
AM bɛltʃ, -əz, -ɪŋ, -t

belcher
BR ˈbɛltʃə(r), -z
AM ˈbɛltʃər, -z

beldam
BR ˈbɛldəm, -z
AM ˈbɛld(ə)m, -z

beldame
BR ˈbɛldəm, -z
AM ˈbɛlˌdeɪm,
ˈbɛld(ə)m, -z

beleaguer
BR bɪˈliːg|ə(r), -əz, -(ə)rɪŋ, -əd
AM biˈligər, bəˈligər, -z, -ɪŋ, -d

Belém
BR bɛˈlɛm
AM bɛˈlɛm,
beɪˈlɛm

belemnite
BR ˈbɛləmnʌɪt, -s
AM ˈbɛləmˌnaɪt, -s

bel esprit
BR ˌbɛl ɛˈspriː, -z
AM ˌbɛl əˈspri, -z

Belfast
BR ˌbɛlˈfɑːst, ˈbɛlfɑːst
AM ˈbɛlˌfæst

belfry
BR ˈbelfr|i, -ɪz
AM ˈbelfri, -z

Belgae
BR ˈbelgaɪ, ˈbeldʒiː, ˈbelgiː
AM ˈbelgi, ˈbeldʒaɪ, ˈbeldʒi

Belgian
BR ˈbeldʒ(ə)n, -z
AM ˈbeldʒ(ə)n, -z

Belgic
BR ˈbeldʒɪk
AM ˈbeldʒɪk

Belgium
BR ˈbeldʒəm
AM ˈbeldʒ(ə)m

Belgrade
BR ˌbelˈgreɪd
AM ˌbelˌgræd, ˈbelˌgreɪd

Belgravia
BR belˈgreɪviə(r)
AM ˌbelˈgreɪviə

Belgravian
BR belˈgreɪviən, -z
AM ˌbelˈgreɪviən, -z

Belial
BR ˈbiːliəl
AM ˈbeliəl, ˈbiliəl

belie
BR bɪˈlaɪ, -z, -ɪŋ, -d
AM biˈlaɪ, bəˈlaɪ, -z, -ɪŋ, -d

belief
BR bɪˈliːf, -s
AM biˈlif, bəˈlif, -s

believability
BR bəˌliːvəˈbɪlɪti
AM biˌlivəˈbɪlɪdi, bəˌlivəˈbɪlɪdi

believable
BR bɪˈliːvəbl
AM biˈlivəb(ə)l, bəˈlivəb(ə)l

believably
BR bɪˈliːvəbli
AM biˈlivəbli, bəˈlivəbli

believe
BR bɪˈliːv, -z, -ɪŋ, -d
AM biˈliv, bəˈliv, -z, -ɪŋ, -d

believer
BR bɪˈliːvə(r), -z
AM biˈlivər, bəˈlivər, -z

belike
BR bɪˈlaɪk
AM biˈlaɪk, bəˈlaɪk

Belinda
BR bɪˈlɪndə(r)
AM bəˈlɪndə

Belisarius
BR ˌbelɪˈseːriəs, ˌbelɪˈsɑːriəs
AM ˌbeləˈseriəs

belittle
BR bɪˈlɪt|l, -lz, -lɪŋ \-lɪŋ, -ld
AM biˈlɪdəl, bəˈlɪdəl, -z, -ɪŋ, -d

belittlement
BR bɪˈlɪtlm(ə)nt
AM biˈlɪdlm(ə)nt, bəˈlɪdlm(ə)nt

belittler
BR bɪˈlɪtlə(r), bɪˈlɪtlə(r), -z
AM biˈlɪd(ə)lər, bəˈlɪd(ə)lər, -z

belittlingly
BR bɪˈlɪtlɪŋli, bɪˈlɪtlɪŋli
AM biˈlɪd(ə)lɪŋli, bəˈlɪd(ə)lɪŋli

Belize
BR bɪˈliːz, beˈliːz
AM bəˈliz

Belizean
BR bɪˈliːziən, beˈliːziən, -z
AM bəˈliʒ(ə)n, bəˈliziən, -z

Belizian
BR bɪˈliːziən, beˈliːziən, -z
AM bəˈliʒ(ə)n, bəˈliziən, -z

bell
BR bel, -z, -ɪŋ, -d
AM bel, -z, -ɪŋ, -d

Bella
BR ˈbelə(r)
AM ˈbelə

belladona
BR ˌbeləˈdɒnə(r)
AM ˌbeləˈdɑnə

belladonna
BR ˌbeləˈdɒnə(r)
AM ˌbeləˈdɑnə

Bellamy
BR ˈbeləmi
AM ˈbeləmi

Bellay
BR bəˈleɪ
AM bəˈleɪ

bellbird
BR ˈbelbəːd, -z
AM ˈbelˌbərd, -z

bellboy
BR ˈbelbɔɪ, -z
AM ˈbelˌbɔɪ, -z

belle
BR bel, -z
AM bel, -z

belle époque
BR ˌbel eɪˈpɒk, -s
AM ˌbel əˈpak, -s

belle laide
BR ˌbel ˈleɪd, -z
AM ˌbel ˈled, -z

Bellerophon
BR bɪˈlerəfɒn, bɪˈlerəfn
AM bəˈlerəf(ə)n, bəˈlerəˌfɑn

belles-lettres
BR ˌbelˈletr(ər)
AM ˌbelˈletr(ə)

belletrism
BR ˌbelˈletrɪzm
AM ˌbelˈletˌrɪz(ə)m

belletrist
BR ˌbelˈletrɪst, -s
AM ˌbelˈletrəst, -s

belletristic
BR ˌbeləˈtrɪstɪk
AM ˌbeləˈtrɪstɪk

bellettrist
BR ˌbelˈletrɪst, -s
AM ˌbelˈletrəst, -s

Bellevue
BR ˌbelˈvjuː
AM ˈbelˌvju

bellflower
BR ˈbelˌflaʊə(r), -z
AM ˈbelˌflaʊ(ə)r, -z

bellhop
BR ˈbelˌhɒp, -s
AM ˈbelˌ(h)ɑp, -s

bellicose
BR ˈbelɪkəʊs, ˈbelɪkəʊz
AM ˈbeləˌkoʊz, ˈbeləˌkoʊs

bellicosely
BR ˈbelɪkəʊsli, ˈbelɪkəʊzli
AM ˈbeləˌkoʊzli, ˈbeləˌkoʊsli

bellicosity
BR ˌbelɪˈkɒsɪti
AM ˌbeləˈkɑsədi

belligerence
BR bɪˈlɪdʒ(ə)rns
AM bəˈlɪdʒ(ə)r(ə)ns

belligerency
BR bɪˈlɪdʒ(ə)rnsi
AM bəˈlɪdʒ(ə)rənsi

belligerent
BR bɪˈlɪdʒ(ə)rnt, -s
AM bəˈlɪdʒ(ə)r(ə)nt, -s

belligerently
BR bɪˈlɪdʒ(ə)rntli
AM bəˈlɪdʒ(ə)rən(t)li

Bellini
BR beˈliːni
AM bəˈlini

bellman
BR ˈbelmən
AM ˈbelm(ə)n

bellmen
BR ˈbelmən
AM ˈbelm(ə)n

Belloc
BR ˈbelɒk
AM bəˈlak, bəˈlɔk

bellow
BR ˈbeləʊ, -z, -ɪŋ, -d
AM ˈbel|oʊ, -oʊz, -əwɪŋ, -oʊd

bellpush
BR ˈbelpʊʃ, -ɪz
AM ˈbelˌpʊʃ, -əz
bellringer
BR ˈbelˌrɪŋə(r), -z
AM ˈbelˌrɪŋər, -z
bellringing
BR ˈbelˌrɪŋɪŋ
AM ˈbelˌrɪŋɪŋ
bellrope
BR ˈbelrəʊp, -s
AM ˈbelˌroʊp, -s
bellwether
BR ˈbelˌweðə(r), -ᴢ
AM ˈbelˌweðər, -z
belly
BR ˈbel‖i, -ɪz, -ɪɪŋ, -ɪd
AM ˈbeli, -z, -ɪŋ, -d
bellyache
BR ˈbelieɪk, -s, -ɪŋ, -t
AM ˈbeliˌeɪk, -s, -ɪŋ, -t
bellyacher
BR ˈbeliˌeɪkə(r), -z
AM ˈbeliˌeɪkər, -z
bellyband
BR ˈbeliband, -z
AM ˈbeliˌbænd, -z
bellyflop
BR ˈbeliflɒp, -s, -ɪŋ, -t
AM ˈbeliˌflɑp, -s, -ɪŋ, -t
bellyful
BR ˈbelɪfʊl, -z
AM ˈbeliˌfʊl, -z
Belmondo
BR belˈmɒndəʊ
AM belˈmɑndoʊ, belˈmɒndoʊ
Belmont
BR ˈbelmɒnt
AM ˈbelmɑnt
Belmopan
BR ˌbelmə(ʊ)ˈpan
AM ˈbelməˌpæn
Belo Horizonte
BR ˌbeləʊ ˌhɒrɪˈzɒnteɪ
AM ˌbeloʊ ˌhɔrəˈzɑnˌteɪ, ˌbeloʊ ˌhɔrəˈzɔnˌteɪ
B PORT ˌbelu orizõˈtʃi
L PORT ˌbeloriˈzõtə

belong
BR bɪˈlɒŋ, -z, -ɪŋ, -d
AM biˈlɔŋ, bəˈlɑŋ, biˈlɑŋ, bəˈlɔŋ, -z, -ɪŋ, -d
belongingness
BR bɪˈlɒŋɪŋnɪs
AM biˈlɔŋɪŋnɪs, bəˈlɑŋɪŋnɪs, biˈlɑŋɪŋnɪs, bəˈlɔŋɪŋnɪs
belongings
BR bɪˈlɒŋɪŋz
AM biˈlɔŋɪŋz, bəˈlɑŋɪŋz, biˈlɑŋɪŋz, bəˈlɔŋɪŋz
Belorussia
BR ˌbelə(ʊ)ˈrʌʃə(r), ˌbelə(ʊ)ˈruːsiə(r)
AM ˌbeloʊˈrəʃə
Belorussian
BR ˌbelə(ʊ)ˈrʌʃn, ˌbelə(ʊ)ˈruːsiən, -z
AM ˌbeloʊˈrəʃ(ə)n, -z
beloved
BR bɪˈlʌv(ɪ)d
AM biˈləv(ə)d, bəˈləv(ə)d
below
BR bɪˈləʊ
AM biˈloʊ, bəˈloʊ
Bel Paese
BR ˌbel paːˈeɪzi
AM ˌbel paˈeɪzi
Belsen
BR ˈbelsn
AM ˈbels(ə)n
Belshazzar
BR belˈʃazə(r)
AM belˈʃæzər, ˈbelʃəˌzɑr
belt
BR belt, -s, -ɪŋ, -ɪd
AM belt, -s, -ɪŋ, -əd
Beltane
BR ˈbelteɪn
AM ˈbelˌteɪn
belter
BR ˈbeltə(r), -z
AM ˈbeltər, -z

beltman
BR ˈbeltmən
AM ˈbeltm(ə)n
beltmen
BR ˈbeltmən
AM ˈbeltm(ə)n
beluga
BR bɪˈluːgə(r), beˈluːgə(r), -z
AM bəˈlugə, -z
belvedere
BR ˈbelvɪdɪə(r), ˌbelvɪˈdɪə(r), -z
AM ˈbelvəˌdi(ə)r, -z
Belvoir
BR ˈbiːvə(r)
AM ˈbelˌvɔ(ə)r, ˈbelˌvwɑr
belying
BR bɪˈlʌɪɪŋ
AM biˈlaɪɪŋ, bəˈlaɪɪŋ
bema
BR ˈbiːmə(r), -z
AM ˈbimə, -z
bemata
BR ˈbiːmətə(r)
AM ˈbimədə
Bemba
BR ˈbembə(r), -z
AM ˈbembə, -z
Bembridge
BR ˈbembrɪdʒ
AM ˈbemˌbrɪdʒ
bemedaled
BR bɪˈmedld
AM biˈmedld, bəˈmedld
bemedalled
BR bɪˈmedld
AM biˈmedld, bəˈmedld
bemire
BR bɪˈmʌɪə(r), -z, -ɪŋ, -d
AM biˈmaɪ(ə)r, bəˈmaɪ(ə)r, -z, -ɪŋ, -d
bemoan
BR bɪˈməʊn, -z, -ɪŋ, -d
AM biˈmoʊn, bəˈmoʊn, -z, -ɪŋ, -d

bemuse
BR bɪˈmjuːz, -ɪz, -ɪŋ, -d
AM biˈmjuz, bəˈmjuz, -əz, -ɪŋ, -d
bemusedly
BR bɪˈmjuːzɪdli
AM biˈmjuzədli, bəˈmjuzədli
bemusement
BR bɪˈmjuːzm(ə)nt
AM biˈmjuzm(ə)nt, bəˈmjuzm(ə)nt
Ben
BR ben
AM ben
Benares
BR bɪˈnɑːrɪz, beˈnɑːrɪz, bɪˈnɑːriːz, beˈnɑːriːz
AM bəˈnɑriz
Benbecula
BR ˌbenˈbekjələ(r)
AM ˌbenˈbekjʊlə
Ben Bella
BR ˌben ˈbelə(r)
AM ˌben ˈbelə
bench
BR ben(t)ʃ, -ɪz, -ɪŋ, -t
AM ben(t)ʃ, -əz, -ɪŋ, -t
bencher
BR ˈben(t)ʃə(r), -z
AM ˈben(t)ʃər, -z
benchmark
BR ˈben(t)ʃmɑːk, -s
AM ˈben(t)ʃˌmɑrk, -s
bend
BR bend, -z, -ɪŋ, -ɪd
AM bend, -z, -ɪŋ, -əd
bendable
BR ˈbendəbl
AM ˈbendəb(ə)l
bender
BR ˈbendə(r), -z
AM ˈbendər, -z
Bendigo
BR ˈbendɪgəʊ
AM ˈbendəˌgoʊ
bendiness
BR ˈbendɪnɪs
AM ˈbendinɪs

Bendix
BR ˈbendɪks
AM ˈbendɪks

bendy
BR ˈbend|i, -ɪə(r), -ɪɪst
AM ˈbendi, -ər, -ɪɪst

beneath
BR bɪˈniːθ
AM biˈniːθ, bəˈniːθ

benedicite
BR ˌbenɪˈdaɪsɪt|i, ˌbenɪˈdiːtʃɪt|i, -ɪz
AM ˌbeɪneɪˈdiːtʃiˌteɪ, ˌbenəˈdɪsɪdi, -z

Benedick
BR ˈbenɪdɪk
AM ˈbenəˌdɪk

Benedict
BR ˈbenɪdɪkt
AM ˈbenəˌdɪk(t)

Benedictine
BR ˌbenɪˈdɪktiːn, -z
AM ˌbenəˈdɪkˌtin, -z

benediction
BR ˌbenɪˈdɪkʃn, -z
AM ˌbenəˈdɪkʃ(ə)n, -z

benedictory
BR ˌbenɪˈdɪkt(ə)ri
AM ˌbenəˈdɪktəri

Benedictus
BR ˌbenɪˈdɪktəs
AM ˌbenəˈdɪktəs

benefaction
BR ˌbenɪˈfækʃn, -z
AM ˌbenəˈfækʃ(ə)n, -z

benefactor
BR ˈbenɪfæktə(r), -z
AM ˈbenəˌfæktər, -z

benefactress
BR ˈbenɪfæktrɪs, -ɪz
AM ˈbenəˌfæktrəs, -əz

benefic
BR bɪˈnefɪk
AM bəˈnefɪk

benefice
BR ˈbenɪfɪs, -ɪz, -t
AM ˈbenəfəs, -əz, -t

beneficence
BR bɪˈnefɪsns
AM bəˈnefəs(ə)ns

beneficent
BR bɪˈnefɪsnt
AM bəˈnefəs(ə)nt

beneficently
BR bɪˈnefɪsntli
AM bəˈnefəsən(t)li

beneficial
BR ˌbenɪˈfɪʃl
AM ˌbenəˈfɪʃ(ə)l

beneficially
BR ˌbenɪˈfɪʃli
AM ˌbenəˈfɪʃəli

beneficiary
BR ˌbenɪˈfɪʃ(ə)r|i, ˌbenɪˈfɪʃɪər|i, -ɪz
AM ˌbenəˈfɪʃiˌeri, -z

beneficiation
BR ˌbenɪfɪʃiˈeɪʃn
AM ˌbenəˌfɪʃiˈeɪʃ(ə)n

benefit
BR ˈbenɪf|ɪt, -s, -ɪtɪŋ, -ɪtɪd
AM ˈbenəf|ɪt, -ts, -dɪŋ, -dɪd

Benelux
BR ˈbenɪlʌks
AM ˈbenəˌləks, ˈbenlˌəks

Benenden
BR ˈbenəndən
AM ˈbenənd(ə)n

Benetton
BR ˈbenɪtɒn, ˈbenɪtn
AM ˈbenətn, ˈbenəˌtɑn

benevolence
BR bɪˈnevl̩ns
AM bəˈnevəl(ə)ns

benevolent
BR bɪˈnevl̩nt
AM bəˈnevəl(ə)nt

benevolently
BR bɪˈnevl̩ntli
AM bəˈnevəl(ə)n(t)li

Benfleet
BR ˈbenfliːt
AM ˈbenˌflit

Bengal
BR ˌbenˈɡɔːl, ˌbeŋˈɡɔːl
AM ˈˌbeŋˌɡɑl, ˈˌbenˌɡɑl

Bengali
BR ˌbenˈɡɔːl|i, ˌbeŋˈɡɔːl|i, -ɪz
AM ˌbeŋˈɡɑli, ˌbenˈɡɑli, -z

Benghazi
BR ˌbenˈɡɑːzi, ˌbeŋˈɡɑːzi
AM ˌbeŋˈɡɑzi, ˌbenˈɡɑzi

Benguela
BR ˌbenˈɡweɪlə(r), ˌbeŋˈɡweɪlə(r), ˌbenˈɡwelə(r), ˌbeŋˈɡwelə(r)
AM ˌbeŋˈɡwelə, ˌbenˈɡwelə
PORT bẽˈɡela

Ben-Gurion
BR ˌbenˈɡʊəriən
AM ˌbenˈɡuriən

Benidorm
BR ˈbenɪdɔːm
AM ˈbenəˌdɔ(ə)rm
SP ˌbeniˈðor(m)

benighted
BR bɪˈnaɪtɪd
AM biˈnaɪdɪd, bəˈnaɪdɪd

benightedly
BR bɪˈnaɪtɪdli
AM biˈnaɪdɪdli, bəˈnaɪdɪdli

benightedness
BR bɪˈnaɪtɪdnɪs
AM biˈnaɪdɪdnɪs, bəˈnaɪdɪdnɪs

benign
BR bɪˈnaɪn
AM biˈnaɪn, bəˈnaɪn

benignancy
BR bɪˈnɪɡnənsi
AM bəˈnɪɡnənsi

benignant
BR bɪˈnɪɡnənt
AM bəˈnɪɡnənt

benignantly
BR bɪˈnɪɡnəntli
AM bəˈnɪɡnən(t)li

benignity
BR bɪˈnɪɡnɪti
AM bəˈnɪɡnɪdi, -z

benignly
BR bɪˈnaɪnli
AM biˈnaɪnli, bəˈnaɪnli

Benin
BR bɪˈniːn, beˈniːn
AM bəˈnin

Beninese
BR ˌbenɪˈniːz, bɪ-, ˌniːˈniːz, beˌniːˈniːz
AM ˌbenəˈniz

benison
BR ˈbenɪzn, ˈbenɪsn, -z
AM ˈbenəzn, ˈbenəs(ə)n, -z

Benito
BR bɪˈniːtəʊ, beˈniːtəʊ
AM bəˈnidoʊ

Benjamin
BR ˈben(d)ʒəmɪn
AM ˈbendʒəm(ə)n

Benlate
BR ˈbenleɪt
AM ˈbenˌleɪt

Benn
BR ben
AM ben

Bennett
BR ˈbenɪt
AM ˈbenət

Ben Nevis
BR ˌbenˈnevɪs
AM ˌbenˈnevəs

benni
BR ˈbeni
AM ˈbeni

Benny
BR ˈbeni
AM ˈbeni

Benson
BR ˈbensn
AM ˈbens(ə)n

bent
BR bent, -s
AM bent, -s

Bentham
BR ˈbenθəm, ˈbentəm
AM ˈbenθ(ə)m

Benthamism
BR ˈbenθəmɪzm, ˈbentəmɪzm
AM ˈben(t)əˌmɪz(ə)m, ˈbenθəˌmɪz(ə)m

Benthamite
BR ˈbenθəmʌɪt,
ˈbentəmʌɪt, -s
AM ˈben(t)ə,maɪt,
ˈbenθə,maɪt, -s

benthic
BR ˈbenθɪk
AM ˈbenθɪk

benthos
BR ˈbenθɒs
AM ˈben,θɑs

Bentley
BR ˈbentl|i, -ɪz
AM ˈbentli, -ɪz

Benton
BR ˈbent(ə)n
AM ˈben(t)ən

bentonite
BR ˈbentənʌɪt
AM ˈbentn̩,aɪt

bentwood
BR ˈbentwʊd
AM ˈbent,wʊd

Benue
BR ˈbenʊeɪ
AM ˈbeɪnwɑ

benumb
BR bɪˈnʌm, -z, -ɪŋ, -d
AM biˈn(ə)m,
bəˈn(ə)m, -z, -ɪŋ, -d

Benz
BR benz
AM benz

Benzedrine
BR ˈbenzɪdriːn,
ˈbenzɪdrɪn
AM ˈbenzədr(ə)n,
ˈbenzə,drin

benzene
BR ˈbenziːn,
benˈziːn
AM ˈben,zin

benzenoid
BR ˈbenzɪnɔɪd
AM ˈbenzə,nɔɪd

Benzies
BR ˈbenjɪz
AM ˈbenziz

benzin
BR ˈbenzɪn, benˈzɪn
AM ˈbenz(ə)n,
ˈben,zin

benzine
BR ˈbenziːn, benˈziːn
AM ˌbenˈzin, ˈben,zin

benzocaine
BR ˈbenzəkeɪn
AM ˈbenzə,keɪn

benzodiazepine
BR ˌbenzəʊdʌɪˈeɪzɪpiːn,
ˌbenzəʊdʌɪˈazɪpiːn, -z
AM ˌbenzəˌdaɪˈæzə-ˌpin, -z

benzole
BR benˈzəʊlk
AM benˈzoʊlk

benzoin
BR ˈbenzəʊɪn
AM ˈbenzə,win,
ˈbenzəw(ə)n

benzol
BR ˈbenzɒl
AM ˈben,zɑl,
ˈben,zɔl

benzole
BR ˈbenzəʊl
AM ˈben,zoʊl

benzoyl
BR ˈbenzəʊɪl
AM ˈbenzəw(ə)l

benzyl
BR ˈbenz(ɨ)l
AM ˈbenz(ə)l,
ˈben,zil

Beowulf
BR ˈbeɪə(ʊ)wʊlf
AM ˈbeɪə,wʊlf

bequeath
BR bɪˈkwiː|ð,
bɪˈkwiː|θ, -ðz\-θs,
-ðɪŋ\-θɪŋ, -ðd\-θt
AM bəˈkwi|θ,
biˈkwi|ð, biˈkwi|θ,
bəˈkwi|ð, -ðz\-θs,
-ðɪŋ\-θɪŋ, -ðd\-θt

bequeather
BR bɪˈkwiːðə(r),
bɪˈkwiːθə(r), -z
AM bəˈkwiðər,
biˈkwiðər,
biˈkwiθər,
bəˈkwiðər, -z

bequest
BR bɪˈkwest, -s
AM biˈkwest,
bəˈkwest, -s

Bequia
BR ˈbekwi, ˈbekweɪ
AM ˈbɪkwiə

berate
BR bɪˈreɪt, -s, -ɪŋ, -ɨd
AM biˈreɪ|t, bəˈreɪ|t,
-ts, -dɪŋ, -dɨd

Berber
BR ˈbɜːbə(r), -z
AM ˈbɜrbər, -z

Berbera
BR ˈbɜːb(ə)rə(r)
AM ˈbɜrbərə

berberine
BR ˈbɜːbəriːn
AM ˈbɜrbə,rin

berberis
BR ˈbɜːb(ə)rɪs
AM ˈbɜrbərəs

berceuse
BR bɛːˈsɜːz, -ɪz
AM bɛrˈsɜz, -əz

Bere
BR bɪə(r)
AM bɪ(ə)r

bereave
BR bɪˈriːv, -z, -ɪŋ, -d
AM biˈriv, bəˈriv, -z, -ɪŋ, -d

bereavement
BR bɪˈriːvm(ə)nt
AM biˈrivm(ə)nt,
bəˈrivm(ə)nt

bereft
BR bɪˈreft
AM biˈreft, bəˈreft

Berengaria
BR ˌber(ə)ŋˈgɛːrɪə(r)
AM ˌberənˈgerɪə

Berenice
BR ˌberɨˈniːs,
ˌberɨˈnʌɪsi,
ˌberɨˈniːtʃeɪ,
ˌberɨˈniːtʃi
AM ˌberəˈnis

Beresford
BR ˈberɪsfəd, ˈberɪzfəd
AM ˈberəsfərd

beret
BR ˈber|eɪ, ˈber|i,
-eɪz\-ɪz
AM beˈreɪ, bəˈreɪ, -z

Berg
BR bɜːg
AM bɜrg

berg
BR bɜːg, -z
AM bɜrg, -z

bergamasque
BR ˌbɜːgəmɑːsk, -s
AM ˌbɜrqəˌmæsk, -s

Bergamo
BR ˈbɜːgəməʊ,
ˈbɛːgəməʊ
AM ˈbɜrgə,moʊ

bergamot
BR ˈbɜːgəmɒt, -s
AM ˈbɜrgə,mɑt, -s

Bergen
BR ˈbɜːgn,
ˈbɛːgn
AM ˈbɜrg(ə)n

bergenia
BR bəˈgiːnɪə(r)
AM bərˈginiə

Berger
BR ˈbɜːgə(r),
ˈbɜːdʒə(r)
AM ˈbɜrgər

Bergerac
BR ˈbɜːʒəræk
AM ˈbɜrʒəˌræk

Bergman
BR ˈbɜːgmən
AM ˈbɜrgm(ə)n
SW berjˈman

bergschrund
BR ˈbɜːgʃrʊnd,
ˈbɜːkʃrʊnd, -s
AM ˈbɜrkˌʃrʊnt, -s

Bergson
BR ˈbɜːgsn
AM ˈbɜrgs(ə)n

beribboned
BR bɪˈrɪb(ə)nd
AM biˈrɪbənd,
bəˈrɪbənd

beriberi
BR ˌberɪˈberi
AM ˌberiˈberi

Bering
BR ˈbeːrɪŋ
AM ˈberɪŋ
DAN ˈbeʌeŋ

berk
BR bəːk, -s
AM bərk, -s

Berkeleian
BR bɑːˈkliːən, -z
AM ˈbɑrkliən, ˈbərkliən, -z

Berkeley[1] *places and names in Britain*
BR ˈbɑːkli
AM ˈbɑrkli

Berkeley[2] *places and names in USA*
BR ˈbəːkli
AM ˈbərkli

berkelium
BR bəːˈkiːliəm
AM ˈbərk(i)liəm

Berkhampstead
BR ˈbəːkəmstɛd
AM ˈbərkəmˌstɛd

Berkley
BR ˈbəːkli
AM ˈbərkli

Berks *abbreviation of English county*
BR bɑːks
AM bərks

Berkshire
BR ˈbɑːkʃ(ɪ)ə(r)
AM ˈbərkʃɪ(ə)r

Berlei
BR ˈbəːli
AM ˈbərli

Berlin
BR bəːˈlɪn
AM bərˈlɪn

Berliner
BR bəːˈlɪnə(r), -z
AM bərˈlɪnər, -z

Berlioz
BR ˈbɛːliəʊz
AM ˈbɛrliˌoʊz

Berlitz
BR ˈbəːlɪts
AM ˈˌbərˌlɪts

berm
BR bəːm, -z
AM bərm, -z

berme
BR bəːm, -z
AM bərm, -z

Bermondsey
BR ˈbəːmən(d)zi
AM ˈbərmənzi

Bermuda
BR bəˈmjuːdə(r)
AM bərˈmjudə

Bermudan
BR bəˈmjuːdn, -z
AM bərˈmjud(ə)n, -z

Bermudas
BR bəˈmjuːdəz
AM bərˈmjudəz

Bermudian
BR bəˈmjuːdiən, -z
AM bərˈmjudiən, -z

Bern
BR bəːn, bɛːn
AM bɛrn, bərn

Bernadette
BR ˌbəːnəˈdɛt
AM ˌbərnəˈdɛt

Bernadotte
BR ˌbəːnəˈdɒt
AM ˌbɛrnəˈdɑt

Bernard[1] *British name*
BR ˈbəːnəd
AM ˈbərnərd

Bernard[2] *US name*
BR bəˈnɑːd
AM bərˈnɑrd

Bernardette
BR ˌbəːnəˈdɛt
AM ˌbərnəˈdɛt

Berne
BR bəːn, bɛːn
AM bɛrn, bərn

Berners
BR ˈbəːnəz
AM ˈbərnərz

Bernese
BR ˌbəːˈniːz
AM ˌbərˈniz

Bernhardt
BR ˈbəːnhɑːt
AM ˈbərn,(h)ɑrt

Bernice
BR ˈbəːnɪs, bə(ː)ˈniːs
AM bərˈnis

Bernini
BR bə(ː)ˈniːni
AM bərˈnini

Bernouilli
BR bə(ː)ˈnuːli
AM bərˈnuli
FR bɛʀnuji

Bernstein
BR ˈbəːnstʌɪn, ˈbəːnstiːn
AM ˈbərnstaɪn, ˈbərnstin

Berol
BR ˈbiːrɒl
AM ˈbɛr(ə)l

Berra
BR ˈbɛrə(r)
AM ˈbɛrə

Berridge
BR ˈbɛrɪdʒ
AM ˈbɛrɪdʒ

berry
BR ˈbɛr|i, -ɪz, -ɪŋ, -ɪd
AM ˈbɛri, -z, -ɪŋ, -d

berserk
BR bə(ː)ˈzəːk, bə(ː)ˈsəːk
AM bərˈzərk, bərˈsərk

berserker
BR bə(ː)ˈzəːkə(r), bə(ː)ˈsəːkə(r)
AM bərˈzərkər, bərˈsərkər, -z

Bert
BR bəːt
AM bərt

berth
BR bəːθ, -s, -ɪŋ, -t
AM bərθ, -s, -ɪŋ, -t

Bertha
BR ˈbəːθə(r)
AM ˈbərθə

Bertie
BR ˈbəːti
AM ˈbərdi

Bertolucci
BR ˌbəːtəˈluːtʃi
AM ˌbərdəˈlutʃi

Bertram
BR ˈbəːtrəm
AM ˈbərtr(ə)m

Bertrand
BR ˈbəːtr(ə)nd
AM ˈbərtrən(d)

Berwick
BR ˈbɛrɪk
AM ˈbɛrɪk

Berwickshire
BR ˈbɛrɪkʃ(ɪ)ə(r)
AM ˈbər(w)ɪkʃɪ(ə)r

Berwyn
BR ˈbɛːwɪn, ˈbəːwɪn
AM ˈbərw(ə)n

beryl
BR ˈbɛrɪl, ˈbɛrl̩, -z
AM ˈbɛr(ə)l, -z

berylliosis
BR bɪˌrɪliˈəʊsɪs
AM bəˌrɪliˈoʊsɪs

beryllium
BR bɪˈrɪliəm
AM bəˈrɪliəm

Berzelius
BR bəˈziːlɪəs, bəˈzeɪlɪəs
AM bərˈzilɪəs
SW bɛrˈseːlɪəs

Bes
BR bɛs
AM bɛs

Besançon
BR ˈbɛz(ə)nsɒn, bɪˈzɒ̃sɒ̃
AM ˌbɛzənˈsɔn

Besant
BR ˈbɛsnt, ˈbɛznt
AM ˈbɛs(ə)nt

beseech
BR bɪˈsiːtʃ, -ɪz, -ɪŋ, -t
AM biˈsitʃ, bəˈsitʃ, -ɪz, -ɪŋ, -t

beseem
BR bɪˈsiːm, -z, -ɪŋ, -d
AM biˈsim, bəˈsim, -z, -ɪŋ, -d

beset
BR bɪˈsɛt, -s, -ɪŋ
AM biˈsɛ|t, bəˈsɛ|t, -ts, -dɪŋ

besetment
BR bɪˈsɛtm(ə)nt
AM biˈsɛtm(ə)nt,
bəˈsɛtm(ə)nt
beshrew
BR bɪˈʃruː, -z, -ɪŋ, -d
AM biˈʃru, bəˈʃru, -z,
-ɪŋ, -d
beside
BR bɪˈsʌɪd, -z
AM biˈsaɪd, bəˈsaɪd, -z
besiege
BR bɪˈsiːdʒ, -ɪz, -ɪŋ, -d
AM biˈɒidʒ, bəˈsidʒ,
-ɪz, -ɪŋ, -d
besieger
BR bɪˈsiːdʒə(r), -z
AM biˈsidʒər,
bəˈsidʒər, -z
beslaver
BR bɪˈslav|ə(r),
bɪˈsleɪv|ə(r), -əz,
-(ə)rɪŋ, -əd
AM biˈsleɪvər,
bəˈsleɪvər, -z, -ɪŋ, -d
beslobber
BR bɪˈslɒb|ə(r), -əz,
-(ə)rɪŋ, -əd
AM biˈslabər,
bəˈslabər, -z, -ɪŋ, -d
besmear
BR bɪˈsmɪə(r), -z, -ɪŋ,
-d
AM biˈsmɪ(ə)r,
bəˈsmɪ(ə)r, -z,
-ɪŋ, -d
besmirch
BR bɪˈsmɜːtʃ, -ɪz, -ɪŋ, -t
AM biˈsmərtʃ,
bəˈsmərtʃ, -əz, -ɪŋ, -t
besom
BR ˈbiːzm, ˈbɪzm, -z
AM ˈbɛz(ə)m,
ˈbiz(ə)m, -z
besotted
BR bɪˈsɒtɪd
AM biˈsadəd,
bəˈsadəd
besottedly
BR bɪˈsɒtɪdli
AM biˈsadədli,
bəˈsadədli

besottedness
BR bɪˈsɒtɪdnɪs
AM biˈsadədnəs,
bəˈsadədnəs
besought
BR bɪˈsɔːt
AM biˈsɔt, bəˈsat,
biˈsat, bəˈsɔt
bespangle
BR bɪˈspaŋg|l, -lz,
-|ɪŋ\-lɪŋ, -ld
AM biˈspæŋg(ə)l,
bəˈspæŋg(ə)l, -z,
-ɪŋ, -d
bespatter
BR bɪˈspat|ə(r), -əz,
-(ə)rɪŋ, -əd
AM biˈspædər,
bəˈspædər, -z, -ɪŋ,
-d
bespeak
BR bɪˈspiːk, -s, -ɪŋ
AM biˈspik, bəˈspik,
-s, -ɪŋ
bespectacled
BR bɪˈspɛktəkld
AM biˈspɛktəkəld,
bəˈspɛktəkəld
bespoke
BR bɪˈspəʊk
AM biˈspoʊk,
bəˈspoʊk
bespoken
BR bɪˈspəʊk(ə)n
AM biˈspoʊk(ə)n,
bəˈspoʊk(ə)n
besprinkle
BR bɪˈsprɪŋk|l, -lz, -|ɪŋ
\-lɪŋ, -ld
AM biˈsprɪŋk(ə)l,
bəˈsprɪŋk(ə)l, -z,
-ɪŋ, -d
Bess
BR bɛs
AM bɛs
Bessarabia
BR ˌbɛsəˈreɪbɪə(r)
AM ˌbɛsəˈreɪbɪə
RUS bʲisaˈrabʲijə
Bessarabian
BR ˌbɛsəˈreɪbɪən, -z
AM ˌbɛsəˈreɪbɪən, -z

Bessel
BR ˈbɛsl
AM ˈbɛs(ə)l
Bessemer
BR ˈbɛsɪmə(r)
AM ˈbɛs(ə)mər
Bessie
BR ˈbɛsi
AM ˈbɛsi
best
BR bɛst, -s, -ɪŋ, -ɪd
AM bɛst, -s, -ɪŋ, -əd
bestial
BR ˈbɛstɪəl, ˈbɛstʃl
AM ˈbɪsdiəl, ˈbɛstʃ(ə)l,
ˈbɛsdiəl, ˈbɪstʃ(ə)l
bestialise
BR ˈbɛstɪəlʌɪz,
ˈbɛstʃlʌɪz, -ɪz, -ɪŋ, -d
AM ˈbɪsdiəˌlaɪz,
ˈbɛstʃəˌlaɪz, ˈbɛsdiə-
ˌlaɪz, ˈbɪstʃəˌlaɪz,
-ɪz, -ɪŋ, -d
bestialism
BR ˈbɛstɪəlɪzm,
ˈbɛstʃlɪzm
AM ˈbɪsdiəˌlɪz(ə)m,
ˈbɛstʃəˌlɪz(ə)m,
ˈbɛsdiəˌlɪz(ə)m,
ˈbɪstʃəˌlɪz(ə)m
bestiality
BR ˌbɛstɪˈalɪt|i,
ˌbɛstʃɪˈalɪt|i, -ɪz
AM ˌbɪsdiˈælədi,
ˌbɛstʃiˈælədi,
ˌbɛsdiˈælədi,
ˌbɪstʃiˈælədi, -z
bestialize
BR ˈbɛstɪəlʌɪz,
ˈbɛstʃlʌɪz, -ɪz, -ɪŋ, -d
AM ˈbɪstʃəˌlaɪz, ˈbɛstʃə-
ˌlaɪz, -ɪz, -ɪŋ, -d
bestially
BR ˈbɛstɪəli, ˈbɛstʃli
AM ˈbɪsdiəli, ˈbɛstʃəli,
ˈbɛsdiəli, ˈbɪstʃəli
bestiary
BR ˈbɛstɪər|i,
ˈbɛstʃər|i, -ɪz
AM ˈbɪstʃiˌɛri,
ˈbɛsdiˌɛri, ˈbɛstʃiˌɛri,
ˈbɪsdiˌɛri, -z

bestir
BR bɪˈstɜː(r), -z,
-ɪŋ, -d
AM biˈstər, bəˈstər, -z,
-ɪŋ, -d
bestow
BR bɪˈstəʊ, -z, -ɪŋ, -d
AM biˈstoʊ, bəˈstoʊ,
-z, -ɪŋ, -d
bestowal
BR bɪˈstəʊəl
AM biˈstoʊəl,
bəˈstoʊəl
bestowment
BR bɪˈstəʊm(ə)nt
AM biˈstoʊm(ə)nt,
bəˈstoʊm(ə)nt
bestrew
BR bɪˈstruː, -z, -ɪŋ, -d
AM biˈstru, bəˈstru, -z,
-ɪŋ, -d
bestrewn
BR bɪˈstruːn
AM biˈstrun, bəˈstrun
bestridden
BR bɪˈstrɪdn
AM biˈstrɪd(ə)n,
bəˈstrɪd(ə)n
bestride
BR bɪˈstrʌɪd, -z, -ɪŋ
AM biˈstraɪd,
bəˈstraɪd, -z, -ɪŋ
bestrode
BR bɪˈstrəʊd
AM biˈstroʊd,
bəˈstroʊd
bestseller
BR ˌbɛs(t)ˈsɛlə(r), -z
AM ˌbɛstˈsɛlər, -z
Beswick
BR ˈbɛzɪk
AM ˈbɛzwɪk
bet
BR bɛt, -s, -ɪŋ, -ɪd
AM bɛ|t, -ts, -dɪŋ, -dəd
beta
BR ˈbiːtə(r), -z
AM ˈbeɪdə, -z
betake
BR bɪˈteɪk, -s, -ɪŋ
AM biˈteɪk, bəˈteɪk,
-s, -ɪŋ

betaken
BR bɪˈteɪk(ə)n
AM biˈteɪk(ə)n, bəˈteɪk(ə)n

Betamax
BR ˈbiːtəmaks
AM ˈbeɪdəˌmæks

betatron
BR ˈbiːtətrɒn, -z
AM ˈbeɪdəˌtrɑn, -z

betcha
BR ˈbɛtʃə(r)
AM ˈbɛtʃə

betel
BR ˈbiːtl
AM ˈbidl

Betelgeuse
BR ˈbiːtl(d)ʒɜːz, ˈbɛtl(d)ʒɜːz, ˈbiːtldʒuːs
AM ˈbɛdlˌdʒus, ˈbidl-ˌdʒuz, ˈbɛdlˌdʒuz, ˈbidlˌdʒus

bête noire
BR ˌbɛt ˈnwɑː(r)
AM ˌbɛt ˈnwɑr, ˌbeɪt ˈnwɑr

bêtes noires
BR ˌbɛt ˈnwɑː(r), + ˈnwɑːz
AM ˌbɛt ˈnwɑrz, ˌbeɪt ˈnwɑrz

Beth
BR bɛθ
AM bɛθ

Bethan
BR ˈbɛθ(ə)n
AM ˈbɛθ(ə)n

Bethany
BR ˈbɛθn̩i
AM ˈbɛθəni

Bethel
BR ˈbɛθl, -z
AM ˈbɛθ(ə)l, -z

Bethesda
BR bɪˈθɛzdə(r), bɛˈθɛzdə(r)
AM bəˈθɛzdə

bethink
BR bɪˈθɪŋk, -s, -ɪŋ
AM bɪˈθɪŋk, bəˈθɪŋk, -s, -ɪŋ

Bethlehem
BR ˈbɛθlɨhɛm, ˈbɛθlɪəm
AM ˈbɛθləˌhɛm

Bethnal Green
BR ˌbɛθnl ˈgriːn
AM ˌbɛθn(ə)l ˈgrin

bethought
BR bɪˈθɔːt
AM biˈθɔt, bəˈθɑt, bɪˈθɑt, bəˈθɔt

Béthune *place in France*
BR bɪˈθjuːn, bɛˈθjuːn, bɪˈt(j)uːn, bɛˈt(j)uːn
AM bəˈt(j)un
FR betyn

Bethune *surname*
BR ˈbiːtn, bɪˈθjuːn, bɛˈθjuːn
AM bəˈθ(j)un

betide
BR bɪˈtʌɪd, -z
AM biˈtaɪd, bəˈtaɪd, -z

betimes
BR bɪˈtʌɪmz
AM biˈtaɪmz, bəˈtaɪmz

bêtise
BR beɪˈtiːz, -ɪz
AM beɪˈtiz, -ɪz

Betjeman
BR ˈbɛtʃɪmən
AM ˈbɛtʃəm(ə)n

betoken
BR bɪˈtəʊk(ə)n, -(ə)nz, -ənɪŋ\-ṇɪŋ, -(ə)nd
AM biˈtoʊk(ə)n, bəˈtoʊk(ə)n, -z, -ɪŋ, -d

betony
BR ˈbɛtəni, ˈbɛtn̩i
AM ˈbɛtn̩i

betook
BR bɪˈtʊk
AM biˈtʊk, bəˈtʊk

betray
BR bɪˈtreɪ, -z, -ɪŋ, -d
AM biˈtreɪ, bəˈtreɪ, -z, -ɪŋ, -d

betrayal
BR bɪˈtreɪəl, -z
AM biˈtreɪ(ə)l, bəˈtreɪ(ə)l, -z

betrayer
BR bɪˈtreɪə(r), -z
AM biˈtreɪər, bəˈtreɪər, -z

betroth
BR bɪˈtrəʊ|ð, bɪˈtrəʊ|θ, -ðz\-θs, -ðɪŋ\-θɪŋ, -ðd\-θt
AM bəˈtrɔ|θ, bəˈtroʊ|θ, biˈtroʊ|ð, bɪˈtrɔ|θ, biˈtroʊ|θ, bəˈtrɑ|θ, biˈtrɑ|θ, bəˈtroʊ|ð, -θs\-ðz, -θɪŋ\-ðɪŋ, -θt\-ðd

betrothal
BR bɪˈtrəʊðl, -z
AM bəˈtrɔθ(ə)l, bəˈtroʊθ(ə)l, biˈtroʊð(ə)l, bɪˈtrɔθ(ə)l, biˈtroʊθ(ə)l, bəˈtrɑθ(ə)l, biˈtrɑθ(ə)l, bəˈtroʊð(ə)l, -z

Betsy
BR ˈbɛtsi
AM ˈbɛtsi

Bette
BR bɛt
AM bɛt

better
BR ˈbɛt|ə(r), -əz, -(ə)rɪŋ, -əd
AM ˈbɛdər, -z, -ɪŋ, -d

betterment
BR ˈbɛtəm(ə)nt
AM ˈbɛdərm(ə)nt

Betterton
BR ˈbɛtət(ə)n
AM ˈbɛdərt(ə)n

Betteshanger
BR ˈbɛt(ɨ)sˌhaŋ(g)ə(r)
AM ˈbɛdəsˌ(h)æŋər

Betti
BR ˈbɛti
AM ˈbɛdi

Bettina
BR bɪˈtiːnə(r)
AM bəˈtinə

bettor
BR ˈbɛtə(r), -z
AM ˈbɛdər, -z

Betts
BR bɛts
AM bɛts

Bettws
BR ˈbɛtəs
AM ˈbɛdwz

Betty
BR ˈbɛti
AM ˈbɛdi

between
BR bɪˈtwiːn
AM biˈtwin, bəˈtwin

betweentimes
BR bɪˈtwiːntʌɪmz
AM biˈtwɪnˌtaɪmz, bəˈtwɪnˌtaɪmz

betwixt
BR bɪˈtwɪkst
AM biˈtwɪkst, bəˈtwɪkst

Betws-y-Coed
BR ˌbɛt(ə)s ə ˈkɔɪd, + ˈkəʊɪd
AM ˌbɛdəs ə ˈkɔɪd
WE ˌbɛtʊs ʌ ˈkɔɪd

Beulah
BR ˈbjuːlə(r)
AM ˈbjʊlə

Bevan
BR ˈbɛvn
AM ˈbɛv(ə)n

bevatron
BR ˈbɛvətrɒn, -z
AM ˈbɛvəˌtrɑn, -z

bevel
BR ˈbɛv|l, -lz, -lɪŋ, -ld
AM ˈbɛv(ə)l, -z, -ɪŋ, -d

beverage
BR ˈbɛv(ə)r|ɪdʒ, -ɪdʒɪz
AM ˈbɛv(ə)rɪdʒ, -ɪz

Beveridge
BR ˈbɛv(ə)rɪdʒ
AM ˈbɛv(ə)rɪdʒ

Beverley
BR ˈbɛvəli
AM ˈbɛvərli

Beverly
BR ˈbɛvəli
AM ˈbɛvərli

Bevin
BR ˈbɛvɪn
AM ˈbɛv(ə)n

Bevis
BR ˈbɛvɪs, ˈbiːvɪs
AM ˈbivɪs

bevvy
BR ˈbɛv|i, -ɪz, -ɪd
AM ˈbɛvi, -z, -d

bevy
BR ˈbɛv|i, -ɪz
AM ˈbɛvi, -z

bewail
BR bɪˈweɪl, -z,
-ɪŋ, -d
AM biˈweɪl, bəˈweɪl,
-z, -ɪŋ, -d

bewailer
BR bɪˈweɪlə(r), -z
AM biˈweɪlər,
bəˈweɪlər, -z

beware
BR bɪˈwɛː(r)
AM ˌbiˈwɛ(ə)r,
bəˈwɛ(ə)r

Bewdley
BR ˈbjuːdli
AM ˈbjudli

Bewes
BR bjuːz
AM bjuz

bewhiskered
BR bɪˈwɪskəd
AM biˈwɪskərd,
bəˈwɪskərd

Bewick
BR ˈbjuːɪk, -s
AM ˈbiwɪk, -s

bewigged
BR bɪˈwɪgd
AM biˈwɪgd,
bəˈwɪgd

bewilder
BR bɪˈwɪld|ə(r), -əz,
-(ə)rɪŋ, -əd
AM biˈwɪldər,
bəˈwɪldər, -z,
-ɪŋ, -d

bewilderingly
BR bɪˈwɪld(ə)rɪŋli
AM biˈwɪldərɪŋli,
bəˈwɪldərɪŋli

bewilderment
BR bɪˈwɪldəm(ə)nt
AM biˈwɪldərm(ə)nt,
bəˈwɪldərm(ə)nt

bewitch
BR bɪˈwɪtʃ, -ɪz,
-ɪŋ, -t
AM biˈwɪtʃ, bəˈwɪtʃ,
-ɪz, -ɪŋ, -t

bewitchingly
BR bɪˈwɪtʃɪŋli
AM biˈwɪtʃɪŋli,
bəˈwɪtʃɪŋli

Bexhill
BR ˌbɛksˈhɪl
AM ˌbɛksˈhɪl

Bexley
BR ˈbɛksli
AM ˈbɛksli

Bexleyheath
BR ˌbɛkslɪˈhiːθ
AM ˌbɛksliˈhiθ

bey
BR beɪ, -z
AM beɪ, -z

Beynon
BR ˈbʌɪnən
AM ˈbaɪnən

beyond
BR bɪˈjɒnd
AM biˈ(j)ɑnd

bezant
BR ˈbɛz(ə)nt, -s
AM ˈbɛznt, -s

bezel
BR ˈbɛzl, -z
AM ˈbɛz(ə)l, -z

bezique
BR bɪˈziːk
AM bəˈzik

bezoar
BR ˈbiːzɔː(r), -z
AM ˈbiˌzɔ(ə)r,
-z

bezzie *adjective and noun*
BR ˈbɛz|i, -ɪz
AM ˈbɛzi, -z

Bhagavadgita
BR ˌbagəvədˈgiːtə(r),
ˌbʌgəvədˈgiːtə(r)
AM ˌbagəˌvadˈgidə

bhagwan
BR ˈbagwaːn,
bʌˈgwaːn, -z
AM ˈbag,wan, -z

bhaji
BR ˈbʌdʒ|i, ˈbaːdʒ|i,
-ɪz
AM ˈbadʒi, -z

bhakti
BR ˈbʌkti, ˈbaːkti
AM ˈbakti

bhang
BR baŋ
AM bæŋ

bhangra
BR ˈbaŋgrə(r),
ˈbaːŋgrə(r)
AM ˈbæŋ(g)rə

bharal
BR ˈbʌrl̩, -z
AM ˈbar(ə)l, -z

Bhopal
BR bə(ʊ)ˈpaːl
AM boʊˈpal

Bhutan
BR ˌbuːˈtaːn, bʉˈtaːn
AM ˌbuˈtan

Bhutanese
BR ˌbuːtəˈniːz
AM ˌbudəˈniz

Bhutto
BR ˈbuːtəʊ, ˈbʊtəʊ
AM ˈbudoʊ

bi
BR bʌɪ, -z
AM baɪ, -z

Biafra
BR bɪˈafrə(r)
AM biˈæfrə

Biafran
BR bɪˈafrən, -z
AM biˈæfr(ə)n, -z

bialy
BR bɪˈaːl|i, -ɪz
AM biˈali, -z

Bianca
BR bɪˈaŋkə(r)
AM biˈaŋkə

biannual
BR (ˌ)bʌɪˈanjʊəl,
(ˌ)bʌɪˈanjʉl
AM ˌbaɪˈænj(əw)əl

biannually
BR (ˌ)bʌɪˈanjʊəli,
(ˌ)bʌɪˈanjʉli
AM ˌbaɪˈænj(əw)əli

Biarritz
BR ˌbɪəˈrɪts, ˈbɪərɪts
AM ˌˌbɪəˌrɪts

bias
BR ˈbʌɪəs, -ɪz, -ɪŋ, -t
AM ˈbaɪəs, -əz, -ɪŋ, -t

biathlete
BR bʌɪˈaθliːt, -s
AM baɪˈæθ(ə)lit, -s

biathlon
BR bʌɪˈaθl(ɒ)n, -z
AM baɪˈæθˌlɑn, -z

biaxal
BR ˌbʌɪˈaksl
AM ˌbaɪˈæks(ə)l

biaxial
BR ˌbʌɪˈaksɪəl
AM ˌbaɪˈæksiəl

bib
BR bɪb, -z
AM bɪb, -z

bibber
BR ˈbɪbə(r), -z
AM ˈbɪbər, -z

bibelot
BR ˈbɪb(ə)ləʊ, -z
AM ˈbɪb(ə)ˌloʊ, -z

bibimbap
BR ˈbɪbɪmbap
AM ˈbibɪmˌbap

Bible
BR ˈbʌɪbl, -z
AM ˈbaɪb(ə)l, -z

biblical
BR ˈbɪblɪkl
AM ˈbɪblɨk(ə)l

biblically
BR ˈbɪblɪkli
AM ˈbɪblɨk(ə)li

bibliographer
BR ˌbɪblɪˈɒgrəfə(r), -z
AM ˌbɪbliˈɑgrəfər, -z

bibliographic
BR ˌbɪblɪəˈgrafɪk
AM ˌbɪbliəˈgræfɨk

bibliographical
BR ˌbɪblɪəˈgrafɪkl
AM ˌbɪbliəˈgræfək(ə)l

bibliographically
BR ˌbɪbliəˈgræfɪkli
AM ˌbɪbliəˈgræfək(ə)li

bibliographise
BR ˌbɪblɪˈɒgrəfʌɪz,
-ɪz, -ɪŋ, -d
AM ˌbɪbliˈɑgrəˌfaɪz,
-ɪz, -ɪŋ, -d

bibliographize
BR ˌbɪblɪˈɒgrəfʌɪz,
-ɪz, -ɪŋ, -d
AM ˌbɪbliˈɑgrəˌfaɪz,
-ɪz, -ɪŋ, -d

bibliography
BR bɪblɪˈɒgrəf|i, -ɪz
AM ˌbɪbliˈɑgrəfi, -z

bibliolater
BR ˌbɪblɪˈɒlətə(r), -z
AM ˌbɪbliˈɑlədər, -z

bibliolatry
BR ˌbɪblɪˈɒlətri
AM ˌbɪbliˈɑlətri

bibliomancy
BR ˈbɪbliəˌmansi
AM ˈbɪbliəˌmænsi

bibliomania
BR ˌbɪbliəˈmeɪniə(r)
AM ˌbɪbliəˈmeɪniə

bibliomaniac
BR ˌbɪbliəˈmeɪnɪak
AM ˌbɪbliəˈmeɪniˌæk,
-s

bibliophil
BR ˈbɪbliə(ʊ)fɪl, -z
AM ˈbɪbliəˌfaɪl, -z

bibliophile
BR ˈbɪbliə(ʊ)fʌɪl, -z
AM ˈbɪbliəˌfaɪl, -z

bibliophilic
BR ˌbɪbliəˈfɪlɪk
AM ˌbɪbliəˈfɪlɪk

bibliophily
BR ˌbɪblɪˈɒfɪli,
ˌbɪblɪˈɒfl̩i
AM ˌbɪblɪˈɑfəli

bibliopole
BR ˈbɪbliə(ʊ)pəʊl,
-z
AM ˈbɪbliəˌpoʊl, -z

bibliopoly
BR ˌbɪblɪˈɒpl̩i
AM ˌbɪbliˈɑpəli

bibulous
BR ˈbɪbjʉləs
AM ˈbɪbjələs

bibulousness
BR ˈbɪbjʉləsnəs
AM ˈbɪbjələsnəs

Bic
BR bɪk, -s
AM bɪk, -s

bicameral
BR (ˌ)bʌɪˈkam(ə)r̩l
AM ˌbaɪˈkæmər(ə)l

bicameralism
BR (ˌ)bʌɪˈkam(ə)r̩ɪzm
AM ˌbaɪˈkæmərəˌlɪz(ə)m

bicarb
BR ˈbʌɪkɑːb
AM ˈbaɪˌkɑrb

bicarbonate
BR (ˌ)bʌɪˈkɑːbn̩ət
AM ˌbaɪˈkɑrbənət

bice
BR bʌɪs
AM baɪs

bicentenary
BR ˌbʌɪs(ɛ)nˈtiːnər|i,
ˌbʌɪs(ɛ)nˈtɛnər|i,
-ɪz
AM ˌbaɪsɛnˈtɛnəri, -z

bicentennial
BR ˌbʌɪs(ɛ)nˈtɛnɪəl, -z
AM ˌbaɪsənˈtɛnɪəl, -z

bicephalous
BR (ˌ)bʌɪˈsɛfl̩əs,
(ˌ)bʌɪˈkɛfl̩əs
AM baɪˈsɛfələs

biceps
BR ˈbʌɪsɛps
AM ˈbaɪˌsɛps

Bicester
BR ˈbɪstə(r)
AM ˈbɪ(sɛ)stər

bichir
BR ˈbɪʃɪə(r)
AM ˈbɪʃi(ə)r

bichloride
BR (ˌ)bʌɪˈklɔːrʌɪd, -z
AM baɪˈklɔˌraɪd, -z

bichromate
BR (ˌ)bʌɪˈkrəʊmeɪt, -s
AM baɪˈkroʊˌmeɪt, -s

bicker
BR ˈbɪk|ə(r), -əz,
-(ə)rɪŋ, -əd
AM ˈbɪkər, -z, -ɪŋ, -d

bickerer
BR ˈbɪk(ə)rə(r), -z
AM ˈbɪkərər, -z

Bickerton
BR ˈbɪkət(ə)n
AM ˈbɪkərt(ə)n

bicolor
BR ˌbʌɪˈkʌlə(r), -z
AM ˌbaɪˈkələr, -z

bicolored
BR ˌbʌɪˈkʌləd, -z
AM ˌbaɪˈkələrd, -z

bicolour
BR ˌbʌɪˈkʌlə(r), -z
AM ˌbaɪˈkələr, -z

bicoloured
BR bʌɪˈkʌləd, -z
AM ˌbaɪˈkələrd, -z

biconcave
BR (ˌ)bʌɪˈkɒŋkeɪv
AM baɪˈkɑnkeɪv

biconcavity
BR ˌbʌɪkɒnˈkavɪti,
ˌbʌɪkɒŋˈkavɪti
AM baɪˌkɑnˈkævədi

biconvex
BR (ˌ)bʌɪˈkɒnvɛks
AM baɪˈkɑnvɛks

biconvexity
BR ˌbʌɪk(ɒ)nˈvɛksɪti
AM baɪˌkɑnˈvɛksədi

bicultural
BR ˌbʌɪˈkʌltʃ(ə)r̩l
AM baɪˈkəltʃ(ər)l,
baɪˈkəltʃr(ə)l

bicuspid
BR ˌbʌɪˈkʌspɪd, -z
AM baɪˈkəspəd, -z

bicuspidate
BR ˌbʌɪˈkʌspɪdeɪt
AM baɪˈkəspəˌdeɪt,
baɪˈkəspədət

bicycle
BR ˈbʌɪsɪk|l̩, -lz,
-l̩ɪŋ\-lɪŋ, -ld
AM ˈbaɪˌsɪk(ə)l,
ˈbaɪsɪk(ə)l, -z,
-ɪŋ, -d

bicycler
BR ˈbʌɪsɪklə(r), -z
AM ˈbaɪˌsɪk(ə)lər,
ˈbaɪsɪk(ə)lər, -z

bicyclist
BR ˈbʌɪsɪklɪst, -s
AM ˈbaɪsɪkləst,
ˈbaɪˌsɪk(ə)ləst, -s

bid
BR bɪd, -z, -ɪŋ
AM bɪd, -z, -ɪŋ

biddability
BR ˌbɪdəˈbɪlɪti
AM ˌbɪdəˈbɪlɨdi

biddable
BR ˈbɪdəbl
AM ˈbɪdəb(ə)l

Biddell
BR ˈbɪdl, bɪˈdɛl
AM bɪˈdɛl,
ˈbɪd(ə)l

bidden
BR ˈbɪdn̩
AM ˈbɪd(ə)n

bidder
BR ˈbɪdə(r), -z
AM ˈbɪdər, -z

Biddie
BR ˈbɪdi
AM ˈbɪdi

Biddle
BR ˈbɪdl̩
AM ˈbɪd(ə)l

Biddulph
BR ˈbɪdʌlf
AM ˈbɪdəlf

biddy
BR ˈbɪd|i, -ɪz
AM ˈbɪdi, -z

bide
BR bʌɪd, -z, -ɪŋ, -ɪd
AM baɪd, -z, -ɪŋ,
-ɪd

Bideford
BR ˈbɪdɪfəd
AM ˈbɪdəfərd

bidet
BR ˈbiːdeɪ, -z
AM biˈdeɪ, bəˈdeɪ

bidialectal
BR ˌbʌɪdʌɪəˈlɛkt(ə)l
AM ˌbaɪˌdaɪəˈlɛkt(ə)l

bidialectalism
BR ˌbaɪdɪʌɪə'lekt̩lɪzm
AM ˌbaɪˌdaɪ'lɛktə-
ˌlɪz(ə)m
bidonville
BR 'bɪdnvɪl, -z
AM 'baɪdnv(ə)l,
'baɪdnˌvɪl, -z
Biedermeier
BR 'biːdəmʌɪə(r)
AM 'bidərˌmaɪər
Bielefeld
BR 'biːləfɛld,
'biːləfɛlt
AM 'biləˌfɛld
biennia
BR bʌɪ'ɛnɪə(r)
AM baɪ'ɛnɪə
biennial
BR bʌɪ'ɛnɪəl
AM baɪ'ɛnɪəl
biennially
BR bʌɪ'ɛnɪəli
AM baɪ'ɛnɪəli
biennium
BR bʌɪ'ɛnɪəm, -z
AM baɪ'ɛnɪəm, -z
bier
BR bɪə(r), -z
AM bɪ(ə)r, -z
Bierce
BR bɪəs
AM bɪərs
bierwurst
BR 'bɪəwəːst,
'bɪəvəːst,
'bɪəvʊəst
AM 'bɪrˌvʊrst,
'bɪrˌwərst
biff
BR bɪf, -s, -ɪŋ, -t
AM bɪf, -s,
-ɪŋ, -t
Biffen
BR 'bɪfɪn
AM 'bɪf(ə)n
biffin
BR 'bɪfɪn, -z
AM 'bɪfɪn, -z
Biffo
BR 'bɪfəʊ
AM 'bɪfoʊ

bifid
BR 'bʌɪfɪd
AM 'baɪfɪd
bifida
BR 'bɪfɪdə(r)
AM 'bɪfɪdə
bifidly
BR 'bʌɪfɪdli
AM 'baɪfɪdli
bifocal
BR ˌbʌɪ'fəʊkl, -z
AM 'baɪˌfoʊk(ə)l, -z
bifoliate
BR ˌbʌɪ'fəʊlɪeɪt,
ˌbʌɪ'fəʊlɪət
AM ˌbaɪ'foʊlɪət,
ˌbaɪ'foʊliˌeɪt
bifurcate[1] *adjective*
BR ˌbʌɪ'fəːkeɪt,
ˌbʌɪ'fəːkɪt
AM baɪ'fərkət,
baɪ'fərˌkeɪt
bifurcate[2] *verb*
BR 'bʌɪfəkeɪt, -s,
-ɪŋ, -ɪd
AM 'baɪfərˌkeɪ|t, -ts,
-dɪŋ, -dɪd
bifurcation
BR ˌbʌɪfəː'keɪʃn, -z
AM ˌbaɪfər'keɪʃ(ə)n,
-z
big
BR bɪg, -ə(r), -ɪst
AM bɪg, -ər, -ɪst
bigamist
BR 'bɪgəmɪst, -s
AM 'bɪgəməst, -s
bigamous
BR 'bɪgəməs
AM 'bɪgəməs
bigamously
BR 'bɪgəməsli
AM 'bɪgəməsli
bigamy
BR 'bɪgəmi
AM 'bɪgəmi
Bigelow
BR 'bɪgɪləʊ
AM 'bɪgəˌloʊ
big-endian
BR ˌbɪg'ɛndɪən, -z
AM ˌbɪg'ɛndɪən, -z

biggie
BR 'bɪg|i, -ɪz
AM 'bɪgi, -z
biggish
BR 'bɪgɪʃ
AM 'bɪgɪʃ
Biggles
BR 'bɪglz
AM 'bɪg(ə)lz
Biggleswade
BR 'bɪglzweɪd
AM 'bɪg(ə)lzˌweɪd
Biggs
BR bɪgz
AM bɪgz
bighead
BR 'bɪghɛd, -z, -ɪd
AM 'bɪgˌ(h)ɛd, -z,
-əd
bigheadedness
BR ˌbɪg'hɛdɪdnɪs
AM ˌbɪg'hɛdədnəs
bighorn
BR 'bɪghɔːn, -z
AM 'bɪgˌ(h)ɔ(ə)rn, -z
bight
BR bʌɪt, -s
AM baɪt, -s
bigmouth
BR 'bɪgmaʊ|θ, -ðz
AM 'bɪgˌmaʊ|θ, -ðz
bigness
BR 'bɪgnɪs
AM 'bɪgnɪs
bigot
BR 'bɪgət, -s, -ɪd
AM 'bɪgə|t, -ts, -dəd
bigotry
BR 'bɪgətri
AM 'bɪgətri
bigram
BR 'bʌɪgram, -z
AM 'baɪˌgræm, -z
bigraph
BR 'bʌɪgrɑːf, -s
AM 'baɪˌgræf, -s
bigwig
BR 'bɪgwɪg, -z
AM 'bɪgˌwɪg, -z
Bihar
BR bɪ'hɑː(r)
AM bi'hɑr

Bihari
BR bɪ'hɑːr|i, -ɪz
AM bə'hɑri, -z
bijou
BR 'biːʒuː, -z
AM ˌbi'ʒu, -z
bijouterie
BR ˌbiːˈʒuːt(ə)ri
AM bi,ʒudə'ri
bijoux
BR 'biːʒuː(z)
AM ˌbi'ʒu(z)
bike
BR bʌɪk, -s, -ɪŋ, -t
AM baɪk, -s, -ɪŋ, -t
biker
BR 'bʌɪkə(r), -z
AM 'baɪkər, -z
bikini
BR bɪ'kiːn|i, -ɪz
AM bɪ'kini, -z
Biko
BR 'biːkəʊ
AM 'bikoʊ
bilabial
BR (ˌ)bʌɪ'leɪbɪəl, -z
AM ˌbaɪ'leɪbɪəl, -z
bilabially
BR (ˌ)bʌɪ'leɪbɪəli
AM ˌbaɪ'leɪbɪəli
bilateral
BR (ˌ)bʌɪ'lat(ə)r̩l
AM ˌbaɪ'lædər(ə)l
bilateralism
BR (ˌ)bʌɪ'lat(ə)r̩lɪzm
AM ˌbaɪ'lædərəˌlɪz(ə)m
bilaterally
BR (ˌ)bʌɪ'lat(ə)r̩li
AM ˌbaɪ'lædərəli
Bilbao
BR bɪl'baʊ
AM bɪl'baʊ
SP bil'βao
bilberry
BR 'bɪlb(ə)r|i, -ɪz
AM 'bɪlˌbɛri, -z
bilbo
BR 'bɪlbəʊ, -z
AM 'bɪlboʊ, -z
Bildungsroman
BR 'bɪldʊŋsrə(ʊ)ˌmɑːn
AM 'bɪldʊŋzˌroʊˌmɑn

Bildungsromane
BR ˈbɪldʊŋsrə(ʊ)-ˌmaːnə(r)
AM ˈbɪldʊŋzˌroʊ-ˌmanə

bile
BR baɪl
AM baɪl

bilge
BR bɪldʒ, -ɪz
AM bɪldʒ, -ɪz

bilgepump
BR ˈbɪldʒpʌmp, -s
AM ˈbɪldʒˌpəmp, -s

bilharzia
BR bɪlˈhaːtsɪə(r), bɪlˈhaːzɪə(r)
AM bɪlˈharziə

bilharziasis
BR ˌbɪlhaːˈtsʌɪəsɪs, ˌbɪlhaːˈzʌɪəsɪs
AM ˌbɪl(h)arˈzaɪəsəs

biliary
BR ˈbɪlɪəri
AM ˈbɪljəri, ˈbɪliˌɛri

bilingual
BR (ˌ)baɪˈlɪŋgw(ə)l
AM ˌbaɪˈlɪŋgw(ə)l

bilingualism
BR (ˌ)baɪˈlɪŋgwl̩ɪzm
AM ˌbaɪˈlɪŋgwəˌlɪz(ə)m

bilious
BR ˈbɪlɪəs
AM ˈbɪljəs, ˈbɪliəs

biliously
BR ˈbɪlɪəsli
AM ˈbɪljəsli, ˈbɪliəsli

biliousness
BR ˈbɪlɪəsnəs
AM ˈbɪljəsnəs, ˈbɪliəsnəs

bilirubin
BR ˌbɪlɪˈruːbɪn
AM ˈbɪliˌrub(ə)n

bilk
BR bɪlk, -s, -ɪŋ, -t
AM bɪlk, -s, -ɪŋ, -t

bilker
BR ˈbɪlkə(r), -z
AM ˈbɪlkər, -z

bill
BR bɪl, -z, -ɪŋ, -d
AM bɪl, -z, -ɪŋ, -d

billable
BR ˈbɪləbl
AM ˈbɪləb(ə)l

billabong
BR ˈbɪləbɒŋ, -z
AM ˈbɪləˌbaŋ, ˈbɪləˌbɔŋ, -z

billboard
BR ˈbɪlbɔːd, -z
AM ˈbɪlˌbɔ(ə)rd, -z

Billericay
BR ˌbɪləˈrɪki
AM ˌbɪləˈrɪki

billet
BR ˈbɪlɪt, -s, -ɪŋ, -ɪd
AM ˈbɪlɪ|t, -ts, -dɪŋ, -dɪd

billet-doux
BR ˌbɪleɪˈduː, ˌbɪlɪˈduː
AM ˌbɪleɪˈdu

billetee
BR ˌbɪlɪˈtiː, -z
AM ˌbɪləˈti, -z

billeter
BR ˈbɪlɪtə(r), -z
AM ˈbɪlədər, -z

billets-doux
BR ˌbɪleɪˈduːz, ˌbɪlɪˈduːz
AM ˌbɪleɪˈduz

billfold
BR ˈbɪlfəʊld, -z
AM ˈbɪlˌfoʊld, -z

billhead
BR ˈbɪlhɛd, -z
AM ˈbɪl(h)ɛd, -z

billhook
BR ˈbɪlhʊk, -s
AM ˈbɪl(h)ʊk, -s

billiard
BR ˈbɪljəd, -z
AM ˈbɪljərd, -z

Billie
BR ˈbɪli
AM ˈbɪli

Billingham
BR ˈbɪlɪŋəm
AM ˈbɪlɪŋ(h)æm

Billingsgate
BR ˈbɪlɪŋzgeɪt
AM ˈbɪlɪŋzˌgeɪt

Billingshurst
BR ˈbɪlɪŋzhəːst
AM ˈbɪlɪŋzˌ(h)ərst

billion
BR ˈbɪljən, -z
AM ˈbɪlj(ə)n, -z

billionaire
BR ˌbɪljəˈnɛː(r), -z
AM ˈbɪljəˌnɛ(ə)r, -z

billionairess
BR ˌbɪljəˈnɛːrɪs, ˌbɪljəˈnɛːrɛs, -ɪz
AM ˈbɪljəˌnɛrəs, -əz

billionth
BR ˈbɪljənθ, -s
AM ˈbɪljənθ, -s

billon
BR ˈbɪlən
AM ˈbɪl(ə)n

billow
BR ˈbɪləʊ, -z, -ɪŋ, -d
AM ˈbɪl|oʊ, -oʊz, -əwɪŋ, -oʊd

billowy
BR ˈbɪləʊi
AM ˈbɪləwi

billposter
BR ˈbɪlˌpəʊstə(r), -z
AM ˈbɪlˌpoʊstər, -z

billposting
BR ˈbɪlˌpəʊstɪŋ
AM ˈbɪlˌpoʊstɪŋ

billsticker
BR ˈbɪlˌstɪkə(r), -z
AM ˈbɪlˌstɪkər, -z

billy
BR ˈbɪl|i, -ɪz
AM ˈbɪli, -z

billybong
BR ˈbɪlibɒŋ, -z
AM ˈbɪlɪˌbaŋ, ˈbɪlɪˌbɔŋ, -z

billycan
BR ˈbɪlɪkan, -z
AM ˈbɪliˌkæn, -z

billycock
BR ˈbɪlɪkɒk, -s
AM ˈbɪliˌkak, -s

billy-o
BR ˈbɪliəʊ
AM ˈbɪliˌoʊ

billy-oh
BR ˈbɪliəʊ
AM ˈbɪliˌoʊ

bilobate
BR baɪˈləʊbeɪt
AM baɪˈloʊˌbeɪt

bilobed
BR baɪˈləʊbd
AM baɪˈloʊbd

Biloxi
BR bɪˈlʌksi, bɪˈlɒksi
AM bəˈləksi

biltong
BR ˈbɪltɒŋ
AM ˈbɪlˌtaŋ, ˈbɪlˌtɔŋ

bimanal
BR (ˌ)baɪˈmeɪnl, ˈbɪmənl
AM ˈbɪmən(ə)l, baɪˈmeɪnl

bimanous
BR ˈbɪmənəs
AM ˈbɪmənəs

bimbashi
BR bɪmˈbaʃi, -ɪz
AM bɪmˈbæʃi, -z

bimble
BR ˈbɪmbl̩, -lz, -l̩ɪŋ\-lɪŋ, -ld
AM ˈbɪmb(ə)l, ɪŋ, -z, -d

bimbo
BR ˈbɪmbəʊ, -z
AM ˈbɪmboʊ, -z

bi-media
BR ˌbaɪˈmiːdɪə(r)
AM ˌbaɪˈmidiə

bimetallic
BR ˌbaɪmɪˈtalɪk, ˌbaɪmɛˈtalɪk
AM ˌbaɪməˈtælɪk

bimetallism
BR ˌbaɪˈmɛtl̩ɪzm
AM ˌbaɪˈmɛdl̩ˌɪz(ə)m

bimetallist
BR ˌbaɪˈmɛtl̩ɪst, -s
AM ˌbaɪˈmɛdl̩əst, -s

bimillenary
BR ˌbaɪmɪˈlen(ə)r|i,
ˌbaɪmɪˈliːn(ə)r|i,
ˌbaɪˈmɪlɪn(ə)r|i, -ɪz
AM baɪˈmɪləˌneri, -z

bimodal
BR (ˌ)baɪˈməʊdl
AM ˌbaɪˈmoʊd(ə)l

bimodality
BR ˌbaɪmə(ʊ)ˈdalɪti
AM ˌbaɪˌmoʊˈdælədi

bimonthly
BR (ˌ)baɪˈmʌnθl|i, -ɪz
AM ˌbaɪˈmənθli, -z

bin
BR bɪn, -z, -ɪŋ, -d
AM bɪn, -z, -ɪŋ, -d

binary
BR ˈbaɪn(ə)r|i, -ɪz
AM ˈbaɪˌneri,
ˈbaməri, -z

binate
BR ˈbaɪneɪt
AM ˈbaɪˌneɪt

binaural
BR (ˌ)baɪˈnɔːrl̩
AM ˌbaɪˈnɔr(ə)l

Binchy
BR ˈbɪn(t)ʃi
AM ˈbɪn(t)ʃi

bind
BR baɪnd, -z, -ɪŋ
AM baɪnd, -z, -ɪŋ

binder
BR ˈbaɪndə(r), -z
AM ˈbaɪndər, -z

bindery
BR ˈbaɪnd(ə)r|i,
-ɪz
AM ˈbaɪnd(ə)ri, -z

bindi-eye
BR ˈbɪndɪʌɪ
AM ˈbɪn(d)iˌaɪ

binding
BR ˈbaɪndɪŋ, -z
AM ˈbaɪndɪŋ, -z

bindweed
BR ˈbaɪndwiːd
AM ˈbaɪn(d)ˌwid

bine
BR baɪn, -z
AM baɪn, -z

bin-end
BR ˈbɪnend, -z
AM ˈbɪnˌend, -z

Binet
BR ˈbiːneɪ
AM bəˈneɪ

bing
BR bɪŋ, -z
AM bɪŋ, -z

binge
BR bɪn(d)ʒ, -ɪz,
-ɪŋ, -d
AM bɪndʒ, -ɪz,
-ɪŋ, -d

Bingen
BR ˈbɪŋən
AM ˈbɪŋen

Bingham
BR ˈbɪŋəm
AM ˈbɪŋ(ə)m

Bingley
BR ˈbɪŋli
AM ˈbɪŋgli

bingo
BR ˈbɪŋgəʊ
AM ˈbɪŋgoʊ

binman
BR ˈbɪnman
AM ˈbɪnˌmæn

binmen
BR ˈbɪnmen
AM ˈbɪnˌmen

binnacle
BR ˈbɪnəkl, -z
AM ˈbɪnək(ə)l, -z

Binnie
BR ˈbɪni
AM ˈbɪni

Binns
BR bɪnz
AM bɪnz

binocular *adjective*
BR (ˌ)baɪˈnɒkjələ(r),
bɪˈnɒkjələ(r)
AM baɪˈnakjələr,
bəˈnakjələr

binoculars *noun*
BR bɪˈnɒkjələz
AM bəˈnakjələrz

binomial
BR (ˌ)baɪˈnəʊmɪəl
AM baɪˈnoʊmiəl

binomially
BR (ˌ)baɪˈnəʊmɪəli
AM baɪˈnoʊmiəli

binominal
BR (ˌ)baɪˈnɒmɪnl
AM baɪˈnamən(ə)l

bint
BR bɪnt, -s
AM bɪnt, -s

Binyon
BR ˈbɪnjən
AM ˈbɪnj(ə)n

bio
BR ˈbaɪəʊ
AM ˈbaɪoʊ

bioacoustic
BR ˌbaɪəʊəˈkuːstɪk
AM ˌbaɪoʊəˈkustɪk

bioanalysis
BR ˌbaɪəʊəˈnalɪsɪs
AM ˌbaɪoʊəˈnæləsəs

bio-based
BR ˈbaɪəʊˌbeɪst
AM ˈbaɪoʊˌbeɪst

bioceramic
BR ˌbaɪə(ʊ)sɪˈramɪk,
-s
AM ˌbaɪoʊsəˈræmɪk,
-s

biochemical
BR ˌbaɪə(ʊ)ˈkemɪkl
AM ˌbaɪoʊˈkemək(ə)l

biochemist
BR ˌbaɪə(ʊ)ˈkemɪst,
-s
AM ˌbaɪəˈkeməst,
ˌbaɪoʊˈkeməst, -s

biochemistry
BR ˌbaɪə(ʊ)ˈkemɪstri
AM ˌbaɪəˈkeməstri,
ˌbaɪoʊˈkeməstri

biochip
BR ˈbaɪəʊtʃɪp, -s
AM ˈbaɪoʊˌtʃɪp, -s

biocoenology
BR ˌbaɪə(ʊ)sɪˈnɒlədʒi
AM ˌbaɪəsiˈnɑlədʒi,
ˌbaɪoʊsiˈnɑlədʒi

biocoenoses
BR ˌbaɪə(ʊ)sɪˈnəʊsiːz
AM ˌbaɪəsəˈnoʊsiz,
ˌbaɪoʊsəˈnoʊsiz

biocoenosis
BR ˌbaɪə(ʊ)sɪˈnəʊsɪs
AM ˌbaɪəsəˈnoʊsəs,
ˌbaɪoʊsəˈnoʊsəs

biocoenotic
BR ˌbaɪə(ʊ)sɪˈnɒtɪk
AM ˌbaɪəsəˈnɑdɪk,
ˌbaɪoʊsəˈnɑdɪk

biocompatibility
BR ˌbaɪəʊkəmˌpatɪˈbɪlɪti
AM ˌbaɪəkəmˌpædəˈbɪlɪdi, ˌbaɪoʊkəmˌpædəˈbɪlɪdi

biocompatible
BR ˌbaɪə(ʊ)kəmˈpatɪbl
AM ˌbaɪəkəmˈpædəb(ə)l, ˌbaɪoʊkəmˈpædəb(ə)l

biocomputing
BR ˌbaɪə(ʊ)kəmˈpjuːtɪŋ
AM ˌbaɪəkəmˈpjudɪŋ, ˌbaɪoʊkəmˈpjudɪŋ

biocontrol
BR ˌbaɪəʊkənˈtrəʊl
AM ˌbaɪəkənˈtroʊl, ˌbaɪoʊkənˈtroʊl

biodata
BR ˈbaɪə(ʊ)ˌdeɪtə(r)
AM ˈbaɪoʊˌdædə

biodegradability
BR ˌbaɪə(ʊ)dɪˌgreɪdəˈbɪlɪti
AM ˌbaɪoʊdiˌgreɪdəˈbɪlɪdi, ˌbaɪoʊdəˌgreɪdəˈbɪlɪdi

biodegradable
BR ˌbaɪə(ʊ)dɪˈgreɪdəbl
AM ˌbaɪoʊdiˈgreɪdəb(ə)l, ˌbaɪoʊdəˈgreɪdəb(ə)l

biodegradation
BR ˌbaɪə(ʊ)ˌdegrəˈdeɪʃn
AM ˌbaɪoʊˌdegrəˈdeɪʃ(ə)n

biodiversity
BR ˌbaɪə(ʊ)daɪˈvɜːsɪti
AM ˌbaɪoʊˌdaɪˈvɜrsədi, ˌbaɪoʊdəˈvɜrsədi

bioenergetic
BR ˌbaɪəʊˌenəˈdʒetɪk
AM ˌbaɪoʊˌenərˈdʒedɪk

bioenergy
BR ˌbaɪəʊˈenədʒi
AM ˌbaɪoʊˈenərdʒi

bioengineer
BR ˌbaɪəʊˌendʒɪˈnɪə(r), -z, -ɪŋ
AM ˌbaɪoʊˈendʒənɪ(ə)r, -z, -ɪŋ

bioethicist
BR ˌbaɪəʊˈeθɪsɪst, -s
AM ˌbaɪoʊˈeθəsəst, -s

bioethics
BR ˌbaɪəʊˈeθɪks
AM ˌbaɪoʊˈeθɪks

biofeedback
BR ˌbaɪəʊˈfiːdbak
AM ˌbaɪoʊˈfidˌbæk

bioflavonoid
BR ˌbaɪəʊˈfleɪvɪnɔɪd
AM ˌbaɪoʊˈfleɪvəˌnɔɪd

biofuel
BR ˈbaɪəʊˌfjuːəl, -z
AM ˈbaɪoʊˌfju(ə)l, -z

biogas
BR ˈbaɪə(ʊ)gas
AM ˈbaɪoʊˌgæs

biogenesis
BR ˌbaɪə(ʊ)ˈdʒenɪsɪs
AM ˌbaɪoʊˈdʒenəsəs

biogenetic
BR ˌbaɪə(ʊ)dʒɪˈnetɪk
AM ˌbaɪoʊdʒəˈnedɪk

biogenic
BR ˌbaɪə(ʊ)ˈdʒenɪk
AM ˌbaɪoʊˈdʒenɪk

biogeographic
BR ˌbaɪə(ʊ)ˌdʒɪəˈgrafɪk
AM ˌbaɪoʊˌdʒɪəˈgræfɪk

biogeographical
BR ˌbaɪə(ʊ)ˌdʒɪəˈgrafɪkl
AM ˌbaɪoʊˌdʒɪəˈgræfək(ə)l

biogeography
BR ˌbaɪə(ʊ)dʒɪˈɒgrəfi
AM ˌbaɪoʊdʒiˈɑgrəfi

biograph
BR ˈbaɪə(ʊ)grɑːf, -s
AM ˈbaɪəˌgræf, -s

biographer
BR baɪˈɒgrəfə(r), -z
AM baɪˈɑgrəfər, -z

biographic
BR ˌbaɪəˈgrafɪk
AM ˌbaɪəˈgræfɪk

biographical
BR ˌbaɪəˈgrafɪkl
AM ˌbaɪəˈgræfək(ə)l

biographically
BR ˌbaɪəˈgrafɪkli
AM ˌbaɪəˈgræfək(ə)li

biography
BR baɪˈɒgrəf|i, -ɪz
AM baɪˈɑgrəfi, -z

biologic
BR ˌbaɪəˈlɒdʒɪk
AM ˌbaɪəˈlɑdʒɪk

biological
BR ˌbaɪəˈlɒdʒɪkl
AM ˌbaɪəˈlɑdʒək(ə)l

biologically
BR ˌbaɪəˈlɒdʒɪkli
AM ˌbaɪəˈlɑdʒək(ə)li

biologist
BR baɪˈɒlədʒɪst, -s
AM baɪˈɑlədʒəst, -s

biology
BR baɪˈɒlədʒi
AM baɪˈɑlədʒi

bioluminescence
BR ˌbaɪəʊˌl(j)uːmɪˈnesns
AM ˌbaɪəˌluməˈnes(ə)ns

bioluminescent
BR ˌbaɪəʊˌl(j)uːmɪˈnesnt
AM ˌbaɪəˌluməˈnes(ə)nt

biomass
BR ˈbaɪə(ʊ)mas
AM ˈbaɪoʊˌmæs

biomaterial
BR ˌbaɪə(ʊ)məˈtɪərɪəl, -z
AM ˌbaɪəməˈtɪrɪəl, -z

biomathematics
BR ˌbaɪə(ʊ)maθ(ɪ)ˈmatɪks
AM ˌbaɪəˌmæθˈmædɪks

biome
BR ˈbaɪəʊm, -z
AM ˈbaɪˌoʊm, -z

biomechanics
BR ˌbaɪə(ʊ)mɪˈkanɪks
AM ˌbaɪəməˈkænɪks

biomedical
BR ˌbaɪə(ʊ)ˈmedɪkl
AM ˌbaɪəˈmedək(ə)l

biomedicine
BR ˌbaɪəʊˈmed(ɪ)s(ɪ)n
AM ˌbaɪəˈmed(ə)s(ə)n

biometric
BR ˌbaɪə(ʊ)ˈmetrɪk, -s
AM ˌbaɪoʊˈmetrɪk, -s

biometrical
BR ˌbaɪə(ʊ)ˈmetrɪkl
AM ˌbaɪoʊˈmetrək(ə)l

biometrician
BR ˌbaɪə(ʊ)mɪˈtrɪʃn, -z
AM ˌbaɪoʊməˈtrɪʃ(ə)n, -z

biometry
BR baɪˈɒmɪtri
AM baɪˈɑmətri

biomorph
BR ˈbaɪə(ʊ)mɔːf, -s
AM ˈbaɪəˌmɔ(ə)rf, -s

biomorphic
BR ˌbaɪə(ʊ)ˈmɔːfɪk
AM ˌbaɪəˈmɔrfɪk

bionic
BR baɪˈɒnɪk, -s
AM baɪˈɑnɪk, -s

bionically
BR baɪˈɒnɪkli
AM baɪˈɑnək(ə)li

bionomic
BR ˌbaɪə(ʊ)ˈnɒmɪk, -s
AM baɪˈnɑmɪk, -s

biopharma
BR ˈbaɪə(ʊ)ˌfɑːmə(r), -z
AM ˈbaɪoʊˌfɑrmə, -z

biophysic
BR ˌbaɪə(ʊ)ˈfɪzɪk, -s
AM ˌbaɪoʊˈfɪzɪk, -s

biophysical
BR ˌbaɪə(ʊ)ˈfɪzɪkl
AM ˌbaɪoʊˈfɪzɪk(ə)l

biophysically
BR ˌbaɪə(ʊ)ˈfɪzɪkli
AM ˌbaɪoʊˈfɪzɪkəl(ə)li

biophysicist
BR ˌbaɪə(ʊ)ˈfɪzɪsɪst, -s
AM ˌbaɪoʊˈfɪzɪsɪst, -s

biopic
BR ˈbaɪə(ʊ)pɪk, -s
AM ˈbaɪoʊˌpɪk, -s

biopsy
BR ˈbaɪɒps|i, -ɪz
AM ˈbaɪˌɑpsi, -z

bioreactor
BR ˌbaɪə(ʊ)rɪˈaktə(r), -z
AM ˌbaɪoʊˌriˈæktər, -z

biorhythm
BR ˈbaɪə(ʊ)ˌrɪðm, -z
AM ˌbaɪoʊˌrɪð(ə)m, -z

biorhythmic
BR ˌbaɪə(ʊ)ˈrɪðmɪk
AM ˌbaɪoʊˈrɪðmɪk

biorhythmically
BR ˌbaɪə(ʊ)ˈrɪðmɪkli
AM ˌbaɪoʊˈrɪðmɪk(ə)li

bioscope
BR ˈbaɪəskəʊp, -s
AM ˈbaɪəsˌkoʊp, -s

biosecure
BR ˌbaɪə(ʊ)sɪˈkjʊə(r), ˌbaɪə(ʊ)sɪˈkjɔː(r)
AM ˌbaɪoʊsəˈkjʊ(ə)r

biosensor
BR ˌbaɪə(ʊ)ˌsensə(r), -z
AM ˈbaɪəˌsensər, ˈbaɪoʊˌsensər, -z

biosphere
BR ˈbaɪəsfɪə(r)
AM ˈbaɪəˌsfɪ(ə)r

biosyntheses
BR ˌbaɪə(ʊ)ˈsɪnθɪsiːz
AM ˌbaɪoʊˈsɪnθəsiz

biosynthesis
BR ˌbaɪə(ʊ)ˈsɪnθɪsɪs
AM ˌbaɪoʊˈsɪnθəsəs

biosynthetic
BR ˌbaɪə(ʊ)sɪnˈθetɪk
AM ˌbaɪoʊˌsɪnˈθedɪk

biota
BR baɪˈəʊtə(r)
AM baɪˈoʊdə

biotechnologist
BR ˌbaɪə(ʊ)tekˈnɒlədʒɪst, -s
AM ˌbaɪoʊˌtekˈnɑlədʒəst, -s

biotechnology
BR ˌbaɪə(ʊ)tek-ˈnɒlədʒi
AM ˌbaɪoʊˌtekˈnɑlədʒi

biotic
BR baɪˈɒtɪk
AM baɪˈɑdɪk

biotin
BR ˈbaɪətɪn, -z
AM ˈbaɪətn, -z

biotite
BR ˈbaɪətʌɪt, -s
AM ˈbaɪəˌtaɪt, -s

biotoxin
BR ˈbaɪə(ʊ)ˌtɒksɪn, -z
AM ˈbaɪoʊˌtaksən, -z

biowaste
BR ˈbaɪə(ʊ)weɪst
AM ˈbaɪoʊˌweɪst

biparous
BR ˈbɪp(ə)rəs
AM ˈbɪpərəs

bipartisan
BR ˌbaɪpɑːtɪˈzan, baɪˈpɑːtɪzn
AM baɪˈpɑrdəz(ə)n

bipartisanship
BR ˌbaɪpɑːtɪˈzanʃɪp, baɪˈpɑːtɪznʃɪp
AM baɪˈpɑrdəzənˌʃɪp

bipartite
BR (ˌ)baɪˈpɑːtʌɪt
AM baɪˈpɑrˌtaɪt

biped
BR ˈbaɪpɛd, -z
AM ˈbaɪˌpɛd, -z

bipedal
BR ˌbaɪˈpiːdl, ˌbaɪˈpɛdl
AM ˌbaɪˈpid(ə)l, ˌbaɪˈpɛd(ə)l

bipedalism
BR ˌbaɪˈpiːdlˌɪzm, ˌbaɪˈpɛdlˌɪzm
AM ˌbaɪˈpidlˌɪz(ə)m, ˌbaɪˈpɛdlˌɪz(ə)m

bipedality
BR ˌbaɪpɛˈdalɪti, ˌbaɪpɪˈdalɪti
AM ˌbaɪpəˈdælədi

biphenyl
BR ˌbʌɪˈfiːnʌɪl, ˌbʌɪˈfɛnɪl, -z
AM baɪˈfɛn(ə)l, -z

bipinnate
BR ˌbʌɪˈpɪneɪt, ˌbʌɪˈpɪnɪt
AM baɪˈpɪnɪt

biplane
BR ˈbʌɪpleɪn, -z
AM ˈbaɪˌpleɪn, -z

bipolar
BR ˌbʌɪˈpəʊlə(r)
AM baɪˈpoʊlər

bipolarity
BR ˌbʌɪpə(ʊ)ˈlarɪti
AM ˌbaɪpoʊˈlɛrədi

biquadratic
BR ˌbʌɪkwɒˈdratɪk, -s
AM ˌbaɪkwəˈdrædɪk, ˌbaɪkwɑˈdrædɪk, -s

birch
BR bəːtʃ, -ɪz, -ɪŋ, -t
AM bərtʃ, -əz, -ɪŋ, -t

birchen
BR ˈbəːtʃn
AM ˈbərtʃ(ə)n

birchwood
BR ˈbəːtʃwʊd
AM ˈbərtʃˌwʊd

bird
BR bəːd, -z
AM bərd, -z

birdbath
BR ˈbəːd|bɑːθ, -bɑːðz\-bɑːθs
AM ˈbərd|bæ|θ, -θs\-ðz

birdbrain
BR ˈbəːdbreɪn, -z, -d
AM ˈbərdˌbreɪn, -z, -d

birdcage
BR ˈbəːdkeɪdʒ, -ɪz
AM ˈbərdˌkeɪdʒ, -ɪz

birder
BR ˈbəːdə(r), -z
AM ˈbərdər, -z

birdie
BR ˈbəːd|i, -ɪz
AM ˈbərdi, -z

birdlime
BR ˈbəːdlʌɪm
AM ˈbərdˌlaɪm

birdseed
BR ˈbəːdsiːd
AM ˈbərdˌsid

Birdseye
BR ˈbəːdzʌɪ
AM ˈbərdzˌaɪ

bird's-eye
BR ˈbəːdzʌɪ
AM ˈbərdzˌaɪ

birdsong
BR ˈbəːdsɒŋ
AM ˈbərdˌsɑŋ, ˈbərdˌsɔŋ

birdtable
BR ˈbəːdˌteɪbl, -z
AM ˈbərdˌteɪb(ə)l, -z

birdwatcher
BR ˈbəːdˌwɒtʃə(r), -z
AM ˈbərdˌwatʃər, ˈbərdˌwɒtʃər, -z

birdwatching
BR ˈbəːdˌwɒtʃɪŋ
AM ˈbərdˌwatʃɪŋ, ˈbərdˌwɒtʃɪŋ

birefringence
BR ˌbʌɪrɪˈfrɪn(d)ʒ(ə)ns
AM ˌbaɪrəˈfrɪndʒ(ə)ns

birefringent
BR ˌbʌɪrɪˈfrɪn(d)ʒ(ə)nt
AM ˌbaɪrəˈfrɪndʒ(ə)nt

bireme
BR ˈbʌɪriːm, -z
AM ˈbaɪˌrim, -z

biretta
BR bɪˈrɛtə(r), -z
AM bəˈrɛdə, -z

Birgitta
BR bɪəˈgɪtə(r)
AM bərˈgɪdə

biriani
BR ˌbɪrɪˈɑːn|i, -ɪz
AM ˌbɪriˈani, -z

Birkbeck
BR ˈbəːkbɛk
AM ˈbərkbɛk

Birkenhead
BR ˌbəːknˈhɛd, ˈbəːknhɛd
AM ˈbərkənˌ(h)ɛd

Birkenshaw
BR ˈbəːk(ɪ)nʃɔː(r)
AM ˈbərk(ə)nˌʃɔ

Birkett
BR ˈbəːkɪt
AM ˈbərkət

birl
BR bəːl, -z, -ɪŋ, -d
AM bərl, -z, -ɪŋ, -d

Birmingham[1] *place in England*
BR ˈbəːmɪŋəm
AM ˈbərmɪŋˌ(h)æm

Birmingham[2] *place in USA*
BR ˈbəːmɪŋham
AM ˈbərmɪŋˌ(h)æm

biro
BR ˈbʌɪrəʊ, -z
AM ˈbaɪroʊ, ˈbɪroʊ, -z

Birobidzhan
BR ˌbɪrəbɪˈdʒɑːn, ˌbɪrəbɪˈdʒan
AM ˌbɪroʊbəˈ(d)ʒan
RUS bʲɪrəbʲiˈdʒan

birr
BR bəː(r), -z, -ɪŋ, -d
AM bər, -z, -ɪŋ, -d

Birt
BR bəːt
AM bərt

birth
BR bəːθ, -s, -ɪŋ, -t
AM bərθ, -s, -ɪŋ, -t

birthday
BR ˈbəːθdeɪ, -z
AM ˈbərθˌdeɪ, -z

birthmark
BR ˈbəːθmɑːk, -s
AM ˈbərθˌmɑrk, -s

birthplace
BR ˈbəːθpleɪs, -ɪz
AM ˈbərθˌpleɪs, -ɪz

birthrate
BR ˈbəːθreɪt, -s
AM ˈbərθˌreɪt, -s

birthright
BR ˈbəːθrʌɪt, -s
AM ˈbərθˌraɪt, -s

birthstone
BR ˈbəːθstəʊn, -z
AM ˈbərθˌstoʊn, -z

birthweight
BR ˈbəːθweɪt
AM ˈbərθˌweɪt

Birtwistle
BR ˈbəːtwɪsl
AM ˈbərtˌwɪs(ə)l

biryani
BR ˌbɪriˈɑːn|i, -ɪz
AM ˌbiriˈani, -z

bis
BR bɪs
AM bɪs

Biscay
BR ˈbɪskeɪ
AM ˌbɪsˈkeɪ

Biscayne
BR bɪˈskeɪn
AM bɪsˈkeɪn

biscuit
BR ˈbɪskɪt, -s
AM ˈbɪskɪt, -s

biscuity
BR ˈbɪskɪti
AM ˈbɪskɪdi

bisect
BR bʌɪˈsɛkt, -s, -ɪŋ, -ɪd
AM baɪˈsɛk|(t), -(t)s, -tɪŋ, -təd

bisection
BR bʌɪˈsɛkʃn
AM baɪˈsɛkʃ(ə)n

bisector
BR bʌɪˈsɛktə(r), -z
AM baɪˈsɛktər, -z

bisexual
BR (ˌ)bʌɪˈsɛkʃʊəl,
(ˌ)bʌɪˈsɛkʃ(ʊ)l,
(ˌ)bʌɪˈsɛksjʊ(ə)l, -z
AM ˌbaɪˈsɛkʃ(əw)əl, -z

bisexuality
BR ˌbʌɪsɛkʃʊˈalɪti,
ˌbʌɪsɛksjʊˈalɪti
AM ˌbaɪˌsɛkʃəˈwælədi

bish
BR bɪʃ, -ɪz
AM bɪʃ, -ɪz

bishop
BR ˈbɪʃəp, -s
AM ˈbɪʃəp, -s

bishopric
BR ˈbɪʃəprɪk, -s
AM ˈbɪʃəprɪk, -s

Bishopsgate
BR ˈbɪʃəpsgeɪt
AM ˈbɪʃəpsˌgeɪt

bisk
BR bɪsk, -s
AM bɪsk, -s

Bislama
BR ˈbɪʃləmɑː(r)
AM bɪsˈlɑmə

Bisley
BR ˈbɪzli
AM ˈbɪzli

Bismarck
BR ˈbɪzmɑːk
AM ˈbɪzmɑrk

bismuth
BR ˈbɪzməθ
AM ˈbɪzməθ

bison
BR ˈbʌɪsn, -z
AM ˈbaɪs(ə)n, -z

bisque
BR bɪsk, -s
AM bɪsk, -s

Bissau
BR bɪˈsaʊ
AM bɪˈsaʊ

Bissell
BR ˈbɪsl
AM ˈbɪs(ə)l

bissextile
BR bɪˈsɛkstʌɪl
AM baɪˈsɛkst(ə)l

bistable
BR ˌbʌɪˈsteɪbl
AM baɪˈsteɪb(ə)l

bister
BR ˈbɪstə(r), -d
AM ˈbɪstər, -d

Bisto
BR ˈbɪstəʊ
AM ˈbɪstoʊ

bistort
BR ˈbɪstɔːt, -s
AM ˈbɪstɔ(ə)rt, -s

bistoury
BR ˈbɪst(ə)r|i, -ɪz
AM ˈbɪst(ə)ri, -z

bistre
BR ˈbɪstə(r), -d
AM ˈbɪstər, -d

bistro
BR ˈbɪstrəʊ,
ˈbiːstrəʊ, -z
AM ˈbistroʊ, ˈbɪstroʊ, -z

bisulfate
BR ˌbʌɪˈsʌlfeɪt
AM baɪˈsəlˌfeɪt

bisulphate
BR ˌbʌɪˈsʌlfeɪt
AM baɪˈsəlˌfeɪt

bisulphite
BR ˌbʌɪˈsʌlfʌɪt
AM baɪˈsəlˌfaɪt

bit
BR bɪt, -s
AM bɪt, -s

bitch
BR bɪtʃ, -ɪz, -ɪŋ, -t
AM bɪtʃ, -ɪz, -ɪŋ, -t

bitchily
BR ˈbɪtʃɪli
AM ˈbɪtʃɪli

bitchiness
BR ˈbɪtʃɪnɪs
AM ˈbɪtʃɪnɪs

bitchy
BR ˈbɪtʃ|i, -ɪə(r), -ɪɪst
AM ˈbɪtʃi, -ər, -əst

bite
BR bʌɪt, -s, -ɪŋ
AM baɪ|t, -ts, -dɪŋ

biter
BR ˈbʌɪtə(r), -z
AM ˈbaɪdər, -z

Bithynia
BR bɪˈθɪnɪə(r)
AM bəˈθɪniə

bitingly
BR ˈbʌɪtɪŋli
AM ˈbaɪdɪŋli

bitmap
BR ˈbɪtmap, -s, -ɪŋ, -t
AM ˈbɪtˌmæp, -s, -ɪŋ, -t

bitt
BR bɪt, -s
AM bɪt, -s

bitten
BR ˈbɪtn
AM ˈbɪtn

bitter
BR ˈbɪt|ə(r), -əz,
-(ə)rə(r), -(ə)rɪst
AM ˈbɪdər, -z, -ər, -əst

bitterling
BR ˈbɪtəlɪŋ, -z
AM ˈbɪdərlɪŋ, -z

bitterly
BR ˈbɪtəli
AM ˈbɪdərli

bittern
BR ˈbɪtn, ˈbɪtəːn, -z
AM ˈbɪdərn, -z

bitterness
BR ˈbɪtənəs
AM ˈbɪdərnəs

bitterroot
BR ˈbɪtəruːt
AM ˈbɪdərˌrʊt, ˈbɪdərˌrut

bittersweet[1] *adjective*
BR ˌbɪtəˈswiːt
AM ˈˌbɪdərˌswit

bittersweet[2] *noun*
BR ˈbɪtəswiːt
AM ˈbɪdərˌswit

bittily
BR ˈbɪtɪli
AM ˈbɪdɪli

bittiness
BR ˈbɪtɪnɪs
AM ˈbɪdɪnɪs

bitty
BR ˈbɪt|i, -ɪə(r), -ɪɪst
AM ˈbɪdi, -ər, -ɪst

bitumen
BR ˈbɪtʃʊmɪn, ˈbɪtjʊmɪn
AM bəˈt(j)um(ə)n, baɪˈt(j)um(ə)n

bituminisation
BR bɪˌtjuːmɪnʌɪˈzeɪʃn, bɪˌtʃuːmɪnʌɪˈzeɪʃn
AM bəˌt(j)umənəˈzeɪʃ(ə)n, baɪˌt(j)uməˌnaɪˈzeɪʃ(ə)n, bəˌt(j)uməˌnaɪˈzeɪʃ(ə)n, baɪˌt(j)umənəˈzeɪʃ(ə)n

bituminise
BR bɪˈtjuːmɪnʌɪz, bɪˈtʃuːmɪnʌɪz, -ɪz, -ɪŋ, -d
AM bəˈt(j)umənˌaɪz, baɪˈt(j)umənˌaɪz, -ɪz, -ɪŋ, -d

bituminization
BR bɪˌtjuːmɪnʌɪˈzeɪʃn,
bɪˌtʃuːmɪnʌɪˈzeɪʃn
AM bəˌt(j)umənə-
ˈzeɪʃ(ə)n, baɪ-
ˌt(j)uməˌnaɪˈzeɪʃ(ə)n,
bəˌt(j)uməˌnaɪ-
ˈzeɪʃ(ə)n, baɪ-
ˌt(j)umənəˈzeɪʃ(ə)n

bituminize
BR bɪˈtjuːmɪnʌɪz,
bɪˈtʃuːmɪnʌɪz, -ɪz,
-ɪŋ, -d
AM bəˈt(j)umənˌaɪz,
baɪˈt(j)umənˌaɪz,
-ɪz, -ɪŋ, -d

bituminous
BR bɪˈtjuːmɪnəs,
bɪˈtʃuːmɪnəs
AM bəˈt(j)umənəs,
baɪˈt(j)umənəs

bivalence
BR (ˌ)bʌɪˈveɪlən̩s
AM ˌbaɪˈveɪl(ə)ns

bivalency
BR (ˌ)bʌɪˈveɪln̩si
AM ˌbaɪˈveɪlənsi

bivalent
BR ˌbʌɪˈveɪln̩t
AM ˌbaɪˈveɪl(ə)nt

bivalve
BR ˈbʌɪvalv, -z
AM ˈbaɪˌvælv, -z

bivouac
BR ˈbɪvʊak, -s, -ɪŋ, -t
AM ˈbɪv(ə)ˌwæk, -s,
-ɪŋ, -t

bivvy
BR ˈbɪv|i, -ɪz
AM ˈbɪvi, -z

biweekly
BR (ˌ)bʌɪˈwiːkl|i, -ɪz
AM ˌbaɪˈwikli, -z

biyearly
BR ˌbʌɪˈjɪəli, ˌbʌɪˈjəːli
AM ˌbaɪˈjɪrli

biz
BR bɪz
AM bɪz

bizarre
BR bɪˈzɑː(r)
AM bəˈzɑr

bizarrely
BR bɪˈzɑːli
AM bəˈzɑrli

bizarreness
BR bɪˈzɑːnəs
AM bəˈzɑrnəs

bizarrerie
BR bɪˈzɑːrəri
AM bəˌzɑrəˈri,
bəˈzɑrəri

Bizerta
BR bɪˈzəːtə(r)
AM bəˈzərdə

Bizerte
BR bɪˈzəːtə(r)
AM bəˈzərdə

Bizet
BR ˈbiːzeɪ
AM bɪˈzeɪ

Bjorn
BR bɪˈɔːn
AM bjɔ(ə)rn
SW bjəːrn

blab
BR blab, -z, -ɪŋ, -d
AM blæb, -z, -ɪŋ, -d

blabber
BR ˈblab|ə(r), -əz,
-(ə)rɪŋ, -əd
AM ˈblæbər, -z, -ɪŋ, -d

blabbermouth
BR ˈblabəmaʊ|θ, -ðz
AM ˈblæbərˌmaʊ|θ,
-θs\-ðz

Blaby
BR ˈbleɪbi
AM ˈblæbi

black
BR blak, -s, -ɪŋ, -t,
-ə(r), -ɪst
AM blæk, -s, -ɪŋ, -t,
-ər, -əst

blackamoor
BR ˈblakəmɔː(r), -z
AM ˈblækəˌmɔ(ə)r, -z

blackball
BR ˈblakbɔːl, -z, -ɪŋ, -d
AM ˈblækˌbal,
ˈblækˌbɔl, -z, -ɪŋ, -d

blackbeetle
BR ˈblakˌbiːtl, -z
AM ˈblækˌbid(ə)l, -z

blackberry
BR ˈblakb(ə)r|i, -ɪz
AM ˈblækˌberi, -z

blackberrying
BR ˈblakˌberɪɪŋ
AM ˈblækˌberiɪŋ

blackbird
BR ˈblakbəːd, -z
AM ˈblækˌbərd, -z

blackboard
BR ˈblakbɔːd, -z
AM ˈblækˌbɔ(ə)rd, -z

blackboy
BR ˈblakbɔɪ, -z
AM ˈblækˌbɔɪ, -z

blackbuck
BR ˈblakbʌk, -s
AM ˈblækˌbək, -s

Blackburn
BR ˈblakbəːn
AM ˈblækbərn

blackcap *bird*
BR ˈblakkap, -s
AM ˈblækˌkæp, -s

blackcock
BR ˈblakkɒk, -s
AM ˈblækˌkɑk, -s

blackcurrant
BR ˌblakˈkʌrn̩t
AM ˌblækˈkər(ə)nt

blacken
BR ˈblak|(ə)n, -(ə)nz,
-ənɪŋ\-n̩ɪŋ, -(ə)nd
AM ˈblæk(ə)n, -z, -ɪŋ, -d

Blackett
BR ˈblakɪt
AM ˈblækət

Blackfeet
BR ˈblakfiːt
AM ˈblækˌfit

blackfellow
BR ˈblakˌfɛləʊ, -z
AM ˈblækˌfɛloʊ, -z

blackfish
BR ˈblakfɪʃ
AM ˈblækˌfɪʃ

blackfly
BR ˈblakflʌɪ, -z
AM ˈblækˌflaɪ, -z

Blackfoot
BR ˈblakfʊt
AM ˈblækˌfʊt

Blackfriars
BR ˌblakˈfrʌɪəz,
ˈblakˌfrʌɪəz
AM ˈblækˌfraɪərz

blackguard
BR ˈblagɑːd,
ˈblagəd, -z
AM ˈblæˌgɑrd,
ˈblægərd, -z

blackguardly
BR ˈblagɑːdli,
ˈblagədli
AM ˈblæˌgɑrdli,
ˈblægərdli

blackhead
BR ˈblakhɛd, -z
AM ˈblæk,(h)ɛd, -z

Blackheath
BR ˌblakˈhiːθ
AM ˈblæk,(h)iθ

Blackie
BR ˈblaki, ˈbleɪki
AM ˈblæki

blacking
BR ˈblakɪŋ
AM ˈblækɪŋ

blackish
BR ˈblakɪʃ
AM ˈblækɪʃ

blackjack
BR ˈblakdʒak
AM ˈblækˌdʒæk

blacklead
BR ˈblaklɛd, -z, -ɪŋ, -ɪd
AM ˈblækˌlɛd, -z, -ɪŋ,
-əd

blackleg
BR ˈblaklɛg, -z
AM ˈblækˌlɛg, -z

blacklist
BR ˈblaklɪst, -s, -ɪŋ,
-ɪd
AM ˈblækˌlɪst, -s, -ɪŋ,
-ɪd

blackly
BR ˈblakli
AM ˈblækli

blackmail
BR ˈblakmeɪl, -z,
-ɪŋ, -d
AM ˈblækˌmeɪl, -z,
-ɪŋ, -d

blackmailer
BR ˈblakˌmeɪlə(r), -z
AM ˈblækˌmeɪlər, -z

Black Maria
BR ˌblak məˈrʌɪə(r), -z
AM ˌblæk məˈriə, -z

Blackmore
BR ˈblakmɔː(r)
AM ˈblækˌmɔ(ə)r

blackness
BR ˈblaknəs
AM ˈblæknəs

blackout
BR ˈblakaʊt, -s
AM ˈblækˌaʊt, -s

Blackpool
BR ˈblakpuːl
AM ˈblækˌpul

Blackshirt
BR ˈblakʃəːt, -s
AM ˈblækˌʃərt, -s

blacksmith
BR ˈblaksmɪθ, -s
AM ˈblækˌsmɪθ, -s

blackspot
BR ˈblakspɒt, -s
AM ˈblækˌspɑt, -s

Blackstone
BR ˈblakstəʊn, ˈblakstn
AM ˈblækst(ə)n, ˈblækˌstoʊn

blackthorn
BR ˈblakθɔːn, -z
AM ˈblækˌθɔ(ə)rn, -z

blacktop
BR ˈblaktɒp, -s
AM ˈblækˌtɑp, -s

Blackwall
BR ˈblakwɔːl
AM ˈblækˌwɑl, ˈblækˌwɔl

Blackwell
BR ˈblakw(ɛ)l
AM ˈblækw(ə)l, ˈblækˌwɛl

Blackwood
BR ˈblakwʊd
AM ˈblækˌwʊd

bladder
BR ˈbladə(r), -z
AM ˈblædər, -z

bladderwort
BR ˈbladəwəːt, -s
AM ˈblædərˌwɔ(ə)rt, ˈblædərwərt, -s

bladderwrack
BR ˈbladərak
AM ˈblædə(r)ˌræk

blade
BR bleɪd, -z, -ɪd
AM bleɪd, -z, -ɪd

bladebone
BR ˈbleɪdbəʊn, -z
AM ˈbleɪdˌboʊn, -z

Bladon
BR ˈbleɪdn
AM ˈbleɪd(ə)n

blaeberry
BR ˈbleɪb(ə)r|i, -ɪz
AM ˈbleɪˌbɛri, -z

Blaenau Ffestiniog
BR ˌblʌɪnʌɪ fɛˈstɪnɪɒg
AM ˈbleɪnaɪ fɛˈstɪnjɑg
WE ˌbleɪnaɪ fɛˈstɪnjɒg

blag
BR blag, -z, -ɪŋ, -d
AM blæg, -z, -ɪŋ, -d

blagger
BR ˈblagə(r), -z
AM ˈblægər, -z

blague
BR blag
AM blɑg

blagueur
BR blaˈgəː(r), -z
AM blaˈgər, ˈblɑgər, -z

blah
BR blɑː(r)
AM blɑ

blah-blah
BR ˌblɑːˈblɑː(r)
AM ˈblɑˈblɑ

blain
BR bleɪn, -z
AM bleɪn, -z

Blair
BR blɛː(r)
AM blɛ(ə)r

Blairgowrie
BR ˌblɛːˈgaʊri
AM ˌblɛrˈgaʊri

Blaise
BR bleɪz
AM bleɪz

Blake
BR bleɪk
AM bleɪk

Blakemore
BR ˈbleɪkmɔː(r)
AM ˈbleɪkˌmɔ(ə)r

Blakeney
BR ˈbleɪkni
AM ˈbleɪkni

Blakey
BR ˈbleɪk|i, -ɪz
AM ˈbleɪki, -z

blamable
BR ˈbleɪməbl
AM ˈbleɪməb(ə)l

blamably
BR ˈbleɪməbli
AM ˈbleɪməbli

blame
BR bleɪm, -z, -ɪŋ, -d
AM bleɪm, -z, -ɪŋ, -d

blameable
BR ˈbleɪməbl
AM ˈbleɪməb(ə)l

blameably
BR ˈbleɪməbli
AM ˈbleɪməbli

blameful
BR ˈbleɪmf(ʊ)l
AM ˈbleɪmf(ə)l

blamefully
BR ˈbleɪmfʊli, ˈbleɪmfli
AM ˈbleɪmfəli

blameless
BR ˈbleɪmlɪs
AM ˈbleɪmlɪs

blamelessly
BR ˈbleɪmlɪsli
AM ˈbleɪmlɪsli

blamelessness
BR ˈbleɪmlɪsnɪs
AM ˈbleɪmlɪsnɪs

blameworthiness
BR ˈbleɪmˌwəːðɪnɪs
AM ˈbleɪmˌwərðɪnɪs

blameworthy
BR ˈbleɪmˌwəːði
AM ˈbleɪmˌwərði

blanc
BR blɑːŋk, blɒ̃
AM blɑŋk

blanch
BR blɑːn(t)ʃ, -ɪz, -ɪŋ, -t
AM blæn(t)ʃ, -əz, -ɪŋ, -t

Blanchard
BR ˈblɑn(t)ʃɑːd
AM ˈblæn(t)ʃərd

Blanche
BR blɑːn(t)ʃ
AM blæn(t)ʃ

blancmange
BR bləˈmɒn(d)ʒ, -ɪz
AM bləˈmɑn(d)ʒ, -əz

blanco
BR ˈblaŋkəʊ, -z, -ɪŋ, -d
AM ˈblæŋkoʊ, -z, -ɪŋ, -d

bland
BR bland, -ə(r), -ɪst
AM blænd, -ər, -əst

Blandford
BR ˈblan(d)fəd
AM ˈblæn(d)fərd

blandish
BR ˈbland|ɪʃ, -ɪʃɪz, -ɪʃɪŋ, -ɪʃt
AM ˈblændɪʃ, -ɪz, -ɪŋ, -t

blandishment
BR ˈblandɪʃm(ə)nt, -s
AM ˈblændɪʃm(ə)nt, -s

blandly
BR ˈblandli
AM ˈblæn(d)li

blandness
BR ˈblan(d)nəs
AM ˈblæn(d)nəs

blank
BR blaŋ|k, -ks, -kɪŋ, -(k)t, -kə(r), -kɪst
AM blæŋ|k, -ks, -kɪŋ, -(k)t, -kər, -kəst

Blankenship
BR ˈblaŋk(ə)nʃɪp
AM ˈblæŋkɛnˌʃɪp

blanket
BR ˈblæŋk|ɪt, -ɪts, -ɪtɪŋ, -ɪtɪd
AM ˈblæŋkə|t, -ts, -dɪŋ, -dəd

blanketweed
BR ˈblæŋkɪtwiːd
AM ˈblæŋkətˌwid

blankety
BR ˈblæŋkɪti
AM ˈblæŋkədi

blankness
BR ˈblæŋknəs
AM ˈblæŋknəs

blanky
BR ˈblæŋki
AM ˈblæŋki

blanquette
BR ˌblɒŋˈkɛt, ˌblæŋˈkɛt, -s
AM ˌblɑŋˈkɛt, -s

Blantyre
BR ˈblæntʌɪə(r)
AM ˈblænˌtaɪ(ə)r

blare
BR blɛː(r), -z, -ɪŋ, -d
AM blɛ(ə)r, -z, -ɪŋ, -d

blarney
BR ˈblɑːni
AM ˈblɑrni

blasé
BR ˈblɑːzeɪ
AM blɑˈzeɪ

blaspheme
BR blasˈfiːm, blɑːsˈfiːm, -z, -ɪŋ, -d
AM ˌblæsˈfim, -z, -ɪŋ, -d

blasphemer
BR blasˈfiːmə(r), blɑːsˈfiːmə(r), -z
AM ˈblæsfəmər, blæsˈfimər, -z

blasphemous
BR ˈblasfəməs, ˈblɑːsfəməs
AM ˈblæsfəməs

blasphemously
BR ˈblasfəməsli, ˈblɑːsfəməsli
AM ˈblæsfəməsli

blasphemy
BR ˈblasfəm|i, ˈblɑːsfəm|i, -ɪz
AM ˈblæsfəmi, -z

blast
BR blɑːst, -s, -ɪŋ, -ɪd
AM blæst, -s, -ɪŋ, -əd

blaster
BR ˈblɑːstə(r), -z
AM ˈblæstər, -z

blastula
BR ˈblastjʉlə(r), ˈblastʃʉlə(r), -z
AM ˈblæstʃələ, -z

blastulae
BR ˈblastjʉliː, ˈblastʃʉliː
AM ˈblæstʃəˌlaɪ, ˈblæstʃəli

blatancy
BR ˈbleɪt(ə)nsi
AM ˈbleɪtnsi

blatant
BR ˈbleɪt(ə)nt
AM ˈbleɪtnt

blatantly
BR ˈbleɪt(ə)ntli
AM ˈbleɪtn(t)li

Blatchford
BR ˈblatʃfəd
AM ˈblætʃfərd

blather
BR ˈblað|ə(r), -əz, -(ə)rɪŋ, -əd
AM ˈblæðər, -z, -ɪŋ, -d

blatherer
BR ˈblað(ə)rə(r), -z
AM ˈblæðərər, -z

blatherskite
BR ˈblaðəskʌɪt, -s
AM ˈblæðərˌskaɪt, -s

Blavatsky
BR bləˈvatski
AM bləˈvætski

Blawith[1]
BR ˈbleɪwɪθ
AM ˈbleɪˌwɪθ

Blawith[2] *places in Cumbria, UK*
BR ˈblɑːð
AM ˈbleɪˌwɪθ

Blaydon
BR ˈbleɪdn
AM ˈbleɪd(ə)n

blaze
BR bleɪz, -ɪz, -ɪŋ, -d
AM bleɪz, -ɪz, -ɪŋ, -d

blazer
BR ˈbleɪzə(r), -z
AM ˈbleɪzər, -z

blazingly
BR ˈbleɪzɪŋli
AM ˈbleɪzɪŋli

blazon
BR ˈbleɪzn̩, -z, -ɪŋ, -d
AM ˈbleɪz(ə)n, -z, -ɪŋ, -d

blazonment
BR ˈbleɪznm(ə)nt
AM ˈbleɪzənm(ə)nt

blazonry
BR ˈbleɪznri
AM ˈbleɪzənri

Blea
BR bliː
AM bli

bleach
BR bliːtʃ, -ɪz, -ɪŋ, -t
AM blitʃ, -ɪz, -ɪŋ, -t

bleacher
BR ˈbliːtʃə(r), -z
AM ˈblitʃər, -z

bleak
BR bliːk, -ə(r), -ɪst
AM blik, -ər, -ɪst

bleakly
BR ˈbliːkli
AM ˈblikli

bleakness
BR ˈbliːknɪs
AM ˈbliknɪs

blear
BR blɪə(r)
AM blɪ(ə)r

blearily
BR ˈblɪərɪli
AM ˈblɪrɪli, ˈblɪrɪli

bleariness
BR ˈblɪərɪnɪs
AM ˈblɪrɪnɪs, ˈblɪrɪnɪs

bleary
BR ˈblɪər|i, -ɪə(r), -ɪɪst
AM ˈbliri, ˈblɪri, -ər, -ɪst

Bleasdale
BR ˈbliːzdeɪl
AM ˈblizˌdeɪl

bleat
BR bliːt, -s, -ɪŋ, -ɪd
AM blit, -ts, -dɪŋ, -dɪd

bleatingly
BR ˈbliːtɪŋli
AM ˈblidɪŋli

bleb
BR blɛb, -z
AM blɛb, -z

bled
BR blɛd
AM blɛd

Bleddyn
BR ˈblɛðɪn
AM ˈblɛd(ə)n

bleed
BR bliːd, -z, -ɪŋ
AM blid, -z, -ɪŋ

bleeder
BR ˈbliːdə(r), -z
AM ˈblidər, -z

bleep
BR bliːp, -s, -ɪŋ, -t
AM blip, -s, -ɪŋ, -t

bleeper
BR ˈbliːpə(r), -z
AM ˈblipər, -z

blemish
BR ˈblɛm|ɪʃ, -ɪʃɪz, -ɪʃɪŋ, -ɪʃt
AM ˈblɛmɪʃ, -ɪz, -ɪŋ, -t

Blencathra
BR blɛnˈkaθrə(r)
AM blɛnˈkæθrə

blench
BR blɛn(t)ʃ, -ɪz, -ɪŋ, -t
AM blɛn(t)ʃ, -əz, -ɪŋ, -t

blend
BR blɛnd, -z, -ɪŋ, -ɪd
AM blɛnd, -z, -ɪŋ, -əd

blende
BR blɛnd, -z
AM blɛnd, -z

blender
BR ˈblɛndə(r), -z
AM ˈblɛndər, -z

Blenheim
BR ˈblɛnɪm
AM ˈblɛn(ə)m

Blenkinsop
BR ˈblɛŋkɪnsɒp
AM ˈblɛŋkənˌsɑp

Blennerhassett
BR ˌblɛnəˈhasɪt, ˈblɛnəhasɪt
AM ˌblɛnərˌ(h)æsət

blenny
BR ˈblɛn|i, -ɪz
AM ˈblɛni, -z

blent
BR blɛnt
AM blɛnt

blepharitis
BR ˌblɛfəˈrʌɪtɪs
AM ˌblɛfəˈraɪdɪs

Blériot
BR ˈblɛ(ː)rɪəʊ
AM ˈblɛrioʊ

blesbok
BR ˈblɛsbɒk, -s
AM ˈblɛsˌbɑk, -s

blesbuck
BR ˈblɛsbʌk, -s
AM ˈblɛsˌbək, -s

bless
BR blɛs, -ɪz, -ɪŋ, -t
AM blɛs, -əz, -ɪŋ, -t

blessed *adjective*
BR blɛst, ˈblɛsɪd
AM ˈblɛsəd, blɛst

blessedly
BR ˈblɛsɪdli
AM ˈblɛsədli

blessedness
BR ˈblɛsɪdnɪs
AM ˈblɛsədnəs

blessing
BR ˈblɛsɪŋ, -z
AM ˈblɛsɪŋ, -z

Blessington
BR ˈblɛsɪŋt(ə)n
AM ˈblɛsɪŋt(ə)n

blest
BR blɛst
AM blɛst

Bletchley
BR ˈblɛtʃli
AM ˈblɛtʃli

blether
BR ˈblɛð|ə(r), -əz, -(ə)rɪŋ, -əd
AM ˈblɛθ|ər, -ərz, -(ə)rɪŋ, -ərd

bletherskate
BR ˈblɛðəskeɪt, -s
AM ˈblɛθərˌskeɪt, -s

Blevins
BR ˈblɛvɪnz
AM ˈblɛvənz

blew
BR bluː
AM blu

Blewett
BR ˈbluːɪt
AM ˈbluət

blewits
BR ˈbluːɪts
AM ˈbluəts

Blewitt
BR ˈbluːɪt
AM ˈbluət

Bligh
BR blʌɪ
AM blaɪ

blight
BR blʌɪt, -s, -ɪŋ, -ɪd
AM blaɪ|t, -ts, -dɪŋ, -dɪd

blighter
BR ˈblʌɪtə(r), -z
AM ˈblaɪdər, -z

Blighty
BR ˈblʌɪti
AM ˈblaɪdi

blimey
BR ˈblʌɪmi
AM ˈblaɪmi

blimp
BR blɪmp, -s
AM blɪmp, -s

blimpery
BR ˈblɪmp(ə)ri
AM ˈblɪmp(ə)ri

blimpish
BR ˈblɪmpɪʃ
AM ˈblɪmpɪʃ

blind
BR blʌɪn|d, -(d)z, -dɪŋ, -dɪd, -də(r), -dɪst
AM blaɪn|d, -(d)z, -dɪŋ, -dɪd, -ər, -dɪst

blinder
BR ˈblʌɪndə(r), -z
AM ˈblaɪndər, -z

blindfold
BR ˈblʌɪn(d)fəʊld, -z
AM ˈblaɪn(d)ˌfoʊld, -z

blindingly
BR ˈblʌɪndɪŋli
AM ˈblaɪndɪŋli

blindly
BR ˈblʌɪndli
AM ˈblaɪn(d)li

blindness
BR ˈblʌɪn(d)nɪs
AM ˈblaɪn(d)nɪs

blindworm
BR ˈblʌɪn(d)wəːm, -z
AM ˈblaɪn(d)ˌwərm, -z

bling
BR blɪŋ
AM blɪŋ

blini
BR ˈblɪn|i, -ɪz
AM ˈblɪni, -z

blink
BR blɪŋ|k, -ks, -kɪŋ, -(k)t
AM blɪŋ|k, -ks, -kɪŋ, -(k)t

blinker
BR ˈblɪŋk|ə(r), -əz, -(ə)rɪŋ, -əd
AM ˈblɪŋkər, -z, -ɪŋ, -d

blintz
BR blɪn(t)s, -ɪz
AM blɪn(t)s, -ɪz

blip
BR blɪp, -s, -ɪŋ, -t
AM blɪp, -s, -ɪŋ, -t

bliss
BR blɪs, -ɪz, -ɪŋ, -t
AM blɪs, -əz, -ɪŋ, -t

Blissett
BR ˈblɪsɪt
AM ˈblɪsɪt

blissful
BR ˈblɪsf(ʊ)l
AM ˈblɪsf(ə)l

blissfully
BR ˈblɪsfəli, ˈblɪsfˌli
AM ˈblɪsfəli

blissfulness
BR ˈblɪsf(ʊ)lnəs
AM ˈblɪsfəlnəs

blister
BR ˈblɪst|ə(r), -əz, -(ə)rɪŋ, -əd
AM ˈblɪst|ər, -ərz, -(ə)rɪŋ, -ərd

blistery
BR ˈblɪst(ə)ri
AM ˈblɪst(ə)ri

blithe
BR blʌɪð, -ə(r), -ɪst
AM blaɪð, -ər, -ɪst

blithely
BR ˈblʌɪðli
AM ˈblaɪðli

blitheness
BR ˈblʌɪðnɪs
AM ˈblaɪðnɪs

blithering
BR ˈblɪð(ə)rɪŋ
AM ˈblɪðərɪŋ

blithesome
BR ˈblʌɪðs(ə)m
AM ˈblaɪðs(ə)m

blitz
BR blɪts, -ɪz, -ɪŋ, -t
AM blɪts, -ɪz, -ɪŋ, -t

Blitzkrieg
BR ˈblɪtskriːg, -z
AM ˈblɪtsˌkrig, -z

Blixen
BR ˈblɪksn
AM ˈblɪks(ə)n
DAN ˈblegs(ə)n

blizzard
BR ˈblɪzəd, -z
AM ˈblɪzərd, -z

bloat
BR bləʊt, -s, -ɪŋ, -ɪd
AM bloʊ|t, -ts, -dɪŋ, -dəd

bloater
BR ˈbləʊtə(r), -z
AM ˈbloʊdər, -z

bloatware
BR ˈbləʊtwɛː(r)
AM ˈbloʊtˌwɛ(ə)r

blob
BR blɒb, -z, -ɪŋ, -d
AM blɑb, -z, -ɪŋ, -d

bloc
BR blɒk, -s
AM blɑk, -s

Bloch
BR blɒx, blɒk
AM blɑk

block
BR blɒk, -s, -ɪŋ, -t
AM blɑk, -s, -ɪŋ, -t

blockade
BR blɒˈkeɪd, -z, -ɪŋ, -ɪd
AM blɑˈkeɪd, -z, -ɪŋ, -ɪd

blockader
BR blɒˈkeɪdə(r), -z
AM blɑˈkeɪdər, -z

blockage
BR ˈblɒk|ɪdʒ, -ɪdʒɪz
AM ˈblɑkɪdʒ, -ɪz

blockboard
BR ˈblɒkbɔːd, -z
AM ˈblɑkˌbɔ(ə)rd, -z

blockbuster
BR ˈblɒkˌbʌstə(r), -z
AM ˈblɑkˌbəstər, -z

blockbusting
BR ˈblɒkˌbʌstɪŋ
AM ˈblɑkˌbəstɪŋ

blocker
BR ˈblɒkə(r), -z
AM ˈblɑkər, -z

blockhead
BR ˈblɒkhɛd, -z
AM ˈblɑkˌ(h)ɛd, -z

blockheaded
BR ˌblɒkˈhɛdɪd
AM ˈblɑkˌ(h)ɛdəd

blockhouse
BR ˈblɒkhaʊ|s, -zɪz
AM ˈblɑkˌ(h)aʊ|s, -zəz

blockish
BR ˈblɒkɪʃ
AM ˈblɑkɪʃ

blockishly
BR ˈblɒkɪʃli
AM ˈblɑkɪʃli

blockishness
BR ˈblɒkɪʃnɪs
AM ˈblɑkɪʃnɪs

Blodwen
BR ˈblɒdwɪn, ˈblɒdwɛn
AM ˈblɑdw(ə)n

Bloemfontein
BR ˈbluːmf(ɒ)nteɪn
AM ˈblɑmˌfɑnteɪn, ˈblɔmˌfɑnteɪn

Blofeld
BR ˈbləʊfɛld
AM ˈbloʊˌfɛld

blog
BR blɒg, -z, -ɪŋ, -d
AM blɑg, -z, -ɪŋ, -d

Blok
BR blɒk
AM blɑk

bloke
BR bləʊk, -s
AM bloʊk, -s

Blomfield
BR ˈblɒmfiːld, ˈbluːmfiːld
AM ˈblɑmˌfild

blond
BR blɒnd, -z, -ə(r), -ɪst
AM blɑnd, -z, -ər, -əst

blonde
BR blɒnd, -z, -ə(r), -ɪst
AM blɑnd, -z, -ər, -əst

Blondel
BR blɒnˈdɛl
AM ˌblɑnˈdɛl

blondie
BR ˈblɒnd|i, -ɪz
AM ˈblɑndi, -z

Blondin
BR ˈblɒndɪn
AM ˈblɑnd(ə)n

blondness
BR ˈblɒn(d)nəs
AM ˈblɑn(d)nəs

blood
BR blʌd, -z, -ɪŋ, -ɪd
AM bləd, -z, -ɪŋ, -əd

bloodbath
BR ˈblʌd|bɑːθ
AM ˈblədˌbæθ, -s, -ðz

bloodhound
BR ˈblʌdhaʊnd, -z
AM ˈblədˌ(h)aʊnd, -z

bloodily
BR ˈblʌdɪli
AM ˈblədɨli

bloodiness
BR ˈblʌdɪnɪs
AM ˈblədɨnɪs

bloodless
BR ˈblʌdləs
AM ˈblədləs

bloodlessly
BR ˈblʌdləsli
AM ˈblədləsli

bloodlessness
BR ˈblʌdləsnəs
AM ˈblədləsnəs

bloodletting
BR ˈblʌdˌlɛtɪŋ, -z
AM ˈblədˌlɛdɪŋ, -z

bloodline
BR ˈblʌdlʌɪn, -z
AM ˈblədˌlaɪn, -z

bloodlust
BR ˈblʌdlʌst
AM ˈblədˌləst

bloodroot
BR ˈblʌdruːt
AM ˈblədˌrʊt, ˈblədˌrut

bloodshed
BR ˈblʌdʃɛd
AM ˈblədˌʃɛd

bloodshot
BR ˈblʌdʃɒt
AM ˈblədˌʃɑt

bloodstain
BR ˈblʌdsteɪn, -z, -d
AM ˈblədˌsteɪn, -z, -d

bloodstock
BR ˈblʌdstɒk
AM ˈblədˌstɑk

bloodstone
BR ˈblʌdstəʊn, -z
AM ˈblədˌstoʊn, -z

bloodstream
BR ˈblʌdstriːm, -z
AM ˈblədˌstrim, -z

bloodsucker
BR ˈblʌdˌsʌkə(r), -z
AM ˈblədˌsəkər, -z

bloodsucking
BR ˈblʌdˌsʌkɪŋ
AM ˈblədˌsəkɪŋ

bloodthirstily
BR ˈblʌdˌθəːstɪli
AM ˈblədˌθərstɨli

bloodthirstiness
BR ˈblʌdˌθəːstɪnɪs
AM ˈblədˌθərstɪnɪs

bloodthirsty
BR ˈblʌdˌθəːst|i, -ɪə(r), -ɪst
AM ˈblədˌθərsti, -ər, -ɪst

bloodworm
BR ˈblʌdwəːm, -z
AM ˈblədˌwərm, -z

bloom
BR bluːm, -z, -ɪŋ, -d
AM blum, -z, -ɪŋ, -d

bloomer
BR ˈbluːmə(r), -z
AM ˈblumər, -z

bloomery
BR ˈbluːm(ə)r|i, -ɪz
AM ˈblumərɪ, -z

Bloomfield
BR ˈbluːmfiːld
AM ˈblumˌfild

Bloomingdale's
BR ˈbluːmɪŋdeɪlz
AM ˈblumɪŋˌdeɪlz

Bloomsbury
BR ˈbluːmzb(ə)ri
AM ˈblumzbəri, ˈblumzˌbɛri

bloop
BR bluːp, -s, -ɪŋ, -t
AM blup, -s, -ɪŋ, -t

blooper
BR ˈbluːpə(r), -z
AM ˈblupər, -z

Blorenge
BR ˈblɒrɪn(d)ʒ
AM ˈblɔrəndʒ

blossom
BR ˈblɒs|(ə)m, -(ə)mz, -əmɪŋ\-mɪŋ, -(ə)md
AM ˈblɑs(ə)m, -z, -ɪŋ, -d

blossomy
BR ˈblɒsəmi, ˈblɒsmi̩
AM ˈblɑsəmi

blot
BR blɒt, -s, -ɪŋ, -ɪd
AM blɑ|t, -ts, -dɪŋ, -dəd

blotch
BR ˈblɒtʃ, -ɪz, -ɪŋ, -t
AM ˈblɑtʃ, -əz, -ɪŋ, -t

blotchily
BR ˈblɒtʃɪli
AM ˈblɑtʃəli

blotchiness
BR ˈblɒtʃɪnɪs
AM ˈblɑtʃɪnɪs

blotchy
BR ˈblɒtʃ|i, -ɪə(r), -ɪɪst
AM ˈblɑtʃ|i, -ər, -ɪst

blotter
BR ˈblɒtə(r), -z
AM ˈblɑdər, -z

blotto
BR ˈblɒtəʊ
AM ˈblɑdoʊ

Blount
BR blʌnt, blaʊnt
AM bl(ə)nt, blaʊnt

blouse
BR blaʊz, -ɪz, -ɪŋ, -d
AM blaʊz, blaʊs, -əz, -ɪŋ, -d

blouson
BR ˈblaʊz(ɒ)n, ˈbluːz(ɒ)n, -z
AM ˈblaʊˌzɑn, ˈblaʊs(ə)n, ˈblaʊˌsɑn, ˈblaʊzn, -z

blow
BR bləʊ, -z, -ɪŋ
AM bloʊ, -z, -ɪŋ

blowback
BR ˈbləʊbak, -s
AM ˈbloʊˌbæk, -s

blowby
BR ˈbləʊbaɪ
AM ˈbloʊˌbaɪ

blowdry
BR ˈbləʊdrʌɪ, ˌbləʊˈdrʌɪ, -z, -ɪŋ, -d
AM ˈbloʊˌdraɪ, -z, -ɪŋ, -d

blower
BR ˈbləʊə(r), -z
AM ˈbloʊər, -z

blowfish
BR ˈbləʊfɪʃ
AM ˈbloʊˌfɪʃ

blowfly
BR ˈbləʊflʌɪ, -z
AM ˈbloʊˌflaɪ, -z

blowgun
BR ˈbləʊɡʌn, -z
AM ˈbloʊˌɡən, -z

blowhard
BR ˈbləʊhɑːd, -z
AM ˈbloʊˌhɑrd, -z

blowhole
BR ˈbləʊhəʊl, -z
AM ˈbloʊˌhoʊl, -z

blowily
BR ˈbləʊɪli
AM ˈbloʊəli

blowiness
BR ˈbləʊɪnɪs
AM ˈbloʊɪnɪs

blowlamp
BR ˈbləʊlamp, -s
AM ˈbloʊˌlæmp, -s

blown
BR ˈbləʊn
AM ˈbloʊn

blowout
BR ˈbləʊaʊt, -s
AM ˈbloʊˌaʊt, -s

blowpipe
BR ˈbləʊpʌɪp, -s
AM ˈbloʊˌpaɪp, -s

blowsily
BR ˈblaʊzɪli
AM ˈblaʊzəli

blowsiness
BR ˈblaʊzɪnɪs
AM ˈblaʊzɪnɪs

blowsy
BR ˈblaʊz|i, -ɪə(r), -ɪɪst
AM ˈblaʊzi, -ər, -ɪst

blowtorch
BR ˈbləʊtɔːtʃ, -ɪz
AM ˈbloʊˌtɔ(ə)rtʃ, -ɪz

blowy
BR ˈbləʊ|i, -ɪə(r), -ɪɪst
AM ˈbloʊi, -ər, -ɪst

blowzily
BR ˈblaʊzɪli
AM ˈblaʊzəli

blowziness
BR ˈblaʊzɪnɪs
AM ˈblaʊzɪnɪs

blowzy
BR ˈblaʊz|i, -ɪə(r), -ɪɪst
AM ˈblaʊzi, -ər, -ɪst

blub
BR blʌb, -z, -ɪŋ, -d
AM bləb, -z, -ɪŋ, -d

blubber
BR ˈblʌb|ə(r), -əz, -(ə)rɪŋ, -əd
AM ˈbləb|ər, -ərz, -(ə)rɪŋ, -ərd

blubberer
BR ˈblʌb(ə)rə(r), -z
AM ˈbləbərər, -z

blubberingly
BR ˈblʌb(ə)rɪŋli
AM ˈbləbərɪŋli

blubbery
BR ˈblʌb(ə)ri
AM ˈbləbəri

Blücher
BR ˈbluːkə(r), ˈbluːtʃə(r)
AM ˈblukər, ˈblutʃər
GER ˈblʏçɐ

bluchers
BR ˈbluːkəz, ˈbluːtʃəz
AM ˈblutʃərz, ˈblukərz

bludge
BR blʌdʒ, -ɪz, -ɪŋ, -d
AM blədʒ, -əz, -ɪŋ, -d

bludgeon
BR ˈblʌdʒ|(ə)n, -(ə)nz, -nɪŋ\-ənɪŋ, -(ə)nd
AM ˈblədʒ(ə)n, -z, -ɪŋ, -d

bludger
BR ˈblʌdʒə(r), -z
AM ˈblədʒər, -z

blue
BR bluː, -z, -ɪŋ, -d, -ə(r), -ɪst
AM blu, -z, -ɪŋ, -d, -ər, -əst

bluebag
BR ˈbluːbag, -z
AM ˈbluˌbæɡ, -z

bluebeard
BR ˈbluːbɪəd, -z
AM ˈbluˌbɪ(ə)rd, -z

bluebell
BR ˈbluːbɛl, -z
AM ˈbluˌbɛl, -z

blueberry
BR ˈbluːb(ə)r|i, ˈbluːˌbɛr|i, -ɪz
AM ˈbluˌbɛri, -z

bluebird
BR ˈbluːbəːd, -z
AM ˈbluˌbərd, -z

bluebonnet
BR ˈbluːbɒnɪt, -s
AM ˌbluˌbɑnət, -s

bluebottle
BR ˈbluːbɒtl, -z
AM ˈbluˌbɑd(ə)l, -z

bluecoat
BR ˈbluːkəʊt, -s
AM ˈbluˌkoʊt, -s

Bluecol
BR ˈbluːkɒl
AM ˈblukɑl, ˈblukɔl

Bluefields
BR ˈbluːfiːldz
AM ˈbluˌfildz

bluefish
BR ˈbluːfɪʃ
AM ˈbluˌfɪʃ

bluegill
BR ˈbluːɡɪl, -z
AM ˈbluˌɡɪl, -z

bluegrass
BR ˈbluːɡrɑːs
AM ˈbluˌɡræs

bluegum
BR ˈbluːɡʌm
AM ˈbluˌɡəm

blueish
BR ˈbluːɪʃ
AM ˈbluɪʃ

bluejacket
BR ˈbluːdʒakɪt, -s
AM ˈbluˌdʒækət, -s

bluejay
BR ˈbluːdʒeɪ, -z
AM ˈbluˌdʒeɪ, -z

Bluemantle
BR ˈbluːˌmantl
AM ˈbluˌmæn(t)əl

blueness
BR ˈbluːnəs
AM ˈblunəs

blueprint
BR ˈbluːprɪnt, -s
AM ˈbluˌprɪnt, -s
blues
BR bluːz
AM bluz
bluestocking
BR ˈbluːˌstɒkɪŋ, -z
AM ˈbluˌstɑkɪŋ, -z
bluestone
BR ˈbluːstəʊn, -z
AM ˈbluˌstoʊn, -z
bluesy
BR ˈbluːzi
AM ˈbluzi
bluet
BR ˈbluːɪt
AM ˈbluət
bluethroat
BR ˈbluːθrəʊt, -s
AM ˈbluˌθroʊt, -s
bluetit
BR ˈbluːtɪt, -s
AM ˈbluˌtɪt, -s
Bluett
BR ˈbluːɪt
AM ˈbluət
Blue Vinney
BR ˌbluː ˈvɪni
AM ˌblu ˈvɪni
bluey
BR ˈbluːǀi, -ɪz
AM ˈblui, -z
bluff
BR blʌf, -s, -ɪŋ, -t, -ɪst
AM bləf, -s, -ɪŋ, -t, -əst
bluffer
BR ˈblʌfə(r), -z
AM ˈbləfər, -z
bluffly
BR ˈblʌfli
AM ˈbləfli
bluffness
BR ˈblʌfnəs
AM ˈbləfnəs
bluing
BR ˈbluːɪŋ
AM ˈbluɪŋ
bluish
BR ˈbluːɪʃ
AM ˈbluɪʃ

Blum
BR bluːm
AM blum
Blumenbach
BR ˈbluːmənbak
AM ˈblumənˌbak
Blundell
BR ˈblʌndl
AM blənˈdɛl, ˈblənd(ə)l
Blunden
BR ˈblʌndən
AM ˈblənd(ə)n
blunder
BR ˈblʌndǀə(r), -əz, -(ə)rɪŋ, -əd
AM ˈblǝndǀər, -ərz, -(ə)rɪŋ, -ərd
blunderbuss
BR ˈblʌndəbʌs, -ɪz
AM ˈbləndərˌbəs, -əz
blunderer
BR ˈblʌnd(ə)rə(r), -z
AM ˈbləndərər, -z
blunderingly
BR ˈblʌnd(ə)rɪŋli
AM ˈbləndərɪŋli
blunge
BR blʌn(d)ʒ, -ɪz, -ɪŋ, -d
AM blən(d)ʒ, -əz, -ɪŋ, -d
blunger
BR ˈblʌn(d)ʒə(r), -z
AM ˈblən(d)ʒər, -z
blunt
BR blʌnt, -s, -ɪŋ, -ɪd, -ə(r), -ɪst
AM bl(ə)nt, -s, -ɪŋ, -əd, -ər, -əst
bluntly
BR ˈblʌntli
AM ˈblən(t)li
bluntness
BR ˈblʌntnəs
AM ˈblən(t)nəs
blur
BR blɜː(r), -z, -ɪŋ, -d
AM blər, -z, -ɪŋ, -d
Blu-ray
BR ˈbluːreɪ
AM ˈbluˌreɪ

blurb
BR blɜːb, -z
AM blɜrb, -z
blurry
BR ˈblɜːrǀi, -ɪə(r), -ɪɪst
AM ˈblɜri, -ər, -ɪst
blurt
BR blɜːt, -s, -ɪŋ, -ɪd
AM blɜrǀt, -ts, -dɪŋ, -dəd
blush
BR blʌʃ, -ɪz, -ɪŋ, -t
AM bləʃ, -əz, -ɪŋ, -t
blusher
BR ˈblʌʃə(r), -z
AM ˈbləʃər, -z
blushful
BR ˈblʌff(ʊ)l
AM ˈbləff(ə)l
bluster
BR ˈblʌstǀə(r), -əz, -(ə)rɪŋ, -əd
AM ˈbləstǀər, -ərz, -(ə)rɪŋ, -ərd
blusterous
BR ˈblʌst(ə)rəs
AM ˈbləst(ə)rəs
blusterously
BR ˈblʌst(ə)rəsli
AM ˈbləst(ə)rəsli
blustery
BR ˈblʌst(ə)ri
AM ˈbləstəri
Blu-Tack
BR ˈbluːtak
AM ˈblutæk
Bly
BR blaɪ
AM blaɪ
Blyth
BR blaɪð, blaɪθ, blaɪ
AM blaɪð, blaɪθ
Blythe
BR blaɪð
AM blaɪð
Blyton
BR ˈblaɪtn
AM ˈblaɪtn
B.Mus. *Bachelor of Music*
BR ˌbiː ˈmjuːz
AM ˌbi ˈmjuz

B'nai B'rith
BR bəˈneɪ bəˈriːθ, + ˈbrɪθ
AM bəˈneɪ ˈbrɪθ
bo
BR bəʊ, -z, -ɪŋ, -d
AM boʊ, -z, -ɪŋ, -d
boa
BR ˈbəʊə(r), -z
AM ˈboʊə, -z
Boadicea
BR ˌbəʊ(ə)dɪˈsiːə(r)
AM ˌboʊədəˈsiə
Boakes
BR bəʊks
AM boʊks
Boaks
BR bəʊks
AM boʊks
Boanerges
BR ˌbəʊəˈnɜːdʒiːz, bəʊˈanədʒiːz
AM ˌboʊəˈnərˌdʒiz
boar
BR bɔː(r), -z
AM bɔ(ə)r, -z
board
BR bɔːd, -z, -ɪŋ, -ɪd
AM bɔ(ə)rd, -z, -ɪŋ, -əd
boarder
BR ˈbɔːdə(r), -z
AM ˈbɔrdər, -z
boardroom
BR ˈbɔːdruːm, ˈbɔːdrʊm, -z
AM ˈbɔrdˌrʊm, ˈbɔrdˌrum, -z
boardsailer
BR ˈbɔːdˌseɪlə(r), -z
AM ˈbɔrdˌseɪlər, -z
boardsailing
BR ˈbɔːdˌseɪlɪŋ, -z
AM ˈbɔrdˌseɪlɪŋ, -z
boardsailor
BR ˈbɔːdˌseɪlə(r), -z
AM ˈbɔrdˌseɪlər, -z
boardwalk
BR ˈbɔːdwɔːk, -s
AM ˈbɔrdˌwɑk, ˈbɔrdˌwɔk, -s

boart
BR bɔːt, -s
AM bɔ(ə)rt, -s

Boas
BR ˈbəʊaz
AM ˈboʊæz

boast
BR bəʊst, -s, -ɪŋ, -ɪd
AM boʊst, -s, -ɪŋ, -əd

boaster
BR ˈbəʊstə(r), -z
AM ˈboʊstər, -z

boastful
BR ˈbəʊstf(ʊ)l
AM ˈboʊs(t)f(ə)l

boastfully
BR ˈbəʊstfəli, ˈbəʊstfli
AM ˈboʊs(t)fəli

boastfulness
BR ˈbəʊstf(ʊ)lnəs
AM ˈboʊs(t)fəlnəs

boastingly
BR ˈbəʊstɪŋli
AM ˈboʊstɪŋli

boat
BR bəʊt, -s, -ɪŋ, -ɪd
AM boʊ|t, -ts, -dɪŋ, -dəd

boatbuilder
BR ˈbəʊtˌbɪldə(r), -z
AM ˈboʊtˌbɪldər, -z

boatel
BR ˌbəʊˈtɛl, -z
AM ˌboʊˈtɛl, -z

Boateng
BR ˈbwʌtɛŋ, ˈbəʊ(ə)tɛŋ
AM ˈboʊ(ə)ˌtɛŋ, ˈbwɑˌtɛŋ

boater
BR ˈbəʊtə(r), -z
AM ˈboʊdər, -z

boatful
BR ˈbəʊtfʊl, -z
AM ˈboʊtˌfʊl, -z

boathouse
BR ˈbəʊthaʊ|s, -zɪz
AM ˈboʊtˌ(h)aʊ|s, -zəz

boatlift
BR ˈbəʊtlɪft, -s
AM ˈboʊtˌlɪft, -s

boatload
BR ˈbəʊtləʊd, -z
AM ˈboʊtˌloʊd, -z

boatman
BR ˈbəʊtmən
AM ˈboʊtm(ə)n

boatmen
BR ˈbəʊtmən
AM ˈboʊtm(ə)n

boatswain
BR ˈbəʊsn, -z
AM ˈboʊsn, -z

boatyard
BR ˈbəʊtjɑːd, -z
AM ˈboʊtˌjɑrd, -z

Boaz
BR ˈbəʊaz
AM ˈboʊæz

bob
BR bɒb, -z, -ɪŋ, -d
AM bɑb, -z, -ɪŋ, -d

Bobbie
BR ˈbɒbi
AM ˈbɑbi

bobbin
BR ˈbɒbɪn, -z
AM ˈbɑbɪn, -z

bobbinet
BR ˈbɒbɪnɪt, -s
AM ˌbɑbəˈnɛt, -s

bobble
BR ˈbɒbl̩, -z, -ɪŋ, -d
AM ˈbɑb(ə)l, -z, -ɪŋ, -d

bobbly
BR ˈbɒbl̩i
AM ˈbɑbli

bobby
BR ˈbɒb|i, -ɪz
AM ˈbɑbi, -z

bobbysox
BR ˈbɒbɪsɒks
AM ˈbɑbiˌsɑks

bobbysoxer
BR ˈbɒbɪˌsɒksə(r), -z
AM ˈbɑbiˌsɑksər, -z

bobcat
BR ˈbɒbkat, -s
AM ˈbɑbˌkæt, -s

bobolink
BR ˈbɒbəlɪŋk, -s
AM ˈbɑbəˌlɪŋk, -s

bobsled
BR ˈbɒbslɛd, -z, -ɪŋ, -ɪd
AM ˈbɑbˌslɛd, -z, -ɪŋ, -əd

bobsleigh
BR ˈbɒbsleɪ, -z, -ɪŋ, -d
AM ˈbɑbˌsleɪ, -z, -ɪŋ, -d

bobsleigher
BR ˈbɒbˌsleɪə(r), -z
AM ˈbɑbˌsleɪər, -z

bobstay
BR ˈbɒbsteɪ, -z
AM ˈbɑbˌsteɪ, -z

bobtail
BR ˈbɒbteɪl, -z, -d
AM ˈbɑbˌteɪl, -z, -d

bobwhite
BR ˈbɒbwʌɪt, -s
AM bɑbˈ(h)waɪt, -s

bocage
BR bəˈkɑːʒ, bɒˈkɑːʒ
AM boʊˈkɑʒ

Boca Raton
BR ˌbəʊkə rəˈtəʊn
AM ˌboʊkə rəˈtoʊn

Boccaccio
BR bɒˈkɑːtʃɪəʊ, bɒˈkatʃɪəʊ
AM bəˈkɑtʃioʊ

bocce
BR ˈbɒtʃiː
AM ˈbɑtʃi

Boccherini
BR ˌbɒkəˈriːni
AM ˌbɑkəˈrini

bocci
BR ˈbɒtʃiː
AM ˈbɑtʃi

Boche
BR bɒʃ, -ɪz
AM bɑʃ, bɔʃ, -əz

bock
BR bɒk, -s
AM bɑk, -s

bod
BR bɒd, -z
AM bɑd, -z

bodacious
BR bəˈdeɪʃəs
AM ˌboʊˈdeɪʃəs

bodaciously
BR bəˈdeɪʃəsli
AM ˌboʊˈdeɪʃəsli

bodaciousness
BR bəˈdeɪʃəsnəs
AM ˌboʊˈdeɪʃəsnəs

Boddington
BR ˈbɒdɪŋt(ə)n
AM ˈbɑdɪŋt(ə)n

bode
BR bəʊd, -z, -ɪŋ, -ɪd
AM boʊd, -z, -ɪŋ, -əd

bodeful
BR ˈbəʊdf(ʊ)l
AM ˈboʊdf(ə)l

bodega
BR bə(ʊ)ˈdiːgə(r), -z
AM boʊˈdeɪgə, -z
SP boˈdeɣa

bodement
BR ˈbəʊdm(ə)nt, -s
AM ˈboʊdm(ə)nt, -s

bodge
BR bɒdʒ, -ɪz, -ɪŋ, -d
AM bɑdʒ, -z, -ɪŋ, -d

Bodiam
BR ˈbəʊdɪəm, ˈbɒdɪəm
AM ˈbɑdiəm

bodice
BR ˈbɒdɪs, -ɪz
AM ˈbɑdəs, -əz

bodiless
BR ˈbɒdɪlɪs
AM ˈbɑdɪləs

bodily
BR ˈbɒdɪli
AM ˈbɑdəli

bodkin
BR ˈbɒdkɪn, -z
AM ˈbɑdk(ə)n, -z

Bodleian
BR ˈbɒdlɪən
AM ˈbɑdliən

Bodley
BR ˈbɒdli
AM ˈbɑdli

Bodmer
BR ˈbɒdmə(r)
AM ˈbɑdmər

Bodmin
BR ˈbɒdmɪn
AM ˈbadm(ə)n

Bodnant
BR ˈbɒdnant
AM ˈbadnənt

Bodoni
BR bəˈdəʊni
AM boʊˈdoʊni

body
BR ˈbɒd‖i, -ɪz
AM ˈbadi, -z

bodybuilder
BR ˈbɒdɪˌbɪldə(r), -z
AM ˈbadiˌbɪldər, -z

bodybuilding
BR ˈbɒdɪˌbɪldɪŋ
AM ˈbadiˌbɪldɪŋ

bodyguard
BR ˈbɒdɪgɑːd, -z
AM ˈbadiˌgɑrd, -z

bodyline
BR ˈbɒdɪlʌɪn
AM ˈbadiˌlaɪn

bodyliner
BR ˈbɒdɪˌlʌɪnə(r), -z
AM ˈbadiˌlaɪnər, -z

bodylining
BR ˈbɒdɪˌlʌɪnɪŋ, -z
AM ˈbadiˌlaɪnɪŋ, -z

bodysuit
BR ˈbɒdɪs(j)uːt, -s
AM ˈbadiˌsut, -s

bodywork
BR ˈbɒdɪwəːk
AM ˈbadiˌwərk

Boehm
BR ˈbəʊ(ə)m, bəːm
AM bʊm, boʊm

Boeing
BR ˈbəʊɪŋ, -z
AM ˈboʊɪŋ, -z

Boeotia
BR biˈəʊʃə(r)
AM biˈoʊʃə

Boeotian
BR biˈəʊʃn, -z
AM biˈoʊʃ(ə)n, -z

Boer
BR bɔː(r), ˈbəʊə(r), bʊə(r), -z
AM bɔ(ə)r, ˈboʊ(ə)r, -z

Boethius
BR bəʊˈiːθɪəs
AM boʊˈiθiəs

boeuf bourgignon
BR ˌbəːf ˈbɔːɡɪnjɒ̃
AM ˌbʊf ˌbərgɪnˈjɔn

boff
BR bɒf, -s
AM bɑf, -s

boffin
BR ˈbɒfɪn, -z
AM ˈbɑf(ə)n, -z

boffo
BR ˈbɒtəʊ
AM ˈbɑfoʊ

boffola
BR bɒˈfəʊlə(r), -z
AM bɑˈfoʊlə, -z

Bofors
BR ˈbəʊfəz
AM ˈboʊfə(ə)rz
SW ˈboːfʊʃ

bog
BR bɒg, -z, -ɪŋ, -d
AM bag, bɔg, -z, -ɪŋ, -d

bogan
BR ˈbəʊgn, -z
AM ˈboʊg(ə)n, -z

Bogarde
BR ˈbəʊgɑːd
AM ˈboʊˌgɑrd

Bogart
BR ˈbəʊgɑːt
AM ˈboʊˌgɑrt

bogey
BR ˈbəʊg‖i, -ɪz, -ɪŋ, -ɪd
AM ˈboʊgi, -z, -ɪŋ, -d

bogeyman
BR ˈbəʊgɪman
AM ˈboʊgiˌmæn, ˈboʊgiˌmæn

bogeymen
BR ˈbəʊgɪmen
AM ˈboʊgiˌmen, ˈboʊgiˌmen

bogginess
BR ˈbɒgɪnɪs
AM ˈbagɪnɪs, ˈbɔgɪnəs

Boggis
BR ˈbɒgɪs
AM ˈbagəs

boggle
BR ˈbɒg‖l, -lz, -lɪŋ\-lɪŋ, -ld
AM ˈbag(ə)l, -z, -ɪŋ, -d

boggy
BR ˈbɒg‖i, -ɪə(r), -ɪɪst
AM ˈbagi, ˈbɔgi, -ər, -ɪst

bogie
BR ˈbəʊg‖i, -ɪz
AM ˈboʊgi, -z

bogle
BR ˈbəʊgl, -z
AM ˈboʊg(ə)l, -z

Bognor
BR ˈbɒgnə(r)
AM ˈbagnər

bogong
BR ˈbəʊgɒŋ, -z
AM ˈboʊgɑŋ, -z

Bogotá
BR ˌbɒgəˈtɑː(r)
AM ˈboʊgəˌtɑ

bogus
BR ˈbəʊgəs
AM ˈboʊgəs

bogusness
BR ˈbəʊgəsnəs
AM ˈboʊgəsnəs

bogy
BR ˈbəʊg‖i, -ɪz
AM ˈboʊgi, -z

bogyman
BR ˈbəʊgɪman
ˈboʊgiˌmæn

bogymen
BR ˈbəʊgɪmen
AM ˈboʊgiˌmen, ˈboʊgiˌmen

bohea
BR bəʊˈhi
AM boʊˈhi

Bohème
BR bəʊˈem, bəʊˈeɪm
AM boʊˈem

Bohemia
BR bə(ʊ)ˈhiːmɪə(r)
AM boʊˈhimiə

Bohemian
BR bə(ʊ)ˈhiːmɪən, -z
AM boʊˈhimiən, -z

Bohemianism
BR bə(ʊ)ˈhiːmɪənɪzm
AM boʊˈhimiəˌnɪz(ə)m

boho
BR ˈbəʊhəʊ, -z
AM ˈboʊˌhoʊ, -z

Bohr
BR bɔː(r)
AM bɔ(ə)r
DAN ˈboːʌ

bohunk
BR ˈbəʊhʌŋk, -s
AM ˈboʊˌhəŋk, -s

boil
BR bɔɪl, -z, -ɪŋ, -d
AM bɔɪl, -z, -ɪŋ, -d

Boileau
BR bwaˈləʊ, bwɑːˈləʊ
AM ˌbwɑˈloʊ

boiler
BR ˈbɔɪlə(r), -z
AM ˈbɔɪlər, -z

boilermaker
BR ˈbɔɪləˌmeɪkə(r), -z
AM ˈbɔɪlərˌmeɪkər, -z

boing
BR bɔɪŋ
AM bɔɪŋ

boink
BR bɔɪŋk
AM bɔɪŋk

Boise
BR ˈbɔɪzi
AM ˈbɔɪzi

boisterous
BR ˈbɔɪst(ə)rəs
AM ˈbɔɪst(ə)rəs

boisterously
BR ˈbɔɪst(ə)rəsli
AM ˈbɔɪst(ə)rəsli

boisterousness
BR ˈbɔɪst(ə)rəsnəs
AM ˈbɔɪst(ə)rəsnəs

Bokhara
BR bɒˈkɑːrə(r)
AM boʊˈkɛrə, boʊˈkɑrə
RUS buxaˈra

Bokmål
BR ˈbʊkmɔːl
AM ˈbʊkˌmal, ˈbʊkˌmɔl
NO ˈbuːkmoːl

bola
BR ˈbəʊlə(r), -z
AM ˈboʊlə, -z

Bolam
BR ˈbəʊl(ə)m
AM ˈboʊl(ə)m

bolas
BR ˈbəʊləs, -ɪz
AM ˈboʊləs, -əz

bold
BR bəʊld, -ə(r), -ɪst
AM boʊld, -ər, -əst

boldface
BR ˈbəʊldfeɪs
AM ˈboʊl(d)ˌfeɪs

boldfaced
BR ˌbəʊldˈfeɪst
AM ˈboʊl(d)ˌfeɪst

boldly
BR ˈbəʊldli
AM ˈboʊl(d)li

boldness
BR ˈbəʊldnəs
AM ˈboʊl(d)nəs

Boldre
BR ˈbəʊldə(r)
AM ˈboʊldər

Boldrewood
BR ˈbəʊldəwʊd
AM ˈboʊldərˌwʊd

bole
BR bəʊl, -z
AM boʊl, -z

Boléat
BR ˈbəʊliat, ˈbəʊliɑː(r)
AM ˈboʊliət

bolection
BR bə(ʊ)ˈlekʃn, -z
AM boʊˈlekʃ(ə)n, -z

bolero¹ *dance*
BR bəˈlɛːrəʊ, -z
AM bəˈleroʊ, -z

bolero² *jacket*
BR ˈbɒlərəʊ, -z
AM bəˈleroʊ, -z

boletus
BR bəˈliːtəs, -ɪz
AM boʊˈlidəs, -əz

Boleyn
BR bəˈlɪn, ˈbʊlɪn
AM ˈbʊl(ə)n, bəˈlɪn

bolide
BR ˈbəʊlʌɪd, ˈbəʊlɪd, -z
AM ˈboʊləd, ˈboʊˌlaɪd, -z

Bolingbroke
BR ˈbɒlɪŋbrʊk, ˈbʊlɪŋbrʊk
AM ˈboʊlɪŋˌbrʊk, ˈbɔlɪŋˌbrʊk

Bolinger
BR ˈbɒlɪn(d)ʒə(r)
AM ˈbɒlɪndʒər, ˈboʊlɪndʒər

Bolitho
BR bəˈlʌɪθəʊ
AM bəˈlaɪθoʊ

Bolívar
BR ˈbɒlɪvɑː(r), ˌbɒlɪˈvɑː(r)
AM ˈbɒləˌvɑr, ˈboʊləˌvɑr

bolivar
BR ˈbɒlɪvɑː(r), -z
AM ˈbɒləˌvɑr, ˈboʊləˌvɑr, -z

Bolivia
BR bəˈlɪviə(r)
AM bəˈlɪviə

Bolivian
BR bəˈlɪviən, -z
AM bəˈlɪviən, -z

boliviano
BR bəˌlɪviˈɑːnəʊ, -z
AM bəˌlɪviˈɑnoʊ, -z
SP ˌboliˈβjano

boll
BR bɒl, bəʊl, -z
AM boʊl, bɑl, -z

Bollandist
BR ˈbɒləndɪst
AM ˈbɒləndəst, ˈbɑləndəst

bollard
BR ˈbɒlɑːd, ˈbɒləd, -z
AM ˈbɑˌlɑrd, ˈbɑlərd, -z

Bollin
BR ˈbɒlɪn
AM ˈbɑl(ə)n

Bollinger
BR ˈbɒlɪn(d)ʒə(r)
AM ˈbɒləndʒər, ˈbɑləndʒər

bollocking
BR ˈbɒləkɪŋ
AM ˈbɒləkɪŋ, ˈbɑləkɪŋ

bollocks
BR ˈbɒləks
AM ˈbɒləks, ˈbɑləks

bolo
BR ˈbəʊləʊ, -z
AM ˈboʊˌloʊ, -z

Bologna
BR bəˈlɒnjə(r)
AM bəˈloʊnjə

bologna *sausage*
BR bəˈləʊni, bəˈlɒnjə(r)
AM bəˈloʊni

Bolognese
BR ˌbɒləˈn(j)eɪz
AM ˌboʊləˈneɪz, ˌboʊləˈniz

bolometer
BR bəˈlɒmɪtə(r), -z
AM bəˈlɑmədər, boʊˈlɑmədər, -z

bolometric
BR ˌbɒləˈmetrɪk
AM ˌboʊləˈmetrɪk, ˌboʊloʊˈmetrɪk

bolometry
BR bəˈlɒmɪtri
AM bəˈlɑmətri, boʊˈlɑmətri

boloney
BR bəˈləʊni
AM bəˈloʊni

Bolshevik
BR ˈbɒlʃɪvɪk, -s
AM ˈboʊlʃəˌvɪk, -s
RUS bəlʲʃɨˈvʲik

Bolshevism
BR ˈbɒlʃɪvɪzm
AM ˈboʊlʃəˌvɪz(ə)m

Bolshevist
BR ˈbɒlʃɪvɪst, -s
AM ˈboʊlʃəvəst, -s

bolshie
BR ˈbɒlʃi, -ɪz
AM ˈboʊlʃi, -z

bolshily
BR ˈbɒlʃɪli
AM ˈboʊlʃəli

bolshiness
BR ˈbɒlʃɪnɪs
AM ˈboʊlʃɪnɪs

Bolshoi
BR ˌbɒlˈʃɔɪ, ˈbɒlʃɔɪ
AM ˈboʊlˌʃɔɪ

Bolshoy
BR ˌbɒlˈʃɔɪ, ˈbɒlʃɔɪ
AM ˈboʊlˌʃɔɪ

bolshy
BR ˈbɒlʃi, -ɪz, -ɪə(r), -ɪst
AM ˈboʊlʃi, -z, -ər, -ɪst

Bolsover
BR ˈbɒlsəʊvə(r)
AM ˈboʊlˌsoʊvər

bolster
BR ˈbəʊlst|ə(r), -əz, -(ə)rɪŋ, -əd
AM ˈboʊlstər, -z, -ɪŋ, -d

bolsterer
BR ˈbəʊlst(ə)rə(r), -z
AM ˈboʊlstərər, -z

bolt
BR bəʊlt, -s, -ɪŋ, -ɪd
AM boʊlt, -s, -ɪŋ, -əd

bolter
BR ˈbəʊltə(r), -z
AM ˈboʊltər, -z

bolthole
BR ˈbəʊlthəʊl, -z
AM ˈboʊltˌ(h)oʊl, -z

Bolton
BR ˈbəʊlt(ə)n
AM ˈboʊlt(ə)n

Boltzmann
BR ˈbɒltsmən
AM ˈbɑltsm(ə)n, ˈbɔltsm(ə)n

bolus
BR ˈbəʊləs, -ɪz
AM ˈboʊləs, -əz

Bolzano
BR bɒlˈzɑːnəʊ, bɒlˈtsɑːnəʊ
AM ˌbɑlˈzɑnoʊ, ˌbɔlˈzɑnoʊ

bomb
BR bɒm, -z, -ɪŋ, -d
AM bɑm, -z, -ɪŋ, -d

bombard¹ *noun*
BR ˈbɒmbɑːd, -z
AM ˈbɑmˌbɑrd, -z

bombard² *verb*
BR bɒmˈbɑːd, -z, -ɪŋ, -ɪd
AM bɑmˈbɑrd, -z, -ɪŋ, -əd

bombarde
BR ˈbɒmbɑːd, -z
AM ˈbɑmˌbɑrd, -z

bombardier
BR ˌbɒmbəˈdɪə(r), -z
AM ˌbɑmbə(r)ˈdɪ(ə)r, -z

bombardment
BR bɒmˈbɑːdm(ə)nt, -s
AM bɑmˈbɑrdm(ə)nt, -s

bombardon
BR ˈbɒmbədən, -z
AM bɑmˈbɑrd(ə)n, ˈbɑmbərd(ə)n, -z

bombasine
BR ˈbɒmbəziːn
AM ˈbɑmbəˌsin, ˈbɑmbəˌzin

bombast
BR ˈbɒmbast
AM ˈbɑmbæst

bombastic
BR bɒmˈbastɪk
AM bɑmˈbæstɪk

bombastically
BR bɒmˈbastɪkli
AM bɑmˈbæstək(ə)li

Bombay
BR ˌbɒmˈbeɪ
AM ˌbɑmˈbeɪ

bombazine
BR ˈbɒmbəziːn, ˌbɒmbəˈziːn
AM ˈbɑmbəˌsin, ˈbɑmbəˌzin

bombe
BR bɒm(b), bɔ̃ːb, -z
AM bɑm(b), -z

bomber
BR ˈbɒmə(r), -z
AM ˈbɑmər, -z

bombora
BR bɒmˈbɔːrə(r), -z
AM ˌbɑmˈbɔrə, -z

bombproof
BR ˈbɒmpruːf
AM ˈbɑmˌpruf

bombshell
BR ˈbɒmʃɛl, -z
AM ˈbɑmˌʃɛl, -z

bombsight
BR ˈbɒmsʌɪt, -s
AM ˈbɑmˌsaɪt, -s

bombsite
BR ˈbɒmsʌɪt, -s
AM ˈbɑmˌsaɪt, -s

bona fide
BR ˌbəʊnə ˈfʌɪdi
AM ˌbanə ˈfaɪdi, ˌboʊnə ˈfaɪdi, ˈboʊnə ˌfaɪd

bona fides
BR ˌbəʊnə ˈfʌɪdiːz
AM ˌbanə ˈfaɪdiz, ˌboʊnə ˈfaɪdiz, ˈboʊnə ˌfaɪdz

Bonaire
BR bɒnˈɛː(r)
AM bəˈnɛ(ə)r

Bonallack
BR bəˈnalək
AM bəˈnælək

bonanza
BR bəˈnanzə(r), -z
AM bəˈnænzə, -z

Bonaparte
BR ˈbəʊnəpɑːt
AM ˈboʊnəˌpɑrt

bona vacantia
BR ˌbəʊnə vəˈkantɪə(r)
AM ˌboʊnə vəˈkɑn(t)iə

Bonaventura
BR ˌbɒnəvɛnˈtjʊərə(r), ˌbɒnəvɛnˈtjɔːrə(r), ˌbɒnəvɛnˈtʃʊərə(r), ˌbɒnəvɛnˈtʃɔːrə(r)
AM ˌbɑnəvənˈtʃʊrə

Bonaventure
BR ˈbɒnəvɛn(t)ʃə(r), ˌbɒnəˈvɛn(t)ʃə(r)
AM ˈbɑnəˌvɛn(t)ʃər
FR bɔnavɑ̃tyʀ

bon-bon
BR ˈbɒnbɒn, -z
AM ˈbɑnˌbɑn, -z

bonce
BR bɒns, -ɪz
AM bɑns, -əz

bond
BR bɒnd, -z, -ɪŋ, -ɪd
AM bɑnd, -z, -ɪŋ, -əd

bondage
BR ˈbɒndɪdʒ
AM ˈbɑndɪdʒ

bondager
BR ˈbɒndɪdʒə(r), -z
AM ˈbɑndɪdʒər, -z

bondholder
BR ˈbɒndˌhəʊldə(r), -z
AM ˈbɑn(d)ˌ(h)oʊldər, -z

Bondi
BR ˈbɒndʌɪ
AM ˈbɑndi

bondman
BR ˈbɒndmən
AM ˈbɑn(d)m(ə)n

bondmen
BR ˈbɒndmən
AM ˈbɑn(d)m(ə)n

bondsman
BR ˈbɒn(d)zmən
AM ˈbɑn(d)zm(ə)n

bondsmen
BR ˈbɒn(d)zmən
AM ˈbɑn(d)zm(ə)n

bondstone
BR ˈbɒn(d)stəʊn, -z
AM ˈbɑn(d)ˌstoʊn, -z

bondswoman
BR ˈbɒn(d)zˌwʊmən
AM ˈbɑn(d)zˌwʊm(ə)n

bondswomen
BR ˈbɒn(d)zˌwɪmɪn
AM ˈbɑn(d)zˌwɪmɪn

bondwoman
BR ˈbɒndˌwʊmən
AM ˈbɑn(d)ˌwʊm(ə)n

bondwomen
BR ˈbɒndˌwɪmɪn
AM ˈbɑn(d)ˌwɪmɪn

bone
BR bəʊn, -z, -ɪŋ, -d
AM boʊn, -z, -ɪŋ, -d

bonefish
BR ˈbəʊnfɪʃ
AM ˈboʊnˌfɪʃ

bonehead
BR ˈbəʊnhɛd, -z
AM ˈboʊnˌ(h)ɛd, -z

boneheaded
BR ˌbəʊnˈhɛdɪd
AM ˈboʊnˌ(h)ɛdəd

boneless
BR ˈbəʊnləs
AM ˈboʊnləs

bonemeal
BR ˈbəʊnmiːl
AM ˈboʊnˌmil

boner
BR ˈbəʊnə(r), -z
AM ˈboʊnər, -z

boneshaker
BR ˈbəʊnˌʃeɪkə(r), -z
AM ˈboʊnˌʃeɪkər, -z

Bo'ness
BR ˌbəʊˈnɛs
AM boʊˈnɛs

bonfire
BR ˈbɒnfʌɪə(r), -z
AM ˈbɑnˌfaɪ(ə)r, -z

bong
BR bɒŋ, -z, -ɪŋ, -d
AM bɑŋ, -z, -ɪŋ, -d

bongo
BR ˈbɒŋgəʊ, -z
AM ˈbɑŋgoʊ, ˈbɔŋgoʊ, -z

Bonham
BR ˈbɒnəm
AM ˈbɑn(ə)m

Bonhoeffer
BR ˈbɒnˌhəːfə(r), ˈbɒnˌhɒfə(r)
AM ˈbɑnˌ(h)ʌfər, ˈbɑnˌ(h)ɔfər

bonhomie
BR ˈbɒnɒmiː
AM ˌbɑnəˈmi, ˈbɑnəmi
FR bɔnɔmi

bonhomous
BR ˈbɒnəməs
AM ˈbɑnəməs

bonier
BR ˈbəʊnɪə(r)
AM ˈboʊniər

boniest
BR ˈbəʊnɪɪst
AM ˈboʊnɪɪst

Boniface
BR ˈbɒnɪfeɪs
AM ˈbɑnəfəs

boniness
BR ˈbəʊnɪnɪs
AM ˈboʊnɪnɪs

Bonington
BR ˈbɒnɪŋt(ə)n
AM ˈbɑnɪŋt(ə)n

Bonio
BR ˈbəʊniəʊ
AM ˈboʊnioʊ

bonism
BR ˈbəʊnɪzm
AM ˈboʊˌnɪz(ə)m

bonist
BR ˈbəʊnɪst, -s
AM ˈboʊnəst, -s

Bonita
BR bəˈniːtə(r)
AM bəˈnidə

bonito
BR bəˈniːtəʊ, -z
AM bəˈnidə,
  bəˈnidoʊ, -z

bonk
BR bɒŋ|k, -ks, -kɪŋ,
  -(k)t
AM bɑŋ|k, -ks, -kɪŋ,
  -(k)t

bonker
BR ˈbɒŋkə(r), -z
AM ˈbɑŋkər, -z

bon mot
BR ˌbɒn ˈməʊ, ˌbɒ̃ +
AM ˌbɒn ˈmoʊ

Bonn
BR bɒn
AM bɑn

Bonnard
BR bɒˈnɑː(r)
AM bɑˈnɑr, bɔˈnɑr

bonne bouche
BR ˌbɒn ˈbuːʃ, -ɪz
AM ˌbən ˈbuʃ, -əz
FR bɔn buʃ

Bonner
BR ˈbɒnə(r)
AM ˈbɑnər

bonnes bouches
BR ˌbɒn ˈbuːʃ
AM ˌbən ˈbuʃ
FR bɔn buʃ

bonnet
BR ˈbɒn|ɪt, -ɪts, -ɪtɪd
AM ˈbɑnə|t, -ts, -dəd

bonnethead
BR ˈbɒnɪthɛd, -z
AM ˈbɑnətˌ(h)ɛd, -z

Bonneville
BR ˈbɒnəvɪl
AM ˈbɑnəˌvɪl

Bonnie
BR ˈbɒni
AM ˈbɑni

bonnily
BR ˈbɒnɪli
AM ˈbɑnəli

bonniness
BR ˈbɒnɪnɪs
AM ˈbɑnɪnɪs

bonny
BR ˈbɒn|i, -ɪə(r), -ɪɪst
AM ˈbɑni, -ər, -ɪst

bonsai
BR ˈbɒnsʌɪ
AM ˈbɑnˌzaɪ,
  ˈbɑnˌsaɪ

bonsella
BR bɒnˈsɛlə(r), -z
AM bɑnˈsɛlə, -z

Bonser
BR ˈbɒnsə(r)
AM ˈbɑnsər

bons mots
BR ˌbɒn ˈməʊ(z),
  ˌbɒ̃ +
AM ˌbɒn ˈmoʊz

Bonsor
BR ˈbɒnsə(r)
AM ˈbɑnsər

bonspiel
BR ˈbɒnspiːl, -z
AM ˈbɑnˌspɪl,
  ˈbɑnˌspɪl, -z

bons vivants
BR ˌbɒ̃ viːˈvɒ̃z,
  ˌbɒn viːˈvɒnz,
  ˌbɒn viːˈvɒnts
AM ˌbɑn viːˈvɑn(t)s
FR bɔ̃ vivɑ̃

bons viveurs
BR ˌbɒ̃ viːˈvəː, ˌbɒn +
AM ˌbɑn viːˈvərz

bontbok
BR ˈbɒntbɒk, -s
AM ˈbɑntˌbɑk, -s

bontebok
BR ˈbɒntɪbɒk, -s
AM ˈbɑn(t)iˌbɑk, -s

bonus
BR ˈbəʊnəs, -ɪz
AM ˈboʊnəs, -ɪz

bon vivant
BR ˌbɒ̃ viːˈvɒ̃, ˌbɒn
  viːˈvɒn(t), -ts\-z
AM ˌbɑn viːˈvɑnt, -s
FR bɔ̃ vivɑ̃

bon viveur
BR ˌbɒ̃ viːˈvəː(r),
  ˌbɒn +, -z
AM ˌbɑn viːˈvər, -z

bon voyage
BR ˌbɒn vɔɪˈɑːʒ
AM ˌboʊn ˌvɔɪˈɑʒ,
  ˈbɑn ˌvɔɪˈɑʒ

bonxie
BR ˈbɒŋks|i, -z
AM ˈbɑŋksi, -z

bony
BR ˈbəʊn|i, -ɪə(r), -ɪɪst
AM ˈboʊni, -ər, -ɪst

bonze
BR bɒnz, -ɪz
AM bɑnz, -əz

bonzer
BR ˈbɒnzə(r)
AM ˈbɑnzər

Bonzo
BR ˈbɒnzəʊ
AM ˈbɑnzoʊ

boo
BR buː, -z, -ɪŋ, -d
AM bu, -z, -ɪŋ, -d

boob
BR buːb, -z, -ɪŋ, -d
AM bub, -z, -ɪŋ, -d

booboisie
BR ˌbuːbwɑːˈziː
AM ˌbuˌbwɑˈzi

booboo
BR ˈbuːbuː, -z
AM ˈbuˌbu, -z

boobook
BR ˈbuːbʊk, -s
AM ˈbuˌbʊk, -s

booby
BR ˈbuːb|i, -ɪz
AM ˈbubi, -z

boobyish
BR ˈbuːbɪɪʃ
AM ˈbubiɪʃ

boodle
BR ˈbuːdl
AM ˈbud(ə)l

boofy
BR ˈbʊf|i, -ɪz
AM ˈbʊfi, -z

boogie
BR ˈbuːg|i, -ɪz, -ɪŋ,
  -ɪd
AM ˈbʊgi, -z, -ɪŋ, -d

boogie-woogie
BR ˌbuːgɪˈwuːgi
AM ˌbʊgiˈwʊgi

boohoo
BR ˌbuːˈhuː
AM ˈˌbuˌhu

book
BR bʊk, -s, -ɪŋ, -t
AM bʊk, -s, -ɪŋ, -t

bookable
BR ˈbʊkəbl
AM ˈbʊkəb(ə)l

bookaholic
BR ˌbʊkəˈhɒlɪk, -s
AM ˌbʊkəˈhɔlɪk,
  ˌbʊkəˈhɑlɪk, -s

bookbinder
BR ˈbʊkˌbʌɪndə(r), -z
AM ˈbʊkˌbaɪndər, -z

bookbinding
BR ˈbʊkˌbʌɪndɪŋ
AM ˈbʊkˌbaɪndɪŋ

bookcase
BR ˈbʊkkeɪs, -ɪz
AM ˈbʊ(k)ˌkeɪs, -ɪz

bookend
BR ˈbʊkɛnd, -z
AM ˈbʊkˌɛnd, -z

bookend
BR ˈbʊkɛnd, -z, -ɪŋ,
  -ɪd
AM ˈbʊkˌɛnd, -z, -ɪŋ,
  -əd

booker
BR ˈbʊkə(r), -z
AM ˈbʊkər, -z

bookie
BR ˈbʊk|i, -ɪz
AM ˈbʊki, -z

booking
BR ˈbʊkɪŋ, -z
AM ˈbʊkɪŋ, -z

bookish
BR ˈbʊkɪʃ
AM ˈbʊkɪʃ

bookishly
BR ˈbʊkɪʃli
AM ˈbʊkɪʃli

bookishness
BR ˈbʊkɪʃnɪs
AM ˈbʊkɪʃnɪs

bookkeeper
BR ˈbʊkˌkiːpə(r), -z
AM ˈbʊ(k)ˌkipər, -z

bookkeeping
BR ˈbʊkˌkiːpɪŋ
AM ˈbʊ(k)ˌkipɪŋ

booklet
BR ˈbʊklɪt, -s
AM ˈbʊklɪt, -s

booklist
BR ˈbʊklɪst, -s
AM ˈbʊkˌlɪst, -s

bookmaker
BR ˈbʊkˌmeɪkə(r), -z
AM ˈbʊkˌmeɪkər, -z

bookmaking
BR ˈbʊkˌmeɪkɪŋ
AM ˈbʊkˌmeɪkɪŋ

bookman
BR ˈbʊkmən
AM ˈbʊkm(ə)n

bookmark
BR ˈbʊkmɑːk, -s
AM ˈbʊkˌmɑrk, -s

bookmarker
BR ˈbʊkˌmɑːkə(r), -z
AM ˈbʊkˌmɑrkər, -z

bookmen
BR ˈbʊkmən
AM ˈbʊkm(ə)n

bookmobile
BR ˈbʊkmə(ʊ)biːl, -z
AM ˈbʊkməˌbil,
  ˈbʊkmoʊˌbil, -z

bookplate
BR ˈbʊkpleɪt, -s
AM ˈbʊkˌpleɪt, -s

bookseller
BR ˈbʊkˌsɛlə(r), -z
AM ˈbʊkˌsɛlər, -z

bookshelf
BR ˈbʊkʃɛlf
AM ˈbʊkˌʃɛlf

bookshelves
BR ˈbʊkʃɛlvz
AM ˈbʊkˌʃɛlvz

bookshop
BR ˈbʊkʃɒp, -s
AM ˈbʊkˌʃɑp, -s

bookstall
BR ˈbʊkstɔːl, -z
AM ˈbukˌstɑl,
  ˈbʊkˌstɔl, -z

bookstand
BR ˈbʊkstand, -z
AM ˈbʊkˌstænd, -z

bookstore
BR ˈbʊkstɔː(r), -z
AM ˈbʊkˌstɔ(ə)r, -z

booksy
BR ˈbʊksi
AM ˈbʊksi

bookwork
BR ˈbʊkwəːk
AM ˈbʊkˌwərk

bookworm
BR ˈbʊkwəːm, -z
AM ˈbʊkˌwərm, -z

Boole
BR buːl
AM bul

Boolean
BR ˈbuːliən
AM ˈbuliən

boom
BR buːm, -z, -ɪŋ, -d
AM bum, -z,
  -ɪŋ, -d

boomer
BR ˈbuːmə(r), -z
AM ˈbumər, -z

boomerang
BR ˈbuːməraŋ, -z,
  -ɪŋ, -d
AM ˈbuməˌræŋ, -z,
  -ɪŋ, -d

boomlet
BR ˈbuːmlɪt, -s
AM ˈbumlət, -s

boomslang
BR ˈbuːmslaŋ, -z
AM ˈbumˌslæŋ, -z

boomtown
BR ˈbuːmtaʊn, -z
AM ˈbumˌtaʊn, -z

boon
BR buːn, -z
AM bun, -z

boondock
BR ˈbuːndɒk, -s
AM ˈbunˌdak, -s

boondoggle
BR ˈbuːnˌdɒg|l, -lz,
  -lɪŋ\-lɪŋ, -ld
AM ˈbunˌdag(ə)l, -z,
  -ɪŋ, -d

Boone
BR buːn
AM bun

boonies
BR ˈbuːnɪz
AM ˈbuniz

boor
BR bʊə(r), bɔː(r), -z
AM bʊ(ə)r, -z

boorish
BR ˈbʊərɪʃ, ˈbɔːrɪʃ
AM ˈbʊrɪʃ

boorishly
BR ˈbʊərɪʃli, ˈbɔːrɪʃli
AM ˈbʊrɪʃli

boorishness
BR ˈbʊərɪʃnɪs,
  ˈbɔːrɪʃnɪs
AM ˈbʊrɪʃnɪs

Boosey
BR ˈbuːzi
AM ˈbuzi

boost
BR buːst, -s, -ɪŋ, -ɪd
AM bust, -s, -ɪŋ, -ɪd

booster
BR ˈbuːstə(r), -z
AM ˈbustər, -z

boot
BR buːt, -s, -ɪŋ, -ɪd
AM bu|t, -ts, -dɪŋ,
  -dəd

bootblack
BR ˈbuːtblak, -s
AM ˈbutˌblæk, -s

bootboy
BR ˈbuːtbɔɪ, -z
AM ˈbutˌbɔɪ, -z

bootee
BR buːˈtiː, ˈbuːtiː, -z
AM buˈti, -z

Boötes
BR bəʊˈəʊtiːz
AM boʊˈoʊdiz

booth
BR buː|ð, buː|θ, -ðz
AM bu|θ, -ðz

Bootham
BR ˈbuːðəm
AM ˈbuð(ə)m

Boothby
BR ˈbuːðbi
AM ˈbuθbi

Boothe
BR buːð, buːθ
AM buθ

Boothia
BR ˈbuːθɪə(r)
AM ˈbuθiə

Boothroyd
BR ˈbuːðrɔɪd
AM ˈbuθrɔɪd

bootie
BR buːˈtiː, ˈbuːtiː, -z
AM ˈbudi, -z

bootjack
BR ˈbuːtdʒak, -s
AM ˈbutˌdʒæk, -s

bootlace
BR ˈbuːtleɪs, -ɪz
AM ˈbutˌleɪs, -ɪz

Bootle
BR ˈbuːtl
AM ˈbud(ə)l

bootleg
BR ˈbuːtlɛg, -z, -ɪŋ, -d
AM ˈbutˌlɛg, -z, -ɪŋ,
  -d

bootlegger
BR ˈbuːtˌlɛgə(r), -z
AM ˈbutˌlɛgər, -z

bootless
BR ˈbuːtləs
AM ˈbutləs

bootlicker
BR ˈbuːtˌlɪkə(r), -z
AM ˈbutˌlɪkər, -z

bootstrap
BR ˈbuːtstræp, -s, -ɪŋ, -t
AM ˈbutˌstræp, -s, -ɪŋ, -t

booty
BR ˈbuːti
AM ˈbudi

booze
BR buːz, -ɪz, -ɪŋ, -d
AM buz, -əz, -ɪŋ, -d

boozer
BR ˈbuːzə(r), -z
AM ˈbuzər, -z

boozily
BR ˈbuːzɪli
AM ˈbuzəli

booziness
BR ˈbuːzɪnɪs
AM ˈbuzɪnɪs

boozy
BR ˈbuːz|i, -iə(r), -iɪst
AM ˈbuzi, -ər, -ɪst

bop
BR bɒp, -s, -ɪŋ, -t
AM bɑp, -s, -ɪŋ, -t

Bophuthatswana
BR bəˌpuːtə-
ˈtswaːnə(r),
ˌbɒpuːtətˈswaːnə(r)
AM ˌboʊˌpʊdətˈswɑnə

bopper
BR ˈbɒpə(r), -z
AM ˈbɑpər, -z

bora
BR ˈbɔːrə(r), -z
AM ˈbɔrə, -z

Bora-Bora
BR ˌbɔːrəˈbɔːrə(r)
AM ˌbɔrəˈbɔrə

boracic
BR bəˈræsɪk
AM bəˈræsɪk

borage
BR ˈbɒrɪdʒ
AM ˈbɑrɪdʒ, ˈbɔrɪdʒ

borak
BR ˈbɔːræk
AM ˈbɔrək

borane
BR ˈbɔːreɪn, -z
AM ˈbɔˌreɪn, -z

borate
BR ˈbɔːreɪt, -s
AM ˈbɔˌreɪt, -s

borax
BR ˈbɔːræks
AM ˈbɔˌræks

borazon
BR ˈbɔːrəzɒn
AM ˈbɔrəˌzɑn

borborygmi
BR ˌbɔːbəˈrɪgmi
AM ˌbɔrbəˈrɪgmi

borborygmic
BR ˌbɔːbəˈrɪgmɪk
AM ˌbɔrbəˈrɪgmɪk

borborygmus
BR ˌbɔːbəˈrɪgməs
AM ˌbɔrbəˈrɪgməs

Bordeaux
BR bɔːˈdəʊ
AM bɔrˈdoʊ

bordel
BR bɔːˈdɛl, -z
AM ˈbɔrd(ə)l, -z

bordello
BR bɔːˈdɛləʊ, -z
AM ˌbɔrˈdɛloʊ, -z

border
BR ˈbɔːd|ə(r), -əz, -(ə)rɪŋ, -əd
AM ˈbɔrdər, -z, -ɪŋ, -d

bordereau
BR ˌbɔːdəˈrəʊ, -z
AM ˌbɔrdəˈroʊ, -z
FR bɔʁdəʁo

bordereaux
BR ˌbɔːdəˈrəʊz
AM ˌbɔrdəˈroʊ(z)
FR bɔʁdəʁo

borderer
BR ˈbɔːd(ə)rə(r), -z
AM ˈbɔrdərər, -z

borderland
BR ˈbɔːdəland, -z
AM ˈbɔrdərˌlænd, -z

borderline
BR ˈbɔːdəlʌɪn, -z
AM ˈbɔrdərˌlaɪn, -z

Bordet
BR bɔːˈdeɪ
AM bɔrˈdeɪ

bordone
BR bɔːˈdəʊni
AM bɔrˈdoʊni

bordure
BR ˈbɔːdjʊə(r), -z
AM ˈbɔrdʒər, -z

bore
BR bɔː(r), -z, -ɪŋ, -d
AM bɔ(ə)r, -z, -ɪŋ, -d

boreal
BR ˈbɔːriəl
AM ˈbɔriəl

borealis
BR ˌbɔːriˈeɪlɪs,
ˌbɔːriˈɑːlɪs
AM ˌbɔriˈeɪlɪs,
ˌbɔriˈæləs

boredom
BR ˈbɔːdəm
AM ˈbɔrd(ə)m

Boreham
BR ˈbɔːrm̩
AM ˈbɔr(ə)m

borehole
BR ˈbɔːhəʊl, -z
AM ˈbɔrˌ(h)oʊl, -z

borer
BR ˈbɔːrə(r), -z
AM ˈbɔrər, -z

Borg
BR bɔːg
AM bɔ(ə)rg
SW bɒrj

Borges
BR ˈbɔːxɛs, ˈbɔːgɛs
AM ˈbɔrgəs, ˈbɔrˌhɛs

Borgia
BR ˈbɔː(d)ʒ(i)ə(r)
AM ˈbɔrʒə

boric
BR ˈbɔːrɪk, ˈbɒrɪk
AM ˈbɔrɪk

boring
BR ˈbɔːrɪŋ, -z
AM ˈbɔrɪŋ, -z

boringly
BR ˈbɔːrɪŋli
AM ˈbɔrɪŋli

boringness
BR ˈbɔːrɪŋnɪs
AM ˈbɔrɪŋnɪs

Boris
BR ˈbɒrɪs
AM ˈbɔrəs

Bork
BR bɔːk
AM bɔ(ə)rk

Bormann
BR ˈbɔːmən
AM ˈbɔrm(ə)n

born
BR bɔːn
AM bɔ(ə)rn

borne
BR bɔːn
AM bɔ(ə)rn

borné
BR bɔːˈneɪ
AM bɔrˈneɪ
FR bɔʁne

Bornean
BR ˈbɔːnɪən, -z
AM ˈbɔrnɪən, -z

Borneo
BR ˈbɔːnɪəʊ
AM ˈbɔrnioʊ

Bornholm
BR ˈbɔːnhəʊm
AM ˈbɔrn,(h)oʊm
DAN ˌbɔːnˈhʌl'm

Borobudur
BR ˌbɒrəbəˈdʊə(r)
AM ˌbɔrəbəˈdʊ(ə)r

Borodin
BR ˈbɒrədɪn
AM ˈbɔrəˌdin
RUS bərɐˈdʲin

Borodino
BR ˌbɒrəˈdiːnəʊ
AM ˌbɔrəˈdinoʊ
RUS bərɐdʲiˈno

borofluoride
BR ˌbɔːrə(ʊ)ˈflʊəraɪd,
ˌbɔːrə(ʊ)ˈflɔːraɪd
AM ˌbɔrəˈflɔˌraɪd,
ˌbɔrəˈflʊˌraɪd

boron
BR ˈbɔːrɒn
AM ˈbɔˌrɑn

boronia
BR bəˈrəʊniə(r), -z
AM bəˈroʊniə, -z

borosilicate
BR ˌbɔːrə(ʊ)ˈsɪlɪkeɪt,
ˌbɔːrə(ʊ)ˈsɪlɪkət
AM ˌbɔːrəˈsɪləkət

borough
BR ˈbʌrə(r), -z
AM ˈbɜːrə, ˈbɜːroʊ, -z

Borromini
BR ˌbɒrəˈmiːni
AM ˌbɔːrəˈmini

borrow
BR ˈbɒrəʊ, -z,
-ɪŋ, -d
AM ˈbɔːr|oʊ, ˈbɑːr|oʊ,
-oʊz, -əwɪŋ,
-oʊd

Borrowdale
BR ˈbɒrə(ʊ)deɪl
AM ˈbɑːroʊˌdeɪl

borrower
BR ˈbɒrəʊə(r), -z
AM ˈbɔːrəwər,
ˈbɑːrəwər, -z

borrowing
BR ˈbɒrəʊɪŋ, -z
AM ˈbɔːrəwɪŋ,
ˈbɑːrəwɪŋ, -z

Borsalino
BR ˌbɔːsəˈliːnəʊ, -z
AM ˌbɔːrsəˈliːnoʊ, -z

borsch
BR bɔːʃ
AM bɔ(ə)rʃ

borscht
BR bɔːʃt
AM bɔ(ə)rʃt
RUS bɔrʃtʃ

borshcht
BR bɔːʃt
AM bɔ(ə)rʃt

Borstal
BR ˈbɔːstl, -z
AM ˈbɔ(ə)rstl, -z

bort
BR bɔːt
AM bɔ(ə)rt

Borth
BR bɔːθ
AM bɔ(ə)rθ

Borthwick
BR ˈbɔːθwɪk
AM ˈbɔrθwɪk

bortsch
BR bɔːtʃ
AM bɔ(ə)rtʃ

borzoi
BR ˈbɔːzɔɪ, ˈbɔːtsɔɪ, -z
AM ˈbɔrˌzɔɪ, -z

Bosanquet
BR ˈbəʊznkɛt,
ˈbəʊzŋkɛt
AM ˈboʊzənˌkɛt

Bosc
BR bɒsk
AM bɑsk

boscage
BR ˈbɒsk|ɪdʒ, -ɪdʒɪz
AM ˈbɑskɪdʒ, -ɪz

Boscastle
BR ˈbɒsˌkɑːsl
AM ˈbɑzˌkæs(ə)l, ˈbɔzˌkæs(ə)l

Boscawen[1]
placename
BR ˈbɒsk(ə)wɪn,
ˈbɒskwʌɪn
AM ˈbɑskəw(ə)n

Boscawen[2] *surname*
BR bɒˈskəʊən
AM bɑˈskoʊən

Bosch
BR bɒʃ
AM bɑʃ, bɔʃ

Boscobel
BR ˈbɒskəbɛl
AM ˈbɑskəˌbɛl

Bose
BR bəʊz, bəʊs
AM boʊz

bosh
BR bɒʃ
AM bɑʃ

bosie
BR ˈbəʊz|i, -ɪz
AM ˈboʊsi, -z

boskage
BR ˈbɒsk|ɪdʒ, -ɪdʒɪz
AM ˈbɑskɪdʒ, -ɪz

boskiness
BR ˈbɒskɪɪs
AM ˈbɑskɪɪs

Boskop
BR ˈbɒskɒp
AM ˈbɑsˌkɑp

bosky
BR ˈbɒski
AM ˈbɑski

bos'n
BR ˈbəʊsn, -z
AM ˈboʊsn, -z

bo's'n
BR ˈbəʊsn, -z
AM ˈboʊsn, -z

Bosnia
BR ˈbɒzniə(r)
AM ˈbɑzniə, ˈbɔzniə

Bosnian
BR ˈbɒzniən, -z
AM ˈbɑzniən,
ˈbɔzniən, -z

bosom
BR ˈbʊzm, -z
AM ˈbʊz(ə)m, -z

bosomy
BR ˈbʊzmi
AM ˈbʊzəmi

boson
BR ˈbəʊsɒn, ˈbəʊzɒn
AM ˈboʊˌzɑn,
ˈboʊˌsɑn

Bosphorus
BR ˈbɒsf(ə)rəs
AM ˈbɑsf(ə)rəs

Bosporus
BR ˈbɒsp(ə)rəs
AM ˈbɑsp(ə)rəs

boss
BR bɒs, -ɪz, -ɪŋ, -t
AM bɑs, bɔs, -əz, -ɪŋ, -t

bossa nova
BR ˌbɒsə ˈnəʊvə(r), -z
AM ˌbɑsə ˈnoʊvə, -z

bossily
BR ˈbɒsɪli
AM ˈbɑsəli, ˈbɔsəli

bossiness
BR ˈbɒsɪnɪs
AM ˈbɑsɪnɪs, ˈbɔsɪnɪs

bossy
BR ˈbɒs|i, -iə(r), -ɪɪst
AM ˈbɑsi, ˈbɔsi, -ər, -ɪst

Bostik
BR ˈbɒstɪk
AM ˈbɑstɪk

Bostock
BR ˈbɒstɒk
AM ˈbɑstək

Boston
BR ˈbɒst(ə)n
AM ˈbɑst(ə)n, ˈbɔst(ə)n

Bostonian
BR bɒˈstəʊniən, -z
AM bɑˈstoʊniən,
bɔˈstoʊniən, -z

bosun
BR ˈbəʊsn, -z
AM ˈboʊsn, -z

bo'sun
BR ˈbəʊsn, -z
AM ˈboʊsn, -z

Boswell
BR ˈbɒzw(ɛ)l
AM ˈbɑzw(ə)l

Bosworth
BR ˈbɒzwə(ː)θ
AM ˈbɑzˌwərθ

bot
BR bɒt, -s
AM bɑt, -s

botanic
BR bəˈtanɪk
AM bəˈtænɪk

botanical
BR bəˈtanɪkl
AM bəˈtænək(ə)l

botanically
BR bəˈtanɪkli
AM bəˈtænək(ə)li

botanise
BR ˈbɒtənʌɪz,
ˈbɒtnʌɪz, -ɪz, -ɪŋ, -d
AM ˈbɑtnˌaɪz, -ɪz,
-ɪŋ, -d

botanist
BR ˈbɒtənɪst, ˈbɒtnɪst, -s
AM ˈbɑtn̩əst, -s

botanize
BR ˈbɒtənʌɪz,
ˈbɒtnʌɪz, -ɪz, -ɪŋ, -d
AM ˈbɑtn̩ˌaɪz, -ɪz,
-ɪŋ, -d

botany
BR ˈbɒtn̩i
AM ˈbatn̩i

botargo
BR bəˈtɑːgəʊ, -z
AM boʊˈtɑrgoʊ, -z

botch
BR bɒtʃ, -ɪz, -ɪŋ, -t
AM bɑtʃ, -əz, -ɪŋ, -t

botcher
BR ˈbɒtʃə(r), -z
AM ˈbɑtʃər, -z

botel
BR bəʊˈtɛl, -z
AM boʊˈtɛl, -z

botfly
BR ˈbɒtflʌɪ, -z
AM ˈbɑtˌflaɪ, -z

both
BR bəʊθ
AM boʊθ

Botha
BR ˈbəʊtə(r), ˈbʊətə(r)
AM ˈboʊdə, ˈboʊθə
AFK ˈbʊətɑ

Botham
BR ˈbəʊθəm
AM ˈbɑð(ə)m

bother
BR ˈbɒð|ə(r), -əz, -(ə)rɪŋ, -əd
AM ˈbɑð|ər, -ərz, -(ə)rɪŋ, -ərd

botheration
BR ˌbɒðəˈreɪʃn
AM ˌbɑðəˈreɪʃ(ə)n

bothersome
BR ˈbɒðəs(ə)m
AM ˈbɑðərs(ə)m

Bothnia
BR ˈbɒθnɪə(r)
AM ˈbɑθniə

Bothwell
BR ˈbɒθw(ɛ)l
AM ˈbɑθw(ə)l

bothy
BR ˈbɒθ|i, -ɪz
AM ˈbɑθi, -z

Botolph
BR ˈbɒtɒlf
AM ˈbɑdəlf

botryoid
BR ˈbɒtrɪɔɪd
AM ˈbɑtriˌɔɪd

botryoidal
BR ˌbɒtrɪˈɔɪdl
AM ˌbɑtriˈɔɪd(ə)l

Botswana
BR bɒtˈswɑːnə(r)
AM bɑtˈswɑnə

Botswanan
BR bɒtˈswɑːnən, -z
AM bɑtˈswɑnən, -z

bott
BR bɒt, -s
AM bɑt, -s

Botticelli
BR ˌbɒtɪˈtʃɛli
AM ˌbɑdəˈtʃɛli

bottle
BR ˈbɒt|l, -lz, -l̩ɪŋ\-lɪŋ, -ld
AM ˈbɑd(ə)l, -z, -ɪŋ, -d

bottleful
BR ˈbɒtlfʊl, -z
AM ˈbɑdlˌfʊl, -z

bottleneck
BR ˈbɒtlnɛk, -s
AM ˈbɑdlˌnɛk, -s

bottlenose
BR ˈbɒtlnəʊz, -ɪz, -d
AM ˈbɑdlˌnoʊz, -ɪz, -d

bottler
BR ˈbɒtlə(r), ˈbɒtlə(r), -z
AM ˈbɑdlər, ˈbɑdl̩ər, -z

bottlewasher
BR ˈbɒtlˌwɒʃə(r), -z
AM ˈbɑdlˌwɑʃər, ˈbɑdlˌwɔʃər, -z

bottom
BR ˈbɒtəm, -z, -ɪŋ, -d
AM ˈbɑdəm, -z, -ɪŋ, -d

bottomless
BR ˈbɒtəmləs
AM ˈbɑdəmləs

bottomlessness
BR ˈbɒtəmləsnəs
AM ˈbɑdəmləsnəs

Bottomley
BR ˈbɒtəmli
AM ˈbɑdəmli

bottommost
BR ˈbɒtə(m)məʊst
AM ˈbɑdə(m)ˌmoʊst

bottomry
BR ˈbɒtəmr|i, -ɪz, -ɪŋ, -ɪd
AM ˈbɑdəmri, -z, -ɪŋ, -d

botulinus
BR ˌbɒtjʉˈlʌɪnəs, ˌbɒtʃʉˈlʌɪnəs
AM ˌbɑtʃəˈlaɪnəs

botulism
BR ˈbɒtjʉlɪzm, ˈbɒtʃʉlɪzm
AM ˈbɑtʃəˌlɪz(ə)m

Boucher
BR ˈbaʊtʃə(r), ˈbuːʃeɪ
AM buˈʃeɪ

bouclé
BR ˈbuːkleɪ
AM ˌbuˈkleɪ
FR bukle

Boudicca
BR ˈbuːdɪkə(r)
AM buˈdɪkə

boudoir
BR ˈbuːdwɑː(r), -z
AM ˈbudˌwɑr, -z

bouffant
BR ˈbuːfɒ̃, ˈbuːfɒŋ, ˈbuːfɒnt
AM ˌbuˈfɑnt

bougainvillaea
BR ˌbuːg(ə)nˈvɪlɪə(r), -z
AM ˌbugənˈvɪliə, ˌbugənˈvɪljə, -z

Bougainville
BR ˈbuːg(ə)nvɪl
AM ˈbugənˌvɪl

bougainvillea
BR ˌbuːg(ə)nˈvɪlɪə(r), -z
AM ˌbugənˈvɪliə, ˌbugənˈvɪljə, -z

Bougainvillian
BR ˌbuːg(ə)nˈvɪlɪən, -z
AM ˌbugənˈvɪliən, ˌbugənˈvɪlj(ə)n, -z

bough
BR baʊ, -z
AM baʊ, -z

bought
BR bɔːt
AM bɑt, bɔt

boughten
BR ˈbɔːtn
AM ˈbɑtn, ˈbɔtn

bougie
BR ˈbuːʒ|i, -ɪz
AM ˈbu(d)ʒi, -z

bouillabaisse
BR ˌbuːjəˈbɛs, ˌbuːjəˈbeɪs, ˈbuːjəbɛs, ˈbuːjəbeɪs
AM ˌˈbu(l)jəˌbeɪs, ˌˈbu(l)jəˌbɛs
FR bujabɛs

bouilli
BR ˈbuːji
AM buˈji
FR buji

bouillon
BR ˈbuːjɒ̃, ˈbuːjɒn, ˈbwiːjɒ̃, ˈbwiːjɒn
AM ˈbəlˌjɑn, ˈbu(l)ˌjɑn
FR bujɔ̃

boulder
BR ˈbəʊldə(r), -z
AM ˈboʊldər, -z

bouldery
BR ˈbəʊld(ə)ri
AM ˈboʊldəri

boule[1] *Greek legislative body*
BR ˈbuːl|i, ˈbuːl|eɪ, -ɪz\-eɪz
AM ˈbuli, -z
GR vuˈliː

boule[2] *ornamental inlay*
BR buːl, -z
AM bul, -z

boules *game*
BR buːl
AM bul
FR bul

boulevard
BR ˈbʊləvɑːd, ˈbuːl(ə)vɑːd, -z
AM ˈbʊləˌvɑrd, -z

boulevardier
BR ˈbuːləvaːˈdjeɪ, -z
AM ˌbʊl(ə)varˈdjeɪ, -z
Boulez
BR ˈbuːlɛz, ˈbuːleɪ
AM buˈlɛz
boulle
BR buːl
AM bʊl
Boulogne
BR bʊˈlɔɪn
AM buˈloʊn(jə)
FR bulɔn
boult
BR bəʊlt, -s, -ɪŋ, -ɪd
AM boʊlt, -s, -ɪŋ, -əd
Boulter
BR ˈbəʊltə(r)
AM ˈboʊldər
Boulting
BR ˈbəʊltɪŋ
AM ˈboʊltɪŋ
Boulton
BR ˈbəʊlt(ə)n
AM ˈboʊlt(ə)n
bounce
BR baʊns, -ɪz, -ɪŋ, -t
AM baʊns, -əz, -ɪŋ, -t
bouncer
BR ˈbaʊnsə(r), -z
AM ˈbaʊnsər, -z
bouncily
BR ˈbaʊnsɪli
AM ˈbaʊnsəli
bounciness
BR ˈbaʊnsɪnɪs
AM ˈbaʊnsɪnɪs
bouncy
BR ˈbaʊns|i, -iə(r), -ɪɪst
AM ˈbaʊnsi, -ər, -ɪst
bound
BR baʊnd, -z, -ɪŋ, -ɪd
AM baʊnd, -z, -ɪŋ, -əd
boundary
BR ˈbaʊnd(ə)r|i, -ɪz
AM ˈbaʊnd(ə)ri, -z
bounden
BR ˈbaʊndən
AM ˈbaʊnd(ə)n
bounder
BR ˈbaʊndə(r), -z
AM ˈbaʊndər, -z

boundless
BR ˈbaʊndləs
AM ˈbaʊn(d)ləs
boundlessly
BR ˈbaʊndləsli
AM ˈbaʊn(d)ləsli
boundlessness
BR ˈbaʊndləsnəs
AM ˈbaʊn(d)ləsnəs
bounteous
BR ˈbaʊntɪəs
AM ˈbaʊn(t)iəs
bounteously
BR ˈbaʊntɪəsli
AM ˈbaʊn(t)iəsli
bounteousness
BR ˈbaʊntɪəsnəs
AM ˈbaʊn(t)iəsnəs
bountiful
BR ˈbaʊntɪf(ʊ)l
AM ˈbaʊn(t)if(ə)l
bountifully
BR ˈbaʊntɪfʊli, ˈbaʊntɪfli
AM ˈbaʊn(t)if(ə)li
bountifulness
BR ˈbaʊntɪf(ʊ)lnəs
AM ˈbaʊn(t)ifəlnəs
bounty
BR ˈbaʊnt|i, -ɪz
AM ˈbaʊn(t)i, -z
bouquet
BR bʊˈkeɪ, bəʊˈkeɪ, -z
AM buˈkeɪ, boʊˈkeɪ, -z
bouquet garni
BR ˌbʊkeɪ gaːˈniː
AM ˌbukeɪ garˈni, ˌboʊkeɪ garˈni
bouquetin
BR ˈbuːkətɪn, -z
AM ˈbukəˌtɛn, -z
bouquets garnis
BR ˌbʊkeɪ gaːˈniː
AM ˌbukeɪ garˈni, ˌboʊkeɪ garˈni
Bourbon *French royal family*
BR ˈbɔːb(ʊ)n, ˈbʊəb(ʊ)n
AM ˈbʊrb(ə)n

bourbon *whisky*
BR ˈbəːb(ə)n
AM ˈbərb(ə)n
bourdon
BR ˈbʊəd(ə)n, ˈbɔːd(ə)n, -z
AM ˈbʊrd(ə)n, -z
bourgeois[1] *middle class*
BR ˈbʊəʒwaː(r), ˈbɔːʒwaː(r)
AM ˌbʊrˈʒwa
bourgeois[2] *print*
BR bəˈdʒɔɪs
AM bərˈdʒɔɪs
bourgeoisie
BR ˌbʊəʒwaːˈziː, ˌbɔːʒwaːˈziː
AM ˌbʊrʒwaˈzi
Bourguiba
BR bʊəˈgiːbə(r), bɔːˈgiːbə(r)
AM bʊrˈgibə
Bourguignon
BR ˈbɔːgɪnjɔ̃n, -z
AM ˌbɜrgənˈjɑn, -z
Bourke
BR bəːk
AM bɔ(ə)rk
bourn
BR bɔːn, -z
AM bɔ(ə)rn, -z
bourne
BR bɔːn, -z
AM bɔ(ə)rn, -z
Bournemouth
BR ˈbɔːnməθ
AM ˈbɔrnməθ
Bournville
BR ˈbɔːnvɪl, ˌbɔːnˈvɪl
AM ˈbɔrnˌvɪl
Bournvita
BR ˌbɔːnˈviːtə(r)
AM ˌbɔrnˈvidə
bourrée
BR ˈbʊ(ə)reɪ, -z
AM bʊˈreɪ, -z
FR buʁe
bourse
BR bʊəs, bɔːs, -ɪz
AM bʊ(ə)rs, -əz
FR buʁs

Bourton
BR ˈbɔːtn
AM ˈbɔrt(ə)n
boustrophedon
BR ˌbaʊstrəˈfiːdn, ˌbuːstrəˈfiːdn
AM ˌbustrəˈfid(ə)n, ˌbustrəˈfiˌdɑn
bout
BR baʊt, -s
AM baʊt, -s
boutique
BR buːˈtiːk, -s
AM buˈtik, -s
boutonnière
BR ˌbuːtɒnɪˈɛː(r), ˌbuːtɒnˈjɛː(r), -z
AM ˌbutnˈɪ(ə)r, -z
FR butɔnjɛʁ
Bouverie
BR ˈbuːv(ə)ri
AM ˈbuvəri
Bouvet
BR ˈbuːveɪ
AM ˈbuˌveɪ
bouzouki
BR bʊˈzuːk|i, -ɪz
AM bəˈzuki, bʊˈzuki, -z
GR buːˈzuːkiː
Bovary
BR ˈbəʊv(ə)ri
AM ˈboʊvəri
bovate
BR ˈbəʊveɪt, -s
AM ˈboʊˌveɪt, -s
Bovey Tracy
BR ˌbʌvi ˈtreɪsi, ˌbɒvi +
AM ˌbʌvi ˈtreɪsi
bovid
BR ˈbəʊvɪd, -z
AM ˈboʊvɪd, -z
bovine
BR ˈbəʊvʌɪn
AM ˈboʊˌvaɪn
bovinely
BR ˈbəʊvʌɪnli
AM ˈboʊˌvaɪnli
Bovingdon
BR ˈbɒvɪŋdən, ˈbʌvɪŋdən
AM ˈbəvɪŋd(ə)n

Bovington
BR ˈbɒvɪŋt(ə)n
AM ˈbəvɪŋt(ə)n

Bovis
BR ˈbəʊvɪs
AM ˈboʊvəs

Bovril
BR ˈbɒvr(ɪ)l
AM ˈbɑvr(ə)l

bovver
BR ˈbɒvə(r)
AM ˈbɑvər

Bow
BR bəʊ
AM boʊ

bow[1] *bend, submit*
BR baʊ, -z, -ɪŋ, -d
AM baʊ, -z, -ɪŋ, -d

bow[2] *with violin, weapon, knot*
BR bəʊ, -z, -ɪŋ, -d
AM boʊ, -z, -ɪŋ, -d

Bowater
BR ˈbəʊˌwɔːtə(r)
AM ˈboʊˌwɑdər, ˈboʊˌwɔdər

bow-compass
BR ˈbəʊˌkɒmpəs, -ɪz
AM ˈboʊˌkɑmpəs, -əz

Bowden
BR ˈbaʊdn, ˈbəʊdn
AM ˈbaʊd(ə)n, ˈboʊd(ə)n

Bowdler
BR ˈbaʊdlə(r)
AM ˈbaʊdlər

bowdlerisation
BR ˌbaʊdlərʌɪˈzeɪʃn
AM ˌboʊdləˌraɪˈzeɪʃ(ə)n, ˌbaʊdlərəˈzeɪʃ(ə)n, ˌbaʊdləˌraɪˈzeɪʃ(ə)n, ˌbɑdlərəˈzeɪʃ(ə)n, ˌbɑdləˌraɪˈzeɪʃ(ə)n, ˌbædlərəˈzeɪʃ(ə)n, ˌbædləˌraɪˈzeɪʃ(ə)n, ˌboʊdlərəˈzeɪʃ(ə)n

bowdlerise
BR ˈbaʊdlərʌɪz, -ɪz, -ɪŋ, -d
AM ˈbaʊdləˌraɪz, ˈbɔdləˌraɪz, ˈbædləˌraɪz, ˈboʊdləˌraɪz, -ɪz, -ɪŋ, -d

bowdleriser
BR ˈbaʊdlərʌɪzə(r), -z
AM ˈbaʊdləˌraɪzər, ˈbɑdləˌraɪzər, ˈbædləˌraɪzər, ˈboʊdləˌraɪzər, -z

bowdlerism
BR ˈbaʊdlərɪzm, -z
AM ˈbaʊdləˌrɪz(ə)m, ˈbɑdləˌrɪz(ə)m, ˈbædləˌrɪz(ə)m, ˈboʊdləˌrɪz(ə)m, -z

bowdlerization
BR ˌbaʊdlərʌɪˈzeɪʃn
AM ˌboʊdləˌraɪˈzeɪʃ(ə)n, ˌbaʊdləˈzeɪʃ(ə)n, ˌbaʊdləˌraɪˈzeɪʃ(ə)n, ˌbɑdlərəˈzeɪʃ(ə)n, ˌbɑdləˌraɪˈzeɪʃ(ə)n, ˌbædlərəˈzeɪʃ(ə)n, ˌbædləˌraɪˈzeɪʃ(ə)n, ˌboʊdlərəˈzeɪʃ(ə)n

bowdlerize
BR ˈbaʊdlərʌɪz, -ɪz, -ɪŋ, -d
AM ˈbaʊdləˌraɪz, ˈbɑdləˌraɪz, ˈbædləˌraɪz, ˈboʊdləˌraɪz, -ɪz, -ɪŋ, -d

bowdlerizer
BR ˈbaʊdlərʌɪzə(r), -z
AM ˈbaʊdləˌraɪzər, ˈbɑdləˌraɪzər, ˈbædləˌraɪzər, ˈboʊdləˌraɪzər, -z

bowel
BR ˈbaʊ(ə)l, -z
AM ˈbaʊ(ə)l, -z

Bowen
BR ˈbəʊɪn
AM ˈboʊən

bower
BR ˈbaʊə(r), -z
AM ˈbaʊ(ə)r, -z

bowerbird
BR ˈbaʊəbɜːd, -z
AM ˈbaʊərˌbɜrd, -z

Bowers
BR ˈbaʊəz
AM ˈbaʊ(ə)rz

bowery
BR ˈbaʊər|i, -ɪz
AM ˈbaʊ(ə)ri, -z

Bowes
BR bəʊz
AM boʊz

bowfin
BR ˈbəʊfɪn, -z
AM ˈboʊˌfɪn, -z

bowhead
BR ˈbəʊhɛd, -z
AM ˈboʊˌ(h)ɛd, -z

bowie
BR ˈbaʊ|i, ˈbəʊ|i, -ɪz
AM ˈbui, ˈboʊi, -z

bowie knife
BR ˈbəʊi nʌɪf, ˈbuːɪ +
AM ˈboʊi ˌnaɪf, ˈbui ˌnaɪf

bowie knives
BR ˈbəʊi nʌɪvz, ˈbuːɪ +
AM ˈboʊi ˌnaɪvz, ˈbui ˌnaɪvz

Bowker
BR ˈbaʊkə(r)
AM ˈbaʊkər

bowl
BR bəʊl, -z, -ɪŋ, -d
AM boʊl, -z, -ɪŋ, -d

Bowlby
BR ˈbəʊlbi
AM ˈboʊlbi

bowler
BR ˈbəʊlə(r), -z
AM ˈboʊlər, -z

Bowles
BR bəʊlz
AM boʊlz

bowlful
BR ˈbəʊlfʊl, -z
AM ˈboʊlˌfʊl, -z

bowline
BR ˈbəʊlɪn, -z
AM ˈboʊl(ə)n, -z

Bowman
BR ˈbəʊmən
AM ˈboʊm(ə)n

bowman[1] *archer*
BR ˈbəʊmən
AM ˈboʊm(ə)n

bowman[2] *on a boat*
BR ˈbaʊmən
AM ˈbaʊm(ə)n

bowmen[1] *archers*
BR ˈbəʊmən
AM ˈboʊm(ə)n

bowmen[2] *on a boat*
BR ˈbaʊmən
AM ˈbaʊm(ə)n

Bowness
BR bəʊˈnɛs
AM ˈboʊnəs

Bowring
BR ˈbaʊrɪŋ
AM ˈboʊrɪŋ, ˈbaʊrɪŋ

bowsaw
BR ˈbəʊsɔː(r), -z
AM ˈboʊˌsɑ, ˈboʊˌsɔ, -z

bowser
BR ˈbaʊzə(r), -z
AM ˈbaʊzər, -z

bowshot
BR ˈbəʊʃɒt, -s
AM ˈboʊˌʃɑt, -s

bowsprit
BR ˈbəʊsprɪt, -s
AM ˈboʊˌsprɪt, ˈbaʊˌsprɪt, -s

bowstring
BR ˈbəʊstrɪŋ, -z
AM ˈboʊˌstrɪŋ, -z

bow-wow[1] *a dog*
BR ˈbaʊwaʊ, -z
AM ˈbaʊˌwaʊ, -z

bow-wow[2] *imitating a dog's bark*
BR ˌbaʊˈwaʊ, -z
AM ˌbaʊˈwaʊ, -z

bowyang
BR ˈbəʊjaŋ, -z
AM ˈboʊˌjæŋ, -z

bowyer
BR ˈbəʊjə(r), -z
AM ˈboʊjər, -z

box
BR bɒks, -ɪz, -ɪŋ, -t
AM bɑks, -əz, -ɪŋ, -t
boxcalf
BR ˈbɒkskɑːf
AM ˈbɑksˌkæ|f, -vz
boxcar
BR ˈbɒkskɑː(r), -z
AM ˈbɑksˌkɑr, -z
boxer
BR ˈbɒksə(r), -z
AM ˈbɑksər, -z
boxful
BR ˈbɒkstʊl, -z
AM ˈbɑksˌfʊl, -z
boxroom
BR ˈbɒksruːm,
ˈbɒksrʊm, -z
AM ˈbɑksˌrum,
ˈbɑksˌrum, -z
boxwood
BR ˈbɒkswʊd
AM ˈbɑksˌwʊd
boxy
BR ˈbɒks|i, -ɪə(r),
-ɪɪst
AM ˈbɑksi, -ər, -ɪst
boy
BR bɔɪ, -z
AM bɔɪ, -z
boyar
BR ˈbɔɪɑː(r),
ˈbəʊjɑː(r),
bəʊˈjɑː(r), -z
AM boʊˈjɑr, -z
Boyce
BR bɔɪs
AM bɔɪs
boycott
BR ˈbɔɪkɒt, -s, -ɪŋ, -ɪd
AM ˈbɔɪˌkɑ|t, -ts, -dɪŋ, -dəd
Boyd
BR bɔɪd
AM bɔɪd
Boyer
BR ˈbɔɪə(r)
AM ˈbɔɪər
FR bwaje
boyfriend
BR ˈbɔɪfrend, -z
AM ˈbɔɪˌfrend, -z

boyhood
BR ˈbɔɪhʊd, -z
AM ˈbɔɪˌ(h)ʊd, -z
boyish
BR ˈbɔɪɪʃ
AM ˈbɔɪɪʃ
boyishly
BR ˈbɔɪɪʃli
AM ˈbɔɪɪʃli
boyishness
BR ˈbɔɪɪʃnɪs
AM ˈbɔɪɪʃnɪs
Boyle
BR bɔɪl
AM ˈbɔɪ(ə)l
Boyne
BR bɔɪn
AM bɔɪn
boyo
BR ˈbɔɪəʊ, -z
AM ˈbɔɪoʊ, -z
boysenberry
BR ˈbɔɪznˌber|i,
-ɪz
AM ˈbɔɪzənˌberi, -z
Boyson
BR ˈbɔɪsn
AM ˈbɔɪs(ə)n
Boz
BR bɒz
AM bɑz
bozo
BR ˈbəʊzəʊ, -z
AM ˈboʊˌzoʊ, -z
B.Phil. *Bachelor of Philosophy*
BR ˌbiːˈfɪl, -z
AM ˌbiˈfɪl, -z
bra
BR brɑː(r), -z
AM brɑ, -z
braai
BR brʌɪ, -z, -ɪŋ, -d
AM brɑɪ, -z, -ɪŋ, -d
Brabant
BR brəˈbænt
AM brəˈbænt
DU ˈbrɑːbɑnt
FR bʀɑbɑ̃
Brabazon
BR ˈbræbəzn
AM ˈbræbəˌzɑn

Brabham
BR ˈbræbəm
AM ˈbræb(ə)m
Brabin
BR ˈbreɪbɪn
AM ˈbreɪbɪn
Brabourne
BR ˈbreɪbɔːn, ˈbreɪbn
AM ˈbreɪˌbɚn
brace
BR breɪs, -ɪz, -ɪŋ, -t
AM breɪs, -ɪz, -ɪŋ, -t
Bracegirdle
BR ˈbreɪsˌɡəːdl
AM ˈbreɪsˌɡɚd(ə)l
bracelet
BR ˈbreɪslɪt, -s
AM ˈbreɪslət, -s
bracer
BR ˈbreɪsə(r), -z
AM ˈbreɪsər, -z
brach
BR brætʃ, -ɪz
AM brætʃ, -əz
brachial
BR ˈbreɪkɪəl
AM ˈbrækɪəl, ˈbreɪkɪəl
brachiate[1] *adjective*
BR ˈbreɪkɪeɪt, ˈbreɪkɪət
AM ˈbreɪkiɪt, ˈbreɪkiˌeɪt
brachiate[2] *verb*
BR ˈbreɪkɪeɪt, -s, -ɪŋ, -ɪd
AM ˈbreɪkiˌeɪ|t, -ts, -dɪŋ, -dɪd
brachiation
BR ˌbreɪkɪˈeɪʃn
AM ˌbreɪkiˈeɪʃ(ə)n
brachiator
BR ˈbreɪkɪeɪtə(r), -z
AM ˈbreɪkiˌeɪdər, -z
brachiopod
BR ˈbrækɪəpɒd, ˈbreɪkɪəpɒd, -z
AM ˈbreɪkɪəˌpɑd, ˈbrækɪəˌpɑd, -z
brachiosaur
BR ˈbrækɪəsɔː(r), -z
AM ˈbrækɪəˌsɔr, -z
brachiosauri
BR ˌbrækɪə(ʊ)ˈsɔːrʌɪ
AM ˌbrækioʊˈsɔˌrɑɪ

brachiosaurus
BR ˌbrækɪəˈsɔːrəs, -ɪz
AM ˌbrækioʊˈsɔrəs, -əz
brachistochrone
BR brəˈkɪstəkrəʊn, -z
AM brəˈkɪstəˌkroʊn, ˈbrækɪstəˌkroʊn, -z
brachycephalic
BR ˌbrækɪsɪˈfalɪk, ˌbrækɪkɛˈfalɪk
AM ˌbrækəˈsɛfəlɪk, ˌbrækiˈsɛfəlɪk
brachycephalous
BR ˌbrækɪˈsɛfləs, ˌbrækɪˈkɛfləs
AM ˌbrækəˈsɛfələs, ˌbrækiˈsɛfələs
brachycephaly
BR ˌbrækɪˈsɛfl̩i, ˌbrækɪˈkɛfl̩i
AM ˌbrækəˈsɛfəli, ˌbrækiˈsɛfəli
brachylogy
BR brəˈkɪlədʒi, -z
AM brəˈkɪlədʒi, ˈbrækɪlədʒi, -z
bracing
BR ˈbreɪsɪŋ
AM ˈbreɪsɪŋ
bracingness
BR ˈbreɪsɪŋnɪs
AM ˈbreɪsɪŋnɪs
brack
BR brak, -s
AM bræk, -s
bracken
BR ˈbrak(ə)n
AM ˈbræk(ə)n
Brackenbury
BR ˈbrak(ə)nb(ə)ri
AM ˈbrækənˌbɛri, ˈbrækənˌbɛri
bracket
BR ˈbrak|ɪt, -ɪts, -ɪtɪŋ, -ɪtɪd
AM ˈbræk|ət, -əts, -ədɪŋ, -ədəd
brackish
BR ˈbrakɪʃ
AM ˈbrækɪʃ

brackishness
BR ˈbrakɪʃnɪs
AM ˈbrækɪʃnɪs

Bracknell
BR ˈbraknl
AM ˈbrækn(ə)l

braconid
BR ˈbrakənɪd, -z
AM ˈbrækə,nɪd, -z

bract
BR brakt, -s
AM bræk|(t), -(t)s

bracteal
BR ˈbraktɪəl
AM ˈbræktɪəl

bracteate
BR ˈbraktɪət, -s
AM ˈbrækti,eɪt, ˈbræktiɪt, -s

brad
BR brad, -z
AM bræd, -z

bradawl
BR ˈbradɔːl, -z
AM ˈbræd,al, ˈbræd,ɔl, -z

Bradbury
BR ˈbradb(ə)ri
AM ˈbrædbəri, ˈbræd,bɛri

Braden
BR ˈbreɪdn
AM ˈbreɪd(ə)n

Bradford
BR ˈbradfəd
AM ˈbrædfərd

Bradley
BR ˈbradli
AM ˈbrædli

Bradman
BR ˈbradmən
AM ˈbrædm(ə)n

Bradshaw
BR ˈbradʃɔː(r), -z
AM ˈbrædˌʃa, ˈbrædˌʃɔ, -z

Bradwell
BR ˈbradw(ɛ)l
AM ˈbrædˌwɛl

Brady
BR ˈbreɪdi
AM ˈbreɪdi

bradycardia
BR ˌbradɪˈkaːdɪə(r)
AM ˌbrædəˈkardiə

bradykinin
BR ˌbradɪˈkʌnɪn
AM ˌbrædiˈkaɪnɨn

bradyseism
BR ˈbradɪsʌɪzm
AM ˈbrædəsɛˌɪz(ə)m

brae
BR breɪ, -z
AM breɪ, -z

Braemar
BR ˌbreɪˈmaː(r)
AM ˌbreɪˈmar

brag
BR brag, -z, -ɪŋ, -d
AM bræg, -z, -ɪŋ, -d

Braga
BR ˈbraːgə(r)
AM ˈbragə

Braganza
BR brəˈganzə(r)
AM brəˈganzə

Bragg
BR brag
AM bræg

braggadocio
BR ˌbragəˈdəʊtʃɪəʊ
AM ˌbrægəˈdoʊʃioʊ

braggart
BR ˈbragət, -s
AM ˈbrægərt, -s

bragger
BR ˈbragə(r), -z
AM ˈbrægər, -z

braggingly
BR ˈbragɪŋli
AM ˈbrægɪŋli

Brahe
BR ˈbraːhə(r), ˈbraːhi
AM ˈbraˌhi
DAN ˈbrɑːa

Brahma
BR ˈbraːmə(r), -z
AM ˈbramə, -z

Brahman
BR ˈbraːmən, -z
AM ˈbram(ə)n, -z

Brahmana
BR ˈbraːmənə(r)
AM ˈbramənə

Brahmanic
BR braːˈmanɪk
AM braˈmænɪk

Brahmanical
BR braːˈmanɪkl
AM braˈmænək(ə)l

Brahmanism
BR ˈbraːmənɪzm
AM ˈbramə,nɪz(ə)m

Brahmaputra
BR ˌbraːməˈpuːtrə(r)
AM ˌbraməˈputrə

Brahmin
BR ˈbraːmɪn, -z
AM ˈbram(ə)n, -z

Brahminism
BR ˈbraːmɪnɪzm
AM ˈbramə,nɪz(ə)m

Brahms
BR braːmz
AM bramz

braid
BR breɪd, -z, -ɪŋ, -ɪd
AM breɪd, -z, -ɪŋ, -ɪd

braider
BR ˈbreɪdə(r), -z
AM ˈbreɪdər, -z

brail
BR breɪl, -z
AM breɪl, -z

Braille
BR breɪl
AM breɪl

brain
BR breɪn, -z, -ɪŋ, -d
AM breɪn, -z, -ɪŋ, -d

brainbox
BR ˈbreɪnbɒks, -ɪz
AM ˈbreɪn,baks, -əz

brainchild
BR ˈbreɪntʃʌɪld
AM ˈbreɪn,tʃaɪld

Braine
BR breɪn
AM breɪn

brainfag
BR ˈbreɪnfag
AM ˈbreɪn,fæg

braininess
BR ˈbreɪnɪnɪs
AM ˈbreɪnɨnɨs

brainless
BR ˈbreɪnlɪs
AM ˈbreɪnlɪs

brainlessly
BR ˈbreɪnlɪsli
AM ˈbreɪnlɪsli

brainlessness
BR ˈbreɪnlɪsnɪs
AM ˈbreɪnlɪsnɪs

brainpan
BR ˈbreɪnpan, -z
AM ˈbreɪn,pæn, -z

brainpower
BR ˈbreɪnˌpaʊə(r)
AM ˈbreɪn,paʊər

brainsick
BR ˈbreɪnsɪk
AM ˈbreɪn,sɪk

brainstem
BR ˈbreɪnstɛm, -z
AM ˈbreɪn,stɛm, -z

brainstorm
BR ˈbreɪnstɔːm, -z, -ɪŋ, -d
AM ˈbreɪn,stɔ(ə)rm, -z, -ɪŋ, -d

Braintree
BR ˈbreɪntriː
AM ˈbreɪn,tri

brainwash
BR ˈbreɪnwɒʃ, -ɪz, -ɪŋ, -t
AM ˈbreɪn,waʃ, ˈbreɪn,wɔʃ, -əz, -ɪŋ, -t

brainwave
BR ˈbreɪnweɪv, -z
AM ˈbreɪn,weɪv, -z

brainwork
BR ˈbreɪnwəːk
AM ˈbreɪn,wərk

brainy
BR ˈbreɪn|i, -ɪə(r), -ɪɪst
AM ˈbreɪni, -ər, -ɪst

braise
BR breɪz, -ɪz, -ɪŋ, -d
AM breɪz, -ɪz, -ɪŋ, -d

Braithwaite
BR ˈbreɪθweɪt
AM ˈbreɪθˌweɪt

brake
BR breɪk, -s, -ɪŋ, -t
AM breɪk, -s, -ɪŋ, -t

brakeless
BR ˈbreɪklɪs
AM ˈbreɪklɪs

brakeman
BR ˈbreɪkmən
AM ˈbreɪkm(ə)n

brakemen
BR ˈbreɪkmən
AM ˈbreɪkm(ə)n

brakesman
BR ˈbreɪksmən
AM ˈbreɪksm(ə)n

brakesmen
BR ˈbreɪksmən
AM ˈbreɪksm(ə)n

brakevan
BR ˈbreɪkvan, -z
AM ˈbreɪkˌvæn, -z

braless
BR ˈbrɑːləs
AM ˈbrɑːləs

Bram
BR bram
AM bræm

Bramah
BR ˈbrɑːmə(r)
AM ˈbrɑːmə

Bramante
BR brəˈmanti
AM brəˈmɑn(t)i

bramble
BR ˈbrambl, -z
AM ˈbræmb(ə)l, -z

brambling
BR ˈbramblɪŋ, -z
AM ˈbræmblɪŋ, -z

brambly
BR ˈbrambli
AM ˈbræmbli

Bramhope
BR ˈbramhəʊp
AM ˈbræmˌ(h)oʊp

Bramley
BR ˈbramli, -z
AM ˈbræmli, -z

Brampton
BR ˈbram(p)tən
AM ˈbræmt(ə)n

Bramwell
BR ˈbramwɛl
AM ˈbræmˌwɛl

bran
BR bran
AM bræn

Branagh
BR ˈbranə(r)
AM ˈbrænə

branch
BR brɑːn(t)ʃ, -ɪz, -ɪŋ, -t
AM bræn(t)ʃ, -əz, -ɪŋ, -t

branchia
BR ˈbraŋkɪə(r)
AM ˈbræŋkɪə, ˈbraŋkɪə

branchiae
BR ˈbraŋkiː
AM ˈbræŋki,i, ˈbraŋki,aɪ, ˈbræŋki,aɪ, ˈbraŋki,i

branchial
BR ˈbraŋkɪəl
AM ˈbræŋkɪəl, ˈbraŋkɪəl

branchiate
BR ˈbraŋkɪeɪt, ˈbraŋkɪət
AM ˈbraŋki,eɪt, ˈbræŋkiːt, ˈbræŋki,eɪt, ˈbraŋkiːt

branchlet
BR ˈbrɑːn(t)ʃlɪt, -s
AM ˈbræn(t)ʃlət, -s

branchlike
BR ˈbrɑːn(t)ʃlʌɪk
AM ˈbræn(t)ʃˌlaɪk

branchy
BR ˈbrɑːn(t)ʃi
AM ˈbræn(t)ʃi

brand
BR brand, -z, -ɪŋ, -ɪd
AM brænd, -z, -ɪŋ, -əd

Brandeis
BR ˈbrandʌɪs
AM ˈbrænˌdaɪs

Brandenburg
BR ˈbrand(ə)nbəːg
AM ˈbrændənˌbərg

brander
BR ˈbrandə(r), -z
AM ˈbrændər, -z

brandish
BR ˈbrand|ɪʃ, -ɪʃɪz, -ɪʃɪŋ, -ɪʃt
AM ˈbrændɪʃ, -ɪz, -ɪŋ, -t

brandisher
BR ˈbrandɪʃə(r), -z
AM ˈbrændɪʃər, -z

brandling
BR ˈbrandlɪŋ, -z
AM ˈbræn(d)lɪŋ, -z

Brando
BR ˈbrandəʊ
AM ˈbrændoʊ

Brandon
BR ˈbrandən
AM ˈbrænd(ə)n

Brandreth
BR ˈbrandrɪθ, ˈbrandrɛθ
AM ˈbrændrəθ

Brands Hatch
BR ˌbran(d)z ˈhatʃ
AM ˌbræn(d)z ˈhætʃ

Brandt
BR brant
AM brænt

brandy
BR ˈbrand|i, -ɪz
AM ˈbrændi, -z

Brangwyn
BR ˈbraŋgwɪn
AM ˈbræŋgw(ə)n

Braniff
BR ˈbranɪf
AM ˈbrænəf

Branigan
BR ˈbranɪg(ə)n
AM ˈbrænəg(ə)n

brank-ursine
BR ˌbraŋkˈəːsʌɪn
AM ˌbræŋkˈərˌsaɪn

Brannigan
BR ˈbranɪg(ə)n
AM ˈbrænəg(ə)n

Branson
BR ˈbransn
AM ˈbræns(ə)n

Branston
BR ˈbranst(ə)n
AM ˈbrænst(ə)n

brant
BR brant
AM brænt

branzino
BR branˈziːnəʊ
AM ˌbrænˈzinoʊ

Braque
BR brɑːk
AM brɑk

Brasenose
BR ˈbreɪznəʊz
AM ˈbreɪzˌnoʊz

brash
BR braʃ, -ə(r), -ɪst
AM bræʃ, -ər, -əst

Brasher
BR ˈbreɪʃə(r)
AM ˈbræʃər

brashly
BR ˈbraʃli
AM ˈbræʃli

brashness
BR ˈbraʃnəs
AM ˈbræʃnəs

brasier
BR ˈbreɪzɪə(r), ˈbreɪʒə(r), -z
AM ˈbreɪˌziər, ˈbreɪʒər, -z

Brasília
BR brəˈzɪlɪə(r)
AM brəˈzɪliə, brəˈzɪljə

brass
BR brɑːs, -ɪz, -ɪŋ, -t
AM bræs, -əz, -ɪŋ, -t

brassage
BR ˈbrasɪdʒ
AM ˈbræsɪdʒ, brəˈsɑʒ

brassard
BR ˈbrasɑːd, -z
AM ˈbræˌsɑrd, -z

brassbound
BR ˌbrɑːsˈbaʊnd
AM ˈbræsˌbaʊnd

brasserie
BR ˈbras(ə)r|i, -ɪz
AM ˌbræsəˈri, -z

Brassey
BR ˈbrasi
AM ˈbræsi

brassica
BR ˈbræsɪkə(r), -z
AM ˈbræsəkə, -z
brassie
BR ˈbrɑːsi, -z
AM ˈbræsi, -z
brassiere
BR ˈbræzɪə(r), -z
AM brəˈzɪ(ə)r, -z
brassily
BR ˈbrɑːsɪli
AM ˈbræsəli
brassiness
BR ˈbrɑːsɪnɪs
AM ˈbræsɪnɪs
Brasso
BR ˈbrɑːsəʊ
AM ˈbræsoʊ
brassware
BR ˈbrɑːswɛː(r)
AM ˈbræsˌwɛ(ə)r
brassy
BR ˈbrɑːsi
AM ˈbræsi
brat
BR bræt, -s
AM bræt, -s
Bratislava
BR ˌbrætɪˈslɑːvə(r)
AM ˌbrɑdəˈslɑvə
CZ ˈbrʌtjslʌvʌ
brattice
BR ˈbrætǀɪs, -ɪsɪz
AM ˈbrædəs, -əz
bratty
BR ˈbræti
AM ˈbrædi
bratwurst
BR ˈbrætwəːst, ˈbrɑːtvəːst, ˈbrɑːtvʊəst
AM ˈbrɑːtˌwəːrst
Braun
BR brɔːn, braʊn
AM braʊn
Braunschweig
BR ˈbraʊnʃwʌɪg
AM ˈbraʊnˌʃwaɪg
braunschweiger
BR ˈbraʊnˌʃwʌɪgə(r)
AM ˈbraʊnˌʃwaɪgər

bravado
BR brəˈvɑːdəʊ
AM brəˈvɑˌdoʊ
brave
BR breɪv, -z, -ɪŋ, -d, -ə(r), -ɪst
AM breɪv, -z, -ɪŋ, -d, -ər, -ɪst
bravely
BR ˈbreɪvli
AM ˈbreɪvli
braveness
BR ˈbreɪvnɪs
AM ˈbreɪvnɪs
Bravington
BR ˈbrævɪŋt(ə)n
AM ˈbreɪvɪŋt(ə)n
bravo![1] *hooray!*
BR (ˌ)brɑːˈvəʊ, -z
AM ˈˌbrɑˈvoʊ, -z
bravo[2] *letter B*
BR ˈbrɑːvəʊ
AM ˈbrɑvoʊ
bravura
BR brəˈvjʊərə(r), brəˈvjɔːrə(r)
AM brəˈv(j)urə
braw
BR brɔː(r)
AM brɔ
Brawdy
BR ˈbrɔːdi
AM ˈbrɑdi, ˈbrɔdi
brawl
BR brɔːl, -z, -ɪŋ, -d
AM brɑl, brɔl, -z, -ɪŋ, -d
brawler
BR ˈbrɔːlə(r), -z
AM ˈbrɑlər, ˈbrɔlər, -z
brawn
BR brɔːn
AM brɑn, brɔn
brawniness
BR ˈbrɔːnɪnɪs
AM ˈbrɑnɪnɪs, ˈbrɔnɪnɪs
brawny
BR ˈbrɔːnǀi, -ɪə(r), -ɪɪst
AM ˈbrɑni, ˈbrɔni, -ər, -ɪst

bray
BR breɪ, -z, -ɪŋ, -d
AM breɪ, -z, -ɪŋ, -d
braze
BR breɪz, -ɪz, -ɪŋ, -d
AM breɪz, -ɪz, -ɪŋ, -d
brazen
BR ˈbreɪzn
AM ˈbreɪz(ə)n
brazenly
BR ˈbreɪznli
AM ˈbreɪzənli
brazenness
BR ˈbreɪznnəs
AM ˈbreɪzə(n)nəs
brazer
BR ˈbreɪzə(r), -z
AM ˈbreɪzər, -z
brazier
BR ˈbreɪzɪə(r), ˈbreɪʒə(r), -z
AM ˈbreɪˌzɪər, ˈbreɪʒər, -z
braziery
BR ˈbreɪzɪəri, ˈbreɪʒəri, -z
AM ˈbreɪˌzɪəri, ˈbreɪʒəri, -z
Brazil
BR brəˈzɪl
AM brəˈzɪl
Brazilian
BR brəˈzɪlɪən, -z
AM brəˈzɪlɪən, brəˈzɪlj(ə)n, -z
Brazzaville
BR ˈbrazəvɪl, ˈbrɑːzəvɪl
AM ˈbrɑzəˌvɪl
breach
BR briːtʃ, -ɪz, -ɪŋ, -t
AM britʃ, -ɪz, -ɪŋ, -t
bread
BR brɛd, -z, -ɪŋ, -ɪd
AM brɛd, -z, -ɪŋ, -əd
Breadalbane
BR brɪˈdɔːlb(ɪ)n, brɪˈdalb(ɪ)n
AM ˈbrɛdəlˌbeɪn
breadbasket
BR ˈbrɛdˌbɑːskɪt, -s
AM ˈbrɛdˌbæskət, -s

breadboard
BR ˈbrɛdbɔːd, -z
AM ˈbrɛdˌbɔ(ə)rd, -z
breadbox
BR ˈbrɛdbɒks, -ɪz
AM ˈbrɛdˌbɑks, -əz
breadcrumb
BR ˈbrɛdkrʌm, -z
AM ˈbrɛdˌkrəm, -z
breadfruit
BR ˈbrɛdfruːt, -s
AM ˈbrɛdˌfrut, -s
breadline
BR ˈbrɛdlʌɪn
AM ˈbrɛdˌlaɪn
breadth
BR brɛdθ, brɛtθ
AM brɛtθ, brɛdθ
breadthways
BR ˈbrɛdθweɪz, ˈbrɛtθweɪz
AM ˈbrɛtθˌweɪz, ˈbrɛdθˌweɪz
breadthwise
BR ˈbrɛdθwʌɪz, ˈbrɛtθwʌɪz
AM ˈbrɛtθˌwaɪz, ˈbrɛdθˌwaɪz
breadwinner
BR ˈbrɛdˌwɪnə(r), -z
AM ˈbrɛdˌwɪnər, -z
break
BR breɪk, -s, -ɪŋ
AM breɪk, -s, -ɪŋ
breakable
BR ˈbreɪkəbl, -z
AM ˈbreɪkəb(ə)l, -z
breakage
BR ˈbreɪkǀɪdʒ, -ɪdʒɪz
AM ˈbreɪkɪdʒ, -ɪz
breakaway
BR ˈbreɪkəweɪ, -z
AM ˈbreɪkəˌweɪ, -z
breakdown
BR ˈbreɪkdaʊn, -z
AM ˈbreɪkˌdaʊn, -z
breaker
BR ˈbreɪkə(r), -z
AM ˈbreɪkər, -z

breakfast
BR ˈbrɛkfəst, -s, -ɪŋ,
-ɪd
AM ˈbrɛkfəst, -s, -ɪŋ,
-əd

breakfaster
BR ˈbrɛkfəstə(r), -z
AM ˈbrɛkfəstər, -z

breakneck
BR ˈbreɪknɛk
AM ˈbreɪkˌnɛk

breakout
BR ˈbreɪkaʊt, -s
AM ˈbreɪkˌaʊt, -s

breakpoint
BR ˈbreɪkpɔɪnt, -s
AM ˈbreɪkˌpɔɪnt, -s

Breakspear
BR ˈbreɪkspɪə(r)
AM ˈbreɪkˌspɪ(ə)r

breakthrough
BR ˈbreɪkθruː, -z
AM ˈbreɪkˌθru, -z

breakup
BR ˈbreɪkʌp, -s
AM ˈbreɪkˌəp, -s

breakwater
BR ˈbreɪkˌwɔːtə(r), -z
AM ˈbreɪkˌwɑdər,
ˈbreɪkˌwɔdər, -z

bream
BR briːm
AM brim

Brearley
BR ˈbrɪəli
AM ˈbrɪrli

breast
BR brɛst, -s, -ɪŋ, -ɪd
AM brɛst, -s, -ɪŋ,
-əd

breastbone
BR ˈbrɛs(t)bəʊn, -z
AM ˈbrɛs(t)ˌboʊn, -z

breastfed
BR ˈbrɛs(t)fɛd
AM ˈbrɛs(t)ˌfɛd

breastfeed
BR ˈbrɛs(t)fiːd, -z, -ɪŋ
AM ˈbrɛs(t)ˌfid, -z, -ɪŋ

breastless
BR ˈbrɛstləs
AM ˈbrɛs(t)ləs

breastplate
BR ˈbrɛs(t)pleɪt, -s
AM ˈbrɛs(t)ˌpleɪt, -s

breaststroke
BR ˈbrɛs(t)strəʊk
AM ˈbrɛs(t)ˌstroʊk

breastsummer
BR ˈbrɛs(t)ˌsʌmə(r), -z
AM ˈbrɛs(t)ˌsəmər, -z

breastwork
BR ˈbrɛstwəːk, -s
AM ˈbrɛs(t)ˌwərk, -s

breath
BR brɛθ, -s
AM brɛθ, -s

breathable
BR ˈbriːðəbl
AM ˈbriθəb(ə)l

breathalyse
BR ˈbrɛθˌlaɪz, -ɪz,
-ɪŋ, -d
AM ˈbrɛθəˌlaɪz, -ɪz,
-ɪŋ, -d

breathalyze
BR ˈbrɛθˌlaɪz, -ɪz,
-ɪŋ, -d
AM ˈbrɛθəˌlaɪz, -ɪz,
-ɪŋ, -d

Breathalyzer
BR ˈbrɛθˌlaɪzə(r), -z
AM ˈbrɛθəˌlaɪzər, -z

breathe
BR briːð, -z, -ɪŋ, -d
AM brið, -z, -ɪŋ, -d

breather
BR ˈbriːðə(r), -z
AM ˈbriðər, -z

breathily
BR ˈbrɛθɪli
AM ˈbrɛθɪli

breathiness
BR ˈbrɛθɪnɪs
AM ˈbrɛθɪnɪs

breathless
BR ˈbrɛθləs
AM ˈbrɛθləs

breathlessly
BR ˈbrɛθləsli
AM ˈbrɛθləsli

breathlessness
BR ˈbrɛθləsnəs
AM ˈbrɛθləsnəs

breathtaking
BR ˈbrɛθˌteɪkɪŋ
AM ˈbrɛθˌteɪkɪŋ

breathtakingly
BR ˈbrɛθˌteɪkɪŋli
AM ˈbrɛθˌteɪkɪŋli

breathy
BR ˈbrɛθ|i, -ɪə(r),
-ɪıst
AM ˈbrɛθi, -ər, -ɪst

breccia
BR ˈbrɛtʃ(i)ə(r), -z
AM ˈbrɛ(t)ʃ(i)ə, -z

brecciate
BR ˈbrɛtʃieɪt, -s, -ɪŋ,
-ɪd
AM ˈbrɛ(t)ʃ(i)ˌeɪ|t, -ts,
-dɪŋ, -dɪd

brecciation
BR ˌbrɛtʃiˈeɪʃn
AM ˌbrɛ(t)ʃiˈeɪʃ(ə)n

Brechin
BR ˈbriːkɪn, ˈbriːxɪn
AM ˈbrikɪn

Brecht
BR brɛxt, brɛkt
AM brɛkt

Brechtian
BR ˈbrɛxtɪən,
ˈbrɛktɪən
AM ˈbrɛktɪən

Breckenridge
BR ˈbrɛk(ə)nrɪdʒ
AM ˈbrɛkənˌrɪdʒ

Breckland
BR ˈbrɛklənd
AM ˈbrɛklənd

Brecknock
BR ˈbrɛknɒk
AM ˈbrɛkˌnɑk

Brecknockshire
BR ˈbrɛknəkʃ(ɪ)ə(r)
AM ˈbrɛkˌnɑkˌʃɪ(ə)r

Brecon
BR ˈbrɛkn
AM ˈbrɛk(ə)n

Breconshire
BR ˈbrɛknʃ(ɪ)ə(r)
AM ˈbrɛkənˌʃɪ(ə)r

bred
BR brɛd
AM brɛd

Breda
BR ˈbriːdə(r),
ˈbreɪdə(r)
AM ˈbreɪdə

Bredon
BR ˈbriːdn
AM ˈbridn

breech *of gun*
BR briːtʃ, -ɪz, -ɪŋ, -t
AM britʃ, -ɪz, -ɪŋ, -t

breeches *trousers*
BR ˈbrɪtʃɪz, ˈbriːtʃɪz
AM ˈbrɪtʃɪz, ˈbrɪtʃɪz

breeches-buoy
BR ˌbriːtʃɪzˈbɔɪ,
ˈbriːtʃɪzbɔɪ, -z
AM ˈbrɪtʃɪzˌbuɪ,
ˈbrɪtʃɪzˌbɔɪ, -z

breed
BR briːd, -z, -ɪŋ
AM brid, -z, -ɪŋ

breeder
BR ˈbriːdə(r), -z
AM ˈbridər, -z

breeks
BR briːks
AM briks

Breen
BR briːn
AM brin

breeze
BR briːz, -ɪz, -ɪŋ, -d
AM briz, -ɪz, -ɪŋ, -d

breezeblock
BR ˈbriːzblɒk, -s
AM ˈbrizˌblɑk, -s

breezeless
BR ˈbriːzlɪs
AM ˈbrizlɪs

breezeway
BR ˈbriːzweɪ, -z
AM ˈbrizˌweɪ, -z

breezily
BR ˈbriːzɪli
AM ˈbrizɪli

breeziness
BR ˈbriːzɪnɪs
AM ˈbrizɪnɪs

breezy
BR ˈbriːz|i, -ɪə(r),
-ɪıst
AM ˈbrizi, -ər, -ɪst

Bremen
BR ˈbreɪmən, ˈbremən
AM ˈbrem(ə)n, ˈbreɪm(ə)n

Bremner
BR ˈbremnə(r)
AM ˈbremnər

bremsstrahlung
BR ˈbremzˌʃtrɑːlʊŋ
AM ˈbremˌʃtrɑləŋ

Bren
BR bren
AM bren

Brenda
BR ˈbrendə(r)
AM ˈbrendə

Brendan
BR ˈbrend(ə)n
AM ˈbrend(ə)n

Brendel
BR ˈbrendl
AM ˈbrend(ə)l

Brennan
BR ˈbrenən
AM ˈbrenən

Brenner Pass
BR ˌbrenə ˈpɑːs
AM ˌbrenər ˈpæs

brent
BR brent
AM brent

Brentwood
BR ˈbrentwʊd
AM ˈbrentˌwʊd

Breslau
BR ˈbreslaʊ
AM ˈbreˌslaʊ

Bresson
BR ˈbresn
AM ˈbres(ə)n
FR bresɔ̃

Brest
BR brest
AM brest

Brest-Litovsk
BR ˌbrestlɪˈtɒfsk
AM ˌbrestˈlɪtəfsk

brethren
BR ˈbreðr(ɪ)n
AM ˈbreð(ə)r(ə)n

Breton
BR ˈbret(ɒ)n, -z
AM ˈbretn, -z

Brett
BR bret
AM bret

Bretton
BR ˈbretn
AM ˈbretn

Breughel
BR ˈbrɔɪgl
AM ˈbrɔɪg(ə)l

breve
BR briːv, -z
AM brev, briv, -z

brevet
BR ˈbrev|ɪt, -ɪts, -ɪtɪŋ, -ɪtɪd
AM brəˈve|t, -ts, -dɪŋ, -dəd

breviary
BR ˈbrevɪər|i, ˈbriːvɪər|i, -ɪz
AM ˈbriviˌeri, ˈbriv(j)əri, -z

breviate
BR ˈbriːvɪət, -s
AM ˈbrivɪət, -s

brevity
BR ˈbrevɪti
AM ˈbrevədi

brew
BR bruː, -z, -ɪŋ, -d
AM bru, -z, -ɪŋ, -d

brewer
BR ˈbruːə(r), -z
AM ˈbruər, -z

brewery
BR ˈbruːər|i, -ɪz
AM ˈbru(ə)ri, -z

Brewis
BR ˈbruːɪs
AM ˈbruɪs

brewster
BR ˈbruːstə(r), -z
AM ˈbrustər, -z

Brezel
BR ˈbretsl, -z
AM ˈbrets(ə)l, -z

Brezhnev
BR ˈbreʒnev, ˈbreʒnef
AM ˈbreʒˌnef, ˈbreʒˌnev

Brian
BR ˈbrʌɪən
AM ˈbraɪən

Brian Ború
BR ˌbrʌɪən bəˈruː
AM ˌbraɪən bəˈru

briar
BR ˈbrʌɪə(r), -z
AM ˈbraɪ(ə)r, -z

Briard
BR brɪˈɑːd, -z
AM briˈard, -z

briarwood
BR ˈbrʌɪəwʊd
AM ˈbraɪ(ə)rˌwʊd

bribable
BR ˈbrʌɪbəbl
AM ˈbraɪbəb(ə)l

bribe
BR brʌɪb, -z, -ɪŋ, -d
AM braɪb, -z, -ɪŋ, -d

briber
BR ˈbrʌɪbə(r), -z
AM ˈbraɪbər, -z

bribery
BR ˈbrʌɪb(ə)ri
AM ˈbraɪb(ə)ri

bric-à-brac
BR ˈbrɪkəbrak
AM ˈbrɪkəˌbræk

Brice
BR brʌɪs
AM braɪs

brick
BR brɪk, -s, -ɪŋ, -t
AM brɪk, -s, -ɪŋ, -t

brickbat
BR ˈbrɪkbat, -s
AM ˈbrɪkˌbæt, -s

brickdust
BR ˈbrɪkdʌst
AM ˈbrɪkˌdəst

brickfield
BR ˈbrɪkfiːld, -z
AM ˈbrɪkˌfild, -z

brickfielder
BR ˈbrɪkˌfiːldə(r), -z
AM ˈbrɪkˌfildər, -z

brickie
BR ˈbrɪk|i, -ɪz
AM ˈbrɪki, -z

bricklayer
BR ˈbrɪkˌleɪə(r), -z
AM ˈbrɪkˌleɪ(ə)r, -z

bricklaying
BR ˈbrɪkˌleɪɪŋ
AM ˈbrɪkˌleɪɪŋ

brickmaker
BR ˈbrɪkˌmeɪkə(r), -z
AM ˈbrɪkˌmeɪkər, -z

brickmaking
BR ˈbrɪkˌmeɪkɪŋ
AM ˈbrɪkˌmeɪkɪŋ

brickwork
BR ˈbrɪkwəːk, -s
AM ˈbrɪkˌwərk, -s

bricky
BR ˈbrɪki
AM ˈbrɪki

brickyard
BR ˈbrɪkjɑːd, -z
AM ˈbrɪkˌjɑrd, -z

bridal
BR ˈbrʌɪdl
AM ˈbraɪd(ə)l

bridally
BR ˈbrʌɪdli
AM ˈbraɪdli

bride
BR brʌɪd, -z
AM braɪd, -z

bridegroom
BR ˈbrʌɪdgruːm, -z
AM ˈbraɪdˌgrum, -z

Brideshead
BR ˈbrʌɪdzhed
AM ˈbraɪdzˌ(h)ed

bridesmaid
BR ˈbrʌɪdzmeɪd, -z
AM ˈbraɪdzˌmeɪd, -z

bridesman
BR ˈbrʌɪdzmən
AM ˈbraɪdzm(ə)n

bridesmen
BR ˈbrʌɪdzmən
AM ˈbraɪdzm(ə)n

bridewell
BR ˈbrʌɪdw(e)l, -z
AM ˈbraɪdw(ə)l, ˈbraɪdˌwel, -z

bridge
BR brɪdʒ, -ɪz, -ɪŋ, -d
AM brɪdʒ, -ɪz, -ɪŋ, -d
bridgeable
BR ˈbrɪdʒəbl
AM ˈbrɪdʒəb(ə)l
bridgehead
BR ˈbrɪdʒhɛd, -z
AM ˈbrɪdʒˌ(h)ɛd, -z
Bridgeman
BR ˈbrɪdʒmən
AM ˈbrɪdʒm(ə)n
Bridgend
BR ˌbrɪdʒˈɛnd
AM ˈbrɪdʒˌɛnd
Bridgeport
BR ˈbrɪdʒpɔːt
AM ˈbrɪdʒˌpɔ(ə)rt
Bridger
BR ˈbrɪdʒə(r)
AM ˈbrɪdʒər
Bridges
BR ˈbrɪdʒɪz
AM ˈbrɪdʒɪz
Bridget
BR ˈbrɪdʒɪt
AM ˈbrɪdʒət
Bridgetown
BR ˈbrɪdʒtaʊn
AM ˈbrɪdʒˌtaʊn
Bridgewater
BR ˈbrɪdʒwɔːtə(r)
AM ˈbrɪdʒˌwɑdər,
  ˈbrɪdʒˌwɔdər
bridgework
BR ˈbrɪdʒwɜːk
AM ˈbrɪdʒˌwɜrk
Bridgman
BR ˈbrɪdʒmən
AM ˈbrɪdʒm(ə)n
Bridgnorth
BR ˈbrɪdʒnɔːθ
AM ˈbrɪdʒˌnɔrθ
Bridgwater
BR ˈbrɪdʒwɔːtə(r)
AM ˈbrɪdʒˌwɑdər,
  ˈbrɪdʒˌwɔdər
bridle
BR ˈbraɪd|l, -lz,
  -l̩ɪŋ\-lɪŋ, -ld
AM ˈbraɪd(ə)l, -z,
  -ɪŋ, -d

bridleway
BR ˈbraɪdlweɪ, -z
AM ˈbraɪdlˌweɪ,
  -z
Bridlington
BR ˈbrɪdlɪŋt(ə)n
AM ˈbrɪdlɪŋt(ə)n
bridoon
BR brɪˈduːn, -z
AM brəˈdun, -z
Bridport
BR ˈbrɪdpɔːt
AM ˈbrɪdˌpɔ(ə)rt
Brie
BR briː
AM bri
brief
BR briːf, -s, -ɪŋ, -t,
  -ə(r), -ɪst
AM brif, -s, -ɪŋ, -t, -ər,
  -ɪst
briefcase
BR ˈbriːfkeɪs, -ɪz
AM ˈbrifˌkeɪs, -ɪz
briefless
BR ˈbriːflɪs
AM ˈbriflɪs
briefly
BR ˈbriːfli
AM ˈbrifli
briefness
BR ˈbriːfnɪs
AM ˈbrifnɪs
brier
BR ˈbraɪə(r), -z
AM ˈbraɪ(ə)r, -z
Brierley
BR ˈbraɪəli, ˈbrɪəli
AM ˈbraɪ(ə)rli
Brierly
BR ˈbraɪəli, ˈbrɪəli
AM ˈbraɪ(ə)rli
Briers
BR ˈbraɪəz
AM ˈbraɪ(ə)rz
brierwood
BR ˈbraɪəwʊd, -z
AM ˈbraɪ(ə)rˌwʊd,
  -z
briery
BR ˈbraɪəri
AM ˈbraɪ(ə)ri

brig
BR brɪg, -z
AM brɪg, -z
brigade
BR brɪˈgeɪd, -z
AM brəˈgeɪd, -z
brigadier
BR ˌbrɪgəˈdɪə(r), -z
AM ˌbrɪgəˈdɪ(ə)r, -z
Brigadoon
BR ˌbrɪgəˈduːn
AM ˌbrɪgəˈdun
brigalow
BR ˈbrɪgələʊ, -z
AM ˈbrɪgəˌloʊ, -z
brigand
BR ˈbrɪg(ə)nd, -z
AM ˈbrɪg(ə)nd, -z
brigandage
BR ˈbrɪg(ə)ndɪdʒ
AM ˈbrɪg(ə)ndɪdʒ
brigandine
BR ˈbrɪg(ə)ndiːn, -z
AM ˈbrɪgənˌdin, -z
brigandish
BR ˈbrɪg(ə)ndɪʃ
AM ˈbrɪgəndɪʃ
brigandism
BR ˈbrɪg(ə)ndɪzm
AM ˈbrɪgənˌdɪz(ə)m
brigandry
BR ˈbrɪg(ə)ndri
AM ˈbrɪgəndri
brigantine
BR ˈbrɪg(ə)ntiːn, -z
AM ˈbrɪgənˌtin, -z
Brigg
BR brɪg
AM brɪg
Briggs
BR brɪgz
AM brɪgz
Brigham
BR ˈbrɪgəm
AM ˈbrɪg(ə)m
Brighouse
BR ˈbrɪghaʊs
AM ˈbrɪgˌ(h)aʊs
bright
BR braɪt, -ə(r), -ɪst
AM braɪt, -dər,
  -dɪst

brighten
BR ˈbraɪt|n, -nz,
  -n̩ɪŋ\-nɪŋ, -nd
AM ˈbraɪtn, -z, -ɪŋ, -d
brightish
BR ˈbraɪtɪʃ
AM ˈbraɪdɪʃ
Brightlingsea
BR ˈbraɪtlɪŋsiː
AM ˈbraɪtlɪŋˌsi
brightly
BR ˈbraɪtli
AM ˈbraɪtli
brightness
BR ˈbraɪtnɪs
AM ˈbraɪtnɪs
Brighton
BR ˈbraɪtn
AM ˈbraɪtn
brightwork
BR ˈbraɪtwɜːk
AM ˈbraɪtˌwɜrk
Brigid
BR ˈbrɪdʒɪd
AM ˈbrɪdʒəd
Brigit
BR ˈbrɪdʒɪt
AM ˈbrɪdʒət
Brigitte
BR brɪˈʒɪt, brɪˈʒiːt
AM ˈbrɪdʒət
brill
BR brɪl
AM brɪl
brilliance
BR ˈbrɪlj(ə)ns, ˈbrɪlɪəns
AM ˈbrɪlj(ə)ns
brilliancy
BR ˈbrɪlj(ə)nsi,
  ˈbrɪlɪənsi
AM ˈbrɪljənsi
brilliant
BR ˈbrɪlj(ə)nt,
  ˈbrɪlɪənt, -s
AM ˈbrɪlj(ə)nt, -s
brilliantine
BR ˈbrɪlj(ə)ntiːn
AM ˈbrɪljənˌtin
brilliantly
BR ˈbrɪlj(ə)ntli,
  ˈbrɪlɪəntli
AM ˈbrɪljən(t)li

brilliantness
BR ˈbrɪlj(ə)ntnəs, ˈbrɪliəntnəs
AM ˈbrɪljən(t)nɪs

Brillo
BR ˈbrɪləʊ
AM ˈbrɪloʊ

brim
BR brɪm, -z, -ɪŋ, -d
AM brɪm, -z, -ɪŋ, -d

Brimble
BR ˈbrɪmbl
AM ˈbrɪmb(ə)l

brimful
BR ˌbrɪmˈfʊl, ˈbrɪmfʊl
AM ˌbrɪmˈfʊl

brimless
BR ˈbrɪmlɪs
AM ˈbrɪmlɪs

brimstone
BR ˈbrɪmst(ə)n, ˈbrɪmstəʊn
AM ˈbrɪmˌstoʊn, ˈbrɪmzˌtoʊn

brimstony
BR ˈbrɪmstəni, ˈbrɪmstəʊni
AM ˈbrɪmˌstoʊni, ˈbrɪmzˌtoʊni

Brindisi
BR ˈbrɪndɪzi
AM ˈbrɪndɪzi

brindle
BR ˈbrɪndl, -d
AM ˈbrɪnd(ə)l, -d

Brindley
BR ˈbrɪndli
AM ˈbrɪn(d)li

brine
BR braɪn
AM braɪn

bring
BR brɪŋ, -z, -ɪŋ
AM brɪŋ, -z, -ɪŋ

bringer
BR ˈbrɪŋə(r), -z
AM ˈbrɪŋər, -z

brininess
BR ˈbraɪnɪnɪs
AM ˈbraɪnɪnɪs

brinjal
BR ˈbrɪn(d)ʒ(ə)l
AM ˈbrɪn(d)ʒ(ə)l

brink
BR brɪŋk, -s
AM brɪŋk, -s

brinkmanship
BR ˈbrɪŋkmənʃɪp
AM ˈbrɪŋkmənˌʃɪp

brinksmanship
BR ˈbrɪŋksmənʃɪp
AM ˈbrɪŋksmənˌʃɪp

Brinks-Mat
BR ˈbrɪŋksmat
AM ˈbrɪŋksˌmæt

briny
BR ˈbraɪni
AM ˈbraɪni

bri-nylon
BR ˌbraɪˈnaɪlɒn
AM braɪˈnaɪˌlɑn

brio
BR ˈbriːəʊ
AM ˈbrioʊ

brioche
BR briːˈɒʃ, ˈbriːɒʃ, ˌbriːˈəʊʃ, ˈbriːəʊʃ, -ɪz
AM briˈoʊʃ, briˈɔʃ, -əz

briolette
BR ˌbriːə(ʊ)ˈlɛt, -s
AM ˌbriəˈlɛt, -s

Briony
BR ˈbraɪəni
AM ˈbraɪəni

briquet
BR brɪˈkɛt, -s
AM brəˈkɛt, -s

briquette
BR brɪˈkɛt, -s
AM brəˈkɛt, -s

Brisbane
BR ˈbrɪzbən
AM ˈbrɪzˌbeɪn, ˈbrɪzb(ə)n

Brisco
BR ˈbrɪskəʊ
AM ˈbrɪskoʊ

Briscoe
BR ˈbrɪskəʊ
AM ˈbrɪskoʊ

brisk
BR brɪsk, -ə(r), -ɪst
AM brɪsk, -ər, -ɪst

brisken
BR ˈbrɪsk|(ə)n, -(ə)nz, -ənɪŋ\-n̩ɪŋ, -nd
AM ˈbrɪsk|n, -nz, -n̩ɪŋ, -nd

brisket
BR ˈbrɪskɪt, -s
AM ˈbrɪskɪt, -s

briskly
BR ˈbrɪskli
AM ˈbrɪskli

briskness
BR ˈbrɪsknɪs
AM ˈbrɪsknɪs

brisling
BR ˈbrɪzlɪŋ, ˈbrɪslɪŋ
AM ˈbrɪslɪŋ, ˈbrɪzlɪŋ

bristle
BR ˈbrɪs|l̩, -lz, -l̩ɪŋ\-lɪŋ, -ld
AM ˈbrɪs(ə)l, -z, -ɪŋ, -d

bristletail
BR ˈbrɪsl̩teɪl, -z
AM ˈbrɪsəlˌteɪl, -z

bristleworm
BR ˈbrɪslwɜːm, -z
AM ˈbrɪsəlˌwɜrm, -z

bristliness
BR ˈbrɪslɪnɪs
AM ˈbrɪsl̩ɪnɪs, ˈbrɪslɪnɪs

bristly
BR ˈbrɪsli
AM ˈbrɪsl̩i, ˈbrɪsli

Bristol
BR ˈbrɪstl̩
AM ˈbrɪstl̩

bristols
BR ˈbrɪstl̩z
AM ˈbrɪstl̩z

Bristow
BR ˈbrɪstəʊ
AM ˈbrɪstoʊ

Bristowe
BR ˈbrɪstəʊ
AM ˈbrɪstoʊ

Brit
BR brɪt, -s
AM brɪt, -s

Britain
BR ˈbrɪtn
AM ˈbrɪdn̩, ˈbrɪtn

Britannia
BR brɪˈtanjə(r)
AM brɪˈtænjə

Britannic
BR brɪˈtanɪk
AM brɪˈtænɪk

britches
BR ˈbrɪtʃɪz
AM ˈbrɪtʃɪz

Britcom
BR ˈbrɪtkɒm, -z
AM ˈbrɪtˌkɑm, -z

Briticism
BR ˈbrɪtɪsɪzm, -z
AM ˈbrɪdəˌsɪz(ə)m, -z

British
BR ˈbrɪtɪʃ
AM ˈbrɪdɪʃ

Britisher
BR ˈbrɪtɪʃə(r), -z
AM ˈbrɪdɪʃər, -z

Britishism
BR ˈbrɪtɪʃɪzm, -z
AM ˈbrɪdəˌʃɪz(ə)m, -z

Britishness
BR ˈbrɪtɪʃnɪs
AM ˈbrɪdɪʃnɪs

Britoil
BR ˈbrɪtɔɪl
AM ˈbrɪdɔɪl

Briton
BR ˈbrɪtn, -z
AM ˈbrɪtn, -z

Britt
BR brɪt
AM brɪt

Brittain
BR ˈbrɪtn
AM ˈbrɪtn

Brittan
BR ˈbrɪtn
AM ˈbrɪtn

Brittany
BR ˈbrɪtəni, ˈbrɪtn̩i
AM ˈbrɪtn̩i

Britten
BR ˈbrɪtn
AM ˈbrɪtn

brittle
BR ˈbrɪtl̩, -ə(r), -ɪst
AM ˈbrɪdəl, -ər, -ɪst
brittlely
BR ˈbrɪtlli
AM ˈbrɪdli
brittleness
BR ˈbrɪtlnəs
AM ˈbrɪdlnɪs
brittly
BR ˈbrɪtl̩i
AM ˈbrɪdl̩i
Britton
BR ˈbrɪtn
AM ˈbrɪtn
Britvic
BR ˈbrɪtvɪk, -s
AM ˈbrɪtvɪk, -s
britzka
BR ˈbrɪtskə(r), -z
AM ˈbrɪtskə,
ˈbrɪtʃkə, -z
Brixham
BR ˈbrɪks(ə)m
AM ˈbrɪks(ə)m
Brize Norton
BR ˌbrʌɪz ˈnɔːtn
AM ˌbraɪz ˈnɔrtn,
ˌbraɪz ˈnɔrdən
Brno
BR ˈbəːnəʊ, brəˈnəʊ
AM ˈbərˌnoʊ
CZ ˈbrnɔ
bro
BR brəʊ
AM broʊ
broach
BR brəʊtʃ, -ɪz, -ɪŋ, -t
AM broʊtʃ, -əz, -ɪŋ, -t
broad
BR brɔːd, -z, -ə(r),
-ɪst
AM brɑd, brɔd, -z, -ər,
-əst
broadband
BR ˈbrɔːdband
AM ˈbrɑdˌbænd,
ˈbrɔdˌbænd
Broadbent
BR ˈbrɔːdbɛnt
AM ˈbrɑdˌbɛnt,
ˈbrɔdˌbɛnt

broadbrimmed
BR ˌbrɔːdˈbrɪmd
AM ˈˌbrɑdˈˌbrɪmd,
ˈˌbrɔdˈˌbrɪmd
broadcast
BR ˈbrɔːdkɑːst, -s, -ɪŋ
AM ˈbrɑdˌkæst,
ˈbrɔdˌkæst, -s, -ɪŋ
broadcaster
BR ˈbrɔːdˌkɑːstə(r), -z
AM ˈbrɑdˌkæstər,
ˈbrɔdˌkæstər, -z
broadcloth
BR ˈbrɔːdklɒθ
AM ˈbrɑdˌklɑθ,
ˈbrɔdˌklɔθ
broaden
BR ˈbrɔːd|n, -nz,
-n̩ɪŋ\-nɪŋ, -nd
AM ˈbrɑd(ə)n,
ˈbrɔd(ə)n, -z, -ɪŋ, -d
Broadhead
BR ˈbrɔːdhɛd
AM ˈbrɑdˌ(h)ɛd,
ˈbrɔdˌ(h)ɛd
Broadhurst
BR ˈbrɔːdhəːst
AM ˈbrɑdˌ(h)ərst,
ˈbrɔdˌ(h)ərst
broadleaf
BR ˈbrɔːdliːf
AM ˈbrɑdˌlif,
ˈbrɔdˌlif
broadleaved
BR ˌbrɔːdˈliːvd
AM ˈbrɑdˌlivd,
ˈbrɔdˌlivd
broadloom
BR ˈbrɔːdluːm
AM ˈbrɑdˌlum,
ˈbrɔdˌlum
broadly
BR ˈbrɔːdli
AM ˈbrɑdli, ˈbrɔdli
broadminded
BR ˌbrɔːdˈmʌɪndɪd
AM ˈˌbrɑdˈˌmaɪn(d)ɪd,
ˈˌbrɔdˈˌmaɪn(d)ɪd
broadmindedly
BR ˌbrɔːdˈmʌɪndɪdli
AM ˈˌbrɑdˈˌmaɪn(d)ɪdli,
ˈˌbrɔdˈˌmaɪn(d)ɪdli

broadmindedness
BR ˌbrɔːdˈmʌɪndɪdnɪs
AM ˈˌbrɑdˈ-
ˌmaɪn(d)ɪdnɪs,
ˈˌbrɔdˈˌmaɪn(d)ɪdnɪs
Broadmoor
BR ˈbrɔːdmɔː(r),
ˈbrɔːdmʊə(r)
AM ˈbrɑdˌmʊ(ə)r,
ˈbrɑdˌmɔ(ə)r,
ˈbrɔdˌmʊ(ə)r,
ˈbrɔdˌmɔ(ə)r
broadness
BR ˈbrɔːdnəs
AM ˈbrɑdnəs,
ˈbrɔdnəs
broadsheet
BR ˈbrɔːdʃiːt, -s
AM ˈbrɑdˌʃit,
ˈbrɔdˌʃit, -s
broadside
BR ˈbrɔːdsʌɪd, -z
AM ˈbrɑdˌsaɪd,
ˈbrɔdˌsaɪd, -z
broadspectrum
BR ˌbrɔːdˈspɛktrəm
AM ˈˌbrɑdˈspɛktr(ə)m,
ˌbrɔdˈspɛktr(ə)m
Broadstairs
BR ˈbrɔːdstɛːz
AM ˈbrɑdˌstɛrz,
ˈbrɔdˌstɛrz
broadsword
BR ˈbrɔːdsɔːd, -z
AM ˈbrɑdˌsɔ(ə)rd,
ˈbrɔdˌsɔ(ə)rd, -z
broadtail
BR ˈbrɔːdteɪl, -z
AM ˈbrɑdˌteɪ(ə)l,
ˈbrɔdˌteɪ(ə)l, -z
Broadway
BR ˈbrɔːdweɪ
AM ˈbrɑdˌweɪ,
ˈbrɔdˌweɪ
broadwise
BR ˈbrɔːdwʌɪz
AM ˈbrɑdˌwaɪz,
ˈbrɔdˌwaɪz
Broadwood
BR ˈbrɔːdwʊd
AM ˈbrɑdˌwʊd,
ˈbrɔdˌwʊd

Brobdingnag
BR ˈbrɒbdɪŋnag
AM ˈbrɑbdɪŋˌnæg
Brobdingnagian
BR ˌbrɒbdɪŋˈnagɪən,
-z
AM ˌbrɑbdɪŋˈnægɪən,
-z
brocade
BR brəˈkeɪd, -z, -ɪd
AM broʊˈkeɪd, -z, -ɪd
brocatel
BR ˌbrɒkəˈtɛl
AM ˌbrɑkəˈtɛl
brocatelle
BR ˌbrɒkəˈtɛl
AM ˌbrɑkəˈtɛl
broccoli
BR ˈbrɒkəli
AM ˈbrɑk(ə)li
broch
BR brɒk, brɒx, -s
AM brɑk, -s
brochette
BR brɒˈʃɛt, -s
AM broʊˈʃɛt, -s
brochure
BR ˈbrəʊʃə(r),
brəˈʃʊə(r), -z
AM broʊˈʃʊ(ə)r, -z
brock
BR brɒk, -s
AM brɑk, -s
Brockbank
BR ˈbrɒkbaŋk
AM ˈbrɑkˌbæŋk
Brocken
BR ˈbrɒk(ə)n
AM ˈbrɑk(ə)n
Brockenhurst
BR ˈbrɒk(ə)nhəːst
AM ˈbrɑkənˌ(h)ərst
brocket
BR ˈbrɒkɪt, -s
AM ˈbrɑkət, -s
Brocklebank
BR ˈbrɒklbaŋk
AM ˈbrɑkəlˌbæŋk
Broderick
BR ˈbrɒd(ə)rɪk
AM ˈbrɑd(ə)rɪk,
ˈbrɑd(ə)rɪk

broderie anglaise
BR ˌbrəʊd(ə)rɪ ˌɒŋ
 ˈɡleɪz, ˌbrɒd(ə)rɪ +,
 + ˈɒŋɡleɪz
AM ˌbroʊdəriˌɑŋˈɡlɛz

Brodie
BR ˈbrəʊdi
AM ˈbroʊdi

Brodsky
BR ˈbrɒdski
AM ˈbrɑdski

Broederbond
BR ˈbruːdəbɒnd,
 ˈbruːdəbɒnt
AM ˈbroʊdərˌbɑnd

Brogan
BR ˈbrəʊɡ(ə)n
AM ˈbroʊɡ(ə)n

brogue
BR brəʊɡ, -z
AM broʊɡ, -z

broil
BR brɔɪl, -z, -ɪŋ, -d
AM brɔɪl, -z, -ɪŋ, -d

broiler
BR ˈbrɔɪlə(r), -z
AM ˈbrɔɪlər, -z

broke
BR brəʊk
AM broʊk

broken
BR ˈbrəʊk(ə)n
AM ˈbroʊk(ə)n

brokenly
BR ˈbrəʊk(ə)nli
AM ˈbroʊkənli

brokenness
BR ˈbrəʊk(ə)nnəs
AM ˈbroʊkə(n)nəs

broker
BR ˈbrəʊkə(r), -z
AM ˈbroʊkər, -z

brokerage
BR ˈbrəʊk(ə)rɪdʒ
AM ˈbroʊk(ə)rɪdʒ

Brolac
BR ˈbrəʊlak
AM ˈbroʊlak

brolga
BR ˈbrɒlɡə(r), -z
AM ˈbrɑlɡə, -z

brolly
BR ˈbrɒl|i, -ɪz
AM ˈbrɑli, -z

bromate
BR ˈbrəʊmeɪt, -s
AM ˈbroʊˌmeɪt, -s

Bromberg
BR ˈbrɒmbɜːɡ
AM ˈbrɑmˌbɜrɡ

brome
BR brəʊm, -z
AM broʊm, -z

bromelia
BR brə(ʊ)ˈmiːlɪə(r), -z
AM broʊˈmɛljə,
 broʊˈmiliə,
 broʊˈmɛliə,
 broʊˈmiljə, -z

bromeliad
BR brə(ʊ)ˈmiːlɪad, -z
AM broʊˈmɛliəd,
 broʊˈmiliˌæd, -z

bromic
BR ˈbrəʊmɪk
AM ˈbroʊmɪk

bromide
BR ˈbrəʊmʌɪd, -z
AM ˈbroʊˌmaɪd, -z

bromine
BR ˈbrəʊmiːn
AM ˈbroʊˌmin

bromism
BR ˈbrəʊmɪzm
AM ˈbroʊˌmɪz(ə)m

Bromley
BR ˈbrɒmli,
 ˈbrʌmli
AM ˈbrɑmli

bromoform
BR ˈbrəʊməfɔːm
AM ˈbroʊməˌfɔ(ə)rm

Brompton
BR ˈbrɒm(p)t(ə)n,
 ˈbrʌm(p)t(ə)n
AM ˈbrɑm(p)t(ə)n

Bromsgrove
BR ˈbrɒmzɡrəʊv
AM ˈbrɑmzˌɡroʊv

Bromwich
BR ˈbrɒmɪtʃ,
 ˈbrɒmɪdʒ
AM ˈbrɑmwɪtʃ

Bromyard
BR ˈbrɒmjɑːd
AM ˈbrɑmˌjɑrd,
 ˈbrɑmjərd

bronc
BR brɒŋk, -s
AM brɑŋk, -s

bronchi
BR ˈbrɒŋkʌɪ, ˈbrɒŋkiː
AM ˈbrɑŋˌki, ˈbrɑŋˌkaɪ

bronchia
BR ˈbrɒŋkɪə(r)
AM ˈbrɑŋkiə

bronchiae
BR ˈbrɒŋkiː
AM ˈbrɑŋkiˌaɪ,
 ˈbrɑŋki,i

bronchial
BR ˈbrɒŋkɪəl
AM ˈbrɑŋkiəl

bronchiolar
BR ˌbrɒŋkɪˈəʊlə(r),
 ˈbrɒŋkɪələ(r)
AM ˌbrɑŋkiˈoʊlər,
 ˈbrɑŋkiələr

bronchiole
BR ˈbrɒŋkɪəʊl, -z
AM ˈbrɑŋkiˌoʊl, -z

bronchitic
BR brɒŋˈkɪtɪk
AM brɑŋˈkɪdɪk

bronchitis
BR brɒŋˈkʌɪtɪs
AM brɑŋˈkaɪdɪs,
 brɑŋˈkaɪdɪs

bronchocele
BR ˈbrɒŋkə(ʊ)siːl, -z
AM ˈbrɑŋkoʊˌsil, -z

bronchopneumonia
BR ˌbrɒŋkə(ʊ)njuː-
 ˈməʊnɪə(r),
 ˌbrɒŋkə(ʊ)njuː-
 ˈməʊnɪə(r)
AM ˌbrɑŋkoʊn(j)ʊ-
 ˈmoʊnjə

bronchoscope
BR ˈbrɒŋkə(ʊ)skəʊp,
 -s
AM ˈbrɑŋkəˌskoʊp, -s

bronchoscopy
BR brɒŋˈkɒskəp|i, -ɪz
AM ˌbrɑŋˈkɑskəpi, -z

bronchus
BR ˈbrɒŋkəs
AM ˈbrɑŋkəs

bronco
BR ˈbrɒŋkəʊ, -z
AM ˈbrɑŋkoʊ, -z

Bronski
BR ˈbrɒnski
AM ˈbrɑnski

Bronstein
BR ˈbrɒnstiːn
AM ˈbrɑnˌstaɪn,
 ˈbrɑnˌstin

Brontë
BR ˈbrɒnti
AM ˈbrɑn(t)i

brontosaur
BR ˈbrɒntəsɔː(r), -z
AM ˈbrɑn(t)əˌsɔ(ə)r, -z

brontosauri
BR ˌbrɒntəˈsɔːrʌɪ
AM ˌbrɑn(t)əˈsɔraɪ

brontosaurus
BR ˌbrɒntəˈsɔːrəs, -ɪz
AM ˌbrɑn(t)əˈsɔrəs, -əz

Bronwen
BR ˈbrɒnwən
AM ˈbrɑnw(ə)n

Bronx
BR brɒŋks
AM brɑŋks, brɔŋks

bronze
BR brɒnz, -ɪz, -ɪŋ, -d
AM brɑnz, -əz, -ɪŋ, -d

bronzy
BR ˈbrɒnzi
AM ˈbrɑnzi

brooch
BR brəʊtʃ, -ɪz
AM brutʃ, broʊtʃ, -əz

brood
BR bruːd, -z, -ɪŋ, -ɪd
AM brud, -z, -ɪŋ, -əd

brooder
BR ˈbruːdə(r), -z
AM ˈbrudər, -z

broodily
BR ˈbruːdɪli
AM ˈbrudəli

broodiness
BR ˈbruːdɪnɪs
AM ˈbrudɪnɪs

broodingly
BR ˈbruːdɪŋli
AM ˈbrudɪŋli

broody
BR ˈbruːd|i, -ɪə(r), -ɪst
AM ˈbrudi, -ər, -ɪst

brook
BR brʊk, -s, -ɪŋ, -t
AM brʊk, -s, -ɪŋ, -t

Brooke
BR brʊk
AM brʊk

Brookes
BR brʊks
AM brʊks

Brookfield
BR ˈbrʊkfiːld
AM ˈbrʊkˌfild

Brooking
BR ˈbrʊkɪŋ
AM ˈbrʊkɪŋ

Brooklands
BR ˈbrʊklən(d)z
AM ˈbrʊklən(d)z

brooklet
BR ˈbrʊklɪt, -s
AM ˈbrʊklət, -s

brooklime
BR ˈbrʊklʌɪm
AM ˈbrʊkˌlaɪm

Brooklyn
BR ˈbrʊklɪn
AM ˈbrʊkl(ə)n

Brookner
BR ˈbrʊknə(r)
AM ˈbrʊknər

Brooks
BR brʊks
AM brʊks

Brookside
BR ˈbrʊksʌɪd, ˌbrʊkˈsʌɪd
AM ˈbrʊkˌsaɪd

brookweed
BR ˈbrʊkwiːd
AM ˈbrʊkˌwid

Brookwood
BR ˈbrʊkwʊd
AM ˈbrʊkˌwʊd

broom
BR bruːm, -z
AM brum, -z

Broome
BR bruːm
AM brum

broomrape
BR ˈbruːmreɪp
AM ˈbrumˌreɪp

broomstick
BR ˈbruːmstɪk, -s
AM ˈbrumˌstɪk, -s

Brophy
BR ˈbrəʊfi
AM ˈbroʊfi

Bros *Brothers*
BR brɒs, brɒz
AM ˈbrəðərz

brose
BR brəʊz
AM broʊz

Brosnahan
BR ˈbrɒznəhən
AM ˈbraznən, ˈbraznəˌhæn

broth
BR brɒθ, -s
AM brɑθ, brɔθ, -s

brothel
BR ˈbrɒθl, -z
AM ˈbrɔθ(ə)l, ˈbrɑð(ə)l, ˈbrɔð(ə)l, ˈbrɑθ(ə)l, -z

brother
BR ˈbrʌðə(r), -z
AM ˈbrəðər, -z

brotherhood
BR ˈbrʌðəhʊd, -z
AM ˈbrəðərˌ(h)ʊd, -z

brotherliness
BR ˈbrʌðəlɪnɪs
AM ˈbrəðərlinɪs

brotherly
BR ˈbrʌðəli
AM ˈbrəðərli

Brotherton
BR ˈbrʌðət(ə)n
AM ˈbrəðərt(ə)n

Brough
BR brʌf
AM brəf

brougham
BR ˈbruːəm, bruːm, -z
AM ˈbru(ə)m, ˈbroʊ(ə)m, -z

brought
BR brɔːt
AM brɑt, brɔt

Broughton
BR ˈbrɔːtn, ˈbrʌft(ə)n, ˈbraʊtn
AM ˈbrɑtn, ˈbrɔtn

brouhaha
BR ˈbruːhɑːhɑː(r)
AM ˈbruˌhɑˌhɑ

brow
BR braʊ, -z, -d
AM braʊ, -z, -d

browbeat
BR ˈbraʊbiːt, -s, -ɪŋ
AM ˈbraʊˌbi|t, -ts, -dɪŋ

browbeaten
BR ˈbraʊˌbiːtn
AM ˈbraʊˌbitn

browbeater
BR ˈbraʊˌbiːtə(r), -z
AM ˈbraʊˌbidər, -z

brown
BR braʊn, -z, -ɪŋ, -d, -ə(r), -ɪst
AM braʊn, -z, -ɪŋ, -d, -ər, -əst

Browne
BR braʊn
AM braʊn

brownfield
BR ˈbraʊnfiːld
AM ˈbraʊnˌfild

Brownhills
BR ˈbraʊnhɪlz
AM ˈbraʊnˌ(h)ɪlz

Brownian
BR ˈbraʊniən, -z
AM ˈbraʊnj(ə)n, -z

brownie
BR ˈbraʊn|i, -ɪz
AM ˈbraʊni, -z

Browning
BR ˈbraʊnɪŋ
AM ˈbraʊnɪŋ

brownish
BR ˈbraʊnɪʃ
AM ˈbraʊnɪʃ

Brownjohn
BR ˈbraʊndʒɒn
AM ˈbraʊnˌdʒɑn

brownness
BR ˈbraʊnnəs
AM ˈbraʊ(n)nəs

brownout
BR ˈbraʊnaʊt, -s
AM ˈbraʊnˌaʊt, -s

Brownshirt
BR ˈbraʊnʃəːt, -s
AM ˈbraʊnˌʃərt, -s

brownstone
BR ˈbraʊnstəʊn, -z
AM ˈbraʊnˌstoʊn, -z

browny
BR ˈbraʊni
AM ˈbraʊni

browse
BR braʊz, -ɪz, -ɪŋ, -d
AM braʊz, -əz, -ɪŋ, -d

browser
BR ˈbraʊzə(r), -z
AM ˈbraʊzər, -z

browze
BR braʊz, -ɪz, -ɪŋ, -d
AM braʊz, -əz, -ɪŋ, -d

browzer
BR ˈbraʊzə(r), -z
AM ˈbraʊzər, -z

Broxbourne
BR ˈbrɒksbɔːn
AM ˈbrɑksˌbərn

Brubeck
BR ˈbruːbɛk
AM ˈbrubɛk

Bruce
BR bruːs
AM brus

brucellosis
BR ˌbruːsɪˈləʊsɪs
AM ˌbrusəˈloʊsəs

Bruch
BR brʊk
AM brʊk
GER brʊx

brucite
BR ˈbruːsʌɪt
AM ˈbruˌsaɪt

Bruckner
BR ˈbrʊknə(r)
AM ˈbrʊknər

Bruegel
BR ˈbrɔɪgl
AM ˈbrɔɪg(ə)l

Brueghel
BR ˈbrɔɪgl
AM ˈbrɔɪg(ə)l
Bruges
BR bruːʒ
AM bruʒ
bruin
BR ˈbruːɪn, -z
AM ˈbruən, -z
bruise
BR bruːz, -ɪz, -ɪŋ, -d
AM bruz, -əz, -ɪŋ, -d
bruiser
BR ˈbruːzə(r), -z
AM ˈbruzər, -z
bruit
BR bruːt, -s, -ɪŋ, -ɪd
AM bru|t, -ts, -dɪŋ, -dəd
brûlée
BR bruˈleɪ
AM ˌbruˈleɪ
Brum
BR brʌm
AM brəm
brumby
BR ˈbrʌmb|i, -ɪz
AM ˈbrəmbi, -z
brume
BR bruːm
AM brum
Brummagem
BR ˈbrʌmədʒ(ə)m
AM ˈbrəmədʒ(ə)m
Brummell
BR ˈbrʌml
AM ˈbrəm(ə)l
Brummie
BR ˈbrʌm|i, -ɪz
AM ˈbrəmi, -z
Brummy
BR ˈbrʌm|i, -ɪz
AM ˈbrəmi, -z
brumous
BR ˈbruːməs
AM ˈbrəməs
brunch
BR brʌn(t)ʃ, -ɪz, -ɪŋ, -t
AM brən(t)ʃ, -əz, -ɪŋ, -t
Brunei
BR ˈbruːnʌɪ, brʊˈnʌɪ
AM ˌbruˈnaɪ

Bruneian
BR bruːnʌɪən, brʊˈnʌɪən, -z
AM ˌbruˈnaɪən, -z
Brunel
BR brʊˈnɛl
AM brəˈnɛl
brunet
BR bruːˈnɛt, brʊˈnɛt, -s
AM bruˈnɛt, -s
brunette
BR bruːˈnɛt, brʊˈnɛt, -s
AM bruˈnɛt, -s
Brunhild
BR ˈbrʊnhɪld
AM ˈbrun,(h)ɪld
Brünhilde
BR ˌbrʊnˈhɪldə(r), ˈbrʊnˌhɪldə(r)
AM ˌbrunˈhɪldə
Bruno
BR ˈbruːnəʊ
AM ˈbrunoʊ
Brunswick
BR ˈbrʌnzwɪk
AM ˈbrənzwɪk
brunt
BR brʌnt
AM brənt
Brunton
BR ˈbrʌnt(ə)n
AM ˈbrəntn, ˈbrən(t)ən
bruschetta
BR brʊˈskɛtə(r)
AM brʊˈskɛdə
brush
BR brʌʃ, -ɪz, -ɪŋ, -t
AM brəʃ, -əz, -ɪŋ, -t
brushfire
BR ˈbrʌʃfʌɪə(r), -z
AM ˈbrəʃˌfaɪ(ə)r, -z
brushless
BR ˈbrʌʃləs
AM ˈbrəʃləs
brushlike
BR ˈbrʌʃlʌɪk
AM ˈbrəʃˌlaɪk
brushwood
BR ˈbrʌʃwʊd
AM ˈbrəʃˌwʊd

brushwork
BR ˈbrʌʃwəːk
AM ˈbrəʃˌwərk
brushy
BR ˈbrʌʃi
AM ˈbrəʃi
brusque
BR brʊsk, bruːsk, brʌsk
AM brəsk
brusquely
BR ˈbrʊskli, ˈbruːskli, ˈbrʌskli
AM ˈbrəskli
brusqueness
BR ˈbrʊsknəs, ˈbruːsknəs, ˈbrʌsknəs
AM ˈbrəsknəs
brusquerie
BR ˈbrʊskəri, ˈbruːskəri, ˈbrʌskəri
AM ˈbrəskəri
Brussels
BR ˈbrʌslz
AM ˈbrəsəlz
brut
BR bruːt
AM brut
FR bryt
brutal
BR ˈbruːtl
AM ˈbrudl
brutalisation
BR ˌbruːtlʌɪˈzeɪʃn
AM ˈbrudlˌaɪˈzeɪʃ(ə)n, ˈbrudləˈzeɪʃ(ə)n
brutalise
BR ˈbruːtlʌɪz, -ɪz, -ɪŋ, -d
AM ˈbrudlˌaɪz, -ɪz, -ɪŋ, -d
brutalism
BR ˈbruːtlɪzm
AM ˈbrudlˌɪz(ə)m
brutalist
BR ˈbruːtlɪst, -s
AM ˈbrudlˌəst, -s
brutality
BR bruːˈtalɪt|i, brʊˈtalɪt|i, -ɪz
AM bruˈtælədi, -z

brutalization
BR ˌbruːtlʌɪˈzeɪʃn
AM ˈbrudlˌaɪˈzeɪʃ(ə)n, ˈbrudləˈzeɪʃ(ə)n
brutalize
BR ˈbruːtlʌɪz, -ɪz, -ɪŋ, -d
AM ˈbrudlˌaɪz, -ɪz, -ɪŋ, -d
brutally
BR ˈbruːtli
AM ˈbrudli
brute
BR bruːt, -s
AM brut, -s
brutish
BR ˈbruːtɪʃ
AM ˈbrudɪʃ
brutishly
BR ˈbruːtɪʃli
AM ˈbrudɪʃli
brutishness
BR ˈbruːtɪʃnɪs
AM ˈbrudɪʃnɪs
Brutus
BR ˈbruːtəs
AM ˈbrudəs
bruxism
BR ˈbrʊksɪzm, ˈbrʌksɪzm
AM ˈbrək,sɪz(ə)m
Bryan
BR ˈbrʌɪən
AM ˈbraɪən
Bryant
BR ˈbrʌɪənt
AM ˈbraɪənt
Bryce
BR brʌɪs
AM braɪs
Bryden
BR ˈbrʌɪdn
AM ˈbraɪd(ə)n
Brylcreem
BR ˈbrɪlkriːm
AM ˈbrɪlˌkrim
Bryn
BR brɪn
AM brɪn
Brynley
BR ˈbrɪnli
AM ˈbrɪnli

Bryn Mawr *place in US*
BR ˌbrɪn ˈmɔː(r)
AM ˌbrɪn ˈmɔ(ə)r

Brynmawr *place in UK*
BR ˌbrɪnˈmaʊə(r)
AM ˈˌbrɪnˈmɔ(ə)r, ˌbrɪnˈmaʊ(ə)r
WE brɪnˈmaʊr

Brynmor
BR ˈbrɪnmɔː(r)
AM ˈbrɪnmɔ(ə)r

Brynner
BR ˈbrɪnə(r)
AM ˈbrɪnər

bryological
BR ˌbrʌɪəˈlɒdʒɪkl
AM ˌbraɪəˈlɑdʒək(ə)l

bryologist
BR brʌɪˈɒlədʒɪst, -s
AM braɪˈɑlədʒəst, -s

bryology
BR brʌɪˈɒlədʒi
AM braɪˈɑlədʒi

bryony
BR ˈbrʌɪəni
AM ˈbraɪəni

bryophyte
BR ˈbrʌɪəfʌɪt, -s
AM ˈbraɪəˌfaɪt, -s

bryophytic
BR ˌbrʌɪəˈfɪtɪk
AM ˌbraɪəˈfɪdɪk

bryozoan
BR ˌbrʌɪəˈzəʊən, -z
AM ˌbraɪəˈzoʊən, -z

bryozoology
BR ˌbrʌɪəʊzuːˈɒlədʒi, ˌbrʌɪəʊzəʊˈɒlədʒi
AM ˌbraɪəzəˈwɑlədʒi, ˌbraɪəˌzuˈɑlədʒi

Bryson
BR ˈbrʌɪsn
AM ˈbraɪs(ə)n

Brythonic
BR brɪˈθɒnɪk
AM braɪˈθɑnɪk

Brzezinski
BR brəˈʒɪnski
AM brəˈʒɪnski

B.Sc. *Bachelor of Science*
BR ˌbiːɛsˈsiː, -z
AM ˌbiˌɛsˈsi, -z

bub
BR bʌb, -z
AM bəb, -z

bubal
BR ˈbjuːbl, -z
AM ˈbjubl, -z

bubble
BR ˈbʌb|l, -lz, -l̩ŋ\-lɪŋ, -ld
AM ˈbəb|l, -lz, -lɪŋ, -ld

bubblegum
BR ˈbʌblɡʌm
AM ˈbəblˌɡəm

bubbler
BR ˈbʌblə(r), ˈbʌblə(r), -z
AM ˈbəb(ə)lər, -z

bubbly
BR ˈbʌbl̩i, ˈbʌbli
AM ˈbəb(ə)li

bubbly-jock
BR ˈbʌblɪdʒɒk, -s
AM ˈbəb(ə)liˌdʒɑk, -s

Buber
BR ˈb(j)uːbə(r)
AM ˈbubər

bubo
BR ˈbjuːbəʊ, -z
AM ˈb(j)uˌboʊ, -z

bubonic
BR bjuːˈbɒnɪk
AM b(j)uˈbɑnɪk

bubonocele
BR bjuːˈbɒnəsiːl, -z
AM bjuˈbɑnəˌsil, -z

buccal
BR ˈbʌkl
AM ˈbək(ə)l

buccaneer
BR ˌbʌkəˈnɪə(r), -z, -ɪŋ
AM ˌbəkəˈnɪ(ə)r, -z, -ɪŋ

buccaneerish
BR ˌbʌkəˈnɪərɪʃ
AM ˌbəkəˈnɪrɪʃ

buccinator
BR ˈbʌksɪneɪtə(r), -z
AM ˈbəksəˌneɪdər, -z

Buccleugh
BR bəˈkluː
AM bəˈklu

Bucelas
BR bjuːˈsɛləs
AM b(j)uˈsɛləs

Bucephalus
BR bjuːˈsɛfl̩əs
AM bjuˈsɛfələs

Buchan
BR ˈbʌk(ə)n
AM ˈbək(ə)n

Buchanan
BR bjuːˈkanən, b(j)ʉˈkanən
AM bjuˈkænən

Bucharest
BR ˌb(j)uːkəˈrɛst
AM ˈbukəˌrɛst

Buchenwald
BR ˈbuːk(ə)nvald
AM ˈbukənˌwald

Buchmanism
BR ˈbʌkmənɪzm
AM ˈbəkməˌnɪz(ə)m

Buchmanite
BR ˈbʌkmənʌɪt, -s
AM ˈbəkməˌnaɪt, -s

buchu
BR ˈbʌkuː
AM ˈbəku

buck
BR bʌk, -s, -ɪŋ, -t
AM bək, -s, -ɪŋ, -t

buckaroo
BR ˌbʌkəˈruː, -z
AM ˌbəkəˈru, -z

buckbean
BR ˈbʌkbiːn, -z
AM ˈbəkˌbin, -z

buckboard
BR ˈbʌkbɔːd, -z
AM ˈbəkˌbɔ(ə)rd, -z

Buckden
BR ˈbʌkd(ə)n
AM ˈbəkd(ə)n

bucker
BR ˈbʌkə(r), -z
AM ˈbəkər, -z

bucket
BR ˈbʌkɪt, -s
AM ˈbəkət, -s

bucketful
BR ˈbʌkɪtfʊl, -z
AM ˈbəkətˌfʊl, -z

buckeye
BR ˈbʌkʌɪ, -z
AM ˈbəkˌaɪ, -z

Buckfastleigh
BR ˌbʌkfɑːs(t)ˈliː
AM ˌbəkfæs(t)ˈli

Buckie
BR ˈbʌki
AM ˈbəki

Buckingham
BR ˈbʌkɪŋəm
AM ˈbəkɪŋˌ(h)æm

Buckinghamshire
BR ˈbʌkɪŋəmʃ(ɪ)ə(r)
AM ˈbəkɪŋəmʃɪ(ə)r

Buckland
BR ˈbʌklənd
AM ˈbəklənd

buckle
BR ˈbʌk|l, -lz, -lɪŋ\-lɪŋ, -ld
AM ˈbək(ə)l, -z, -ɪŋ, -d

buckler
BR ˈbʌklə(r), -z
AM ˈbək(ə)lər, -z

Buckley
BR ˈbʌkli
AM ˈbəkli

buckling
BR ˈbʌklɪŋ, -z
AM ˈbəklɪŋ, -z

Buckmaster
BR ˈbʌkmɑːstə(r)
AM ˈbəkˌmæstər

Buckminster
BR ˈbʌkmɪnstə(r)
AM ˈbəkˌmɪnstər

Bucknall
BR ˈbʌknl
AM ˈbəkn(ə)l

Bucknell
BR ˈbʌknl
AM ˌbəkˈnɛl

Buckner
BR ˈbʌknə(r)
AM ˈbəknər

bucko
BR ˈbʌkəʊ, -z
AM ˈbəkoʊ, -z

buckra
BR ˈbʌkrə(r), -z
AM ˈbəkrə, -z

buckram
BR ˈbʌkrəm
AM ˈbəkr(ə)m

buck rarebit
BR ˌbʌk ˈrɛːbɪt, + ˈrabɪt
AM ˌbək ˈrɛrbɪt

Bucks. *Buckinghamshire*
BR bʌks
AM bəks

bucksaw
BR ˈbʌksɔː(r), -z
AM ˈbəkˌsɑ, ˈbəkˌsɔ, -z

buckshee
BR ˌbʌkˈʃiː
AM ˌˈbəkˌˈʃi

buckshot
BR ˈbʌkʃɒt
AM ˈbəkˌʃɑt

buckskin
BR ˈbʌkskɪn, -z
AM ˈbəkˌskɪn, -z

buckteeth
BR ˌbʌkˈtiːθ
AM ˌbəkˈtiθ

buckthorn
BR ˈbʌkθɔːn, -z
AM ˈbəkˌθɔ(ə)rn, -z

Buckton
BR ˈbʌkt(ə)n
AM ˈbəktn, ˈbəkdən

bucktooth
BR ˌbʌkˈtuːθ, -t
AM ˌbəkˌtuθ, -t

buckwheat
BR ˈbʌkwiːt
AM ˈbəkˌ(h)wit

bucolic
BR bjuːˈkɒlɪk, bjʉˈkɒlɪk
AM bjuˈkɑlɪk

bucolically
BR bjuːˈkɒlɪkli, bjʉˈkɒlɪkli
AM bjuˈkɑlək(ə)li

bud
BR bʌd, -z, -ɪŋ, -ɪd
AM bəd, -z, -ɪŋ, -əd

Budapest
BR ˌb(j)uːdəˈpɛst
AM ˈbudəˌpɛʃt, ˈbudəˌpɛst
HU ˈbudapɛʃt

Buddha
BR ˈbʊdə(r), -z
AM ˈbudə, ˈbudə, -z

Buddhism
BR ˈbʊdɪzm
AM ˈbʊˌdɪz(ə)m, ˈbuˌdɪz(ə)m

Buddhist
BR ˈbʊdɪst, -s
AM ˈbʊdəst, ˈbudəst, -s

Buddhistic
BR bʊˈdɪstɪk
AM bʊˈdɪstɪk, buˈdɪstɪk

Buddhistical
BR bʊˈdɪstɪkl
AM bʊˈdɪstɪk(ə)l, buˈdɪstɪk(ə)l

buddleia
BR ˈbʌdlɪə(r), -z
AM ˈbəd.liə, -z

buddy
BR ˈbʌd|i, -ɪz
AM ˈbədi, -z

Bude
BR bjuːd
AM bjud

budge
BR bʌdʒ, -ɪz, -ɪŋ, -d
AM bədʒ, -ɪz, -ɪŋ, -d

budgerigar
BR ˈbʌdʒ(ə)rɪɡɑː(r), -z
AM ˈbədʒəriˌɡɑr, -z

budget
BR ˈbʌdʒ|ɪt, -ɪts, -ɪtɪŋ, -ɪtɪd
AM ˈbədʒə|t, -ts, -dɪŋ, -dəd

budgetary
BR ˈbʌdʒɪt(ə)ri
AM ˈbədʒəˌtɛri

budgie
BR ˈbʌdʒ|i, -ɪz
AM ˈbədʒi, -z

Budleigh
BR ˈbʌdli
AM ˈbədli

Budweiser
BR ˈbʌdwʌɪzə(r), -z
AM ˈbədˌwaɪzər, -z

Buenos Aires
BR ˌbweɪnəs ˈʌɪ(ə)riːz, ˌbwɛnəs +, + ˈɛːriːz
AM ˌbweɪnəs ˈaɪrəz, ˌbweɪnəs ˈɛrəs

Buerk
BR bəːk
AM bərk

buff
BR bʌf, -s, -ɪŋ, -t
AM bəf, -s, -ɪŋ, -t

buffalo
BR ˈbʌfləʊ, -z
AM ˈbəf(ə)ˌloʊ, -z

buffer
BR ˈbʌfə(r), -z
AM ˈbəfər, -z

buffet[1] *food*
BR ˈbʊfeɪ
AM ˌbəˈfeɪ, -z

buffet[2] *hit*
BR ˈbʌf|ɪt, -ɪts, -ɪtɪŋ, -ɪtɪd
AM ˈbəfə|t, -ts, -dɪŋ, -dəd

bufflehead
BR ˈbʌflhɛd, -z
AM ˈbəflˌ(h)ɛd, -z

buffo
BR ˈbʊfəʊ, -z
AM ˈbufoʊ, -z

buffoon
BR bəˈfuːn, -z
AM bəˈfun, -z

buffoonery
BR bəˈfuːn(ə)r|i, -ɪz
AM bəˈfunəri, -z

buffoonish
BR bəˈfuːnɪʃ
AM bəˈfunɪʃ

Buffs
BR bʌfs
AM bəfs

bug
BR bʌɡ, -z, -ɪŋ, -d
AM bəɡ, -z, -ɪŋ, -d

bugaboo
BR ˈbʌɡəbuː, -z
AM ˈbəɡəˌbu, -z

Buganda
BR bʉˈɡandə(r)
AM bəˈɡændə

Bugandan
BR bʉˈɡandən, -z
AM bəˈɡænd(ə)n, -z

Bugatti
BR b(j)ʉˈɡat|i, -ɪz
AM b(j)ʊˈɡɑdi, -z
IT buˈɡatti

bugbear
BR ˈbʌɡbɛː(r), -z
AM ˈbəɡˌbɛ(ə)r, -z

bugger
BR ˈbʌɡə(r), -əz, -(ə)rɪŋ, -əd
AM ˈbəɡər, -ərz, -(ə)rɪŋ, -ərd

buggery
BR ˈbʌɡ(ə)ri
AM ˈbəɡəri

buggy
BR ˈbʌɡ|i, -ɪz
AM ˈbəɡi, -z

bughouse
BR ˈbʌɡhaʊ|s, -zɪz
AM ˈbəɡˌ(h)aʊ|s, -zəz

bugjuice
BR ˈbʌɡdʒuːs
AM ˈbəɡˌdʒus

bugle
BR ˈbjuːɡ|l, -lz, -l̩ɪŋ\-lɪŋ, -ld
AM ˈbjuɡ(ə)l, -z, -ɪŋ, -d

bugler
BR ˈbjuːɡlə(r), -z
AM ˈbjuɡlər, -z

buglet
BR ˈbjuːɡlɪt, -s
AM ˈbjuɡlət, -s

bugloss
BR ˈbjuːɡlɒs, -ɪz
AM ˈbjuˌɡlɑs, -əz

Bugner
BR ˈbʌgnə(r),
ˈbʊgnə(r)
AM ˈbəgnər
bugrake
BR ˈbʌgreɪk, -s
AM ˈbəg,reɪk, -s
buhl
BR buːl, -z
AM bul, -z
Buick
BR ˈbjuːɪk, -s
AM ˈbjuɪk, -s
build
BR bɪld, -z, -ɪŋ
AM bɪld, -z, -ɪŋ
builder
BR ˈbɪldə(r), -z
AM ˈbɪldər, -z
building
BR ˈbɪldɪŋ, -z
AM ˈbɪldɪŋ, -z
built
BR bɪlt
AM bɪlt
Builth Wells
BR ˌbɪlθ ˈwɛlz
AM ˌbɪlθ ˈwɛlz
Buitoni
BR bjʊˈtəʊni
AM bjuˈtoʊni
Bujumbura
BR ˌbʊdʒʊmˈbʊərə(r)
AM buˌdʒəmˈbʊrə
Bukhara
BR bʊˈkɑːrə(r),
bʊˈxɑːrə(r)
AM buˈkɑrə
RUS bukaˈra
Bukovina
BR ˌbʊkəˈviːnə(r)
AM ˌbukəˈvinə
Bukowski
BR bʊˈkɒfski,
bʊˈkɒvski
AM buˈkaʊski
Bukta
BR ˈbʌktə(r)
AM ˈbəktə
Bulawayo
BR ˌbʊləˈweɪəʊ
AM ˌbʊləˈweɪˌoʊ

bulb
BR bʌlb, -z
AM bəlb, -z
bulbaceous
BR bʌlˈbeɪʃəs
AM ˌbəlˈbeɪʃəs
bulbar
BR ˈbʌlbə(r)
AM ˈbəlbər
bulbil
BR ˈbʌlbɪl, -z
AM ˈbəlb(ə)l, -z
bulbous
BR ˈbʌlbəs
AM ˈbəlbəs
bulbousness
BR ˈbʌlbəsnəs
AM ˈbəlbəsnəs
bulbul
BR ˈbʊlbʊl, -z
AM ˈbʊl,bʊl, -z
Bulgar
BR ˈbʌlgɑː(r),
ˈbʊlgɑː(r), -z
AM ˈbəlgər, -z
Bulgaria
BR bʌlˈgɛːrɪə(r),
bʊlˈgɛːrɪə(r)
AM ˌbəlˈgɛrɪə
Bulgarian
BR bʌlˈgɛːrɪən,
bʊlˈgɛːrɪən, -z
AM ˌbəlˈgɛrɪən, -z
bulge
BR bʌldʒ, -ɪz, -ɪŋ, -d
AM bəldʒ, -əz,
-ɪŋ, -d
bulghur
BR ˈbʌlgə(r)
AM ˈbəlgər
bulginess
BR ˈbʌldʒɪnɪs
AM ˈbəldʒɪnɪs
bulgur
BR ˈbʌlgə(r)
AM ˈbəlgər
bulgy
BR ˈbʌldʒi
AM ˈbəldʒi
bulimarexia
BR b(j)ʉˌlɪməˈrɛksɪə(r)
AM ˌbʊlɪməˈrɛksɪə

bulimarexic
BR b(j)ʉˌlɪməˈrɛksɪk,
-s
AM ˌbʊlɪməˈrɛksɪk, -s
bulimia
BR b(j)ʉˈlɪmɪə(r)
AM bʊˈlɪmɪə
bulimia nervosa
BR b(j)ʉˌlɪmɪə
nəːˈvəʊsə(r),
+ nəːˈvəʊzə(r)
AM bʊˈlɪmɪə
ˌnərˈvoʊzə,
bʊˈlɪmɪə ˌnərˈvoʊsə
bulimic
BR b(j)ʉˈlɪmɪk, -s
AM bʊˈlɪmɪk, -s
bulk
BR bʌlk, -s, -ɪŋ, -t
AM bəlk, -s, -ɪŋ, -t
bulkhead
BR ˈbʌlkhɛd, -z
AM ˈbəlk,(h)ɛd, -z
bulkily
BR ˈbʌlkɪli
AM ˈbəlkəli
bulkiness
BR ˈbʌlkɪnɪs
AM ˈbəlkɪnɪs
bulkmail
BR ˈbʌlkmeɪl
AM ˈbəlk,meɪl
bulky
BR ˈbʌlk|i, -ɪə(r),
-ɪst
AM ˈbəlki, -ər, -ɪst
bull
BR bʊl, -z, -ɪŋ, -d
AM bʊl, -z, -ɪŋ, -d
bulla
BR ˈbʊlə(r),
ˈbʌlə(r)
AM ˈbʊlə
bullace
BR ˈbʊləs, -ɪz
AM ˈbʊləs, -əz
bullae
BR ˈbʊliː, ˈbʌliː
AM ˈbʊˌlaɪ, ˈbʊli
bullate
BR ˈbʊleɪt
AM ˈbʊˌleɪt

bulldog
BR ˈbʊldɒg, -z
AM ˈbʊl,dɑg,
ˈbʊl,dɔg, -z
bulldoze
BR ˈbʊldəʊz, -ɪz, -ɪŋ, -d
AM ˈbʊl,doʊz, -əz,
-ɪŋ, -d
bulldozer
BR ˈbʊl,dəʊzə(r), -z
AM ˈbʊl,doʊzər, -z
Bullen
BR ˈbʊlɪn
AM ˈbʊl(ə)n
Buller
BR ˈbʊlə(r)
AM ˈbʊlər
bullet
BR ˈbʊlɪt, -s
AM ˈbʊlət, -s
bulletin
BR ˈbʊlɪtɪn, -z
AM ˈbʊləd(ə)n,
ˈbʊlətn, -z
bulletproof
BR ˈbʊlɪtpruːf
AM ˈbʊlət,pruf
bullfight
BR ˈbʊlfʌɪt, -s
AM ˈbʊl,faɪt, -s
bullfighter
BR ˈbʊl,fʌɪtə(r), -z
AM ˈbʊl,faɪdər, -z
bullfighting
BR ˈbʊl,fʌɪtɪŋ
AM ˈbʊl,faɪdɪŋ
bullfinch
BR ˈbʊlfɪn(t)ʃ, -ɪz
AM ˈbʊl,fɪn(t)ʃ, -ɪz
bullfrog
BR ˈbʊlfrɒg, -z
AM ˈbʊl,frɑg,
ˈbʊl,frɔg, -z
bullhead
BR ˈbʊlhɛd, -z
AM ˈbʊl,(h)ɛd, -z
bullhorn
BR ˈbʊlhɔːn, -z
AM ˈbʊl,(h)ɔ(ə)rn, -z
bullion
BR ˈbʊlɪən
AM ˈbʊlɪən, ˈbʊlj(ə)n

bullish
BR ˈbʊlɪʃ
AM ˈbʊlɪʃ

bullishly
BR ˈbʊlɪʃli
AM ˈbʊlɪʃli

bullishness
BR ˈbʊlɪʃnɪs
AM ˈbʊlɪʃnɪs

bullnecked
BR ˌbʊlˈnɛkt
AM ˈbʊlˌnɛkt

bullock
BR ˈbʊlək, -s
AM ˈbʊlək, -s

bullocky
BR ˈbʊlək|i, -ɪz
AM ˈbʊləki, -z

Bullokar
BR ˈbʊləkɑː(r), ˈbʊləkə(r)
AM ˈbʊləkər

Bullough
BR ˈbʊləʊ
AM ˈbʊloʊ

bullring
BR ˈbʊlrɪŋ, -z
AM ˈbʊlˌrɪŋ, -z

bullshit
BR ˈbʊlʃɪt, -s, -ɪŋ, -ɪd
AM ˈbʊlˌʃɪ|t, -ts, -dɪŋ, -dɪd

bullshitter
BR ˈbʊlˌʃɪtə(r), -z
AM ˈbʊlˌʃɪdər, -z

bulltrout
BR ˈbʊltraʊt, -s
AM ˈbʊlˌtraʊt, -s

bullwhip
BR ˈbʊlwɪp, -s, -ɪŋ, -t
AM ˈbʊl,(h)wɪp, -s, -ɪŋ, -t

bully
BR ˈbʊl|i, -ɪz, -ɪŋ, -ɪd
AM ˈbʊli, -z, -ɪŋ, -d

bullyboy
BR ˈbʊlɪbɔɪ, -z
AM ˈbʊlɪˌbɔɪ, -z

bullyrag
BR ˈbʊlɪrag, -z, -ɪŋ, -d
AM ˈbʊlɪˌræg, -z, -ɪŋ, -d

Bulmer
BR ˈbʊlmə(r)
AM ˈbʊlmər

bulrush
BR ˈbʊlrʌʃ, -ɪz
AM ˈbʊlˌrəʃ, -əz

Bulstrode
BR ˈbʊlstrəʊd
AM ˈbʊlˌstroʊd

Bultitude
BR ˈbʌltɪtjuːd, ˈbʌltɪtʃuːd
AM ˈbʊldəˌtud

bulwark
BR ˈbʊlwək, ˈbʌlwək, ˈbʊlwɜːk, ˈbʌlwɜːk, -s
AM ˈbʊlˌwɜrk, -s

Bulwer-Lytton
BR ˌbʊlwəˈlɪtn
AM ˌbʊlwərˈlɪtn

bum
BR bʌm, -z, -ɪŋ, -d
AM bəm, -z, -ɪŋ, -d

bumbag
BR ˈbʌmbag, -z
AM ˈbəmˌbæg, -z

bumble
BR ˈbʌmb|l, -lz, -l̩ɪŋ\-lɪŋ, -ld
AM ˈbəmb(ə)l, -z, -ɪŋ, -d

bumblebee
BR ˈbʌmblbiː, -z
AM ˈbəmbəlˌbi, -z

bumbledom
BR ˈbʌmbldəm
AM ˈbəmbəld(ə)m

bumbler
BR ˈbʌmblə(r), -z
AM ˈbəmb(ə)lər, -z

bumboat
BR ˈbʌmbaʊt, -s
AM ˈbəmˌboʊt, -s

bumf
BR bʌmf
AM bəmf

bumiputra
BR ˌbuːmɪˈpuːtrə(r), -z
AM ˌbumiˈputrə, -z

bumkin
BR ˈbʌmkɪn, -z
AM ˈbəmk(ə)n, -z

bummalo
BR ˈbʌmələʊ
AM ˈbəməˌloʊ

bummaree
BR ˌbʌməˈriː, -z
AM ˌbəməˈri, -z

bummer
BR ˈbʌmə(r), -z
AM ˈbəmər, -z

bump
BR bʌm|p, -ps, -pɪŋ, -(p)t
AM bəmp, -s, -ɪŋ, -t

bumper
BR ˈbʌmpə(r), -z
AM ˈbəmpər, -z

bumph
BR bʌmf
AM bəmf

bumpily
BR ˈbʌmpɪli
AM ˈbəmpəli

bumpiness
BR ˈbʌmpɪnɪs
AM ˈbəmpɪnɪs

bumpkin
BR ˈbʌm(p)kɪn, -z
AM ˈbəm(p)k(ə)n, -z

bumptious
BR ˈbʌm(p)ʃəs
AM ˈbəm(p)ʃəs

bumptiously
BR ˈbʌm(p)ʃəsli
AM ˈbəm(p)ʃəsli

bumptiousness
BR ˈbʌm(p)ʃəsnəs
AM ˈbəm(p)ʃəsnəs

bumpy
BR ˈbʌmp|i, -ɪə(r), -ɪɪst
AM ˈbəmpi, -ər, -ɪst

bun
BR bʌn, -z
AM bən, -z

Buna
BR ˈb(j)uːnə(r)
AM ˈb(j)unə

Bunbury
BR ˈbʌnb(ə)ri
AM ˈbənˌbɛri

bunch
BR bʌn(t)ʃ, -ɪz, -ɪŋ, -t
AM bən(t)ʃ, -əz, -ɪŋ, -t

bunchy
BR ˈbʌn(t)ʃi
AM ˈbən(t)ʃi

bunco
BR ˈbʌŋkəʊ, -z, -ɪŋ, -d
AM ˈbəŋkˌoʊ, -oʊz, -əwɪŋ, -oʊd

buncombe
BR ˈbʌŋkəm
AM ˈbəŋk(ə)m

bund
BR bʌnd, -z
AM bənd, -z

bunder
BR ˈbʌndə(r), -z
AM ˈbəndər, -z

Bundesbank
BR ˈbʊndəzbaŋk
AM ˈbʊndəsˌbæŋk

Bundesrat
BR ˈbʊndəzrɑːt
AM ˈbʊndəsˌrɑt

Bundestag
BR ˈbʊndəztɑːg
AM ˈbʊndəˌstæg, ˈbʊndəsˌtɑg

bundle
BR ˈbʌnd|l, -lz, -l̩ɪŋ\-lɪŋ, -ld
AM ˈbənd(ə)l, -d(ə)lz, -(d)(ə)lɪŋ, -d(ə)ld

bundler
BR ˈbʌndlə(r), -z
AM ˈbən(də)lər, -z

bundobust
BR ˈbʌndəbʌst
AM ˈbəndəˌbəst

Bundy
BR ˈbʌndi
AM ˈbəndi

bung
BR bʌŋ, -z, -ɪŋ, -d
AM bəŋ, -z, -ɪŋ, -d

bungaloid
BR ˈbʌŋgəlɔɪd
AM ˈbəŋgəˌlɔɪd

bungalow
BR ˈbʌŋgələʊ, -z
AM ˈbəŋgəˌloʊ, -z

Bungay
BR ˈbʌŋgi
AM ˈbəŋgi
bungee
BR ˈbʌndʒ|i, -ɪz
AM ˈbəndʒi, -z
bunghole
BR ˈbʌŋhəʊl, -z
AM ˈbəŋˌ(h)oʊl, -z
bungle
BR ˈbʌŋg|l, -lz, -l̩ŋ
\-lɪŋ, -ld
AM ˈbəŋg(ə)l, -z,
-ɪŋ, -d
bungler
BR ˈbʌŋglə(r), -z
AM ˈbəŋg(ə)lər, -z
bunion
BR ˈbʌnjən, -z
AM ˈbənj(ə)n, -z
bunk
BR bʌŋ|k, -ks, -kɪŋ,
-(k)t
AM bəŋ|k, -ks, -kɪŋ,
-(k)t
bunker
BR ˈbʌŋkə(r), -z,
-ɪŋ, -d
AM ˈbəŋkər, -z, -ɪŋ, -d
bunkhouse
BR ˈbʌŋkhaʊ|s, -zɪz
AM ˈbəŋkˌ(h)aʊ|s, -zəz
bunko
BR ˈbʌŋkəʊ, -z, -ɪŋ, -d
AM ˈbəŋkoʊ, -z, -ɪŋ, -d
bunkum
BR ˈbʌŋkəm
AM ˈbəŋk(ə)m
bunny
BR ˈbʌn|i, -ɪz
AM ˈbəni, -z
Bunsen
BR ˈbʌnsn
AM ˈbəns(ə)n
bunt
BR bʌn|t, -(t)s, -tɪŋ,
-tɪd
AM bən|t, -ts, -(t)ɪŋ,
-(t)əd
buntal
BR ˈbʌntl
AM ˈbən(t)l, bʊnˈtal

Bunter
BR ˈbʌntə(r)
AM ˈbən(t)ər
bunting
BR ˈbʌntɪŋ, -z
AM ˈbən(t)ɪŋ, -z
buntline
BR ˈbʌntlʌɪn, -z
AM ˈbəntˌlaɪn, -z
Bunty
BR ˈbʌnti
AM ˈbən(t)i
Buñuel
BR ˈbuːnjʊɛl, bʊnˈwɛl
AM ˌbʊnˈwɛl,
ˈbʊnjəw(ə)l
bunya
BR ˈbʌnjə(r), -z
AM ˈbənjə, -z
Bunyan
BR ˈbʌnjən
AM ˈbənj(ə)n
Bunyanesque
BR ˌbʌnjəˈnɛsk
AM ˌbənjəˈnɛsk
bunyip
BR ˈbʌnjɪp, -s
AM ˈbənjɪp, -s
Buonaparte
BR ˈbəʊnəpaːt
AM ˈboʊnəˌpart
buoy
BR bɔɪ, -z, -ɪŋ, -d
AM bɔɪ, buɪ, -z, -ɪŋ, -d
buoyage
BR ˈbɔɪɪdʒ
AM ˈbujɪdʒ,
ˈbɔɪɪdʒ
buoyancy
BR ˈbɔɪənsi
AM ˈbujənsi, ˈbɔɪənsi
buoyant
BR ˈbɔɪənt
AM ˈbuj(ə)nt,
ˈbɔɪənt
buoyantly
BR ˈbɔɪəntli
AM ˈbujən(t)li,
ˈbɔɪən(t)li
BUPA
BR ˈb(j)uːpə(r)
AM ˈb(j)upə

buppie
BR ˈbʌp|i, -ɪz
AM ˈbəpi, -z
bur
BR bəː(r), -z
AM bər, -z
burb
BR bəːb, -z
AM bərb, -z
Burbage
BR ˈbəːbɪdʒ
AM ˈbərbɪdʒ
Burbank
BR ˈbəːbaŋk
AM ˈbərˌbæŋk
Burberry
BR ˈbəːb(ə)r|i,
-ɪz
AM ˈbərˌbɛri,
ˈbərbəri, -z
burble
BR ˈbəːb|l, -lz,
-l̩ŋ\-lɪŋ, -ld
AM ˈbərb(ə)l, -z, -ɪŋ,
-d
burbler
BR ˈbəːblə(r),
ˈbəːblə(r), -z
AM ˈbərb(ə)lər, -z
burbot
BR ˈbəːbət, -s
AM ˈbərbət, -s
Burch
BR bəːtʃ
AM bərtʃ
Burchfield
BR ˈbəːtʃfiːld
AM ˈbərtʃˌfild
Burckhardt
BR ˈbəːkhaːt
AM ˈbərkˌ(h)ɑrt
Burco
BR ˈbəːkəʊ
AM ˈbərkoʊ
burden
BR ˈbəːd|n, -nz,
-n̩ŋ\-nɪŋ, -nd
AM ˈbərd(ə)n, -z,
-ɪŋ, -d
burdensome
BR ˈbəːdns(ə)m
AM ˈbərdns(ə)m

burdensomeness
BR ˈbəːdns(ə)mnəs
AM ˈbərdnsəmnəs
Burdett
BR ˈbəːdɛt,
ˌbəːˈdɛt,
bəˈdɛt
AM bərˈdɛt
burdock
BR ˈbəːdɒk
AM ˈbərˌdɑk
Burdon
BR ˈbəːdn
AM ˈbərd(ə)n
bureau
BR ˈbjʊərəʊ,
ˈbjɔːrəʊ, -z
AM ˈbjuroʊ, -z
bureaucracy
BR bjʊəˈrɒkrəs|i,
bjɔːˈrɒkrəs|i, -ɪz
AM bjʊˈrɑkrəsi, -z
bureaucrat
BR ˈbjʊərəkrat,
ˈbjɔːrəkrat, -s
AM ˈbjurəˌkræt, -s
bureaucratic
BR ˌbjʊərəˈkratɪk,
ˌbjɔːrəˈkratɪk
AM ˌbjurəˈkrædɪk
bureaucratically
BR ˌbjʊərəˈkratɪkli,
ˌbjɔːrəˈkratɪkli
AM ˌbjurəˈkrædək(ə)li
bureaucratisation
BR bjʊəˌrɒkrətʌɪˈzeɪʃn,
bjɔːˌrɒkrətʌɪˈzeɪʃn
AM bjuˌrɑkrəˌtaɪ-
ˈzeɪʃ(ə)n, bju-
ˌrakrədəˈzeɪʃ(ə)n
bureaucratise
BR bjʊəˈrɒkrətʌɪz,
bjɔːˈrɒkrətʌɪz, -ɪz,
-ɪŋ, -d
AM bjuˈrakrəˌtaɪz, -ɪz,
-ɪŋ, -d
bureaucratization
BR bjʊəˌrɒkrətʌɪˈzeɪʃn,
bjɔːˌrɒkrətʌɪˈzeɪʃn
AM bjuˌrakrəˌtaɪ-
ˈzeɪʃ(ə)n, bju-
ˌrakrədəˈzeɪʃ(ə)n

bureaucratize
BR bjʊəˈrɒkrətʌɪz, bjɔːˈrɒkrətʌɪz, -ɪz, -ɪŋ, -d
AM bjuˈrɑkrəˌtaɪz, -ɪz, -ɪŋ, -d

bureaux
BR ˈbjʊərəʊ(z), ˈbjɔːrəʊ(z)
AM ˈbjʊroʊ

buret
BR bjʊəˈrɛt, -s
AM bjʊˈrɛt, -s

burette
BR bjʊəˈrɛt, -s
AM bjʊˈrɛt, -s

Burford
BR ˈbəːfəd
AM ˈbɜrfərd

burg
BR bəːg, -z
AM bɜrg, -z

burgage
BR ˈbəːg|ɪdʒ, -ɪdʒɪz
AM ˈbɜrgɪdʒ, -ɪz

Burgas
BR ˈbəːgəs
AM ˈbɜrgəs

Burge
BR bəːdʒ
AM bɜrdʒ

burgee
BR ˈbəːdʒiː, bəːˈdʒiː, -z
AM ˌbɜrˈdʒi, -z

burgeon
BR ˈbəːdʒ|(ə)n, -(ə)nz, -nɪŋ\-ənɪŋ, -(ə)nd
AM ˈbɜrdʒ(ə)n, -z, -ɪŋ, -d

burger
BR ˈbəːgə(r), -z
AM ˈbɜrgər, -z

burgess
BR ˈbəːdʒɪs, -ɪz
AM ˈbɜrdʒəs, -əz

burgh
BR ˈbʌrə(r), -z
AM ˈbʌroʊ, bɜrg, -z

burghal
BR ˈbəːgl
AM ˈbɜrg(ə)l

burgher
BR ˈbəːgə(r), -z
AM ˈbɜrgər, -z

Burghley
BR ˈbəːli
AM ˈbɜrli

burglar
BR ˈbəːglə(r), -z
AM ˈbɜrglər, -z

burglarious
BR (ˌ)bəːˈglɛərɪəs
AM ˌbɜrˈglɛrɪəs

burglariously
BR (ˌ)bəːˈglɛərɪəsli
AM ˌbɜrˈglɛrɪəsli

burglarise
BR ˈbəːglərʌɪz, -ɪz, -ɪŋ, -d
AM ˈbɜrgləˌraɪz, -ɪz, -ɪŋ, -d

burglarize
BR ˈbəːglərʌɪz, -ɪz, -ɪŋ, -d
AM ˈbɜrgləˌraɪz, -ɪz, -ɪŋ, -d

burglary
BR ˈbəːglər|i, -ɪz
AM ˈbɜrgləri, -z

burgle
BR ˈbəːg|l, -lz, -l̩ɪŋ\-lɪŋ, -ld
AM ˈbɜrg(ə)l, -z, -ɪŋ, -d

burgomaster
BR ˈbəːgəˌmɑːstə(r), -z
AM ˈbɜrgəˌmæstər, -z

burgoo
BR ˈbəːguː, ˌbəːˈguː
AM ˌbɜrˈgu

Burgoyne
BR ˈbəːgɔɪn, bəːˈgɔɪn
AM ˌbɜrˈgɔɪn

burgrave
BR ˈbəːgreɪv, -z
AM ˈbɜrˌgreɪv, -z

Burgundian
BR bə(ː)ˈgʌndɪən
AM bɜrˈgəndɪən

burgundy
BR ˈbəːg(ə)nd|i, -ɪz
AM ˈbɜrgəndi, -z

burhel
BR ˈbʌrl, -z
AM ˈbɜr(ə)l, -z

burial
BR ˈbɛrɪəl, -z
AM ˈbɛrɪəl, -z

burin
BR ˈbjʊərɪn, ˈbjɔːrɪn, -z
AM ˈbjur(ə)n, -z

burk
BR bəːk, -s
AM bɜrk, -s

burka
BR ˈbəːkə(r), -z
AM ˈbɜrkə, -z

burke
BR bəːk, -s, -ɪŋ, -t
AM bɜrk, -s, -ɪŋ, -t

Burkina
BR bəːˈkiːnə(r)
AM bɜrˈkinə

Burkina Faso
BR bəːˌkiːnə ˈfasəʊ
AM bɜrˌkinə ˈfasoʊ

Burkinan
BR bəːˈkiːnən, -z
AM bɜrˈkinən, -z

Burkitt's lymphoma
BR ˌbəːkɪts lɪmˈfəʊmə(r)
AM ˌbɜrkəts lɪmˈfoʊmə

burl
BR bəːl, -z, -ɪŋ, -d
AM bɜrl, -z, -ɪŋ, -d

burlap
BR ˈbəːlap
AM ˈbɜrˌlæp

Burleigh
BR ˈbəːli
AM ˈbɜrli

burlesque
BR bəːˈlɛsk, -s, -ɪŋ, -t
AM ˌbɜrˈlɛsk, -s, -ɪŋ, -t

burlesquer
BR bəːˈlɛskə(r), -z
AM ˌbɜrˈlɛskər, -z

Burley
BR ˈbəːli
AM ˈbɜrli

burliness
BR ˈbəːlɪnɪs
AM ˈbɜrlinɪs

Burlington
BR ˈbəːlɪŋt(ə)n
AM ˈbɜrlɪŋt(ə)n

burly
BR ˈbəːl|i, -ɪə(r), -ɪɪst
AM ˈbɜrli, -ər, -ɪst

Burma
BR ˈbəːmə(r)
AM ˈbɜrmə

Burman
BR ˈbəːmən, -z
AM ˈbɜrm(ə)n, -z

Burmese
BR ˌbəːˈmiːz
AM ˌbɜrˈmiz

burn
BR bəːn, -z, -ɪŋ, -d
AM bɜrn, -z, -ɪŋ, -d

Burnaby
BR ˈbəːnəbi
AM ˈbɜrnəbi

Burnaston
BR ˈbəːnəst(ə)n
AM ˈbɜrnəst(ə)n

Burne
BR bəːn
AM bɜrn

burner
BR ˈbəːnə(r), -z
AM ˈbɜrnər, -z

burnet
BR ˈbəːnɪt, -s
AM ˈbɜrnət, bɜrˈnɛt, -s

Burnett
BR bə(ː)ˈnɛt, ˈbəːnɪt
AM bɜrˈnɛt

Burney
BR ˈbəːni
AM ˈbɜrni

Burnham
BR ˈbəːnəm
AM ˈbɜrn(ə)m

burningly
BR ˈbəːnɪŋli
AM ˈbɜrnɪŋli

burnish
BR ˈbəːn|ɪʃ, -ɪʃɪz, -ɪʃɪŋ, -ɪʃt
AM ˈbɜrnɪʃ, -ɪz, -ɪŋ, -t

burnisher
BR ˈbɜːnɪʃə(r), -z
AM ˈbɜrnɪʃər, -z

Burnley
BR ˈbɜːnli
AM ˈbɜrnli

burnoose
BR bəˈnuːs, -ɪz
AM bərˈnus, -əz

burnous
BR bəˈnuːs, -ɪz
AM bərˈnus, -əz

burnouse
BR bəˈnuːs, -ɪz
AM bərˈnus, -əz

Burns
BR bɜːnz
AM bɜrnz

Burnside
BR ˈbɜːnsaɪd
AM ˈbɜrnˌsaɪd

burnt
BR bɜːnt
AM bɜrnt

Burntisland
BR (ˌ)bɜːntˈʌɪlənd
AM ˌbɜrn(t)ˈaɪlənd

burp
BR bɜːp, -s, -ɪŋ, -t
AM bɜrp, -s, -ɪŋ, -t

burr
BR bɜː(r), -z, -ɪŋ, -d
AM bɜr, -z, -ɪŋ, -d

Burra
BR ˈbʌrə(r)
AM ˈbɜrə

burrawang
BR ˈbʌrəwaŋ, -z
AM ˈbɜrəˌwæŋ, -z

Burrell
BR ˈbʌrl̩
AM ˈbɜr(ə)l

Burren
BR ˈbʌrn
AM ˈbɜr(ə)n

burrito
BR bʊˈriːtəʊ, bʌˈriːtəʊ, -z
AM bəˈridoʊ, -z

burro
BR ˈbʌrəʊ, ˈbʊrəʊ, -z
AM ˈbʊroʊ, ˈbɜrə, ˈbɜroʊ, -z

Burrough
BR ˈbʌrəʊ
AM ˈbɜroʊ

Burroughs
BR ˈbʌrəʊz
AM ˈbɜroʊz

burrow
BR ˈbʌrəʊ, -z, -ɪŋ, -d
AM ˈbɜrˌoʊ, -oʊz, -əwɪŋ, -oʊd

burrower
BR ˈbʌrəʊə(r), -z
AM ˈbɜrəwər, -z

Burrows
BR ˈbʌrəʊz
AM ˈbɜroʊz

bursa
BR ˈbɜːsə(r), -z
AM ˈbɜrsə, -z

bursae
BR ˈbɜːsiː
AM ˈbɜrˌsaɪ, ˈbɜrsi

bursal
BR ˈbɜːsl
AM ˈbɜrs(ə)l

bursar
BR ˈbɜːsə(r), -z
AM ˈbɜrˌsɑr, ˈbɜrsər, -z

bursarial
BR bɜːˈseːrɪəl
AM bərˈsɛriəl

bursarship
BR ˈbɜːsəʃɪp, -s
AM ˈbɜrsərˌʃɪp, -s

bursary
BR ˈbɜːs(ə)r|i, -ɪz
AM ˈbɜrsəri, -z

burse
BR bɜːs, -ɪz
AM bɜrs, -ɪz

bursitis
BR bɜːˈsʌɪtɪs
AM bərˈsaɪdɪs

Burslem
BR ˈbɜːzl(ə)m
AM ˈbɜrzl(ə)m

burst
BR bɜːst, -s, -ɪŋ
AM bɜrst, -s, -ɪŋ

Burstall
BR ˈbɜːst(ɔː)l
AM ˈbərˌstɑl, ˈbərˌstɔl

burstproof
BR ˈbɜːs(t)pruːf
AM ˈbɜrs(t)ˌprʊf

Burt
BR bɜːt
AM bɜrt

burthen
BR ˈbɜːðn, -z
AM ˈbɜrð(ə)n, -z

burton
BR ˈbɜːtn, -z
AM ˈbɜrtn, -z

Burtonwood
BR ˌbɜːtnˈwʊd
AM ˈbɜrtnˌwʊd

Burundan
BR bʊˈrʊndən, -z
AM bəˈrʊnd(ə)n, -z

Burundi
BR bʊˈrʊndi
AM bəˈrʊndi

Burundian
BR bʊˈrʊndiən, -z
AM bəˈrʊndiən, -z

bury
BR ˈbɛr|i, -ɪz, -ɪŋ, -ɪd
AM ˈbɛri, -z, -ɪŋ, -d

Bury St Edmunds
BR ˌbɛrɪ snt ˈɛdmən(d)z
AM ˌbɛri ˌseɪnt ˈɛdmən(d)z

bus
BR bʌs, -ɪz, -ɪŋ, -t
AM bəs, -ɪz, -ɪŋ, -t

busbar
BR ˈbʌsbɑː(r), -z
AM ˈbəsˌbɑr, -z

busboy
BR ˈbʌsbɔɪ, -z
AM ˈbəsˌbɔɪ, -z

busby
BR ˈbʌzb|i, -ɪz
AM ˈbəzbi, -z

bush
BR bʊʃ, -ɪz, -ɪŋ, -t
AM bʊʃ, -ɪz, -ɪŋ, -t

bushbaby
BR ˈbʊʃˌbeɪb|i, -ɪz
AM ˈbʊʃˌbeɪbi, -z

bushbuck
BR ˈbʊʃbʌk, -s
AM ˈbʊʃˌbək, -s

bushcraft
BR ˈbʊʃkrɑːft
AM ˈbʊʃˌkræft

bushel
BR ˈbʊʃl, -z
AM ˈbʊʃ(ə)l, -z

bushelful
BR ˈbʊʃlfʊl, -z
AM ˈbʊʃəlˌfʊl, -z

Bushey
BR ˈbʊʃi
AM ˈbʊʃi

bushfire
BR ˈbʊʃˌfʌɪə(r), -z
AM ˈbʊʃˌfaɪ(ə)r, -z

bushido
BR bʊˈʃiːdəʊ, ˌbʊʃiˈdəʊ
AM ˈbʊʃiˌdoʊ

bushily
BR ˈbʊʃɪli
AM ˈbʊʃəli

bushiness
BR ˈbʊʃɪnɪs
AM ˈbʊʃɪnɪs

Bushman
BR ˈbʊʃmən
AM ˈbʊʃm(ə)n

bushmaster
BR ˈbʊʃˌmɑːstə(r), -z
AM ˈbʊʃˌmæstər, -z

Bushmen
BR ˈbʊʃmən
AM ˈbʊʃm(ə)n

Bushnell
BR ˈbʊʃnl
AM ˈbʊʃˌnɛl

bushranger
BR ˈbʊʃˌreɪn(d)ʒə(r), -z
AM ˈbʊʃˌreɪndʒər, -z

bushveld
BR ˈbʊʃvɛlt
AM ˈbʊʃˌvɛlt

bushwhack
BR ˈbʊʃwak, -s, -ɪŋ, -t
AM ˈbʊʃ,(h)wæk, -s, -ɪŋ, -t

bushwhacker
BR ˈbʊʃ,wakə(r), -z
AM ˈbʊʃ,(h)wækər, -z

bushy
BR ˈbʊʃ|i, -ɪə(r), -ɪɪst
AM ˈbʊʃi, -ər, -ɪst

busily
BR ˈbɪzɨli
AM ˈbɪzɨli

business
BR ˈbɪznɪs, -ɨz
AM ˈbɪznɨz, ˈbɪznɨs, -əz

businesslike
BR ˈbɪznɪslʌɪk
AM ˈbɪznɨz,laɪk, ˈbɪznɨs,laɪk

businessman
BR ˈbɪznɪsmən, ˈbɪznɨs,man
AM ˈbɪznɨz,mæn, ˈbɪznɨs,mæn

businessmen
BR ˈbɪznɪsmən, ˈbɪznɨs,men
AM ˈbɪznɨz,mɛn, ˈbɪznɨs,mɛn

businesswoman
BR ˈbɪznɨs,wʊmən
AM ˈbɪznɨz,wʊm(ə)n, ˈbɪznɨs,wʊm(ə)n

businesswomen
BR ˈbɪznɨs,wɪmɪn
AM ˈbɪznɨz,wɪmɨn, ˈbɪznɨs,wɪmɨn

busk
BR bʌsk, -s, -ɪŋ, -t
AM bəsk, -s, -ɪŋ, -t

busker
BR ˈbʌskə(r), -z
AM ˈbəskər, -z

buskin
BR ˈbʌskɪn, -z, -d
AM ˈbəsk(ə)n, -z, -d

busman
BR ˈbʌsmən
AM ˈbəsm(ə)n

busmen
BR ˈbʌsmən
AM ˈbəsm(ə)n

buss
BR bʌs, -ɪz, -ɪŋ, -t
AM bəs, -əz, -ɪŋ, -t

bust
BR bʌst, -s, -ɪŋ, -ɪd
AM bəst, -s, -ɪŋ, -ɪd

bustard
BR ˈbʌstəd, -z
AM ˈbəstərd, -z

bustee
BR ˈbʌstiː, -z
AM bəsˈti, -z

buster
BR ˈbʌstə(r), -z
AM ˈbəstər, -z

bustier
BR ˈbʌstɪeɪ, ˈbʊstɪeɪ, -z
AM ˈbəstiər, -z

bustiness
BR ˈbʌstɪnɪs
AM ˈbəstinɨs

bustle
BR ˈbʌs|l, -lz, -l̩ɪŋ\-lɪŋ, -ld
AM ˈbəs(ə)l, -z, -ɪŋ, -d

busty
BR ˈbʌst|i, -ɪə(r), -ɪɪst
AM ˈbəsti, -ər, -ɪst

busy
BR ˈbɪz|i, -ɪə(r), -ɪɪst
AM ˈbɪzi, -ər, -ɪst

busybody
BR ˈbɪzɪ,bɒd|i, -ɪz
AM ˈbɪzi,bɑdi, -z

busy-busy
BR ˌbɪziˈbɪzi
AM ˈbɪziˌbɪzi

busyness
BR ˈbɪzɪnɪs
AM ˈbɪzinɨs

busywork
BR ˈbɪzɪwəːk
AM ˈbɪzi,wərk

but[1] *strong form*
BR bʌt, -s, -ɪŋ, -ɪd
AM bəɪt, -ts, -dɪŋ, -dəd

but[2] *weak form*
BR bət, -s
AM bət, -s

butadiene
BR ˌbjuːtəˈdʌiiːn
AM ˌbjudəˈdaɪˌin

but and ben
BR ˌbʌt (ə)n(d) ˈben
AM ˌbəd ən ˈbɛn

butane
BR ˈbjuːteɪn
AM ˈbjuˌteɪn

butanoic
BR ˌbjuːtəˈnəʊɪk
AM ˌbjudəˈnoʊɪk

butanol
BR ˈbjuːtənɒl
AM ˈbjudəˌnal, ˈbjudəˌnɔl

butanone
BR ˈbjuːtənəʊn
AM ˈbjudəˌnoʊn

butch
BR bʊtʃ
AM bʊtʃ

butcher
BR ˈbʊtʃə(r), -z, -ɪŋ, -d
AM ˈbʊtʃər, -z, -ɪŋ, -d

butcherly
BR ˈbʊtʃəli
AM ˈbʊtʃərli

butchery
BR ˈbʊtʃ(ə)r|i, -ɪz
AM ˈbʊtʃəri, -z

Bute
BR bjuːt
AM bjut

butene
BR ˈbjuːtiːn
AM ˈbjudin

Buthelezi
BR ˌbuːtəˈleɪzi
AM ˌbudəˈleɪzi

butle
BR ˈbʌt|l, -lz, -l̩ɪŋ\-lɪŋ, -ld
AM ˈbədəl, -z, -ɪŋ, -d

butler
BR ˈbʌtlə(r), -z
AM ˈbətlər, -z

Butlin's
BR ˈbʌtlɪnz
AM ˈbətlənz

butt
BR bʌt, -s, -ɪŋ, -ɪd
AM bəɪt, -ts, -dɪŋ, -dəd

butte
BR bjuːt, -s
AM bjut, -s

butter
BR ˈbʌt|ə(r), -əz, -(ə)rɪŋ, -əd
AM ˈbəd|ər, -ərz, -(ə)rɪŋ, -ərd

butterball
BR ˈbʌtəbɔːl, -z
AM ˈbədərˌbal, ˈbədərˌbɔl, -z

butterbur
BR ˈbʌtəbəː(r), -z
AM ˈbədərˌbər, -z

buttercream
BR ˈbʌtəkriːm
AM ˈbədərˌkrim

buttercup
BR ˈbʌtəkʌp, -s
AM ˈbədərˌkəp, -s

butterdish
BR ˈbʌtədɪʃ, -ɪz
AM ˈbədərˌdɪʃ, -ɪz

butterfat
BR ˈbʌtəfat
AM ˈbədərˌfæt

Butterfield
BR ˈbʌtəfiːld
AM ˈbədərˌfild

butterfingers
BR ˈbʌtəˌfɪŋgəz
AM ˈbədərˌfɪŋgərz

butterfish
BR ˈbʌtəfɪʃ
AM ˈbədərˌfɪʃ

butterfly
BR ˈbʌtəflʌɪ, -z
AM ˈbədərˌflaɪ, -z

butteriness
BR ˈbʌt(ə)rɪnɪs
AM ˈbədərinɨs

Butterkist
BR ˈbʌtəkɪst
AM ˈbədərˌkɪst

butterknife
BR ˈbʌtənʌif
AM ˈbədərˌnaif

butterknives
BR ˈbʌtənʌivz
AM ˈbədərˌnaivz

Buttermere
BR ˈbʌtəmiə(r)
AM ˈbədərˌmi(ə)r

buttermilk
BR ˈbʌtəmilk
AM ˈbədərˌmilk

butternut
BR ˈbʌtənʌt, -s
AM ˈbədərˌnət, -s

Butters
BR ˈbʌtəz
AM ˈbədərz

butterscotch
BR ˈbʌtəskɒtʃ, -iz
AM ˈbədərˌskatʃ, -iz

butterwort
BR ˈbʌtəwəːt, -s
AM ˈbədərˌwɔ(ə)rt,
ˈbədərwərt, -s

Butterworth
BR ˈbʌtəwəːθ
AM ˈbədərˌwərθ

buttery
BR ˈbʌt(ə)r|i, -iz
AM ˈbətri, ˈbədəri, -z

buttle
BR ˈbʌt|l, -lz, -lɪŋ\-lɪŋ, -ld
AM ˈbədəl, -z, -ɪŋ, -d

buttock
BR ˈbʌtək, -s
AM ˈbədək, -s

button
BR ˈbʌtn̩, -z, -ɪŋ, -d
AM ˈbət|n, -nz, -(ə)nɪŋ, -nd

buttonhole
BR ˈbʌtnhəʊl, -z, -ɪŋ, -d
AM ˈbətn̩ˌ(h)oʊl, -z, -ɪŋ, -d

buttonhook
BR ˈbʌtnhʊk, -s
AM ˈbətn̩ˌ(h)ʊk, -s

buttonless
BR ˈbʌtnləs
AM ˈbətnləs

Buttons
BR ˈbʌtnz
AM ˈbətnz

buttonwood
BR ˈbʌtnwʊd, -z
AM ˈbətn̩ˌwʊd, -z

buttony
BR ˈbʌtn̩i
AM ˈbətn̩i

buttress
BR ˈbʌtrɪs, -ɪz, -ɪŋ, -t
AM ˈbətrəs, -əz, -ɪŋ, -t

butty
BR ˈbʌt|i, -iz
AM ˈbədi, -z

butyl
BR ˈbjuːtʌɪl, ˈbjuːtɪl
AM ˈbjuˌtɪl, ˈbjudl

butyrate
BR ˈbjuːtɪreɪt
AM ˈbjudəˌreɪt

butyric
BR bjuːˈtɪrɪk
AM bjuˈtɪrɪk

buxom
BR ˈbʌks(ə)m
AM ˈbəks(ə)m

buxomly
BR ˈbʌks(ə)mli
AM ˈbəksəmli

buxomness
BR ˈbʌks(ə)mnəs
AM ˈbəksəmnəs

Buxted
BR ˈbʌkstɪd, ˈbʌkstɛd
AM ˈbəkˌstɛd

Buxtehude
BR ˌbʊkstəˈhuːdə(r), ˈbʊkstəˌhuːdə(r)
AM ˈbəkstəˌhudə
DAN ˌbugsdəˈhuːð

Buxton
BR ˈbʌkst(ə)n
AM ˈbəkst(ə)n

buy
BR bʌɪ, -z, -ɪŋ
AM baɪ, -z, -ɪŋ

buyable
BR ˈbʌɪəbl
AM ˈbaɪəb(ə)l

buyer
BR ˈbʌɪə(r), -z
AM ˈbaɪər, -z

buyout
BR ˈbʌɪaʊt, -s
AM ˈbaɪˌaʊt, -s

Buzby
BR ˈbʌzbi
AM ˈbəzbi

Buzfuz
BR ˈbʌzfʌz
AM ˈbəzˌfəz

buzz
BR bʌz, -ɪz, -ɪŋ, -d
AM bəz, -əz, -ɪŋ, -d

buzzard
BR ˈbʌzəd, -z
AM ˈbəzərd, -z

buzzer
BR ˈbʌzə(r), -z
AM ˈbəzər, -z

buzzword
BR ˈbʌzwəːd, -z
AM ˈbəzˌwərd, -z

buzzworthy
BR ˈbʌzˌwəːði
AM ˈbəzˌwərði

bwana
BR ˈbwɑːnə(r), -z
AM ˈbwɑnə, -z

Bwlch
BR bʊlx, bʊlk
AM bʊlk

by
BR bʌɪ
AM baɪ

Byatt
BR ˈbʌɪət
AM ˈbaɪət

Byblos
BR ˈbɪblɒs
AM ˈbɪblɑs

bye
BR bʌɪ, -z
AM baɪ, -z

bye-bye *goodbye*
BR ˌbʌɪˈbʌɪ, -z
AM ˌˈbaɪˈbaɪ, -z

bye-byes *sleep*
BR ˈbʌɪbʌɪz
AM ˌˈbaɪˈbaɪz

byelaw
BR ˈbʌɪlɔː(r), -z
AM ˈbaɪˌlɑ, ˈbaɪˌlɔ, -z

Byelorussia
BR ˌbjɛləʊˈrʌʃə(r), bɪˌɛləʊˈrʌʃə(r), ˌbjɛləʊˈruːsiə(r), bɪˌɛləʊˈruːsiə(r)
AM ˌbjɛləˈrəʃə

Byelorussian
BR ˌbjɛləʊˈrʌʃn, bɪˌɛləʊˈrʌʃn, ˌbjɛləʊˈruːsiən, bɪˌɛləʊˈruːsiən, -z
AM ˌbjɛləˈrəʃ(ə)n, -z

Byers
BR ˈbʌɪəz
AM ˈbaɪərz

Byfield
BR ˈbʌɪfiːld
AM ˈbaɪˌfild

Byfleet
BR ˈbʌɪfliːt
AM ˈbaɪˌflit

bygone
BR ˈbʌɪgɒn, -z
AM ˈbaɪˌgɑn, ˈbaɪˌgɔn, -z

Bygraves
BR ˈbʌɪgreɪvz
AM ˈbaɪˌgreɪvz

Byker
BR ˈbʌɪkə(r)
AM ˈbaɪkər

bylaw
BR ˈbʌɪlɔː(r), -z
AM ˈbaɪˌlɑ, ˈbaɪˌlɔ, -z

byline
BR ˈbʌɪlʌɪn, -z
AM ˈbaɪˌlaɪn, -z

byname
BR ˈbʌɪneɪm, -z
AM ˈbaɪˌneɪm, -z

Byng
BR bɪŋ
AM bɪŋ

bypass
BR ˈbʌɪpɑːs, -ɪz, -ɪŋ, -t
AM ˈbaɪˌpæs, -əz, -ɪŋ, -t

bypath
BR ˈbʌɪpɑː|θ, -θs\-ðz
AM ˈbaɪˌpæ|θ, -θs\-ðz

byplay
BR ˈbʌɪpleɪ
AM ˈbaɪˌpleɪ

Byrd
BR bəːd
AM bərd

Byrds
BR bəːdz
AM bərdz

byre
BR ˈbʌɪə(r), -z
AM ˈbaɪ(ə)r, -z

Byrne
BR bəːn
AM bərn

byroad
BR ˈbʌɪrəʊd, -z
AM ˈbaɪˌroʊd, -z

Byron
BR ˈbʌɪrən
AM ˈbaɪr(ə)n

Byronic
BR bʌɪˈrɒnɪk
AM baɪˈrɑnɪk

Byronically
BR bʌɪˈrɒnɪkli
AM baɪˈrɑnək(ə)li

Bysshe
BR bɪʃ
AM bɪʃ

byssi
BR ˈbɪsʌɪ
AM ˈbɪˌsi, ˈbɪˌsaɪ

byssinosis
BR ˌbɪsɪˈnəʊsɪs
AM ˌbɪsɪˈnoʊsəs

byssus
BR ˈbɪsəs, -ɪz
AM ˈbɪsəs, -əz

bystander
BR ˈbʌɪˌstandə(r), -z
AM ˈbaɪˌstændər, -z

byte
BR bʌɪt, -s
AM baɪt, -s

byway
BR ˈbʌɪweɪ, -z
AM ˈbaɪˌweɪ, -z

byword
BR ˈbʌɪwəːd, -z
AM ˈbaɪˌwərd, -z

Byzantine
BR bɪˈzantʌɪn, bʌɪˈzantʌɪn, ˈbɪzntʌɪn, ˈbɪzntiːn
AM ˈbɪzənˌtin

Byzantinism
BR bɪˈzantɪnɪzm, bʌɪˈzantɪnɪzm
AM bəˈzæn(t)əˌnɪz(ə)m

Byzantinist
BR bɪˈzantɪnɪst, bʌɪˈzantɪnɪst, -s
AM bəˈzæn(t)ənəst, -s

Byzantium
BR bɪˈzantɪəm, bʌɪˈzantɪəm
AM baɪˈzæn(t)iəm, bəˈzæn(t)iəm

C

c
BR siː, -z
AM si, -z

Caaba
BR ˈkɑːbə(r), ˈkabə(r)
AM ˈkæbə, ˈkɑbə

cab
BR kab, -z
AM kæb, -z

cabal
BR kəˈbal, -z
AM kəˈbæl, kəˈbɑl, -z

cabala
BR kəˈbɑːlə(r), ˈkabələ(r), -z
AM ˈkæbələ, kəˈbɑlə, -z

cabalism
BR kəˈbɑːlɪzm, ˈkabəlɪzm
AM ˈkæbəˌlɪz(ə)m

cabalist
BR kəˈbɑːlɪst, ˈkabəlɪst, -s
AM ˈkæbələst, -s

cabalistic
BR ˌkabəˈlɪstɪk
AM ˌkæbəˈlɪstɪk

cabalistical
BR ˌkabəˈlɪstɪkl
AM ˌkæbəˈlɪstɪk(ə)l

cabalistically
BR ˌkabəˈlɪstɪkli
AM ˌkæbəˈlɪstək(ə)li

caballero
BR ˌkabəˈlɛːrəʊ, ˌkabəˈjɛːrəʊ, -z
AM ˌkæblˈɛroʊ, ˌkabəˈjɛroʊ, ˌkablˈəroʊ, ˌkæbəˈjɛroʊ, -z

cabana
BR kəˈbɑːnə(r), -z
AM kəˈbænə, -z

cabaret
BR ˈkabəreɪ, -z
AM ˌkæbəˈreɪ, -z

cabbage
BR ˈkab|ɪdʒ, -ɪdʒɪz
AM ˈkæbɪdʒ, -ɪz

cabbagy
BR ˈkabɪdʒi
AM ˈkæbɪdʒi

cabbala
BR kəˈbɑːlə(r), ˈkabələ(r), -z
AM ˈkæbələ, kəˈbɑlə, -z

cabbalism
BR kəˈbɑːlɪzm, ˈkabəlɪzm
AM ˈkæbəˌlɪz(ə)m

cabbalist
BR kəˈbɑːlɪst, ˈkabəlɪst, -s
AM ˈkæbələst, -s

cabbalistic
BR ˌkabəˈlɪstɪk
AM ˌkæbəˈlɪstɪk

cabbalistical
BR ˌkabəˈlɪstɪkl
AM ˌkæbəˈlɪstɪk(ə)l

cabbalistically
BR ˌkabəˈlɪstɪkli
AM ˌkæbəˈlɪstək(ə)li

cabbie
BR ˈkab|i, -ɪz
AM ˈkæbi, -z

cabby
BR ˈkab|i, -ɪz
AM ˈkæbi, -z

cabdriver
BR ˈkabˌdrʌɪvə(r), -z
AM ˈkæbˌdraɪvər, -z

caber
BR ˈkeɪbə(r), -z
AM ˈkeɪbər, ˈkɑbər, -z

cabernet
BR ˈkabəneɪ
AM ˌˈkæbərˌneɪ
FR kabɛʁnɛ

Cabernet Franc
BR ˌkabəneɪ ˈfrɒ̃
AM ˌkæbərˌneɪ ˈfraŋk

Cabernet Sauvignon
BR ˌkabəneɪ ˌsəʊviˈnjɒ̃
AM ˌkæbərˌneɪ ˌsoʊvənˈjɑn

cabin
BR ˈkabɪn, -z
AM ˈkæb(ə)n, -z

Cabinda
BR kəˈbɪndə(r)
AM kəˈbɪndə

cabinet
BR ˈkabɪnɪt, ˈkabn̩ɪt, -s
AM ˈkæb(ə)nət, -s

cabinetmaker
BR ˈkabɪnɪtˌmeɪkə(r), ˈkabn̩ɪtˌmeɪkə(r), -z
AM ˈkæb(ə)nətˌmeɪkər, -z

cabinetmaking
BR ˈkabɪnɪtˌmeɪkɪŋ, ˈkabn̩ɪtˌmeɪkɪŋ
AM ˈkæb(ə)nətˌmeɪkɪŋ

cabinetry
BR ˈkabɪnɪtri, ˈkabn̩ɪtri
AM ˈkæb(ə)nətri

cable
BR ˈkeɪb|l, -lz, -lɪŋ \-lɪŋ, -ld
AM ˈkeɪb(ə)l, -z, -ɪŋ, -d

cablecar
BR ˈkeɪblkɑː(r), -z
AM ˈkeɪbəlˌkɑr, -z

cablegram
BR ˈkeɪblgram, -z
AM ˈkeɪbəlˌgræm, -z

cableway
BR ˈkeɪblweɪ, -z
AM ˈkeɪbəlˌweɪ, -z

cabman
BR ˈkæbmən
AM ˈkæbm(ə)n, ˈkæbˌmæn

cabmen
BR ˈkæbmən
AM ˈkæbm(ə)n, ˈkæbˌmɛn

cabochon
BR ˈkæbəʃɒn
AM ˈkæbəˌʃɑn
FR kabɔʃɔ̃

caboodle
BR kəˈbuːdl
AM kəˈbud(ə)l

caboose
BR kəˈbuːs, -ɪz
AM kəˌbus, -ɪz

Cabora Bassa
BR kəˌbɔːrə ˈbasə(r)
AM kəˌbɔrə ˈbasə

Caborn
BR ˈkeɪbɔːn
AM ˈkeɪˌbɔ(ə)rn

caboshed
BR kəˈbɒʃt
AM kəˈbɑʃt

Cabot
BR ˈkæbət
AM ˈkæbət

cabotage
BR ˈkæbətɑːʒ, ˈkæbətɪdʒ
AM ˈkæbədɪdʒ, ˈkæbəˌtɑʒ

cabotin
BR ˈkæbətɪn, -z
AM ˈkæbətn, -z
FR kabɔtɛ̃

cabotine
BR ˈkæbətiːn, -z
AM ˈkæbəˌtin, -z
FR kabɔtin

cabriole
BR ˈkæbrɪəʊl, ˌkæbrɪˈəʊl, -z
AM ˈkæbriəʊl, ˈkæbriəʊl, -z

cabriolet
BR ˈkæbrɪəleɪ, -z
AM ˌkæbriəˈleɪ, -z

ca'canny
BR ˌkɑːˈkani, ˌkɑːˈkɒni
AM kæˈkæni

cacao
BR kəˈkaʊ, kəˈkɑːəʊ, kəˈkeɪəʊ, -z
AM kəˈkaʊ, kəˈkaʊ, kəˈkeɪoʊ, kəˈkaʊ, -z

cacciatore
BR ˌkɑtʃəˈtɔːri, ˌkɑːtʃəˈtɔːri, ˌkɑtʃəˈtɔːreɪ, ˌkɑːtʃəˈtɔːreɪ
AM ˌkætʃəˈtɔri, ˌkɑtʃəˈtɔri

cachalot
BR ˈkæʃəlɒt, -s
AM ˈkæʃəˌlɑt, -s

cache
BR kæʃ, -ɪz, -ɪŋ, -t
AM kæʃ, -əz, -ɪŋ, -t

cachectic
BR kəˈkɛktɪk
AM kəˈkɛktɪk

cachepot
BR ˌkæʃˈpəʊ, ˈkæʃpɒt
AM ˈkæʃˌpoʊ, ˈkæʃˌpɑt

cachet
BR ˈkæʃeɪ, -z
AM kæˈʃeɪ, -z

cachexia
BR kaˈkɛksɪə(r)
AM kəˈkɛksiə

cachexy
BR kaˈkɛksi
AM kəˈkɛksi

cachinnate
BR ˈkakɪneɪt, -s, -ɪŋ, -ɪd
AM ˈkækəˌneɪ|t, -ts, -dɪŋ, -dɪd

cachinnation
BR ˌkakɪˈneɪʃn, -z
AM ˌkækəˈneɪʃ(ə)n, -z

cachinnatory
BR ˌkakɪˈneɪt(ə)ri
AM ˈkækənəˌtɔri

cacholong
BR ˈkaʃəlɒŋ, -z
AM ˈkɑʃəˌlɑŋ, ˈkɑʃəˌlɔŋ, -z

cachou
BR ˈkaʃuː, kəˈʃuː, -z
AM kəˈʃu, kæˈʃu, -z

cachucha
BR kəˈtʃuːtʃə(r), -z
AM kəˈtʃutʃə, -z

cacique
BR kaˈsiːk, -s
AM kəˈsik, -s

caciquism
BR kaˈsiːkɪzm
AM kəˈsiˌkɪz(ə)m

cackle
BR ˈkak|l, -lz, -lɪŋ\-lɪŋ, -ld
AM ˈkæk(ə)l, -z, -ɪŋ, -d

cackler
BR ˈkaklə(r), ˈkaklə(r), -z
AM ˈkæk(ə)lər, -z

cacodaemon
BR ˌkakəˈdiːm(ə)n, -z
AM ˌkækəˈdim(ə)n, -z

cacodemon
BR ˌkakəˈdiːm(ə)n, -z
AM ˌkækəˈdim(ə)n, -z

cacodyl
BR ˈkakədʌɪl, ˈkakədɪl
AM ˈkækəˌdɪl

cacodylic
BR ˌkakəˈdɪlɪk
AM ˌkækəˈdɪlɪk

cacoepy
BR kaˈkəʊɪpi, ˈkakəʊpi
AM kəˈkawəpi, ˈkækəˌwɛpi

cacoethes
BR ˌkakəʊˈiːθiːz
AM ˌkækəˈwiðiz

cacographer
BR kaˈkɒgrəfə(r), -z
AM kəˈkɑgrəfər, -z

cacographic
BR ˌkakəˈgrafɪk
AM ˌkækəˈgræfɪk

cacographical
BR ˌkakəˈgrafɪkl
AM ˌkækəˈgræfɪk(ə)l

cacography
BR kaˈkɒgrəfi
AM kəˈkagræfi

cacology
BR kaˈkɒlədʒi
AM kəˈkalədʒi

cacomistle
BR ˈkakəˌmɪsl, -z
AM ˈkækəˌmɪs(ə)l, -z

cacophonous
BR kaˈkɒfnəs
AM kəˈkafənəs

cacophony
BR kaˈkɒfn̩|i, -ɪz
AM kəˈkafəni, -z

cactaceous
BR kakˈteɪʃəs
AM kækˈteɪʃəs

cactal
BR ˈkaktl
AM ˈkæktl

cacti
BR ˈkaktʌɪ
AM ˈkækˌtaɪ

cactus
BR ˈkaktəs, -ɪz
AM ˈkæktəs, -əz

cacuminal
BR kaˈkjuːmɪnl
AM kəˈkjumən(ə)l, kəˈkjumn(ə)l

cad
BR kad, -z
AM kæd, -z

cadastral
BR kəˈdastr(ə)l
AM kəˈdæstr(ə)l

cadaver
BR kəˈdavə(r), kəˈdɑːvə(r), kəˈdeɪvə(r), -z
AM kəˈdævər, -z

cadaveric
BR kəˈdav(ə)rɪk
AM kəˈdæv(ə)rɪk

cadaverous
BR kəˈdav(ə)rəs
AM kəˈdæv(ə)rəs

cadaverousness
BR kəˈdav(ə)rəsnəs
AM kəˈdæv(ə)rəsnəs

Cadbury
BR ˈkadb(ə)ri
AM ˈkædbəri

CAD-CAM
BR ˈkadkam
AM ˈkædˌkæm

caddie
BR ˈkad|i, -ɪz
AM ˈkædi, -z

caddis
BR ˈkadɪs
AM ˈkædəs

caddish
BR ˈkadɪʃ
AM ˈkædɪʃ

caddishly
BR ˈkadɪʃli
AM ˈkædɪʃli

caddishness
BR ˈkadɪʃnɪs
AM ˈkædɪʃnɪs

caddy
BR ˈkad|i, -ɪz
AM ˈkædi, -z

cade
BR keɪd, -z
AM keɪd, -z

Cadell
BR kəˈdɛl, ˈkadl
AM ˈkæd(ə)l, kəˈdɛl

cadence
BR ˈkeɪd(ə)ns, -ɪz, -t
AM ˈkeɪdns, -ɪz, -t

cadency
BR ˈkeɪd(ə)ns|i, -ɪz
AM ˈkeɪdnsi, -z

cadential
BR keɪˈdɛnʃl
AM ˌkeɪˈdɛn(t)ʃ(ə)l

cadenza
BR kəˈdɛnzə(r), -z
AM kəˈdɛnzə, -z

Cader Idris
BR ˌkadər ˈɪdrɪs
AM ˌkɑdər ˈɪdrɪs

cadet
BR kəˈdɛt, -s
AM kəˈdɛt, -s

cadetship
BR kəˈdɛtʃɪp, -s
AM kəˈdɛtˌʃɪp, -s

cadge
BR kadʒ, -ɪz, -ɪŋ, -d
AM kædʒ, -əz, -ɪŋ, -d

cadger
BR ˈkadʒə(r), -z
AM ˈkædʒər, -z

cadi
BR ˈkɑːd|i, -ɪz
AM ˈkɑdi, -z

Cadillac
BR ˈkadɪlak, ˈkadl̩ak, -s
AM ˈkædəˌlæk, -s

Cadiz
BR kəˈdɪz
AM kəˈdɪz, kəˈdiz

Cadíz
BR kəˈdɪz
AM kəˈdɪz, kəˈdiz

Cadman
BR ˈkadmən
AM ˈkædm(ə)n

Cadmean
BR kadˈmiːən
AM ˈkædmin, kædˈmi(ə)n

cadmic
BR ˈkadmɪk
AM ˈkædmɪk

cadmium
BR ˈkadmɪəm
AM ˈkædmɪəm

Cadmus
BR ˈkadməs
AM ˈkædməs

Cadogan
BR kəˈdʌg(ə)n
AM kəˈdɑg(ə)n

cadre
BR ˈkɑːdə(r), -z
AM ˈkædri, ˈkɑdri, ˈkɑdˌreɪ, ˈkædˌreɪ, -z

caducei
BR kəˈdjuːsiʌɪ, kəˈdjuːʃiʌɪ, kəˈdʒuːsiʌɪ, kəˈdʒuːʃiʌɪ
AM kəˈd(j)usiˌʌɪ, kəˈd(j)uʃiˌʌɪ

caduceus
BR kəˈdjuːsɪəs, kəˈdjuːʃɪəs, kəˈdʒuːsɪəs, kəˈdʒuːʃɪəs
AM kəˈd(j)usɪəs, kəˈd(j)uʃ(i)əs

caducity
BR kəˈdjuːsɪti, kəˈdʒuːsɪti
AM kəˈd(j)usədi

caducous
BR kəˈdjuːkəs, kəˈdʒuːkəs
AM kəˈd(j)ukəs

Cadwallader
BR kadˈwɒlədə(r)
AM ˌkædˈwɑlədər

caeca
BR ˈsiːkə(r)
AM ˈsikə

caecal
BR ˈsiːkl
AM ˈsik(ə)l

caecilian
BR sɪˈsɪlɪən, -z
AM siˈsɪlɪən, siˈsɪlj(ə)n, -z

caecitis
BR sɪˈsʌɪtɪs
AM siˈsaɪdəs

caecum
BR ˈsiːkəm
AM ˈsik(ə)m

Caedmon
BR ˈkadm(ə)n
AM ˈkædm(ə)n

Caen
BR kɒ̃, kɑːn
AM kɑn

Caenozoic
BR ˌsiːnəˈzəʊɪk
AM ˌsinəˈzoʊɪk

Caernarfon
BR kəˈnɑːvn
AM kərˈnɑrvən
WE kaɪrˈnɑrvɒn

Caernarvonshire
BR kəˈn-ɑːvnʃ(ɪ)ə(r)
AM kərˈn-ɑrvənʃi(ə)r

Caesar
BR ˈsiːzə(r), -z
AM ˈsizər, -z

Caesarea
BR ˌsiːzəˈriːə(r)
AM ˌsɪzəˈriə

caesarean
BR sɪˈzɛːrɪən, -z
AM sɪˈzɛrɪən, -z

caesarian
BR sɪˈzɛːrɪən, -z
AM sɪˈzɛrɪən, -z

caesious
BR ˈsiːzɪəs
AM ˈsizɪəs

caesium
BR ˈsiːzɪəm
AM ˈsizɪəm

caesura
BR sɪˈzjʊərə(r), sɪˈʒʊərə(r), sɪˈzjɔːrə(r), sɪˈʒɔːrə(r), -z
AM sɪˈzurə, sɪˈʒurə, -z

caesural
BR sɪˈzjʊərl̩, sɪˈʒʊərl̩, sɪˈzjɔːrl̩, sɪˈʒɔːrl̩
AM sɪˈzur(ə)l, sɪˈʒur(ə)l

cafard
BR kaˈfɑː(r)
AM ˈkæfər
FR kafaʀ

café
BR ˈkaf|eɪ, ˈkaf|i, -eɪ\-ɪz
AM kəˈfeɪ, ˌkæˈfeɪ, -z

café au lait
BR ˌkafeɪ əʊ ˈleɪ, -z
AM kəˈfeɪ oʊ ˈleɪ, ˈkæˌfeɪ oʊ ˈleɪ, -z

café noir
BR ˌkafeɪ ˈnwɑː(r), -z
AM ˈkæˌfeɪ ˈnwɑr, -z

cafeteria
BR ˌkafɪˈtɪərɪə(r)
AM ˌkæfəˈtɪriə, -z

cafetière
BR kafˈtjɛː(r), -z
AM ˌkæfˈtjɛ(ə)r, -z

caff
BR kaf, -s
AM kæf, -s

caffeine
BR ˈkafiːn
AM kæˈfin

caftan
BR ˈkaftan, -z
AM ˈkæfˌtæn, ˈkæft(ə)n, -z

cage
BR keɪdʒ, -ɪz, -ɪŋ, -d
AM keɪdʒ, -ɪz, -ɪŋ, -d

cagebird
BR ˈkeɪdʒbɜːd, -z
AM ˈkeɪdʒˌbɜrd, -z

cagey
BR ˈkeɪdʒ|i, -iə(r), -ɪɪst
AM ˈkeɪdʒi, -ər, -ɪst

cageyness
BR ˈkeɪdʒɪnɪs
AM ˈkeɪdʒɪnɪs

cagily
BR ˈkeɪdʒɪli
AM ˈkeɪdʒɪli

caginess
BR ˈkeɪdʒɪnɪs
AM ˈkeɪdʒɪnɪs

Cagliari
BR ˌkaliˈɑːri
AM ˌkælˈjɑri

Cagney
BR ˈkagni
AM ˈkægni

cagoule
BR kəˈguːl, -z
AM kəˈgul, -z

Cahill
BR ˈkɑːhɪl, ˈkeɪhɪl
AM ˈkeɪhɪl

cahoots
BR kəˈhuːts
AM kəˈhuts

Caiaphas
BR ˈkʌɪəfas
AM ˈkaɪəfəs

Caicos
BR ˈkeɪkɒs
AM ˈkeɪkəs, ˈkeɪkɑs, ˈkeɪkɔs

caiman
BR ˈkeɪmən, -z
AM ˈkeɪm(ə)n, -z

Cain
BR keɪn
AM keɪn

Caine
BR keɪn
AM keɪn

Cainozoic
BR ˌkʌɪnəˈzəʊɪk
AM ˌkeɪnəˈzoʊɪk

caïque
BR kʌɪˈiːk, kuːˈlːk, -s
AM kaɪˈik, kɑˈik, -s

cairn
BR kɛːn, -z
AM kɛ(ə)rn, -z

Cairncross
BR ˈkɛːnkrɒs
AM ˈkɛrnˌkrɑs, ˈkɛrnˌkrɔs

cairngorm
BR ˈkɛːngɔːm, -z
AM ˈkɛrnˌgɔ(ə)rm, -z

Cairngorms
BR ˈkɛːngɔːmz
AM ˈkɛrnˌgɔ(ə)rmz

Cairns
BR kɛːnz
AM ˈkɛrnz

Cairo
BR ˈkʌɪrəʊ
AM ˈkaɪroʊ

caisson
BR ˈkeɪsn, ˈkeɪsɒn, kəˈsuːn, -z
AM ˈkeɪs(ə)n, ˈkeɪsɑn, -z

Caister
BR ˈkeɪstə(r)
AM ˈkeɪstər

Caistor
BR ˈkeɪstə(r)
AM ˈkeɪstər

Caithness
BR ˈkeɪθnɛs, keɪθˈnɛs
AM ˈkeɪθnɪs

caitiff
BR ˈkeɪtɪf, -s
AM ˈkeɪdəf, -s

Caitlín
BR ˈkeɪtlɪn
AM ˈkeɪtˌlɪn

Caius[1] *Cambridge college*
BR kiːz
AM kiz

Caius[2] *Roman name*
BR ˈkʌɪəs
AM ˈkeɪəs, ˈkaɪəs

cajole
BR kəˈdʒəʊl, -z, -ɪŋ, -d
AM kəˈdʒoʊl, -z, -ɪŋ, -d

cajolement
BR kəˈdʒəʊlm(ə)nt
AM kəˈdʒoʊlm(ə)nt

cajoler
BR kəˈdʒəʊlə(r), -z
AM kəˈdʒoʊlər, -z

cajolery
BR kəˈdʒəʊl(ə)ri
AM kəˈdʒoʊləri

Cajun
BR ˈkeɪdʒ(ə)n, -z
AM ˈkeɪdʒ(ə)n, -z

cajun
BR ˈkeɪdʒ(ə)n, -z
AM ˈkeɪdʒ(ə)n, -z

cake
BR keɪk, -s, -ɪŋ, -t
AM keɪk, -s, -ɪŋ, -t

cakewalk
BR ˈkeɪkwɔːk, -s
AM ˈkeɪkˌwak, ˈkeɪkˌwɔk, -s

Calabar
BR ˌkaləˈbɑː(r), ˈkaləbɑː(r)
AM ˌkæləˈbɑr

calabash
BR ˈkaləbaʃ, -ɪz
AM ˈkæləˌbæʃ, -ɪz

calaboose
BR ˈkaləbuːs, ˌkaləˈbuːs, -ɪz
AM ˈkæləˌbus, -ɪz

calabrese
BR ˌkaləˈbriːs, ˈkaləbriːz
AM ˈkæləˌbriːz, ˈkæləˌbris

Calabria
BR kəˈlabriə(r)
AM kəˈleɪbriə, kəˈlɑbriə

Calabrian
BR kəˈlabriən, -z
AM kəˈleɪbriən, kəˈlɑbriən, -z

Calais
BR ˈkaleɪ, ˈkali
AM kæˈleɪ

calaloo
BR ˈkaləluː
AM ˈkæləˌlu

calalu
BR ˈkaləluː
AM ˈkæləˌlu

calamanco
BR ˌkaləˈmaŋkəʊ, -z
AM ˌkæləˈmæŋkoʊ, -z

calamander
BR ˈkaləmandə(r)
AM ˈkæləmændər

calamari
BR ˌkaləˈmɑːri
AM ˌkɑləˈmɑri

calamary
BR ˈkaləmər|i, -ɪz
AM ˈkæləˌmɛri, -z

calami
BR ˈkaləmʌɪ
AM ˈkæləˌmaɪ

calamine
BR ˈkaləmʌɪn
AM ˈkæləˌmaɪn

calamint
BR ˈkaləmɪnt
AM ˈkæləˌmɪnt

calamitous
BR kəˈlamɪtəs
AM kəˈlæmədəs

calamitously
BR kəˈlamɪtəsli
AM kəˈlæmədəsli

calamitousness
BR kəˈlamɪtəsnəs
AM kəˈlæmədəsnəs

calamity
BR kəˈlamɪt|i, -ɪz
AM kəˈlæmədi, -z

calamus
BR ˈkaləməs
AM ˈkæləməs

calando
BR kəˈlandəʊ
AM kəˈlændoʊ

calash
BR kəˈlaʃ, -ɪz
AM kəˈlæʃ, -əz

calathea
BR ˌkaləˈθiːə(r)
AM ˌkæləˈθiə

calcanea
BR kalˈkeɪnɪə(r)
AM kælˈkeɪniə

calcaneal
BR kalˈkeɪnɪəl
AM kælˈkeɪniəl

calcanei
BR kalˈkeɪnɪʌɪ
AM kælˈkeɪniˌaɪ

calcaneum
BR kalˈkeɪnɪəm
AM kælˈkeɪniəm

calcaneus
BR kalˈkeɪnɪəs
AM kælˈkeɪniəs

calcareous
BR kalˈkɛːrɪəs
AM kælˈkɛriəs

calcareousness
BR kalˈkɛːrɪəsnəs
AM kælˈkɛriəsnəs

calceolaria
BR ˌkalsɪəˈlɛːrɪə(r), -z
AM ˌkælsiəˈlɛriə, -z

calceolate
BR ˈkalsɪələt
AM ˈkælsiələt

calces
BR ˈkalsiːz
AM ˈkælsiz

calciferol
BR kalˈsɪfərɒl, -z
AM kælˈsɪfər(ə)l,
kælˈsɪfr(ə)l, -z

calciferous
BR kalˈsɪf(ə)rəs
AM kælˈsɪf(ə)rəs

calcific
BR kalˈsɪfɪk
AM ˌkælˈsɪfɪk

calcification
BR ˌkalsɪfɪˈkeɪʃn
AM ˌkælsəfəˈkeɪʃ(ə)n

calcifuge
BR ˈkalsɪfjuː(d)ʒ, -ɪz
AM ˈkælsəˌfjudʒ, -əz

calcify
BR ˈkalsɪfʌɪ, -z, -ɪŋ, -d
AM ˈkælsəˌfaɪ, -z, -ɪŋ, -d

calcination
BR ˌkalsɪˈneɪʃn
AM kælsəˈneɪʃ(ə)n

calcine
BR ˈkalsʌɪn, ˈkalsɪn, -z, -ɪŋ, -d
AM ˈkælˌsin, ˈkælˌsaɪn, -z, -ɪŋ, -d

calcite
BR ˈkalsʌɪt
AM ˈkælˌsaɪt

calcitic
BR kalˈsɪtɪk
AM kælˈsɪdɪk

calcium
BR ˈkalsɪəm
AM ˈkælsiəm

Calcot
BR ˈkalkɒt, ˈkɔːlkɒt, ˈkɒlkɒt
AM ˈkɑlkɑt, ˈkɔlkɑt, ˈkælkɑt

Calcott
BR ˈkalkɒt, ˈkɔːlkɒt, ˈkɒlkɒt
AM ˈkɑlkɑt, ˈkɔlkɑt, ˈkælkɑt

calcrete
BR ˈkalkriːt, -s
AM ˈkælˌkrit, -s

calc-sinter
BR ˌkalkˈsɪntə(r)
AM ˌkælkˈsɪn(t)ər

calcspar
BR ˈkalkspɑː(r)
AM ˈkælkˌspɑr

calc-tuff
BR ˈkalktʌf
AM ˈkælkˌtʌf

calculability
BR ˌkalkjʉləˈbɪlɪti
AM ˌkælkjələˈbɪlɪdi

calculable
BR ˈkalkjʉləbl
AM ˈkælkjələb(ə)l

calculably
BR ˈkalkjʉləbli
AM ˈkælkjələbli

calculate
BR ˈkalkjʉleɪt, -s, -ɪŋ, -ɪd
AM ˈkælkjəˌleɪ|t, -ts, -dɪŋ, -dɪd

calculatedly
BR ˈkalkjʉleɪtɪdli
AM ˈkælkjəˌleɪdɪdli

calculatingly
BR ˈkalkjʉleɪtɪŋli
AM ˈkælkjəˌleɪdɪŋli

calculation
BR ˌkalkjʉˈleɪʃn, -z
AM ˌkælkjəˈleɪʃ(ə)n, -z

calculative
BR ˈkalkjʉlətɪv
AM ˈkælkjəˌleɪdɪv

calculator
BR ˈkalkjʉleɪtə(r), -z
AM ˈkælkjəˌleɪdər, -z

calculi
BR ˈkalkjʉlʌɪ
AM ˈkælkjəˌlaɪ

calculous
BR ˈkalkjʉləs
AM ˈkælkjələs

calculus
BR ˈkalkjʉləs, -ɪz
AM ˈkælkjələs, -əz

Calcutta
BR kalˈkʌtə(r)
AM kælˈkədə

caldaria
BR kalˈdɛːrɪə(r)
AM kælˈdɛriə

caldarium
BR kalˈdɛːrɪəm, -z
AM kælˈdɛriəm, -z

Caldecote
BR ˈkɔːldɪkɒt, ˈkɒldɪkɒt
AM ˈkɑldəˌkɑt, ˈkɔldəˌkɑt

Caldecott
BR ˈkɔːldɪkɒt, ˈkɒldɪkɒt
AM ˈkɑldəˌkɑt, ˈkɔldəˌkɑt

Calder
BR ˈkɔːldə(r), ˈkɒldə(r)
AM ˈkɑldər, ˈkɔldər

caldera
BR kalˈdɛːrə(r), kɔːlˈdɛːrə(r), ˈkɔːld(ə)rə(r)
AM kɑlˈdɛrə, kælˈdɛrə, kɔlˈdɛrə

Calderdale
BR ˈkɔːldədeɪl, ˈkɒldədeɪl
AM ˈkɑldəˌdeɪl, ˈkɔldərˌdeɪl

Calderón
BR ˈkaldərɒn
AM ˌkɑldəˈrɒn, ˌkɔldəˈrɒn
SP ˌkaldeˈron

caldron
BR ˈkɔːldr(ə)n, ˈkɒldr(ə)n, -z
AM ˈkɑldr(ə)n, ˈkɔldr(ə)n, -z

Caldwell
BR ˈkɔːldwɛl, ˈkɒldwɛl
AM ˈkɑldwɛl, ˈkɔldwɛl

Caldy
BR ˈkɔːldi, ˈkɒldi
AM ˈkɑldi, ˈkɔldi

Caleb
BR ˈkeɪlɛb
AM ˈkeɪləb

calebrese
BR ˈkalɪbriːs
AM ˈkæləˌbriz, ˈkæləˌbris

Caledonian
BR ˌkalɪˈdəʊnɪən, -z
AM ˌkæləˈdoʊniən, -z

calefacient
BR ˌkalɪˈfeɪʃnt
AM ˌkæləˈfeɪʃ(ə)nt

calefaction
BR ˌkalɪˈfakʃn
AM ˌkæləˈfækʃ(ə)n

calefactory
BR ˌkalɪˈfakt(ə)r|i, -ɪz
AM ˌkæləˈfæktɔri, -z

calendar
BR ˈkalɪndə(r), -z
AM ˈkæləndər, -z

calender
BR ˈkalɪndə(r), -z
AM ˈkæləndər, -z

calendric
BR kaˈlɛndrɪk
AM kəˈlɛndrɪk

calendrical
BR kaˈlɛndrɪkl
AM kəˈlɛndrək(ə)l

calends
BR ˈkalɛndz, ˈkalɪndz
AM ˈkælɛn(d)z, ˈkalɛn(d)z

calendula
BR kaˈlɛndjʉlə(r), kaˈlɛndʒʉlə(r)
AM kəˈlɛndʒələ

calenture
BR ˈkalɪntjʊə(r), ˈkalṇtjʊə(r), ˈkalɪntʃə(r), ˈkalṇtʃə(r)
AM ˈkælən(t)ʃər, ˈkælən(t)ʃʊ(ə)r

calf
BR kɑːf
AM kæf

calfhood
BR ˈkɑːfhʊd
AM ˈkæfˌ(h)ʊd

calfish
BR ˈkɑːfɪʃ
AM ˈkæfɪʃ

calf-length
BR ˌkɑːfˈlɛŋ(k)θ, ˈkɑːflɛŋ(k)θ
AM ˈkæfˌlɛŋθ

calflike
BR ˈkɑːflʌɪk
AM ˈkæfˌlaɪk

calfskin
BR ˈkɑːfskɪn, -z
AM ˈkæfˌskɪn, -z

Calgary
BR ˈkalg(ə)ri
AM ˈkælgəri

Calhoun
BR kalˈhuːn, kəˈhuːn
AM kælˈ(h)un

Cali
BR ˈkɑːli
AM ˈkɑli

Caliban
BR ˈkalɪban
AM ˈkæləˌbæn

caliber
BR ˈkalɪbə(r), -z, -d
AM ˈkæləbər, -z, -d

calibrate
BR ˈkalɪbreɪt, -s, -ɪŋ, -ɪd
AM ˈkæləbreɪ|t, -ts, -dɪŋ, -dɪd

calibration
BR ˌkalɪˈbreɪʃn
AM ˌkæləˈbreɪʃ(ə)n

calibrator
BR ˈkalɪbreɪtə(r), -z
AM ˈkæləˌbreɪdər, -z

calibre
BR ˈkalɪbə(r), -z, -d
AM ˈkæləbər, -z, -d

calices
BR ˈkeɪlɪsiːz
AM ˈkæləsiz

caliche
BR kəˈliːtʃi
AM kəˈliʃ

calicle
BR ˈkalɪkl, -z
AM ˈkælək(ə)l, -z

calico
BR ˈkalɪkəʊ
AM ˈkæləˌkoʊ

Calicut
BR ˈkalɪkət, ˈkalɪkʌt
AM ˈkæləkət

calif
BR ˈkeɪlɪf, ˈkalɪf, kəˈliːf, -s
AM ˈkæləf, ˈkeɪləf, -s

California
BR ˌkalɪˈfɔːnɪə(r)
AM ˌkæləˈfɔːrniə, ˌkæləˈfɔrnjə

Californian
BR ˌkalɪˈfɔːnɪən, -z
AM ˌkæləˈfɔrniən, ˌkæləˈfɔrnj(ə)n, -z

californium
BR ˌkalɪˈfɔːnɪəm
AM ˌkæləˈfɔrniəm

Caligula
BR kəˈlɪgjʉlə(r)
AM kəˈlɪg(j)ʊlə

calipash
BR ˈkalɪpaʃ, -ɪz
AM ˈkæləˌpæʃ, -əz

calipee
BR ˈkalɪpiː, -z
AM ˈkæləˌpi, -z

caliper
BR ˈkalɪpə(r), -z
AM ˈkæləpər, -z

caliph
BR ˈkeɪlɪf, ˈkalɪf, kəˈliːf, -s
AM ˈkæləf, ˈkeɪləf, -s

caliphate
BR ˈkalɪfeɪt, ˈkeɪlɪfeɪt, -s
AM ˈkæləˌfeɪt, ˈkeɪləˌfeɪt, -s

calisthenic
BR ˌkalɪsˈθɛnɪk, -s
AM ˌkæləsˈθɛnɪk, -s

calix
BR ˈkeɪl|ɪks, -ɪksɪz
AM ˈkælɪks, ˈkeɪlɪks, -ɪz

calk
BR kɔːk, -s, -ɪŋ, -t
AM kak, kɔk, -s, -ɪŋ, -t

Calke
BR kɔːk
AM kak, kɔk

calkin
BR ˈkalkɪn, -z
AM ˈkælk(ə)n, ˈkak(ə)n, ˈkɔk(ə)n, -z

call
BR kɔːl, -z, -ɪŋ, -d
AM kal, kɔl, -z, -ɪŋ, -d

calla
BR ˈkalə(r), -z
AM ˈkælə, -z

Callaghan
BR ˈkaləhan
AM ˈkæləˌhæn

Callahan
BR ˈkaləhan
AM ˈkæləˌhæn

Callander
BR ˈkaləndə(r)
AM ˈkæləndər

Callas
BR ˈkaləs
AM ˈkæləs

callback
BR ˈkɔːlbak, -s
AM ˈkalˌbæk, ˈkɔlˌbæk, -s

callboy
BR ˈkɔːlbɔɪ, -z
AM ˈkalˌbɔɪ, ˈkɔlˌbɔɪ, -z

caller
BR ˈkɔːlə(r), -z
AM ˈkalər, ˈkɔlər, -z

callgirl
BR ˈkɔːlɡəːl, -z
AM ˈkalˌɡərl, ˈkɔlˌɡərl, -z

calligram
BR ˈkalɪgram, -z
AM ˈkæləˌɡræm, -z

calligrapher
BR kəˈlɪgrəfə(r), -z
AM kəˈlɪgrəfər, -z

calligraphic
BR ˌkalɪˈgrafɪk
AM ˌkæləˈgræfɪk

calligraphical
BR ˌkalɪˈgrafɪkl
AM ˌkæləˈgræfək(ə)l

calligraphically
BR ˌkalɪˈgrafɪkli
AM ˌkæləˈgræfək(ə)li

calligraphist
BR kəˈlɪgrəfɪst, -s
AM kəˈlɪgrəfəst, -s

calligraphy
BR kəˈlɪgrəfi
AM kəˈlɪgrəfi

Callil
BR kəˈlɪl
AM kəˈlɪl

Callimachus
BR kəˈlɪməkəs
AM ˌkæləˈmakəs, kəˈlɪməkəs

calling
BR ˈkɔːlɪŋ, -z
AM ˈkɑlɪŋ, ˈkɔlɪŋ, -z

calliope
BR kaˈlʌɪəp|i, -ɪz
AM kəˈlaɪəpi, -z

calliper
BR ˈkalɪpə(r), -z
AM ˈkæləpər, -z

callipygian
BR ˌkalɪˈpɪdʒɪən
AM ˌkæləˈpɪdʒɪən

callipygous
BR ˌkalɪˈpɪdʒɪəs
AM ˌkæləˈpɪdʒɪəs

callisthenic
BR ˌkalɪsˈθɛnɪk, -s
AM ˌkæləsˈθɛnɪk, -s

Callisto
BR kəˈlɪstəʊ
AM kəˈlɪstoʊ

callop
BR ˈkaləp, -s
AM ˈkæləp, -s

callosity
BR kəˈlɒsɪt|i, -ɪz
AM kəˈlɑsədi, -z

callous
BR ˈkaləs, -ɪz
AM ˈkæləs, -əz

callously
BR ˈkaləsli
AM ˈkæləsli

callousness
BR ˈkaləsnəs
AM ˈkæləsnəs

callow
BR ˈkaləʊ, -ə(r), -ɪst
AM ˈkæl|oʊ, -əwər, -əwəst

callowly
BR ˈkaləʊli
AM ˈkæloʊli

callowness
BR ˈkaləʊnəs
AM ˈkæloʊnəs

Callum
BR ˈkaləm
AM ˈkæl(ə)m

calluna
BR kəˈluːnə(r), -z
AM kəˈl(j)unə, -z

callus
BR ˈkaləs, -ɪz
AM ˈkæləs, -ɪz

calm
BR kɑːm, -z, -ɪŋ, -d, -ə(r), -ɪst
AM kɑ(l)m, -z, -ɪŋ, -d, -ər, -əst

calmative
BR ˈkalmətɪv, ˈkɑːmətɪv, -z
AM ˈkɑ(l)mədɪv, -z

calmly
BR ˈkɑːmli
AM ˈkɑ(l)mli

calmness
BR ˈkɑːmnəs
AM ˈkɑ(l)mnəs

calmodulin
BR kalˈmɒdjʉlɪn
AM kælˈmɑdjəl(ə)n

Calne
BR kɑːn
AM kɑ(l)n

calomel
BR ˈkaləmɛl
AM ˈkæləm(ə)l

calor
BR ˈkalə(r)
AM ˈkælər

caloric
BR kaˈlɒrɪk, ˈkal(ə)rɪk
AM kəˈlɑrɪk, ˈkælərɪk, kəˈlɔrɪk

calorie
BR ˈkal(ə)r|i, -ɪz
AM ˈkæl(ə)ri, -z

calorific
BR ˌkaləˈrɪfɪk
AM ˌkæləˈrɪfɪk

calorifically
BR ˌkaləˈrɪfɪkli
AM ˌkæləˈrɪfɪk(ə)li

calorification
BR kəˌlɒrɪfɪˈkeɪʃn
AM kəˌlɔrəfəˈkeɪʃ(ə)n

calorimeter
BR ˌkaləˈrɪmɪtə(r), -z
AM ˌkæləˈrɪmədər, -z

calorimetric
BR ˌkal(ə)rɪˈmɛtrɪk
AM ˌkælərəˈmɛtrɪk

calorimetry
BR ˌkaləˈrɪmɪtri
AM ˌkæləˈrɪmətri

calory
BR ˈkal(ə)r|i, -ɪz
AM ˈkæl(ə)ri, -z

calotte
BR kəˈlɒt, -s
AM kəˈlɑt, -s

Calpurnia
BR kalˈpəːnɪə(r)
AM kælˈpərniə

calque
BR kalk, -s
AM kælk, -s

Calthorpe
BR ˈkalθɔːp
AM ˈkælˌθɔ(ə)rp

caltrop
BR ˈkaltrəp, ˈkɔːltrəp, -s
AM ˈkæltrəp, -s

Calum
BR ˈkaləm
AM ˈkæl(ə)m

calumet
BR ˈkaljʉmɛt, -s
AM ˌkæljəˈmɛt, -s

calumniate
BR kəˈlʌmnɪeɪt, -s, -ɪŋ, -ɪd
AM kəˈləmniˌeɪ|t, -ts, -dɪŋ, -dɪd

calumniation
BR kəˌlʌmnɪˈeɪʃn, -z
AM kəˈləmniˌeɪʃ(ə)n, -z

calumniator
BR kəˈlʌmnɪeɪtə(r), -z
AM kəˈləmniˌeɪdər, -z

calumniatory
BR kəˈlʌmnɪət(ə)ri
AM kəˈləmniəˌtɔri

calumnious
BR kəˈlʌmnɪəs
AM kəˈləmniəs

calumny
BR ˈkaləmn|i, -ɪz
AM ˈkæləmni, -z

Calvados
BR ˈkalvədɒs
AM ˈkælvəˌdoʊs

Calvary
BR ˈkalv(ə)ri
AM ˈkælv(ə)ri

calvary
BR ˈkalv(ə)r|i, -ɪz
AM ˈkælv(ə)ri, -z

calve
BR kɑːv, -z, -ɪŋ, -d
AM kæ(l)v, -z, -ɪŋ, -d

Calverley
BR ˈkalvəli, ˈkɑːvəli
AM ˈkælvərli

Calvert
BR ˈkalvət, ˈkɔːlvət
AM ˈkælvərt

calves
BR kɑːvz
AM kævz

Calvin
BR ˈkalvɪn
AM ˈkælv(ə)n
FR kalvẽ

Calvinise
BR ˈkalvɪnʌɪz, -ɪz, -ɪŋ, -d
AM ˈkælvəˌnaɪz, -ɪz, -ɪŋ, -d

Calvinism
BR ˈkalvɪnɪzm
AM ˈkælvəˌnɪz(ə)m

Calvinist
BR ˈkalvɪnɪst, -s
AM ˈkælvənəst, -s

Calvinistic
BR ˌkalvɪˈnɪstɪk
AM ˌkælvəˈnɪstɪk

Calvinistical
BR ˌkalvɪˈnɪstɪkl
AM ˌkælvəˈnɪstɪk(ə)l

Calvinistically
BR ˌkalvɪˈnɪstɪkli
AM ˌkælvəˈnɪstɪk(ə)li

Calvinize
BR ˈkalvɪnʌɪz, -ɪz,
-ɪŋ, -d
AM ˈkælvəˌnaɪz, -ɪz,
-ɪŋ, -d

calx
BR kalks, -ɪz
AM kælks, -ɪz

calyces
BR ˈkeɪlɪsiːz
AM ˈkeɪləsiz

calypso
BR kəˈlɪpsəʊ, -z
AM kəˈlɪpsoʊ, -z

calyx
BR ˈkeɪl|ɪks, ˈkal|ɪks,
-ɪksɪz\-ɪksiːz
AM ˈkeɪlɪks, -ɪz

calzone
BR kalˈtsəʊn|i, -ɪz
AM kælˈzoʊn(i), -z

calzoni
BR kalˈtsəʊni
AM kælˈzoʊni

cam
BR kam, -z
AM kæm, -z

camaraderie
BR ˌkaməˈrɑːd(ə)ri,
ˌkaməˈrad(ə)ri
AM ˌkæm(ə)ˈrɑdəri,
ˌkɑm(ə)ˈrædəri

Camargue
BR kəˈmɑːg
AM kəˈmɑrg

camarilla
BR ˌkaməˈrɪlə(r),
ˌkaməˈrɪjə(r), -z
AM ˌkæməˈrɪlə, -z

camaron
BR ˌkaməˈrəʊn,
ˈkam(ə)r̩n, -z
AM ˈkæmər(ə)n, -z

camber
BR ˈkambə(r), -z
AM ˈkæmbər, -z

Camberwell
BR ˈkambəw(ɛ)l
AM ˈkæmbərˌwɛl

cambia
BR ˈkambɪə(r)
AM ˈkæmbɪə

cambial
BR ˈkambɪəl
AM ˈkæmbɪəl

cambist
BR ˈkambɪst, -s
AM ˈkæmbəst, -s

cambium
BR ˈkambɪəm
AM ˈkæmbɪəm

Cambodia
BR kamˈbəʊdɪə(r)
AM kæmˈboʊdɪə

Cambodian
BR kamˈbəʊdɪən, -z
AM kæmˈboʊdiən, -z

Camborne
BR ˈkambɔːn
AM ˈkæmˌbɔ(ə)rn

Cambria
BR ˈkambrɪə(r)
AM ˈkæmbrɪə

Cambrian
BR ˈkambrɪən, -z
AM ˈkæmbriən, -z

cambric
BR ˈkambrɪk
AM ˈkeɪmbrɪk

Cambridge
BR ˈkeɪmbrɪdʒ
AM ˈkeɪmˌbrɪdʒ

Cambridgeshire
BR ˈkeɪmbrɪdʒʃ(ɪ)ə(r)
AM ˈkeɪmˌbrɪdʒʃɪ(ə)r

Cambyses
BR kamˈbʌɪsiːz
AM kæmˈbaɪsɪz

camcorder
BR ˈkamˌkɔːdə(r),
-z
AM ˈkæmˌkɔrdər, -z

Camden Town
BR ˌkamdən ˈtaʊn
AM ˌkæmdən ˈtaʊn

came
BR keɪm
AM keɪm

camel
BR ˈkaml, -z
AM ˈkæm(ə)l, -z

camelback
BR ˈkamlbak
AM ˈkæməlˌbæk

cameleer
BR ˌkaməˈlɪə(r), -z
AM ˌkæməˈlɪ(ə)r, -z

Camelford
BR ˈkamlfəd
AM ˈkæmlfərd

camelhair
BR ˈkamlhɛː(r)
AM ˈkæməlˌ(h)ɛ(ə)r

Camelia
BR kəˈmiːlɪə(r)
AM kəˈmiliə, kəˈmiljə

camellia
BR kəˈmiːl|ɪə(r),
kəˈmɛlɪə(r), -z
AM kəˈmiliə,
kəˈmiljə, -z

camelopard
BR ˈkamɪlə(ʊ)pɑːd,
ˈkamlə(ʊ)pɑːd,
kəˈmɛləpɑːd, -z
AM ˈkæməloʊˌpɑrd,
kəˈmɛləpɑrd, -z

Camelot
BR ˈkamɫɒt
AM ˈkæməlˌlɑt

camelry
BR ˈkamlr|i, -ɪz
AM ˈkæməlri, -z

Camembert
BR ˈkaməmbɛː(r)
AM ˈˌkæməmˌbɛ(ə)r
FR kamɑ̃bɛʀ

cameo
BR ˈkamɪəʊ, -z
AM ˈkæmioʊ, -z

camera
BR ˈkam(ə)rə(r), -z
AM ˈkæm(ə)rə, -z

cameraman
BR ˈkamrəman
AM ˈkæm(ə)rəm(ə)n,
ˈkæm(ə)rəˌmæn

cameramen
BR ˈkamrəmɛn
AM ˈkæm(ə)rəm(ə)n

camera obscura
BR ˌkam(ə)rə(r)
ɒbˈskjʊərə(r), +
ɒbˈskjɔːrə(r), -z
AM ˌkæm(ə)rə
ˈɑbskjʊrə, -z

camerawork
BR ˈkam(ə)rəwəːk
AM ˈkæm(ə)rəˌwərk

camerlingo
BR ˌkaməˈlɪŋgəʊ, -z
AM ˌkæmərˈlɪŋgoʊ,
-z

Cameron
BR ˈkam(ə)r̩n
AM ˈkæm(ə)r(ə)n

Cameroon
BR ˌkaməˈruːn
AM ˌkæməˈrun

Cameroonian
BR ˌkaməˈruːnɪən, -z
AM ˌkæməˈruniən, -z

camiknickers
BR ˈkamɪˌnɪkəz
AM ˈkæməˌnɪkərz

Camilla
BR kəˈmɪlə(r)
AM kəˈmɪlə

Camille
BR kəˈmɪl, kəˈmiːl
AM kəˈmil

cami-nicks
BR ˈkamɪnɪks
AM ˈkæməˌnɪks

camion
BR ˈkamɪən, -z
AM ˈkæmj(ə)n, -z

camisole
BR ˈkamɪsəʊl, -z
AM ˈkæməˌsoʊl, -z

camming
BR ˈkamɪŋ
AM ˈkæmɪŋ

camomile
BR ˈkamənʌɪl
AM ˈkæməˌmaɪl,
ˈkæməˌmil

Camorra
BR kəˈmɔːrə(r)
AM kəˈmɔrə

camouflage
BR ˈkaməflɑː(d)ʒ, -ɪz,
-ɪŋ, -d
AM ˈkæməˌflɑ(d)ʒ,
-əz, -ɪŋ, -d

camp
BR kamp, -s, -ɪŋ, -t
AM kæmp, -s, -ɪŋ, -t

campaign
BR kamˈpeɪn, -z, -ɪŋ, -d
AM kæmˈpeɪn, -z, -ɪŋ, -d

campaigner
BR kamˈpeɪnə(r), -z
AM kæmˈpeɪnər, -z

Campania
BR kamˈpanɪə(r)
AM kɑmˈpɑnɪə

campanile
BR ˌkampəˈniːl|i, -ɪz
AM ˌkæmpəˈnil(i), -z

campanologer
BR ˌkampəˈnɒlədʒə(r), -z
AM ˌkæmpəˈnɑlədʒər, -z

campanological
BR ˌkampn̩əˈlɒdʒɪkl
AM ˌkæmpənəˈlɑdʒək(ə)l

campanologist
BR ˌkampəˈnɒlədʒɪst, -s
AM ˌkæmpəˈnɑlədʒəst, -s

campanology
BR ˌkampəˈnɒlədʒi
AM ˌkæmpəˈnɑlədʒi

campanula
BR kamˈpanjʊlə(r), -z
AM kæmˈpænjələ, -z

campanulate
BR kamˈpanjʊlət
AM kæmˈpænjəˌleɪt, kæmˈpænjələt

Campari
BR kamˈpɑːri
AM kɑmˈpɑri

Campbell
BR ˈkambl
AM ˈkæmb(ə)l

Campbell-Bannerman
BR ˈkamblˈbanəmən
AM ˈkæmbəlˈbænərm(ə)n

Campden
BR ˈkam(p)dən
AM ˈkæm(p)d(ə)n

Campeachy
BR kamˈpiːtʃi
AM kæmˈpitʃi

Campeche
BR kamˈpiːtʃi
AM kæmˈpitʃi

camper
BR ˈkampə(r), -z
AM ˈkæmpər, -z

campesino
BR ˌkampɪˈsiːnəʊ
AM ˌkæmpəˈsinoʊ

campfire
BR ˈkampfʌɪə(r), -z
AM ˈkæmpˌfaɪ(ə)r, -z

campground
BR ˈkampgraʊnd, -z
AM ˈkæmpˌgraʊnd, -z

camphor
BR ˈkamfə(r)
AM ˈkæmfər

camphorate
BR ˈkamfəreɪt, -s, -ɪŋ, -ɪd
AM ˈkæmfəˌreɪ|t, -ts, -dɪŋ, -dɪd

camphoric
BR kamˈfɒrɪk
AM ˌkæmˈfɔrɪk

campily
BR ˈkampɪli
AM ˈkæmpɪli

campiness
BR ˈkampɪnɪs
AM ˈkæmpɪnɪs

camping
BR ˈkampɪŋ
AM ˈkæmpɪŋ

Campion
BR ˈkampɪən
AM ˈkæmpɪən

Campsie
BR ˈkam(p)si
AM ˈkæmpzi, ˈkæmpsi

campsite
BR ˈkampsʌɪt, -s
AM ˈkæmpˌsaɪt, -s

campus
BR ˈkampəs, -ɪz
AM ˈkæmpəs, -əz

campy
BR ˈkamp|i, -ɪə(r), -ɪɪst
AM ˈkæmpi, -ər, -ɪst

campylobacter
BR ˈkampɪlə(ʊ)ˌbaktə(r), -z
AM kæmˈpɪləˌbæktər, ˈkæmpələˌbæktər, -z

CAMRA
BR ˈkamrə(r)
AM ˈkæmrə

Camrose
BR ˈkamrəʊz
AM ˈkæmˌroʊz

camshaft
BR ˈkamʃɑːft, -s
AM ˈkæmˌʃæft, -s

Camus
BR ˈkamuː, kaˈmuː
AM kɑˈmu

camwood
BR ˈkamwʊd
AM ˈkæmˌwʊd

can¹ *auxiliary verb, strong form*
BR kan
AM kæn

can² *auxiliary verb, weak form*
BR kən
AM kən

can³ *noun, verb, put in cans*
BR kan, -z, -ɪŋ, -d
AM kæn, -z, -ɪŋ, -d

Cana
BR ˈkeɪnə(r)
AM ˈkeɪnə

Canaan
BR ˈkeɪnən
AM ˈkeɪnən

Canaanite
BR ˈkeɪnənʌɪt, -s
AM ˈkeɪnəˌnaɪt, -s

Canada
BR ˈkanədə(r)
AM ˈkænədə

Canadian
BR kəˈneɪdɪən, -z
AM kəˈneɪdiən, -z

canaille
BR kəˈnɑːɪ
AM kəˈneɪl, kəˈnaɪ
FR kanɑj

canal
BR kəˈnal, -z
AM kəˈnæl, -z

Canaletto
BR ˌkanəˈlɛtəʊ
AM ˌkænəˈlɛdoʊ

canalisation
BR ˌkanl̩ʌɪˈzeɪʃn
AM ˌkænəlˌaɪˈzeɪʃ(ə)n, ˌkænələˈzeɪʃ(ə)n

canalise
BR ˈkanl̩ʌɪz, -ɪz, -ɪŋ, -d
AM ˈkænəˌlaɪz, -ɪz, -ɪŋ, -d

canalization
BR ˌkanl̩ʌɪˈzeɪʃn
AM ˌkænəlˌaɪˈzeɪʃ(ə)n, ˌkænələˈzeɪʃ(ə)n

canalize
BR ˈkanl̩ʌɪz, -ɪz, -ɪŋ, -d
AM ˈkænəˌlaɪz, -ɪz, -ɪŋ, -d

canalside
BR kəˈnalsʌɪd
AM kəˈnælˌsaɪd

canapé
BR ˈkanəpeɪ, -z
AM ˈkænəpi, ˈkænəpeɪ, -z

canard
BR kaˈnɑːd, ˈkanɑːd, -z
AM kəˈnɑrd, -z

Canarese
BR ˌkanəˈriːz
AM ˌkɑnəˈriz

Canaries
BR kəˈnɛːrɪz
AM kəˈnɛriz

canary
BR kəˈnɛːr|i, -ɪz
AM kəˈnɛri, -z

canasta
BR kəˈnastə(r)
AM kəˈnæstə

canaster
BR kəˈnastə(r)
AM kəˈnæstər,
kəˈnæstər
Canavan
BR ˈkanəvn̩
AM ˈkænəvn
Canaveral
BR kəˈnav(ə)r|
AM kəˈnævər(ə)l,
kəˈnævr(ə)l
Canberra
BR ˈkanb(ə)rə(r)
AM ˈkænbərə,
ˈkænˌbɛrə
cancan
BR ˈkankan, -z
AM ˈkænˌkæn, -z
cancel
BR ˈkans|l, -lz, -|ɪŋ, -ld
AM ˈkæns(ə)l, -z,
-ɪŋ, -d
cancelation
BR ˌkansɪˈleɪʃn, -z
AM ˌkænsəˈleɪʃ(ə)n, -z
canceler
BR ˈkansɪlə(r),
ˈkansl̩ə(r), -z
AM ˈkæns(ə)lər, -z
cancellation
BR ˌkansɪˈleɪʃn, -z
AM ˌkænsəˈleɪʃ(ə)n, -z
canceller
BR ˈkansɪlə(r),
ˈkansl̩ə(r), -z
AM ˈkæns(ə)lər, -z
cancellous
BR ˈkansɪləs, ˈkansl̩əs
AM ˈkænsələs
cancer
BR ˈkansə(r), -z
AM ˈkænsər, -z
Cancerian
BR kanˈsɪərɪən,
kanˈsɛːrɪən, -z
AM kænˈsɛrɪən, -z
cancerous
BR ˈkans(ə)rəs
AM ˈkæns(ə)rəs
cancerously
BR ˈkans(ə)rəsli
AM ˈkæns(ə)rəsli

cancroid
BR ˈkaŋkrɔɪd, -z
AM ˈkæŋkrɔɪd, -z
Cancún
BR kaŋˈkuːn
AM kænˈkun
Candace
BR ˈkandɪs, kanˈdeɪsi
AM ˈkændəs
candela
BR kanˈdiːlə(r),
kanˈdɛlə(r),
ˈkandələ(r), -z
AM kænˈdiːlə,
kænˈdɛlə, -z
candelabra
BR ˌkandɪˈlɑːbrə(r), -z
AM ˌkændəˈlɑbrə, -z
candelabrum
BR ˌkandɪˈlɑːbrəm
AM ˌkændəˈlɑbr(ə)m
Canderel
BR ˈkandərɛl
AM ˈkændərɛl
candescence
BR kanˈdɛsns
AM kənˈdɛs(ə)ns,
kænˈdɛsns
candescent
BR kanˈdɛsnt
AM kənˈdɛs(ə)nt,
kænˈdɛsnt
Candice
BR ˈkandɪs
AM ˈkændəs
candid
BR ˈkandɪd
AM ˈkændəd
Candida
BR ˈkandɪdə(r)
AM kænˈdɪdə,
ˈkændɪdə
candida
BR ˈkandɪdə(r), -z
AM ˈkændɪdə, -z
candidacy
BR ˈkandɪdəs|i, -ɪz
AM ˈkæn(d)ədəsi, -z
candidate
BR ˈkandɪdeɪt,
ˈkandɪdət, -s
AM ˈkæn(d)əˌdeɪt, -s

candidature
BR ˈkandɪdətʃə(r), -z
AM ˈkæn(d)əˌdeɪtʃər,
ˈkæn(d)ədəˌtʃʊ(ə)r,
-z
Candide
BR (ˌ)kɒnˈdiːd,
kɒ̃ˈdiːd
AM kænˈdid
candidiasis
BR ˌkandɪˈdʌɪəsɪs
AM ˌkændəˈdaɪəsəs
candidly
BR ˈkandɪdli
AM ˈkændədli
candidness
BR ˈkandɪdnɪs
AM ˈkændədnəs
candied
BR ˈkandɪd
AM ˈkændid
candiru
BR ˌkandɪˈruː, -z
AM ˌkændəˈruː, -z
candle
BR ˈkandl, -z
AM ˈkænd(ə)l, -z
candleholder
BR ˈkandlˌhəʊldə(r), -z
AM ˈkændlˌ(h)oʊldər,
-z
candlelight
BR ˈkandlˌlʌɪt
AM ˈkændlˌlaɪt
candlelit
BR ˈkandlˌlɪt
AM ˈkændlˌlɪt
Candlemas
BR ˈkandlmas
AM ˈkændlməs
candlepower
BR ˈkandlˌpaʊə(r)
AM ˈkændlˌpaʊ(ə)r
candler
BR ˈkandlə(r), -z
AM ˈkæn(d)ələr, -z
candlestick
BR ˈkandlstɪk, -s
AM ˈkændlˌstɪk, -s
candlewick
BR ˈkandlwɪk
AM ˈkændlˌwɪk

Candlin
BR ˈkandlɪn
AM ˈkæn(d)l(ə)n
candor
BR ˈkandə(r)
AM ˈkændər
candour
BR ˈkandə(r)
AM ˈkændər
candy
BR ˈkand|i, -ɪz, -ɪŋ,
-ɪd
AM ˈkændi, -z, -ɪŋ, -d
candyfloss
BR ˈkandɪflɒs, -ɪz
AM ˈkændiˌflɑs,
ˈkændiˌflɔs, -əz
candytuft
BR ˈkandɪtʌft, -s
AM ˈkændiˌtəf(t), -s
cane
BR keɪn, -z, -ɪŋ, -d
AM keɪn, -z, -ɪŋ, -d
canebrake
BR ˈkeɪnbreɪk, -s
AM ˈkeɪnˌbreɪk, -s
canebreak
BR ˈkeɪnbreɪk, -s
AM ˈkeɪnˌbreɪk, -s
caner
BR ˈkeɪnə(r), -z
AM ˈkeɪnər, -z
Canes Venatici
BR ˌkeɪniːz vɪˈnatɪsʌɪ,
ˌkɑːniːz +, ˌkɑːneɪz
+, + vɛˈnatɪsʌɪ
AM ˌkeɪnɪz vɛˈnadəsi
canicular
BR kəˈnɪkjʊlə(r)
AM kəˈnɪkjələr
canine
BR ˈkeɪnʌɪn,
ˈkanʌɪn, -z
AM ˈkeɪˌnaɪn, -z
caning
BR ˈkeɪnɪŋ, -z
AM ˈkeɪnɪŋ, -z
Canis Major
BR ˌkanɪs ˈmeɪdʒə(r),
ˌkeɪnɪs +
AM ˌkænɪs ˈmeɪdʒər,
ˌkeɪnɪs ˈmeɪdʒər

Canis Minor
BR ˌkanɪs ˈmʌɪnə(r),
ˌkeɪnɪs +
AM ˌkænɪs ˈmaɪnər,
ˌkeɪnɪs ˈmaɪnər

canister
BR ˈkanɪstə(r), -z
AM ˈkænəstər, -z

canker
BR ˈkaŋk|ə(r), -əz,
-(ə)rɪŋ, -əd
AM ˈkæŋkər, -z,
-ɪŋ, -d

cankerous
BR ˈkaŋk(ə)rəs
AM ˈkæŋk(ə)rəs

cankerworm
BR ˈkaŋkəwəːm, -z
AM ˈkæŋkərˌwɜrm, -z

canna
BR ˈkanə(r), -z
AM ˈkænə, -z

cannabis
BR ˈkanəbɪs
AM ˈkænəbəs

Cannae
BR ˈkaniː
AM ˈkæˌnaɪ, ˈkæni

cannel
BR kanl
AM ˈkæn(ə)l

cannellini
BR ˌkanəˈliːni,
ˌkanlˈiːni
AM ˌkænəˈlini

cannelloni
BR ˌkanəˈləʊni,
ˌkanlˈəʊni
AM ˌkænlˈoʊni

canneloni
BR ˌkanəˈləʊni,
ˌkanlˈəʊni
AM ˌkænlˈoʊni

cannelure
BR ˈkanljʊə(r), -z
AM ˈkænlˌ(j)ʊər, -z

canner
BR ˈkanə(r), -z
AM ˈkænər, -z

cannery
BR ˈkan(ə)r|i, -ɪz
AM ˈkænəri, -z

Cannes
BR kan
AM kɑn, kæn

cannibal
BR ˈkanɪbl, -z
AM ˈkænəb(ə)l, -z

cannibalisation
BR ˌkanɪblʌɪˈzeɪʃn
AM ˌkænəbəˌlaɪ-
ˈzeɪʃ(ə)n,
ˌkænəbələˈzeɪʃ(ə)n

cannibalise
BR ˈkanɪblʌɪz, -ɪz,
-ɪŋ, -d
AM ˈkænəbəˌlaɪz, -ɪz,
-ɪŋ, -d

cannibalism
BR ˈkanɪblɪzm
AM ˈkænəbəˌlɪz(ə)m

cannibalistic
BR ˌkanɪblˈɪstɪk
AM ˌkænəbəˈlɪstɪk

cannibalistically
BR ˌkanɪbəˈlɪstɪkli,
ˌkanɪblˈɪstɪkli
AM ˌkænəbəˈlɪstɪk(ə)li

cannibalization
BR ˌkanɪblʌɪˈzeɪʃn
AM ˌkænəbəˌlaɪ-
ˈzeɪʃ(ə)n,
ˌkænəbələˈzeɪʃ(ə)n

cannibalize
BR ˈkanɪblʌɪz, -ɪz, -ɪŋ,
-d
AM ˈkænəbəˌlaɪz, -ɪz,
-ɪŋ, -d

cannikin
BR ˈkanɪkɪn, -z
AM ˈkænək(ə)n, -z

cannily
BR ˈkanɪli
AM ˈkænɪli

canniness
BR ˈkanɪnɪs
AM ˈkænɪnɪs

Canning
BR ˈkanɪŋ
AM ˈkænɪŋ

Cannizzaro
BR ˌkanɪˈzɑːrəʊ
AM ˌkænəˈzɑroʊ,
ˌkænəˈzɛroʊ

Cannock
BR ˈkanək
AM ˈkænək

cannoli
BR kəˈnəʊli
AM kəˈnoʊli

cannon
BR ˈkanən, -z, -ɪŋ, -d
AM ˈkænən, -z, -ɪŋ, -d

cannonade
BR ˌkanəˈneɪd, -z, -ɪŋ,
-ɪd
AM ˌkænəˈneɪd, -z,
-ɪŋ, -ɪd

cannonball
BR ˈkanənbɔːl, -z
AM ˈkænənˌbɑl,
ˈkænənˌbɔl, -z

cannoneer
BR ˌkanəˈnɪə(r), -z
AM ˌkænəˈnɪ(ə)r, -z

cannonry
BR ˈkanənri
AM ˈkænənri

cannot
BR ˈkanɒt, kaˈnɒt
AM ˈkæˌnɑt, kəˈnɑt

cannula
BR ˈkanjʊlə(r), -z
AM ˈkænjələ, -z

cannulae
BR ˈkanjʊliː,
ˈkanjʊlʌɪ
AM ˈkænjəˌlaɪ,
ˈkænjəli

cannulate
BR ˈkanjʊleɪt, -s, -ɪŋ,
-ɪd
AM ˈkænjəˌleɪ|t, -ts,
-dɪŋ, -dɪd

canny
BR ˈkan|i, -ɪə(r), -ɪɪst
AM ˈkæni, -ər, -ɪst

canoe
BR kəˈnuː, -z, -ɪŋ, -d
AM kəˈnu, -z, -ɪŋ, -d

canoeist
BR kəˈnuːɪst, -s
AM kəˈnuəst, -s

canola
BR kəˈnəʊlə(r)
AM kəˈnoʊlə

canon
BR ˈkanən, -z
AM ˈkænən, -z

cañon
BR ˈkanjən, -z
AM ˈkænj(ə)n, -z

Canonbury
BR ˈkanənb(ə)ri
AM ˈkænənbəri,
ˈkænənˌbɛri

canoness
BR ˌkanəˈnɛs, -ɪz
AM ˈkænənəs, -əz

canonic
BR kəˈnɒnɪk
AM kəˈnɑnɪk

canonical
BR kəˈnɒnɪkl, -z
AM kəˈnɑnək(ə)l, -z

canonically
BR kəˈnɒnɪkli
AM kəˈnɑnək(ə)li

canonicate
BR kəˈnɒnɪkət, -s
AM kəˈnɑnəˌkət, -s

canonicity
BR ˌkanəˈnɪsɪti
AM ˌkænəˈnɪsɪdi

canonisation
BR ˌkanənʌɪˈzeɪʃn, -z
AM ˌkænəˌnaɪˈzeɪʃ(ə)n,
ˌkænənəˈzeɪʃn, -z

canonise
BR ˈkanənʌɪz, -ɪz, -ɪŋ,
-d
AM ˈkænəˌnaɪz, -ɪz,
-ɪŋ, -d

canonist
BR ˈkanənɪst, -s
AM ˈkænənəst, -s

canonization
BR ˌkanənʌɪˈzeɪʃn, -z
AM ˌkænəˌnaɪˈzeɪʃ(ə)n,
ˌkænənəˈzeɪʃn, -z

canonize
BR ˈkanənʌɪz, -ɪz, -ɪŋ,
-d
AM ˈkænəˌnaɪz, -ɪz,
-ɪŋ, -d

canonry
BR ˈkanənr|i, -ɪz
AM ˈkænənri, -z

canoodle
BR kəˈnuːd|l, -lz,
-l|ɪŋ\-lɪŋ, -ld
AM kəˈnud(ə)l, -z,
-ɪŋ, -d

Canopic
BR kəˈnəʊpɪk,
kəˈnɒpɪk
AM kəˈnɑpɪk

canopied
BR ˈkanəpɪd
AM ˈkænəpid

Canopus
BR kəˈnəʊpəs
AM kəˈnoʊpəs

canopy
BR ˈkanəp|i, -ɪz
AM ˈkænəpi, -z

canorous
BR kəˈnɔːrəs
AM kəˈnɔrəs

Canova
BR kəˈnəʊvə(r)
AM kəˈnoʊvə

canst
BR kanst
AM kænst

cant
BR kant, -s, -ɪŋ, -ɪd
AM kænt, -s, -ɪŋ, -ɪd

can't
BR kɑːnt
AM kænt

Cantab.
BR ˈkantab
AM ˈkæntæb

cantabile
BR kanˈtɑːbɪleɪ,
kanˈtɑːbl̩eɪ,
kanˈtɑːbɪli,
kanˈtɑːbl̩i
AM kɑnˈtɑbəˌleɪ

Cantabria
BR kanˈtabrɪə(r)
AM kɑnˈteɪbriə

Cantabrian
BR kanˈtabrɪən, -z
AM kɑnˈteɪbriən, -z

Cantabrigian
BR ˌkantəˈbrɪdʒɪən, -z
AM ˌkæn(t)əˈbrɪdʒɪən,
-z

cantal
BR ˈkantɑːl
AM ˈkɑn(t)l

cantaloup
BR ˈkantəluːp, -s
AM ˈkæn(t)lˌoʊp, -s

cantaloupe
BR ˈkantəluːp, -s
AM ˈkæn(t)lˌoʊp, -s

cantankerous
BR kanˈtaŋk(ə)rəs
AM kænˈtæŋk(ə)rəs

cantankerously
BR kanˈtaŋk(ə)rəsli
AM kænˈtæŋk(ə)rəsli

cantankerousness
BR kanˈtaŋk(ə)rəsnəs
AM kænˈtæŋk(ə)rəsnəs

cantata
BR kanˈtɑːtə(r), -z
AM kənˈtɑdə, -z

cantatrice
BR ˌkantəˈtriːs, -ɪz
AM ˌkɑn(t)əˈtris, -ɪz
FR kɑ̃tatʀis

canteen
BR kanˈtiːn, -z
AM kænˈtin, -z

cantelope
BR ˈkantəluːp, -s
AM ˈkæn(t)lˌoʊp, -s

canter
BR ˈkant|ə(r), -əz,
-(ə)rɪŋ, -əd
AM ˈkæntər, -z,
-ɪŋ, -d

Canterbury
BR ˈkantəb(ə)ri
AM ˈkæn(t)ərbəri,
ˈkæn(t)ərˌberi

cantharides
BR kanˈθarɪdiːz
AM kænˈθerədiz

canthi
BR ˈkanθʌɪ
AM ˈkænˌθaɪ

canthus
BR ˈkanθəs
AM ˈkænθəs

canticle
BR ˈkantɪkl, -z
AM ˈkæn(t)ək(ə)l, -z

cantilena
BR ˌkantɪˈlemə(r),
ˌkantɪˈliːnə(r), -z
AM ˌkæn(t)əˈlemə,
ˌkæn(t)əˈlinə, -z

cantilever
BR ˈkantɪliːvə(r),
ˈkantl̩iːvə(r), -z
AM ˈkænt(ə)ˌlivər, -z

cantillate
BR ˈkantɪleɪt, ˈkantl̩eɪt,
-s, -ɪŋ, -ɪd
AM ˈkæn(t)əˌleɪ|t, -ts,
-dɪŋ, -dɪd

cantillation
BR ˌkantɪˈleɪʃn,
ˌkantl̩ˈeɪʃn
AM ˌkæn(t)əˈleɪʃ(ə)n

cantina
BR kanˈtiːnə(r), -z
AM kænˈtinə, -z

cantle
BR ˈkantl
AM ˈkæntl, ˈkæn(t)əl

canto
BR ˈkantəʊ, -z
AM ˈkæn(t)oʊ,
ˈkænˌtoʊ, -z

canton
BR ˈkantɒn, -z
AM ˈkænˌtɑn,
ˈkæn(t)ən,
ˈkæntn̩, -z

Canton[1] *China*
BR ˌkanˈtɒn
AM ˈkænˌtɑn

Canton[2] *US, Wales*
BR ˈkant(ə)n
AM ˈkæn(t)ən,
ˈkæntn̩

cantonal
BR kanˈtɒnl, ˈkantn̩l
AM ˈkæn(t)ən(ə)l,
ˈkænt(ə)n(ə)l,
kænˈtɑn(ə)l

Cantonese
BR ˌkantəˈniːz
AM ˌkæn(t)əˈniz

cantonment
BR kanˈtuːnm(ə)nt, -s
AM kænˈtɑnm(ə)nt,
kænˈtoʊnm(ə)nt, -s

cantor
BR ˈkantɔː(r),
ˈkantə(r), -z
AM ˈkæn(t)ɔ(ə)r,
ˈkæn(t)ər, -z

cantorial
BR kanˈtɔːriəl
AM kænˈtɔriəl

cantoris
BR kanˈtɔːrɪs
AM kænˈtɔrəs

cantrail
BR ˈkantreɪl, -z
AM ˈkænˌtreɪl, -z

Cantrell
BR kanˈtrel
AM ˈkæntr(ə)l,
kænˈtrel

cantrip
BR ˈkantrɪp, -s
AM ˈkænˌtrɪp, -s

Canuck
BR kəˈnʌk, -s
AM kəˈnək, -s

Canute
BR kəˈnjuːt
AM kəˈn(j)ut

canvas
BR ˈkanvəs, -ɪz
AM ˈkænvəs, -əz

canvass
BR ˈkanvəs, -ɪz,
-ɪŋ, -t
AM ˈkænvəs, -əz, -ɪŋ,
-t

canvasser
BR ˈkanvəsə(r), -z
AM ˈkænvəsər, -z

Canvey
BR ˈkanvi
AM ˈkænvi

canyon
BR ˈkanjən, -z
AM ˈkænj(ə)n, -z

canzone
BR kanˈtsəʊn|i,
kanˈzəʊn|i, -ɪz
AM kænˈzoʊni,
kɑnˈzoʊneɪ, -z

canzonet
BR ˌkanzəˈnet, -s
AM ˌkænzəˈnet, -s

canzonetta
BR ˌkanzəˈnetə(r), -z
AM ˌkænzəˈnedə, -z

caoutchouc
BR ˈkaʊtʃʊk
AM kaʊˈtʃʊk

cap
BR kap, -s, -ɪŋ, -t
AM kæp, -s, -ɪŋ, -t

capability
BR ˌkeɪpəˈbɪlɪt|i, -ɪz
AM ˌkeɪpəˈbɪlɪdi, -z

Capablanca
BR ˌkapəˈblaŋkə(r)
AM ˌkapəˈblaŋkə

capable
BR ˈkeɪpəbl
AM ˈkeɪpəb(ə)l

capablness
BR ˈkeɪpəblnəs
AM ˈkeɪpəbəlnəs

capably
BR ˈkeɪpəbli
AM ˈkeɪpəbli

capacious
BR kəˈpeɪʃəs
AM kəˈpeɪʃəs

capaciously
BR kəˈpeɪʃəsli
AM kəˈpeɪʃəsli

capaciousness
BR kəˈpeɪʃəsnəs
AM kəˈpeɪʃəsnəs

capacitance
BR kəˈpasɪt(ə)ns
AM kəˈpæsətns

capacitate
BR kəˈpasɪteɪt, -s, -ɪŋ, -ɪd
AM kəˈpæsəteɪ|t, -ts, -dɪŋ, -dɪd

capacitative
BR kəˈpasɪtətɪv
AM kəˈpæsəˌteɪdɪv

capacitive
BR kəˈpasɪtɪv
AM kəˈpæsədɪv

capacitor
BR kəˈpasɪtə(r), -z
AM kəˈpæsədər, -z

capacity
BR kəˈpasɪt|i, -ɪz
AM kəˈpæsədi, -z

cap-à-pie
BR ˌkapəˈpiː
AM ˌkɑpəˈpi

caparison
BR kəˈparɪs(ə)n, -z, -ɪŋ, -d
AM kəˈpɛrəs(ə)n, -z, -ɪŋ, -d

cape
BR keɪp, -s
AM keɪp, -s

capelin
BR ˈkeɪplɪn, ˈkaplɪn, ˈkeɪplɪn
AM ˈkeɪpəl(ə)n

Capella
BR kəˈpɛlə(r)
AM kəˈpɛlə

capellini
BR ˌkapəˈliːni, ˌkaplˈiːni
AM ˌkæpəˈlini

caper
BR ˈkeɪp|ə(r), -əz, -(ə)rɪŋ, -əd
AM ˈkeɪpər, -z, -ɪŋ, -d

capercaillie
BR ˌkapəˈkeɪl|i, -ɪz
AM ˌkæpərˈkeɪli, -z

capercailzie
BR ˌkapəˈkeɪl|i, -ɪz
AM ˌkæpərˈkeɪlzi, -z

caperer
BR ˈkeɪp(ə)rə(r), -z
AM ˈkeɪpərər, -z

Capernaum
BR kəˈpəːniəm
AM kəˈpərniəm

capeskin
BR ˈkeɪpskɪn
AM ˈkeɪpˌskɪn

Capet
BR ˈkapɪt
AM ˈkæpət, ˈkeɪpɪt
FR kapɛ

Capetian
BR kəˈpiːʃn, -z
AM kəˈpiʃ(ə)n, -z

Cape Verde
BR ˌkeɪp ˈvəːd, + ˈvɛːd
AM ˌkeɪp ˈvərd(i)

Cape Verdean
BR ˌkeɪp ˈvəːdiən, + ˈvɛːdiən, -z
AM ˌkeɪp ˈvərdiən, -z

capful
BR ˈkapfʊl, -z
AM ˈkæpˌfʊl, -z

capias
BR ˈkeɪpiəs
AM ˈkeɪpiəs

capillarity
BR ˌkapɪˈlarɪti
AM ˌkæpəˈlɛrədi

capillary
BR kəˈpɪl(ə)r|i, -ɪz
AM ˈkæpəˌlɛri, -z

Capistrano
BR ˌkapɪˈstrɑːnəʊ
AM ˌkæpəˈstrɑnoʊ

capital
BR ˈkapɪtl, -z
AM ˈkæpədl, -z

capitalisation
BR ˌkapɪtlʌɪˈzeɪʃn
AM ˌkæpədlˌaɪˈzeɪʃ(ə)n, ˌkæpədləˈzeɪʃ(ə)n

capitalise
BR ˈkapɪtlʌɪz, -ɪz, -ɪŋ, -d
AM ˈkæpədlˌaɪz, -ɪz, -ɪŋ, -d

capitalism
BR ˈkapɪtlɪzm
AM ˈkæpədlˌɪz(ə)m

capitalist
BR ˈkapɪtlɪst, -s
AM ˈkæpədləst, -s

capitalistic
BR ˌkapɪtlˈɪstɪk, ˌkapɪtəˈlɪstɪk
AM ˌkæpədlˈɪstɪk

capitalistically
BR ˌkapɪtlˈɪstɪkli, ˌkapɪtəˈlɪstɪkli
AM ˌˌkæpədlˈɪstək(ə)li

capitalization
BR ˌkapɪtlʌɪˈzeɪʃn
AM ˌkæpədlˌaɪˈzeɪʃ(ə)n, ˌkæpədləˈzeɪʃ(ə)n

capitalize
BR ˈkapɪtlʌɪz, -ɪz, -ɪŋ, -d
AM ˈkæpədlˌaɪz, -ɪz, -ɪŋ, -d

capitally
BR ˈkapɪtli
AM ˈkæpədli

capitation
BR ˌkapɪˈteɪʃn, -z
AM ˌkæpəˈteɪʃ(ə)n, -z

capitol
BR ˈkapɪt(ɒ)l, -z
AM ˈkæpədl, -z

capitolian
BR ˌkapɪˈtəʊliən
AM ˌkæpəˈtoʊliən, ˌkæpəˈtoʊlj(ə)n

Capitoline
BR kəˈpɪtlʌɪn, ˈkapɪtlʌɪn
AM ˈkæpədəˌlaɪn

capitula
BR kəˈpɪtjʉlə(r), kəˈpɪtʃʉlə(r)
AM kəˈpɪtʃələ

capitular
BR kəˈpɪtjʉlə(r), kəˈpɪtʃʉlə(r)
AM kəˈpɪtʃələr

capitulary
BR kəˈpɪtjʉlər|i, kəˈpɪtʃʉlər|i, -ɪz
AM kəˈpɪtʃəˌlɛri, -z

capitulate
BR kəˈpɪtjʉleɪt, kəˈpɪtʃʉleɪt, -s, -ɪŋ, -ɪd
AM kəˈpɪtʃəˌleɪ|t, -ts, -dɪŋ, -dɪd

capitulation
BR kəˌpɪtjʉˈleɪʃn, kəˌpɪtʃʉˈleɪʃn
AM kəˌpɪtʃəˈleɪʃ(ə)n

capitulator
BR kəˈpɪtjʉleɪtə(r), kəˈpɪtʃʉleɪtə(r), -z
AM kəˈpɪtʃəˌleɪdər, -z

capitulatory
BR kəˈpɪtjʉlət(ə)ri, kəˈpɪtʃʉlət(ə)ri
AM kəˈpɪtʃələˌtɔri

capitulum
BR kəˈpɪtjʉləm,
kəˈpɪtʃʉləm
AM kəˈpɪtʃəl(ə)m

Caplan
BR ˈkaplən
AM ˈkæpl(ə)n

Caplet
BR ˈkaplɪt
AM ˈkæplət

caplin
BR ˈkeɪplɪn,
ˈkaplɪn, -z
AM ˈkæpl(ə)n, -z

cap'n *captain*
BR kapn
AM ˈkæpm

capo
BR ˈkapəʊ, -z
AM ˈkapoʊ, ˈkeɪpoʊ,
-z

Capo di Monte
BR ˌkapəʊ dɪ ˈmɒnti
AM ˈkapoʊ
di ˈman(t)i

capoeira
BR ˌkapʊˈeɪrə(r)
AM ˌkæpoʊˈeɪrə

capon
BR ˈkeɪpɒn, -z
AM ˈkeɪp(ə)n,
ˈkeɪpɑn, -z

caponata
BR ˌkapə(ʊ)ˈnɑːtə(r)
AM ˌkæpəˈnɑdə

Capone
BR kəˈpəʊn
AM kəˈpoʊn

caponier
BR ˌkapəˈnɪə(r), -z
AM ˌkeɪpəˈnɪ(ə)r,
-z

caponise
BR ˈkeɪpn̩ʌɪz, -ɪz,
-ɪŋ, -d
AM ˈkeɪpəˌnaɪz, -ɪz,
-ɪŋ, -d

caponize
BR ˈkeɪpn̩ʌɪz, -ɪz,
-ɪŋ, -d
AM ˈkeɪpəˌnaɪz, -ɪz,
-ɪŋ, -d

capot
BR kəˈpɒt, -s, -ɪŋ, -ɪd
AM kəˈpɑ|t, -ts, -dɪŋ,
-dəd

capo tasto
BR ˌkapəʊ ˈtastəʊ, -z
AM ˌkapoʊ ˈtɑstoʊ, -z

Capote
BR kəˈpəʊti
AM kəˈpoʊdi

capote
BR kəˈpəʊt, -s
AM kəˈpoʊt, -s

Cappadocia
BR ˌkapəˈdəʊsɪə(r),
ˌkapəˈdəʊʃ(i)ə(r)
AM ˌkæpəˈdoʊʃə

Cappadocian
BR ˌkapəˈdəʊsɪən,
ˌkapəˈdəʊʃɪən,
ˌkapəˈdəʊʃn, -z
AM ˌkæpəˈdoʊʃ(ə)n, -z

cappuccino
BR ˌkapʉˈtʃiːnəʊ, -z
AM ˌkæpəˈtʃinoʊ,
ˌkapəˈtʃinoʊ, -z

cappuchino
BR ˌkapʉˈtʃiːnəʊ, -z
AM ˌkæpəˈtʃinoʊ,
ˌkapəˈtʃinoʊ, -z

Capra
BR ˈkaprə(r)
AM ˈkæprə

Capri
BR kəˈpriː, ˈkapri
AM ˈkæpri, kəˈpri

capric
BR ˈkaprɪk
AM ˈkæprɪk

capriccio
BR kəˈprɪtʃɪəʊ, -z
AM kəˈpritʃioʊ, -z

capriccioso
BR kəˌprɪtʃɪˈəʊsəʊ
AM kəˌpritʃiˈoʊsoʊ

caprice
BR kəˈpriːs, -ɪz
AM kəˈpris, -ɪz

capricious
BR kəˈprɪʃəs
AM kəˈprɪʃəs,
kəˈprɪʃəs

capriciously
BR kəˈprɪʃəsli
AM kəˈprɪʃəsli,
kəˈprɪʃəsli

capriciousness
BR kəˈprɪʃəsnəs
AM kəˈprɪʃəsnəs,
kəˈprɪʃəsns

Capricorn
BR ˈkaprɪkɔːn
AM ˈkæprəˌkɔ(ə)rn

Capricornian
BR ˌkaprɪˈkɔːnɪən, -z
AM ˌkæprəˈkɔrnɪən, -z

Capricornus
BR ˌkaprɪˈkɔːnəs
AM ˌkæprəˈkɔrnəs

caprine
BR ˈkaprʌɪn
AM ˈkæˌpraɪn

capriole
BR ˈkaprɪəʊl, -z, -ɪŋ,
-d
AM ˈkæpriˌoʊl, -z, -ɪŋ,
-d

caproic
BR kaˈprəʊɪk
AM kəˈproʊɪk

caps. *capitals*
BR kaps
AM kæps

Capsian
BR ˈkapsɪən, -z
AM ˈkæpsɪən, -z

capsicum
BR ˈkapsɪkəm, -z
AM ˈkæpsək(ə)m, -z

capsid
BR ˈkapsɪd, -z
AM ˈkæpsəd, -z

capsizal
BR (ˌ)kapˈsʌɪzl
AM kæpˈsaɪz(ə)l,
ˈkæpˌsaɪz(ə)l

capsize
BR (ˌ)kapˈsʌɪz, -ɪz,
-ɪŋ, -d
AM kæpˈsaɪz, ˈkæp-
ˌsaɪz, -ɪz, -ɪŋ, -d

capstan
BR ˈkapst(ə)n, -z
AM ˈkæpst(ə)n, -z

capstone
BR ˈkapstəʊn, -z
AM ˈkæpˌstoʊn, -z

capsular
BR ˈkapsjʉlə(r)
AM ˈkæps(j)ələr

capsulate
BR ˈkapsjʉlət
AM ˈkæps(j)ələt

capsule
BR ˈkapsjuːl, ˈkapsjʉl,
ˈkaps(ə)l, -z
AM ˈkæpˌs(j)ul,
ˈkæps(ə)l, -z

capsulise
BR ˈkapsjʉlʌɪz, -ɪz,
-ɪŋ, -d
AM ˈkæps(j)əˌlaɪz,
-ɪz, -ɪŋ, -d

capsulize
BR ˈkapsjʉlʌɪz, -ɪz,
-ɪŋ, -d
AM ˈkæps(j)əˌlaɪz,
-ɪz, -ɪŋ, -d

captain
BR ˈkapt(ɨ)n, -z, -ɪŋ,
-d
AM ˈkæpt(ə)n, -z, -ɪŋ,
-d

captaincy
BR ˈkapt(ɨ)ns|i, -ɪz
AM ˈkæpt(ə)nsi, -z

captainship
BR ˈkapt(ɨ)nʃɪp, -s
AM ˈkæpt(ə)nˌʃɪp, -s

caption
BR ˈkapʃn, -z
AM ˈkæpʃ(ə)n, -z

captious
BR ˈkapʃəs
AM ˈkæpʃəs

captiously
BR ˈkapʃəsli
AM ˈkæpʃəsli

captiousness
BR ˈkapʃəsnəs
AM ˈkæpʃəsnəs

captivate
BR ˈkaptɪveɪt, -s, -ɪŋ,
-ɪd
AM ˈkæptəˌveɪ|t, -ts,
-dɪŋ, -dɨd

captivatingly
BR ˈkaptɪveɪtɪŋli
AM ˈkæptəˌveɪdɪŋli

captivation
BR ˌkaptɪˈveɪʃn
AM ˌkæptəˈveɪʃ(ə)n

captive
BR ˈkaptɪv, -z
AM ˈkæptɪv, -z

captivity
BR kapˈtɪvɪti
AM kæpˈtɪvɪdi

captor
BR ˈkaptə(r), -z
AM ˈkæpˌtɔ(ə)r, ˈkæptər, -z

capture
BR ˈkaptʃə(r), -z, -ɪŋ, -d
AM ˈkæp(t)ʃər, -z, -ɪŋ, -d

capturer
BR ˈkaptʃ(ə)rə(r), -z
AM ˈkæp(t)ʃərər, -z

Capua
BR ˈkapjʊə(r)
AM ˈkæpjuə

capuche
BR kəˈpuː(t)ʃ, -ɪz
AM kəˈpu(t)ʃ, -əz

Capuchin
BR ˈkapjʊ(t)ʃɪn, -z
AM kəˈp(j)u(t)ʃ(ə)n, ˈkæpjə(t)ʃ(ə)n, -z

Capulet
BR ˈkaplələt
AM ˈkæpjələt

capybara
BR ˌkapɪˈbaːrə(r)
AM ˈkæpəˌbɛrə

car
BR kaː(r), -z
AM kar, -z

Cara
BR ˈkaːrə(r)
AM ˈkɛrə

carabid
BR ˈkarebɪd, -z
AM ˈkɛrəˌbɪd, -z

carabineer
BR ˌkarəbɪˈnɪə(r), -z
AM ˌkɛrəbəˈnɪ(ə)r, -z

carabiner
BR ˌkarəˈbiːnə(r), -z
AM ˌkɛrəˈbinər, -z

carabiniere
BR ˌkarəbɪˈnjɛːri
AM ˌkɛrəbəˈnjɛri
IT karabiˈnjɛre

carabinieri
BR ˌkarəbɪˈnjɛːri
AM ˌkɛrəbəˈnjɛri
IT karabiˈnjɛri

caracal
BR ˈkarəkal, -z
AM ˈkɛrəˌkæl, -z

Caracalla
BR ˌkarəˈkalə(r)
AM ˌkɛrəˈkalə

caracara
BR ˌkarəˈkaːrə(r), -z
AM ˌkɛrəˈkarə, -z

Caracas
BR kəˈrakəs
AM kəˈrækəs, kəˈrakəs

caracole
BR ˈkarəkəʊl, -z
AM ˈkɛrəˌkoʊl, -z

Caractacus
BR kəˈraktəkəs
AM kəˈraktəkəs

caracul
BR ˈkarək(ʌ)l
AM ˈkɛrək(ə)l

Caradoc
BR kəˈradɒk
AM ˈkɛrədak

Caradog
BR kəˈradɒg
AM ˈkɛrəˌdag, ˈkɛrəˌdɔg

carafe
BR kəˈraf, kəˈraːf, -s
AM kəˈræf, -s

caragana
BR ˌkarəˈgaːnə(r)
AM ˌkɛrəˈganə

Carajás
BR kəˈraːhəs
AM kəˈrahəs
PORT karaˈʒaʃ

caramba
BR kəˈrambə(r)
AM kəˈrambə

carambola
BR ˌkarm̩ˈbəʊlə(r), -z
AM ˌkɛrəmˈboʊlə, -z

caramel
BR ˈkarəmɛl, ˈkarm̩(ə)l, -z
AM ˈkɛrəm(ə)l, ˈkɛrəˌmɛl, ˈkarm(ə)l, -z

caramelisation
BR ˌkarm̩lʌɪˈzeɪʃn
AM ˌkarməˌlaɪˈzeɪʃ(ə)n, ˌkarmələˈzeɪʃ(ə)n

caramelise
BR ˈkarm̩lʌɪz, -ɪz, -ɪŋ, -d
AM ˈkarməˌlaɪz, -ɪz, -ɪŋ, -d

caramelization
BR ˌkarm̩lʌɪˈzeɪʃn
AM ˌkarməˌlaɪˈzeɪʃ(ə)n, ˌkarmələˈzeɪʃ(ə)n

caramelize
BR ˈkarm̩lʌɪz, -ɪz, -ɪŋ, -d
AM ˈkarməˌlaɪz, -ɪz, -ɪŋ, -d

carangid
BR kəˈrandʒɪd, -z
AM kəˈræŋgəd, kəˈrændʒəd, -z

carapace
BR ˈkarəpeɪs, -ɪz
AM ˈkɛrəˌpeɪs, -ɪz

carat
BR ˈkarət, -s
AM ˈkɛrət, -s

Caratacus
BR kəˈratəkəs
AM kəˈradəkəs

Caravaggio
BR ˌkarəˈvadʒɪəʊ
AM ˌkɛrəˈvadʒioʊ

caravan
BR ˈkarəvan, -z
AM ˈkɛrəˌvæn, -z

caravanette
BR ˌkarəvəˈnɛt, -s
AM ˌkɛrəvəˈnɛt, -s

caravanner
BR ˈkarəvanə(r), -z
AM ˈkɛrəˌvænər, -z

caravansary
BR ˌkarəˈvans(ə)r|i, -ɪz
AM ˌkɛrəˈvænsəri, -z

caravanserai
BR ˌkarəˈvan|sərʌɪ, ˌkarəˈvan|s(ə)ri, -sərʌɪz\-s(ə)rɪz
AM ˌkærəˈvænsəˌraɪ, -z

caravansery
BR ˌkarəˈvans(ə)r|i, -ɪz
AM ˌkɛrəˈvænsəri, -z

caravel
BR ˈkarəvɛl, ˌkarəˈvɛl, -z
AM ˌkɛrəˈvɛl, ˈkɛrəvɛl, -z

caraway
BR ˈkarəweɪ, -z
AM ˈkɛrəˌweɪ, -z

carb
BR kaːb, -z
AM karb, -z

carbamate
BR ˈkaːbəmeɪt
AM ˈkarbəˌmeɪt

carbazole
BR ˈkaːbəzəʊl
AM ˈkarbəˌzoʊl

carbide
BR ˈkaːbʌɪd, -z
AM ˈkarˌbaɪd, -z

carbine
BR ˈkaːbʌɪn, -z
AM ˈkarbin, ˈkarˌbaɪn, -z

carbineer
BR ˌkaːbɪˈnɪə(r), -z
AM ˌkarbəˈnɪ(ə)r, -z

carbohydrate
BR ˌkaːbə(ʊ)ˈhʌɪdreɪt, -s
AM ˌkarbəˈhaɪdˌreɪt, -s

carbolic
BR kaːˈbɒlɪk
AM karˈbalɪk

carbon
BR ˈkaːbən, -z
AM ˈkarb(ə)n, -z

carbonaceous
BR ˌkɑːbəˈneɪʃəs
AM ˌkɑrbəˈneɪʃəs
carbonade
BR ˌkɑːbəˈneɪd,
ˌkɑːbəˈnɑːd, -z
AM ˌkɑrbəˈneɪd, -z
FR kaʁbɔnad
carbonado
BR ˌkɑːbəˈneɪdəʊ,
ˌkɑːbəˈnɑːdəʊ, -z
AM ˌkɑrbəˈneɪdoʊ, -z
carbonara
BR ˌkɑːbəˈnɑːrə(r)
AM ˌkɑrbəˈnɛrə
carbonate¹ *noun*
BR ˈkɑːbn̩eɪt, -s
AM ˈkɑrbənət, -s
carbonate² *verb*
BR ˈkɑːbn̩eɪt, -s,
-ɪŋ, -ɪd
AM ˈkɑrbəˌneɪ|t, -ts,
-dɪŋ, -dɪd
carbonation
BR ˌkɑːbəˈneɪʃn̩
AM ˌkɑrbəˈneɪʃ(ə)n
carbonatite
BR kɑːˈbɒnətʌɪt
AM ˌkɑrˈbɑnəˌtaɪt
carbonic
BR kɑːˈbɒnɪk
AM kɑrˈbɑnɪk
carboniferous
BR ˌkɑːbəˈnɪf(ə)rəs
AM ˌkɑrbəˈnɪf(ə)rəs
carbonisation
BR ˌkɑːbn̩ʌɪˈzeɪʃn̩
AM ˌkɑrbəˌnaɪˈzeɪʃ(ə)n,
ˌkɑrbənəˈzeɪʃ(ə)n
carbonise
BR ˈkɑːbn̩ʌɪz, -ɪz, -ɪŋ,
-d
AM ˈkɑrbəˌnaɪz, -ɪz,
-ɪŋ, -d
carbonization
BR ˌkɑːbn̩ʌɪˈzeɪʃn̩
AM ˌkɑrbəˌnaɪˈzeɪʃ(ə)n,
ˌkɑrbənəˈzeɪʃ(ə)n
carbonize
BR ˈkɑːbn̩ʌɪz, -ɪz, -ɪŋ, -d
AM ˈkɑrbəˌnaɪz, -ɪz,
-ɪŋ, -d

carbon monoxide
BR ˌkɑːbən
mɒˈnɒksʌɪd
AM ˌkɑrbən
məˈnɑksaɪd
carbonyl
BR ˈkɑːbənɪl,
ˈkɑːbənʌɪl, -z
AM ˈkɑrbəˌnɪl, -z
Carborundum
BR ˌkɑːbəˈrʌndəm
AM ˌkɑrbəˈrənd(ə)m
carboxyl
BR kɑːˈbɒksɪl,
kɑːˈbɒksʌɪl, -z
AM kɑrˈbɑksl, -z
carboxylase
BR kɑːˈbɒksɨleɪz
AM ˌkɑrˈbɑksəˌleɪz
carboxylate
BR kɑːˈbɒksɨleɪt
AM ˌkɑrˈbɑksəˌleɪt
carboxylic
BR ˌkɑːbɒkˈsɪlɪk
AM ˌkɑrˌbɑkˈsɪlɪk
carboy
BR ˈkɑːbɔɪ, -z
AM ˈkɑrˌbɔɪ, -z
carbuncle
BR ˈkɑːbʌŋkl, -z
AM ˈkɑrˌbəŋk(ə)l,
-z
carbuncular
BR kɑːˈbʌŋkjʉlə(r)
AM kɑrˈbəŋkjələr
carburant
BR ˈkɑːbjɜnt, -s
AM ˈkɑrbər(ə)nt,
-s
carburation
BR ˌkɑːbjʉˈreɪʃn̩,
ˌkɑːbəˈreɪʃn̩
AM ˌkɑrb(j)əˈreɪʃ(ə)n
carburet
BR ˈkɑːbjʉrət,
ˈkɑːbərət, -s, -ɪd
AM ˈkɑrbəˌrɛ|t, -ts,
-dəd
carburetor
BR ˌkɑːbəˈrɛtə(r),
ˌkɑːbjʉˈrɛtə(r), -z
AM ˈkɑrbəˌreɪdər, -z

carburetter
BR ˌkɑːbəˈrɛtə(r),
ˌkɑːbjʉˈrɛtə(r), -z
AM ˈkɑrbəˌreɪdər,
-z
carburettor
BR ˌkɑːbəˈrɛtə(r),
ˌkɑːbjʉˈrɛtə(r), -z
AM ˈkɑrbəˌreɪdər,
-z
carcade
BR kɑːˈkeɪd,
ˈkɑːkeɪd, -z
AM ˈkɑrˌkeɪd, -z
carcajou
BR ˈkɑːkə(d)ʒuː
AM ˈkɑrkəˌ(d)ʒu
carcase
BR ˈkɑːkəs, -ɪz
AM ˈkɑrkəs, -əz
carcass
BR ˈkɑːkəs, -ɪz
AM ˈkɑrkəs,
-əz
Carcassonne
BR ˌkɑːkəˈsɒn
AM ˌkɑrkəˈsɑn
Carchemish
BR ˈkɑːkəmɪʃ,
kɑːˈkɛmɪʃ,
kɑːˈkiːmɪʃ
AM ˈkɑrkəˌmɪʃ
carcinogen
BR kɑːˈsɪnədʒ(ə)n,
ˈkɑːsɪnədʒ(ə)n,
ˈkɑːsn̩ədʒ(ə)n, -z
AM ˈkɑrsn̩əˌdʒɛn,
kɑrˈsɪnədʒ(ə)n, -z
carcinogenesis
BR ˌkɑːs(ɨ)nə-
ˈdʒɛnɪsɪs,
ˌkɑːsnəˈdʒɛnɪsɪs
AM ˌkɑrsnoʊ-
ˈdʒɛnəsəs,
ˌkɑrs(ə)nə-
ˈdʒɛnəsəs
carcinogenic
BR ˌkɑːs(ɨ)nəˈdʒɛnɪk,
ˌkɑːsnəˈdʒɛnɪk,
kɑːˌsɪnəˈdʒɛnɪk
AM ˈkɑrsnoʊˈdʒɛnɪk,
ˈkɑrs(ə)nəˈdʒɛnɪk

carcinogenically
BR ˌkɑːs(ɨ)nə-
ˈdʒɛnɪkli,
ˌkɑːsnəˈdʒɛnɪkli,
kɑːˌsɪnəˈdʒɛnɪkli
AM ˈkɑrsnoʊ-
ˈdʒɛnək(ə)li,
ˈkɑrs(ə)nə-
ˈdʒɛnək(ə)li
carcinogenicity
BR ˌkɑːs(ɨ)nə(ʊ)dʒɛ-
ˈnɪsɪti,
ˌkɑːsnə(ʊ)dʒɛ-
ˈnɪsɪti,
kɑːˌsɪnə(ʊ)dʒɛ-
ˈnɪsɪti
AM ˌkɑrs(ə)nədʒɛ-
ˈnɪsɪdi,
ˌkɑrsnoʊdʒɛˈnɪsɨdi
carcinoma
BR ˌkɑːsɪˈnəʊmə(r),
ˌkɑːsn̩ˈəʊmə(r), -z
AM ˌkɑrsəˈnoʊmə, -z
carcinomatous
BR ˌkɑːsɪˈnəʊmətəs,
ˌkɑːsn̩ˈəʊmətəs
AM ˌkɑrsəˈnɑmədəs
card
BR kɑːd, -z, -ɪŋ, -ɪd
AM kɑrd, -z, -ɪŋ, -əd
cardamom
BR ˈkɑːdəməm
AM ˈkɑrdəməm
cardamum
BR ˈkɑːdəməm
AM ˈkɑrdəməm
cardboard
BR ˈkɑːdbɔːd
AM ˈkɑrdˌbɔ(ə)rd
carder
BR ˈkɑːdə(r), -z
AM ˈkɑrdər, -z
Cardew
BR ˈkɑːdjuː, ˈkɑːdʒuː
AM ˈkɑrdʒu, ˈkɑrdju
cardholder
BR ˈkɑːdˌhəʊldə(r), -z
AM ˈkɑrd(h)oʊldər,
-z
cardiac
BR ˈkɑːdɪak, -s
AM ˈkɑrdiˌæk, -s

cardiacal
BR kɑːˈdʌɪəkl
AM kɑrˈdaɪək(ə)l

cardie
BR ˈkɑːd|i, -ɪz
AM ˈkɑrdi, -z

Cardiff
BR ˈkɑːdɪf
AM ˈkɑrdəf

cardigan
BR ˈkɑːdɪg(ə)n, -z
AM ˈkɑrdəg(ə)n, -z

Cardin
BR ˈkɑːdã, ˈkɑːdan
AM kɑrˈdæn

cardinal
BR ˈkɑːdɪnl,
ˈkɑːdn̩l, -z
AM ˈkɑrdən(ə)l,
ˈkɑrdn̩əl, -z

cardinalate
BR ˈkɑːdɪnl̩ət,
ˈkɑːdn̩l̩ət, -s
AM ˈkɑrdənələt,
ˈkɑrdn̩ələt, -s

cardinality
BR ˌkɑːdɪˈnalɪti
AM ˌkɑrdn̩ˈælədi,
ˌkɑrdəˈnælədi

cardinally
BR ˈkɑːdɪnl̩i
AM ˈkɑrdənəli,
ˈkɑrdn̩əli

cardinalship
BR ˈkɑːdɪnl̩ʃɪp,
ˈkɑːdn̩l̩ʃɪp, -s
AM ˈkɑrdənəl̩ʃɪp,
ˈkɑrdn̩əl̩ʃɪp, -s

cardiogram
BR ˈkɑːdɪə(ʊ)gram, -z
AM ˈkɑrdiəˌgræm,
ˈkɑrdioʊˌgræm, -z

cardiograph
BR ˈkɑːdɪə(ʊ)grɑːf, -s
AM ˈkɑrdiəˌgræf,
ˈkɑrdioʊˌgræf, -s

cardiographer
BR ˌkɑːdɪˈɒgrəfə(r), -z
AM ˌkɑrdiˈɑgrəfər, -z

cardiography
BR ˌkɑːdɪˈɒgrəfi
AM ˌkɑrdiˈɑgrəfi

cardiologist
BR ˌkɑːdɪˈɒlədʒɪst, -s
AM ˌkɑrdiˈɑlədʒəst, -s

cardiology
BR ˌkɑːdɪˈɒlədʒi
AM ˌkɑrdiˈɑlədʒi

cardiometer
BR ˌkɑːdɪˈɒmɪtə(r), -z
AM ˌkɑrdiˈɑmədər, -z

cardiopulmonary
BR ˌkɑːdɪəʊˈpʊlmən(ə)ri
AM ˌkɑrdioʊˈpʊlməˌnɛri

cardiovascular
BR ˌkɑːdɪəʊˈvaskjʊlə(r)
AM ˌkɑrdiəˈvæskjələr,
ˌkɑrdioʊˈvæskjələr

cardoon
BR kɑːˈduːn, -z
AM ˌkɑrˈdun, -z

cardphone
BR ˈkɑːdfəʊn, -z
AM ˈkɑrdˌfoʊn, -z

cardpunch
BR ˈkɑːdpʌn(t)ʃ, -ɪz
AM ˈkɑrdˌpən(t)ʃ, -əz

cardsharp
BR ˈkɑːdʃɑːp, -s
AM ˈkɑrdˌʃɑrp, -s

Cardus
BR ˈkɑːdəs
AM ˈkɑrdes

Cardwell
BR ˈkɑːdw(ɛ)l
AM ˈkɑrdˌwɛl

cardy
BR ˈkɑːd|i, -ɪz
AM ˈkɑrdi, -z

care
BR kɛː(r), -z, -ɪŋ, -d
AM kɛ(ə)r, -z, -ɪŋ, -d

careen
BR kəˈriːn, -z, -ɪŋ, -d
AM kəˈrin, -z, -ɪŋ, -d

careenage
BR kəˈriːnɪdʒ
AM kəˈrinɪdʒ

career
BR kəˈrɪə(r), -z, -ɪŋ, -d
AM kəˈrɪ(ə)r, -z, -ɪŋ, -d

careerism
BR kəˈrɪərɪzm
AM kəˈrɪ(ə)ˌrɪz(ə)m

careerist
BR kəˈrɪərɪst, -s
AM kəˈrɪrəst, -s

carefree
BR ˈkɛːfriː, ˌkɛːˈfriː
AM ˈˌkɛrˌfri

carefreely
BR ˈkɛːfriːli, ˌkɛːˈfriːli
AM ˈˌkɛrˌfrili

carefreeness
BR ˈkɛːfriːnɪs, ˌkɛːˈfriːnɪs
AM ˈˌkɛrˌfrinɪs

careful
BR ˈkɛː|f(ʊ)l,
-f(ʊ)lɪst\-fl̩ɪst
AM ˈkɛrf(ə)l, -əst

carefully
BR ˈkɛːf(ʊ)li, ˈkɛːfl̩i
AM ˈkɛrf(ə)li

carefulness
BR ˈkɛːf(ʊ)lnəs
AM ˈkɛrfəlnəs

careless
BR ˈkɛːləs
AM ˈkɛrləs

carelessly
BR ˈkɛːləsli
AM ˈkɛrləsli

carelessness
BR ˈkɛːləsnəs
AM ˈkɛrləsnəs

carer
BR ˈkɛːrə(r), -z
AM ˈkɛrər, -z

caress
BR kəˈrɛs, -ɪz,
-ɪŋ, -t
AM kəˈrɛs, -əz,
-ɪŋ, -t

caressingly
BR kəˈrɛsɪŋli
AM kəˈrɛsɪŋli

caret
BR ˈkarɪt, -s
AM ˈkɛrət, -s

caretake
BR ˈkɛːteɪk, -s, -ɪŋ
AM ˈkɛrˌteɪk, -s, -ɪŋ

caretaker
BR ˈkɛːˌteɪkə(r), -z
AM ˈkɛrˌteɪkər, -z

Carew
BR kəˈruː,
ˈkɛːri
AM ˈkɛru, kəˈru

careworn
BR ˈkɛːwɔːn
AM ˈkɛrˌwɔ(ə)rn

Carey
BR ˈkɛːri
AM ˈkɛri

carezza
BR kəˈrɛtsə(r)
AM kəˈrɛzə,
kəˈrɛtsə

carfare
BR ˈkɑːfɛː(r)
AM ˈkɑrˌfɛ(ə)r

carfax
BR ˈkɑːfaks, -ɪz
AM ˈkɑrˌfæks, -əz

carferry
BR ˈkɑːˌfɛr|i, -ɪz
AM ˈkɑrˌfɛri, -z

carful
BR ˈkɑːfʊl, -z
AM ˈkɑrˌfʊl, -z

Cargill
BR ˈkɑːgɪl, kɑːˈgɪl
AM ˈkɑrg(ə)l,
ˈkɑrˌgɪl

cargo
BR ˈkɑːgəʊ, -z
AM ˈkɑrgoʊ, -z

carhop
BR ˈkɑːhɒp, -s
AM ˈkɑrˌ(h)ɑp, -s

Caria
BR ˈkɛːrɪə(r)
AM ˈkɛriə

cariama
BR ˌkarɪˈɑːmə(r), -z
AM ˌkɛriˈɑmə, -z

Carian
BR ˈkarɪən, -z
AM ˈkɛriən, -z

Carib
BR ˈkarɪb, -z
AM ˈkɛrəb, -z

Caribbean
BR ˌkarɪˈbiːən,
kəˈrɪbiən
AM kəˈrɪbiən,
ˌkɛrəˈbiən
Caribbean Sea
BR ˌkarɪbiːən ˈsiː,
kəˌrɪbiən +
AM kəˈrɪbiən ˈsi,
ˌkɛrəˈbiən ˈsi
caribou
BR ˈkarɪbuː, -z
AM ˈkɛrəˌbu, -z
caricatural
BR ˌkarɪkəˈtʃʊərl̩,
ˌkarɪkəˈtjʊərl̩,
ˌkarɪkəˈtʃɔːrl̩,
ˌkarɪkəˈtjɔːrl̩
AM ˈkɛrəkətʃər(ə)l,
ˌkɛrəkəˈtʃʊr(ə)l
caricature
BR ˈkarɪkətʃʊə(r),
ˈkarɪkətjʊə(r),
ˈkarɪkətʃɔː(r),
ˈkarɪkətjɔː(r), -z,
-ɪŋ, -d
AM ˈkɛrəkətʃər,
ˈkɛrəkəˌtʃʊ(ə)r, -z,
-ɪŋ, -d
caricaturist
BR ˈkarɪkətʃʊərɪst,
ˈkarɪkətjʊərɪst,
ˈkarɪkətʃɔːrɪst,
ˈkarɪkətjɔːrɪst, -s
AM ˈkɛrəkəˌtʃʊərəst, -s
CARICOM
BR ˈkarɪkɒm
AM ˈkɛrəˌkɑm
caries
BR ˈkɛːriːz
AM ˈkɛriz
carillon
BR ˈkarɪljən, ˈkarɪlɒn,
ˈkarl̩ɒn, kəˈrɪlj(ɒ)n,
-z
AM ˈkɛrəl(ə)n,
ˈkɛrəˌlɑn, -z
carina
BR kəˈriːnə(r),
kəˈrʌɪnə(r), -z
AM kəˈraɪnə,
kəˈrinə, -z

carinae
BR kəˈriːniː, kəˈriːnʌɪ,
kəˈrʌɪniː, kəˈrʌɪnʌɪ
AM kəˈriˌnaɪ, kəˈraɪni,
kəˈraɪˌnaɪ, kəˈrini
carinal
BR kəˈriːnl̩, kəˈrʌɪml̩
AM kəˈraɪn(ə)l,
kəˈrin(ə)l
carinate¹ *adjective*
BR ˈkarɪneɪt, ˈkarɪnət
AM ˈkɛrəˌneɪt,
ˈkɛrənət
carinate² *verb*
BR ˈkarɪneɪt, -s, -ɪŋ, -ɪd
AM ˈkɛrəˌneɪ|t, -ts,
-dɪŋ, -dɪd
caring
BR ˈkɛːrɪŋ
AM ˈkɛrɪŋ
Carinthia
BR kəˈrɪnθɪə(r)
AM kəˈrɪnθɪə
carioca
BR ˌkarɪˈəʊkə(r)
AM ˌkɛriˈoʊkə
cariogenic
BR ˌkarɪəˈdʒɛnɪk
AM ˌkɛrioʊˈdʒɛnɪk,
ˌkɛriəˈdʒɛnɪk
carious
BR ˈkɛːrɪəs
AM ˈkɛrɪəs
Carisbrooke
BR ˈkarɪzbrʊk,
ˈkarɪsbrʊk
AM ˈkɛrəsˌbrʊk
carking
BR ˈkɑːkɪŋ
AM ˈkɑrkɪŋ
Carl
BR kɑːl
AM kɑrl
Carla
BR ˈkɑːlə(r)
AM ˈkɑrlə
Carleton
BR ˈkɑːlt(ə)n
AM ˈkɑrlt(ə)n
Carlin
BR ˈkɑːlɪn
AM ˈkɑrlɪn

carline
BR ˈkɑːlʌɪn, ˈkɑːlɪn,
-z
AM ˈkɑrˌlaɪn, -z
Carlisle
BR (ˌ)kɑːˈlʌɪl, ˈkɑːlʌɪl
AM ˌˈkɑrˌlaɪl
Carlo
BR ˈkɑːləʊ
AM ˈkɑrloʊ
carload
BR ˈkɑːləʊd, -z
AM ˈkɑrˌloʊd, -z
Carlovingian
BR ˌkɑːlə(ʊ)ˈvɪn(d)ʒɪən,
ˌkɑːlə(ʊ)ˈvɪn(d)ʒ(ə)n, -z
AM ˌkɑrləˈvɪndʒɪən,
ˌkɑrləˈvɪndʒ(ə)n, -z
Carlow
BR ˈkɑːləʊ
AM ˈkɑrloʊ
Carlsbad
BR ˈkɑːlzbad
AM ˈkɑrlzˌbad,
ˈkɑrlzˌbæd
Carlsberg
BR ˈkɑːlzbəːg
AM ˈkɑrlzˌbərg
Carlson
BR ˈkɑːlsn
AM ˈkɑrls(ə)n
Carlton
BR ˈkɑːlt(ə)n
AM ˈkɑrlt(ə)n
Carly
BR ˈkɑːli
AM ˈkɑrli
Carlyle
BR (ˌ)kɑːˈlʌɪl
AM ˈkɑrˌlaɪl
carmaker
BR ˈkɑːˌmeɪkə(r),
-z
AM ˈkɑrˌmeɪkər, -z
Carman
BR ˈkɑːmən
AM ˈkɑrm(ə)n
carman
BR ˈkɑːmən
AM ˈkɑrm(ə)n

Carmarthen
BR kəˈmɑːðn
AM ˌkɑrˈmɑrð(ə)n
Carmel
BR ˈkɑːm(ɛ)l,
(ˌ)kɑːˈmɛl
AM kɑrˈmɛl
Carmelite
BR ˈkɑːmɨlʌɪt,
ˈkɑːml̩ʌɪt, -s
AM ˈkɑrməˌlaɪt,
-s
Carmen
BR ˈkɑːmɛn
AM ˈkɑrm(ə)n
carmen
BR ˈkɑːmən
AM ˈkɑrm(ə)n
Carmichael
BR kɑːˈmʌɪkl̩,
ˈkɑːmʌɪkl̩
AM ˈkɑrˌmaɪkl
Carmina Burana
BR kɑːˌmiːnə
bɜˈrɑːnə(r)
AM kɑrˌminə
b(j)uˈrɑnə
carminative
BR ˈkɑːmɪnətɪv,
ˈkɑːmnətɪv, -z
AM ˈkɑrməˌneɪdɪv,
kɑrˈmɪnədɪv, -z
carmine
BR ˈkɑːmʌɪn
AM ˈkɑrmaɪn
Carnaby Street
BR ˈkɑːnəbɪ striːt
AM ˈkɑrnəbi ˌstrit
Carnac
BR ˈkɑːnak
AM ˈkɑrˌnæk
carnage
BR ˈkɑːnɪdʒ
AM ˈkɑrnɪdʒ
carnal
BR ˈkɑːnl̩
AM ˈkɑrn(ə)l
carnalise
BR ˈkɑːnl̩ʌɪz, -ɪz,
-ɪŋ, -d
AM ˈkɑrnəˌlaɪz, -ɪz,
-ɪŋ, -d

carnality
BR kɑːˈnalɪti
AM karˈnælədi

carnalize
BR ˈkɑːnlʌɪz, -ɪz,
-ɪŋ, -d
AM ˈkɑrnəˌlaɪz, -ɪz,
-ɪŋ, -d

carnally
BR ˈkɑːnl̩i
AM ˈkɑrnəli

Carnap
BR ˈkɑːnap
AM ˈkɑrnəp

carnap
BR ˈkɑːnap, -s,
-ɪŋ, -t
AM ˈkɑrˌnæp, -s, -ɪŋ,
-t

Carnarvon
BR kəˈnɑːvn
AM kəˈnɑrvn

carnassial
BR kɑːˈnasɪəl, -z
AM kɑrˈnæsɪəl, -z

Carnatic
BR kɑːˈnatɪk
AM kɑrˈnædɪk

carnation
BR kɑːˈneɪʃn, -z
AM kɑrˈneɪʃ(ə)n, -z

carnauba
BR kɑːˈnɔːbə(r),
kɑːˈnaʊbə(r)
AM kɑrˈnɑbə,
kɑrˈnɔbə

Carné
BR kɑːˈneɪ
AM kɑrˈneɪ

Carnegie
BR kɑːˈniːgi
AM kɑrˈneɪgi,
ˈkɑrnəgi

carnelian
BR kɑːˈniːlɪən, -z
AM kɑrˈniliən, -z

carnet
BR ˈkɑːneɪ, -z
AM kɑrˈneɪ, -z

Carney
BR ˈkɑːni
AM ˈkɑrni

Carnforth
BR ˈkɑːnfɔːθ
AM ˈkɑrnˌfɔ(ə)rθ

carnitas
BR kɑːˈniːtəz
AM kɑrˈnidəz

carnival
BR ˈkɑːnɪvl, -z
AM ˈkɑrnəv(ə)l, -z

Carnivora
BR kɑːˈnɪv(ə)rə(r)
AM kɑrˈnɪv(ə)rə

carnivore
BR ˈkɑːnɪvɔː(r), -z
AM ˈkɑrnəˌvɔ(ə)r, -z

carnivorous
BR kɑːˈnɪv(ə)rəs
AM kɑrˈnɪv(ə)rəs

carnivorously
BR kɑːˈnɪv(ə)rəsli
AM kɑrˈnɪv(ə)rəsli

carnivorousness
BR kɑːˈnɪv(ə)rəsnəs
AM kɑrˈnɪv(ə)rəsnəs

Carnot
BR ˈkɑːnəʊ
AM kɑrˈnoʊ

Carnoustie
BR kɑːˈnuːsti
AM kɑrˈnusdi

carny
BR ˈkɑːni
AM ˈkɑrni

carob
BR ˈkarəb, -z
AM ˈkɛrəb, -z

carol
BR ˈkarl̩, -z, -ɪŋ, -d
AM ˈkɛr(ə)l, -z,
-ɪŋ, -d

Carole
BR ˈkarl̩
AM ˈkɛr(ə)l

Carolean
BR ˌkarəˈliːən, -z
AM ˈkɛrəˌlin, -z

caroler
BR ˈkarl̩ə(r), -z
AM ˈkɛrələr, -z

Carolina
BR ˌkarəˈlʌɪnə(r), -z
AM ˌkɛrəˈlaɪnə, -z

Caroline
BR ˈkarəlʌɪn, ˈkarl̩ɪn
AM ˈkɛrəl(ə)n,
ˈkɛrəˌlaɪn

Carolingian
BR ˌkarəˈlɪŋɡɪən,
ˌkarəˈlɪn(d)ʒɪən, -z
AM ˌkɛrəˈlɪn(d)ʒɪən,
ˌkɛrəˈlɪn(d)ʒ(ə)n, -z

caroller
BR ˈkarlə(r), -z
AM ˈkɛrələr, -z

carolus
BR ˈkarələs, -ɪz
AM ˈkɛrələs, -əz

Carolyn
BR ˈkarl̩ɪn
AM ˈkɛrəl(ə)n

carom
BR ˈkarəm, ˈkɑːm̩, -z,
-ɪŋ, -d
AM ˈkɛr(ə)m, -z, -ɪŋ,
-d

Caron
BR ˈkɑːn̩, kəˈrɒn
AM ˈkɛr(ə)n

carotene
BR ˈkarətiːn
AM ˈkɛrəˌtin

carotenoid
BR kəˈrɒtɪnɔɪd
AM kəˈrɑtnˈɔɪd

Carothers
BR kəˈrʌðəz
AM kəˈrəðərz

carotid
BR kəˈrɒtɪd
AM kəˈrɑdəd

carousal
BR kəˈraʊzl, -z
AM kəˈraʊz(ə)l, -z

carouse
BR kəˈraʊz, -ɪz,
-ɪŋ, -d
AM kəˈraʊz, -əz,
-ɪŋ, -d

carousel
BR ˌkarəˈsɛl, -z
AM ˌkɛrəˈsɛl, -z

carouser
BR kəˈraʊzə(r), -z
AM kəˈraʊzər, -z

carp
BR kɑːp, -s, -ɪŋ, -t
AM kɑrp, -s, -ɪŋ, -t

Carpaccio
BR kɑːˈpatʃɪəʊ
AM kɑrˈpatʃ(i)oʊ

carpal
BR ˈkɑːpl, -z
AM ˈkɑrp(ə)l, -z

carpark
BR ˈkɑːpɑːk, -s, -ɪŋ
AM ˈkɑrˌpɑrk, -s, -ɪŋ

Carpathian
BR kɑːˈpeɪθɪən, -z
AM kɑrˈpeɪθiən, -z

carpe diem
BR ˌkɑːpɪ ˈdiːɛm
AM ˌkɑrpə diˈɛm

carpel
BR ˈkɑːpl, -z
AM ˈkɑrp(ə)l, -z

carpellary
BR ˈkɑːpl̩(ə)ri
AM ˈkɑrpəˌlɛri

Carpentaria
BR ˌkɑːp(ɛ)nˈtɛːrɪə(r)
AM ˌkɑrpənˈtɛriə

carpenter
BR ˈkɑːp(ɪ)ntə(r), -z
AM ˈkɑrpən(t)ər, -z

carpentry
BR ˈkɑːp(ɪ)ntri
AM ˈkɑrpəntri

carper
BR ˈkɑːpə(r), -z
AM ˈkɑrpər, -z

carpet
BR ˈkɑːpɪt, -ɪts, -ɪtɪŋ,
-ɪtɪd
AM ˈkɑrpət, -ts, -dɪŋ,
-dəd

carpetbag
BR ˈkɑːpɪtbag, -z, -ɪŋ
AM ˈkɑrpətˌbæg, -z, -ɪŋ

carpetbagger
BR ˈkɑːpɪtˌbagə(r), -z
AM ˈkɑrpətˌbægər, -z

carpet-bomb
BR ˈkɑːpɪtbɒm, -z,
-ɪŋ, -d
AM ˈkɑrpətˌbɑm, -z,
-ɪŋ, -d

carpeting
BR ˈkɑːpɪtɪŋ, -z
AM ˈkɑrpədɪŋ, -z

carphology
BR kɑːˈfɒlədʒi
AM kɑrˈfɑlədʒi

carpi
BR ˈkɑːpʌɪ
AM ˈkɑrˌpaɪ

carpology
BR kɑːˈpɒlədʒi
AM kɑrˈpɑlədʒi

carport
BR ˈkɑːpɔːt, -s
AM ˈkɑrˌpɔ(ə)rt, -s

carpus
BR ˈkɑːpəs
AM ˈkɑrpəs

Carr
BR kɑː(r)
AM kɑr

carrack
BR ˈkarək, -s
AM ˈkɛrək, -s

carrageen
BR ˈkarəgiːn, ˌkarəˈgiːn
AM ˈkɛrəˌgin, ˌkɛrəˈgin

carragheen
BR ˈkarəgiːn, ˌkarəˈgiːn
AM ˈkɛrəˌgin, ˌkɛrəˈgin

Carrara
BR kəˈrɑːrə(r)
AM kəˈrɛrə, kəˈrɑrə

carraway
BR ˈkarəweɪ, -z
AM ˈkɛrəˌweɪ, -z

carrel
BR ˈkarl̩, -z
AM ˈkɛr(ə)l, -z

Carreras
BR kəˈrɛːrəs
AM kəˈrɛrəs

carriage
BR ˈkar|ɪdʒ, -ɪdʒɪz
AM ˈkɛrɪdʒ, -ɪz

carriageway
BR ˈkarɪdʒweɪ, -z
AM ˈkɛrɪdʒˌweɪ, -z

carrick
BR ˈkarɪk
AM ˈkɛrɪk

Carrickfergus
BR ˌkarɪkˈfəːgəs
AM ˌkɛrəkˈfərgəs

Carrie
BR ˈkari
AM ˈkɛri

carrier
BR ˈkarɪə(r), -z
AM ˈkɛriər, -z

Carrington
BR ˈkarɪŋt(ə)n
AM ˈkɛrɪŋt(ə)n

carriole
BR ˈkarɪəʊl, -z
AM ˈkɛrioʊl, -z

carrion
BR ˈkarɪən
AM ˈkɛriən

Carroll
BR ˈkarl̩
AM ˈkɛr(ə)l

Carron
BR ˈkarn̩
AM ˈkɛr(ə)n

carronade
BR ˌkarəˈneɪd, -z
AM ˌkɛrəˈneɪd, -z

carrot
BR ˈkarət, -s
AM ˈkɛrət, -s

carroty
BR ˈkarəti
AM ˈkɛrədi

carrousel
BR ˌkarəˈsɛl, -z
AM ˌkɛrəˈsɛl, -z

Carruthers
BR kəˈrʌðəz, ˈkrɪðəz
AM kəˈrəðərz

carry
BR ˈkar|i, -ɪz, -ɪɪŋ, -ɪd
AM ˈkɛri, -z, -ɪŋ, -d

carryall
BR ˈkarɪɔːl, -z
AM ˈkɛriˌal, ˈkɛriˌɔl, -z

carrycot
BR ˈkarɪkɒt, -s
AM ˈkɛriˌkɑt, -s

carse
BR kɑːs, -ɪz
AM kɑrs, -əz

Carshalton
BR kɑːˈʃɔːlt(ə)n
AM kɑrˈʃɑltən, kɑrˈʃɔltən

carsick
BR ˈkɑːsɪk
AM ˈkɑrˌsɪk

carsickness
BR ˈkɑːˌsɪknɪs
AM ˈkɑrˌsɪknɪs

Carson
BR ˈkɑːsn
AM ˈkɑrs(ə)n

Carstairs
BR ˈkɑːstɛːz
AM ˈkɑrˌstɛrz

cart
BR kɑːt, -s, -ɪŋ, -ɪd
AM kɑr|t, -ts, -dɪŋ, -dəd

cartage
BR ˈkɑːtɪdʒ
AM ˈkɑrdɪdʒ

Cartagena
BR ˌkɑːtəˈdʒiːnə(r), ˌkɑːtəˈheɪnə(r)
AM ˌkɑrdəˈginə, ˌkɑrtəˈheɪnə

carte
BR kɑːt
AM kɑrt
FR kaʁt

carte blanche
BR ˌkɑːt ˈblɒ̃ʃ, + ˈblɑːn(t)ʃ
AM ˈkɑrt ˈblɑn(t)ʃ

carte de visite
BR ˌkɑːt də vɪˈziːt
AM ˌkɑrt də vɪˈzit

cartel
BR kɑːˈtɛl, -z
AM kɑrˈtɛl, -z

cartelisation
BR ˌkɑːtl̩ʌɪˈzeɪʃn
AM ˈkɑrdəˌlaɪˈzeɪʃ(ə)n, ˌkɑrˌtɛləˈzeɪʃ(ə)n

cartelise
BR ˈkɑːtl̩ʌɪz, -ɪz, -ɪŋ, -d
AM ˈkɑrdəˌlaɪz, -ɪz, -ɪŋ, -d

cartelization
BR ˌkɑːtl̩ʌɪˈzeɪʃn
AM ˈkɑrdəˌlaɪˈzeɪʃ(ə)n, ˌkɑrˌtɛləˈzeɪʃ(ə)n

cartelize
BR ˈkɑːtl̩ʌɪz, -ɪz, -ɪŋ, -d
AM ˈkɑrdəˌlaɪz, -ɪz, -ɪŋ, -d

carter
BR ˈkɑːtə(r), -z
AM ˈkɑrdər, -z

Carteret
BR ˈkɑːtərɪt, ˈkɑːtərɛt
AM ˌkɑrdərˈɛt, ˈkɑrdərət

cartes blanches
BR ˌkɑːts ˈblɒ̃ʃ, + ˈblɑːn(t)ʃ
AM ˈkɑrts ˈblɑn(t)ʃ

cartes de visite
BR ˌkɑːt də vɪˈziːt
AM ˌkɑrt də vɪˈzit
FR kaʁt də vizit

Cartesian
BR kɑːˈtiːzɪən, kɑːˈtiːʒn, -z
AM kɑrˈtiʒ(ə)n, -z

Cartesianism
BR kɑːˈtiːzɪənɪzm
AM kɑrˈtiʒəˌnɪz(ə)m

cartful
BR ˈkɑːtfʊl, -z
AM ˈkɑrtˌfʊl, -z

Carthage
BR ˈkɑːθɪdʒ
AM ˈkɑrθədʒ

Carthaginian
BR ˌkɑːθəˈdʒɪnɪən, -z
AM ˌkɑrθəˈdʒɪniən, -z

carthorse
BR ˈkɑːθɔːs, -ɪz
AM ˈkɑrt,(h)ɔ(ə)rs, -ɪz

Carthusian
BR kɑːˈθjuːzɪən, -z
AM kɑrˈθ(j)uʒ(ə)n, -z

Cartier
BR ˈkɑːtɪeɪ
AM ˌkɑrdiˈeɪ

Cartier-Bresson
BR ˌkɑːtɪeɪˈbrɛsɒ̃
AM ˌkɑrdiˌeɪbrəˈsan, ˌkɑrdiˌeɪbrəˈsɔn

cartilage
BR ˈkɑːtɪl|ɪdʒ, ˈkɑːtl̩|ɪdʒ, -ɪdʒɪz
AM ˈkɑːrdlɪdʒ, -ɪz
cartilaginoid
BR ˌkɑːtɪˈladʒɪnɔɪd, ˌkɑːtlˈadʒɪnɔɪd, ˌkɑːtɪˈladʒn̩ɔɪd, ˌkɑːtlˈadʒn̩ɔɪd
AM ˌkɑːrdlˈædʒənɔɪd
cartilaginous
BR ˌkɑːtɪˈladʒɪnəs, ˌkɑːtlˈadʒɪnəs, ˌkɑːtɪˈladʒn̩əs, ˌkɑːtlˈadʒn̩əs
AM ˌkɑːrdlˈædʒənəs
Cartland
BR ˈkɑːtlənd
AM ˈkɑːrtlənd
cartload
BR ˈkɑːtləʊd, -z
AM ˈkɑːrtˌloʊd, -z
Cartmel
BR ˈkɑːtm(ɛ)l
AM ˈkɑːrtˌmɛl
cartogram
BR ˈkɑːtəgram, -z
AM ˈkɑːrdəˌgræm, -z
cartographer
BR kɑːˈtɒgrəfə(r), -z
AM kɑːrˈtɑgrəfər, -z
cartographic
BR ˌkɑːtəˈgrafɪk
AM ˌkɑːrdəˈgræfɪk
cartographical
BR ˌkɑːtəˈgrafɪkl
AM ˌkɑːrdəˈgræfək(ə)l
cartographically
BR ˌkɑːtəˈfrafɪkli
AM ˌkɑːrdəˈgræfək(ə)li
cartography
BR kɑːˈtɒgrəfi
AM kɑːrˈtɑgrəfi
cartomancy
BR ˈkɑːtə(ʊ)mansi
AM ˈkɑːrdəˌmænsi
carton
BR ˈkɑːtn, -z
AM ˈkɑːrtn, -z
cartoon
BR kɑːˈtuːn, -z, -ɪŋ
AM kɑːrˈtun, -z, -ɪŋ

cartoonish
BR kɑːˈtuːnɪʃ
AM kɑːrˈtunɪʃ
cartoonist
BR kɑːˈtuːnɪst, -s
AM kɑːrˈtunəst, -s
cartoony
BR kɑːˈtuːni
AM kɑːrˈtuni
cartophilist
BR kɑːˈtɒfɪlɪst, kɑːˈtɒfl̩ɪst, -s
AM kɑːrˈtɑfələst, -s
cartophily
BR kɑːˈtɒfɪli, kɑːˈtɒfl̩i
AM kɑːrˈtɑfəli
cartouche
BR kɑːˈtuːʃ, -ɪz
AM kɑːrˈtuʃ, -ɪz
cartridge
BR ˈkɑːtr|ɪdʒ, -ɪdʒɪz
AM ˈkɑːrtrɪdʒ, -ɪz
cartulary
BR ˈkɑːtjʊləri, ˈkɑːtʃʊləri
AM ˈkɑːrtʃəˌlɛri
cartwheel
BR ˈkɑːtwiːl, -z, -ɪŋ, -d
AM ˈkɑːrtˌ(h)wil, -z, -ɪŋ, -d
cartwright
BR ˈkɑːtrʌɪt, -s
AM ˈkɑːrtˌraɪt, -s
caruncle
BR kəˈrʌŋkl, -z
AM kəˈrəŋk(ə)l, -z
caruncular
BR kəˈrʌŋkjʊlə(r)
AM kəˈrəŋkjələr
Caruso
BR kəˈruːsəʊ, kəˈruːzəʊ
AM kəˈrusoʊ
Caruthers
BR kəˈrʌðəz, ˈkrɪðəz
AM kəˈrəðərz
carve
BR kɑːv, -z, -ɪŋ, -d
AM kɑrv, -z, -ɪŋ, -d
carvel
BR ˈkɑːv(ɛ)l, -z
AM ˈkɑrv(ə)l, -z

carven
BR ˈkɑːvn
AM ˈkɑrv(ə)n
carver
BR ˈkɑːvə(r), -z
AM ˈkɑrvər, -z
carvery
BR ˈkɑːv(ə)r|i, -ɪz
AM ˈkɑrv(ə)ri, -z
carve-up
BR ˈkɑːvʌp
AM ˈkɑrvəp
carving
BR ˈkɑːvɪŋ, -z
AM ˈkɑrvɪŋ, -z
carwash
BR ˈkɑːwɒʃ, -ɪz
AM ˈkɑrˌwɑʃ, ˈkɑrˌwɔʃ, -əz
Cary[1] *forename*
BR ˈkari
AM ˈkɛri
Cary[2] *surname*
BR ˈkɛːri
AM ˈkɛri
caryatid
BR ˌkarɪˈatɪd, ˌkɛriəˌtɪd, ˌkɛriˈædəd, -z
Caryl
BR ˈkarɪl, ˈkarl̩
AM ˈkɛr(ə)l
caryopsis
BR ˌkarɪˈɒpsɪs, -ɪz
AM ˌkɛriˈɑpsəs, -əz
carzey
BR ˈkɑːz|i, -ɪz
AM ˈkɑrzi, -z
casa
BR ˈkɑːsə(r), ˈkɑsə(r), -z
AM ˈkɑsə, ˈkɑzə, -z
Casablanca
BR ˌkasəˈblaŋkə(r)
AM ˌkæsəˈblæŋkə, ˌkɑsəˈblɑŋkə
Casals
BR kəˈsalz
AM kəˈsɑls

Casanova
BR ˌkasəˈnəʊvə(r), -z
AM ˌkæsəˈnoʊvə, ˌkæzəˈnoʊvə, -z
casbah
BR ˈkazbɑː(r), -z
AM ˈkæzˌbɑ, ˈkæsˌbɑ, -z
cascabel
BR ˈkaskəb(ə)l, -z
AM ˈkæskəb(ə)l, -z
cascade
BR kaˈskeɪd, -z, -ɪŋ, -ɪd
AM kæˈskeɪd, -z, -ɪŋ, -ɪd
cascara
BR kaˈskɑːrə(r)
AM kæˈskɛrə
cascarilla
BR ˌkaskəˈrɪlə(r)
AM ˌkæskəˈrɪlə
case
BR keɪs, -ɪz, -ɪŋ, -t
AM keɪs, -ɪz, -ɪŋ, -t
caseation
BR ˌkeɪsiˈeɪʃn
AM ˌkeɪsiˈeɪʃ(ə)n
casebook
BR ˈkeɪsbʊk, -s
AM ˈkeɪsˌbʊk, -s
casebound
BR ˈkeɪsbaʊnd
AM ˈkeɪsˌbaʊnd
casein
BR ˈkeɪsɪɪn, ˈkeɪsiːn
AM ˈkeɪsin, keɪˈsin
caseinogen
BR keɪˈsiːnədʒ(ə)n, ˌkeɪsɪˈnədʒ(ə)n
AM ˌkeɪsiˈɪnədʒ(ə)n, keɪˈseɪnədʒ(ə)n
caseload
BR ˈkeɪsləʊd, -z
AM ˈkeɪsˌloʊd, -z
casemate
BR ˈkeɪsmeɪt, -s
AM ˈkeɪsˌmeɪt, -s
casement
BR ˈkeɪsm(ə)nt, -s
AM ˈkeɪsm(ə)nt, -s

caseous
BR ˈkeɪsɪəs
AM ˈkeɪsɪəs

casern
BR kəˈzəːn, -z
AM kəˈzɜrn, -z

casework
BR ˈkeɪswəːk
AM ˈkeɪsˌwɜrk

caseworker
BR ˈkeɪsˌwəːkə(r), -z
AM ˈkeɪsˌwɜrkər, -z

Casey
BR ˈkeɪsi
AM ˈkeɪsi

cash
BR kaʃ, -ɪz, -ɪŋ, -t
AM kæʃ, -əz, -ɪŋ, -t

cashable
BR ˈkaʃəbl
AM ˈkæʃəb(ə)l

cashbook
BR ˈkaʃbʊk, -s
AM ˈkæʃˌbʊk, -s

cashbox
BR ˈkaʃbɒks, -ɪz
AM ˈkæʃˌbɑks, -əz

cashew
BR kaˈʃuː, kaˈʃuː, -z
AM ˈkæˌʃu, -z

cashflow
BR ˈkaʃfləʊ
AM ˈkæʃˌfloʊ

cashier
BR kaˈʃɪə(r), -z, -ɪŋ, -d
AM kæˈʃɪ(ə)r, -z, -ɪŋ, -d

cashless
BR ˈkaʃləs
AM ˈkæʃləs

Cashman
BR ˈkaʃmən
AM ˈkæʃm(ə)n

cashmere
BR ˈkaʃmɪə(r),
ˌkaʃˈmɪə(r)
AM kæʒˈmɪ(ə)r,
ˈkæʃmɪ(ə)r,
kæʃˈmɪ(ə)r,
ˈkæʒmɪ(ə)r

cashpoint
BR ˈkaʃpɔɪnt, -s
AM ˈkæʃˌpɔɪnt, -s

casing
BR ˈkeɪsɪŋ, -z
AM ˈkeɪsɪŋ, -z

casino
BR kəˈsiːnəʊ, -z
AM kəˈsinoʊ, -z

Casio
BR ˈkasɪəʊ
AM ˈkæsioʊ

cask
BR kɑːsk, -s
AM kæsk, -s

casket
BR ˈkɑːskɪt, -s
AM ˈkæskət, -s

Caslon
BR ˈkazlɒn
AM ˈkæsl(ə)n

Caspar
BR ˈkaspə(r)
AM ˈkæspər

Casper
BR ˈkaspə(r)
AM ˈkæspər

Caspian Sea
BR ˌkaspɪən ˈsiː
AM ˌkæspɪən ˈsi

casque
BR kask, kɑːsk, -s
AM kæsk, -s

Cassandra
BR kəˈsandrə(r), -z
AM kəˈsændrə, -z

cassareep
BR ˈkasəriːp
AM ˈkæsəˌrip

cassata
BR kəˈsɑːtə(r)
AM kəˈsɑdə

cassation
BR kaˈseɪʃn, -z
AM kæˈseɪʃ(ə)n,
kəˈseɪʃ(ə)n, -z

cassava
BR kəˈsɑːvə(r)
AM kəˈsɑvə

Cassegrain
BR ˌkasɪˈgreɪn
AM ˈkæsəˌgreɪn

Cassel
BR ˈkasl
AM ˈkæs(ə)l

Cassell
BR ˈkasl
AM ˈkæs(ə)l

casserole
BR ˈkasərəʊl, -z
AM ˈkæsəˌroʊl, -z

cassette
BR kəˈsɛt, -s
AM kəˈsɛt, -s

cassia
BR ˈkasɪə(r)
AM ˈkæʃə

Cassidy
BR ˈkasɪdi
AM ˈkæsədi

Cassie
BR ˈkasi
AM ˈkæsi

Cassiopeia
BR ˌkasɪə(ʊ)ˈpiːə(r)
AM ˌkæsɪəˈpiə

cassis
BR kaˈsiːs, ˈkasiːs
AM kəˈsis, kɑˈsis
FR kasis

cassiterite
BR kəˈsɪtərʌɪt
AM kəˈsɪdəˌraɪt

Cassius
BR ˈkasɪəs
AM ˈkæsiəs

Cassivelaunus
BR ˌkasɪvɪˈlɔːnəs
AM ˌkæsəvəˈlɑnəs,
ˌkæsəvəˈlɔnəs

cassock
BR ˈkasək, -s, -t
AM ˈkæsək, -s, -t

Casson
BR ˈkasn
AM ˈkæs(ə)n

cassoulet
BR ˌkasʊˈleɪ,
ˈkasʊleɪ, -z
AM ˌkæsʊˈleɪ,
ˌkæsəˈleɪ, -z
FR kasulɛ

cassowary
BR ˈkasəwər|i,
ˈkasəwɛːr|i,
-ɪz
AM ˈkæsəwɛri, -z

cast
BR kɑːst, -s, -ɪŋ
AM kæst, -s, -ɪŋ

Castalia
BR kaˈsteɪlɪə(r)
AM kəˈsteɪliə,
kəˈsteɪljə

Castalian
BR kaˈsteɪlɪən
AM kəˈsteɪliən,
kəˈsteɪlj(ə)n

castanet
BR ˌkastəˈnɛt, -s
AM ˌkæstəˈnɛt, -s

castaway
BR ˈkɑːstəweɪ, -z
AM ˈkæstəˌweɪ, -z

caste
BR kɑːst, -s
AM kæst, -s

casteism
BR ˈkɑːstɪzm
AM ˈkæstˌɪz(ə)m

castelan
BR ˈkastələn, -z
AM ˈkæstəˌlæn,
ˈkæstəl(ə)n, -z

Castel Gandolfo
BR ˌkast(ɛ)l ganˈdɒlfəʊ
AM ˌkæst(ə)l gɑnˈdɑlfoʊ, ˌkæst(ə)l gɑnˈdɔlfoʊ

castellan
BR ˈkastələn, -z
AM ˈkæstəˌlæn,
ˈkæstəl(ə)n, -z

castellated
BR ˈkastɪleɪtɪd,
ˈkastˌleɪtɪd
AM ˈkæs(t)əˌleɪdɪd

castellation
BR ˌkastɪˈleɪʃn,
ˌkastlˈeɪʃn, -z
AM ˌkæs(t)əˈleɪʃ(ə)n,
-z

caster
BR ˈkɑːstə(r), -z
AM ˈkæstər, -z

Casterbridge
BR ˈkɑːstəbrɪdʒ
AM ˈkæstərˌbrɪdʒ

castigate
BR ˈkæstɪgeɪt, -s,
-ɪŋ, -ɪd
AM ˈkæstəˌgeɪ|t, -ts,
-dɪŋ, -dɪd

castigation
BR ˌkæstɪˈgeɪʃn
AM ˌkæstəˈgeɪʃ(ə)n

castigator
BR ˈkæstɪgeɪtə(r), -z
AM ˈkæstəˌgeɪdər, -z

castigatory
BR ˈkæstɪgeɪt(ə)ri,
ˈkæstɪgətri
AM ˈkæstəgəˌtɔri

Castile
BR kæˈstiːl, kəˈstiːl
AM kæˈstiːl

Castilian
BR kæˈstɪliən, -z
AM kəˈstɪlj(ə)n,
kæˈstɪliən, kəˈstɪliən,
kæˈstɪlj(ə)n, -z

Castillo
BR kæˈstiː(j)əʊ
AM kæˈstiː(j)oʊ

castle
BR ˈkɑːs|l, -lz,
-l̩ɪŋ\-lɪŋ, -ld
AM ˈkæs(ə)l, -z, -ɪŋ, -d

Castlebar
BR ˌkɑːsl̩ˈbɑː(r),
ˌkæsl̩ˈbɑː(r)
AM ˌkæsəlˈbɑr

Castleford
BR ˈkɑːslfəd, ˈkɑːslfəd
AM ˈkæsəlfərd

Castlemaine
BR ˈkɑːslmeɪn,
ˈkæslmeɪn
AM ˈkæsəlˌmeɪn

Castlereagh
BR ˈkɑːslreɪ
AM ˈkæsəlreɪ

Castleton
BR ˈkɑːslt(ə)n,
ˈkɑːslt(ə)n
AM ˈkæsəlt(ə)n

Castlewellan
BR ˌkɑːsl̩ˈwɛlən,
ˌkæsl̩ˈwɛlən
AM ˌkæsəlˈwɛl(ə)n

castor
BR ˈkɑːstə(r), -z
AM ˈkæstər, -z

castrate
BR kæˈstreɪt, -s,
-ɪŋ, -ɪd
AM ˈkæˌstreɪ|t, -ts,
-dɪŋ, -dɪd

castrati
BR kæˈstrɑːtiː
AM kæˈstrɑdi

castration
BR kæˈstreɪʃn, -z
AM kæˈstreɪʃ(ə)n, -z

castrative
BR kæˈstreɪtɪv
AM kæˈstreɪdɪv

castrato
BR kæˈstrɑːtəʊ
AM kæˈstrɑdoʊ

castrator
BR kæˈstreɪtə(r), -z
AM ˈkæˌstreɪdər, -z

castratory
BR kæˈstreɪt(ə)ri
AM ˈkæstrəˌtɔri

Castries
BR kæˈstriːz, kæˈstriːs
AM ˌkæsˈtriz

Castro
BR ˈkæstrəʊ
AM ˈkæstroʊ

Castroism
BR ˈkæstrəʊɪzm
AM ˈkæstrəˌwɪz(ə)m

Castrol
BR ˈkæstr(ɒ)l
AM ˈkæsˌtrɑl, ˈkæsˌtrɔl

casual
BR ˈkæʒʊ(ə)l,
ˈkæʒjʊl, ˈkæzjʊ(ə)l,
ˈkæzjʊl
AM ˈkæʒuəl

casually
BR ˈkæʒʊ(ə)li,
ˈkæʒjʊli, ˈkæzjʊli
AM ˈkæʒ(əw)əli

casualness
BR ˈkæʒʊ(ə)lnəs,
ˈkæʒj(ʊ)lnəs,
ˈkæzjʊlnəs
AM ˈkæʒ(əw)əlnəs

casualty
BR ˈkæʒ(j)ʊlt|i, -ɪz
AM ˈkæʒ(əw)əlti, -z

casuarina
BR ˌkæzjʊəˈriːnə(r),
ˌkæʒjʊəˈriːnə(r),
ˌkæzjʊəˈrʌɪnə(r),
ˌkæzjʊəˈrʌɪnə(r), -z
AM ˌkæʒuəˈraɪnə,
ˌkæʒuəˈrinə, -z

casuist
BR ˈkæzjʊɪst, ˈkæʒʊɪst,
-s
AM ˈkæʒəwəst, -s

casuistic
BR ˌkæzjʊˈɪstɪk,
ˌkæʒʊˈɪstɪk
AM ˌkæʒəˈwɪstɪk

casuistical
BR ˌkæzjʊˈɪstɪkl,
ˌkæʒʊˈɪstɪkl
AM ˌkæʒəˈwɪstɪk(ə)l

casuistically
BR ˌkæzjʊˈɪstɪkli,
ˌkæʒʊˈɪstɪkli
AM ˌkæʒəˈwɪstɪk(ə)li

casuistry
BR ˈkæzjʊɪstri,
ˈkæʒʊɪstri
AM ˈkæʒəwəstri

casus belli
BR ˌkɑːsəs ˈbeliː,
ˌkeɪsəs ˈbelʌɪ
AM ˌkeɪsəs ˈbeli,
ˌkɑsəs ˈbeli

Casy
BR ˈkeɪsi
AM ˈkeɪsi

cat
BR kat, -s
AM kæt, -s

catabolic
BR ˌkatəˈbɒlɪk
AM ˌkædəˈbɑlɪk,
ˌkædəˈbɔlɪk

catabolically
BR ˌkatəˈbɒlɪkli
AM ˌkædəˈbɑlək(ə)li,
ˌkædəˈbɔlək(ə)li

catabolism
BR kəˈtabəlɪzm
AM kəˈtæbəˌlɪz(ə)m

catabolize
BR kəˈtabəlʌɪz, -ɪz,
-ɪŋ, -d
AM kəˈtæbəˌlaɪz, -ɪz,
-ɪŋ, -d

catachesis
BR ˌkatəˈkiːsɪs
AM ˌkædəˈkisɪs

catachresis
BR ˌkatəˈkriːsɪs
AM ˌkædəˈkrisɪs

catachrestic
BR ˌkatəˈkrɛstɪk
AM ˌkædəˈkrɛstɪk

catachrestical
BR ˌkatəˈkrɛstɪkl
AM ˌkædəˈkrɛstək(ə)l

cataclasis
BR ˌkatəˈkleɪsɪs, -ɪz
AM ˌkædəˈkleɪsɪs, -ɪz

cataclasm
BR ˈkatəˌklazm, -z
AM ˈkædəˌklæz(ə)m,
-z

cataclastic
BR ˌkatəˈklastɪk
AM ˌkædəˈklæstɪk

cataclysm
BR ˈkatəklɪz(ə)m, -z
AM ˈkædəˌklɪz(ə)m, -z

cataclysmal
BR ˌkatəˈklɪzml
AM ˌkædəˈklɪzm(ə)l

cataclysmic
BR ˌkatəˈklɪzmɪk
AM ˌkædəˈklɪzmɪk

cataclysmically
BR ˌkatəˈklɪzmɪkli
AM ˌkædəˈklɪzmɪk(ə)li

catacomb
BR ˈkatəkuːm, -z
AM ˈkædəˌkoʊm,
-z

catadioptric
BR ˌkatədʌɪˈɒptrɪk
AM ˌkædəˌdaɪˈɑptrɪk

catadromous
BR kəˈtadrəməs
AM kəˈtædrəməs

catafalque
BR ˈkatəfalk, -s
AM ˈkædəˌfælk, -s

Catalan
BR ˈkatlən, -z
AM ˈkædəl(ə)n,
ˈkædlˌæn, -z

catalase
BR ˈkatlˌeɪz, -ɪz
AM ˈkædlˌeɪz,
ˈkædlˌeɪs, -ɪz

catalectic
BR ˌkatəˈlɛktɪk,
ˌkatlˈɛktɪk
AM ˌkædəˈlɛktɪk

catalepsy
BR ˈkatlˌepsi
AM ˈkædlˌepsi

cataleptic
BR ˌkatəˈleptɪk,
ˌkatlˈeptɪk
AM ˌkædlˈeptɪk

Catalina
BR ˌkatəˈliːnə(r)
AM ˌkædəˈliːnə

catalog
BR ˈkatlˌɒg, -z, -ɪŋ, -d
AM ˈkædlˌag,
ˈkædlˌɔg, -z, -ɪŋ, -d

catalogue
BR ˈkatlˌɒg, -z, -ɪŋ, -d
AM kædlˌag, ˈkædlˌɔg,
-z, -ɪŋ, -d

cataloguer
BR ˈkatlˌɒgə(r), -z
AM ˈkædlˌagər,
ˈkædlˌɔgər, -z

catalogue raisonné
BR ˌkatlˌɒg ˌreɪzɒˈneɪ
AM ˌkædlˌag rezəˈneɪ,
ˌkædlˌɔg rezəˈneɪ
FR katalɔg ʀɛzɔne

catalogues raisonnés
BR ˌkatlˌɒg ˌreɪzɒˈneɪz
AM ˌkædlˌag rezəˈneɪz,
ˌkædlˌɔg rezəˈneɪz
FR katalɔg ʀɛzɔne

Catalonia
BR ˌkatəˈləʊnɪə(r),
ˌkatlˈəʊnɪə(r)
AM ˌkædlˈoʊnɪə

Catalonian
BR ˌkatəˈləʊnɪən,
ˌkatlˈəʊnɪən, -z
AM ˌkædlˈoʊnɪən, -z

catalpa
BR kəˈtalpə(r)
AM kəˈtælpə

catalyse
BR ˈkatlˌʌɪz, -ɪz, -ɪŋ, -d
AM ˈkædlˌaɪz, -ɪz,
-ɪŋ, -d

catalyser
BR ˈkatlˌʌɪzə(r)
AM ˈkædlˌaɪzər

catalysis
BR kəˈtalɪsɪs
AM kəˈtæləsəs

catalyst
BR ˈkatlɪst, -s
AM ˈkædləst, -s

catalytic
BR ˌkatəˈlɪtɪk
AM ˌkædəˈlɪdɪk

catalyze
BR ˈkatlˌʌɪz, -ɪz, -ɪŋ, -d
AM ˈkædlˌaɪz, -ɪz, -ɪŋ,
-d

catamaran
BR ˈkatəməˌran,
ˌkatəməˈran, -z
AM ˈkædəməˌræn, -z

catamite
BR ˈkatəmʌɪt, -s
AM ˈkædəˌmaɪt, -s

catamount
BR ˈkatəˌmaʊnt, -s
AM ˈkædəˌmaʊnt, -s

catamountain
BR ˌkatəˌmaʊntn̩, -z
AM ˌkædəˌmaʊntn̩, -z

catananche
BR ˌkatəˈnaŋk|i, -ɪz
AM ˌkædəˈnæŋki, -z

Catania
BR kəˈtanɪə(r)
AM kəˈteɪnɪə,
kəˈtanɪə

cataphora
BR kəˈtaf(ə)rə(r)
AM kəˈtæf(ə)rə

cataphoresis
BR ˌkatəfəˈriːsɪs
AM ˌkædəfəˈrɪsɪs

cataphoretic
BR ˌkatəfəˈrɛtɪk
AM ˌkædəfəˈrɛdɪk

cataphoretically
BR ˌkatəfəˈrɛtɪkli
AM ˌkædəfəˈrɛdək(ə)li

cataplasm
BR ˈkatəˌplazm, -z
AM ˈkædəˌplæz(ə)m, -z

cataplectic
BR ˌkatəˈplɛktɪk
AM ˌkædəˈplɛktɪk

cataplexy
BR ˈkatəˌplɛks|i, -ɪz
AM ˈkædəˌplɛksi, -z

catapult
BR ˈkatəpʌlt,
ˈkatəpʊlt, -s, -ɪŋ, -ɪd
AM ˈkædəˌpʊlt,
ˈkædəpəlt, -s, -ɪŋ,
-ɪd

cataract
BR ˈkatərakt, -s
AM ˈkædəˌræk|(t),
-(t)s

catarrh
BR kəˈtaː(r), -z
AM kəˈtar, -z

catarrhal
BR kəˈtaːrl̩
AM kəˈtar(ə)l

catarrhine
BR ˈkatərʌɪn
AM ˈkædəˌraɪn

catastrophe
BR kəˈtastrəf|i, -ɪz
AM kəˈtæstrəfi, -z

catastrophic
BR ˌkatəˈstrɒfɪk
AM ˌkædəˈstrafɪk

catastrophically
BR ˌkatəˈstrɒfɪkli
AM ˌkædəˈstrafək(ə)li

catastrophism
BR kəˈtastrəˌfɪzm
AM kəˈtæstrəˌfɪz(ə)m

catastrophist
BR kəˈtastrəfɪst, -s
AM kəˈtæstrəfəst, -s

catatonia
BR ˌkatəˈtəʊnɪə(r)
AM ˌkædəˈtoʊnɪə

catatonic
BR ˌkatəˈtɒnɪk
AM ˌkædəˈtanɪk

catawba
BR kəˈtɔːbə(r), -z
AM kəˈtabə, kəˈtɔbə, -z

catbird
BR ˈkatbəːd, -z
AM ˈkætˌbərd, -z

catboat
BR ˈkatbəʊt, -s
AM ˈkætˌboʊt, -s

catcall
BR ˈkatkɔːl, -z, -ɪŋ, -d
AM ˈkætˌkal, ˈkætˌkɔl,
-z, -ɪŋ, -d

catch
BR katʃ, -ɪz, -ɪŋ
AM kɛtʃ, -əz, -ɪŋ

catchable
BR ˈkatʃəbl
AM ˈkɛtʃəb(ə)l

catchall
BR ˈkatʃɔːl, -z
AM ˈkɛtʃˌal, ˈkɛtʃˌɔl, -z

catcher
BR ˈkatʃə(r), -z
AM ˈkɛtʃər, -z

catchfly
BR ˈkatʃflʌɪ, -z
AM ˈkɛtʃˌflaɪ, -z

catchily
BR ˈkatʃɪli
AM ˈkɛtʃəli

catchiness
BR ˈkatʃɪnɪs
AM ˈkɛtʃɪnɪs

catchline
BR ˈkatʃlʌɪn, -z
AM ˈkɛtʃˌlaɪn, -z

catchment
BR ˈkatʃm(ə)nt, -s
AM ˈkɛtʃm(ə)nt, -s

catchpenny
BR ˈkatʃˌpɛn|i, -ɪz
AM ˈkɛtʃˌpɛni, -z

catchphrase
BR ˈkatʃfreɪz, -ɪz
AM ˈkɛtʃˌfreɪz, -ɪz

catchpole
BR ˈkatʃpəʊl, -z
AM ˈkɛtʃˌpoʊl, -z

catchup
BR ˈkɛtʃʌp
AM ˈkɛtʃəp

catchweight
BR ˈkatʃweɪt, -s
AM ˈkætʃˌweɪt, -s

catchword
BR ˈkatʃwəːd, -z
AM ˈkætʃˌwɚd, -z

catchy
BR ˈkatʃ|i, -ɪə(r), -ɪɪst
AM ˈkɛtʃi, -ɚ, -ɪst

cate
BR keɪt, -s
AM keɪt, -s

catechetic
BR ˌkatɪˈkɛtɪk, -s
AM ˌkædəˈkɛdɪk, -s

catechetical
BR ˌkatɪˈkɛtɪkl
AM ˌkædəˈkɛdək(ə)l

catechetically
BR ˌkatɪˈkɛtɪkli
AM ˌkædəˈkɛdək(ə)li

catechise
BR ˈkatɪkʌɪz, -ɪz, -ɪŋ, -d
AM ˈkædəˌkaɪz, -ɪz, -ɪŋ, -d

catechiser
BR ˈkatɪkʌɪzə(r), -z
AM ˈkædəˌkaɪzɚ, -z

catechism
BR ˈkatɪkɪzm, -z
AM ˈkædəˌkɪz(ə)m, -z

catechismal
BR ˌkatɪˈkɪzml
AM ˌkædəˈkɪzm(ə)l

catechist
BR ˈkatɪkɪst, -s
AM ˈkædəkəst, -s

catechize
BR ˈkatɪkʌɪz, -ɪz, -ɪŋ, -d
AM ˈkædəˌkaɪz, -ɪz, -ɪŋ, -d

catechizer
BR ˈkatɪkʌɪzə(r), -z
AM ˈkædəˌkaɪzɚ, -z

catechol
BR ˈkatɪtʃɒl, ˈkatɪkɒl
AM ˈkædəˌkɑl, ˈkædəˌkoʊl, ˈkædəˌkɔl

catecholamine
BR ˌkatɪˈkəʊləmiːn
AM ˌkædəˈkoʊləˌmin

catechu
BR ˈkatɪ(t)ʃuː
AM ˈkædəˌkju, ˈkædəˌtʃu

catechumen
BR ˌkatɪˈkjuːmɪn, ˌkatɪˈkjuːmɛn, -z
AM ˈkædəˌkjum(ə)n, -z

categorial
BR ˌkatɪˈɡɔːrɪəl
AM ˌkædəˈɡɔriəl

categoric
BR ˌkatɪˈɡɒrɪk
AM ˌkædəˈɡɔrɪk

categorical
BR ˌkatɪˈɡɒrɪkl
AM ˌkædəˈɡɔrək(ə)l

categorically
BR ˌkatɪˈɡɒrɪkli
AM ˌkædəˈɡɔrək(ə)li

categorisation
BR ˌkatɪɡ(ə)rʌɪˈzeɪʃn
AM ˌkædəɡəˌraɪˈzeɪʃ(ə)n, ˌkædəɡ(ə)rəˈzeɪʃ(ə)n

categorise
BR ˈkatɪɡərʌɪz, -ɪz, -ɪŋ, -d
AM ˈkædəɡɔˌraɪz, ˈkædəɡəˌraɪz, -ɪz, -ɪŋ, -d

categorization
BR ˌkatɪɡ(ə)rʌɪˈzeɪʃn
AM ˌkædəɡəˌraɪˈzeɪʃ(ə)n, ˌkædəɡ(ə)rəˈzeɪʃ(ə)n

categorize
BR ˈkatɪɡərʌɪz, -ɪz, -ɪŋ, -d
AM ˈkædəɡɔˌraɪz, ˈkædəɡəˌraɪz, -ɪz, -ɪŋ, -d

category
BR ˈkatɪɡ(ə)r|i, -ɪz
AM ˈkædəˌɡɔri, -z

catena
BR kəˈtiːnə(r)
AM kəˈtinə

catenae
BR kəˈtiːniː
AM kəˈtiˌnaɪ, kəˈtini

catenary
BR kəˈtiːn(ə)r|i, -ɪz
AM ˈkædnˌɛri, ˈkædəˌnɛri, -z

catenate
BR ˈkatɪneɪt, -s, -ɪŋ, -ɪd
AM ˈkædnˌeɪ|t, ˈkædəˌneɪt, -ts, -dɪŋ, -dɪd

catenation
BR ˌkatɪˈneɪʃn
AM ˌkædnˈeɪʃ(ə)n, ˌkædəˈneɪʃ(ə)n

cater
BR ˈkeɪt|ə(r), -əz, -(ə)rɪŋ, -əd
AM ˈkeɪdɚ, -z, -ɪŋ, -d

cateran
BR ˈkat(ə)rn, -z
AM ˈkædər(ə)n, -z

cater-cornered
BR ˌkeɪtəˈkɔːnəd, ˌkatəˈkɔːnəd, ˈkeɪtəˌkɔːnəd, ˈkatəˌkɔːnəd
AM ˈkædəˌkɔrnər(d), ˈkɪdiˌkɔrnər(d), ˈkædiˌkɔrnərd

caterer
BR ˈkeɪt(ə)rə(r), -z
AM ˈkeɪdərɚ, -z

Caterham
BR ˈkeɪt(ə)rəm, ˈkeɪt(ə)r̩m
AM ˈkeɪdər(ə)m

Caterina
BR ˌkatəˈriːnə(r)
AM ˌkædəˈrinə

caterpillar
BR ˈkatəpɪlə(r), -z
AM ˈkædərˌpɪlər, -z

caterwaul
BR ˈkatəwɔːl, -z, -ɪŋ, -d
AM ˈkædərˌwɑl, ˈkædərˌwɔl, -z, -ɪŋ, -d

Catesby
BR ˈkeɪtsbi
AM ˈkeɪtsbi

catfish
BR ˈkatfɪʃ, -ɪz
AM ˈkætˌfɪʃ, -ɪz

catfood
BR ˈkatfuːd
AM ˈkætˌfud

Catford
BR ˈkatfəd
AM ˈkætfərd

catgut
BR ˈkatɡʌt
AM ˈkætˌɡət

Cath
BR kaθ
AM kæθ

Cathar
BR ˈkaθaː(r), -z
AM ˈkæθɑr, -z

Catharine
BR ˈkaθ(ə)rɪn, ˈkaθ(ə)r̩n
AM ˈkæθ(ə)r(ə)n

Catharism
BR ˈkaθərɪzm, ˈkaθɑːrɪzm
AM ˈkæθərɪsm

Catharist
BR ˈkaθərɪst, ˈkaθɑːrɪst, -s
AM ˈkæθərəst, -s

catharsis
BR kəˈθaːsɪs
AM kəˈθɑrsəs

cathartic
BR kəˈθaːtɪk
AM kəˈθɑrdɪk

cathartically
BR kəˈθaːtɪkli
AM kəˈθɑrdək(ə)li

Cathay
BR (ˌ)kaˈθeɪ
AM kəˈθeɪ

Cathays
BR kəˈteɪz
AM kəˈteɪz

Cathcart
BR ˈkaθkaːt, ˌkaθˈkaːt
AM ˈkæθˌkɑrt

cathead
BR ˈkathɛd, -z
AM ˈkætˌ(h)ɛd, -z

cathectic
BR kəˈθɛktɪk
AM kəˈθɛktɪk

cathedra
BR kəˈθiːdrə(r)
AM kəˈθidrə

cathedral
BR kəˈθiːdr(ə)l, -z
AM kəˈθidr(ə)l, -z

Cather
BR ˈkaθə(r)
AM ˈkæθər

Catherine
BR ˈkaθ(ə)rɪn,
ˈkaθ(ə)rn
AM ˈkæθ(ə)rɪn

catheter
BR ˈkaθɪtə(r), -z
AM ˈkæθədər, -z

catheterisation
BR ˌkaθɪtərʌɪˈzeɪʃn
AM ˌkæθədəˌraɪ-
ˈzeɪʃ(ə)n,
ˌkæθədərəˈzeɪʃ(ə)n

catheterise
BR ˈkaθɪtərʌɪz, -ɪz,
-ɪŋ, -d
AM ˈkæθədəˌraɪz, -ɪz,
-ɪŋ, -d

catheterization
BR ˌkaθɪtərʌɪˈzeɪʃn
AM ˌkæθədəˌraɪ-
ˈzeɪʃ(ə)n,
ˌkæθədərəˈzeɪʃ(ə)n

catheterize
BR ˈkaθɪtərʌɪz, -ɪz,
-ɪŋ, -d
AM ˈkæθədəˌraɪz, -ɪz,
-ɪŋ, -d

cathetometer
BR ˌkaθɪˈtɒmɪtə(r), -z
AM ˌkæθəˈtamədər,
-z

cathexis
BR kəˈθɛksɪs
AM kəˈθɛksəs

Cathie
BR ˈkaθi
AM ˈkæθi

Cathleen
BR ˈkaθliːn
AM ˌkæθˈlin

cathodal
BR kaˈθəʊdl
AM kəˈθoʊd(ə)l

cathode
BR ˈkaθəʊd, -z
AM ˈkæˌθoʊd, -z

cathodic
BR kaˈθɒdɪk
AM kəˈθɑdɪk

Catholic
BR ˈkaθ(ə)lɪk, -s
AM ˈkæθ(ə)lɪk, -s

catholic
BR ˈkaθ(ə)lɪk, -s
AM ˈkæθ(ə)lɪk, -s

catholically
BR ˈkaθ(ə)lɪkli
AM ˈkæθ(ə)lək(ə)li

Catholicise
BR kəˈθɒlɪsʌɪz, -ɪz,
-ɪŋ, -d
AM kəˈθɑləˌsaɪz, -ɪz,
-ɪŋ, -d

Catholicism
BR kəˈθɒlɪsɪzm
AM kəˈθɑləˌsɪz(ə)m

Catholicity
BR ˌkaθəˈlɪsɪti
AM ˌkæθəˈlɪsɪdi

Catholicize
BR kəˈθɒlɪsʌɪz, -ɪz,
-ɪŋ, -d
AM kəˈθɑləˌsaɪz, -ɪz,
-ɪŋ, -d

catholicly
BR ˈkaθ(ə)lɪkli
AM ˈkæθ(ə)lək(ə)li

catholicon
BR kəˈθɒlɪkɒn, -z
AM kəˈθɑləkan, -z

cathouse
BR ˈkathaʊ|s,
-zɪz
AM ˈkætˌ(h)aʊ|s,
-zɪz

Cathryn
BR ˈkaθr(ɪ)n
AM ˈkæθrɪn

Cathy
BR ˈkaθi
AM ˈkæθi

Catiline
BR ˈkatɪlʌɪn,
ˈkatlʌɪn
AM ˈkædəˌlaɪn

cation
BR ˈkatˌʌɪən, -z
AM ˈkædˌaɪˌɑn,
ˈkædˌaɪən, -z

cationic
BR ˌkatʌɪˈɒnɪk
AM ˌkædaɪˈɑnɪk

catkin
BR ˈkatkɪn, -z
AM ˈkætk(ə)n, -z

catlick
BR ˈkatlɪk, -s
AM ˈkætlɪk, -s

catlike
BR ˈkatlʌɪk
AM ˈkætˌlaɪk

Catling
BR ˈkatlɪŋ
AM ˈkætlɪŋ

catmint
BR ˈkatmɪnt
AM ˈkætˌmɪnt

catnap
BR ˈkatnap, -s, -ɪŋ, -t
AM ˈkætˌnæp, -s, -ɪŋ, -t

catnip
BR ˈkatnɪp
AM ˈkætˌnɪp

Cato
BR ˈkeɪtəʊ
AM ˈkeɪdoʊ

cat-o'-nine-tails
BR ˌkatəˈnʌɪnteɪlz
AM ˌkædəˈnaɪnˌteɪlz

catoptric
BR kaˈtɒptrɪk, -s
AM kəˈtɑptrɪk, -s

Catrin
BR ˈkatrɪn
AM ˈkætrɪn

Catrina
BR kəˈtriːnə(r)
AM kəˈtrinə

Catrine
BR ˈkatriːn
AM kəˈtrin(ə),
ˈkætr(ə)n

Catriona
BR kaˈtriː(ə)nə(r),
ˌkatrɪˈəʊnə(r)
AM kæˌtriˈoʊnə,
kæˈtrioʊnə

CAT scan
BR ˈkat skan, -z
AM ˈkæt ˌskæn, -z

Catskill
BR ˈkatskɪl
AM ˈkætˌskɪl

catsuit
BR ˈkatsuːt, -s
AM ˈkætˌsut, -s

catsup
BR ˈkatsʌp, ˈkɛtʃʌp
AM ˈkætsəp, ˈkætʃəp,
ˈkɛtʃəp

cattail
BR ˈkatteɪl
AM ˈkæ(t)ˌteɪl

Catterick
BR ˈkat(ə)rɪk
AM ˈkædərɪk

cattery
BR ˈkat(ə)r|i, -ɪz
AM ˈkædəri, -z

cattily
BR ˈkatɪli
AM ˈkædəli

cattiness
BR ˈkatɪnɪs
AM ˈkædɪnɪs

cattish
BR ˈkatɪʃ
AM ˈkædɪʃ

cattishly
BR ˈkatɪʃli
AM ˈkædɪʃli

cattishness
BR ˈkatɪʃnɪs
AM ˈkædɪʃnɪs

cattle
BR ˈkatl
AM ˈkæd(ə)l

cattleman
BR ˈkatlmən
AM ˈkædlm(ə)n

cattlemen
BR ˈkatlmən
AM ˈkædlm(ə)n

cattlepen
BR ˈkatlpɛn, -z
AM ˈkædlˌpɛn, -z

cattleya
BR ˈkatlɪə(r)
AM kætˈleɪə, kætˈliə,
ˈkætliə

Catto
BR ˈkatəʊ
AM ˈkædoʊ
Catton
BR ˈkatn
AM ˈkætn
catty
BR ˈkat|i, -ɪə(r), -ɪɪst
AM ˈkædi, -ər, -ɪst
Catullus
BR kəˈtʌləs
AM kəˈtələs
catwalk
BR ˈkatwɔːk, -s
AM ˈkætˌwɑk,
 ˈkætˌwɔk, -s
Caucasian
BR kɔːˈkeɪzɪən,
 kɔːˈkeɪʒn, -z
AM kɑˈkeɪʒ(ə)n,
 kəˈkeɪʒ(ə)n, -z
Caucasoid
BR ˈkɔːkəsɔɪd, -z
AM ˈkɑkəˌsɔɪd,
 ˈkɔkəˌsɔɪd, -z
Caucasus
BR ˈkɔːkəsəs
AM ˈkɑkəsəs,
 ˈkɔkəsəs
caucus
BR ˈkɔːkəs, -ɪz
AM ˈkɑkəs, ˈkɔkəs, -əz
caudal
BR ˈkɔːdl
AM ˈkɑd(ə)l, ˈkɔd(ə)l
caudally
BR ˈkɔːdl̩i
AM ˈkɑdəli, ˈkɔdəli
caudate
BR ˈkɔːdeɪt
AM ˈkɑˌdeɪt, ˈkɔˌdeɪt
caudillo
BR kɔːˈdiːljəʊ,
 kɔːˈdɪləʊ,
 kaʊˈdiːjəʊ, -z
AM kaʊˈdijoʊ, -z
Caughey
BR ˈkɑhi
AM ˈkɑhi
caught
BR kɔːt
AM kɑt, kɔt

caul
BR kɔːl, -z
AM kɑl, kɔl, -z
cauldron
BR ˈkɔːldr(ə)n,
 ˈkɒldr(ə)n, -z
AM ˈkɑldr(ə)n,
 ˈkɔldr(ə)n, -z
Caulfield
BR ˈkɔː(l)fiːld
AM ˈkɑlˌfild, ˈkɔlˌfild
cauliflower
BR ˈkɒlɪˌflaʊə(r), -z
AM ˈkɑləˌflaʊər,
 ˈkɑliˌflaʊər,
 ˈkɑliˌflaʊər,
 ˈkɔləˌflaʊər, -z
caulk
BR kɔːk, -s, -ɪŋ, -t
AM kɑk, kɔk, -s, -ɪŋ, -t
caulker
BR ˈkɔːkə(r), -z
AM ˈkɑkər, ˈkɔkər, -z
Caunce
BR ˈkɔːns
AM kɑns, kɔns
causable
BR ˈkɔːzəbl
AM ˈkɑzəb(ə)l,
 ˈkɔzəb(ə)l
causal
BR ˈkɔːzl
AM ˈkɑz(ə)l, ˈkɔz(ə)l
causality
BR kɔːˈzalɪti
AM kɑˈzælədi,
 kɔˈzælədi
causally
BR ˈkɔːzl̩i
AM ˈkɑzəli, ˈkɔzəli
causation
BR kɔːˈzeɪʃn
AM kɑˈzeɪʃ(ə)n,
 kɔˈzeɪʃ(ə)n
causative
BR ˈkɔːzətɪv, -z
AM ˈkɑzədɪv,
 ˈkɔzədɪv, -z
causatively
BR ˈkɔːzətɪvli
AM ˈkɑzədɪvli,
 ˈkɔzədɪvli

cause
BR kɔːz, -ɪz, -ɪŋ, -d
AM kɑz, kɔz, -əz,
 -ɪŋ, -d
'cause *because*
BR kəz
AM kəz
cause célèbre
BR ˌkɔːz sɪˈlɛːbr(ər),
 + sɛˈlɛːbr(ər)
AM ˌkɑz səˈlɛbr,
 ˌkoʊz səˈlɛbr
causeless
BR ˈkɔːzləs
AM ˈkɑzləs, ˈkɔzləs
causelessly
BR ˈkɔːzləsli
AM ˈkɑzləsli, ˈkɔzləsli
causer
BR ˈkɔːzə(r), -z
AM ˈkɑzər, ˈkɔzər, -z
causerie
BR ˈkəʊz(ə)r|i, -ɪz
AM ˈkoʊzəri,
 ˌkoʊz(ə)ˈri, -z
FR kozʀi
causes célèbres
BR ˌkɔːz sɪˈlɛːbr(ər),
 + sɛˈlɛːbr(ər)
AM ˌkɑz səˈlɛbr,
 ˌkoʊz səˈlɛbr
causeway
BR ˈkɔːzweɪ, -z
AM ˈkɑzˌweɪ,
 ˈkɔzˌweɪ, -z
causey
BR ˈkɔːz|i, ˈkɔːs|i, -ɪz
AM ˈkɑzi, ˈkɔzi, -z
caustic
BR ˈkɔːstɪk, ˈkɒstɪk
AM ˈkɑstɪk, ˈkɔstɪk
caustically
BR ˈkɔːstɪkli, ˈkɒstɪkli
AM ˈkɑstək(ə)li,
 ˈkɔstək(ə)li
causticise
BR ˈkɔːstɪsʌɪz,
 ˈkɒstɪsʌɪz, -ɪz,
 -ɪŋ, -d
AM ˈkɑstəˌsaɪz,
 ˈkɔstəˌsaɪz, -ɪz,
 -ɪŋ, -d

causticity
BR kɔːˈstɪsɪti,
 kɒˈstɪsɪti
AM kɑˈstɪsɪdi,
 kɔˈstɪsɪdi
causticize
BR ˈkɔːstɪsʌɪz,
 ˈkɒstɪsʌɪz, -ɪz, -ɪŋ, -d
AM ˈkɑstəˌsaɪz,
 ˈkɔstəˌsaɪz, -ɪz,
 -ɪŋ, -d
Caute
BR kəʊt
AM kɑt, kɔt
cauterisation
BR ˌkɔːt(ə)rʌɪˈzeɪʃn
AM ˌkɑdəˌraɪˈzeɪʃ(ə)n,
 ˌkɑdərəˈzeɪʃ(ə)n,
 ˌkɑdəˌraɪˈzeɪʃ(ə)n,
 ˌkɑdərəˈzeɪʃ(ə)n
cauterise
BR ˈkɔːtərʌɪz, -ɪz,
 -ɪŋ, -d
AM ˈkɑdəˌraɪz,
 ˈkɔdəˌraɪz, -ɪz, -ɪŋ, -d
cauterization
BR ˌkɔːt(ə)rʌɪˈzeɪʃn
AM ˌkɑdəˌraɪˈzeɪʃ(ə)n,
 ˌkɑdərəˈzeɪʃ(ə)n,
 ˌkɑdəˌraɪˈzeɪʃ(ə)n,
 ˌkɑdərəˈzeɪʃ(ə)n
cauterize
BR ˈkɔːtərʌɪz, -ɪz, -ɪŋ,
 -d
AM ˈkɑdəˌraɪz,
 ˈkɔdəˌraɪz, -ɪz, -ɪŋ, -d
cautery
BR ˈkɔːt(ə)r|i, -ɪz
AM ˈkɑdəri, ˈkɔdəri, -z
Cauthen
BR ˈkɔːθn
AM ˈkɑθ(ə)n, ˈkɔθ(ə)n
caution
BR ˈkɔːʃ(ə)n, -(ə)nz,
 -ənɪŋ\-n̩ɪŋ, -(ə)nd
AM ˈkɑʃ(ə)n,
 ˈkɔʃ(ə)n, -ənz,
 -(ə)nɪŋ, -ənd
cautionary
BR ˈkɔːʃ(ə)n(ə)ri
AM ˈkɑʃəˌnɛri,
 ˈkɔʃəˌnɛri

cautious
BR ˈkɔːʃəs
AM ˈkɑʃəs, ˈkɔʃəs

cautiously
BR ˈkɔːʃəsli
AM ˈkɑʃəsli, ˈkɔʃəsli

cautiousness
BR ˈkɔːʃəsnəs
AM ˈkɑʃəsnəs, ˈkɔʃəsnəs

Cavafy
BR kəˈvɑːfi
AM kəˈvɑfi

cavalcade
BR ˌkavlˈkeɪd, ˈkavlkeɪd, -z
AM ˈkævəlˌkeɪd, -z

cavalier
BR ˌkavəˈlɪə(r), -z
AM ˌkævəˈlɪ(ə)r, -z

cavalierly
BR ˌkavəˈlɪəli
AM ˌkævəˈlɪrli

cavalry
BR ˈkavlr|i, -ɪz
AM ˈkævəlri, -z

cavalryman
BR ˈkavlrɪmən
AM ˈkævəlrɪm(ə)n

cavalrymen
BR ˈkavlrɪmən
AM ˈkævəlrɪm(ə)n

Cavan
BR ˈkavn
AM ˈkæv(ə)n

Cavanagh
BR ˈkavnə(r), kəˈvanə(r)
AM ˈkævəˌnɑ, ˈkævəˌnɔ

cavatina
BR ˌkavəˈtiːnə(r), -z
AM ˌkævəˈtinə, -z

Cave
BR keɪv
AM keɪv

cave¹ *beware!*
BR ˈkeɪvi
AM ˈkeɪvi

cave² *noun, verb*
BR keɪv, -z, -ɪŋ, -d
AM keɪv, -z, -ɪŋ, -d

caveat
BR ˈkavɪat, -s
AM ˈkæviˌat, -s

caveat emptor
BR ˌkavɪat ˈem(p)tɔː(r)
AM ˈkæviˌat ˈem(p)ˌtɔ(ə)r

cavelike
BR ˈkeɪvlʌɪk
AM ˈkeɪvˌlaɪk

Cavell
BR ˈkavl, kəˈvɛl
AM kəˈvɛɫ, ˈkæv(ə)l

caveman
BR ˈkeɪvman
AM ˈkeɪvˌmæn

cavemen
BR ˈkeɪvmɛn
AM ˈkeɪvˌmɛn, ˈkeɪvm(ə)n

Cavendish
BR ˈkavndɪʃ
AM ˈkævəndɪʃ

caver
BR ˈkeɪvə(r), -z
AM ˈkeɪvər, -z

cavern
BR ˈkavn, -z, -d
AM ˈkævərn, -z, -d

cavernous
BR ˈkavnəs
AM ˈkævərnəs

cavernously
BR ˈkavnəsli
AM ˈkævərnəsli

Caversham
BR ˈkavəʃ(ə)m
AM ˈkævərʃ(ə)m

cavesson
BR ˈkavɪsn, -z
AM ˈkævəs(ə)n, -z

cavetti
BR kəˈvɛti
AM kəˈvɛdi

cavetto
BR kəˈvɛtəʊ
AM kəˈvɛdoʊ

caviar
BR ˈkavɪɑː(r)
AM ˈkæviˌɑr

caviare
BR ˈkavɪɑː(r)
AM ˈkæviˌɑr

cavil
BR ˈkav(ɪ)l, -z, -ɪŋ, -d
AM ˈkæv|(ə)l, -əlz, -(ə)lɪŋ, -əld

caviller
BR ˈkavlə(r), -z
AM ˈkævələr, -z

cavitation
BR ˌkavɪˈteɪʃn
AM ˌkævəˈteɪʃ(ə)n

cavity
BR ˈkavɪt|i, -ɪz
AM ˈkævədi, -z

cavort
BR kəˈvɔːt, -s, -ɪŋ, -ɪd
AM kəˈvɔ(ə)rt, -ˈvɔ(ə)rts, -ˈvɔrdɪŋ, -ˈvɔrdəd

Cavour
BR kəˈvʊə(r), kəˈvɔː(r)
AM kəˈvʊ(ə)r
IT kaˈvur

cavy
BR ˈkeɪv|i, -ɪz
AM ˈkeɪˌvi, -z

caw
BR kɔː(r), -z, -ɪŋ, -d
AM kɑ, kɔ, -z, -ɪŋ, -d

Cawdor
BR ˈkɔːdɔː(r), ˈkɔːdə(r)
AM ˈkɑdɔ(ə)r, ˈkɔdɔ(ə)r

Cawdrey
BR ˈkɔːdri
AM ˈkɑdri, ˈkɔdri

Cawley
BR ˈkɔːli
AM ˈkɑli, ˈkɔli

Cawnpore
BR ˌkɔːnˈpɔː(r)
AM ˈkɑnˌpɔ(ə)r, ˈkɔnˌpɔ(ə)r

Cawood
BR ˈkeɪwʊd
AM ˈkeɪˌwʊd

Caxton
BR ˈkakst(ə)n
AM ˈkækst(ə)n

cay
BR kiː, keɪ, -z
AM keɪ, ki, -z

cayenne
BR (ˌ)keɪˈɛn, (ˌ)kʌɪˈɛn
AM ˌkeɪˈ(j)ɛn, ˌkaɪˈ(j)ɛn

Cayley
BR ˈkeɪli
AM ˈkeɪli

cayman
BR ˈkeɪmən, -z
AM ˈkeɪm(ə)n, -z

cayuse
BR ˈkʌɪ(j)uːs, -ɪz
AM ˈkaɪˌ(j)us, -əz

Cazenove
BR ˈkazɪnəʊv
AM ˈkæzəˌnoʊv

cc
BR ˌsiːˈsiː, -z
AM ˌˈsiˌsi, -z

CD-ROM
BR ˌsiːdiːˈrɒm, -z
AM ˌsiˌdiˈrɑm, -z

ceanothus
BR ˌsiːəˈnəʊθəs, -ɪz
AM ˌsiəˈnoʊθəs, -əz

cease
BR siːs, -ɪz, -ɪŋ, -t
AM sis, -ɪz, -ɪŋ, -t

ceasefire
BR ˈsiːsfʌɪə(r), ˌsiːsˈfʌɪə(r), -z
AM ˈˌsisˌfaɪ(ə)r, -z

ceaseless
BR ˈsiːslɪs
AM ˈsislɪs

ceaselessly
BR ˈsiːslɪsli
AM ˈsislɪsli

ceaselessness
BR ˈsiːslɪsnɪs
AM ˈsislɪsnɪs

ceca
BR ˈsiːkə(r)
AM ˈsikə

cecal
BR ˈsiːkl
AM ˈsik(ə)l

Cecil
BR ˈsɛs(ɪ)l, ˈsɪs(ɪ)l, ˈsiːs(ɪ)l
AM ˈsɛs(ə)l, ˈsis(ə)l

Cecile
BR sɪˈsiːl, sɛˈsiːl, ˈsɛsiːl
AM səˈsil

Cecilia
BR sɪˈsiːliə(r)
AM səˈsiliə, səˈsiljə

Cecily
BR ˈsɛsɪli, ˈsɛsl̩i
AM ˈsɛsəli

cecitis
BR sɪˈsʌɪtɪs
AM siˈsaɪdɪs

cecity
BR ˈsiːsɪti
AM ˈsisɪdi

cecum
BR ˈsiːkəm
AM ˈsik(ə)m

cedar
BR ˈsiːdə(r), -z
AM ˈsidər, -z

cedarn
BR ˈsiːdən
AM ˈsidərn

cedarwood
BR ˈsiːdəwʊd, -z
AM ˈsidərˌwʊd, -z

cede
BR siːd, -z, -ɪŋ, -ɪd
AM sid, -z, -ɪŋ, -ɪd

cedi
BR ˈsiːd|i, -ɪz
AM ˈseɪdi, -z

cedilla
BR sɪˈdɪlə(r), -z
AM səˈdɪlə, -z

Cedric
BR ˈsɛdrɪk, ˈsiːdrɪk
AM ˈsidrɪk

Ceefax
BR ˈsiːfaks
AM ˈsiˌfæks

ceili
BR ˈkeɪl|i, -ɪz
AM ˈkeɪli, -z

ceilidh
BR ˈkeɪl|i, -ɪz
AM ˈkeɪli, -z

ceiling
BR ˈsiːlɪŋ, -z
AM ˈsilɪŋ, -z

Ceinwen
BR ˈkʌɪnwɛn, ˈkʌɪnwɨn
AM ˈkaɪnw(ə)n
WE ˈkeɪnwɛn

celadon
BR ˈsɛlədən
AM ˈsɛləˌdɑn

celandine
BR ˈsɛləndʌɪn, -z
AM ˈsɛlənˌdaɪn, ˈsɛlənˌdin, -z

Celanese
BR ˌsɛləˈniːz
AM ˌsɛləˈniz

celeb
BR sɪˈlɛb, -z
AM səˈlɛb, -z

Celebes
BR sɪˈliːbɪz, sɛˈliːbiːz, ˈsɛlɪbiːz
AM ˈsɛləˌbiz

celebrant
BR ˈsɛlɪbrn̩t, -s
AM ˈsɛləbr(ə)nt, -s

celebrate
BR ˈsɛlɪbreɪt, -s, -ɪŋ, -ɪd
AM ˈsɛləˌbreɪ|t, -ts, -dɪŋ, -dɪd

celebration
BR ˌsɛlɪˈbreɪʃn, -z
AM ˌsɛləˈbreɪʃ(ə)n, -z

celebrator
BR ˈsɛlɪbreɪtə(r), -z
AM ˈsɛləˌbreɪdər, -z

celebratory
BR ˌsɛlɪˈbreɪt(ə)ri, ˈsɛlɪbrətri
AM ˈsɛləbrəˌtɔri, səˈlɛbrəˌtɔri

celebrity
BR sɪˈlɛbrɪt|i, -ɪz
AM səˈlɛbrədi, -z

celeriac
BR sɪˈlɛrɪak
AM səˈlɛriˌæk

celerity
BR sɪˈlɛrɪti
AM səˈlɛrədi

celery
BR ˈsɛləri
AM ˈsɛl(ə)ri

celesta
BR sɪˈlɛstə(r)
AM səˈlɛstə

celeste
BR sɪˈlɛst, -s
AM səˈlɛst, -s

celestial
BR sɪˈlɛstɪəl
AM səˈlɛsˌdiəl, səˈlɛstʃ(ə)l

celestially
BR sɪˈlɛstɪəli
AM səˈlɛstʃəli

celestine
BR ˈsɛlɪstʌɪn, ˈsɛlɪstiːn
AM ˈsɛləˌstin

Celia
BR ˈsiːliə(r)
AM ˈsiliə, ˈsiljə

celiac
BR ˈsiːlɪak
AM ˈsiliˌæk

celibacy
BR ˈsɛlɪbəsi
AM ˈsɛləbəsi

celibate
BR ˈsɛlɪbət, -s
AM ˈsɛləbət, -s

cell
BR sɛl, -z, -d
AM sɛl, -z, -d

cellar
BR ˈsɛlə(r), -z
AM ˈsɛlər, -z

cellarage
BR ˈsɛl(ə)rɪdʒ
AM ˈsɛlərɪdʒ

cellarer
BR ˈsɛl(ə)rə(r), -z
AM ˈsɛlərər, -z

cellaret
BR ˈsɛl(ə)rɪt, -s
AM ˈsɛlərət, -s

cellarman
BR ˈsɛləmən
AM ˈsɛlərm(ə)n

cellarmen
BR ˈsɛləmən
AM ˈsɛlər(ə)n

Cellini
BR tʃɛˈliːni, tʃɪˈliːni
AM tʃəˈlini

cellist
BR ˈtʃɛlɪst, -s
AM ˈtʃɛləst, -s

Cellnet
BR ˈsɛlnɛt
AM ˈsɛlˌnɛt

cello
BR ˈtʃɛləʊ, -z
AM ˈtʃɛloʊ, -z

Cellophane
BR ˈsɛləfeɪn
AM ˈsɛləˌfeɪn

cellphone
BR ˈsɛlfəʊn, -z
AM ˈsɛl, -z

cellucotton
BR ˈsɛljʊˌkɒtn
AM ˈsɛljəˌkɑtn

cellular
BR ˈsɛljʊlə(r)
AM ˈsɛljələr

cellularity
BR ˌsɛljʊˈlarɪti
AM ˌsɛljəˈlɛrədi

cellulase
BR ˈsɛljʊleɪz
AM ˈsɛljəˌleɪz

cellulate
BR ˈsɛljʊleɪt, -s, -ɪŋ, -ɪd
AM ˈsɛljəˌleɪ|t, -ts, -dɪŋ, -dɪd

cellulation
BR ˌsɛljʊˈleɪʃn
AM ˌsɛljəˈleɪʃ(ə)n

cellule
BR ˈsɛljuːl, -z
AM ˈsɛlˌjul, -z

cellulite
BR ˈsɛljʊlʌɪt
AM ˈsɛljəˌlaɪt

cellulitis
BR ˌsɛljʊˈlʌɪtɪs
AM ˌsɛljəˈlaɪdɪs

celluloid
BR ˈsɛljʊlɔɪd
AM ˈsɛljəˌlɔɪd

cellulose
BR ˈsɛljʉləʊs,
ˈsɛljʉləʊz
AM ˈsɛljəˌloʊz,
ˈsɛljəˌloʊs
cellulosic
BR ˌsɛljʉˈlɒsɪk
AM ˌsɛljəˈlɑsɪk
cellulous
BR ˈsɛljʉləs
AM ˈsɛljələs
celom
BR ˈsiːləm
AM ˈsil(ə)m
Celsius
BR ˈsɛlsɪəs
AM ˈsɛlʃəs, ˈsɛlsɪəs
Celt
BR kɛlt, -s
AM sɛlt, kɛlt, -s
Celtic[1] *noun,*
adjective, language
BR ˈkɛltɪk
AM ˈkɛltɪk
Celtic[2] *noun, soccer*
team
BR ˈsɛltɪk
AM ˈsɛltɪk
Celticism
BR ˈkɛltɪsɪzm, -z
AM ˈsɛltəˌsɪz(ə)m,
ˈkɛltəˌsɪz(ə)m, -z
Celtics *basketball*
team
BR ˈsɛltɪks
AM ˈsɛltɪks
Cemaes
BR ˈkɛmʌɪs, kɪˈmʌɪs
AM ˈkɛmaɪs
cembalo
BR ˈtʃɛmbələʊ, -z
AM ˈtʃɛmbəˌloʊ, -z
cement
BR sɪˈmɛnt, -s, -ɪŋ, -ɪd
AM səˈmɛnt, -s, -ɪŋ,
-əd
cementation
BR ˌsiːmɛnˈteɪʃn
AM ˌsimɛnˈteɪʃ(ə)n
cementer
BR sɪˈmɛntə(r), -z
AM səˈmɛn(t)ər, -z

cementite
BR sɪˈmɛntʌɪt
AM səˈmɛnˌtaɪt
cementitious
BR ˌsiːmɛnˈtɪʃəs
AM ˌsimɛnˈtɪʃəs
cementium
BR sɪˈmɛntɪəm,
sɪˈmɛnʃɪəm
AM sɪˈmɛn(t)iəm
cementum
BR sɪˈmɛntəm
AM səˈmɛn(t)əm
cemetery
BR ˈsɛmɪt(ə)r|i, -ɪz
AM ˈsɛməˌtɛri, -z
Cemmaes
BR ˈkɛmʌɪs, kɪˈmʌɪs
AM ˈkɛmaɪs
cenacle
BR ˈsɛnəkl, -z
AM ˈsɛnək(ə)l, -z
cenobite
BR ˈsiːnəbʌɪt, -s
AM ˈsɛnəˌbaɪt, -s
cenotaph
BR ˈsɛnətɑːf, -s
AM ˈsɛnəˌtæf, -s
cenote
BR sɪˈnəʊti, sɪˈnəʊteɪ
AM sɪˈnoʊdi
Cenozoic
BR ˌsiːnəˈzəʊɪk
AM ˌsɛnəˈzoʊɪk,
ˌsinəˈzoʊɪk
cense
BR sɛns, -ɪz, -ɪŋ, -t
AM sɛns, -əz, -ɪŋ, -t
censer
BR ˈsɛnsə(r), -z
AM ˈsɛnsər, -z
censor
BR ˈsɛns|ə(r), -əz,
-(ə)rɪŋ, -əd
AM ˈsɛns|ər, -ərz,
-(ə)rɪŋ, -ərd
censorial
BR sɛnˈsɔːrɪəl
AM sɛnˈsɔriəl
censorially
BR sɛnˈsɔːrɪəli
AM sɛnˈsɔriəli

censorian
BR sɛnˈsɔːrɪən
AM sɛnˈsɔriən
censorious
BR sɛnˈsɔːrɪəs
AM sɛnˈsɔriəs
censoriously
BR sɛnˈsɔːrɪəsli
AM sɛnˈsɔriəsli
censoriousness
BR sɛnˈsɔːrɪəsnəs
AM sɛnˈsɔriəsnəs
censorship
BR ˈsɛnsəʃɪp
AM ˈsɛnsərˌʃɪp
censurable
BR ˈsɛnʃ(ə)rəbl
AM ˈsɛn(t)ʃ(ə)rəb(ə)l
censure
BR ˈsɛnʃ|ə(r), -əz,
-(ə)rɪŋ, -əd
AM ˈsɛn(t)ʃər, -z, -ɪŋ,
-d
census
BR ˈsɛnsəs, -ɪz
AM ˈsɛnsəs, -əz
cent
BR sɛnt, -s
AM sɛnt, -s
cental
BR ˈsɛntl, -z
AM ˈsɛn(t)l, -z
centaur
BR ˈsɛntɔː(r), -z
AM ˈsɛnˌtɔ(ə)r, -z
Centaurus
BR sɛnˈtɔːrəs
AM sɛnˈtɔrəs
centaury
BR ˈsɛntɔːri
AM ˈsɛn(t)əri
centavo
BR sɛnˈtɑːvəʊ, -z
AM sɛnˈtɑvoʊ, -z
centenarian
BR ˌsɛntɪˈnɛːrɪən, -z
AM ˌsɛn(t)əˈnɛriən, -z
centenary
BR s(ɛ)nˈtiːn(ə)r|i,
s(ɛ)nˈtɛn(ə)r|i, -ɪz
AM ˈsɛntnˌɛri,
sɛnˈtɛnəri, -z

centennial
BR s(ɛ)nˈtɛnɪəl, -z
AM sənˈtɛnɪəl,
sɛnˈtɛnɪəl, -z
center
BR ˈsɛnt|ə(r), -əz,
-(ə)rɪŋ, -əd
AM ˈsɛn(t)|ər, -ərz,
-(ə)rɪŋ, -ərd
centerboard
BR ˈsɛntəbɔːd, -z
AM ˈsɛn(t)ərˌbɔ(ə)rd,
-z
centerfold
BR ˈsɛntəfəʊld, -z
AM ˈsɛn(t)ərˌfoʊld, -z
centerline
BR ˈsɛntəlʌɪn, -z
AM ˈsɛn(t)ərˌlaɪn, -z
centermost
BR ˈsɛntəməʊst
AM ˈsɛn(t)ərˌmoʊst
centerpiece
BR ˈsɛntəpiːs, -ɪz
AM ˈsɛn(t)ərˌpis, -ɪz
centesimal
BR sɛnˈtɛsɪml
AM sɛnˈtɛsəm(ə)l
centesimally
BR sɛnˈtɛsɪmli
AM sɛnˈtɛs(ə)məli
centigrade
BR ˈsɛntɪgreɪd
AM ˈsɛn(t)əˌgreɪd
centigram
BR ˈsɛntɪgram, -z
AM ˈsɛn(t)əˌgræm, -z
centigramme
BR ˈsɛntɪgram, -z
AM ˈsɛn(t)əˌgræm, -z
centiliter
BR ˈsɛntɪˌliːtə(r), -z
AM ˈsɛn(t)əˌlidər, -z
centilitre
BR ˈsɛntɪˌliːtə(r), -z
AM ˈsɛn(t)əˌlidər, -z
centime
BR ˈsɒntiːm,
ˈsɑːntiːm, -z
AM sɑnˈtim, ˈsɑnˌtim,
-z
FR sãtim

centimeter
BR ˈsentɪˌmiːtə(r), -z
AM ˈsen(t)əˌmidər, -z

centimetre
BR ˈsentɪˌmiːtə(r), -z
AM ˈsen(t)əˌmidər, -z

centimo
BR ˈsentɪməʊ, -z
AM ˈsen(t)əmoʊ, -z

centipede
BR ˈsentɪpiːd, -z
AM ˈsen(t)əˌpid, -z

centner
BR ˈsentnə(r), -z
AM ˈsentnər, -z

cento
BR ˈsentəʊ, -z
AM ˈsenˌtoʊ, -z

centra
BR ˈsentrə(r)
AM ˈsentrə

central
BR ˈsentr(ə)l
AM ˈsentr(ə)l

centralisation
BR ˌsentrəlaɪˈzeɪʃn
AM ˌsentrəˌlaɪˈzeɪʃ(ə)n, ˌsentrələˈzeɪʃ(ə)n

centralise
BR ˈsentrəlaɪz, -ɪz, -ɪŋ, -d
AM ˈsentrəˌlaɪz, -ɪz, -ɪŋ, -d

centralism
BR ˈsentrəlɪzm
AM ˈsentrəˌlɪz(ə)m

centralist
BR ˈsentrəlɪst
AM ˈsentrələst

centrality
BR senˈtralɪti
AM senˈtrælədi

centralization
BR ˌsentrəlaɪˈzeɪʃn
AM ˌsentrəˌlaɪˈzeɪʃ(ə)n, ˌsentrələˈzeɪʃ(ə)n

centralize
BR ˈsentrəlaɪz, -ɪz, -ɪŋ, -d
AM ˈsentrəˌlaɪz, -ɪz, -ɪŋ, -d

centrally
BR ˈsentrəli
AM ˈsentrəli

centre
BR ˈsentˌə(r), -əz, -(ə)rɪŋ, -əd
AM ˈsen(t)ǀər, -ərz, -(ə)rɪŋ, -ərd

centreboard
BR ˈsentəbɔːd, -z
AM ˈsen(t)ərˌbɔ(ə)rd, -z

centrefold
BR ˈsentəfəʊld, -z
AM ˈsen(t)ərˌfoʊld, -z

centreline
BR ˈsentəlʌɪn, -z
AM ˈsen(t)ərˌlaɪn, -z

centremost
BR ˈsentəməʊst
AM ˈsen(t)ərˌmoʊst

centrepiece
BR ˈsentəpiːs, -ɪz
AM ˈsen(t)ərˌpis, -ɪz

centric
BR ˈsentrɪk
AM ˈsentrɪk

centrical
BR ˈsentrɪkl
AM ˈsentrək(ə)l

centricity
BR senˈtrɪsɪti
AM senˈtrɪsɪdi

centrifugal
BR ˌsentrɪˈfjuːgl, s(ɛ)nˈtrɪfjʊgl
AM senˈtrɪf(j)əg(ə)l

centrifugally
BR ˌsentrɪˈfjuːgli, s(ɛ)nˈtrɪfjʊgli
AM senˈtrɪf(j)əg(ə)li

centrifugation
BR ˌsentrɪfjʊˈgeɪʃn
AM ˌsentrəˌfjuˈgeɪʃ(ə)n

centrifuge
BR ˈsentrɪfjuː(d)ʒ, -ɪz
AM ˈsentrəˌfjudʒ, -əz

centriole
BR ˈsentrɪəʊl, -z
AM ˈsentriˌoʊl, -z

centripetal
BR ˌsentrɪˈpiːtl, s(ɛ)nˈtrɪpɪtl
AM senˈtrɪpɪdl

centripetally
BR ˌsentrɪˈpiːtli, s(ɛ)nˈtrɪpɪtli
AM senˈtrɪpədɪli

centrism
BR ˈsentrɪzm
AM ˈsentˌrɪz(ə)m

centrist
BR ˈsentrɪst, -s
AM ˈsentrəst, -s

centroid
BR ˈsentrɔɪd, -z
AM ˈsentrɔɪd, -z

centromere
BR ˈsentrə(ʊ)mɪə(r), -z
AM ˈsentrəˌmɪ(ə)r, -z

centrosome
BR ˈsentrə(ʊ)səʊm, -z
AM ˈsentrəˌsoʊm, -z

centrum
BR ˈsentrəm
AM ˈsentr(ə)m

centum
BR ˈkentəm
AM ˈken(t)əm

centumvirate
BR senˈtʌmvɪrət, -s
AM senˈtəmvərət, -s

centuple
BR ˈsentjʊpl, ˈsentʃʊpl
AM ˈsentəp(ə)l, senˈt(j)up(ə)l

centurion
BR senˈtjʊərɪən, senˈtʃʊərɪən, senˈtjɔːrɪən, senˈtʃɔːrɪən, -z
AM senˈt(j)ʊrɪən, -z

century
BR ˈsentʃ(ʊ)rǀi, -ɪz
AM ˈsen(t)ʃ(ə)rǀi, -z

ceorl
BR tʃəːl, -z
AM tʃərl, -z

cep
BR sep, -s
AM sep, -s

cephalic
BR sɪˈfalɪk, kɛˈfalɪk
AM səˈfælɪk

Cephalonia
BR ˌkefəˈləʊnɪə(r), ˌsefəˈləʊnɪə(r)
AM ˌsefəˈloʊnɪə

cephalopod
BR ˈkef(ə)ləpɒd, ˈkɛfləpɒd, ˈsef(ə)ləpɒd, ˈsefləpɒd, -z
AM ˈsefələˌpad, -z

cephalopoda
BR ˌkefəˈlɒpədə(r), ˌsefəˈlɒpədə(r)
AM sefəˈlɑpədə

cephalothorax
BR ˌkef(ə)ləʊˈθɔːraks, ˌkɛfləʊˈθɔːraks, ˌsef(ə)ləʊˈθɔːraks, ˌsefləʊˈθɔːraks, -ɪz
AM ˌsefələˈθɔræks, -əz

cephalothoraxes
BR ˌkefələʊˈθɔːraksɪz, ˌkɛfləʊˈθɔːraksɪz, ˌsef(ə)ləʊˈθɔːraksɪz, ˌsefləʊˈθɔːraksɪz
AM ˌsefələˈθɔræksɪz

Cephas
BR ˈsiːfas
AM ˈsifəs

cepheid
BR ˈsiːfiɪd, ˈsefiɪd, -z
AM ˈsefiəd, ˈsifiəd, -z

Cepheus
BR ˈsiːfiəs
AM ˈsifiəs

ceramic
BR sɪˈramɪk, -s
AM səˈræmɪk, -s

ceramicist
BR sɪˈramɪsɪst, -s
AM səˈræməsəst, -s

ceramist
BR sɪˈramɪst, -s
AM səˈræməst, -s

cerastes
BR sɪˈrastiːz, -ɪz
AM səˈræstiz, -ɪz

cerastium
BR sɪˈrastiəm, -z
AM səˈræstiəm, -z
Cerberus
BR ˈsəːb(ə)rəs
AM ˈsɜrbərəs
cercaria
BR səˈkɛːriə(r)
AM sərˈkɛriə
cercariae
BR səːˈkɛːriː
AM sərˈkɛrii
cerci
BR ˈsəːkʌɪ
AM ˈsɜrsaɪ, ˈsɜrkaɪ
cercopithecine
BR ˌsəːkə(ʊ)ˈpɪθɪsiːn
AM ˌsɜrkəˈpɪθɪˌsin
cercopithecoid
BR ˌsəːkə(ʊ)ˈpɪθɪkɔɪd
AM ˌsɜrkəˈpɪθɪˌkɔɪd
cercus
BR ˈsəːkəs
AM ˈsɜrkəs
cere
BR sɪə(r), -z
AM sɪ(ə)r, -z
cereal
BR ˈsɪəriəl, -z
AM ˈsɪriəl, -z
cerebella
BR ˌserɪˈbelə(r)
AM ˌserəˈbelə
cerebellar
BR ˌserɪˈbelə(r)
AM ˌserəˈbelər
cerebellum
BR ˌserɪˈbeləm, -z
AM ˌserəˈbel(ə)m, -z
Cerebos
BR ˈserɪbɒs
AM ˈserəbas, ˈserəbɔs
cerebra
BR sɪˈriːbrə(r), ˈserɪbrə(r)
AM ˈserəbrə, səˈribrə
cerebral
BR sɪˈriːbr(ə)l, ˈserɪbr(ə)l
AM ˈserəbr(ə)l, səˈribr(ə)l

cerebrally
BR sɪˈriːbr̩li, ˈserɪbr̩li
AM ˈser(ə)brəli, səˈribrəli
cerebrate
BR ˈserɪbreɪt, -s, -ɪŋ, -ɪd
AM ˈserəˌbreɪ|t, -ts, -dɪŋ, -dɪd
cerebration
BR ˌserɪˈbreɪʃn
AM ˌserəˈbreɪʃ(ə)n
cerebroside
BR ˈserɪbrəsʌɪd, -z
AM səˈrɪbrɪəˌsaɪd, ˈserəbrəˌsaɪd, -z
cerebrospinal
BR ˌserɪbrəʊˈspʌɪnl, sɪˌriːbrəʊˈspʌɪnl
AM ˌserəbroʊˈspaɪn(ə)l, səˌribroʊˈspaɪn(ə)l
cerebrovascular
BR ˌserɪbrəʊˈvaskjʉlə(r), sɪˌriːbrəʊˈvaskjʉlə(r)
AM ˌserəbroʊˈvæskjələr, səˌriboʊˈvæskjələr
cerebrum
BR sɪˈriːbrəm, ˈserɪbrəm
AM ˈserəbr(ə)m, səˈribr(ə)m
cerecloth
BR ˈsɪəklɒ|θ, -θs\-ðz
AM ˈsɪrˌklɑ|θ, ˈsɪrˌklɔ|θ, -θs\-ðz
Ceredigion
BR ˌkerɪˈdɪgɪɒn
AM ˌkerəˈdɪgiən
WE ˌkereˈdɪgjɒn
cerement
BR ˈsɪəm(ə)nt, ˈserɪm(ə)nt, -s
AM ˈsɪrm(ə)nt, -s
ceremonial
BR ˌserɪˈməʊniəl
AM ˌserəˈmoʊniəl
ceremonialism
BR ˌserɪˈməʊniəlɪzm
AM ˌserəˈmoʊniəˌlɪz(ə)m

ceremonialist
BR ˌserɪˈməʊniəlɪst, -s
AM ˌserəˈmoʊniələst, -s
ceremonially
BR ˌserɪˈməʊniəli
AM ˌserəˈmoʊniəli
ceremonious
BR ˌserɪˈməʊniəs
AM ˌserəˈmoʊniəs
ceremoniously
BR ˌserɪˈməʊniəsli
AM ˌserəˈmoʊniəsli
ceremoniousness
BR ˌserɪˈməʊniəsnəs
AM ˌserəˈmoʊniəsnəs
ceremony
BR ˈserɪmən|i, -ɪz
AM ˈserəˌmoʊni, -z
Cerenkov
BR tʃɪˈreŋkɒf, tʃɪˈreŋkɒv
AM tʃəˈreŋkɔf, tʃəˈreŋkav, tʃəˈreŋkaf, tʃəˈreŋkɔv
Ceres
BR ˈsɪəriːz
AM ˈsɪriz
ceresin
BR ˈserɪsɪn
AM ˈserəs(ə)n
Ceri
BR ˈkeri
AM ˈkeri
cerif
BR ˈserɪf, -s
AM ˈserɪf, -s
cerise
BR sɪˈriːz, sɪˈriːs
AM səˈriz, səˈris
cerium
BR ˈsɪəriəm
AM ˈsɪriəm
cermet
BR ˈsəːmet
AM ˈsɜrˌmet
CERN
BR səːn
AM sɜrn
Cerne Abbas
BR ˌsəːn ˈabəs
AM ˌsɜrn ˈæbəs

cerography
BR sɪˈrɒgrəfi
AM səˈrɑgrəfi
ceroplastic
BR ˌsɪərəʊˈplastɪk
AM ˌseroʊˈplæstɪk, ˌsɪroʊˈplæstɪk
cert
BR səːt, -s
AM sɜrt, -s
certain
BR ˈsəːt(ɪ)n
AM ˈsɜrtn
certainly
BR ˈsəːt(ɪ)nli
AM ˈsɜrtnli
certainty
BR ˈsəːt(ɪ)nt|i, -ɪz
AM ˈsɜrtn(t)i, -z
Cert.Ed. Certificate in Education
BR ˌsəːtˈɛd, -z
AM ˌˈsɜrtˈɛd, -z
certes
BR ˈsəːtiːz, ˈsəːtɪz
AM ˈsɜrdiz
certifiable
BR ˌsəːtɪˈfʌɪəbl, ˈsəːtɪfʌɪəbl
AM ˌsɜrdəˈfaɪəb(ə)l
certifiably
BR ˌsəːtɪˈfʌɪəbli, ˈsəːtɪfʌɪəbli
AM ˌsɜrdəˈfaɪəbli
certificate[1] noun
BR səˈtɪfɪkət, -s
AM sərˈtɪfəkət, -s
certificate[2] verb
BR səˈtɪfɪkeɪt, -s, -ɪŋ, -ɪd
AM ˌsərˈtɪfəkeɪ|t, -ts, -dɪŋ, -dɪd
certification
BR ˌsəːtɪfɪˈkeɪʃn, -z
AM ˌsɜrdəfəˈkeɪʃ(ə)n, -z
certificatory
BR səˈtɪfɪkət(ə)ri
AM sərˈtɪfəkəˌtɔri
certify
BR ˈsəːtɪfʌɪ, -z, -ɪŋ, -d
AM ˈsɜrdəˌfaɪ, -z, -ɪŋ, -d

certiorari
BR ˌsəːtiəˈrεːrʌɪ,
ˌsəːʃiəˈrεːrʌɪ,
ˌsəːtiəˈrɑːri,
ˌsəːʃiəˈrɑːri
AM ˌsεrʃ(i)əˈrεri

certitude
BR ˈsəːtɪtjuːd,
ˈsəːtɪtʃuːd
AM ˈsərdəˌt(j)ud

cerulean
BR sɪˈruːliən
AM səˈruliən

cerumen
BR sɪˈruːmεn,
sɪˈruːmɪn
AM səˈrum(ə)n

ceruminous
BR sɪˈruːmɪnəs
AM səˈrumənəs

ceruse
BR ˈsɪəruːs, sɪˈruːs
AM ˈsɪrus, səˈrus

Cervantes
BR səːˈvantiːz,
səːˈvantɪz
AM sərˈvanteɪs
SP θεrˈβantes,
serˈβantes

cervelat
BR ˈsəːvəlat,
ˈsəːvəlaː(r),
ˌsəːvəˈlat,
ˌsəːvəˈlɑː(r)
AM ˈsərvələt

cervical
BR sə(ː)ˈvʌɪkl,
ˈsəːvɪkl
AM ˈsərvɪk(ə)l

cervices
BR ˈsəːvɪsiːz
AM ˈsərvəˌsiz

cervine
BR ˈsəːvʌɪn
AM ˈsərˌvaɪn

cervix
BR ˈsəːv|ɪks,
-ɪksɪz
AM ˈsərˌvɪks, -ɪz

Cesar
BR ˈseɪzɑː(r)
AM ˈseɪzɑr, ˈsɪzər

César
BR ˈseɪzɑː(r)
AM ˈseɪzɑr

cesarean
BR sɪˈzεːriən, -z
AM səˈzεriən, -z

Cesarewitch
BR sɪˈzarɪwɪtʃ
AM səˈzarəwɪtʃ

cesarian
BR sɪˈzεːriən, -z
AM səˈzεriən, -z

cesium
BR ˈsiːziəm
AM ˈsiziəm

cess
BR sεs, -ɪz
AM sεs, -əz

cessation
BR sεˈseɪʃn, sɪˈseɪʃn, -z
AM səˈseɪʃ(ə)n,
sεˈseɪʃ(ə)n, -z

cesser
BR ˈsεsə(r)
AM ˈsεsər

cession
BR ˈsεʃn, -z
AM ˈsεʃ(ə)n, -z

cessionary
BR ˈsεʃn(ə)r|i, -ɪz
AM ˈsεʃəˌnεri, -z

Cessna
BR ˈsεsnə(r), -z
AM ˈsεsnə, -z

cesspit
BR ˈsεspɪt, -s
AM ˈsεsˌpɪt, -s

cesspool
BR ˈsεspuːl, -z
AM ˈsεsˌpul, -z

cesta
BR ˈsεstə(r), -z
AM ˈsεstə, -z

cesti
BR ˈsεstʌɪ, ˈsεstiː
AM ˈsεsti, ˈsεsˌtaɪ

c'est la vie
BR ˌseɪ lɑː ˈviː, + lə +
AM ˌseɪ lɑ ˈvi

cestode
BR ˈsεstəʊd, -z
AM ˈsεsˌtoʊd, -z

cestoid
BR ˈsεstɔɪd, -z
AM ˈsεsˌtɔɪd, -z

cestus
BR ˈsεstəs
AM ˈsεstəs

cetacea
BR sɪˈteɪʃə(r)
AM səˈteɪʃiə

cetacean
BR sɪˈteɪʃn
AM səˈteɪʃ(ə)n

cetaceous
BR sɪˈteɪʃəs
AM səˈteɪʃəs

cetane
BR ˈsiːteɪn
AM ˈsiˌteɪn

ceteris paribus
BR ˌkeɪt(ə)rɪs
ˈparɪbʊs,
ˌket(ə)rɪs +,
+ ˈpɑːrɪbʊs
AM ˌseɪdərəs
ˈpεrəbəs,
ˌsεdərəs ˈpεrəbəs,
ˌkeɪdərəs ˈpεrəbəs

cetological
BR ˌsiːtəˈlɒdʒɪkl
AM ˌsidəˈlɑdʒək(ə)l

cetologist
BR sɪˈtɒlədʒɪst,
siːˈtɒlədʒɪst, -s
AM siˈtɑlədʒəst,
səˈtɑlədʒəst, -s

cetology
BR sɪˈtɒlədʒi,
siːˈtɒlədʒi
AM siˈtɑlədʒi,
səˈtɑlədʒi

Cetshwayo
BR kεtʃˈwʌɪəʊ
AM kεtʃˈwaɪoʊ

Cetus
BR ˈsiːtəs
AM ˈsidəs

Ceuta
BR ˈs(j)uːtə(r)
AM ˈseɪudə

Cévennes
BR sεˈvεn
AM səˈvεn

Ceylon
BR sɪˈlɒn
AM səˈlɑn, seɪˈlɑn

Ceylonese
BR ˌsεləˈniːz
AM ˌseɪləˈniz,
ˌsεləˈniz

Cézanne
BR sɪˈzan, seɪˈzan
AM seɪˈzan

cha
BR tʃɑː(r)
AM tʃɑ

Chablis
BR ˈʃabliː
AM ʃəˈbli, ʃɑˈbli

Chabrier
BR ˈʃabrɪeɪ, ˈʃɑːbrɪeɪ
AM ˈʃabriˌeɪ

Chabrol
BR ʃaˈbrɒl
AM ʃaˈbroʊl

cha-cha
BR ˈtʃɑːtʃɑː(r), -z, -ɪŋ
AM ˈtʃɑˌtʃɑ, -z, -ɪŋ

cha-cha-cha
BR ˌtʃɑːtʃɑːˈtʃɑː(r)
AM ˈtʃɑˈtʃɑˈtʃɑ,
ˌtʃɑˌtʃɑˈtʃɑ

chacma
BR ˈtʃakmə(r), -z
AM ˈtʃakmə, -z

chaconne
BR ʃaˈkɒn, -z
AM ʃaˈkan, ʃəˈkan,
ʃəˈkɔn, ʃaˈkɔn, -z

Chad
BR tʃad
AM tʃæd

chadar
BR ˈtʃɑːdə(r), -z
AM ˈtʃɑdər, -z

Chadian
BR ˈtʃadiən, -z
AM ˈtʃædiən, -z

Chadic
BR ˈtʃadɪk
AM ˈtʃædɪk

chador
BR ˈtʃɑːdɔː(r),
ˈtʃʌdə(r)
AM ˈtʃɑˌdɔ(ə)r

Chadwick
BR ˈtʃadwɪk
AM ˈtʃædˌwɪk

chaeta
BR ˈkiːtə(r)
AM ˈkidə

chaetae
BR ˈkiːtiː
AM ˈkidi

chaetognath
BR ˈkiːtənaθ, -s
AM ˈkidɑɡˌnaθ, -s

chaetopod
BR ˈkiːtəpɒd, -z
AM ˈkidəˌpɑd, -z

chafe
BR tʃeɪf, -s,
-ɪŋ, -t
AM tʃeɪf, -s,
-ɪŋ, -t

chafer
BR ˈtʃeɪfə(r), -z
AM ˈtʃeɪfər, -z

chaff
BR tʃɑːf, -s, -ɪŋ, -t
AM tʃæf, -s, -ɪŋ, -t

chaffer
BR ˈtʃaf|ə(r), -əz,
-(ə)rɪŋ, -əd
AM ˈtʃæfər, -z,
-ɪŋ, -d

chafferer
BR ˈtʃaf(ə)rə(r), -z
AM ˈtʃæfərər, -z

chaffinch
BR ˈtʃafɪn(t)ʃ, -ɪz
AM ˈtʃæˌfɪntʃ,
-ɪz

chaffiness
BR ˈtʃɑːfɪnɪs
AM ˈtʃæfɪnɪs

chaffy
BR ˈtʃɑːfi
AM ˈtʃæfi

Chagall
BR ʃaˈɡal,
ʃaˈɡɑːl
AM ʃəˈɡɑl

Chagas' disease
BR ˈʃɑːɡəs dɪˌziːz
AM ˈʃɑɡəs dɪˌziz,
ˈʃɑɡəs dəˌziz

Chagos Archipelago
BR ˌʃɑːɡəs
ˌɑːkɪˈpɛləɡəʊ
AM ˈʃɑɡəs
ˌɑrtʃɪˈpɛləɡoʊ,
ˌʃɑɡəs ˌɑrkəˈpɛləɡoʊ

chagrin
BR ˈʃaɡr(ɪ)n, -z,
-ɪŋ, -d
AM ʃəˈɡrɪn, -z,
-ɪŋ, -d

Chaim
BR xʌɪm, hʌɪm
AM kaɪ(ə)m

chain
BR tʃeɪn, -z, -ɪŋ, -d
AM tʃeɪn, -z, -ɪŋ, -d

chaingang
BR ˈtʃeɪŋɡaŋ, -z
AM ˈtʃeɪnˌɡæŋ, -z

chainless
BR ˈtʃeɪnlɪs
AM ˈtʃeɪnləs

chainmail
BR ˌtʃeɪnˈmeɪl,
ˈtʃeɪnmeɪl
AM ˈtʃeɪnˌmeɪl

chainsaw
BR ˈtʃeɪnsɔː(r), -z
AM ˈtʃeɪnˌsɑ, ˈtʃeɪnˌsɔ,
-z

chainwork
BR ˈtʃeɪnwəːk
AM ˈtʃeɪnˌwərk

chair
BR tʃɛː(r), -z, -ɪŋ, -d
AM tʃɛ(ə)r, -z, -ɪŋ, -d

chairlady
BR ˈtʃɛːˌleɪd|i, -ɪz
AM ˈtʃɛrˌleɪdi, -z

chairlift
BR ˈtʃɛːlɪft, -s
AM ˈtʃɛrˌlɪft, -s

chairman
BR ˈtʃɛːmən
AM ˈtʃɛrm(ə)n

chairmanship
BR ˈtʃɛːmənʃɪp, -s
AM ˈtʃɛrmənˌʃɪp, -s

chairmen
BR ˈtʃɛːmən
AM ˈtʃɛrm(ə)n

chairperson
BR ˈtʃɛːˌpəːsn, -z
AM ˈtʃɛrˌpərs(ə)n, -z

chairwoman
BR ˈtʃɛːˌwʊmən
AM ˈtʃɛrˌwʊm(ə)n

chairwomen
BR ˈtʃɛːˌwɪmɪn
AM ˈtʃɛrˌwɪmɨn

chaise
BR ʃeɪz, -ɪz
AM ʃeɪz, -ɪz
FR ʃɛz

chaise longue
BR ˌʃeɪz ˈlɒŋ, -z
AM ˌʃeɪz ˈlaʊndʒ,
ˌʃeɪz ˈlɑŋ,
ˌʃeɪz ˈlɔŋ, -z

chakra
BR ˈtʃʌkrə(r),
ˈtʃakrə(r),
ˈtʃɑːkrə(r), -z
AM ˈtʃakrə, -z

chalaza
BR kəˈleɪzə(r), -z
AM kəˈleɪzə, -z

chalazae
BR kəˈleɪzi:
AM kəˈleɪˌzaɪ, kəˈleɪzi

Chalcedon
BR ˈkalsɪd(ɒ)n
AM kælˈsid(ə)n,
ˈkælsəˌdɑn

Chalcedonian
BR ˌkalsɪˈdəʊnɪən, -z
AM ˌkælsəˈdoʊnɪən,
-z

chalcedonic
BR ˌkalsɪˈdɒnɪk
AM ˌkælsəˈdɑnɪk

chalcedony
BR kalˈsɛdn̩|i, -ɪz
AM tʃælˈsɛdn̩i,
ˈkælsəˌdoʊni,
ˈtʃælsəˌdoʊni,
kælˈsɛdn̩i, -z

Chalcidice
BR kalˈsɪdɪsi
AM kælˈsɪdɪsi

Chalcis
BR ˈkalsɪs
AM ˈkælsəs

chalcolithic
BR ˌkalkəˈlɪθɪk
AM ˌkælkəˈlɪθɪk

chalcopyrite
BR ˌkalkə(ʊ)ˈpʌɪrʌɪt
AM ˌkælkəˈpaɪˌraɪt

Chaldea
BR kalˈdiːə(r)
AM kælˈdiə

Chaldean
BR kalˈdiːən, -z
AM kælˈdiən, -z

Chaldee
BR ˈkaldi:, -z
AM ˈkældi, -z

chaldron
BR ˈtʃɔːldr(ə)n, -z
AM ˈtʃɑldr(ə)n,
ˈtʃɔldr(ə)n, -z

chalet
BR ˈʃal|eɪ, ˈʃal|i,
-eɪz\-ɪz
AM ʃæˈleɪ, -z

Chalfont
BR ˈtʃalf(ɒ)nt
AM ˈtʃælfɑnt

Chaliapin
BR ʃalˈjɑːpɪn
AM ˌʃalˈjɑˌpɪn

chalice
BR ˈtʃalɪs, -ɪz
AM ˈtʃæləs, -əz

chalk
BR tʃɔːk, -s, -ɪŋ, -t
AM tʃɑk, tʃɔk, -s, -ɪŋ, -t

chalkboard
BR ˈtʃɔːkbɔːd, -z
AM ˈtʃɑkˌbɔ(ə)rd,
ˈtʃɔkˌbɔ(ə)rd, -z

Chalker
BR ˈtʃɔːkə(r)
AM ˈtʃɑkər, ˈtʃɔkər

chalkily
BR ˈtʃɔːkɨli
AM ˈtʃɑkəli, ˈtʃɔkəli

chalkiness
BR ˈtʃɔːkɪnɨs
AM ˈtʃɑkɪnɨs, ˈtʃɔkɪnɨs

chalky
BR ˈtʃɔːk|i, -ɪə(r), -ɪɪst
AM ˈtʃɑki, ˈtʃɔki,
-ər, -ɪst

challah
BR ˈhɑːlə(r),
xɑːˈlɑː(r), -z
AM ˈhɑlə, -z

challenge
BR ˈtʃalɪn(d)ʒ, -ɪz, -ɪŋ,
-d
AM ˈtʃæləndʒ, -əz,
-ɪŋ, -d

challengeable
BR ˈtʃalɪn(d)ʒəbl
AM ˈtʃæləndʒəb(ə)l

challenger
BR ˈtʃalɪn(d)ʒə(r), -z
AM ˈtʃæləndʒər, -z

challengingly
BR ˈtʃalɪn(d)ʒɪŋli
AM ˈtʃæləndʒɪŋli

Challes
BR ˈtʃalɪs
AM ˈtʃæləs

challis
BR ˈʃalɪs, ˈʃali
AM ˈʃæləs, ˈʃali

Challoner
BR ˈtʃalənə(r)
AM ˈtʃælənər

Chalmers
BR ˈtʃɑːməz
AM ˈtʃælmərz,
ˈtʃɑlmərz

chalumeau
BR ˈʃalʊməʊ
AM ˈʃælə‚moʊ

chalumeaux
BR ˈʃalʊməʊ(z)
AM ˈʃælə‚moʊ(z)

chalybeate
BR kəˈlɪbiət
AM kəˈlɪbiət

cham
BR kam, -z
AM kæm, -z

chamaephyte
BR ˈkamɪfʌɪt, -s
AM ˈkæmə‚faɪt, -s

chamber
BR ˈtʃeɪmbə(r), -z, -d
AM ˈtʃeɪmbər, -z, -d

chamberlain
BR ˈtʃeɪmbəlɪn, -z
AM ˈtʃeɪmbərl(ə)n, -z

chamberlainship
BR ˈtʃeɪmbəlɪnʃɪp
AM ˈtʃeɪmbərlən‚ʃɪp

chambermaid
BR ˈtʃeɪmbəmeɪd, -z
AM ˈtʃeɪmbər‚meɪd, -z

Chambers
BR ˈtʃeɪmbəz
AM ˈtʃeɪmbərz

Chambertin
BR ˈʃɒ̃bətã, -z
AM ˌʃɑmbərˈtɛn, -z

Chambourcy
BR ʃamˈbʊəsi
AM ʃæmˈbʊrsi

chambray
BR ˈʃɒmbreɪ, ˈʃambreɪ
AM ˈʃæm‚breɪ

chambré
BR ˈʃɒmbreɪ, ˈʃambreɪ
AM ˈʃæm‚breɪ
FR ʃɑ̃bʀe

chameleon
BR kəˈmiːliən, -z
AM kəˈmiliən,
kəˈmɪlj(ə)n, -z

chameleonic
BR kə‚miːliˈɒnɪk
AM kə‚miliˈɑnɪk

chamfer
BR ˈ(t)ʃamf|ə(r), -əz,
-(ə)rɪŋ, -əd
AM ˈ(t)ʃæmfər, -z, -ɪŋ,
-d

chammy
BR ˈʃam|i, -ɪz, -ɪŋ, -ɪd
AM ˈʃæmi, -z, -ɪŋ, -d

chamois[1] *animal*
BR ˈʃamwɑː(r), -z
AM ʃæmˈwɑ,
ˈʃæmi, -z
FR ʃamwa

chamois[2] *leather*
BR ˈʃam|i, -ɪz, -ɪŋ, -ɪd
AM ˈʃæmi, -z, -ɪŋ, -d

chamomile
BR ˈkaməmʌɪl
AM ˈkæmə‚maɪl,
ˈkæmə‚mil

Chamonix
BR ˈʃamɒniː
AM ʃaməˈni

champ
BR tʃamp, -s, -ɪŋ, -t
AM tʃæmp, -s, -ɪŋ, -t

champagne
BR ‚ʃamˈpeɪn, -z
AM ‚ʃæmˈpeɪn, -z

champaign
BR ‚ʃamˈpeɪn, -z
AM ‚ʃæmˈpeɪn, -z

champenoise
BR ‚ʃampəˈnwɑːz
AM ‚ʃæmpəˈnwaz
FR ʃɑ̃pənwaz

champers
BR ˈʃampəz
AM ˈʃæmpərz

champertous
BR ˈʃampətəs
AM ˈtʃæmpərdəs

champerty
BR ˈʃampət|i, -ɪz
AM ˈtʃæmpərdi, -z

champion
BR ˈtʃampiən, -z, -ɪŋ,
-d
AM ˈtʃæmpiən, -z, -ɪŋ,
-d

championship
BR ˈtʃampiənʃɪp, -s
AM ˈtʃæmpiən‚ʃɪp, -s

Champlain
BR ʃamˈpleɪn
AM ‚ʃæmˈpleɪn

champlevé
BR ˈʃampləveɪ
AM ‚ʃam(p)ləˈveɪ
FR ʃɑ̃l(ə)ve

Champneys
BR ˈtʃampnɪz
AM ˈtʃæmpniz

Champs-Élysées
BR ‚ʃɒ̃zəˈliːzeɪ
AM ‚ʃɑnzəliˈzeɪ

Chan
BR tʃan
AM tʃæn

chance
BR tʃɑːns, -ɪz, -ɪŋ, -t
AM tʃæns, -əz, -ɪŋ, -t

chancel
BR ˈtʃɑːnsl, -z
AM ˈtʃæns(ə)l, -z

chancellery
BR ˈtʃɑːns(ə)l(ə)r|i,
ˈtʃɑːnsl̩(ə)r|i, -ɪz
AM ˈtʃæns(ə)ləri, -z

chancellor
BR ˈtʃɑːns(ə)lə(r),
ˈtʃɑːnslə(r), -z
AM ˈtʃæns(ə)lər, -z

chancellorship
BR ˈtʃɑːns(ə)ləʃɪp,
ˈtʃɑːnsləʃɪp, -s
AM ˈtʃæns(ə)lər‚ʃɪp,
-s

chance-medley
BR ‚tʃɑːnsˈmɛdl|i,
-ɪz
AM ‚tʃænsˈmɛdli, -z

chancer
BR ˈtʃɑːnsə(r), -z
AM ˈtʃænsər, -z

chancery
BR ˈtʃɑːns(ə)r|i, -ɪz
AM ˈtʃæns(ə)ri, -z

chancily
BR ˈtʃɑːnsɪli
AM ˈtʃænsəli

chanciness
BR ˈtʃɑːnsɪnɪs
AM ˈtʃænsɪnɪs

chancre
BR ˈʃaŋkə(r), -z
AM ˈʃæŋkər, ˈkæŋkər,
-z

chancroid
BR ˈʃaŋkrɔɪd
AM ˈʃæŋk‚rɔɪd,
ˈkæŋk‚rɔɪd

Chanctonbury
BR ˈtʃaŋ(k)t(ə)nb(ə)ri
AM ˈtʃæŋktənbəri,
ˈtʃæŋktən‚bɛri

chancy
BR ˈtʃɑːns|i, -iə(r),
-ɪɪst
AM ˈtʃænsi, -ər,
-ɪst

chandelier
BR ‚ʃandəˈlɪə(r), -z
AM ‚ʃændəˈlɪ(ə)r, -z

chandelle
BR ʃanˈdɛl, ʃɑːnˈdɛl
AM ʃænˈdɛl, ʃɑnˈdɛl

Chandigarh
BR ˌtʃʌndɪˈgəː(r),
ˌtʃandɪˈgaː(r)
AM ˌtʃəndəˈgər,
ˈtʃəndəgər

chandler
BR ˈtʃɑːndlə(r), -z
AM ˈtʃæn(d)lər, -z

chandlery
BR ˈtʃɑːndləri
AM ˈtʃæn(d)ləri

Chandos
BR ˈ(t)ʃandɒs
AM ˈtʃændɑs,
ˈtʃændɔs

Chandrasekhar
BR ˌtʃandrəˈseɪkə(r)
AM ˌʃandrəˈseɪkər

Chanel
BR ʃəˈnɛl
AM ʃəˈnɛl

Chaney
BR ˈtʃeɪni
AM ˈtʃeɪni

Chang
BR tʃaŋ
AM tʃæŋ

Changchun
BR ˈtʃaŋˈtʃuːn
AM ˌtʃæŋˈtʃun

change
BR tʃeɪn(d)ʒ, -ɪz, -ɪŋ, -d
AM tʃeɪndʒ, -ɪz, -ɪŋ, -d

changeability
BR ˌtʃeɪn(d)ʒəˈbɪlɪti
AM ˌtʃeɪndʒəˈbɪlɪdi

changeable
BR ˈtʃeɪn(d)ʒəbl
AM ˈtʃeɪndʒəb(ə)l

changeableness
BR ˈtʃeɪn(d)ʒəblnəs
AM ˈtʃeɪndʒəbəlnəs

changeably
BR ˈtʃeɪn(d)ʒəbli
AM ˈtʃeɪndʒəbli

changeful
BR ˈtʃeɪn(d)ʒf(ʊ)l
AM ˈtʃeɪndʒf(ə)l

changefulness
BR ˈtʃeɪn(d)ʒf(ʊ)lnəs
AM ˈtʃeɪndʒəfəlnəs

changeless
BR ˈtʃeɪn(d)ʒlɪs
AM ˈtʃeɪndʒlɪs

changelessly
BR ˈtʃeɪn(d)ʒlɪsli
AM ˈtʃeɪndʒlɪsli

changelessness
BR ˈtʃeɪn(d)ʒlɪsnɪs
AM ˈtʃeɪndʒlɪsnɪs

changeling
BR ˈtʃeɪn(d)ʒlɪŋ, -z
AM ˈtʃeɪndʒlɪŋ, -z

changeover
BR ˈtʃeɪn(d)ʒˌəʊvə(r), -z
AM ˈtʃeɪndʒˌoʊvər, -z

changer
BR ˈtʃeɪn(d)ʒə(r), -z
AM ˈtʃeɪndʒər, -z

changeround
BR ˈtʃeɪn(d)ʒraʊnd
AM ˈtʃeɪndʒˌraʊnd

Changi
BR ˈtʃaŋgi
AM ˈtʃæŋ(g)i

Changsha
BR ˌtʃaŋˈʃaː(r)
AM ˈtʃæŋˈʃa

channel
BR ˈtʃanl̩, -z, -ɪŋ, -d
AM ˈtʃæn(ə)l, -z, -ɪŋ, -d

channelise
BR ˈtʃanl̩ʌɪz, -ɪz, -ɪŋ, -d
AM ˈtʃænl̩ˌaɪz, -ɪz, -ɪŋ, -d

channelize
BR ˈtʃanl̩ʌɪz, -ɪz, -ɪŋ, -d
AM ˈtʃænl̩ˌaɪz, -ɪz, -ɪŋ, -d

Channing
BR ˈtʃanɪŋ
AM ˈtʃænɪŋ

Channon
BR ˈtʃanən
AM ˈtʃænən

chanson
BR ˈʃɒ̃sɒ̃, ˈʃɒnsɒ̃,
ˈʃɒnsɒn, -z
AM ʃanˈsan,
ʃanˈsɔn, -z
FR ʃɑ̃sɔ̃

chanson de geste
BR ˌʃɒ̃sɒ̃ də ˈʒɛst,
ˌʃɒnsɒ̃ +, ˌʃɒnsɒn +
AM ʃanˈsan də ˈʒɛst,
ʃanˈsɔn də ˈʒɛst
FR ʃɑ̃sɔ̃ d(ə) ʒɛst

chansons de geste
BR ˌʃɒ̃sɒ̃(z) də ˈʒɛst,
ˌʃɒnsɒ̃(z) +,
ˌʃɒnsɒn(z) +
AM ʃanˈsan(z)
də ˈʒɛst, ʃanˈsɔn(z)
də ˈʒɛst
FR ʃɑ̃sɔ̃ d(ə) ʒɛst

chant
BR tʃɑːnt, -s, -ɪŋ, -ɪd
AM tʃænt, -z, -ɪŋ, -əd

Chantal
BR ˌʃɒnˈtal, ˌʃɑːnˈtal,
ˌʃanˈtal, ˌʃɒnˈtaːl,
ˌʃaːnˈtaːl, ˌʃanˈtaːl
AM ˌʃanˈtal, ˌʃænˈtal

chanter
BR ˈtʃɑːntə(r), -z
AM ˈtʃæn(t)ər, -z

chanterelle
BR ˌʃɑːntəˈrɛl, -z
AM ˌʃan(t)əˈrɛl,
ˌʃæn(t)əˈrɛl, -z

chanteur
BR ˌʃɒnˈtəː(r),
ˌʃɑːnˈtəː(r)
AM ˌʃanˈtər
FR ʃɑ̃tœʀ

chanteurs
BR ˌʃɒnˈtəːz,
ˌʃɑːnˈtəːz
AM ˌʃanˈtərz
FR ʃɑ̃tœʀ

chanteuse
BR ˌʃɒnˈtəːz,
ˌʃɑːnˈtəːz
AM ˌʃanˈtʊz
FR ʃɑ̃tøz

chanteuses
BR ˌʃɒnˈtəːz,
ˌʃɒnˈtəːzɪz,
ˌʃɑːnˈtəːz,
ˌʃɑːnˈtəːzɪz
AM ˌʃanˈtʊzəz,
ˌʃanˈtʊz
FR ʃɑ̃tøz

chantey
BR ˈʃantli, -ɪz
AM ˈʃæn(t)i, -z

chanticleer
BR ˈʃɑːntɪklɪə(r),
ˈʃɒntɪklɪə(r),
ˈtʃɑːntɪklɪə(r), -z
AM ˈtʃæn(t)əˌklɪ(ə)r, -z

Chantilly
BR ʃanˈtɪli
AM ˌʃænˈtɪli
FR ʃɑ̃tiji

chantry
BR ˈtʃɑːntr|i, -ɪz
AM ˈtʃæntri, -z

chanty
BR ˈʃantli, -ɪz
AM ˈʃæn(t)i, -z

Chanukkah
BR ˈhanʊkə(r),
ˈxanʊkə(r),
ˈhaːnʊkə(r),
ˈxaːnʊkə(r)
AM ˈhanəkə

chaology
BR keɪˈɒlədʒi
AM keɪˈɑlədʒi

chaos
BR keɪɒs
AM ˈkeɪˌɑs,
ˈkeɪˌas

chaotic
BR keɪˈɒtɪk
AM keɪˈadɪk

chaotically
BR keɪˈɒtɪkli
AM keɪˈadək(ə)li

chap
BR tʃap, -s, -ɪŋ, -t
AM tʃæp, -s, -ɪŋ, -t

chaparejos
BR ˌ(t)ʃapəˈreɪhəʊs
AM ˌʃæpəˈreɪəs
SP ˌtʃapaˈrexos

chaparral
BR ˌʃapəˈral
AM ˌʃæpəˈræl

chapati
BR tʃəˈpaːt|i,
tʃəˈpat|i, -ɪz
AM tʃəˈpadi, -z

chapatti
BR tʃəˈpɑːt|i, tʃəˈpat|i, -ɪz
AM tʃəˈpɑdi, -z

chapbook
BR ˈtʃapbʊk, -s
AM ˈtʃæpˌbʊk, -s

chape
BR ˈtʃeɪp, -s
AM ˈtʃeɪp, -s

chapeau-bras
BR ˌʃapəʊˈbrɑː(r), -z
AM ˌʃapoʊˈbrɑ, -z
FR ʃapobʁa

chapel
BR ˈtʃapl, -z
AM ˈtʃæp(ə)l, -z

Chapel-en-le-Frith
BR ˌtʃaplˌɛnləˈfrɪθ, ˌtʃaplˌɒnləˈfrɪθ
AM ˌtʃæpələnðəˈfrɪθ

chapelry
BR ˈtʃaplr|i, -ɪz
AM ˈtʃæpəlri, -z

chaperon
BR ˈʃapərəʊn, -z, -ɪŋ, -d
AM ˈʃæpəˌroʊn, -z, -ɪŋ, -d

chaperonage
BR ˈʃapərəʊnɪdʒ
AM ˈʃæpəˌroʊnɪdʒ, ˈʃæpəˌroʊnɪdʒ

chaperone
BR ˈʃapərəʊn, -z, -ɪŋ, -d
AM ˈʃæpəˌroʊn, -z, -ɪŋ, -d

chapfallen
BR ˈtʃapˌfɔːlən
AM ˈtʃæpˌfɑl(ə)n, ˈtʃæpˌfɔl(ə)n

chaplain
BR ˈtʃaplɪn, -z
AM ˈtʃæpl(ə)n, -z

chaplaincy
BR ˈtʃaplɪns|i, -ɪz
AM ˈtʃæplənsi, -z

chaplet
BR ˈtʃaplɪt, -s, -ɪd
AM ˈtʃæplət, -s, -əd

Chaplin
BR ˈtʃaplɪn
AM ˈtʃæpl(ə)n

chapman
BR ˈtʃapmən
AM ˈtʃæpm(ə)n

chapmen
BR ˈtʃapmən
AM ˈtʃæpm(ə)n

chappal
BR ˈtʃapl, -z
AM ˈtʃæp(ə)l, -z

Chappell
BR ˈtʃapl
AM ˈtʃæp(ə)l

chappie
BR ˈtʃap|i, -ɪz
AM ˈtʃæpi, -z

chappy
BR ˈtʃap|i, -ɪz
AM ˈtʃæpi, -z

chapter
BR ˈtʃaptə(r), -z
AM ˈtʃæptər, -z

char
BR tʃɑː(r), -z, -ɪŋ, -d
AM tʃɑr, -z, -ɪŋ, -d

charabanc
BR ˈʃarəbaŋ, -z
AM ˈʃɛrəˌbæŋk, -z

char à bancs
BR ˈʃarəbaŋ
AM ˈʃɛrəˌbæŋk
FR ʃaʁabɑ̃

characin
BR ˈkarəsɪn, -z
AM ˈkɛrəs(ə)n, -z

character
BR ˈkarɪktə(r), -z
AM ˈkɛr(ə)ktər, -z

characterful
BR ˈkarɪktəf(ʊ)l
AM ˈkɛr(ə)ktərf(ə)l

characterfully
BR ˈkarɪktəf(ʊ)li, ˈkarɪktəfli
AM ˈkɛr(ə)ktərfəli

characterisation
BR ˌkarɪkt(ə)rʌɪˈzeɪʃn, -z
AM ˌkɛr(ə)ktəˌraɪˈzeɪʃ(ə)n, ˌkɛr(ə)ktərəˈzeɪʃ(ə)n, -z

characterise
BR ˈkarɪktərʌɪz, -ɪz, -ɪŋ, -d
AM ˈkɛr(ə)ktəˌraɪz, -ɪz, -ɪŋ, -d

characteristic
BR ˌkarɪktəˈrɪstɪk, -s
AM ˌkɛr(ə)ktəˈrɪstɪk, -s

characteristically
BR ˌkarɪktəˈrɪstɪkli
AM ˌkɛr(ə)ktəˈrɪstək(ə)li

characterization
BR ˌkarɪkt(ə)rʌɪˈzeɪʃn, -z
AM ˌkɛr(ə)ktəˌraɪˈzeɪʃ(ə)n, ˌkɛr(ə)ktərəˈzeɪʃ(ə)n, -z

characterize
BR ˈkarɪktərʌɪz, -ɪz, -ɪŋ, -d
AM ˈkɛr(ə)ktəˌraɪz, -ɪz, -ɪŋ, -d

characterless
BR ˈkarɪktələs
AM ˈkɛr(ə)ktərˌləs

characterology
BR ˌkarɪktəˈrɒlədʒi
AM ˌkɛr(ə)ktəˈrɑlədʒi

charade
BR ʃəˈrɑːd, -z
AM ʃəˈreɪd, -z

charango
BR tʃəˈraŋgəʊ, -z
AM tʃəˈræŋgoʊ, -z

charas
BR ˈtʃɑːrəs
AM ˈtʃɑrəs

charbroil
BR ˈtʃɑːbrɔɪl, -z, -ɪŋ, -d
AM ˈtʃɑrˌbrɔɪl, -z, -ɪŋ, -d

charcoal
BR ˈtʃɑːkəʊl
AM ˈtʃɑrˌkoʊl

charcuterie
BR ʃɑːˈkuːt(ə)ri
AM ˌʃɑrˌkudəˈri

chard
BR tʃɑːd, -z
AM tʃɑrd, -z

Chardonnay
BR ˈʃɑːdəneɪ
AM ˌˈʃɑrdnˌeɪ

chare
BR tʃɛː(r), -z, -ɪŋ, -d
AM tʃɛ(ə)r, -z, -ɪŋ, -d

charge
BR tʃɑːdʒ, -ɪz, -ɪŋ, -d
AM tʃɑrdʒ, -əz, -ɪŋ, -d

chargeable
BR ˈtʃɑːdʒəbl
AM ˈtʃɑrdʒəb(ə)l

chargeableness
BR ˈtʃɑːdʒəblnəs
AM ˈtʃɑrdʒəbəlnəs

chargeably
BR ˈtʃɑːdʒəbli
AM ˈtʃɑrdʒəbli

chargé d'affaires
BR ˌʃɑːʒeɪ dæˈfɛː(r)
AM ˌʃɑrʒeɪ dæˈfɛ(ə)r

chargehand
BR ˈtʃɑːdʒhand, -z
AM ˈtʃɑrdʒˌ(h)ænd, -z

charger
BR ˈtʃɑːdʒə(r), -z
AM ˈtʃɑrdʒər, -z

chargés d'affaires
BR ˌʃɑːʒeɪ dæˈfɛːz
AM ˌʃɑrʒeɪ(z) dæˈfɛr(z)

charily
BR ˈtʃɛːrɪli
AM ˈtʃɛrəli

chariness
BR ˈtʃɛːrɪnɪs
AM ˈtʃɛrɪnɪs

Charing Cross
BR ˌtʃarɪŋ ˈkrɒs, ˌtʃɛːrɪŋ +
AM ˌtʃɛrɪŋ ˈkrɑs, ˌtʃɛrɪŋ ˈkrɔs

chariot
BR ˈtʃærɪət, -s
AM ˈtʃeriət, -s

charioteer
BR ˌtʃæriəˈtɪə(r), -z
AM ˌtʃeriəˈtɪ(ə)r, -z

charisma
BR kəˈrɪzmə(r)
AM kəˈrɪzmə

charismatic
BR ˌkærɪzˈmætɪk
AM ˌkerəzˈmædɪk

charismatically
BR ˌkærɪzˈmætɪkli
AM ˌkerəzˈmædək(ə)li

Charisse
BR ʃəˈriːs
AM ʃəˈris

charitable
BR ˈtʃærɪtəbl
AM ˈtʃerədəb(ə)l

charitableness
BR ˈtʃærɪtəblnəs
AM ˈtʃer(ə)dəbəlnəs

charitably
BR ˈtʃærɪtəbli
AM ˈtʃer(ə)dəbli

charity
BR ˈtʃærɪt|i, -ɪz
AM ˈtʃerədi, -z

charivari
BR ˌʃærɪˈvɑːr|i, -ɪz
AM ˌʃɪvəˈri, -z

charivaria
BR ˌʃærɪˈvɑːrɪə(r)
AM ˌʃɪvəˈri

charlady
BR ˈtʃɑːˌleɪd|i, -ɪz
AM ˈtʃɑrˌleɪdi, -z

charlatan
BR ˈʃæːlət(ə)n, -z
AM ˈʃɑrlətn, ˈʃɑrlədən, -z

charlatanism
BR ˈʃæːlətnɪzm
AM ˈʃɑrlətnˌɪz(ə)m, ˈʃɑrlədəˌnɪz(ə)m

charlatanry
BR ˈʃɑːlət(ə)nri
AM ˈʃɑrlətnri, ˈʃɑrlədənri

Charlecote
BR ˈtʃɑːlkəʊt, ˈtʃɑːlkət
AM ˈtʃɑrl(ə)ˌkoʊt

Charlemagne
BR ˈʃɑːləmeɪn
AM ˈʃɑrləˌmeɪn

Charlene
BR ˈʃɑːliːn
AM ˌʃɑrˈlin

Charles
BR tʃɑːlz
AM tʃɑrlz

Charleston
BR ˈtʃɑːlst(ə)n, -z
AM ˈtʃɑrlst(ə)n, -z

charley horse
BR ˈtʃɑːlɪ hɔːs
AM ˈtʃɑrli ˌhɔ(ə)rs

Charlie
BR ˈtʃɑːli
AM ˈtʃɑrli

charlie
BR ˈtʃɑːl|i, -ɪz
AM ˈtʃɑrli, -z

charlock
BR ˈtʃɑːlɒk
AM ˈtʃɑrlək, ˈtʃɑrˌlak

charlotte
BR ˈʃɑːlɒt, -s
AM ˈʃɑrlət, -s
FR ʃaʁlɔt

Charlottenburg
BR ʃɑːˈlɒtnbəːg
AM tʃɑrˈlɑdənˌbɝg

charlotte russe
BR ˌʃɑːlɒt ˈruːs
AM ˌʃɑrˌlat ˈrus
FR ʃaʁlɔt ʁys

charlottes russes
BR ˌʃɑːlɒt ˈruːs
AM ˌʃɑrˌlat ˈrus
FR ʃaʁlɔt ʁys

Charlottetown
BR ˈʃɑːləttaʊn
AM ˈʃɑrlə(t)ˌtaʊn

Charlton
BR ˈtʃɑːlt(ə)n
AM ˈtʃɑrlt(ə)n

charm
BR tʃɑːm, -z, -ɪŋ, -d
AM tʃɑrm, -z, -ɪŋ, -d

Charmaine
BR (ˌ)ʃɑːˈmeɪn
AM ˌʃɑrˈmeɪn

charmer
BR ˈtʃɑːmə(r), -z
AM ˈtʃɑrmər, -z

charmeuse
BR ʃɑːˈməːz
AM ˌʃɑrˈm(j)ʊz
FR ʃaʁmøz

Charmian
BR ˈʃɑːmiən
AM ˈʃɑrmiən

charming
BR ˈtʃɑːmɪŋ
AM ˈtʃɑrmɪŋ

charmingly
BR ˈtʃɑːmɪŋli
AM ˈtʃɑrmɪŋli

charmless
BR ˈtʃɑːmləs
AM ˈtʃɑrmləs

charmlessly
BR ˈtʃɑːmləsli
AM ˈtʃɑrmləsli

charmlessness
BR ˈtʃɑːmləsnəs
AM ˈtʃɑrmləsnəs

charnel
BR ˈtʃɑːnl, -z
AM ˈtʃɑrn(ə)l, -z

Charnock
BR ˈtʃɑːnɒk
AM ˈtʃɑrnək

Charolais
BR ˈʃærəleɪ, -z
AM ˌʃɛrəˈleɪ, -z

Charollais
BR ˈʃærəleɪ, -z
AM ˌʃɛrəˈleɪ, -z

Charon
BR ˈkɛːrn, ˈkɛːrɒn
AM ˈkɛr(ə)n

charpoy
BR ˈtʃɑːpɔɪ, -z
AM ˈtʃɑrˌpɔɪ, -z

charr
BR tʃɑː(r)
AM tʃɑr

Charrington
BR ˈtʃærɪŋt(ə)n
AM ˈtʃerɪŋt(ə)n

charro
BR ˈtʃɑːrəʊ, -z
AM ˈtʃɑroʊ, -z

chart
BR tʃɑːt, -s, -ɪŋ, -ɪd
AM tʃɑr|t, -ts, -dɪŋ, -dəd

chartbuster
BR ˈtʃɑːtˌbʌstə(r), -z
AM ˈtʃɑrtˌbəstər, -z

charter
BR ˈtʃɑːt|ə(r), -əz, -(ə)rɪŋ, -əd
AM ˈtʃɑrdər, -z, -ɪŋ, -d

charterer
BR ˈtʃɑːt(ə)rə(r), -z
AM ˈtʃɑrdərər, -z

Charterhouse
BR ˈtʃɑːtəhaʊs
AM ˈtʃɑrdərˌ(h)aʊs

Charteris
BR ˈtʃɑːt(ə)rɪs, ˈtʃɑːtəz
AM ˈtʃɑrdərəs

Chartism
BR ˈtʃɑːtɪzm
AM ˈtʃɑrˌdɪz(ə)m

Chartist
BR ˈtʃɑːtɪst, -s
AM ˈtʃɑrdəst, -s

Chartres
BR ˈʃɑːtr(ər)
AM ˈʃɑrt(rə)

chartreuse
BR ʃɑːˈtrəːz, -ɪz
AM ʃɑrˈtrus, ʃɑrˈtruz, -əz
FR ʃaʁtʁøz

Chartwell
BR ˈtʃɑːtw(ɛ)l
AM ˈtʃɑrtˌwɛl

charwoman
BR ˈtʃɑːˌwʊmən
AM ˈtʃɑrˌwʊm(ə)n

charwomen
BR ˈtʃɑːˌwɪmɪn
AM ˈtʃɑrˌwɪmɪn

chary
BR ˈtʃɛːr|i, -ɪə(r), -ɪɪst
AM ˈtʃeri, -ər, -ɪst

Charybdis
BR kəˈrɪbdɪs
AM tʃəˈrɪbdɪs, kəˈrɪbdɪs

chase
BR tʃeɪs, -ɪz, -ɪŋ, -t
AM tʃeɪs, -ɪz, -ɪŋ, -t

chaser
BR ˈtʃeɪsə(r), -z
AM ˈtʃeɪsər, -z

Chasid
BR ˈhasɪd, ˈxasɪd
AM ˈhɑsɪd

Chasidim
BR ˈhasɪdɪm, ˈxasɪdɪm
AM ˈhɑsɪdɪm

Chasidism
BR ˈhasɪdɪzm, ˈxasɪdɪzm
AM ˈhɑsɪˌdɪz(ə)m

chasm
BR ˈkazm, -z
AM ˈkæz(ə)m, -z

chasmic
BR ˈkazmɪk
AM ˈkæzmɪk

chasse
BR ʃas, ʃɑːs, -ɪz
AM ʃɑs, -əz
FR ʃas

chassé
BR ʃaˈseɪ, ˈʃaseɪ, -z, -ɪŋ, -d
AM ʃɑˈseɪ, -z, -ɪŋ, -d
FR ʃase

chasseur
BR ʃaˈsɜː(r), -z
AM ʃɑˈsɜr, -z
FR ʃasœʀ

chassis[1] *singular*
BR ˈʃasi
AM ˈʃæsi, ˈtʃæsi

chassis[2] *plural*
BR ˈʃasiz
AM ˈʃæsiz, ˈtʃæsiz

chaste
BR tʃeɪst
AM tʃeɪst

chastely
BR tʃeɪstli
AM tʃeɪs(t)li

chasten
BR ˈtʃeɪsn̩, -z, -ɪŋ, -d
AM ˈtʃeɪs|n, -nz, -(ə)nɪŋ, -nd

chastener
BR ˈtʃeɪsn̩ə(r), -z
AM ˈtʃeɪsənər, -z

chasteness
BR tʃeɪstnɪs
AM ˈtʃeɪs(t)nɪs

chastise
BR tʃaˈstʌɪz, -ɪz, -ɪŋ, -d
AM tʃæsˈtaɪz, ˈtʃæsˌtaɪz, -ɪz, -ɪŋ, -d

chastisement
BR tʃaˈstʌɪzm(ə)nt, ˈtʃastɪzm(ə)nt, -s
AM ˈtʃæsˌtaɪzm(ə)nt, tʃæsˈtaɪzm(ə)nt, -s

chastiser
BR tʃaˈstʌɪzə(r), -z
AM ˈtʃæstaɪzər, -z

chastity
BR ˈtʃastɪti
AM ˈtʃæstədi

chasuble
BR ˈtʃazjʊbl, -z
AM ˈtʃæsəb(ə)l, ˈtʃæzəb(ə)l, -z

chat
BR tʃat, -s, -ɪŋ, -ɪd
AM tʃæ|t, -ts, -dɪŋ, -dəd

Chataway
BR ˈtʃatəweɪ
AM ˈtʃædəweɪ

chateau
BR ˈʃatəʊ, -z
AM ʃæˈtoʊ, -z

chateaubriand
BR ˌʃatəʊbrɪˈɒn(d), ˌʃatəʊbrɪˈɒ̃, -z
AM ʃæˌtoʊbriˈɑn, ʃæˌtoʊbriˈɔn, -z
FR ʃatobʀijɑ̃

chateaux
BR ˈʃatəʊ(z)
AM ʃæˈtoʊ(z)

châtelaine
BR ˈʃatleɪn, -z
AM ˈʃædlˌeɪn, ˌʃædlˈɛn, -z
FR ʃatlɛn

Chater
BR ˈtʃeɪtə(r)
AM ˈtʃeɪdər

Chatham
BR ˈtʃat(ə)m
AM ˈtʃædəm

chatline
BR ˈtʃatlʌɪn, -z
AM ˈtʃætˌlaɪn, -z

chatshow
BR ˈtʃat-ʃəʊ, -z
AM ˈtʃætˌʃoʊ, -z

Chattanooga
BR ˌtʃatnˈuːgə(r), ˌtʃatəˈnuːgə(r)
AM ˌtʃætnˈugə

chattel
BR ˈtʃatl, -z
AM ˈtʃædl, -z

chatter
BR ˈtʃat|ə(r), -əz, -(ə)rɪŋ, -əd
AM ˈtʃædər, -z, -ɪŋ, -d

chatterbox
BR ˈtʃatəbɒks, -ɪz
AM ˈtʃædərˌbɑks, -əz

chatterer
BR ˈtʃat(ə)rə(r), -z
AM ˈtʃædərər, -z

Chatterjee
BR ˈtʃatədʒiː
AM ˈtʃædərˌdʒi

Chatterji
BR ˈtʃatədʒiː
AM ˈtʃædərˌdʒi

Chatterley
BR ˈtʃatəli
AM ˈtʃædərli

Chatterton
BR ˈtʃatət(ə)n
AM ˈtʃædərtn, ˈtʃædərdən

chattery
BR ˈtʃat(ə)ri
AM ˈtʃædəri

chattily
BR ˈtʃatɪli
AM ˈtʃædəli

chattiness
BR ˈtʃatɪnɪs
AM ˈtʃædinɪs

Chatto
BR ˈtʃatəʊ
AM ˈtʃædoʊ

chatty
BR ˈtʃat|i, -ɪə(r), -ɪɪst
AM ˈtʃædi, -ər, -ɪst

Chatwin
BR ˈtʃatwɪn
AM ˈtʃætˌwɪn

Chaucer
BR ˈtʃɔːsə(r)
AM ˈtʃɑsər, ˈtʃɔsər

Chaucerian
BR tʃɔːˈsɪərɪən
AM tʃɔˈsɪriən, tʃɑˈsɛriən, tʃɑˈsɪriən, tʃɔˈsɛriən

chaud-froid
BR ˈʃəʊfrwɑː(r), ˌʃəʊˈfrwɑː(r), -z
AM ˌʃoʊˈfrwɑ, -z
FR ʃofʀwɑ

Chaudhury
BR ˈtʃaʊd(ə)ri
AM ˈtʃaʊdəri

chaudron
BR ˈtʃɔːdrən, -z
AM ˈtʃɑdr(ə)n, ˈtʃɔdr(ə)n, -z

chauds-froids
BR ˈʃəʊfrwɑːz, ˌʃəʊˈfrwɑːz
AM ˌʃoʊˈfrwɑz
FR ʃofʀwɑ

chauffeur
BR ˈʃəʊfə(r), -z, -ɪŋ, -d
AM ʃoʊˈfɜr, ˈʃoʊfər, -z, -ɪŋ, -d

chauffeuse
BR ʃəʊˈfɜːz, -ɪz
AM ˌʃoʊˈfɜz, -əz

chaulmoogra
BR tʃɔːlˈmuːgrə(r), -z
AM tʃɑlˈmugrə, tʃɔlˈmugrə, -z

chausses
BR ʃəʊs
AM ʃoʊs

chautauqua
BR ʃəˈtɔːkwə(r), -z
AM ʃəˈtɑkwə, ʃəˈtɔkwə, -z

chauvinism
BR ˈʃəʊvɪnɪzm
AM ˈʃoʊvəˌnɪz(ə)m

chauvinist
BR ˈʃəʊvɪnɪst, -s
AM ˈʃoʊvənəst, -s

chauvinistic
BR ˌʃəʊvɪˈnɪstɪk
AM ˌʃoʊvəˈnɪstɪk

chauvinistically
BR ˌʃəʊvɪˈnɪstɪkli
AM ˌʃoʊvəˈnɪstɪk(ə)li

Chavasse
BR ʃəˈvas
AM ʃəˈvɑs

Chavez
BR ˈʃavɛz
AM ˈˌʃɑˈˌvɛz
SP ˈtʃaβeθ, ˈtʃaβes

chaw
BR tʃɔː(r), -z, -ɪŋ, -d
AM tʃɑ, tʃɔ, -z, -ɪŋ, -d

chayote
BR tʃʌɪˈəʊtli, -ɪz
AM tʃiˈjoʊdi,
tʃaɪˈoʊdi, -z

Chaz
BR tʃaz
AM tʃæz

Che
BR tʃeɪ
AM (t)ʃeɪ

Cheadle
BR ˈtʃiːdl
AM ˈtʃiːd(ə)l

Cheam
BR tʃiːm
AM tʃim

cheap
BR tʃiːp, -ə(r), -ɪst
AM tʃip, -ər, -ɪst

cheapen
BR ˈtʃiːp|(ə)n, -(ə)nz,
-ənɪŋ\-nɪŋ, -(ə)nd
AM ˈtʃip(ə)n, -z, -ɪŋ,
-d

cheapie
BR ˈtʃiːp|i, -ɪz
AM ˈtʃipi, -z

cheapish
BR ˈtʃiːpɪʃ
AM ˈtʃipɪʃ

cheapjack
BR ˈtʃiːpdʒak, -s
AM ˈtʃipˌdʒæk, -s

cheaply
BR ˈtʃiːpli
AM ˈtʃipli

cheapness
BR ˈtʃiːpnɪs
AM ˈtʃipnɪs

cheapo
BR ˈtʃiːp|əʊ, -z
AM ˈtʃipoʊ, -z

Cheapside
BR ˈtʃiːpsʌɪd
AM ˈtʃipˌsaɪd

cheapskate
BR ˈtʃiːpskeɪt, -s
AM ˈtʃipˌskeɪt, -s

cheat
BR tʃiːt, -s, -ɪŋ, -ɪd
AM tʃi|t, -ts, -dɪŋ, -dɪd

cheater
BR ˈtʃiːtə(r), -z
AM ˈtʃidər, -z

cheatingly
BR ˈtʃiːtɪŋli
AM ˈtʃidɪŋli

Chechen
BR ˈtʃetʃɛn, -z
AM ˈtʃetʃɛn, -z

Chechnya
BR ˈtʃetʃnjɑː(r),
ˌtʃetʃˈnjɑː(r)
AM ˈtʃetʃniə

check
BR tʃek, -s, -ɪŋ, -t
AM tʃek, -s, -ɪŋ, -t

checkable
BR ˈtʃekəbl
AM ˈtʃekəb(ə)l

checkbook
BR ˈtʃekbʊk, -s
AM ˈtʃekˌbʊk, -s

checker
BR ˈtʃekə(r), -z
AM ˈtʃekər, -z

checkerberry
BR ˈtʃekəˌber|i, -ɪz
AM ˈtʃekərˌberi, -z

checkerboard
BR ˈtʃekəbɔːd, -z
AM ˈtʃekərˌbɔ(ə)rd, -z

checkerman
BR ˈtʃekəmən
AM ˈtʃekərm(ə)n

checkermen
BR ˈtʃekəmən
AM ˈtʃekərm(ə)n

Checkland
BR ˈtʃeklənd
AM ˈtʃeklənd

Checkley
BR ˈtʃekli
AM ˈtʃekli

checklist
BR ˈtʃeklɪst, -s
AM ˈtʃekˌlɪst, -s

checkmark
BR ˈtʃekmɑːk, -s
AM ˈtʃekˌmɑrk, -s

checkmate
BR ˈtʃekmeɪt,
ˌtʃekˈmeɪt, -s, -ɪŋ, -ɪd
AM ˈtʃekˌmeɪ|t, -ts,
-dɪŋ, -dɪd

checkout
BR ˈtʃekaʊt, -s
AM ˈtʃekˌaʊt, -s

checkpoint
BR ˈtʃekpɔɪnt, -s
AM ˈtʃekˌpɔɪnt, -s

checkrail
BR ˈtʃekreɪl, -z
AM ˈtʃekˌreɪl, -z

checkrein
BR ˈtʃekreɪn, -z
AM ˈtʃekˌreɪn, -z

checkroom
BR ˈtʃekruːm,
ˈtʃekrʊm, -z
AM ˈtʃekˌrʊm,
ˈtʃekˌrum, -z

checkup
BR ˈtʃekʌp, -s
AM ˈtʃekˌəp, -s

check-valve
BR ˈtʃekvalv, -z
AM ˈtʃekˌvælv, -z

checkweighman
BR ˈtʃekweɪmən
AM ˈtʃekˌweɪm(ə)n

checkweighmen
BR ˈtʃekweɪmən
AM ˈtʃekˌweɪm(ə)n

cheddar
BR ˈtʃedə(r), -z
AM ˈtʃedər, -z

Chedzoy
BR ˈtʃedzɔɪ
AM ˈtʃedzɔɪ

cheek
BR tʃiːk, -s, -ɪŋ, -t
AM tʃik, -s, -ɪŋ, -t

cheekbone
BR ˈtʃiːkbəʊn, -z
AM ˈtʃikˌboʊn, -z

cheekily
BR ˈtʃiːkɪli
AM ˈtʃikɪli

cheekiness
BR ˈtʃiːkmɪs
AM ˈtʃikinɪs

cheeky
BR ˈtʃiːk|i, -ɪə(r),
-ɪst
AM ˈtʃiki, -ər, -ɪst

cheep
BR tʃiːp, -s, -ɪŋ, -t
AM tʃip, -s, -ɪŋ, -t

cheer
BR tʃɪə(r), -z, -ɪŋ, -d
AM tʃɪ(ə)r, -z, -ɪŋ, -d

cheerful
BR ˈtʃɪəf(ʊ)l
AM ˈtʃɪrf(ə)l

cheerfully
BR ˈtʃɪəfʊli, ˈtʃɪəfˌli
AM ˈtʃɪrfəli

cheerfulness
BR ˈtʃɪəf(ʊ)lnəs
AM ˈtʃɪrfəlnəs

cheerily
BR ˈtʃɪərɪli
AM ˈtʃɪrɪli

cheeriness
BR ˈtʃɪərɪnɪs
AM ˈtʃɪrɪnɪs

cheerio
BR ˌtʃɪərɪˈəʊ
AM ˌtʃɪriˈoʊ

cheerleader
BR ˈtʃɪəˌliːd|ə(r), -z
AM ˈtʃɪrˌlidər, -z

cheerless
BR ˈtʃɪələs
AM ˈtʃɪrlɪs

cheerlessly
BR ˈtʃɪələsli
AM ˈtʃɪrlɪsli

cheerlessness
BR ˈtʃɪələsnəs
AM ˈtʃɪrlɪsnɨs
cheerly
BR ˈtʃɪəli
AM ˈtʃɪrli
cheers
BR tʃɪəz
AM tʃɪ(ə)rz
cheery
BR ˈtʃɪərǀi, -ɪɪst
AM ˈtʃɪri, -ɪst
cheese
BR tʃiːz, -ɪz, -d
AM tʃiz, -ɪz, -d
cheeseboard
BR ˈtʃiːzbɔːd, -z
AM ˈtʃiz,bɔ(ə)rd, -z
cheeseburger
BR ˈtʃiːz,bəːgə(r), -z
AM ˈtʃiz,bərgər, -z
cheesecake
BR ˈtʃiːzkeɪk, -s
AM ˈtʃiz,keɪk, -s
cheesecloth
BR ˈtʃiːzklɒǀθ, -θsǀ-ðz
AM ˈtʃiz,klɑǀθ, ˈtʃiz,klɔǀθ, -θsǀ-ðz
cheesemaker
BR ˈtʃiːz,meɪkə(r), -z
AM ˈtʃiz,meɪkər, -z
cheesemaking
BR ˈtʃiːz,meɪkɪŋ
AM ˈtʃiz,meɪkɪŋ
Cheeseman
BR ˈtʃiːzmən
AM ˈtʃizm(ə)n
cheesemonger
BR ˈtʃiːz,mʌŋgə(r), -z
AM ˈtʃiz,məŋgər, ˈtʃiz,mɑŋgər, -z
cheeseparing
BR ˈtʃiːz,pɛːrɪŋ, -z
AM ˈtʃiz,pɛrɪŋ, -z
cheesewood
BR ˈtʃiːzwʊd, -z
AM ˈtʃiz,wʊd, -z
Cheesewright
BR ˈtʃiːzrʌɪt
AM ˈtʃiz,raɪt

cheesily
BR ˈtʃiːzɪli
AM ˈtʃizɪli
cheesiness
BR ˈtʃiːzɪnɨs
AM ˈtʃizinɨs
cheesy
BR ˈtʃiːzi
AM ˈtʃizi
cheetah
BR ˈtʃiːtə(r), -z
AM ˈtʃidə, -z
Cheetham
BR ˈtʃiːt(ə)m
AM ˈtʃidəm
chef
BR ʃɛf, -s
AM ʃɛf, -s
chef-d'œuvre
BR ˌʃeɪˈdəːv(rər), -z
AM ˌʃɛfˈdəvr(ə), -z
FR ʃɛ dœvʀ
chefs-d'œuvre
BR ˌʃeɪˈdəːv(rər), -z
AM ˌʃɛfˈdəvr(ə), -z
FR ʃɛ dœvʀ
Chegwin
BR ˈtʃɛgwɪn
AM ˈtʃɛgw(ə)n
Cheka
BR ˈtʃɛkə(r)
AM ˈtʃɛkə
RUS tʃʼiˈka
Cheke
BR tʃiːk
AM tʃik
Chekhov
BR ˈtʃɛkɒf, ˈtʃɛkɒv
AM ˈtʃɛkɔf, ˈtʃɛkav, ˈtʃɛkɑf, ˈtʃɛkɔv
Chekhovian
BR tʃɛˈkəʊvɪən
AM tʃɛˈkoʊvɪən
chela[1] *claw*
BR ˈkiːlə(r)
AM ˈkilə
chela[2] *disciple*
BR ˈtʃeɪlə(r), -z
AM ˈtʃeɪ,lə, -z
chelae
BR ˈkiːli:
AM ˈki,laɪ, ˈkili

chelate
BR ˈkiːleɪt, -s
AM ˈki,leɪt, -s
chelation
BR kiːˈleɪʃn
AM kiˈleɪʃ(ə)n
chelicera
BR kəˈlɪs(ə)rə(r)
AM kəˈlɪsərə
chelicerae
BR kəˈlɪs(ə)riː
AM kəˈlɪsəri
Chelicerata
BR kəˌlɪsəˈreɪtə(r)
AM kəˌlɪsəˈrɑdə
Chellean
BR ˈʃɛlɪən
AM ˈʃɛlɪən
Chellian
BR ˈʃɛlɪən
AM ˈʃɛlɪən
Chelmer
BR ˈtʃɛlmə(r)
AM ˈtʃɛlmər
Chelmsford
BR ˈtʃɛlmzfəd
AM ˈtʃɛlmsfərd
chelonian
BR kɪˈləʊnɪən, -z
AM kəˈloʊnɪən, -z
Chelsea
BR ˈtʃɛlsi
AM ˈtʃɛlsi
Cheltenham
BR ˈtʃɛltnəm, ˈtʃɛltnəm
AM ˈtʃɛltn(ə)m, ˈtʃɛltn,hæm
Chelyabinsk
BR ˌtʃɛljəˈbɪnsk
AM ˌtʃəˈljabɪnsk
RUS tʃʼiˈlʼabʲinsk
chem
BR kɛm
AM kɛm
chemical
BR ˈkɛmɪkl, -z
AM ˈkɛmək(ə)l, -z
chemically
BR ˈkɛmɪkli
AM ˈkɛmək(ə)li

chemiluminescence
BR ˌkɛmɪˌluːmɪˈnɛsns
AM ˌkɛmiˌluməˈnɛsns
chemiluminescent
BR ˌkɛmɪˌluːmɪˈnɛsnt
AM ˌkɛmiˌluməˈnɛsnt
chemin de fer
BR ʃəˌman də ˈfɛː(r)
AM ʃəˌman də ˈfɛ(ə)r
FR ʃ(ə)mɛ̃ d(ə) fɛʀ
chemins de fer
BR ʃəˌman də ˈfɛː(r)
AM ʃəˌman(z) də ˈfɛ(ə)r
FR ʃ(ə)mɛ̃ d(ə) fɛʀ
chemise
BR ʃəˈmiːz, -ɪz
AM ʃəˈmiz, -ɪz
chemisorption
BR ˌkɛmɪˈsɔːpʃn
AM ˌkɛmiˈsɔrpʃ(ə)n
chemist
BR ˈkɛmɪst, -s
AM ˈkɛməst, -s
chemistry
BR ˈkɛmɪstri
AM ˈkɛməstri
Chemnitz
BR ˈkɛmnɪts
AM ˈkɛmnɪts
chemolytic
BR ˌkiːməˈlɪtɪk, ˌkɛməˈlɪtɪk
AM ˌkɛməˈlɪdɪk, ˌkiməˈlɪdɪk
chemoreceptive
BR ˌkiːmə(ʊ)rɪˈsɛptɪv, ˌkɛmə(ʊ)rɪˈsɛptɪv
AM ˌkimoʊrəˈsɛptɪv
chemosensor
BR ˈkiːməʊˌsɛnsə(r), ˈkɛməʊˌsɛnsə(r), -z
AM ˈkimoʊˌsɛnsər, -z
chemosyntheses
BR ˌkiːmə(ʊ)ˈsɪnθɪsiːz, ˌkɛmə(ʊ)ˈsɪnθɪsiːz
AM ˌkɛmoʊˈsɪnθəsiz, ˌkimoʊˈsɪnθəsiz

chemosynthesis
BR ˌkiːmə(ʊ)ˈsɪnθɪsɪs,
ˌkemə(ʊ)ˈsɪnθɪsɪs
AM ˌkemoʊˈsɪnθəsəs,
ˌkɪmoʊˈsɪnθəsəs

chemotaxis
BR ˌkiːmə(ʊ)ˈtaksɪs,
ˌkemə(ʊ)ˈtaksɪs
AM ˌkemoʊˈtæksɪs,
ˌkɪmoʊˈtæksɪs

chemotherapist
BR ˌkiːmə(ʊ)ˈθerəpɪst,
ˌkemə(ʊ)ˈθerəpɪst,
-s
AM ˌkemoʊˈθerəpəst,
ˌkɪmoʊˈθerəpəst, -s

chemotherapy
BR ˌkiːmə(ʊ)ˈθerəpi,
ˌkemə(ʊ)ˈθerəpi
AM ˌkemoʊˈθerəpi,
ˌkɪmoʊˈθerəpi

chemotrophic
BR ˌkiːmə(ʊ)ˈtrɒfɪk,
ˌkemə(ʊ)ˈtrəʊfɪk
AM ˌkeməˈtroʊfɪk,
ˌkɪməˈtroʊfɪk

chemtrail
BR ˈkemtreɪl, -z
AM ˈkemˌtreɪl, -z

chemurgic
BR kɛˈməːdʒɪk
AM kəˈmɜrdʒɪk

chemurgy
BR ˈkeməːdʒi
AM ˈkemərdʒi

Chenevix
BR ˈ(t)ʃenəvɪks
AM ˈ(t)ʃenəvɪks

Cheney
BR ˈtʃeɪni, ˈtʃiːni
AM ˈtʃini, ˈtʃeɪni

chenille
BR ʃəˈniːl
AM ʃəˈnil

cheongsam
BR ˌtʃɒŋˈsam,
ˌtʃiˌɒŋˈsam, -z
AM ˈˌtʃɑŋˈsam,
ˈˌtʃɔŋˈsam, -z

Cheops
BR ˈkiːɒps
AM ˈkiˌɑps

Chepstow
BR ˈtʃepstəʊ
AM ˈtʃepstoʊ

cheque
BR tʃek, -s
AM tʃek, -s

chequebook
BR ˈtʃekbʊk, -s
AM ˈtʃekˌbʊk, -s

chequer
BR ˈtʃekə(r), -z, -d
AM ˈtʃekər, -z, -d

chequerboard
BR ˈtʃekəbɔːd
AM ˈtʃekərˌbɔ(ə)rd

Chequers
BR ˈtʃekəz
AM ˈtʃekərz

Cher
BR ʃeː(r)
AM ʃɛ(ə)r

Cherbourg
BR ˈʃəːbɔːg, ˈʃɛːbɔːg,
ˈʃəːbʊəg, ˈʃɛːbʊəg
AM ˈ(t)ʃerˌbʊ(ə)rg

Cherenkov
BR tʃɪˈreŋkɒf,
tʃɪˈreŋkɒv
AM tʃəˈreŋˌkɔf,
tʃəˈreŋˌkɑv,
tʃəˈreŋˌkaf,
tʃəˈreŋˌkɔv
RUS tʃirʲinˈkof

Chérie
BR ʃeˈriː
AM ˈʃeri, ʃəˈri

cherish
BR ˈtʃer|ɪʃ, -ɪʃɪz, -ɪʃɪŋ,
-ɪʃt
AM ˈtʃerəʃ, -əz,
-ɪŋ, -t

cherishable
BR ˈtʃerɪʃəbl
AM ˈtʃerəʃəb(ə)l

Chernobyl
BR tʃəˈnɒbl, tʃəˈnəʊbl,
ˈtʃəːnə(ʊ)bɪl
AM tʃerˈnoʊb(ə)l,
tʃərˈnoʊb(ə)l

chernozem
BR ˈtʃəːnə(ʊ)zem
AM ˈtʃerŋəˌzem

Cherokee
BR ˈtʃerəkiː,
ˌtʃerəˈkiː, -z
AM ˈtʃerəki, -z

cheroot
BR ʃəˈruːt, -s
AM ʃəˈrut, -s

cherry
BR ˈtʃer|i, -ɪz
AM ˈtʃeri, -z

cherrystone
BR ˈtʃerɪstəʊn
AM ˈtʃerɪˌstoʊn

cherrywood
BR ˈtʃerɪwʊd
AM ˈtʃeriˌwʊd

chersonese
BR ˈkəːsəniːs,
ˌkəːsəˈniːs,
ˈkəːsəniːz,
ˌkəːsəˈniːz
AM ˈkersəˌnis,
ˈkersəˌniz

chert
BR tʃəːt, -s
AM tʃe(ə)rt, -s

Chertsey
BR ˈtʃəːtsi
AM ˈtʃərtsi

cherty
BR ˈtʃəːti
AM ˈtʃerdi

cherub
BR ˈtʃerəb, -z
AM ˈtʃerəb, -z

cherubic
BR tʃɪˈruːbɪk,
tʃɛˈruːbɪk,
tʃɪˈrʊbɪk,
tʃɛˈrʊbɪk
AM tʃɛˈrubɪk,
tʃəˈrubɪk

cherubically
BR tʃɪˈruːbɪkli,
tʃɛˈruːbɪkli,
tʃɪˈrʊbɪkli,
tʃɛˈrʊbɪkli
AM tʃɛˈrubək(ə)li,
tʃəˈrubək(ə)li

cherubim
BR ˈtʃerəbɪm
AM ˈtʃerəbɪm

Cherubini
BR ˌkerʊˈbiːni
AM ˌkerəˈbini

chervil
BR ˈtʃəːv(ɪ)l
AM ˈtʃɜrv(ə)l

Cherwell
BR ˈtʃɑːw(ɛ)l
AM ˈtʃerˌwel

Cheryl
BR ˈ(t)ʃerɪl,
ˈ(t)ʃerl
AM ˈʃer(ə)l

Chesapeake
BR ˈtʃesəpiːk
AM ˈtʃesəˌpik

Chesham
BR ˈtʃeʃ(ə)m
AM ˈtʃeʃ(ə)m

Cheshire
BR ˈtʃeʃ(ɪ)ə(r)
AM ˈtʃeʃər

Cheshunt
BR ˈtʃesnt
AM ˈtʃesnt

Chesil Beach
BR ˌtʃezl ˈbiːtʃ
AM ˌtʃez(ə)l ˈbitʃ

Chesney
BR ˈtʃezni, ˈtʃesni
AM ˈtʃesni,
ˈtʃezni

chess
BR tʃes
AM tʃes

chessboard
BR ˈtʃesbɔːd, -z
AM ˈtʃesˌbɔ(ə)rd, -z

chessel
BR ˈtʃesl, -z
AM ˈtʃes(ə)l, -z

chessman
BR ˈʃesman
AM ˈtʃesm(ə)n,
ˈtʃesˌmæn

chessmen
BR ˈtʃesmen
AM ˈtʃesm(ə)n,
ˈtʃesmen

chest
BR tʃest, -s
AM tʃest, -s

Chester
BR ˈtʃɛstə(r)
AM ˈtʃɛstər

chesterfield
BR ˈtʃɛstəfiːld, -z
AM ˈtʃɛstərˌfild, -z

Chester-le-Street
BR ˌtʃɛstəlɪˈstriːt
AM ˌtʃɛstərləˈstrit

Chesterton
BR ˈtʃɛstət(ə)n
AM ˈtʃɛstərtn,
ˈtʃɛstərdən

chestily
BR ˈtʃɛstɪli
AM ˈtʃɛstəli

chestiness
BR ˈtʃɛstɪnɪs
AM ˈtʃɛstɪnɪs

chestnut
BR ˈtʃɛs(t)nʌt, -s
AM ˈtʃɛs(t)ˌnət, -s

chesty
BR ˈtʃɛst|i, -ɪə(r), -ɪɪst
AM ˈtʃɛsti, -ər, -ɪst

Chetham
BR ˈtʃiːtəm, ˈtʃɛtəm
AM ˈtʃidəm,
ˈtʃɛdəm

Chetnik
BR ˈtʃɛtnɪk, -s
AM ˈtʃɛtnɪk, -s

Chetwode
BR ˈtʃɛtwʊd
AM ˈtʃɛtˌwʊd

Chetwyn
BR ˈtʃɛtwɪn
AM ˈtʃɛtw(ə)n

Chetwynd
BR ˈtʃɛtwɪnd
AM ˈtʃɛtwənd

chevalet
BR ˌʃɛvəˈleɪ
AM ʃəˈvælˌeɪ, ˌʃɛvəˈleɪ

cheval glass
BR ʃəˈval glaːs, -ɪz
AM ʃəˈvæl ˌglæs, -ɪz

Chevalier *surname*
BR ʃɪˈvalɪeɪ
AM ʃəˌvælˈjeɪ, ʃəˈvælˌjeɪ

chevalier
BR ˌʃɛvəˈlɪə(r), -z
AM ˌʃɛvəˈlɪ(ə)r, -z

Chevening
BR ˈtʃiːvnɪŋ
AM ˈtʃiv(ə)nɪŋ

chevet
BR ʃəˈveɪ, -z
AM ʃəˈveɪ, -z

Chevette
BR ʃəˈvɛt, -s
AM ʃəˈvɛt, -s

Chevington
BR ˈtʃɛvɪŋt(ə)n
AM ˈtʃɛvɪŋt(ə)n

Cheviot
BR ˈtʃiːvɪət, ˈtʃɛvɪət, -s
AM ˈʃɛvɪət, -s

cheviot
BR ˈtʃiːvɪət, ˈtʃɛvɪət
AM ˈʃɛvɪət

chèvre
BR ˈʃɛvrə(r), -z
AM ˈʃaɪək, -z
FR ʃɛvʀ

Chevrolet
BR ˈʃɛvrəleɪ, -z
AM ˌʃɛvrəˈleɪ, -z

chevron
BR ˈʃɛvr(ə)n, -z
AM ˈʃɛvr(ə)n, -z

chevrotain
BR ˈʃɛvrəteɪn, -z
AM ˈʃɛvrəˌteɪn, -z

Chevy *Chevrolet*
BR ˈʃɛv|i, -ɪz
AM ˈʃɛvi, -z

chevy *chivvy*
BR ˈtʃɛv|i, -ɪz, -ɪɪŋ, -ɪd
AM ˈtʃɪvi, -z, -ɪŋ, -d

chew
BR tʃuː, -z, -ɪŋ, -d
AM tʃu, -z, -ɪŋ, -d

chewable
BR ˈtʃuːəbl
AM ˈtʃuəb(ə)l

chewer
BR ˈtʃuːə(r), -z
AM ˈtʃuər, -z

chewiness
BR ˈtʃuːɪnɪs
AM ˈtʃuɪnɪs

chewy
BR ˈtʃuː|i, -ɪə(r), -ɪɪst
AM ˈtʃui, -ər, -ɪst

Cheyenne
BR (ˌ)ʃʌɪˈan
AM ˌʃaɪˈɛn, ˌʃaɪˈæn

Cheyne
BR ˈtʃeɪni
AM ˈtʃeɪni

Cheyne-Stokes
BR ˌtʃeɪnˈstəʊks
AM ˌtʃeɪn(i)ˈstoʊks

chez
BR ʃeɪ
AM ʃeɪ

chez nous
BR ˌʃeɪ ˈnuː
AM ˌʃeɪ ˈnu

chi
BR kʌɪ, -z
AM kaɪ, -z

chiack
BR ˈtʃʌɪak, -s, -ɪŋ, -t
AM ˈtʃaɪək, -s, -ɪŋ, -t

Chiang Kai-shek
BR ˌtʃaŋ kʌɪˈʃɛk
AM ˌ(t)ʃæŋ ˌkaɪˈʃɛk

Chiangmai
BR tʃɪˌaŋˈmʌɪ
AM (t)ʃ(i)æŋˈmaɪ

Chianti
BR kɪˈanti
AM kiˈan(t)i

Chiapas
BR tʃɪˈapəs
AM ˈtʃapəs, tʃɪˈapəs

chiaroscuro
BR kɪˌaːrəˈsk(j)ʊərəʊ, -z
AM kjarəˈskʊroʊ, -z

chiasma
BR kʌɪˈazmə(r)
AM kaɪˈæzmə

chiasmus
BR kʌɪˈazməs
AM kaɪˈæzməs

chiastic
BR kʌɪˈastɪk
AM kaɪˈæstɪk

Chibcha
BR ˈtʃɪbtʃə(r), -z
AM ˈtʃɪbtʃə, -z

Chibchan
BR ˈtʃɪbtʃ(ə)n
AM ˈtʃɪbtʃ(ə)n

chibouk
BR tʃɪˈbuːk, -s
AM ʃəˈbʊk, ʃəˈbuk, -s

chic
BR ʃiːk
AM ʃik

Chicago
BR ʃɪˈkaːgəʊ
AM ʃɪˈkagoʊ, ʃɪˈkɔgoʊ

Chicagoan
BR ʃɪˈkaːgəʊən
AM ʃɪˈkagəw(ə)n, ʃɪˈkɔgəw(ə)n

chicana
BR (t)ʃɪˈkaːnə(r), -z
AM tʃɪˈkana, -z

chicane
BR ʃɪˈkeɪn, -z
AM ʃəˈkeɪn, -z

chicanery
BR ʃɪˈkeɪn(ə)r|i, -ɪz
AM ʃəˈkeɪn(ə)ri, -z

chicano
BR (t)ʃɪˈkaːnəʊ, -z
AM (t)ʃɪˈkanoʊ, -z

Chichén Itzá
BR ˌtʃɪtʃ(ə)n ˈɪtˈsə(r)
AM tʃiˌtʃɛn itˈsa

Chichester
BR ˈtʃɪtʃɪstə(r)
AM ˈtʃɪtʃəstər

Chichewa
BR tʃɪˈtʃeɪwə(r)
AM tʃəˈtʃeɪwə

chichi
BR ˈʃiːʃiː
AM ˈtʃiˌtʃi

Chichimec
BR ˈtʃiːtʃɪmɛk
AM ˈtʃitʃəˌmɛk

chick
BR tʃɪk, -s
AM tʃɪk, -s

chickabiddy
BR ˈtʃɪkəˌbɪd|i, -ɪz
AM ˈtʃɪkəˌbɪdi, -z

chickadee
BR ˈtʃɪkədiː, -z
AM ˈtʃɪkɪdi, -z

chickaree
BR ˈtʃɪkəriː, -z
AM ˈtʃɪkəri, -z

Chickasaw
BR ˈtʃɪkəsɔː(r)
AM ˈtʃɪkəˌsɑ, ˈtʃɪkəˌsɔ

chicken
BR ˈtʃɪk|(ɪ)n, -(ɪ)nz,
-ɪnɪn\-nɪŋ, -(ɪ)nd
AM ˈtʃɪk(ə)n, -z

chickenfeed
BR ˈtʃɪk(ɪ)nfiːd
AM ˈtʃɪkən͵fid

chickenpox
BR ˈtʃɪk(ɪ)npɒks
AM ˈtʃɪkən͵pɑks

chickling
BR ˈtʃɪklɪŋ, -z
AM ˈtʃɪklɪŋ, -z

chickpea
BR ˈtʃɪkpiː, -z
AM ˈtʃɪk͵pi, -z

chickweed
BR ˈtʃɪkwiːd
AM ˈtʃɪk͵wid

chicle
BR ˈtʃɪkl
AM ˈtʃɪk(ə)l

chicly
BR ˈʃiːkli
AM ˈʃikli

chicness
BR ˈʃiːknɪs
AM ˈʃiknɪs

chicory
BR ˈtʃɪk(ə)ri
AM ˈtʃɪkəri

chid
BR tʃɪd
AM tʃɪd

chide
BR tʃʌɪd, -z, -ɪŋ, -ɪd
AM tʃaɪd, -z, -ɪŋ, -ɪd

chider
BR ˈtʃʌɪdə(r), -z
AM ˈtʃaɪdər, -z

chidingly
BR ˈtʃʌɪdɪŋli
AM ˈtʃaɪdɪŋli

chief
BR tʃiːf, -s
AM tʃif, -s

chiefdom
BR ˈtʃiːfdəm, -z
AM ˈtʃifd(ə)m, -z

chiefly
BR ˈtʃiːfli
AM ˈtʃifli

chieftain
BR ˈtʃiːft(ə)n, -z
AM ˈtʃift(ə)n, -z

chieftaincy
BR ˈtʃiːft(ə)ns|i, ▪ɪz
AM ˈtʃiftənsi, -z

chieftainship
BR ˈtʃiːft(ə)nʃɪp, -s
AM ˈtʃiftən͵ʃɪp, -s

chiffchaff
BR ˈtʃɪftʃaf, -s
AM ˈtʃɪf͵tʃæf, -s

chiffon
BR ˈʃɪfɒn
AM ˈʃɪ͵fɑn, ʃɪˈfɑn

chiffonier
BR ˌʃɪfəˈnɪə(r), -z
AM ˌʃɪfəˈnɪ(ə)r, -z

chiffonnier
BR ˌʃɪfəˈnɪə(r), -z
AM ˌʃɪfəˈnɪ(ə)r, -z

chifforobe
BR ˈʃɪfərəʊb, -z
AM ˈʃɪfəˌroʊb, -z

chigger
BR ˈtʃɪgə(r), -z
AM ˈtʃɪgər, -z

chignon
BR ˈʃiːnjɔ̃, ˈʃiːnjɒn, -z
AM ʃinˈjɑn, ˈʃinjɑn, -z
FR ʃiɲɔ̃

chigoe
BR ˈtʃɪgəʊ, -z
AM ˈtʃɪgoʊ, -z

Chigwell
BR ˈtʃɪgw(ɛ)l
AM ˈtʃɪgˌwɛl

Chihuahua
BR tʃɪˈwɑːwə(r), -z
AM tʃəˈwɑwə

chihuahua
BR tʃɪˈwɑːwə(r), -z
AM tʃəˈwɑwə, -z

chikungunya
BR ˌtʃɪk(ə)nˈgʌnjə(r)
AM ˌtʃɪkənˈgənjə

chilblain
BR ˈtʃɪlbleɪn, -z, -d
AM ˈtʃɪl͵bleɪn, -z, -d

child
BR tʃʌɪld
AM tʃaɪld

childbearing
BR ˈtʃʌɪld͵bɛːrɪŋ
AM ˈtʃaɪld͵bɛrɪŋ

childbed
BR ˈtʃʌɪld͵bɛd
AM ˈtʃaɪld͵bɛd

childbirth
BR ˈtʃʌɪld͵bəːθ
AM ˈtʃaɪld͵bərθ

childcare
BR ˈtʃʌɪld͵kɛː(r)
AM ˈtʃaɪld͵kɛ(ə)r

Childe
BR tʃʌɪld
AM tʃaɪld

Childermas
BR ˈtʃɪldəmas
AM ˈtʃɪldər͵mæs

Childers
BR ˈtʃɪldəz
AM ˈtʃɪldərz

childhood
BR ˈtʃʌɪldhʊd, -z
AM ˈtʃaɪld͵(h)ʊd, -z

childish
BR ˈtʃʌɪldɪʃ
AM ˈtʃaɪldɪʃ

childishly
BR ˈtʃʌɪldɪʃli
AM ˈtʃaɪldɪʃli

childishness
BR ˈtʃʌɪldɪʃnɪs
AM ˈtʃaɪldɪʃnɪs

childless
BR ˈtʃʌɪl(d)lɪs
AM ˈtʃaɪl(d)lɪs

childlessly
BR ˈtʃʌɪl(d)lɪsli
AM ˈtʃaɪl(d)lɪsli

childlessness
BR ˈtʃʌɪl(d)lɪsnɪs
AM ˈtʃaɪl(d)lɪsnɪs

childlike
BR ˈtʃʌɪl(d)lʌɪk
AM ˈtʃaɪl(d)͵laɪk

childminder
BR ˈtʃʌɪl(d)͵mʌɪndə(r), -z
AM ˈtʃaɪl(d)͵maɪndər, -z

childproof
BR ˈtʃʌɪl(d)pruːf
AM ˈtʃaɪl(d)͵pruf

child-rearing
BR ˈtʃʌɪld͵rɪərɪŋ
AM ˈtʃaɪl(d)͵rɪrɪŋ

children
BR ˈtʃɪldr(ə)n
AM ˈtʃɪldr(ə)n

Childs
BR tʃʌɪldz
AM tʃaɪldz

Childwall
BR ˈtʃɪl(d)wɔːl
AM ˈtʃaɪld͵wɑl, ˈtʃaɪld͵wɔl

Chile
BR ˈtʃɪli
AM ˈtʃɪli

chile
BR ˈtʃɪl|i, -ɪz
AM ˈtʃɪli, -z

Chilean
BR ˈtʃɪliən, -z
AM tʃəˈleɪən, ˈtʃɪliən, -z

chili
BR ˈtʃɪl|i, -ɪz
AM ˈtʃɪli, -z

chiliad
BR ˈkɪlɪad, -z
AM ˈkɪliˌæd, -z

chiliasm
BR ˈkɪlɪazm
AM ˈkɪliˌæz(ə)m

chiliast
BR ˈkɪlɪast, -s
AM ˈkɪliˌæst, -s

chiliastic
BR ˌkɪlɪˈastɪk
AM ˌkɪliˈæstɪk

chill
BR tʃɪl, -z, -ɪŋ, -d
AM tʃɪl, -z, -ɪŋ, -d

chiller
BR ˈtʃɪlə(r), -z
AM ˈtʃɪlər, -z

chilli
BR ˈtʃɪl|i, -ɪz
AM ˈtʃɪl|i, -z

chilliness
BR ˈtʃɪlɪnɪs
AM ˈtʃɪlɪnɪs

chillingly
BR ˈtʃɪlɪŋli
AM ˈtʃɪlɪŋli

chillness
BR ˈtʃɪlnɪs
AM ˈtʃɪlnɪs

chillsome
BR ˈtʃɪls(ə)m
AM ˈtʃɪls(ə)m

chillum
BR ˈtʃɪləm
AM ˈtʃɪl(ə)m

chilly
BR ˈtʃɪl|i, -ɪə(r), -ɪɪst
AM ˈtʃɪli, -ər, -ɪst

Chilpruf
BR ˈtʃɪlpruːf
AM ˈtʃɪl‚pruf

Chiltern
BR ˈtʃɪlt(ə)n, -z
AM ˈtʃɪltərn, -z

Chilton
BR ˈtʃɪlt(ə)n
AM ˈtʃɪlt(ə)n

chimaera
BR kʌɪˈmɪərə(r), kɪˈmɪərə(r), -z
AM kəˈmɪrə, kaɪˈmɪrə, -z

Chimborazo
BR ‚tʃɪmbəˈrɑːzəʊ
AM ‚tʃɪmbəˈrazoʊ
SP ‚tʃimboˈraθo, ‚tʃimboˈraso

chime
BR tʃʌɪm, -z, -ɪŋ, -d
AM tʃaɪm, -z, -ɪŋ, -d

chimer
BR ˈtʃɪmə(r), -z
AM ˈtʃɪmər, -z

chimera
BR kʌɪˈmɪərə(r), kɪˈmɪərə(r), -z
AM kəˈmɪrə, kaɪˈmɪrə, -z

chimere
BR tʃɪˈmɪə(r), -z
AM (t)ʃəˈmɪ(ə)r, -z

chimeric
BR kʌɪˈmɛrɪk, kɪˈmɛrɪk
AM kəˈmɛrɪk, kaɪˈmɛrɪk

chimerical
BR kʌɪˈmɛrɪkl, kɪˈmɛrɪkl
AM kəˈmɛrək(ə)l, kaɪˈmɛrək(ə)l

chimerically
BR kʌɪˈmɛrɪkli, kɪˈmɛrɪkli
AM kəˈmɛrək(ə)li, kaɪˈmɛrək(ə)li

chimichurri
BR ‚tʃɪmɪˈtʃʌri
AM ‚tʃɪmɪˈtʃəri

chimney
BR ˈtʃɪmn|i, -ɪz
AM ˈtʃɪmni, -z

chimneybreast
BR ˈtʃɪmnɪbrɛst, -s
AM ˈtʃɪmni‚brɛst, -s

chimneypiece
BR ˈtʃɪmnɪpiːs, -ɪz
AM ˈtʃɪmni‚pis, -ɪz

chimneypot
BR ˈtʃɪmnɪpɒt, -s
AM ˈtʃɪmni‚pɑt, -s

chimneystack
BR ˈtʃɪmnɪstak, -s
AM ˈtʃɪmni‚stæk, -s

chimneysweep
BR ˈtʃɪmnɪswiːp, -s
AM ˈtʃɪmni‚swip, -s

chimp
BR tʃɪmp, -s
AM tʃɪmp, -s

chimpanzee
BR ‚tʃɪmpanˈziː, -z
AM ‚tʃɪmˈpænˌzi, ‚tʃɪm‚pænˈzi, -z

chin
BR tʃɪn, -z
AM tʃɪn, -z

china
BR ˈtʃʌɪnə(r), -z
AM ˈtʃaɪnə, -z

Chinagraph
BR ˈtʃʌɪnəɡrɑːf, -s
AM ˈtʃaɪnəˌɡræf, -s

Chinaman
BR ˈtʃʌɪnəmən
AM ˈtʃaɪnəm(ə)n

Chinamen
BR ˈtʃʌɪnəmən
AM ˈtʃaɪnəm(ə)n

Chinatown
BR ˈtʃʌɪnətaʊn, -z
AM ˈtʃaɪnəˌtaʊn, -z

chinaware
BR ˈtʃʌɪnəwɛː(r)
AM ˈtʃaɪnəˌwɛ(ə)r

chinch
BR tʃɪn(t)ʃ, -ɪz
AM tʃɪn(t)ʃ, -ɪz

chincherinchee
BR ‚tʃɪn(t)ʃɪrɪnˈtʃiː, -z
AM ‚tʃɪntʃərɪnˈtʃi, -z

chinchilla
BR tʃɪnˈtʃɪlə(r), -z
AM tʃɪnˈtʃɪlə, -z

chin-chin
BR ‚tʃɪnˈtʃɪn
AM ˈtʃɪnˈtʃɪn

Chindit
BR ˈtʃɪndɪt, -s
AM ˈtʃɪndɪt, -s

Chindwin
BR ˈtʃɪndwɪn
AM ˈtʃɪndw(ə)n

chine
BR tʃʌɪn, -z, -ɪŋ, -d
AM tʃaɪn, -z, -ɪŋ, -d

chiné
BR ʃiːˈneɪ
AM ʃəˈneɪ
FR ʃine

Chinese
BR ‚tʃʌɪˈniːz
AM ‚tʃaɪˈniz

Chingford
BR ˈtʃɪŋfəd
AM ˈtʃɪŋfərd

chink
BR tʃɪŋk, -s
AM tʃɪŋk, -s

Chinky
BR ˈtʃɪŋk|i, -ɪz
AM ˈtʃɪŋki, -z

chinless
BR ˈtʃɪnlɪs
AM ˈtʃɪnlɪs

chinlessness
BR ˈtʃɪnlɪsnɪs
AM ˈtʃɪnlɪsnɪs

chino
BR ˈ(t)ʃiːnəʊ, -z
AM ˈtʃinoʊ, -z

chinoiserie
BR ʃɪnˈwɑːz(ə)ri, ʃiːnˈwɑːz(ə)ri, ʃɪn‚wɑːzəˈriː
AM ‚ʃinˈwɑzəri, ‚ʃin‚wɑzəˈri
FR ʃinwazʀi

Chinook
BR tʃɪˈnʊk, tʃɪˈnuːk, -s
AM (t)ʃəˈnʊk

chinstrap
BR ˈtʃɪnstrap, -s
AM ˈtʃɪn‚stræp, -s

chintz
BR tʃɪn(t)s
AM tʃɪn(t)s

chintzily
BR ˈtʃɪn(t)sɪli
AM ˈtʃɪn(t)sɪli

chintziness
BR ˈtʃɪn(t)sɪnɪs
AM ˈtʃɪn(t)sinɪs

chintzy
BR ˈtʃɪn(t)s|i, -ɪə(r), -ɪɪst
AM ˈtʃɪn(t)si, -ər, -ɪst

chinwag
BR ˈtʃɪnwaɡ, -z
AM ˈtʃɪn‚wæɡ, -z

chionodoxa
BR ‚kʌɪənəˈdɒksə(r), kʌɪ‚ɒnəˈdɒksə(r), -z
AM ‚kaɪˌɑnəˈdɑksə, ‚kaɪənoʊˈdɑksə, -z

Chios
BR ˈkʌɪɒs, ˈkiːɒs
AM ˈkiˌɑs, ˈkiˌɔs

chip
BR tʃɪp, -s, -ɪŋ, -t
AM tʃɪp, -s, -ɪŋ, -t

chipboard
BR ˈtʃɪpbɔːd
AM ˈtʃɪpˌbɔ(ə)rd

chipmunk
BR ˈtʃɪpmʌŋk, -s
AM ˈtʃɪpˌməŋk, -s

chipolata
BR ˌtʃɪpəˈlɑːtə(r), -z
AM ˌtʃɪpəˈlɑdə, -z

Chippendale
BR ˈtʃɪp(ə)ndeɪl
AM ˈtʃɪpənˌdeɪl

Chippenham
BR ˈtʃɪpn̩əm
AM ˈtʃɪpənˌhæm, ˈtʃɪpən(ə)m

chipper
BR ˈtʃɪpə(r), -z
AM ˈtʃɪpər, -z

Chippewa
BR ˈtʃɪpɪwɑː(r), -z
AM ˈtʃɪpəwɑ, -z

chippie
BR ˈtʃɪp|i, -ɪz
AM ˈtʃɪpi, -z

chippiness
BR ˈtʃɪpɪnɪs
AM ˈtʃɪpɪnɪs

chipping
BR ˈtʃɪpɪŋ, -z
AM ˈtʃɪpɪŋ, -z

chippy
BR ˈtʃɪp|i, -ɪz
AM ˈtʃɪpi, -z

Chips
BR tʃɪps
AM tʃɪps

chipshot
BR ˈtʃɪpʃɒt, -s
AM ˈtʃɪpˌʃɑt, -s

chiral
BR ˈkʌɪrl̩
AM ˈkaɪr(ə)l

chirality
BR kʌɪˈralɪti
AM kaɪˈrælədi

chi-rho
BR ˈkʌɪˌrəʊ
AM ˈˌkaɪˈroʊ

Chirk
BR tʃəːk
AM tʃɚk

chirograph
BR ˈkʌɪrəɡrɑːf, -s
AM ˈkaɪrəˌɡræf, -s

chirographer
BR ˌkʌɪˈrɒɡrəfə(r), -z
AM ˌkaɪˈrɑɡrəfɚ, -z

chirographic
BR ˌkʌɪrəˈɡrafɪk
AM ˌkaɪrəˈɡræfɪk

chirographist
BR ˌkʌɪˈrɒɡrəfɪst, -s
AM ˌkaɪˈrɑɡrəfəst, -s

chirography
BR ˌkʌɪˈrɒɡrəfi
AM ˌkaɪˈrɑɡrəfi

chiromancer
BR ˈkʌɪrəˌmansə(r), -z
AM ˈkaɪrəˌmænsɚ, -z

chiromancy
BR ˈkʌɪrəˌmansi
AM ˈkaɪrəˌmænsi

Chiron
BR ˈkʌɪrən
AM ˈkaɪr(ə)n

chiropodist
BR kɪˈrɒpəˌtɪst, ʃɪˈrɒpəˌtɪst, -s
AM kəˈrɑpədəst, -s

chiropody
BR kɪˈrɒpədi, ʃɪˈrɒpədi
AM kəˈrɑpədi

chiropractic
BR ˌkʌɪrəˈpraktɪk, ˈkʌɪrəˌpraktɪk
AM ˌkaɪrəˈpræktɪk

chiropractor
BR ˈkʌɪrəˌpraktə(r), -z
AM ˈkaɪrəˌpræktɚ, -z

chiropteran
BR kʌɪˈrɒpt(ə)rn̩, -z
AM kaɪˈrɑptər(ə)n, -z

chiropterous
BR kʌɪˈrɒpt(ə)rəs
AM kaɪˈrɑptərəs

chirp
BR tʃəːp, -s, -ɪŋ, -t
AM tʃɚp, -s, -ɪŋ, -t

chirper
BR ˈtʃəːpə(r), -z
AM ˈtʃɚpɚ, -z

chirpily
BR ˈtʃəːpɪli
AM ˈtʃɚpəli

chirpiness
BR ˈtʃəːpɪnɪs
AM ˈtʃɚpɪnɪs

chirpy
BR ˈtʃəːp|i, -ɪə(r), -ɪst
AM ˈtʃɚpi, -ɚ, -ɪst

chirr
BR tʃəː(r), -z, -ɪŋ, -d
AM tʃɚ, -z, -ɪŋ, -d

chirrup
BR ˈtʃɪrʌp, -s, -ɪŋ, -t
AM ˈtʃɪrəp, -s, -ɪŋ, -t

chirrupy
BR ˈtʃɪrʌpi
AM ˈtʃɪrəpi

chiru
BR ˈtʃɪruː, -z
AM ˈtʃɪru, -z

chisel
BR ˈtʃɪz|l, -lz, -lɪŋ\-lɪŋ, -ld
AM ˈtʃɪz(ə)l, -z, -ɪŋ, -d

chiseler
BR ˈtʃɪzl̩ə(r), ˈtʃɪzlə(r), -z
AM ˈtʃɪz(ə)lɚ, -z

chiseller
BR ˈtʃɪzl̩ə(r), ˈtʃɪzlə(r), -z
AM ˈtʃɪz(ə)lɚ, -z

Chisholm
BR ˈtʃɪz(ə)m
AM ˈtʃɪz(ə)m

Chislehurst
BR ˈtʃɪzlhəːst
AM ˈtʃɪzl̩ˌ(h)ɚst

chi-square
BR ˈkʌɪskwɛː(r), -d
AM ˈˌkaɪˌskwɛ(ə)r, -d

Chiswick
BR ˈtʃɪzɪk
AM ˈtʃɪzɪk, ˈtʃɪzˌwɪk

chit
BR tʃɪt, -s
AM tʃɪt, -s

chital
BR ˈtʃiːtl̩
AM ˈtʃidl̩

chitchat
BR ˈtʃɪttʃat
AM ˈtʃɪˌtʃæt

chitin
BR ˈkʌɪt(ɪ)n
AM ˈkaɪtn̩

chitinous
BR ˈkʌɪtɪnəs, ˈkʌɪtn̩əs
AM ˈkaɪtn̩əs

chitlins
BR ˈtʃɪtlɪnz
AM ˈtʃɪtlɪnz

chiton
BR ˈkʌɪt(ɒ)n
AM ˈkaɪtn̩, ˈkaɪˌtɑn

Chittagong
BR ˈtʃɪtəɡɒŋ
AM ˈtʃɪdəˌɡɑŋ, ˈtʃɪdəˌɡɔŋ

chitterling
BR ˈtʃɪtlɪŋ, ˈtʃɪtlɪŋ, -z
AM ˈtʃɪtlɪn, -z

chitty
BR ˈtʃɪt|i, -ɪz
AM ˈtʃɪdi, -z

chiv
BR (t)ʃɪv, -z
AM (t)ʃɪv, -z

chivalric
BR ʃɪˈvalrɪk
AM ʃəˈvælrɪk

chivalrous
BR ˈʃɪvlrəs
AM ˈʃɪvəlrəs

chivalrously
BR ˈʃɪvlrəsli
AM ˈʃɪvəlrəsli

chivalrousness
BR ˈʃɪvlrəsnəs
AM ˈʃɪvəlrəsnəs

chivalry
BR ˈʃɪvlri
AM ˈʃɪvəlri

Chivas
BR ˈʃɪvas, ˈʃiːvas
AM ˈʃɪvəs

chive
BR tʃʌɪv, -z
AM tʃaɪv, -z

Chivers
BR ˈtʃɪvəz
AM ˈtʃɪvərz

chivvy
BR ˈtʃɪv|i, -ɪz, -ɪŋ, -ɪd
AM ˈtʃɪvi, -z, -ɪŋ, -d

chiz
BR tʃɪz
AM tʃɪz

chizz
BR tʃɪz
AM tʃɪz

chlamydia
BR kləˈmɪdɪə(r)
AM kləˈmɪdɪə

chlamydial
BR kləˈmɪdɪəl
AM kləˈmɪdɪəl

chlamydomonas
BR ˌklamɪdəˈməʊnəs
AM ˌklæməˈdamənəs

Chloë
BR ˈkləʊi
AM ˈkloʊi

chloracne
BR klɔːrˈakni
AM klɔrˈækni

chloral
BR ˈklɔːrl̩
AM ˈklɔr(ə)l

chlorambucil
BR klɔːrˈambjʉsɪl
AM klɔrˈæmbjə,sɪl

chloramine
BR ˈklɔːrəmiːn
AM ˈklɔrə,min

chloramphenicol
BR ˌklɔːramˈfɛnɪkɒl, -z
AM ˌklɔram'fɛnə,kal, ˌklɔræmˈfɛnə,kɔl, -z

chlorate
BR ˈklɔːreɪt, -s
AM ˈklɔ,reɪt, -s

chlordane
BR ˈklɔːdeɪn
AM ˈklɔr,deɪn

chlorella
BR kləˈrɛlə(r), -z
AM kləˈrɛlə, -z

chloric
BR ˈklɔːrɪk, ˈklɒrɪk
AM ˈklɔrɪk

chloride
BR ˈklɔːrʌɪd, -z
AM ˈklɔ,raɪd, -z

chlorinate
BR ˈklɔːrɪneɪt, ˈklɒrɪneɪt, -s, -ɪŋ, -ɪd
AM ˈklɔrə,neɪ|t, -ts, -dɪŋ, -dɪd

chlorination
BR ˌklɔːrɪˈneɪʃn, ˌklɒrɪˈneɪʃn
AM ˌklɔrəˈneɪʃ(ə)n

chlorinator
BR ˈklɔːrɪneɪtə(r), ˈklɒrɪneɪtə(r), -z
AM ˈklɔrə,neɪdər, -z

chlorine
BR ˈklɔːriːn
AM ˈˌklɔˈrin

chlorite
BR ˈklɔːrʌɪt
AM ˈklɔ,raɪt

chloritic
BR klɔːˈrɪtɪk, klɒˈrɪtɪk
AM kləˈrɪdɪk, klɔˈrɪdɪk

chlorodyne
BR ˈklɔːrə(ʊ)dʌɪn, ˈklɒrə(ʊ)dʌɪn
AM ˈklɔrə,daɪn

chlorofluorocarbon
BR ˌklɔːrəʊˌflʊərəʊˈkɑːb(ə)n, ˌklɔːrəʊˌflɔːrəʊˈkɑːb(ə)n, ˌklɒrəˌflʊərəʊˈkɑːb(ə)n, ˌklɒrəʊˌflɔːrəʊˈkɑːb(ə)n
AM ˌklɔrəˈflʊrə,kɑrb(ə)n, ˌklɔrəˈflɔrə,kɑrb(ə)n

chloroform
BR ˈklɒrəfɔːm, -z, -ɪŋ, -d
AM ˈklɔrə,fɔ(ə)rm, -z, -ɪŋ, -d

Chloromycetin
BR ˌklɔːrəʊmʌɪˈsiːtɪn, ˌklɒrəʊmʌɪˈsiːtɪn
AM ˌklɔrə,maɪˈsitn

chlorophyll
BR ˈklɒrəfɪl
AM ˈklɔrə,fɪl

chlorophyllous
BR ˌklɒrəʊˈfɪləs
AM ˌklɔrəˈfɪləs

chloroplast
BR ˈklɔːrə(ʊ)plast, ˈklɒrə(ʊ)plast, -s
AM ˈklɔrə,plæst, -s

chloroquine
BR ˈklɔːrəkwɪn, ˈklɒrəkwɪn
AM ˈklɔrə,kwaɪn

chlorosis
BR klɔːˈrəʊsɪs
AM kləˈroʊsəs

chlorotic
BR klɔːˈrɒtɪk
AM kləˈrɑdɪk, kləˈrɑdɪk

chlorous acid
BR ˌklɔːrəs ˈasɪd
AM ˌklɔrəs ˈæsəd

chlorpromazine
BR klɔːˈprəʊməzɪːn, ˌklɔːˈprɒməzɪːn
AM ˌklɔrˈpramə,zin

Chobham
BR ˈtʃɒb(ə)m
AM ˈtʃɑb(ə)m

choc
BR tʃɒk, -s
AM tʃɑk, -s

choc-a-bloc
BR ˌtʃɒkəˈblɒk
AM ˌˈtʃɑkəˌblɑk

chocaholic
BR ˌtʃɒkəˈhɒlɪk
AM ˌtʃɑkəˈhɑlɪk, ˌtʃɔkəˈhɔlɪk

choccy
BR ˈtʃɒk|i, -ɪz
AM ˈtʃɑki, -z

chocho
BR ˈtʃəʊtʃəʊ, -z
AM ˈtʃoʊ,tʃoʊ, -z

choc-ice
BR ˌtʃɒkˈʌɪs, ˈtʃɒkʌɪs, -ɪz
AM ˈtʃɑk,aɪs, ˈtʃɔk,aɪs, -ɪz

chock
BR tʃɒk, -s, -ɪŋ, -t
AM tʃɑk, -s, -ɪŋ, -t

chock-a-block
BR ˌtʃɒkəˈblɒk
AM ˌtʃɑkəˌblɑk

chocker
BR ˈtʃɒkə(r), -z
AM ˈtʃɑkər, -z

chockstone
BR ˈtʃɒkstəʊn
AM ˈtʃɑk,stoʊn

chocoholic
BR ˌtʃɒkəˈhɒlɪk, -s
AM ˌtʃɑkəˈhɑlɪk, ˌtʃɔkəˈhɔlɪk, -s

chocolate
BR ˈtʃɒk(ə)lət, -s
AM ˈtʃɑk(ə)lət, ˈtʃɔk(ə)lət, -s

chocolatey
BR ˈtʃɒk(ə)ləti
AM ˈtʃɑk(ə)lədi, ˈtʃɔk(ə)lədi

Choctaw
BR ˈtʃɒktɔː(r), -z
AM ˈtʃɑk,tɔ, ˈtʃɔk,tɔ, -z

choice
BR tʃɔɪs, -ɪz, -ə(r), -ɪst
AM tʃɔɪs, -ɪz, -ər, -ɪst

choicely
BR ˈtʃɔɪsli
AM ˈtʃɔɪsli

choiceness
BR ˈtʃɔɪsnɪs
AM ˈtʃɔɪsnɪs

choir
BR ˈkwʌɪə(r), -z
AM ˈkwaɪər, -z

choirboy
BR ˈkwʌɪəbɔɪ, -z
AM ˈkwaɪ(ə)r,bɔɪ, -z

choirgirl
BR ˈkwʌɪəgəːl, -z
AM ˈkwaɪ(ə)r,gərl, -z

choirmaster
BR ˈkwʌɪəˌmɑːstə(r), -z
AM ˈkwaɪ(ə)r,mæstər, -z

choke
BR tʃəʊk, -s, -ɪŋ, -t
AM tʃoʊk, -s, -ɪŋ, -t

chokeberry
BR ˈtʃəʊkb(ə)r|i, -ɪz
AM ˈtʃoʊkˌberi, -z

chokecherry
BR ˈtʃəʊkˌtʃer|i, -ɪz
AM ˈtʃoʊkˌtʃeri, -z

choker
BR ˈtʃəʊkə(r), -z
AM ˈtʃoʊkər, -z

chokey
BR ˈtʃəʊki
AM ˈtʃoʊki

chokily
BR ˈtʃəʊkɪli
AM ˈtʃoʊkəli

chokiness
BR ˈtʃəʊkɪnɪs
AM ˈtʃoʊkɪnɪs

choko
BR ˈtʃəʊkəʊ, -z
AM ˈtʃoʊkoʊ, -z

choky
BR ˈtʃəʊk|i, -ɪz, -ɪə(r), -ɪɪst
AM ˈtʃoʊki, -z, -ər, -ɪst

cholangiography
BR ˌkɒlan(d)ʒɪˈɒɡrəfi
AM ˌkoʊˌlændʒiˈɑɡrəfi

cholecalciferol
BR ˌkɒlɪkalˈsɪf(ə)rɒl
AM ˌkoʊləˌkælˈsɪfəˌrɑl, ˌkoʊləˌkælˈsɪfəˌrɔl

cholecystectomy
BR ˌkɒlɪsɪstˈektəm|i, -ɪz
AM ˌkoʊləˌsɪsˈtektəmi, -z

cholecystography
BR ˌkɒlɪsɪstˈɒɡrəfi
AM ˌkoʊləˌsɪsˈtɑɡrəfi

choler
BR ˈkɒlə(r)
AM ˈkɑlər

cholera
BR ˈkɒl(ə)rə(r)
AM ˈkɑlərə

choleraic
BR ˌkɒləˈreɪɪk
AM ˌkɑləˈreɪɪk

choleric
BR ˈkɒl(ə)rɪk, kɒˈlerɪk
AM kəˈlerɪk, ˈkɑlərɪk

cholerically
BR ˈkɒl(ə)rɪkli, kɒˈlerɪkli
AM kəˈlerək(ə)li, ˈkɑlərək(ə)li

cholesterol
BR kɒˈlest(ə)rɒl, kɒˈlestr(ə)l
AM kəˈlestəˌral, kəˈlestəˌrɔl

choli
BR ˈtʃəʊl|i, -ɪz
AM ˈkoʊli, -z

choliamb
BR ˈkəʊliam(b), -z
AM ˈkoʊliˌæm(b), -z

choliambic
BR ˌkəʊliˈambɪk
AM ˌkoʊliˈæmbɪk

cholic
BR ˈkɒlɪk
AM ˈkalɪk, ˈkoʊlɪk

choline
BR ˈkəʊliːn
AM ˈkoʊlin

cholinergic
BR ˌkəʊlɪˈnɜːdʒɪk, ˌkɒlɪˈnɜːdʒɪk
AM ˌkoʊləˈnɜrdʒɪk

Cholmeley
BR ˈtʃʌmli
AM ˈtʃəmli

Cholmondeley
BR ˈtʃʌmli
AM ˈtʃəmli

chomp
BR tʃɒmp, -s, -ɪŋ, -t
AM tʃamp, tʃɔmp, -s, -ɪŋ, -t

Chomskian
BR ˈtʃɒmskɪən, -z
AM ˈtʃamskɪən, -z

Chomsky
BR ˈtʃɒmski
AM ˈtʃamski

chondrite
BR ˈkɒndrʌɪt, -s
AM ˈkanˌdraɪt, -s

chondrocranium
BR ˌkɒndrəʊˈkreɪnɪəm, -z
AM ˌkandrəˈkreɪnɪəm, ˌkandroʊˈkreɪnɪəm, -z

chondroma
BR kɒnˈdrəʊmə(r), -z
AM kanˈdroʊmə, -z

chondromata
BR kɒnˈdrəʊmətə(r)
AM kanˈdroʊmədə

choochoo
BR ˈtʃuːtʃuː, -z
AM ˈtʃuˌtʃu, -z

chook
BR tʃʊk, -s
AM tʃʊk, -s

choose
BR tʃuːz, -ɪz, -ɪŋ
AM tʃuz, -əz, -ɪŋ

chooser
BR ˈtʃuːzə(r), -z
AM ˈtʃuzər, -z

choosey
BR ˈtʃuːz|i, -ɪə(r), -ɪɪst
AM ˈtʃuzi, -ər, -ɪst

choosily
BR ˈtʃuːzɪli
AM ˈtʃuzəli

choosiness
BR ˈtʃuːzɪnɪs
AM ˈtʃuzɪnɪs

choosy
BR ˈtʃuːz|i, -ə(r), -ɪst
AM ˈtʃuzi, -ər, -ɪst

chop
BR tʃɒp, -s, -ɪŋ, -t
AM tʃap, -s, -ɪŋ, -t

chopfallen
BR ˈtʃɒpˌfɔːlən
AM ˈtʃapˌfal(ə)n, ˈtʃapˌfɔl(ə)n

chophouse
BR ˈtʃɒphaʊ|s, -zɪz
AM ˈtʃap,(h)aʊ|s, -zəz

Chopin
BR ˈʃɒpã, ˈʃəʊpã, ˈʃəʊpan
AM ˈʃoʊˌpæn

chopper
BR ˈtʃɒpə(r), -z
AM ˈtʃapər, -z

choppily
BR ˈtʃɒpɪli
AM ˈtʃapəli

choppiness
BR ˈtʃɒpɪnɪs
AM ˈtʃapɪnɪs

choppy
BR ˈtʃɒp|i, -ɪə(r), -ɪɪst
AM ˈtʃapi, -ər, -ɪst

chopstick
BR ˈtʃɒpstɪk, -s
AM ˈtʃapˌstɪk, -s

chop suey
BR ˌtʃɒp ˈsuː|i, -ɪz
AM ˌtʃap ˈsui, -z

choral
BR ˈkɔːr|, -z
AM ˈkɔr(ə)l, -z

chorale
BR kɒˈrɑːl, kɔːˈrɑːl, -z
AM kəˈrɑl, kəˈræl, kɔˈrɑl, kəˈræl, -z

chorally
BR ˈkɔːr|i
AM ˈkɔrəli

chord
BR kɔːd, -z, -ɪŋ
AM kɔ(ə)rd, -z, -ɪŋ

chordal
BR ˈkɔːdl
AM ˈkɔrd(ə)l

chordate
BR ˈkɔːdeɪt, ˈkɔːdət, -s
AM ˈkɔrˌdeɪt, ˈkɔrdət, -s

chore
BR tʃɔː(r), -z
AM tʃɔ(ə)r, -z

chorea
BR kɔːˈrɪə(r)
AM kəˈriə

choreograph
BR ˈkɒrɪəɡrɑːf, -s, -ɪŋ, -t
AM ˈkɔriəˌɡræf, -s, -ɪŋ, -t

choreographer
BR ˌkɒriˈɒgrəfə(r), -z
AM ˌkɔriˈɑgrəfər, -z

choreographic
BR ˌkɒriəˈgrafɪk
AM ˌkɔriəˈgræfɪk

choreographical
BR ˌkɒriəˈgrafɪkl
AM ˌkɔriəˈgræfək(ə)l

choreographically
BR ˌkɒriəˈgrafɪkli
AM ˌkɔriəˈgræfək(ə)li

choreography
BR ˌkɒriˈɒgrəfi
AM ˌkɔriˈɑgrəfi

choreologist
BR ˌkɒriˈɒlədʒɪst, -s
AM ˌkɔriˈɑlədʒəst, -s

choreology
BR ˌkɒriˈɒlədʒi
AM ˌkɔriˈɑlədʒi

choriamb
BR ˈkɒriamb, -z
AM ˈkɔʊriəm(b), -z

choriambi
BR ˌkɒriˈambʌɪ
AM ˌkɔʊriˈæmˌbaɪ

choriambic
BR ˌkɒriˈambɪk
AM ˌkɔʊriˈæmbɪk

choriambus
BR ˌkɒriˈambəs
AM ˌkɔʊriˈæmbəs

choric
BR ˈkɒrɪk
AM ˈkɔrɪk

chorine
BR ˈkɔːriːn, -z
AM ˈkɔrin, ˈkɔr(ə)n, -z

chorion
BR ˈkɔːriɒn, -z
AM ˈkɔriˌɑn, -z

chorionic
BR ˌkɔːriˈɒnɪk
AM ˌkɔʊriˈɑnɪk

chorister
BR ˈkɒrɪstə(r), -z
AM ˈkɔrəstər, -z

Chorley
BR ˈtʃɔːli
AM ˈtʃɔrli

Chorlton
BR ˈtʃɔːlt(ə)n
AM ˈtʃɔrlt(ə)n

Chorlton-cum-Hardy
BR ˌtʃɔːlt(ə)nkʌmˈhɑːdi
AM ˌtʃɔrltnkəmˈhɑrdi

chorographer
BR kɔːˈrɒgrəfə(r), -z
AM kəˈrɑgrəfər, -z

chorographic
BR ˌkɔːrəˈgrafɪk, ˌkɒrəˈgrafɪk
AM ˌkɔʊrəˈgræfɪk

chorographically
BR ˌkɔːrəˈgrafɪkli, ˌkɒrəˈgrafɪkli
AM ˌkɔʊrəˈgræfək(ə)li

chorography
BR kɔːˈrɒgrəfi
AM kəˈrɑgrəfi

choroid
BR ˈkɔːrɔɪd, ˈkɒrɔɪd
AM ˈkɔrɔɪd

chorological
BR ˌkɒrəˈlɒdʒɪkl
AM ˌkɔʊrəˈlɑdʒək(ə)l

chorologically
BR ˌkɒrəˈlɒdʒɪkli
AM ˌkɔʊrəˈlɑdʒək(ə)li

chorologist
BR kɔːˈrɒlədʒɪst, -s
AM kəˈrɑlədʒəst, -s

chorology
BR kɔːˈrɒlədʒi
AM kəˈrɑlədʒi

chorten
BR ˈtʃɔːt(ə)n, -z
AM ˈtʃɔrt(ə)n, -z

chortle
BR ˈtʃɔːt|l, -lz, -lɪŋ\-lɪŋ, -ld
AM ˈtʃɔrd(ə)l, -z, -ɪŋ, -d

chorus
BR ˈkɔːrəs, -ɪz, -ɪŋ, -t
AM ˈkɔrəs, -əz, -ɪŋ, -t

chose
BR tʃəʊz
AM tʃoʊz

chosen
BR ˈtʃəʊzn
AM ˈtʃoʊzn

chota
BR ˈtʃəʊtə(r)
AM ˈtʃoʊdə

choucroute
BR ˈʃuːkruːt
AM ˌʃuˈkrut

chough
BR tʃʌf, -s
AM tʃəf, -s

choux
BR ʃuː
AM ʃu
FR ʃu

chow
BR tʃaʊ, -z
AM tʃaʊ, -z

chowder
BR ˈtʃaʊdə(r)
AM ˈtʃaʊdər

chowkidar
BR ˈtʃəʊkɪdɑː(r), -z
AM ˈtʃoʊkəˌdɑr, -z

chow mein
BR ˌtʃaʊ ˈmem, +ˈmiːn
AM ˌtʃaʊ ˈmeɪn

chrematistic
BR ˌkrɛməˈtɪstɪk, -s
AM ˌkrɛməˈtɪstɪk, -s

chrestomathy
BR krɛˈstɒməθ|i, -ɪz
AM krɛˈstɑməθi, -z

Chris
BR krɪs
AM krɪs

chrism
BR ˈkrɪzm
AM ˈkrɪz(ə)m

chrisom
BR ˈkrɪz(ə)m, -z
AM ˈkrɪz(ə)m, -z

Chrissie
BR ˈkrɪsi
AM ˈkrɪsi

Chrissy
BR ˈkrɪsi
AM ˈkrɪsi

Christ
BR krʌɪst, -s
AM kraɪst, -s

Christabel
BR ˈkrɪstəbɛl
AM ˈkrɪstəˌbɛl

Christadelphian
BR ˌkrɪstəˈdɛlfiən, -z
AM ˌkrɪstəˈdɛlfiən, -z

Christchurch
BR ˈkrʌɪs(t)tʃəːtʃ
AM ˈkrɪs(t)ˌtʃərtʃ

christen
BR ˈkrɪs|n, -nz, -n̩ɪŋ\-nɪŋ, -nd
AM ˈkrɪsn, -z, -ɪŋ, -d

Christendom
BR ˈkrɪsndəm
AM ˈkrɪsnd(ə)m

christener
BR ˈkrɪsn̩ə(r), ˈkrɪsnə(r), -z
AM ˈkrɪs(ə)nər, -z

christening
BR ˈkrɪsn̩ɪŋ, ˈkrɪsnɪŋ, -z
AM ˈkrɪs(ə)nɪŋ, -z

Christensen
BR ˈkrɪst(ə)ns(ə)n
AM ˈkrɪstəns(ə)n

Christhood
BR ˈkrʌɪsthʊd
AM ˈkraɪstˌ(h)ʊd

Christi
BR ˈkrɪsti
AM ˈkrɪsti

Christian
BR ˈkrɪstʃ(ə)n, -z
AM ˈkrɪstʃ(ə)n, -z

Christiana
BR ˌkrɪst(ʃ)ɪˈɑːnə(r)
AM ˌkrɪstiˈænə

Christiania
BR ˌkrɪst(ʃ)ɪˈɑːnɪə(r)
AM ˌkrɪstʃiˈæniə, ˌkrɪstiˈæniə

Christianisation
BR ˌkrɪstʃn̩ʌɪˈzeɪʃn
AM ˌkrɪstʃənˌaɪˈzeɪʃ(ə)n, ˌkrɪstʃənəˈzeɪʃ(ə)n

Christianise
BR ˈkrɪstʃn̩ʌɪz, -ɪz, -ɪŋ, -d
AM ˈkrɪstʃəˌnaɪz, -ɪz, -ɪŋ, -d

Christianity
BR ˌkrɪst(ʃ)ɪˈantɪ
AM ˌkrɪstʃiˈænədi

Christianization
BR ˌkrɪstʃn̩ʌɪˈzeɪʃn
AM ˌkrɪstʃən͵ʌɪ-
ˈzeɪʃ(ə)n,
ˌkrɪstʃənəˈzeɪʃ(ə)n

Christianize
BR ˈkrɪstʃn̩ʌɪz, -ɪz, -ɪŋ,
-d
AM ˈkrɪstʃəˌnaɪz, -ɪz,
-ɪŋ, -d

Christianly
BR ˈkrɪstʃ(ə)nli
AM ˈkrɪstʃənli

Christie
BR ˈkrɪstǀi, -ɪz
AM ˈkrɪsti, -z

Christina
BR krɪsˈtiːnə(r)
AM krɪsˈtinə

Christine
BR ˈkrɪstiːn, krɪsˈtiːn
AM krɪsˈtin

Christingle
BR ˈkrɪstɪŋgl, -z
AM ˈkrɪstɪŋg(ə)l, -z

Christlike
BR ˈkrʌɪs(t)lʌɪk
AM ˈkraɪs(t)ˌlaɪk

Christly
BR ˈkrʌɪs(t)li
AM ˈkraɪs(t)li

Christmas
BR ˈkrɪsməs, -ɪz
AM ˈkrɪsməs, -əz

Christmassy
BR ˈkrɪsməsi
AM ˈkrɪsməsi

Christmastide
BR ˈkrɪsməstʌɪd
AM ˈkrɪsməsˌtaɪd

Christmastime
BR ˈkrɪsməstʌɪm
AM ˈkrɪsməsˌtaɪm

Christobel
BR ˈkrɪstəbɛl
AM ˈkrɪstəˌbɛl

Christolatry
BR krɪˈstɒlətri
AM krɪsˈtɑlətri

Christological
BR ˌkrɪstəˈlɒdʒɪkl
AM ˌkrɪstəˈlɑdʒək(ə)l

Christology
BR krɪˈstɒlədʒi
AM krɪsˈtɑlədʒi

Christophany
BR krɪˈstɒfn̩i
AM krɪsˈtɑfəni

Christopher
BR ˈkrɪstəfə(r)
AM ˈkrɪstəfər

Christy
BR ˈkrɪsti
AM ˈkrɪsti

chroma
BR ˈkrəʊmə(r)
AM ˈkroʊmə

chromakey
BR ˈkrəʊməˌkiː
AM ˈkroʊməˌki

chromate
BR ˈkrəʊmeɪt, -s
AM ˈkroʊˌmeɪt, -s

chromatic
BR krə(ʊ)ˈmatɪk
AM krəˈmædɪk,
kroʊˈmædɪk

chromatically
BR krə(ʊ)ˈmatɪkli
AM krəˈmædək(ə)li,
kroʊˈmædək(ə)li

chromaticism
BR krə(ʊ)ˈmatɪsɪzm
AM kroʊˈmædəˌsɪz(ə)m

chromaticity
BR ˌkrəʊməˈtɪsɪti
AM ˌkroʊməˈtɪsɪdi

chromatid
BR ˈkrəʊmətɪd, -z
AM ˈkroʊməˌtɪd, -z

chromatin
BR ˈkrəʊmətɪn
AM ˈkroʊməd(ə)n

chromatism
BR ˈkrəʊmətɪzm
AM ˈkroʊməˌtɪz(ə)m

chromatogram
BR krə(ʊ)ˈmatəgram, -z
AM kroʊˈmædəˌgræm, -z

chromatograph
BR krə(ʊ)ˈmatəgrɑːf, -s
AM kroʊˈmædəˌgræf, -s

chromatographic
BR krə(ʊ)ˌmatəˈgrafɪk
AM kroʊˌmædəˈgræfɪk

chromatographically
BR krə(ʊ)ˌmatə-
ˈgrafɪkli
AM kroʊˌmædə-
ˈgræfək(ə)li

chromatography
BR ˌkrəʊməˈtɒgrəfi
AM ˌkroʊməˈtagrəfi

chromatopsia
BR ˌkrəʊməˈtɒpsɪə(r)
AM ˌkroʊməˈtɑpsiə

chrome
BR krəʊm
AM kroʊm

chromic
BR ˈkrəʊmɪk
AM ˈkroʊmɪk

chrominance
BR ˈkrəʊmɪnəns
AM ˈkroʊmənəns

chromite
BR ˈkrəʊmʌɪt, -s
AM ˈkroʊˌmaɪt, -s

chromium
BR ˈkrəʊmɪəm
AM ˈkroʊmiəm

chromium-plate
BR ˌkrəʊmɪəmˈpleɪt,
-s, -ɪŋ, -ɪd
AM ˌkroʊmiəmˈpleɪ|t,
-ts, -dɪŋ, -dɪd

chromo
BR ˈkrəʊməʊ, -z
AM ˈkroʊˌmoʊ, -z

chromolithograph
BR ˌkrəʊməʊ-
ˈlɪθəgrɑːf, -s
AM ˌkroʊmoʊˈlɪθə-
ˌgræf, -s

chromolithographer
BR ˌkrəʊməʊlɪ-
ˈθɒgrəfə(r), -z
AM ˌkroʊmoʊlɪ-
ˈθɑgrəfər, -z

chromolithographic
BR ˌkrəʊməʊˌlɪθə-
ˈgrafɪk
AM ˌkroʊmoʊˌlɪθə-
ˈgræfɪk

chromolithography
BR ˌkrəʊməʊlɪ-
ˈθɒgrəfi
AM ˌkroʊmoʊlɪ-
ˈθɑgrəfi

chromoly
BR ˈkrəʊmɒli,
ˌkrəʊmˈɒli
AM ˌˈkroʊˌmɑli

chromosomal
BR ˌkrəʊməˈsəʊml
AM ˌkroʊməˈsoʊm(ə)l

chromosome
BR ˈkrəʊməsəʊm, -z
AM ˈkroʊməˌsoʊm, -z

chromosphere
BR ˈkrəʊmə(ʊ)sfɪə(r),
-z
AM ˈkroʊməˌsfɪ(ə)r, -z

chromospheric
BR ˌkrəʊmə(ʊ)ˈsfɛrɪk
AM ˌkroʊməˈsfɛrɪk

chromotherapy
BR ˌkrəʊməˈθɛrəpi
AM ˌkroʊmoʊˈθɛrəpi

chroneme
BR ˈkrəʊniːm, -z
AM ˈkroʊnim, -z

chronemic
BR krə(ʊ)ˈniːmɪk
AM kroʊˈnimɪk

chronic
BR ˈkrɒnɪk
AM ˈkrɑnɪk

chronically
BR ˈkrɒnɪkli
AM ˈkrɑnək(ə)li

chronicity
BR krɒˈnɪsəti
AM krɑˈnɪsɪdi

chronicle
BR ˈkrɒnɪkǀl, -lz,
-lɪŋǀ-lɪŋ, -ld
AM ˈkrɑnək(ə)l, -z,
-ɪŋ, -d

chronicler
BR ˈkrɒnɪklə(r),
ˈkrɒnɪklə(r), -z
AM ˈkrɑnəklər, -z

chronogram
BR ˈkrɒnəgram, -z
AM ˈkrɑnəˌgræm, -z

chronogrammatic
BR ˌkrɒnəgrəˈmatɪk
AM ˌkrɑnəgrəˈmædɪk

chronograph
BR ˈkrɒnəgrɑːf, -s
AM ˈkrɑnəˌgræf, -s

chronographic
BR ˌkrɒnəˈgrafɪk
AM ˌkrɑnəˈgræfɪk

chronologer
BR krəˈnɒlədʒə(r), -z
AM krəˈnɑlədʒər, -z

chronologic
BR ˌkrɒnəˈlɒdʒɪk
AM ˌkrɑnəˈlɑdʒɪk

chronological
BR ˌkrɒnəˈlɒdʒɪkl
AM ˌkrɑnəˈlɑdʒək(ə)l

chronologically
BR ˌkrɒnəˈlɒdʒɪkli
AM ˌkrɑnəˈlɑdʒək(ə)li

chronologisation
BR krəˌnɒlədʒʌɪˈzeɪʃn
AM ˌkrɑnəˌlɑˌdʒaɪ-ˈzeɪʃ(ə)n, ˌkrɑnə-ˌlɑdʒəˈzeɪʃ(ə)n

chronologise
BR krəˈnɒlədʒʌɪz, -ɪz, -ɪŋ, -d
AM krəˈnɑləˌdʒaɪz, -ɪz, -ɪŋ, -d

chronologist
BR krəˈnɒlədʒɪst, -s
AM krəˈnɑlədʒəst, -s

chronologization
BR krəˌnɒlədʒʌɪˈzeɪʃn
AM ˌkrɑnəˌlɑˌdʒaɪ-ˈzeɪʃ(ə)n, ˌkrɑnə-ˌlɑdʒəˈzeɪʃ(ə)n

chronologize
BR krəˈnɒlədʒʌɪz, -ɪz, -ɪŋ, -d
AM krəˈnɑləˌdʒaɪz, -ɪz, -ɪŋ, -d

chronology
BR krəˈnɒlədʒ|i, -ɪz
AM krəˈnɑlədʒi, -z

chronometer
BR krəˈnɒmɪtə(r), -z
AM krəˈnɑmədər, -z

chronometric
BR ˌkrɒnəˈmɛtrɪk
AM ˌkrɑnəˈmɛtrɪk

chronometrical
BR ˌkrɒnəˈmɛtrɪkl
AM ˌkrɑnəˈmɛtrək(ə)l

chronometrically
BR ˌkrɒnəˈmɛtrɪkli
AM ˌkrɑnəˈmɛtrək(ə)li

chronometry
BR krəˈnɒmɪtri
AM krəˈnɑmətri

chronoscope
BR ˈkrɒnəskəʊp, -s
AM ˈkrɑnəˌskoʊp, -s

chronotropic
BR ˌkrɒnə(ʊ)ˈtrɒpɪk, ˌkrɒnə(ʊ)ˈtrəʊpɪk
AM ˌkrɑnəˈtrɑpɪk

chrysalid
BR ˈkrɪsl̩ɪd, -z
AM ˈkrɪsəˌlɪd, -z

chrysalides
BR krɪˈsalɪdiːz
AM krəˈsæləˌdiz

chrysalis
BR ˈkrɪsl̩ɪs, -ɪz
AM ˈkrɪsələs, -ɪz

chrysanth
BR krɪˈsanθ, -s
AM krəˈsænθ, -s

chrysanthemum
BR krɪˈsanθɪməm, -z
AM krɪˈsænθəməm, -z

chryselephantine
BR ˌkrɪsɛlɪˈfantʌɪn
AM ˌkrɪsˌɛləˈfænˌtaɪn, ˈkrɪsˌɛləˈfænˌtin

Chrysler
BR ˈkrʌɪzlə(r), -z
AM ˈkraɪslər, -z

chrysoberyl
BR ˈkrɪsəˈbɛrɪl, ˌkrɪsəˈbɛrl̩
AM ˈkrɪsəˌber(ə)l

chrysolite
BR ˈkrɪsəlʌɪt, -s
AM ˈkrɪsəˌlaɪt, -s

chrysoprase
BR ˈkrɪsəpreɪz, -ɪz
AM ˈkrɪsəˌpreɪz, -ɪz

Chrysostom
BR ˈkrɪsəst(ə)m
AM ˈkrɪsəst(ə)m

Chrystal
BR ˈkrɪstl
AM ˈkrɪstl

chthonian
BR ˈ(k)θəʊnɪən
AM ˈθoʊnɪən

chthonic
BR ˈ(k)θɒnɪk
AM ˈθɑnɪk

chub
BR tʃʌb, -z
AM tʃəb, -z

Chubb
BR tʃʌb
AM tʃəb

chubbily
BR ˈtʃʌbɪli
AM ˈtʃəbəli

chubbiness
BR ˈtʃʌbɪnɪs
AM ˈtʃəbɪnɪs

chubby
BR ˈtʃʌb|i, -ɪə(r), -ɪɪst
AM ˈtʃəbi, -ər, -ɪst

chuck
BR tʃʌk, -s, -ɪŋ, -t
AM ˈtʃək, -s, -ɪŋ, -t

chucker-out
BR ˌtʃʌkərˈaʊt
AM ˈtʃəkərˈaʊt

chuckers-out
BR ˌtʃʌkəzˈaʊt
AM ˈtʃəkərzˈaʊt

chuckhole
BR ˈtʃʌkhəʊl, -z
AM ˈtʃəkˌ(h)oʊl, -z

chuckle
BR ˈtʃʌk|l, -lz, -lɪŋ\-lɪŋ, -ld
AM ˈtʃək(ə)l, -z, -ɪŋ, -d

chucklehead
BR ˈtʃʌklhɛd, -z
AM ˈtʃəkəlˌ(h)ɛd, -z

chuckleheaded
BR ˌtʃʌklˈhɛdɪd
AM ˈtʃəkəlˌ(h)ɛdəd

chuckler
BR ˈtʃʌklə(r), ˈtʃʌklə(r), -z
AM ˈtʃək(ə)lər, -z

chuddar
BR ˈtʃʌdə(r), -z
AM ˈtʃədər, -z

chufa
BR ˈtʃuːfə(r)
AM ˈtʃufə

chuff
BR tʃʌf, -s, -ɪŋ, -t
AM tʃəf, -s, -ɪŋ, -t

chug
BR tʃʌg, -z, -ɪŋ, -d
AM tʃəg, -z, -ɪŋ, -d

chugalug
BR ˈtʃʌgəlʌg, -z, -ɪŋ, -d
AM ˈtʃəgəˌləg, -z, -ɪŋ, -d

chugger
BR ˈtʃʌgə(r), -z
AM ˈtʃəgər, -z

chukar
BR tʃʊkɑː(r), -z
AM ˈtʃəkər, -z

chukka
BR ˈtʃʌkə(r), -z
AM ˈtʃəkə, -z

chukker
BR ˈtʃʌkə(r), -z
AM ˈtʃəkər, -z

chum
BR tʃʌm, -z, -ɪŋ, -d
AM tʃ(ə)m, -z, -ɪŋ, -d

chummily
BR ˈtʃʌmɪli
AM ˈtʃəməli

chumminess
BR ˈtʃʌmɪnɪs
AM ˈtʃəmɪnɪs

chummy
BR ˈtʃʌm|i, -ɪə(r), -ɪɪst
AM ˈtʃəmi, -ər, -ɪst

chump
BR tʃʌmp, -s
AM tʃəmp, -s

chunder
BR ˈtʃʌnd|ə(r), -əz, -(ə)rɪŋ, -əd
AM ˈtʃəndǀər, -ərz, -(ə)rɪŋ, -ərd

Chungking
BR ˌtʃʌŋˈkɪŋ
AM ˌtʃəŋˈkɪŋ

chunk
BR tʃʌŋk, -s
AM tʃəŋk, -s

chunkily
BR ˈtʃʌŋkɪli
AM ˈtʃəŋkəli

chunkiness
BR ˈtʃʌŋkɪnɪs
AM ˈtʃəŋkɪnɪs

chunky
BR ˈtʃʌŋk|i, -ɪə(r), -ɪɪst
AM ˈtʃəŋki, -ər, -ɪst

Chunnel
BR ˈtʃʌnl
AM ˈtʃən(ə)l

chunter
BR ˈtʃʌnt|ə(r), -əz, -(ə)rɪŋ, -əd
AM ˈtʃən(t)ər, -z, -ɪŋ, -d

chupatty
BR tʃəˈpɑːt|i, tʃəˈpæt|i, -ɪz
AM tʃəˈpɑdi, tʃəˈpædi, -z

church
BR tʃəːtʃ, -ɪz, -ɪŋ, -t
AM tʃɝtʃ, -əz, -ɪŋ, -t

Churchdown
BR ˈtʃəːtʃdaʊn
AM ˈtʃɝtʃˌdaʊn

churchgoer
BR ˈtʃəːtʃˌgəʊə(r), -z
AM ˈtʃɝtʃˌgoʊər, -z

churchgoing
BR ˈtʃəːtʃˌgəʊɪŋ
AM ˈtʃɝtʃˌgoʊɪŋ

Churchill
BR ˈtʃəːtʃ(ɪ)l
AM ˈtʃɝtʃ(ə)l

Churchillian
BR tʃəːˈtʃɪliən
AM tʃɝˈtʃɪliən, tʃɝˈtʃɪlj(ə)n

churchily
BR ˈtʃəːtʃɪli
AM ˈtʃɝtʃəli

churchiness
BR ˈtʃəːtʃɪnɪs
AM ˈtʃɝtʃɪnɪs

churching
BR ˈtʃəːtʃɪŋ, -z
AM ˈtʃɝtʃɪŋ, -z

churchman
BR ˈtʃəːtʃmən
AM ˈtʃɝtʃm(ə)n

churchmanship
BR ˈtʃəːtʃmənʃɪp
AM ˈtʃɝtʃmənˌʃɪp

churchmen
BR ˈtʃəːtʃmən
AM ˈtʃɝtʃm(ə)n

churchwarden
BR ˈtʃəːtʃˌwɔːdn, -z
AM ˈtʃɝtʃˌwɔrd(ə)n, -z

churchwoman
BR ˈtʃəːtʃˌwʊmən
AM ˈtʃɝtʃˌwʊm(ə)n

churchwomen
BR ˈtʃəːtʃˌwɪmɪn
AM ˈtʃɝtʃˌwɪmɨn

churchy
BR ˈtʃəːtʃ|i, -ɪə(r), -ɪɪst
AM ˈtʃɝtʃi, -ər, -ɪst

churchyard
BR ˈtʃəːtʃjɑːd, -z
AM ˈtʃɝtʃˌjɑrd, -z

churinga
BR tʃʌˈrɪŋgə(r), -z
AM tʃəˈrɪŋgə, -z

churl
BR tʃəːl, -z
AM tʃɝl, -z

churlish
BR ˈtʃəːlɪʃ
AM ˈtʃɝlɪʃ

churlishly
BR ˈtʃəːlɪʃli
AM ˈtʃɝlɪʃli

churlishness
BR ˈtʃəːlɪʃnɪs
AM ˈtʃɝlɪʃnɪs

churn
BR tʃəːn, -z, -ɪŋ, -d
AM tʃɝn, -z, -ɪŋ, -d

churr
BR tʃəː(r), -z, -ɪŋ, -d
AM tʃɝ, -z, -ɪŋ, -d

churrasco
BR tʃʊˈraskəʊ, -z
AM tʃəˈraskoʊ, -z

Churrigueresque
BR ˌtʃʌrɪgərˈɛsk
AM ˌtʃʊrɪgəˈrɛsk

chute
BR ʃuːt, -s
AM ʃut, -s

chutist
BR ˈʃuːtɪst, -s
AM ˈʃudəst, -s

chutnee
BR ˈtʃʌtn|i, -ɪz
AM ˈtʃətni, -z

chutney
BR ˈtʃʌtn|i, ɪz
AM ˈtʃətni, -z

chutzpah
BR ˈhʊtspə(r), ˈxʊtspə(r)
AM ˈhʊtspə

Chuzzlewit
BR ˈtʃʌzlwɪt
AM ˈtʃəzlˌwɪt

chyack
BR ˈtʃʌɪak, -s, -ɪŋ, -t
AM ˈtʃaɪək, -s, -ɪŋ, -t

chyle
BR kʌɪl
AM kaɪl

chylous
BR ˈkʌɪləs
AM ˈkaɪləs

chyme
BR kʌɪm
AM kaɪm

chymotrypsin
BR ˌkʌɪmə(ʊ)ˈtrɪpsɪn
AM ˌkaɪmoʊˈtrɪps(ə)n

chymous
BR ˈkʌɪməs
AM ˈkaɪməs

chypre
BR ˈʃiːprə(r)
AM ˈʃiprə
FR ʃipʀ

CIA
BR ˌsiːʌɪˈeɪ
AM ˌsiˌaɪˈeɪ

ciabatta
BR tʃəˈbɑːtə(r), -z
AM tʃɪˈbɑdə, -z
IT tʃaˈbatta

ciabatte
BR tʃəˈbɑːti
AM tʃɪˈbɑdi
IT tʃaˈbatte

ciao
BR tʃaʊ
AM tʃaʊ

Ciba
BR ˈsiːbə(r)
AM ˈsibə

Cibachrome
BR ˈsiːbəkrəʊm, -z
AM ˈsibəˌkroʊm, -z

Ciba-Geigy
BR ˌsiːbəˈgʌɪgi
AM ˌsibəˈgaɪgi

ciboria
BR sɪˈbɔːrɪə(r)
AM səˈbɔriə

ciborium
BR sɪˈbɔːrɪəm
AM səˈbɔriəm

cicada
BR sɪˈkɑːdə(r), -z
AM səˈkɑdə, səˈkeɪdə, -z

cicala
BR sɪˈkɑːlə(r), -z
AM səˈkɑlə, -z

cicatrices
BR ˌsɪkəˈtrʌɪsiːz
AM səˈkeɪtrəsiz, ˌsɪkəˈtraɪsiz

cicatricial
BR ˌsɪkəˈtrɪʃl
AM ˌsɪkəˈtrɪʃ(ə)l

cicatrisation
BR ˌsɪkətrʌɪˈzeɪʃn
AM ˌsɪkəˌtraɪˈzeɪʃ(ə)n, ˌsɪkətrəˈzeɪʃ(ə)n

cicatrise
BR ˈsɪkətrʌɪz, -ɪz, -ɪŋ, -d
AM ˈsɪkəˌtraɪz, -ɪz, -ɪŋ, -d

cicatrix
BR ˈsɪkətrɪks, -ɪz
AM ˈsɪkəˌtrɪks, -ɪz

cicatrization
BR ˌsɪkətrʌɪˈzeɪʃn
AM ˌsɪkəˌtraɪˈzeɪʃ(ə)n, ˌsɪkətrəˈzeɪʃ(ə)n

cicatrize
BR ˈsɪkətrʌɪz, -ɪz, -ɪŋ, -d
AM ˈsɪkəˌtraɪz, -ɪz, -ɪŋ, -d

Cicely
BR ˈsɪsɨli
AM ˈsɪsɨli

cicely
BR ˈsɪsɨl|i, -ɪz
AM ˈsɪsɨli, -z

Cicero
BR ˈsɪsərəʊ
AM ˈsɪsəroʊ

cicerone
BR ˌtʃɪtʃəˈrəʊn|i, ˌsɪsəˈrəʊn|i, -ɪz
AM ˌsɪsəˈroʊni, -z

ciceroni
BR ˌtʃɪtʃəˈrəʊni, ˌsɪsəˈrəʊni
AM ˌsɪsəˈroʊni

Ciceronian
BR ˌsɪsəˈrəʊniən
AM ˌsɪsəˈroʊniən

cichlid
BR ˈsɪklɪd, -z
AM ˈsɪklɪd, -z

cicisbei
BR ˌtʃɪtʃɪzˈbeɪiː
AM ˌtʃɪtʃɪzˈbeɪi

cicisbeo
BR ˌtʃɪtʃɪzˈbeɪəʊ, -z
AM ˌtʃɪtʃɪzˈbeɪoʊ, -z

Cid, El
BR ɛl ˈsɪd
AM ɛl ˈsɪd
SP el ˈθið, el ˈsið

cider
BR ˈsʌɪdə(r), -z
AM ˈsaɪdər, -z

ci-devant
BR ˌsiːdəˈvɒ̃
AM ˌsidəˈvɑnt
FR si d(ə)vɑ̃

cig
BR sɪg, -z
AM sɪg, -z

cigala
BR sɪˈgɑːlə(r), -z
AM səˈgɑlə, -z

cigar
BR sɪˈgɑː(r), -z
AM səˈgɑr, -z

cigaret
BR ˌsɪgəˈrɛt, -s
AM ˈsɪgəˌrɛt, ˌsɪgəˈrɛt, -s

cigarette
BR ˌsɪgəˈrɛt, -s
AM ˈsɪgəˌrɛt, ˌsɪgəˈrɛt, -s

cigarillo
BR ˌsɪgəˈrɪləʊ, -z
AM ˌsɪgəˈrɪloʊ, -z

ciggie
BR ˈsɪg|i, -ɪz
AM ˈsɪgi, -z

ciggy
BR ˈsɪg|i, -ɪz
AM ˈsɪgi, -z

ciguatera
BR ˌsɪgwəˈtɛːrə(r)
AM ˌsɪgwəˈtɛrə, ˌsɪgwəˈtɛrə

cilantro
BR sɪˈlantrəʊ
AM sɪˈlɑnˌtroʊ, sɪˈlænˌtroʊ

cilia
BR ˈsɪliə(r)
AM ˈsɪliə, ˈsɪljə

ciliary
BR ˈsɪliəri
AM ˈsɪliəri

ciliate
BR ˈsɪlieɪt
AM ˈsɪliət, ˈsɪliˌeɪt

ciliated
BR ˈsɪlieɪtɪd
AM ˈsɪlieɪtɪd

ciliation
BR ˌsɪliˈeɪʃn
AM ˌsɪliˈeɪʃ(ə)n

cilice
BR ˈsɪl|ɪs, -ɪsɨz
AM ˈsɪləs, -əz

Cilicia
BR sʌɪˈlɪsɪə(r), sɪˈlɪsɪə(r), sʌɪˈlɪʃɪə(r), sɪˈlɪʃɪə(r)
AM səˈlɪʃə

Cilician
BR sʌɪˈlɪsɪən, sɪˈlɪsɪən, sʌɪˈlɪʃɪən, sɪˈlɪʃɪən
AM səˈlɪʃ(ə)n

cilium
BR ˈsɪliəm
AM ˈsɪliəm

cill
BR sɪl, -z
AM sɪl, -z

Cilla
BR ˈsɪlə(r)
AM ˈsɪlə

Cimabue
BR ˌtʃiːməˈbuːeɪ, ˌtʃiːməˈbuːi
AM ˌtʃiməˈbueɪ

cimbalom
BR ˈsɪmbləm, -z
AM ˈsɪmbəl(ə)m, -z

cimetadine
BR sʌɪˈmɛtədiːn
AM saɪˈmɛtəˌdin

Cimmerian
BR sɪˈmɪəriən, sɪˈmɛriən, -z
AM səˈmɛriən, səˈmɪriən, -z

cinch
BR sɪn(t)ʃ, -ɪz, -ɪŋ, -t
AM sɪntʃ, -ɪz, -ɪŋ, -t

cinchona
BR sɪŋˈkəʊnə(r), -z
AM sɪŋˈkoʊnə, -z

cinchonic
BR sɪŋˈkɒnɪk
AM sɪŋˈkɑnɪk

cinchonine
BR ˈsɪŋkəniːn
AM ˈʃɪŋkənən, ˈsɪŋkəˌnin

Cincinnati
BR ˌsɪnsɪˈnati
AM ˌsɪn(t)səˈnædi

cincture
BR ˈsɪŋ(k)tʃə(r), -z
AM ˈsɪŋ(kt)ʃər, -z

cinder
BR ˈsɪndə(r), -z
AM ˈsɪndər, -z

Cinderella
BR ˌsɪndəˈrɛlə(r)
AM ˌsɪndəˈrɛlə

cindery
BR ˈsɪnd(ə)ri
AM ˈsɪndəri

Cindy
BR ˈsɪndi
AM ˈsɪndi

cine
BR ˈsɪni
AM ˈsɪni

cineaste
BR ˈsɪneɪast, ˈsɪniast, -s
AM ˈsɪniəst, ˈsɪniˌæst, -s

cinecamera
BR ˈsɪniˌkam(ə)rə(r), -z
AM ˈsɪniˌkæm(ə)rə, -z

cinefilm
BR ˈsɪnɪfɪlm, -z
AM ˈsɪnəˌfɪlm, -z

cinema
BR ˈsɪnɪmɑː(r), ˈsɪnɪmə(r), -z
AM ˈsɪnəmə, -z

CinemaScope
BR ˈsɪnɨməskəʊp
AM ˈsɪnəməˌskoʊp

cinematheque
BR ˌsɪnɨməˈtɛk, -s
AM ˈsɪnəməˌtɛk, -s

cinematic
BR ˌsɪnɨˈmatɪk
AM ˌsɪnəˈmædɪk

cinematically
BR ˌsɪnɨˈmatɪkli
AM ˌsɪnəˈmædək(ə)li

cinematograph
BR ˌsɪnɨˈmatəgrɑːf, -s
AM ˌsɪnəˈmædəgræf, -s

cinematographer
BR ˌsɪnɨməˈtɒgrəfə(r), -z
AM ˌsɪnəməˈtɑgrəfər, -z

cinematographic
BR ˌsɪnɨˌmatəˈgrafɪk
AM ˌsɪnəˌmædəˈgræfɪk

cinematographically
BR ˌsɪnɪˌmatəˈgrafɪkli
AM ˌsɪnəˌmædə-
ˈgræfək(ə)li

cinematography
BR ˌsɪnɪməˈtɒgrəfi
AM ˌsɪnəməˈtagrəfi

cinéma-vérité
BR ˌsɪnɪmɑːˈveʀɪteɪ,
ˌsɪnɪməˈveʀɪteɪ
AM ˌsɪnəməˌveʀiˈteɪ
FR sinema veʀite

cinephile
BR ˈsɪnɪfʌɪl, -z
AM ˈsɪnəˌfaɪl, -z

Cinerama
BR ˌsɪnəˈrɑːmə(r)
AM ˌsɪnəˈræmə

cineraria
BR ˌsɪnəˈrɛːriə(r)
AM ˌsɪnəˈreriə

cinerarium
BR ˌsɪnəˈrɛːriəm, -z
AM ˌsɪnəˈreriəm, -z

cinerary
BR ˈsɪn(ə)rəri
AM ˈsɪnəˌreri

cinereous
BR sɪˈnɪəriəs
AM səˈnɪriəs

Cingalese
BR ˌsɪŋgəˈliːz
AM ˌsɪŋgəˈliz

cingula
BR ˈsɪŋgjʊlə(r)
AM ˈsɪŋgjələ

cingulum
BR ˈsɪŋgjʊləm
AM ˈsɪŋgjəl(ə)m

cinnabar
BR ˈsɪnəbɑː(r)
AM ˈsɪnəˌbar

cinnamon
BR ˈsɪnəm(ə)n
AM ˈsɪnəm(ə)n

cinq
BR sɪŋk
AM sæŋk, sɪŋk

cinque
BR sɪŋk
AM sæŋk, sɪŋk

cinquecentist
BR ˌtʃɪŋkwɨˈtʃɛntɪst, -s
AM ˌsɪŋkwə-
ˈ(t)ʃɛn(t)əst, -s

cinquecento
BR ˌtʃɪŋkwɨˈtʃɛntəʊ
AM ˌsɪŋkwəˈ(t)ʃɛnoʊ

cinquefoil
BR ˈsɪŋkfɔɪl, -z
AM ˈsæŋkˌfɔɪl,
ˈsɪŋkˌfɔɪl, -z

Cinque Ports
BR ˌsɪŋk ˈpɔːts
AM ˈsæŋk ˌpɔ(ə)rts,
ˈsɪŋk ˌpɔ(ə)rts

Cinzano
BR tʃɪnˈzɑːnəʊ,
tʃɪn(t)ˈsɑːnəʊ, -z
AM sɪnˈzɑnoʊ,
tʃɪnˈzɑnoʊ, -z

cion
BR ˈsʌɪən, -z
AM ˈsaɪən, -z

cipher
BR ˈsʌɪf|ə(r), -əz,
-(ə)rɪŋ, -əd
AM ˈsaɪf|ər, -ərz,
-(ə)rɪŋ, -ərd

cipolin
BR ˈsɪpəlɪn
AM ˈsɪpəl(ə)n

Cipriani
BR ˌsɪprɪˈɑːni
AM ˌsɪpriˈɑni

circa
BR ˈsəːkə(r)
AM ˈsɝkə

circadian
BR səːˈkeɪdiən
AM sərˈkeɪdiən

Circassian
BR sə(ː)ˈkasɪən, -z
AM sərˈkæsiən, -z

Circe
BR ˈsəːsi
AM ˈsɝsi

Circean
BR səːˈsiːən
AM ˈsɝsiən

circinate
BR ˈsəːsɪneɪt, ˈsəːsɪnət
AM ˈsɝsənət,
ˈsɝsəˌneɪt

circiter
BR ˈsəːsɪtə(r)
AM ˈsɝsədər

circle
BR ˈsəːk|l, -lz,
-lɪŋ\-lɪŋ, -ld
AM ˈsɝk(ə)l, -z, -ɪŋ, -d

circler
BR ˈsəːklə(r), -z
AM ˈsɝk(ə)lər, -z

circlet
BR ˈsəːklɪt, -s
AM ˈsɝklət, -s

circlip
BR ˈsəːklɪp, -s
AM ˈsɝklɪp, -s

circs
BR səːks
AM sɝks

circuit
BR ˈsəːk|ɪt, -ɪts, -ɪtɪŋ, -ɪtɪd
AM ˈsɝkə|t, -ts, -dɪŋ, -dəd

circuition
BR ˌsəːkjʊˈɪʃn
AM ˌsɝkjəˈwɪʃ(ə)n

circuitous
BR sə(ː)ˈkjuːɪtəs
AM sərˈkjuədəs

circuitously
BR sə(ː)ˈkjuːɪtəsli
AM sərˈkjuədəsli

circuitousness
BR sə(ː)ˈkjuːɪtəsnəs
AM sərˈkjuədəsnəs

circuitry
BR ˈsəːkɪtri
AM ˈsɝkətri

circuity
BR sə(ː)ˈkjʊɪti
AM sərˈkjuədi

circular
BR ˈsəːkjʊlə(r), -z
AM ˈsɝkjələr, -z

circularisation
BR ˌsəːkjʊlərʌɪˈzeɪʃn
AM ˌsɝkjələˌraɪ-
ˈzeɪʃ(ə)n,
ˌsɝkjələrəˈzeɪʃ(ə)n

circularise
BR ˈsəːkjʊlərʌɪz, -ɪz, -ɪŋ, -d
AM ˈsɝkjələˌraɪz, -ɪz, -ɪŋ, -d

circularity
BR ˌsəːkjʊˈlarɪti
AM ˌsɝkjəˈlerədi

circularization
BR ˌsəːkjʊlərʌɪˈzeɪʃn
AM ˌsɝkjələˌraɪ-
ˈzeɪʃ(ə)n,
ˌsɝkjələrəˈzeɪʃ(ə)n

circularize
BR ˈsəːkjʊlərʌɪz, -ɪz, -ɪŋ, -d
AM ˈsɝkjələˌraɪz, -ɪz, -ɪŋ, -d

circularly
BR ˈsəːkjʊləli
AM ˈsɝkjələrli

circulate
BR ˈsəːkjʊleɪt, -s, -ɪŋ, -ɪd
AM ˈsɝkjəleɪ|t, -ts, -dɪŋ, -dɪd

circulation
BR ˌsəːkjʊˈleɪʃn, -z
AM ˌsɝkjəˈleɪʃ(ə)n, -z

circulative
BR ˈsəːkjʊlətɪv
AM ˈsɝkjəˌleɪdɪv,
ˈsɝkjələdɪv

circulator
BR ˈsəːkjʊleɪtə(r), -z
AM ˈsɝkjəˌleɪdər, -z

circulatory
BR ˈsəːkjʊlətri,
ˌsəːkjʊˈleɪt(ə)ri
AM ˈsɝkjələˌtɔri

circumambience
BR ˌsəːkəmˈambɪəns
AM ˌsɝkəmˈæmbɪəns

circumambiency
BR ˌsəːkəmˈambɪənsi
AM ˌsɝkəmˈæmbɪənsi

circumambient
BR ˌsəːkəmˈæmbiənt
AM ˌsɚrkəmˈæmbiənt

circumambulate
BR ˌsəːkəmˈæmbjʉleɪt, -s, -ɪŋ, -ɪd
AM ˌsɚrkəmˈæmbjəˌleɪ|t, -ts, -dɪŋ, -dɪd

circumambulation
BR ˌsəːkəmˌæmbjʉˈleɪʃn, -z
AM ˌsɚrkəmˌæmbjəˈleɪʃ(ə)n, -z

circumambulatory
BR ˌsəːkəmˈæmbjʉlət(ə)ri
AM ˌsɚrkəmˈæmbjələˌtɔri

circumcircle
BR ˈsəːkəmˌsəːkl, -z
AM ˈsɚrkəmˌsɚrk(ə)l, -z

circumcise
BR ˈsəːkəmsʌɪz, -ɪz, -ɪŋ, -d
AM ˈsɚrkəmˌsaɪz, -ɪz, -ɪŋ, -d

circumcision
BR ˌsəːkəmˈsɪʒn, -z
AM ˌsɚrkəmˈsɪʒ(ə)n, -z

circumference
BR səˈkʌmf(ə)rns, -ɪz
AM sɚrˈkʌmf(ə)r(ə)ns, -əz

circumferential
BR səˌkʌmfəˈrenʃl
AM sɚrˌkəmfəˈren(t)ʃ(ə)l

circumferentially
BR səˌkʌmfəˈrenʃli
AM sɚrˌkəmfəˈren(t)ʃəli

circumflex
BR ˈsəːkəmfleks, -ɪz
AM ˈsɚrkəmˌfleks, -əz

circumfluence
BR səˈkʌmfluəns
AM sɚrˈkəmfluəns

circumfluent
BR səˈkʌmfluənt
AM sɚrˈkəmfləw(ə)nt

circumfuse
BR ˈsəːkəmfjuːz, -ɪz
AM ˈsɚrkəmˌfjuz, -əz

circumjacent
BR ˌsəːkəmˈdʒeɪsnt
AM ˌsɚrkəmˈdʒeɪs(ə)nt

circumlittoral
BR ˌsəːkəmˈlɪt(ə)rl
AM ˌsɚrkəmˈlɪdər(ə)l

circumlocution
BR ˌsəːkəmləˈkjuːʃn, -z
AM ˌsɚrkəmˌloʊˈkjuʃ(ə)n, -z

circumlocutional
BR ˌsəːkəmləˈkjuːʃn̩l
AM ˌsɚrkəmˌloʊˈkjuʃən(ə)l, ˌsɚrkəmˌloʊˈkjuʃn(ə)l

circumlocutionary
BR ˌsəːkəmləˈkjuːʃn(ə)ri
AM ˌsɚrkəmˌloʊˈkjuʃəˌneri

circumlocutionist
BR ˌsəːkəmləˈkjuːʃn̩ɪst, -s
AM ˌsɚrkəmˌloʊˈkjuʃ(ə)nəst, -s

circumlocutory
BR ˌsəːkəmləˈkjuːt(ə)ri
AM ˌsɚrkəmˈlɑkjəˌtɔri

circumlunar
BR ˌsəːkəmˈl(j)uːnə(r)
AM ˌsɚrkəmˈlunɚr

circumnavigate
BR ˌsəːkəmˈnavɪgeɪt, -s, -ɪŋ, -ɪd
AM ˌsɚrkəmˈnævəˌgeɪ|t, -ts, -dɪŋ, -dɪd

circumnavigation
BR ˌsəːkəmˌnavɪˈgeɪʃn, -z
AM ˌsɚrkəmˌnævəˈgeɪʃ(ə)n, -z

circumnavigator
BR ˌsəːkəmˈnavɪgeɪtə(r), -z
AM ˌsɚrkəmˈnævəˌgeɪdɚr, -z

circumpolar
BR ˌsəːkəmˈpəʊlə(r)
AM ˌsɚrkəmˈpoʊlɚr

circumscribable
BR ˈsəːkəmskrʌɪbəbl, ˌsəːkəmˈskrʌɪbəbl
AM ˌsɚrkəmˈskraɪbəb(ə)l

circumscribe
BR ˈsəːkəmskrʌɪb, -z, -ɪŋ, -d
AM ˈsɚrkəmˌskraɪb, -z, -ɪŋ, -d

circumscriber
BR ˈsəːkəmskrʌɪbə(r), -z
AM ˈsɚrkəmˌskraɪbɚr, -z

circumscription
BR ˌsəːkəmˈskrɪpʃn, -z
AM ˌsɚrkəmˈskrɪpʃ(ə)n, -z

circumsolar
BR ˌsəːkəmˈsəʊlə(r)
AM ˌsɚrkəmˈsoʊlɚr

circumspect
BR ˈsəːkəmspekt
AM ˈsɚrkəmˌspek(t)

circumspection
BR ˌsəːkəmˈspekʃn
AM ˌsɚrkəmˈspekʃ(ə)n

circumspectly
BR ˈsəːkəmspektli
AM ˈsɚrkəmˌspek(t)li

circumspectness
BR ˈsəːkəmspek(t)nəs
AM ˈsɚrkəmˌspek(t)nəs

circumstance
BR ˈsəːkəmst(ɑː)ns, -ɪz, -t
AM ˈsɚrkəmˌstæns, -əz, -t

circumstantial
BR ˌsəːkəmˈstanʃl
AM ˌsɚrkəmˈstæn(t)ʃ(ə)l

circumstantiality
BR ˌsəːkəmˌstanʃɪˈalɪti
AM ˌsɚrkəmˌstæn(t)ʃiˈælədi

circumstantially
BR ˌsəːkəmˈstanʃli
AM ˌsɚrkəmˈstæn(t)ʃəli

circumstantiate
BR ˌsəːkəmˈstanʃieɪt, -s, -ɪŋ, -ɪd
AM ˌsɚrkəmˈstæn(t)ʃiˌeɪ|t, -ts, -dɪŋ, -dɪd

circumterrestrial
BR ˌsəːkəmtɪˈrestrɪəl
AM ˌsɚrkəmtəˈrestʃ(ə)l, ˌsɚrkəmtəˈrestrɪəl

circumvallate
BR ˌsəːəmˈvaleɪt, -s, -ɪŋ, -ɪd
AM ˌsɚrkəmˈvæˌleɪ|t, -ts, -dɪŋ, -dɪd

circumvallation
BR ˌsəːkəmvaˈleɪʃn, -z
AM ˌsɚrkəmvæˈleɪʃ(ə)n, -z

circumvent
BR ˌsəːkəmˈvent, ˈsəːkəmvent, -s, -ɪŋ, -ɪd
AM ˈsɚrkəmˌven|t, -ts, -(t)ɪŋ, -(t)əd

circumvention
BR ˌsəːkəmˈvenʃn, -z
AM ˌsɚrkəmˈven(t)ʃ(ə)n, -z

circumvolution
BR ˌsəːkəmvəˈl(j)uːʃn, -z
AM ˌsɚrkəmvəˈluʃ(ə)n, -z

circus
BR ˈsəːkəs, -ɪz
AM ˈsɚrkəs, -əz

ciré
BR ˈsiːreɪ
AM səˈreɪ
FR siʀe

Cirencester
BR ˈsʌɪrnˌsestə(r), ˈsɪsɪtə(r)
AM ˈsaɪrenˌsestɚr

cire perdue
BR ˌsɪə pəːˈdjuː
AM ˈsir ˌpɚrˈd(j)u
FR siʀ pɛʀdy

cirque
BR səːk, -s
AM sɚrk, -s
FR siʀk

cirrhosis
BR sɪˈrəʊsɪs
AM səˈroʊsəs

cirrhotic
BR sɪˈrɒtɪk
AM səˈrɑdɪk

cirri
BR ˈsɪrʌɪ
AM ˈsɪˌraɪ

cirriped
BR ˈsɪrɪpɛd, -z
AM ˈsɪrəˌpɛd, -z

cirrocumulus
BR ˌsɪrə(ʊ)-
  ˈkjuːmjʉləs
AM ˌsɪroʊˈkjumjələs

cirrose
BR ˈsɪrəʊs
AM ˈsɪroʊs

cirrostratus
BR ˌsɪrə(ʊ)ˈstrɑːtəs,
  ˌsɪrə(ʊ)ˈstreɪtəs
AM ˌsɪroʊˈstreɪdəs,
  ˌsɪroʊˈstrædəs

cirrous
BR ˈsɪrəs
AM ˈsɪrəs

cirrus
BR ˈsɪrəs
AM ˈsɪrəs

cisalpine
BR (ˌ)sɪsˈalpʌɪn
AM sɪsˈælpaɪn

cisatlantic
BR ˌsɪsətˈlantɪk
AM ˌsɪsətˈlæn(t)ɪk

cisco
BR ˈsɪskəʊ, -z
AM ˈsɪskoʊ, -z

Ciskei
BR ˌsɪsˈkʌɪ, ˈsɪskʌɪ
AM ˈsɪsˌkaɪ

cislunar
BR ˌsɪsˈl(j)uːnə(r)
AM sɪsˈlunər

cispontine
BR ˌsɪsˈpɒntʌɪn
AM sɪsˈpɑnˌtaɪn,
  sɪsˈpɑnˌtin

Cissie
BR ˈsɪsi
AM ˈsɪsi

cissoid
BR ˈsɪsɔɪd, -z
AM ˈsɪsɔɪd, -z

Cissy
BR ˈsɪsi
AM ˈsɪsi

cist
BR sɪst, -s
AM sɪst, -s

Cistercian
BR sɪˈstəːʃn, -z
AM sɪˈstərʃ(ə)n, -z

cistern
BR ˈsɪst(ə)n, -z
AM ˈsɪstərn, -z

cistron
BR ˈsɪstrɒn, -z
AM ˈsɪsˌtrɑn, -z

cistus
BR ˈsɪstəs
AM ˈsɪstəs

citable
BR ˈsʌɪtəbl
AM ˈsaɪdəb(ə)l

citadel
BR ˈsɪtəd(ɛ)l, -z
AM ˈsɪdəˌdɛl,
  ˈsɪdəd(ə)l, -z

citation
BR sʌɪˈteɪʃn, -z
AM saɪˈteɪʃ(ə)n, -z

citatory
BR sʌɪˈteɪt(ə)ri,
  ˈsʌɪtətri
AM ˈsaɪdəˌtɔri

cite
BR sʌɪt, -s, -ɪŋ,
  -ɪd
AM saɪ|t, -ts, -dɪŋ,
  -dɪd

CITES
BR ˈsʌɪtiːz
AM ˈsaɪdiz

cithara
BR ˈsɪθ(ə)rə(r), -z
AM ˈsɪθ(ə)rə, -z

cither
BR ˈsɪθə(r), -z
AM ˈsɪθər, -z

Citibank
BR ˈsɪtɪbaŋk
AM ˈsɪdiˌbæŋk

Citicorp
BR ˈsɪtɪkɔːp
AM ˈsɪdiˌkɔ(ə)rp

citify
BR ˈsɪtɪfʌɪ, -z, -ɪŋ, -d
AM ˈsɪdɪˌfaɪ, -z, -ɪŋ, -d

citizen
BR ˈsɪtɪzn, -z
AM ˈsɪdɪs(ə)n,
  ˈsɪdɪz(ə)n, -z

citizenhood
BR ˈsɪtɪznhʊd
AM ˈsɪdɪsənˌ(h)ʊd,
  ˈsɪdɪzənˌ(h)ʊd

citizenly
BR ˈsɪtɪznli
AM ˈsɪdɪsṇli,
  ˈsɪdɪzṇli

citizenry
BR ˈsɪtɪznri
AM ˈsɪdɪsṇri,
  ˈsɪdɪzṇri

citizenship
BR ˈsɪtɪznʃɪp
AM ˈsɪdɪsənˌʃɪp,
  ˈsɪdɪzənˌʃɪp

citole
BR ˈsɪtəʊl, -z
AM ˈsɪˌtoʊl, -z

citral
BR ˈsɪtr(a)l
AM ˈsɪtr(ə)l

citrate
BR ˈsɪtreɪt, -s
AM ˈsɪˌtreɪt, -s

citric
BR ˈsɪtrɪk
AM ˈsɪtrɪk

citrin
BR ˈsɪtrɪn
AM ˈsɪtr(ə)n

citrine
BR ˈsɪtriːn, ˈsɪtrɪn
AM ˈsɪtr(ə)n,
  ˈsɪtraɪn, ˈsɪtrin

Citroën
BR ˈsɪtrəʊən,
  ˈsɪtr(ə)n, -z
AM ˈsɪtr(ə)n, -z

citron
BR ˈsɪtr(ə)n, -z
AM ˈsɪtr(ə)n, -z

citronella
BR ˌsɪtrəˈnɛlə(r)
AM ˌsɪtrəˈnɛlə

citrous
BR ˈsɪtrəs
AM ˈsɪtrəs

citrus
BR ˈsɪtrəs
AM ˈsɪtrəs

cittern
BR ˈsɪtəːn, -z
AM ˈsɪdərn, -z

city
BR ˈsɪt|i, -ɪz
AM ˈsɪdi, -z

cityfied
BR ˈsɪtɪfʌɪd
AM ˈsɪdɪfaɪd

cityscape
BR ˈsɪtɪskeɪp, -s
AM ˈsɪdiˌskeɪp,
  -s

cityward
BR ˈsɪtɪwəd, -z
AM ˈsɪdiˌwərd, -z

Ciudad
BR θjuːˈdad,
  θjʊˈdad,
  ˌθɪuːˈdad,
  θjuːˈdɑːd,
  θjʊˈdɑːd,
  ˌθɪuːˈdɑːd
AM ˈsiuˌdæd

civet
BR ˈsɪvɪt, -s
AM ˈsɪvət, -s

civic
BR ˈsɪvɪk, -s
AM ˈsɪvɪk, -s

civically
BR ˈsɪvɪkli
AM ˈsɪvɪk(ə)li

civies
BR ˈsɪvɪz
AM ˈsɪvɪz

civil
BR ˈsɪvl
AM ˈsɪvɫ

civilian
BR sɪˈvɪlɪən, -z
AM səˈvɪliən,
  səˈvɪlj(ə)n, -z

civilianisation
BR sɪˌvɪljənʌɪˈzeɪʃn
AM səˌvɪljəˌnaɪ-
ˈzeɪʃ(ə)n,
səˌvɪljənəˈzeɪʃ(ə)n

civilianise
BR sɪˈvɪljənʌɪz, -ɪz,
-ɪŋ, -d
AM səˈvɪljəˌnaɪz, -ɪz,
-ɪŋ, -d

civilianization
BR sɪˌvɪljənʌɪˈzeɪʃn
AM səˌvɪljəˌnaɪ-
ˈzeɪʃ(ə)n,
səˌvɪljənəˈzeɪʃ(ə)n

civilianize
BR sɪˈvɪljənʌɪz, -ɪz,
-ɪŋ, -d
AM səˈvɪljəˌnaɪz, -ɪz,
-ɪŋ, -d

civilisable
BR ˈsɪvlʌɪzəbl,
ˈsɪvɨlʌɪzəbl
AM ˈsɪvəˌlaɪzəb(ə)l

civilisation
BR ˌsɪvlʌɪˈzeɪʃn,
ˌsɪvɨlʌɪˈzeɪʃn, -z
AM ˌsɪvəˌlaɪˈzeɪʃ(ə)n,
ˌsɪvələˈzeɪʃ(ə)n,
-z

civilise
BR ˈsɪvlʌɪz, ˈsɪvɨlʌɪz,
-ɪz, -ɪŋ, -d
AM ˈsɪvəˌlaɪz, -ɪz, -ɪŋ,
-d

civiliser
BR ˈsɪvlʌɪzə(r),
ˈsɪvɨlʌɪzə(r), -z
AM ˈsɪvəˌlaɪzər,
-z

civility
BR sɪˈvɪlɪt|i, -ɪz
AM səˈvɪlɨdi, -z

civilizable
BR ˈsɪvlʌɪzəbl,
ˈsɪvɨlʌɪzəbl
AM ˈsɪvəˌlaɪzəb(ə)l

civilization
BR ˌsɪvlʌɪˈzeɪʃn,
ˌsɪvɨlʌɪˈzeɪʃn, -z
AM ˌsɪvəˌlaɪˈzeɪʃ(ə)n,
ˌsɪvələˈzeɪʃ(ə)n, -z

civilize
BR ˈsɪvlʌɪz, ˈsɪvɨlʌɪz,
-ɪz, -ɪŋ, -d
AM ˈsɪvəˌlaɪz, -ɪz,
-ɪŋ, -d

civilizer
BR ˈsɪvlʌɪzə(r),
ˈsɪvɨlʌɪzə(r), -z
AM ˈsɪvəˌlaɪzər, -z

civilly
BR ˈsɪvli, ˈsɪvɨli
AM ˈsɪvɨ(l)li

civvies
BR ˈsɪvɪz
AM ˈsɪviz

civvy
BR ˈsɪv|i, -ɪz
AM ˈsɪvi, -z

clachan
BR ˈklax(ə)n,
ˈklak(ə)n
AM ˈklæk(ə)n

clack
BR klak, -s, -ɪŋ, -t
AM klæk, -s, -ɪŋ, -t

clacker
BR ˈklakə(r), -z
AM ˈklækər, -z

Clackmannan
BR klakˈmanən
AM klækˈmæn(ə)n

Clacton
BR ˈklakt(ə)n
AM ˈklæktn, ˈklækdən

clad
BR klad
AM klæd

clade
BR kleɪd, -z
AM kleɪd, -z

cladism
BR ˈkleɪdɪzm
AM ˈkleɪˌdɪz(ə)m

cladistics
BR klaˈdɪstɪks
AM kləˈdɪstɪks

cladode
BR ˈkleɪdəʊd, -z
AM ˈklæˌdoʊd, -z

Claiborne
BR ˈkleɪbɔːn
AM ˈkleɪˌbɔ(ə)rn

claim
BR kleɪm, -z, -ɪŋ, -d
AM kleɪm, -z,
-ɪŋ, -d

claimable
BR ˈkleɪməbl
AM ˈkleɪməb(ə)l

claimant
BR ˈkleɪm(ə)nt, -s
AM ˈkleɪm(ə)nt, -s

claimer
BR ˈkleɪmə(r), -z
AM ˈkleɪmər, -z

Clair
BR ˈklɛː(r)
AM klɛ(ə)r

clairaudience
BR ˌklɛːrˈɔːdɪəns
AM ˌklɛˈrɑdiəns,
ˌklɛˈrɔdiəns

clairaudient
BR ˌklɛːrˈɔːdɪənt, -s
AM ˌklɛˈrɑdiənt,
ˌklɛˈrɔdiənt, -s

Claire
BR ˈklɛː(r)
AM klɛ(ə)r

clairvoyance
BR klɛːˈvɔɪəns
AM ˌklɛrˈvɔɪəns

clairvoyant
BR klɛːˈvɔɪənt, -s
AM ˌklɛrˈvɔɪənt, -s

clairvoyantly
BR klɛːˈvɔɪəntli
AM ˌklɛrˈvɔɪən(t)li

clam
BR klam, -z,
-ɪŋ, -d
AM klæm, -z,
-ɪŋ, -d

clamant
BR ˈkleɪm(ə)nt,
ˈklam(ə)nt
AM ˈkleɪm(ə)nt

clamantly
BR ˈkleɪm(ə)ntli,
ˈklam(ə)ntli
AM ˈkleɪmən(t)li

clambake
BR ˈklambeɪk, -s
AM ˈklæmˌbeɪk, -s

clamber
BR ˈklamb|ə(r), -əz,
-(ə)rɪŋ, -əd
AM ˈklæmbər, -z,
-ɪŋ, -d

clammily
BR ˈklamɪli
AM ˈklæməli

clamminess
BR ˈklamɪnɪs
AM ˈklæmɪnɪs

clammy
BR ˈklam|i, -ɪə(r),
-ɪɪst
AM ˈklæmi, -ər, -ɪst

clamor
BR ˈklam|ə(r), -əz,
-(ə)rɪŋ, -əd
AM ˈklæmər, -z, -ɪŋ,
-d

clamorous
BR ˈklam(ə)rəs
AM ˈklæmərəs

clamorously
BR ˈklam(ə)rəsli
AM ˈklæm(ə)rəsli

clamorousness
BR ˈklam(ə)rəsnəs
AM ˈklæm(ə)rəsnəs

clamour
BR ˈklam|ə(r), -əz,
-(ə)rɪŋ, -əd
AM ˈklæmər, -z, -ɪŋ,
-d

clamp
BR klamp, -s, -ɪŋ, -t
AM klæmp, -s, -ɪŋ, -t

clampdown
BR ˈklampdaʊn, -z
AM ˈklæmpˌdaʊn, -z

clamshell
BR ˈklamʃɛl, -z
AM ˈklæmˌʃɛl, -z

clan
BR klan, -z
AM klæn, -z

Clancarty
BR klanˈkɑːti
AM klænˈkɑrdi

Clancey
BR ˈklansi
AM ˈklænsi

Clancy
BR ˈklansi
AM ˈklænsi

clandestine
BR klanˈdɛstɪn,
klanˈdɛstʌɪn,
ˈklandɪstɪn,
ˈklandɪstʌɪn
AM ˈklændəsˌtin,
klænˈdɛst(ə)n

clandestinely
BR klanˈdɛstɪnli,
klanˈdɛstʌɪnli,
ˈklandɪstɪnli,
ˈklandɪstʌɪnli
AM ˈklændəsˌtinli,
klænˈdɛstənli

clandestinity
BR ˌklandɛˈstɪnɪti,
ˌklandɪˈstɪnɪti
AM ˌklændɛsˈtɪnɪdi

clang
BR klaŋ, -z,
-ɪŋ, -d
AM klæŋ, -z,
-ɪŋ, -d

clanger
BR ˈklaŋə(r), -z
AM ˈklæŋər, -z

clangor
BR ˈklaŋgə(r)
AM ˈklæŋər

clangorous
BR ˈklaŋg(ə)rəs
AM ˈklæŋərəs

clangorously
BR ˈklaŋg(ə)rəsli
AM ˈklæŋərəsli

clangour
BR ˈklaŋgə(r)
AM ˈklæŋər

clangourous
BR ˈklaŋg(ə)rəs
AM ˈklæŋərəs

clangourously
BR ˈklaŋg(ə)rəsli
AM ˈklæŋərəsli

clank
BR klaŋ|k, -ks, -kɪŋ,
-(k)t
AM klæŋ|k, -ks, -kɪŋ,
-(k)t

clankingly
BR ˈklaŋkɪŋli
AM ˈklæŋkɪŋli

clannish
BR ˈklanɪʃ
AM ˈklænɪʃ

clannishly
BR ˈklanɪʃli
AM ˈklænɪʃli

clannishness
BR ˈklanɪʃnɪs
AM ˈklænɪʃnɪs

clanship
BR ˈklanʃɪp
AM ˈklænˌʃɪp

clansman
BR ˈklanzmən
AM ˈklænzm(ə)n

clansmen
BR ˈklanzmən
AM ˈklænzm(ə)n

clanswoman
BR ˈklanzˌwʊmən
AM ˈklænzˌwʊm(ə)n

clanswomen
BR ˈklanzˌwɪmɪn
AM ˈklænzˌwɪmɪn

clap
BR klap, -s, -ɪŋ, -t
AM klæp, -s,
-ɪŋ, -t

clapboard
BR ˈklapbɔːd
AM ˈklæbərd,
ˈklæpˌbɔ(ə)rd

Clapham
BR ˈklap(ə)m
AM ˈklæp(ə)m

clapper
BR ˈklapə(r), -z
AM ˈklæpər, -z

clapperboard
BR ˈklapəbɔːd, -z
AM ˈklæpərˌbɔ(ə)rd,
-z

Clapton
BR ˈklapt(ə)n
AM ˈklæptn,
ˈklæpdən

claptrap
BR ˈklaptrap
AM ˈklæpˌtræp

claque
BR klak, -s
AM klæk, -s
FR klak

claqueur
BR ˈklakə(r), -z
AM ˈklæˌkər, -z
FR klakœʀ

Clara
BR ˈklɛːrə(r)
AM ˈklɛrə

Clarabella
BR ˌklarəˈbɛlə(r), -z
AM ˌklɛrəˈbɛlə, -z

Clarabelle
BR ˈklarəbɛl, -z
AM ˈklɛrəˌbɛl, -z

Clare
BR klɛː(r)
AM klɛ(ə)r

Claremont
BR ˈklɛːm(ɒ)nt
AM ˈklɛrˌmɑnt

clarence
BR ˈklarn̩s, -ɪz
AM ˈklɛr(ə)ns, -əz

Clarenceux
BR ˈklarn̩s(j)uː,
ˈklarn̩səʊ
AM ˌklɛrənˈsoʊ

Clarendon
BR ˈklarn̩dən
AM ˈklɛrənd(ə)n

claret
BR ˈklarət, -s
AM ˈklɛrət, -s

Clarges
BR ˈklɑːdʒɪz
AM ˈklɑrdʒəs

Clarice
BR ˈklarɪs
AM kləˈris, ˈklɛrɪs

Claridge's
BR ˈklarɪdʒɪz
AM ˈklɛrɪdʒɪz

clarification
BR ˌklarɪfɪˈkeɪʃn
AM ˌklɛrəfəˈkeɪʃn

clarificatory
BR ˌklarɪfɪˈkeɪt(ə)ri,
ˈklarɪfɪkətri
AM ˈklɛrəfəkəˌtɔri

clarifier
BR ˈklarɪfʌɪə(r), -z
AM ˈklɛrəˌfaɪər, -z

clarify
BR ˈklarɪfʌɪ, -z, -ɪŋ, -d
AM ˈklɛrəˌfaɪ, -z, -ɪŋ,
-d

Clarinda
BR kləˈrɪndə(r)
AM kləˈrɪndə

clarinet
BR ˌklarɪˈnɛt, -s
AM ˌklɛrəˈnɛt, -s

clarinetist
BR ˌklarɪˈnɛtɪst, -s
AM ˌklɛrəˈnɛdəst, -s

clarinettist
BR ˌklarɪˈnɛtɪst, -s
AM ˌklɛrəˈnɛdəst, -s

clarion
BR ˈklarɪən, -z
AM ˈklɛrɪən, -z

Clarissa
BR kləˈrɪsə(r)
AM kləˈrɪsə

clarity
BR ˈklarɪti
AM ˈklɛrədi

Clark
BR klɑːk
AM klɑrk

Clarke
BR klɑːk
AM klɑrk

clarkia
BR ˈklɑːkɪə(r), -z
AM ˈklɑrkɪə, -z

Clarkson
BR ˈklɑːksn
AM ˈklɑrks(ə)n

Clarrie
BR ˈklari
AM ˈklɛri

clart
BR klɑːt, -s
AM klɑrt, -s

clarty
BR ˈklɑːti
AM ˈklɑrdi

clary
BR ˈklɛːr|i, -ɪz
AM ˈklɛri, -z

clash
BR klaʃ, -ɪz, -ɪŋ, -t
AM klæʃ, -əz, -ɪŋ, -t

clasher
BR ˈklaʃə(r), -z
AM ˈklæʃər, -z

clasp
BR klɑːsp, -s, -ɪŋ, -t
AM klæsp, -s, -ɪŋ, -t

clasper
BR ˈklɑːspə(r), -z
AM ˈklæspər, -z

class
BR klɑːs, -ɪz, -ɪŋ, -t
AM klæs, -əz, -ɪŋ, -t

classable
BR ˈklɑːsəbl
AM ˈklæsəb(ə)l

classic
BR ˈklasɪk, -s
AM ˈklæsɪk, -s

classical
BR ˈklasɪkl
AM ˈklæsək(ə)l

classicalism
BR ˈklasɪkl̩ɪzm
AM ˈklæsəkəˌlɪz(ə)m

classicalist
BR ˈklasɪkl̩ɪst, -s
AM ˈklæsəkələst, -s

classicality
BR ˌklasɪˈkalɪti
AM ˌklæsəˈkælədi

classically
BR ˈklasɪkl̩i, ˈklasɪkli
AM ˈklæsək(ə)li

classicalness
BR ˈklasɪklnəs
AM ˈklæsəkəlnəs

classicise
BR ˈklasɪsʌɪz, -ɪz, -ɪŋ, -d
AM ˈklæsəˌsaɪz, -ɪz, -ɪŋ, -d

classicism
BR ˈklasɪsɪzm, -z
AM ˈklæsəˌsɪz(ə)m, -z

classicist
BR ˈklasɪsɪst, -s
AM ˈklæsəsəst, -s

classicize
BR ˈklasɪsʌɪz, -ɪz, -ɪŋ, -d
AM ˈklæsəˌsaɪz, -ɪz, -ɪŋ, -d

classicus
BR ˈklasɪkəs
AM ˈklæsəkəs

classifiable
BR ˈklasɪfʌɪəbl
AM ˌklæsəˈfaɪəb(ə)l

classifiably
BR ˈklasɪfʌɪəbli
AM ˌklæsəˈfaɪəbli

classification
BR ˌklasɪfɪˈkeɪʃn, -z
AM ˌklæsəfəˈkeɪʃ(ə)n, -z

classificatory
BR ˌklasɪfɪˈkeɪt(ə)ri, ˈklasɪfɪkət(ə)ri
AM ˈklæsəfəkəˌtɔri

classifieds
BR ˈklasɪfʌɪdz
AM ˈklæsəˌfaɪdz

classifier
BR ˈklasɪfʌɪə(r), -z
AM ˈklæsəˌfaɪər, -z

classify
BR ˈklasɪfʌɪ, -z, -ɪŋ, -d
AM ˈklæsəˌfaɪ, -z, -ɪŋ, -d

classily
BR ˈklɑːsɪli
AM ˈklæsəli

classiness
BR ˈklɑːsɪnɪs
AM ˈklæsɪnɪs

classism
BR ˈklɑːsɪzm
AM ˈklæˌsɪz(ə)m

classist
BR ˈklɑːsɪst, -s
AM ˈklæsəst, -s

classless
BR ˈklɑːsləs
AM ˈklæsləs

classlessness
BR ˈklɑːsləsnəs
AM ˈklæsləsnəs

classmate
BR ˈklɑːsmeɪt, -s
AM ˈklæsˌmeɪt, -s

classroom
BR ˈklɑːsruːm, ˈklɑːsrʊm, -z
AM ˈklæsˌrʊm, ˈklæsˌrum, -z

classy
BR ˈklɑːs|i, -ɪə(r), -ɪɪst
AM ˈklæsi, -ər, -ɪst

clastic
BR ˈklastɪk
AM ˈklæstɪk

clathrate
BR ˈklaθreɪt, -s
AM ˈklæθˌreɪt, -s

clatter
BR ˈklat|ə(r), -əz, -(ə)rɪŋ, -əd
AM ˈklædər, -z, -ɪŋ, -d

Claud
BR klɔːd
AM klɑd, klɔd

Claude
BR klɔːd
AM klɑd, klɔd

Claudette
BR (ˌ)klɔːˈdɛt
AM ˌklɑˈdɛt, ˌklɔˈdɛt

Claudia
BR ˈklɔːdɪə(r)
AM ˈklɑdɪə, ˈklɔdɪə

Claudian
BR ˈklɔːdɪən
AM ˈklɑdɪən, ˈklɔdɪən

claudication
BR ˌklɔːdɪˈkeɪʃn
AM ˌklɑdəˈkeɪʃ(ə)n, ˌklɔdəˈkeɪʃ(ə)n

Claudine
BR (ˌ)klɔːˈdiːn, ˈklɔːdiːn
AM ˌklɑˈdin, ˌklɔˈdin

Claudius
BR ˈklɔːdɪəs
AM ˈklɑdɪəs, ˈklɔdɪəs

clausal
BR ˈklɔːzl
AM ˈklɑz(ə)l, ˈklɔz(ə)l

clausally
BR ˈklɔːzli
AM ˈklɑzəli, ˈklɔzəli

clause
BR klɔːz, -ɪz
AM klɑz, klɔz, -əz

Clausewitz
BR ˈklaʊzəvɪts
AM ˈklaʊzəˌvɪts

claustral
BR ˈklɔːstr(ə)l
AM ˈklɑstr(ə)l, ˈklɔstr(ə)l

claustrophobe
BR ˈklɔːstrəfəʊb, ˈklɒstrəfəʊb, -z
AM ˈklɑstrəˌfoʊb, ˈklɔstrəˌfoʊb, -z

claustrophobia
BR ˌklɔːstrəˈfəʊbɪə(r), ˌklɒstrəˈfəʊbɪə(r)
AM ˌklɑstrəˈfoʊbɪə, ˌklɔstrəˈfoʊbɪə

claustrophobic
BR ˌklɔːstrəˈfəʊbɪk, ˌklɒstrəˈfəʊbɪk
AM ˌklɑstrəˈfoʊbɪk, ˌklɔstrəˈfoʊbɪk

claustrophobically
BR ˌklɔːstrəˈfəʊbɪkli, ˌklɒstrəˈfəʊbɪkli
AM ˌklɑstrəˈfoʊbək(ə)li, ˌklɔstrəˈfoʊbək(ə)li

clavate
BR ˈkleɪveɪt
AM ˈkleɪˌveɪt

clave
BR kleɪv, -z
AM kleɪv, -z

Claverhouse
BR ˈkleɪvəhaʊs
AM ˈkleɪvərˌ(h)aʊs

Clavering
BR ˈkleɪv(ə)rɪŋ, ˈklav(ə)rɪŋ
AM ˈklævərɪŋ, ˈkleɪvərɪŋ

Claverton
BR ˈklavət(ə)n
AM ˈklævərtn, ˈklævərdən

clavicembalo
BR ˌklavɪˈtʃembələʊ, -z
AM ˌklævəˈtʃembəloʊ, -z

clavichord
BR ˈklavɪkɔːd, -z
AM ˈklævəˌkɔ(ə)rd, -z

clavicle
BR ˈklavɪkl, -z
AM ˈklævək(ə)l, -z

clavicular
BR kləˈvɪkjʉlə(r)
AM kləˈvɪkjələr

clavier
BR kləˈvɪə(r), ˈklavɪə(r), -z
AM kləˈvɪ(ə)r, -z

claviform
BR ˈklavɪfɔːm
AM ˈklævəˌfɔ(ə)rm

claw
BR klɔː(r), -z, -ɪŋ, -d
AM klɑ, klɔ, -z, -ɪŋ, -d

clawback
BR ˈklɔːbak, -s
AM ˈklɑˌbæk, ˈklɔˌbæk, -s

clawer
BR ˈklɔː(r)ə(r), -z
AM ˈklɑər, ˈklɔər, -z

clawless
BR ˈklɔːləs
AM ˈklɑləs, ˈklɔləs

clay
BR kleɪ, -z
AM kleɪ, -z

clayey
BR ˈkleɪi
AM ˈkleɪi

clayiness
BR ˈkleɪɪnɪs
AM ˈkleɪɪnɪs

clayish
BR ˈkleɪɪʃ
AM ˈkleɪɪʃ

claylike
BR ˈkleɪlʌɪk
AM ˈkleɪˌlaɪk

claymore
BR ˈkleɪmɔː(r), -z
AM ˈkleɪˌmɔ(ə)r, -z

claypan
BR ˈkleɪpan, -z
AM ˈkleɪˌpæn, -z

Clayton
BR ˈkleɪtn
AM ˈkleɪtn

clean
BR kliːn, -z, -ɪŋ, -d, -ə(r), -ɪst
AM klin, -z, -ɪŋ, -d, -ər, -ɪst

cleanable
BR ˈkliːnəbl
AM ˈklinəb(ə)l

cleaner
BR ˈkliːnə(r), -z
AM ˈklinər, -z

cleanish
BR ˈkliːnɪʃ
AM ˈklinɪʃ

cleanlily
BR ˈklɛnlɪli
AM ˈklɛnlɪli

cleanliness
BR ˈklɛnlɪnɪs
AM ˈklɛnlɪnɪs

cleanly[1] *adjective*
BR ˈklɛnl|i, -ɪə(r), -ɪɪst
AM ˈklɛnli, -ər, -ɪst

cleanly[2] *adverb*
BR ˈkliːnli
AM ˈklinli

cleanse
BR klɛnz, -ɪz, -ɪŋ, -d
AM klɛnz, -əz, -ɪŋ, -d

cleanser
BR ˈklɛnzə(r), -z
AM ˈklɛnzər, -z

cleanskin
BR ˈkliːnskɪn, -z
AM ˈklinˌskɪn, -z

Cleanthes
BR klɪˈanθiːz
AM kliˈænθiz

cleanup
BR ˈkliːnʌp, -s
AM ˈklinˌəp, -s

clear
BR ˈklɪə(r), -z, -ɪŋ, -d, -ə(r), -ɪst
AM ˈkli(ə)r, -z, -ɪŋ, -d, -ər, -ɪst

clearable
BR ˈklɪərəbl
AM ˈklɪrəb(ə)l

clearance
BR ˈklɪərn̩s, -ɪz
AM ˈklɪr(ə)ns, -əz

Clearasil
BR ˈklɪərəsɪl
AM ˈklɪrəˌsɪl

clearcole
BR ˈklɪəkəʊl
AM ˈklɪrˌkoʊl

clearer
BR ˈklɪərə(r), -z
AM ˈklɪrər, -z

clearing
BR ˈklɪərɪŋ, -z
AM ˈklɪrɪŋ, -z

clearinghouse
BR ˈklɪərɪŋhaʊ|s, -zɪz
AM ˈklɪrɪŋˌ(h)aʊ|s, -əz

clearly
BR ˈklɪəli
AM ˈklɪrli

clearness
BR ˈklɪənəs
AM ˈklɪrnɪs

clearout
BR ˈklɪəraʊt, -s
AM ˈklɪrˌaʊt, -s

clearsighted
BR ˌklɪəˈsʌɪtɪd
AM ˌklɪrˈsaɪdɪd

clearsightedly
BR ˌklɪəˈsʌɪtɪdli
AM ˌklɪrˈsaɪdɪdli

clearsightedness
BR ˌklɪəˈsʌɪtɪdnɪs
AM ˌklɪrˈsaɪdɪdnɪs

clearstory
BR ˈklɪəˌstɔːr|i, ˈklɪəst(ə)r|i, -ɪz
AM ˈklɪrˌstɔri, -z

clearup
BR ˈklɪərʌp, -s
AM ˈklɪrˌəp, -s

clearway
BR ˈklɪəweɪ, -z
AM ˈklɪrˌweɪ, -z

Cleary
BR ˈklɪəri
AM ˈklɪri

cleat
BR kliːt, -s
AM klit, -s

cleavable
BR ˈkliːvəbl
AM ˈklivəb(ə)l

cleavage
BR ˈkliːv|ɪdʒ, -ɪdʒɪz
AM ˈklivɪdʒ, -ɪz

cleave
BR kliːv, -z, -ɪŋ, -d
AM kliv, -z, -ɪŋ, -d

cleaver
BR ˈkliːvə(r), -z
AM ˈklivər, -z

cleavers
BR ˈkliːvəz
AM ˈklivərz

Cleckheaton
BR (ˌ)klɛkˈhiːtn
AM klɛkˈhitn

Cleddau
BR ˈklɛðʌɪ
AM ˈklɛðaɪ
WE ˈklɛðaɪ

Cledwyn
BR ˈklɛdwɪn
AM ˈklɛdw(ə)n

cleek
BR kliːk, -s
AM klik, -s

Cleese
BR kliːz
AM ˈkliz

Cleethorpes
BR ˈkliːθɔːps
AM ˈkliθɔ(ə)rps

clef
BR klɛf, -s
AM klɛf, -s

cleft
BR klɛft, -s
AM klɛft, -s

cleg
BR klɛg, -z
AM klɛg, -z

Clegg
BR klɛg
AM klɛg

Cleisthenes
BR ˈklʌɪsθmiːz
AM ˈklaɪsθəˌniz

cleistogamic
BR ˌklʌɪstəˈgamɪk
AM ˌklaɪstəˈgæmɪk

cleistogamically
BR ˌklʌɪstəˈgamɪkli
AM ˌklaɪstəˈgæmək(ə)li

cleistogamy
BR klʌɪˈstɒgəmi
AM klaɪˈstɑgəmi

Cleland
BR ˈklɛlənd, ˈkliːlənd
AM ˈklɛlənd, ˈklilənd

Clem
BR klɛm
AM klɛm

clematis
BR ˈklɛmətɪs, klɪˈmeɪtɪs
AM kləˈmædəs, ˈklɛmədəs

Clemence
BR ˈklɛməns
AM ˈklɛm(ə)ns

clemency
BR ˈklɛm(ə)nsi
AM ˈklɛmənsi

Clemens
BR ˈklɛmənz
AM ˈklɛm(ə)ns

clement
BR ˈklɛm(ə)nt
AM ˈklɛm(ə)nt

Clementina
BR ˌklɛm(ə)nˈtiːnə(r)
AM ˌklɛmənˈtinə

clementine
BR ˈklɛm(ə)ntʌɪn, -z
AM ˈklɛmənˌtin, ˈklɛmənˌtaɪn, -z

clemently
BR ˈklɛm(ə)ntli
AM ˈklɛmən(t)li

Clements
BR ˈklɛm(ə)n(t)s
AM ˈklɛmən(t)s

Clemmie
BR ˈklɛmi
AM ˈklɛmi

clenbuterol
BR klɛnˈbjuːtərɒl
AM klɛnˈbjudəˌrɑl

clench
BR klɛn(t)ʃ, -ɪz, -ɪŋ, -t
AM klɛn(t)ʃ, -əz, -ɪŋ, -t

Cleo
BR ˈkliəʊ
AM ˈklioʊ

Cleobury[1] *placename*
BR ˈkliːb(ə)ri, ˈklɪb(ə)ri
AM ˈklibəri

Cleobury[2] *surname*
BR ˈkliːb(ə)ri, ˈkləʊb(ə)ri
AM ˈklibəri

Cleopatra
BR ˌkliːəˈpatrə(r), ˌkliːəˈpɑːtrə(r)
AM ˌkliəˈpætrə

clepsydra
BR ˈklɛpsɪdrə(r), klɛpˈsɪdrə(r), -z
AM ˈklɛpsədrə, -z

clerestory
BR ˈklɪəˌstɔːr|i, ˈklɪəst(ə)r|i, -ɪz
AM ˈklɪrˌstɔri, -z

clergy
BR ˈkləːdʒi
AM ˈklərdʒi

clergyman
BR ˈkləːdʒɪmən
AM ˈklərdʒɪm(ə)n

clergymen
BR ˈkləːdʒɪmən
AM ˈklərdʒɪm(ə)n

cleric
BR ˈklɛrɪk, -s
AM ˈklɛrɪk, -s

clerical
BR ˈklɛrɪkl, -z
AM ˈklɛrək(ə)l, -z

clericalism
BR ˈklɛrɪklɪzm
AM ˈklɛrəkəlˌɪz(ə)m

clericalist
BR ˈklɛrɪklɪst, -s
AM ˈklɛrəkələst, -s

clericality
BR ˌklɛrɪˈkalɪti
AM ˌklɛrəˈkælədi

clerically
BR ˈklɛrɪkli
AM ˈklɛrək(ə)li

clerihew
BR ˈklɛrɪhjuː, -z
AM ˈklɛrəˌhju, -z

clerisy
BR ˈklɛrɪsi
AM ˈklɛrəsi

clerk
BR klɑːk, -s, -ɪŋ, -t
AM klərk, -s, -ɪŋ, -t

clerkdom
BR ˈklɑːkdəm, -z
AM ˈklərkd(ə)m, -z

Clerkenwell
BR ˈklɑːk(ə)nw(ɛ)l
AM ˈklərkənˌwɛl

clerkess
BR ˈklɑːkɪs, ˈklɑːkɛs, ˌklɑːkˈɛs, -ɪz
AM ˈklərkəs, -əz

clerkish
BR ˈklɑːkɪʃ
AM ˈklərkɪʃ

clerkly
BR ˈklɑːkli
AM ˈklərkli

clerkship
BR ˈklɑːkʃɪp, -s
AM ˈklərkˌʃɪp, -s

Clermont
BR ˈklɛːmɒnt, ˈkləːmɒnt
AM ˈklɛrˌmɑnt

Clery
BR ˈklɪəri
AM ˈklɛri, ˈklɪri

Clevedon
BR ˈkliːvdən
AM ˈklivd(ə)n

Cleveland
BR ˈkliːvlənd
AM ˈklivlən(d)

clever
BR ˈklɛv|ə(r), -(ə)rə(r), -(ə)rɪst
AM ˈklɛvər, -ər, -əst

cleverly
BR ˈklɛvəli
AM ˈklɛvərli

cleverness
BR ˈklɛvənəs
AM ˈklɛvərnəs

clevis
BR ˈklɛv|ɪs, -ɪsɪz
AM ˈklɛvəs, -ɪz

clew
BR kluː, -z, -ɪŋ, -d
AM klu, -z, -ɪŋ, -d

Clewes
BR kluːz
AM kluz

Clews
BR kluːz
AM kluz

Cley
BR kleɪ, klʌɪ
AM kleɪ

clianthus
BR klʌɪˈanθəs, klɪˈanθəs
AM kliˈænθəs

Clibborn
BR ˈklɪb(ə)n
AM ˈklɪbərn

Cliburn
BR ˈklʌɪbəːn
AM ˈklaɪbərn

cliché
BR ˈkliːʃeɪ, -z, -d
AM ˈkliˌʃeɪ, kliˈʃeɪ, -z, -d

click
BR klɪk, -s, -ɪŋ, -t
AM klɪk, -s, -ɪŋ, -t

click-clack
BR ˈklɪklak, -s, -ɪŋ, -t
AM ˈklɪ(k)ˌklæk, -s, -ɪŋ, -t

clicker
BR ˈklɪkə(r), -z
AM ˈklɪkər, -z

clickety-click
BR ˌklɪkɪtɪˈklɪk
AM ˌˈklɪkɪdiˈklɪk

client
BR ˈklʌɪənt, -s
AM ˈklaɪənt, -s

clientele
BR ˌkliːɒnˈtɛl, ˌkliːɑːnˈtɛl, -z
AM ˌkliɑnˈtɛl, ˌklaɪənˈtɛl, -z

clientship
BR ˈklʌɪəntʃɪp, -s
AM ˈklaɪən(t)ˌʃɪp, -s

cliff
BR klɪf, -s
AM klɪf, -s

Cliffe
BR klɪf
AM klɪf

cliffhanger
BR ˈklɪfˌhaŋə(r), -z
AM ˈklɪfˌ(h)æŋər, -z

cliffhanging
BR ˈklɪfˌhaŋɪŋ
AM ˈklɪfˌ(h)æŋɪŋ

cliffiness
BR ˈklɪfɪnɪs
AM ˈklɪfɪnɪs

clifflike
BR ˈklɪflʌɪk
AM ˈklɪfˌlaɪk

Clifford
BR ˈklɪfəd
AM ˈklɪfərd

cliffside
BR ˈklɪfsʌɪd
AM ˈklɪfˌsaɪd

clifftop
BR ˈklɪftɒp, -s
AM ˈklɪfˌtɑp, -s

cliffy
BR ˈklɪf|i, -ɪə(r), -ɪɪst
AM ˈklɪfi, -ər, -ɪst

Clifton
BR ˈklɪft(ə)n
AM ˈklɪftn̩, ˈklɪfdən

Cliftonville
BR ˈklɪft(ə)nvɪl
AM ˈklɪftənˌvɪl

climacteric
BR ˌklʌɪmakˈtɛrɪk, klʌɪˈmakt(ə)rɪk
AM ˌklaɪˌmækˈtɛrɪk, klaɪˈmæktərɪk

climacterical
BR ˌklʌɪmakˈtɛrɪkl
AM ˌklaɪˌmækˈtɛrək(ə)l

climactic
BR klʌɪˈmaktɪk
AM klaɪˈmæktɪk

climactical
BR klʌɪˈmaktɪkl
AM klaɪˈmæktək(ə)l

climactically
BR klʌɪˈmaktɪkli
AM klaɪˈmæktək(ə)li

climate
BR ˈklʌɪmɪt, -s
AM ˈklaɪmɪt, -s

climatic
BR klʌɪˈmatɪk
AM klaɪˈmædɪk

climatical
BR klʌɪˈmatɪkl
AM klaɪˈmædək(ə)l

climatically
BR klʌɪˈmatɪkli
AM klaɪˈmædək(ə)li

climatologic
BR ˌklʌɪmətəˈlɒdʒɪk
AM ˌklaɪmədəˈlɑdʒɪk

climatological
BR ˌklʌɪmətəˈlɒdʒɪkl
AM ˌklaɪmədəˈlɑdʒək(ə)l

climatologically
BR ˌklʌɪmətəˈlɒdʒɪkli
AM ˌklaɪmədəˈlɑdʒək(ə)li

climatologist
BR ˌklʌɪməˈtɒlədʒɪst, -s
AM ˌklaɪməˈtɑlədʒəst, -s

climatology
BR ˌklʌɪməˈtɒlədʒi
AM ˌklaɪməˈtɑlədʒi

climax
BR ˈklʌɪmaks, -ɪz, -ɪŋ, -t
AM ˈklaɪˌmæks, -əz, -ɪŋ, -t

climb
BR klʌɪm, -z, -ɪŋ, -d
AM klaɪm, -z, -ɪŋ, -d

climbable
BR ˈklʌɪməbl
AM ˈklaɪməb(ə)l

climbdown
BR ˈklʌɪmdaʊn, -z
AM ˈklaɪmˌdaʊn, -z

climber
BR ˈklʌɪmə(r), -z
AM ˈklaɪmər, -z

clime
BR klʌɪm, -z
AM klaɪm, -z

clinal
BR ˈklʌɪnl
AM ˈklaɪnl

clinch
BR klɪn(t)ʃ, -ɪz, -ɪŋ, -t
AM klɪn(t)ʃ, -ɪz, -ɪŋ, -t

clincher
BR ˈklɪn(t)ʃə(r), -z
AM ˈklɪn(t)ʃər, -z

cline
BR klʌɪn, -z
AM klaɪn, -z

cling
BR klɪŋ, -z, -ɪŋ
AM klɪŋ, -z, -ɪŋ

clinger
BR ˈklɪŋə(r), -z
AM ˈklɪŋər, -z

clingfilm
BR ˈklɪŋfɪlm
AM ˈklɪŋˌfɪlm

clingfoil
BR ˈklɪŋfɔɪl
AM ˈklɪŋˌfɔɪl

clinginess
BR ˈklɪŋɪnɪs
AM ˈklɪŋɪnɪs

clingingly
BR ˈklɪŋɪli
AM ˈklɪŋɪli

clingstone
BR ˈklɪŋstəʊn
AM ˈklɪŋˌstoʊn

clingy
BR ˈklɪŋ|i, -ɪə(r), -ɪɪst
AM ˈklɪŋi, -ər, -ɪst

clinic
BR ˈklɪnɪk, -s
AM ˈklɪnɪk, -s

clinical
BR ˈklɪnɪkl
AM ˈklɪnək(ə)l

clinically
BR ˈklɪnɪkli
AM ˈklɪnək(ə)li

clinician
BR klɪˈnɪʃn, -z
AM kləˈnɪʃ(ə)n, -z

clink
BR klɪŋ|k, -ks, -kɪŋ, -(k)t
AM klɪŋ|k, -ks, -kɪŋ, -(k)t

clinker
BR ˈklɪŋkə(r), -z
AM ˈklɪŋkər, -z

clinkstone
BR ˈklɪŋkstəʊn, -z
AM ˈklɪŋkˌstoʊn, -z

clinometer
BR klɪˈnɒmɪtə(r), klʌɪˈnɒmɪtə(r), -z
AM klaɪˈnɑmədər, -z

clinometric
BR ˌklʌɪnəˈmɛtrɪk
AM ˌklaɪnəˈmɛtrɪk

clinometry
BR klɪˈnɒmɪtri, klʌɪˈnɒmɪtri
AM klaɪˈnɑmətri

clint
BR klɪnt, -s
AM klɪnt, -s

Clinton
BR ˈklɪnt(ə)n
AM ˈklɪn(t)ən

Clio
BR ˈkliːəʊ, ˈklʌɪəʊ
AM ˈkliou, ˈklaɪou

cliometric
BR ˌklʌɪə(ʊ)ˈmɛtrɪk, -s
AM ˌklaɪəˈmɛtrɪk, -s

clip
BR klɪp, -s, -ɪŋ, -t
AM klɪp, -s, -ɪŋ, -t

clipboard
BR ˈklɪpbɔːd, -z
AM ˈklɪpˌbɔ(ə)rd, -z

clip-clop
BR ˈklɪpklɒp, -s, -ɪŋ, -t
AM ˈklɪpˌklɑp, -s, -ɪŋ, -t

clippable
BR ˈklɪpəbl
AM ˈklɪpəb(ə)l

clipper
BR ˈklɪpə(r), -z
AM ˈklɪpər, -z

clippie

clippie
BR ˈklɪp|i, -ɪz
AM ˈklɪpi, -z
clipping
BR ˈklɪpɪŋ, -z
AM ˈklɪpɪŋ, -z
Clipstone
BR ˈklɪpstəʊn
AM ˈklɪpˌstoʊn
clique
BR kliːk, -s
AM klik, -s
cliquey
BR ˈkliːk|i, -ɪə(r), -ɪɪst
AM ˈkliki, -ər, -ɪst
cliqueyness
BR ˈkliːkɪnɪs
AM ˈklikɪnɪs
cliquish
BR ˈkliːkɪʃ
AM ˈklikɪʃ
cliquishness
BR ˈkliːkɪʃnɪs
AM ˈklikɪʃnɪs
cliquism
BR ˈkliːkɪzm
AM ˈklɪˌkɪz(ə)m
cliquy
BR ˈkliːki
AM ˈkliki
Clissold
BR ˈklɪsəʊld
AM ˈklɪsoʊld
Clitheroe
BR ˈklɪðərəʊ
AM ˈklɪðəroʊ
clitic
BR ˈklɪtɪk, -s
AM ˈklɪdɪk, -s
cliticisation
BR ˌklɪtɪsʌɪˈzeɪʃn
AM ˌklɪdəˌsaɪˈzeɪʃ(ə)n, ˌklɪdəsəˈzeɪʃ(ə)n
cliticization
BR ˌklɪtɪsʌɪˈzeɪʃn
AM ˌklɪdəˌsaɪˈzeɪʃ(ə)n, ˌklɪdəsəˈzeɪʃ(ə)n
cliticize
BR ˈklɪtɪsʌɪz, -ɪz, -ɪŋ, -d
AM ˈklɪdəˌsaɪz, -ɪz, -ɪŋ, -d

clitoral
BR ˈklɪt(ə)rl
AM kləˈtɔr(ə)l, ˈklɪdər(ə)l
clitoridectomy
BR ˌklɪt(ə)rɪˈdɛktəm|i, -ɪz
AM ˌklɪdərəˈdɛktəmi, -z
clitoris
BR ˈklɪt(ə)rɪs, -ɪz
AM kləˈtɔrəs, ˈklɪdərəs, -əz
Clive
BR klʌɪv
AM klaɪv
Cliveden
BR ˈklɪvd(ə)n
AM ˈklɪvd(ə)n
clivers
BR ˈklɪvəz
AM ˈklɪvərz
cloaca
BR kləʊˈeɪkə(r), -z
AM kloʊˈeɪkə, -z
cloacae
BR kləʊˈeɪkiː
AM kloʊˈeɪˌkaɪ, kloʊˈeɪˌki
cloacal
BR kləʊˈeɪkl
AM kloʊˈeɪk(ə)l
cloak
BR kləʊk, -s, -ɪŋ, -t
AM kloʊk, -s, -ɪŋ, -t
cloakroom
BR ˈkləʊkruːm, ˈkləʊkrʊm, -z
AM ˈkloʊkˌrʊm, ˈkloʊkˌrum, -z
clobber
BR ˈklɒb|ə(r), -əz, -(ə)rɪŋ, -əd
AM ˈklabər, -z, -ɪŋ, -d
cloche
BR klɒʃ, -ɪz
AM klaʃ, klɔʃ, kloʊʃ, -əz
clock
BR klɒk, -s, -ɪŋ, -t
AM klak, -s, -ɪŋ, -t

clockmaker
BR ˈklɒkˌmeɪkə(r), -z
AM ˈklakˌmeɪkər, -z
clockmaking
BR ˈklɒkˌmeɪkɪŋ
AM ˈklakˌmeɪkɪŋ
clockwise
BR ˈklɒkwʌɪz
AM ˈklakˌwaɪz
clockwork
BR ˈklɒkwəːk
AM ˈklakˌwərk
clod
BR klɒd, -z
AM klad, -z
Clodagh
BR ˈkləʊdə(r)
AM ˈkloʊdə
cloddish
BR ˈklɒdɪʃ
AM ˈkladɪʃ
cloddishly
BR ˈklɒdɪʃli
AM ˈkladɪʃli
cloddishness
BR ˈklɒdɪʃnɪs
AM ˈkladɪʃnɪs
cloddy
BR ˈklɒdi
AM ˈkladi
clodhopper
BR ˈklɒdˌhɒpə(r), -z
AM ˈkladˌ(h)apər, -z
clodhopping
BR ˈklɒdˌhɒpɪŋ
AM ˈkladˌ(h)apɪŋ
clodpoll
BR ˈklɒdpɒl, -z
AM ˈkladˌpɑl, -z
clog
BR klɒg, -z, -ɪŋ, -d
AM klag, -z, -ɪŋ, -d
cloggily
BR ˈklɒgɪli
AM ˈklagəli
clogginess
BR ˈklɒgɪnɪs
AM ˈklagɪnɪs
cloggy
BR ˈklɒg|i, -ɪə(r), -ɪɪst
AM ˈklagi, -ər, -ɪst

clockmaker

cloqué

Clogher
BR ˈklɒxə(r), ˈklɒhə(r)
AM ˈklɑhər, ˈklɔhər
cloisonné
BR klwɑːˈzɒneɪ
AM ˌklɔɪznˈeɪ
FR klwazɔne
cloister
BR ˈklɔɪst|ə(r), -əz, -(ə)rɪŋ, -əd
AM ˈklɔɪstər, -z, -ɪŋ, -d
cloistral
BR ˈklɔɪstr(ə)l
AM ˈklɔɪstr(ə)l
clomiphene
BR ˈkləʊmɪfiːn
AM ˈkloʊməˌfin
clomp
BR klɒmp, -s, -ɪŋ, -t
AM klamp, -s, -ɪŋ, -t
clonal
BR ˈkləʊnl
AM ˈkloʊn(ə)l
clone
BR kləʊn, -z, -ɪŋ, -d
AM kloʊn, -z, -ɪŋ, -d
Clones
BR ˈkləʊnɪs
AM ˈkloʊnəs
clonic
BR ˈklɒnɪk
AM ˈklɑnɪk
clonk
BR klɒŋ|k, -ks, -kɪŋ, -(k)t
AM klɑŋ|k, -ks, -kɪŋ, -(k)t
Clonmel
BR klɒnˈmɛl
AM klɑnˈmɛl
clonus
BR ˈkləʊnəs, -ɪz
AM ˈkloʊnəs, -əz
clop
BR klɒp, -s, -ɪŋ, -t
AM klap, -s, -ɪŋ, -t
cloqué
BR ˈkləʊkeɪ
AM kloʊˈkeɪ
FR klɔke

closable
BR ˈkləʊzəbl
AM ˈkloʊzəb(ə)l

Close
BR kləʊs
AM kloʊz, kloʊs

close¹ *noun enclosure, adjective*
BR kləʊs, -ɪz, -ə(r), -ɪst
AM kloʊs, -əz, -ər, -əst

close² *noun end, verb*
BR kləʊz, -ɪz, -ɪŋ, -d
AM kloʊz, -əz, -ɪŋ, -d

closedown
BR ˈkləʊzdaʊn, -z
AM ˈkloʊzˌdaʊn, -z

closely
BR ˈkləʊsli
AM ˈkloʊsli

closeness
BR ˈkləʊsnəs
AM ˈkloʊsnəs

closeout
BR ˈkləʊzaʊt, -s
AM ˈkloʊzˌaʊt, -s

closet
BR ˈklɒzɪt, -ɪts, -ɪtɪŋ, -ɪtɪd
AM ˈklɑzət, -ts, -dɪŋ, -dəd

closish
BR ˈkləʊsɪʃ
AM ˈkloʊsɪʃ

clostridia
BR klɒˈstrɪdɪə(r)
AM klɑˈstrɪdɪə, kləˈstrɪdɪə

clostridium
BR klɒˈstrɪdɪəm
AM klɑˈstrɪdɪəm, kləˈstrɪdɪəm

closure
BR ˈkləʊʒə(r), -z
AM ˈkloʊʒər, -z

clot
BR klɒt, -s, -ɪŋ, -ɪd
AM klɑt, -ts, -dɪŋ, -dəd

clotbur
BR ˈklɒtbɜː(r)
AM ˈklɑtˌbər

cloth
BR klɒ|θ, -θs\-ðz
AM klɑ|θ, klɔ|θ, -θs\-ðz

clothbound
BR ˈklɒθbaʊnd
AM ˈklɑθˌbaʊnd, ˈklɔθˌbaʊnd

clothe
BR kləʊð, -z, -ɪŋ, -d
AM kloʊð, -z, -ɪŋ, -d

clothes *noun*
BR kləʊðz
AM kloʊ(ð)z

clothesbasket
BR ˈkləʊ(ð)zˌbɑːskɪt, -s
AM ˈkloʊ(ð)zˌbæskət, -s

clothesbrush
BR ˈkləʊ(ð)zbrʌʃ, -ɪz
AM ˈkloʊ(ð)zˌbrəʃ, -ɪz

clotheshorse
BR ˈkləʊ(ð)zhɔːs, -ɪz
AM ˈkloʊ(ð)zˌ(h)ɔ(ə)rs, -əz

clothesline
BR ˈkləʊ(ð)zlʌɪn, -z
AM ˈkloʊ(ð)zˌlaɪn, -z

clothespeg
BR ˈkləʊ(ð)zpɛg, -z
AM ˈkloʊ(ð)zˌpeg, -z

clothespin
BR ˈkləʊ(ð)zpɪn, -z
AM ˈkloʊ(ð)zˌpɪn, -z

clothier
BR ˈkləʊðɪə(r), -z
AM ˈkloʊðiər, ˈkloʊðjər, -z

clothing
BR ˈkləʊðɪŋ
AM ˈkloʊðɪŋ

Clotho
BR ˈkləʊθəʊ
AM ˈkloʊˌθoʊ

cloths
BR klɒθs, klɒðz
AM klɑθs, klaðz, klɔθs, klɔðz

cloture
BR ˈkləʊtʃə(r), -z
AM ˈkloʊtʃər, -z

clou
BR kluː, -z
AM klu, -z
FR klu

cloud
BR klaʊd, -z, -ɪŋ, -ɪd
AM klaʊd, -z, -ɪŋ, -əd

cloudbank
BR ˈklaʊdbaŋk, -s
AM ˈklaʊdˌbæŋk, -s

cloudberry
BR ˈklaʊdb(ə)r|i, -ɪz
AM ˈklaʊdˌberi, -z

cloudburst
BR ˈklaʊdbɜːst, -s
AM ˈklaʊdˌbərst, -s

Cloudesley
BR ˈklaʊdzli
AM ˈklaʊdzli

cloudily
BR ˈklaʊdɪli
AM ˈklaʊdəli

cloudiness
BR ˈklaʊdɪnɪs
AM ˈklaʊdɪnɪs

cloudland
BR ˈklaʊdland
AM ˈklaʊdˌlænd

cloudless
BR ˈklaʊdləs
AM ˈklaʊdləs

cloudlessly
BR ˈklaʊdləsli
AM ˈklaʊdlɪsli

cloudlessness
BR ˈklaʊdləsnəs
AM ˈklaʊdləsnəs

cloudlet
BR ˈklaʊdlɪt, -s
AM ˈklaʊdlət, -s

cloudscape
BR ˈklaʊdskeɪp, -s
AM ˈklaʊdˌskeɪp, -s

cloudy
BR ˈklaʊd|i, -ɪə(r), -ɪst
AM ˈklaʊdi, -ər, -ɪst

Clough *place in Ireland*
BR klɒx
AM klɑk

clough
BR klʌf, -s
AM kloʊ, kləf, kləfs\kloʊz

clout
BR klaʊt, -s, -ɪŋ, -ɪd
AM klaʊ|t, -ts, -dɪŋ, -dəd

Clouzot
BR ˈkluːzəʊ
AM ˌkluˈzoʊ

clove
BR kləʊv, -z
AM kloʊv, -z

Clovelly
BR kləˈvɛli
AM ˈkləvəli

cloven
BR ˈkləʊvn
AM ˈkloʊv(ə)n

clover
BR ˈkləʊvə(r), -z
AM ˈkloʊvər, -z

cloverleaf
BR ˈkləʊvəliːf, -s
AM ˈkloʊvərˌlif, -s

cloverleaves
BR ˈkləʊvəliːvz
AM ˈkloʊvərˌlivz

Clovis
BR ˈkləʊvɪs
AM ˈkloʊvəs

Clowes
BR klaʊz, kləʊz, kluːz
AM kloʊz, kluz, klaʊz

clown
BR klaʊn, -z, -ɪŋ, -d
AM klaʊn, -z, -ɪŋ, -d

clownery
BR ˈklaʊn(ə)ri
AM ˈklaʊnəri

clownish
BR ˈklaʊnɪʃ
AM ˈklaʊnɪʃ

clownishly
BR ˈklaʊnɪʃli
AM ˈklaʊnɪʃli

clownishness
BR ˈklaʊnɪʃnɪs
AM ˈklaʊnɪʃnɪs

cloy
BR klɔɪ, -z, -ɪŋ, -d
AM klɔɪ, -z, -ɪŋ, -d
cloyingly
BR ˈklɔɪɪŋli
AM ˈklɔɪɪŋli
clozapine
BR ˈkləʊzəpiːn
AM ˈkloʊzəˌpin
cloze
BR kləʊz
AM kloʊz
club
BR klʌb, -z, -ɪŋ, -d
AM kləb, -z, -ɪŋ, -d
clubbability
BR ˌklʌbəˈbɪlɪti
AM ˌkləbəˈbɪlɪdi
clubbable
BR ˈklʌbəbl
AM ˈkləbəb(ə)l
clubbableness
BR ˈklʌbəblnəs
AM ˈkləbəbəlnəs
clubbably
BR ˈklʌbəbli
AM ˈkləbəbli
clubber
BR ˈklʌbə(r), -z
AM ˈkləbər, -z
clubby
BR ˈklʌb|i, -ɪə(r), -ɪɪst
AM ˈkləbi, -ər, -əst
clubfeet
BR ˌklʌbˈfiːt
AM ˈkləbˌfit
clubfoot
BR ˌklʌbˈfʊt
AM ˈkləbˌfʊt
clubfooted
BR ˌklʌbˈfʊtɪd
AM ˈkləbˌfʊdəd
clubhouse
BR ˈklʌbhaʊ|s, -zɪz
AM ˈkləbˌ(h)aʊ|s, -zəz
clubland
BR ˈklʌbland
AM ˈkləbˌlænd
clubman
BR ˈklʌbmən
AM ˈkləbm(ə)n

clubmen
BR ˈklʌbmən
AM ˈkləbm(ə)n
clubmoss
BR ˈklʌbmɒs, -ɪz
AM ˈkləbˌmɑs, ˈkləbˌmɔs, -əz
clubroom
BR ˈklʌbruːm, ˈklʌbrʊm, -z
AM ˈkləbˌrʊm, ˈkləbˌrum, -z
clubroot
BR ˈklʌbruːt
AM ˈkləbˌrʊt, ˈkləbˌrut
clubwoman
BR ˈklʌbˌwʊmən
AM ˈkləbˌwʊm(ə)n
clubwomen
BR ˈklʌbˌwɪmɪn
AM ˈkləbˌwɪmɪn
cluck
BR klʌk, -s, -ɪŋ, -t
AM klək, -s, -ɪŋ, -t
cluckily
BR ˈklʌkɪli
AM ˈkləkəli
cluckiness
BR ˈklʌkɪnɪs
AM ˈkləkɪnɪs
clucky
BR ˈklʌk|i, -ɪə(r), -ɪɪst
AM ˈkləki, -ər, -əst
cludge
BR klʌdʒ, kluːdʒ, -ɪz
AM klʊdʒ, klədʒ, -əz
clue
BR kluː, -z, -ɪŋ, -d
AM klu, -z, -ɪŋ, -d
clueless
BR ˈkluːləs
AM ˈkluləs
cluelessly
BR ˈkluːləsli
AM ˈkluləsli
cluelessness
BR ˈkluːləsnəs
AM ˈkluləsnəs
Cluj
BR kluːʒ
AM kluʒ

clump
BR klʌm|p, -ps, -pɪŋ, -(p)t
AM kləmp, -s, -ɪŋ, -t
clumpy
BR ˈklʌmp|i, -ɪə(r), -ɪɪst
AM ˈkləmpi, -ər, -əst
clumsily
BR ˈklʌmzɪli
AM ˈkləmzəli
clumsiness
BR ˈklʌmzɪnɪs
AM ˈkləmzɪnɪs
clumsy
BR ˈklʌmz|i, -ɪə(r), -ɪɪst
AM ˈkləmzi, -ər, -ɪst
Clun
BR klʌn
AM kl(ə)n
Clunes
BR kluːnz
AM klunz
clung
BR klʌŋ
AM kləŋ
Cluniac
BR ˈkluːnɪak, -s
AM ˈkluniˌæk, -s
Clunie
BR ˈkluːni
AM ˈkluni
Clunies
BR ˈkluːnɪz
AM ˈkluniz
clunk
BR klʌŋ|k, -ks, -kɪŋ, -(k)t
AM kləŋ|k, -ks, -kɪŋ, -(k)t
clunker
BR ˈklʌŋkə(r), -z
AM ˈkləŋkər, -z
Cluny
BR ˈkluːni
AM ˈkluni
clupeid
BR ˈkluːpɪɪd
AM ˈklupiɪd
clupeoid
BR ˈkluːpɪɔɪd
AM ˈklupiˌɔɪd

cluster
BR ˈklʌstˌ|ə(r), -əz, -(ə)rɪŋ, -əd
AM ˈkləstˌ|ər, -ərz, -(ə)rɪŋ, -ərd
clutch
BR klʌtʃ, -ɪz, -ɪŋ, -t
AM klətʃ, -əz, -ɪŋ, -t
clutter
BR ˈklʌtˌ|ə(r), -əz, -(ə)rɪŋ, -əd
AM ˈklədˌ|ər, -ərz, -(ə)rɪŋ, -ərd
Clutterbuck
BR ˈklʌtəbʌk
AM ˈklədərˌbək
Clutton
BR ˈklʌtn
AM ˈklətn
Clwyd
BR kluːɪd
AM kluəd
WE klwɪd
Clwydian
BR klʊˈɪdɪən
AM kləˈwɪdɪən
Clydach
BR ˈklɪdəx, ˈklɪdək
AM ˈklɪdək
WE ˈklʌdax
Clyde
BR klʌɪd
AM klaɪd
Clydebank
BR ˈklʌɪdbaŋk
AM ˈklaɪdˌbæŋk
Clydella
BR klʌɪˈdɛlə(r)
AM klaɪˈdɛlə
Clydesdale
BR ˈklʌɪdzdeɪl, -z
AM ˈklaɪdzˌdeɪl, -z
Clyne
BR klʌɪn
AM klaɪn
clypeal
BR ˈklɪpɪəl
AM ˈklɪpɪəl
clypeate
BR ˈklɪpɪət
AM ˈklɪpɪət

clypei
BR ˈklɪpɪʌɪ
AM ˈklɪpiˌaɪ

clypeus
BR ˈklɪpɪəs
AM ˈklɪpɪəs

Clyro
BR ˈklʌɪrəʊ
AM ˈklaɪroʊ

clyster
BR ˈklɪstə(r), -z
AM ˈklɪstər, -z

Clytemnestra
BR ˌklʌɪtɪmˈnɛstrə(r),
ˌklʌɪtɛmˈnɛstrə(r)
AM ˌklaɪdəmˈnɛstrə

Cnut
BR kəˈnjuːt
AM kəˈnut

CO *Commanding Officer*
BR ˌsiːˈəʊ, -z
AM ˌsiˈoʊ, -z

Co. *Company, County*
BR kəʊ
AM koʊ

c/o
BR ˌsiːˈəʊ
AM ˌsiˈoʊ, ˈkɛrˈəv

co-accused
BR ˌkəʊəˈkjuːzd
AM ˌkoʊəˈkjuzd

coacervate
BR ˌkəʊəˈsəːveɪt, -s
AM koʊˈæsərˌveɪt,
ˌkoʊəˈsərvət, -s

coacervation
BR kəʊˌasəˈveɪʃn
AM koʊˌæsərˈveɪʃ(ə)n

coach
BR kəʊtʃ, -ɪz, -ɪŋ, -t
AM koʊtʃ, -əz, -ɪŋ, -t

coachbuilder
BR ˈkəʊtʃˌbɪldə(r), -z
AM ˈkoʊtʃˌbɪldər, -z

coachhouse
BR ˈkəʊtʃhaʊ|s, -zɪz
AM ˈkoʊtʃ(h)aʊ|s, -zəz

coachload
BR ˈkəʊtʃləʊd, -z
AM ˈkoʊtʃˌloʊd, -z

coachman
BR ˈkəʊtʃmən
AM ˈkoʊtʃm(ə)n

coachmen
BR ˈkəʊtʃmən
AM ˈkoʊtʃm(ə)n

coachwood
BR ˈkəʊtʃwʊd
AM ˈkoʊtʃˌwʊd

coachwork
BR ˈkəʊtʃwəːk
AM ˈkoʊtʃˌwərk

coaction
BR kəʊˈakʃɪɪ
AM koʊˈækʃ(ə)n

coactive
BR kəʊˈaktɪv
AM koʊˈæktɪv

coadjacent
BR ˌkəʊəˈdʒeɪsnt
AM ˌkoʊəˈdʒeɪs(ə)nt

coadjutant
BR kəʊˈadʒʉt(ə)nt
AM ˌkoʊˈædʒət(ə)nt

coadjutor
BR kəʊˈadʒʉtə(r), -z
AM ˌkoʊəˈdʒudər,
koʊˈædʒədər, -z

coadministrator
BR ˌkəʊəd-
ˈmɪnɪstreɪtə(r), -z
AM ˌkoʊədˈmɪnəˌstreɪdər, -z

coagula
BR kəʊˈagjʉlə(r)
AM koʊˈægjələ

coagulable
BR kəʊˈagjʉləbl
AM koʊˈægjələb(ə)l

coagulant
BR kəʊˈagjʉlnt, -s
AM koʊˈægjəl(ə)nt, -s

coagulate
BR kəʊˈagjʉleɪt, -s, -ɪŋ, -ɪd
AM koʊˈægjəˌleɪ|t, -ts, -dɪŋ, -dɪd

coagulation
BR kəʊˌagjʉˈleɪʃn
AM koʊˌægjəˈleɪʃ(ə)n

coagulative
BR kəʊˈagjʉlətɪv
AM koʊˈægjəˌleɪdɪv

coagulator
BR kəʊˈagjʉleɪtə(r), -z
AM koʊˈægjəˌleɪdər, -z

coagulatory
BR kəʊˈagjʉlət(ə)ri
AM koʊˈægjələˌtɔri

coagulum
BR kəʊˈagjʉləm
AM koʊˈægjəl(ə)m

Coahuila
BR ˌkəʊəˈwiːlə(r)
AM ˌkoʊəˈwilə

coal
BR kəʊl, -z, -ɪŋ, -d
AM koʊl, -z, -ɪŋ, -d

Coalbrookdale
BR ˈkəʊlbrʊkdeɪl,
ˌkəʊlbrʊkˈdeɪl
AM ˌkoʊlbrʊkˈdeɪl,
ˈkoʊlbrʊkˌdeɪl

coalbunker
BR ˈkəʊlˌbʌŋkə(r), -z
AM ˈkoʊlˌbəŋkər, -z

coaler
BR ˈkəʊlə(r), -z
AM ˈkoʊlər, -z

coalesce
BR ˌkəʊəˈlɛs, -ɪz, -ɪŋ, -t
AM ˌkoʊəˈlɛs, -əz, -ɪŋ, -t

coalescence
BR ˌkəʊəˈlɛsns
AM ˌkoʊəˈlɛs(ə)ns

coalescent
BR ˌkəʊəˈlɛsnt
AM ˌkoʊəˈlɛs(ə)nt

coalface
BR ˈkəʊlfeɪs, -ɪz
AM ˈkoʊlˌfeɪs, -ɪz

coalfield
BR ˈkəʊlfiːld, -z
AM ˈkoʊlˌfild, -z

coalfish
BR ˈkəʊlfɪʃ
AM ˈkoʊlˌfɪʃ

coalheaver
BR ˈkəʊlˌhiːvə(r), -z
AM ˈkoʊl,(h)ivər, -z

coalhole
BR ˈkəʊlhəʊl, -z
AM ˈkoʊl,(h)oʊl, -z

coalhouse
BR ˈkəʊlhaʊ|s, -zɪz
AM ˈkoʊl,(h)aʊ|s, -zəz

Coalisland
BR (ˌ)kəʊlˈʌɪlənd
AM ˌkoʊlˈaɪlənd

Coalite
BR ˈkəʊlʌɪt
AM ˈkoʊlaɪt

coalition
BR ˌkəʊəˈlɪʃn, -z
AM ˌkoʊəˈlɪʃ(ə)n, -z

coalitionist
BR ˌkəʊəˈlɪʃnɪst, -s
AM ˌkoʊəˈlɪʃənəst, -s

coalman
BR ˈkəʊlmən
AM ˈkoʊlm(ə)n

coalmen
BR ˈkəʊlmən
AM ˈkoʊlm(ə)n

coalmice
BR ˈkəʊlmʌɪs
AM ˈkoʊlˌmaɪs

coalmine
BR ˈkəʊlmʌɪn, -z
AM ˈkoʊlˌmaɪn, -z

coalminer
BR ˈkəʊlˌmʌɪnə(r), -z
AM ˈkoʊlˌmaɪnər, -z

coalmouse
BR ˈkəʊlmaʊs
AM ˈkoʊlˌmaʊs

coaloil
BR ˈkəʊlɔɪl
AM ˈkoʊlˌɔɪl

coalowner
BR ˈkəʊlˌəʊnə(r), -z
AM ˈkoʊlˌoʊnər, -z

Coalport
BR ˈkəʊlpɔːt
AM ˈkoʊlˌpɔ(ə)rt

coalsack
BR ˈkəʊlsak, -s
AM ˈkoʊlˌsæk, -s

coalscuttle
BR ˈkəʊlˌskʌtl, -z
AM ˈkoʊlˌskədəl, -z

coaly
BR ˈkəʊli
AM ˈkoʊli

coaming
BR ˈkəʊmɪŋ, -z
AM ˈkoʊmɪŋ, -z

coaptation
BR ˌkəʊæpˈteɪʃn
AM ˌkoʊæpˈteɪʃ(ə)n

coarctation
BR ˌkəʊɑːkˈteɪʃn
AM ˌkoʊɑrkˈteɪʃ(ə)n

coarse
BR kɔːs, -ə(r), -ɪst
AM kɔ(ə)rs, -ər, -əst

coarsely
BR ˈkɔːsli
AM ˈkɔrsli

coarsen
BR ˈkɔːsn̩, -z, -ɪŋ, -d
AM ˈkɔrs(ə)n, -z, -ɪŋ, -d

coarseness
BR ˈkɔːsnəs
AM ˈkɔrsnəs

coarsish
BR ˈkɔːsɪʃ
AM ˈkɔrsɪʃ

coast
BR kəʊst, -s, -ɪŋ, -ɪd
AM koʊst, -s, -ɪŋ, -əd

coastal
BR ˈkəʊstl
AM ˈkoʊst(ə)l

coasteering
BR kəʊstˈɪərɪŋ, kəʊˈstɪərɪŋ
AM ˌkoʊˈstɪrɪŋ

coaster
BR ˈkəʊstə(r), -z
AM ˈkoʊstər, -z

coastguard
BR ˈkəʊs(t)gɑːd, -z
AM ˈkoʊs(t)ˌgɑrd, -z

coastguardsman
BR ˈkəʊs(t)gɑːdzmən
AM ˈkoʊs(t)ˌgɑrdzm(ə)n

coastguardsmen
BR ˈkəʊs(t)gɑːdzmən
AM ˈkoʊs(t)ˌgɑrdzm(ə)n

coastland
BR ˈkəʊs(t)land, -z
AM ˈkoʊs(t)ˌlænd, -z

coastline
BR ˈkəʊs(t)lʌɪn, -z
AM ˈkoʊs(t)ˌlaɪn, -z

coastwise
BR ˈkəʊstwʌɪz
AM ˈkoʊs(t)ˌwaɪz

coat
BR kəʊt, -s, -ɪŋ, -ɪd
AM koʊ|t, -ts, -dɪŋ, -dəd

Coatbridge
BR ˈkəʊtbrɪdʒ
AM ˈkoʊtˌbrɪdʒ

coatee
BR ˈkəʊtiː, ˌkəʊˈtiː, -z
AM ˌkoʊˈti, -z

Coates
BR kəʊts
AM koʊts

coati
BR kəʊˈɑːt|i, -ɪz
AM koʊˈɑdi, -z

coatimundi
BR kəʊˌɑːtɪˈmʌnd|i, -ɪz
AM koʊˌɑdɪˈməndi, -z

coating
BR ˈkəʊtɪŋ, -z
AM ˈkoʊdɪŋ, -z

coatless
BR ˈkəʊtləs
AM ˈkoʊtləs

Coats
BR kəʊts
AM ˈkoʊts

coax
BR kəʊks, -ɪz, -ɪŋ, -t
AM koʊks, -əz, -ɪŋ, -t

co-ax *cable*
BR ˈkəʊaks
AM ˈkoʊˌæks

coaxer
BR ˈkəʊksə(r), -z
AM ˈkoʊksər, -z

coaxial
BR kəʊˈaksɪəl
AM koʊˈæksɪəl

coaxially
BR kəʊˈaksɪəli
AM koʊˈæksɪəli

coaxingly
BR ˈkəʊksɪŋli
AM ˈkoʊksɪŋli

cob
BR kɒb, -z
AM kab, -z

cobalt
BR ˈkəʊbɔːlt, ˈkəʊb(ɒ)lt
AM ˈkoʊˌbalt, ˈkoʊˌbɔlt

cobaltic
BR kəʊˈbɔːltɪk, kəʊˈbɒltɪk
AM koʊˈbaldɪk, koʊˈbɔldɪk

cobaltous
BR kəʊˈbɔːltəs, kəʊˈbɒltəs
AM koʊˈbaldəs, koʊˈbɔldəs

Cobb
BR kɒb
AM kab

cobber
BR ˈkɒbə(r), -z
AM ˈkabər, -z

Cobbett
BR ˈkɒbɪt
AM ˈkabət

cobble
BR ˈkɒb|l, -lz, -lɪŋ\-lɪŋ, -ld
AM ˈkab(ə)l, -z, -ɪŋ, -d

cobbler
BR ˈkɒblə(r), -z
AM ˈkablər, -z

cobblestone
BR ˈkɒblstəʊn, -z
AM ˈkabəlˌstoʊn, -z

Cobbold
BR ˈkɒbəʊld
AM ˈkaboʊld

Cobden
BR ˈkɒbd(ə)n
AM ˈkabd(ə)n

Cobdenism
BR ˈkɒbdənɪzm
AM ˈkabdəˌnɪz(ə)m

Cobham
BR ˈkɒb(ə)m
AM ˈkab(ə)m

coble
BR ˈkəʊbl, -z
AM ˈkab(ə)l, ˈkoʊb(ə)l, -z

cobnut
BR ˈkɒbnʌt, -s
AM ˈkabnət, -s

COBOL
BR ˈkəʊbɒl
AM ˈkoʊˌbal

cobra
BR ˈkəʊbrə(r), ˈkɒbrə(r), -z
AM ˈkoʊbrə, -z

coburg
BR ˈkəʊbəːg
AM ˈkoʊˌbərg

cobweb
BR ˈkɒbwɛb, -z, -d
AM ˈkabˌwɛb, -z, -d

cobwebby
BR ˈkɒbwɛbi
AM ˈkabˌwɛbi

coca
BR ˈkəʊkə(r)
AM ˈkoʊkə

Coca-Cola
BR ˌkəʊkəˈkəʊlə(r), -z
AM ˌkoʊkəˈkoʊlə, -z

cocaine
BR kə(ʊ)ˈkeɪn
AM ˈkoʊˌkeɪn, koʊˈkeɪn

cocainism
BR kə(ʊ)ˈkeɪnɪzm
AM ˈkoʊˌkeɪˌnɪz(ə)m, koʊˈkeɪˌnɪz(ə)m

coccal
BR ˈkɒkl
AM ˈkak(ə)l

cocci
BR ˈkɒk(s)ʌɪ
AM ˈkaˌkaɪ

coccidiosis
BR ˌkɒksɪdɪˈəʊsɪs, kɒkˌsɪdɪˈəʊsɪs
AM ˌkakˌsɪdiˈoʊsəs

coccoid
BR ˈkɒk(s)ɔɪd
AM ˈkaˌkɔɪd

coccolith
BR ˈkɒklɪθ, -s
AM ˈkakəˌlɪθ, -s

coccolithophore
BR ˌkɒkə(ʊ)-
ˈlɪθəfɔː(r), -z
AM ˌkakəˈlɪθəˌfɔ(ə)r,
-z

coccus
BR ˈkɒkəs
AM ˈkakəs

coccygeal
BR kɒkˈsɪdʒɪəl
AM kakˈsɪdʒɪəl

coccyx
BR ˈkɒks|ɪks, -ɪksɪz
AM ˈkakˌsɪks, -ɪz

Coch in Welsh
placenames
BR kɒx, kɒk
AM kak

Cochabamba
BR ˌkəʊtʃəˈbambə(r)
AM ˌkoʊtʃəˈbambə
SP kotʃaˈβamba

cochair
BR ˌkəʊˈtʃɛː(r), -z
AM ˈˌkoʊˈtʃɛ(ə)r, -z

co-chairman
BR ˌkəʊˈtʃɛːmən
AM ˈˌkoʊˈtʃɜːrm(ə)n

co-chairmen
BR ˌkəʊˈtʃɛːmən
AM ˈˌkoʊˈtʃɜːrm(ə)n

Cochin
BR ˈkəʊtʃɪn, ˈkɒtʃɪn
AM ˈkatʃɪn, ˈkoʊtʃɪn

Cochin-China
BR ˌkəʊtʃɪnˈtʃʌɪnə(r),
ˌkɒtʃɪnˈtʃʌɪnə(r)
AM ˈkatʃɪnˈtʃaɪnə,
ˈkoʊtʃɪnˈtʃaɪnə

cochineal
BR ˌkɒtʃɪˈniːl,
ˈkɒtʃɪniːl
AM ˈkatʃəˌniəl

Cochise
BR kəʊˈtʃiːs
AM koʊˈtʃis

cochlea
BR ˈkɒklɪə(r), -z
AM ˈkaklɪə, -z

cochleae
BR ˈkɒkliː
AM ˈkakliˌaɪ, ˈkakliˌi

cochlear
BR ˈkɒklɪə(r)
AM ˈkaklɪər

Cochran
BR ˈkɒkr(ə)n,
ˈkɒxr(ə)n
AM ˈkakr(ə)n

Cochrane
BR ˈkɒkr(ə)n,
ˈkɒxr(ə)n
AM ˈkakr(ə)n

cock
BR kɒk, -s, -ɪŋ, -t
AM kak, -s, -ɪŋ, -t

cockade
BR kɒˈkeɪd, -z, -ɪd
AM kaˈkeɪd, -z, -ɪd

cock-a-doodle-doo
BR ˌkɒkəˌduːdlˈduː,
-z
AM ˈˌkakəˌdudəlˈdu,
-z

cock-a-hoop
BR ˌkɒkəˈhuːp
AM ˌkakəˈhup

cock-a-leekie
BR ˌkɒkəˈliːki
AM ˌkakəˈliki

cockalorum
BR ˌkɒkəˈlɔːrəm, -z
AM ˌkakəˈlɔr(ə)m, -z

cockamamie
BR ˌkɒkəˈmeɪmi
AM ˌkakəˌmeɪmi

cockamamy
BR ˌkɒkəˈmeɪmi
AM ˌkakəˌmeɪmi

cock-and-bull
BR ˌkɒk(ə)n(d)ˈbʊl
AM ˌkakənˈbʊl

cockateel
BR ˌkɒkəˈtiːl, -z
AM ˌkakəˌtil, -z

cockatiel
BR ˌkɒkəˈtiːl, -z
AM ˌkakəˌtil, -z

cockatoo
BR ˌkɒkəˈtuː, -z
AM ˌkakəˌtu, -z

cockatrice
BR ˈkɒkətrʌɪs,
ˈkɒkətrɪs, -ɪz
AM ˈkakəˌtraɪs,
ˈkakətrəs, -ɪz

cockboat
BR ˈkɒkbəʊt, -s
AM ˈkakˌboʊt, -s

Cockburn
BR ˈkəʊb(ə)n,
ˈkəʊbəːn
AM ˈkakˌbɜrn

cockchafer
BR ˈkɒkˌtʃeɪtə(r), -z
AM ˈkakˌtʃeɪfər, -z

Cockcroft
BR ˈkɒkrɒft
AM ˈkakraft, ˈkakrɔft

cockcrow
BR ˈkɒkkrəʊ, -z
AM ˈkakˌkroʊ, -z

cocker
BR ˈkɒkə(r), -z
AM ˈkakər, -z

cockerel
BR ˈkɒkr(ə)l, -z
AM ˈkakər(ə)l,
ˈkakr(ə)l, -z

Cockerell
BR ˈkɒkr(ə)l
AM ˈkakər(ə)l,
ˈkakr(ə)l

Cockermouth
BR ˈkɒkəmaʊθ
AM ˈkakərˌmaʊθ

cockeyed
BR ˌkɒkˈʌɪd
AM ˈkaˌkaɪd

cockfight
BR ˈkɒkfʌɪt, -s, -ɪŋ
AM ˈkakˌfaɪ|t, -ts, -dɪŋ

Cockfosters
BR ˈkɒkfɒstəz,
ˌkɒkˈfɒstəz
AM ˌkakˈfɒstərz,
ˌkakˈfɑstərz

cockhorse
BR ˌkɒkˈhɔːs, -ɪz
AM ˌkakˈ(h)ɔ(ə)rs, -əz

cockie-leekie
BR ˌkɒkɪˈliːki
AM ˌkakəˈliki

cockily
BR ˈkɒkɨli
AM ˈkakəli

cockiness
BR ˈkɒkɪnɨs
AM ˈkakɪnɨs

cockle
BR ˈkɒk|l, -lz,
-l̩ŋ\-lɪŋ, -ld
AM ˈkak(ə)l, -z, -ɪŋ,
-d

cocklebur
BR ˈkɒklbəː(r)
AM ˈkakəlˌbər

cockleshell
BR ˈkɒklʃɛl, -z
AM ˈkakəlˌʃɛl, -z

Cockney
BR ˈkɒkn|i, -ɪz
AM ˈkakni, -z

cockneyism
BR ˈkɒknɪɪzm, -z
AM ˈkaknɪˌɪz(ə)m, -z

cockpit
BR ˈkɒkpɪt, -s
AM ˈkakˌpɪt, -s

cockroach
BR ˈkɒkrəʊtʃ
AM ˈkakˌroʊtʃ

Cockroft
BR ˈkɒkrɒft, ˈkəʊkrɒft
AM ˈkakraft, ˈkakrɔft

cockscomb
BR ˈkɒkskəʊm, -z
AM ˈkakˌskoʊm, -z

cocksfoot
BR ˈkɒksfʊt, -s
AM ˈkaksˌfʊt, -s

cockshy
BR ˈkɒkʃʌɪ, -z
AM ˈkakˌʃaɪ, -z

cocksucker
BR ˈkɒkˌsʌkə(r), -z
AM ˈkakˌsəkər, -z

cocksure
BR ˌkɒkˈʃʊə(r),
ˌkɒkˈʃɔː(r)
AM ˈˌkakˈʃʊ(ə)r

cocksurely
BR ˌkɒkˈʃʊəli,
ˌkɒkˈʃɔːli
AM ˈˌkakˈʃʊrli

cocksureness
BR ˌkɒkˈʃʊənəs, ˌkɒkˈʃɔːnəs
AM ˈˌkakˈʃʊrnəs

cockswain
BR ˈkɒksn, -z
AM ˈkakˌsweɪn, ˈkaks(ə)n, -z

cocktail
BR ˈkɒkteɪl, -z
AM ˈkakˌteɪl, -z

cock-up
BR ˈkɒkʌp, -s
AM ˈkakəp, -s

cocky
BR ˈkɒk|i, -iə(r), -ɪɪst
AM ˈkaki, -ər, -ɪst

cocky-leeky
BR ˌkɒkɪˈliːki
AM ˌkakəˈliki

coco
BR ˈkəʊkəʊ, -z
AM ˈkoʊkoʊ, -z

cocoa
BR ˈkəʊkəʊ, -z
AM ˈkoʊkoʊ, -z

cocoanut
BR ˈkəʊkənʌt, -s
AM ˈkoʊkəˌnət, -s

Cocom
BR ˈkəʊkɒm
AM ˈkoʊˌkam

coconut
BR ˈkəʊkənʌt, -s
AM ˈkoʊkəˌnət, -s

cocoon
BR kəˈkuːn, -z, -ɪŋ, -d
AM kəˈkun, -z, -ɪŋ, -d

cocoonery
BR kəˈkuːn(ə)ri
AM kəˈkunəri

Cocos Islands
BR ˈkəʊkɒs ˌaɪlən(d)z
AM ˌkoʊkəs ˈaɪlən(d)z

cocotte
BR kəʊˈkɒt, kɒˈkɒt, -s
AM kəˈkat, koʊˈkat, -s
FR kɔkɔt

Cocteau
BR ˈkɒktəʊ
AM kakˈtoʊ

cod
BR kɒd, -z
AM kad, -z

coda
BR ˈkəʊdə(r), -z
AM ˈkoʊdə, -z

coddle
BR ˈkɒd|l, -lz, -lɪŋ\-lɪŋ, -ld
AM ˈkad(ə)l, -z, -ɪŋ, -d

coddler
BR ˈkɒdlə(r), -z
AM ˈkad(ə)lər, -z

code
BR kəʊd, -z, -ɪŋ, -ɪd
AM koʊd, -z, -ɪŋ, -əd

codeine
BR ˈkəʊdiːn
AM ˈkoʊˌdin

codependency
BR ˌkəʊdɪˈpend(ə)nsi
AM ˌkoʊdəˈpend(ə)nsi

codependent
BR ˌkəʊdɪˈpend(ə)nt, -s
AM ˌkoʊdəˈpend(ə)nt, -s

coder
BR ˈkəʊdə(r), -z
AM ˈkoʊdər, -z

codeword
BR ˈkəʊdwɜːd, -z
AM ˈkoʊdˌwɜrd, -z

codex
BR ˈkəʊdɛks, -ɪz
AM ˈkoʊˌdɛks, -əz

codfish
BR ˈkɒdfɪʃ, -ɪz
AM ˈkadˌfɪʃ, -ɪz

codger
BR ˈkɒdʒə(r), -z
AM ˈkadʒər, -z

codices
BR ˈkəʊdɪsiːz, ˈkɒdɪsiːz
AM ˈkadəsiz, ˈkoʊdəsiz

codicil
BR ˈkəʊdɪsɪl, ˈkɒdɪsɪl, -z
AM ˈkadəs(ə)l, -z

codicillary
BR ˌkəʊdɪˈsɪləri, ˌkɒdɪˈsɪləri
AM ˌkadəˈsɪləri

codicological
BR ˌkəʊdɪkəˈlɒdʒɪkl, ˌkɒdɪkəˈlɒdʒɪkl
AM ˌkadəkəˈladʒək(ə)l

codicologically
BR ˌkəʊdɪkəˈlɒdʒɪkli, ˌkɒdɪkəˈlɒdʒɪkli
AM ˌkadəkəˈladʒək(ə)l

codicology
BR ˌkəʊdɪˈkɒlədʒi, ˌkɒdɪˈkɒlədʒi
AM ˌkadəˈkalədʒi

codification
BR ˌkəʊdɪfɪˈkeɪʃn
AM ˌkoʊdəfəˈkeɪʃ(ə)n, ˌkadəfəˈkeɪʃ(ə)n

codifier
BR ˈkəʊdɪfʌɪə(r), -z
AM ˈkoʊdəˌfaɪər, ˈkadəˌfaɪər, -z

codify
BR ˈkəʊdɪfʌɪ, -z, -ɪŋ, -d
AM ˈkoʊdəˌfaɪ, ˈkadəˌfaɪ, -z, -ɪŋ, -d

codlin
BR ˈkɒdlɪn, -z
AM ˈkadl(ə)n, -z

codling
BR ˈkɒdlɪŋ, -z
AM ˈkadlɪŋ, -z

codliver oil
BR ˌkɒdlɪvər ˈɔɪl
AM ˈˌkadˌlɪvər ˌɔɪl

codomain
BR ˌkəʊdə(ʊ)ˈmeɪn
AM ˌkoʊˌdoʊˈmeɪn, ˌkoʊdeˈmeɪn

codon
BR ˈkəʊdɒn, -z
AM ˈkoʊd(ə)n, -z

codpiece
BR ˈkɒdpiːs, -ɪz
AM ˈkadˌpis, -ɪz

codriver
BR ˌkəʊˌdrʌɪvə(r), -z
AM ˈkoʊˌdraɪvər, -z

codswallop
BR ˈkɒdzˌwɒləp
AM ˈkadzˌwaləp

Cody
BR ˈkəʊdi
AM ˈkoʊdi

Coe
BR kəʊ
AM koʊ

coecilian
BR sɪˈsɪliən, -z
AM səˈsɪlj(ə)n, sɪˈsɪliən, səˈsɪliən, sɪˈsɪlj(ə)n, -z

Coed *in Welsh placenames*
BR kɔɪd
AM kɔɪd
WE kɔɪd

coed
BR ˌkəʊˈɛd, -z
AM ˌkoʊˌɛd, -z

co-editor
BR ˈkəʊˌɛdɪtə(r), -z
AM ˈˌkoʊˌɛdɪdər, -z

coeducation
BR ˌkəʊɛdjʉˈkeɪʃn, ˌkəʊɛdʒʊˈkeɪʃn
AM ˌkoʊˌɛdʒəˈkeɪʃ(ə)n

coeducational
BR ˌkəʊɛdjʉˈkeɪʃn̩l, ˌkəʊɛdʒʊˈkeɪʃn̩l
AM ˌkoʊˌɛdʒəˈkeɪʃ(ə)n)l, ˌkoʊˌɛdʒəˈkeɪʃ(ə)l

coefficient
BR ˌkəʊɪˈfɪʃnt
AM ˌkoʊəˈfɪʃ(ə)nt

coelacanth
BR ˈsiːləkanθ, -s
AM ˈsiləˌkænθ, -s

coelenterate
BR sɪˈlɛntəreɪt, sɪˈlɛnt(ə)rət, -s
AM ˌsiˈlɛntəˌreɪt, -s

coeliac
BR ˈsiːliak
AM ˈsiliˌæk

coelom
BR ˈsiːləm
AM ˈsil(ə)m

coelomate
BR ˈsiːlə(ʊ)meɪt
AM ˈsɪləˌmeɪt
coelostat
BR ˈsiːlə(ʊ)stat, -s
AM ˈsɪləˌstæt, -s
coemption
BR kəʊˈɛm(p)ʃn
AM ˌkoʊˈɛmpʃ(ə)n
Coen
BR kəʊn
AM koʊn
DU kuːn
coenobite
BR ˈsiːnə(ʊ)baɪt, -s
AM ˈsɛnəˌbaɪt,
ˈsinəˌbaɪt, -s
coenobitic
BR ˌsiːnəˈbɪtɪk
AM ˌsɛnəˈbɪdɪk,
ˌsinəˈbɪdɪk
coenobitical
BR ˌsiːnəˈbɪtɪkl
AM ˌsɛnəˈbɪdək(ə)l,
ˌsinəˈbɪdɪkl
coequal
BR (ˌ)kəʊˈiːkw(ə)l, -z
AM ˌkoʊˈikw(ə)l, -z
coequality
BR ˌkəʊɪˈkwɒlɪti
AM ˌkoʊəˈkwɑlədi,
ˌkoʊiˈkwalədi,
ˌkoʊiˈkwɒlədi,
ˌkoʊəˈkwalədi
coerce
BR kəʊˈɜːs, -ɪz,
-ɪŋ, -t
AM koʊˈɜrs, -əz, -ɪŋ,
-t
coercer
BR kəʊˈɜːsə(r), -z
AM koʊˈɜrsər, -z
coercible
BR kəʊˈɜːsɪbl
AM koʊˈɜrsəb(ə)l
coercibly
BR kəʊˈɜːsɪbli
AM koʊˈɜrsəbli
coercion
BR kəʊˈɜːʃn
AM koʊˈɜrʒ(ə)n,
koʊˈɜrʃ(ə)n

coercive
BR kəʊˈɜːsɪv
AM koʊˈɜrsɪv
coercively
BR kəʊˈɜːsɪvli
AM koʊˈɜrsɪvli
coerciveness
BR kəʊˈɜːsɪvnɪs
AM koʊˈɜrsɪvnɪs
coessential
BR ˌkəʊɪˈsɛnʃl
AM ˌkoʊəˈsɛn(t)ʃ(ə)l
coeternal
BR ˌkəʊɪˈtɜːnl
AM ˌkoʊəˈtɜrn(ə)l
coeternally
BR ˌkəʊɪˈtɜːnli
AM ˌkoʊəˈtɜrnəli
Coetzee
BR kuːtˈsɪə(r),
kuːtˈsiː
AM ˈkoʊtsi
Coeur d'Alene
BR ˌkɔː dəˈleɪn,
+ dlˈeɪn
AM ˌkɜr dəˈleɪn
coeval
BR ˌkəʊˈiːvl
AM ˌkoʊˈiv(ə)l
coevality
BR ˌkəʊiːˈvalɪti
AM ˌkoʊiˈvælədi
coevally
BR ˌkəʊˈiːvl̩i
AM ˌkoʊˈivɪli
coexist
BR ˌkəʊɪɡˈzɪst, -s, -ɪŋ,
-ɪd
AM ˌkoʊəɡˈzɪst, -s,
-ɪŋ, -ɪd
coexistence
BR ˌkəʊɪɡˈzɪst(ə)ns
AM ˌkoʊəɡˈzɪstns
coexistent
BR ˌkəʊɪɡˈzɪst(ə)nt
AM ˌkoʊəɡ-
ˈzɪst(ə)nt
coextend
BR ˌkəʊɪkˈstɛnd, -z,
-ɪŋ, -ɪd
AM ˌkoʊəkˈstɛnd, -z,
-ɪŋ, -əd

coextension
BR ˌkəʊɪkˈstɛnʃn, -z
AM ˌkoʊək-
ˈstɛn(t)ʃ(ə)n, -z
coextensive
BR ˌkəʊɪkˈstɛnsɪv
AM ˌkoʊəkˈstɛnsɪv
C of E
BR ˌsiː əv ˈiː
AM ˌsi əv ˈi
coffee
BR ˈkɒf|i, -ɪz
AM ˈkafi, ˈkɔfi, -z
coffeecake
BR ˈkɒfikeɪk, -s
AM ˈkafiˌkeɪk,
ˈkɔfiˌkeɪk, -s
coffee klatch
BR ˈkɒfi klatʃ, -ɪz
AM ˈkafi ˌklatʃ,
ˈkɔfi ˌklatʃ, -əz
coffer
BR ˈkɒfə(r), -z, -d
AM ˈkafər, ˈkɔfər, -z,
-d
cofferdam
BR ˈkɒfədam, -z
AM ˈkafərˌdæm,
ˈkɔfərˌdæm, -z
Coffey
BR ˈkɒfi
AM ˈkafi
coffin
BR ˈkɒfɪn, -z
AM ˈkaf(ə)n,
ˈkɔf(ə)n, -z
coffle
BR ˈkɒfl, -z
AM ˈkaf(ə)l,
ˈkɔf(ə)l, -z
cog
BR kɒɡ, -z, -d
AM kaɡ, -z, -d
Cogan
BR ˈkəʊɡ(ə)n
AM ˈkoʊɡ(ə)n
cogency
BR ˈkəʊdʒ(ə)nsi
AM ˈkoʊdʒənsi
cogent
BR ˈkəʊdʒ(ə)nt
AM ˈkoʊdʒ(ə)nt

cogently
BR ˈkəʊdʒ(ə)ntli
AM ˈkoʊdʒən(t)li
Coggeshall
BR ˈkɒɡɪʃl, ˈkɒksl
AM ˈkaɡzˌ(h)al,
ˈkaɡzˌ(h)ɔl
Coghill
BR ˈkɒɡ(h)ɪl
AM ˈkaɡ(h)ɪl
cogitable
BR ˈkɒdʒɪtəbl
AM ˈkadʒədəb(ə)l
cogitate
BR ˈkɒdʒɪteɪt, -s, -ɪŋ,
-ɪd
AM ˈkadʒəˌteɪ|t, -ts,
-dɪŋ, -dɪd
cogitation
BR ˌkɒdʒɪˈteɪʃn
AM ˌkadʒəˈteɪʃ(ə)n
cogitative
BR ˈkɒdʒɪtətɪv
AM ˈkadʒəˌteɪdɪv
cogitator
BR ˈkɒdʒɪteɪtə(r), -z
AM ˈkadʒəˌteɪdər, -z
cogito
BR ˈkɒɡɪtəʊ
AM ˈkaɡədoʊ
cogito ergo sum
BR ˈkɒɡɪtəʊ
ˌɜːɡəʊ ˈsʊm,
+ ˈsʌm
AM ˈkaɡədoʊ
ˌɛrɡoʊ ˈs(ə)m
cognac
BR ˈkɒnjak, -s
AM ˈkanˌjæk,
ˈkoʊnˌjæk, -s
cognate
BR ˈkɒɡneɪt, -s
AM ˈkaɡˌneɪt, -s
cognately
BR ˈkɒɡneɪtli
AM ˈkaɡˌneɪtli
cognateness
BR ˈkɒɡneɪtnɪs
AM ˈkaɡˌneɪtnɪs
cognatic
BR kɒɡˈnatɪk
AM ˌkaɡˈnædɪk

cognation
BR kɒgˈneɪʃn
AM ˌkagˈneɪʃ(ə)n

cognisable
BR ˈkɒgnɪzəbl,
kɒgˈnʌɪzəbl
AM ˌkagˈnaɪzəb(ə)l,
ˈkagnəzəb(ə)l

cognisably
BR ˈkɒgnɪzəbli,
kɒgˈnʌɪzəbli
AM ˌkagˈnaɪzəbli,
ˈkagnəzəbli

cognisance
BR ˈkɒgnɪzns,
kɒgˈnʌɪzns
AM ˈkagnəzns

cognisant
BR ˈkɒgnɪznt,
kɒgˈnʌɪznt
AM ˈkagnəznt

cognise
BR ˈkɒgnʌɪz, -ɪz,
-ɪŋ, -d
AM ˈkagˌnaɪz, -ɪz,
-ɪŋ, -d

cognition
BR kɒgˈnɪʃn
AM ˌkagˈnɪʃ(ə)n

cognitional
BR kɒgˈnɪʃn̩l
AM ˌkagˈnɪʃən(ə)l,
ˌkagˈnɪʃn(ə)l

cognitive
BR ˈkɒgnɪtɪv
AM ˈkagnədɪv

cognitively
BR ˈkɒgnɪtɪvli
AM ˈkagnədɪvli

cognitivism
BR ˈkɒgnɪtɪvɪzm
AM ˈkagnədɪˌvɪz(ə)m

cognitivist
BR ˈkɒgnɪtɪvɪst,
-s
AM ˈkagnədɪvɪst,
-s

cognizable
BR ˈkɒgnɪzəbl,
kɒgˈnʌɪzəbl
AM ˌkagˈnaɪzəb(ə)l,
ˈkagnəzəb(ə)l

cognizably
BR ˈkɒgnɪzəbli,
kɒgˈnʌɪzəbli
AM ˌkagˈnaɪzəbli,
ˈkagnəzəbli

cognizance
BR ˈkɒgnɪzns,
kɒgˈnʌɪzns
AM ˈkagnəzns

cognizant
BR ˈkɒgnɪznt,
kɒgˈnʌɪznt
AM ˈkagnəznt

cognize
BR ˈkɒgnʌɪz,
kɒgˈnʌɪz, -ɪz, -ɪŋ, -d
AM ˈkagˌnaɪz, -ɪz,
-ɪŋ, -d

cognomen
BR ˌkɒgˈnəʊm(ɛ)n, -z
AM ˈkagnəm(ə)n,
ˌkagˈnoʊm(ə)n, -z

cognominal
BR ˌkɒgˈnɒmɪnl
AM ˌkagˈnamən(ə)l

cognoscente
BR ˌkɒgnəˈʃɛnti,
ˌkɒnjəˈʃɛnti
AM ˌkanjəˈʃɛn(t)i,
ˌkagnəˈʃɛn(t)i

cognoscenti
BR ˌkɒgnəˈʃɛnti(ː),
ˌkɒnjəˈʃɛnti(ː)
AM ˌkanjəˈʃɛn(t)i,
ˌkagnəˈʃɛn(t)i

cogwheel
BR ˈkɒgwiːl, -z
AM ˈkagˌ(h)wil, -z

cohabit
BR (ˌ)kəʊˈhab|ɪt, -ɪts,
-ɪtɪŋ, -ɪtɪd
AM ˌkoʊˈhæbə|t, -ts,
-dɪŋ, -dəd

cohabitant
BR (ˌ)kəʊˈhabɪt(ə)nt,
-s
AM ˌkoʊˈhæbədənt,
-s

cohabitation
BR ˌkəʊhabɪˈteɪʃn,
kə(ʊ)ˌhabɪˈteɪʃn
AM ˌkoʊˌhæbəˈteɪʃ(ə)n

cohabitee
BR ˌkəʊhabɪˈtiː,
kə(ʊ)ˌhabɪˈtiː, -z
AM ˌkoʊhæbəˈti, -z

cohabiter
BR (ˌ)kəʊˈhabɪtə(r), -z
AM ˌkoʊˈhæbədər, -z

Cohan
BR ˈkəʊhan
AM ˈkoʊ(ə)n, ˈkoʊˌhæn

Cohen
BR ˈkəʊɪn
AM ˈkoʊ(ə)n

cohere
BR kə(ʊ)ˈhɪə(r), -z,
-ɪŋ, -d
AM koʊˈhɪ(ə)r, -z,
-ɪŋ, -d

coherence
BR kə(ʊ)ˈhɪərn̩s
AM koʊˈhɪr(ə)ns

coherency
BR kə(ʊ)ˈhɪərn̩si
AM koʊˈhɪrənsi

coherent
BR kə(ʊ)ˈhɪərn̩t
AM koʊˈhɪr(ə)nt

coherently
BR kə(ʊ)ˈhɪərn̩tli
AM koʊˈhɪrən(t)li

coherer
BR kə(ʊ)ˈhɪərə(r), -z
AM koʊˈhɪrər, -z

cohesion
BR kə(ʊ)ˈhiːʒn
AM koʊˈhiʒ(ə)n

cohesive
BR kə(ʊ)ˈhiːsɪv
AM koʊˈhisɪv

cohesively
BR kə(ʊ)ˈhiːsɪvli
AM koʊˈhisɪvli

cohesiveness
BR kə(ʊ)ˈhiːsɪvnɪs
AM koʊˈhisɪvnɪs

Cohn
BR kəʊn
AM koʊn

coho
BR ˈkəʊhəʊ, -z
AM ˈkoʊˌhoʊ, -z

cohort
BR ˈkəʊhɔːt, -s
AM ˈkoʊˌhɔ(ə)rt, -s

cohosh
BR kəˈhɒʃ
AM ˈkoʊˌhaʃ

COHSE
BR ˈkəʊzi
AM ˈkoʊzi

cohune
BR kəˈhuːn, -z
AM kəˈhun, -z

coif[1] *noun*
BR kɔɪf, -s
AM kɔɪf, -s

coif[2] *verb*
BR kwaːf, kwɒf, -s,
-ɪŋ, -t
AM kwaf, -s, -ɪŋ, -t

coiffeur
BR kwaːˈfəː(r),
kwɒˈfəː(r), -z
AM kwaˈfər, -z

coiffeurs
BR kwaːˈfəːz,
kwɒˈfəːz
AM kwaˈfərz
FR kwafœʀ

coiffeuse
BR kwaːˈfəːz,
kwɒˈfəːz
AM kwaˈfʊz
FR kwaføz

coiffeuses
BR kwaːˈfəːz,
kwɒˈfəːz
AM kwaˈfʊz
FR kwaføz

coiffure
BR kwaːˈfjʊə(r),
kwɒˈfjʊə(r), -z
AM kwaˈfjʊ(ə)r, -z
FR kwafyʀ

coign
BR kɔɪn, -z
AM kɔɪn, -z

coil
BR kɔɪl, -z, -ɪŋ, -d
AM kɔɪl, -z, -ɪŋ, -d

Coimbra
BR ˈkwɪmbrə(r)
AM kʊˈɪmbrə

coin
BR kɔɪn, -z, -ɪŋ, -d
AM kɔɪn, -z, -ɪŋ, -d
coinage
BR ˈkɔɪn|ɪdʒ, -ɪdʒɪz
AM ˈkɔɪnɪdʒ, -ɪz
coincide
BR ˌkəʊɪnˈsʌɪd, -z,
-ɪŋ, -ɪd
AM ˌkoʊənˈsaɪd, -z,
-ɪŋ, -ɪd
coincidence
BR kəʊˈɪnsɪd(ə)ns,
-ɪz
AM koʊˈɪnsədns, -ɪz
coincident
BR kəʊˈɪnsɪd(ə)nt
AM koʊˈɪnsəˌdɛnt,
koʊˈɪnsədnt
coincidental
BR kəʊˌɪnsɪˈdɛntl
AM koʊˌɪnsəˈdɛn(t)l
coincidentally
BR kəʊˌɪnsɪˈdɛntli
AM koʊˌɪnsəˈdɛn(t)əli
coincidently
BR kəʊˌɪnsɪˈdɛntli
AM koʊˌɪnsəˈdɛn(t)li
coiner
BR ˈkɔɪnə(r), -z
AM ˈkɔɪnər, -z
co-inheritor
BR ˌkəʊɪnˈhɛrɪtə(r), -z
AM ˌkoʊənˈhɛrədər, -z
coin-op
BR ˈkɔɪnɒp, -s
AM ˈkɔɪnˌɑp, -s
cointreau
BR ˈkwɒntrəʊ,
ˈkwɑːntrəʊ,
ˈkwantrəʊ, -z
AM kwɑnˈtroʊ, -z
coir
BR ˈkɔɪə(r)
AM ˈkɔɪ(ə)r
coit
BR kɔɪt
AM kɔɪt
coital
BR ˈkəʊɪtl, ˈkɔɪ(ɪ)tl
AM ˈkɔɪdl,
ˈkoʊədl

coition
BR kəʊˈɪʃn
AM koʊˈɪʃ(ə)n
coitus
BR ˈkəʊɪtəs, ˈkɔɪ(ɪ)təs
AM ˈkɔɪdəs, ˈkoʊədəs
coitus interruptus
BR ˌkəʊɪtəs ˌɪntə-
ˈrʌptəs, ˌkɔɪ(ɪ)təs +
AM ˌkɔɪdəs ɪn(t)ə-
ˈrəptəs, ˌkoʊədəs
ɪn(t)əˈrəptəs
cojones
BR kəˈhəʊneɪz
AM kəˈhoʊneɪz,
koʊˈhoʊneɪz
coke
BR kəʊk, -s, -ɪŋ, -t
AM koʊk, -s, -ɪŋ, -t
Coke[1] *Coca-Cola*
BR kəʊk, -s
AM koʊk, -s
Coke[2] *surname*
BR kʊk, kəʊk
AM kʊk
Coker
BR ˈkəʊkə(r)
AM ˈkoʊkər
col
BR kɒl, -z
AM kɑl, -z
cola
BR ˈkəʊlə(r), -z
AM ˈkoʊlə, -z
colander
BR ˈkʌləndə(r), -z
AM ˈkələndər,
ˈkɑləndər, -z
Colbert[1] *French surname*
BR ˈkɒlbɛː(r)
AM kɔlˈbɛ(ə)r
Colbert[2] *English surname*
BR ˈkəʊlbəːt
AM ˈkoʊlbərt
Colby
BR ˈkɒlbi
AM ˈkoʊlbi
colcannon
BR kɒlˈkanən
AM kəlˈkænən

Colchester
BR ˈkɒltʃɪstə(r),
ˈkɒlˌtʃɛstər
AM ˈkoʊlˌtʃɛstər
colchicine
BR ˈkɒltʃɪsiːn,
ˈkɒlkɪsiːn, -z
AM ˈkɑlkəˌsin,
ˈkɑltʃəˌsin, -z
colchicum
BR ˈkɒltʃɪkəm,
ˈkɒlkɪkəm
AM ˈkɑltʃək(ə)m
Colchis
BR ˈkɒlkɪs
AM ˈkɑlkəs,
ˈkɔlkəs
cold
BR kəʊld, -z, -ə(r),
-ɪst
AM koʊld, -z, -ər, -əst
cold-blooded
BR ˌkəʊl(d)ˈblʌdɪd
AM ˈˌkoʊl(d)ˈblədəd
cold-bloodedly
BR ˌkəʊl(d)ˈblʌdɪdli
AM ˈˌkoʊl(d)ˈblədədli
cold-bloodedness
BR ˌkəʊl(d)ˈblʌdɪdnɪs
AM ˈˌkoʊl(d)-
ˌblədədnəs
coldish
BR ˈkəʊldɪʃ
AM ˈkoʊldɪʃ
Colditz
BR ˈkəʊldɪts, ˈkɒldɪts
AM ˈkoʊldɪts
coldly
BR ˈkəʊldli
AM ˈkoʊl(d)li
coldness
BR ˈkəʊldnəs
AM ˈkoʊl(d)nəs
coldstore
BR ˈkəʊl(d)stɔː(r), -z
AM ˈkoʊl(d)ˌstɔ(ə)r, -z
Coldstream
BR ˈkəʊl(d)striːm
AM ˈkoʊl(d)ˌstrim
Cole
BR kəʊl
AM koʊl

Colebrook
BR ˈkəʊlbrʊk
AM ˈkoʊlˌbrʊk
Coleclough
BR ˈkəʊlklʌf
AM ˈkoʊlkləf
colectomy
BR kə(ʊ)ˈlɛktəm|i, -ɪz
AM koʊˈlɛktəmi,
kəˈlɛktəmi, -z
Coleford
BR ˈkəʊlfəd
AM ˈkoʊlfərd
Coleman
BR ˈkəʊlmən
AM ˈkoʊlm(ə)n
colemice
BR ˈkəʊlmʌɪs
AM ˈkoʊlˌmaɪs
colemouse
BR ˈkəʊlmaʊs
AM ˈkoʊlˌmaʊs
Colenso
BR kəˈlɛnzəʊ,
kəˈlɛnsəʊ
AM kəˈlɛnsoʊ
Coleoptera
BR ˌkɒlɪˈɒpt(ə)rə(r)
AM ˌkaliˈɑpt(ə)rə
coleopteran
BR ˌkɒlɪˈɒpt(ə)rən, -z
AM ˌkaliˈɑpt(ə)r(ə)n,
-z
coleopterist
BR ˌkɒlɪˈɒpt(ə)rɪst, -s
AM ˌkaliˈɑpt(ə)rəst, -s
coleopterous
BR ˌkɒlɪˈɒpt(ə)rəs
AM ˌkaliˈɑpt(ə)rəs
coleoptile
BR ˌkɒlɪˈɒptʌɪl, -z
AM ˌkaliˈɑpˌtaɪl, -z
Coleraine
BR ˌkəʊlˈreɪn
AM ˌkoʊlˈreɪn,
ˈkoʊlˌreɪn
Coleridge
BR ˈkəʊl(ə)rɪdʒ
AM ˈkoʊl(ə)rɪdʒ
Coles
BR kəʊlz
AM koʊlz

coleseed
BR ˈkəʊlsiːd
AM ˈkoʊlˌsid

coleslaw
BR ˈkəʊlslɔː(r)
AM ˈkoʊlˌslɔ

Colet
BR ˈkɒlɪt
AM ˈkɑlət

Colette
BR kɒˈlɛt
AM kəˈlɛt

coleus
BR ˈkəʊliəs
AM ˈkoʊliəs

coley
BR ˈkəʊl|i, -ɪz
AM ˈkoʊli, -z

Colgate
BR ˈkəʊlgeɪt, ˈkɒlgeɪt
AM ˈkoʊlˌgeɪt

colic
BR ˈkɒlɪk
AM ˈkɑlɪk

colicky
BR ˈkɒlɪki
AM ˈkɑləki

coliform
BR ˈkəʊlɪfɔːm, ˈkɒlɪfɔːm
AM ˈkoʊliˌfɔ(ə)rm

Colima
BR kɒˈliːmə(r)
AM kəˈlimə, kɑˈlimə, kɔˈlimə

Colin
BR ˈkɒlɪn
AM ˈkɑl(ə)n

coliseum
BR ˌkɒlɪˈsiːəm, -z
AM ˌkɑləˈsiəm, -z

colitis
BR kɒˈlʌɪtɪs
AM kəˈlaɪdəs

Coll
BR kɒl
AM kɑl, kɔl

collaborate
BR kəˈlabəreɪt, -s, -ɪŋ, -ɪd
AM kəˈlæbəˌreɪ|t, -ts, -dɪŋ, -dɪd

collaboration
BR kəˌlabəˈreɪʃn
AM kəˌlæbəˈreɪʃ(ə)n

collaborationist
BR kəˌlabəˈreɪʃnɪst, -s
AM kəˌlæbəˈreɪʃənəst, -s

collaborative
BR kəˈlab(ə)rətɪv
AM kəˈlæbərədɪv

collaboratively
BR kəˈlab(ə)rətɪvli
AM kəˈlæbərədɪvli

collaborator
BR kəˈlabəreɪtə(r), -z
AM kəˈlæbəˌreɪdər, -z

collage
BR ˈkɒlɑːʒ, kɒˈlɑːʒ, -ɪz
AM kəˈlɑʒ, -ɪz

collagen
BR ˈkɒlədʒ(ə)n
AM ˈkɑlədʒ(ə)n

collagist
BR ˈkɒlɑːʒɪst, kɒˈlɑːʒɪst, -s
AM ˈkɑlədʒəst, -s

collapsar
BR kəˈlapsɑː(r), -z
AM kəˈlæpsər, -z

collapse
BR kəˈlaps, -ɪz, -ɪŋ, -t
AM kəˈlæps, -əz, -ɪn, -t

collapsibility
BR kəˌlapsɪˈbɪlɪti
AM kəˌlæpsəˈbɪlɪdi

collapsible
BR kəˈlapsɪbl
AM kəˈlæpsəb(ə)l

collar
BR ˈkɒlə(r), -z, -ɪŋ, -d
AM ˈkɑlər, -z, -ɪŋ, -d

collarbone
BR ˈkɒləbəʊn, -z
AM ˈkɑlərˌboʊn, -z

collard
BR ˈkɒləd, -z
AM ˈkɑlərd, -z

collarette
BR ˌkɒləˈrɛt, -s
AM ˌkɑləˈrɛt, -s

collarless
BR ˈkɒlələs
AM ˈkɑlərləs

collate
BR kɒˈleɪt, -s, -ɪŋ, -ɪd
AM ˈkɑˌleɪ|t, ˈkoʊˌleɪ|t, -ts, -dɪŋ, -dɪd

collateral
BR kəˈlat(ə)r|
AM kəˈlædər(ə)l

collateralise
BR kəˈlat(ə)r|ʌɪz, -ɪz, -ɪŋ, -d
AM kəˈlætrəˌlaɪz, kəˈlædərəˌlaɪz, -ɪz, -ɪŋ, -d

collaterality
BR kəˌlatəˈralɪti
AM kəˌlædəˈrælədi

collateralize
BR kəˈlat(ə)r|ʌɪz, -ɪz, -ɪŋ, -d
AM kəˈlætrəˌlaɪz, kəˈlædərəˌlaɪz, -ɪz, -ɪŋ, -d

collaterally
BR kəˈlat(ə)r|i
AM kəˈlætrəli, kəˈlædərəli

collation
BR kɒˈleɪʃn
AM kəˈleɪʃ(ə)n

collator
BR kɒˈleɪtə(r), -z
AM ˈkɑˌleɪdər, ˈkoʊˌleɪdər, -z

colleague
BR ˈkɒliːg, -z
AM ˈkɑlig, -z

collect[1] *noun, prayer*
BR ˈkɒlɛkt, -s
AM ˈkɑlɛk(t), -s

collect[2] *verb, gather together*
BR kəˈlɛkt, -s, -ɪŋ, -ɪd
AM kəˈlɛk|(t), -(t)s, -tɪŋ, -təd

collectability
BR kəˌlɛktəˈbɪlɪti
AM kəˈlɛktəbɪlɪdi

collectable
BR kəˈlɛktəbl, -z
AM kəˈlɛktəb(ə)l, -z

collectanea
BR ˌkɒlɛkˈteɪnɪə(r)
AM ˌkɑlɛkˈteɪnɪə

collectedly
BR kəˈlɛktɪdli
AM kəˈlɛktədli

collecteness
BR kəˈlɛktɪdnɪs
AM kəˈlɛktədnəs

collectible
BR kəˈlɛktəbl, -z
AM kəˈlɛktəb(ə)l, -z

collection
BR kəˈlɛkʃn, -z
AM kəˈlɛkʃ(ə)n, -z

collective
BR kəˈlɛktɪv, -z
AM kəˈlɛktɪv, -z

collectively
BR kəˈlɛktɪvli
AM kəˈlɛktɪvli

collectiveness
BR kəˈlɛktɪvnɪs
AM kəˈlɛktɪvnɪs

collectivisation
BR kəˌlɛktɪvʌɪˈzeɪʃn
AM kəˌlɛktəˌvaɪˈzeɪʃ(ə)n, kəˌlɛktəvəˈzeɪʃ(ə)n

collectivise
BR kəˈlɛktɪvʌɪz, -ɪz, -ɪŋ, -d
AM kəˈlɛktəˌvaɪz, -ɪz, -ɪŋ, -d

collectivism
BR kəˈlɛktɪvɪzm
AM kəˈlɛktəˌvɪz(ə)m

collectivist
BR kəˈlɛktɪvɪst, -s
AM kəˈlɛktəvəst, -s

collectivistic
BR kəˌlɛktɪˈvɪstɪk
AM kəˌlɛktəˈvɪstɪk

collectivity
BR ˌkɒlɛkˈtɪvɪti
AM ˌkɑlɛkˈtɪvɪdi, kəˌlɛkˈtɪvɪdi

collectivization
BR kəˌlektɪvaɪˈzeɪʃn
AM kəˌlektəˌvaɪ-
ˈzeɪʃ(ə)n,
kəˌlektəvəˈzeɪʃ(ə)n

collectivize
BR kəˈlektɪvaɪz, -ɪz,
-ɪŋ, -d
AM kəˈlektəˌvaɪz, -ɪz,
-ɪŋ, -d

collector
BR kəˈlektə(r), -z
AM kəˈlektər, -z

colleen
BR ˈkɒliːn, kɒˈliːn,
-z
AM ˈkɑlin, kəˈlin, -z

college
BR ˈkɒl|ɪdʒ, -ɪdʒɪz
AM ˈkɑlɪdʒ, -ɪz

colleger
BR ˈkɒlɪdʒə(r)
AM ˈkɑlɪdʒər

collegia
BR kəˈliːdʒɪə(r),
kəˈlegɪə(r)
AM kəˈlegɪə

collegial
BR kəˈliːdʒɪəl
AM kəˈlidʒ(i)əl

collegiality
BR kəˌliːdʒɪˈalɪti
AM kəˌlidʒiˈælədi

collegian
BR kəˈliːdʒɪən, -z
AM kəˈlidʒ(ə)n, -z

collegiate
BR kəˈliːdʒɪət
AM kəˈlidʒ(i)ət

collegiately
BR kəˈliːdʒɪətli
AM kəˈlidʒ(i)ətli

collegium
BR kəˈliːdʒɪəm,
kəˈlegɪəm, -z
AM kəˈlegɪəm, -z

collenchyma
BR kəˈleŋkɪmə(r)
AM kəˈleŋkəmə

collet
BR ˈkɒlɪt, -s
AM ˈkɑlət, -s

Collette
BR kɒˈlet
AM kəˈlet

Colley
BR ˈkɒli
AM ˈkɑli

collide
BR kəˈlaɪd, -z, -ɪŋ, -ɪd
AM kəˈlaɪd, -z, -ɪŋ, -ɪd

collider
BR kəˈlaɪdə(r), -z
AM kəˈlaɪdər, -z

collie
BR ˈkɒl|i, -ɪz
AM ˈkɑli, -z

collier
BR ˈkɒlɪə(r), -z
AM ˈkɑljər, -z

colliery
BR ˈkɒljər|i, -ɪz
AM ˈkɑljəri, -z

colligate
BR ˈkɒlɪgeɪt, -s, -ɪŋ, -ɪd
AM ˈkɑləˌgeɪ|t, -ts,
-dɪŋ, -dɪd

colligation
BR ˌkɒlɪˈgeɪʃn, -z
AM ˌkɑləˈgeɪʃ(ə)n, -z

colligative
BR kəˈlɪgətɪv
AM ˈkɑləˌgeɪdɪv

collimate
BR ˈkɒlɪmeɪt, -s, -ɪŋ, -ɪd
AM ˈkɑləˌmeɪ|t, -ts,
-dɪŋ, -dɪd

collimation
BR ˌkɒlɪˈmeɪʃn, -z
AM ˌkɑləˈmeɪʃ(ə)n, -z

collimator
BR ˈkɒlɪmeɪtə(r), -z
AM ˈkɑləˌmeɪdər, -z

collinear
BR kɒˈlɪnɪə(r),
kə(ʊ)ˈlɪnɪə(r)
AM kəˈlɪnɪər

collinearity
BR kɒˌlɪnɪˈarɪti
AM kəˌlɪniˈerədi

collinearly
BR kɒˈlɪnɪəli
AM kəˈlɪnɪərli

Collinge
BR ˈkɒlɪn(d)ʒ
AM ˈkɑləndʒ, ˈkɑlɪŋ

Collingham
BR ˈkɒlɪŋəm
AM ˈkɑlɪŋˌ(h)æm

Collingwood
BR ˈkɒlɪŋwʊd
AM ˈkɑlɪŋˌwʊd

collins
BR ˈkɒlɪnz, -ɪz
AM ˈkɑlənz, -əz

Collinson
BR ˈkɒlɪns(ə)n
AM ˈkɑləns(ə)n

Collis
BR ˈkɒlɪs
AM ˈkɑləs

collision
BR kəˈlɪʒn, -z
AM kəˈlɪʒ(ə)n, -z

collisional
BR kəˈlɪʒn̩l
AM kəˈlɪʒn(ə)l,
kəˈlɪʒənl

collocate[1] *noun*
BR ˈkɒləkət, -s
AM ˈkɑləkət, -s

collocate[2] *verb*
BR ˈkɒləkeɪt, -s, -ɪŋ,
-ɪd
AM ˈkɑləˌkeɪ|t, -ts,
-dɪŋ, -dɪd

collocation
BR ˌkɒləˈkeɪʃn, -z
AM ˌkɑləˈkeɪʃ(ə)n, -z

collocutor
BR kə(ʊ)ˈlɒkjətə(r),
ˈkɒləkjuːtə(r), -z
AM kəˈlakjədər, -z

collodion
BR kəˈləʊdɪən
AM kəˈloʊdɪən

collodium
BR kəˈləʊdɪəm
AM kəˈloʊdɪəm

collogue
BR kɒˈləʊg, -z, -ɪŋ, -d
AM kəˈloʊg, -z, -ɪŋ, -d

colloid
BR ˈkɒlɔɪd, -z
AM ˈkɑˌlɔɪd, -z

colloidal
BR kɒˈlɔɪdl
AM kəˈlɔɪd(ə)l

collop
BR ˈkɒləp, -s
AM ˈkɑləp, -s

colloquia
BR kəˈləʊkwɪə(r)
AM kəˈloʊkwɪə

colloquial
BR kəˈləʊkwɪəl
AM kəˈloʊkwɪəl

colloquialism
BR kəˈləʊkwɪəlɪzm, -z
AM kəˈloʊkwɪə-
ˌlɪz(ə)m, -z

colloquially
BR kəˈləʊkwɪəli
AM kəˈloʊkwɪəli

colloquium
BR kəˈləʊkwɪəm, -z
AM kəˈloʊkwɪəm, -z

colloquy
BR ˈkɒləkw|i, -ɪz
AM ˈkɑləˌkwi, -z

collotype
BR ˈkɒlətʌɪp, -s
AM ˈkɑləˌtaɪp, -s

collude
BR kəˈl(j)uːd, -z, -ɪŋ, -ɪd
AM kəˈlud, -z, -ɪŋ, -əd

colluder
BR kəˈl(j)uːdə(r), -z
AM kəˈludər, -z

collusion
BR kəˈl(j)uːʒn
AM kəˈluʒ(ə)n

collusive
BR kəˈl(j)uːsɪv
AM kəˈlusɪv

collusively
BR kəˈl(j)uːsɪvli
AM kəˈlusɪvli

collusiveness
BR kəˈl(j)uːsɪvnɪs
AM kəˈlusɪvnɪs

colluvia
BR kəˈl(j)uːvɪə(r)
AM kəˈluvɪə

colluvium
BR kəˈl(j)uːvɪəm, -z
AM kəˈluvɪəm, -z

colly
BR ˈkɒli
AM ˈkɑli

collyria
BR kəˈlɪriə(r)
AM kəˈlɪriə

collyrium
BR kəˈlɪriəm
AM kəˈlɪriəm

collywobbles
BR ˈkɒliˌwɒblz
AM ˈkɑliˌwɑblz

Colman
BR ˈkəʊlmən, ˈkɒlmən
AM ˈkoʊlm(ə)n

Colnbrook
BR ˈkəʊ(l)nbrʊk
AM ˈkoʊ(l)nˌbrʊk

Colne
BR kəʊ(l)n
AM koʊ(l)n

colobus
BR ˈkɒləbəs, -ɪz
AM ˈkɑləbəs, -əz

colocynth
BR ˈkɒləsɪnθ, -s
AM ˈkɑləˌsɪnθ, -s

Cologne
BR kəˈləʊn
AM kəˈloʊn

Colombia
BR kəˈlʌmbiə(r)
AM kəˈləmbiə

Colombian
BR kəˈlʌmbiən, -z
AM kəˈləmbiən, -z

Colombo
BR kəˈlʌmbəʊ
AM kəˈləmboʊ

Colón
BR kɒˈlɒn
AM kəˈloʊn

colon[1] *colonial settler*
BR kɒˈlɒn, -z
AM kəˈloʊn, -z

colon[2] *large intestine, punctuation mark*
BR ˈkəʊlɒn, -z
AM ˈkoʊl(ə)n, -z

colonel
BR ˈkɜːnl, -z
AM ˈkɜrn(ə)l, -z

colonelcy
BR ˈkɜːnls|i, -ɪz
AM ˈkɜrnlsi, -z

colonial
BR kəˈləʊniəl, -z
AM kəˈloʊniəl, kəˈloʊnj(ə)l, -z

colonialism
BR kəˈləʊniəlɪzm
AM kəˈloʊnjəˌlɪz(ə)m, kəˈloʊniəˌlɪz(ə)m

colonialist
BR kəˈləʊniəlɪst, -s
AM kəˈloʊnjələst, kəˈloʊniələst, -s

colonially
BR kəˈləʊniəli
AM kəˈloʊnjəli, kəˈloʊniəli

colonic
BR kəˈlɒnɪk
AM kəˈlɑnɪk, koʊˈlɑnɪk

colonisation
BR ˌkɒlənʌɪˈzeɪʃn
AM ˌkɑləˌnaɪˈzeɪʃ(ə)n, ˌkɑlənəˈzeɪʃ(ə)n

colonise
BR ˈkɒlənʌɪz, -ɪz, -ɪŋ, -d
AM ˈkɑləˌnaɪz, -ɪz, -ɪŋ, -d

coloniser
BR ˈkɒlənʌɪzə(r), -z
AM ˈkɑləˌnaɪzər, -z

colonist
BR ˈkɒlənɪst, -s
AM ˈkɑlənəst, -s

colonization
BR ˌkɒlənʌɪˈzeɪʃn
AM ˌkɑləˌnaɪˈzeɪʃ(ə)n, ˌkɑlənəˈzeɪʃ(ə)n

colonize
BR ˈkɒlənʌɪz, -ɪz, -ɪŋ, -d
AM ˈkɑləˌnaɪz, -ɪz, -ɪŋ, -d

colonizer
BR ˈkɒlənʌɪzə(r), -z
AM ˈkɑləˌnaɪzər, -z

colonnade
BR ˌkɒləˈneɪd, -z, -ɪd
AM ˌkɑləˈneɪd, -z, -ɪd

colonoscopy
BR ˌkɒləˈnɒskəp|i, -ɪz
AM ˌkoʊləˈnɑskəpi, -z

Colonsay
BR ˈkɒlənzeɪ, ˈkɒlənseɪ
AM ˈkɑlənseɪ, ˈkɑlənzeɪ

colony
BR ˈkɒlən|i, -ɪz
AM ˈkɑləni, -z

colophon
BR ˈkɒləfɒn, -z
AM ˈkɑləˌfɑn, ˈkɑləf(ə)n, -z

colophony
BR kɒˈlɒfn̩i
AM ˈkɑləˌfɑni, kəˈlɑfəni

coloquintida
BR ˌkɒləˈkwɪntɪdə(r)
AM ˌkɑləˈkwɪn(t)ədə

color
BR ˈkʌl|ə(r), -əz, -(ə)rɪŋ, -əd
AM ˈkələr, -z, -ɪŋ, -d

colorable
BR ˈkʌl(ə)rəbl
AM ˈkələrəb(ə)l

colorably
BR ˈkʌl(ə)rəbli
AM ˈkələrəbli

Coloradan
BR ˌkɒləˈrɑːd(ə)n, -z
AM ˌkɑləˈrad(ə)n, -z

Colorado
BR ˌkɒləˈrɑːdəʊ
AM ˌkɑləˈradoʊ

colorant
BR ˈkʌl(ə)rn̩t, -s
AM ˈkələr(ə)nt, -s

coloration
BR ˌkʌləˈreɪʃn
AM ˌkələˈreɪʃ(ə)n

coloratura
BR ˌkɒl(ə)rəˈt(j)ʊərə(r), ˌkɒl(ə)rəˈtʃʊərə(r), -z
AM ˌkələrəˈtʊrə, -z

colorblind
BR ˈkʌləblʌɪnd
AM ˈkələrˌblaɪnd

colorblindness
BR ˈkʌləˌblʌɪn(d)nɪs
AM ˈkələrˌblaɪn(d)nɪs

colorectal
BR ˌkəʊləʊˈrɛktl
AM ˌkoʊloʊˈrɛktl

Colored
BR ˈkʌləd, -z
AM ˈkələrd, -z

colorfast
BR ˈkʌləfɑːst
AM ˈkələrˌfæst

colorfastness
BR ˈkʌləˌfɑːs(t)nəs
AM ˈkələrˌfæs(t)nəs

colorful
BR ˈkʌləf(ʊ)l
AM ˈkələrf(ə)l

colorfully
BR ˈkʌləfəli, ˈkʌləfḷi
AM ˈkələrf(ə)li

colorfulness
BR ˈkʌləf(ʊ)lnəs
AM ˈkələrfəlnəs

colorific
BR ˌkʌləˈrɪfɪk
AM ˌkələˈrɪfɪk

colorimeter
BR ˌkʌləˈrɪmɪtə(r), -z
AM ˌkələˈrɪmədər, -z

colorimetric
BR ˌkʌləɹəˈmɛtrɪk
AM ˌkələɹəˈmɛtrɪk

colorimetry
BR ˌkʌləˈrɪmɪtri
AM ˌkələˈrɪmətri

colorist
BR ˈkʌl(ə)rɪst, -s
AM ˈkələrəst, -s

colorize
BR ˈkʌlərʌɪz, -ɪz, -ɪŋ, -d
AM ˈkələˌraɪz, -ɪz, -ɪŋ, -d

colorless
BR ˈkʌlələs
AM ˈkələrləs

colorlessly
BR ˈkʌlələsli
AM ˈkələrləsli

Coloroll
BR ˈkʌlərəʊl
AM ˈkələroʊl

colorway
BR ˈkʌləweɪ, -z
AM ˈkələrˌweɪ, -z

colory
BR ˈkʌl(ə)ri
AM ˈkəl(ə)ri

colossal
BR kəˈlɒsl
AM kəˈlɑs(ə)l

colossally
BR kəˈlɒsli
AM kəˈlɑsəli

colosseum
BR ˌkɒləˈsiːəm, -z
AM ˌkɑləˈsiəm, -z

colossi
BR kəˈlɒsaɪ
AM kəˈlɑˌsaɪ

Colossians
BR kəˈlɒʃnz, kəˈlɒsiənz
AM kəˈlɑsiənz

colossus
BR kəˈlɒsəs
AM kəˈlɑsəs

colostomy
BR kəˈlɒstəm|i, -ɪz
AM kəˈlɑstəmi, -z

colostrum
BR kəˈlɒstrəm
AM kəˈlɑstr(ə)m

colotomy
BR kəˈlɒtəm|i, -ɪz
AM kəˈlɑdəmi, -z

colour
BR ˈkʌl|ə(r), -əz, -(ə)rɪŋ, -əd
AM ˈkələr, -z, -ɪŋ, -d

colourable
BR ˈkʌl(ə)rəbl
AM ˈkələrəb(ə)l

colourably
BR ˈkʌl(ə)rəbli
AM ˈkələrəbli

colourant
BR ˈkʌl(ə)rnt, -s
AM ˈkələr(ə)nt, -s

colouration
BR ˌkʌləˈreɪʃn
AM ˌkələˈreɪʃ(ə)n

colourblind
BR ˈkʌləblaɪnd
AM ˈkələrˌblaɪn(d)

colourblindness
BR ˈkʌləˌblaɪn(d)nɪs
AM ˈkələrˌblaɪn(d)nɪs

Coloured
BR ˈkʌləd, -z
AM ˈkələrd, -z

colourfast
BR ˈkʌləfɑːst
AM ˈkələrˌfæst

colourfastness
BR ˈkʌləfɑːs(t)nəs
AM ˈkələrˌfæs(t)nəs

colourful
BR ˈkʌləf(ʊ)l
AM ˈkələrf(ə)l

colourfully
BR ˈkʌləfʊli, ˈkʌləfḷi
AM ˈkələrfəli

colourfulness
BR ˈkʌləf(ʊ)lnəs
AM ˈkələrfəlnəs

colourise
BR ˈkʌləraɪz, -ɪz, -ɪŋ, -d
AM ˈkələˌraɪz, -ɪz, -ɪŋ, -d

colourist
BR ˈkʌl(ə)rɪst, -s
AM ˈkələrəst, -s

colourless
BR ˈkʌlələs
AM ˈkələrləs

colourlessly
BR ˈkʌlələsli
AM ˈkələrləsli

colourwash
BR ˈkʌləwɒʃ, -ɪz, -ɪŋ, -t
AM ˈkələrˌwɑʃ, ˈkələrˌwɔʃ, -əz, -ɪŋ, -t

colourway
BR ˈkʌləweɪ, -z
AM ˈkələrˌweɪ, -z

coloury
BR ˈkʌl(ə)ri
AM ˈkəl(ə)ri

colpitis
BR kɒlˈpʌɪtɪs
AM kalˈpaɪdɪs

colporteur
BR ˈkɒlˌpɔːtə(r), -z
AM ˈkɔlˌpɔrdər, ˈkɑlˌpɔrdər, -z

colposcope
BR ˈkɒlpəskəʊp, -s
AM ˈkɑlpəˌskoʊp, -s

colposcopy
BR kɒlˈpɒskəp|i, -ɪz
AM kalˈpɑskəpi, -z

colpotomy
BR kɒlˈpɒtəm|i, -ɪz
AM kalˈpɑdəmi, -z

Colquhoun
BR kəˈhuːn
AM kəˈhun

Colson
BR ˈkəʊlsn
AM ˈkoʊls(ə)n

Colston
BR ˈkəʊlst(ə)n
AM ˈkoʊlst(ə)n

colt
BR kəʊlt, -s
AM koʊlt, -s

colter
BR ˈkəʊltə(r), -z
AM ˈkoʊltər, -z

colthood
BR ˈkəʊlthʊd, -z
AM ˈkoʊltˌ(h)ʊd, -z

coltish
BR ˈkəʊltɪʃ
AM ˈkoʊltɪʃ

coltishly
BR ˈkəʊltɪʃli
AM ˈkoʊltɪʃli

coltishness
BR ˈkəʊltɪʃnɪs
AM ˈkoʊltɪʃnɪs

Coltrane
BR kɒlˈtreɪn
AM koʊlˌtreɪn

coltsfoot
BR ˈkəʊltsfʊt
AM ˈkoʊltsˌfʊt

colubrine
BR ˈkɒljʊbrʌɪn
AM ˈkal(j)əbr(ə)n, ˈkal(j)əˌbraɪn

Colum
BR ˈkɒləm
AM ˈkal(ə)m

Columba
BR kəˈlʌmbə(r)
AM kəˈləmbə

columbaria
BR ˌkɒləmˈbɛːrɪə(r)
AM ˌkɑləmˈbɛriə

columbarium
BR ˌkɒləmˈbɛːrɪəm
AM ˌkɑləmˈbɛriəm

Columbia
BR kəˈlʌmbɪə(r)
AM kəˈləmbiə

Columbian
BR kəˈlʌmbɪən, -z
AM kəˈləmbiən, -z

columbine
BR ˈkɒləmbʌɪn, -z
AM ˈkaləmˌbaɪn, -z

columbite
BR kəˈlʌmbʌɪt, ˈkɒləmbʌɪt
AM ˈkaləmˌbaɪt

columbium
BR kəˈlʌmbɪəm
AM kəˈləmbiəm

Columbus
BR kəˈlʌmbəs
AM kəˈləmbəs

column
BR ˈkɒl(ə)m, -z, -d
AM ˈkal(ə)m, -z, -d

columnar
BR kəˈlʌmnə(r), ˈkɒləmnə(r)
AM kəˈləmnər

columnated
BR ˈkɒləmneɪtɪd
AM ˈkaləmˌneɪdɪd

columnist
BR ˈkɒləm(n)ɪst, -s
AM ˈkaləm(n)əst, -s

colure
BR kəˈl(j)ʊə(r), ˈkəʊl(j)ʊə(r), -z
AM kəˈlʊ(ə)r, -z

Colville
BR ˈkɒlvɪl
AM ˈkoʊlˌvɪl

Colvin
BR ˈkɒlvɪn
AM ˈkɑlv(ə)n, ˈkɔlv(ə)n

Colwyn
BR ˈkɒlwɪn
AM ˈkɑlw(ə)n, ˈkɔlw(ə)n

Colyer
BR ˈkɒljə(r)
AM ˈkɑliər, ˈkɑljər

Colyton
BR ˈkɒlɪt(ə)n
AM ˈkɑlətn

colza
BR ˈkɒlzə(r)
AM ˈkoʊlzə, ˈkɑlzə

coma
BR ˈkəʊmə(r), -z
AM ˈkoʊmə, -z

Comanche
BR kəˈman(t)ʃi, -ɪz
AM kəˈmæn(t)ʃi, -z

comatose
BR ˈkəʊmətəʊs, ˈkəʊmətəʊz
AM ˈkɑməˌtoʊz, ˈkoʊməˌtoʊs

comatosely
BR ˈkəʊmətəʊsli, ˈkəʊmətəʊzli
AM ˈkɑməˌtoʊsli, ˈkoʊməˌtoʊsli

comb
BR kəʊm, -z, -ɪŋ, -d
AM koʊm, -z, -ɪŋ, -d

combat[1] *noun*
BR ˈkɒmbat, ˈkʌmbat, -s
AM ˈkɑmˌbæt, -s

combat[2] *verb*
BR ˈkɒmbat, ˈkʌmbat, kəmˈbat, -s, -ɪŋ, -ɪd
AM ˈkɑmˌbæt, kəmˈbæt, -ts, -dɪŋ, -dəd

combatant
BR ˈkɒmbət(ə)nt, ˈkʌmbət(ə)nt, kəmˈbat(ə)nt, -s
AM kəmˈbæd(ə)nt, kəmˈbætnt, -s

combative
BR ˈkɒmbətɪv, ˈkʌmbətɪv, kəmˈbatɪv
AM kəmˈbædɪv

combatively
BR ˈkɒmbətɪvli, ˈkʌmbətɪvli, kəmˈbatɪvli
AM kəmˈbædɪvli

combativeness
BR ˈkɒmbətɪvnɪs, ˈkʌmbətɪvnɪs, kəmˈbatɪvnɪs
AM kəmˈbædɪvnɪs

combe
BR kuːm, -z
AM koʊm, kum, -z

comber
BR ˈkəʊmə(r), -z
AM ˈkoʊmər, -z

combinable
BR kəmˈbaɪnəbl
AM ˈkɑmbənəb(ə)l

combination
BR ˌkɒmbɪˈneɪʃn, -z
AM ˌkɑmbəˈneɪʃ(ə)n, -z

combinational
BR ˌkɒmbɪˈneɪʃn̩
AM ˌkɑmbəˈneɪʃn(ə)l, ˌkɑmbəˈneɪʃ(ə)n(ə)l

combinative
BR ˈkɒmbɪnətɪv, ˈkɒmbn̩ətɪv
AM kəmˈbaɪnədɪv, ˈkɑmbənədɪv, ˈkɑmbəˌneɪdɪv

combinatorial
BR ˌkɒmbɪnəˈtɔːrɪəl, ˌkɒmbn̩əˈtɔːrɪəl
AM ˌkɑmbənəˈtɔrɪəl

combinatory
BR ˈkɒmbɪnətri, ˈkɒmbn̩ətri, ˌkɒmbɪˈneɪtəri
AM ˈkɑmbənəˌtɔri

combine[1] *noun*
BR ˈkɒmbʌɪn, -z
AM ˈkɑmˌbaɪn, -z

combine[2] *verb*
BR kəmˈbʌɪn, -z, -ɪŋ, -d
AM kəmˈbaɪn, -z, -ɪŋ, -d

combings
BR ˈkəʊmɪŋz
AM ˈkoʊmɪŋz

combo
BR ˈkɒmbəʊ, -z
AM ˈkɑmboʊ, -z

Combs
BR kuːmz
AM kumz

combust
BR kəmˈbʌst, -s, -ɪŋ, -ɪd
AM kəmˈbəst, -s, -ɪn, -əd

combustibility
BR kəmˌbʌstɪˈbɪlɪti
AM kəmˌbəstəˈbɪlɪdi

combustible
BR kəmˈbʌstɪbl, -z
AM kəmˈbəstəb(ə)l, -z

combustibly
BR kəmˈbʌstɪbli
AM kəmˈbəstəbli

combustion
BR kəmˈbʌstʃn
AM kəmˈbəstʃ(ə)n

combustive
BR kəmˈbʌstɪv
AM kəmˈbəstɪv

come
BR kʌm, -z, -ɪŋ
AM kəm, -z, -ɪŋ

come-all-ye
BR ˌkʌmɔːlˈjiː, -z
AM ˌkəmˌalˈji, ˌkəmˌɔlˈji, -z

come-at-able
BR kʌmˈatəbl
AM ˌkəmˈædəb(ə)l

comeback
BR ˈkʌmbak, -s
AM ˈkəmˌbæk, -s

Comecon
BR ˈkɒmɪkɒn
AM ˈkɑməˌkɑn

comedian
BR kəˈmiːdɪən, -z
AM kəˈmidiən, -z

comedic
BR kəˈmiːdɪk
AM kəˈmidɪk

comedically
BR kəˈmiːdɪkli
AM kəˈmidɪk(ə)li

comedienne
BR kəˌmiːdɪˈɛn, -z
AM kəˌmidiˈɛn, kəˈmidiˌɛn, -z

comedist
BR ˈkɒmɪdɪst, -s
AM ˈkɑmədəst, -s

comedo
BR ˈkɒmɪdəʊ, kəˈmiːdəʊ, -z
AM ˈkɑməˌdoʊ, -z

comedown
BR ˈkʌmdaʊn, -z
AM ˈkəmˌdaʊn, -z

comedy
BR ˈkɒmɪdǀi, -ɪz
AM ˈkɑmədi, -z

comeliness
BR ˈkʌmlɪnɪs
AM ˈkəmlɪnɪs

comely
BR ˈkʌmlǀi, -ɪə(r), -ɪɪst
AM ˈkəmli, -ər, -ɪɪst

Comenius
BR kəˈmeɪnɪəs, kəˈmiːnɪəs, kəˈmɛnɪəs
AM kəˈmeɪnɪəs

comer
BR ˈkʌmə(r), -z
AM ˈkəmər, -z

comestible
BR kəˈmɛstɪbl, -z
AM kəˈmɛstəb(ə)l, -z

comet
BR ˈkɒmɪt, -s
AM ˈkɑmət, -s

cometary
BR ˈkɒmɪt(ə)ri
AM ˈkɑməˌtɛri

comeuppance
BR ˌkʌmˈʌp(ə)ns, -ɪz
AM kəˈməp(ə)ns, -əz

comfily
BR ˈkʌmfɪli
AM ˈkəmfəli

comfiness
BR ˈkʌmfɪnɪs
AM ˈkəmfɪnɪs

comfit
BR ˈkʌmfɪt,
ˈkɒmfɪt, -s
AM ˈkʌmfət,
ˈkəmfət, -s

comfort
BR ˈkʌmfət, -s,
-ɪŋ, -ɪd
AM ˈkəmfər|t, -ts,
-dɪŋ, -dəd

comfortable
BR ˈkʌmf(ə)təbl
AM ˈkəmftərb(ə)l,
ˈkəmfərdəb(ə)l

comfortableness
BR ˈkʌmf(ə)təblnəs
AM ˈkəmftərbəlnəs,
ˈkəmfərdəbəlnəs

comfortably
BR ˈkʌmf(ə)təbli
AM ˈkəmftərbli,
ˈkəmfərdəbli

comforter
BR ˈkʌmfətə(r), -z
AM ˈkəmfərdər, -z

comfortingly
BR ˈkʌmfətɪŋli
AM ˈkəmfərdɪŋli

comfortless
BR ˈkʌmfətləs
AM ˈkəmfərtləs

comfrey
BR ˈkʌmfri
AM ˈkəmfri

comfy
BR ˈkʌmfi
AM ˈkəmfi

comic
BR ˈkɒmɪk, -s
AM ˈkɑmɪk, -s

comical
BR ˈkɒmɪkl
AM ˈkɑməkl

comicality
BR ˌkɒmɪˈkalɪti
AM ˌkɑməˈkælədi

comically
BR ˈkɒmɪkli
AM ˈkɑmək(ə)li

Cominform
BR ˈkɒmɪnfɔːm
AM ˈkɑmənˌfɔ(ə)rm

coming
BR ˈkʌmɪŋ, -z
AM ˈkəmɪŋ, -z

Comino
BR kəˈmiːnəʊ
AM kəˈminoʊ

Comintern
BR ˈkɒmɪntəːn
AM ˈkɑmənˌtərn
RUS kəmʲinˈtern

comitadji
BR ˌkɒmɪˈtadʒ|i,
-ɪz
AM ˌkɑməˈtɑdʒi, -z

comity
BR ˈkɒmɪt|i, -ɪz
AM ˈkɑmədi, -z

comma
BR ˈkɒmə(r), -z
AM ˈkɑmə, -z

command
BR kəˈmɑːnd, -z, -ɪŋ, -ɪd
AM kəˈmænd, -z, -ɪŋ, -əd

commandant
BR ˈkɒməndant,
ˈkɒməndɑːnt,
ˌkɒmənˈdant,
ˌkɒmənˈdɑːnt, -s
AM ˈkɑmənˌdant,
ˈkɑmənˌdænt, -s

commandeer
BR ˌkɒmənˈdɪə(r), -z, -ɪŋ, -d
AM ˌkɑmənˈdɪ(ə)r, -z, -ɪŋ, -d

commander
BR kəˈmɑːndə(r), -z
AM kəˈmændər, -z

commandership
BR kəˈmɑːndəʃɪp, -s
AM kəˈmændərˌʃɪp, -s

commandingly
BR kəˈmɑːndɪŋli
AM kəˈmændɪŋli

commandment
BR kəˈmɑːn(d)m(ə)nt, -s
AM kəˈmæn(d)m(ə)nt, -s

commando
BR kəˈmɑːndəʊ, -z
AM kəˈmænˌdoʊ, -z

comme ci, comme ça
BR kɒm ˌsiː kɒm ˈsaː(r), + ˈsa(r)
AM kəm ˈsi kəmˈsɑ

commedia dell'arte
BR kɒˈmediə delˈɑːteɪ
AM kəˈmeɪdiə dəˈlɑrdi

comme il faut
BR ˌkɒm iːl ˈfəʊ
AM ˌkəm il ˈfoʊ
FR kɔm il fo

commemorate
BR kəˈmemereɪt, -s,
-ɪŋ, -ɪd
AM kəˈmeməˌreɪ|t, -ts,
-dɪŋ, -dɪd

commemoration
BR kəˌmeməˈreɪʃn, -z
AM kəˌmeməˈreɪʃ(ə)n, -z

commemorative
BR kəˈmem(ə)rətɪv
AM kəˈmeməˌreɪdɪv,
kəˈmem(ə)rədɪv

commemoratively
BR kəˈmem(ə)rətɪvli
AM kəˈmeməˌreɪdɪvli,
kəˈmem(ə)rədɪvli

commemorator
BR kəˈmeməreɪtə(r), -z
AM kəˈmeməˌreɪdər, -z

commence
BR kəˈmens, -ɪz, -ɪŋ, -t
AM kəˈmens, -əz, -ɪŋ, -t

commencement
BR kəˈmensm(ə)nt, -s
AM kəˈmensm(ə)nt, -s

commend
BR kəˈmend, -z, -ɪŋ, -ɪd
AM kəˈmend, -z, -ɪŋ, -əd

commendable
BR kəˈmendəbl
AM kəˈmendəb(ə)l

commendably
BR kəˈmendəbli
AM kəˈmendəbli

commendation
BR ˌkɒm(ə)nˈdeɪʃn, -z
AM ˌkɑmənˈdeɪʃ(ə)n, -z

commendatory
BR ˌkɒm(ə)nˈdeɪt(ə)ri
AM kəˈmendəˌtɔri

commensal
BR kəˈmensl
AM kəˈmens(ə)l

commensalism
BR kəˈmenslɪzm
AM kəˈmensəˌlɪz(ə)m

commensality
BR ˌkɒmenˈsalt|i, -ɪz
AM kɑˌmenˈsælədi, -z

commensally
BR kəˈmensli
AM kəˈmensəli

commensurability
BR kəˌmenʃ(ə)rəˈbɪlɪti,
kəˌmens(ə)rəˈbɪlɪti,
kəˌmensjɜrəˈbɪlɪti
AM kəˌmen(t)ʃ(ə)rəˈbɪlɪdi,
kəˌmens(ə)rəˈbɪlɪdi

commensurable
BR kəˈmenʃ(ə)rəbl,
kəˈmens(ə)rəbl,
kəˈmensjɜrəbl
AM kəˈmen(t)ʃ(ə)rəb(ə)l,
kəˈmens(ə)rəb(ə)l

commensurableness
BR kəˈmenʃ(ə)rəblnəs,
kəˈmens(ə)rəblnəs,
kəˈmensjɜrəblnəs
AM kəˈmen(t)ʃ(ə)rəbəlnəs,
kəˈmens(ə)rəbəlnəs

commensurably
BR kəˈmenʃ(ə)rəbli,
kəˈmens(ə)rəbli,
kəˈmensjɜrəbli
AM kəˈmen(t)ʃ(ə)rəbli,
kəˈmens(ə)rəbli

commensurate
BR kəˈmenʃ(ə)rət,
kəˈmens(ə)rət,
kəˈmensjʊrət
AM kəˈmen(t)ʃ(ə)rət,
kəˈmens(ə)rət

commensurately
BR kəˈmenʃ(ə)rətli,
kəˈmens(ə)rətli,
kəˈmensjʊrətli
AM kəˈmen(t)ʃ(ə)rətli,
kəˈmens(ə)rətli

commensurateness
BR kəˈmenʃ(ə)rətnəs,
kəˈmens(ə)rətnəs,
kəˈmensjʊrətnəs
AM kəˈmen(t)ʃ(ə)rətnəs,
kəˈmens(ə)rətnəs

comment
BR ˈkɒment, -s, -ɪŋ, -ɪd
AM ˈkɑˌment, -s, -ɪŋ, -əd

commentary
BR ˈkɒm(ə)nt(ə)r|i, -iz
AM ˈkɑmənˌteri, -z

commentate
BR ˈkɒm(ə)nteɪt, -s, -ɪŋ, -ɪd
AM ˈkɑmənˌteɪ|t, -ts, -dɪŋ, -dɪd

commentator
BR ˈkɒm(ə)nteɪtə(r), -z
AM ˈkɑmənˌteɪdər, -z

commenter
BR ˈkɒmentə(r), -z
AM ˈkɑˌmen(t)ər, -z

commerce
BR ˈkɒmə:s
AM ˈkɑmərs

commercial
BR kəˈmə:ʃl, -z
AM kəˈmərʃ(ə)l, -z

commercialisation
BR kəˌmə:ʃlʌɪˈzeɪʃn
AM kəˌmərʃəˌlaɪ-ˈzeɪʃ(ə)n,
kəˌmərʃələˈzeɪʃ(ə)n

commercialise
BR kəˈmə:ʃlʌɪz, -ɪz, -ɪŋ, -d
AM kəˈmərʃəˌlaɪz, -ɪz, -ɪŋ, -d

commercialism
BR kəˈmə:ʃlɪzm
AM kəˈmərʃəˌlɪz(ə)m

commerciality
BR kəˌmə:ʃiˈalɪti
AM kəˌmərʃiˈælədi

commercialization
BR kəˌmə:ʃlʌɪˈzeɪʃn
AM kəˌmərʃəˌlaɪ-ˈzeɪʃ(ə)n,
kəˌmərʃələˈzeɪʃ(ə)n

commercialize
BR kəˈmə:ʃlʌɪz, -ɪz, -ɪŋ, -d
AM kəˈmərʃəˌlaɪz, -ɪz, -ɪŋ, -d

commercially
BR kəˈmə:ʃli
AM kəˈmərʃəli

commère
BR ˈkɒmɛ:(r), -z
AM ˈkɑmˌmɛ(ə)r, -z
FR kɔmɛʀ

commie
BR ˈkɒm|i, -iz
AM ˈkɑmi, -z

commination
BR ˌkɒmɪˈneɪʃn, -z
AM ˌkɑməˈneɪʃ(ə)n, -z

comminatory
BR ˈkɒmɪnət(ə)ri
AM kəˈmɪnəˌtɔri, ˈkɑmənəˌtɔri

commingle
BR kɒˈmɪŋg|l, -lz, -l̩ɪŋ\-lɪŋ, -ld
AM kəˈmɪŋg(ə)l, -z, -ɪŋ, -d

comminute
BR ˈkɒmɪnju:t, -s, -ɪŋ, -ɪd
AM ˈkɑmən(j)u|t, -ts, -dɪŋ, -dəd

comminution
BR ˌkɒmɪˈnju:ʃn
AM ˌkɑməˈn(j)uʃ(ə)n

commis
BR ˈkɒmɪs, ˈkɒmi
AM kəˈmi
FR kɔmi

commiserate
BR kəˈmɪzəreɪt, -s, -ɪŋ, -ɪd
AM kəˈmɪzəˌreɪ|t, -ts, -dɪŋ, -dɪd

commiseration
BR kəˌmɪzəˈreɪʃn
AM kəˌmɪzəˈreɪʃ(ə)n

commiserative
BR kəˈmɪz(ə)rətɪv,
kəˈmɪzəreɪtɪv
AM kəˈmɪzəˌreɪdɪv,
kəˈmɪzərədɪv

commiserator
BR kəˈmɪzəreɪtə(r), -z
AM kəˈmɪzəˌreɪdər, -z

commissar
BR ˌkɒmɪˈsɑ:(r), ˈkɒmɪsɑ:(r), -z
AM ˈkɑməsɑr, -z

commissarial
BR ˌkɒmɪˈsɛːrɪəl
AM ˌkɑməˈsɛriəl

commissariat
BR ˌkɒmɪˈsɛːrɪət, -s
AM ˌkɑməˈsɛriət, -s

commissary
BR ˈkɒmɪs(ə)r|i, -iz
AM ˈkɑməˌseri, -z

commissaryship
BR ˈkɒmɪs(ə)rɪʃɪp
AM ˈkɑməˌseriˌʃɪp

commission
BR kəˈmɪʃn, -nz, -n̩ɪŋ\-nɪŋ, -nd
AM kəˈmɪʃ(ə)n, -z, -ɪŋ, -d

commissionaire
BR kəˌmɪʃəˈnɛː(r), -z
AM kəˌmɪʃəˈnɛ(ə)r, -z

commissional
BR kəˈmɪʃnl, kəˈmɪʃn̩l
AM kəˈmɪʃən(ə)l, kəˈmɪʃn(ə)l

commissionary
BR kəˈmɪʃn(ə)ri, kəˈmɪʃnəri
AM kəˈmɪʃəˌneri

commissioner
BR kəˈmɪʃnə(r), kəˈmɪʃnə(r), -z
AM kəˈmɪʃənər, -z

commissural
BR ˌkɒmɪˈsjʊərl̩, ˌkɒmɪˈsjɔ:rl̩, ˌkɒmɪˈʃʊərl̩, ˌkɒmɪˈʃɔ:rl̩
AM ˌkɑməˈʃʊr(ə)l, kəˈmɪʃʊr(ə)l

commissure
BR ˈkɒmɪsjʊə(r), ˈkɒmɪʃʊə(r), -z
AM ˈkɑməˌʃʊ(ə)r, -z

commit
BR kəˈmɪt, -s, -ɪŋ, -ɪd
AM kəˈmɪ|t, -ts, -dɪŋ, -dɪd

commitment
BR kəˈmɪtm(ə)nt, -s
AM kəˈmɪtm(ə)nt, -s

committable
BR kəˈmɪtəbl
AM kəˈmɪdəb(ə)l

committal
BR kəˈmɪtl, -z
AM kəˈmɪdl, -z

committee
BR kəˈmɪt|i:, -ɪz
AM kəˈmɪdi, -z

committeeman
BR kəˈmɪtɪmən
AM kəˈmɪdɪm(ə)n

committeemen
BR kəˈmɪtɪmen
AM kəˈmɪdɪm(ə)n

committeewoman
BR kəˈmɪtɪˌwʊmən
AM kəˈmɪdɪˌwʊm(ə)n

committeewomen
BR kəˈmɪtɪˌwɪmɪn
AM kəˈmɪdɪˌwɪmɪn

committer
BR kəˈmɪtə(r), -z
AM kəˈmɪdər, -z

commix
BR kɒˈmɪks, -ɪz, -ɪŋ, -t
AM kəˈmɪks, -ɪz, -ɪŋ, -t

commixture
BR kəˈmɪkstʃə(r)
AM kəˈmɪk(st)ʃər

commo
BR ˈkɒməʊ, -z
AM ˈkɑmoʊ, -z

commode
BR kəˈməʊd, -z
AM kəˈmoʊd, -z

commodification
BR kə,mɒdɪfɪˈkeɪʃn
AM kə,mɑdəfəˈkeɪʃ(ə)n

commodify
BR kəˈmɒdɪfʌɪ, -z, -ɪŋ, -d
AM kəˈmɑdə,faɪ, -z, -ɪŋ, -d

commodious
BR kəˈməʊdɪəs
AM kəˈmoʊdɪəs

commodiously
BR kəˈməʊdɪəsli
AM kəˈmoʊdɪəsli

commodiousness
BR kəˈməʊdɪəsnəs
AM kəˈmoʊdɪəsnəs

commodity
BR kəˈmɒdɪt|i, -ɪz
AM kəˈmɑdədi, -z

commodore
BR ˈkɒmədɔː(r), -z
AM ˈkɑmə,dɔ(ə)r, -z

common
BR ˈkɒm(ə)n, -z, -ə(r), -ɪst
AM ˈkɑm(ə)n, -z, -ər, -əst

commonable
BR ˈkɒmənəbl
AM ˈkɑmənəb(ə)l

commonage
BR ˈkɒmənɪdʒ
AM ˈkɑmənɪdʒ

commonality
BR ˌkɒməˈnalɪti
AM ˈkɑmən,ælədi

commonalty
BR ˈkɒmənlti
AM ˈkɑmənəlti

commoner
BR ˈkɒmənə(r), -z
AM ˈkɑmənər, -z

commonhold
BR ˈkɒmənhəʊld
AM ˈkɑmən,(h)oʊld

commonholder
BR ˈkɒmən,həʊldə(r)
AM ˈkɑmən,(h)oʊldər

commonly
BR ˈkɒmənli
AM ˈkɑmənli

commonness
BR ˈkɒmənnəs
AM ˈkɑmə(n)nəs

commonplace
BR ˈkɒmənpleɪs
AM ˈkɑmən,pleɪs

commonplaceness
BR ˈkɒmənpleɪsnɪs
AM ˈkɑmən,pleɪsnɪs

commonroom
BR ˈkɒmənruːm, ˈkɒmənrʊm, -z
AM ˈkɑmən,rʊm, ˈkɑmən,rum, -z

commons
BR ˈkɒmənz
AM ˈkɑmənz

commonsense
BR ˌkɒmənˈsɛns
AM ˌkɑmənˈsɛns

commonsensical
BR ˌkɒmənˈsɛnsɪkl
AM ˌkɑmənˈsɛnsək(ə)l

commonwealth
BR ˈkɒmənwɛlθ, -s
AM ˈkɑmən,wɛlθ, -s

commotion
BR kəˈməʊʃn, -z
AM kəˈmoʊʃ(ə)n, -z

commotional
BR kəˈməʊʃn̩l
AM kəˈmoʊʃən(ə)l, kəˈmoʊʃn(ə)l

comms
BR kɒmz
AM kɑmz

communal
BR ˈkɒmjʉnl, kəˈmjuːnl
AM kəˈmjun(ə)l

communalisation
BR ˌkɒmjʉnlʌɪˈzeɪʃn, kə,mjuːnlʌɪˈzeɪʃn
AM kə,mjunəˌlaɪˈzeɪʃ(ə)n, kə,mjunələˈzeɪʃ(ə)n

communalise
BR ˈkɒmjʉnlʌɪz, kəˈmjuːnlʌɪz, -ɪz, -ɪŋ, -d
AM kəˈmjunlˌaɪz, -ɪz, -ɪŋ, -d

communalism
BR ˈkɒmjʉnlɪzm, kəˈmjuːnlɪzm
AM kəˈmjunlˌɪz(ə)m

communalist
BR ˈkɒmjʉnlɪst, kəˈmjuːnlɪst, -s
AM kəˈmjunləst, -s

communalistic
BR ˌkɒmjʉnəˈlɪstɪk, ˌkɒmjʉnlˈɪstɪk, kə,mjuːnəˈlɪstɪk, kə,mjuːnlˈɪstɪk
AM kə,mjunəˈlɪstɪk

communalistically
BR ˌkɒmjʉnəˈlɪstɪkli, ˌkɒmjʉnlˈɪstɪkli, kə,mjuːnəˈlɪstɪkli, kə,mjuːnlˈɪstɪkli
AM kə,mjunəˈlɪstɪk(ə)li

communality
BR ˌkɒmjʉˈnalɪti
AM ˌkɑmjəˈnælədi

communalization
BR ˌkɒmjʉnlʌɪˈzeɪʃn, kə,mjuːnlʌɪˈzeɪʃn
AM kə,mjunəˌlaɪˈzeɪʃ(ə)n, kə,mjunələˈzeɪʃ(ə)n

communalize
BR ˈkɒmjʉnlʌɪz, kəˈmjuːnlʌɪz, -ɪz, -ɪŋ, -d
AM kəˈmjunlˌaɪz, -ɪz, -ɪŋ, -d

communally
BR ˈkɒmjʉnli, kəˈmjuːnli
AM kəˈmjunəli

communard
BR ˈkɒmjʉnɑːd, -z
AM ˈkɑmjə,nɑrd, -z
FR kɔmynaʁ

commune[1] *noun*
BR ˈkɒmjuːn, -z
AM ˈkɑ,mjun, -z

commune[2] *verb*
BR kəˈmjuːn, -z, -ɪŋ, -d
AM kəˈmjun, -z, -ɪŋ, -d

communicability
BR kə,mjuːnɪkəˈbɪlɪti
AM kə,mjunəkəˈbɪlɪdi

communicable
BR kəˈmjuːnɪkəbl
AM kəˈmjunəkəb(ə)l

communicably
BR kəˈmjuːnɪkəbli
AM kəˈmjunəkəbli

communicant
BR kəˈmjuːnɪk(ə)nt, -s
AM kəˈmjunək(ə)nt, -s

communicate
BR kəˈmjuːnɪkeɪt, -s, -ɪŋ, -ɪd
AM kəˈmjunəˌkeɪ|t, -ts, -dɪŋ, -dɪd

communication
BR kə,mjuːnɪˈkeɪʃn, -z
AM kə,mjunəˈkeɪʃ(ə)n, -z

communicational
BR kə,mjuːnɪˈkeɪʃn̩l
AM kə,mjunəˈkeɪʃən(ə)l, kə,mjunəˈkeɪʃn(ə)l

communicative
BR kəˈmjuːnɪkətɪv
AM kəˈmjunəkədɪv, kəˈmjunəˌkeɪdɪv

communicatively
BR kəˈmjuːnɪkətɪvli
AM kəˈmjunəkədɪvli, kəˈmjunəˌkeɪdɪvli

communicativeness
BR kəˈmjuːnɪkətɪvnɪs
AM kəˈmjunəkədɪvnɪs, kəˈmjunəˌkeɪdɪvnɪs

communicator
BR kəˈmjuːnɪkeɪtə(r), -z
AM kəˈmjunəˌkeɪdər, -z

communicatory
BR kəˈmjuːnɪkətri, kə,mjuːnɪˈkeɪt(ə)ri
AM kəˈmjunəkəˌtɔri

communion
BR kəˈmjuːnɪən, -z
AM kəˈmjunj(ə)n, -z

communiqué
BR kəˈmjuːnɪkeɪ, -z
AM kəˈmjunəˌkeɪ,
kəˌmjunəˈkeɪ, -z
FR kɔmynike

communisation
BR ˌkɒmjʉnʌɪˈzeɪʃn
AM ˌkamjəˌnaɪˈzeɪʃ(ə)n,
ˌkamjənəˈzeɪʃ(ə)n

communise
BR ˈkɒmjʉnʌɪz, -ɪz, -ɪŋ, -d
AM ˈkamjəˌnaɪz, -ɪz, -ɪŋ, -d

communism
BR ˈkɒmjʉnɪzm
AM ˈkamjəˌnɪz(ə)m

communist
BR ˈkɒmjʉnɪst, -s
AM ˈkamjənəst, -s

communistic
BR ˌkɒmjʉˈnɪstɪk
AM ˌkamjəˈnɪstɪk

communistically
BR ˌkɒmjʉˈnɪstɪkli
AM ˌkamjəˈnɪstɪk(ə)li

communitarian
BR kəˌmjuːnɪˈtɛːrɪən, -z
AM kəˌmjunəˈtɛrɪən, -z

community
BR kəˈmjuːnɪt|i, -ɪz
AM kəˈmjunədi, -z

communization
BR ˌkɒmjʉnʌɪˈzeɪʃn
AM ˌkamjəˌnaɪˈzeɪʃ(ə)n,
ˌkamjənəˈzeɪʃ(ə)n

communize
BR ˈkɒmjʉnʌɪz, -ɪz, -ɪŋ, -d
AM ˈkamjəˌnaɪz, -ɪz, -ɪŋ, -d

commutability
BR kəˌmjuːtəˈbɪlɪti
AM kəˌmjudəˈbɪlɪdi

commutable
BR kəˈmjuːtəbl
AM kəˈmjudəb(ə)l

commutate
BR ˈkɒmjʉteɪt, -s, -ɪŋ, -ɪd
AM ˈkamjuˌteɪ|t, -ts, -dɪŋ, -dɪd

commutation
BR ˌkɒmjʉˈteɪʃn, -z
AM ˌkamjəˈteɪʃ(ə)n, -z

commutative
BR kəˈmjuːtətɪv, ˈkɒmjʉtətɪv, ˈkɒmjʉteɪtɪv
AM kəˈmjudədɪv, ˈkamjəˌteɪdɪv

commutator
BR ˈkɒmjʉteɪtə(r), -z
AM ˈkamjəˌteɪdər, -z

commute
BR kəˈmjuːt, -s, -ɪŋ, -ɪd
AM kəˈmju|t, -ts, -dɪŋ, -dəd

commuter
BR kəˈmjuːtə(r), -z
AM kəˈmjudər, -z

Como
BR ˈkəʊməʊ
AM ˈkoʊmoʊ

Comorin
BR ˈkɒmərɪn
AM ˈkamər(ə)n

Comoro
BR ˈkɒməraʊ
AM ˈkaməroʊ

comose
BR ˈkəʊməʊs
AM ˈkoʊˌmoʊz, ˈkoʊˌmoʊs

comp
BR kɒmp, -s
AM kamp, -s

compact¹ *noun*
BR ˈkɒmpakt, -s
AM ˈkamˌpæk(t), -s

compact² *verb, adjective*
BR kəmˈpakt, -s, -ɪŋ, -ɪd
AM ˈkamˌpæk|(t), kəmˈpæk|(t), -(t)s, -tɪŋ, -təd

compaction
BR kəmˈpakʃn
AM kəmˈpækʃ(ə)n

compactly
BR kəmˈpaktli
AM ˈkamˌpæk(t)li, kəmˈpæk(t)li

compactness
BR kəmˈpak(t)nəs
AM ˈkamˌpæk(t)nəs, kəmˈpæk(t)nəs

compactor
BR kəmˈpaktə(r), -z
AM ˈkamˌpæktər, -z

compadre
BR kɒmˈpɑːdr|i, -ɪz
AM kəmˈpɑdreɪ, -z

compages
BR kəmˈpeɪdʒiːz
AM kəmˈpeɪdʒɪz

compander
BR kəmˈpandə(r), -z
AM kəmˈpændər, -z

companion
BR kəmˈpanjən, -z
AM kəmˈpænj(ə)n, -z

companionable
BR kəmˈpanjənəbl
AM kəmˈpænjənəb(ə)l

companionableness
BR kəmˈpanjənəblnəs
AM kəmˈpænjənəbəlnəs

companionably
BR kəmˈpanjənəbli
AM kəmˈpænjənəbli

companionate
BR kəmˈpanjənət
AM kəmˈpænjənət

companionship
BR kəmˈpanjənʃɪp
AM kəmˈpænjənˌʃɪp

companionway
BR kəmˈpanjənweɪ, -z
AM kəmˈpænjənˌweɪ, -z

company
BR ˈkʌmpn̩|i, -ɪz
AM ˈkəmp(ə)ni, -z

Compaq
BR ˈkɒmpak
AM ˈkampæk

comparability
BR ˌkɒmp(ə)rəˈbɪlɪti
AM ˌkamp(ə)rəˈbɪlɪdi

comparable
BR ˈkɒmp(ə)rəbl
AM ˈkamp(ə)rəb(ə)l

comparableness
BR ˈkɒmp(ə)rəblnəs
AM ˈkamp(ə)rəbəlnəs

comparably
BR ˈkɒmp(ə)rəbli
AM ˈkamp(ə)rəbli

comparatist
BR kəmˈparətɪst, -s
AM kəmˈpɛrədəst, -s

comparative
BR kəmˈparətɪv, -z
AM kəmˈpɛrədɪv, -z

comparatively
BR kəmˈparətɪvli
AM kəmˈpɛrədɪvli

comparator
BR kəmˈparətə(r), -z
AM kəmˈpɛrədər, -z

compare
BR kəmˈpɛː(r), -z, -ɪŋ, -d
AM kəmˈpɛ(ə)r, -z, -ɪŋ, -d

comparison
BR kəmˈparɪs(ə)n, -z
AM kəmˈpɛrəs(ə)n, -z

compartment
BR kəmˈpɑːtm(ə)nt, -s
AM kəmˈpɑrtm(ə)nt, -s

compartmental
BR ˌkɒmpɑːˈmɛntl
AM kəmˌpɑrtˈmɛn(t)l

compartmentalisation
BR ˌkɒmpɑːtˌmɛntlʌɪˈzeɪʃn
AM kəmˌpɑrtˌmɛn(t)əˌlaɪˈzeɪʃ(ə)n, kəmˌpɑrtˌmɛn(t)ələˈzeɪʃ(ə)n

compartmentalise
BR ˌkɒmpɑːtˈmɛntlʌɪz, -ɪz, -ɪŋ, -d
AM kəmˌpɑrtˈmɛn(t)lˌaɪz, -ɪz, -ɪŋ, -d

compartmentalization
BR ˌkɒmpɑːtˌmentl̩ʌɪ-
  ˈzeɪʃn
AM kəmˌpɑːrtˌmen(t)ə-
  ˌlaɪˈzeɪʃ(ə)n,
  kəmˌpɑːrtˌmen(t)ələ-
  ˈzeɪʃ(ə)n

compartmentalize
BR ˌkɒmpɑːtˈmentl̩ʌɪz,
  -ɪz, -ɪŋ, -d
AM kəmˌpɑːrtˈmen(t)l
  ˌaɪz, -ɪz, -ɪŋ, -d

compartmentally
BR ˌkɒmpɑːtˈmentli
AM kəmˌpɑːrtˈmen(t)li

compartmentation
BR ˌkɒmpɑːtmenˈteɪʃn
AM kəmˌpɑːrtˌmen-
  ˈteɪʃ(ə)n

compass
BR ˈkʌmpəs, -ɪz, -ɪŋ, -t
AM ˈkʌmpəs, -əz,
  -ɪŋ, -t

compassable
BR ˈkʌmpəsəbl
AM ˈkʌmpəsəb(ə)l

compassion
BR kəmˈpaʃn, -z
AM kəmˈpæʃ(ə)n, -z

compassionate
BR kəmˈpaʃnət
AM kəmˈpæʃ(ə)nət

compassionately
BR kəmˈpaʃnətli
AM kəmˈpæʃ(ə)nətli

compass-saw
BR ˈkʌmpəssɔː(r), -z
AM ˈkʌmpəsˌsɑ,
  ˈkʌmpəsˌsɔ, -z

compatibility
BR kəmˌpatɪˈbɪlɪti
AM kəmˌpædəˈbɪlɪdi

compatible
BR kəmˈpatɪbl
AM kəmˈpædəb(ə)l

compatibly
BR kəmˈpatɪbli
AM kəmˈpædəbli

compatriot
BR kəmˈpatrɪət, -s
AM kəmˈpeɪtrɪət, -s

compatriotic
BR kəmˌpatrɪˈɒtɪk
AM kəmˌpeɪtriˈɑdɪk

compeer
BR ˈkɒmpɪə(r), -z
AM kəmˈpɪ(ə)r,
  ˈkɑmpɪ(ə)r, -z

compel
BR kəmˈpɛl, -z,
  -ɪŋ, -d
AM kəmˈpɛl, -z, -ɪŋ,
  -d

compellable
BR kəmˈpɛləbl
AM kəmˈpɛləb(ə)l

compellingly
BR kəmˈpɛlɪŋli
AM kəmˈpɛlɪŋli

compendia
BR kəmˈpɛndɪə(r)
AM kəmˈpɛndɪə

compendious
BR kəmˈpɛndɪəs
AM kəmˈpɛndɪəs

compendiously
BR kəmˈpɛndɪəsli
AM kəmˈpɛndɪəsli

compendiousness
BR kəmˈpɛndɪəsnəs
AM kəmˈpɛndɪəsnəs

compendium
BR kəmˈpɛndɪəm, -z
AM kəmˈpɛndɪəm, -z

compensate
BR ˈkɒmp(ə)nseɪt,
  ˈkɒmp(ɛ)nseɪt, -s,
  -ɪŋ, -ɪd
AM ˈkɑmpənˌseɪ|t, -ts,
  -dɪŋ, -dɪd

compensation
BR ˌkɒmp(ə)nˈseɪʃn,
  ˌkɒmp(ɛ)nˈseɪʃn
AM ˌkɑmpənˈseɪʃ(ə)n

compensational
BR ˌkɒmp(ɛ)nˈseɪʃn̩l
AM ˌkɑmpənˈseɪʃ(ə)nl,
  ˌkɑmpənˈseɪʃn(ə)l

compensative
BR kəmˈpɛnsɪtɪv,
  ˈkɒmp(ɛ)nseɪtɪv
AM ˈkɑmpənˌseɪdɪv,
  kəmˈpɛnsədɪv

compensator
BR ˈkɒmp(ɛ)nseɪtə(r),
  -z
AM ˈkɑmpənˌseɪdər, -z

compensatory
BR kəmˈpɛnsət(ə)ri,
  ˌkɒmp(ɛ)nˈseɪt(ə)ri
AM kəmˈpɛnsəˌtɔri

compère
BR ˈkɒmpɛː(r), -z, -ɪŋ,
  -d
AM ˈkɑmˌpɛ(ə)r, -z,
  -ɪŋ, -d

compete
BR kəmˈpiːt, -s, -ɪŋ, -ɪd
AM kəmˈpiǀt, -ts, -dɪŋ,
  -dɪd

competence
BR ˈkɒmpɪt(ə)ns
AM ˈkɑmpəd(ə)ns

competency
BR ˈkɒmpɪt(ə)nsi
AM ˈkɑmpəd(ə)nsi

competent
BR ˈkɒmpɪt(ə)nt
AM ˈkɑmpəd(ə)nt

competently
BR ˈkɒmpɪt(ə)ntli
AM ˈkɑmpədən(t)li

competition
BR ˌkɒmpɪˈtɪʃn, -z
AM ˌkɑmpəˈtɪʃ(ə)n, -z

competitive
BR kəmˈpɛtɪtɪv
AM kəmˈpɛdədɪv

competitively
BR kəmˈpɛtɪtɪvli
AM kəmˈpɛdədɪvli

competitiveness
BR kəmˈpɛtɪtɪvnɪs
AM kəmˈpɛdədɪvnɪs

competitor
BR kəmˈpɛtɪtə(r), -z
AM kəmˈpɛdədər, -z

compilation
BR ˌkɒmpɪˈleɪʃn, -z
AM ˌkɑmpəˈleɪʃ(ə)n,
  -z

compile
BR kəmˈpʌɪl, -z,
  -ɪŋ, -d
AM kəmˈpaɪl, -z, -ɪŋ, -d

compiler
BR kəmˈpʌɪlə(r), -z
AM kəmˈpaɪlər, -z

complacence
BR kəmˈpleɪsns
AM kəmˈpleɪs(ə)ns

complacency
BR kəmˈpleɪsnsi
AM kəmˈpleɪsənsi

complacent
BR kəmˈpleɪsnt
AM kəmˈpleɪs(ə)nt

complacently
BR kəmˈpleɪsntli
AM kəmˈpleɪsn(t)li

complain
BR kəmˈpleɪn, -z, -ɪŋ, -d
AM kəmˈpleɪn, -z, -ɪŋ, -d

complainant
BR kəmˈpleɪnənt, -s
AM kəmˈpleɪnənt, -s

complainer
BR kəmˈpleɪnə(r), -z
AM kəmˈpleɪnər, -z

complainingly
BR kəmˈpleɪnɪŋli
AM kəmˈpleɪnɪŋli

complaint
BR kəmˈpleɪnt, -s
AM kəmˈpleɪnt, -s

complaisance
BR kəmˈpleɪzns
AM kəmˈpleɪzns,
  kəmˈpleɪs(ə)ns

complaisant
BR kəmˈpleɪznt
AM kəmpleɪs(ə)nt

complaisantly
BR kəmˈpleɪzntli
AM kəmˈpleɪzn(t)li,
  kəmˈpleɪsn(t)li

compleat
BR kəmˈpliːt
AM kəmˈplit

complected
BR kəmˈplɛktɪd
AM kəmˈplɛktəd

complement
BR ˈkɒmplɪm(ə)nt, -s,
  -ɪŋ, -ɪd
AM ˈkɑmpləmən|t, -ts,
  -(t)ɪŋ, -(t)əd

complemental
BR ˌkɒmplɪˈmentl
AM ˌkɑmpləˈmen(t)l

complementarily
BR ˌkɒmplɪ-ˈment(ə)rɪli
AM ˌkɑmpləmenˈterəli

complementariness
BR ˌkɒmplɪ-ˈment(ə)rɪnɪs
AM ˌkɑmpləmen-ˈterɪnɪs

complementarity
BR ˌkɒmplɪmenˈtarɪti, ˌkɒmplɪm(ə)nˈtarɪti
AM ˌkɑmpləmen-ˈterədi

complementary
BR ˌkɒmplɪˈment(ə)ri
AM ˌkɑmpləˈmentri, ˌkɑmpləˈmen(t)əri

complementation
BR ˌkɒmplɪmenˈteɪʃn, ˌkɒmplɪm(ə)nˈteɪʃn
AM ˌkɑmpləmen-ˈteɪʃ(ə)n

complementizer
BR ˈkɒmplɪ-mentʌɪzə(r), ˈkɒmplɪm(ə)n-tʌɪzə(r), -z
AM ˈkɑmpləmən-ˌtaɪzər, ˈkɑmpləmen-ˌtaɪzər, -z

complete
BR kəmˈpliːt, -s, -ɪŋ, -ɪd
AM kəmˈpli|t, -ts, -dɪŋ, -dɪd

completely
BR kəmˈpliːtli
AM kəmˈplitli

completeness
BR kəmˈpliːtnɪs
AM kəmˈplitnɪs

completion
BR kəmˈpliːʃn, -z
AM kəmˈpliʃ(ə)n, -z

completist
BR kəmˈpliːtɪst, -s
AM kəmˈplidɪst, -s

completive
BR kəmˈpliːtɪv
AM kəmˈplidɪv

complex[1] *adjective*
BR ˈkɒmplɛks
AM ˌkɑmˈplɛks

complex[2] *noun*
BR ˈkɒmplɛks, -ɪz
AM ˈkɑmplɛks, -əz

complexation
BR ˌkɒmplɛkˈseɪʃn
AM kəmˌplɛkˈseɪʃ(ə)n

complexion
BR kəmˈplɛkʃn, -z, -d
AM kəmˈplɛkʃ(ə)n, -z, -d

complexionless
BR kəmˈplɛkʃnləs
AM kəmˈplɛkʃənləs

complexity
BR kəmˈplɛksɪt|i, -ɪz
AM kəmˈplɛksədi, -z

complexly
BR ˈkɒmplɛksli
AM ˌkɑmˈplɛksli

compliance
BR kəmˈplʌɪəns
AM kəmˈplaɪəns

compliancy
BR kəmˈplʌɪənsi
AM kəmˈplaɪənsi

compliant
BR kəmˈplʌɪənt
AM kəmˈplaɪənt

compliantly
BR kəmˈplʌɪəntli
AM kəmˈplaɪən(t)li

complicacy
BR ˈkɒmplɪkəs|i, -ɪz
AM ˈkɑmpləkəsi, -z

complicate
BR ˈkɒmplɪkeɪt, -s, -ɪŋ, -ɪd
AM ˈkɑmpləˌkeɪ|t, -ts, -dɪŋ, -dɪd

complicatedly
BR ˈkɒmplɪkeɪtɪdli
AM ˈkɑmpləˌkeɪdɪdli

complicatedness
BR ˈkɒmplɪkeɪtɪdnɪs
AM ˈkɑmpləˌkeɪdɪdnɪs

complication
BR ˌkɒmplɪˈkeɪʃn, -z
AM ˌkɑmpləˈkeɪʃ(ə)n, -z

complicit
BR kəmˈplɪsɪt
AM kəmˈplɪsɪt

complicity
BR kəmˈplɪsɪti
AM kəmˈplɪsɪdi

compliment[1] *noun*
BR ˈkɒmplɪm(ə)nt, -s
AM ˈkɑmpləm(ə)nt, -s

compliment[2] *verb*
BR ˈkɒmplɪment, -s, -ɪŋ, -ɪd
AM ˈkɑmpləˌmen|t, -ts, -(t)ɪŋ, -(t)ɪd

complimentarily
BR ˌkɒmplɪ-ˈment(ə)rɪli
AM ˌkɑmpləˌmen-ˈterəli

complimentary
BR ˌkɒmplɪˈment(ə)r|i, -ɪz
AM ˌkɑmpləˈmentri, ˌkɑmpləˈmen(t)əri, -z

complin
BR ˈkɒmplɪn, -z
AM ˈkɑmplɪn, -z

compline
BR ˈkɒmplɪn, -z
AM ˈkɑmplɪn, -z

comply
BR kəmˈplʌɪ, -z, -ɪŋ, -d
AM kəmˈplaɪ, -z, -ɪŋ, -d

compo
BR ˈkɒmpəʊ, -z
AM ˈkɑmˌpoʊ, -z

component
BR kəmˈpəʊnənt, -s
AM kəmˈpoʊnənt, -s

componential
BR ˌkɒmpə(ʊ)ˈnɛnʃl
AM ˌkɑmpəˈnɛn(t)ʃ(ə)l

comport
BR kəmˈpɔːt, -s, -ɪŋ, -ɪd
AM kəmˈpɔ(ə)rt, -ˈpɔ(ə)rts, -ˈpɔrdɪŋ, -ˈpɔrdəd

comportment
BR kəmˈpɔːtm(ə)nt
AM kəmˈpɔrtm(ə)nt

compose
BR kəmˈpəʊz, -ɪz, -ɪŋ, -d
AM kəmˈpoʊz, -əz, -ɪŋ, -d

composedly
BR kəmˈpəʊzɪdli
AM kəmˈpoʊzədli

composer
BR kəmˈpəʊzə(r), -z
AM kəmˈpoʊzər, -z

composite
BR ˈkɒmpəzɪt, ˈkɒmpəzʌɪt, ˈkɒmpəsʌɪt, -s
AM ˌkɑmˈpɑzət, kəmˈpɑzət, -s

compositely
BR ˈkɒmpəzɪtli, ˈkɒmpəzʌɪtli, ˈkɒmpəsʌɪtli
AM ˌkɑmˈpɑzətli, kəmˈpɑzətli

compositeness
BR ˈkɒmpəzɪtnɪs, ˈkɒmpəzʌɪtnɪs, ˈkɒmpəsʌɪtnɪs
AM ˌkɑmˈpɑzətnəs, kəmˈpɑzətnəs

composition
BR ˌkɒmpəˈzɪʃn, -z
AM ˌkɑmpəˈzɪʃ(ə)n, -z

compositional
BR ˌkɒmpəˈzɪʃn̩l
AM ˌkɑmpəˈzɪʃən(ə)l, ˌkɑmpəˈzɪʃn(ə)l

compositionally
BR ˌkɒmpəˈzɪʃn̩li, ˌkɒmpəˈzɪʃnəli
AM ˌkɑmpəˈzɪʃ(ə)nəli

compositor
BR kəmˈpɒzɪtə(r), -z
AM kəmˈpɑzədər, -z

compos mentis
BR ˌkɒmpɒs ˈmɛntɪs
AM ˌkɑmpəs ˈmɛn(t)əs

compossible
BR kəmˈpɒsɪbl
AM ˌkamˈpasəb(ə)l, kəmˈpasəb(ə)l

compost
BR ˈkɒmpɒst, -s, -ɪŋ, -ɪd
AM ˈkamˌpoʊst, -s, -ɪŋ, -əd

composure
BR kəmˈpəʊʒə(r)
AM kəmˈpoʊʒər

compote
BR ˈkɒmpəʊt, ˈkɒmpɒt, -s
AM ˈkamˌpoʊt, -s

compound[1] *noun, adjective*
BR ˈkɒmpaʊnd, -z
AM ˈkamˌpaʊnd, -z

compound[2] *verb*
BR kəmˈpaʊnd, -z, -ɪŋ, -ɪd
AM kəmˈpaʊnd, -z, -ɪŋ, -əd

compoundable
BR kəmˈpaʊndəbl
AM kəmˈpaʊndəb(ə)l

compounder
BR kəmˈpaʊndə(r), -z
AM kəmˈpaʊndər, -z

comprador
BR ˌkɒmprəˈdɔː(r), -z
AM ˌkamprəˈdɔ(ə)r, -z

compradore
BR ˌkɒmprəˈdɔː(r), -z
AM ˌkamprəˈdɔ(ə)r, -z

comprehend
BR ˌkɒmprɪˈhend, -z, -ɪŋ, -ɪd
AM ˌkamprəˈhend, -z, -ɪŋ, -ɪd

comprehensibility
BR ˌkɒmprɪˌhensɪˈbɪlɪti
AM ˌkamprəˌhensəˈbɪlɪdi

comprehensible
BR ˌkɒmprɪˈhensɪbl
AM ˌkamprəˈhensəb(ə)l

comprehensibleness
BR ˌkɒmprɪˈhensɪblnəs
AM ˌkamprəˈhensəbəlnəs

comprehensibly
BR ˌkɒmprɪˈhensɪbli
AM ˌkamprəˈhensəbli

comprehension
BR ˌkɒmprɪˈhenʃn, -z
AM ˌkamprəˈhen(t)ʃ(ə)n, -z

comprehensive
BR ˌkɒmprɪˈhensɪv, -z
AM ˌkamprəˈhensɪv, -z

comprehensively
BR ˌkɒmprɪˈhensɪvli
AM ˌkamprəˈhensɪvli

comprehensiveness
BR ˌkɒmprɪˈhensɪvnɪs
AM ˌkamprəˈhensɪvnɪs

comprehensivisation
BR ˌkɒmprɪhensɪvaɪˈzeɪʃn
AM ˌkamprəˌhensəˌvaɪˈzeɪʃ(ə)n, ˌkamprəˌhensəvəˈzeɪʃ(ə)n

comprehensivise
BR ˌkɒmprɪˈhensɪvaɪz, -ɪz, -ɪŋ, -d
AM ˌkamprəˈhensəˌvaɪz, -ɪz, -ɪŋ, -d

comprehensivization
BR ˌkɒmprɪhensɪvaɪˈzeɪʃn
AM ˌkamprəˌhensəˌvaɪˈzeɪʃ(ə)n, ˌkamprəˌhensəvəˈzeɪʃ(ə)n

comprehensivize
BR ˌkɒmprɪˈhensɪvaɪz, -ɪz, -ɪŋ, -d
AM ˌkamprəˈhensəˌvaɪz, -ɪz, -ɪŋ, -d

compress[1] *noun*
BR ˈkɒmpres, -ɪz
AM ˈkamˌpres, -əz

compress[2] *verb*
BR kəmˈpres, -ɪz, -ɪŋ, -t
AM kəmˈpres, -əz, -ɪŋ, -t

compressibility
BR kəmˌpresɪˈbɪlɪti
AM kəmˌpresəˈbɪlɪdi

compressible
BR kəmˈpresɪbl
AM kəmˈpresəb(ə)l

compression
BR kəmˈpreʃn
AM kəmˈpreʃ(ə)n

compressive
BR kəmˈpresɪv
AM kəmˈpresɪv

compressor
BR kəmˈpresə(r), -z
AM kəmˈpresər, -z

comprisable
BR kəmˈpraɪzəbl
AM kəmˈpraɪzəb(ə)l

comprise
BR kəmˈpraɪz, -ɪz, -ɪŋ, -d
AM kəmˈpraɪz, -ɪz, -ɪŋ, -d

compromise
BR ˈkɒmprəmaɪz, -ɪz, -ɪŋ, -d
AM ˈkamprəˌmaɪz, -ɪz, -ɪŋ, -d

compromiser
BR ˈkɒmprəmaɪzə(r), -z
AM ˈkamprəˌmaɪzər, -z

compromisingly
BR ˈkɒmprəmaɪzɪŋli
AM ˈkamprəˌmaɪzɪŋli

compte rendu
BR ˌkɒ̃t rɒ̃ˈduː
AM ˌkɔnt ˌranˈd(j)u
FR kɔ̃t ʀɑ̃dy

comptes rendus
BR ˌkɒ̃t rɒ̃ˈduː(z)
AM ˌkɔnt ˌranˈd(j)u(z)
FR kɔ̃t ʀɑ̃dy

comptometer
BR ˌkɒm(p)ˈtɒmɪtə(r), -z
AM ˌkam(p)ˈtamədər, -z

Compton
BR ˈkɒm(p)t(ə)n, ˈkʌm(p)t(ə)n
AM ˈkamptn, ˈkampdən, ˈkamt(ə)n

comptroller
BR kənˈtrəʊlə(r), ˌkɒmpˈtrəʊlə(r), -z
AM ˌkam(p)ˈtroʊlər, kənˈtroʊlər, -z

compulsion
BR kəmˈpʌlʃn, -z
AM kəmˈpəlʃ(ə)n, -z

compulsive
BR kəmˈpʌlsɪv
AM kəmˈpəlsɪv

compulsively
BR kəmˈpʌlsɪvli
AM kəmˈpəlsɪvli

compulsiveness
BR kəmˈpʌlsɪvnɪs
AM kəmˈpəlsɪvnɪs

compulsorily
BR kəmˈpʌls(ə)rɪli
AM kəmˈpəlsərəli

compulsoriness
BR kəmˈpʌls(ə)rɪnɪs
AM kəmˈpəlsərinɪs

compulsory
BR kəmˈpʌls(ə)ri
AM kəmˈpəlsəri

compunction
BR kəmˈpʌŋ(k)ʃn
AM kəmˈpəŋ(k)ʃ(ə)n

compunctious
BR kəmˈpʌŋ(k)ʃəs
AM kəmˈpəŋ(k)ʃəs

compunctiously
BR kəmˈpʌŋ(k)ʃəsli
AM kəmˈpəŋ(k)ʃəsli

compurgate
BR ˈkɒmpəːgeɪt, -s, -ɪŋ, -ɪd
AM ˈkampərˌgeɪ|t, -ts, -dɪŋ, -dɪd

compurgation
BR ˌkɒmpəːˈgeɪʃn
AM ˌkampərˈgeɪʃ(ə)n

compurgator
BR ˈkɒmpəːgeɪtə(r), -z
AM ˈkampərˌgeɪdər, -z

compurgatory
BR kəmˈpəːgət(ə)ri
AM kəmˈpərgəˌtɔri

computability
BR kəmˌpjuːtəˈbɪlɪti
AM kəmˌpjudəˈbɪlɪdi

computable
BR kəmˈpjuːtəbl
AM kəmˈpjudəb(ə)l

computably
BR kəmˈpjuːtəbli
AM kəmˈpjudəbli

computation
BR ˌkɒmpjəˈteɪʃn, -z
AM ˌkɑmpjəˈteɪʃ(ə)n, -z

computational
BR ˌkɒmpjəˈteɪʃn̩
AM ˌkɑmpjəˈteɪʃən(ə)l, ˌkɑmpjəˈteɪʃn(ə)l

computationally
BR ˌkɒmpjəˈteɪʃn̩li, ˌkɒmpjəˈteɪʃnəli
AM ˌkɑmpjəˈteɪʃ(ə)nəli

compute
BR kəmˈpjuːt, -s, -ɪŋ, -ɪd
AM kəmˈpjult, -ts, -dɪŋ, -dəd

computer
BR kəmˈpjuːtə(r), -z
AM kəmˈpjudər, -z

computerese
BR kəmˌpjuːtərˈiːz
AM kəmˌpjudərˈiz

computerisation
BR kəmˌpjuːtərʌɪˈzeɪʃn
AM kəmˌpjudəˌrʌɪˈzeɪʃ(ə)n, kəmˌpjudərəˈzeɪʃ(ə)n

computerise
BR kəmˈpjuːtərʌɪz, -ɪz, -ɪŋ, -d
AM kəmˈpjudəˌrʌɪz, -ɪz, -ɪŋ, -d

computerization
BR kəmˌpjuːtərʌɪˈzeɪʃn
AM kəmˌpjudəˌrʌɪˈzeɪʃ(ə)n, kəmˌpjudərəˈzeɪʃ(ə)n

computerize
BR kəmˈpjuːtərʌɪz, -ɪz, -ɪŋ, -d
AM kəmˈpjudəˌrʌɪz, -ɪz, -ɪŋ, -d

comrade
BR ˈkɒmreɪd, ˈkɒmrəd, -z
AM ˈkamrəd, ˈkamˌræd, -z

comradely
BR ˈkɒmreɪdli, ˈkɒmrədli
AM ˈkamrədli

comradeship
BR ˈkɒmreɪdʃɪp, ˈkɒmrədʃɪp
AM ˈkamrədˌʃɪp, ˈkamrædˌʃɪp

Comrie
BR ˈkɒmri
AM ˈkamri

coms
BR kɒmz
AM kamz

Comsat
BR ˈkɒmsat
AM ˈkamˌsæt

Comstock
BR ˈkɒmstɒk
AM ˈkamˌstak

Comte
BR kɒnt, kɔːnt
AM kɔmt, kant, lamt, kɔnt

Comtism
BR ˈkɒmtɪzm
AM ˈkam(p)ˌtɪz(ə)m

Comtist
BR ˈkɒmtɪst, -s
AM ˈkam(p)təst, -s

con
BR kɒn, -z, -ɪŋ, -d
AM kan, -z, -ɪŋ, -d

conacre
BR ˈkɒnˌeɪkə(r), -z
AM ˈkaˌneɪkər, -z

Conakry
BR ˈkɒnəkri
AM ˈkanəkri

con amore
BR ˌkɒn aˈmɔːreɪ
AM ˌkan əˈmɔˌreɪ

Conan
BR ˈkəʊnən
AM ˈkoʊnən

conation
BR kə(ʊ)ˈneɪʃn
AM koʊˈneɪʃ(ə)n

conative
BR ˈkəʊnətɪv
AM ˈkanədɪv, ˈkoʊnədɪv

con brio
BR ˌkɒn ˈbriːəʊ
AM ˌkan ˈbrioʊ

Concannon
BR kɒnˈkanən
AM kənˈkænən

concatenate
BR kɒnˈkatɪneɪt, kɒŋˈkatɪneɪt, -s, -ɪŋ, -ɪd
AM kənˈkædəˌneɪ|t, -ts, -dɪŋ, -dɪd

concatenation
BR kɒnˌkatɪˈneɪʃn, kɒŋˌkatɪˈneɪʃn, ˌkɒnkatɪˈneɪʃn, ˌkɒŋkatɪˈneɪʃn, -z
AM kənˌkædəˈneɪʃ(ə)n, -z

concatenative
BR kɒnˈkatɪnətɪv, kɒŋˈkatɪnətɪv, kɒnˈkatnətɪv, kɒŋˈkatnətɪv
AM kənˈkædnˌeɪdɪv, kənˈkæd(ə)nədɪv, kənˈkædəˌneɪdɪv

concave[1] *adjective*
BR kɒnˈkeɪv, kɒŋˈkeɪv
AM ˌkaŋˈkeɪv, ˌkanˈkeɪv

concave[2] *noun*
BR ˈkɒnkeɪv, ˈkɒŋkeɪv, -z
AM ˈkaŋˌkeɪv, ˈkanˌkeɪv, -z

concavely
BR kɒnˈkeɪvli, kɒŋˈkeɪvli, ˈkɒnkeɪvli, ˈkɒŋkeɪvli
AM ˌkaŋˈkeɪvli, ˌkanˈkeɪvli

concavity
BR kɒnˈkavɪti, kɒŋˈkavɪti
AM ˌkaŋˈkavədi, ˌkanˈkævədi

conceal
BR kənˈsiːl, -z, -ɪŋ, -d
AM kənˈsil, -z, -ɪŋ, -d

concealer
BR kənˈsiːlə(r), -z
AM kənˈsilər, -z

concealment
BR kənˈsiːlm(ə)nt, -s
AM kənˈsilm(ə)nt, -s

concede
BR kənˈsiːd, -z, -ɪŋ, -ɪd
AM kənˈsid, -z, -ɪŋ, -ɪd

conceder
BR kənˈsiːdə(r), -z
AM kənˈsidər, -z

conceit
BR kənˈsiːt, -s
AM kənˈsit, -s

conceited
BR kənˈsiːtɪd
AM kənˈsidɪd

conceitedly
BR kənˈsiːtɪdli
AM kənˈsidɪdli

conceitedness
BR kənˈsiːtɪdnɪs
AM kənˈsidɪdnɪs

conceivability
BR kənˌsiːvəˈbɪlɪti
AM kənˌsivəˈbɪlɪdi

conceivable
BR kənˈsiːvəbl
AM kənˈsivəb(ə)l

conceivably
BR kənˈsiːvəbli
AM kənˈsivəbli

conceive
BR kənˈsiːv, -z, -ɪŋ, -d
AM kənˈsiv, -z, -ɪŋ, -d

concelebrant
BR ˌkɒnˈsɛlɪbr̩nt, -s
AM ˌkanˈsɛləbr(ə)nt, -s

concelebrate
BR ˌkɒnˈsɛlɪbreɪt, -s,
-ɪŋ, -ɪd
AM ˌkɑnˈsɛləˌbreɪ|t,
-ts, -dɪŋ, -dɪd
concelebrating
BR ˌkɒnˈsɛlɪbreɪtɪŋ
AM ˌkɑnˈsɛləˌbreɪdɪŋ
concelebration
BR kɒnˌsɛləˈbreɪʃn, -z
AM ˌˌkɑnˌsɛlə-
ˈbreɪʃ(ə)n, -z
concentrate
BR ˈkɒns(ɛ)ntreɪt, -s,
-ɪŋ, -ɪd
AM ˈkɑnsənˌtreɪ|t, -ts,
-dɪŋ, -dɪd
concentratedly
BR ˈkɒns(ɛ)ntreɪtɪdli
AM ˈkɑnsənˌtreɪdɪdli
concentration
BR ˌkɒns(ɛ)nˈtreɪʃn
AM ˌkɑnsənˈtreɪʃ(ə)n
concentrative
BR ˈkɒns(ɛ)ntreɪtɪv
AM ˈkɑnsənˌtreɪdɪv
concentrator
BR ˈkɒns(ɛ)ntreɪtə(r),
-z
AM ˈkɑnsənˌtreɪdər, -z
concentre
BR kɒnˈsɛnt|ə(r), -əz,
-(ə)rɪŋ, -əd
AM kənˈsɛn(t)ər, -z,
-ɪŋ, -d
concentric
BR kɒnˈsɛntrɪk
AM kənˈsɛntrɪk
concentrically
BR kɒnˈsɛntrɪkli
AM kənˈsɛntrək(ə)li
concentricity
BR ˌkɒnsɛnˈtrɪsɪti
AM ˌkɑnˌsɛnˈtrɪsɪdi
Concepción
BR ˌkɒnsɛpˈsjɒn
AM ˌkɑnˌsɛpsiˈoʊn
SP ˌkonθɛpˈθjon,
ˌkonsɛpˈsjon
concept
BR ˈkɒnsɛpt, -s
AM ˈkɑnˌsɛpt, -s

conception
BR kənˈsɛpʃn, -z
AM kənˈsɛpʃ(ə)n, -z
conceptional
BR kənˈsɛpʃn̩l
AM kənˈsɛpʃən(ə)l,
kənˈsɛpʃn(ə)l
conceptionally
BR kənˈsɛpʃn̩li,
kənˈsɛpʃnəli
AM kənˈsɛpʃ(ə)nəli
conceptive
BR kənˈsɛptɪv
AM kənˈsɛptɪv
conceptual
BR kənˈsɛptʃʊəl,
kənˈsɛptʃ(ʉ)l,
kənˈsɛptjʊəl,
kənˈsɛptjʉl
AM kənˈsɛp(t)ʃ(əw)əl
conceptualisation
BR kənˌsɛptʃʊəlʌɪ-
ˈzeɪʃn, kənˌsɛptʃʉlʌɪ-
ˈzeɪʃn, kən-
ˌsɛptjʊəlʌɪˈzeɪʃn,
kənˌsɛptjʉlʌɪˈzeɪʃn
AM kənˌsɛp(t)ʃ(əw)ə-
ˌlaɪˈzeɪʃ(ə)n, kən-
ˌsɛp(t)ʃ(əw)ələ-
ˈzeɪʃ(ə)n
conceptualise
BR kənˈsɛptʃʊəlʌɪz,
kənˈsɛptʃʉlʌɪz,
kənˈsɛptjʊəlʌɪz,
kənˈsɛptjʉlʌɪz, -ɪz,
-ɪŋ, -d
AM kənˈsɛp(t)ʃ(əw)ə-
ˌlaɪz, -ɪz, -ɪŋ, -d
conceptualism
BR kənˈsɛptʃʊəlɪzm,
kənˈsɛptʃʉlɪzm,
kənˈsɛptjʊəlɪzm,
kənˈsɛptjʉlɪzm
AM kənˈsɛp(t)ʃ(əw)ə-
ˌlɪz(ə)m
conceptualist
BR kənˈsɛptʃʊəlɪst,
kənˈsɛptʃʉlɪst,
kənˈsɛptjʊəlɪst,
kənˈsɛptjʉlɪst, -s
AM kən-
ˈsɛp(t)ʃ(əw)ələst, -s

conceptualization
BR kənˌsɛptʃʊəlʌɪ-
ˈzeɪʃn, kənˌsɛptʃʉlʌɪ-
ˈzeɪʃn, kən-
ˌsɛptjʊəlʌɪˈzeɪʃn,
kənˌsɛptjʉlʌɪˈzeɪʃn
AM kənˌsɛp(t)ʃ(əw)ə-
ˌlaɪˈzeɪʃ(ə)n, kən-
ˌsɛp(t)ʃ(əw)ələ-
ˈzeɪʃ(ə)n
conceptualize
BR kənˈsɛptʃʊəlʌɪz,
kənˈsɛptʃʉlʌɪz,
kənˈsɛptjʊəlʌɪz,
kənˈsɛptjʉlʌɪz, -ɪz,
-ɪŋ, -d
AM kənˈsɛp(t)ʃ(əw)ə-
ˌlaɪz, -ɪz, -ɪŋ, -d
conceptually
BR kənˈsɛptʃʊəli,
kənˈsɛptʃʉli,
kənˈsɛptjʊəli,
kənˈsɛptjʉli
AM kənˈsɛp(t)ʃ(əw)əli
conceptus
BR kənˈsɛptəs
AM kənˈsɛptəs
concern
BR kənˈsəːn, -z, -ɪŋ, -d
AM kənˈsɚn, -z,
-ɪŋ, -d
concernedly
BR kənˈsəːnɪdli
AM kənˈsɚnədli
concernedness
BR kənˈsəːnɪdnɪs
AM kənˈsɚnədnəs
concerningly
BR kənˈsəːnɪŋli
AM kənˈsɚnɪŋli
concernment
BR kənˈsəːnm(ə)nt, -s
AM kənˈsɚnm(ə)nt, -s
concert[1] *noun,*
agreement
BR ˈkɒnsəːt
AM ˈkɑnsɚt
concert[2] *noun,*
musical
performance
BR ˈkɒnsət, -s
AM ˈkɑnˌsɚt, -s

concert[3] *verb*
BR kənˈsəːt, -s, -ɪŋ, -ɪd
AM kənˈsɚ|t, -ts, -dɪŋ,
-dəd
concertante
BR ˌkɒntʃəˈtanteɪ,
ˌkɒntʃəˈtanti
AM ˌkɑnsɚˈtɑnˌteɪ,
ˌkɑntʃɚˈtɑnˌteɪ,
ˌkɑnsɚˈtɑnˌteɪ,
ˌkɑntʃɚˈtɑnˌteɪ
concerted
BR kənˈsəːtɪd
AM kənˈsɚdəd
concertedly
BR kənˈsəːtɪdli
AM kənˈsɚdədli
Concertgebouw
BR kənˈsəːtɡɪˌbaʊ
AM kənˈsɚtɡəˌbaʊ
DU kɔnˈsɛrtxəˌbɔʊ
concertgoer
BR ˈkɒnsətˌɡəʊə(r), -z
AM ˈkɑnsɚtˌɡoʊər, -z
concerti grossi
BR kənˌtʃɛːtiː ˈɡrɒsiː,
kənˌtʃəːtiː +
AM kənˌsɛrˌdi ˈɡrɔsi,
kənˌtʃɚˌdi ˈɡrɔsi
concertina
BR ˌkɒnsəˈtiːnə(r), -z,
-ɪŋ, -d
AM ˌkɑnsɚˈtinə, -z,
-ɪŋ, -d
concertino
BR ˌkɒn(t)ʃəˈtiːnəʊ, -z
AM ˌkɑnsɚˈtinoʊ,
ˌkɑn(t)ʃɚˈtinoʊ, -z
concertmaster
BR ˈkɒnsətˌmɑːstə(r),
-z
AM ˈkɑnsɚtˌmæstɚ, -z
concerto
BR kənˈtʃɛːtəʊ,
kənˈtʃəːtəʊ, -z
AM kənˈ(t)ʃɚdoʊ, -z
concerto grosso
BR kənˌtʃɛːtəʊ
ˈɡrɒsəʊ,
kənˌtʃəːtəʊ +, -z
AM kənˌ(t)ʃɚˌdoʊ-
ˈɡroʊsoʊ, -z

concession
BR kənˈseʃn, -z
AM kənˈseʃ(ə)n, -z

concessionaire
BR kənˌseʃəˈneː(r),
kənˌseʃn̩ˈɛː(r), -z
AM kənˌseʃəˈne(ə)r, -z

concessionary
BR kənˈseʃ(ə)ri
AM kənˈseʃəˌneri

concessive
BR kənˈsesɪv
AM kənˈsesɪv

conch
BR kɒn(t)ʃ, kɒŋk, ˈkɒn(t)ʃɪz\kɒŋks
AM kaŋk, kantʃ

concha
BR ˈkɒŋkə(r)
AM ˈkaŋkə

conchae
BR ˈkɒŋkiː
AM ˈkaŋˌkaɪ, ˈkaŋki

conches
BR ˈkɒn(t)ʃɪz, kɒŋks
AM kaŋks, ˈkan(t)ʃəz

conchie
BR ˈkɒnʃi, -ɪz
AM ˈkan(t)ʃi, -z

conchoid
BR ˈkɒŋkɔɪd, -z
AM ˈkaŋˌkɔɪd, -z

conchoidal
BR kɒŋˈkɔɪdl
AM ˌkaŋˈkɔɪd(ə)l

conchological
BR ˌkɒŋkəˈlɒdʒɪkl
AM ˌkaŋkəˈladʒək(ə)l

conchologically
BR ˌkɒŋkəˈlɒdʒɪkli
AM ˌkaŋkəˈladʒək(ə)li

conchologist
BR kɒŋˈkɒlədʒɪst, -s
AM ˌkaŋˈkalədʒəst, -s

conchology
BR kɒŋˈkɒlədʒi
AM ˌkaŋˈkalədʒi

conchy
BR ˈkɒnʃi, -ɪz
AM ˈkan(t)ʃi, -z

concierge
BR ˈkɒnsɪɛːʒ, ˈkŏsɪɛːʒ, ˌkɒnsɪˈɛːʒ, ˌkŏsɪˈɛːʒ, -ɪz
AM ˌkanˈsɪɛr(d)ʒ, -əz

conciliar
BR kənˈsɪliə(r)
AM kənˈsɪliər

conciliate
BR kənˈsɪlieɪt, -s, -ɪŋ, -ɪd
AM kənˈsɪliˌeɪ|t, -ts, -dɪŋ, -dɪd

conciliation
BR kənˌsɪliˈeɪʃn
AM kənˌsɪliˈeɪʃ(ə)n

conciliative
BR kənˈsɪliətɪv, kənˈsɪlieɪtɪv
AM kənˈsɪliˌeɪdɪv, kənˈsɪliədɪv

conciliator
BR kənˈsɪlieɪtə(r), -z
AM kənˈsɪliˌeɪdər, -z

conciliatoriness
BR kənˈsɪliətrɪnɪs
AM kənˈsɪliəˌtɔrɪnɪs

conciliatory
BR kənˈsɪliət(ə)ri
AM kənˈsɪliəˌtɔri

concinnity
BR kənˈsɪnɪti
AM kənˈsɪnɪdi

concinnous
BR kənˈsɪnəs
AM kənˈsɪnəs

concise
BR kənˈsʌɪs
AM kənˈsaɪs

concisely
BR kənˈsʌɪsli
AM kənˈsaɪsli

conciseness
BR kənˈsʌɪsnɪs
AM kənˈsaɪsnɪs

concision
BR kənˈsɪʒn
AM kənˈsɪʒ(ə)n

conclave
BR ˈkɒŋkleɪv, -z
AM ˈkaŋˌkleɪv, ˈkanˌkleɪv, -z

conclude
BR kənˈkluːd, kəŋˈkluːd, -z, -ɪŋ, -ɪd
AM kənˈklud, -z, -ɪŋ, -əd

conclusion
BR kənˈkluːʒn, kəŋˈkluːʒn, -z
AM kənˈkluːʒ(ə)n, -z

conclusive
BR kənˈkluːsɪv, kəŋˈkluːsɪv
AM kənˈklusɪv

conclusively
BR kənˈkluːsɪvli, kəŋˈkluːsɪvli
AM kənˈklusɪvli

conclusiveness
BR kənˈkluːsɪvnɪs, kəŋˈkluːsɪvnɪs
AM kənˈklusɪvnɪs

concoct
BR kənˈkɒkt, kəŋˈkɒkt, -s, -ɪŋ, -ɪd
AM kənˈkak|(t), -(t)s, -tɪŋ, -təd

concocter
BR kənˈkɒktə(r), kəŋˈkɒktə(r), -z
AM kənˈkaktər, -z

concoction
BR kənˈkɒkʃn, kəŋˈkɒkʃn, -z
AM kənˈkakʃ(ə)n, -z

concoctor
BR kənˈkɒktə(r), kəŋˈkɒktə(r), -z
AM kənˈkaktər, -z

concomitance
BR kənˈkɒmɪt(ə)ns, kəŋˈkɒmɪt(ə)ns
AM kənˈkamɪd(ə)ns

concomitancy
BR kənˈkɒmɪt(ə)nsi, kəŋˈkɒmɪt(ə)nsi
AM kənˈkamədənsi

concomitant
BR kənˈkɒmɪt(ə)nt, kəŋˈkɒmɪt(ə)nt
AM kənˈkamədənt

concomitantly
BR kənˈkɒmɪt(ə)ntli, kəŋˈkɒmɪt(ə)ntli
AM kənˈkamədən(t)li

concord
BR ˈkɒŋkɔːd, ˈkɒnkɔːd
AM ˈkaŋkərd

concordance
BR kənˈkɔːd(ə)ns, kəŋˈkɔːd(ə)ns, -ɪz
AM kənˈkɔrdns, -əz

concordant
BR kənˈkɔːd(ə)nt, kəŋˈkɔːd(ə)nt
AM kənˈkɔrdnt

concordantly
BR kənˈkɔːd(ə)ntli, kəŋˈkɔːd(ə)ntli
AM kənˈkɔrdn(t)li

concordat
BR kɒnˈkɔːdat, kɒŋˈkɔːdat, -s
AM kanˈkɔrˌdæt, -s

Concorde
BR ˈkɒŋkɔːd, -z
AM ˈkanˌkɔ(ə)rd, ˈkaŋˌkɔ(ə)rd, -z

concourse
BR ˈkɒŋkɔːs, -ɪz
AM ˈkanˌkɔ(ə)rs, ˈkaŋˌkɔ(ə)rs, -əz

concrescence
BR kənˈkresns, kəŋˈkresns
AM kənˈkres(ə)ns

concrescent
BR kənˈkresnt, kəŋˈkresnt
AM kənˈkres(ə)nt

concrete
BR ˈkɒŋkriːt
AM ˌkaŋˈkrit, ˌkanˈkrit

concretely
BR ˈkɒŋkriːtli
AM ˌkaŋˈkritli, ˌkanˈkritli

concreteness
BR ˈkɒŋkriːtnɪs
AM ˌkaŋˈkritnɪs, ˌkanˈkritnɪs

concretion
BR kənˈkriːʃn,
kəŋˈkriːʃn, -z
AM kənˈkrɪʃ(ə)n, -z
concretionary
BR kənˈkriːʃn(ə)ri,
kəŋˈkriːʃn(ə)ri
AM kənˈkrɪʃəˌneri
concretisation
BR ˌkɒŋkriːtʌɪˈzeɪʃn,
ˌkɒŋkrɪtʌɪˈzeɪʃn
AM ˌkaŋkrədəˈzeɪʃ(ə)n,
ˌkankrədəˈzeɪʃ(ə)n,
ˌkaŋkrəˌtaɪˈzeɪʃ(ə)n,
ˌkaŋkrəˌtaɪˈzeɪʃ(ə)n
concretise
BR ˈkɒŋkriːtʌɪz,
ˈkɒŋkrɪtʌɪz, -ɪz, -ɪŋ, -d
AM ˈkankrəˌtaɪz,
ˈkaŋkrəˌtaɪz, -ɪz,
-ɪŋ, -d
concretization
BR ˌkɒŋkriːtʌɪˈzeɪʃn,
ˌkɒŋkrɪtʌɪˈzeɪʃn
AM ˌkaŋkrədəˈzeɪʃ(ə)n,
ˌkankrədəˈzeɪʃ(ə)n,
ˌkaŋkrəˌtaɪˈzeɪʃ(ə)n,
ˌkaŋkrəˌtaɪˈzeɪʃ(ə)n
concretize
BR ˈkɒŋkriːtʌɪz,
ˈkɒŋkrɪtʌɪz, -ɪz, -ɪŋ,
-d
AM ˈkaŋkrəˌtaɪz,
ˈkaŋkrəˌtaɪz, -ɪz,
-ɪŋ, -d
concubinage
BR kɒnˈkjuːbɪnɪdʒ,
kɒŋˈkjuːbɪnɪdʒ
AM kənˈkjubənɪdʒ
concubinary
BR kɒnˈkjuːbɪn(ə)ri,
kɒŋˈkjuːbɪn(ə)ri
AM kənˈkjubəˌneri
concubine
BR ˈkɒŋkjʉbʌɪn, -z
AM ˈkaŋkjəˌbaɪn,
ˈkaŋkjəˌbaɪn, -z
concupiscence
BR kənˈkjuːpɪsns,
kəŋˈkjuːpɪsns
AM ˌkaŋˈkjupəs(ə)ns,
kanˈkjupəs(ə)ns

concupiscent
BR kənˈkjuːpɪsnt,
kəŋˈkjuːpɪsnt
AM ˌkaŋˈkjupəs(ə)nt,
kanˈkjupəs(ə)nt
concur
BR kənˈkəː(r),
kəŋˈkəː(r), -z, -ɪŋ, -d
AM kənˈkər, -z, -ɪŋ, -d
concurrence
BR kənˈkʌrn̩s,
kəŋˈkʌrn̩s
AM kənˈkər(ə)ns
concurrent
BR kənˈkʌrn̩t,
kəŋˈkʌrn̩t
AM kənˈkər(ə)nt
concurrently
BR kənˈkʌrn̩tli,
kəŋˈkʌrn̩tli
AM kənˈkərən(t)li
concuss
BR kənˈkʌs, kəŋˈkʌs,
-ɪz, -ɪŋ, -t
AM kənˈkəs, -əz,
-ɪŋ, -t
concussion
BR kənˈkʌʃn,
kəŋˈkʌʃn
AM kənˈkəʃ(ə)n
concussive
BR kənˈkʌsɪv,
kəŋˈkʌsɪv
AM kənˈkəsɪv
condemn
BR kənˈdɛm, -z,
-ɪŋ, -d
AM kənˈdɛm, -z, -ɪŋ,
-d
condemnable
BR kənˈdɛmnəbl
AM kənˈdɛm(n)əb(ə)l
condemnation
BR ˌkɒndɛmˈneɪʃn
AM ˌkandɛmˈneɪʃ(ə)n
condemnatory
BR kənˈdɛmnətri,
ˌkɒndɛmˈneɪt(ə)ri
AM ˌkənˈdɛmnəˌtɔri
condensable
BR kənˈdɛnsəbl
AM kənˈdɛnsəb(ə)l

condensate
BR ˈkɒndɛnseɪt,
kənˈdɛnseɪt, -s
AM kənˈdɛnˌseɪt, -s
condensation
BR ˌkɒndɛnˈseɪʃn
AM ˌkandɛnˈseɪʃ(ə)n
condense
BR kənˈdɛns, -ɪz,
-ɪŋ, -t
AM kənˈdɛns, -əz,
-ɪŋ, -t
condenser
BR kənˈdɛnsə(r), -z
AM kənˈdɛnsər, -z
condensery
BR kənˈdɛns(ə)r|i,
-ɪz
AM kənˈdɛns(ə)ri, -z
condescend
BR ˌkɒndɪˈsɛnd, -z,
-ɪŋ, -ɪd
AM ˌkandəˈsɛnd, -z,
-ɪŋ, -əd
condescendingly
BR ˌkɒndɪˈsɛndɪŋli
AM ˌkandəˈsɛndɪŋli
condescension
BR ˌkɒndɪˈsɛnʃn
AM ˌkandəˈsɛn(t)ʃ(ə)n
condign
BR kənˈdʌɪn,
ˈkɒndʌɪn
AM ˈkanˌdaɪn,
kənˈdaɪn
condignly
BR kənˈdʌɪnli,
ˈkɒndʌɪnli
AM ˈkanˌdaɪnli,
kənˈdaɪnli
condiment
BR ˈkɒndɪm(ə)nt, -s
AM ˈkandəm(ə)nt, -s
condition
BR kənˈdɪʃn, -nz,
-n̩ɪŋ\-nɪŋ, -nd
AM kənˈdɪʃ(ə)n, -z,
-ɪŋ, -d
conditional
BR kənˈdɪʃn̩
AM kənˈdɪʃən(ə)l,
kənˈdɪʃn(ə)l

conditionality
BR kənˌdɪʃəˈnalɪti
AM kənˌdɪʃəˈnælədi
conditionally
BR kənˈdɪʃn̩li,
kənˈdɪʃnəli
AM kənˈdɪʃ(ə)nəli
conditioner
BR kənˈdɪʃnə(r),
kənˈdɪʃnə(r), -z
AM kənˈdɪʃ(ə)nər, -z
condo
BR ˈkɒndəʊ, -z
AM ˈkandoʊ, -z
condolatory
BR kənˈdəʊlət(ə)ri
AM kənˈdoʊləˌtɔri
condole
BR kənˈdəʊl, -z,
-ɪŋ, -d
AM kənˈdoʊl, -z,
-ɪŋ, -d
condolence
BR kənˈdəʊln̩s, -ɪz
AM kənˈdoʊl(ə)ns,
-əz
condom
BR ˈkɒndɒm, -z
AM ˈkand(ə)m, -z
condominium
BR ˌkɒndəˈmɪnɪəm, -z
AM ˌkandəˈmɪnɪəm,
-z
condonation
BR ˌkɒndə(ʊ)ˈneɪʃn
AM kənˌdoʊˈneɪʃ(ə)n
condone
BR kənˈdəʊn, -z, -ɪŋ,
-d
AM kənˈdoʊn, -z, -ɪŋ,
-d
condoner
BR kənˈdəʊnə(r), -z
AM kənˈdoʊnər, -z
condor
BR ˈkɒndɔː(r), -z
AM ˈkanˌdɔ(ə)r, -z
condottiere
BR ˌkɒndɒtɪˈɛːreɪ,
ˌkɒndɒtɪˈɛːri
AM ˌkanˌdadiˈɛri
IT kondotˈtjɛre

condottieri
BR ˌkɒndɒtɪˈɛːriː
AM ˌkɑnˌdɑdiˈɛri
IT kondotˈtjɛri

conduce
BR kənˈdjuːs,
kənˈdʒuːs, -ɪz, -ɪŋ, -t
AM kənˈd(j)us, -əz,
-ɪŋ, -t

conducement
BR kənˈdjuːsm(ə)nt,
kənˈdʒuːsm(ə)nt, -s
AM kənˈd(j)usm(ə)nt,
-s

conducive
BR kənˈdjuːsɪv,
kənˈdʒuːsɪv
AM kənˈd(j)usɪv

conducively
BR kənˈdjuːsɪvli,
kənˈdʒuːsɪvli
AM kənˈd(j)usɪvli

conduciveness
BR kənˈdjuːsɪvnɪs,
kənˈdʒuːsɪvnɪs
AM kənˈd(j)usɪvnɪs

conduct[1] noun
BR ˈkɒndʌkt
AM ˈkɑnˌdək(t)

conduct[2] verb
BR kənˈdʌkt, -s, -ɪŋ,
-ɪd
AM kənˈdək|(t), -(t)s,
-tɪŋ, -təd

conductance
BR kənˈdʌkt(ə)ns
AM kənˈdəktns

conducti
BR kənˈdʌktʌɪ
AM kənˈdəkˌtaɪ

conductibility
BR kənˌdʌktɪˈbɪlɪti
AM kənˌdəktəˈbɪlɪdi

conductible
BR kənˈdʌktɪbl
AM kənˈdəktəb(ə)l

conduction
BR kənˈdʌkʃn
AM kənˈdəkʃ(ə)n

conductive
BR kənˈdʌktɪv
AM kənˈdəktɪv

conductively
BR kənˈdʌktɪvli
AM kənˈdəktɪvli

conductivity
BR ˌkɒndʌkˈtɪvɪti
AM ˌkɑndəkˈtɪvɪdi

conductor
BR kənˈdʌktə(r), -z
AM kənˈdəktər, -z

conductorship
BR kənˈdʌktəʃɪp
AM kənˈdəktərˌʃɪp

conductress
BR kənˈdʌktrɪs, -ɪz
AM kənˈdəktrəs, -əz

conductus
BR kənˈdʌktəs
AM kənˈdəktəs

conduit
BR ˈkɒnd(w)ɪt,
ˈkɒndjʊɪt, ˈkʌndɪt,
-s
AM ˈkɑndwət,
ˈkɑnˌduət, -s

condylar
BR ˈkɒndɪlə(r)
AM ˈkɑndələr

condylarth
BR ˈkɒndɪlɑːθ, -s
AM ˈkɑndəˌlɑrθ, -s

condyle
BR ˈkɒndʌɪl, ˈkɒndɪl,
-z
AM ˈkɑnˌdaɪl, -z

condyloid
BR ˈkɒndɪlɔɪd
AM ˈkɑndəˌlɔɪd

condyloma
BR ˌkɒndɪˈləʊmə(r), -z
AM ˌkɑndəˈloʊmə, -z

condylomata
BR ˌkɒndɪˈləʊmətə(r)
AM ˌkɑndəˈloʊmədə

cone
BR kəʊn, -z, -ɪŋ, -d
AM koʊn, -z, -ɪŋ, -d

conestoga
BR ˌkɒnɪˈstəʊɡə(r), -z
AM ˌkɑnəˈstoʊɡə, -z

coney
BR ˈkəʊn|i, -ɪz
AM ˈkoʊni, -z

confab[1] noun
BR ˈkɒnfab, -z
AM ˈkɑnfæb, -z

confab[2] verb
BR kənˈfab, -z, -ɪŋ, -d
AM kənˈfæb, -z, -ɪŋ, -d

confabulate
BR kənˈfabjʊleɪt, -s,
-ɪŋ, -ɪd
AM kənˈfæbjəˌleɪ|t,
-ts, -dɪŋ, -dɪd

confabulation
BR kənˌfabjʊˈleɪʃn, -z
AM kənˌfæbjəˈleɪʃ(ə)n,
-z

confabulatory
BR kənˈfabjʊlət(ə)ri
AM kənˈfæbjələˌtɔri

confect
BR kənˈfɛkt, -s, -ɪŋ, -ɪd
AM kənˈfɛk|t, -s, -tɪŋ,
-təd

confection
BR kənˈfɛkʃn, -z
AM kənˈfɛkʃ(ə)n, -z

confectionary
BR kənˈfɛkʃn(ə)r|i,
kənˈfɛkʃnər|i, -ɪz
AM kənˈfɛkʃəˌnɛri, -z

confectioner
BR kənˈfɛkʃnə(r), -z
AM kənˈfɛkʃənər, -z

confectionery
BR kənˈfɛkʃn(ə)r|i,
kənˈfɛkʃnər|i, -ɪz
AM kənˈfɛkʃəˌnɛri, -z

confederacy
BR kənˈfɛd(ə)rəs|i, -ɪz
AM kənˈfɛd(ə)rəsi, -z

confederate[1] noun,
adjective
BR kənˈfɛd(ə)rət, -s
AM kənˈfɛd(ə)rət, -s

confederate[2] verb
BR kənˈfɛdəreɪt, -s,
-ɪŋ, -ɪd
AM kənˈfɛdəˌreɪ|t, -ts,
-dɪŋ, -dɪd

confederation
BR kənˌfɛdəˈreɪʃn, -z
AM kənˌfɛdəˈreɪʃ(ə)n,
-z

confer
BR kənˈfəː(r), -z,
-ɪŋ, -d
AM kənˈfər, -z, -ɪŋ, -d

conferee
BR ˌkɒnfə(ː)ˈriː, -z
AM ˌkɑnfəˈri, -z

conference
BR ˈkɒnf(ə)rn̩s, -ɪz,
-ɪŋ
AM ˈkɑnf(ə)r(ə)ns,
ˈkɑnf(ə)r(ə)ns, -əz,
-ɪŋ

conferential
BR ˌkɒnfəˈrɛnʃl
AM ˌkɑnfəˈren(t)ʃ(ə)l

conferment
BR kənˈfəːm(ə)nt, -s
AM kənˈfərm(ə)nt, -s

conferrable
BR kənˈfəːrəbl
AM kənˈfərəb(ə)l

conferral
BR kənˈfəːrl̩, -z
AM kənˈfər(ə)l, -z

confess
BR kənˈfɛs, -ɪz, -ɪŋ, -t
AM kənˈfɛs, -əz,
-ɪŋ, -t

confessant
BR kənˈfɛsnt, -s
AM kənˈfɛs(ə)nt, -s

confessedly
BR kənˈfɛsɪdli
AM kənˈfɛsədli

confession
BR kənˈfɛʃn, -z
AM kənˈfɛʃ(ə)n, -z

confessional
BR kənˈfɛʃn̩l, -z
AM kənˈfɛʃən(ə)l,
kənˈfɛʃn(ə)l, -z

confessionary
BR kənˈfɛʃn(ə)ri
AM kənˈfɛʃəˌnɛri

confessor
BR kənˈfɛsə(r), -z
AM kənˈfɛˌsɔ(ə)r,
kənˈfɛsər, -z

confetti
BR kənˈfɛti
AM kənˈfɛdi

confidant
BR ˈkɒnfɪdant, ˌkɒnfɪˈdant, -s
AM ˈkɑnfəˌdænt, ˈkɑnfəˌdænt, -s

confidante
BR ˈkɒnfɪdant, ˌkɒnfɪˈdant, -s
AM ˈkɑnfəˌdænt, ˈkɑnfəˌdænt, -s

confide
BR kənˈfʌɪd, -z, -ɪŋ, -ɪd
AM kənˈtaɪd, -z, -ɪŋ, -ɪd

confidence
BR ˈkɒnfɪd(ə)ns, -ɪz
AM ˈkɑnfədns, -ɪz

confident
BR ˈkɒnfɪd(ə)nt
AM ˈkɑnfədnt

confidential
BR ˌkɒnfɪˈdɛnʃl
AM ˌkɑnfəˈdɛn(t)ʃ(ə)l

confidentiality
BR ˌkɒnfɪˌdɛnʃɪˈalɪti, -ɪz
AM ˌkɑnfəˌdɛn(t)ʃiˈælədi, -z

confidentially
BR ˌkɒnfɪˈdɛnʃli
AM ˌkɑnfəˈdɛn(t)ʃəli

confidently
BR ˈkɒnfɪd(ə)ntli
AM ˈkɑnfədən(t)li

confiding
BR kənˈfʌɪdɪŋ
AM kənˈfaɪdɪŋ

confidingly
BR kənˈfʌɪdɪŋli
AM kənˈfaɪdɪŋli

configuration
BR kənˌfɪɡəˈreɪʃn, kənˌfɪɡjʊˈreɪʃn, -z
AM kənˌfɪɡ(j)əˈreɪʃ(ə)n, -z

configurational
BR kənˌfɪɡəˈreɪʃn̩l, kənˌfɪɡjʊˈreɪʃn̩l
AM kənˌfɪɡ(j)əˈreɪʃən(ə)l, kənˌfɪɡ(j)əˈreɪʃn(ə)l

configure
BR kənˈfɪɡ|ə(r), -əz, -(ə)rɪŋ, -əd
AM kənˈfɪɡjər, -z, -ɪŋ, -d

confine *verb*
BR kənˈfʌɪn, -z, -ɪŋ, -d
AM kənˈfaɪn, -z, -ɪŋ, -d

confinement
BR kənˈfʌɪnm(ə)nt, -s
AM kənˈfaɪnm(ə)nt, -s

confines *noun*
BR ˈkɒnfʌɪnz
AM ˈkɑnˌfaɪnz

confirm
BR kənˈfəːm, -z, -ɪŋ, -d
AM kənˈfərm, -z, -ɪŋ, -d

confirmand
BR ˈkɒnfəmand, ˌkɒnfəˈmand, -z
AM ˈkɑnfərˌmænd, -z

confirmation
BR ˌkɒnfəˈmeɪʃn, -z
AM ˌkɑnfərˈmeɪʃ(ə)n, -z

confirmative
BR kənˈfəːmətɪv
AM kənˈfərmədɪv

confirmatory
BR kənˈfəːmətri, ˌkɒnfəˈmeɪt(ə)ri
AM kənˈfərməˌtɔri

confiscable
BR ˈkɒnfɪskəbl
AM ˈkɑnfəskəb(ə)l

confiscate
BR ˈkɒnfɪskeɪt, -s, -ɪŋ, -ɪd
AM ˈkɑnfəˌskeɪ|t, -ts, -dɪŋ, -dɪd

confiscation
BR ˌkɒnfɪˈskeɪʃn, -z
AM ˌkɑnfəˈskeɪʃ(ə)n, -z

confiscator
BR ˈkɒnfɪskeɪtə(r), -z
AM ˈkɑnfəˌskeɪdər, -z

confiscatory
BR kənˈfɪskətri, ˌkɒnfɪˈskeɪt(ə)ri
AM kənˈfɪskəˌtɔri

confiture
BR ˈkɒnfɪtjʊə(r), ˈkɒnfɪtʃə(r), -z
AM ˈkɑnfətʃər, -z

conflagration
BR ˌkɒnfləˈɡreɪʃn, -z
AM ˌkɑnfləˈɡreɪʃ(ə)n, -z

conflate
BR kənˈfleɪt, -s, -ɪŋ, -ɪd
AM kənˈfleɪ|t, -ts, -dɪŋ, -dɪd

conflation
BR kənˈfleɪʃn, -z
AM kənˈfleɪʃ(ə)n, -z

conflict[1] *noun*
BR ˈkɒnflɪkt, -s
AM ˈkɑnˌflɪk(t), -s

conflict[2] *verb*
BR kənˈflɪkt, -s, -ɪŋ, -ɪd
AM kənˈflɪk|(t), -(t)s, -tɪŋ, -tɪd

confliction
BR kənˈflɪkʃn, -z
AM kənˈflɪkʃ(ə)n, -z

conflictual
BR kənˈflɪktʃʊəl, kənˈflɪktʃ(ʉ)l, kənˈflɪktjʊəl, kənˈflɪktjʉl
AM kənˈflɪk(t)ʃ(əw)əl

confluence
BR ˈkɒnfluəns, -ɪz
AM kənˈfluəns, ˈkɑnˌfluəns, -əz

confluent
BR ˈkɒnfluənt
AM kənˈfluənt, ˈkɑnˌfluənt

conflux
BR ˈkɒnflʌks, -ɪz
AM ˈkɑnˌfləks, -əz

conform
BR kənˈfɔːm, -z, -ɪŋ, -d
AM kənˈfɔ(ə)rm, -z, -ɪŋ, -d

conformability
BR kənˌfɔːməˈbɪlɪti
AM kənˌfɔrməˈbɪlɪdi

conformable
BR kənˈfɔːməbl
AM kənˈfɔrməb(ə)l

conformably
BR kənˈfɔːməbli
AM kənˈfɔrməbli

conformal
BR kənˈfɔːml
AM kənˈfɔrm(ə)l

conformally
BR kənˈfɔːmli
AM kənˈfɔrməli

conformance
BR kənˈfɔːməns
AM kənˈfɔrm(ə)ns

conformation
BR ˌkɒnfɔːˈmeɪʃn, ˌkɒnfəˈmeɪʃn
AM ˌkɑnfərˈmeɪʃ(ə)n, ˌkɑnfərˈmeɪʃ(ə)n

conformer
BR kənˈfɔːmə(r), -z
AM kənˈfɔrmər, -z

conformism
BR kənˈfɔːmɪzm
AM kənˈfɔrˌmɪz(ə)m

conformist
BR kənˈfɔːmɪst, -s
AM kənˈfɔrməst, -s

conformity
BR kənˈfɔːmɪti
AM kənˈfɔrmədi

confound
BR kənˈfaʊnd, -z, -ɪŋ, -ɪd
AM kənˈfaʊnd, -z, -ɪŋ, -əd

confoundedly
BR kənˈfaʊndɪdli
AM kənˈfaʊndədli

confraternity
BR ˌkɒnfrəˈtɜːnɪt|i, -ɪz
AM ˌkɑːnfrəˈtɜːnədi, -z

confrère
BR ˈkɒnfrɛː(r), -z
AM ˈkɑːnˌfrɛ(ə)r, -z
FR kɔ̃fʀɛʀ

confront
BR kənˈfrʌnt, -s, -ɪŋ, -ɪd
AM kənˈfrən|t, -ts, -(t)ɪŋ, -(t)əd

confrontation
BR ˌkɒnfrʌnˈteɪʃn, -z
AM ˌkɑːnfrənˈteɪʃ(ə)n, -z

confrontational
BR ˌkɒnfrʌnˈteɪʃn̩l
AM ˌkɑːnfrənˈteɪʃən(ə)l, ˌkɑːnfrənˈteɪʃn(ə)l

confrontationally
BR ˌkɒnfrʌnˈteɪʃn̩li, ˌkɒnfrʌnˈteɪʃnəli
AM ˌkɑːnfrənˈteɪʃ(ə)nəli

Confucian
BR kənˈfjuːʃn, -z
AM kənˈfjuːʃ(ə)n, -z

Confucianism
BR kənˈfjuːʃn̩ɪzm
AM kənˈfjuːʃən ˌɪz(ə)m

Confucianist
BR kənˈfjuːʃn̩ɪst, -s
AM kənˈfjuːʃənəst, -s

Confucius
BR kənˈfjuːʃəs
AM kənˈfjuːʃəs

confusability
BR kənˌfjuːzəˈbɪlɪti
AM kənˌfjuːzəˈbɪlɪdi

confusable
BR kənˈfjuːzəbl
AM kənˈfjuːzəb(ə)l

confusably
BR kənˈfjuːzəbli
AM kənˈfjuːzəbli

confuse
BR kənˈfjuːz, -ɪz, -ɪŋ, -d
AM kənˈfjuz, -əz, -ɪŋ, -d

confusedly
BR kənˈfjuːzɪdli
AM kənˈfjuzədli

confusible
BR kənˈfjuːzɪbl, -z
AM kənˈfjuzəb(ə)l, -z

confusing
BR kənˈfjuːzɪŋ
AM kənˈfjuzɪŋ

confusingly
BR kənˈfjuːzɪŋli
AM kənˈfjuzɪŋli

confusion
BR kənˈfjuːʒn
AM kənˈfjuʒ(ə)n

confutable
BR kənˈfjuːtəbl
AM kənˈfjudəb(ə)l

confutation
BR ˌkɒnfjuˈteɪʃn, -z
AM ˌkɑːnfjəˈteɪʃ(ə)n, -z

confute
BR kənˈfjuːt, -s, -ɪŋ, -ɪd
AM kənˈfju|t, -ts, -dɪŋ, -dəd

conga
BR ˈkɒŋgə(r), -z
AM ˈkɑŋgə, -z

congé
BR ˈkɒnʒeɪ, ˈkɔ̃ʒeɪ, -z
AM ˈkɔnˌʒeɪ, ˈkɑnˌdʒeɪ, -z
FR kɔ̃ʒe

congeal
BR kənˈdʒiːl, -z, -ɪŋ, -d
AM kənˈdʒil, -z, -ɪŋ, -d

congealable
BR kənˈdʒiːləbl
AM kənˈdʒiləb(ə)l

congealment
BR kənˈdʒiːlm(ə)nt
AM kənˈdʒilm(ə)nt

congelation
BR ˌkɒndʒɪˈleɪʃn, -z
AM ˌkɑndʒəˈleɪʃ(ə)n, -z

congener
BR kənˈdʒiːnə(r), -z
AM kənˈdʒinər, -z

congeneric
BR ˌkɒndʒɪˈnɛrɪk
AM ˌkɑndʒəˈnɛrɪk

congenerous
BR kənˈdʒɛn(ə)rəs, ˌkɒnˈdʒɛn(ə)rəs
AM kənˈdʒinərəs, kənˈdʒɛnərəs

congenerousness
BR kənˈdʒɛn(ə)rəsnəs, ˌkɒnˈdʒɛn(ə)rəsnəs
AM kənˈdʒinərəsnəs, kənˈdʒɛnərəsnəs

congenial
BR kənˈdʒiːniəl
AM kənˈdʒiniəl, kənˈdʒinj(ə)l

congeniality
BR kənˌdʒiːnɪˈælɪti
AM kənˌdʒiniˈælədi

congenially
BR kənˈdʒiːniəli
AM kənˈdʒiniəli, kənˈdʒinjəli

congenital
BR kənˈdʒɛnɪtl
AM kənˈdʒɛnədl

congenitally
BR kənˈdʒɛnɪtli
AM kənˈdʒɛnədəli, kənˈdʒɛnədli

conger
BR ˈkɒŋgə(r), -z
AM ˈkɑŋgər, -z

congeries
BR ˈkɒn(d)ʒ(ə)rɪz
AM ˈkɑndʒəriz

congest
BR kənˈdʒɛst, -s, -ɪŋ, -ɪd
AM kənˈdʒɛst, -s, -ɪŋ, -əd

congestion
BR kənˈdʒɛstʃn
AM kənˈdʒɛstʃ(ə)n

congestive
BR kənˈdʒɛstɪv
AM kənˈdʒɛstɪv

congii
BR ˈkɒndʒɪaɪ
AM ˈkɑndʒiaɪ

congius
BR ˈkɒndʒɪəs
AM ˈkɑndʒiəs

congenerous
BR kənˈdʒɛn(ə)rəs, ˌkɒnˈdʒɛn(ə)rəs
AM kənˈdʒinərəs, kənˈdʒɛnərəs

Congo
BR ˈkɒŋgəʊ
AM ˈkɑŋgoʊ

Congolese
BR ˌkɒŋgəˈliːz
AM ˌkɑŋgəˈliz

congou
BR ˈkɒŋguː, ˈkɒŋgəʊ
AM ˈkɑŋgu, ˈkɑŋgoʊ

congrats
BR kənˈgrats, kənˈgrats
AM kənˈgræts

congratulant
BR kənˈgratʃʊlnt, kənˈgratʃʊlnt, kənˈgratjʊlnt, kənˈgratjʊlnt, -s
AM kənˈgrætʃəl(ə)nt, -s

congratulate
BR kənˈgratʃʊleɪt, kənˈgratʃʊleɪt, kənˈgratjʊleɪt, kənˈgratjʊleɪt, -s, -ɪŋ, -ɪd
AM kənˈgrætʃəˌleɪ|t, -ts, -dɪŋ, -dɪd

congratulation
BR kənˌgratʃʊˈleɪʃn, kənˌgratʃʊˈleɪʃn, kənˌgratjʊˈleɪʃn, kənˌgratjʊˈleɪʃn, -z
AM kənˌgrætʃʊˈleɪʃ(ə)n, -z

conglomerate[1] *noun, adjective*
BR kənˈglɒm(ə)rət, kənˈglɒm(ə)rət, -s
AM kənˈglɑm(ə)rət, -s

conglomerate[2] *verb*
BR kənˈglɒməreɪt, kənˈglɒməreɪt, -s, -ɪŋ, -ɪd
AM kənˈglɑməˌreɪ|t, -ts, -dɪŋ, -dɪd

conglomeration
BR kənˌglɒməˈreɪʃn, kənˌglɒməˈreɪʃn, -z
AM kənˌglɑməˈreɪʃ(ə)n, -z

congratulative
BR kənˈgratʃʊlətɪv,
kənˈgratʃʊlətɪv,
kənˈgratjʊlətɪv,
kənˈgratjʊlətɪv
AM kənˈgrætʃələdɪv

congratulator
BR kənˈgratʃʊleɪtə(r),
kənˈgratʃʊleɪtə(r),
kənˈgratjʊleɪtə(r),
kənˈgratjʊleɪtə(r),
-z
AM kənˈgrætʃəˌleɪdər,
-z

congratulatory
BR kənˌgratʃʊˈleɪt(ə)ri,
kənˌgratʃʊˈleɪt(ə)ri,
kənˌgratjʊˈleɪt(ə)ri,
kənˌgratjʊˈleɪt(ə)ri,
kənˈgratʃʊlətri,
kənˈgratʃʊlətri,
kənˈgratjʊlətri,
kənˈgratjʊlətri
AM kənˈgrætʃələˌtɔri

congregant
BR ˈkɒŋgrɪg(ə)nt, -s
AM ˈkaŋgrəg(ə)nt, -s

congregate
BR ˈkɒŋgrɪgeɪt, -s, -ɪŋ,
-ɪd
AM ˈkaŋgrəˌgeɪ|t, -ts,
-dɪŋ, -dɪd

congregation
BR ˌkɒŋgrɪˈgeɪʃn, -z
AM ˌkaŋgrəˈgeɪʃ(ə)n, -z

congregational
BR ˌkɒŋgrɪˈgeɪʃn̩l
AM ˌkaŋgrəˈgeɪʃən(ə)l,
ˌkaŋgrəˈgeɪʃn(ə)l

Congregationalism
BR ˌkɒŋgrɪˈgeɪʃn̩ˌlɪzm,
ˌkɒŋgrɪ-
ˈgeɪʃ(ə)nəlɪzm
AM ˌkaŋgrəˈgeɪʃnə-
ˌlɪz(ə)m, ˌkaŋgrə-
ˈgeɪʃənlˌɪz(ə)m

Congregationalist
BR ˌkɒŋgrɪˈgeɪʃn̩ˌlɪst,
ˌkɒŋgrɪˈgeɪʃnəlɪst, -s
AM ˌkaŋgrəˈgeɪʃnə-
ˌləst, ˌkaŋgrə-
ˈgeɪʃənlˌəst, -s

congress
BR ˈkɒŋgrɛs,
ˈkɒŋgrɪs, -ɪz
AM ˈkaŋgrəs,
-əz

congressional
BR kənˈgrɛʃn̩l,
kənˈgrɛʃn̩l
AM kaŋˈgrɛʃən(ə)l,
kaŋˈgrɛʃn(ə)l,
kənˈgrɛʃən(ə)l,
kənˈgrɛʃn(ə)l

congressman
BR ˈkɒŋgrɪsmən
AM ˈkaŋgrəsm(ə)n

congressmen
BR ˈkɒŋgrɪsmən
AM ˈkaŋgrəsm(ə)n

congresswoman
BR ˈkɒŋgrɪsˌwʊmən
AM ˈkaŋgrəsˌwʊm(ə)n

congresswomen
BR ˈkɒŋgrɪsˌwɪmɪn
AM ˈkaŋgrəsˌwɪmɪn

Congreve
BR ˈkɒŋgriːv
AM ˈkaŋˌgriv

congruence
BR ˈkɒŋgrʊəns, -ɪz
AM ˈkaŋgrəw(ə)ns,
kənˈgruəns, -əz

congruency
BR ˈkɒŋgrʊəns|i,
-ɪz
AM ˈkaŋgrəwənsi,
kənˈgruənsi, -z

congruent
BR ˈkɒŋgrʊənt
AM ˈkaŋgrəw(ə)nt,
kənˈgruənt

congruential
BR ˌkɒŋgrʊˈɛnʃl
AM ˌkaŋgruˈɛn(t)ʃ(ə)l

congruently
BR ˈkɒŋgrʊəntli
AM ˈkaŋgrəwən(t)li,
kənˈgruən(t)li

congruity
BR kɒnˈgruːɪt|i,
kɒŋˈgruːɪt|i, -ɪz
AM kaŋˈgruədi,
kənˈgruədi, -z

congruous
BR ˈkɒŋgrʊəs
AM ˈkaŋgrəwəs

congruously
BR ˈkɒŋgrʊəsli
AM ˈkaŋgrəwəsli

congruousness
BR ˈkɒŋgrʊəsnəs
AM ˈkaŋgrəwəsnəs

conic
BR ˈkɒnɪk, -s
AM ˈkanɪk, -s

conical
BR ˈkɒnɪkl
AM ˈkanək(ə)l

conically
BR ˈkɒnɪkli
AM ˈkanək(ə)li

conidia
BR kə(ʊ)ˈnɪdiə(r)
AM kəˈnɪdiə

conidial
BR kə(ʊ)ˈnɪdiəl
AM kəˈnɪdiəl

conidium
BR kə(ʊ)ˈnɪdiəm
AM kəˈnɪdiəm

conifer
BR ˈkɒnɪfə(r),
ˈkəʊnɪfə(r),
-z
AM ˈkanəfər, -z

coniferous
BR kəˈnɪf(ə)rəs
AM kəˈnɪf(ə)rəs

coniform
BR ˈkɒnɪfɔːm
AM ˈkanəˌfɔ(ə)rm,
ˈkoʊnəˌfɔ(ə)rm

coniine
BR ˈkəʊniːn
AM ˈkoʊniˌin,
ˈkoʊniən

Coningsby
BR ˈkɒnɪŋzbi
AM ˈkanɪŋzbi

Conisborough
BR ˈkɒnɪsb(ə)rə(r)
AM ˈkanəsˌbəroʊ

Conisbrough
BR ˈkɒnɪsbrə(r)
AM ˈkanəsbrə

Coniston
BR ˈkɒnɪst(ə)n
AM ˈkanəst(ə)n

conium
BR ˈkəʊniəm
AM ˈkoʊniəm

conjecturable
BR kənˈdʒɛktʃ(ə)rəbl
AM kən-
ˈdʒɛk(t)ʃ(ə)rəb(ə)l

conjecturably
BR kənˈdʒɛktʃ(ə)rəbli
AM kən-
ˈdʒɛk(t)ʃ(ə)rəbli

conjectural
BR kənˈdʒɛktʃ(ə)rl̩
AM kənˈdʒɛk(t)ʃər(ə)l,
kənˈdʒɛk(t)ʃr(ə)l

conjecturally
BR kənˈdʒɛktʃ(ə)rl̩i
AM kənˈdʒɛk(t)ʃ(ə)rəli

conjecture
BR kənˈdʒɛktʃ|ə(r),
-əz, -(ə)rɪŋ,
-əd
AM kənˈdʒɛk(t)ʃər, -z,
-ɪŋ, -d

conjoin
BR kɒnˈdʒɔɪn, -z, -ɪŋ,
-d
AM kənˈdʒɔɪn, -z, -ɪŋ,
-d

conjoint
BR kɒnˈdʒɔɪnt
AM ˌkanˈdʒɔɪnt,
kənˈdʒɔɪnt

conjointly
BR kɒnˈdʒɔɪntli
AM ˌkanˈdʒɔɪn(t)li,
kənˈdʒɔɪn(t)li

conjugal
BR ˈkɒndʒʊgl̩
AM ˈkandʒəg(ə)l

conjugality
BR ˌkɒndʒʊˈgalɪti
AM ˌkandʒəˈgælədi

conjugally
BR ˈkɒndʒʊgli
AM ˈkandʒəg(ə)li

conjugate[1] *adjective*
BR ˈkɒndʒʊgət
AM ˈkandʒəgət

conjugate² *verb*
BR ˈkɒndʒʊgeɪt, -s, -ɪŋ, -ɪd
AM ˈkɑndʒəˌgeɪ|t, -ts, -dɪŋ, -dɪd

conjugately
BR ˈkɒndʒʊgətli
AM ˈkɑndʒəgətli

conjugation
BR ˌkɒndʒʊˈgeɪʃn, -z
AM ˌkɑndʒəˈgeɪʃ(ə)n, -z

conjugational
BR ˌkɒndʒʊˈgeɪʃn̩l
AM ˌkɑndʒəˈgeɪʃən(ə)l, ˌkɑndʒəˈgeɪʃn(ə)l

conjunct¹ *adjective*
BR kənˈdʒʌŋ(k)t
AM kənˈdʒəŋk(t)

conjunct² *noun*
BR ˈkɒndʒʌŋ(k)t, -s
AM ˈkɑndʒəŋk(t), -s

conjunction
BR kənˈdʒʌŋ(k)ʃn, -z
AM kənˈdʒəŋ(k)ʃ(ə)n, -z

conjunctional
BR kənˈdʒʌŋ(k)ʃn̩l
AM kənˈdʒəŋ(k)ʃən(ə)l, kənˈdʒəŋ(k)ʃn(ə)l

conjunctionally
BR kənˈdʒʌŋ(k)ʃn̩li, kənˈdʒʌŋ(k)ʃnəli
AM kənˈdʒəŋ(k)ʃ(ə)nəli

conjunctiva
BR ˌkɒndʒʌŋ(k)-ˈtaɪvə(r), -z
AM ˌkɑndʒəŋ(k)-ˈtaɪvə, -z

conjunctivae
BR ˌkɒndʒʌŋ(k)ˈtaɪviː
AM kənˈdʒəŋ(k)təˌvaɪ, ˌkɑndʒəŋ(k)ˈtaɪvi

conjunctival
BR ˌkɒndʒʌŋ(k)ˈtaɪvl
AM ˌkɑndʒəŋ(k)-ˈtaɪv(ə)l

conjunctive
BR kənˈdʒʌŋ(k)tɪv
AM kənˈdʒəŋ(k)tɪv

conjunctively
BR kənˈdʒʌŋ(k)tɪvli
AM kənˈdʒəŋ(k)tɪvli

conjunctivitis
BR kənˌdʒʌŋ(k)tɪ-ˈvʌɪtɪs
AM kənˌjəŋ(k)tə-ˈvaɪdəs

conjuncture
BR kənˈdʒʌŋ(k)tʃə(r), -z
AM kənˈdʒəŋ(kt)ʃər, -z

conjuration
BR ˌkɒndʒʊˈreɪʃn, -z
AM ˌkɑndʒəˈeɪʃ(ə)n, -z

conjure¹ *command, charge*
BR kənˈdʒʊə(r), -z, -ɪŋ, -d
AM kənˈdʒʊ(ə)r, -z, -ɪŋ, -d

conjure² *invoke, use magic*
BR ˈkʌn(d)ʒ|ə(r), -əz, -(ə)rɪŋ, -əd
AM ˈkɑndʒər, -z, -ɪŋ, -d

conjurer
BR ˈkʌn(d)ʒ(ə)rə(r), -z
AM ˈkɑndʒərər, -z

conjuror
BR ˈkʌn(d)ʒ(ə)rə(r), -z
AM ˈkɑndʒərər, -z

conk
BR kɒŋ|k, -ks, -kɪŋ, -(k)t
AM kɔŋ|k, kɑŋ|k, -ks, -kɪŋ, -(k)t

conker
BR ˈkɒŋkə(r), -z
AM ˈkɔŋkər, ˈkɑŋkər, -z

Conley
BR ˈkɒnli
AM ˈkɑnli

Conlon
BR ˈkɒnl(ə)n
AM ˈkɑnl(ə)n

conman
BR ˈkɒnman
AM ˈkɑnˌmæn

conmen
BR ˈkɒnmɛn
AM ˈkɑnˌmɛn

con moto
BR ˌkɒn ˈməʊtəʊ
AM ˌkɑn ˈmoʊdoʊ

conn
BR kɒn, -z, -ɪŋ, -d
AM kɑn, -z, -ɪŋ, -d

Connacht
BR ˈkɒnɔːt, ˈkɒnət
AM ˈkɑnət

Connah
BR ˈkɒnə(r)
AM ˈkɑnə

connate
BR ˈkɒneɪt, kɒˈneɪt
AM kəˈneɪt, ˈkɑneɪt

connatural
BR kəˈnatʃ(ə)rl
AM kəˈnætʃər(ə)l, kəˈnætʃr(ə)l

connaturally
BR kəˈnatʃ(ə)rli
AM kəˈnætʃ(ə)rəli

Connaught
BR ˈkɒnɔːt, ˈkɒnət
AM ˈkɑnət

connect
BR kəˈnɛkt, -s, -ɪŋ, -ɪd
AM kəˈnɛk|(t), -(t)s, -tɪŋ, -təd

connectable
BR kəˈnɛktəbl
AM kəˈnɛktəb(ə)l

connectedly
BR kəˈnɛktɪdli
AM kəˈnɛktədli

connectedness
BR kəˈnɛktɪdnɪs
AM kəˈnɛktədnəs

connecter
BR kəˈnɛktə(r), -z
AM kəˈnɛktər, -z

connectible
BR kəˈnɛktɪbl
AM kəˈnɛktəb(ə)l

Connecticut
BR kəˈnɛtɪkət
AM kəˈnɛdəkət

connection
BR kəˈnɛkʃn, -z
AM kəˈnɛkʃ(ə)n, -z

connectional
BR kəˈnɛkʃn̩l
AM kəˈnɛkʃən(ə)l, kəˈnɛkʃn(ə)l

connectionism
BR kəˈnɛkʃnɪzm
AM kəˈnɛkʃəˌnɪz(ə)m

connectionist
BR kəˈnɛkʃnɪst, -s
AM kəˈnɛkʃənəst, -s

connective
BR kəˈnɛktɪv
AM kəˈnɛktɪv

connectivity
BR ˌkɒnɛkˈtɪvɪti, kəˌnɛkˈtɪvɪti
AM ˌkɑnɛkˈtɪvɪdi, kəˌnɛkˈtɪvɪdi

connector
BR kəˈnɛktə(r), -z
AM kəˈnɛktər, -z

Connell
BR ˈkɒnl, kəˈnɛl
AM ˈkɑn(ə)l

Connemara
BR ˌkɒnɪˈmɑːrə(r)
AM ˌkɑnəˈmɑrə

Conner
BR ˈkɒnə(r)
AM ˈkɑn(ə)r

Connery
BR ˈkɒn(ə)ri
AM ˈkɑn(ə)ri

connexion
BR kəˈnɛkʃn, -z
AM kəˈnɛkʃ(ə)n, -z

connexional
BR kəˈnɛkʃn̩l
AM kəˈnɛkʃən(ə)l, kəˈnɛkʃn(ə)l

Connie
BR ˈkɒni
AM ˈkɑni

conniption
BR kəˈnɪpʃn, -z
AM kəˈnɪpʃ(ə)n, -z

connivance
BR kəˈnaɪvns
AM kəˈnaɪv(ə)ns

connive
BR kəˈnaɪv, -z, -ɪŋ, -d
AM kəˈnaɪv, -z, -ɪŋ, -d

conniver
BR kəˈnaɪvə(r), -z
AM kəˈnaɪvər, -z

connoisseur
BR ˌkɒnəˈsɜː(r), -z
AM ˌkɑːnəˈsɜːr, -z

connoisseurship
BR ˌkɒnəˈsɜːʃɪp
AM ˌkɑːnəˈsɜːrʃɪp

Connolly
BR ˈkɒnl̩i
AM ˈkɑːn(ə)li

Connor
BR ˈkɒnə(r)
AM ˈkɑːnər

Connors
BR ˈkɒnəz
AM ˈkɑːnərz

connotation
BR ˌkɒnəˈteɪʃn, -z
AM ˌkɑːnəˈteɪʃ(ə)n, -z

connotative
BR ˈkɒnəteɪtɪv
AM ˈkɑːnəˌteɪdɪv

connotatively
BR ˈkɒnəteɪtɪvli
AM ˈkɑːnəˌteɪdɪvli

connote
BR kəˈnəʊt, -s, -ɪŋ, -ɪd
AM kəˈnoʊ|t, -ts, -dɪŋ, -dəd

connubial
BR kəˈnjuːbɪəl
AM kəˈnuːbɪəl

connubiality
BR kəˌnjuːbɪˈælɪti
AM kəˌnuːbɪˈælədi

connubially
BR kəˈnjuːbɪəli
AM kəˈnuːbɪəli

conodont
BR ˈkəʊnədɒnt, -s
AM ˈkɑːnəˌdɑːnt, ˈkoʊnəˌdɑːnt, -s

conoid
BR ˈkəʊnɔɪd, -z
AM ˈkoʊˌnɔɪd, -z

conoidal
BR kə(ʊ)ˈnɔɪdl
AM kəˈnɔɪd(ə)l

Conor
BR ˈkɒnə(r)
AM ˈkɑːnər

conquer
BR ˈkɒŋk|ə(r), -əz, -(ə)rɪŋ, -əd
AM ˈkɑːŋkər, -z, -ɪŋ, -d

conquerable
BR ˈkɒŋk(ə)rəbl
AM ˈkɑːŋk(ə)rəb(ə)l

conqueror
BR ˈkɒŋk(ə)rə(r), -z
AM ˈkɑːŋkərər, -z

conquest
BR ˈkɒŋkwest, -s
AM ˈkɑːŋˌkwest, ˈkɑːŋˌkwest, -s

conquistador
BR kɒnˈk(w)ɪstədɔː(r), kɒŋˈk(w)ɪstədɔː(r), -z
AM kənˈk(w)ɪstəˌdɔ(ə)r, ˌkɑːŋ-ˈk(w)ɪstəˌdɔ(ə)r, ˌkɑːnˈk(w)ɪstə-ˈdɔ(ə)r, kən-ˈk(w)ɪstəˌdɔ(ə)r, ˌkɑːŋˈk(w)ɪstə-ˈdɔ(ə)r, ˌkɑːnˈk(w)ɪstəˈdɔ(ə)r, -z

conquistadores
BR kɒnˌk(w)ɪstəˈdɔːreɪz, kɒŋˌk(w)ɪstəˈdɔːreɪz
AM kənˌk(w)ɪstəˈdɔreɪz, ˌkɑːŋ-ˈk(w)ɪstəˈdɔreɪz, ˌkɑːnˌk(w)ɪstə-ˈdɔreɪz, kən-ˌk(w)ɪstəˈdɔreɪz, ˌkɑːŋˌk(w)ɪstə-ˈdɔreɪz, ˌkɑːn-ˌk(w)ɪstəˈdɔreɪz

Conrad
BR ˈkɒnrad
AM ˈkɑːnˌræd

Conran
BR ˈkɒnrən
AM ˈkɑːnr(ə)n

con-rod
BR ˈkɒnrɒd, -z
AM ˈkɑːnˌrɑd, -z

Conroy
BR ˈkɒnrɔɪ
AM ˈkɑːnˌrɔɪ

consanguineous
BR ˌkɒnsaŋˈgwɪnɪəs
AM ˌkɑːnsæŋˈgwɪnɪəs

consanguineously
BR ˌkɒnsaŋˈgwɪnɪəsli
AM ˌkɑːnsæŋˈgwɪnɪəsli

consanguinity
BR ˌkɒnsaŋˈgwɪnɪti
AM ˌkɑːnsæŋˈgwɪnɪdi

conscience
BR ˈkɒnʃns, -ɪz
AM ˈkɑːnʃ(ə)ns, -əz

conscienceless
BR ˈkɒnʃnsləs
AM ˈkɑːnʃənsləs

conscientious
BR ˌkɒnʃiˈenʃəs
AM ˌkɑːntʃiˈen(t)ʃəs

conscientiously
BR ˌkɒnʃiˈenʃəsli
AM ˌkɑːntʃiˈen(t)ʃəsli

conscientiousness
BR ˌkɒnʃiˈenʃəsnəs
AM ˌkɑːntʃiˈen(t)ʃəsnəs

conscionable
BR ˈkɒnʃn̩əbl
AM ˈkɑːnʃ(ə)nəb(ə)l

conscious
BR ˈkɒnʃəs
AM ˈkɑːnʃəs

consciously
BR ˈkɒnʃəsli
AM ˈkɑːnʃəsli

consciousness
BR ˈkɒnʃəsnəs
AM ˈkɑːnʃəsnəs

conscribe
BR kənˈskraɪb, -z, -ɪŋ, -d
AM kənˈskraɪb, -z, -ɪŋ, -d

conscript[1] *noun*
BR ˈkɒnskrɪpt, -s
AM ˈkɑːnˌskrɪpt, -s

conscript[2] *verb*
BR kənˈskrɪpt, -s, -ɪŋ, -ɪd
AM kənˈskrɪp|t, -ts, -dɪŋ, -dɪd

conscription
BR kənˈskrɪpʃn
AM kənˈskrɪpʃ(ə)n

consecrate
BR ˈkɒnsɪkreɪt, -s, -ɪŋ, -ɪd
AM ˈkɑːnsəˌkreɪ|t, -ts, -dɪŋ, -dɪd

consecration
BR ˌkɒnsɪˈkreɪʃn, -z
AM ˌkɑːnsəˈkreɪʃ(ə)n, -z

consecrator
BR ˈkɒnsɪkreɪtə(r), -z
AM ˈkɑːnsəˌkreɪdər, -z

consecratory
BR ˌkɒnsɪˈkreɪt(ə)ri
AM ˈkɑːnsəkrəˌtɔri

consecution
BR ˌkɒnsɪˈkjuːʃn, -z
AM ˌkɑːnsəˈkjuʃ(ə)n, -z

consecutive
BR kənˈsekjʊtɪv
AM kənˈsekjədɪv

consecutively
BR kənˈsekjʊtɪvli
AM kənˈsekjədɪvli

consecutiveness
BR kənˈsekjʊtɪvnɪs
AM kənˈsekjədɪvnɪs

consensual
BR kɒnˈsensjʊəl, kɒnˈsensj(ʉ)l, kɒnˈsenʃʊəl, kɒnˈsenʃ(ʉ)l
AM kənˈsenʃ(əw)əl

consensually
BR kɒnˈsensjʊəli, kɒnˈsensjʉli, kɒnˈsenʃʊəli, kɒnˈsenʃʉli, kɒnˈsenʃli
AM kənˈsenʃ(əw)əli

consensus
BR kənˈsɛnsəs
AM kənˈsɛnsəs

consent
BR kənˈsɛnt, -s, -ɪŋ, -ɪd
AM kənˈsɛn|t, -ts, -(t)ɪŋ, -(t)əd

consentaneous
BR ˌkɒns(ɛ)nˈteɪnɪəs
AM ˌkɑnsənˈteɪnɪəs

consentient
BR kənˈsɛnʃ(ə)nt
AM kənˈsɛnʃ(ə)nt

consequence
BR ˈkɒnsɪkw(ə)ns, -ɪz
AM ˈkɑnsəˌkwɛns, ˈkɑnsəkw(ə)ns, -əz

consequent
BR ˈkɒnsɪkw(ə)nt
AM ˈkɑnsəkw(ə)nt

consequential
BR ˌkɒnsɪˈkwɛnʃl
AM ˌkɑnsəˈkwɛnʃ(ə)l

consequentialism
BR ˌkɒnsɪˈkwɛnʃlɪzm
AM ˌkɑnsəˈkwɛnʃəlɪzm

consequentialist
BR ˌkɒnsɪˈkwɛnʃlɪst, -s
AM ˌkɑnsəˈkwɛnʃələst, -s

consequentiality
BR ˌkɒnsɪˌkwɛnʃɪˈalɪti
AM ˌkɑnsəˌkwɛnʃiˈælədi

consequentially
BR ˌkɒnsɪˈkwɛnʃli
AM ˌkɑnsəˈkwɛnʃəli

consequently
BR ˈkɒnsɪkw(ə)ntli
AM ˈkɑnsəkwən(t)li

conservancy
BR kənˈsəːvns|i, -ɪz
AM kənˈsɝvənsi, -z

conservation
BR ˌkɒnsəˈveɪʃn
AM ˌkɑnsərˈveɪʃ(ə)n

conservational
BR ˌkɒnsəˈveɪʃn̩l
AM ˌkɑnsərˈveɪʃən(ə)l, ˌkɑnsərˈveɪʃn(ə)l

conservationist
BR ˌkɒnsəˈveɪʃn̩ɪst, -s
AM ˌkɑnsərˈveɪʃənəst, -s

conservatism
BR kənˈsəːvətɪzm
AM kənˈsɝvəˌtɪz(ə)m

conservative
BR kənˈsəːvətɪv, -z
AM kənˈsɝvədɪv, -z

conservatively
BR kənˈsəːvətɪvli
AM kənˈsɝvədɪvli

conservativeness
BR kənˈsəːvətɪvnɪs
AM kənˈsɝvədɪvnɪs

conservatoire
BR kənˈsəːvətwɑː(r), -z
AM kənsɝvəˈtwɑr, -z

conservator
BR kənˈsəːvətə(r), ˈkɒnsəveɪtə(r), -z
AM kənˈsɝvədər, -z

conservatoria
BR kənˌsəːvəˈtɔːrɪə(r)
AM kənˌsɝvəˈtɔrɪə

conservatorium
BR kənˌsəːvəˈtɔːrɪəm, -z
AM kənˌsɝvəˈtɔrɪəm, -z

conservatory
BR kənˈsəːvət(ə)r|i, -ɪz
AM kənˈsɝvəˌtɔri, -z

conserve¹ *noun*
BR ˈkɒnsəːv, kənˈsəːv, -z
AM kənˈsɝv, ˈkɑnsərv, -z

conserve² *verb*
BR kənˈsəːv, -z, -ɪŋ, -d
AM kənˈsɝv, -z, -ɪŋ, -d

consessional
BR kənˈsɛʃn̩l
AM kənˈsɛʃ(ə)n(ə)l, kənˈsɛʃn(ə)l

Consett
BR ˈkɒnsɪt, ˈkɒnsɛt
AM ˈkɑnˌsɛt

consider
BR kənˈsɪd|ə(r), -əz, -(ə)rɪŋ, -əd
AM kənˈsɪdər, -z, -ɪŋ, -d

considerable
BR kənˈsɪd(ə)rəbl
AM kənˈsɪdərəb(ə)l

considerably
BR kənˈsɪd(ə)rəbli
AM kənˈsɪdər(ə)bli

considerate
BR kənˈsɪd(ə)rət
AM kənˈsɪdərət

considerately
BR kənˈsɪd(ə)rətli
AM kənˈsɪdərətli

consideration
BR kənˌsɪdəˈreɪʃn, -z
AM kənˌsɪdərˈeɪʃ(ə)n, -z

Considine
BR ˈkɒnsɪdʌɪn
AM ˈkɑnsəˌdaɪn

consign
BR kənˈsʌɪn, -z, -ɪŋ, -d
AM kənˈsaɪn, -z, -ɪŋ, -d

consignee
BR ˌkɒnsʌɪˈniː, -z
AM ˌkɑnsaɪˈni, -z

consignment
BR kənˈsʌɪnm(ə)nt, -s
AM kənˈsaɪnm(ə)nt, -s

consignor
BR kənˈsʌɪnə(r), ˌkɒnsʌɪˈnɔː(r), kənˌsʌɪˈnɔː(r), -z
AM kənˈsaɪnər, -z

consilience
BR kənˈsɪlɪəns
AM kənˈsɪliəns

consist
BR kənˈsɪst, -s, -ɪŋ, -ɪd
AM kənˈsɪs|t, -ts, -dɪŋ, -dɪd

consistence
BR kənˈsɪst(ə)ns
AM kənˈsɪstns

consistency
BR kənˈsɪst(ə)ns|i, -ɪz
AM kənˈsɪstnsi, -z

consistent
BR kənˈsɪst(ə)nt
AM kənˈsɪst(ə)nt

consistently
BR kənˈsɪst(ə)ntli
AM kənˈsɪstən(t)li

consistorial
BR ˌkɒnsɪˈstɔːrɪəl
AM ˌkɑnsəˈstɔrɪəl

consistory
BR kənˈsɪst(ə)r|i, -ɪz
AM kənˈsɪstəri, -z

consociate
BR kɒnˈsəʊʃɪeɪt, kɒnˈsəʊsɪeɪt, -s, -ɪŋ, -ɪd
AM ˌkɑnˈsoʊʃieɪ|t, -ts, -dɪŋ, -dɪd

consociation
BR kənˌsəʊʃɪˈeɪʃn, kənˌsəʊsɪˈeɪʃn, -z
AM ˌkɑnˌsoʊʃiˈeɪʃ(ə)n, -z

consolable
BR kənˈsəʊləbl
AM kənˈsoʊləb(ə)l

consolation
BR ˌkɒnsəˈleɪʃn, -z
AM ˌkɑnsəˈleɪʃ(ə)n, -z

consolatory
BR kənˈsɒlət(ə)ri, kənˈsəʊlət(ə)ri
AM kənˈsoʊləˌtɔri

console¹ *noun*
BR ˈkɒnsəʊl, -z
AM ˈkɑnˌsoʊl, -z

console² *verb*
BR kənˈsəʊl, -z, -ɪŋ, -d
AM kənˈsoʊl, -z, -ɪŋ, -d

consoler
BR kənˈsəʊlə(r), -z
AM kənˈsoʊlər, -z

consolidate
BR kənˈsɒlɪdeɪt, -s, -ɪŋ, -ɪd
AM kənˈsɑlədeɪ|t, -ts, -dɪŋ, -dɪd

consolidation
BR kənˌsɒlɪˈdeɪʃn, -z
AM kənˌsɑləˈdeɪʃ(ə)n, -z

consolidator
BR kənˈsɒlɪdeɪtə(r),
-z
AM kənˈsɑləˌdeɪdər,
-z
consolidatory
BR kənˌsɒlɪˈdeɪt(ə)ri
AM kənˈsɑlədəˌtɔri
consolingly
BR kənˈsəʊlɪŋli
AM kənˈsoʊlɪŋli
consols
BR ˈkɒns(ɒ)lz,
kənˈsɒlz
AM kənˈsɑlz,
ˈkɑnsəlz
consommé
BR kɒnˈsɒmeɪ,
ˈkɒnsəmeɪ, -z
AM ˈkɑnsəˌmeɪ,
ˌkɑnsəˈmeɪ, -z
consonance
BR ˈkɒnsn̩əns
AM ˈkɑnsənəns
consonant
BR ˈkɒnsn̩ənt, -s
AM ˈkɑnsənənt, -s
consonantal
BR ˌkɒnsəˈnantl
AM ˌkɑnsəˈnan(t)l
consonantly
BR ˌkɒnsəˈnantli
AM ˈkɑnsənən(t)li,
ˌkɑnsəˈnan(t)əli
con sordino
BR ˌkɒn sɔːˈdiːnəʊ,
+ ˈsɔːdɪnəʊ
AM ˌkɑn ˌsɔrˈdinoʊ
consort[1] *noun*
BR ˈkɒnsɔːt, -s
AM ˈkɑnsɔ(ə)rt, -s
consort[2] *verb*
BR kənˈsɔːt, -s, -ɪŋ,
-ɪd
AM kənˈsɔ(ə)rt,
-ˈsɔ(ə)rts, -sɔrdɪŋ,
-sɔrdɪd
consortia
BR kənˈsɔːtɪə(r),
kənˈsɔːʃə(r)
AM kənˈsɔrʃ(i)ə,
kənˈsɔrdiə

consortium
BR kənˈsɔːtɪəm,
kənˈsɔːʃɪəm, -z
AM kənˈsɔrʃɪəm,
kənˈsɔrʃ(ə)m,
kənˈsɔrdiəm, -z
conspecific
BR ˌkɒnspɪˈsɪfɪk
AM ˌkɑnspəˈsɪfɪk
conspectus
BR kənˈspɛktəs, -ɪz
AM kənˈspɛktəs,
-əz
conspicuous
BR kənˈspɪkjʊəs
AM kənˈspɪkjəwəs
conspicuously
BR kənˈspɪkjʊəsli
AM kənˈspɪkjəwəsli
conspicuousness
BR kənˈspɪkjʊəsnəs
AM kənˈspɪkjəwəsnəs
conspiracy
BR kənˈspɪrəs|i, -ɪz
AM kənˈspɪrɪsi, -z
conspirator
BR kənˈspɪrətə(r), -z
AM kənˈspɪrədər, -z
conspiratorial
BR kənˌspɪrəˈtɔːrɪəl,
ˌkɒnspɪrəˈtɔːrɪəl
AM kənˌspɪrəˈtɔrɪəl
conspiratorially
BR kənˌspɪrəˈtɔːrɪəli,
ˌkɒnspɪrəˈtɔːrɪəli
AM kənˌspɪrəˈtɔrɪəli
conspire
BR kənˈspʌɪə(r), -z,
-ɪŋ, -d
AM kənˈspaɪ(ə)r, -z,
-ɪŋ, -d
constable
BR ˈkʌnstəbl,
ˈkɒnstəbl, -z
AM ˈkɑnstəb(ə)l, -z
constabulary
BR kənˈstabjʊlər|i,
-ɪz
AM kənˈstæbjəˌlɛri, -z
Constance
BR ˈkɒnst(ə)ns
AM ˈkɑnst(ə)ns

constancy
BR ˈkɒnst(ə)nsi
AM ˈkɑnstnsi
constant
BR ˈkɒnst(ə)nt, -s
AM ˈkɑnst(ə)nt, -s
constantan
BR ˈkɒnst(ə)ntan
AM ˈkɑnstən(t)ən
Constantine
BR ˈkɒnst(ə)ntʌɪn
AM ˈkɑnstənˌtin
Constantinople
BR ˌkɒnstantɪˈnəʊpl
AM ˌkɑnˌstæn(t)əˈnoʊpl
constantly
BR ˈkɒnst(ə)ntli
AM ˈkɑnstən(t)li
Constanza
BR kɒnˈstanzə(r)
AM kɑnˈstænzə
constatation
BR ˌkɒnstəˈteɪʃn, -z
AM ˌkɑnstəˈteɪʃ(ə)n, -z
constellate
BR ˈkɒnstɪleɪt, -s, -ɪŋ,
-ɪd
AM ˈkɑnstəleɪ|t, -ts,
-dɪŋ, -dɪd
constellation
BR ˌkɒnstɪˈleɪʃn, -z
AM ˌkɑnstəˈleɪʃ(ə)n, -z
consternate
BR ˈkɒnstəneɪt, -s, -ɪŋ,
-ɪd
AM ˈkɑnstərˌneɪ|t, -ts,
-dɪŋ, -dɪd
consternation
BR ˌkɒnstəˈneɪʃn
AM ˌkɑnstərˈneɪʃ(ə)n
constipate
BR ˈkɒnstɪpeɪt, -s, -ɪŋ, -ɪd
AM ˈkɑnstəˌpeɪ|t, -ts,
-dɪŋ, -dɪd
constipation
BR ˌkɒnstɪˈpeɪʃn
AM ˌkɑnstəˈpeɪʃ(ə)n
constituency
BR kənˈstɪjʊəns|i,
kənˈstɪtʃʊəns|i, -ɪz
AM kənˈstɪtʃʊənsi, -z

constituent
BR kənˈstɪtjʊənt,
kənˈstɪtʃʊənt, -s
AM kənˈstɪtʃʊənt,
-s
constitute
BR ˈkɒnstɪtjuːt,
ˈkɒnstɪtʃuːt, -s, -ɪŋ,
-ɪd
AM ˈkɑnstəˌt(j)u|t, -ts,
-dɪŋ, -dɪd
constitution
BR ˌkɒnstɪˈtjuːʃn,
ˌkɒnstɪˈtʃuːʃn, -z
AM ˌkɑnstəˈt(j)uʃ(ə)n,
-z
constitutional
BR ˌkɒnstɪˈtjuːʃn̩l,
ˌkɒnstɪˈtʃuːʃn̩l
AM ˌkɑnstə-
ˈt(j)uʃən(ə)l,
ˌkɑnstəˈt(j)uʃn(ə)l
constitutionalise
BR ˌkɒnstɪˈtjuːʃn̩lʌɪz,
ˌkɒnstɪˈtjuːʃənlʌɪz,
ˌkɒnstɪˈtjuːʃn̩əlʌɪz,
ˌkɒnstɪˈtʃuːʃn̩lʌɪz,
ˌkɒnstɪˈtʃuːʃn̩əlʌɪz,
-ɪz, -ɪŋ, -d
AM ˌkɑnstə-
ˈt(j)uʃənˌlaɪz,
ˌkɑnstəˈt(j)uʃnə-
ˌlaɪz, -ɪz, -ɪŋ, -d
constitutionalism
BR ˌkɒnstɪˈtjuːʃn̩lɪzm,
ˌkɒnstɪˈtjuːʃnəlɪzm,
ˌkɒnstɪˈtʃuːʃn̩lɪzm,
ˌkɒnstɪˈtʃuːʃnəlɪzm
AM ˌkɑnstə-
ˈt(j)uʃənˌlɪzm,
ˌkɑnstəˈt(j)uʃnə-
ˌlɪzm
constitutionalist
BR ˌkɒnstɪˈtjuːʃn̩lɪst,
ˌkɒnstɪˈtjuːʃnəlɪst,
ˌkɒnstɪˈtʃuːʃn̩lɪst,
ˌkɒnstɪˈtʃuːʃnəlɪst,
-s
AM ˌkɑnstə-
ˈt(j)uʃənˌləst,
ˌkɑnstəˈt(j)uʃnələst,
-s

constitutionality
BR ˌkɒnstɪˌtjuːʃəˈnælɪti, ˌkɒnstɪˌtʃuːʃəˈnælɪti
AM ˌkɑːnstəˌt(j)uʃəˈnælədi

constitutionalize
BR ˌkɒnstɪˈtjuːʃn̩lʌɪz, ˌkɒnstɪˈtjuːʃnəlʌɪz, ˌkɒnstɪˈtʃuːʃn̩lʌɪz, ˌkɒnstɪˈtʃuːʃnəlʌɪz, -ɪz, -ɪŋ, -d
AM ˌkɑːnstəˈt(j)uʃənl̩ʌɪz, ˌkɑːnstəˈt(j)uʃnəˌlʌɪz, -ɪz, -ɪŋ, -d

constitutionally
BR ˌkɒnstɪˈtjuːʃn̩li, ˌkɒnstɪˈtjuːʃnəli, ˌkɒnstɪˈtʃuːʃn̩li, ˌkɒnstɪˈtʃuːʃnəli
AM ˌkɑːnstəˈt(j)uʃ(ə)nəli

constitutive
BR kənˈstɪtjʉtɪv, kənˈstɪtʃʉtɪv, ˈkɒnstɪtjuːtɪv, ˈkɒnstɪtʃuːtɪv
AM ˈkɑːnstəˌt(j)udɪv

constitutively
BR kənˈstɪtjʉtɪvli, kənˈstɪtʃʉtɪvli, ˈkɒnstɪtjuːtɪvli, ˈkɒnstɪtʃuːtɪvli
AM ˈˌkɑːnstəˌt(j)udɪvli

constitutor
BR ˈkɒnstɪtjuːtə(r), ˈkɒnstɪtʃuːtə(r)
AM ˈkɑːnstəˌt(j)udər

constrain
BR kənˈstreɪn, -z, -ɪŋ, -d
AM kənˈstreɪn, -z, -ɪŋ, -d

constrainedly
BR kənˈstreɪnɪdli
AM kənˈstreɪnɪdli

constraint
BR kənˈstreɪnt, -s
AM kənˈstreɪnt, -s

constrict
BR kənˈstrɪkt, -s, -ɪŋ, -ɪd
AM kənˈstrɪk|(t), -(t)s, -tɪŋ, -tɪd

constriction
BR kənˈstrɪkʃn, -z
AM kənˈstrɪkʃ(ə)n, -z

constrictive
BR kənˈstrɪktɪv
AM kənˈstrɪktɪv

constrictor
BR kənˈstrɪktə(r), -z
AM kənˈstrɪktər, -z

construable
BR kənˈstruːəbl
AM kənˈstruəb(ə)l

construal
BR kənˈstruːəl
AM kənˈstruəl

construct[1] *noun*
BR ˈkɒnstrʌkt, -s
AM ˈkɑːnˌstrək(t), -s

construct[2] *verb*
BR kənˈstrʌkt, -s, -ɪŋ, -ɪd
AM kənˈstrək|(t), -(t)s, -tɪŋ, -tɪd

construction
BR kənˈstrʌkʃn, -z
AM kənˈstrəkʃ(ə)n, -z

constructional
BR kənˈstrʌkʃn̩l
AM kənˈstrəkʃən(ə)l, kənˈstrəkʃn(ə)l

constructionally
BR kənˈstrʌkʃn̩li, kənˈstrʌkʃnəli
AM kənˈstrəkʃ(ə)nəli

constructionism
BR kənˈstrʌkʃnɪzm
AM kənˈstrəkʃənɪzm

constructionist
BR kənˈstrʌkʃnɪst, -s
AM kənˈstrəkʃənəst, -s

constructive
BR kənˈstrʌtɪv
AM kənˈstrəktɪv

constructively
BR kənˈstrʌktɪvli
AM kənˈstrəktɪvli

constructiveness
BR kənˈstrʌtɪvnɪs
AM kənˈstrəktɪvnɪs

constructivism
BR kənˈstrʌktɪvɪzm
AM kənˈstrəktɪvɪzm

constructivist
BR kənˈstrʌktɪvɪst, -s
AM kənˈstrəktɪvɪst, -s

constructor
BR kənˈstrʌtə(r), -z
AM kənˈstrəktər, -z

construe
BR kənˈstruː, -z, -ɪŋ, -d
AM kənˈstru, -z, -ɪŋ, -d

consubstantial
BR ˌkɒnsəbˈstanʃl
AM ˌkɑːnsəbˈstænʃl

consubstantiality
BR ˌkɒnsəbˌstanʃiˈalɪti
AM ˌkɑːnsəbˌstænʃiˈælədi

consubstantiate
BR ˌkɒnsəbˈstanʃieɪt, ˌkɒnsəbˈstansieɪt, -s, -ɪŋ, -ɪd
AM ˌkɑːnsəbˈstænʃiˌeɪ|t, -ts, -dɪŋ, -dɪd

consubstantiation
BR ˌkɒnsəbˌstanʃiˈeɪʃn, ˌkɒnsəbˌstansiˈeɪʃn
AM ˌkɑːnsəbˌstænʃiˈeɪʃ(ə)n

consuetude
BR ˈkɒnswɪtjuːd, ˈkɒnswɪtʃuːd
AM ˈkɑːnswəˌt(j)ud

consuetudinary
BR ˌkɒnswɪˈtjuːdn(ə)ri, ˌkɒnswɪˈtʃuːdn(ə)ri
AM ˌkɑːnswəˈt(j)udənˌɛri

consul
BR ˈkɒnsl, -z
AM ˈkɑːns(ə)l, -z

consular
BR ˈkɒnsjʉlə(r)
AM ˈkɑːns(j)ələr

consulate
BR ˈkɒnsjʉlət, -s
AM ˈkɑːnsələt, -s

consulship
BR ˈkɒnslʃɪp, -s
AM ˈkɑːnsəlʃɪp, -s

consult
BR kənˈsʌlt, -s, -ɪŋ, -ɪd
AM kənˈsəl|t, -ts, -dɪŋ, -dəd

consultancy
BR kənˈsʌlt(ə)nsi
AM kənˈsəltnsi

consultant
BR kənˈsʌlt(ə)nt, -s
AM kənˈsəltnt, -s

consultation
BR ˌkɒns(ʌ)lˈteɪʃn, -z
AM ˈkɑːnsəlˈteɪʃ(ə)n, -z

consultative
BR kənˈsʌltətɪv
AM kənˈsəltədɪv

consultee
BR ˌkɒnsʌlˈtiː, -z
AM ˌkɑːnˌsəlˈti, -z

consumable
BR kənˈsjuːməbl, -z
AM kənˈs(j)uməb(ə)l, -z

consume
BR kənˈsjuːm, -z, -ɪŋ, -d
AM kənˈs(j)um, -z, -ɪŋ, -d

consumer
BR kənˈsjuːmə(r), -z
AM kənˈs(j)umər, -z

consumerism
BR kənˈsjuːmərɪzm
AM kənˈs(j)umərˌɪzm

consumerist
BR kənˈsjuːmərɪst, -s
AM kənˈs(j)umərəst, -s

consumingly
BR kənˈsjuːmɪŋli
AM kənˈs(j)umɪŋli

consummate[1] *adjective*
BR kənˈsʌmət
AM kənˈsəmət, ˈkɑːnsəmət

consummate[2] *verb*
BR ˈkɒnsjʉmeɪt, -s, -ɪŋ, -ɪd
AM ˈkɑːnsəˌmeɪ|t, -ts, -dɪŋ, -dɪd

consummately
BR kənˈsʌmətli
AM kənˈsəmətli, ˈkɑnsəmətli

consummation
BR ˌkɒnsjʉˈmeɪʃn
AM ˌkɑnsəˈmeɪʃ(ə)n

consummative
BR ˈkɒnsəmeɪtɪv, ˈkɒnsjʉmeɪtɪv, kənˈsʌmətɪv
AM kənˈsəmədɪv, ˈkɑnsəˌmeɪdɪv

consummator
BR ˈkɒnsjʉmeɪtə(r), -z
AM ˈkɑnsəˌmeɪdər, -z

consumption
BR kənˈsʌm(p)ʃn
AM kənˈsəm(p)ʃ(ə)n

consumptive
BR kənˈsʌm(p)tɪv
AM kənˈsəm(p)tɪv

consumptively
BR kənˈsʌm(p)tɪvli
AM kənˈsəm(p)tɪvli

Contac
BR ˈkɒntak
AM ˈkɑntæk

contact
BR ˈkɒntakt, -s, -ɪŋ, -ɪd
AM ˈkɑntæk|(t), -(t)s, -tɪŋ, -tɪd

contactable
BR ˈkɒntaktəbl, kənˈtaktəbl
AM ˈkɑntæktəb(ə)l

Contadora
BR ˌkɒntəˈdɔːrə(r)
AM ˌkɑn(t)əˈdɔrə

contagion
BR kənˈteɪdʒ(ə)n, -z
AM kənˈteɪdʒ(ə)n, -z

contagious
BR kənˈteɪdʒəs
AM kənˈteɪdʒəs

contagiously
BR kənˈteɪdʒəsli
AM kənˈteɪdʒəsli

contagiousness
BR kənˈteɪdʒəsnəs
AM kənˈteɪdʒəsnəs

contain
BR kənˈteɪn, -z, -ɪŋ, -d
AM kənˈteɪn, -z, -ɪŋ, -d

containable
BR kənˈteɪnəbl
AM kənˈteɪnəb(ə)l

container
BR kənˈteɪnə(r), -z
AM kənˈteɪnər, -z

containerisation
BR kənˌteɪnəraɪˈzeɪʃn
AM kənˌteɪnəˌraɪˈzeɪʃ(ə)n, kənˌteɪnərəˈzeɪʃ(ə)n

containerise
BR kənˈteɪnəraɪz, -ɪz, -ɪŋ, -d
AM kənˌteɪnəˌraɪz, -ɪz, -ɪŋ, -d

containerization
BR kənˌteɪnəraɪˈzeɪʃn
AM kənˌteɪnəˌraɪˈzeɪʃ(ə)n, kənˌteɪnərəˈzeɪʃ(ə)n

containerize
BR kənˈteɪnəraɪz, -ɪz, -ɪŋ, -d
AM kənˈteɪnəˌraɪz, -ɪz, -ɪŋ, -d

containment
BR kənˈteɪnm(ə)nt
AM kənˈteɪnm(ə)nt

contaminant
BR kənˈtamɪnənt, -s
AM kənˈtæmənənt, -s

contaminate
BR kənˈtamɪneɪt, -s, -ɪŋ, -ɪd
AM kənˈtæməneɪ|t, -ts, -dɪŋ, -dɪd

contamination
BR kənˌtamɪˈneɪʃn
AM kənˌtæməˈneɪʃ(ə)n

contaminator
BR kənˈtamɪneɪtə(r), -z
AM kənˈtæməˌneɪdər, -z

contango
BR kɒnˈtaŋɡəʊ, -z
AM kənˈtæŋɡoʊ, -z

conte
BR kɒnt, -s
AM kɑnt, -s
FR kɔ̃t

Conteh
BR ˈkɒnteɪ, ˈkɒnti
AM ˈkɑnteɪ

contemn
BR kənˈtɛm, -z, -ɪŋ, -d
AM kənˈtɛm, -z, -ɪŋ, -d

contemner
BR kənˈtɛmə(r), -z
AM kənˈtɛmər, -z

contemplate
BR ˈkɒntɛmpleɪt, -s, -ɪŋ, -ɪd
AM ˈkɑn(t)əmˌpleɪ|t, -ts, -dɪŋ, -dɪd

contemplation
BR ˌkɒntɛmˈpleɪʃn
AM ˌkɑn(t)əmˈpleɪʃ(ə)n

contemplative
BR kənˈtɛmplətɪv, -z
AM ˈkɑn(t)əmˌpleɪdɪv, kənˈtɛmplədɪv, -z

contemplatively
BR kənˈtɛmplətɪvli
AM kənˈtɛmplədɪvli

contemplator
BR ˈkɒntɛmpleɪtə(r), -z
AM ˈkɑn(t)əmˌpleɪdər, -z

contemporaneity
BR kənˌtɛmp(ə)rəˈniːɪti, kənˌtɛmp(ə)rəˈneɪɪti
AM kənˌtɛmpərəˈneɪdi, kənˌtɛmpərəˈniːdi

contemporaneous
BR kənˌtɛmpəˈreɪnɪəs
AM kənˌtɛmpəˈreɪnɪəs

contemporaneously
BR kənˌtɛmpəˈreɪnɪəsli
AM kənˌtɛmpəˈreɪnɪəsli

contemporaneousness
BR kənˌtɛmpəˈreɪnɪəsnəs
AM kənˌtɛmpəˈreɪnɪəsnəs

contemporarily
BR kənˈtɛmp(ə)r(ər)ɪli
AM kənˌtɛmpəˈrɛrəli

contemporariness
BR kənˈtɛmp(ə)r(ər)ɪnɪs
AM kənˈtɛmpəˌrɛrɪnɪs

contemporary
BR kənˈtɛmp(ə)r(ər)i
AM kənˈtɛmpəˌrɛri

contemporise
BR kənˈtɛmp(ə)rʌɪz, -ɪz, -ɪŋ, -d
AM kənˈtɛmpəˌraɪz, -ɪz, -ɪŋ, -d

contemporize
BR kənˈtɛmp(ə)rʌɪz, -ɪz, -ɪŋ, -d
AM kənˈtɛmpəˌraɪz, -ɪz, -ɪŋ, -d

contempt
BR kənˈtɛm(p)t, -s
AM kənˈtɛm(p)t, -s

contemptibility
BR kənˌtɛm(p)tɪˈbɪlɪti
AM kənˌtɛm(p)təˈbɪlɪdi

contemptible
BR kənˈtɛm(p)tɪbl
AM kənˈtɛm(p)təb(ə)l

contemptibly
BR kənˈtɛm(p)tɪbli
AM kənˈtɛm(p)təbli

contemptuous
BR kənˈtɛm(p)tjʊəs, kənˈtɛm(p)tʃʊəs
AM kənˈtɛm(pt)ʃ(ʊ)əs

contemptuously
BR kənˈtɛm(p)tjʊəsli, kənˈtɛm(p)tʃʊəsli
AM kənˈtɛm(pt)ʃ(ʊ)əsli

contemptuousness
BR kənˈtɛm(p)tjʊəsnəs, kənˈtɛm(p)tʃʊəsnəs
AM kənˈtɛm(pt)ʃ(ʊ)əsnəs

contend
BR kənˈtɛnd, -z, -ɪŋ, -ɪd
AM kənˈtɛnd, -z, -ɪŋ, -ɪd

contender
BR kənˈtɛndə(r), -z
AM kənˈtɛndər, -z

content[1] *adjective*
BR kənˈtɛnt
AM kənˈtɛnt

content[2] *noun*
BR ˈkɒntɛnt, -s
AM ˈkantɛnt, -s

contentedly
BR kənˈtɛntɪdli
AM kənˈtɛn(t)ədli

contentedness
BR kənˈtɛntɪdnɪs
AM kənˈtɛn(t)ədnəs

contention
BR kənˈtɛnʃn, -z
AM kənˈtɛnʃen, -z

contentious
BR kənˈtɛnʃəs
AM kənˈtɛnʃəs

contentiously
BR kənˈtɛnʃəsli
AM kənˈtɛnʃəsli

contentiousness
BR kənˈtɛnʃəsnəs
AM kənˈtɛnʃəsnəs

contentment
BR kənˈtɛntm(ə)nt
AM kənˈtɛntm(ə)nt

conterminous
BR kɒnˈtəːmɪnəs
AM ˌkanˈtərmənəs

conterminously
BR kɒnˈtəːmɪnəsli
AM ˌkanˈtərmənəsli

contessa
BR kɒnˈtɛsə(r), -z
AM kənˈtɛsə, -z

contest[1] *noun*
BR ˈkɒntɛst, -s
AM ˈkanˌtɛst, -s

contest[2] *verb*
BR kənˈtɛst, ˈkɒntɛst, -s, -ɪŋ, -ɪd
AM kənˈtɛs|t, -ts, -dɪŋ, -dəd

contestable
BR kənˈtɛstəbl, ˈkɒntɛstəbl
AM kənˈtɛstəb(ə)l

contestant
BR kənˈtɛst(ə)nt, -s
AM kənˈtɛst(ə)nt, -s

contestation
BR ˌkɒntɛˈsteɪʃn
AM ˌkanˌtɛsˈteɪʃ(ə)n, ˌkan(t)əˈsteɪʃ(ə)n

contester
BR kənˈtɛstə(r), ˈkɒntɛstə(r), -z
AM kənˈtɛstər, -z

context
BR ˈkɒntɛkst, -s
AM ˈkantɛkst, -s

contextual
BR kənˈtɛkstʃʊəl, kənˈtɛkstʃʊl, kənˈtɛkstjʊəl, kənˈtɛkstjʊl
AM kənˈtɛks(t)ʃ(əw)əl

contextualisation
BR kənˌtɛkstjʊəlʌɪˈzeɪʃn, kənˌtɛkstjʊlʌɪˈzeɪʃn, kənˌtɛkstʃʊəlʌɪˈzeɪʃn, kənˌtɛkstʃʊlʌɪˈzeɪʃn, kənˌtɛkstʃlʌɪˈzeɪʃn
AM kənˌtɛks(t)ʃ(əw)əˌlaɪˈzeɪʃ(ə)n, kənˌtɛks(t)ʃ(əw)ələˈzeɪʃ(ə)n

contextualise
BR kənˈtɛkstjʊəlʌɪz, kənˈtɛkstjʊlʌɪz, kənˈtɛkstʃʊəlʌɪz, kənˈtɛkstʃʊlʌɪz, kənˈtɛkstʃlʌɪz, -ɪz, -ɪŋ, -d
AM kənˈtɛks(t)ʃ(əw)əˌlaɪz, -ɪz, -ɪŋ, -d

contextualist
BR kənˈtɛkstjʊəlɪst, kənˈtɛkstjʊlɪst, kənˈtɛkstʃʊəlɪst, kənˈtɛkstʃʊlɪst
AM kənˈtɛks(t)ʃ(əw)ələst

contextuality
BR kənˌtɛkstjʊˈalɪti, kənˌtɛkstʃʊˈalɪti
AM kənˌtɛks(t)ʃ(əw)ˈælədi

contextualization
BR kənˌtɛkstjʊəlʌɪˈzeɪʃn, kənˌtɛkstjʊlʌɪˈzeɪʃn, kənˌtɛkstʃʊəlʌɪˈzeɪʃn, kənˌtɛkstʃʊlʌɪˈzeɪʃn
AM kənˌtɛks(t)ʃ(əw)əˌlaɪˈzeɪʃ(ə)n, kənˌtɛks(t)ʃ(əw)ələˈzeɪʃ(ə)n

contextualize
BR kənˈtɛkstjʊəlʌɪz, kənˈtɛkstjʊlʌɪz, kənˈtɛkstʃʊəlʌɪz, kənˈtɛkstʃʊlʌɪz, -ɪz, -ɪŋ, -d
AM kənˈtɛks(t)ʃ(əw)əˌlaɪz, -ɪz, -ɪŋ, -d

contextually
BR kənˈtɛkstjʊəli, kənˈtɛkstjʊli, kənˈtɛkstʃʊəli, kənˈtɛkstʃʊli
AM kənˈtɛks(t)ʃ(əw)əli

Contiboard
BR ˈkɒntɪbɔːd
AM ˈkan(t)əˌbɔ(ə)rd

contiguity
BR ˌkɒntɪˈgjuːɪti
AM ˌkan(t)əˈgjuədi

contiguous
BR kənˈtɪgjʊəs
AM kənˈtɪgjuəs

contiguously
BR kənˈtɪgjʊəsli
AM kənˈtɪgjuəsli

contiguousness
BR kənˈtɪgjʊəsnəs
AM kənˈtɪgjuəsnəs

continence
BR ˈkɒntɪnəns
AM ˈkan(t)ənəns, ˈkant(ə)nəns

continent
BR ˈkɒntɪnənt, -s
AM ˈkant(ə)nənt, -s

continental
BR ˌkɒntɪˈnɛntl
AM ˌkan(t)əˈnɛn(t)əl, ˌkantˈnɛn(t)əl

continentally
BR ˌkɒntɪˈnɛntli
AM ˌkan(t)əˈnɛn(t)əli, ˌkantˈnɛn(t)əli

continently
BR ˈkɒntɪnəntli
AM ˈkan(t)ənən(t)li, ˈkant(ə)nən(t)li

contingency
BR kənˈtɪn(d)ʒ(ə)ns|i, -ɪz
AM kənˈtɪndʒənsi, -z

contingent
BR kənˈtɪn(d)ʒ(ə)nt, -s
AM kənˈtɪndʒ(ə)nt, -s

contingently
BR kənˈtɪn(d)ʒ(ə)ntli
AM kənˈtɪndʒən(t)li

continua
BR kənˈtɪnjʊə(r)
AM kənˈtɪnjuə

continuable
BR kənˈtɪnjʊəbl
AM kənˈtɪnjuəb(ə)l

continual
BR kənˈtɪnjʊəl, kənˈtɪnj(ʊ)l
AM kənˈtɪnj(ʊ)əl

continually
BR kənˈtɪnjʊəli, kənɪtɪnjəli
AM kənˈtɪnj(ʊ)əli

continuance
BR kənˈtɪnjʊəns
AM kənˈtɪnj(ʊ)əns

continuant
BR kənˈtɪnjʊənt, -s
AM kənˈtɪnj(ʊ)ənt, -s

continuation
BR kənˌtɪnjʊˈeɪʃn, -z
AM kənˌtɪnjʊˈeɪʃ(ə)n, -z

continuative
BR kənˈtɪnjʊətɪv
AM kənˈtɪnjʊədɪv

continuator
BR kənˈtɪnjʊeɪtə(r), -z
AM kənˈtɪnjʊˌeɪdər, -z

continue
BR kənˈtɪnjuː, -z, -ɪŋ, -d
AM kənˈtɪnju, -z, -ɪŋ, -d
continuer
BR kənˈtɪnjʊə(r), -z
AM kənˈtɪnjuər, -z
continuity
BR ˌkɒntɪˈnjuːɪti
AM ˌkɑntᵊˈn(j)uədi, ˌkɑn(t)əˈn(j)uədi
continuo
BR kənˈtɪnjʊəʊ, -z
AM kənˈtɪnjuoʊ, -z
continuous
BR kənˈtɪnjʊəs
AM kənˈtɪnjuəs
continuously
BR kənˈtɪnjʊəsli
AM kənˈtɪnjuəsli
continuousness
BR kənˈtɪnjʊəsnəs
AM kənˈtɪnjuəsnəs
continuum
BR kənˈtɪnjʊəm, -z
AM kənˈtɪnjuəm, -z
contort
BR kənˈtɔːt, -s, -ɪŋ, -ɪd
AM kənˈ|ˈtɔ(ə)rt, -ˈtɔ(ə)rts -ˈtɔrdɪŋ, -ˈtɔrdɪd
contortion
BR kənˈtɔːʃn, -z
AM kənˈtɔrʃ(ə)n, -z
contortionist
BR kənˈtɔːʃnɪst, -s
AM kənˈtɔrʃənəst, -s
contour
BR ˈkɒntʊə(r), ˈkɒntɔː(r), -z
AM ˈkɑntʊ(ə)r, -z
contra
BR ˈkɒntrə(r), -z
AM ˈkɑntrə, -z
contraband
BR ˈkɒntrəband
AM ˈkɑntrəˌbænd
contrabandist
BR ˈkɒntrəbandɪst, -s
AM ˈkɑntrəˌbændəst, -s

contrabass
BR ˌkɒntrəˈbeɪs, ˈkɒntrəbeɪs
AM ˈˌkɑntrəˌbeɪs
contraception
BR ˌkɒntrəˈsɛpʃn
AM ˌkɑntrəˈsɛpʃ(ə)n
contraceptive
BR ˌkɒntrəˈsɛptɪv, -z
AM ˌkɑntrəˈsɛptɪv, -z
contract[1] *noun*
BR ˈkɒntrakt, -s
AM ˈkɑntræk(t), -s
contract[2] *verb, become smaller*
BR kənˈtrakt, -s, -ɪŋ, -ɪd
AM kənˈtræk|(t), -(t)s, -tɪŋ, -tɪd
contract[3] *verb, make an agreement*
BR ˈkɒntrakt, kənˈtrakt, -s, -ɪŋ, -ɪd
AM kənˈtræk|(t), ˈkɑntræk|(t), -(t)s, -tɪŋ, -tɪd
contractable
BR kənˈtraktəbl
AM kənˈtræktəb(ə)l
contractible
BR kənˈtraktɪbl
AM kənˈtræktəb(ə)l
contractile
BR kənˈtraktʌɪl
AM kənˈtrækt(ə)l
contractility
BR ˌkɒntrakˈtɪlɪti
AM ˌkɑnˌtrækˈtɪlɪdi
contraction
BR kənˈtrakʃn, -z
AM kənˈtrækʃ(ə)n, -z
contractive
BR kənˈtraktɪv
AM kənˈtræktɪv
contractor
BR kənˈtraktə(r), ˈkɒntraktə(r), -z
AM ˈkɑntræktər, -z

contractual
BR kənˈtraktʃʊəl, kənˈtraktʃɜl, kənˈtraktjʊəl, kənˈtraktjɜl
AM kənˈtræk(t)ʃ(əw)əl
contractually
BR kənˈtraktʃʊəli, kənˈtraktʃɜli, kənˈtraktʃli, kənˈtraktjʊəli, kənˈtraktjɜli
AM kənˈtræk(t)ʃ(əw)əli
contradict
BR ˌkɒntrəˈdɪkt, -s, -ɪŋ, -ɪd
AM ˌkɑntrəˈdɪk|(t), -(t)s, -tɪŋ, -tɪd
contradictable
BR ˌkɒntrəˈdɪktəbl
AM ˌkɑntrəˈdɪktəb(ə)l
contradiction
BR ˌkɒntrəˈdɪkʃn, -z
AM ˌkɑntrəˈdɪkʃ(ə)n, -z
contradictious
BR ˌkɒntrəˈdɪkʃəs
AM ˌkɑntrəˈdɪkʃes
contradictor
BR ˌkɒntrəˈdɪktə(r), -z
AM ˌkɑntrəˈdɪktər, -z
contradictorily
BR ˌkɒntrəˈdɪkt(ə)rɪli
AM ˌkɑntrəˈdɪktərəli
contradictoriness
BR ˌkɒntrəˈdɪkt(ə)rɪnɪs
AM ˌkɑntrəˈdɪktərɪnɪs
contradictory
BR ˌkɒntrəˈdɪkt(ə)ri
AM ˌkɑntrəˈdɪktəri
contradistinction
BR ˌkɒntrədɪˈstɪŋ(k)ʃn
AM ˌkɑntrədəˈstɪŋ(k)ʃ(ə)n
contradistinguish
BR ˌkɒntrədɪˈstɪŋgw|ɪʃ, -ɪʃɪz, -ɪʃɪŋ, -ɪʃt
AM ˌkɑntrədəˈstɪŋgwɪʃ, -ɪz, -ɪŋ, -t
contraflow
BR ˈkɒntrəfləʊ, -z
AM ˈkɑntrəˌfloʊ, -z

contrail
BR ˈkɒntreɪl, -z
AM ˈkɑnˌtreɪl, -z
contraindicate
BR ˌkɒntrəˈɪndɪkeɪt, -s, -ɪŋ, -ɪd
AM ˌkɑntrəˈɪndɪˌkeɪ|t, -ts, -dɪŋ, -dɪd
contraindication
BR ˌkɒntrəˌɪndɪˈkeɪʃn, -z
AM ˌkɑntrəˌɪndɪˈkeɪʃ(ə)n, -z
contralto
BR kənˈtrɑːltəʊ, kənˈtrɑːltəʊ, -z
AM kənˈtræltoʊ, -z
contraposition
BR ˌkɒntrəpəˈzɪʃn, -z
AM ˌkɑntrəpəˈzɪʃ(ə)n, -z
contrapositive
BR ˌkɒntrəˈpɒzɪtɪv
AM ˌkɑntrəˈpɑzədɪv
contraption
BR kənˈtrapʃn, -z
AM kənˈtræpʃ(ə)n, -z
contrapuntal
BR ˌkɒntrəˈpʌntl
AM ˌkɑntrəˈpən(t)əl
contrapuntally
BR ˌkɒntrəˈpʌntl̩i
AM ˌkɑntrəˈpən(t)əli
contrapuntist
BR ˌkɒntrəˈpʌntɪst, ˈkɒntrəˌpʌntɪst, -s
AM ˌkɑntrəˈpən(t)əst, -s
contrarian
BR kənˈtrɑːrɪən, -z
AM ˌkɑnˈtrɛrɪən, kənˈtrɛrɪən, -z
contrariety
BR ˌkɒntrəˈrʌɪɪt|i, -ɪz
AM ˌkɑntrəˈraɪɪdi, -z
contrarily
BR kənˈtrɛːrɪli
AM kənˈtrɛrəli, ˈkɑntrɛrəli
contrariness
BR kənˈtrɛːrɪnɪs
AM kənˈtrɛrɪnəs, ˈkɑntrɛrɪnəs

contrariwise
BR kənˈtrɛːrɪwʌɪz
AM kənˈtrɛriˌwaɪz,
ˈkɑntrɛriˌwaɪz

contrary[1] *opposite*
BR ˈkɒntrəri
AM ˈkɑntrɛri

contrary[2] *perverse*
BR kənˈtrɛːri
AM kənˈtrɛri,
ˈkɑntrɛri

contrast[1] *noun*
BR ˈkɒntrɑːst, -s
AM ˈkɑnˌtræst, -s

contrast[2] *verb*
BR kənˈtrɑːst,
ˈkɒntrɑːst, -s, -ɪŋ,
-ɪd
AM kənˈtræst,
ˈkɑnˌtræst, -s, -ɪŋ,
-ɪd

contrastingly
BR kənˈtrɑːstɪŋli,
ˈkɒntrɑːstɪŋli
AM kənˈtræstɪŋli,
ˈkɑnˌtræstɪŋli

contrastive
BR kənˈtrɑːstɪv,
ˈkɒntrɑːstɪv
AM ˈkɑnˌtræstɪv,
kənˈtræstɪv

contrasty
BR ˈkɒntrɑːsti
AM kənˈtræsti,
ˈkɑnˌtræsti

contravene
BR ˌkɒntrəˈviːn, -z,
-ɪŋ, -d
AM ˌkɑntrəˈvin, -z,
-ɪŋ, -d

contravener
BR ˌkɒntrəˈviːnə(r), -z
AM ˌkɑntrəˈvinər, -z

contravention
BR ˈkɒntrəˈvɛnʃn, -z
AM ˌkɑntrəˈvɛnʃ(ə)n,
-z

contretemps
BR ˈkɒntrətɒ̃,
ˈkɔ̃trətɒ̃, -z
AM ˈkɑntrəˌtɑm(p),
ˈkɑntrəˌtɔm(p), -z

contribute
BR kənˈtrɪbjuːt,
ˈkɒntrɪbjuːt, -s,
-ɪŋ, -ɪd
AM kənˈtrɪbjuǀt, -ts,
-dɪŋ, -dɪd

contribution
BR ˌkɒntrɪˈbjuːʃn, -z
AM ˌkɑntrəˈbjuʃ(ə)n,
-z

contributive
BR kənˈtrɪbjʉtɪv
AM kənˈtrɪbjudɪv

contributor
BR kənˈtrɪbjʉtə(r),
ˈkɒntrɪbjuːtə(r), -z
AM kənˈtrɪbjudər, -z

contributory
BR kənˈtrɪbjʉt(ə)ri,
ˌkɒntrɪˈbjuːt(ə)ri
AM kənˈtrɪbjəˌtɔri

con-trick
BR ˈkɒntrɪk, -s
AM ˈkɑnˌtrɪk, -s

contrite
BR ˈkɒntrʌɪt, kənˈtrʌɪt
AM kənˈtraɪt

contritely
BR ˈkɒntrʌɪtli,
kənˈtrʌɪtli
AM kənˈtraɪtli

contrition
BR kənˈtrɪʃn
AM kənˈtrɪʃ(ə)n

contrivable
BR kənˈtrʌɪvəbl
AM kənˈtraɪvəb(ə)l

contrivance
BR kənˈtrʌɪvns, -ɪz
AM kənˈtraɪv(ə)ns, -ɪz

contrive
BR kənˈtrʌɪv, -z, -ɪŋ, -d
AM kənˈtraɪv, -z,
-ɪŋ, -d

contriver
BR kənˈtrʌɪvə(r), -z
AM kənˈtraɪvər, -z

control
BR kənˈtrəʊl, -z,
-ɪŋ, -d
AM kənˈtroʊl, -z,
-ɪŋ, -d

controllability
BR kənˌtrəʊləˈbɪlɪti
AM kənˌtroʊləˈbɪlɪdi

controllable
BR kənˈtrəʊləbl
AM kənˈtroʊləb(ə)l

controllably
BR kənˈtrəʊləbli
AM kənˈtroʊləbli

controller
BR kənˈtrəʊlə(r), -z
AM kənˈtroʊlər, -z

controllership
BR kənˈtrəʊləʃɪp
AM kənˈtroʊlərˌʃɪp

controversial
BR ˌkɒntrəˈvəːʃl
AM ˌkɑntrəˈvərʃ(ə)l,
ˌkɑntrəˈvərsiəl

controversialism
BR ˌkɒntrəˈvəːʃlɪzm
AM ˌkɑntrəˈvərʃəlɪzm,
ˌkɑntrəˈvərsiəlɪzm

controversialist
BR ˌkɒntrəˈvəːʃlɪst, -s
AM ˌkɑntrəˈvərʃələst,
ˌkɑntrəˈvərsiələst, -s

controversially
BR ˌkɒntrəˈvəːʃli
AM ˌkɑntrəˈvərʃəli,
ˌkɑntrəˈvərsiəli

controversy
BR ˈkɒntrəvəːsǀi,
kənˈtrɒvəsǀi, -ɪz
AM ˈkɑntrəˌvərsi, -z

controvert
BR ˌkɒntrəˈvəːt,
ˈkɒntrəvəːt, -s,
-ɪŋ, -ɪd
AM ˌkɑntrəˈvərǀt, -ts,
-dɪŋ, -dɪd

controvertible
BR ˌkɒntrəˈvəːtɪbl
AM ˌkɑntrəˈvərdəb(ə)l

contumacious
BR ˌkɒntjʉˈmeɪʃəs,
ˌkɒntʃʉˈmeɪʃəs
AM ˌkɑnt(j)ʊˈmeɪʃəs

contumaciously
BR ˌkɒntjʉˈmeɪʃəsli,
ˌkɒntʃʉˈmeɪʃəsli
AM ˌkɑnt(j)ʊˈmeɪʃəsli

contumacy
BR ˈkɒntjʉməsi,
ˈkɒntʃʉməsi
AM ˈkɑnt(j)ʊməsi

contumelious
BR ˌkɒntjʉˈmiːlɪəs,
ˌkɒntʃʉˈmiːlɪəs
AM ˌkɑnt(j)ʊˈmiliəs

contumeliously
BR ˌkɒntjʉˈmiːlɪəsli,
ˌkɒntʃʉˈmiːlɪəsli
AM ˌkɑnt(j)ʊˈmiliəsli

contumely
BR ˈkɒntjuːm(ɪ)li,
ˈkɒntjəm(ɪ)li,
ˈkɒntʃʉm(ɪ)li
AM ˈkɑntəmli,
ˈkɑnt(j)ʊm(ə)li

contuse
BR kənˈtjuːz, kən-
ˈtʃuːz, -ɪz, -ɪŋ, -d
AM kənˈtuz, -ɪz, -ɪŋ,
-d

contusion
BR kənˈtjuːʒn,
kənˈtʃuːʒn, -z
AM kənˈtuʒ(ə)n, -z

conundrum
BR kəˈnʌndrəm, -z
AM kəˈnəndr(ə)m, -z

conurbation
BR ˌkɒnə(ː)ˈbeɪʃn, -z
AM ˌkɑnərˈbeɪʃ(ə)n,
-z

conure
BR ˈkɒnjʊə(r), -z
AM ˈkɑn(j)ʊ(ə)r, -z

Convair
BR ˈkɒnvɛː(r)
AM ˈkɑnˌvɛ(ə)r

convalesce
BR ˌkɒnvəˈlɛs, -ɪz,
-ɪŋ, -t
AM ˌkɑnvəˈlɛs, -ɪz,
-ɪŋ, -t

convalescence
BR ˌkɒnvəˈlɛsns, -ɪz
AM ˌkɑnvəˈlɛs(ə)ns,
-ɪz

convalescent
BR ˌkɒnvəˈlɛsnt, -s
AM ˌkɑnvəˈlɛs(ə)nt, -s

convection
BR kənˈvekʃn
AM kənˈvekʃ(ə)n
convectional
BR kənˈvekʃn̩l
AM kənˈvekʃən(ə)l,
kənˈvekʃn(ə)l
convective
BR kənˈvektɪv
AM kənˈvektɪv
convector
BR kənˈvektə(r), -z
AM kənˈvektər, -z
convenable
BR kənˈviːnəbl
AM kənˈvinəb(ə)l
convenance
BR ˈkɒnvənɑːns, -ɪz
AM ˈkɑnvənəns, -ɪz
FR kɔ̃vnɑ̃s
convene
BR kənˈviːn, -z, -ɪŋ, -d
AM kənˈvin, -z, -ɪŋ, -d
convener
BR kənˈviːnə(r), -z
AM kənˈvinər, -z
convenience
BR kənˈviːnɪəns, -ɪz
AM kənˈvinj(ə)ns, -ɪz
convenient
BR kənˈviːnɪənt
AM kənˈvinj(ə)nt
conveniently
BR kənˈviːnɪəntli
AM kənˈvinjən(t)li
convenor
BR kənˈviːnə(r), -z
AM kənˈvinər, -z
convent
BR ˈkɒnv(ə)nt, -s
AM ˈkɑn‚vent, -s
conventicle
BR kənˈventɪkl, -z
AM kənˈven(t)əkl, -z
convention
BR kənˈvenʃn, -z
AM kənˈven(t)ʃ(ə)n, -z
conventional
BR kənˈvenʃn̩l
AM kənˈven(t)ʃən(ə)l,
kənˈven(t)ʃn(ə)l

conventionalise
BR kənˈvenʃn̩ʌɪz,
kənˈvenʃnəlʌɪz, -ɪz,
-ɪŋ, -d
AM kənˈven(t)ʃnəl‚aɪz,
kənˈven(t)ʃnl‚aɪz,
-ɪz, -ɪŋ, -d
conventionalism
BR kənˈvenʃn̩lɪzm,
kənˈvenʃnəlɪzm
AM kənˈven(t)ʃnəl-
‚ɪz(ə)m, kən-
ˈven(t)ʃnl‚ɪz(ə)m
conventionalist
BR kənˈvenʃn̩lɪst,
kənˈvenʃnəlɪst, -s
AM kənˈven(t)ʃnələst,
kənˈven(t)ʃənləst, -s
conventionality
BR kənˌvenʃəˈnalɪt|i, -ɪz
AM kənˌven(t)ʃə-
ˈnælədi, -z
conventionalize
BR kənˈvenʃn̩ʌɪz,
kənˈvenʃnəlʌɪz, -ɪz,
-ɪŋ, -d
AM kənˈven(t)ʃnəl‚aɪz,
kənˈven(t)ʃnl‚aɪz,
-ɪz, -ɪŋ, -d
conventionally
BR kənˈvenʃn̩li,
kənˈvenʃnəli
AM kənˈven(t)ʃ(ə)nəli
conventioneer
BR kənˌvenʃəˈnɪə(r), -z
AM kənˌven(t)ʃəˈnɪ(ə)r,
-z
conventual
BR kənˈven(t)ʃʊəl,
kəmˈven(t)ʃ(ʊ)l,
kənˈventjʊəl,
kənˈventjʊl, -z
AM kənˈven(t)ʃ(əw)
əl, -z
converb
BR ˈkɒnvəːb, -z
AM ˈkɑnˌvɜrb, -z
converge
BR kənˈvɜːdʒ, -ɪz,
-ɪŋ, -d
AM kənˈvɜrdʒ, -ɪz,
-ɪŋ, -d

convergence
BR kənˈvɜːdʒ(ə)ns, -ɪz
AM kənˈvɜrdʒ(ə)ns,
-əz
convergency
BR kənˈvɜːdʒ(ə)nsi
AM kənˈvɜrdʒənsi
convergent
BR kənˈvɜːdʒ(ə)nt
AM kənˈvɜrdʒ(ə)nt
conversance
BR kənˈvɜːsns
AM kənˈvɜrs(ə)ns
conversancy
BR kənˈvɜːsnsi
AM kənˈvɜrsənsi
conversant
BR kənˈvɜːsnt
AM kənˈvɜrs(ə)nt
conversation
BR ˌkɒnvəˈseɪʃn, -z
AM ˌkɑnvərˈseɪʃ(ə)n, -z
conversational
BR ˌkɒnvəˈseɪʃn̩l
AM ˌkɑnvərˈseɪʃən(ə)l,
ˌkɑnvərˈseɪʃn(ə)l
conversationalist
BR ˌkɒnvəˈseɪʃn̩lɪst,
ˌkɒnvəˈseɪʃnəlɪst, -s
AM ˌkɑnvərˈseɪʃnələst,
ˌkɑnvərˈseɪʃənləst, -s
conversationally
BR ˌkɒnvəˈseɪʃn̩li,
ˌkɒnvəˈseɪʃnəli
AM ˌkɑnvər-
ˈseɪʃ(ə)nəli
conversationist
BR ˌkɒnvəˈseɪʃn̩ɪst, -s
AM ˌkɑnvərˈseɪʃənəst,
-s
conversazione
BR ˌkɒnvəsatsiˈəʊn|i,
-ɪz
AM ˌkɑnvərˌsatsi-
ˈoʊni, -z
conversazioni
BR ˌkɒnvəsatsiˈəʊni:
AM ˌkɑnvərˌsatsiˈoʊni
converse¹ *adjective*
BR ˈkɒnvɜːs, kənˈvɜːs
AM kənˈvɜrs,
ˈkɑnˌvɜrs

converse² *noun*
BR ˈkɒnvɜːs
AM ˈkɑnˌvɜrs
converse³ *verb*
BR kənˈvɜːs, -ɪz, -ɪŋ, -t
AM kənˈvɜrs, -əz,
-ɪŋ, -t
conversely
BR ˈkɒnvɜːsli,
kənˈvɜːsli
AM kənˈvɜrsli,
ˈkɑnˌvɜrsli
converser
BR kənˈvɜːsə(r), -z
AM kənˈvɜrsər, -z
conversion
BR kənˈvɜːʃn, -z
AM kənˈvɜrʒ(ə)n, -z
convert¹ *noun*
BR ˈkɒnvɜːt, -s
AM ˈkɑnˌvɜrt, -s
convert² *verb*
BR kənˈvɜːt, -s,
-ɪŋ, -ɪd
AM kənˈvɜr|t, -ts,
-dɪŋ, -dəd
converter
BR kənˈvɜːtə(r), -z
AM kənˈvɜrdər, -z
convertibility
BR kənˌvɜːtɪˈbɪlɪti
AM kənˌvɜrdəˈbɪlɪdi
convertible
BR kənˈvɜːtɪbl, -z
AM kənˈvɜrdəb(ə)l, -z
convertibly
BR kənˈvɜːtɪbli
AM kənˈvɜrdəbli
convertor
BR kənˈvɜːtə(r), -z
AM kənˈvɜrdər, -z
convex
BR ˌkɒnˈveks,
ˈkɒnveks
AM ˌkɑnˈveks
convexity
BR kənˈveksɪt|i, -ɪz
AM kənˈveksədi, -z
convexly
BR ˌkɒnˈveksli,
ˈkɒnveksli
AM ˌkɑnˈveksli

convey
BR kənˈveɪ, -z, -ɪŋ, -d
AM kənˈveɪ, -z, -ɪŋ, -d

conveyable
BR kənˈveɪəbl
AM kənˈveɪəb(ə)l

conveyance
BR kənˈveɪəns, -ɪz, -ɪŋ, -t
AM kənˈveɪəns, -ɪz, -ɪŋ, -t

conveyancer
BR kənˈveɪənsə(r), -z
AM kənˈveɪənsər, -z

conveyancing
BR kənˈveɪənsɪŋ
AM kənˈveɪənsɪŋ

conveyer
BR kənˈveɪə(r), -z
AM kənˈveɪər, -z

conveyor
BR kənˈveɪə(r), -z
AM kənˈveɪər, -z

convict[1] *noun*
BR ˈkɒnvɪkt, -s
AM ˈkan͵vɪk(t), -s

convict[2] *verb*
BR kənˈvɪkt, -s, -ɪŋ, -ɪd
AM kənˈvɪk|(t), -(t)s, -dɪŋ, -dɪd

conviction
BR kənˈvɪkʃn, -z
AM kənˈvɪkʃ(ə)n, -z

convictive
BR kənˈvɪktɪv
AM kənˈvɪktɪv

convince
BR kənˈvɪns, -ɪz, -ɪŋ, -t
AM kənˈvɪns, -ɪz, -ɪŋ, -t

convincement
BR kənˈvɪnsm(ə)nt
AM kənˈvɪnsm(ə)nt

convincer
BR kənˈvɪnsə(r), -z
AM kənˈvɪnsər, -z

convincible
BR kənˈvɪnsɪbl
AM kənˈvɪnsəb(ə)l

convincibly
BR kənˈvɪnsɪbli
AM kənˈvɪnsəbli

convincingly
BR kənˈvɪnsɪŋli
AM kənˈvɪnsɪŋli

convivial
BR kənˈvɪviəl
AM kənˈvɪvj(ə)l, kənˈvɪviəl

conviviality
BR kən͵vɪvɪˈalɪti
AM kən͵vɪviˈælədi

convivially
BR kənˈvɪviəli
AM kənˈvɪvjəli, kənˈvɪviəli

convocation
BR ͵kɒnvəˈkeɪʃn
AM ͵kanvəˈkeɪʃ(ə)n

convocational
BR ͵kɒnvəˈkeɪʃn̩l
AM ͵kanvəˈkeɪʃən(ə)l, ͵kanvəˈkeɪʃn(ə)l

convoke
BR kənˈvəʊk, -s, -ɪŋ, -t
AM kənˈvoʊk, -s, -ɪŋ, -t

convoluted
BR ˈkɒnvəl(j)uːtɪd, ͵kɒnvəˈl(j)uːtɪd
AM ˈ͵kanvəˌluːdəd

convolutedly
BR ˈkɒnvəl(j)uːtɪdli, ͵kɒnvəˈl(j)uːtɪdli
AM ˈ͵kanvəˌluːdədli

convolution
BR ͵kɒnvəˈl(j)uːʃn, -z
AM ͵kanvəˈluʃ(ə)n, -z

convolutional
BR ͵kɒnvəˈl(j)uːʃn̩l
AM ͵kanvəˈluʃən(ə)l, ͵kanvəˈluʃn(ə)l

convolve
BR kənˈvɒlv, -z, -ɪŋ, -d
AM kənˈvalv, -z, -ɪŋ, -d

convolvulus
BR kənˈvɒlvjʊləs, kənˈvʌlvjʊləs, -ɪz
AM kənˈvalvjəˌləs, -əz

convoy
BR ˈkɒnvɔɪ, -z, -ɪŋ, -d
AM ˈkan͵vɔɪ, -z, -ɪŋ, -d

convulsant
BR kənˈvʌlsnt, -s
AM kənˈvəls(ə)nt, -s

convulse
BR kənˈvʌls, -ɪz, -ɪŋ, -t
AM kənˈvəlz, -əz, -ɪŋ, -d

convulsion
BR kənˈvʌlʃn, -z
AM kənˈvəlʃ(ə)n, -z

convulsionary
BR kənˈvʌlʃn(ə)ri
AM kənˈvəlʃəˌnɛri

convulsive
BR kənˈvʌlsɪv
AM kənˈvəlsɪv

convulsively
BR kənˈvʌlsɪvli
AM kənˈvəlsɪvli

Conway
BR ˈkɒnweɪ
AM ˈkanweɪ

Conwy
BR ˈkɒnwi
AM ˈkanwi

cony
BR ˈkəʊn|i, -ɪz
AM ˈkoʊni, -z

Conybeare
BR ˈkɒnɪbɪə(r), ˈkʌnɪbɪə(r)
AM ˈkaniˌbɛ(ə)r

coo
BR kuː, -z, -ɪŋ, -d
AM ku, -z, -ɪŋ, -d

Coober Pedy
BR ͵kuːbəˈpiːdi
AM ͵kubərˈpidi

co-occur
BR ͵kəʊəˈkɜː(r), -z, -ɪŋ, -d
AM ͵koʊəˈkɜr, -z, -ɪŋ, -d

co-occurrence
BR ͵kəʊəˈkʌrns, -ɪz
AM ͵koʊəˈkɜr(ə)ns, -əz

Cooder
BR ˈkuːdə(r)
AM ˈkudər

cooee
BR ˈkuːiː, ͵kuːˈiː, -z, -ɪŋ, -d
AM ͵kuˈi, ˈkuˌi, -z, -ɪŋ, -d

cooey
BR ˈkuːiː, ͵kuːˈiː, -z, -ɪŋ, -d
AM ͵kuˈi, ˈkuˌi, -z, -ɪŋ, -d

cooingly
BR ˈkuːɪŋli
AM ˈkuɪŋli

cook
BR kʊk, -s, -ɪŋ, -t
AM kʊk, -s, -ɪŋ, -t

cookability
BR ͵kʊkəˈbɪlɪti
AM ͵kʊkəˈbɪlɪdi

cookable
BR ˈkʊkəbl
AM ˈkʊkəb(ə)l

cookbook
BR ˈkʊkbʊk, -s
AM ˈkʊkˌbʊk, -s

cookchill
BR ͵kʊkˈtʃɪl
AM ˈ͵kʊkˌtʃɪl

Cooke
BR kʊk
AM kʊk

cooker
BR ˈkʊkə(r), -z
AM ˈkʊkər, -z

cookery
BR ˈkʊk(ə)ri
AM ˈkʊk(ə)ri

cookhouse
BR ˈkʊkhaʊ|s, -zɪz
AM ˈkʊkˌ(h)aʊ|s, -zəz

cookie
BR ˈkʊk|i, -ɪz
AM ˈkʊki, -z

cookout
BR ˈkʊkaʊt, -s
AM ˈkʊkˌaʊt, -s

cookshop
BR ˈkʊkʃɒp, -s
AM ˈkʊkˌʃɑp, -s

Cookson
BR ˈkʊksn
AM ˈkʊks(ə)n

cookstone
BR ˈkʊkstəʊn, -z
AM ˈkʊkˌstoʊn, -z

cookware
BR ˈkʊkwɛː(r), -z
AM ˈkʊkˌwɛ(ə)r, -z

cooky
BR ˈkʊk|i, -ɪz
AM ˈkʊki, -z

cool
BR kuːl, -z, -ɪŋ, -d
AM kul, -z, -ɪŋ, -d

coolabah
BR ˈkuːləbaː(r), -z
AM ˈkuləˌba, -z

coolant
BR ˈkuːl(ə)nt, -s
AM ˈkul(ə)nt, -s

cool-down
BR ˈkuːldaʊn, -z
AM ˈkulˌdaʊn, -z

cooler
BR ˈkuːlə(r), -z
AM ˈkulər, -z

Cooley
BR ˈkuːli
AM ˈkuli

Coolgardie
BR kuːlˈgaːdi
AM ˌkulˈgardi

coolibah
BR ˈkuːlɪbaː(r), -z
AM ˈkuləˌba, -z

coolibar
BR ˈkuːlɪbaː(r), -z
AM ˈkuləˌbar, -z

Coolidge
BR ˈkuːlɪdʒ
AM ˈkulɪdʒ

coolie
BR ˈkuːl|i, -ɪz
AM ˈkuli, -z

coolish
BR ˈkuːlɪʃ, -z
AM ˈkulɪʃ, -z

coolly
BR ˈkuːl(l)i
AM ˈku(ə)li

coolness
BR ˈkuːlnəs
AM ˈkulnəs

coolth
BR kuːlθ
AM kulθ

coomb
BR kuːm, -z
AM kum, -z

coombe
BR kuːm, -z
AM kum, -z

Coombes
BR kuːmz
AM kumz

Coombs
BR kuːmz
AM kumz

Coomes
BR kuːmz
AM kumz

coon
BR kuːn, -z
AM kun, -z

Cooney
BR ˈkuːni
AM ˈkuni

coonskin
BR ˈkuːnskɪn, -z
AM ˈkunˌskɪn, -z

coop
BR kuːp, -s, -ɪŋ, -t
AM kup, -s, -ɪŋ, -t

co-op
BR ˈkəʊɒp, -s
AM ˈkoʊˌap, -s

Coope
BR kuːp
AM kup

cooper
BR ˈkuːpə(r), -z
AM ˈkupər, -z

cooperage
BR ˈkuːp(ə)rɪdʒ
AM ˈkup(ə)rɪdʒ

cooperant
BR kəʊˈɒp(ə)rn̩t
AM koʊˈapər(ə)nt

cooperate
BR kəʊˈɒpəreɪt, -s, -ɪŋ, -ɪd
AM koʊˈapəˌreɪ|t, -ts, -dɪŋ, -dɪd

cooperation
BR kəʊˌɒpəˈreɪʃn, -z
AM koʊˌapəˈreɪʃ(ə)n, -z

cooperative
BR kəʊˈɒp(ə)rətɪv, -z
AM koʊˈap(ə)rədɪv, -z

cooperatively
BR kəʊˈɒp(ə)rətɪvli
AM koʊˈap(ə)rədɪvli

cooperativeness
BR kəʊˈɒp(ə)rətɪvnɪs
AM koʊˈap(ə)rədɪvnɪs

cooperator
BR kəʊˈɒpəreɪtə(r), -z
AM koʊˈapəˌreɪdər, -z

Cooperstown
BR ˈkuːpəztaʊn
AM ˈkupərzˌtaʊn

coopt
BR ˌkəʊˈɒpt, -s, -ɪŋ, -ɪd
AM ˌkoʊˈapt, -s, -ɪŋ, -ɪd

cooptation
BR ˌkəʊɒpˈteɪʃn
AM ˌkoʊˌapˈteɪʃ(ə)n

cooption
BR ˌkəʊˈɒpʃn, -z
AM ˌkoʊˈapʃ(ə)n, -z

cooptive
BR ˌkəʊˈɒptɪv
AM ˌkoʊˈaptɪv

coordinate[1] *noun, adjective*
BR kəʊˈɔːdɪnət, -s
AM koʊˈɔrdənət, -s

coordinate[2] *verb*
BR kəʊˈɔːdɪneɪt, -s, -ɪŋ, -ɪd
AM koʊˈɔrdəˌneɪ|t, -ts, -dɪŋ, -dɪd

coordinately
BR kəʊˈɔːdɪnətli
AM koʊˈɔrdənətli

coordination
BR kəʊˌɔːdɪˈneɪʃn, -z
AM koʊˌɔrdəˈneɪʃ(ə)n, -z

coordinative
BR kəʊˈɔːdɪnətɪv
AM koʊˈɔrdənədɪv, koʊˈɔrdəˌneɪdɪv

coordinator
BR kəʊˈɔːdɪneɪtə(r), -z
AM koʊˈɔrdəˌneɪdər, -z

Coors
BR kɔːz
AM kɔ(ə)rz, kʊ(ə)rz

coot
BR kuːt, -s
AM kut, -s

Coote
BR kuːt
AM kut

cootie
BR ˈkuːt|i, -ɪz
AM ˈkudi, -z

co-own
BR ˌkəʊˈəʊn, -z, -ɪŋ, -d
AM ˌkoʊˈoʊn, -z, -ɪŋ, -d

co-owner
BR ˌkəʊˈəʊnə(r), -z
AM ˌkoʊˈoʊnər, -z

co-ownership
BR ˌkəʊˈəʊnəʃɪp
AM ˌkoʊˈoʊnərˌʃɪp

cop
BR kɒp, -s, -ɪŋ, -t
AM kap, -s, -ɪŋ, -t

Copacabana
BR ˌkəʊpəkəˈbanə(r), ˌkəʊpəkəˈbaːnə(r)
AM ˌkoʊpəkəˈbænə

copacetic
BR ˌkəʊpəˈsɛtɪk, ˌkəʊpəˈsiːtɪk
AM ˌkoʊpəˈsidɪk, ˌkoʊpəˈsɛdɪk

copaiba
BR kə(ʊ)ˈpʌɪbə(r)
AM koʊˈpaɪbə
SP kopaˈiβa

copal
BR ˈkəʊpl
AM ˈkoʊp(ə)l

cope
BR kəʊp, -s, -ɪŋ, -t
AM koʊp, -s, -ɪŋ, -t

copeck
BR ˈkəʊpɛk, -s
AM ˈkoʊˌpɛk, -s

Copeland
BR ˈkəʊplənd
AM ˈkoʊplən(d)

Copenhagen
BR ˌkəʊp(ə)nˈheɪg(ə)n, ˌkəʊp(ə)nˈhɑːg(ə)n
AM ˈkoʊpənˌ(h)eɪg(ə)n, ˈkoʊpənˌ(h)ɑg(ə)n

copepod
BR ˈkəʊpɪpɒd, -z
AM ˈkoʊpəˌpɑd, -z

coper
BR ˈkəʊpə(r), -z
AM ˈkoʊpər, -z

Copernican
BR kəˈpɜːnɪk(ə)n
AM kəˈpɜrnək(ə)n

copernicium
BR ˌkɒpəˈnɪsɪəm
AM ˌkoʊpərˈnɪsɪəm, ˌkoʊpərˈnɪʃɪəm

Copernicus
BR kəˈpɜːnɪkəs
AM kəˈpɜrnəkəs

Copestake
BR ˈkəʊpsteɪk
AM ˈkoʊpˌsteɪk

copestone
BR ˈkəʊpstəʊn, -z
AM ˈkoʊpˌstoʊn, -z

copiable
BR ˈkɒpɪəbl
AM ˈkɑpɪəb(ə)l

copier
BR ˈkɒpɪə(r), -z
AM ˈkɑpɪər, -z

copilot
BR ˈkəʊˌpʌɪlət, -s
AM ˈkoʊˌpaɪlət, -s

coping
BR ˈkəʊpɪŋ, -z
AM ˈkoʊpɪŋ, -z

copingstone
BR ˈkəʊpɪŋstəʊn, -z
AM ˈkoʊpɪŋˌstoʊn, -z

copious
BR ˈkəʊpɪəs
AM ˈkoʊpɪəs

copiously
BR ˈkəʊpɪəsli
AM ˈkoʊpɪəsli

copiousness
BR ˈkəʊpɪəsnəs
AM ˈkoʊpɪəsnəs

copita
BR kə(ʊ)ˈpiːtə(r), -z
AM koʊˈpidə, -z

coplanar
BR kəʊˈpleɪnə(r)
AM ˌkoʊˈpleɪnər

coplanarity
BR ˌkəʊpleɪˈnarɪti
AM ˌkoʊˌpleɪˈnɛrədi

Copland
BR ˈkəʊplənd
AM ˈkoʊplən(d)

Copley
BR ˈkɒpli
AM ˈkoʊpli

copolymer
BR ˌkəʊˈpɒlɨmə(r), -z
AM ˌkoʊˈpɑləmər, -z

copolymerisation
BR ˌkəʊˌpɒlɨmərʌɪˈzeɪʃn
AM ˌˌkoʊpəˌlɪməraˈzeɪʃ(ə)n, ˌkoʊˈpɑləməˌraɪˈzeɪʃ(ə)n, ˈkoʊpəˌlɪməˌraɪˈzeɪʃ(ə)n, ˌkoʊˈpɑləmərəˈzeɪʃ(ə)n

copolymerise
BR ˌkəʊˈpɒlɨmərʌɪz, -ɪz, -ɪŋ, -d
AM ˌkoʊpəˈlɪməˌraɪz, ˌkoʊˈpɑləməˌraɪz, -ɪz, -ɪŋ, -d

copolymerization
BR ˌkəʊˌpɒlɨmərʌɪˈzeɪʃn
AM ˌˌkoʊpəˌlɪməˈzeɪʃ(ə)n, ˌkoʊˈpɑləmərraɪˈzeɪʃ(ə)n, ˈkoʊpəˌlɪməˌraɪˈzeɪʃ(ə)n, ˌkoʊˈpɑləmərəˈzeɪʃ(ə)n

copolymerize
BR ˌkəʊˈpɒlɨmərʌɪz, -ɪz, -ɪŋ, -d
AM ˌkoʊpəˈlɪməˌraɪz, ˌkoʊˈpɑləməˌraɪz, -ɪz, -ɪŋ, -d

copout
BR ˈkɒpaʊt, -s
AM ˈkɑpˌaʊt, -s

copper
BR ˈkɒpə(r), -z
AM ˈkɑpər, -z

copperas
BR ˈkɒp(ə)rəs
AM ˈkɑp(ə)rəs

Copperbelt
BR ˈkɒpəbɛlt
AM ˈkɑpərˌbɛlt

Copperfield
BR ˈkɒpəfiːld
AM ˈkɑpərˌfild

copperhead
BR ˈkɒpəhɛd, -z
AM ˈkɑpərˌ(h)ɛd, -z

coppermine
BR ˈkɒpəmʌɪn, -z
AM ˈkɑpərˌmaɪn, -z

copperplate
BR ˈkɒpəpleɪt
AM ˈˌkɑpərˌpleɪt

coppersmith
BR ˈkɒpəsmɪθ, -s
AM ˈkɑpərˌsmɪθ, -s

coppery
BR ˈkɒp(ə)ri
AM ˈkɑpəri

coppice
BR ˈkɒpǀɪs, -ɪsɪz, -ɪsɪŋ, -ɪst
AM ˈkɑpəs, -əz, -ɪŋ, -t

Coppola
BR ˈkɒpələ(r)
AM ˈkɑpələ
IT ˈkoppola

copra
BR ˈkɒprə(r)
AM ˈkɑprə

coprocessor
BR ˌkəʊˈprəʊsɛsə(r), ˈkəʊˌprəʊsɛsə(r), -z
AM ˌkoʊˈprɑsɛsər, -z

coprolite
BR ˈkɒprəlʌɪt
AM ˈkɑprəˌlaɪt

coprology
BR kɒˈprɒlədʒi
AM kəˈprɑlədʒi

coprophagous
BR kɒˈprɒfəgəs
AM kəˈprɑfəgəs

coprophilia
BR ˌkɒprəˈfɪlɪə(r)
AM ˌkɑprəˈfɪlɪə, ˌkɑprəˈfɪljə

coprophiliac
BR ˌkɒprəˈfɪlɪak, -s
AM ˌkɑprəˈfɪliˌæk, ˌkɑprəˈfɪliˌæk, -s

coprosma
BR kəˈprɒzmə(r), -z
AM kəˈprɑzmə, -z

copse
BR kɒps, -ɪz
AM kɑps, -əz

copsewood
BR ˈkɒpswʊd
AM ˈkɑpsˌwʊd

copsy
BR ˈkɒpsi
AM ˈkɑpsi

Copt
BR kɒpt, -s
AM kɑpt, -s

'copter
BR ˈkɒptə(r), -z
AM ˈkɑptər, -z

Coptic
BR ˈkɒptɪk
AM ˈkɑptɪk

copula
BR ˈkɒpjʊlə(r), -z
AM ˈkoʊpjələ, ˈkɑpjələ, -z

copular
BR ˈkɒpjʊlə(r)
AM ˈkoʊpjələr, ˈkɑpjələr

copulate
BR ˈkɒpjʊleɪt, -s, -ɪŋ, -ɪd
AM ˈkoʊpjəˌleɪǀt, ˈkɑpjəˌleɪǀt, -ts, -dɪŋ, -dɪd

copulation
BR ˌkɒpjʊˈleɪʃn
AM ˌkoʊpjəˈleɪʃ(ə)n, ˌkɑpjəˈleɪʃ(ə)n

copulative
BR ˈkɒpjʊlətɪv, -z
AM ˈkoʊpjələdɪv,
ˈkɑpjəˌleɪdɪv,
ˈkoʊpjəˌleɪdɪv,
ˈkɑpjələdɪv, -z
copulatively
BR ˈkɒpjʊlətɪvli
AM ˈkoʊpjəˌleɪdɪvli,
ˈkɑpjələdɪvli,
ˈkoʊpjələdɪvli,
ˈkɑpjəˌleɪdɪvli
copulatory
BR ˈkɒpjʊlət(ə)ri
AM ˈkoʊpjələˌtɔri,
ˈkɑpjələˌtɔri
copy
BR ˈkɒp|i, -iz, -iŋ,
-ɪd
AM ˈkɑpi, -z, -iŋ, -d
copybook
BR ˈkɒpɪbʊk, -s
AM ˈkɑpiˌbʊk, -s
copyboy
BR ˈkɒpɪbɔɪ, -z
AM ˈkɑpiˌbɔɪ, -z
copycat
BR ˈkɒpɪkat, -s
AM ˈkɑpiˌkæt, -s
copydesk
BR ˈkɒpɪdɛsk, -s
AM ˈkɑpiˌdɛsk, -s
Copydex
BR ˈkɒpɪdɛks
AM ˈkɑpiˌdɛks
copyhold
BR ˈkɒpɪhəʊld, -z
AM ˈkɑpiˌ(h)oʊld, -z
copyholder
BR ˈkɒpɪˌhəʊldə(r), -z
AM ˈkɑpiˌ(h)oʊldər, -z
copyist
BR ˈkɒpɪɪst, -s
AM ˈkɑpiəst, -s
copyread
BR ˈkɒpɪriːd, -z, -iŋ
AM ˈkɑpiˌrid, -z, -iŋ
copyreader
BR ˈkɒpɪˌriːdə(r), -z
AM ˈkɑpiˌridər, -z

copyright
BR ˈkɒpɪrʌɪt, -s, -iŋ, -ɪd
AM ˈkɑpiˌraɪ|t, -ts, -dɪŋ, -dɪd
copywriter
BR ˈkɒpɪˌrʌɪtə(r), -z
AM ˈkɑpiˌraɪdər, -z
copywriting
BR ˈkɒpɪˌrʌɪtɪŋ
AM ˈkɑpiˌraɪdɪŋ
coq au vin
BR ˌkɒk əʊ ˈvã, + ˈvan
AM ˌkɑk oʊ ˈvæn
FR kɔk o vɛ̃
coquet
BR kɒˈkɛt, -s, -iŋ, -ɪd
AM koʊˈkɛ|t, -ts, -dɪŋ, -dəd
FR kɔkɛ
coquetry
BR ˈkɒkɪtri
AM ˈkoʊkətri
coquette
BR kɒˈkɛt, -s
AM koʊˈkɛt, -s
FR kɔkɛt
coquettish
BR kɒˈkɛtɪʃ
AM koʊˈkɛdɪʃ
coquettishly
BR kɒˈkɛtɪʃli
AM koʊˈkɛdɪʃli
coquettishness
BR kɒˈkɛtɪʃnɪs
AM koʊˈkɛdɪʃnɪs
coquille
BR kɒˈkiː
AM koʊˈki(l)
FR kɔkij
coquilles
BR kɒˈkiː
AM koʊˈki(l)
FR kɔkij
coquina
BR kəʊˈkiːnə(r)
AM koʊˈkinə
SP koˈkina
coquito
BR kə(ʊ)ˈkiːtəʊ, -z
AM koʊˈkidoʊ, -z

cor
BR kɔː(r)
AM kɔ(ə)r
Cora
BR ˈkɔːrə(r)
AM ˈkɔrə
coracle
BR ˈkɒrəkl, -z
AM ˈkarəkl, ˈkɔrəkl, -z
coracoid
BR ˈkɒrəkɔɪd, -z
AM ˈkɔrəˌkɔɪd, -z
coral
BR ˈkɒrl̩, -z
AM ˈkɔr(ə)l, -z
Coralie
BR ˈkɔːrəli
AM ˈkɔrəli
coralline
BR ˈkɒrəlʌɪn, -z
AM ˈkɔrəˌlin, ˈkɔrəl(ə)n, -z
corallita
BR ˌkɒrəˈliːtə(r)
AM ˌkɔrəˈlidə
corallite
BR ˈkɒrəlʌɪt, -s
AM ˈkɔrəˌlaɪt, -s
coralloid
BR ˈkɒrəlɔɪd, -z
AM ˈkɔrəˌlɔɪd, -z
Coram
BR ˈkɔːrəm
AM ˈkɔr(ə)m
coram populo
BR ˌkɔːrəm ˈpɒpjʊləʊ
AM ˌkoʊrəm ˈpɑpjəloʊ
cor anglais
BR ˌkɔːr ˈɑːŋgleɪ, + ˈɒŋgleɪ
AM ˌkɔ(ə)r ɔŋˈgleɪ
corbel
BR ˈkɔːb(ə)l, -z
AM ˈkɔrbl, -z
Corbet
BR ˈkɔːbɪt
AM ˈkɔrbət
Corbett
BR ˈkɔːbɪt
AM ˈkɔrbət

corbicula
BR kɔːˈbɪkjʊlə(r)
AM ˌkɔrˈbɪkjələ
corbiculae
BR kɔːˈbɪkjʊliː
AM ˌkɔrˈbɪkjəli
corbie
BR ˈkɔːb|i, -iz
AM ˈkɔrbi, -z
Corbin
BR ˈkɔːbɪn
AM ˈkɔrbɪn
Corhishley
BR ˈkɔːbɪʃli
AM ˈkɔrbɪʃli
cor blimey!
BR ˌkɔː ˈblʌɪmi
AM ˌkɔ(ə)r ˈblaɪmi
Corbridge
BR ˈkɔːbrɪdʒ
AM ˈkɔrˌbrɪdʒ
Corby
BR ˈkɔːbi
AM ˈkɔrbi
Corcoran
BR ˈkɔːk(ə)rn̩
AM ˈkɔrk(ə)r(ə)n
Corcyra
BR kɔːˈsʌɪrə(r)
AM kɔrˈsɪrə
cord
BR kɔːd, -z, -iŋ
AM kɔ(ə)rd, -z, -iŋ
cordage
BR ˈkɔːdɪdʒ
AM ˈkɔrdɪdʒ
cordate
BR ˈkɔːdeɪt
AM ˈkɔrˌdeɪt
Corday
BR ˈkɔːdeɪ
AM kɔrˈdeɪ
Cordelia
BR kɔːˈdiːlɪə(r)
AM ˌkɔrˈdiliə, ˌkɔrˈdiljə
Cordelier
BR ˌkɔːdɪˈlɪə(r), -z
AM ˌkɔrdəˈli(ə)r, -z
Cordell
BR ˌkɔːˈdɛl
AM kɔrˈdɛl

cordial
BR ˈkɔːdɪəl
AM ˈkɔrdʒ(ə)l
cordiality
BR ˌkɔːdɪˈalɪti
AM ˌkɔrdʒiˈælədi
cordially
BR ˈkɔːdɪəli
AM ˈkɔrdʒəli
cordillera
BR ˌkɔːdɪˈljɛːrə(r)
AM ˌkɔrdlˈ(j)ɛrə
SP ˌkordiˈjera
cordite
BR ˈkɔːdʌɪt
AM ˈkɔrˌdaɪt
cordless
BR ˈkɔːdləs
AM ˈkɔrdləs
cordlessness
BR ˈkɔːdləsnəs
AM ˈkɔrdləsnəs
cordlike
BR ˈkɔːdlʌɪk
AM ˈkɔrˌlaɪk
Córdoba
BR ˈkɔːdəbə(r)
AM kɔrˈdoʊbə, ˈkɔrdəbə
cordon
BR ˈkɔːdn, -z, -ɪŋ, -d
AM ˈkɔrd(ə)n, -z, -ɪŋ, -d
cordon-bleu
BR ˌkɔːdɒn ˈblɜː(r), ˌkɔːdɒ̃ +
AM ˌkɔrdn ˈblu, ˌkɔrdɒn ˈblə
cordon sanitaire
BR ˌkɔːdɒn ˌsanɪˈtɛː(r), ˌkɔːdɒ̃ +, -z
AM ˌkɔrdɒn ˌsaniˈtɛ(ə)r, -z
FR kɔrdɔ̃ sanitɛʀ
Cordova
BR ˈkɔːdəvə(r)
AM kɔrˈdoʊvə, ˈkɔrdəvə
cordovan
BR ˈkɔːdəvn
AM ˈkɔrdəv(ə)n

corduroy
BR ˈkɔːdərɔɪ, ˈkɔːdjɜrɔɪ, ˈkɔːdʒɜrɔɪ, -z
AM ˈkɔrdəˌrɔɪ, -z
cordwain
BR ˈkɔːdweɪn
AM ˈkɔrdˌweɪn
cordwainer
BR ˈkɔːdˌweɪnə(r), -z
AM ˈkɔrdˌweɪnər, -z
cordwood
BR ˈkɔːdwʊd
AM ˈkɔrdˌwʊd
CORE
BR kɔː(r)
AM kɔ(ə)r
core
BR kɔː(r), -z, -ɪŋ, -d
AM kɔ(ə)r, -z, -ɪŋ, -d
co-referential
BR ˌkəʊrɛfəˈrɛnʃl
AM ˌkoʊrɛfəˈrɛnʃ(ə)l
corelation
BR ˌkɒrɪˈleɪʃn, -z
AM ˌkɔrəˈleɪʃ(ə)n, -z
coreligionist
BR ˌkəʊrɪˈlɪdʒnɪst, -s
AM ˌkoʊrəˈlɪdʒənəst, -s
co-religionist
BR ˌkəʊrɪˈlɪdʒnɪst, -s
AM ˌkoʊrəˈlɪdʒənəst, -s
corella
BR kɒˈrɛlə(r), -z
AM kəˈrɛlə, -z
Corelli
BR kɒˈrɛli
AM kəˈrɛli
Coren
BR ˈkɔːrn̩
AM ˈkɔr(ə)n
coreopsis
BR ˌkɒrɪˈɒpsɪs
AM ˌkɔriˈɑpsəs
corer
BR ˈkɔːrə(r), -z
AM ˈkɔrər, -z
corespondent
BR ˌkəʊrɪˈspɒnd(ə)nt, -s
AM ˌkoʊrəˈspɑnd(ə)nt, -s

co-respondent
BR ˌkəʊrɪˈspɒnd(ə)nt, -s
AM ˌkoʊrəˈspɑnd(ə)nt, -s
Corey
BR ˈkɔːri
AM ˈkɔri
corf
BR kɔːf, -s
AM kɔ(ə)rf, -s
Corfe
BR kɔːf
AM kɔ(ə)rf
Corfu
BR ˌkɔːˈf(j)uː
AM ˈkɔrf(j)u, kɔrˈfu
corgi
BR ˈkɔːɡ|i, -ɪz
AM ˈkɔrɡi, -z
coria
BR ˈkɔːrɪə(r)
AM ˈkɔriə
coriaceous
BR ˌkɒrɪˈeɪʃəs
AM ˌkɔriˈeɪʃəs
coriander
BR ˌkɒrɪˈandə(r), ˈkɒrɪandə(r)
AM ˈkɔriˌændər
Corin
BR ˈkɒrɪn
AM ˈkɔr(ə)n
Corinna
BR kəˈrɪnə(r)
AM kəˈrɪnə
Corinne
BR kəˈrɪn
AM kəˈrɪn
Corinth
BR ˈkɒr(ɪ)nθ
AM ˈkɔrənθ
Corinthian
BR kəˈrɪnθɪən, -z
AM kəˈrɪnθiən, -z
Coriolanus
BR ˌkɒrɪəˈleɪnəs
AM ˌkɔriəˈleɪnəs
Coriolis
BR ˌkɒrɪˈəʊlɪs
AM ˌkɔriˈoʊləs
FR kɔʀjɔlis

corium
BR ˈkɔːrɪəm
AM ˈkɔriəm
cork
BR kɔːk, -s, -ɪŋ, -t
AM kɔ(ə)rk, -s, -ɪŋ, -t
corkage
BR ˈkɔːkɪdʒ
AM ˈkɔrkɪdʒ
corker
BR ˈkɔːkə(r), -z
AM ˈkɔrkər, -z
corkiness
BR ˈkɔːkɪnɪs
AM ˈkɔrkɪnɪs
corklike
BR ˈkɔːklʌɪk
AM ˈkɔrkˌlaɪk
corkscrew
BR ˈkɔːkskruː, -z
AM ˈkɔrkˌskru, -z
corkwood
BR ˈkɔːkwʊd
AM ˈkɔrkˌwʊd
corky
BR ˈkɔːk|i, -ɪə(r), -ɪst
AM ˈkɔrki, -ər, -ɪst
Corley
BR ˈkɔːli
AM ˈkɔrli
corm
BR kɔːm, -z
AM kɔ(ə)rm, -z
Cormac
BR ˈkɔːmak
AM ˈkɔrmək
cormorant
BR ˈkɔːm(ə)rn̩t, -s
AM ˈkɔrmər(ə)nt, -s
corn
BR kɔːn, -z, -d
AM kɔ(ə)rn, -z, -d
cornball
BR ˈkɔːnbɔːl, -z
AM ˈkɔrnˌbɔl, -z
cornbrash
BR ˈkɔːnbraʃ
AM ˈkɔrnˌbræʃ
cornbread
BR ˈkɔːnbrɛd
AM ˈkɔrnˌbrɛd

corncob
BR ˈkɔːnkɒb, -z
AM ˈkɔrnˌkɑb, -z

corncockle
BR ˈkɔːnˌkɒkl, -z
AM ˈkɔrnˌkɑk(ə)l, -z

corncrake
BR ˈkɔːnkreɪk, -s
AM ˈkɔrnˌkreɪk, -s

corncrib
BR ˈkɔːnkrɪb, -z
AM ˈkɔrnˌkrɪb, -z

cornea
BR ˈkɔːniə(r),
kɔːˈniːə(r), -z
AM ˈkɔrniə, -z

corneal
BR ˈkɔːniəl, kɔːˈniːəl
AM ˈkɔrniəl

cornel
BR ˈkɔːnl, -z
AM ˈkɔrn(ə)l, -z

Cornelia
BR kɔːˈniːliə(r)
AM kɔrˈniliə, kɔrˈniljə

cornelian
BR kɔːˈniːliən, -z
AM kɔrˈniliən,
kɔrˈnilj(ə)n, -z

Cornelius
BR kɔːˈniːliəs
AM kɔrˈniliəs,
kɔrˈniljəs

Cornell
BR kɔːˈnɛl
AM kɔrˈnɛl

corneous
BR ˈkɔːniəs
AM ˈkɔrniəs

corner
BR ˈkɔːnə(r), -əz,
-(ə)rɪŋ, -əd
AM ˈkɔrnər, -z, -ɪŋ, -d

cornerback
BR ˈkɔːnəbak, -s
AM ˈkɔrnərˌbæk, -s

cornerstone
BR ˈkɔːnəstəʊn, -z
AM ˈkɔrnərˌstoʊn, -z

cornerways
BR ˈkɔːnəweɪz
AM ˈkɔrnərˌweɪz

cornerwise
BR ˈkɔːnəwʌɪz
AM ˈkɔrnərˌwaɪz

cornet
BR ˈkɔːnɪt, -s
AM ˌkɔrˈnɛt, -s

cornetcy
BR ˈkɔːnɪtsi
AM ˌkɔrˈnɛtsi

cornetist
BR kɔːˈnɛtɪst, -s
AM ˌkɔrˈnɛdəst, -s

cornett
BR ˈkɔːnɪt, -s
AM ˌkɔrˈnɛt, -s

cornetti
BR kɔːˈnɛtiː
AM kɔrˈnɛdi

cornettist
BR kɔːˈnɛtɪst, -s
AM ˌkɔrˈnɛdəst, -s

cornetto
BR kɔːˈnɛtəʊ, -z
AM kɔrˈnɛdoʊ, -z

cornfield
BR ˈkɔːnfiːld, -z
AM ˈkɔrnˌfild, -z

cornflake
BR ˈkɔːnfleɪk, -s
AM ˈkɔrnˌfleɪk, -s

cornflour
BR ˈkɔːnˌflaʊə(r)
AM ˈkɔrnˌflaʊər

cornflower
BR ˈkɔːnˌflaʊə(r), -z
AM ˈkɔrnˌflaʊər, -z

Cornhill
BR ˌkɔːnˈhɪl, ˈkɔːnhɪl
AM ˈkɔrnˌ(h)ɪl

cornhusk
BR ˈkɔːnhʌsk, -s
AM ˈkɔrnˌ(h)əsk, -s

cornice
BR ˈkɔːn|ɪs, -ɪsɪz, -ɪst
AM ˈkɔrnɪs, -ɪz, -t

corniced
BR ˈkɔːnɪst
AM ˈkɔrnɪst

corniche
BR ˈkɔːniːʃ,
(ˌ)kɔːˈniːʃ, -ɪz
AM kɔrˈniːʃ, ˈkɔrnɪʃ, -ɪz

cornily
BR ˈkɔːnɪli
AM ˈkɔrnəli

corniness
BR ˈkɔːnɪnɪs
AM ˈkɔrnɪnɪs

Corning
BR ˈkɔːnɪŋ
AM ˈkɔrnɪŋ

Cornish
BR ˈkɔːnɪʃ
AM ˈkɔrnɪʃ

Cornishman
BR ˈkɔːnɪʃmən
AM ˈkɔrnɪʃm(ə)n

Cornishmen
BR ˈkɔːnɪʃmən
AM ˈkɔrnɪʃm(ə)n

Cornishwoman
BR ˈkɔːnɪʃˌwʊmən
AM ˈkɔrnɪʃˌwʊm(ə)n

Cornishwomen
BR ˈkɔːnɪʃˌwɪmɪn
AM ˈkɔrnɪʃˌwɪmɪn

cornmeal
BR ˈkɔːnmiːl
AM ˈkɔrnˌmil

cornrows
BR ˈkɔːnrəʊz
AM ˈkɔrnˌroʊz

cornstalk
BR ˈkɔːnstɔːk, -s
AM ˈkɔrnˌstɑk,
ˈkɔrnˌstɔk, -s

cornstarch
BR ˈkɔːnstɑːtʃ
AM ˈkɔrnˌstɑrtʃ

cornstone
BR ˈkɔːnstəʊn
AM ˈkɔrnˌstoʊn

cornucopia
BR ˌkɔːnjʊˈkəʊpiə(r), -z
AM ˌkɔrn(j)əˈkoʊpiə, -z

cornucopian
BR ˌkɔːnjʊˈkəʊpiən
AM ˌkɔrn(j)əˈkoʊpiən

Cornwall
BR ˈkɔːnwɔːl,
ˈkɔːnw(ə)l
AM ˈkɔrnˌwɑl,
ˈkɔrnˌwɔl

Cornwallis
BR (ˌ)kɔːnˈwɒlɪs
AM ˌkɔrnˈwɑləs

corny
BR ˈkɔːn|i, -iə(r), -ɪst
AM ˈkɔrni, -ər, -ɪst

corolla
BR kəˈrɒlə(r), -z
AM kəˈroʊlə, kəˈrɑlə, -z

corollary
BR kəˈrɒl(ə)r|i, -ɪz
AM ˈkɑrəˌlɛri,
ˈkɔrəˌlɛri, -z

Coromandel
BR ˌkɒrə(ʊ)ˈmandl
AM ˌkɔrəˈmænd(ə)l

corona
BR kəˈrəʊnə(r), -z
AM kəˈroʊnə, -z

Corona Borealis
BR kəˌrəʊnə ˌbɔːrɪ-
ˈeɪlɪs, + ˌbɔːrɪˈɑːlɪs
AM kəˌroʊnə ˌbɔrɪ-
ˈeɪlɪs, kəˈroʊnə
ˌbɔriˈæləs

coronach
BR ˈkɒrənəx,
ˈkɒrənək, -s
AM ˈkɔrənək, -s

coronae
BR kəˈrəʊniː
AM kəˈroʊˌnaɪ,
kəˈroʊni

coronagraph
BR kəˈrəʊnəɡrɑːf, -s
AM kəˈroʊnəˌɡræf, -s

coronal
BR ˈkɒrn̩l
AM kəˈroʊn(ə)l,
ˈkɔrən(ə)l

coronary
BR ˈkɒrn̩(ə)r|i, -ɪz
AM ˈkɔrəˌnɛri, -z

coronation
BR ˌkɒrəˈneɪʃn, -z
AM ˌkɔrəˈneɪʃ(ə)n, -z

coroner
BR ˈkɒrn̩ə(r), -z
AM ˈkɔrənər, -z

coronership
BR ˈkɒrn̩əʃɪp
AM ˈkɔrənərˌʃɪp

coronet
BR ˈkɒrənɪt, ˈkɒrənɛt, ˌkɒrəˈnɛt, -s, -ɪd
AM ˌkɔrəˈnɛ|t, -ts, -dəd

Corot
BR ˈkɒrəʊ
AM kəˈroʊ

corozo
BR kəˈrəʊzəʊ, -z
AM kəˈroʊzoʊ, -z
SP koˈroθo, koˈroso

Corp.
BR kɔːp
AM kɔrp

corpora
BR ˈkɔːp(ə)rə(r)
AM ˈkɔrp(ə)rə

corpora delicti
BR ˌkɔːp(ə)rə dɪˈlɪktʌɪ
AM ˌkɔrpərə dəˈlɪkˌtaɪ

corporal
BR ˈkɔːp(ə)rl̩, -z
AM ˈkɔrpər(ə)l, ˈkɔrpr(ə)l, -z

corporality
BR ˌkɔːpəˈralɪti
AM ˌkɔrpəˈrælədi

corporally
BR ˈkɔːp(ə)rl̩i
AM ˈkɔrp(ə)rəli

corpora lutea
BR ˌkɔːpərə ˈluːtɪə(r)
AM ˌkɔrpərə ˈludɪə

corporate
BR ˈkɔːp(ə)rət
AM ˈkɔrp(ə)rət

corporately
BR ˈkɔːp(ə)rətli
AM ˈkɔrp(ə)rətli

corporateness
BR ˈkɔːp(ə)rətnəs
AM ˈkɔrp(ə)rətnəs

corporation
BR ˌkɔːpəˈreɪʃn, -z
AM ˌkɔrpəˈreɪʃ(ə)n, -z

corporatism
BR ˈkɔːp(ə)rətɪzm
AM ˈkɔrp(ə)rəˌtɪz(ə)m

corporatist
BR ˈkɔːp(ə)rətɪst
AM ˈkɔrp(ə)rədəst

corporative
BR ˈkɔːp(ə)rətɪv
AM ˈkɔrp(ə)rədɪv

corporativism
BR ˈkɔːp(ə)rətɪvɪzm
AM ˈkɔrp(ə)rədəˌvɪz(ə)m

corporativist
BR ˈkɔːp(ə)rətɪvɪst, -s
AM ˈkɔrp(ə)rədəvəst, -s

corporeal
BR kɔːˈpɔːrɪəl
AM kɔrˈpɔrɪəl

corporeality
BR kɔːˌpɔːrɪˈalɪti
AM kɔrˌpɔrɪˈælədi

corporeally
BR kɔːˈpɔːrɪəli
AM kɔrˈpɔrɪəli

corporeity
BR ˌkɔːpəˈriːɪti, ˌkɔːpəˈreɪɪti
AM kɔrpəˈreɪɪdi, kɔrpəˈriɪdi

corposant
BR ˈkɔːpəsnt, -s
AM ˈkɔrpəs(ə)nt, ˈkɔrpəˌsænt, -s

corps
BR kɔː(r), -z
AM kɔ(ə)r, -z

corps de ballet
BR ˌkɔː də ˈbaleɪ
AM ˌkɔr də bæˈleɪ

corps d'élite
BR ˌkɔː deɪˈliːt
AM ˌkɔr deɪˈlit

corps diplomatique
BR ˌkɔː ˌdɪpləməˈtiːk
AM ˌkɔr ˌdɪpləməˈtik

corpse
BR kɔːps, -ɪz
AM kɔ(ə)rps, -əz

corpulence
BR ˈkɔːpjʊlns
AM ˈkɔrpjəl(ə)ns

corpulency
BR ˈkɔːpjʊlnsi
AM ˈkɔrpjələnsi

corpulent
BR ˈkɔːpjʊlnt
AM ˈkɔrpjəl(ə)nt

corpus
BR ˈkɔːpəs, -ɪz
AM ˈkɔrpəs, -əz

Corpus Christi
BR ˌkɔːpəs ˈkrɪsti
AM ˌkɔrpəs ˈkrɪsti

corpuscle
BR ˈkɔːpʌsl, -z
AM ˈkɔrˌpəs(ə)l, -z

corpuscular
BR kɔːˈpʌskjʊlə(r)
AM kɔrˈpəskjələr

corpus delicti
BR ˌkɔːpəs dɪˈlɪktʌɪ
AM ˌkɔrpəs dəˈlɪktaɪ

corpus luteum
BR ˌkɔːpəs ˈluːtɪəm
AM ˌkɔrpəs ˈludɪəm

corral
BR kəˈrɑːl, kəˈral, -z, -ɪŋ, -d
AM kəˈræl, -z, -ɪŋ, -d

corrasion
BR kəˈreɪʒn
AM kəˈreɪʒ(ə)n

correct
BR kəˈrɛkt, -s, -ɪŋ, -ɪd
AM kəˈrɛk|(t), -(t)s, -dɪŋ, -dəd

correction
BR kəˈrɛkʃn, -z
AM kəˈrɛkʃ(ə)n, -z

correctional
BR kəˈrɛkʃnl̩
AM kəˈrɛkʃən(ə)l, kəˈrɛkʃn(ə)l

correctitude
BR kəˈrɛktɪtjuːd, kəˈrɛktɪtʃuːd
AM kəˈrɛktəˌtud

corrective
BR kəˈrɛktɪv
AM kəˈrɛktɪv

correctively
BR kəˈrɛktɪvli
AM kəˈrɛktɪvli

correctly
BR kəˈrɛktli
AM kəˈrɛk(t)li

correctness
BR kəˈrɛk(t)nəs
AM kəˈrɛk(t)nəs

corrector
BR kəˈrɛktə(r), -z
AM kəˈrɛktər, -z

Correggio
BR kəˈrɛdʒɪəʊ
AM kəˈrɛdʒioʊ

correlate[1] *noun*
BR ˈkɒrɪleɪt, ˈkɒrɪlət, ˈkɒrlət, -s
AM ˈkɔrəlɛt, -s

correlate[2] *verb*
BR ˈkɒrɪleɪt, -s, -ɪŋ, -ɪd
AM ˈkɔrəˌleɪ|t, -ts, -dɪŋ, -dɪd

correlation
BR ˌkɒrɪˈleɪʃn
AM ˌkɔrəˈleɪʃ(ə)n

correlational
BR ˌkɒrɪˈleɪʃn̩l
AM ˌkɔrəˈleɪʃən(ə)l, ˌkɔrəˈleɪʃn(ə)l

correlative
BR kəˈrɛlətɪv, -z
AM kəˈrɛlədɪv, -z

correlatively
BR kəˈrɛlətɪvli
AM kəˈrɛlədɪvli

correlativity
BR kəˌrɛləˈtɪvɪti
AM kəˌrɛləˈtɪvɪdi

correspond
BR ˌkɒrɪˈspɒnd, -z, -ɪŋ, -ɪd
AM ˌkɔrəˈspɑnd, -z, -ɪŋ, -əd

correspondence
BR ˌkɒrɪˈspɒnd(ə)ns, -ɪz
AM ˌkɔrəˈspɑnd(ə)ns, -əz

correspondent
BR ˌkɒrɪˈspɒnd(ə)nt, -s
AM ˌkɔrəˈspɑnd(ə)nt, -s

correspondently
BR ˌkɒrɪˈspɒnd(ə)ntli
AM ˌkɔrəˈspɑndən(t)li

corresponding
BR ˌkɒrɪˈspɒndɪŋ
AM ˌkɔrəˈspɑndɪŋ

correspondingly
BR ˌkɒrɪˈspɒndɪŋli
AM ˌkɔrəˈspandɪŋli

corrida
BR kɒˈriːdə(r), -z
AM kɔˈridə, -z

corridor
BR ˈkɒrɪdɔː(r), -z
AM ˈkɔrəˌdɔ(ə)r, ˈkɒrədər, -z

corrie
BR ˈkɒr|i, -ɪz
AM ˈkari, ˈkɔri, -z

Corrigan
BR ˈkɒrɪg(ə)n
AM ˈkɔrəg(ə)n

corrigenda
BR ˌkɒrɪˈdʒendə(r), ˌkɒrɪˈgendə(r)
AM ˌkɔrəˈgendə, ˌkɔrəˈdʒendə

corrigendum
BR ˌkɒrɪˈdʒendəm, ˌkɒrɪˈgendəm
AM ˌkɔrəˈgend(ə)m, ˌkɔrəˈdʒend(ə)m

corrigible
BR ˈkɒrɪdʒɪbl
AM ˈkɔrədʒəb(ə)l

corrigibly
BR ˈkɒrɪdʒɪbli
AM ˈkɔrədʒəbli

Corris
BR ˈkɒrɪs
AM ˈkɔrəs

corroborate
BR kəˈrɒbəreɪt, -s, -ɪŋ, -ɪd
AM kəˈrabəˌreɪ|t, -ts, -dɪŋ, -dɪd

corroboration
BR kəˌrɒbəˈreɪʃn
AM kəˌrabəˈreɪʃ(ə)n

corroborative
BR kəˈrɒb(ə)rətɪv
AM kəˈrabər(ə)dɪv

corroborator
BR kəˈrɒbəreɪtə(r), -z
AM kəˈrabəˌreɪdər, -z

corroboratory
BR kəˈrɒb(ə)rət(ə)ri
AM kəˈrab(ə)rəˌtɔri

corroboree
BR kəˈrɒbəriː, kəˌrɒbəˈriː, -z
AM kəˌrabəˈri, -z

corrode
BR kəˈrəʊd, -z, -ɪŋ, -ɪd
AM kəˈroʊd, -z, -ɪŋ, -əd

corrodible
BR kəˈrəʊdɪbl
AM kəˈroʊdəb(ə)l

corrosion
BR kəˈrəʊʒn
AM kəˈroʊʒ(ə)n

corrosive
BR kəˈrəʊsɪv
AM kəˈroʊsɪv

corrosively
BR kəˈrəʊsɪvli
AM kəˈroʊsɪvli

corrosiveness
BR kəˈrəʊsɪvnɪs
AM kəˈroʊsɪvnɪs

corrugate
BR ˈkɒrəgeɪt, -s, -ɪŋ, -ɪd
AM ˈkɔrəˌgeɪ|t, -ts, -dɪŋ, -dɪd

corrugation
BR ˌkɒrəˈgeɪʃn, -z
AM ˌkɔrəˈgeɪʃ(ə)n, -z

corrugator
BR ˈkɒrəgeɪtə(r), -z
AM ˈkɔrəˌgeɪdər, -z

corrupt
BR kəˈrʌpt, -s, -ɪŋ, -ɪd
AM kəˈrəpt, -s, -ɪŋ, -əd

corrupter
BR kəˈrʌptə(r), -z
AM kəˈrəptər, -z

corruptibility
BR kəˌrʌptɪˈbɪlɪti
AM kəˌrəptəˈbɪlɪdi

corruptible
BR kəˈrʌptɪbl
AM kəˈrəptəb(ə)l

corruptibleness
BR kəˈrʌptɪblnəs
AM kəˈrəptəbəlnəs

corruptibly
BR kəˈrʌptɪbli
AM kəˈrəptəbli

corruption
BR kəˈrʌpʃn, -z
AM kəˈrəpʃ(ə)n, -z

corruptive
BR kəˈrʌptɪv
AM kəˈrəptɪv

corruptly
BR kəˈrʌptli
AM kəˈrəp(t)li

corruptness
BR kəˈrʌptnəs
AM kəˈrəp(t)nəs

corsac
BR ˈkɔːsak, -s
AM kɔrˈsæk, ˈkɔrˌsæk, -s

corsage
BR ˈkɔːsɑːʒ, -ɪz
AM kɔrˈsɑʒ, -əz

corsair
BR ˈkɔːsɛː(r), -z
AM ˌkɔrˈsɛ(ə)r, -z

corsak
BR ˈkɔːsak, -s
AM ˈkɔrˌsæk, -s

corse
BR kɔːs, -ɪz
AM kɔ(ə)rs, -əz

corselet
BR ˈkɔːslɪt, -s
AM ˈkɔrslət, -s

corselette
BR ˈkɔːslɪt, -s
AM ˈkɔrslət, -s

corset
BR ˈkɔːs|ɪt, -ɪts, -ɪtɪd
AM ˈkɔrsət, -s, -əd

corsetière
BR ˌkɔːsɪˈtɪə(r), -z
AM ˌkɔrsəˈti(ə)r, -z
FR kɔʀs(ə)tjɛʀ

corsetry
BR ˈkɔːsɪtri
AM ˈkɔrsətri

Corsica
BR ˈkɔːsɪkə(r)
AM ˈkɔrsəkə

Corsican
BR ˈkɔːsɪkən, -z
AM ˈkɔrsək(ə)n, -z

corslet
BR ˈkɔːslɪt, -s
AM ˈkɔrslət, -s

Corstorphine
BR kəˈstɔːfɪn
AM kərˈstɔrf(ə)n

Cort
BR kɔːt
AM kɔ(ə)rt

cortado
BR kɔːˈtɑːdəʊ, -z
AM kɔrˈtadoʊ, -z

cortège
BR (ˌ)kɔːˈteɪʒ, (ˌ)kɔːˈtɛʒ, ˈkɔːteɪʒ, ˈkɔːtɛʒ, -ɪz
AM kɔrˈtɛʒ, -əz

Cortes *parliament*
BR ˈkɔːtez, ˈkɔːtes, ˈkɔːtɪz
AM ˈkɔrtez

Cortés *Hernando*
BR ˈkɔːtez, kɔːˈtez
AM kɔrˈtez

cortex
BR ˈkɔːteks, -ɪz
AM ˈkɔrˌteks, -əz

Corti
BR ˈkɔːti
AM ˈkɔrdi

cortical
BR ˈkɔːtɪkl
AM ˈkɔrdəkl

corticate
BR ˈkɔːtɪkeɪt
AM ˈkɔrdəkət, ˈkɔrdəˌkeɪt

corticated
BR ˈkɔːtɪkeɪtɪd
AM ˈkɔrdəˌkeɪdɪd

cortices
BR ˈkɔːtɪsiːz
AM ˈkɔrdəˌsiz

corticotrophic
BR ˌkɔːtɪkə(ʊ)ˈtrɒfɪk, ˌkɔːtɪkə(ʊ)ˈtrəʊfɪk
AM ˌkɔrdəˌkoʊˈtrafɪk

corticotrophin
BR ˌkɔːtɪkə(ʊ)ˈtrəʊfɪn
AM ˌkɔrdəˌkoʊˈtroʊf(ə)n

corticotropic
BR ˌkɔːtɪkə(ʊ)ˈtrɒpɪk, ˌkɔːtɪkə(ʊ)ˈtrəʊpɪk
AM ˌkɔrdəˌkoʊˈtrɑpɪk

corticotropin
BR ˌkɔːtɪkə(ʊ)ˈtrəʊpɪn
AM ˌkɔrdəˌkoʊˈtroʊp(ə)n

Cortina
BR kɔːˈtiːnə(r)
AM kɔrˈtinə

cortisone
BR ˈkɔːtɪzəʊn
AM ˈkɔrdəˌsoʊn

Corton
BR ˈkɔːtn
AM ˈkɔrtn, ˈkɔrdən

corundum
BR kəˈrʌndəm
AM kəˈrənd(ə)m

Corunna
BR kəˈrʌnə(r)
AM kəˈrənə

coruscate
BR ˈkɒrəskeɪt, -s, -ɪŋ, -ɪd
AM ˈkɔrəˌskeɪ|t, -ts, -dɪŋ, -dɪd

coruscation
BR ˌkɒrəˈskeɪʃn, -z
AM ˌkɔrəˈskeɪʃ(ə)n, -z

corvée
BR ˈkɔːveɪ, -z
AM ˈkɔrˌveɪ, -z
FR kɔʁve

corves
BR kɔːvz
AM kɔrvz

corvette
BR kɔːˈvɛt, -s
AM kɔrˈvɛt, -s

corvine
BR ˈkɔːvʌɪn
AM ˈkɔrˌvaɪn

Corwen
BR ˈkɔːwɛn
AM ˈkɔrw(ə)n

Cory
BR ˈkɔːri
AM ˈkɔri

corybant
BR ˈkɒrɪbant, -s
AM ˈkɔrəˌbænt, -s

corybantic
BR ˌkɒrɪˈbantɪk
AM ˌkɔrəˈbæn(t)ɪk

Corydon
BR ˈkɒrɪd(ə)n
AM ˈkɔrəd(ə)n

corymb
BR ˈkɒrɪm(b)
AM ˈkɑrɪm(b), ˈkɔrɪm(b)

corymbose
BR ˈkɒrɪmbəʊs
AM ˈkɑrɪmˌboʊs, kəˈrɪmboʊs, ˈkɔrɪmˌboʊs

corynebacteria
BR ˌkɒrɪnɪbakˈtɪərɪə(r), kəˌrɪnɪbakˈtɪərɪə(r)
AM kəˌrɪnəbækˈtɪrɪə, ˌkɔrənəbækˈtɪrɪə

corynebacterium
BR ˌkɒrɪnɪbakˈtɪərɪəm, kəˌrɪnɪbakˈtɪərɪəm
AM kəˌrɪnəbækˈtɪrɪəm, ˌkɔrənəbækˈtɪrɪəm

coryphaei
BR ˌkɒrɪˈfiːʌɪ
AM ˌkɔrəˈfɪˌaɪ

coryphaeus
BR ˌkɒrɪˈfiːəs
AM ˌkɔrəˈfiəs

coryphée
BR ˈkɒrɪfeɪ, -z
AM ˈkɑrəˌfeɪ, ˌkɔrəˈfeɪ, -z
FR kɔʁife

Coryton
BR ˈkɒrɪt(ə)n
AM ˈkɔrət(ə)n

coryza
BR kəˈrʌɪzə(r)
AM kəˈraɪzə

Cos
BR kɒs
AM kɔs, kɑs

'cos *because*
BR kəz
AM kəz

cos[1] *cosine*
BR kɒz, kɒs
AM kɑs

cos[2] *lettuce*
BR kɒs
AM kɑs

Cosa Nostra
BR ˌkəʊzə ˈnɒstrə(r)
AM ˌkoʊzə ˈnoʊstrə, ˌkoʊsə ˈnoʊstrə

cosec *cosecant*
BR ˈkəʊsɛk, -s
AM ˈkoʊsɛk, -s

cosecant
BR ˌkəʊˈsiːk(ə)nt, -s
AM koʊˈsik(ə)nt, -s

coseismal
BR kəʊˈseɪzml, -z
AM koʊˈsaɪsm(ə)l, -z

coset
BR ˈkəʊsɛt, -s
AM ˈkoʊˌsɛt, -s

Cosford
BR ˈkɒsfəd
AM ˈkɑsfərd, ˈkɔsfərd

Cosgrave
BR ˈkɒzgreɪv
AM ˈkɑzˌgreɪv, ˈkɔzˌgreɪv

cosh[1] *weapon, hit*
BR kɒʃ, -ɪz, -ɪŋ, -t
AM kɑʃ, -əz, -ɪŋ, -t

cosh[2] *hyperbolic cosine*
BR kɒʃ, kɒsˈeɪtʃ
AM kɑʃ, kɑsˈeɪtʃ, kɑsˈeɪtʃ, kɑs

cosher
BR ˈkɒʃə(r), -z
AM ˈkɑʃər, -z

cosies
BR ˈkəʊzɪz
AM ˈkoʊzɪz

Così Fan Tutte
BR ˌkəʊsi ˌfan ˈtʊti
AM ˌkoʊzi ˌfan ˈtudi
IT koˈsi fan ˈtutte

cosignatory
BR ˌkəʊˈsɪgnət(ə)r|i, -ɪz
AM koʊˈsɪgnəˌtɔri, -z

cosigner
BR ˈkəʊˌsʌɪnə(r), -z
AM ˈkoʊˌsaɪnər, -z

cosily
BR ˈkəʊzɪli
AM ˈkoʊzəli

cosine
BR ˈkəʊsʌɪn
AM ˈkoʊˌsaɪn

cosiness
BR ˈkəʊzɪnɨs
AM ˈkoʊzɪnɨs

CoSIRA
BR kə(ʊ)ˈsʌɪrə(r)
AM kəˈsaɪrə

cosmea
BR ˈkɒzmɪə(r)
AM ˈkɑzmɪə

cosmetic
BR kɒzˈmɛtɪk, -s
AM kɑzˈmɛdɪk, -s

cosmetically
BR kɒzˈmɛtɪkli
AM kɑzˈmɛdək(ə)li

cosmetician
BR ˌkɒzmɪˈtɪʃn, -z
AM ˌkɑzməˈtɪʃ(ə)n, -z

cosmetologist
BR ˌkɒzmɪˈtɒlədʒɪst, -s
AM ˌkɑzməˈtɑlədʒəst, -s

cosmetology
BR ˌkɒzmɪˈtɒlədʒi
AM ˌkɑzməˈtɑlədʒi

cosmic
BR ˈkɒzmɪk
AM ˈkɑzmɪk

cosmical
BR ˈkɒzmɪkl
AM ˈkɑzmək(ə)l

cosmically
BR ˈkɒzmɪkli
AM ˈkɑzmək(ə)li

Cosmo
BR ˈkɒzməʊ
AM ˈkɑzmoʊ

cosmogonic
BR ˌkɒzməˈgɒnɪk
AM ˌkɑzməˈgɑnɪk

cosmogonical
BR ˌkɒzməˈgɒnɪkl
AM ˌkɑzməˈgɑnək(ə)l

cosmogonist
BR kɒzˈmɒgnɪst, -s
AM kɑzˈmɑgənəst, -s

cosmogony
BR kɒzˈmɒɡn̩i
AM kazˈmaɡəni

cosmographer
BR kɒzˈmɒɡrəfə(r), -z
AM kazˈmaɡrəfər, -z

cosmographic
BR ˌkɒzməˈɡræfɪk
AM ˌkazməˈɡræfɪk

cosmographical
BR ˌkɒzməˈɡræfɪkl
AM ˌkazməˈɡræfək(ə)l

cosmography
BR kɒzˈmɒɡrəfi
AM kazˈmaɡrəfi

cosmological
BR ˌkɒzməˈlɒdʒɪkl
AM ˌkazməˈladʒək(ə)l

cosmologist
BR kɒzˈmɒlədʒɪst, -s
AM kazˈmalədʒəst, -s

cosmology
BR kɒzˈmɒlədʒi
AM kazˈmalədʒi

cosmonaut
BR ˈkɒzmənɔːt, -s
AM ˈkazməˌnat,
ˈkɔzməˌnɔt, -s

cosmopolis
BR kɒzˈmɒpəlɪs
AM kazˈmapələs

cosmopolitan
BR ˌkɒzməˈpɒlɪt(ə)n, -z
AM ˌkazməˈpaləd(ə)n,
ˌkazməˈpalətn, -z

cosmopolitanise
BR ˌkɒzməˈpɒlɪtn̩aɪz,
-ɪz, -ɪŋ, -d
AM ˌkazməˈpalədə-
ˌnaɪz, ˌkazməˈpalətn-
ˌaɪz, -ɪz, -ɪŋ, -d

cosmopolitanism
BR ˌkɒzməˈpɒlɪtn̩ɪzm
AM ˌkazməˈpalədə-
ˌnɪz(ə)m, ˌkazmə-
ˈpalətnˌɪz(ə)m

cosmopolitanize
BR ˌkɒzməˈpɒlɪtn̩aɪz,
-ɪz, -ɪŋ, -d
AM ˌkazməˈpalədə-
ˌnaɪz, ˌkazməˈpalətn-
ˌaɪz, -ɪz, -ɪŋ, -d

cosmopolite
BR kɒzˈmɒpl̩aɪt, -s
AM kazˈmapəˌlaɪt, -s

cosmos
BR ˈkɒzmɒs, -ɪz
AM ˈkazˌmoʊs,
ˈkazməs, -əz

co-sponsor
BR ˌkəʊˈspɒns|ə(r),
-əz, -(ə)rɪŋ, -əd
AM ˈˌkoʊˌspans|ər,
-ərz, -(ə)rɪŋ, -ərd

Cossack
BR ˈkɒsak, -s
AM ˈkasæk, ˈkɔsæk, -s

cosset
BR ˈkɒs|ɪt, -ɪts, -ɪtɪŋ,
-ɪtɪd
AM ˈkasə|t, -ts, -dɪŋ,
-dəd

cossie
BR ˈkɒz|i, -ɪz
AM ˈkazi, -z

cost
BR kɒst, -s, -ɪŋ
AM kast, kɔst, -s, -ɪŋ

Costa
BR ˈkɒstə(r)
AM ˈkastə, ˈkɔstə

Costa Blanca
BR ˌkɒstəˈblaŋkə(r)
AM ˌkastəˈblæŋkə,
ˌkɔstəˈblæŋkə

Costa Brava
BR ˌkɒstəˈbraːvə(r)
AM ˌkastəˈbravə,
ˌkɔstəˈbravə

Costa del Sol
BR ˌkɒstə dɛl ˈsɒl
AM ˌkastə ˌdɛl ˈsɔl,
ˌkɔstə ˌdɛl ˈsɔl

Costain
BR ˈkɒsteɪn, kɒˈsteɪn
AM ˈkasteɪn

costal
BR ˈkɒstl
AM ˈkast(ə)l

co-star
BR ˈkəʊstaː(r), -z, -ɪŋ,
-d
AM ˈkoʊˌstar, -z, -ɪŋ,
-d

costard
BR ˈkɒstəd, ˈkʌstəd, -z
AM ˈkastərd, -z

Costa Rica
BR ˌkɒstəˈriːkə(r)
AM ˌkɒstəˈriːkə, ˌkastə-
ˈriːkə, ˌkoʊstəˈriːkə

Costa Rican
BR ˌkɒstəˈriːkən, -z
AM ˌkɒstəˈriːk(ə)n,
ˌkastəˈriːk(ə)n,
ˌkoʊstəˈriːk(ə)n, -z

costate
BR ˈkɒsteɪt
AM ˈkaˌsteɪt

Costello
BR kɒˈstɛləʊ,
ˈkɒstɨləʊ, ˈkɒstl̩əʊ
AM ˌkasˈtɛloʊ

coster
BR ˈkɒstə(r), -z
AM ˈkastər, -z

costermonger
BR ˈkɒstəˌmʌŋɡə(r),
-z
AM ˈkastərˌməŋɡər,
ˈkɔstərˌmaŋɡər, -z

costing
BR ˈkɒstɪŋ, -z
AM ˈkastɪŋ, -z

costive
BR ˈkɒstɪv
AM ˈkastɪv

costively
BR ˈkɒstɪvli
AM ˈkastɪvli

costiveness
BR ˈkɒstɪvnɪs
AM ˈkastɪvnɪs

costliness
BR ˈkɒs(t)lɪnɪs
AM ˈkas(t)lɪnɪs,
ˈkɔs(t)lɪnɪs

costly
BR ˈkɒs(t)l|i, -ɪə(r),
-ɪst
AM ˈkas(t)li, ˈkɔs(t)li,
-ər, -ɪst

costmary
BR ˈkɒstˌmɛːr|i, -ɪz
AM ˈkas(t)ˌmɛri,
ˈkɔs(t)ˌmɛri, -z

Costner
BR ˈkɒs(t)nə(r)
AM ˈkas(t)nər,
ˈkɔs(t)nər

costume
BR ˈkɒstjuːm,
ˈkɒstʃuːm, -z
AM ˈkasˌt(j)um, -z

costumier
BR kɒˈstjuːmɪə(r),
kɒˈstʃuːmɪə(r), -z
AM kaˈst(j)uˌmɪ(ə)r,
ˌkastəmˈjeɪ, -z

cosy
BR ˈkəʊz|i, -ɪz, -ɪə(r),
-ɪɪst
AM ˈkoʊzi, -z, -ər, -ɪst

cot
BR kɒt
AM kat

cotangent
BR kəʊˈtan(d)ʒ(ə)nt, -s
AM ˌkoʊˈtændʒ(ə)nt,
-s

cote
BR kəʊt, -s
AM koʊt, -s

Côte d'Azur
BR ˌkəʊt daˈzjʊə(r)
AM ˌkoʊt dəˈzʊ(ə)r

coterie
BR ˈkəʊt(ə)r|i, -ɪz
AM ˈkoʊdəri, -z

coterminous
BR (ˌ)kəʊˈtəːmɪnəs
AM koʊˈtərmənəs

coterminously
BR (ˌ)kəʊˈtəːmɪnəsli
AM koʊˈtərmənəsli

coth *hyperbolic cotangent*
BR kɒθ, ˈkɒtˈeɪtʃ
AM kaθ

cotherni
BR kə(ʊ)ˈθəːnʌɪ
AM koʊˈθərˌnaɪ

cothernus
BR kə(ʊ)ˈθəːnəs
AM koʊˈθərnəs

Cothi
BR ˈkɒθi
AM ˈkaθi

cotillion
BR kə(ʊ)ˈtɪliən, kɒˈtɪliən, -z
AM kəˈtɪlj(ə)n, -z

Cotman
BR ˈkɒtmən
AM ˈkɑtm(ə)n

Coton
BR ˈkəʊtn
AM ˈkoʊtn

cotoneaster
BR kəˌtəʊniˈæstə(r), -z
AM kəˈtoʊniˌæstər, -z

Cotopaxi
BR ˌkəʊtəˈpæksi
AM ˌkoʊdəˈpæksi

Cotswold
BR ˈkɒtswəʊld, -z
AM ˈkɑtsˌwoʊld, -z

cotta
BR ˈkɒtə(r), -z
AM ˈkɑdə, -z

cottage
BR ˈkɒt|ɪdʒ, -ɪdʒɪz
AM ˈkɑdɪdʒ, -ɪz

cottager
BR ˈkɒtɪdʒə(r), -z
AM ˈkɑdɪdʒər, -z

cottagey
BR ˈkɒtɪdʒi
AM ˈkɑdɪdʒi

cottaging
BR ˈkɒtɪdʒɪŋ
AM ˈkɑdɪdʒɪŋ

cottar
BR ˈkɒtə(r), -z
AM ˈkɑdər, -z

Cottbus
BR ˈkɒtbʊs
AM ˈkɑtˌbʊs

cotter
BR ˈkɒtə(r), -z
AM ˈkɑdər, -z

Cotterell
BR ˈkɒt(ə)rɪl, ˈkɒtr̩l
AM ˈkɑdər(ə)l

Cotterill
BR ˈkɒt(ə)rɪl, ˈkɒtr̩l
AM ˈkɑdər(ə)l

Cottesloe
BR ˈkɒt(ɪ)sləʊ, ˈkɒtɪzləʊ
AM ˈkɑdəsloʊ

Cottesmore
BR ˈkɒtsmɔː(r)
AM ˈkɑdəsˌmɔ(ə)r

cottier
BR ˈkɒtiə(r), -z
AM ˈkɑdiər, -z

cottise
BR ˈkɒt|ɪs, -ɪsɪz
AM ˈkɑdəs, -əz

Cottle
BR ˈkɒtl
AM ˈkɑd(ə)l

cotton
BR ˈkɒtn̩, -z, -ɪŋ, -d
AM ˈkɑtn, -z, -ɪŋ, -d

cottonseed
BR ˈkɒtnsiːd, -z
AM ˈkɑtn̩ˌsid, -z

cottontail
BR ˈkɒtnteɪl, -z
AM ˈkɑtn̩ˌteɪl, -z

cottonwood
BR ˈkɒtnwʊd, -z
AM ˈkɑtn̩ˌwʊd, -z

cottony
BR ˈkɒtn̩i
AM ˈkɑtn̩i

Cottrell
BR ˈkɒtr(ə)l
AM kəˈtrɛl

cotyledon
BR ˌkɒtɨˈliːdn, -z
AM ˌkɑdəˈlid(ə)n, -z

cotyledonary
BR ˌkɒtɨˈliːdn(ə)ri
AM ˌkɑdəˈlidn̩ˌɛri

cotyledonous
BR ˌkɒtɨˈliːdn̩əs
AM ˌkɑdəˈlidn̩əs

coucal
BR ˈkuːkl, ˈkʊkɑːl, -z
AM ˈkuk(ə)l, -z

Couch
BR kuːtʃ
AM kaʊtʃ

couch[1] *sofa, lie down, choice of words*
BR kaʊtʃ, -ɪz, -ɪŋ, -t
AM kaʊtʃ, -əz, -ɪŋ, -t

couch[2] *grass*
BR kaʊtʃ, kuːtʃ
AM kaʊtʃ, kɔtʃ

couchant
BR ˈkaʊtʃnt, ˈkuːʃnt
AM ˈkuʃnt, ˈkaʊtʃ(ə)nt

couchette
BR kuːˈʃɛt, -s
AM kuˈʃɛt, -s

couch surfing
BR ˈkaʊtʃ ˌsɜːfɪŋ
AM ˈkaʊtʃ ˌsɜrfɪŋ

coudé
BR kuːˈdeɪ, -z
AM kuˈdeɪ, -z
FR kude

Coué
BR ˈkuːeɪ
AM kuˈeɪ

Couéism
BR ˈkuːeɪɪzm
AM kuˈeɪˌɪz(ə)m

cougar
BR ˈkuːgə(r), ˈkuːgɑː(r), -z
AM ˈkugər, -z

cough
BR kɒf, -s, -ɪŋ, -t
AM kɑf, kɔf, -s, -ɪŋ, -t

cougher
BR ˈkɒfə(r), -z
AM ˈkɑfər, ˈkɔfər, -z

Coughlan
BR ˈkɒxlən, ˈkɒklən, ˈkɒflən
AM ˈkɑfl(ə)n, ˈkɔfl(ə)n

Coughton
BR ˈkəʊtn, ˈkaʊtn, ˈkɔːtn
AM ˈkɑdən, ˈkɔtn, ˈkɑtn, ˈkɔdən

could[1] *strong form*
BR kʊd
AM kʊd

could[2] *weak form*
BR kəd
AM kəd

couldn't
BR ˈkʊdnt
AM ˈkʊdnt

couldst
BR kʊdst
AM kʊdst

coulée
BR ˈkuːl|i, ˈkuːl|eɪ, -ɪz\-eɪz
AM ˌkuˈleɪ, -z
FR kule

coulisse
BR kuːˈliːs, -ɪz
AM kuˈlis, -ɪz
FR kulis

couloir
BR ˈkuːlwɑː(r), -z
AM ˌkulˈwɑr, -z
FR kulwaʀ

coulomb
BR ˈkuːlɒm, -z
AM ˈkuˌloʊm, ˈkuˌlɑm, -z
FR kulɔ̃

coulometric
BR ˌkuːləˈmɛtrɪk
AM ˌkuləˈmɛtrɪk

coulometry
BR kuːˈlɒmɨtri
AM kuˈlɑmətri

Coulsdon
BR ˈkuːlzd(ə)n, ˈkəʊlzd(ə)n
AM ˈkulzd(ə)n

Coulson
BR ˈkuːlsn, ˈkəʊlsn
AM ˈkoʊls(ə)n

Coulston
BR ˈkuːlst(ə)n
AM ˈkoʊlst(ə)n

coulter
BR ˈkəʊltə(r), -z
AM ˈkoʊltər, -z

Coulthard
BR ˈkuːltɑːd, ˈkuːlθɑːd
AM ˈkoʊlθɑrd, ˈkoʊltɑrd

coumarin
BR ˈkuːm(ə)rɪn
AM ˈkumər(ə)n

coumarone
BR ˈkuːmərəʊn
AM ˈkuːməˌroʊn

council
BR ˈkaʊnsl̩, -z
AM ˈkaʊns(ə)l, -z

councillor
BR ˈkaʊns(ɪ)lə(r), -z
AM ˈkaʊns(ə)lər, -z

councillorship
BR ˈkaʊns(ɪ)ləʃɪp
AM ˈkaʊns(ə)lərˌʃɪp

councilman
BR ˈkaʊnslmən
AM ˈkaʊnsəlm(ə)n

councilmen
BR ˈkaʊnslmən
AM ˈkaʊnsəlm(ə)n

councilwoman
BR ˈkaʊnslˌwʊmən
AM ˈkaʊnsəlˌwəm(ə)n

councilwomen
BR ˈkaʊnslˌwɪmɪn
AM ˈkaʊnsəlˌwɪmɪn

counsel
BR ˈkaʊns|l, -lz,
 -l̩ɪŋ, -ld
AM ˈkaʊns(ə)l, -z,
 -ɪŋ, -d

counsellor
BR ˈkaʊns(ɪ)lə(r), -z
AM ˈkaʊns(ə)lər, -z

counselor
BR ˈkaʊns(ɪ)lə(r), -z
AM ˈkaʊns(ə)lər, -z

count
BR kaʊnt, -s, -ɪŋ, -ɪd
AM kaʊn|t, -ts, -(t)ɪŋ,
 -(t)əd

countable
BR ˈkaʊntəbl
AM ˈkaʊn(t)əb(ə)l

countdown
BR ˈkaʊntdaʊn, -z
AM ˈkaʊn(t)ˌdaʊn, -z

countenance
BR ˈkaʊntɪnəns,
 ˈkaʊntn̩əns, -ɪz,
 -ɪŋ, -t
AM ˈkaʊn(t)ənəns,
 ˈkaʊnt(ə)nəns, -əz,
 -ɪŋ, -t

counter
BR ˈkaʊnt|ə(r), -əz,
 -(ə)rɪŋ, -əd
AM ˈkaʊn(t)ər, -z, -ɪŋ,
 -d

counteract
BR ˌkaʊntərˈakt, -s,
 -ɪŋ, -ɪd
AM ˌkaʊn(t)ərˈæk|(t),
 -(t)s, -tɪŋ, -təd

counteraction[1] *action taken in reply*
BR ˈkaʊntərˌakʃn, -z
AM ˈkaʊn(t)ər-
 ˌækʃ(ə)n, -z

counteraction[2] *counteracting*
BR ˌkaʊntərˈakʃn, -z
AM ˌkaʊn(t)ər-
 ˈækʃ(ə)n, -z

counteractive
BR ˌkaʊntərˈaktɪv
AM ˌkaʊn(t)ərˈæktɪv

counterattack
BR ˈkaʊnt(ə)rəˌtak,
 ˌkaʊnt(ə)rəˈtak, -s,
 -ɪŋ, -t
AM ˈkaʊn(t)ərəˌtæk,
 -s, -ɪŋ, -t

counterattraction
BR ˈkaʊnt(ə)rəˌtrakʃn,
 ˌkaʊnt(ə)rəˈtrakʃn,
 -z
AM ˌkaʊn(t)ərə-
 ˈtrækʃ(ə)n, -z

counterbalance[1] *noun*
BR ˈkaʊntəˌbalns, -ɪz
AM ˈkaʊn(t)ər-
 ˌbæl(ə)ns, -əz

counterbalance[2] *verb*
BR ˌkaʊntəˈbalns, -ɪz,
 -ɪŋ, -t
AM ˌkaʊn(t)ər-
 ˈbæl(ə)ns, -əz, -ɪŋ, -t

counterblast
BR ˈkaʊntəblɑːst, -s
AM ˈkaʊn(t)ərˌblæst,
 -s

counterblow
BR ˈkaʊntəbləʊ, -z
AM ˈkaʊn(t)ərˌbloʊ,
 -z

counterchange
BR ˌkaʊntəˈtʃeɪn(d)ʒ,
 -ɪz, -ɪŋ, -d
AM ˌˈkaʊn(t)ər-
 ˌtʃeɪndʒ, -ɪz, -ɪŋ, -d

countercharge
BR ˈkaʊntətʃɑːdʒ, -ɪz
AM ˈkaʊn(t)ərˌtʃɑrdʒ,
 -əz

countercheck
BR ˌkaʊntəˈtʃɛk, -s,
 -ɪŋ, -t
AM ˌˈkaʊn(t)ərˌtʃɛk,
 -s, -ɪŋ, -t

counterclaim *noun*
BR ˈkaʊntəkleɪm, -z
AM ˈkaʊn(t)ərˌkleɪm, -z

counter-claim *verb*
BR ˌkaʊntəˈkleɪm, -z,
 -ɪŋ, -d
AM ˌkaʊn(t)ərˈkleɪm,
 -z, -ɪŋ, -d

counterclockwise
BR ˌkaʊntəˈklɒkwaɪz
AM ˌkaʊn(t)ərˈklɑk-
 ˌwaɪz

counterculture
BR ˈkaʊntəˌkʌltʃə(r), -z
AM ˈkaʊn(t)ərˌkəltʃər,
 -z

counterespionage
BR ˌkaʊntərˈɛspɪənɑːʒ
AM ˌkaʊn(t)ərˈɛspɪə-
 ˌnɑʒ

counterfeit
BR ˈkaʊntəfɪt,
 ˈkaʊntəfiːt, -s, -ɪŋ,
 -ɪd
AM ˈkaʊn(t)ərˌfi|t, -ts,
 -dɪŋ, -dɪd

counterfeiter
BR ˈkaʊntəfɪtə(r),
 ˈkaʊntəfiːtə(r), -z
AM ˈkaʊn(t)ərˌfidər, -z

counterfoil
BR ˈkaʊntəfɔɪl, -z
AM ˈkaʊn(t)ərˌfɔɪl, -z

counterinsurgency
BR ˌkaʊnt(ə)rɪn-
 ˈsəːdʒ(ə)nsi
AM ˌkaʊn(t)ərɪn-
 ˈsərdʒənsi

counterintelligence
BR ˌkaʊnt(ə)rɪn-
 ˈtɛlɪdʒ(ə)ns
AM ˌkaʊn(t)ərɪn-
 ˈtɛlədʒ(ə)ns

counterirritant
BR ˌkaʊntərˈɪrɪt(ə)nt, -s
AM ˌkaʊn(t)ərˈɪrədnt, -s

counterirritation
BR ˌkaʊntərˌɪrɪˈteɪʃn
AM ˌkaʊn(t)ərˌɪrə-
 ˈteɪʃ(ə)n

countermand
BR ˌkaʊntəmɑːnd,
 ˌkaʊntəˈmɑːnd, -z,
 -ɪŋ, -ɪd
AM ˈkaʊn(t)ərˌmænd,
 ˌkaʊn(t)ərˈmænd,
 -z, -ɪŋ, -əd

countermarch
BR ˈkaʊntəmɑːtʃ, -ɪz,
 -ɪŋ, -t
AM ˈkaʊn(t)ərˌmɑrtʃ,
 -əz, -ɪŋ, -t

countermeasure
BR ˈkaʊntəˌmɛʒə(r), -z
AM ˈkaʊn(t)ərˌmɛʒər,
 -z

countermine
BR ˈkaʊntəmaɪn, -z,
 -ɪŋ, -d
AM ˈkaʊn(t)ərˌmaɪn,
 -z, -ɪŋ, -d

countermove
BR ˈkaʊntəmuːv, -z,
 -ɪŋ, -d
AM ˈkaʊn(t)ərˌmuv,
 -z, -ɪŋ, -d

countermovement
BR ˈkaʊntə-
 ˌmuːvm(ə)nt, -s
AM ˈkaʊn(t)ər-
 ˌmuvm(ə)nt, -s

counteroffensive
BR ˈkaʊnt(ə)rəˌfɛnsɪv,
 -z
AM ˈkaʊn(t)ərəˌfɛnsɪv,
 -z

counteroffer
BR ˈkaʊntərˌɒfə(r), -z
AM ˈkaʊn(t)ərˌɑfər,
 ˈkaʊn(t)ərˌɔfər, -z

counterpane
BR ˈkaʊntəpeɪn, -z
AM ˈkaʊn(t)ərˌpeɪn, -z

counterpart
BR ˈkaʊntəpɑːt, -s
AM ˈkaʊn(t)ərˌpɑrt, -s

counterplot
BR ˈkaʊntəplɒt, -s, -ɪŋ, -ɪd
AM ˈkaʊn(t)ərˌplɑ|t, -ts, -dɪŋ, -dəd

counterpoint
BR ˈkaʊntəpɔɪnt, -s
AM ˈkaʊn(t)ərˌpɔɪnt, -s

counterpoise
BR ˈkaʊntəpɔɪz, -ɪz, -ɪŋ, -d
AM ˈkaʊn(t)ərˌpɔɪz, -ɪz, -ɪŋ, -d

counterproductive
BR ˌkaʊntəprəˈdʌktɪv
AM ˌkaʊn(t)ərprəˈdəktɪv

counterproductively
BR ˌkaʊntəprəˈdʌktɪvli
AM ˌkaʊn(t)ərprəˈdəktɪvli

counterproductiveness
BR ˌkaʊntəprəˈdʌktɪvnɪs
AM ˌkaʊn(t)ərprəˈdəktɪvnɪs

counter-proposal
BR ˈkaʊntəprəˌpəʊzl, -z
AM ˈkaʊn(t)ərprəˌpoʊz(ə)l, -z

counterpunch
BR ˈkaʊntəpʌn(t)ʃ, -ɪz
AM ˈkaʊn(t)ərˌpən(t)ʃ, -əz

counterrevolution
BR ˌkaʊntəˌrevəˈl(j)uːʃn, -z
AM ˌkaʊn(t)ərˌrevəˈluʃ(ə)n, -z

counterrevolutionary
BR ˌkaʊntəˌrevəˈl(j)uːʃn(ə)r|i, -ɪz
AM ˌkaʊn(t)ərˌrevəˈluʃəˌneri, -z

countersank
BR ˈkaʊntəsaŋk
AM ˈkaʊn(t)ərˌsæŋk

counterscarp
BR ˈkaʊntəskɑːp, -s
AM ˈkaʊn(t)ərˌskɑrp, -s

countershaft
BR ˈkaʊntəʃɑːft, -s
AM ˈkaʊn(t)ərˌʃaft, -s

countersign
BR ˈkaʊntəsʌɪn, -z, -ɪŋ, -d
AM ˈkaʊn(t)ərˌsaɪn, -z, -ɪŋ, -d

countersignature
BR ˌkaʊntəˌsɪgnətʃə(r), -z
AM ˈkaʊn(t)ərˌsɪgnətʃər, ˌkaʊn(t)ərˈsɪgnəˌtʃʊ(ə)r, -z

countersigner
BR ˈkaʊntəsʌɪnə(r), -z
AM ˈkaʊn(t)ərˌsaɪnər, -z

countersink
BR ˈkaʊntəsɪŋk, -s, -ɪŋ
AM ˈkaʊn(t)ərˌsɪŋk, -s, -ɪŋ

counterspy
BR ˈkaʊntəspʌɪ, -z
AM ˈkaʊn(t)ərˌspaɪ, -z

counterstroke
BR ˈkaʊntəstrəʊk, -s
AM ˈkaʊn(t)ərˌstroʊk, -s

countersunk
BR ˈkaʊntəsʌŋk
AM ˈkaʊn(t)ərˌsəŋk

countertenor
BR ˈkaʊntəˌtenə(r), -z
AM ˈkaʊn(t)ərˌtenər, -z

counter-transference
BR ˈkaʊntəˌtransf(ə)r̩ns
AM ˈkaʊn(t)ərˌtrænsf(ə)r(ə)ns

countervail
BR ˌkaʊntəˈveɪl, -z, -ɪŋ, -d
AM ˌkaʊn(t)ərˈveɪl, -z, -ɪŋ, -d

countervalue
BR ˈkaʊntəˌvaljuː, -z
AM ˈkaʊn(t)ərˌvælju, -z

counterweight
BR ˈkaʊntəweɪt, -s
AM ˈkaʊn(t)ərˌweɪt, -s

countess
BR ˈkaʊntɪs, ˈkaʊntes, ˌkaʊnˈtes, -ɪz
AM ˈkaʊn(t)əs, -əz

countinghouse
BR ˈkaʊntɪŋhaʊ|s, -zɪz
AM ˈkaʊn(t)ɪŋ,(h)aʊ|s, -zəz

countless
BR ˈkaʊntləs
AM ˈkaʊn(t)ləs

countrified
BR ˈkʌntrɪfʌɪd
AM ˈkəntriˌfaɪd

country
BR ˈkʌntr|i, -ɪz
AM ˈkəntri, -z

countryfied
BR ˈkʌntrɪfʌɪd
AM ˈkəntrəˌfaɪd

countryfolk
BR ˈkʌntrɪfəʊk
AM ˈkəntriˌfoʊk

countryman
BR ˈkʌntrɪmən
AM ˈkəntrim(ə)n

countrymen
BR ˈkʌntrɪmən
AM ˈkəntrim(ə)n

countryside
BR ˈkʌntrɪsʌɪd
AM ˈkəntriˌsaɪd

countrywoman
BR ˈkʌntrɪˌwʊmən
AM ˈkəntriˌwʊm(ə)n

countrywomen
BR ˈkʌntrɪˌwɪmɪn
AM ˈkəntriˌwɪmɪn

countship
BR ˈkaʊntʃɪp, -s
AM ˈkaʊntˌʃɪp, -s

county
BR ˈkaʊnt|i, -ɪz
AM ˈkaʊn(t)i, -z

coup
BR kuː, -z
AM ku, -z

coup de grâce
BR ˌkuː də ˈgrɑːs, + ˈgras
AM ˌku də ˈgras

coup de main
BR ˌkuː də ˈmeɪn
AM ˌku də ˈmeɪn

coup d'état
BR ˌkuː deɪˈtɑː(r)
AM ˌku deɪˈtɑ

coup de théâtre
BR ˌkuː də teɪˈɑːtr, + teɪˈɑːtrə(r)
AM ˌku də ˌteɪˈɑtr(ə), ˌku də ˌteɪˈætr(ə)

coupé
BR ˈkuːpeɪ, -z
AM kuˈpeɪ, -z

Couper
BR ˈkuːpə(r)
AM ˈkupər

Couperin
BR ˈkuːpəran, ˈkuːpərã
AM ˌkupəˈrɛn

Coupland
BR ˈkuːplənd, ˈkəʊplənd
AM ˈkoʊplən(d), ˈkuplənd

couple
BR ˈkʌp|l, -lz, -l̩ŋ\-lɪŋ, -ld
AM ˈkəpl̩, -z, -ɪŋ, -d

coupler
BR ˈkʌplə(r), -z
AM ˈkəplər, -z

couplet
BR ˈkʌplɪt, -s
AM ˈkəplət, -s

coupling
BR ˈkʌplɪŋ, -z
AM ˈkəplɪŋ, -z

coupon
BR ˈkuːpɒn, -z
AM ˈk(j)uˌpɑn, -z

coups de grâce
BR ˌkuː də ˈgrɑːs,
+ ˈgras
AM ˌku də ˈgrɑs
coups de main
BR ˌkuː də ˈmeɪn
AM ˌku də ˈmeɪn
coups d'état
BR ˌkuː deɪˈtɑː(r)
AM ˌku deɪˈtɑ
coups de théâtre
BR ˌkuː də teɪˈɑːtr,
+ teɪˈɑːtrə(r)
AM ˌku də ˌteɪˈɑtr(ə),
ˌku də ˌteɪˈætr(ə)
courage
BR ˈkʌrɪdʒ
AM ˈkɜːrɪdʒ
courageous
BR kəˈreɪdʒəs
AM kəˈreɪdʒəs
courageously
BR kəˈreɪdʒəsli
AM kəˈreɪdʒəsli
courageousness
BR kəˈreɪdʒəsnəs
AM kəˈreɪdʒəsnəs
courante
BR kʊˈrɑːnt, -s
AM kuˈrɑnt, -s
courgette
BR (ˌ)kɔːˈʒet,
(ˌ)kʊəˈʒet, -s
AM ˌkʊrˈʒet, -s
courier
BR ˈkʊrɪə(r),
ˈkʌrɪə(r), -z
AM ˈkɜːrɪər,
ˈkʊrɪər, -z
courlan
BR ˈkʊələn, -z
AM ˈkʊrˌlæn,
ˈkʊrl(ə)n, -z
Courland
BR ˈkʊələnd
AM ˈkʊrlənd
Courrèges
BR kʊˈreʒ, kʊˈreɪʒ
AM kʊˈreʒ
course
BR kɔːs, -ɪz, -ɪŋ, -t
AM kɔː(ə)rs, -əz, -ɪŋ, -t

courser
BR ˈkɔːsə(r), -z
AM ˈkɔːrsər, -z
coursework
BR ˈkɔːswɜːk
AM ˈkɔːrsˌwɜːk
court
BR kɔːt, -s, -ɪŋ, -ɪd
AM kɔː(ə)r|t, -ts, -dɪŋ,
-dəd
Courtauld
BR ˈkɔːtəʊld
AM kɔːrˈtoʊld
court-bouillon
BR ˌkɔːt ˈbuː(l)jɒn,
ˌkʊə buː(l)ˈjɔ̃
AM ˈkʊr ˌbʊ(l)jɒn,
ˈkɔːr(t) ˌbʊ(l)jɒn
FR kuʀ bujɔ̃
Courtelle
BR (ˌ)kɔːˈtel
AM kɔːrˈtel
courteous
BR ˈkɜːtɪəs
AM ˈkɜːrdɪəs
courteously
BR ˈkɜːtɪəsli
AM ˈkɜːrdɪəsli
courteousness
BR ˈkɜːtɪəsnɪs
AM ˈkɜːrdɪəsnəs
courtesan
BR ˌkɔːtɪˈzan,
ˈkɔːtɪzan, -z
AM ˈkɔːrdəzn,
ˈkɔːrdəˌzæn, -z
courtesy
BR ˈkɜːtɪs|i, -ɪz
AM ˈkɜːrdəsi, -z
courthouse
BR ˈkɔːthaʊ|s, -zɪz
AM ˈkɔːrt(h)aʊ|s, -zəz
courtier
BR ˈkɔːtɪə(r),
ˈkɔːtjə(r), -z
AM ˈkɔːrdɪər, -z
courtliness
BR ˈkɔːtlɪnɪs
AM ˈkɔːrtlɪnɪs
courtly
BR ˈkɔːtl|i, -ɪə(r), -ɪɪst
AM ˈkɔːrtli, -ər, -ɪst

court-martial
BR ˌkɔːtˈmɑːʃ|l, -lz,
-lɪŋ, -ld
AM ˌkɔːrtˈmɑːrʃ(ə)l, -z,
-ɪŋ, -d
Courtney
BR ˈkɔːtni
AM ˈkɔːrtni
courtroom
BR ˈkɔːtruːm,
ˈkɔːtrʊm, -z
AM ˈkɔːrtˌrʊm,
ˈkɔːrtˌrum, -z
courts-bouillons
BR ˌkɔːt ˈbuː(l)jɒn,
ˌkʊə buː(l)ˈjɔ̃
AM ˈkʊr ˌbʊ(l)jɒn,
ˈkɔːr(t) ˌbʊ(l)jɒn
FR kuʀ bujɔ̃
courtship
BR ˈkɔːtʃɪp, -s
AM ˈkɔːrtˌʃɪp, -s
courts-martial
BR ˌkɔːtsˈmɑːʃl
AM ˌkɔːrtsˈmɑːrʃ(ə)l
courtyard
BR ˈkɔːtjɑːd, -z
AM ˈkɔːrtˌjɑrd, -z
Courvoisier
BR (ˌ)kʊəˈvwɑzɪeɪ,
(ˌ)kʊəˈvwɒzɪeɪ,
(ˌ)kɔːˈvwɑzɪeɪ,
(ˌ)kɔːˈvwɒzɪeɪ
AM kɜːrˌvwɑziˈeɪ
couscous
BR ˈkuːskuːs
AM ˈkusˌkus
cousin
BR kʌzn, -z
AM kəzn, -z
cousinhood
BR ˈkʌznhʊd
AM ˈkəznˌ(h)ʊd
cousinly
BR ˈkʌznli
AM ˈkəznli
Cousins
BR ˈkʌznz
AM ˈkəzənz
cousinship
BR ˈkʌznʃɪp
AM ˈkəznˌʃɪp

Cousteau
BR ˈkuːstəʊ, kuːˈstəʊ
AM kuˈstoʊ
couth
BR kuːθ
AM kuθ
couture
BR kʊˈtjʊə(r),
kʊˈtʃʊə(r)
AM kuˈtʊ(ə)r
couturier
BR kʊˈtjʊərɪeɪ,
kʊˈtʃʊərɪeɪ,
kʊˈtjʊərɪə(r),
kʊˈtʃʊərɪə(r), -z
AM kuˈtʊriˌeɪ,
kuˈtʊriər, -z
couturière
BR kʊˈtjʊərɪɛː(r),
kʊˈtʃʊərɪɛː(r),
kʊˈtjʊərɪə(r),
kʊˈtʃʊərɪə(r), -z
AM kuˈtʊriˌɛ(ə)r,
kuˈtʊriər, -z
couvade
BR (ˌ)kuːˈvɑːd, -z
AM kuˈvɑd, -z
FR kuvad
couvert
BR (ˌ)kuːˈvɛː(r), -z
AM kuˈvɛ(ə)r, -z
FR kuvɛʀ
couverture
BR ˈkuːvətjʊə(r),
ˈkuːvətʃʊə(r),
ˈkuːvətʃə(r), -z
AM ˈkuvərˌtʃ(ʊ)ər,
-z
FR kuvɛʀtyʀ
covalence
BR ˌkəʊˈveɪlṇs
AM ˌkoʊˈveɪl(ə)ns
covalency
BR ˌkəʊˈveɪlṇs|i,
-ɪz
AM ˌkoʊˈveɪlənsi, -z
covalent
BR ˌkəʊˈveɪlṇt
AM ˌkoʊˈveɪl(ə)nt
covalently
BR kəʊˈveɪlṇtli
AM ˌkoʊˈveɪlən(t)li

covariance
BR ˌkəʊˈvεːrɪəns
AM ˌkoʊˈvεrɪəns

cove
BR kəʊv, -z
AM koʊv, -z

covellite
BR kəʊˈvεlʌɪt
AM ˈkoʊvəˌlaɪt, koʊˈvεˌlaɪt

coven
BR ˈkʌvn, -z
AM ˈkəv(ə)n, -z

covenant
BR ˈkʌvn̩ənt, -s, -ɪŋ, -ɪd
AM ˈkəvənənt, -s, -ɪŋ, -əd

covenantal
BR ˌkʌvəˈnantl
AM ˌkəvəˈnən(t)l

covenanter
BR ˈkʌvn̩əntə(r), -z
AM ˈkəvənən(t)ər, -z

covenantor
BR ˈkʌvn̩əntə(r), -z
AM ˈkəvənən(t)ər, -z

Covent Garden
BR ˌkɒvnt ˈgɑːdn, ˌkʌvnt +
AM ˌkəvən(t) ˈgɑrd(ə)n

Coventry
BR ˈkɒvntri, ˈkʌvntri
AM ˈkəvəntri

cover
BR ˈkʌv|ə(r), -əz, -(ə)rɪŋ, -əd
AM ˈkəv|ər, -ərz, -(ə)rɪŋ, -ərd

coverable
BR ˈkʌv(ə)rəbl
AM ˈkəv(ə)rəb(ə)l

Coverack
BR ˈkʌvərak
AM ˈkəvəræk

coverage
BR ˈkʌv(ə)rɪdʒ
AM ˈkəv(ə)rɪdʒ

coverall
BR ˈkʌvərɔːl, -z
AM ˈkəvərˌɑl, ˈkəvərˌɔl, -z

covercharge
BR ˈkʌvətʃɑːdʒ, -ɪz
AM ˈkəvərˌtʃɑrdʒ, -əz

Coverdale
BR ˈkʌvədeɪl
AM ˈkəvərˌdeɪl

coverer
BR ˈkʌv(ə)rə(r), -z
AM ˈkəv(ə)rər, -z

covering
BR ˈkʌv(ə)rɪŋ, -z
AM ˈkəv(ə)rɪŋ, -z

coverlet
BR ˈkʌvəlɪt, -s
AM ˈkəvərlət, -s

Coverley
BR ˈkʌvəli
AM ˈkəvərli

covert[1] *secret*
BR ˈkʌvət, ˈkəʊvəːt
AM ˌkoʊˈvərt

covert[2] *undergrowth*
BR ˈkʌvət, -s
AM ˈkəvərt, -s

covertly
BR ˈkʌvətli, ˈkəʊvəːtli
AM ˌkoʊˈvərtli

covertness
BR ˈkʌvətnəs, ˈkəʊvəːtnəs
AM ˌkoʊˈvərtnəs

coverture
BR ˈkʌvətjʊə(r), ˈkʌvətʃʊə(r), ˈkʌvətʃə(r), -z
AM ˈkəvərtʃər, ˈkəvərˌtʃ(ʊ)ər, -z

covet
BR ˈkʌvɪt, -s, -ɪŋ, -ɪd
AM ˈkəvə|t, -ts, -dɪŋ, -dəd

covetable
BR ˈkʌvɪtəbl
AM ˈkəvədəb(ə)l

covetous
BR ˈkʌvɪtəs
AM ˈkəvədəs

covetously
BR ˈkʌvɪtəsli
AM ˈkəvədəsli

covetousness
BR ˈkʌvɪtəsnəs
AM ˈkəvədəsnəs

covey
BR ˈkʌv|i, -ɪz
AM ˈkəvi, -z

covin
BR ˈkʌvɪn, -z
AM ˈkoʊv(ə)n, ˈkəv(ə)n, -z

coving
BR ˈkəʊvɪŋ
AM ˈkoʊvɪŋ

cow
BR kaʊ, -z, -ɪŋ, -d
AM kaʊ, -z, -ɪŋ, -d

cowage
BR ˈkaʊɪdʒ
AM ˈkaʊɪdʒ

Cowan
BR ˈkaʊən
AM ˈkaʊən

coward
BR ˈkaʊəd, -z
AM ˈkaʊərd, -z

cowardice
BR ˈkaʊədɪs
AM ˈkaʊərdəs

cowardliness
BR ˈkaʊədlɪnɪs
AM ˈkaʊərdlɪnɪs

cowardly
BR ˈkaʊədli
AM ˈkaʊərdli

cowbane
BR ˈkaʊbeɪn
AM ˈkaʊˌbeɪn

cowbell
BR ˈkaʊbεl, -z
AM ˈkaʊˌbεl, -z

cowberry
BR ˈkaʊb(ə)r|i, -ɪz
AM ˈkaʊˌbεri, -z

cowbird
BR ˈkaʊbəːd, -z
AM ˈkaʊˌbərd, -z

cowboy
BR ˈkaʊbɔɪ, -z
AM ˈkaʊˌbɔɪ, -z

Cowbridge
BR ˈkaʊbrɪdʒ
AM ˈkaʊˌbrɪdʒ

cowcatcher
BR ˈkaʊˌkatʃə(r), -z
AM ˈkaʊˌkεtʃər, -z

Cowdenbeath
BR ˌkaʊdnˈbiːθ
AM ˈkaʊdənˌbiθ

Cowdray
BR ˈkaʊdri, ˈkaʊdreɪ
AM ˈkaʊdreɪ, ˈkaʊdri

Cowdrey
BR ˈkaʊdri, ˈkaʊdreɪ
AM ˈkaʊdreɪ, ˈkaʊdri

Cowell
BR ˈkaʊ(ə)l
AM ˈkaʊ(ə)l

Cowen
BR ˈkaʊɪn, ˈkəʊɪn
AM ˈkoʊən, ˈkaʊən

cower
BR ˈkaʊə(r), -z, -ɪŋ, -d
AM ˈkaʊər, -z, -ɪŋ, -d

Cowes
BR kaʊz
AM kaʊz

Cowgill
BR ˈkaʊgɪl
AM ˈkaʊˌgɪl

cowgirl
BR ˈkaʊgəːl, -z
AM ˈkaʊˌgərl, -z

cowhage
BR ˈkaʊɪdʒ
AM ˈkaʊɪdʒ

cowhand
BR ˈkaʊhand, -z
AM ˈkaʊˌ(h)ænd, -z

cowheel
BR ˌkaʊˈhiːl, ˈkaʊhiːl, -z
AM ˈkaʊˌ(h)il, -z

cowherd
BR ˈkaʊhəːd, -z
AM ˈkaʊˌ(h)ərd, -z

cowhide
BR ˈkaʊhʌɪd
AM ˈkaʊˌ(h)aɪd

Cowie
BR ˈkaʊi
AM ˈkaʊi

cowl
BR kaʊl, -z, -d
AM kaʊl, -z, -d

Cowley
BR ˈkaʊli
AM ˈkaʊli

cowlick
BR ˈkaʊlɪk, -s
AM ˈkaʊlɪk, -s

cowling
BR ˈkaʊlɪŋ, -z
AM ˈkaʊlɪŋ, -z

cowman
BR ˈkaʊmən
AM ˈkaʊm(ə)n

cowmen
BR ˈkaʊmən
AM ˈkaʊm(ə)n

cowpat
BR ˈkaʊpat, -s
AM ˈkaʊˌpæt, -s

cowpea
BR ˈkaʊpiː, -z
AM ˈkaʊˌpi, -z

Cowper
BR ˈkuːpə(r), ˈkaʊpə(r)
AM ˈkupər, ˈkaʊpər

cowpoke
BR ˈkaʊpəʊk, -s
AM ˈkaʊˌpoʊk, -s

cowpox
BR ˈkaʊpɒks
AM ˈkaʊˌpɑks

cowpuncher
BR ˈkaʊˌpʌn(t)ʃə(r), -z
AM ˈkaʊˌpən(t)ʃər, -z

cowrie
BR ˈkaʊr|i, -ɪz
AM ˈkaʊri, -z

cowry
BR ˈkaʊr|i, -ɪz
AM ˈkaʊri, -z

cowshed
BR ˈkaʊʃɛd, -z
AM ˈkaʊˌʃɛd, -z

cowslip
BR ˈkaʊslɪp, -s
AM ˈkaʊˌslɪp, -s

cowtown
BR ˈkaʊtaʊn, -z
AM ˈkaʊˌtaʊn, -z

cox
BR kɒks, -ɪz, -ɪŋ, -t
AM kɑks, -əz, -ɪŋ, -t

coxa
BR ˈkɒksə(r)
AM ˈkaksə

coxae
BR ˈkɒksiː
AM ˈkakˌsaɪ, ˈkaksi

coxal
BR ˈkɒksl
AM ˈkaks(ə)l

coxalgia
BR kɒkˈsaldʒ(ɪ)ə(r)
AM kakˈsældʒ(i)ə

coxcomb
BR ˈkɒkskəʊm, -z
AM ˈkaksˌkoʊm, -z

coxcombry
BR ˈkɒkskəʊmr|i, -ɪz
AM ˈkaksˌkoʊmri, -z

Coxe
BR kɒks
AM kaks

coxless
BR ˈkɒksləs
AM ˈkaksləs

Coxsackie
BR kɒkˈsaki, kʊkˈsaki
AM kakˈsæki

coxswain
BR ˈkɒksn, -z
AM ˈkaksn, -z

coxswainship
BR ˈkɒksnʃɪp
AM ˈkaksnˌʃɪp

coy
BR kɔɪ
AM kɔɪ

coyly
BR ˈkɔɪli
AM ˈkɔɪli

coyness
BR ˈkɔɪnɪs
AM ˈkɔɪnɪs

coyote
BR kɔɪˈəʊt|i, kʌɪˈəʊt|i, -ɪz
AM kaɪˈoʊdi, ˈkaɪˌoʊt, ˈkaɪˌoʊts\kaɪˈoʊdiz

coypu
BR ˈkɔɪp(j)uː, -z
AM ˈkɔɪˌpu, -z

coz
BR kʌz
AM kəz

cozen
BR ˈkʌzn̩, -z, -ɪŋ, -d
AM ˈkəz(ə)n, -z, -ɪŋ, -d

cozenage
BR ˈkʌzn̩ɪdʒ
AM ˈkəzənədʒ

Cozens
BR ˈkʌznz
AM ˈkəz(ə)ns

Cozumel
BR ˈkəʊzʊmɛl
AM ˈkoʊzʊˌmɛl
SP ˌkoθuˈmel, ˌkosuˈmel

cozy
BR ˈkəʊz|i, -ɪə(r), -ɪst
AM ˈkoʊzi, -ər, -ɪst

cozzie
BR ˈkɒz|i, -ɪz
AM ˈkazi, -z

crab
BR krab, -z, -ɪŋ, -d
AM kræb, -z, -ɪŋ, -d

Crabbe
BR krab
AM kræb

crabbedly
BR ˈkrabɪdli
AM ˈkræbədli

crabbedness
BR ˈkrabɪdnɪs
AM ˈkræb(əd)nəs

crabbily
BR ˈkrabɪli
AM ˈkræbəli

crabbiness
BR ˈkrabɪnɪs
AM ˈkræbɪnɪs

crabby
BR ˈkrab|i, -ɪə(r), -ɪst
AM ˈkræbi, -ər, -ɪst

crabgrass
BR ˈkrabɡrɑːs
AM ˈkræbˌɡræs

crablike
BR ˈkrablʌɪk
AM ˈkræbˌlaɪk

crabmeat
BR ˈkrabmiːt
AM ˈkræbˌmit

Crabtree
BR ˈkrabtriː
AM ˈkræbˌtri

crabways
BR ˈkrabweɪz
AM ˈkræbˌweɪz

crabwise
BR ˈkrabwʌɪz
AM ˈkræbˌwaɪz

crack
BR krak, -s, -ɪŋ, -t
AM kræk, -s, -ɪŋ, -t

crackbrained
BR ˈkrakbreɪnd
AM ˈkrækˌbreɪn(d)

crackdown
BR ˈkrakdaʊn, -z
AM ˈkrækˌdaʊn, -z

cracker
BR ˈkrakə(r), -z
AM ˈkrækər, -z

cracker-barrel
BR ˈkrakəˌbarl̩, -z
AM ˈkrækərˌbɛr(ə)l, -z

crackerjack
BR ˈkrakədʒak, -s
AM ˈkrækərˌdʒæk, -s

crackiness
BR ˈkrakɪnɪs
AM ˈkrækɪnɪs

crack-jaw
BR ˈkrakdʒɔː(r)
AM ˈkrækˌdʒɔ

crackle
BR ˈkrak|l, -lz, -lɪŋ\-lɪŋ, -ld
AM ˈkræk(ə)l, -z, -ɪŋ, -d

crackling noun
BR ˈkraklɪŋ, -z
AM ˈkræk(ə)lɪŋ, -z

crackly
BR ˈkrakli
AM ˈkræk(ə)li

cracknel
BR ˈkraknl, -z
AM ˈkrækn(ə)l, -z

crackpot
BR ˈkrakpɒt, -s
AM ˈkrækˌpɑt, -s

cracksman
BR ˈkraksmən
AM ˈkræksm(ə)n

cracksmen
BR ˈkraksmən
AM ˈkræksm(ə)n

crackup
BR ˈkrakʌp, -s
AM ˈkræk͵əp, -s

cracky
BR ˈkraki
AM ˈkræki

Cracow
BR ˈkrakɒf, ˈkrakɒv, ˈkrakaʊ
AM ˈkrakɔf, ˈkrakɑf, ˈkrakaʊ

Craddock
BR ˈkradək
AM ˈkrædək

cradle
BR ˈkreɪd|l, -lz, -lɪŋ\-lɪŋ, -ld
AM ˈkreɪd(ə)l, -z, -ɪŋ, -d

Cradley
BR ˈkreɪdli, ˈkradli
AM ˈkrædli

craft
BR krɑːft, -s, -ɪŋ, -ɪd
AM kræft, -s, -ɪŋ, -əd

craftily
BR ˈkrɑːftɪli
AM ˈkræftəli

craftiness
BR ˈkrɑːftɪnɪs
AM ˈkræftɪnɪs

craftsman
BR ˈkrɑːf(t)smən
AM ˈkræf(t)sm(ə)n

craftsmanship
BR ˈkrɑːf(t)smənʃɪp
AM ˈkræf(t)smən͵ʃɪp

craftsmen
BR ˈkrɑːf(t)smən
AM ˈkræf(t)sm(ə)n

craftspeople *plural noun*
BR ˈkrɑːf(t)s͵piːpl
AM ˈkræf(t)s͵pipl

craftsperson
BR ˈkrɑːf(t)s͵pəːsn
AM ˈkræf(t)s͵pərs(ə)n

craftswoman
BR ˈkrɑːf(t)s͵wʊmən
AM ˈkræf(t)s͵wʊm(ə)n

craftswomen
BR ˈkrɑːf(t)s͵wɪmɪn
AM ˈkræf(t)s͵wɪmɪn

craftwork
BR ˈkrɑːftwəːk
AM ˈkræf(t)͵wərk

craftworker
BR ˈkrɑːft͵wəːkə(r), -z
AM ˈkræf(t)͵wərkər, -z

crafty
BR ˈkrɑːft|i, -ɪə(r), -ɪɪst
AM ˈkræfti, -ər, -ɪst

crag
BR krag, -z
AM kræg, -z

craggily
BR ˈkragɪli
AM ˈkrægəli

cragginess
BR ˈkragɪnɪs
AM ˈkrægɪnɪs

craggy
BR ˈkrag|i, -ɪə(r), -ɪɪst
AM ˈkrægi, -ər, -ɪst

cragsman
BR ˈkragzmən
AM ˈkrægzm(ə)n

cragsmen
BR ˈkragzmən
AM ˈkrægzm(ə)n

cragswoman
BR ˈkragz͵wʊmən
AM ˈkrægz͵wʊm(ə)n

cragswomen
BR ˈkragz͵wɪmɪn
AM ˈkrægz͵wɪmɪn

Craig
BR kreɪg
AM krɛg

Craigie
BR ˈkreɪgi
AM ˈkreɪgi

crake
BR kreɪk, -s
AM kreɪk, -s

cram
BR kram, -z, -ɪŋ, -d
AM kræm, -z, -ɪŋ, -d

crambo
BR ˈkrambəʊ
AM ˈkræmboʊ

Cramden
BR ˈkramdən
AM ˈkræmd(ə)n

Cramer
BR ˈkreɪmə(r)
AM ˈkreɪmər

crammer
BR ˈkramə(r), -z
AM ˈkræmər, -z

cramp
BR kramp, -s, -ɪŋ, -t
AM kræmp, -s, -ɪŋ, -t

crampon
BR ˈkrampɒn, -z
AM ˈkræm͵pɑn, -z

cran
BR kran, -z
AM kræn, -z

cranage
BR ˈkreɪnɪdʒ
AM ˈkreɪnɪdʒ

cranberry
BR ˈkranb(ə)r|i, -ɪz
AM ˈkræn͵bɛri, -z

Cranborne
BR ˈkranbɔːn
AM ˈkræn͵bɔ(ə)rn

Cranbourn
BR ˈkranbɔːn
AM ˈkræn͵bɔ(ə)rn

Cranbourne
BR ˈkranbɔːn
AM ˈkræn͵bɔ(ə)rn

Cranbrook
BR ˈkranbrʊk
AM ˈkræn͵brʊk

crane
BR kreɪn, -z, -ɪŋ, -d
AM kreɪn, -z, -ɪŋ, -d

cranesbill
BR ˈkreɪnzbɪl, -z
AM ˈkreɪnz͵bɪl, -z

Cranfield
BR ˈkranfiːld
AM ˈkræn͵fild

crania
BR ˈkreɪnɪə(r)
AM ˈkreɪnɪə

cranial
BR ˈkreɪnɪəl
AM ˈkreɪnɪəl

cranially
BR ˈkreɪnɪəli
AM ˈkreɪnɪəli

craniate
BR ˈkreɪnɪət, -s
AM ˈkreɪnɪə͵eɪt
ˈkreɪnɪət, -s

craniological
BR ͵kreɪnɪəˈlɒdʒɪkl
AM ͵kreɪnɪəˈlɑdʒək(ə)l

craniologist
BR ͵kreɪnɪˈɒlədʒɪst, -s
AM ͵kreɪnɪˈɑlədʒəst, -s

craniology
BR ͵kreɪnɪˈɒlədʒi
AM ͵kreɪnɪˈɑlədʒi

craniometric
BR ͵kreɪnɪəˈmɛtrɪk
AM ͵kreɪnɪəˈmɛtrɪk

craniometry
BR ͵kreɪnɪˈɒmɪtri
AM ͵kreɪnɪˈɑmətri

craniotomy
BR ͵kreɪnɪˈɒtəm|i, -ɪz
AM ͵kreɪnɪˈɑdəmi, -z

cranium
BR ˈkreɪnɪəm, -z
AM ˈkreɪnɪəm, -z

crank
BR kraŋ|k, -ks, -kɪŋ, -(k)t
AM kræŋ|k, -ks, -kɪŋ, -(k)t

crankcase
BR ˈkraŋkkeɪs, -ɪz
AM ˈkræŋ͵keɪs, -ɪz

crankily
BR ˈkraŋkɪli
AM ˈkræŋkəli

crankiness
BR ˈkraŋkɪnɪs
AM ˈkræŋkɪnɪs

crankpin
BR ˈkraŋkpɪn, -z
AM ˈkræŋk͵pɪn, -z

crankshaft
BR ˈkraŋkʃɑːft, -s
AM ˈkræŋk͵ʃæft, -s

cranky
BR ˈkræŋk|i, -ɪə(r),
-ɪɪst
AM ˈkræŋki, -ər, -ɪst

Cranleigh
BR ˈkranli
AM ˈkrænli

Cranley
BR ˈkranli
AM ˈkrænli

Cranmer
BR ˈkranmə(r)
AM ˈkrænmər

crannied
BR ˈkranɪd
AM ˈkrænəd, ˈkrænɪd

crannog
BR ˈkranəg, -z
AM ˈkrænəg, -z

cranny
BR ˈkran|i, -ɪz
AM ˈkræni, -z

Cranston
BR ˈkranst(ə)n
AM ˈkrænst(ə)n

Cranwell
BR ˈkranw(ɛ)l
AM ˈkrænˌwɛl

crap
BR kræp, -s, -ɪŋ, -t
AM kræp, -s, -ɪŋ, -t

crape
BR kreɪp, -s
AM kreɪp, -s

crapper
BR ˈkræpə(r), -z
AM ˈkræpər, -z

crappie
BR ˈkræp|i, -ɪz
AM ˈkræpi, ˈkrɑpi, -z

crappily
BR ˈkræpɪli
AM ˈkræpəli

crappiness
BR ˈkræpɪnɪs
AM ˈkræpɪnɪs

crappy
BR ˈkræp|i, -ɪə(r), -ɪɪst
AM ˈkræpi, -ər, -ɪst

craps
BR kræps
AM kræps

crapshooter
BR ˈkræpˌʃuːtə(r), -z
AM ˈkræpˌʃudər, -z

crapulence
BR ˈkræpjʊlns
AM ˈkræpjəl(ə)ns

crapulent
BR ˈkræpjʊlnt
AM ˈkræpjəl(ə)nt

crapulently
BR ˈkræpjʊlntli
AM ˈkræpjələn(t)li

crapulous
BR ˈkræpjʊləs
AM ˈkræpjələs

crapy
BR ˈkreɪpi
AM ˈkreɪpi

craquelure
BR ˈkrakl(j)ʊə(r)
AM ˈkrækəˌlʊ(ə)r

crases
BR ˈkreɪsiːz
AM ˈkreɪsiz

crash
BR kraʃ, -ɪz, -ɪŋ, -t
AM kræʃ, -ɪz, -ɪŋ, -t

Crashaw
BR ˈkraʃɔː(r)
AM ˈkreɪʃɔ, ˈkræʃɑ, ˈkreɪʃɑ, ˈkræʃɔ

crash-dove
BR ˈkraʃdəʊv, ˌkraʃˈdəʊv
AM ˈkræʃˌdoʊv

crasis
BR ˈkreɪsɪs
AM ˈkreɪsɪs

crass
BR kras
AM kræs

crassitude
BR ˈkrasɪtjuːd, ˈkrasɪtʃuːd
AM ˈkræsəˌt(j)ud

crassly
BR ˈkrasli
AM ˈkræsli

crassness
BR ˈkrasnəs
AM ˈkræsnəs

Crassus
BR ˈkrasəs
AM ˈkræsəs

cratch
BR kratʃ, -ɪz
AM krætʃ, -əz

Cratchit
BR ˈkratʃɪt
AM ˈkrætʃət

crate
BR kreɪt, -s, -ɪŋ, -ɪd
AM kreɪ|t, -ts, -dɪŋ, -dɪd

crateful
BR ˈkreɪtfʊl, -z
AM ˈkreɪtˌfʊl, -z

crater
BR ˈkreɪt|ə(r), -əz, -(ə)rɪŋ, -əd
AM ˈkreɪdər, -z, -ɪŋ, -d

craterous
BR ˈkreɪt(ə)rəs
AM ˈkreɪdərəs

Crathorn
BR ˈkreɪθɔːn
AM ˈkreɪˌθɔ(ə)rn

Crathorne
BR ˈkreɪθɔːn
AM ˈkreɪˌθɔ(ə)rn

cravat
BR krəˈvat, -s
AM krəˈvæt, -s

cravatted
BR krəˈvatɪd
AM krəˈvædəd

crave
BR kreɪv, -z, -ɪŋ, -d
AM kreɪv, -z, -ɪŋ, -d

craven
BR ˈkreɪvn
AM ˈkreɪv(ə)n

cravenly
BR ˈkreɪvnli
AM ˈkreɪvənli

cravenness
BR ˈkreɪvn̩nəs
AM ˈkreɪvə(n)nəs

craver
BR ˈkreɪvə(r), -z
AM ˈkreɪvər, -z

craving
BR ˈkreɪvɪŋ, -z
AM ˈkreɪvɪŋ, -z

craw
BR krɔː(r), -z
AM krɑ, krɔ, -z

crawdad
BR ˈkrɔːdad, -z
AM ˈkrɑˌdæd, ˈkrɔˌdæd, -z

crawfish
BR ˈkrɔːfɪʃ, -ɪz
AM ˈkrɑˌfɪʃ, ˈkrɔˌfɪʃ, -ɪz

Crawford
BR ˈkrɔːfəd
AM ˈkrɑfərd, ˈkrɔfərd

crawl
BR krɔːl, -z, -ɪŋ, -d
AM krɑl, krɔl, -z, -ɪŋ, -d

crawler
BR ˈkrɔːlə(r), -z
AM ˈkrɑlər, ˈkrɔlər, -z

crawlingly
BR ˈkrɔːlɪŋli
AM ˈkrɑlɪŋli, ˈkrɔlɪŋli

crawly
BR ˈkrɔːl|i, -ɪz
AM ˈkrɑli, ˈkrɔli, -z

Crawshaw
BR ˈkrɔːʃɔː(r)
AM ˈkrɑʃɑ, ˈkrɔʃɔ

Crawshay
BR ˈkrɔːʃeɪ
AM ˈkrɑʃeɪ, ˈkrɔʃeɪ

Cray
BR kreɪ, -z
AM kreɪ, -z

crayfish
BR ˈkreɪfɪʃ, -ɪz
AM ˈkreɪˌfɪʃ, -ɪz

Crayford
BR ˈkreɪfəd
AM ˈkreɪfərd

Crayola
BR kreɪˈəʊlə(r)
AM kreɪˈoʊlə

crayon
BR ˈkreɪɒn, -z, -ɪŋ, -d
AM ˈkreɪˌɑn, -z, -ɪŋ, -d

craze
BR kreɪz, -ɪz, -ɪŋ, -d
AM kreɪz, -ɪz, -ɪŋ, -d

crazily
BR ˈkreɪzɪli
AM ˈkreɪzɪli

craziness
BR ˈkreɪzɪnɪs
AM ˈkreɪzɪnɪs

crazy
BR ˈkreɪz|i, -ɪə(r), -ɪɪst
AM ˈkreɪzi, -ər, -ɪst

creak
BR kriːk, -s, -ɪŋ, -t
AM krik, -s, -ɪŋ, -t

creakily
BR ˈkriːkɪli
AM ˈkrikɪli

creakiness
BR ˈkriːkɪnɪs
AM ˈkrikɪnɪs

creakingly
BR ˈkriːkɪŋli
AM ˈkrikɪŋli

creaky
BR ˈkriːk|i, -ɪə(r), -ɪɪst
AM ˈkriki, -ər, -ɪst

cream
BR kriːm, -z, -ɪŋ, -d
AM krim, -z, -ɪŋ, -d

creamer
BR ˈkriːmə(r), -z
AM ˈkrimər, -z

creamery
BR ˈkriːm(ə)r|i, -ɪz
AM ˈkrim(ə)ri, -z

creamily
BR ˈkriːmɪli
AM ˈkrimɪli

creaminess
BR ˈkriːmɪnɪs
AM ˈkrimɪnɪs

creamware
BR ˈkriːmwɛː(r)
AM ˈkrimˌwɛ(ə)r

creamy
BR ˈkriːm|i, -ɪə(r), -ɪɪst
AM ˈkrimi, -ər, -ɪst

creance
BR ˈkriːəns, -ɪz
AM ˈkriəns, -əz

crease
BR kriːs, -ɪz, -ɪŋ, -t
AM kris, -ɪz, -ɪŋ, -t

Creasey
BR ˈkriːsi
AM ˈkrisi

Creasy
BR ˈkriːsi
AM ˈkrisi

creatable
BR krɪˈeɪtəbl
AM krɪˈeɪdəb(ə)l

create
BR krɪˈeɪt, -s, -ɪŋ, -ɪd
AM krɪˈeɪ|t, -ts, -dɪŋ, -dɪd

creatine
BR ˈkriːətiːn
AM ˈkriəd(ə)n, ˈkriəˌtin

creation
BR krɪˈeɪʃn, -z
AM krɪˈeɪʃ(ə)n, -z

creationism
BR krɪˈeɪʃn̩ɪzm
AM krɪˈeɪʃəˌnɪz(ə)m

creationist
BR krɪˈeɪʃn̩ɪst, -s
AM krɪˈeɪʃənəst, -s

creative
BR krɪˈeɪtɪv
AM krɪˈeɪdɪv

creatively
BR krɪˈeɪtɪvli
AM krɪˈeɪdɪvli

creativeness
BR krɪˈeɪtɪvnɪs
AM krɪˈeɪdɪvnɪs

creativity
BR ˌkriːeɪˈtɪvɪti
AM ˌkrieɪˈtɪvɪdi

creator
BR krɪˈeɪtə(r), -z
AM krɪˈeɪdər, -z

creatrices
BR krɪˈeɪtrɪsiːz
AM krɪˈeɪtrɪsiz

creatrix
BR krɪˈeɪtrɪks, -ɪz
AM krɪˈeɪtrɪks, -ɪz

creature
BR ˈkriːtʃə(r), -z
AM ˈkritʃər, -z

creaturely
BR ˈkriːtʃəli
AM ˈkritʃərli

crèche
BR kreɪʃ, krɛʃ, -ɪz
AM krɛʃ, -əz

Crecy
BR ˈkrɛsi
AM ˈkrɛsi

Crécy
BR ˈkrɛsi
AM ˈkreɪsi

cred
BR krɛd
AM krɛd

Creda
BR ˈkriːdə(r)
AM ˈkridə

credal
BR ˈkriːdl
AM ˈkrid(ə)l

credence
BR ˈkriːd(ə)ns
AM ˈkridns

credential
BR krɪˈdɛnʃl, -z
AM krəˈdɛn(t)ʃ(ə)l, -z

credenza
BR krɪˈdɛnzə(r), -z
AM krəˈdɛnzə, -z

credibility
BR ˌkrɛdɪˈbɪlɪti
AM ˌkrɛdəˈbɪlɪdi

credible
BR ˈkrɛdɪbl
AM ˈkrɛdəb(ə)l

credibly
BR ˈkrɛdɪbli
AM ˈkrɛdəbli

credit
BR ˈkrɛd|ɪt, -ɪts, -ɪtɪŋ, -ɪtɪd
AM ˈkrɛdə|t, -ts, -dɪŋ, -dɪd

creditability
BR ˌkrɛdɪtəˈbɪlɪti
AM ˌkrɛdədəˈbɪlɪdi

creditable
BR ˈkrɛdɪtəbl
AM ˈkrɛdədəb(ə)l

creditably
BR ˈkrɛdɪtəbli
AM ˈkrɛdədəbli

Crediton
BR ˈkrɛdɪt(ə)n
AM ˈkrɛdət(ə)n

creditor
BR ˈkrɛdɪtə(r), -z
AM ˈkrɛdədər, -z

creditworthiness
BR ˈkrɛdɪtˌwəːðɪnɪs
AM ˈkrɛdətˌwərðɪnɪs

creditworthy
BR ˈkrɛdɪtˌwəːði
AM ˈkrɛdətˌwərði

credo
BR ˈkriːdəʊ, ˈkreɪdəʊ, -z
AM ˈkreɪˌdoʊ, ˈkriˌdoʊ, -z

credulity
BR krɪˈdjuːlɪti, krɪˈdʒuːlɪti
AM krəˈd(j)ulədi

credulous
BR ˈkrɛdjʉləs, ˈkrɛdʒʉləs
AM ˈkrɛdʒələs

credulously
BR ˈkrɛdjʉləsli, ˈkrɛdʒʉləsli
AM ˈkrɛdʒələsli

credulousness
BR ˈkrɛdjʉləsnəs, ˈkrɛdʒʉləsnəs
AM ˈkrɛdʒələsnəs

Cree
BR kriː, -z
AM kri, -z

creed
BR kriːd, -z
AM krid, -z

creedal
BR ˈkriːdl
AM ˈkrid(ə)l

creek
BR kriːk, -s
AM krɪk, krik, -s

creel
BR kriːl, -z
AM kril, -z

Creeley
BR ˈkriːli
AM ˈkrili

creep
BR kriːp, -s, -ɪŋ
AM krip, -s, -ɪŋ
creeper
BR ˈkriːpə(r), -z
AM ˈkripər, -z
creepie
BR ˈkriːp|i, -ɪə(r), -ɪɪst
AM ˈkripi, -ər, -ɪst
creepily
BR ˈkriːpɪli
AM ˈkripəli
creepiness
BR ˈkriːpɪnɪs
AM ˈkripɪnɪs
creepy
BR ˈkriːp|i, -ɪə(r), -ɪɪst
AM ˈkripi, -ər, -ɪst
creepy-crawly
BR ˌkriːpɪˈkrɔː|li, -ɪz
AM ˈkripiˌkrɑli,
ˈkripiˌkrɔli, -z
creese
BR kriːs, -ɪz
AM kris, -ɪz
Creighton
BR ˈkrʌɪtn, ˈkreɪtn
AM ˈkreɪtn
cremate
BR krɪˈmeɪt, -s, -ɪŋ, -ɪd
AM ˈkriˌmeɪ|t, -ts, -dɪŋ, -dɪd
cremation
BR krɪˈmeɪʃn, -z
AM krəˈmeɪʃ(ə)n, kriˈmeɪʃ(ə)n, -z
cremator
BR krɪˈmeɪtə(r), -z
AM ˈkriˌmeɪdər, -z
crematoria
BR ˌkrɛməˈtɔːrɪə(r)
AM ˌkriməˈtɔriə
crematorium
BR ˌkrɛməˈtɔːrɪəm, -z
AM ˌkriməˈtɔriəm, -z
crematory
BR ˈkrɛmət(ə)r|i, -ɪz
AM ˈkriməˌtɔri, -z
crème brûlée
BR ˌkrɛm bruːˈleɪ
AM ˌkrɛm bruːˈleɪ

crème caramel
BR ˌkrɛm ˌkarəˈmɛl, -z
AM ˌkrɛm ˌkɛrəˈmɛl, -z
crème de cassis
BR ˌkrɛm də kaˈsiːs
AM ˌkrɛm də kəˈsi(s)
FR krɛm də kasis
crème de la crème
BR ˌkrɛm də la ˈkrɛm
AM ˌkrɛm də lə ˈkrɛm
crème de menthe
BR ˌkrɛm də ˈmɒnθ
AM ˌkrim də ˈmɛnθ
crème fraîche
BR ˌkrɛm ˈfrɛʃ
AM ˌkrɛm ˈfrɛʃ
crèmes brûlées
BR ˌkrɛm bruːˈleɪz
AM ˌkrɛm bruːˈleɪz
Cremona
BR krɪˈməʊnə(r)
AM krəˈmoʊnə
crenate
BR ˈkriːneɪt, -ɪd
AM ˈkriˌneɪ|t, -dɪd
crenation
BR krɪˈneɪʃn
AM krɛˈneɪʃ(ə)n, krəˈneɪʃ(ə)n, kriˈneɪʃ(ə)n
crenature
BR ˈkrɛnətjʊə(r), ˈkriːnətjʊə(r), ˈkrɛnətʃʊə(r), ˈkriːnətʃʊə(r)
AM ˈkrinətʃər, ˈkrɛnətʃər
crenel
BR ˈkrɛnl, -z
AM ˈkrɛn(ə)l, -z
crenelate
BR ˈkrɛnl̩eɪt, -s, -ɪŋ, -ɪd
AM ˈkrɛnəˌleɪ|t, -ts, -dɪŋ, -dɪd
crenelation
BR ˌkrɛnəˈleɪʃn, ˌkrɛnlˈeɪʃn, -z
AM ˌkrɛnəˈleɪʃ(ə)n, -z
crenellate
BR ˈkrɛnl̩eɪt, -s, -ɪŋ, -ɪd
AM ˈkrɛnəˌleɪ|t, -ts, -dɪŋ, -dɪd

crenellation
BR ˌkrɛnəˈleɪʃn, ˌkrɛnlˈeɪʃn, -z
AM ˌkrɛnəˈleɪʃ(ə)n, -z
crenelle
BR krɪˈnɛl, -z
AM krəˈnɛl, -z
Creole
BR ˈkriːəʊl, -z
AM ˈkriˌoʊl, -z
creole
BR ˈkriːəʊl, -z
AM ˈkriˌoʊl, -z
creolisation
BR ˌkriːəlʌɪˈzeɪʃn
AM ˌkriəˌlaɪˈzeɪʃ(ə)n, ˌkriələˈzeɪʃ(ə)n
creolise
BR ˈkriːəlʌɪz, -ɪz, -ɪŋ, -d
AM ˈkriəˌlaɪz, -ɪz, -ɪŋ, -d
creolist
BR ˈkriːəlɪst, -s
AM ˈkriələst, -s
creolization
BR ˌkriːəlʌɪˈzeɪʃn
AM ˌkriəˌlaɪˈzeɪʃ(ə)n, ˌkriələˈzeɪʃ(ə)n
creolize
BR ˈkriːəlʌɪz, -ɪz, -ɪŋ, -d
AM ˈkriəˌlaɪz, -ɪz, -ɪŋ, -d
Creon
BR ˈkriːɒn
AM ˈkriˌɑn
creosote
BR ˈkriːəsəʊt
AM ˈkriəˌsoʊt
crêpe
BR kreɪp, krɛp, -s
AM krɛp, kreɪp, -s
crêpe de Chine
BR ˌkreɪp də ˈʃiːn, ˌkrɛp +
AM ˌkreɪp də ˈʃin
crêpes suzette
BR ˌkreɪp(s) sʊˈzɛt, ˌkrɛp(s) +
AM ˌkreɪps suˈzɛt

crêpe suzette
BR ˌkreɪp sʊˈzɛt, ˌkrɛp +
AM ˌkreɪp suˈzɛt
crêpey
BR ˈkreɪpi
AM ˈkreɪpi
crepitant
BR ˈkrɛpɪt(ə)nt
AM ˈkrɛpədnt
crepitate
BR ˈkrɛpɪteɪt, -s, -ɪŋ, -ɪd
AM ˈkrɛpəˌteɪ|t, -ts, -dɪŋ, -dɪd
crepitation
BR ˌkrɛpɪˈteɪʃn, -z
AM ˌkrɛpəˈteɪʃ(ə)n, -z
crepitus
BR ˈkrɛpɪtəs
AM ˈkrɛpədəs
crept
BR krɛpt
AM krɛpt
crepuscular
BR krɪˈpʌskjʊlə(r)
AM krəˈpəskjələr
crêpy
BR ˈkreɪpi
AM ˈkreɪpi
crescendo
BR krɪˈʃɛndəʊ, -z
AM krəˈʃɛndoʊ, -z
crescent[1] *increasing*
BR ˈkrɛsnt
AM ˈkrɛs(ə)nt
crescent[2] *shape*
BR ˈkrɛznt, ˈkrɛsnt, -s
AM ˈkrɛs(ə)nt, -s
crescentic
BR krɪˈsɛntɪk
AM krəˈsɛn(t)ɪk
cresol
BR ˈkriːsɒl
AM ˈkriˌsɑl, ˈkriˌsɔl
cress
BR krɛs
AM krɛs
cresset
BR ˈkrɛsɪt, -s
AM ˈkrɛsət, -s

Cressida
BR ˈkrɛsɪdə(r)
AM ˈkrɛsədə

Cresswell
BR ˈkrɛsw(ɛ)l, ˈkrɛzw(ɛ)l
AM ˈkrɛzˌwɛl, ˈkrɛsˌwɛl

crest
BR krɛst, -s, -ɪd
AM krɛst, -s, -əd

crestfallen
BR ˈkrɛstˌfɔːlən
AM ˈkrɛs(t)ˌfɑl(ə)n, ˈkrɛs(t)ˌfɔl(ə)n

crestless
BR ˈkrɛstləs
AM ˈkrɛs(t)ləs

Creswell
BR ˈkrɛsw(ɛ)l, ˈkrɛzw(ɛ)l
AM ˈkrɛzˌwɛl, ˈkrɛsˌwɛl

cresyl
BR ˈkriːsʌɪl, ˈkriːsɪl
AM ˈkris(ə)l, ˈkrɛs(ə)l

Cretaceous
BR krɪˈteɪʃəs
AM krəˈteɪʃəs

Cretan
BR ˈkriːtn, -z
AM ˈkritn, -z

Crete
BR kriːt
AM krit

cretic
BR ˈkriːtɪk, -s
AM ˈkridɪk, -s

cretin
BR ˈkrɛt(ɪ)n, -z
AM ˈkritn, -z

cretinise
BR ˈkrɛtɪnʌɪz, ˈkrɛtn̩ʌɪz, -ɪz, -ɪŋ, -d
AM ˈkritnˌaɪz, -ɪz, -ɪŋ, -d

cretinism
BR ˈkrɛtɪnɪzm, ˈkrɛtn̩ɪzm
AM ˈkritnˌɪz(ə)m

cretinize
BR ˈkrɛtɪnʌɪz, ˈkrɛtn̩ʌɪz, -ɪz, -ɪŋ, -d
AM ˈkritnˌaɪz, -ɪz, -ɪŋ, -d

cretinous
BR ˈkrɛtɪnəs, ˈkrɛtn̩əs
AM ˈkritn̩əs

cretinously
BR ˈkrɛtɪnəsli, ˈkrɛtn̩əsli
AM ˈkritn̩əsli

cretonne
BR krɪˈtɒn, krɛˈtɒn, ˈkrɛtɒn, -z
AM krəˈtɑn, ˈkriˌtɑn, -z

Creutzfeldt-Jakob disease
BR ˌkrɔɪtsfɛltˈjakɒb dɪˌziːz
AM ˌkrɔɪtsˌfɛldˈjakəb dəˌziz

crevasse
BR krɪˈvas, -ɪz
AM krəˈvæs, -əz

crevice
BR ˈkrɛv|ɪs, -ɪsɪz
AM ˈkrɛvəs, -əz

crew
BR kruː, -z, -ɪŋ, -d
AM kru, -z, -ɪŋ, -d

crewcut
BR ˈkruːkʌt, -s
AM ˈkruˌkət, -s

Crewe
BR kruː
AM kru

crewel
BR ˈkruːəl, -z
AM ˈkruw(ə)l, -z

crewelwork
BR ˈkruːəlwəːk
AM ˈkruwəlˌwərk

Crewkerne
BR ˈkruːkəːn
AM ˈkruˌkərn

crewman
BR ˈkruːmən
AM ˈkrum(ə)n

crewmen
BR ˈkruːmən
AM ˈkrum(ə)n

cri
BR kriː
AM kri

crib
BR krɪb, -z, -ɪŋ, -d
AM krɪb, -z, -ɪŋ, -d

cribbage
BR ˈkrɪbɪdʒ
AM ˈkrɪbɪdʒ

cribber
BR ˈkrɪbə(r), -z
AM ˈkrɪbər, -z

cribella
BR krɪˈbɛlə(r)
AM krəˈbɛlə

cribellum
BR krɪˈbɛləm
AM krəˈbɛl(ə)m

cribo
BR ˈkriːbəʊ, -z
AM ˈkriˌboʊ, -z

cribriform
BR ˈkrɪbrɪfɔːm
AM ˈkrɪbrəˌfɔ(ə)rm

cribwork
BR ˈkrɪbwəːk
AM ˈkrɪbˌwərk

Criccieth
BR ˈkrɪkɪɛθ
AM ˈkrɪkiəθ

Crich
BR krʌɪtʃ
AM kraɪtʃ

Crichton
BR ˈkrʌɪtn
AM ˈkraɪtn

crick
BR krɪk, -s, -ɪŋ, -t
AM krɪk, -s, -ɪŋ, -t

cricket
BR ˈkrɪkɪt, -s
AM ˈkrɪkɪt, -s

cricketer
BR ˈkrɪkɪtə(r), -z
AM ˈkrɪkədər, -z

Crickhowell
BR krɪkˈhaʊ(ə)l
AM krɪkˈhaʊ(ə)l

cricoid
BR ˈkrʌɪkɔɪd, -z
AM ˈkraɪˌkɔɪd, -z

cri de cœur
BR ˌkriː dəˈkəː(r)
AM ˌkri dəˈkər

cried
BR krʌɪd
AM kraɪd

Crieff
BR kriːf
AM krif

crier
BR ˈkrʌɪə(r), -z
AM ˈkraɪər, -z

crikey!
BR ˈkrʌɪki
AM ˈkraɪki

crim
BR krɪm, -z
AM krɪm, -z

crime
BR krʌɪm, -z
AM kraɪm, -z

Crimea
BR krʌɪˈmɪə(r)
AM kraɪˈmiə

Crimean
BR krʌɪˈmɪən, -z
AM kraɪˈmiən, -z

crime passionnel
BR ˌkriːm ˌpasjəˈnɛl, -z
AM ˌkrim ˌpæsjəˈnɛl, -z

crimes passionnels
BR ˌkriːm ˌpasjəˈnɛlz
AM ˌkrim ˌpæsjəˈnɛl(z)

criminal
BR ˈkrɪmɪnl
AM ˈkrɪmn(ə)l, ˈkrɪmən(ə)l

criminalisation
BR ˌkrɪmɪnlʌɪˈzeɪʃn
AM ˌkrɪm(ə)nəˌlaɪˈzeɪʃ(ə)n, ˌkrɪm(ə)nələˈzeɪʃ(ə)n

criminalise
BR ˈkrɪmɪnlʌɪz, -ɪz, -ɪŋ, -d
AM ˈkrɪm(ə)nəˌlaɪz, -ɪz, -ɪŋ, -d

criminalistic
BR ˌkrɪmɪnəˈlɪstɪk, ˌkrɪmɪnlˈɪstɪk, -s
AM ˌkrɪm(ə)nəˈlɪstɪk, -s

criminality
BR ˌkrɪmɪˈnalɪti
AM ˌkrɪməˈnælədi
criminalization
BR ˌkrɪmɪnlʌɪˈzeɪʃn
AM ˌkrɪm(ə)nəˌlaɪ-
ˈzeɪʃ(ə)n,
ˌkrɪmənələˈzeɪʃ(ə)n
criminalize
BR ˈkrɪmɪnlʌɪz, -ɪz,
-ɪŋ, -d
AM ˈkrɪm(ə)nəˌlaɪz,
-ɪz, -ɪŋ, -d
criminally
BR ˈkrɪmɪnli
AM ˈkrɪm(ə)nəli
criminate
BR ˈkrɪmɪneɪt, -s, -ɪŋ,
-ɪd
AM ˈkrɪməˌneɪ|t, -ts,
-dɪŋ, -dɪd
crimination
BR ˌkrɪmɪˈneɪʃn, -z
AM ˌkrɪməˈneɪʃ(ə)n, -z
criminative
BR ˈkrɪmɪnətɪv, -z
AM ˈkrɪməˌneɪdɪv, -z
criminatory
BR ˈkrɪmɪnət(ə)ri
AM ˈkrɪmənəˌtɔri
criminological
BR ˌkrɪmɪnəˈlɒdʒɪkl
AM ˌkrɪmənə-
ˈlɑdʒək(ə)l
criminologist
BR ˌkrɪmɪˈnɒlədʒɪst, -s
AM ˌkrɪməˈnɑlədʒəst,
-s
criminology
BR ˌkrɪmɪˈnɒlədʒi
AM ˌkrɪməˈnɑlədʒi
Crimond
BR ˈkrɪmənd
AM ˈkrɪmənd
crimp
BR krɪm|p, -ps, -pɪŋ,
-(p)t
AM krɪm|p, -ps, -pɪŋ,
-(p)t
crimper
BR ˈkrɪmpə(r), -z
AM ˈkrɪmpər, -z

crimpily
BR ˈkrɪmpɪli
AM ˈkrɪmpɪli
crimpiness
BR ˈkrɪmpɪnɪs
AM ˈkrɪmpɪnɪs
crimplene
BR ˈkrɪmpliːn
AM ˈkrɪmpˌlin
crimpy
BR ˈkrɪmpi
AM ˈkrɪmpi
crimson
BR ˈkrɪmzn̩, -z, -ɪŋ, -d
AM ˈkrɪmzn̩, -z, -ɪŋ, -d
cringe
BR krɪn(d)ʒ, -ɪz, -ɪŋ,
-d
AM krɪndʒ, -ɪz, -ɪŋ, -d
cringer
BR ˈkrɪn(d)ʒə(r), -z
AM ˈkrɪndʒər, -z
cringle
BR ˈkrɪŋgl, -z
AM ˈkrɪŋg(ə)l, -z
crinkle
BR ˈkrɪŋk|l, -lz, -l̩ɪŋ
\-lɪŋ, -ld
AM ˈkrɪŋk(ə)l, -z, -ɪŋ,
-d
crinkliness
BR ˈkrɪŋklɪnɪs
AM ˈkrɪŋk(ə)lɪnɪs
crinkly
BR ˈkrɪŋkl|i, -ɪə(r),
-ɪst
AM ˈkrɪŋk(ə)li, -ər,
-ɪst
crinoid
BR ˈkrʌɪnɔɪd,
ˈkrɪnɔɪd
AM ˈkrɪˌnɔɪd,
ˈkraɪˌnɔɪd
crinoidal
BR krʌɪˈnɔɪdl,
krɪˈnɔɪdl
AM ˌkrɪˈnɔɪd(ə)l,
ˌkraɪˈnɔɪd(ə)l
crinoline
BR ˈkrɪnlɪn, -z
AM ˈkrɪn(ə)ˌlin,
ˈkrɪn(ə)lɪn, -z

criolla
BR krɪˈəʊlə(r), -z
AM kriˈoʊlə, -z
SP kriˈoja
criollo
BR krɪˈəʊləʊ, -z
AM kriˈoʊˌloʊ, -z
SP kriˈojo
cripes!
BR krʌɪps
AM kraɪps
Crippen
BR ˈkrɪp(ɪ)n
AM ˈkrɪp(ə)n
cripple
BR ˈkrɪp|l, -lz, -l̩ɪŋ
\-lɪŋ, -ld
AM ˈkrɪp(ə)l, -z,
-ɪŋ, -d
crippledom
BR ˈkrɪpldəm
AM ˈkrɪpəld(ə)m
cripplehood
BR ˈkrɪplhʊd
AM ˈkrɪpəlˌ(h)ʊd
crippler
BR ˈkrɪplə(r),
ˈkrɪplə(r), -z
AM ˈkrɪp(ə)lər, -z
cripplingly
BR ˈkrɪplɪŋli
AM ˈkrɪp(ə)lɪŋli
Cripps
BR krɪps
AM krɪps
Cris
BR kriːs, -ɪz
AM krɪs, -ɪz
cris de coeur
BR ˌkriː də ˈkəː(r)
AM ˌkri də ˈkər
crises
BR ˈkrʌɪsiːz
AM ˈkraɪˌsiz
crisis
BR ˈkrʌɪsɪs
AM ˈkraɪsɪs
crisp
BR krɪsp, -s, -ɪŋ, -t,
-ə(r), -ɪst
AM krɪsp, -s, -ɪŋ, -t,
-ər, -ɪst

crispate
BR ˈkrɪspeɪt
AM ˈkrɪsˌpeɪt
crispbread
BR ˈkrɪspbrɛd, -z
AM ˈkrɪs(p)ˌbrɛd, -z
crisper
BR ˈkrɪspə(r), -z
AM ˈkrɪspər, -z
Crispian
BR ˈkrɪspiən
AM ˈkrɪspiən
Crispin
BR ˈkrɪspɪn
AM ˈkrɪsp(ə)n
crispiness
BR ˈkrɪspɪnɪs
AM ˈkrɪspɪnɪs
crisply
BR ˈkrɪspli
AM ˈkrɪs(p)li
crispness
BR ˈkrɪspnɪs
AM ˈkrɪs(p)nɪs
crispy
BR ˈkrɪspi
AM ˈkrɪspi
crisscross
BR ˈkrɪskrɒs, -ɪz,
-ɪŋ, -t
AM ˈkrɪsˌkrɑs, ˈkrɪs
ˌkrɔs, -əz, -ɪŋ, -t
crista
BR ˈkrɪstə(r)
AM ˈkrɪstə
cristae
BR ˈkrɪstiː
AM ˈkrɪsˌtaɪ,
ˈkrɪsti,
ˈkrɪsˌteɪ
cristate
BR ˈkrɪsteɪt
AM ˈkrɪˌsteɪt
cristobalite
BR krɪˈstəʊbəlʌɪt
AM krɪˈstoʊbəˌlaɪt
crit
BR krɪt, -s
AM krɪt, -s
Critchley
BR ˈkrɪtʃli
AM ˈkrɪtʃli

criteria
BR krʌɪˈtɪərɪə(r)
AM kraɪˈtɪrɪə

criterial
BR krʌɪˈtɪərɪəl
AM kraɪˈtɪrɪəl

criterion
BR krʌɪˈtɪərɪən, -z
AM kraɪˈtɪrɪən, -z

critic
BR ˈkrɪtɪk, -s
AM ˈkrɪdɪk, -s

critical
BR ˈkrɪtɪkl
AM ˈkrɪdək(ə)l

criticality
BR ˌkrɪtɪˈkalɪt|i, -ɪz
AM ˌkrɪdəˈkælədi, -z

critically
BR ˈkrɪtɪk(ə)li, ˈkrɪtɪkli
AM ˈkrɪdək(ə)li

criticalness
BR ˈkrɪtɪklnəs
AM ˈkrɪdəkəlnəs

criticaster
BR ˌkrɪtɪˈkastə(r), ˈkrɪtɪkastə(r), -z
AM ˈkrɪdəˌkæstər, -z

criticisable
BR ˈkrɪtɪsʌɪzəbl
AM ˈkrɪdəˌsaɪzəb(ə)l

criticise
BR ˈkrɪtɪsʌɪz, -ɪz, -ɪŋ, -d
AM ˈkrɪdəˌsaɪz, -ɪz, -ɪŋ, -d

criticiser
BR ˈkrɪtɪsʌɪzə(r), -z
AM ˈkrɪdəˌsaɪzər, -z

criticism
BR ˈkrɪtɪsɪzm, -z
AM ˈkrɪdəˌsɪz(ə)m, -z

criticizable
BR ˈkrɪtɪsʌɪzəbl
AM ˈkrɪdəˌsaɪzəb(ə)l

criticize
BR ˈkrɪtɪsʌɪz, -ɪz, -ɪŋ, -d
AM ˈkrɪdəˌsaɪz, -ɪz, -ɪŋ, -d

criticizer
BR ˈkrɪtɪsʌɪzə(r), -z
AM ˈkrɪdəˌsaɪzər, -z

critique
BR krɪˈtiːk, -s
AM krɪˈtik, -s

Crittall
BR ˈkrɪtɔːl
AM ˈkrɪdəl, ˈkrɪdɔl

critter
BR ˈkrɪtə(r), -z
AM ˈkrɪdər, -z

croak
BR ˈkrəʊk, -s, -ɪŋ, -t
AM ˈkroʊk, -s, -ɪŋ, -t

croaker
BR ˈkrəʊkə(r), -z
AM ˈkroʊkər, -z

croakily
BR ˈkrəʊkɪli
AM ˈkroʊkəli

croakiness
BR ˈkrəʊkɪnɪs
AM ˈkroʊkɪnɪs

croaky
BR ˈkrəʊk|i, -ɪə(r), -ɪɪst
AM ˈkroʊki, -ər, -ɪst

Croat
BR ˈkrəʊat, -s
AM ˈkroʊˌat, -s

Croatia
BR krəʊˈeɪʃə(r)
AM kroʊˈeɪʃə

Croatian
BR krəʊˈeɪʃn, -z
AM kroʊˈeɪʃ(ə)n, -z

croc
BR krɒk, -s
AM krak, -s

Croce
BR ˈkrəʊtʃeɪ
AM ˈkroʊtʃeɪ
IT ˈkrotʃe

croceate
BR ˈkrəʊsɪeɪt
AM ˈkroʊtʃiət

crochet
BR ˈkrəʊʃeɪ, -z, -ɪŋ, -d
AM kroʊˈʃeɪ, -z, -ɪŋ, -d

crocheter
BR ˈkrəʊʃeɪə(r), -z
AM kroʊˈʃeɪər, -z

croci
BR ˈkrəʊkʌɪ, ˈkrəʊkiː
AM ˈkroʊki, ˈkroʊˌsaɪ

crocidolite
BR krə(ʊ)ˈsɪdəlʌɪt
AM kroʊˈsɪdəˌlaɪt

crock
BR krɒk, -s
AM krak, -s

Crocker
BR ˈkrɒkə(r)
AM ˈkrakər

crockery
BR ˈkrɒk(ə)ri
AM ˈkrak(ə)ri

crocket
BR ˈkrɒkɪt, -s
AM ˈkrakət, -s

Crockett
BR ˈkrɒkɪt
AM ˈkrakət

Crockford
BR ˈkrɒkfəd
AM ˈkrakfərd

crocodile
BR ˈkrɒkədʌɪl, -z
AM ˈkrakəˌdaɪl, -z

crocodilian
BR ˌkrɒkəˈdɪlɪən, -z
AM ˌkrakəˈdɪlɪən, ˌkrakəˈdɪlj(ə)n, -z

crocus
BR ˈkrəʊkəs, -ɪz
AM ˈkroʊkəs, -ɪz

Croesus
BR ˈkriːsəs
AM ˈkrisəs

croft
BR krɒft, -s
AM kraft, krɔft, -s

crofter
BR ˈkrɒftə(r), -z
AM ˈkraftər, ˈkrɔftər, -z

Crofton
BR ˈkrɒft(ə)n
AM ˈkraft(ə)n

Crohn's disease
BR ˈkrəʊnz dɪˌziːz
AM ˈkroʊnz dəˌziz

croissant
BR ˈk(r)wasɒ̃, ˈk(r)waːsɒ̃, -z
AM ˌk(r)waˈsan(t), -z

Croker
BR ˈkrəʊkə(r)
AM ˈkroʊkər

Cro-Magnon
BR krəʊˈmanjɒ̃, krəʊˈmanjɒn, krəʊˈmagnən
AM kroʊˈmænj(ə)n, kroʊˈmægnən

Cromartie
BR ˈkrɒməti
AM ˌkroʊˈmɑrdi

Cromarty
BR ˈkrɒməti
AM ˌkroʊˈmɑrdi

crombec
BR ˈkrɒmbɛk, -s
AM ˈkramˌbɛk, -s

Crombie
BR ˈkrɒmbi, ˈkrʌmbi
AM ˈkrambi

Crome
BR krəʊm
AM kroʊm

Cromer
BR ˈkrəʊmə(r)
AM ˈkroʊmər

Cromford
BR ˈkrɒmfəd
AM ˈkramfərd

cromlech
BR ˈkrɒmləx, ˈkrɒmlək, -s
AM ˈkramˌlɛk, -s

Crompton
BR ˈkrɒm(p)t(ə)n, ˈkrʌm(p)t(ə)n
AM ˈkramptn, ˈkramdən, ˈkramt(ə)n

Cromwell
BR ˈkrɒmw(ɛ)l
AM ˈkramˌwɛl, ˈkramw(ə)l

Cromwellian
BR krɒmˈwɛliən
AM ˌkrɑmˈwɛliən, ˌkrɑmˈwɛlj(ə)n

crone
BR krəʊn, -z
AM kroʊn, -z

Cronenberg
BR ˈkrɒnənbəːg
AM ˈkrɑnənˌbɜrg

Cronin
BR ˈkrəʊnɪn
AM ˈkroʊnən

cronk
BR krɒŋk
AM krɑŋk

Cronus
BR ˈkrəʊnəs
AM ˈkroʊnəs

crony
BR ˈkrəʊn|i, -ɪz
AM ˈkroʊni, -z

cronyism
BR ˈkrəʊniɪzm
AM ˈkroʊniˌɪz(ə)m

crook
BR krʊk, -s, -ɪŋ, -t
AM krʊk, -s, -ɪŋ, -t

crookback
BR ˈkrʊkbak, -s
AM ˈkrʊkˌbæk, -s

Crooke
BR krʊk
AM krʊk

crooked *adjective*
BR ˈkrʊkɪd, -ə(r), -ɪst
AM ˈkrʊkəd, -ər, -əst

crookedly
BR ˈkrʊkɪdli
AM ˈkrʊkədli

crookedness
BR ˈkrʊkɪdnɪs
AM ˈkrʊkədnəs

crookery
BR ˈkrʊk(ə)ri
AM ˈkrʊkəri

Crookes
BR krʊks
AM krʊks

Croom
BR kruːm
AM krum

Croome
BR kruːm
AM krum

croon
BR kruːn, -z, -ɪŋ, -d
AM krun, -z, -ɪŋ, -d

crooner
BR ˈkruːnə(r), -z
AM ˈkrunər, -z

crop
BR krɒp, -s, -ɪŋ, -t
AM krɑp, -s, -ɪŋ, -t

cropper
BR ˈkrɒpə(r), -z
AM ˈkrɑpər, -z

croquet
BR ˈkrəʊkeɪ, ˈkrəʊki
AM ˌkroʊˈkeɪ

croquette
BR krɒˈkɛt, -s
AM ˌkroʊˈkɛt, -s

crore
BR krɔː(r), -z
AM krɔ(ə)r, -z

Crosbie
BR ˈkrɒzbi
AM ˈkrɑzbi, ˈkrɔzbi

Crosby
BR ˈkrɒzbi, ˈkrɒsbi
AM ˈkrɑzbi, ˈkrɔzbi

crosier
BR ˈkrəʊziə(r), ˈkrəʊʒə(r), -z
AM ˈkroʊʒər, -z

Crosland
BR ˈkrɒslənd
AM ˈkrɑslənd, ˈkrɔslənd

cross
BR krɒs, -ɪz, -ɪŋ, -t
AM krɑs, krɔs, -əs, -ɪŋ, -t

crossbar
BR ˈkrɒsbɑː(r), -z
AM ˈkrɑsˌbɑr, ˈkrɔsˌbɑr, -z

crossbeam
BR ˈkrɒsbiːm, -z
AM ˈkrɑsˌbim, ˈkrɔsˌbim, -z

crossbench
BR ˈkrɒsbɛn(t)ʃ, -ɪz
AM ˈkrɑsˌbɛn(t)ʃ, ˈkrɔsˌbɛn(t)ʃ, -əz

cross-bencher
BR ˈkrɒsˌbɛn(t)ʃə(r), -z
AM ˈkrɑsˌbɛn(t)ʃər, ˈkrɔsˌbɛn(t)ʃər, -z

crossbill
BR ˈkrɒsbɪl, -z
AM ˈkrɑsˌbɪl, ˈkrɔsˌbɪl, -z

crossbones
BR ˈkrɒsbəʊnz
AM ˈkrɑsˌboʊnz, ˈkrɔsˌboʊnz

crossbow
BR ˈkrɒsbəʊ, -z
AM ˈkrɑsˌboʊ, ˈkrɔsˌboʊ, -z

crossbowman
BR ˈkrɒsbəʊmən
AM ˈkrɑsˌboʊm(ə)n, ˈkrɔsˌboʊm(ə)n

crossbowmen
BR ˈkrɒsbəʊmən
AM ˈkrɑsˌboʊm(ə)n, ˈkrɔsˌboʊm(ə)n

crossbred
BR ˌkrɒsˈbrɛd, ˈkrɒsbrɛd
AM ˈkrɑsˌbrɛd, ˈkrɔsˌbrɛd

crossbreed
BR ˈkrɒsbriːd, -z, -ɪŋ
AM ˈkrɑsˌbrid, ˈkrɔsˌbrid, -z, -ɪŋ

crosscheck
BR ˌkrɒsˈtʃɛk, ˈkrɒstʃɛk, -s, -ɪŋ, -t
AM ˈkrɑsˌtʃɛk, ˈkrɔsˌtʃɛk, -s, -ɪŋ, -t

crosscurrent
BR ˈkrɒsˌkʌrnt, -s
AM ˈkrɑsˌkɜr(ə)nt, ˈkrɔsˌkɜr(ə)nt, -s

crosscut[1] *adjective, verb*
BR ˈkrɒskʌt, ˌkrɒsˈkʌt, -s, -ɪŋ
AM ˌˈkrɑsˈkəlt, ˌˈkrɔsˈkəlt, -ts, -dɪŋ

crosscut[2] *noun*
BR ˈkrɒskʌt, -s
AM ˈkrɑsˌkət, ˈkrɔsˌkət, -s

crosse
BR krɒs, -ɪz
AM krɑs, krɔs, -əz

crossfield
BR ˌkrɒsˈfiːld
AM ˈkrɑsˌfild, ˈkrɔsˌfild

crossfire
BR ˈkrɒsfʌɪə(r)
AM ˈkrɑsˌfaɪ(ə)r, ˈkrɔsˌfaɪ(ə)r

crosshatch[1] *noun*
BR ˈkrɒshatʃ, -ɪz
AM ˈkrɑsˌ(h)ætʃ, ˈkrɔsˌ(h)ætʃ, -əz

crosshatch[2] *verb*
BR ˌkrɒsˈhatʃ, -ɪz, -ɪŋ, -t
AM ˈkrɑsˌ(h)ætʃ, ˈkrɔsˌ(h)ætʃ, -əz, -ɪŋ, -t

crossing
BR ˈkrɒsɪŋ, -z
AM ˈkrɑsɪŋ, ˈkrɔsɪŋ, -z

Crossland
BR ˈkrɒslənd
AM ˈkrɑslənd, ˈkrɔslənd

cross-legged
BR ˌkrɒsˈlɛg(ɪ)d
AM ˈkrɔsˌlɛg(ə)d

Crossley
BR ˈkrɒsli
AM ˈkrɑsli, ˈkrɔsli

crossly
BR ˈkrɒsli
AM ˈkrɑsli, ˈkrɔsli

Crossmaglen
BR ˌkrɒsməˈglɛn
AM ˌkrɑsməˈglɛn, ˌkrɔsməˈglɛn

Crossman
BR ˈkrɒsmən
AM ˈkrɑsm(ə)n, ˈkrɔsm(ə)n

crossmatch
BR ˌkrɒsˈmatʃ, -ɪz, -ɪŋ, -t
AM ˈkrɑsˌmætʃ, ˈkrɔsˌmætʃ, -əz, -ɪŋ, -t

crossness
BR ˈkrɒsnəs
AM ˈkrɑsnəs, ˈkrɔsnəs

crossover
BR ˈkrɒsəʊvə(r), -z
AM ˈkrɑsˌoʊvər, ˈkrɔsˌoʊvər, -z

crosspatch
BR ˈkrɒspatʃ, -ɪz
AM ˈkrɑsˌpætʃ, ˈkrɔsˌpætʃ, -əz

crosspiece
BR ˈkrɒspiːs, -ɪz
AM ˈkrɑsˌpis, ˈkrɔsˌpis, -ɪz

crossply
BR ˈkrɒsplʌɪ, -z
AM ˈkrɑsˌplaɪ, ˈkrɔsˌplaɪ, -z

crossrail
BR ˈkrɒsreɪl, -z
AM ˈkrɑsˌreɪl, ˈkrɔsˌreɪl, -z

crossroad
BR ˈkrɒsrəʊd, -z
AM ˈkrɑsˌroʊd, ˈkrɔsˌroʊd, -z

crosstab
BR ˈkrɒstab, -z
AM ˈkrɑsˌtæb, ˈkrɔsˌtæb, -z

crosstalk
BR ˈkrɒstɔːk
AM ˈkrɑsˌtɑk, ˈkrɔsˌtɔk

crosstie
BR ˈkrɒstʌɪ, -z
AM ˈkrɑsˌtaɪ, ˈkrɔsˌtaɪ, -z

crosstown
BR ˌkrɒsˈtaʊn
AM ˌkrɑsˈtaʊn, ˌkrɔsˈtaʊn

crosstree
BR ˈkrɒstriː, -z
AM ˈkrɑsˌtri, ˈkrɔsˌtri, -z

crosswalk
BR ˈkrɒswɔːk, -s
AM ˈkrɑsˌwɑk, ˈkrɔsˌwɔk, -s

crossways
BR ˈkrɒsweɪz
AM ˈkrɑsˌweɪz, ˈkrɔsˌweɪz

crosswind
BR ˈkrɒswɪnd, -z
AM ˈkrɑsˌwɪnd, ˈkrɔsˌwɪnd, -z

crosswise
BR ˈkrɒswʌɪz
AM ˈkrɑsˌwaɪz, ˈkrɔsˌwaɪz

crossword
BR ˈkrɒswəːd, -z
AM ˈkrɑswərd, ˈkrɔswərd, -z

crotch
BR krɒtʃ, -ɪz
AM krɑtʃ, -əz

crotchet
BR ˈkrɒtʃɪt, -s
AM ˈkrɑtʃət, -s

crotchetiness
BR ˈkrɒtʃɪtɪnɪs
AM ˈkrɑtʃədɪnɪs

crotchety
BR ˈkrɒtʃɪti
AM ˈkrɑtʃədi

croton
BR ˈkrəʊtn, -z
AM ˈkroʊtn, -z

crouch
BR kraʊtʃ, -ɪz, -ɪŋ, -t
AM kraʊtʃ, -əz, -ɪŋ, -t

croup
BR kruːp, -s
AM krup, -s

croupier
BR ˈkruːpɪeɪ, ˈkruːpɪə(r), -z
AM ˈkrupiər, ˈkrupiˌeɪ, -z

croupy
BR ˈkruːpi
AM ˈkrupi

croustade
BR krʉˈstɑːd, -z
AM ˌkruˈstɑd, -z

croûton
BR ˈkruːtɒn, -z
AM ˈkruˌtɑn, -z

crow
BR krəʊ, -z, -ɪŋ, -d
AM kroʊ, -z, -ɪŋ, -d

crowbar
BR ˈkrəʊbɑː(r), -z
AM ˈkroʊˌbɑr, -z

crowberry
BR ˈkrəʊb(ə)r|i, -ɪz
AM ˈkroʊˌbɛri, -z

Crowborough
BR ˈkrəʊb(ə)rə(r)
AM ˈkroʊbərə, ˈkroʊˌbəroʊ

crowd
BR kraʊd, -z, -ɪŋ, -ɪd
AM kraʊd, -z, -ɪŋ, -əd

crowdedness
BR ˈkraʊdɪdnɪs
AM ˈkraʊdədnɪs

crowd funding
BR ˈkraʊd ˌfʌndɪŋ
AM ˈkraʊd ˌfəndɪŋ

crowd-pleaser
BR ˈkraʊdˌpliːzə(r), -z
AM ˈkroʊdˌplizər, -z

Crowe
BR krəʊ
AM kroʊ

crowfoot
BR ˈkrəʊfʊt, -s
AM ˈkroʊˌfʊt, -s

Crowley
BR ˈkrəʊli
AM ˈkraʊli

crown
BR kraʊn, -z, -ɪŋ, -d
AM kraʊn, -z, -ɪŋ, -d

crownpiece
BR ˈkraʊnpiːs, -ɪz
AM ˈkraʊnˌpis, -ɪz

Crowther
BR ˈkraʊðə(r)
AM ˈkraʊðər

Crowthorne
BR ˈkrəʊθɔːn
AM ˈkroʊˌθɔ(ə)rn

Croydon
BR ˈkrɔɪdn
AM ˈkrɔɪd(ə)n

crozier
BR ˈkrəʊzɪə(r), ˈkrəʊʒə(r), -z
AM ˈkroʊʒər, -z

cru
BR kruː, -z
AM kru, -z
FR kry

cruces
BR ˈkruːsiːz
AM ˈkrusiz

crucial
BR ˈkruːʃl
AM ˈkruʃ(ə)l

cruciality
BR ˌkruːʃɪˈalɪti
AM ˌkruʃiˈælədi

crucially
BR ˈkruːʃli
AM ˈkruʃəli

crucian
BR ˈkruːʃn
AM ˈkruʃ(ə)n

cruciate
BR ˈkruːʃɪət, ˈkruːʃɪeɪt
AM ˈkruʃieɪt, ˈkruʃ(i)ət

crucible
BR ˈkruːsɪbl, -z
AM ˈkrusəb(ə)l, -z

crucifer
BR ˈkruːsɪfə(r), -z
AM ˈkrusəfər, -z

cruciferous
BR kruːˈsɪf(ə)rəs
AM kruˈsɪf(ə)rəs

crucifier
BR ˈkruːsɪfʌɪə(r), -z
AM ˈkrusəˌfaɪər, -z

crucifix
BR ˈkruːsɪfɪks, -ɪz
AM ˈkrusəˌfɪks, -ɪz

crucifixion
BR ˌkruːsɪˈfɪkʃn, -z
AM ˌkrusəˈfɪkʃ(ə)n, -z

cruciform
BR ˈkruːsɪfɔːm
AM ˈkrusəˌfɔ(ə)rm

crucify
BR ˈkruːsɪfʌɪ, -z, -ɪŋ, -d
AM ˈkrusəˌfaɪ, -z, -ɪŋ, -d

cruck
BR krʌk, -s
AM krək, -s
crud
BR krʌd
AM krəd
cruddy
BR ˈkrʌd|i, -ɪə(r), -ɪst
AM ˈkrədi, -ər, -ɪst
crude
BR kruːd, -ə(r), -ɪst
AM krud, -ər, -əst
crudely
BR ˈkruːdli
AM ˈkrudli
crudeness
BR ˈkruːdnəs
AM ˈkrudnəs
crudités
BR ˌkruːdɪˈteɪ
AM ˌkrudəˈteɪ
FR kʀydite
crudity
BR ˈkruːdɪt|i, -ɪz
AM ˈkrudədi, -z
cruel
BR ˈkruː(ə)l, -ə(r), -ɪst
AM kru(ə)l, -ər, -əst
cruelly
BR ˈkruː(ə)li
AM ˈkru(ə)li
cruelness
BR ˈkruː(ə)lnəs
AM ˈkru(ə)lnəs
cruelty
BR ˈkruː(ə)lt|i, -ɪz
AM ˈkru(ə)lti, -z
cruet
BR ˈkruːɪt, -s
AM ˈkruət, -s
Crufts
BR krʌfts
AM krəf(t)s
Cruikshank
BR ˈkrʊkʃæŋk
AM ˈkrʊkˌʃæŋk
cruise
BR kruːz, -ɪz, -ɪŋ, -d
AM kruz, -əz, -ɪn, -d
cruiser
BR ˈkruːzə(r), -z
AM ˈkruzər, -z

cruiserweight
BR ˈkruːzəweɪt, -s
AM ˈkruzərˌweɪt, -s
cruiseway
BR ˈkruːzweɪ, -z
AM ˈkruzˌweɪ, -z
cruller
BR ˈkrʌlə(r), -z
AM ˈkrələr, -z
crumb
BR krʌm, -z
AM krəm, -z
crumble
BR ˈkrʌmb|l, -lz,
-l̩ŋ\-lɪŋ, -ld
AM ˈkrəmb(ə)l, -z,
-ɪŋ, -d
crumbliness
BR ˈkrʌmblɪnɪs
AM ˈkrəmblɪnɪs
crumbly
BR ˈkrʌmbli
AM ˈkrəmbli
crumby
BR ˈkrʌm|i, -ɪə(r),
-ɪst
AM ˈkrəmi, -ər, -ɪst
crumhorn
BR ˈkrʌmhɔːn, -z
AM ˈkrəmˌ(h)ɔː(ə)rn,
-z
Crumlin
BR ˈkrʌmlɪn
AM ˈkrəml(ə)n
crummily
BR ˈkrʌmɪli
AM ˈkrəməli
crumminess
BR ˈkrʌmɪnɪs
AM ˈkrəmɪnɪs
crummy
BR ˈkrʌm|i, -ɪə(r),
-ɪst
AM ˈkrəmi, -ər, -ɪst
crump
BR ˈkrʌm|p, -ps, -pɪŋ,
-(p)t
AM ˈkrəm|p, -ps, -pɪŋ,
-(p)t
crumpet
BR ˈkrʌmpɪt, -s
AM ˈkrəmpət, -s

crumple
BR ˈkrʌmp|l, -lz,
-l̩ŋ\-lɪŋ, -ld
AM ˈkrəmp(ə)l, -z,
-ɪŋ, -d
crumply
BR ˈkrʌmpl|i, -ɪə(r),
-ɪst
AM ˈkrəmp(ə)li, -ər,
-ɪst
crunch
BR krʌn(t)ʃ, -ɪz, -ɪŋ, -t
AM krən(t)ʃ, -əz, -ɪŋ, -t
cruncher
BR ˈkrʌn(t)ʃə(r), -z
AM ˈkrən(t)ʃər, -z
Crunchie
BR ˈkrʌn(t)ʃi, -ɪz
AM ˈkrən(t)ʃi, -z
crunchily
BR ˈkrʌn(t)ʃɪli
AM ˈkrən(t)ʃəli
crunchiness
BR ˈkrʌn(t)ʃɪnɪs
AM ˈkrən(t)ʃɪnɪs
crunchy
BR ˈkrʌn(t)ʃ|i, -ɪə(r),
-ɪst
AM ˈkrən(t)ʃi, -ər, -ɪst
crupper
BR ˈkrʌpə(r), -z
AM ˈkrəpər, -z
crural
BR ˈkrʊərl̩
AM ˈkrʊr(ə)l
crusade
BR kruːˈseɪd, -z, -ɪŋ,
-ɪd
AM kruˈseɪd, -z, -ɪŋ,
-ɪd
crusader
BR kruːˈseɪdə(r), -z
AM kruˈseɪdər, -z
cruse
BR kruːz, -ɪz
AM kruz, -əz
crush
BR krʌʃ, -ɪz, -ɪŋ, -t
AM krəʃ, -əz, -ɪŋ, -t
crushable
BR ˈkrʌʃəbl̩
AM ˈkrəʃəb(ə)l

crusher
BR ˈkrʌʃə(r), -z
AM ˈkrəʃər, -z
crushingly
BR ˈkrʌʃɪŋli
AM ˈkrəʃɪŋli
Crusoe
BR ˈkruːsəʊ
AM ˈkrusoʊ
crust
BR krʌst, -s
AM krəst, -s
crustacea
BR krʌˈsteɪʃə(r)
AM krəˈsteɪʃə
crustacean
BR krʌˈsteɪʃn, -z
AM krəˈsteɪʃ(ə)n, -z
crustaceology
BR krʌˌsteɪʃɪˈɒlədʒi
AM krəˌsteɪʃiˈɑlədʒi
crustaceous
BR krʌˈsteɪʃəs
AM krəˈsteɪʃəs
crustal
BR ˈkrʌstl̩
AM ˈkrəst(ə)l
crustily
BR ˈkrʌstɪli
AM ˈkrəstəli
crustiness
BR ˈkrʌstɪnɪs
AM ˈkrəstɪnɪs
crustose
BR ˈkrʌstəʊs
AM ˈkrəsˌtoʊs
crusty
BR ˈkrʌst|i, -ɪə(r), -ɪst
AM ˈkrəsti, -ər, -ɪst
crutch
BR krʌtʃ, -ɪz
AM krətʃ, -əz
Cruttenden
BR ˈkrʌtndən
AM ˈkrətnd(ə)n
crux
BR krʌks, -ɪz
AM krəks, -əz
Cruyff
BR krɔɪf
AM krɔɪf
DU krœyf

Cruz
BR kruːz
AM kruz

cruzado
BR kruˈzaːdəʊ, -z
AM kruˈzadoʊ, -z

cruzeiro
BR kruˈzɛːrəʊ, -z
AM kruˈzɛroʊ, -z

cry
BR krʌɪ, -z, -ɪŋ, -d
AM kraɪ, -z, -ɪŋ, -d

crybaby
BR ˈkrʌɪˌbeɪb|i, -ɪz
AM ˈkraɪˌbeɪbi, -z

cryer
BR ˈkrʌɪə(r), -z
AM ˈkraɪ(ə)r, -z

cryobiological
BR ˌkrʌɪəʊˌbʌɪəˈlɒdʒɪkl
AM ˌkraɪoʊˌbaɪə-
ˈlɑdʒək(ə)l

cryobiologist
BR ˌkrʌɪəʊbʌɪ-
ˈɒlədʒɪst, -s
AM ˌkraɪoʊˌbaɪ-
ˈɑlədʒəst, -s

cryobiology
BR ˌkrʌɪəʊbʌɪˈɒlədʒi
AM ˌkraɪoʊˌbaɪˈɑlədʒi

cryogen
BR ˈkrʌɪə(ʊ)dʒ(ɛ)n, -z
AM ˈkraɪədʒ(ə)n, -z

cryogenic
BR ˌkrʌɪə(ʊ)ˈdʒɛnɪk, -s
AM ˌkraɪoʊˈdʒɛnɪk, -s

cryolite
BR ˈkrʌɪə(ʊ)lʌɪt
AM ˈkraɪəˌlaɪt

cryonics
BR krʌɪˈɒnɪks
AM ˌkraɪˈɑnɪks

cryopump
BR ˈkrʌɪə(ʊ)pʌmp, -s
AM ˈkraɪəˌpəmp, -s

cryostat
BR ˈkrʌɪə(ʊ)stat, -s
AM ˈkraɪəˌstæt, -s

cryosurgery
BR ˌkrʌɪəʊˈsəːdʒ(ə)ri
AM ˌkraɪoʊˈsərdʒ(ə)ri

crypt
BR krɪpt, -s
AM krɪpt, -s

cryptanalysis
BR ˌkrɪptəˈnalɪsɪs
AM ˌkrɪptəˈnæləsəs

cryptanalyst
BR krɪptˈanəlɪst, -s
AM krɪptˈænələst, -s

cryptanalytic
BR ˌkrɪptənəˈlɪtɪk
AM ˌkrɪptˌænəˈlɪdɪk

cryptanalytical
BR ˌkrɪptənəˈlɪtɪkl
AM ˌkrɪptˌænə-
ˈlɪdək(ə)l

cryptic
BR ˈkrɪptɪk
AM ˈkrɪptɪk

cryptically
BR ˈkrɪptɪkli
AM ˈkrɪptək(ə)li

crypto
BR ˈkrɪptəʊ, -z
AM ˈkrɪpˌtoʊ, -z

cryptocrystalline
BR ˌkrɪptəʊˈkrɪstl̩ʌɪn
AM ˌkrɪptəˈkrɪstəˌlaɪn,
ˌkrɪpˌtoʊˈkrɪstəl(ə)n,
ˌkrɪptəˈkrɪstəl(ə)n,
ˌkrɪpˌtoʊˈkrɪstəˌlaɪn

cryptogam
BR ˈkrɪptəgam, -z
AM ˈkrɪptəˌgæm, -z

cryptogamic
BR ˌkrɪptəˈgamɪk
AM ˌkrɪptəˈgæmɪk

cryptogamous
BR krɪpˈtɒgəməs
AM krɪpˈtɑgəməs

cryptogram
BR ˈkrɪptəgram, -z
AM ˈkrɪptəˌgræm, -z

cryptographer
BR krɪpˈtɒgrəfə(r)
AM krɪpˈtɑgrəfər

cryptographic
BR ˌkrɪptəˈgrafɪk
AM ˌkrɪptəˈgræfɪk

cryptographically
BR ˌkrɪptəˈgrafɪkli
AM ˌkrɪptəˈgræfək(ə)li

cryptography
BR krɪpˈtɒgrəfi
AM krɪpˈtɑgrəfi

cryptologist
BR krɪpˈtɒlədʒɪst, -s
AM krɪpˈtɑlədʒəst, -s

cryptology
BR krɪpˈtɒlədʒi
AM krɪpˈtɑlədʒi

cryptomeria
BR ˌkrɪptəˈmɪərɪə(r), -z
AM ˌkrɪptəˈmɪrɪə, -z

cryptosporidia
BR ˌkrɪptəʊspəˈrɪdɪə(r)
AM ˌkrɪptəspəˈrɪdɪə

cryptosporidium
BR ˌkrɪptəʊspəˈrɪdɪəm
AM ˌkrɪptəspəˈrɪdɪəm

cryptozoic
BR ˌkrɪptə(ʊ)ˈzəʊɪk
AM ˌkrɪptəˈzoʊɪk

crystal
BR ˈkrɪstl̩, -z
AM ˈkrɪstl̩, -z

crystalline
BR ˈkrɪstl̩ʌɪn
AM ˈkrɪstəˌlaɪn,
ˈkrɪstəl(ə)n

crystallinity
BR ˌkrɪstəˈlɪnɪti
AM ˌkrɪstəˈlɪnɪdi

crystallisable
BR ˈkrɪstl̩ʌɪzəbl
AM ˈkrɪstəˌlaɪzəb(ə)l

crystallisation
BR ˌkrɪstl̩ʌɪˈzeɪʃn
AM ˌkrɪstəˌlaɪˈzeɪʃ(ə)n,
ˌkrɪstələˈzeɪʃ(ə)n

crystallise
BR ˈkrɪstl̩ʌɪz, -ɪz, -ɪŋ, -d
AM ˈkrɪstəˌlaɪz, -ɪz,
-ɪŋ, -d

crystallite
BR ˈkrɪstl̩ʌɪt, -s
AM ˈkrɪstəˌlaɪt, -s

crystallizable
BR ˈkrɪstl̩ʌɪzəbl
AM ˈkrɪstəˌlaɪzəb(ə)l

crystallization
BR ˌkrɪstl̩ʌɪˈzeɪʃn
AM ˌkrɪstəˌlaɪˈzeɪʃ(ə)n,
ˌkrɪstələˈzeɪʃ(ə)n

crystallize
BR ˈkrɪstl̩ʌɪz, -ɪz, -ɪŋ,
-d
AM ˈkrɪstəˌlaɪz, -ɪz,
-ɪŋ, -d

crystallographer
BR ˌkrɪstəˈlɒgrəfə(r),
ˌkrɪstl̩ˈɒgrəfə(r), -z
AM ˌkrɪstəˈlɑgrəfər, -z

crystallographic
BR ˌkrɪstl̩əˈgrafɪk
AM ˌkrɪstələˈgræfɪk

crystallography
BR ˌkrɪstəˈlɒgrəfi,
ˌkrɪstl̩ˈɒgrəfi
AM ˌkrɪstəˈlɑgrəfi

crystalloid
BR ˈkrɪstl̩ɔɪd, -z
AM ˈkrɪstəˌlɔɪd, -z

csárdás
BR ˈtʃɑːdaʃ, -ɪz
AM ˈtʃɑrdaʃ, -əz
HU ˈtʃaːrdaːʃ

ctenoid
BR ˈtiːnɔɪd, ˈtɛnɔɪd
AM ˈtɛˌnɔɪd, ˈtiˌnɔɪd

ctenophore
BR ˈtiːnəfɔː(r),
ˈtɛnəfɔː(r), -z
AM ˈtɛnəˌfɔ(ə)r, -z

Ctesiphon
BR ˈtɛsɪfɒn
AM ˈtɛsəˌfɑn

cuadrilla
BR kwɒˈdriː(l)jə(r), -z
AM kwəˈdri(l)jə, -z
SP kwaˈðrija

cub
BR kʌb, -z, -ɪŋ, -d
AM kəb, -z, -ɪŋ, -d

Cuba
BR ˈkjuːbə(r)
AM ˈkjubə

Cuban
BR ˈkjuːbən, -z
AM ˈkjub(ə)n, -z

Cubango
BR kjuːˈbaŋgəʊ
AM kjuˈbæŋgoʊ

cubby
BR ˈkʌb|i, -ɪz
AM ˈkəbi, -z

cubbyhole
BR ˈkʌbɪhəʊl, -z
AM ˈkəbɪˌ(h)oʊl, -z

cube
BR kjuːb, -z, -ɪŋ, -d
AM kjub, -z, -ɪŋ, -d

cubeb
BR ˈkjuːbɛb, -z
AM ˈkjuˌbɛb, -z

cuber
BR ˈkjuːbə(r), -z
AM ˈkjubər, -z

cubhood
BR ˈkʌbhʊd
AM ˈkəbˌ(h)ʊd

cubic
BR ˈkjuːbɪk
AM ˈkjubɪk

cubical
BR ˈkjuːbɪkl
AM ˈkjubək(ə)l

cubically
BR ˈkjuːbɪkli
AM ˈkjubək(ə)li

cubicle
BR ˈkjuːbɪkl, -z
AM ˈkjubək(ə)l, -z

cubiform
BR ˈkjuːbɪfɔːm
AM ˈkjubəˌfɔ(ə)rm

cubism
BR ˈkjuːbɪzm
AM ˈkjuˌbɪz(ə)m

cubist
BR ˈkjuːbɪst, -s
AM ˈkjubəst, -s

cubit
BR ˈkjuːbɪt, -s
AM ˈkjubət, -s

cubital
BR ˈkjuːbɪtl
AM ˈkjubədl

Cubitt
BR ˈkjuːbɪt
AM ˈkjubɪt

cuboid
BR ˈkjuːbɔɪd
AM ˈkjuˌbɔɪd

cuboidal
BR kjuːˈbɔɪdl
AM kjuˈbɔɪd(ə)l

cuce *cucumber*
BR ˈkjuːk, -s
AM kjuk, -s

Cúchulainn
BR kuːˈkʌl(ə)n, kuːˈxʌl(ə)n
AM kuˈkəl(ə)n
IR kuːˈxulʲən

Cuckfield
BR ˈkʌkfiːld
AM ˈkəkˌfild

cucking-stool
BR ˈkʌkɪŋstuːl, -z
AM ˈkəkɪŋˌstul, -z

Cuckney
BR ˈkʌkni
AM ˈkəkni

cuckold
BR ˈkʌkəʊld, ˈkʌk(ə)ld, -z, -ɪŋ, -ɪd
AM ˈkəkəld, -z, -ɪŋ, -əd

cuckoldry
BR ˈkʌk(ə)ldri
AM ˈkəkəldri

cuckoo
BR ˈkʊkuː, -z
AM ˈkʊˌku, ˈkuˌku, -z

cuckoo-spit
BR ˈkʊkuːspɪt
AM ˈkʊkuˌspɪt, ˈkukuˌspɪt

cucumber
BR ˈkjuːkʌmbə(r), -z
AM ˈkjuˌkəmbər, -z

cucurbit
BR kjuːˈkəːbɪt, -s
AM kjuˈkərbət, -s

cucurbitaceous
BR kjuːˌkəːbɪˈteɪʃəs
AM kjuˌkərbəˈteɪʃəs

cud
BR kʌd
AM kəd

cudbear
BR ˈkʌdbɛː(r)
AM ˈkədˌbɛ(ə)r

cuddle
BR ˈkʌdl, -lz, -l̩ɪŋ\-lɪŋ, -ld
AM ˈkəd(ə)l, -z, -ɪŋ, -d

cuddlesome
BR ˈkʌdls(ə)m
AM ˈkədls(ə)m

cuddliness
BR ˈkʌdlɪnɪs
AM ˈkəd(ə)lɪnɪs

cuddly
BR ˈkʌdlli, -ɪə(r), -ɪɪst
AM ˈkəd(ə)li, -ər, -ɪst

cuddy
BR ˈkʌdi
AM ˈkədi

cudgel
BR ˈkʌdʒ(ə)l, -(ə)lz, -l̩ɪŋ, -(ə)ld
AM ˈkədʒ(ə)l, -z, -ɪŋ, -d

Cudlipp
BR ˈkʌdlɪp
AM ˈkədˌlɪp

cudweed
BR ˈkʌdwiːd
AM ˈkədˌwid

cue
BR kjuː, -z, -ɪŋ, -d
AM kju, -z, -ɪŋ, -d

cueball
BR ˈkjuːbɔːl, -z
AM ˈkjuˌbɑl, ˈkjuˌbɔl, -z

cueist
BR ˈkjuːɪst, -s
AM ˈkjuəst, -s

Cuenca
BR ˈkwɛŋkə(r)
AM ˈkwɛŋkə

cuesta
BR ˈkwɛstə(r), -z
AM ˈkwɛstə, -z

cuff
BR kʌf, -s, -ɪŋ, -t
AM kəf, -s, -ɪŋ, -t

Cuffley
BR ˈkʌfli
AM ˈkəfli

cufflink
BR ˈkʌflɪŋk, -s
AM ˈkəfˌlɪŋk, -s

Cufic
BR ˈkjuːfɪk
AM ˈk(j)ufɪk

cui bono?
BR ˌkuːɪ ˈbəʊnəʊ, ˌkwiː +
AM ˌkwi ˈboʊnoʊ

Cuillin
BR ˈkuːlɪn, -z
AM ˈkul(ə)n, -z

cuirass
BR kwɪˈras, kjʊˈras, -ɪz
AM kwiˈræs, kwɪˈræs, -əz

cuirassier
BR ˌkwɪrəˈsɪə(r), ˌkjʊərəˈsɪə(r), -z
AM ˌkjʊrəˈsɪ(ə)r, ˌkwɪrəˈsɪ(ə)r, -z

cuish
BR kwɪʃ, -ɪz
AM kwɪʃ, -ɪz

cuisine
BR kwɪˈziːn
AM kwiˈzin, kwəˈzin

cuisse
BR kwɪs, -ɪz
AM kwɪs, -ɪz

Culbertson
BR ˈkʌlbəts(ə)n
AM ˈkəlbərts(ə)n

Culceth
BR ˈkʌltʃiθ
AM ˈkəltʃəθ

Culdees
BR ˈkʌldiːz
AM ˈkəlˌdiz

cul-de-sac
BR ˈkʌldəsak, ˈkʊldəsak, -s
AM ˈkəldəˌsæk, -s

culinarily
BR ˈkʌlɪn(ə)rɪli
AM ˌkjuləˈnɛrəli, ˌkələˈnɛrəli

culinary
BR ˈkʌlɪn(ə)ri
AM ˈkjuləˌnɛri, ˈkələˌnɛri

cull
BR kʌl, -z, -ɪŋ, -d
AM kəl, -z, -ɪŋ, -d

Cullen
BR ˈkʌlɪn
AM ˈkəl(ə)n

cullender
BR ˈkʌlɪndə(r), -z
AM ˈkələndər, -z
culler
BR ˈkʌlə(r), -z
AM ˈkələr, -z
cullet
BR ˈkʌlɪt
AM ˈkələt
Cullinan
BR ˈkʌlɪnən
AM ˈkələnən
Culloden
BR kəˈlɒdn
AM kəˈlɑd(ə)n
Cullompton
BR kəˈlʌm(p)t(ə)n
AM kəˈləmptn,
kəˈləmpdən,
kəˈləmt(ə)n
culm
BR kʌlm
AM kəlm
culmiferous
BR kʌlˈmɪf(ə)rəs
AM kəlˈmɪf(ə)rəs
culminant
BR ˈkʌlmɪnənt
AM ˈkəlmənənt
culminate
BR ˈkʌlmɪneɪt, -s,
-ɪŋ, -ɪd
AM ˈkəlməˌneɪ|t, -ts,
-dɪŋ, -dɪd
culmination
BR ˌkʌlmɪˈneɪʃn, -z
AM ˌkəlməˈneɪʃ(ə)n,
-z
culminative
BR ˈkʌlmɪnətɪv
AM ˈkəlmənədɪv,
ˈkəlməˌneɪdɪv
culminatively
BR ˈkʌlmɪnətɪvli
AM ˈkəlmənədɪvli,
ˈkəlməˌneɪdɪvli
culotte
BR kjʊˈlɒt, kjuːˈlɒt, -s
AM ˈk(j)ʊˌlɑt, -s
culpability
BR ˌkʌlpəˈbɪlɪti
AM ˌkəlpəˈbɪlɪdi

culpable
BR ˈkʌlpəbl
AM ˈkəlpəb(ə)l
culpably
BR ˈkʌlpəbli
AM ˈkəlpəbli
Culpeper
BR ˈkʌlˌpɛpə(r)
AM ˈkəlˌpɛpər
Culpepper
BR ˈkʌlˌpɛpə(r)
AM ˈkəlˌpɛpər
culprit
BR ˈkʌlprɪt, -s
AM ˈkəlprət, -s
cult
BR kʌlt, -s
AM kəlt, -s
cultic
BR ˈkʌltɪk
AM ˈkəltɪk
cultigen
BR ˈkʌltɪdʒ(ɛ)n, -z
AM ˈkəltɪdʒ(ə)n,
ˈkəltəˌdʒɛn, -z
cultism
BR ˈkʌltɪzm
AM ˈkəlˌtɪz(ə)m
cultist
BR ˈkʌltɪst, -s
AM ˈkəltəst, -s
cultivable
BR ˈkʌltɪvəbl
AM ˈkəltəvəb(ə)l
cultivar
BR ˈkʌltɪvɑː(r), -z
AM ˈkəltəˌvɑr, -z
cultivatable
BR ˈkʌltɪveɪtəbl
AM ˈkəltəˌveɪdəb(ə)l
cultivate
BR ˈkʌltɪveɪt, -s,
-ɪŋ, -ɪd
AM ˈkəltəˌveɪ|t, -ts,
-dɪŋ, -dɪd
cultivation
BR ˌkʌltɪˈveɪʃn
AM ˌkəltəˈveɪʃ(ə)n
cultivator
BR ˈkʌltɪveɪtə(r),
-z
AM ˈkəltəˌveɪdər, -z

cultural
BR ˈkʌltʃ(ə)rl̩
AM ˈkəltʃər(ə)l,
ˈkəltʃr(ə)l
culturalism
BR ˈkʌltʃ(ə)rˌɪzm
AM ˈkəltʃ(ə)rəˌlɪz(ə)m
culturalist
BR ˈkʌltʃ(ə)rˌɪst, -s
AM ˈkəltʃ(ə)rələst, -s
culturally
BR ˈkʌltʃ(ə)rl̩i
AM ˈkəltʃ(ə)rəli
culture
BR ˈkʌltʃə(r), -z, -d
AM ˈkəltʃər, -z, -d
cultus
BR ˈkʌltəs, -ɪz
AM ˈkəltəs, -əz
Culver
BR ˈkʌlvə(r)
AM ˈkəlvər
culverin
BR ˈkʌlv(ə)rɪn, -z
AM ˈkəlv(ə)r(ə)n, -z
culvert
BR ˈkʌlvət, -s, -ɪŋ, -ɪd
AM ˈkəlvər|t, -ts, -dɪŋ,
-dəd
cum
BR kʌm
AM kəm
cumber
BR ˈkʌmb|ə(r), -əz,
-(ə)rɪŋ, -əd
AM ˈkəmbər, -z, -ɪŋ,
-d
Cumberland
BR ˈkʌmbələnd
AM ˈkəmbərlənd
Cumberledge
BR ˈkʌmbəlɪdʒ,
ˈkʌmbəlɛdʒ
AM ˈkəmbərlədʒ
Cumbernauld
BR ˈkʌmbənɔːld,
ˌkʌmbəˈnɔːld
AM ˈkəmbərˌnɑld,
ˈkəmbərˌnɔld
cumbersome
BR ˈkʌmbəs(ə)m
AM ˈkəmbərs(ə)m

cumbersomely
BR ˈkʌmbəs(ə)mli
AM ˈkəmbərsəmli
cumbersomeness
BR ˈkʌmbəs(ə)mnəs
AM ˈkəmbərsəmnəs
cumbia
BR ˈkʊmbɪə(r)
AM ˈkəmbɪə
Cumbria
BR ˈkʌmbrɪə(r)
AM ˈkəmbrɪə
Cumbrian
BR ˈkʌmbrɪən, -z
AM ˈkəmbrɪən, -z
cumbrous
BR ˈkʌmbrəs
AM ˈkəmbrəs
cumbrously
BR ˈkʌmbrəsli
AM ˈkəmbrəsli
cumbrousness
BR ˈkʌmbrəsnəs
AM ˈkəmbrəsnəs
cum grano salis
BR kʌm ˌgrɑːnəʊ
ˈseɪlɪs, kʊm +,
+ ˌgreɪnəʊ +,
+ ˈsɑːlɪs, + ˈsalɪs
AM ˌkəm ˌgrɑnoʊ
ˈsæləs, ˌkəm
ˌgrɑnoʊ ˈseɪlɪs
cumin
BR ˈkʌmɪn,
ˈk(j)uːmɪn
AM ˈk(j)um(ə)n,
ˈkəm(ə)n
cummerbund
BR ˈkʌməbʌnd, -z
AM ˈkəmərˌbənd, -z
cummin
BR ˈkʌmɪn
AM ˈkəm(ə)n
Cumming
BR ˈkʌmɪŋ
AM ˈkəmɪŋ
Cummings
BR ˈkʌmɪŋz
AM ˈkəmɪŋz
Cummins
BR ˈkʌmɪnz
AM ˈkəmənz

Cumnock
BR ˈkʌmnək
AM ˈkəmnək

Cumnor
BR ˈkʌmnə(r)
AM ˈkəmnər

cumquat
BR ˈkʌmkwɒt, -s
AM ˈkəmˌkwɑt, -s

cumulate
BR ˈkjuːmjʉleɪt, -s, -ɪŋ, -ɪd
AM ˈkjumjəˌleɪ|t, -ts, -dɪŋ, -dɪd

cumulation
BR ˌkjuːmjʉˈleɪʃn, -z
AM ˌkjumjəˈleɪʃ(ə)n, -z

cumulative
BR ˈkjuːmjʉlətɪv
AM ˈkjumjəˌleɪdɪv, ˈkjumjələdɪv

cumulatively
BR ˈkjuːmjʉlətɪvli
AM ˈkjumjəˌleɪdɪvli, ˈkjumjələdɪvli

cumulativeness
BR ˈkjuːmjʉlətɪvnɪs
AM ˈkjumjəˌleɪdɪvnɪs, ˈkjumjələdɪvnɪs

cumulonimbus
BR ˌkjuːmjʉləʊ-ˈnɪmbəs
AM ˌkjumjəloʊ-ˈnɪmbəs

cumulostratus
BR ˌkjuːjʉləʊˈstrɑːtəs, ˌkjuːmjʉləʊˈstreɪtəs
AM ˌkjumjəloʊ-ˈstrædəs, ˌkjumjəloʊˈstreɪdəs

cumulous
BR ˈkjuːmjʉləs
AM ˈkjumjələs

cumulus
BR ˈkjuːmjʉləs
AM ˈkjumjələs

Cunard
BR kjuːˈnɑːd, kjʉˈnɑːd, ˈkjuːnɑːd
AM kjuˈnɑrd

cunctation
BR ˌkʌŋ(k)ˈteɪʃn, -z
AM ˌkəŋkˈteɪʃ(ə)n, -z

cunctator
BR ˈkʌŋ(k)teɪtə(r), -z
AM ˈkəŋ(k)ˌteɪdər, -z

cuneal
BR ˈkjuːnɪəl
AM ˈkjuniəl

cuneate
BR ˈkjuːnɪeɪt, ˈkjuːnɪət
AM ˈkjuniət, ˈkjuniˌeɪt

cuneiform
BR ˈkjuːnɪfɔːm
AM ˈkjuniəˌfɔ(ə)rm, ˈkjunəˌfɔ(ə)rm, kjuˈniəˌfɔ(ə)rm

Cunene
BR kuːˈneɪnə(r)
AM kuˈneɪnə

Cuningham
BR ˈkʌnɪŋəm
AM ˈkənɪŋˌ(h)æm

Cuninghame
BR ˈkʌnɪŋəm
AM ˈkənɪŋˌ(h)æm

cunjevoi
BR ˈkʌn(d)ʒɪvɔɪ, -z
AM ˈkəndʒəˌvɔɪ, -z

cunnilinctus
BR ˌkʌnɪˈlɪŋ(k)təs
AM ˌkənəˈlɪŋ(k)təs

cunnilingus
BR ˌkʌnɪˈlɪŋɡəs
AM ˌkənəˈlɪŋɡəs

cunning
BR ˈkʌnɪŋ
AM ˈkənɪŋ

Cunningham
BR ˈkʌnɪŋəm
AM ˈkənɪŋˌ(h)æm

cunningly
BR ˈkʌnɪŋli
AM ˈkənɪŋli

cunningness
BR ˈkʌnɪŋnɪs
AM ˈkənɪŋnɪs

Cunobelinus
BR ˌkjuːnə(ʊ)bɪˈlʌɪnəs, ˌkjuːnə(ʊ)bɪˈliːnəs
AM ˌkjunoʊbəˈlinəs

cunt
BR kʌnt, -s
AM kən|t, -(t)s

cup
BR kʌp, -s, -ɪŋ, -t
AM kəp, -s, -ɪŋ, -t

Cupar
BR ˈkuːpə(r)
AM ˈk(j)upər

cupbearer
BR ˈkʌpˌbɛːrə(r), -z
AM ˈkəpˌbɛrər, -z

cupboard
BR ˈkʌbəd, -z
AM ˈkəbərd, -z

cupcake
BR ˈkʌpkeɪk, -s
AM ˈkəpˌkeɪk, -s

cupel
BR ˈkjuːpl, -z
AM ˈkjup(ə)l, kjuˈpɛl, -z

cupellation
BR ˌkjuːpɪˈleɪʃn
AM ˌkjupəˈleɪʃ(ə)n

cupful
BR ˈkʌpfʊl, -z
AM ˈkəpˌfʊl, -z

Cupid
BR ˈkjuːpɪd
AM ˈkjupəd

cupid
BR ˈkjuːpɪd, -z
AM ˈkjupəd, -z

cupidity
BR kjuːˈpɪdɪti, kjʉˈpɪdɪti
AM kjuˈpɪdɪdi

Cupit
BR ˈkjuːpɪt
AM ˈkjupɪt

Cupitt
BR ˈkjuːpɪt
AM ˈkjupɪt

cupola
BR ˈkjuːplə(r), -z, -d
AM ˈkəpələ, ˈk(j)upələ, -z, -d

cupola-furnace
BR ˈkjuːplə,fɜːnɪs, -ɪz
AM ˈkəpələˌfɜrnəs, ˈk(j)upələˌfɜrnəs, -əz

cuppa
BR ˈkʌpə(r), -z
AM ˈkəpə, -z

cuprammonium
BR ˌkjuːprə-ˈməʊnɪəm
AM ˌk(j)uprə-ˈmoʊnɪəm

cupreous
BR ˈkjuːprɪəs
AM ˈk(j)uprɪəs

cupric
BR ˈkjuːprɪk
AM ˈk(j)uprɪk

cupriferous
BR kjuːˈprɪf(ə)rəs
AM k(j)uˈprɪf(ə)rəs

Cuprinol
BR ˈkjuːprɪnɒl
AM ˈk(j)upriˌnɑl

cupronickel
BR ˌkjuːprəʊˈnɪkl
AM ˌk(j)uproʊˈnɪk(ə)l

cuprous
BR ˈkjuːprəs
AM ˈk(j)uprəs

cupule
BR ˈkjuːpjuːl, -z
AM ˈkjupjul, -z

cur
BR kɜː(r), -z
AM kər, -z

curability
BR ˌkjʊərəˈbɪlɪti, ˌkjɔːrəˈbɪlɪti
AM ˌkjʊrəˈbɪlɪdi

curable
BR ˈkjʊərəbl, ˈkjɔːrəbl
AM ˈkjʊrəb(ə)l

curably
BR ˈkjʊərəbli, ˈkjɔːrəbli
AM ˈkjʊrəbli

Curacao
BR ˈkjʊərəsəʊ, ˈkjɔːrəsəʊ, ˌkjʊərəˈsəʊ, ˌkjɔːrəˈsəʊ
AM ˌk(j)ʊrəˌsoʊ, ˈk(j)ʊrəˌsaʊ

Curaçao
BR ˈkjʊərəsəʊ,
ˈkjɔːrəsəʊ,
ˌkjʊərəˈsəʊ,
ˌkjɔːrəˈsəʊ
AM ˈˌk(j)ʊrəˈsoʊ,
ˈˌk(j)ʊrəˈsaʊ

curacy
BR ˈkjʊərəs|i,
ˈkjɔːrəs|i, -ɪz
AM ˈkjʊrəsi, -z

curare
BR kjʊˈrɑːri
AM kjʊˈrɑri

curari
BR kjʊˈrɑːri
AM kjʊˈrɑri

curarine
BR ˈkjʊərəriːn,
ˈkjɔːrəriːn,
kjʊˈrɑːriːn
AM ˈkjʊrɑr(ə)n,
kjʊˈrɑˌrin

curarise
BR ˈkjʊərərʌɪz,
ˈkjɔːrərʌɪz, -ɪz,
-ɪŋ, -d
AM ˈkjʊrəˌrʌɪz, -ɪz,
-ɪŋ, -d

curarize
BR ˈkjʊərərʌɪz,
ˈkjɔːrərʌɪz, -ɪz,
-ɪŋ, -d
AM ˈkjʊrəˌrʌɪz, -ɪz,
-ɪŋ, -d

curassow
BR ˈkjʊərəsəʊ,
ˈkjɔːrəsəʊ, -z
AM ˈˌk(j)ʊrəˈsoʊ,
ˈˌk(j)ʊrəˈsaʊ, -z

curate[1] *noun*
BR ˈkjʊərət,
ˈkjɔːrət, -s
AM ˈkjʊrət, -s

curate[2] *verb*
BR kjʊˈreɪt, -s,
-ɪŋ, -ɪd
AM ˈkjʊəreɪt, -s, -ɪŋ,
-əd

curation
BR kjʊˈreɪʃn
AM kjʊˈreɪʃ(ə)n

curative
BR ˈkjʊərətɪv,
ˈkjɔːrətɪv
AM ˈkjʊrədɪv

curator
BR kjʊˈreɪtə(r), -z
AM ˈkjʊˌreɪdər, -z

curatorial
BR ˌkjʊərəˈtɔːrɪəl,
ˌkjɔːrəˈtɔːrɪəl
AM ˌkjʊrəˈtɔrɪəl

curatorship
BR kjʊˈreɪtəʃɪp, -s
AM ˈkjʊˌreɪdərˌʃɪp, -s

curb
BR kəːb, -z, -ɪŋ, -d
AM kərb, -z, -ɪŋ, -d

curbside
BR ˈkəːbsʌɪd
AM ˈkərbˌsaɪd

curbstone
BR ˈkəːbstəʊn, -z
AM ˈkərbˌstoʊn, -z

curcuma
BR ˈkəːkjʊmə(r), -z
AM ˈkərkjəmə, -z

curd
BR kəːd, -z
AM kərd, -z

curdle
BR ˈkəːd|l, -lz, -l̩ɪŋ
\-lɪŋ, -ld
AM ˈkərd(ə)l, -z, -ɪŋ,
-d

curdler
BR ˈkəːdlə(r), -z
AM ˈkərd(ə)lər, -z

curdy
BR ˈkəːdi
AM ˈkərdi

cure
BR kjʊə(r), kjɔː(r),
-z, -ɪŋ, -d
AM ˈkjʊ(ə)r, -z, -ɪŋ, -d

curé
BR ˈkjʊəreɪ, ˈkjɔːreɪ,
-z
AM kjʊˈreɪ, kjəˈreɪ, -z

curer
BR ˈkjʊərə(r),
ˈkjɔːrə(r), -z
AM ˈkjʊrər, -z

curettage
BR kjʊˈrɛtɪdʒ, ˌkjʊərɪˈtɑːʒ, ˌkjɔːrɪˈtɑːʒ
AM ˌkjʊrəˈtɑʒ

curette
BR kjʊˈrɛt, -s
AM kjʊˈrɛt, -s

curfew
BR ˈkəːfjuː, -z
AM ˈkərˌfju, -z

curia
BR ˈkjʊərɪə(r),
ˈkjɔːrɪə(r)
AM ˈkjʊrɪə

Curial
BR ˈkjʊərɪəl,
ˈkjɔːrɪəl
AM ˈkjʊrɪəl

curie
BR ˈkjʊər|i, ˈkjɔːr|i, -ɪz
AM ˈkjʊri, -z

curio
BR ˈkjʊərɪəʊ,
ˈkjɔːrɪəʊ, -z
AM ˈkjʊrioʊ, -z

curiosa
BR ˌkjʊərɪˈəʊsə(r),
ˌkjʊərɪˈəʊzə(r),
ˌkjɔːrɪˈəʊzə(r),
ˌkjɔːrɪˈəʊzə(r)
AM ˌkjʊriˈoʊzə,
ˌkjʊriˈoʊsə

curiosity
BR ˌkjʊərɪˈɒsɪt|i,
ˌkjɔːrɪˈɒsɪt|i, -ɪz
AM ˌkjʊriˈɑsədi, -z

curious
BR ˈkjʊərɪəs,
ˈkjɔːrɪəs
AM ˈkjʊrɪəs

curiously
BR ˈkjʊərɪəsli,
ˈkjɔːrɪəsli
AM ˈkjʊrɪəsli

curiousness
BR ˈkjʊərɪəsnəs,
ˈkjɔːrɪəsnəs
AM ˈkjʊrɪəsnəs

Curitiba
BR ˌkjʊərɪˈtiːbə(r),
ˌkjɔːrɪˈtiːbə(r)
AM ˌkjuriˈtibə

curium
BR ˈkjʊərɪəm,
ˈkjɔːrɪəm
AM ˈkjʊrɪəm

curl
BR kəːl, -z, -ɪŋ, -d
AM kərl, -z, -ɪŋ, -d

curler
BR ˈkəːlə(r), -z
AM ˈkərlər, -z

curlew
BR ˈkəːl(j)uː, -z
AM ˈkərˌlu, -z

Curley
BR ˈkəːli
AM ˈkərli

curlicue
BR ˈkəːlɪkjuː, -z
AM ˈkərliˌkju, -z

curliness
BR ˈkəːlɪnɪs
AM ˈkərlɪnɪs

curly
BR ˈkəːl|i, -ɪə(r),
-ɪɪst
AM ˈkərli, -ər, -ɪst

curlycue
BR ˈkəːlɪkjuː, -z
AM ˈkərliˌkju, -z

curmudgeon
BR kəˈmʌdʒ(ə)n, -z
AM kərˈmədʒ(ə)n, -z

curmudgeonly
BR kəˈmʌdʒ(ə)nli
AM kərˈmədʒənli

curmugeon
BR kəˈmʌdʒ(ə)n, -z
AM kərˈmədʒ(ə)n, -z

currach
BR ˈkʌrə(r), ˈkʌrəx,
ˈkʌrəz\ˈkʌrəxs
AM ˈkərə(k), -z

curragh
BR ˈkʌrə(r),
ˈkʌrəx
AM ˈkərə(k), -z

currajong
BR ˈkʌrədʒɒŋ, -z
AM ˈkərəˌdʒɑŋ, -z

Curran
BR ˈkʌrn̩
AM ˈkər(ə)n

currant
BR ˈkʌrn̩t, -s
AM ˈkɜr(ə)nt, -s

currawong
BR ˈkʌrəwɒŋ, -z
AM ˈkɜrəˌwɑŋ, -z

currency
BR ˈkʌrn̩s|i, -ɪz
AM ˈkɜrənsi, -z

current
BR ˈkʌrn̩t, -s
AM ˈkɜr(ə)nt, -s

currently
BR ˈkʌrn̩tli
AM ˈkɜrən(t)li

currentness
BR ˈkʌrn̩tnəs
AM ˈkɜrən(t)nəs

curricle
BR ˈkɒrɪkl, -z
AM ˈkɜrək(ə)l, -z

curricula
BR kəˈrɪkjʉlə(r)
AM kəˈrɪkjələ

curricular
BR kəˈrɪkjʉlə(r)
AM kəˈrɪkjələr

curriculum
BR kəˈrɪkjʉləm, -z
AM kəˈrɪkjəl(ə)m, -z

curriculum vitae
BR kəˌrɪkjʉləm
ˈviːtʌɪ
AM kəˌrɪkjəl(ə)m
ˈvaɪˌdi, kəˌrɪkjəl(ə)m
ˈviˌtaɪ

Currie
BR ˈkʌri
AM ˈkɜri

currier
BR ˈkʌriə(r), -z
AM ˈkɜriər, -z

currish
BR ˈkɜːrɪʃ
AM ˈkɜrɪʃ

currishly
BR ˈkɜːrɪʃli
AM ˈkɜrɪʃli

currishness
BR ˈkɜːrɪʃnɪs
AM ˈkɜrɪʃnɪs

curry
BR ˈkʌr|i, -ɪz, -ɪɪŋ, -ɪd
AM ˈkɜri, -z, -ɪŋ, -d

curse
BR kɜːs, -ɪz, -ɪŋ, -t
AM kɜrs, -əz, -ɪn, -t

cursed *adjective*
BR ˈkɜːsɪd, kɜːst
AM kɜrst, ˈkɜrsəd

cursedly
BR ˈkɜːsɪdli
AM ˈkɜrsədli

cursedness
BR ˈkɜːsɪdnɪs
AM ˈkɜrsədnəs

curser
BR ˈkɜːsə(r), -z
AM ˈkɜrsər, -z

cursillo
BR kʊəˈsiː(l)jəʊ, -z
AM kɜrˈsiloʊ, -z

cursive
BR ˈkɜːsɪv
AM ˈkɜrsɪv

cursively
BR ˈkɜːsɪvli
AM ˈkɜrsɪvli

cursiveness
BR ˈkɜːsɪvnɪs
AM ˈkɜrsɪvnɪs

cursor
BR ˈkɜːsə(r), -z
AM ˈkɜrsər, -z

cursorial
BR kɜːˈsɔːriəl
AM kɜrˈsɔriəl

cursorily
BR ˈkɜːs(ə)rəli
AM ˈkɜrs(ə)rəli

cursoriness
BR ˈkɜːs(ə)rɪnɪs
AM ˈkɜrs(ə)rɪnɪs

cursory
BR ˈkɜːs(ə)ri
AM ˈkɜrs(ə)ri

curst
BR kɜːst
AM kɜrst

curt
BR kɜːt
AM kɜrt

curtail
BR kə(ː)ˈteɪl, -z, -ɪŋ, -d
AM kɜrˈteɪl, -z, -ɪŋ, -d

curtailment
BR kə(ː)ˈteɪlm(ə)nt, -s
AM kɜrˈteɪlmɪnt, -s

curtain
BR ˈkɜːtn, -z, -ɪŋ, -d
AM ˈkɜrtn̩, -z, -ɪŋ, -d

curtain wall
BR ˌkɜːtn ˈwɔːl, -z
AM ˈkɜrtn̩ˌwɑl,
ˈkɜrtn̩ˌwɔl, -z

curtana
BR kəːˈtɑːnə(r),
kəːˈteɪnə(r), -z
AM kɜrˈtɑnə, -z

curtilage
BR ˈkɜːtɪlɪdʒ,
ˈkɜːtl̩ɪdʒ, -ɪz
AM ˈkɜrdl̩ɪdʒ, -ɪz

Curtin
BR ˈkɜːt(ɪ)n
AM ˈkɜrtn

Curtis
BR ˈkɜːtɪs
AM ˈkɜrdəs

Curtiss
BR ˈkɜːtɪs
AM ˈkɜrdəs

curtly
BR ˈkɜːtli
AM ˈkɜrtli

curtness
BR ˈkɜːtnəs
AM ˈkɜrtnəs

curtsey
BR ˈkɜːts|i, -ɪz, -ɪɪŋ, -ɪd
AM ˈkɜrtsi, -z, -ɪŋ, -d

curtsy
BR ˈkɜːts|i, -ɪz, -ɪɪŋ, -ɪd
AM ˈkɜrtsi, -z, -ɪŋ, -d

curule
BR ˈkjʊər(j)uːl
AM ˈkjuˌrul

curvaceous
BR kəːˈveɪʃəs
AM kɜrˈveɪʃəs

curvaceously
BR kəːˈveɪʃəsli
AM kɜrˈveɪʃəsli

curvacious
BR kəːˈveɪʃəs
AM kɜrˈveɪʃəs

curvaciously
BR kəːˈveɪʃəsli
AM kɜrˈveɪʃəsli

curvature
BR ˈkɜːvətʃə(r),
ˈkɜːvətjʊə(r), -z
AM ˈkɜrvəˌtʃʊ(ə)r,
ˈkɜrvətʃər, -z

curve
BR kɜːv, -z, -ɪŋ, -d
AM kɜrv, -z, -ɪŋ, -d

curvet
BR kəːˈvet, -s, -ɪŋ, -ɪd
AM kɜrˌvɛ|t, -ts, -dɪŋ,
-dəd

curvifoliate
BR ˌkɜːvɪˈfəʊliət
AM ˌkɜrvəˈfoʊliət

curviform
BR ˈkɜːvɪfɔːm
AM ˈkɜrvəˌfɔ(ə)rm

curvilinear
BR ˌkɜːvɪˈlɪniə(r)
AM ˌkɜrvəˈliniər

curvilinearly
BR ˌkɜːvɪˈlɪniəli
AM ˌkɜrvəˈliniərli

curviness
BR ˈkɜːvɪnɪs
AM ˈkɜrvɪnɪs

curvirostral
BR ˌkɜːvɪˈrɒstr(ə)l
AM ˌkɜrvəˈrɑstr(ə)l

curvy
BR ˈkɜːv|i, -ɪə(r), -ɪst
AM ˈkɜrvi, -ər, -ɪst

Curzon
BR ˈkɜːzn
AM ˈkɜrˌzɑn, ˈkɜrz(ə)n

Cusack
BR ˈkjuːsak, ˈkjuːzak
AM ˈkjuzæk, ˈkjusæk

cuscus
BR ˈkʌskʌs, -ɪz
AM ˈkəskəs, ˈkʊskʊs,
-əz

cusec
BR ˈkjuːsɛk, -s
AM ˈkjuˌsɛk, -s

cush
BR kʊʃ, -ɪz
AM kʊʃ, -əz

cushat
BR ˈkʊʃət, -s
AM ˈkʊʃət, -s

cush-cush
BR ˈkʊʃkʊʃ, -ɪz
AM ˈkʊʃˌkʊʃ, -əz

cushily
BR ˈkʊʃɪli
AM ˈkʊʃəli

cushiness
BR ˈkʊʃɪnɪs
AM ˈkʊʃɪnɪs

Cushing
BR ˈkʊʃɪŋ
AM ˈkʊʃɪŋ

cushion
BR ˈkʊʃn, -nz, -n̩ɪŋ\-nɪŋ, -nd
AM ˈkʊʃ(ə)n, -z, -ɪŋ, -d

cushiony
BR ˈkʊʃn̩i
AM ˈkʊʃəni

Cushitic
BR kʊˈʃɪtɪk
AM kəˈʃɪdɪk

cushy
BR ˈkʊʃi, -ɪə(r), -ɪɪst
AM ˈkʊʃi, -ər, -ɪst

cusp
BR kʌsp, -s, -t
AM kəsp, -s, -t

cuspate
BR ˈkʌspeɪt
AM ˈkəsˌpeɪt, ˈkəspət

cuspid
BR ˈkʌspɪd, -z
AM ˈkəspəd, -z

cuspidal
BR ˈkʌspɪdl
AM ˈkəspəd(ə)l

cuspidate
BR ˈkʌspɪdeɪt
AM ˈkəspəˌdeɪt

cuspidor
BR ˈkʌspɪdɔː(r), -z
AM ˈkəspəˌdɔ(ə)r, -z

cuss
BR kʌs, -ɪz, -ɪŋ, -t
AM kəs, -əz, -ɪŋ, -t

cussed *adjective*
BR ˈkʌsɪd
AM ˈkəsəd

cussedly
BR ˈkʌsɪdli
AM ˈkəsədli

cussedness
BR ˈkʌsɪdnɪs
AM ˈkəsədnəs

Cusson
BR ˈkʌsn
AM ˈkəs(ə)n

custard
BR ˈkʌstəd, -z
AM ˈkəstərd, -z

Custer
BR ˈkʌstə(r)
AM ˈkəstər

custodial
BR kʌˈstəʊdɪəl
AM kəsˈtoʊdɪəl

custodian
BR kʌˈstəʊdɪən, -z
AM kəsˈtoʊdɪən, -z

custodianship
BR kʌˈstəʊdɪənʃɪp
AM kəsˈtoʊdɪənˌʃɪp

custody
BR ˈkʌstədi
AM ˈkəstədi

custom
BR ˈkʌst(ə)m, -z
AM ˈkəst(ə)m, -z

customable
BR ˈkʌstəməbl
AM ˈkəstəməb(ə)l

customarily
BR ˈkʌstəm(ə)rɪli, ˈkʌstəm(ə)rl̩i
AM ˌkəstəˈmɛrəli

customariness
BR ˈkʌstəm(ə)rɪnɪs
AM ˈkəstəˌmɛrɪnəs

customary
BR ˈkʌstəm(ə)ri
AM ˈkəstəˌmɛri

customer
BR ˈkʌstəmə(r), -z
AM ˈkəstəmər, -z

customise
BR ˈkʌstəmʌɪz, -ɪz, -ɪŋ, -d
AM ˈkəstəˌmaɪz, -ɪz, -ɪŋ, -d

customize
BR ˈkʌstəmʌɪz, -ɪz, -ɪŋ, -d
AM ˈkəstəˌmaɪz, -ɪz, -ɪŋ, -d

cut
BR kʌt, -s, -ɪŋ
AM kəˈt, -ts, -dɪŋ

cutaneous
BR kjuːˈteɪnɪəs
AM kjuˈteɪnɪəs

cutaway
BR ˈkʌtəweɪ, -z
AM ˈkədəˌweɪ, -z

cutback
BR ˈkʌtbak, -s
AM ˈkətˌbæk, -s

cutch
BR kʌtʃ
AM kətʃ

cutdown
BR ˌkʌtˈdaʊn
AM ˈkətˌdaʊn

cute
BR kjuːt, -ə(r), -ɪst
AM kjuˈt, -dər, -dəst

cutely
BR ˈkjuːtli
AM ˈkjutli

cuteness
BR ˈkjuːtnəs
AM ˈkjutnəs

Cutex
BR ˈkjuːtɛks
AM ˈkjuˌtɛks

cutey
BR ˈkjuːti, -ɪz
AM ˈkjudi, -z

Cutforth
BR ˈkʌtfɔːθ, ˈkʌtfəθ
AM ˈkətˌfɔ(ə)rθ

Cuthbert
BR ˈkʌθbət
AM ˈkəθbərt

Cuthbertson
BR ˈkʌθbəts(ə)n
AM ˈkəθbərts(ə)n

cuticle
BR ˈkjuːtɪkl, -z
AM ˈkjudək(ə)l, -z

cuticular
BR kjuːˈtɪkjələ(r)
AM kjuˈdɪkjələr

Cuticura
BR ˌkjuːtɪˈkjʊərə(r), ˌkjuːtɪˈkjɔːrə(r)
AM ˌkjudəˈkjʊrə

cutie
BR ˈkjuːti, -z
AM ˈkjudi, -z

cutis
BR ˈkjuːtɪs
AM ˈkjudəs

cutlass
BR ˈkʌtləs, -ɪz
AM ˈkətləs, -ɪz

cutler
BR ˈkʌtlə(r), -z
AM ˈkətlər, -z

cutlery
BR ˈkʌtləri
AM ˈkətləri

cutlet
BR ˈkʌtlɪt, -s
AM ˈkətlət, -s

cutoff
BR ˈkʌtɒf, -s
AM ˈkədˌɑf, ˈkədˌɔf, -s

cutout
BR ˈkʌtaʊt, -s
AM ˈkədˌaʊt, -s

cutpurse
BR ˈkʌtpəːs, -ɪz
AM ˈkətˌpərs, -ɪz

cutter
BR ˈkʌtə(r), -z
AM ˈkədər, -z

cutthroat
BR ˈkʌtθrəʊt, -s
AM ˈkətˌθroʊt, -s

cutting
BR ˈkʌtɪŋ, -z
AM ˈkədɪŋ, -z

cuttingly
BR ˈkʌtɪŋli
AM ˈkədɪŋli

cuttle
BR ˈkʌtl, -z
AM ˈkədəl, -z

cuttlebone
BR ˈkʌtlbəʊn, -z
AM ˈkədlˌboʊn, -z

cuttlefish
BR ˈkʌtlfɪʃ
AM ˈkədlˌfɪʃ

cutty
BR ˈkʌt|i, -ɪz
AM ˈkədi, -z

Cutty Sark
BR ˌkʌtɪ ˈsɑːk
AM ˈkədi ˌsɑrk

cutup
BR ˈkʌtʌp, -s
AM ˈkədˌəp, -s

cutwater
BR ˈkʌtˌwɔːtə(r), -z
AM ˈkətˌwɑdər,
ˈkətˌwɔdər, -z

cutworm
BR ˈkʌtwəːm, -z
AM ˈkətˌwɜrm, -z

cuvée
BR kjuːˈveɪ, -z
AM k(j)uˈveɪ, -z
FR kyve

cuvette
BR kjuːˈvɛt, -s
AM kjuˈvɛt, -s

Cuvier
BR ˈkjuːviei
AM kuviˈeɪ

Cuxhaven
BR ˈkʊksˌhɑːvn
AM ˈkʊksˌ(h)ɑv(ə)n

Cuyahoga
BR ˌkʌɪəˈhəʊgə(r)
AM ˌkaɪəˈhoʊgə

Cuzco
BR ˈkʊskəʊ
AM ˈkʊzkoʊ,
ˈkuskoʊ

cwm
BR kʊm, -z
AM kʊm, -z
WE kʊm

C-word
BR ˈsiːwəːd
AM ˈsiˌwərd

Cy
BR sʌɪ
AM saɪ

cyan
BR ˈsʌɪan
AM ˈsaɪən

cyanamid
BR sʌɪˈanəmɪd
AM saɪˈænəməd

cyanamide
BR sʌɪˈanəmʌɪd
AM saɪˈænəˌmaɪd

cyanic
BR sʌɪˈanɪk
AM saɪˈænɪk

cyanide
BR ˈsʌɪənʌɪd
AM ˈsaɪəˌnaɪd

cyano
BR ˈsʌɪənəʊ, sʌɪˈanəʊ
AM ˈsaɪəˌnoʊ

cyanobacteria
BR ˌsʌɪənəʊˌbak-
ˈtɪərɪə(r), sʌɪ-
ˌanəʊbakˈtɪərɪə(r)
AM ˌsaɪənoʊˌbækˈtɪrɪə

cyanobacterium
BR ˌsʌɪənəʊˌbak
ˈtɪərɪəm, sʌɪ-
ˌanəʊbakˈtɪərɪəm
AM ˌsaɪənoʊˌbækˈtɪriəm

cyanocobalamin
BR ˌsʌɪənəʊkə-
ˈbaləmɪn, sʌɪ-
ˌanəʊkəˈbaləmɪn, -z
AM ˌsaɪənoʊˌkoʊ-
ˈbæləˌmin, ˌsaɪənoʊ-
ˌkoʊˈbæləm(ə)n, -z

cyanogen
BR sʌɪˈanədʒ(ə)n, -z
AM saɪˈænəˌdʒɛn,
saɪˈænədʒ(ə)n, -z

cyanogenic
BR ˌsʌɪənəˈdʒɛnɪk
AM ˌsaɪənoʊˈdʒɛnɪk

cyanoses
BR ˌsʌɪəˈnəʊsiːz
AM ˌsaɪəˈnoʊsiz

cyanosis
BR ˌsʌɪəˈnəʊsɪs
AM ˌsaɪəˈnoʊsəs

cyanotic
BR ˌsʌɪəˈnɒtɪk
AM ˌsaɪəˈnɑdɪk

Cybele
BR ˈsɪbɪli, ˈsɪbl̩i
AM ˈsɪb(ə)l, ˈsɪbəli

cybercafé
BR ˈsʌɪbəˌkafˌeɪ,
ˈsʌɪbəˌkaf|i, -eɪz\-ɪz
AM ˈsaɪbərˌkæˌfeɪ, -z

cybercast
BR ˈsʌɪbəkɑːst, -s, -ɪŋ,
-ɪd
AM ˈsaɪbərˌkæst, -s,
-ɪŋ, -əd

cybernate
BR ˈsʌɪbəneɪt, -s, -ɪŋ,
-ɪd
AM ˈsaɪbərˌneɪ|t, -ts,
-dɪŋ, -dɪd

cybernation
BR ˌsʌɪbəˈneɪʃn
AM ˌsaɪbərˈneɪʃ(ə)n

cybernetic
BR ˌsʌɪbəˈnɛtɪk, -s
AM ˌsaɪbərˈnɛdɪk, -s

cybernetician
BR ˌsʌɪbənəˈtɪʃn, -z
AM ˌsaɪbərnəˈtɪʃ(ə)n,
-z

cyberneticist
BR ˌsʌɪbəˈnɛtɪsɪst, -s
AM ˌsaɪbərˈnɛdəsəst, -s

cyberpunk
BR ˈsʌɪbəpʌŋk, -s
AM ˈsaɪbərˌpəŋk, -s

cyborg
BR ˈsʌɪbɔːg, -z
AM ˈsaɪˌbɔrg, -z

cycad
BR ˈsʌɪkad, -z
AM ˈsaɪˌkæd, ˈsaɪkəd,
-z

Cyclades
BR ˈsɪklədiːz
AM ˈsɪkləˌdiz

Cycladic
BR sɪˈkladɪk,
sʌɪˈkladɪk
AM səˈklɑdɪk,
saɪˈklɑdɪk

cyclamate
BR ˈsɪkləmeɪt,
ˈsʌɪkləmeɪt, -s
AM ˈsaɪkləˌmeɪt, -s

cyclamen
BR ˈsɪkləmən
AM ˈsɪkləm(ə)n,
ˈsaɪkləm(ə)n

cycle
BR ˈsʌɪkl, -z, -ɪŋ, -d
AM ˈsaɪk(ə)l, -z, -ɪŋ,
-d

cyclic
BR ˈsʌɪklɪk, ˈsɪklɪk
AM ˈsaɪklɪk, ˈsɪklɪk

cyclical
BR ˈsɪklɪkl̩, ˈsʌɪklɪkl̩
AM ˈsaɪklək(ə)l,
ˈsɪklək(ə)l

cyclically
BR ˈsɪklɪkli, ˈsʌɪklɪkli
AM ˈsaɪklək(ə)li,
ˈsɪklək(ə)li

cyclist
BR ˈsʌɪklɪst, -s
AM ˈsaɪkləst, -s

cycloalkane
BR ˌsʌɪkləʊˈalkeɪn, -z
AM ˌsaɪkloʊˈælˌkeɪn, -z

cyclo-cross
BR ˈsʌɪklə(ʊ)krɒs
AM ˈsaɪkloʊˌkrɑs,
ˈsaɪkloʊˌkrɔs

cyclodextrin
BR ˌsʌɪkləʊˈdɛkstrɪn,
-z
AM ˌsaɪkloʊ-
ˈdɛkstr(ə)n, -z

cyclogenesis
BR ˌsʌɪklə(ʊ)ˈdʒɛnɪsɪs
AM ˌsaɪkloʊˈdʒɛnəsəs

cyclograph
BR ˈsʌɪklə(ʊ)grɑːf, -s
AM ˈsaɪkləˌgræf,
ˈsaɪkloʊˌgræf, -s

cyclohexane
BR ˌsʌɪkləʊˈhɛkseɪn,
-z
AM ˌsaɪkloʊˈhɛkˌseɪn,
-z

cycloid
BR ˈsʌɪklɔɪd, -z
AM ˈsaɪˌklɔɪd, -z

cycloidal
BR sʌɪˈklɔɪdl̩
AM saɪˈklɔɪd(ə)l

cyclometer
BR ˌsʌɪˈklɒmɪtə(r), -z
AM saɪˈklɑmədər, -z

cyclone
BR ˈsʌɪkləʊn, -z
AM ˈsaɪˌkloʊn, -z

cyclonic
BR sʌɪˈklɒnɪk
AM saɪˈklɑnɪk

cyclonically
BR sʌɪˈklɒnɪkli
AM saɪˈklɑnək(ə)li

cyclopaedia
BR ˌsʌɪklə(ʊ)ˈpiːdɪə(r), -z
AM ˌsaɪkləˈpidɪə, -z

cyclopaedic
BR ˌsʌɪklə(ʊ)ˈpiːdɪk
AM ˌsaɪkləˈpidɪk

cyclopaedically
BR ˌsʌɪlə(ʊ)ˈpiːdɪkli
AM ˌsaɪkləˈpidɪk(ə)li

cycloparaffin
BR ˌsʌɪkləʊˈparəfɪn
AM ˌsaɪkloʊˈpɛrəf(ə)n

Cyclopean
BR ˌsʌɪklə(ʊ)ˈpiːən, sʌɪˈkləʊpɪən
AM saɪˈkloʊpɪən, ˌsaɪkləˈpiən

cyclopedia
BR ˌsʌɪklə(ʊ)ˈpiːdɪə(r), -z
AM ˌsaɪkləˈpidɪə, -z

cyclopedic
BR ˌsʌɪklə(ʊ)ˈpiːdɪk
AM ˌsaɪkləˈpidɪk

cyclopedically
BR ˌsʌɪlə(ʊ)ˈpiːdɪkli
AM ˌsaɪkləˈpidək(ə)li

cyclopropane
BR ˌsʌɪklə(ʊ)ˈprəʊpeɪn
AM ˌsaɪkloʊˈproʊˌpeɪn

cyclopropyl
BR ˌsʌɪklə(ʊ)ˈprɒp(ɪ)l, ˌsʌɪklə(ʊ)ˈprəʊp(ɪ)l
AM ˌsaɪkloʊˈproʊp(ə)l

Cyclops
BR ˈsʌɪklɒps
AM ˈsaɪˌklɑps

cyclorama
BR ˌsʌɪkləˈrɑːmə(r), -z
AM ˌsaɪkləˈræmə, -z

cycloramic
BR ˌsʌɪkləˈramɪk
AM ˌsaɪkləˈræmɪk

cyclosporin
BR ˌsʌɪklə(ʊ)ˈspɔːrɪn
AM ˌsaɪkloʊˈspɔr(ə)n

cyclostomate
BR ˌsʌɪklə(ʊ)ˈstəʊmeɪt
AM ˌsaɪkloʊˈstoʊmeɪt, saɪˈklɑstəmət

cyclostome
BR ˈsʌɪkləstəʊm, -z
AM ˈsaɪkləˌstoʊm, -z

cyclostyle
BR ˈsʌɪkləstʌɪl, -z, -ɪŋ, -d
AM ˈsaɪkləˌstaɪl, -z, -ɪŋ, -d

cyclothymia
BR ˌsʌɪklə(ʊ)ˈθʌɪmɪə(r)
AM ˌsaɪkləˈθaɪmɪə

cyclothymic
BR ˌsʌɪklə(ʊ)ˈθʌɪmɪk
AM ˌsaɪkləˈθaɪmɪk

cyclotron
BR ˈsʌɪklətrɒn, -z
AM ˈsaɪkləˌtrɑn, -z

cyder
BR ˈsʌɪdə(r), -z
AM ˈsaɪdər, -z

cygnet
BR ˈsɪɡnɪt, -s
AM ˈsɪɡnət, -s

Cygnus
BR ˈsɪɡnəs
AM ˈsɪɡnəs

cylinder
BR ˈsɪlɪndə(r), -z
AM ˈsɪləndər, -z

cylindrical
BR sɪˈlɪndrɪkl
AM səˈlɪndrək(ə)l

cylindrically
BR sɪˈlɪndrɪkli
AM səˈlɪndrək(ə)li

cyma
BR ˈsʌɪmə(r)
AM ˈsaɪmə

cymbal
BR ˈsɪmbl, -z
AM ˈsɪmb(ə)l, -z

cymbalist
BR ˈsɪmblɪst, -s
AM ˈsɪmbələst, -s

cymbalo
BR ˈsɪmbələʊ, -z
AM ˈsɪmbəˌloʊ, -z

Cymbeline
BR ˈsɪmbɪliːn
AM ˈsɪmbəˌlin

cymbidium
BR ˌsɪmˈbɪdɪəm, -z
AM ˌsɪmˈbɪdɪəm, -z

cymbiform
BR ˈsɪmbɪfɔːm
AM ˈsɪmbəˌfɔ(ə)rm

cyme
BR sʌɪm, -z
AM saɪm, -z

cymose
BR ˈsʌɪməʊs
AM ˈsaɪˌmoʊz, ˈsaɪˌmoʊs

Cymric
BR ˈkʌmrɪk, ˈkɪmrɪk
AM ˈkəmrɪk

Cymru
BR ˈkʌmri, ˈkʊmri
AM ˈkəmri

Cynan
BR ˈkʌnən
AM ˈkənən

Cyncoed
BR kɪnˈkɔɪd, kɪŋˈkɔɪd
AM ˌkɪŋˈkɔɪd

Cynewulf
BR ˈkɪnɪwʊlf
AM ˈkɪnəˌwʊlf

cynghanedd
BR kʌŋˈhaneð
AM kəŋˈhaneð
WE kʌŋˈhaneð

cynic
BR ˈsɪnɪk, -s
AM ˈsɪnɪk, -s

cynical
BR ˈsɪnɪkl
AM ˈsɪnək(ə)l

cynically
BR ˈsɪnɪkli
AM ˈsɪnək(ə)li

cynicism
BR ˈsɪnɪsɪzm, -z
AM ˈsɪnəˌsɪz(ə)m, -z

cynocephali
BR ˌsɪnə(ʊ)ˈsɛfl̩ʌɪ, ˌsʌɪnə(ʊ)ˈkɛfl̩ʌɪ
AM ˌsaɪnəˈsɛfəˌlaɪ, ˌsɪnoʊˈsɛfəˌlaɪ, ˌsɪnəˈsɛfəˌlaɪ, ˌsaɪnoʊˈsɛfəˌlaɪ

cynocephalus
BR ˌsɪnə(ʊ)ˈsɛfləs, ˌsʌɪnə(ʊ)ˈkɛfləs
AM ˌsaɪnəˈsɛfələs, ˌsɪnoʊˈsɛfələs, ˌsɪnəˈsɛfələs, ˌsaɪnoʊˈsɛfələs

cynosure
BR ˈsʌɪnəʃʊə(r), ˈsʌɪnəzjʊə(r), ˈsʌɪnəʒʊə(r), ˈsɪnəʃʊə(r), ˈsɪnəzjʊə(r), ˈsɪnəʒʊə(r), -z
AM ˈsaɪnəˌʃʊ(ə)r, -z

Cynthia
BR ˈsɪnθɪə(r)
AM ˈsɪnθɪə

cypher
BR ˈsʌɪf|ə(r), -əz, -(ə)rɪŋ, -əd
AM ˈsaɪfər, -z, -ɪŋ, -d

cy pres
BR ˌsiː ˈpreɪ
AM ˌsi ˈpreɪ

cypress
BR ˈsʌɪprɪs, -ɪz
AM ˈsaɪprəs, -əz

Cyprian
BR ˈsɪprɪən, -z
AM ˈsɪprɪən, -z

cyprinoid
BR ˈsɪprɪnɔɪd, -z
AM ˈsɪprəˌnɔɪd, -z

Cypriot
BR ˈsɪprɪət, -s
AM ˈsɪpriˌɑt, ˈsɪprɪət, -s

cypripedium
BR ˌsɪprɪˈpiːdiəm, -z
AM ˌsɪprəˈpidiəm,
-z
Cyprus
BR ˈsʌɪprəs
AM ˈsaɪprəs
cypsela
BR ˈsɪpsɪlə(r)
AM ˈsɪpsələ
cypselae
BR ˈsɪpsɪliː
AM ˈsɪpsəˌlaɪ,
ˈsɪpsəˌli
Cyrano de Bergerac
BR ˌsɪrənəʊ
də ˈbəːʒərak,
sɪˈrɑːnəʊ +,
+ ˈbɛːʒərak
AM ˌsɪrənoʊ də
ˈbɜrʒəˌræk
Cyrenaic
BR ˌsɪrɪˈneɪɪk, -s
AM ˌsɪrəˈneɪɪk, -s
Cyrenaica
BR ˌsɪrɪˈneɪɪkə(r),
ˌsɪrɪˈnʌɪkə(r),
ˌsʌɪrɪˈneɪɪkə(r),
ˌsʌɪrɪˈnʌɪkə(r)
AM ˌsɪrəˈneɪɪkə
Cyrene
BR sʌɪˈriːni
AM saɪˈrini, kaɪˈrini
Cyrenian
BR sʌɪˈriːniən, -z
AM saɪˈriniən,
kaɪˈriniən, -z
Cyril
BR ˈsɪrɪl, ˈsɪrl̩
AM ˈsɪr(ə)l
Cyrillic
BR sɪˈrɪlɪk
AM səˈrɪlɪk
Cyrus
BR ˈsʌɪrəs
AM ˈsaɪrəs
cyst
BR sɪst, -s
AM sɪst, -s
cystectomy
BR sɪˈstɛktəm|i, -ɪz
AM sɪsˈtɛktəmi, -z

cysteine
BR ˈsɪstiːn, ˈsɪsteɪn
AM ˈsɪˌstin
cystic
BR ˈsɪstɪk
AM ˈsɪstɪk
cystine
BR ˈsɪstiːn
AM ˈsɪˌstin
cystitis
BR sɪˈstʌɪtɪs
AM sɪsˈtaɪdəs
cystoscope
BR ˈsɪstəskəʊp, -s
AM ˈsɪstəˌskoʊp, -s
cystoscopic
BR ˌsɪstəˈskɒpɪk
AM ˌsɪstəˈskɑpɪk
cystoscopy
BR sɪˈstɒskəp|i, -ɪz
AM sɪˈstɑskəpi, -z
cystotomy
BR sɪˈstɒtəm|i, -ɪz
AM sɪˈstɑdəmi, -z
Cythera
BR sɪˈθɪərə(r)
AM səˈθɪrə
Cytherea
BR ˌsɪθəˈriːə(r)
AM səˈθɪriə
cytidine
BR ˈsʌɪtɪdiːn
AM ˈsɪdəˌdin
cytochrome
BR ˈsʌɪtə(ʊ)krəʊm, -z
AM ˈsaɪdəˌkroʊm, -z
cytogenetic
BR ˌsʌɪtə(ʊ)dʒɪˈnɛtɪk, -s
AM ˌsaɪdədʒəˈnɛdɪk, -s
cytogenetical
BR ˌsʌɪtə(ʊ)dʒɪˈnɛtɪkl
AM ˌsaɪdədʒə-
ˈnɛdək(ə)l
cytogenetically
BR ˌsʌɪtə(ʊ)dʒɪˈnɛtɪkli
AM ˌsaɪdədʒə-
ˈnɛdək(ə)li
cytogeneticist
BR ˌsʌɪtə(ʊ)dʒɪ-
ˈnɛtɪsɪst, -s
AM ˌsaɪdədʒə-
ˈnɛdəsəst, -s

cytogenic
BR ˌsʌɪtə(ʊ)ˈdʒɛnɪk, -s
AM ˌsaɪdəˈdʒɛnɪk, -s
cytological
BR ˌsʌɪtəˈlɒdʒɪkl
AM ˌsaɪdəˈlɑdʒək(ə)l
cytologically
BR ˌsʌɪtəˈlɒdʒɪkli
AM ˌsaɪdəˈlɑdʒək(ə)li
cytologist
BR sʌɪˈtɒlədʒɪst, -s
AM saɪˈtɑlədʒəst, -s
cytology
BR sʌɪˈtɒlədʒi
AM saɪˈtɑlədʒi
cytometric
BR ˌsʌɪtə(ʊ)ˈmɛtrɪk
AM ˌsaɪdəˈmɛtrɪk
cytoplasm
BR ˈsʌɪtə(ʊ)plazm
AM ˈsaɪdəˌplæz(ə)m
cytoplasmic
BR ˌsʌɪtə(ʊ)ˈplazmɪk
AM ˌsaɪdəˈplæzmɪk
cytosine
BR ˈsʌɪtə(ʊ)siːn
AM ˈsaɪdəˌsin
cytotoxic
BR ˌsʌɪtə(ʊ)ˈtɒksɪk
AM ˌsaɪdəˈtaksɪk
cytotoxin
BR ˌsʌɪtə(ʊ)ˈtɒksɪn, -z
AM ˌsaɪdəˈtaks(ə)n,
-z
czar
BR zɑː(r), tsɑː(r), -z
AM zɑr, -z
czardas
BR ˈtʃɑːdaʃ
AM ˈtʃɑrdaʃ
czarevich
BR ˈzɑːrəvɪtʃ,
ˈtsɑːrəvɪtʃ, -ɪz
AM ˈzɑrəˌvɪtʃ, -ɪz
czarevitch
BR ˈzɑːrəvɪtʃ,
ˈtsɑːrəvɪtʃ, -ɪz
AM ˈzɑrəˌvɪtʃ, -ɪz
czarevna
BR zɑːˈrɛvnə(r),
tsɑːˈrɛvnə(r), -z
AM zɑˈrɛvnə, -z

czarina
BR zɑːˈriːnə(r),
tsɑːˈriːnə(r), -z
AM zɑˈrinə, -z
czarism
BR ˈzɑːrɪzm,
ˈtsɑːrɪzm
AM ˈzɑrˌɪz(ə)m
czarist
BR ˈzɑːrɪst, ˈtsɑːrɪst, -s
AM ˈzɑrəst, -s
Czech
BR tʃɛk, -s
AM tʃɛk, -s
Czechoslovak
BR ˌtʃɛkəˈsləʊvak, -s
AM ˌtʃɛkoʊˈsloʊˌvæk,
ˌtʃɛkəˈsloʊˌvak,
ˌtʃɛkoʊˈsloʊˌvak,
ˌtʃɛkəˈsloʊˌvæk, -s
Czechoslovakia
BR ˌtʃɛkəsləˈvakɪə(r),
ˌtʃɛkəsləˈvaːkɪə(r)
AM ˌtʃɛkoʊˌsloʊ-
ˈvakiə,
ˌtʃɛkəˌsloʊˈvakiə
Czechoslovakian
BR ˌtʃɛkəsləˈvakɪən,
ˌtʃɛkəsləˈvaːkɪən
AM ˌtʃɛkoʊˌsloʊ-
ˈvakiən,
ˌtʃɛkəˌsloʊˈvakiən
Czerny
BR ˈtʃəːni
AM ˈtʃərni
Cœur de Lion
BR ˌkəː də ˈliːɒ̃,
+ ˈliːɒn
AM ˌkɜr də ˈliɔn

D

d
BR diː, -z
AM di, -z
'd *had, would*
BR d
AM d
DA
BR ˌdiːˈeɪ, -z
AM ˌdiˈeɪ, -z

dab
BR dab, -z, -ɪŋ, -d
AM dæb, -z, -ɪŋ, -d

dabber
BR ˈdabə(r), -z
AM ˈdæbər, -z

dabble
BR ˈdab|l, -lz, -l̩ɪŋ\-lɪŋ, -ld
AM ˈdæb(ə)l, -z, -ɪŋ, -d

dabbler
BR ˈdabl̩ə(r), ˈdablə(r), -z
AM ˈdæb(ə)lər, -z

dabbling
BR ˈdabl̩ɪŋ, ˈdablɪŋ, -z
AM ˈdæb(ə)lɪŋ, -z

dabchick
BR ˈdabtʃɪk, -s
AM ˈdæb͵tʃɪk, -s

dabster
BR ˈdabstə(r), -z
AM ˈdæbstər, -z

da capo
BR ˌdaː ˈkaːpəʊ, də +
AM də ˈkɑpoʊ, da ˈkɑpoʊ

Dacca
BR ˈdakaː(r), ˈdakə(r)
AM ˈdakɑ

dace
BR deɪs, -ɪz
AM deɪs, -ɪz

dacha
BR ˈdatʃə(r), -z
AM ˈda(t)ʃə, -z
RUS ˈdatʃə

Dachau
BR ˈdakaʊ, ˈdaxaʊ
AM ˈdɑkaʊ

dachshund
BR ˈdaks(ə)nd, -z
AM ˈdaks͵(h)ʊn|d, ˈdaks͵(h)aʊn|d, ˈdaks͵(h)ʊn|t, -ts\-dz

Dacia
BR ˈdeɪsɪə(r), ˈdeɪʃə(r)
AM ˈdeɪʃə

Dacian
BR ˈdeɪsɪən, ˈdeɪʃ(ə)n, -z
AM ˈdeɪʃ(ə)n, -z

dacite
BR ˈdeɪsʌɪt, -s
AM ˈdeɪ͵saɪt, -s

dacoit
BR dəˈkɔɪt, -s
AM dəˈkɔɪt, -s

Dacre
BR ˈdeɪkə(r)
AM ˈdeɪkər

Dacron
BR ˈdakrɒn
AM ˈdæ͵kran, ˈdeɪ͵kran

dactyl
BR ˈdakt(ɨ)l, -z
AM ˈdæktl, -z

dactylic
BR dakˈtɪlɪk
AM dækˈtɪlɪk

dactylography
BR ˌdaktɪˈlɒɡrəfi
AM ˌdæktəˈlɑɡrəfi

dactylology
BR ˌdaktɪˈlɒlədʒi
AM ˌdæktəˈlɑlədʒi

dad
BR dad, -z
AM dæd, -z

Dada
BR ˈdaːdaː(r)
AM ˈdɑdɑ

Dadaism
BR ˈdaːdaː(r)ɪzm, ˈdaːdə(r)ɪzm
AM ˈdɑdɑ͵ɪz(ə)m

Dadaist
BR ˈdaːdaː(r)ɪst, ˈdaːdə(r)ɪst, -s
AM ˈdɑdɑəst, -s

Dadaistic
BR ˌdaːdaː(r)ɪstɪk, ˌdaːdə(r)ɪstɪk
AM ˌdɑdɑˈɪstɪk

daddie
BR ˈdad|i, -ɪz
AM ˈdædi, -z

daddy
BR ˈdad|i, -ɪz
AM ˈdædi, -z

daddy-long-legs
BR ˌdadɪˈlɒŋlɛɡz, -ɪz
AM ˌdædiˈlɑŋ͵lɛɡz, ˌdædiˈlɔŋ͵lɛɡz, -əz

dado
BR ˈdeɪdəʊ, -z
AM ˈdeɪ͵doʊ, -z

Daedalian
BR dɪˈdeɪlɪən, -z
AM diˈdeɪlɪən, diˈdeɪlj(ə)n, -z

Daedalus
BR ˈdiːdləs
AM ˈdɛdələs

daemon
BR ˈdiːm(ə)n, -z
AM ˈdim(ə)n, -z

daemonic
BR dɪˈmɒnɪk
AM diˈmɑnɪk

daemonological
BR ˌdiːmənəˈlɒdʒɪkl
AM ˌdimənəˈlɑdʒək(ə)l

DAF
BR daf, -s
AM ˌdi͵eɪˈɛf, dæf, -s

daff
BR daf, -s
AM dæf, -s

daffily
BR ˈdafɪli
AM ˈdæfəli

daffiness
BR ˈdafɪnɪs
AM ˈdæfɪnɪs

daffodil
BR ˈdafədɪl, -z
AM ˈdæfə͵dɪl, -z

daffy
BR ˈdaf|i, -ɪə(r), -ɪst
AM ˈdæfi, -ər, -ɪst

daft
BR dɑːft, -ə(r), -ɪst
AM dæft, -ər, -əst

daftly
BR ˈdɑːftli
AM ˈdæf(t)li

daftness
BR ˈdɑːftnəs
AM ˈdæf(t)nəs

Dafydd
BR ˈdavɪð
AM ˈdævɪð

dag
BR dag, -z
AM dæg, -z

Dagenham
BR ˈdagn̩əm
AM ˈdægən(ə)m

Dagestan
BR ˌdagɪˈstɑːn
AM ˈdɑgə͵stæn

dagga
BR ˈdaːgə(r), ˈdagə(r), ˈdaxə(r), -z
AM ˈdɑgə, ˈdægə, -z

dagger
BR ˈdagə(r), -z
AM ˈdægər, -z

daggerboard
BR ˈdagəbɔːd, -z
AM ˈdægər͵bɔ(ə)rd, -z

daglock
BR ˈdaglɒk, -s
AM ˈdæg͵lak, -s

Dagmar
BR ˈdagmɑː(r)
AM ˈdægmɑr
DAN ˈdɑwmɑ

dag-nab
BR ˌdagˈnab
AM ˌdægˈnæb

dago
BR ˈdeɪgəʊ, -z
AM ˈdeɪgoʊ, -z

Dagon
BR ˈdeɪgɒn
AM ˈdeɪ͵gɑn

Daguerre
BR dəˈgɛː(r)
AM dəˈgɛ(ə)r

daguerreotype
BR dəˈgɛːrə(ʊ)tʌɪp, -s
AM dəˈgɛrə͵taɪp, -s

daguerrotype
BR dəˈgɛːrə(ʊ)tʌɪp, -s
AM dəˈgɛrə͵taɪp, -s

Dagwood
BR ˈdagwʊd
AM ˈdæg͵wʊd

dah
BR dɑː(r)
AM dɑ

dahl
BR dɑːl
AM dɑl

dahlia
BR ˈdeɪliə(r), -z
AM ˈdæljə, ˈdɑliə,
ˈdæliə, ˈdɑljə, -z

Dahomey
BR dəˈhəʊmi
AM dəˈhoʊmi

Dahrendorf
BR ˈdɑrn̩dɔːf
AM ˈdɑrəndɔ(ə)rf

Dai
BR dʌɪ
AM daɪ

Daihatsu
BR dʌɪˈhatsuː
AM daɪˈhɑtsu

Dáil
BR dɔɪl
AM dɔɪl
IR ˈdɑːlʲ

Dáil Éireann
BR ˌdɔɪl ˈɛːrn̩
AM ˌdɔɪl ˈɛr(ə)n
IR ˌdɑːlʲ ˈeːrʲən

Dailey
BR ˈdeɪli
AM ˈdeɪli

daily
BR ˈdeɪl|i, -ɪz
AM ˈdeɪli, -z

Daimler
BR ˈdeɪmlə(r),
-z
AM ˈdaɪmlər, -z

daimon
BR ˈdʌɪməʊn, -z
AM ˈdaɪˌmoʊn,
-z

daimonic
BR dʌɪˈmɒnɪk,
dʌɪˈməʊnɪk
AM daɪˈmɑnɪk,
daɪˈmoʊnɪk

daintily
BR ˈdeɪntɪli
AM ˈdeɪn(t)əli

daintiness
BR ˈdeɪntɪnɨs
AM ˈdeɪn(t)ɪnɨs

dainty
BR ˈdeɪnt|i, -ɪz, -ɪə(r),
-ɪɪst
AM ˈdeɪn(t)i, -z, -ər,
-ɪst

daiquiri
BR ˈdʌɪk(ɨ)r|i,
ˈdak(ɨ)r|i, -ɪz
AM ˈdækəri, -z

Dairen
BR dʌɪˈrɛn
AM daɪˈrɛn

dairy
BR ˈdɛːr|i, -ɪz,
-ɪɪŋ
AM ˈdɛri, -z, -ɪŋ

dairying
BR ˈdɛːrɪɪŋ
AM ˈdɛriɪŋ

dairymaid
BR ˈdɛːrɪmeɪd, -z
AM ˈdɛriˌmeɪd,
-z

dairyman
BR ˈdɛːrɪman
AM ˈdɛriˌmæn,
ˈdɛrɪm(ə)n

dairymen
BR ˈdɛːrɪmɛn
AM ˈdɛriˌmɛn,
ˈdɛrɪm(ə)n

dais
BR ˈdeɪɪs, deɪs,
-ɪz
AM ˈdaɪəs, ˈdeɪəs,
-ɪz

daisy
BR ˈdeɪz|i, -ɪz
AM ˈdeɪzi, -z

Dakar
BR ˈdakɑː(r),
ˈdakə(r)
AM dɑˈkɑr

Dakin
BR ˈdeɪkɪn
AM ˈdeɪkɪn

Dakota
BR dəˈkəʊtə(r)
AM dəˈkoʊdə

Dakotan
BR dəˈkəʊt(ə)n,
-z
AM dəˈkoʊtn, -z

DAKS
BR daks
AM dæks

dal
BR dɑːl
AM dɑl

Dalai Lama
BR ˌdalʌɪ ˈlɑːmə(r),
-z
AM ˈdæˌlaɪ ˈlɑmə,
ˈdɑˌlaɪ ˈlɑmə,
-z

dalasi
BR dəˈlɑːsi
AM dəˈlɑsi

dale
BR deɪl, -z
AM deɪl, -z

Dalek
BR ˈdɑːlɛk, -s
AM ˈdɑlək, -s

dalesfolk
BR ˈdeɪlzfəʊk
AM ˈdeɪlzˌfoʊk

dalesman
BR ˈdeɪlzmən
AM ˈdeɪlzm(ə)n

daleswoman
BR ˈdeɪlzˌwʊmən
AM ˈdeɪlzˌwʊm(ə)n

daleswomen
BR ˈdeɪlzˌwɪmɪn
AM ˈdeɪlzˌwɪmɨn

daleth
BR ˌdɑːlɪt
AM ˈdɑlɪt

Daley
BR ˈdeɪli
AM ˈdeɪli

Dalgetty
BR dalˈgɛti
AM dælˈgɛdi

Dalgleish
BR dalˈgliːʃ
AM dælˈgliʃ

Dalglish
BR dalˈgliːʃ
AM dælˈgliʃ

Dalhousie
BR dalˈhaʊzi,
dalˈhuːzi
AM dælˈhuzi

Dali
BR ˈdɑːli
AM ˈdɑli

Dalian
BR ˈdɑːlɪən
AM ˈdɑliən, ˈdɑlj(ə)n

Dalkeith
BR dalˈkiːθ
AM dælˈkiθ

Dallapiccola
BR ˌdaləˈpɪkl̩ə(r)
AM ˌdɑləˈpɪkələ

Dallas
BR ˈdaləs
AM ˈdæləs

dalliance
BR ˈdalɪəns
AM ˈdælj(ə)ns,
ˈdæliəns

dallier
BR ˈdalɪə(r), -z
AM ˈdæliər, -z

dally
BR ˈdal|i, -ɪz, -ɪɪŋ,
-ɪd
AM ˈdæli, -z, -ɪŋ, -d

Dalmatia
BR dalˈmeɪʃə(r)
AM dalˈmeɪʃə,
dælˈmeɪʃə

Dalmatian
BR dalˈmeɪʃ(ə)n, -z
AM dalˈmeɪʃ(ə)n,
dælˈmeɪʃ(ə)n, -z

dalmatic
BR dalˈmatɪk
AM dælˈmædɪk

Dalriada
BR ˌdalrɪˈɑːdə(r)
AM ˌdɑlriˈɑdə

Dalrymple
BR dalˈrɪmpl,
ˈdalrɪmpl
AM ˈdælˌrɪmp(ə)l

dal segno
BR dal ˈseɪnjəʊ,
dɑːl +
AM ˌdɑl ˈseɪnjoʊ

Dalston
BR ˈdɔːlst(ə)n,
ˈdɒlst(ə)n
AM dɑlst(ə)n, dɔlst(ə)n

Dalton
BR ˈdɔːlt(ə)n, ˈdɒlt(ə)n
AM ˈdɑlt(ə)n, ˈdɔlt(ə)n

Daltonise
BR ˈdɔːltn̩ʌɪz,
ˈdɒltn̩ʌɪz, -ɪz, -ɪŋ, -d
AM ˈdɑltə,naɪz, ˈdɔltə
ˌnaɪz, -ɪz, -ɪŋ, -d

daltonism
BR ˈdɔːltn̩ɪzm,
ˈdɒltn̩ɪzm
AM ˈdɑltə,nɪz(ə)m,
ˈdɔltə,nɪz(ə)m

Daltonize
BR ˈdɔːltn̩ʌɪz,
ˈdɒltn̩ʌɪz, -ɪz, -ɪŋ, -d
AM ˈdɑltə,naɪz,
ˈdɔltə,naɪz, -ɪz,
-ɪŋ, -d

Dalwhinnie
BR dalˈwɪni
AM dælˈwɪni

Daly
BR ˈdeɪli
AM deɪli

Dalyell
BR dɪˈɛl, dʌɪˈɛl,
ˈdalj(ə)l
AM daɪˈɛl, ˈdælˌjɛl

Dalzell
BR dɪˈɛl, dʌɪˈɛl,
ˈdalzɛl
AM daɪˈɛl, dælˈzɛl

Dalziel
BR dɪˈɛl, dʌɪˈɛl,
ˈdalziːl
AM daɪˈɛl, ˈdælziː(ə)l

dam
BR dam, -z, -ɪŋ, -d
AM dæm, -z, -ɪŋ, -d

damage
BR ˈdam|ɪdʒ, -ɪdʒɪz,
-ɪdʒɪŋ, -ɪdʒd
AM ˈdæmɪdʒ, -ɪz, -ɪŋ,
-d

damageable
BR ˈdamɪdʒəbl
AM ˈdæmədʒəb(ə)l

damagingly
BR ˈdamɪdʒɪŋli
AM ˈdæmədʒɪŋli

Damara
BR dəˈmɑːrə(r), -z
AM dəˈmɑrə, -z

Damaraland
BR dəˈmɑːrəland
AM dəˈmɑrəˌlænd,
ˈdɑmərəˌlænd

damascene
BR ˈdaməsiːn
AM ˌdæməˈsin,
ˈdæməˌsin

Damascus
BR dəˈmaskəs,
dəˈmɑːskəs
AM dəˈmæskəs

damask
BR ˈdaməsk
AM ˈdæməsk

Dambuster
BR ˈdamˌbʌstə(r), -z
AM ˈdæmˌbəstər, -z

dame
BR deɪm, -z
AM deɪm, -z

Damian
BR ˈdeɪmɪən
AM ˈdeɪmɪən

dammar
BR ˈdamə(r), -z
AM ˈdæmər, -z

dammit
BR ˈdamɪt
AM ˈdæmət

damn
BR dam, -z, -ɪŋ, -d
AM dæm, -z,
-ɪŋ, -d

damna
BR ˈdamnə(r)
AM ˈdæmnə

damnable
BR ˈdamnəbl
AM ˈdæm(n)əb(ə)l

damnably
BR ˈdamnəbli
AM ˈdæm(n)əbli

damnation
BR damˈneɪʃn
AM dæmˈneɪʃ(ə)n

damnatory
BR ˈdamnət(ə)ri
AM ˈdæm(n)əˌtɔri

damnedest
BR ˈdamdɪst
AM ˈdæmnəst,
ˈdæmdəst

damn fool *adjective*
BR ˌdam ˈfuːl
AM ˌdæm ˈful

damnification
BR ˌdamnɪˈfɪˈkeɪʃn
AM ˌdæmnəˌfaɪ-
ˈkeɪʃ(ə)n,
ˌdæm(n)əfəˈkeɪʃ(ə)n

damnify
BR ˈdamnɪfʌɪ, -z,
-ɪŋ, -d
AM ˈdæm(n)əˌfaɪ, -z,
-ɪŋ, -d

damningly
BR ˈdamɪŋli
AM ˈdæmɪŋli

damnum
BR ˈdamnəm
AM ˈdæmn(ə)m

Damocles
BR ˈdaməkliːz
AM ˈdæməkliz

Damon
BR ˈdeɪm(ə)n
AM ˈdeɪm(ə)n

damosel
BR ˌdaməˈzɛl, -z
AM ˌdæm(ə)ˈzɛl, -z

damozel
BR ˌdaməˈzɛl, -z
AM ˌdæm(ə)ˈzɛl, -z

damp
BR damp, -ə(r), -ɪst
AM dæmp, -ər, -əst

dampen
BR ˈdamp|(ə)n, -(ə)nz,
-ənɪŋ\-n̩ɪŋ, -(ə)nd
AM ˈdæmp(ə)n, -z,
-ɪŋ, -d

dampener
BR ˈdamp(ə)nə(r), -z
AM ˈdæmpənər, -z

damper
BR ˈdampə(r), -z
AM ˈdæmpər, -z

Dampier
BR ˈdampɪə(r)
AM ˈdæmpɪ(ə)r

dampish
BR ˈdampɪʃ
AM ˈdæmpɪʃ

damply
BR ˈdampli
AM ˈdæmpli

dampness
BR ˈdampnəs
AM ˈdæmpnəs

damsel
BR ˈdamzl, -z
AM ˈdæmz(ə)l, -z

damselfish
BR ˈdamzlfɪʃ, -ɪz
AM ˈdæmzəlˌfɪʃ,
-ɪz

damselfly
BR ˈdamzlflʌɪ, -z
AM ˈdæmzəlˌflaɪ,
-z

damson
BR ˈdamzn, -z
AM ˈdæms(ə)n,
ˈdæmzn, -z

dan
BR dan, -z
AM dæn, -z

Dana
BR ˈdɑːnə(r),
ˈdeɪnə(r)
AM ˈdeɪnə

Danae
BR ˈdaniː, ˈdaneɪː
AM ˈdæˌnaɪ, ˈdæneɪˌi

Danaides
BR dəˈneɪɪdiːz
AM dəˈneɪəˌdiz

Dan-Air
BR ˌdanˈɛː(r)
AM ˌdænˈɛ(ə)r

Danakil
BR ˈdanəkɪl
AM ˈdænəˌkɪl

Da Nang
BR ˌdɑːˈnaŋ
AM ˌdɑˈnæŋ

Danbury
BR ˈdanb(ə)ri
AM ˈdænˌbɛri

Danby
BR ˈdanbi
AM ˈdænbi

dance
BR dɑːns, -ɪz, -ɪŋ, -t
AM dæns, -əz, -ɪŋ, -t

danceable
BR ˈdɑːnsəbl
AM ˈdænsəb(ə)l

dancer
BR ˈdɑːnsə(r), -z
AM ˈdænsər, -z

dancewear
BR ˈdɑːnswɛː(r)
AM ˈdænsˌwɛ(ə)r

dandelion
BR ˈdandɨlʌɪən, -z
AM ˈdændiˌlaɪən, ˈdændlˌaɪən, -z

dander
BR ˈdandə(r), -z
AM ˈdændər, -z

dandify
BR ˈdandɨfʌɪ, -z, -ɪŋ, -d
AM ˈdændəˌfaɪ, -z, -ɪŋ, -d

Dandini
BR danˈdiːni
AM dænˈdini

dandle
BR ˈdand|l, -lz, -l̩ŋ\-lɪŋ, -ld
AM ˈdæn|d(ə)l, -d(ə)lz, -(d)(ə)lɪŋ, -d(ə)ld

Dando
BR ˈdandəʊ
AM ˈdændoʊ

dandruff
BR ˈdandrʌf
AM ˈdændrəf

dandy
BR ˈdand|i, -ɪz
AM ˈdændi, -z

dandyish
BR ˈdandɪɪʃ
AM ˈdændiɪʃ

dandyism
BR ˈdandɪɪzm
AM ˈdændiˌɪz(ə)m

Dane
BR deɪn, -z
AM deɪn, -z

Danegeld
BR ˈdeɪŋɡɛld
AM ˈdeɪnˌɡɛld

Danelaugh
BR ˈdeɪnlɔː(r)
AM ˈdeɪnˌlɔ

Danelaw
BR ˈdeɪnlɔː(r)
AM ˈdeɪnˌlɔ

daneweed
BR ˈdeɪnwiːd
AM ˈdeɪnˌwid

danewort
BR ˈdeɪnwəːt
AM ˈdeɪnˌwɔ(ə)rt, ˈdeɪnwərt

dang
BR daŋ
AM dæŋ

danger
BR ˈdeɪn(d)ʒə(r), -z
AM ˈdeɪndʒər, -z

Dangerfield
BR ˈdeɪn(d)ʒəfiːld
AM ˈdeɪndʒərˌfild

dangerous
BR ˈdeɪn(d)ʒ(ə)rəs
AM ˈdeɪndʒ(ə)rəs

dangerously
BR ˈdeɪn(d)ʒ(ə)rəsli
AM ˈdeɪndʒ(ə)rəsli

dangerousness
BR ˈdeɪn(d)ʒ(ə)rəsnəs
AM ˈdeɪndʒ(ə)rəsnəs

dangle
BR ˈdaŋɡ|l, -lz, -l̩ŋ\-lɪŋ, -ld
AM ˈdæŋɡ(ə)l, -z, -ɪŋ, -d

dangler
BR ˈdaŋɡlə(r), -z
AM ˈdæŋɡlər, -z

dangly
BR ˈdaŋɡli
AM ˈdæŋɡli

Daniel
BR ˈdanj(ə)l
AM ˈdænj(ə)l

Daniela
BR ˌdanɪˈɛlə(r), ˌdanˈjɛlə(r)
AM ˌdænˈjɛlə

Daniell
BR ˈdanj(ə)l
AM ˈdænj(ə)l

Danielle
BR ˌdanɪˈɛl, ˌdanˈjɛl
AM ˌdænˈjɛl

Daniels
BR ˈdanjəlz
AM ˈdænjəlz

Danish
BR ˈdeɪnɪʃ
AM ˈdeɪnɪʃ

dank
BR daŋk, -ə(r), -ɪst
AM dæŋk, -ər, -əst

dankly
BR ˈdaŋkli
AM ˈdæŋkli

dankness
BR ˈdaŋknəs
AM ˈdæŋknəs

Dankworth
BR ˈdaŋkwə(ː)θ
AM ˈdæŋkˌwərθ

Dannimac
BR ˈdanɪmak
AM ˈdænəmæk

Danny
BR ˈdani
AM ˈdæni

danse macabre
BR ˌdɑːns məˈkɑːbr(ər), -z
AM ˌdɑns məˈkɑbr(ə), -z

danses macabres
BR ˌdɑːns məˈkɑːbr(ər)z
AM ˌdɑns məˈkɑbr(ə)z

Dansette
BR danˈsɛt, -s
AM dænˈsɛt, -s

danseur
BR dɒnˈsəː(r), dɑːnˈsəː(r), -z
AM dænˈsər, -z

danseuse
BR dɒnˈsəːz, dɑːnˈsəːz, -z
AM dænˈsʊz, -z

Dante
BR ˈdanti, ˈdɑːnti, ˈdanteɪ, ˈdɑːnteɪ
AM ˈdænteɪ, ˈdɑnteɪ

Dantean
BR ˈdantɪən, ˈdɑːntɪən, danˈtiːən, dɑːnˈtiːən
AM ˈdæn(t)iən, ˈdan(t)iən

Dantesque
BR danˈtɛsk, dɑːnˈtɛsk
AM dænˈtɛsk, danˈtɛsk

danthonia
BR danˈθəʊnɪə(r)
AM dænˈθoʊniə

Danton
BR ˈdantɒn, dɒ̃ˈtɒ̃
AM ˈdæn(t)ən

Danube
BR ˈdanjuːb
AM ˈdænˌjub

Danubian
BR daˈnjuːbɪən, -z
AM dəˈnjubiən, -z

Danvers
BR ˈdanvəz
AM ˈdænvərz

Danzig
BR ˈdan(t)zɪɡ
AM ˈdæn(t)zɪɡ

Dão
BR daʊ, ˈdɑːəʊ
AM daʊ, ˈdɑˌoʊ
PORT dãw

dap
BR dap, -s
AM dæp, -s

daphne
BR ˈdafni
AM ˈdæfni

daphnia
BR ˈdafnɪə(r)
AM ˈdæfniə

Daphnis
BR ˈdafnɪs
AM ˈdæfnəs

dapper
BR ˈdap|ə(r), -(ə)rɪst
AM ˈdæpər, -əst

dapperly
BR ˈdapəli
AM ˈdæpərli

dapperness
BR ˈdapənəs
AM ˈdæpərnəs

dapple
BR ˈdap|l, -lz,
-lɪŋ\-lɪŋ, -ld
AM ˈdæp(ə)l, -z,
-ɪŋ, -d

dapsone
BR ˈdapsəʊn
AM ˈdæpˌsoʊn

daquiri
BR ˈdak(ɪ)r|i, -ɪz
AM ˈdækəri, -z

Darbishire
BR ˈdɑːbɪʃ(ɪ)ə(r)
AM ˈdɑrbɪʃɪ(ə)r

Darby
BR ˈdɑːbi
AM ˈdɑrbi

Darcy
BR ˈdɑːsi
AM ˈdɑrsi

Dardanelles
BR ˌdɑːdəˈnɛlz,
ˌdɑːdnˈɛlz
AM ˌdɑrdnˈɛlz

dare
BR dɛː(r), -z,
-ɪŋ, -d
AM dɛ(ə)r, -z, -ɪŋ, -d

daredevil
BR ˈdɛːˌdɛvl, -z
AM ˈdɛrˌdɛv(ə)l, -z

daredevilry
BR ˈdɛːˌdɛvlri
AM ˈdɛrˌdɛv(ə)lri

Darell
BR ˈdarl̩
AM ˈdɛrəl

Daren
BR ˈdarn̩
AM ˈdɛr(ə)n

daren't
BR dɛːnt
AM dɛr(ə)nt

darer
BR ˈdɛːrə(r), -z
AM ˈdɛ(r)ər, -z

daresay
BR ˌdɛːˈseɪ, ˈdɛːseɪ
AM ˈdɛrˌseɪ

Dar es Salaam
BR ˌdɑːr ɛs səˈlɑːm,
+ ɪs +, + ɛz +,
+ ɪz +
AM ˌdɑr ɛs səˈlɑm

Darfur
BR ˌdɑːˈfəː(r)
AM ˈdɑrfʊr

darg
BR dɑːg, -z
AM dɑrg, -z

dargah
BR ˈdɑːgə(r), -z
AM ˈdɑrgə, -z

Dari
BR ˈdɛːri
AM ˈdɛri

daric
BR ˈdarɪk, -s
AM ˈdɛrɪk, -s

Darien
BR ˈdɛːrɪən,
ˈdarɪən
AM ˈdɑriˌɛn,
ˌdɛriˈɛn

Darin
BR ˈdarɪn, ˈdarn̩
AM ˈdɛr(ə)n

daring
BR ˈdɛːrɪŋ
AM ˈdɛrɪŋ

daringly
BR ˈdɛːrɪŋli
AM ˈdɛrɪŋli

dariole
BR ˈdarɪəʊl, -z
AM ˈdɛrioʊl, -z

Darius[1] *forename*
BR ˈdɛːrɪəs, ˈdarɪəs
AM ˈdɛriəs

Darius[2] *Persian king*
BR dəˈrʌɪəs
AM ˈdɛriəs, dəˈraɪəs

Darjeeling
BR dɑːˈdʒiːlɪŋ
AM dɑrˈdʒilɪŋ

dark
BR dɑːk
AM dɑrk

darken
BR ˈdɑːk|(ə)n, -(ə)nz,
-ənɪŋ\-n̩ɪŋ, -(ə)nd
AM ˈdɑrk(ə)n, -z, -ɪŋ,
-d

darkener
BR ˈdɑːknə(r),
ˈdɑːkn̩ə(r), -z
AM ˈdɑrk(ə)nər, -z

darkey
BR ˈdɑːk|i, -ɪz
AM ˈdɑrki, -z

darkie
BR ˈdɑːk|i, -ɪz
AM ˈdɑrki, -z

darkish
BR ˈdɑːkɪʃ
AM ˈdɑrkɪʃ

darkling
BR ˈdɑːklɪŋ
AM ˈdɑrklɪŋ

darkly
BR ˈdɑːkli
AM ˈdɑrkli

darkness
BR ˈdɑːknəs, -ɪz
AM ˈdɑrknəs, -əz

darkroom
BR ˈdɑːkruːm,
ˈdɑːkrʊm, -z
AM ˈdɑrkˌrʊm,
ˈdɑrkˌrum, -z

darksome
BR ˈdɑːks(ə)m
AM ˈdɑrks(ə)m

darky
BR ˈdɑːk|i, -ɪz
AM ˈdɑrki, -z

Darlene
BR ˈdɑːliːn
AM dɑrˈlin

darling
BR ˈdɑːlɪŋ, -z
AM ˈdɑrlɪŋ, -z

Darlington
BR ˈdɑːlɪŋt(ə)n
AM ˈdɑrlɪŋt(ə)n

Darmstadt
BR ˈdɑːmstat,
ˈdɑːmʃtat
AM ˈdɑrmˌʃtæt,
ˈdɑrmˌstæt

darn
BR dɑːn, -z, -ɪŋ, -d
AM dɑrn, -z, -ɪŋ, -d

darnedest
BR ˈdɑːndɪst
AM ˈdɑrndəst

darnel
BR ˈdɑːnl, -z
AM ˈdɑrn(ə)l, -z

darner
BR ˈdɑːnə(r), -z
AM ˈdɑrnər, -z

Darnley
BR ˈdɑːnli
AM ˈdɑrnli

Darrell
BR ˈdarl̩
AM ˈdɛrəl

Darren
BR ˈdarn̩
AM ˈdɛr(ə)n

Darrow
BR ˈdarəʊ
AM ˈdɛroʊ

Darryl
BR ˈdarl̩
AM ˈdɛrəl

dart
BR dɑːt, -s, -ɪŋ, -ɪd
AM dɑr|t, -ts, -dɪŋ,
-dəd

d'Artagnan
BR dɑːˈtanj(ə)n
AM dɑrˈtænj(ə)n
FR daʁtaɲɑ̃

dartboard
BR ˈdɑːtbɔːd, -z
AM ˈdɑrtˌbɔ(ə)rd, -z

darter
BR ˈdɑːtə(r), -z
AM ˈdɑrdər, -z

Dartford
BR ˈdɑːtfəd
AM ˈdɑrtfərd

Darth Vader
BR ˌdɑːθ ˈveɪdə(r)
AM ˌdɑrθ ˈveɪdər

Dartmoor
BR ˈdɑːtmʊə(r),
ˈdɑːtmɔː(r)
AM ˈdɑrtˌmʊ(ə)r,
ˈdɑrtˌmɔ(ə)r

Dartmouth
BR ˈdɑːtməθ
AM ˈdɑrtməθ

dartre
BR ˈdɑːtə(r)
AM ˈdɑrdər

Darwen
BR ˈdɑːwɪn
AM ˈdɑrw(ə)n

Darwin
BR ˈdɑːwɪn
AM ˈdɑrw(ə)n

Darwinian
BR dɑːˈwɪniən
AM dɑrˈwɪniən

Darwinism
BR ˈdɑːwɪnɪzm
AM ˈdɑrwən‿ɪz(ə)m

Darwinist
BR ˈdɑːwɪnɪst, -s
AM ˈdɑrwənəst, -s

Daryl
BR ˈdarḷ
AM ˈdɛrəl

dash
BR daʃ, -ɪz, -ɪŋ, -t
AM dæʃ, -əz, -ɪŋ, -t

dashboard
BR ˈdaʃbɔːd, -z
AM ˈdæʃˌbɔ(ə)rd, -z

dashiki
BR daˈʃɪk|i,
ˈdɑːʃɪk|i, -ɪz
AM dəˈʃiki, -z

dashing
BR ˈdaʃɪŋ
AM ˈdæʃɪŋ

dashingly
BR ˈdaʃɪŋli
AM ˈdæʃɪŋli

dashingness
BR ˈdaʃɪŋnɪs
AM ˈdæʃɪŋnɪs

dashpot
BR ˈdaʃpɒt, -s
AM ˈdæʃˌpɑt, -s

dassie
BR ˈdas|i, -ɪz
AM ˈdæsi, -z

dastard
BR ˈdastəd, -z
AM ˈdæstərd, -z

dastardliness
BR ˈdastədlɪnɪs
AM ˈdæstərdlɪnɪs

dastardly
BR ˈdastədli
AM ˈdæstərdli

dastur
BR dəˈstʊə(r), -z
AM dəˈstʊ(ə)r,
dæˈstʊ(ə)r, -z

dasyure
BR ˈdasɪjʊə(r), -z
AM ˈdæsɪˌjʊ(ə)r, -z

data
BR ˈdeɪtə(r), ˈdɑːtə(r)
AM ˈdeɪdə, ˈdædə

databank
BR ˈdeɪtəbaŋk,
ˈdɑːtəbaŋk, -s
AM ˈdeɪdəˌbæŋk,
ˈdædəˌbæŋk, -s

database
BR ˈdeɪtəbeɪs,
ˈdɑːtəbeɪs, -ɪz
AM ˈdeɪdəˌbeɪs,
ˈdædəˌbeɪs, -ɪz

datable
BR ˈdeɪtəbl
AM ˈdeɪdəb(ə)l

datafile
BR ˈdeɪtəfʌɪl,
ˈdɑːtəfʌɪl, -z
AM ˈdeɪdəˌfaɪl,
ˈdædəˌfaɪl, -z

Datapost
BR ˈdeɪtəpəʊst,
ˈdɑːtəpəʊst
AM ˈdeɪdəˌpoʊst,
ˈdædəˌpoʊst

Datchet
BR ˈdatʃɪt
AM ˈdætʃət

date
BR deɪt, -s, -ɪŋ, -ɪd
AM deɪ|t, -ts, -dɪŋ,
-dɪd

dateless
BR ˈdeɪtlɪs
AM ˈdeɪtlɪs

dateline
BR ˈdeɪtlʌɪn, -z
AM ˈdeɪtˌlaɪn, -z

datival
BR deɪˈtʌɪvl
AM dəˈtaɪv(ə)l,
deɪˈtaɪv(ə)l

datively
BR deɪˈtʌɪvl̩i
AM dəˈtaɪvəli,
deɪˈtaɪvəli

dative
BR ˈdeɪtɪv, -z
AM ˈdeɪdɪv, -z

Datsun
BR ˈdats(ə)n, -z
AM ˈdats(ə)n, -z

datum
BR ˈdeɪtəm, ˈdɑːtəm
AM ˈdeɪd(ə)m,
ˈdæd(ə)m

datura
BR dəˈtjʊərə(r),
dəˈtʃʊərə(r), -z
AM dəˈtʃʊrə,
dəˈt(j)ʊrə, -z

daub
BR dɔːb, -z, -ɪŋ, -d
AM dɑb, dɔb, -z, -ɪŋ, -d

daube
BR dəʊb, -z
AM doʊb, -z
FR dob

dauber
BR ˈdɔːbə(r), -z
AM ˈdɑbər, ˈdɔbər, -z

Daubigny
BR ˈdɔːbɪnji
AM ˌdɑbiˈnji, ˌdɔbiˈnji

daubster
BR ˈdɔːbstə(r), -z
AM ˈdɑbstər,
ˈdɔbstər, -z

dauby
BR ˈdɔːbi
AM ˈdɑbi, ˈdɔbi

Daudet
BR ˈdəʊdeɪ
AM dɑˈdeɪ, dɔˈdeɪ

Daugherty
BR ˈdɒkəti, ˈdɒxəti
AM ˈdɔrdi

daughter
BR ˈdɔːtə(r), -z
AM ˈdɑdər, ˈdɔdər, -z

daughterhood
BR ˈdɔːtəhʊd
AM ˈdɑdərˌ(h)ʊd,
ˈdɔdərˌ(h)ʊd

daughterly
BR ˈdɔːtəli
AM ˈdɑdərli, ˈdɔdərli

daunt
BR dɔːnt, -s, -ɪŋ, -ɪd
AM dɑn|t, dɔn|t, -ts,
-(t)ɪŋ, -(t)əd

dauntingly
BR ˈdɔːntɪŋli
AM ˈdɑn(t)ɪŋli,
ˈdɔn(t)ɪŋli

dauntless
BR ˈdɔːntləs
AM ˈdɑn(t)ləs,
ˈdɔn(t)ləs

dauntlessly
BR ˈdɔːntləsli
AM ˈdɑn(t)ləsli,
ˈdɔn(t)ləsli

dauntlessness
BR ˈdɔːntləsnəs
AM ˈdɑn(t)ləsnəs,
ˈdɔn(t)ləsnəs

dauphin
BR ˈdəʊfã, ˈdɔːfɪn, -z
AM ˈdaf(ə)n, ˈdɔf(ə)n,
-z

dauphine
BR ˈdəʊfiːn,
ˈdɔːfiːn, -z
AM ˈdɑfin,
ˈdɔfin, -z

Dave
BR deɪv
AM deɪv

davenport
BR ˈdavnpɔːt, -s
AM ˈdævənˌpɔ(ə)rt, -s

Daventry[1] *older,*
local form
BR ˈdeɪntri
AM ˈdævəntri

Daventry[2]
BR ˈdavntri
AM ˈdævəntri

Davey
BR ˈdeɪvi
AM ˈdeɪvi

David
BR ˈdeɪvɪd
AM ˈdeɪvəd

Davidson
BR ˈdeɪvɪds(ə)n
AM ˈdeɪvɪds(ə)n

Davie
BR ˈdeɪvi
AM ˈdeɪvi

Davies
BR ˈdeɪvɪs
AM ˈdeɪviz

da Vinci
BR də ˈvɪn(t)ʃi
AM də ˈvɪn(t)ʃi
IT dav ˈvintʃi

Davis
BR ˈdeɪvɪs
AM ˈdeɪvəs

Davison
BR ˈdeɪvɪsn
AM ˈdeɪvɪs(ə)n

Davisson
BR ˈdeɪvɪsn
AM ˈdeɪvɪs(ə)n

davit
BR ˈdavɪt, -s
AM ˈdævət, ˈdeɪvɪt, -s

Davos
BR daˈvəʊs
AM daˈvoʊs

Davy
BR ˈdeɪvi
AM ˈdeɪvi

daw
BR dɔː(r), -z
AM dɑ, dɔ, -z

dawdle
BR ˈdɔːd|l, -lz, -l̩ŋ\-lɪŋ, -ld
AM ˈdɑd(ə)l, ˈdɔd(ə)l, -z, -ɪŋ, -d

dawdler
BR ˈdɔːdlə(r), ˈdɔːdl̩ə(r), -z
AM ˈdɑd(ə)lər, ˈdɔd(ə)lər, -z

Dawe
BR dɔː(r)
AM dɔ

Dawes
BR dɔːz
AM dɑz, dɔz

Dawkins
BR ˈdɔːkɪnz
AM ˈdɑkənz, ˈdɔkənz

Dawlish
BR ˈdɔːlɪʃ
AM ˈdɑləʃ, ˈdɔləʃ

dawn
BR dɔːn, -z, -ɪŋ, -d
AM dɑn, dɔn, -z, -ɪŋ, -d

dawning
BR ˈdɔːnɪŋ, -z
AM ˈdɑnɪŋ, ˈdɔnɪŋ, -z

Dawson
BR ˈdɔːsn
AM ˈdɑs(ə)n, ˈdɔs(ə)n

day
BR deɪ, -z
AM deɪ, -z

Dayak
BR ˈdʌɪak, -s
AM ˈdaɪæk, -s

Dayan
BR dʌɪˈan, dʌɪˈɑːn
AM daˈjɑn

daybed
BR ˈdeɪbɛd, -z
AM ˈdeɪˌbɛd, -z

daybook
BR ˈdeɪbʊk, -s
AM ˈdeɪˌbʊk, -s

daybreak
BR ˈdeɪbreɪk
AM ˈdeɪˌbreɪk

daydream
BR ˈdeɪdriːm, -z, -ɪŋ, -d
AM ˈdeɪˌdrim, -z, -ɪŋ, -d

daydreamer
BR ˈdeɪˌdriːmə(r), -z
AM ˈdeɪˌdrimər, -z

Day-Glo
BR ˈdeɪɡləʊ
AM ˈdeɪˌɡloʊ

dayless
BR ˈdeɪlɪs
AM ˈdeɪlɪs

daylight
BR ˈdeɪlʌɪt
AM ˈdeɪˌlaɪt

dayroom
BR ˈdeɪruːm, ˈdeɪrʊm, -z
AM ˈdeɪˌrʊm, ˈdeɪˌrum, -z

daysack
BR ˈdeɪsak, -s
AM ˈdeɪˌsæk, -s

dayside
BR ˈdeɪsʌɪd
AM ˈdeɪˌsaɪd

daystar
BR ˈdeɪstɑː(r), -z
AM ˈdeɪˌstɑr, -z

daytime
BR ˈdeɪtʌɪm
AM ˈdeɪˌtaɪm

Daytona
BR deɪˈtəʊnə(r)
AM deɪˈtoʊnə

daywork
BR ˈdeɪwəːk
AM ˈdeɪˌwərk

dayworker
BR ˈdeɪˌwəːkə(r), -z
AM ˈdeɪˌwərkər, -z

Daz
BR daz
AM dɑz

daze
BR deɪz, -ɪz, -ɪŋ, -d
AM deɪz, -ɪz, -ɪŋ, -d

dazedly
BR ˈdeɪzɪdli
AM ˈdeɪzɪdli

dazzle
BR ˈdaz|l, -lz, -l̩ɪŋ\-lɪŋ, -ld
AM ˈdæz(ə)l, -z, -ɪŋ, -d

dazzlement
BR ˈdazlm(ə)nt
AM ˈdæzəlm(ə)nt

dazzler
BR ˈdazlə(r), ˈdazl̩ə(r)
AM ˈdæzlər

dazzlingly
BR ˈdazlɪŋli, ˈdazl̩ɪŋli
AM ˈdæz(ə)lɪŋli

dBase
BR ˈdiːbeɪs
AM ˈdiˌbeɪs

deaccession
BR ˌdiːəkˈsɛʃn, -z, -ɪŋ, -d
AM ˌdiə(k)ˈsɛʃ(ə)n, -z, -ɪŋ, -d

deacon
BR ˈdiːk(ə)n, -z
AM ˈdik(ə)n, -z

deaconate
BR ˈdiːknət, -s
AM ˈdikənət, -s

deaconess
BR ˌdiːkəˈnɛs, -ɪz
AM ˈdikənəs, -əz

deaconship
BR diːk(ə)nʃɪp, -s
AM ˈdikənʃɪp, -s

deactivate
BR dɪˈaktɪveɪt, ˌdiːˈaktɪveɪt, -s, -ɪŋ, -ɪd
AM diˈæktəˌveɪ|t, -ts, -dɪŋ, -dɪd

deactivation
BR dɪˌaktɪˈveɪʃn, ˌdiːaktɪˈveɪʃn
AM diˌæktəˈveɪʃ(ə)n

deactivator
BR dɪˈaktɪveɪtə(r), ˌdiːˈaktɪveɪtə(r), -z
AM diˈæktəˌveɪdər, -z

dead
BR dɛd, -ə(r), -ɪst
AM dɛd, -ər, -əst

deadbeat *noun*
BR ˈdɛdbiːt, -s
AM ˈdɛdˌbit, -s

dead-beat *adjective*
BR ˌdɛdˈbiːt
AM ˈdɛdˌbit

deadbolt
BR ˈdɛdbəʊlt, -s
AM ˈdɛdˌboʊlt, -s

deaden
BR ˈdɛdn̩, -z, -ɪŋ, -d
AM ˈdɛd(ə)n, -z, -ɪŋ, -d

deadener
BR ˈdɛdnə(r), -z
AM ˈdɛdnər, -z

deadeye
BR ˈdɛdʌɪ
AM ˈdɛdˌaɪ

deadfall
BR ˈdɛdfɔːl, -z
AM ˈdɛdˌfɑl,
ˈdɛdˌfɔl, -z

deadhead
BR ˈdɛdhɛd, -z, -ɪŋ,
-ɪd
AM ˈdɛdˌ(h)ɛd, -z, -ɪŋ,
-əd

deadlight
BR ˈdɛdlʌɪt, -s
AM ˈdɛdˌlaɪt, -s

deadline
BR ˈdɛdlʌɪn, -z
AM ˈdɛdˌlaɪn, -z

deadliness
BR ˈdɛdlɪnɪs
AM ˈdɛdlɪnɪs

deadlock
BR ˈdɛdlɒk, -s, -t
AM ˈdɛdˌlɑk, -s, -t

deadly
BR ˈdɛdl|i, -ɪə(r), -ɪɪst
AM ˈdɛdli, -ər, -ɪst

deadness
BR ˈdɛdnəs
AM ˈdɛdnəs

deadpan
BR ˈdɛdpan
AM ˈdɛdˌpæn

deadstock
BR ˈdɛdstɒk
AM ˈdɛdˌstɑk

de-aerate
BR ˌdiːˈɛːreɪt, -s, -ɪŋ,
-ɪd
AM diˈɛˌreɪ|t, -ts, -dɪŋ,
-dɪd

de-aeration
BR ˌdiːɛːˈreɪʃn
AM diˌɛrˈeɪʃ(ə)n

deaf
BR dɛf, -ə(r), -ɪst
AM dɛf, -ər, -əst

deafen
BR ˈdɛf|n, -nz, -n̩ɪŋ
\-nɪŋ, -nd
AM ˈdɛf(ə)n, -z, -ɪŋ,
-d

deafeningly
BR ˈdɛfnɪŋli, ˈdɛfnɪŋli
AM ˈdɛf(ə)nɪŋli

deafly
BR ˈdɛfli
AM ˈdɛfli

deafness
BR ˈdɛfnəs
AM ˈdɛfnəs

Deakin
BR ˈdiːkɪn
AM ˈdikɪn

deal
BR diːl, -z, -ɪŋ
AM dil, -z, -ɪŋ

dealer
BR ˈdiːlə(r), -z
AM ˈdilər, -z

dealership
BR ˈdiːləʃɪp, -s
AM ˈdilərˌʃɪp, -s

dealing
BR ˈdiːlɪŋ, -z
AM ˈdilɪŋ, -z

dealt
BR dɛlt
AM dɛlt

deambulation
BR dɪˌambjʉˈleɪʃn
AM ˌdiˌæmbjəˈleɪʃ(ə)n

deambulatory
BR dɪˈambjʉlət(ə)ri
AM diˈæmbjələˌtɔri

deamination
BR dɪˌamɪˈneɪʃn
AM diˌæməˈneɪʃ(ə)n

dean
BR diːn, -z
AM din, -z

deanery
BR ˈdiːn(ə)r|i, -ɪz
AM ˈdinəri, -z

Deanna
BR dɪˈanə(r), ˈdiːnə(r)
AM ˈdinə, diˈænə

dear
BR dɪə(r), -z, -ə(r),
-ɪst
AM dɪ(ə)r, -z, -ər, -ɪst

Deare
BR dɪə(r)
AM dɪ(ə)r

dearie
BR ˈdɪər|i, -ɪz
AM ˈdiri, -z

dearly
BR ˈdɪəli
AM ˈdɪrli

Dearne
BR dəːn
AM dərn

dearness
BR ˈdɪənəs
AM ˈdɪrnɪs

dearth
BR dəːθ, -s
AM dərθ, -s

deary
BR ˈdɪər|i, -ɪz
AM ˈdiri, -z

deasil
BR ˈdɛsl, ˈdjɛʃl
AM ˈdiz(ə)l

death
BR dɛθ, -s
AM dɛθ, -s

deathbed
BR ˈdɛθbɛd, -z
AM ˈdɛθˌbɛd, -z

deathblow
BR ˈdɛθbləʊ, -z
AM ˈdɛθˌbloʊ, -z

De'ath, DeAth
BR dɪˈaθ
AM diˈɑθ

deathless
BR ˈdɛθləs
AM ˈdɛθləs

deathlessly
BR ˈdɛθləsli
AM ˈdɛθləsli

deathlessness
BR ˈdɛθləsnəs
AM ˈdɛθləsnəs

deathlike
BR ˈdɛθlʌɪk
AM ˈdɛθˌlaɪk

deathliness
BR ˈdɛθlɪnɪs
AM ˈdɛθlɪnɪs

deathly
BR ˈdɛθl|i, -ɪə(r),
-ɪɪst
AM ˈdɛθli, -ər, -ɪst

deathtrap
BR ˈdɛθtrap, -s
AM ˈdɛθˌtræp, -s

deathwatch
BR ˈdɛθwɒtʃ
AM ˈdɛθˌwɔtʃ,
ˈdɛθˌwɑtʃ

deattribute
BR ˌdiːəˈtrɪbjuːt, -s,
-ɪŋ, -ɪd
AM ˌdiəˈtrɪbju|t, -ts,
-dɪŋ, -dəd

deattribution
BR dɪˌatrɪˈbjuːʃn,
ˌdiːatrɪˈbjuːʃn, -z
AM diˌætrəˈbjuʃ(ə)n, -z

Deauville
BR ˈdəʊvɪl
AM ˈdoʊˌvɪl

deb
BR dɛb, -z
AM dɛb, -z

débâcle
BR deɪˈbɑːkl,
dɪˈbɑːkl, -z
AM dəˈbak(ə)l,
ˈdɛbək(ə)l,
dəˈbæk(ə)l, -z

debag
BR ˌdiːˈbag, -z, -ɪŋ, -d
AM diˈbæg, -z,
-ɪŋ, -d

debar
BR dɪˈbɑː(r),
(ˌ)diːˈbɑː(r), -z,
-ɪŋ, -d
AM diˈbar, -z,
-ɪŋ, -d

debark
BR dɪˈbɑːk, ˌdiːˈbɑːk,
-s, -ɪŋ, -t
AM diˈbark, -s, -ɪŋ, -t

debarkation
BR ˌdiːbɑːˈkeɪʃn, -z
AM ˌdibarˈkeɪʃ(ə)n, -z

debarkment
BR dɪˈbɑːkm(ə)nt,
ˌdiːˈbɑːkm(ə)nt, -s
AM diˈbarkm(ə)nt, -s

debase
BR dɪˈbeɪs, -ɪz, -ɪŋ, -t
AM diˈbeɪs, -ɪz, -ɪŋ, -t

debasement
BR dɪˈbeɪsm(ə)nt
AM diˈbeɪsm(ə)nt

debaser
BR dɪˈbeɪsə(r), -z
AM diˈbeɪsər, -z

debatable
BR dɪˈbeɪtəbl
AM diˈbeɪdəb(ə)l

debatably
BR dɪˈbeɪtəbli
AM diˈbeɪdəbli

debate
BR dɪˈbeɪt, -s, -ɪŋ, -ɪd
AM diˈbeɪ|t, -ts, -dɪŋ, -dɪd

debater
BR dɪˈbeɪtə(r), -z
AM diˈbeɪdər, -z

debauch
BR dɪˈbɔːtʃ, -ɪz, -ɪŋ, -t
AM diˈbɔtʃ, diˈbɑtʃ, -əz, -ɪŋ, -t

debauchee
BR ˌdɛbɔːˈ(t)ʃiː, ˌdɪbɔːˈ(t)ʃiː, dɪˌbɔːˈ(t)ʃiː, -z
AM diˌbɔˈtʃi, diˌbɑˈtʃi, -z

debaucher
BR dɪˈbɔːtʃə(r), -z
AM diˈbɔtʃər, diˈbɑtʃər, -z

debauchery
BR dɪˈbɔːtʃ(ə)r|i, -ɪz
AM diˈbɔtʃ(ə)ri, diˈbɑtʃ(ə)ri, -z

Debbie
BR ˈdɛbi
AM ˈdɛbi

debeak
BR ˌdiːˈbiːk, -s, -ɪŋ, -t
AM diˈbik, -s, -ɪŋ, -t

de Beauvoir
BR də ˌbəʊvˈwɑː(r)
AM də ˌboʊvˈwɑr
FR də bovwaʀ

De Beers
BR də ˈbɪəz
AM də ˈbɪ(ə)rz

Debenhams
BR ˈdɛbn̩əmz
AM ˈdɛbənəmz

debenture
BR dɪˈbɛn(t)ʃə(r), -z
AM diˈbɛntʃər, -z

debilitate
BR dɪˌbɪlɪteɪt, -s, -ɪŋ, -ɪd
AM diˈbɪləˌteɪ|t, -ts, -dɪŋ, -dɪd

debilitatingly
BR dɪˌbɪlɪteɪtɪŋli
AM diˈbɪləˌteɪdɪŋli

debilitation
BR dɪˌbɪlɪˈteɪʃn
AM diˌbɪləˈteɪʃ(ə)n

debilitative
BR dɪˈbɪlɪtətɪv
AM diˈbɪləˌteɪdɪv

debility
BR dɪˈbɪlɪt|i, -ɪz
AM dəˈbɪlɪdi, -z

debit
BR ˈdɛb|ɪt, -ɪts, -ɪtɪŋ, -ɪtɪd
AM ˈdɛbɪ|t, -ts, -dɪŋ, -dɪd

debonair
BR ˌdɛbəˈnɛː(r)
AM ˌdɛbəˈnɛ(ə)r

debonaire
BR ˌdɛbəˈnɛː(r)
AM ˌdɛbəˈnɛ(ə)r

debonairly
BR ˌdɛbəˈnɛːli
AM ˌdɛbəˈnɛrli

de-bond
BR ˌdiːˈbɒnd, -z, -ɪŋ, -ɪd
AM diˈbɑnd, -z, -ɪŋ, -əd

de-bonder
BR ˌdiːˈbɒndə(r), -z
AM diˈbɑndər, -z

debone
BR ˌdiːˈbəʊn, -z, -ɪŋ, -d
AM ˌdiˈboʊn, -z, -ɪŋ, -d

Deborah
BR ˈdɛb(ə)rə(r)
AM ˈdɛb(ə)rə

debouch
BR dɪˈbaʊtʃ, dɪˈbuːʃ, (ˌ)diːˈbaʊtʃ, (ˌ)diːˈbuːʃ, -ɪz, -ɪŋ, -t
AM diˈbuʃ, diˈbaʊtʃ, -əz, -ɪŋ, -t

debouchment
BR dɪˈbaʊtʃm(ə)nt, dɪˈbuːʃm(ə)nt, (ˌ)diːˈbaʊtʃm(ə)nt, (ˌ)diːˈbuːʃm(ə)nt
AM diˈbuʃm(ə)nt, diˈbaʊtʃm(ə)nt

Debra
BR ˈdɛbrə(r)
AM ˈdɛbrə

Debrett
BR dəˈbrɛt
AM dəˈbrɛt

debridement
BR deɪˈbriːdmɒ̃, dɪˈbriːdm(ə)nt
AM deɪˈbridm(ə)nt, dəˈbridm(ə)nt

debrief
BR ˌdiːˈbriːf, -s, -ɪŋ, -t
AM ˌdəˈbrif, diˈbrif, -s, -ɪŋ, -t

debriefing
BR ˌdiːˈbriːfɪŋ, -z
AM ˌdəˈbrifɪŋ, diˈbrifɪŋ, -z

débris
BR ˈdɛbriː, ˈdeɪbriː
AM deɪˈbri, dəˈbri

debt
BR dɛt, -s
AM dɛt, -s

debtor
BR ˈdɛtə(r), -z
AM ˈdɛdər, -z

debug
BR ˌdiːˈbʌg, -z, -ɪŋ, -d
AM ˌdiˈbəg, -z, -ɪŋ, -d

debugger
BR ˌdiːˈbʌgə(r), -z
AM ˌdiˈbəgər, -z

debunk
BR (ˌ)diːˈbʌŋ|k, -ks, -kɪŋ, -(k)t
AM ˌdiˈbəŋ|k, -ks, -kɪŋ, -(k)t

debunker
BR (ˌ)diːˈbʌŋkə(r), -z
AM ˌdiˈbəŋkər, -z

debus
BR ˌdiːˈbʌs, -ɪz, -ɪŋ, -t
AM diˈbəs, -əz, -ɪŋ, -t

Debussy
BR dəˈb(j)uːsi
AM ˌdɛbjuˈsi
FR dəbysi

début
BR ˈdɛbjuː, ˈdeɪbjuː, -z, -ɪŋ, -d
AM deɪˌbju, deɪˈbju, -z, -ɪŋ, -d

débutant
BR ˈdɛbjʊtɑːnt, -s
AM ˌdɛbjəˌtɑnt, ˈdɛbjuˌtɑnt, -s

débutante
BR ˈdɛbjʊtɑːnt, -s
AM ˌdɛbjəˌtɑnt, ˈdɛbjuˌtɑnt, -s

DEC
BR dɛk
AM dɛk

decadal
BR ˈdɛkədl
AM ˈdɛkəd(ə)l

decade
BR ˈdɛkeɪd, dɪˈkeɪd, -z
AM ˈdɛˌkeɪd, -z

decadence
BR ˈdɛkəd(ə)ns
AM ˈdɛkədns

decadent
BR ˈdɛkəd(ə)nt, -s
AM ˈdɛkəd(ə)nt, -s

decadentism
BR ˈdɛkəd(ə)ntɪzm
AM ˈdɛkəd(ə)nˌtɪz(ə)m

decadently
BR ˈdɛkəd(ə)ntli
AM ˈdɛkədən(t)li, ˈdɛkəd(ə)ntli

decadic
BR dɪˈkadɪk
AM dəˈkædɪk

decaf
BR ˈdiːkaf
AM ˈdiˌkæf

decaffeinate
BR diːˈkafɪneɪt,
dɪˈkafɪneɪt, -s, -ɪŋ, -ɪd
AM dəˈkæfəˌneɪ|t,
ˌdɪˈkæfəˌneɪ|t, -ts,
-dɪŋ, -dɪd

decagon
BR ˈdɛkəg(ə)n,
ˈdɛkəgɒn, -z
AM ˈdɛkəˌgɑn, -z

decagonal
BR dɪˈkagn̩l
AM dəˈkægən(ə)l

decagynous
BR dɪˈkadʒɪnəs,
dɛˈkadʒɪnəs
AM dəˈkædʒənəs

decahedra
BR ˌdɛkəˈhiːdrə(r)
AM ˌdɛkəˈhidrə

decahedral
BR ˌdɛkəˈhiːdr(ə)l
AM ˌdɛkəˈhidr(ə)l

decahedron
BR ˌdɛkəˈhiːdr(ə)n, -z
AM ˌdɛkəˈhidr(ə)n, -z

decal
BR ˈdiːkal, dɪˈkal, -z
AM dəˈkæl, ˈdiˌkæl, -z

decalcification
BR ˌdiːkalsɪfɪˈkeɪʃn,
diːˌkalsɪfɪˈkeɪʃn
AM ˌdiˌkælsəfə-
ˈkeɪʃ(ə)n

decalcifier
BR ˌdiːˈkalsɪfʌɪə(r),
-z, -ɪŋ, -d
AM ˌdiˈkælsəˌfaɪ(ə)r,
-z, -ɪŋ, -d

decalcify
BR ˌdiːˈkalsɪfʌɪ, -z,
-ɪŋ, -d
AM ˌdiˈkælsəˌfaɪ, -z,
-ɪŋ, -d

decalcomania
BR ˌdiːkalkəˈmeɪnɪə(r),
-z
AM ˌdiˌkælkəˈmeɪnɪə,
-z

decaliter
BR ˈdɛkəˌliːtə(r), -z
AM ˈdɛkəˌlidər, -z

decalitre
BR ˈdɛkəˌliːtə(r), -z
AM ˈdɛkəˌlidər, -z

Decalogue
BR ˈdɛkəlɒg
AM ˈdɛkəˌlɑg,
ˈdɛkəˌlɔg

Decameron
BR dɪˈkam(ə)rn̩
AM dɪˈkæməˌrɑn,
dɪˈkæməˌrɑn

decameter
BR ˈdɛkəˌmiːtə(r),
-z
AM ˈdɛkəˌmidər,
-z

decametre
BR ˈdɛkəˌmiːtə(r),
-z
AM ˈdɛkəˌmidər, -z

decamp
BR ˌdiːˈkamp, dɪ
ˈkamp, -s, -ɪŋ, -t
AM dɪˈkæmp, -s,
-ɪŋ, -t

decampment
BR ˌdiːˈkampm(ə)nt,
dɪˈkampm(ə)nt
AM dɪˈkæmpm(ə)nt

decanal
BR dɪˈkeɪnl, ˈdɛkənl
AM ˈdɛkən(ə)l,
ˌdəˈkeɪn(ə)l

decanally
BR dɪˈkeɪnl̩i,
ˈdɛkənl̩i
AM ˈdɛkənəli,
ˌdəˈkeɪnəli

decandrous
BR dɪˈkandrəs
AM dəˈkændrəs

decane
BR ˈdɛkeɪn
AM ˈdɛkeɪn

decani
BR dɪˈkeɪnʌɪ
AM dəˈkeɪˌnaɪ

decant
BR dɪˈkant, ˌdiːˈkant,
-s, -ɪŋ, -ɪd
AM dɪˈkæn|t, -ts,
-(t)ɪŋ, -(t)əd

decanter
BR dɪˈkantə(r), -z
AM dɪˈkæn(t)ər, -z

decapitate
BR dɪˈkapɪteɪt,
(ˌ)diːˈkapɪteɪt, -s,
-ɪŋ, -ɪd
AM dɪˈkæpəˌteɪ|t, -ts,
-dɪŋ, -dɪd

decapitation
BR dɪˌkapɪˈteɪʃn,
ˌdiːkapɪˈteɪʃn, -z
AM dɪˌkæpəˈteɪʃ(ə)n,
-z

decapitator
BR dɪˈkapɪteɪtə(r),
(ˌ)diːˈkapɪteɪtə(r),
-z
AM dɪˈkæpəˌteɪdər,
-z

decapod
BR ˈdɛkəpɒd, -z
AM ˈdɛkəˌpɑd, -z

decapodan
BR dɪˈkapəd(ə)n
AM dəˈkæpəd(ə)n

decarbonisation
BR ˌdiːkɑːbn̩ʌɪˈzeɪʃn,
diːˌkɑːbn̩ʌɪˈzeɪʃn
AM ˌdiˌkɑrbəˌnaɪ-
ˈzeɪʃ(ə)n,
ˌdiˌkɑrbənəˈzeɪʃ(ə)n

decarbonise
BR (ˌ)diːˈkɑːbn̩ʌɪz,
-ɪz, -ɪŋ, -d
AM dɪˈkɑrbəˌnaɪz, -ɪz,
-ɪŋ, -d

decarbonization
BR ˌdiːkɑːbn̩ʌɪˈzeɪʃn,
diːˌkɑːbn̩ʌɪˈzeɪʃn
AM ˌdiˌkɑrbəˌnaɪ-
ˈzeɪʃ(ə)n,
ˌdiˌkɑrbənəˈzeɪʃ(ə)n

decarbonize
BR (ˌ)diːˈkɑːbn̩ʌɪz,
-ɪz, -ɪŋ, -d
AM dɪˈkɑrbəˌnaɪz, -ɪz,
-ɪŋ, -d

decastyle
BR ˈdɛkəstʌɪl, -z
AM ˈdɛkəˌstaɪl,
-z

decasualisation
BR ˌdiːkaʒʊ(ə)lʌɪˈzeɪʃn,
ˌdiːkaʒjʊlʌɪˈzeɪʃn,
ˌdiːkazjʊ(ə)lʌɪˈzeɪʃn,
ˌdiːkazjʊlʌɪˈzeɪʃn,
diːˌkaʒʊ(ə)lʌɪˈzeɪʃn,
diːˌkaʒjʊlʌɪˈzeɪʃn,
diːˌkazjʊ(ə)lʌɪˈzeɪʃn,
diːˌkazjʊlʌɪˈzeɪʃn
AM ˌdiˌkæʒ(əw)əˌlaɪ-
ˈzeɪʃ(ə)n, ˌdi-
ˌkæʒ(əw)ələˈzeɪʃ(ə)n

decasualise
BR (ˌ)diːˈkaʒʊ(ə)lʌɪz,
(ˌ)diːˈkaʒjʊlʌɪz,
(ˌ)diːˈkazjʊ(ə)lʌɪz,
(ˌ)diːˈkazjʊlʌɪz, -ɪz,
-ɪŋ, -d
AM ˌdiˈkæʒ(əw)əˌlaɪz,
-ɪz, -ɪŋ, -d

decasualization
BR ˌdiːkaʒʊ(ə)lʌɪˈzeɪʃn,
ˌdiːkaʒjʊlʌɪˈzeɪʃn,
ˌdiːkazjʊ(ə)lʌɪˈzeɪʃn,
ˌdiːkazjʊlʌɪˈzeɪʃn,
diːˌkaʒʊ(ə)lʌɪˈzeɪʃn,
diːˌkaʒjʊlʌɪˈzeɪʃn,
diːˌkazjʊ(ə)lʌɪˈzeɪʃn,
diːˌkazjʊlʌɪˈzeɪʃn
AM ˌdiˌkæʒ(əw)əˌlaɪ-
ˈzeɪʃ(ə)n, ˌdi-
ˌkæʒ(əw)ələˈzeɪʃ(ə)n

decasualize
BR (ˌ)diːˈkaʒʊ(ə)lʌɪz,
(ˌ)diːˈkaʒjʊlʌɪz,
(ˌ)diːˈkazjʊ(ə)lʌɪz,
(ˌ)diːˈkazjʊlʌɪz, -ɪz,
-ɪŋ, -d
AM ˌdiˈkæʒ(əw)əˌlaɪz,
-ɪz, -ɪŋ, -d

decasyllabic
BR ˌdɛkəsɪˈlabɪk
AM ˌdɛkəsɪˈlæbɪk

decasyllable
BR ˈdɛkəˌsɪləbl,
ˌdɛkəˈsɪləbl,
-z
AM ˈdɛkəˌsɪləb(ə)l,
-z

decathlete
BR dɪˈkaθliːt, -s
AM dɪˈkæθ(ə)lit, -s

decathlon
BR dɪˈkaθl(ɒ)n, -z
AM diˈkæθ(ə)ˌlɑn,
diˈkæθ(ə)l(ə)n, -z
Decatur
BR dɪˈkeɪtə(r)
AM diˈkeɪdər
decay
BR dɪˈkeɪ, -z, -ɪŋ, -d
AM diˈkeɪ, -z, -ɪŋ, -d
decayable
BR dɪˈkeɪəbl
AM diˈkeɪəb(ə)l
Decca
BR ˈdɛkə(r)
AM ˈdɛkə
Deccan
BR ˈdɛk(ə)n
AM ˈdɛk(ə)n
decease
BR dɪˈsiːs, -ɪz, -ɪŋ, -t
AM diˈsis, -ɪz, -ɪŋ, -t
decedent
BR dɪˈsiːdnt, -s
AM diˈsidnt, -s
deceit
BR dɪˈsiːt
AM diˈsit
deceitful
BR dɪˈsiːtf(ʊ)l
AM diˈsitf(ə)l
deceitfully
BR dɪˈsiːtfʊli, dɪˈsiːtfli
AM diˈsitfəli
deceitfulness
BR dɪˈsiːtf(ʊ)lnəs
AM diˈsitfəlnəs
deceivable
BR dɪˈsiːvəbl
AM diˈsivəb(ə)l
deceive
BR dɪˈsiːv, -z, -ɪŋ, -d
AM diˈsiv, -z, -ɪŋ, -d
deceiver
BR dɪˈsiːvə(r), -z
AM diˈsivər, -z
decelerate
BR ˌdiːˈsɛləreɪt,
dɪˈsɛləreɪt, -s, -ɪŋ,
-ɪd
AM diˈsɛləˌreɪ|t, -ts,
-dɪŋ, -dɪd

deceleration
BR ˌdiːsɛləˈreɪʃn,
dɪˌsɛləˈreɪʃn
AM ˌdisɛləˈreɪʃ(ə)n,
dɪˌsɛləˈreɪʃ(ə)n
decelerator
BR ˌdiːˈsɛləreɪtə(r),
dɪˈsɛləreɪtə(r), -z
AM ˌdiˈsɛləˌreɪdər, -z
decelerometer
BR ˌdiːsɛləˈrɒmɪtə(r),
-z
AM ˌdiˌsɛləˈrɑmədər,
-z
December
BR dɪˈsɛmbə(r), -z
AM diˈsɛmbər, -z
Decembrist
BR dɪˈsɛmbrɪst, -s
AM diˈsɛmbrəst, -s
decency
BR ˈdiːsnsǀi, -ɪz
AM ˈdisənsi, -z
decennia
BR dɪˈsɛnɪə(r)
AM dəˈsɛniə
decennial
BR dɪˈsɛnɪəl
AM dəˈsɛniəl
decennially
BR dɪˈsɛnɪəli
AM dəˈsɛniəli
decennium
BR dɪˈsɛnɪəm
AM dəˈsɛniəm
decent
BR ˈdiːsnt
AM ˈdis(ə)nt
decenter
BR ˌdiːˈsɛntǀə(r), -əz,
-(ə)rɪŋ, -əd
AM ˌdiˈsɛn(t)ǀər, -z,
-ɪŋ, -d
decently
BR ˈdiːs(ə)ntli
AM ˈdisn(t)li
decentralisation
BR ˌdiːsɛntrlʌɪˈzeɪʃn,
diːˌsɛntrlʌɪˈzeɪʃn
AM ˌdiˌsɛntrəˌlaɪ-
ˈzeɪʃ(ə)n,
ˌdiˌsɛntrələˈzeɪʃ(ə)n

decentralise
BR (ˌ)diːˈsɛntrlʌɪz,
-ɪz, -ɪŋ, -d
AM diˈsɛntrəˌlaɪz, -ɪz,
-ɪŋ, -d
decentralist
BR (ˌ)diːˈsɛntrlɪst,
-s
AM diˈsɛntrələst, -s
decentralization
BR ˌdiːsɛntrlʌɪˈzeɪʃn,
diːˌsɛntrlʌɪˈzeɪʃn
AM ˌdiˌsɛntrəˌlaɪ-
ˈzeɪʃ(ə)n,
ˌdiˌsɛntrələˈzeɪʃ(ə)n
decentralize
BR (ˌ)diːˈsɛntrlʌɪz,
-ɪz, -ɪŋ, -d
AM diˈsɛntrəˌlaɪz, -ɪz,
-ɪŋ, -d
decentre
BR ˌdiːˈsɛntǀə(r), -əz,
-(ə)rɪŋ, -əd
AM ˌdiˈsɛn(t)ǀər, -ərz,
-(ə)rɪŋ, -ərd
deception
BR dɪˈsɛpʃn, -z
AM diˈsɛpʃ(ə)n, -z
deceptive
BR dɪˈsɛptɪv
AM diˈsɛptɪv
deceptively
BR dɪˈsɛptɪvli
AM diˈsɛptəvli
deceptiveness
BR dɪˈsɛptɪvnɪs
AM diˈsɛptɪvnɪs
decerebrate
BR ˌdiːˈsɛrɪbreɪt, -s,
-ɪŋ, -ɪd
AM ˌdiˈsɛrəˌbreɪǀt, -ts,
-dɪŋ, -dɪd
decertify
BR (ˌ)diːˈsəːtɪfʌɪ, -z,
-ɪŋ, -d
AM diˈsərdəˌfaɪ, -z,
-ɪŋ, -d
dechlorinate
BR (ˌ)diːˈklɒrɪneɪt, -s,
-ɪŋ, -ɪd
AM diˈklɔrəˌneɪǀt, -ts,
-dɪŋ, -dɪd

dechlorination
BR ˌdiːklɒrɪˈneɪʃn, -z
AM ˌdiˌklɔrəˈneɪʃ(ə)n,
-z
dechristianization
BR ˌdiːkrɪstʃnʌɪˈzeɪʃn
AM diˌkrɪstʃəˌnaɪ-
ˈzeɪʃ(ə)n,
diˌkrɪstʃənəˈzeɪʃ(ə)n
dechristianize
BR (ˌ)diːˈkrɪstʃnʌɪz,
-ɪz, -ɪŋ, -d
AM diˈkrɪstʃəˌnaɪz,
-ɪz, -ɪŋ, -d
Decian
BR ˈdiːʃɪən
AM ˈdɪʃ(i)ən
decibel
BR ˈdɛsɪb(ɛ)l, -z
AM ˈdɛsəˌbɛl,
ˈdɛsəb(ə)l, -z
decidable
BR dɪˈsʌɪdəbl
AM diˈsaɪdəb(ə)l
decide
BR dɪˈsʌɪd, -z, -ɪŋ,
-ɪd
AM diˈsaɪd, -z, -ɪŋ,
-ɪd
decidedly
BR dɪˈsʌɪdɪdli
AM diˈsaɪdɪdli
decidedness
BR dɪˈsʌɪdɪdnɪs
AM diˈsaɪdɪdnɪs
decider
BR dɪˈsʌɪdə(r), -z
AM diˈsaɪdər, -z
deciduous
BR dɪˈsɪdjʊəs,
dɪˈsɪdʒʊəs
AM diˈsɪdʒəwəs
deciduousness
BR dɪˈsɪdjʊəsnəs,
dɪˈsɪdʒʊəsnəs
AM diˈsɪdʒəwəsnəs
decigram
BR ˈdɛsɪgram, -z
AM ˈdɛsəˌgræm, -z
decigramme
BR ˈdɛsɪgram, -z
AM ˈdɛsəˌgræm, -z

decile
BR ˈdɛsʌɪl, ˈdɛsɪl, -z
AM ˈdɛˌsaɪl, -z

deciliter
BR ˈdɛsɪˌliːtə(r), -z
AM ˈdɛsəˌlidər, -z

decilitre
BR ˈdɛsɪˌliːtə(r), -z
AM ˈdɛsəˌlidər, -z

decimal
BR ˈdɛsɪml, -z
AM ˈdɛs(ə)m(ə)l, -z

decimalisation
BR ˌdɛsɪmlʌɪˈzeɪʃn
AM ˌdɛs(ə)məˌlaɪˈzeɪʃ(ə)n, ˌdɛs(ə)mələˈzeɪʃ(ə)n

decimalise
BR ˈdɛsɪmlʌɪz, -ɪz, -ɪŋ, -d
AM ˈdɛs(ə)məˌlaɪz, -ɪz, -ɪŋ, -d

decimalization
BR ˌdɛsɪmlʌɪˈzeɪʃn
AM ˌdɛs(ə)məˌlaɪˈzeɪʃ(ə)n, ˌdɛs(ə)mələˈzeɪʃ(ə)n

decimalize
BR ˈdɛsɪmlʌɪz, -ɪz, -ɪŋ, -d
AM ˈdɛsəməˌlaɪz, -ɪz, -ɪŋ, -d

decimally
BR ˈdɛsɪmli
AM ˈdɛsəməli

decimate
BR ˈdɛsɪmeɪt, -s, -ɪŋ, -ɪd
AM ˈdɛsəˌmeɪt, -ts, -dɪŋ, -dɪd

decimation
BR ˌdɛsɪˈmeɪʃn
AM ˌdɛsəˈmeɪʃ(ə)n

decimator
BR ˈdɛsɪmeɪtə(r), -z
AM ˈdɛsəˌmeɪdər, -z

decimeter
BR ˈdɛsɪˌmiːtə(r), -z
AM ˈdɛsəˌmidər, -z

decimetre
BR ˈdɛsɪˌmiːtə(r), -z
AM ˈdɛsəˌmidər, -z

Decimus
BR ˈdɛsɪməs
AM ˈdɛsəməs

decipher
BR dɪˈsʌɪf|ə(r), -əz, -(ə)rɪŋ, -əd
AM diˈsaɪf|ər, -ərz, -(ə)rɪŋ, -ərd

decipherable
BR dɪˈsʌɪf(ə)rəbl
AM diˈsaɪf(ə)rəb(ə)l

decipherment
BR dɪˈsʌɪfəm(ə)nt
AM diˈsaɪfərm(ə)nt

decision
BR dɪˈsɪʒn, -z
AM diˈsiʒ(ə)n, -z

decisive
BR dɪˈsʌɪsɪv
AM diˈsaɪsɪv

decisively
BR dɪˈsʌɪsɪvli
AM diˈsaɪsɪvli

decisiveness
BR dɪˈsʌɪsɪvnɪs
AM diˈsaɪsɪvnɪs

deck
BR dɛk, -s, -ɪŋ, -t
AM dɛk, -s, -ɪŋ, -t

deckchair
BR ˈdɛktʃɛː(r), -z
AM ˈdɛkˌtʃɛ(ə)r, -z

decker
BR ˈdɛkə(r), -z
AM ˈdɛkər, -z

deckhand
BR ˈdɛkhand, -z
AM ˈdɛkˌ(h)ænd, -z

deckhouse
BR ˈdɛkhaʊ|s, -zɪz
AM ˈdɛkˌ(h)aʊ|s, -zəz

deckle
BR ˈdɛkl, -d
AM ˈdɛk(ə)l, -d

declaim
BR dɪˈkleɪm, -z, -ɪŋ, -d
AM diˈkleɪm, -z, -ɪŋ, -d

declaimer
BR dɪˈkleɪmə(r), -z
AM diˈkleɪmər, -z

declamation
BR ˌdɛkləˈmeɪʃn, -z
AM ˌdɛkləˈmeɪʃ(ə)n, -z

declamatory
BR dɪˈklamət(ə)ri
AM diˈklæməˌtɔri

Declan
BR ˈdɛklən
AM ˈdɛkl(ə)n

declarable
BR dɪˈklɛːrəbl
AM diˈklɛrəh(ə)l

declarant
BR dɪˈklɛːrnt, -s
AM diˈklɛrənt, -s

declaration
BR ˌdɛkləˈreɪʃn, -z
AM ˌdɛkləˈreɪʃ(ə)n, -z

declarative
BR dɪˈklarətɪv, -z
AM dəˈklɛrədɪv, -z

declaratively
BR dɪˈklarətɪvli
AM dəˈklɛrədɪvli

declarativeness
BR dɪˈklarətɪvnɪs
AM dəˈklɛrədɪvnɪs

declaratory
BR dɪˈklarət(ə)ri
AM dəˈklɛrəˌtɔri

declare
BR dɪˈklɛː(r), -z, -ɪŋ, -d
AM diˈklɛ(ə)r, -z, -ɪŋ, -d

declaredly
BR dɪˈklɛːrɪdli
AM dəˈklɛrədli

declarer
BR dɪˈklɛːrə(r), -z
AM diˈklɛrər, -z

declass
BR (ˌ)diːˈklɑːs, -ɪz, -ɪŋ, -t
AM diˈklæs, -əz, -ɪŋ, -t

déclassé
BR deɪˈklaseɪ, ˌdeɪklɑˈseɪ
AM ˌdeɪklɑˈseɪ
FR deklase

déclassée
BR deɪˈklaseɪ, ˌdeɪklɑˈseɪ
AM ˌdeɪklɑˈseɪ
FR deklase

declassification
BR ˌdiːklasɪfɪˈkeɪʃn, diːˌklasɪfɪˈkeɪʃn
AM diˌklæsəfəˈkeɪʃ(ə)n

declassify
BR (ˌ)diːˈklasɪfʌɪ, -z, -ɪŋ, -d
AM ˌdiːˈklæsəˌfaɪ, -z, -ɪŋ, -d

de-claw
BR ˌdiːˈklɔː(r), -z, -ɪŋ, -d
AM ˌdiːˈklɑ, ˌdiːˈklɔ, -z, -ɪŋ, -d

declension
BR dɪˈklɛnʃn, -z
AM diˈklɛn(t)ʃ(ə)n, -z

declensional
BR dɪˈklɛnʃnl
AM diˈklɛn(t)ʃən(ə)l, diˈklɛn(t)ʃn(ə)l

declinable
BR dɪˈklʌɪnəbl
AM diˈklaɪnəb(ə)l

declination
BR ˌdɛklɪˈneɪʃn, -z
AM ˌdɛkləˈneɪʃ(ə)n, -z

declinational
BR ˌdɛklɪˈneɪʃnl
AM ˌdɛkləˈneɪʃən(ə)l, ˌdɛkləˈneɪʃn(ə)l

decline
BR dɪˈklʌɪn, -z, -ɪŋ, -d
AM diˈklaɪn, -z, -ɪŋ, -d

decliner
BR dɪˈklʌɪnə(r), -z
AM diˈklaɪnər, -z

declinometer
BR ˌdɛklɪˈnɒmɪtə(r), -z
AM ˌdɛkləˈnɑmədər, -z

declivitous
BR dɪˈklɪvɪtəs
AM dəˈklɪvədəs

declivity
BR dɪˈklɪvɪt|i, -ɪz
AM dəˈklɪvɪdi, -z

declutch
BR (ˌ)diːˈklʌtʃ, dɨˈklʌtʃ, -ɪz, -ɪŋ, -t
AM diˈklətʃ, -əz, -ɪŋ, -t

declutter
BR ˌdiːˈklʌt|ə(r), -əz, -(ə)rɪŋ, -əd
AM ˌdiˈklədər, -z, -ɪŋ, -d

deco
BR ˈdɛkəʊ
AM ˈdɛkoʊ

decoct
BR dɨˈkɒkt, -s, -ɪŋ, -ɨd
AM diˈkak|(t), -(t)s, -tɪŋ, -tɨd

decoction
BR dɨˈkɒkʃn, -z
AM diˈkakʃ(ə)n, -z

decodable
BR (ˌ)diːˈkəʊdəbl, dɨˈkəʊdəbl
AM dəˈkoʊdəb(ə)l, ˌdiˈkoʊdəb(ə)l

decode
BR (ˌ)diːˈkəʊd, dɨˈkəʊd, -z, -ɪŋ, -ɨd
AM ˌdiˈkoʊd, -z, -ɪŋ, -əd

decoder
BR (ˌ)diːˈkəʊdə(r), dɨˈkəʊdə(r), -z
AM dəˈkoʊdər, ˌdiˈkoʊdər, -z

decoke[1] *noun*
BR ˈdiːkəʊk, -s
AM ˈdiˌkoʊk, -s

decoke[2] *verb*
BR ˌdiːˈkəʊk, dɨˈkəʊk, -s, -ɪŋ, -t
AM dəˈkoʊk, ˌdiˈkoʊk, -s, -ɪŋ, -t

decollate
BR ˈdɛkəleɪt, -s, -ɪŋ, -ɨd
AM ˈdɛkəˌleɪ|t, -ts, -dɪŋ, -dɨd

decollation
BR ˌdɛkəˈleɪʃn, -z
AM ˌdɛkəˈleɪʃ(ə)n, -z

décolletage
BR ˌdeɪkɒl(ɨ)ˈtɑːʒ, deɪˈkɒltɑːʒ
AM dɛˌkaləˈtɑʒ, deɪˌkɔləˈtɑʒ, dɛˌkɔləˈtɑʒ, deɪˌkaləˈtɑʒ

décolleté
BR deɪˈkɒl(ɨ)teɪ, ˌdeɪkɒl(ɨ)ˈteɪ
AM dɛˌkaləˈteɪ, deɪˌkɔləˈteɪ, dɛˌkɔləˈteɪ, deɪˌkaləˈteɪ

décolletée
BR deɪˈkɒl(ɨ)teɪ, ˌdeɪkɒl(ɨ)ˈteɪ
AM dɛˌkaləˈteɪ, deɪˌkɔləˈteɪ, dɛˌkɔləˈteɪ, deɪˌkaləˈteɪ

decolonisation
BR ˌdiːkɒlənʌɪˈzeɪʃn, diːˌkɒlənʌɪˈzeɪʃn
AM ˌdiˌkaləˌnaɪˈzeɪʃ(ə)n, diˌkalənəˈzeɪʃ(ə)n

decolonise
BR (ˌ)diːˈkɒlənʌɪz, -ɪz, -ɪŋ, -d
AM diˈkaləˌnaɪz, -ɪz, -ɪŋ, -d

decolonization
BR ˌdiːkɒlənʌɪˈzeɪʃn, diːˌkɒlənʌɪˈzeɪʃn
AM ˌdiˌkaləˌnaɪˈzeɪʃ(ə)n, diˌkalənəˈzeɪʃ(ə)n

decolonize
BR (ˌ)diːˈkɒlənʌɪz, -ɪz, -ɪŋ, -d
AM diˈkaləˌnaɪz, -ɪz, -ɪŋ, -d

decolorant
BR ˌdiːˈkʌl(ə)r̩nt, -s
AM diˈkələrənt, -s

decolorisation
BR ˌdiːkʌlərʌɪˈzeɪʃn, diːˌkʌlərʌɪˈzeɪʃn
AM ˌdiˌkələˌraɪˈzeɪʃ(ə)n, diˌkələrəˈzeɪʃ(ə)n

decolorise
BR ˌdiːˈkʌlərʌɪz, -ɪz, -ɪŋ, -d
AM diˈkələˌraɪz, -ɪz, -ɪŋ, -d

decolorization
BR ˌdiːkʌlərʌɪˈzeɪʃn, diːˌkʌlərʌɪˈzeɪʃn
AM ˌdiˌkələˌraɪˈzeɪʃ(ə)n, diˌkələrəˈzeɪʃ(ə)n

decolorize
BR ˌdiːˈkʌlərʌɪz, -ɪz, -ɪŋ, -d
AM diˈkələˌraɪz, -ɪz, -ɪŋ, -d

decommission
BR ˌdiːkəˈmɪʃn, -nz, -n̩ɪŋ\-nɪŋ, -nd
AM ˌdikəˈmɪʃ(ə)n, -z, -ɪŋ, -d

decommunisation
BR ˌdiːkɒmjʉnʌɪˈzeɪʃn, diːˌkɒmjʉnʌɪˈzeɪʃn
AM ˌdiˌkamjuˌnaɪˈzeɪʃ(ə)n, ˌdiˌkamjunəˈzeɪʃ(ə)n

decommunise
BR ˌdiːˈkɒmjʉnʌɪz, -ɪz, -ɪŋ, -d
AM diˈkamjuˌnaɪz, -ɪz, -ɪŋ, -d

decommunization
BR ˌdiːkɒmjʉnʌɪˈzeɪʃn, diːˌkɒmjʉnʌɪˈzeɪʃn
AM ˌdiˌkamjuˌnaɪˈzeɪʃ(ə)n, ˌdiˌkamjunəˈzeɪʃ(ə)n

decommunize
BR ˌdiːˈkɒmjʉnʌɪz, -ɪz, -ɪŋ, -d
AM diˈkamjuˌnaɪz, -ɪz, -ɪŋ, -d

decomposable
BR ˌdiːkəmˈpəʊzəbl
AM ˌdikəmˈpoʊzəb(ə)l

decompose
BR ˌdiːkəmˈpəʊz, -ɪz, -ɪŋ, -d
AM ˌdikəmˈpoʊz, -əz, -ɪŋ, -d

decomposition
BR ˌdiːkɒmpəˈzɪʃn, -z
AM ˈˌdiˌkampəˈzɪʃ(ə)n, -z

decompound[1] *noun*
BR ˈdiːˌkɒmpaʊnd, -z
AM ˈdiˈkamˌpaʊnd, -z

decompound[2] *verb*
BR ˌdiːkəmˈpaʊnd, -z, -ɪŋ, -ɨd
AM ˌdikəmˈpaʊnd, -z, -ɪŋ, -əd

decompress
BR ˌdiːkəmˈprɛs, -ɪz, -ɪŋ, -t
AM ˌdikəmˈprɛs, -əz, -ɪŋ, -t

decompression
BR ˌdiːkəmˈprɛʃn
AM ˌdikəmˈprɛʃ(ə)n

decompressor
BR ˌdiːkəmˈprɛsə(r), -z
AM ˌdikəmˈprɛsər, -z

decongestant
BR ˌdiːk(ə)nˈdʒɛst(ə)nt, -s
AM ˌdikənˈdʒɛst(ə)nt, -s

deconsecrate
BR ˌdiːˈkɒnsɨkreɪt, -s, -ɪŋ, -ɨd
AM diˈkansəˌkreɪ|t, -ts, -dɪŋ, -dɨd

deconsecration
BR ˌdiːkɒnsɨˈkreɪʃn, diːˌkɒnsɨˈkreɪʃn
AM ˌdikansəˈkreɪʃ(ə)n

deconstruct
BR ˌdiːk(ə)nˈstrʌkt, -s, -ɪŋ, -ɨd
AM ˌdikənˈstrək|(t), -(t)s, -tɪŋ, -təd

deconstruction
BR ˌdiːk(ə)nˈstrʌkʃn
AM ˌdikənˈstrəkʃ(ə)n

deconstructionism
BR ˌdiːk(ə)nˈstrʌkʃn̩ɪzm
AM ˌdik(ə)nˈstrəkʃəˌnɪz(ə)m

deconstructionist
BR ˌdiːk(ə)n-ˈstrʌkʃnɪst, -s
AM ˌdiːkən-ˈstrəkʃənəst, -s

deconstructive
BR ˌdiːk(ə)nˈstrʌktɪv
AM ˌdiːkənˈstrəktɪv

decontaminate
BR ˌdiːk(ə)nˈtamɪneɪt, -s, -ɪŋ, -ɪd
AM ˌdiːkənˈtæməˌneɪ|t, -ts, -dɪŋ, -dɪd

decontamination
BR ˌdiːk(ə)ntamɪ-ˈneɪʃn
AM ˌˈdiːkənˌtæmə-ˈneɪʃ(ə)n

decontextualise
BR ˌdiːk(ə)n-ˈtɛkstjʊəlʌɪz, ˌdiːk(ə)n-ˈtɛkstjʉlʌɪz, ˌdiːk(ə)n-ˈtɛkstʃʊəlʌɪz, ˌdiːk(ə)n-ˈtɛkstʃʉlʌɪz, ˌdiːk(ə)nˈtɛkstʃlʌɪz, -ɪz, -ɪŋ, -d
AM ˌdiːkən-ˈtɛks(t)ʃ(əw)əˌlaɪz, -ɪz, -ɪŋ, -d

decontextualize
BR ˌdiːk(ə)n-ˈtɛkstjʊəlʌɪz, ˌdiːk(ə)n-ˈtɛkstjʉlʌɪz, ˌdiːk(ə)n-ˈtɛkstʃʊəlʌɪz, ˌdiːk(ə)n-ˈtɛkstʃʉlʌɪz, ˌdiːk(ə)nˈtɛkstʃlʌɪz, -ɪz, -ɪŋ, -d
AM ˌdiːkən-ˈtɛks(t)ʃ(əw)əˌlaɪz, -ɪz, -ɪŋ, -d

decontrol
BR ˌdiːk(ə)nˈtrəʊl, -z, -ɪŋ, -d
AM ˌdiːkənˈtroʊl, -z, -ɪŋ, -d

décor
BR ˈdeɪkɔː(r), ˈdɛkɔː(r), -z
AM dəˈkɔ(ə)r, ˌˈdeɪˌkɔ(ə)r, -z

decorate
BR ˈdɛkəreɪt, -s, -ɪŋ, -ɪd
AM ˈdɛkəˌreɪ|t, -ts, -dɪŋ, -dɪd

decoration
BR ˌdɛkəˈreɪʃn, -z
AM ˌdɛkəˈreɪʃ(ə)n, -z

decorative
BR ˈdɛk(ə)rətɪv
AM ˈdɛkəˌreɪdɪv, ˈdɛk(ə)rədɪv

decoratively
BR ˈdɛk(ə)rətɪvli
AM ˈdɛkəˌreɪdɪvli, ˈdɛk(ə)rədɪvli

decorativeness
BR ˈdɛk(ə)rətɪvnɪs
AM ˈdɛkəˌreɪdɪvnɪs, ˈdɛk(ə)rədɪvnɪs

decorator
BR ˈdɛkəreɪtə(r), -z
AM ˈdɛkəˌreɪdər, -z

decorous
BR ˈdɛk(ə)rəs
AM ˈdɛk(ə)rəs

decorously
BR ˈdɛk(ə)rəsli
AM ˈdɛk(ə)rəsli

decorousness
BR ˈdɛk(ə)rəsnəs
AM ˈdɛk(ə)rəsnəs

decorticate
BR ˌdiːˈkɔːtɪkeɪt, -s, -ɪŋ, -ɪd
AM diˈkɔrdəˌkeɪ|t, -ts, -dɪŋ, -dɪd

decortication
BR ˌdiːkɔːtɪˈkeɪʃn
AM diˌkɔrdəˈkeɪʃ(ə)n

decorum
BR dɪˈkɔːrəm
AM diˈkɔr(ə)m

découpage
BR ˌdeɪkuːˈpɑːʒ, ˌdeɪkʊˈpɑːʒ
AM ˌdeɪkuˈpɑʒ
FR dekupaʒ

decouple
BR (ˌ)diːˈkʌp|l, -lz, -l̩ɪŋ\-lɪŋ, -ld
AM diˈkəp(ə)l, -z, -ɪŋ, -d

De Courcy
BR də ˈkɔːsi, + ˈkɜːsi, + ˈkʊəsi
AM də ˈkɜrsi

decoy[1] *noun*
BR ˈdiːkɔɪ, -z
AM ˈdiˌkɔɪ, -z

decoy[2] *verb*
BR dɪˈkɔɪ, -z, -ɪŋ, -d
AM diˈkɔɪ, -z, -ɪŋ, -d

decrease[1] *noun*
BR ˈdiːkriːs, -ɪz
AM ˈdiˌkris, dəˈkris, -ɪz

decrease[2] *verb*
BR dɪˈkriːs, -ɪz, -ɪŋ, -t
AM diˈkris, -ɪz, -ɪŋ, -t

decreasingly
BR dɪˈkriːsɪŋli
AM diˈkrisɪŋli

decree
BR dɪˈkriː, -z, -ɪŋ, -d
AM diˈkri, -z, -ɪŋ, -d

decrement[1] *noun*
BR ˈdɛkrɪm(ə)nt, -s
AM ˈdɛkrəm(ə)nt, -s

decrement[2] *verb*
BR ˈdɛkrɪmɛnt, -s, -ɪŋ, -ɪd
AM ˈdɛkrəˌmɛn|t, -ts, -(t)ɪŋ, -(t)əd

decreolization
BR ˌdiːkriːəlʌɪˈzeɪʃn, diːˌkriːəlʌɪˈzeɪʃn
AM ˌˈdiˌkriəˌlaɪ-ˈzeɪʃ(ə)n, ˈdiˌkriːəlˈəˈzeɪʃ(ə)n

decreolize
BR ˌdiːˈkriːəlʌɪz, -ɪz, -ɪŋ, -d
AM diˈkriəˌlaɪz, -ɪz, -ɪŋ, -d

decrepit
BR dɪˈkrɛpɪt
AM diˈkrəpət

decrepitate
BR dɪˈkrɛpɪteɪt, -s, -ɪŋ, -ɪd
AM diˈkrəpəˌteɪ|t, -ts, -dɪŋ, -dɪd

decrepitation
BR dɪˌkrɛpɪˈteɪʃn
AM diˌkrəpəˈteɪʃ(ə)n

decrepitness
BR dɪˈkrɛpɪtnɪs
AM diˈkrəpətnəs

decrepitude
BR dɪˈkrɛpɪtjuːd, dɪˈkrɛpɪtʃuːd
AM diˈkrɛpəˌt(j)ud

decrescendo
BR ˌdiːkrɪˈʃɛndəʊ, -z
AM ˌdiːkrəˈʃɛndoʊ, -z

decrescent
BR dɪˈkrɛsnt
AM diˈkrɛs(ə)nt

decretal
BR dɪˈkriːtl
AM dəˈkrid(ə)l

decrial
BR dɪˈkrʌɪəl
AM diˈkraɪəl

decrier
BR dɪˈkrʌɪə(r), -z
AM diˈkraɪər, -z

decriminalisation
BR ˌdiːkrɪmɪnlʌɪˈzeɪʃn, diːˌkrɪmɪnlʌɪˈzeɪʃn
AM ˌˈdiˌkrɪm(ə)nəˌlaɪˈzeɪʃ(ə)n, ˈdiˌkrɪm(ə)nələˈzeɪʃ(ə)n

decriminalise
BR (ˌ)diːˈkrɪmɪnlʌɪz, -ɪz, -ɪŋ, -d
AM diˈkrɪmɪnəˌlaɪz, -ɪz, -ɪŋ, -d

decriminalization
BR ˌdiːkrɪmɪnlʌɪˈzeɪʃn, diːˌkrɪmɪnlʌɪˈzeɪʃn
AM ˌˈdiˌkrɪm(ə)nəˌlaɪˈzeɪʃ(ə)n, ˈdiˌkrɪm(ə)nələˈzeɪʃ(ə)n

decriminalize
BR (ˌ)diːˈkrɪmɪnlˌaɪz,
-ɪz, -ɪŋ, -d
AM diˈkrɪmɪnəlaɪz,
-ɪz, -ɪŋ, -d

decry
BR dɪˈkraɪ, -z, -ɪŋ, -d
AM diˈkraɪ, -z, -ɪŋ, -d

decrypt
BR (ˌ)diːˈkrɪpt, -s, -ɪŋ, -ɪd
AM diˈkrɪpt, -s, -ɪŋ, -ɪd

decryption
BR (ˌ)diːˈkrɪpʃn
AM diˈkrɪpʃ(ə)n

decubitus
BR dɪˈkjuːbɪtəs
AM dəˈkjubədəs

decumbent
BR dɪˈkʌmb(ə)nt
AM diˈkəmbənt

decuple
BR ˈdekjʊp|l, -lz,
-lɪŋ\-lɪŋ, -ld
AM ˈdekjəp(ə)l, -z,
-ɪŋ, -d

decuplet
BR ˈdekjʊplɪt, -s
AM ˈdekjəplət, -s

decurvature
BR diːˈkɜːvətʃə(r), -z
AM diˈkɜrvətʃər,
diˈkɜrvətʃʊ(ə)r, -z

decurve
BR ˌdiːˈkɜːv, -z, -ɪŋ, -d
AM diˈkɜrv, -z, -ɪŋ, -d

decussate
BR dɪˈkʌseɪt,
ˈdekəseɪt, -s, -ɪŋ, -ɪd
AM ˈdekəˌseɪ|t, di
ˈkəsət, -ts, -dɪŋ, -dɪd

decussation
BR ˌdekəˈseɪʃn
AM ˌdekəˈseɪʃ(ə)n

dedans
BR dəˈdɒ̃, -z
AM dəˈdɑn(z), -z
FR dədɑ̃

dedicate
BR ˈdedɪkeɪt, -s, -ɪŋ, -ɪd
AM ˈdedəˌkeɪ|t, -ts,
-dɪŋ, -dɪd

dedicated
BR ˈdedɪkeɪtɪd
AM ˈdedəˌkeɪdɪd

dedicatedly
BR ˈdedɪkeɪtɪdli
AM ˈdedəˌkeɪdɪdli

dedicatee
BR ˌdedɪkəˈtiː, -z
AM ˌdedəkeɪˈti, -z

dedication
BR ˌdedɪˈkeɪʃn, -z
AM ˌdedəˈkeɪʃ(ə)n, -z

dedicative
BR ˈdedɪkətɪv
AM ˈdedəˌkeɪdɪv,
ˈdedəkədɪv

dedicator
BR ˈdedɪkeɪtə(r), -z
AM ˈdedəˌkeɪdər, -z

dedicatory
BR ˈdedɪkətri,
ˈdedɪkeɪt(ə)ri
AM ˈdedəkəˌtɔri

deduce
BR dɪˈdjuːs, dɪˈdʒuːs,
-ɪz, -ɪŋ, -t
AM diˈd(j)us, -əz,
-ɪŋ, -t

deducible
BR dɪˈdjuːsɪbl,
dɪˈdʒuːsɪbl
AM diˈd(j)usəb(ə)l

deduct
BR dɪˈdʌkt, -s, -ɪŋ, -ɪd
AM diˈdək|(t), -(t)s,
-tɪŋ, -təd

deductibility
BR dɪˌdʌktɪˈbɪlɪti
AM diˌdəktəˈbɪlɪdi

deductible
BR dɪˈdʌktɪbl
AM diˈdəktəb(ə)l

deduction
BR dɪˈdʌkʃn, -z
AM diˈdəkʃ(ə)n, -z

deductive
BR dɪˈdʌktɪv
AM diˈdəktɪv

deductively
BR dɪˈdʌktɪvli
AM diˈdəktɪvli

Dee
BR diː
AM di

dee
BR diː, -z
AM di, -z

deed
BR diːd, -z
AM did, -z

deejay
BR ˌdiːˈdʒeɪ, -z
AM ˈdiˌdʒeɪ, -z

deem
BR diːm, -z, -ɪŋ, -d
AM dim, -z, -ɪŋ, -d

Deeming
BR ˈdiːmɪŋ
AM ˈdimɪŋ

de-emphasise
BR ˌdiːˈemfəsʌɪz, -ɪz,
-ɪŋ, -d
AM ˌdiˈemfəˌsaɪz, -ɪz,
-ɪŋ, -d

de-emphasize
BR ˌdiːˈemfəsʌɪz, -ɪz,
-ɪŋ, -d
AM ˌdiˈemfəˌsaɪz, -ɪz,
-ɪŋ, -d

deemster
BR ˈdiːmstə(r), -z
AM ˈdimstər, -z

deep
BR diːp, -ə(r),
-ɪst
AM dip, -ər, -əst

deepen
BR ˈdiːp|(ə)n, -(ə)nz,
-ənɪŋ\-nɪŋ, -(ə)nd
AM ˈdip(ə)n, -z, -ɪŋ,
-d

deeping
BR ˈdiːpɪŋ
AM ˈdipɪŋ

deeply
BR ˈdiːpli
AM ˈdipli

deepness
BR ˈdiːpnɪs
AM ˈdipnɪs

deer
BR dɪə(r)
AM dɪ(ə)r

Deere
BR dɪə(r)
AM dɪ(ə)r

deerfly
BR ˈdɪəflʌɪ, -z
AM ˈdɪrˌflaɪ, -z

deerhound
BR ˈdɪəhaʊnd, -z
AM ˈdɪrˌ(h)aʊnd,
-z

deerskin
BR ˈdɪəskɪn, -z
AM ˈdɪrˌskɪn, -z

deerstalker
BR ˈdɪəˌstɔːkə(r), -z
AM ˈdɪrˌstɔkər,
ˈdɪrˌstɑkər, -z

de-escalate
BR (ˌ)diːˈeskəleɪt, -s,
-ɪŋ, -ɪd
AM ˌdiˈeskəˌleɪ|t, -ts,
-dɪŋ, -dɪd

de-escalation
BR (ˌ)diːeskəˈleɪʃn,
diːˌeskəˈleɪʃn
AM ˌdiˌeskəˈleɪʃ(ə)n

Deeside
BR ˈdiːsʌɪd
AM ˈdiˌsaɪd

def
BR def
AM def

deface
BR dɪˈfeɪs, -ɪz,
-ɪŋ, -t
AM diˈfeɪs, -ɪz,
-ɪŋ, -t

defaceable
BR dɪˈfeɪsəbl
AM diˈfeɪsəb(ə)l

defacement
BR dɪˈfeɪsm(ə)nt, -s
AM diˈfeɪsm(ə)nt,
-s

defacer
BR dɪˈfeɪsə(r), -z
AM diˈfeɪsər, -z

de facto
BR ˌdeɪ ˈfaktəʊ
AM ˌdeɪ ˈfæktoʊ,
dəˈfæktoʊ,
ˌdi ˈfæktoʊ

defalcate
BR ˈdiːfalkeɪt,
ˈdiːfɔːlkeɪt, -s,
-ɪŋ, -ɪd
AM diˈfælˌkeɪ|t,
ˈdiˌfælˌkeɪ|t,
diˈfɔlˌkeɪ|t,
ˈdiˌfɔlˌkeɪ|t,
diˈfɑlˌkeɪ|t,
ˈdiˌfɑlˌkeɪ|t, -ts,
-dɪŋ, -dɪd

defalcation
BR ˌdiːfalˈkeɪʃn,
ˌdiːfɔːlˈkeɪʃn
AM diˌfɔlˈkeɪʃ(ə)n,
diˌfɑlˈkeɪʃ(ə)n,
diˌfælˈkeɪʃ(ə)n

defalcator
BR ˈdiːfalkeɪtə(r),
ˈdiːfɔːlkeɪtə(r), -z
AM diˈfælˌkeɪdər,
ˈdiˌfælˌkeɪdər,
diˈfɔlˌkeɪdər,
ˈdiˌfɔlˌkeɪdər,
diˈfɑlˌkeɪdər,
ˈdiˌfɑlˌkeɪdər, -z

De Falla
BR də ˈfʌɪjə(r)
AM də ˈfaɪjə

defamation
BR ˌdɛfəˈmeɪʃn
AM ˌdɛfəˈmeɪʃ(ə)n

defamatory
BR dɪˈfamət(ə)ri
AM diˈfæməˌtɔri

defame
BR dɪˈfeɪm, -z, -ɪŋ, -d
AM diˈfeɪm, -z, -ɪŋ, -d

defamer
BR dɪˈfeɪmə(r), -z
AM diˈfeɪmər, -z

defat
BR ˌdiːˈfat, -s, -ɪŋ, -ɪd
AM diˈfæ|t, -ts, -dɪŋ, -dəd

default
BR dɪˈfɔːlt, -s, -ɪŋ, -ɪd
AM diˈfɔlt, diˈfɑlt, -s, -ɪŋ, -əd

defaulter
BR dɪˈfɔːltə(r), -z
AM diˈfɔltər, diˈfɑltər, -z

defeasance
BR dɪˈfiːzns
AM diˈfizns

defeasibility
BR dɪˌfiːzɪˈbɪlɪti
AM diˌfizəˈbɪlɪdi

defeasible
BR dɪˈfiːzɪbl
AM diˈfizəb(ə)l

defeasibly
BR dɪˈfiːzɪbli
AM diˈfizəbli

defeat
BR dɪˈfiːt, -s, -ɪŋ, -ɪd
AM diˈfi|t, -ts, -dɪŋ, -dɪd

defeatism
BR dɪˈfiːtɪzm
AM diˈfidɪz(ə)m

defeatist
BR dɪˈfiːtɪst, -s
AM diˈfidəst, -s

defecate
BR ˈdɛfɪkeɪt, ˈdiːfɪkeɪt, -s, -ɪŋ, -ɪd
AM ˈdɛfəˌkeɪ|t, -ts, -dɪŋ, -dɪd

defecation
BR ˌdɛfɪˈkeɪʃn, ˌdiːfɪˈkeɪʃn
AM ˌdɛfəˈkeɪʃ(ə)n

defecator
BR ˈdɛfɪkeɪtə(r), ˈdiːfɪkeɪtə(r), -z
AM ˈdɛfəˌkeɪdər, -z

defect[1] *noun*
BR ˈdiːfɛkt, -s
AM ˈdifɛk(t), -s

defect[2] *verb*
BR dɪˈfɛkt, -s, -ɪŋ, -ɪd
AM diˈfɛk|(t), -(t)s, -tɪŋ, -təd

defection
BR dɪˈfɛkʃn, -z
AM diˈfɛkʃ(ə)n, -z

defective
BR dɪˈfɛktɪv, -z
AM diˈfɛktɪv, -z

defectively
BR dɪˈfɛktɪvli
AM diˈfɛktɪvli

defectiveness
BR dɪˈfɛktɪvnɪs
AM diˈfɛktɪvnɪs

defector
BR dɪˈfɛktə(r), -z
AM diˈfɛktər, -z

defence
BR dɪˈfɛns, -ɪz
AM diˈfɛns, ˈdiˌfɛns, -əz

defenceless
BR dɪˈfɛnsləs
AM diˈfɛnsləs

defencelessly
BR dɪˈfɛnsləsli
AM diˈfɛnsləsli

defencelessness
BR dɪˈfɛnsləsnəs
AM diˈfɛnsləsnəs

defend
BR dɪˈfɛnd, -z, -ɪŋ, -ɪd
AM diˈfɛnd, -z, -ɪŋ, -əd

defendable
BR dɪˈfɛndəbl
AM diˈfɛndəb(ə)l

defendant
BR dɪˈfɛnd(ə)nt, -s
AM diˈfɛndənt, -s

defender
BR dɪˈfɛndə(r), -z
AM diˈfɛndər, -z

defenestrate
BR (ˌ)diːˈfɛnɪstreɪt, -s, -ɪŋ, -ɪd
AM diˈfɛnəˌstreɪ|t, -ts, -dɪŋ, -dɪd

defenestration
BR ˌdiːfɛnɪˈstreɪʃn, diːˌfɛnɪˈstreɪʃn
AM diˌfɛnəˈstreɪʃ(ə)n

defense
BR dɪˈfɛns, -ɪz
AM diˈfɛns, ˈdiˌfɛns, -əz

defenseless
BR dɪˈfɛnsləs
AM diˈfɛnsləs

defenselessly
BR dɪˈfɛnsləsli
AM diˈfɛnsləsli

defenselessness
BR dɪˈfɛnsləsnəs
AM diˈfɛnsləsnəs

defensibility
BR dɪˌfɛnsɪˈbɪlɪti
AM diˌfɛnsəˈbɪlɪdi

defensible
BR dɪˈfɛnsɪbl
AM diˈfɛnsəb(ə)l

defensibly
BR dɪˈfɛnsɪbli
AM diˈfɛnsəbli

defensive
BR dɪˈfɛnsɪv
AM diˈfɛnsɪv

defensively
BR dɪˈfɛnsɪvli
AM diˈfɛnsɪvli

defensiveness
BR dɪˈfɛnsɪvnɪs
AM diˈfɛnsɪvnɪs

defer
BR dɪˈfəː(r), -z, -ɪŋ, -d
AM diˈfɛ(ə)r, -z, -ɪŋ, -d

deference
BR ˈdɛf(ə)rns
AM ˈdɛf(ə)rəns

deferens
BR ˈdɛfərɛnz
AM ˈdɛf(ə)rənz

deferent
BR ˈdɛf(ə)rnt
AM ˈdɛf(ə)rənt

deferential
BR ˌdɛfəˈrɛnʃl
AM ˌdɛfəˈrɛn(t)ʃ(ə)l

deferentially
BR ˌdɛfəˈrɛnʃli
AM ˌdɛfəˈrɛn(t)ʃəli

deferment
BR dɪˈfəːm(ə)nt, -s
AM diˈfərm(ə)nt, -s

deferrable
BR dɪˈfəːrəbl
AM diˈfərəb(ə)l

deferral
BR dɪˈfəːrl̩, -z
AM diˈfərəl, -z

deferrer
BR dɪˈfəːrə(r), -z
AM diˈfərər, -z

defiance
BR dɪˈfʌɪəns
AM diˈfaɪəns

defiant
BR dɪˈfʌɪənt
AM diˈfaɪənt

defiantly
BR dɪˈfʌɪəntli
AM diˈfaɪən(t)li

defibrillate
BR (ˌ)diːˈfibrɪleɪt, -s, -ɪŋ, -ɪd
AM dəˈfibrəˌleɪ|t, -ts, -dɪŋ, -dɪd

defibrillation
BR ˌdiːfibrɪˈleɪʃn, diːˌfibrɪˈleɪʃn, -z
AM diˌfibrəˈleɪʃ(ə)n, -z

defibrillator
BR (ˌ)diːˈfibrɪleɪtə(r), -z
AM diˈfibrəˌleɪdər, -z

deficiency
BR dɪˈfiʃ(ə)ns|i, -ɪz
AM diˈfiʃənsi, -z

deficient
BR dɪˈfiʃ(ə)nt
AM diˈfiʃ(ə)nt

deficiently
BR dɪˈfiʃ(ə)ntli
AM diˈfiʃən(t)li

deficit
BR ˈdɛfisɪt, -s
AM ˈdɛfəsət, -s

defier
BR dɪˈfʌɪə(r), -z
AM diˈfaɪər, -z

defilade
BR ˌdɛfɪˈleɪd, ˈdɛfɪleɪd, -z, -ɪŋ, -ɪd
AM ˈdɛfəˌleɪd, ˌdɛfəˈleɪd, -z, -ɪŋ, -ɪd

defile[1] *noun*
BR ˈdiːfʌɪl, -z
AM dəˈfaɪl, ˈdiːˌfaɪl, -z

defile[2] *verb*
BR dɪˈfʌɪl, -z, -ɪŋ, -d
AM diˈfaɪl, -z, -ɪŋ, -d

defilement
BR dɪˈfʌɪlm(ə)nt
AM diˈfaɪlm(ə)nt

defiler
BR dɪˈfʌɪlə(r), -z
AM diˈfaɪlər, -z

definable
BR dɪˈfʌɪnəbl
AM diˈfaɪnəb(ə)l

definably
BR dɪˈfʌɪnəbli
AM diˈfaɪnəbli

define
BR dɪˈfʌɪn, -z, -ɪŋ, -d
AM diˈfaɪn, -z, -ɪŋ, -d

definer
BR dɪˈfʌɪnə(r), -z
AM diˈfaɪnər, -z

definite
BR ˈdɛf(ɪ)nɪt
AM ˈdɛf(ə)nət

definitely
BR ˈdɛf(ɪ)nɪtli
AM ˈdɛf(ə)nətli

definiteness
BR ˈdɛf(ɪ)nɪtnɪs
AM ˈdɛf(ə)nətnəs

definition
BR ˌdɛfɪˈnɪʃn, -z
AM ˌdɛfəˈnɪʃ(ə)n, -z

definitional
BR ˌdɛfɪˈnɪʃn̩
AM ˌdɛfəˈnɪʃən(ə)l, ˌdɛfəˈnɪʃn(ə)l

definitionally
BR ˌdɛfɪˈnɪʃn̩li, ˌdɛfɪˈnɪʃnəli
AM ˌdɛfəˈnɪʃ(ə)nəli

definitive
BR dɪˈfinɪtɪv
AM diˈfinədɪv

definitively
BR dɪˈfinɪtɪvli
AM diˈfinəˌtɪvli

definitiveness
BR dɪˈfinɪtɪvnɪs
AM diˈfinədɪvnɪs

deflagrate
BR ˈdɛflǝgreɪt, -s, -ɪŋ, -ɪd
AM ˈdɛfləˌgreɪ|t, -ts, -dɪŋ, -dɪd

deflagration
BR ˌdɛfləˈgreɪʃn
AM ˌdɛfləˈgreɪʃ(ə)n

deflagrator
BR ˈdɛfləgreɪtə(r), -z
AM ˈdɛfləˌgreɪdər, -z

deflate
BR dɪˈfleɪt, -s, -ɪŋ, -ɪd
AM diˈfleɪ|t, -ts, -dɪŋ, -dɪd

deflation
BR ˌdiːˈfleɪʃn, dɪˈfleɪʃn
AM diˈfleɪʃ(ə)n

deflationary
BR ˌdiːˈfleɪʃn(ə)ri, dɪˈfleɪʃn(ə)ri
AM diˈfleɪʃəˌnɛri

deflationist
BR ˌdiːˈfleɪʃn̩ɪst, dɪˈfleɪʃn̩ɪst, -s
AM diˈfleɪʃənəst, -s

deflator
BR dɪˈfleɪtə(r), -z
AM diˈfleɪdər, -z

deflect
BR dɪˈflɛkt, -s, -ɪŋ, -ɪd
AM diˈflɛk|(t), -(t)s, -tɪŋ, -təd

deflection
BR dɪˈflɛkʃn, -z
AM diˈflɛkʃ(ə)n, -z

deflector
BR dɪˈflɛktə(r), -z
AM diˈflɛktər, -z

deflexion
BR dɪˈflɛkʃn, -z
AM diˈflɛkʃ(ə)n, -z

defloration
BR ˌdiːflɔːˈreɪʃn, ˌdɛfləˈreɪʃn
AM ˌdɛfləˈreɪʃ(ə)n

deflower
BR ˌdiːˈflaʊə(r), -z, -ɪŋ, -d
AM diˈflaʊ(ə)r, -z, -ɪŋ, -d

defocus
BR ˌdiːˈfəʊkəs, -ɪz, -ɪŋ, -t
AM diˈfoʊkəs, -əz, -ɪŋ, -t

defocussing
BR ˌdiːˈfəʊkəsɪŋ
AM diˈfoʊkəsɪŋ

deflagrator
BR ˈdɛfləgreɪtə(r), -z
AM ˈdɛfləˌgreɪdər, -z

Defoe
BR dɪˈfəʊ
AM dəˈfoʊ

defogger
BR ˌdiːˈfɒgə(r), -z
AM diˈfɔgər, diˈfɑgər, -z

defoliant
BR (ˌ)diːˈfəʊliənt, -s
AM diˈfoʊliənt, -s

defoliate
BR (ˌ)diːˈfəʊlieɪt, -s, -ɪŋ, -ɪd
AM diˈfoʊliˌeɪ|t, -ts, -dɪŋ, -dɪd

defoliation
BR diːˌfəʊliˈeɪʃn, ˌdiːfəʊliˈeɪʃn
AM diˌfoʊliˈeɪʃ(ə)n

defoliator
BR (ˌ)diːˈfəʊlieɪtə(r), -z
AM diˈfoʊliˌeɪdər, -z

deforest
BR ˌdiːˈfɒrɪst, -s, -ɪŋ, -ɪd
AM diˈfɔrəst, -s, -ɪŋ, -əd

deforestation
BR ˌdiːfɒrɪˈsteɪʃn, diːˌfɒrɪˈsteɪʃn
AM ˌdiˌfɔrəˈsteɪʃ(ə)n

deform
BR dɪˈfɔːm, -z, -ɪŋ, -d
AM diˈfɔ(ə)rm, -z, -ɪŋ, -d

deformable
BR dɪˈfɔːməbl
AM diˈfɔrməb(ə)l

deformation
BR ˌdiːfɔːˈmeɪʃn
AM ˌdɛfərˈmeɪʃ(ə)n, ˌdiˌfɔrˈmeɪʃ(ə)n

deformational
BR ˌdiːfɔːˈmeɪʃn̩
AM ˌdɛfərˈmeɪʃən(ə)l, ˌdɛfərˈmeɪʃn(ə)l, ˌdiˌfɔrˈmeɪʃən(ə)l, ˌdiˌfɔrˈmeɪʃn(ə)l

deformity
BR dɪˈfɔːmɪt|i, -ɪz
AM diˈfɔrmədi, -z

defraud
BR dɪˈfrɔːd, -z, -ɪŋ, -ɪd
AM dɪˈfrɔd, dɪˈfrad,
-z, -ɪŋ, -əd
defrauder
BR dɪˈfrɔːdə(r), -z
AM dɪˈfrɔdər,
dɪˈfradər, -z
defray
BR dɪˈfreɪ, -z, -ɪŋ, -d
AM dɪˈfreɪ, -z, -ɪŋ, -d
defrayable
BR dɪˈfreɪəbl
AM dɪˈfreɪəb(ə)l
defrayal
BR dɪˈfreɪəl
AM dɪˈfreɪəl
defrayment
BR dɪˈfreɪm(ə)nt
AM dɪˈfreɪm(ə)nt
De Freitas
BR də ˈfreɪtəs
AM də ˈfraɪdəs
defriend
BR ˌdiːˈfrɛnd, -z, -ɪŋ, -ɪd
AM ˌdiˈfrɛnd, -z, -ɪŋ, -əd
defrock
BR ˌdiːˈfrɒk, -s, -ɪŋ, -t
AM dɪˈfrak, -s, -ɪŋ, -t
defrost
BR ˌdiːˈfrɒst, dɪˈfrɒst, -s, -ɪŋ, -ɪd
AM dɪˈfrɔst, dɪˈfrast, -s, -ɪŋ, -əd
defroster
BR ˌdiːˈfrɒstə(r), dɪˈfrɒstə(r), -z
AM dɪˈfrɔstər, dɪˈfrastər, -z
deft
BR dɛft, -ə(r), -ɪst
AM dɛft, -ər, -əst
deftly
BR ˈdɛftli
AM ˈdɛf(t)li
deftness
BR ˈdɛf(t)nəs
AM ˈdɛf(t)nəs

defumigate
BR ˌdiːˈfjuːmɪgeɪt, -s, -ɪŋ, -ɪd
AM dɪˈfjuməˌgeɪ|t, -ts, -dɪŋ, -dɪd
defunct
BR dɪˈfʌŋ(k)t
AM dɪˈfəŋ(k)t, dɪˈfəŋk(t)
defunctness
BR dɪˈfʌŋ(k)tnəs, dɪˈfʌŋk(t)nəs
AM dɪˈfəŋk(t)nəs, dɪˈfəŋ(k)tnəs
defuse
BR ˌdiːˈfjuːz, dɪˈfjuːz, -ɪz, -ɪŋ, -d
AM dɪˈfjuz, -əz, -ɪŋ, -d
defy
BR dɪˈfʌɪ, -z, -ɪŋ, -d
AM dɪˈfaɪ, -z, -ɪŋ, -d
dégagé
BR ˌdeɪgɑːˈʒeɪ, ˌdeɪgɑˈʒeɪ
AM ˌdeɪgɑˈʒeɪ
FR degaʒe
dégagée
BR ˌdeɪgɑːˈʒeɪ, ˌdeɪgɑˈʒeɪ
AM ˌdeɪgɑˈʒeɪ
FR degaʒe
Deganwy
BR dɪˈganwi
AM dəˈgænwi
Degas
BR ˈdeɪgɑː(r)
AM deɪˈgɑ
degas
BR ˌdiːˈgas, -ɪz, -ɪŋ, -t
AM dɪˈgæs, -əz, -ɪŋ, -t
de Gaulle
BR də ˈgɔːl
AM də ˈgɑl, də ˈgɔl
FR də gol
degauss
BR ˌdiːˈgaʊs, -ɪz, -ɪŋ, -t
AM dɪˈgaʊs, -əz, -ɪŋ, -t
degausser
BR ˌdiːˈgaʊsə(r), -z
AM dɪˈgaʊsər, -z

degeminate
BR ˌdiːˈdʒɛmɪneɪt, -s, -ɪŋ, -ɪd
AM dɪˈdʒɛməˌneɪ|t, -ts, -dɪŋ, -dɪd
degemination
BR ˌdiːdʒɛmɪˈneɪʃn
AM diˌdʒɛməˈneɪʃ(ə)n
degeneracy
BR dɪˈdʒɛn(ə)rəsi
AM dɪˈdʒɛn(ə)rəsi
degenerate[1] *noun, adjective*
BR dɪˈdʒɛn(ə)rət, -s
AM dɪˈdʒɛn(ə)rət, -s
degenerate[2] *verb*
BR dɪˈdʒɛnəreɪt, -s, -ɪŋ, -ɪd
AM dɪˈdʒɛn(ə)ˌreɪ|t, -ts, -dɪŋ, -dɪd
degenerately
BR dɪˈdʒɛn(ə)rətli
AM dɪˈdʒɛn(ə)rətli
degeneration
BR dɪˌdʒɛnəˈreɪʃn
AM dɪˌdʒɛnəˈreɪʃ(ə)n
degenerative
BR dɪˈdʒɛn(ə)rətɪv
AM dɪˈdʒɛnərədɪv
deglaze
BR ˌdiːˈgleɪz, -ɪz, -ɪŋ, -d
AM dɪˈgleɪz, -ɪz, -ɪŋ, -d
degradability
BR dɪˌgreɪdəˈbɪlɪti
AM diˌgreɪdəˈbɪlɪdi
degradable
BR dɪˈgreɪdəbl
AM dɪˈgreɪdəb(ə)l
degradation
BR ˌdɛgrəˈdeɪʃn
AM ˌdɛgrəˈdeɪʃ(ə)n
degradative
BR dɪˈgreɪdətɪv
AM ˈdɛgrəˌdeɪdɪv, dɛˈgreɪdədɪv
degrade
BR dɪˈgreɪd, -z, -ɪŋ, -ɪd
AM dɪˈgreɪd, -z, -ɪŋ, -ɪd

degrader
BR dɪˈgreɪdə(r), -z
AM dɪˈgreɪdər, -z
degradingly
BR dɪˈgreɪdɪŋli
AM dɪˈgreɪdɪŋli
degranulate
BR ˌdiːˈgranjʊleɪt, -s, -ɪŋ, -ɪd
AM dɪˈgrænjəˌleɪ|t, -ts, -dɪŋ, -dɪd
degranulation
BR ˌdiːgranjʊˈleɪʃn, diːˌgranjʊˈleɪʃn
AM diˌgrænjəˈleɪʃ(ə)n
degrease
BR ˌdiːˈgriːs, -ɪz, -ɪŋ, -t
AM dɪˈgris, -ɪz, -ɪŋ, -t
degreaser
BR ˌdiːˈgriːsə(r), -z
AM dɪˈgrisər, -z
degree
BR dɪˈgriː, -z
AM dɪˈgri, -z
degreeless
BR dɪˈgriːlɪs
AM dɪˈgrilɪs
degressive
BR dɪˈgrɛsɪv
AM dɪˈgrɛsɪv
degum
BR ˌdiːˈgʌm, -z, -ɪŋ, -d
AM dɪˈgəm, -z, -ɪŋ, -d
de haut en bas
BR də ˌəʊt ɒ̃ ˈbɑː
AM də ˌoʊt ɑn ˈbɑ
FR də ot ã ba
de Havilland
BR də ˈhavɪlənd, + ˈhavlənd
AM də ˈhævələn(d)
dehisce
BR dɪˈhɪs
AM dɪˈhɪs
dehiscence
BR dɪˈhɪsns
AM dɪˈhɪsns
dehiscent
BR dɪˈhɪsnt
AM dɪˈhɪsnt

dehistoricise
BR ˌdiːhɪˈstɒrɪsʌɪz,
-ɪz, -ɪŋ, -d
AM diˌhɪˈstɔrəˌsaɪz,
-ɪz, -ɪŋ, -d

dehistoricize
BR ˌdiːhɪˈstɒrɪsʌɪz,
-ɪz, -ɪŋ, -d
AM diˌhɪˈstɔrəˌsaɪz,
-ɪz, -ɪŋ, -d

dehorn
BR ˌdiːˈhɔːn, -z, -ɪŋ, -d
AM diˈhɔ(ə)rn, -z, -ɪŋ, -d

dehumanisation
BR ˌdiːhjuːmənʌɪˈzeɪʃn,
diːˌhjuːmənʌɪˈzeɪʃn
AM dəˌ(h)jumənəˈzeɪʃ(ə)n,
ˈdiˌ(h)juməˌnaɪˈzeɪʃ(ə)n,
dəˌ(h)juməˌnaɪˈzeɪʃ(ə)n,
ˈdiˌ(h)jumənəˈzeɪʃ(ə)n

dehumanise
BR (ˌ)diːˈhjuːmənʌɪz,
-ɪz, -ɪŋ, -d
AM diˈ(h)juməˌnaɪz,
-ɪz, -ɪŋ, -d

dehumanization
BR ˌdiːhjuːmənʌɪˈzeɪʃn,
diːˌhjuːmənʌɪˈzeɪʃn
AM dəˌ(h)jumənəˈzeɪʃ(ə)n,
ˈdiˌ(h)juməˌnaɪˈzeɪʃ(ə)n,
dəˌ(h)juməˌnaɪˈzeɪʃ(ə)n,
ˈdiˌ(h)jumənəˈzeɪʃ(ə)n

dehumanize
BR (ˌ)diːˈhjuːmənʌɪz,
-ɪz, -ɪŋ, -d
AM diˈ(h)juməˌnaɪz,
-ɪz, -ɪŋ, -d

dehumidification
BR ˌdiːhjuːˌmɪdɪfɪˈkeɪʃn
AM ˌdi(h)juˌmɪdəfəˈkeɪʃ(ə)n

dehumidifier
BR ˌdiːhjuːˈmɪdɪfʌɪə(r),
-z
AM ˌdi(h)juˈmɪdəˌfaɪər, -z

dehumidify
BR ˌdiːhjuːˈmɪdɪfʌɪ,
-z, -ɪŋ, -d
AM ˌdi(h)juˈmɪdəˌfaɪ,
-z, -ɪŋ, -d

dehydrate
BR ˌdiːhʌɪˈdreɪt, -s,
-ɪŋ, -ɪd
AM diˈhaɪˌdreɪ|t, -ts,
-dɪŋ, -dɨd

dehydration
BR ˌdiːhʌɪˈdreɪʃn
AM ˌdiˌhaɪˈdreɪʃ(ə)n

dehydrator
BR ˌdiːhʌɪˈdreɪtə(r), -z
AM diˈhaɪˌdreɪdər, -z

dehydrogenate
BR ˌdiːhʌɪˈdrɒdʒɨneɪt,
-s, -ɪŋ, -ɪd
AM diˌhaɪˈdrɑdʒəˌneɪ|t,
-ts, -dɪŋ, -dɨd

dehydrogenation
BR ˌdiːhʌɪdrɒdʒɨˈneɪʃn
AM ˌdihaɪˌdrɑdʒəˈneɪʃ(ə)n

Deianira
BR ˌdeɪəˈnʌɪrə(r)
AM ˌdijəˈnaɪrə

de-ice
BR ˌdiːˈʌɪs, -ɪz, -ɪŋ, -t
AM ˌdiˈaɪs, -ɪz,
-ɪŋ, -t

de-icer
BR ˌdiːˈʌɪsə(r), -z
AM ˌdiˈaɪsər, -z

deicide
BR ˈdeɪɪsʌɪd, ˈdiːɪsʌɪd,
-z
AM ˈdiəˌsaɪd, -z

deictic
BR ˈdʌɪktɪk, ˈdeɪktɪk
AM ˈdaɪktɪk

deification
BR ˌdeɪɪfɪˈkeɪʃn,
ˌdiːɪfɪˈkeɪʃn
AM ˌdiəfəˈkeɪʃ(ə)n

deiform
BR ˈdeɪfɔːm,
ˈdiːɪfɔːm
AM ˈdiəˌfɔ(ə)rm

deify
BR ˈdeɪɪfʌɪ, ˈdiːɪfʌɪ,
-z, -ɪŋ, -d
AM ˈdiəˌfaɪ, -z,
-ɪŋ, -d

Deighton
BR ˈdeɪtn
AM ˈdeɪtn

deign
BR deɪn, -z, -ɪŋ, -d
AM deɪn, -z, -ɪŋ, -d

Dei gratia
BR ˌdeɪiːˈɡrɑːtɪə(r),
ˌdiːʌɪˈɡreɪʃɪə(r)
AM ˌdeɪiˈɡrɑtsiə

Deimos
BR ˈdeɪmɒs, ˈdʌɪmɒs
AM ˈdaɪˌmɑs

de-industrialisation
BR ˌdiːɪnˌdʌstrɪəlʌɪˈzeɪʃn
AM ˈdiːɪnˌdəstriəˌlaɪˈzeɪʃ(ə)n, ˈdiːɪnˌdəstriələˈzeɪʃ(ə)n

de-industrialization
BR ˌdiːɪnˌdʌstrɪəlʌɪˈzeɪʃn
AM ˈdiːɪnˌdəstriəˌlaɪˈzeɪʃ(ə)n, ˈdiːɪnˌdəstriələˈzeɪʃ(ə)n

deinonychus
BR dʌɪˈnɒnɪkəs, -ɪz
AM daɪˈnɑnəkəs, -əz

deinstitutionalisation
BR ˌdiːɪnstɪˌtjuːʃn̩lʌɪˈzeɪʃn, ˌdiːɪnstɪˌtjuːʃnəlʌɪˈzeɪʃn, ˌdiːɪnstɪˌtʃuːʃn̩lʌɪˈzeɪʃn, ˌdiːɪnstɪˌtʃuːʃnəlʌɪˈzeɪʃn
AM ˌdiˌɪnstəˌt(j)uʃənlˌaɪˈzeɪʃ(ə)n, ˈdiˌɪnstəˌt(j)uʃnəlˈzeɪʃ(ə)n, ˈdiˌɪnstəˌt(j)uʃənəˈzeɪʃ(ə)n

deinstitutionalise
BR ˌdiːɪnstɪˈtjuːʃn̩lʌɪz, ˌdiːɪnstɪˈtjuːʃnəlʌɪz, ˌdiːɪnstɪˈtʃuːʃn̩lʌɪz, ˌdiːɪnstɪˈtʃuːʃnəlʌɪz, -ɪz, -ɪŋ, -d
AM ˈdiˌɪnstəˈt(j)uʃnəˌlaɪz, ˌdiˌɪnstəˈt(j)uʃnlˌaɪz, -ɪz, -ɪŋ, -d

deinstitutionalization
BR ˌdiːɪnstɪˌtjuːʃn̩lʌɪˈzeɪʃn, ˌdiːɪnstɪˌtjuːʃnəlʌɪˈzeɪʃn, ˌdiːɪnstɪˌtʃuːʃn̩lʌɪˈzeɪʃn, ˌdiːɪnstɪˌtʃuːʃnəlʌɪˈzeɪʃn
AM ˈdiˌɪnstəˌt(j)uʃənlˌaɪˈzeɪʃ(ə)n, ˈdiˌɪnstəˌt(j)uʃnəlˈzeɪʃ(ə)n, ˈdiˌɪnstəˌt(j)uʃənəˈzeɪʃ(ə)n

deinstitutionalize
BR ˌdiːɪnstɪˈtjuːʃn̩lʌɪz, ˌdiːɪnstɪˈtjuːʃnəlʌɪz, ˌdiːɪnstɪˈtʃuːʃn̩lʌɪz, ˌdiːɪnstɪˈtʃuːʃnəlʌɪz, -ɪz, -ɪŋ, -d
AM ˈdiˌɪnstəˈt(j)uʃnəˌlaɪz, ˌdiˌɪnstəˈt(j)uʃnlˌaɪz, -ɪz, -ɪŋ, -d

deionisation
BR ˌdiːʌɪənʌɪˈzeɪʃn, diːˌʌɪənʌɪˈzeɪʃn
AM diˌaɪəˌnaɪˈzeɪʃ(ə)n, diˌaɪənəˈzeɪʃ(ə)n

deionise
BR ˌdiːˈʌɪənʌɪz, -ɪz, -ɪŋ, -d
AM diˈaɪəˌnaɪz, -ɪz, -ɪŋ, -d

deioniser
BR ˌdiːˈʌɪənʌɪzə(r), -z
AM diˈaɪəˌnaɪzər, -z

deionization
BR ˌdiːʌɪənʌɪˈzeɪʃn, diːˌʌɪənʌɪˈzeɪʃn
AM diˌaɪəˌnaɪˈzeɪʃ(ə)n, diˌaɪənəˈzeɪʃ(ə)n

deionize
BR ˌdiːˈaɪənʌɪz, -ɪz,
-ɪŋ, -d
AM diˈaɪəˌnaɪz, -ɪz,
-ɪŋ, -d

deionizer
BR ˌdiːˈaɪənʌɪzə(r), -z
AM diˈaɪəˌnaɪzər, -z

deipnosophist
BR dʌɪpˈnɒsəfɪst, -s
AM daɪpˈnɑsəfəst, -s

Deirdre
BR ˈdɪədri, ˈdɪədrə(r)
AM ˈdɪrˌdrə

deism
BR ˈdeɪɪzm, ˈdiːɪzm
AM ˈdeɪˌɪz(ə)m,
ˈdiˌɪz(ə)m

deist
BR ˈdeɪɪst, ˈdiːɪst, -s
AM ˈdeɪɪst, ˈdiɪst, -s

deistic
BR deɪˈɪstɪk, diːˈɪstɪk
AM deɪˈɪstɪk, diˈɪstɪk

deistical
BR deɪˈɪstɪkl, diːˈɪstɪkl
AM deɪˈɪstɪk(ə)l,
diˈɪstɪk(ə)l

deistically
BR deɪˈɪstɪkli,
diːˈɪstɪkli
AM deɪˈɪstɪk(ə)li,
diˈɪstɪk(ə)li

deity
BR ˈdeɪɪt|i, ˈdiːɪt|i, -ɪz
AM ˈdeɪɪdi, ˈdiədi, -z

deixis
BR ˈdʌɪksɪs, ˈdeɪksɪs
AM ˈdaɪksəs

déjà vu
BR ˌdeɪʒɑːˈvuː
AM ˌdeɪʒɑˈv(j)u

deject
BR dɪˈdʒekt, -s, -ɪŋ, -ɪd
AM diˈdʒek|(t), -(t)s,
-tɪŋ, -təd

dejectedly
BR dɪˈdʒektɪdli
AM diˈdʒektədli

dejection
BR dɪˈdʒekʃn
AM diˈdʒekʃ(ə)n

de jure
BR ˌdiːˈdʒʊəri,
ˌdeɪˈjʊəreɪ
AM deɪˈjʊˌreɪ
diˈdʒʊri

De Kalb
BR də ˈka(l)b
AM də ˈkæ(l)b

Dekker
BR ˈdekə(r)
AM ˈdekər

dekko
BR ˈdekəʊ, -z
AM ˈdekoʊ, -z

de Klerk
BR də ˈklɛːk
AM də ˈklɛrk

de Kooning
BR də ˈkuːnɪŋ
AM də ˈkunɪŋ

Delacourt
BR ˈdeləkɔːt
AM ˈdeləˌkɔ(ə)rt

Delacroix
BR ˈdeləkrwɑː(r),
ˌdeləˈkrwɑː(r)
AM ˌdeləˈk(r)wɑ

Delafield
BR ˈdeləfiːld
AM ˈdeləˌfild

Delagoa
BR ˌdeləˈgəʊə(r)
AM ˌdeləˈgoʊə

Delahaye
BR ˈdeləheɪ
AM ˈdeləˌheɪ

delaine
BR dɪˈleɪn
AM diˈleɪn

de la Mare
BR də la ˈmɛː(r),
ˌde lə +
AM də la ˈmɛ(ə)r

Delamere
BR ˈdeləmɪə(r)
AM ˈdeləmɪ(ə)r

Delaney
BR dɪˈleɪni
AM dəˈleɪni

de la Rue
BR də la ˈruː, ˌde lə +
AM də la ˈru

delate
BR dɪˈleɪt, -s, -ɪŋ, -ɪd
AM diˈleɪ|t, -ts, -dɪŋ,
-dɪd

delation
BR dɪˈleɪʃn
AM diˈleɪʃ(ə)n

delator
BR dɪˈleɪtə(r), -z
AM diˈleɪdər, -z

Delaware
BR ˈdeləwɛː(r)
AM ˈdeləˌwɛ(ə)r

delay
BR dɪˈleɪ, -z, -ɪŋ, -d
AM diˈleɪ, -z, -ɪŋ, -d

delayer
BR dɪˈleɪə(r), -z
AM diˈleɪər, -z

Delbert
BR ˈdelbət
AM ˈdelbərt

Delbridge
BR ˈdelbrɪdʒ
AM ˈdelˌbrɪdʒ

del credere
BR del ˈkreɪdəri,
+ ˈkredəri
AM del ˈkreɪdəri

Delderfield
BR ˈdeldəfiːld
AM ˈdeldərˌfild

dele
BR ˈdiːl|i, -ɪz, -ɪŋ, -ɪd
AM ˈdili, -z, -ɪŋ, -d

delectability
BR dɪˌlektəˈbɪlɪti
AM diˌlektəˈbɪlɪdi

delectable
BR dɪˈlektəbl
AM diˈlektəb(ə)l

delectably
BR dɪˈlektəbli
AM diˈlektəbli

delectation
BR ˌdiːlekˈteɪʃn
AM ˌdilekˈteɪʃ(ə)n,
ˌdelekˈteɪʃ(ə)n,
ˌdilekˈteɪʃ(ə)n

delegable
BR ˈdelɪgəbl
AM ˈdeləgəb(ə)l

delegacy
BR ˈdelɪgəs|i, -ɪz
AM ˈdeləgəsi, -z

delegate¹ *noun*
BR ˈdelɪgət, -s
AM ˈdeləˌgeɪt,
ˈdeləgət, -s

delegate² *verb*
BR ˈdelɪgeɪt, -s, -ɪŋ,
-ɪd
AM ˈdeləˌgeɪ|t, -ts,
-dɪŋ, -dɪd

delegation
BR ˌdelɪˈgeɪʃn, -z
AM ˌdeləˈgeɪʃ(ə)n, -z

delegator
BR ˈdelɪgeɪtə(r), -z
AM ˈdeləˌgeɪdər, -z

delete
BR dɪˈliːt, -s, -ɪŋ, -ɪd
AM diˈli|t, -ts, -dɪŋ,
-dɪd

deleterious
BR ˌdelɪˈtɪəriəs
AM ˌdeləˈtɪriəs

deleteriously
BR ˌdelɪˈtɪəriəsli
AM ˌdeləˈtɪriəsli

deleteriousness
BR ˌdelɪˈtɪəriəsnəs
AM ˌdeləˈtɪriəsnəs

deletion
BR dɪˈliːʃn, -z
AM diˈliʃ(ə)n, -z

Delfont
BR ˈdelfɒnt
AM delˈfɑnt

Delft
BR delft
AM delft

delftware
BR ˈdelftwɛː(r)
AM ˈdelf(t)ˌwɛ(ə)r

Delgado
BR delˈgɑːdəʊ
AM delˈgɑdoʊ

Delhi
BR ˈdeli
AM ˈdeli

deli
BR ˈdel|i, -ɪz
AM ˈdeli, -z

Delia
BR ˈdiːliə(r)
AM ˈdiliə, ˈdiljə
Delian
BR ˈdiːliən, -z
AM ˈdiliən, -z
deliberate[1] *adjective*
BR dɪˈlɪb(ə)rət
AM diˈlɪb(ə)rət
deliberate[2] *verb*
BR dɪˈlɪbəreɪt, -s, -ɪŋ, -ɪd
AM dɪˈlɪbəˌreɪt, dəˈlɪbəˌreɪt, -ts, -dɪŋ, -dɪd
deliberately
BR dɪˈlɪb(ə)rətli
AM diˈlɪb(ə)rətli
deliberateness
BR dɪˈlɪb(ə)rətnəs
AM diˈlɪb(ə)rətnəs
deliberation
BR dɪˌlɪbəˈreɪʃn, -z
AM dɪˌlɪbəˈreɪʃ(ə)n, -z
deliberative
BR dɪˈlɪb(ə)rətɪv
AM diˈlɪbərədɪv, diˈlɪbəˌreɪdɪv
deliberatively
BR dɪˈlɪb(ə)rətɪvli
AM diˈlɪbərədɪvli, diˈlɪbəˌreɪdɪvli
deliberativeness
BR dɪˈlɪb(ə)rətɪvnɪs
AM diˈlɪbərədɪvnɪs, diˈlɪbəˌreɪdɪvnɪs
deliberator
BR dɪˈlɪbəreɪtə(r), -z
AM diˈlɪbəˌreɪdər, -z
Delibes
BR dɪˈliːb
AM dəˈlib
delicacy
BR ˈdelɪkəs|i, -ɪz
AM ˈdelɪkəsi, -z
delicate
BR ˈdelɪkət
AM ˈdelɪkət
delicately
BR ˈdelɪkətli
AM ˈdelɪkətli

delicateness
BR ˈdelɪkətnəs
AM ˈdelɪkətnəs
delicatessen
BR ˌdelɪkəˈtesn, -z
AM ˌdelɪkəˈtes(ə)n, -z
delicious
BR dɪˈlɪʃəs
AM diˈlɪʃəs
deliciously
BR dɪˈlɪʃəsli
AM diˈlɪʃəsli
deliciousness
BR dɪˈlɪʃəsnəs
AM diˈlɪʃəsnəs
delict
BR dɪˈlɪkt, ˈdiːlɪkt, -s
AM diˈlɪk|t, -(t)s
delight
BR dɪˈlʌɪt, -s, -ɪŋ, -ɪd
AM diˈlaɪ|t, -ts, -dɪŋ, -dɪd
delightedly
BR dɪˈlʌɪtɪdli
AM diˈlaɪtɪdli
delightful
BR dɪˈlʌɪtf(ʊ)l
AM diˈlaɪtf(ə)l
delightfully
BR dɪˈlʌɪtfʊli, dɪˈlʌɪtf|i
AM diˈlaɪtfəli
delightfulness
BR dɪˈlʌɪtf(ʊ)lnəs
AM diˈlaɪtfəlnəs
Delilah
BR dɪˈlʌɪlə(r)
AM diˈlaɪlə
delimit
BR ˌdiːˈlɪm|ɪt, dɪˈlɪm|ɪt, -ɪts, -ɪtɪŋ, -ɪdɪd
AM diˈlɪm|t, -ts, -dɪŋ, -dɪd
delimitate
BR dɪˈlɪmɪteɪt, -s, -ɪŋ, -ɪd
AM diˈlɪməˌteɪ|t, -ts, -dɪŋ, -dɪd
delimitation
BR dɪˌlɪmɪˈteɪʃn
AM diˌlɪməˈteɪʃ(ə)n

delimitative
BR dɪˈlɪmɪtətɪv
AM diˈlɪməˌteɪdɪv, diˈlɪmədədɪv
delimiter
BR ˌdiːˈlɪmɪtə(r), dɪˈlɪmɪtə(r), -z
AM diˈlɪmɪdər, -z
delineate
BR dɪˈlɪnɪeɪt, -s, -ɪŋ, -ɪd
AM diˈlmiˌeɪ|t, -ts, -dɪŋ, -dɪd
delineation
BR dɪˌlɪnɪˈeɪʃn, -z
AM diˌlmiˈeɪʃ(ə)n, -z
delineator
BR dɪˈlɪnɪeɪtə(r), -z
AM diˈlmiˌeɪdər, -z
delinquency
BR dɪˈlɪŋkw(ə)ns|i, -ɪz
AM dəˈlɪŋkwənsi, -z
delinquent
BR dɪˈlɪŋkw(ə)nt, -s
AM dəˈlɪŋkwənt, -s
delinquently
BR dɪˈlɪŋkw(ə)ntli
AM dəˈlɪŋkwən(t)li
deliquesce
BR ˌdelɪˈkwes, -ɪz, -ɪŋ, -t
AM ˌdeləˈkwes, -əz, -ɪŋ, -t
deliquescence
BR ˌdelɪˈkwesns
AM ˌdeləˈkwes(ə)ns
deliquescent
BR ˌdelɪˈkwesnt
AM ˌdeləˈkwes(ə)nt
deliria
BR dɪˈlɪrɪə(r), dɪˈlɪərɪə(r)
AM dəˈlɪriə
delirious
BR dɪˈlɪrɪəs, dɪˈlɪərɪəs
AM dəˈlɪriəs
deliriously
BR dɪˈlɪrɪəsli, dɪˈlɪərɪəsli
AM dəˈlɪriəsli

delirium
BR dɪˈlɪrɪəm, dɪˈlɪərɪəm
AM dəˈlɪriəm
delirium tremens
BR dɪˌlɪrɪəm ˈtremenz, dɪˌlɪərɪəm +
AM dəˌlɪriəm ˈtremənz
De Lisle
BR də ˈlʌɪl
AM də ˈlil, də ˈlaɪl
Delius
BR ˈdiːlɪəs
AM ˈdiliəs
deliver
BR dɪˈlɪv|ə(r), -əz, -(ə)rɪŋ, -əd
AM diˈlɪv|ər, -ərz, -(ə)rɪŋ, -ərd
deliverable
BR dɪˈlɪv(ə)rəbl
AM diˈlɪv(ə)rəb(ə)l
deliverance
BR dɪˈlɪv(ə)rns
AM diˈlɪv(ə)rəns
deliverer
BR dɪˈlɪv(ə)rə(r), -z
AM diˈlɪv(ə)rər, -z
delivery
BR dɪˈlɪv(ə)r|i, -ɪz
AM diˈlɪv(ə)ri, -z
deliveryman
BR dɪˈlɪv(ə)rɪˌman, dɪˈlɪv(ə)rɪmən
AM diˈlɪv(ə)rɪˌmæn
deliverymen
BR dɪˈlɪv(ə)rɪˌmen, dɪˈlɪv(ə)rɪmən
AM diˈlɪv(ə)rɪˌmen
dell
BR del, -z
AM del, -z
Della
BR ˈdelə(r)
AM ˈdelə
Della Cruscan
BR ˌdelə ˈkrʌsk(ə)n, -z
AM ˌdelə ˈkruʃ(ə)n, -z
Della Robbia
BR ˌdelə ˈrɒbɪə(r)
AM ˌdelə ˈroʊbiə

delly
BR ˈdel|i, -ɪz
AM ˈdeli, -z

Del Mar
BR del ˈmɑː(r)
AM del ˈmɑr

Del Monte
BR del ˈmɒnti, +
ˈmɒnteɪ
AM del ˈmɑn(t)i

delocalisation
BR ˌdiːləʊkl̩ʌɪˈzeɪʃn,
diːˌləʊkl̩ʌɪˈzeɪʃn
AM diˌloʊkəˌlaɪ-
ˈzeɪʃ(ə)n,
diˌloʊkələˈzeɪʃ(ə)n

delocalise
BR (ˌ)diːˈləʊkl̩ʌɪz, -ɪz,
-ɪŋ, -d
AM diˈloʊkəˌlaɪz, -ɪz,
-ɪŋ, -d

delocalization
BR ˌdiːləʊkl̩ʌɪˈzeɪʃn,
diːˌləʊkl̩ʌɪˈzeɪʃn
AM diˌloʊkəˌlaɪ-
ˈzeɪʃ(ə)n,
diˌloʊkələˈzeɪʃ(ə)n

delocalize
BR (ˌ)diːˈləʊkl̩ʌɪz, -ɪz,
-ɪŋ, -d
AM diˈloʊkəˌlaɪz, -ɪz,
-ɪŋ, -d

Delorean
BR dəˈlɔːriən, -z
AM dəˈlɔriən, -z

Delores
BR dəˈlɔːrɪz
AM dəˈlɔrəs

Delors
BR dəˈlɔː(r)
AM dəˈlɔ(ə)r

Delos
BR ˈdiːlɒs
AM ˈdilɑs

delouse
BR ˌdiːˈlaʊs, -ɪz,
-ɪŋ, -t
AM diˈlaʊs, -əz,
-ɪŋ, -t

Delphi
BR ˈdelfʌɪ, ˈdelfi
AM ˈdelˌfaɪ

Delphian
BR ˈdelfiən, -z
AM ˈdelfiən, -z

Delphic
BR ˈdelfɪk
AM ˈdelfɪk

Delphine
BR ˈdelfiːn
AM ˈdelˌfin

delphinia
BR delˈfɪniə(r)
AM delˈfɪniə

delphinium
BR delˈfɪniəm, -z
AM delˈfɪniəm, -z

delphinoid
BR ˈdelfɪnɔɪd, -z
AM ˈdelfəˌnɔɪd, -z

Delphinus
BR delˈfʌɪnəs
AM delˈfaɪnəs

Delsey
BR ˈdelsi
AM ˈdelsi

delta
BR ˈdeltə(r), -z
AM ˈdeltə, -z

deltaic
BR delˈteɪɪk
AM delˈteɪɪk

deltiologist
BR ˌdeltɪˈɒlədʒɪst, -s
AM ˌdeltiˈɑlədʒəst, -s

deltiology
BR ˌdeltɪˈɒlədʒi
AM ˌdeltiˈɑlədʒi

deltoid
BR ˈdeltɔɪd
AM ˈdelˌtɔɪd

delude
BR dɪˈl(j)uːd, -z, -ɪŋ,
-ɪd
AM diˈlud, -z, -ɪŋ,
-əd

deluder
BR dɪˈl(j)uːdə(r), -z
AM diˈludər, -z

deluge
BR ˈdeljuː(d)ʒ, -ɪz,
-ɪŋ, -d
AM ˈdelˌjudʒ, -əz,
-ɪŋ, -d

delusion
BR dɪˈl(j)uːʒn, -z
AM diˈluʒ(ə)n, -z

delusional
BR dɪˈl(j)uːʒn̩l
AM diˈluʒən(ə)l,
diˈluʒn(ə)l

delusive
BR dɪˈl(j)uːsɪv
AM diˈlusɪv

delusively
BR dɪˈl(j)uːsɪvli
AM diˈlusɪvli

delusiveness
BR dɪˈl(j)uːsɪvnɪs
AM diˈlusɪvnɪs

delusory
BR dɪˈl(j)uːs(ə)ri,
dɪˈl(j)uːz(ə)ri
AM diˈlus(ə)ri,
diˈluz(ə)ri

deluster
BR ˌdiːˈlʌst|ə(r), -əz,
-(ə)rɪŋ, -əd
AM diˈləstər, -z, -ɪŋ,
-d

delustre
BR ˌdiːˈlʌst|ə(r), -əz,
-(ə)rɪŋ, -əd
AM diˈləstər, -z, -ɪŋ,
-d

deluxe
BR dɪˈlʌks
AM diˈləks

de luxe
BR dɪˈlʌks
AM diˈləks

delve
BR delv, -z, -ɪŋ, -d
AM delv, -z, -ɪŋ, -d

delver
BR ˈdelvə(r), -z
AM ˈdelvər, -z

delving
BR ˈdelvɪŋ, -z
AM ˈdelvɪŋ, -z

Delwyn
BR ˈdelwɪn
AM ˈdelw(ə)n

Delyth
BR ˈdelɪθ
AM ˈdeləθ

demagnetisation
BR ˌdiːmagnɪtʌɪˈzeɪʃn,
diːˌmagnɪtʌɪˈzeɪʃn
AM ˈˌdiˌmægnəˌtaɪ-
ˈzeɪʃ(ə)n, ˈˌdi-
ˌmægnədəˈzeɪʃ(ə)n

demagnetise
BR (ˌ)diːˈmagnɪtʌɪz,
-ɪz, -ɪŋ, -d
AM diˈmægnəˌtaɪz,
-ɪz, -ɪŋ, -d

demagnetiser
BR (ˌ)diːˈmagnɪtʌɪzə(r),
-z
AM diˈmægnəˌtaɪzər, -z

demagnetization
BR ˌdiːmagnɪtʌɪˈzeɪʃn,
diːˌmagnɪtʌɪˈzeɪʃn
AM ˈˌdiˌmægnəˌtaɪ-
ˈzeɪʃ(ə)n, ˈˌdi-
ˌmægnədəˈzeɪʃ(ə)n

demagnetize
BR (ˌ)diːˈmagnɪtʌɪz,
-ɪz, -ɪŋ, -d
AM diˈmægnəˌtaɪz,
-ɪz, -ɪŋ, -d

demagnetizer
BR (ˌ)diːˈmagnɪtʌɪzə(r),
-z
AM diˈmægnəˌtaɪzər, -z

demagogic
BR ˌdeməˈgɒgɪk,
ˌdeməˈgɒdʒɪk
AM ˌdeməˈgɑgɪk,
ˌdeməˈgɑdʒɪk

demagogical
BR ˌdeməˈgɒgɪkl,
ˌdeməˈgɒdʒɪkl
AM ˌdeməˈgɑgək(ə)l,
ˌdeməˈgɑdʒək(ə)l

demagogically
BR ˌdeməˈgɒgɪkli,
ˌdeməˈgɒdʒɪkli
AM ˌdeməˈgɑgək(ə)li,
ˌdeməˈgɑdʒək(ə)li

demagogue
BR ˈdeməgɒg, -z
AM ˈdeməˌgɑg, -z

demagoguery
BR ˈdeməgɒg(ə)ri,
ˌdeməˈgɒg(ə)ri
AM ˈdeməˌgɑg(ə)ri

demagogy
BR ˈdɛməgɒgi,
ˈdɛməgɒdʒi
AM ˈdɛmə,gɑgi,
ˈdɛmə,gɑdʒi

deman
BR ˌdiːˈman, -z, -ɪŋ, -d
AM diˈmæn, -z, -ɪŋ, -d

demand
BR dɪˈmɑːnd, -z, -ɪŋ, -ɪd
AM diˈmænd, -z, -ɪŋ, -əd

demandable
BR dɪˈmɑːndəbl
AM diˈmændəb(ə)l

demandant
BR dɪˈmɑːnd(ə)nt, -s
AM diˈmændnt, -s

demander
BR dɪˈmɑːndə(r), -z
AM diˈmændər, -z

demandingly
BR dɪˈmɑːndɪŋli
AM diˈmændɪŋli

demantoid
BR dɪˈmantɔɪd, -z
AM diˈmæn,tɔɪd, -z

demarcate
BR ˈdiːmɑːkeɪt, -s, -ɪŋ, -ɪd
AM diˈmɑr,keɪ|t, ˈdimɑr,keɪ|t, -ts, -dɪŋ, -dɪd

demarcation
BR ˌdiːmɑːˈkeɪʃn, -z
AM ˌdimɑrˈkeɪʃ(ə)n, -z

demarcator
BR ˈdiːmɑːkeɪtə(r), -z
AM diˈmɑr,keɪdər, ˈdimɑr,keɪdər, -z

démarche
BR deɪˈmɑːʃ, ˈdeɪmɑːʃ, -ɪz
AM deɪˈmɑrʃ, -əz
FR demaʁʃ

dematerialisation
BR ˌdiːmə,tɪərɪəlʌɪˈzeɪʃn
AM ˈdimə,tɪrɪə,laɪˈzeɪʃ(ə)n, ˈdimə,tɪrɪələˈzeɪʃ(ə)n

dematerialise
BR ˌdiːməˈtɪərɪəlʌɪz, -ɪz, -ɪŋ, -d
AM ˌdiməˈtɪrɪə,laɪz, -ɪz, -ɪŋ, -d

dematerialization
BR ˌdiːmə,tɪərɪəlʌɪˈzeɪʃn
AM ˈdimə,tɪrɪə,laɪˈzeɪʃ(ə)n, ˈdimə,tɪrɪələˈzeɪʃ(ə)n

dematerialize
BR ˌdiːməˈtɪərɪəlʌɪz, -ɪz, -ɪŋ, -d
AM ˌdiməˈtɪrɪə,laɪz, -ɪz, -ɪŋ, -d

Demavend
BR ˈdɛməvɛnd
AM ˈdɛmə,vɛnd

deme
BR diːm, -z
AM dim, -z

demean
BR dɪˈmiːn, -z, -ɪŋ, -d
AM diˈmin, -z, -ɪŋ, -d

demeanor
BR dɪˈmiːnə(r), -z
AM diˈminər, -z

demeanour
BR dɪˈmiːnə(r), -z
AM diˈminər, -z

Demelza
BR dəˈmɛlzə(r)
AM dəˈmɛlzə

dement
BR dɪˈmɛnt, -s, -ɪd
AM diˈmən|t, -ts, -(t)əd

dementedly
BR dɪˈmɛntɪdli
AM diˈmɛn(t)ədli

dementedness
BR dɪˈmɛntɪdnɪs
AM diˈmɛn(t)ədnəs

démenti
BR ˌdeɪˈmɒ̃tiː
AM ˌdeɪmɑnˈti
FR demɑ̃ti

dementia
BR dɪˈmɛnʃə(r)
AM dəˈmɛn(t)ʃ(i)ə

dementia praecox
BR dɪˌmɛnʃə ˈpriːkɒks
AM dəˈmɛn(t)ʃ(i)ə ˈpri,kɑks

démentis
BR ˌdeɪˈmɒ̃tiː, ˌdeɪˈmɒ̃tiːz
AM ˌdeɪmɑnˈtiz
FR demɑ̃ti

Demerara
BR ˌdɛməˈrɛːrə(r)
AM ˌdɛməˈrɛrə

demerge
BR ˌdiːˈməːdʒ, -ɪz, -ɪŋ, -d
AM ˌdiˈmərdʒ, -əz, -ɪŋ, -d

demerger
BR ˌdiːˈməːdʒə(r), -z
AM ˌdiˈmərdʒər, -z

demerit
BR (ˌ)diːˈmɛrɪt, -s
AM diˈmɛrət, -s

demeritorious
BR ˌdiːmɛrɪˈtɔːrɪəs
AM diˌmɛrəˈtɔriəs

demersal
BR dɪˈməːsl
AM dəˈmərs(ə)l

demesne
BR dɪˈmeɪn, -z
AM dəˈmeɪn, -z

Demeter
BR dɪˈmiːtə(r)
AM dəˈmidər

Demetrius
BR dɪˈmiːtrɪəs
AM dəˈmitriːs

demigod
BR ˈdɛmɪgɒd, -z
AM ˈdɛmi,gɑd, -z

demigoddess
BR ˈdɛmɪ,gɒdɪs, ˈdɛmɪ,gɒdɛs, -ɪz
AM ˈdɛmi,gɑdəs, -əz

demijohn
BR ˈdɛmɪdʒɒn, -z
AM ˈdɛmi,dʒɑn, -z

demilitarisation
BR ˌdiːmɪlɪt(ə)rʌɪˈzeɪʃn, diːˌmɪlɪt(ə)rʌɪˈzeɪʃn
AM dəˌmɪlədərəˈzeɪʃ(ə)n, ˌdiˌmɪlədə,raɪˈzeɪʃ(ə)n, dəˌmɪlədə,raɪˈzeɪʃ(ə)n, ˌdiˌmɪlədərəˈzeɪʃ(ə)n

demilitarise
BR (ˌ)diːˈmɪlɪt(ə)rʌɪz, -ɪz, -ɪŋ, -d
AM diˈmɪlədə,raɪz, -ɪz, -ɪŋ, -d

demilitarization
BR ˌdiːmɪlɪt(ə)rʌɪˈzeɪʃn, diːˌmɪlɪt(ə)rʌɪˈzeɪʃn
AM dəˌmɪlədərəˈzeɪʃ(ə)n, ˌdiˌmɪlədə,raɪˈzeɪʃ(ə)n, dəˌmɪlədə,raɪˈzeɪʃ(ə)n, ˌdiˌmɪlədərəˈzeɪʃ(ə)n

demilitarize
BR (ˌ)diːˈmɪlɪt(ə)rʌɪz, -ɪz, -ɪŋ, -d
AM diˈmɪlədə,raɪz, -ɪz, -ɪŋ, -d

de Mille
BR də ˈmɪl
AM də ˈmɪl

demi-mondaine
BR ˌdɛmɪmɒnˈdeɪn, -z
AM ˈdɛmi,mɑnˈdeɪn, -z
FR dəmi mɔ̃dɛn

demi-monde
BR ˌdɛmɪˈmɒnd, ˈdɛmɪmɒnd
AM ˌdɛmiˈmɑnd

demineralisation
BR ˌdiːmɪn(ə)rlʌɪˈzeɪʃn, diːˌmɪn(ə)rlʌɪˈzeɪʃn
AM diːˌmɪnərə,laɪˈzeɪʃ(ə)n, diˌmɪnərələˈzeɪʃ(ə)n

demineralise
BR (ˌ)diːˈmɪn(ə)rḷʌɪz,
-ɪz, -ɪŋ, -d
AM diˈmɪnərəˌlaɪz,
-ɪz, -ɪŋ, -d

demineralization
BR ˌdiːmɪn(ə)rḷʌɪ-
ˈzeɪʃn,
diːˌmɪn(ə)rḷʌɪˈzeɪʃn
AM diːˌmɪnərəˌlaɪ-
ˈzeɪʃ(ə)n,
diˌmɪnərələˈzeɪʃ(ə)n

demineralize
BR (ˌ)diːˈmɪn(ə)rḷʌɪz,
-ɪz, -ɪŋ, -d
AM diˈmɪnərəˌlaɪz,
-ɪz, -ɪŋ, -d

demi-pension
BR ˌdemiˈpɒ̃sjɒ̃
AM ˌdemiˈpen(t)ʃ(ə)n
FR dəmi pɑ̃sjɔ̃

demirep
BR ˈdemɪrep, -s
AM ˌdemiˈrep,
-s

demise
BR dɪˈmʌɪz
AM diˈmaɪz

demisemiquaver
BR ˈdemɪsemɪ-
ˌkweɪvə(r), ˌdemɪ-
ˈsemɪkweɪvə(r), -z
AM ˌdemiˈsemaɪ-
ˌkweɪvər, -z

demission
BR dɪˈmɪʃn, -z
AM diˈmɪʃ(ə)n,
-z

demist
BR ˌdiːˈmɪst, dɪˈmɪst,
-s, -ɪŋ, -ɪd
AM diˈmɪst, -s, -ɪŋ,
-ɪd

demister
BR ˌdiːˈmɪstə(r),
dɪˈmɪstə(r), -z
AM diˈmɪstər, -z

demit
BR ˌdiːˈmɪt, dɪˈmɪt, -s,
-ɪŋ, -ɪd
AM diˈmɪ|t, -ts, -dɪŋ,
-dɪd

demitasse
BR ˈdemɪtas,
ˈdemɪtɑːs, -ɪz
AM ˈdemiˌtæs,
ˈdemiˌtas, -əz

demiurge
BR ˈdemɪəːdʒ,
ˈdiːmɪəːdʒ, -ɪz
AM ˈdemiˌərdʒ, -əz

demiurgic
BR ˌdemɪˈəːdʒɪk,
ˌdiːmɪˈəːdʒɪk
AM ˌdemiˈərdʒɪk

demi-vierge
BR ˌdemɪviˈəːʒ, -z
AM ˌdemiviˈərʒ, -z
FR dəmi vjɛrʒ

demo
BR ˈdeməʊ, -z
AM ˈdemoʊ, -z

demob
BR (ˌ)diːˈmɒb,
dɪˈmɒb, -z, -ɪŋ, -d
AM diˈmɑb, -z, -ɪŋ, -d

demobilisation
BR dɪˌməʊbɪlʌɪˈzeɪʃn,
dɪˌməʊblʌɪˈzeɪʃn,
diːˌməʊbɪlʌɪˈzeɪʃn,
ˌdiːməʊblʌɪˈzeɪʃn,
ˌdiːməʊbɪlʌɪˈzeɪʃn,
ˌdiːməʊblʌɪˈzeɪʃn
AM diˌmoʊbəˌlaɪ-
ˈzeɪʃ(ə)n,
diˌmoʊbələˈzeɪʃ(ə)n

demobilise
BR dɪˈməʊbɪlʌɪz,
dɪˈməʊblʌɪz,
(ˌ)diːˈməʊbɪlʌɪz,
(ˌ)diːˈməʊblʌɪz, -ɪz,
-ɪŋ, -d
AM diˈmoʊbəˌlaɪz,
-ɪz, -ɪŋ, -d

demobilization
BR dɪˌməʊbɪlʌɪˈzeɪʃn,
dɪˌməʊblʌɪˈzeɪʃn,
diːˌməʊbɪlʌɪˈzeɪʃn,
diːˌməʊblʌɪˈzeɪʃn,
ˌdiːməʊbɪlʌɪˈzeɪʃn,
ˌdiːməʊblʌɪˈzeɪʃn
AM diˌmoʊbəˌlaɪ-
ˈzeɪʃ(ə)n,
diˌmoʊbələˈzeɪʃ(ə)n

demobilize
BR dɪˈməʊbɪlʌɪz,
dɪˈməʊblʌɪz,
(ˌ)diːˈməʊbɪlʌɪz,
(ˌ)diːˈməʊblʌɪz, -ɪz,
-ɪŋ, -d
AM diˈmoʊbəˌlaɪz,
-ɪz, -ɪŋ, -d

democracy
BR dɪˈmɒkrəs|i, -ɪz
AM dəˈmɑkrəsi, -z

democrat
BR ˈdeməkrat, -s
AM ˈdeməˌkræt, -s

democratic
BR ˌdeməˈkratɪk
AM ˌdeməˈkrædɪk

democratically
BR ˌdeməˈkratɪkli
AM ˌdeməˈkrædək(ə)li

democratisation
BR dɪˌmɒkrətʌɪˈzeɪʃn
AM diˌmɑkrədə-
ˈzeɪʃ(ə)n, diˌmɑkrə-
ˌtaɪˈzeɪʃ(ə)n

democratise
BR dɪˈmɒkrətʌɪz, -ɪz,
-ɪŋ, -d
AM diˈmɑkrəˌtaɪz, -ɪz,
-ɪŋ, -d

democratism
BR dɪˈmɒkrətɪzm
AM diˈmɑkrəˌtɪz(ə)m

democratization
BR dɪˌmɒkrətʌɪˈzeɪʃn
AM diˌmɑkrədə-
ˈzeɪʃ(ə)n, diˌmɑkrə-
ˌtaɪˈzeɪʃ(ə)n

democratize
BR dɪˈmɒkrətʌɪz, -ɪz,
-ɪŋ, -d
AM diˈmɑkrəˌtaɪz, -ɪz,
-ɪŋ, -d

Democritus
BR dɪˈmɒkrɪtəs
AM diˈmɑkrədəs

démodé
BR ˌdeɪˈməʊdeɪ
AM ˌdeɪmoʊˈdeɪ

demodectic
BR diːˈmə(ʊ)dektɪk
AM ˌdiməˈdektɪk

demodulate
BR ˌdiːˈmɒdjʉleɪt,
ˌdiːˈmɒdʒʉleɪt, -s,
-ɪŋ, -ɪd
AM diˈmadjʊˌleɪ|t,
diˈmadʒəˌleɪ|t, -ts,
-dɪŋ, -dɪd

demodulation
BR ˌdiːmɒdjʉˈleɪʃn,
ˌdiːmɒdʒʉˈleɪʃn
AM diˌmadʒəˈleɪʃ(ə)n

demodulator
BR ˌdiːˈmɒdjʉleɪtə(r),
ˌdiːˈmɒdʒʉleɪtə(r),
-z
AM diˈmadʒəˌleɪdər,
-z

demographer
BR dɪˈmɒgrəfə(r), -z
AM dəˈmɑgrəfər, -z

demographic
BR ˌdeməˈgrafɪk, -s
AM ˌdeməˈgræfɪk, -s

demographical
BR ˌdeməˈgrafɪkl
AM ˌdeməˈgræfək(ə)l

demographically
BR ˌdeməˈgrafɪkli
AM ˌdeməˈgræfək(ə)li

demography
BR dɪˈmɒgrəfi
AM dəˈmɑgrəfi

demoiselle
BR ˌdemwɑːˈzɛl,
ˌdem(w)əˈzɛl, -z
AM ˌdem(w)ɑˈzɛl, -z
FR d(ə)mwazɛl

demolish
BR dɪˈmɒl|ɪʃ, -ɪʃɪz,
-ɪʃɪŋ, -ɪʃt
AM diˈmalɪʃ, -ɪz, -ɪŋ, -t

demolisher
BR dɪˈmɒlɪʃə(r), -z
AM diˈmalɪʃər, -z

demolition
BR ˌdeməˈlɪʃn, -z
AM ˌdiməˈlɪʃ(ə)n,
ˌdeməˈlɪʃ(ə)n, -z

demolitionist
BR ˌdeməˈlɪʃnɪst, -s
AM ˌdiməˈlɪʃənəst,
ˌdeməˈlɪʃənəst, -s

demon
BR ˈdiːmən, -z
AM ˈdiːm(ə)n, -z

demonetisation
BR ˌdiːmʌnɪtʌɪˈzeɪʃn, diːˌmʌnɪtʌɪˈzeɪʃn
AM diˌmanəˌtaɪˈzeɪʃ(ə)n, diˌmanədəˈzeɪʃ(ə)n

demonetise
BR (ˌ)diːˈmʌnɪtʌɪz, -ɪz, -ɪŋ, -d
AM diˈmanəˌtaɪz, -ɪz, -ɪŋ, -d

demonetization
BR ˌdiːmʌnɪtʌɪˈzeɪʃn, diːˌmʌnɪtʌɪˈzeɪʃn
AM diˌmanəˌtaɪˈzeɪʃ(ə)n, diˌmanədəˈzeɪʃ(ə)n

demonetize
BR (ˌ)diːˈmʌnɪtʌɪz, -ɪz, -ɪŋ, -d
AM diˈmanəˌtaɪz, -ɪz, -ɪŋ, -d

demoniac
BR dɪˈməʊnɪak, -s
AM ˌdiːməˈnaɪək, dəˈmoʊniˌæk, -s

demoniacal
BR ˌdiːməˈnʌɪəkl
AM ˌdiːməˈnaɪək(ə)l

demoniacally
BR ˌdiːməˈnʌɪəkli
AM ˌdiːməˈnaɪək(ə)li

demonic
BR dɪˈmɒnɪk, diːˈmɒnɪk
AM diˈmanɪk

demonical
BR dɪˈmɒnɪkl, diːˈmɒnɪkl
AM diˈmanək(ə)l

demonically
BR dɪˈmɒnɪkli, diːˈmɒnɪkli
AM diˈmanək(ə)li

demonisation
BR ˌdiːmənʌɪˈzeɪʃn
AM ˌdiːməˌnaɪˈzeɪʃ(ə)n, ˌdiːmənəˈzeɪʃ(ə)n

demonise
BR ˈdiːmənʌɪz, -ɪz, -ɪŋ, -d
AM ˈdiːməˌnaɪz, -ɪz, -ɪŋ, -d

demonism
BR ˈdiːmənɪzm
AM ˈdiːməˌnɪz(ə)m

demonization
BR ˌdiːmənʌɪˈzeɪʃn
AM ˌdiːməˌnaɪˈzeɪʃ(ə)n, ˌdiːmənəˈzeɪʃ(ə)n

demonize
BR ˈdiːmənʌɪz, -ɪz, -ɪŋ, -d
AM ˈdiːməˌnaɪz, -ɪz, -ɪŋ, -d

demonolatry
BR ˌdiːməˈnɒlətri
AM ˌdiːməˈnalətri

demonological
BR ˌdiːmənəˈlɒdʒɪkl
AM ˌdiːmənəˈladʒək(ə)l

demonologist
BR ˌdiːməˈnɒlədʒɪst, -s
AM ˌdiːməˈnalədʒəst, -s

demonology
BR ˌdiːməˈnɒlədʒi
AM ˌdiːməˈnalədʒi

demonstrability
BR dɪˌmɒnstrəˈbɪlɪti
AM dəˌmanstrəˈbɪlɪdi

demonstrable
BR dɪˈmɒnstrəbl
AM diˈmanstrəb(ə)l

demonstrably
BR dɪˈmɒnstrəbli
AM diˈmanstrəbli

demonstrate
BR ˈdɛmənstreɪt, -s, -ɪŋ, -ɪd
AM ˈdɛmənˌstreɪ|t, -ts, -dɪŋ, -dɪd

demonstration
BR ˌdɛmənˈstreɪʃn, -z
AM ˌdɛmənˈstreɪʃ(ə)n, -z

demonstrational
BR ˌdɛmənˈstreɪʃn̩l
AM ˌdɛmənˈstreɪʃ(ə)n)l, ˌdɛmənˈstreɪʃn(ə)l

demonstrative
BR dɪˈmɒnstrətɪv, -z
AM diˈmanstrədɪv, -z

demonstratively
BR dɪˈmɒnstrətɪvli
AM diˈmanstrədɪvli

demonstrativeness
BR dɪˈmɒnstrətɪvnɪs
AM diˈmanstrədɪvnɪs

demonstrator
BR ˈdɛmənstreɪtə(r), -z
AM ˈdɛmənˌstreɪdər, -z

de Montfort
BR də ˈmɒntfət, + ˈmɒntfɔːt
AM də ˈman(t)ˌfɔ(ə)rt, də ˈman(t)fərt
FR də mɔ̃fɔʀ

demoralisation
BR dɪˌmɒrl̩ʌɪˈzeɪʃn
AM diˌmɔrələˈzeɪʃ(ə)n, diˌmɔrəˌlaɪˈzeɪʃ(ə)n

demoralise
BR dɪˈmɒrl̩ʌɪz, -ɪz, -ɪŋ, -d
AM diˈmɔrəˌlaɪz, -ɪz, -ɪŋ, -d

demoralisingly
BR dɪˈmɒrl̩ʌɪzɪŋli
AM diˈmɔrəˌlaɪzɪŋli

demoralization
BR dɪˌmɒrl̩ʌɪˈzeɪʃn
AM diˌmɔrələˈzeɪʃ(ə)n, diˌmɔrəˌlaɪˈzeɪʃ(ə)n

demoralize
BR dɪˈmɒrl̩ʌɪz, -ɪz, -ɪŋ, -d
AM diˈmɔrəˌlaɪz, -ɪz, -ɪŋ, -d

demoralizingly
BR dɪˈmɒrl̩ʌɪzɪŋli
AM diˈmɔrəˌlaɪzɪŋli

Demos
BR ˈdiːmɒs
AM ˈdiːˌmɒs, ˈdiːˌmas

Demosthenes
BR dɪˈmɒsθɪniːz
AM dəˈmasθəˌniz

demote
BR dɪˈməʊt, ˌdiːˈməʊt, -s, -ɪŋ, -ɪd
AM diˈmoʊ|t, -ts, -dɪŋ, -dəd

demotic
BR dɪˈmɒtɪk
AM dəˈmadɪk

demotion
BR dɪˈməʊʃn, ˌdiːˈməʊʃn, -z
AM diˈmoʊʃ(ə)n, -z

demotivate
BR ˌdiːˈməʊtɪveɪt, -s, -ɪŋ, -ɪd
AM diˈmoʊdəˌveɪ|t, -ts, -dɪŋ, -dɪd

demotivation
BR ˌdiːməʊtɪˈveɪʃn
AM diˌmoʊdəˈveɪʃ(ə)n

demount
BR ˌdiːˈmaʊnt, -s, -ɪŋ, -ɪd
AM diˈmaʊn|t, -ts, -(t)ɪŋ, -(t)əd

demountable
BR ˌdiːˈmaʊntəbl
AM diˈmaʊn(t)əb(ə)l

Dempsey
BR ˈdɛm(p)si
AM ˈdɛm(p)si

Dempster
BR ˈdɛm(p)stə(r)
AM ˈdɛm(p)stər

demulcent
BR dɪˈmʌlsnt, -s
AM diˈməls(ə)nt, -s

demur
BR dɪˈməː(r), -z, -ɪŋ, -d
AM diˈmər, -z, -ɪŋ, -d

demure
BR dɪˈmjʊə(r), dɪˈmjɔː(r)
AM diˈmjʊ(ə)r

demurely
BR dɪˈmjʊəli, dɪˈmjɔːli
AM diˈmjʊrli

demureness
BR dɪˈmjʊənəs, dɪˈmjɔːnəs
AM diˈmjʊrnəs

demurrable
BR dɪˈmɜːrəbl
AM diˈmjʊrəb(ə)l

demurrage
BR dɪˈmʌrɪdʒ
AM dəˈmɜːrɪdʒ

demurral
BR dɪˈmʌrl̩
AM dəˈmɜːrəl

demurrer[1] *dissent*
BR dɪˈmʌrə(r), -z
AM diˈmɜːrər, -z

demurrer[2] *person who demurs*
BR dɪˈmɜːrə(r), -z
AM diˈmɜːrər, -z

demy
BR dɪˈmʌɪ, -z
AM dəˈmaɪ, -z

demystification
BR ˌdiːmɪstɪfɪˈkeɪʃn,
diːˌmɪstɪfɪˈkeɪʃn
AM ˌdiːˌmɪstəfəˈkeɪʃ(ə)n

demystify
BR (ˌ)diːˈmɪstɪfʌɪ, -z,
-ɪŋ, -d
AM diˈmɪstɪˌfaɪ, -z,
-ɪŋ, -d

demythologisation
BR ˌdiːmɪˌθɒlədʒʌɪˈzeɪʃn
AM ˌdiːməˈθɑləˌdʒaɪˈzeɪʃ(ə)n,
ˌdiːməθɑlədʒəˈzeɪʃ(ə)n

demythologise
BR ˌdiːmɪˈθɒlədʒʌɪz,
-ɪz, -ɪŋ, -d
AM ˌdiːməˈθɑləˌdʒaɪz,
-ɪz, -ɪŋ, -d

demythologization
BR ˌdiːmɪˌθɒlədʒʌɪˈzeɪʃn
AM ˌdiːməˈθɑləˌdʒaɪˈzeɪʃ(ə)n,
ˌdiːməθɑlədʒəˈzeɪʃ(ə)n

demythologize
BR ˌdiːmɪˈθɒlədʒʌɪz,
-ɪz, -ɪŋ, -d
AM ˌdiːməˈθɑləˌdʒaɪz,
-ɪz, -ɪŋ, -d

den
BR dɛn, -z
AM dɛn, -z

denarii
BR dɪˈnɛːrɪʌɪ,
dɪˈnɛːriː,
dɪˈnɑːrɪʌɪ,
dɪˈnɑːriː
AM dəˈnɑriˌaɪ,
dəˈnɛri,i

denarius
BR dɪˈnɛːriəs,
dɪˈnɑːriəs
AM dəˈnɑriəs,
dəˈnɛriəs

denary
BR ˈdiːn(ə)ri, ˈdɛn(ə)ri
AM ˈdinəri, ˈdɛnəri

denationalisation
BR ˌdiːnaʃn̩ʌɪˈzeɪʃn,
ˌdiːnaʃnəlʌɪˈzeɪʃn,
diːˌnaʃn̩ʌɪˈzeɪʃn,
diːˌnaʃnəlʌɪˈzeɪʃn,
-z
AM ˌdinæʃ(ə)nəˌlaɪˈzeɪʃ(ə)n,
dəˌnæʃ(ə)nəˌlaɪˈzeɪʃ(ə)n,
dəˌnæʃ(ə)nələˈzeɪʃ(ə)n,
ˌdinæʃ(ə)nələˈzeɪʃn,
-z

denationalise
BR (ˌ)diːˈnaʃn̩ʌɪz,
(ˌ)diːˈnaʃnəlʌɪz, -ɪz,
-ɪŋ, -d
AM diˈnæʃ(ə)nəˌlaɪz,
-ɪz, -ɪŋ, -d

denationalization
BR ˌdiːnaʃn̩ʌɪˈzeɪʃn,
ˌdiːnaʃnəlʌɪˈzeɪʃn,
diːˌnaʃn̩ʌɪˈzeɪʃn,
diːˌnaʃnəlʌɪˈzeɪʃn,
-z
AM ˌdinæʃ(ə)nəˌlaɪˈzeɪʃ(ə)n,
dəˌnæʃ(ə)nəˌlaɪˈzeɪʃ(ə)n,
dəˌnæʃ(ə)nələˈzeɪʃ(ə)n,
ˌdinæʃ(ə)nələˈzeɪʃn,
-z

denationalize
BR (ˌ)diːˈnaʃn̩ʌɪz,
(ˌ)diːˈnaʃnəlʌɪz, -ɪz,
-ɪŋ, -d
AM diˈnæʃ(ə)nəˌlaɪz,
-ɪz, -ɪŋ, -d

denaturalisation
BR ˌdiːnatʃ(ə)rl̩ʌɪˈzeɪʃn,
diːˌnatʃ(ə)rl̩ʌɪˈzeɪʃn
AM diˌnætʃ(ə)rəˌlaɪˈzeɪʃ(ə)n,
diˌnætʃ(ə)rələˈzeɪʃ(ə)n

denaturalise
BR (ˌ)diːˈnatʃ(ə)rl̩ʌɪz,
-ɪz, -ɪŋ, -d
AM diˈnætʃ(ə)rəˌlaɪz,
-ɪz, -ɪŋ, -d

denaturalization
BR ˌdiːnatʃ(ə)rl̩ʌɪˈzeɪʃn,
diːˌnatʃ(ə)rl̩ʌɪˈzeɪʃn
AM diˌnætʃ(ə)rəˌlaɪˈzeɪʃ(ə)n,
diˌnætʃ(ə)rələˈzeɪʃ(ə)n

denaturalize
BR (ˌ)diːˈnatʃ(ə)rl̩ʌɪz,
-ɪz, -ɪŋ, -d
AM diˈnætʃ(ə)rəˌlaɪz,
-ɪz, -ɪŋ, -d

denaturant
BR ˌdiːˈneɪtʃ(ə)rn̩t,
-s
AM diˈneɪtʃ(ə)rənt,
-s

denaturation
BR ˌdiːneɪtʃəˈreɪʃn,
diːˌneɪtʃəˈreɪʃn
AM diˌneɪtʃəˈreɪʃ(ə)n

denature
BR ˌdiːˈneɪtʃə(r), -z,
-ɪŋ, -d
AM diˈneɪtʃər, -z, -ɪŋ,
-d

denazification
BR ˌdiːnɑːtsɪfɪˈkeɪʃn,
ˌdiːnɑːzɪfɪˈkeɪʃn,
diːˌnɑːtsɪfɪˈkeɪʃn,
diːˌnɑːzɪfɪˈkeɪʃn
AM diˌnɑtsəfəˈkeɪʃ(ə)n

denazify
BR ˌdiːˈnɑːtsɪfʌɪ,
ˌdiːˈnɑːzɪfʌɪ, -z,
-ɪŋ, -d
AM diˈnɑtsəˌfaɪ, -z,
-ɪŋ, -d

Denbigh
BR ˈdɛnbi
AM ˈdɛnbi

Denby
BR ˈdɛnbi
AM ˈdɛnbi

Dench
BR ˈdɛn(t)ʃ
AM ˈdɛn(t)ʃ

dendrite
BR ˈdɛndrʌɪt, -s
AM ˈdɛnˌdraɪt, -s

dendritic
BR dɛnˈdrɪtɪk
AM dɛnˈdrɪdɪk

dendritically
BR dɛnˈdrɪtɪkli
AM dɛnˈdrɪdɪk(ə)li

dendrochronological
BR ˌdɛndrəʊˌkrɒnəˈlɒdʒɪkl
AM ˌdɛndroʊˌkrɑnəˈlɑdʒək(ə)l

dendrochronologist
BR ˌdɛndrəʊkrəˈnɒlədʒɪst, -s
AM ˌdɛndroʊkrəˈnɑlədʒəst, -s

dendrochronology
BR ˌdɛndrəʊkrəˈnɒlədʒi
AM ˌdɛndroʊkrəˈnɑlədʒi

dendrogram
BR ˈdɛndrə(ʊ)ɡram, -z
AM ˈdɛndrəˌɡræm, -z

dendroid
BR ˈdɛndrɔɪd
AM ˈdɛndrɔɪd

dendrological
BR ˌdɛndrəˈlɒdʒɪkl
AM ˌdɛndroʊˈlɑdʒək(ə)l

dendrologist
BR dɛnˈdrɒlədʒɪst, -s
AM dɛnˈdrɑlədʒəst, -s

dendrology
BR denˈdrɒlədʒi
AM denˈdrɑːlədʒi

dene
BR diːn, -z
AM diːn, -z

Dene[1] *North American people*
BR ˈdeni, ˈdeneɪ
AM ˈdeneɪ

Dene[2] *surname*
BR diːn
AM diːn

Deneb
BR ˈdenɛb
AM ˈdenˌɛb

de-net
BR ˌdiːˈnet, -s, -ɪŋ, -ɪd
AM diˈne|t, -ts, -dɪŋ, -dəd

Deneuve
BR dəˈnɜːv
AM dəˈnʊv

dengue
BR ˈdeŋgi
AM ˈdeŋgi

Den Haag
BR den ˈhɑːg
AM deɪn ˈhɑɡ

Denham
BR ˈdenəm
AM ˈden(ə)m

Denholm
BR ˈdenəm
AM ˈden(ə)m

Denholme[1] *Yorkshire, England*
BR ˈdenhɒlm
AM ˈdenhoʊ(l)m, ˈdenhɔ(l)m

Denholme[2]
BR ˈdenəm
AM ˈden(ə)m

deniability
BR dɪˌnaɪəˈbɪlɪti
AM dəˌnaɪbəˈbɪlɪdi

deniable
BR dɪˈnaɪəbl
AM dəˈnaɪəb(ə)l

deniably
BR dɪˈnaɪəbli
AM dəˈnaɪəbli

denial
BR dɪˈnaɪəl, -z
AM diˈnaɪ(ə)l, -z

denier[1] *cloth, coin*
BR ˈdenɪə(r), ˈdeniːeɪ
AM ˈdenjər, dəˈnɪ(ə)r

denier[2] *person or thing that denies*
BR dɪˈnaɪə(r), -z
AM diˈnaɪər, -z

denigrate
BR ˈdenɪgreɪt, -s, -ɪŋ, -ɪd
AM ˈdenəˌgreɪ|t, -ts, -dɪŋ, -dɪd

denigration
BR ˌdenɪˈgreɪʃn
AM ˌdenəˈgreɪʃ(ə)n

denigrator
BR ˈdenɪgreɪtə(r), -z
AM ˈdenəˌgreɪdər, -z

denigratory
BR ˌdenɪˈgreɪt(ə)ri
AM ˈdenəgrəˌtɔri

denim
BR ˈdenɪm, -z
AM ˈden(ə)m, -z

De Niro
BR də ˈnɪərəʊ
AM dəˈniroʊ

Denis
BR ˈdenɪs
AM ˈdenəs

Denise
BR dɪˈniːz, dɪˈniːs
AM dəˈnis

denitrification
BR ˌdiːnaɪtrɪfɪˈkeɪʃn, diːˌnaɪtrɪfɪˈkeɪʃn
AM diˌnaɪtrəfəˈkeɪʃ(ə)n

denitrify
BR (ˌ)diːˈnaɪtrɪfaɪ, -z, -ɪŋ, -d
AM diˈnaɪtrəˌfaɪ, -z, -ɪŋ, -d

denizen
BR ˈdenɪzn, -z
AM ˈdenəz(ə)n, -z

Denmark
BR ˈdenmɑːk
AM ˈdenmɑrk

Denning
BR ˈdenɪŋ
AM ˈdenɪŋ

Dennis
BR ˈdenɪs
AM ˈdenəs

Dennison
BR ˈdenɪs(ə)n
AM ˈdenəs(ə)n

Denny
BR ˈdeni
AM ˈdeni

denominate
BR dɪˈnɒmɪneɪt, -s, -ɪŋ, -ɪd
AM diˈnɑməˌneɪ|t, -ts, -dɪŋ, -dɪd

denomination
BR dɪˌnɒmɪˈneɪʃn, -z
AM diˌnɑməˈneɪʃ(ə)n, -z

denominational
BR dɪˌnɒmɪˈneɪʃn̩l
AM diˌnɑməˈneɪʃən(ə)l, diˌnɑməˈneɪʃ(ə)l

denominationalism
BR dɪˌnɒmɪˈneɪʃn̩lɪzm, dɪˌnɒmɪˈneɪʃnəlɪzm
AM diˌnɑməˈneɪʃənəˌlɪz(ə)m

denominationalist
BR dɪˌnɒmɪˈneɪʃn̩lɪst, dɪˌnɒmɪˈneɪʃnəlɪst, -s
AM diˌnɑməˈneɪʃənələst, -s

denominationally
BR dɪˌnɒmɪˈneɪʃn̩li, dɪˌnɒmɪˈneɪʃnəli
AM diˌnɑməˈneɪʃ(ə)nəli

denominative
BR dɪˈnɒmɪnətɪv
AM diˈnɑməˌneɪdɪv, diˈnɑmənədɪv

denominator
BR dɪˈnɒmɪneɪtə(r), -z
AM diˈnɑməˌneɪdər, -z

de nos jours
BR də ˌnəʊ ˈʒʊə(r)
AM də ˌnoʊ ˈʒʊ(ə)r
FR də no ʒuʀ

denotation
BR ˌdiːnə(ʊ)ˈteɪʃn
AM ˌdinoʊˈteɪʃ(ə)n

denotative
BR dɪˈnəʊtətɪv, ˈdiːnə(ʊ)teɪtɪv
AM diˈnoʊdədɪv, ˈdinoʊˌteɪdɪv

denotatively
BR dɪˈnəʊtətɪvli, ˈdiːnə(ʊ)teɪtɪvli
AM diˈnoʊdədɪvli, ˈdinoʊˌteɪdɪvli

denote
BR dɪˈnəʊt, -s, -ɪŋ, -ɪd
AM diˈnoʊ|t, -ts, -dɪŋ, -dəd

dénouement
BR deɪˈn(j)uːmɒ̃, -z
AM ˌdeɪnuˈmɑn, -z

denounce
BR dɪˈnaʊns, -ɪz, -ɪŋ, -t
AM diˈnaʊns, -əz, -ɪŋ, -t

denouncement
BR dɪˈnaʊnsm(ə)nt, -s
AM diˈnaʊnsm(ə)nt, -s

denouncer
BR dɪˈnaʊnsə(r), -z
AM diˈnaʊnsər, -z

de nouveau
BR də ˌnuːˈvəʊ
AM də ˌnuˈvoʊ
FR də nuvo

Denovo
BR dɪˈnəʊvəʊ
AM dəˈnoʊvoʊ

de novo
BR deɪ ˈnəʊvəʊ, diː +
AM di ˈnoʊvoʊ

dense
BR dens, -ə(r), -ɪst
AM dens, -ər, -əst

densely
BR ˈdensli
AM ˈdensli

denseness
BR ˈdensnəs
AM ˈdensnəs

densitometer
BR ˌdɛnsɪˈtɒmɪtə(r), -z
AM ˌdɛnsəˈtɑmədər, -z

density
BR ˈdɛnsɪt|i, -ɪz
AM ˈdɛnsədi, -z

dent
BR dɛnt, -s, -ɪŋ, -ɪd
AM dɛn|t, -(t)s, -(t)ɪŋ, -(t)əd

dental
BR ˈdɛntl̩
AM ˈdɛn(t)l

dentalia
BR dɛnˈteɪliə(r)
AM dɛnˈteɪliə, dɛnˈteɪljə

dentalise
BR ˈdɛntl̩ʌɪz, -ɪz, -ɪŋ, -d
AM ˈdɛn(t)l̩ˌaɪz, -ɪz, -ɪŋ, -d

dentalium
BR dɛnˈteɪliəm
AM dɛnˈteɪliəm

dentalize
BR ˈdɛntl̩ʌɪz, -ɪz, -ɪŋ, -d
AM ˈdɛn(t)l̩ˌaɪz, -ɪz, -ɪŋ, -d

dentate
BR ˈdɛnteɪt
AM ˈdɛnˌteɪt

denticle
BR ˈdɛntɪkl, -z
AM ˈdɛn(t)ək(ə)l, -z

denticulate
BR dɛnˈtɪkjʊlət, dɛnˈtɪkjʊleɪt
AM dɛnˈtɪkjələt

dentifrice
BR ˈdɛntɪfrɪs, -ɪz
AM ˈdɛn(t)əfrəs, -ɪz

dentil
BR ˈdɛnt(ɪ)l, -z
AM ˈdɛnˌtɪl, ˈdɛn(t)l, -z

dentilingual
BR ˌdɛntɪˈlɪŋgwəl
AM ˌdɛn(t)əˈlɪŋgw(ə)l

dentin
BR ˈdɛntiːn
AM dɛnˈtɪn, ˈdɛnˌtɪn

dentinal
BR ˈdɛntɪnl
AM ˈdɛn(t)ən(ə)l, dɛnˈtɪn(ə)l

dentine
BR ˈdɛntiːn
AM dɛnˈtin, ˈdɛnˌtin

dentist
BR ˈdɛntɪst, -s
AM ˈdɛn(t)ɪst, -s

dentistry
BR ˈdɛntɪstri
AM ˈdɛn(t)ɪstri

dentition
BR dɛnˈtɪʃn
AM dɛnˈtɪʃ(ə)n

Denton
BR ˈdɛnt(ə)n
AM ˈdɛn(t)ən

denture
BR ˈdɛntʃə(r), -z
AM ˈdɛn(t)ʃər, -z

denuclearisation
BR ˌdiːnjuːklɪərʌɪˈzeɪʃn, diːˌnjuːklɪərʌɪˈzeɪʃn
AM diˌn(j)ukli(ə)ˌraɪˈzeɪʃ(ə)n, diˌn(j)ukli(ə)rəˈzeɪʃ(ə)n

denuclearise
BR ˌdiːˈnjuːklɪərʌɪz, -ɪz, -ɪŋ, -d
AM diˈn(j)uklɪəˌraɪz, -ɪz, -ɪŋ, -d

denuclearization
BR ˌdiːnjuːklɪərʌɪˈzeɪʃn, diːˌnjuːklɪərʌɪˈzeɪʃn
AM diˌn(j)ukli(ə)ˌraɪˈzeɪʃ(ə)n, diˌn(j)ukli(ə)rəˈzeɪʃ(ə)n

denuclearize
BR ˌdiːˈnjuːklɪərʌɪz, -ɪz, -ɪŋ, -d
AM diˈn(j)uklɪəˌraɪz, -ɪz, -ɪŋ, -d

denudation
BR ˌdiːnjʊˈdeɪʃn
AM ˌdɛnjəˈdeɪʃ(ə)n, ˌdin(j)uˈdeɪʃ(ə)n

denudative
BR dɪˈnjuːdətɪv
AM dɪˈn(j)udədɪv

denude
BR dɪˈnjuːd, -z, -ɪŋ, -ɪd
AM dɪˈn(j)ud, -z, -ɪŋ, -əd

denumerability
BR dɪˌnjuːm(ə)rəˈbɪlɪti
AM dɪˌn(j)umərəˈbɪlɪdi

denumerable
BR dɪˈnjuːm(ə)rəbl
AM dɪˈn(j)um(ə)rəb(ə)l

denumerably
BR dɪˈnjuːm(ə)rəbli
AM dɪˈn(j)um(ə)rəbli

denunciate
BR dɪˈnʌnsɪeɪt, -s, -ɪŋ, -ɪd
AM dɪˈnənsiˌeɪ|t, -ts, -dɪŋ, -dɪd

denunciation
BR dɪˌnʌnsɪˈeɪʃn, -z
AM dɪˌnənsiˈeɪʃ(ə)n, -z

denunciative
BR dɪˈnʌnsɪətɪv
AM dɪˈnənsiˌeɪdɪv, dɪˈnənsiədɪv

denunciator
BR dɪˈnʌnsɪeɪtə(r), -z
AM dɪˈnənsiˌeɪdər, -z

denunciatory
BR dɪˈnʌnsɪət(ə)ri
AM dɪˈnənsiəˌtɔri

Denver
BR ˈdɛnvə(r)
AM ˈdɛnvər

deny
BR dɪˈnʌɪ, -z, -ɪŋ, -d
AM dɪˈnaɪ, -z, -ɪŋ, -d

Denys
BR ˈdɛnɪs
AM ˈdɛnəs

Denzil
BR ˈdɛnzl
AM ˈdɛnz(ə)l

Deo
BR ˈdeɪəʊ
AM ˈdeɪoʊ

deoch an doris
BR ˌdɒx (ə)n ˈdɒrɪs, ˌdɒk +
AM ˌd(j)ɑkənˈdɔrəs

deodand
BR ˈdiːə(ʊ)dand, -z
AM ˈdiəˌdænd, -z

deodar
BR ˈdiə(ʊ)dɑː(r)
AM ˈdiəˌdɑr

deodorant
BR dɪˈəʊd(ə)rn̩t, -s
AM diˈoʊdərənt, -s

deodorisation
BR dɪˌəʊd(ə)rʌɪˈzeɪʃn
AM diˌoʊdəˌraɪˈzeɪʃ(ə)n, diˌoʊdərəˈzeɪʃ(ə)n

deodorise
BR dɪˈəʊd(ə)rʌɪz, -ɪz, -ɪŋ, -d
AM diˈoʊdəˌraɪz, -ɪz, -ɪŋ, -d

deodoriser
BR dɪˈəʊd(ə)rʌɪzə(r)
AM diˈoʊdəˌraɪzər

deodorization
BR dɪˌəʊd(ə)rʌɪˈzeɪʃn
AM diˌoʊdəˌraɪˈzeɪʃ(ə)n, diˌoʊdərəˈzeɪʃ(ə)n

deodorize
BR dɪˈəʊd(ə)rʌɪz, -ɪz, -ɪŋ, -d
AM diˈoʊdəˌraɪz, -ɪz, -ɪŋ, -d

deodorizer
BR dɪˈəʊd(ə)rʌɪzə(r), -z
AM diˈoʊdəˌraɪzər, -z

Deo gratias
BR ˌdeɪəʊ ˈgrɑːtɪəs, + ˈgrɑːʃəs
AM ˌdeɪoʊ ˈgratsiəs

deontic
BR dɪˈɒntɪk
AM diˈɑn(t)ɪk

deontological
BR dɪˌɒntəˈlɒdʒɪkl, ˌdiːɒntəˈlɒdʒɪkl
AM diˌɑn(t)əˈlɑdʒək(ə)l

deontologist
BR ˌdiːɒnˈtɒlədʒɪst, -s
AM diˌɑnˈtɑlədʒəst, -s

deontology
BR ˌdiːɒnˈtɒlədʒi
AM diˌɑnˈtɑlədʒi

Deo volente
BR ˌdeɪəʊ vɒˈlenteɪ
AM ˌdeɪoʊ vəˈlen(t)i

deoxygenate
BR ˌdiːˈɒksɪdʒəneɪt, dɪˈɒksɪdʒəneɪt, -s, -ɪŋ, -ɪd
AM diˈɑksədʒəˌneɪ|t, -ts, -dɪŋ, -dɪd

deoxygenation
BR diːˌɒksɪdʒəˈneɪʃn, dɪˌɒksɪdʒəˈneɪʃn
AM diˌɑksədʒəˈneɪʃ(ə)n

deoxyribonucleic
BR dɪˌɒksɪˌraɪbəʊnjuːˈkliːɪk, dɪˌɒksɪˌraɪbəʊnjuːˈkleɪɪk
AM diˌɑksiˌraɪboʊˌn(j)uˈkleɪɪk, diˌɑksiˌraɪboʊn(j)uˈkliːɪk

depart
BR dɪˈpɑːt, -s, -ɪŋ, -ɪd
AM diˈpɑr|t, -ts, -dɪŋ, -dəd

department
BR dɪˈpɑːtm(ə)nt, -s
AM diˈpɑrtm(ə)nt, -s

departmental
BR ˌdiːpɑːtˈmentl
AM diˌpɑrtˈmen(t)l

departmentalisation
BR ˌdiːpɑːtˌmentlʌɪˈzeɪʃn
AM diˌpɑrtˌmen(t)ləˈzeɪʃ(ə)n, diˌpɑrtˌmen(t)lˌaɪˈzeɪʃ(ə)n

departmentalise
BR ˌdiːpɑːtˈmentlʌɪz, -ɪz, -ɪŋ, -d
AM diˌpɑrtˈmen(t)lˌaɪz, -ɪz, -ɪŋ, -d

departmentalism
BR ˌdiːpɑːtˈmentlɪzm
AM diˌpɑrtˈmen(t)lˌɪz(ə)m

departmentalization
BR ˌdiːpɑːtˌmentlʌɪˈzeɪʃn
AM diˌpɑrtˌmen(t)ləˈzeɪʃ(ə)n, diˌpɑrtˌmen(t)lˌaɪˈzeɪʃ(ə)n

departmentalize
BR ˌdiːpɑːtˈmentlʌɪz, -ɪz, -ɪŋ, -d
AM diˌpɑrtˈmen(t)lˌaɪz, -ɪz, -ɪŋ, -d

departmentally
BR ˌdiːpɑːtˈmentli
AM diˌpɑrtˈmen(t)li

departure
BR dɪˈpɑːtʃə(r), -z
AM diˈpɑrtʃər, -z

depasturage
BR ˌdiːˈpɑːstʃ(ə)rɪdʒ, ˌdiːˈpɑːstjʊərɪdʒ
AM diˈpæstʃərɪdʒ

depasture
BR ˌdiːˈpɑːstʃə(r), -əz, -(ə)rɪŋ, -əd
AM diˈpæstʃər, -z, -ɪŋ, -d

dépaysé
BR ˌdeɪpeɪˈzeɪ
AM ˌdeɪˌpeɪˈzeɪ
FR depeize

dépaysée
BR ˌdeɪpeɪˈzeɪ
AM ˌdeɪˌpeɪˈzeɪ
FR depeize

depend
BR dɪˈpend, -z, -ɪŋ, -ɪd
AM diˈpend, -z, -ɪŋ, -əd

dependability
BR dɪˌpendəˈbɪlɪti
AM diˌpendəˈbɪlɪdi

dependable
BR dɪˈpendəbl
AM diˈpendəb(ə)l

dependableness
BR dɪˈpendəblnəs
AM diˈpendəbəlnəs

dependably
BR dɪˈpendəbli
AM diˈpendəbli

dependant
BR dɪˈpend(ə)nt, -s
AM diˈpend(ə)nt, -s

dependence
BR dɪˈpend(ə)ns
AM diˈpend(ə)ns

dependency
BR dɪˈpend(ə)ns|i, -ɪz
AM diˈpend(ə)nsi, -z

dependent
BR dɪˈpend(ə)nt
AM diˈpend(ə)nt

dependently
BR dɪˈpend(ə)ntli
AM diˈpend(ə)n(t)li

depersonalisation
BR ˌdiːpəːsnəlʌɪˈzeɪʃn, ˌdiːpəːsn̩lʌɪˈzeɪʃn, diːˌpəːsnəlʌɪˈzeɪʃn, diːˌpəːsn̩lʌɪˈzeɪʃn
AM diˌpərsənəˌlaɪˈzeɪʃ(ə)n, diˌpərsənələˈzeɪʃ(ə)n

depersonalise
BR ˌdiːˈpəːsnəlʌɪz, ˌdiːˈpəːsn̩lʌɪz, -ɪz, -ɪŋ, -d
AM diˈpərsənəˌlaɪz, -ɪz, -ɪŋ, -d

depersonalization
BR ˌdiːpəːsnəlʌɪˈzeɪʃn, ˌdiːpəːsn̩lʌɪˈzeɪʃn, diːˌpəːsnəlʌɪˈzeɪʃn, diːˌpəːsn̩lʌɪˈzeɪʃn
AM diˌpərsənəˌlaɪˈzeɪʃ(ə)n, diˌpərsənələˈzeɪʃ(ə)n

depersonalize
BR ˌdiːˈpəːsnəlʌɪz, ˌdiːˈpəːsn̩lʌɪz, -ɪz, -ɪŋ, -d
AM diˈpərsənəˌlaɪz, -ɪz, -ɪŋ, -d

depict
BR dɪˈpɪkt, -s, -ɪŋ, -ɪd
AM diˈpɪk|(t), -(t)s, -tɪŋ, -tɪd

depicter
BR dɪˈpɪktə(r), -z
AM diˈpɪktər, -z

depiction
BR dɪˈpɪkʃn
AM diˈpɪkʃ(ə)n

depictive
BR dɪˈpɪktɪv
AM diˈpɪktɪv

depictor
BR dɪˈpɪktə(r), -z
AM diˈpɪktər, -z

depilate
BR ˈdepɪleɪt, -s, -ɪŋ, -ɪd
AM ˈdepəˌleɪ|t, -ts, -dɪŋ, -dɪd

depilation
BR ˌdepɪˈleɪʃn
AM ˌdepəˈleɪʃ(ə)n

depilatory
BR dɪˈpɪlət(ə)r|i, -ɪz
AM diˈpɪləˌtɔri, -z

deplane
BR ˌdiːˈpleɪn, -z, -ɪŋ, -d
AM diˈpleɪn, -z, -ɪŋ, -d

deplete
BR dɪˈpliːt, -s, -ɪŋ, -ɪd
AM diˈpli|t, -ts, -dɪŋ, -dɪd

depletion
BR dɪˈpliːʃn
AM diˈpliʃ(ə)n

deplorable
BR dɪˈplɔːrəbl
AM diˈplɔrəb(ə)l

deplorably
BR dɪˈplɔːrəbli
AM diˈplɔrəbli

deplore
BR dɪˈplɔː|(r), -z, -rɪŋ, -d
AM diˈplɔ(ə)r, -z, -rɪŋ, -d

deploringly
BR dɪˈplɔːrɪŋli
AM diˈplɔrɪŋli

deploy
BR dɪˈplɔɪ, -z, -ɪŋ, -d
AM dɪˈplɔɪ, -z, -ɪŋ, -d
deployment
BR dɪˈplɔɪm(ə)nt, -s
AM dɪˈplɔɪm(ə)nt, -s
deplume
BR ˌdiːˈpluːm, -z, -ɪŋ, -d
AM dɪˈplum, -z, -ɪŋ, -d
depolarisation
BR ˌdiːpəʊləraɪˈzeɪʃn, diːˌpəʊləraɪˈzeɪʃn
AM diˌpoʊləˌraɪˈzeɪʃ(ə)n, diˌpoʊlərəˈzeɪʃ(ə)n
depolarise
BR ˌdiːˈpəʊləraɪz, -ɪz, -ɪŋ, -d
AM diˈpoʊləˌraɪz, -ɪz, -ɪŋ, -d
depolarization
BR ˌdiːpəʊləraɪˈzeɪʃn, diːˌpəʊləraɪˈzeɪʃn
AM diˌpoʊləˌraɪˈzeɪʃ(ə)n, diˌpoʊlərəˈzeɪʃ(ə)n
depolarize
BR ˌdiːˈpəʊləraɪz, -ɪz, -ɪŋ, -d
AM diˈpoʊləˌraɪz, -ɪz, -ɪŋ, -d
depoliticisation
BR ˌdiːpəˌlɪtɪsaɪˈzeɪʃn
AM diːpəˌlɪdəˌsaɪˈzeɪʃ(ə)n, diːpəˌlɪdəsəˈzeɪʃ(ə)n
depoliticise
BR ˌdiːpəˈlɪtɪsaɪz, -ɪz, -ɪŋ, -d
AM diːpəˈlɪdəˌsaɪz, -əz, -ɪŋ, -d
depoliticization
BR ˌdiːpəˌlɪtɪsaɪˈzeɪʃn
AM diːpəˌlɪdəˌsaɪˈzeɪʃ(ə)n, diːpəˌlɪdəsəˈzeɪʃ(ə)n
depoliticize
BR ˌdiːpəˈlɪtɪsaɪz, -ɪz, -ɪŋ, -d
AM diːpəˈlɪdəˌsaɪz, -əz, -ɪŋ, -d

depolymerisation
BR ˌdiːpɒlɪm(ə)rʌɪˈzeɪʃn, diːˌpɒlɪm(ə)rʌɪˈzeɪʃn
AM diˌpɑləməˌraɪˈzeɪʃ(ə)n, diˌpaləˌmərəˈzeɪʃ(ə)n
depolymerise
BR ˌdiːˈpɒlɪm(ə)rʌɪz, -ɪz, -ɪŋ, -d
AM diˈpɑləməˌraɪz, -ɪz, -ɪŋ, -d
depolymerization
BR ˌdiːpɒlɪm(ə)rʌɪˈzeɪʃn, diːˌpɒlɪm(ə)rʌɪˈzeɪʃn
AM diˌpɑləməˌraɪˈzeɪʃ(ə)n, diˌpaləˌmərəˈzeɪʃ(ə)n
depolymerize
BR ˌdiːˈpɒlɪm(ə)rʌɪz, -ɪz, -ɪŋ
AM diˈpɑləməˌraɪz, -ɪz, -ɪŋ
deponent
BR dɪˈpəʊnənt, -s
AM dɪˈpoʊnənt, -s
Depo-Provera
BR ˌdɛpəʊprə(ʊ)ˈvɪərə(r)
AM ˌdɛpoʊproʊˈvɪrə
depopulate
BR ˌdiːˈpɒpjʉleɪt, -s, -ɪŋ, -ɪd
AM ˌdiˈpɑpjəˌleɪt, -ts, -dɪŋ, -dɪd
depopulation
BR ˌdiːpɒpjʉˈleɪʃn
AM ˌdiˌpɑpjəˈleɪʃ(ə)n
deport
BR dɪˈpɔːt, -s, -ɪŋ, -ɪd
AM dɪˈˈpɔ(ə)rt, -ˈpɔ(ə)rts, -ˈpɔrdɪŋ, -ˈpɔrdəd
deportable
BR dɪˈpɔːtəbl
AM diˈpɔrdəb(ə)l
deportation
BR ˌdiːpɔːˈteɪʃn, -z
AM ˌdiːpɔrˈteɪʃ(ə)n, -z

deportee
BR ˌdiːpɔːˈtiː, -z
AM dəˌpɔrˈti, ˌdiˌpɔrˈti, -z
deportment
BR dɪˈpɔːtm(ə)nt
AM dɪˈpɔrtm(ə)nt
deposal
BR dɪˈpəʊzl, -z
AM dɪˈpoʊz(ə)l, -z
depose
BR dɪˈpəʊz, -ɪz, -ɪŋ, -d
AM dɪˈpoʊz, -əz, -ɪŋ, -d
deposit
BR dɪˈpɒzɪt, -ɪts, -ɪtɪŋ, -ɪtɪd
AM dɪˈpɑzə|t, -ts, -dɪŋ, -dəd
depositary
BR dɪˈpɒzɪt(ə)r|i, -ɪz
AM dəˈpɑzəˌteri, -z
deposition
BR ˌdɛpəˈzɪʃn, ˌdiːpəˈzɪʃn, -z
AM ˌdɪpəˈzɪʃ(ə)n, ˌdɛpəˈzɪʃ(ə)n, -z
depositional
BR ˌdɛpəˈzɪʃn̩, ˌdiːpəˈzɪʃn̩
AM ˌdɪpəˈzɪʃən(ə)l, ˌdɪpəˈzɪʃn(ə)l, ˌdɛpəˈzɪʃən(ə)l, ˌdɛpəˈzɪʃn(ə)l
depositor
BR dɪˈpɒzɪtə(r), -z
AM dəˈpɑzədər, -z
depository
BR dɪˈpɒzɪt(ə)r|i, -ɪz
AM dəˈpɑzəˌtori, -z
depot
BR ˈdɛpəʊ, -z
AM ˈdiˌpoʊ, ˈdɛˌpoʊ, -z
depravation
BR ˌdɛprəˈveɪʃn
AM ˌdɛprəˈveɪʃ(ə)n
deprave
BR dɪˈpreɪv, -z, -ɪŋ, -d
AM dɪˈpreɪv, -z, -ɪŋ, -d
depravity
BR dɪˈpravɪt|i, -ɪz
AM dɪˈprævədi, -z

deprecate
BR ˈdɛprɪkeɪt, -s, -ɪŋ, -ɪd
AM ˈdɛprəˌkeɪ|t, -ts, -dɪŋ, -dɪd
deprecatingly
BR ˈdɛprɪkeɪtɪŋli
AM ˈdɛprəˌkeɪdɪŋli
deprecation
BR ˌdɛprɪˈkeɪʃn
AM ˌdɛprəˈkeɪʃ(ə)n
deprecative
BR ˈdɛprɪkətɪv
AM ˈdɛprəˌkeɪdɪv
deprecator
BR ˈdɛprɪkeɪtə(r), -z
AM ˈdɛprəˌkeɪdər, -z
deprecatory
BR ˈdɛprɪkət(ə)ri, ˈdɛprɪkeɪt(ə)ri, ˌdɛprɪˈkeɪt(ə)ri
AM ˈdɛprəkəˌtori
depreciate
BR dɪˈpriːʃieɪt, -s, -ɪŋ, -ɪd
AM dɪˈpriʃiˌeɪ|t, -ts, -dɪŋ, -dɪd
depreciatingly
BR dɪˈpriːʃieɪtɪŋli
AM dɪˈpriʃiˌeɪdɪŋli
depreciation
BR dɪˌpriːʃiˈeɪʃn
AM dɪˌpriʃiˈeɪʃ(ə)n
depreciatory
BR dɪˈpriːʃ(ɪ)ət(ə)ri
AM dɪˈpriʃ(i)əˌtori
depredate
BR ˈdɛprɪdeɪt, -s, -ɪŋ, -ɪd
AM ˈdɛprəˌdeɪ|t, -ts, -dɪŋ, -dɪd
depredation
BR ˌdɛprɪˈdeɪʃn, -z
AM ˌdɛprəˈdeɪʃ(ə)n, -z
depredator
BR ˈdɛprɪdeɪtə(r), -z
AM ˈdɛprəˌdeɪdər, -z
depredatory
BR dɪˈpredət(ə)ri, ˌdɛprɪˈdeɪt(ə)ri, ˈdɛprɪdeɪt(ə)ri
AM dəˈpredəˌtori

depress
BR dɪˈpres, -ɪz, -ɪŋ, -t
AM diˈpres, -əz, -ɪŋ, -t

depressant
BR dɪˈpresnt, -s
AM diˈpres(ə)nt, -s

depressible
BR dɪˈpresɪbl
AM diˈpresəb(ə)l

depressing
BR dɪˈpresɪŋ
AM diˈpresɪŋ

depressingly
BR dɪˈpresɪŋli
AM diˈpresɪŋli

depression
BR dɪˈpreʃn, -z
AM diˈpreʃ(ə)n, -z

depressive
BR dɪˈpresɪv, -z
AM diˈpresɪv, -z

depressor
BR dɪˈpresə(r), -z
AM diˈpresər, -z

depressurisation
BR ˌdiːpreʃ(ə)rʌɪˈzeɪʃn, diːˌpreʃ(ə)rʌɪˈzeɪʃn
AM diˌpreʃəˌraɪˈzeɪʃ(ə)n, diˌpreʃərəˈzeɪʃ(ə)n

depressurise
BR (ˌ)diːˈpreʃərʌɪz, -ɪz, -ɪŋ, -d
AM diˈpreʃəˌraɪz, -ɪz, -ɪŋ, -d

depressurization
BR ˌdiːpreʃ(ə)rʌɪˈzeɪʃn, diːˌpreʃ(ə)rʌɪˈzeɪʃn
AM diˌpreʃəˌraɪˈzeɪʃ(ə)n, diˌpreʃərəˈzeɪʃ(ə)n

depressurize
BR (ˌ)diːˈpreʃərʌɪz, -ɪz, -ɪŋ, -d
AM diˈpreʃəˌraɪz, -ɪz, -ɪŋ, -d

deprivable
BR dɪˈprʌɪvəbl
AM diˈpraɪvəb(ə)l

deprival
BR dɪˈprʌɪvl
AM diˈpraɪv(ə)l

deprivation
BR ˌdeprɪˈveɪʃn, -z
AM ˌdeprəˈveɪʃ(ə)n, -z

deprive
BR dɪˈprʌɪv, -z, -ɪŋ, -d
AM diˈpraɪv, -z, -ɪŋ, -d

de profundis
BR ˌdeɪ prəˈfʊndɪs
AM ˌdeɪ prəˈfʊndəs

deprogram
BR ˌdiːˈprəʊgram, -z, -ɪŋ, -d
AM diˈproʊˌgræm, -z, -ɪŋ, -d

Deptford
BR ˈdetfəd
AM ˈdetfərd

depth
BR depθ, -s
AM depθ, -s

depthless
BR ˈdepθləs
AM ˈdepθləs

depurate
BR ˈdepjʊreɪt, -s, -ɪŋ, -ɪd
AM ˈdepjəˌreɪ|t, -ts, -dɪŋ, -dɪd

depuration
BR ˌdepjʊˈreɪʃn
AM ˌdepjəˈreɪʃ(ə)n

depurative
BR dɪˈpjʊərətɪv, dɪˈpjɔːrətɪv, -z
AM dəˈpjɜrədɪv, -z

depurator
BR ˈdepjʊreɪtə(r), -z
AM ˈdepjəˌreɪdər, -z

deputation
BR ˌdepjʊˈteɪʃn, -z
AM ˌdepjəˈteɪʃ(ə)n, -z

depute
BR dɪˈpjuːt, -s, -ɪŋ, -ɪd
AM diˈpju|t, -ts, -dɪŋ, -dəd

deputise
BR ˈdepjʊtʌɪz, -ɪz, -ɪŋ, -d
AM ˈdepjəˌtaɪz, -ɪz, -ɪŋ, -d

deputize
BR ˈdepjʊtʌɪz, -ɪz, -ɪŋ, -d
AM ˈdepjəˌtaɪz, -ɪz, -ɪŋ, -d

deputy
BR ˈdepjʊt|i, -ɪz
AM ˈdepjədi, -z

deputyship
BR ˈdepjʊtɪʃɪp, -s
AM ˈdepjədiˌʃɪp, -s

De Quincey
BR də ˈkwɪnsi
AM də ˈkwɪnsi

deracinate
BR dɪˈrasɪneɪt, dɪˈrasn̩eɪt, -s, -ɪŋ, -ɪd
AM diˈræsn̩ˌeɪ|t, -ts, -dɪŋ, -dɪd

deracination
BR dɪˌrasɪˈneɪʃn, dɪˌrasn̩ˈeɪʃn
AM diˌræsn̩ˈeɪʃ(ə)n

derail
BR (ˌ)diːˈreɪl, dɪˈreɪl, -z, -ɪŋ, -d
AM diˈreɪl, -z, -ɪŋ, -d

derailleur
BR dɪˈreɪl(j)ə(r)
AM dəˈreɪlər

derailment
BR (ˌ)diːˈreɪlm(ə)nt, dɪˈreɪlm(ə)nt, -s
AM diˈreɪlm(ə)nt, -s

derange
BR dɪˈreɪn(d)ʒ, -ɪz, -ɪŋ, -d
AM diˈreɪndʒ, -ɪz, -ɪŋ, -d

derangement
BR dɪˈreɪn(d)ʒm(ə)nt
AM dəˈreɪndʒm(ə)nt

derate
BR ˌdiːˈreɪt, -s, -ɪŋ, -ɪd
AM diˈreɪ|t, -ts, -dɪŋ, -dɪd

deration
BR ˌdiːˈraʃn, -nz, -n̩ɪŋ\-nɪŋ, -nd
AM diˈreɪʃ(ə)n, -z, -ɪŋ, -d

derby
BR ˈdɑːb|i, -ɪz
AM ˈdɜrbi, -z

Derbyshire
BR ˈdɑːbɪʃ(ɪ)ə(r)
AM ˈdɜrbiˌʃi(ə)r

derecognition
BR ˌdiːrekəgˈnɪʃn
AM ˌdiˌrekəgˈnɪʃ(ə)n

deregister
BR ˌdiːˈredʒɪst|ə(r), -əz, -(ə)rɪŋ, -əd
AM diˈredʒəstlər, -ərz, -(ə)rɪŋ, -ərd

deregistration
BR ˌdiːredʒɪˈstreɪʃn, -z
AM diˌredʒəˈstreɪʃ(ə)n, -z

deregulate
BR ˌdiːˈregjʊleɪt, -s, -ɪŋ, -ɪd
AM diˈregjʊˌleɪ|t, -ts, -dɪŋ, -dɪd

deregulation
BR ˌdiːregjʊˈleɪʃn
AM diˌregjʊˈleɪʃ(ə)n

Dereham
BR ˈdɪərəm
AM ˈdɪr(ə)m

Derek
BR ˈderɪk
AM ˈderək

derelict
BR ˈderɪlɪkt, -s
AM ˈderəˌlɪk|(t), -(t)s

dereliction
BR ˌderɪˈlɪkʃn, -z
AM ˌderəˈlɪkʃ(ə)n, -z

derequisition
BR ˌdiːrekwɪˈzɪʃn
AM diˌrekwəˈzɪʃ(ə)n

derestrict
BR ˌdiːrɪˈstrɪkt, -s, -ɪŋ, -ɪd
AM diˌrəˈstrɪk|(t), -(t)s, -tɪŋ, -tɪd

derestriction
BR ˌdiːrɪˈstrɪkʃn
AM diˌrəˈstrɪkʃ(ə)n

deride
BR dɪˈrʌɪd, -z, -ɪŋ, -ɪd
AM diˈraɪd, -z, -ɪŋ, -ɪd

derider
BR dɪˈrʌɪdə(r), -z
AM diˈraɪdər, -z

deridingly
BR dɪˈrʌɪdɪŋli
AM diˈraɪdɪŋli

de-rigging
BR ˌdiːˈrɪgɪŋ
AM diˈrɪgɪŋ

de rigueur
BR də rɪˈgəː(r)
AM ˌdə rɪˈgər

derisible
BR dɪˈrʌɪsəbl
AM diˈraɪsəb(ə)l

derision
BR dɪˈrɪʒn
AM diˈrɪʒ(ə)n

derisive
BR dɪˈrʌɪsɪv, dɪˈrʌɪzɪv, dɪˈrɪzɪv
AM diˈraɪsɪv

derisively
BR dɪˈrʌɪsɪvli, dɪˈrʌɪzɪvli, dɪˈrɪzɪvli
AM diˈraɪsɪvli

derisiveness
BR dɪˈrʌɪsɪvnɪs, dɪˈrʌɪzɪvnɪs, dɪˈrɪzɪvnɪs
AM diˈraɪsɪvnɪs

derisorily
BR dɪˈrʌɪs(ə)rɪli, dɪˈrʌɪz(ə)rɪli
AM diˈraɪs(ə)rəli

derisory
BR dɪˈrʌɪs(ə)ri, dɪˈrʌɪz(ə)ri
AM diˈraɪs(ə)ri

derivable
BR dɪˈrʌɪvəbl
AM dəˈraɪvəb(ə)l

derivation
BR ˌdɛrɪˈveɪʃn
AM ˌdɛrəˈveɪʃ(ə)n

derivational
BR ˌdɛrɪˈveɪʃn̩l
AM ˌdɛrəˈveɪʃən(ə)l, ˌdɛrəˈveɪʃ(ə)l

derivative
BR dɪˈrɪvətɪv, -z
AM dəˈrɪvədɪv, -z

derivatively
BR dɪˈrɪvətɪvli
AM dəˈrɪvədɪvli

derive
BR dɪˈrʌɪv, -z, -ɪŋ, -d
AM diˈraɪv, -z, -ɪŋ, -d

d'Erlanger
BR ˈdɛːlɒ̃ʒeɪ
AM ˈdərˌlæŋər

derm
BR dəːm
AM dərm

derma
BR ˈdəːmə(r)
AM ˈdərmə

dermal
BR ˈdəːml
AM ˈdərm(ə)l

Dermaptera
BR dəːˈmapt(ə)rə(r)
AM dərˈmæptərə

dermapteran
BR dəːˈmapt(ə)rn̩, -z
AM dərˈmæptər(ə)n, dərˈmæptr(ə)n, -z

dermapterous
BR dəːˈmapt(ə)rəs
AM dərˈmæptərəs

dermatitis
BR ˌdəːməˈtʌɪtɪs
AM ˌdərməˈtaɪdəs

dermatoglyphic
BR ˌdəːmətəˈglɪfɪk, -s
AM dərˌmædəˈglɪfɪk, ˌdərmədəˈglɪfɪk, -s

dermatoglyphically
BR ˌdəːmətəˈglɪfɪkli
AM dərˌmædəˈglɪfək(ə)li, ˌdərmədəˈglɪfək(ə)li

dermatoid
BR ˈdəːmətɔɪd
AM ˈdərməˌtɔɪd

dermatological
BR ˌdəːmətəˈlɒdʒɪkl
AM ˌdərmədəˈlɑdʒək(ə)l

dermatologically
BR ˌdəːmətəˈlɒdʒɪkli
AM ˌdərmədəˈlɑdʒək(ə)li

dermatologist
BR ˌdəːməˈtɒlədʒɪst, -s
AM ˌdərməˈtɑlədʒəst, -s

dermatology
BR ˌdəːməˈtɒlədʒi
AM ˌdərməˈtɑlədʒi

dermic
BR ˈdəːmɪk
AM ˈdərmɪk

dermis
BR ˈdəːmɪs
AM ˈdərməs

Dermot
BR ˈdəːmət
AM ˈdərmət

Dermott
BR ˈdəːmət
AM ˈdərmət

dernier cri
BR ˌdɛːnjeɪ ˈkriː, ˌdəːnjeɪ +
AM ˌdɛrnˌjeɪ ˈkri
FR dɛrnje kri

derogate
BR ˈdɛrəgeɪt, -s, -ɪŋ, -ɪd
AM ˈdɛrəˌgeɪ|t, -ts, -dɪŋ, -dɪd

derogation
BR ˌdɛrəˈgeɪʃn
AM ˌdɛrəˈgeɪʃ(ə)n

derogative
BR dɪˈrɒgətɪv
AM dəˈragədɪv

derogatorily
BR dɪˈrɒgət(ə)rɪli
AM diˈragəˌtɔrəli

derogatory
BR dɪˈrɒgət(ə)ri
AM diˈragəˌtɔri

Deronda
BR dəˈrɒndə(r)
AM dəˈrandə

derrick
BR ˈdɛrɪk, -s
AM ˈdɛrɪk, -s

Derrida
BR dəˈriːdə(r)
AM dəriˈda
FR dɛrida

Derridean
BR dəˈrɪdɪən
AM dəˈrɪdiən

derrière
BR ˌdɛrɪˈɛː(r), -z
AM ˌdɛriˈɛ(ə)r, -z

derring-do
BR ˌdɛrɪŋˈduː
AM ˌdɛrɪŋˈdu

derringer
BR ˈdɛrɪn(d)ʒə(r), ˈdɛrn̩(d)ʒə(r), -z
AM ˈdɛrən(d)ʒər, -z

derris
BR ˈdɛrɪs
AM ˈdɛrəs

Derry
BR ˈdɛri
AM ˈdɛri

derv
BR dəːv
AM dərv

dervish
BR ˈdəːvɪʃ, -ɪʃɪz
AM ˈdərvɪʃ, -ɪz

Derwent
BR ˈdəːwənt
AM ˈdərwənt

Derwentwater
BR ˈdəːwəntˌwɔːtə(r)
AM ˈdərwəntˌwadər, ˈdərwəntˌwɔdər

Deryck
BR ˈdɛrɪk
AM ˈdɛrək

Desai
BR dɪˈsʌɪ, dɛˈsʌɪ
AM dəˈsaɪ

desalinate
BR (ˌ)diːˈsalɪneɪt, -s, -ɪŋ, -ɪd
AM diˈsælə,neɪ|t, -ts, -dɪŋ, -dɪd

desalination
BR ˌdiːsalɪˈneɪʃn
AM diˌsæləˈneɪʃ(ə)n

desalinisation
BR ˌdiːsalɪnʌɪˈzeɪʃn, diːˌsalɪnʌɪˈzeɪʃn
AM diˌsælənaɪˈzeɪʃ(ə)n, diˌsælənəˈzeɪʃ(ə)n

desalinise
BR (ˌ)diːˈsalɪnʌɪz, -ɪz, -ɪŋ, -d
AM ˌdiˈsæləˌnaɪz, -ɪz, -ɪŋ, -d

desalinization
BR ˌdiːsalɪnʌɪˈzeɪʃn, diːˌsalɪnʌɪˈzeɪʃn
AM diˌsæləˌnaɪˈzeɪʃ(ə)n, diˌsælənəˈzeɪʃ(ə)n

desalinize
BR (ˌ)diːˈsalɪnʌɪz, -ɪz, -ɪŋ, -d
AM ˌdiˈsæləˌnaɪz, -ɪz, -ɪŋ, -d

desalt
BR ˌdiːˈsɔːlt, ˌdiːˈsɒlt, -s, -ɪŋ, -ɪd
AM ˌdiˈsɑlt, ˌdiˈsɔlt, -s, -ɪŋ, -əd

desaparecido
BR ˌdesəpaɾəˈsiːdəʊ, -z
AM ˌdɛsəˌpɛɾəˈsidoʊ, -z

descale
BR ˌdiːˈskeɪl, -z
AM ˌdiˈskeɪl, -z

descant
BR ˈdeskant, -s, -ɪŋ, -ɪd
AM ˈdɛˌskænt, -s, -ɪŋ, -əd

Descartes
BR ˈdeɪkɑːt, deɪˈkɑːt
AM deɪˈkɑrt

descend
BR dɪˈsend, -z, -ɪŋ, -ɪd
AM diˈsɛnd, -z, -ɪŋ, -əd

descendant
BR dɪˈsend(ə)nt, -s
AM diˈsɛnd(ə)nt, -s

descendent
BR dɪˈsend(ə)nt
AM diˈsɛnd(ə)nt

descender
BR dɪˈsendə(r), -z
AM diˈsɛndər, -z

descendeur
BR dɪˈsendə(r), -z
AM dəˈsɛndər, -z

descendible
BR dɪˈsendɪbl
AM diˈsɛndəb(ə)l

descent
BR dɪˈsent, -s
AM diˈsɛnt, -s

descramble
BR ˌdiːˈskrambl̩, -lz, -l̩ŋ\-lɪŋ, -ld
AM diˈskræmb(ə)l, -z, -ɪŋ, -d

descrambler
BR ˌdiːˈskramblə(r), ˌdiːˈskramblə(r), -z
AM diˈskræmb(ə)lər, -z

describable
BR dɪˈskrʌɪbəbl
AM diˈskraɪbəb(ə)l

describe
BR dɪˈskrʌɪb, -z, -ɪŋ, -d
AM diˈskraɪb, -z, -ɪŋ, -d

describer
BR dɪˈskrʌɪbə(r), -z
AM diˈskraɪbər, -z

description
BR dɪˈskrɪpʃn, -z
AM diˈskrɪpʃ(ə)n, -z

descriptive
BR dɪˈskrɪptɪv
AM diˈskrɪptɪv

descriptively
BR dɪˈskrɪptɪvli
AM diˈskrɪptɪvli

descriptiveness
BR dɪˈskrɪptɪvnɪs
AM diˈskrɪptɪvnɪs

descriptivism
BR dɪˈskrɪptɪvɪzm
AM diˈskrɪptɪˌvɪz(ə)m

descriptor
BR dɪˈskrɪptə(r), -z
AM diˈskrɪptər, -z

descry
BR dɪˈskrʌɪ, -z, -ɪŋ, -d
AM diˈskraɪ, -z, -ɪŋ, -d

Desdemona
BR ˌdezdɪˈməʊnə(r)
AM ˌdɛsdəˈmoʊnə

desecrate
BR ˈdesɪkreɪt, -s, -ɪŋ, -ɪd
AM ˈdɛsəˌkreɪ|t, -ts, -dɪŋ, -dɪd

desecration
BR ˌdesɪˈkreɪʃn
AM ˌdɛsəˈkreɪʃ(ə)n

desecrator
BR ˈdesɪkreɪtə(r), -z
AM ˈdɛsəˌkreɪdər, -z

deseed
BR ˌdiːˈsiːd, -z, -ɪŋ, -ɪd
AM diˈsid, -z, -ɪŋ, -ɪd

desegregate
BR (ˌ)diːˈsegrɪgeɪt, -s, -ɪŋ, -ɪd
AM ˌdiˈsɛgrəˌgeɪ|t, -ts, -dɪŋ, -dɪd

desegregation
BR ˌdiːsegrɪˈgeɪʃn
AM ˌdiˌsɛgrəˈgeɪʃ(ə)n

deselect
BR ˌdiːsɪˈlekt, -s, -ɪŋ, -ɪd
AM ˌdisəˈlɛk|(t), -(t)s, -tɪŋ, -təd

deselection
BR ˌdiːsɪˈlekʃn
AM ˌdisəˈlɛkʃ(ə)n

desensitisation
BR ˌdiːsensɪtʌɪˈzeɪʃn, diːˌsensɪtʌɪˈzeɪʃn
AM ˌdiˌsɛnsəˌtaɪˈzeɪʃ(ə)n, dəˌsɛnsədəˈzeɪʃ(ə)n, dəˌsɛnsəˌtaɪˈzeɪʃ(ə)n, ˌdiˌsɛnsədəˈzeɪʃ(ə)n

desensitise
BR (ˌ)diːˈsensɪtʌɪz, -ɪz, -ɪŋ, -d
AM diˈsɛnsəˌtaɪz, -ɪz, -ɪŋ, -d

desensitiser
BR (ˌ)diːˈsensɪtʌɪzə(r), -z
AM diˈsɛnsəˌtaɪzər, -z

desensitization
BR ˌdiːsensɪtʌɪˈzeɪʃn, diːˌsensɪtʌɪˈzeɪʃn
AM ˌdiˌsɛnsəˌtaɪˈzeɪʃ(ə)n, dəˌsɛnsədəˈzeɪʃ(ə)n, dəˌsɛnsəˌtaɪˈzeɪʃ(ə)n, ˌdiˌsɛnsədəˈzeɪʃ(ə)n

desensitize
BR (ˌ)diːˈsensɪtʌɪz, -ɪz, -ɪŋ, -d
AM diˈsɛnsəˌtaɪz, -ɪz, -ɪŋ, -d

desensitizer
BR (ˌ)diːˈsensɪtʌɪzə(r), -z
AM diˈsɛnsəˌtaɪzər, -z

desert[1] *noun*
BR ˈdezət, -s
AM ˈdɛzərt, -s

desert[2] *verb*
BR dɪˈzəːt, -s, -ɪŋ, -ɪd
AM diˈzər|t, -ts, -dɪŋ, -dəd

deserter
BR dɪˈzəːtə(r), -z
AM diˈzərdər, -z

desertification
BR dɪˌzəːtɪfɪˈkeɪʃn
AM dəˌzərdəfəˈkeɪʃ(ə)n

desertion
BR dɪˈzəːʃn, -z
AM diˈzərʃ(ə)n, -z

deserts *things deserved*
BR dɪˈzəːts
AM diˈzərts

deserve
BR dɪˈzəːv, -z, -ɪŋ, -d
AM diˈzərv, -z, -ɪŋ, -d

deservedly
BR dɪˈzəːvɪdli
AM diˈzərvədli

deservedness
BR dɪˈzəːvɪdnɪs
AM diˈzərvədnəs

deserver
BR dɪˈzəːvə(r), -z
AM diˈzərvər, -z

deserving
BR dɪˈzəːvɪŋ
AM dəˈzərvɪŋ

deservingly
BR dɪˈzɜːvɪŋli
AM dəˈzɜrvɪŋli

deservingness
BR dɪˈzɜːvɪŋnɪs
AM dəˈzɜrvɪŋnɪs

desex
BR diːˈsɛks, -ɪz, -ɪŋ, -t
AM diˈsɛks, -əz, -ɪn, -t

desexualisation
BR diːsɛkʃʊəlʌɪˈzeɪʃn,
ˌdiːsɛkʃʊlʌɪˈzeɪʃn,
ˌdiːsɛkʃlʌɪˈzeɪʃn,
ˌdiːsɛksjʊ(ə)lʌɪ-
ˈzeɪʃn, diːˌsɛkʃʊəlʌɪ-
ˈzeɪʃn, diːˌsɛkʃʊlʌɪ-
ˈzeɪʃn, diːˌsɛkʃlʌɪ-
ˈzeɪʃn,
diːˌsɛksjʊ(ə)lʌɪˈzeɪʃn
AM diˌsɛkʃ(əw)ə,lʌɪ-
ˈzeɪʃ(ə)n, di-
ˌsɛkʃ(əw)ələˈzeɪʃ(ə)n

desexualise
BR ˌdiːˈsɛkʃʊəlʌɪz,
ˌdiːˈsɛkʃʊlʌɪz,
ˌdiːˈsɛkʃlʌɪz,
ˌdiːˈsɛksjʊ(ə)lʌɪz,
-ɪz, -ɪŋ, -d
AM diˈsɛkʃ(əw)ə,lʌɪz,
-ɪz, -ɪŋ, -d

desexualization
BR ˌdiːsɛkʃʊəlʌɪˈzeɪʃn,
ˌdiːsɛkʃʊlʌɪˈzeɪʃn,
ˌdiːsɛkʃlʌɪˈzeɪʃn,
ˌdiːsɛksjʊ(ə)lʌɪ-
ˈzeɪʃn, diːˌsɛkʃʊəlʌɪ-
ˈzeɪʃn, diːˌsɛkʃʊlʌɪ-
ˈzeɪʃn, diːˌsɛkʃlʌɪ-
ˈzeɪʃn,
diːˌsɛksjʊ(ə)lʌɪˈzeɪʃn
AM diˌsɛkʃ(əw)ə,lʌɪ-
ˈzeɪʃ(ə)n,
diːˌsɛkʃ(əw)ələ-
ˈzeɪʃ(ə)n

desexualize
BR ˌdiːˈsɛkʃʊəlʌɪz,
ˌdiːˈsɛkʃʊlʌɪz,
ˌdiːˈsɛkʃlʌɪz,
ˌdiːˈsɛksjʊ(ə)lʌɪz,
-ɪz, -ɪŋ, -d
AM diˈsɛkʃ(əw)ə,lʌɪz,
-ɪz, -ɪŋ, -d

déshabillé
BR ˌdɛzaˈbiːeɪ,
ˌdeɪzaˈbiːeɪ,
ˌdɛzəˈbiːl, ˌdeɪzəˈbiːl
AM ˌdeɪzabiˈeɪ

desiccant
BR ˈdɛsɪk(ə)nt, -s
AM ˈdɛsəkənt, -s

desiccate
BR ˈdɛsɪkeɪt, -s, -ɪŋ,
-ɪd
AM ˈdɛsəˌkeɪ|t, -ts,
-dɪŋ, -dɪd

desiccation
BR ˌdɛsɪˈkeɪʃn
AM ˌdɛsəˈkeɪʃ(ə)n

desiccative
BR ˈdɛsɪkətɪv
AM ˈdɛsəˌkeɪdɪv

desiccator
BR ˈdɛsɪkeɪtə(r), -z
AM ˈdɛsəˌkeɪdər, -z

desiderata
BR dɪˌzɪdəˈrɑːtə(r)
AM dəˌzɪdəˈrɑdə

desiderate[1] *adjective, noun*
BR dɪˈzɪd(ə)rət,
dɪˈsɪd(ə)rət
AM dəˈsɪdərət,
dəˈzɪdərət

desiderate[2] *verb*
BR dɪˈzɪdəreɪt,
dɪˈsɪdəreɪt, -s, -ɪŋ, -ɪd
AM dəˈsɪdəˌreɪ|t,
dəˈzɪdəˌreɪ|t, -ts,
-dɪŋ, -dɪd

desiderative
BR dɪˈzɪd(ə)rətɪv,
dɪˈsɪd(ə)rətɪv
AM dəˈzɪdəˌr(ə)dɪv

desideratum
BR dɪˌzɪdəˈrɑːtəm
AM dəˌzɪdəˈrɑdəm

design
BR dɪˈzʌɪn, -z, -ɪŋ, -d
AM diˈzaɪn, -z, -ɪŋ, -d

designate[1] *adjective*
BR ˈdɛzɪgnət,
ˈdɛzɪgneɪt
AM ˈdɛzɪgnət,
ˈdɛzɪgˌneɪt

designate[2] *verb*
BR ˈdɛzɪgneɪt, -s, -ɪŋ,
-ɪd
AM ˈdɛzɪgˌneɪ|t, -ts,
-dɪŋ, -dɪd

designation
BR ˌdɛzɪgˈneɪʃn, -z
AM ˌdɛzɪgˈneɪʃ(ə)n, -z

designator
BR ˈdɛzɪgneɪtə(r), -z
AM ˈdɛzɪgˌneɪdər, -z

designedly
BR dɪˈzʌɪnɪdli
AM diˈzaɪnədli

designer
BR dɪˈzʌɪnə(r), -z
AM diˈzaɪnər, -z

designing
BR dɪˈzʌɪnɪŋ
AM diˈzaɪnɪŋ

designingly
BR dɪˈzʌɪnɪŋli
AM diˈzaɪnɪŋli

desinence
BR ˈdɛzɪnəns,
ˈdɛznəns, ˈdɛsɪnəns,
ˈdɛsnəns
AM ˈdɛzənəns,
ˈdɛsənəns

desirability
BR dɪˌzʌɪərəˈbɪlɪti
AM dəˌzaɪrəˈbɪlɪdi

desirable
BR dɪˈzʌɪərəbl
AM dəˈzaɪrəb(ə)l

desirableness
BR dɪˈzʌɪərəblnəs
AM dəˈzaɪrəbəlnəs

desirably
BR dɪˈzʌɪərəbli
AM dəˈzaɪrəbli

desire
BR dɪˈzʌɪə(r), -z,
-ɪŋ, -d
AM diˈzaɪ(ə)r, -z,
-ɪŋ, -d

Desirée
BR dɪˈzɪəreɪ, dɛˈzɪəreɪ
AM ˌdɛzəˌreɪ

desirous
BR dɪˈzʌɪərəs
AM dəˈzaɪrəs

desist
BR dɪˈzɪst, dɪˈsɪst, -s,
-ɪŋ, -ɪd
AM diˈzɪst, diˈsɪst, -s,
-ɪŋ, -ɪd

desk
BR dɛsk, -s
AM dɛsk, -s

deskill
BR ˌdiːˈskɪl, -z, -ɪŋ, -d
AM ˌdiˈskɪl, -z,
-ɪŋ, -d

deskilled
BR ˌdiːˈskɪld
AM ˌdiˈskɪld

deskilling
BR ˌdiːˈskɪlɪŋ
AM ˌdiˈskɪlɪŋ

desktop
BR ˈdɛsktɒp, -s
AM ˈdɛs(k)ˌtɑp, -s

deskwork
BR ˈdɛskwɜːk
AM ˈdɛs(k)ˌwɜrk

desman
BR ˈdɛzmən, -z
AM ˈdɛzm(ə)n, -z

desmid
BR ˈdɛzmɪd, -z
AM ˈdɛzmɪd, -z

Des Moines
BR də ˈmɔɪn
AM də ˈmɔɪn

Desmond
BR ˈdɛzm(ə)nd
AM ˈdɛzmən(d)

desolate[1] *adjective*
BR ˈdɛs(ə)lət
AM ˈdɛzələt, ˈdɛsələt

desolate[2] *verb*
BR ˈdɛsəleɪt, -s, -ɪŋ,
-ɪd
AM ˈdɛsəˌleɪ|t, -ts,
-dɪŋ, -dɪd

desolately
BR ˈdɛs(ə)lətli
AM ˈdɛzələtli,
ˈdɛsələtli

desolateness
BR ˈdɛs(ə)lətnəs
AM ˈdɛzələtnəs,
ˈdɛsələtnəs

desolation
BR ˌdesəˈleɪʃn
AM ˌdesəˈleɪʃ(ə)n, ˌdezəˈleɪʃ(ə)n

desolator
BR ˈdesəleɪtə(r), -z
AM ˈdesəˌleɪdər, -z

desorb
BR ˌdiːˈsɔːb, -z, -ɪŋ, -d
AM diˈzɔ(ə)rb, -z, -ɪŋ, -d

desorbent
BR ˌdiːˈsɔːb(ə)nt, -s
AM diˈzɔrbənt, -s

desorption
BR ˌdiːˈsɔːpʃn, -z
AM diˈzɔrpʃ(ə)n, -z

Desoutter
BR dɪˈsuːtə(r)
AM dəˈsudər

De Souza
BR də ˈsuːzə(r)
AM dəˈsuzə

despair
BR dɪˈspɛː(r), -z, -ɪŋ, -d
AM diˈspɛ(ə)r, -z, -ɪŋ, -d

despairingly
BR dɪˈspɛːrɪŋli
AM diˈspɛrɪŋli

despatch
BR dɪˈspatʃ, -ɪz, -ɪŋ, -t
AM dəˈspætʃ, -əz, -ɪŋ, -t

Despenser
BR dɪˈspɛnsə(r)
AM dəˈspɛnsər

desperado
BR ˌdespəˈrɑːdəʊ, -z
AM ˌdespəˈrɑdoʊ, -z

desperate
BR ˈdesp(ə)rət
AM ˈdesp(ə)rət

desperately
BR ˈdesp(ə)rətli
AM ˈdesp(ə)rətli

desperateness
BR ˈdesp(ə)rətnəs
AM ˈdesp(ə)rətnəs

desperation
BR ˌdespəˈreɪʃn
AM ˌdespəˈreɪʃ(ə)n

despicability
BR dɪˌspɪkəˈbɪlɪti, ˌdespɪkəˈbɪlɪti
AM ˌdespəkəˈbɪlɪdi, dəˌspɪkəˈbɪlɪdi

despicable
BR dɪˈspɪkəbl, ˈdespɪkəbl
AM ˈdespəkəb(ə)l, diˈspɪkəb(ə)l

despicably
BR dɪˈspɪkəbli, ˈdespɪkəbli
AM ˈdespəkəbli, diˈspɪkəbli

despise
BR dɪˈspaɪz, -ɪz, -ɪŋ, -d
AM diˈspaɪz, -ɪz, -ɪŋ, -d

despiser
BR dɪˈspaɪzə(r), -z
AM diˈspaɪzər, -z

despite
BR dɪˈspaɪt
AM dəˈspaɪt

despiteful
BR dɪˈspaɪtf(ʊ)l
AM dəˈspaɪtf(ə)l

despitefully
BR dɪˈspaɪtfəli, dɪˈspaɪtfli
AM dəˈspaɪtfəli

despitefulness
BR dɪˈspaɪtf(ʊ)lnəs
AM dəˈspaɪtfəlnəs

despoil
BR dɪˈspɔɪl, -z, -ɪŋ, -d
AM diˈspɔɪl, -z, -ɪŋ, -d

despoiler
BR dɪˈspɔɪlə(r)
AM diˈspɔɪlər

despoilment
BR dɪˈspɔɪlm(ə)nt
AM diˈspɔɪlm(ə)nt

despoliation
BR dɪˌspəʊliˈeɪʃn
AM diˌspoʊliˈeɪʃ(ə)n

despond
BR dɪˈspɒnd, -z, -ɪŋ, -ɪd
AM diˈspɑnd, -z, -ɪŋ, -əd

despondence
BR dɪˈspɒnd(ə)ns
AM diˈspɑndns

despondency
BR dɪˈspɒnd(ə)nsi
AM diˈspɑndənsi

despondent
BR dɪˈspɒnd(ə)nt
AM diˈspɑnd(ə)nt

despondently
BR dɪˈspɒnd(ə)ntli
AM diˈspɑndən(t)li

despot
BR ˈdespɒt, -s
AM ˈdɛsˌpɑt, ˈdɛspət, -s

despotic
BR dɪˈspɒtɪk
AM dəˈspɑdɪk

despotically
BR dɪˈspɒtɪkli
AM dəˈspɑdək(ə)li

despotism
BR ˈdespətɪzm
AM ˈdespəˌtɪz(ə)m

desquamate
BR ˈdeskwəmeɪt, -s, -ɪŋ, -ɪd
AM ˈdeskwəˌmeɪ|t, -ts, -dɪŋ, -dɪd

desquamation
BR ˌdeskwəˈmeɪʃn
AM ˌdeskwəˈmeɪʃ(ə)n

desquamative
BR dɪˈskwamətɪv
AM dəˈskwamədɪv

desquamatory
BR dɪˈskwamət(ə)ri
AM dɛˈskwaməˌtɔri

des res
BR ˌdez ˈrez, -ɪz
AM ˌdəz ˈrɛz, -əz

Dessau
BR ˈdesaʊ
AM ˈdesaʊ

dessert
BR dɪˈzɜːt, -s
AM diˈzɜrt, -s

dessertspoon
BR dɪˈzɜːtspuːn, -z
AM diˈzɜrtˌspun, -z

dessertspoonful
BR dɪˈzɜːtspuːnfʊl, -z
AM diˈzɜrtˌspunˌfəl, -z

destabilisation
BR ˌdiːsteɪblʌɪˈzeɪʃn, diːˌsteɪblʌɪˈzeɪʃn
AM diˌsteɪbəˌlaɪˈzeɪʃ(ə)n, diˌsteɪbələˈzeɪʃ(ə)n

destabilise
BR ˌdiːˈsteɪblʌɪz, -ɪz, -ɪŋ, -d
AM diˈsteɪbəˌlaɪz, -ɪz, -ɪŋ, -d

destabilization
BR ˌdiːsteɪblʌɪˈzeɪʃn, diːˌsteɪblʌɪˈzeɪʃn
AM diˌsteɪbəˌlaɪˈzeɪʃ(ə)n, diˌsteɪbələˈzeɪʃ(ə)n

destabilize
BR ˌdiːˈsteɪblʌɪz, -ɪz, -ɪŋ, -d
AM diˈsteɪbəˌlaɪz, -ɪz, -ɪŋ, -d

de-stalinisation
BR ˌdiːstɑːlɪnʌɪˈzeɪʃn, diːˌstɑːlɪnʌɪˈzeɪʃn
AM diˌstɑləˌnaɪˈzeɪʃ(ə)n, diˌstɑlənəˈzeɪʃ(ə)n

de-stalinization
BR ˌdiːstɑːlɪnʌɪˈzeɪʃn, diːˌstɑːlɪnʌɪˈzeɪʃn
AM diˌstɑləˌnaɪˈzeɪʃ(ə)n, diˌstɑlənəˈzeɪʃ(ə)n

De Stijl
BR də ˈstʌɪl
AM də ˈstaɪl

destination
BR ˌdestɪˈneɪʃn, -z
AM ˌdestəˈneɪʃ(ə)n, -z

destine
BR ˈdestɪn, -z, -ɪŋ, -d
AM ˈdestɪn, -z, -ɪŋ, -d

destiny
BR ˈdestɪn|i, -ɪz
AM ˈdestɪni, -z

destitute
BR ˈdestɪtjuːt,
ˈdestɪtʃuːt
AM ˈdestə,t(j)ut

destitution
BR ˌdestɪˈtjuːʃn,
ˌdestɪˈtʃuːʃn
AM ˌdestəˈt(j)uʃ(ə)n

destock
BR ˌdiːˈstɒk, -s, -ɪŋ, -t
AM diˈstɑk, -s,
-ɪŋ, -t

destrier
BR ˈdestrɪə(r),
deˈstriːə(r), -z
AM ˈdestriər, -z
FR destʁije

destroy
BR dɪˈstrɔɪ, -z, -ɪŋ, -d
AM diˈstrɔɪ, -z, -ɪŋ, -d

destroyable
BR dɪˈstrɔɪəbl
AM diˈstrɔɪəb(ə)l

destroyer
BR dɪˈstrɔɪə(r), -z
AM diˈstrɔɪər, -z

destruct
BR dɪˈstrʌkt, -s, -ɪŋ,
-ɪd
AM diˈstrək|(t), -(t)s,
-tɪŋ, -təd

destructibility
BR dɪˌstrʌktɪˈbɪlɪti
AM diˌstrəktəˈbɪlɪdi

destructible
BR dɪˈstrʌktɪbl
AM diˈstrəktəb(ə)l

destruction
BR dɪˈstrʌkʃn
AM diˈstrəkʃ(ə)n

destructive
BR dɪˈstrʌktɪv
AM diˈstrəktɪv

destructively
BR dɪˈstrʌktɪvli
AM diˈstrəktɪvli

destructiveness
BR dɪˈstrʌktɪvnɪs
AM diˈstrəktɪvnɪs

destructor
BR dɪˈstrʌktə(r), -z
AM diˈstrəktər, -z

Destry
BR ˈdestri
AM ˈdestri

desuetude
BR ˈdeswɪtjuːd,
ˈdeswɪtʃuːd,
dɪˈsjuːɪtjuːd,
dɪˈsjuːɪtʃuːd
AM ˈdeswə,t(j)ud,
dəˈs(j)uə,t(j)ud,
ˈdeswi,t(j)ud

desulfurisation
BR ˌdiːsʌlf(ə)rʌɪˈzeɪʃn,
diːˌsʌlf(ə)rʌɪˈzeɪʃn
AM diˌsəlfəˌraɪˈzeɪʃ(ə)n, diˌsəlfərəˈzeɪʃ(ə)n

desulfurization
BR ˌdiːsʌlf(ə)rʌɪˈzeɪʃn,
diːˌsʌlf(ə)rʌɪˈzeɪʃn
AM diˌsəlfəˌraɪ-
ˈzeɪʃ(ə)n,
diˌsəlfərəˈzeɪʃ(ə)n

desulphurisation
BR ˌdiːsʌlf(ə)rʌɪˈzeɪʃn,
diːˌsʌlf(ə)rʌɪˈzeɪʃn
AM diˌsəlfəˌraɪ-
ˈzeɪʃ(ə)n,
diˌsəlfərəˈzeɪʃ(ə)n

desulphurization
BR ˌdiːsʌlf(ə)rʌɪˈzeɪʃn,
diːˌsʌlf(ə)rʌɪˈzeɪʃn
AM diˌsəlfəˌraɪˈzeɪʃ(ə)n, diˌsəlfərəˈzeɪʃ(ə)n

desultorily
BR ˈdes(ə)ltrɪli,
ˈdez(ə)ltrɪli
AM ˈdesəl,tɔrəli

desultoriness
BR ˈdes(ə)ltrɪnɪs,
ˈdez(ə)ltrɪnɪs
AM ˈdesəl,tɔrɪnɪs

desultory
BR ˈdes(ə)lt(ə)ri,
ˈdez(ə)lt(ə)ri
AM dəˈsəltəri,
ˈdesəl,tɔri

detach
BR dɪˈtatʃ, -ɪz, -ɪŋ, -t
AM diˈtætʃ, -əz, -ɪŋ, -t

detachable
BR dɪˈtatʃəbl
AM diˈtætʃəb(ə)l

detachedly
BR dɪˈtatʃɪdli
AM diˈtætʃədli

detachment
BR dɪˈtatʃm(ə)nt, -s
AM diˈtætʃm(ə)nt, -s

detail
BR ˈdiːteɪl, -z, -ɪŋ, -d
AM ˈdiˌteɪl, dəˈteɪl, -z,
-ɪŋ, -d

detain
BR dɪˈteɪn, -z, -ɪŋ, -d
AM diˈteɪn, -z, -ɪŋ, -d

detainee
BR ˌdiːteɪˈniː,
dɪˌteɪˈniː, -z
AM diˌteɪˈni, ˈdiˌteɪˈni, -z

detainer
BR dɪˈteɪnə(r), -z
AM diˈteɪnər, -z

detainment
BR dɪˈteɪnm(ə)nt
AM diˈteɪnm(ə)nt

detect
BR dɪˈtekt, -s, -ɪŋ, -ɪd
AM diˈtek|(t), -(t)s,
-tɪŋ, -təd

detectable
BR dɪˈtektəbl
AM diˈtektəb(ə)l

detectably
BR dɪˈtektəbli
AM diˈtektəbli

detection
BR dɪˈtekʃn
AM diˈtekʃ(ə)n

detective
BR dɪˈtektɪv, -z
AM diˈtektɪv, -z

detector
BR dɪˈtektə(r), -z
AM diˈtektər, -z

detectorist
BR dɪˈtekt(ə)rɪst, -s
AM diˈtektərɪst, -s

detent
BR dɪˈtent, -s
AM diˈtent, -s

détente
BR deɪˈtɑːnt,
deɪˈtɒnt, -s
AM deɪˈtɑnt, -s

detention
BR dɪˈtenʃn, -z
AM diˈten(t)ʃ(ə)n, -z

deter
BR dɪˈtəː(r), -z, -ɪŋ, -d
AM diˈtər, -z, -ɪŋ, -d

detergent
BR dɪˈtəːdʒ(ə)nt, -s
AM diˈtərdʒ(ə)nt, -s

deteriorate
BR dɪˈtɪərɪəreɪt, -s, -ɪŋ,
-ɪd
AM diˈtɪriəˌreɪ|t, -ts,
-dɪŋ, -dɪd

deterioration
BR dɪˌtɪərɪəˈreɪʃn
AM diˌtɪriəˈreɪʃ(ə)n

deteriorative
BR dɪˈtɪərɪərətɪv
AM diˈtɪriəˌreɪdɪv

determent
BR dɪˈtəːm(ə)nt
AM diˈtərm(ə)nt

determinable
BR dɪˈtəːmɪnəbl
AM diˈtərmənəb(ə)l

determinacy
BR dɪˈtəːmɪnəsi
AM diˈtərmənəsi

determinant
BR dɪˈtəːmɪnənt, -s
AM diˈtərmənənt, -s

determinate
BR dɪˈtəːmɪnət
AM diˈtərmənət

determinately
BR dɪˈtəːmɪnətli
AM diˈtərmənətli

determinateness
BR dɪˈtəːmɪnətnəs
AM diˈtərmənətnəs

determination
BR dɪˌtəːmɪˈneɪʃn
AM dəˌtərməˈneɪʃ(ə)n

determinative
BR dɪˈtəːmɪnətɪv, -z
AM dəˈtərmənədɪv,
dəˈtərməˌneɪdɪv, -z

determinatively
BR dɪˈtəːmɪnətɪvli
AM dəˈtərmənədɪvli,
dəˈtərməˌneɪdɪvli

determinativeness
BR dɪˈtəːmɪnətɪvnɪs
AM dəˈtɜrmənədɪvnɪs, dəˈtɜrməˌneɪdɪvnɪs

determine
BR dɪˈtəːmɪn, -z, -ɪŋ, -d
AM diˈtɜrm(ə)n, -z, -ɪŋ, -d

determinedly
BR dɪˈtəːmɪndli
AM diˈtɜrməndli

determinedness
BR dɪˈtəːmɪn(d)nɪs
AM diˈtɜrmən(d)nəs

determiner
BR dɪˈtəːmɪnə(r), -z
AM diˈtɜrmənər, -z

determinism
BR dɪˈtəːmɪnɪzm
AM diˈtɜrməˌnɪz(ə)m

determinist
BR dɪˈtəːmɪnɪst, -s
AM diˈtɜrmənəst, -s

deterministic
BR dɪˌtəːmɪˈnɪstɪk
AM diˌtɜrməˈnɪstɪk

deterministically
BR dɪˌtəːmɪˈnɪstɪkli
AM diˌtɜrməˈnɪstək(ə)li

deterrence
BR dɪˈtɛrns
AM diˈtɜrəns, diˈtɛrəns

deterrent
BR dɪˈtɜrnt, -s
AM diˈtɜrənt, diˈtɛrənt, -s

detest
BR dɪˈtɛst, -s, -ɪŋ, -ɪd
AM diˈtɛst, -s, -ɪŋ, -əd

detestable
BR dɪˈtɛstəbl
AM diˈtɛstəb(ə)l

detestably
BR dɪˈtɛstəbli
AM diˈtɛstəbli

detestation
BR ˌdiːtɛˈsteɪʃn
AM ˌdiˌtɛˈsteɪʃ(ə)n

detester
BR dɪˈtɛstə(r), -z
AM diˈtɛstər, -z

dethrone
BR dɪˈθrəʊn, dɪˈθrəʊn, -z, -ɪŋ, -d
AM diˈθroʊn, -z, -ɪŋ, -d

dethronement
BR dɪˈθrəʊnm(ə)nt, ˌdiːˈθrəʊnm(ə)nt, -s
AM diˈθroʊnm(ə)nt, -s

Detmold
BR ˈdɛtməʊld
AM ˈdɛtˌmoʊld

detonate
BR ˈdɛtneɪt, -s, -ɪŋ, -ɪd
AM ˈdɛdəˌneɪ|t, ˈdɛtnˌeɪ|t, -ts, -dɪŋ, -dɪd

detonation
BR ˌdɛtəˈneɪʃn, ˌdɛtnˈeɪʃn, -z
AM ˌdɛdəˈneɪʃ(ə)n, ˌdɛtnˈeɪʃn, -z

detonative
BR ˈdɛtnətɪv
AM ˈdɛtnədɪv, ˈdɛdəˌneɪdɪv, ˈdɛdənədɪv, ˈdɛtnˌeɪdɪv

detonator
BR ˈdɛtneɪtə(r), -z
AM ˈdɛdəˌneɪdər, ˈdɛtnˌeɪdər, -z

detour
BR ˈdiːtʊə(r), ˈdiːtɔː(r), ˈdeɪtʊə(r), ˈdeɪtɔː(r), -z, -ɪŋ, -d
AM ˈdiˌtʊ(ə)r, -z, -ɪŋ, -d

détour
BR ˈdiːtʊə(r), ˈdiːtɔː(r), ˈdeɪtʊə(r), ˈdeɪtɔː(r), -z, -ɪŋ, -d
AM ˈdeɪˌtʊ(ə)r, ˈdiˌtʊ(ə)r, -z, -ɪŋ, -d

detox
BR ˌdiːˈtɒks, -ɪz, -ɪŋ, -t
AM ˈdiˌtɑks, -əs, -ɪŋ, -t

detoxicate
BR ˌdiːˈtɒksɪkeɪt, dɪˈtɒksɪkeɪt, -s, -ɪŋ, -ɪd
AM diˈtɑksəˌkeɪ|t, -ts, -dɪŋ, -dɪd

detoxication
BR ˌdiːtɒksɪˈkeɪʃn, dɪˌtɒksɪˈkeɪʃn
AM diˌtɑksəˈkeɪʃ(ə)n

detoxification
BR ˌdiːtɒksɪfɪˈkeɪʃn, diːˌtɒksɪfɪˈkeɪʃn, dɪˌtɒksɪfɪˈkeɪʃn
AM diˌtɑksəfəˈkeɪʃ(ə)n

detoxify
BR (ˌ)diːˈtɒksɪfaɪ, dɪˈtɒksɪfaɪ, -z, -ɪŋ, -d
AM diˈtɑksəˌfaɪ, -z, -ɪŋ, -d

detract
BR dɪˈtrækt, -s, -ɪŋ, -ɪd
AM diˈtræk|(t), -(t)s, -tɪŋ, -təd

detraction
BR dɪˈtrækʃn, -z
AM diˈtrækʃ(ə)n, -z

detractive
BR dɪˈtræktɪv
AM diˈtræktɪv

detractor
BR dɪˈtræktə(r), -z
AM diˈtræktər, -z

detrain
BR ˌdiːˈtreɪn, -z, -ɪŋ, -d
AM ˌdiˈtreɪn, -z, -ɪŋ, -d

detrainment
BR ˌdiːˈtreɪnm(ə)nt
AM ˌdiˈtreɪnm(ə)nt

detribalisation
BR ˌdiːtraɪblaɪˈzeɪʃn, diːˌtraɪblaɪˈzeɪʃn
AM diˌtraɪbəˌlaɪˈzeɪʃ(ə)n, diˌtraɪbələˈzeɪʃ(ə)n

detribalise
BR (ˌ)diːˈtraɪblˌaɪz, -ɪz, -ɪŋ, -d
AM diˈtraɪbəˌlaɪz, -ɪz, -ɪŋ, -d

detribalization
BR ˌdiːtraɪblaɪˈzeɪʃn, diːˌtraɪblaɪˈzeɪʃn
AM diˌtraɪbəˌlaɪˈzeɪʃ(ə)n, diˌtraɪbələˈzeɪʃ(ə)n

detribalize
BR (ˌ)diːˈtraɪblˌaɪz, -ɪz, -ɪŋ, -d
AM diˈtraɪbəˌlaɪz, -ɪz, -ɪŋ, -d

detriment
BR ˈdɛtrɪm(ə)nt
AM ˈdɛtrɪm(ə)nt

detrimental
BR ˌdɛtrɪˈmɛntl
AM ˌdɛtrəˈmɛn(t)l

detrimentally
BR ˌdɛtrɪˈmɛntli
AM ˌdɛtrəˈmɛn(t)li

detrital
BR dɪˈtraɪtl
AM diˈtraɪd(ə)l

detrited
BR dɪˈtraɪtɪd
AM diˈtraɪdɪd

detrition
BR dɪˈtrɪʃn
AM diˈtrɪʃ(ə)n

detritivore
BR dɪˈtrɪtɪvɔː(r), -z
AM dəˈtrɪdɪˌvɔ(ə)r, -z

detritus
BR dɪˈtraɪtəs
AM diˈtraɪdəs, ˈdɛtrədəs

Detroit
BR dɪˈtrɔɪt
AM diˈtrɔɪt

de trop
BR də ˈtrəʊ, deɪ +
AM də ˈtroʊ

Dettol
BR ˈdɛtɒl
AM ˈdɛdɑl

detumescence
BR ˌdiːtjəˈmɛsns, ˌdiːtʃəˈmɛsns
AM ˌdit(j)uˈmɛs(ə)ns

detumescent
BR ˌdiːtjəˈmɛsnt, ˌdiːtʃəˈmɛsnt
AM ˌdit(j)uˈmɛs(ə)nt

detune
BR ˌdiːˈtjuːn, ˌdiːˈtʃuːn, -z, -ɪŋ, -d
AM diˈt(j)un, -z, -ɪŋ, -d

Deucalion
BR djuːˈkeɪliən
AM d(j)uˈkeɪliən
deuce
BR djuːs, dʒuːs, -ɪz
AM d(j)us, -əz
deuced
BR ˈdjuːsɪd, ˈdʒuːsɪd, djuːst, dʒuːst
AM d(j)ust, ˈd(j)usəd
deucedly
BR ˈdjuːsɪdli, ˈdʒuːsɪdli, djuːstli, dʒuːstli
AM d(j)us(t)li, ˈd(j)usədli
deus ex machina
BR ˌdeɪəs ɛks məˈʃiːnə(r), +ˈmakɪnə(r), -z
AM ˌdeɪəs ˌɛks ˈmakənə, -z
deuteragonist
BR ˌdjuːtəˈragn̩ɪst, ˌdʒuːtəˈragn̩ɪst, -s
AM ˌd(j)udəˈrægənəst, -s
deuterate
BR ˈdjuːtəreɪt, ˈdʒuːtəreɪt, -s, -ɪŋ, -ɪd
AM ˈd(j)udəˌreɪ|t, -ts, -dɪŋ, -dɪd
deuteration
BR ˌdjuːtəˈreɪʃn, ˌdʒuːtəˈreɪʃn
AM ˌd(j)udəˈreɪʃ(ə)n
deuteric
BR ˈdjuːt(ə)rɪk, ˈdʒuːt(ə)rɪk
AM d(j)uˈtɛrɪk, ˈd(j)udərɪk
deuterium
BR djuːˈtɪəriəm, dʒuːˈtɪəriəm
AM d(j)uˈtɛriəm
Deutero-Isaiah
BR ˌdjuːtərəʊɪˈzaɪə(r), ˌdʒuːtərəʊɪˈzaɪə(r)
AM ˌd(j)udərouˌaɪˈzeɪə

deuteron
BR ˈdjuːtərɒn, ˈdʒuːtərɒn, -z
AM ˈd(j)udəˌrɑn, ˈd(j)udər(ə)n, -z
Deuteronomic
BR ˌdjuːt(ə)rəˈnɒmɪk, ˌdʒuːt(ə)rəˈnɒmɪk
AM ˌd(j)udərəˈnɑmɪk
Deuteronomical
BR ˌdjuːt(ə)rəˈnɒmɪkl, ˌdʒuːt(ə)rəˈnɒmɪkl
AM ˌd(j)udərəˈnɑmək(ə)l
Deuteronomist
BR ˌdjuːtəˈrɒnəmɪst, ˌdʒuːtəˈrɒnəmɪst, -s
AM ˌd(j)udəˈrɑnəməst, -s
Deuteronomy
BR ˌdjuːtəˈrɒnəmi, ˌdʒuːtəˈrɒnəmi
AM ˌd(j)udəˈrɑnəmi
deuteronope
BR ˈdjuːt(ə)rənəʊp, ˈdʒuːt(ə)rənəʊp, -s
AM ˈd(j)udərəˌnoʊp, -s
deuteronopia
BR ˌdjuːt(ə)rəˈnəʊpɪə(r), ˌdʒuːt(ə)rəˈnəʊpɪə(r)
AM ˌd(j)udərəˈnoʊpɪə
Deutschmark
BR ˈdɔɪtʃmɑːk, -s
AM ˈdɔɪtʃˌmɑrk, -s
deutzia
BR ˈdjuːtsɪə(r), ˈdɔɪtsɪə(r), -z
AM ˈdɔɪtsɪə, ˈd(j)utʃ(i)ə, -z
deva
BR ˈdeɪvə(r), ˈdiːvə(r), -z
AM ˈdeɪvə, ˈdiːvə, -z
de Valera
BR ˌdɛ vəˈlɛːrə(r), də +
AM də vəˈlɛrə
de Valois
BR də ˈvalwɑː(r)
AM də væˈlwɑ, də vaˈlwɑ
FR də valwa

devaluate
BR diːˈvaljʊeɪt, -s, -ɪŋ, -ɪd
AM diˈvæljəˌweɪ|t, -ts, -dɪŋ, -dɪd
devaluation
BR ˌdiːvaljʊˈeɪʃn, dɪˌvaljʊˈeɪʃn, -z
AM ˌdiˌvæljəˈweɪʃ(ə)n, ˌdiˌvæljʊˈeɪʃ(ə)n, -z
devalue
BR diːˈvaljuː, -z, -ɪŋ, -d
AM diˈvælju, -z, -ɪŋ, -d
Devanagari
BR ˌdeɪvəˈnɑːg(ə)ri, ˌdɛvəˈnɑːg(ə)ri
AM ˌdeɪvəˈnɑgəri
devastate
BR ˈdɛvəsteɪt, -s, -ɪŋ, -ɪd
AM ˈdɛvəˌsteɪ|t, -ts, -dɪŋ, -dɪd
devastatingly
BR ˈdɛvəsteɪtɪŋli
AM ˈdɛvəˌsteɪdɪŋli
devastation
BR ˌdɛvəˈsteɪʃn
AM ˌdɛvəˈsteɪʃ(ə)n
devastator
BR ˈdɛvəsteɪtə(r), -z
AM ˈdɛvəˌsteɪdər, -z
develop
BR dɪˈvɛləp, -s, -ɪŋ, -t
AM diˈvɛləp, -s, -ɪŋ, -t
developable
BR dɪˈvɛləpəbl
AM diˈvɛləpəb(ə)l
developer
BR dɪˈvɛləpə(r), -z
AM diˈvɛləpər, -z
development
BR dɪˈvɛləpm(ə)nt
AM diˈvɛləpm(ə)nt
developmental
BR dɪˌvɛləpˈmɛntl̩
AM diˌvɛləpˈmən(t)l
developmentally
BR dɪˌvɛləpˈmɛntl̩i
AM diˌvɛləpˈmən(t)li

De Vere
BR də ˈvɪə(r)
AM də ˈvɪ(ə)r
Devereux
BR ˈdɛv(ə)rəʊ, ˈdɛv(ə)rə(r), ˈdɛv(ə)ruː, ˈdɛv(ə)ruːks
AM ˈdɛvərou
Devi
BR ˈdeɪvi
AM ˈdeɪvi
deviance
BR ˈdiːvɪəns
AM ˈdivɪəns
deviancy
BR ˈdiːvɪəns|i, -ɪz
AM ˈdivɪənsi, -z
deviant
BR ˈdiːvɪənt
AM ˈdivɪənt
deviate
BR ˈdiːvɪeɪt, -s, -ɪŋ, -ɪd
AM ˈdiviˌeɪ|t, -ts, -dɪŋ, -dɪd
deviation
BR ˌdiːvɪˈeɪʃn, -z
AM ˌdiviˈeɪʃ(ə)n, -z
deviational
BR ˌdiːvɪˈeɪʃn̩l
AM ˌdiviˈeɪʃən(ə)l, ˌdiviˈeɪʃn(ə)l
deviationism
BR ˌdiːvɪˈeɪʃn̩ɪzm
AM ˌdiviˈeɪʃəˌnɪz(ə)m
deviationist
BR ˌdiːvɪˈeɪʃn̩ɪst, -s
AM ˌdiviˈeɪʃənəst, -s
deviator
BR ˈdiːvɪeɪtə(r), -z
AM ˈdiviˌeɪdər, -z
deviatory
BR ˈdiːvɪət(ə)ri
AM ˈdiviəˌtɔri
device
BR dɪˈvaɪs, -ɪz
AM diˈvaɪs, -ɪz
devil
BR ˈdɛvl, -z
AM ˈdɛv(ə)l, -z

devildom
BR ˈdevldəm
AM ˈdevəld(ə)m

devilfish
BR ˈdevlfɪʃ, -ɪz
AM ˈdevəlˌfɪʃ, -ɪz

devilish
BR ˈdevlɪʃ, ˈdev(ɪ)lɪʃ
AM ˈdev(ə)lɪʃ

devilishly
BR ˈdevl̩ɪʃli, ˈdev(ɪ)lɪʃli
AM ˈdev(ə)lɪʃli

devilishness
BR ˈdevl̩ɪʃnɪs, ˈdev(ɪ)lɪʃnɪs
AM ˈdev(ə)lɪʃnɪs

devilism
BR ˈdevl̩ɪzm, ˈdevɪlɪzm
AM ˈdevəˌlɪz(ə)m

de Villiers
BR də ˈvɪljəz, + ˈvɪliəz
AM də ˈvɪljərz

devil-may-care
BR ˌdevlmeɪˈkɛː(r), ˈdevlmeɪkɛː(r)
AM ˌdevəlˌmeɪˈkɛ(ə)r

devilment
BR ˈdevlm(ə)nt
AM ˈdevəlm(ə)nt

devilry
BR ˈdevlri
AM ˈdevəlri

deviltry
BR ˈdevltri
AM ˈdevəltri

Devine
BR dɪˈvʌɪn, dɪˈviːn
AM dəˈvaɪn

devious
BR ˈdiːviəs
AM ˈdivjəs, ˈdiviəs

deviously
BR ˈdiːviəsli
AM ˈdivjəsli, ˈdiviəsli

deviousness
BR ˈdiːviəsnəs
AM ˈdivjəsnəs, ˈdiviəsnəs

devisable
BR dɪˈvʌɪzəbl
AM diˈvaɪzəb(ə)l

devise
BR dɪˈvʌɪz, -ɪz, -ɪŋ, -d
AM diˈvaɪz, -ɪz, -ɪŋ, -d

devisee
BR dɪˌvʌɪˈziː, -z
AM diˌvaɪˈzi, -z

deviser
BR dɪˈvʌɪzə(r), -z
AM diˈvaɪzər, -z

devisor
BR dɪˈvʌɪzə(r), -z
AM diˈvaɪzər, -z

devitalisation
BR ˌdiːvʌɪtl̩ʌɪˈzeɪʃn, diːˌvʌɪtl̩ʌɪˈzeɪʃn
AM ˌˌdiˌvaɪdlˌaɪˈzeɪʃ(ə)n, ˌdiˌvaɪdləˈzeɪʃ(ə)n

devitalise
BR ˌ(ˌ)diːˈvʌɪtl̩ʌɪz, -ɪz, -ɪŋ, -d
AM diˈvaɪdlaɪz, -ɪz, -ɪŋ, -d

devitalization
BR ˌdiːvʌɪtl̩ʌɪˈzeɪʃn, diːˌvʌɪtl̩ʌɪˈzeɪʃn
AM ˌdiˌvaɪdlˌaɪˈzeɪʃ(ə)n, ˌdiˌvaɪdləˈzeɪʃ(ə)n

devitalize
BR (ˌ)diːˈvʌɪtl̩ʌɪz, -ɪz, -ɪŋ, -d
AM diˈvaɪdlaɪz, -ɪz, -ɪŋ, -d

devitrification
BR ˌdiːvɪtrɪfɪˈkeɪʃn, diːˌvɪtrɪfɪˈkeɪʃn
AM ˌdiˌvɪtrəfəˈkeɪʃ(ə)n

devitrify
BR (ˌ)diːˈvɪtrɪfʌɪ, -z, -ɪŋ, -d
AM diˈvɪtrəˌfaɪ, -z, -ɪŋ, -d

Devizes
BR dɪˈvʌɪzɪz
AM dəˈvizɪz

Devlin
BR ˈdevlɪn
AM ˈdevl(ə)n

devoice
BR (ˌ)diːˈvɔɪs, -ɪz, -ɪŋ, -t
AM diˈvɔɪs, -ɪz, -ɪŋ, -t

devoid
BR dɪˈvɔɪd
AM diˈvɔɪd

devoir
BR dəˈvwɑː(r), -z
AM dəvˈwɑr, -z
FR dəvwɑʁ

devolute
BR ˈdiːvəl(j)uːt, ˈdevəl(j)uːt, -s, -ɪŋ, -ɪd
AM ˈdevəˌl(j)uǀt, -ts, -dɪŋ, -dəd

devolution
BR ˌdiːvəˈl(j)uːʃn, ˌdevəˈl(j)uːʃn
AM ˌdevəˈl(j)uʃ(ə)n

devolutionary
BR ˌdiːvəˈl(j)uːʃn̩(ə)ri, ˌdevəˈl(j)uːʃn̩(ə)ri
AM ˌdevəˈl(j)uʃəˌnɛri

devolutionist
BR ˌdiːvəˈl(j)uːʃn̩ɪst, ˌdevəˈl(j)uːʃn̩ɪst, -s
AM ˌdevəˈl(j)uʃənəst, -s

devolve
BR dɪˈvɒlv, -z, -ɪŋ, -d
AM diˈvɑlv, -z, -ɪŋ, -d

devolvement
BR dɪˈvɒlvm(ə)nt, -s
AM diˈvɑlvm(ə)nt, -s

Devon
BR ˈdevn
AM ˈdev(ə)n

Devonian
BR dɪˈvəʊniən, -z
AM dəˈvoʊniən, -z

Devonport
BR ˈdevnpɔːt
AM ˈdevənˌpɔ(ə)rt

Devonshire
BR ˈdevnʃ(ɪ)ə(r)
AM ˈdevənˌʃɪ(ə)r

dévot
BR deɪˈvəʊ, -z
AM deɪˈvoʊ, -z
FR devo

devote
BR dɪˈvəʊt, -s, -ɪŋ, -ɪd
AM diˈvoʊǀt, -ts, -dɪŋ, -dəd

dévote
BR deɪˈvɒt, -s
AM deɪˈvoʊt, -s
FR devɔt

devotedly
BR dɪˈvəʊtɪdli
AM diˈvoʊdədli

devotedness
BR dɪˈvəʊtɪdnɪs
AM diˈvoʊdədnəs

devotee
BR ˌdevəˈtiː, -z
AM ˌdevoʊˈti, ˌdevəˈti, -z

devotement
BR dɪˈvəʊtm(ə)nt
AM diˈvoʊtm(ə)nt

devotion
BR dɪˈvəʊʃn, -z
AM diˈvoʊʃ(ə)n, -z

devotional
BR dɪˈvəʊʃn̩l
AM diˈvoʊʃən(ə)l, diˈvoʊʃn(ə)l

devotionally
BR dɪˈvəʊʃn̩li, dɪˈvəʊʃnəli
AM diˈvoʊʃ(ə)nəli

devour
BR dɪˈvaʊə(r), -z, -ɪŋ, -d
AM diˈvaʊ(ə)r, -z, -ɪŋ, -d

devourer
BR dɪˈvaʊərə(r), -z
AM diˈvaʊrər, -z

devouringly
BR dɪˈvaʊərɪŋli
AM diˈvaʊrɪŋli

devout
BR dɪˈvaʊt, -ə(r), -ɪst
AM diˈvaʊǀt, -dər, -dəst

devoutly
BR dɪˈvaʊtli
AM diˈvaʊtli

devoutness
BR dɪˈvaʊtnəs
AM diˈvaʊtnəs

de Vries
BR də ˈvriːs, + ˈvriːz
AM də ˈvris

dew
BR djuː
AM d(j)u

dewan
BR dɪˈwɑːn, -z
AM dəˈwɑn, -z

Dewar
BR ˈdjuːə(r)
AM ˈduwər

dewar
BR ˈdjuːə(r), -z
AM ˈduwər, -z

dewberry
BR ˈdjuːb(ə)r|i, -ɪz
AM ˈd(j)uˌbɛri, -z

dewclaw
BR ˈdjuːklɔː(r), -z
AM ˈd(j)uˌklɑ,
ˈd(j)uˌklɔ, -z

dewdrop
BR ˈdjuːdrɒp, -s
AM ˈd(j)uˌdrɑp, -s

Dewey
BR ˈdjuːi
AM ˈd(j)ui

dewfall
BR ˈdjuːfɔːl
AM ˈd(j)uˌfɑl,
ˈd(j)uˌfɔl

Dewhurst
BR ˈdjuːhɜːst,
ˈdʒuːhɜːst
AM ˈd(j)uˌ(h)ərst

Dewi
BR ˈdɛwi
AM ˈdeɪwi
WE ˈdewi

dewily
BR ˈdjuːɪli
AM ˈd(j)uəli

dewiness
BR ˈdjuːɪnɪs
AM ˈd(j)uɪnɪs

dewlap
BR ˈdjuːlap, -s
AM ˈd(j)uˌlæp, -s

dewpoint
BR ˈdjuːpɔɪnt, -s
AM ˈd(j)uˌpɔɪnt, -s

dewpond
BR ˈdjuːpɒnd, -z
AM ˈd(j)uˌpɑnd, -z

Dewsbury
BR ˈdjuːzb(ə)ri,
ˈdʒuːzb(ə)ri
AM ˈd(j)uzˌbɛri

dewy
BR ˈdjuːl|i, -ɪə(r),
-ɪɪst
AM ˈd(j)ui, -ər,
-ɪst

Dexedrine
BR ˈdɛksɪdriːn,
ˈdɛksədrɪn
AM ˈdɛksədr(ə)n,
ˈdɛksəˌdrin

dexter
BR ˈdɛkstə(r)
AM ˈdɛkstər

dexterity
BR dɛkˈstɛrɪti
AM dɛkˈstɛrədi

dexterous
BR ˈdɛkst(ə)rəs
AM ˈdɛkst(ə)rəs

dexterously
BR ˈdɛkst(ə)rəsli
AM ˈdɛkst(ə)rəsli

dexterousness
BR ˈdɛkst(ə)rəsnəs
AM ˈdɛkst(ə)rəsnəs

dextral
BR ˈdɛkstr(ə)l
AM ˈdɛkstr(ə)l

dextrality
BR dɛkˈstralɪti
AM dɛkˈstrælədi

dextrally
BR ˈdɛkstrli
AM ˈdɛkstrəli

dextran
BR ˈdɛkstr(ə)n, -z
AM ˈdɛkstr(ə)n, -z

dextrin
BR ˈdɛkstrɪn
AM ˈdɛkstr(ə)n

dextrorotation
BR ˌdɛkstrəʊrə(ʊ)-
ˈteɪʃn
AM ˌdɛkstrəˌroʊ-
ˈteɪʃ(ə)n

dextrorotatory
BR ˌdɛkstrəʊ-
ˈrəʊtət(ə)ri
AM ˌdɛkstrəˈroʊdəˌtɔri

dextrorse
BR ˈdɛkstrɔːs
AM ˈdɛkstrɔ(ə)rs

dextrose
BR ˈdɛkstrəʊz,
ˈdɛkstrəʊs
AM ˈdɛkstroʊs

dextrous
BR ˈdɛkstrəs
AM ˈdɛkst(ə)rəs

dextrously
BR ˈdɛkstrəsli
AM ˈdɛkst(ə)rəsli

dextrousness
BR ˈdɛkstrəsnəs
AM ˈdɛkst(ə)rəsnəs

dey
BR deɪ, -z
AM deɪ, -z

dhaba
BR ˈdɑːbə(r), -z
AM ˈdɑbə, -z

Dhahran
BR ˌdɑːˈrɑːn,
ˌdɑːˈran
AM ˌdɑˈrɑn

Dhaka
BR ˈdɑkə(r)
AM ˈdɑkə

dhal
BR dɑːl
AM dɑl

dharma
BR ˈdɑːmə(r)
AM ˈdɑrmə

Dhekelia
BR dɪˈkeɪlɪə(r)
AM dəˈkeɪliə,
dəˈkeɪljə

dhobi
BR ˈdəʊb|i, -ɪz
AM ˈdoʊbi, -z

Dhofar
BR ˌdəʊˈfɑː(r)
AM ˌdoʊˈfɑr

dhole
BR dəʊl, -z
AM doʊl, -z

dhoti
BR ˈdəʊt|i, -ɪz
AM ˈdoʊdi, -z

dhow
BR daʊ, -z
AM daʊ, -z

dhurrie
BR ˈdʌr|i, -ɪz
AM ˈdəri, -z

Di
BR dʌɪ
AM daɪ

diabetes
BR ˌdʌɪəˈbiːtiːz,
ˌdʌɪəˈbiːtɪs
AM ˌdaɪəˈbidɪs,
ˌdaɪəˈbiˌtiz,
ˌdaɪəˈbidiz

diabetic
BR ˌdʌɪəˈbɛtɪk, -s
AM ˌdaɪəˈbɛdɪk,
-s

diablerie
BR dɪˈɑːbləri,
dɪˈɑbləri
AM diˈɑbləri
FR djɑbləri

diabolic
BR ˌdʌɪəˈbɒlɪk
AM ˌdaɪəˈbɑlɪk

diabolical
BR ˌdʌɪəˈbɒlɪkl
AM ˌdaɪəˈbɑlək(ə)l

diabolically
BR ˌdʌɪəˈbɒlɪkli
AM ˌdaɪəˈbɑlək(ə)li

diabolise
BR dʌɪˈabəlʌɪz, -ɪz,
-ɪŋ, -d
AM daɪˈæbəˌlaɪz, -ɪz,
-ɪŋ, -d

diabolism
BR dʌɪˈabəlɪzm
AM daɪˈæbəˌlɪz(ə)m

diabolist
BR dʌɪˈabəlɪst, -s
AM daɪˈæbələst, -s

diabolize
BR dʌɪˈabəlʌɪz, -ɪz,
-ɪŋ, -d
AM daɪˈæbəˌlaɪz, -ɪz,
-ɪŋ, -d

diabolo
BR dɪˈabələʊ,
dʌɪˈabələʊ
AM diˈab(ə)loʊ

diachronic
BR ˌdʌɪəˈkrɒnɪk
AM ˌdaɪəˈkrɑnɪk

diachronically
BR ˌdʌɪəˈkrɒnɪkli
AM ˌdaɪəˈkrɑnək(ə)li

diachronism
BR ˌdʌɪˈakrənɪzm
AM ˌdaɪəˈkrɑˌnɪz(ə)m

diachronistic
BR ˌdʌɪəkrəˈnɪstɪk
AM ˌdaɪəˌkrəˈnɪstɪk

diachronous
BR ˌdʌɪˈakrənəs
AM daɪˈækrənəs

diachrony
BR dʌɪˈakrəni
AM daɪˈækrəni

diaconal
BR dʌɪˈaknl̩
AM diˈækən(ə)l,
daɪˈækən(ə)l

diaconate
BR dʌɪˈaknd̩eɪt,
dʌɪˈakn̩ət, -s
AM diˌækənət,
daɪˈækənət, -s

diacritic
BR ˌdʌɪəˈkrɪtɪk, -s
AM ˌdaɪəˈkrɪdɪk, -s

diacritical
BR ˌdʌɪəˈkrɪtɪkl
AM ˌdaɪəˈkrɪdɪk(ə)l

diacritically
BR ˌdʌɪəˈkrɪtɪkli
AM ˌdaɪəˈkrɪdɪk(ə)li

diadelphous
BR ˌdʌɪəˈdɛlfəs
AM ˌdaɪəˈdɛlfəs

diadem
BR ˈdʌɪədɛm,
-z, -d
AM ˈdaɪəˌdɛm,
-z, -d

Diadochi
BR dʌɪˈadəkʌɪ,
dʌɪˈadəki
AM daɪˈædəˌki

diaereses
BR dʌɪˈɪərɪsiːz,
dʌɪˈɛrɪsiːz
AM daɪˈɛrəˌsiz

diaeresis
BR dʌɪˈɪərɪsɪs,
dʌɪˈɛrɪsɪs
AM daɪˈɛrəsəs

diageneses
BR ˌdʌɪəˈdʒɛnɪsiːz
AM ˌdaɪəˈdʒɛnəsiz

diagenesis
BR ˌdʌɪəˈdʒɛnɪsɪs
AM ˌdaɪəˈdʒɛnəsəs

Diaghilev
BR dɪˈaɡɪlɛf
AM diˈɑɡələv

diagnosable
BR ˌdʌɪəɡˈnəʊzəbl,
ˈdʌɪəɡnəʊzəbl
AM ˌdaɪəɡˈnoʊzəb(ə)l,
ˌdaɪəɡˈnoʊsəb(ə)l

diagnose
BR ˌdʌɪəɡˈnəʊz,
ˈdʌɪəɡnəʊz, -ɪz, -ɪŋ,
-d
AM ˌdaɪəɡˈnoʊs,
ˈdaɪəɡˌnoʊs,
ˈdaɪəɡˌnoʊz,
ˌdaɪəɡˈnoʊz, -əz,
-ɪŋ, -d

diagnoseable
BR ˌdʌɪəɡˈnəʊzəbl,
ˈdʌɪəɡnəʊzəbl
AM ˌdaɪəɡˈnoʊsəb(ə)l,
ˌdaɪəɡˈnoʊzəb(ə)l

diagnoses
BR ˌdʌɪəɡˈnəʊsiːz
AM ˌdaɪəɡˈnoʊˌsiz

diagnosis
BR ˌdʌɪəɡˈnəʊsɪs
AM ˌdaɪəɡˈnoʊsəs

diagnostic
BR ˌdʌɪəɡˈnɒstɪk, -s
AM ˌdaɪəɡˈnɑstɪk, -s

diagnostically
BR ˌdʌɪəɡˈnɒstɪkli
AM ˌdaɪəɡˈnɑstək(ə)li

diagnostician
BR ˌdʌɪəɡnɒˈstɪʃn, -z
AM ˌdaɪəɡˌnasˈtɪʃ(ə)n,
-z

diagonal
BR dʌɪˈaɡn̩l, dʌɪˈaɡn̩l,
-z
AM daɪˈæɡən(ə)l, -z

diagonally
BR dʌɪˈaɡn̩li,
dʌɪˈaɡ(ə)nəli
AM daɪˈæɡ(ə)nəli

diagram
BR ˈdʌɪəɡram, -z
AM ˈdaɪəˌɡræm, -z

diagrammatic
BR ˌdʌɪəɡrəˈmatɪk
AM ˌdaɪəɡrəˈmædɪk

diagrammatically
BR ˌdʌɪəɡrəˈmatɪkli
AM ˌdaɪəɡrə-
ˈmædək(ə)li

diagrammatise
BR ˌdʌɪəˈɡramətʌɪz,
-ɪz, -ɪŋ, -d
AM ˌdaɪəˈɡræməˌtaɪz,
-ɪz, -ɪŋ, -d

diagrammatize
BR ˌdʌɪəˈɡramətʌɪz,
-ɪz, -ɪŋ, -d
AM ˌdaɪəˈɡræməˌtaɪz,
-ɪz, -ɪŋ, -d

diagrid
BR ˈdʌɪəɡrɪd, -z
AM ˈdaɪəˌɡrɪd, -z

diakinesis
BR ˌdʌɪəkɪˈniːsɪs
AM ˌdaɪəkəˈnɪsɪs

dial
BR ˈdʌɪəl, -z, -ɪŋ, -d
AM ˈdaɪ(ə)l, -z, -ɪŋ, -d

dialect
BR ˈdʌɪəlɛkt, -s
AM ˈdaɪəˌlɛk|(t), -(t)s

dialectal
BR ˌdʌɪəˈlɛktl
AM daɪəˈlɛkt(ə)l

dialectic
BR ˌdʌɪəˈlɛktɪk, -s
AM ˌdaɪəˈlɛktɪk, -s

dialectical
BR ˌdʌɪəˈlɛktɪkl
AM ˌdaɪəˈlɛktək(ə)l

dialectically
BR ˌdʌɪəˈlɛktɪkli
AM ˌdaɪəˈlɛktək(ə)li

dialectician
BR ˌdʌɪələkˈtɪʃn, -z
AM ˌdaɪlɛkˈtɪʃ(ə)n, -z

dialectologist
BR ˌdʌɪəlɛkˈtɒlədʒɪst, -s
AM ˌdaɪələkˈtɑlədʒəst,
-s

dialectology
BR ˌdʌɪəlɛkˈtɒlədʒi
AM ˌdaɪələkˈtɑlədʒi

dialer
BR ˈdʌɪələ(r), -z
AM ˈdaɪlər, -z

dial-in
BR ˈdʌɪəlɪn, -z
AM ˈdaɪ(ə)lɪn, -z

dialler
BR ˈdʌɪələ(r), -z
AM ˈdaɪlər, -z

dialog
BR ˈdʌɪəlɒɡ, -z
AM ˈdaɪəˌlɑɡ,
ˈdaɪəˌlɔɡ, -z

dialogic
BR ˌdʌɪəˈlɒdʒɪk
AM ˌdaɪəˈlɑdʒɪk

dialogist
BR dʌɪˈalədʒɪst, -s
AM ˈdaɪəˌlɔɡəst,
ˈdaɪəˌlɑɡəst,
daɪˈælədʒəst, -s

dialogue
BR ˈdʌɪəlɒɡ, -z
AM ˈdaɪəˌlɑɡ,
ˈdaɪəˌlɔɡ, -z

dialyse
BR ˈdʌɪəlʌɪz, -ɪz, -ɪŋ, -d
AM ˈdaɪəˌlaɪz, -ɪz, -ɪŋ,
-d

dialyses pl of *dialysis*
BR dʌɪˈalɪsiːz
AM daɪˈæləsiz

dialysis
BR dʌɪˈalɪsɪs
AM daɪˈæləsəs

dialytic
BR ˌdʌɪəˈlɪtɪk
AM ˌdaɪəˈlɪdɪk

dialyze
BR ˈdʌɪəlʌɪz, -ɪz, -ɪŋ, -d
AM ˈdaɪəˌlaɪz, -ɪz,
-ɪŋ, -d

diamagnetic
BR ˌdaɪəmæɡˈnetɪk, -s
AM ˌdaɪəˌmæɡˈnedɪk, -s

diamagnetically
BR ˌdaɪəmæɡˈnetɪkli
AM ˌdaɪəˌmæɡ-ˈnedək(ə)li

diamagnetism
BR ˌdaɪəˈmæɡnɪtɪzm
AM ˌdaɪəˈmæɡnə-ˌtɪz(ə)m

diamanté
BR dɪəˈmɒnteɪ, dʌɪəˈmɒnteɪ, dɪəˈmɑnti, dʌɪəˈmɑnti
AM ˌdiəˌmɑnˈteɪ

diamantiferous
BR ˌdʌɪəmənˈtɪf(ə)rəs
AM ˌdaɪəmənˈtɪfərəs

diamantine
BR ˌdʌɪəˈmɑntiːn, ˌdʌɪəˈmɑntʌɪn
AM ˌdaɪəˈmæn.tin, ˌdaɪəˈmæntn, ˌdaɪəˈmænˌtaɪn

diameter
BR daɪˈamɪtə(r), -z
AM daɪˈæmədər, -z

diametral
BR daɪˈamɪtr(ə)l
AM daɪˈæmətr(ə)l

diametric
BR ˌdaɪəˈmetrɪk
AM ˌdaɪəˈmetrɪk

diametrical
BR ˌdaɪəˈmetrɪkl
AM ˌdaɪəˈmetrək(ə)l

diametrically
BR ˌdaɪəˈmetrɪkli
AM ˌdaɪəˈmetrək(ə)li

diamond
BR ˈdaɪəmənd, -z
AM ˈdaɪ(ə)mən(d), -z

diamondback
BR ˈdaɪəmən(d)bak, -s
AM ˈdaɪmənˌbæk, -s

diamondiferous
BR ˌdaɪəmənˈdɪf(ə)rəs
AM ˌdaɪmənˈdɪfərəs

Diana
BR daɪˈanə(r)
AM diˈænə, daɪˈænə

diandrous
BR daɪˈandrəs
AM daɪˈændrəs

Diane
BR daɪˈan
AM daɪˈæn

Dianetics
BR ˌdaɪəˈnetɪks
AM ˌdaɪəˈnedɪks

dianthus
BR daɪˈanθəs, -ɪz
AM daɪˈænθəs, -əz

diapason
BR ˌdaɪəˈpeɪsn, ˌdaɪəˈpeɪzn, -z
AM ˌdaɪəˈpeɪs(ə)n, ˌdaɪəˈpeɪzn, -z

diapause
BR ˈdaɪəpɔːz, -ɪz
AM ˈdaɪəˌpɑz, ˈdaɪəˌpɔz, -əz

diaper
BR ˈdaɪəpə(r), -z
AM ˈdaɪ(ə)pər, -z

diaphanous
BR daɪˈafnəs
AM daɪˈæfənəs

diaphanously
BR daɪˈafnəsli
AM daɪˈæfənəsli

diaphone
BR ˈdaɪəfəʊn, -z
AM ˈdaɪəˌfoʊn, -z

diaphoneme
BR ˈdaɪəˌfəʊniːm, -z
AM ˈdaɪəˌfoʊnim, -z

diaphonemic
BR ˌdaɪəfəˈniːmɪk
AM ˌdaɪəfəˈnimɪk

diaphonemically
BR ˌdaɪəfəˈniːmɪkli
AM ˌdaɪəfəˈnimɪk(ə)li

diaphonic
BR ˌdaɪəˈfɒnɪk
AM ˌdaɪəˈfɑnɪk

diaphonically
BR ˌdaɪəˈfɒnɪkli
AM ˌdaɪəˈfɑnək(ə)li

diaphoreses
BR ˌdaɪəfəˈriːsiːz
AM ˌdaɪəfəˈrisiz

diaphoresis
BR ˌdaɪəfəˈriːsɪs
AM ˌdaɪəfəˈrisɪs

diaphoretic
BR ˌdaɪəfəˈretɪk, -s
AM ˌdaɪəfəˈredɪk, -s

diaphragm
BR ˈdaɪəfram, -z
AM ˈdaɪəˌfræm, -z

diaphragmatic
BR ˌdaɪəfra(ɡ)ˈmatɪk
AM ˌdaɪəfra(ɡ)ˈmædɪk

diapositive
BR ˌdaɪəˈpɒzɪtɪv, -z
AM ˌdaɪəˈpɑzədɪv, -z

diarchal
BR daɪˈɑːkl
AM daɪˈɑrk(ə)l

diarchic
BR daɪˈɑːkɪk
AM daɪˈɑrkɪk

diarchy
BR ˈdaɪɑːk|i, -ɪz
AM ˈdaɪˌɑrki, -z

diarise
BR ˈdaɪərʌɪz, -ɪz, -ɪŋ, -d
AM ˈdaɪəˌraɪz, -ɪz, -ɪŋ, -d

diarist
BR ˈdaɪərɪst, -s
AM ˈdaɪərəst, -s

diaristic
BR ˌdaɪəˈrɪstɪk
AM ˌdaɪəˈrɪstɪk

diarize
BR ˈdaɪərʌɪz, -ɪz, -ɪŋ, -d
AM ˌdaɪəˌraɪz, -ɪz, -ɪŋ, -d

diarrhea
BR ˌdaɪəˈrɪə(r)
AM ˌdaɪəˈriə

diarrheal
BR ˌdaɪəˈrɪəl
AM ˌdaɪəˈriəl

diarrhoea
BR ˌdaɪəˈrɪə(r)
AM ˌdaɪəˈriə

diarrhoeal
BR ˌdaɪəˈrɪəl
AM ˌdaɪəˈriəl

diarrhoeic
BR ˌdaɪəˈrɪɪk
AM ˌdaɪəˈriɪk

diary
BR ˈdaɪər|i, -ɪz
AM ˈdaɪ(ə)ri, -z

diascope
BR ˈdaɪəskəʊp, -s
AM ˈdaɪəˌskoʊp, -s

Diaspora
BR daɪˈasp(ə)rə(r)
AM diˈæsp(ə)rə, daɪˈæsp(ə)rə

diaspore
BR ˈdaɪəspɔː(r)
AM ˈdaɪəˌspɔ(ə)r

diastalsis
BR ˌdaɪəˈstalsɪs
AM ˌdaɪəˈstɑlsəs

diastase
BR ˈdaɪəsteɪz
AM ˈdaɪəˌsteɪz, ˈdaɪəˌsteɪs

diastasic
BR ˌdaɪəˈsteɪsɪk
AM ˌdaɪəˈstæsɪk

diastatic
BR ˌdaɪəˈstatɪk
AM ˌdaɪəˈstædɪk

diastole
BR daɪˈastl̩i
AM daɪˈæstəli

diastolic
BR ˌdaɪəˈstɒlɪk
AM daɪəˈstɑlɪk

diatessaron
BR ˌdaɪəˈtes(ə)rɒn, -z
AM daɪəˈtesəˌrɑn, ˌdaɪəˈtesər(ə)n, -z

diathermancy
BR ˌdaɪəˈθɜːm(ə)nsi
AM ˌdaɪəˈθɜrmənsi

diathermanous
BR ˌdaɪəˈθɜːmənəs
AM ˌdaɪəˈθɜrmənəs

diathermic
BR ˌdaɪəˈθɜːmɪk
AM ˌdaɪəˈθɜrmɪk

diathermous
BR ˌdaɪəˈθɜːməs
AM ˌdaɪəˈθɜrməs

diathermy
BR ˈdaɪəˌθɜːmi
AM ˈdaɪəˌθɜrmi

diatheses
BR daɪˈæθɪsiːz
AM daɪˈæθəsiz

diathesis
BR daɪˈæθɪsɪs
AM daɪˈæθəsəs

diatom
BR ˈdaɪət(ə)m, ˈdaɪətɒm, -z
AM ˈdaɪəˌtɑm, -z

diatomaceous
BR ˌdaɪətəˈmeɪʃəs
AM ˌdaɪədəˈmeɪʃəs

diatomic
BR ˌdaɪəˈtɒmɪk
AM ˌdaɪəˈtɑmɪk

diatomite
BR daɪˈatəmʌɪt
AM daɪˈædəˌmaɪt

diatonic
BR ˌdaɪəˈtɒnɪk
AM ˌdaɪəˈtɑnɪk

diatonically
BR ˌdaɪəˈtɒnɪkli
AM ˌdaɪəˈtɑnək(ə)li

diatribe
BR ˈdaɪətrʌɪb, -z
AM ˈdaɪəˌtraɪb, -z

Díaz
BR ˈdiːas, ˈdiːaθ
AM ˈdiəs, ˈdiˌæz

diazepam
BR daɪˈeɪzɪpam, daɪˈazɪpam
AM daɪˈæzəˌpæm

diazo
BR daɪˈazəʊ, daɪˈeɪzəʊ, -z
AM daɪˈeɪzoʊ, daɪˈazoʊ, -z

diazotype
BR daɪˈazə(ʊ)tʌɪp, daɪˈeɪzə(ʊ)tʌɪp, -s
AM daɪˈeɪzoʊˌtaɪp, daɪˈazoʊˌtaɪp, -s

dib
BR dɪb, -z
AM dɪb, -z

dibasic
BR dʌɪˈbeɪsɪk
AM daɪˈbeɪsɪk

dibatag
BR ˈdɪbətag, -z
AM ˈdɪbəˌtæg, -z

dibber
BR ˈdɪbə(r), -z
AM ˈdɪbər, -z

dibble
BR ˈdɪb|l, -lz, -l̩ŋ\-lɪŋ, -ld
AM ˈdɪb(ə)l, -z, -ɪŋ, -d

dice
BR dʌɪs, -ɪz, -ɪŋ, -t
AM daɪs, -ɪz, -ɪŋ, -t

dicentra
BR dʌɪˈsɛntrə(r)
AM daɪˈsɛntrə

dicentric
BR dʌɪˈsɛntrɪk
AM daɪˈsɛntrɪk

dicer
BR ˈdʌɪsə(r), -z
AM ˈdaɪsər, -z

dicey
BR ˈdʌɪs|i, -ɪə(r), -ɪɪst
AM ˈdaɪsi, -ər, -ɪst

dichotic
BR dʌɪˈkɒtɪk, dɪˈkɒtɪk
AM daɪˈkɑdɪk

dichotomic
BR ˌdʌɪkəˈtɒmɪk
AM ˌdaɪkəˈtɑmɪk

dichotomise
BR dʌɪˈkɒtəmʌɪz, dɪˈkɒtəmʌɪz, -ɪz, -ɪŋ, -d
AM daɪˈkɑdəˌmaɪz, -ɪz, -ɪŋ, -d

dichotomize
BR dʌɪˈkɒtəmʌɪz, dɪˈkɒtəmʌɪz, -ɪz, -ɪŋ, -d
AM daɪˈkɑdəˌmaɪz, -ɪz, -ɪŋ, -d

dichotomous
BR dʌɪˈkɒtəməs, dɪˈkɒtəməs
AM daɪˈkɑdəməs

dichotomy
BR dʌɪˈkɒtəm|i, dɪˈkɒtəm|i, -ɪz
AM daɪˈkɑdəmi, -z

dichroic
BR dʌɪˈkrəʊɪk
AM daɪˈkroʊɪk

dichroism
BR dʌɪˈkrəʊɪzm
AM daɪˈkroʊˌɪz(ə)m

dichromate
BR dʌɪˈkrəʊmeɪt
AM daɪˈkroʊˌmeɪt

dichromatic
BR ˌdʌɪkrə(ʊ)ˈmatɪk
AM ˌdaɪkroʊˈmædɪk, ˌdaɪkrəˈmædɪk

dichromatism
BR dʌɪˈkrəʊmətɪzm
AM daɪˈkroʊməˌtɪz(ə)m

dicily
BR ˈdʌɪsɪli
AM ˈdaɪsɪli

diciness
BR ˈdʌɪsɪnɪs
AM ˈdaɪsɪnɪs

dick
BR dɪk, -s
AM dɪk, -s

dickcissel
BR dɪkˈsɪsl, ˈdɪksɪsl, -z
AM dɪkˈsɪs(ə)l

dicken
BR ˈdɪk(ɪ)n
AM ˈdɪk(ə)n

Dickens
BR ˈdɪkɪnz
AM ˈdɪkənz

Dickensian
BR dɪˈkɛnzɪən, -z
AM dəˈkɛnzɪən, -z

Dickensianly
BR dɪˈkɛnzɪənli
AM dəˈkɛnzɪənli

dicker
BR ˈdɪk|ə(r), -əz, -(ə)rɪŋ, -əd
AM ˈdɪk|ər, -ərz, -(ə)rɪŋ, -ərd

dickerer
BR ˈdɪk(ə)rə(r), -z
AM ˈdɪk(ə)rər, -z

Dickerson
BR ˈdɪkəs(ə)n
AM ˈdɪkərs(ə)n

dickey
BR ˈdɪk|i, -ɪz
AM ˈdɪki, -z

dickhead
BR ˈdɪkhɛd, -z
AM ˈdɪk(h)ɛd, -z

Dickie
BR ˈdɪki
AM ˈdɪki

dickie
BR ˈdɪk|i, -ɪz
AM ˈdɪki, -z

Dickins
BR ˈdɪkɪnz
AM ˈdɪkɪnz

Dickinson
BR ˈdɪkɪns(ə)n
AM ˈdɪkəns(ə)n

Dickon
BR ˈdɪk(ə)n
AM ˈdɪkɪn

Dickson
BR ˈdɪksn
AM ˈdɪks(ə)n

Dicky
BR ˈdɪki
AM ˈdɪki

dicky
BR ˈdɪk|i, -ɪə(r), -ɪɪst
AM ˈdɪki, -ər, -ɪst

dickybird
BR ˈdɪkɪbɜːd, -z
AM ˈdɪkiˌbɜrd, -z

dicot
BR ˈdʌɪkɒt, -s
AM ˈdaɪˌkɑt, -s

dicotyledon
BR ˌdʌɪkɒtɪˈliːdn, -z
AM ˌdaɪˌkɑdlˈidn, -z

dicotyledonous
BR ˌdaɪkɒtɪˈliːdnəs,
dʌɪˌkɒtɪˈliːdnəs
AM ˌdaɪˌkɑdlˈidənəs

dicrotic
BR dʌɪˈkrɒtɪk
AM daɪˈkrɑdɪk

dicta
BR ˈdɪktə(r)
AM ˈdɪktə

dictaphone
BR ˈdɪktəfəʊn, -z
AM ˈdɪktəˌfoʊn, -z

dictate[1] *noun*
BR ˈdɪkteɪt, -s
AM ˈdɪkˌteɪt, -s

dictate[2] *verb*
BR dɪkˈteɪt, -s, -ɪŋ, -ɪd
AM ˈdɪkˌteɪ|t, -ts, -dɪŋ, -dɪd

dictation
BR dɪkˈteɪʃn
AM dɪkˈteɪʃ(ə)n

dictator
BR dɪkˈteɪtə(r), -z
AM ˈdɪkˌteɪdər, -z

dictatorial
BR ˌdɪktəˈtɔːrɪəl
AM ˌdɪktəˈtɔrɪəl

dictatorially
BR ˌdɪktəˈtɔːrɪəli
AM ˌdɪktəˈtɔrɪəli

dictatorship
BR dɪkˈteɪtəʃɪp, -s
AM dɪkˈteɪdərˌʃɪp,
ˈdɪkteɪdərˌʃɪp, -s

diction
BR ˈdɪkʃn
AM ˈdɪkʃ(ə)n

dictionary
BR ˈdɪkʃn(ə)r|i,
ˈdɪkʃnər|i, -ɪz
AM ˈdɪkʃəˌneri, -z

Dictograph
BR ˈdɪktəgrɑːf
AM ˈdɪktəˌgræf

dictum
BR ˈdɪktəm, -z
AM ˈdɪkt(ə)m, -z

dicty
BR ˈdɪkti
AM ˈdɪkti

Dictyoptera
BR ˌdɪktɪˈɒpt(ə)rə(r)
AM ˌdɪktɪˈɑptərə

dictyopteran
BR ˌdɪktɪˈɒpt(ə)rən, -z
AM ˌdɪktɪˈɑptər(ə)n,
ˌdɪktɪˈɑptr(ə)n, -z

dictyopterous
BR ˌdɪktɪˈɒpt(ə)rəs
AM ˌdɪktɪˈɑptərəs

dicynodont
BR dʌɪˈsɪnədɒnt,
-s
AM daɪˈsɪnəˌdɑnt,
-s

did
BR dɪd
AM dɪd

didact
BR ˈdʌɪdakt, -s
AM ˈdaɪˌdækt,
-s

didactic
BR dʌɪˈdaktɪk
AM daɪˈdæktɪk,
dəˈdæktɪk

didactically
BR dʌɪˈdaktɪkli
AM daɪˈdæktək(ə)li,
dəˈdæktək(ə)li

didacticism
BR dʌɪˈdaktɪsɪzm
AM daɪˈdæktəˌsɪz(ə)m,
dəˈdæktəˌsɪz(ə)m

didakai
BR ˈdɪdəkʌɪ, -z
AM ˈdɪdəˌkaɪ, -z

Didcot
BR ˈdɪdkɒt
AM ˈdɪdkət

diddicoy
BR ˈdɪdɪkɔɪ, -z
AM ˈdɪdiˌkɔɪ, -z

diddle
BR ˈdɪd|l, -lz, -l̩ŋ\-lɪŋ,
-ld
AM ˈdɪd(ə)l, -z,
-ɪŋ, -d

diddler
BR ˈdɪdlə(r),
ˈdɪdlə(r), -z
AM ˈdɪd(ə)lər, -z

diddly-squat
BR ˈdɪdlɪskwɒt,
ˈdɪdl̩ɪskwɒt
AM ˈdɪdliˌskwɑt,
ˈdɪdliˌskwɑt,
ˈdɪdliˌskwɑt,
ˈdɪdliˌskwɔt

diddums
BR ˈdɪdəmz
AM ˈdɪdəmz

diddy
BR ˈdɪdi
AM ˈdɪdi

Diderot
BR ˈdiːdərəʊ
AM ˌdidəˈroʊ

didgeridoo
BR ˌdɪdʒərɪˈduː, -z
AM ˌdɪdʒəriˈdu,
-z

didicoi
BR ˈdɪdɪkɔɪ, -z
AM ˈdɪdiˌkɔɪ, -z

didicoy
BR ˈdɪdɪkɔɪ, -z
AM ˈdɪdiˌkɔɪ, -z

didn't
BR ˈdɪdnt
AM ˈdɪdn(t)

Dido
BR ˈdʌɪdəʊ
AM ˈdaɪˌdoʊ

dido
BR ˈdʌɪdəʊ, -z
AM ˈdaɪˌdoʊ, -z

didst
BR dɪdst
AM dɪdst

didy
BR ˈdʌɪd|i, -ɪz
AM ˈdaɪdi, -z

didymium
BR dɪˈdɪmɪəm
AM daɪˈdɪmiəm

die
BR dʌɪ, -z,
-ɪŋ, -d
AM daɪ, -z,
-ɪŋ, -d

dieback
BR ˈdʌɪbak
AM ˈdaɪˌbæk

dieffenbachia
BR ˌdiːf(ə)nˈbakɪə(r),
-z
AM ˈdɪfənˌbakiə,
ˌdɪfənˈbakiə, -z

Diego
BR dɪˈeɪgəʊ
AM diˈeɪgoʊ

diehard
BR ˈdʌɪhɑːd, -z
AM ˈdaɪˌhɑrd, -z

Diekirch
BR ˈdʌɪkɪrk
AM ˈdaɪkərk
GER ˈdiːkɪrç

dieldrin
BR ˈdiːldr(ɪ)n
AM ˈdɪldr(ə)n

dielectric
BR ˌdʌɪəˈlɛktrɪk
AM ˌdaɪəˈlɛktrɪk

dielectrically
BR ˌdʌɪəˈlɛktrɪkli
AM ˌdaɪəˈlɛktrək(ə)li

diene
BR ˈdʌɪiːn
AM ˈdaɪˌin

Dieppe
BR dɪˈɛp
AM diˈɛp

diereses
BR dʌɪˈɪərɪsiːz,
dʌɪˈɛrɪsiːz
AM daɪˈɛrəˌsiz

dieresis
BR dʌɪˈɪərɪsɪs,
dʌɪˈɛrɪsɪs
AM daɪˈɛrəsəs

diesel
BR ˈdiːzl, -z
AM ˈdis(ə)l, ˈdiz(ə)l,
-z

dieselise
BR ˈdiːzl̩ʌɪz, -ɪz, -ɪŋ, -d
AM ˈdisəˌlaɪz,
ˈdizəˌlaɪz, -ɪz, -ɪŋ, -d

dieselize
BR ˈdiːzl̩ʌɪz, -ɪz,
-ɪŋ, -d
AM ˈdisəˌlaɪz,
ˈdizəˌlaɪz, -ɪz,
-ɪŋ, -d

Dies irae
BR ˌdiːeɪz ˈɪəreɪ,
+ ˈɪərʌɪ
AM ˌdieɪs ˈɪreɪ

dies non
BR ˌdʌiiːz ˈnɒn
AM ˌdieɪs ˈnɑn

diet
BR ˈdʌɪət, -s, -ɪŋ, -ɪd
AM ˈdaɪə|t, -ts, -dɪŋ, -dəd

dietary
BR ˈdʌɪət(ə)ri
AM ˈdaɪəˌtɛri

Dieter
BR ˈdiːtə(r)
AM ˈdidɚ

dieter
BR ˈdʌɪətə(r), -z
AM ˈdaɪədɚ, -z

dietetic
BR ˌdʌɪəˈtɛtɪk, -s
AM ˌdaɪəˈtɛdɪk, -s

dietetically
BR ˌdʌɪəˈtɛtɪkli
AM ˌdaɪəˈtɛdək(ə)li

diethyl
BR dʌɪˈiːθ(ɪ)l, dʌɪˈɛθ(ɪ)l
AM daɪˈɛθ(ə)l

dietician
BR ˌdʌɪəˈtɪʃn, -z
AM ˌdaɪəˈtɪʃ(ə)n, -z

dietitian
BR ˌdʌɪəˈtɪʃn, -z
AM ˌdaɪəˈtɪʃ(ə)n, -z

Dietrich
BR ˈdiːtrɪk, ˈdiːtrɪx
AM ˈditrɪk

differ
BR ˈdɪf|ə(r), -əz, -(ə)rɪŋ, -əd
AM ˈdɪf|ɚ, -ɚz, -(ə)rɪŋ, -ɚd

difference
BR ˈdɪf(ə)rn̩s, -ɪz
AM ˈdɪfɚ(ə)ns, ˈdɪf(ə)rəns, -əz

different
BR ˈdɪf(ə)rn̩t
AM ˈdɪfɚnt, ˈdɪf(ə)r(ə)nt

differentia
BR ˌdɪfəˈrɛnʃ(ɪ)ə(r)
AM ˌdɪfəˈrɛnʃ(i)ə

differentiae
BR ˌdɪfəˈrɛnʃiː
AM ˌdɪfəˈrɛnʃi,aɪ, ˌdɪfəˈrɛnʃi,i

differential
BR ˌdɪfəˈrɛnʃl, -z
AM ˌdɪfəˈrɛn(t)ʃ(ə)l, -z

differentially
BR ˌdɪfəˈrɛnʃli
AM ˌdɪfəˈrɛn(t)ʃəli

differentiate
BR ˌdɪfəˈrɛnʃieɪt, -s, -ɪŋ, -ɪd
AM ˌdɪfəˈrɛn(t)ʃi,eɪ|t, -ts, -dɪŋ, -dɪd

differentiation
BR ˌdɪfərɛnʃiˈeɪʃn
AM ˌdɪfəˌrɛn(t)ʃiˈeɪʃ(ə)n

differentiator
BR ˌdɪfəˈrɛnʃieɪtə(r), -z
AM ˌdɪfəˈrɛn(t)ʃiˌeɪdɚ, -z

differently
BR ˈdɪf(ə)rn̩tli, ˈdɪfrəntli
AM ˈdɪfɚn̩(t)li, ˈdɪf(ə)rən(t)li

differentness
BR ˈdɪf(ə)rn̩tnəs, ˈdɪfrəntnəs
AM ˈdɪfɚn̩(t)nəs, ˈdɪf(ə)rən(t)nəs

difficult
BR ˈdɪfɪklt
AM ˈdɪfəkəlt

difficultly
BR ˈdɪfɪkltli
AM ˈdɪfəkəltli

difficultness
BR ˈdɪfɪkltnəs
AM ˈdɪfəkəltnəs

difficulty
BR ˈdɪfɪklt|i, -ɪz
AM ˈdɪfəkəlti, -z

diffidence
BR ˈdɪfɪd(ə)ns
AM ˈdɪfəd(ə)ns

diffident
BR ˈdɪfɪd(ə)nt
AM ˈdɪfəd(ə)nt

diffidently
BR ˈdɪfɪd(ə)ntli
AM ˈdɪfəd(ə)n(t)li

diffract
BR dɪˈfrakt, -s, -ɪŋ, -ɪd
AM dəˈfræk|(t), -(t)s, -tɪŋ, -təd

diffraction
BR dɪˈfrakʃn
AM dəˈfrækʃ(ə)n

diffractive
BR dɪˈfraktɪv
AM dəˈfræktɪv

diffractively
BR dɪˈfraktɪvli
AM dəˈfræktəvli

diffractometer
BR ˌdɪfrakˈtɒmɪtə(r), -z
AM ˌdɪfrækˈtɑmədɚ, -z

diffuse[1] *adjective*
BR dɪˈfjuːs
AM dəˈfjus

diffuse[2] *verb*
BR dɪˈfjuːz, -ɪz, -ɪŋ, -d
AM dəˈfjuz, -əz, -ɪŋ, -d

diffusely
BR dɪˈfjuːsli
AM dəˈfjusli

diffuseness
BR dɪˈfjuːsnəs
AM dəˈfjusnəs

diffuser
BR dɪˈfjuːzə(r), -z
AM dəˈfjuzɚ, -z

diffusible
BR dɪˈfjuːsɪbl
AM dəˈfjuzəb(ə)l

diffusion
BR dɪˈfjuːʒn
AM dəˈfjuʒ(ə)n

diffusionist
BR dɪˈfjuːʒn̩ɪst, -s
AM dəˈfjuʒənəst, -s

diffusive
BR dɪˈfjuːsɪv
AM dəˈfjusɪv

diffusively
BR dɪˈfjuːsɪvli
AM dəˈfjusəvli

diffusiveness
BR dɪˈfjuːsɪvnɪs
AM dəˈfjusɪvnɪs

diffusivity
BR ˌdɪfjuːˈsɪvɪti, ˌdɪfjɵˈsɪvɪti
AM ˌdɪfjuˈsɪvɪdi

dig
BR dɪɡ, -z, -ɪŋ
AM dɪɡ, -z, -ɪŋ

Digambara
BR diːˈɡʌmb(ə)rə(r), -z
AM dɪˈɡɑmbərə, -z

digamist
BR ˈdɪɡəmɪst, -s
AM ˈdɪɡəməst, -s

digamma
BR ˈdʌɪˌɡamə(r), dʌɪˈɡamə(r), -z
AM ˈˌdaɪˈɡæmə, -z

digamous
BR ˈdɪɡəməs
AM ˈdɪɡəməs

digamy
BR ˈdɪɡəm|i, -ɪz
AM ˈdɪɡəmi, -z

digastric
BR dʌɪˈɡastrɪk
AM daɪˈɡæstrɪk

Digbeth
BR ˈdɪɡbəθ
AM ˈdɪɡbəθ

Digby
BR ˈdɪɡbi
AM ˈdɪɡbi

digest[1] *noun*
BR ˈdʌɪdʒɛst, -s
AM ˈdaɪˌdʒɛst, -s

digest[2] *verb*
BR dʌɪˈdʒɛst, dɪˈdʒɛst, -s, -ɪŋ, -ɪd
AM dəˈdʒɛst, daɪˈdʒɛst, -s, -ɪŋ, -əd

digester
BR dʌɪˈdʒɛstə(r), dɪˈdʒɛstə(r), -z
AM dəˈdʒɛstɚ, daɪˈdʒɛstɚ, -z

digestibility
BR dʌɪˌdʒestɪˈbɪlɪti,
dɪˌdʒestɪˈbɪlɪti
AM daɪˌdʒestəˈbɪlɪdi,
dəˌdʒestəˈbɪlɪdi

digestible
BR dʌɪˈdʒestɪbl,
dɪˈdʒestɪbl
AM daɪˈdʒestəb(ə)l,
dəˈdʒestəb(ə)l

digestion
BR dʌɪˈdʒestʃn,
dɪˈdʒestʃn, -z
AM daɪˈdʒestʃ(ə)n,
dəˈdʒestʃ(ə)n, -z

digestive
BR dʌɪˈdʒestɪv,
dɪˈdʒestɪv,
-z
AM daɪˈdʒestɪv,
dəˈdʒestɪv, -z

digestively
BR dʌɪˈdʒestɪvli,
dɪˈdʒestɪvli
AM daɪˈdʒestəvli,
dəˈdʒestəvli

digger
BR ˈdɪgə(r), -z
AM ˈdɪgər, -z

digging
BR ˈdɪgɪŋ, -z
AM ˈdɪgɪŋ, -z

dight
BR dʌɪt
AM daɪt

digipak
BR ˈdɪdʒɪpak,
-s
AM ˈdɪdʒiˌpæk,
-s

digit
BR ˈdɪdʒɪt, -s
AM ˈdɪdʒɪt, -s

digital
BR ˈdɪdʒɪtl, -z
AM ˈdɪdʒɪdl, -z

digitalin
BR ˌdɪdʒɪˈteɪlɪn
AM ˌdɪdʒɪˈtæl(ə)n

digitalis
BR ˌdɪdʒɪˈteɪlɪs
AM ˌdɪdʒɪˈtæləs

digitalise
BR ˈdɪdʒɪtlʌɪz, -ɪz,
-ɪŋ, -d
AM ˈdɪdʒɪdlˌaɪz, -ɪz,
-ɪŋ, -d

digitalize
BR ˈdɪdʒɪtlʌɪz, -ɪz,
-ɪŋ, -d
AM ˈdɪdʒɪdlˌaɪz, -ɪz,
-ɪŋ, -d

digitally
BR ˈdɪdʒɪtli
AM ˈdɪdʒɪdli

digitate
BR ˈdɪdʒɪteɪt, -s, -ɪŋ, -ɪd
AM ˈdɪdʒɪˌteɪ|t, -ts,
-dɪŋ, -dɪd

digitately
BR ˈdɪdʒɪtətli
AM ˈdɪdʒɪˌteɪtli

digitation
BR ˌdɪdʒɪˈteɪʃn
AM ˌdɪdʒɪˈteɪʃ(ə)n

digitigrade
BR ˈdɪdʒɪtɪgreɪd, -z
AM ˈdɪdʒɪdəˌgreɪd, -z

digitisation
BR ˌdɪdʒɪtʌɪˈzeɪʃn
AM ˌdɪdʒəˌtaɪˈzeɪʃ(ə)n, ˌdɪdʒədəˈzeɪʃ(ə)n

digitise
BR ˈdɪdʒɪtʌɪz, -ɪz, -ɪŋ, -d
AM ˈdɪdʒəˌtaɪz, -ɪz, -ɪŋ, -d

digitization
BR ˌdɪdʒɪtʌɪˈzeɪʃn
AM ˌdɪdʒəˌtaɪˈzeɪʃ(ə)n, ˌdɪdʒədəˈzeɪʃ(ə)n

digitize
BR ˈdɪdʒɪtʌɪz, -ɪz, -ɪŋ, -d
AM ˈdɪdʒəˌtaɪz, -ɪz, -ɪŋ, -d

diglossia
BR dʌɪˈglɒsɪə(r)
AM daɪˈglɑsɪə, daɪˈglɔsɪə

diglossic
BR dʌɪˈglɒsɪk
AM daɪˈglɑsɪk, daɪˈglɔsɪk

dignified
BR ˈdɪgnɪfʌɪd
AM ˈdɪgnəˌfaɪd

dignifiedly
BR ˈdɪgnɪfʌɪdli
AM ˈdɪgnəˌfaɪ(ə)dli

dignify
BR ˈdɪgnɪfʌɪ, -z,
-ɪŋ, -d
AM ˈdɪgnəˌfaɪ, -z,
-ɪŋ, -d

dignitary
BR ˈdɪgnɪt(ə)r|i, -ɪz
AM ˈdɪgnəˌteri, -z

dignity
BR ˈdɪgnɪt|i, -ɪz
AM ˈdɪgnɪdi, -z

digraph
BR ˈdʌɪgrɑːf, -s
AM ˈdaɪˌgræf, -s

digraphic
BR dʌɪˈgrafɪk
AM daɪˈgræfɪk

digress
BR dʌɪˈgrɛs, -ɪz,
-ɪŋ, -t
AM daɪˈgrɛs, -əz,
-ɪŋ, -t

digresser
BR dʌɪˈgrɛsə(r), -z
AM daɪˈgrɛsər, -z

digression
BR dʌɪˈgrɛʃn, -z
AM daɪˈgrɛʃ(ə)n, -z

digressive
BR dʌɪˈgrɛsɪv
AM daɪˈgrɛsɪv

digressively
BR dʌɪˈgrɛsɪvli
AM daɪˈgrɛsəvli

digressiveness
BR dʌɪˈgrɛsɪvnɪs
AM daɪˈgrɛsɪvnɪs

dihedral
BR dʌɪˈhiːdr(ə)l
AM daɪˈhidr(ə)l

dihydric
BR dʌɪˈhʌɪdrɪk
AM daɪˈhɪdrɪk

Dijon
BR ˈdiːʒɒ̃
AM diˈʒɑn

dik-dik
BR ˈdɪkdɪk, -s
AM ˈdɪkˌdɪk, -s

dike
BR dʌɪk, -s, -ɪŋ, -t
AM daɪk, -s, -ɪŋ, -t

diktat
BR ˈdɪktat
AM ˈdɪktɑt, dɪkˈtɑt

dilapidate
BR dɪˈlapɪdeɪt, -s,
-ɪŋ, -ɪd
AM dəˈlæpəˌdeɪ|t, -ts,
-dɪŋ, -dɪd

dilapidation
BR dɪˌlapɪˈdeɪʃn, -z
AM dəˌlæpəˈdeɪʃ(ə)n,
-z

dilatable
BR dʌɪˈleɪtəbl,
dɪˈleɪtəbl
AM daɪˈleɪdəb(ə)l,
dəˈleɪdəb(ə)l,
ˈdaɪˌleɪdəb(ə)l

dilatation
BR ˌdʌɪleɪˈteɪʃn,
ˌdʌɪləˈteɪʃn,
ˌdɪləˈteɪʃn
AM ˌdaɪləˈteɪʃ(ə)n,
ˌdɪləˈteɪʃ(ə)n

dilate
BR dʌɪˈleɪt, dɪˈleɪt, -s,
-ɪŋ, -ɪd
AM daɪˈleɪ|t, dəˈleɪ|t,
ˈdaɪˌleɪ|t, -ts, -dɪŋ,
-dɪd

dilation
BR dʌɪˈleɪʃn, dɪˈleɪʃn
AM dəˈleɪʃ(ə)n,
daɪˈleɪʃ(ə)n

dilator
BR dʌɪˈleɪtə(r),
dɪˈleɪtə(r), -z
AM daɪˈleɪdər,
dəˈleɪdər,
ˈdaɪˌleɪdər, -z

dilatorily
BR ˈdɪlət(ə)rɪli
AM ˌdɪləˈtɔrəli

dilatoriness
BR ˈdɪlət(ə)rɪnɪs
AM ˈdɪləˌtɔrɪnɪs

dilatory
BR ˈdɪlət(ə)ri
AM ˈdɪləˌtɔri

dildo
BR ˈdɪldəʊ, -z
AM ˈdɪlˌdoʊ, -z

dildoe
BR ˈdɪldəʊ, -z
AM ˈdɪlˌdoʊ, -z

dilemma
BR dɪˈlɛmə(r), -z
AM daɪˈlɛmə, dəˈlɛmə, -z

dilettante
BR ˌdɪlɪˈtænt|i, -ɪz
AM ˈdɪləˌtænt, -s

dilettanti
BR ˌdɪlɪˈtænti
AM ˌdɪləˈtæn(t)i

dilettantism
BR ˌdɪlɪˈtæntɪzm
AM ˈdɪləˌtæn(t)ɪz(ə)m

Dili
BR ˈdɪli
AM ˈdɪli

diligence
BR ˈdɪlɪdʒ(ə)ns
AM ˈdɪlədʒ(ə)ns

diligent
BR ˈdɪlɪdʒ(ə)nt
AM ˈdɪlədʒ(ə)nt

diligently
BR ˈdɪlɪdʒ(ə)ntli
AM ˈdɪlədʒən(t)li

Dilke
BR dɪlk
AM ˈdɪlk(ə)

dill
BR dɪl
AM dɪl

Dillard
BR ˈdɪlɑːd
AM ˈdɪlərd

Dillon
BR ˈdɪlən
AM ˈdɪlɪn

Dillwyn
BR ˈdɪlwɪn
AM ˈdɪlwɪn

dilly
BR ˈdɪl|i, -ɪz
AM ˈdɪli, -z

dillybag
BR ˈdɪlɪbag, -z
AM ˈdɪliˌbæg, -z

dilly-dally
BR ˌdɪlɪˈdæl|i, ˈdɪlɪˌdæl|i, -ɪz, -ɪŋ, -ɪd
AM ˈdɪliˌdæli, -z, -ɪŋ, -d

diluent
BR ˈdɪljʊənt, -s
AM ˈdɪljəwənt, -s

dilute
BR dʌɪˈl(j)uːt, dɪˈl(j)uːt, -s, -ɪŋ, -ɪd
AM daɪˈluːt, dəˈluːt, -ts, -dɪŋ, -dəd

dilutee
BR ˌdʌɪl(j)uːˈtiː, -z
AM daɪˈluːti, dəˈluːti, -z

diluter
BR dʌɪˈl(j)uːtə(r), dɪˈl(j)uːtə(r), -z
AM daɪˈluːdər, dəˈluːdər, -z

dilution
BR dʌɪˈl(j)uːʃn, dɪˈl(j)uːʃn, -z
AM daɪˈluːʃn, dəˈluːʃ(ə)n, -z

diluvia
BR dʌɪˈl(j)uːvɪə(r), dɪˈl(j)uːvɪə(r)
AM dəˈluviə

diluvial
BR dʌɪˈl(j)uːvɪəl, dɪˈl(j)uːvɪəl
AM dəˈluviəl

diluvialist
BR dʌɪˈl(j)uːvɪəlɪst, dɪˈl(j)uːvɪəlɪst, -s
AM dəˈluviələst, -s

diluvian
BR dʌɪˈl(j)uːvɪən, dɪˈl(j)uːvɪən
AM dəˈluviən

diluvium
BR dʌɪˈl(j)uːvɪəm, dɪˈl(j)uːvɪəm
AM dəˈluviəm

Dilwyn
BR ˈdɪlwɪn
AM ˈdɪlwɪn

Dilys
BR ˈdɪlɪs
AM ˈdɪlɪs

dim
BR dɪm, -z, -ɪŋ, -d, -ə(r), -əst
AM dɪm, -z, -ɪŋ, -d, -ər, -ɪst

DiMaggio
BR dɪˈmædʒɪəʊ
AM diˈmædʒioʊ

Dimbleby
BR ˈdɪmblbi
AM ˈdɪmbəlbi

dime
BR dʌɪm, -z
AM daɪm, -z

dimension
BR dʌɪˈmɛnʃn, dɪˈmɛnʃn, -z
AM dəˈmɛn(t)ʃ(ə)n, -z

dimensional
BR dʌɪˈmɛnʃn̩l, dɪˈmɛnʃn̩l
AM dəˈmɛn(t)ʃən(ə)l, dəˈmɛn(t)ʃn(ə)l

dimensionality
BR dʌɪˌmɛnʃəˈnalɪti, dɪˌmɛnʃəˈnalɪti
AM dəˌmɛn(t)ʃnˈælədi, daɪˌmɛn(t)ʃəˈnælədi, daɪˌmɛn(t)ʃnˈælədi, dəˌmɛn(t)ʃəˈnælədi

dimensionally
BR dʌɪˈmɛnʃn̩li, dʌɪˈmɛnʃnəli, dɪˈmɛnʃn̩li, dɪˈmɛnʃnəli
AM dəˈmɛn(t)ʃ(ə)nəli

dimensionless
BR dʌɪˈmɛnʃnləs, dɪˈmɛnʃnləs
AM dəˈmɛn(t)ʃnləs

dimer
BR ˈdʌɪmə(r), -z
AM ˈdaɪmər, -z

dimeric
BR dʌɪˈmɛrɪk
AM daɪˈmɛrɪk

dimerous
BR ˈdɪm(ə)rəs
AM ˈdɪm(ə)rəs

dimeter
BR ˈdɪmɪtə(r), -z
AM ˈdɪmədər, -z

dimidiate
BR dɪˈmɪdɪət
AM dəˈmɪdiˌeɪt

diminish
BR dɪˈmɪn|ɪʃ, -ɪʃɪz, -ɪʃɪŋ, -ɪʃt
AM dəˈmɪnɪʃ, -ɪs, -ɪŋ, -t

diminishable
BR dɪˈmɪnɪʃəbl
AM dəˈmɪnəʃəb(ə)l

diminuendo
BR dɪˌmɪnjʊˈɛndəʊ, -z
AM dəˌmɪn(j)əˈwɛndoʊ, -z

diminution
BR ˌdɪmɪˈnjuːʃn, -z
AM ˌdɪməˈn(j)uʃ(ə)n, -z

diminutival
BR dɪˌmɪnjʉˈtʌɪvl
AM dəˌmɪnjəˈtaɪv(ə)l

diminutive
BR dɪˈmɪnjʉtɪv
AM dəˈmɪnjədɪv

diminutively
BR dɪˈmɪnjʉtɪvli
AM dəˈmɪnjədəvli

diminutiveness
BR dɪˈmɪnjʉtɪvnɪs
AM dəˈmɪnjədɪvnɪs

dimissory
BR ˈdɪmɪs(ə)ri
AM ˈdɪməˌsɔri

dimity
BR ˈdɪmɪti
AM ˈdɪmɪdi

dimly
BR ˈdɪmli
AM ˈdɪmli

dimmer
BR ˈdɪmə(r), -z
AM ˈdɪmər, -z

dimmish
BR ˈdɪmɪʃ
AM ˈdɪmɪʃ

Dimmock
BR ˈdɪmək
AM ˈdɪmək

dimness
BR ˈdɪmnɪs
AM ˈdɪmnɪs

dimorphic
BR daɪˈmɔːfɪk
AM daɪˈmɔrfɪk

dimorphism
BR daɪˈmɔːfɪzm
AM daɪˈmɔrfɪz(ə)m

dimorphous
BR daɪˈmɔːfəs
AM daɪˈmɔrfəs

dimple
BR ˈdɪmpl, -z
AM ˈdɪmp(ə)l, -z

Dimplex
BR ˈdɪmplɛks
AM ˈdɪmˌplɛks

dimply
BR ˈdɪmpl|i, ˈdɪmpl|i, -ɪə(r), -ɪst
AM ˈdɪmpli, -ər, -ɪst

Dimpna
BR ˈdɪmpnə(r)
AM ˈdɪm(p)nə

dim sum
BR ˌdɪm ˈsʌm, + ˈsʊm
AM ˌdɪm ˈs(ə)m

dimwit
BR ˈdɪmwɪt, -s
AM ˈdɪmˌwɪt, -s

DIN
BR dɪn
AM ˌdiˌaɪˈɛn, dɪn

din
BR dɪn, -z, -ɪŋ, -d
AM dɪn, -z, -ɪŋ, -d

Dinah
BR ˈdaɪnə(r)
AM ˈdaɪnə

dinar
BR ˈdiːnɑː(r), -z
AM diˈnɑr, ˈdiˌnɑr, -z

Dinaric
BR dɪˌnarɪk
AM dəˈnɛrɪk

Dinas
BR ˈdiːnas
AM ˈdinɪs

dine
BR daɪn, -z, -ɪŋ, -d
AM daɪn, -z, -ɪŋ, -d

Dineen
BR dɪˈniːn
AM dɪˈnin

diner
BR ˈdaɪnə(r), -z
AM ˈdaɪnər, -z

dinero
BR dɪˈnɛːrəʊ
AM dəˈnɛroʊ

dinette
BR daɪˈnɛt, -s
AM daɪˈnɛt, -s

ding
BR dɪŋ, -z, -ɪŋ, -d
AM dɪŋ, -z, -ɪŋ, -d

Dingaan
BR ˈdɪŋɡɑːn
AM ˈdɪŋɡɪn

dingaling
BR ˌdɪŋəˈlɪŋ, ˈdɪŋəlɪŋ, -z
AM ˈdɪŋəˌlɪŋ, -z

Ding an sich
BR ˌdɪŋ an ˈzɪk, + ˈzɪx
AM ˌˌdɪŋˌɑnˈsɪk

dingbat
BR ˈdɪŋbat, -s
AM ˈdɪŋˌbæt, -s

dingdong
BR ˈdɪŋdɒŋ, ˌdɪŋˈdɒŋ, -z
AM ˈdɪŋˌdɑŋ, ˌdɪŋˌdɔŋ, -z

dinge
BR dɪn(d)ʒ, -ɪz
AM dɪn(d)ʒ, -ɪz

dinghy
BR ˈdɪŋ(ɡ)|i, -ɪz
AM ˈdɪŋi, -z

dingily
BR dɪn(d)ʒɪli
AM ˈdɪndʒɪli

dinginess
BR ˈdɪn(d)ʒɪnɪs
AM ˈdɪndʒɪnɪs

dingle
BR ˈdɪŋɡl, -z
AM ˈdɪŋɡ(ə)l, -z

Dingley
BR ˈdɪŋli
AM ˈdɪŋli

dingo
BR ˈdɪŋɡəʊ, -z
AM ˈdɪŋɡoʊ, -z

dingus
BR ˈdɪŋɡəs, -ɪz
AM ˈdɪŋɡəs, -əz

Dingwall
BR ˈdɪŋwɔːl, ˈdɪŋw(ə)l
AM ˈdɪŋw(ə)l, ˈdɪŋˌwɑl, ˈdɪŋˌwɔl

dingy
BR ˈdɪn(d)ʒ|i, -ɪə(r), -ɪst
AM ˈdɪndʒi, -ər, -ɪst

dink
BR dɪŋk
AM dɪŋk

dinkily
BR ˈdɪŋkɪli
AM ˈdɪŋkɪli

dinkiness
BR ˈdɪŋkɪnɪs
AM ˈdɪŋkɪnɪs

dinkum
BR ˈdɪŋkəm
AM ˈdɪŋk(ə)m

dinky
BR ˈdɪŋk|i, -ɪə(r), -ɪst
AM ˈdɪŋki, -ər, -ɪst

dinner
BR ˈdɪnə(r), -z
AM ˈdɪnər, -z

dinnertime
BR ˈdɪnətʌɪm, -z
AM ˈdɪnərˌtaɪm, -z

dinnerware
BR ˈdɪnəwɛː(r)
AM ˈdɪnərˌwɛ(ə)r

Dinorwic
BR dɪˈnɔːwɪk
AM ˈdɪnərˌwɪk
WE dɪnˈɒrwɪɡ

dinosaur
BR ˈdaɪnəsɔː(r), -z
AM ˈdaɪnəˌsɔ(ə)r, -z

dinosaurian
BR ˌdaɪnəˈsɔːrɪən
AM ˌdaɪnəˈsɔrɪən

dinothere
BR ˈdaɪnə(ʊ)θɪə(r), -z
AM ˈdaɪnəˌθɪ(ə)r, -z

dint
BR dɪnt, -s
AM dɪnt, -s

Dinwiddie
BR dɪnˈwɪdi, ˈdɪnwɪdi
AM ˈdɪnˌwɪdi

Dinwiddy
BR dɪnˈwɪdi, ˈdɪnwɪdi
AM ˈdɪnˌwɪdi

diocesan
BR daɪˈɒsɪs(ə)n, daɪˈɒsɪz(ə)n
AM daɪˈɑsəs(ə)n

diocese
BR ˈdaɪəsɪs, ˈdaɪəsiːz, -ɪz
AM ˈdaɪəsəs, ˈdaɪəˌsiz, -ɪz

Diocletian
BR ˌdaɪəˈkliːʃn
AM ˌdaɪəˈkliʃ(ə)n

diode
BR ˈdaɪəʊd, -z
AM ˈdaɪˌoʊd, -z

dioecious
BR daɪˈiːʃəs
AM daɪˈiʃəs

dioeciously
BR daɪˈiːʃəsli
AM daɪˈiʃəsli

Diogenes
BR daɪˈɒdʒɪniːz
AM daɪˈɑdʒəniz

diol
BR ˈdaɪɒl, -z
AM ˈdaɪˌɑl, ˈdaɪˌɔl, -z

Diomede
BR ˈdaɪəmiːd
AM ˈdaɪəˌmid

Diomedes
BR ˌdaɪəˈmiːdiːz
AM ˌdaɪəˈmidiz

Dione
BR ˈdaɪəʊn, daɪˈəʊni
AM ˈdaɪˌoʊn

Dionysiac
BR ˌdaɪəˈnɪzɪak, ˌdaɪəˈnɪsɪak
AM ˌdaɪəˈnɪziˌæk, ˌdaɪəˈnɪsiˌæk

Dionysian
BR ˌdaɪəˈnɪziən,
ˌdaɪəˈnɪsiən,
ˌdaɪəˈnʌɪsiən
AM ˌdaɪəˈnɪziən,
ˌdaɪəˈnɪʒ(i)ən,
ˌdaɪəˈnɪsiən

Dionysius
BR ˌdʌɪəˈnɪziəs,
ˌdʌɪəˈnɪsiəs
AM ˌdaɪəˈnɪziəs,
ˌdaɪəˈnɪsiəs

Dionysus
BR ˌdʌɪəˈnʌɪsəs
AM ˌdaɪəˈnaɪsəs

Diophantine
BR ˌdʌɪə(ʊ)ˈfantʌɪn
AM ˌdaɪəˈfænˌtaɪn

Diophantus
BR ˌdʌɪə(ʊ)ˈfantəs
AM ˌdaɪəˈfæn(t)əs

diopside
BR dʌɪˈɒpsʌɪd
AM daɪˈɑpˌsaɪd

diopter
BR dʌɪˈɒptə(r),
ˈdʌɪɒptə(r), -z
AM ˌdaɪˈɑptər, -z

dioptre
BR dʌɪˈɒptə(r),
ˈdʌɪɒptə(r), -z
AM ˌdaɪˈɑptər,
-z

dioptric
BR dʌɪˈɒptrɪk, -s
AM daɪˈɑptrɪk, -s

Dior
BR ˈdiːɔː(r),
diˈɔː(r)
AM diˈɔ(ə)r

diorama
BR ˌdʌɪəˈrɑːmə(r),
-z
AM ˌdaɪəˈrɑmə,
ˌdaɪəˈræmə, -z

dioramic
BR ˌdʌɪəˈramɪk
AM ˌdaɪəˈrɑmɪk,
ˌdaɪəˈræmɪk

diorite
BR ˈdʌɪərʌɪt
AM ˈdaɪəˌraɪt

dioritic
BR ˌdʌɪəˈrɪtɪk
AM ˌdaɪəˈrɪdɪk,
ˌdaɪəˈrɪdɪk

Dioscuri
BR dʌɪˈɒskjʊri,
dʌɪˈɒskjʊrʌɪ,
ˌdʌɪəˈskjʊəri,
ˌdʌɪəˈskjʊərʌɪ
AM ˌdaɪəˈsk(j)ʊri

diotic
BR dʌɪˈɒtɪk, dʌɪˈəʊtɪk
AM daɪˈɑdɪk,
daɪˈoʊdɪk

dioxan
BR dʌɪˈɒks(ə)n
AM daɪˈɑks(ə)n

dioxane
BR dʌɪˈɒkseɪn
AM daɪˈɑkˌseɪn

dioxide
BR dʌɪˈɒksʌɪd, -z
AM daɪˈɑkˌsaɪd, -z

dioxin
BR dʌɪˈɒksɪn
AM daɪˈɑks(ə)n

DIP
BR dɪp
AM dɪp

dip
BR dɪp, -s, -ɪŋ, -t
AM dɪp, -s, -ɪŋ, -t

Dip.Ed. *Diploma in Education*
BR ˌdɪp ˈɛd
AM ˌdɪp ˈɛd

dipeptide
BR dʌɪˈpeptʌɪd, -z
AM daɪˈpɛpˌtaɪd, -z

diphone
BR ˈdʌɪfəʊn, -z
AM ˈdaɪˌfoʊn, -z

diphtheria
BR dɪfˈθɪərɪə(r),
dɪpˈθɪərɪə(r)
AM dɪfˈθɪriə,
dɪpˈθɪriə

diphtherial
BR dɪfˈθɪərɪəl,
dɪpˈθɪərɪəl
AM dɪfˈθɪriəl,
dɪpˈθɪriəl

diphtheric
BR dɪfˈθɛrɪk,
dɪpˈθɛrɪk
AM dɪfˈθɪrɪk,
dɪpˈθɪrɪk

diphtheritic
BR ˌdɪfθəˈrɪtɪk,
ˌdɪpθəˈrɪtɪk
AM ˌdɪfθəˈrɪdɪk,
ˌdɪpθəˈrɪdɪk

diphtheroid
BR ˈdɪfθərɔɪd,
ˈdɪpθərɔɪd
AM ˈdɪfθəˌrɔɪd,
ˈdɪpθəˌrɔɪd

diphthong
BR ˈdɪfθɒŋ,
ˈdɪpθɒŋ, -z
AM ˈdɪfˌθɔŋ,
ˈdɪpˌθɑŋ,
ˈdɪfˌθɑŋ,
ˈdɪpˌθɔŋ,
-z

diphthongal
BR dɪfˈθɒŋgl,
dɪpˈθɒŋgl
AM dɪfˈθɔŋ(g)əl,
dɪpˈθɑŋ(g)əl,
dɪfˈθɑŋ(g)əl,
dɪpˈθɔŋ(g)əl

diphthongally
BR dɪfˈθɒŋgli,
dɪpˈθɒŋgli
AM dɪfˈθɔŋ(g)əli,
dɪpˈθɑŋ(g)əli,
dɪfˈθɑŋ(g)əli,
dɪpˈθɔŋ(g)əli

diphthongisation
BR ˌdɪfθɒŋgʌɪˈzeɪʃn,
ˌdɪpθɒŋgʌɪˈzeɪʃn
AM ˌdɪpθɔŋ,(g)aɪ-
ˈzeɪʃ(ə)n, ˌdɪfθɔŋ-
,(g)əˈzeɪʃ(ə)n,
ˌdɪfθɔŋ,(g)aɪ-
ˈzeɪʃ(ə)n, ˌdɪpθɑŋ-
,(g)əˈzeɪʃ(ə)n,
ˌdɪpθɑŋ,(g)aɪ-
ˈzeɪʃ(ə)n, ˌdɪfθɑŋ-
,(g)əˈzeɪʃ(ə)n,
ˌdɪfθɑŋ,(g)aɪ-
ˈzeɪʃ(ə)n, ˌdɪpθɔŋ-
,(g)əˈzeɪʃ(ə)n

diphthongise
BR ˈdɪfθɒŋgʌɪz,
ˈdɪpθɒŋgʌɪz,
-ɪz, -ɪŋ,
-d
AM ˈdɪfθɔŋ,(g)aɪz,
ˈdɪpθɑŋ,(g)aɪz,
ˈdɪfθɑŋ,(g)aɪz,
ˈdɪpθɔŋ,(g)aɪz,
-ɪz, -ɪŋ,
-d

diphthongization
BR ˌdɪfθɒŋgʌɪˈzeɪʃn,
ˌdɪpθɒŋgʌɪˈzeɪʃn
AM ˌdɪpθɔŋ,(g)aɪ-
ˈzeɪʃ(ə)n, ˌdɪfθɔŋ-
,(g)əˈzeɪʃ(ə)n,
ˌdɪfθɔŋ,(g)aɪ-
ˈzeɪʃ(ə)n, ˌdɪpθɑŋ-
,(g)əˈzeɪʃ(ə)n,
ˌdɪpθɑŋ,(g)aɪ-
ˈzeɪʃ(ə)n, ˌdɪfθɑŋ-
,(g)əˈzeɪʃ(ə)n,
ˌdɪfθɑŋ,(g)aɪ-
ˈzeɪʃ(ə)n, ˌdɪpθɔŋ-
,(g)əˈzeɪʃ(ə)n

diphthongize
BR ˈdɪfθɒŋgʌɪz,
ˈdɪpθɒŋgʌɪz, -ɪz,
-ɪŋ, -d
AM ˈdɪfθɔŋ,(g)aɪz,
ˈdɪpθɑŋ,(g)aɪz,
ˈdɪfθɑŋ,(g)aɪz,
ˈdɪpθɔŋ,(g)aɪz, -ɪz,
-ɪŋ, -d

diphycercal
BR ˌdɪfɪˈsəːkl
AM ˌdɪfɪˈsɜrk(ə)l

Diplock
BR ˈdɪplɒk
AM ˈdɪpˌlɑk

diplococci
BR ˌdɪplə(ʊ)-
ˈkɒk(s)ʌɪ,
ˌdɪplə(ʊ)ˈkɒk(s)iː
AM ˌdɪploʊˈkɑki,
ˌdɪploʊˈkɑsaɪ,
ˌdɪploʊˈkɑksi,
ˌdɪploʊˈkɑˌkaɪ

diplococcus
BR ˌdɪplə(ʊ)ˈkɒkəs
AM ˌdɪploʊˈkɑkəs

diplodoci
BR dɪˈplɒdəkʌɪ,
ˌdɪplə(ʊ)ˈdəʊkʌɪ
AM dəˈplɑdəˌkɑɪ

diplodocus
BR dɪˈplɒdəkəs,
ˌdɪplə(ʊ)ˈdəʊkəs, -ɪz
AM dəˈplɑdəkəs, -əz

diploid
BR ˈdɪplɔɪd, -z
AM ˈdɪplɔɪd, -z

diploidy
BR ˈdɪplɔɪdi
AM ˈdɪplɔɪdi

diploma
BR dɪˈpləʊmə(r), -z, -d
AM dəˈploʊmə, -z, -d

diplomacy
BR dɪˈpləʊməsi
AM dəˈploʊməsi

diplomat
BR ˈdɪpləmat, -s
AM ˈdɪpləˌmæt, -s

diplomate
BR ˈdɪpləmeɪt, -s
AM ˈdɪpləˌmeɪt, -s

diplomatic
BR ˌdɪpləˈmatɪk
AM ˌdɪpləˈmædɪk

diplomatically
BR ˌdɪpləˈmatɪkli
AM ˌdɪpləˈmædək(ə)li

diplomatise
BR dɪˈpləʊmətʌɪz,
-ɪŋ, -d
AM ˈdɪpləməˌtaɪz, -ɪz,
-ɪŋ, -d

diplomatist
BR dɪˈpləʊmətɪst, -s
AM dəˈploʊmədəst, -s

diplomatize
BR dɪˈpləʊmətʌɪz,
-ɪŋ, -d
AM ˈdɪpləməˌtaɪz, -ɪz,
-ɪŋ, -d

diplont
BR ˈdɪplɒnt, -s
AM ˈdɪˌplɑnt, -s

Diplopoda
BR ˌdɪpləˈpəʊdə(r)
AM ˌdɪpləˈpoʊdə

diplotene
BR ˈdɪplə(ʊ)tiːn, -z
AM ˈdɪploʊˌtin, -z

dipolar
BR dʌɪˈpəʊlə(r)
AM daɪˈpoʊlər

dipole
BR ˈdʌɪpəʊl, -z
AM ˈdaɪˌpoʊl, -z

dipper
BR ˈdɪpə(r), -z
AM ˈdɪpər, -z

dippy
BR ˈdɪpli, -ɪə(r),
-ɪɪst
AM ˈdɪpi, -ər, -ɪst

dipso
BR ˈdɪpsəʊ, -z
AM ˈdɪpsoʊ, -z

dipsomania
BR ˌdɪpsə(ʊ)ˈmeɪnɪə(r)
AM ˌdɪpsoʊˈmeɪnɪə,
ˌdɪpsəˈmeɪnɪə

dipsomaniac
BR ˌdɪpsə(ʊ)ˈmeɪnɪak,
-s
AM ˌdɪpsoʊˈmeɪniˌæk,
ˌdɪpsəˈmeɪniˌæk, -s

dipstick
BR ˈdɪpstɪk, -s
AM ˈdɪpˌstɪk, -s

dipswitch
BR ˈdɪpswɪtʃ, -ɪz
AM ˈdɪpˌswɪtʃ, -ɪz

Diptera
BR ˈdɪpt(ə)rə(r)
AM ˈdɪpt(ə)rə

dipteral
BR ˈdɪpt(ə)rl̩
AM ˈdɪptər(ə)l,
ˈdɪptr(ə)l

dipteran
BR ˈdɪptərn̩,
ˈdɪptr(ə)n, -z
AM ˈdɪptər(ə)n,
ˈdɪptr(ə)n, -z

dipterist
BR ˈdɪpt(ə)rɪst, -s
AM ˈdɪpt(ə)rəst, -s

dipterous
BR ˈdɪpt(ə)rəs
AM ˈdɪpt(ə)rəs

diptych
BR ˈdɪptɪk, -s
AM ˈdɪptɪk, -s

Dirac
BR dɪˈrak
AM dəˈrɑk

dire
BR ˈdʌɪə(r), -ɪst
AM ˈdaɪ(ə)r, -ɪst

direct
BR dɪˈrɛkt, dʌɪˈrɛkt,
-s, -ɪŋ, -ɪd
AM daɪˈrɛk|(t),
dəˈrɛk|(t), -(t)s, -tɪŋ,
-təd

direction
BR dɪˈrɛkʃn, dʌɪˈrɛkʃn,
-z
AM daɪˈrɛkʃ(ə)n,
dəˈrɛkʃ(ə)n, -z

directional
BR dɪˈrɛkʃn̩l,
dʌɪˈrɛkʃn̩l
AM daɪˈrɛkʃən(ə)l,
daɪˈrɛkʃn(ə)l,
dəˈrɛkʃən(ə)l,
dəˈrɛkʃn(ə)l

directionality
BR dɪˌrɛkʃəˈnalɪti,
dʌɪˌrɛkʃəˈnalɪti
AM daɪˌrɛkʃəˈnælədi,
dəˌrɛkʃəˈnælədi

directionally
BR dɪˈrɛkʃn̩li,
dɪˈrɛkʃnəli,
dʌɪˈrɛkʃn̩li,
dʌɪˈrɛkʃnəli
AM daɪˈrɛkʃ(ə)nəli,
dəˈrɛkʃ(ə)nəli

directionless
BR dɪˈrɛkʃnləs,
dʌɪˈrɛkʃnləs
AM daɪˈrɛkʃənləs,
dəˈrɛkʃənləs

directive
BR dɪˈrɛktɪv,
dʌɪˈrɛktɪv, -z
AM dəˈrɛktɪv, -z

directly
BR dɪˈrɛktli, dʌɪˈrɛktli
AM daɪˈrɛk(t)li,
dəˈrɛk(t)li

directness
BR dɪˈrɛk(t)nəs,
dʌɪˈrɛk(t)nəs
AM dəˈrɛk(t)nəs

Directoire
BR ˌdɪrɛkˈtwɑː(r),
ˌdiːrɛkˈtwɑː(r),
dɪˈrɛktwɑː(r)
AM dəˌrɛkˈtwɑr

director
BR dɪˈrɛktə(r),
dʌɪˈrɛktə(r), -z
AM daɪˈrɛktər,
dəˈrɛktər, -z

directorate
BR dɪˈrɛkt(ə)rət,
dʌɪˈrɛkt(ə)rət, -s
AM dəˈrɛkt(ə)rət, -s

directorial
BR ˌdʌɪrɛkˈtɔːrɪəl,
dɪˌrɛkˈtɔːrɪəl
AM ˌdaɪrɛkˈtɔri(ə)l,
dəˌrɛkˈtɔri(ə)l

directorship
BR dɪˈrɛktəʃɪp,
dʌɪˈrɛktəʃɪp, -s
AM dəˈrɛktərˌʃɪp, -s

directory
BR dɪˈrɛkt(ə)r|i,
dʌɪˈrɛkt(ə)r|i, -ɪz
AM daɪˈrɛkt(ə)ri,
dəˈrɛkt(ə)ri, -z

directress
BR dɪˈrɛktrɪs,
dʌɪˈrɛktrɪs, -ɪz
AM daɪˈrɛktrəs,
dəˈrɛktrəs, -əz

directrices
BR dɪˈrɛktrɪsiːz
AM daɪˈrɛktrəˌsiz,
dəˈrɛktrəˌsiz

directrix
BR dɪˈrɛktrɪks,
dʌɪˈrɛktrɪks, -ɪz
AM daɪˈrɛktrɪks,
dəˈrɛktrɪks, -ɪz

direful
BR ˈdʌɪəf(ʊ)l
AM ˈdaɪ(ə)rfəl

direfully
BR ˈdʌɪəfʊli, ˈdʌɪəfl̩i
AM ˈdaɪ(ə)rfˌ(ə)li

direly
BR ˈdaɪəli
AM ˈdaɪ(ə)rli

direness
BR ˈdaɪənəs
AM ˈdaɪ(ə)rnəs

dirge
BR dəːdʒ, -ɪz
AM dərdʒ, -əz

dirgeful
BR ˈdəːdʒf(ʊ)l
AM ˈdərdʒfəl

dirham
BR ˈdɪəram, -z
AM ˈdɪr(ə)m, -z

dirigible
BR ˈdɪrɪdʒɪbl, -z
AM ˈdɪrədʒəb(ə)l, dəˈrɪdʒəb(ə)l, -z

dirigisme
BR ˈdɪrɪʒiːzm
AM ˌdiriˈʒizm
FR diʀiʒism

dirigiste
BR ˌdɪrɪˈʒiːst, -s
AM ˌdiriˈʒist, -s
FR diʀiʒist

diriment
BR ˈdɪrɪm(ə)nt
AM ˈdɪrəm(ə)nt

dirk
BR dəːk, -s
AM dərk, -s

dirndl
BR ˈdəːndl, -z
AM ˈdərndl, -z

dirt
BR dəːt
AM dərt

dirtily
BR ˈdəːtɪli
AM ˈdərdəli

dirtiness
BR ˈdəːtɪnɪs
AM ˈdərdinɪs

dirty
BR ˈdəːt|i, -ɪz, -ɪŋ, -ɪd, -ɪə(r), -ɪɪst
AM ˈdərdi, -z, -ɪŋ, -d, -ər, -ɪst

disability
BR ˌdɪsəˈbɪlɪt|i, -ɪz
AM ˌdɪsəˈbɪlɪdi, -z

disable
BR dɪsˈeɪb|l, -lz, -lɪŋ\-lɪŋ, -ld
AM dəˈseɪb(ə)l, -z, -ɪŋ, -d

disablement
BR dɪsˈeɪblm(ə)nt, -s
AM dəˈseɪbəlm(ə)nt, -s

disablist
BR dɪˈseɪblɪst
AM dəˈseɪb(ə)ləst

disabuse
BR ˌdɪsəˈbjuːz, -ɪz, -ɪŋ, -d
AM ˌdɪsəˈbjuz, -əz, -ɪŋ, -d

disaccord
BR ˌdɪsəˈkɔːd, -z, -ɪŋ, -ɪd
AM ˌdɪsəˈkɔ(ə)rd, -z, -ɪŋ, -əd

disaccustom
BR ˌdɪsəˈkʌst(ə)m, -z, -ɪŋ, -d
AM ˌdɪsəˈkəst(ə)m, -z, -ɪŋ, -d

disadvantage
BR ˌdɪsədˈvɑːnt|ɪdʒ, -ɪdʒɪz
AM ˌdɪsədˈvæn(t)ɪdʒ, -ɪz

disadvantageous
BR ˌdɪsadv(ə)nˈteɪdʒəs, ˌdɪsadvanˈteɪdʒəs
AM ˌdɪsˌædvənˈteɪdʒəs

disadvantageously
BR ˌdɪsadv(ə)nˈteɪdʒəsli, ˌdɪsadvanˈteɪdʒəsli
AM ˌdɪsˌædvənˈteɪdʒəsli

disadvantageousness
BR ˌdɪsadv(ə)nˈteɪdʒəsnəs, ˌdɪsadvanˈteɪdʒəsnəs
AM ˌdɪsˌædvənˈteɪdʒəsnəs

disaffected
BR ˌdɪsəˈfɛktɪd
AM ˌdɪsəˈfɛktəd

disaffectedly
BR ˌdɪsəˈfɛktɪdli
AM ˌdɪsəˈfɛktədli

disaffection
BR ˌdɪsəˈfɛkʃn
AM ˌdɪsəˈfɛkʃ(ə)n

disaffiliate
BR ˌdɪsəˈfɪlɪeɪt, -s, -ɪŋ, -ɪd
AM ˌdɪsəˈfɪliei|t, -ts, -dɪŋ, -dɪd

disaffiliation
BR ˌdɪsəfɪliˈeɪʃn
AM ˌdɪsəˌfiliˈeɪʃ(ə)n

disaffirm
BR ˌdɪsəˈfəːm, -z, -ɪŋ, -d
AM ˌdɪsəˈfərm, -z, -ɪŋ, -d

disaffirmation
BR ˌdɪsafəˈmeɪʃn
AM ˈdɪsˌæfərˈmeɪʃ(ə)n, ˈdɪsəˌfərˈmeɪʃ(ə)n

disafforest
BR ˌdɪsəˈfɒrɪst, -s, -ɪŋ, -ɪd
AM ˌdɪsəˈfɔrəst, -s, -ɪŋ, -əd

disafforestation
BR ˌdɪsəfɒrɪˈsteɪʃn
AM ˈdɪsəˌfɔrəˈsteɪʃ(ə)n

disaggregate
BR dɪsˈagrɪgeɪt, -s, -ɪŋ, -ɪd
AM dɪsˈægrəgeɪ|t, -ts, -dɪŋ, -dɪd

disaggregation
BR dɪsagrɪˈgeɪʃn
AM ˈdɪsˌægrəˈgeɪʃ(ə)n

disagree
BR ˌdɪsəˈgriː, -z, -ɪŋ, -d
AM ˌdɪsəˈgri, -z, -ɪŋ, -d

disagreeable
BR ˌdɪsəˈgriːəbl
AM ˌdɪsəˈgriəb(ə)l

disagreeableness
BR ˌdɪsəˈgriːəblnəs
AM ˌdɪsəˈgriəbəlnəs

disagreeably
BR ˌdɪsəˈgriːəbli
AM ˌdɪsəˈgriəbli

disagreement
BR ˌdɪsəˈgriːm(ə)nt, -s
AM ˌdɪsəˈgrim(ə)nt, -s

disallow
BR ˌdɪsəˈlaʊ, -z, -ɪŋ, -d
AM ˌdɪsəˈlaʊ, -z, -ɪŋ, -d

disallowance
BR ˌdɪsəˈlaʊəns, -ɪz
AM ˌdɪsəˈlaʊəns, -əz

disambiguate
BR ˌdɪsamˈbɪgjʊeɪt, -s, -ɪŋ, -ɪd
AM ˌdɪsæmˈbɪgjəˌweɪ|t, -ts, -dɪŋ, -dɪd

disambiguation
BR ˌdɪsambɪgjʊˈeɪʃn
AM ˌdɪsamˌbɪgjəˈweɪʃ(ə)n

disamenity
BR ˌdɪsəˈmiːnɪt|i, ˌdɪsəˈmɛnɪt|i, -ɪz
AM ˌdɪsəˈmɛnədi, -z

disannul
BR ˌdɪsəˈnʌl, -z, -ɪŋ, -d
AM ˌdɪsəˈn(ə)l, -z, -ɪŋ, -d

disannulment
BR ˌdɪsəˈnʌlm(ə)nt
AM ˌdɪsəˈnəlm(ə)nt

disappear
BR ˌdɪsəˈpɪə(r), -z, -ɪŋ, -d
AM ˌdɪsəˈpɪ(ə)r, -z, -ɪŋ, -d

disappearance
BR ˌdɪsəˈpɪərns, -ɪz
AM ˌdɪsəˈpɪrəns, -əz

disappoint
BR ˌdɪsəˈpɔɪnt, -s, -ɪŋ, -ɪd
AM ˌdɪsəˈpɔɪn|t, -ts, -(t)ɪŋ, -(t)əd

disappointedly
BR ˌdɪsəˈpɔɪntɪdli
AM ˌdɪsəˈpɔɪn(t)ədli

disappointing
BR ˌdɪsəˈpɔɪntɪŋ
AM ˌdɪsəˈpɔɪn(t)ɪŋ
disappointingly
BR ˌdɪsəˈpɔɪntɪŋli
AM ˌdɪsəˈpɔɪn(t)ɪŋli
disappointment
BR ˌdɪsəˈpɔɪntm(ə)nt, -s
AM ˌdɪsəˈpɔɪntm(ə)nt, -s
disapprobation
BR ˌdɪsæprəˈbeɪʃn, dɪsˌæprəˈbeɪʃn
AM dɪsˌæprəˈbeɪʃ(ə)n
disapprobative
BR ˌdɪsəprəˈbeɪtɪv, dɪsˌæprəˈbeɪtɪv
AM ˌdɪsəˈproʊbədɪv
disapprobatory
BR ˌdɪsəprəˈbeɪt(ə)ri
AM ˌdɪsəˈproʊbəˌtɔri
disapproval
BR ˌdɪsəˈpruːvl
AM ˌdɪsəˈpruv(ə)l
disapprove
BR ˌdɪsəˈpruːv, -z, -ɪŋ, -d
AM ˌdɪsəˈpruv, -z, -ɪŋ, -d
disapprover
BR ˌdɪsəˈpruːvə(r), -z
AM ˌdɪsəˈpruvər, -z
disapprovingly
BR ˌdɪsəˈpruːvɪŋli
AM ˌdɪsəˈpruvɪŋli
disarm
BR dɪsˈɑːm, -z, -ɪŋ, -d
AM dɪsˈɑrm, -z, -ɪŋ, -d
disarmament
BR dɪsˈɑːməm(ə)nt
AM dɪsˈɑrməm(ə)nt
disarmer
BR dɪsˈɑːmə(r), -z
AM dɪsˈɑrmər, -z
disarming
BR dɪsˈɑːmɪŋ
AM dɪsˈɑrmɪŋ
disarmingly
BR dɪsˈɑːmɪŋli
AM dɪsˈɑrmɪŋli

disarrange
BR ˌdɪsəˈreɪn(d)ʒ, -ɪz, -ɪŋ, -d
AM ˌdɪsəˈreɪndʒ, -ɪz, -ɪŋ, -d
disarrangement
BR ˌdɪsəˈreɪn(d)ʒm(ə)nt
AM ˌdɪsəˈreɪndʒm(ə)nt
disarray
BR ˌdɪsəˈreɪ
AM ˌdɪsəˈreɪ
disarticulate
BR ˌdɪsɑːˈtɪkjʉleɪt, -s, -ɪŋ, -ɪd
AM ˌdɪsɑrˈtɪkjəˌleɪ|t, -ts, -dɪŋ, -dɪd
disarticulation
BR ˌdɪsɑːtɪkjʉˈleɪʃn
AM ˈdɪsɑrˌtɪkjəˈleɪʃ(ə)n
disassemble
BR ˌdɪsəˈsɛmb|l, -lz, -lɪŋ\-lɪŋ, -ld
AM ˌdɪsəˈsɛmb(ə)l, -z, -ɪŋ, -d
disassembly
BR ˌdɪsəˈsɛmbli
AM ˌdɪsəˈsɛmbli
disassociate
BR ˌdɪsəˈsəʊʃieɪt, ˌdɪsəˈsəʊsieɪt, -s, -ɪŋ, -ɪd
AM ˌdɪsəˈsoʊsiˌeɪ|t, ˌdɪsəˈsoʊʃiˌeɪ|t, -ts, -dɪŋ, -dɪd
disassociation
BR ˌdɪsəsəʊʃiˈeɪʃn, ˌdɪsəsəʊsiˈeɪʃn
AM ˈdɪsəˌsoʊsiˈeɪʃ(ə)n, ˈdɪsəˌsoʊʃiˈeɪʃ(ə)n
disaster
BR dɪˈzɑːstə(r), -z
AM dəˈzæstər, -z
disastrous
BR dɪˈzɑːstrəs
AM dəˈzæstrəsli
disastrously
BR dɪˈzɑːstrəsli
AM dəˈzæstrəs
disastrousness
BR dɪˈzɑːstrəsnəs
AM dəˈzæstrəsnəs

disavow
BR ˌdɪsəˈvaʊ, -z, -ɪŋ, -d
AM ˌdɪsəˈvaʊ, -z, -ɪŋ, -d
disavowal
BR ˌdɪsəˈvaʊəl
AM ˌdɪsəˈvaʊ(ə)l
disband
BR dɪsˈband, -z, -ɪŋ, -ɪd
AM dɪsˈbænd, -z, -ɪn, -əd
disbandment
BR dɪsˈban(d)m(ə)nt
AM dɪsˈbæn(d)m(ə)nt
disbar
BR dɪsˈbɑː(r), -z, -ɪŋ, -d
AM dɪsˈbɑr, -z, -ɪŋ, -d
disbarment
BR dɪsˈbɑːm(ə)nt
AM dɪsˈbɑrm(ə)nt
disbelief
BR ˌdɪsbɪˈliːf
AM ˌdɪsbəˈlif
disbelieve
BR ˌdɪsbɪˈliːv, -z, -ɪŋ, -d
AM ˌdɪsbəˈliv, -z, -ɪŋ, -d
disbeliever
BR ˌdɪsbɪˈliːvə(r), -z
AM ˌdɪsbəˈlivər, -z
disbelievingly
BR ˌdɪsbɪˈliːvɪŋli
AM ˌdɪsbəˈlivɪŋli
disbenefit
BR ˌdɪsˈbɛnɪfɪt, -s
AM ˌdɪsˈbɛnəfɪt, -s
disbound
BR dɪsˈbaʊnd, -z, -ɪŋ, -ɪd
AM dɪsˈbaʊnd, -z, -ɪŋ, -əd
disbud
BR (ˌ)dɪsˈbʌd, -z, -ɪŋ, -ɪd
AM dɪsˈbəd, -z, -ɪŋ, -əd
disburden
BR dɪsˈbɜːd|n, -nz, -nɪŋ\-nɪŋ, -nd
AM dɪsˈbɜrd(ə)n, -z, -ɪŋ, -d

disbursal
BR dɪsˈbɜːsl
AM dɪsˈbɜrs(ə)l
disburse
BR dɪsˈbɜːs, -ɪz, -ɪŋ, -t
AM dɪsˈbɜrs, -əz, -ɪŋ, -t
disbursement
BR dɪsˈbɜːsm(ə)nt, -s
AM dɪsˈbɜrsm(ə)nt, -s
disburser
BR dɪsˈbɜːsə(r), -z
AM dɪsˈbɜrsər, -z
disc
BR dɪsk, -s
AM dɪsk, -s
discalced
BR dɪsˈkalst
AM dəˈskælst
discard[1] *noun*
BR ˈdɪskɑːd, -z
AM ˈdɪsˌkɑrd, -z
discard[2] *verb*
BR dɪsˈkɑːd, -z, -ɪŋ, -ɪd
AM dəˈskɑrd, -z, -ɪŋ, -ɪd
discardable
BR dɪsˈkɑːdəbl
AM dəˈskɑrdəb(ə)l
discarnate
BR dɪsˈkɑːnət
AM dəˈskɑrˌneɪt, dəˈskɑrnət
discern
BR dɪˈsɜːn, -z, -ɪŋ, -d
AM dəˈsɜrn, -z, -ɪŋ, -d
discerner
BR dɪˈsɜːnə(r), -z
AM dəˈsɜrnər, -z
discernible
BR dɪˈsɜːnɪbl
AM dəˈsɜrnəb(ə)l
discernibly
BR dɪˈsɜːnɪbli
AM dəˈsɜrnəbli
discerning
BR dɪˈsɜːnɪŋ
AM dəˈsɜrnɪŋ
discerningly
BR dɪˈsɜːnɪŋli
AM dəˈsɜrnɪŋli

discernment

discernment
BR dɪˈsɜːnm(ə)nt
AM dəˈsɜrnm(ə)nt
discerptibility
BR dɪˌsɜːptɪˈbɪlɪti
AM dəˌsɜrptəˈbɪlɪdi
discerptible
BR dɪˈsɜːptɪbl
AM dəˈsɜrptəb(ə)l
discerption
BR dɪˈsɜːpʃn, -z
AM dəˈsɜrpʃ(ə)n, -z
discharge[1] *noun*
BR ˈdɪstʃɑːdʒ, -ɪz
AM ˈdɪsˌtʃɑrdʒ, -əz
discharge[2] *verb*
BR dɪsˈtʃɑːdʒ, -ɪz, -ɪŋ, -d
AM dɪsˈtʃɑrdʒ, -əz, -ɪŋ, -d
dischargeable
BR dɪsˈtʃɑːdʒəbl
AM dɪsˈtʃɑrdʒəb(ə)l
discharger
BR dɪsˈtʃɑːdʒə(r), -z
AM dɪsˈtʃɑrdʒər, -z
dischuff
BR ˌdɪsˈtʃʌf, -s, -ɪŋ, -t
AM dəsˈtʃəf, -s, -ɪŋ, -t
disciple
BR dɪˈsaɪpl, -z
AM dəˈsaɪp(ə)l, -z
discipleship
BR dɪˈsaɪplʃɪp
AM dəˈsaɪpəlˌʃɪp
disciplinable
BR ˈdɪsɪplɪnəbl
AM ˈdɪsɪˌplɪnəb(ə)l
disciplinal
BR ˈdɪsɪplɪnl
AM ˈdɪsɪplɪn(ə)l
disciplinarian
BR ˌdɪsɪplɪˈnɛːrɪən, -z
AM ˌdɪsəplɪˈnɛrɪən, -z
disciplinary
BR ˌdɪsɪˈplɪn(ə)ri, ˈdɪsɪplɪn(ə)ri
AM ˈdɪsəplɪˌnɛri
discipline
BR ˈdɪsɪplɪn, -z, -ɪŋ, -d
AM ˈdɪsɪplɪn, -z, -ɪŋ, -d

discipular
BR dɪˈsɪpjʊlə(r)
AM dəˈsɪpjələr
disclaim
BR dɪsˈkleɪm, -z, -ɪŋ, -d
AM dɪsˈkleɪm, -z, -ɪŋ, -d
disclaimer
BR dɪsˈkleɪmə(r), -z
AM dɪsˈkleɪmər, -z
disclose
BR dɪsˈkləʊz, -ɪz, -ɪŋ, -d
AM dəˈskloʊz, -əz, -ɪŋ, -d
discloser
BR dɪsˈkləʊzə(r), -z
AM dəˈskloʊzər, -z
disclosure
BR dɪsˈkləʊʒə(r), -z
AM dəˈskloʊʒər, -z
disco
BR ˈdɪskəʊ, -z
AM ˈdɪskoʊ, -z
discoboli
BR dɪˈskɒblʌɪ, dɪˈskɒbˌliː
AM dəˈskɑbəˌlaɪ
discobolus
BR dɪˈskɒbləs
AM dəˈskɑbələs
discographer
BR dɪsˈkɒgrəfə(r), -z
AM dɪsˈkɑgrəfər, -z
discography
BR dɪsˈkɒgrəf|i, -ɪz
AM dɪsˈkɑgrəfi, -z
discoid
BR ˈdɪskɔɪd
AM ˈdɪsˌkɔɪd
discolor
BR dɪsˈkʌl|ə(r), -əz, -(ə)rɪŋ, -əd
AM dɪsˈkələr, -z, -ɪŋ, -d
discoloration
BR dɪsˌkʌləˈreɪʃn, ˌdɪskʌləˈreɪʃn
AM ˌdɪsˌkələˈreɪʃ(ə)n, dɪsˌkələˈreɪʃ(ə)n

discolour
BR dɪsˈkʌlə(r), -z, -ɪŋ, -d
AM dɪsˈkələr, -z, -ɪŋ, -d
discolouration
BR dɪsˌkʌləˈreɪʃn, ˌdɪskʌləˈreɪʃn
AM ˌdɪsˌkələˈreɪʃ(ə)n, dɪsˌkələˈreɪʃ(ə)n
discombobulate
BR ˌdɪskəmˈbɒbjʊleɪt, -s, -ɪŋ, -ɪd
AM ˌdɪskəmˈbɑbjəˌleɪ|t, -ts, -dɪŋ, -dɪd
discomfit
BR dɪsˈkʌmfɪt, -s, -ɪŋ, -ɪd
AM dɪsˈkəmfə|t, -ts, -dɪŋ, -dəd
discomfiture
BR dɪsˈkʌmfɪtʃə(r)
AM dɪsˈkəmfətʃər, dɪsˈkəmfəˌtʃʊ(ə)r
discomfort
BR dɪsˈkʌmfət, -s
AM dɪsˈkəmfərt, -s
discommode
BR ˌdɪskəˈməʊd, -z, -ɪŋ, -ɪd
AM ˌdɪskəˈmoʊd, -z, -ɪŋ, -əd
discommodious
BR ˌdɪskəˈməʊdɪəs
AM ˌdɪskəˈmoʊdɪəs
discompose
BR ˌdɪskəmˈpəʊz, -ɪz, -ɪŋ, -d
AM ˌdɪskəmˈpoʊz, -əz, -ɪŋ, -d
discomposure
BR ˌdɪskəmˈpəʊʒə(r)
AM ˌdɪskəmˈpoʊʒər
disconcert
BR ˌdɪskənˈsɜːt, -s, -ɪŋ, -ɪd
AM ˌdɪskənˈsɜr|t, -ts, -dɪŋ, -dəd
disconcertedly
BR ˌdɪskənˈsɜːtɪdli
AM ˌdɪskənˈsɜrdədli

disconsolately

disconcerting
BR ˌdɪskənˈsɜːtɪŋ
AM ˌdɪskənˈsɜrdɪŋ
disconcertingly
BR ˌdɪskənˈsɜːtɪŋli
AM ˌdɪskənˈsɜrdɪŋli
disconcertion
BR ˌdɪskənˈsɜːʃn
AM ˌdɪskənˈsɜrʃ(ə)n
disconcertment
BR ˌdɪskənˈsɜːtm(ə)nt
AM ˌdɪskənˈsɜrtm(ə)nt
disconfirm
BR ˌdɪskənˈfɜːm, -z, -ɪŋ, -d
AM ˌdɪskənˈfɜrm, -z, -ɪŋ, -d
disconfirmation
BR ˌdɪskɒnfɜːˈmeɪʃn
AM ˌdɪsˌkɑnfərˈmeɪʃ(ə)n
disconformity
BR ˌdɪskənˈfɔːmɪt|i, -ɪz
AM ˌdɪskənˈfɔrmədi, -z
disconnect
BR ˌdɪskəˈnɛkt, -s, -ɪŋ, -ɪd
AM ˌdɪskəˈnɛk|(t), -(t)s, -tɪŋ, -təd
disconnected
BR ˌdɪskəˈnɛktɪd
AM ˌdɪskəˈnɛktəd
disconnectedly
BR ˌdɪskəˈnɛktɪdli
AM ˌdɪskəˈnɛktədli
disconnectedness
BR ˌdɪskəˈnɛktɪdnɪs
AM ˌdɪskəˈnɛktədnəs
disconnection
BR ˌdɪskəˈnɛkʃn, -z
AM ˌdɪskəˈnɛkʃ(ə)n, -z
disconnexion
BR ˌdɪskəˈnɛkʃn, -z
AM ˌdɪskəˈnɛkʃ(ə)n, -z
disconsolate
BR dɪsˈkɒnslət
AM dɪsˈkɑns(ə)lət
disconsolately
BR dɪsˈkɒnslətli
AM dɪsˈkɑns(ə)lətli

disconsolateness
BR dɪsˈkɒnslətnəs
AM dɪsˈkɑns(ə)lətnəs
disconsolation
BR ˌdɪskɒnsəˈleɪʃn,
dɪˌskɒnsəˈleɪʃn
AM ˈˌdɪsˌkɑnsəˈleɪʃ(ə)n
discontent
BR ˌdɪskənˈtent, -s
AM ˌdɪskənˈtent, -s
discontented
BR ˌdɪskənˈtentɪd
AM ˌdɪskənˈten(t)əd
discontentedly
BR ˌdɪskənˈtentɪdli
AM ˌdɪskənˈten(t)ədli
discontentedness
BR ˌdɪskənˈtentɪdnɪs
AM ˌdɪskənˈten(t)ədnəs
discontently
BR ˌdɪskənˈtentli
AM ˌdɪskənˈten(t)li
discontentment
BR ˌdɪskənˈtentm(ə)nt, -s
AM ˌdɪskənˈtentm(ə)nt, -s
discontinuance
BR ˌdɪskənˈtɪnjʊəns
AM ˌdɪskənˈtɪnjəwəns
discontinuation
BR ˌdɪskəntɪnjʊˈeɪʃn
AM ˈˌdɪskənˌtɪnjəˈweɪʃ(ə)n
discontinue
BR ˌdɪskənˈtɪnjuː, -z, -ɪŋ, -d
AM ˌdɪskənˈtɪnju, -z, -ɪŋ, -d
discontinuity
BR ˌdɪskɒntɪˈnjuːɪti
AM ˈˌdɪsˌkɑntəˈn(j)uədi, ˈˌdɪsˌkɑntn̩ˈ(j)uədi
discontinuous
BR ˌdɪskənˈtɪnjʊəs
AM ˌdɪskənˈtɪnjəwəs
discontinuously
BR ˌdɪskənˈtɪnjʊəsli
AM ˌdɪskənˈtɪnjəwəsli
discord
BR ˈdɪskɔːd
AM ˈdɪsˌkɔ(ə)rd

discordance
BR dɪsˈkɔːd(ə)ns
AM ˌdɪsˈkɔrdəns
discordancy
BR dɪsˈkɔːd(ə)ns|i, -ɪz
AM ˌdɪsˈkɔrdənsi, -z
discordant
BR dɪsˈkɔːd(ə)nt
AM ˌdɪsˈkɔrdənt
discordantly
BR dɪsˈkɔːd(ə)ntli
AM ˌdɪsˈkɔrdən(t)li
discothèque
BR ˈdɪskətɛk, -s
AM ˈdɪskəˌtɛk, -s
discount[1] *noun, verb, reduce price*
BR ˈdɪskaʊnt, -s, -ɪŋ, -ɪd
AM ˈdɪsˌkaʊn|t, -ts, -(t)ɪŋ, -(t)əd
discount[2] *verb, treat as untrue*
BR dɪsˈkaʊnt, -s, -ɪŋ, -ɪd
AM ˌdɪsˈkaʊn|t, -ts, -(t)ɪŋ, -(t)əd
discountable *adjective, to be treated as untrue*
BR dɪsˈkaʊntəbl
AM ˌdɪsˈkaʊn(t)əb(ə)l
discountenance
BR dɪsˈkaʊntɪnəns, -ɪz, -ɪŋ, -t
AM dɪsˈkaʊn(t)ənəns, dɪsˈkaʊnt(ə)nəns, -əz, -ɪŋ, -t
discounter *someone who treats something as untrue*
BR dɪsˈkaʊntə(r), -z
AM ˌdɪsˈkaʊn(t)ər, -z
discourage
BR dɪsˈkʌr|ɪdʒ, dɪˈskʌr|ɪdʒ, -ɪdʒɪz, -ɪdʒɪŋ, -ɪdʒd
AM dəˈskɜrɪdʒ, -ɪz, -ɪŋ, -d
discouragement
BR dɪsˈkʌrɪdʒm(ə)nt, dɪˈskʌrɪdʒm(ə)nt, -s
AM dəˈskɜrɪdʒm(ə)nt, -s

discouraging
BR dɪsˈkʌrɪdʒɪŋ, dɪˈskʌrɪdʒɪŋ
AM dəˈskɜrɪdʒɪŋ
discouragingly
BR dɪsˈkʌrɪdʒɪŋli, dɪˈskʌrɪdʒɪŋli
AM dəˈskɜrɪdʒɪŋli
discourse[1] *noun*
BR ˈdɪskɔːs, -ɪz
AM ˈdɪsˌkɔ(ə)rs, -əz
discourse[2] *verb*
BR dɪsˈkɔːs, -ɪz, -ɪŋ, -t
AM dɪsˈkɔ(ə)rs, -əz, -ɪŋ, -t
discourteous
BR dɪsˈkɜːtɪəs
AM dɪsˈkɜrdiəs
discourteously
BR dɪsˈkɜːtɪəsli
AM dɪsˈkɜrdiəsli
discourteousness
BR dɪsˈkɜːtɪəsnəs
AM dɪsˈkɜrdiəsnəs
discourtesy
BR dɪsˈkɜːtəs|i, -ɪz
AM dɪsˈkɜrdəsi, -z
discover
BR dɪˈskʌv|ə(r), -əz, -(ə)rɪŋ, -əd
AM dəˈskəv|ər, -ərz, -(ə)rɪŋ, -ərd
discoverable
BR dɪˈskʌv(ə)rəbl
AM dəˈskəv(ə)rəb(ə)l
discoverer
BR dɪˈskʌv(ə)rə(r), -z
AM dəˈskəv(ə)rər, -z
discovery
BR dɪˈskʌv(ə)r|i, -ɪz
AM dəˈskəv(ə)ri, -z
discredit
BR (ˌ)dɪsˈkred|ɪt, -s, -ɪtɪŋ, -ɪtɪd
AM dɪsˈkredə|t, -ts, -dɪŋ, -dəd
discreditable
BR (ˌ)dɪsˈkredɪtəbl
AM dɪsˈkredədəb(ə)l
discreditably
BR (ˌ)dɪsˈkredɪtəbli
AM dɪsˈkredədəbli

discreet
BR dɪˈskriːt, -ɪst
AM dəˈskri|t, -dɪst
discreetly
BR dɪˈskriːtli
AM dəˈskritli
discreetness
BR dɪˈskriːtnɪs
AM dəˈskritnɪs
discrepancy
BR dɪˈskrep(ə)ns|i, -ɪz
AM dəˈskrepənsi, -z
discrepant
BR dɪˈskrep(ə)nt
AM dəˈskrepənt
discrete
BR dɪˈskriːt
AM dəˈskrit
discretely
BR dɪˈskriːtli
AM dəˈskritli
discreteness
BR dɪˈskriːtnɪs
AM dəˈskritnɪs
discretion
BR dɪˈskreʃn
AM dəˈskreʃ(ə)n
discretionary
BR dɪˈskreʃn(ə)ri
AM dəˈskreʃəˌneri
discriminant
BR dɪˈskrɪmɪnənt
AM dəˈskrɪm(ə)nənt
discriminate[1] *adjective*
BR dɪˈskrɪmɪnət
AM dəˈskrɪm(ə)nət
discriminate[2] *verb*
BR dɪˈskrɪmɪneɪt, -s, -ɪŋ, -ɪd
AM dəˈskrɪməˌneɪ|t, -ts, -dɪŋ, -dɪd
discriminately
BR dɪˈskrɪmɪnətli
AM dəˈskrɪm(ə)nətli
discriminatingly
BR dɪˈskrɪmɪneɪtɪŋli
AM dəˈskrɪməˌneɪdɪŋli
discrimination
BR dɪˌskrɪmɪˈneɪʃn
AM dəˌskrɪməˈneɪʃ(ə)n

discriminative
BR dɪˈskrɪmɪnətɪv
AM dəˈskrɪmənədɪv,
dəˈskrɪməˌneɪdɪv

discriminator
BR dɪˈskrɪmɪneɪtə(r), -z
AM dəˈskrɪməˌneɪdər,
-z

discriminatory
BR dɪˈskrɪmɪnət(ə)ri
AM dəˈskrɪmənəˌtɔri

discursive
BR dɪsˈkɜːsɪv
AM dəˈskɜrsɪv

discursively
BR dɪsˈkɜːsɪvli
AM dəˈskɜrsɪvli

discursiveness
BR dɪsˈkɜːsɪvnɪs
AM dəˈskɜrsɪvnɪs

discus
BR ˈdɪskəs, -ɪz
AM ˈdɪskəs, -əz

discuss
BR dɪˈskʌs, -ɪz, -ɪŋ, -t
AM dəˈskəs, -əz, -ɪŋ, -t

discussable
BR dɪˈskʌsəbl
AM dəˈskəsəb(ə)l

discussant
BR dɪˈskʌsnt, -s
AM dəˈskəs(ə)nt, -s

discusser
BR dɪˈskʌsə(r), -z
AM dəˈskəsər, -z

discussible
BR dɪˈskʌsɪbl
AM dəˈskəsəb(ə)l

discussion
BR dɪˈskʌʃn, -z
AM dəˈskəʃ(ə)n, -z

disdain
BR dɪsˈdeɪn, -z, -ɪŋ, -d
AM dɪsˈdeɪn, -z, -ɪŋ, -d

disdainful
BR dɪsˈdeɪnf(ʊ)l
AM dɪsˈdeɪnf(ə)l

disdainfully
BR dɪsˈdeɪnfəli,
dɪsˈdeɪnfl̩i
AM dɪsˈdeɪnfəli

disdainfulness
BR dɪsˈdeɪnf(ʊ)lnəs
AM dɪsˈdeɪnfəlnəs

disease
BR dɪˈziːz, -ɪz, -d
AM dəˈziz, -ɪz, -d

diseconomy
BR ˌdɪsɪˈkɒnəmi
AM ˌdɪsɪˈkɑnəmi

disembark
BR ˌdɪs(ɪ)mˈbɑːk, ˌdɪsɛmˈbɑːk, -s, -ɪŋ, -t
AM ˌdɪsɛmˈbɑrk, -s, -ɪŋ, -t

disembarkation
BR ˌdɪsɛmbɑːˈkeɪʃn, ˌdɪs(ɪ)mbɑːˈkeɪʃn
AM dɪsˌɛmbɑrˈkeɪʃ(ə)n

disembarrass
BR ˌdɪs(ɪ)mˈbarəs, ˌdɪsɛmˈbarəs, -ɪz, -ɪŋ, -t
AM ˌdɪsɛmˈbɛrəs, -əz, -ɪŋ, -t

disembarrassment
BR ˌdɪs(ɪ)mˈbarəsm(ə)nt, ˌdɪsɛmˈbarəsm(ə)nt
AM ˌdɪsɛmˈbɛrəsm(ə)nt

disembodied
BR ˌdɪs(ɪ)mˈbɒdɪd, ˌdɪsɛmˈbɒdɪd
AM ˌdɪsɛmˈbɑdɪd

disembodiment
BR ˌdɪs(ɪ)mˈbɒdɪm(ə)nt, ˌdɪsɛmˈbɒdɪm(ə)nt
AM ˌdɪsɛmˈbɑdɪm(ə)nt

disembody
BR ˌdɪs(ɪ)mˈbɒd|i, ˌdɪsɛmˈbɒd|i, -ɪz, -ɪɪŋ, -ɪd
AM ˌdɪsɛmˈbɑdi, -z, -ɪŋ, -d

disembogue
BR ˌdɪs(ɪ)mˈbəʊg, ˌdɪsɛmˈbəʊg, -z, -ɪŋ, -d
AM ˌdɪsɛmˈboʊg, -z, -ɪŋ, -d

disembowel
BR ˌdɪs(ɪ)mˈbaʊ(ə)l, ˌdɪsɛmˈbaʊ(ə)l, -z, -ɪŋ, -d
AM ˌdɪsəmˈbaʊ(ə)l, -z, -ɪŋ, -d

disembowelment
BR ˌdɪs(ɪ)mˈbaʊ(ə)lm(ə)nt, ˌdɪsɛmˈbaʊ(ə)lm(ə)nt
AM ˌdɪsəmˈbaʊlm(ə)nt

disembroil
BR ˌdɪs(ɪ)mˈbrɔɪl, ˌdɪsɛmˈbrɔɪl, -z, -ɪŋ, -d
AM ˌdɪsɛmˈbrɔɪl, -z, -ɪŋ, -d

disempower
BR ˌdɪs(ɪ)mˈpaʊə(r), ˌdɪsɛmˈpaʊə(r), -əz, -(ə)rɪŋ, -əd
AM ˌdɪsəmˈpaʊ(ə)r, -ərd, -(ə)rɪŋ, -ərd

disenchant
BR ˌdɪs(ɪ)nˈtʃɑːnt, ˌdɪsɛnˈtʃɑːnt, -s, -ɪŋ, -ɪd
AM ˌdɪsənˈtʃænt, -ts, -(t)ɪŋ, -(t)əd

disenchantingly
BR ˌdɪs(ɪ)nˈtʃɑːntɪŋli, ˌdɪsɛnˈtʃɑːntɪŋli
AM ˌdɪsənˈtʃæn(t)ɪŋli

disenchantment
BR ˌdɪs(ɪ)nˈtʃɑːntm(ə)nt, ˌdɪsɛnˈtʃɑːntm(ə)nt, -s
AM ˌdɪsənˈtʃæntm(ə)nt, -s

disencumber
BR ˌdɪs(ɪ)nˈkʌmb|ə(r), ˌdɪsɛnˈkʌmb|ə(r), -əz, -(ə)rɪŋ, -əd
AM ˌdɪsənˈkəmb|ər, -ərd, -(ə)rɪŋ, -ərd

disendow
BR ˌdɪs(ɪ)nˈdaʊ, ˌdɪsɛnˈdaʊ, -z, -ɪŋ, -d
AM ˌdɪsənˈdaʊ, -z, -ɪŋ, -d

disendowment
BR ˌdɪs(ɪ)nˈdaʊm(ə)nt, ˌdɪsɛnˈdaʊm(ə)nt
AM ˌdɪsənˈdaʊm(ə)nt

disenfranchise
BR ˌdɪs(ɪ)nˈfræntʃaɪz, ˌdɪsɛnˈfræntʃaɪz, -ɪz, -ɪŋ, -d
AM ˌdɪsənˈfræntʃaɪz, -ɪz, -ɪŋ, -d

disenfranchisement
BR ˌdɪs(ɪ)nˈfræntʃɪzm(ə)nt, ˌdɪsɛnˈfræntʃɪzm(ə)nt
AM ˌdɪsənˈfræntʃəzm(ə)nt, ˌdɪsənˈfræntʃaɪzm(ə)nt

disengage
BR ˌdɪs(ɪ)nˈgeɪdʒ, ˌdɪsɛnˈgeɪdʒ, -ɪz, -ɪŋ, -d
AM ˌdɪsənˈgeɪdʒ, -ɪz, -ɪŋ, -d

disengagement
BR ˌdɪs(ɪ)nˈgeɪdʒm(ə)nt, ˌdɪsɛnˈgeɪdʒm(ə)nt
AM ˌdɪsənˈgeɪdʒm(ə)nt

disentail
BR ˌdɪs(ɪ)nˈteɪl, ˌdɪsɛnˈteɪl, -z, -ɪŋ, -d
AM ˌdɪsənˈteɪl, -z, -ɪŋ, -d

disentangle
BR ˌdɪs(ɪ)nˈtæŋg|l, ˌdɪsɛnˈtæŋg|l, -lz, -lɪŋ\-lɪŋ, -ld
AM ˌdɪsənˈtæŋg(ə)l, -z, -ɪŋ, -d

disentanglement
BR ˌdɪs(ɪ)nˈtæŋglm(ə)nt, ˌdɪsɛnˈtæŋglm(ə)nt
AM ˌdɪsənˈtæŋgəlm(ə)nt

disenthral
BR ˌdɪs(ɪ)nˈθrɔːl, ˌdɪsɛnˈθrɔːl, -z, -d
AM ˌdɪsənˈθrɑl, ˌdɪsənˈθrɔl, -z, -d

disenthralment
BR dɪs(ɪ)nˈθrɔːlm(ə)nt,
ˌdɪsɛnˈθrɔːlm(ə)nt
AM ˌdɪsənˈθrɑlm(ə)nt,
ˌdɪsənˈθrɔlm(ə)nt

disentitle
BR dɪs(ɪ)nˈtaɪt|l,
ˌdɪsɛnˈtaɪt|l, -lz,
-lɪŋ\-lɪŋ, -ld
AM ˌdɪsənˈtaɪd(ə)l, -z,
-ɪŋ, -d

disentitlement
BR dɪs(ɪ)nˈtaɪtlm(ə)nt,
ˌdɪsɛnˈtaɪtlm(ə)nt
AM ˌdɪsənˈtaɪdlm(ə)nt

disentomb
BR dɪs(ɪ)nˈtuːm,
ˌdɪsɛnˈtuːm, -z, -ɪŋ,
-d
AM ˌdɪsənˈtum, -z, -ɪŋ,
-d

disentombment
BR dɪs(ɪ)nˈtuːmm(ə)nt,
ˌdɪsɛnˈtuːmm(ə)nt
AM ˌdɪsən-
ˈtu(m)m(ə)nt

disequilibria
BR ˌdɪsɛkwɨˈlɪbrɪə(r),
ˌdɪsiːkwɨˈlɪbrɪə(r)
AM dɪsˌikwəˈlɪbrɪə,
dɪsˌɛkwəˈlɪbrɪə

disequilibrium
BR ˌdɪsɛkwɨˈlɪbrɪəm,
ˌdɪsiːkwɨˈlɪbrɪəm
AM dɪsˌikwəˈlɪbrɪəm,
dɪsˌɛkwəˈlɪbrɪəm

disestablish
BR ˌdɪsɪˈstabl|ɪʃ,
ˌdɪsɛˈstabl|ɪʃ, -ɪʃɪz,
-ɪʃɪŋ, -ɪʃt
AM ˌdɪsəˈstæblɪʃ, -ɪz,
-ɪŋ, -t

disestablishment
BR ˌdɪsɪˈstablɪʃm(ə)nt,
ˌdɪsɛˈstablɪʃm(ə)nt
AM ˌdɪsəˈstæblɪʃm(ə)nt

disesteem
BR ˌdɪsɪˈstiːm,
ˌdɪsɛˈstiːm, -z,
-ɪŋ, -d
AM ˌdɪsəˈstim, -z,
-ɪŋ, -d

diseur
BR diːˈzəː(r), -z
AM diˈzɜr, -z
FR dizœʁ

diseuse
BR diːˈzəːz, -ɪz
AM diˈzʊz, -əz
FR dizøz

disfavor
BR dɪsˈfeɪv|ə(r), -əz,
-(ə)rɪŋ, -əd
AM dɪsˈfeɪv|ər, -ərd,
-(ə)rɪŋ, -ərd

disfavour
BR dɪsˈfeɪv|ə(r), -əz,
-(ə)rɪŋ, -əd
AM dɪsˈfeɪv|ər, -ərd,
-(ə)rɪŋ, -ərd

disfigure
BR dɪsˈfɪɡ|ə(r), -əz,
-(ə)rɪŋ, -əd
AM dɪsˈfɪɡjər, -z, -ɪŋ, -d

disfigurement
BR dɪsˈfɪɡəm(ə)nt, -s
AM dɪsˈfɪɡjərm(ə)nt, -s

disforest
BR dɪsˈfɒr|ɪst, -ɪsts,
-ɪstɪŋ, -ɪstɪd
AM dɪsˈfɔrəst, -s, -ɪŋ,
-əd

disforestation
BR ˌdɪsfɒrɪˈsteɪʃn,
dɪsˌfɒrɪˈsteɪʃn
AM ˈˌdɪsˌfɔrəˈsteɪʃ(ə)n, dɪsˌfɔrəˈsteɪʃ(ə)n

disfranchise
BR dɪsˈfræn(t)ʃaɪz, -ɪz,
-ɪŋ, -d
AM dɪsˈfræn,tʃaɪz, -ɪz,
-ɪŋ, -d

disfranchisement
BR dɪsˈfræn(t)ʃɪzm(ə)nt
AM dɪsˈfræn-
ˌtʃaɪzm(ə)nt

disfrock
BR dɪsˈfrɒk, -s, -ɪŋ, -t
AM dɪsˈfrɑk, -s, -ɪŋ, -t

disgorge
BR dɪsˈɡɔːdʒ, -ɪz, -ɪŋ,
-d
AM dɪsˈɡɔrdʒ, -əz, -ɪŋ,
-d

disgorgement
BR dɪsˈɡɔːdʒm(ə)nt, -s
AM dɪsˈɡɔrdʒm(ə)nt,
-s

disgrace
BR dɪsˈɡreɪs,
dɪzˈɡreɪs, -ɪz,
-ɪŋ, -t
AM dɪsˈɡreɪs, -ɪz,
-ɪŋ, -t

disgraceful
BR dɪsˈɡreɪsf(ʊ)l,
dɪzˈɡreɪsf(ʊ)l
AM dɪsˈɡreɪsf(ə)l

disgracefully
BR dɪsˈɡreɪsf(ʊ)li,
dɪsˈɡreɪsfl̩i,
dɪzˈɡreɪsf(ʊ)li,
dɪzˈɡreɪsfl̩i
AM dɪsˈɡreɪsfəli

disgruntled
BR dɪsˈɡrʌntld
AM dɪsˈɡrəntld

disgruntlement
BR dɪsˈɡrʌntlm(ə)nt
AM dɪsˈɡrəntlm(ə)nt

disguise
BR dɪsˈɡʌɪz,
dɪzˈɡʌɪz, -ɪz,
-ɪŋ, -d
AM dɪsˈɡaɪz,
dəˈskaɪz, -ɪz,
-ɪŋ, -d

disguisement
BR dɪsˈɡʌɪzm(ə)nt,
dɪzˈɡʌɪzm(ə)nt
AM dɪsˈɡaɪzm(ə)nt

disgust
BR dɪsˈɡʌst,
dɪzˈɡʌst
AM dɪsˈɡəst,
dəˈskəst

disgustedly
BR dɪsˈɡʌstɨdli,
dɪzˈɡʌstɨdli
AM dɪsˈɡəstədli,
dəˈskəstədli

disgustful
BR dɪsˈɡʌs(t)f(ʊ)l,
dɪzˈɡʌs(t)f(ʊ)l
AM dɪsˈɡəstf(ə)l,
dəˈskəstf(ə)l

disgusting
BR dɪsˈɡʌstɪŋ,
dɪzˈɡʌstɪŋ
AM dɪsˈɡəstɪŋ,
dəˈskəstɪŋ

disgustingly
BR dɪsˈɡʌstɪŋli,
dɪzˈɡʌstɪŋli
AM dɪsˈɡəstɪŋli,
dəˈskəstɪŋli

disgustingness
BR dɪsˈɡʌstɪŋnɨs,
dɪzˈɡʌstɨŋnɨs
AM dɪsˈɡəstɪŋnɪs,
dəˈskəstɪŋnɪs

dish
BR dɪʃ, -ɪz, -ɪŋ, -t
AM dɪʃ, -ɪz, -ɪŋ, -t

dishabille
BR ˌdɪsəˈbiːl
AM ˌdɪsəˈbi(ə)l

dishabituation
BR ˌdɪsəbɪtjʊˈeɪʃn,
ˌdɪsəbɪtʃʊˈeɪʃn
AM ˈˌdɪsəˌbɪtʃə-
ˈweɪʃ(ə)n

disharmonious
BR ˌdɪshɑːˈməʊnɪəs
AM ˌdɪsˌ(h)ɑrˈmoʊnɪəs

disharmoniously
BR ˌdɪshɑːˈməʊnɪəsli
AM ˌdɪsˌ(h)ɑrˈmoʊnɪəsli

disharmonise
BR (ˌ)dɪsˈhɑːmənʌɪz,
-ɪz, -ɪŋ, -d
AM ˌdɪsˈhɑrməˌnaɪz,
-ɪz, -ɪŋ, -d

disharmonize
BR (ˌ)dɪsˈhɑːmənʌɪz,
-ɪz, -ɪŋ, -d
AM ˌdɪsˈhɑrməˌnaɪz,
-ɪz, -ɪŋ, -d

disharmony
BR (ˌ)dɪsˈhɑːməni
AM ˌdɪsˈhɑrməni

dishcloth
BR ˈdɪʃklɒ|θ,
-θs\-ðz
AM ˈdɪʃˌklɑ|θ,
ˈdɪʃˌklɔ|θ, -θs\-ðz

dishearten
BR dɪsˈhɑːt|n, -nz, -n̩ɪŋ\-nɪŋ, -nd
AM dɪsˈhɑrtn̩, -z, -ɪŋ, -d

dishearteningly
BR dɪsˈhɑːtn̩ɪŋli, dɪsˈhɑːtnɪŋli
AM dɪsˈhɑrtn̩ɪŋli

disheartenment
BR dɪsˈhɑːtnm(ə)nt, -s
AM dɪsˈhɑrtnm(ə)nt, -s

dishevel
BR dɪˈʃɛvl, -z, -d
AM dəˈʃɛv(ə)l, -z, -d

dishevelment
BR dɪˈʃɛvlm(ə)nt
AM dəˈʃɛvəlm(ə)nt

Dishforth
BR ˈdɪʃfəθ, ˈdɪʃfɔːθ
AM ˈdɪʃfərθ

dishful
BR ˈdɪʃfʊl, -z
AM ˈdɪʃˌfʊl, -z

dishily
BR ˈdɪʃɪli
AM ˈdɪʃɪli

dishiness
BR ˈdɪʃɪnɪs
AM ˈdɪʃɪnɪs

dishlike
BR ˈdɪʃlʌɪk
AM ˈdɪʃlaɪk

dishonest
BR dɪsˈɒnɪst
AM dɪsˈɑnəst

dishonestly
BR dɪsˈɒnɪstli
AM dɪsˈɑnəs(t)li

dishonesty
BR dɪsˈɒnɪsti
AM dɪsˈɑnəsti

dishonor
BR dɪsˈɒn|ə(r), -əz, -(ə)rɪŋ, -əd
AM dɪsˈɑnər, -z, -ɪŋ, -d

dishonorable
BR dɪsˈɒn(ə)rəbl
AM dɪsˈɑn(ə)rəb(ə)l

dishonorableness
BR dɪsˈɒn(ə)rəblnəs
AM dɪsˈɑn(ə)rəbəlnəs

dishonorably
BR dɪsˈɒn(ə)rəbli
AM dɪsˈɑn(ə)rəbli

dishonour
BR dɪsˈɒn|ə(r), -əz, -(ə)rɪŋ, -əd
AM dɪsˈɑnər, -z, -ɪŋ, -d

dishonourable
BR dɪsˈɒn(ə)rəbl
AM dɪsˈɑn(ə)r(ə)b(ə)l

dishonourableness
BR dɪsˈɒn(ə)rəblnəs
AM dɪsˈɑn(ə)rəbəlnəs

dishonourably
BR dɪsˈɒn(ə)rəbli
AM dɪsˈɑn(ə)rəbli

dishpan
BR ˈdɪʃpan, -z
AM ˈdɪʃˌpæn, -z

dishrag
BR ˈdɪʃrag, -z
AM ˈdɪʃˌræg, -z

dishwasher
BR ˈdɪʃˌwɒʃə(r), -z
AM ˈdɪʃˌwɑʃər, ˈdɪʃˌwɔʃər, -z

dishwater
BR ˈdɪʃˌwɔːtə(r)
AM ˈdɪʃˌwɑdər, ˈdɪʃˌwɔdər

dishy
BR ˈdɪʃi, -ɪə(r), -ɪɪst
AM ˈdɪʃi, -ər, -ɪst

disillusion
BR ˌdɪsɪˈl(j)uːʒn̩, -z, -ɪŋ, -d
AM ˌdɪsəˈluːʒ(ə)n, -z, -ɪŋ, -d

disillusionise
BR ˌdɪsɪˈl(j)uːʒn̩ʌɪz, -ɪz, -ɪŋ, -d
AM ˌdɪsəˈluːʒəˌnaɪz, -ɪz, -ɪŋ, -d

disillusionize
BR ˌdɪsɪˈl(j)uːʒn̩ʌɪz, -ɪz, -ɪŋ, -d
AM ˌdɪsəˈluːʒəˌnaɪz, -ɪz, -ɪŋ, -d

disillusionment
BR ˌdɪsɪˈl(j)uːʒnm(ə)nt, -s
AM ˌdɪsəˈluːʒənm(ə)nt, -s

disincentive
BR ˌdɪs(ɪ)nˈsɛntɪv, -z
AM ˌdɪsənˈsɛn(t)ɪv, -z

disinclination
BR ˌdɪsɪnklɪˈneɪʃn, ˌdɪsɪŋklɪˈneɪʃn
AM ˌdɪsˌɪŋkləˈneɪʃ(ə)n, ˌdɪsəŋkləˈneɪʃ(ə)n

disincline
BR ˌdɪs(ɪ)nˈklʌɪn, ˌdɪsɪŋˈklʌɪn, -z, -ɪŋ, -d
AM ˌdɪsənˈklaɪn, -z, -ɪŋ, -d

disincorporate
BR ˌdɪs(ɪ)nˈkɔːpəreɪt, ˌdɪsɪŋˈkɔːpəreɪt, -s, -ɪŋ, -ɪd
AM ˌdɪsənˈkɔrpəˌreɪ|t, -ts, -dɪŋ, -dɪd

disinfect
BR ˌdɪs(ɪ)nˈfɛkt, -s, -ɪŋ, -ɪd
AM ˌdɪsənˈfɛk|(t), -(t)s, -tɪŋ, -təd

disinfectant
BR ˌdɪs(ɪ)nˈfɛkt(ə)nt, -s
AM ˌdɪsənˈfɛktnt, -s

disinfection
BR ˌdɪs(ɪ)nˈfɛkʃn, -z
AM ˌdɪsənˈfɛkʃ(ə)n, -z

disinfest
BR ˌdɪs(ɪ)nˈfɛst, -s, -ɪŋ, -ɪd
AM ˌdɪsənˈfɛst, -s, -ɪŋ, -əd

disinfestation
BR ˌdɪs(ɪ)nfɛˈsteɪʃn
AM dɪsˌɪnfɛsˈteɪʃ(ə)n, ˌdɪsənˌfɛsˈteɪʃ(ə)n

disinflation
BR ˌdɪs(ɪ)nˈfleɪʃn
AM ˌdɪsənˈfleɪʃ(ə)n

disinflationary
BR ˌdɪs(ɪ)nˈfleɪʃn(ə)ri
AM ˌdɪsənˈfleɪʃəˌnɛri

disinformation
BR ˌdɪsɪnfəːˈmeɪʃn
AM dɪsˌɪnfərˈmeɪʃ(ə)n, ˌdɪsənfərˈmeɪʃ(ə)n

disingenuous
BR ˌdɪs(ɪ)nˈdʒɛnjʊəs
AM ˌdɪsənˈdʒɛnjəwəs

disingenuously
BR ˌdɪs(ɪ)nˈdʒɛnjʊəsli
AM ˌdɪsənˈdʒɛnjəwəsli

disingenuousness
BR ˌdɪs(ɪ)nˈdʒɛnjʊəsnəs
AM ˌdɪsənˈdʒɛnjəwəsnəs

disinherit
BR ˌdɪs(ɪ)nˈhɛrɪt, -s, -ɪŋ, -ɪd
AM ˌdɪsənˈhɛrɪ|t, -ts, -dɪŋ, -dɪd

disinheritance
BR ˌdɪs(ɪ)nˈhɛrɪt(ə)ns
AM ˌdɪsənˈhɛrətns

disintegrate
BR dɪsˈɪntɪgreɪt, -s, -ɪŋ, -ɪd
AM dɪsˈɪn(t)əˌgreɪ|t, -ts, -dɪŋ, -dɪd

disintegration
BR dɪsˌɪntɪˈgreɪʃn
AM dɪsˌɪn(t)əˈgreɪʃ(ə)n

disintegrative
BR dɪsˈɪntɪgrətɪv
AM dɪsˈɪn(t)əˌgreɪdɪv

disintegrator
BR dɪsˈɪntɪgreɪtə(r), -z
AM dɪsˈɪn(t)əˌgreɪdər, -z

disinter
BR ˌdɪs(ɪ)nˈtəː(r), -z, -ɪŋ, -d
AM dɪsˌɪnˈtər, ˌdɪsənˈtər, -z, -ɪŋ, -d

disinterest
BR (ˌ)dɪsˈɪntrɪst, (ˌ)dɪsˈɪnt(ə)rɛst, -ɪd
AM dɪsˈɪnt(ə)rəst, -əd

disinterestedly
BR (ˌ)dɪsˈɪntrɪstɪdli, (ˌ)dɪsˈɪnt(ə)rɛstɪdli
AM dɪsˈɪnt(ə)rəstədli

disinterestedness
BR (ˌ)dɪsˈɪntrɪstɪdnɪs,
(ˌ)dɪsˈɪnt(ə)restɪdnɪs
AM dɪsˈɪn(t)ə-
ˌrestədnəs,
dɪsˈɪn(t)ərəstədnəs

disinterment
BR ˌdɪs(ɪ)nˈtɜːm(ə)nt,
-s
AM dɪsˌɪnˈtɜrm(ə)nt,
ˌdɪsənˈtɜrm(ə)nt, -s

disinvest
BR ˌdɪs(ɪ)nˈvest, -s,
-ɪŋ, -ɪd
AM ˌdɪsənˈvest, -s,
-ɪŋ, -əd

disinvestment
BR ˌdɪs(ɪ)nˈves(t)m(ə)nt
AM ˌdɪsənˈvestm(ə)nt

disjecta membra
BR dɪsˌdʒektə
ˈmembrə(r)
AM dəsˌdʒektə
ˈmembrə

disjoin
BR dɪsˈdʒɔɪn, -z, -ɪŋ,
-d
AM dɪsˈdʒɔɪn, -z, -ɪŋ,
-d

disjoint
BR dɪsˈdʒɔɪnt, -s, -ɪŋ,
-ɪd
AM dɪsˈdʒɔɪn|t, -ts,
-(t)ɪŋ, -(t)ɪd

disjointedly
BR dɪsˈdʒɔɪntɪdli
AM dɪsˈdʒɔɪn(t)ɪdli

disjointedness
BR dɪsˈdʒɔɪntɪdnɪs
AM dɪsˈdʒɔɪn(t)ɪdnɪs

disjunct¹ *adjective*
BR dɪsˈdʒʌŋ(k)t
AM dɪsˈdʒəŋ(k)t,
dɪsˈdʒəŋk(t)

disjunct² *noun*
BR ˈdɪsdʒʌŋ(k)t, -s
AM ˈdɪsˌdʒəŋ(k)t,
ˈdɪsˌdʒəŋk(t), -s

disjunction
BR dɪsˈdʒʌŋ(k)ʃn, -z
AM dɪsˈdʒəŋ(k)ʃ(ə)n,
-z

disjunctive
BR dɪsˈdʒʌŋ(k)tɪv
AM dɪsˈdʒəŋ(k)tɪv

disjunctively
BR dɪsˈdʒʌŋ(k)tɪvli
AM dɪsˈdʒəŋ(k)təvli

disjuncture
BR dɪsˈdʒʌŋ(k)tʃə(r),
-z
AM dɪsˈdʒəŋ(kt)ʃər, -z

disk
BR dɪsk, -s
AM dɪsk, -s

diskette
BR dɪˈsket, ˌdɪskˈet, -s
AM dɪsˈket, -s

diskless
BR ˈdɪsklɪs
AM ˈdɪskləs

Disko
BR ˈdɪskəʊ
AM ˈdɪskoʊ

Disley
BR ˈdɪzli
AM ˈdɪzli

dislikable
BR dɪsˈlʌɪkəbl
AM dɪsˈlaɪkəb(ə)l

dislike
BR dɪsˈlʌɪk, -s, -ɪŋ, -t
AM dɪsˈlaɪk, -s, -ɪŋ, -t

dislikeable
BR dɪsˈlʌɪkəbl
AM dɪsˈlaɪkəb(ə)l

dislocate
BR ˈdɪsləkeɪt, -s, -ɪŋ,
-ɪd
AM ˈdɪsləˌkeɪ|t,
dɪsˈloʊˌkeɪ|t, -ts,
-dɪŋ, -dɪd

dislocation
BR ˌdɪsləˈkeɪʃn, -z
AM ˌdɪsləˈkeɪʃ(ə)n,
ˌdɪsloʊˈkeɪʃ(ə)n, -z

dislodge
BR dɪsˈlɒdʒ, -ɪz, -ɪŋ,
-d
AM dɪsˈlɑdʒ, -əz, -ɪŋ,
-d

dislodgement
BR dɪsˈlɒdʒm(ə)nt
AM dɪsˈlɑdʒm(ə)nt

disloyal
BR (ˌ)dɪsˈlɔɪ(ə)l
AM dɪsˈlɔɪ(ə)l

disloyalist
BR (ˌ)dɪsˈlɔɪ(ə)lɪst, -s
AM dɪsˈlɔɪ(ə)ləst, -s

disloyally
BR (ˌ)dɪsˈlɔɪ(ə)li
AM dɪsˈlɔɪ(ə)li

disloyalty
BR (ˌ)dɪsˈlɔɪ(ə)lt|i, -ɪz
AM dɪsˈlɔɪ(ə)lti, -z

dismal
BR ˈdɪzm(ə)l
AM ˈdɪzm(ə)l

dismally
BR ˈdɪzmˌli
AM ˈdɪzməli

dismalness
BR ˈdɪzm(ə)lnəs
AM ˈdɪzməlnəs

dismantle
BR dɪsˈmant|l, -lz,
-lɪŋ\-lɪŋ, -ld
AM dɪsˈmæn(t)əl, -z,
-ɪŋ, -d

dismantlement
BR dɪsˈmantlm(ə)nt
AM dɪsˈmæn(t)lm(ə)nt

dismantler
BR dɪsˈmantlə(r),
dɪsˈmantlə(r), -z
AM dɪsˈmæn(t)lər, -z

dismast
BR ˌdɪsˈmɑːst, -s, -ɪŋ,
-ɪd
AM dɪsˈmæst, -s, -ɪŋ,
-əd

dismay
BR dɪsˈmeɪ, -z,
-ɪŋ, -d
AM dəˈsmeɪ, -z, -ɪŋ, -d

dismember
BR (ˌ)dɪsˈmemb|ə(r),
-əz, -(ə)rɪŋ, -əd
AM dɪsˈmemb|ər, -ərd,
-(ə)rɪŋ, -ərd

dismemberment
BR (ˌ)dɪs-
ˈmembəm(ə)nt, -s
AM dɪsˈmembərm(ə)nt,
-s

dismiss
BR dɪsˈmɪs, -ɪz, -ɪŋ, -t
AM dəˈsmɪs, -ɪz, -ɪŋ, -t

dismissal
BR dɪsˈmɪsl, -z
AM dəˈsmɪs(ə)l, -z

dismissible
BR dɪsˈmɪsɪbl
AM dəˈsmɪsəb(ə)l

dismission
BR dɪsˈmɪʃn
AM dəˈsmɪʃ(ə)n

dismissive
BR dɪsˈmɪsɪv
AM dəˈsmɪsɪv

dismissively
BR dɪsˈmɪsɪvli
AM dəˈsmɪsɪvli

dismissiveness
BR dɪsˈmɪsɪvnɪs
AM dəˈsmɪsɪvnɪs

dismount
BR (ˌ)dɪsˈmaʊnt, -s,
-ɪŋ, -ɪd
AM dɪsˈmaʊn|t, -ts,
-(t)ɪŋ, -(t)əd

Disney
BR ˈdɪzni
AM ˈdɪzni

Disneyesque
BR ˌdɪzniˈesk
AM ˌdɪzniˈesk

Disneyland
BR ˈdɪznɪland
AM ˈdɪzniˌlænd

disobedience
BR ˌdɪsəˈbiːdɪəns
AM ˌdɪsəˈbidiəns

disobedient
BR ˌdɪsəˈbiːdɪənt
AM ˌdɪsəˈbidiənt

disobediently
BR ˌdɪsəˈbiːdɪəntli
AM ˌdɪsəˈbidiən(t)li

disobey
BR ˌdɪsəˈbeɪ, -z,
-ɪŋ, -d
AM ˌdɪsəˈbeɪ, -z,
-ɪŋ, -d

disobeyer
BR ˌdɪsəˈbeɪə(r), -z
AM ˌdɪsəˈbeɪər, -z

disoblige
BR ˌdɪsəˈblʌɪdʒ, -ɪz, -ɪŋ, -d
AM ˌdɪsəˈblaɪdʒ, -ɪz, -ɪŋ, -d

disobligingly
BR ˌdɪsəˈblʌɪdʒɪŋli
AM ˌdɪsəˈblaɪdʒɪŋli

disorder
BR dɪsˈɔːd|ə(r), -əz, -(ə)rɪŋ, -əd
AM dɪˈsɔrdər, -z, -ɪŋ, -d

disorderliness
BR dɪsˈɔːdəlinɪs
AM dɪˈsɔrdərlinɪs

disorderly
BR dɪsˈɔːdəli
AM dɪˈsɔrdərli

disorganisation
BR dɪsˌɔːgənʌɪˈzeɪʃn
AM dɪˌsɔrgəˌnaɪˈzeɪʃ(ə)n, dɪˌsɔrg(ə)nəˈzeɪʃ(ə)n

disorganise
BR dɪsˈɔːgənʌɪz, -ɪz, -ɪŋ, -d
AM dɪˈsɔrgəˌnaɪz, -ɪz, -ɪŋ, -d

disorganization
BR dɪsˌɔːgənʌɪˈzeɪʃn
AM dɪˌsɔrgəˌnaɪˈzeɪʃ(ə)n, dɪˌsɔrg(ə)nəˈzeɪʃ(ə)n

disorganize
BR dɪsˈɔːgənʌɪz, -ɪz, -ɪŋ, -d
AM dɪˈsɔrgəˌnaɪz, -ɪz, -ɪŋ, -d

disorient
BR (ˌ)dɪsˈɔːrɪɛnt, -s, -ɪŋ, -ɪd
AM dɪsˈɔrɪən|t, -ts, -(t)ɪŋ, -(t)əd

disorientate
BR (ˌ)dɪsˈɔːrɪɛnteɪt, -s, -ɪŋ, -ɪd
AM dɪsˈɔrɪənˌteɪ|t, -ts, -dɪŋ, -dɪd

disorientation
BR dɪsˌɔːrɪɛnˈteɪʃn
AM dɪsˌɔrɪənˈteɪʃ(ə)n

disown
BR (ˌ)dɪsˈəʊn, -z, -ɪŋ, -d
AM dəˈsoʊn, -z, -ɪŋ, -d

disowner
BR (ˌ)dɪsˈəʊnə(r), -z
AM dəˈsoʊnər, -z

disparage
BR dɪˈspar|ɪdʒ, -ɪdʒɪz, -ɪdʒɪŋ, -ɪdʒd
AM dəˈspɛrɪdʒ, -ɪz, -ɪŋ, -d

disparagement
BR dɪˈsparɪdʒm(ə)nt
AM dəˈspɛrɪdʒm(ə)nt

disparagingly
BR dɪˈsparɪdʒɪŋli
AM dəˈspɛrɪdʒɪŋli

disparate
BR ˈdɪsp(ə)rət
AM dəˈspɛrət, ˈdɪspərət

disparately
BR ˈdɪsp(ə)rətli
AM dəˈspɛrətli, ˈdɪspərətli

disparateness
BR ˈdɪsp(ə)rətnəs
AM dəˈspɛrətnəs, ˈdɪspərətnəs

disparity
BR dɪˈsparɪt|i, -ɪz
AM dəˈspɛrədi, -z

dispassionate
BR dɪsˈpaʃṇət
AM dɪsˈpæʃ(ə)nət

dispassionately
BR dɪsˈpaʃṇətli
AM dɪsˈpæʃ(ə)nətli

dispassionateness
BR dɪsˈpaʃṇətnəs
AM dɪsˈpæʃ(ə)nətnəs

dispatch
BR dɪˈspatʃ, -ɪz, -ɪŋ, -t
AM dəˈspætʃ, -əz, -ɪŋ, -t

dispatcher
BR dɪˈspatʃə(r), -z
AM dəˈspætʃər, -z

dispel
BR dɪˈspɛl, -z, -ɪŋ, -d
AM dəˈspɛl, -z, -ɪŋ, -d

dispeller
BR dɪˈspɛlə(r), -z
AM dəˈspɛlər, -z

dispensability
BR dɪˌspɛnsəˈbɪlɪti
AM dəˌspɛnsəˈbɪlɪdi

dispensable
BR dɪˈspɛnsəbl
AM dəˈspɛnsəb(ə)l

dispensary
BR dɪˈspɛns(ə)r|i, -ɪz
AM dəˈspɛns(ə)ri, -z

dispensation
BR ˌdɪsp(ɛ)nˈseɪʃn, -z
AM ˌdɪspənˈseɪʃ(ə)n, -z

dispensational
BR ˌdɪsp(ɛ)nˈseɪʃṇl
AM ˌdɪspənˈseɪʃən(ə)l, ˌdɪspənˈseɪʃn(ə)l

dispensatory
BR dɪˈspɛnsət(ə)ri
AM dəˈspɛnsəˌtɔri

dispense
BR dɪˈspɛns, -ɪz, -ɪŋ, -t
AM dəˈspɛns, -əz, -ɪŋ, -t

dispenser
BR dɪˈspɛnsə(r), -z
AM dəˈspɛnsər, -z

dispersable
BR dɪˈspəːsəbl
AM dəˈspərsəb(ə)l

dispersal
BR dɪˈspəːsl, -z
AM dəˈspərs(ə)l, -z

dispersant
BR dɪˈspəːsnt, -s
AM dəˈspərs(ə)nt, -s

disperse
BR dɪˈspəːs, -ɪz, -ɪŋ, -t
AM dəˈspərs, -əz, -ɪŋ, -t

disperser
BR dɪˈspəːsə(r), -z
AM dəˈspərsər, -z

dispersible
BR dɪˈspəːsɪbl
AM dəˈspərsəb(ə)l

dispersion
BR dɪˈspəːʃn
AM dəˈspərʃ(ə)n, dəˈspərʒ(ə)n

dispersive
BR dɪˈspəːsɪv
AM dəˈspərsɪv

dispirit
BR dɪˈspɪr|ɪt, -ɪts, -ɪtɪŋ, -ɪtɪd
AM dəˈspɪrɪ|t, -ts, -dɪŋ, -dɪd

dispiritedly
BR dɪˈspɪrɪtɪdli
AM dəˈspɪrɪdɪdli

dispiritedness
BR dɪˈspɪrɪtɪdnɪs
AM dəˈspɪrɪdɪdnɪs

dispiritingly
BR dɪˈspɪrɪtɪŋli
AM dəˈspɪrɪdɪŋli

displace
BR dɪsˈpleɪs, -ɪz, -ɪŋ, -t
AM dɪsˈpleɪs, -ɪz, -ɪŋ, -t

displacement
BR dɪsˈpleɪsm(ə)nt, -s
AM dɪsˈpleɪsm(ə)nt, -s

display
BR dɪˈspleɪ, -z, -ɪŋ, -d
AM dəˈspleɪ, -z, -ɪŋ, -d

displayer
BR dɪˈspleɪə(r), -z
AM dəˈspleɪər, -z

displease
BR (ˌ)dɪsˈpliːz, -ɪz, -ɪŋ, -d
AM dɪˈspliz, dəˈspliz, -ɪz, -ɪŋ, -d

displeasingly
BR (ˌ)dɪsˈpliːzɪŋli
AM dɪˈsplizɪŋli, dəˈsplizɪŋli

displeasure
BR (ˌ)dɪsˈplɛʒə(r)
AM dɪsˈplɛʒər

disport
BR dɪˈspɔːt, -s, -ɪŋ, -ɪd
AM dəˈspɔ(ə)rt, -ˈspɔ(ə)rts, -ˈspɔrdɪŋ, -ˈspɔrdəd

disposability
BR dɪˌspəʊzəˈbɪlɪti
AM dəˌspoʊzəˈbɪlɪdi

disposable
BR dɪˈspəʊzəbl
AM dəˈspoʊzəb(ə)l

disposal
BR dɪˈspəʊzl
AM dəˈspoʊz(ə)l
dispose
BR dɪˈspəʊz, -ɪz,
-ɪŋ, -d
AM dəˈspoʊz, -əz,
-ɪŋ, -d
disposer
BR dɪˈspəʊzə(r), -z
AM dəˈspoʊzər, -z
disposition
BR ˌdɪspəˈzɪʃn, -z
AM ˌdɪspəˈzɪʃ(ə)n, -z
dispossess
BR ˌdɪspəˈzɛs, -ɪz,
-ɪŋ, -t
AM ˌdɪspəˈzɛs, -əz,
-ɪŋ, -t
dispossession
BR ˌdɪspəˈzɛʃn
AM ˌdɪspəˈzɛʃ(ə)n
dispraise
BR ˌdɪsˈpreɪz, -ɪz,
-ɪŋ, -d
AM dɪsˈpreɪz, -ɪz,
-ɪŋ, -d
Disprin
BR ˈdɪsprɪn
AM ˈdɪsprɪn
disproof
BR (ˌ)dɪsˈpruːf
AM dɪsˈpruf
disproportion
BR ˌdɪsprəˈpɔːʃn
AM ˌdɪsprəˈpɔrʃ(ə)n
disproportional
BR ˌdɪsprəˈpɔːʃn̩l
AM ˌdɪsprəˈpɔrʃən(ə)l,
ˌdɪsprəˈpɔrʃn(ə)l
disproportionally
BR ˌdɪsprəˈpɔːʃn̩li,
ˌdɪsprəˈpɔːʃnəli
AM ˌdɪsprəˈpɔrʃ(ə)nəli
disproportionate
BR ˌdɪsprəˈpɔːʃnət,
ˌdɪsprəˈpɔːʃnət
AM ˌdɪsprəˈpɔrʃ(ə)nət
disproportionately
BR ˌdɪsprəˈpɔːʃnətli,
ˌdɪsprəˈpɔːʃnətli
AM ˌdɪsprəˈpɔrʃ(ə)nətli

disproportionateness
BR ˌdɪsprəˈpɔːʃnətnəs,
ˌdɪsprəˈpɔːʃnətnəs
AM ˌdɪsprə-
ˈpɔrʃ(ə)nətnəs
disproportioned
BR ˌdɪsprəˈpɔːʃnd
AM ˌdɪsprəˈpɔrʃənd
disprovable
BR (ˌ)dɪsˈpruːvəbl
AM dɪsˈpruvəb(ə)l
disproval
BR (ˌ)dɪsˈpruːvl, -z
AM dɪsˈpruv(ə)l, -z
disprove
BR (ˌ)dɪsˈpruːv, -z,
-ɪŋ, -d
AM dɪsˈpruv, -z, -ɪŋ,
-d
disputable
BR dɪˈspjuːtəbl
AM ˈdɪspjədəb(ə)l,
dəˈspjudəb(ə)l
disputably
BR dɪˈspjuːtəbli
AM ˈdɪspjədəbli,
dəˈspjudəbli
disputant
BR ˈdɪspjʊt(ə)nt,
dɪˈspjuːt(ə)nt, -s
AM dəˈspjutnt, -s
disputation
BR ˌdɪspjʊˈteɪʃn, -z
AM ˌdɪspjuˈteɪʃ(ə)n,
ˌdɪspjəˈteɪʃ(ə)n, -z
disputatious
BR ˌdɪspjʊˈteɪʃəs
AM ˌdɪspjuˈteɪʃəs,
ˌdɪspjəˈteɪʃəs
disputatiously
BR ˌdɪspjʊˈteɪʃəsli
AM ˌdɪspjuˈteɪʃəsli,
ˌdɪspjəˈteɪʃəsli
disputatiousness
BR ˌdɪspjʊˈteɪʃəsnəs
AM ˌdɪspjuˈteɪʃəsnəs,
ˌdɪspjəˈteɪʃəsnəs
dispute[1] *noun*
BR dɪˈspjuːt,
ˈdɪspjuːt, -s
AM ˈdɪˌspjut,
dəˈspjut, -s

dispute[2] *verb*
BR dɪˈspjuːt, -s,
-ɪŋ, -ɪd
AM dəˈspjuːt, -ts, -dɪŋ,
-dəd
disputer
BR dɪˈspjuːtə(r), -z
AM dəˈspjudər, -z
disqualification
BR dɪsˌkwɒlɪfɪˈkeɪʃn,
-z
AM ˈˌdɪsˌkwɑləfə-
ˈkeɪʃ(ə)n, -z
disqualify
BR dɪsˈkwɒlɪfaɪ, -z,
-ɪŋ, -d
AM dɪsˈkwɑləˌfaɪ, -z,
-ɪŋ, -d
disquiet
BR dɪsˈkwʌɪət, -s,
-ɪŋ, -ɪd
AM dəˈskwaɪət,
dɪsˈkwaɪət, -ts,
-dɪŋ, -dəd
disquieting
BR dɪsˈkwʌɪətɪŋ
AM dəˈskwaɪədɪŋ,
dɪsˈkwaɪədɪŋ
disquietingly
BR dɪsˈkwʌɪətɪŋli
AM dəˈskwaɪədɪŋli,
dɪsˈkwaɪədɪŋli
disquietude
BR dɪsˈkwʌɪtjuːd,
dɪsˈkwʌɪtʃuːd
AM dəˈskwaɪət(j)ud,
dɪsˈkwaɪət(j)ud
disquisition
BR ˌdɪskwɪˈzɪʃn, -z
AM ˌdɪskwəˈzɪʃ(ə)n, -z
disquisitional
BR ˌdɪskwɪˈzɪʃn̩l
AM ˌdɪskwəˈzɪʃən(ə)l,
ˌdɪskwəˈzɪʃn(ə)l
Disraeli
BR dɪzˈreɪli
AM dɪzˈreɪli
disrate
BR (ˌ)dɪsˈreɪt, -s,
-ɪŋ, -ɪd
AM dəˈsreɪt, dɪsˈreɪt,
-ts, -dɪŋ, -dɪd

disregard
BR ˌdɪsrɪˈɡɑːd, -z, -ɪŋ,
-ɪd
AM ˌdɪsriˈɡard,
ˌdɪsrəˈɡard, -z, -ɪŋ,
-əd
disregardful
BR ˌdɪsrɪˈɡɑːdf(ʊ)l
AM ˌdɪsriˈɡardf(ə)l,
ˌdɪsrəˈɡardf(ə)l
disregardfully
BR ˌdɪsrɪˈɡɑːdfʊli,
ˌdɪsrɪˈɡɑːdfli
AM ˌdɪsriˈɡardfəli,
ˌdɪsrəˈɡardfəli
disrelish
BR (ˌ)dɪsˈrɛlɪʃ, -ɪʃɪz,
-ɪʃɪŋ, -ɪʃt
AM dɪsˈrɛlɪʃ, -ɪz, -ɪŋ, -t
disremember
BR ˌdɪsrɪˈmɛmbə(r),
-əz, -(ə)rɪŋ, -əd
AM ˌdɪsrəˈmɛmbər, -z,
-ɪŋ, -d
disrepair
BR ˌdɪsrɪˈpɛː(r)
AM ˌdɪsrəˈpɛ(ə)r
disreputable
BR dɪsˈrɛpjʊtəbl
AM dɪsˈrɛpjədəb(ə)l
disreputableness
BR dɪsˈrɛpjʊtəblnəs
AM dɪsˈrɛpjədəbəlnəs
disreputably
BR dɪsˈrɛpjʊtəbli
AM dɪsˈrɛpjədəbli
disrepute
BR ˌdɪsrɪˈpjuːt
AM ˌdɪsrəˈpjut
disrespect
BR ˌdɪsrɪˈspɛkt
AM ˌdɪsrəˈspɛk(t)
disrespectful
BR ˌdɪsrɪˈspɛk(t)f(ʊ)l
AM ˌdɪsrəˈspɛk(t)f(ə)l
disrespectfully
BR ˌdɪsrɪˈspɛk(t)fʊli,
ˌdɪsrɪˈspɛk(t)fli
AM ˌdɪsrəˈspɛk(t)fəli
disrobe
BR (ˌ)dɪsˈrəʊb, -z, -ɪŋ, -d
AM dɪsˈroʊb, -z, -ɪŋ, -d

disrupt
BR dɪsˈrʌpt, -s, -ɪŋ, -ɪd
AM dɪsˈrəpt, -s, -ɪŋ, -əd

disrupter
BR dɪsˈrʌptə(r), -z
AM dɪsˈrəptər, -z

disruption
BR dɪsˈrʌpʃn
AM dɪsˈrəpʃ(ə)n

disruptive
BR dɪsˈrʌptɪv
AM dɪsˈrəptɪv

disruptively
BR dɪsˈrʌptɪvli
AM dɪsˈrəptəvli

disruptiveness
BR dɪsˈrʌptɪvnɪs
AM dɪsˈrəptɪvnɪs

Diss
BR dɪs
AM dɪs

dissatisfaction
BR dɪ(s)ˌsatɪsˈfakʃn, ˌdɪsatɪsˈfakʃn
AM dɪ(s)ˌsædəsˈfækʃ(ə)n

dissatisfactory
BR dɪ(s)ˌsatɪsˈfakt(ə)ri, ˌdɪsatɪsˈfakt(ə)ri
AM dɪ(s)ˌsædəsˈfækˌtɔri

dissatisfiedly
BR dɪ(s)ˈsatɪsfʌɪdli
AM dɪ(s)ˈsædəsˌfaɪ(ə)dli

dissatisfy
BR dɪ(s)ˈsatɪsfʌɪ, -z, -ɪŋ, -d
AM dɪ(s)ˈsædəsˌfaɪ, -z, -ɪŋ, -d

dissect
BR dɪˈsɛkt, dʌɪˈsɛkt, -s, -ɪŋ, -ɪd
AM daɪˈsɛk|(t), dəˈsɛk|(t), -(t)s, -tɪŋ, -təd

dissection
BR dɪˈsɛkʃn, dʌɪˈsɛkʃn, -z
AM daɪˈsɛkʃ(ə)n, dəˈsɛkʃ(ə)n, -z

dissector
BR dɪˈsɛktə(r), dʌɪˈsɛktə(r), -z
AM daɪˈsɛktər, dəˈsɛktər, -z

disseise
BR dɪ(s)ˈsiːz, -ɪz, -ɪŋ, -d
AM dɪ(s)ˈsiz, də(s)ˈsiz, -ɪz, -ɪŋ, -d

disseisin
BR dɪ(s)ˈsiːz(ɪ)n
AM dɪ(s)ˈsizn, də(s)ˈsizn

disseize
BR dɪ(s)ˈsiːz, -ɪz, -ɪŋ, -d
AM dɪ(s)ˈsiz, də(s)ˈsiz, -ɪz, -ɪŋ, -d

disseizin
BR dɪ(s)ˈsiːz(ɪ)n
AM dɪ(s)ˈsizn, də(s)ˈsizn

dissemblance
BR dɪˈsɛmbl(ə)ns
AM dɪ(s)ˈsɛmbl(ə)ns

dissemble
BR dɪˈsɛmb|l, -lz, -l̩ɪŋ\-lɪŋ, -ld
AM dəˈsɛmb(ə)l, -z, -ɪŋ, -d

dissembler
BR dɪˈsɛmblə(r), -z
AM dəˈsɛmb(ə)lər, -z

dissemblingly
BR dɪˈsɛmblɪŋli, dɪˈsɛmbl̩ɪŋli
AM dəˈsɛmb(ə)lɪŋli

disseminate
BR dɪˈsɛmɪneɪt, -s, -ɪŋ, -ɪd
AM dəˈsɛməˌneɪ|t, -ts, -dɪŋ, -dɪd

dissemination
BR dɪˌsɛmɪˈneɪʃn
AM dəˌsɛməˈneɪʃ(ə)n

disseminator
BR dɪˈsɛmɪneɪtə(r), -z
AM dəˈsɛməˌneɪdər, -z

dissension
BR dɪˈsɛnʃn, -z
AM dəˈsɛn(t)ʃ(ə)n, -z

dissent
BR dɪˈsɛnt, -s, -ɪŋ, -ɪd
AM dəˈsɛn|t, -ts, -(t)ɪŋ, -(t)əd

dissenter
BR dɪˈsɛntə(r), -z
AM dəˈsɛn(t)ər, -z

dissentient
BR dɪˈsɛnʃɪənt, dɪˈsɛnʃnt, -s
AM dəˈsɛn(t)ʃɪənt, -s

dissentingly
BR dɪˈsɛntɪŋli
AM dəˈsɛn(t)ɪŋli

dissepement
BR dɪˈsɛpɪm(ə)nt, -s
AM dəˈsɛpəm(ə)nt, -s

dissertate
BR ˈdɪsəteɪt, -s, -ɪŋ, -ɪd
AM ˈdɪsərˌteɪ|t, -ts, -dɪŋ, -dɪd

dissertation
BR ˌdɪsəˈteɪʃn, -z
AM ˌdɪsərˈteɪʃ(ə)n, -z

dissertational
BR ˌdɪsəˈteɪʃn̩l
AM ˌdɪsərˈteɪʃən(ə)l, ˌdɪsərˈteɪʃn(ə)l

disserve
BR ˌdɪsˈsəːv, dɪ(s)ˈsəːv, -z, -ɪŋ, -d
AM dɪ(s)ˈsərv, -z, -ɪŋ, -d

disservice
BR ˌdɪsˈsəːvɪs, dɪ(s)ˈsəːvɪs
AM dɪ(s)ˈsərvɪs

dissever
BR dɪˈsɛvə(r), -z, -ɪŋ, -d
AM dəˈsɛvər, -z, -ɪŋ, -d

disseverance
BR dɪˈsɛv(ə)rn̩s
AM dəˈsɛv(ə)rəns

disseverment
BR dɪˈsɛvəm(ə)nt
AM dəˈsɛvərm(ə)nt

dissidence
BR ˈdɪsɪd(ə)ns
AM ˈdɪsədns

dissident
BR ˈdɪsɪd(ə)nt, -s
AM ˈdɪsədnt, -s

dissimilar
BR ˌdɪ(s)ˈsɪmɪlə(r), ˌdɪ(s)ˈsɪmlə(r), dɪ(s)ˈsɪmɪlə(r), dɪˈsɪmlə(r)
AM dɪ(s)ˈsɪmɪlər

dissimilarity
BR ˌdɪsɪmɪˈlarɪti, dɪ(s)ˌsɪmɪˈlarɪt|i, -ɪz
AM ˌdɪ(s)ˌsɪməˈlɛrədi, -z

dissimilarly
BR ˌdɪ(s)ˈsɪmɪləli, dɪ(s)ˈsɪmɪləli
AM dɪ(s)ˈsɪmɪlərli

dissimilate
BR dɪˈsɪmɪleɪt, -s, -ɪŋ, -ɪd
AM dɪˈsɪməˌleɪ|t, -ts, -dɪŋ, -dɪd

dissimilation
BR dɪˌsɪmɪˈleɪʃn, -z
AM ˌdɪˌsɪməˈleɪʃ(ə)n, dəˌsɪməˈleɪʃ(ə)n, -z

dissimilatory
BR dɪˈsɪmɪlət(ə)ri
AM dɪˈsɪmələˌtɔri

dissimilitude
BR ˌdɪsɪˈmɪlɪtjuːd, ˌdɪsɪˈmɪlɪtʃuːd
AM ˌdɪsɪˈmɪləˌt(j)ud

dissimulate
BR dɪˈsɪmjʊleɪt, -s, -ɪŋ, -ɪd
AM dɪˈsɪmjəˌleɪ|t, -ts, -dɪŋ, -dɪd

dissimulation
BR dɪˌsɪmjʊˈleɪʃn, -z
AM ˌdɪˌsɪmjəˈleɪʃ(ə)n, dəˌsɪmjəˈleɪʃ(ə)n, -z

dissimulator
BR dɪˈsɪmjʊleɪtə(r), -z
AM dɪˈsɪmjəˌleɪdər, -z

dissipate
BR ˈdɪsɪpeɪt, -s, -ɪŋ, -ɪd
AM ˈdɪsəˌpeɪ|t, -ts, -dɪŋ, -dɪd

dissipater
BR ˈdɪsɪpeɪtə(r), -z
AM ˈdɪsəˌpeɪdər, -z

dissipation
BR ˌdɪsɪˈpeɪʃn
AM ˌdɪsəˈpeɪʃ(ə)n

dissipative
BR ˈdɪsɪpeɪtɪv
AM ˈdɪsəˌpeɪdɪv

dissipator
BR ˈdɪsɪpeɪtə(r), -z
AM ˈdɪsəˌpeɪdər, -z

dissociate
BR dɪˈsəʊʃieɪt,
dɪˈsəʊsieɪt, -s, -ɪŋ, -ɪd
AM dɪˈsoʊsiˌeɪ|t,
dɪˈsoʊʃiˌeɪ|t, -ts,
-dɪŋ, -dɪd

dissociation
BR dɪˌsəʊʃiˈeɪʃn,
dɪˌsəʊsiˈeɪʃn
AM dɪˌsoʊsiˈeɪʃ(ə)n,
dɪˌsoʊʃiˈeɪʃ(ə)n

dissociative
BR dɪˈsəʊʃiətɪv,
dɪˈsəʊsiətɪv
AM dɪˈsoʊsiˌeɪdɪv,
dɪˈsoʊʃiˌeɪdɪv

dissolubility
BR dɪˌsɒljʊˈbɪlɪti
AM dəˌsɑljəˈbɪlɪdi

dissoluble
BR dɪˈsɒljʊbl
AM dəˈsɑljəb(ə)l

dissolubly
BR dɪˈsɒljʊbli
AM dəˈsɑljəbli

dissolute
BR ˈdɪsəl(j)uːt
AM ˈdɪsəlˌjut, ˈdɪsəˌlut

dissolutely
BR ˈdɪsəl(j)uːtli
AM ˈdɪsəlˌjutli,
ˈdɪsəˌlutli

dissoluteness
BR ˈdɪsəl(j)uːtnəs
AM ˈdɪsəlˌjutnəs,
ˈdɪsəˌlutnəs

dissolution
BR ˌdɪsəˈl(j)uːʃn
AM ˌdɪsəlˈjuʃ(ə)n,
ˌdɪsəˈluʃ(ə)n

dissolutionary
BR ˌdɪsəˈl(j)uːʃn(ə)ri
AM ˌdɪsəlˈjuʃəˌneri,
ˌdɪsəˈluʃəˌneri

dissolvable
BR dɪˈzɒlvəbl
AM dəˈzalvəb(ə)l,
dəˈzɔlvəb(ə)l

dissolve
BR dɪˈzɒlv, -z, -ɪŋ, -d
AM dəˈzalv, dəˈzɔlv,
-z, -ɪŋ, -d

dissolvent
BR dɪˈzɒlv(ə)nt, -s
AM dəˈzalvənt,
dəˈzɔlvənt, -s

dissonance
BR ˈdɪsənəns
AM ˈdɪsənəns

dissonant
BR ˈdɪsənənt
AM ˈdɪsənənt

dissonantly
BR ˈdɪsənəntli
AM ˈdɪsənən(t)li

dissuade
BR dɪˈsweɪd, -z,
-ɪŋ, -ɪd
AM dəˈsweɪd, -z,
-ɪŋ, -ɪd

dissuader
BR dɪˈsweɪdə(r), -z
AM dəˈsweɪdər, -z

dissuasion
BR dɪˈsweɪʒn
AM dəˈsweɪʒ(ə)n

dissuasive
BR dɪˈsweɪsɪv
AM dəˈsweɪsɪv

dissyllabic
BR ˌdʌsɪˈlabɪk,
ˌdɪsɪˈlabɪk
AM ˌdɪsəˈlæbɪk,
ˌdaɪsəˈlæbɪk

dissyllable
BR ˈdʌɪˌsɪləbl,
ˌdʌɪˈsɪləbl, -z
AM dɪˈsɪləb(ə)l,
daɪˈsɪləb(ə)l, -z

dissymmetrical
BR ˌdɪ(s)sɪˈmetrɪkl
AM ˌdɪ(s)sɪˈmetrək(ə)l

dissymmetry
BR dɪ(s)ˈsɪmɪtr|i,
-ɪz
AM dɪ(s)ˈsɪmətri,
də(s)ˈsɪmətri, -z

distaff
BR ˈdɪstɑːf, -s
AM ˈdɪˌstæf, -s

distal
BR ˈdɪstl
AM ˈdɪstl

distally
BR ˈdɪstl̩i
AM ˈdɪstl̩i

distance
BR ˈdɪst(ə)ns, -ɪz,
-ɪŋ, -t
AM ˈdɪst(ə)ns, -əz,
-ɪŋ, -t

distant
BR ˈdɪst(ə)nt
AM ˈdɪst(ə)nt

distantly
BR ˈdɪst(ə)ntli
AM ˈdɪstən(t)li

distantness
BR ˈdɪst(ə)ntnəs
AM ˈdɪstən(t)nəs

distaste
BR (ˌ)dɪsˈteɪst
AM dɪsˈteɪst

distasteful
BR (ˌ)dɪsˈteɪs(t)f(ʊ)l
AM dɪsˈteɪs(t)f(ə)l

distastefully
BR (ˌ)dɪsˈteɪs(t)fʊli,
(ˌ)dɪsˈteɪs(t)f̩li
AM dɪsˈteɪs(t)fəli

distastefulness
BR (ˌ)dɪs-
ˈteɪs(t)f(ʊ)lnəs
AM dɪsˈteɪs(t)fəlnəs

distemper
BR dɪˈstemp|ə(r),
-əz, -(ə)rɪŋ, -əd
AM dɪsˈtempər, -z,
-ɪŋ, -d

distend
BR dɪˈstend, -z, -ɪŋ,
-ɪd
AM dəˈstend, -z,
-ɪŋ, -əd

distensibility
BR dɪˌstensɪˈbɪlɪti
AM dəˌstensəˈbɪlɪdi

distensible
BR dɪˈstensɪbl
AM dəˈstensəb(ə)l

distension
BR dɪˈstenʃn
AM dəˈstenʃ(ə)n

distich
BR ˈdɪstɪk, -s
AM ˈdɪstɪk, -s

distichous
BR ˈdɪstɪkəʊ
AM ˈdɪstɪkəs

distil
BR dɪˈstɪl, -z, -ɪŋ, -d
AM dəˈstɪl, -z,
-ɪŋ, -d

distill
BR dɪˈstɪl, -z, -ɪŋ, -d
AM dəˈstɪl, -z,
-ɪŋ, -d

distillate
BR ˈdɪstɪleɪt, ˈdɪstl̩eɪt, -s
AM ˈdɪstəˌleɪt,
ˈdɪstɪlət, -s

distillation
BR ˌdɪstɪˈleɪʃn
AM ˌdɪstəˈleɪʃ(ə)n

distillatory
BR dɪˈstɪlət(ə)ri
AM dəˈstɪləˌtɔri

distiller
BR dɪˈstɪlə(r), -z
AM dəˈstɪlər, -z

distillery
BR dɪˈstɪl(ə)r|i, -ɪz
AM dəˈstɪl(ə)ri, -z

distinct
BR dɪˈstɪŋ(k)t
AM dəˈstɪŋk(t),
dəˈstɪŋ(k)t

distinction
BR dɪˈstɪŋ(k)ʃn, -z
AM dəˈstɪŋ(k)ʃ(ə)n, -z

distinctive
BR dɪˈstɪŋ(k)tɪv
AM dəˈstɪŋ(k)tɪv

distinctively
BR dɪˈstɪŋ(k)tɪvli
AM dəˈstɪŋ(k)tɪvli

distinctiveness
BR dɪˈstɪŋ(k)tɪvnɪs
AM dəˈstɪŋ(k)tɪvnɪs

distinctly
BR dɪˈstɪŋ(k)tli
AM dəˈstɪŋk(t)li,
dəˈstɪŋ(k)tli

distinctness
BR dɪˈstɪŋ(k)tnɪs,
dɪˈstɪŋk(t)nɪs
AM dəˈstɪŋk(t)nɪs,
dəˈstɪŋ(k)tnɪs

distingué
BR dɪˈstaŋgeɪ
AM dəˌstɪŋˈgeɪ
FR distɛ̃ge

distinguée
BR dɪˌstaŋˈgeɪ
AM dəˌstɪŋˈgeɪ
FR distɛ̃ge

distinguish
BR dɪˈstɪŋgwɪʃ, -ɪʃiz,
-ɪʃɪŋ, -ɪʃt
AM dəˈstɪŋgwɪʃ, -ɪz,
-ɪŋ, -t

distinguishable
BR dɪˈstɪŋgwɪʃəbl
AM dəˈstɪŋgwɪʃəb(ə)l

distinguishably
BR dɪˈstɪŋgwɪʃəbli
AM dəˈstɪŋgwɪʃəbli

distort
BR dɪˈstɔːt, -s, -ɪŋ, -ɪd
AM dəˈstɔ(ə)rt,
-stɔ(ə)rts, -ˈstɔrdɪŋ,
-ˈstɔrdəd

distortedly
BR dɪˈstɔːtɪdli
AM dəˈstɔrdədli

distortedness
BR dɪˈstɔːtɪdnɪs
AM dəˈstɔrdədnəs

distorter
BR dɪˈstɔːtə(r), -z
AM dəˈstɔrdər, -z

distortion
BR dɪˈstɔːʃn, -z
AM dəˈstɔrʃ(ə)n, -z

distortional
BR dɪˈstɔːʃn̩l
AM dəˈstɔrʃən(ə)l,
dəˈstɔrʃn(ə)l

distortionless
BR dɪˈstɔːʃnləs
AM dəˈstɔrʃənləs

distract
BR dɪˈstrakt, -s, -ɪŋ, -ɪd
AM dəˈstræk|(t), -(t)s,
-tɪŋ, -təd

distracted
BR dɪˈstraktɪd
AM dəˈstræktəd

distractedly
BR dɪˈstraktɪdli
AM dəˈstræktədli

distractedness
BR dɪˈstraktɪdnɪs
AM dəˈstræktədnəs

distraction
BR dɪˈstrakʃn, -z
AM dəˈstrækʃ(ə)n, -z

distractor
BR dɪˈstraktə(r), -z
AM dəˈstræktər, -z

distrain
BR dɪˈstreɪn, -z, -ɪŋ, -d
AM dəˈstreɪn, -z, -ɪŋ, -d

distrainee
BR dɪˌstreɪˈniː,
ˌdɪstreɪˈniː, -z
AM dəˌstreɪˈni, -z

distrainer
BR dɪˈstreɪnə(r), -z
AM dəˈstreɪnər, -z

distrainment
BR dɪˈstreɪnm(ə)nt
AM dəˈstreɪnm(ə)nt

distrainor
BR dɪˈstreɪnə(r), -z
AM dəˈstreɪnər, -z

distraint
BR dɪˈstreɪnt
AM dəˈstreɪnt

distrait
BR dɪˈstreɪ, ˈdɪstreɪ
AM diˈstreɪ
FR distʀɛ

distraite
BR dɪˈstreɪt, ˈdɪstreɪt
AM diˈstreɪt
FR distʀɛt

distraught
BR dɪˈstrɔːt
AM dəˈstrɑt, dəˈstrɔt

distress
BR dɪˈstrɛs, -ɪz,
-ɪŋ, -t
AM dəˈstrɛs, -əz,
-ɪŋ, -t

distressful
BR dɪˈstrɛsf(ʊ)l
AM dəˈstrɛsf(ə)l

distressfully
BR dɪˈstrɛsfʊli,
dɪˈstrɛsfl̩i
AM dəˈstrɛsfəli

distressing
BR dɪˈstrɛsɪŋ
AM dəˈstrɛsɪŋ

distressingly
BR dɪˈstrɛsɪŋli
AM dəˈstrɛsɪŋli

distributable
BR dɪˈstrɪbjʊtəbl,
ˈdɪstrɪbjuːtəbl
AM dəˈstrɪbjudəb(ə)l

distributary
BR dɪˈstrɪbjʊt(ə)r|i,
ˈdɪstrɪbjuːt(ə)r|i, -ɪz
AM dəˈstrɪbjuˌteri, -z

distribute
BR dɪˈstrɪbjuːt,
ˈdɪstrɪbjuːt, -s,
-ɪŋ, -ɪd
AM dəˈstrɪbju|t, -ts,
-dɪŋ, -dəd

distribution
BR ˌdɪstrɪˈbjuːʃn, -z
AM ˌdɪstrəˈbjuʃ(ə)n, -z

distributional
BR ˌdɪstrɪˈbjuːʃn̩l
AM ˌdɪstrəˈbjuʃən(ə)l,
ˌdɪstrəˈbjuʃn(ə)l

distributive
BR dɪˈstrɪbjʊtɪv
AM dəˈstrɪbjədɪv

distributively
BR dɪˈstrɪbjʊtɪvli
AM dəˈstrɪbjədɪvli

distributor
BR dɪˈstrɪbjʊtə(r),
ˈdɪstrɪbjuːtə(r), -z
AM dəˈstrɪbjədər, -z

district
BR ˈdɪstrɪkt, -s
AM ˈdɪstrɪk(t), -s

distrust
BR (ˌ)dɪsˈtrʌst, -s,
-ɪŋ, -ɪd
AM dɪsˈtrəst, -s,
-ɪŋ, -əd

distruster
BR (ˌ)dɪsˈtrʌstə(r), -z
AM dɪsˈtrəstər, -z

distrustful
BR (ˌ)dɪsˈtrʌs(t)f(ʊ)l
AM dɪsˈtrəs(t)f(ə)l

distrustfully
BR (ˌ)dɪsˈtrʌs(t)fʊli,
(ˌ)dɪsˈtrʌs(t)fl̩i
AM dɪsˈtrəs(t)fəli

distrustfulness
BR (ˌ)dɪsˈtrʌstf(ʊ)lnəs
AM dɪsˈtrəs(t)fəlnəs

disturb
BR dɪˈstɜːb, -z, -ɪŋ, -d
AM dəˈstɜrb, -z, -ɪŋ, -d

disturbance
BR dɪˈstɜːb(ə)ns, -ɪz
AM dəˈstɜrbəns, -əz

disturber
BR dɪˈstɜːbə(r), -z
AM dəˈstɜrbər, -z

disturbingly
BR dɪˈstɜːbɪŋli
AM dəˈstɜrbɪŋli

disulphide
BR daɪˈsʌlfaɪd, -z
AM daɪˈsəlˌfaɪd, -z

disunion
BR (ˌ)dɪsˈjuːnɪən
AM dɪsˈjunj(ə)n

disunite
BR ˌdɪsjʊˈnaɪt, -s,
-ɪŋ, -ɪd
AM ˌdɪʃ(j)uˈnaɪ|t,
ˌdɪsjuˈnaɪ|t, -ts, -dɪŋ,
-dɪd

disunity
BR (ˌ)dɪsˈjuːnɪti
AM dɪsˈjunədi, -z

disuse[1] *noun*
BR (ˌ)dɪsˈjuːs
AM dɪsˈjus

disuse[2] *verb*
BR ˌdɪsˈjuːz, -ɪz,
-ɪŋ, -d
AM dɪsˈjuz, -əz, -ɪŋ, -d

disutility
BR ˌdɪsjʊˈtɪlɪti
AM ˌdɪsjuˈtɪlɪdi

disyllabic
BR ˌdʌɪsɪˈlabɪk,
ˌdɪsɪˈlabɪk
AM ˌdɪsəˈlæbɪk,
ˌdaɪsəˈlæbɪk

disyllable
BR ˈdʌɪˌsɪləbl,
ˌdʌɪˈsɪləbl, -z
AM dɪˈsɪləb(ə)l,
daɪˈsɪləb(ə)l, -z

dit
BR dɪt, -s
AM dɪt, -s

ditch
BR dɪtʃ, -ɪz,
-ɪŋ, -t
AM dɪtʃ, -ɪz,
-ɪŋ, -t

ditcher
BR ˈdɪtʃə(r), -z
AM ˈdɪtʃər, -z

ditchwater
BR ˈdɪtʃˌwɔːtə(r)
AM ˈdɪtʃˌwɑdər,
ˈdɪtʃˌwɔdər

ditheism
BR ˈdʌɪˌθiːɪzm,
ˌdʌɪˈθiːɪzm
AM daɪˈθiːɪz(ə)m,
ˈdaɪθiːɪz(ə)m

ditheist
BR ˈdʌɪˌθiːɪst,
ˌdʌɪˈθiːɪst, -s
AM daɪˈθiːɪst,
ˈdaɪθiːɪst, -s

dither
BR ˈdɪðǀə(r), -əz,
-(ə)rɪŋ, -əd
AM ˈdɪðǀər, -ərz,
-(ə)rɪŋ, -ərd

ditherer
BR ˈdɪð(ə)rə(r), -z
AM ˈdɪðərər, -z

dithery
BR ˈdɪð(ə)ri
AM ˈdɪð(ə)ri

dithionite
BR dʌɪˈθʌɪənʌɪt
AM daɪˈθaɪəˌnaɪt

dithyramb
BR ˈdɪθɪˌram(b)
AM ˈdɪθiˌræm,
ˈdɪθəˌræm

dithyrambi
BR ˌdɪθɪˈrambʌɪ
AM ˌdɪθəˈræmˌbaɪ

dithyrambic
BR ˌdɪθɪˈrambɪk, -s
AM ˌdɪθiˈræmbɪk,
ˌdɪθəˈræmbɪk, -s

dithyrambus
BR ˌdɪθɪˈrambəs
AM ˌdɪθəˈræmbəs

ditsy
BR ˈdɪtsǀi, -ɪəǀ(r),
-ɪɪst
AM ˈdɪtsi, -ər, -ɪst

dittander
BR dɪˈtandə(r)
AM dəˈtændər

dittany
BR ˈdɪtn̩i
AM ˈdɪtəni

ditto
BR ˈdɪtəʊ, -z
AM ˈdɪdoʊ, -z

dittographic
BR ˌdɪtə(ʊ)ˈgrafɪk
AM ˌdɪdoʊˈgræfɪk

dittography
BR dɪˈtɒgrəfǀi, -ɪz
AM dɪˈtɑgrəfi, -z

Ditton
BR ˈdɪtn
AM ˈdɪtn

ditty
BR ˈdɪtǀi, -ɪz
AM ˈdɪdi, -z

ditzy
BR ˈdɪtsǀi, -ɪəǀ(r),
-ɪɪst
AM ˈdɪtsi, -ər, -ɪst

Diu
BR ˈdiːuː
AM ˈdiu

diuresis
BR ˌdʌɪjʊˈriːsɪs
AM ˈdaɪjəˈrisəs

diuretic
BR ˌdʌɪjʊˈretɪk, -s
AM ˌdaɪjəˈrɛdɪk, -s

diurnal
BR dʌɪˈəːnl
AM daɪˈərn(ə)l

diurnally
BR dʌɪˈəːnli
AM daɪˈərnəli

diva
BR ˈdiːvə(r), -z
AM ˈdivə, -z

divagate
BR ˈdʌɪvəgeɪt, -s,
-ɪŋ, -ɪd
AM ˈdɪvəˌgeɪt,
ˈdaɪvəˌgeɪt, -ts,
-dɪŋ, -dɪd

divagation
BR ˌdʌɪvəˈgeɪʃn, -z
AM ˌdɪvəˈgeɪʃ(ə)n,
ˌdaɪvəˈgeɪʃ(ə)n, -z

divalency
BR (ˌ)dʌɪˈveɪlnsi
AM daɪˈveɪlənsi

divalent
BR (ˌ)dʌɪˈveɪlnt
AM daɪˈveɪl(ə)nt

divan
BR dɪˈvan, -z
AM dəˈvæn, ˈdaɪˌvæn,
-z

divaricate
BR dʌɪˈvarɪkeɪt,
dɪˈvarɪkeɪt, -s,
-ɪŋ, -ɪd
AM dəˈvɛrəˌkeɪt,
daɪˈvɛrəˌkeɪt, -ts,
-dɪŋ, -dɪd

divarication
BR dʌɪˌvarɪˈkeɪʃn,
dɪˌvarɪˈkeɪʃn
AM dəˌvɛrəˈkeɪʃ(ə)n,
daɪˌvɛrəˈkeɪʃ(ə)n

dive
BR dʌɪv, -z, -ɪŋ, -d
AM daɪv, -z, -ɪŋ, -d

diver
BR ˈdʌɪvə(r), -z
AM ˈdaɪvər, -z

diverge
BR dʌɪˈvəːdʒ,
dɪˈvəːdʒ, -ɪz, -ɪŋ, -d
AM daɪˈvərdʒ,
dəˈvərdʒ, -əz, -ɪŋ, -d

divergence
BR dʌɪˈvəːdʒ(ə)ns,
dɪˈvəːdʒ(ə)ns, -ɪz
AM daɪˈvərdʒ(ə)ns,
dəˈvərdʒ(ə)ns, -əz

divergency
BR dʌɪˈvəːdʒ(ə)nsǀi,
dɪˈvəːdʒ(ə)nsǀi, -ɪz
AM daɪˈvərdʒənsi,
dəˈvərdʒənsi, -z

divergent
BR dʌɪˈvəːdʒ(ə)nt,
dɪˈvəːdʒ(ə)nt
AM daɪˈvərdʒ(ə)nt,
dəˈvərdʒ(ə)nt

divergently
BR dʌɪˈvəːdʒ(ə)ntli,
dɪˈvəːdʒ(ə)ntli
AM daɪˈvərdʒən(t)li,
dəˈvərdʒən(t)li

divers
BR ˈdʌɪvə(ː)z
AM ˈdaɪvərz

diverse
BR dʌɪˈvəːs
AM daɪˈvərs,
dəˈvərs

diversely
BR dʌɪˈvəːsli
AM daɪˈvərsli,
dəˈvərsli

diversifiable
BR dʌɪˈvəːsɪfʌɪəbl
AM daɪˈvərsəˌfaɪəb(ə)l,
dəˈvərsəˌfaɪəb(ə)l

diversification
BR dʌɪˌvəːsɪfɪˈkeɪʃn,
dɪˌvəːsɪfɪˈkeɪʃn
AM daɪˌvərsəfəˈkeɪʃ(ə)n,
dəˌvərsəfəˈkeɪʃ(ə)n

diversify
BR dʌɪˈvəːsɪfʌɪ, -z,
-ɪŋ, -d
AM daɪˈvərsəˌfaɪ,
dəˈvərsəˌfaɪ, -z,
-ɪŋ, -d

diversion
BR dʌɪˈvəːʃn,
dɪˈvəːʃn, -z
AM daɪˈvərʒ(ə)n,
dəˈvərʒ(ə)n, -z

diversional
BR dʌɪˈvəːʃn̩l,
dɪˈvəːʃn̩l
AM daɪˈvɜrʒən(ə)l,
daɪˈvɜrʒn(ə)l,
dəˈvɜrʒən(ə)l,
dəˈvɜrʒn(ə)l

diversionary
BR dʌɪˈvəːʃn(ə)ri,
dɪˈvəːʃn(ə)ri
AM daɪˈvɜrʒəˌnɛri,
dəˈvɜrʒəˌnɛri

diversionist
BR dʌɪˈvəːʃnɪst,
dɪˈvəːʃnɪst, -s
AM daɪˈvɜrʒənəst,
dəˈvɜrʒənəst, -s

diversity
BR dʌɪˈvəːsɪtɪi,
dɪˈvəːsɪtɪi, -ɪz
AM daɪˈvɜrsədi,
dəˈvɜrsədi, -z

divert
BR dʌɪˈvəːt, dɪˈvəːt,
-s, -ɪŋ, -ɪd
AM daɪˈvərǀt,
dəˈvərǀt, -ts, -dɪŋ,
-dəd

diverticula
BR ˌdʌɪvəˈtɪkjʉlə(r)
AM ˌdaɪvərˈtɪkjələ

diverticular
BR ˌdʌɪvəˈtɪkjʉlə(r)
AM ˌdaɪvərˈtɪkjələr

diverticulitis
BR ˌdʌɪvətɪkjʉˈlʌɪtɪs
AM ˌdaɪvərˌtɪkjə-
ˈlaɪdəs

diverticulosis
BR ˌdʌɪvətɪkjʉˈləʊsɪs
AM ˌdaɪvərˌtɪkjə-
ˈloʊsəs

diverticulum
BR ˌdʌɪvəˈtɪkjʉləm
AM ˌdaɪvərˈtɪkjəl(ə)m

divertimenti
BR dɪˌvəːtɪˈmɛntiː
AM dəˌvərdəˈmɛn(t)i

divertimento
BR dɪˌvəːtɪˈmɛntəʊ, -z
AM dəˌvərdəˈmɛn(t)oʊ,
-z

divertingly
BR dʌɪˈvəːtɪŋli,
dɪˈvəːtɪŋli
AM daɪˈvərdɪŋli,
dəˈvərdɪŋli

divertissement
BR ˌdiːvɛːˈtiːsmɒ̃,
dɪˈvəːtɪsm(ə)nt, -s
AM dəˈvərdəsm(ə)nt,
-s
FR divɛʀtismɑ̃

Dives
BR ˈdʌɪviːz
AM ˈdaɪˌviz

divest
BR dʌɪˈvɛst, dɪˈvɛst,
-s, -ɪŋ, -ɪd
AM dəˈvɛst, daɪˈvɛst,
-s, -ɪŋ, -əd

divestiture
BR dʌɪˈvɛstɪtʃə(r),
dɪˈvɛstɪtʃə(r)
AM dəˈvɛstəˌtʃ(ʊ)ər,
daɪˈvɛstəˌtʃ(ʊ)ər

divestment
BR dʌɪˈvɛs(t)m(ə)nt,
dɪˈvɛs(t)m(ə)nt, -s
AM dəˈvɛstm(ə)nt,
daɪˈvɛstm(ə)nt, -s

divesture
BR dʌɪˈvɛstʃə(r),
dɪˈvɛstʃə(r)
AM dəˈvɛstʃ(ʊ)ər,
daɪˈvɛstʃ(ʊ)ər

divi
BR ˈdɪvǀi, -ɪz
AM ˈdɪvi, -z

divide
BR dɪˈvʌɪd, -z, -ɪŋ, -ɪd
AM dəˈvaɪd, -z, -ɪŋ, -ɪd

dividend
BR ˈdɪvɪd(ɛ)nd, -z
AM ˈdɪvəˌdɛnd, -z

divider
BR dɪˈvʌɪdə(r), -z
AM dəˈvaɪdər, -z

divi-divi
BR ˌdɪvɪˈdɪvǀi, -ɪz
AM ˈdɪviˈdɪvi, -z

divination
BR ˌdɪvɪˈneɪʃn, -z
AM ˌdɪvəˈneɪʃ(ə)n, -z

divinatory
BR dɪˈvɪnət(ə)ri
AM ˈdɪvɪnəˌtɔri,
dəˈvaɪnəˌtɔri,
dəˈvɪnəˌtɔri

divine
BR dɪˈvʌɪn, -ə(r),
-ɪst
AM dəˈvaɪn, -ər,
-ɪst

divinely
BR dɪˈvʌɪnli
AM dəˈvaɪnli

divineness
BR dɪˈvʌɪnnɪs
AM dəˈvaɪ(n)nɪs

diviner
BR dɪˈvʌɪnə(r), -z
AM dəˈvaɪnər, -z

divingboard
BR ˈdʌɪvɪŋbɔːd, -z
AM ˈdaɪvɪŋˌbɔ(ə)rd, -z

divinity
BR dɪˈvɪnɪti
AM dəˈvɪnɪdi, -z

divinize
BR ˈdɪvɪnʌɪz, -ɪz,
-ɪŋ, -d
AM ˈdɪvɪˌnaɪz, -əz,
-ɪŋ, -d

Divis
BR ˈdɪvɪs
AM ˈdɪvɪs

divisi
BR dɪˈviːsi
AM dəˈvisi

divisibility
BR dɪˌvɪzɪˈbɪlɪti
AM dəˌvɪzəˈbɪlɪdi

divisible
BR dɪˈvɪzɪbl
AM dəˈvɪzəb(ə)l

divisibly
BR dɪˈvɪzɪbli
AM dəˈvɪzəbli

division
BR dɪˈvɪʒn, -z
AM dəˈvɪʒ(ə)n, -z

divisional
BR dɪˈvɪʒn̩l, dɪˈvɪʒnl
AM dəˈvɪʒən(ə)l,
dəˈvɪʒn(ə)l

divisionally
BR dɪˈvɪʒn̩li,
dɪˈvɪʒn̩li, dɪˈvɪʒnəli
AM dəˈvɪʒ(ə)nəli

divisionary
BR dɪˈvɪʒn(ə)ri
AM dəˈvɪʒəˌnɛri

divisionism
BR dɪˈvɪʒnɪzm
AM dəˈvɪʒəˌnɪz(ə)m

divisive
BR dɪˈvʌɪsɪv
AM dɪˈvɪzɪv,
dəˈvaɪsɪv

divisively
BR dɪˈvʌɪsɪvli
AM dɪˈvɪzɪvli,
dəˈvaɪsɪvli

divisiveness
BR dɪˈvʌɪsɪvnɪs
AM dɪˈvɪzɪvnɪs,
dəˈvaɪsɪvnɪs

divisor
BR dɪˈvʌɪzə(r), -z
AM dəˈvaɪzər, -z

divorce
BR dɪˈvɔːs, -ɪz,
-ɪŋ, -t
AM dəˈvɔ(ə)rs, -əz,
-ɪŋ, -t

divorcé
BR dɪˌvɔːˈsiː,
ˌdɪvɔːˈsiː, -z
AM dəˈvɔrˌsi,
dəˌvɔrˈseɪ, -z

divorcée
BR dɪˌvɔːˈsiː,
ˌdɪvɔːˈsiː, -z
AM dəˈvɔrˌsi,
dəˌvɔrˈseɪ, -z

divorcement
BR dɪˈvɔːsm(ə)nt
AM dəˈvɔrsm(ə)nt

divot
BR ˈdɪvət, -s
AM ˈdɪvət, -s

divulgation
BR ˌdʌɪvʌlˈgeɪʃn,
ˌdɪvʌlˈgeɪʃn
AM dəˌvəlˈgeɪʃ(ə)n,
ˌdɪvəlˈgeɪʃ(ə)n,
daɪˌvəlˈgeɪʃ(ə)n

divulge
BR dʌɪˈvʌldʒ,
dɪˈvʌldʒ, -ɪz,
-ɪŋ, -d
AM daɪˈvəldʒ,
dəˈvəldʒ, -əz,
-ɪŋ, -d

divulgement
BR dʌɪˈvʌldʒm(ə)nt,
dɪˈvʌldʒm(ə)nt
AM daɪˈvəldʒm(ə)nt,
dəˈvəldʒm(ə)nt

divulgence
BR dʌɪˈvʌldʒ(ə)ns,
dɪˈvʌldʒ(ə)ns
AM daɪˈvəldʒ(ə)ns,
dəˈvəldʒ(ə)ns

divvy
BR ˈdɪv|i, -ɪz
AM ˈdɪvi, -z

Diwali
BR dɪˈwɑːli
AM dəˈwɑli

Dixey
BR ˈdɪksi
AM ˈdɪksi

dixie
BR ˈdɪks|i, -ɪz
AM ˈdɪksi, -z

Dixieland
BR ˈdɪksɪland
AM ˈdɪksiˌlænd

Dixon
BR ˈdɪksn
AM ˈdɪks(ə)n

dizzily
BR ˈdɪzɪli
AM ˈdɪzɪli

dizziness
BR ˈdɪzɪnɪs
AM ˈdɪzɪnɪs

dizzy
BR ˈdɪz|i, -ɪə(r),
-ɪɪst
AM ˈdɪzi, -ər, -ɪɪst

Djakarta
BR dʒəˈkɑːtə(r)
AM dʒəˈkɑrdə

djellaba
BR ˈdʒɛləbə(r),
dʒəˈlɑːbə(r), -z
AM dʒəˈlɑbə, -z

djellabah
BR ˈdʒɛləbə(r),
dʒəˈlɑːbə(r), -z
AM dʒəˈlɑbə, -z

Djerba
BR ˈdʒəːbə(r)
AM ˈdʒɜrbə

djibah
BR ˈdʒɪbə(r), -z
AM ˈdʒɪbə, -z

djibba
BR ˈdʒɪbə(r), -z
AM ˈdʒɪbə, -z

Djibouti
BR dʒɪˈbuːti
AM dʒəˈbudi

Djiboutian
BR dʒɪˈbuːtɪən, -z
AM dʒəˈbudiən, -z

djinn
BR dʒɪn, -z
AM dʒɪn, -z

D.Litt. *Doctor of Literature*
BR ˌdiːˈlɪt, -s
AM ˌdiˈlɪt, -s

D-lock
BR ˈdiːlɒk, -s
AM ˈdiˌlɑk, -s

D.Mus. *Doctor of Music*
BR ˌdiːˈmʌz, -ɪz
AM ˌdiˈmjuz, -əz

Dnieper
BR ˈ(d)niːpə(r)
AM dəˈnjɛpər, ˈnipər

Dniester
BR ˈ(d)niːstə(r)
AM dəˈnjɛstər, ˈnistər

do
BR duː
AM doʊ, du

doable
BR ˈduːəbl
AM ˈduəb(ə)l

dob
BR dɒb, -z, -ɪŋ, -d
AM dab, -z, -ɪŋ, -d

dobbin
BR ˈdɒbɪn
AM ˈdab(ə)n

dobe
BR ˈdəʊb|i, -ɪz
AM ˈdoʊbi, -z

Dobell
BR dəʊˈbɛl
AM doʊˈbɛl

Dobermann
BR ˈdəʊbəmən, -z
AM ˈdoʊbərm(ə)n, -z

Dobson
BR ˈdɒbsn
AM ˈdabs(ə)n

doc
BR dɒk, -s
AM dak, -s

docent
BR ˈdəʊs(ə)nt, -s
AM ˈdoʊs(ə)nt, -s

Docetae
BR də(ʊ)ˈsiːtiː
AM doʊˈsidi

Docetic
BR də(ʊ)ˈsiːtɪk
AM doʊˈsidɪk

Docetism
BR də(ʊ)ˈsiːtɪzm
AM doʊˈsiˌtɪz(ə)m

Docetist
BR də(ʊ)ˈsiːtɪst, -s
AM doʊˈsidɪst, -s

doch-an-dorris
BR ˌdɒx(ə)nˈdɒrɪs,
ˌdɒk(ə)nˈdɒrɪs, -ɪz
AM ˌdakənˈdɔrəs, -əz

Docherty
BR ˈdɒxəti, ˈdɒkəti
AM ˈdakərdi

docile
BR ˈdəʊsʌɪl
AM ˈdoʊˌsaɪl, ˈdɑs(ə)l

docilely
BR ˈdəʊsʌɪlli
AM ˈdɑsə(l)li

docility
BR də(ʊ)ˈsɪlɪti
AM dɑˈsɪlɪdi

dock
BR dɒk, -s, -ɪŋ, -t
AM dɑk, -s, -ɪŋ, -t

dockage
BR ˈdɒkɪdʒ
AM ˈdɒkɪdʒ

docker
BR ˈdɒkə(r), -z
AM ˈdɑkər, -z

docket
BR ˈdɒk|ɪt, -s, -ɪtɪŋ, -ɪtɪd
AM ˈdɑkət, -s, -ɪŋ, -əd

dockland
BR ˈdɒkland, -z
AM ˈdɑkˌlænd, -z

dockominium
BR ˌdɒkəˈmɪnɪəm, -z
AM ˌdɑkəˈmɪnɪəm, -z

dockside
BR ˈdɒkˌsʌɪd, -z
AM ˈdɑkˌsaɪd, -z

dockyard
BR ˈdɒkjɑːd, -z
AM ˈdɑkˌjɑrd, -z

doctor
BR ˈdɒkt|ə(r), -əz,
-(ə)rɪŋ, -əd
AM ˈdɑkt|ər, -ərz,
-(ə)rɪŋ, -ərd

doctoral
BR ˈdɒkt(ə)rl̩
AM ˈdɑktər(ə)l,
ˈdɑktr(ə)l

doctorate
BR ˈdɒkt(ə)rət, -s
AM ˈdɑkt(ə)rət, -s

doctorhood
BR ˈdɒktəhʊd
AM ˈdɑktər(h)ʊd

doctorial
BR dɒkˈtɔːrɪəl
AM dɑkˈtɔriəl

doctorly
BR ˈdɒktəli
AM ˈdɑktərli

doctorship
BR ˈdɒktəʃɪp, -s
AM ˈdɑktərˌʃɪp, -s

doctrinaire
BR ˌdɒktrɪˈnɛː(r)
AM ˌdɑktrəˈnɛ(ə)r

doctrinairism
BR ˌdɒktrɪˈnɛːrɪzm
AM ˌdɑktrəˈnɛˌrɪz(ə)m

doctrinal
BR dɒkˈtrʌɪnl
AM dɑkˈtraɪn(ə)l,
ˈdɑktrənl

doctrinally
BR dɒkˈtrʌɪnḷi
AM dakˈtraɪnəli, ˈdaktrənəli

doctrinarian
BR ˌdɒktrɪˈnɛːriən
AM ˌdaktrəˈnɛriən

doctrine
BR ˈdɒktr(ɨ)n, -z
AM ˈdaktrən, -z

doctrinism
BR ˈdɒktrɪnɪzm
AM ˈdaktrəˌnɪz(ə)m

doctrinist
BR ˈdɒktrɪnɪst, -s
AM ˈdaktrənəst, -s

docudrama
BR ˈdɒkjʉˌdrɑːmə(r), ˈ-z
AM ˈdakjəˌdrɑmə, -z

document[1] *noun*
BR ˈdɒkjʉm(ə)nt, -s
AM ˈdakjəm(ə)nt, -s

document[2] *verb*
BR ˈdɒkjʉmɛnt, -s, -ɪŋ, -ɪd
AM ˈdakjəˌmɛn|t, -ts, -(t)ɪŋ, -(t)əd

documental
BR ˌdɒkjʉˈmɛntl
AM ˌdakjəˈmɛn(t)l

documentalist
BR ˌdɒkjʉˈmɛntḷɪst, -s
AM ˌdakjəˈmɛn(t)ləst, -s

documentarily
BR ˌdɒkjʉˈmɛnt(ə)rɪli
AM ˌdakjə-ˈmɛn(t)ərəli, ˌdakjəˈmɛnt(ə)rəli

documentarist
BR ˌdɒkjʉˈmɛnt(ə)rɪst, -s
AM ˌdakjə-ˈmɛn(t)ərəst, ˌdakjəˈmɛnt(ə)rəst, -s

documentary
BR ˌdɒkjʉˈmɛnt(ə)r|i, -ɪz
AM ˌdakjəˈmɛn(t)əri, ˌdakjəˈmɛnt(ə)ri, -z

documentation
BR ˌdɒkjʉm(ɛ)nˈteɪʃn
AM ˌdakjəmənˈteɪʃ(ə)n

Dodd
BR dɒd
AM dad

dodder
BR ˈdɒd|ə(r), -əz, -(ə)rɪŋ, -əd
AM ˈdadər, -z, -ɪŋ, -d

dodderer
BR ˈdɒd(ə)rə(r), -z
AM ˈdadərər, -z

dodderiness
BR ˈdɒd(ə)rɪnɪs
AM ˈdadərɪnɪs

doddery
BR ˈdɒd(ə)ri
AM ˈdadəri

doddle
BR ˈdɒdl, -z
AM ˈdad(ə)l, -z

Dodds
BR dɒdz
AM dadz

dodecagon
BR dəʊˈdɛkəɡɒn, -z
AM doʊˈdɛkəˌɡan, -z

dodecahedral
BR ˌdəʊdɛkəˈhiːdr(ə)l
AM ˌdoʊˌdɛkəˈhidr(ə)l

dodecahedron
BR ˌdəʊdɛkə-ˈhiːdr(ə)n, -z
AM ˌdoʊˌdɛkəˈhidr(ə)n, -z

Dodecanese
BR ˌdəʊdɛkəˈniːz, ˌdəʊdɪkəˈniːz
AM ˌdoʊˌdɛkəˈniz

dodecaphonic
BR ˌdəʊdɛkəˈfɒnɪk, ˌdəʊdɪkəˈfɒnɪk
AM ˌdoʊˌdɛkəˈfɑnɪk

dodge
BR dɒdʒ, -ɪz, -ɪŋ, -d
AM dadʒ, -əz, -ɪŋ, -d

dodgem
BR ˈdɒdʒ(ə)m, -z
AM ˈdadʒ(ə)m, -z

dodger
BR ˈdɒdʒə(r), -z
AM ˈdadʒər, -z

dodgily
BR ˈdɒdʒɪli
AM ˈdadʒəli

dodginess
BR ˈdɒdʒɪnɪs
AM ˈdadʒɪnɪs

Dodgson
BR ˈdɒdʒsn
AM ˈdadʒs(ə)n

dodgy
BR ˈdɒdʒ|i, -ɪə(r), -ɪɪst
AM ˈdadʒi, -ər, -ɪst

dodo
BR ˈdəʊdəʊ, -z
AM ˈdoʊˌdoʊ, -z

Dodoma
BR dəʊˈdəʊmə(r)
AM doʊˈdɑmə, ˈdoʊdəmə

Dodson
BR ˈdɒdsn
AM ˈdads(ə)n

doe
BR dəʊ, -z
AM doʊ, -z

doek
BR dʊk, -s
AM dʊk, -s

Doenitz
BR ˈdəːnɪts
AM ˈdənɪts

doer
BR ˈduːə(r), -z
AM ˈduər, -z

does *from do*
BR dʌz
AM dəz

doeskin
BR ˈdəʊskɪn, -z
AM ˈdoʊˌskɪn, -z

doesn't
BR ˈdʌznt
AM ˈdəznt

doest
BR ˈduːɪst
AM ˈduəst

doeth
BR ˈduːɪθ
AM ˈduəθ

doff
BR dɒf, -s, -ɪŋ, -t
AM dɑf, dɔf, -s, -ɪŋ, -t

dog
BR dɒɡ, -z, -ɪŋ, -d
AM daɡ, dɔɡ, -z, -ɪŋ, -d

dogberry
BR ˈdɒɡkb(ə)r|i, -ɪz
AM ˈdaɡˌbɛri, ˈdɔɡˌbɛri, -z

dogcart
BR ˈdɒɡkɑːt, -s
AM ˈdaɡˌkɑrt, ˈdɔɡˌkɑrt, -s

dogcatcher
BR ˈdɒɡˌkatʃə(r), -z
AM ˈdaɡˌkɛtʃər, ˈdɔɡˌkɛtʃər, -z

doge
BR dəʊ(d)ʒ, -ɪz
AM doʊʒ, -əz

dogface
BR ˈdɒɡfeɪs, -ɪz
AM ˈdaɡˌfeɪs, ˈdɔɡˌfeɪs, -ɪz

dogfight
BR ˈdɒɡfʌɪt, -s
AM ˈdaɡˌfaɪt, ˈdɔɡˌfaɪt, -s

dogfighter
BR ˈdɒɡfʌɪtə(r), -z
AM ˈdaɡˌfaɪdər, ˈdɔɡˌfaɪdər, -z

dogfighting
BR ˈdɒɡfʌɪtɪŋ
AM ˈdaɡˌfaɪdɪŋ, ˈdɔɡˌfaɪdɪŋ

dogfish
BR ˈdɒɡfɪʃ, -ɪz
AM ˈdaɡˌfɪʃ, ˈdɔɡˌfɪʃ, -ɪz

dogged *adjective*
BR ˈdɒɡɪd
AM ˈdaɡəd, ˈdɔɡəd

doggedly
BR ˈdɒɡɪdli
AM ˈdaɡədli, ˈdɔɡədli

doggedness
BR ˈdɒɡɪdnɪs
AM ˈdaɡədnəs, ˈdɔɡədnəs

dogger
BR ˈdɒgə(r), -z
AM ˈdɑːgɚ, ˈdɔːgɚ, -z

doggerel
BR ˈdɒg(ə)r!
AM ˈdɑːgɚ(ə)l,
ˈdɑːgr(ə)l, ˈdɔːgɚ(ə)l,
ˈdɔːgr(ə)l

doggie
BR ˈdɒg|i, -ɪz
AM ˈdɑːgi, ˈdɔːgi, -z

dogginess
BR ˈdɒgɪnɪs
AM ˈdɑːgɪnɪs, ˈdɔːgɪnɪs

doggish
BR ˈdɒgɪʃ
AM ˈdɑːgɪʃ, ˈdɔːgɪʃ

doggishly
BR ˈdɒgɪʃli
AM ˈdɑːgɪʃli, ˈdɔːgɪʃli

doggishness
BR ˈdɒgɪʃnɪs
AM ˈdɑːgɪʃnɪs, ˈdɔːgɪʃnɪs

doggo
BR ˈdɒgəʊ
AM ˈdɑːgoʊ, ˈdɔːgoʊ

doggone
BR ˈdɒgɒn
AM ˌdɑː(g)ˈgɑn, ˈdɔː(g)ˈgɔn

doggy
BR ˈdɒg|i, -ɪz
AM ˈdɑːgi, ˈdɔːgi, -z

doghouse
BR ˈdɒghaʊ|s, -zɪz
AM ˈdɑːg,(h)aʊ|s, ˈdɔːg,(h)aʊ|s, -zəz

dogie
BR ˈdəʊg|i, -ɪz
AM ˈdoʊgi, -z

dogleg
BR ˈdɒgleg, -z
AM ˈdɑːg,leg, ˈdɔːg,leg, -z

doglike
BR ˈdɒglʌɪk
AM ˈdɑːg,laɪk, ˈdɔːg,laɪk

dogma
BR ˈdɒgmə(r), -z
AM ˈdɑːgmə, ˈdɔːgmə, -z

dogman
BR ˈdɒgman
AM ˈdɔːg,mæn, ˈdɑːgm(ə)n, ˈdɑːg,mæn, ˈdɔːgm(ə)n

dogmatic
BR dɒgˈmatɪk, -s
AM dɑːgˈmædɪk, dɔːgˈmædɪk, -s

dogmatically
BR dɒgˈmatɪkli
AM dɑːgˈmædək(ə)li, dɔːgˈmædək(ə)li

dogmatise
BR ˈdɒgmətʌɪz, -ɪz, -ɪŋ, -d
AM ˈdɑːgmə,taɪz, ˈdɔːgmə,taɪz, -ɪz, -ɪŋ, -d

dogmatism
BR ˈdɒgmətɪzm
AM ˈdɑːgmə,tɪz(ə)m, ˈdɔːgmə,tɪz(ə)m

dogmatist
BR ˈdɒgmətɪst, -s
AM ˈdɑːgmədəst, ˈdɔːgmədəst, -s

dogmatize
BR ˈdɒgmətʌɪz, -ɪz, -ɪŋ, -d
AM ˈdɑːgmə,taɪz, ˈdɔːgmə,taɪz, -ɪz, -ɪŋ, -d

dogmen
BR ˈdɒgmɛn
AM ˈdɔːg,mɛn, ˈdɑːgm(ə)n, ˈdɑːg,mɛn, ˈdɔːgm(ə)n

do-gooder
BR ˌduːˈgʊdə(r), -z
AM ˈduːˌgʊdɚ, -z

do-goodery
BR ˌduːˈgʊd(ə)ri
AM ˌduːˈgʊdəri

do-goodism
BR ˌduːˈgʊdɪzm
AM ˌduːˈgʊˌdɪz(ə)m

dogsbody
BR ˈdɒgzbɒd|i, -ɪz
AM ˈdɑːgz,bɑdi, ˈdɔːgz,bɑdi, -z

dogshore
BR ˈdɒgʃɔː(r), -z
AM ˈdɔːgzˌʃɔ(ə)r, -z

dogskin
BR ˈdɒgskɪn
AM ˈdɑːgz,skɪn, ˈdɔːgz,skɪn

dogtag
BR ˈdɒgtag, -z
AM ˈdɑːg,tæg, ˈdɔːg,tæg, -z

dogteeth
BR ˈdɒgtiːθ
AM ˈdɑːg,tiθ, ˈdɔːg,tiθ

dogtooth
BR ˈdɒgtuːθ
AM ˈdɑːg,tuθ, ˈdɔːg,tuθ

dogtrot
BR ˈdɒgtrɒt
AM ˈdɑːg,trɑt, ˈdɔːg,trɑt

dogwatch
BR ˈdɒgwɒtʃ, -ɪz
AM ˈdɑːg,wɑtʃ, ˈdɔːg,wɔtʃ, -əz

dogwood
BR ˈdɒgwʊd
AM ˈdɑːg,wʊd, ˈdɔːg,wʊd

doh
BR dəʊ
AM doʊ

Doha
BR ˈdəʊhɑː(r), ˈdəʊə(r)
AM ˈdoʊˌhɑ

Doherty
BR ˈdɒxəti, ˈdɒhəti, ˈdəʊəti
AM ˈdɔ(ə)rdi

doily
BR ˈdɔɪl|i, -ɪz
AM ˈdɔɪli, -z

doing
BR ˈduːɪŋ, -z
AM ˈduɪŋ, -z

doit
BR dɔɪt, -s
AM dɔɪt, -s

dojo
BR ˈdəʊdʒəʊ, -z
AM ˈdoʊˌdʒoʊ, -z

Dolan
BR ˈdəʊlən
AM ˈdoʊl(ə)n

Dolby
BR ˈdɒlbi
AM ˈdɔlbi, ˈdoʊlbi

dolce far niente
BR ˌdɒltʃi fɑːˈnɪˈɛnti, ˌdɒltʃeɪ +, + nɪˈɛnteɪ
AM ˌdoʊltʃə ˌfɑr niˈɛnti

Dolcelatte
BR ˌdɒltʃɪˈlati(r)
AM ˌdoʊltʃəˈlædi

dolce vita
BR ˌdɒltʃi ˈviːtə(r), ˌdɒltʃeɪ +
AM ˌdoʊltʃə ˈvidə

Dolcis
BR ˈdɒlsɪs
AM ˈdoʊlsəs

doldrums
BR ˈdɒldrəmz, ˈdəʊldrəmz
AM ˈdɑldrəmz, ˈdoʊldrəmz

dole
BR dəʊl, -z, -ɪŋ, -d
AM doʊl, -z, -ɪŋ, -d

dole-bludger
BR ˈdəʊlˌblʌdʒə(r), -z
AM ˈdoʊlˌblədʒɚ, -z

doleful
BR ˈdəʊlf(ʊ)l
AM ˈdoʊlf(ə)l

dolefully
BR ˈdəʊlfʊli, ˈdəʊlfḷi
AM ˈdoʊlfəli

dolefulness
BR ˈdəʊlf(ʊ)lnəs
AM ˈdoʊlfəlnəs

dolerite
BR ˈdɒlərʌɪt
AM ˈdɑləˌraɪt

Dolgellau
BR dɒlˈgeɬi,
dɒlˈgɛθli,
dɒlˈgɛɬʌɪ,
dɒlˈgɛθɬʌɪ
AM dɑlˈgeli, dɔlˈgeli
WE dɒlˈgɛɬaɪ

dolichocephalic
BR ˌdɒlɪkəʊsɪˈfalɪk,
ˌdɒlɪkəʊkɛˈfalɪk
AM ˌdɑləkoʊsəˈfælɪk

dolichocephalous
BR ˌdɒlɪkəʊˈsɛfləs,
ˌdɒlɪkəʊˈsɛfləs,
ˌdɒlɪkəʊˈkɛfləs
ˌdɒlɪkəʊˈkɛfləs
AM ˌdɑləkoʊˈsɛfələs

dolichocephaly
BR ˌdɒlɪkəʊˈsɛfli,
ˌdɒlɪkəʊˈkɛfli
AM ˌdɑləkoʊˈsɛfəli

dolichosauri
BR ˌdɒlɪkə(ʊ)ˈsɔːrʌɪ
AM ˌdɑləkəˈsɔˌraɪ

dolichosaurus
BR ˌdɒlɪkəˈsɔːrəs, -ɪz
AM ˌdɑləkəˈsɔrəs, -əz

Dolin
BR ˈdɒlɪn
AM ˈdoʊl(ə)n

dolina
BR də(ʊ)ˈliːnə(r), -z
AM dəˈlinə, -z

doline
BR də(ʊ)ˈliːnə(r), -z
AM dəˈlinə, -z

Dolittle
BR ˈduːlɪtl
AM ˈduˌlɪd(ə)l

doll
BR dɒl, -z, -ɪŋ, -d
AM dɑl, -z, -ɪŋ, -d

dollar
BR ˈdɒlə(r), -z
AM ˈdɑlər, -z

Dollfuss
BR ˈdɒlfəs
AM ˈdɑlfəs

dollhouse
BR ˈdɒlhaʊ|s, -zɪz
AM ˈdɑlˌ(h)aʊ|s,
-zəz

dollie
BR ˈdɒl|i, -ɪz
AM ˈdɑli, -z

Dollond
BR ˈdɒlənd
AM ˈdɑlənd, ˈdɔlənd

dollop
BR ˈdɒləp, -s
AM ˈdɑləp, -s

dolly
BR ˈdɒl|i, -ɪz
AM ˈdɑli, -z

Dolly Varden
BR ˌdɒlɪ ˈvɑːdn, -z
AM ˌdɑli ˈvɑrd(ə)n, -z

dolma
BR ˈdɒlmə(r)
AM ˈdɑlmə

dolman
BR ˈdɒlmən, -z
AM ˈdoʊlm(ə)n, -z

dolmen
BR ˈdɒlmən, -z
AM ˈdoʊlm(ə)n, -z

Dolmetsch
BR ˈdɒlmɛtʃ
AM ˈdɑlˌmɛtʃ,
ˈdɔlˌmɛtʃ

dolomite
BR ˈdɒləmʌɪt
AM ˈdoʊləˌmaɪt,
ˈdɑləˌmaɪt, -s

dolomitic
BR ˌdɒləˈmɪtɪk
AM ˌdoʊləˈmɪdɪk,
ˌdɑləˈmɪdɪk

dolor
BR ˈdɒlə(r), -z
AM ˈdoʊlər, -z

Dolores
BR dəˈlɔːrɪs, dəˈlɔːrɪz
AM dəˈlɔrəs

doloroso
BR ˌdɒləˈrəʊsəʊ,
ˌdɒləˈrəʊzəʊ
AM ˌdoʊləˈroʊsoʊ

dolorous
BR ˈdɒl(ə)rəs
AM ˈdoʊlərəs

dolorously
BR ˈdɒl(ə)rəsli
AM ˈdoʊlərəsli

dolorousness
BR ˈdɒl(ə)rəsnəs
AM ˈdoʊlərəsnəs

dolour
BR ˈdɒlə(r), -z
AM ˈdoʊlər, -z

dolphin
BR ˈdɒlfɪn, -z
AM ˈdɑlf(ə)n,
ˈdɔlf(ə)n, -z

dolphinarium
BR ˌdɒlfɪˈnɛːrɪəm, -z
AM ˌdɑlfəˈnɛrɪəm,
ˌdɔlfəˈnɛrɪəm, -z

Dolphus
BR ˈdɒlfəs
AM ˈdɑlfəs,
ˈdɔlfəs

dolt
BR dəʊlt, -s
AM doʊlt, -s

doltish
BR ˈdəʊltɪʃ
AM ˈdoʊltɪʃ

doltishly
BR ˈdəʊltɪʃli
AM ˈdoʊltɪʃli

doltishness
BR ˈdəʊltɪʃnɪs
AM ˈdoʊltɪʃnɪs

dom
BR dɒm, -z
AM dɑm, -z

domain
BR də(ʊ)ˈmeɪn, -z
AM dəˈmeɪn,
doʊˈmeɪn, -z

domaine
BR də(ʊ)ˈmeɪn, -z
AM dəˈmeɪn,
doʊˈmeɪn, -z

domanial
BR də(ʊ)ˈmeɪnɪəl
AM dəˈmeɪnɪəl,
doʊˈmeɪnɪəl

Dombey
BR ˈdɒmbi
AM ˈdɑmbi,
ˈdɔmbi

dome
BR dəʊm, -z, -d
AM doʊm, -z, -d

domelike
BR ˈdəʊmlʌɪk
AM ˈdoʊmˌlaɪk

Domesday
BR ˈduːmzdeɪ
AM ˈdumzˌdeɪ

domestic
BR dəˈmɛstɪk,
-s
AM dəˈmɛstɪk,
-s

domesticable
BR dəˈmɛstɪkəbl
AM dəˈmɛstəkəb(ə)l

domestically
BR dəˈmɛstɪkli
AM dəˈmɛstək(ə)li

domesticate
BR dəˈmɛstɪkeɪt, -s,
-ɪŋ, -ɪd
AM dəˈmɛstəˌkeɪ|t, -ts,
-dɪŋ, -dɪd

domestication
BR dəˌmɛstɪˈkeɪʃn
AM dəˌmɛstəˈkeɪʃ(ə)n

domesticity
BR ˌdɒmɪˈstɪsɪti,
ˌdɒmɛˈstɪsɪti
AM ˌdoʊˌmɛˈstɪsɪdi

Domestos
BR dəˈmɛstɒs
AM dəˈmɛstɑs

domicile
BR ˈdɒmɪsʌɪl, -z, -d
AM ˈdoʊməˌsaɪl,
ˈdɑməs(ə)l,
ˈdɑməˌsaɪl, -z, -d

domiciliary
BR ˌdɒmɪˈsɪl(ɪ)əri
AM ˌdoʊməˈsɪliˌɛri,
ˌdɑməˈsɪljəri,
ˌdoʊməˈsɪljəri,
ˌdɑməˈsɪliˌɛri

dominance
BR ˈdɒmɪnəns
AM ˈdɑmənəns

dominant
BR ˈdɒmɪnənt
AM ˈdɑmənənt

dominantly
BR ˈdɒmɪnəntli
AM ˈdɑmənən(t)li

dominate
BR ˈdɒmɪneɪt, -s, -ɪŋ, -ɪd
AM ˈdɑːməˌneɪ|t, -ts,
-dɪŋ, -dɪd
domination
BR ˌdɒmɪˈneɪʃn
AM ˌdɑːməˈneɪʃ(ə)n
dominator
BR ˈdɒmɪneɪtə(r), -z
AM ˈdɑːməˌneɪdər, -z
dominatrices
BR ˌdɒmɪˈneɪtrɪsiːz
AM ˌdɑːməˈneɪtrəsiz
dominatrix
BR ˌdɒmɪˈneɪtrɪks, -ɪz
AM ˌdɑːməˈneɪtrɪks, -ɪz
dominee
BR ˈduːmɪni,
ˈdʊəmɪni
AM ˈduːməni
domineer
BR ˌdɒmɪˈnɪə(r), -z,
-ɪŋ, -d
AM ˌdɑːməˈnɪ(ə)r, -z,
-ɪŋ, -d
domineeringly
BR ˌdɒmɪˈnɪərɪŋli
AM ˌdɑːməˈnɪrɪŋli
Domingo
BR dəˈmɪŋɡəʊ
AM dəˈmɪŋɡoʊ
Dominic
BR ˈdɒmɪnɪk
AM ˈdɑːmənɪk
Dominica
BR ˌdɒmɪˈniːkə(r),
dəˈmɪnɪkə(r)
AM ˌdɑːməˈnikə
dominical
BR dəˈmɪnɪkl
AM dəˈmɪnɪkl
Dominican[1] *of*
Dominica
BR ˌdɒmɪˈniːk(ə)n,
dəˈmɪnɪk(ə)n, -z
AM ˌdɑːməˈnik(ə)n, -z
Dominican[2] *of the*
Dominican
Republic or
religious order
BR dəˈmɪnɪk(ə)n, -z
AM dəˈmɪnək(ə)n, -z

Dominick
BR ˈdɒmɪnɪk
AM ˈdɑːmənɪk,
ˈdɑːmənɪk
dominie
BR ˈdɒmɪn|i,
-ɪz
AM ˈdɑːməni, -z
dominion
BR dəˈmɪniən, -z
AM dəˈmɪnj(ə)n,
-z
Dominique
BR ˌdɒmɪˈniːk
AM ˌdɑːməˈnik
domino
BR ˈdɒmɪnəʊ, -z
AM ˈdɑːməˌnoʊ, -z
Domitian
BR də(ʊ)ˈmɪʃn,
də(ʊ)ˈmɪʃiən
AM doʊˈmɪʃ(ə)n,
dəˈmɪʃ(ə)n
don
BR dɒn, -z, -ɪŋ, -d
AM dɑn, -z, -ɪŋ, -d
dona
BR ˈdəʊnə(r), -z
AM ˈdoʊnə, ˈdɑnə, -z
doña
BR ˈdɒnjə(r)
AM ˈdoʊnjə, ˈdɑnjə
donah
BR ˈdəʊnə(r), -z
AM ˈdoʊnə, ˈdɑnə, -z
Donahue
BR ˈdɒnəhjuː
AM ˈdɑnəˌhju
Donal
BR ˈdəʊnl
AM ˈdɑn(ə)l, ˈdɔn(ə)l
Donald
BR ˈdɒnld
AM ˈdɑnəl(d),
ˈdɔnəl(d)
Donaldson
BR ˈdɒnlds(ə)n
AM ˈdɑnəl(d)s(ə)n,
ˈdɔnəl(d)s(ə)n
Donat
BR ˈdəʊnat
AM ˈdoʊˌnɑt

donate
BR də(ʊ)ˈneɪt, -s, -ɪŋ, -ɪd
AM doʊˈneɪ|t,
ˈdoʊˌneɪ|t, -ts, -dɪŋ,
-dɪd
Donatello
BR ˌdɒnəˈtɛləʊ
AM ˌdɑnəˈtɛloʊ
donation
BR də(ʊ)ˈneɪʃn, -z
AM doʊˈneɪʃ(ə)n, -z
Donatism
BR ˈdəʊnətɪzm
AM ˈdɑnəˌtɪz(ə)m,
ˈdoʊnəˌtɪz(ə)m
Donatist
BR ˈdəʊnətɪst, -s
AM ˈdɑnədəst,
ˈdoʊnədəst, -s
donative
BR ˈdəʊnətɪv, -z
AM ˈdɑnədɪv,
ˈdoʊnədɪv, -z
donator
BR də(ʊ)ˈneɪtə(r), -z
AM ˈdoʊˌneɪdər, -z
Donatus
BR də(ʊ)ˈneɪtəs
AM ˌdoʊˈnɑdəs
Donau
BR ˈdəʊnaʊ
AM ˈdoʊˌnaʊ
Donbas
BR ˈdɒnbas
AM ˈdɑnˌbæs
Donbass
BR ˈdɒnbas
AM ˈdɑnˌbæs
Doncaster
BR ˈdɒŋkəstə(r)
AM ˈdɑnˌkæstər,
ˈdɔnˌkæstər
done
BR dʌn
AM dən
donee
BR dəʊˈniː, -z
AM doʊˈni, -z
Donegal
BR ˌdɒnɪˈɡɔːl
AM ˌdɑnəˈɡɑl,
ˌdɑnəˈɡɔl

Donelly
BR ˈdɒnli
AM ˈdɑn(ə)li,
ˈdɔn(ə)li
Doner
BR ˈdɒnə(r)
AM ˈdɑnər, ˈdɔnər
Donets Basin
BR dəˌnɛts ˈbeɪsn
AM dəˈnɛts ˈbeɪsn
Donetsk
BR dəˈnɛtsk
AM dəˈnɛtsk
dong
BR dɒŋ, -z
AM dɑŋ, dɔŋ, -z
donga
BR ˈdɒŋɡə(r), -z
AM ˈdɔŋɡə, ˈdɑŋɡə, -z
Don Giovanni
BR ˌdɒn dʒə(ʊ)ˈvɑːni,
+ dʒə(ʊ)ˈvani
AM ˌˈdɑn dʒ(i)əˈvɑni,
ˌˈdɔn dʒ(i)əˈvɑni
dongle
BR ˈdɒŋɡl, -z
AM ˈdɑŋɡ(ə)l, -z
Donington
BR ˈdɒnɪŋt(ə)n
AM ˈdɑnɪŋt(ə)n,
ˈdɔnɪŋt(ə)n
Donizetti
BR ˌdɒnɪˈzɛti
AM ˌdɑnəˈzɛdi
IT donidˈdzetti
donjon
BR ˈdɒn(d)ʒ(ə)n,
ˈdʌn(d)ʒ(ə)n, -z
AM ˈdɑndʒ(ə)n,
ˈdɔndʒ(ə)n, -z
Don Juan
BR ˌdɒn ˈdʒʊən,
+ ˈ(h)wɑːn, -z
AM ˌdɑn ˈ(h)wɑn, -z
donkey
BR ˈdɒŋk|i, -ɪz
AM ˈdɑŋki,
ˈdɔŋki, -z
donkeywork
BR ˈdɒŋkɪwəːk
AM ˈdɑŋkiˌwərk,
ˈdɔŋkiˌwərk

Donkin
BR ˈdɒnkɪn
AM ˈdɑnkən

Donleavy
BR dɒnˈliːvi
AM ˈdɑnˌlivi, ˌdɔnˈlivi, dənˈlivi, ˈdɔnˌlivi

Donlevy
BR dɒnˈliːvi
AM ˈdɑnˌlivi, ˌdɔnˈlivi, ˌdənˈlivi, ˈdɔnˌlivi

donna
BR ˈdɒnə(r), -z
AM ˈdɑnə, -z

Donne
BR dʌn
AM dən

donné
BR ˈdɒneɪ, -z
AM dəˈneɪ, -z
FR dɔne

donnée
BR ˈdɒneɪ, -z
AM dəˈneɪ, -z
FR dɔne

Donnegan
BR ˈdɒnɪɡ(ə)n
AM ˈdɑnəɡən, ˈdɔnəɡən

Donnell
BR ˈdɒnl
AM ˈdɑn(ə)l, ˈdɔn(ə)l

Donnelly
BR ˈdɒnl̩i
AM ˈdɑn(ə)li, ˈdɔn(ə)li

donnish
BR ˈdɒnɪʃ
AM ˈdɑnɪʃ

donnishly
BR ˈdɒnɪʃli
AM ˈdɑnɪʃli

donnishness
BR ˈdɒnɪʃnɪs
AM ˈdɑnɪʃnɪs

donnybrook
BR ˈdɒnɪbrʊk, -s
AM ˈdɑniˌbrʊk, -s

Donoghue
BR ˈdɒnəhjuː
AM ˈdɑnəˌhju, ˈdɔnəˌhju

Donohoe
BR ˈdɒnəhəʊ
AM ˈdɑnəˌhoʊ, ˈdɔnəˌhoʊ

Donohue
BR ˈdɒnəhjuː
AM ˈdɑnəˌhju, ˈdɔnəˌhju

donor
BR ˈdəʊnə(r), -z
AM ˈdoʊnər, -z

Donovan
BR ˈdɒnəv(ə)n
AM ˈdɑnəvən

Don Pasquale
BR ˌdɒn pɑˈskɑːleɪ, + pɑˈskwɑːli
AM ˌˌdɑn pɑsˈkwɑli, ˌˌdɔn pɑsˈkwɑli

Don Quixote
BR ˌdɒn ˈkwɪksət, + kɪˈ(h)əʊti
AM ˌdɑn ˈkwɪksət, ˌdɑn kiˈhoʊdi

don't
BR dəʊnt
AM doʊnt

donut
BR ˈdəʊnʌt, -s
AM ˈdoʊˌnət, -s

doodad
BR ˈduːdad, -z
AM ˈduˌdæd, -z

doodah
BR ˈduːdɑː(r), -z
AM ˈduˌdɑ, -z

doodle
BR ˈduːd|l, -lz, -l̩ŋ\-lɪŋ, -ld
AM ˈdud(ə)l, -z, -ɪŋ, -d

doodlebug
BR ˈduːdlbʌɡ, -z
AM ˈdudlˌbəɡ, -z

doodler
BR ˈduːdlə(r), ˈduːdl̩ə(r), -z
AM ˈdud(ə)lər, -z

doodling
BR ˈduːdlɪŋ, ˈduːdl̩ɪŋ, -z
AM ˈdudlɪŋ, ˈdudl̩ɪŋ, -z

doohickey
BR ˈduːˌhɪk|i, -ɪz
AM ˈduˌhɪki, -z

Doolan
BR ˈduːlən
AM ˈdul(ə)n

Dooley
BR ˈduːli
AM ˈduli

Doolittle
BR ˈduːlɪtl
AM ˈduˌlɪd(ə)l

doom
BR duːm, -z, -ɪŋ, -d
AM dum, -z, -ɪŋ, -d

doomsday
BR ˈduːmzdeɪ
AM ˈdumzˌdeɪ

doomster
BR ˈduːmstə(r), -z
AM ˈdumstər, -z

doomwatch
BR ˈduːmwɒtʃ, -ɪz
AM ˈdumˌwɑtʃ, ˈdumˌwɔtʃ, -əz

doomwatcher
BR ˈduːmˌwɒtʃə(r), -z
AM ˈdumˌwɑtʃər, ˈdumˌwɔtʃər, -z

Doone
BR duːn
AM dun

Doonesbury
BR ˈduːnzb(ə)ri
AM ˈdunzˌbɛri

door
BR dɔː(r), -z, -d
AM dɔ(ə)r, -z, -d

doorbell
BR ˈdɔːbɛl, -z
AM ˈdɔrˌbɛl, -z

doorcase
BR ˈdɔːkeɪs, -ɪz
AM ˈdɔrˌkeɪs, -ɪz

do-or-die
BR ˌduːɔːˈdʌɪ
AM ˈduərˈdaɪ

doorframe
BR ˈdɔːfreɪm, -z
AM ˈdɔrˌfreɪm, -z

doorjamb
BR ˈdɔːdʒam, -z
AM ˈdɔrˌdʒæm, -z

doorkeeper
BR ˈdɔːˌkiːpə(r), -z
AM ˈdɔrˌkipər, -z

doorknob
BR ˈdɔːnɒb, -z
AM ˈdɔrˌnɑb, -z

doorknocker
BR ˈdɔːˌnɒkə(r), -z
AM ˈdɔrˌnɑkər, -z

doorman
BR ˈdɔːmən
AM ˈdɔrˌmæn, ˈdɔrm(ə)n

doormat
BR ˈdɔːmat, -s
AM ˈdɔrˌmæt, -s

doormen
BR ˈdɔːmən
AM ˈdɔrˌm(ə)n, ˈdɔrm(ə)n

doornail
BR ˈdɔːneɪl
AM ˈdɔrˌneɪl

doorplate
BR ˈdɔːpleɪt, -s
AM ˈdɔrˌpleɪt, -s

doorpost
BR ˈdɔːpəʊst, -s
AM ˈdɔrˌpoʊst, -s

doorstep
BR ˈdɔːstɛp, -s, -ɪŋ, -t
AM ˈdɔrˌstɛp, -s, -ɪŋ, -t

doorstop
BR ˈdɔːstɒp, -s
AM ˈdɔrˌstɑp, -s

doorstopper
BR ˈdɔːˌstɒpə(r), -z
AM ˈdɔrˌstɑpər, -z

doorway
BR ˈdɔːweɪ, -z
AM ˈdɔrˌweɪ, -z

dooryard
BR ˈdɔːjɑːd, -z
AM ˈdɔrˌjɑrd, -z

do-over
BR ˈduːˌəʊvə(r), -z
AM ˈduˌoʊvər, -z

doozy
BR ˈduːz|i, -ɪz
AM ˈduzi, -z

dop
BR dɒp, -s
AM dɑp, -s

dopa
BR ˈdəʊpə(r)
AM ˈdoʊpə

dopamine
BR ˈdəʊpəmiːn
AM ˈdoʊpəˌmin

dopant
BR ˈdəʊp(ə)nt, -s
AM ˈdoʊpənt, -s

dope
BR dəʊp, -s, -ɪŋ, -t
AM doʊp, -s, -ɪŋ, -t

doper
BR ˈdəʊpə(r), -z
AM ˈdoʊpər, -z

dopesheet
BR ˈdəʊpʃiːt, -s
AM ˈdoʊpˌʃit, -s

dopester
BR ˈdəʊpstə(r), -z
AM ˈdoʊpstər, -z

dopey
BR ˈdəʊp|i, -ɪə(r), -ɪɪst
AM ˈdoʊpi, -ər, -ɪst

dopiaza
BR ˈdəʊpiɑːzə(r), ˌdəʊpɪˈɑːzə(r)
AM ˌdoʊpiˈɑzə

dopily
BR ˈdəʊpɪli
AM ˈdoʊpəli

dopiness
BR ˈdəʊpɪnɪs
AM ˈdoʊpɪnɪs

doppelgänger
BR ˈdɒplˌgaŋə(r), -z
AM ˈdɑpəlˌgæŋər, -z

Dopper
BR ˈdɒpə(r), -z
AM ˈdɑpər, -z

Doppler
BR ˈdɒplə(r)
AM ˈdɑplər

dopy
BR ˈdəʊp|i, -ɪə(r), -ɪɪst
AM ˈdoʊpi, -ər, -ɪst

Dora
BR ˈdɔːrə(r)
AM ˈdɔrə

Dorado
BR dəˈrɑːdəʊ
AM dəˈrɑdoʊ

Doran
BR ˈdɔːrn̩
AM ˈdɔrən

Dorcas
BR ˈdɔːkəs
AM ˈdɔrkəs

Dorchester
BR ˈdɔːtʃɛstə(r)
AM ˈdɔrˌtʃɛstər

Dordogne
BR dɔːˈdɒn
AM dɔrˈdoʊn
FR dɔʁdɔɲ

Dordrecht
BR ˈdɔːdrɛkt, ˈdɔːdrɛxt
AM ˈdɔrˌdrɛkt

Doré
BR ˈdɔːreɪ
AM dəˈreɪ

Doreen
BR ˈdɔːriːn, dəˈriːn
AM ˈdɔrin

Dorian
BR ˈdɔːriən
AM ˈdɔriən

Doric
BR ˈdɒrɪk
AM ˈdɑrɪk, ˈdɔrɪk

Dorinda
BR dəˈrɪndə(r)
AM dəˈrɪndə

Doris
BR ˈdɒrɪs
AM ˈdɔrəs

dork
BR dɔːk, -s
AM dɔ(ə)rk, -s

Dorking
BR ˈdɔːkɪŋ
AM ˈdɔrkɪŋ

dorm
BR dɔːm, -z
AM dɔ(ə)rm, -z

dormancy
BR ˈdɔːm(ə)nsi
AM ˈdɔrmənsi

dormant
BR ˈdɔːm(ə)nt
AM ˈdɔrm(ə)nt

dormer
BR ˈdɔːmə(r), -z
AM ˈdɔrmər, -z

dormice
BR ˈdɔːmaɪs
AM ˈdɔrˌmaɪs

dormition
BR dɔːˈmɪʃn
AM dɔrˈmɪʃ(ə)n

dormitory
BR ˈdɔːmɪt(ə)r|i, -ɪz
AM ˈdɔrməˌtɔri, -z

Dormobile
BR ˈdɔːmə(ʊ)biːl, -z
AM ˈdɔrməˌbil, -z

dormouse
BR ˈdɔːmaʊs
AM ˈdɔrˌmaʊs

dormy
BR ˈdɔːmi
AM ˈdɔrmi

Dornoch
BR ˈdɔːnɒk, ˈdɔːnɒx
AM ˈdɔrnak

doronicum
BR dəˈrɒnɪkəm
AM dəˈranək(ə)m

Dorothea
BR ˌdɒrəˈθɪə(r)
AM ˌdɔrəˈθiə

Dorothy
BR ˈdɒrəθi
AM ˈdɔrəθi

dorp
BR dɔːp, -s
AM dɔ(ə)rp, -s

Dors
BR dɔːz
AM dɔ(ə)rz

dorsa
BR ˈdɔːsə(r)
AM ˈdɔrsə

dorsal
BR ˈdɔːsl
AM ˈdɔrs(ə)l

dorsally
BR ˈdɔːsli
AM ˈdɔrsəli

Dorset
BR ˈdɔːsɪt
AM ˈdɔrsət

Dorsey
BR ˈdɔːsi
AM ˈdɔrsi

dorsiflex
BR ˈdɔːsɪflɛks
AM ˈdɔrsəˌflɛks

dorsum
BR ˈdɔːsəm
AM ˈdɔrs(ə)m

Dortmund
BR ˈdɔːtmʊnd
AM ˈdɔrtmənd

dory
BR ˈdɔːr|i, -ɪz
AM ˈdɔri, -z

DOS
BR dɒs
AM dɑs, dɔs

do's
BR duːz
AM duz

dos-à-dos
BR ˌdəʊzɑːˈdəʊ, -z
AM ˌdoʊzəˈdoʊ, -z

dosage
BR ˈdəʊs|ɪdʒ, -ɪdʒɪz
AM ˈdoʊsɪdʒ, -ɪz

dose
BR dəʊs, -ɪz, -ɪŋ, -t
AM doʊs, -əz, -ɪŋ, -t

do-se-do
BR ˌdəʊsɪˈdəʊ, -z
AM ˌdoʊˌsiˈdoʊ, -z

dosh
BR dɒʃ
AM dɑʃ

do-si-do
BR ˌdəʊsɪˈdəʊ, -z
AM ˌdoʊˌsiˈdoʊ, -z

dosimeter
BR dəʊˈsɪmɪtə(r)
AM doʊˈsɪmədər

dosimetric
BR ˌdəʊsɪˈmɛtrɪk
AM ˌdoʊsɪˈmɛtrɪk

dosimetry
BR dəʊˈsɪmɪtri
AM doʊˈsɪmətri
Dos Passos
BR dɒs ˈpæsɒs
AM ˌdɑs ˈpæˌsoʊs
doss
BR dɒs, -ɪz, -ɪŋ, -t
AM dɑs, -əz, -ɪŋ, -t
dossal
BR ˈdɒsl
AM ˈdɑs(ə)l
dosser
BR ˈdɒsə(r), -z
AM ˈdɑsər, -z
dosshouse
BR ˈdɒshaʊ|s, -zɪz
AM ˈdɑs,(h)aʊs,
ˈdɔs,(h)aʊ|s, -zəz
dossier
BR ˈdɒsɪə(r),
ˈdɒsieɪ, -z
AM ˈdɑsi,eɪ,
ˈdɔsi,eɪ, -z
dost
BR dʌst
AM dəst
Dostoevsky
BR ˌdɒstɔɪˈɛfski
AM ˌdɑstəˈjɛfski,
ˌdɔstəˈjɛfski
Dostoyevsky
BR ˌdɒstɔɪˈɛfski
AM ˌdɑstəˈjɛfski,
ˌdɔstəˈjɛfski
dot
BR dɒt, -s, -ɪŋ, -ɪd
AM dɑ|t, -ts, -dɪŋ,
-dəd
dotage
BR ˈdəʊtɪdʒ
AM ˈdoʊdɪdʒ
dotard
BR ˈdəʊtəd, -z
AM ˈdoʊdərd, -z
dote
BR dəʊt, -s, -ɪŋ, -ɪd
AM doʊ|t, -ts, -dɪŋ,
-dəd
doter
BR ˈdəʊtə(r), -z
AM ˈdoʊdər, -z

doth
BR dʌθ
AM dɔθ, dɑθ, dəθ
Dotheboys
BR ˈduːðəbɔɪz
AM ˈduðəˌbɔɪz
dotingly
BR ˈdəʊtɪŋli
AM ˈdoʊdɪŋli
Dotrice
BR dɒˈtriːs
AM ˈdɑtrəs
Dotson
BR ˈdɒtsn
AM ˈdɑts(ə)n
dotter
BR ˈdɒtə(r), -z
AM ˈdɑdər, -z
dotterel
BR ˈdɒtr(ə)l, -z
AM ˈdɑtr(ə)l, -z
dottily
BR ˈdɒtɪli
AM ˈdɑdəli
dottiness
BR ˈdɒtɪnɪs
AM ˈdɑdinɪs
dottle
BR ˈdɒtl
AM ˈdɑd(ə)l
dotty
BR ˈdɒt|i, -ɪə(r),
-ɪɪst
AM ˈdɑdi, -ər, -ɪst
Douai[1] *French town*
BR ˈduːeɪ
AM duˈeɪ
FR dwɛ
Douai[2]
BR ˈdaʊeɪ, ˈdaʊi
AM duˈeɪ
Douala
BR duːˈɑːlə(r)
AM duˈ(w)ɑlə
douane
BR duːˈɑːn, -z
AM dwɑn, -z
FR dwan
Douay
BR ˈdaʊeɪ, ˈdaʊi,
ˈduːeɪ
AM duˈeɪ, dwaɪ

double
BR ˈdʌb|l, -lz,
-l̩ɪŋ\-lɪŋ, -ld
AM ˈdəb(ə)l, -z, -ɪŋ, -d
Doubleday
BR ˈdʌbldeɪ
AM ˈdəbl̩deɪ
double entendre
BR ˌduːbl ɒnˈtɒndrə(r),
+ ð̃ˈtɒ̃drə(r)
AM ˌdubəˌlɑnˈtɑndrə
double-ganger
BR ˈdʌblˌgæŋə(r)
AM ˈdəbəlˌgæŋ(g)ər
doubleheader
BR ˌdʌblˈhɛdə(r), -z
AM ˌdəbəlˈhɛdər, -z
doubleness
BR ˈdʌblnəs
AM ˈdəbəlnəs
doubler
BR ˈdʌblə(r), -z
AM ˈdəblər, -z
doublespeak
BR ˈdʌblspiːk
AM ˈdəbəlˌspik
doublet
BR ˈdʌblɪt, -s
AM ˈdəblət, -s
doublethink
BR ˈdʌblθɪŋk
AM ˈdəbəlˌθɪŋk
doubleton
BR ˈdʌblt(ə)n, -z
AM ˈdəbəlt(ə)n, -z
doubletree
BR ˈdʌbltriː, -z
AM ˈdəbəlˌtri, -z
doubloon
BR dəˈbluːn, -z
AM dəˈblun, -z
doublure
BR duːˈblʊə(r), -z
AM dəˈblʊ(ə)r, -z
FR dublyʀ
doubly
BR ˈdʌbli
AM ˈdəbli
doubt
BR daʊt, -s, -ɪŋ, -ɪd
AM daʊ|t, -ts, -dɪŋ,
-dəd

doubtable
BR ˈdaʊtəbl
AM ˈdaʊdəb(ə)l
doubter
BR ˈdaʊtə(r), -z
AM ˈdaʊdər, -z
doubtful
BR ˈdaʊtf(ʊ)l
AM ˈdaʊtf(ə)l
doubtfully
BR ˈdaʊtfəli, ˈdaʊtf l̩i
AM ˈdaʊtfəli
doubtfulness
BR ˈdaʊtf(ʊ)lnəs
AM ˈdaʊtfəlnəs
doubtingly
BR ˈdaʊtɪŋli
AM ˈdaʊdɪŋli
doubtless
BR ˈdaʊtləs
AM ˈdaʊtləs
doubtlessly
BR ˈdaʊtləsli
AM ˈdaʊtləsli
douce
BR duːs
AM dus
douceur
BR duːˈsɜː(r), -z
AM duˈsɜr, -z
FR dusœʀ
douche
BR duːʃ, -ɪz
AM duʃ, -əz
Doug
BR dʌg
AM dəg
Dougal
BR ˈdʊgl
AM ˈdug(ə)l
Dougall
BR ˈduːgl
AM ˈdug(ə)l
Dougan
BR ˈduːg(ə)n
AM ˈdugən
dough
BR dəʊ
AM doʊ
doughboy
BR ˈdəʊbɔɪ, -z
AM ˈdoʊˌbɔɪ, -z

Dougherty
BR ˈdɒxəti, ˈdɒkəti, ˈdəʊəti
AM ˈdɔrdi

doughiness
BR ˈdəʊɪnɪs
AM ˈdoʊinɪs

doughnut
BR ˈdəʊnʌt, -s
AM ˈdoʊˌnət, -s

doughtily
BR ˈdaʊtɪli
AM ˈdaʊdəli

doughtiness
BR ˈdaʊtɪnɪs
AM ˈdaʊdɪnɪs

doughty
BR ˈdaʊt|i, -iə(r), -ɪɪst
AM ˈdaʊdi, -ər, -ɪst

doughy
BR ˈdəʊ|i, -iə(r), -ɪɪst
AM ˈdoʊi, -ər, -ɪst

Dougie
BR ˈdʌgi
AM ˈdəgi

Douglas[1] *traditional form*
BR ˈduːgləs
AM ˈdəgləs

Douglas[2]
BR ˈdʌgləs
AM ˈdəgləs

Douglass
BR ˈdʌgləs
AM ˈdəgləs

doula
BR ˈduːlə(r), -z
AM ˈdulə, -z

Doulton
BR ˈdəʊlt(ə)n
AM ˈdoʊlt(ə)n, ˈdɔlt(ə)n

doum
BR duːm, -z
AM daʊm, ˈdum, -z

Dounreay
BR ˌduːnˈreɪ
AM ˌdunˈreɪ

dour
BR ˈdʊə(r), daʊə(r)
AM ˈdʊ(ə)r, ˈdaʊ(ə)r

dourly
BR ˈdʊəli, ˈdaʊəli
AM ˈdʊrli, ˈdaʊ(ə)rli

dourness
BR ˈdʊənəs, ˈdaʊənəs
AM ˈdʊrnəs, ˈdaʊ(ə)rnəs

Douro
BR ˈdʊərəʊ
AM ˈduˌroʊ
PORT ˈdoru

douroucouli
BR ˌdʊərʉˈkuːl|i, -ɪz
AM ˌdʊrəˈkuli, -z

douse
BR daʊs, -ɪz, -ɪŋ, -t
AM daʊ|z, daʊ|s, -sɪz\-zɪz, -sɪŋ\-zɪŋ, -st\-zd

dove[1] *bird*
BR dʌv, -z
AM dəv, -z

dove[2] *past tense of dive*
BR dəʊv
AM doʊv

dovecote
BR ˈdʌvkɒt, ˈdʌvkəʊt, -s
AM ˈdəvˌkoʊt, -s

Dovedale
BR ˈdʌvdeɪl
AM ˈdəvˌdeɪl

dovelike
BR ˈdʌvlʌɪk
AM ˈdəvˌlaɪk

Dover
BR ˈdəʊvə(r)
AM ˈdoʊvər

Dovercourt
BR ˈdəʊvəkɔːt
AM ˈdoʊvərˌkɔ(ə)rt

Doveridge
BR ˈdʌv(ə)rɪdʒ
AM ˈdəvərɪdʒ, ˈdoʊvərɪdʒ

dovetail
BR ˈdʌvteɪl, -z, -ɪŋ, -d
AM ˈdəvˌteɪl, -z, -ɪŋ, -d

Dovey
BR ˈdʌvi
AM ˈdəvi

Dow
BR daʊ
AM daʊ

dowager
BR ˈdaʊɪdʒə(r), -z
AM ˈdaʊədʒər, -z

dowdily
BR ˈdaʊdɪli
AM ˈdaʊdəli

dowdiness
BR ˈdaʊdɪnɪs
AM ˈdaʊdɪnɪs

Dowding
BR ˈdaʊdɪŋ
AM ˈdaʊdɪŋ

dowdy
BR ˈdaʊd|i, -iə(r), -ɪɪst
AM ˈdaʊdi, -ər, -ɪst

dowel
BR ˈdaʊ(ə)l, -z, -ɪŋ
AM ˈdaʊ(ə)l, -z, -ɪŋ

Dowell
BR ˈdaʊ(ə)l
AM ˈdaʊ(ə)l

dower
BR ˈdaʊə(r), -z, -ɪŋ, -d
AM ˈdaʊər, -z, -ɪŋ, -d

dowerless
BR ˈdaʊələs
AM ˈdaʊərləs

Dowlais
BR ˈdaʊlʌɪs, ˈdaʊləs
AM ˈdaʊləs

Dowland
BR ˈdaʊlənd
AM ˈdaʊlən(d)

Dowling
BR ˈdaʊlɪŋ
AM ˈdaʊlɪŋ

down
BR daʊn, -z, -ɪŋ, -d
AM daʊn, -z, -ɪŋ, -d

down-and-out[1] *adjective*
BR ˌdaʊnən(d)ˈaʊt
AM ˌdaʊnənˈaʊt

down-and-out[2] *noun*
BR ˈdaʊnən(d)aʊt, -s
AM ˌdaʊnənˈaʊt, -s

downbeat
BR ˈdaʊnbiːt, -s
AM ˈdaʊnˌbit, -s

downcast
BR ˈdaʊnkɑːst
AM ˈdaʊnˌkæst

downcomer
BR ˈdaʊnˌkʌmə(r), -z
AM ˈdaʊnˌkəmər, -z

downdraft
BR ˈdaʊndrɑːft, -s
AM ˈdaʊnˌdræft, -s

downer
BR ˈdaʊnə(r), -z
AM ˈdaʊnər, -z

Downes
BR daʊnz
AM daʊnz

Downey
BR ˈdaʊni
AM ˈdaʊni

downfall
BR ˈdaʊnfɔːl
AM ˈdaʊnˌfɑl, ˈdaʊnˌfɔl, -z

downfold
BR ˈdaʊnfəʊld, -z
AM ˈdaʊnˌfoʊld, -z

downgrade *verb*
BR ˌdaʊnˈgreɪd, ˈdaʊngreɪd, -z, -ɪŋ, -ɪd
AM ˌdaʊnˈgreɪd, -z, -ɪŋ, -ɪd

down grade *noun*
BR ˈdaʊn greɪd, -z
AM ˌdaʊnˌgreɪd, -z

Downham
BR ˈdaʊnəm
AM ˈdaʊn(ə)m

downhaul
BR ˈdaʊnhɔːl, -z
AM ˈdaʊnˌ(h)ɑl, ˈdaʊnˌ(h)ɔl, -z

downhearted
BR ˌdaʊnˈhɑːtɪd
AM ˌdaʊnˈhɑrdəd

downheartedly
BR ˌdaʊnˈhɑːtɪdli
AM ˌdaʊnˈhɑrdədli

downheartedness
BR ˌdaʊnˈhɑːtɪdnɪs
AM ˌdaʊnˈhɑrdədnəs

downhill
BR ˌdaʊnˈhɪl
AM ˌdaʊnˈhɪl

downhiller
BR ˈdaʊnˌhɪlə(r), -z
AM ˈdaʊnˌ(h)ɪlər, -z

Downie
BR ˈdaʊni
AM ˈdaʊni

downily
BR ˈdaʊnɪli
AM ˈdaʊnəli

downiness
BR ˈdaʊnɪnɪs
AM ˈdaʊnɪnɪs

Downing
BR ˈdaʊnɪŋ
AM ˈdaʊnɪŋ

downland
BR ˈdaʊnland, -z
AM ˈdaʊnˌlænd, -z

downlighter
BR ˈdaʊnˌlʌɪtə(r), -z
AM ˈdaʊnˌlaɪdər, -z

downlink
BR ˈdaʊnlɪŋk, -s, -ɪŋ, -t
AM ˈdaʊnˌlɪŋk, -s, -ɪŋ, -t

download
BR ˌdaʊnˈləʊd, ˈdaʊnləʊd, -z, -ɪŋ, -ɪd
AM ˌdaʊnˈloʊd, -z, -ɪŋ, -əd

downmarket
BR ˌdaʊnˈmɑːkɪt
AM ˌdaʊnˈmɑrkət

downmost
BR ˈdaʊnməʊst
AM ˈdaʊnˌmoʊst

Downpatrick
BR ˌdaʊnˈpatrɪk
AM ˌdaʊnˈpætrək

downpipe
BR ˈdaʊnpʌɪp, -s
AM ˈdaʊnˌpaɪp, -s

downplay
BR ˌdaʊnˈpleɪ, -z, -ɪŋ, -d
AM ˈdaʊnˌpleɪ, -z, -ɪŋ, -d

downpour
BR ˈdaʊnpɔː(r), -z
AM ˈdaʊnˌpɔ(ə)r, -z

downright
BR ˈdaʊnrʌɪt
AM ˈdaʊnˌraɪt

downrightness
BR ˈdaʊnrʌɪtnɪs
AM ˈdaʊnˌraɪtnɪs

downriver
BR ˌdaʊnˈrɪvə(r)
AM ˌdaʊnˈrɪvər

Downs
BR daʊnz
AM daʊnz

downscale
BR ˌdaʊnˈskeɪl, -z, -ɪŋ, -d
AM ˈdaʊnˌskeɪl, -z, -ɪŋ, -d

downshaft
BR ˈdaʊnʃɑːft, -s, -ɪŋ, -ɪd
AM ˈdaʊnˌʃæft, -s, -ɪŋ, -əd

downshift
BR ˈdaʊnʃɪft, -s, -ɪŋ, -ɪd
AM ˈdaʊnˌʃɪft, -s, -ɪŋ, -ɪd

downside
BR ˈdaʊnsʌɪd, -z
AM ˈdaʊnˌsaɪd, -z

downsize
BR ˌdaʊnˈsʌɪz, -ɪz, -ɪŋ, -d
AM ˈdaʊnˌsaɪz, -əz, -ɪŋ, -d

Downson
BR ˈdaʊns(ə)n
AM ˈdaʊns(ə)n

downspout
BR ˈdaʊnspaʊt, -s
AM ˈdaʊnˌspaʊt, -s

downstage
BR ˌdaʊnˈsteɪdʒ
AM ˌdaʊnˈsteɪdʒ

downstairs
BR ˌdaʊnˈstɛːz
AM ˌdaʊnˈstɛrz

downstate
BR ˌdaʊnˈsteɪt
AM ˌdaʊnˈsteɪt

downstream
BR ˌdaʊnˈstriːm
AM ˌdaʊnˈstrim

downstroke
BR ˈdaʊnstrəʊk, -s
AM ˈdaʊnˌstroʊk, -s

downswing
BR ˈdaʊnswɪŋ, -z
AM ˈdaʊnˌswɪŋ, -z

downthrew
BR ˌdaʊnˈθruː
AM ˈdaʊnˌθru

downthrow
BR ˌdaʊnˈθrəʊ, -z, -ɪŋ
AM ˈdaʊnˌθroʊ, -z, -ɪŋ

downthrown
BR ˌdaʊnˈθrəʊn
AM ˈdaʊnˌθroʊn

downtick
BR ˈdaʊntɪk, -s
AM ˈdaʊnˌtɪk, -s

downtime
BR ˈdaʊntʌɪm
AM ˈdaʊnˌtaɪm

downtown
BR ˌdaʊnˈtaʊn
AM ˌdaʊnˈtaʊn

downtrodden
BR ˈdaʊnˌtrɒdn
AM ˈdaʊnˌtrɑdən

downturn
BR ˈdaʊntɜːn, -z
AM ˈdaʊnˌtɜrn, -z

downward
BR ˈdaʊnwəd, -z
AM ˈdaʊnwərd, -z

downwardly
BR ˈdaʊnwədli
AM ˈdaʊnwərdli

downwards
BR ˈdaʊnwədz
AM ˈdaʊnwərdz

downwarp
BR ˈdaʊnwɔːp, -s
AM ˈdaʊnwɔ(ə)rp, -s

downwind
BR ˌdaʊnˈwɪnd
AM ˌdaʊnˈwɪnd

downy
BR ˈdaʊn|i, -ɪə(r), -ɪɪst
AM ˈdaʊni, -ər, -ɪst

dowry
BR ˈdaʊ(ə)r|i, -ɪz
AM ˈdaʊ(ə)ri, -z

dowse[1] *to wet*
BR daʊs, -ɪz, -ɪŋ, -t
AM daʊ|z, daʊ|s, -səz\-zəz, -sɪŋ\-zɪŋ, -st\-zd

dowse[2] *to search for water etc*
BR daʊz, -ɪz, -ɪŋ, -d
AM daʊ|s, daʊ|z, -zəz\-səz, -zɪŋ\-sɪŋ, -zd\-st

dowser[1] *water pourer*
BR ˈdaʊsə(r), -z
AM ˈdaʊsər, ˈdaʊsər, -z

dowser[2] *water searcher*
BR ˈdaʊzə(r), -z
AM ˈdaʊsər, ˈdaʊzər, -z

Dowsing
BR ˈdaʊzɪŋ
AM ˈdaʊzɪŋ

dowsing rod
BR ˈdaʊzɪŋ rɒd, -z
AM ˈdaʊsɪŋ ˌrɑd, ˈdaʊzɪŋ ˌrɑd, -z

doxastic
BR dɒkˈsastɪk
AM dɑkˈsæstɪk

doxological
BR ˌdɒksəˈlɒdʒɪkl
AM ˌdɑksəˈlɑdʒək(ə)l

doxology
BR dɒkˈsɒlədʒ|i, -ɪz
AM dɑkˈsɑlədʒi, -z

doxy
BR ˈdɒks|i, -ɪz
AM ˈdɑksi, -z

doyen
BR ˈdɔɪən, ˈdɔɪɛn, -z
AM ˈdɔj(ə)n, dɔɪˈ(j)ɛn, -z

doyenne
BR ˌdɔɪˈɛn, -z
AM dɔˈjɛn, dɔɪˈ(j)ɛn, -z

Doyle
BR dɔɪl
AM dɔɪl

doyley
BR ˈdɔɪl|i, -ɪz
AM ˈdɔɪli, -z

doyly
BR ˈdɔɪl|i, -ɪz
AM ˈdɔɪli, -z

D'Oyly Carte
BR ˌdɔɪlɪ ˈkɑːt
AM ˈdɔɪli ˈkɑrt

doze
BR dəʊz, -ɪz, -ɪŋ, -d
AM doʊz, -əz, -ɪŋ, -d

dozen
BR ˈdʌzn̩, -z
AM ˈdəz(ə)n, -z

dozenth
BR ˈdʌznθ, -s
AM ˈdəzənθ, -s

dozer
BR ˈdəʊzə(r), -z
AM ˈdoʊzər, -z

dozily
BR ˈdəʊzɪli
AM ˈdoʊzəli

doziness
BR ˈdəʊzɪnɪs
AM ˈdoʊzɪnɪs

dozy
BR ˈdəʊz|i, -ɪə(r),
 -ɪɪst
AM ˈdoʊzi, -ər, -ɪst

D.Phil. *Doctor of Philosophy*
BR ˌdiːˈfɪl
AM ˌdiˈfɪl

Dr
BR ˈdɒktə(r), -z
AM ˈdɑktər, -z

drab
BR drab, -z, -ə(r), -ɪst
AM dræb, -z, -ər, -əst

drabble
BR ˈdrab|l, -lz, -l̩ɪŋ
 \-lɪŋ, -ld
AM ˈdræb(ə)l, -d,
 -ɪŋ, -d

drably
BR ˈdrabli
AM ˈdræbli

drabness
BR ˈdrabnəs
AM ˈdræbnəs

drachm
BR dram, -z
AM dræm, -z

drachma
BR ˈdrakmə(r), -z
AM ˈdrɑkmə, -z

drachmae
BR ˈdrakmiː, ˈdrakmeɪ
AM ˈdrɑkmeɪ, ˈdrɑkmi

drack
BR drak
AM dræk

Draco
BR ˈdreɪkəʊ
AM ˈdrɑkoʊ, ˈdreɪkoʊ

draconian
BR drəˈkəʊniən
AM dreɪˈkoʊniən,
 drəˈkoʊniən

draconic
BR drəˈkɒnɪk
AM drəˈkɑnɪk

draconically
BR drəˈkɒnɪkli
AM drəˈkɑnək(ə)li

Dracula
BR ˈdrakjʊlə(r)
AM ˈdrækjələ

draff
BR draf
AM dræf

draft
BR drɑːft, -s, -ɪŋ,
 -ɪd
AM dræft, -s, -ɪŋ,
 -əd

draftee
BR ˌdrɑːfˈtiː, -z
AM ˌdræfˈti, -z

drafter
BR ˈdrɑːftə(r), -z
AM ˈdræftər, -z

drafthorse
BR ˈdrɑːfthɔːs, -ɪz
AM ˈdræf(t)ˌ(h)ɔ(ə)rs,
 -əz

draftily
BR ˈdrɑːftɪli
AM ˈdræftəli

draftiness
BR ˈdrɑːftɪnɪs
AM ˈdræftɪnɪs

draftsman
BR ˈdrɑːf(t)smən
AM ˈdræf(t)sm(ə)n

draftsmanship
BR ˈdrɑːf(t)smənʃɪp
AM ˈdræf(t)smənˌʃɪp

draftsmen
BR ˈdrɑːf(t)smən
AM ˈdræf(t)sm(ə)n

draftswoman
BR ˈdrɑːf(t)sˌwʊmən
AM ˈdræf(t)sˌwʊm(ə)n

draftswomen
BR ˈdrɑːf(t)sˌwɪmɪn
AM ˈdræf(t)sˌwɪmɨn

drafty
BR ˈdrɑːft|i, -ɪə(r),
 -ɪɪst
AM ˈdræfti, -ər, -ɪst

drag
BR drag, -z, -ɪŋ, -d
AM dræg, -z, -ɪŋ, -d

dragée
BR ˈdraʒeɪ, ˈdrɑːʒeɪ, -z
AM drɑˈʒeɪ, -z
FR draʒe

draggle
BR ˈdrag|l, -lz,
 -l̩ɪŋ\-lɪŋ, -ld
AM ˈdræg(ə)l, -d,
 -ɪŋ, -d

draggletail
BR ˈdraglteɪl, -z
AM ˈdrægəlˌteɪl, -z

draggle-tailed
BR ˈdraglteɪld
AM ˈdrægəlˌteɪld

draggy
BR ˈdrag|i, -ɪə(r), -ɪɪst
AM ˈdrægi, -ər, -ɪst

dragline
BR ˈdraglʌɪn, -z
AM ˈdrægˌlaɪn, -z

dragnet
BR ˈdragnɛt, -s
AM ˈdrægˌnɛt, -s

dragoman
BR ˈdragə(ʊ)mən, -z
AM ˈdrægəm(ə)n, -z

dragon
BR ˈdrag(ə)n, -z
AM ˈdrægən, -z

dragonet
BR ˈdragnɪt, -s
AM ˈdrægənɛt, -s

dragonfish
BR ˈdrag(ə)nfɪʃ, -z
AM ˈdrægənˌfɪʃ, -z

dragonfly
BR ˈdrag(ə)nflʌɪ, -z
AM ˈdrægənˌflaɪ, -z

dragonish
BR ˈdragnɪʃ
AM ˈdrægənɪʃ

dragonlady
BR ˈdrag(ə)nˌleɪd|i, -ɪz
AM ˈdrægənˌleɪdi, -z

dragonnade
BR ˌdragəˈneɪd, -z,
 -ɪŋ, -ɪd
AM ˌdrægəˈneɪd, -z,
 -ɪŋ, -ɪd

dragoon
BR drəˈguːn, -z, -ɪŋ, -d
AM dræˈgun, drəˈgun,
 -z, -ɪŋ, -d

dragster
BR ˈdragstə(r), -z
AM ˈdrægstər,
 ˈdrægztər, -z

drail
BR dreɪl, -z
AM dreɪl, -z

drain
BR dreɪn, -z, -ɪŋ, -d
AM dreɪn, -z, -ɪŋ, -d

drainage
BR ˈdreɪnɪdʒ
AM ˈdreɪnɪdʒ

drainboard
BR ˈdreɪnbɔːd, -z
AM ˈdreɪnˌbɔ(ə)rd, -z

draincock
BR ˈdreɪnkɒk, -s
AM ˈdreɪnˌkɑk, -s

drainer
BR ˈdreɪnə(r), -z
AM ˈdreɪnər, -z

drainpipe
BR ˈdreɪnpʌɪp, -s
AM ˈdreɪnˌpaɪp, -s

drake
BR dreɪk, -s
AM dreɪk, -s

Drakensberg
BR ˈdrak(ə)nzbəːg
AM ˈdreɪkənzˌbərg

Dralon
BR ˈdreɪlɒn
AM ˈdreɪˌlɑn

DRAM *dynamic random access memory*
BR ˈdiːram
AM ˈdiˌræm

dram
BR dram, -z
AM dræm, -z

drama
BR ˈdrɑːmə(r), -z
AM ˈdrɑmə, -z

dramadoc
BR ˌdrɑːməˈdɒk, -s
AM ˈdrɑməˌdɑk, -s

Dramamine
BR ˈdraməmiːn, -z
AM ˈdræməˌmin, -z

dramatic
BR drəˈmatɪk, -s
AM drəˈmædɪk, -s

dramatically
BR drəˈmatɪkli
AM drəˈmædək(ə)li

dramatisation
BR ˌdramətʌɪˈzeɪʃn, -z
AM ˌdrɑməˌtaɪˈzeɪʃ(ə)n, ˌdræmədəˈzeɪʃ(ə)n, ˌdræməˌtaɪˈzeɪʃ(ə)n, ˌdrɑmədəˈzeɪʃ(ə)n, -z

dramatise
BR ˈdramətʌɪz, -ɪz, -ɪŋ, -d
AM ˈdræməˌtaɪz, ˈdrɑməˌtaɪz, -ɪz, -ɪŋ, -d

dramatis personae
BR drəˌmatɪs pəːˈsəʊnʌɪ, ˈdramətɪs +, + pəːˈsəʊniː
AM ˌdrɑmədəs pərˈsoʊnaɪ, drəˌmɑdəs pərˈsoʊnaɪ, ˌdrɑmədəs pərˈsoʊni, ˌdrɑmədəs pərˈsoʊni

dramatist
BR ˈdramətɪst, -s
AM ˈdræmədəst, ˈdrɑmədəst, -s

dramatization
BR ˌdramətʌɪˈzeɪʃn, -z
AM ˌdrɑməˌtaɪˈzeɪʃ(ə)n, ˌdræmədəˈzeɪʃ(ə)n, ˌdræməˌtaɪˈzeɪʃ(ə)n, ˌdrɑmədəˈzeɪʃ(ə)n, -z

dramatize
BR ˈdramətʌɪz, -ɪz, -ɪŋ, -d
AM ˈdræməˌtaɪz, ˈdrɑməˌtaɪz, -ɪz, -ɪŋ, -d

dramaturge
BR ˈdramətəːdʒ, ˈdrɑːmətəːdʒ, -ɪz
AM ˈdræməˌtɜrdʒ, ˈdrɑməˌtɜrdʒ, -əz

dramaturgic
BR ˌdraməˈtəːdʒɪk, ˌdrɑːməˈtəːdʒɪk
AM ˌdræməˈtɜrdʒɪk, ˌdrɑməˈtɜrdʒɪk

dramaturgical
BR ˌdraməˈtəːdʒɪkl, ˌdrɑːməˈtəːdʒɪkl
AM ˌdræməˈtɜrdʒək(ə)l, ˌdrɑməˈtɜrdʒək(ə)l

dramaturgy
BR ˈdramətəːdʒi, ˈdrɑːmətəːdʒi
AM ˈdræməˌtɜrdʒi, ˈdrɑməˌtɜrdʒi

Drambuie
BR dramˈb(j)uːli, -ɪz
AM dræmˈbui, -z

Drammen
BR ˈdramən
AM ˈdræm(ə)n

drank
BR draŋk
AM dræŋk

drape
BR dreɪp, -s, -ɪŋ, -t
AM dreɪp, -s, -ɪŋ, -t

draper
BR ˈdreɪpə(r), -z
AM ˈdreɪpər, -z

drapery
BR ˈdreɪp(ə)r|i, -ɪz
AM ˈdreɪp(ə)ri, -z

drastic
BR ˈdrastɪk, ˈdrɑːstɪk
AM ˈdræstɪk

drastically
BR ˈdrastɪkli, ˈdrɑːstɪkli
AM ˈdræstək(ə)li

drat
BR drat
AM dræt

dratted
BR ˈdratɪd
AM ˈdrædəd

draught
BR drɑːft, -s
AM dræft, -s

draughtboard
BR ˈdrɑːf(t)bɔːd, -z
AM ˈdræf(t)ˌbɔ(ə)rd, -z

draughthorse
BR ˈdrɑːftho:s, -ɪz
AM ˈdræf(t)ˌ(h)ɔ(ə)rs, -əz

draughtily
BR ˈdrɑːftɪli
AM ˈdræftəli

draughtiness
BR ˈdrɑːftɪnɪs
AM ˈdræftɪnɪs

draughts
BR ˈdrɑːfts
AM ˈdræf(t)s

draughtsman
BR ˈdrɑːf(t)smən
AM ˈdræf(t)sm(ə)n

draughtsmanship
BR ˈdrɑːf(t)smənʃɪp
AM ˈdræf(t)smənˌʃɪp

draughtsmen
BR ˈdrɑːf(t)smən
AM ˈdræf(t)sm(ə)n

draughtswoman
BR ˈdrɑːf(t)sˌwʊmən
AM ˈdræf(t)sˌwʊm(ə)n

draughtswomen
BR ˈdrɑːftˌwɪmɪn
AM ˈdræf(t)sˌwɪmɪn

draughty
BR ˈdrɑːft|i, -ɪə(r), -ɪɪst
AM ˈdræfti, -ər, -ɪst

Dravidian
BR drəˈvɪdɪən, -z
AM drəˈvɪdɪən, -z

draw
BR drɔː(r), -z, -ɪŋ
AM drɑ, drɔ, -z, -ɪŋ

drawback
BR ˈdrɔːbak, -s
AM ˈdrɑˌbæk, ˈdrɔˌbæk, -s

drawbridge
BR ˈdrɔːbrɪdʒ, -ɪz
AM ˈdrɑˌbrɪdʒ, ˈdrɔˌbrɪdʒ, -ɪz

drawcord
BR ˈdrɔːkɔːd, -z
AM ˈdrɑˌkɔ(ə)rd, ˈdrɔˌkɔ(ə)rd, -z

drawee
BR drɔː(r)ˈiː, -z
AM drɑˈ(w)i, drɔˈ(w)i, -z

drawer[1] *in furniture*
BR drɔː(r), -z
AM ˈdrɑ(ə)r, ˈdrɔ(ə)r, -z

drawer[2] *person who draws*
BR ˈdrɔː(r)ə(r), -z
AM ˈdrɑ(w)ər, ˈdrɔ(w)ər, -z

drawerful
BR ˈdrɔːfʊl, -z
AM ˈdrɑrˌfʊl, ˈdrɔrˌfʊl, -z

drawers *underclothes*
BR drɔːz
AM ˈdrɑ(ə)rz, ˈdrɔ(ə)rz

drawing
BR ˈdrɔː(r)ɪŋ, -z
AM ˈdrɑɪŋ, ˈdrɔɪŋ, -z

drawl
BR drɔːl, -z, -ɪŋ, -d
AM drɑl, drɔl, -z, -ɪŋ, -d

drawler
BR ˈdrɔːlə(r), -z
AM ˈdrɑlər, ˈdrɔlər, -z

drawn
BR drɔːn
AM drɑn, drɔn
drawstring
BR ˈdrɔːstrɪŋ, -z
AM ˈdrɑˌstrɪŋ,
ˈdrɔˌstrɪŋ, -z
Drax
BR dræks
AM dræks
dray
BR dreɪ, -z
AM dreɪ, -z
Draycott
BR ˈdreɪkɒt
AM ˈdreɪˌkɑt
drayman
BR ˈdreɪmən
AM ˈdreɪm(ə)n
draymen
BR ˈdreɪmən
AM ˈdreɪm(ə)n
Drayton
BR ˈdreɪtn
AM ˈdreɪtn
dread
BR dred, -z, -ɪŋ,
-ɪd
AM dred, -z, -ɪŋ,
-əd
dreadful
BR ˈdredf(ʊ)l
AM ˈdredf(ə)l
dreadfully
BR ˈdredfʊli, ˈdredfˌli
AM ˈdredfəli
dreadfulness
BR ˈdredf(ʊ)lnəs
AM ˈdredfəlnəs
dreadlocked
BR ˈdredlɒkt
AM ˈdredˌlɑkt
dreadlocks
BR ˈdredlɒks
AM ˈdredˌlɑks
dreadnought
BR ˈdrednɔːt, -s
AM ˈdredˌnɑt,
ˈdredˌnɔt, -s
dream
BR driːm, -z, -ɪŋ
AM drim, -z, -ɪŋ

dreamboat
BR ˈdriːmbəʊt, -s
AM ˈdrimˌboʊt, -s
dreamcatcher
BR ˈdriːmˌkætʃə(r), -z
AM ˈdrimˌkætʃər, -z
dreamed
BR dremt, driːmd
AM drimd
dreamer
BR ˈdriːmə(r), -z
AM ˈdrimər, -z
dreamful
BR ˈdriːmf(ʊ)l
AM ˈdrimf(ə)l
dreamily
BR ˈdriːmɪli
AM ˈdrimɪli
dreaminess
BR ˈdriːmɪnɪs
AM ˈdrimɪnɪs
dreamland
BR ˈdriːmland, -z
AM ˈdrimˌlænd, -z
dreamless
BR ˈdriːmlɪs
AM ˈdrimlɪs
dreamlessly
BR ˈdriːmlɪsli
AM ˈdrimlɪsli
dreamlessness
BR ˈdriːmlɪsnɪs
AM ˈdrimlɪsnɪs
dreamlike
BR ˈdriːmlʌɪk
AM ˈdrimˌlaɪk
dreamt
BR dremt
AM dremt
dreamtime
BR ˈdriːmtʌɪm
AM ˈdrimˌtaɪm
dreamworld
BR ˈdriːmwəːld, -z
AM ˈdrimˌwərld, -z
dreamy
BR ˈdriːm|i, -ɪə(r),
-ɪɪst
AM ˈdrimi, -ər, -ɪst
drear
BR ˈdrɪə(r)
AM ˈdrɪ(ə)r

drearily
BR ˈdrɪərɪli
AM ˈdrɪrɪli, ˈdrɪrɪli
dreariness
BR ˈdrɪərɪnɪs
AM ˈdrɪrɪnɪs, ˈdrɪrɪnɪs
dreary
BR ˈdrɪər|i, -ɪə(r), -ɪɪst
AM ˈdrɪri, ˈdrɪri, -ər, -ɪst
dreck
BR drek
AM drek
dredge
BR dredʒ, -ɪz, -ɪŋ, -d
AM dredʒ, -əz, -ɪŋ, -d
dredger
BR ˈdredʒə(r), -z
AM ˈdredʒər, -z
dree
BR driː, -z, -ɪŋ, -d
AM dri, -z, -ɪŋ, -d
Dreft
BR dreft
AM dreft
dreg
BR dreg, -z
AM dreg, -z
dreggy
BR ˈdregi
AM ˈdregi
Dreiser
BR ˈdrʌɪzə(r)
AM ˈdraɪzər
drench
BR dren(t)ʃ, -ɪz, -ɪŋ, -t
AM dren(t)ʃ, -əz,
-ɪŋ, -t
Dresden
BR ˈdrezd(ə)n
AM ˈdrezdən
dress
BR dres, -ɪz, -ɪŋ, -t
AM dres, -əz, -ɪŋ, -t
dressage
BR ˈdresɑː(d)ʒ
AM drəˈsɑʒ
dresser
BR ˈdresə(r), -z
AM ˈdresər, -z
dressily
BR ˈdresɪli
AM ˈdresəli

dressiness
BR ˈdresɪnɪs
AM ˈdresɪnɪs
dressing
BR ˈdresɪŋ, -z
AM ˈdresɪŋ, -z
dressmaker
BR ˈdresˌmeɪkə(r), -z
AM ˈdresˌmeɪkər, -z
dressmaking
BR ˈdresˌmeɪkɪŋ
AM ˈdresˌmeɪkɪŋ
dressy
BR ˈdres|i, -ɪə(r), -ɪɪst
AM ˈdresi, -ər, -ɪst
drew
BR druː
AM dru
Drexel
BR ˈdreksl
AM ˈdreks(ə)l
drey
BR dreɪ, -z
AM dreɪ, -z
Dreyfus
BR ˈdreɪfəs, ˈdrʌɪfəs
AM ˈdraɪfəs,
ˈdreɪfəs
dribble
BR ˈdrɪb|l, -lz,
-l̩ɪŋ\-lɪŋ, -ld
AM ˈdrɪb(ə)l, -z,
-ɪŋ, -d
dribbler
BR ˈdrɪblə(r),
ˈdrɪblə(r), -z
AM ˈdrɪb(ə)lər, -z
dribbly
BR ˈdrɪbli, ˈdrɪbli
AM ˈdrɪbli, ˈdrɪbli
driblet
BR ˈdrɪblɪt, -s
AM ˈdrɪblət, -s
dribs and drabs
BR ˌdrɪbz (ə)n ˈdræbz
AM ˌdrɪbz ən ˈdræbz
dried
BR drʌɪd
AM draɪd
drier
BR ˈdrʌɪə(r), -z
AM ˈdraɪ(ə)r, -z

Driffield
BR ˈdrɪfiːld
AM ˈdrɪfild

drift
BR drɪft, -s, -ɪŋ, -ɪd
AM drɪft, -s, -ɪŋ, -ɪd

driftage
BR ˈdrɪftɪdʒ
AM ˈdrɪftɪdʒ

drifter
BR ˈdrɪftə(r), -z
AM ˈdrɪftər, -z

driftnet
BR ˈdrɪf(t)nɛt, -s
AM ˈdrɪf(t)ˌnɛt, -s

driftwood
BR ˈdrɪf(t)wʊd
AM ˈdrɪf(t)ˌwʊd

Drighlington
BR ˈdrɪɡlɪŋt(ə)n
AM ˈdrɪɡlɪŋt(ə)n

drill
BR drɪl, -z, -ɪŋ, -d
AM drɪl, -z, -ɪŋ, -d

driller
BR ˈdrɪlə(r), -z
AM ˈdrɪlər, -z

drillmaster
BR ˈdrɪlˌmɑːstə(r), -z
AM ˈdrɪlˌmæstər, -z

drillstock
BR ˈdrɪlstɒk, -s
AM ˈdrɪlˌstɑk, -s

drily
BR ˈdrʌɪli
AM ˈdrʌɪli

drink
BR drɪŋk, -s, -ɪŋ
AM drɪŋk, -s, -ɪŋ

drinkable
BR ˈdrɪŋkəbl
AM ˈdrɪŋkəb(ə)l

drink-driver
BR ˌdrɪŋkˈdrʌɪvə(r), -z
AM ˈdrɪŋkˈdraɪvər, -z

drinker
BR ˈdrɪŋkə(r), -z
AM ˈdrɪŋkər, -z

Drinkwater
BR ˈdrɪŋkwɔːtə(r)
AM ˈdrɪŋkˌwɑdər,
ˈdrɪŋkˌwɔdər

drip
BR drɪp, -s, -ɪŋ, -t
AM drɪp, -s, -ɪŋ, -t

dripfed
BR ˈdrɪpfɛd, ˌdrɪpˈfɛd
AM ˈdrɪpˌfɛd

dripfeed
BR ˈdrɪpfiːd,
ˌdrɪpˈfiːd, -z, -ɪŋ
AM ˈdrɪpˌfid, -z, -ɪŋ

dripgrind
BR ˈdrɪpɡrʌɪnd,
ˌdrɪpˈɡrʌɪnd, -z,
-ɪŋ, -ɪd
AM ˈdrɪpˌɡraɪnd, -z,
-ɪŋ, -ɪd

drippily
BR ˈdrɪpɪli
AM ˈdrɪpɪli

drippiness
BR ˈdrɪpɪnɪs
AM ˈdrɪpɪnɪs

dripping
BR ˈdrɪpɪŋ
AM ˈdrɪpɪŋ

drippy
BR ˈdrɪp|i, -ɪə(r), -ɪɪst
AM ˈdrɪpi, -ər, -ɪst

Driscoll
BR ˈdrɪskl
AM ˈdrɪsk(ə)l

drivable
BR ˈdrʌɪvəbl
AM ˈdraɪvəb(ə)l

drive
BR drʌɪv, -z, -ɪŋ
AM draɪv, -z, -ɪŋ

driveable
BR ˈdrʌɪvəbl
AM ˈdraɪvəb(ə)l

drivel
BR ˈdrɪv|l, -lz,
-l̩ɪŋ\-lɪŋ, -ld
AM ˈdrɪv(ə)l, -z,
-ɪŋ, -d

driveller
BR ˈdrɪvl̩ə(r),
ˈdrɪvlə(r), -z
AM ˈdrɪvələr, -z

driven
BR ˈdrɪvn
AM ˈdrɪvən

driver
BR ˈdrʌɪvə(r), -z
AM ˈdraɪvər, -z

driverless
BR ˈdrʌɪvələs
AM ˈdraɪvərləs

driveshaft
BR ˈdrʌɪvʃɑːft, -s
AM ˈdraɪvˌʃæft, -s

driveway
BR ˈdrʌɪvweɪ, -z
AM ˈdraɪvˌweɪ, -z

drizzle
BR ˈdrɪz|l, -lz,
-l̩ɪŋ\-lɪŋ, -ld
AM ˈdrɪz(ə)l, -z,
-ɪŋ, -d

drizzly
BR ˈdrɪzl|i, -ɪə(r), -ɪɪst
AM ˈdrɪzli, ˈdrɪzli, -ər,
-ɪst

Drogheda
BR ˈdrɔɪɪdə(r)
AM ˈdrɑ(h)ədə,
ˈdrɔ(ɪ)ədə

drogue
BR drəʊɡ, -z
AM droʊɡ, -z

droit
BR drɔɪt, -s
AM drɔɪt, -s

droit de seigneur
BR ˌdrwɑː də seɪnˈjəː(r), + sɛnˈjəː(r)
AM ˌdrwɑ də seɪnˈjər

droit du seigneur
BR ˌdrwɑː də seɪnˈjəː(r), + sɛnˈjəː(r)
AM ˌdrwɑ də seɪnˈjər

Droitwich
BR ˈdrɔɪtwɪtʃ
AM ˈdrɔɪtwɪtʃ

droll
BR drəʊl, -ə(r), -ɪst
AM droʊl, -ər, -əst

drollery
BR ˈdrəʊl(ə)r|i, -ɪz
AM ˈdroʊl(ə)ri, -z

drollness
BR ˈdrəʊlnəs
AM ˈdroʊlnəs

drolly
BR ˈdrəʊl(l)i
AM ˈdroʊ(l)li

drome
BR drəʊm, -z
AM droʊm, -z

dromedary
BR ˈdrɒmɪd(ə)r|i, -ɪz
AM ˈdrɑməˌdɛri, -z

dromoi
BR ˈdrɒmɔɪ
AM ˈdrɑmɔɪ, ˈdrɔmɔɪ
GR ˈdrɔmɔɪ

dromond
BR ˈdrɒmənd,
ˈdrʌmənd, -z
AM ˈdrɑmənd,
ˈdrʌmənd, -z

Dromore
BR drəˈmɔː(r)
AM drəˈmɔ(ə)r

dromos
BR ˈdrɒmɒs
AM ˈdrɑmɑs, ˈdrɔmɔs
GR ˈdrɔmɔs

drone
BR drəʊn, -z, -ɪŋ, -d
AM droʊn, -z, -ɪŋ, -d

Dronfield
BR ˈdrɒnfiːld
AM ˈdrɑnˌfild

drongo
BR ˈdrɒŋɡəʊ, -z
AM ˈdrɑŋɡoʊ, -z

droob
BR druːb, -z
AM drub, -z

drool
BR druːl, -z, -ɪŋ, -d
AM drul, -z, -ɪŋ, -d

droop
BR druːp, -s, -ɪŋ, -t
AM drup, -s, -ɪŋ, -t

droopily
BR ˈdruːpɪli
AM ˈdrupəli

droopiness
BR ˈdruːpɪnɪs
AM ˈdrupɪnɪs

droop-snoot
BR ˈdruːpsnuːt, -s
AM ˈdrupˌsnut, -s

droopy
BR ˈdruːp|i, -ɪə(r), -ɪɪst
AM ˈdrupi, -ər, -ɪst

drop
BR drɒp, -s, -ɪŋ, -t
AM drɑp, -s, -ɪŋ, -t

drophead
BR ˈdrɒphɛd, -z
AM ˈdrɑp,(h)ɛd, -z

dropkick
BR ˈdrɒpkɪk, -s, -ɪŋ, -t
AM ˈdrɑp,kɪk, -s, -ɪŋ, -t

dropleaf
BR ˈdrɒpliːf
AM ˈdrɑp,lif

droplet
BR ˈdrɒplɪt, -s
AM ˈdrɑplət, -s

dropout
BR ˈdrɒpaʊt, -s
AM ˈdrɑp,aʊt, -s

dropper
BR ˈdrɒpə(r), -z
AM ˈdrɑpər, -z

dropping
BR ˈdrɒpɪŋ, -z
AM ˈdrɑpɪŋ, -z

dropsical
BR ˈdrɒpsɪkl
AM ˈdrɑpsək(ə)l

dropsy
BR ˈdrɒpsi
AM ˈdrɑpsi

dropwort
BR ˈdrɒpwəːt
AM ˈdrɑp,wɔ(ə)rt, ˈdrɑpwərt

droshky
BR ˈdrɒʃk|i, -ɪz
AM ˈdrɑʃki, ˈdrɔʃki, -z
RUS ˈdroʃkʲi

drosophila
BR drɒˈsɒfɪlə(r), -z
AM drəˈsɑfələ, -z

dross
BR drɒs
AM drɑs, drɔs

drossy
BR ˈdrɒs|i, -ɪə(r), -ɪɪst
AM ˈdrɑsi, ˈdrɔsi, -ər, -ɪst

drought
BR draʊt, -s
AM draʊt, -s

droughty
BR ˈdraʊti
AM ˈdraʊdi

drouth
BR draʊθ
AM draʊθ

Drouzhba
BR ˈdruːʒbə(r)
AM ˈdruʒbə

drove
BR drəʊv, -z, -ɪŋ
AM droʊv, -z, -ɪŋ

drover
BR ˈdrəʊvə(r), -z
AM ˈdroʊvər, -z

drown
BR draʊn, -z, -ɪŋ, -d
AM draʊn, -z, -ɪŋ, -d

drowning
BR ˈdraʊnɪŋ, -z
AM ˈdraʊnɪŋ, -z

drowse
BR draʊz, -ɪz, -ɪŋ, -d
AM draʊz, -əz, -ɪŋ, -d

drowsily
BR ˈdraʊzɪli
AM ˈdraʊzəli

drowsiness
BR ˈdraʊzɪnɪs
AM ˈdraʊzɪnɪs

drowsy
BR ˈdraʊz|i, -ɪə(r), -ɪɪst
AM ˈdraʊzi, -ər, -ɪst

drowze
BR draʊz, -ɪz, -ɪŋ, -d
AM draʊz, -əz, -ɪŋ, -d

Droylsden
BR ˈdrɔɪlzd(ə)n
AM ˈdrɔɪlzdən

drub
BR drʌb, -z, -ɪŋ, -d
AM drəb, -z, -ɪŋ, -d

drudge
BR drʌdʒ, -ɪz, -ɪŋ, -d
AM drədʒ, -əz, -ɪŋ, -d

drudgery
BR ˈdrʌdʒ(ə)ri
AM ˈdrədʒ(ə)ri

drug
BR drʌg, -z, -ɪŋ, -d
AM drəg, -z, -ɪŋ, -d

drugget
BR ˈdrʌgɪt, -s
AM ˈdrəgət, -s

druggist
BR ˈdrʌgɪst, -s
AM ˈdrəgəst, -s

druggy
BR ˈdrʌg|i, -ɪə(r), -ɪɪst
AM ˈdrəgi, -ər, -ɪst

drugstore
BR ˈdrʌgstɔː(r), -z
AM ˈdrəg,stɔ(ə)r, -z

Druid
BR ˈdruːɪd, -z
AM ˈdruəd, -z

Druidess
BR ˌdruːɪˈdɛs, -ɪz
AM ˈdruədəs, -əz

Druidic
BR druːˈɪdɪk
AM druˈɪdɪk

Druidical
BR druːˈɪdɪkl
AM druˈɪdɪk(ə)l

Druidism
BR ˈdruːɪdɪzm
AM ˈdruəd,ɪz(ə)m

drum
BR drʌm, -z, -ɪŋ, -d
AM drəm, -z, -ɪŋ, -d

Drumalbyn
BR drʌmˈalbɪn
AM drəmˈælbən

drumbeat
BR ˈdrʌmbiːt, -s
AM ˈdrəm,bit, -s

drumble
BR ˈdrʌmb|l, -lz, -lɪŋ\-lɪŋ, -ld
AM ˈdrəmb(ə)l, ɪŋ, -z, -d

drumette
BR drʌˈmɛt, -s
AM drəˈmɛt, -s

drumfire
BR ˈdrʌmfʌɪə(r)
AM ˈdrəm,faɪ(ə)r

drumhead
BR ˈdrʌmhɛd, -z
AM ˈdrəm,(h)ɛd, -z

drumlin
BR ˈdrʌmlɪn, -z
AM ˈdrəml(ə)n, -z

drumlinoid
BR ˈdrʌmlɪnɔɪd
AM ˈdrəmlə,nɔɪd

drummer
BR ˈdrʌmə(r), -z
AM ˈdrəmər, -z

Drummond
BR ˈdrʌm(ə)nd
AM ˈdrəmən(d)

Drumnadrochit
BR ˌdrʌmnəˈdrɒxɪt, ˌdrʌmnəˈdrɒkɪt
AM ˌdrəmnəˈdrɑkət

drumstick
BR ˈdrʌmstɪk, -s
AM ˈdrəm,stɪk, -s

drunk
BR drʌŋk, -s
AM drəŋk, -s

drunkard
BR ˈdrʌŋkəd, -z
AM ˈdrəŋkərd, -z

drunken
BR ˈdrʌŋk(ə)n
AM ˈdrəŋkən

drunkenly
BR ˈdrʌŋk(ə)nli
AM ˈdrəŋkənli

drunkenness
BR ˈdrʌŋk(ə)nnəs
AM ˈdrəŋkə(n)nəs

drupaceous
BR druːˈpeɪʃəs
AM druˈpeɪʃəs

drupe
BR druːp, -s
AM drup, -s

drupel
BR ˈdruːpl, -z
AM ˈdrup(ə)l, -z

drupelet
BR ˈdruːplɪt, -s
AM ˈdruplət, -s

Drury
BR ˈdrʊəri
AM ˈdrʊri

Druse
BR druːz, -ɪz
AM druz, -əz

Drusilla
BR drʊˈsɪlə(r)
AM druˈsɪlə

druthers
BR ˈdrʌðəz
AM ˈdrəðərz

Druzba
BR ˈdruːzbə(r), ˈduːʒbə(r)
AM ˈdruʒbə, ˈdruzbə

Druze
BR druːz, -ɪz
AM druz, -əz

dry
BR draɪ, -z, -ɪŋ, -d, -ə(r), -ɪst
AM draɪ, -z, -ɪŋ, -d, -ər, -ɪst

dryad
BR ˈdraɪad, -z
AM ˈdraɪˌæd, ˈdraɪəd, -z

dryas
BR ˈdraɪəs
AM ˈdraɪəs

Dryden
BR ˈdraɪdn
AM ˈdraɪdən

dryer
BR ˈdraɪə(r), -z
AM ˈdraɪər, -z

dryish
BR ˈdraɪɪʃ
AM ˈdraɪɪʃ

dryland
BR ˈdraɪlənd, -z
AM ˈdraɪˌlænd, ˈdraɪlənd, -z

dryly
BR ˈdraɪli
AM ˈdraɪli

dryness
BR ˈdraɪnɪs
AM ˈdraɪnɪs

dryopithecine
BR ˌdraɪəʊˈpɪθɪsiːn
AM ˌdraɪoʊˈpɪθəˌsin

Dryopithecus
BR ˌdraɪəʊˈpɪθɪkəs
AM ˌdraɪoʊˈpɪθəkəs

Drysdale
BR ˈdraɪzdeɪl
AM ˈdraɪzˌdeɪl

drystone
BR ˈdraɪstəʊn
AM ˈdraɪˌstoʊn

drysuit
BR ˈdraɪs(j)uːt, -s
AM ˈdraɪˌsut, -s

drywall
BR ˌdraɪˈwɔːl
AM ˈdraɪˌwɑl, ˈdraɪˌwɔl

dual
BR ˈdjuːəl, ˈdʒuːəl
AM ˈd(j)uəl

dualise
BR ˈdjuːəlaɪz, ˈdʒuːəlaɪz, -ɪz, -ɪŋ, -d
AM ˈd(j)uəˌlaɪz, -ɪz, -ɪŋ, -d

dualism
BR ˈdjuːəlɪzm, ˈdʒuːəlɪzm
AM ˈd(j)uəˌlɪz(ə)m

dualist
BR ˈdjuːəlɪst, ˈdʒuːəlɪst, -s
AM ˈd(j)uələst, -s

dualistic
BR ˌdjuːəˈlɪstɪk, ˌdʒuːəˈlɪstɪk
AM ˌd(j)uəˈlɪstɪk

dualistically
BR ˌdjuːəˈlɪstɪkli, ˌdʒuːəˈlɪstɪkli
AM ˌd(j)uəˈlɪstɪk(ə)li

duality
BR djuːˈælɪti, dʒuːˈælɪti, -ɪz
AM d(j)uˈælədi, -z

dualize
BR ˈdjuːəlaɪz, ˈdʒuːəlaɪz, -ɪz, -ɪŋ, -d
AM ˈd(j)uəˌlaɪz, -ɪz, -ɪŋ, -d

dually
BR ˈdjuːəl(l)i, ˈdʒuːəl(l)i
AM ˈd(j)uəli

Duane
BR dweɪn, duːˈeɪn
AM dweɪn

dub
BR dʌb, -z, -ɪŋ, -d
AM dəb, -z, -ɪŋ, -d

Dubai
BR ˌduːˈbʌɪ, dʊˈbʌɪ
AM duˈbaɪ

dubbin
BR ˈdʌb|ɪn, -ɪnz, -ɪnɪŋ, -ɪnd
AM ˈdəbən, -z, -ɪŋ, -d

Dubček
BR ˈdʊbtʃɛk
AM ˈdubˌtʃɛk

dubiety
BR djuːˈbʌɪti, dʒuːˈbʌɪti
AM d(j)uˈbaɪdi

dubious
BR ˈdjuːbɪəs, ˈdʒuːbɪəs
AM ˈd(j)ubiəs

dubiously
BR ˈdjuːbɪəsli, ˈdʒuːbɪəsli
AM ˈd(j)ubiəsli

dubiousness
BR ˈdjuːbɪəsnəs, ˈdʒuːbɪəsnəs
AM ˈd(j)ubiəsnəs

dubitation
BR ˌdjuːbɪˈteɪʃn, ˌdʒuːbɪˈteɪʃn
AM ˌd(j)ubəˈteɪʃ(ə)n

dubitative
BR ˈdjuːbɪtətɪv, ˈdʒuːbɪtətɪv
AM ˈd(j)ubəˌteɪdɪv

dubitatively
BR ˈdjuːbɪtətɪvli, ˈdʒuːbɪtətɪvli
AM ˈd(j)ubəˌteɪdɪvli

Dublin
BR ˈdʌblɪn
AM ˈdəbl(ə)n

Dubliner
BR ˈdʌblɪnə(r), -z
AM ˈdəblənər, -z

dubnium
BR ˈdʌbnɪəm
AM ˈdəbniəm

Du Bois
BR dʊˈbwɑː(r)
AM duˈbwɑ

Dubonnet
BR d(j)ʊˈbɒneɪ
AM ˌdubəˈneɪ

Dubrovnik
BR dʊˈbrɒvnɪk
AM duˈbrɑvnɪk, duˈbrɔvnɪk

Dubuque
BR dəˈbjuːk
AM dəˈbjuk

ducal
BR ˈdjuːkl, ˈdʒuːkl
AM ˈd(j)uk(ə)l

ducat
BR ˈdʌkət, -s
AM ˈdəkət, -s

Duce
BR ˈduːtʃeɪ
AM ˈdutʃeɪ

Duchamp
BR dʊˈʃɒ̃
AM duˈʃɑm(p)

Duchenne
BR d(j)ʊˈʃɛn
AM d(j)uˈʃɛn

Duchesne
BR d(j)ʊˈʃeɪn
AM duˈkeɪn, duˈʃeɪn

duchess
BR ˈdʌtʃɪs, -ɪz
AM ˈdətʃəs, -əz

duchesse
BR d(j)ʊˈʃɛs, -ɪz
AM d(j)uˈʃɛs, -əz
FR dyʃɛs

duchy
BR ˈdʌtʃ|i, -ɪz
AM ˈdətʃ|i, -z

duck
BR dʌk, -s, -ɪŋ, -t
AM dək, -s, -ɪŋ, -t

duckbill
BR ˈdʌkbɪl, -z
AM ˈdəkˌbɪl, -z

duckboard
BR ˈdʌkbɔːd, -z
AM ˈdək.bɔ(ə)rd, -z

duckegg
BR ˈdʌkɛg, -z
AM ˈdək.ɛg, -z

ducker
BR ˈdʌkə(r), -z
AM ˈdəkər, -z

Duckett
BR ˈdʌkɪt
AM ˈdəkət

Duckham
BR ˈdʌkəm
AM ˈdək(ə)m

duckie
BR ˈdʌk|i, -ɪz
AM ˈdəki, -z

duckily
BR ˈdʌkɪli
AM ˈdəkəli

duckiness
BR ˈdʌkɪnɪs
AM ˈdəkinɪs

duckling
BR ˈdʌklɪŋ, -z
AM ˈdəklɪŋ, -z

ducktail
BR ˈdʌkteɪl, -z
AM ˈdək.teɪl, -z

duckweed
BR ˈdʌkwiːd
AM ˈdək.wid

Duckworth
BR ˈdʌkwəθ, ˈdʌkwəːθ
AM ˈdək.wərθ

ducky
BR ˈdʌk|i, -ɪz, -ɪə(r), -ɪɪst
AM ˈdəki, -z, -ər, -ɪst

duct
BR dʌkt, -s, -ɪŋ, -ɪd
AM dək|(t), -(t)s, -tɪŋ, -təd

ductile
BR ˈdʌktʌɪl
AM ˈdək.taɪl, ˈdəktl

ductility
BR dʌkˈtɪlɪti
AM dəkˈtɪlɪdi

ductless
BR ˈdʌktləs
AM ˈdək(t)ləs

dud
BR dʌd, -z
AM dəd, -z

dude
BR djuːd, -z
AM dud, -z

dudgeon
BR ˈdʌdʒ(ə)n
AM ˈdədʒ(ə)n

dudish
BR ˈdjuːdɪʃ
AM ˈdudɪʃ

Dudley
BR ˈdʌdli
AM ˈdədli

due
BR djuː, dʒuː, -z
AM d(j)u, -z

duel
BR ˈdjuːəl, ˈdʒuːəl, -z, -ɪŋ, -d
AM ˈd(j)uəl, -z, -ɪŋ, -d

duelist
BR ˈdjuːəlɪst, ˈdʒuːəlɪst, -s
AM ˈd(j)uələst, -s

dueller
BR ˈdjuːələ(r), ˈdʒuːələ(r), -z
AM ˈd(j)uələr, -z

duellist
BR ˈdjuːəlɪst, ˈdʒuːəlɪst, -s
AM ˈd(j)uələst, -s

duende
BR dʊˈɛndeɪ, -z
AM ˈdwɛndeɪ, duˈɛn.deɪ, -z

duenna
BR d(j)ʊˈɛnə(r), dʒʊˈɛnə(r), -z
AM d(j)uˈɛnə, -z

duet
BR djʊˈɛt, dʒʊˈɛt, -s
AM d(j)uˈɛt, -s

duettist
BR djʊˈɛtɪst, dʒʊˈɛtɪst, -s
AM d(j)uˈɛdəst, -s

Dufay
BR dʊˈfeɪ
AM duˈfeɪ

duff
BR dʌf, -s, -ɪŋ, -t
AM dəf, -s, -ɪŋ, -t

duffel
BR ˈdʌfl
AM ˈdəf(ə)l

duffer
BR ˈdʌfə(r), -z
AM ˈdəfər, -z

Duffield
BR ˈdʌfiːld
AM ˈdəfild

duffle
BR ˈdʌfl
AM ˈdəf(ə)l

Duffy
BR ˈdʌfi
AM ˈdəfi

Dufy
BR ˈduːfi
AM duˈfi
FR dyfi

dug
BR dʌg
AM dəg

Duggan
BR ˈdʌg(ə)n
AM ˈdəgən

Duggleby
BR ˈdʌglbi
AM ˈdəgəlbi

dugite
BR ˈdjuːgʌɪt, -s
AM ˈd(j)u.gaɪt, -s

dugong
BR ˈd(j)uːgɒŋ, -z
AM ˈdu.gɔŋ, ˈdu.gɑŋ, -z

dugout
BR ˈdʌgaʊt, -s
AM ˈdəg.aʊt, -s

duiker
BR ˈdʌɪkə(r), -z
AM ˈdaɪkər, -z
AFK ˈdœɪkər

Duisburg
BR ˈdjuːzbəːg, ˈdjuːsbəːg
AM ˈduzˌbərg
GER ˈdʏɪsbʊrk

Dukakis
BR d(j)ʊˈkɑːkɪs
AM d(j)ʊˈkɑkəs, dəˈkɑkəs

duke
BR djuːk, dʒuːk, -s
AM dʒuk, d(j)uk, -s

dukedom
BR ˈdjuːkdəm, ˈdʒuːkdəm, -z
AM ˈd(j)ukd(ə)m, -z

Dukhobor
BR ˈduːkə(ʊ)bɔː(r), -z
AM ˈdukəˌbɔ(ə)r, -z

DUKW
BR dʌk, -s
AM dək, -s

Dulais
BR ˈdɪlʌɪs
AM ˈdɪləs

dulcet
BR ˈdʌlsɪt
AM ˈdəlsət

Dulcie
BR ˈdʌlsi
AM ˈdəlsi

dulcification
BR ˌdʌlsɪfɪˈkeɪʃn
AM ˌdəlʃəfəˈkeɪʃ(ə)n

dulcify
BR ˈdʌlsɪfʌɪ, -z, -ɪŋ, -d
AM ˈdəlsəˌfaɪ, -z, -ɪŋ, -d

dulcimer
BR ˈdʌlsɪmə(r), -z
AM ˈdəlsəmər, -z

dulcitone
BR ˈdʌlsɪtəʊn
AM ˈdəlsəˌtoʊn

dulia
BR ˈdjuːlɪə(r), ˈdʒuːlɪə(r), d(j)ʊˈlʌɪə(r), dʒʊˈlʌɪə(r)
AM d(j)uˈlaɪə

dull
BR dʌl, -z, -ɪŋ, -d, -ə(r), -ɪst
AM dəl, -z, -ɪŋ, -d, -ər, -əst

dullard
BR ˈdʌləd, -z
AM ˈdələrd, -z

Dulles
BR ˈdʌlɪs
AM ˈdələs

dullish
BR ˈdʌlɪʃ
AM ˈdəlɪʃ

dullness
BR ˈdʌlnəs
AM ˈdəlnəs

dully
BR ˈdʌl(l)i
AM ˈdəli

dulse
BR dʌls
AM dəls

Duluth
BR dəˈluːθ
AM dəˈluθ

Dulux
BR ˈdjuːlʌks, ˈdʒuːlʌks
AM ˈd(j)uləks

Dulverton
BR ˈdʌlvət(ə)n
AM ˈdəlvərt(ə)n

Dulwich
BR ˈdʌlɪtʃ, ˈdʌlɪdʒ
AM ˈdəl(w)ɪtʃ

duly
BR ˈdjuːli, ˈdʒuːli
AM ˈd(j)uli

Duma
BR ˈd(j)uːmə(r), -z
AM ˈdumə, -z
RUS ˈdumə

Dumas
BR dʊˈmaː(r), ˈd(j)uːmaː(r)
AM duˈma(s)

Du Maurier
BR d(j)ʊ ˈmɒriei
AM du ˈmɔri,ei

dumb
BR dʌm, -ə(r), -ɪst
AM dəm, -ər, -əst

Dumbarton
BR dʌmˈbaːtn
AM dəmˌbart(ə)n

dumbfound
BR (ˌ)dʌmˈfaʊnd, -z, -ɪŋ, -ɪd
AM ˈdəmˌfaʊnd, -z, -ɪŋ, -əd

dumbhead
BR ˈdʌmhɛd, -z
AM ˈdəmˌ(h)ɛd, -z

dumbly
BR ˈdʌmli
AM ˈdəmli

dumbness
BR ˈdʌmnəs
AM ˈdəmnəs

dumbo
BR ˈdʌmbəʊ, -z
AM ˈdəmboʊ, -z

dumbshow
BR ˈdʌmʃəʊ, -z
AM ˈdəmˌʃoʊ, -z

dumbstrickem
BR ˈdʌmˌstrɪk(ə)n
AM ˈdəmˌstrɪk(ə)n

dumbstruck
BR ˈdʌmstrʌk
AM ˈdəmˈstrək

dumbwaiter
BR ˌdʌmˈweɪtə(r), -z
AM ˈdəmˌweɪdər, -z

dumdum
BR ˈdʌmdʌm, -z
AM ˈdəmˌdəm, -z

dumfound
BR (ˌ)dʌmˈfaʊnd, -z, -ɪŋ, -ɪd
AM ˈdəmˌfaʊnd, -z, -ɪŋ, -əd

Dumfries
BR dʌmˈfriːs
AM ˈdəmfriz

Dummkopf
BR ˈdʌmkɒpf, ˈdʊmkɒpf, -s
AM ˈdəmˌkɑ(p)f, -s

dummy
BR ˈdʌm|i, -ɪz
AM ˈdəmi, -z

dummy run
BR ˌdʌmɪ ˈrʌn, -z
AM ˌdəmi ˈˌrən, -z

dump
BR dʌm|p, -ps, -pɪŋ, -(p)t
AM dəmp, -s, -ɪŋ, -t

dumper
BR ˈdʌmpə(r), -z
AM ˈdəmpər, -z

dumpily
BR ˈdʌmpɨli
AM ˈdəmpəli

dumpiness
BR ˈdʌmpɪnɪs
AM ˈdəmpɪnɪs

dumpling
BR ˈdʌmplɪŋ, -z
AM ˈdəmplɪŋ, -z

dumpster
BR ˈdʌm(p)stə(r), -z
AM ˈdəm(p)stər, -z

dumpy
BR ˈdʌmp|i, -ɪə(r), -ɪɪst
AM ˈdəmpi, -ər, -ɪst

dun
BR dʌn
AM dən

Dunaj
BR ˈduːnaɪ
AM ˈduˌnaɪ

Dunbar
BR dʌnˈbaː(r)
AM dənˌbar

Dunblane
BR dʌnˈbleɪn
AM dənˈbleɪn

Duncan
BR ˈdʌŋk(ə)n
AM ˈdəŋk(ə)n

dunce
BR dʌns, -ɪz
AM dəns, -əz

duncecap
BR ˈdʌnskap, -s
AM ˈdənsˌkæp, -s

Dunciad
BR ˈdʌnsɪad
AM ˈdənsiˌæd

Dundalk[1] *place in Ireland*
BR dʌnˈdɔːk
AM dənˈdak, dənˈdɔk

Dundalk[2] *place in US*
BR ˈdʌndɔːk
AM ˈdənˌdak, ˈdənˌdɔk

Dundas
BR ˈdʌndəs
AM ˈdəndəs

Dundee
BR dʌnˈdiː
AM dənˈdi

dunderhead
BR ˈdʌndəhɛd, -z
AM ˈdəndərˌ(h)ɛd, -z

dunderheaded
BR ˌdʌndəˈhɛdɪd
AM ˈdəndərˌ(h)ɛdəd

Dundonald
BR dʌnˈdɒnld
AM dənˈdɑnəl(d)

dune
BR djuːn, dʒuːn, -z
AM d(j)un, -z

Dunedin
BR dʌnˈiːd(ɪ)n
AM dənˈid(ə)n

Dunfermline
BR dʌnˈfəːmlɨn
AM dənˈfərmlˌ(ə)n

dung
BR dʌŋ
AM dəŋ

Dungannon
BR dʌnˈganən
AM dənˈgæn(ə)n

dungaree
BR ˌdʌŋgəˈriː, -z
AM ˌdəŋgəˈri, -z

Dungarvan
BR dʌnˈgaːv(ə)n
AM dənˈgarv(ə)n

Dungeness
BR ˌdʌn(d)ʒ(ə)ˈnɛs
AM ˈdəndʒənəs

dungeon
BR ˈdʌn(d)ʒ(ə)n, -z
AM ˈdəndʒ(ə)n, -z

dunghill
BR ˈdʌŋhɪl, -z
AM ˈdəŋˌ(h)ɪl, -z

Dunhill
BR ˈdʌnhɪl
AM ˈdənˌ(h)ɪl

dunk
BR dʌŋ|k, -ks,
-kɪŋ, -(k)t
AM dəŋ|k, -ks,
-kɪŋ, -(k)t
Dunkeld
BR dʌnˈkɛld
AM dənˈkɛld
Dunkirk
BR dʌnˈkəːk,
dʌŋˈkəːk
AM dənˈkɚk,
ˈdənˌkɚk
Dunkley
BR ˈdʌŋkli
AM ˈdəŋkli
Dun Laoghaire
BR dʌn ˈlɪəri, duːn +,
+ ˈlɛːrə(r)
AM dən ˈlɛrə, dən ˈlɪri
IR duːn ˈliːrʲə
Dunlap
BR ˈdʌnlap
AM ˈdənlæp, ˈdənlap,
ˈdənlɒp
dunlin
BR ˈdʌnlɪn, -z
AM ˈdənl(ə)n, -z
Dunlop[1] traditional
BR dənˈlɒp
AM ˈdənlap
Dunlop[2]
BR ˈdʌnlɒp
AM ˈdənlap
Dunmow
BR ˈdʌnməʊ
AM ˈdənˌmoʊ
Dunn
BR dʌn
AM dən
dunnage
BR ˈdʌnɪdʒ
AM ˈdənɪdʒ
Dunne
BR dʌn
AM dən
Dunnet Head
BR ˌdʌnɪt ˈhɛd
AM ˈdənət ˈhɛd
dunno
BR dʌˈnəʊ, -z
AM dəˈnoʊ, -z

dunnock
BR ˈdʌnək, -s
AM ˈdənək, -s
dunny
BR ˈdʌn|i, -ɪz
AM ˈdəni, -z
Dunoon
BR dʌˈuːn
AM dəˈnun
Dunsinane[1] in
Scotland
BR dʌnˈsɪnən
AM ˈdənsənən
Dunsinane[2] in
Shakespeare's
'Macbeth'
BR ˈdʌnsɪneɪn,
ˌdʌnsɪˈneɪn
AM ˌdənsəˈneɪn
Duns Scotus
BR ˌdʌnz ˈskəʊtəs,
+ ˈskɒtəs
AM ˌdənz ˈskoʊdəs
Dunstable
BR ˈdʌnstəbl
AM ˈdənstəb(ə)l
Dunstan
BR ˈdʌnst(ə)n
AM ˈdənst(ə)n
Dunwoody
BR dʌnˈwʊdi
AM ˈdənˌwʊdi
duo
BR ˈdjuːəʊ,
ˈdʒuːəʊ, -z
AM ˈd(j)uoʊ,
-z
duodecimal
BR ˌdjuːəˈ(ʊ)dɛsɪml,
ˌdʒuːə(ʊ)ˈdɛsɪml
AM ˌd(j)uoʊˈdɛsəm(ə)l,
ˌd(j)uəˈdɛsəm(ə)l
duodecimally
BR ˌdjuːə(ʊ)ˈdɛsɪmli,
ˌdʒuːə(ʊ)ˈdɛsɪmli
AM ˌd(j)uoʊˈdɛsəməli,
ˌd(j)uəˈdɛsəməli
duodecimo
BR ˌdjuːə(ʊ)ˈdɛsɪməʊ,
ˌdʒuːə(ʊ)ˈdɛsɪməʊ
AM ˌd(j)uoʊˈdɛsəmoʊ,
ˌd(j)uəˈdɛsəmoʊ

duodena
BR ˌdjuːəˈdiːnə(r),
ˌdʒuːəˈdiːnə(r)
AM ˌd(j)uˈɑdnə,
ˌd(j)uəˈdinə
duodenal
BR ˌdjuːəˈdiːnl,
ˌdʒuːəˈdiːnl
AM ˌd(j)uˈɑdn̩l,
ˌd(j)uəˈdin(ə)l
duodenary
BR ˌdjuːəˈdiːn(ə)ri,
ˌdʒuːəˈdiːn(ə)ri
AM ˌd(j)uəˈdɛnɛri,
ˌd(j)uˈɑdəˌnɛri
duodenitis
BR ˌdjuːəd(ɪ)nˈʌɪtɪs,
ˌdʒuːəd(ɪ)nˈʌɪtɪs
AM ˌd(j)uədn̩ˈaɪdɪs
duodenum
BR ˌdjuːəˈdiːnəm,
ˌdʒuːəˈdiːnəm,
-z
AM ˌd(j)uˈɑdnəm,
ˌd(j)uəˈdin(ə)m,
-z
duolog
BR ˈdjuːəlɒg,
ˌdʒuːəlɒg, -z
AM ˈd(j)uəˌlag,
ˈd(j)uəˌlɔg, -z
duologue
BR ˈdjuːəlɒg,
ˌdʒuːəlɒg, -z
AM ˈd(j)uəˌlag,
ˈd(j)uəˌlɔg, -z
duomo
BR ˈdwəʊməʊ, -z
AM ˈdwoʊmoʊ,
-z
duopoly
BR djʊˈɒpl̩|i,
dʒʊˈɒpl̩|i, -ɪz
AM d(j)uˈɑpəli, -z
duotone
BR ˈdjuːə(ʊ)təʊn,
ˌdʒuːə(ʊ)təʊn
AM ˈd(j)uəˌtoʊn
dupable
BR ˈdjuːpəbl,
ˈdʒuːpəbl
AM ˈd(j)upəb(ə)l

dupe
BR djuːp, dʒuːp, -s,
-ɪŋ, -t
AM d(j)up, -s, -ɪŋ, -t
duper
BR ˈdjuːpə(r),
ˈdʒuːpə(r), -z
AM ˈd(j)upɚ, -z
dupery
BR ˈdjuːp(ə)r|i,
ˈdʒuːp(ə)r|i, -ɪz
AM ˈd(j)upəri, -z
dupion
BR ˈdjuːpɪɒn,
ˈdʒuːpɪɒn, -z
AM ˈdupiˌɑn, -z
duple
BR ˈdjuːpl, ˈdʒuːpl
AM ˈd(j)up(ə)l
duplex
BR ˈdjuːplɛks,
ˈdʒuːplɛks, -ɪz
AM ˈd(j)uˌplɛks, -əz
duplicable
BR ˈdjuːplɪkəbl,
ˈdʒuːplɪkəbl
AM ˈd(j)upləkəb(ə)l
duplicate[1] noun,
adjective
BR ˈdjuːplɪkət,
ˈdʒuːplɪkət, -s
AM ˈd(j)upləkət, -s
duplicate[2] verb
BR ˈdjuːplɪkeɪt,
ˈdʒuːplɪkeɪt, -s,
-ɪŋ, -ɪd
AM ˈd(j)upləˌkeɪ|t,
-ts, -dɪŋ, -dɪd
duplication
BR ˌdjuːplɪˈkeɪʃn,
ˌdʒuːplɪˈkeɪʃn, -z
AM ˌd(j)upləˈkeɪʃ(ə)n,
-z
duplicator
BR ˈdjuːplɪkeɪtə(r),
ˈdʒuːplɪkeɪtə(r), -z
AM ˈd(j)upləˌkeɪdɚ,
-z
duplicitous
BR djʊˈplɪsɪtəs,
dʒʊˈplɪsɪtəs
AM d(j)uˈplɪsədəs

duplicity
BR djuˈplɪsɪti,
dʒuˈplɪsɪti
AM d(j)uˈplɪsɪdi

Du Pont
BR d(j)u ˈpɒnt
AM d(j)uˈpɑnt

duppy
BR ˈdʌp|i, -ɪz
AM ˈdəpi, -z

du Pré
BR d(j)u ˈpreɪ,
+ ˈpriː
AM du ˈpreɪ

Duquesne
BR d(j)uˈkeɪn
AM duˈkeɪn

dura
BR ˈdjʊərə(r),
ˈdʒʊərə(r), -z
AM ˈd(j)urə, -z

durability
BR ˌdjʊərəˈbɪlɪti,
ˌdʒʊərəˈbɪlɪti,
ˌdjɔːrəˈbɪlɪti,
ˌdʒɔːrəˈbɪlɪti
AM ˌd(j)urəˈbɪlɪdi

durable
BR ˈdjʊərəbl,
ˈdʒʊərəbl,
ˈdjɔːrəbl,
ˈdʒɔːrəbl, -z
AM ˈd(j)urəb(ə)l,
-z

durableness
BR ˈdjʊərəblnəs,
ˈdʒʊərəblnəs,
ˈdjɔːrəblnəs,
ˈdʒɔːrəblnəs
AM ˈd(j)urəbəlnəs

durably
BR ˈdjʊərəbli,
ˈdʒʊərəbli,
ˈdjɔːrəbli,
ˈdʒɔːrəbli
AM ˈd(j)urəbli

Duracell
BR ˈdjʊərəsɛl,
ˈdʒʊərəsɛl,
ˈdjɔːrəsɛl,
ˈdʒɔːrəsɛl
AM ˈdərəˌsɛl

Duraglit
BR ˈdjʊərəglɪt,
ˈdʒʊərəglɪt,
ˈdjɔːrəglɪt,
ˈdʒɔːrəglɪt
AM ˈdərəˌglɪt

Duralumin
BR djuˈræljəmɪn,
dʒuˈræljəmɪn
AM d(j)uˈræljəm(ə)n,
ˌd(j)urəˈlum(ə)n,
d(j)əˈræljəm(ə)n

dura mater
BR ˌdjʊərə ˈmeɪtə(r),
ˌdʒʊərə +,
+ ˈmɑːtə(r), -z
AM ˈd(j)urə ˌmeɪdər,
ˈd(j)urə ˌmɑdər,
-z

duramen
BR djuˈreɪm(ə)n,
dʒuˈreɪm(ə)n
AM d(j)uˈreɪm(ə)n

durance
BR ˈdjʊərn̩s, ˈdjɔːrn̩s,
ˈdʒʊərn̩s, ˈdʒɔːrn̩s
AM ˈd(j)urəns

Durango
BR d(j)uˈrɑŋgəʊ,
dʒuˈrɑŋgəʊ
AM dəˈræŋgoʊ

Durante
BR dəˈran(t)i
AM dəˈræn(t)i

duration
BR djuˈreɪʃn̩,
dʒuˈreɪʃn̩
AM dəˈreɪʃ(ə)n

durational
BR djuˈreɪʃn̩l,
dʒuˈreɪʃn̩l
AM dəˈreɪʃən(ə)l,
dəˈreɪʃn̩(ə)l

durative
BR ˈdjʊərətɪv,
ˈdʒʊərətɪv,
ˈdjɔːrətɪv,
ˈdʒɔːrətɪv
AM ˈd(j)urədɪv

Durban
BR ˈdəːb(ə)n
AM ˈdərb(ə)n

durbar
BR dəˈbɑː(r), -z
AM ˈdərˌbɑr, -z

durchkomponiert
BR ˌdʊəkkɒmpə(ʊ)-
ˈnɪət
AM ˈdʊrʃˌkɑmpoʊˌnɪərt
GER ˈdʊrçkɔmponiːɐt

Dürer
BR ˈd(j)ʊərə(r)
AM ˈdʊrər

duress
BR djuˈrɛs, dʒuˈrɛs
AM dəˈrɛs

Durex
BR ˈdjʊərɛks,
ˈdʒʊərɛks,
ˈdjɔːrɛks,
ˈdʒɔːrɛks, -ɪz
AM ˈd(j)uˌrɛks, -əz

Durham
BR ˈdʌrəm
AM ˈdər(ə)m

durian
BR ˈd(j)ʊərɪən,
ˈdʒʊərɪən, -z
AM ˈdʊriən, -z

during
BR ˈdjʊərɪŋ, ˈdʒʊərɪŋ
AM ˈd(j)urɪŋ

Durkheim
BR ˈdəːkhʌɪm
AM ˈdərkˌ(h)aɪm

Durkheimian
BR ˌdəːkˈhʌɪmɪən
AM ˌdərkˈ(h)aɪmiən

durmast
BR ˈdəːmɑːst, -s
AM ˈdərˌmæst, -s

durn
BR dəːn, -d
AM dərn, -d

Durocher
BR dəˈrəʊʃə(r)
AM dəˈroʊʃər
FR dyʁɔʃe

durra
BR ˈdʊ(ə)rə(r), -z
AM ˈdʊrə, -z

Durrant
BR ˈdʌrn̩t, dɝˈrant
AM dʊˈrænt

Durrell
BR ˈdʌrl̩
AM dʊˈrɛl

Dürrenmatt
BR ˈd(j)ʊərn̩mat
AM ˈd(j)urənˌmæt

durrie
BR ˈdʌr|i, -ɪz
AM ˈdəri, -z

durry
BR ˈdʌr|i, -ɪz
AM ˈdəri, -z

durst
BR dəːst
AM dərst

durum
BR ˈdʌrəm
AM ˈdər(ə)m

durzi
BR ˈdəːz|i, -ɪz
AM dərˈzi, ˈdərzi, -z

Dushanbe
BR ˌduːʃanˈbeɪ
AM ˌd(j)uʃɑmˈbeɪ

dusk
BR dʌsk, -s
AM dəsk, -s

duskily
BR ˈdʌskɪli
AM ˈdəskəli

duskiness
BR ˈdʌskɪnɪs
AM ˈdəskinɪs

dusky
BR ˈdʌsk|i, -ɪə(r),
-ɪɪst
AM ˈdəski, -ər, -ɪst

Düsseldorf
BR ˈdʊsldɔːf
AM ˈdʊsəlˌdɔ(ə)rf

dust
BR dʌst, -s, -ɪŋ, -ɪd
AM dəst, -s, -ɪŋ, -əd

dustbin
BR ˈdʌs(t)bɪn, -z
AM ˈdəs(t)ˌbɪn, -z

dustbowl
BR ˈdʌs(t)bəʊl, -z
AM ˈdəs(t)ˌboʊl, -z

dustcart
BR ˈdʌs(t)kɑːt, -s
AM ˈdəs(t)ˌkɑrt, -s

duster
BR ˈdʌstə(r), -z
AM ˈdəstər, -z
dustily
BR ˈdʌstɪli
AM ˈdəstəli
Dustin
BR ˈdʌstɪn
AM ˈdəst(ə)n
dustiness
BR ˈdʌstɪnɪs
AM ˈdəstɪnɪs
dustless
BR ˈdʌstləs
AM ˈdəs(t)ləs
dustman
BR ˈdʌs(t)mən
AM ˈdəs(t)m(ə)n
dustmen
BR ˈdʌs(t)mən
AM ˈdəs(t)m(ə)n
dustpan
BR ˈdʌs(t)pan, -z
AM ˈdəs(t)ˌpæn, -z
dustsheet
BR ˈdʌs(t)ʃiːt, -s
AM ˈdəs(t)ˌʃit, -s
dusty
BR ˈdʌst|i, -ɪə(r), -ɪst
AM ˈdəsti, -ər, -ɪst
Dutch
BR dʌtʃ
AM dətʃ
Dutchman
BR ˈdʌtʃmən
AM ˈdətʃm(ə)n
Dutchmen
BR ˈdʌtʃmən
AM ˈdətʃm(ə)n
Dutchwoman
BR ˈdʌtʃˌwʊmən
AM ˈdətʃˌwʊm(ə)n
Dutchwomen
BR ˈdʌtʃˌwɪmɪn
AM ˈdətʃˌwɪmɪn
duteous
BR ˈdjuːtɪəs, ˈdʒuːtɪəs
AM ˈd(j)udiəs
duteously
BR ˈdjuːtɪəsli,
ˈdʒuːtɪəsli
AM ˈd(j)udiəsli

duteousness
BR ˈdjuːtɪəsnəs,
ˈdʒuːtɪəsnəs
AM ˈd(j)udiəsnəs
dutiable
BR ˈdjuːtɪəbl,
ˈdʒuːtɪəbl
AM ˈd(j)udiəb(ə)l
dutiful
BR ˈdjuːtɪf(ʊ)l,
ˈdʒuːtɪf(ʊ)l
AM ˈd(j)udif(ə)l,
ˈd(j)udəf(ə)l
dutifully
BR ˈdjuːtɪfəli,
ˈdjuːtɪfl̩i,
ˈdʒuːtɪfəli,
ˈdʒuːtɪfl̩i
AM ˈd(j)udifəli,
ˈd(j)udəfəli
dutifulness
BR ˈdjuːtɪf(ʊ)lnəs,
ˈdʒuːtɪf(ʊ)lnəs
AM ˈd(j)udifəlnəs,
ˈd(j)udəfəlnəs
Du Toit
BR d(j)ʊ ˈtwɑː(r)
AM du ˈtwɑ
Dutton
BR ˈdʌtn
AM ˈdətn
duty
BR ˈdjuːt|i, ˈdʒuːt|i, -ɪz
AM ˈd(j)udi, -z
duumvir
BR djʊˈʌmvə(r),
dʒʊˈʌmvə(r), -z
AM d(j)uˈəm,vɪ(ə)r,
d(j)uˈəmvər, -z
duumvirate
BR djʊˈʌmv(ɪ)rət,
dʒʊˈʌmv(ɪ)rət
AM d(j)uˈəmvərət
Duvalier
BR d(j)ʊˈvalieɪ
AM duˌvɑlˈjeɪ
duvet
BR ˈduːveɪ, -z
AM ˌd(j)uˈveɪ, -z
dux
BR dʌks
AM dəks

duyker
BR ˈdʌɪkə(r), -z
AM ˈdaɪkər, -z
Dvořák
BR ˈ(d)vɔːʒak
AM ˈdvɔr,(ʒ)ɑk
dwale
BR dweɪl
AM dweɪl
Dwane
BR dweɪn
AM dweɪn
dwarf
BR dwɔːf, -s, -ɪŋ, -t
AM d(w)ɔ(ə)rf, -s, -ɪŋ, -t
dwarfish
BR ˈdwɔːfɪʃ
AM ˈd(w)ɔrfɪʃ
dwarfism
BR ˈdwɔːfɪzm
AM ˈd(w)ɔrˌfɪz(ə)m
dwarves
BR dwɔːvz
AM d(w)ɔ(ə)rvz
dweeb
BR dwiːb, -z
AM dwib, -z
dwell
BR dwɛl, -z, -ɪŋ, -d
AM dwɛl, -z, -ɪŋ, -d
dweller
BR ˈdwɛlə(r), -z
AM ˈdwɛlər, -z
dwelling
BR ˈdwɛlɪŋ, -z
AM ˈdwɛlɪŋ, -z
dwelt
BR dwɛlt
AM dwɛlt
Dwight
BR dwʌɪt
AM dwaɪt
dwindle
BR ˈdwɪnd|l, -lz,
-l̩ŋ\-lɪŋ, -ld
AM ˈdwɪn|d(ə)l,
-d(ə)lz, -(d)(ə)lɪŋ,
-d(ə)ld
Dworkin
BR ˈdwɔːkɪn
AM ˈdwɔrk(ə)n

Dwyer
BR ˈdwʌɪə(r)
AM ˈdwaɪər
dyad
BR ˈdʌɪad, -z
AM ˈdaɪ,æd, -z
dyadic
BR dʌɪˈadɪk
AM daɪˈædɪk
Dyak
BR ˈdʌɪak, -s
AM ˈdaɪ,æk, -s
dyarchy
BR ˈdʌɪɑːk|i, -ɪz
AM ˈdaɪˌɑrki, -z
dybbuk
BR ˈdɪbʊk,
diːˈbuːk, -s
AM ˈdɪbək, -s
dye
BR dʌɪ, -z, -ɪŋ, -d
AM daɪ, -z, -ɪŋ, -d
dyeable
BR ˈdʌɪəbl
AM ˈdaɪəb(ə)l
dyer
BR ˈdʌɪə(r), -z
AM ˈdaɪər, -z
dyestuff
BR ˈdʌɪstʌf, -s
AM ˈdaɪˌstəf, -s
dyeworks
BR ˈdʌɪwəːks
AM ˈdaɪˌwərks
Dyfed
BR ˈdʌvɪd
AM ˈdəvəd
WE ˈdʌved
Dyffryn
BR ˈdʌfr(ɪ)n
AM ˈdaɪfrɪn
WE ˈdʌfrɪn
dying
BR ˈdʌɪɪŋ
AM ˈdaɪɪŋ
dyke
BR dʌɪk, -s, -ɪŋ, -t
AM daɪk, -s, -ɪŋ, -t
Dylan[1] *surname, as in Bob Dylan*
BR ˈdɪlən
AM ˈdɪl(ə)n

Dylan² *Welsh forename*
BR ˈdɪlən, ˈdʌlən
AM ˈdɪl(ə)n
WE ˈdʌlan

Dymchurch
BR ˈdɪmtʃɜːtʃ
AM ˈdɪmˌtʃɚtʃ

Dymo
BR ˈdaɪməʊ
AM ˈdaɪmoʊ

Dymock
BR ˈdɪmək
AM ˈdɪmək

Dymond
BR ˈdaɪm(ə)nd
AM ˈdɪmənd

Dymont
BR ˈdaɪm(ə)nt
AM ˈdaɪm(ə)nt

Dympna
BR ˈdɪmpnə(r)
AM ˈdɪm(p)nə

dynamic
BR daɪˈnamɪk, -s
AM daɪˈnæmɪk, -s

dynamical
BR daɪˈnamɪkl
AM daɪˈnæmək(ə)l

dynamically
BR daɪˈnamɪkli
AM daɪˈnæmək(ə)li

dynamicist
BR daɪˈnamɪsɪst, -s
AM daɪˈnæməsəst, -s

dynamisation
BR ˌdaɪnəmaɪˈzeɪʃn
AM daɪnəˌmaɪˈzeɪʃ(ə)n, daɪˌnæməˈzeɪʃ(ə)n

dynamise
BR ˈdaɪnəmaɪz, -ɪz, -ɪŋ, -d
AM ˈdaɪnəˌmaɪz, -ɪz, -ɪŋ, -d

dynamism
BR ˈdaɪnəmɪzm
AM ˈdaɪnəˌmɪz(ə)m

dynamist
BR ˈdaɪnəmɪst, -s
AM ˈdaɪnəməst, -s

dynamite
BR ˈdaɪnəmʌɪt
AM ˈdaɪnəˌmaɪt

dynamiter
BR ˈdaɪnəmʌɪtə(r), -z
AM ˈdaɪnəˌmaɪdər, -z

dynamization
BR ˌdaɪnəmʌɪˈzeɪʃn
AM daɪnəˌmaɪˈzeɪʃ(ə)n, daɪˌnæməˈzeɪʃ(ə)n

dynamize
BR ˈdaɪnəmʌɪz, -ɪz, -ɪŋ, -d
AM ˈdaɪnəˌmaɪz, -ɪz, -ɪŋ, -d

dynamo
BR ˈdaɪnəməʊ, -z
AM ˈdaɪnəˌmoʊ, -z

dynamometer
BR ˌdaɪnəˈmɒmɪtə(r), -z
AM ˌdaɪnəˈmɑmədər, -z

dynast
BR ˈdɪnast, ˈdaɪnast, -s
AM ˈdaɪnəst, ˈdaɪˌnæst, -s

dynastic
BR dɪˈnastɪk, daɪˈnastɪk
AM dəˈnæstɪk, daɪˈnæstɪk

dynastically
BR dɪˈnastɪkli, daɪˈnastɪkli
AM dəˈnæstək(ə)li, daɪˈnæstək(ə)li

dynasty
BR ˈdɪnəst|i, -ɪz
AM ˈdaɪnəsti, -z

dynatron
BR ˈdaɪnətrɒn, -z
AM ˈdaɪnəˌtrɑn, -z

dyne
BR daɪn, -z
AM daɪn, -z

Dynefor
BR dɪˈnɛvə(r), ˈdɪnɪvə(r)
AM ˈdɪnɪvər

Dysart
BR ˈdaɪsət, ˈdaɪsɑːt, ˈdaɪzɑːt
AM ˈdaɪˌsɑrt

dyscalculia
BR ˌdɪskalˈkjuːlɪə(r)
AM ˌdɪskælˈkjuliə

dyscrasia
BR dɪsˈkreɪzɪə(r)
AM dɪsˈkreɪziə

dyscrasic
BR dɪsˈkreɪzɪk
AM dɪsˈkreɪzɪk

dysenteric
BR ˌdɪs(ə)nˈtɛrɪk
AM ˌdɪsnˈtɛrɪk

dysentery
BR ˈdɪs(ə)nt(ə)ri
AM ˈdɪsnˌtɛri

dysfunction
BR (ˌ)dɪsˈfʌŋ(k)ʃn
AM dɪsˈfəŋkʃ(ə)n

dysfunctional
BR (ˌ)dɪsˈfʌŋ(k)ʃn̩l
AM dɪsˈfəŋkʃən(ə)l, dɪsˈfəŋkʃn(ə)l

dysgenic
BR dɪsˈdʒɛnɪk
AM dɪsˈdʒɛnɪk

dysgraphia
BR dɪsˈgrafɪə(r)
AM dɪsˈgræfiə

dysgraphic
BR dɪsˈgrafɪk
AM dɪsˈgræfɪk

dyslalia
BR dɪsˈleɪlɪə(r)
AM dɪsˈleɪliə, dɪsˈleɪljə

dyslectic
BR dɪsˈlɛktɪk, -s
AM dəsˈlɛktɪk, -s

dyslexia
BR dɪsˈlɛksɪə(r)
AM dəsˈlɛksiə

dyslexic
BR dɪsˈlɛksɪk, -s
AM dəsˈlɛksɪk, -s

dyslogistic
BR ˌdɪsləˈdʒɪstɪk
AM ˌdɪsləˈdʒɪstɪk

dyslogistically
BR ˌdɪsləˈdʒɪstɪkli
AM ˌdɪsləˈdʒɪstək(ə)li

dysmenorrhoea
BR ˌdɪsmɛnəˈrɪə(r)
AM ˌdɪsˌmɛnəˈriə

Dyson
BR ˈdaɪsn
AM ˈdaɪs(ə)n

dyspepsia
BR dɪsˈpɛpsɪə(r)
AM dɪsˈpɛpʃə, dɪsˈpɛpsiə

dyspeptic
BR dɪsˈpɛptɪk, -s
AM dɪsˈpɛptɪk, -s

dysphagia
BR dɪsˈfeɪdʒ(ɪ)ə(r)
AM dɪsˈfeɪdʒ(i)ə

dysphasia
BR dɪsˈfeɪzɪə(r), dɪsˈfeɪʒə(r)
AM dɪsˈfeɪziə, dɪsˈfeɪʒ(i)ə

dysphasic
BR dɪsˈfeɪzɪk
AM dɪsˈfeɪzɪk

dysphemism
BR ˈdɪsfɪmɪzm, -z
AM dɪsˈfɛmɪz(ə)m, -z

dysphoria
BR dɪsˈfɔːrɪə(r)
AM dɪsˈfɔriə

dysphoric
BR dɪsˈfɒrɪk
AM dɪsˈfɔrɪk

dysplasia
BR dɪsˈpleɪzɪə(r), dɪsˈpleɪʒə(r)
AM dɪsˈpleɪziə, dɪsˈpleɪʒ(i)ə

dysplastic
BR dɪsˈplastɪk
AM dɪsˈplæstɪk

dyspnea
BR dɪspˈniːə(r)
AM ˈdɪs(p)niə

dyspneic
BR dɪspˈniːɪk
AM dɪs(p)ˈniɪk

dyspnoea
BR dɪspˈniːə(r)
AM ˈdɪs(p)niə

dyspnoeic
BR dɪspˈniːɪk
AM dɪs(p)ˈniːɪk

dyspraxia
BR dɪsˈpræksɪə(r)
AM dɪsˈpræksɪə

dysprosium
BR dɪsˈprəʊzɪəm
AM dəˈsproʊzɪəm

dysthymia
BR dɪsˈθʌɪmɪə(r)
AM dɪsˈθaɪmɪə

dystocia
BR dɪsˈtəʊʃ(ɪ)ə(r)
AM dəˈstoʊʃ(i)ə

dystopia
BR dɪsˈtəʊpɪə(r), -z
AM dəˈstoʊpɪə, -z

dystopian
BR dɪsˈtəʊpɪən, -z
AM dəˈstoʊpɪən, -z

dystrophic
BR dɪsˈtrɒfɪk,
dɪsˈtrəʊfɪk
AM dɪsˈtrɑfɪk

dystrophy
BR ˈdɪstrəfi
AM ˈdɪstrəfi

dysuria
BR dɪsˈjʊərɪə(r),
ˌdɪsjʉˈriːə(r)
AM dəˈʃʊriə

Dzerzhinsky
BR dʒɜːˈʒɪnski
AM dʒərˈʒɪnski

dzho
BR ʒəʊ, zəʊ, -z
AM dʒoʊ, -z

dziggetai
BR ˈ(d)zɪgətʌɪ,
ˈdʒɪgətʌɪ, -z
AM ˈ(d)zɪgəˌtaɪ, -z

dzo
BR ʒəʊ, zəʊ, -z
AM (d)zoʊ, -z

Dzongkha
BR ˈzɒŋkə(r)
AM ˈzɑŋkə,
ˈzɔŋkə

E

e
BR iː, -z
AM i, -z

ea. *each*
BR iːtʃ
AM itʃ

each
BR iːtʃ
AM itʃ

Eadie
BR ˈiːdi
AM ˈidi

eager
BR ˈiːgə(r)
AM ˈigər

eagerly
BR ˈiːgəli
AM ˈigərli

eagerness
BR ˈiːgənəs
AM ˈigərnəs

eagle
BR ˈiːgl, -z
AM ˈig(ə)l, -z

eaglet
BR ˈiːglɪt, -s
AM ˈiglɪt, -s

eagre
BR ˈiːgə(r), -z
AM ˈigər, -z

Eakins
BR ˈeɪkɪnz
AM ˈeɪkɪnz

Ealing
BR ˈiːlɪŋ
AM ˈilɪŋ

Eames
BR iːmz
AM imz

Eamon
BR ˈeɪm(ə)n
AM ˈeɪm(ə)n

ear
BR ɪə(r), -z, -d
AM ɪ(ə)r, -z, -d

earache
BR ˈɪəreɪk, -s
AM ˈɪrˌeɪk, -s

earbash
BR ˈɪəbaʃ, -ɪz, -ɪŋ, -t
AM ˈɪrˌbæʃ, -əz, -ɪŋ, -t

earbasher
BR ˈɪəˌbaʃə(r), -z
AM ˈɪrˌbæʃər, -z

Eardley
BR ˈɜːdli
AM ˈɜrdli

eardrop
BR ˈɪədrɒp, -s
AM ˈɪrˌdrɑp, -s

eardrum
BR ˈɪədrʌm, -z
AM ˈɪrˌdrəm, -z

eared
BR ɪəd
AM ɪ(ə)rd

earflap
BR ˈɪəflap, -s
AM ˈɪrˌflæp, -s

earful
BR ˈɪəfʊl, -z
AM ˈɪrf(ə)l, ˈɪrˌfʊl, -z

Earhart
BR ˈɛːhɑːt
AM ˈɛrˌ(h)ɑrt

earhole
BR ˈɪəhəʊl, -z
AM ˈɪrˌ(h)oʊl, -z

earing
BR ˈɪərɪŋ, -z
AM ˈɪrɪŋ, -z

earl
BR ɜːl, -z
AM ˈɜr(ə)l, -z

earldom
BR ˈɜːldəm, -z
AM ˈɜrld(ə)m, -z

Earle
BR ɜːl
AM ɜrl

earless
BR ˈɪələs
AM ˈɪrləs

Earley
BR ˈɜːli
AM ˈɜrli

earliness
BR ˈɜːlɪnɪs
AM ˈɜrlɪnɪs

earlobe
BR ˈɪələʊb, -z
AM ˈɪrˌloʊb, -z

early
BR ˈɜːl|i, -ɪə(r), -ɪɪst
AM ˈɜrli, -ər, -ɪst

earmark
BR ˈɪəmɑːk, -s, -ɪŋ, -t
AM ˈɪrˌmɑrk, -s,
-ɪŋ, -t

earmuff
BR ˈɪəmʌf, -s
AM ˈɪrˌməf, -s

earn
BR ɜːn, -z, -ɪŋ, -d\-t
AM ɜrn, -z, -ɪŋ, -d\-t

earner
BR ˈɜːnə(r), -z
AM ˈɜrnər, -z

earnest
BR ˈɜːnɪst
AM ˈɜrnəst

earnestly
BR ˈɜːnɪstli
AM ˈɜrnəs(t)li

earnestness
BR ˈɜːnɪs(t)nəs
AM ˈɜrnəs(t)nəs

earnings
BR ˈɜːnɪŋz
AM ˈɜrnɪŋz

Earnshaw
BR ˈɜːnʃɔː(r)
AM ˈɜrnˌʃɔ

EAROM
BR ˈiːrɒm
AM ˈiˌrɑm

Earp
BR ɜːp
AM ɜrp

earphone
BR ˈɪəfəʊn, -z
AM ˈɪrˌfoʊn, -z

earpiece
BR ˈɪəpiːs, -ɪz
AM ˈɪrˌpis, -ɪz

earplug
BR ˈɪəplʌg, -z
AM ˈɪrˌpləg, -z

ear-popping
BR ˈɪəˌpɒpɪŋ
AM ˈɪ(ə)rˌpɑpɪŋ

earring
BR ˈɪərɪŋ, -z
AM ˈɪr(r)ɪŋ, -z

earshot
BR ˈɪəʃɒt
AM ˈɪrˌʃɑt

earth
BR ɜːθ, -s, -ɪŋ, -t
AM ɝθ, -s, -ɪŋ, -t

Eartha
BR ˈɜːθə(r)
AM ˈɝθə

earthbound
BR ˈɜːθbaʊnd
AM ˈɝθˌbaʊnd

earthen
BR ˈɜːθn, ˈɜːðn
AM ˈɝθ(ə)n

earthenware
BR ˈɜːθnwɛː(r), ˈɜːðnwɛː(r)
AM ˈɝθənˌwɛ(ə)r

earthily
BR ˈɜːθɪli
AM ˈɝθəli

earthiness
BR ˈɜːθɪnɪs
AM ˈɝθɪnɪs

earthliness
BR ˈɜːθlɪnɪs
AM ˈɝθlinɪs

earthling
BR ˈɜːθlɪŋ, -z
AM ˈɝθlɪŋ, -z

earthly
BR ˈɜːθl|i, -ɪə(r), -ɪst
AM ˈɝθli, -ər, -ɪst

earthman
BR ˈɜːθman
AM ˈɝθˌmæn

earthmen
BR ˈɜːθmɛn
AM ˈɝθˌmɛn

earthnut
BR ˈɜːθnʌt, -s
AM ˈɝθˌnət, -s

earthquake
BR ˈɜːθkweɪk, -s
AM ˈɝθˌkweɪk, -s

earthrise
BR ˈɜːθrʌɪz, -ɪz
AM ˈɝθˌraɪz, -ɪz

earthshaking
BR ˈɜːθˌʃeɪkɪŋ
AM ˈɝθˌʃeɪkɪŋ

earthshattering
BR ˈɜːθˌʃat(ə)rɪŋ
AM ˈɝθˌʃædərɪŋ

earthshatteringly
BR ˈɜːθˌʃat(ə)rɪŋli
AM ˈɝθˌʃædərɪŋli

earthshine
BR ˈɜːθʃʌɪn
AM ˈɝθˌʃaɪn

earthstar
BR ˈɜːθstɑː(r), -z
AM ˈɝθˌstɑr, -z

earthward
BR ˈɜːθwəd, -z
AM ˈɝθwərd, -z

earthwork
BR ˈɜːθwɜːk, -s
AM ˈɝθˌwɝk, -s

earthworm
BR ˈɜːθwɜːm, -z
AM ˈɝθˌwɝm, -z

earthy
BR ˈɜːθ|i, -ɪə(r), -ɪst
AM ˈɝθi, -ər, -ɪst

earwax
BR ˈɪəwaks
AM ˈɪrˌwæks

earwig
BR ˈɪəwɪg, -z
AM ˈɪrˌwɪg, -z

earworm
BR ˈɪəwəːm, -z
AM ˈɪ(ə)rˌwɝm, -z

ease
BR iːz, -ɪz, -ɪŋ, -d
AM iz, -ɪz, -ɪŋ, -d

easeful
BR ˈiːzfʊl
AM ˈizf(ə)l

easefully
BR ˈiːzfʊli, ˈiːzfli
AM ˈizfəli

easefulness
BR ˈiːzf(ʊ)lnəs
AM ˈizfəlnəs

easel
BR ˈiːzl, -z
AM ˈiz(ə)l, -z

easement
BR ˈiːzm(ə)nt, -s
AM ˈizm(ə)nt, -s

easer
BR ˈiːzə(r), -z
AM ˈizər, -z

easily
BR ˈiːzɪli
AM ˈiz(ə)li

easiness
BR ˈiːzɪnɪs
AM ˈizinɪs

Easington
BR ˈiːzɪŋt(ə)n
AM ˈizɪŋt(ə)n

east
BR iːst, -s
AM ist, -s

eastabout
BR ˈiːstəbaʊt
AM ˈistəˌbaʊt

eastbound
BR ˈiːs(t)baʊnd
AM ˈis(t)ˌbaʊnd

Eastbourne
BR ˈiːs(t)bɔːn
AM ˈis(t)ˌbɔ(ə)rn

Eastcheap
BR ˈiːs(t)tʃiːp
AM ˈis(t)ˌtʃip

Easter
BR ˈiːstə(r), -z
AM ˈistər, -z

easterly
BR ˈiːstəl|i, -ɪz
AM ˈistərli, -z

eastern
BR ˈiːst(ə)n
AM ˈistərn

easterner
BR ˈiːstnə(r), -z
AM ˈistərnər, -z

easternmost
BR ˈiːstnməʊst
AM ˈistərnˌmoʊst

Eastertide
BR ˈiːstətʌɪd
AM ˈistərˌtaɪd

easting
BR ˈiːstɪŋ, -z
AM ˈistɪŋ, -z

Eastleigh
BR ˈiːs(t)ˈliː, ˈiːs(t)liː
AM ˈis(t)li

Eastman
BR ˈiːs(t)mən
AM ˈis(t)m(ə)n

Easton
BR ˈiːst(ə)n
AM ˈist(ə)n

eastward
BR ˈiːstwəd, -z
AM ˈis(t)wərd, -z

eastwardly
BR ˈiːstwədli
AM ˈis(t)wərdli

East-West
BR ˌiːs(t)ˈwɛst
AM ˌis(t)ˈwɛst

Eastwood
BR ˈiːstwʊd
AM ˈis(t)ˌwʊd

easy
BR ˈiːz|i, -ɪə(r), -ɪst
AM ˈizi, -ər, -ɪst

easygoing
BR ˌiːzɪˈgəʊɪŋ
AM ˌiziˈgoʊɪŋ

easy-peasy
BR ˌiːzɪˈpiːzi
AM ˈiziˈpizi

eat
BR iːt, -s, -ɪŋ
AM i|t, -ts, -dɪŋ

eatable
BR ˈiːtəbl, -z
AM ˈidəb(ə)l, -z

eater
BR ˈiːtə(r), -z
AM ˈidər, -z

eatery
BR ˈiːt(ə)r|i, -ɪz
AM ˈidəri, -z

Eaton
BR ˈiːtn
AM ˈitn

eats
BR iːts
AM its

eau de Cologne
BR ˌəʊ də kəˈləʊn
AM ˌoʊ də kəˈloʊn

eau-de-Nil
BR ˌəʊdə'niːl
AM ˌoʊdə'nil
eau de toilette
BR ˌəʊ də twɑː'let
AM ˌoʊ də twɑ'let
eau-de-vie
BR ˌəʊdə'viː
AM ˌoʊdə'vi
eaves
BR iːvz
AM ivz
eavesdrop
BR 'iːvzdrɒp, -s,
-ɪŋ, -t
AM 'ivz.drɑp, -s,
-ɪŋ, -t
eavesdropper
BR 'iːvzdrɒpə(r), -z
AM 'ivz.drɑpər, -z
eavestrough
BR 'iːvztrɒf, -s
AM 'ivz.trɑf,
'ivz.trɔf, -s
ebb
BR eb, -z, -ɪŋ, -d
AM eb, -z, -ɪŋ, -d
ebb-tide
BR ˌeb'taɪd, 'ebtaɪd, -z
AM 'eb.taɪd, -z
Ebbw Vale
BR ˌebʊ 'veɪl
AM ˌebu 'veɪl
Ebenezer
BR ˌebɪ'niːzə(r)
AM ˌebə'nizər
Ebla
BR 'eblə(r)
AM 'iblə, 'eblə
Ebola
BR ɪ'bəʊlə(r)
AM ə'boʊlə, i'boʊlə
ebon
BR 'eb(ə)n
AM 'eb(ə)n
Ebonics
BR e'bɒnɪks
AM i'bɑnɪks
ebonise
BR 'ebənaɪz, -ɪz, -ɪŋ, -d
AM 'ebə.naɪz, -ɪz,
-ɪŋ, -d

ebonite
BR 'ebənʌɪt
AM 'ebə.naɪt
ebonize
BR 'ebənʌɪz, -ɪz, -ɪŋ, -d
AM 'ebə.naɪz, -ɪz,
-ɪŋ, -d
ebony
BR 'ebn̩i
AM 'ebəni
Ebor
BR 'iːbɔː(r)
AM 'ibɔ(ə)r
Eboricum
BR ɪ'bɒrəkəm
AM ɪ'bɔrək(ə)m
Ebro
BR 'iːbrəʊ, 'ebrəʊ
AM 'i.broʊ
ebullience
BR ɪ'bʌliəns, ɪ'bʊliəns
AM i'bʊlj(ə)ns,
ə'bəlj(ə)ns,
i'bəlj(ə)ns,
ə'bʊlj(ə)ns
ebulliency
BR ɪ'bʌliənsi,
ɪ'bʊliənsi
AM i'bʊljənsi,
ə'bəljənsi,
i'bəljənsi, ə'bʊljənsi
ebullient
BR ɪ'bʌliənt, ɪ'bʊliənt
AM i'bʊlj(ə)nt,
ə'bəlj(ə)nt,
i'bəlj(ə)nt, ə'bʊliənt
ebulliently
BR ɪ'bʌliəntli,
ɪ'bʊliəntli
AM i'bʊljən(t)li,
ə'bəljən(t)li,
i'bəljən(t)li,
ə'bʊliən(t)li
ebullition
BR ˌebə'lɪʃn, -z
AM ˌebə'lɪʃ(ə)n, -z
Ebury
BR 'iːb(ə)ri
AM 'ibəri
ecad
BR 'iːkad, -z
AM 'eˌkæd, 'iˌkæd, -z

écarté
BR eɪ'kɑːteɪ
AM ˌeɪkɑr'teɪ
FR ekaʀte
Ecce Homo
BR ˌekɪ 'həʊməʊ,
ˌetʃeɪ +, ˌeksɪ +,
+ 'hɒməʊ
AM ˌetʃə 'hoʊˌmoʊ,
ˌetʃeɪ 'hoʊˌmoʊ
eccentric
BR ɪk'sentrɪk,
ek'sentrɪk
AM ɪk'sentrɪk
eccentrically
BR ɪk'sentrɪkli,
ek'sentrɪkli
AM ɪk'sentrək(ə)li
eccentricity
BR ˌeksen'trɪsɪt|i,
ˌeks(ə)n'trɪsɪt|i, -ɪz
AM ˌekˌsen'trɪsɪdi, -z
Eccles
BR 'eklz
AM 'ekəlz
ecclesia
BR ɪ'kliːzɪə(r)
AM ə'kliʒiə, ə'kliziə
ecclesial
BR ɪ'kliːzɪəl
AM ə'kliziəl
Ecclesiastes
BR ɪˌkliːzɪ'astiːz
AM əˌklizi'æstiz
ecclesiastic
BR ɪˌkliːzɪ'astɪk, -s
AM əˌklizi'æstɪk, -s
ecclesiastical
BR ɪˌkliːzɪ'astɪkl
AM əˌklizi'æstək(ə)l
ecclesiastically
BR ɪˌkliːzɪ'astɪkli
AM əˌklizi'æstək(ə)li
ecclesiasticism
BR ɪˌkliːzɪ'astɪsɪzm
AM əˌklizi'æstəˌsɪz(ə)m
Ecclesiasticus
BR ɪˌkliːzɪ'astɪkəs
AM əˌklizi'æstəkəs
ecclesiological
BR ɪˌkliːzɪə'lɒdʒɪkl
AM əˌkliziə'lɑdʒək(ə)l

ecclesiologist
BR ɪˌkliːzɪ'ɒlədʒɪst, -s
AM əˌklizi'ɑlədʒəst,
-s
ecclesiology
BR ɪˌkliːzɪ'ɒlədʒi
AM əˌklizi'ɑlədʒi
Ecclestone
BR 'eklst(ə)n
AM 'eklst(ə)n
eccrine
BR 'ekrʌɪn, 'ekrɪn
AM 'eˌkraɪn,
'eˌkrin, 'ekr(ə)n
ecdysiast
BR ek'dɪziast, -s
AM ek'diziəst, -s
ecdysis
BR 'ekdɪsɪs
AM 'ekdəsəs
echelon
BR 'eʃəlɒn, -z,
-ɪŋ, -d
AM 'e(t)ʃəˌlɑn, -z,
-ɪŋ, -d
echeveria
BR ˌetʃɪ'vɪərɪə(r), -z
AM ˌetʃəvə'raɪə,
ˌetʃəvə'riə, -z
echidna
BR ɪ'kɪdnə(r), -z
AM ə'kɪdnə, -z
echinacea
BR ˌekɪ'neɪʃə(r),
ˌekɪ'neɪsɪə(r), -z
AM ˌekə'neɪʃ(i)ə, -z
echinite
BR 'ekənʌɪt,
ɪ'kʌɪnʌɪt, -s
AM i'kaɪˌnaɪt,
'ekəˌnaɪt, -s
echinoderm
BR ɪ'kʌɪnə(ʊ)dəːm,
ɪ'kɪnə(ʊ)dəːm, -z
AM ə'kɪnəˌdərm,
ə'kaɪnəˌdərm, -z
echinoid
BR ɪ'kʌɪnɔɪd,
'ekɪnɔɪd,
'ekn̩ɔɪd, -z
AM i'kaɪˌnɔɪd,
'ekəˌnɔɪd, -z

echinus
BR ɪˈkʌɪnəs, ˈɛkɨnəs, ˈɛknəs, -ɪz
AM iˈkaɪnəs, -əz

echo
BR ˈɛkəʊ, -z, -ɪŋ, -d
AM ˈɛkoʊ, -z, -ɪŋ, -d

echocardiogram
BR ˌɛkəʊˈkɑːdɪəgram, -z
AM ˌɛkoʊˈkɑrdiəˌgræm, -z

echocardiograph
BR ˌɛkəʊˈkɑːdɪəgrɑːf, -s
AM ˌɛkoʊˈkɑrdiəˌgræf, -s

echocardiographer
BR ˌɛkəʊkɑːdɪˈɒgrəfə(r), -z
AM ˌɛkoʊˈkɑrdiəˌgræfər, ˌɛkoʊˌkɑrdiˈɑgrəfər, -z

echocardiography
BR ˌɛkəʊkɑːdɪˈɒgrəf|i, -ɪz
AM ˌɛkoʊˌkɑrdiˈɑgrəfi, -z

echoencephalogram
BR ˌɛkəʊɛnˈsɛfləgram, ˌɛkəʊɛnˈsɛfləgram, ˌɛkəʊɛnˈkɛfləgram, ˌɛkəʊɛnˈkɛfləgram, -z
AM ˌɛkoʊˌɛnˈsɛfələˌgræm, -z

echoencephalography
BR ˌɛkəʊɛnˌsɛfəˈlɒgrafi, ˌɛkəʊɛnˌsɛfl̩ˈɒgrəfi, ˌɛkəʊɛnˌkɛfəˈlɒgrəfi, ˌɛkəʊɛnˌkɛfl̩ˈɒgrəfi
AM ˌɛkoʊˌɛnˌsɛfəˈlɑgrəfi

echoer
BR ˈɛkəʊə(r), -z
AM ˈɛkoʊər, -z

echoey
BR ˈɛkəʊi
AM ˈɛkoʊi

echogram
BR ˈɛkəʊgram, -z
AM ˈɛkoʊˌgræm, -z

echograph
BR ˈɛkəʊgrɑːf, -s
AM ˈɛkoʊˌgræf, -s

echoic
BR ɛˈkəʊɪk, ɪˈkəʊɪk
AM ɛˈkoʊɪk, əˈkoʊɪk

echoically
BR ɛˈkəʊɪkli, ɪˈkəʊɪkli
AM ɛˈkoʊək(ə)li, əˈkoʊək(ə)li

echoism
BR ˈɛkəʊɪzm
AM ˈɛkoʊˌɪz(ə)m

echolalia
BR ˌɛkə(ʊ)ˈleɪlɪə(r)
AM ˌɛkoʊˈleɪliə, ˌɛkoʊˈleɪljə

echoless
BR ˈɛkəʊləs
AM ˈɛkoʊləs

echolocate
BR ˈɛkəʊlə(ʊ)ˌkeɪt, -s, -ɪŋ, -ɪd
AM ˌɛkoʊˈloʊˌkeɪ|t, -ts, -dɪŋ, -dɨd

echolocation
BR ˌɛkəʊlə(ʊ)ˈkeɪʃn, ˈɛkəʊlə(ʊ)ˌkeɪʃn
AM ˌɛkoʊˌloʊˈkeɪʃ(ə)n

echovirus
BR ˈɛkəʊˌvʌɪrəs
AM ˈɛkoʊˌvaɪrəs

echt
BR ɛxt, ɛkt
AM ɛkt

e-cigarette
BR ˈiːˌsɪgərɛt, ˌiːsɪgəˈrɛt, -s
AM ˈiːˌsɪgəˌrɛt, ˈiˌsɪgəˈrɛt, -s

Eckersley
BR ˈɛkəzli
AM ˈɛkərzli

Eckert
BR ˈɛkəːt
AM ˈɛkərt

Eckhart
BR ˈɛkhɑːt
AM ˈɛkərt

éclair
BR ɪˈklɛː(r), eɪˈklɛː(r), -z
AM ɪˈklɛ(ə)r, eɪˈklɛ(ə)r, -z

éclaircissement
BR eɪˈklɛːsiːsmɒ̃
AM eɪˌklɛrsisˈmɑnt
FR eklɛʀsismɑ̃

eclampsia
BR ɪˈklam(p)sɪə(r)
AM ɪˈklæm(p)siə

eclamptic
BR ɪˈklam(p)tɪk
AM ɪˈklæm(p)tɪk

éclat
BR eɪˈklɑː(r), ɛˈklɑː(r), ˈeɪklɑː(r), ˈɛklɑː(r)
AM eɪˈklɑ

eclectic
BR ɪˈklɛktɪk
AM iˈklɛktɪk

eclectically
BR ɪˈklɛktɪkli
AM iˈklɛktək(ə)li

eclecticism
BR ɪˈklɛktɪsɪzm
AM iˈklɛktəˌsɪz(ə)m

eclipse
BR ɪˈklɪps, -ɪz, -ɪŋ, -t
AM ɪˈklɪps, -ɪz, -ɪŋ, -t

eclipser
BR ɪˈklɪpsə(r), -z
AM ɪˈklɪpsər, -z

ecliptic
BR ɪˈklɪptɪk, -s
AM ɪˈklɪptɪk, -s

ecliptically
BR ɪˈklɪptɪkli
AM ɪˈklɪptək(ə)li

eclogue
BR ˈɛklɒg, -z
AM ˈɛˌklɑg, ˈɛˌklɔg, -z

eclosion
BR ɪˈkləʊʒn
AM iˈkloʊʒ(ə)n

Eco
BR ˈɛkəʊ
AM ˈɛkoʊ

eco
BR ˈiːkəʊ, ˈɛkəʊ
AM ˈikoʊ

ecoclimate
BR ˈiːkəʊˌklʌɪmɪt, ˈɛkəʊˌklʌɪmɪt, -s
AM ˈikoʊˌklaɪmət, ˈɛkoʊˌklaɪmət, -s

eco-friendly
BR ˌiːkəʊˈfrɛn(d)li, ˌɛkəʊˈfrɛn(d)li
AM ˌikoʊˌfrɛndli, ˌɛkoʊˌfrɛndli

eco-label
BR ˈiːkəʊˌleɪbl, ˈɛkəʊˌleɪbl, -z
AM ˈikoʊˌleɪb(ə)l, ˈɛkoʊˌleɪb(ə)l, -z

eco-labelling
BR ˈiːkəʊˌleɪblɪŋ, ˈiːkəʊˌleɪblɪŋ, ˈɛkəʊˌleɪblɪŋ, ˈɛkəʊˌleɪblɪŋ
AM ˈikoʊˌleɪb(ə)lɪŋ, ˈɛkoʊˌleɪb(ə)lɪŋ

E. coli
BR ˌiːˈkəʊlʌɪ
AM ˌiˈkoʊlaɪ

ecological
BR ˌiːkəˈlɒdʒɪkl, ˌɛkəˈlɒdʒɪkl
AM ˌikəˈlɑdʒək(ə)l, ˌɛkəˈlɑdʒək(ə)l

ecologically
BR ˌiːkəˈlɒdʒɪkli, ˌɛkəˈlɒdʒɪkli
AM ˌikəˈlɑdʒək(ə)li, ˌɛkəˈlɑdʒək(ə)li

ecologist
BR ɪˈkɒlədʒɪst, -s
AM iˈkɑlədʒəst, -s

ecology
BR ɪˈkɒlədʒi
AM iˈkɑlədʒi

econometric
BR ɪˌkɒnəˈmɛtrɪk, -s
AM iˌkɑnəˈmɛtrɪk, -s

econometrical
BR ɪˌkɒnəˈmɛtrɪkl
AM iˌkɑnəˈmɛtrək(ə)l

econometrically
BR ɪˌkɒnəˈmɛtrɪkli
AM iˌkɑnəˈmɛtrək(ə)li

econometrician
BR ɪˌkɒnəməˈtrɪʃn, -z
AM əˌkɑnəməˈtrɪʃ(ə)n, -z

econometrist
BR ɪˌkɒnəˈmɛtrɪst, -s
AM iˌkɑnəˈmɛtrəst, -s

economic
BR ˌiːkəˈnɒmɪk, ˌɛkəˈnɒmɪk, -s
AM ˌikəˈnɑmɪk, ˌɛkəˈnɑmɪk, -s

economical
BR ˌiːkəˈnɒmɪkl, ˌɛkəˈnɒmɪkl
AM ˌikəˈnɑmək(ə)l, ˌɛkəˈnɑmək(ə)l

economically
BR ˌiːkəˈnɒmɪkli, ˌɛkəˈnɒmɪkli
AM ˌikəˈnɑmək(ə)li, ˌɛkəˈnɑmək(ə)li

economisation
BR ɪˌkɒnəmʌɪˈzeɪʃn
AM iˌkɑnəˌmaɪ-ˈzeɪʃ(ə)n, iˌkænəməˈzeɪʃ(ə)n, ˌɛkəˌnæməˈzeɪʃ(ə)n, ˌikəˌnæməˈzeɪʃ(ə)n

economise
BR ɪˈkɒnəmʌɪz, -ɪz, -ɪŋ, -d
AM iˈkɑnəˌmaɪz, -ɪz, -ɪŋ, -d

economiser
BR ɪˈkɒnəmʌɪzə(r), -z
AM iˈkɑnəˌmaɪzər, -z

economist
BR ɪˈkɒnəmɪst, -s
AM iˈkɑnəməst, -s

economization
BR ɪˌkɒnəmʌɪˈzeɪʃn
AM iˌkɑnəˌmaɪ-ˈzeɪʃ(ə)n, iˌkænəməˈzeɪʃ(ə)n, ˌɛkəˌnæməˈzeɪʃ(ə)n, ˌikəˌnæməˈzeɪʃ(ə)n

economize
BR ɪˈkɒnəmʌɪz, -ɪz, -ɪŋ, -d
AM iˈkɑnəˌmaɪz, -ɪz, -ɪŋ, -d

economizer
BR ɪˈkɒnəmʌɪzə(r), -z
AM iˈkɑnəˌmaɪzər, -z

economy
BR ɪˈkɒnəmi, -ɪz
AM iˈkɑnəmi, -z

ecopolitics
BR ˈiːkəʊˌpɒlɪtɪks, ˈɛkəʊˌpɒlɪtɪks
AM ˈɛkoʊˌpɑlətɪks, ˈikoʊˌpɑlətɪks

écorché
BR ˌeɪkɔːˈʃeɪ
AM ˌeɪkɔrˈʃeɪ
FR ekɔʁʃe

ecosphere
BR ˈiːkəʊsfɪə(r), ˈɛkəʊsfɪə(r)
AM ˈɛkoʊˌsfɪ(ə)r, ˈikoʊˌsfɪ(ə)r

écossaise
BR ˌeɪkɒˈseɪz, ˌɛkɒˈseɪz
AM eɪˌkoʊˈseɪz
FR ekɔsɛz

écossaises
BR ˌeɪkɒˈseɪz, ˌɛkɒˈseɪz, ˌeɪkɒˈseɪzɪz, ˌɛkɒˈseɪzɪz
AM eɪˌkoʊˈseɪz(ɪz)
FR ekɔsɛz

ecosystem
BR ˈiːkəʊˌsɪstɪm, ˈɛkəʊˌsɪstɪm, -z
AM ˈɛkoʊˌsɪst(ə)m, ˈikoʊˌsɪst(ə)m, -z

ecotechnology
BR ˌiːkəʊtɛkˈnɒlədʒi, ˌɛkəʊtɛkˈnɒlədʒi
AM ˌikoʊtɛkˈnɑlədʒi

eco-terrorism
BR ˈiːkəʊˌtɛrərɪzm, ˈɛkəʊˌtɛrərɪzm
AM ˈikoʊˌtɛrəˌrɪz(ə)m, ˈɛkoʊˌtɛrəˌrɪz(ə)m

eco-terrorist
BR ˈiːkəʊˌtɛrərɪst, ˈɛkəʊˌtɛrərɪst, -s
AM ˈikoʊˌtɛrərəst, ˈɛkoʊˌtɛrərəst, -s

ecozone
BR ˈiːkəʊzəʊn, ˈɛkəʊzəʊn, -z
AM ˈikoʊˌzoʊn, -z

écru
BR ˈeɪkruː, ɛˈkruː
AM ˈeɪkru, ˈɛkru
FR ekʁy

ecstasise
BR ˈɛkstəsʌɪz, -ɪz, -ɪŋ, -d
AM ˈɛkstəˌsaɪz, -ɪz, -ɪŋ, -d

ecstasize
BR ˈɛkstəsʌɪz, -ɪz, -ɪŋ, -d
AM ˈɛkstəˌsaɪz, -ɪz, -ɪŋ, -d

ecstasy
BR ˈɛkstəs|i, -ɪz
AM ˈɛkstəsi, -z

ecstatic
BR ɪkˈstatɪk, ɛkˈstatɪk
AM ɛkˈstædɪk

ecstatically
BR ɪkˈstatɪkli, ɛkˈstatɪkli
AM ɛkˈstædək(ə)li

ectoblast
BR ˈɛktə(ʊ)blɑːst, -s
AM ˈɛktəˌblæst, -s

ectoblastic
BR ˌɛktə(ʊ)ˈblɑstɪk
AM ˌɛktəˈblæstɪk

ectoderm
BR ˈɛktə(ʊ)dəːm, -z
AM ˈɛktəˌdərm, -z

ectodermal
BR ˌɛktə(ʊ)ˈdəːml
AM ˌɛktəˈdərm(ə)l

ectogenesis
BR ˌɛktə(ʊ)ˈdʒɛnɪsɪs, -s
AM ˌɛktəˈdʒɛnəsəs, -s

ectogenetic
BR ˌɛktə(ʊ)dʒɪˈnɛtɪk
AM ˌɛktədʒəˈnɛdɪk

ectogenetically
BR ˌɛktə(ʊ)dʒɪˈnɛtɪkli
AM ˌɛktədʒəˈnɛdək(ə)li

ectogenic
BR ˌɛktə(ʊ)ˈdʒɛnɪk, -s
AM ˌɛktəˈdʒɛnɪk, -s

ectogenically
BR ˌɛktə(ʊ)ˈdʒɛnɪkli
AM ˌɛktəˈdʒɛnək(ə)li

ectogenous
BR ɛkˈtɒdʒɪnəs
AM ɛkˈtɑdʒənəs

ectomorph
BR ˈɛktə(ʊ)mɔːf, -s
AM ˈɛktəˌmɔ(ə)rf, -s

ectomorphic
BR ˌɛktə(ʊ)ˈmɔːfɪk
AM ˌɛktəˈmɔrfɪk

ectomorphy
BR ˈɛktə(ʊ)mɔːfi
AM ˈɛktəˌmɔrfi

ectoparasite
BR ˈɛktə(ʊ)ˌparəsʌɪt, -s
AM ˌɛktəˈpɛrəˌsaɪt, -s

ectopic
BR ɛkˈtɒpɪk
AM ɛkˈtɑpɪk

ectoplasm
BR ˈɛktə(ʊ)plazm
AM ˈɛktəˌplæz(ə)m

ectoplasmic
BR ˌɛktə(ʊ)ˈplazmɪk
AM ˌɛktəˈplæzəmɪk

ectozoon
BR ˌɛktə(ʊ)ˈzuːɒn, ˌɛktə(ʊ)ˈzəʊn, -z
AM ˌɛktəˈzuɑn, ˌɛktəˈzoʊən, -z

ecu
BR ˈɛkjuː, ˈeɪkjuː, -z
AM eɪˈk(j)u, -z

Ecuador
BR ˈɛkwədɔː(r)
AM ˈɛkwəˌdɑ(ə)r
SP ˌɛkwaˈðor

Ecuadoran
BR ˌɛkwəˈdɔːrən
AM ˌɛkwəˈdɔr(ə)n, -z

Ecuadorean
BR ˌɛkwəˈdɔːriən, -z
AM ˌɛkwəˈdɔriən, -z

Ecuadorian
BR ˌekwəˈdɔːriən, -z
AM ˌekwəˈdɔrien, -z

ecumenical
BR ˌiːkjʊˈmenɪkl,
ˌekjʊˈmenɪkl
AM ˌekjəˈmenək(ə)l

ecumenicalism
BR ˌiːkjʊˈmenɪklɪzm,
ˌekjʊˈmenɪklɪzm
AM ˌekjəˈmenəkəˌlɪz(ə)m

ecumenically
BR ˌiːkjʊˈmenɪkli,
ˌekjʊˈmenɪkli
AM ˌekjəˈmenək(ə)li

ecumenicism
BR ˌiːkjʊˈmenɪsɪzm,
ˌekjʊˈmenɪsɪzm
AM ˌekjəˈmenəˌsɪz(ə)m

ecumenicity
BR ɪˌkjuːməˈnɪsɪti
AM ˌekjəməˈnɪsɪdi

ecumenism
BR ɪˈkjuːmənɪzm
AM εˈkjumǝˌnɪz(ǝ)m,
ˈekjəməˌnɪz(ə)m

eczema
BR ˈeks(ɪ)mə(r),
ˈegzɪmə(r)
AM ˈegzəmə, egˈzimə,
ˈeksəmə

eczematous
BR εkˈsemətəs,
ɪkˈsemətəs,
εkˈzemətəs,
ɪkˈzemətəs
AM εgˈzimədəs,
εgˈzemədəs

Ed
BR εd
AM εd

edacious
BR ɪˈdeɪʃəs
AM iˈdeɪʃəs, əˈdeɪʃəs

edacity
BR ɪˈdasɪti
AM iˈdæsədi,
əˈdæsədi

Edale
BR ˈiːdeɪl
AM ˈiˌdeɪl

Edam
BR ˈiːdam
AM ˈid(ə)m

edaphic
BR ɪˈdafɪk
AM iˈdæfɪk, əˈdæfɪk

Edda
BR ˈedə(r), -z
AM ˈedə, -z

Eddic
BR ˈedɪk
AM ˈedɪk

Eddie
BR ˈedi
AM ˈedi

Eddington
BR ˈedɪŋt(ə)n
AM ˈedɪŋt(ə)n

eddo
BR ˈedəʊ, -z
AM ˈeˌdoʊ, -z

eddy
BR ˈed|i, -ɪz, -ɪŋ, -ɪd
AM ˈedi, -z, -ɪŋ, -d

Eddystone
BR ˈedɪst(ə)n
AM ˈediˌstoʊn

edelweiss
BR ˈeɪdlvʌɪs
AM ˈeɪdlˌvaɪs,
ˈeɪdlˌwaɪs

edema
BR ɪˈdiːmə(r), -z
AM əˈdimə, -z

edematose
BR ɪˈdiːmətəʊs,
iːˈdiːmətəʊs
AM iˈdiməˌtoʊs,
əˈdiməˌtoʊz, iˈdiməˌtoʊz, əˈdiməˌtoʊs

edematous
BR ɪˈdiːmətəs
AM əˈdemədəs

Eden
BR ˈiːdn
AM ˈid(ə)n

edentate
BR ɪˈdenteɪt
AM əˈdenˌteɪt

Edessa
BR ɪˈdesə(r)
AM əˈdesə

Edgar
BR ˈedgə(r)
AM ˈedgər

Edgbaston
BR ˈedʒbast(ə)n
AM ˈedʒˌbæst(ə)n

edge
BR edʒ, -ɪz, -ɪŋ, -d
AM edʒ, -əz, -ɪŋ, -d

Edgecomb
BR ˈedʒkəm
AM ˈedʒk(ə)m

Edgecombe
BR ˈedʒkəm
AM ˈedʒk(ə)m

Edgehill[1] *place in UK*
BR ˌedʒˈhɪl
AM ˌedʒˈhɪl

Edgehill[2] *surname*
BR ˈedʒhɪl
AM ˈedʒˌ(h)ɪl

edgeless
BR ˈedʒləs
AM ˈedʒləs

edger
BR ˈedʒə(r), -z
AM ˈedʒər, -z

Edgerton
BR ˈedʒət(ə)n
AM ˈedʒərt(ə)n

edgeways
BR ˈedʒweɪz
AM ˈedʒˌweɪz

edgewise
BR ˈedʒwʌɪz
AM ˈedʒˌwaɪz

Edgeworth
BR ˈedʒwə(ː)θ
AM ˈedʒˌwərθ

edgily
BR ˈedʒɪli
AM ˈedʒəli

edginess
BR ˈedʒɪnɪs
AM ˈedʒɪnɪs

edging
BR ˈedʒɪŋ, -z
AM ˈedʒɪŋ, -z

Edgware
BR ˈedʒwɛː(r)
AM ˈedʒˌwɛ(ə)r

edgy
BR ˈedʒ|i, -ɪə(r), -ɪɪst
AM ˈedʒi, -ər, -ɪst

edh
BR εð, -z
AM εð, -z

edibility
BR ˌedɪˈbɪlɪti
AM ˌedəˈbɪlɪdi

edible
BR ˈedɪbl, -z
AM ˈedəb(ə)l, -z

edibleness
BR ˈedɪblnəs
AM ˈedəbəlnəs

edict
BR ˈiːdɪkt, -s
AM ˈidɪk|(t), -(t)s

edictal
BR ɪˈdɪktl
AM iˈdɪktl, əˈdɪktl

Edie
BR ˈiːdi
AM ˈidi

edification
BR ˌedɪfɪˈkeɪʃn
AM ˌedəfəˈkeɪʃ(ə)n

edifice
BR ˈedɪfɪs, -ɪz
AM ˈedəfəs, -əz

edify
BR ˈedɪfʌɪ, -z, -ɪŋ, -d
AM ˈedəˌfaɪ, -z, -ɪŋ, -d

edifyingly
BR ˈedɪfʌɪɪŋli
AM ˈedəˌfaɪɪŋli

Edinburgh
BR ˈed(ɪ)nb(ə)rə(r)
AM ˈedənbərə

Edington
BR ˈedɪŋt(ə)n
AM ˈedɪŋt(ə)n

Edison
BR ˈedɪs(ə)n
AM ˈedəs(ə)n

edit
BR ˈed|ɪt, -ɪts, -ɪtɪŋ, -ɪtɪd
AM ˈedə|t, -ts, -dɪŋ, -dəd

Edith
BR ˈiːdɪθ
AM ˈidɪθ

edition
BR ɪˈdɪʃn, -z
AM iˈdɪʃ(ə)n,
əˈdɪʃ(ə)n, -z
editiones principes
BR ɪˌdɪʃɪˈəʊniːz
ˈprɪnsɪpiːz
AM əˌdɪʃiˈoʊniz
ˈprɪnsə‚piz, eɪˌdɪdi-
ˈoʊniz ˈprɪŋkə‚peɪs
editio princeps
BR ɪˌdɪʃiəʊ ˈprɪnseps
AM eɪˌdɪdioʊ
ˈprɪnˌseps, eɪˌdɪdioʊ
ˈprɪnˌkeps
editor
BR ˈedɪtə(r), -z
AM ˈedədər, -z
editorial
BR ˌedɪˈtɔːriəl, -z
AM ˌedəˈtɔriəl, -z
editorialise
BR ˌedɪˈtɔːriəlʌɪz, -ɪz,
-ɪŋ, -d
AM ˌedəˈtɔriəˌlaɪz, -ɪz,
-ɪŋ, -d
editorialist
BR ˌedɪˈtɔːriəlɪst, -s
AM ˌedəˈtɔriələst, -s
editorialize
BR ˌedɪˈtɔːriəlʌɪz, -ɪz,
-ɪŋ, -d
AM ˌedəˈtɔriəˌlaɪz, -ɪz,
-ɪŋ, -d
editorially
BR ˌedɪˈtɔːriəli
AM ˌedəˈtɔriəli
editorship
BR ˈedɪtəʃɪp, -s
AM ˈedədərˌʃɪp, -s
Edmond
BR ˈedmənd
AM ˈedmən(d)
Edmonds
BR ˈedmən(d)z
AM ˈedmən(d)z
Edmondson
BR ˈedmən(d)s(ə)n
AM ˈedmən(d)s(ə)n
Edmonton
BR ˈedmənt(ə)n
AM ˈedmənt(ə)n

Edmund
BR ˈedmənd
AM ˈedmən(d)
Edmunds
BR ˈedmən(d)z
AM ˈedmən(d)z
Edmundson
BR ˈedmən(d)s(ə)n
AM ˈedmən(d)s(ə)n
Edna
BR ˈednə(r)
AM ˈednə
Edo
BR ˈedəʊ
AM ˈedoʊ, ˈidoʊ
Edom
BR ˈiːdəm
AM ˈid(ə)m
Edomite
BR ˈiːdəmʌɪt, -s
AM ˈidəˌmaɪt, -s
EDP
BR ˌiːdiːˈpiː
AM ˌidiˈpi
Edrich
BR ˈedrɪtʃ
AM ˈedrɪtʃ
Edridge
BR ˈedrɪdʒ
AM ˈedrɪdʒ
Edsel
BR ˈedsl
AM ˈeds(ə)l,
ˈedz(ə)l
educability
BR ˌedjʊkəˈbɪlɪti,
ˌedʒʊkəˈbɪlɪti
AM ˌedʒəkəˈbɪlɨdi
educable
BR ˈedjʊkəbl,
ˈedʒʊkəbl
AM ˈedʒəkəb(ə)l
educatable
BR ˈedjʊkeɪtəbl,
ˈedʒʊkeɪtəbl
AM ˈedʒəˌkeɪdəb(ə)l
educate
BR ˈedjʊkeɪt,
ˈedʒʊkeɪt, -s,
-ɪŋ, -ɪd
AM ˈedʒəˌkeɪt, -ts,
-dɪŋ, -dɨd

education
BR ˌedjʊˈkeɪʃn,
ˌedʒʊˈkeɪʃn
AM ˌedʒəˈkeɪʃ(ə)n
educational
BR ˌedjʊˈkeɪʃn̩l,
ˌedʒʊˈkeɪʃn̩l
AM ˌedʒəˈkeɪʃən(ə)l,
ˌedʒəˈkeɪʃn(ə)l
educationalist
BR ˌedjʊˈkeɪʃn̩lɪst,
ˌedjʊˈkeɪʃnəlɪst,
ˌedʒʊˈkeɪʃn̩lɪst,
ˌedʒʊˈkeɪʃnəlɪst, -s
AM ˌedʒəˈkeɪʃnələst,
ˌedʒəˈkeɪʃən̩ləst, -s
educationally
BR ˌedjʊˈkeɪʃn̩li,
ˌedjʊˈkeɪʃnəli,
ˌedʒʊˈkeɪʃn̩li,
ˌedʒʊˈkeɪʃnəli
AM ˌedʒəˈkeɪʃ(ə)nəli
educationist
BR ˌedjʊˈkeɪʃn̩ɪst,
ˌedʒʊˈkeɪʃn̩ɪst, -s
AM ˌedʒəˈkeɪʃ(ə)nəst,
-s
educative
BR ˈedjʊkətɪv,
ˈedʒʊkətɪv
AM ˈedʒəˌkeɪdɪv
educator
BR ˈedjʊkeɪtə(r),
ˈedʒʊkeɪtə(r), -z
AM ˈedʒəˌkeɪdər, -z
educe
BR ɪˈdjuːs, ɪˈdʒuːs, -ɪz,
-ɪŋ, -t
AM ɪˈd(j)us, iˈd(j)us,
-əz, -ɪŋ, -t
educible
BR ɪˈdjuːsɪbl,
ɪˈdʒuːsɪbl
AM ɪˈd(j)usəb(ə)l,
iˈd(j)usəb(ə)l
eduction
BR ɪˈdʌkʃn
AM ɪˈdəkʃ(ə)n,
iˈdəkʃ(ə)n
eductive
BR ɪˈdʌktɪv
AM ɪˈdəktɪv, iˈdəktɪv

edulcorate
BR ɪˈdʌlkəreɪt, -s, -ɪŋ,
-ɪd
AM ɪˈdəlkəzˌreɪ|t,
əˈdəlkəˌreɪ|t, -ts,
-dɪŋ, -dɪd
edulcoration
BR ɪˌdʌlkəˈreɪʃn
AM iˌdəlkəˈreɪʃ(ə)n,
əˌdəlkəˈreɪʃ(ə)n
edutainment
BR ˌedjʊˈteɪm(ə)nt,
ˌedʒʊˈteɪm(ə)nt
AM ˌedʒəˈteɪm(ə)nt
Edward
BR ˈedwəd
AM ˈedwərd
Edwardes
BR ˈedwədz
AM ˈedwərdz
Edwardian
BR edˈwɔːdiən, -z
AM edˈwardiən,
-z
Edwardiana
BR edˌwɔːdiˈɑːnə(r)
AM ˌedˌwardiˈænə
Edwards
BR ˈedwədz
AM ˈedwərdz
Edwin
BR ˈedwɪn
AM ˈedw(ə)n
Edwina
BR edˈwiːnə(r)
AM edˈwinə,
edˈwɪnə
Edwinstowe
BR ˈedwɪnstəʊ
AM ˈedwɪnˌstoʊ
eegit
BR ˈiːdʒɪt, -s
AM ˈidʒɪt, -s
eejit
BR ˈiːdʒɪt, -s
AM ˈidʒɪt, -s
eel
BR iːl, -z
AM il, -z
Eelam
BR ˈiːlam
AM ˈilæm

eelgrass
BR ˈiːlgrɑːs
AM ˈilˌgræs

eelpout
BR ˈiːlpaʊt, -s
AM ˈilˌpaʊt, -s

eelworm
BR ˈiːlwəːm, -z
AM ˈilˌwərm, -z

eely
BR ˈiːli
AM ˈili

e'en
BR iːn
AM in

eeny meeny miny mo
BR ˌiːnɪ ˌmiːnɪ ˌmʌɪnɪ ˈməʊ
AM ˌini ˌmini ˌmaɪni ˈmoʊ

e'er
BR ɛː(r)
AM ɛ(ə)r

eerie
BR ˈɪəri
AM ˈiri, ˈɪri

eerily
BR ˈɪərɪli
AM ˈɪrɪli

eeriness
BR ˈɪərɪnɪs
AM ˈɪrɪnɪs

Eeyore
BR ˈiːɔː(r)
AM ˈiɔ(ə)r

eff
BR ɛf, -s, -ɪŋ, -t
AM ɛf, -s, -ɪŋ, -t

effable
BR ˈɛfəbl
AM ˈɛfəb(ə)l

efface
BR ɪˈfeɪs, -ɪz, -ɪŋ, -t
AM ɛˈfeɪs, iˈfeɪs, -əz, -ɪŋ, -t

effaceable
BR ɪˈfeɪsəbl
AM ɛˈfeɪsəb(ə)l, iˈfeɪsəb(ə)l

effacement
BR ɪˈfeɪsm(ə)nt
AM ɛˈfeɪsm(ə)nt, iˈfeɪsm(ə)nt

effect
BR ɪˈfɛkt, -s, -ɪŋ, -ɪd
AM iˈfɛk|(t), -(t)s, -tɪŋ, -təd

effective
BR ɪˈfɛktɪv, -z
AM iˈfɛktɪv, -z

effectively
BR ɪˈfɛktɪvli
AM iˈfɛktəvli

effectiveness
BR ɪˈfɛktɪvnɪs
AM iˈfɛktɪvnɪs

effectivity
BR ˌɛfəkˈtɪvɪti, ˌɪfɛkˈtɪvɪti
AM ˌɪfəkˈtɪvɪdi, ˌɛfəkˈtɪvɪdi

effector
BR ɪˈfɛktə(r), -z
AM iˈfɛktər, -z

effectual
BR ɪˈfɛktʃʊəl, ɪˈfɛktʃ(ʉ)l, ɪˈfɛktjʊəl, ɪˈfɛktjʉl
AM iˈfɛk(t)ʃ(əw)əl

effectuality
BR ɪˈfɛktʃʊˈalɪti, ɪˌfɛktjʊˈalɪti
AM iˌfɛk(t)ʃəˈwælədi

effectually
BR ɪˈfɛktʃʊəli, ɪˈfɛktʃʉli, ɪˈfɛktʃli, ɪˈfɛkjʊəli, ɪˈfɛktjʉli
AM iˈfɛk(t)ʃ(əw)əli

effectualness
BR ɪˈfɛktʃʊəlnəs, ɪˈfɛktʃ(ʉ)lnəs, ɪˈfɛktjʊəlnəs, ɪˈfɛktjʉlnəs
AM iˈfɛk(t)ʃ(əw)əlnəs

effectuate
BR ɪˈfɛktʃʊeɪt, ɪˈfɛktjʊeɪt, -s, -ɪŋ, -ɪd
AM iˈfɛk(t)ʃəˈweɪ|t, -ts, -dɪŋ, -dɪd

effectuation
BR ɪˌfɛktʃʊˈeɪʃn, ɪˌfɛktjʊˈeɪʃn
AM iˌfɛk(t)ʃəˈweɪʃ(ə)n

effeminacy
BR ɪˈfɛmɪnəsi
AM iˈfɛmənəsi

effeminate
BR ɪˈfɛmɪnət
AM iˈfɛmənət

effeminately
BR ɪˈfɛmɪnətli
AM iˈfɛmənətli

effendi
BR ɪˈfɛnd|i, ɛˈfɛnd|i, -ɪz
AM ɛˈfɛndi, əˈfɛndi, -z

efference
BR ˈɛf(ə)r̩ns
AM ˈɛfərəns

efferent
BR ˈɛf(ə)r̩nt
AM ˈɛfərənt

effervesce
BR ˌɛfəˈvɛs, -ɪz, -ɪŋ, -t
AM ˌɛfərˈvɛs, -əz, -ɪŋ, -t

effervescence
BR ˌɛfəˈvɛsns
AM ˌɛfərˈvɛs(ə)ns

effervescency
BR ˌɛfəˈvɛsnsi
AM ˌɛfərˈvɛsənsi

effervescent
BR ˌɛfəˈvɛsnt
AM ˌɛfərˈvɛs(ə)nt

effervescently
BR ˌɛfəˈvɛsntli
AM ˌɛfərˈvɛsn(t)li

effete
BR ɪˈfiːt
AM iˈfit

effeteness
BR ɪˈfiːtnɪs
AM iˈfitnɪs

efficacious
BR ˌɛfɪˈkeɪʃəs
AM ˌɛfəˈkeɪʃəs

efficaciously
BR ˌɛfɪˈkeɪʃəsli
AM ˌɛfəˈkeɪʃəsli

efficaciousness
BR ˌɛfɪˈkeɪʃəsnəs
AM ˌɛfəˈkeɪʃəsnəs

efficacity
BR ˌɛfɪˈkasɪti
AM ˌɛfəˈkæsədi

efficacy
BR ˈɛfɪkəsi
AM ˈɛfəkəsi

efficiency
BR ɪˈfɪʃnsi
AM iˈfɪʃənsi

efficient
BR ɪˈfɪʃnt
AM iˈfɪʃ(ə)nt

efficiently
BR ɪˈfɪʃntli
AM iˈfɪʃən(t)li

Effie
BR ˈɛfi
AM ˈɛfi

effigy
BR ˈɛfɪdʒ|i, -ɪz
AM ˈɛfɪdʒi, -z

Effingham
BR ˈɛfɪŋəm
AM ˈɛfɪŋˌhæm, ˈɛfɪŋəm

effleurage
BR ˌɛflɜˈrɑːʒ, -ɪz, -ɪŋ, -d
AM ˌɛflʊˈrɑʒ, ˌɛfləˈrɑʒ, -əz, -ɪŋ, -d
FR eflœraʒ

effloresce
BR ˌɛfləˈrɛs, -ɪz, -ɪŋ, -t
AM ˌɛfləˈrɛs, -əz, -ɪŋ, -t

efflorescence
BR ˌɛfləˈrɛsns
AM ˌɛfləˈrɛs(ə)ns

efflorescent
BR ˌɛfləˈrɛsnt
AM ˌɛfləˈrɛsnt

effluence
BR ˈɛflʊəns
AM ˈɛˌfluəns

effluent
BR ˈɛflʊənt, -s
AM ˈɛfləwənt, ˈɛˌfluənt, -s

effluvia
BR ɪˈfluːviə(r)
AM əˈfluviə, ɛˈfluviə

effluvium
BR ɪˈfluːviəm
AM əˈfluviəm, ɛˈfluviəm

efflux
BR ˈɛflʌks, -ɪz
AM ˈɛˌflɑks, -əz

effluxion
BR ɪˈflʌkʃn, ɛˈflʌkʃn, -z
AM ɛˈflɑkʃ(ə)n, -z

effort
BR ˈɛfət, -s
AM ˈɛfərt, -s

effortful
BR ˈɛfətf(ʊ)l
AM ˈɛfərtf(ə)l

effortfully
BR ˈɛfətfəli, ˈɛfətfḷi
AM ˈɛfərtfəli

effortless
BR ˈɛfətləs
AM ˈɛfərtləs

effortlessly
BR ˈɛfətləsli
AM ˈɛfərtləsli

effortlessness
BR ˈɛfətləsnəs
AM ˈɛfərtləsnəs

effrontery
BR ɪˈfrʌnt(ə)r|i, -ɪz
AM ɪˈfrʌntəri, -z

effulgence
BR ɪˈfʌldʒ(ə)ns
AM ɪˈfʊldʒ(ə)ns, ɪˈfəldʒ(ə)ns

effulgent
BR ɪˈfʌldʒ(ə)nt
AM ɪˈfʊldʒ(ə)nt, ɪˈfəldʒ(ə)nt

effulgently
BR ɪˈfʌldʒ(ə)ntli
AM ɪˈfʊldʒən(t)li, ɪˈfəldʒən(t)li

effuse
BR ɪˈfjuːz, -ɪz, -ɪŋ, -d
AM ɪˈfjuz, -əz, -ɪŋ, -d

effusion
BR ɪˈfjuːʒn, -z
AM ɪˈfjuʒ(ə)n, -z

effusive
BR ɪˈfjuːsɪv
AM ɪˈfjusɪv, ɪˈfjuzɪv

effusively
BR ɪˈfjuːsɪvli
AM ɪˈfjusəvli, ɪˈfjuzəvli

effusiveness
BR ɪˈfjuːsɪvnɪs
AM ɪˈfjusɪvnɪs, ɪˈfjuzɪvnɪs

Efik
BR ˈɛfɪk
AM ˈɛfɪk

eft
BR ɛft, -s
AM ɛft, -s

EFTA
BR ˈɛftə(r)
AM ˈɛftə

e.g.
BR ˌiːˈdʒiː
AM ˌiˈdʒi

egad
BR ɪˈgad
AM ɪˈgæd

egalitarian
BR ɪˌgalɪˈtɛːriən
AM əˌgæləˈtɛriən, ɪˌgæləˈtɛriən

egalitarianism
BR ɪˌgaləˈtɛːriənɪzm
AM əˌgæləˈtɛriəˌnɪz(ə)m, ɪˌgæləˈtɛriəˌnɪz(ə)m

Egan
BR ˈiːg(ə)n
AM ˈigɪn

Egbert
BR ˈɛgbət
AM ˈɛgbərt

egerdouce
BR ˈɛgəduːs, ˌɛgəˈduːs
AM ˈɛgərˌdus, ˌɛgərˈdus

Egerton
BR ˈɛdʒət(ə)n
AM ˈɛdʒərt(ə)n

egest
BR ɪˈdʒɛst, -s, -ɪŋ, -ɪd
AM əˈdʒɛst, ɪˈdʒɛst, -s, -ɪŋ, -əd

egg
BR ɛg, -z, -ɪŋ, -d
AM ɛg, -z, -ɪŋ, -d

eggar
BR ˈɛgə(r), -z
AM ˈɛgər, -z

eggcup
BR ˈɛgkʌp, -s
AM ˈɛgˌkəp, -s

egger
BR ˈɛgə(r), -z
AM ˈɛgər, -z

egghead
BR ˈɛghɛd, -z
AM ˈɛgˌ(h)ɛd, -z

egginess
BR ˈɛgɪnɪs
AM ˈɛgɪnɪs

eggless
BR ˈɛgləs
AM ˈɛgləs

eggnog
BR ˈɛgnɒg, -z
AM ˈɛgˌnɑg, ˈɛgˌnɔg, -z

eggplant
BR ˈɛgplɑːnt, -s
AM ˈɛgˌplænt, -s

eggshell
BR ˈɛgʃɛl, -z
AM ˈɛgˌʃɛl, -z

eggwhisk
BR ˈɛgwɪsk, -s
AM ˈɛgˌwɪsk, -s

eggy
BR ˈɛg|i, -iə(r), -ɪɪst
AM ˈɛgi, -ər, -ɪst

Egham
BR ˈɛgəm
AM ˈɛg(ə)m

egis
BR ˈiːdʒɪs
AM ˈidʒəs

eglantine
BR ˈɛgləntʌɪn, ˈɛgləntiːn
AM ˈɛglənˌtaɪn, ˈɛglənˌtin

Egmont
BR ˈɛgmɒnt
AM ˈɛgm(ə)nt, ˈɛgˌmɑnt

ego
BR ˈiːgəʊ, -z
AM ˈigoʊ, -z

egocentric
BR ˌɛgə(ʊ)ˈsɛntrɪk, ˌiːgə(ʊ)ˈsɛntrɪk
AM ˌɪgəˈsɛntrɪk, ˌigoʊˈsɛntrɪk

egocentrically
BR ˌɛgə(ʊ)ˈsɛntrɪkli, ˌiːgə(ʊ)ˈsɛntrɪkli
AM ˌɪgəˈsɛntrək(ə)li, ˌigoʊˈsɛntrək(ə)li

egocentricity
BR ˌɛgə(ʊ)sɛnˈtrɪsɪti, ˌɛgə(ʊ)snˈtrɪsɪti, ˌiːgə(ʊ)sɛnˈtrɪsɪti, ˌiːgə(ʊ)snˈtrɪsɪti
AM ˌigoʊsənˈtrɪsɪdi, ˌigoʊsɛnˈtrɪsɪdi

egocentrism
BR ˌɛgə(ʊ)ˈsɛntrɪzm, ˌiːgə(ʊ)ˈsɛntrɪzm
AM ˌɪgəˈsɛnˌtrɪz(ə)m, ˌigoʊˈsɛnˌtrɪz(ə)m

egoism
BR ˈɛgəʊɪzm, ˈiːgəʊɪzm
AM ˈigoʊˌɪz(ə)m, ˈɪgəˌwɪz(ə)m

egoist
BR ˈɛgəʊɪst, ˈiːgəʊɪst, -s
AM ˈigoʊəst, ˈɪgəwəst, -s

egoistic
BR ˌɛgəʊˈɪstɪk, ˌiːgəʊˈɪstɪk
AM ˌigoʊˈɪstɪk, ˌɪgəˈwɪstɪk

egoistical
BR ˌɛgəʊˈɪstɪkl, ˌiːgəʊˈɪstɪkl
AM ˌigoʊˈɪstɪk(ə)l, ˌɪgəˈwɪstɪk(ə)l

egoistically
BR ˌɛgəʊˈɪstɪkli, ˌiːgəʊˈɪstɪkli
AM ˌigoʊˈɪstɪkəli, ˌɪgəˈwɪstɪkəli

egomania
BR ˌegə(ʊ)ˈmeɪniə(r), ˌiːgə(ʊ)ˈmeɪniə(r)
AM ˌiɡoʊˈmeɪniə

egomaniac
BR ˌegə(ʊ)ˈmeɪniak, ˌiːgə(ʊ)ˈmeɪniak, -s
AM ˌiɡoʊˈmeɪniˌæk, -s

egomaniacal
BR ˌegə(ʊ)məˈnʌɪəkl, ˌiːgə(ʊ)məˈnʌɪəkl
AM ˌiɡoʊməˈnaɪək(ə)l

egotise
BR ˈegətʌɪz, ˈiːgətʌɪz, -ɪz, -ɪŋ, -d
AM ˈiɡoʊˌtaɪz, ˈiɡəˌtaɪz, -ɪz, -ɪŋ, -d

egotism
BR ˈegətɪzm, ˈiːgətɪzm
AM ˈiɡoʊˌtɪz(ə)m, ˈiɡəˌtɪz(ə)m

egotist
BR ˈegətɪst, ˈiːgətɪst, -s
AM ˈiɡətəst, ˈiɡoʊtəst, ˈiɡədəst, -s

egotistic
BR ˌegəˈtɪstɪk, ˌiːgəˈtɪstɪk
AM ˌiɡoʊˈtɪstɪk, ˌiɡəˈtɪstɪk

egotistical
BR ˌegəˈtɪstɪkl, ˌiːgəˈtɪstɪkl
AM ˌiɡoʊˈtɪstək(ə)l, ˌiɡəˈtɪstək(ə)l

egotistically
BR ˌegəˈtɪstɪkli, ˌiːgəˈtɪstɪkli
AM ˌiɡoʊˈtɪstɪk(ə)li, ˌiɡəˈtɪstɪk(ə)li

egotize
BR ˈegətʌɪz, ˈiːgətʌɪz, -ɪz, -ɪŋ, -d
AM ˈiɡoʊˌtaɪz, ˈiɡəˌtaɪz, -ɪz, -ɪŋ, -d

egregious
BR ɪˈgriːdʒəs
AM iˈgridʒəs, əˈgridʒəs

egregiously
BR ɪˈgriːdʒəsli
AM iˈgridʒəsli, əˈgridʒəsli

egregiousness
BR ɪˈgriːdʒəsnəs
AM iˈgridʒəsnəs, əˈgridʒəsnəs

Egremont
BR ˈegrɪm(ɒ)nt
AM ˈegrəˌmɑnt

egress
BR ˈiːgrɛs, -ɪz
AM ˈiˌgrɛs, -əz

egression
BR iːˈgrɛʃn
AM iˈgrɛʃ(ə)n, əˈgrɛʃ(ə)n

egressive
BR iːˈgrɛsɪv
AM iˈgrɛsɪv, əˈgrɛsɪv

egret
BR ˈiːgrɪt, -s
AM ˈiˌgrɛt, ˈiɡrət, -s

Egypt
BR ˈiːdʒɪpt
AM ˈidʒəp(t)

Egyptian
BR ɪˈdʒɪpʃn, -z
AM əˈdʒɪpʃ(ə)n, -z

Egyptianisation
BR ɪˌdʒɪpʃnʌɪˈzeɪʃn
AM əˌdʒɪpʃəˌnaɪˈzeɪʃ(ə)n, əˌdʒɪpʃənəˈzeɪʃ(ə)n

Egyptianise
BR ɪˈdʒɪpʃnʌɪz, -ɪz, -ɪŋ, -d
AM əˈdʒɪpʃəˌnaɪz, -ɪz, -ɪŋ, -d

Egyptianization
BR ɪˌdʒɪpʃnʌɪˈzeɪʃn
AM əˌdʒɪpʃəˌnaɪˈzeɪʃ(ə)n, əˌdʒɪpʃənəˈzeɪʃ(ə)n

Egyptianize
BR ɪˈdʒɪpʃnʌɪz, -ɪz, -ɪŋ, -d
AM əˈdʒɪpʃəˌnaɪz, -ɪz, -ɪŋ, -d

Egyptologist
BR ˌiːdʒɪpˈtɒlədʒɪst, -s
AM ˌiˌdʒɪpˈtɑlədʒəst, -s

Egyptology
BR ˌiːdʒɪpˈtɒlədʒi
AM ˌiˌdʒɪpˈtɑlədʒi

eh
BR eɪ
AM ɛ, eɪ

Ehrlich
BR ˈɛːlɪk, ˈɛːlɪx
AM ˈɛrlɪk

Eichmann
BR ˈʌɪkmən, ˈʌɪxmən
AM ˈaɪkm(ə)n

Eid
BR iːd
AM id

eider
BR ˈʌɪdə(r), -z
AM ˈaɪdər, -z

eiderdown
BR ˈʌɪdədaʊn, -z
AM ˈaɪdərˌdaʊn, -z

eidetic
BR ʌɪˈdɛtɪk
AM aɪˈdɛdɪk

eidetically
BR ʌɪˈdɛtɪkli
AM aɪˈdɛdək(ə)li

eidola
BR ʌɪˈdəʊlə(r)
AM aɪˈdoʊlə

eidolon
BR ʌɪˈdəʊlɒn
AM aɪˈdoʊl(ə)n, -z

Eifel
BR ˈʌɪfl
AM ˈaɪf(ə)l

Eiffel
BR ˈʌɪfl
AM ˈaɪf(ə)l

eigenfrequency
BR ˈʌɪg(ə)nˌfriːkw(ə)ns|i, -ɪz
AM ˈaɪɡənˌfrikwənsi, -z

eigenfunction
BR ˈʌɪg(ə)nˌfʌŋ(k)ʃn, -z
AM ˈaɪɡənˌfəŋkʃ(ə)n, -z

eigenvalue
BR ˈʌɪg(ə)nˌvaljuː, -z
AM ˈaɪɡənˌvælju, -z

Eiger
BR ˈʌɪɡə(r)
AM ˈaɪɡər

Eigg
BR ɛg
AM ɛg

eight
BR eɪt, -s
AM eɪt, -s

eighteen
BR ˌeɪˈtiːn
AM ˌeɪ(t)ˈtin

eighteenmo
BR ˌeɪˈtiːnməʊ
AM ˌeɪ(t)ˈtinˌmoʊ

eighteenth
BR ˌeɪˈtiːnθ
AM ˌeɪ(t)ˈtinθ

eightfold
BR ˈeɪtfəʊld
AM ˈeɪtˌfoʊld

eighth
BR eɪtθ, -s
AM ˈeɪ(t)θ, -s

eighthly
BR ˈeɪtθli
AM ˈeɪ(t)θli

eightieth
BR ˈeɪtɪɪθ
AM ˈeɪdiəθ

eightsome
BR ˈeɪts(ə)m, -z
AM ˈeɪts(ə)m, -z

eighty
BR ˈeɪt|i, -ɪz
AM ˈeɪdi, -z

eightyfold
BR ˈeɪtɪfəʊld
AM ˈeɛdiˌfoʊld

Eilat
BR eɪˈlɑːt, eɪˈlat
AM ˈeɪˌlɑt

Eileen
BR ˈʌɪliːn
AM aɪˈlin

Eilidh
BR ˈeɪli
AM ˈeɪli

Eindhoven
BR ˈʌɪnd,həʊvn
AM ˈaɪn(d),(h)oʊv(ə)n

einkorn
BR ˈʌɪnkɔːn
AM ˈaɪn,kɔ(ə)rn

Einstein
BR ˈʌɪnstʌɪn
AM ˈaɪn,staɪn

einsteinium
BR ʌɪnˈstʌɪnɪəm
AM aɪnˈstaɪniəm

Éire
BR ˈɛːrə(r)
AM ˈɛrə
IR ˈeːrʲə

eirenic
BR ʌɪˈriːnɪk,
ʌɪˈrɛnɪk
AM aɪˈrinɪk, aɪˈrɛnɪk

eirenical
BR ʌɪˈriːnɨkl,
ʌɪˈrɛnɨkl
AM aɪˈrinɨkl

eirenicon
BR ʌɪˈriːnɨkɒn,
ʌɪˈrɛnɪkɒn, -z
AM aɪˈrɛnək(ə)n,
aɪˈrɛnə,kɑn, -z

Eirlys
BR ˈʌɪəlɪs
AM ˈaɪrləs

Eisenhower
BR ˈʌɪznhaʊə(r)
AM ˈaɪzən,(h)aʊər

Eisenstadt
BR ˈʌɪznstat
AM ˈaɪzən,stæt

Eisenstein
BR ˈʌɪznstʌɪn,
ˈʌɪznʃtʌɪn
AM ˈaɪzən,ʃtaɪn,
ˈaɪzən,staɪn

eisteddfod
BR ʌɪˈstɛðvɒd, -z
AM aɪˈstɛð,vad,
aɪˈstɛð,vɔd, -z
WE eɪˈstɛðvɒd

eisteddfodau
BR ˌʌɪstɛðˈvɒdʌɪ
AM ˌaɪstɛðˈvadaɪ
WE eɪˈstɛðvɒdaɪ

eisteddfodic
BR ˌʌɪstɛðˈvɒdɪk
AM ˌaɪstɛðˈvɑdɪk,
ˌaɪstɛðˈvɔdɪk

either
BR ˈʌɪðə(r), ˈiːðə(r)
AM ˈaɪðər, ˈiðər

either/or
BR ˌʌɪðərˈɔː(r),
ˌiːðərˈɔː(r)
AM ˌaɪðərˈɔ(ə)r,
ˌiðərˈɔ(ə)r

Eithne
BR ˈɛθni
AM ˈɛθni

ejaculate[1] *noun*
BR ɪˈdʒakjʊlət
AM əˈdʒækjələt,
ɪˈdʒækjələt

ejaculate[2] *verb*
BR ɪˈdʒakjʊleɪt, -s,
-ɪŋ, -ɪd
AM ɪˈdʒækjə,leɪ|t,
əˈdʒækjə,leɪ|t, -ts,
-dɪŋ, -dɨd

ejaculation
BR ɪˌdʒakjʊˈleɪʃn, -z
AM ɪˌdʒækjəˈleɪʃ(ə)n,
əˌdʒækjəˈleɪʃ(ə)n, -z

ejaculator
BR ɪˈdʒakjʊleɪtə(r), -z
AM ɪˈdʒækjə,leɪdər,
əˈdʒækjə,leɪdər, -z

ejaculatory
BR ɪˈdʒakjʊlət(ə)ri
AM ɪˈdʒækjələ,tɔri,
əˈdʒækjələ,tɔri

eject
BR ɪˈdʒɛkt, -s, -ɪŋ, -ɨd
AM ɪˈdʒɛk|(t),
əˈdʒɛk|(t), -(t)s, -tɪŋ,
-təd

ejecta
BR ɪˈdʒɛktə(r)
AM iˈdʒɛktə, əˈdʒɛktə

ejection
BR ɪˈdʒɛkʃn
AM ɪˈdʒɛkʃ(ə)n,
əˈdʒɛkʃ(ə)n

ejective
BR ɪˈdʒɛktɪv
AM ɪˈdʒɛktɪv, əˈdʒɛktɪv

ejectment
BR ɪˈdʒɛk(t)m(ə)nt
AM iˈdʒɛk(t)m(ə)nt,
əˈdʒɛk(t)m(ə)nt

ejector
BR ɪˈdʒɛktə(r), -z
AM iˈdʒɛktər,
əˈdʒɛktər, -z

Ekaterinburg
BR ɪˈkat(ə)rɪnbəːg
AM iˈkædərən,bərg
RUS jikatʲirʲinˈburk

Ekco
BR ˈɛkəʊ
AM ˈɛkoʊ

eke
BR iːk, -s, -ɪŋ, -t
AM ik, -s, -ɪŋ, -t

ekistics
BR iːˈkɪstɪks
AM iˈkɪstɪks

ekka
BR ˈɛkə(r), -z
AM ˈɛkə, ˈɛ,kɑ, -z

Ektachrome
BR ˈɛktəkrəʊm
AM ˈɛktə,kroʊm

el
BR ɛl, -z
AM ɛl, -z

elaborate[1] *adjective*
BR ɪˈlab(ə)rət
AM ɪˈlæb(ə)rət,
əˈlæb(ə)rət

elaborate[2] *verb*
BR ɪˈlabəreɪt, -s, -ɪŋ,
-ɨd
AM iˈlæbə,reɪ|t,
əˈlæbə,reɪ|t, -ts,
-dɪŋ, -dɨd

elaborately
BR ɪˈlab(ə)rətli
AM iˈlæb(ə)rətli,
əˈlæb(ə)rətli

elaborateness
BR ɪˈlab(ə)rətnəs
AM iˈlæb(ə)rətnəs,
əˈlæb(ə)rətnəs

elaboration
BR ɪˌlabəˈreɪʃn, -z
AM iˌlæbəˈreɪʃ(ə)n,
əˌlæbəˈreɪʃ(ə)n, -z

elaborative
BR ɪˈlab(ə)rətɪv
AM əˈlæbəreɪdɪv,
iˈlæbə,reɪdɪv,
iˈlæbərədɪv,
əˈlæbə,reɪdɪv

elaborator
BR ɪˈlabəreɪtə(r), -z
AM iˈlæbə,reɪdər,
əˈlæbə,reɪdər, -z

Elaine
BR ɪˈleɪn
AM iˈleɪn, əˈleɪn

Elam
BR ˈiːlam
AM ˈil(ə)m, ˈi,læm

Elamite
BR ˈiːləmʌɪt, -s
AM ˈilə,maɪt, -s

élan
BR eɪˈlan, eɪˈlɒ̃
AM eɪˈlæn, eɪˈlɑn

Elan[1] *car name*
BR ɪˈlan
AM əˈlæn

Elan[2] *place in Wales*
BR ˈiːlən
AM ˈil(ə)n
WE ˈelan

eland
BR ˈiːlənd, -z
AM ˈilənd, -z

elapid
BR ˈɛləpɪd, -z
AM ˈɛləpəd, -z

elapse
BR ɪˈlaps, -ɪz, -ɪŋ, -t
AM iˈlæps, əˈlæps,
-əz, -ɪŋ, -t

elasmobranch
BR ɪˈlazməbraŋk, -s
AM əˈlæzmə,bræŋk,
-s

elasmosaurus
BR ɪˌlazməˈsɔːrəs,
-ɪz
AM əˌlæzməˈsɔrəs,
-əz

elastane
BR ɪˈlasteɪn
AM əˈlæs,teɪn,
iˈlæs,teɪn

elastase
BR ɪˈlasteɪz
AM əˈlæsˌteɪz,
iˈlæsˌteɪz

elastic
BR ɪˈlastɪk
AM iˈlæstɪk, əˈlæstɪk

elastically
BR ɪˈlastɪkli
AM iˈlæstɪk(ə)li,
əˈlæstək(ə)li

elasticated
BR ɪˈlastɪkeɪtɪd
AM iˈlæstəˌkeɪdɪd,
əˈlæstəˌkeɪdɪd

elasticise
BR ɪˈlastɪsʌɪz, -ɪz,
-ɪŋ, -d
AM iˈlæstəˌsaɪz,
əˈlæstəˌsaɪz, -ɪz,
-ɪŋ, -d

elasticity
BR ˌiːlaˈstɪsɪti,
ˌɛlaˈstɪsɪti
AM iˌlæˈstɪsɪdi,
əˌlæˈstɪsɪdi

elasticize
BR ɪˈlastɪsʌɪz, -ɪz,
-ɪŋ, -d
AM iˈlæstəˌsaɪz,
əˈlæstəˌsaɪz, -ɪz,
-ɪŋ, -d

elastomer
BR ɪˈlastəmə(r), -z
AM iˈlæstəmər,
əˈlæstəmər, -z

elastomeric
BR ɪˌlastəˈmɛrɪk
AM iˌlæstəˈmɛrɪk,
əˌlæstəˈmɛrɪk

Elastoplast
BR ɪˈlastəplɑːst, -s
AM iˈlæstəˌplæst,
əˈlæstəˌplæst, -s

elate
BR ɪˈleɪt, -s, -ɪŋ, -ɪd
AM iˈleɪ|t, əˈleɪ|t, -ts,
-dɪŋ, -dɪd

elated
BR ɪˈleɪtɪd
AM iˈleɪdɪd,
əˈleɪdɪd

elatedly
BR ɪˈleɪtɪdli
AM iˈleɪdɪdli, əˈleɪdɪdli

elatedness
BR ɪˈleɪtɪdnɪs
AM iˈleɪdɪdnɪs,
əˈleɪdɪdnɪs

elater
BR ɪˈleɪtə(r), -z
AM iˈleɪdər,
əˈleɪdər, -z

elation
BR ɪˈleɪʃn
AM iˈleɪʃ(ə)n,
əˈleɪʃ(ə)n

Elba
BR ˈɛlbə(r)
AM ˈɛlbə

Elbe
BR ɛlb
AM ɛlb
GER ˈɛlbə

Elbert
BR ˈɛlbət
AM ˈɛlbərt

elbow
BR ˈɛlbəʊ, -z
AM ˈɛlˌboʊ, -z

elbowroom
BR ˈɛlbəʊruːm,
ˈɛlbəʊrʊm
AM ˈɛlboʊˌrʊm,
ˈɛlboʊˌrum

Elche
BR ˈɛltʃeɪ
AM ˈɛlˌtʃeɪ

eld
BR ɛld
AM ɛld

elder
BR ˈɛldə(r), -z
AM ˈɛldər, -z

elderberry
BR ˈɛldəˌbɛr|i,
ˈɛldəb(ə)r|i, -ɪz
AM ˈɛldərˌbɛri, -z

elderflower
BR ˈɛldəˌflaʊə(r), -z
AM ˈɛldərˌflaʊər, -z

elderliness
BR ˈɛldəlɪnɪs
AM ˈɛldərlɪnɪs

elderly
BR ˈɛldəli
AM ˈɛldərli

eldership
BR ˈɛldəʃɪp
AM ˈɛldərˌʃɪp

eldest
BR ˈɛldɪst
AM ˈɛldəst

Eldon
BR ˈɛld(ə)n
AM ˈɛld(ə)n

eldorado
BR ˌɛldəˈrɑːdəʊ, -z
AM ˌɛldəˈrædoʊ,
ˌɛldəˈrɑdoʊ, -z

eldrich
BR ˈɛldrɪtʃ
AM ˈɛldrɪtʃ

Eldridge
BR ˈɛldrɪdʒ
AM ˈɛldrɪdʒ

eldritch
BR ˈɛldrɪtʃ
AM ˈɛldrɪtʃ

Eleanor
BR ˈɛlənə
AM ˈɛlənər

Eleanora
BR ˌɛlɪəˈnɔːrə(r)
AM ˌɛləˈnɔrə

Eleatic
BR ˌɛliˈatɪk, ˌiːlɪˈatɪk, -s
AM ˌɛliˈædɪk, -s

elecampane
BR ˌɛlɪkamˈpeɪn, -z
AM ˌɛliˌkæmˈpeɪn,
ˌɛləˈkæmˌpeɪn,
ˌɛliˈkæmˌpeɪn,
ˌɛləˌkæmˈpeɪn, -z

elect
BR ɪˈlɛkt, -s, -ɪŋ, -ɪd
AM iˈlɛk|(t), əˈlɛk|(t),
-(t)s, -tɪŋ, -təd

electable
BR ɪˈlɛktəbl
AM iˈlɛktəb(ə)l,
əˈlɛktəb(ə)l

election
BR ɪˈlɛkʃn, -z
AM iˈlɛkʃ(ə)n,
əˈlɛkʃ(ə)n, -z

electioneer
BR ɪˌlɛkʃəˈnɪə(r), -z,
-ɪŋ, -d
AM iˌlɛkʃəˈnɪ(ə)r,
əˌlɛkʃəˈnɪ(ə)r, -z,
-ɪŋ, -d

electioneering
BR ɪˌlɛkʃəˈnɪərɪŋ
AM iˌlɛkʃəˈnɪrɪŋ,
əˌlɛkʃəˈnɪrɪŋ

elective
BR ɪˈlɛktɪv, -z
AM iˈlɛktɪv,
əˈlɛktɪv, -z

electively
BR ɪˈlɛktɪvli
AM iˈlɛktəvli,
əˈlɛktəvli

elector
BR ɪˈlɛktə(r), -z
AM iˈlɛktər,
əˈlɛkˌtɔ(ə)r,
iˈlɛkˌtɔ(ə)r,
əˈlɛktər, -z

electoral
BR ɪˈlɛkt(ə)r̩l
AM iˈlɛktər(ə)l,
iˈlɛktr(ə)l,
əˈlɛktər(ə)l,
əˈlɛktr(ə)l

electorally
BR ɪˈlɛkt(ə)r̩li
AM iˈlɛkt(ə)rəli,
əˈlɛkt(ə)rəli

electorate
BR ɪˈlɛkt(ə)rət,
-s
AM iˈlɛkt(ə)rət,
əˈlɛkt(ə)rət, -s

electorship
BR ɪˈlɛktəʃɪp, -s
AM iˈlɛktərˌʃɪp,
əˈlɛktərˌʃɪp,
-s

Electra
BR ɪˈlɛktrə(r)
AM iˈlɛktrə,
əˈlɛktrə

Electress
BR ɪˈlɛktrɪs, -ɪz
AM iˈlɛktrəs,
əˈlɛktrəs, -əz

electret
BR ɪˈlektrɪt, -s
AM iˈlektrət,
əˈlektrət, -s

electric
BR ɪˈlektrɪk
AM iˈlektrɪk,
əˈlektrɪk

electrical
BR ɪˈlektrɪkl, -z
AM iˈlektrək(ə)l,
əˈlektrək(ə)l, -z

electrically
BR ɪˈlektrɪkli
AM iˈlektrək(ə)li,
əˈlektrək(ə)li

electrician
BR ɪˌlekˈtrɪʃn, -z
AM iˌlekˈtrɪʃ(ə)n,
əˌlekˈtrɪʃ(ə)n, -z

electricity
BR ɪˌlekˈtrɪsɪti,
ˌelekˈtrɪsɪti,
ˌilekˈtrɪsɪti,
ˌiːlekˈtrɪsɪti
AM iˌlekˈtrɪsɪdi,
əˌlekˈtrɪsɪdi

electrification
BR ɪˌlektrɪfɪˈkeɪʃn
AM iˌlektrəfəˈkeɪʃ(ə)n,
əˌlektrəfəˈkeɪʃ(ə)n

electrifier
BR ɪˈlektrɪfʌɪə(r), -z
AM iˈlektrəˌfaɪər,
əˈlektrəˌfaɪər, -z

electrify
BR ɪˈlektrɪfʌɪ, -z,
-ɪŋ, -d
AM iˈlektrəˌfaɪ,
əˈlektrəˌfaɪ, -z,
-ɪŋ, -d

electro
BR ɪˈlektrəʊ, -z
AM iˈlektroʊ, -z

electroactive
BR ɪˌlektrəʊˈaktɪv
AM iˌlektroʊˈæktɪv

electrobiology
BR ɪˌlektrəʊbʌɪˈɒlədʒi
AM iˌlektroʊbaɪˈɑlədʒi,
əˌlektrəbaɪˈɑlədʒi

electrocardiogram
BR ɪˌlektrəʊˈkɑːdɪəgram, -z
AM əˌlektrəˈkɑrdiəˌgræm, iˌlektroʊˈkɑrdiəˌgræm,
iˌlektroʊˈkɑrdioʊˌgræm, -z

electrocardiograph
BR ɪˌlektrəʊˈkɑːdɪəgrɑːf, -s
AM əˌlektrəˈkɑrdiəˌgræf, iˌlektroʊˈkɑrdiəˌgræf,
iˌlektroʊˈkɑrdioʊˌgræf, -s

electrocardiographic
BR ɪˌlektrəʊˌkɑːdɪəˈgrafɪk
AM əˈlektroʊˌkɑrdioʊˈgræfɪk, əˈlektrəˌkɑrdiəˈgræfɪk,
iˈlektroʊˌkɑrdiəˈgræfɪk, iˌlektroʊˌkɑrdioʊˈgræfɪk,
iˈlektrəˌkɑrdiəˈgræfɪk, əˈlektroʊˌkɑrdioʊˈgræfɪk

electrocardiography
BR ɪˌlektrəʊˈkɑːdɪˈɒgrəfi
AM əˌlektrəˌkɑrdiˈɑgrəfi, iˌlektroʊˌkɑrdiˈɑgrəfi

electrochemical
BR ɪˌlektrəʊˈkemɪkl
AM əˌlektrəˈkemək(ə)l, iˌlektroʊˈkemək(ə)l

electrochemically
BR ɪˌlektrəʊˈkemɪkli
AM əˌlektrəˈkemək(ə)li, iˌlektroʊˈkemək(ə)li

electrochemist
BR ɪˌlektrəʊˈkemɪst, -s
AM əˌlektrəˈkeməst, iˌlektroʊˈkeməst, -s

electrochemistry
BR ɪˌlektrəʊˈkemɪstri
AM əˌlektrəˈkeməstri, iˌlektroʊˈkeməstri

electroconvulsive
BR ɪˌlektrəʊkənˈvʌlsɪv
AM əˌlektrəkənˈvəlsɪv, iˌlektroʊkənˈvəlsɪv

electrocute
BR ɪˈlektrəkjuːt, -s, -ɪŋ, -ɪd
AM iˈlektrəˌkju|t, əˈlektrəˌkju|t, -ts, -dɪŋ, -dəd

electrocution
BR ɪˌlektrəˈkjuːʃn, -z
AM iˈlektrəˈkjuʃ(ə)n, əˌlektrəˈkjuʃ(ə)n, -z

electrode
BR ɪˈlektrəʊd, -z
AM iˈlektroʊd, -z

electrodialysis
BR ɪˌletrə(ʊ)dʌɪˈalɪsɪs
AM əˌlektrəˌdaɪˈæləsəs, iˌlektroʊˌdaɪˈæləsəs

electrodynamic
BR ɪˌletrə(ʊ)dʌɪˈnamɪk, -s
AM əˌlektrəˌdaɪˈnæmɪk, iˌlektroʊˌdaɪˈnæmɪk, -s

electrodynamically
BR ɪˌletrə(ʊ)dʌɪˈnamɪkli
AM əˌlektrəˌdaɪˈnæmək(ə)li, iˌlektroʊˌdaɪˈnæmək(ə)li

electroencephalogram
BR ɪˌlektrəʊenˈsefləgram, ɪˌlektrəʊenˈkefləgram, -z
AM iˌlektroʊenˈsefələgræm, -z

electroencephalograph
BR ɪˌlektrəʊenˈsefləgrɑːf, ɪˌlektrəʊenˈkefləgrɑːf, ɪˌlektrəʊenˈsef(ə)ləgraf, -s
AM iˌlektroʊenˈsefələgræf, -s

electroencephalography
BR ɪˌlektrəʊenˌsefəˈlɒgrəfi, ɪˌlektrəʊenˌkefəˈlɒgrəfi
AM iˌlektroʊenˌsefəˈlɑgrəfi

electroluminescence
BR ɪˌlektrəʊˌluːmɪˈnesns
AM iˌlektroʊˌluməˈnes(ə)ns

electroluminescent
BR ɪˌlektrəʊˌluːmɪˈnesnt
AM iˌlektroʊˌluməˈnes(ə)nt

Electrolux
BR ɪˈlektrə(ʊ)lʌks
AM əˈlektrəˌləks

electrolyse
BR ɪˈlektrəlʌɪz, -ɪz, -ɪŋ, -d
AM iˈlektrəˌlaɪz, əˈlektrəˌlaɪz, -ɪz, -ɪŋ, -d

electrolyser
BR ɪˈlektrəlʌɪzə(r), -z
AM iˈlektrəˌlaɪzər, əˈlektrəˌlaɪzər, -z

electrolysis
BR ɪˌlekˈtrɒlɪsɪs, ˌelekˈtrɒlɪsɪs, ˌilekˈtrɒlɪsɪs, ˌiːlekˈtrɒlɪsɪs
AM iˌlekˈtraləsəs, əˌlekˈtraləsəs

electrolyte
BR ɪˈlektrəlʌɪt, -s
AM iˈlektrəˌlaɪt, əˈlektrəˌlaɪt, -s

electrolytic
BR ɪˌlektrəˈlɪtɪk
AM iˌlektrəˈlɪdɪk, əˌlektrəˈlɪdɪk

electrolytical
BR ɪˌlektrəˈlɪtɪkl
AM iˌlektrəˈlɪdɪk(ə)l, əˌlektrəˈlɪdɪk(ə)l

electrolytically
BR ɪˌlektrəˈlɪtɪkli
AM iˌlektrəˈlɪdɪk(ə)li,
əˌlektrəˈlɪdɪk(ə)li

electrolyze
BR ɪˈlektrəlʌɪz, -ɪz,
-ɪŋ, -d
AM iˈlektrəˌlaɪz,
əˈlektrəˌlaɪz, -ɪz,
-ɪŋ, -d

electrolyzer
BR ɪˈlektrəlʌɪzə(r), -z
AM iˈlektrəˌlaɪzər,
əˈlektrəˌlaɪzər, -z

electromagnet
BR ɪˌlektrə(ʊ)ˈmagnɪt,
-s
AM iˌlektrəˈmægnət,
əˌlektrəˈmægnət,
-s

electromagnetic
BR ɪˌlektrə(ʊ)magˈnetɪk
AM iˌlektrəˌmægˈnedɪk, əˌlektrəˌmægˈnedɪk

electromagnetically
BR ɪˌlektrə(ʊ)magˈnetɪkli
AM iˌlektrəˌmægˈnedək(ə)li, əˌlektrəˌmægˈnedək(ə)li

electromagnetism
BR ɪˌlektrə(ʊ)ˈmagnɪtɪzm
AM iˌlektrəˈmægnəˌtɪz(ə)m, əˌlektrəˈmægnəˌtɪz(ə)m

electromechanical
BR ɪˌlektrə(ʊ)mɪˈkanɪkl
AM iˌlektrəməˈkænək(ə)l, əˌlektrəməˈkænək(ə)l

electrometer
BR ɪˌlekˈtrɒmɪtə(r), -z
AM iˌlekˈtramədər, əˌlekˈtramədər, -z

electrometric
BR ɪˌlektrə(ʊ)ˈmetrɪk
AM iˌlektrəˈmetrɪk, əˌlektrəˈmetrɪk

electrometry
BR ɪˌlekˈtrɒmɪtri, ˌelekˈtrɒmɪtri, ˌɪlekˈtrɒmɪtri, ˌiːlekˈtrɒmɪtri
AM iˌlekˈtramətri, əˌlekˈtramətri

electromotive
BR ɪˌlektrə(ʊ)ˈməʊtɪv
AM iˌlektrəˈmoʊdɪv, əˌlektrəˈmoʊdɪv

electron
BR ɪˈlektrɒn, -z
AM iˈlekˌtran, əˈlekˌtran, -z

electronegative
BR ɪˌlektrə(ʊ)ˈnegətɪv
AM iˌlektrəˈnegədɪv, əˌlektrəˈnegədɪv

electronic
BR ɪˌlekˈtrɒnɪk, ˌelekˈtrɒnɪk, ˌɪlekˈtrɒnɪk, ˌiːlekˈtrɒnɪk, -s
AM iˌlekˈtranɪk, əˌlekˈtranɪk, -s

electronically
BR ɪˌlekˈtrɒnɪkli, ˌelekˈtrɒnɪkli, ˌɪlekˈtrɒnɪkli, ˌiːlekˈtrɒnɪkli
AM iˌlekˈtranək(ə)li, əˌlekˈtranək(ə)li

electronvolt
BR ɪˈlektrɒnˌvəʊlt, -s
AM iˈlektranˌvoʊlt, əˈlektranˌvoʊlt, -s

electrophile
BR ɪˈlektrə(ʊ)fʌɪl, -z
AM iˈlektrəˌfaɪl, əˈlektrəˌfaɪl, -z

electrophilic
BR ɪˌlektrə(ʊ)ˈfɪlɪk
AM iˈlektrəˈfɪlɪk, əˌlektrəˈfɪlɪk

electrophonic
BR ɪˌletrə(ʊ)ˈfɒnɪk
AM əˌlektrəˈfanɪk

electrophoreses
BR ɪˌlektrə(ʊ)fəˈriːsiːz
AM iˌlektrəfəˈrisiz, əˌlektrəfəˈrisiz

electrophoresic
BR ɪˌlektrə(ʊ)fəˈriːsɪk
AM iˌlektrəfəˈrisɪk, əˌlektrəfəˈrisɪk

electrophoresis
BR ɪˌlektrə(ʊ)fəˈriːsɪs
AM iˌlektrəfəˈrisɪs, əˌlektrəfəˈrisɪs

electrophoretic
BR ɪˌlektrə(ʊ)fəˈretɪk
AM iˌlektrəfəˈredɪk, əˌlektrəfəˈredɪk

electrophorus
BR ɪˌlekˈtrɒf(ə)rəs, ˌelekˈtrɒf(ə)rəs, ˌɪlekˈtrɒf(ə)rəs, ˌiːlekˈtrɒf(ə)rəs
AM iˌlekˈtraf(ə)rəs, əˌlekˈtraf(ə)rəs

electrophysiological
BR ɪˌlektrəʊˌfɪzɪəˈlɒdʒɪkl
AM iˌlektrəˌfɪzɪəˈlɑdʒək(ə)l, əˌlektrəˌfɪziəˈladʒək(ə)l

electrophysiology
BR ɪˌlektrəʊˌfɪzɪˈɒlədʒi
AM iˌlektrəˌfɪziˈalədʒi, əˌlektrəˌfɪziˈalədʒi

electroplate
BR ɪˈlektrə(ʊ)pleɪt, ɪˌletrə(ʊ)ˈpleɪt, -s, -ɪŋ, -ɪd
AM iˈlektrəˌpleɪ|t, əˈlektrəˌpleɪ|t, -ts, -dɪŋ, -dɪd

electroplater
BR ɪˈlektrə(ʊ)pleɪtə(r), ɪˌlektrə(ʊ)ˈpleɪtə(r), -z
AM iˈlektrəˌpleɪdər, əˈlektrəˌpleɪdər, -z

electroplexy
BR ɪˈlektrə(ʊ)pleksi
AM iˈlektrəˌpleksi, əˈlektrəˌpleksi

electropositive
BR ɪˌlektrəʊˈpɒzɪtɪv
AM iˌlektrəˈpazədɪv, əˌlektrəˈpazədɪv

electroscope
BR ɪˈlektrəskəʊp, -s
AM iˈlektrəˌskoʊp, əˈlektrəˌskoʊp, -s

electroscopic
BR ɪˌlektrə(ʊ)ˈskɒpɪk
AM iˌlektrəˈskapɪk, əˌlektrəˈskapɪk

electroshock
BR ɪˈlektrəʃɒk, -s
AM iˈlektroʊʃak, iˌlektroʊˈʃak, -s

electrostatic
BR ɪˌlektrə(ʊ)ˈstatɪk, -s
AM iˌlektrəˈstædɪk, əˌlektrəˈstædɪk, -s

electrotechnic
BR ɪˌlektrəʊˈteknɪk, -s
AM iˌlektrəˈteknɪk, əˌlektrəˈteknɪk, -s

electrotechnical
BR ɪˌlektrəʊˈteknɪkl
AM iˌlektrəˈteknək(ə)l, əˌlektrəˈteknək(ə)l

electrotechnology
BR ɪˌlektrəʊtekˈnɒlədʒi
AM iˌlektrəˌtekˈnalədʒi, əˌlektrəˌtekˈnalədʒi

electrotherapeutic
BR ɪˌlektrəʊˌθerəˈpjuːtɪk
AM iˌlektrəˌθerəˈpjudɪk, əˌlektrəˌθerəˈpjudɪk

electrotherapeutical
BR ɪˌlektrəʊˌθerəˈpjuːtɪkl
AM iˌlektrəˌθerəˈpjudək(ə)l, əˌlektrəˌθerəˈpjudək(ə)l

electrotherapist
BR ɪˌlektrəʊˈθerəpɪst, -s
AM iˌlektrəˈθerəpəst, əˌlektrəˈθerəpəst, -s

electrotherapy
BR ɪˌlektrəʊˈθerəpi
AM iˌlektrəˈθerəpi, əˌlektrəˈθerəpi

electrothermal
BR ɪˌlektrəʊˈθəːml
AM iˌlektrəˈθɜrm(ə)l,
əˌlektrəˈθɜrm(ə)l

electrotype
BR ɪˈlektrə(ʊ)tʌɪp, -s
AM iˈlektrəˌtaɪp,
əˈlektrəˌtaɪp,
-s

electrotyper
BR ɪˈlektrə(ʊ)ˌtʌɪpə(r),
-z
AM iˈlektrəˌtaɪpər,
əˈlektrəˌtaɪpər, -z

electrovalence
BR ɪˌlektrəʊˈveɪlns
AM iˌlektrəˈveɪl(ə)ns,
əˌlektrəˈveɪl(ə)ns

electrovalency
BR ɪˌlektrəʊˈveɪlnsi
AM iˌlektrəˈveɪlənsi,
əˌlektrəˈveɪlənsi

electrovalent
BR ɪˌlektrəʊˈveɪlnt
AM iˌlektrəˈveɪl(ə)nt,
əˌlektrəˈveɪl(ə)nt

electrum
BR ɪˈlektrəm
AM iˈlektr(ə)m,
əˈlektr(ə)m

electuary
BR ɪˈlektjʊər|i,
ɪˈlektʃʊər|i,
ɪˈlektʃɜr|i, -ɪz
AM iˈlektʃəˌweri,
əˈlektʃəˌweri, -z

eleemosynary
BR ˌel(ɪ)iːˈmɒs(ɪ)nəri,
ˌel(ɪ)iːˈmɒsn̩ri
AM ˌeləˈmɑsn̩ri

elegance
BR ˈelɪg(ə)ns
AM ˈelǝgǝns

elegant
BR ˈelɪg(ə)nt
AM ˈelǝgǝnt

elegantly
BR ˈelɪg(ə)ntli
AM ˈelǝgǝn(t)li

elegiac
BR ˌelɪˈdʒʌɪək, -s
AM ˌeləˈdʒaɪək, -s

elegiacal
BR ˌelɪˈdʒʌɪəkl
AM ˌeləˈdʒaɪək(ə)l

elegiacally
BR ˌelɪˈdʒʌɪəkli
AM ˌeləˈdʒaɪək(ə)li

elegise
BR ˈelɪdʒʌɪz, -ɪz,
-ɪŋ, -d
AM ˈeləˌdʒaɪz, -ɪz,
-ɪŋ, -d

elegist
BR ˈelɪdʒɪst, -s
AM ˈelədʒəst, -s

elegize
BR ˈelɪdʒʌɪz, -ɪz, -ɪŋ,
-d
AM ˈeləˌdʒaɪz, -ɪz, -ɪŋ,
-d

elegy
BR ˈelədʒ|i, -ɪz
AM ˈelədʒi, -z

element
BR ˈelɪm(ə)nt, -s
AM ˈeləm(ə)nt, -s

elemental
BR ˌelɪˈmentl, -z
AM ˌeləˈmen(t)l, -z

elementalism
BR ˌelɪˈmentlˌɪzm
AM ˌeləˈmen(t)lˌɪz(ə)m

elementally
BR ˌelɪˈmentli
AM ˌeləˈmen(t)li

elementarily
BR ˌelɪˈment(ə)rɪli
AM ˌeləˈment(ə)rəli

elementariness
BR ˌelɪˈment(ə)rɪnɪs
AM ˌeləˈment(ə)rɪnɪs

elementary
BR ˌelɪˈment(ə)ri
AM ˌeləˈment(ə)ri

elemi
BR ˈeləm|i, -ɪz
AM ˈeləmi, -z

elenchus
BR ɪˈleŋkəs
AM iˈleŋkəs, əˈleŋkəs

elenctic
BR ɪˈleŋktɪk
AM iˈleŋktɪk, əˈleŋktɪk

Eleonora
BR ˌelɪəˈnɔːrə(r)
AM ˌeləˈnɔrə

elephant
BR ˈelɪf(ə)nt, -s
AM ˈeləfənt, -s

elephantiasis
BR ˌelɪf(ə)nˈtʌɪəsɪs
AM ˌeləfənˈtaɪəsəs

elephantine
BR ˌelɪˈfantʌɪn
AM ˌeləˈfænˌtaɪn,
ˈeləfənˌtiːn, ˈeləfənˌtaɪn, ˌeləˈfænˌtiːn

elephantoid
BR ˌelɪˈfantɔɪd
AM ˈeləfənˌtɔɪd,
ˌeləˈfænˌtɔɪd

Eleusinian
BR ˌeljʊˈsɪniən
AM ˌel(j)uˈsɪniən

Eleusis
BR ɪˈljuːsɪs
AM əˈl(j)usɪs

elevate
BR ˈelɪveɪt, -s, -ɪŋ, -ɪd
AM ˈeləˌveɪ|t, -ts, -dɪŋ,
-dɪd

elevation
BR ˌelɪˈveɪʃn, -z
AM ˌeləˈveɪʃ(ə)n, -z

elevational
BR ˌelɪˈveɪʃn̩l
AM ˌeləˈveɪʃən(ə)l,
ˌeləˈveɪʃn(ə)l

elevator
BR ˈelɪveɪtə(r), -z
AM ˈeləˌveɪdər, -z

elevatory
BR ˌelɪˈveɪt(ə)ri
AM ˈeləvəˌtɔri

eleven
BR ɪˈlevn
AM iˈlev(ə)n, əˈlev(ə)n

elevenfold
BR ɪˈlevnfəʊld
AM iˈlevənˌfoʊld,
əˈlevənˌfoʊld

elevenses
BR ɪˈlevnzɪz
AM iˈlevənzəz,
əˈlevənzəz

eleventh
BR ɪˈlevnθ
AM iˈlevənθ,
əˈlevnθ

elevon
BR ˈelɪvɒn, -z
AM ˈeləˌvɑn, -z

elf
BR elf
AM elf

Elfed
BR ˈelved
AM ˈelved

elfin
BR ˈelfɪn
AM ˈelf(ə)n

elfish
BR ˈelfɪʃ
AM ˈelfɪʃ

elfishly
BR ˈelfɪʃli
AM ˈelfɪʃli

elfishness
BR ˈelfɪʃnɪs
AM ˈelfɪʃnɪs

elfland
BR ˈelfland
AM ˈelˌflænd

elflock
BR ˈelflɒk, -s
AM ˈelˌflɑk, -s

Elfreda
BR elˈfriːdə(r)
AM elˈfridə

Elfrida
BR elˈfriːdə(r)
AM elˈfridə

Elgar
BR ˈelgɑː(r)
AM ˈelgɑr

Elgin
BR ˈelgɪn
AM ˈelg(ə)n

El Giza
BR ˌel ˈgiːzə(r)
AM ˌel ˈgizə

Elgon
BR ˈelgɒn
AM ˈelˌgɑn

El Greco
BR ˌel ˈgrekəʊ
AM ˌel ˈgrekoʊ

Eli
BR ˈiːlʌɪ
AM ˈiˌlaɪ

Elia
BR ˈiːlɪə(r)
AM ˈiliə, ˈiljə

Elias
BR ɪˈlʌɪəs
AM iˈlaɪəs, əˈlaɪəs

elicit
BR ɪˈlɪs|ɪt, -ɪts, -ɪtɪŋ, -ɪtɪd
AM iˈlɪsə|t, əˈlɪsə|t, -ts, -dɪŋ, -dəd

elicitation
BR ɪˌlɪsɪˈteɪʃn, -z
AM iˌlɪsəˈteɪʃ(ə)n, əˌlɪsəˈteɪʃ(ə)n, -z

elicitor
BR ɪˈlɪsɪtə(r), -z
AM iˈlɪsədər, əˈlɪsədər, -z

elide
BR ɪˈlʌɪd, -z, -ɪŋ, -ɪd
AM iˈlaɪd, əˈlaɪd, -z, -ɪŋ, -ɪd

eligibility
BR ˌelɪdʒɪˈbɪlɪti
AM ˌeləjəˈbɪlɪdi

eligible
BR ˈelɪdʒɪbl
AM ˈelədʒəb(ə)l

eligibly
BR ˈelɪdʒɪbli
AM ˈelədʒəbli

Elihu
BR ɪˈlʌɪhjuː, eˈlʌɪhjuː
AM ˈeləh(j)u

Elijah
BR ɪˈlʌɪdʒə(r)
AM iˈlaɪ(d)ʒə, əˈlaɪ(d)ʒə

Elim
BR ˈiːlɪm
AM ˈilɪm

eliminable
BR ɪˈlɪmɪnəbl
AM iˈlɪmənəb(ə)l, əˈlɪmənəb(ə)l

eliminate
BR ɪˈlɪmɪneɪt, -s, -ɪŋ, -ɪd
AM iˈlɪməˌneɪ|t, əˈlɪməˌneɪ|t, -ts, -dɪŋ, -dɪd

elimination
BR ɪˌlɪmɪˈneɪʃn
AM iˌlɪməˈneɪʃ(ə)n, əˌlɪməˈneɪʃ(ə)n

eliminator
BR ɪˈlɪmɪneɪtə(r), -z
AM iˈlɪməˌneɪdər, əˈlɪməˌneɪdər, -z

eliminatory
BR ɪˈlɪmɪnət(ə)ri
AM iˈlɪmənəˌtɔri, əˈlɪmənəˌtɔri

Elinor
BR ˈelɪnə(r)
AM ˈelənər

ELINT *electronic intelligence*
BR ˈilɪnt
AM ˈeˌlɪnt

Eliot
BR ˈelɪət
AM ˈeliət

Elisabeth
BR ɪˈlɪzəbəθ
AM əˈlɪz(ə)bəθ

Elisabethville
BR ɪˈlɪzəbəθvɪl
AM əˈlɪz(ə)bəθˌvɪl

Elisha
BR ɪˈlʌɪʃə(r)
AM əˈlaɪʃə

elision
BR ɪˈlɪʒn, -z
AM əˈlɪʒ(ə)n, -z

élite
BR ɪˈliːt, eɪˈliːt, -s
AM eɪˈlit, əˈlit, -s

élitism
BR ɪˈliːtɪzm, eɪˈliːtɪzm
AM eɪˈlidɪz(ə)m, əˈlidɪz(ə)m

élitist
BR ɪˈliːtɪst, eɪˈliːtɪst, -s
AM eɪˈlidəst, əˈlidəst, -s

elixir
BR ɪˈlɪks(ɪ)ə(r), -z
AM iˈlɪksər, əˈlɪksər, -z

Eliza
BR ɪˈlʌɪzə(r)
AM əˈlaɪzə

Elizabeth
BR ɪˈlɪzəbəθ
AM əˈlɪz(ə)bəθ

Elizabethan
BR ɪˌlɪzəˈbiːθn, -z
AM iˌlɪzəˈbiθ(ə)n, əˌlɪzəˈbiθ(ə)n, -z

elk
BR elk, -s
AM elk, -s

elkhound
BR ˈelkhaʊnd, -z
AM ˈelkˌ(h)aʊnd, -z

Elkie
BR ˈelki
AM ˈelki

Elkins
BR ˈelkɪnz
AM ˈelkənz

ell
BR el, -z
AM el, -z

Ella
BR ˈelə(r)
AM ˈelə

Elland
BR ˈelənd
AM ˈelənd

Ellen
BR ˈelən
AM ˈel(ə)n

Ellery
BR ˈel(ə)ri
AM ˈeləri

Ellesmere
BR ˈelzmɪə(r)
AM ˈelzˌmɪ(ə)r

Ellice
BR ˈelɪs
AM ˈeləs

Ellie
BR ˈeli
AM ˈeli

Ellington
BR ˈelɪŋt(ə)n
AM ˈelɪŋt(ə)n

Elliot
BR ˈelɪət
AM ˈeliət

Elliott
BR ˈelɪət
AM ˈeliət

ellipse
BR ɪˈlɪps, -ɪz
AM iˈlɪps, əˈlɪps, -ɪz

ellipses *plural of ellipsis*
BR ɪˈlɪpsiːz
AM iˈlɪpsiz, əˈlɪpsiz

ellipsis
BR ɪˈlɪpsɪs
AM iˈlɪpsɪs, əˈlɪpsɪs

ellipsoid
BR ɪˈlɪpsɔɪd
AM iˈlɪpsɔɪd, əˈlɪpsɔɪd

ellipsoidal
BR ˌelɪpˈsɔɪdl, ˌɪlɪpˈsɔɪdl, ɪˌlɪpˈsɔɪdl
AM ˌiləpˈsɔɪd(ə)l, ˌeləpˈsɔɪd(ə)l

ellipt
BR ɪˈlɪpt, -s, -ɪŋ, -ɪd
AM iˈlɪpt, əˈlɪpt, -s, -ɪŋ, -ɪd

elliptic
BR ɪˈlɪptɪk
AM iˈlɪptɪk, əˈlɪptɪk

elliptical
BR ɪˈlɪptɪkl
AM iˈlɪptɪkl, əˈlɪptɪkl

elliptically
BR ɪˈlɪptɪkli
AM iˈlɪptɪk(ə)li, əˈlɪptɪk(ə)li

ellipticity
BR ˌelɪpˈtɪsɪti, ˌɪlɪpˈtɪsɪti, ɪˌlɪpˈtɪsɪti
AM iˌlɪpˈtɪsɪdi, əˌlɪpˈtɪsɪdi

Ellis
BR ˈelɪs
AM ˈeləs

Ellison
BR ˈelɪs(ə)n
AM ˈeləs(ə)n

Ellsworth
BR ˈelzwəːθ
AM ˈelzˌwərθ

Ellul
BR ˈiːlʌl, ˈelʌl
AM ˈelʌl

elm
BR elm, -z
AM elm, -z

Elmer
BR ˈɛlmə(r)
AM ˈɛlmər
Elmet
BR ˈɛlmɪt
AM ˈɛlmət
Elmo
BR ˈɛlməʊ
AM ˈɛlmoʊ
Elmwood
BR ˈɛlmwʊd
AM ˈɛlmˌwʊd
elmy
BR ˈɛlmi
AM ˈɛlmi
El Niño
BR ɛl ˈniːnjəʊ
AM ˌɛl ˈninjoʊ
elocution
BR ˌɛləˈkjuːʃn
AM ˌɛləˈkjuʃ(ə)n
elocutionary
BR ˌɛləˈkjuːʃn(ə)ri
AM ˌɛləˈkjuʃəˌnɛri
elocutionist
BR ˌɛləˈkjuːʃn̩ɪst, -s
AM ˌɛləˈkjuʃənəst, -s
Elohim
BR ɛˈləʊhɪm,
ɪˈləʊhɪm, ˌɛləʊˈhiːm
AM əˈloʊˌhɪm,
ˌɛloʊˈhɪm, ɛˈloʊˌhɪm
Elohist
BR ɛˈləʊhɪst,
ɪˈləʊhɪst, -s
AM əˈloʊ(h)əst,
ɛˈloʊ(h)əst, -s
Eloise
BR ˌɛləʊˈiːz, ˈɛləʊiːz
AM ˈɛləˌwiz
elongate
BR ˈiːlɒŋgeɪt, -s, -ɪŋ, -ɪd
AM iˈlɔŋˌgeɪt, iˈlɑŋ-
ˌgeɪt, əˈlɑŋˌgeɪt,
əˈlɔŋˌgeɪt, -ts,
-dɪŋ, -dɪd
elongation
BR ˌiːlɒŋˈgeɪʃn, -z
AM iˌlɔŋˈgeɪʃ(ə)n,
iˌlɑŋˈgeɪʃ(ə)n,
əˌlɑŋˈgeɪʃ(ə)n,
əˌlɔŋˈgeɪʃ(ə)n, -z

elope
BR ɪˈləʊp, -s, -ɪŋ, -t
AM iˈloʊp, əˈloʊp, -s,
-ɪŋ, -t
elopement
BR ɪˈləʊpm(ə)nt, -s
AM iˈloʊpm(ə)nt,
əˈloʊpm(ə)nt, -s
eloper
BR ɪˈləʊpə(r), -z
AM iˈloʊpər, əˈloʊpər,
-z
eloquence
BR ˈɛləkw(ə)ns
AM ˈɛləkwəns
eloquent
BR ˈɛləkw(ə)nt
AM ˈɛləkwənt
eloquently
BR ˈɛləkw(ə)ntli
AM ˈɛləkwən(t)li
El Paso
BR ɛl ˈpasə
AM ˌɛl ˈpæsoʊ
Elphick
BR ˈɛlfɪk
AM ˈɛlfɪk
Elroy
BR ˈɛlrɔɪ
AM ˈɛlrɔɪ
Elsa
BR ˈɛlsə(r)
AM ˈɛlsə, ˈɛlzə
Elsan
BR ˈɛlsan
AM ˈɛls(ə)n, ˈɛlz(ə)n
Elsbeth
BR ˈɛlsbəθ
AM ˈɛlzbəθ
else
BR ɛls
AM ɛls
elsewhere
BR ɛlsˈwɛː(r),
ˈɛlswɛː(r)
AM ˈɛlsˌ(h)wɛ(ə)r
Elsie
BR ˈɛlsi
AM ˈɛlsi
Elsinore
BR ˈɛlsɪnɔː(r)
AM ˈɛlsəˌnɔ(ə)r

Elspeth
BR ˈɛlspəθ
AM ˈɛlspəθ
Elstree
BR ˈɛlstriː
AM ˈɛlsˌtri
Elsworthy
BR ˈɛlzwəːði
AM ˈɛlzˌwərði
Eltham
BR ˈɛltəm
AM ˈɛlt(ə)m
Elton
BR ˈɛlt(ə)n
AM ˈɛlt(ə)n
eluant
BR ˈɛljʊənt, -s
AM ˈɛl(j)əwənt, -s
eluate
BR ˈɛljʊət, -s
AM ˈɛl(j)əˌweɪt,
ˈɛl(j)əwət, -s
elucidate
BR ɪˈl(j)uːsɪdeɪt, -s,
-ɪŋ, -ɪd
AM iˈlusəˌdeɪt,
əˈlusəˌdeɪt, -ts,
-dɪŋ, -dɪd
elucidation
BR ɪˌl(j)uːsɪˈdeɪʃn
AM iˌlusəˈdeɪʃ(ə)n,
əˌlusəˈdeɪʃ(ə)n
elucidative
BR ɪˈl(j)uːsɪdeɪtɪv
AM iˈlusəˌdeɪdɪv,
əˈlusəˌdeɪdɪv
elucidator
BR ɪˈl(j)uːsɪdeɪtə(r), -z
AM iˈlusəˌdeɪdər,
əˈlusəˌdeɪdər, -z
elucidatory
BR ɪˈl(j)uːsɪdeɪt(ə)ri,
ɪˌl(j)uːsɪˈdeɪt(ə)ri
AM iˈlusədəˌtɔri,
əˈlusədəˌtɔri
elude
BR ɪˈl(j)uːd, -z, -ɪŋ, -ɪd
AM iˈlud, əˈlud, -z,
-ɪŋ, -əd
eluent
BR ˈɛljʊənt, -s
AM ˈɛl(j)əwənt, -s

Elul
BR ˈiːlʌl, ˈɛlʌl
AM ˈɛləl
Eluned
BR ɛˈlɪnɛd
AM əˈlɪnəd
WE eˈlɪned
elusive
BR ɪˈl(j)uːsɪv
AM iˈlusɪv, əˈlusɪv
elusively
BR ɪˈl(j)uːsɪvli
AM iˈlusɪvli,
əˈlusɪvli
elusiveness
BR ɪˈl(j)uːsɪvnɪs
AM iˈlusɪvnɪs,
əˈlusɪvnɪs
elusory
BR ɪˈl(j)uːs(ə)ri
AM əˈluzəri, əˈlusəri,
iˈlusəri, iˈluzəri
elute
BR ɪˈl(j)uːt, -s, -ɪŋ, -ɪd
AM iˈluǀt, əˈluǀt, -ts,
-dɪŋ, -dəd
elution
BR ɪˈl(j)uːʃn
AM iˈluʃ(ə)n, əˈluʃ(ə)n
elutriate
BR ɪˈl(j)uːtrieɪt, -s,
-ɪŋ, -ɪd
AM iˈlutriˌeɪǀt,
əˈlutriˌeɪǀt, -ts, -dɪŋ,
-dɪd
elutriation
BR ɪˌl(j)uːtriˈeɪʃn
AM iˌlutriˈeɪʃ(ə)n,
əˌlutriˈeɪʃ(ə)n
elver
BR ˈɛlvə(r), -z
AM ˈɛlvər, -z
elves
BR ɛlvz
AM ɛlvz
Elvira
BR ɛlˈvɪərə(r),
ɛlˈvʌɪrə(r)
AM ɛlˈvaɪrə
Elvis
BR ˈɛlvɪs
AM ˈɛlvəs

elvish
BR ˈɛlvɪʃ
AM ˈɛlvɪʃ

elvishly
BR ˈɛlvɪʃli
AM ˈɛlvɪʃli

elvishness
BR ˈɛlvɪʃnɪs
AM ˈɛlvɪʃnɪs

Elwes
BR ˈɛlwɪz
AM ˈɛlwəz

Ely[1] *forename*
BR ˈiːlʌɪ
AM ˈiˌlaɪ

Ely[2] *place in UK*
BR ˈiːli
AM ˈili

Elyot
BR ˈɛliət
AM ˈɛliɪt

Élysée
BR ɪˈliːzeɪ, eɪˈliːzeɪ
AM ˌɛliˈzeɪ
FR elize

Elysian
BR ɪˈlɪziən
AM ɛˈlɪʒ(i)ən, ɪˈlɪʒ(i)ən, əˈlɪʒ(i)ən

Elysium
BR ɪˈlɪziəm
AM əˈlɪziəm, ɛˈlɪʒiəm, ɛˈlɪziəm, ɪˈlɪʒiəm, ɪˈlɪziəm, əˈlɪʒiəm

elytra
BR ˈɛlɪtrə(r)
AM ˈɛlətrə

elytron
BR ˈɛlɪtr(ɒ)n
AM ˈɛləˌtrɑn

Elzevir
BR ˈɛlzɪvɪə(r)
AM ˈɛlzəˌvɪ(ə)r

em
BR ɛm, -z
AM ɛm, -z

'em
BR əm, m
AM m, əm

emaciate
BR ɪˈmeɪsieɪt, ɪˈmeɪʃieɪt, -s, -ɪŋ, -ɪd
AM ɪˈmeɪʃiˌeɪ|t, -ts, -dɪŋ, -dɪd

emaciation
BR ɪˌmeɪsiˈeɪʃn
AM ɪˌmeɪʃiˈeɪʃ(ə)n

email
BR ˈiːmeɪl
AM ˈiˌmeɪl

e-mail
BR ˈiːmeɪl
AM ˈiˌmeɪl

emanate
BR ˈɛmənɛɪt, -s, -ɪŋ, -ɪd
AM ˈɛməˌneɪ|t, -ts, -dɪŋ, -dɪd

emanation
BR ˌɛməˈneɪʃn, -z
AM ˌɛməˈneɪʃ(ə)n, -z

emanative
BR ˈɛməneɪtɪv, ˈɛmənətɪv
AM ˈɛməˌneɪdɪv

emancipate
BR ɪˈmansɪpeɪt, -s, -ɪŋ, -ɪd
AM ɪˈmænsəˌpeɪ|t, -ts, -dɪŋ, -dɪd

emancipation
BR ɪˌmansɪˈpeɪʃn
AM ɪˌmænsəˈpeɪʃ(ə)n

emancipationist
BR ɪˌmansɪˈpeɪʃn̩ɪst, -s
AM ɪˌmænsəˈpeɪʃənəst, -s

emancipator
BR ɪˈmansɪpeɪtə(r), -z
AM ɪˈmænsəˌpeɪdər, -z

emancipatory
BR ɪˈmansɪpət(ə)ri, ɪˌmansɪˈpeɪt(ə)ri
AM ɪˈmænsəpəˌtɔri

Emanuel
BR ɪˈmanjʊ(ə)l
AM əˈmænjəw(ə)l

emasculate
BR ɪˈmaskjʊleɪt, -s, -ɪŋ, -ɪd
AM ɪˈmæskjəˌleɪ|t, -ts, -dɪŋ, -dɪd

emasculation
BR ɪˌmaskjʊˈleɪʃn
AM ɪˌmæskjəˈleɪʃ(ə)n

emasculator
BR ɪˈmaskjʊleɪtə(r), -z
AM ɪˈmæskjəˌleɪdər, -z

emasculatory
BR ɪˈmaskjʊlət(ə)ri
AM ɪˈmæskjələˌtɔri

embalm
BR ɪmˈbɑːm, ɛmˈbɑːm, -z, -ɪŋ, -d
AM ɛmˈbɑ(l)m, -z, -ɪŋ, -d

embalmer
BR ɪmˈbɑːmə(r), ɛmˈbɑːmə(r), -z
AM ɛmˈbɑ(l)mər, -z

embalmment
BR ɪmˈbɑːmm(ə)nt, ɛmˈbɑːmm(ə)nt
AM ɛmˈbɑ(m)m(ə)nt, ɛmˈbɑ(l)m(ə)nt

embank
BR ɪmˈbaŋ|k, ɛmˈbaŋ|k, -ks, -kɪŋ, -(k)t
AM ɛmˈbæŋ|k, -ks, -kɪŋ, -(k)t

embankment
BR ɪmˈbaŋkm(ə)nt, ɛmˈbaŋkm(ə)nt, -s
AM ɛmˈbæŋkm(ə)nt, -s

embarcation
BR ˌɛmbɑːˈkeɪʃn, -z
AM ˌɛmˌbɑrˈkeɪʃ(ə)n, -z

embargo
BR ɪmˈbɑːɡəʊ, ɛmˈbɑːɡəʊ, -z, -ɪŋ, -d
AM ɛmˈbɑrɡoʊ, -z, -ɪŋ, -d

embark
BR ɪmˈbɑːk, ɛmˈbɑːk, -s, -ɪŋ, -t
AM ɛmˈbɑrk, -s, -ɪŋ, -t

embarkation
BR ˌɛmbɑːˈkeɪʃn, -z
AM ˌɛmˌbɑrˈkeɪʃ(ə)n, -z

embarras de choix
BR ɒmˌbarɑː də ˈʃwɑː(r)
AM ˌɑmbɑˈrɑ də ˈʃwɑ

embarras de richesse
BR ɒmˌbarɑː də rɪˈʃɛs
AM ˌɑmbɑˈrɑ də rɪˈʃɛs

embarrass
BR ɪmˈbarəs, ɛmˈbarəs, -ɪz, -ɪŋ, -t
AM ɛmˈbɛrəs, -əz, -ɪŋ, -t

embarrassedly
BR ɪmˈbarəstli, ɛmˈbarəstli, ɪmˈbarəsɪdli, ɛmˈbarəsɪdli
AM ɛmˈbɛrəstli, ɛmˈbɛrəsədli

embarrassing
BR ɪmˈbarəsɪŋ, ɛmˈbarəsɪŋ
AM ɛmˈbɛrəsɪŋ

embarrassingly
BR ɪmˈbarəsɪŋli, ɛmˈbarəsɪŋli
AM ɛmˈbɛrəsɪŋli

embarrassment
BR ɪmˈbarəsm(ə)nt, ɛmˈbarəsm(ə)nt, -s
AM ɛmˈbɛrəsm(ə)nt, -s

embassy
BR ˈɛmbəs|i, -ɪz
AM ˈɛmbəsi, -z

embattle
BR ɪmˈbat|l, ɛmˈbat|l, -lz, -lɪŋ\-lɪŋ, -ld
AM ɛmˈbæd(ə)l, -z, -ɪŋ, -d

embattled
BR ɪmˈbatld, ɛmˈbatld
AM ɛmˈbædld

embay
BR ɪmˈbeɪ, ɛmˈbeɪ, -z, -ɪŋ, -d
AM ɛmˈbeɪ, -z, -ɪŋ, -d

embayment
BR ɪmˈbeɪm(ə)nt, ɛmˈbeɪm(ə)nt
AM ɛmˈbeɪm(ə)nt

embed
BR ɪmˈbed, emˈbed,
-z, -ɪŋ, -ɪd
AM emˈbed, -z, -ɪn,
-əd
embedment
BR ɪmˈbedm(ə)nt,
emˈbedm(ə)nt
AM emˈbedm(ə)nt
embellish
BR ɪmˈbel|ɪʃ,
emˈbel|ɪʃ, -ɪʃiz,
-ɪʃɪŋ, -ʊʃt
AM emˈbelɪʃ, -ɪz,
-ɪŋ, -t
embellisher
BR ɪmˈbelɪʃə(r),
emˈbelɪʃə(r), -z
AM emˈbelɪʃər, -z
embellishment
BR ɪmˈbelɪʃm(ə)nt,
emˈbelɪʃm(ə)nt, -s
AM emˈbelɪʃm(ə)nt, -s
ember
BR ˈembə(r), -z
AM ˈembər, -z
embezzle
BR ɪmˈbez|l,
emˈbez|l, -lz,
-l̩ɪŋ\-lɪŋ, -ld
AM emˈbez(ə)l, -z,
-ɪŋ, -d
embezzlement
BR ɪmˈbezlm(ə)nt,
emˈbezlm(ə)nt, -s
AM emˈbezəlm(ə)nt,
-s
embezzler
BR ɪmˈbezlə(r),
emˈbezlə(r), -z
AM emˈbezlər,
emˈbezlər, -z
embitter
BR ɪmˈbɪt|ə(r),
emˈbɪt|ə(r), -əz,
-(ə)rɪŋ, -əd
AM emˈbɪdər, -z,
-ɪŋ, -d
embitterment
BR ɪmˈbɪtəm(ə)nt,
emˈbɪtəm(ə)nt
AM emˈbɪdərm(ə)nt

emblazon
BR ɪmˈbleɪzn̩,
emˈbleɪzn̩, -z,
-ɪŋ, -d
AM emˈbleɪz(ə)n, -z,
-ɪŋ, -d
emblazonment
BR ɪmˈbleɪznm(ə)nt,
emˈbleɪznm(ə)nt
AM emˈbleɪzənm(ə)nt
emblazonry
BR ɪmˈbleɪznri,
emˈbleɪznri
AM emˈbleɪzənri
emblem
BR ˈembləm, -z
AM ˈembl(ə)m, -z
emblematic
BR ˌembləˈmatɪk
AM ˌembləˈmædɪk
emblematical
BR ˌembləˈmatɪkl
AM ˌembləˈmædək(ə)l
emblematically
BR ˌembləˈmatɪkli
AM ˌembləˈmædək(ə)li
emblematise
BR emˈblemətʌɪz, -ɪz,
-ɪŋ, -d
AM emˈbleməˌtaɪz,
-ɪz, -ɪŋ, -d
emblematize
BR emˈblemətʌɪz, -ɪz,
-ɪŋ, -d
AM emˈbleməˌtaɪz,
-ɪz, -ɪŋ, -d
emblements
BR ˈemblɪm(ə)nts
AM emˈblemən(t)s
embodiment
BR ɪmˈbɒdɪm(ə)nt,
emˈbɒdɪm(ə)nt,
-s
AM emˈbadəm(ə)nt,
emˈbadim(ə)nt,
-s
embody
BR ɪmˈbɒd|i,
emˈbɒd|i, -ɪz,
-ɪɪŋ, -ɪd
AM əmˈbadi, -z,
-ɪŋ, -d

embolden
BR ɪmˈbəʊld|(ə)n,
emˈbəʊld|(ə)n,
-(ə)nz, -ənɪŋ\-n̩ɪŋ,
-(ə)nd
AM emˈboʊld(ə)n, -z,
-ɪŋ, -d
emboli
BR ˈembəlʌɪ, ˈembəliː
AM ˈembəˌlaɪ
embolic
BR emˈbɒlɪk
AM emˈbɑlɪk
embolism
BR ˈembəlɪzm, -z
AM ˈembəˌlɪz(ə)m, -z
embolismic
BR ˌembəˈlɪzmɪk
AM ˌembəˈlɪzmɪk
embolus
BR ˈembələs
AM ˈembələs
embonpoint
BR ˌɒmbɒnˈpwa(r),
ˌɒ̃bɒ̃ˈpwɒ̃(r)
AM ˌambɒnˈpwan
FR ɑ̃bɔ̃pwɛ̃
embosom
BR ɪmˈbʊz|(ə)m,
emˈbʊz|(ə)m,
-(ə)mz, -əmɪŋ\-m̩ɪŋ,
-(ə)md
AM emˈbʊz(ə)m, -z,
-ɪŋ, -d
emboss
BR ɪmˈbɒs, emˈbɒs,
-ɪz, -ɪŋ, -t
AM emˈbɔs, emˈbɑs,
-əz, -ɪŋ, -t
embosser
BR ɪmˈbɒsə(r),
emˈbɒsə(r), -z
AM emˈbasər,
emˈbasər, -z
embossment
BR ɪmˈbɒsm(ə)nt,
emˈbɒsm(ə)nt, -s
AM emˈbɑsm(ə)nt,
emˈbasm(ə)nt, -s
embouchure
BR ˌɒmbʊˈʃʊə(r), -z
AM ˌambuˈʃʊ(ə)r, -z

embowel
BR ɪmˈbaʊəl,
emˈbaʊəl, -z, -ɪŋ, -d
AM emˈbaʊ(ə)l, -z,
-ɪŋ, -d
embower
BR ɪmˈbaʊə(r),
emˈbaʊə(r), -z, -ɪŋ,
-d
AM emˈbaʊər, -z,
-ɪŋ, -d
embrace
BR ɪmˈbreɪs, emˈbreɪs,
-ɪz, -ɪŋ, -t
AM emˈbreɪs, -ɪz,
-ɪŋ, -t
embraceable
BR ɪmˈbreɪsəbl,
emˈbreɪsəbl
AM emˈbreɪsəb(ə)l
embracement
BR ɪmˈbreɪsm(ə)nt,
emˈbreɪsm(ə)nt, -s
AM emˈbreɪsm(ə)nt, -s
embracer
BR ɪmˈbreɪsə(r),
emˈbreɪsə(r), -z
AM emˈbreɪsər, -z
embranchment
BR ɪmˈbran(t)ʃm(ə)nt,
emˈbran(t)ʃm(ə)nt,
-s
AM emˈbræn(t)ʃm(ə)nt,
-s
embrangle
BR ɪmˈbraŋgl,
emˈbraŋgl, -z, -ɪŋ, -d
AM emˈbræŋg(ə)l, -z,
-ɪŋ, -d
embranglement
BR ɪmˈbraŋglm(ə)nt,
emˈbraŋglm(ə)nt
AM emˈbræŋglmənt
embrasure
BR ɪmˈbreɪʒə(r),
emˈbreɪʒə(r), -z, -d
AM emˈbreɪʒər, -z, -d
embrittle
BR ɪmˈbrɪt|l, emˈbrɪt|l,
-lz, -l̩ɪŋ\-lɪŋ, -ld
AM emˈbrɪdəl, -z,
-ɪŋ, -d

embrittlement
BR ɪmˈbrɪtlm(ə)nt, emˈbrɪtlm(ə)nt
AM emˈbrɪdəlm(ə)nt

embrocation
BR ˌembrəˈkeɪʃn, -z
AM ˌembrəˈkeɪʃ(ə)n, -z

embroider
BR ɪmˈbrɔɪd|ə(r), emˈbrɔɪd|ə(r), -əz, -(ə)rɪŋ, -əd
AM emˈbrɔɪdər, -z, -ɪŋ, -d

embroiderer
BR ɪmˈbrɔɪd(ə)rə(r), emˈbrɔɪd(ə)rə(r), -z
AM emˈbrɔɪdərər, -z

embroidery
BR ɪmˈbrɔɪd(ə)ri, emˈbrɔɪd(ə)ri
AM emˈbrɔɪd(ə)ri

embroil
BR ɪmˈbrɔɪl, emˈbrɔɪl, -z, -ɪŋ, -d
AM emˈbrɔɪl, -z, -ɪŋ, -d

embroilment
BR ɪmˈbrɔɪlm(ə)nt, emˈbrɔɪlm(ə)nt, -s
AM emˈbrɔɪlm(ə)nt, -s

embrown
BR ɪmˈbraʊn, emˈbraʊn, -z, -ɪŋ, -d
AM emˈbraʊn, -z, -ɪŋ, -d

embryo
BR ˈembrɪəʊ, -z
AM ˈembriˌoʊ, -z

embryogenesis
BR ˌembrɪəʊˈdʒenɪsɪs
AM ˌembrioʊ-ˈdʒenəsəs

embryoid
BR ˈembrɪɔɪd
AM ˈembriˌɔɪd

embryologic
BR ˌembrɪəˈlɒdʒɪk
AM ˌembriəˈlɑdʒɪk, AM

embryological
BR ˌembrɪəˈlɒdʒɪkl
AM ˌembriəˈlɑdʒək(ə)l

embryologically
BR ˌembrɪəˈlɒdʒɪkli
AM ˌembriəˈlɑdʒək(ə)li

embryologist
BR ˌembrɪˈɒlədʒɪst, -s
AM ˌembriˈɑlədʒəst, -s

embryology
BR ˌembrɪˈɒlədʒi
AM ˌembriˈɑlədʒi

embryonal
BR ɪmˈbrʌɪənl, emˈbrʌɪənl
AM emˈbraɪən(ə)l

embryonic
BR ˌembrɪˈɒnɪk
AM ˌembriˈɑnɪk

embryonically
BR ˌembrɪˈɒnɪkli
AM ˌembriˈɑnək(ə)li

Embury
BR ˈemb(ə)ri, ˈembjʊri
AM ˈembəri

embus
BR ɪmˈbʌs, emˈbʌs, -ɪz, -ɪŋ, -t
AM emˈbəs, -əz, -ɪŋ, -t

emcee
BR ˌemˈsiː, -z
AM ˌˈemˌsi, -z

Emeline
BR ˈemɪliːn
AM ˈeməˌlaɪn

emend
BR ɪˈmend, iːˈmend, -z, -ɪŋ, -ɪd
AM iˈmend, -z, -ɪŋ, -əd

emendation
BR ˌiːmenˈdeɪʃn, -z
AM ˌemənˈdeɪʃ(ə)n, ˌimənˈdeɪʃ(ə)n, -z

emendator
BR ˈiːmendeɪtə(r), -z
AM ˈemənˌdeɪdər, ˈimenˌdeɪdər, -z

emendatory
BR ɪˈmendət(ə)ri
AM əˈmendəˌtɔri

Emeny
BR ˈeməni
AM ˈeməni

emerald
BR ˈem(ə)rḷd, -z
AM ˈem(ə)rəld, -z

emeraldine
BR ˈemərḷdiːn, ˈemrḷdiːn
AM ˈem(ə)rəlˌdaɪn, ˈem(ə)rəlˌdin

emerge
BR ɪˈmɜːdʒ, -ɪz, -ɪŋ, -d
AM iˈmɜrdʒ, -əz, -ɪŋ, -d

emergence
BR ɪˈmɜːdʒ(ə)ns
AM iˈmɜrdʒ(ə)ns

emergency
BR ɪˈmɜːdʒ(ə)ns|i, -ɪz
AM iˈmɜrdʒənsi, -z

emergent
BR ɪˈmɜːdʒ(ə)nt
AM iˈmɜrdʒ(ə)nt

emergently
BR ɪˈmɜːdʒ(ə)ntli
AM iˈmɜrdʒən(t)li

emeritus
BR ɪˈmerɪtəs
AM iˈmerədəs

emerse
BR ɪˈmɜːs, -t
AM iˈmɜrs, -t

emersion
BR ɪˈmɜːʃn
AM iˈmɜrʒn

Emerson
BR ˈemɜːs(ə)n
AM ˈemɜrs(ə)n

emery
BR ˈem(ə)ri
AM ˈem(ə)ri

emesis
BR ˈeməsɪs
AM ˈeməsəs

emetic
BR ɪˈmetɪk, -s
AM iˈmedɪk, -s

émeute
BR eɪˈmɜːt, -s
AM eɪˈmʊt, -s
FR emøt

emigrant
BR ˈemɪgrṇt, -s
AM ˈeməgrənt, -s

emigrate
BR ˈemɪgreɪt, -s, -ɪŋ, -ɪd
AM ˈeməˌgreɪ|t, -ts, -dɪŋ, -dɪd

emigration
BR ˌemɪˈgreɪʃn
AM ˌeməˈgreɪʃ(ə)n

emigratory
BR ˈemɪgreɪt(ə)ri
AM ˈeməgrəˌtɔri

emigré
BR ˈemɪgreɪ, -z
AM ˈeməˌgreɪ, -z

émigré
BR ˈemɪgreɪ, -z
AM ˈeməˌgreɪ, -z

Emil
BR eˈmiːl
AM ˈeɪmɪl

Emile
BR eˈmiːl
AM əˈmil

Emily
BR ˈemɪli, ˈemḷi
AM ˈem(ə)li

eminence
BR ˈemɪnəns, -ɪz
AM ˈemənəns, -əz

éminence grise
BR ˌemɪnəns ˈgriːz
AM ˌemənəns ˈgriz

eminent
BR ˈemɪnənt
AM ˈemənənt

eminently
BR ˈemɪnəntli
AM ˈemənən(t)li

emir
BR eˈmɪə(r), ɪˈmɪə(r), eɪˈmɪə(r), -z
AM eɪˈmɪ(ə)r, əˈmɪ(ə)r, -z

emirate
BR ˈemɪrət, ˈemɪərət, eˈmɪərət, eˈmɪəreɪt, -s
AM əˈmɪrət, ˈeməˌreɪt, ˈemərət, əˈmɪˌreɪt, -s

emissary
BR ˈemɪs(ə)r|i, -ɪz
AM ˈeməˌseri, -z

emission
BR ɪˈmɪʃn, -z
AM iˈmɪʃ(ə)n, -z

emissive
BR ɪˈmɪsɪv
AM iˈmɪsɪv

emissivity
BR ˌiːmɪˈsɪvɪti,
ˌɪmɪˈsɪvɪti, ˌemɪˈsɪvɪti
AM ˌɪməˈsɪvɪdi,
ˌeməˈsɪvɪdi

emit
BR ɪˈmɪt, -s, -ɪŋ, -ɪd
AM iˈmɪ|t, -ts, -dɪŋ, -dɪd

emitter
BR ɪˈmɪtə(r), -z
AM iˈmɪdər, -z

Emley
BR ˈemli
AM ˈemli

Emlyn
BR ˈemlɪn
AM ˈeml(ə)n

Emma
BR ˈemə(r)
AM ˈemə

Emmanuel
BR ɪˈmanjʊəl,
ɪˈmanjʊl
AM əˈmænjə(wə)l

Emmaus
BR ɪˈmeɪəs
AM əˈmeɪəs

Emmeline
BR ˈeməliːn
AM ˈemɛˌlaɪn

Emmental
BR ˈementaːl
AM ˈemənˌtal

Emmentaler
BR ˈementaːlə(r)
AM ˈemənˌtalər

Emmenthal
BR ˈementaːl
AM ˈemənˌtal

Emmenthaler
BR ˈementaːlə(r)
AM ˈemənˌtalər

emmer
BR ˈemə(r)
AM ˈemər

Emmerson
BR ˈeməs(ə)n
AM ˈemərs(ə)n

emmet
BR ˈemɪt, -s
AM ˈemət, -s

emmetropia
BR ˌemɪˈtrəʊpɪə(r)
AM ˌeməˈtroʊpɪə

emmetropic
BR ˌemɪˈtrɒpɪk,
ˌemɪˈtrəʊpɪk
AM ˌeməˈtrɑpɪk

Emmy
BR ˈem|i, -ɪz
AM ˈemi, -z

emoji
BR ɪˈməʊdʒ|i, -ɪz
AM iˈmoʊdʒi, -z

emollience
BR ɪˈmɒlɪəns
AM iˈmɑlj(ə)ns

emollient
BR ɪˈmɒlɪənt, -s
AM iˈmɑlj(ə)nt, -s

emolument
BR ɪˈmɒljʊm(ə)nt
AM iˈmɑljəm(ə)nt

Emory
BR ˈem(ə)ri
AM ˈeməri

emote
BR ɪˈməʊt, -s, -ɪŋ, -ɪd
AM iˈmoʊ|t, -ts, -dɪŋ, -dəd

emoter
BR ɪˈməʊtə(r), -z
AM iˈmoʊdər, -z

emoticon
BR ɪˈmɒtɪkɒn,
ɪˈməʊtɪkɒn, -z
AM iˈmoʊdəˌkɑn, -z

emotion
BR ɪˈməʊʃn, -z
AM iˈmoʊʃ(ə)n, -z

emotional
BR ɪˈməʊʃn̩
AM əˈmoʊʃən(ə)l, əˈmoʊʃn(ə)l

emotionalise
BR ɪˈməʊʃn̩ʌɪz,
ɪˈməʊʃnəlʌɪz, -ɪz, -ɪŋ, -d
AM iˈmoʊʃənəˌlaɪz, -ɪz, -ɪŋ, -d

emotionalism
BR ɪˈməʊʃn̩ɪzm,
ɪˈməʊʃnəlɪzm
AM iˈmoʊʃənlˌɪz(ə)m, iˈmoʊʃnəˌlɪz(ə)m

emotionalist
BR ɪˈməʊʃn̩lɪst,
ɪˈməʊʃnəlɪst, -s
AM əˈmoʊʃnələst, əˈmoʊʃənələst, -s

emotionality
BR ɪˌməʊʃəˈnalɪti
AM iˌmoʊʃəˈnælədi

emotionalize
BR ɪˈməʊʃn̩ʌɪz,
ɪˈməʊʃnəlʌɪz, -ɪz, -ɪŋ, -d
AM iˈmoʊʃənəˌlaɪz, -ɪz, -ɪŋ, -d

emotionally
BR ɪˈməʊʃn̩li,
ɪˈməʊʃnəli
AM əˈmoʊʃ(ə)nəli

emotionless
BR ɪˈməʊʃnləs
AM əˈmoʊʃənləs

emotive
BR ɪˈməʊtɪv
AM iˈmoʊdɪv

emotively
BR ɪˈməʊtɪvli
AM iˈmoʊdəvli

emotiveness
BR ɪˈməʊtɪvnɪs
AM iˈmoʊdɪvnɪs

emotivity
BR ɪˌməʊˈtɪvɪti
AM iˌmoʊˈtɪvɪdi

empanel
BR ɪmˈpanl, emˈpanl, -z, -ɪŋ, -d
AM əmˈpænl, -z, -ɪŋ, -d

empanelment
BR ɪmˈpanlm(ə)nt
AM əmˈpænlm(ə)nt

empath
BR ˈempaθ, -s
AM ˈemˌpæθ, -s

empathetic
BR ˌempəˈθetɪk
AM ˌempəˈθedɪk

empathetically
BR ˌempəˈθetɪkli
AM ˌempəˈθedək(ə)li

empathic
BR ɪmˈpaθɪk, emˈpaθɪk
AM emˈpæθɪk

empathically
BR ɪmˈpaθɪkli,
emˈpaθɪkli
AM emˈpæθək(ə)li

empathise
BR ˈempəθʌɪz, -ɪz, -ɪŋ, -d
AM ˈempəˌθaɪz, -ɪz, -ɪŋ, -d

empathist
BR ˈempəθɪst, -s
AM ˈempəθəst, -s

empathize
BR ˈempəθʌɪz, -ɪz, -ɪŋ, -d
AM ˈempəˌθaɪz, -ɪz, -ɪŋ, -d

empathy
BR ˈempəθi
AM ˈempəθi

Empedocles
BR emˈpedəkliːz
AM emˈpedəˌkliz

empennage
BR ɪmˈpenɪdʒ, emˈpenɪdʒ, -ɪz
AM ˌempəˈnɑ(d)ʒ, ˌɑmpəˈnɑʒ, -əz

emperor
BR ˈemp(ə)rə(r), -z
AM ˈemp(ə)rər, -z

emperorship
BR ˈemp(ə)rəʃɪp, -s
AM ˈemp(ə)rərˌʃɪp, -s

emphases
BR ˈemfəsiːz
AM ˈemfəˌsiz

emphasis
BR ˈemfəsɪs
AM ˈemfəsəs

emphasise
BR ˈemfəsʌɪz, -ɪz, -ɪŋ, -d
AM ˈemfəˌsaɪz, -ɪz, -ɪŋ, -d

emphasize
BR ˈemfəsʌɪz, -ɪz, -ɪŋ, -d
AM ˈemfəˌsaɪz, -ɪz, -ɪŋ, -d

emphatic
BR ɪmˈfatɪk, emˈfatɪk
AM emˈfædɪk

emphatically
BR ɪmˈfatɪkli, emˈfatɪkli
AM emˈfædək(ə)li

emphysema
BR ˌemfɪˈsiːmə(r)
AM ˌemfəˈziːmə, ˌemfəˈsiːmə

empire
BR ˈempʌɪə(r), -z
AM ˈemˌpaɪ(ə)r, -z

Empire State Building
BR ˌempʌɪəˌsteɪt ˈbɪldɪŋ
AM ˈemˌpaɪ(ə)r ˈsteɪt ˌbɪldɪŋ

empiric
BR ɪmˈpɪrɪk, emˈpɪrɪk
AM emˈpɪrɪk

empirical
BR ɪmˈpɪrɪkl, emˈpɪrɪkl
AM emˈpɪrɪk(ə)l

empirically
BR ɪmˈpɪrɪkli, emˈpɪrɪkli
AM emˈpɪrɪk(ə)li

empiricism
BR ɪmˈpɪrɪsɪzm, emˈpɪrɪsɪzm
AM emˈpɪrəˌsɪz(ə)m

empiricist
BR ɪmˈpɪrɪsɪst, emˈpɪrɪsɪst, -s
AM emˈpɪrəsəst, -s

emplacement
BR ɪmˈpleɪsm(ə)nt, emˈpleɪsm(ə)nt, -s
AM emˈpleɪsm(ə)nt, -s

emplane
BR ɪmˈpleɪn, emˈpleɪn, -z, -ɪŋ, -d
AM emˈpleɪn, -z, -ɪŋ, -d

employ
BR ɪmˈplɔɪ, emˈplɔɪ, -z, -ɪŋ, -d
AM emˈplɔɪ, -z, -ɪŋ, -d

employability
BR ɪmˌplɔɪəˈbɪlɪti, emˌplɔɪəˈbɪlɪti
AM emˌplɔɪəˈbɪlɪdi

employable
BR ɪmˈplɔɪəbl, emˈplɔɪəbl
AM emˈplɔɪəb(ə)l

employee
BR ˌemplɔɪˈiː, ɪmˈplɔɪiː, emˈplɔɪiː, -z
AM əmˈplɔˌi, əmˈplɔ(ɪ)i, ˈemˌplɔɪˈi, əmˌplɔ(ɪ)ˈi, -z

employer
BR ɪmˈplɔɪə(r), emˈplɔɪə(r), -z
AM emˈplɔɪ(j)ər, emˈplɔjər, -z

employment
BR ɪmˈplɔɪm(ə)nt, emˈplɔɪm(ə)nt, -s
AM emˈplɔɪm(ə)nt, -s

empolder
BR ɪmˈpəʊld|ə(r), emˈpəʊld|ə(r), -əz, -(ə)rɪŋ, -əd
AM emˈpoʊldər, -d, -ɪŋ, -d

emporia
BR ɪmˈpɔːrɪə(r), emˈpɔːrɪə(r)
AM emˈpɔriə

emporium
BR ɪmˈpɔːrɪəm, emˈpɔːrɪəm, -z
AM emˈpɔriəm, -z

empower
BR ɪmˈpaʊ|ə(r), emˈpaʊ|ə(r), -əz, -(ə)rɪŋ, -əd
AM emˈpaʊ|ər, -ərd, -(ə)rɪŋ, -ərd

empowerment
BR ɪmˈpaʊəm(ə)nt, emˈpaʊəm(ə)nt
AM emˈpaʊərm(ə)nt

empress
BR ˈemprɪs, -ɪz
AM ˈemprəs, -əz

Empson
BR ˈem(p)sn
AM ˈem(p)s(ə)n

emptily
BR ˈem(p)tɪli
AM ˈem(p)təli

emptiness
BR ˈem(p)tɪnɪs
AM ˈem(p)tinɪs

empty
BR ˈem(p)t|i, -ɪz, -ɪŋ, -ɪd, -ɪə(r), -ɪst
AM ˈem(p)ti, -z, -ɪŋ, -d, -ər, -ɪst

empurple
BR ɪmˈpəːp|l, emˈpəːp|l, -lz, -lɪŋ\-lɪŋ, -ld
AM emˈpərp(ə)l, -z, -ɪŋ, -d

empyema
BR ˌempʌɪˈiːmə(r)
AM ˌempaɪˈimə

empyreal
BR ˌempɪˈriːəl, ˌempʌɪˈriːəl, emˈpɪrɪəl
AM ˌempaɪˈriəl, emˈpɪriəl

empyrean
BR ˌempɪˈriːən, ˌempʌɪˈriːən, emˈpɪrɪən
AM ˌempaɪˈriən, emˈpɪriən

Emrys
BR ˈemrɪs
AM ˈemrəs

Emsworth
BR ˈemzwəːθ
AM ˈemzˌwərθ

emu
BR ˈiːmjuː, -z
AM ˈim(j)u, -z

emulate
BR ˈemjʊleɪt, -s, -ɪŋ, -ɪd
AM ˈemjəˌleɪ|t, -ts, -dɪŋ, -dɪd

emulation
BR ˌemjʊˈleɪʃn
AM ˌemjəˈleɪʃ(ə)n

emulative
BR ˈemjʊlətɪv
AM ˈemjəˌleɪdɪv

emulator
BR ˈemjʊleɪtə(r), -z
AM ˈemjəˌleɪdər, -z

emulous
BR ˈemjʊləs
AM ˈemjələs

emulously
BR ˈemjʊləsli
AM ˈemjələsli

emulousness
BR ˈemjʊləsnəs
AM ˈemjələsnəs

emulsifiable
BR ɪˈmʌlsɪfʌɪəbl
AM iˈməlsəˌfaɪəb(ə)l

emulsification
BR ɪˌmʌlsɪfɪˈkeɪʃn
AM iˌməlsəfəˈkeɪʃ(ə)n

emulsifier
BR ɪˈmʌlsɪfʌɪə(r), -z
AM iˈməlsəˌfaɪər, -z

emulsify
BR ɪˈmʌlsɪfʌɪ, -z, -ɪŋ, -d
AM iˈməlsəˌfaɪ, -z, -ɪŋ, -d

emulsion
BR ɪˈmʌlʃn, -z
AM iˈməlʃ(ə)n, -z

emulsionise
BR ɪˈmʌlʃnʌɪz, -ɪz, -ɪŋ, -d
AM iˈməlʃəˌnaɪz, -ɪz, -ɪŋ, -d

emulsionize
BR ɪˈmʌlʃn̩ʌɪz, -ɪz,
-ɪŋ, -d
AM iˈməlʃəˌnaɪz, -ɪz,
-ɪŋ, -d

emulsive
BR ɪˈmʌlsɪv
AM iˈməlsɪv

Emyr
BR ˈɛmɪə(r)
AM ˈɛmɪ(ə)r

en
BR ɛn, -z
AM ɛn, -z

Ena
BR ˈiːnə(r)
AM ˈinə

enable
BR ɪnˈeɪb|l, ɛnˈeɪb|l,
-lz, -lɪŋ\-l̩ɪŋ, -ld
AM ɛˈneɪb(ə)l,
ɪˈneɪb(ə)l, -z,
-ɪŋ, -d

enablement
BR ɪnˈeɪblm(ə)nt,
ɛnˈeɪblm(ə)nt
AM ɛˈneɪbəlm(ə)nt,
ɪˈneɪbəlm(ə)nt

enabler
BR ɪnˈeɪblə(r),
ɛnˈeɪblə(r), -z
AM ɛˈneɪblər, ɪ
ˈneɪblər, -z

enact
BR ɪnˈakt, ɛnˈakt, -s,
-ɪŋ, -ɪd
AM ɛˈnæk|(t),
ɪˈnæk|(t), -(t)s, -tɪŋ,
-təd

enactable
BR ɪnˈaktəbl,
ɛnˈaktəbl
AM ɛˈnæktəb(ə)l,
ɪˈnæktəb(ə)l

enaction
BR ɪnˈakʃn, ɛnˈakʃn
AM ɛˈnækʃ(ə)n,
ɪˈnækʃ(ə)n

enactive
BR ɪnˈaktɪv,
ɛnˈaktɪv
AM ɛˈnæktɪv, ɪˈnæktɪv

enactment
BR ɪnˈaktm(ə)nt,
ɛˈnaktm(ə)nt, -s
AM ɛˈnæk(t)m(ə)nt,
ɪˈnæk(t)m(ə)nt, -s

enactor
BR ɪnˈaktə(r),
ɛnˈaktə(r), -z
AM ɛˈnæktər,
ɪˈnæktər, -z

enactory
BR ɪnˈakt(ə)ri,
ɛnˈakt(ə)ri
AM ɛˈnækˌtɔri,
ɪˈnækˌtɔri

enamel
BR ɪˈnam|l, -lz, -l̩ɪŋ,
-ld
AM ɛˈnæm(ə)l,
ɪˈnæm(ə)l, -z, -ɪŋ, -d

enameller
BR ɪˈnaml|ə(r), -z
AM ɛˈnæm(ə)lər,
ɪˈnæm(ə)lər, -z

enamelling
BR ɪˈnaml̩ɪŋ
AM ɛˈnæm(ə)lɪŋ,
ɪˈnæm(ə)lɪŋ

enamelware
BR ɪˈnamlwɛː(r)
AM ɛˈnæməlˌwɛ(ə)r,
ɪˈnæməlˌwɛ(ə)r

enamelwork
BR ɪˈnamlwəːk
AM ɛˈnæməlˌwərk,
ɪˈnæməlˌwərk

enamor
BR ɪˈnam|ə(r),
ɛˈnam|ə(r), -əz,
-(ə)rɪŋ, -əd
AM ɛˈnæmər,
ɪˈnæmər, -z, -ɪŋ, -d

enamored
BR ɪˈnaməd, ɛˈnaməd
AM ɛˈnæmərd,
ɪˈnæmərd

enamour
BR ɪˈnam|ə(r),
ɛˈnam|ə(r), -əz,
-(ə)rɪŋ, -əd
AM ɛˈnæmər,
ɪˈnæmər, -z, -ɪŋ, -d

enanthema
BR ˌɛnanˈθiːmə(r), -z
AM ɛˌnænˈθimə, -z

enantiomer
BR ɪˈnantɪə(ʊ)mə(r),
ɛˈnantɪə(ʊ)mə(r),
-z
AM ɛˈnæntioʊmər, -z

enantiomeric
BR ɪˌnantɪə(ʊ)ˈmɛrɪk,
ɛˌnantɪə(ʊ)ˈmɛrɪk
AM ɛˌnæntioʊˈmɛrɪk

enantiomorph
BR ɪˈnantɪə(ʊ)mɔːf,
ɛˌnantɪə(ʊ)mɔːf,
-s
AM ɛˈnæntioʊˌmɔ(ə)rf,
-s

enantiomorphic
BR ɪˌnantɪə(ʊ)ˈmɔːfɪk,
ɛˌnantɪə(ʊ)ˈmɔːfɪk
AM ɛˌnæntioʊˈmɔrfɪk

enantiomorphism
BR ɪˌnantɪə(ʊ)-
ˈmɔːˈfɪzm,
ɛˌnantɪə(ʊ)-
ˈmɔːˈfɪzm
AM ɛˌnæntioʊˈmɔr-
ˌfɪz(ə)m

enantiomorphous
BR ɪˌnantɪə(ʊ)ˈmɔːfəs,
ɛˌnantɪə(ʊ)ˈmɔːfəs
AM ɛˌnæntioʊˈmɔrfəs

enarthroses
BR ˌɛnɑːˈθrəʊsiːz
AM ˌɛnɑrˈθroʊsiz

enarthrosis
BR ˌɛnɑːˈθrəʊsɪs
AM ˌɛnɑrˈθroʊsəs

en bloc
BR ˌɒ̃ ˈblɒk, ˌɒn +
AM ɑn ˈblɑk

en brosse
BR ˌɒ̃ ˈbrɒs, ˌɒn +
AM ɑn ˈbrɑs,
ɑn ˈbrɔs
FR ɑ̃ bʀɔs

encaenia
BR ɪnˈsiːnɪə(r),
ɛnˈsiːnɪə(r), -z
AM ɪnˈsiniə,
ɛnˈsiniə, -z

encage
BR ɪnˈkeɪdʒ,
ɛnˈkeɪdʒ,
ɪŋˈkeɪdʒ, ɛŋˈkeɪdʒ,
-ɪz, -ɪŋ, -d
AM ɛnˈkeɪdʒ, ɪnˈkeɪdʒ,
-ɪz, -ɪŋ, -d

encamp
BR ɪnˈkamp,
ɛnˈkamp,
ɪŋˈkamp, ɛŋˈkamp,
-s, -ɪŋ, -t
AM ɛnˈkæmp,
ɪŋˈkæmp, ɪnˈkæmp,
-s, -ɪŋ, -t

encampment
BR ɪnˈkampm(ə)nt,
ɛnˈkampm(ə)nt,
ɪŋˈkampm(ə)nt,
ɛŋˈkampm(ə)nt,
-s
AM ɛnˈkæmpm(ə)nt,
ɪŋˈkæmpm(ə)nt,
ɪnˈkæmpm(ə)nt,
-s

encapsulate
BR ɪnˈkapsjʉleɪt,
ɛnˈkapsjʉleɪt,
ɪŋˈkapsjʉleɪt,
ɛŋˈkapsjʉleɪt, -s,
-ɪŋ, -ɪd
AM ɛnˈkæps(j)əˌleɪ|t,
ɪŋˈkæps(j)əˌleɪt,
ɪnˈkæps(j)əˌleɪ|t,
-ts, -dɪŋ, -dɪd

encapsulation
BR ɪnˌkapsjʉˈleɪʃn,
ɛnˌkapsjʉˈleɪʃn,
ɪŋˌkapsjʉˈleɪʃn,
ɛŋˌkapsjʉˈleɪʃn
AM ɛnˌkæps(j)ə-
ˈleɪʃ(ə)n,
ɪŋˌkæps(j)əˈleɪʃ(ə)n,
ɪnˌkæps(j)əˈleɪʃ(ə)n

encase
BR ɪnˈkeɪs,
ɛnˈkeɪs, ɪŋˈkeɪs,
ɛŋˈkeɪs, -ɪz,
-ɪŋ, -t
AM ɛnˈkeɪs, ɪŋˈkeɪs,
ɪnˈkeɪs, -ɪz,
-ɪŋ, -t

encasement
BR ɪnˈkeɪsm(ə)nt, enˈkeɪsm(ə)nt, ɪŋˈkeɪsm(ə)nt, eŋˈkeɪsm(ə)nt, -s
AM enˈkeɪsm(ə)nt, ɪŋˈkeɪsm(ə)nt, ɪnˈkeɪsm(ə)nt, -s

encash
BR ɪnˈkaʃ, enˈkaʃ, ɪŋˈkaʃ, eŋˈkaʃ, -ɪz, -ɪŋ, -t
AM enˈkæʃ, ɪŋˈkæʃ, ɪnˈkæʃ, -əz, -ɪŋ, -t

encashable
BR ɪnˈkaʃəbl, enˈkaʃəbl, ɪŋˈkaʃəbl, eŋˈkaʃəbl
AM enˈkæʃəb(ə)l, ɪŋˈkæʃəb(ə)l, ɪnˈkæʃəb(ə)l

encashment
BR ɪnˈkaʃm(ə)nt, enˈkaʃm(ə)nt, ɪŋˈkaʃm(ə)nt, eŋˈkaʃm(ə)nt, -s
AM enˈkæʃm(ə)nt, ɪŋˈkæʃm(ə)nt, ɪnˈkæʃm(ə)nt, -s

encaustic
BR ɪnˈkɔːstɪk, enˈkɔːstɪk, ɪŋˈkɔːstɪk, eŋˈkɔːstɪk, -s
AM enˈkɒstɪk, ɪnˈkɑstɪk, enˈkɑstɪk, ɪŋˈkɒstɪk, ɪŋˈkɑstɪk, ɪnˈkɒstɪk, -s

encaustically
BR ɪnˈkɔːstɪkli, enˈkɔːstɪkli, ɪŋˈkɔːstɪkli, eŋˈkɔːstɪkli
AM enˈkɒstək(ə)li, ɪnˈkɑstək(ə)li, enˈkɑstək(ə)li, ɪŋˈkɒstɪk(ə)li, ɪŋˈkɑstɪk(ə)li, ɪnˈkɒstək(ə)li

enceinte
BR ɒ̃ˈsãt, ɒnˈsant
AM ɑnˈsænt
FR ɑ̃sɛ̃t

Enceladus
BR ɪnˈsɛlədəs, enˈsɛlədəs
AM enˈsɛlədəs, ənˈsɛlədəs

encephalic
BR ˌensɪˈfalɪk, ˌenkɛˈfalɪk, ˌeŋkɛˈfalɪk
AM ˌensəˈfælɪk

encephalin
BR enˈsɛflɪn, enˈkɛflɪn, eŋˈkɛflɪn
AM enˈsɛfəˌlin, enˈsɛfəl(ə)n

encephalitic
BR enˌsɛfəˈlɪtɪk, enˌkɛfəˈlɪtɪk, eŋˌkɛfəˈlɪtɪk, ˌensɛfəˈlɪtɪk, ˌenkɛfəˈlɪtɪk, ˌeŋkɛfəˈlɪtɪk
AM enˌsɛfəˈlɪdɪk

encephalitis
BR enˌsɛfəˈlʌɪtɪs, enˌkɛfəˈlʌɪtɪs, eŋˌkɛfəˈlʌɪtɪs, ˌensɛfəˈlʌɪtɪs, ˌenkɛfəˈlʌɪtɪs, ˌeŋkɛfəˈlʌɪtɪs
AM enˌsɛfəˈlaɪdəs, ɪnˌsɛfəˈlaɪdəs

encephalogram
BR enˈsɛfləgram, enˈkɛfləgram, eŋˈkɛfləgram, -z
AM enˈsɛfələˌgræm, ɪnˈsɛfələˌgræm, -z

encephalograph
BR enˈsɛfləgrɑːf, enˈkɛfləgrɑːf, eŋˈkɛfləgrɑːf, -s
AM enˈsɛfələˌgræf, ɪnˈsɛfələˌgræf, -s

encephalomyelitis
BR enˌsɛfləʊˌmʌɪəˈlʌɪtɪs, enˌkɛfləʊˌmʌɪəˈlʌɪtɪs, eŋˌkɛfləʊˌmʌɪəˈlʌɪtɪs, -ɪz
AM enˌsɛfələˌmaɪəˈlaɪdɪs, ɪnˌsɛfələˌmaɪəˈlaɪdɪs, -ɪz

encephalon
BR enˈsɛflɒn, enˈkɛflɒn, eŋˈkɛflɒn, -z
AM enˈsɛfəˌlɑn, ɪnˈsɛfəl(ə)n, enˈsɛfəl(ə)n, ɪnˈsɛfəˌlɑn, -z

encephalopathy
BR enˌsɛfəˈlɒpəθi, enˌkɛfəˈlɒpəθi, eŋˌkɛfəˈlɒpəθi
AM enˌsɛfəˈlɑpəθi, ɪnˌsɛfəˈlɑpəθi

enchain
BR ɪnˈtʃeɪn, enˈtʃeɪn, -z, -ɪŋ, -d
AM enˈtʃeɪn, ɪnˈtʃeɪn, -z, -ɪŋ, -d

enchainment
BR ɪnˈtʃeɪnm(ə)nt, enˈtʃeɪnm(ə)nt
AM enˈtʃeɪnm(ə)nt, ɪnˈtʃeɪnm(ə)nt

enchant
BR ɪnˈtʃɑːnt, enˈtʃɑːnt, -s, -ɪŋ, -ɪd
AM enˈtʃæn|t, ɪnˈtʃæn|t, -ts, -(t)ɪŋ, -(t)əd

enchantedly
BR ɪnˈtʃɑːntɪdli, enˈtʃɑːntɪdli
AM enˈtʃæn(t)ədli, ɪnˈtʃæn(t)ədli

enchanter
BR ɪnˈtʃɑːntə(r), enˈtʃɑːntə(r), -z
AM enˈtʃæn(t)ər, ɪnˈtʃæn(t)ər, -z

enchanting
BR ɪnˈtʃɑːntɪŋ, enˈtʃɑːntɪŋ
AM enˈtʃæn(t)ɪŋ, ɪnˈtʃæn(t)ɪŋ

enchantingly
BR ɪnˈtʃɑːntɪŋli, enˈtʃɑːntɪŋli
AM enˈtʃæn(t)ɪŋli, ɪnˈtʃæn(t)ɪŋli

enchantment
BR ɪnˈtʃɑːntm(ə)nt, enˈtʃɑːntm(ə)nt, -s
AM enˈtʃæntm(ə)nt, ɪnˈtʃæntm(ə)nt, -s

enchantress
BR ɪnˈtʃɑːntrɪs, enˈtʃɑːntrɪs, -ɪz
AM enˈtʃæntrəs, ɪnˈtʃæntrəs, -əz

enchase
BR ɪnˈtʃeɪs, enˈtʃeɪs, -ɪz, -ɪŋ, -t
AM enˈtʃeɪs, ɪnˈtʃeɪs, -ɪz, -ɪŋ, -t

enchilada
BR ˌentʃiˈlɑːdə(r), -z
AM ˌentʃəˈlɑdə, -z

enchiridia
BR ˌenkʌɪˈrɪdɪə(r), ˌeŋkʌɪˈrɪdɪə(r)
AM ˌenˌkaɪˈrɪdɪə, ˌeŋkəˈrɪdɪə

enchiridion
BR ˌenkʌɪˈrɪdɪən, ˌeŋkʌɪˈrɪdɪən, -z
AM ˌenˌkaɪˈrɪdɪən, ˌeŋkəˈrɪdɪən, -z

encipher
BR ɪnˈsʌɪf|ə(r), enˈsʌɪf|ə(r), -əz, -(ə)rɪŋ, -əd
AM enˈsaɪf|ər, ɪnˈsaɪf|ər, -ərz, -(ə)rɪŋ, -ərd

encipherment
BR ɪnˈsʌɪfəm(ə)nt, enˈsʌɪfəm(ə)nt
AM enˈsaɪfərm(ə)nt, ɪnˈsaɪfərm(ə)nt

encircle
BR ɪnˈsəːk|l, enˈsəːk|l, -lz, -lɪŋ\-lɪŋ, -ld
AM enˈsɜrk(ə)l, ɪnˈsɜrk(ə)l, -z, -ɪŋ, -d

encirclement
BR ɪnˈsəːklm(ə)nt, enˈsəːklm(ə)nt
AM enˈsɜrkəlm(ə)nt, ɪnˈsɜrkəlm(ə)nt

en clair
BR ˌɒ̃ ˈklɛː(r), ˌɒn +
AM ɑn ˈklɛ(ə)r
FR ɑ̃ klɛʀ

enclasp
BR ɪnˈklɑːsp,
ɛnˈklɑːsp,
ɪŋˈklɑːsp,
ɛŋˈklɑːsp, -s, -ɪŋ, -t
AM ɛnˈklæsp,
ɪŋˈklæsp, ɪnˈklæsp,
-s, -ɪŋ, -t

enclave
BR ˈɛnkleɪv, ˈɛŋkleɪv,
ˈɒŋkleɪv, -z
AM ˈɑnˌkleɪv,
ˈɛnˌkleɪv, -z

enclitic
BR ɪnˈklɪtɪk, ɛnˈklɪtɪk,
ɪŋˈklɪtɪk, ɛŋˈklɪtɪk,
-s
AM ɪnˈklɪdɪk,
ɛnˈklɪdɪk, -s

enclitically
BR ɪnˈklɪtɪkli,
ɛnˈklɪtɪkli,
ɪŋˈklɪtɪkli, ɛŋˈklɪtɪkli
AM ɪnˈklɪdək(ə)li,
ɛnˈklɪdək(ə)li

enclose
BR ɪnˈkləʊz, ɛnˈkləʊz,
ɪŋˈkləʊz, ɛŋˈkləʊz,
-ɪz, -ɪŋ, -d
AM ɛnˈkloʊz,
ɪŋˈkloʊz, ɪnˈkloʊz,
-əz, -ɪŋ, -d

enclosure
BR ɪnˈkləʊʒə(r),
ɛnˈkləʊʒə(r),
ɪŋˈkləʊʒə(r),
ɛŋˈkləʊʒə(r), -z
AM ɛnˈkloʊʒər,
ɪŋˈkloʊʒər,
ɪnˈkloʊʒər, -z

encode
BR ɪnˈkəʊd,
ɛnˈkəʊd,
ɪŋˈkəʊd, ɛŋˈkəʊd,
-z, -ɪŋ, -ɪd
AM ɛnˈkoʊd,
ɪŋˈkoʊd, ɪnˈkoʊd,
-z, -ɪŋ, -əd

encoder
BR ɪnˈkəʊdə(r),
ɛnˈkəʊdə(r),
ɪŋˈkəʊdə(r),
ɛŋˈkəʊdə(r), -z
AM ɛnˈkoʊdər,
ɪŋˈkoʊdər,
ɪnˈkoʊdər, -z

encomia
BR ɪnˈkəʊmɪə(r),
ɛnˈkəʊmɪə(r),
ɪŋˈkəʊmɪə(r),
ɛŋˈkəʊmɪə(r)
AM ɛnˈkoʊmɪə,
ɪŋˈkoʊmɪə,
ɪnˈkoʊmɪə

encomiast
BR ɪnˈkəʊmɪast,
ɛnˈkəʊmɪast,
ɪŋˈkəʊmɪast,
ɛŋˈkəʊmɪast,
-s
AM ɛnˈkoʊmiˌæst,
ɪŋˈkoʊmiˌæst,
ɪnˈkoʊmiˌæst,
-s

encomiastic
BR ɪnˌkəʊmɪˈastɪk,
ɛnˌkəʊmɪˈastɪk,
ɪŋˌkəʊmɪˈastɪk,
ɛŋˌkəʊmɪˈastɪk
AM ɛnˌkoʊmiˌæstɪk,
ɪŋˌkoʊmiˈæstɪk,
ɪnˌkoʊmiˈæstɪk

encomium
BR ɪnˈkəʊmɪəm,
ɛnˈkəʊmɪəm,
ɪŋˈkəʊmɪəm,
ɛŋˈkəʊmɪəm, -z
AM ɛnˈkoʊmɪəm,
ɪŋˈkoʊmɪəm,
ɪnˈkoʊmɪəm, -z

encompass
BR ɪnˈkʌmpəs,
ɛnˈkʌmpəs,
ɪŋˈkʌmpəs,
ɛŋˈkʌmpəs, -ɪz,
-ɪŋ, -t
AM ɛnˈkʌmpəs,
ɪŋˈkʌmpəs,
ɪnˈkʌmpəs, -əz,
-ɪŋ, -t

encompassment
BR ɪnˈkʌmpəsm(ə)nt,
ɛnˈkʌmpəsm(ə)nt,
ɪŋˈkʌmpəsm(ə)nt,
ɛŋˈkʌmpəsm(ə)nt
AM ɛnˈkəmpəsm(ə)nt,
ɪŋˈkəmpəsm(ə)nt,
ɪnˈkəmpəsm(ə)nt

encore
BR ˈɒŋkɔː(r), -z,
-ɪŋ, -d
AM ˈɑnˌkɔ(ə)r,
ˈɑnˌkɔ(ə)r, -z,
-ɪŋ, -d

encounter
BR ɪnˈkaʊnt|ə(r),
ɛnˈkaʊnt|ə(r),
ɪŋˈkaʊnt|ə(r),
ɛŋˈkaʊnt|ə(r), -əz,
-(ə)rɪŋ, -əd
AM ɛnˈkaʊn(t)ər,
ɪnˈkaʊn(t)ər,
ɪnˈkaʊn(t)ər, -z, -ɪŋ,
-d

encourage
BR ɪnˈkʌr|ɪdʒ,
ɛnˈkʌr|ɪdʒ,
ɪŋˈkʌr|ɪdʒ,
ɛŋˈkʌr|ɪdʒ,
-ɪdʒɪz, -ɪdʒɪŋ,
-ɪdʒd
AM ɛnˈkɜrɪdʒ,
ɪŋˈkɜrɪdʒ,
ɪnˈkɜrɪdʒ, -əz,
-ɪŋ, -d

encouragement
BR ɪnˈkʌrɪdʒm(ə)nt,
ɛnˈkʌrɪdʒm(ə)nt,
ɪŋˈkʌrɪdʒm(ə)nt,
ɛŋˈkʌrɪdʒm(ə)nt,
-s
AM ɛnˈkɜrɪdʒm(ə)nt,
ɪŋˈkɜrɪdʒm(ə)nt,
ɪnˈkɜrɪdʒm(ə)nt, -s

encourager
BR ɪnˈkʌrɪdʒə(r),
ɛnˈkʌrɪdʒə(r),
ɪŋˈkʌrɪdʒə(r),
ɛŋˈkʌrɪdʒə(r), -z
AM ɛnˈkɜrɪdʒər,
ɪŋˈkɜrɪdʒər,
ɪnˈkɜrɪdʒər, -z

encouragingly
BR ɪnˈkʌrɪdʒɪŋli,
ɛnˈkʌrɪdʒɪŋli,
ɪŋˈkʌrɪdʒɪŋli,
ɛŋˈkʌrɪdʒɪŋli
AM ɛnˈkɜrɪdʒɪŋli,
ɪŋˈkɜrɪdʒɪŋli,
ɪnˈkɜrɪdʒɪŋli

encrinite
BR ˈɛŋkrɪnʌɪt, -s
AM ˈɛŋkrəˌnaɪt, -s

encroach
BR ɪnˈkrəʊtʃ,
ɛnˈkrəʊtʃ,
ɪŋˈkrəʊtʃ,
ɛŋˈkrəʊtʃ, -ɪz,
-ɪŋ, -t
AM ɛnˈkroʊtʃ,
ɪŋˈkroʊtʃ,
ɪnˈkroʊtʃ, -əz,
-ɪŋ, -t

encroacher
BR ɪnˈkrəʊtʃə(r),
ɛnˈkrəʊtʃə(r),
ɪŋˈkrəʊtʃə(r),
ɛŋˈkrəʊtʃə(r), -z
AM ɛnˈkroʊtʃər,
ɪŋˈkroʊtʃər,
ɪnˈkroʊtʃər, -z

encroachment
BR ɪnˈkrəʊtʃm(ə)nt,
ɛnˈkrəʊtʃm(ə)nt,
ɪŋˈkrəʊtʃm(ə)nt,
ɛŋˈkrəʊtʃm(ə)nt, -s
AM ɛnˈkroʊtʃm(ə)nt,
ɪŋˈkroʊtʃm(ə)nt,
ɪnˈkroʊtʃm(ə)nt, -s

encrust
BR ɪnˈkrʌst, ɛnˈkrʌst,
ɪŋˈkrʌst, ɛŋˈkrʌst,
-s, -ɪŋ, -ɪd
AM ɛnˈkrəst,
ɪŋˈkrəst, ɪnˈkrəst, -s,
-ɪŋ, -əd

encrustation
BR ˌɪnkrʌˈsteɪʃn,
ˌɛnkrʌˈsteɪʃn,
ˌɪŋkrʌˈsteɪʃn,
ˌɛŋkrʌˈsteɪʃn
AM ɛnˌkrəsˈteɪʃ(ə)n,
ɪŋˌkrəsˈteɪʃ(ə)n,
ɪnˌkrəsˈteɪʃ(ə)n

encrustment
BR ɪnˈkrʌs(t)m(ə)nt,
enˈkrʌs(t)m(ə)nt,
ɪŋˈkrʌs(t)m(ə)nt,
eŋˈkrʌs(t)m(ə)nt
AM enˈkrəs(t)m(ə)nt,
ɪŋˈkrəs(t)m(ə)nt,
ɪnˈkrəs(t)m(ə)nt

encrypt
BR ɪnˈkrɪpt, enˈkrɪpt,
ɪŋˈkrɪpt, eŋˈkrɪpt, -s,
-ɪŋ, -ɪd
AM enˈkrɪpt, ɪŋˈkrɪpt,
ɪnˈkrɪpt, -s, -ɪŋ, -ɪd

encryption
BR ɪnˈkrɪpʃn,
enˈkrɪpʃn, ɪŋˈkrɪpʃn,
eŋˈkrɪpʃn, -z
AM enˈkrɪpʃ(ə)n,
ɪŋˈkrɪpʃ(ə)n,
ɪnˈkrɪpʃ(ə)n, -z

encumber
BR ɪnˈkʌmb|ə(r),
enˈkʌmb|ə(r),
ɪŋˈkʌmb|ə(r),
eŋˈkʌmb|ə(r), -əz,
-(ə)rɪŋ, -əd
AM enˈkəmb|ər,
ɪŋˈkəmb|ər,
ɪnˈkəmb|ər, -ərz,
-(ə)rɪŋ, -ərd

encumberment
BR ɪnˈkʌmbəm(ə)nt,
enˈkʌmbəm(ə)nt,
ɪŋˈkʌmbəm(ə)nt,
eŋˈkʌmbəm(ə)nt
AM enˈkəmbərm(ə)nt,
ɪŋˈkəmbərm(ə)nt,
ɪnˈkəmbərm(ə)nt

encumbrance
BR ɪnˈkʌmbrn̩s,
enˈkʌmbrn̩s,
ɪŋˈkʌmbrn̩s,
eŋˈkʌmbrn̩s, -ɪz
AM enˈkʌmb(ə)rəns,
ɪŋˈkəmb(ə)rəns,
ɪnˈkəmb(ə)rəns, -əz

encyclic
BR ɪnˈsʌɪklɪk,
enˈsʌɪklɪk, ɪnˈsɪklɪk,
enˈsɪklɪk
AM enˈsɪklɪk, ɪnˈsɪklɪk

encyclical
BR ɪnˈsɪklɪkl,
enˈsɪklɪkl, -z
AM enˈsɪklək(ə)l,
ɪnˈsɪklək(ə)l, -z

encyclopaedia
BR ɪnˌsʌɪklə(ʊ)-
ˈpiːdɪə(r),
enˌsʌɪklə(ʊ)-
ˈpiːdɪə(r), -z
AM enˌsaɪkləˈpidɪə,
ɪnˌsaɪkləˈpidɪə,
-z

encyclopaedic
BR ɪnˌsʌɪkləˈpiːdɪk,
enˌsʌɪkləˈpiːdɪk
AM enˌsaɪkləˈpidɪk,
ɪnˌsaɪkləˈpidɪk

encyclopaedically
BR ɪnˌsʌɪkləˈpiːdɪkli,
enˌsʌɪkləˈpiːdɪkli
AM enˌsaɪkləˈpidɪk(ə)li,
ɪnˌsaɪkləˈpidɪk(ə)li

encyclopaedism
BR ɪnˌsʌɪkləˈpiːdɪzm,
enˌsʌɪkləˈpiːdɪzm
AM enˌsaɪkləˈpi-
ˌdɪz(ə)m, ɪnˌsaɪklə-
ˈpiˌdɪz(ə)m

encyclopaedist
BR ɪnˌsʌɪkləˈpiːdɪst,
enˌsʌɪkləˈpiːdɪst, -s
AM enˌsaɪkləˈpidɪst,
ɪnˌsaɪkləˈpidɪst, -s

encyclopedia
BR ɪnˌsʌɪklə(ʊ)-
ˈpiːdɪə(r),
enˌsʌɪklə(ʊ)-
ˈpiːdɪə(r), -z
AM enˌsaɪkləˈpidɪə,
ɪnˌsaɪkləˈpidɪə,
-z

encyclopedic
BR ɪnˌsʌɪkləˈpiːdɪk,
enˌsʌɪkləˈpiːdɪk
AM enˌsaɪkləˈpidɪk,
ɪnˌsaɪkləˈpidɪk

encyclopedically
BR ɪnˌsʌɪkləˈpiːdɪkli,
enˌsʌɪkləˈpiːdɪkli
AM enˌsaɪkləˈpidɪk(ə)li,
ɪnˌsaɪkləˈpidɪk(ə)li

encyclopedism
BR ɪnˌsʌɪkləˈpiːdɪzm,
enˌsʌɪkləˈpiːdɪzm
AM enˌsaɪkləˈpi-
ˌdɪz(ə)m, ɪnˌsaɪklə-
ˈpiˌdɪz(ə)m

encyclopedist
BR ɪnˌsʌɪkləˈpiːdɪst,
enˌsʌɪkləˈpiːdɪst, -s
AM enˌsaɪkləˈpidɪst,
ɪnˌsaɪkləˈpidɪst, -s

encyst
BR enˈsɪst, -s,
-ɪŋ, -ɪd
AM enˈsɪst, -s,
-ɪŋ, -ɪd

encystation
BR ˌensɪˈsteɪʃn
AM ˌensəˈsteɪʃ(ə)n

encystment
BR enˈsɪs(t)m(ə)nt
AM enˈsɪs(t)m(ə)nt

end
BR end, -z, -ɪŋ, -ɪd
AM end, -z, -ɪŋ, -əd

endanger
BR ɪnˈdeɪn(d)ʒ|ə(r),
enˈdeɪn(d)ʒ|ə(r),
-əz, -(ə)rɪŋ, -əd
AM enˈdeɪndʒ|ər,
ɪnˈdeɪndʒ|ər, -ərz,
-(ə)rɪŋ, -ərd

endangerment
BR ɪnˈdeɪn(d)ʒəm(ə)nt,
enˈdeɪn(d)ʒəm(ə)nt
AM enˈdeɪndʒərm(ə)nt,
ɪnˈdeɪndʒərm(ə)nt

endear
BR ɪnˈdɪə(r), enˈdɪə(r),
-z, -ɪŋ, -d
AM enˈdɪ(ə)r, ɪnˈdɪ(ə)r,
-z, -ɪŋ, -d

endearingly
BR ɪnˈdɪərɪŋli,
enˈdɪərɪŋli
AM enˈdɪrɪŋli,
ɪnˈdɪrɪŋli

endearment
BR ɪnˈdɪəm(ə)nt,
enˈdɪəm(ə)nt, -s
AM enˈdɪrm(ə)nt,
ɪnˈdɪrm(ə)nt, -s

endeavor
BR ɪnˈdev|ə(r),
enˈdev|ə(r), -əz,
-(ə)rɪŋ, -əd
AM enˈdev|ər,
ənˈdev|ər, -ərz,
-(ə)rɪŋ, -ərd

endeavour
BR ɪnˈdev|ə(r),
enˈdev|ə(r), -əz,
-(ə)rɪŋ, -əd
AM enˈdev|ər,
ənˈdev|ər, -ərz,
-(ə)rɪŋ, -ərd

endemic
BR enˈdemɪk,
ɪnˈdemɪk
AM enˈdemɪk

endemically
BR enˈdemɪkli,
ɪnˈdemɪkli
AM enˈdemək(ə)li

endemicity
BR ˌendɪˈmɪsɪti
AM ˌendəˈmɪsɪdi

endemism
BR ˈendɪmɪzm
AM ˈendəˌmɪz(ə)m

ender
BR ˈendə(r), -z
AM ˈendər, -z

Enderby
BR ˈendəbi
AM ˈendərbi

endermic
BR enˈdəːmɪk
AM enˈdərmɪk

endermically
BR enˈdəːmɪkli
AM enˈdərmək(ə)li

Enders
BR ˈendəz
AM ˈendərz

endgame
BR ˈen(d)ɡeɪm, -z
AM ˈen(d)ˌɡeɪm, -z

ending
BR ˈendɪŋ, -z
AM ˈendɪŋ, -z

endite
BR ˈendʌɪt, -s
AM ˈendaɪt, -s

endive
BR ˈendɪv, ˈendʌɪv, -z
AM ˈen͵daɪv, -z

endless
BR ˈendləs
AM ˈen(d)ləs

endlessly
BR ˈen(d)ləsli
AM ˈen(d)ləsli

endlessness
BR ˈendləsnəs
AM ˈen(d)ləsnəs

endlong
BR ˈendlɒŋ
AM ˈen(d)͵lɑŋ,
ˈen(d)͵lɔŋ

endmost
BR ˈen(d)məʊst
AM ˈen(d)͵moʊst

endnote
BR ˈen(d)nəʊt, -s
AM ˈen(d)͵noʊt, -s

endocardia
BR ͵endə(ʊ)ˈkɑːdɪə(r)
AM ͵endoʊˈkɑrdɪə

endocarditic
BR ͵endə(ʊ)kɑːˈdɪtɪk
AM ͵endoʊ͵kɑrˈdɪdɪk

endocarditis
BR ͵endəʊkɑːˈdʌɪtɪs
AM ͵endoʊ͵kɑrˈdaɪdɪs

endocardium
BR ͵endə(ʊ)ˈkɑːdɪəm
AM ͵endoʊˈkɑrdɪəm

endocarp
BR ˈendə(ʊ)kɑːp, -s
AM ˈendoʊ͵kɑrp, -s

endocarpic
BR ͵endə(ʊ)ˈkɑːpɪk
AM ͵endoʊˈkɑrpɪk

endocentric
BR ͵endə(ʊ)ˈsentrɪk
AM ͵endoʊˈsentrɪk

endocentrically
BR ͵endə(ʊ)ˈsentrɪkli
AM ͵endoʊˈsentrək(ə)li,
͵endəˈsentrək(ə)li

endocrine
BR ˈendə(ʊ)krʌɪn,
ˈendə(ʊ)krɪn
AM ˈendə͵krin, ˈendə-
͵kraɪn, ˈendəkr(ə)n

endocrinological
BR ͵endə(ʊ)krɪnə-
ˈlɒdʒɪkl
AM ͵endəkrənə-
ˈlɑdʒək(ə)l

endocrinologist
BR ͵endə(ʊ)krɪ-
ˈnɒlədʒɪst, -s
AM ͵endoʊkrə-
ˈnɑlədʒəst, ͵endəkrə-
ˈnɑlədʒəst, -s

endocrinology
BR ͵endə(ʊ)krɪˈnɒlədʒi
AM ͵endoʊkrəˈnɑlədʒi,
͵endəkrəˈnɑlədʒi

endoderm
BR ˈendə(ʊ)dəːm,
-z
AM ˈendə͵dərm,
-z

endodermal
BR ͵endə(ʊ)ˈdəːml
AM ͵endoʊˈdərm(ə)l,
͵endəˈdərm(ə)l

endodermic
BR ͵endə(ʊ)ˈdəːmɪk
AM ͵endoʊˈdərmɪk,
͵endəˈdərmɪk

endogamous
BR enˈdɒgəməs
AM enˈdɑgəməs

endogamy
BR enˈdɒgəmi
AM enˈdɑgəmi

endogen
BR ˈendədʒ(ə)n, -z
AM ˈendədʒ(ə)n,
-z

endogenesis
BR ͵endə(ʊ)ˈdʒenɪsɪs
AM ͵endoʊˈdʒenəsəs,
͵endəˈdʒenəsəs

endogenous
BR enˈdɒdʒnəs
AM enˈdɑdʒənəs

endogeny
BR enˈdɒdʒni
AM enˈdɑdʒəni

endolymph
BR ˈendə(ʊ)lɪmf
AM ˈendoʊ͵lɪmf,
ˈendə͵lɪmf

endometria
BR ͵endə(ʊ)ˈmiːtrɪə(r)
AM ͵endoʊˈmitrɪə,
͵endəˈmitrɪə

endometrial
BR ͵endə(ʊ)ˈmiːtrɪəl
AM ͵endoʊˈmitrɪəl,
͵endəˈmitrɪəl

endometriosis
BR ͵endə(ʊ)miːtrɪˈəʊsɪs
AM ͵endoʊ͵mitriˈoʊsəs

endometritis
BR ͵endəʊmɪˈtrʌɪtɪs
AM ͵endoʊməˈtraɪdɪs,
͵endəməˈtraɪdɪs

endometrium
BR ͵endə(ʊ)ˈmiːtrɪəm
AM ͵endoʊˈmitrɪəm,
͵endəˈmitrɪəm

endomorph
BR ˈendə(ʊ)mɔːf, -s
AM ˈendə͵mɔ(ə)rf, -s

endomorphic
BR ͵endə(ʊ)ˈmɔːfɪk
AM ͵endoʊˈmɔrfɪk,
͵endəˈmɔrfɪk

endomorphy
BR ˈendə(ʊ)mɔːfi
AM ˈendoʊ͵mɔrfi,
ˈendə͵mɔrfi

endoparasite
BR ͵endəʊˈparəsʌɪt, -s
AM ͵endoʊˈperə͵saɪt,
͵endəˈperə͵saɪt, -s

endoplasm
BR ˈendə(ʊ)plazm
AM ˈendoʊ͵plæz(ə)m,
ˈendə͵plæz(ə)m

endorphin
BR enˈdɔːfɪn, -z
AM ͵enˈdɔrfɪn, -z

endorsable
BR ɪnˈdɔːsəbl,
enˈdɔːsəbl
AM enˈdɔrsəb(ə)l,
ɪnˈdɔrsəb(ə)l

endorse
BR ɪnˈdɔːs, enˈdɔːs,
-ɪz, -ɪŋ, -t
AM enˈdɔ(ə)rs,
ɪnˈdɔ(ə)rs, -əz,
-ɪŋ, -t

endorsee
BR ɪn͵dɔːˈsiː,
en͵dɔːˈsiː, -z
AM en͵dɔrˈsi,
ɪn͵dɔrˈsi, -z

endorsement
BR ɪnˈdɔːsm(ə)nt,
enˈdɔːsm(ə)nt, -s
AM enˈdɔrsm(ə)nt,
ɪnˈdɔrsm(ə)nt, -s

endorser
BR ɪnˈdɔːsə(r),
enˈdɔːsə(r), -z
AM enˈdɔrsər,
ɪnˈdɔrsər, -z

endoscope
BR ˈendəskəʊp, -s
AM ˈendə͵skoʊp, -s

endoscopic
BR ͵endəˈskɒpɪk
AM ͵endəˈskɑpɪk

endoscopically
BR ͵endəˈskɒpɪkli
AM ͵endəˈskɑpək(ə)li

endoscopist
BR enˈdɒskəpɪst, -s
AM enˈdɑskəpəst, -s

endoscopy
BR enˈdɒskəp|i, -ɪz
AM enˈdɑskəpi, -z

endoskeleton
BR ˈendəʊ͵skɛlɪt(ə)n,
-z
AM ˈendoʊ͵skɛlətn,
ˈendə͵skɛlətn, -z

endosperm
BR ˈendə(ʊ)spəːm, -z
AM ˈendoʊ͵spərm,
ˈendə͵spərm, -z

endospore
BR ˈendə(ʊ)spɔː(r),
-z
AM ˈendoʊ͵spɔ(ə)r,
ˈendə͵spɔ(ə)r, -z

endothelia
BR ͵endə(ʊ)ˈθiːlɪə(r)
AM ͵endoʊˈθiliə,
͵endəˈθiliə

endothelial
BR ͵endə(ʊ)ˈθiːlɪəl
AM ͵endoʊˈθiliəl,
͵endəˈθiliəl

endothelium
BR ˌendə(ʊ)ˈθiːliəm
AM ˌendoʊˈθiliəm, ˌendəˈθiliəm

endothermic
BR ˌendə(ʊ)ˈθɜːmɪk
AM ˌendoʊˈθɜrmɪk, ˌendəˈθɜrmɪk

endothermically
BR ˌendə(ʊ)ˈθɜːmɪkli
AM ˌendoʊˈθɜrmək(ə)li, ˌendəˈθɜrmək(ə)li

endothermy
BR ˈendə(ʊ)ˌθɜːmi
AM ˈendoʊˌθɜrmi, ˈendəˌθɜrmi

endow
BR ɪnˈdaʊ, enˈdaʊ, -z, -ɪŋ, -d
AM enˈdaʊ, ɪnˈdaʊ, -z, -ɪŋ, -d

endower
BR ɪnˈdaʊə(r), enˈdaʊə(r), -z
AM enˈdaʊər, ɪnˈdaʊər, -z

endowment
BR ɪnˈdaʊm(ə)nt, enˈdaʊm(ə)nt, -s
AM enˈdaʊm(ə)nt, ɪnˈdaʊm(ə)nt, -s

endpaper
BR ˈen(d)ˌpeɪpə(r), -z
AM ˈen(d)ˌpeɪpər, -z

endplay
BR ˈen(d)pleɪ, -z, -ɪŋ, -d
AM ˈen(d)ˌpleɪ, -z, -ɪŋ, -d

endpoint
BR ˈen(d)pɔɪnt, -s
AM ˈen(d)ˌpɔɪnt, -s

endrun
BR ˈendrʌn, -z
AM ˌen(d)ˈrʌn, -z

endue
BR ɪnˈdjuː, enˈdjuː, ɪnˈdʒuː, enˈdʒuː, -z, -ɪŋ, -d
AM enˈd(j)u, ɪnˈd(j)u, -z, -ɪŋ, -d

endurability
BR ɪnˌdjʊərəˈbɪlɪti, enˌdjʊərəˈbɪlɪti, ɪnˌdʒʊərəˈbɪlɪti, enˌdʒʊərəˈbɪlɪti, ɪnˌdjɔːrəˈbɪlɪti, enˌdjɔːrəˈbɪlɪti, ɪnˌdʒɔːrəˈbɪlɪti, enˌdʒɔːrəˈbɪlɪti
AM enˌd(j)urəˈbɪlɪdi, ɪnˌd(j)urəˈbɪlɪdi

endurable
BR ɪnˈdjʊərəbl, enˈdjʊərəbl, ɪnˈdʒʊərəbl, enˈdʒʊərəbl, ɪnˈdjɔːrəbl, enˈdjɔːrəbl, ɪnˈdʒɔːrəbl, enˈdʒɔːrəbl
AM enˈd(j)urəb(ə)l, ɪnˈd(j)urəb(ə)l

endurance
BR ɪnˈdjʊərn̩s, enˈdjʊərn̩s, ɪnˈdʒʊərn̩s, enˈdʒʊərn̩s, ɪnˈdjɔːrn̩s, enˈdjɔːrn̩s, ɪnˈdʒɔːrn̩s, enˈdʒɔːrn̩s
AM enˈd(j)urəns, ɪnˈd(j)urəns

endure
BR ɪnˈdjʊə(r), enˈdjʊə(r), ɪnˈdʒʊə(r), enˈdʒʊə(r), ɪnˈdjɔː(r), enˈdjɔː(r), ɪnˈdʒɔː(r), enˈdʒɔː(r), -z, -ɪŋ, -d
AM enˈd(j)ʊ(ə)r, ɪnˈd(j)ʊ(ə)r, -z, -ɪŋ, -d

enduringly
BR ɪnˈdjʊərɪŋli, enˈdjʊərɪŋli, ɪnˈdʒʊərɪŋli, enˈdʒʊərɪŋli, ɪnˈdjɔːrɪŋli, enˈdjɔːrɪŋli, ɪnˈdʒɔːrɪŋli, enˈdʒɔːrɪŋli
AM enˈd(j)ʊrɪŋli, ɪnˈd(j)ʊrɪŋli

enduro
BR ɪnˈdjʊərəʊ, enˈdjʊərəʊ, ɪnˈdʒʊərəʊ, enˈdʒʊərəʊ, ɪnˈdjɔːrəʊ, enˈdjɔːrəʊ, ɪnˈdʒɔːrəʊ, enˈdʒɔːrəʊ, -z
AM enˈd(j)oroʊ, ɪnˈd(j)oroʊ, -z

endways
BR ˈendweɪz
AM ˈen(d)ˌweɪz

endwise
BR ˈendwʌɪz
AM ˈen(d)ˌwaɪz

Endymion
BR enˈdɪmiən
AM enˈdɪmiən

endzone
BR ˈen(d)zəʊn, -z
AM ˈen(d)ˌzoʊn, -z

Eneas
BR iːˈniːəs
AM eɪˈniəs, əˈniəs

Eneid
BR ˈiːnɪɪd, iːˈniːɪd
AM eɪˈniəd, əˈniəd

enema
BR ˈenɪmə(r), -z
AM ˈenəmə, -z

enemy
BR ˈenɪm|i, -ɪz
AM ˈenəmi, -z

Energen
BR ˈenədʒ(ə)n
AM ˈenərdʒ(ə)n

energetic
BR ˌenəˈdʒetɪk, -s
AM ˌenərˈdʒedɪk, -s

energetically
BR ˌenəˈdʒetɪkli
AM ˌenərˈdʒedək(ə)li

energise
BR ˈenədʒʌɪz, -ɪz, -ɪŋ, -d
AM ˈenərˌdʒaɪz, -ɪz, -ɪŋ, -d

energiser
BR ˈenədʒʌɪzə(r), -z
AM ˈenərˌdʒaɪzər, -z

energize
BR ˈenədʒʌɪz, -ɪz, -ɪŋ, -d
AM ˈenərˌdʒaɪz, -ɪz, -ɪŋ, -d

energizer
BR ˈenədʒʌɪzə(r), -z
AM ˈenərˌdʒaɪzər, -z

energumen
BR ˌenəˈgjuːmən, -z
AM ˌenərˈgjum(ə)n, -z

energy
BR ˈenədʒ|i, -ɪz
AM ˈenərdʒi, -z

enervate
BR ˈenəveɪt, -s, -ɪŋ, -ɪd
AM ˈenərˌveɪ|t, -ts, -dɪŋ, -dɪd

enervation
BR ˌenəˈveɪʃn
AM ˌenərˈveɪʃ(ə)n

Enesco
BR ɪˈneskəʊ
AM əˈneskoʊ
FR enɛsko

Enewetak
BR ˌenɪˈwiːtak
AM ˌenəˈwiˌtak

en famille
BR ˌɒ̃ faˈmiː, ˌɒn +
AM ˌɑn faˈmi
FR ɑ̃ famij

enfant gâté
BR ˌɒ̃fɒ̃ gaˈteɪ, ˌɒnfɒn +, ˌɑːnfɑːn +
AM ˌɑnfɑn gaˈteɪ
FR ɑ̃fɑ̃ gate

enfants gâtés
BR ˌɒ̃fɒ̃ gaˈteɪ, ˌɒnfɒn +, ˌɑːnfɑːn +
AM ˌɑnfɑn gaˈteɪ
FR ɑ̃fɑ̃ gate

enfants terribles
BR ˌɒ̃fɒ̃ tɛˈriːblə(r), ˌɒnfɒn +, ˌɑːnfɑːn +
AM ˌɑnfɑn tɛˈribl(ə)

enfant terrible
BR ˌɒ̃fɒ̃ təˈriːblə(r), ˌɒnfɒn +, ˌɑːnfɑːn +
AM ˌɑnfɑn tɛˈribl(ə)

enfeeble
BR ɪnˈfiːb|l, enˈfiːb|l,
-lz, -lɪŋ\-lɪŋ, -ld
AM enˈfib(ə)l,
ɪnˈfib(ə)l, -z, -ɪŋ, -d

enfeeblement
BR ɪnˈfiːblm(ə)nt,
enˈfiːblm(ə)nt
AM enˈfibəlm(ə)nt,
ɪnˈfibəlm(ə)nt

enfeoff
BR ɪnˈfiːf, enˈfiːf,
ɪnˈfef, enˈfef, -s,
-ɪŋ, -t
AM enˈfif, ɪnˈfif, -s,
-ɪŋ, -t

enfeoffment
BR ɪnˈfiːfm(ə)nt,
enˈfiːfm(ə)nt,
ɪnˈfefm(ə)nt,
enˈfefm(ə)nt
AM enˈfifm(ə)nt,
ɪnˈfifm(ə)nt

en fête
BR ɒ̃ ˈfet, ˌɒn +,
+ ˈfeɪt
AM ˌɑn ˈfet,
ˌɑn ˈfeɪt

enfetter
BR ɪnˈfet|ə(r),
enˈfet|ə(r), -əz,
-(ə)rɪŋ, -əd
AM enˈfedər, ɪnˈfedər,
-z, -ɪŋ, -t

Enfield
BR ˈenfiːld
AM ˈenˌfild

enfilade[1] *noun*
BR ˈenfɪleɪd, -z
AM ˌenfəˈleɪd,
ˌenfəˈlɑd, -z

enfilade[2] *verb*
BR ˌenfɪˈleɪd, ˈenfɪleɪd,
-z, -ɪŋ, -ɪd
AM ˌenfəˈleɪd,
ˌenfəˈlɑd, -z, -ɪŋ,
-ɪd\-əd

enfold
BR ɪnˈfəʊld, enˈfəʊld,
-z, -ɪŋ, -ɪd
AM enˈfoʊld, ɪnˈfoʊld,
-z, -ɪŋ, -əd

enforce
BR ɪnˈfɔːs, enˈfɔːs, -ɪz,
-ɪŋ, -t
AM enˈfɔ(ə)rs,
ɪnˈfɔ(ə)rs, -əz,
-ɪŋ, -t

enforceability
BR ɪnˌfɔːsəˈbɪlɪti,
enˈfɔːsəˈbɪlɪti
AM enˌfɔrsəˈbɪlɪdi,
ɪnˌfɔrsəˈbɪlɪdi

enforceable
BR ɪnˈfɔːsəbl,
enˈfɔːsəbl
AM enˈfɔrsəb(ə)l,
ɪnˈfɔrsəb(ə)l

enforceably
BR ɪnˈfɔːsəbli,
enˈfɔːsəbli
AM enˈfɔrsəbli,
ɪnˈfɔrsəbli

enforcedly
BR ɪnˈfɔːsɪdli,
enˈfɔːsɪdli
AM enˈfɔrsədli,
ɪnˈfɔrsədli

enforcement
BR ɪnˈfɔːsm(ə)nt,
enˈfɔːsm(ə)nt
AM enˈfɔrsm(ə)nt,
ɪnˈfɔrsm(ə)nt

enforcer
BR ɪnˈfɔːsə(r),
enˈfɔːsə(r), -z
AM enˈfɔrsər,
ɪnˈfɔrsər, -z

enfranchise
BR ɪnˈfræn(t)ʃʌɪz,
enˈfræn(t)ʃʌɪz, -ɪz,
-ɪŋ, -d
AM enˈfrænˌtʃaɪz,
ɪnˈfrænˌtʃaɪz, -ɪz,
-ɪŋ, -d

enfranchisement
BR ɪnˈfræn(t)ʃɪzm(ə)nt,
enˈfræn(t)ʃɪzm(ə)nt
AM ənˈfræn-
ˌtʃaɪzm(ə)nt

Engadine
BR ˈeŋɡədiːn,
ˌeŋɡəˈdiːn
AM ˈeŋɡəˌdin

engage
BR ɪnˈɡeɪdʒ,
enˈɡeɪdʒ,
ɪŋˈɡeɪdʒ,
eŋˈɡeɪdʒ, -ɪz,
-ɪŋ, -d
AM enˈɡeɪdʒ,
ɪŋˈɡeɪdʒ,
eŋˈɡeɪdʒ,
ɪnˈɡeɪdʒ, -ɪz,
-ɪŋ, -d

engagé
BR ˌɒŋɡaˈʒeɪ
AM ˌɑŋɡaˈʒeɪ,
ˌɑŋɡaˈʒeɪ
FR ãɡaʒe

engagement
BR ɪnˈɡeɪdʒm(ə)nt,
enˈɡeɪdʒm(ə)nt,
ɪŋˈɡeɪdʒm(ə)nt,
eŋˈɡeɪdʒm(ə)nt, -s
AM enˈɡeɪdʒm(ə)nt,
ɪŋˈɡeɪdʒm(ə)nt,
eŋˈɡeɪdʒm(ə)nt,
ɪnˈɡeɪdʒm(ə)nt, -s

engager
BR ɪnˈɡeɪdʒə(r),
enˈɡeɪdʒə(r),
ɪŋˈɡeɪdʒə(r),
eŋˈɡeɪdʒə(r), -z
AM enˈɡeɪdʒər,
ɪŋˈɡeɪdʒər,
enˈɡeɪdʒər,
ɪnˈɡeɪdʒər, -z

engaging
BR ɪnˈɡeɪdʒɪŋ,
enˈɡeɪdʒɪŋ,
ɪŋˈɡeɪdʒɪŋ,
eŋˈɡeɪdʒɪŋ
AM enˈɡeɪdʒɪŋ,
ɪŋˈɡeɪdʒɪŋ,
eŋˈɡeɪdʒɪŋ,
ɪnˈɡeɪdʒɪŋ

engagingly
BR ɪnˈɡeɪdʒɪŋli,
enˈɡeɪdʒɪŋli,
ɪŋˈɡeɪdʒɪŋli,
eŋˈɡeɪdʒɪŋli
AM enˈɡeɪdʒɪŋli,
ɪŋˈɡeɪdʒɪŋli,
eŋˈɡeɪdʒɪŋli,
ɪnˈɡeɪdʒɪŋli

engagingness
BR ɪnˈɡeɪdʒɪŋnɪs,
enˈɡeɪdʒɪŋnɪs,
ɪŋˈɡeɪdʒɪŋnɪs,
eŋˈɡeɪdʒɪŋnɪs
AM enˈɡeɪdʒɪŋnɪs,
ɪŋˈɡeɪdʒɪŋnɪs,
eŋˈɡeɪdʒɪŋnɪs,
ɪnˈɡeɪdʒɪŋnɪs

en garde
BR ɒ̃ ˈɡɑːd, ˌɒn +
AM ˌɑn ˈɡɑrd

engarland
BR ɪnˈɡɑːlənd,
enˈɡɑːlənd,
ɪŋˈɡɑːlənd,
eŋˈɡɑːlənd, -z, -ɪŋ,
-ɪd
AM enˈɡɑrlənd,
ɪŋˈɡɑrlənd,
eŋˈɡɑrlənd,
ɪnˈɡɑrlənd, -z, -ɪŋ,
-əd

Engelbert
BR ˈeŋɡlbəːt
AM ˈeŋɡəlˌbərt

Engels
BR ˈeŋɡlz
AM ˈeŋɡəlz

engender
BR ɪnˈdʒend|ə(r),
enˈdʒend|ə(r), -əz,
-(ə)rɪŋ, -əd
AM ənˈdʒend|ər, -ərz,
-(ə)rɪŋ, -ərd

engine
BR ˈen(d)ʒ(ɪ)n, -z
AM ˈendʒ(ə)n, -z

engineer
BR ˌen(d)ʒɪˈnɪə(r), -z,
-ɪŋ, -d
AM ˌendʒəˈnɪ(ə)r, -z,
-ɪŋ, -d

engineering
BR ˌen(d)ʒɪˈnɪərɪŋ
AM ˌendʒəˈnɪrɪŋ

engineership
BR ˌen(d)ʒɪˈnɪəˌʃɪp
AM ˌendʒəˈnɪrˌʃɪp

engineless
BR ˈen(d)ʒ(ɪ)nlɪs
AM ˈendʒənləs

enginery
BR ˈen(d)ʒɪn(ə)ri, ˈen(d)ʒn̩(ə)ri
AM ˈendʒənri

engird
BR ɪnˈɡɜːd, enˈɡɜːd, ɪŋˈɡɜːd, eŋˈɡɜːd, -z, -ɪŋ, -ɪd
AM enˈɡɜrd, ɪŋˈɡɜrd, eŋˈɡɜrd, ɪnˈɡɜrd, -z, -ɪŋ, -əd

engirdle
BR ɪnˈɡɜːd|l, enˈɡɜːd|l, ɪŋˈɡɜːd|l, eŋˈɡɜːd|l, -lz, -lɪŋ\-lɪn, -ld
AM enˈɡɜrd(ə)l, ɪŋ-ˈɡɜrd(ə)l, eŋˈɡɜrd(ə)l, ɪnˈɡɜrd(ə)l, -z, -ɪŋ, -d

England
BR ˈɪŋɡlənd
AM ˈɪŋ(ɡ)lənd

Englefield
BR ˈeŋɡlfiːld
AM ˈeŋɡəlˌfild

Englewood
BR ˈeŋɡlwʊd
AM ˈeŋɡəlˌwʊd

English
BR ˈɪŋɡlɪʃ
AM ˈɪŋ(ɡ)lɪʃ

Englishman
BR ˈɪŋɡlɪʃmən
AM ˈɪŋ(ɡ)lɪʃm(ə)n

Englishmen
BR ˈɪŋɡlɪʃmən
AM ˈɪŋ(ɡ)lɪʃm(ə)n

Englishness
BR ˈɪŋɡlɪʃnɪs
AM ˈɪŋ(ɡ)lɪʃnɪs

Englishwoman
BR ˈɪŋɡlɪʃˌwʊmən
AM ˈɪŋ(ɡ)lɪʃˌwʊm(ə)n

Englishwomen
BR ˈɪŋɡlɪʃˌwɪmɪn
AM ˈɪŋ(ɡ)lɪʃˌwɪmɪn

engorge
BR ɪnˈɡɔːdʒ, enˈɡɔːdʒ, ɪŋˈɡɔːdʒ, eŋˈɡɔːdʒ, -ɪz, -ɪŋ, -d
AM enˈɡɔrdʒ, ɪŋˈɡɔrdʒ, eŋˈɡɔrdʒ, ɪnˈɡɔrdʒ, -əz, -ɪŋ, -t

engorgement
BR ɪnˈɡɔːdʒm(ə)nt, enˈɡɔːdʒm(ə)nt, ɪŋˈɡɔːdʒm(ə)nt, eŋˈɡɔːdʒm(ə)nt
AM enˈɡɔrdʒm(ə)nt, ɪŋˈɡɔrdʒm(ə)nt, eŋˈɡɔrdʒm(ə)nt, ɪnˈɡɔrdʒm(ə)nt

engraft
BR ɪnˈɡrɑːft, enˈɡrɑːft, ɪŋˈɡrɑːft, eŋˈɡrɑːft, -s, -ɪŋ, -ɪd
AM enˈɡræft, ɪŋˈɡræft, eŋˈɡræft, ɪnˈɡræft, -s, -ɪŋ, -əd

engraftment
BR ɪnˈɡrɑːf(t)m(ə)nt, enˈɡrɑːf(t)m(ə)nt, ɪŋˈɡrɑːf(t)m(ə)nt, eŋˈɡrɑːf(t)m(ə)nt
AM enˈɡræf(t)m(ə)nt, ɪŋˈɡræf(t)m(ə)nt, eŋˈɡræf(t)m(ə)nt, ɪnˈɡræf(t)m(ə)nt

engrail
BR ɪnˈɡreɪl, enˈɡreɪl, ɪŋˈɡreɪl, eŋˈɡreɪl, -z, -ɪŋ, -d
AM enˈɡreɪl, ɪŋˈɡreɪl, eŋˈɡreɪl, ɪnˈɡreɪl, -z, -ɪŋ, -d

engrain
BR ɪnˈɡreɪn, enˈɡreɪn, ɪŋˈɡreɪn, eŋˈɡreɪn, -z, -ɪŋ, -d
AM enˈɡreɪn, ɪŋˈɡreɪn, eŋˈɡreɪn, ɪnˈɡreɪn, -z, -ɪŋ, -d

engram
BR ˈenɡram, ˈeŋɡram, -z
AM ˈenɡræm, ˈeŋɡræm, -z

engrammatic
BR ˌenɡrəˈmatɪk, ˌeŋɡrəˈmatɪk
AM ˌenɡrəˈmædɪk, ˌɪnɡrəˈmædɪk, ˌeŋɡrəˈmædɪk, ˌɪŋɡrəˈmædɪk

engrave
BR ɪnˈɡreɪv, enˈɡreɪv, ɪŋˈɡreɪv, eŋˈɡreɪv, -z, -ɪŋ, -d
AM enˈɡreɪv, ɪŋˈɡreɪv, eŋˈɡreɪv, ɪnˈɡreɪv, -z, -ɪŋ, -d

engraver
BR ɪnˈɡreɪvə(r), enˈɡreɪvə(r), ɪŋˈɡreɪvə(r), eŋˈɡreɪvə(r), -z
AM enˈɡreɪvər, ɪŋˈɡreɪvər, eŋˈɡreɪvər, ɪnˈɡreɪvər, -z

engraving
BR ɪnˈɡreɪvɪŋ, enˈɡreɪvɪŋ, ɪŋˈɡreɪvɪŋ, eŋˈɡreɪvɪŋ, -z
AM enˈɡreɪvɪŋ, ɪŋˈɡreɪvɪŋ, eŋˈɡreɪvɪŋ, ɪnˈɡreɪvɪŋ, -z

engross
BR ɪnˈɡrəʊs, enˈɡrəʊs, ɪŋˈɡrəʊs, eŋˈɡrəʊs, -ɪz, -ɪŋ, -t
AM enˈɡroʊs, ɪŋˈɡroʊs, eŋˈɡroʊs, ɪnˈɡroʊs, -əz, -ɪŋ, -t

engrossment
BR ɪnˈɡrəʊsm(ə)nt, enˈɡrəʊsm(ə)nt, ɪŋˈɡrəʊsm(ə)nt, eŋˈɡrəʊsm(ə)nt
AM enˈɡroʊsm(ə)nt, ɪŋˈɡroʊsm(ə)nt, eŋˈɡroʊsm(ə)nt, ɪnˈɡroʊsm(ə)nt

engulf
BR ɪnˈɡʌlf, enˈɡʌlf, ɪŋˈɡʌlf, eŋˈɡʌlf, -s, -ɪŋ, -t
AM enˈɡəlf, ɪŋˈɡəlf, eŋˈɡəlf, ɪnˈɡəlf, -s, -ɪŋ, -t

engulfment
BR ɪnˈɡʌlfm(ə)nt, enˈɡʌlfm(ə)nt, ɪŋˈɡʌlfm(ə)nt, eŋˈɡʌlfm(ə)nt
AM enˈɡəlfm(ə)nt, ɪŋˈɡəlfm(ə)nt, eŋˈɡəlfm(ə)nt, ɪnˈɡəlfm(ə)nt

enhance
BR ɪnˈhɑːns, enˈhɑːns, -ɪz, -ɪŋ, -t
AM enˈhæns, ɪnˈhæns, -əz, -ɪŋ, -t

enhancement
BR ɪnˈhɑːnsm(ə)nt, enˈhɑːnsm(ə)nt, -s
AM enˈhænsm(ə)nt, ɪnˈhænsm(ə)nt, -s

enhancer
BR ɪnˈhɑːnsə(r), enˈhɑːnsə(r), -z
AM enˈhænsər, ɪnˈhænsər, -z

enharmonic
BR ˌenhɑːˈmɒnɪk
AM ˌenˌ(h)ɑrˈmɑnɪk, ɪnˌ(h)ɑrˈmɑnɪk

enharmonically
BR ˌenhɑːˈmɒnɪkli
AM ˌenˌ(h)ɑrˈmɑnɪk(ə)li, ɪnˌ(h)ɑrˈmɑnək(ə)li

Enid
BR ˈiːnɪd
AM ˈeɪnɪd, ˈinɪd

enigma
BR ɪˈnɪɡmə(r), eˈnɪɡmə(r), -z
AM eˈnɪɡmə, ɪˈnɪɡmə, -z

enigmatic
BR ˌenɪɡˈmatɪk
AM ˌenɪɡˈmædɪk

enigmatical
BR ˌenɪɡˈmatɪkl
AM ˌenɪɡˈmædək(ə)l

enigmatically
BR ˌenɪɡˈmatɪkli
AM ˌenɪɡˈmædək(ə)li

enigmatise
BR ɪˈnɪgmətʌɪz,
ɛˈnɪgmətʌɪz, -ɪz,
-ɪŋ, -d
AM ɛˈnɪgməˌtaɪz,
ɪˈnɪgməˌtaɪz, -ɪz,
-ɪŋ, -d

enigmatize
BR ɪˈnɪgmətʌɪz,
ɛˈnɪgmətʌɪz, -ɪz,
-ɪŋ, -d
AM ɛˈnɪgməˌtaɪz,
ɪˈnɪgməˌtaɪz, -ɪz,
-ɪŋ, -d

Eniwetok
BR ˌɛnɪˈwiːtɒk
AM ˌɛnəˈwiˌtak

enjambment
BR ɪnˈdʒam(b)m(ə)nt,
ɛnˈdʒam(b)m(ə)nt, -s
AM ɛnˈdʒæm(b)m(ə)nt,
ɪnˈdʒæm(b)m(ə)nt, -s

enjoin
BR ɪnˈdʒɔɪn, ɛnˈdʒɔɪn,
-z, -ɪŋ, -d
AM ɛnˈdʒɔɪn, ɪnˈdʒɔɪn,
-z, -ɪŋ, -d

enjoinment
BR ɪnˈdʒɔɪnm(ə)nt,
ɛnˈdʒɔɪnm(ə)nt
AM ɛnˈdʒɔɪnm(ə)nt,
ɪnˈdʒɔɪnm(ə)nt

enjoy
BR ɪnˈdʒɔɪ, ɛnˈdʒɔɪ,
-z, -ɪŋ, -d
AM ɛnˈdʒɔɪ, ɪnˈdʒɔɪ,
-z, -ɪŋ, -d

enjoyability
BR ɪnˌdʒɔɪəˈbɪlɪti,
ɛnˌdʒɔɪəˈbɪlɪti
AM ɛnˌdʒɔɪəˈbɪlɪdi,
ɪnˌdʒɔɪəˈbɪlɪdi

enjoyable
BR ɪnˈdʒɔɪəbl,
ɛnˈdʒɔɪəbl
AM ɛnˈdʒɔɪəb(ə)l,
ɪnˈdʒɔɪəb(ə)l

enjoyableness
BR ɪnˈdʒɔɪəblnəs,
ɛnˈdʒɔɪəblnəs
AM ɛnˈdʒɔɪəbəlnəs,
ɪnˈdʒɔɪəbəlnəs

enjoyably
BR ɪnˈdʒɔɪəbli,
ɛnˈdʒɔɪəbli
AM ɛnˈdʒɔɪəbli,
ɪnˈdʒɔɪəbli

enjoyer
BR ɪnˈdʒɔɪə(r),
ɛnˈdʒɔɪə(r), -z
AM ɛnˈdʒɔɪər,
ɪnˈdʒɔɪər, -z

enjoyment
BR ɪnˈdʒɔɪm(ə)nt,
ɛnˈdʒɔɪm(ə)nt, -s
AM ɛnˈdʒɔɪm(ə)nt,
ɪnˈdʒɔɪm(ə)nt, -s

enkephalin
BR ɛnˈkɛflɪn,
ɛŋˈkɛflɪn, -z
AM ɛnˈkɛfəˌlin,
ɛnˈkɛfəl(ə)n, -z

enkindle
BR ɪnˈkɪndl̩, ɛnˈkɪndl̩,
ɪŋˈkɪndl̩, ɛŋˈkɪndl̩,
-lz, -l̩ŋ\-lɪŋ, -ld
AM ɛnˈkɪnd(ə)l,
ɪŋˈkɪnd(ə)l,
ɪnˈkɪnd(ə)l, -z, -ɪŋ, -d

enlace
BR ɪnˈleɪs, ɛnˈleɪs, -ɪz,
-ɪŋ, -t
AM ɛnˈleɪs, ɪnˈleɪs, -ɪz,
-ɪŋ, -t

enlacement
BR ɪnˈleɪsm(ə)nt,
ɛnˈleɪsm(ə)nt
AM ɛnˈleɪsm(ə)nt,
ɪnˈleɪsm(ə)nt

enlarge
BR ɪnˈlɑːdʒ, ɛnˈlɑːdʒ,
-ɪz, -ɪŋ, -d
AM ɛnˈlɑrdʒ, ɪnˈlɑrdʒ,
-əz, -ɪŋ, -t

enlargeable
BR ɪnˈlɑːdʒəbl,
ɛnˈlɑːdʒəbl
AM ɛnˈlɑrdʒəb(ə)l,
ɪnˈlɑrdʒəb(ə)l

enlargement
BR ɪnˈlɑːdʒm(ə)nt,
ɛnˈlɑːdʒm(ə)nt, -s
AM ɛnˈlɑrdʒm(ə)nt,
ɪnˈlɑrdʒm(ə)nt, -s

enlarger
BR ɪnˈlɑːdʒə(r),
ɛnˈlɑːdʒə(r), -z
AM ɛnˈlɑrdʒər,
ɪnˈlɑrdʒər, -z

enlighten
BR ɪnˈlʌɪtn̩, ɛnˈlʌɪtn̩,
-z, -ɪŋ, -d
AM ɛnˈlaɪtn̩, ɪnˈlaɪtn̩,
-z, -ɪŋ, -d

enlightener
BR ɪnˈlʌɪtnə(r),
ɛnˈlʌɪtnə(r), -z
AM ɛnˈlaɪtnər,
ɪnˈlaɪtnər, -z

enlightenment
BR ɪnˈlʌɪtnm(ə)nt,
ɛnˈlʌɪtnm(ə)nt, -s
AM ɛnˈlaɪtnm(ə)nt,
ɪnˈlaɪtnm(ə)nt, -s

enlist
BR ɪnˈlɪst, ɛnˈlɪst, -s,
-ɪŋ, -ɪd
AM ɛnˈlɪst, ɪnˈlɪst, -s,
-ɪŋ, -ɪd

enlister
BR ɪnˈlɪstə(r),
ɛnˈlɪstə(r), -z
AM ɛnˈlɪstər, ɪnˈlɪstər,
-z

enlistment
BR ɪnˈlɪs(t)m(ə)nt,
ɛnˈlɪs(t)m(ə)nt
AM ɛnˈlɪs(t)m(ə)nt,
ɪnˈlɪs(t)m(ə)nt

enliven
BR ɪnˈlʌɪvn̩,
ɛnˈlʌɪvn̩, -z,
-ɪŋ, -d
AM ɛnˈlaɪv(ə)n,
ɪnˈlaɪv(ə)n, -z,
-ɪŋ, -d

enlivener
BR ɪnˈlʌɪvnə(r),
ɛnˈlʌɪvnə(r), -z
AM ɛnˈlaɪv(ə)nər,
ɪnˈlaɪv(ə)nər, -z

enlivenment
BR ɪnˈlʌɪvnm(ə)nt,
ɛnˈlʌɪvnm(ə)nt
AM ɛnˈlaɪvənm(ə)nt,
ɪnˈlaɪvənm(ə)nt

en masse
BR ˌɒ̃ ˈmas, ˌɒn +,
ˌɒm +
AM ˌɛn ˈmæs,
ˌɑn ˈmæs

enmesh
BR ɪnˈmɛʃ, ɛnˈmɛʃ,
-ɪz, -ɪŋ, -t
AM ɛnˈmɛʃ, ɪnˈmɛʃ,
-əz, -ɪŋ, -t

enmeshment
BR ɪnˈmɛʃm(ə)nt,
ɛnˈmɛʃm(ə)nt
AM ɛnˈmɛʃm(ə)nt,
ɪnˈmɛʃm(ə)nt

enmity
BR ˈɛnmɪt|i, -ɪz
AM ˈɛnmədi, -z

Ennals
BR ˈɛnlz
AM ˈɛnəlz

ennead
BR ˈɛnɪad, -z
AM ˈɛniəd, ˈɛniˌæd, -z

Ennis
BR ˈɛnɪs
AM ˈɛnəs

Enniskillen
BR ˌɛnɪˈskɪlɪn
AM ˌɛnəˈskɪl(ə)n

Ennius
BR ˈɛnɪəs
AM ˈɛniəs

ennoble
BR ɪˈnəʊb|l,
ɛˈnəʊb|l, -lz,
-lɪŋ\-lɪŋ, -ld
AM ɛˈnoʊb(ə)l, -z,
-ɪŋ, -d

ennoblement
BR ɪˈnəʊblm(ə)nt,
ɛˈnəʊblm(ə)nt
AM ɛˈnoʊbəlm(ə)nt

ennui
BR ɒnˈwiː, ˈɒnwiː
AM ɑnˈwi

Eno
BR ˈiːnəʊ
AM ˈinoʊ

Enoch
BR ˈiːnɒk
AM ˈiˌnɑk, ˈinək

enologist
BR iːˈnɒlədʒɪst, -s
AM iˈnɑlədʒəst, -s

enology
BR iːˈnɒlədʒi
AM iˈnɑlədʒi

enormity
BR ɪˈnɔːmɪt|i, -ɪz
AM ɪˈnɔrməd|i, -z

enormous
BR ɪˈnɔːməs
AM ɪˈnɔrməs

enormously
BR ɪˈnɔːməsli
AM ɪˈnɔrməsli

enormousness
BR ɪˈnɔːməsnəs
AM ɪˈnɔrməsnəs

enosis
BR ˈenə(ʊ)sɪs, ɪˈnəʊsɪs
AM ɪˈnoʊsəs, εˈnoʊsəs

enough
BR ɪˈnʌf
AM iˈnəf, ɪˈnəf

enounce
BR ɪˈnaʊns, -ɪz, -ɪŋ, -t
AM iˈnaʊns, ɪˈnaʊns, -əz, -ɪŋ, -t

enouncement
BR ɪˈnaʊnsm(ə)nt
AM iˈnaʊnsm(ə)nt, ɪˈnaʊnsm(ə)nt

en passant
BR ˌɒ̃ paˈsɒ̃, ˌɒn +, + paˈsɑːnt
AM ˌɑn paˈsɑn(t)

en pension
BR ˌɒ̃ pɒ̃ˈsjɒ̃
AM ˌɑn pɑnˈsjɑn, ˌɑn pɑnˈsjɔn
FR ɑ̃ pɑ̃sjɔ̃

enplane
BR ɪnˈpleɪn, enˈpleɪn, -z, -ɪŋ, -d
AM enˈpleɪn, ɪnˈpleɪn, -z, -ɪŋ, -d

enprint
BR ˈenprɪnt, -s
AM enˈprɪnt, ɪnˈprɪnt, -s

enquire
BR ɪnˈkwʌɪə(r), enˈkwʌɪə(r), ɪŋˈkwʌɪə(r), eŋˈkwʌɪə(r), -z, -ɪŋ, -d
AM enˈkwaɪ(ə)r, ɪnˈkwaɪ(ə)r, -z, -ɪŋ, -d

enquirer
BR ɪnˈkwʌɪərə(r), enˈkwʌɪərə(r), ɪŋˈkwʌɪərə(r), eŋˈkwʌɪərə(r), -z
AM enˈkwaɪ(ə)rər, ɪnˈkwaɪ(ə)rər, -z

enquiringly
BR ɪnˈkwʌɪərɪŋli, enˈkwʌɪərɪŋli, ɪŋˈkwʌɪərɪŋli, eŋˈkwʌɪərɪŋli
AM enˈkwaɪ(ə)rɪŋli, ɪnˈkwaɪ(ə)rɪŋli

enquiry
BR ɪnˈkwʌɪər|i, enˈkwʌɪər|i, ɪŋˈkwʌɪər|i, eŋˈkwʌɪər|i, -ɪz
AM ˈɪnˌkwaɪ(ə)ri, ˈenˌkwaɪ(ə)ri, ənˈkwaɪ(ə)ri, -z

enrage
BR ɪnˈreɪdʒ, enˈreɪdʒ, -ɪz, -ɪŋ, -d
AM enˈreɪdʒ, ɪnˈreɪdʒ, -ɪz, -ɪŋ, -d

enragement
BR ɪnˈreɪdʒm(ə)nt, enˈreɪdʒm(ə)nt
AM enˈreɪdʒm(ə)nt, ɪnˈreɪdʒm(ə)nt

en rapport
BR ˌɒ̃ raˈpɔː(r), ˌɒn +
AM ˌɑn rɑˈpɔ(ə)r(t)
FR ɑ̃ ʀapɔʀ

enrapt
BR ɪnˈrapt, enˈrapt
AM enˈræpt, ɪnˈræpt

enrapture
BR ɪnˈraptʃə(r), enˈraptʃə(r), -z, -ɪŋ, -d
AM enˈræptʃər, ɪnˈræptʃər, -z, -ɪŋ, -d

enrich
BR ɪnˈrɪtʃ, enˈrɪtʃ, -ɪz, -ɪŋ, -t
AM enˈrɪtʃ, ɪnˈrɪtʃ, -ɪz, -ɪŋ, -t

enrichment
BR ɪnˈrɪtʃm(ə)nt, enˈrɪtʃm(ə)nt, -s
AM enˈrɪtʃm(ə)nt, ɪnˈrɪtʃm(ə)nt, -s

Enright
BR ˈenrʌɪt
AM ˈenˌraɪt

enrobe
BR ɪnˈrəʊb, enˈrəʊb, -z, -ɪŋ, -d
AM enˈroʊb, ɪnˈroʊb, -z, -ɪŋ, -d

enrol
BR ɪnˈrəʊl, enrəʊl, -z, -ɪŋ, -d
AM enˈroʊl, ɪnˈroʊl, -z, -ɪŋ, -d

enroll
BR ɪnˈrəʊl, enrəʊl, -z, -ɪŋ, -d
AM enˈroʊl, ɪnˈroʊl, -z, -ɪŋ, -d

enrollee
BR ˌɪnrəʊˈliː, ˌenrəʊˈliː, -z
AM enˌroʊˈli, ɪnˌroʊˈli, -z

enroller
BR ɪnˈrəʊlə(r), enrəʊlə(r), -z
AM enˈroʊlər, ɪnˈroʊlər, -z

enrollment
BR ɪnˈrəʊlm(ə)nt, enˈrəʊlm(ə)nt, -s
AM enˈroʊlm(ə)nt, ɪnˈroʊlm(ə)nt, -s

enrolment
BR ɪnˈrəʊlm(ə)nt, enˈrəʊlm(ə)nt, -s
AM enˈroʊlm(ə)nt, ɪnˈroʊlm(ə)nt, -s

en route
BR ˌɒ̃ ˈruːt, ˌɒn +
AM ˌɑn ˈrut, ˌɑn ˈrut

ENSA
BR ˈensə(r)
AM ˈensə

ensanguined
BR ɪnˈsaŋgwɪnd, enˈsaŋgwɪnd
AM enˈsæŋgwənd, ənˈsæŋgwənd

ensconce
BR ɪnˈskɒns, enˈskɒns, -ɪz, -ɪŋ, -t
AM ənˈskɑns, enzˈkɑns, enˈskɑns, ənzˈkɑns, -əz, -ɪŋ, -t

ensemble
BR ɒ̃ˈsɒbl, ɑ̃ːˈsɑ̃ːbl, ɒnˈsɒmbl, -z
AM ɑnˈsɑmb(ə)l, -z

enshrine
BR ɪnˈʃrʌɪn, enˈʃrʌɪn, -z, -ɪŋ, -d
AM enˈʃraɪn, ɪnˈʃraɪn, -z, -ɪŋ, -d

enshrinement
BR ɪnˈʃrʌɪnm(ə)nt, enˈʃrʌɪnm(ə)nt
AM enˈʃraɪnm(ə)nt, ɪnˈʃraɪnm(ə)nt

enshroud
BR ɪnˈʃraʊd, enˈʃraʊd, -z, -ɪŋ, -ɪd
AM enˈʃraʊd, ɪnˈʃraʊd, -z, -ɪŋ, -əd

ensiform
BR ˈensɪfɔːm
AM ˈensəˌfɔ(ə)rm

ensign[1] *flag*
BR ˈensn, -z
AM ˈens(ə)n, -z

ensign[2] *officer*
BR ˈensʌɪn, ˈensn, -z
AM ˈens(ə)n, -z

ensigncy
BR ˈensʌɪns|i, -ɪz
AM ˈensənsi, -z

ensilage
BR ˈensɪl|ɪdʒ, ˈensl|ɪdʒ, ɪnˈsʌɪl|ɪdʒ, enˈsʌɪl|ɪdʒ, -ɪdʒɪz, -ɪdʒɪŋ, -ɪdʒd
AM ˈensəlɪdʒ, -ɪz, -ɪŋ, -d

ensile

ensile
BR ɪnˈsʌɪl, enˈsʌɪl, -z,
-ɪŋ, -d
AM enˈsaɪl, ɪnˈsaɪl, -z,
-ɪŋ, -d

enslave
BR ɪnˈsleɪv, enˈsleɪv,
-z, -ɪŋ, -d
AM enˈsleɪv, ɪnˈsleɪv,
-z, -ɪŋ, -d

enslavement
BR ɪnˈsleɪvm(ə)nt,
enˈsleɪvm(ə)nt
AM enˈsleɪvm(ə)nt,
ɪnˈsleɪvm(ə)nt

enslaver
BR ɪnˈsleɪvə(r),
enˈsleɪvə(r), -z
AM enˈsleɪvər,
ɪnˈsleɪvər, -z

ensnare
BR ɪnˈsnɛː(r),
enˈsnɛː(r), -z,
-ɪŋ, -d
AM enˈsnɛ(ə)r,
ənˈsnɛ(ə)r, -z,
-ɪŋ, -d

ensnarement
BR ɪnˈsnɛːm(ə)nt,
enˈsnɛːm(ə)nt
AM enˈsnɛrm(ə)nt,
ənˈsnɛrm(ə)nt

ensnarl
BR ɪnˈsnɑːl, enˈsnɑːl,
-z, -ɪŋ, -d
AM enˈsnɑrl,
ənˈsnɑrl, -z,
-ɪŋ, -d

Ensor
BR ˈensɔː(r)
AM ˈen.sɔ(ə)r

enstatite
BR ˈenstətʌɪt
AM ˈenstəˌtaɪt

ensue
BR ɪnˈsjuː, enˈsjuː, -z,
-ɪŋ, -d
AM enˈsu, ɪnˈsu, -z,
-ɪŋ, -d

en suite
BR ˌɒ̃ ˈswiːt, ˌɒn +
AM ˌɑn ˈswit

ensure
BR ɪnˈʃʊə(r),
enˈʃʊə(r), ɪnˈʃɔː(r),
enˈʃɔː(r), -z, -ɪŋ, -d
AM enˈʃʊ(ə)r,
ɪnˈʃʊ(ə)r, -z, -ɪŋ, -d

ensurer
BR ɪnˈʃʊərə(r),
enˈʃʊərə(r),
ɪnˈʃɔːrə(r),
enˈʃɔːrə(r), -z
AM enˈʃʊrər,
ɪnˈʃʊrər, -z

enswathe
BR ɪnˈsweɪð,
enˈsweɪð, -z, -ɪŋ, -d
AM enˈswɑð,
ənˈswɑð, -z, -ɪŋ, -d

enswathement
BR ɪnˈsweɪðm(ə)nt,
enˈsweɪðm(ə)nt
AM enˈswɑðm(ə)nt,
ənˈswɑðm(ə)nt

entablature
BR ɪnˈtablətʃə(r),
enˈtablətʃə(r), -z
AM ənˈtæblətʃər,
ənˈtæblə.tjʊ(ə)r,
ənˈtæblə.tʃʊ(ə)r, -z

entablement
BR ɪnˈteɪblm(ə)nt,
enˈteɪblm(ə)nt
AM enˈteɪbəlm(ə)nt,
ənˈteɪbəlm(ə)nt

entail[1] *noun*
BR ɪnˈteɪl, enˈteɪl, -z
AM ˈen.teɪl, -z

entail[2] *verb*
BR ɪnˈteɪl, enˈteɪl, -z,
-ɪŋ, -d
AM enˈteɪl, ɪnˈteɪl, -z,
-ɪŋ, -d

entailment
BR ɪnˈteɪlm(ə)nt,
enˈteɪlm(ə)nt, -s
AM enˈteɪlm(ə)nt,
ɪnˈteɪlm(ə)nt, -s

entangle
BR ɪnˈtaŋg|l, enˈtaŋg|l,
-lz, -lɪŋ\-lɪŋ, -ld
AM enˈtæŋg(ə)l,
ɪnˈtæŋg(ə)l, -z, -ɪŋ, -d

entanglement

entanglement
BR ɪnˈtaŋglm(ə)nt,
enˈtaŋglm(ə)nt, -s
AM enˈtæŋgəlm(ə)nt,
ɪnˈtæŋgəlm(ə)nt, -s

entases
BR ˈentəsiːz
AM ˈen(t)əsiz

entasis
BR ˈentəsɪs
AM ˈen(t)əsəs

Entebbe
BR enˈtɛbi, ɪnˈtɛbi
AM enˈtɛbi

entelechy
BR enˈtɛləki, ɪnˈtɛləki
AM enˈtɛləki,
ənˈtɛləki

entellus
BR ɪnˈtɛləs, enˈtɛləs,
-ɪz
AM enˈtɛləs, ənˈtɛləs,
-əz

entendre
BR ɒnˈtɒndrə(r),
ɒ̃ˈtɒ̃drə(r), -z
AM ɑnˈtɑndrə, -z

entente
BR ɑːnˈtɑːnt,
ɒnˈtɒnt, ɒ̃ˈtɒ̃t, -s
AM ɑnˈtɑnt, -s

entente cordiale
BR ɑːnˌtɑːnt ˌkɔːdɪˈɑːl,
ɒnˈtɒnt +, ɒ̃ˈtɒ̃t +
AM ɑnˈtɑnt ˌkɔrd(ʒ)iˈɑl

enter
BR ent|ə(r), -əz,
-(ə)rɪŋ, -əd
AM en|(t)ər, -(t)ərz, -t
(ə)rɪŋ\-ərɪŋ, -(t)ərd

enterable
BR ˈent(ə)rəbl
AM ˈen(t)ərəb(ə)l

enterer
BR ˈent(ə)rə(r), -z
AM ˈen(t)ərər, -z

enteric
BR enˈtɛrɪk
AM enˈtɛrɪk

enteritis
BR ˌentəˈrʌɪtɪs
AM ˌen(t)əˈraɪdɪs

enterostomy

enterostomy
BR ˌentəˈrɒstəm|i, -ɪz
AM ˌen(t)əˈrɑstəmi, -z

enterotomy
BR ˌentəˈrɒtəm|i, -ɪz
AM ˌen(t)əˈrɑdəmi, -z

enterovirus
BR ˈent(ə)rəʊˌvʌɪrəs,
-ɪz
AM ˈen(t)əroʊˌvaɪrəs,
-əz

enterprise
BR ˈentəprʌɪz, -ɪz
AM ˈen(t)ərˌpraɪz, -ɪz

enterpriser
BR ˈentəprʌɪzə(r), -z
AM ˈen(t)ərˌpraɪzər, -z

enterprising
BR ˈentəprʌɪzɪŋ
AM ˈen(t)ərˌpraɪzɪŋ

enterprisingly
BR ˈentəprʌɪzɪŋli
AM ˈen(t)ərˌpraɪzɪŋli

entertain
BR ˌentəˈteɪn, -z, -ɪŋ,
-d
AM ˌen(t)ərˈteɪn, -z,
-ɪŋ, -d

entertainer
BR ˌentəˈteɪnə(r), -z
AM ˌen(t)ərˈteɪnər, -z

entertaining
BR ˌentəˈteɪnɪŋ
AM ˌen(t)ərˈteɪnɪŋ

entertainingly
BR ˌentəˈteɪnɪŋli
AM ˌen(t)ərˈteɪnɪŋli

entertainment
BR ˌentəˈteɪnm(ə)nt, -s
AM ˌen(t)ər-
ˈteɪ(n)m(ə)nt, -s

enthalpy
BR ˈenθalpi, ˈenθlpi,
enˈθalpi, ɪnˈθalpi
AM ənˈθælpi,
enˈθælpi, ˈenˌθælpi

enthral

enthral
BR ɪnˈθrɔːl, enˈθrɔːl,
-z, -ɪŋ, -d
AM enˈθrɔl, ɪnˈθrɔl,
enˈθrɑl, ɪnˈθrɑl, -z,
-ɪŋ, -d

enthrall
BR ɪnˈθrɔːl, enˈθrɔːl,
-z, -ɪŋ, -d
AM enˈθrɑl, ɪnˈθrɑl,
enˈθrɔl, ɪnˈθrɔl, -z,
-ɪŋ, -d

enthrallment
BR ɪnˈθrɔːlm(ə)nt,
enˈθrɔːlm(ə)nt
AM enˈθrɔlm(ə)nt,
ɪnˈθrɑlm(ə)nt,
enˈθrɑlm(ə)nt,
ɪnˈθrɔlm(ə)nt

enthralment
BR ɪnˈθrɔːlm(ə)nt,
enˈθrɔːlm(ə)nt
AM enˈθrɔlm(ə)nt,
ɪnˈθrɑlm(ə)nt,
enˈθrɑlm(ə)nt,
ɪnˈθrɔlm(ə)nt

enthrone
BR ɪnˈθrəʊn,
enˈθrəʊn, -z,
-ɪŋ, -d
AM enˈθroʊn,
ənˈθroʊn, -z,
-ɪŋ, -d

enthronement
BR ɪnˈθrəʊnm(ə)nt,
enˈθrəʊnm(ə)nt, -s
AM enˈθroʊnm(ə)nt,
ənˈθroʊnm(ə)nt, -s

enthronisation
BR ɪnˌθrəʊnʌɪˈzeɪʃn,
enˌθrəʊnʌɪˈzeɪʃn
AM enˌθroʊnəˈzeɪʃ(ə)n,
ənˌθroʊˌnaɪˈzeɪʃ(ə)n,
enˌθroʊˌnaɪˈzeɪʃ(ə)n,
ənˌθroʊnəˈzeɪʃ(ə)n

enthronization
BR ɪnˌθrəʊnʌɪˈzeɪʃn,
enˌθrəʊnʌɪˈzeɪʃn
AM enˌθroʊnəˈzeɪʃ(ə)n,
ənˌθroʊˌnaɪˈzeɪʃ(ə)n,
enˌθroʊˌnaɪˈzeɪʃ(ə)n,
ənˌθroʊnəˈzeɪʃ(ə)n

enthuse
BR ɪnˈθjuːz, enˈθjuːz,
-ɪz, -ɪŋ, -d
AM enˈθ(j)uz,
ɪnˈθ(j)uz, -əz,
-ɪŋ, -t

enthusiasm
BR ɪnˈθjuːzɪazm,
enˈθjuːzɪazm, -z
AM enˈθ(j)uziˌæz(ə)m,
ɪnˈθ(j)uziˌæz(ə)m, -z

enthusiast
BR ɪnˈθjuːzɪast,
enˈθjuːzɪast, -s
AM enˈθ(j)uziˌæst,
ɪnˈθ(j)uziˌæst, -s

enthusiastic
BR ɪnˌθjuːzɪˈastɪk,
enˌθjuːzɪˈastɪk
AM enˌθ(j)uziˈæstɪk,
ənˌθ(j)uziˈæstɪk

enthusiastically
BR ɪnˌθjuːzɪˈastɪkli,
enˌθjuːzɪˈastɪkli
AM enˌθ(j)uziˈæstək(ə)li,
ənˌθ(j)uziˈæstək(ə)li

enthymeme
BR ˈenθɪmiːm
AM ˈenθəˌmim

entice
BR ɪnˈtʌɪs, enˈtʌɪs, -ɪz,
-ɪŋ, -t
AM enˈtaɪs, ɪnˈtaɪs, -ɪz,
-ɪŋ, -t

enticement
BR ɪnˈtʌɪsm(ə)nt,
enˈtʌɪsm(ə)nt, -s
AM enˈtaɪsm(ə)nt,
ɪnˈtaɪsm(ə)nt, -s

enticer
BR ɪnˈtʌɪsə(r),
enˈtʌɪsə(r), -z
AM enˈtaɪsər,
ɪnˈtaɪsər, -z

enticing
BR ɪnˈtʌɪsɪŋ, enˈtʌɪsɪŋ
AM enˈtaɪsɪŋ, ɪnˈtaɪsɪŋ

enticingly
BR ɪnˈtʌɪsɪŋli,
enˈtʌɪsɪŋli
AM enˈtaɪsɪŋli,
ɪnˈtaɪsɪŋli

entire
BR ɪnˈtʌɪə(r),
enˈtʌɪə(r)
AM enˈtaɪ(ə)r,
ənˈtaɪ(ə)r

entirely
BR ɪnˈtʌɪəli, enˈtʌɪəli
AM enˈtaɪ(ə)rli,
ənˈtaɪ(ə)rli

entirety
BR ɪnˈtʌɪərɪti,
enˈtʌɪərɪti
AM ɪnˈtaɪ(ə)rdi,
enˈtaɪrədi,
enˈtaɪ(ə)rdi,
ɪnˈtaɪrədi

entitative
BR ˈentɪtətɪv
AM ˈen(t)ədədɪv,
ˈen(t)əˌteɪdɪv

entitle
BR ɪnˈtʌɪt|l,
enˈtʌɪt|l, -lz,
-l̩ŋ\-lɪŋ, -ld
AM enˈtaɪd(ə)l,
ɪnˈtaɪd(ə)l, -z,
-ɪŋ, -d

entitlement
BR ɪnˈtʌɪtlm(ə)nt,
enˈtʌɪtlm(ə)nt, -s
AM enˈtaɪdlm(ə)nt,
ɪnˈtaɪdlm(ə)nt, -s

entity
BR entɪt|i, -ɪz
AM ˈen(t)ədi, -z

entomb
BR ɪnˈtuːm, enˈtuːm,
-z, -ɪŋ, -d
AM enˈtum, ɪnˈtum,
-z, -ɪŋ, -d

entombment
BR ɪnˈtuːmm(ə)nt,
enˈtuːmm(ə)nt, -s
AM enˈtu(m)m(ə)nt,
ɪnˈtu(m)m(ə)nt, -s

entomic
BR enˈtɒmɪk
AM enˈtɑmɪk

entomological
BR ˌentəməˈlɒdʒɪkl
AM ˌen(t)əməˈlɑdʒək(ə)l

entomologically
BR ˌentəməˈlɒdʒɪkli
AM ˌen(t)əməˈlɑdʒək(ə)li

entomologist
BR ˌentəˈmɒlədʒɪst, -s
AM ˌen(t)əˈmɑlədʒəst, -s

entomology
BR ˌentəˈmɒlədʒi
AM ˌen(t)əˈmɑlədʒi

entomophagous
BR ˌentəˈmɒfəgəs
AM ˌen(t)əˈmɑfəgəs

entomophilous
BR ˌentəˈmɒfɪləs
AM ˌen(t)əˈmɑfələs

entoparasite
BR ˌentəʊˈparəsʌɪt, -s
AM ˌen(t)oʊˈperəˌsaɪt, -s

entophyte
BR ˈentəfʌɪt, -s
AM ˈen(t)əˌfaɪt, -s

entourage
BR ˈɒntʊrɑːʒ,
ˈɒ̃tʊrɑːʒ, -ɪz
AM ˌɑntʊˈrɑʒ,
ˈɑntəˌrɑʒ, -əz

entr'acte
BR ˈɒntrakt, ɒnˈtrakt,
ˈɒ̃trakt, ɒ̃ˈtrakt, -s
AM ˈɑnˌtrakt,
ˈɑnˌtrækt, -s

entrails
BR ˈentreɪlz
AM ˈentreɪlz, ˈentrəlz

entrain
BR ɪnˈtreɪn, enˈtreɪn,
-z, -ɪŋ, -d
AM enˈtreɪn, ɪnˈtreɪn,
-z, -ɪŋ, -d

entrainment
BR ɪnˈtreɪnm(ə)nt,
enˈtreɪnm(ə)nt
AM enˈtreɪnm(ə)nt,
ɪnˈtreɪnm(ə)nt

entrammel
BR ɪnˈtram|l, enˈtram|l,
-lz, -lɪŋ, -ld
AM enˈtræm(ə)l,
ɪnˈtræm(ə)l, -z,
-ɪŋ, -d

entrance[1] *noun*
BR ˈentrn̩s, -ɪz
AM ˈentrəns, -əz

entrance² *verb*
BR ɪnˈtrɑːns, enˈtrɑːns, -ɪz, -ɪŋ, -t
AM enˈtræns, ɪnˈtræns, -əz, -ɪŋ, -t

entrancement
BR ɪnˈtrɑːnsm(ə)nt, enˈtrɑːnsm(ə)nt
AM enˈtrænsm(ə)nt, ɪnˈtrænsm(ə)nt

entrancingly
BR ɪnˈtrɑːnsɪŋli, enˈtrɑːnsɪŋli
AM enˈtrænsɪŋli, ɪnˈtrænsɪŋli

entrant
BR ˈentrənt, -s
AM ˈentrənt, -s

entrap
BR ɪnˈtrap, enˈtrap, -s, -ɪŋ, -t
AM enˈtræp, ɪnˈtræp, -s, -ɪŋ, -t

entrapment
BR ɪnˈtrapm(ə)nt, enˈtrapm(ə)nt, -s
AM enˈtræpm(ə)nt, ɪnˈtræpm(ə)nt, -s

entrapper
BR ɪnˈtrapə(r), enˈtrapə(r), -z
AM enˈtræpər, ɪnˈtræpər, -z

entreat
BR ɪnˈtriːt, enˈtriːt, -s, -ɪŋ, -ɪd
AM enˈtriːt, ɪnˈtriːt, -ts, -dɪŋ, -dɪd

entreatingly
BR ɪnˈtriːtɪŋli, enˈtriːtɪŋli
AM enˈtriːdɪŋli, ɪnˈtriːdɪŋli

entreaty
BR ɪnˈtriːti, enˈtriːti, -ɪz
AM enˈtridi, ɪnˈtridi, -z

entrechat
BR ˈɒ̃trəʃɑː(r), ˈɒntrəʃɑː(r), ˈɑːntrəʃɑː(r), -z
AM ˌɑntrəˈʃɑ, -z
FR ɑ̃trəʃa

entrecôte
BR ˈɒntrəkəʊt, ˈɒ̃trəkəʊt, -s
AM ˈɑntrəˌkoʊt, -s

entrée¹ *dinner*
BR ˈɒntreɪ, ˈɒ̃treɪ, -z
AM ˈɑnˌtreɪ, -z

entrée² *introduction*
BR ˈɒntreɪ, ˈɒ̃treɪ, -z
AM ˈɑnˌtreɪ, ˌɑnˈtreɪ, -z

entremets
BR ˈɒntrəmeɪ, ˈɒ̃trəmeɪ, -z
AM ˌɑntrəˈmeɪ, -z
FR ɑ̃trəme

entrench
BR ɪnˈtren(t)ʃ, enˈtren(t)ʃ, -ɪz, -ɪŋ, -t
AM enˈtren(t)ʃ, ɪnˈtren(t)ʃ, -əz, -ɪŋ, -t

entrenchment
BR ɪnˈtren(t)ʃm(ə)nt, enˈtren(t)ʃm(ə)nt, -s
AM enˈtren(t)ʃm(ə)nt, ɪnˈtren(t)ʃm(ə)nt, -s

entre nous
BR ˌɒntrəˈnuː, ˌɒ̃trə +, ˈɑːntrə +
AM ˌɑntrəˈnu

entrepôt
BR ˈɒntrəpəʊ, ˈɒ̃trəpəʊ, -z
AM ˌɑntrəˈpoʊ, -z

entrepreneur
BR ˌɒntrəprəˈnɜː(r), ˌɒ̃trəprəˈnɜː(r), ˌɑːntrəprəˈnɜː(r), -z
AM ˌɑntrəprəˈnɜr, ˌɑntrəprəˈnʊ(ə)r, -z

entrepreneurial
BR ˌɒntrəprəˈnɜːrɪəl, ˌɒ̃trəprəˈnɜːrɪəl, ˌɑːntrəprəˈnɜːrɪəl
AM ˌɑntrəprəˈnʊrɪəl, ˌɑntrəprəˈnɜrɪəl

entrepreneurialism
BR ˌɒntrəprəˈnɜːrɪəlɪzm, ˌɒ̃trəprəˈnɜːrɪəlɪzm, ˌɑːntrəprəˈnɜːrɪəlɪzm
AM ˌɑntrəprəˈnʊrɪəˌlɪz(ə)m, ˌɑntrəprəˈnɜrɪəˌlɪz(ə)m

entrepreneurially
BR ˌɒntrəprəˈnɜːrɪəli, ˌɒ̃trəprəˈnɜːrɪəli, ˌɑːntrəprəˈnɜːrɪəli
AM ˌɑntrəprəˈnʊrɪəli, ˌɑntrəprəˈnɜrɪəli

entrepreneurship
BR ˌɒntrəprəˈnɜːʃɪp, ˌɒ̃trəprəˈnɜːʃɪp, ˌɑːntrəprəˈnɜːʃɪp
AM ˌɑntrəprəˈnʊrˌʃɪp, ˌɑntrəprəˈnɜrˌʃɪp

entresol
BR ˈɒntrəsɒl, ˈɒ̃trəsɒl, -z
AM ˈɑntrəˌsɑl, ˈen(t)ərˌsɑl, -z

entrism
BR ˈentrɪzm
AM ˈenˌtrɪz(ə)m

entrist
BR ˈentrɪst, -s
AM ˈentrəst, -s

entropic
BR enˈtrɒpɪk, enˈtrəʊpɪk
AM enˈtrɑpɪk

entropically
BR enˈtrɒpɪkli
AM enˈtrɑpək(ə)li

entropy
BR ˈentrəpi
AM ˈentrəpi

entrust
BR ɪnˈtrʌst, enˈtrʌst, -s, -ɪŋ, -ɪd
AM enˈtrəst, ənˈtrəst, -s, -ɪŋ, -əd

entrustment
BR ɪnˈtrʌs(t)m(ə)nt, enˈtrʌs(t)m(ə)nt
AM enˈtrəs(t)m(ə)nt, ənˈtrəs(t)m(ə)nt

entry
BR ˈentr|i, -ɪz
AM ˈentri, -z

entryism
BR ˈentriɪzm
AM ˈentriˌɪz(ə)m

entryist
BR ˈentrɪɪst, -s
AM ˈentriɪst, -s

entryphone
BR ˈentrɪfəʊn, -z
AM ˈentriˌfoʊn, -z

entryway
BR ˈentriweɪ, -z
AM ˈentriˌweɪ, -z

entwine
BR ɪnˈtwʌɪn, enˈtwʌɪn, -z, -ɪŋ, -d
AM enˈtwaɪn, ənˈtwaɪn, -z, -ɪŋ, -d

entwinement
BR ɪnˈtwʌɪnm(ə)nt, enˈtwʌɪnm(ə)nt
AM enˈtwaɪnm(ə)nt, ənˈtwaɪnm(ə)nt

enucleate
BR ɪˈnjuːklɪeɪt, -s, -ɪŋ, -ɪd
AM iˈn(j)ukliˌeɪ|t, əˈn(j)ukliˌeɪ|t, -ts, -dɪŋ, -dɪd

enucleation
BR ɪˌnjukliˈeɪʃn
AM iˌn(j)ukliˈeɪʃ(ə)n, əˌn(j)ukliˈeɪʃ(ə)n

Enugu
BR ɪˈnuːguː, eˈnuːguː
AM əˈnugu

enumerable
BR ɪˈnjuːm(ə)rəbl
AM iˈn(j)umərəb(ə)l, əˈn(j)umərəb(ə)l

enumerate
BR ɪˈnjuːməreɪt, -s, -ɪŋ, -ɪd
AM iˈn(j)uməˌreɪ|t, əˈn(j)uməˌreɪ|t, -ts, -dɪŋ, -dɪd

enumeration
BR ɪˌnjuːməˈreɪʃn, -z
AM iˌn(j)uməˈreɪʃ(ə)n, əˌn(j)uməˈreɪʃ(ə)n, -z

enumerative
BR ɪˈnjuːm(ə)rətɪv
AM iˈn(j)uːmərədɪv,
əˈn(j)uːməˌreɪdɪv,
iˈn(j)uməˌreɪdɪv,
əˈn(j)uːmərədɪv

enumerator
BR ɪˈnjuːməreɪtə(r), -z
AM iˈn(j)uːməˌreɪdər,
əˈn(j)uːməˌreɪdər, -z

enunciate
BR ɪˈnʌnsɪeɪt,
ɪˈnʌnʃɪeɪt, -s, -ɪŋ, -ɪd
AM əˈnənsiˌeɪ|t,
iˈnənsiˌeɪ|t, -ts, -dɪŋ, -dɪd

enunciation
BR ɪˌnʌnsɪˈeɪʃn,
ɪˌnʌnʃɪˈeɪʃn, -z
AM əˌnənsiˈeɪʃ(ə)n,
iˌnənsiˈeɪʃ(ə)n, -z

enunciative
BR ɪˈnʌnsɪətɪv,
ɪˈnʌnʃɪətɪv
AM əˈnənsiədɪv,
iˈnənsiˌeɪdɪv,
əˈnənsiˌeɪdɪv,
iˈnənsiədɪv

enunciatively
BR ɪˈnʌnsɪətɪvli,
ɪˈnʌnʃɪətɪvli
AM əˈnənsiəˌtɪvli,
iˈnənsiˌeɪdɪvli,
əˈnənsiˌeɪdɪvli,
iˈnənsiəˌtɪvli

enunciator
BR ɪˈnʌnsɪeɪtə(r), -z
AM əˈnənsiˌeɪdər,
iˈnənsiˌeɪdər, -z

enure
BR ɪˈnjʊə(r),
ɪˈnjɔː(r), -z, -ɪŋ, -d
AM əˈn(j)ʊər, -z,
-ɪŋ, -d

enuresis
BR ˌenjʉˈriːsɪs
AM ˌenjəˈrisəs

enuretic
BR ˌenjʉˈretɪk, -s
AM ˌenjəˈredɪk, -s

envelop
BR ɪnˈvɛləp, enˈvɛləp,
-s, -ɪŋ, -t
AM enˈvɛləp,
ənˈvɛləp, -s, -ɪŋ, -t

envelope
BR ˈenvələʊp,
ˈɒnvələʊp, -s
AM ˈɑnvəˌloʊp,
ˈenvəˌloʊp, -s

envelopment
BR ɪnˈvɛləpm(ə)nt,
enˈvɛləpm(ə)nt, -s
AM enˈvɛləpm(ə)nt,
ənˈvɛləpm(ə)nt, -s

envenom
BR ɪnˈven(ə)m,
enˈven(ə)m, -z, -ɪŋ, -d
AM enˈven(ə)m,
ənˈven(ə)m, -z, -ɪŋ, -d

enviable
BR ˈenvɪəbl
AM ˈenvɪəb(ə)l

enviably
BR ˈenvɪəbli
AM ˈenvɪəbli

envier
BR ˈenvɪə(r), -z
AM ˈenviər, -z

envious
BR ˈenvɪəs
AM ˈenviəs

enviously
BR ˈenvɪəsli
AM ˈenviəsli

environ
BR ɪnˈvaɪrn̩, enˈvaɪrn̩,
-z, -ɪŋ, -d
AM ənˈvaɪ(ə)rn,
enˈvaɪr(ə)n,
enˈvaɪ(ə)rn,
ənˈvaɪr(ə)n, -z,
-ɪŋ, -d

environment
BR ɪnˈvaɪrnm(ə)nt,
enˈvaɪrn̩m(ə)nt, -s
AM ənˈvaɪ(ə)rnm(ə)nt,
enˈvaɪrən(ə)nt,
enˈvaɪ(ə)rnm(ə)nt,
ənˈvaɪrənm(ə)nt, -s

environmental
BR ɪnˌvaɪrn̩ˈmentl,
enˌvaɪrn̩ˈmentl
AM ənˌvaɪ(ə)rnˈmen(t)l,
enˌvaɪrənˈmen(t)l,
enˌvaɪ(ə)rnˈmen(t)l,
ənˌvaɪrənˈmen(t)l

environmentalism
BR ɪnˌvaɪrn̩ˈmentlɪzm,
enˌvaɪrn̩ˈmentlɪzm
AM ənˌvaɪ(ə)rn-
ˈmen(t)lˌɪz(ə)m,
enˌvaɪrənˈmen(t)l-
ˌɪz(ə)m, enˌvaɪ(ə)rn-
ˈmen(t)lˌɪz(ə)m,
ənˌvaɪrənˈmen(t)l-
ˌɪz(ə)m

environmentalist
BR ɪnˌvaɪrn̩ˈmentlɪst,
enˌvaɪrn̩ˈmentlɪst, -s
AM ənˌvaɪ(ə)rn-
ˈmen(t)ləst,
enˌvaɪrən-
ˈmen(t)ləst,
enˌvaɪ(ə)rn-
ˈmen(t)ləst,
ənˌvaɪrən-
ˈmen(t)ləst, -s

environmentally
BR ɪnˌvaɪrn̩ˈmentli,
enˌvaɪrn̩ˈmentli
AM ənˌvaɪ(ə)rn-
ˈmen(t)li, enˌvaɪrən-
ˈmen(t)li,
enˌvaɪ(ə)rnˈmen(t)li,
ənˌvaɪrənˈmen(t)li

environs *plural noun*
BR ɪnˈvaɪrn̩z,
enˈvaɪrn̩z
AM ənˈvaɪ(ə)rnz,
enˈvaɪrənz,
enˈvaɪ(ə)rnz,
ənˈvaɪrənz

envisage
BR ɪnˈvɪz|ɪdʒ,
enˈvɪz|ɪdʒ,
-ɪdʒɪz, -ɪdʒɪŋ,
-ɪdʒd
AM enˈvɪzɪdʒ,
ənˈvɪzɪdʒ, -ɪz,
-ɪŋ, -d

envisagement
BR ɪnˈvɪzɪdʒm(ə)nt,
enˈvɪzɪdʒm(ə)nt
AM enˈvɪzɪdʒm(ə)nt,
ənˈvɪzɪdʒm(ə)nt

envision
BR ɪnˈvɪʒn̩, enˈvɪʒn̩,
-z, -ɪŋ, -d
AM enˈvɪʒ(ə)n,
ənˈvɪʒ(ə)n, -d, -ɪŋ, -d

envoi
BR ˈenvɔɪ, -z
AM ˈɑnˌvɔɪ, ˈenˌvɔɪ, -z

envoy
BR ˈenvɔɪ, -z
AM ˈɑnˌvɔɪ, ˈenˌvɔɪ, -z

envoyship
BR ˈenvɔɪʃɪp, -s
AM ˈɑnˌvɔɪˌʃɪp,
ˈenˌvɔɪˌʃɪp, -s

envy
BR ˈenv|i, -ɪz, -ɪŋ, -ɪd
AM ˈenvi, -z, -ɪŋ, -d

enweave
BR ɪnˈwiːv, enˈwiːv,
-z, -ɪŋ
AM enˈwiv, ənˈwiv, -z,
-ɪŋ

enwind
BR ɪnˈwaɪnd, en
ˈwaɪnd, -z, -ɪŋ, -ɪd
AM enˈwaɪnd, ən
ˈwaɪn|d, -z, -ɪŋ, -ɪd

enwove
BR ɪnˈwəʊv, enˈwəʊv
AM enˈwoʊv,
ənˈwoʊv

enwoven
BR ɪnˈwəʊvn,
enˈwəʊvn
AM enˈwoʊv(ə)n,
ənˈwoʊv(ə)n

enwrap
BR ɪnˈrap, enˈrap, -s,
-ɪŋ, -t
AM enˈræp, ənˈræp,
-s, -ɪŋ, -t

enwreathe
BR ɪnˈriːð, enˈriːð, -z,
-ɪŋ, -d
AM enˈrið, ənˈrið, -z,
-ɪŋ, -d

Enzed
BR ɛnˈzɛd
AM ɛnˈzɛd

Enzedder
BR ɛnˈzɛdə(r), -z
AM ɛnˈzɛdər, -z

enzootic
BR ˌɛnzuːˈɒtɪk,
ˌɛnzəʊˈɒtɪk
AM ˌɛnzoʊˈɑdɪk,
ˌɛnzəˈwɑdɪk

enzymatic
BR ˌɛnzʌɪˈmatɪk
AM ˌɛnˌzaɪˈmædɪk,
ˌɛnzəˈmædɪk

enzyme
BR ˈɛnzʌɪm, -z
AM ˈɛnˌzaɪm, -z

enzymic
BR ɛnˈzʌɪmɪk
AM ɛnˈzɪmɪk,
ɛnˈzaɪmɪk

enzymology
BR ˌɛnzʌɪˈmɒlədʒi
AM ˌɛnzaɪˈmɑlədʒi,
ˌɛnzəˈmɑlədʒi

Eocene
BR ˈiːə(ʊ)siːn
AM ˈiəˌsin

eohippus
BR ˌiːəʊˈhɪpəs
AM ˌioʊˈhɪpəs

EOKA
BR eɪˈəʊkə(r)
AM ˌiˌoʊˌkeɪˈeɪ

Eolian
BR ɪˈəʊliən,
eɪˈəʊliən
AM iˈoʊliən,
iˈoʊlj(ə)n

eolith
BR ˈiːəlɪθ, -s
AM ˈiəˌlɪθ, -s

Eolithic
BR ˌiːə(ʊ)ˈlɪθɪk
AM ˌiəˈlɪθɪk

eon
BR ˈiːɒn, -z
AM ˈiˌɑn, ˈiən, -z

Eos
BR ˈiːɒs
AM ˈiˌɑs, ˈiəs

eosin
BR ˈiːə(ʊ)sɪn
AM ˈiəs(ə)n

eosinophil
BR ˌiːə(ʊ)ˈsɪnə(ʊ)fɪl,
-z
AM ˌiəˈsɪnəˌfɪl, -z

eosinophile
BR ˌiːə(ʊ)ˈsɪnə(ʊ)fʌɪl,
-z
AM ˌiəˈsɪnəˌfaɪl, -z

epact
BR ˈiːpakt, ˈɛpakt,
-s
AM ˈɛˌpæk|(t),
ˈiˌpæk|(t), -(t)s

Epaminondas
BR ɪˌpamɪˈnɒndas,
ɛˌpamɪˈnɒndas
AM əˌpaməˈnɑndəs

eparch
BR ˈɛpɑːk, -s
AM ˈɛˌpɑrk, -s

eparchy
BR ˈɛpɑːk|i, -ɪz
AM ˈɛˌpɑrki, -z

epaulet
BR ˌɛpəˈlɛt, -s
AM ˈˌɛpəˈlɛt, -s

epaulette
BR ˌɛpəˈlɛt, -s
AM ˈˌɛpəˈlɛt, -s

Epcot
BR ˈɛpkɒt
AM ˈɛpˌkɑt

épée
BR ˈɛpeɪ, -z
AM ˌɛˈpeɪ, -z

epeirogeneses
BR ɪˌpʌɪrə(ʊ)-
ˈdʒɛnɪsiːz
AM əˌpaɪroʊˈdʒɛnəsiz

epeirogenesis
BR ɪˌpʌɪrə(ʊ)ˈdʒɛnɪsɪs
AM əˌpaɪroʊˈdʒɛnəsəs

epeirogenic
BR ɪˌpʌɪrə(ʊ)ˈdʒɛnɪk
AM əˌpaɪroʊˈdʒɛnɪk

epeirogeny
BR ˌɛpʌɪˈrɒdʒɪni,
ˌɛpʌɪˈrɒdʒn̩i
AM ɛˌpaɪˈrɑdʒəni

epentheses
BR ɪˈpɛnθɪsiːz,
ɛˈpɛnθɪsiːz
AM ɛˈpɛnθəˌsiz,
əˈpɛnθəˌsiz

epenthesis
BR ɪˈpɛnθɪsɪs,
ɛˈpɛnθɪsɪs
AM ɛˈpɛnθəsəs,
əˈpɛnθəsəs

epenthetic
BR ˌɛpɛnˈθɛtɪk
AM ˌɛpɛnˈθɛdɪk

epergne
BR ɪˈpəːn, ɛˈpəːn,
-z
AM iˈpərn, eɪˈpərn,
əˈpərn, -z

epexegeses
BR ɛˌpɛksɪˈdʒiːsiːz,
ɪˌpɛksɪˈdʒiːsiːz
AM ɛˌpɛksəˈdʒisiz

epexegesis
BR ɛˌpɛksɪˈdʒiːsɪs,
ɪˌpɛksɪˈdʒiːsɪs
AM ɛˌpɛksəˈdʒisɪs

epexegetic
BR ɛˌpɛksɪˈdʒɛtɪk,
ɪˌpɛksɪˈdʒɛtɪk
AM ɛˌpɛksəˈdʒɛdɪk

epexegetical
BR ɛˌpɛksɪˈdʒɛtɪkl,
ɪˌpɛksɪˈdʒɛtɪkl
AM ɛˌpɛksəˈdʒɛdək(ə)l

epexegetically
BR ɛˌpɛksɪˈdʒɛtɪkli,
ɪˌpɛksɪˈdʒɛtɪkli
AM ɛˌpɛksəˈdʒɛdək(ə)li

ephebe
BR ˈɛfiːb, ɛˈfiːb,
ɪˈfiːb, -z
AM əˈfib, ɛˈfib,
ˈɛˌfib, -z

ephebic
BR ɛˈfiːbɪk, ɪˈfiːbɪk
AM ɛˈfibɪk, əˈfibɪk

ephedra
BR ɛˈfɛdrə(r),
ɪˈfɛdrə(r), ˈɛfɪdrə(r),
-z
AM ˈɛfədrə,
əˈfɛdrə, -z

ephedrine
BR ˈɛfɪdriːn, ˈɛfɪdrɪn,
ɪˈfɛdrɪn
AM ɛˈfɛdr(ə)n,
ˈɛfədr(ə)n, ˈɛfəˌdrin,
əˈfɛdr(ə)n

ephemera
BR ɪˈfɛm(ə)rə(r),
ɛˈfɛm(ə)rə(r)
AM əˈfɛm(ə)rə

ephemeral
BR ɪˈfɛm(ə)r l̩,
ɛˈfɛm(ə)r l̩
AM iˈfɛmər(ə)l,
iˈfɛmr(ə)l

ephemerality
BR ɪˌfɛməˈralɪti,
ɛˌfɛməˈralɪti
AM iˌfɛm(ə)ˈrælədi

ephemerally
BR ɪˈfɛm(ə)r l̩i,
ɛˈfɛm(ə)r l̩i
AM iˈfɛm(ə)rəli

ephemeralness
BR ɪˈfɛm(ə)r l̩nəs,
ɛˈfɛm(ə)r l̩nəs
AM iˈfɛm(ə)rəlnəs

ephemeris
BR ɪˈfɛm(ə)rɪs,
ɛˈfɛm(ə)rɪs, -ɪz
AM iˈfɛm(ə)rəs, -ɪz

ephemerist
BR ɪˈfɛm(ə)rɪst,
ɛˈfɛm(ə)rɪst, -s
AM iˈfɛm(ə)rəst, -s

ephemeron
BR ɪˈfɛm(ə)rɒn,
ɛˈfɛm(ə)rɒn
AM əˈfɛməˌrɑn

Ephemeroptera
BR ɪˌfɛməˈrɒpt(ə)rə(r),
ɛˌfɛməˈrɒpt(ə)rə(r)
AM əˌfɛməˈrɑptərə

ephemeropteran
BR ɪˌfɛməˈrɒpt(ə)r n̩,
ɛˌfɛməˈrɒpt(ə)r n̩, -z
AM əˌfɛməˈrɑptər(ə)n,
əˌfɛməˈrɑptr(ə)n, -z

ephemeropterous
BR ɪˌfɛməˈrɒpt(ə)rəs,
ɛˌfɛməˈrɒpt(ə)rəs
AM əˌfɛməˈrɑptərəs

Ephesian
BR ɪˈfiːʒn, -z
AM əˈfiʒ(ə)n, -z

Ephesus
BR ˈɛfɪsəs
AM ˈɛfəsəs

ephod
BR ˈiːfɒd, ˈɛfɒd, -z
AM ˈiˌfɑd, ˈɛfəd, ˈɛˌfɑd, -z

ephor
BR ˈiːfɔː(r), ˈɛfɔː(r), -z
AM ˈɛfər, ˈiˌfɔ(ə)r, ˈɛˌfɔ(ə)r, -z

ephorate
BR ˈiːf(ə)rət, ˈɛf(ə)rət, -s
AM ˈɛfərət, ˈɛfəˌreɪt, -s

ephori
BR ˈiːfərʌɪ, ˈɛfərʌɪ
AM ˈɛfəˌraɪ

ephorship
BR ˈiːfəʃɪp, ˈɛfəʃɪp
AM ˈɛˌfɔrˌʃɪp, ˈiˌfɔrˌʃɪp, ˈɛfərˌʃɪp

Ephraim
BR ˈiːfreɪm
AM ˈifr(ə)m

epiblast
BR ˈɛpɪblɑːst, -s
AM ˈɛpəˌblæst, -s

epic
BR ˈɛpɪk, -s
AM ˈɛpɪk, -s

epical
BR ˈɛpɪkl
AM ˈɛpək(ə)l

epically
BR ˈɛpɪkli
AM ˈɛpək(ə)li

epicanthic
BR ˌɛpɪˈkanθɪk
AM ˌɛpiˈkænθɪk, ˌɛpəˈkænθɪk

epicarp
BR ˈɛpɪkɑːp, -s
AM ˈɛpəˌkɑrp, -s

epicedia
BR ˌɛpɪˈsiːdɪə(r)
AM ˌɛpəˈsidiə

epicedian
BR ˌɛpɪˈsiːdɪən
AM ˌɛpəˈsidiən

epicedium
BR ˌɛpɪˈsiːdɪəm
AM ˌɛpəˈsidiəm

epicene
BR ˈɛpɪsiːn, -z
AM ˈɛpəˌsin, -z

epicenter
BR ˈɛpɪˌsɛntə(r), -z
AM ˈɛpiˌsɛn(t)ər, ˈɛpəˌsɛn(t)ər, -z

epicentral
BR ˌɛpɪˈsɛntr(ə)l
AM ˌɛpiˈsɛntr(ə)l, ˌɛpəˈsɛntr(ə)l

epicentre
BR ˈɛpɪˌsɛntə(r), -z
AM ˈɛpiˌsɛn(t)ər, ˈɛpəˌsɛn(t)ər, -z

epicleses
BR ˌɛpɪˈkliːsiːz
AM ˌɛpəˈklisiz

epiclesis
BR ˌɛpɪˈkliːsɪs
AM ˌɛpəˈklisɪs

epicondilitis
BR ˌɛpɪkɒndɪˈlʌɪtɪs
AM ˌɛpəkɑndəˈlaɪdɪs

epicontinental
BR ˌɛpɪkɒntɪˈnɛntl
AM ˌɛpiˌkɑn(t)əˈnɛn(t)l, ˌɛpəˌkɑn(t)əˈnɛn(t)l

epicotyl
BR ˈɛpɪkɒtl, -z
AM ˈɛpəˌkɑdl, -z

Epictetus
BR ˌɛpɪkˈtiːtəs
AM ˌɛpəkˈtidəs

epicure
BR ˈɛpɪkjʊə(r), ˈɛpɪkjɔː(r), -z
AM ˈɛpiˌkjʊ(ə)r, ˈɛpəˌkjʊ(ə)r, -z

epicurean
BR ˌɛpɪkjɚˈriːən, -z
AM ˌɛpəˈkjʊriən, ˌɛpəkjəˈriən, -z

Epicureanism
BR ˌɛpɪkjɚˈriːənɪzm
AM ˌɛpəˈkjʊriəˌnɪz(ə)m, ˌɛpəkjəˈriəˌnɪz(ə)m

epicurism
BR ˈɛpɪkjɚrɪzm
AM ˌɛpəˈkjʊˌrɪz(ə)m, ˈɛpəˌkjʊˌrɪz(ə)m

Epicurus
BR ˌɛpɪˈkjʊərəs, ˌɛpɪˈkjɔːrəs
AM ˌɛpəˈkjʊrəs, ˈɛpəˌkjʊrəs

epicycle
BR ˈɛpɪˌsʌɪkl, -z
AM ˈɛpəˌsaɪk(ə)l, -z

epicyclic
BR ˌɛpɪˈsʌɪklɪk
AM ˌɛpəˈsɪklɪk, ˌɛpəˈsaɪklɪk

epicycloid
BR ˌɛpɪˈsʌɪklɔɪd, -z
AM ˌɛpəˈsaɪˌklɔɪd, -z

epicycloidal
BR ˌɛpɪsʌɪˈklɔɪdl
AM ˌɛpəˌsaɪˈklɔɪd(ə)l

Epidaurus
BR ˌɛpɪˈdɔːrəs
AM ˌɛpəˈdɔrəs

epideictic
BR ˌɛpɪˈdʌɪktɪk
AM ˌɛpəˈdaɪktɪk

epidemic
BR ˌɛpɪˈdɛmɪk, -s
AM ˌɛpəˈdɛmɪk, -s

epidemical
BR ˌɛpɪˈdɛmɪkl
AM ˌɛpəˈdɛmək(ə)l

epidemically
BR ˌɛpɪˈdɛmɪkli
AM ˌɛpəˈdɛmək(ə)li

epidemiological
BR ˌɛpɪdiːmɪəˈlɒdʒɪkl
AM ˌɛpəˌdimiəˈlɑdʒək(ə)l

epidemiologist
BR ˌɛpɪdiːmɪˈɒlədʒɪst, -s
AM ˌɛpəˌdimiˈɑlədʒəst, -s

epidemiology
BR ˌɛpɪdiːmɪˈɒlədʒi
AM ˌɛpəˌdimiˈɑlədʒi

epidermal
BR ˌɛpɪˈdɜːml
AM ˌɛpəˈdɜrm(ə)l

epidermic
BR ˌɛpɪˈdɜːmɪk
AM ˌɛpəˈdɜrmɪk

epidermis
BR ˌɛpɪˈdɜːmɪs
AM ˌɛpəˈdɜrmɪs

epidermoid
BR ˌɛpɪˈdɜːmɔɪd
AM ˌɛpəˈdɜrˌmɔɪd

epidiascope
BR ˌɛpɪˈdʌɪəskəʊp, -s
AM ˌɛpəˈdaɪəˌskoʊp, -s

epididymides
BR ˌɛpɪˈdɪdɪmɪdiːz, ˌɛpɪdɪˈdɪmɪdiːz
AM ˌɛpədəˈdɪməˌdiz, ˌɛpəˌdaɪˈdɪməˌdiz, ˌɛpəˈdɪdəməˌdiz

epididymis
BR ˌɛpɪˈdɪdɪmɪs, -ɪz
AM ˌɛpəˈdɪdəməs, -əz

epidural
BR ˌɛpɪˈdjʊərl̩, ˌɛpɪˈdʒʊərl̩, ˌɛpɪˈdjɔːrl̩, ˌɛpɪˈdʒɔːrl̩, -z
AM ˌɛpiˈd(j)ʊrəl, ˌɛpəˈd(j)ʊrəl, -z

epifauna
BR ˈɛpɪˌfɔːnə(r)
AM ˌɛpəˈfɑnə, ˌɛpəˈfɔnə

epigastria
BR ˌɛpɪˈgastrɪə(r)
AM ˌɛpəˈgæstriə

epigastric
BR ˌɛpɪˈgastrɪk
AM ˌɛpəˈgæstrɪk

epigastrium
BR ˌɛpɪˈgastrɪəm
AM ˌɛpəˈgæstriəm

epigeal
BR ˌɛpɪˈdʒiːəl
AM ˌɛpəˈdʒiəl

epigene
BR ˈepɪdʒiːn
AM ˈepəˌdʒin

epigenesis
BR ˌepɪˈdʒenɪsɪs
AM ˌepəˈdʒenəsəs

epigenetic
BR ˌepɪdʒɪˈnetɪk
AM ˌepədʒəˈnedɪk

epiglottal
BR ˌepɪˈglɒtl
AM ˌepəˈglɑdl

epiglottic
BR ˌepɪˈglɒtɪk
AM ˌepəˈglɑdɪk

epiglottis
BR ˌepɪˈglɒtɪs, -ɪz
AM ˌepəˈglɑdəs, -əz

epigone
BR ˈepɪgəʊn, -z
AM ˈepəˌgoʊn, -z

epigram
BR ˈepɪgram, -z
AM ˈepəˌgræm, -z

epigrammatic
BR ˌepɪgrəˈmatɪk
AM ˌepəgrəˈmædɪk

epigrammatically
BR ˌepɪgrəˈmatɪkli
AM ˌepəgrəˈmædək(ə)li

epigrammatise
BR ˌepɪˈgramətʌɪz,
-ɪz, -ɪŋ, -d
AM ˌepəˈgræməˌtaɪz,
-ɪz, -ɪŋ, -d

epigrammatist
BR ˌepɪˈgramətɪst,
-s
AM ˌepəˈgræmədəst,
-s

epigrammatize
BR ˌepɪˈgramətʌɪz,
-ɪz, -ɪŋ, -d
AM ˌepəˈgræməˌtaɪz,
-ɪz, -ɪŋ, -d

epigraph
BR ˈepɪgrɑːf, -s
AM ˈepəˌgræf, -s

epigraphic
BR ˌepɪˈgrafɪk
AM ˌepəˈgræfɪk

epigraphical
BR ˌepɪˈgrafɪkl
AM ˌepəˈgræfək(ə)l

epigraphically
BR ˌepɪˈgrafɪkli
AM ˌepəˈgræfək(ə)li

epigraphist
BR ɪˈpɪgrəfɪst,
ɛˈpɪgrəfɪst, -s
AM ɛˈpɪgrəfəst,
əˈpɪgrəfəst, -s

epigraphy
BR ɪˈpɪgrəfi, ɛˈpɪgrəfi
AM ɛˈpɪgrəfi,
əˈpɪgrəfi

epilate
BR ˈepɪleɪt, -s, -ɪŋ, -ɪd
AM ˈepəˌleɪ|t, -ts, -dɪŋ,
-dɪd

epilation
BR ˌepɪˈleɪʃn
AM ˌepəˈleɪʃ(ə)n

epilepsy
BR ˈepɪlɛpsi
AM ˈepəˌlɛpsi

epileptic
BR ˌepɪˈleptɪk, -s
AM ˌepəˈleptɪk, -s

epilimnia
BR ˌepɪˈlɪmnɪə(r)
AM ˌepəˈlɪmniə

epilimnion
BR ˌepɪˈlɪmnɪɒn
AM ˌepəˈlɪmniən,
ˌepəˈlɪmniˌɑn

epilog
BR ˈepɪlɒg, -z
AM ˈepəˌlag, ˈepiˌlag,
ˈepəˌlɔg, -z

epilogist
BR ɪˈpɪlədʒɪst,
ɛˈpɪlədʒɪst,
ˈepɪləgɪst, -s
AM ɛˈpɪlədʒəst,
ˈepəˌlɔgəst,
ˈepəˌlagəst,
əˈpɪlədʒəst, -s

epilogue
BR ˈepɪlɒg, -z
AM ˈepəˌlag,
ˈepiˌlag,
ˈepəˌlɔg, -z

epimer
BR ˈepɪmə(r), -z
AM ˈepəmər,
-z

epimeric
BR ˌepɪˈmerɪk
AM ˌepəˈmerɪk

epimerise
BR ɪˈpɪmərʌɪz,
ɛˈpɪmərʌɪz,
ˈepɪmərʌɪz, -ɪz,
-ɪŋ, -d
AM ˈepəməˌraɪz, -ɪz,
-ɪŋ, -d

epimerism
BR ɪˈpɪmərɪzm,
ɛˈpɪmərɪzm,
ˈepɪmərɪzm
AM ˈepəməˌrɪz(ə)m

epimerize
BR ɪˈpɪmərʌɪz,
ɛˈpɪmərʌɪz,
ˈepɪmərʌɪz, -ɪz,
-ɪŋ, -d
AM ˈepəməˌraɪz, -ɪz,
-ɪŋ, -d

epinasty
BR ˈepɪnasti
AM ˈepəˌnæsti

epinephrine
BR ˌepɪˈnefrɪn,
ˌepɪˈnefriːn
AM ˌepəˈnefr(ə)n

epiphanic
BR ˌepɪˈfanɪk
AM ˌepəˈfænɪk

epiphany
BR ɪˈpɪfni
AM iˈpɪfəni,
əˈpɪfəni

epiphenomena
BR ˌepɪfɪˈnɒmɪnə(r)
AM ˌepɪfəˈnamənə,
ˌepəfəˈnamənə

epiphenomenal
BR ˌepɪfɪˈnɒmɪnl
AM ˌepɪfəˈnamən(ə)l,
ˌepəfəˈnamən(ə)l

epiphenomenon
BR ˌepɪfɪˈnɒmɪnən
AM ˌepɪfəˈnamənən,
ˌepəfəˈnamənən

epiphyses
BR ɪˈpɪfisiːz,
ɛˈpɪfisiːz
AM əˈpɪfəsiz

epiphysis
BR ɪˈpɪfisɪs, ɛˈpɪfisɪs
AM əˈpɪfəsəs

epiphytal
BR ˌepɪˈfʌɪtl
AM ˌepəˈfaɪdl

epiphyte
BR ˈepɪfʌɪt, -s
AM ˈepəˌfaɪt, -s

epiphytic
BR ˌepɪˈfɪtɪk
AM ˌepəˈfɪdɪk

epirogenic
BR ɪˌpʌɪrə(ʊ)ˈdʒenɪk
AM əˌpaɪroʊˈdʒenɪk

epirogeny
BR ˌepʌɪˈrɒdʒɪni
AM ɛˌpaɪˈrɑdʒəni

Epirot
BR ɛˈpʌɪrət,
ɪˈpʌɪrət, -s
AM əˈpaɪrət,
iˈpaɪrət, ˈepəˌrɑt, -s

Epirote
BR ɛˈpʌɪrəʊt,
ɪˈpʌɪrəʊt, -s
AM ɛˈpaɪroʊt,
iˈpaɪroʊt,
ˈepəˌrɑt, -s

Epirus
BR ɛˈpʌɪrəs,
ɪˈpʌɪrəs
AM əˈpaɪrəs,
iˈpaɪrəs, ˈepərəs

episcopacy
BR ɪˈpɪskəpəs|i, -ɪz
AM iˈpɪskəpəsi,
əˈpɪskəpəsi, -z

episcopal
BR ɪˈpɪskəpl
AM iˈpɪskəp(ə)l,
ˈpɪskəp(ə)l

episcopalian
BR ɪˌpɪskəˈpeɪlɪən, -z
AM iˌpɪskəˈpeɪlj(ə)n,
əˌpɪskəˈpeɪlɪən,
iˌpɪskəˈpeɪlɪən,
əˌpɪskəˈpeɪlj(ə)n, -z

episcopalianism
BR ɪˌpɪskəˈpeɪliənɪzm
AM iˌpɪskəˈpeɪljə-
ˌnɪz(ə)m, əˌpɪskə-
ˈpeɪliəˌnɪz(ə)m,
iˌpɪskəˈpeɪliə-
ˌnɪz(ə)m, əˌpɪskə-
ˈpeɪljəˌnɪz(ə)m

episcopalism
BR ɪˈpɪskəpl̩ɪzm
AM iˈpɪskəpəˌlɪz(ə)m,
əˈpɪskəpəˌlɪz(ə)m

episcopally
BR ɪˈpɪskəpl̩i
AM iˈpɪskəp(ə)li,
əˈpɪskəp(ə)li

episcopate
BR ɪˈpɪskəpət, -s
AM əˈpɪskəˌpeɪt,
iˈpɪskəpət, iˈpɪskə-
ˌpeɪt, əˈpɪskəpət, -s

episcope[1] *projector*
BR ˈepɪskəʊp, -s
AM ˈepəˌskoʊp, -s

episcope[2] *supervision by a bishop*
BR ɪˈpɪskəpi
AM iˈpɪskəpi,
əˈpɪskəpi

episematic
BR ˌepɪsɪˈmatɪk
AM ˌepɪsəˈmædɪk,
ˌepəsəˈmædɪk

episiotomy
BR ɪˌpiːzɪˈɒtəm|i,
-ɪz
AM əˈpiziˌɑdəmi, -z

episode
BR ˈepɪsəʊd, -z
AM ˈepəˌsoʊd, -z

episodic
BR ˌepɪˈsɒdɪk
AM ˌepəˈsɑdɪk

episodically
BR ˌepɪˈsɒdɪkli
AM ˌepəˈsɑdək(ə)li

epistaxes
BR ˌepɪˈstaksiːz
AM ˌepəˈstæksiz

epistaxis
BR ˌepɪˈstaksɪs
AM ˌepəˈstæksəs

epistemic
BR ˌepɪˈstiːmɪk
AM ˌepəˈstimɪk,
ˌepəˈstɛmɪk

epistemically
BR ˌepɪˈstiːmɪkli
AM ˌepəˈstimɪk(ə)li,
ˌepəˈstɛmək(ə)li

epistemological
BR ɪˌpɪstəməˈlɒdʒɪkl
AM əˌpɪstəmə-
ˈlɑdʒək(ə)l

epistemologically
BR ɪˌpɪstəməˈlɒdʒɪkli
AM əˌpɪstəmə-
ˈlɑdʒək(ə)li

epistemologist
BR ɪˌpɪstəˈmɒlədʒɪst, -s
AM ɛˌpɪstəˈmɑlədʒəst,
iˌpɪstəˈmɑlədʒəst,
əˌpɪstəˈmɑlədʒɪst, -s

epistemology
BR ɪˌpɪstəˈmɒlədʒi
AM ɛˌpɪstəˈmɑlədʒi,
iˈpɪstəˈmɑlədʒi,
əˌpɪstəˈmɑlədʒi

epistle
BR ɪˈpɪsl̩, -z
AM iˈpɪs(ə)l,
əˈpɪs(ə)l, -z

epistolary
BR ɪˈpɪstl̩(ə)ri
AM iˈpɪstəˌlɛri,
əˈpɪstəˌlɛri

epistoler
BR ɪˈpɪstlə(r), -z
AM iˈpɪstələr,
əˈpɪstələr, -z

epistrophe
BR ɪˈpɪstrəf|i, -ɪz
AM əˈpɪstrəfi, -z

epistyle
BR ˈepɪstʌɪl, -z
AM ˈepəˌstaɪl, -z

epitaph
BR ˈepɪtaːf, -s
AM ˈepəˌtæf, -s

epitaxial
BR ˌepɪˈtaksɪəl
AM ˌepəˈtæksɪəl

epitaxy
BR ˈepɪtaksi
AM ˌepəˈtæksi,
ˈepəˌtæksi

epithalamia
BR ˌepɪθəˈleɪmɪə(r)
AM ˌepəθəˈleɪmɪə

epithalamial
BR ˌepɪθəˈleɪmɪəl
AM ˌepəθəˈleɪmɪəl

epithalamic
BR ˌepɪθəˈlamɪk
AM ˌepəθəˈlæmɪk

epithalamium
BR ˌepɪθəˈleɪmɪəm, -z
AM ˌepəˈθælmɪəm, -z

epithelia
BR ˌepɪˈθiːlɪə(r)
AM ˌepəˈθiliə

epithelial
BR ˌepɪˈθiːlɪəl
AM ˌepəˈθiliəl

epithelium
BR ˌepɪˈθiːlɪəm
AM ˌepəˈθiliəm

epithet
BR ˈepɪθet, -s
AM ˈepəˌθet, -s

epithetic
BR ˌepɪˈθetɪk
AM ˌepəˈθedɪk

epithetical
BR ˌepɪˈθetɪkl
AM ˌepəˈθedək(ə)l

epithetically
BR ˌepɪˈθetɪkli
AM ˌepəˈθedək(ə)li

epitome
BR ɪˈpɪtəmi
AM iˈpɪdəmi, əˈpɪdəmi

epitomisation
BR ɪˌpɪtəmʌɪˈzeɪʃn
AM iˌpɪdəməˈzeɪʃ(ə)n,
əˌpɪdəˌmaɪˈzeɪʃ(ə)n,
iˌpɪdəˌmaɪˈzeɪʃ(ə)n,
əˌpɪdəməˈzeɪʃ(ə)n

epitomise
BR ɪˈpɪtəmʌɪz, -ɪz,
-ɪŋ, -d
AM iˈpɪdəˌmaɪz,
əˈpɪdəˌmaɪz, -ɪz,
-ɪŋ, -d

epitomist
BR ɪˈpɪtəmɪst, -s
AM iˈpɪdəməst,
əˈpɪdəməst, -s

epitomization
BR ɪˌpɪtəmʌɪˈzeɪʃn
AM iˌpɪdəməˈzeɪʃ(ə)n,
əˌpɪdəˌmaɪˈzeɪʃ(ə)n,
iˌpɪdəˌmaɪˈzeɪʃ(ə)n,
əˌpɪdəməˈzeɪʃ(ə)n

epitomize
BR ɪˈpɪtəmʌɪz, -ɪz,
-ɪŋ, -d
AM iˈpɪdəˌmaɪz,
əˈpɪdəˌmaɪz, -ɪz,
-ɪŋ, -d

epizoa
BR ˌepɪˈzəʊə(r)
AM ˌepəˈzoʊə

epizoon
BR ˌepɪˈzuːɒn,
ˌepɪˈzəʊɒn
AM ˌepəˈzoʊˌɑn

epizootic
BR ˌepɪzuːˈɒtɪk,
ˌepɪzəʊˈɒtɪk
AM ˌepəzəˈwɑdɪk

epoch
BR ˈiːpɒk, -s
AM ˈipɑk,
ˈepək, -s

epochal
BR ˈepəkl, ˈepɒkl,
ˈiːpɒkl, iːˈpɒkl
AM ˈepək(ə)l

epode
BR ˈepəʊd, -z
AM ˈɛˌpoʊd, -z

eponym
BR ˈepənɪm, -z
AM ˈepəˌnɪm, -z

eponymous
BR ɪˈpɒnɪməs
AM ɛˈpɑnəməs,
əˈpɑnəməs

EPOS
BR ˈiːpɒs, ˈiːpɒz
AM ˌi pi oʊ ˈɛs,
ˈi pɑs

epoxide
BR ɪˈpɒksʌɪd, -z
AM əˈpɑkˌsaɪd, -z

epoxy
BR ɪˈpɒksi
AM əˈpɑksi

Epping
BR ˈɛpɪŋ
AM ˈɛpɪŋ

EPROM
BR ˈɛprɒm, ˈiːprɒm, -z
AM ˈiːprɑm, -z

epsilon
BR ˈɛpsɪlɒn, ɛpˈsʌɪlən, -z
AM ˈɛpsɪˌlɑn, -z

Epsom
BR ˈɛps(ə)m
AM ˈɛps(ə)m

Epson
BR ˈɛps(ʊ)n
AM ˈɛps(ə)n

Epstein
BR ˈɛpstʌɪn
AM ˈɛpˌstaɪn

epyllia
BR ɪˈpɪlɪə(r), ɛˈpɪlɪə(r)
AM əˈpɪliə, əˈpɪljə

epyllion
BR ɪˈpɪliən, ɛˈpɪliən
AM əˈpɪliˌɑn, əˈpɪlj(ə)n

equability
BR ˌɛkwəˈbɪlɪti
AM ˌikwəˈbɪlɨdi, ˌɛkwəˈbɪlɨdi

equable
BR ˈɛkwəbl
AM ˈikwəb(ə)l, ˈɛkwəb(ə)l

equableness
BR ˈɛkwəblnəs
AM ˈikwəbəlnəs, ˈɛkwəbəlnəs

equably
BR ˈɛkwəbli
AM ˈikwəbli, ˈɛkwəbli

equal
BR ˈiːkw(ə)l, -(ə)lz, -əlɪŋ\-lˌɪŋ, -(ə)ld
AM ˈikw(ə)l, -z, -ɪŋ, -d

equalisation
BR ˌiːkwˌʌɪˈzeɪʃn
AM ˌikwəˌlaɪˈzeɪʃ(ə)n, ˌikwələˈzeɪʃ(ə)n

equalise
BR ˈiːkwˌʌɪz, -ɪz, -ɪŋ, -d
AM ˈikwəˌlaɪz, -ɪz, -ɪŋ, -d

equaliser
BR ˈiːkwˌʌɪzə(r), -z
AM ˈikwəˌlaɪzər, -z

equalitarian
BR ɪˌkwɒlɪˈtɛːriən
AM iˌkwɑləˈtɛriən

equalitarianism
BR ɪˌkwɒlɪˈtɛːriənizm
AM iˌkwɑləˈtɛriəˌnɪz(ə)m

equality
BR ɪˈkwɒlɪti
AM iˈkwɔlədi, iˈkwɑlədi

equalization
BR ˌiːkwˌʌɪˈzeɪʃn
AM ˌikwəˌlaɪˈzeɪʃ(ə)n, ˌikwələˈzeɪʃ(ə)n

equalize
BR ˈiːkwˌʌɪz, -ɪz, -ɪŋ, -d
AM ˈikwəˌlaɪz, -ɪz, -ɪŋ, -d

equalizer
BR ˈiːkwˌʌɪzə(r), -z
AM ˈikwəˌlaɪzər, -z

equally
BR ˈiːkwˌi
AM ˈikwəli

equanimity
BR ˌiːkwəˈnɪmɪti, ˌɛkwəˈnɪmɪti
AM ˌikwəˈnɪmɨdi, ˌɛkwəˈnɪmɨdi

equanimous
BR iːˈkwanɨməs, ɪˈkwanɨməs, ɛˈkwanɨməs
AM iˈkwɑnəməs

equatable
BR ɪˈkweɪtəbl
AM əˈkweɪdɨb(ə)l

equatably
BR ɪˈkweɪtəbli
AM əˈkweɪdɨbli

equate
BR ɪˈkweɪt, -s, -ɪŋ, -ɨd
AM iˈkweɪ|t, -ts, -dɪŋ, -dɨd

equation
BR ɪˈkweɪʒn, -z
AM iˈkweɪʒ(ə)n, -z

equational
BR ɪˈkweɪʒn̩l
AM iˈkweɪʒən(ə)l, iˈkweɪʒn(ə)l

equator
BR ɪˈkweɪtə(r), -z
AM iˈkweɪdər, -z

equatorial
BR ˌɛkwəˈtɔːriəl
AM ˌɛkwəˈtɔriəl

equatorially
BR ˌɛkwəˈtɔːriəli
AM ˌɛkwəˈtɔriəli

equerry
BR ˈɛkwər|i, ɪˈkwɛr|i, -ɪz
AM iˈkwɛri, ɛˈkwɛri, ˈɛkwəri, -z

eques
BR ˈɛkweɪz
AM ˈɛkwiz, ˈɛkweɪz

equestrian
BR ɪˈkwɛstriən, -z
AM iˈkwɛstriən, -z

equestrianism
BR ɪˈkwɛstriənɪzm
AM iˈkwɛstriəˌnɪz(ə)m

equestrienne
BR ɪˌkwɛstriˈɛn, -z
AM iˌkwɛstriˈɛn, -z

equiangular
BR ˌiːkwɪˈaŋɡjʉlə(r), ˌɛkwɪˈaŋɡjələ(r)
AM ˌɛkwiˈæŋɡjələr, ˌikwəˈæŋɡjələr, ˌikwiˈæŋɡjələr, ˌɛkwəˈæŋɡjələr

equid
BR ˈɛkwɪd, -z
AM ˈɛkwɪd, -z

equidistant
BR ˌiːkwɪˈdɪst(ə)nt, ˌɛkwɨˈdɪst(ə)nt
AM ˌɛkwiˈdɪstnt, ˌikwəˈdɪstnt, ˌikwiˈdɪstnt, ˌɛkwəˈdɪstnt

equidistantly
BR ˌiːkwɪˈdɪst(ə)ntli, ˌɛkwɨˈdɪst(ə)ntli
AM ˌɛkwiˈdɪstən(t)li, ˌikwəˈdɪstən(t)li, ˌikwiˈdɪstən(t)li, ˌɛkwəˈdɪstən(t)li

equilateral
BR ˌiːkwɪˈlæt(ə)rl̩, ˌɛkwɨˈlæt(ə)rl̩
AM ˌɛkwiˈlædərəl, ˌikwəˈlædərəl, ˌikwiˈlædərəl, ˌikwəˈlætr(ə)l, ˌikwiˈlætr(ə)l, ˌɛkwəˈlætr(ə)l, ˌɛkwiˈlætr(ə)l, ˌɛkwəˈlædərəl

equilibrate
BR ˌiːkwɨˈlʌɪbreɪt, ˌɛkwɨˈlʌɪbreɪt, ˌiːkwɨˈlɪbreɪt, ˌɛkwɨˈlɪbreɪt, iːˈkwɪlɨbreɪt, ɪˈkwɪlɨbreɪt, -s, -ɪŋ, -ɨd
AM ɛˈkwɪləˌbreɪ|t, iˈkwɪləˌbreɪ|t, -ts, -dɪŋ, -dɨd

equilibration
BR ˌiːkwɪˈlʌɪbreɪʃn, ˌɛkwɨˈlʌɪbreɪʃn, ˌiːkwɨlɨˈbreɪʃn, ˌɛkwɨlɨˈbreɪʃn, iːˌkwɨlɨˈbreɪʃn, ɪˌkwɨlɨˈbreɪʃn
AM ɛˌkwɪləˈbreɪʃ(ə)n, iˌkwɪləˈbreɪʃ(ə)n

equilibrator
BR ˌiːkwɨˈlʌɪbreɪtə(r), ˌɛkwɨˈlʌɪbreɪtə(r), ˌiːkwɨˈlɪbreɪtə(r), ˌɛkwɨˈlɪbreɪtə(r), iːˈkwɪlɨbreɪtə(r), ɪˈkwɪlɨbreɪtə(r), -z
AM ɛˈkwɪləˌbreɪdər, iˈkwɪləˌbreɪdər, -z

equilibrist
BR ˌiːkwɪˈlɪbrɪst,
ˌɛkwɪˈlɪbrɪst,
ɪˈkwɪlɪbrɪst,
ɛˈkwɪlɪbrɪst,
-s
AM ˌɛkwəˈlɪbrɪst,
əˈkwɪləbrəst,
ˌɪkwəˈlɪbrɪst,
-s

equilibrium
BR ˌiːkwɪˈlɪbriəm,
ˌɛkwɪˈlɪbriəm
AM ˌɪkwəˈlɪbriəm,
ˌɛkwəˈlɪbriəm

equine
BR ˈɛkwʌɪn, ˈiːkwʌɪn
AM ˈɪkwaɪn, ˈɛkwaɪn

equinoctial
BR ˌiːkwɪˈnɒkʃl,
ˌɛkwɪˈnɒkʃl
AM ˌɪkwəˈnakʃ(ə)l,
ˌɛkwəˈnakʃ(ə)l

equinox
BR ˈiːkwɪnɒks,
ˈɛkwɪnɒks, -ɪz
AM ˈɪkwəˌnaks,
ˈɛkwəˌnaks, -əz

equip
BR ɪˈkwɪp, -s,
-ɪŋ, -t
AM iˈkwɪp, -s,
-ɪŋ, -t

equipage
BR ˈɛkwɪpɪdʒ
AM ˈɛkwəpɪdʒ

equipartition
BR ˌiːkwɪpɑːˈtɪʃn,
ˌɛkwɪpɑːˈtɪʃn
AM ˌɪkwəˌparˈtɪʃ(ə)n,
ˌɛkwəˌparˈtɪʃ(ə)n

equipment
BR ɪˈkwɪpm(ə)nt
AM iˈkwɪpm(ə)nt

equipoise
BR ˈɛkwɪpɔɪz
AM ˈɛkwəˌpɔɪz

equipollence
BR ˌiːkwɪˈpɒlns,
ˌɛkwɪˈpɒlns
AM ˌɪkwəˈpal(ə)ns,
ˌɛkwəˈpal(ə)ns

equipollency
BR ˌiːkwɪˈpɒlnsi,
ˌɛkwɪˈpɒlnsi
AM ˌɪkwəˈpalənsi,
ˌɛkwəˈpalənsi

equipollent
BR ˌiːkwɪˈpɒlnt,
ˌɛkwɪˈpɒlnt, -s
AM ˌɪkwəˈpal(ə)nt,
ˌɛkwəˈpal(ə)nt, -s

equiponderant
BR ˌiːkwɪˈpɒnd(ə)r̩nt,
ˌɛkwɪˈpɒnd(ə)r̩nt
AM ˌɪkwəˈpandərənt,
ˌɛkwəˈpandərənt

equiponderate
BR ˌiːkwɪˈpɒndəreɪt,
ˌɛkwɪˈpɒndəreɪt, -s,
-ɪŋ, -ɪd
AM ˌɪkwəˈpandəˌreɪ|t,
ˌɛkwəˈpandəˌreɪ|t,
-ts, -dɪŋ, -dɪd

equipotential
BR ˌiːkwɪpəˈtɛnʃl,
ˌɛkwɪpəˈtɛnʃl
AM ˌɪkwəpəˈtɛn(t)ʃ(ə)l,
ˌɛkwəpəˈtɛn(t)ʃ(ə)l

equipper
BR ɪˈkwɪpə(r), -z
AM iˈkwɪpər, -z

equiprobability
BR ˌiːkwɪˌprɒbəˈbɪlɪti,
ˌɛkwɪˌprɒbəˈbɪlɪti
AM ˌɪkwəˌprabəˈbɪlɪdi,
ˌɛkwəˌprabəˈbɪlɪdi

equiprobable
BR ˌiːkwɪˈprɒbəbl,
ˌɛkwɪˈprɒbəbl
AM ˌɪkwəˈprabəb(ə)l,
ˌɛkwəˈprabəb(ə)l

equitable
BR ˈɛkwɪtəbl
AM ˈɛkwədəb(ə)l

equitableness
BR ˈɛkwɪtəblnəs
AM ˈɛkwədəbəlnəs

equitably
BR ˈɛkwɪtəbli
AM ˈɛkwədəbli

equitant
BR ˈɛkwɪt(ə)nt
AM ˈɛkwədənt

equitation
BR ˌɛkwɪˈteɪʃn
AM ˌɛkwəˈteɪʃ(ə)n

equites
BR ˈɛkwɪteɪz
AM ˈɛkwəˌtiz,
ˈɛkwəˌteɪz

equity
BR ˈɛkwɪt|i, -ɪz
AM ˈɛkwədi, -z

equivalence
BR ɪˈkwɪvl̩ns
AM iˈkwɪv(ə)l(ə)ns

equivalency
BR ɪˈkwɪvl̩ns|i, -ɪz
AM iˈkwɪv(ə)lənsi, -z

equivalent
BR ɪˈkwɪvl̩nt, -s
AM iˈkwɪv(ə)l(ə)nt, -s

equivalently
BR ɪˈkwɪvl̩ntli
AM iˈkwɪvələn(t)li

equivocacy
BR ɪˈkwɪvəkəsi
AM iˈkwɪvəkəsi

equivocal
BR ɪˈkwɪvəkl
AM iˈkwɪvək(ə)l

equivocality
BR ɪˌkwɪvəˈkalɪti
AM iˌkwɪvəˈkælədi

equivocally
BR ɪˈkwɪvəkl̩i
AM iˈkwɪvək(ə)li

equivocalness
BR ɪˈkwɪvəklnəs
AM iˈkwɪvəkəlnəs

equivocate
BR ɪˈkwɪvəkeɪt, -s,
-ɪŋ, -ɪd
AM iˈkwɪvəˌkeɪ|t, -ts,
-dɪŋ, -dɪd

equivocation
BR ɪˌkwɪvəˈkeɪʃn, -z
AM iˈkwɪvəˈkeɪʃ(ə)n,
-z

equivocator
BR ɪˈkwɪvəkeɪtə(r), -z
AM iˈkwɪvəˌkeɪdər, -z

equivocatory
BR ɪˈkwɪvəkeɪt(ə)ri
AM iˈkwɪvəkəˌtɔri

equivoke
BR ˈɛkwɪvəʊk, -s
AM ˈɪkwəˌvoʊk,
ˈɛkwəˌvoʊk, -s

equivoque
BR ˈɛkwɪvəʊk, -s
AM ˈɪkwəˌvoʊk,
ˈɛkwəˌvoʊk, -s

Equuleus
BR ɪˈkwʊliəs
AM iˈkwʊliəs

equus
BR ˈɛkwəs
AM ˈɛkwəs

er
BR əː(r)
AM ər

era
BR ˈɪərə(r), -z
AM ˈɪrə, ˈɛrə, -z

eradicable
BR ɪˈrædɪkəbl
AM iˈrædəkəb(ə)l,
əˈrædəkəb(ə)l

eradicate
BR ɪˈrædɪkeɪt, -s, -ɪŋ,
-ɪd
AM iˈrædəˌkeɪ|t,
əˈrædəˌkeɪ|t, -ts,
-dɪŋ, -dɪd

eradication
BR ɪˌrædɪˈkeɪʃn
AM iˌrædəˈkeɪʃ(ə)n,
əˌrædəˈkeɪʃ(ə)n

eradicator
BR ɪˈrædɪkeɪtə(r), -z
AM iˈrædəˌkeɪdər,
əˈrædəˌkeɪdər, -z

erasable
BR ɪˈreɪzəbl
AM iˈreɪsəb(ə)l,
əˈreɪsəb(ə)l

erase
BR ɪˈreɪz, -ɪz, -ɪŋ, -d
AM iˈreɪs, əˈreɪs, -ɪz,
-ɪŋ, -t

eraser
BR ɪˈreɪzə(r), -z
AM iˈreɪsər, əˈreɪsər, -z

Erasmus
BR ɪˈrazməs
AM əˈræzməs

Erastian
BR ɪˈrastiən,
 ɛˈrastiən, -z
AM iˈræstiən,
 əˈræstʃ(ə)n,
 iˈræstʃ(ə)n,
 əˈræstiən, -z

Erastianism
BR ɪˈrastiənɪzm,
 ɛˈrastiənɪzm
AM iˈræstiəˌnɪz(ə)m,
 əˈræstʃəˌnɪz(ə)m,
 iˈræstʃəˌnɪz(ə)m,
 əˈræstiəˌnɪz(ə)m

erasure
BR ɪˈreɪʒə(r), -z
AM iˈreɪʃər, əˈreɪʃər, -z

Erato
BR ˈɛrətəʊ
AM ˈɛrədoʊ

Eratosthenes
BR ˌɛrəˈtɒsθmiːz
AM ˌɛrəˈtɑsθəˌniz

erbium
BR ˈɜːbiəm
AM ˈɝbiəm

ere *before*
BR ɛː(r)
AM ɛ(ə)r

'ere *here*
BR ɪə(r)
AM ɪ(ə)r

Erebus
BR ˈɛrɪbəs
AM ˈɛrəbəs

Erechtheum
BR ˌɛrɛkˈθiːəm,
 ˌɛrɪkˈθiːəm
AM ˌɛrɛkˈθiəm

Erechtheus
BR ɪˈrɛkθɪəs,
 ɛˈrɛkθɪəs
AM əˈrɛkθiəs

erect
BR ɪˈrɛkt, -s, -ɪŋ, -ɪd
AM iˈrɛk|(t),
 əˈrɛk|(t), -(t)s,
 -tɪŋ, -təd

erectable
BR ɪˈrɛktəbl
AM iˈrɛktəb(ə)l,
 əˈrɛktəb(ə)l

erectile
BR ɪˈrɛktʌɪl
AM əˈrɛkˌtaɪl, iˈrɛktl,
 iˈrɛkˌtaɪl, əˈrɛktl

erection
BR ɪˈrɛkʃn, -z
AM iˈrɛkʃ(ə)n,
 əˈrɛkʃ(ə)n, -z

erectly
BR ɪˈrɛktli
AM iˈrɛk(t)li, əˈrɛk(t)li

erectness
BR ɪˈrɛk(t)nəs
AM iˈrɛk(t)nəs,
 əˈrɛk(t)nəs

erector
BR ɪˈrɛktə(r), -z
AM iˈrɛktər,
 əˈrɛktər, -z

eremite
BR ˈɛrɪmʌɪt, -s
AM ˈɛrəˌmaɪt, -s

eremitic
BR ˌɛrɪˈmɪtɪk
AM ˌɛrəˈmɪdɪk

eremitical
BR ˌɛrɪˈmɪtɪkl
AM ˌɛrəˈmɪdɪk(ə)l

eremitism
BR ˈɛrɪˈmɪtɪzm
AM ˌɛrəˈmɪˌdɪz(ə)m

erethism
BR ˈɛrɪθɪzm
AM ˌɛrəˈθɪz(ə)m

Erewhon
BR ˈɛrɪwɒn
AM ˈɛrə(h)wɑn

erg
BR ɜːg, -z
AM ɝg, -z

ergative
BR ˈɜːgətɪv, -z
AM ˈɝgədɪv, -z

ergatively
BR ˈɜːgətɪvli
AM ˈɝgədəvli

ergativity
BR ˌɜːgəˈtɪvɪti
AM ˌɝgəˈtɪvɪdi

ergo
BR ˈɜːgəʊ
AM ˈɛrgoʊ, ˈɝgoʊ

ergocalciferol
BR ˌɜːgə(ʊ)kalˈsɪfərɒl, -z
AM ˌɝgəˌkælˈsɪfərɑl, -z

ergonomic
BR ˌɜːgəˈnɒmɪk, -s
AM ˌɝgəˈnɑmɪk, -s

ergonomically
BR ˌɜːgəˈnɒmɪkli
AM ˌɝgəˈnɑmək(ə)li

ergonomist
BR əːˈɡɒnəmɪst, -s
AM ərˈgɑnəməst, -s

ergosterol
BR əːˈgɒstərɒl
AM ərˈgɑstəˌrɑl,
 ərˈgɑstəˌroʊl

ergot
BR ˈɜːgɒt, -s
AM ˈɝˌgat, ˈɝgət, -s

ergotism
BR ˈɜːgətɪzm
AM ˈɝgəˌtɪz(ə)m

erhu
BR əːˈhuː, -z
AM ərˈhu, -z

Eric
BR ˈɛrɪk
AM ˈɛrɪk

erica
BR ˈɛrɪkə(r), -z
AM ˈɛrəkə, -z

ericaceous
BR ˌɛrɪˈkeɪʃəs
AM ˌɛrəˈkeɪʃəs

Erickson
BR ˈɛrɪksn
AM ˈɛrɪks(ə)n

Ericsson
BR ˈɛrɪksn
AM ˈɛrɪks(ə)n
SW ˈeːrɪksɒn

Eridanus
BR ɪˈrɪdn̩əs
AM əˈrɪdənəs

Erie
BR ˈɪəri
AM ˈɪri

erigeron
BR ɪˈrɪdʒərɒn,
 ɛˈrɪdʒərɒn
AM əˈrɪdʒəˌrɑn,
 əˈrɪdʒər(ə)n

Erin
BR ˈɛrɪn
AM ˈɛr(ə)n

Erinys
BR ˈɛrɪnɪs, -ɪz
AM ˈɛrənəs, -əz

Eris
BR ˈɛrɪs
AM ˈɛrəs

eristic
BR ɛˈrɪstɪk, ɪˈrɪstɪk, -s
AM ɛˈrɪstɪk, əˈrɪstɪk, -s

eristically
BR ɛˈrɪstɪkli, ɪˈrɪstɪkli
AM ɛˈrɪstək(ə)li,
 əˈrɪstək(ə)li

Eritrea
BR ˌɛrɪˈtreɪə(r),
 ˌɛrɪˈtriːə(r)
AM ˌɛrəˈtreɪə, ˌɛrəˈtriə

Eritrean
BR ˌɛrɪˈtreɪən,
 ˌɛrɪˈtriːən, -z
AM ˌɛrəˈtreɪən,
 ˌɛrəˈtriən, -z

erk
BR ɜːk, -s
AM ɝk, -s

Erlang
BR ˈɜːlaŋ
AM ˈɝˌlæŋ
DAN ˈʌʌlɑŋˈ

Erlanger
BR ˈɜːlaŋgə(r)
AM ˈɝˌlæŋgər

Erle
BR ɜːl
AM ɝl

erl-king
BR ˈɜːlkɪŋ, -z
AM ˈɝ(ə)lˌkɪŋ, -z

ermine
BR ˈɜːmɪn, -z, -d
AM ˈɝm(ə)n, -z, -d

Ermintrude
BR ˈɜːmɪntruːd
AM ˈɝmənˌtrud

ern
BR ɜːn, -z
AM ɝn, -z

erne
BR ɜːn, -z
AM ɝn, -z

Ernest
BR ˈɜːnɪst
AM ˈɝnəst

Ernestine
BR ˈɜːnɪstiːn
AM ˈɝnəsˌtin

Ernie
BR ˈɜːni
AM ˈɝni

Ernle
BR ˈɜːnli
AM ˈɝnli

Ernst
BR ɛːnst, ɜːnst
AM ɝnst

erode
BR ɪˈrəʊd, -z, -ɪŋ, -ɪd
AM iˈroʊd, əˈroʊd, -z, -ɪŋ, -əd

erogenous
BR ɪˈrɒdʒɪnəs, ɪˈrɒdʒn̩əs, ɛˈrɒdʒɪnəs, ɛˈrɒdʒn̩əs
AM iˈrɑdʒənəs, ɛˈrɑdʒənəs, əˈrɑdʒənəs

Eroica
BR ɪˈrəʊɪkə(r), ɛˈrəʊɪkə(r)
AM ɛˈroʊɪkə

Eros
BR ˈɪərɒs
AM ˈiˌrɑs, ˈɛˌrɑs

erosion
BR ɪˈrəʊʒn
AM iˈroʊʒ(ə)n, əˈroʊʒ(ə)n

erosional
BR ɪˈrəʊʒn̩l
AM iˈroʊʒən(ə)l, iˈroʊʒn(ə)l, əˈroʊʒən(ə)l, əˈroʊʒn(ə)l

erosive
BR ɪˈrəʊsɪv
AM əˈroʊsɪv

erosively
BR ɪˈrəʊsɪvli
AM əˈroʊsəvli

erotic
BR ɪˈrɒtɪk
AM iˈrɑdɪk, əˈrɑdɪk

erotica
BR ɪˈrɒtɪkə(r)
AM iˈrɑdəkə, əˈrɑdəkə

erotically
BR ɪˈrɒtɪkli
AM iˈrɑdək(ə)li, əˈrɑdək(ə)li

eroticise
BR ɪˈrɒtɪsʌɪz, -ɪz, -ɪŋ, -d
AM iˈrɑdəˌsaɪz, əˈrɑdəˌsaɪz, -ɪz, -ɪŋ, -d

eroticism
BR ɪˈrɒtɪsɪzm
AM iˈrɑdəˌsɪz(ə)m, əˈrɑdəˌsɪz(ə)m

eroticize
BR ɪˈrɒtɪsʌɪz, -ɪz, -ɪŋ, -d
AM iˈrɑdəˌsaɪz, əˈrɑdəˌsaɪz, -ɪz, -ɪŋ, -d

erotism
BR ˈɛrətɪzm
AM iˈrɑdɪz(ə)m, əˈrɑdɪz(ə)m

erotogenic
BR ɪˌrɒtə(ʊ)ˈdʒɛnɪk
AM iˌrɑdəˈdʒɛnɪk, əˌrɑdəˈdʒɛnɪk

erotogenous
BR ˌɛrəˈtɒdʒɪnəs
AM ˌɛrəˈtɑdʒənəs

erotology
BR ˌɛrəˈtɒlədʒi
AM ˌɛrəˈtalədʒi

erotomania
BR ɪˌrɒtə(ʊ)ˈmeɪnɪə(r)
AM iˌrɑdəˈmeɪnɪə, əˌrɑdəˈmeɪnɪə

erotomaniac
BR ɪˌrɒtə(ʊ)ˈmeɪnɪak, -s
AM iˌrɑdəˈmeɪniˌæk, əˌrɑdəˈmeɪniæk, -s

err
BR ɜː(r), -z, -ɪŋ, -d
AM ɛ(ə)r, ɝ, -z, -ɪŋ, -d

errancy
BR ˈɛrn̩si
AM ˈɛrənsi

errand
BR ˈɛrn̩d, -z
AM ˈɛrənd, -z

errant
BR ˈɛrn̩t
AM ˈɛrənt

errantly
BR ˈɛrn̩tli
AM ˈɛrən(t)li

errantry
BR ˈɛrn̩tri
AM ˈɛrəntri

errata
BR ɛˈrɑːtə(r), ɪˈrɑːtə(r)
AM ɛˈrɑdə

erratic
BR ɪˈratɪk
AM ɛˈrædɪk, iˈrædɪk, əˈrædɪk

erratically
BR ɪˈratɪkli
AM ɛˈrædək(ə)li, iˈrædək(ə)li, əˈrædək(ə)li

erraticism
BR ɪˈratɪsɪzm
AM ɛˈrædəˌsɪz(ə)m, iˈrædəˌsɪz(ə)m, əˈrædəˌsɪz(ə)m

erratum
BR ɛˈrɑːtəm, ɪˈrɑːtəm
AM ɛˈrɑdəm

Errol
BR ˈɛrl̩
AM ˈɛrəl

Erroll
BR ˈɛrl̩
AM ˈɛrəl

erroneous
BR ɪˈrəʊnɪəs
AM iˈroʊnɪəs, iˈroʊnjəs, ɛˈroʊnjəs, ɛˈroʊnɪəs

erroneously
BR ɪˈrəʊnɪəsli
AM iˈroʊnɪəsli, iˈroʊnjəsli, ɛˈroʊnjəsli, ɛˈroʊnɪəsli

erroneousness
BR ɪˈrəʊnɪəsnəs
AM iˈroʊnɪəsnəs, iˈroʊnjəsnəs, ɛˈroʊnjəsnəs, ɛˈroʊnɪəsnəs

error
BR ˈɛrə(r), -z
AM ˈɛrər, -z

errorless
BR ˈɛrələs
AM ˈɛrərləs

ersatz
BR ˈɜːsats, ˈɛːsats, ˈɜːzats, ˈɛːzats
AM ˈɛrˌzæts, ˈɛrˌzats, ˈɛrˌsats

Erse
BR ɜːs
AM ɝs

erst
BR ɜːst
AM ɝst

erstwhile
BR ˈɜːstwʌɪl
AM ˈɝstˌ(h)waɪl

Ertebølle
BR ˌɜːtəˈbɜːlə(r)
AM ˌɝdəˈbɑlə
DAN ˌɑʌdəˌbœlə

erubescence
BR ˌɛrʉˈbɛsns
AM ˌɛruˈbɛs(ə)ns

erubescent
BR ˌɛrʉˈbɛsnt
AM ˌɛruˈbɛs(ə)nt

eructation
BR ˌiːrʌkˈteɪʃn, ɪˌrʌkˈteɪʃn, ˌɛrʌkˈteɪʃn, -z
AM iˌrəkˈteɪʃ(ə)n, əˌrəkˈteɪʃ(ə)n, -z

erudite
BR ˈɛr(j)ʉdʌɪt
AM ˈɛr(j)əˌdaɪt

eruditely
BR ˈer(j)ʊdʌɪtli
AM ˈer(j)ə͵daɪtli

erudition
BR ͵er(j)ʊˈdɪʃn
AM ͵er(j)ʊˌdɪʃ(ə)n,
͵erəˈdɪʃ(ə)n

erupt
BR ɪˈrʌpt, -s,
-ɪŋ, -ɪd
AM iˈrəpt, əˈrəpt, -s,
-ɪŋ, -əd

eruption
BR ɪˈrʌpʃn, -z
AM iˈrəpʃ(ə)n,
əˈrəpʃ(ə)n, -z

eruptive
BR ɪˈrʌptɪv
AM iˈrəptɪv,
əˈrəptɪv

eruptively
BR ɪˈrʌptɪvli
AM iˈrəptəvli,
əˈrəptəvli

eruptivity
BR ͵ɪˌrʌpˈtɪvɪti
AM i͵rəpˈtɪvɪdi,
ə͵rəpˈtɪvɪdi

Erving
BR ˈəːvɪŋ
AM ˈərvɪŋ

eryngo
BR ɪˈrɪŋɡəʊ
AM əˈrɪŋɡoʊ

erysipelas
BR ͵erɪˈsɪpɪləs,
͵erɪˈsɪpləs
AM ͵erəˈsɪp(ə)ləs

erythema
BR ͵erɪˈθiːmə(r)
AM ͵erəˈθimə

erythemal
BR ͵erɪˈθiːml
AM ͵erəˈθim(ə)l

erythematic
BR ͵erɪθɪˈmatɪk
AM ͵erəθəˈmædɪk

erythroblast
BR ɪˈrɪθrə(ʊ)blaːst,
-s
AM iˈrɪθroʊˌblæst,
əˈrɪθroʊˌblæst, -s

erythrocyte
BR ɪˈrɪθrəsʌɪt, -s
AM iˈrɪθroʊˌsaɪt,
əˈrɪθroʊˌsaɪt, -s

erythrocytic
BR ɪ͵rɪθrəˈsʌɪtɪk
AM i͵rɪθrəˈsɪdɪk,
ə͵rɪθrəˈsɪdɪk

erythroid
BR ɪˈrɪθrɔɪd
AM iˈrɪθˌrɔɪd,
əˈrɪθˌrɔɪd

erythromycin
BR ɪ͵rɪθrə(ʊ)ˈmʌɪsɪn
AM i͵rɪθroʊˈmaɪsɪn,
ə͵rɪθroʊˈmaɪsɪn

erythropoietic
BR ɪ͵rɪθrə(ʊ)pɔɪˈetɪk
AM i͵rɪθrəˌpɔɪˈedɪk,
ə͵rɪθrəˌpɔɪˈedɪk

Erzgebirge
BR ˈəːtsɡəˌbəːɡə(r)
AM ˈertsɡəˌbɪrɡə
GER ˈeːɐtsɡəbɪrɡɐ

Esau
BR ˈiːsɔː(r)
AM ˈisɑ, ˈisɔ

Esbjerg
BR ˈesbjəːɡ
AM ˈesˌb(j)ər(ɡ)
DAN ˈesˌbjɑʌ

escadrille
BR ˈeskədrɪl,
͵eskəˈdrɪl, -z
AM ͵eskəˈdrɪl,
ˈeskəˌdrɪl, -z
FR eskadrij

escalade
BR ͵eskəˈleɪd, -z, -ɪŋ,
-ɪd
AM ͵eskəˈleɪd, -z, -ɪŋ,
-ɪd

escalate
BR ˈeskəleɪt, -s, -ɪŋ, -ɪd
AM ˈeskəˌleɪ|t, -ts,
-dɪŋ, -dɪd

escalation
BR ͵eskəˈleɪʃn, -z
AM ͵eskəˈleɪʃ(ə)n, -z

escalator
BR ˈeskəleɪtə(r), -z
AM ˈeskəˌleɪdər, -z

escallonia
BR ͵eskəˈləʊnɪə(r), -z
AM ͵ekəˈloʊnɪə, -z

escallop
BR ɪˈskaləp, eˈskaləp,
ˈeskəlɒp, ͵eskəˈlɒp,
-s
AM eˈskaləp,
eˈskæləp, -s

escalope
BR ɪˈskaləp, eˈskaləp,
ˈeskəlɒp, ͵eskəˈlɒp,
ˈeskələʊp, -s
AM eˈskaləp,
eˈskæləp, -s

escapable
BR ɪˈskeɪpəbl
AM eˈskeɪpəb(ə)l

escapade
BR ˈeskəpeɪd, -z
AM ˈeskəˌpeɪd, -z

escape
BR ɪˈskeɪp, -s, -ɪŋ, -t
AM eˈskeɪp, -s, -ɪŋ, -t

escapee
BR ͵eskeɪˈpiː, -z
AM əˈskeɪˌpi,
͵esˌkeɪˈpi, -z

escapement
BR ɪˈskeɪpm(ə)nt, -s
AM eˈskeɪpm(ə)nt, -s

escaper
BR ɪˈskeɪpə(r), -z
AM eˈskeɪpər, -z

escapism
BR ɪˈskeɪpɪzm
AM eˈskeɪpˌɪz(ə)m

escapist
BR ɪˈskeɪpɪst, -s
AM eˈskeɪpɪst, -s

escapologist
BR ͵eskəˈpɒlədʒɪst, -s
AM e͵skeɪˈpɑlədʒəst,
-s

escapology
BR ͵eskəˈpɒlədʒi
AM e͵skeɪˈpɑlədʒi

escargot
BR ɪˈskaːɡəʊ,
eˈskaːɡəʊ, -z
AM ͵eskɑrˈɡoʊ, -z
FR eskaʁɡo

escarp
BR ɪˈskaːp, eˈskaːp, -s
AM eˈskɑrp, -s

escarpment
BR ɪˈskaːpm(ə)nt,
eˈskaːpm(ə)nt, -s
AM eˈskɑrpm(ə)nt, -s

eschar
BR ˈeskaː(r), -z
AM ˈeskər, ˈeskɑr, -z

eschatological
BR ͵eskatəˈlɒdʒɪkl
AM ͵eskədlˈɑdʒək(ə)l,
͵esˌkædlˈɑdʒək(ə)l

eschatologist
BR ͵eskəˈtɒlədʒɪst, -s
AM ͵eskəˈtɑlədʒəst, -s

eschatology
BR ͵eskəˈtɒlədʒi
AM ͵eskəˈtɑlədʒi

eschaton
BR ˈeskətɒn
AM ˈeskəˌtɑn

escheat
BR ɪsˈtʃiːt, esˈtʃiːt, -s,
-ɪŋ, -ɪd
AM əʃˈtʃi|t, esˈtʃi|t,
eʃˈtʃi|t, əsˈtʃi|t, -ts,
-dɪŋ, -dɪd

eschew
BR ɪsˈtʃuː, esˈtʃuː, -z,
-ɪŋ, -d
AM esˈtʃu, əsˈtʃu, -z,
-ɪŋ, -d

eschewal
BR ɪsˈtʃʊəl, esˈtʃʊəl
AM esˈtʃʊəl, əsˈtʃʊəl

eschscholtzia
BR ɪˈʃɒltsɪə(r),
eˈʃɒltsɪə(r),
ɪˈskɒltsɪə(r),
eˈskɒltsɪə(r),
ɪˈskɒlʃə(r),
eˈskɒlʃə(r)
AM əˈʃɑltsɪə

Escoffier
BR ɪˈskɒfɪeɪ, eˈskɒfɪeɪ
AM ͵eskɑfˈjeɪ,
͵eskɔfˈjeɪ

Escondido
BR ͵esk(ɒ)nˈdiːdəʊ
AM ͵eskənˈdidoʊ

Escorial

BR ˌɛskɒrɪˈɑːl,
ɛˈskɔːrɪal
AM ˌɛskɔrˈjal

escort¹ *noun*
BR ˈɛskɔːt, -s
AM ˈɛsˌkɔ(ə)rt, -s

escort² *verb*
BR ɪˈskɔːt, ɛˈskɔːt, -s,
-ɪŋ, -ɪd
AM ɛsǀˈkɔ(ə)rt,
əsǀˈkɔ(ə)rt,
-ˈkɔ(ə)rts, -ˈkɔrdɪŋ,
-ˈkɔrdəd

escribe
BR ɪˈskrʌɪb, ɛˈskrʌɪb,
-z, -ɪŋ, -d
AM əˈskraɪb, -z, -ɪŋ, -d

escritoire
BR ˌɛskrɪˈtwɑː(r), -z
AM ˌɛskrəˈtwɑr,
ˈɛskrəˌtwɑr, -z

escrow
BR ˈɛskrəʊ, ɛˈskrəʊ
AM ɛˈskroʊ, ˈɛskˌroʊ

escudo
BR ɛˈsk(j)uːdəʊ,
ɪˈsk(j)uːdəʊ,
ɛˈʃkuːdəʊ,
ɪˈʃkuːdəʊ, -z
AM ɛˈsk(j)udoʊ, -z

esculent
BR ˈɛskjʊlnt
AM ˈɛskjəl(ə)nt

escutcheon
BR ɪˈskʌtʃ(ə)n, -z
AM ɛˈskʌtʃ(ə)n, -z

escutcheoned
BR ɪˈskʌtʃ(ə)nd
AM ɛˈskətʃənd

Esdras
BR ˈɛzdras
AM ˈɛzdrəs

Esfahan
BR ˌɛsfəˈhɑːn
AM ˌɛsfəˈhɑn

Esher
BR ˈiːʃə(r)
AM ˈiʃər

Esk
BR ɛsk
AM ɛsk

eskar
BR ˈɛskə(r), -z
AM ˈɛskər, -z

Eskdale
BR ˈɛskdeɪl
AM ˈɛskˌdeɪl

esker
BR ˈɛskə(r), -z
AM ˈɛskər, -z

Eskimo
BR ˈɛskɪməʊ,
-z
AM ˈɛskəˌmoʊ,
-z

Esky
BR ˈɛskǀi, -ɪz
AM ˈɛski, -z

Esme
BR ˈɛzmi
AM ˈɛzmi

Esmeralda
BR ˌɛzməˈraldə(r)
AM ˌɛzməˈrɑldə

Esmond
BR ˈɛzmənd
AM ˈɛzmənd

ESOL
BR ˈiːsɒl
AM ˈiˌsɑl

esophageal
BR iːˌsɒfəˈdʒiːəl
AM iˌsɑfəˈdʒiəl,
əˌsɑfəˈdʒiəl

esophagi
BR iːˈsɒfəɡʌɪ,
iːˈsɒfədʒʌɪ
AM iˈsɑfəˌɡaɪ,
əˈsɑfəˌdʒaɪ,
iˈsɑfəˌdʒaɪ,
əˈsɑfəˌɡaɪ

esophagus
BR iːˈsɒfəɡəs
AM iˈsɑfəɡəs,
əˈsɑfəɡəs

esoteric
BR ˌɛsə(ʊ)ˈtɛrɪk,
ˌiːsə(ʊ)ˈtɛrɪk
AM ˌɛsəˈtɛrɪk

esoterical
BR ˌɛsə(ʊ)ˈtɛrɪkl,
ˌiːsə(ʊ)ˈtɛrɪkl
AM ˌɛsəˈtɛrək(ə)l

esoterically
BR ˌɛsə(ʊ)ˈtɛrɪkli,
ˌiːsə(ʊ)ˈtɛrɪkli
AM ˌɛsəˈtɛrək(ə)li

esotericism
BR ˌɛsə(ʊ)ˈtɛrɪsɪzm,
ˌiːsə(ʊ)ˈtɛrɪsɪzm
AM ˌɛsəˈtɛrəˌsɪz(ə)m

esotericist
BR ˌɛsə(ʊ)ˈtɛrɪsɪst,
ˌiːsə(ʊ)ˈtɛrɪsɪst, -s
AM ˌɛsəˈtɛrəsəst, -s

espadrille
BR ˈɛspədrɪl,
ˌɛspəˈdrɪl, -z
AM ˌɛspəˈdrɪl, -z

espalier
BR ɪˈspalɪə(r),
ɛˈspalɪə(r), ɪˈspalɪeɪ,
ɛˈspalɪeɪ, -z
AM ɛsˈpæljər,
əsˈpɑljər, ɛsˈpɑljər,
əsˈpeɪljər, ɛsˈpeɪljər,
əsˈpæljər, -z

esparto
BR ɪˈspɑːtəʊ,
ɛˈspɑːtəʊ, -z
AM ɛˈspɑrdoʊ, -z

especial
BR ɪˈspɛʃl, ɛˈspɛʃl
AM ɛsˈpɛʃ(ə)l,
əsˈpɛʃ(ə)l

especially
BR ɪˈspɛʃli, ɛˈspɛʃli
AM ɛsˈpɛʃəli, əsˈpɛʃəli

Esperantist
BR ˌɛspəˈrantɪst, -s
AM ˌɛspəˈran(t)əst, -s

Esperanto
BR ˌɛspəˈrantəʊ
AM ˌɛspəˈran(t)oʊ

espial
BR ɪˈspʌɪəl, ɛˈspʌɪəl
AM ɛsˈpaɪ(ə)l, əsˈpaɪ(ə)l

espionage
BR ˈɛspɪənɑː(d)ʒ
AM ˈɛspɪəˌnɑʒ

esplanade
BR ˌɛspləˈneɪd,
ˈɛspləneɪd, -z
AM ˌɛspləˈneɪd,
ˌɛspləˈnɑd, -z

Esposito
BR ˌɛspəˈziːtəʊ
AM ɛspəˈzidoʊ

espousal
BR ɪˈspaʊzl,
ɛˈspaʊzl, -z
AM ɛsˈpaʊz(ə)l,
əsˈpaʊz(ə)l, -z

espouse
BR ɪˈspaʊz, ɛˈspaʊz,
-ɪz, -ɪŋ, -d
AM ɛsˈpaʊz,
əsˈpaʊz, -əz,
-ɪŋ, -t

espouser
BR ɪˈspaʊzə(r),
ɛˈspaʊzə(r), -z
AM ɛsˈpaʊzər,
əsˈpaʊzər, -z

espresso
BR ɛˈsprɛsəʊ, -z
AM ɛsˈprɛsoʊ, -z

esprit
BR ɛˈspriː, ˈɛspriː
AM ɛsˈpri, əsˈpri

esprit de corps
BR ɛˌspriː dəˈkɔː(r),
ˌɛspriː +
AM ɛsˌpri dəˈkɔ(ə)r

esprit de l'escalier
BR ɛˌspriː də
lɛˈskalɪeɪ, ˌɛspriː +
AM ɛsˌpri də
ˌlɛskəlˈjeɪ
FR ɛspri d(ə)
lɛskalje

espy
BR ɪˈspʌɪ, ɛˈspʌɪ, -z,
-ɪŋ, -d
AM ɛsˈpaɪ, əsˈpaɪ, -z,
-ɪŋ, -d

Esq.
BR ɪˈskwʌɪə(r),
ɛˈskwʌɪə(r), -z
AM əsˈkwaɪ(ə)r,
ˈɛsˌkwaɪ(ə)r, -z

Esquimau
BR ˈɛskɪməʊ, -z
AM ˈɛskəˌmoʊ, -z

Esquimaux
BR ˈɛskəməʊz
AM ˈɛskəˌmoʊz

esquire
BR ɪˈskwaɪə(r),
ɛˈskwaɪə(r), -z
AM əsˈkwaɪ(ə)r,
ˈɛsˌkwaɪ(ə)r, -z
essay[1] *noun*
BR ˈɛseɪ, -z
AM ˈɛseɪ, -z
essay[2] *verb*
BR ɛˈseɪ, -z, -ɪŋ, -d
AM ɛˈseɪ, -z,
-ɪŋ, -d
essayist
BR ˈɛseɪɪst, -s
AM ˈɛseɪəst, -s
Essen
BR ˈɛsn
AM ˈɛs(ə)n
essence
BR ˈɛsns, -ɪz
AM ˈɛs(ə)ns, -əz
Essendon
BR ˈɛsnd(ə)n
AM ˈɛsənd(ə)n
Essene
BR ɛˈsiːn, ɛˈsiːn, -z
AM ɛˈsin,
ˈɛˌsin, -z
essential
BR ɪˈsɛnʃl
AM əˈsɛn(t)ʃ(ə)l
essentialism
BR ɪˈsɛnʃlɪzm
AM əˈsɛn(t)ʃəˌlɪz(ə)m
essentialist
BR ɪˈsɛnʃlɪst, -s
AM əˈsɛn(t)ʃ(ə)ləst, -s
essentiality
BR ɪˌsɛnʃiˈalɪti
AM əˌsɛn(t)ʃiˈælədi
essentially
BR ɪˈsɛnʃli
AM əˈsɛn(t)ʃəli
essentialness
BR ɪˈsɛnʃlnəs
AM əˈsɛn(t)ʃəlnəs
Essequibo
BR ˌɛsɪˈkwiːbəʊ
AM ˌɛsəˈkwiboʊ
Essex
BR ˈɛsɪks
AM ˈɛsəks

essive
BR ˈɛsɪv, -z
AM ˈɛsɪv, -z
Esso
BR ˈɛsəʊ
AM ˈɛsoʊ
Essoldo
BR ɛˈsɒldəʊ, ɪˈsɒldəʊ
AM ɛˈsɑldoʊ,
ɛˈsɔldoʊ
establish
BR ɪˈstæblˌɪʃ, ɛˈstæblˌɪʃ,
-ɪʃɪz, -ɪʃɪŋ, -ɪʃt
AM ɛsˈtæblɪʃ,
əsˈtæblɪʃ, -ɪz, -ɪŋ, -t
establisher
BR ɪˈstæblɪʃə(r),
ɛˈstæblɪʃə(r), -z
AM ɛsˈtæblɪʃər,
əsˈtæblɪʃər, -z
establishment
BR ɪˈstæblɪʃm(ə)nt,
ɛˈstæblɪʃm(ə)nt, -s
AM ɛsˈtæblɪʃm(ə)nt,
əsˈtæblɪʃm(ə)nt, -s
establishmentarian
BR ɪˌstæblɪʃm(ə)n-
ˈtɛːrɪən,
ɛˌstæblɪʃm(ə)n-
ˈtɛːrɪən, -z
AM ɛsˌtæblɪʃmən-
ˈtɛrɪən,
əsˌtæblɪʃmənˈtɛrɪən,
-z
establishmentarianism
BR ɪˌstæblɪʃm(ə)n-
ˈtɛːrɪənɪzm,
ɛstæblɪʃm(ə)n-
ˈtɛːrɪənɪzm
AM ɛsˌtæblɪʃmən-
ˈtɛrɪəˌnɪz(ə)m,
əsˌtæblɪʃmənˈtɛrɪə-
ˌnɪz(ə)m
estaminet
BR ɛˈstamɪneɪ, -z
AM ɛsˌtæmiˈneɪ, -z
FR ɛstaminɛ
estancia
BR ɪˈstansɪə(r),
ɛˈstansɪə(r), -z
AM ɛˈstænsɪə, -z

estate
BR ɪˈsteɪt, ɛˈsteɪt, -s
AM ɛsˈteɪt, əsˈteɪt, -s
esteem
BR ɪˈstiːm, ɛˈstiːm, -z,
-ɪŋ, -d
AM ɛsˈtim, əsˈtim, -z,
-ɪŋ, -d
Estella
BR ɪˈstɛlə(r), ɛˈstɛlə(r)
AM ɛsˈtɛlə
Estelle
BR ɛˈstɛl
AM əˈstɛl
ester
BR ˈɛstə(r), -z
AM ˈɛstər, -z
Esterhazy
BR ˈɛstəhɑːzi
AM ˈɛstərˌ(h)ɑzi
esterify
BR ɪˈstɛrɪfʌɪ, ɛˈstɛrɪfʌɪ,
-z, -ɪŋ, -d
AM əˈstɛrəˌfaɪ, -z, -ɪŋ,
-d
Estes
BR ˈɛstɪz, ˈɛsteɪz
AM ˈɛstiz
Esther
BR ˈɛstə(r), ˈɛsθə(r)
AM ˈɛstər
esthete
BR ˈiːsθiːt, -s
AM ˈɛsˌθit, -s
esthetic
BR iːsˈθɛtɪk,
ɪsˈθɛtɪk, -s
AM ɛsˈθɛdɪk, -s
esthetical
BR iːsˈθɛtɪkl, ɪsˈθɛtɪkl
AM ɛsˈθɛdək(ə)l
esthetically
BR iːsˈθɛtɪkli,
ɪsˈθɛtɪkli
AM ɛsˈθɛdək(ə)li
esthetician
BR ˌiːsθəˈtɪʃn
AM ˌɛsθəˈtɪʃ(ə)n
estheticism
BR iːsˈθɛtɪsɪzm,
ɪsˈθɛtɪsɪzm
AM ɛsˈθɛdəˌsɪz(ə)m

estimable
BR ˈɛstɪməbl
AM ˈɛstəməb(ə)l
estimableness
BR ˈɛstɪməblnəs
AM ˈɛstəməbəlnəs
estimably
BR ˈɛstɪməbli
AM ˈɛstəməbli
estimate[1] *noun*
BR ˈɛstɪmət, -s
AM ˈɛstɪmət, -s
estimate[2] *verb*
BR ˈɛstɪmeɪt, -s,
-ɪŋ, -ɪd
AM ˈɛstəˌmeɪ|t, -ts,
-dɪŋ, -dɪd
estimation
BR ˌɛstɪˈmeɪʃn
AM ˌɛstəˈmeɪʃ(ə)n
estimative
BR ˈɛstɪmətɪv
AM ˈɛstəmədɪv,
ˈɛstəˌmeɪdɪv
estimator
BR ˈɛstɪmeɪtə(r), -z
AM ˈɛstəˌmeɪdər, -z
estival
BR ˈiːstɪvl, ˈɛstɪvl,
iːˈstʌɪvl, ɛˈstʌɪvl
AM ˈɛstəv(ə)l
estivate
BR ˈiːstɪveɪt,
ˈɛstɪveɪt, -s, -ɪŋ,
-ɪd
AM ˈɛstəˌveɪ|t, -ts,
-dɪŋ, -dɪd
estivation
BR ˌiːstɪˈveɪʃn,
ˌɛstɪˈveɪʃn, -z
AM ˌɛstəˈveɪʃ(ə)n, -z
estoile
BR ɪˈstɔɪl, ɛˈstɔɪl, -z
AM ɛˈstɔɪl, -z
Estonia
BR ɛˈstəʊnɪə(r),
ɪˈstəʊnɪə(r)
AM ɛˈstoʊnɪə
Estonian
BR ɛˈstəʊnɪən,
ɪˈstəʊnɪən, -z
AM ɛˈstoʊnɪən, -z

estop
BR ɪˈstɒp, ɛˈstɒp, -s, -ɪŋ, -t
AM ɛˈstɑp, -s, -ɪŋ, -t

estoppage
BR ɪˈstɒpɪdʒ, ɛˈstɒpɪdʒ
AM ɛˈstɑpɪdʒ

estoppel
BR ɪˈstɒpl, ɛˈstɒpl
AM ɛˈstɑp(ə)l

Estoril
BR ˌɛstəˈrɪl
AM ˌɛstəˈrɪl
B PORT isˈtoriw
L PORT əʃtuˈril

estovers
BR ɪˈstəʊvəz, ɛˈstəʊvəz
AM ɛˈstoʊvərz

estrade
BR ɛˈstrɑːd, ɪˈstrɑːd, -z
AM ɛsˈtrɑd, -z

estragon
BR ˈɛstrəɡ(ɒ)n
AM ˈɛstrəˌɡɑn

estrange
BR ɪˈstreɪn(d)ʒ, ɛˈstreɪn(d)ʒ, -ɪz, -ɪŋ, -d
AM ɛsˈtreɪndʒ, əsˈtreɪndʒ, -ɪz, -ɪŋ, -d

estrangement
BR ɪˈstreɪn(d)ʒm(ə)nt, ɛˈstreɪn(d)ʒm(ə)nt, -s
AM ɛsˈtreɪndʒm(ə)nt, əsˈtreɪndʒm(ə)nt, -s

estreat
BR ɪˈstriːt, ɛˈstriːt
AM ɛsˈtrit, əsˈtrit

Estremadura
BR ˌɛstrəməˈd(j)ʊərə(r), ˌɛstrəməˈdʒʊərə(r)
AM ˌɛstrəməˈd(j)ʊrə

estrogen
BR ˈiːstrədʒ(ə)n, ˈɛstrədʒ(ə)n
AM ˈɛstrədʒ(ə)n

estrous
BR ˈiːstrəs, ˈɛstrəs
AM ˈɛstrəs

estrus
BR ˈiːstrəs, ˈɛstrəs
AM ˈɛstrəs

estuarine
BR ˈɛstjʊəraɪn, ˈɛstjɜːraɪn, ˈɛstʃɜːraɪn
AM ˈɛstʃəwər(ə)n, ˈɛstʃəwəˌrin, ˈɛstʃəwəˌraɪn

estuary
BR ˈɛstjɜːli, ˈɛstjʊəli, ˈɛstʃɜːli, -ɪz
AM ˈɛstʃəˌwɛri, -z

esurience
BR ɪˈsjʊərɪəns, ɛˈsjʊərɪəns, ɪˈsjɔːrɪəns, ɛˈsjɔːrɪəns, ɪˈsʊərɪəns, ɛˈsʊərɪəns
AM iˈsʊrɪəns, əˈsʊrɪəns

esuriency
BR ɪˈsjʊərɪənsi, ɛˈsjʊərɪənsi, ɪˈsjɔːrɪənsi, ɛˈsjɔːrɪənsi, ɪˈsʊərɪənsi, ɛˈsʊərɪənsi
AM iˈsʊrɪənsi, əˈsʊrɪənsi

esurient
BR ɪˈsjʊərɪənt, ɛˈsjʊərɪənt, ɪˈsjɔːrɪənt, ɛˈsjɔːrɪənt, ɪˈsʊərɪənt, ɛˈsʊərɪənt
AM iˈsʊrɪənt, əˈsʊrɪənt

esuriently
BR ɪˈsjʊərɪəntli, ɛˈsjʊərɪəntli, ɪˈsjɔːrɪəntli, ɛˈsjɔːrɪəntli, ɪˈsʊərɪəntli, ɛˈsʊərɪəntli
AM iˈsʊrɪən(t)li, əˈsʊrɪən(t)li

ETA *Basque organization*
BR ˈɛtə(r)
AM ˈɛdə

eta *Greek letter*
BR ˈiːtə(r)
AM ˈidə, ˈeɪdə

etaerio
BR ɛˈtɪərɪəʊ, -z
AM ɛˈtɪrɪoʊ, -z

et al.
BR ˌɛt ˈal
AM ˌɛt ˈɑl, ˌɛt ˈæl

etalon
BR ˈɛtəlɒn, -z
AM ˈeɪdlˌɑn, -z

Etam
BR ˈiːtam
AM ˈidəm

etc *UNIX directory*
BR ˈɛtsi
AM ˈɛtsi

etc.
BR ˌɛt ˈsɛt(ə)rə(r)
AM ˌɛt ˈsɛdərə

et cetera
BR ˌɛt ˈsɛt(ə)rə(r)
AM ˌɛt ˈsɛdərə

etch
BR ɛtʃ, -ɪz, -ɪŋ, -t
AM ɛtʃ, -əz, -ɪŋ, -t

etchant
BR ˈɛtʃnt, -s
AM ˈɛtʃ(ə)nt, -s

etcher
BR ˈɛtʃə(r), -z
AM ˈɛtʃər, -z

etching
BR ˈɛtʃɪŋ, -z
AM ˈɛtʃɪŋ, -z

eternal
BR ɪˈtɜːnl
AM iˈtɜrn(ə)l, əˈtɜrn(ə)l

eternalise
BR ɪˈtɜːnlˌaɪz, -ɪz, -ɪŋ, -d
AM iˈtɜrnlˌaɪz, əˈtɜrnlˌaɪz, -ɪz, -ɪŋ, -d

eternality
BR ɪˌtɜːˈnalɪti
AM ˌidərˈnælədi

eternalize
BR ɪˈtɜːnlˌaɪz, -ɪz, -ɪŋ, -d
AM iˈtɜrnlˌaɪz, əˈtɜrnlˌaɪz, -ɪz, -ɪŋ, -d

eternally
BR ɪˈtɜːnli
AM iˈtɜrnəli, əˈtɜrnəli

eternalness
BR ɪˈtɜːnlnəs
AM iˈtɜrnlnəs, əˈtɜrnlnəs

eternise
BR ɪˈtɜːnaɪz, -ɪz, -ɪŋ, -d
AM iˈtɜrˌnaɪz, əˈtɜrˌnaɪz, -ɪz, -ɪŋ, -d

eternity
BR ɪˈtɜːnɪtˌi, -ɪz
AM iˈtɜrnədi, əˈtɜrnədi, -z

eternize
BR ɪˈtɜːnaɪz, -ɪz, -ɪŋ, -d
AM əˈtɜrˌnaɪz, iˈtɜrˌnaɪz, -ɪz, -ɪŋ, -d

Etesian
BR ɪˈtiːzɪən, ɪˈtiːʒ(ɪə)n
AM iˈtiʒ(ə)n, əˈtiʒ(ə)n

eth
BR ɛð, -z
AM ɛð, -z

Ethan
BR ˈiːθn
AM ˈiθ(ə)n

ethanal
BR ˈɛθənal
AM ˈɛθəˌnal

ethane
BR ˈiːθeɪn, ˈɛθeɪn
AM ˈɛθˌeɪn

ethanoate
BR ˈiːθeɪnəʊət, ˈɛθeɪnəʊət, -s
AM ɛˈθeɪnəwət, ˈɛθənəwət, -s

ethanoic
BR ˌɛθəˈnəʊɪk
AM ˌɛθəˈnoʊɪk

ethanol
BR ˈeθənɒl
AM ˈeθəˌnal, ˈeθəˌnɔl

Ethel
BR ˈeθl
AM ˈeθəl

Ethelbert
BR ˈeθlbɜːt
AM ˈeθəlˌbərt

Ethelberta
BR ˌeθlˈbɜːtə(r),
ˈeθlbɜːtə(r)
AM ˌeθəlˈbərdə

Ethelburga
BR ˌeθlˈbɜːgə(r),
ˈeθlbɜːgə(r)
AM ˌeθəlˈbɜrgə

Etheldreda
BR ˌeθlˈdriːdə(r),
ˈeθldriːdə(r)
AM ˌeθəlˈdrɛdə

Ethelred
BR ˈeθlred
AM ˈeθəlˌred

ethene
BR ˈiːθiːn, ˈeθiːn
AM ˈeθin

ether
BR ˈiːθə(r)
AM ˈiθər

ethereal
BR ɪˈθɪəriəl
AM iˈθɪriəl, ɛˈθɪriəl,
əˈθɪriəl

etherealise
BR ɪˈθɪəriəlʌɪz, -ɪz,
-ɪŋ, -d
AM iˈθɪriəˌlaɪz,
ɛˈθɪriəˌlaɪz, əˈθɪriə-
ˌlaɪz, -ɪz, -ɪŋ, -d

ethereality
BR ˌiˌθɪərɪˈalɪti
AM iˌθɪriəˈælədi,
ɛˌθɪriəˈælədi,
əˌθɪriəˈælədi

etherealize
BR ɪˈθɪəriəlʌɪz, -ɪz,
-ɪŋ, -d
AM iˈθɪriəˌlaɪz,
ɛˈθɪriəˌlaɪz,
əˈθɪriəˌlaɪz, -ɪz,
-ɪŋ, -d

ethereally
BR ɪˈθɪəriəli
AM iˈθɪriəli, ɛˈθɪriəli,
əˈθɪriəli

Etheredge
BR ˈeθ(ə)rɪdʒ
AM ˈeθ(ə)rədʒ

etherial
BR ɪˈθɪəriəl
AM iˈθɪriəl, ɛˈθɪriəl,
əˈθɪriəl

etheric
BR iːˈθɛrɪk,
ɪˈθɛrɪk
AM iˈθɛrɪk, ɛˈθɛrɪk,
əˈθɛrɪk

Etheridge
BR ˈeθ(ə)rɪdʒ
AM ˈeθ(ə)rədʒ

etherisation
BR ˌiːθ(ə)rʌɪˈzeɪʃn
AM ˌiθəˌraɪˈzeɪʃ(ə)n,
ˌiθərəˈzeɪʃ(ə)n

etherise
BR ˈiːθərʌɪz, -ɪz,
-ɪŋ, -d
AM ˈiθəˌraɪz, -ɪz,
-ɪŋ, -d

etherization
BR ˌiːθ(ə)rʌɪˈzeɪʃn
AM ˌiθəˌraɪˈzeɪʃ(ə)n,
ˌiθərəˈzeɪʃ(ə)n

etherize
BR ˈiːθ(ə)rʌɪz, -ɪz,
-ɪŋ, -d
AM ˈiθəˌraɪz, -ɪz,
-ɪŋ, -d

Ethernet
BR ˈiːθənɛt, -s
AM ˈiθərˌnɛt, -s

ethic
BR ˈeθɪk, -s
AM ˈeθɪk, -s

ethical
BR ˈeθɪkl
AM ˈeθək(ə)l

ethicality
BR ˌeθɪˈkalɪti
AM ˌeθəˈkælədi

ethically
BR ˈeθɪkli
AM ˈeθək(ə)li

ethicise
BR ˈeθɪsʌɪz, -ɪz,
-ɪŋ, -d
AM ˈeθəˌsaɪz, -ɪz,
-ɪŋ, -d

ethicist
BR ˈeθɪsɪst, -s
AM ˈeθəsəst, -s

ethicize
BR ˈeθɪsʌɪz, -ɪz,
-ɪŋ, -d
AM ˈeθəˌsaɪz, -ɪz, -ɪŋ,
-d

Ethiopia
BR ˌiːθɪˈəʊpɪə(r)
AM ˌiθiˈoʊpiə

Ethiopian
BR ˌiːθɪˈəʊpɪən,
-z
AM ˌiθiˈoʊpiən, -z

Ethiopic
BR ˌiːθɪˈəʊpɪk,
ˌiːθɪˈɒpɪk
AM ˌiθiˈoʊpɪk,
ˌiθiˈɑpɪk

ethmoid
BR ˈeθmɔɪd, -z
AM ˈeθˌmɔɪd, -z

ethmoidal
BR eθˈmɔɪdl
AM ˌeθˈmɔɪd(ə)l

ethnarch
BR ˈeθnɑːk, -s
AM ˈeθˌnɑrk, -s

ethnarchy
BR ˈeθnɑːk|i, -ɪz
AM ˈeθˌnɑrki, -z

Ethne
BR ˈeθni
AM ˈeθni

ethnic
BR ˈeθnɪk
AM ˈeθnɪk

ethnical
BR ˈeθnɪkl
AM ˈeθnək(ə)l

ethnically
BR ˈeθnɪkli
AM ˈeθnək(ə)li

ethnicity
BR eθˈnɪsɪti
AM eθˈnɪsɪdi

ethnoarchaeological
BR ˌeθnəʊˌɑːkɪə-
ˈlɒdʒɪkl
AM ˌeθnoʊˌɑrkiə-
ˈlɑdʒək(ə)l

ethnoarchaeologist
BR ˌeθnəʊˌɑːkɪ-
ˈɒlədʒɪst, -s
AM ˌeθnoʊˌɑrki-
ˈɑlədʒəst, -s

ethnoarchaeology
BR ˌeθnəʊˌɑːkɪˈɒlədʒi
AM ˌeθnoʊˌɑrkiˈɑlədʒi

ethnocentric
BR ˌeθnə(ʊ)ˈsɛntrɪk
AM ˌeθnoʊˈsɛntrɪk

ethnocentrically
BR ˌeθnə(ʊ)ˈsɛntrɪkli
AM ˌeθnoʊˈsɛntrək(ə)li

ethnocentricity
BR ˌeθnə(ʊ)sɛnˈtrɪsɪti
AM ˌeθnoʊsɛnˈtrɪsɪdi

ethnocentrism
BR ˌeθnə(ʊ)ˈsɛntrɪzm
AM ˌeθnoʊˈsɛnˌtrɪz(ə)m

ethnographer
BR eθˈnɒgrəfə(r), -z
AM eθˈnɑgrəfər, -z

ethnographic
BR ˌeθnəˈgrafɪk
AM ˌeθnəˈgræfɪk

ethnographical
BR ˌeθnəˈgrafɪkl
AM ˌeθnəˈgræfɪkl

ethnographically
BR ˌeθnəˈgrafɪkli
AM ˌeθnəˈgræfək(ə)li

ethnography
BR eθˈnɒgrəfi
AM eθˈnɑgrəfi

ethnohistory
BR ˌeθnəʊˈhɪst(ə)ri
AM ˌeθnoʊˈhɪst(ə)ri

ethnologic
BR ˌeθnəˈlɒdʒɪk
AM ˌeθnəˈlɑdʒɪk

ethnological
BR ˌeθnəˈlɒdʒɪkl
AM ˌeθnəˈlɑdʒək(ə)l

ethnologically
BR ˌeθnəˈlɒdʒɪkli
AM ˌeθnəˈlɑdʒək(ə)li

ethnologist
BR ɛθˈnɒlədʒɪst, -s
AM ɛθˈnalədʒəst, -s

ethnology
BR ɛθˈnɒlədʒi
AM ɛθˈnalədʒi

ethnomethodological
BR ˌɛθnəʊˌmɛθədə-ˈlɒdʒɪkl
AM ˌɛθnoʊˌmɛθədəˈladʒək(ə)l

ethnomethodologist
BR ˌɛθnəʊˌmɛθə-ˈdɒlədʒɪst, -s
AM ˌɛθnoʊˌmɛθə-ˈdalədʒəst, -s

ethnomethodology
BR ˌɛθnəʊˌmɛθə-ˈdɒlədʒi
AM ˌɛθnoʊˌmɛθə-ˈdalədʒi

ethnomusicologist
BR ˌɛθnəʊˌmjuːzɪ-ˈkɒlədʒɪst, -s
AM ˌɛθnoʊˌmjuzə-ˈkalədʒəst, -s

ethnomusicology
BR ˌɛθnəʊˌmjuːzɪ-ˈkɒlədʒi
AM ˌɛθnoʊˌmjuzə-ˈkalədʒi

ethogram
BR ˈiːθəgram, -z
AM ˈɛθəˌgræm, ˈiθəˌgræm, -z

ethological
BR ˌiːθəˈlɒdʒɪkl
AM ˌɛθəˈladʒək(ə)l, ˌiθəˈladʒək(ə)l

ethologically
BR ˌiːθəˈlɒdʒɪkli
AM ˌɛθəˈladʒək(ə)li, ˌiθəˈladʒək(ə)li

ethologist
BR iːˈθɒlədʒɪst, -s
AM ɛˈθalədʒəst, iˈθalədʒəst, -s

ethology
BR iːˈθɒlədʒi
AM ɛˈθalədʒi, iˈθalədʒi

ethos
BR ˈiːθɒs
AM ˈiθas

ethoxyethane
BR ɪˌθɒksɪˈiːθeɪn, ɪˌθɒksɪˈɛθeɪn
AM əˌθaksiˈɛθˌeɪn

ethyl
BR ˈɛθ(ɪ)l, ˈɛθʌɪl, ˈiːθʌɪl
AM ˈɛθəl

ethylene
BR ˈɛθɪliːn, ˈɛθliːn
AM ˈɛθəˌlin

ethylenic
BR ˌɛθɪˈlɛnɪk
AM ˌɛθəˈlɛnɪk

Etienne
BR ˌɛtɪˈɛn
AM ˌeɪˈtiɛn, ˌeɪdiˈɛn

etiolate
BR ˈiːtɪə(ʊ)leɪt
AM ˈiːtiəˌleɪt, ˈidiəˌleɪt

etiolation
BR ˌiːtɪə(ʊ)ˈleɪʃn
AM ˌidiəˈleɪʃ(ə)n

etiologic
BR ˌiːtɪəˈlɒdʒɪk, ˌɛtɪəˈlɒdʒɪk
AM ˌɛdiəˈladʒɪk, ˌidiəˈladʒɪk

etiological
BR ˌiːtɪəˈlɒdʒɪkl, ˌɛtɪəˈlɒdʒɪkl
AM ˌɛdiəˈladʒək(ə)l, ˌidiəˈladʒək(ə)l

etiologically
BR ˌiːtɪəˈlɒdʒɪkli, ˌɛtɪəˈlɒdʒɪkli
AM ˌɛdiəˈladʒək(ə)li, ˌidiəˈladʒək(ə)li

etiology
BR ˌiːtɪˈɒlədʒi, ˌɛtɪˈɒlədʒi
AM ˌɛdiˈalədʒi, ˌidiˈalədʒi

etiquette
BR ˈɛtɪkɛt
AM ˈɛdəkət

Etive
BR ˈɛtɪv
AM ˈɛdɪv

Etna
BR ˈɛtnə(r)
AM ˈɛtnə

Eton
BR ˈiːtn
AM ˈitn

Etonian
BR iːˈtəʊnɪən, -z
AM iˈtoʊniən, -z

étouffée
BR ˌeɪtuːˈfeɪ, -z
AM ˌeɪtuˈfeɪ, -z

Etruria
BR ɪˈtrʊərɪə(r)
AM əˈtrʊriə

Etruscan
BR ɪˈtrʌsk(ə)n, -z
AM əˈtrəsk(ə)n, -z

Etruscology
BR ɪˌtrʌsˈkɒlədʒi
AM əˌtrəsˈkalədʒi

Ettrick
BR ˈɛtrɪk
AM ˈɛtrək

étude
BR eɪˈt(j)uːd, eɪˈtʃuːd, ˈeɪt(j)uːd, ˈeɪtʃuːd, -z
AM eɪˈt(j)ud, -z

etyma
BR ˈɛtɪmə(r)
AM ˈɛdəmə

etymologic
BR ˌɛtɪməˈlɒdʒɪk
AM ˌɛdəməˈladʒɪk

etymological
BR ˌɛtɪməˈlɒdʒɪkl
AM ˌɛdəməˈladʒək(ə)l

etymologically
BR ˌɛtɪməˈlɒdʒɪkli
AM ˌɛdəməˈladʒək(ə)li

etymologise
BR ˌɛtɪˈmɒlədʒʌɪz, -ɪz, -ɪŋ, -d
AM ˌɛdəˈmaləˌdʒaɪz, -ɪz, -ɪŋ, -d

etymologist
BR ˌɛtɪˈmɒlədʒɪst, -s
AM ˌɛdəˈmalədʒəst, -s

etymologize
BR ˌɛtɪˈmɒlədʒʌɪz, -ɪz, -ɪŋ, -d
AM ˌɛdəˈmaləˌdʒaɪz, -ɪz, -ɪŋ, -d

etymology
BR ˌɛtɪˈmɒlədʒ|i, -ɪz
AM ˌɛdəˈmalədʒi, -z

etymon
BR ˈɛtɨm(ɒ)n, -z
AM ˈɛdəˌman, -z

Euan
BR ˈjuːən
AM ˈjʊən

eubacteria
BR ˌjuːbakˈtɪərɪə(r)
AM ˌjubækˈtɪriə

eubacterium
BR ˌjuːbakˈtɪərɪəm
AM ˌjubækˈtɪriəm

Euboea
BR juːˈbiːə(r)
AM juˈbiə

eucalypt
BR ˈjuːkəlɪpt, -s
AM ˈjukəˌlɪpt, -s

eucalyptus
BR ˌjuːkəˈlɪptəs, -ɪz
AM ˌjukəˈlɪptəs, -əz

eucaryote
BR juːˈkarɪɒt
AM juˈkɛriˌoʊt

eucaryotic
BR ˌjuːkarɪˈɒtɪk
AM ˌjukɛriˈadɪk

eucharis
BR ˈjuːkərɪs, -ɪz
AM ˈjuk(ə)rəs, -əz

eucharist
BR ˈjuːkərɪst, -s
AM ˈjuk(ə)rəst, -s

Eucharist
BR ˈjuːkərɪst
AM ˈjuk(ə)rəst

eucharistic
BR ˌjuːkəˈrɪstɪk
AM ˌjukəˈrɪstɪk

Eucharistical
BR ˌjuːkəˈrɪstɪkl
AM ˌjukəˈrɪstək(ə)l

euchre
BR ˈjuːkə(r)
AM ˈjukər

Euclid
BR ˈjuːklɪd
AM ˈjuˌklɪd

Euclidean
BR juːˈklɪdɪən
AM juˈklɪdɪən

euclidean
BR juːˈklɪdɪən
AM juˈklɪdɪən

euclidian
BR juːˈklɪdɪən
AM juˈklɪdɪən

eudaemonic
BR ˌjuːdiːˈmɒnɪk
AM ˌjudəˈmɑnɪk

eudaemonism
BR juːˈdiːmənɪzm
AM juˈdimə,nɪz(ə)m

eudaemonist
BR juːˈdiːmənɪst, -s
AM juˈdimənəst, -s

eudaemonistic
BR juːˌdiːməˈnɪstɪk
AM juˌdiməˈnɪstɪk

eudemonic
BR ˌjuːdiːˈmɒnɪk
AM ˌjudəˈmɑnɪk

eudemonism
BR juːˈdiːmənɪzm
AM juˈdimə,nɪz(ə)m

eudemonist
BR juːˈdiːmənɪst, -s
AM juˈdimənəst, -s

eudemonistic
BR juːˌdiːməˈnɪstɪk
AM juˌdiməˈnɪstɪk

eudiometer
BR ˌjuːdɪˈɒmɪtə(r), -z
AM ˌjudiˈɑmədər, -z

eudiometric
BR ˌjuːdɪə(ʊ)ˈmɛtrɪk
AM ˌjudioʊˈmɛtrɪk

eudiometrical
BR ˌjuːdɪə(ʊ)ˈmɛtrɪkl
AM ˌjudioʊˈmɛtrək(ə)l

eudiometry
BR juːˈdɪɒmɪtri
AM ˌjudiˈɑmətri

Eudora
BR jʉˈdɔːrə(r)
AM juˈdɔrə

Euen
BR ˈjuːən
AM ˈjuən

Eugene
BR ˈjuːdʒiːn, juːˈdʒiːn
AM ˈjuˌdʒin

Eugene Onegin
BR ˌjuːdʒiːn ɒˈneɪgɪn, juːˈdʒiːn +
AM ˈjuˌdʒin oʊˈnɛgɪn
RUS jivˈgʲenʲij aˈnʲegʲin

Eugenia
BR juːˈdʒiːnɪə(r)
AM ˌjuˈdʒiniə

eugenic
BR juːˈdʒɛnɪk, -s
AM juˈdʒɛnɪk, -s

eugenically
BR juːˈdʒɛnɪkli
AM juˈdʒɛnək(ə)li

eugenicist
BR juːˈdʒɛnɪsɪst, -s
AM juˈdʒɛnəsəst, -s

Eugénie
BR juːˈʒeɪni
AM juˌʒeɪˈni

eugenist
BR juːˈdʒɛnɪst, -s
AM juˈdʒɛnəst, -s

euglena
BR juːˈgliːnə(r), -z
AM juˈglinə, -z

euhemerism
BR juːˈhiːmərɪzm
AM juˈhimə,rɪz(ə)m

eukaryote
BR juːˈkarɪɒt
AM juˈkɛriˌoʊt

eukaryotic
BR ˌjuːkarɪˈɒtɪk
AM ˌjukɛriˈɑdɪk

Eulalia
BR juːˈleɪlɪə(r)
AM uˈleɪliə, uˈleɪljə

Euler
BR ˈɔɪlə(r), ˈjuːlə(r)
AM ˈɔɪlər

eulogia
BR juːˈləʊdʒɪə(r)
AM juˈloʊdʒiə

eulogise
BR ˈjuːlədʒʌɪz, -ɪz, -ɪŋ, -d
AM ˈjuləˌdʒaɪz, -ɪz, -ɪŋ, -d

eulogist
BR ˈjuːlədʒɪst, -s
AM ˈjulədʒəst, -s

eulogistic
BR ˌjuːləˈdʒɪstɪk
AM ˌjuləˈdʒɪstɪk

eulogistically
BR ˌjuːləˈdʒɪstɪkli
AM ˌjuləˈdʒɪstək(ə)li

eulogium
BR juːˈləʊdʒɪəm, -z
AM juˈloʊdʒiəm, -z

eulogize
BR ˈjuːlədʒʌɪz, -ɪz, -ɪŋ, -d
AM ˈjuləˌdʒaɪz, -ɪz, -ɪŋ, -d

eulogy
BR ˈjuːlədʒ|i, -ɪz
AM ˈjulədʒi, -z

Eumenides
BR juːˈmɛnɪdiːz
AM juˈmɛnəˌdiz

Eunice
BR ˈjuːnɪs
AM ˈjunəs

eunuch
BR ˈjuːnək, -s
AM ˈjunək, -s

eunuchoid
BR ˈjuːnəkɔɪd
AM ˈjunəˌkɔɪd

euonymus
BR juːˈɒnɪməs
AM juˈɑnəməs

eupeptic
BR juːˈpɛptɪk
AM juˈpɛptɪk

Euphemia
BR juːˈfiːmɪə(r)
AM juˈfimiə

euphemise
BR ˈjuːfɪmʌɪz, -ɪz, -ɪŋ, -d
AM ˈjufəˌmaɪz, -ɪz, -ɪŋ, -d

euphemism
BR ˈjuːfɪmɪzm, -z
AM ˈjufɪm-ɪz(ə)m, ˈjufəˌmɪz(ə)m, -z

euphemist
BR ˈjuːfɪmɪst, -s
AM ˈjufəməst, -s

euphemistic
BR ˌjuːfɪˈmɪstɪk
AM ˌjufmˈɪstɪk, ˌjufəˈmɪstɪk

euphemistically
BR ˌjuːfɪˈmɪstɪkli
AM ˌjufmˈɪstək(ə)li, ˌjufəˈmɪstək(ə)li

euphemize
BR ˈjuːfɪmʌɪz, -ɪz, -ɪŋ, -d
AM ˈjufəˌmaɪz, -ɪz, -ɪŋ, -d

euphonic
BR juːˈfɒnɪk
AM juˈfɑnɪk

euphonious
BR juːˈfəʊnɪəs
AM juˈfoʊnjəs, juˈfoʊniəs

euphoniously
BR juːˈfəʊnɪəsli
AM juˈfoʊnjəsli, juˈfoʊniəsli

euphonise
BR ˈjuːfnʌɪz, -ɪz, -ɪŋ, -d
AM ˈjufəˌnaɪz, -ɪz, -ɪŋ, -d

euphonium
BR juːˈfəʊnɪəm, -z
AM juˈfoʊniəm, -z

euphonize
BR ˈjuːfnʌɪz, -ɪz, -ɪŋ, -d
AM ˈjufəˌnaɪz, -ɪz, -ɪŋ, -d

euphony
BR ˈjuːfni
AM ˈjufəni

euphorbia
BR juːˈfɔːbɪə(r), -z
AM juˈfɔrbɪə, -z

euphoria
BR juːˈfɔːrɪə(r)
AM juˈfɔrɪə

euphoriant
BR juːˈfɔːrɪənt, -s
AM juˈfɔrɪənt, -s

euphoric
BR juːˈfɒrɪk
AM juˈfɔrɪk

euphorically
BR juːˈfɒrɪkli
AM juˈfɔrək(ə)li

euphrasy
BR ˈjuːfrəz|i, -ɪz
AM ˈjufrəsi, -z

Euphrates
BR juːˈfreɪtiːz
AM juˈfreɪdiz

Euphues
BR ˈjuːfjʊiːz
AM ˈju,fjuiz

euphuism
BR ˈjuːfjʊɪzm̩
AM ˈjufjə,wɪz(ə)m

euphuist
BR ˈjuːfjʊɪst, -s
AM ˈjufjə,wəst, -s

euphuistic
BR ˌjuːfjʊˈɪstɪk
AM ˌjufjəˈwɪstɪk

euphuistically
BR ˌjuːfjʊˈɪstɪkli
AM ˌjufjəˈwɪstək(ə)li

euploid
BR ˈjuːplɔɪd, -z
AM ˈju,plɔɪd, -z

Eurasian
BR jɜːˈreɪʒn, jɜːˈreɪʃn, -z
AM jʊrˈeɪʒ(ə)n, jərˈeɪʒ(ə)n, jʊrˈeɪʃ(ə)n, jərˈeɪʒ(ə)n, -z

Euratom
BR jɜːrˈat(ə)m
AM jʊrˈædəm, jərˈædəm

eureka
BR jɜːˈriːkə(r)
AM juˈrikə, jəˈrikə

eurhythmic
BR jɜːˈrɪðmɪk, -s
AM juˈrɪðmɪk, -s

Euripides
BR jɜːˈrɪpɪdiːz
AM juˈrɪpə,diz, jəˈrɪpə,diz

Euro-
BR ˈjʊərə(ʊ), ˈjɔːrə(ʊ)
AM ˈjʊroʊ

euro
BR ˈjʊərə(ʊ), ˈjɔːrəʊ, -z
AM ˈjʊroʊ, -z

Eurobond
BR ˈjʊərə(ʊ)bɒnd, ˈjɔːrə(ʊ)bɒnd, -z
AM ˈjʊroʊ,band, -z

Eurocentric
BR ˌjʊərəʊˈsentrɪk, ˌjɔːrəʊˈsentrɪk
AM ˌjʊroʊˈsentrɪk

Eurocentrism
BR ˌjʊərəʊˈsentrɪzm, ˌjɔːrəʊˈsentrɪzm
AM ˌjʊroʊˈsen,trɪz(ə)m

Eurocheque
BR ˈjʊərəʊtʃɛk, ˈjɔːrəʊtʃɛk, -s
AM ˈjʊroʊ,tʃɛk, -s

Eurocommunism
BR ˌjʊərəʊˈkɒmjʊnɪzm, ˌjɔːrəʊˈkɒmjʊnɪzm
AM ˌjʊroʊˈkamjə,nɪz(ə)m

Eurocommunist
BR ˌjʊərəʊˈkɒmjʊnɪst, ˌjɔːrəʊˈkɒmjʊnɪst, -s
AM ˌjʊroʊˈkamjənəst, -s

Eurocrat
BR ˈjʊərə(ʊ)krat, ˈjɔːrə(ʊ)krat, -s
AM ˈjʊroʊ,kræt, -s

Euro-currency
BR ˈjʊərəʊ,kʌrn̩si, ˈjɔːrəʊ,kʌrn̩si
AM ˈjʊroʊ,kərənsi

Eurodollar
BR ˈjʊərə(ʊ),dɒlə(r), ˈjɔːrə(ʊ),dɒlə(r), -z
AM ˈjʊroʊ,dalər, -z

Euro-election
BR ˈjʊərəʊɪˌlekʃn, ˈjɔːrəʊɪˌlekʃn, -z
AM ˌjʊroʊəˈlekʃ(ə)n, -z

Euromarket
BR ˈjʊərəʊˌmɑːkɪt, ˈjɔːrəʊˌmɑːkɪt, -s
AM ˈjʊroʊˌmarkət, -s

Europa
BR jɜːˈrəʊpə(r)
AM juˈroʊpə

Europarliament
BR ˈjʊərəʊˌpɑːləm(ə)nt, ˈjɔːrəʊˌpɑːləm(ə)nt
AM ˈjʊroʊˌparləm(ə)nt

Europarliamentarian
BR ˈjʊərəʊˌpɑːləm(ə)nˌteːrɪən, ˌjɔːrəʊˌpɑːləm(ə)n'teːrɪən, -z
AM ˌjʊroʊˌparləmənˈteːrɪən, -z

Europarliamentary
BR ˌjʊərəʊˌpɑːləˈment(ə)ri, ˌjɔːrəʊˌpɑːləˈment(ə)ri
AM ˌjʊroʊˌparləˈmen(t)əri

Europe
BR ˈjʊərəp, ˈjɔːrəp
AM ˈjurəp, ˈjərəp

European
BR ˌjʊərəˈpiːən, ˌjɔːrəˈpiːən, -z
AM ˌjʊrəˈpiən, ˌjərəˈpiən, -z

Europeanisation
BR ˌjʊərəpiːənʌɪˈzeɪʃn, ˌjɔːrəpiːənʌɪˈzeɪʃn
AM ˌjʊrə,piənəˈzeɪʃ(ə)n, ˌjərə,piə,naɪˈzeɪʃ(ə)n, ˌjʊrə,piə,naɪˈzeɪʃ(ə)n, ˌjərə,piənəˈzeɪʃ(ə)n

Europeanise
BR ˌjʊərəˈpiːənʌɪz, ˌjɔːrəˈpiːənʌɪz, -ɪz, -ɪŋ, -d
AM ˌjʊrəˈpiə,naɪz, ˌjərəˈpiə,naɪz, -ɪz, -ɪŋ, -d

Europeanism
BR ˌjʊərəˈpiːənɪzm, ˌjɔːrəˈpiːənɪzm
AM ˌjʊrəˈpiə,nɪz(ə)m, ˌjərəˈpiə,nɪz(ə)m

Europeanization
BR ˌjʊərəpiːənʌɪˈzeɪʃn, ˌjɔːrəpiːənʌɪˈzeɪʃn
AM ˌjʊrə,piənəˈzeɪʃ(ə)n, ˌjərə,piə,naɪˈzeɪʃ(ə)n, ˌjʊrə,piə,naɪˈzeɪʃ(ə)n, ˌjərə,piənəˈzeɪʃ(ə)n

Europeanize
BR ˌjʊərəˈpiːənʌɪz, ˌjɔːrəˈpiːənʌɪz, -ɪz, -ɪŋ, -d
AM ˌjʊrəˈpiə,naɪz, ˌjərəˈpiə,naɪz, -ɪz, -ɪŋ, -d

Europhile
BR ˈjʊərə(ʊ)fʌɪl, ˈjɔːrə(ʊ)fʌɪl, -z
AM ˈjʊrə,faɪl, ˈjərə,faɪl, -z

europium
BR jɜːˈrəʊpɪəm
AM jʊˈroʊpɪəm, jəˈroʊpɪəm

Europort
BR ˈjʊərəʊpɔːt, ˈjɔːrəʊpɔːt
AM ˈjʊroʊˌpɔ(ə)rt

Eurosceptic
BR ˌjʊərəʊˈskeptɪk, ˌjɔːrəʊˈskeptɪk, -s
AM ˌjʊroʊˈskeptɪk, -s

Eurostar
BR ˈjʊərə(ʊ)stɑː(r), ˌjɔːrə(ʊ)stɑː(r)
AM ˈjʊroʊˌstar

Eurotunnel
BR ˈjʊərəʊˌtʌnl, ˈjɔːrəʊˌtʌnl
AM ˈjʊroʊˌtən(ə)l

Eurovision
BR ˈjʊərəvɪʒn,
ˈjɔːrəvɪʒn
AM ˈjʊroʊˌvɪʒ(ə)n

eurozone
BR ˈjʊərə(ʊ)zəʊn,
ˈjɔːrə(ʊ)zəʊn
AM ˈjʊroʊˌzoʊn

Eurydice
BR jʊˈrɪdɪsiː,
ˌjʊərɪˈdiːtʃi,
ˌjʊərɪˈdiːtʃeɪ
AM jəˈrɪdətʃi,
jəˈrɪdəsi

eurythmic
BR jʊˈrɪðmɪk, -s
AM juˈrɪðmɪk, -s

Eusebius
BR juːˈsiːbɪəs
AM juˈseɪbɪəs

Eustace
BR ˈjuːstəs
AM ˈjustəs

eustachian
BR juːˈsteɪʃn
AM juˈsteɪʃ(i)ən

eustacy
BR ˈjuːstəsi
AM ˈjustəsi

eustasy
BR ˈjuːstəsi
AM ˈjustəsi

eustatic
BR juːˈstatɪk
AM juˈstædɪk

Euston
BR ˈjuːst(ə)n
AM ˈjust(ə)n

eutectic
BR juːˈtɛktɪk, -s
AM juˈtɛktɪk, -s

Euterpe
BR juːˈtəːpi
AM juˈtərpi

euthanasia
BR ˌjuːθəˈneɪzɪə(r),
ˌjuːθəˈneɪʒə(r)
AM ˌjuθəˈneɪzɪə,
ˌjuθəˈneɪʒ(i)ə

eutherian
BR juːˈθɪərɪən, -z
AM juˈθɪrɪən, -z

eutrophic
BR juːˈtrɒfɪk,
juːˈtrəʊfɪk
AM juˈtrɑfɪk

eutrophicate
BR juːˈtrəʊfɪkeɪt,
juːˈtrɒfɪkeɪt, -s,
-ɪŋ, -ɪd
AM juˈtrɑfəˌkeɪ|t, -ts,
-dɪŋ, -dɪd

eutrophication
BR ˌjuːtrə(ʊ)fɪˈkeɪʃn
AM juˌtrɑfəˈkeɪʃ(ə)n

eutrophy
BR ˈjuːtrəfi
AM ˈjutrəfi

Euxine
BR ˈjuːksaɪn
AM ˈjʊkˌsaɪn,
ˈjʊks(ə)n

Eva
BR ˈiːvə(r)
AM ˈivə

evacuant
BR ɪˈvakjʊənt, -s
AM ɪˈvækjəwənt,
əˈvækjəwənt, -s

evacuate
BR ɪˈvakjʊeɪt, -s, -ɪŋ, -ɪd
AM ɪˈvækjəˌweɪ|t,
əˈvækjəˌweɪ|t, -ts,
-dɪŋ, -dɪd

evacuation
BR ɪˌvakjʊˈeɪʃn, -z
AM ɪˌvækjəˈweɪʃ(ə)n,
əˌvækjəˈweɪʃ(ə)n, -z

evacuative
BR ɪˈvakjʊətɪv
AM ɪˈvækjəˌweɪdɪv,
əˈvækjəˌweɪdɪv

evacuator
BR ɪˈvakjʊeɪtə(r), -z
AM ɪˈvækjəˌweɪdər,
əˈvækjəˌweɪdər, -z

evacuee
BR ɪˌvakjʊˈiː, -z
AM ɪˌvækjəˈwi,
əˌvækjəˈwi, -z

evadable
BR ɪˈveɪdəbl
AM ɪˈveɪdəb(ə)l,
əˈveɪdəb(ə)l

evade
BR ɪˈveɪd, -z, -ɪŋ, -ɪd
AM iˈveɪd, əˈveɪd, -z,
-ɪŋ, -ɪd

evader
BR ɪˈveɪdə(r), -z
AM iˈveɪdər, əˈveɪdər,
-z

Evadne
BR ɪˈvadni
AM iˈvædni, əˈvædni

evaginate
BR ɪˈvadʒɪneɪt, -s,
-ɪŋ, -ɪd
AM iˈvædʒəˌneɪ|t,
əˈvædʒəˌneɪ|t, -ts,
-dɪŋ, -dɪd

evagination
BR ɪˌvadʒɪˈneɪʃn
AM iˌvædʒəˈneɪʃ(ə)n,
əˌvædʒəˈneɪʃ(ə)n

evaluate
BR ɪˈvaljʊeɪt, -s, -ɪŋ,
-ɪd
AM iˈvæljəˌweɪ|t,
əˈvæljəˌweɪ|t, -ts,
-dɪŋ, -dɪd

evaluation
BR ɪˌvaljʊˈeɪʃn, -z
AM iˌvæljəˈweɪʃ(ə)n,
əˌvæljəˈweɪʃ(ə)n, -z

evaluative
BR ɪˈvaljʊətɪv
AM iˈvæljəˌweɪdɪv,
əˈvæljəˌweɪdɪv

evaluator
BR ɪˈvaljʊeɪtə(r), -z
AM iˈvæljəˌweɪdər,
əˈvæljəˌweɪdər, -z

Evan
BR ˈɛvn
AM ˈɛv(ə)n

evanesce
BR ˌɛvəˈnɛs, -ɪz, -ɪŋ, -t
AM ˌɛvəˈnɛs, -əz,
-ɪŋ, -t

evanescence
BR ˌɛvəˈnɛsns
AM ˌɛvəˈnɛs(ə)ns

evanescent
BR ˌɛvəˈnɛsnt
AM ˌɛvəˈnɛs(ə)nt

evanescently
BR ˌɛvəˈnɛsntli
AM ˌɛvəˈnɛsn(t)li

evangel
BR iːˈvan(d)ʒ(ə)l, -z
AM ɛˈvændʒ(ə)l,
iˈvændʒ(ə)l, -z

evangelic
BR ˌiːvanˈdʒɛlɪk
AM ˌɛvənˈdʒɛlɪk,
ˌivænˈdʒɛlɪk

evangelical
BR ˌiːvanˈdʒɛlɪkl, -z
AM ˌɛvənˈdʒɛlək(ə)l,
ˌivænˈdʒɛlək(ə)l, -z

evangelicalism
BR ˌiːvanˈdʒɛlɪklɪzm
AM ˌɛvənˈdʒɛləkə-
ˌlɪz(ə)m, ˌivæn-
ˈdʒɛləkəˌlɪz(ə)m

evangelically
BR ˌiːvanˈdʒɛlɪkli
AM ˌɛvənˈdʒɛlək(ə)li,
ˌivænˈdʒɛlək(ə)li

Evangeline
BR əˈvan(d)ʒəliːn
AM əˈvændʒəˌlaɪn

evangelisation
BR ɪˌvan(d)ʒlʌɪˈzeɪʃn
AM iˌvændʒələ-
ˈzeɪʃ(ə)n, əˌvændʒə-
ˌlaɪˈzeɪʃ(ə)n,
iˌvændʒəˌlaɪˈzeɪʃ(ə)n,
əˌvændʒələˈzeɪʃ(ə)n

evangelise
BR ɪˈvan(d)ʒlʌɪz, -ɪz,
-ɪŋ, -d
AM iˈvændʒəˌlaɪz,
əˈvændʒəˌlaɪz, -ɪz,
-ɪŋ, -d

evangeliser
BR ɪˈvan(d)ʒlʌɪzə(r), -z
AM iˈvændʒəˌlaɪzər,
əˈvændʒəˌlaɪzər, -z

evangelism
BR ɪˈvan(d)ʒlɪzm
AM iˈvændʒəˌlɪz(ə)m,
əˈvændʒəˌlɪz(ə)m

evangelist
BR ɪˈvan(d)ʒlɪst, -s
AM iˈvændʒələst,
əˈvændʒələst, -s

evangelistic
BR ɪˌvan(d)ʒəˈlɪstɪk, ɪˌvan(d)ʒlˈɪstɪk
AM iˌvændʒəˈlɪstɪk, əˌvændʒəˈlɪstɪk

evangelistically
BR ɪˌvan(d)ʒəˈlɪstɪkli, ɪˌvan(d)ʒlˈɪstɪkli
AM iˌvændʒəˈlɪstək(ə)li, əˌvændʒəˈlɪstək(ə)li

evangelization
BR ɪˌvan(d)ʒlʌɪˈzeɪʃn
AM iˌvændʒələˈzeɪʃ(ə)n, əˌvændʒəˌlaɪˈzeɪʃ(ə)n, iˌvændʒəˌlaɪˈzeɪʃ(ə)n, əˌvændʒələˈzeɪʃ(ə)n

evangelize
BR ɪˈvan(d)ʒlʌɪz, -ɪz, -ɪŋ, -d
AM iˈvændʒəˌlaɪz, əˈvændʒəˌlaɪz, -ɪz, -ɪŋ, -d

evangelizer
BR ɪˈvan(d)ʒlʌɪzə(r), -z
AM iˈvændʒəˌlaɪzər, əˈvændʒəˌlaɪzər, -z

Evans
BR ˈɛvnz
AM ˈɛvənz

evaporable
BR ɪˈvap(ə)rəbl
AM iˈvæpərəb(ə)l, əˈvæpərəb(ə)l

evaporate
BR ɪˈvapəreɪt, -s, -ɪŋ, -ɪd
AM iˈvæpəˌreɪ|t, əˈvæpəˌreɪ|t, -ts, -dɪŋ, -dɪd

evaporation
BR ɪˌvapəˈreɪʃn
AM iˌvæpəˈreɪʃ(ə)n, əˌvæpəˈreɪʃ(ə)n

evaporative
BR ɪˈvap(ə)rətɪv
AM iˈvæpəˌreɪdɪv, əˈvæpəˌreɪdɪv

evaporator
BR ɪˈvapəreɪtə(r), -z
AM iˈvæpəˌreɪdər, əˈvæpəˌreɪdər, -z

evasion
BR ɪˈveɪʒn, -z
AM iˈveɪʒ(ə)n, əˈveɪʒ(ə)n, -z

evasive
BR ɪˈveɪsɪv
AM iˈveɪsɪv, əˈveɪsɪv

evasively
BR ɪˈveɪsɪvli
AM iˈveɪsɪvli, əˈveɪsɪvli

evasiveness
BR ɪˈveɪsɪvnɪs
AM iˈveɪsɪvnɪs, əˈveɪsɪvnɪs

eve
BR iːv, -z
AM iv, -z

evection
BR ɪˈvɛkʃn
AM iˈvɛkʃ(ə)n, əˈvɛkʃ(ə)n

Evelyn
BR ˈiːvlɪn, ˈɛvlɪn
AM ˈɛv(ə)l(ə)n

even
BR ˈiːvn, -z
AM ˈiv(ə)n, -z

evening
BR ˈiːvnɪŋ, -z
AM ˈiv(ə)nɪŋ, -z

Evenlode
BR ˈiːvnləʊd
AM ˈivənˌloʊd

evenly
BR ˈiːvnli
AM ˈivənli

evenness
BR ˈiːvnnəs
AM ˈivə(n)nəs

evensong
BR ˈiːvnsɒŋ
AM ˈivənˌsɑŋ, ˈivənˌsɔŋ

event
BR ɪˈvɛnt, -s, -ɪŋ, -ɪd
AM iˈvɛn|t, əˈvɛn|t, -ts, -(t)ɪŋ, -(t)əd

eventer
BR ɪˈvɛntə(r), -z
AM iˈvɛn(t)ər, əˈvɛn(t)ər, -z

eventful
BR ɪˈvɛntf(ʊ)l
AM iˈvɛntf(ə)l, əˈvɛntf(ə)l

eventfully
BR ɪˈvɛntfəli, ɪˈvɛntfl̩i
AM iˈvɛntfəli, əˈvɛntfəli

eventfulness
BR ɪˈvɛntf(ʊ)lnəs
AM iˈvɛntfəlnəs, əˈvɛntfəlnəs

eventide
BR iːvntʌɪd, -z
AM ˈivənˌtaɪd, -z

eventless
BR ɪˈvɛntləs
AM iˈvɛn(t)ləs, əˈvɛn(t)ləs

eventlessly
BR ɪˈvɛntləsli
AM iˈvɛn(t)ləsli, əˈvɛn(t)ləsli

eventual
BR ɪˈvɛn(t)ʃʊəl, ɪˈvɛn(t)ʃ(ʊ)l
AM iˈvɛn(t)ʃ(əw)əl, əˈvɛn(t)ʃ(əw)əl

eventuality
BR ɪˌvɛn(t)ʃʊˈalɪt|i, -ɪz
AM iˌvɛn(t)ʃəˈwælədi, əˌvɛn(t)ʃəˈwælədi, -z

eventually
BR ɪˈvɛn(t)ʃʊəli, ɪˈvɛn(t)ʃəli, ɪˈvɛn(t)ʃl̩i
AM əˈvɛn(t)ʃ(ə)wəli, iˈvɛn(t)ʃəli, iˈvɛn(t)ʃ(ə)wəli, əˈvɛn(t)ʃəli

eventuate
BR ɪˈvɛn(t)ʃʊeɪt, -s, -ɪŋ, -ɪd
AM iˈvɛn(t)ʃəˌweɪ|t, əˈvɛn(t)ʃəˌweɪ|t, -ts, -dɪŋ, -dɪd

eventuation
BR ɪˌvɛn(t)ʃʊˈeɪʃn
AM iˌvɛn(t)ʃəˈweɪʃ(ə)n, əˌvɛn(t)ʃəˈweɪʃ(ə)n

ever
BR ˈɛvə(r)
AM ˈɛvər

Everard
BR ˈɛv(ə)rɑːd
AM ˈɛvəˌrɑrd

Everest
BR ˈɛv(ə)rɪst
AM ˈɛv(ə)rəst

Everett
BR ˈɛv(ə)rɪt, ˈɛv(ə)rɛt
AM ˈɛvərət

Everglades
BR ˈɛvəgleɪdz
AM ˈɛvərˌgleɪdz

evergreen
BR ˈɛvəgriːn, -z
AM ˈɛvərˌgrin, -z

everlasting
BR ˌɛvəˈlɑːstɪŋ
AM ˌɛvərˈlæstɪŋ

everlastingly
BR ˌɛvəˈlɑːstɪŋli
AM ˌɛvərˈlæstɪŋli

everlastingness
BR ˌɛvəˈlɑːstɪŋnɪs
AM ˌɛvərˈlæstɪŋnɪs

Everley
BR ˈɛvəli
AM ˈɛvərli

Everly
BR ˈɛvəli
AM ˈɛvərli

evermore
BR ˌɛvəˈmɔː(r)
AM ˌɛvərˈmɔ(ə)r

everpresent
BR ˌɛvəˈprɛznt
AM ˌɛvərˈprɛz(ə)nt

Evers
BR ˈɛvəz
AM ˈɛvərz

Evershed
BR ˈɛvəʃɛd
AM ˈɛvərˌʃɛd

Eversholt
BR ˈɛvəʃɒlt, ˈɛvəʃəʊlt
AM ˈɛvərˌʃoʊlt

eversion
BR ɪˈvəːʃn
AM iˈvɜrʒ(ə)n, əˈvɜrʒ(ə)n

Evert
BR ˈevət
AM ˈevərt

evert
BR ɪˈvɜːt, -s, -ɪŋ, -ɪd
AM iˈvɜːr|t, əˈvɜːr|t, -ts, -dɪŋ, -dəd

Everton
BR ˈevət(ə)n
AM ˈevərt(ə)n

every
BR ˈevri
AM ˈev(ə)ri

everybody
BR ˈevrɪbɒdi
AM ˈev(ə)riˌbɑdi, ˈev(ə)riˌbədi

everyday
BR ˌevrɪˈdeɪ
AM ˈˌev(ə)riˈdeɪ

everyman
BR ˈevrɪmən
AM ˈev(ə)riˌmæn

everyone
BR ˈevrɪwʌn
AM ˈev(ə)riˌwən

everyplace
BR ˈevrɪpleɪs
AM ˈev(ə)riˌpleɪs

everything
BR ˈevrɪθɪŋ
AM ˈev(ə)riˌθɪŋ

everyway
BR ˈevrɪˈweɪ
AM ˈev(ə)riˌweɪ

everywhere
BR ˈevrɪweː(r)
AM ˈev(ə)riˌ(h)wɛ(ə)r

everywoman
BR ˈevrɪˌwʊmən
AM ˈev(ə)riˌwʊm(ə)n

Evesham
BR ˈiːv(ɪ)ʃəm
AM ˈivʃ(ə)m

Évian
BR ˈeɪviən, ˈeɪvjɒ̃
AM ˈeviˌjan, ˈeviən
FR evjɑ̃

evict
BR ɪˈvɪkt, -s, -ɪŋ, -ɪd
AM iˈvɪk|(t), əˈvɪk|(t), -(t)s, -tɪŋ, -tɪd

eviction
BR ɪˈvɪkʃn, -z
AM iˈvɪkʃ(ə)n, əˈvɪkʃ(ə)n, -z

evictor
BR ɪˈvɪktə(r), -z
AM iˈvɪktər, əˈvɪktər, -z

evidence
BR ˈevɪd(ə)ns, -ɪz, -ɪŋ, -t
AM ˈevəˌdens, ˈevədns, -əz, -ɪŋ, -t

evident
BR ˈevɪd(ə)nt
AM ˈevəˌdent, ˈevəd(ə)nt

evidential
BR ˌevɪˈdenʃl
AM ˌevəˈden(t)ʃ(ə)l

evidentially
BR ˌevɪˈdenʃli
AM ˌevəˈdentʃəli

evidentiary
BR ˌevɪˈdenʃ(ə)ri
AM ˌevəˈden(t)ʃəri

evidently
BR ˈevɪd(ə)ntli
AM ˈevəd(ə)n(t)li, ˌevəˈden(t)li, ˌevəˌden(t)li

evil
BR ˈiːvl, -z
AM ˈiv(ə)l, -z

evildoer
BR ˈiːvlˌduːə(r), ˌiːvlˈduːə(r), -z
AM ˈˌivəlˈduər, -z

evildoing
BR ˈiːvlˌduːɪŋ, ˌiːvlˈduːɪŋ
AM ˈˌivəlˈduɪŋ

evilly
BR ˈiːvḷ(l)i
AM ˈivə(l)li

evilness
BR ˈiːvlnəs
AM ˈivəlnəs

evince
BR ɪˈvɪns, -ɪz, -ɪŋ, -t
AM iˈvɪns, əˈvɪns, -ɪz, -ɪŋ, -t

evincible
BR ɪˈvɪnsɪbl
AM iˈvɪnsəb(ə)l, əˈvɪnsəb(ə)l

evincive
BR ɪˈvɪnsɪv
AM iˈvɪnsɪv, əˈvɪnsɪv

eviscerate
BR ɪˈvɪsəreɪt, -s, -ɪŋ, -ɪd
AM iˈvɪsəˌreɪ|t, əˈvɪsəˌreɪ|t, -ts, -dɪŋ, -dɪd

evisceration
BR ɪˌvɪsəˈreɪʃn
AM iˌvɪsəˈreɪʃ(ə)n, əˌvɪsəˈreɪʃ(ə)n

Evita
BR ɪˈviːtə(r), ɛˈviːtə(r)
AM əˈvidə

evocation
BR ˌiːvə(ʊ)ˈkeɪʃn, ˌevə(ʊ)ˈkeɪʃn, -z
AM ˌevəˈkeɪʃ(ə)n, ˌevoʊˈkeɪʃ(ə)n, ˌivoʊˈkeɪʃ(ə)n, -z

evocative
BR ɪˈvɒkətɪv
AM iˈvakədɪv, əˈvakədɪv

evocatively
BR ɪˈvɒkətɪvli
AM iˈvakədəvli, əˈvakədəvli

evocativeness
BR ɪˈvɒkətɪvnɪs
AM iˈvakədɪvnɪs, əˈvakədɪvnɪs

evocatory
BR ɪˈvɒkət(ə)ri
AM əˈvakəˌtɔri

evoke
BR ɪˈvəʊk, -s, -ɪŋ, -t
AM iˈvoʊk, əˈvoʊk, -s, -ɪŋ, -t

evoker
BR ɪˈvəʊkə(r), -z
AM iˈvoʊkər, əˈvoʊkər, -z

evolute
BR ˈiːvəl(j)uːt, ˈevəl(j)uːt, -s, -ɪŋ, -ɪd
AM ˈevəˌl(j)u|t, -ts, -dɪŋ, -dəd

evolution
BR ˌiːvəˈl(j)uːʃn, ˌevəˈl(j)uːʃn, -z
AM ˌevəˈluʃ(ə)n, -z

evolutional
BR ˌiːvəˈl(j)uːʃn̩l, ˌevəˈl(j)uːʃn̩l
AM ˌevəˈluʃən(ə)l, ˌevəˈluʃn(ə)l

evolutionally
BR ˌiːvəˈl(j)uːʃn̩li, ˌiːvəˈl(j)uːʃnəli, ˌevəˈl(j)uːʃn̩li, ˌevəˈl(j)uːʃnəli
AM ˌevəˈluʃ(ə)nəli

evolutionarily
BR ˌiːvəˈl(j)uːʃnərɪli, ˌevəˈl(j)uːʃnərɪli
AM ˌevəˌluʃəˈnerəli

evolutionary
BR ˌiːvəˈl(j)uːʃn(ə)ri, ˌiːvəˈl(j)uːʃnəri, ˌevəˈl(j)uːʃn(ə)ri, ˌevəˈl(j)uːʃnəri
AM ˌevəˈluʃəˌneri

evolutionism
BR ˌiːvəˈl(j)uːʃn̩ɪzm, ˌevəˈl(j)uːʃn̩ɪzm
AM ˌevəˈluʃəˌnɪz(ə)m

evolutionist
BR ˌiːvəˈl(j)uːʃn̩ɪst, ˌevəˈl(j)uːʃn̩ɪst, -s
AM ˌevəˈluʃənəst, -s

evolutionistic
BR ˌiːvəˌl(j)uːʃəˈnɪstɪk, ˌiːvəˌl(j)uːʃnˈɪstɪk, ˌevəˌl(j)uːʃəˈnɪstɪk, ˌevəˌl(j)uːʃnˈɪstɪk
AM ˌevəˌluʃəˈnɪstɪk

evolutive
BR ˌiːvəˈl(j)uːtɪv, ˌevəˈl(j)uːtɪv
AM ˌevəˈludɪv

evolvable
BR ɪˈvɒlvəbl
AM iˈvɑːlvəb(ə)l, əˈvælvəb(ə)l, iˈvælvəb(ə)l, əˈvɒlvəb(ə)l

evolve
BR ɪˈvɒlv, -z, -ɪŋ, -d
AM iˈvɑːlv, əˈvælv, iˈvælv, əˈvɒlv, -z, -ɪŋ, -d

evolvement
BR ɪˈvɒlvm(ə)nt
AM iˈvɑːlvm(ə)nt, əˈvælvm(ə)nt, iˈvælvm(ə)nt, əˈvɒlvm(ə)nt

Evonne
BR ɪˈvɒn, ˌiːˈvɒn
AM iˈvɑːn, ɪˈvɑːn

Evo-stik
BR ˈiːvəʊstɪk
AM ˈivoʊˌstɪk

evulsion
BR ɪˈvʌlʃn
AM iˈvʌlʒ(ə)n, əˈvʌlʒ(ə)n

evzone
BR ˈɛvzəʊn, -z
AM ˈɛvˌzoʊn, -z

Ewan
BR ˈjuːən
AM ˈjuən

Ewart
BR ˈjuːət
AM ˈjuərt

Ewbank
BR ˈjuːbæŋk
AM ˈjuˌbæŋk

ewe
BR juː, -z
AM ju, -z

Ewe[1] *African language and people*
BR ˈeɪweɪ, ˈɛweɪ
AM ˈeɪweɪ

Ewe[2] *Scottish loch*
BR juː
AM ju

Ewen
BR ˈjuːən
AM ˈjuən

ewer
BR ˈjuːə(r), -z
AM ˈjuər, -z

Ewhurst
BR ˈjuːhɜːst
AM ˈjuˌhɜrst

Ewing
BR ˈjuːɪŋ
AM ˈjuɪŋ

Ewyas
BR ˈjuːəs
AM ˈjuəs

ex
BR ɛks, -ɪz
AM ɛks, -əz

exacerbate
BR ɪgˈzasəbeɪt, ɛgˈzasəbeɪt, -s, -ɪŋ, -ɪd
AM ɛgˈzæsərˌbeɪt, -ts, -dɪŋ, -dɪd

exacerbation
BR ɪgˌzasəˈbeɪʃn, ɛgˌzasəˈbeɪʃn, -z
AM ɛgˌzæsərˈbeɪʃ(ə)n, -z

exact
BR ɪgˈzakt, ɛgˈzakt, -s, -ɪŋ, -ɪd
AM ɛgˈzæk|(t), -(t)s, -tɪŋ, -təd

exacta
BR ɪgˈzaktə(r), ɛgˈzaktə(r)
AM ɛgˈzæktə

exactable
BR ɪgˈzaktəbl, ɛgˈzaktəbl
AM ɛgˈzæktəb(ə)l

exacting
BR ɪgˈzaktɪŋ, ɛgˈzaktɪŋ
AM ɛgˈzæktɪŋ

exactingly
BR ɪgˈzaktɪŋli, ɛgˈzaktɪŋli
AM ɛgˈzæktɪŋli

exactingness
BR ɪgˈzaktɪŋnɪs, ɛgˈzaktɪŋnɪs
AM ɛgˈzæktɪŋnəs

exaction
BR ɪgˈzakʃn, ɛgˈzakʃn, -z
AM ɛgˈzækʃ(ə)n, -z

exactitude
BR ɪgˈzaktɪtjuːd, ɪgˈzaktɪtʃuːd, ɛgˈzaktɪtjuːd, ɛgˈzaktɪtʃuːd
AM ɛgˈzæktəˌt(j)ud

exactly
BR ɪgˈzak(t)li, ɛgˈzak(t)li
AM ɛgˈzæk(t)li

exactness
BR ɪgˈzak(t)nəs, ɛgˈzak(t)nəs
AM ɛgˈzæk(t)nəs

exactor
BR ɪgˈzaktə(r), ɛgˈzaktə(r), -z
AM ɛgˈzæktər, -z

exaggerate
BR ɪgˈzadʒəreɪt, ɛgˈzadʒəreɪt, -s, -ɪŋ, -ɪd
AM ɛgˈzædʒəˌreɪ|t, -ts, -dɪŋ, -dɪd

exaggeratedly
BR ɪgˈzadʒəreɪtɪdli, ɛgˈzadʒəreɪtɪdli
AM ɛgˈzædʒəˌreɪdɪdli

exaggeratingly
BR ɪgˈzadʒəreɪtɪŋli, ɛgˈzadʒəreɪtɪŋli
AM ɛgˈzædʒəˌreɪdɪŋli

exaggeration
BR ɪgˌzadʒəˈreɪʃn, ɛgˌzadʒəˈreɪʃn, -z
AM ɛgˌzædʒəˈreɪʃ(ə)n, -z

exaggerative
BR ɪgˈzadʒ(ə)rətɪv, ɛgˈzadʒ(ə)rətɪv
AM ɛgˈzædʒəˌreɪdɪv

exaggerator
BR ɪgˈzadʒəreɪtə(r), ɛgˈzadʒəreɪtə(r), -z
AM ɛgˈzædʒəˌreɪdər, -z

exalt
BR ɪgˈzɔːlt, ɛgˈzɔːlt, ɪgˈzɒlt, ɛgˈzɒlt, -s, -ɪŋ, -ɪd
AM ɛgˈzɔlt, ɛgˈzɑlt, -s, -ɪŋ, -əd

exaltation
BR ˌɛgzɔːˈleɪʃn, ˌɛgzɒˈleɪʃn
AM ˌɛgˌzɑlˈteɪʃ(ə)n, ˌɛgˌzɔlˈteɪʃ(ə)n

exaltedly
BR ɪgˈzɔːltɪdli, ɛgˈzɔːltɪdli, ɪgˈzɒltɪdli, ɛgˈzɒltɪdli
AM ɛgˈzɔltədli, ɛgˈzɑltədli

exaltedness
BR ɪgˈzɔːltɪdnɪs, ɛgˈzɔːltɪdnɪs, ɪgˈzɒltɪdnɪs, ɛgˈzɒltɪdnɪs
AM ɛgˈzɔltədnəs, ɛgˈzɑltədnəs

exalter
BR ɪgˈzɔːltə(r), ɛgˈzɔːltə(r), ɪgˈzɒltə(r), ɛgˈzɒltə(r), -z
AM ɛgˈzɔltər, ɛgˈzɑltər, -z

exam
BR ɪgˈzam, ɛgˈzam, -z
AM ɛgˈzæm, -z

examen
BR ɛgˈzeɪmɛn, -z
AM ɛgˈzeɪm(ə)n, -z

examinable
BR ɪgˈzamɪnəbl, ɛgˈzamɪnəbl
AM ɛgˈzæmənəb(ə)l

examination
BR ɪgˌzamɪˈneɪʃn, ɛgˌzamɪˈneɪʃn, -z
AM ɛgˌzæməˈneɪʃ(ə)n, -z

examinational
BR ɪgˌzamɪˈneɪʃn̩l, ɛgˌzamɪˈneɪʃn̩l
AM ɛgˌzæməˈneɪʃ(ə)l, ɛgˌzæməˈneɪʃ(ə)l

examine
BR ɪgˈzæm|ɪn,
eɡˈzæm|ɪn, -ɪnz,
-ɪnɪŋ, -ɪnd
AM eɡˈzæm(ə)n, -z,
-ɪŋ, -d

examinee
BR ɪɡˌzæmɪˈniː,
eɡˌzæmɪˈniː, -z
AM eɡˌzæməˈni, -z

examiner
BR ɪɡˈzæmɪnə(r),
eɡˈzæmɪnə(r), -z
AM eɡˈzæmənər, -z

example
BR ɪɡˈzɑːmpl,
eɡˈzɑːmpl, -z
AM eɡˈzæmp(ə)l, -z

exanthema
BR ˌeksænˈθiːmə(r),
ɪkˈsænθɪmə(r)
AM ˌɪɡzænˈθiːmə,
ˌeɡzænˈθiːmə

exarch
BR ˈeksɑːk, -s
AM ˈekˌsɑrk, -s

exarchate
BR ˈeksɑːkeɪt, -s
AM ˈeksɑrˌkeɪt, -s

ex-army
BR ˌeksˈɑːmi
AM ˌeksˈɑrmi

exasperate
BR ɪɡˈzæspəreɪt,
ɪɡˈzɑːspəreɪt,
eɡˈzæspəreɪt,
eɡˈzɑːspəreɪt, -s,
-ɪŋ, -ɪd
AM eɡˈzæspəˌreɪ|t, -ts,
-dɪŋ, -dɪd

exasperatedly
BR ɪɡˈzæspəreɪtɪdli,
ɪɡˈzɑːspəreɪtɪdli,
eɡˈzæspəreɪtɪdli,
eɡˈzɑːspəreɪtɪdli
AM eɡˈzæspəˌreɪdɪdli

exasperatingly
BR ɪɡˈzæspəreɪtɪŋli,
ɪɡˈzɑːspəreɪtɪŋli,
eɡˈzæspəreɪtɪŋli,
eɡˈzɑːspəreɪtɪŋli
AM eɡˈzæspəˌreɪdɪŋli

exasperation
BR ɪɡˌzæspəˈreɪʃn,
ɪɡˌzɑːspəˈreɪʃn,
eɡˌzæspəˈreɪʃn,
eɡˌzɑːspəˈreɪʃn
AM eɡˌzæspəˈreɪʃ(ə)n

Excalibur
BR ekˈskælɪbə(r)
AM ekˈskæləbər

ex cathedra
BR ˌeks kəˈθiːdrə(r)
AM ˌeks kəˈθidrə

excavate
BR ˈekskəveɪt, -s,
-ɪŋ, -ɪd
AM ˈekskəˌveɪ|t, -ts,
-dɪŋ, -dɪd

excavation
BR ˌekskəˈveɪʃn, -z
AM ˌekskəˈveɪʃ(ə)n,
-z

excavator
BR ˈekskəveɪtə(r), -z
AM ˈekskəˌveɪdər,
-z

exceed
BR ɪkˈsiːd, ekˈsiːd, -z,
-ɪŋ, -ɪd
AM ekˈsid, -z, -ɪŋ, -ɪd

exceeding
BR ɪkˈsiːdɪŋ, ekˈsiːdɪŋ
AM ekˈsidɪŋ

exceedingly
BR ɪkˈsiːdɪŋli,
ekˈsiːdɪŋli
AM ekˈsidɪŋli

excel
BR ɪkˈsel, ekˈsel, -z,
-ɪŋ, -d
AM ekˈsel, -z, -ɪŋ, -d

excellence
BR ˈekslns
AM ˈeks(ə)l(ə)ns

excellency
BR ˈekslns|i, -ɪz
AM ˈeks(ə)lənsi, -z

excellent
BR ˈekslnt
AM ˈeks(ə)l(ə)nt

excellently
BR ˈekslntli
AM ˈeks(ə)lən(t)li

excelsior
BR ɪkˈselsɪɔː(r),
ekˈselsɪɔː(r)
AM ekˈselsiər

excentric
BR ɪkˈsentrɪk,
ekˈsentrɪk, -s
AM ekˈsentrɪk, -s

except
BR ɪkˈsept, ekˈsept, -s,
-ɪŋ, -ɪd
AM ekˈsept, -s, -ɪŋ, -əd

excepting
BR ɪkˈseptɪŋ, ekˈseptɪŋ
AM ekˈseptɪŋ

exception
BR ɪkˈsepʃn, ekˈsepʃn, -z
AM ekˈsepʃ(ə)n,
ɪkˈsepʃ(ə)n, -z

exceptionable
BR ɪkˈsepʃnəbl,
ɪkˈsepʃn̩əbl,
ekˈsepʃnəbl,
ekˈsepʃn̩əbl
AM ekˈsepʃ(ə)nəb(ə)l,
ɪkˈsepʃ(ə)nəb(ə)l

exceptionableness
BR ɪkˈsepʃnəblnəs,
ɪkˈsepʃn̩əblnəs,
ekˈsepʃnəblnəs,
ekˈsepʃn̩əblnəs
AM ekˈsepʃ(ə)nəblnəs,
ɪkˈsepʃ(ə)nəbəlnəs

exceptionably
BR ɪkˈsepʃn̩əbli,
ɪkˈsepʃnəbli,
ekˈsepʃn̩əbli,
ekˈsepʃnəbli
AM ekˈsepʃ(ə)nəbli,
ɪkˈsepʃ(ə)nəbli

exceptional
BR ɪkˈsepʃn̩l,
ekˈsepʃn̩l
AM ekˈsepʃən(ə)l,
ekˈsepʃn(ə)l,
ɪkˈsepʃən(ə)l,
ɪkˈsepʃn(ə)l

exceptionality
BR ɪkˌsepʃəˈnælɪti,
ekˌsepʃəˈnælɪti
AM ekˌsepʃəˈnælədi,
ɪkˌsepʃəˈnælədi

exceptionally
BR ɪkˈsepʃn̩li,
ɪkˈsepʃnəli,
ekˈsepʃn̩li,
ekˈsepʃnəli
AM ekˈsepʃ(ə)nəli,
ɪkˈsepʃ(ə)nəli

excerpt[1] *noun*
BR ˈeksɜːpt,
ˈeɡzəːpt, -s
AM eɡˈzɜrpt,
ˈekˌsɜrpt, -s

excerpt[2] *verb*
BR ɪkˈsəːpt, ekˈsəːpt,
ɪɡˈzəːpt, eɡˈzəːpt,
-s, -ɪŋ, -ɪd
AM eɡˈzɜrpt, ekˈsɜrpt,
-s, -ɪŋ, -əd

excerptible
BR ɪkˈsəːptəbl,
ekˈsəːptəbl,
ɪɡˈzəːptəbl,
eɡˈzəːptəbl
AM eɡˈzɜrptəb(ə)l,
ekˈsɜrptəb(ə)l

excerption
BR ɪkˈsəːpʃn,
ekˈsəːpʃn,
ɪɡˈzəːpʃn, eɡˈzəːpʃn
AM eɡˈzɜrpʃ(ə)n,
ekˈsɜrpʃ(ə)n

excess[1] *adjective*
BR ˈekses, ekˈses,
ɪkˈses
AM ekˈses,
ˈekˌses

excess[2] *noun*
BR ɪkˈses, ekˈses,
ˈekses, -ɪz
AM ekˈses, -əz

excessive
BR ɪkˈsesɪv,
ekˈsesɪv
AM ekˈsesɪv

excessively
BR ɪkˈsesɪvli,
ekˈsesɪvli
AM ekˈsesəvli

excessiveness
BR ɪkˈsesɪvnɪs,
ekˈsesɪvnɪs
AM ekˈsesɪvnɪs

exchange
BR ɪksˈtʃeɪn(d)ʒ,
eksˈtʃeɪn(d)ʒ, -ɪz,
-ɪŋ,
AM eksˈtʃeɪndʒ,
ɪksˈtʃeɪndʒ, -ɪz,
-ɪŋ, -d

exchangeability
BR ɪks,tʃeɪn(d)ʒəˈbɪlɪti,
eks,tʃeɪn(d)ʒəˈbɪlɪti
AM eks,tʃeɪndʒəˈbɪlɪdi,
ɪks,tʃeɪndʒəˈbɪlɪdi

exchangeable
BR ɪksˈtʃeɪn(d)ʒbl,
eksˈtʃeɪn(d)ʒəbl
AM eksˈtʃeɪndʒəb(ə)l,
ɪksˈtʃeɪndʒəb(ə)l

exchanger
BR ɪksˈtʃeɪn(d)ʒə(r),
eksˈtʃeɪn(d)ʒə(r), -z
AM eksˈtʃeɪndʒər,
ɪksˈtʃeɪndʒər, -z

exchequer
BR ɪksˈtʃekə(r),
eksˈtʃekə(r), -z
AM ɪksˈtʃekər,
eksˈtʃekər, -z

excipient
BR ɪkˈsɪpiənt,
ekˈsɪpiənt, -s
AM ekˈsɪpiənt, -s

excisable
BR ɪkˈsaɪzəbl,
ekˈsaɪzəbl
AM ekˈsaɪzəb(ə)l

excise[1] *noun*
BR ˈeksaɪz
AM ˈek,saɪz

excise[2] *verb*
BR ɪkˈsaɪz, ekˈsaɪz,
-ɪz, -ɪŋ, -d
AM ekˈsaɪz, -ɪz,
-ɪŋ, -d

exciseman
BR ˈeksaɪzmən
AM ˈek,saɪzm(ə)n

excisemen
BR ˈeksaɪzmən
AM ˈek,saɪzm(ə)n

excision
BR ɪkˈsɪʒn, ekˈsɪʒn, -z
AM ekˈsɪʒ(ə)n, -z

excitability
BR ɪk,saɪtəˈbɪlɪti,
ek,saɪtəˈbɪlɪti
AM ek,saɪdəˈbɪlɪdi

excitable
BR ɪkˈsaɪtəbl,
ekˈsaɪtəbl
AM ekˈsaɪdəb(ə)l

excitableness
BR ɪkˈsaɪtəblnəs,
ekˈsaɪtəblnəs
AM ekˈsaɪdəbəlnəs

excitably
BR ɪkˈsaɪtəbli,
ekˈsaɪtəbli
AM ekˈsaɪdəbli

excitant
BR ɪkˈsaɪt(ə)nt,
ekˈsaɪt(ə)nt,
-s
AM ekˈsaɪtnt, -s

excitation
BR ˌeksaɪˈteɪʃn
AM ek,saɪˈteɪʃ(ə)n,
ˌeksəˈteɪʃ(ə)n

excitative
BR ɪkˈsaɪtətɪv,
ekˈsaɪtətɪv
AM ekˈsaɪdədɪv

excitatory
BR ɪkˈsaɪtət(ə)ri,
ekˈsaɪtət(ə)ri
AM ekˈsaɪdəˌtɔri

excite
BR ɪkˈsaɪt, ekˈsaɪt,
-s, -ɪŋ, -ɪd
AM ekˈsaɪ|t, -ts, -dɪŋ,
-dɪd

excitedly
BR ɪkˈsaɪtɪdli,
ekˈsaɪtɪdli
AM ekˈsaɪdɪdli

excitedness
BR ɪkˈsaɪtɪdnɪs,
ekˈsaɪtɪdnɪs
AM ekˈsaɪdɪdnɪs

excitement
BR ɪkˈsaɪtm(ə)nt,
ekˈsaɪtm(ə)nt,
-s
AM ekˈsaɪtm(ə)nt,
-s

exciter
BR ɪkˈsaɪtə(r),
ekˈsaɪtə(r), -z
AM ekˈsaɪdər, -z

excitingly
BR ɪkˈsaɪtɪŋli,
ekˈsaɪtɪŋli
AM ekˈsaɪdɪŋli

excitingness
BR ɪkˈsaɪtɪŋnɪs,
ekˈsaɪtɪŋnɪs
AM ekˈsaɪdɪŋnɪs

exciton
BR ˈeksɪtɒn, -z
AM ˈeksəˌtɑn, -z

exclaim
BR ɪkˈskleɪm,
ekˈskleɪm, -z, -ɪŋ, -d
AM ekˈskleɪm, -z,
-ɪŋ, -d

exclamation
BR ˌeksklə'meɪʃn, -z
AM ˌeksklə'meɪʃ(ə)n,
-z

exclamatory
BR ɪkˈsklamət(ə)ri,
ekˈsklamət(ə)ri
AM ekˈsklæməˌtɔri

exclave
BR ˈeksklaɪv, -z
AM ˈek,skleɪv, -z

exclosure
BR ɪkˈskloʊʒə(r),
ekˈskloʊʒə(r), -z
AM ekˈsklouʒər, -z

excludable
BR ɪkˈsklu:dəbl,
ekˈsklu:dəbl
AM ekˈskludəb(ə)l

exclude
BR ɪkˈsklu:d,
ekˈsklu:d, -z, -ɪŋ, -ɪd
AM ekˈsklud, -z, -ɪŋ,
-əd

excluder
BR ɪkˈsklu:də(r),
ekˈsklu:də(r), -z
AM ekˈskludər, -z

exclusion
BR ɪkˈsklu:ʒn,
ekˈsklu:ʒn
AM ekˈskluʒ(ə)n

exclusionary
BR ɪkˈsklu:ʒn(ə)ri,
ekˈsklu:ʒn(ə)ri
AM ekˈskluʒəˌneri

exclusionist
BR ɪkˈsklu:ʒnɪst,
ekˈsklu:ʒnɪst, -s
AM ekˈskluʒənəst, -s

exclusive
BR ɪkˈsklu:sɪv,
ekˈsklu:sɪv
AM ekˈsklusɪv,
ekˈskluzɪv

exclusively
BR ɪkˈsklu:sɪvli,
ekˈsklu:sɪvli
AM ekˈsklusəvli,
ekˈskluzəvli

exclusiveness
BR ɪkˈsklu:sɪvnɪs,
ekˈsklu:sɪvnɪs
AM ekˈsklusɪvnɪs,
ekˈskluzɪvnɪs

exclusivity
BR ˌeksklu:ˈsɪvɪti
AM ˌeksklu'sɪvɪdi

excogitable
BR eksˈkɒdʒɪtəbl,
ɪksˈkɒdʒɪtəbl
AM ekˈskɑdʒədəb(ə)l

excogitate
BR eksˈkɒdʒɪteɪt,
ɪksˈkɒdʒɪteɪt, -s, -ɪŋ,
-ɪd
AM ekˈskɑdʒəˌteɪ|t,
-ts, -dɪŋ, -dɪd

excogitation
BR ˌekskɒdʒɪˈteɪʃn,
eks,kɒdʒɪˈteɪʃn,
ˌɪkskɒdʒɪˈteɪʃn,
ɪks,kɒdʒɪˈteɪʃn, -z
AM ek,skɑdʒəˈteɪʃ(ə)n,
-z

excogitative
BR eksˈkɒdʒɪtətɪv,
ɪksˈkɒdʒɪtətɪv
AM ekˈskɑdʒəˌteɪdɪv

excommunicate
BR ˌekskəˈmju:nɪkeɪt,
-s, -ɪŋ, -ɪd
AM ˌekskəˈmjunəˌkeɪ|t,
-ts, -dɪŋ, -dɪd

excommunication
BR ˌɛkskəˌmjuːnɪˈkeɪʃn, -z
AM ˌɛkskəˌmjunəˈkeɪʃ(ə)n, -z

excommunicative
BR ˌɛkskəˈmjuːnɪkətɪv
AM ˌɛkskəˈmjunəˌkeɪdɪv

excommunicator
BR ˌɛkskəˈmjuːnɪkeɪtə(r), -z
AM ˌɛkskəˈmjunəˌkeɪdər, -z

excommunicatory
BR ˌɛkskəˈmjuːnɪkət(ə)ri
AM ˌɛkskəˈmjunəkəˌtɔri

excoriate
BR ɛkˈskɔːrieɪt, ɪkˈskɔːrieɪt, ɛkˈskɒrieɪt, ɪkˈskɒrieɪt, -s, -ɪŋ, -ɪd
AM ɛkˈskɔriˌeɪt, -ts, -dɪŋ, -dɪd

excoriation
BR ɛkˌskɔːrɪˈeɪʃn, ɪkˌskɔːrɪˈeɪʃn, ɛkˌskɒrɪˈeɪʃn, ɪkˌskɒrɪˈeɪʃn, -z
AM ɛkˌskɔrɪˈeɪʃ(ə)n, -z

excrement
BR ˈɛkskrɪm(ə)nt
AM ˈɛkskrəm(ə)nt

excremental
BR ˌɛkskrɪˈmɛntl
AM ˌɛkskrəˈmɛn(t)l

excrescence
BR ɪkˈskrɛsns, ɛkˈskrɛsns, -ɪz
AM ɛkˈskrɛs(ə)ns, -əz

excrescent
BR ɪkˈskrɛsnt, ɛkˈskrɛsnt
AM ɛkˈskrɛsnt

excrescential
BR ˌɛkskrɪˈsɛnʃl
AM ˌɛkskrəˈsɛntʃ(ə)l

excreta
BR ɪkˈskriːtə(r), ɛkˈskriːtə(r)
AM ɛkˈskridə

excrete
BR ɪkˈskriːt, ɛkˈskriːt, -s, -ɪŋ, -ɪd
AM ɛkˈskriːt, -ts, -dɪŋ, -dɪd

excreter
BR ɪkˈskriːtə(r), ɛkˈskriːtə(r), -z
AM ɛkˈskridər, -z

excretion
BR ɪkˈskriːʃn, ɛkˈskriːʃn, -z
AM ɛkˈskriʃ(ə)n, -z

excretive
BR ɪkˈskriːtɪv, ɛkˈskriːtɪv
AM ɛkˈskridɪv, ˈɛkskrədɪv

excretory
BR ɪkˈskriːt(ə)ri, ɛkˈskriːt(ə)ri
AM ˈɛkskrəˌtɔri

excretum
BR ɪkˈskriːtəm, ɛkˈskriːtəm
AM ɛkˈskridəm

excruciate
BR ɪkˈskruːʃieɪt, ɛkˈskruːʃieɪt, -s, -ɪŋ, -ɪd
AM ɛkˈskruʃiˌeɪt, -ts, -dɪŋ, -dɪd

excruciatingly
BR ɪkˈskruːʃieɪtɪŋli, ɛkˈskruːʃieɪtɪŋli
AM ɛkˈskruʃiˌeɪdɪŋli

excruciation
BR ɪkˌskruːʃɪˈeɪʃn, ɛkˌskruːʃɪˈeɪʃn
AM ɛkˌskruʃɪˈeɪʃ(ə)n

exculpate
BR ˈɛkskʌlpeɪt, -s, -ɪŋ, -ɪd
AM ˈɛkskəlˌpeɪt, -ts, -dɪŋ, -dɪd

exculpation
BR ˌɛkskʌlˈpeɪʃn
AM ˌɛkskəlˈpeɪʃ(ə)n

exculpatory
BR ɪksˈkʌlpət(ə)ri, ɛksˈkʌlpət(ə)ri
AM ˌɛksˈkəlpəˌtɔri

excursion
BR ɪkˈskəːʃn, ɛkˈskəːʃn, -z
AM ɛkˈskərʒ(ə)n, -z

excursional
BR ɪkˈskəːʃn̩l, ɛkˈskəːʃn̩l
AM ɛkˈskərʒən(ə)l, ɛkˈskərʒn(ə)l

excursionary
BR ɪkˈskəːʃn(ə)ri, ɛkˈskəːʃn(ə)ri
AM ɛkˈskərʒəˌnɛri

excursionist
BR ɪkˈskəːʃnɪst, ɛkˈskəːʃnɪst, -s
AM ɛkˈskərʒ(ə)nəst, -s

excursive
BR ɪkˈskəːsɪv, ɛkˈskəːsɪv
AM ɛkˈskərsɪv

excursively
BR ɪkˈskəːsɪvli, ɛkˈskəːsɪvli
AM ɛkˈskərsəvli

excursiveness
BR ɪkˈskəːsɪvnɪs, ɛkˈskəːsɪvnɪs
AM ɛkˈskərsɪvnɪs

excursus
BR ɪkˈskəːsəs, ɛkˈskəːsəs
AM ɛkˈskərsəs

excusable
BR ɪkˈskjuːzəbl, ɛkˈsjuːzəbl
AM ɛkˈskjuzəb(ə)l

excusably
BR ɪkˈskjuːzəbli, ɛkˈsjuːzəbli
AM ɛkˈskjuzəbli

excusatory
BR ɪkˈskjuːzət(ə)ri, ɛkˈsjuːzət(ə)ri
AM ɛkˈskjuzəˌtɔri

excuse[1] *noun*
BR ɪkˈskjuːs, ɛkˈskjuːs, -ɪz
AM ɛkˈskjus, -əz

excuse[2] *verb*
BR ɪkˈsjuːz, ɛkˈskjuːz, -ɪz, -ɪŋ, -d
AM ɛkˈskjuz, -əz, -ɪŋ, -d

excuse-me
BR ɪkˈsjuːzmiː, ɛkˈskjuːzmiː, -z
AM ɛkˈskjuzˌmi, -z

ex-directory
BR ˌɛksdɪˈrɛkt(ə)ri, ˌɛksdʌɪˈrɛkt(ə)ri
AM ˌɛksdəˈrɛkt(ə)ri

Exe
BR ɛks
AM ɛks

exeat
BR ˈɛksɪat, -s
AM ˈɛksiˌæt, -s

exec
BR ɪɡˈzɛk, ɛɡˈzɛk, -s
AM ɛɡˈzɛk, -s

execrable
BR ˈɛksɪkrəbl
AM ˈɛksəkrəb(ə)l

execrably
BR ˈɛksɪkrəbli
AM ˈɛksəkrəbli

execrate
BR ˈɛksɪkreɪt, -s, -ɪŋ, -ɪd
AM ˈɛksəˌkreɪt, -ts, -dɪŋ, -dɪd

execration
BR ˌɛksɪˈkreɪʃn, -z
AM ˌɛksəˈkreɪʃ(ə)n, -z

execrative
BR ˈɛksɪkreɪtɪv
AM ˈɛksəˌkreɪdɪv

execratory
BR ˈɛksɪkreɪt(ə)ri
AM ˈɛksəkrəˌtɔri

executable
BR ˈɛksɪkjuːtəbl
AM ˌɛksəˈkjudəb(ə)l

executant
BR ɪɡˈzɛkjʊt(ə)nt, ɛɡˈzɛkjʊt(ə)nt, -s
AM ɛɡˈzɛkjədnt, -s

execute
BR ˈeksɪkjuːt, -s,
-ɪŋ, -ɪd
AM ˈeksəˌkjuǀt, -ts,
-dɪŋ, -dəd

execution
BR ˌeksɪˈkjuːʃn, -z
AM ˌeksəˈkjuʃ(ə)n, -z

executionary
BR ˌeksɪˈkjuːʃn(ə)ri
AM ˌeksəˈkjuʃəˌneri

executioner
BR ˌeksɪˈkjuːʃnə(r), -z
AM ˌeksəˈkjuʃ(ə)nər, -z

executive
BR ɪgˈzekjʉtɪv,
egˈzekjʉtɪv, -z
AM egˈzekjədɪv, -z

executively
BR ɪgˈzekjʉtɪvli,
egˈzekjʉtɪvli
AM egˈzekjədəvli

executor
BR ɪgˈzekjʉtə(r),
egˈzekjʉtə(r), -z
AM egˈzekjədər,
ˈeksəˌkjudər, -z

executorial
BR ɪgˌzekjʉˈtɔːrɪəl,
egˌzekjʉˈtɔːrɪəl
AM egˌzekjəˈtɔriəl

executorship
BR ɪgˈzekjʉtəʃɪp,
egˈzekjʉtəʃɪp, -s
AM egˈzekjədərˌʃɪp, -s

executory
BR ɪgˈzekjʉt(ə)ri,
egˈzekjʉt(ə)ri
AM egˈzekjəˌtɔri

executrices
BR ɪgˈzekjʉtrɪsiːz
AM egˈzekjəˌtrɪsiz

executrix
BR ɪgˈzekjʉtrɪks,
egˈzekjʉtrɪks, -ɪz
AM egˈzekjəˌtrɪks, -ɪz

exegeses
BR ˌeksɪˈdʒiːsiːz
AM ˌeksəˈdʒisiz

exegesis
BR ˌeksɪˈdʒiːsɪs
AM ˌeksəˈdʒisɪs

exegete
BR ˈeksɪdʒiːt,
-s
AM ˈeksəˌdʒit, -s

exegetic
BR ˌeksɪˈdʒetɪk
AM ˌeksəˈdʒedɪk

exegetical
BR ˌeksɪˈdʒetɪkl
AM ˌeksəˈdʒedək(ə)l

exegetist
BR ˈeksɪdʒiːtɪst, -s
AM ˈeksəˌdʒedəst,
-s

exempla
BR ɪgˈzemplə(r),
egˈzemplə(r)
AM egˈzemplə

exemplar
BR ɪgˈzemplə(r),
egˈzemplə(r), -z
AM egˈzemplər, -z

exemplarily
BR ɪgˈzemplərɪli,
egˈzemplərɪli
AM egˈzemplərəli,
ɪgzemˈplərəli,
egzəmˈplərəli

exemplariness
BR ɪgˈzemplərɪnɪs,
egˈzemplərɪnɪs
AM egˈzemplərɪnɪs

exemplary
BR ɪgˈzempləri,
egˈzempləri
AM egˈzempləri

exemplification
BR ɪgˌzemplɪfɪˈkeɪʃn,
egˌzemplɪfɪˈkeɪʃn,
-z
AM egˌzempləfə-
ˈkeɪʃ(ə)n, -z

exemplify
BR ɪgˈzemplɪfʌɪ,
egˈzemplɪfʌɪ, -z,
-ɪŋ, -d
AM egˈzempləˌfaɪ, -z,
-ɪŋ, -d

exemplum
BR ɪgˈzempləm,
egˈzempləm
AM egˈzempl(ə)m

exempt
BR ɪgˈzem(p)t,
egˈzem(p)t, -s,
-ɪŋ, -ɪd
AM egˈzem(p)t, -s,
-ɪŋ, -əd

exemption
BR ɪgˈzem(p)ʃn,
egˈzem(p)ʃn, -z
AM egˈzem(p)ʃ(ə)n,
-z

exequatur
BR ˌeksɪˈkweɪtə(r), -z
AM ˌeksəˈkweɪdər, -z

exequies
BR ˈeksɪkwɪz
AM ˈeksəkwɪz

exercisable
BR ˈeksəsʌɪzəbl
AM ˈeksərˌsaɪzəb(ə)l

exercise
BR ˈeksəsʌɪz, -ɪz,
-ɪŋ, -d
AM ˈeksərˌsaɪz, -ɪz,
-ɪŋ, -d

exerciser
BR ˈeksəsʌɪzə(r), -z
AM ˈeksərˌsaɪzər, -z

exergual
BR ekˈsəːgl, ˈeksəːgl
AM egˈzərg(ə)l,
ekˈsərg(ə)l

exergue
BR ekˈsəːg, ˈeksəːg, -z
AM egˈzərg, ˈeksərg,
ˈegzərg, ekˈsərg, -z

exert
BR ɪgˈzəːt, egˈzəːt,
s, -ɪŋ, -ɪd
AM egˈzerǀt, -ts, -dɪŋ,
-dəd

exertion
BR ɪgˈzəːʃn,
egˈzəːʃn, -z
AM egˈzerʃ(ə)n, -z

Exeter
BR ˈeksɪtə(r)
AM ˈegzətər, ˈeksətər

exeunt
BR ˈeksɪʌnt, ˈeksɪʊnt
AM ˈeksiˌʊnt,
ˈeksiˌənt

exfiltrate
BR ˈeksfɪltreɪt, -s,
-ɪŋ, -ɪd
AM ekˈsfɪlˌtreɪǀt, -ts,
-dɪŋ, -dɪd

exfiltration
BR ˌeksfɪlˈtreɪʃn
AM ekˌsfɪlˈtreɪʃ(ə)n

exfoliate
BR (ˌ)eksˈfəʊlɪeɪt,
ɪksˈfəʊlɪeɪt, -s,
-ɪŋ, -ɪd
AM ekˈsfoʊliˌeɪǀt, -ts,
-dɪŋ, -dɪd

exfoliation
BR eksˌfəʊlɪˈeɪʃn,
ɪksˌfəʊlɪˈeɪʃn, -z
AM ekˌsfoʊliˈeɪʃ(ə)n,
-z

exfoliative
BR eksˈfəʊlɪətɪv,
ɪksˈfəʊlɪətɪv
AM ekˈsfoʊliˌeɪdɪv

ex gratia
BR ˌeks ˈgreɪʃə(r)
AM eks ˈgreɪʃ(i)ə,
eks ˈgreɪdiə

exhalable
BR eksˈheɪləbl,
ɪksˈheɪləbl
AM ɪksˈheɪləb(ə)l,
ˈeksˌheɪləb(ə)l,
eksˈheɪləb(ə)l

exhalation
BR ˌeks(h)əˈleɪʃn, -z
AM ˌeks(h)əˈleɪʃ(ə)n,
-z

exhale
BR eksˈheɪl, ɪksˈheɪl,
-z, -ɪŋ, -d
AM ɪksˈheɪl, ˈeksˌ(h)eɪl,
eksˈheɪl, -z, -ɪŋ, -d

exhaust
BR ɪgˈzɔːst, egˈzɔːst,
-s, -ɪŋ, -ɪd
AM egˈzɑst, egˈzɒst,
-s, -ɪŋ, -əd

exhauster
BR ɪgˈzɔːstə(r),
egˈzɔːstə(r), -z
AM egˈzɑstər,
egˈzɒstər, -z

exhaustibility
BR ɪɡˌzɔːstɪˈbɪlɪti,
  eɡˌzɔːstɪˈbɪlɪti
AM eɡˌzɔːstəˈbɪlɪdi,
  eɡˌzɑːstəˈbɪlɪdi

exhaustible
BR ɪɡˈzɔːstɪbl,
  eɡˈzɔːstɪbl
AM eɡˈzɔːstəb(ə)l,
  eɡˈzɑːstəb(ə)l

exhaustibly
BR ɪɡˈzɔːstɪbli,
  eɡˈzɔːstɪbli
AM eɡˈzɔːstəbli,
  eɡˈzɑːstəbli

exhaustion
BR ɪɡˈzɔːstʃn,
  eɡˈzɔːstʃn
AM eɡˈzɔːstʃ(ə)n,
  eɡˈzɑːstʃ(ə)n

exhaustive
BR ɪɡˈzɔːstɪv,
  eɡˈzɔːstɪv
AM eɡˈzɔːstɪv,
  eɡˈzɑːstɪv

exhaustively
BR ɪɡˈzɔːstɪvli,
  eɡˈzɔːstɪvli
AM eɡˈzɔːstəvli,
  eɡˈzɑːstəvli

exhaustiveness
BR ɪɡˈzɔːstɪvnɪs,
  eɡˈzɔːstɪvnɪs
AM eɡˈzɔːstɪvnɪs,
  eɡˈzɑːstɪvnɪs

exhibit
BR ɪɡˈzɪb|ɪt, eɡˈzɪb|ɪt,
  -s, -ɪtɪŋ, -ɪtɪd
AM eɡˈzɪbə|t, -ts, -dɪŋ,
  -dəd

exhibition
BR ˌeksɪˈbɪʃn, -z
AM ˌeksəˈbɪʃ(ə)n, -z

exhibitioner
BR ˌeksɪˈbɪʃnə(r), -z
AM ˌeksəˈbɪʃənər, -z

exhibitionism
BR ˌeksɪˈbɪʃnɪzm
AM ˌeksəˈbɪʃəˌnɪz(ə)m

exhibitionist
BR ˌeksɪˈbɪʃnɪst, -s
AM ˌeksəˈbɪʃ(ə)nəst, -s

exhibitionistic
BR ˌeksɪˌbɪʃəˈnɪstɪk,
  ˌeksɪˌbɪʃnˈɪstɪk
AM ˌeksəˌbɪʃəˈnɪstɪk

exhibitionistically
BR ˌeksɪbɪʃəˈnɪstɪkli,
  ˌeksɪˌbɪʃnˈɪstɪkli
AM ˌeksəˌbɪʃə-
  ˈnɪstɪk(ə)li

exhibitor
BR ɪɡˈzɪbɪtə(r),
  eɡˈzɪbɪtə(r), -z
AM eɡˈzɪbədər, -z

exhibitory
BR ɪɡˈzɪbɪt(ə)ri,
  eɡˈzɪbɪt(ə)ri
AM eɡˈzɪbəˌtɔri

exhilarant
BR ɪɡˈzɪlərnt,
  eɡˈzɪlərnt, -s
AM eɡˈzɪlərənt, -s

exhilarate
BR ɪɡˈzɪləreɪt,
  eɡˈzɪləreɪt, -s, -ɪŋ,
  -ɪd
AM eɡˈzɪləˌreɪ|t, -ts,
  -dɪŋ, -dɪd

exhilaratingly
BR ɪɡˈzɪləreɪtɪŋli,
  eɡˈzɪləreɪtɪŋli
AM eɡˈzɪləˌreɪdɪŋli

exhilaration
BR ɪɡˌzɪləˈreɪʃn,
  eɡˌzɪləˈreɪʃn
AM eɡˌzɪləˈreɪʃ(ə)n

exhilarative
BR ɪɡˈzɪl(ə)rətɪv,
  eɡˈzɪl(ə)rətɪv
AM eɡˈzɪləˌreɪdɪv

exhort
BR ɪɡˈzɔːt, eɡˈzɔːt,
  -s, -ɪŋ, -ɪd
AM eɡlˈzɔ(ə)rt,
  -ˈzɔ(ə)rts, -ˈzɔrdɪŋ,
  -ˈzɔrdəd

exhortation
BR ˌeɡzɔːˈteɪʃn,
  ˌeksɔːˈteɪʃn, -z
AM ˌekˌsɔrˈteɪʃ(ə)n,
  ˌeksərˈteɪʃ(ə)n,
  ˌeks(h)ɔrˈteɪʃ(ə)n,
  ˌeɡˌzɔrˈteɪʃ(ə)n, -z

exhortative
BR ɪɡˈzɔːtətɪv,
  eɡˈzɔːtətɪv
AM eɡˈzɔrdədɪv

exhortatory
BR ɪɡˈzɔːtət(ə)ri,
  eɡˈzɔːtət(ə)ri
AM eɡˈzɔrdəˌtɔri

exhorter
BR ɪɡˈzɔːtə(r),
  eɡˈzɔːtə(r), -z
AM eɡˈzɔrdər, -z

exhumation
BR ˌeks(h)jʉˈmeɪʃn,
  ˌeɡzjʉˈmeɪʃn, -z
AM ˌeɡz(j)uˈmeɪʃ(ə)n,
  ˌeks(h)juˈmeɪʃ(ə)n,
  -z

exhume
BR eksˈhjuːm,
  ɪɡˈzjuːm, eɡˈzjuːm,
  -z, -ɪŋ, -d
AM eɡˈz(j)um, -z, -ɪŋ,
  -d

ex hypothesi
BR ˌeks hʌɪˈpɒθɪsʌɪ
AM ˌeks haɪˈpɑθəˌsaɪ

Exide
BR ˈeksʌɪd
AM ˈeɡzaɪd,
  ˈeksaɪd

exigence
BR ˈeksɪdʒ(ə)ns,
  ˈeɡzɪdʒ(ə)ns, -ɪz
AM ˈeɡzədʒ(ə)ns,
  ˈeksədʒ(ə)ns, -əz

exigency
BR ˈeksɪdʒ(ə)ns|i,
  ˈeɡzɪdʒ(ə)ns|i,
  ɪɡˈzɪdʒ(ə)ns|i, -ɪz
AM ˈeksədʒənsi,
  ˈeɡzədʒənsi, -z

exigent
BR ˈeksɪdʒ(ə)nt,
  ˈeɡzɪdʒ(ə)nt
AM ˈeksədʒ(ə)nt,
  ˈeɡzədʒ(ə)nt

exigently
BR ˈeksɪdʒ(ə)ntli,
  ˈeɡzɪdʒ(ə)ntli
AM ˈeksədʒən(t)li,
  ˈeɡzədʒən(t)li

exigible
BR ˈeksɪdʒəbl,
  ˈeɡzɪdʒəbl
AM ˈeksədʒəb(ə)l,
  ˈeɡzədʒəb(ə)l

exiguity
BR ˌeksɪˈɡjuːɪti,
  ˌeɡzɪˈɡjuːɪti
AM ˌeksəˈɡjuədi,
  ˌeɡzəˈɡjuədi

exiguous
BR ɪɡˈzɪɡjʊəs,
  eɡˈzɪɡjʊəs,
  ɪkˈsɪɡjʊəs,
  ekˈsɪɡjʊəs
AM ekˈsɪɡjəwəs,
  eɡˈzɪɡjəwəs

exiguously
BR eɡˈzɪɡjʊəsli,
  ɪɡˈzɪɡjʊəsli,
  ɪkˈsɪɡjʊəsli,
  ekˈsɪɡjʊəsli
AM ekˈsɪɡjəwəsli,
  eɡˈzɪɡjəwəsli

exiguousness
BR eɡˈzɪɡjʊəsnəs,
  ɪɡˈzɪɡjʊəsnəs,
  ɪkˈsɪɡjʊəsnəs,
  ekˈsɪɡjʊəsnəs
AM ekˈsɪɡjəwəsnəs,
  eɡˈzɪɡjəwəsnəs

exile
BR ˈekzʌɪl, ˈeɡzʌɪl, -z,
  -ɪŋ, -d
AM ˈek,saɪl, ˈeɡˌzaɪl,
  -z, -ɪŋ, -d

exilic
BR ekˈsɪlɪk,
  eɡˈzɪlɪk
AM ekˈsɪlɪk,
  eɡˈzɪlɪk

eximious
BR ɪɡˈzɪmɪəs,
  eɡˈzɪmɪəs,
  ekˈsɪmɪəs
AM ekˈsɪmɪəs,
  ɪɡˈzɪmɪəs

exist
BR ɪɡˈzɪst, eɡˈzɪst, -s,
  -ɪŋ, -ɪd
AM eɡˈzɪst, -s,
  -ɪŋ, -ɪd

existence
BR ɪgˈzɪst(ə)ns, egˈzɪst(ə)ns
AM egˈzɪstns

existent
BR ɪgˈzɪst(ə)nt, egˈzɪst(ə)nt
AM egˈzɪst(ə)nt

existential
BR ˌegzɪˈstenʃl
AM ˌeksəˈsten(t)ʃ(ə)l, ˌegzəˈsten(t)ʃ(ə)l

existentialism
BR ˌegzɪˈstenʃlɪzm
AM ˌeksəˈsten(t)ʃə-ˌlɪz(ə)m, ˌegzə-ˈsten(t)ʃə,lɪz(ə)m

existentialist
BR ˌegzɪˈstenʃlɪst, -s
AM ˌeksəˈsten(t)ʃələst, ˌegzəˈsten(t)ʃələst, -s

existentially
BR ˌegzɪˈstenʃli
AM ˌeksəˈsten(t)ʃəli, ˌegzəˈsten(t)ʃəli

exit
BR ˈeks|ɪt, ˈegz|ɪt, -ɪts, -ɪtɪŋ, -ɪtɪd
AM ˈeksə|t, ˈegzə|t, -ts, -dɪŋ, -dəd

Ex-lax
BR ˈekslaks
AM ˈeksˌlæks

ex libris
BR ˌeks ˈlɪbrɪs
AM ˌeks ˈlibrɪs

Exmoor
BR ˈeksmʊə(r), ˈeksmɔː(r)
AM ˈeksˌmɔ(ə)r

Exmouth
BR ˈeksməθ, ˈeksmaʊθ
AM ˈeksməθ

ex nihilo
BR ˌeks ˈnʌɪɪləʊ
AM ˌeks ˈni(h)əloʊ

exobiologist
BR ˌeksəʊbʌɪ-ˈɒlədʒɪst, -s
AM ˌeksəˌbaɪ-ˈɑlədʒəst, -s

exobiology
BR ˌeksəʊbʌɪˈɒlədʒi
AM ˌeksəˌbaɪˈɑlədʒi

exocentric
BR ˌeksə(ʊ)ˈsentrɪk
AM ˌeksoʊˈsentrɪk

Exocet
BR ˈeksəset, -s
AM ˈeksəˌset, -s

exocrine
BR ˈeksə(ʊ)krʌɪn, ˈeksə(ʊ)krɪn
AM ˈeksəˌkraɪn, ˈeksəˌkrɪn, ˈeksəkr(ə)n

exoderm
BR ˈeksə(ʊ)dəːm, -z
AM ˈeksəˌdərm, -z

exodus
BR ˈeksədəs, -ɪz
AM ˈegzədəs, ˈeksədəs, -əz

ex officio
BR ˌeks əˈfɪʃiəʊ
AM ˌeks əˈfɪʃioʊ

exogamous
BR ekˈsɒgəməs
AM ekˈsɑgəməs

exogamy
BR ekˈsɒgəmi
AM ekˈsɑgəmi

exogen
BR ˈeksədʒ(ə)n, -z
AM ˈegzədʒ(ə)n, ˈeksədʒ(ə)n, -z

exogenous
BR ekˈsɒdʒɪnəs, ekˈsɒdʒnəs, ɪkˈsɒdʒɪnəs, ɪkˈsɒdʒnəs
AM egˈzɑdʒənəs

exogenously
BR ekˈsɒdʒɪnəsli, ekˈsɒdʒnəsli, ɪkˈsɒdʒɪnəsli, ɪkˈsɒdʒnəsli
AM egˈzɑdʒənəsli

exon
BR ˈeksɒn, -z
AM ˈekˌsɑn, -z

exonerate
BR ɪgˈzɒnəreɪt, egˈzɒnəreɪt, -s, -ɪŋ, -ɪd
AM egˈzɑnəˌreɪ|t, -ts, -dɪŋ, -dɪd

exoneration
BR ɪgˌzɒnəˈreɪʃn, egˌzɒnəˈreɪʃn
AM egˌzɑnəˈreɪʃ(ə)n

exonerative
BR ɪgˈzɒn(ə)rətɪv, egˈzɒn(ə)rətɪv
AM egˈzɑnəˌreɪdɪv

exophera
BR ekˈsɒf(ə)rə(r), ɪkˈsɒf(ə)rə(r)
AM ekˈsɑf(ə)rə

exophoric
BR ˌeksə(ʊ)ˈfɒrɪk
AM ˌeksoʊˈfɔrɪk

exophthalmia
BR ˌeksɒfˈθalmɪə(r)
AM ˌeksɑpˈθælmɪə, ˌeksɑfˈθælmɪə

exophthalmic
BR ˌeksɒfˈθalmɪk
AM ˌeksɑpˈθælmɪk, ˌeksɑfˈθælmɪk

exophthalmos
BR ˌeksɒfˈθalmɒs
AM ˌeksɑpˈθælməs, ˌeksɑfˈθælməs

exophthalmus
BR ˌeksɒfˈθalməs
AM ˌeksɑpˈθælməs, ˌeksɑfˈθælməs

exoplasm
BR ˈeksə(ʊ)plazm
AM ˈeksoʊˌplæz(ə)m

exorbitance
BR ɪgˈzɔːbɪt(ə)ns, egˈzɔːbɪt(ə)ns
AM egˈzɔrbədəns

exorbitant
BR ɪgˈzɔːbɪt(ə)nt, egˈzɔːbɪt(ə)nt
AM egˈzɔrbədnt

exorbitantly
BR ɪgˈzɔːbɪt(ə)ntli, egˈzɔːbɪt(ə)ntli
AM egˈzɔrbədən(t)li, egˈzɔrbətn(t)li

exorcisation
BR ˌeksɔːsʌɪˈzeɪʃn
AM ˌeksərsəˈzeɪʃ(ə)n, ˌekˌsɔrˌsaɪˈzeɪʃ(ə)n, ˌeksərˌsaɪˈzeɪʃ(ə)n, ˌekˌsɔrsəˈzeɪʃ(ə)n

exorcise
BR ˈeksɔːsʌɪz, -ɪz, -ɪŋ, -d
AM ˈeksərˌsaɪz, ˈekˌsɔrˌsaɪz, -ɪz, -ɪŋ, -d

exorcism
BR ˈeksɔːsɪzm, -z
AM ˈeksərˌsɪz(ə)m, ˈekˌsɔrˌsɪz(ə)m, -z

exorcist
BR ˈeksɔːsɪst
AM ˈeksərˌsəst, ˈekˌsɔrˌsəst

exorcization
BR ˌeksɔːsʌɪˈzeɪʃn
AM ˌeksərsəˈzeɪʃ(ə)n, ˌekˌsɔrˌsaɪˈzeɪʃ(ə)n, ˌeksərˌsaɪˈzeɪʃ(ə)n, ˌekˌsɔrsəˈzeɪʃ(ə)n

exorcize
BR ˈeksɔːsʌɪz, -ɪz, -ɪŋ, -d
AM ˈeksərˌsaɪz, ˈekˌsɔrˌsaɪz, -ɪz, -ɪŋ, -d

exordia
BR ɪgˈzɔːdɪə(r), egˈzɔːdɪə(r)
AM egˈzɔrdiə

exordial
BR ɪgˈzɔːdɪəl, egˈzɔːdɪəl
AM egˈzɔrdiəl

exordially
BR ɪgˈzɔːdɪəli, egˈzɔːdɪəli
AM egˈzɔrdiəli

exordium
BR ɪgˈzɔːdɪəm, egˈzɔːdɪəm
AM egˈzɔrdiəm

exoskeletal
BR ˌeksə(ʊ)ˈskelɪtl
AM ˌeksəˈskelədl

exoskeleton
BR ˈɛksə(ʊ)ˌskɛlɪt(ə)n, -z
AM ˌɛksəˈskɛlətn, -z

exosphere
BR ˈɛksə(ʊ)sfɪə(r), -z
AM ˌɛksoʊˈsfɪ(ə)r, -z

exoteric
BR ˌɛksə(ʊ)ˈtɛrɪk, -s
AM ˌɛksəˈtɛrɪk, -s

exoterical
BR ˌɛksə(ʊ)ˈtɛrɪkl
AM ˌɛksəˈtɛrək(ə)l

exoterically
BR ˌɛksə(ʊ)ˈtɛrɪkli
AM ˌɛksəˈtɛrək(ə)li

exotericism
BR ˌɛksə(ʊ)ˈtɛrɪsɪzm
AM ˌɛksəˈtɛrəˌsɪz(ə)m

exothermal
BR ˌɛksə(ʊ)ˈθɜːml
AM ˌɛksəˈθɜrm(ə)l

exothermally
BR ˌɛksə(ʊ)ˈθɜːmli
AM ˌɛksəˈθɜrməli

exothermic
BR ˌɛksə(ʊ)ˈθɜːmɪk
AM ˌɛksəˈθɜrmɪk

exothermically
BR ˌɛksə(ʊ)ˈθɜːmɪkli
AM ˌɛksəˈθɜrmək(ə)li

exotic
BR ɪgˈzɒtɪk, ɛgˈzɒtɪk
AM ɛgˈzɑdɪk

exotica
BR ɪgˈzɒtɪkə(r), ɛgˈzɒtɪkə(r)
AM ɛgˈzɑdɪkə

exotically
BR ɪgˈzɒtɪkli, ɛgˈzɒtɪkli
AM ɛgˈzɑdək(ə)li

exoticism
BR ɪgˈzɒtɪsɪzm, ɛgˈzɒtɪsɪzm
AM ɛgˈzɑdəˌsɪz(ə)m

expand
BR ɪkˈspænd, ɛkˈspænd, -z, -ɪŋ, -ɪd
AM ɛkˈspænd, -z, -ɪŋ, -əd

expandable
BR ɪkˈspændəbl, ɛkˈspændəbl
AM ɛkˈspændəb(ə)l

expander
BR ɪkˈspændə(r), ɛkˈspændə(r), -z
AM ɛkˈspændər, -z

expanse
BR ɪkˈspæns, ɛkˈspæns, -ɪz
AM ɛkˈspæns, -əz

expansibility
BR ɪkˌspænsɪˈbɪlɪti, ɛkˌspænsɪˈbɪlɪti
AM ɛkˌspænsəˈbɪlɪdi

expansible
BR ɪkˈspænsɪbl, ɛkˈspænsɪbl
AM ɛkˈspænsəb(ə)l

expansile
BR ɪkˈspænsaɪl, ɛkˈspænsaɪl
AM ɛkˈspænsl, ɛkˈspænˌsaɪl

expansion
BR ɪkˈspænʃn, ɛkˈspænʃn, -z
AM ɛkˈspænʃ(ə)n, -z

expansionary
BR ɪkˈspænʃn(ə)ri, ɛkˈspænʃn(ə)ri
AM ɛkˈspænʃəˌnɛri

expansionism
BR ɪkˈspænʃnɪzm, ɛkˈspænʃnɪzm
AM ɛkˈspænʃəˌnɪz(ə)m

expansionist
BR ɪkˈspænʃnɪst, ɛkˈspænʃnɪst, -s
AM ɛkˈspæn(t)ʃ(ə)nəst, -s

expansionistic
BR ɪkˌspænʃəˈnɪstɪk, ɛkˌspænʃəˈnɪstɪk, ɪkˌspænʃnˈɪstɪk, ɛkˈspænʃnˈɪstɪk
AM ɛkˌspæn(t)ʃəˈnɪstɪk

expansive
BR ɪkˈspænsɪv, ɛkˈspænsɪv
AM ɛkˈspænsɪv

expansively
BR ɪkˈspænsɪvli, ɛkˈspænsɪvli
AM ɛkˈspænsəvli

expansiveness
BR ɪkˈspænsɪvnɪs, ɛkˈspænsɪvnɪs
AM ɛkˈspænsɪvnɪs

expansivity
BR ɪkˌspænˈsɪvɪti, ɛkˌspænˈsɪvɪti
AM ɛkˌspænˈsɪvɪdi

ex parte
BR ˌɛks ˈpɑːti
AM ˌɛks ˈpɑrdi

expat
BR ˌɛksˈpæt, -s
AM ˌɛksˈpæt, -s

expatiate
BR ɪkˈspeɪʃieɪt, ɛkˈspeɪʃieɪt, -s, -ɪŋ, -ɪd
AM ɛkˈspeɪʃiˌeɪ|t, -ts, -dɪŋ, -dɪd

expatiation
BR ɪkˌspeɪʃiˈeɪʃn, ɛkˌspeɪʃiˈeɪʃn
AM ɛkˌspeɪʃiˈeɪʃ(ə)n

expatiatory
BR ɪkˈspeɪʃiətri, ɛkˈspeɪʃiətri
AM ɛkˈspeɪʃiəˌtɔri

expatriate[1] *noun, adjective*
BR ɛksˈpætrɪət, ɪksˈpætrɪət, ɛksˈpeɪtrɪət, ɪksˈpeɪtrɪət, -s
AM ɛkˈspeɪtriət, -s

expatriate[2] *verb*
BR ɛksˈpætrɪeɪt, ɪksˈpætrɪeɪt, ɛksˈpeɪtrɪeɪt, ɪksˈpeɪtrɪeɪt, -s, -ɪŋ, -ɪd
AM ɛkˈspeɪtriˌeɪ|t, -ts, -dɪŋ, -dɪd

expatriation
BR ɛksˌpætrɪˈeɪʃn, ɪksˌpætrɪˈeɪʃn, ɛksˌpeɪtrɪˈeɪʃn, ɪksˌpeɪtrɪˈeɪʃn
AM ɛkˌspeɪtriˈeɪʃ(ə)n

expect
BR ɪkˈspɛkt, ɛkˈspɛkt, -s, -ɪŋ, -ɪd
AM ɛkˈspɛk|(t), -(t)s, -tɪŋ, -təd

expectable
BR ɪkˈspɛktəbl, ɛkˈspɛktəbl
AM ɛkˈspɛktəb(ə)l

expectance
BR ɪkˈspɛkt(ə)ns, ɛkˈspɛkt(ə)ns
AM ɛkˈspɛktns

expectancy
BR ɪkˈspɛkt(ə)nsi, ɛkˈspɛkt(ə)nsi
AM ɛkˈspɛktnsi

expectant
BR ɪkˈspɛkt(ə)nt, ɛkˈspɛkt(ə)nt
AM ɛkˈspɛktnt

expectantly
BR ɪkˈspɛkt(ə)ntli, ɛkˈspɛkt(ə)ntli
AM ɛkˈspɛktən(t)li

expectation
BR ˌɛkspɛkˈteɪʃn, -z
AM ɪkˌspɛkˈteɪʃ(ə)n, ˌɛkˌspɛkˈteɪʃ(ə)n, -z

expectorant
BR ɪkˈspɛkt(ə)rṇt, ɛkˈspɛkt(ə)rṇt, -s
AM ɛkˈspɛktərənt, -s

expectorate
BR ɪkˈspɛktəreɪt, ɛkˈspɛktəreɪt, -s, -ɪŋ, -ɪd
AM ɛkˈspɛktəˌreɪ|t, -ts, -dɪŋ, -dɪd

expectoration
BR ɪkˌspɛktəˈreɪʃn, ɛkˌspɛktəˈreɪʃn
AM ɪkˌspɛktəˈreɪʃ(ə)n, ˌɛkˌspɛktəˈreɪʃ(ə)n

expectorator
BR ɪkˈspɛktəreɪtə(r), ɛkˈspɛktəreɪtə(r), -z
AM ɛkˈspɛktəˌreɪdər, -z

expedience
BR ɪkˈspiːdɪəns, ɛkˈspiːdɪəns
AM ɛkˈspidiəns

expediency
BR ɪkˈspiːdɪənsi, ɛkˈspiːdɪənsi
AM ɛkˈspidiənsi

expedient
BR ɪkˈspiːdɪənt, ɛkˈspiːdɪənt
AM ɛkˈspidiənt

expediently
BR ɪkˈspiːdɪəntli, ɛkˈspiːdɪəntli
AM ɛkˈspidiən(t)li

expedite
BR ˈɛkspɪdʌɪt, -s, -ɪŋ, -ɪd
AM ˈɛkspəˌdaɪ|t, -ts, -dɪŋ, -dɪd

expediter
BR ˈɛkspɪdʌɪtə(r), -z
AM ˈɛkspəˌdaɪdər, -z

expedition
BR ˌɛkspɪˈdɪʃn, -z
AM ˌɛkspəˈdɪʃ(ə)n, -z

expeditionary
BR ˌɛkspɪˈdɪʃn(ə)ri
AM ˌɛkspəˈdɪʃəˌnɛri

expeditionist
BR ˌɛkspɪˈdɪʃnɪst, -s
AM ˌɛkspəˈdɪʃənəst, -s

expeditious
BR ˌɛkspɪˈdɪʃəs
AM ˌɛkspəˈdɪʃəs

expeditiously
BR ˌɛkspɪˈdɪʃəsli
AM ˌɛkspəˈdɪʃəsli

expeditiousness
BR ˌɛkspɪˈdɪʃəsnəs
AM ˌɛkspəˈdɪʃəsnəs

expel
BR ɪkˈspɛl, ɛkˈspɛl, -z, -ɪŋ, -d
AM ɛkˈspɛl, -z, -ɪŋ, -d

expellable
BR ɪkˈspɛləbl, ɛkˈspɛləbl
AM ɛkˈspɛləb(ə)l

expellee
BR ɪkˌspɛˈliː, ɛkˌspɛˈliː, ˌɛkspɛˈliː, -z
AM ɛkˌspɛˈli, -z

expellent
BR ɪkˈspɛlnt, ɛkˈspɛlnt, -s
AM ɛkˈspɛl(ə)nt, -s

expeller
BR ɪkˈspɛlə(r), ɛkˈspɛlə(r), -z
AM ɛkˈspɛlər, -z

expend
BR ɪkˈspɛnd, ɛkˈspɛnd, -z, -ɪŋ, -ɪd
AM ɛkˈspɛnd, -z, -ɪŋ, -əd

expendability
BR ɪkˌspɛndəˈbɪlɪti, ɛkˌspɛndəˈbɪlɪti
AM ɛkˌspɛndəˈbɪlɪdi

expendable
BR ɪkˈspɛndəbl, ɛkˈspɛndəbl, -z
AM ɛkˈspɛndəb(ə)l, -z

expendably
BR ɪkˈspɛndəbli, ɛkˈspɛndəbli
AM ɛkˈspɛndəbli

expenditure
BR ɪkˈspɛndɪtʃə(r), ɛkˈspɛndɪtʃə(r), -z
AM ɛkˈspɛndətʃər, ɛkˈspɛndəˌtʃʊ(ə)r, -z

expense
BR ɪkˈspɛns, ɛkˈspɛns, -ɪz
AM ɛkˈspɛns, -əz

expensive
BR ɪkˈspɛnsɪv, ɛkˈspɛnsɪv
AM ɛkˈspɛnsɪv

expensively
BR ɪkˈspɛnsɪvli, ɛkˈspɛnsɪvli
AM ɛkˈspɛnsəvli

expensiveness
BR ɪkˈspɛnsɪvnɪs, ɛkˈspɛnsɪvnɪs
AM ɛkˈspɛnsɪvnɪs

experience
BR ɪkˈspɪərɪəns, ɛkˈspɪərɪəns, -ɪz, -ɪŋ, -t
AM ɛkˈspɪriəns, ɛkˈspiriəns, -əz, -ɪŋ, -t

experienceable
BR ɪkˈspɪərɪənsəbl, ɛkˈspɪərɪənsəbl
AM ɛkˈspɪriənsəb(ə)l, ɛkˈspiriənsəb(ə)l

experiential
BR ɪkˌspɪərɪˈɛnʃl, ɛkˌspɪərɪˈɛnʃl
AM ɛkˌspɪriˈɛn(t)ʃ(ə)l

experientialism
BR ɪkˌspɪərɪˈɛnʃlɪzm, ɛkˌspɪərɪˈɛnʃlɪzm
AM ɛkˌspɪriˈɛn(t)ʃəˌlɪz(ə)m

experientialist
BR ɪkˌspɪərɪˈɛnʃlɪst, ɛkˌspɪərɪˈɛnʃlɪst, -s
AM ɛkˌspɪriˈɛn(t)ʃ(ə)ləst, -s

experientially
BR ɪkˌspɪərɪˈɛnʃli, ɛkˌspɪərɪˈɛnʃli
AM ɛkˌspɪriˈɛn(t)ʃəli

experiment[1] *noun*
BR ɪkˈspɛrɪm(ə)nt, ɛkˈspɛrɪm(ə)nt, -s
AM ɛkˈspɛrəm(ə)nt, -s

experiment[2] *verb*
BR ɪkˈspɛrɪmɛnt, ɛkˈspɛrɪmɛnt, -s, -ɪŋ, -ɪd
AM ɛkˈspɛrəmən|t, -ts, -(t)ɪŋ, -(t)əd

experimental
BR ɪkˌspɛrɪˈmɛntl, ɛkˌspɛrɪˈmɛntl
AM ɛkˌspɛrəˈmɛn(t)l

experimentalise
BR ɪkˌspɛrɪˈmɛntlʌɪz, ɛkˌspɛrɪˈmɛntlʌɪz, -ɪz, -ɪŋ, -d
AM ɛkˌspɛrəˈmɛntəˌlaɪz, -ɪz, -ɪŋ, -d

experimentalism
BR ɪkˌspɛrɪˈmɛntlɪzm, ɛkˌspɛrɪˈmɛntlɪzm
AM ɛkˌspɛrəˈmɛn(t)əˌlɪz(ə)m

experimentalist
BR ɪkˌspɛrɪˈmɛntlɪst, ɛkˌspɛrɪˈmɛntlɪst, -s
AM ɛkˌspɛrəˈmɛn(t)ləst, -s

experimentalize
BR ɪkˌspɛrɪˈmɛntlʌɪz, ɛkˌspɛrɪˈmɛntlʌɪz, -ɪz, -ɪŋ, -d
AM ɛkˌspɛrəˈmɛn(t)əˌlaɪz, -ɪz, -ɪŋ, -d

experimentally
BR ɪkˌspɛrɪˈmɛntli, ɛkˌspɛrɪˈmɛntli
AM ɛkˌspɛrəˈmɛn(t)li

experimentation
BR ɪkˌspɛrɪmɛnˈteɪʃn, ɛkˌspɛrɪmɛnˈteɪʃn
AM ɛkˌspɛrəmənˈteɪʃ(ə)n

experimenter
BR ɪkˈspɛrɪmɛntə(r), ɛkˈspɛrɪmɛntə(r), -z
AM ɛkˈspɛrəˌmɛn(t)ər, -z

expert
BR ˈɛkspəːt, -s
AM ˈɛkˌspərt, -s

expertise *noun*
BR ˌɛkspəˈ(ː)tiːz
AM ˌɛkˌspərˈtis, ˌɛkˌspərˈtiz

expertize *verb*
BR ˈɛkspə(ː)tʌɪz, -ɪz, -ɪŋ, -d
AM ˈɛkspərˌtaɪz, -ɪz, -ɪŋ, -d

expertly
BR ˈɛkspəːtli
AM ˈɛkˌspərtli

expertness
BR ˈɛkspəːtnəs
AM ˈɛkˌspərtnəs

expiable
BR ˈɛkspɪəbl
AM ˈɛkspiəb(ə)l

expiate
BR ˈɛkspɪeɪt, -s, -ɪŋ, -ɪd
AM ˈɛkspiˌeɪ|t, -ts, -dɪŋ, -dɪd

expiation
BR ˌekspɪˈeɪʃn
AM ˌekspiˈeɪʃ(ə)n

expiator
BR ˈekspɪeɪtə(r), -z
AM ˈekspiˌeɪdər, -z

expiatory
BR ˈekspɪət(ə)ri
AM ˈekspiəˌtɔri

expiration
BR ˌekspɪˈreɪʃn
AM ˌekspəˈreɪʃ(ə)n

expiratory
BR ɪkˈspʌɪərət(ə)ri, ekˈspʌɪərət(ə)ri
AM ekˈspaɪ(ə)rəˌtɔri

expire
BR ɪkˈspʌɪə(r), ekˈspʌɪə(r), -z, -ɪŋ, -d
AM ekˈspaɪ(ə)r, -z, -ɪŋ, -d

expiry
BR ɪkˈspʌɪəri, ekˈspʌɪəri
AM ekˈspaɪri

explain
BR ɪkˈspleɪn, ekˈspleɪn, -z, -ɪŋ, -d
AM ekˈspleɪn, -z, -ɪŋ, -d

explainable
BR ɪkˈspleɪnəbl, ekˈspleɪnəbl
AM ekˈspleɪnəb(ə)l

explainer
BR ɪkˈspleɪnə(r), ekˈspleɪnə(r), -z
AM ekˈspleɪnər, -z

explananda
BR ˌekspləˈnændə(r)
AM ˌekspləˈnɑndə

explanandum
BR ˌekspləˈnændəm
AM ˌekspləˈnɑnd(ə)m

explanans
BR ˌekspləˈnænz
AM ˌeksˈplænənz, ˌekspləˈnænz

explanantia
BR ˌekspləˈnæntɪə(r)
AM ˌekspləˈnæn(t)iə

explanation
BR ˌekspləˈneɪʃn, -z
AM ˌekspləˈneɪʃ(ə)n, -z

explanatorily
BR ɪkˈsplænət(ə)rɪli, ekˈsplænət(ə)rɪli
AM ekˌsplænəˈtɔrəli

explanatory
BR ɪkˈsplænət(ə)ri, ekˈsplænət(ə)ri
AM ekˈsplænəˌtɔri

explant
BR eksˈplɑːnt, eksˈplɑːnt, -s, -ɪŋ, -ɪd
AM ekˈsplæn|t, -ts, -(t)ɪŋ, -(t)əd

explantation
BR ˌeksˌplɑːnˈteɪʃn, ˌeksˌplɑːnˈteɪʃn
AM ekˌsplænˈteɪʃ(ə)n

expletive
BR ɪkˈspliːtɪv, ekˈspliːtɪv, -z
AM ˈekəsplədɪv, -z

explicable
BR ɪkˈsplɪkəbl, ekˈsplɪkəbl, ˈeksplɪkəbl
AM ˈeksplɪkəb(ə)l, ekˈsplɪkəb(ə)l

explicably
BR ɪkˈsplɪkəbli, ekˈsplɪkəbli, ˈeksplɪkəbli
AM ˈeksplɪkɪbli, ekˈsplɪkɪbli

explicate
BR ˈeksplɪkeɪt, -s, -ɪŋ, -ɪd
AM ˈeksplɪˌkeɪ|t, -ts, -dɪŋ, -dɪd

explication
BR ˌeksplɪˈkeɪʃn, -z
AM ˌeksplɪˈkeɪʃ(ə)n, -z

explicative
BR ɪkˈsplɪkətɪv, ekˈsplɪkətɪv, ˈeksplɪkətɪv
AM ˈeksplɪˌkeɪdɪv

explicator
BR ˈeksplɪkeɪtə(r), -z
AM ˈekspləˌkeɪdər, -z

explicatory
BR ɪkˈsplɪkət(ə)ri, ekˈsplɪkət(ə)ri, ˈeksplɪkət(ə)ri
AM ekˈsplɪkəˌtɔri

explicature
BR ɪkˈsplɪkətʃə(r), ekˈsplɪkətʃə(r), ˈeksplɪkətʃə(r), -z
AM ekˈsplɪkətʃər, -z

explicit
BR ɪkˈsplɪsɪt, ekˈsplɪsɪt
AM ekˈsplɪsɪt

explicitly
BR ɪkˈsplɪsɪtli, ekˈsplɪsɪtli
AM ekˈsplɪsɪtli

explicitness
BR ɪkˈsplɪsɪtnɪs, ekˈsplɪsɪtnɪs
AM ekˈsplɪsɪtnɪs

explode
BR ɪkˈspləʊd, ekˈspləʊd, -z, -ɪŋ, -ɪd
AM ekˈsploʊd, -z, -ɪŋ, -əd

exploder
BR ɪkˈspləʊdə(r), ekˈspləʊdə(r), -z
AM ekˈsploʊdər, -z

exploit¹ *noun*
BR ˈeksplɔɪt, -s
AM ˈekˌsplɔɪt, -s

exploit² *verb*
BR ɪkˈsplɔɪt, ekˈsplɔɪt, -s, -ɪŋ, -ɪd
AM ekˈsplɔɪ|t, -ts, -dɪŋ, -dɪd

exploitable
BR ɪkˈsplɔɪtəbl, ekˈsplɔɪtəbl
AM ekˈsplɔɪtəb(ə)l

exploitation
BR ˌeksplɔɪˈteɪʃn
AM ˌekˌsplɔɪˈteɪʃ(ə)n

exploitative
BR ɪkˈsplɔɪtətɪv, ekˈsplɔɪtətɪv
AM ekˈsplɔɪdədɪv

exploitatively
BR ɪkˈsplɔɪtətɪvli, ekˈsplɔɪtətɪvli
AM ekˈsplɔɪdədəvli

exploiter
BR ɪkˈsplɔɪtə(r), ekˈsplɔɪtə(r), -z
AM ekˈsplɔɪdər, -z

exploitive
BR ɪkˈsplɔɪtɪv, ekˈsplɔɪtɪv
AM ekˈsplɔɪdɪv

exploration
BR ˌekspləˈreɪʃn, -z
AM ˌekspləˈreɪʃ(ə)n, -z

explorational
BR ˌekspləˈreɪʃn̩l
AM ˌekspləˈreɪʃən(ə)l, ˌekspləˈreɪʃn(ə)l

explorative
BR ɪkˈsplɒrətɪv, ekˈsplɒrətɪv
AM ekˈsplɔrədɪv

exploratory
BR ɪkˈsplɒrət(ə)ri, ekˈsplɒrət(ə)ri
AM ekˈsplɔrəˌtɔri

explore
BR ɪkˈsplɔː(r), ekˈsplɔː(r), -z, -ɪŋ, -d
AM ekˈsplɔ(ə)r, -z, -ɪŋ, -d

explorer
BR ɪkˈsplɔːrə(r), ekˈsplɔːrə(r), -z
AM ekˈsplɔrər, -z

explosion
BR ɪkˈspləʊʒn, ekˈspləʊʒn, -z
AM ekˈsploʊʒ(ə)n, -z

explosive
BR ɪkˈspləʊsɪv, ɪkˈspləʊzɪv, ekˈspləʊsɪv, ekˈspləʊzɪv, -z
AM ekˈsploʊsɪv, ekˈsploʊzɪv, -z

explosively
BR ɪkˈspləʊsɪvli,
ɪkˈspləʊzɪvli,
ɛkˈspləʊsɪvli,
ɛkˈspləʊzɪvli
AM ɛkˈsploʊsəvli,
ɛkˈsploʊzəvli

explosiveness
BR ɪkˈspləʊsɪvnɪs,
ɪkˈspləʊzɪvnɪs,
ɛkˈspləʊsɪvnɪs,
ɛkˈspləʊzɪvnɪs
AM ɛkˈsploʊsɪvnɪs,
ɛkˈsploʊzɪvnɪs

Expo
BR ˈɛkspəʊ, -z
AM ˈɛkˌspoʊ, -z

exponent
BR ɪkˈspəʊnənt,
ɛkˈspəʊnənt, -s
AM ɛkˈspoʊnənt,
ˈɛksˌpoʊnənt, -s

exponential
BR ˌɛkspə(ʊ)ˈnɛnʃl
AM ˌɛkspoʊˈnɛn(t)ʃ(ə)l,
ˌɛkspəˈnɛn(t)ʃ(ə)l

exponentially
BR ˌɛkspəˈnɛnʃli
AM ˌɛkspoʊˈnɛn(t)ʃəli,
ˌɛkspəˈnɛn(t)ʃəli

export[1] *noun*
BR ˈɛkspɔːt, -s
AM ˈɛkˌspɔ(ə)rt, -s

export[2] *verb*
BR ɪkˈspɔːt,
ɛkˈspɔːt, -s, -ɪŋ, -ɪd
AM ɛkˈspɔ(ə)r|t, -ts, -dɪŋ, -dəd

exportability
BR ɪkˌspɔːtəˈbɪlɪti,
ɛkˌspɔːtəˈbɪlɪti
AM ɛkˌspɔrdəˈbɪlɪdi

exportable
BR ɪkˈspɔːtəbl,
ɛkˈspɔːtəbl
AM ɛkˈspɔrdəb(ə)l

exportation
BR ˌɛkspɔːˈteɪʃn
AM ˌɛkspərˈteɪʃ(ə)n,
ˌɛkˌspɔrˈteɪʃ(ə)n

exporter
BR ɪkˈspɔːtə(r),
ɛkˈspɔːtə(r), -z
AM ɪkˈspɔrdər,
ˈɛkspɔrdər, -z

expose
BR ɪkˈspəʊz,
ɛkˈspəʊz, -ɪz, -ɪŋ, -d
AM ɛkˈspoʊz, -əz, -ɪŋ, -d

exposé
BR ɪkˈspəʊzeɪ,
ɛkˈspəʊzeɪ, -z
AM ˈɛkspəˌzeɪ,
ˈɛksˌpoʊˌzeɪ, -z

exposer
BR ɪkˈspəʊzə(r),
ɛkˈspəʊzə(r), -z
AM ɛkˈspoʊzər, -z

exposition
BR ˌɛkspəˈzɪʃn, -z
AM ˌɛkspoʊˈzɪʃ(ə)n,
ˌɛkspəˈzɪʃ(ə)n, -z

expositional
BR ˌɛkspəˈzɪʃn̩l
AM ˌɛkspoʊˈzɪʃən(ə)l,
ˌɛkspoʊˈzɪʃn(ə)l,
ˌɛkspəˈzɪʃən(ə)l,
ˌɛkspəˈzɪʃn(ə)l

expositive
BR ɪkˈspɒzɪtɪv,
ɛkˈspɒzɪtɪv
AM ɛkˈspazədɪv

expositor
BR ɪkˈspɒzɪtə(r),
ɛkˈspɒzɪtə(r), -z
AM ɛkˈspazədər, -z

expository
BR ɪkˈspɒzɪt(ə)ri,
ɛkˈspɒzɪt(ə)ri
AM ɛkˈspazəˌtɔri

ex post facto
BR ˌɛks pəʊs(t) ˈfaktəʊ
AM ˌɛkˌspoʊs(t) ˈfæktoʊ

expostulate
BR ɪkˈspɒstjʉleɪt,
ɛkˈspɒstjʉleɪt,
ɪkˈspɒstʃʉleɪt,
ɛkˈspɒstʃʉleɪt, -s, -ɪŋ, -ɪd
AM ɛkˈspastʃəˌleɪ|t, -ts, -dɪŋ, -dɪd

expostulation
BR ɪkˌspɒstjʉˈleɪʃn,
ɛkˌspɒstjʉˈleɪʃn,
ɪkˌspɒstʃʉˈleɪʃn,
ɛkˌspɒstʃʉˈleɪʃn, -z
AM ɛkˌspastʃəˈleɪʃ(ə)n, -z

expostulatory
BR ɪkˈspɒstjʉlət(ə)ri,
ɛkˈspɒstjʉlət(ə)ri,
ɪkˈspɒstʃʉlət(ə)ri,
ɛkˈspɒstʃʉlət(ə)ri
AM ɛkˈspastʃələˌtɔri

exposure
BR ɪkˈspəʊʒə(r),
ɛkˈspəʊʒə(r), -z
AM ɛkˈspoʊʒər, -z

expound
BR ɪkˈspaʊnd,
ɛkˈspaʊnd, -z, -ɪŋ, -ɪd
AM ɛkˈspaʊnd, -z, -ɪŋ, -əd

expounder
BR ɪkˈspaʊndə(r),
ɛkˈspaʊndə(r), -z
AM ɛkˈspaʊndər, -z

ex-president
BR ˌɛksˈprɛzɪd(ə)nt, -s
AM ˌɛksˈprɛzədnt, -s

express
BR ɪkˈsprɛs, ɛkˈsprɛs, -ɪz, -ɪŋ, -t
AM ɛkˈsprɛs, -əz, -ɪŋ, -t

expresser
BR ɪkˈsprɛsə(r),
ɛkˈsprɛsə(r), -z
AM ɛkˈsprɛsər, -z

expressible
BR ɪkˈsprɛsɪbl,
ɛkˈsprɛsɪbl
AM ɛkˈsprɛsəb(ə)l

expression
BR ɪkˈsprɛʃn,
ɛkˈsprɛʃn, -z
AM ɛkˈsprɛʃ(ə)n, -z

expressional
BR ɪkˈsprɛʃn̩l,
ɛkˈsprɛʃn̩l
AM ɛkˈsprɛʃən(ə)l,
ɛkˈsprɛʃn(ə)l

expressionism
BR ɪkˈsprɛʃn̩ɪzm,
ɛkˈsprɛʃn̩ɪzm
AM ɛkˈsprɛʃəˌnɪz(ə)m

expressionist
BR ɪkˈsprɛʃn̩ɪst,
ɛkˈsprɛʃn̩ɪst, -s
AM ɛkˈsprɛʃ(ə)nəst, -s

expressionistic
BR ɪkˌsprɛʃəˈnɪstɪk,
ɛkˌsprɛʃəˈnɪstɪk,
ɪkˌsprɛʃn̩ˈɪstɪk,
ɛkˌsprɛʃn̩ˈɪstɪk
AM ɛkˌsprɛʃəˈnɪstɪk

expressionistically
BR ɪkˌsprɛʃəˈnɪstɪkli,
ɛkˌsprɛʃəˈnɪstɪkli,
ɪkˌsprɛʃn̩ˈɪstɪkli,
ɛkˌsprɛʃn̩ˈɪstɪkli
AM ɛkˌsprɛʃəˈnɪstək(ə)li

expressionless
BR ɪkˈsprɛʃnləs,
ɛkˈsprɛʃnləs
AM ɛkˈsprɛʃənləs

expressionlessly
BR ɪkˈsprɛʃnləsli,
ɛkˈsprɛʃnləsli
AM ɛkˈsprɛʃənləsli

expressionlessness
BR ɪkˈsprɛʃnləsnəs,
ɛkˈsprɛʃnləsnəs
AM ɛkˈsprɛʃənləsnəs

expressive
BR ɪkˈsprɛsɪv,
ɛkˈsprɛsɪv
AM ɛkˈsprɛsɪv

expressively
BR ɪkˈsprɛsɪvli,
ɛkˈsprɛsɪvli
AM ɛkˈsprɛsəvli

expressiveness
BR ɪkˈspresɪvnɪs,
ɛkˈspresɪvnɪs
AM ɛkˈspresɪvnɪs

expressivity
BR ˌekspreˈsɪvɪti
AM ˌekspreˈsɪvɪdi

expressly
BR ɪkˈspresli,
ɛkˈspresli
AM ɛkˈspresli

expresso
BR ɪkˈspresəʊ,
ɛkˈspresəʊ, -z
AM ɛkˈspresoʊ, -z

expressway
BR ɪkˈspresweɪ,
ɛkˈspresweɪ, -z
AM ɛkˈspresˌweɪ,
-z

expropriate
BR ɪkˈsprəʊprieɪt,
ɛkˈsprəʊprieɪt, -s,
-ɪŋ, -ɪd
AM ɪkˈsproʊpriˌeɪ|t,
ˌeksˈproʊpriˌeɪ|t,
-ts, -dɪŋ, -dɪd

expropriation
BR ɪkˌsprəʊpriˈeɪʃn,
ɛkˌsprəʊpriˈeɪʃn, -z
AM ɪkˌsproʊpriˈeɪʃ(ə)n,
ˌeksˌproʊpriˈeɪʃ(ə)n,
-z

expropriator
BR ɪkˈsprəʊprieɪtə(r),
ɛkˈsprəʊprieɪtə(r),
-z
AM ɪkˈsproʊpriˌeɪdər,
ˌeksˈproʊpriˌeɪdər,
-z

expulsion
BR ɪkˈspʌlʃn,
ɛkˈspʌlʃn, -z
AM ɛkˈspəlʃ(ə)n, -z

expulsive
BR ɪkˈspʌlsɪv,
ɛkˈspʌlsɪv
AM ɛkˈspəlsɪv

expunction
BR ɪkˈspʌŋ(k)ʃn,
ɛkˈspʌŋ(k)ʃn
AM ɛkˈspəŋkʃ(ə)n

expunge
BR ɪkˈspʌn(d)ʒ,
ɛkˈspʌn(d)ʒ, -ɪz,
-ɪŋ, -d
AM ɛkˈspəndʒ, -əz,
-ɪŋ, -t

expunger
BR ɪkˈspʌn(d)ʒə(r),
ɛkˈspʌn(d)ʒə(r), -z
AM ɛkˈspəndʒər, -z

expurgate
BR ˈekspəgeɪt, -s, -ɪŋ,
-ɪd
AM ˈekspərˌgeɪ|t, -ts,
-dɪŋ, -dɪd

expurgation
BR ˌekspəˈgeɪʃn, -z
AM ˌekspərˈgeɪʃ(ə)n,
-z

expurgator
BR ˈekspəgeɪtə(r), -z
AM ˈekspərˌgeɪdər,
-z

expurgatorial
BR ɪkˌspɜːgəˈtɔːriəl,
ɛkˌspɜːgəˈtɔːriəl
AM ɛkˌspərgəˈtɔriəl

expurgatory
BR ɪkˈspɜːgət(ə)ri,
ɛkˈspɜːgət(ə)ri
AM ɛkˈspərgəˌtɔri

exquisite
BR ɪkˈskwɪzɪt,
ɛkˈskwɪzɪt,
ˈekskwɪzɪt
AM ˈekˌskwɪzət,
ˈekskwəzət,
ɛkˈskwɪzət

exquisitely
BR ɪkˈskwɪzɪtli,
ɛkˈskwɪzɪtli,
ˈekskwɪzɪtli
AM ˈekˌskwɪzətli,
ˈekskwəzətli,
ɛkˈskwɪzətli

exquisiteness
BR ɪkˈskwɪzɪtnɪs,
ɛkˈskwɪzɪtnɪs,
ˈekskwɪzɪtnɪs
AM ˈekˌskwɪzətnəs,
ˈekskwəzətnəs,
ɛkˈskwɪzətnəs

exsanguinate
BR ɛkˈsaŋgwɪneɪt, -s,
-ɪŋ, -ɪd
AM ɛkˈsæŋgwəˌneɪ|t,
-ts, -dɪŋ, -dɪd

exsanguination
BR ɛkˌsaŋgwɪˈneɪʃn
AM ɛkˌsæŋwəˈneɪʃ(ə)n

exsanguinity
BR ˌeksanˈgwɪnɪti
AM ˌekˌsæŋˈgwɪnɪdi

exscind
BR ɪkˈsɪnd, ɛkˈsɪnd,
-z, -ɪŋ, -ɪd
AM ɛkˈsɪnd, -z,
-ɪŋ, -ɪd

exsert
BR ɪkˈsɜːt, ɛkˈsɜːt, -s,
-ɪŋ, -ɪd
AM ɛkˈsər|t, -ts, -dɪŋ,
-dəd

exsiccate
BR ˈeksɪkeɪt, -s, -ɪŋ,
-ɪd
AM ˈeksəˌkeɪ|t, -ts,
-dɪŋ, -dɪd

ex silentio
BR ˌeks sɪˈlen(t)ʃiəʊ
AM ˌek(s) səˈlen(t)ʃioʊ

exsolve
BR ɪkˈsɒlv, ɛkˈsɒlv, -z,
-ɪŋ, -d
AM ɛkˈsɑlv, -z,
-ɪŋ, -d

extant
BR ɛkˈstant,
ɪkˈstant,
ˈekst(ə)nt
AM ɛkˈstænt,
ˌekˌstænt,
ˈekst(ə)nt

Extel
BR ˈekstel
AM ˈeksˌtel

extemporaneous
BR ɪkˌstempəˈreɪniəs,
ɛkˌstempəˈreɪniəs
AM ɛkˌstempəˈreɪniəs

extemporaneously
BR ɪkˌstempəˈreɪniəsli,
ɛkˌstempəˈreɪniəsli
AM ɛkˌstempəˈreɪniəsli

extemporaneousness
BR ɪkˌstempə-
ˈreɪniəsnəs,
ɛkˌstempəˈreɪniəsnəs
AM ɛkˌstempə-
ˈreɪniəsnəs

extemporarily
BR ɪkˈstemp(ə)rərɪli,
ɛkˈstemp(ə)rərɪli
AM ɛkˌstempəˈrerəli

extemporariness
BR ɪkˈstemp(ə)rərɪnɪs,
ɛkˈstemp(ə)rərɪnɪs
AM ɛkˈstempəˌrerɪnɪs

extemporary
BR ɪkˈstemp(ə)r(ər)i,
ɛkˈstemp(ə)r(ər)i
AM ɛkˈstempəˌreri

extempore
BR ɪkˈstemp(ə)ri,
ɛkˈstemp(ə)ri
AM ɛkˈstempəri

extemporisation
BR ɪkˌstempərʌɪˈzeɪʃn,
ɛkˌstempərʌɪˈzeɪʃn,
-z
AM ɛkˌstempərə-
ˈzeɪʃ(ə)n, ɛkˌstempə-
ˌrʌɪˈzeɪʃ(ə)n, -z

extemporise
BR ɪkˈstempərʌɪz,
ɛkˈstempərʌɪz, -ɪz,
-ɪŋ, -d
AM ɛkˈstempəˌrʌɪz,
-ɪz, -ɪŋ, -d

extemporization
BR ɪkˌstempərʌɪˈzeɪʃn,
ɛkˌstempərʌɪˈzeɪʃn,
-z
AM ɛkˌstempərə-
ˈzeɪʃ(ə)n, ɛkˌstempə-
ˌrʌɪˈzeɪʃ(ə)n, -z

extemporize
BR ɪkˈstempərʌɪz,
ɛkˈstempərʌɪz, -ɪz,
-ɪŋ, -d
AM ɛkˈstempəˌrʌɪz,
-ɪz, -ɪŋ, -d

extend
BR ɪkˈstend, ɛkˈstend,
-z, -ɪŋ, -ɪd
AM ɛkˈstend, -z, -ɪŋ, -əd

extendability
BR ɪkˌstendəˈbɪlɪti, ekˌstendəˈbɪlɪti
AM ekˌstendəˈbɪlɪdi

extendable
BR ɪkˈstendəbl, ekˈstendəbl
AM ekˈstendəb(ə)l

extender
BR ɪkˈstendə(r), ekˈstendə(r), -z
AM ekˈstendər, -z

extendibility
BR ɪkˌstendɪˈbɪlɪti, ekˌstendɪˈbɪlɪti
AM ekˌstendəˈbɪlɪdi

extendible
BR ɪkˈstendɪbl, ekˈstendɪbl
AM ekˈstendəb(ə)l

extensibility
BR ɪkˌstensɪˈbɪlɪti, ekˌstensɪˈbɪlɪti
AM ekˌstensəˈbɪlɪdi

extensible
BR ɪkˈstensɪbl, ekˈstensɪbl
AM ekˈstensəb(ə)l

extensile
BR ɪkˈstensʌɪl, ekˈstensʌɪl
AM ekˈstens(ə)l, ekˈstenˌsaɪl

extension
BR ɪkˈstenʃn, ekˈstenʃn, -z
AM ekˈsten(t)ʃ(ə)n, -z

extensional
BR ɪkˈstenʃn̩l, ekˈstenʃn̩l
AM ekˈsten(t)ʃən(ə)l, ekˈsten(t)ʃn(ə)l

extensionality
BR ɪkˌstenʃəˈnalɪti, ekˌstenʃəˈnalɪti
AM ekˌsten(t)ʃəˈnælədi

extensive
BR ɪkˈstensɪv, ekˈstensɪv
AM ekˈstensɪv

extensively
BR ɪkˈstensɪvli, ekˈstensɪvli
AM ekˈstensəvli

extensiveness
BR ɪkˈstensɪvnɪs, ekˈstensɪvnɪs
AM ekˈstensɪvnɪs

extensometer
BR ˌekstenˈsɒmɪtə(r), -z
AM ekˌstenˈsɑmədər, -z

extensor
BR ɪkˈstensə(r), ekˈstensə(r), -z
AM ekˈstensər, -z

extent
BR ɪkˈstent, ekˈstent, -s
AM ekˈstent, -s

extenuate
BR ɪkˈstenjʊeɪt, ekˈstenjʊeɪt, -s, -ɪŋ, -ɪd
AM ekˈstenjəˌweɪ|t, -ts, -dɪŋ, -dɪd

extenuatingly
BR ɪkˈstenjʊeɪtɪŋli, ekˈstenjʊeɪtɪŋli
AM ekˈstenjəˌweɪdɪŋli

extenuation
BR ɪkˌstenjʊˈeɪʃn, ekˌstenjʊˈeɪʃn, -z
AM ekˌstenjəˈweɪʃ(ə)n, -z

extenuatory
BR ɪkˈstenjʊət(ə)ri, ekˈstenjʊət(ə)ri
AM ekˈstenjəwəˌtɔri

exterior
BR ɪkˈstɪərɪə(r), ekˈstɪərɪə(r), -z
AM ekˈstɪriər, ekˈstiriər, -z

exteriorise
BR ɪkˈstɪərɪərʌɪz, ekˈstɪərɪərʌɪz, -ɪz, -ɪŋ, -d
AM ekˈstɪriəˌraɪz, ekˈstiriəˌraɪz, -ɪz, -ɪŋ, -d

exteriority
BR ɪkˌstɪərɪˈɒrɪti, ekˌstɪərɪˈɒrɪti
AM ekˌstɪriˈɔrədi, ekˌstiriˈɔrədi

exteriorize
BR ɪkˈstɪərɪərʌɪz, ekˈstɪərɪərʌɪz, -ɪz, -ɪŋ, -d
AM ekˈstɪriəˌraɪz, ekˈstiriəˌraɪz, -ɪz, -ɪŋ, -d

exteriorly
BR ɪkˈstɪərɪəli, ekˈstɪərɪəli
AM ekˈstɪriərli, ekˈstiriərli

exterminate
BR ɪkˈstəːmɪneɪt, ekˈstəːmɪneɪt, -s, -ɪŋ, -ɪd
AM ekˈstɜrməˌneɪ|t, -ts, -dɪŋ, -dɪd

extermination
BR ɪkˌstəːmɪˈneɪʃn, ekˌstəːmɪˈneɪʃn, -z
AM ekˌstɜrməˈneɪʃ(ə)n, -z

exterminator
BR ɪkˈstəːmɪneɪtə(r), ekˈstəːmɪneɪtə(r), -z
AM ekˈstɜrməˌneɪdər, -z

exterminatory
BR ɪkˈstəːmɪnət(ə)ri, ekˈstəːmɪnət(ə)ri
AM ekˈstɜrmənəˌtɔri

extern
BR ˈekstəːn, -z
AM ˈeksˌtɜrn, -z

external
BR ɪkˈstəːnl, ekˈstəːnl, -z
AM ekˈstɜrn(ə)l, -z

externalisation
BR ɪkˌstəːnl̩ʌɪˈzeɪʃn, ekˌstəːnl̩ʌɪˈzeɪʃn
AM ekˌstɜrnləˈzeɪʃ(ə)n, ekˌstɜrnəˌlaɪˈzeɪʃ(ə)n

externalise
BR ɪkˈstəːnl̩ʌɪz, ekˈstəːnl̩ʌɪz, -ɪz, -ɪŋ, -d
AM ekˈstɜrnəˌlaɪz, -ɪz, -ɪŋ, -d

externality
BR ˌekstəːˈnalɪt|i, -ɪz
AM ɪkˌstərˈnælədi, ˌekˌstərˈnælədi, -z

externalization
BR ɪkˌstəːnl̩ʌɪˈzeɪʃn, ekˌstəːnl̩ʌɪˈzeɪʃn
AM ekˌstɜrnləˈzeɪʃ(ə)n, ekˌstɜrnəˌlaɪˈzeɪʃ(ə)n

externalize
BR ɪkˈstəːnl̩ʌɪz, ekˈstəːnl̩ʌɪz, -ɪz, -ɪŋ, -d
AM ekˈstɜrnəˌlaɪz, -ɪz, -ɪŋ, -d

externally
BR ɪkˈstəːnli, ekˈstəːnli
AM ɪkˈstɜrnəli, ˌekˈstɜrnəli

exteroceptive
BR ˌekstərə(ʊ)ˈseptɪv
AM ˌekstəroʊˈseptɪv

exterritorial
BR ˌekstərɪˈtɔːrɪəl
AM ˌeksˌterəˈtɔriəl

exterritoriality
BR ˌekstərɪˌtɔːrɪˈalɪti
AM ˌeksˌterəˌtɔriˈælədi

extinct
BR ɪkˈstɪŋ(k)t, ekˈstɪŋ(k)t
AM ekˈstɪŋ(k)t, ekˈstɪŋk(t)

extinction
BR ɪkˈstɪŋ(k)ʃn, ekˈstɪŋ(k)ʃn
AM ekˈstɪŋ(k)ʃ(ə)n

extinctive
BR ɪkˈstɪŋ(k)tɪv, ekˈstɪŋ(k)tɪv
AM ekˈstɪŋ(k)tɪv

extinguish
BR ɪkˈstɪŋgw|ɪʃ,
ɛkˈstɪŋgw|ɪʃ,
-ɪʃɪz, -ɪʃɪŋ, -ɪʃt
AM ɛkˈstɪŋgwɪʃ, -ɪz,
-ɪŋ, -t

extinguishable
BR ɪkˈstɪŋgwɪʃəbl,
ɛkˈstɪŋgwɪʃəbl
AM ɛkˈstɪŋgwɪʃəb(ə)l

extinguisher
BR ɪkˈstɪŋgwɪʃə(r),
ɛkˈstɪŋgwɪʃə(r), -z
AM ɛkˈstɪŋgwɪʃər, -z

extinguishment
BR ɪkˈstɪŋgwɪʃm(ə)nt,
ɛkˈstɪŋgwɪʃm(ə)nt
AM ɛkˈstɪŋgwɪʃm(ə)nt

extirpate
BR ˈɛkstəpeɪt, -s,
-ɪŋ, -ɪd
AM ˈɛkstərˌpeɪ|t, -ts,
-dɪŋ, -dɪd

extirpation
BR ˌɛkstəˈpeɪʃn, -z
AM ˌɛkstərˈpeɪʃ(ə)n,
-z

extirpator
BR ˈɛkstəpeɪtə(r), -z
AM ˈɛkstərˌpeɪdər,
-z

extol
BR ɪkˈstəʊl, ɪkˈstɒl,
ɛkˈstəʊl, ɛkˈstɒl, -z,
-ɪŋ, -d
AM ɛkˈstoʊl, -z, -ɪŋ,
-d

extoller
BR ɪkˈstəʊlə(r),
ɪkˈstɒlə(r),
ɛkˈstəʊlə(r),
ɛkˈstɒlə(r), -z
AM ɛkˈstoʊlər, -z

extolment
BR ɪkˈstəʊlm(ə)nt,
ɪkˈstɒlm(ə)nt,
ɛkˈstəʊlm(ə)nt,
ɛkˈstɒlm(ə)nt
AM ɛkˈstoʊlm(ə)nt

Exton
BR ˈɛkst(ə)n
AM ˈɛkst(ə)n

extort
BR ɪkˈstɔːt, ɛkˈstɔːt,
-s, -ɪŋ, -ɪd
AM ɛkˈstɔ(ə)rt, -ts,
-dɪŋ, -dəd

extorter
BR ɪkˈstɔːtə(r),
ɛkˈstɔːtə(r), -z
AM ɛkˈstɔrdər, -z

extortion
BR ɪkˈstɔːʃn,
ɛkˈstɔːʃn, -z
AM ɛkˈstɔrʃ(ə)n,
-z

extortionate
BR ɪkˈstɔːʃn̩ət,
ɪkˈstɔːʃn̩ət,
ɛkˈstɔːʃn̩ət,
ɛkˈstɔːʃn̩ət
AM ɛkˈstɔrʃ(ə)nət

extortionately
BR ɪkˈstɔːʃn̩ətli,
ɪkˈstɔːʃn̩ətli,
ɛkˈstɔːʃn̩ətli,
ɛkˈstɔːʃn̩ətli
AM ɛkˈstɔrʃ(ə)nətli

extortioner
BR ɪkˈstɔːʃn̩ə(r),
ɛkˈstɔːʃn̩ə(r), -z
AM ɛkˈstɔrʃənər,
-z

extortionist
BR ɪkˈstɔːʃn̩ɪst,
ɛkˈstɔːʃn̩ɪst, -s
AM ɛkˈstɔrʃənəst,
-s

extortive
BR ɪkˈstɔːtɪv,
ɛkˈstɔːtɪv
AM ɛkˈstɔrdɪv

extra
BR ˈɛkstrə(r), -z
AM ˈɛkstrə, -z

extracellular
BR ˌɛkstrəˈsɛljʊlə(r)
AM ˌɛkstrəˈsɛljələr

extracranial
BR ˌɛkstrəˈkreɪniəl
AM ˌɛkstrəˈkreɪniəl

extract[1] *noun*
BR ˈɛkstrakt, -s
AM ˈɛkˌstræk(t), -s

extract[2] *verb*
BR ɪkˈstrakt, ɛkˈstrakt,
-s, -ɪŋ, -ɪd
AM ɛkˈstræk|(t), -(t)s,
-tɪŋ, -təd

extractability
BR ɪkˌstraktəˈbɪlɪti,
ɛkˌstraktəˈbɪlɪti
AM ɛkˌstræktəˈbɪlɪdi

extractable
BR ɪkˈstraktəbl,
ɛkˈstraktəbl
AM ɛkˈstræktəb(ə)l

extraction
BR ɪkˈstrakʃn,
ɛkˈstrakʃn
AM ɛkˈstrækʃ(ə)n

extractive
BR ɪkˈstraktɪv,
ɛkˈstraktɪv
AM ɛkˈstræktɪv

extractor
BR ɪkˈstraktə(r),
ɛkˈstraktə(r), -z
AM ɛkˈstræktər, -z

extracurricular
BR ˌɛkstrəkəˈrɪkjələ(r)
AM ˌˈɛkstrəkəˈrɪkjələr

extraditable
BR ˈɛkstrədʌɪtəbl,
ˌɛkstrəˈdʌɪtəbl
AM ˌɛkstrəˈdaɪdəb(ə)l,
ˈɛkstrəˌdaɪdəb(ə)l

extradite
BR ˈɛkstrədʌɪt, -s,
-ɪŋ, -ɪd
AM ˈɛkstrəˌdaɪ|t, -ts,
-dɪŋ, -dɪd

extradition
BR ˌɛkstrəˈdɪʃn, -z
AM ˌɛkstrəˈdɪʃ(ə)n, -z

extrados
BR ɛkˈstreɪdɒs,
ɪkˈstreɪdɒs, -ɪz
AM ɛkˈstrɑˌdɑs,
ˈɛkstrəˌdɑs, -əz

extragalactic
BR ˌɛkstrəɡəˈlaktɪk
AM ˌˈɛkstrəɡəˈlæktɪk

extrajudicial
BR ˌɛkstrədʒuːˈdɪʃl
AM ˌˈɛkstrədʒuˈdɪʃ(ə)l

extrajudicially
BR ˌɛkstrədʒuːˈdɪʃli
AM ˌɛkstrədʒuˈdɪʃ(ə)li

extralinguistic
BR ˌɛkstrəlɪŋˈgwɪstɪk
AM ˌɛkstrəˌlɪŋˈgwɪstɪk

extramarital
BR ˌɛkstrəˈmarɪtl
AM ˌɛkstrəˈmɛrədl

extramaritally
BR ˌɛkstrəˈmarɪtli
AM ˌɛkstrəˈmɛrədəli

extramundane
BR ˌɛkstrəmʌnˈdeɪn
AM ˌɛkstrəmənˈdeɪn

extramural
BR ˌɛkstrəˈmjʊərḷ,
ˌɛkstrəˈmjɔːrḷ
AM ˌɛkstrəˈmjʊrəl,
ˌɛkstrəˈmjʊrəl

extramurally
BR ˌɛkstrəˈmjʊərli,
ˌɛkstrəˈmjɔːrli
AM ˌɛkstrəˈmjʊrəli,
ˌɛkstrəˈmjʊrəli

extraneous
BR ɪkˈstreɪniəs,
ɛkˈstreɪniəs
AM ɛkˈstreɪniəs

extraneously
BR ɪkˈstreɪniəsli,
ɛkˈstreɪniəsli
AM ɛkˈstreɪniəsli

extraneousness
BR ɪkˈstreɪniəsnəs,
ɛkˈstreɪniəsnəs
AM ɛkˈstreɪniəsnəs

extraordinarily
BR ɪkˈstrɔːdn̩(ə)rəli,
ɛkˈstrɔːdn̩(ə)rəli,
ˌɛkstrəˈɔːdn̩(ə)rəli
AM ɛkˈstrɔrdn̩ˌɛrəli

extraordinariness
BR ɪkˈstrɔːdn̩(ə)rɪnɪs,
ɛkˈstrɔːdn̩(ə)rɪnɪs,
ˌɛkstrəˈɔːdn̩(ə)rɪnɪs
AM ɛkˈstrɔrdn̩ˌɛrɪnɪs

extraordinary
BR ɪkˈstrɔːdn̩(ə)ri,
ɛkˈstrɔːdn̩(ə)ri,
ˌɛkstrəˈɔːdn̩(ə)ri
AM ɛkˈstrɔrdn̩ˌɛri

extraphysical
BR ˌekstrəˈfɪzɪkl
AM ˌɛkstrəˈfɪzɪk(ə)l

extrapolate
BR ɪkˈstrapəleɪt,
ɛkˈstrapəleɪt, -s,
-ɪŋ, -ɪd
AM ɛkˈstræpəˌleɪ|t, -ts,
-dɪŋ, -dɪd

extrapolation
BR ɪkˌstrapəˈleɪʃn,
ɛkˌstrapəˈleɪʃn
AM ɛkˌstræpəˈleɪʃ(ə)n

extrapolative
BR ɪkˈstrapələtɪv,
ɛkˈstrapələtɪv
AM ɛkˈstræpəˌleɪdɪv

extrapolator
BR ɪkˈstrapəleɪtə(r),
ɛkˈstrapəleɪtə(r), -z
AM ɛkˈstræpəˌleɪdər,
-z

extrasensory
BR ˌekstrəˈsens(ə)ri
AM ˌekstrəˈsensəri

extraterrestrial
BR ˌekstrətɪˈrestriəl
AM ˌekstrətəˈrestriəl

extraterritorial
BR ˌekstrəˌterɪˈtɔːriəl
AM ˌekstrəˌterəˈtɔriəl

extraterritoriality
BR ˌekstrəˌterɪtɔːrɪˈalɪti
AM ˌekstrəˌterə-
ˌtɔriˈælədi

extravagance
BR ɪkˈstravəg(ə)ns,
ɛkˈstravəg(ə)ns, -ɪz
AM ɛkˈstrævəgəns, -əz

extravagancy
BR ɪkˈstravəg(ə)ns|i,
ɛkˈstravəg(ə)ns|i,
-ɪz
AM ɛkˈstrævəgənsi, -z

extravagant
BR ɪkˈstravəg(ə)nt,
ɛkˈstravəg(ə)nt
AM ɛkˈstrævəgənt

extravagantly
BR ɪkˈstravəg(ə)ntli,
ɛkˈstravəg(ə)ntli
AM ɛkˈstrævəgən(t)li

extravaganza
BR ɪkˌstravəˈganzə(r),
ɛkˌstravəˈganzə(r),
-z
AM ɛkˌstrævəˈgænzə,
-z

extravasate
BR ɪkˈstravəseɪt,
ɛkˈstravəseɪt, -s,
-ɪŋ, -ɪd
AM ɛkˈstrævəˌseɪ|t,
-ts, -dɪŋ, -dɪd

extravasation
BR ɪkˌstravəˈseɪʃn,
ɛkˌstravəˈseɪʃn
AM ɛkˌstrævəˈseɪʃ(ə)n

extravehicular
BR ˌekstrəvɪ-
ˈ(h)ɪkjələ(r)
AM ˌekstrəvɪˈhɪkjələr,
ˌekstrəvəˈhɪkjələr

extraversion
BR ˌekstrəˈvɜːʃn
AM ˈekstrəˌvɜrʒ(ə)n

extravert
BR ˈekstrəvɜːt, -s
AM ˈekstrəˌvɜrt,
-s

extrema
BR ɪkˈstriːmə(r),
ɛkˈstriːmə(r)
AM ɛkˈstrimə

extremal
BR ɪkˈstriːml,
ɛkˈstriːml
AM ɛkˈstrim(ə)l

extreme
BR ɪkˈstriːm,
ɛkˈstriːm, -z
AM ɛkˈstrim, -z

extremely
BR ɪkˈstriːmli,
ɛkˈstriːmli
AM ɛkˈstrimli

extremeness
BR ɪkˈstriːmnɪs,
ɛkˈstriːmnɪs
AM ɛkˈstrimnɪs

extremis
BR ɪkˈstriːmɪs,
ɛkˈstriːmɪs
AM ɛkˈstrimɪs

extremism
BR ɪkˈstriːmɪzm,
ɛkˈstriːmɪzm
AM ɛkˈstriːˌmɪz(ə)m

extremist
BR ɪkˈstriːmɪst,
ɛkˈstriːmɪst, -s
AM ɛkˈstrimɪst, -s

extremity
BR ɪkˈstremɪt|i,
ɛkˈstremɪt|i, -ɪz
AM ɛkˈstremədi, -z

extremum
BR ɪkˈstriːməm,
ɛkˈstriːməm, -z
AM ɛkˈstriməm, -z

extricable
BR ɪkˈstrɪkəbl,
ɛkˌstrɪkəbl,
ˈekstrɪkəbl
AM ɛkˈstrɪkəb(ə)l,
ˈekstrɪkəb(ə)l

extricate
BR ˈekstrɪkeɪt, -s, -ɪŋ, -ɪd
AM ˈekstrəˌkeɪ|t, -ts,
-dɪŋ, -dɪd

extrication
BR ˌekstrɪˈkeɪʃn
AM ˌekstrəˈkeɪʃ(ə)n

extrinsic
BR ɛkˈstrɪnsɪk,
ɪkˈstrɪnsɪk,
ɛkˈstrɪnzɪk,
ɪkˈstrɪnzɪk
AM ɛkˈstrɪnzɪk,
ɛkˈstrɪnsɪk

extrinsically
BR ɛkˈstrɪnsɪkli,
ɪkˈstrɪnsɪkli,
ɛkˈstrɪnzɪkli,
ɪkˈstrɪnzɪkli
AM ɛkˈstrɪnzək(ə)li,
ɛkˈstrɪnsək(ə)li,
ɪkˈstrɪnsək(ə)li,
ɪkˈstrɪnzək(ə)li

extroversion
BR ˌekstrəˈvɜːʃn
AM ˌekstroʊˌvɜrʒ(ə)n,
ˈekstrəˌvɜrʒ(ə)n

extrovert
BR ˈekstrəvɜːt, -s
AM ˈekstrəˌvɜrt, -s

extroverted
BR ˈekstrəvɜːtɪd
AM ˈekstrəˌvɜrdəd

extrude
BR ɪkˈstruːd,
ɛkˈstruːd, -z,
-ɪŋ, -ɪd
AM ɛkˈstrud, -z, -ɪŋ,
-əd

extrusile
BR ɪkˈstruːsʌɪl,
ɛkˈstruːsʌɪl
AM ɛkˈstrus(ə)l,
ɛkˈstruˌsaɪl

extrusion
BR ɪkˈstruːʒn,
ɛkˈstruːʒn
AM ɛkˈstruʒ(ə)n

extrusive
BR ɪkˈstruːsɪv,
ɛkˈstruːsɪv
AM ɛkˈstrusɪv

exuberance
BR ɪɡˈz(j)uːb(ə)rn̩s,
ɛɡˈz(j)uːb(ə)rn̩s
AM ɛɡˈzub(ə)rəns

exuberant
BR ɪɡˈz(j)uːb(ə)rn̩t,
ɛɡˈz(j)uːb(ə)rn̩t
AM ɛɡˈzub(ə)rənt

exuberantly
BR ɪɡˈz(j)uːb(ə)rn̩tli,
ɛɡˈz(j)uːb(ə)rn̩tli
AM ɛɡˈzub(ə)rən(t)li

exuberate
BR ɪɡˈz(j)uːbəreɪt,
ɛɡˈz(j)uːbəreɪt, -s,
-ɪŋ, -ɪd
AM ɛɡˈzubəˌreɪ|t, -ts,
-dɪŋ, -dɪd

exudate
BR ˈeksjʉdeɪt,
ˈeɡzjʉdeɪt, -s,
-ɪŋ, -ɪd
AM ˈeksjuˌdeɪ|t,
ˈeksəˌdeɪ|t, -ts,
-dɪŋ, -dɪd

exudation
BR ˌeksjʉˈdeɪʃn,
ˌeɡzjʉˈdeɪʃn
AM ˌeksjuˈdeɪʃ(ə)n,
ˌeksəˈdeɪʃ(ə)n

exudative
BR ˈeksjʊdeɪtɪv,
ˈegzjʊdeɪtɪv
AM ˈeksjuˌdeɪdɪv,
ˈeksəˌdeɪdɪv

exude
BR ɪgˈzjuːd, egˈzjuːd,
-z, -ɪŋ, -ɪd
AM egˈzud, -z, -ɪŋ,
-əd

exult
BR ɪgˈzʌlt, egˈzʌlt, -s,
-ɪŋ, -ɪd
AM egˈzəlt, -s, -ɪŋ, -əd

exultancy
BR ɪgˈzʌlt(ə)nsi,
egˈzʌlt(ə)nsi
AM egˈzəltnsi

exultant
BR ɪgˈzʌlt(ə)nt,
egˈzʌlt(ə)nt
AM egˈzəltnt

exultantly
BR ɪgˈzʌlt(ə)ntli,
egˈzʌlt(ə)ntli
AM egˈzəltn(t)li

exultation
BR ˌegz(ʌ)lˈteɪʃn,
ˌeks(ʌ)lˈteɪʃn
AM ˌegzəlˈteɪʃ(ə)n,
ˌeksəlˈteɪʃ(ə)n

exultingly
BR ɪgˈzʌltɪŋli,
egˈzʌltɪŋli
AM egˈzəltɪŋli

exurb
BR ˈeksɜːb, -z
AM ˈegzɜrb, ˈeksɜrb,
-z

exurban
BR (ˌ)eksˈɜːb(ə)n
AM egˈzɜrb(ə)n,
ekˈsɜrb(ə)n

exurbanite
BR (ˌ)eksˈɜːbənʌɪt,
-s
AM egˈzɜrbəˌnaɪt,
ekˈsɜrbəˌnaɪt, -s

exurbia
BR (ˌ)eksˈɜːbɪə(r)
AM egˈzɜrbiə,
ekˈsɜrbiə

exuviae
BR ɪgˈzjuːviː,
egˈzjuːviː,
ɪgˈzjuːvɪʌɪ,
egˈzjuːvɪʌɪ
AM egˈzuviˌi,
egˈzuviˌaɪ

exuvial
BR ɪgˈzjuːvɪəl,
egˈzjuːvɪəl
AM egˈzuviəl

exuviate
BR ɪgˈzjuːvɪeɪt,
egˈzjuːvɪeɪt, -s,
-ɪŋ, -ɪd
AM egˈzuviˌeɪ|t, -ts,
-dɪŋ, -dɪd

exuviation
BR ɪgˌzjuːvɪˈeɪʃn,
egˌzjuːvɪˈeɪʃn
AM egˌzuviˈeɪʃ(ə)n

ex voto
BR ˌeks ˈvəʊtəʊ, -z
AM ˌeks ˈvoʊdoʊ, -z

Exxon
BR ˈeksɒn
AM ˈekˌsɑn

Eyam
BR iːm
AM im

eyas
BR ˈʌɪəs, -ɪz
AM ˈaɪəs, -əz

eye
BR ʌɪ, -z, -ɪŋ, -d
AM aɪ, -z, -ɪŋ, -d

eyeball
BR ˈʌɪbɔːl, -z, -ɪŋ, -d
AM ˈaɪˌbɑl, ˈaɪˌbɔl, -z,
-ɪŋ, -d

eyebath
BR ˈʌɪ|bɑːθ
AM ˈaɪˌbæθ, -s, -ðz

eyeblack
BR ˈʌɪblak
AM ˈaɪˌblæk

eyebright
BR ˈʌɪbrʌɪt
AM ˈaɪˌbraɪt

eyebrow
BR ˈʌɪbraʊ, -z
AM ˈaɪˌbraʊ, -z

eyedropper
BR ˈʌɪˌdrɒpə(r),
-z
AM ˈaɪˌdrɑpər, -z

eyeful
BR ˈʌɪfʊl, -z
AM ˈaɪˌfʊl, -z

eyeglass
BR ˈʌɪglɑːs, -ɪz
AM ˈaɪˌglæs, -əz

eyehole
BR ˈʌɪhəʊl, -z
AM ˈaɪˌ(h)oʊl, -z

eyelash
BR ˈʌɪlaʃ, -ɪz
AM ˈaɪˌlæʃ, -əz

eyeless
BR ˈʌɪlɪs
AM ˈaɪlɪs

eyelet
BR ˈʌɪlɪt, -s
AM ˈaɪlət, -s

eyelevel
BR ˈʌɪˌlevl
AM ˈaɪˌlev(ə)l

eyelid
BR ˈʌɪlɪd, -z
AM ˈaɪˌlɪd, -z

eyeliner
BR ˈʌɪˌlʌɪnə(r), -z
AM ˈaɪˌlaɪnər, -z

eyepatch
BR ˈʌɪpatʃ, -ɪz
AM ˈaɪˌpætʃ, -əz

eyepiece
BR ˈʌɪpiːs, -ɪz
AM ˈaɪˌpiːs, -ɪz

eyeshade
BR ˈʌɪʃeɪd, -z
AM ˈaɪˌʃeɪd, -z

eyeshadow
BR ˈʌɪˌʃadəʊ, -z
AM ˈaɪˌʃædoʊ, -z

eyeshot
BR ˈʌɪʃɒt
AM ˈaɪˌʃɑt

eyesight
BR ˈʌɪsʌɪt
AM ˈaɪˌsaɪt

eyesore
BR ˈʌɪsɔː(r), -z
AM ˈaɪˌsɔ(ə)r, -z

eyess
BR ˈʌɪəs, -ɪz
AM ˈaɪəs, -əz

eyestrain
BR ˈʌɪstreɪn
AM ˈaɪˌstreɪn

eyeteeth
BR ˈʌɪtiːθ, ˌʌɪˈtiːθ
AM ˈaɪˌtiθ

Eyetie
BR ˈʌɪtʌɪ, -z
AM ˈaɪˌtaɪ, -z

eyetooth
BR ˈʌɪtuːθ, ˌʌɪˈtuːθ
AM ˈaɪˌtuθ

eyewash
BR ˈʌɪwɒʃ
AM ˈaɪˌwɑʃ, ˈaɪˌwɔʃ

eyewatering
BR ˈʌɪˌwɔːt(ə)rɪŋ
AM ˈaɪˌwɒdərɪŋ,
ˈaɪˌwadərɪŋ

eyewitness
BR ˈʌɪˌwɪtnɪs, -ɪz
AM ˈˌaɪˌwɪtnəs, -əz

Eynon
BR ˈʌɪnən
AM ˈaɪnən
WE ˈeɪnɒn

Eynsford
BR ˈeɪnzfəd
AM ˈeɪnzfərd

Eynsham
BR ˈeɪnʃəm
AM ˈeɪnʃ(ə)m

eyot
BR eɪ(ə)t, -s
AM ˈeɪət, eɪt, -s

eyra
BR ˈeɪrə(r), -z
AM ˈeɪrə, -z

Eyre
BR ɛː(r)
AM ɛ(ə)r

eyrie
BR ˈɪər|i, ˈʌɪr|i, ˈɛːr|i,
-ɪz
AM ˈɛri, ˈiri, ˈɪri,
ˈaɪri, -z

eyry
BR ˈɪər|i, ˈʌɪr|i, ˈɛːr|i, -ɪz
AM ˈɛri, ˈiri, ˈɪri, ˈaɪri, -z

Eysenck
BR ˈʌɪzɛŋk
AM ˈaɪzəŋk

Ezekiel
BR ɪˈziːkɪəl
AM iˈzikiəl, əˈzikiəl

Ezra
BR ˈɛzrə(r)
AM ˈɛzrə

F

f
BR ɛf, -s
AM ɛf, -s

FA
BR ˌɛf ˈeɪ
AM ˌɛf ˈeɪ

fa
BR fɑː(r)
AM fɑ

fab
BR fab
AM fæb

Fabergé
BR ˈfabəʒeɪ
AM ˌfæbərˈʒeɪ

Fabia
BR ˈfeɪbɪə(r)
AM ˈfeɪbɪə

Fabian
BR ˈfeɪbɪən, -z
AM ˈfeɪbɪən, -z

Fabianism
BR ˈfeɪbɪənɪzm
AM ˈfeɪbɪəˌnɪz(ə)m

Fabianist
BR ˈfeɪbɪənɪst, -s
AM ˈfeɪbɪənəst, -s

Fabius
BR ˈfeɪbɪəs
AM ˈfeɪbɪəs

fable
BR ˈfeɪbl, -z, -d
AM ˈfeɪb(ə)l, -z, -d

fabler
BR ˈfeɪblə(r), -z
AM ˈfeɪb(ə)lər, -z

fabliau
BR ˈfablɪəʊ, -z
AM ˈfæblɪoʊ, -z

Fablon
BR ˈfablɒn
AM ˈfæbl(ə)n

fabric
BR ˈfabrɪk, -s
AM ˈfæbrɪk, -s

fabricate
BR ˈfabrɪkeɪt, -s, -ɪŋ, -ɪd
AM ˈfæbrəˌkeɪ|t, -ts, -dɪŋ, -dɪd

fabrication
BR ˌfabrɪˈkeɪʃn, -z
AM ˌfæbrəˈkeɪʃ(ə)n, -z

fabricator
BR ˈfabrɪkeɪtə(r), -z
AM ˈfæbrəˌkeɪdər, -z

fabulist
BR ˈfabjʊlɪst, -s
AM ˈfæbjələst, -s

fabulosity
BR ˌfabjʊˈlɒsɪti
AM ˌfæbjəˈlɑsədi

fabulous
BR ˈfabjʊləs
AM ˈfæbjələs

fabulously
BR ˈfabjʊləsli
AM ˈfæbjələsli

fabulousness
BR ˈfabjʊləsnəs
AM ˈfæbjələsnəs

facade
BR fəˈsɑːd, -z
AM fəˈsɑd, -z

façade
BR fəˈsɑːd, -z
AM fəˈsɑd, -z

face
BR feɪs, -ɪz, -ɪŋ, -t
AM feɪs, -ɪz, -ɪŋ, -t

facecloth
BR ˈfeɪsklɒ|θ, -θs\-ðz
AM ˈfeɪsˌklɑ|θ, ˈfeɪsˌklɔ|θ, -θs\-ðz

faceless
BR ˈfeɪslɪs
AM ˈfeɪslɪs

facelessly
BR ˈfeɪslɪsli
AM ˈfeɪslɪsli

facelessness
BR ˈfeɪslɪsnɪs
AM ˈfeɪslɪsnɪs

facelift
BR ˈfeɪslɪf|t, -(t)s
AM ˈfeɪsˌlɪft, -s

facemask
BR ˈfeɪsmɑːsk, -s
AM ˈfeɪsˌmæsk, -s

faceplate
BR ˈfeɪspleɪt, -s
AM ˈfeɪsˌpleɪt, -s

facer
BR ˈfeɪsə(r), -z
AM ˈfeɪsər, -z

facet
BR ˈfasɪt, ˈfasɛt, -s
AM ˈfæsət, -s

faceted
BR ˈfasɪtɪd
AM ˈfæsədəd

facetiae
BR fəˈsiːʃiː
AM fəˈsiʃiˌaɪ, fəˈsiʃiˌi

facetious
BR fəˈsiːʃəs
AM fəˈsiʃəs

facetiously
BR fəˈsiːʃəsli
AM fəˈsiʃəsli

facetiousness
BR fəˈsiːʃəsnəs
AM fəˈsiʃəsnəs

facetted
BR ˈfasɪtɪd
AM ˈfæsədəd

faceworker
BR ˈfeɪsˌwɜːkə(r), -z
AM ˈfeɪsˌwɜrkər, -z

facia
BR ˈfeɪʃə(r), -z
AM ˈfeɪʃ(i)ə, ˈfæʃ(i)ə, -z

facial
BR ˈfeɪʃl
AM ˈfeɪʃ(ə)l

facially
BR ˈfeɪʃli
AM ˈfeɪʃəli

facies
BR ˈfeɪʃiːz
AM ˈfeɪʃiˌiz, ˈfeɪʃiz

facile
BR ˈfasʌɪl
AM ˈfæs(ə)l

facilely
BR ˈfasʌɪl(l)i
AM ˈfæsə(l)li

facileness
BR ˈfasʌɪlnɪs
AM ˈfæsəlnəs

facilitate
BR fəˈsɪlɪteɪt, -s, -ɪŋ, -ɪd
AM fəˈsɪləˌteɪ|t, -ts, -dɪŋ, -dɪd

facilitation
BR fəˌsɪlɪˈteɪʃn
AM fəˌsɪləˈteɪʃ(ə)n

facilitative
BR fəˌsɪlɪtətɪv
AM fəˈsɪləˌteɪdɪv

facilitator
BR fəˈsɪlɪteɪtə(r), -z
AM fəˈsɪləˌteɪdər, -z

facility
BR fəˈsɪlɪt|i, -ɪz
AM fəˈsɪlɪdi, -z

facing
BR ˈfeɪsɪŋ, -z
AM ˈfeɪsɪŋ, -z

facsimile
BR fakˈsɪmɪl|i, fakˈsɪml|i, -ɪz
AM fækˈsɪməli, -z

fact
BR fakt, -s
AM fæk|(t), -(t)s

facta
BR ˈfaktə(r)
AM ˈfæktə

fact-checker
BR ˈfak(t)ˌtʃɛkə(r), -z
AM ˈfæk(t)ˌtʃɛkər, -z

fact-finding
BR ˈfak(t)ˌfʌɪndɪŋ
AM ˈfæk(t)ˌfaɪndɪŋ

factice
BR ˈfaktɪs
AM ˈfæktəs

faction
BR ˈfakʃn, -z
AM ˈfækʃ(ə)n, -z

factional
BR ˈfakʃn̩l
AM ˈfækʃən(ə)l, ˈfækʃn(ə)l

factionalise
BR ˈfakʃn̩lʌɪz, ˈfakʃnəlʌɪz, -ɪz, -ɪŋ, -d
AM ˈfækʃ(ə)nəˌlaɪz, -ɪz, -ɪŋ, -d

factionalism
BR ˈfakʃn̩lɪzm, ˈfakʃnəlɪzm
AM ˈfækʃnəˌlɪz(ə)m, ˈfækʃnlˌɪz(ə)m

factionalize
BR ˈfakʃn̩lʌɪz, ˈfakʃnəlʌɪz, -ɪz, -ɪŋ, -d
AM ˈfækʃ(ə)nəˌlaɪz, -ɪz, -ɪŋ, -d

factionally
BR ˈfakʃn̩li, ˈfakʃnəli
AM ˈfækʃ(ə)nəli

factious
BR ˈfakʃəs
AM ˈfækʃəs

factiously
BR ˈfakʃəsli
AM ˈfækʃəsli

factiousness
BR ˈfakʃəsnəs
AM ˈfækʃəsnəs

factitious
BR fakˈtɪʃəs
AM fækˈtɪʃəs

factitiously
BR fakˈtɪʃəsli
AM fækˈtɪʃəsli

factitiousness
BR fakˈtɪʃəsnəs
AM fækˈtɪʃəsnəs

factitive
BR ˈfaktɪtɪv
AM ˈfæktəˌtɪv

facto
BR ˈfaktəʊ
AM ˈfæktoʊ

factoid
BR ˈfaktɔɪd, -z
AM ˈfækˌtɔɪd, -z

factor
BR ˈfaktə(r), -z
AM ˈfæktə(ə)r, ˈfæktər, -z

factorable
BR ˈfakt(ə)rəbl
AM ˈfæktərəb(ə)l

factorage
BR ˈfakt(ə)r|ɪdʒ, -ɪdʒɪz
AM ˈfæktərɪdʒ, -ɪz

factorial
BR fakˈtɔːrɪəl, -z
AM fækˈtɔrɪəl, -z

factorially
BR fakˈtɔːrɪəli
AM fækˈtɔrɪəli

factorisation
BR ˌfakt(ə)rʌɪˈzeɪʃn
AM ˌfæktəˌraɪˈzeɪʃ(ə)n, ˌfæktərəˈzeɪʃ(ə)n

factorise
BR ˈfaktərʌɪz, -ɪz, -ɪŋ, -d
AM ˈfæktəˌraɪz, -ɪz, -ɪŋ, -d

factorization
BR ˌfakt(ə)rʌɪˈzeɪʃn
AM ˌfæktəˌraɪˈzeɪʃ(ə)n, ˌfæktərəˈzeɪʃ(ə)n

factorize
BR ˈfaktərʌɪz, -ɪz, -ɪŋ, -d
AM ˈfæktəˌraɪz, -ɪz, -ɪŋ, -d

factory
BR ˈfakt(ə)r|i, -ɪz
AM ˈfækt(ə)ri, -z

factotum
BR fakˈtəʊtəm, -z
AM fækˈtoʊdəm, -z

factual
BR ˈfaktʃʊəl, ˈfaktʃʉl, ˈfaktjʊəl, ˈfaktjʉl
AM ˈfæk(t)ʃ(əw)əl

factualism
BR ˈfaktʃʊəlɪzm, ˈfaktʃʉlɪzm, ˈfaktʃlɪzm
AM ˈfæk(t)ʃ(əw)əˌlɪz(ə)m

factualist
BR ˈfaktʃʊəlɪst, ˈfaktʃʉlɪst, ˈfaktʃlɪst, -s
AM ˈfæk(t)ʃ(əw)ələst, -s

factuality
BR ˌfaktʃʊˈalɪti, ˌfaktjʊˈalɪti
AM ˌfæk(t)ʃəˈwælədi

factually
BR ˈfaktʃʊəli, ˈfaktʃʉli, ˈfaktʃli
AM ˈfæk(t)ʃ(əw)əli

factualness
BR ˈfaktʃʊəlnəs, ˈfaktʃ(ʉ)lnəs
AM ˈfæk(t)ʃ(əw)əlnəs

factum
BR ˈfaktəm, -z
AM ˈfækt(ə)m, -z

facture
BR ˈfaktʃə(r), -z
AM ˈfæk(t)ʃər, -z

facula
BR ˈfakjʉlə(r)
AM ˈfækjələ

facular
BR ˈfakjʉlə(r)
AM ˈfækjələr

faculous
BR ˈfakjʉləs
AM ˈfækjələs

facultative
BR ˈfakltətɪv
AM ˈfækəlˌteɪdɪv

facultatively
BR ˈfakltətɪvli
AM ˈfækəlˌteɪdɪvli

faculty
BR ˈfaklt|i, -ɪz
AM ˈfækəldi, ˈfækəlti, -z

fad
BR fad, -z
AM fæd, -z

faddily
BR ˈfadɪli
AM ˈfædəli

faddiness
BR ˈfadɪnɪs
AM ˈfædɪnɪs

faddish
BR ˈfadɪʃ
AM ˈfædɪʃ

faddishly
BR ˈfadɪʃli
AM ˈfædɪʃli

faddishness
BR ˈfadɪʃnɪs
AM ˈfædɪʃnɪs

faddism
BR ˈfadɪzm
AM ˈfæˌdɪz(ə)m

faddist
BR ˈfadɪst, -s
AM ˈfædəst, -s

faddy
BR ˈfadi
AM ˈfædi

fade
BR feɪd, -z, -ɪŋ, -ɪd
AM feɪd, -z, -ɪŋ, -ɪd

fadeaway
BR ˈfeɪdəweɪ
AM ˈfeɪdəˌweɪ

fadeless
BR ˈfeɪdlɪs
AM ˈfeɪdlɪs

fader
BR ˈfeɪdə(r), -z
AM ˈfeɪdər, -z

fadge
BR fadʒ, -ɪz
AM fædʒ, -əz

faecal
BR ˈfiːkl
AM ˈfik(ə)l

faeces
BR ˈfiːsiːz
AM ˈfisiz

Faenza
BR fɑːˈɛntsə(r)
AM fɑˈɛn(t)zə

faerie
BR ˈfɛːri
AM ˈfɛri

Faeroe Islands
BR ˈfɛːrəʊ ˌʌɪlən(d)z
AM ˈfɛroʊ ˌaɪlən(d)z

Faeroes
BR ˈfɛːrəʊz
AM ˈfɛroʊz

Faeroese
BR ˌfɛːrəʊˈiːz
AM ˌfɛrəˈwiz

faery
BR ˈfɛːri
AM ˈfɛri

faff
BR faf, -s, -ɪŋ, -t
AM fæf, -s, -ɪŋ, -t

fag
BR fag, -z, -ɪŋ, -d
AM fæg, -z, -ɪŋ, -d

Fagan
BR ˈfeɪg(ə)n
AM ˈfeɪg(ə)n

faggot
BR ˈfagət, -s, -ɪŋ, -ɪd
AM ˈfægə|t, -ts, -dɪŋ, -dəd

faggotry
BR ˈfagətri
AM ˈfægətri

faggoty
BR ˈfagəti
AM ˈfægədi

Fagin
BR ˈfeɪgɪn
AM ˈfeɪgɪn

fagot
BR ˈfagət, -s, -ɪŋ, -ɪd
AM ˈfægə|t, -ts, -dɪŋ, -dəd

fah
BR faː(r)
AM fɑ

Fahd
BR fɑːd
AM fɑd

Fahrenheit
BR ˈfar̩hʌɪt
AM ˈfɛrən‚(h)aɪt

Fahy
BR ˈfɑːhi
AM ˈfeɪˌhi

faience
BR fʌɪˈɑːns, fʌɪˈɒ̃s
AM feɪˈans, faɪˈans

fail
BR feɪl, -z, -ɪŋ, -d
AM feɪl, -z, -ɪŋ, -d

failing
BR ˈfeɪlɪŋ, -z
AM ˈfeɪlɪŋ, -z

faille
BR feɪl
AM faɪl

failure
BR ˈfeɪljə(r), -z
AM ˈfeɪljər, -z

fain
BR feɪn
AM feɪn

fainéancy
BR ˈfeɪnɑ̃ns|i, ˈfeɪneɪɒ̃s|i, -ɪz
AM ˈfeɪniɑnsi, -z

fainéant
BR ˈfeɪniɑnt, ˈfeɪneɪɒ̃, -s
AM ˈfeɪniɑnt, -s
FR feneɑ̃

faint
BR feɪnt, -s, -ɪŋ, -ɪd, -ə(r), -ɪst
AM feɪn|t, -ts, -(t)ɪŋ, -(t)ɪd, -(t)ər, -(t)ɪst

faintly
BR ˈfeɪntli
AM ˈfeɪn(t)li

faintness
BR ˈfeɪntnɪs
AM ˈfeɪn(t)nɪs

fair
BR fɛː(r)
AM fɛ(ə)r

Fairbairn
BR ˈfɛːbɛːn
AM ˈfɛrˌbɛrn

Fairbanks
BR ˈfɛːbaŋks
AM ˈfɛrˌbæŋks

Fairbourn
BR ˈfɛːbɔːn
AM ˈfɛrˌbɔ(ə)rn

Fairbourne
BR ˈfɛːbɔːn
AM ˈfɛrˌbɔ(ə)rn

Fairbrother
BR ˈfɛːˌbrʌðə(r)
AM ˈfɛrˌbrʌðər

Fairchild
BR ˈfɛːtʃʌɪld
AM ˈfɛrˌtʃaɪld

Fairclough
BR ˈfɛːklʌf
AM ˈfɛrˌklʌf

Fairfax
BR ˈfɛːfaks
AM ˈfɛrˌfæks

Fairford
BR ˈfɛːfəd
AM ˈfɛrfərd

fairground
BR ˈfɛːɡraʊnd, -z
AM ˈfɛrˌɡraʊnd, -z

Fairhaven
BR ˈfɛːˌheɪvn
AM ˈfɛrˌ(h)eɪv(ə)n

Fairhurst
BR ˈfɛːhəːst
AM ˈfɛrˌ(h)ərst

fairing
BR ˈfɛːrɪŋ, -z
AM ˈfɛrɪŋ, -z

fairish
BR ˈfɛːrɪʃ
AM ˈfɛrɪʃ

fairlead
BR ˈfɛːliːd, -z
AM ˈfɛrˌlid, -z

Fairley
BR ˈfɛːli
AM ˈfɛrli

Fairlie
BR ˈfɛːli
AM ˈfɛrli

fairly
BR ˈfɛːli
AM ˈfɛrli

fairness
BR ˈfɛːnəs
AM ˈfɛrnəs

Fairport
BR ˈfɛːpɔːt
AM ˈfɛrˌpɔ(ə)rt

fairway
BR ˈfɛːweɪ, -z
AM ˈfɛrˌweɪ, -z

fairy
BR ˈfɛːr|i, -ɪz
AM ˈfɛri, -z

fairyland
BR ˈfɛːrɪland, -z
AM ˈfɛriˌlænd, -z

Faisal
BR ˈfʌɪsl
AM ˈfaɪˈzɑl

Faisalabad
BR ˈfʌɪs(ə)ləbad, ˌfʌɪsˌləbad, ˈfʌɪs(ə)ləbɑːd, ˌfʌɪsˌləbɑːd
AM ˌfaɪˈzɑləˌbæd, ˌfaɪˈzɑləˌbad

fait accompli
BR ˌfeɪt əˈkɒmpli, ˌfɛt +
AM ˌfeɪt əkɑmˈpli, ˌfɛt əkɑmˈpli

faith
BR feɪθ, -s
AM feɪθ, -s

faithful
BR ˈfeɪθf(ʊ)l
AM ˈfeɪθf(ə)l

Faithfull
BR ˈfeɪθf(ʊ)l
AM ˈfeɪθf(ə)l

faithfully
BR ˈfeɪθfəli, ˈfeɪθfl̩i
AM ˈfeɪθfəli

faithfulness
BR ˈfeɪθf(ʊ)lnəs
AM ˈfeɪθfəlnəs

faithless
BR ˈfeɪθlɪs
AM ˈfeɪθlɪs

faithlessly
BR ˈfeɪθlɪsli
AM ˈfeɪθlɪsli

faithlessness
BR ˈfeɪθlɪsnɪs
AM ˈfeɪθlɪsnɪs

fake
BR feɪk, -s, -ɪŋ, -t
AM feɪk, -s, -ɪŋ, -t

Fakenham
BR ˈfeɪkn̩əm
AM ˈfeɪkən(ə)m

faker
BR ˈfeɪkə(r), -z
AM ˈfeɪkər, -z

fakery
BR ˈfeɪk(ə)ri
AM ˈfeɪkəri
fakir
BR feɪˈkɪə(r), ˈfakɪə(r), fəˈkɪə(r), -z
AM fəˈkɪ(ə)r, -z
falafel
BR fəˈlɑːfl
AM fəˈlɑːf(ə)l
Falange
BR fəˈlan(d)ʒ
AM fəˈlændʒ
SP faˈlaŋxe
Falangism
BR fəˈlan(d)ʒɪzm
AM feɪˈlænˌdʒɪz(ə)m, fəˈlænˌdʒɪz(ə)m
Falangist
BR fəˈlan(d)ʒɪst, -s
AM feɪˈlændʒəst, fəˈlændʒəst, -s
Falasha
BR fəˈlaʃə(r)
AM fəˈlɑʃə
falbala
BR ˈfalbələ(r)
AM ˈfælbələ
falcate
BR ˈfalkeɪt
AM ˈfɒlˌkeɪt, ˈfælˌkeɪt, ˈfalˌkeɪt, ˈfælˌkeɪt
falchion
BR ˈfɔːl(t)ʃ(ə)n, -z
AM ˈfal(t)ʃ(ə)n, ˈfɒl(t)ʃ(ə)n, -z
falciform
BR ˈfalsɪfɔːm
AM ˈfælsəˌfɔ(ə)rm
falcon
BR ˈfɔː(l)kn, ˈfɒlkn, ˈfalkn, -z
AM ˈfælk(ə)n, -z
falconer
BR ˈfɔː(l)knə(r), ˈfɒlknə(r), ˈfalknə(r), -z
AM ˈfælkənər, -z
falconet
BR ˈfɔː(l)knɪt, ˈfɒlknɪt, ˈfalknɪt, -s
AM ˈfælkənət, -s

falconry
BR ˈfɔː(l)knri, ˈfɒlknri, ˈfalknri
AM ˈfælkənri
falderal
BR ˈfaldəral, -z
AM ˈfældəˌræl, ˈfaldəˌral, ˈfɔldəˌrɔl, -z
Faldo
BR ˈfaldəʊ
AM ˈfaldoʊ, ˈfɔldoʊ
faldstool
BR ˈfɔːl(d)stuːl, -z
AM ˈfal(d)ˌstul, ˈfɔl(d)ˌstul, -z
Falernian
BR fəˈləːnɪən
AM fəˈlɜrnɪən
Falk
BR fɔː(l)k
AM fak, fɔk
Falkender
BR ˈfɔːlk(ə)ndə(r)
AM ˈfalkəndər, ˈfɒlkəndər
Falkirk
BR ˈfɔːlkəːk, ˈfɒlkəːk
AM ˈfalˌkərk, ˈfɒlˌkərk
Falkland Islands
BR ˈfɔː(l)klənd ˌaɪlən(d)z, ˈfɒlklənd +
AM ˈfaklənd ˌaɪlən(d)z, ˈfɔklənd ˌaɪlən(d)z
Falklands
BR ˈfɔː(l)kləndz, ˈfɒlkləndz
AM ˈfaklən(d)z, ˈfɔklən(d)z
fall
BR fɔːl, -z, -ɪŋ
AM fal, fɔl, -z, -ɪŋ
fallacious
BR fəˈleɪʃəs
AM fəˈleɪʃəs
fallaciously
BR fəˈleɪʃəsli
AM fəˈleɪʃəsli

fallaciousness
BR fəˈleɪʃəsnəs
AM fəˈleɪʃəsnəs
fallacy
BR ˈfaləs|i, -ɪz
AM ˈfæləsi, -z
fallback
BR ˈfɔːlbak, -s
AM ˈfalˌbæk, ˈfɔlˌbæk, -s
fallen
BR ˈfɔːlən
AM ˈfal(ə)n, ˈfɔl(ə)n
fallenness
BR ˈfɔːlənnəs
AM ˈfalə(n)nəs, ˈfɔlə(n)nəs
faller
BR ˈfɔːlə(r), -z
AM ˈfalər, ˈfɔlər, -z
fallibility
BR ˌfalɪˈbɪlɪti
AM ˌfæləˈbɪlɪdi
fallible
BR ˈfalɪbl
AM ˈfæləb(ə)l
fallibleness
BR ˈfalɪblnəs
AM ˈfæləbəlnəs
fallibly
BR ˈfalɪbli
AM ˈfæləbli
Fallon
BR ˈfalən
AM ˈfæl(ə)n
fallopian
BR fəˈləʊpɪən
AM fəˈloʊpɪən
fallout
BR ˈfɔːlaʊt
AM ˈfalˌaʊt, ˈfɔlˌaʊt
fallow
BR ˈfaləʊ
AM ˈfæloʊ
Fallowfield
BR ˈfalə(ʊ)fiːld
AM ˈfæloʊˌfild
fallowness
BR ˈfaləʊnəs
AM ˈfæloʊnəs

Falmouth
BR ˈfalməθ
AM ˈfælməθ
false
BR fɔːls, fɒls, -ə(r), -ɪst
AM fals, fɔls, -ər, -əst
falsehood
BR ˈfɔːlshʊd, ˈfɒlshʊd, -z
AM ˈfals(h)ʊd, ˈfɔls(h)ʊd, -z
falsely
BR ˈfɔːlsli, ˈfɒlsli
AM ˈfalsli, ˈfɔlsli
falseness
BR ˈfɔːlsnəs, ˈfɒlsnəs
AM ˈfalsnəs, ˈfɔlsnəs
falsetto
BR ˌfɔːlˈsɛtəʊ, ˌfɒlˈsɛtəʊ, -z
AM falˈsɛdoʊ, fɔlˈsɛdoʊ, -z
falsework
BR ˈfɔːlswəːk, ˈfɒlswəːk
AM ˈfalsˌwərk, ˈfɔlsˌwərk
falsies
BR ˈfɔːlsɪz, ˈfɒlsɪz
AM ˈfalsiz, ˈfɔlsiz
falsifiability
BR ˌfɔːlsɪfaɪəˈbɪlɪti, ˌfɒlsɪfaɪəˈbɪlɪti
AM ˌfalsəˌfaɪəˈbɪlɪdi, ˈfɔlsəˌfaɪəˈbɪlɪdi
falsifiable
BR ˈfɔːlsɪfaɪəbl, ˈfɒlsɪfaɪəbl
AM ˈfalsəˌfaɪəb(ə)l, ˈfɔlsəˌfaɪəb(ə)l
falsification
BR ˌfɔːlsɪfɪˈkeɪʃn, ˌfɒlsɪfɪˈkeɪʃn, -z
AM ˌfalsəfəˈkeɪʃ(ə)n, ˌfɔlsəfəˈkeɪʃ(ə)n, -z
falsify
BR ˈfɔːlsɪfaɪ, ˈfɒlsɪfaɪ, -z, -ɪŋ, -d
AM ˈfalsəˌfaɪ, ˈfɔlsəˌfaɪ, -z, -ɪŋ, -d

falsity
BR ˈfɔːlsɪti, ˈfɒlsɪti
AM ˈfɑlsədi, ˈfɔlsədi
Falstaff
BR ˈfɔːlstɑːf, ˈfɒlstɑːf
AM ˈfɑlˌstæf, ˈfɔlˌstæf
Falstaffian
BR fɔːlˈstɑːfiən, fɒlˈstɑːfiən
AM fɑlˈstæfiən, fɔlˈstæfiən
Falster
BR ˈfɔːlstə(r), ˈfɒlstə(r)
AM ˈfɑlstər, ˈfɔlstər
DAN ˈfalˈsdʌ
falter
BR ˈfɔːl|tə(r), ˈfɒlt|ə(r), -əz, -(ə)rɪŋ, -əd
AM ˈfɑlt|ər, ˈfɔlt|ər, -ərz, -(ə)rɪŋ, -ərd
falterer
BR ˈfɔːlt(ə)rə(r), ˈfɒlt(ə)rə(r), -z
AM ˈfɑltərər, ˈfɔltərər, -z
faltering
BR ˈfɔːlt(ə)rɪŋ, ˈfɒlt(ə)rɪŋ
AM ˈfɑlt(ə)rɪŋ, ˈfɔlt(ə)rɪŋ
falteringly
BR ˈfɔːlt(ə)rɪŋli, ˈfɒlt(ə)rɪŋli
AM ˈfɑlt(ə)rɪŋli, ˈfɔlt(ə)rɪŋli
Falwell
BR ˈfɔːlwɛl, ˈfɒlwɛl
AM ˈfɑlˌwɛl, ˈfɔlˌwɛl
Famagusta
BR ˌfɑməˈɡʊstə(r)
AM ˌfɑməˈɡʊstə
fame
BR feɪm, -d
AM feɪm, -d
familial
BR fəˈmɪliəl
AM fəˈmɪliəl, fəˈmɪlj(ə)l
familiar
BR fəˈmɪliə(r)
AM fəˈmɪliər, fəˈmɪljər

familiarisation
BR fəˌmɪliərʌɪˈzeɪʃn
AM fəˌmɪljəˌraɪˈzeɪʃ(ə)n, fəˌmɪljərəˈzeɪʃ(ə)n
familiarise
BR fəˈmɪliərʌɪz, -ɪz, -ɪŋ, -d
AM fəˈmɪljəˌraɪz, -ɪz, -ɪŋ, -d
familiarity
BR fəˌmɪliˈarɪt|i, -ɪz
AM fəˌmɪlˈjərədi, fəˌmɪliˈɛrədi, -z
familiarization
BR fəˌmɪliərʌɪˈzeɪʃn
AM fəˌmɪljəˌraɪˈzeɪʃ(ə)n, fəˌmɪljərəˈzeɪʃ(ə)n
familiarize
BR fəˈmɪliərʌɪz, -ɪz, -ɪŋ, -d
AM fəˈmɪljəˌraɪz, -ɪz, -ɪŋ, -d
familiarly
BR fəˈmɪliəli
AM fəˈmɪljərli
famille jaune
BR fəˌmiːˈʒɔːn
AM fəˌmiˈʒoʊn
FR famij ʒon
famille noire
BR fəˌmiːˈnwɑː(r)
AM fəˌmiˈnwɑr
FR famij nwaʀ
famille rose
BR fəˌmiːˈrəʊz
AM fəˌmiˈroʊz
FR famij ʀoz
famille verte
BR fəˌmiːˈvɛːt
AM fəˌmiˈvɛr(t)
FR famij vɛʀt
family
BR ˈfam(ɪ)l|i, ˈfaml|i, -ɪz
AM ˈfæm(ə)li, -z
family-style
BR ˈfam(ɪ)lɪˌstʌɪl, ˈfamlɪˌstʌɪl
AM ˈfæm(ə)liˌstaɪl

famine
BR ˈfamɪn, -z
AM ˈfæm(ə)n, -z
famish
BR ˈfamɪʃ, -tʃɪz, -tʃɪŋ, -ɪʃt
AM ˈfæmɪʃ, -ɪz, -ɪŋ, -t
famous
BR ˈfeɪməs
AM ˈfeɪməs
famously
BR ˈfeɪməsli
AM ˈfeɪməsli
famousness
BR ˈfeɪməsnəs
AM ˈfeɪməsnəs
famuli
BR ˈfamjʊlʌɪ, ˈfamjʊliː
AM ˈfæmjəˌlaɪ
famulus
BR ˈfamjʊləs
AM ˈfæmjələs
fan
BR fan, -z, -ɪŋ, -d
AM fæn, -z, -ɪŋ, -d
Fanagalo
BR ˌfanəɡəˈləʊ, ˈfanəɡləʊ
AM ˌfænəɡəˈloʊ
fanatic
BR fəˈnatɪk, -s
AM fəˈnædɪk, -s
fanatical
BR fəˈnatɪkl
AM fəˈnædək(ə)l
fanatically
BR fəˈnatɪkli
AM fəˈnædək(ə)li
fanaticise
BR fəˈnatɪsʌɪz, -ɪz, -ɪŋ, -d
AM fəˈnædəˌsaɪz, -ɪz, -ɪŋ, -d
fanaticism
BR fəˈnatɪsɪzm, -z
AM fəˈnædəˌsɪz(ə)m, -z
fanaticize
BR fəˈnatɪsʌɪz, -ɪz, -ɪŋ, -d
AM fəˈnædəˌsaɪz, -ɪz, -ɪŋ, -d

fanbelt
BR ˈfanbɛlt, -s
AM ˈfænˌbɛlt, -s
fanciable
BR ˈfansɪəbl
AM ˈfænsiəbl
fancier
BR ˈfansɪə(r), -z
AM ˈfænsiər, -z
fanciful
BR ˈfansɪf(ʊ)l
AM ˈfænsɪf(ə)l
fancifully
BR ˈfansɪfəli, ˈfansɪfli
AM ˈfænsɪf(ə)li
fancifulness
BR ˈfansɪf(ʊ)lnəs
AM ˈfænsɪfəlnəs
fancily
BR ˈfansɪli
AM ˈfænsəli
fanciness
BR ˈfansɪnɪs
AM ˈfænsinɪs
fancy
BR ˈfans|i, -ɪz, -ɪɪŋ, -ɪd
AM ˈfænsi, -z, -ɪŋ, -d
fancywork
BR ˈfansɪwəːk
AM ˈfænsiˌwərk
fandangle
BR fanˈdaŋɡl, -z
AM fænˈdæŋɡ(ə)l, -z
fandango
BR fanˈdaŋɡəʊ, -z
AM fænˈdæŋɡoʊ, -z
fandom
BR ˈfandəm
AM ˈfænd(ə)m
fane
BR feɪn, -z
AM feɪn, -z
fanfare
BR ˈfanfɛː(r), -z
AM ˈfænˌfɛ(ə)r, -z
fanfaronade
BR ˌfanfarəˈneɪd, -z
AM ˌfænˌfɛrəˈneɪd, -z
fanfold
BR ˈfanfəʊld
AM ˈfænˌfoʊld

fang
BR faŋ, -z, -d
AM fæŋ, -z, -d

Fangio
BR ˈfan(d)ʒɪəʊ
AM ˈfɑndʒ(i)oʊ
SP ˈfaŋxjo

fangless
BR ˈfaŋləs
AM ˈfæŋləs

fanlight
BR ˈfanlʌɪt, -s
AM ˈfænˌlaɪt, -s

fanlike
BR ˈfanlʌɪk
AM ˈfænˌlaɪk

fanner
BR ˈfanə(r), -z
AM ˈfænər, -z

Fannie
BR ˈfani
AM ˈfæni

fanny
BR ˈfan|i, -ɪz
AM ˈfæni, -z

Fanshawe
BR ˈfanʃɔː(r)
AM ˈfænˌʃɔ

Fanta
BR ˈfantə(r), -z
AM ˈfæn(t)ə, -z

fantail
BR ˈfanteɪl, -z, -d
AM ˈfænˌteɪl, -z, -d

fan-tan
BR ˈfantan
AM ˈfænˌtæn

fantasia
BR fanˈteɪzɪə(r), ˌfantəˈziːə(r), -z
AM fænˈteɪziə, fænˈteɪʒ(i)ə, -z

fantasise
BR ˈfantəsʌɪz, -ɪz, -ɪŋ, -d
AM ˈfæn(t)əˌsaɪz, -ɪz, -ɪŋ, -d

fantasist
BR ˈfantəsɪst, -s
AM ˈfæn(t)əsəst, -s

fantasize
BR ˈfantəsʌɪz, -ɪz, -ɪŋ, -d
AM ˈfæn(t)əˌsaɪz, -ɪz, -ɪŋ, -d

fantasmatic
BR ˌfantəzˈmatɪk
AM ˌfænˌtæzˈmædɪk, ˌfæn(t)əzˈmædɪk

fantast
BR ˈfantast, -s
AM ˈfænˌtæst, -s

fantastic
BR fanˈtastɪk
AM fænˈtæstɪk

fantastical
BR fanˈtastɪkl
AM fænˈtæstək(ə)l

fantasticality
BR fanˌtastɪˈkalɪti
AM fænˌtæstəˈkælədi

fantastically
BR fanˈtastɪkli
AM fænˈtæstək(ə)li

fantasticate
BR fanˈtastɪkeɪt, -s, -ɪŋ, -ɪd
AM fænˈtæstəˌkeɪ|t, -ts, -dɪŋ, -dɪd

fantastication
BR fanˌtastɪˈkeɪʃn
AM fænˌtæstəˈkeɪʃ(ə)n

fantasticism
BR fanˈtastɪsɪzm
AM fænˈtæstəˌsɪz(ə)m

fantasy
BR ˈfantəs|i, -ɪz
AM ˈfæn(t)əsi, -z

Fante
BR ˈfant|i, -ɪz
AM ˈfɑnti, -z

Fanti
BR ˈfant|i, -ɪz
AM ˈfɑnti, -z

fantod
BR ˈfantɒd, -z
AM ˈfænˌtɑd, -z

Fanum
BR ˈfeɪnəm
AM ˈfeɪn(ə)m

fanzine
BR ˈfanziːn, -z
AM ˈfænˌzin, -z

faquir
BR ˈfeɪkɪə(r), ˈfakɪə(r), fəˈkɪə(r), -z
AM fəˈkɪ(ə)r, -z

far
BR fɑː(r)
AM fɑr

Fara
BR ˈfarə(r)
AM ˈfɛrə
IT ˈfara

farad
BR ˈfarad, -z
AM ˈfɛrˌæd, -z

faradaic
BR ˌfarəˈdeɪɪk
AM ˌfɛrəˈdeɪɪk

faraday
BR ˈfarədeɪ, -z
AM ˈfɛrəˌdeɪ, -z

faradic
BR fəˈradɪk
AM fəˈrædɪk

Farah
BR ˈfarə(r)
AM ˈfɛrə

farandole
BR ˈfarn̩dəʊl, -z
AM ˈfɛrəndoʊl, -z

faraway
BR ˌfɑːrəˈweɪ
AM ˈˌfɑrəˌweɪ

farce
BR fɑːs, -ɪz
AM fɑrs, -əz

farceur
BR ˌfɑːˈsəː(r), -z
AM fɑrˈsər, -z
FR faʀsœʀ

farcical
BR ˈfɑːsɪkl
AM ˈfɑrsək(ə)l

farcicality
BR ˌfɑːsɪˈkalɪti
AM ˌfɑrsəˈkælədi

farcically
BR ˈfɑːsɪkl̩i
AM ˈfɑrsək(ə)li

farcy
BR ˈfɑːsi
AM ˈfɑrsi

farded
BR ˈfɑːdɪd
AM ˈfɑrdəd

fare
BR fɛː(r), -z, -ɪŋ, -d
AM fɛ(ə)r, -z, -ɪŋ, -d

Fareham
BR ˈfɛːrəm
AM ˈfɛr(ə)m

farewell
BR ˌfɛːˈwɛl, -z
AM ˌfɛrˈwɛl, -z

farfalle
BR fɑːˈfaleɪ, fɑːˈfali
AM ˈfɑrfələ, ˈfɑrˈfɑlə

farfetched
BR ˌfɑːˈfɛtʃt
AM ˈˌfɑrˈfɛtʃt

farfetchedness
BR ˌfɑːˈfɛtʃtnəs, ˌfɑːˈfɛtʃɪdnɪs
AM ˈˌfɑrˈfɛtʃədnəs, ˈˌfɑrˈfɛtʃ(t)nəs

Fargo
BR ˈfɑːgəʊ
AM ˈfɑrgoʊ

Faridabad
BR fəˈriːdəbad, fəˈriːdəbɑːd
AM fəˈrɪdəˌbæd, fəˈrɪdəˌbɑd

farina
BR fəˈriːnə(r), fəˈrʌɪnə(r)
AM fəˈrinə

farinaceous
BR ˌfarɪˈneɪʃəs
AM ˌfɛrəˈneɪʃəs

Faringdon
BR ˈfarɪŋd(ə)n
AM ˈfɛrɪŋd(ə)n

Farjeon
BR ˈfɑːdʒ(ə)n
AM ˈfɑrdʒ(ə)n

farl
BR fɑːl, -z
AM ˈfɑr(ə)l, -z

Farleigh
BR ˈfɑːli
AM ˈfɑrli

Farley
BR ˈfɑːli
AM ˈfɑrli

farm
BR fɑːm, -z, -ɪŋ, -d
AM fɑrm, -z, -ɪŋ, -d

farmable
BR ˈfɑːməbl
AM ˈfɑrməb(ə)l

farmer
BR ˈfɑːmə(r), -z
AM ˈfɑrmər, -z

farmhand
BR ˈfɑːmhand, -z
AM ˈfɑrm,(h)ænd, -z

farmhouse
BR ˈfɑːmhaʊ|s, -zɪz
AM ˈfɑrm,(h)aʊ|s, -zəz

farmland
BR ˈfɑːmland, -z
AM ˈfɑrm,lænd, -z

farmstead
BR ˈfɑːmstɛd, -z
AM ˈfɑrm,stɛd, -z

farmwork
BR ˈfɑːmwɜːk
AM ˈfɑrm,wɜrk

farmworker
BR ˈfɑːm,wɜːkə(r), -z
AM ˈfɑrm,wɜrkər, -z

farmyard
BR ˈfɑːmjɑːd, -z
AM ˈfɑrm,jɑrd, -z

Farnborough
BR ˈfɑːnb(ə)rə(r)
AM ˈfɑrnb(ə)rə

Farne Islands
BR ˈfɑːn ˌaɪlən(d)z
AM ˈfɑrn ˌaɪlən(d)z

Farnese
BR fɑːˈneɪzi
AM fɑrˌneɪzi
IT fɑrˈnese

farness
BR ˈfɑːnəs
AM ˈfɑrnəs

Farnham
BR ˈfɑːnəm
AM ˈfɑrn(ə)m

Farnley
BR ˈfɑːnli
AM ˈfɑrnli

Farnworth
BR ˈfɑːnwə(ː)θ
AM ˈfɑrn,wərθ

Faro *place in Portugal*
BR ˈfɑːrəʊ, ˈfɛːrəʊ
AM ˈfɛroʊ
PORT ˈfaru

faro *card-game*
BR ˈfɛːrəʊ
AM ˈfɛroʊ

Faroe
BR ˈfɛːrəʊ, -z
AM ˈfɛroʊ, -z

Faroese
BR ˌfɛːrəʊˈiːz
AM ˌfɛrəˈwiz

far-off
BR ˌfɑːrˈɒf
AM ˌfɑˈrɑf, ˌfɑˈrɔf

farouche
BR fəˈruːʃ
AM fəˈruʃ

Farouk
BR fəˈruːk
AM fəˈruk

Farquhar
BR ˈfɑːk(w)ɑː(r)
AM ˈfɑrˌkwɑr

Farquharson
BR ˈfɑːk(w)əs(ə)n
AM ˈfɑrkˌwɑrs(ə)n, ˈfɑrk(w)əs(ə)n

Farr
BR fɑː(r)
AM fɑr

farraginous
BR fəˈrædʒɪnəs
AM fəˈrædʒənəs

farrago
BR fəˈrɑːgəʊ, -z
AM fəˈreɪgoʊ, fəˈrɑgoʊ, -z

Farrah
BR ˈfarə(r)
AM ˈfɛrə

Farrar
BR ˈfarə(r)
AM ˈfɛrər, fəˈrɑr

Farrell
BR ˈfarl̩
AM ˈfɛrəl

Farrelly
BR ˈfarl̩i
AM ˈfɑr(ə)li

farrier
BR ˈfarɪə(r), -z
AM ˈfɛriər, -z

farriery
BR ˈfarɪəri
AM ˈfɛrjəri, ˈfɛriəri

Farringdon
BR ˈfarɪŋd(ə)n
AM ˈfɛrɪŋd(ə)n

Farris
BR ˈfarɪs
AM ˈfɛrəs

farrow
BR ˈfarəʊ, -z, -ɪŋ, -d
AM ˈfɛroʊ, -z, -ɪŋ, -d

farruca
BR fəˈruːkə(r), -z
AM fəˈrukə, -z

far-seeing
BR ˌfɑːˈsiːɪŋ
AM ˈfɑrˈsiŋ

Farsi
BR ˈfɑːsiː, ˌfɑːˈsi
AM ˈfɑrsi

fart
BR fɑːt, -s, -ɪŋ, -ɪd
AM fɑrˌt, -ts, -dɪŋ, -dəd

farther
BR ˈfɑːðə(r)
AM ˈfɑrðər

farthest
BR ˈfɑːðɪst
AM ˈfɑrðəst

farthing
BR ˈfɑːðɪŋ
AM ˈfɑrðɪŋ

farthingale
BR ˈfɑːðɪŋgeɪl, -z
AM ˈfɑrðɪŋˌgeɪl, -z

fartlek
BR ˈfɑːtlɛk
AM ˈfɑrtlək

fasces
BR ˈfasiːz
AM ˈfæsiz

fascia[1] *board on shopfront*
BR ˈfeɪʃɪə(r), -z
AM ˈfeɪʃ(i)ə, ˈfæʃ(i)ə, -z

fascia[2] *architectural*
BR ˈfeɪsɪə(r), -z
AM ˈfeɪʃ(i)ə, ˈfæʃ(i)ə, -z

fascia[3] *medical*
BR ˈfaʃɪə(r), -z
AM ˈfæʃ(i)ə, -z

fascial
BR ˈfeɪʃl
AM ˈfæʃ(i)əl

fasciate
BR ˈfaʃɪeɪt, -s, -ɪŋ, -ɪd
AM ˈfæʃiˌeɪ|t, -ts, -dɪŋ, -dɪd

fasciation
BR ˌfaʃɪˈeɪʃn
AM ˌfæʃiˈeɪʃ(ə)n

fascicle
BR ˈfasɪkl, -z, -d
AM ˈfæsək(ə)l, -z, -d

fascicular
BR fəˈsɪkjʊlə(r)
AM fəˈsɪkjələr

fasciculate
BR fəˈsɪkjʊleɪt
AM fəˈsɪkjələt, fəˈsɪkjəˌleɪt

fasciculation
BR fəˌsɪkjʊˈleɪʃn
AM fəˌsɪkjəˈleɪʃ(ə)n

fascicule
BR ˈfasɪkjuːl, -z
AM ˈfæsəˌkjul, -z

fasciculi
BR fəˈsɪkjʊlʌɪ, fəˈsɪkjʊliː
AM fəˈsɪkjəˌlaɪ

fasciculus
BR fəˈsɪkjʊləs
AM fəˈsɪkjələs

fasciitis
BR ˌfasɪˈʌɪtɪs, ˌfaʃɪˈʌɪtɪs
AM ˌfæʃiˈaɪdɪs

fascinate
BR ˈfasɪneɪt, -s, -ɪŋ, -ɪd
AM ˈfæsəˌneɪ|t, -ts, -dɪŋ, -dɪd

fascinatingly
BR ˈfasɪneɪtɪŋli
AM ˈfæsəˌneɪdɪŋli

fascination

fascination
BR ˌfæsɪˈneɪʃn, -z
AM ˌfæsəˈneɪʃ(ə)n, -z

fascinator
BR ˈfæsɪneɪtə(r), -z
AM ˈfæsəˌneɪdər, -z

fascine
BR fəˈsiːn, -z
AM fəˈsin, -z

fascism
BR ˈfæʃɪzm
AM ˈfæˌʃɪz(ə)m

fascist
BR ˈfæʃɪst, -s
AM ˈfæʃəst, -s

fascistic
BR fəˈʃɪstɪk
AM fəˈʃɪstɪk, fæˈʃɪstɪk

Fashanu
BR ˈfɑːʃənuː
AM ˈfæʃənu

fashion
BR ˈfæʃn, -nz, -n̩ɪŋ\-nɪŋ, -nd
AM ˈfæʃ(ə)n, -z, -ɪŋ, -d

fashionability
BR ˌfæʃn̩əˈbɪlɪti, ˌfæʃnəˈbɪlɪti
AM ˌfæʃ(ə)nəˈbɪlɪdi

fashionable
BR ˈfæʃn̩əbl, ˈfæʃnəbl
AM ˈfæʃ(ə)nəb(ə)l

fashionableness
BR ˈfæʃn̩əblnəs, ˈfæʃnəblnəs
AM ˈfæʃ(ə)nəbəlnəs

fashionably
BR ˈfæʃn̩əbli, ˈfæʃnəbli
AM ˈfæʃ(ə)nəbli

fashioner
BR ˈfæʃnə(r), ˈfæʃnə(r), -z
AM ˈfæʃənər, -z

Fashoda
BR fəˈʃəʊdə(r)
AM fəˈʃoʊdə

Faslane
BR fazˈleɪn
AM fæzˈleɪn

Fassbinder
BR ˈfasbʌɪndə(r)
AM ˈfæsˌbaɪndər
GER ˈfasbɪndɐ

fast
BR fɑːst, -s, -ɪŋ, -ɪd, -ə(r), -ɪst
AM fæst, -s, -ɪŋ, -əd, -ər, -əst

fastback
BR ˈfɑːs(t)bak, -s
AM ˈfæs(t)ˌbæk, -s

fastball
BR ˈfɑːs(t)bɔːl
AM ˈfæs(t)ˌbɑl, ˈfæs(t)ˌbɔl

fasten
BR ˈfɑːsn̩, -nz, -n̩ɪŋ\-nɪŋ, -nd
AM ˈfæsn, -z, -ɪŋ, -d

fastener
BR ˈfɑːsn̩ə(r), ˈfɑːsnə(r), -z
AM ˈfæs(ə)nər, -z

fastening
BR ˈfɑːsn̩ɪŋ, ˈfɑːsnɪŋ, -z
AM ˈfæs(ə)nɪŋ, -z

faster
BR ˈfɑːstə(r), -z
AM ˈfæstər, -z

fastidious
BR fəˈstɪdɪəs
AM fæˈstɪdɪəs

fastidiously
BR fəˈstɪdɪəsli
AM fæˈstɪdɪəsli

fastidiousness
BR fəˈstɪdɪəsnəs
AM fæˈstɪdɪəsnəs

fastigiate
BR fəˈstɪdʒɪət, fəˈstɪdʒɪeɪt
AM fəˈstɪdʒɪət

fasting
BR ˈfɑːstɪŋ, -z
AM ˈfæstɪŋ, -z

fastness
BR ˈfɑːs(t)nəs, -ɪz
AM ˈfæs(t)nəs, -əz

Fastnet
BR ˈfɑːs(t)nɛt, ˈfɑːs(t)nɪt
AM ˈfæs(t)ˌnɛt

fat
BR fat, -ə(r), -ɪst
AM fæ|t, -dər, -dəst

Fatah, Al
BR ˌal fəˈtɑː(r), ˈfatə(r)
AM ˌɑl fəˈtɑ

fatal
BR ˈfeɪtl
AM ˈfeɪdl

fatalism
BR ˈfeɪtl̩ɪzm
AM ˈfeɪdl̩ɪz(ə)m

fatalist
BR ˈfeɪtl̩ɪst, -s
AM ˈfeɪdl̩ɪst, -s

fatalistic
BR ˌfeɪtl̩ˈɪstɪk, ˌfeɪtəˈlɪstɪk
AM ˌfeɪdl̩ˈɪstɪk

fatalistically
BR ˌfeɪtl̩ˈɪstɪkli, ˌfeɪtəˈlɪstɪkli
AM ˌfeɪdl̩ˈɪstək(ə)li

fatality
BR fəˈtalɪt|i, -ɪz
AM fəˈtælədi, feɪˈtælədi, -z

fatally
BR ˈfeɪtl̩i
AM ˈfeɪdl̩i

fatalness
BR ˈfeɪtlnəs
AM ˈfeɪdlnəs

Fata Morgana
BR ˌfɑːtəˌmɔːˈgɑːnə(r), ˌfatəmɔːˈgænə(r)
AM ˌfɑdəˌmɔrˈgɑnə

fatback
BR ˈfatbak, -s
AM ˈfætˌbæk, -s

fatcat
BR ˈfatkat, -s
AM ˈfætˌkæt, -s

fate
BR feɪt, -s, -ɪd
AM feɪ|t, -ts, -dɪd

fateful
BR ˈfeɪtf(ʊ)l
AM ˈfeɪtf(ə)l

fatefully
BR ˈfeɪtfʊli, ˈfeɪtfl̩i
AM ˈfeɪtfəli

fatefulness
BR ˈfeɪtf(ʊ)lnəs
AM ˈfeɪtfəlnəs

Fates
BR feɪts
AM feɪts

fathead
BR ˈfathɛd, -z
AM ˈfætˌ(h)ɛd, -z

fatheaded
BR ˌfatˈhɛdɪd
AM ˌfætˈhɛdəd

father
BR ˈfɑːð|ə(r), -əz, -(ə)rɪŋ, -əd
AM ˈfɑðər, -ərz, -(ə)rɪŋ, -ərd

fatherhood
BR ˈfɑːðəhʊd
AM ˈfɑðərˌ(h)ʊd

fatherland
BR ˈfɑːðəland, -z
AM ˈfɑðərˌlænd, -z

fatherless
BR ˈfɑːðələs
AM ˈfɑðərləs

fatherlessness
BR ˈfɑːðələsnəs
AM ˈfɑðərləsnəs

fatherlike
BR ˈfɑːðəlʌɪk
AM ˈfɑðərˌlaɪk

fatherliness
BR ˈfɑːðəlɪnɪs
AM ˈfɑðərlɪnɪs

fatherly
BR ˈfɑːðəli
AM ˈfɑðərli

fathership
BR ˈfɑːðəʃɪp
AM ˈfɑðərˌʃɪp

fathom
BR ˈfað|(ə)m, -(ə)mz, -əmɪŋ\-mɪŋ, -(ə)md
AM ˈfæð(ə)m, -z, -ɪŋ, -d

fathomable
BR ˈfaðməbl
AM ˈfæðəməb(ə)l
Fathometer
BR faˈðɒmɪtə(r), -z
AM ˈfæðə(m)ˌmidər,
fæˈðaməder, -z
fathomless
BR ˈfað(ə)mləs
AM ˈfæðəmləs
fatidical
BR feɪˈtɪdɪkl
AM fəˈtɪdɪk(ə)l,
feɪˈtɪdɪk(ə)l
fatiguability
BR fəˌtiːgəˈbɪlɪti
AM fəˌtigəˈbɪlɪdi
fatiguable
BR fəˈtiːgəbl
AM fəˈtigəb(ə)l
fatigue
BR fəˈtiːg, -z, -ɪŋ, -d
AM fəˈtig, -z,
-ɪŋ, -d
fatigueless
BR fəˈtiːglɪs
AM fəˈtiglɪs
Fatiha
BR ˈfaːtɪhə(r),
ˈfatɪhə(r)
AM ˈfadiˌha
Fatihah
BR ˈfaːtɪhə(r),
ˈfatɪhə(r)
AM ˈfadiˌha
Fatima
BR ˈfatɪmə(r)
AM ˈfædəmə,
fəˈtimə
Fatimid
BR ˈfatɪmɪd, -z
AM ˈfædəˌmɪd,
ˈfædəməd, -z
Fatimite
BR ˈfatɪmʌɪt, -s
AM ˈfædəˌmaɪt, -s
fatism
BR ˈfeɪtɪzm
AM ˈfeɪdɪz(ə)m
fatist
BR ˈfeɪtɪst, -s
AM ˈfeɪdɪst, -s

fatless
BR ˈfatləs
AM ˈfætləs
fatling
BR ˈfatlɪŋ, -z
AM ˈfætlɪŋ, -z
fatly
BR ˈfatli
AM ˈfætli
fatness
BR ˈfatnəs
AM ˈfætnəs
fatsia
BR ˈfatsɪə(r)
AM ˈfætsiə
fatso
BR ˈfatsəʊ, -z
AM ˈfætsoʊ, -z
fatstock
BR ˈfatstɒk
AM ˈfætˌstak
fatted
BR ˈfatɪd
AM ˈfædəd
fatten
BR ˈfat|n, -nz,
-n̩ɪŋ\-nɪŋ, -nd
AM ˈfætn, -z, -ɪŋ, -d
fattily
BR ˈfatɪli
AM ˈfædəli
fattiness
BR ˈfatɪnɪs
AM ˈfædinɪs
fattish
BR ˈfatɪʃ
AM ˈfædɪʃ
fattism
BR ˈfatɪzm
AM ˈfædɪz(ə)m
fattist
BR ˈfatɪst, -s
AM ˈfædəst, -s
fatty
BR ˈfati
AM ˈfædi
fatuity
BR fəˈtjuːɪti, fəˈtʃuːɪti
AM fəˈtuədi
fatuous
BR ˈfatjʊəs, ˈfatʃʊəs
AM ˈfætʃ(əw)əs

fatuously
BR ˈfatjʊəsli,
ˈfatʃʊəsli
AM ˈfætʃ(əw)əsli
fatuousness
BR ˈfatjʊəsnəs,
ˈfatʃʊəsnəs
AM ˈfætʃ(əw)əsnəs
fatwa
BR ˈfatwaː(r), -z
AM ˈfætwə, -z
faubourg
BR ˈfəʊbʊəg, -z
AM foʊˈbʊ(ə)r,
ˈfoʊbərg, -z
FR fobuʀ
fauces
BR ˈfɔːsiːz
AM ˈfoʊˌsiz
faucet
BR ˈfɔːsɪt, -s
AM ˈfasət, ˈfɔsət, -s
Faucett
BR ˈfɔːsɪt
AM ˈfasət, ˈfɔsət
faucial
BR ˈfɔːʃl
AM ˈfaʃ(ə)l, ˈfɔʃ(ə)l
Faucitt
BR ˈfɔːsɪt
AM ˈfasət, ˈfɔsət
Faulds
BR fəʊldz, fɔːldz
AM foʊldz, fɔldz
Faulkner
BR ˈfɔː(l)knə(r)
AM ˈfaknər, ˈfɔknər
fault
BR fɔːlt, fɒlt, -s, -ɪŋ,
-ɪd
AM falt, fɔlt, -s, -ɪŋ,
-əd
faultfinder
BR ˈfɔːltˌfʌɪndə(r),
ˈfɒltˌfʌɪndə(r), -z
AM ˈfaltˌfaɪndər,
ˈfɔltˌfaɪndər, -z
faultfinding
BR ˈfɔːltˌfʌɪndɪŋ,
ˈfɒltˌfʌɪndɪŋ
AM ˈfaltˌfaɪndɪŋ,
ˈfɔltˌfaɪndɪŋ

faultily
BR ˈfɔːltɪli, ˈfɒltɪli
AM ˈfaltəli, ˈfɔltəli
faultiness
BR ˈfɔːltɪnɪs, ˈfɒltɪnɪs
AM ˈfaltɪnɪs, ˈfɔltɪnɪs
faultless
BR ˈfɔːltləs, ˈfɒltləs
AM ˈfaltləs, ˈfɔltləs
faultlessly
BR ˈfɔːltləsli, ˈfɒltləsli
AM ˈfaltləsli, ˈfɔltləsli
faultlessness
BR ˈfɔːltləsnəs,
ˈfɒltləsnəs
AM ˈfaltləsnəs,
ˈfɔltləsnəs
faulty
BR ˈfɔːlti, ˈfɒlti
AM ˈfalti, ˈfɔlti
faun
BR fɔːn, -z
AM fan, fɔn, -z
fauna
BR ˈfɔːnə(r)
AM ˈfanə, ˈfɔnə
faunal
BR ˈfɔːnl
AM ˈfan(ə)l, ˈfɔn(ə)l
faunist
BR ˈfɔːnɪst, -s
AM ˈfanəst,
ˈfɔnəst, -s
faunistic
BR fɔːˈnɪstɪk
AM faˈnɪstɪk,
fɔˈnɪstɪk
faunistical
BR fɔːˈnɪstɪkl
AM faˈnɪstək(ə)l,
fɔˈnɪstək(ə)l
Fauntleroy
BR ˈfɒntlərɔɪ,
ˈfɔːntlərɔɪ
AM ˈfantləˌrɔɪ,
ˈfɔntləˌrɔɪ
Faunus
BR ˈfɔːnəs
AM ˈfanəs, ˈfɔnəs
Fauré
BR ˈfɔːreɪ
AM fɔˈreɪ

Faust
BR faʊst
AM faʊst

Faustian
BR ˈfaʊstɪən
AM ˈfaʊstɪən

Faustus
BR ˈfaʊstəs
AM ˈfaʊstəs

faute de mieux
BR ˌfəʊt də ˈmjəː(r)
AM ˌfoʊt də ˈmjə
FR fot də mjø

fauteuil
BR fəʊˈtəːɪ, -z
AM foʊˈtəɪ,
-z

fauve
BR fəʊv, -z
AM foʊv, -z
FR fov

fauvism
BR ˈfəʊvɪzm
AM ˈfoʊˌvɪz(ə)m

fauvist
BR ˈfəʊvɪst, -s
AM ˈfoʊvəst,
-s

Faux
BR fɔːks, fəʊ
AM foʊ

faux pas
BR ˌfəʊ ˈpɑː(r),
-z
AM ˌfoʊ ˈpɑ, -z
FR fo pa

fava
BR ˈfɑːvə(r), -z
AM ˈfɑvə, -z

fave
BR feɪv
AM feɪv

favela
BR fəˈvɛlə(r), -z
AM fəˈvɛlə, -z

Favell
BR ˈfeɪvl
AM ˈfeɪv(ə)l,
fɑˈvɛl

Faversham
BR ˈfavəʃəm
AM ˈfævərʃ(ə)m

favor
BR ˈfeɪv|ə(r), -əz,
-(ə)rɪŋ, -əd
AM ˈfeɪv|ər, -ərz,
-(ə)rɪŋ, -ərd

favorable
BR ˈfeɪv(ə)rəbl
AM ˈfeɪvrəb(ə)l,
ˈfeɪvər(ə)b(ə)l

favorableness
BR ˈfeɪv(ə)rəblnəs
AM ˈfeɪvrəbəlnəs,
ˈfeɪvər(ə)bəlnəs

favorably
BR ˈfeɪv(ə)rəbli
AM ˈfeɪvrəbli,
ˈfeɪvər(ə)bli

favorer
BR ˈfeɪv(ə)rə(r),
-z
AM ˈfeɪv(ə)rər, -z

favorite
BR ˈfeɪv(ə)rɪt, -s
AM ˈfeɪv(ə)rɪt, -s

favoritism
BR ˈfeɪv(ə)rɪtɪzm
AM ˈfeɪv(ə)rɪˌtɪz(ə)m

favour
BR ˈfeɪv|ə(r), -əz,
-(ə)rɪŋ, -əd
AM ˈfeɪv|ər, -ərz,
-(ə)rɪŋ, -ərd

favourable
BR ˈfeɪv(ə)rəbl
AM ˈfeɪv(ə)r(ə)b(ə)l

favourableness
BR ˈfeɪv(ə)rəblnəs
AM ˈfeɪvrəbəlnəs,
ˈfeɪvər(ə)bəlnəs

favourably
BR ˈfeɪv(ə)rəbli
AM ˈfeɪvrəbli,
ˈfeɪvər(ə)bli

favourer
BR ˈfeɪv(ə)rə(r), -z
AM ˈfeɪv(ə)rər, -z

favourite
BR ˈfeɪv(ə)rɪt, -s
AM ˈfeɪv(ə)rɪt, -s

favouritism
BR ˈfeɪv(ə)rɪtɪzm
AM ˈfeɪv(ə)rɪˌtɪz(ə)m

Fawcett
BR ˈfɔːsɪt
AM ˈfɑsət, ˈfɔsət

Fawkes
BR ˈfɔːks
AM fɑks, fɔks

Fawley
BR ˈfɔːli
AM ˈfɑli, ˈfɔli

fawn
BR fɔːn, -z, -ɪŋ, -d
AM fɑn, fɔn, -z, -ɪŋ, -d

fawner
BR ˈfɔːnə(r), -z
AM ˈfɑnər, ˈfɔnər, -z

fawningly
BR ˈfɔːnɪŋli
AM ˈfɑnɪŋli, ˈfɔnɪŋli

fawr
BR ˈvaʊə(r)
AM ˈvaʊər
WE ˈvaʊr

fax
BR faks, -ɪz, -ɪŋ, -t
AM fæks, -əz, -ɪŋ, -t

fay
BR feɪ
AM feɪ

Faye
BR feɪ
AM feɪ

Fayette
BR feɪˈɛt
AM ˌfeɪˈɛt

Fayetteville
BR ˈfeɪɪtvɪl
AM ˈfeɪɪtˌvɪl

fayre
BR fɛː(r), -z
AM fɛ(ə)r, -z

Fazackerley
BR fəˈzakəli
AM fəˈzækərli

Fazakerley
BR fəˈzakəli
AM fəˈzækərli

faze
BR feɪz, -ɪz, -ɪŋ, -d
AM feɪz, -ɪz, -ɪŋ, -d

fazenda
BR fəˈzɛndə(r), -z
AM fəˈzɛndə, -z

F-bomb
BR ˈɛfbɒm, -z
AM ˈɛfˌbɑm, -z

fealty
BR ˈfiːəlt|i, -ɪz
AM ˈfi(ə)lti, -z

fear
BR fɪə(r), -z, -ɪŋ, -d
AM ˈfɪ(ə)r, -z, -ɪŋ,
-d

fearful
BR ˈfɪəf(ʊ)l
AM ˈfɪrf(ə)l

fearfully
BR ˈfɪəfʊli, ˈfɪəfli
AM ˈfɪrfəli

fearfulness
BR ˈfɪəf(ʊ)lnəs
AM ˈfɪrfəlnəs

Feargal
BR ˈfəːgl
AM ˈfərg(ə)l

Feargus
BR ˈfəːgəs
AM ˈfərgəs

fearless
BR ˈfɪələs
AM ˈfɪrləs

fearlessly
BR ˈfɪələsli
AM ˈfɪrləsli

fearlessness
BR ˈfɪələsnəs
AM ˈfɪrləsnəs

fearsome
BR ˈfɪəs(ə)m
AM ˈfɪrs(ə)m

fearsomely
BR ˈfɪəs(ə)mli
AM ˈfɪrsəmli

fearsomeness
BR ˈfɪəs(ə)mnəs
AM ˈfɪrsəmnəs

feasibility
BR ˌfiːzɪˈbɪlɪti
AM ˌfizəˈbɪlɪdi

feasible
BR ˈfiːzɪbl
AM ˈfizəb(ə)l

feasibly
BR ˈfiːzɪbli
AM ˈfizəbli

feast
BR ˈfiːst, -s, -ɪŋ, -ɪd
AM fiːs|t, -s, -ɪŋ, -ɪd

feaster
BR ˈfiːstə(r), -z
AM ˈfiːstər, -z

feat
BR fiːt, -s
AM fiːt, -s

feather
BR ˈfeð|ə(r), -əz, -(ə)rɪŋ, -əd
AM ˈfeð|ər, -ərz, -(ə)rɪŋ, -ərd

featherbed verb
BR ˈfeðəbed, ˌfeðəˈbed, -z, -ɪŋ, -ɪd
AM ˈfeðərˌbed, -z, -ɪŋ, -əd

featherbrained
BR ˈfeðəbreɪnd
AM ˈfeðərˌbreɪnd

featherhead
BR ˈfeðəhed, -z
AM ˈfeðərˌ(h)ed, -z

featheriness
BR ˈfeð(ə)rɪnɪs
AM ˈfeð(ə)rɪnɪs

featherless
BR ˈfeðələs
AM ˈfeðərləs

featherlight
BR ˈfeðəlʌɪt
AM ˈfeðərˌlaɪt

Featherstone
BR ˈfeðəst(ə)n, ˈfɜːst(ə)n
AM ˈfeðərst(ə)n

Featherstonehaugh
BR ˈfeðəst(ə)nhɔː(r), ˈfanʃɔː(r), ˈfest(ə)nhɔː(r), ˈfɪəst(ə)nhɔː(r)
AM ˈfeðərstənˌ(h)ɔ

featherweight
BR ˈfeðəweɪt, -s
AM ˈfeðərˌweɪt, -s

feathery
BR ˈfeð(ə)ri
AM ˈfeð(ə)ri

feature
BR ˈfiːtʃ|ə(r), -əz, -(ə)rɪŋ, -əd
AM ˈfiːtʃər, -z, -ɪŋ, -d

featureless
BR ˈfiːtʃələs
AM ˈfiːtʃərləs

febrifugal
BR fɪˈbrɪfjʊgl, ˈfebrɪˌfjuːgl
AM ˌfebrəˈf(j)ug(ə)l, fəˈbrɪf(j)ug(ə)l

febrifuge
BR ˈfebrɪfjuːdʒ, -ɪz
AM ˈfebrəˌfjudʒ, -əz

febrile
BR ˈfiːbrʌɪl, ˈfebrʌɪl
AM ˈfiːˌbraɪl, ˈfeˌbraɪl

febrility
BR fɪˈbrɪlɪti
AM fɪˈbrɪlɪdi, feˈbrɪlɪdi

February
BR ˈfebr(ər)|i, ˈfebjʊər|i, ˈfebjʊər|i, -ɪz
AM ˈfebrəˌweri, ˈfeb(j)əˌweri, -z

fecal
BR ˈfiːkl
AM ˈfiːk(ə)l

feces
BR ˈfiːsiːz
AM ˈfiːsiz

feckless
BR ˈfekləs
AM ˈfekləs

fecklessly
BR ˈfekləsli
AM ˈfekləsli

fecklessness
BR ˈfekləsnəs
AM ˈfekləsnəs

feculence
BR ˈfekjʊlns
AM ˈfekjəl(ə)ns

feculent
BR ˈfekjʊlnt
AM ˈfekjəl(ə)nt

fecund
BR ˈfek(ʌ)nd, ˈfiːk(ʌ)nd
AM ˈfikənd, ˈfekənd

fecundability
BR fɪˌkʌndəˈbɪlɪti, feˌkʌndəˈbɪlɪti
AM fɪˌkəndəˈbɪlɪdi, feˌkəndəˈbɪlɪdi

fecundate
BR ˈfek(ʌ)ndeɪt, ˈfiːk(ʌ)ndeɪt, -s, -ɪŋ, -ɪd
AM ˈfekənˌdeɪ|t, -ts, -dɪŋ, -dɪd

fecundation
BR ˌfek(ʌ)nˈdeɪʃn, ˌfiːk(ʌ)nˈdeɪʃn
AM ˌfik(ə)nˈdeɪʃ(ə)n

fecundity
BR fɪˈkʌndɪti, feˈkʌndɪti
AM fɪˈkəndədi, feˈkəndədi

fed
BR fed, -z
AM fed, -z

fedayeen
BR ˌfedʌɪˈiːn, fɪˈdɑːjiːn
AM ˌfedeɪˈin

federal
BR ˈfed(ə)rl̩
AM ˈfed(ə)rəl

federalisation
BR ˌfed(ə)rl̩ʌɪˈzeɪʃn
AM ˌfed(ə)rəˌlaɪˈzeɪʃ(ə)n, ˌfed(ə)rələˈzeɪʃ(ə)n

federalise
BR ˈfed(ə)rl̩ʌɪz, -ɪz, -ɪŋ, -d
AM ˈfed(ə)rəˌlaɪz, -ɪz, -ɪŋ, -d

federalism
BR ˈfed(ə)rl̩ɪzm
AM ˈfed(ə)rəˌlɪz(ə)m

federalist
BR ˈfed(ə)rl̩ɪst, -s
AM ˈfed(ə)rələst, -s

federalization
BR ˌfed(ə)rl̩ʌɪˈzeɪʃn
AM ˌfed(ə)rəˌlaɪˈzeɪʃ(ə)n, ˌfed(ə)rələˈzeɪʃ(ə)n

federalize
BR ˈfed(ə)rl̩ʌɪz, -ɪz, -ɪŋ, -d
AM ˈfed(ə)rəˌlaɪz, -ɪz, -ɪŋ, -d

federally
BR ˈfed(ə)rl̩i
AM ˈfed(ə)rəli

federate
BR ˈfedəreɪt, -s, -ɪŋ, -ɪd
AM ˈfedəˌreɪ|t, -ts, -dɪŋ, -dɪd

federation
BR ˌfedəˈreɪʃn, -z
AM ˌfedəˈreɪʃ(ə)n, -z

federationist
BR ˌfedəˈreɪʃnɪst, -s
AM ˌfedəˈreɪʃənəst, -s

federative
BR ˈfed(ə)rətɪv
AM ˈfedəˌreɪdɪv, ˈfedərəˌtɪv

fedora
BR fɪˈdɔːrə(r), -z
AM fəˈdɔrə, -z

fed up
BR ˌfed ˈʌp
AM ˌfed ˈəp

fee
BR fiː, -z, -ɪŋ, -d
AM fi, -z, -ɪŋ, -d

feeble
BR ˈfiːbl
AM ˈfib(ə)l

feebleness
BR ˈfiːblnəs
AM ˈfibəlnəs

feeblish
BR ˈfiːblɪʃ
AM ˈfiblɪʃ

feebly
BR ˈfiːbli
AM ˈfibli

feed
BR fiːd, -z, -ɪŋ
AM fid, -z, -ɪŋ

feedable
BR ˈfiːdəbl
AM ˈfidəb(ə)l

feedback
BR ˈfiːdbak
AM ˈfidˌbæk

feedbag
BR ˈfiːdbag, -z
AM ˈfidˌbæg, -z

feeder
BR ˈfiːdə(r), -z
AM ˈfidər, -z

feedlot
BR ˈfiːdlɒt, -s
AM ˈfidˌlɑt, -s

feedstock
BR ˈfiːdstɒk
AM ˈfidˌstɑk

feedstuff
BR ˈfiːdstʌf, -s
AM ˈfidˌstəf, -s

feel
BR fiːl, -z, -ɪŋ
AM fil, -z, -ɪŋ

feeler
BR ˈfiːlə(r), -z
AM ˈfilər, -z

feeling
BR ˈfiːlɪŋ, -z
AM ˈfilɪŋ, -z

feelingless
BR ˈfiːlɪŋlɪs
AM ˈfilɪŋlɪs

feelingly
BR ˈfiːlɪŋli
AM ˈfilɪŋli

feelings
BR ˈfiːlɪŋz
AM ˈfilɪŋz

Feeney
BR ˈfiːni
AM ˈfini

feet
BR fiːt
AM fit

feign
BR feɪn, -z, -ɪŋ, -d
AM feɪn, -z, -ɪŋ, -d

feignedly
BR ˈfeɪnɪdli
AM ˈfeɪnɪdli

feijoa
BR feɪˈ(d)ʒəʊə(r), fɛˈ(d)ʒəʊə(r), fiːˈ(d)ʒəʊə(r), feɪˈjəʊə(r), fɛˈjəʊə(r), fiːˈjəʊə(r), -z
AM feɪˈhoʊə, feɪˈdʒoʊə, -z

feint
BR feɪnt, -s, -ɪŋ, -ɪd
AM feɪn|t, -ts, -(t)ɪŋ, -(t)ɪd

feis
BR fɛʃ, feɪʃ
AM fɛʃ
IR fʲesʲ

Feisal
BR ˈfʌɪsl
AM ˈfaɪˈzɑl

feiseanna
BR ˈfɛʃənə(r), ˈfeɪʃənə(r)
AM ˈfɛʃənə
IR ˈfʲesʲenə

feistiness
BR ˈfʌɪstɪnɪs
AM ˈfaɪstɪnɪs

feisty
BR ˈfʌɪsti
AM ˈfaɪsti

felafel
BR fɪˈlafl, fɪˈlɑːfl
AM fəˈlɑːf(ə)l

felching
BR ˈfɛltʃɪŋ
AM ˈfɛltʃɪŋ

Feldman
BR ˈfɛldmən
AM ˈfɛl(d)m(ə)n

feldspar
BR ˈfɛl(d)spɑː(r)
AM ˈfɛldˌspɑr

feldspathic
BR ˌfɛl(d)ˈspaθɪk
AM ˌfɛl(d)ˈspæθɪk, ˌfɛlzˈpæθɪk

feldspathoid
BR ˈfɛl(d)spəθɔɪd, -z
AM ˈfɛl(d)ˈspæˌθɔɪd, ˈfɛlzˈpæˌθɔɪd, -z

Felicia
BR fɪˈlɪsɪə(r)
AM fəˈliʃ(i)ə

felicific
BR ˌfiːlɪˈsɪfɪk, ˌfɛlɪˈsɪfɪk
AM ˌfɛləˈsɪfɪk

felicitate
BR fɪˈlɪsɪteɪt, -s, -ɪŋ, -ɪd
AM fəˈlɪsɪˌteɪ|t, -ts, -dɪŋ, -dɪd

felicitation
BR fɪˌlɪsɪˈteɪʃn, -z
AM fəˌlɪsɪˈteɪʃ(ə)n, -z

felicitous
BR fɪˈlɪsɪtəs
AM fəˈlɪsɪdɪs

felicitously
BR fɪˈlɪsɪtəsli
AM fəˈlɪsɪdɪsli

felicitousness
BR fɪˈlɪsɪtəsnəs
AM fəˈlɪsɪdɪsnɪs

felicity
BR fɪˈlɪsɪt|i, -ɪz
AM fəˈlɪsɪdi, -z

Felindre
BR vɪˈlɪndrə(r)
AM fəˈlɪndər
WE veˈlɪndre

feline
BR ˈfiːlʌɪn
AM ˈfiˌlaɪn

felinity
BR fɪˈlɪnɪti
AM fɪˈlɪnɪdi

Felix
BR ˈfiːlɪks
AM ˈfiˌlɪks

Felixstowe
BR ˈfiːlɪkstəʊ
AM ˈfilɪkˌstoʊ

fell
BR fɛl, -z
AM fɛl, -z

fellah
BR ˈfɛlə(r), -z
AM ˈfɛlə, -z

fellate
BR fɛˈleɪt, fɪˈleɪt, -s, -ɪŋ, -ɪd
AM ˈfɛlˌeɪ|t, -ts, -dɪŋ, -dɪd

fellatio
BR fɛˈleɪʃɪəʊ, fɪˈleɪʃɪəʊ
AM fəˈleɪʃioʊ

fellation
BR fɛˈleɪʃn, fɪˈleɪʃn, -z
AM fəˈleɪʃ(ə)n, -z

fellator
BR fɛˈleɪtə(r), fɪˈleɪtə(r), -z
AM ˈfɛlˌeɪdər, -z

feller
BR ˈfɛlə(r), -z
AM ˈfɛlər, -z

Fellini
BR fɛˈliːni, fɪˈliːni
AM fəˈlini
IT felˈlini

fellmonger
BR ˈfɛlˌmʌŋgə(r)
AM ˈfɛlˌməŋgər, ˈfɛlˌmɑŋgər

felloe
BR ˈfɛləʊ, -z
AM ˈfɛloʊ, -z

fellow
BR ˈfɛləʊ, ˈfɛlə(r), -z
AM ˈfɛlə, ˈfɛloʊ, -z

Fellowes
BR ˈfɛləʊz
AM ˈfɛloʊz

Fellows
BR ˈfɛləʊz
AM ˈfɛloʊz

fellowship
BR ˈfɛlə(ʊ)ʃɪp, -s
AM ˈfɛləˌʃɪp, ˈfɛloʊˌʃɪp, -s

fellwort
BR ˈfɛlwəːt
AM ˈfɛlˌwɔ(ə)rt, ˈfɛlwərt

felly
BR ˈfɛl|i, -ɪz
AM ˈfɛli, -z

felon
BR ˈfɛlən, -z
AM ˈfɛl(ə)n, -z

felonious
BR fɪˈləʊniəs
AM feˈloʊniəs, fəˈloʊniəs

feloniously
BR fɪˈləʊniəsli
AM feˈloʊniəsli, fəˈloʊniəsli

feloniousness
BR fɪˈləʊniəsnəs
AM feˈloʊniəsnəs, fəˈloʊniəsnəs

felonry
BR ˈfelənri
AM ˈfelənri

felony
BR ˈfelən|i, -ɪz
AM ˈfeləni, -z

felspar
BR ˈfelspɑː(r)
AM ˈfelˌspɑr

Felstead
BR ˈfelsted
AM ˈfelˌsted

felt
BR felt, -s, -ɪŋ, -ɪd
AM felt, -s, -ɪŋ, -əd

Feltham[1] *place in UK*
BR ˈfeltəm
AM ˈfelt(ə)m

Feltham[2] *surname*
BR ˈfeltəm, ˈfelθəm
AM ˈfelθ(ə)m, ˈfelt(ə)m

Felton
BR ˈfeltən
AM ˈfelt(ə)n

felty
BR ˈfelti
AM ˈfelti

felucca
BR feˈlʌkə(r), fɪˈlʌkə(r), -z
AM fəˈlukə, -z

felwort
BR ˈfelwəːt
AM ˈfelˌwɔ(ə)rt, ˈfelwərt

female
BR ˈfiːmeɪl, -z
AM ˈfiˌmeɪl, -z

femaleness
BR ˈfiːmeɪlnɪs
AM ˈfiˌmeɪlnɪs

feme
BR fiːm, fem, -z
AM fem, -z

feme covert
BR ˌfiːm ˈkʌvət, ˌfem +
AM ˈfem ˈkəvərt

femes covert
BR ˌfiːmz ˈkʌvət, ˌfemz +
AM ˈfemz ˈkəvərt

feme sole
BR ˌfiːm ˈsəʊl, ˌfem +
AM ˈfem ˈsoʊl

femes sole
BR ˌfiːmz ˈsəʊl, ˌfemz +
AM ˈfemz ˈsoʊl

feminal
BR ˈfemɪnl
AM ˈfemən(ə)l

feminality
BR ˌfemɪˈnalɪti
AM ˌfeməˈnælədi

femineity
BR ˌfemɪˈniːɪti
AM ˌfeməˈniːədi

feminine
BR ˈfemɪnɪn
AM ˈfemənən

femininely
BR ˈfemɪnɪnli
AM ˈfemənənli

feminineness
BR ˈfemɪnɪnnɪs
AM ˈfemenə(n)nəs

femininity
BR ˌfemɪˈnɪnɪti
AM ˌfeməˈnɪnɪdi

feminisation
BR ˌfemɪnaɪˈzeɪʃn
AM ˌfemɛˌnaɪˈzeɪʃ(ə)n, ˌfemənəˈzeɪʃ(ə)n

feminise
BR ˈfemɪnaɪz, -ɪz, -ɪŋ, -d
AM ˈfeməˌnaɪz, -ɪz, -ɪŋ, -d

feminism
BR ˈfemɪnɪzm
AM ˈfeməˌnɪz(ə)m

feminist
BR ˈfemɪnɪst, -s
AM ˈfemənəst, -s

feminity
BR fɪˈmɪnɪti
AM fəˈmɪnɪdi

feminization
BR ˌfemɪnaɪˈzeɪʃn
AM ˌfemɛˌnaɪˈzeɪʃ(ə)n, ˌfemənəˈzeɪʃ(ə)n

feminize
BR ˈfemɪnaɪz, -ɪz, -ɪŋ, -d
AM ˈfeməˌnaɪz, -ɪz, -ɪŋ, -d

femme
BR fam, fem, -z
AM fem, -z

femme fatale
BR ˌfam fəˈtɑːl, -z
AM ˌfem fəˈtɑl, ˌfem fəˈtæl, -z

femora
BR ˈfem(ə)rə(r)
AM ˈfemərə

femoral
BR ˈfem(ə)rl̩
AM ˈfemərəl

femtometer
BR ˈfemtəˌmiːtə(r), -z
AM ˈfemtəˌmidər, -z

femtometre
BR ˈfemtəˌmiːtə(r), -z
AM ˈfemtəˌmidər, -z

femur
BR ˈfiːmə(r), -z
AM ˈfimər, -z

fen
BR fen, -z
AM fen, -z

fen-berry
BR ˈfenb(ə)r|i, -ɪz
AM ˈfenˌberi, -z

fence
BR fens, -ɪz, -ɪŋ, -t
AM fens, -əz, -ɪŋ, -t

fenceless
BR ˈfensləs
AM ˈfensləs

fencer
BR ˈfensə(r), -z
AM ˈfensər, -z

Fenchurch
BR ˈfentʃəːtʃ
AM ˈfenˌtʃərtʃ

fencible
BR ˈfensɪbl, -z
AM ˈfensəb(ə)l, -z

fend
BR fend, -z, -ɪŋ, -ɪd
AM fend, -z, -ɪŋ, -əd

fender
BR ˈfendə(r), -z
AM ˈfendər, -z

Fenella
BR fɪˈnelə(r)
AM fəˈnelə

fenestella
BR ˌfenɪˈstelə(r), -z
AM ˌfenəˈstelə, -z

fenestra
BR fɪˈnestrə(r)
AM fəˈnestrə

fenestrae
BR fɪˈnestriː
AM fəˈneˌstraɪ, fəˈnestri

fenestrate
BR ˈfenɪstreɪt, -s, -ɪŋ, -ɪd
AM ˈfenəˌstreɪ|t, -ts, -dɪŋ, -dɪd

fenestration
BR ˌfenɪˈstreɪʃn
AM ˌfenəˈstreɪʃ(ə)n

feng shui
BR ˌfeŋ ˈʃuːi, ˌfʌŋ ˈʃweɪ
AM ˌfeŋ ˈʃui

Fenian
BR ˈfiːniən, -z
AM ˈfiniən, -z

Fenianism
BR ˈfiːniənɪzm
AM ˈfiniəˌnɪz(ə)m

Fenimore
BR ˈfenɪmɔː(r)
AM ˈfenəˌmɔ(ə)r

fenland
BR ˈfenlənd, -z
AM ˈfenˌlænd, -z

fenman
BR ˈfɛnmən
AM ˈfɛnˌmæn

fenmen
BR ˈfɛnmɛn
AM ˈfɛnˌmɛn

fennec
BR ˈfɛnɪk, -s
AM ˈfɛnɪk, -s

fennel
BR ˈfɛnl̩
AM ˈfɛn(ə)l

Fennimore
BR ˈfɛnɪmɔː(r)
AM ˈfɛnəˌmɔ(ə)r

Fennoscandia
BR ˌfɛnə(ʊ)ˈskandɪə(r)
AM ˌfɛnəˈskændɪə

fenny
BR ˈfɛni
AM ˈfɛni

Fens
BR fɛnz
AM fɛnz

Fenton
BR ˈfɛnt(ə)n
AM ˈfɛn(t)ən

fenugreek
BR ˈfɛnjʊgriːk
AM ˈfɛn(j)əˌgrik

Fenwick
BR ˈfɛn(w)ɪk
AM ˈfɛnˌwɪk

feoff
BR fiːf, fɛf, -s, -ɪŋ, -t
AM fif, -s, -ɪŋ, -t

feoffee
BR fɛˈfiː, fiːˈfiː, -z
AM fiˈfi, fɛˈfi, -z

feoffment
BR ˈfiːfm(ə)nt, ˈfɛfm(ə)nt, -s
AM ˈfifm(ə)nt, -s

feoffor
BR ˈfiːfə(r), ˈfɛfə(r), -z
AM ˈfifər, -z

feral
BR ˈfɛrl̩
AM ˈfɪrəl, ˈfɛrəl

fer de lance
BR ˌfɛː də ˈlɑːns, -ɪz
AM ˌfɛr də ˈlæns, -əz

Ferdinand
BR ˈfəːdɪnand
AM ˈfərd(ə)ˌnænd

feretory
BR ˈfɛrət(ə)r|i, -ɪz
AM ˈfɛrəˌtɔri, -z

Fergal
BR ˈfəːgl̩
AM ˈfərg(ə)l

Fergie
BR ˈfəːgi
AM ˈfərgi

Fergus
BR ˈfəːgəs
AM ˈfərgəs

Ferguson
BR ˈfəːgəs(ə)n
AM ˈfərgəs(ə)n

ferial
BR ˈfɪərɪəl, ˈfɛrɪəl
AM ˈfɪriəl, ˈfɛriəl

Fermanagh
BR fəˈmanə(r)
AM fərˈmænə

Fermat
BR ˈfəːmɑː(r), fəˈmat, ˈfəːmat
AM fərˈmat

fermata
BR fəˈmɑːtə(r), -z
AM fərˈmɑdə, -z

ferment[1] *noun*
BR ˈfəːmɛnt, -s
AM ˈfərˌmɛnt, -s

ferment[2] *verb*
BR fə(ː)ˈmɛnt, -s, -ɪŋ, -ɪd
AM fərˈmɛn|t, -ts, -(t)ɪŋ, -(t)əd

fermentable
BR fəˈmɛntəbl
AM fərˈmɛn(t)əb(ə)l

fermentation
BR ˌfəːm(ɛ)nˈteɪʃn, -z
AM ˌfərmənˈteɪʃ(ə)n, -z

fermentative
BR fəˈmɛntətɪv
AM fərˈmɛn(t)ədɪv

fermenter
BR fəˈmɛntə(r), -z
AM fərˈmɛn(t)ər, -z

fermi
BR ˈfəːm|i, ˈfɛːm|i, -ɪz
AM ˈfɛrˌmi, -z

fermion
BR ˈfəːmɪɒn
AM ˈfərmiɑn, ˈfɛrmiɑn

fermium
BR ˈfəːmɪəm
AM ˈfərmiəm, ˈfɛrmiəm

Fermor
BR ˈfəːmɔː(r)
AM ˈfərˌmɔ(ə)r

Fermoy
BR fəˈmɔɪ
AM ˈfərˌmɔɪ

fern
BR fəːn, -z
AM fərn, -z

Fernández
BR fəˈnandɛz
AM fərˈnændɛz

Fernando Póo
BR fəˌnandəʊ ˈpəʊ
AM fərˌnændoʊ ˈpoʊ

fernery
BR ˈfəːn(ə)r|i, -ɪz
AM ˈfərnəri, -z

Ferneyhough
BR ˈfəːnɪhʌf, ˈfəːnɪhəʊ
AM ˈfərnɪhəf

Fernihough
BR ˈfəːnɪhʌf, ˈfəːnɪhəʊ
AM ˈfərnɪhəf

fernless
BR ˈfəːnləs
AM ˈfərnləs

ferny
BR ˈfəːn|i, -ɪə(r), -ɪɪst
AM ˈfərni, -ər, -ɪst

Fernyhough
BR ˈfəːnɪhʌf, ˈfəːnɪhəʊ
AM ˈfərnɪhəf

ferocious
BR fɪˈrəʊʃəs
AM fəˈroʊʃəs

ferociously
BR fɪˈrəʊʃəsli
AM fəˈroʊʃəsli

ferociousness
BR fɪˈrəʊʃəsnəs
AM fəˈroʊʃəsnəs

ferocity
BR fɪˈrɒsɪti
AM fəˈrɑsədi

Ferodo
BR fɪˈrəʊdəʊ
AM fəˈroʊdoʊ

Ferranti
BR fɪˈranti
AM fəˈran(t)i

Ferrara
BR fəˈrɑːrə(r)
AM fəˈrɑrə

Ferrari
BR fəˈrɑːr|i, -ɪz
AM fəˈrari, -z

ferrate
BR ˈfɛreɪt, -s
AM ˈfɛˌreɪt, -s

ferrel
BR ˈfɛrl̩, -z
AM ˈfɛrəl, -z

Ferrell
BR ˈfɛrl̩
AM ˈfɛrəl

Ferrer
BR ˈfɛrə(r)
AM ˈfɛrər, fəˈrar

ferret
BR ˈfɛrɪt, -s, -ɪŋ, -ɪd
AM ˈfɛrə|t, -ts, -dɪŋ, -dəd

ferreter
BR ˈfɛrɪtə(r), -z
AM ˈfɛrədər, -z

ferrety
BR ˈfɛrɪti
AM ˈfɛrədi

ferriage
BR ˈfɛrɪ|ɪdʒ, -ɪdʒɪz
AM ˈfɛriɪdʒ, -ɪz

ferric
BR ˈfɛrɪk
AM ˈfɛrɪk

Ferrier
BR ˈfɛrɪə(r)
AM ˈfɛriər

ferrimagnetic
BR ˌferɪmægˈnetɪk
AM ˈˌferiˌmægˈnedɪk

ferrimagnetism
BR ˌferɪˈmægnɪtɪzm
AM ˌferiˈmægnə-ˌtɪz(ə)m

Ferris
BR ˈferɪs
AM ˈferəs

ferrite
BR ˈferʌɪt
AM ˈferaɪt

ferritic
BR fɪˈrɪtɪk
AM fəˈrɪdɪk

ferroconcrete
BR ˌferə(ʊ)ˈkɒŋkriːt
AM ˌferoʊˈkɑnˌkrit

ferroelectric
BR ˌferəʊɪˈlektrɪk
AM ˈˌferoʊɪˈlektrɪk, ˈˌferoʊəˈlektrɪk

ferroelectricity
BR ˌferəʊɪlekˈtrɪsɪti
AM ˈˌferoʊɪˌlekˈtrɪsɪdi, ˈˌferoʊəˌlekˈtrɪsɪdi

Ferrograph
BR ˈferə(ʊ)grɑːf
AM ˈferəˌgræf

ferromagnetic
BR ˌferə(ʊ)mægˈnetɪk
AM ˈˌferoʊˌmæg-ˈnedɪk

ferromagnetism
BR ˌferəʊˈmægnɪtɪzm
AM ˌferoʊˈmægnə-ˌtɪz(ə)m

ferrous
BR ˈferəs
AM ˈferəs

ferruginous
BR fɪˈruːdʒɪnəs, fɪˈruːdʒnəs, feˈruːdʒɪnəs, feˈruːdʒnəs
AM fəˈrudʒənəs

ferrule
BR ˈfer(j)uːl, ˈferl̩, -z
AM ˈfɛˌrul, ˈferəl, -z

ferry
BR ˈfer|i, -ɪz, -ɪɪŋ, -ɪd
AM ˈferi, -z, -ɪŋ, -d

ferryage
BR ˈferɪ|ɪdʒ, -ɪdʒɪz
AM ˈferiɪdʒ, -ɪz

ferryboat
BR ˈferɪbəʊt, -s
AM ˈferiˌboʊt, -s

Ferrybridge
BR ˈferɪbrɪdʒ
AM ˈferiˌbrɪdʒ

ferryman
BR ˈferɪmən
AM ˈferɪm(ə)n, ˈferiˌmæn

ferrymen
BR ˈferɪmən
AM ˈferiˌmen

fers de lance
BR ˌfɛː də ˈlɑːns
AM ˌfɛ(ə)r(z) də ˈlæns

fertile
BR ˈfəːtʌɪl
AM ˈfərdl̩

fertilisable
BR ˈfəːtɪlʌɪzəbl, ˈfəːtl̩ʌɪzəbl
AM ˈfərdl̩ˌaɪzəb(ə)l

fertilisation
BR fəːtɪlʌɪˈzeɪʃn, ˌfəːtl̩ʌɪˈzeɪʃn
AM ˌfərdl̩ˌaɪˈzeɪʃ(ə)n, ˌfərdl̩əˈzeɪʃ(ə)n

fertilise
BR ˈfəːtɪlʌɪz, ˈfəːtl̩ʌɪz, -ɪz, -ɪŋ, -d
AM ˈfərdl̩ˌaɪz, -ɪz, -ɪŋ, -d

fertiliser
BR ˈfəːtɪlʌɪzə(r), ˈfəːtl̩ʌɪzə(r), -z
AM ˈfərdl̩ˌaɪzər, -z

fertility
BR fə(ː)ˈtɪlɪti
AM fərˈtɪlɪdi

fertilizable
BR ˈfəːtɪlʌɪzəbl, ˈfəːtl̩ʌɪzəbl
AM ˈfərdl̩ˌaɪzəb(ə)l

fertilization
BR fəːtɪlʌɪˈzeɪʃn, ˌfəːtl̩ʌɪˈzeɪʃn
AM ˌfərdl̩ˌaɪˈzeɪʃ(ə)n, ˌfərdl̩əˈzeɪʃ(ə)n

fertilize
BR ˈfəːtɪlʌɪz, ˈfəːtl̩ʌɪz, -ɪz, -ɪŋ, -d
AM ˈfərdl̩ˌaɪz, -ɪz, -ɪŋ, -d

fertilizer
BR ˈfəːtɪlʌɪzə(r), ˈfəːtl̩ʌɪzə(r), -z
AM ˈfərdl̩ˌaɪzər, -z

Fertö Tó
BR ˌfɛːtəʊ ˈtəʊ
AM ˌferdoʊ ˈtoʊ
HU ˈfertœ ˈtoː

ferula
BR ˈfer(j)ʊlə(r), -z
AM ˈfɛrələ, -z

ferule
BR ˈfer(j)uːl, ˈferl̩, -z
AM ˈfɛrəl, -z

fervency
BR ˈfəːvns|i, -ɪz
AM ˈfərvənsi, -z

fervent
BR ˈfəːv(ə)nt
AM ˈfərvənt

fervently
BR ˈfəːv(ə)ntli
AM ˈfərvən(t)li

ferventness
BR ˈfəːv(ə)ntnəs
AM ˈfərvən(t)nəs

fervid
BR ˈfəːvɪd
AM ˈfərvəd

fervidly
BR ˈfəːvɪdli
AM ˈfərvədli

fervidness
BR ˈfəːvɪdnɪs
AM ˈfərvədnəs

fervor
BR ˈfəːvə(r)
AM ˈfərvər

fervour
BR ˈfəːvə(r)
AM ˈfərvər

Fès
BR fɛz, -ɪz
AM fɛz, -əz

Fescennine
BR ˈfesɪnʌɪn, ˈfesn̩ʌɪn
AM ˈfesn̩ˌaɪn, ˈfesn̩ˌin

fescue
BR ˈfeskjuː
AM ˈfeskju

fess
BR fes, -ɪz
AM fes, -əz

fesse
BR fes, -ɪz
AM fes, -əz

festal
BR ˈfestl̩
AM ˈfestl

festally
BR ˈfestli
AM ˈfestəli

fester
BR ˈfest|ə(r), -əz, -(ə)rɪŋ, -əd
AM ˈfest|ər, -ərz, -(ə)rɪŋ, -ərd

festination
BR ˌfestɪˈneɪʃn
AM ˌfestəˈneɪʃ(ə)n

festival
BR ˈfestɪvl, -z
AM ˈfestəv(ə)l, -z

festive
BR ˈfestɪv
AM ˈfestɪv

festively
BR ˈfestɪvli
AM ˈfestɪvli

festiveness
BR ˈfestɪvnɪs
AM ˈfestɪvnɪs

festivity
BR feˈstɪvɪt|i, -ɪz
AM feˈstɪvɪdi, -z

festoon
BR feˈstuːn, -z, -ɪŋ, -d
AM feˈstun, -z, -ɪŋ, -d

festoonery
BR feˈstuːn(ə)ri
AM fɛˈstunəri

Festschrift
BR ˈfes(t)ʃrɪft, -s
AM ˈfes(t)ˌʃrɪft, -s
Festschriften
BR ˈfes(t)ʃrɪft(ə)n
AM ˈfes(t)ˌʃrɪft(ə)n
Festus
BR ˈfestəs
AM ˈfestəs
feta
BR ˈfetə(r)
AM ˈfedə
fetal
BR ˈfiːtl
AM ˈfidl
fetch
BR fetʃ, -ɪz, -ɪŋ, -t
AM fetʃ, -əz, -ɪŋ, -t
fetcher
BR ˈfetʃə(r), -z
AM ˈfetʃər, -z
fetchingly
BR ˈfetʃɪŋli
AM ˈfetʃɪŋli
fête
BR feɪt, -s, -ɪŋ, -ɪd
AM feɪ|t, -ts, -dɪŋ, -dɪd
fête champêtre
BR ˌfeɪt ʃɒ̃ˈpeɪtr(ər), -z
AM ˌˈfeɪt ʃɑmˈpetr(ə), -z
FR fɛt ʃɑ̃pɛtʀ
fête galante
BR ˌfeɪt gəˈlɑːnt
AM ˌˈfeɪt gəˈlɑnt
FR fɛt galɑ̃t
fêtes champêtres
BR ˌfeɪt ʃɒ̃ˈpeɪtr(ə)z
AM ˌˈfeɪt ʃɑmˈpetr(ə)z
FR fɛt ʃɑ̃pɛtʀ
fêtes galantes
BR ˌfeɪt gəˈlɑːnt
AM ˌˈfeɪt(s) gəˈlɑnt
FR fɛt galɑ̃t
feticide
BR ˈfetɪsʌɪd
AM ˈfedəˌsaɪd
fetid
BR ˈfetɪd
AM ˈfedɪd
fetidly
BR ˈfetɪdli
AM ˈfedɪdli

fetidness
BR ˈfetɪdnɪs
AM ˈfedɪdnɪs
fetish
BR ˈfetɪʃ, -ɪʃɪz
AM ˈfedɪʃ, -ɪz
fetishise
BR ˈfetɪʃʌɪz, -ɪz, -ɪŋ, -d
AM ˈfedəˌʃaɪz, -ɪz, -ɪŋ, -d
fetishism
BR ˈfetɪʃɪzm
AM ˈfedɪʃˌɪz(ə)m
fetishist
BR ˈfetɪʃɪst, -s
AM ˈfedɪʃɪst, -s
fetishistic
BR ˌfetɪˈʃɪstɪk
AM ˌfedəˈʃɪstɪk
fetishize
BR ˈfetɪʃʌɪz, -ɪz, -ɪŋ, -d
AM ˈfedəˌʃaɪz, -ɪz, -ɪŋ, -d
Fetlar
BR ˈfetlə(r)
AM ˈfetlər
fetlock
BR ˈfetlɒk, -s
AM ˈfetˌlɑk, -s
fetor
BR ˈfiːtə(r)
AM ˈfidər
fetta
BR ˈfetə(r)
AM ˈfedə
fetter
BR ˈfetə(r), -əz, -(ə)rɪŋ, -əd
AM ˈfedər, -z, -ɪŋ, -d
fetterlock
BR ˈfetəlɒk, -s
AM ˈfedərˌlɑk, -s
fettle
BR ˈfetl, -lz, -lɪŋ\-lɪŋ, -ld
AM ˈfed(ə)l, -z, -ɪŋ, -d
fettler
BR ˈfetlə(r), ˈfetlə(r), -z
AM ˈfedlər, -z
fettuccine
BR ˌfetəˈtʃiːni
AM ˌfedəˈtʃini

fettucine
BR ˌfetəˈtʃiːni
AM ˌfedəˈtʃini
fettucini
BR ˌfetəˈtʃiːni
AM ˌfedəˈtʃini
fetus
BR ˈfiːtəs, -ɪz
AM ˈfidəs, -əz
feu
BR fjuː, -z, -ɪŋ, -d
AM fju, -z, -ɪŋ, -d
feud
BR fjuːd, -z, -ɪŋ, -ɪd
AM fjud, -z, -ɪŋ, -əd
feudal
BR ˈfjuːdl
AM ˈfjud(ə)l
feudalisation
BR ˌfjuːdlʌɪˈzeɪʃn
AM ˌfjudlˌaɪˈzeɪʃ(ə)n, ˌfjudləˈzeɪʃ(ə)n
feudalise
BR ˈfjuːdlʌɪz, -ɪz, -ɪŋ, -d
AM ˈfjudlˌaɪz, -ɪz, -ɪŋ, -d
feudalism
BR ˈfjuːdlɪzm
AM ˈfjudlˌɪz(ə)m
feudalist
BR ˈfjuːdlɪst, -s
AM ˈfjudləst, -s
feudalistic
BR ˌfjuːdlˈɪstɪk
AM ˌfjudlˈɪstɪk
feudalistically
BR ˌfjuːdlˈɪstɪkli
AM ˌfjudlˈɪstək(ə)li
feudality
BR fjuːˈdalɪti
AM fjuˈdælədi
feudalization
BR ˌfjuːdlʌɪˈzeɪʃn
AM ˌfjudlˌaɪˈzeɪʃ(ə)n, ˌfjudləˈzeɪʃ(ə)n
feudalize
BR ˈfjuːdlʌɪz, -ɪz, -ɪŋ, -d
AM ˈfjudlˌaɪz, -ɪz, -ɪŋ, -d

feudally
BR ˈfjuːdli
AM ˈfjudli
feudatory
BR ˈfjuːdət(ə)ri
AM ˈfjudəˌtɔri
feu de joie
BR ˌfəː də ˈʒwɑː(r)
AM ˌfə də ˈʒwɑ
FR fø d(ə) ʒwa
feudist
BR ˈfjuːdɪst, -s
AM ˈfjudəst, -s
feuilleton
BR ˈfəːɪtɒ̃, -z
AM ˌfəɪˈtɔn, -z
FR fœjtɔ̃
feux de joie
BR ˌfəː də ˈʒwɑː(r)
AM ˌfə(z) də ˈʒwɑ
FR fø d(ə) ʒwa
fever
BR ˈfiːvə(r), -z, -d
AM ˈfivər, -z, -d
feverfew
BR ˈfiːvəfjuː
AM ˈfivərˌfju
feverish
BR ˈfiːv(ə)rɪʃ
AM ˈfiv(ə)rɪʃ
feverishly
BR ˈfiːv(ə)rɪʃli
AM ˈfiv(ə)rɪʃli
feverishness
BR ˈfiːv(ə)rɪʃnɪs
AM ˈfiv(ə)rɪʃnɪs
feverous
BR ˈfiːv(ə)rəs
AM ˈfiv(ə)rəs
few
BR fjuː, -ə(r), -ɪst
AM fju, -ər, -əst
fewness
BR ˈfjuːnəs
AM ˈfjunəs
fey
BR feɪ
AM feɪ
Feydeau
BR ˈfeɪdəʊ
AM ˈfeɪdoʊ, feɪˈdoʊ

feyly
BR ˈfeɪli
AM ˈfeɪli

feyness
BR ˈfeɪnɪs
AM ˈfeɪnɪs

Feynman
BR ˈfaɪnmən
AM ˈfaɪnm(ə)n

fez
BR fɛz, -ɪz, -d
AM fɛz, -əz, -d

Ffestiniog
BR fɛˈstɪnɪɒɡ
AM fɛsˈtini͵ɑɡ,
fəˈstɪni͵ɒɡ

Ffolkes
BR fəʊks
AM foʊks

Ffoulkes
BR fuːks, fəʊks
AM fuks, foʊks

fiacre
BR fiˈɑːkrə(r),
fiˈakrə(r), -z
AM fiˈækrə, -z

fiancé
BR fiˈɑːnseɪ, -z
AM ͵fiˈɑn͵seɪ,
͵fi͵ɑnˈseɪ, -z

fiancée
BR fiˈɑːnseɪ, -z
AM ͵fiˈɑn͵seɪ,
͵fi͵ɑnˈseɪ, -z

fianchetto
BR ͵fiənˈtʃɛtəʊ,
͵fiənˈkɛtəʊ, -z
AM ͵fiənˈkɛdoʊ,
͵fiənˈtʃɛdoʊ, -z

Fianna Fáil
BR fi͵anə ˈfɔɪl
AM fi͵anə ˈfɔɪl
IR ͵fiənə ˈfaːlʲ

fiasco
BR fiˈaskəʊ, -z
AM fiˈæskoʊ, -z

fiat
BR ˈfiːat, ˈfʌɪat, -s
AM ˈfi͵at, ˈfiət, -s

fib
BR fɪb, -z, -ɪŋ, -d
AM fɪb, -z, -ɪŋ, -d

fibber
BR ˈfɪbə(r), -z
AM ˈfɪbər, -z

fiber
BR ˈfʌɪbə(r), -z, -d
AM ˈfaɪbər, -z, -d

fiberboard
BR ˈfʌɪbəbɔːd
AM ˈfaɪbər͵bɔ(ə)rd

fiberfill
BR ˈfʌɪbəfɪl
AM ˈfaɪbər͵fɪl

fiberglass
BR ˈfʌɪbəɡlɑːs
AM ˈfaɪbər͵ɡlæs

fiberless
BR ˈfʌɪbələs
AM ˈfaɪbərləs

Fibonacci
BR fɪbəˈnɑːtʃi
AM fɪbəˈnɑtʃi

fibre
BR ˈfʌɪbə(r), -z, -d
AM ˈfaɪbər, -z, -d

fibreboard
BR ˈfʌɪbəbɔːd
AM ˈfaɪbər͵bɔ(ə)rd

fibrefill
BR ˈfʌɪbəfɪl
AM ˈfaɪbər͵fɪl

fibreglass
BR ˈfʌɪbəɡlɑːs
AM ˈfaɪbər͵ɡlæs

fibreless
BR ˈfʌɪbələs
AM ˈfaɪbərləs

fibriform
BR ˈfɪbrɪfɔːm,
ˈfʌɪbrɪfɔːm
AM ˈfɪbrə͵fɔ(ə)rm

fibril
BR ˈfʌɪbr(ɨ)l, -z
AM ˈfɪbr(ə)l, -z

fibrillar
BR fɪˈbrɪlə(r),
fʌɪˈbrɪlə(r)
AM ˈfɪbrələr

fibrillary
BR fɪˈbrɪl(ə)ri,
fʌɪˈbrɪl(ə)ri
AM ˈfɪbrə͵lɛri

fibrillate
BR ˈfɪbrɪleɪt,
ˈfʌɪbrɪleɪt, -s, -ɪŋ,
-ɪd
AM ˈfɪbrə͵leɪ|t, -ts,
-dɪŋ, -dɪd

fibrillation
BR ͵fɪbrɪˈleɪʃn,
͵fʌɪbrɪˈleɪʃn
AM ͵fɪbrəˈleɪʃ(ə)n

fibrin
BR ˈfʌɪbrɪn, ˈfɪbrɪn
AM ˈfaɪbrɪn

fibrinogen
BR fʌɪˈbrɪnədʒ(ə)n,
fɪˈbrɪnədʒ(ə)n
AM faɪˈbrɪnədʒ(ə)n

fibrinoid
BR ˈfʌɪbrɪnɔɪd,
ˈfɪbrɪnɔɪd
AM ˈfaɪbrə͵nɔɪd

fibro
BR ˈfʌɪbrəʊ, -z
AM ˈfaɪbroʊ, -z

fibroid
BR ˈfʌɪbrɔɪd, -z
AM ˈfaɪ͵brɔɪd, -z

fibroin
BR ˈfʌɪbrəʊɪn
AM ˈfaɪbrəw(ə)n

fibroma
BR fʌɪˈbrəʊmə(r),
-z
AM faɪˈbroʊmə, -z

fibromata
BR fʌɪˈbrəʊmətə(r)
AM faɪˈbroʊmədə

fibrosis
BR fʌɪˈbrəʊsɪs
AM faɪˈbroʊsəs

fibrositic
BR ͵fʌɪbrəˈsɪtɪk
AM ͵faɪbrəˈsɪdɪk

fibrositis
BR ͵fʌɪbrəˈsʌɪtɪs
AM ͵faɪbrəˈsaɪdɪs

fibrotic
BR fʌɪˈbrɒtɪk
AM faɪˈbrɑdɪk

fibrous
BR ˈfʌɪbrəs
AM ˈfaɪbrəs

fibrously
BR ˈfʌɪbrəsli
AM ˈfaɪbrəsli

fibrousness
BR ˈfʌɪbrəsnəs
AM ˈfaɪbrəsnəs

fibula
BR ˈfɪbjʉlə(r), -z
AM ˈfɪbjələ, -z

fibular
BR ˈfɪbjʉlə(r)
AM ˈfɪbjələr

fiche
BR fiːʃ, -ɪz
AM fiʃ, -ɪz

Fichte
BR ˈfɪxt
AM ˈfɪktə
GER ˈfɪçtɐ

Fichtean
BR ˈfɪxtɪən
AM ˈfɪktiən

fichu
BR ˈfiːʃuː,
ˈfɪʃuː, -z
AM ˈfɪ͵ʃu, -z

fickle
BR ˈfɪkl̩, -ə(r), -ɪst
AM ˈfɪk(ə)l, -ər,
-əst

fickleness
BR ˈfɪklnəs
AM ˈfɪkəlnəs

fickly
BR ˈfɪk(l)i
AM ˈfɪk(ə)li

fictile
BR ˈfɪktʌɪl, ˈfɪkt(ɨ)l
AM ˈfɪk͵taɪl, ˈfɪktl

fiction
BR ˈfɪkʃn, -z
AM ˈfɪkʃ(ə)n, -z

fictional
BR ˈfɪkʃn̩l
AM ˈfɪkʃən(ə)l,
ˈfɪkʃ(ə)nl

fictionalisation
BR ͵fɪkʃn̩lʌɪˈzeɪʃn,
͵fɪkʃnəlʌɪˈzeɪʃn, -z
AM ͵fɪkʃnələˈzeɪʃ(ə)n,
͵fɪkʃnə͵laɪˈzeɪʃ(ə)n,
͵fɪkʃənl̩əˈzeɪʃ(ə)n, -z

fictionalise
BR ˈfɪkʃn̩laɪz,
ˈfɪkʃnəlaɪz, -ɪz,
-ɪŋ, -d
AM ˈfɪkʃ(ə)nəˌlaɪz,
-ɪz, -ɪŋ, -d

fictionality
BR ˌfɪkʃəˈnalɪti
AM ˌfɪkʃəˈnælədi

fictionalization
BR ˌfɪkʃn̩laɪˈzeɪʃn,
ˌfɪkʃnəlaɪˈzeɪʃn, -z
AM ˌfɪkʃnələˈzeɪʃ(ə)n,
ˌfɪkʃnəˌlaɪˈzeɪʃ(ə)n,
ˌfɪkʃənləˈzeɪʃ(ə)n, -z

fictionalize
BR ˈfɪkʃn̩laɪz,
ˈfɪkʃnəlaɪz, -ɪz,
-ɪŋ, -d
AM ˈfɪkʃ(ə)nəˌlaɪz,
-ɪz, -ɪŋ, -d

fictionally
BR ˈfɪkʃn̩li, ˈfɪkʃnəli
AM ˈfɪkʃ(ə)nəli

fictionist
BR ˈfɪkʃn̩ɪst, -s
AM ˈfɪkʃ(ə)nəst, -s

fictitious
BR fɪkˈtɪʃəs
AM fɪkˈtɪʃəs

fictitiously
BR fɪkˈtɪʃəsli
AM fɪkˈtɪʃəsli

fictitiousness
BR fɪkˈtɪʃəsnəs
AM fɪkˈtɪʃəsnəs

fictive
BR ˈfɪktɪv
AM ˈfɪktɪv

fictively
BR ˈfɪktɪvli
AM ˈfɪktɪvli

fictiveness
BR ˈfɪktɪvnɪs
AM ˈfɪktɪvnɪs

fid
BR fɪd, -z
AM fɪd, -z

fiddle
BR ˈfɪdl̩, -lz,
-lɪŋ\-lɪŋ, -ld
AM ˈfɪd(ə)l, -z, -ɪŋ, -d

fiddle-de-dee
BR ˌfɪdlɪˈdi:
AM ˌfɪdəldiˈdi

fiddler
BR ˈfɪdlə(r), -z
AM ˈfɪd(ə)lər, -z

fiddlestick
BR ˈfɪdlstɪk, -s
AM ˈfɪdlˌstɪk, -s

fiddly
BR ˈfɪdl̩i, ˈfɪdli
AM ˈfɪdl̩i

Fidei Defensor
BR ˌfɪdeɪi:
dɪˈfensɔː(r),
ˌfaɪdɪaɪ +
AM ˌfɪdeɪˌi
dəˈfenˌsɔː(ə)r

fideism
BR ˈfiːdeɪɪzm,
ˈfaɪdiːɪzm
AM ˈfɪdeɪˌɪz(ə)m

fideist
BR ˈfiːdeɪɪst,
ˈfaɪdiːɪst, -s
AM ˈfɪdeɪst, -s

fideistic
BR ˌfiːdeɪˈɪstɪk,
ˌfaɪdɪˈɪstɪk
AM ˌfɪdeɪˈɪstɪk

Fidel
BR fɪˈdel
AM fəˈdel

Fidelio
BR fɪˈdeɪliəʊ
AM fɪˈdeɪlioʊ

Fidelis
BR fɪˈdeɪlɪs
AM fɪˈdeɪlɪs

fidelity
BR fɪˈdelɪti
AM fɪˈdelədi

fidget
BR ˈfɪdʒɪt, -s, -ɪŋ, -ɪd
AM ˈfɪdʒɪ|t, -ts, -dɪŋ, -dɪd

fidgetiness
BR ˈfɪdʒɪtɪnɪs
AM ˈfɪdʒɪdɪnɪs

fidgety
BR ˈfɪdʒɪti
AM ˈfɪdʒɪdi

Fidler
BR ˈfɪdlə(r), ˈfiːdlə(r)
AM ˈfɪdlər, ˈfɪdlər

Fido
BR ˈfaɪdəʊ
AM ˈfaɪdoʊ

fiducial
BR fɪˈdjuːʃ(ɪə)l,
fɪˈdʒuːʃ(ɪə)l,
fɪˈdjuːsɪəl,
fɪˈdʒuːsɪəl
AM fəˈduʃɪəl

fiducially
BR fɪˈdjuːʃl̩i,
fɪˈdʒuːʃl̩i,
fɪˈdjuːsɪəli,
fɪˈdʒuːsɪəli
AM fəˈduʃ(i)əli

fiduciary
BR fɪˈdjuːʃ(ə)r|i,
fɪˈdʒuːʃ(ə)r|i
fɪˈdjuːs(ə)r|i,
fɪˈdʒuːs(ə)r|i,
fɪˈdjuːsɪər|i,
fɪˈdʒuːsɪər|i, -ɪz
AM fəˈdusiˌeri,
fəˈduʃiˌeri, -z

fidus Achates
BR ˌfaɪdəs əˈkeɪtiːz
AM ˈfaɪdəs əˈkɑdiz

fie
BR faɪ
AM faɪ

Fiedler
BR ˈfiːdlə(r)
AM ˈfɪdlər

fief
BR fiːf, -s
AM fif, -s

fiefdom
BR ˈfiːfdəm, -z
AM ˈfifd(ə)m, -z

field
BR fiːld, -z, -ɪŋ, -ɪd
AM fild, -z, -ɪŋ, -ɪd

Fielden
BR ˈfiːld(ə)n
AM ˈfild(ə)n

fielder
BR ˈfiːldə(r), -z
AM ˈfildər, -z

fieldfare
BR ˈfiːldfɛː(r), -z
AM ˈfil(d)ˌfɛ(ə)r, -z

Fielding
BR ˈfiːldɪŋ
AM ˈfildɪŋ

fieldmice
BR ˈfiːldmaɪs
AM ˈfil(d)ˌmaɪs

fieldmouse
BR ˈfiːldmaʊs
AM ˈfil(d)ˌmaʊs

Fields
BR ˈfiːldz
AM ˈfil(d)z

fieldsman
BR ˈfiːldzmən
AM ˈfil(d)zm(ə)n

fieldsmen
BR ˈfiːldzmən
AM ˈfil(d)zm(ə)n

fieldstone
BR ˈfiːldstəʊn, -z
AM ˈfil(d)ˌstoʊn, -z

fieldwork
BR ˈfiːldwɜːk
AM ˈfil(d)ˌwɜrk

fieldworker
BR ˈfiːldwɜːkə(r), -z
AM ˈfil(d)ˌwɜrkər, -z

fiend
BR fiːnd, -z
AM find, -z

fiendish
BR ˈfiːndɪʃ
AM ˈfindɪʃ

fiendishly
BR ˈfiːndɪʃli
AM ˈfindɪʃli

fiendishness
BR ˈfiːndɪʃnɪs
AM ˈfindɪʃnɪs

fiendlike
BR ˈfiːndlʌɪk
AM ˈfin(d)ˌlaɪk

Fiennes
BR faɪnz
AM faɪnz

fierce
BR fɪəs, -ə(r),
-ɪst
AM fɪ(ə)rs, -ər, -ɪst

fiercely
BR ˈfɪəsli
AM ˈfɪrsli
fierceness
BR ˈfɪəsnəs
AM ˈfɪrsnəs
fieri facias
BR ˌfʌɪərʌɪ ˈfeɪʃɪas
AM ˌfaɪri ˈfeɪʃ(i)əs
fierily
BR ˈfʌɪərɪli
AM ˈfaɪrəli
fieriness
BR ˈfʌɪərɪnɪs
AM ˈfaɪrɪnɪs
fiery
BR ˈfʌɪər|i, -iə(r), -ɪɪst
AM ˈfaɪri, -ər, -ɪst
fiesta
BR fiˈɛstə(r)
AM fiˈɛstə
FIFA
BR ˈfiːfə(r)
AM ˈfifə
fife
BR fʌɪf, -s, -ɪŋ, -t
AM faɪf, -s, -ɪŋ, -t
fifer
BR ˈfʌɪfə(r), -z
AM ˈfaɪfər, -z
Fifi
BR ˈfiːfiː
AM ˈfifi
Fifield
BR ˈfʌɪfiːld
AM ˈfaɪˌfild
FIFO
BR ˈfiːfəʊ
AM ˈfiˌfoʊ
fifteen
BR ˌfɪfˈtiːn
AM ˌfɪfˈtin
fifteenth
BR ˌfɪfˈtiːnθ
AM ˌfɪfˈtinθ
fifth
BR fɪfθ
AM fɪ(f)θ
fifthly
BR ˈfɪfθli
AM ˈfɪ(f)θli

Fifth Monarchy
BR ˌfɪfθ ˈmɒnəki
AM ˌfɪ(f)θ ˈmɑnərki
fiftieth
BR ˈfɪftɪɪθ
AM ˈfɪftiɪθ
fifty
BR ˈfɪfti
AM ˈfɪfti
fifty-fifty
BR ˌfɪftiˈfɪfti
AM ˌfɪftiˈfɪfti
fiftyfold
BR ˈfɪftɪfəʊld
AM ˈfɪftiˌfoʊld
fig
BR fɪg, -z
AM fɪg, -z
Figaro
BR ˈfɪgərəʊ
AM ˈfɪgəroʊ
Figg
BR fɪg
AM fɪg
Figgis
BR ˈfɪgɪs
AM ˈfɪgɪs
fight
BR fʌɪt, -s, -ɪŋ
AM faɪt, -ts, -dɪŋ
fightback
BR ˈfʌɪtbak, -s
AM ˈfaɪtˌbæk, -s
fighter
BR ˈfʌɪtə(r), -z
AM ˈfaɪdər, -z
figleaf
BR ˈfɪgliːf
AM ˈfɪɡˌlif
figleaves
BR ˈfɪgliːvz
AM ˈfɪɡˌlivz
figment
BR ˈfɪgm(ə)nt, -s
AM ˈfɪgm(ə)nt, -s
figtree
BR ˈfɪgtriː, -z
AM ˈfɪɡˌtri, -z
Figueroa
BR ˌfɪgəˈrəʊə(r)
AM ˌfɪgəˈroʊə

figura
BR fɪˈgjʊərə(r), fɪˈgjɔːrə(r), -z
AM fɪˈgjɔrə, -z
figural
BR ˈfɪgjərl̩
AM fɪˈgjərəl
figurant
BR ˈfɪgjɜːnt, -s
AM ˌfɪg(j)əˈrɑnt, ˈfɪg(j)ərənt, -s
FR figyʀɑ̃
figurante
BR ˌfɪgjɜːˈrɑnt|i, -ɪz
AM ˌfɪgjəˈrɑn(t)i, -z
IT figuˈrante
figuranti
BR ˌfɪgjɜːˈrɑnt|i, -ɪz
AM ˌfɪgjəˈrɑn(t)i, -z
IT figuˈranti
figuration
BR ˌfɪgjɜːˈreɪʃn, -z
AM ˌfɪgjəˈreɪʃ(ə)n, -z
figurative
BR ˈfɪg(ə)rətɪv, ˈfɪgjɜːrətɪv
AM ˈfɪgjərədɪv
figuratively
BR ˈfɪg(ə)rətɪvli, ˈfɪgjɜːrətɪvli
AM ˈfɪgjərədəvli
figurativeness
BR ˈfɪg(ə)rətɪvnɪs, ˈfɪgjɜːrətɪvnɪs
AM ˈfɪgjərədɪvnɪs
figure
BR ˈfɪgə(r), -z, -ɪŋ, -d
AM ˈfɪgjər, -z, -ɪŋ, -d
figurehead
BR ˈfɪgəhɛd, -z
AM ˈfɪgjər(h)ɛd, -z
figureless
BR ˈfɪgələs
AM ˈfɪgjərləs
figurine
BR ˌfɪgəˈriːn, -z
AM ˌfɪgjəˈrin, -z
figwort
BR ˈfɪgwəːt
AM ˈfɪgˌwɔ(ə)rt, ˈfɪgwərt

Fiji
BR ˈfiːdʒiː, ˌfiːˈdʒi
AM ˈfiˌdʒi
Fijian
BR fɪˈdʒiːən, fiːˈdʒiːən, -z
AM fəˈdʒiən, fɪˈdʒiən, -z
filagree
BR ˈfɪləgriː, -z
AM ˈfɪləˌgri, -z
filament
BR ˈfɪləm(ə)nt, -s
AM ˈfɪləm(ə)nt, -s
filamentary
BR ˌfɪləˈmɛnt(ə)ri
AM ˌfɪləˈmɛn(t)əri
filamented
BR ˈfɪləmɛntɪd
AM ˈfɪləˌmɛn(t)əd
filamentous
BR ˌfɪləˈmɛntəs
AM ˌfɪləˈmɛn(t)əs
filaria
BR fɪˈlɛːrɪə(r), -z
AM fəˈlɛriə, -z
filariae
BR fɪˈlɛːriː
AM fəˈlɛriˌaɪ, fəˈlɛriˌi
filarial
BR fɪˈlɛːrɪəl
AM fəˈlɛriəl
filariasis
BR ˌfɪləˈrʌɪəsɪs, fɪˌlɛːrɪˈeɪsɪs
AM ˌfɪləˈraɪəsəs
filature
BR ˈfɪlətʃ(ʊ)ə(r), -z
AM ˈfɪləˌtʃʊ(ə)r, ˈfɪlətʃər, -z
filbert
BR ˈfɪlbət, -s
AM ˈfɪlbərt, -s
filch
BR fɪltʃ, -ɪz, -ɪŋ, -t
AM fɪltʃ, -ɪz, -ɪŋ, -t
filcher
BR ˈfɪltʃə(r), -z
AM ˈfɪltʃər, -z
file
BR fʌɪl, -z, -ɪŋ, -d
AM faɪl, -z, -ɪŋ, -d

filefish
BR ˈfʌɪlfɪʃ
AM ˈfaɪlˌfɪʃ

filename
BR ˈfʌɪlneɪm, -z
AM ˈfaɪlˌneɪm, -z

filer
BR ˈfʌɪlə(r), -z
AM ˈfaɪlər, -z

filet
BR ˈfɪlɪt, ˈfɪleɪ, -s\-z
AM ˈfɪleɪ, fɪˈleɪ, -z
FR filɛ

filet mignon
BR ˌfɪleɪ ˈmiːnjɒ̃,
+ ˈmɪnjɒ̃, -z
AM fɪˌleɪ mɪnˈjɑn, -z
FR filɛ miɲɔ̃

Filey
BR ˈfʌɪli
AM ˈfaɪli

filial
BR ˈfɪlɪəl
AM ˈfɪlɪəl, ˈfɪlj(ə)l

filially
BR ˈfɪlɪəli
AM ˈfɪlɪəli, ˈfɪljəli

filialness
BR ˈfɪlɪəlnəs
AM ˈfɪlɪəlnəs, ˈfɪljəlnəs

filiation
BR ˌfɪlɪˈeɪʃn
AM ˌfɪlɪˈeɪʃ(ə)n

filibeg
BR ˈfɪlɨbɛɡ, -z
AM ˈfɪləˌbɛɡ, -z

filibuster
BR ˈfɪlɨbʌst|ə(r), -əz, -(ə)rɪŋ, -əd
AM ˈfɪləˌbəst|ər, -ərz, -(ə)rɪŋ, -ərd

filibusterer
BR ˈfɪlɨbʌst(ə)rə(r), -z
AM ˈfɪləˌbəstərər, -z

filicide
BR ˈfɪlɨsʌɪd, -z
AM ˈfɪləˌsaɪd, -z

filiform
BR ˈfʌɪlɨfɔːm
AM ˈfaɪləˌfɔ(ə)rm, ˈfɪləˌfɔ(ə)rm

filigree
BR ˈfɪlɨɡri
AM ˈfɪləˌɡri

filigreed
BR ˈfɪlɨɡriːd
AM ˈfɪləˌɡrid

filing
BR ˈfʌɪlɪŋ, -z
AM ˈfaɪlɪŋ, -z

filings
BR ˈfʌɪlɪŋz
AM ˈfaɪlɪŋz

Filioque
BR ˌfiːlɪˈəʊkwi, ˌfɪlɪˈəʊkwi
AM ˌfɪliˈoʊkwə

Filipina
BR ˌfɪlɨˈpiːnə(r), -z
AM ˌfɪləˈpinə, -z

Filipino
BR ˌfɪlɨˈpiːnəʊ, -z
AM ˌfɪləˈpinoʊ, -z

fill
BR fɪl, -z, -ɪŋ, -d
AM fɪl, -z, -ɪŋ, -d

fille de joie
BR ˌfiː də ˌʒwɑː(r)
AM ˌfi də ˈʒwɑ
FR fij də ʒwa

filler
BR ˈfɪlə(r), -z
AM ˈfɪlər, -z

filles de joie
BR ˌfiː də ˌʒwɑː(r)
AM ˌfi(z) də ˈʒwɑ
FR fij də ʒwa

fillet
BR ˈfɪlɪt, -s, -ɪŋ, -ɪd
AM ˈfɪlɨt, -ts, -dɪŋ, -dɪd

filleter
BR ˈfɪlɨtə(r), -z
AM ˈfɪlɨdər, -z

fill-in
BR ˈfɪlɪn, -z
AM ˈfɪlˌɪn, -z

filling
BR ˈfɪlɪŋ, -z
AM ˈfɪlɪŋ, -z

fillip
BR ˈfɪlɪp, -s, -ɪŋ, -t
AM ˈfɪlɨp, -s, -ɪŋ, -t

fillis
BR ˈfɪlɪs
AM ˈfɪlɨs

fillister
BR ˈfɪlɪstə(r), -z
AM ˈfɪlɨstər, -z

Fillmore
BR ˈfɪlmɔː(r)
AM ˈfɪlˌmɔ(ə)r

fill-up
BR ˈfɪlʌp, -s
AM ˈfɪləp, -s

filly
BR ˈfɪl|i, -ɪz
AM ˈfɪli, -z

film
BR fɪlm, -z, -ɪŋ, -d
AM fɪlm, -z, -ɪŋ, -d

filmable
BR ˈfɪlməbl
AM ˈfɪlməb(ə)l

filmgoer
BR ˈfɪlmˌɡəʊə(r), -z
AM ˈfɪlmˌɡoʊər, -z

filmic
BR ˈfɪlmɪk
AM ˈfɪlmɪk

filmily
BR ˈfɪlmɪli
AM ˈfɪlmɨli

filminess
BR ˈfɪlmɪnɨs
AM ˈfɪlmɨnɨs

filmmaker
BR ˈfɪlmˌmeɪkə(r), -z
AM ˈfɪlmˌmeɪkər, -z

filmmaking
BR ˈfɪlmˌmeɪkɪŋ
AM ˈfɪlmˌmeɪkɪŋ

film noir
BR ˌfɪlm ˈnwɑː(r)
AM ˌfɪlm ˈnwɑr

filmography
BR fɪlˈmɒɡrəfi
AM fɪlˈmɑɡrəfi

filmset
BR ˈfɪlmsɛt, -s, -ɪŋ
AM ˈfɪlmˌsɛ|t, -ts, -dɪŋ

filmsetter
BR ˈfɪlmˌsɛtə(r), -z
AM ˈfɪlmˌsɛdər, -z

filmstrip
BR ˈfɪlmstrɪp, -s
AM ˈfɪlmˌstrɪp, -s

filmy
BR ˈfɪlm|i, -ɪə(r), -ɪst
AM ˈfɪlmi, -ər, -ɪst

filo
BR ˈfiːləʊ
AM ˈfiloʊ

Filofax
BR ˈfʌɪlə(ʊ)faks, -ɪz
AM ˈfaɪloʊˌfæks

filoplume
BR ˈfʌɪlə(ʊ)pluːm, -z
AM ˈfaɪləˌplum, ˈfɪləˌplum, -z

filoselle
BR ˈfɪləsɛl
AM ˈfɪləˌsɛl

filovirus
BR ˈfiːləʊˌvʌɪrəs
AM ˈfɪləˌvaɪrəs, ˈfɪloʊˌvaɪrəs

fils
BR ˈfiːs
AM fis
FR fis

filter
BR ˈfɪlt|ə(r), -əz, -(ə)rɪŋ, -əd
AM ˈfɪlt|ər, -ərz, -(ə)rɪŋ, -ərd

filterable
BR ˈfɪlt(ə)rəbl
AM ˈfɪlt(ə)rəb(ə)l

filth
BR fɪlθ
AM fɪlθ

filthily
BR ˈfɪlθɨli
AM ˈfɪlθɨli

filthiness
BR ˈfɪlθɪnɨs
AM ˈfɪlθɨnɨs

filthy
BR ˈfɪlθ|i, -ɪə(r), -ɪst
AM ˈfɪlθi, -ər, -ɪst

Filton
BR ˈfɪlt(ə)n
AM ˈfɪlt(ə)n

filtrable
BR ˈfɪltrəbl
AM ˈfɪltrəb(ə)l

filtrate
BR ˈfɪltreɪt, -s, -ɪŋ, -ɪd
AM ˈfɪltˌreɪ|t, -ts, -dɪŋ, -dɪd

filtration
BR fɪlˈtreɪʃn
AM fɪlˈtreɪʃ(ə)n

fimbria
BR ˈfɪmbrɪə(r)
AM ˈfɪmbrɪə

fimbriae
BR ˈfɪmbriː
AM ˈfɪmbriaɪ, ˈfɪmbriː

fimbriate
BR ˈfɪmbrɪeɪt, ˈfɪmbrɪət
AM ˈfɪmbrɪət

fimbriated
BR ˈfɪmbrɪeɪtɪd
AM ˈfɪmbriˌeɪdɪd

fin
BR fɪn, -z, -d
AM fɪn, -z, -d

finable
BR ˈfaɪnəbl
AM ˈfaɪnəb(ə)l

finagle
BR fɪˈneɪg|l, -lz, -lɪŋ\-lɪŋ, -ld
AM fɪˈneɪg(ə)l, -z, -ɪŋ, -d

finagler
BR fɪˈneɪglə(r), fɪˈneɪglə(r), -z
AM fɪˈneɪg(ə)lər, -z

final
BR ˈfaɪnl, -z
AM ˈfaɪnl, -z

finale
BR fɪˈnɑːl|i, -ɪz
AM fɪˈnɑli, fɪˈnæli, -z

finalisation
BR ˌfaɪnəlaɪˈzeɪʃn, ˌfaɪnlaɪˈzeɪʃn
AM ˌfaɪnəˌlaɪˈzeɪʃ(ə)n, ˌfaɪnələˈzeɪʃ(ə)n

finalise
BR ˈfaɪnlˌaɪz, -ɪz, -ɪŋ, -d
AM ˈfaɪnlˌaɪz, -ɪz, -ɪŋ, -d

finalism
BR ˈfaɪnlˌɪzm
AM ˈfaɪnlˌɪz(ə)m

finalist
BR ˈfaɪnlˌɪst, -s
AM ˈfaɪnlˌɪst, -s

finalistic
BR ˌfaɪnəˈlɪstɪk, ˌfaɪnlˈɪstɪk
AM ˌfaɪnlˈɪstɪk

finality
BR faɪˈnælɪti
AM fɪˈnælədi, faɪˈnælədi

finalization
BR ˌfaɪnəlaɪˈzeɪʃn, ˌfaɪnlaɪˈzeɪʃn
AM ˌfaɪnəˌlaɪˈzeɪʃ(ə)n, ˌfaɪnələˈzeɪʃ(ə)n

finalize
BR ˈfaɪnlˌaɪz, -ɪz, -ɪŋ, -d
AM ˈfaɪnlˌaɪz, -ɪz, -ɪŋ, -d

finally
BR ˈfaɪnli
AM ˈfaɪn(ə)li

finance
BR faɪˈnans, fɪˈnans, ˈfaɪnans, -ɪz, -ɪŋ, -t
AM fɪˈnæns, ˈfaɪˌnæns, -əz, -ɪŋ, -t

financial
BR fɪˈnanʃl, faɪˈnanʃl
AM faɪˈnæn(t)ʃ(ə)l, fɪˈnæn(t)ʃ(ə)l

financially
BR fɪˈnanʃli, faɪˈnanʃli
AM faɪˈnæn(t)ʃ(ə)li, fɪˈnæn(t)ʃ(ə)li

financier
BR fɪˈnansɪə(r), -z
AM ˌfɪnənˈsɪ(ə)r, -z

Finbar
BR ˈfɪnbɑː(r)
AM ˈfɪnˌbɑr

finca
BR ˈfɪŋkə(r), -z
AM ˈfɪŋkə, -z

finch
BR fɪn(t)ʃ, -ɪz
AM fɪn(t)ʃ, -ɪz

Finchale
BR ˈfɪŋkl
AM ˈfɪŋk(ə)l

Finchampstead
BR ˈfɪn(t)ʃəm(p)stɛd, ˈfɪn(t)ʃəm(p)stɪd
AM ˈfɪn(t)ʃəm(p)ˌstɛd

Finchley
BR ˈfɪn(t)ʃli
AM ˈfɪn(t)ʃli

find
BR faɪnd, -z, -ɪŋ
AM faɪnd, -z, -ɪŋ

findable
BR ˈfaɪndəbl
AM ˈfaɪndəb(ə)l

finder
BR ˈfaɪndə(r), -z
AM ˈfaɪndər, -z

fin de siècle
BR ˌfã də ˈsjɛklə(r)
AM ˌfan də sˈjəkl
FR fɛ̃ d(ə) sjɛkl

Findhorn
BR ˈfɪndhɔːn
AM ˈfaɪndˌ(h)ɔ(ə)rn

finding
BR ˈfaɪndɪŋ, -z
AM ˈfaɪndɪŋ, -z

Findlater
BR ˈfɪn(d)lətə(r)
AM ˈfɪn(d)lədər

Findlay
BR ˈfɪn(d)li
AM ˈfɪnli

Findon
BR ˈfɪnd(ə)n
AM ˈfɪnd(ə)n

findspot
BR ˈfaɪn(d)spɒt, -s
AM ˈfaɪn(d)ˌspɑt, -s

Findus
BR ˈfɪndəs
AM ˈfɪndəs

fine
BR faɪn, -z, -ɪŋ, -d, -ə(r), -ɪst
AM faɪn, -z, -ɪŋ, -d, -ər, -ɪst

fineable
BR ˈfaɪnəbl
AM ˈfaɪnəb(ə)l

Fine Gael
BR ˌfɪnə ˈgeɪl
AM ˌfɪnə ˈgeɪl
IR ˌfinʲə ˈgeːl

finely
BR ˈfaɪnli
AM ˈfaɪnli

fineness
BR ˈfaɪnnɪs
AM ˈfaɪ(n)nɪs

finery
BR ˈfaɪnəri
AM ˈfaɪnəri

fines herbes
BR ˌfiːn(z) ˈɛːb
AM ˌfin ˈ(z)ɛrb
FR fin zɛrb

fine-spun
BR ˌfaɪnˈspʌn
AM ˈfaɪnˈspən

finesse
BR fɪˈnɛs
AM fɪˈnɛs

Fingal
BR ˈfɪŋgl
AM ˈfɪŋg(ə)l

finger
BR ˈfɪŋg|ə(r), -əz, -(ə)rɪŋ, -əd
AM ˈfɪŋg|ər, -ərz, -(ə)rɪŋ, -ərd

fingerboard
BR ˈfɪŋgəbɔːd, -z
AM ˈfɪŋgərˌbɔ(ə)rd, -z

fingering
BR ˈfɪŋg(ə)rɪŋ, -z
AM ˈfɪŋgərɪŋ, -z

fingerless
BR ˈfɪŋgələs
AM ˈfɪŋgərləs

fingerling
BR ˈfɪŋgəlɪŋ, -z
AM ˈfɪŋgərlɪŋ, -z

fingernail
BR ˈfɪŋgəneɪl, -z
AM ˈfɪŋgərˌneɪl, -z

fingerplate
BR ˈfɪŋgəpleɪt, -s
AM ˈfɪŋgərˌpleɪt, -s

fingerpost
BR ˈfɪŋɡəpəʊst, -s
AM ˈfɪŋɡərˌpoʊst, -s

fingerprint
BR ˈfɪŋɡəprɪnt, -s,
-ɪŋ, -ɪd
AM ˈfɪŋɡərˌprɪn|t, -ts,
-dɪŋ, -dɪd

fingerstall
BR ˈfɪŋɡəstɔːl, -z
AM ˈfɪŋɡərˌstɑl,
ˈfɪŋɡərˌstɔl, -z

fingertip
BR ˈfɪŋɡətɪp, -s
AM ˈfɪŋɡərˌtɪp, -s

finial
BR ˈfɪnɪəl, ˈfʌɪnɪəl, -z
AM ˈfɪnɪəl, -z

finical
BR ˈfɪnɪkl
AM ˈfɪnɪk(ə)l

finicality
BR ˌfɪnɪˈkalɪti
AM ˌfɪnɪˈkælədi

finically
BR ˈfɪnɪkl̩i
AM ˈfɪnɪk(ə)li

finicalness
BR ˈfɪnɪklnəs
AM ˈfɪnɪkəlnəs

finickily
BR ˈfɪnɪkɪli, ˈfɪnɪkl̩i
AM ˈfɪnɪk(ə)li

finickiness
BR ˈfɪnɪkɪnɪs
AM ˈfɪnɪkinɪs

finicking
BR ˈfɪnɪkɪŋ
AM ˈfɪnɪkɪŋ

finickity
BR fɪˈnɪkɪti
AM fəˈnɪkɪdi

finicky
BR ˈfɪnɪk|i, -ɪə(r), -ɪіst
AM ˈfɪnɪki, -ər, -ɪst

finis
BR ˈfiːnɪs, ˈfɪnɪs, ˈfʌɪnɪs
AM ˈfɪni, fɪˈni, ˈfɪnɪs

finish
BR ˈfɪn|ɪʃ, -ɪʃɪz, -ɪʃɪŋ,
-ɪʃt
AM ˈfɪnɪʃ, -ɪz, -ɪŋ, -t

finisher
BR ˈfɪnɪʃə(r), -z
AM ˈfɪnɪʃər, -z

Finisterre
BR ˌfɪnɪˈstɛː(r)
AM ˌfɪnɪsˈtɛ(ə)r

finite
BR ˈfʌɪnʌɪt
AM ˈfaɪˌnaɪt

finitely
BR ˈfʌɪnʌɪtli
AM ˈfaɪˌnaɪtli

finiteness
BR ˈfʌɪnʌɪtnɪs
AM ˈfaɪˌnaɪtnɪs

finitism
BR ˈfʌɪnʌɪtɪzm
AM ˈfaɪnəˌtɪz(ə)m

finitist
BR ˈfʌɪnʌɪtɪst,
-s
AM ˈfaɪˌnaɪdɪst,
-s

finitude
BR ˈfɪnɪtjuːd,
ˈfʌɪnɪtjuːd,
ˈfɪnɪtʃuːd,
ˈfʌɪnɪtʃuːd
AM ˈfaɪnəˌt(j)ud,
ˈfɪnəˌt(j)ud

fink
BR fɪŋk, -s
AM fɪŋk, -s

Finkelstein
BR ˈfɪŋklstʌɪn
AM ˈfɪŋkəlˌstaɪn,
ˈfɪŋkəlˌstin

Finland
BR ˈfɪnlənd
AM ˈfɪnlənd

Finlandia
BR fɪnˈlandɪə(r)
AM fɪnˈlændɪə

Finlay
BR ˈfɪnli, ˈfɪnleɪ
AM ˈfɪnli

Finlayson
BR ˈfɪnlɪs(ə)n
AM ˈfɪnlis(ə)n

finless
BR ˈfɪnlɪs
AM ˈfɪnlɪs

Finley
BR ˈfɪnli
AM ˈfɪnli

Finn
BR fɪn, -z
AM fɪn, -z

Finnair
BR ˌfɪnˈɛː(r),
ˈfɪnɛː(r)
AM ˌfɪnˈɛ(ə)r

finnan
BR ˈfɪnən, -z
AM ˈfɪnən, -z

finnanhaddie
BR ˌfɪnənˈhadi
AM ˌfɪnənˈhædi

Finnegan
BR ˈfɪnɪɡ(ə)n
AM ˈfɪnəɡ(ə)n

finner
BR ˈfɪnə(r), -z
AM ˈfɪnər, -z

finnesko
BR ˈfɪn(ɪ)skəʊ, -z
AM ˈfɪnəˌskoʊ,
ˈfɪnzkoʊ, -z

finneskoe
BR ˈfɪn(ɪ)skəʊ,
-z
AM ˈfɪnəˌskoʊ,
ˈfɪnzkoʊ, -z

Finney
BR ˈfɪni
AM ˈfɪni

Finnic
BR ˈfɪnɪk
AM ˈfɪnɪk

Finningley
BR ˈfɪnɪŋli
AM ˈfɪnɪŋli

Finnish
BR ˈfɪnɪʃ
AM ˈfɪnɪʃ

Finno-Ugrian
BR ˌfɪnəʊˈjuːɡrɪən
AM ˌfɪnoʊˈugriən

Finno-Ugric
BR ˌfɪnəʊˈjuːɡrɪk
AM ˌfɪnoʊˈugrɪk

finny
BR ˈfɪni
AM ˈfɪni

fino
BR ˈfiːnəʊ, -z
AM ˈfinoʊ, -z

Finola
BR fɪˈnəʊlə(r)
AM fəˈnoʊlə

Finsberg
BR ˈfɪnzbəːɡ
AM ˈfɪnzˌbərɡ

Finsbury
BR ˈfɪnzb(ə)ri
AM ˈfɪnzˌbɛri

Finucane
BR fɪˈnuːk(ə)n
AM ˈfɪnəˌkeɪn

Fiona
BR fɪˈəʊnə(r)
AM fiˈoʊnə

fiord
BR fiˈɔːd, fɪˈɔːd,
fjɔːd, -z
AM fjɔ(ə)rd,
fɪˈɔ(ə)rd, -z

fioritura
BR fiˌɔːrɪˈtʊərə(r)
AM fiˌɔrəˈtʊrə

fioriture
BR fiˌɔːrɪˈtʊəri,
fiˌɔːrɪˈtʊəreɪ
AM fiˌɔrəˈtʊˌreɪ

fipple
BR ˈfɪpl, -z
AM ˈfɪp(ə)l, -z

fir
BR fəː(r), -z
AM fər, -z

fire
BR ˈfʌɪə(r), -z, -ɪŋ, -d
AM ˈfaɪ(ə)r, -z, -ɪŋ, -d

firearm
BR ˈfʌɪərɑːm, -z
AM ˈfaɪ(ə)rˌɑrm, -z

fireback
BR ˈfʌɪəbak, -s
AM ˈfaɪ(ə)rˌbæk, -s

fireball
BR ˈfʌɪəbɔːl, -z
AM ˈfaɪ(ə)rˌbɑl,
ˈfaɪ(ə)rˌbɔl, -z

firebird
BR ˈfʌɪəbəːd, -z
AM ˈfaɪ(ə)rˌbərd, -z

firebomb
BR ˈfʌɪəbɒm, -z, -ɪŋ, -d
AM ˈfaɪ(ə)rˌbɑm, -z, -ɪŋ, -d

firebox
BR ˈfʌɪəbɒks, -ɪz
AM ˈfaɪ(ə)rˌbaks, -əz

firebrand
BR ˈfʌɪəbrand, -z
AM ˈfaɪ(ə)rˌbrænd, -z

firebrat
BR ˈfʌɪəbrat, -s
AM ˈfaɪ(ə)rˌbræt, -s

firebreak
BR ˈfʌɪəbreɪk, -s
AM ˈfaɪ(ə)rˌbreɪk, -s

firebrick
BR ˈfʌɪəbrɪk, -s
AM ˈfaɪ(ə)rˌbrɪk, -s

firebug
BR ˈfʌɪəbʌg, -z
AM ˈfaɪ(ə)rˌbəg, -z

firecat
BR ˈfaɪəkat, -s
AM ˈfaɪ(ə)rˌkæt, -s

fireclay
BR ˈfʌɪəkleɪ
AM ˈfaɪ(ə)rˌkleɪ

firecracker
BR ˈfʌɪəˌkrakə(r), -z
AM ˈfaɪ(ə)rˌkrækər, -z

firecrest
BR ˈfʌɪəkrɛst, -s
AM ˈfaɪ(ə)rˌkrɛst, -s

firedamp
BR ˈfʌɪədamp
AM ˈfaɪ(ə)rˌdæmp

firedog
BR ˈfʌɪədɒg, -z
AM ˈfaɪ(ə)rˌdɑg, ˈfaɪ(ə)rˌdɔg, -z

firefly
BR ˈfʌɪəflʌɪ, -z
AM ˈfaɪ(ə)rˌflaɪ, -z

fireguard
BR ˈfʌɪəgɑːd, -z
AM ˈfaɪ(ə)rˌgɑrd, -z

firehouse
BR ˈfʌɪəˌhaʊ|s, -zɪz
AM ˈfaɪ(ə)rˌ(h)aʊ|s, -zəz

fireless
BR ˈfʌɪələs
AM ˈfaɪ(ə)rləs

firelight
BR ˈfʌɪəlʌɪt
AM ˈfaɪ(ə)rˌlaɪt

firelighter
BR ˈfʌɪəlʌɪtə(r), -z
AM ˈfaɪ(ə)rˌlaɪdər, -z

firelock
BR ˈfʌɪəlɒk, -s
AM ˈfaɪ(ə)rˌlɑk, -s

fireman
BR ˈfʌɪəman
AM ˈfaɪ(ə)rm(ə)n

firemen
BR ˈfʌɪəˌmɛn, ˈfʌɪəmən
AM ˈfaɪ(ə)rm(ə)n, ˈfaɪ(ə)rˌmɛn

Firenze
BR fiˈrɛnzi
AM fiˈrɛn(t)zə
IT fiˈrɛntse

fireplace
BR ˈfʌɪəpleɪs, -ɪz
AM ˈfaɪ(ə)rˌpleɪs, -ɪz

fireplug
BR ˈfʌɪəplʌg, -z
AM ˈfaɪ(ə)rˌpləg, -z

firepower
BR ˈfʌɪəˌpaʊə(r)
AM ˈfaɪ(ə)rˌpaʊər

fireproof
BR ˈfʌɪəpruːf
AM ˈfaɪ(ə)rˌpruf

firer
BR ˈfʌɪərə(r), -z
AM ˈfaɪ(ə)rər, -z

fire sale
BR ˈfʌɪə seɪl, -z
AM ˈfaɪ(ə)r ˌseɪl, -z

fire screen
BR ˈfʌɪə skriːn, -z
AM ˈfaɪ(ə)r ˌskrin, -z

fireship
BR ˈfʌɪəʃɪp, -s
AM ˈfaɪ(ə)rˌʃɪp, -s

fireside
BR ˈfʌɪəsʌɪd, -z
AM ˈfaɪ(ə)rˌsaɪd, -z

firestorm
BR ˈfʌɪəstɔːm, -z
AM ˈfaɪ(ə)rˌstɔ(ə)rm, -z

firetrap
BR ˈfʌɪətrap, -s
AM ˈfaɪ(ə)rˌtræp, -s

firewalker
BR ˈfʌɪəˌwɔːkə(r), -z
AM ˈfaɪ(ə)rˌwɑkər, ˈfaɪ(ə)rˌwɔkər, -z

firewalking
BR ˈfʌɪəˌwɔːkɪŋ
AM ˈfaɪ(ə)rˌwɑkɪŋ, ˈfaɪ(ə)rˌwɔkɪŋ

firewatcher
BR ˈfʌɪəˌwɒtʃə(r), -z
AM ˈfaɪ(ə)rˌwɑtʃər, ˈfaɪ(ə)rˌwɔtʃər, -z

firewatching
BR ˈfʌɪəˌwɒtʃɪŋ
AM ˈfaɪ(ə)rˌwɑtʃɪŋ, ˈfaɪ(ə)rˌwɔtʃɪŋ

firewater
BR ˈfʌɪəˌwɔːtə(r)
AM ˈfaɪ(ə)rˌwɑdər, ˈfaɪ(ə)rˌwɔdər

fireweed
BR ˈfʌɪəwiːd
AM ˈfaɪ(ə)rˌwid

firewoman
BR ˈfʌɪəˌwʊmən
AM ˈfaɪ(ə)rˌwʊm(ə)n

firewomen
BR ˈfʌɪəˌwɪmɪn
AM ˈfaɪ(ə)rˌwɪmɪn

firewood
BR ˈfʌɪəwʊd
AM ˈfaɪ(ə)rˌwʊd

firework
BR ˈfʌɪəwəːk, -s
AM ˈfaɪ(ə)rˌwərk, -s

firie
BR ˈfʌɪər|i, -ɪz
AM ˈfaɪri, -z

firing
BR ˈfʌɪərɪŋ, -z
AM ˈfaɪ(ə)rɪŋ, -z

firkin
BR ˈfəːkɪn, -z
AM ˈfərk(ə)n, -z

firm
BR fəːm, -z, -ɪŋ, -d, -ə(r), -ɪst
AM fərm, -z, -ɪŋ, -d, -ər, -əst

firmament
BR ˈfəːməm(ə)nt
AM ˈfərməm(ə)nt

firmamental
BR ˌfəːməˈmɛntl
AM ˌfərməˈmɛn(t)l

firman
BR ˈfəːmən, -z
AM ˈfərm(ə)n, -z

firmly
BR ˈfəːmli
AM ˈfərmli

firmness
BR ˈfəːmnəs
AM ˈfərmnəs

firmware
BR ˈfəːmwɛː(r)
AM ˈfərmˌwɛ(ə)r

firry
BR ˈfəːri
AM ˈfəri

first
BR fəːst, -s
AM fərst, -s

firstborn
BR ˈfəːs(t)bɔːn, -z
AM ˈfərs(t)ˌbɔ(ə)rn, -z

firstfruits
BR ˈfəːs(t)fruːts
AM ˌfərs(t)ˈfruts

firsthand
BR ˌfəːstˈhand
AM ˌfərstˈhænd

firstling
BR ˈfəːs(t)lɪŋ, -z
AM ˈfərs(t)lɪŋ, -z

firstly
BR ˈfəːstli
AM ˈfərs(t)li

first-nighter
BR ˌfəːs(t)ˈnʌɪtə(r), -z
AM ˈfərs(t)ˈnaɪdər, -z

firth
BR fəːθ, -s
AM fərθ, -s

firtree
BR ˈfɜːtriː, -z
AM ˈfɜrˌtri, -z

fisc
BR fɪsk, -s
AM fɪsk, -s

fiscal
BR ˈfɪskl, -z
AM ˈfɪsk(ə)l, -z

fiscality
BR fɪˈskalɪti
AM fɪˈskælədi

fiscally
BR ˈfɪsklɪ
AM ˈfɪskəli

Fischer
BR ˈfɪʃə(r)
AM ˈfɪʃər

Fischer-Dieskau
BR ˌfɪʃəˈdɪskaʊ
AM ˈfɪʃərˈdɪskaʊ

fish
BR fɪʃ, -ɪz, -ɪŋ, -t
AM fɪʃ, -ɪz, -ɪŋ, -t

fishable
BR ˈfɪʃəbl
AM ˈfɪʃəb(ə)l

fishbowl
BR ˈfɪʃbəʊl, -z
AM ˈfɪʃˌboʊl, -z

fishcake
BR ˈfɪʃkeɪk, -s
AM ˈfɪʃˌkeɪk, -s

fisher
BR ˈfɪʃə(r), -z
AM ˈfɪʃər, -z

fisherfolk
BR ˈfɪʃəfəʊk
AM ˈfɪʃərˌfoʊk

fisherman
BR ˈfɪʃəmən
AM ˈfɪʃərm(ə)n

fishermen
BR ˈfɪʃəmən
AM fɪʃərm(ə)n,
ˈfɪʃərˌmɛn

fisherwoman
BR ˈfɪʃəˌwʊmən
AM ˈfɪʃərˌwʊm(ə)n

fisherwomen
BR ˈfɪʃəˌwɪmɪn
AM ˈfɪʃərˌwɪmɪn

fishery
BR ˈfɪʃ(ə)r|i, -ɪz
AM ˈfɪʃəri, -z

Fishguard
BR ˈfɪʃɡɑːd
AM ˈfɪʃˌɡɑrd

fishhook
BR ˈfɪʃhʊk, -s
AM ˈfɪʃˌ(h)ʊk, -s

fishily
BR ˈfɪʃɪli
AM ˈfɪʃɪli

fishiness
BR ˈfɪʃɪnɪs
AM ˈfɪʃɪnɪs

fishlike
BR ˈfɪʃlʌɪk
AM ˈfɪʃˌlaɪk

Fishlock
BR ˈfɪʃlɒk
AM ˈfɪʃˌlɑk

fishmeal
BR ˈfɪʃmiːl
AM ˈfɪʃˌmil

fishmonger
BR ˈfɪʃˌmʌŋɡə(r), -z
AM ˈfɪʃˌməŋɡər,
ˈfɪʃˌmɑŋɡər, -z

fishnet
BR ˈfɪʃnɛt, -s
AM ˈfɪʃˌnɛt, -s

fishplate
BR ˈfɪʃpleɪt, -s
AM ˈfɪʃˌpleɪt, -s

fishpot
BR ˈfɪʃpɒt, -s
AM ˈfɪʃˌpɑt, -s

fishstick
BR ˈfɪʃstɪk, -s
AM ˈfɪʃˌstɪk, -s

fishtail
BR ˈfɪʃteɪl
AM ˈfɪʃˌteɪl

Fishwick
BR ˈfɪʃwɪk
AM ˈfɪʃˌwɪk

fishwife
BR ˈfɪʃwʌɪf
AM ˈfɪʃˌwaɪf

fishwives
BR ˈfɪʃwʌɪvz
AM ˈfɪʃˌwaɪvz

fishy
BR ˈfɪʃ|i, -ɪə(r),
-ɪɪst
AM ˈfɪʃi, -ər, -ɪst

fisk
BR fɪsk, -s
AM fɪsk, -s

Fiske
BR fɪsk
AM fɪsk

Fison
BR ˈfʌɪsn
AM ˈfaɪs(ə)n

fissile
BR ˈfɪsʌɪl
AM ˈfɪˌsaɪl, ˈfɪs(ə)l

fissility
BR fɪˈsɪlɪti
AM fɪˈsɪlɪdi

fission
BR ˈfɪʃn
AM ˈfɪʃ(ə)n

fissionable
BR ˈfɪʃnəbl
AM ˈfɪʃ(ə)nəb(ə)l

fissiparity
BR ˌfɪsɪˈparɪti
AM ˌfɪsəˈpɛrədi

fissiparous
BR fɪˈsɪp(ə)rəs
AM fɪˈsɪp(ə)rəs

fissiparously
BR fɪˈsɪp(ə)rəsli
AM fɪˈsɪp(ə)rəsli

fissiparousness
BR fɪˈsɪp(ə)rəsnəs
AM fɪˈsɪp(ə)rəsnəs

fissure
BR ˈfɪʃə(r), -z
AM ˈfɪʃər, -z

fist
BR fɪst, -s
AM fɪst, -s

fistful
BR ˈfɪs(t)fʊl
AM ˈfɪs(t)ˌfʊl

fistic
BR ˈfɪstɪk
AM ˈfɪstɪk

fistical
BR ˈfɪstɪkl
AM ˈfɪstɪk(ə)l

fisticuffs
BR ˈfɪstɪkʌfs
AM ˈfɪstɪˌkəfs

fistula
BR ˈfɪstjʊlə(r),
ˈfɪstʃʊlə(r), -z
AM ˈfɪstʃələ, ˈfɪstʃələ, -z

fistular
BR ˈfɪstjʊlə(r),
ˈfɪstʃʊlə(r)
AM ˈfɪstʃələr, ˈfɪstʃələr

fistulous
BR ˈfɪstjʊləs, ˈfɪstʃʊləs
AM ˈfɪstʃələs, ˈfɪstʃələs

fit
BR fɪt, -s, -ɪŋ, -ɪd,
-ə(r), -ɪst
AM fɪ|t, -ts, -dɪŋ, -dɪd,
-dər, -dəst

fitch
BR fɪtʃ, -ɪz
AM fɪtʃ, -ɪz

fitchew
BR ˈfɪtʃuː, -z
AM ˈfɪtʃu, -z

fitful
BR ˈfɪtf(ʊ)l
AM ˈfɪtf(ə)l

fitfully
BR ˈfɪtfʊli, ˈfɪtf]i
AM ˈfɪtfəli

fitfulness
BR ˈfɪtf(ʊ)lnəs
AM ˈfɪtfəlnəs

fitly
BR ˈfɪtli
AM ˈfɪtli

fitment
BR ˈfɪtm(ə)nt, -s
AM ˈfɪtm(ə)nt, -s

fitness
BR ˈfɪtnɪs
AM ˈfɪtnɪs

fitter
BR ˈfɪtə(r), -z
AM ˈfɪdər, -z

fitting
BR ˈfɪtɪŋ, -z
AM ˈfɪdɪŋ, -z

fittingly
BR ˈfɪtɪŋli
AM ˈfɪdɪŋli

fittingness
BR ˈfɪtɪŋnɪs
AM ˈfɪdɪŋnɪs
Fittipaldi
BR ˌfɪtɪˈpaldi
AM ˌfɪdəˈpɑldi
Fitz
BR fɪts
AM fɪts
Fitzgerald
BR ˌfɪtsˈdʒɛrl̩d
AM ˌfɪtsˈdʒɛrəld
Fitzgibbon
BR fɪtsˈgɪb(ə)n
AM fɪtsˈgɪb(ə)n
Fitzjames
BR fɪtsˈdʒeɪmz
AM fɪtsˈdʒeɪmz
Fitzjohn
BR fɪtsˈdʒɒn
AM fɪtsˈdʒɑn
Fitzpatrick
BR fɪtsˈpatrɪk
AM fɪtsˈpætrək
Fitzrovia
BR fɪtsˈrəʊvɪə(r)
AM fɪtsˈroʊviə
Fitzroy
BR ˈfɪtsrɔɪ,
  fɪtsˈrɔɪ
AM ˌfɪtsˈrɔɪ,
  ˈfɪts₁rɔɪ
Fitzsimmons
BR fɪt(s)ˈsɪmənz
AM fɪtsˈsɪmənz
Fitzwalter
BR fɪtsˈwɔːltə(r)
AM fɪtsˈwɑltər,
  fɪtsˈwɔltər
Fitzwilliam
BR ˌfɪtsˈwɪlɪəm
AM ˌfɪtsˈwɪlɪəm,
  ˌfɪtsˈwɪlj(ə)m
Fiume
BR ˈfjuːmeɪ
AM ˈfjuˌmeɪ
five
BR fʌɪv, -z
AM faɪv, -z
five-a-side
BR ˌfʌɪvəˈsʌɪd, -z
AM ˌˈfaɪvəˈsaɪd, -z

fivefold
BR ˈfʌɪvfəʊld
AM ˈfaɪvˌfoʊld
fivepence
BR ˈfʌɪvp(ə)ns,
  ˈfʌɪfp(ə)ns, -ɪz
AM ˈfaɪvˌpɛns, -əz
fivepenny
BR ˈfʌɪvpn̩|i, -ɪz
AM ˈfaɪvˌpɛni, -z
fiver
BR ˈfʌɪvə(r), -z
AM ˈfaɪvər, -z
fivestones
BR ˈfʌɪvstəʊnz
AM ˈfaɪvˌstoʊnz
fix
BR fɪks, -ɪz, -ɪŋ, -t
AM fɪks, -ɪz, -ɪŋ, -t
fixable
BR ˈfɪksəbl
AM ˈfɪksəb(ə)l
fixate
BR fɪkˈseɪt, -s, -ɪŋ,
  -ɪd
AM ˈfɪkˌseɪ|t, -ts, -dɪŋ,
  -dɪd
fixatedly
BR fɪkˈseɪtɪdli
AM ˈfɪkˌseɪdɪdli
fixation
BR fɪkˈseɪʃn, -z
AM fɪkˈseɪʃ(ə)n, -z
fixative
BR ˈfɪksətɪv, -z
AM ˈfɪksədɪv, -z
fixedly
BR ˈfɪksɪdli
AM ˈfɪksɪdli
fixedness
BR ˈfɪksɪdnɪs
AM ˈfɪksɪdnɪs
fixer
BR ˈfɪksə(r), -z
AM ˈfɪksər, -z
fixings
BR ˈfɪksɪŋz
AM ˈfɪksɪŋz,
  ˈfɪksɪŋz
fixity
BR ˈfɪksɪti
AM ˈfɪksɪdi

fixture
BR ˈfɪkstʃə(r), -z
AM ˈfɪkstʃər, -z
fizgig
BR ˈfɪzgɪg, -z
AM ˈfɪzˌgɪg, -z
fizz
BR fɪz, -ɪz, -ɪŋ, -d
AM fɪz, -ɪz, -ɪŋ, -d
fizzer
BR ˈfɪzə(r), -z
AM ˈfɪzər, -z
fizzily
BR ˈfɪzɪli
AM ˈfɪzɪli
fizziness
BR ˈfɪzɪnɪs
AM ˈfɪzɪnɪs
fizzle
BR ˈfɪz|l, -lz, -l̩ɪŋ\-lɪŋ,
  -ld
AM ˈfɪz(ə)l, -z, -ɪŋ, -ld
fizzy
BR ˈfɪz|i, -ɪə(r), -ɪɪst
AM ˈfɪzi, -ər, -ɪst
fjord
BR fiːɔːd, fɪˈɔːd,
  fjɔːd
AM fjɔ(ə)rd, fɪˈɔ(ə)rd
flab
BR flab
AM flæb
flabbergast
BR ˈflabəgɑːst, -s, -ɪŋ,
  -ɪd
AM ˈflæbərˌgæst, -s,
  -ɪŋ, -əd
flabbily
BR ˈflabɪli
AM ˈflæbəli
flabbiness
BR ˈflabɪnɪs
AM ˈflæbɪnɪs
flabby
BR ˈflab|i, -ɪə(r), -ɪɪst
AM ˈflæbi, -ər, -ɪst
flaccid
BR ˈfla(k)sɪd
AM ˈflæ(k)səd
flaccidity
BR fla(k)ˈsɪdɪti
AM flæ(k)ˈsɪdɪdi

flaccidly
BR ˈfla(k)sɪdli
AM ˈflæ(k)sədli
flaccidness
BR ˈfla(k)sɪdnɪs
AM ˈflæ(k)sədnəs
flack
BR flak
AM flæk
flag
BR flag, -z, -ɪŋ, -d
AM flæg, -z, -ɪŋ, -d
flagella
BR fləˈdʒɛlə(r)
AM ˌfləˈdʒɛlə
flagellant
BR ˈfladʒl̩nt,
  fləˈdʒɛln̩t, -s
AM fləˈdʒɛl(ə)nt,
  ˈflædʒəl(ə)nt, -s
flagellar
BR ˈfladʒɪlə(r),
  ˈfladʒl̩ə(r),
  fləˈdʒɛlə(r)
AM ˈflædʒələr
flagellate[1] *noun,*
adjective
BR ˈfladʒɪlət,
  ˈfladʒlət, -s
AM ˈflædʒəˌleɪt,
  ˈflædʒələt, -s
flagellate[2] *verb*
BR ˈfladʒɪleɪt,
  ˈfladʒleɪt, -s, -ɪŋ, -ɪd
AM ˈflædʒəˌleɪ|t, -ts,
  -dɪŋ, -dɪd
flagellation
BR ˌfladʒɪˈleɪʃn, -z
AM ˌflædʒəˈleɪʃ(ə)n, -z
flagellator
BR ˈfladʒɪleɪtə(r),
  ˈfladʒleɪtə(r), -z
AM ˈflædʒəˌleɪdər, -z
flagellatory
BR ˈfladʒɪleɪt(ə)ri
AM ˈflæˈdʒɛləˌtɔri
flagelliform
BR fləˈdʒɛlɪfɔːm
AM ˌflæˈdʒɛləˌfɔ(ə)rm
flagellum
BR fləˈdʒɛləm
AM ˌflæˈdʒɛl(ə)m

flageolet
BR ˌflædʒə'lɛt,
'flædʒəlɪt, -s
AM ˌ'flædʒə',lɛt, -s
Flagg
BR flag
AM flæg
flagger
BR 'flagə(r), -z
AM 'flægər, -z
flagitious
BR flə'dʒɪʃəs
AM flə'dʒɪʃəs
flagitiously
BR flə'dʒɪʃəsli
AM flə'dʒɪʃəsli
flagitiousness
BR flə'dʒɪʃəsnəs
AM flə'dʒɪʃəsnəs
flagman
BR 'flagmən
AM 'flægmæn
flagmen
BR 'flagmən
AM 'flægm(ə)n
flagon
BR 'flag(ə)n, -z
AM 'flæg(ə)n, -z
flagpole
BR 'flagpəʊl, -z
AM 'flæg,poʊl, -z
flagrancy
BR 'fleɪɡrn̩si
AM 'fleɪɡrənsi
flag-rank
BR 'flagraŋk, -s
AM 'flæg,ræŋk, -s
flagrant
BR 'fleɪɡrn̩t
AM 'fleɪɡrənt
flagrante
BR flə'granti
AM flə'grɑn(t)i
flagrantly
BR 'fleɪɡrn̩tli
AM 'fleɪɡrən(t)li
flagship
BR 'flagʃɪp, -s
AM 'flægˌʃɪp, -s
flagstaff
BR 'flagstɑːf, -s
AM 'flæg,stæf, -s

flagstick
BR 'flagstɪk, -s
AM 'flæg,stɪk, -s
flagstone
BR 'flagstəʊn, -z, -d
AM 'flæg,stoʊn, -z, -d
Flaherty
BR 'flɑː(h)əti
AM 'flɛrdi
flail
BR fleɪl, -z, -ɪŋ, -d
AM fleɪl, -z, -ɪŋ, -d
flair
BR flɛː(r)
AM flɛ(ə)r
flak
BR flak
AM flæk
flake
BR fleɪk, -s, -ɪŋ, -t
AM fleɪk, -s, -ɪŋ, -t
flakily
BR 'fleɪkɨli
AM 'fleɪkɨli
flakiness
BR 'fleɪkɪnɨs
AM 'fleɪkɪnɨs
flaky
BR 'fleɪk|i, -ɪə(r), -ɪɪst
AM 'fleɪki, -ər, -ɪst
flam
BR flam, -z
AM flæm, -z
flambé
BR 'flɒmbeɪ, 'flambeɪ,
'flɑːmbeɪ
AM flam'beɪ
FR flɑ̃be
flambeau
BR 'flambəʊ, -z
AM 'flæmboʊ, -z
flambeaux
BR 'flambəʊz
AM 'flæmboʊ
flambée
BR 'flɒmbeɪ, 'flambeɪ,
'flɑːmbeɪ, -d
AM flam'beɪ, -d
Flamborough
BR 'flamb(ə)rə(r)
AM 'flæm,bərə,
"flæm,bəroʊ

flamboyance
BR flam'bɔɪəns
AM flæm'bɔɪ(j)əns
flamboyancy
BR flam'bɔɪənsi
AM flæm'bɔɪ(j)ənsi
flamboyant
BR flam'bɔɪənt
AM flæm'bɔɪ(j)ənt
flamboyantly
BR flam'bɔɪəntli
AM flæm'bɔɪ(j)ən(t)li
flame
BR fleɪm, -z, -ɪŋ, -d
AM fleɪm, -z, -ɪŋ, -d
flameless
BR 'fleɪmlɨs
AM 'fleɪmlɨs
flamelike
BR 'fleɪmlʌɪk
AM 'fleɪmˌlaɪk
flamen
BR 'fleɪmɛn,
'flɑːmɛn, -z
AM 'fleɪm(ə)n, -z
flamenco
BR flə'mɛŋkəʊ, -z
AM flə'mɛŋkoʊ, -z
flameproof
BR 'fleɪmpruːf
AM 'fleɪmˌprʊf
flamingo
BR flə'mɪŋɡəʊ, -z
AM flə'mɪŋɡoʊ, -z
flammability
BR ˌflamə'bɪlɨti
AM ˌflæmə'bɪlɨdi
flammable
BR 'flaməbl
AM 'flæməb(ə)l
Flamsteed
BR 'flamstiːd
AM 'flæm,stid
flamy
BR 'fleɪm|i, -ɪə(r), -ɪɪst
AM 'fleɪmi, -ər, -ɪst
flan
BR flan, -z
AM flæn, -z
Flanagan
BR 'flanəɡ(ə)n
AM 'flænəɡ(ə)n

flanch
BR flɑːn(t)ʃ, -ɪz, -ɪŋ, -t
AM flæn(t)ʃ, -əz,
-ɪŋ, -t
Flanders
BR 'flɑːndəz
AM 'flændərz
flânerie
BR ˌflɑːn'riː
AM ˌflɑn(ə)'ri
FR flɑnri
flâneur
BR flɑː'nɔː(r), -z
AM flɑ'nər, -z
FR flɑnœr
flange
BR flan(d)ʒ, -ɪz
AM flændʒ, -əz
flangeless
BR 'flan(d)ʒləs
AM 'flændʒləs
flank
BR flaŋ|k, -ks, -kɪŋ,
-(k)t
AM flæŋ|k, -ks, -kɪŋ,
-(k)t
flanker
BR 'flaŋkə(r), -z
AM 'flæŋkər, -z
flannel
BR 'flan|l, -lz, -lɪŋ,
-ld
AM 'flæn(ə)l, -z,
-ɪŋ, -d
flannelboard
BR 'flanlbɔːd, -z
AM 'flænl,bɔ(ə)rd, -z
flannelette
BR ˌflanə'lɛt, ˌflanl'ɛt
AM ˌflænl'ɛt
flannelgraph
BR 'flanlɡrɑːf, -s
AM 'flænlˌɡræf, -s
flannelly
BR 'flanl̩i
AM 'flænl̩i
flannely
BR 'flanl̩i
AM 'flænl̩i
flap
BR flap, -s, -ɪŋ, -t
AM flæp, -s, -ɪŋ, -t

flapdoodle
BR ˈflapˌduːdl
AM ˈflæpˌdud(ə)l

flapjack
BR ˈflapdʒak, -s
AM ˈflæpˌdʒæk, -s

flapper
BR ˈflapə(r), -z
AM ˈflæpər, -z

flappy
BR ˈflap|i, -iə(r), -ɪɪst
AM ˈflæpi, -ər, -ɪst

flare
BR flɛː(r), -z, -ɪŋ, -d
AM flɛ(ə)r, -z, -ɪŋ, -d

flash
BR flaʃ, -ɪz, -ɪŋ, -t
AM flæʃ, -əz, -ɪŋ, -t

flashback
BR ˈflaʃbak, -s
AM ˈflæʃˌbæk, -s

flashbulb
BR ˈflaʃbʌlb, -z
AM ˈflæʃˌbəlb, -z

flashcard
BR ˈflaʃkɑːd, -z
AM ˈflæʃˌkɑrd, -z

flashcube
BR ˈflaʃkjuːb, -z
AM ˈflæʃˌkjub, -z

flasher
BR ˈflaʃə(r), -z
AM ˈflæʃər, -z

flashgun
BR ˈflaʃgʌn, -z
AM ˈflæʃˌgən, -z

flashily
BR ˈflaʃili
AM ˈflæʃəli

flashiness
BR ˈflaʃɪnɪs
AM ˈflæʃɪnɪs

flashing
BR ˈflaʃɪŋ, -z
AM ˈflæʃɪŋ, -z

flash lamp
BR ˈflaʃ lamp, -s
AM ˈflæʃ ˌlæmp, -s

flashlight
BR ˈflaʃlʌɪt, -s
AM ˈflæʃˌlaɪt, -s

Flashman
BR ˈflaʃmən
AM ˈflæʃm(ə)n

flash mob
BR ˈflaʃ mɒb, -z
AM ˈflæʃ ˌmɑb, -z

flashover
BR ˈflaʃˌəʊvə(r), -z
AM ˈflæʃˌoʊvər, -z

flashpoint
BR ˈflaʃpɔɪnt, -s
AM ˈflæʃˌpɔɪnt, -s

flashy
BR ˈflaʃ|i, -iə(r), -ɪɪst
AM ˈflæʃi, -ər, -ɪst

flask
BR flɑːsk, -s
AM flæsk, -s

flat
BR flat, -s, -ə(r), -ɪst
AM flæ|t, -ts, -dər, -dəst

flatbed
BR ˈflatbɛd, -z
AM ˈflætˌbɛd, -z

flatboat
BR ˈflatbəʊt, -s
AM ˈflætˌboʊt, -s

flatbread
BR ˈflatbrɛd, -z
AM ˈflætˌbrɛd, -z

flatcar
BR ˈflatkɑː(r), -z
AM ˈflætˌkɑr, -z

flatfeet
BR ˈflatfiːt
AM ˈflætˌfit

flatfish
BR ˈflatfɪʃ, -ɪz
AM ˈflætˌfɪʃ, -ɪz

flatfoot
BR ˈflatfʊt
AM ˈflætˌfʊt

Flathead
BR ˈflathɛd
AM ˈflætˌ(h)ɛd

flatiron
BR ˈflatʌɪən, -z
AM ˈflætˌaɪərn, -z

flatland
BR ˈflatland, -z
AM ˈflætˌlænd, -z

flatlander
BR ˈflatˌlandə(r), -z
AM ˈflætˌlændər, -z

flatlet
BR ˈflatlɪt, -s
AM ˈflætlət, -s

flatly
BR ˈflatli
AM ˈflætli

flatmate
BR ˈflatmeɪt, -s
AM ˈflætˌmeɪt, -s

flatness
BR ˈflatnəs
AM ˈflætnəs

flatshare
BR ˈflatʃɛː(r), -z
AM ˈflætˌʃɛ(ə)r, -z

flatsie
BR ˈflats|i, -ɪz
AM ˈflætsi, -z

flatten
BR ˈflat|n, -nz, -n̩ɪŋ\-nɪŋ, -nd
AM ˈflætn, -z, -ɪŋ, -d

flattener
BR ˈflatn̩ə(r), ˈflatnə(r), -z
AM ˈflætnər, -z

flatter
BR ˈflat|ə(r), -əz, -(ə)rɪŋ, -əd
AM ˈflædər, -z, -ɪŋ, -d

flatterer
BR ˈflat(ə)rə(r), -z
AM ˈflædərər, -z

flatteringly
BR ˈflat(ə)rɪŋli
AM ˈflædərɪŋli

flattery
BR ˈflat(ə)r|i, -ɪz
AM ˈflædəri, -z

flattie
BR ˈflat|i, -ɪz
AM ˈflædi, -z

flattish
BR ˈflatɪʃ
AM ˈflædɪʃ

flattop
BR ˈflatɒp, -s
AM ˈflætˌtɑp, -s

flatulence
BR ˈflatjʊln̩s, ˈflatʃʊln̩s
AM ˈflætʃəl(ə)ns

flatulency
BR ˈflatjʊln̩si, ˈflatʃʊln̩si
AM ˈflætʃələnsi

flatulent
BR ˈflatjʊln̩t, ˈflatʃʊln̩t
AM ˈflætʃəl(ə)nt

flatulently
BR ˈflatjʊln̩tli, ˈflatʃʊln̩tli
AM ˈflætʃələn(t)li

flatus
BR ˈfleɪtəs, -ɪz
AM ˈfleɪdəs, -əz

flatware
BR ˈflatwɛː(r)
AM ˈflætˌwɛ(ə)r

flatworm
BR ˈflatwəːm, -z
AM ˈflætˌwɜrm, -z

Flaubert
BR ˈfləʊbɛː(r)
AM floʊˈbɛ(ə)r

flaunch
BR flɔːn(t)ʃ, -ɪz, -ɪŋ, -t
AM flɑntʃ, flɔntʃ, -əz, -ɪŋ, -t

flaunt
BR flɔːnt, -s, -ɪŋ, -ɪd
AM flɑn|t, flɔn|t, -ts, -(t)ɪŋ, -(t)əd

flaunter
BR ˈflɔːntə(r), -z
AM ˈflɑn(t)ər, ˈflɔn(t)ər, -z

flaunty
BR ˈflɔːnti
AM ˈflɑn(t)i, ˈflɔn(t)i

flautist
BR ˈflɔːtɪst, -s
AM ˈflaʊdəst, ˈflɔdəst, -s

flavescent
BR fləˈvɛsnt
AM fləˈvɛs(ə)nt

Flavia
BR ˈfleɪviə(r)
AM ˈfleɪviə

Flavian
BR ˈfleɪviən, -z
AM ˈfleɪviən, -z

flavin
BR ˈfleɪvɪn, -z
AM ˈfleɪvɪn, -z

flavine
BR ˈfleɪviːn
AM ˈfleɪvin

Flavius
BR ˈfleɪviəs
AM ˈfleɪviəs

flavone
BR ˈfleɪvəʊn
AM ˈfleɪˌvoʊn

flavoprotein
BR ˌfleɪvə(ʊ)ˈprəʊtiːn, -z
AM ˌfleɪvəˈproʊˌtin, -z

flavor
BR ˈfleɪv|ə(r), -əz, -(ə)rɪŋ, -əd
AM ˈfleɪv|ər, -ərz, -(ə)rɪŋ, -ərd

flavorful
BR ˈfleɪvəf(ʊ)l
AM ˈfleɪvərf(ə)l

flavorfully
BR ˈfleɪvəfʊli, ˈfleɪvəfˌli
AM ˈfleɪvərf(ə)li

flavoring
BR ˈfleɪv(ə)rɪŋ, -z
AM ˈfleɪvərɪŋ, -z

flavorless
BR ˈfleɪvələs
AM ˈfleɪvərləs

flavorous
BR ˈfleɪv(ə)rəs
AM ˈfleɪvərəs

flavorously
BR ˈfleɪv(ə)rəsli
AM ˈfleɪvərəsli

flavorsome
BR ˈfleɪvəs(ə)m
AM ˈfleɪvərs(ə)m

flavour
BR ˈfleɪv|ə(r), -əz, -(ə)rɪŋ, -əd
AM ˈfleɪv|ər, -ərz, -(ə)rɪŋ, -ərd

flavourful
BR ˈfleɪvəf(ʊ)l
AM ˈfleɪvərf(ə)l

flavourfully
BR ˈfleɪvəfʊli, ˈfleɪvəfˌli
AM ˈfleɪvərf(ə)li

flavouring
BR ˈfleɪv(ə)rɪŋ, -z
AM ˈfleɪvərɪŋ, -z

flavourless
BR ˈfleɪvələs
AM ˈfleɪvərləs

flavourous
BR ˈfleɪv(ə)rəs
AM ˈfleɪvərəs

flavourously
BR ˈfleɪv(ə)rəsli
AM ˈfleɪvərəsli

flavoursome
BR ˈfleɪvəs(ə)m
AM ˈfleɪvərs(ə)m

flaw
BR flɔː(r), -z, -ɪŋ, -d
AM flɑ, flɔ, -z, -ɪŋ, -d

flawless
BR ˈflɔːləs
AM ˈflɑləs, ˈflɔləs

flawlessly
BR ˈflɔːləsli
AM ˈflɑləsli, ˈflɔləsli

flawlessness
BR ˈflɔːləsnəs
AM ˈflɑləsnəs, ˈflɔləsnəs

flax
BR flaks
AM flæks

flaxen
BR ˈflaksn
AM ˈflæks(ə)n

Flaxman
BR ˈflaksmən
AM ˈflæksm(ə)n

flaxseed
BR ˈflak(s)siːd
AM ˈflæk(s)ˌsid

flay
BR fleɪ, -z, -ɪŋ, -d
AM fleɪ, -z, -ɪŋ, -d

flayer
BR ˈfleɪə(r), -z
AM ˈfleɪər, -z

flea
BR fliː, -z
AM fli, -z

fleabag
BR ˈfliːbag, -z
AM ˈfliˌbæg, -z

fleabane
BR ˈfliːbeɪn
AM ˈfliˌbeɪn

fleabite
BR ˈfliːbʌɪt, -s
AM ˈfliˌbaɪt, -s

fleapit
BR ˈfliːpɪt, -s
AM ˈfliˌpɪt, -s

flèche
BR fleɪʃ, fleʃ, -ɪz
AM fleʃ, fleɪʃ, -ɪz
FR fleʃ

fleck
BR flɛk, -s, -ɪŋ, -t
AM flɛk, -s, -ɪŋ, -t

Flecker
BR ˈflɛkə(r)
AM ˈflɛkər

flection
BR ˈflɛkʃn, -z
AM ˈflɛkʃ(ə)n, -z

flectional
BR ˈflɛkʃn̩
AM ˈflɛkʃən(ə)l, ˈflɛkʃn(ə)l

flectionless
BR ˈflɛkʃnləs
AM ˈflɛkʃənləs

fled
BR flɛd
AM flɛd

Fledermaus, Die
BR ˌdiː ˈfleɪdəmaʊs
AM ˌdi ˈfleɪdərˌmaʊs

fledge
BR flɛdʒ, -ɪz, -ɪŋ, -d
AM flɛdʒ, -əz, -ɪŋ, -d

fledgeling
BR ˈflɛdʒlɪŋ, -z
AM ˈflɛdʒlɪŋ, -z

fledgling
BR ˈflɛdʒlɪŋ, -z
AM ˈflɛdʒlɪŋ, -z

flee
BR fliː, -z, -ɪŋ
AM fli, -z, -ɪŋ

fleece
BR fliːs, -ɪz, -ɪŋ, -t
AM flis, -ɪz, -ɪŋ, -t

fleeceable
BR ˈfliːsəbl
AM ˈflisəb(ə)l

fleecily
BR ˈfliːsɪli
AM ˈflisɪli

fleeciness
BR ˈfliːsɪnɪs
AM ˈflisɪnɪs

fleecy
BR ˈfliːs|i, -ɪə(r), -ɪɪst
AM ˈflisi, -ər, -ɪst

fleer
BR ˈflɪə(r), -z, -rɪŋ, -d
AM ˈflɪ|(ə)r, -ərd, -(ə)rɪŋ, -ərd

fleet
BR fliːt, -s, -ɪŋ
AM fli|t, -ts, -dɪŋ

Fleet Air Arm
BR ˌfliːt ˈɛːr ɑːm
AM ˌflid ˈɛr ˌɑrm

fleeting
BR ˈfliːtɪŋ
AM ˈflidɪŋ

fleetingly
BR ˈfliːtɪŋli
AM ˈflidɪŋli

fleetly
BR ˈfliːtli
AM ˈflitli

fleetness
BR ˈfliːtnɪs
AM ˈflitnɪs

Fleetwood
BR ˈfliːtwʊd
AM ˈflitˌwʊd

Fleming
BR ˈflɛmɪŋ, -z
AM ˈflɛmɪŋ, -z

Flemish
BR ˈflɛmɪʃ
AM ˈflɛmɪʃ

flense
BR flɛns, -ɪz, -ɪŋ, -t
AM flɛns, -əz, -ɪŋ, -t

flesh
BR flɛʃ, -ɪz, -ɪŋ, -t
AM flɛʃ, -əz, -ɪŋ, -t

flesher
BR ˈflɛʃə(r), -z
AM ˈflɛʃər, -z

fleshiness
BR ˈflɛʃinɪs
AM ˈflɛʃinɪs

fleshings
BR ˈflɛʃɪŋz
AM ˈflɛʃɪŋz

fleshless
BR ˈflɛʃləs
AM ˈflɛʃləs

fleshliness
BR ˈflɛʃlinɪs
AM ˈflɛʃlinɪs

fleshly
BR ˈflɛʃli
AM ˈflɛʃli

fleshpot
BR ˈflɛʃpɒt, -s
AM ˈflɛʃˌpɑt, -s

fleshy
BR ˈflɛʃ|i, -iə(r), -iɪst
AM ˈflɛʃi, -ər, -ɪst

fletcher
BR ˈflɛtʃə(r), -z
AM ˈflɛtʃər, -z

Fleur
BR flɜː(r), -z
AM flɜr, -z

fleur-de-lis
BR ˌflɜːdəˈliː, -z
AM ˌflɜrdəˈli, -z

fleur-de-lys
BR ˌflɜːdəˈliː, -z
AM ˌflɜrdəˈli, -z

fleurette
BR ˌfluəˈrɛt, ˌflɜːˈrɛt, -s
AM ˌfluˈrɛt, ˌflɜˈrɛt, -s
FR flœʀɛt

fleuron
BR ˈfluərɒn, ˈflɜːrɒn, -z
AM ˈfluˌrɑn, ˈflɜˌrɑn, -z
FR flœʀɔ̃

fleury
BR ˈfluəri
AM ˈflɜri

flew
BR fluː, -z
AM flu, -z

flex
BR flɛks, -ɪz, -ɪŋ, -t
AM flɛks, -əz, -ɪŋ, -t

flexibility
BR ˌflɛksɪˈbɪlɪti
AM ˌflɛksəˈbɪlɪdi

flexible
BR ˈflɛksɪbl
AM ˈflɛksəb(ə)l

flexibleness
BR ˈflɛksɪblnəs
AM ˈflɛksəbəlnəs

flexibly
BR ˈflɛksɪbli
AM ˈflɛksəbli

flexile
BR ˈflɛksʌɪl
AM ˈflɛks(ə)l

flexility
BR flɛkˈsɪlɪt|i, -ɪz
AM flɛkˈsɪlɪdi, -z

flexion
BR ˈflɛkʃn
AM ˈflɛkʃ(ə)n

flexional
BR ˈflɛkʃn̩l
AM ˈflɛkʃən(ə)l, ˈflɛkʃn(ə)l

flexionless
BR ˈflɛkʃnləs
AM ˈflɛkʃənləs

flexitime
BR ˈflɛksɪtʌɪm
AM ˈflɛksiˌtaɪm

Flexner
BR ˈflɛksnə(r)
AM ˈflɛksnər

flexographic
BR ˌflɛksəˈgrafɪk
AM ˌflɛksəˈgræfɪk

flexography
BR flɛkˈsɒgrəfi
AM flɛkˈsɑgrəfi

flexor
BR ˈflɛksə(r), -z
AM ˈflɛkˌsɔ(ə)r, ˈflɛksər, -z

flextime
BR ˈflɛkstʌɪm
AM ˈflɛksˌtaɪm

flexuosity
BR ˌflɛksjʊˈɒsɪti, ˌflɛkʃʊˈɒsɪti
AM ˌflɛkʃəˈwɑsədi

flexuous
BR ˈflɛksjʊəs, ˈflɛkʃʊəs
AM ˈflɛkʃəwəs

flexuously
BR ˈflɛksjʊəsli, ˈflɛkʃʊəsli
AM ˈflɛkʃəwəsli

flexural
BR ˈflɛksjʊrl, ˈflɛkʃ(ə)rl
AM ˈflɛkʃər(ə)l, ˈflɛkʃr(ə)l

flexure
BR ˈflɛkʃə(r), -z
AM ˈflɛkʃər, -z

flibbertigibbet
BR ˈflɪbətɪˌdʒɪbɪt, -s
AM ˈflɪbərdiˈdʒɪbɪt, -s

flick
BR flɪk, -s, -ɪŋ, -t
AM flɪk, -s, -ɪŋ, -t

flicker
BR ˈflɪk|ə(r), -əz, -(ə)rɪŋ, -əd
AM ˈflɪk|ər, -ərz, -(ə)rɪŋ, -ərd

flickering
BR ˈflɪk(ə)rɪŋ, -z
AM ˈflɪk(ə)rɪŋ, -z

flier
BR ˈflʌɪə(r), -z
AM ˈflaɪər, -z

flies
BR flʌɪz
AM flaɪz

flight
BR flʌɪt, -s
AM flaɪt, -s

flightily
BR ˈflʌɪtɪli
AM ˈflaɪdɪli

flightiness
BR ˈflʌɪtɪnɪs
AM ˈflaɪdinɪs

flightless
BR ˈflʌɪtlɪs
AM ˈflaɪtlɪs

flighty
BR ˈflʌɪt|i, -iə(r), -iɪst
AM ˈflaɪdi, -ər, -ɪst

flimflam
BR ˈflɪmflam, -z, -ɪŋ, -d
AM ˈflɪmˌflæm, -z, -ɪŋ, -d

flimflammer
BR ˈflɪmˌflamə(r), -z
AM ˈflɪmˌflæmər, -z

flimflammery
BR ˈflɪmˌflam(ə)ri
AM ˈflɪmˌflæməri

flimsily
BR ˈflɪmzɪli
AM ˈflɪmzɪli

flimsiness
BR ˈflɪmzɪnɪs
AM ˈflɪmzɪnɪs

flimsy
BR ˈflɪmz|i, -iə(r), -iɪst
AM ˈflɪmzi, -ər, -ɪst

flinch
BR flɪn(t)ʃ, -ɪz, -ɪŋ, -t
AM flɪn(t)ʃ, -ɪz, -ɪŋ, -t

flincher
BR ˈflɪn(t)ʃə(r), -z
AM ˈflɪn(t)ʃər, -z

flinchingly
BR ˈflɪn(t)ʃɪŋli
AM ˈflɪn(t)ʃɪŋli

flinders
BR ˈflɪndəz
AM ˈflɪndərz

fling
BR flɪŋ, -z, -ɪŋ
AM flɪŋ, -z, -ɪŋ

flinger
BR ˈflɪŋə(r), -z
AM ˈflɪŋər, -z

Flinn
BR flɪn
AM flɪn

flint
BR flɪnt, -s
AM flɪnt, -s
flintily
BR ˈflɪntɪli
AM ˈflɪn(t)ɪli
flintiness
BR ˈflɪntɪnɪs
AM ˈflɪn(t)ɪnɪs
flintlock
BR ˈflɪntlɒk, -s
AM ˈflɪntˌlɑk, -s
Flintshire
BR ˈflɪntʃ(ɪ)ə(r)
AM ˈflɪn(t)ʃɪ(ə)r
Flintstones
BR ˈflɪntstəʊnz
AM ˈflɪn(t)ˌstoʊnz
flinty
BR ˈflɪnt|i, -ɪə(r), -ɪɪst
AM ˈflɪn(t)i, -ər, -ɪst
flip
BR flɪp, -s, -ɪŋ, -t
AM flɪp, -s, -ɪŋ, -t
flipflop
BR ˈflɪpflɒp, -s, -ɪŋ, -t
AM ˈflɪpˌflɑp, -s, -ɪŋ, -t
flippancy
BR ˈflɪp(ə)nsi
AM ˈflɪpənsi
flippant
BR ˈflɪp(ə)nt
AM ˈflɪpənt
flippantly
BR ˈflɪp(ə)ntli
AM ˈflɪpən(t)li
flippantness
BR ˈflɪp(ə)ntnəs
AM ˈflɪpən(t)nəs
flipper
BR ˈflɪpə(r), -z
AM ˈflɪpər, -z
FLIR
BR ˈflɪə(r)
AM ˈflɪ(ə)r
flirt
BR flɜːt, -s, -ɪŋ, -ɪd
AM flɜr|t, -ts, -dɪŋ, -dəd
flirtation
BR flɜːˈteɪʃn, -z
AM flɜrˈteɪʃ(ə)n, -z

flirtatious
BR flɜːˈteɪʃəs
AM flɜrˈteɪʃəs
flirtatiously
BR flɜːˈteɪʃəsli
AM flɜrˈteɪʃəsli
flirtatiousness
BR flɜːˈteɪʃəsnəs
AM flɜrˈteɪʃəsnəs
flirty
BR ˈflɜːt|i, -ɪə(r), -ɪɪst
AM ˈflɜrdi, -ər, -ɪst
flit
BR flɪt, -s, -ɪŋ, -ɪd
AM flɪ|t, -ts, -dɪŋ, -dɪd
flitch
BR flɪtʃ, -ɪz
AM flɪtʃ, -ɪz
flitter
BR ˈflɪt|ə(r), -əz, -(ə)rɪŋ, -əd
AM ˈflɪd|ər, -ərd, -(ə)rɪŋ, -ərd
Flitton
BR ˈflɪtn
AM ˈflɪtn
flivver
BR ˈflɪvə(r), -z
AM ˈflɪvər, -z
Flixton
BR ˈflɪkst(ə)n
AM ˈflɪkst(ə)n
flixweed
BR ˈflɪkswiːd
AM ˈflɪksˌwid
Flo
BR fləʊ
AM floʊ
float
BR fləʊt, -s, -ɪŋ, -ɪd
AM floʊ|t, -ts, -dɪŋ, -dəd
floatability
BR ˌfləʊtəˈbɪlɪti
AM ˌfloʊdəˈbɪlɪdi
floatable
BR ˈfləʊtəbl
AM ˈfloʊdəb(ə)l
floatage
BR ˈfləʊtɪdʒ
AM ˈfloʊdɪdʒ

floatation
BR fləʊˈteɪʃn, -z
AM floʊˈteɪʃ(ə)n, -z
floater
BR ˈfləʊtə(r), -z
AM ˈfloʊdər, -z
floatingly
BR ˈfləʊtɪŋli
AM ˈfloʊdɪŋli
floatplane
BR ˈfləʊtpleɪn, -z
AM ˈfloʊtˌpleɪn, -z
floaty
BR ˈfləʊt|i, -ɪz
AM ˈfloʊdi, -z
floc
BR flɒk, -s
AM flɑk, -s
flocci
BR ˈflɒksaɪ
AM ˈflɑkˌsaɪ, ˈflɑˌkaɪ
flocculate
BR ˈflɒkjʉleɪt, -s, -ɪŋ, -ɪd
AM ˈflɑkjəˌleɪ|t, -ts, -dɪŋ, -dɪd
flocculation
BR ˌflɒkjʉˈleɪʃn
AM ˌflɑkjəˈleɪʃ(ə)n
floccule
BR ˈflɒkjuːl, -z
AM ˈflɑˌkjul, -z
flocculence
BR ˈflɒkjʉlns
AM ˈflɑkjəl(ə)ns
flocculent
BR ˈflɒkjʉlnt
AM ˈflɑkjəl(ə)nt
flocculently
BR ˈflɒkjʉlntli
AM ˈflɑkjələn(t)li
flocculi
BR ˈflɒkjʉlaɪ
AM ˈflɑkjəˌlaɪ
flocculus
BR ˈflɒkjʉləs
AM ˈflɑkjələs
floccus
BR ˈflɒkəs
AM ˈflɑkəs

flock
BR flɒk, -s, -ɪŋ, -t
AM flɑk, -s, -ɪŋ, -t
flocky
BR ˈflɒk|i, -ɪə(r), -ɪɪst
AM ˈflɑki, -ər, -ɪst
Flodden Field
BR ˌflɒdn ˈfiːld
AM ˌflɑdən ˈfild
floe
BR fləʊ, -z
AM floʊ, -z
Floella
BR fləʊˈɛlə(r)
AM fləˈwɛlə
flog
BR flɒg, -z, -ɪŋ, -d
AM flɑg, -z, -ɪŋ, -d
flogger
BR ˈflɒgə(r), -z
AM ˈflɑgər, -z
flong
BR flɒŋ
AM flɑŋ, flɔŋ
flood
BR flʌd, -z, -ɪŋ, -ɪd
AM fləd, -z, -ɪŋ, -əd
floodgate
BR ˈflʌdgeɪt, -s
AM ˈflədˌgeɪt, -s
floodlight
BR ˈflʌdlaɪt, -s, -ɪŋ, -ɪd
AM ˈflədˌlaɪ|t, -ts, -dɪŋ, -dɪd
floodlit
BR ˈflʌdlɪt
AM ˈflədˌlɪt
Flook
BR flʊk, fluːk
AM fluk, flʊk
floor
BR flɔː(r), -z, -ɪŋ, -d
AM flɔ(ə)r, -z, -ɪŋ, -d
floorboard
BR ˈflɔːbɔːd, -z
AM ˈflɔrˌbɔ(ə)rd, -z
floorcloth
BR ˈflɔː klɒ|θ, -θs\-ðz
AM ˈflɔr ˌklɑ|θ, ˈflɔr ˌklɔ|θ, -θs\-ðz

flooring
BR ˈflɔːrɪŋ, -z
AM ˈflɔrɪŋ, -z

floorless
BR ˈflɔːləs
AM ˈflɔrləs

floosie
BR ˈfluːz|i, -ɪz
AM ˈfluzi, -z

floosy
BR ˈfluːz|i, -ɪz
AM ˈfluzi, -z

floozie
BR ˈfluːz|i, -ɪz
AM ˈfluzi, -z

floozy
BR ˈfluːz|i, -ɪz
AM ˈfluzi, -z

flop[1]
BR flɒp, -s, -ɪŋ, -t
AM flɑp, -s, -ɪŋ, -t

FLOP[2] *noun*
BR flɒp, -s
AM flɑp, -s

flophouse
BR ˈflɒphaʊ|s, -zɪz
AM ˈflɑpˌ(h)aʊ|s, -zəz

floppily
BR ˈflɒpɪli
AM ˈflɑpəli

floppiness
BR ˈflɒpɪnɪs
AM ˈflɑpɪnɪs

floppy
BR ˈflɒp|i, -ɪə(r), -ɪɪst
AM ˈflɑpi, -ər, -ɪst

flora
BR ˈflɔːrə(r)
AM ˈflɔrə

floral
BR ˈflɔːrl̩
AM ˈflɔrəl

florally
BR ˈflɔːrli
AM ˈflɔrəli

floreat
BR ˈflɒrɪat, ˈflɔːrɪat
AM ˈflɔriˌæt

Florence
BR ˈflɒrn̩s
AM ˈflɔrəns

Florentine
BR ˈflɒrn̩tʌɪn, ˈflɒrn̩tiːn, -z
AM ˈflɔrənˌtin, -z

Flores
BR ˈflɔːriz, ˈflɔːriːz, ˈflɔːrɪs
AM ˈflɔrəs

florescence
BR flə'rɛsn̩s, flɔːˈrɛsn̩s, flɒˈrɛsn̩s
AM flɔˈrɛs(ə)ns, fləˈrɛs(ə)ns, flʊˈrɛs(ə)ns

floret
BR ˈflɒrɪt, ˈflɔːrɪt, -s
AM ˈflɔrət, -s

Florey
BR ˈflɔːri
AM ˈflɔri

floriate
BR ˈflɒrɪeɪt, ˈflɔːrɪeɪt, -s, -ɪŋ, -ɪd
AM ˈflɔriˌeɪ|t, -ts, -dɪŋ, -dɪd

floribunda
BR ˌflɒrɪˈbʌndə(r), ˌflɔːrɪˈbʌndə(r)
AM ˌflɔrəˈbəndə

floricultural
BR ˌflɔːrɪˈkʌltʃ(ə)rl̩, ˌflɒrɪˈkʌltʃ(ə)rl̩
AM ˈflɔrəˌkəltʃər(ə)l, ˈflɔrəˌkəltʃr(ə)l

floriculture
BR ˈflɔːrɪˌkʌltʃə(r), ˈflɒrɪˌkʌltʃə(r)
AM ˈflɔrəˌkəltʃər

floriculturist
BR ˌflɔːrɪˈkʌltʃ(ə)rɪst, ˌflɒrɪˈkʌltʃ(ə)rɪst, -s
AM ˌflɔrəˈkəltʃ(ə)rəst, -s

florid
BR ˈflɒr|ɪd, -ɪdɪst
AM ˈflɑrɪd, ˈflɔrɪd, -ɪst

Florida
BR ˈflɒrɪdə(r)
AM ˈflɔrɪdə

Floridian
BR flɒˈrɪdɪən, -z
AM ˈflɔrɪdiən, -z

floridity
BR flɒˈrɪdɪti
AM fləˈrɪdɨdi

floridly
BR ˈflɒrɪdli
AM ˈflɑrɪdli, ˈflɔrɪdli

floridness
BR ˈflɒrɪdnɪs
AM ˈflɑrɪdnɪs, ˈflɔrɪdnɪs

floriferous
BR flɒˈrɪf(ə)rəs
AM flɔˈrɪfərəs

florilegia
BR ˌflɒrɪˈliːdʒɪə(r), ˌflɔːrɪˈliːdʒɪə(r)
AM ˌflɔriˈlidʒɪə

florilegium
BR ˌflɒrɪˈliːdʒɪəm, ˌflɔːrɪˈliːdʒɪəm
AM ˌflɔriˈlidʒɪəm

florin
BR ˈflɒrɪn, -z
AM ˈflɑr(ə)n, ˈflɔr(ə)n, -z

Florio
BR ˈflɒrɪəʊ
AM ˈflɔrioʊ

florist
BR ˈflɒrɪst, -s
AM ˈflɔrəst, -s

floristic
BR flɒˈrɪstɪk, -s
AM fləˈrɪstɪk, -s

floristically
BR flɒˈrɪstɪkli
AM fləˈrɪstɪk(ə)li

floristry
BR ˈflɒrɪstri
AM ˈflɔrəstri

Florrie
BR ˈflɒri
AM ˈflɔri

floruit
BR ˈflɒrʊɪt, ˈflɔːrʊɪt
AM ˈflɔrəwət

flory
BR ˈflɔːri
AM ˈflɔri

floscular
BR ˈflɒskjələ(r)
AM ˈflɑskjələr

flosculous
BR ˈflɒskjələs
AM ˈflɑskjələs

floss
BR flɒs, -ɪz, -ɪŋ, -t
AM flɑs, flɔs, -əz, -ɪŋ, -t

Flossie
BR ˈflɒsi
AM ˈflɑsi, ˈflɔsi

flossy
BR ˈflɒs|i, -ɪə(r), -ɪɪst
AM ˈflɑsi, ˈflɔsi, -ər, -ɪst

flotation
BR fləˈ(ʊ)ˈteɪʃn, -z
AM floʊˈteɪʃ(ə)n, -z

flote
BR fləʊt
AM floʊt

flotilla
BR fləˈtɪlə(r), -z
AM fləˈtɪlə, floʊˈtɪlə, -z

flotsam
BR ˈflɒts(ə)m
AM ˈflɑts(ə)m

Flotta
BR ˈflɒtə(r)
AM ˈflɑdə, ˈflɔdə

flounce
BR flaʊns, -ɪz, -ɪŋ, -t
AM flaʊns, -əz, -ɪŋ, -t

flounder
BR ˈflaʊnd|ə(r), -əz, -(ə)rɪŋ, -əd
AM ˈflaʊnd|ər, -ərz, -(ə)rɪŋ, -ərd

flounderer
BR ˈflaʊnd(ə)rə(r), -z
AM ˈflaʊndərər, -z

flour
BR ˈflaʊə(r), -z, -ɪŋ, -d
AM ˈflaʊ(ə)r, -z, -ɪŋ, -d

flouresce
BR flʊəˈrɛs, flʊˈrɛs, -ɪz, -ɪŋ, -t
AM flɔˈrɛs, fləˈrɛs, -əz, -ɪŋ, -t

flouriness
BR ˈflaʊ(ə)rɪnɪs
AM ˈflaʊ(ə)rɪnɪs

flourish
BR ˈflʌr|ɪʃ, -ɪʃɪz, -ɪʃɪŋ, -ɪʃt
AM ˈflɝːɪʃ, -ɪz, -ɪŋ, -t

flourisher
BR ˈflʌrɪʃə(r)
AM ˈflɝːɪʃər

flourishy
BR ˈflʌrɪʃi
AM ˈflɝːɪʃi

flourmill
BR ˈflaʊəmɪl, -z
AM ˈflaʊ(ə)rˌmɪl, -z

floury
BR ˈflaʊ(ə)r|i, -iə(r), -ɪɪst
AM ˈflaʊ(ə)ri, -ər, -ɪst

flout
BR flaʊt, -s, -ɪŋ, -ɪd
AM flaʊt, -ts, -dɪŋ, -dəd

flow
BR fləʊ, -z, -ɪŋ, -d
AM floʊ, -z, -ɪŋ, -d

flowage
BR ˈfləʊ|ɪdʒ, -ɪdʒɪz
AM ˈfloʊɪdʒ, -ɪz

flowchart
BR ˈfləʊtʃɑːt, -s
AM ˈfloʊˌtʃɑrt, -s

flower
BR ˈflaʊə(r), -z, -ɪŋ, -d
AM ˈflaˌʊər, -ʊərz, -ʊ(ə)rɪŋ, -ʊərd

flowerbed
BR ˈflaʊəbɛd, -z
AM ˈflaʊərˌbɛd, -z

flowerer
BR ˈflaʊərə(r), -z
AM ˈflaʊərər, -z

floweret
BR ˈflaʊərɪt, -s
AM ˈflaʊəˌrɛt, -s

flowerily
BR ˈflaʊərɪli
AM ˈflaʊ(ə)rɪli

floweriness
BR ˈflaʊ(ə)rɪnɪs
AM ˈflaʊ(ə)rɪnɪs

flowerless
BR ˈflaʊələs
AM ˈflaʊərləs

flowerlike
BR ˈflaʊəlʌɪk
AM ˈflaʊərˌlaɪk

flowerpot
BR ˈflaʊəpɒt, -s
AM ˈflaʊərˌpɑt, -s

Flowers
BR ˈflaʊəz
AM ˈflaʊərz

flowery
BR ˈflaʊər|i, -iə(r), -ɪɪst
AM ˈflaʊ(ə)ri, -ər, -ɪst

flowing
BR ˈfləʊɪŋ
AM ˈfloʊɪŋ

flowingly
BR ˈfləʊɪŋli
AM ˈfloʊɪŋli

flown
BR fləʊn
AM floʊn

flowsheet
BR ˈfləʊʃiːt, -s
AM ˈfloʊˌʃit, -s

flowstone
BR ˈfləʊstəʊn
AM ˈfloʊˌstoʊn

Floyd
BR flɔɪd
AM flɔɪd

flu
BR fluː, -z
AM flu, -z

flub
BR flʌb, -z
AM fləb, -z

Fluck
BR flʌk
AM flək

fluctuate
BR ˈflʌktʃʊeɪt, ˈflʌktjʊeɪt, -s, -ɪŋ, -ɪd
AM ˈfləktʃəˌweɪ|t, -ts, -dɪŋ, -dɪd

fluctuation
BR ˌflʌktʃʊˈeɪʃn, ˌflʌktjʊˈeɪʃn, -z
AM ˌfləktʃəˈweɪʃ(ə)n, -z

flue
BR fluː, -z
AM flu, -z

fluence
BR ˈfluːəns
AM ˈfluəns

fluency
BR ˈfluːənsi
AM ˈfluənsi

fluent
BR ˈfluːənt
AM ˈfluənt

fluently
BR ˈfluːəntli
AM ˈfluən(t)li

fluff
BR flʌf, -s, -ɪŋ, -t
AM fləf, -s, -ɪŋ, -t

fluffily
BR ˈflʌfɪli
AM ˈfləfəli

fluffiness
BR ˈflʌfɪnɪs
AM ˈfləfɪnɪs

fluffy
BR ˈflʌf|i, -iə(r), -ɪɪst
AM ˈfləfi, -ər, -ɪst

Flügelhorn
BR ˈfluːglhɔːn, -z
AM ˈflugəlˌ(h)ɔ(ə)rn, -z

fluid
BR ˈfluːɪd, -z
AM ˈfluɪd, -z

fluidic
BR fluːˈɪdɪk, -s
AM ˈfluɪdɪk, -s

fluidify
BR fluːˈɪdɪfʌɪ, -z, -ɪŋ, -d
AM fluˈɪdəˌfaɪ, -z, -ɪŋ, -d

fluidisation
BR ˌfluːɪdʌɪˈzeɪʃn
AM ˌfluəˌdaɪˈzeɪʃ(ə)n, ˌfluədəˈzeɪʃ(ə)n

fluidise
BR ˈfluːɪdʌɪz, -ɪz, -ɪŋ, -d
AM ˈfluəˌdaɪz, -ɪz, -ɪŋ, -d

fluidity
BR fluːˈɪdɪti
AM fluˈɪdɪdi

fluidization
BR ˌfluːɪdʌɪˈzeɪʃn
AM ˌfluəˌdaɪˈzeɪʃ(ə)n, ˌfluədəˈzeɪʃ(ə)n

fluidize
BR ˈfluːɪdʌɪz, -ɪz, -ɪŋ, -d
AM ˈfluəˌdaɪz, -ɪz, -ɪŋ, -d

fluidly
BR ˈfluːɪdli
AM ˈfluɪdli

fluidness
BR ˈfluːɪdnɪs
AM ˈfluɪdnɪs

fluidounce
BR ˌfluːɪdˈaʊns, -ɪz
AM ˈˌfluɪdˈaʊns, -əz

fluke
BR fluːk, -s
AM fluk, -s

flukey
BR ˈfluːk|i, -iə(r), -ɪɪst
AM ˈfluki, -ər, -ɪst

flukily
BR ˈfluːkɪli
AM ˈflukɪli

flukiness
BR ˈfluːkɪnɪs
AM ˈflukɪnɪs

fluky
BR ˈfluːk|i, -iə(r), -ɪɪst
AM ˈfluki, -ər, -ɪst

flume
BR fluːm, -z
AM flum, -z

flummery
BR ˈflʌm(ə)ri
AM ˈfləməri

flummox
BR ˈflʌməks, -ɪz, -ɪŋ, -t
AM ˈfləməks, -əz, -ɪŋ, -t

flump
BR flʌm|p, -ps, -pɪŋ, -(p)t
AM fləmp, -s, -ɪŋ, -t

flung
BR flʌŋ
AM fləŋ

flunk
BR flʌŋ|k, -ks, -kɪŋ, -(k)t
AM fləŋ|k, -ks, -kɪŋ, -(k)t

flunkey
BR ˈflʌŋk|i, -ɪz
AM ˈfləŋki, -z

flunkeyism
BR ˈflʌŋkɪɪzm
AM ˈfləŋki‚ɪz(ə)m

flunky
BR ˈflʌŋk|i, -ɪz
AM ˈfləŋki, -z

Fluon
BR ˈfluːɒn
AM ˈfluˌɑn

fluoresce
BR fluəˈrɛs, flɔːˈrɛs, flɜˈrɛs, -ɪz, -ɪŋ, -t
AM flɔˈrɛs, fluˈrɛs, -əz, -ɪŋ, -t

fluorescence
BR fluəˈrɛsns, flɔːˈrɛsns, flɜˈrɛsns
AM flɔˈrɛs(ə)ns, fləˈrɛs(ə)ns, fluˈrɛs(ə)ns

fluorescent
BR fluəˈrɛsnt, flɔːˈrɛsnt, flɜˈrɛsnt
AM flɔˈrɛs(ə)nt, ˌfluˈrɛs(ə)nt

fluoridate
BR ˈfluərɪdeɪt, ˈflɔːrɪdeɪt
AM ˈflɔrəˌdeɪt, ˈfluərəˌdeɪt

fluoridation
BR ˌfluərɪˈdeɪʃn, ˌflɔːrɪˈdeɪʃn
AM ˌflɔrəˈdeɪʃ(ə)n, ˌfluərəˈdeɪʃ(ə)n

fluoride
BR ˈfluərʌɪd, ˈflɔːrʌɪd
AM ˈflɔˌraɪd, ˈfluˌraɪd

fluoridisation
BR ˌfluərɪdʌɪˈzeɪʃn, ˌflɔːrɪdʌɪˈzeɪʃn
AM ˌflɔrɪˌdaɪˈzeɪʃ(ə)n, ˌfluərədəˈzeɪʃ(ə)n

fluoridization
BR ˌfluərɪdʌɪˈzeɪʃn, ˌflɔːrɪdʌɪˈzeɪʃn
AM ˌflɔrɪˌdaɪˈzeɪʃ(ə)n, ˌfluərədəˈzeɪʃ(ə)n

fluorinate
BR ˈfluərɪneɪt, ˈflɔːrɪneɪt, -s, -ɪŋ, -ɪd
AM ˈflɔrəˌneɪ|t, ˈfluərəˌneɪ|t, -ts, -dɪŋ, -dɪd

fluorination
BR ˌfluərɪˈneɪʃn, ˌflɔːrɪˈneɪʃn
AM ˌflɔrəˈneɪʃ(ə)n, ˌfluərəˈneɪʃ(ə)n

fluorine
BR ˈfluəriːn, ˈflɔːriːn
AM ˈflɔˌrin, ˈfluˌrin

fluorite
BR ˈfluərʌɪt, ˈflɔːrʌɪt
AM ˈflɔˌraɪt, ˈfluˌraɪt

fluorocarbon
BR ˈfluərə(ʊ)ˌkɑːb(ə)n, ˈflɔːrə(ʊ)ˌkɑːb(ə)n, -z
AM ˈflɔroʊˌkɑrb(ə)n, ˈfluəroʊˌkɑrb(ə)n, -z

fluoroscope
BR ˈfluərəskəʊp, ˈflɔːrəskəʊp, -s
AM ˈflɔrəˌskoʊp, ˈfluərəˌskoʊp, -s

fluoroscopy
BR fluəˈrɒskəpi, flɔːˈrɒskəpi
AM flɔˈrɑskəpi, fluˈrɑskəpi

fluorosis
BR fluəˈrəʊsɪs, flɔːˈrəʊsɪs
AM flɔˈroʊsəs, fluˈroʊsəs

fluorspar
BR ˈfluəspɑː(r), ˈflɔːspɑː(r)
AM ˈflɔrˌspɑr, ˈfluərˌspɑr

flurry
BR ˈflʌr|i, -ɪz, -ɪɪŋ, -ɪd
AM ˈfləri, -z, -ɪŋ, -d

flush
BR flʌʃ, -ɪz, -ɪŋ, -t
AM fləʃ, -əz, -ɪŋ, -t

flusher
BR ˈflʌʃə(r), -z
AM ˈfləʃər, -z

Flushing
BR ˈflʌʃɪŋ
AM ˈfləʃɪŋ

flushness
BR ˈflʌʃnəs
AM ˈfləʃnəs

fluster
BR ˈflʌst|ə(r), -əz, -(ə)rɪŋ, -əd
AM ˈfləst|ər, -ərz, -(ə)rɪŋ, -ərd

flute
BR fluːt, -s, -ɪŋ, -ɪd
AM flu|t, -ts, -dɪŋ, -dəd

flutelike
BR ˈfluːtlʌɪk
AM ˈflutˌlaɪk

flutey
BR ˈfluːt|i, -ɪə(r), -ɪɪst
AM ˈfludi, -ər, -ɪst

flutist
BR ˈfluːtɪst, -s
AM ˈfludəst, -s

flutter
BR ˈflʌt|ə(r), -əz, -(ə)rɪŋ, -əd
AM ˈflədər, -z, -ɪŋ, -d

flutterer
BR ˈflʌt(ə)rə(r), -z
AM ˈflədərər, -z

fluttery
BR ˈflʌt(ə)ri
AM ˈflədəri

fluty
BR ˈfluːt|i, -ɪə(r), -ɪɪst
AM ˈfludi, -ər, -ɪst

fluvial
BR ˈfluːvɪəl
AM ˈfluviəl

fluviatile
BR ˈfluːvɪətʌɪl
AM ˈfluviəˌtaɪl

fluvioglacial
BR ˌfluːvɪəʊˈgleɪʃl, ˌfluːvɪəʊˈgleɪsɪəl
AM ˌfluvioʊˈgleɪʃ(ə)l

fluviometer
BR ˌfluːvɪˈɒmɪtə(r), -z
AM ˌfluviˈɑmədər, -z

flux
BR flʌks, -ɪz
AM fləks, -əz

fluxion
BR ˈflʌkʃn, -z
AM ˈfləkʃ(ə)n, -z

fluxional
BR ˈflʌkʃn̩l
AM ˈfləkʃən(ə)l, ˈfləkʃ(ə)l

fluxionary
BR ˈflʌkʃn̩ri
AM ˈfləkʃəˌnɛri

fly
BR flʌɪ, -z, -ɪŋ
AM flaɪ, -z, -ɪŋ

flyable
BR ˈflʌɪəbl
AM ˈflaɪəb(ə)l

flyaway
BR ˈflʌɪəweɪ
AM ˈflaɪəˌweɪ

flyback
BR ˈflʌɪbak
AM ˈflaɪˌbæk

flyblown
BR ˈflʌɪbləʊn
AM ˈflaɪˌbloʊn

flyby
BR ˈflʌɪbʌɪ, -z
AM ˈflaɪˌbaɪ, -z

flycatcher
BR ˈflʌɪˌkatʃə(r), -z
AM ˈflaɪˌkætʃər, -z

flyer
BR ˈflʌɪə(r), -z
AM ˈflaɪər, -z

flyleaf
BR ˈflʌiliːf
AM ˈflaɪˌlif

flyleaves
BR ˈflʌiliːvz
AM ˈflaɪˌlivz

Flymo
BR ˈflʌimǝʊ, -z
AM ˈflaɪmoʊ, -z

flyness
BR ˈflʌinɪs
AM ˈflaɪnɪs

Flynn
BR flɪn
AM flɪn

flyover
BR ˈflʌɪ(ˌ)ǝʊvǝ(r), -z
AM ˈflaɪˌoʊvǝr, -z

flypaper
BR ˈflʌɪˌpeɪpǝ(r), -z
AM ˈflaɪˌpeɪpǝr, -z

flypast
BR ˈflʌɪpɑːst, -s
AM ˈflaɪˌpæst, -s

flysheet
BR ˈflʌɪʃiːt, -s
AM ˈflaɪˌʃit, -s

flyswatter
BR ˈflʌɪˌswɒtǝ(r), -z
AM ˈflaɪˌswɑdǝr, -z

flyting
BR ˈflʌɪtɪŋ, -z
AM ˈflaɪdɪŋ, -z

flytrap
BR ˈflʌɪtrap, -s
AM ˈflaɪˌtræp, -s

flyway
BR ˈflʌɪweɪ, -z
AM ˈflaɪˌweɪ, -z

flyweight
BR ˈflʌɪweɪt, -s
AM ˈflaɪˌweɪt, -s

flywheel
BR ˈflʌɪwiːl, -z
AM ˈflaɪˌ(h)wil, -z

flywhisk
BR ˈflʌɪwɪsk, -s
AM ˈflaɪˌ(h)wɪsk, -s

FNMA
BR ˌfanɪˈmeɪ
AM ˌfæniˈmeɪ

foal
BR fǝʊl, -z, -ɪŋ, -d
AM foʊl, -z, -ɪŋ, -d

foam
BR fǝʊm, -z, -ɪŋ, -d
AM foʊm, -z, -ɪŋ, -d

foaminess
BR ˈfǝʊmɪnɪs
AM ˈfoʊmɪnɪs

foamless
BR ˈfǝʊmlǝs
AM ˈfoʊmlǝs

foamy
BR ˈfǝʊmi
AM ˈfoʊmi

fob
BR fɒb, -z, -ɪŋ, -d
AM fɑb, -z, -ɪŋ, -d

fobwatch
BR ˈfɒbwɒtʃ, -ɪz
AM ˈfɑbˌwɒtʃ, ˈfɑbˌwɑtʃ, -ǝz

focaccia
BR fǝˈkatʃǝ(r)
AM foʊˈkatʃiǝ

focal
BR ˈfǝʊkl
AM ˈfoʊk(ǝ)l

focalisation
BR ˌfǝʊklʌɪˈzeɪʃn
AM ˌfoʊkǝˌlaɪˈzeɪʃ(ǝ)n, ˌfoʊkǝlǝˈzeɪʃ(ǝ)n

focalise
BR ˈfǝʊklʌɪz, -ɪz, -ɪŋ, -d
AM ˈfoʊkǝˌlaɪz, -ɪz, -ɪŋ, -d

focalization
BR ˌfǝʊklʌɪˈzeɪʃn
AM ˌfoʊkǝˌlaɪˈzeɪʃ(ǝ)n, ˌfoʊkǝlǝˈzeɪʃ(ǝ)n

focalize
BR ˈfǝʊklʌɪz, -ɪz, -ɪŋ, -d
AM ˈfoʊkǝˌlaɪz, -ɪz, -ɪŋ, -d

Foch
BR fɒʃ
AM ˈfɑʃ, ˈfɔʃ
FR fɔʃ

Fochabers
BR ˈfɒxǝbǝz, ˈfɒkǝbǝz
AM ˈfɑkǝbǝrs

foci
BR ˈfǝʊkʌɪ, ˈfǝʊsʌɪ
AM ˈfoʊˌsaɪ

foc's'le
BR ˈfǝʊksl, -z
AM ˈfoʊks(ǝ)l, -z

fo'c'sle
BR ˈfǝʊksl, -z
AM ˈfoʊks(ǝ)l, -z

fo'c's'le
BR ˈfǝʊksl, -z
AM ˈfoʊks(ǝ)l, -z

focus
BR ˈfǝʊkǝs, -ɪz, -ɪŋ, -t
AM ˈfoʊkǝs, -ǝz, -ɪŋ, -t

focuser
BR ˈfǝʊkǝsǝ(r), -z
AM ˈfoʊkǝsǝr, -z

fodder
BR ˈfɒd|ǝ(r), -ǝz, -(ǝ)rɪŋ, -ǝd
AM ˈfɑdǝr, -z, -ɪŋ, -d

Foden
BR ˈfǝʊdn
AM ˈfoʊd(ǝ)n

foe
BR fǝʊ, -z
AM foʊ, -z

foehn
BR fɜːn
AM fǝn

foeman
BR ˈfǝʊmǝn
AM ˈfoʊm(ǝ)n

foemen
BR ˈfǝʊmǝn, ˈfǝʊmɛn
AM ˈfoʊm(ǝ)n, ˈfoʊˌmɛn

foetal
BR ˈfiːtl
AM ˈfidl

foeticide
BR ˈfiːtɪsʌɪd
AM ˈfidǝˌsaɪd

foetid
BR ˈfɛtɪd, ˈfiːtɪd
AM ˈfɛdǝd

foetus
BR ˈfiːtǝs, -ɪz
AM ˈfidǝs, -ǝz

fog
BR fɒg, -z, -ɪŋ, -d
AM fɑg, fɔg, -z, -ɪŋ, -d

Fogarty
BR ˈfɒgǝti
AM ˈfoʊgǝrdi

fogau
BR ˈfǝʊguː, ˈfǝʊgǝʊ, -z
AM ˈfoʊgoʊ, ˈfoʊgu, -z

fogbank
BR ˈfɒgbaŋk, -s
AM ˈfɑgˌbæŋk, ˈfɔgˌbæŋk, -s

fogbound
BR ˈfɒgbaʊnd
AM ˈfɑgˌbaʊnd, ˈfɔgˌbaʊnd

fog-bow
BR ˈfɒgbǝʊ, -z
AM ˈfɑgˌboʊ, ˈfɔgˌboʊ, -z

Fogerty
BR ˈfɒgǝti
AM ˈfoʊgǝrdi

fogey
BR ˈfǝʊgli, -ɪz
AM ˈfoʊgi, -z

fogeydom
BR ˈfǝʊgɪdǝm
AM ˈfoʊgɪd(ǝ)m

fogeyish
BR ˈfǝʊgɪɪʃ
AM ˈfoʊgɪɪʃ

Fogg
BR fɒg
AM fɑg, fɔg

foggily
BR ˈfɒgɨli
AM ˈfɑgǝli, ˈfɔgǝli

fogginess
BR ˈfɒgɪnɪs
AM ˈfɑgɪnɪs, ˈfɔgɪnɪs

foggy
BR ˈfɒg|i, -ɪǝ(r), -ɨɪst
AM ˈfɑgi, ˈfɔgi, -ǝr, -ɨɪst

foghorn
BR ˈfɒghɔːn, -z
AM ˈfɑg(h)ɔ(ǝ)rn, ˈfɔg(h)ɔ(ǝ)rn, -z

fogy
BR ˈfəʊɡ|i, -ɪz
AM ˈfoʊɡi, -z

fogydom
BR ˈfəʊɡɪdəm
AM ˈfoʊɡid(ə)m

fogyish
BR ˈfəʊɡɪɪʃ
AM ˈfoʊɡiɪʃ

fohn
BR fɜːn
AM fən

föhn
BR fɜːn
AM fən

foible
BR ˈfɔɪbl, -z
AM ˈfɔɪb(ə)l, -z

foie gras
BR ˌfwɑː ˈɡrɑː(r)
AM ˌfwɑ ˈɡrɑ

foil
BR fɔɪl, -z, -ɪŋ, -d
AM fɔɪl, -z, -ɪŋ, -d

foilist
BR ˈfɔɪlɪst, -s
AM ˈfɔɪlɪst, -s

foist
BR fɔɪst, -s, -ɪŋ, -ɪd
AM fɔɪst, -s, -ɪŋ, -ɪd

Fokker
BR ˈfɒkə(r), -z
AM ˈfɑkər, -z

folacin
BR ˈfəʊləsɪn
AM ˈfɑləs(ə)n, ˈfɔləs(ə)n

fold
BR fəʊld, -z, -ɪŋ, -ɪd
AM foʊld, -z, -ɪŋ, -ɪd

foldable
BR ˈfəʊldəbl
AM ˈfoʊldəb(ə)l

foldaway
BR ˈfəʊldəweɪ
AM ˈfoʊldəˌweɪ

foldback
BR ˈfəʊl(d)bak, -s
AM ˈfoʊl(d)ˌbæk, -s

foldboat
BR ˈfəʊl(d)bəʊt, -s
AM ˈfoʊl(d)ˌboʊt, -s

folder
BR ˈfəʊldə(r), -z
AM ˈfoʊldər, -z

folderol
BR ˈfɒldərɒl, -z
AM ˈfɑldəˌrɑl, ˈfɔldəˌrɔl, -z

foldout
BR ˈfəʊldaʊt, -s
AM ˈfoʊlˌdaʊt, -s

fold-up
BR ˈfəʊldʌp
AM ˈfoʊldəp

Foley
BR ˈfəʊli
AM ˈfoʊli

Folger
BR ˈfəʊldʒə(r), ˈfɒldʒə(r)
AM ˈfoʊldʒər

folia
BR ˈfəʊliə(r)
AM ˈfoʊliə, ˈfoʊljə

foliaceous
BR ˌfəʊliˈeɪʃəs
AM ˌfoʊliˈeɪʃəs

foliage
BR ˈfəʊliɪdʒ
AM ˈfoʊl(i)ɪdʒ

foliar
BR ˈfəʊliə(r)
AM ˈfoʊliər, ˈfoʊljər

foliate[1] *adjective*
BR ˈfəʊliət, ˈfəʊliɪt
AM ˈfoʊliˌeɪt, ˈfoʊliət

foliate[2] *verb*
BR ˈfəʊlieɪt, -s, -ɪŋ, -ɪd
AM ˈfoʊliˌeɪ|t, -ts, -dɪŋ, -dɪd

foliation
BR ˌfəʊliˈeɪʃn, -z
AM ˌfoʊliˈeɪʃ(ə)n, -z

folic
BR ˈfəʊlɪk, ˈfɒlɪk
AM ˈfɑlɪk, ˈfoʊlɪk

Folies-Bergère
BR ˌfɒlibɛːˈʒɛː(r)
AM fɔˌlibərˈʒɛ(ə)r

folio
BR ˈfəʊliəʊ, -z
AM ˈfoʊlioʊ, -z

foliole
BR ˈfəʊliəʊl, -z
AM ˈfoʊliˌoʊl, -z

foliot
BR ˈfɒliət, -s
AM ˈfoʊliət, -s

folium
BR ˈfəʊliəm
AM ˈfoʊliəm

folk
BR fəʊk, -s
AM foʊk, -s

Folkestone
BR ˈfəʊkst(ə)n
AM ˈfoʊkˌstoʊn

folkie
BR ˈfəʊk|i, -ɪz
AM ˈfoʊki, -z

folkiness
BR ˈfəʊkɪnɪs
AM ˈfoʊkinɪs

folkish
BR ˈfəʊkɪʃ
AM ˈfoʊkɪʃ

folklore
BR ˈfəʊklɔː(r)
AM ˈfoʊkˌlɔ(ə)r

folkloric
BR fəʊkˈlɔːrɪk
AM foʊkˈlɔrɪk

folklorist
BR ˈfəʊklɔːrɪst, -s
AM ˈfoʊkˌlɔrəst, -s

folkloristic
BR ˌfəʊkləˈrɪstɪk
AM ˌfoʊkləˈrɪstɪk

folksily
BR ˈfəʊksɪli
AM ˈfoʊksəli

folksiness
BR ˈfəʊksɪnɪs
AM ˈfoʊksinɪs

folksong
BR ˈfəʊksɒŋ, -z
AM ˈfoʊkˌsɑŋ, ˈfoʊkˌsɔŋ, -z

folksy
BR ˈfəʊks|i, -iə(r), -iɪst
AM ˈfoʊksi, -ər, -ɪst

folktale
BR ˈfəʊkteɪl, -z
AM ˈfoʊkˌteɪl, -z

folkway
BR ˈfəʊkweɪ, -z
AM ˈfoʊkˌweɪ, -z

folkweave
BR ˈfəʊkwiːv
AM ˈfoʊkˌwiv

folky
BR ˈfəʊki
AM ˈfoʊki

Follick
BR ˈfɒlɪk
AM ˈfɑlək

follicle
BR ˈfɒlɪkl, -z
AM ˈfɑlək(ə)l, -z

follicular
BR fɒˈlɪkjʊlə(r)
AM fəˈlɪkjələr

folliculate
BR fɒˈlɪkjʊlət
AM fəˈlɪkjəˌleɪt, fəˈlɪkjələt

folliculated
BR fɒˈlɪkjʊleɪtɪd
AM fəˈlɪkjəˌleɪdɪd

follow
BR ˈfɒləʊ, -z, -ɪŋ, -d
AM ˈfɑloʊ, -z, -ɪŋ, -d

follower
BR ˈfɒləʊə(r), -z
AM ˈfɑloʊər, -z

following
BR ˈfɒləʊɪŋ, -z
AM ˈfɑloʊɪŋ, -z

follow-my-leader
BR ˌfɒlə(ʊ)məˈliːdə(r)
AM ˌfɑloʊmaɪˈlidər

folly
BR ˈfɒl|i, -ɪz
AM ˈfɑli, -z

Folsom[1] *places in US*
BR ˈfəʊls(ə)m
AM ˈfoʊls(ə)m

Folsom[2] *surname*
BR ˈfəʊls(ə)m, ˈfɒls(ə)m
AM ˈfoʊls(ə)m

Fomalhaut
BR ˈfɒmlɔʊt
AM ˈfoʊməlˌ(h)ɑt, ˈfoʊməlˌ(h)ɔt

foment¹ *noun*
BR ˈfəʊment
AM ˈfoʊˌment

foment² *verb*
BR fəˈment, -s, -ɪŋ, -ɪd
AM ˌfoʊˈmen|t, -ts, -(t)ɪŋ, -(t)əd

fomentation
BR ˌfəʊm(ɛ)nˈteɪʃn
AM ˌfoʊmənˈteɪʃ(ə)n, ˌfoʊmenˈteɪʃ(ə)n

fomenter
BR fəˈmentə(r), -z
AM ˌfoʊˈmen(t)ər, -z

fomites
BR ˈfəʊmɪtiːz
AM ˈfoʊməˌtiz

fond
BR fɒnd, -ə(r), -ɪst
AM fɑnd, -ər, -əst

Fonda
BR ˈfɒndə(r)
AM ˈfɑndə

fondant
BR ˈfɒnd(ə)nt, -s
AM ˈfɑndnt, -s

fondle
BR ˈfɒnd|l, -lz, -l̩ŋ\-lɪŋ, -ld
AM ˈfɑn|d(ə)l, -d(ə)lz, -(d)(ə)lɪŋ, -d(ə)ld

fondler
BR ˈfɒndlə(r), ˈfɒndlə(r), -z
AM ˈfɑn(də)lər, -z

fondly
BR ˈfɒndli
AM ˈfɑn(d)li

fondness
BR ˈfɒn(d)nəs
AM ˈfɑn(d)nəs

fondu
BR ˈfɒnd(j)uː, -z
AM ˌfɑnˈd(j)u, -z

fondue
BR ˈfɒnd(j)uː, -z
AM ˌfɑnˈd(j)u, -z

font
BR fɒnt, -s
AM fɑnt, -s

Fontainebleau
BR ˈfɒntɪnbləʊ
AM ˈfɑntn̩ˌbloʊ

fontal
BR ˈfɒntl
AM ˈfɑntl

Fontana
BR fɒnˈtɑːnə(r)
AM fɑnˈtænə

fontanel
BR ˌfɒntəˈnel, -z
AM ˌfɑntn̩ˈel, -z

fontanelle
BR ˌfɒntəˈnel, -z
AM ˌfɑntn̩ˈel, -z

Fonteyn
BR ˈfɒnteɪn
AM ˌfɑnˈteɪn

Fontwell
BR ˈfɒntw(ɛ)l
AM ˈfɑntˌwel

Foochow
BR ˌfuːˈtʃaʊ
AM ˌˈfuˈtʃaʊ

food
BR fuːd, -z
AM fud, -z

foodie
BR ˈfuːd|i, -ɪz
AM ˈfudi, -z

foodism
BR ˈfuːdɪzm
AM ˈfudɪz(ə)m

foodstuff
BR ˈfuːdstʌf, -s
AM ˈfudˌstəf, -s

Fookes
BR fuːks
AM fuks

fool
BR fuːl, -z, -ɪŋ, -d
AM ful, -z, -ɪŋ, -d

foolery
BR ˈfuːlər|i, -ɪz
AM ˈfuləri, -z

foolhardily
BR ˈfuːlˌhɑːdɪli
AM ˈfulˌ(h)ɑrdəli

foolhardiness
BR ˈfuːlˌhɑːdɪnɪs
AM ˈfulˌ(h)ɑrdɪnɪs

foolhardy
BR ˈfuːlˌhɑːdi
AM ˈfulˌ(h)ɑrdi

foolish
BR ˈfuːlɪʃ
AM ˈfulɪʃ

foolishly
BR ˈfuːlɪʃli
AM ˈfulɪʃli

foolishness
BR ˈfuːlɪʃnɪs
AM ˈfulɪʃnɪs

foolproof
BR ˈfuːlpruːf
AM ˈfulˌpruf

foolscap
BR ˈfuːlskap, ˈfuːlzkap
AM ˈfʊlzˌkæp

Foord
BR fɔːd
AM fɔ(ə)rd

foot
BR fʊt, -s, -ɪŋ, -ɪd
AM fʊ|t, -ts, -dɪŋ, -dəd

footage
BR ˈfʊtɪdʒ
AM ˈfʊdɪdʒ

football
BR ˈfʊtbɔːl, -z
AM ˈfʊtˌbɑl, ˈfʊtˌbɔl, -z

footballer
BR ˈfʊtbɔːlə(r), -z
AM ˈfʊtˌbɑlər, ˈfʊtˌbɔlər, -z

footbath
BR ˈfʊt|bɑːθ
AM ˈfʊtˌbæθ, -s, -ðz

footbed
BR ˈfʊtbɛd, -z
AM ˈfʊtˌbɛd, -z

footboard
BR ˈfʊtbɔːd, -z
AM ˈfʊtˌbɔ(ə)rd, -z

footbrake
BR ˈfʊtbreɪk, -s
AM ˈfʊtˌbreɪk, -s

footbridge
BR ˈfʊtbrɪdʒ, -ɪz
AM ˈfʊtˌbrɪdʒ, -ɪz

footcandle
BR ˈfʊtˌkandl, -z
AM ˈfʊtˌkænd(ə)l, -z

Foote
BR fʊt
AM fʊt

footer
BR ˈfʊtə(r)
AM ˈfʊdər

footfall
BR ˈfʊtfɔːl, -z
AM ˈfʊtˌfɑl, ˈfʊtˌfɔl, -z

footgear
BR ˈfʊtgɪə(r)
AM ˈfʊtˌgɪ(ə)r

foothill
BR ˈfʊthɪl, -z
AM ˈfʊtˌ(h)ɪl, -z

foothold
BR ˈfʊthəʊld, -z
AM ˈfʊtˌ(h)oʊld, -z

footing
BR ˈfʊtɪŋ, -z
AM ˈfʊdɪŋ, -z

footle
BR ˈfuːt|l, -lz, -l̩ŋ\-lɪŋ, -ld
AM ˈfud(ə)l, -z, -ɪŋ, -d

footless
BR ˈfʊtləs
AM ˈfʊtləs

footlights
BR ˈfʊtlʌɪts
AM ˈfʊtˌlaɪts

footlocker
BR ˈfʊtˌlɒkə(r), -z
AM ˈfʊtˌlɑkər, -z

footloose
BR ˈfʊtluːs
AM ˈfʊtˌlus

footman
BR ˈfʊtmən
AM ˈfʊtm(ə)n

footmark
BR ˈfʊtmɑːk, -s
AM ˈfʊtˌmɑrk, -s

footmen
BR ˈfʊtmən
AM ˈfʊtm(ə)n, ˈfʊtˌmen

footnote
BR ˈfʊtnəʊt, -s, -ɪŋ, -ɪd
AM ˈfʊtˌnoʊ|t, -ts, -dɪŋ, -dəd

footpad
BR ˈfʊtpad, -z
AM ˈfʊtˌpæd, -z

footpath
BR ˈfʊtpɑː|θ, -ðz
AM ˈfʊtˌpæ|θ, -ðz

footplate
BR ˈfʊtpleɪt, -s
AM ˈfʊtˌpleɪt, -s

footprint
BR ˈfʊtprɪnt, -s
AM ˈfʊtˌprɪnt, -s

footrest
BR ˈfʊtrest, -s
AM ˈfʊtˌrest, -s

footsie
BR ˈfʊtsi
AM ˈfʊtsi

footslog
BR ˈfʊtslɒg, -z, -ɪŋ, -d
AM ˈfʊtˌslɑg, -z, -ɪŋ, -d

footslogger
BR ˈfʊtˌslɒgə(r), -z
AM ˈfʊtˌslɑgər, -z

footsore
BR ˈfʊtsɔː(r)
AM ˈfʊtˌsɔ(ə)r

footstalk
BR ˈfʊtstɔːk, -s
AM ˈfʊtˌstɑk, ˈfʊtˌstɔk, -s

footstep
BR ˈfʊtstep, -s
AM ˈfʊtˌstep, -s

footstool
BR ˈfʊtstuːl, -z
AM ˈfʊtˌstul, -z

footstrap
BR ˈfʊtstrap, -s
AM ˈfʊtˌstræp, -s

footsure
BR ˈfʊtʃʊə(r), ˈfʊtʃɔː(r)
AM ˈfʊtˌʃʊr

footway
BR ˈfʊtweɪ, -z
AM ˈfʊtˌweɪ, -z

footwear
BR ˈfʊtwɛː(r)
AM ˈfʊtˌwɛ(ə)r

footwork
BR ˈfʊtwɜːk
AM ˈfʊtˌwɜrk

foozle
BR ˈfuːz|l, -lz, -lɪŋ\-lɪŋ, -ld
AM ˈfuz(ə)l, -z, -ɪŋ, -d

foozler
BR ˈfuːzlə(r), -z
AM ˈfuz(ə)lər, -z

fop
BR fɒp
AM fɑp

foppery
BR ˈfɒp(ə)ri
AM ˈfɑpəri

foppish
BR ˈfɒpɪʃ
AM ˈfɑpɪʃ

foppishly
BR ˈfɒpɪʃli
AM ˈfɑpɪʃli

foppishness
BR ˈfɒpɪʃnɪs
AM ˈfɑpɪʃnɪs

for[1] *strong form*
BR fɔː(r)
AM fɔ(ə)r

for[2] *weak form*
BR fə(r)
AM fər

fora
BR ˈfɔːrə(r)
AM ˈfɔrə

forage
BR ˈfɒr|ɪdʒ, -ɪdʒɪz, -ɪdʒɪŋ, -ɪdʒd
AM ˈfɑrɪdʒ, ˈfɔrɪdʒ, -ɪz, -ɪŋ, -d

forager
BR ˈfɒrɪdʒə(r), -z
AM ˈfɑrɪdʒər, ˈfɔrɪdʒər, -z

foramen
BR fəˈreɪmɛn
AM fəˈreɪm(ə)n

foramina
BR fəˈramɪnə(r)
AM fəˈræmənə

foraminate
BR fəˈramɪneɪt
AM fəˈræməˌneɪt

foraminated
BR fəˈramɪneɪtɪd
AM fəˈræməˌneɪdɪd

foraminifer
BR ˌfɒrəˈmɪnɪfə(r), -z
AM ˌfɔrəˈmɪnəfər, -z

foraminiferan
BR fəˌramɪˈnɪfrən, fəˌramɪˈnɪf(ə)rn̩, ˌfɒrəmɪˈnɪfrən, ˌfɒrəmɪˈnɪf(ə)rn̩, -z
AM fəˌræməˈnɪfər(ə)n, fəˌræməˈnɪfr(ə)n, -z

foraminiferous
BR fəˌramɪˈnɪf(ə)rəs, ˌfɒrəmɪˈnɪf(ə)rəs
AM fəˌræməˈnɪf(ə)rəs

forasmuch
BR ˌf(ə)rəzˈmʌtʃ
AM fərəzˈmətʃ, ˌfɔrəzˈmətʃ

forastero
BR ˌfɒrəˈstɛːrəʊ, -z
AM ˌfɔrəˈstɛroʊ, -z

foray
BR ˈfɒreɪ, -z, -ɪŋ, -d
AM ˈfɑˌreɪ, ˈfɔˌreɪ, -z, -ɪŋ, -d

forb
BR fɔːb, -z
AM fɔ(ə)rb, -z

forbad
BR fəˈbad
AM fərˈbæd, fəˈbæd

forbade
BR fəˈbad, fəˈbeɪd
AM fərˈbæd, fərˈbeɪd, fəˈbeɪd, fəˈbæd

forbear[1] *noun, ancestor*
BR ˈfɔːbɛː(r), -z
AM ˈfɔrˌbɛ(ə)r, -z

forbear[2] *verb*
BR fɔːˈbɛː(r), -z, -ɪŋ
AM fərˈbɛ(ə)r, fərˈbɛ(ə)r, -z, -ɪŋ

forbearance
BR fɔːˈbɛːrn̩s
AM fɔrˈbɛrəns, fərˈbɛrəns

forbearingly
BR fɔːˈbɛːrɪŋli
AM fɔrˈbɛrɪŋli, fərˈbɛrɪŋli

Forbes
BR fɔːbz, ˈfɔːbɪs, fɔːˈbɪs
AM fɔrbz

forbid
BR fəˈbɪd, -z, -ɪŋ
AM fɔrˈbɪd, fərˈbɪd, -z, -ɪŋ

forbiddance
BR fəˈbɪd(ə)ns
AM fɔrˈbɪdns, fərˈbɪdns

forbidden
BR fəˈbɪdn
AM fɔrˈbɪd(ə)n, fərˈbɪd(ə)n

forbidding
BR fəˈbɪdɪŋ
AM fɔrˈbɪdɪŋ, fərˈbɪdɪŋ

forbiddingly
BR fəˈbɪdɪŋli
AM fɔrˈbɪdɪŋli, fərˈbɪdɪŋli

forbore
BR fɔːˈbɔː(r)
AM fɔrˈbɔ(ə)r, fərˈbɔ(ə)r

forborne
BR fɔːˈbɔːn
AM fɔrˈbɔ(ə)rn, fərˈbɔ(ə)rn

forbye
BR fɔːˈbaɪ
AM fɔrˈbaɪ, fərˈbaɪ

force
BR fɔːs, -ɪz, -ɪŋ, -t
AM fɔ(ə)rs, -əz, -ɪŋ, -t

forceable
BR ˈfɔːsəbl
AM ˈfɔrsəb(ə)l

forceful
BR ˈfɔːsf(ʊ)l
AM ˈfɔrsf(ə)l

forcefully
BR ˈfɔːsfʊli, ˈfɔːsfli
AM ˈfɔrsfəli

forcefulness
BR ˈfɔːsf(ʊ)lnəs
AM ˈfɔrsfəlnəs

force majeure
BR ˌfɔːs maˈʒəː(r)
AM ˌfɔ(ə)rs maˈʒɜr

forcemeat
BR ˈfɔːsmiːt
AM ˈfɔrsˌmit

forceps
BR ˈfɔːsɛps
AM ˈfɔrˌsɛps, ˈfɔrsəps

forcer
BR ˈfɔːsə(r), -z
AM ˈfɔrsər, -z

forcible
BR ˈfɔːsɪbl
AM ˈfɔrsəb(ə)l

forcibleness
BR ˈfɔːsɪblnəs
AM ˈfɔrsəbəlnəs

forcibly
BR ˈfɔːsɪbli
AM ˈfɔrsəbli

ford
BR fɔːd, -z, -ɪŋ, -ɪd
AM fɔ(ə)rd, -z, -ɪŋ, -əd

fordable
BR ˈfɔːdəbl
AM ˈfɔrdəb(ə)l

Forde
BR fɔːd
AM fɔ(ə)rd

Fordham
BR ˈfɔːdəm
AM ˈfɔrd(ə)m

Fordingbridge
BR ˈfɔːdɪŋbrɪdʒ
AM ˈfɔrdɪŋˌbrɪdʒ

fordless
BR ˈfɔːdləs
AM ˈfɔrdləs

Fordyce
BR ˈfɔːdʌɪs, fɔːˈdʌɪs
AM ˈfɔrˌdaɪs

fore
BR fɔː(r)
AM fɔ(ə)r

forearm[1] *noun*
BR ˈfɔːrɑːm, -z
AM ˈfɔrˌɑrm, -z

forearm[2] *verb*
BR (ˌ)fɔːrˈɑːm, -z, -ɪŋ, -d
AM ˌfɔrˈɑrm, -z, -ɪŋ, -d

forebad
BR fəˈbad, fəˈbeɪd
AM fɔrˈbeɪd, fərˈbæd

forebade
BR fəˈbad, fəˈbeɪd
AM fɔrˈbeɪd, fərˈbæd

forebear
BR ˈfɔːbɛː(r), -z
AM ˈfɔrˌbɛ(ə)r, -z

forebode
BR fɔːˈbəʊd, -z, -ɪŋ, -ɪd
AM fɔrˈboʊd, -z, -ɪŋ, -əd

foreboding
BR fɔːˈbəʊdɪŋ, -z
AM fɔrˈboʊdɪŋ, -z

forebodingly
BR fɔːˈbəʊdɪŋli
AM fɔrˈboʊdɪŋli

forebrain
BR ˈfɔːbreɪn, -z
AM ˈfɔrˌbreɪn, -z

forecast
BR ˈfɔːkɑːst, -s, -ɪŋ, -ɪd
AM ˈfɔrˌkæst, -s, -ɪŋ, -əd

forecaster
BR ˈfɔːkɑːstə(r), -z
AM ˈfɔrˌkæstər, -z

forecastle
BR ˈfəʊksl, -z
AM ˈfɔrˌkæs(ə)l, ˈfoʊks(ə)l, -z

foreclose
BR (ˌ)fɔːˈkləʊz, -ɪz, -ɪŋ, -d
AM ˌfɔrˈkloʊz, -ɪz, -ɪŋ, -d

foreclosure
BR (ˌ)fɔːˈkləʊʒə(r), -z
AM ˌfɔrˈkloʊʒər, -z

foreconscious
BR ˈfɔːˌkɒnʃəs
AM ˈfɔrˌkɑnʃəs

forecourt
BR ˈfɔːkɔːt, -s
AM ˈfɔrˌkɔ(ə)rt, -s

foredeck
BR ˈfɔːdɛk, -s
AM ˈfɔrˌdɛk, -s

foredge
BR ˈfɔːrɛdʒ, -ɪz
AM ˈfɔrˌɛdʒ, -əz

foredoom
BR (ˌ)fɔːˈduːm, -z, -ɪŋ, -d
AM ˌfɔrˈdum, -z, -ɪŋ, -d

forefather
BR ˈfɔːˌfɑːðə(r), -z
AM ˈfɔrˌfɑðər, -z

forefeel
BR (ˌ)fɔːˈfiːl, -z, -ɪŋ
AM ˌfɔrˈfil, -z, -ɪŋ

forefeet
BR ˈfɔːfiːt
AM ˈfɔrˌfit

forefelt
BR (ˌ)fɔːˈfɛlt
AM ˌfɔrˈfɛlt

forefinger
BR ˈfɔːˌfɪŋɡə(r), -z
AM ˈfɔrˌfɪŋɡər, -z

forefoot
BR ˈfɔːfʊt
AM ˈfɔrˌfʊt

forefront
BR ˈfɔːfrʌnt
AM ˈfɔrˌfrʌnt

foregather
BR (ˌ)fɔːˈɡað|ə(r), -əz, -(ə)rɪŋ, -əd
AM fɔrˈɡæðər, fərˈɡæðər, -z, -ɪŋ, -d

forego *verb, give up, renounce*
BR (ˌ)fɔːˈɡəʊ, -z, -ɪŋ
AM fɔrˈɡoʊ, fərˈɡoʊ, -z, -ɪŋ

foregoer
BR (ˌ)fɔːˈɡəʊə(r), -z
AM fərˈɡoʊər, fərˈɡoʊər, -z

foregoing *adjective, preceding*
BR ˈfɔːˌɡəʊɪŋ
AM ˈfɔrˌɡoʊɪŋ

foregone
BR (ˌ)fɔːˈɡɒn
AM ˈfɔrˈɡɔn

foreground
BR ˈfɔːɡraʊnd, -z
AM ˈfɔrˌɡraʊnd, -z

forehand
BR ˈfɔːhand, -z
AM ˈfɔrˌ(h)ænd, -z

forehead
BR ˈfɒrɪd, ˈfɔːhɛd, -z
AM ˈfɔrˌ(h)ɛd, -z

forehock
BR ˈfɔːhɒk, -s
AM ˈfɔrˌ(h)ɑk, -s

forehold
BR ˈfɔːhəʊld, -z
AM ˈfɔrˌ(h)oʊld, -z

foreign
BR ˈfɒrɪn, ˈfɒrn̩
AM ˈfɔr(ə)n

foreigner
BR ˈfɒrɪnə(r), ˈfɒrnə(r), -z
AM ˈfɔrənər, -z

foreignness
BR ˈfɒrɪnnɪs, ˈfɒrn̩nəs
AM ˈfɔrə(n)nəs

forejudge
BR (ˌ)fɔːˈdʒʌdʒ, -ɪz, -ɪŋ, -d
AM fɔrˈdʒədʒ, fərˈdʒədʒ, -əz, -ɪŋ, -d

foreknew
BR (ˌ)fɔːˈnjuː
AM fɔrˈn(j)u

foreknow
BR (ˌ)fɔːˈnəʊ, -z, -ɪŋ
AM fɔrˈnoʊ, -z, -ɪŋ

foreknowledge
BR (ˌ)fɔːˈnɒlɪdʒ
AM ˌfɔrˈnɑlədʒ

foreknown
BR (ˌ)fɔːˈnəʊn
AM fɔrˈnoʊn

forelady
BR ˈfɔːˌleɪd|i, -ɪz
AM ˈfɔrˌleɪdi, -z

foreland
BR ˈfɔːlənd, -z
AM ˈfɔrlənd, -z

foreleg
BR ˈfɔːlɛg, -z
AM ˈfɔrˌlɛg, -z

forelimb
BR ˈfɔːlɪm, -z
AM ˈfɔrˌlɪm, -z

forelock
BR ˈfɔːlɒk, -s
AM ˈfɔrˌlɑk, -s

foreman
BR ˈfɔːmən
AM ˈfɔrm(ə)n

foremast
BR ˈfɔːmɑːst, -s
AM ˈfɔrməst,
ˈfɔrˌmæst, -s

foremen
BR ˈfɔːmən
AM ˈfɔrm(ə)n, ˈfɔrˌmɛn

foremost
BR ˈfɔːməʊst
AM ˈfɔrˌmoʊst

forename
BR ˈfɔːneɪm, -z
AM ˈfɔrˌneɪm, -z

forenoon
BR ˈfɔːnuːn
AM ˈfɔrˌnun

forensic
BR fəˈrɛnzɪk,
fəˈrɛnsɪk, -s
AM fəˈrɛnsɪk,
fəˈrɛnzɪk, -s

forensically
BR fəˈrɛnzɪkli,
fəˈrɛnsɪkli
AM fəˈrɛnsək(ə)li,
fəˈrɛnzɪkli

foreordain
BR ˌfɔːrɔːˈdeɪn, -z,
-ɪŋ, -d
AM ˌfɔrɔrˈdeɪn, -z,
-ɪŋ, -d

foreordination
BR ˌfɔːrɔːdɪˈneɪʃn
AM fɔrˌɔrdəˈneɪʃ(ə)n

forepart
BR ˈfɔːpɑːt, -s
AM ˈfɔrˌpɑrt, -s

forepaw
BR ˈfɔːpɔː(r), -z
AM ˈfɔrˌpɑ, ˈfɔrˌpɔ, -z

forepeak
BR ˈfɔːpiːk, -s
AM ˈfɔrˌpik, -s

foreplay
BR ˈfɔːpleɪ
AM ˈfɔrˌpleɪ

forequarter
BR ˈfɔːˌkwɔːtə(r), -z
AM ˈfɔrˌkwɔrdər, -z

foreran
BR (ˌ)fɔːˈran
AM fɔ(r)ˈræn

forerun
BR (ˌ)fɔːˈrʌn, -z, -ɪŋ
AM fɔ(r)ˈrən, -z, -ɪŋ

forerunner
BR ˈfɔːˌrʌnə(r), -z
AM ˈfɔrˌrənər, -z

foresail
BR ˈfɔːseɪl, ˈfɔːsl, -z
AM ˈfɔrs(ə)l, ˈfɔrˌseɪl, -z

foresaw
BR (ˌ)fɔːˈsɔː(r)
AM fɔrˈsɔ, fərˈsɑ,
fərˈsɑ, fərˈsɔ

foresee
BR (ˌ)fɔːˈsiː, -z, -ɪŋ
AM fərˈsi, fərˈsi, -z, -ɪŋ

foreseeability
BR fɔːˌsiːəˈbɪlɪti
AM fɔrˌsiəˈbɪlɪdi, fərˌsiəˈbɪlɪdi

foreseeable
BR (ˌ)fɔːˈsiːəbl
AM fərˈsiəb(ə)l, fərˈsiəb(ə)l

foreseeably
BR (ˌ)fɔːˈsiːəbli
AM fərˈsiəbli, fərˈsiəbli

foreseen
BR (ˌ)fɔːˈsiːn
AM fərˈsin, fərˈsin

foreseer
BR (ˌ)fɔːˈsiːə(r), -z
AM fərˈsiər, fərˈsiər, -z

foreshadow
BR (ˌ)fɔːˈʃadəʊ, -z, -ɪŋ, -d
AM fərˈʃædoʊ, fərˈʃædoʊ, -z, -ɪŋ, -d

foresheets
BR ˈfɔːʃiːts
AM ˈfɔrˌʃits

foreshore
BR ˈfɔːʃɔː(r), -z
AM ˈfɔrˌʃɔ(ə)r, -z

foreshorten
BR (ˌ)fɔːˈʃɔːt|n, -nz, -n̩ɪŋ\-nɪŋ, -nd
AM fɔrˈʃɔrt(ə)n, fərˈʃɔrt(ə)n, -z, -ɪŋ, -d

foreshow
BR (ˌ)fɔːˈʃəʊ, -z, -ɪŋ, -d
AM fɔrˈʃoʊ, fərˈʃoʊ, -z, -ɪŋ, -d

foreshown
BR (ˌ)fɔːˈʃəʊn
AM fərˈʃoʊn

foresight
BR ˈfɔːsaɪt, -s
AM ˈfɔrˌsaɪt, -s

foresighted
BR ˈfɔːsaɪtɪd
AM ˈfɔrˌsaɪdɪd

foresightedly
BR ˈfɔːsaɪtɪdli
AM ˈfɔrˌsaɪdɪdli

foresightedness
BR ˈfɔːsaɪtɪdnɪs
AM ˈfɔrˌsaɪdɪdnɪs

foreskin
BR ˈfɔːskɪn, -z
AM ˈfɔrˌskɪn, -z

forest
BR ˈfɒrɪst, -s
AM ˈfɔrəst, -s

forestall
BR (ˌ)fɔːˈstɔːl, -z, -ɪŋ, -d
AM fərˈstɔl, fərˈstɑl, fərˈstɑl, fərˈstɔl, -z, -ɪŋ, -d

forestaller
BR (ˌ)fɔːˈstɔːlə(r), -z
AM fərˈstɔlər, fərˈstɑlər, fərˈstɑlər, fərˈstɔlər, -z

forestalment
BR (ˌ)fɔːˈstɔːlm(ə)nt
AM fərˈstɑlm(ə)nt, fərˈstɑlm(ə)nt, fərˈstɔlm(ə)nt, fərˈstɔlm(ə)nt

forestation
BR ˌfɒrɪˈsteɪʃn
AM ˌfɔrəˈsteɪʃ(ə)n

forestay
BR ˈfɔːsteɪ, -z
AM ˈfɔrˌsteɪ, -z

forester
BR ˈfɒrɪstə(r), -z
AM ˈfɔrəstər, -z

forestry
BR ˈfɒrɪstri
AM ˈfɔrəstri

foreswear
BR (ˌ)fɔːˈswɛː(r), -z, -ɪŋ
AM fɔrˈswɛ(ə)r, fərˈswɛ(ə)r, -z, -ɪŋ

foreswore
BR (ˌ)fɔːˈswɔː(r)
AM fɔrˈswɔ(ə)r, fərˈswɔ(ə)r

foresworn
BR (ˌ)fɔːˈswɔːn
AM fɔrˈswɔ(ə)rn, fərˈswɔ(ə)rn

foretaste
BR ˈfɔːteɪst, -s
AM ˈfɔrˌteɪst, -s

foretell
BR (ˌ)fɔːˈtɛl, -z, -ɪŋ
AM fɔrˈtɛl, fərˈtɛl, -z, -ɪŋ

foreteller
BR (ˌ)fɔːˈtɛlə(r), -z
AM fɔrˈtɛlər, fərˈtɛlər, -z

forethought
BR ˈfɔːθɔːt
AM ˈfɔrˌθɑt, ˈfɔrˌθɔt

foretoken
BR (ˌ)fɔːˈtəʊk|(ə)n, -(ə)nz, -ənɪŋ\-n̩ɪŋ, -(ə)nd
AM fɔrˈtoʊk(ə)n, -z, -ɪŋ, -d

foretold
BR (ˌ)fɔːˈtəʊld
AM fərˈtoʊld,
fɚˈtoʊld

foretop
BR ˈfɔːtɒp, -s
AM ˈfɔːrˌtɑːp, -s

forever
BR fərˈevə(r)
AM fəˈrevər

forevermore
BR fərˌevəˈmɔː(r)
AM fəˌrevərˈmɔː(ə)r

forewarn
BR (ˌ)fɔːˈwɔːn, -z,
-ɪŋ, -d
AM fɔːrˈwɔː(ə)rn,
fərˈwɔː(ə)rn, -z,
-ɪŋ, -d

forewarner
BR (ˌ)fɔːˈwɔːnə(r), -z
AM fɔːrˈwɔːrnər,
fərˈwɔːrnər, -z

forewent
BR (ˌ)fɔːˈwent
AM fərˈwent

forewing
BR ˈfɔːwɪŋ, -z
AM ˈfɔːrˌwɪŋ, -z

forewoman
BR ˈfɔːˌwʊmən
AM ˈfɔːrˌwʊm(ə)n

forewomen
BR ˈfɔːˌwɪmɪn
AM ˈfɔːrˌwɪmɪn

foreword
BR ˈfɔːwɜːd, -z
AM ˈfɔːrˌwɜːrd, -z

foreyard
BR ˈfɔːjɑːd, -z
AM ˈfɔːrˌjɑːrd, -z

Forfar
BR ˈfɔːfə(r)
AM ˈfɔːrfər

Forfarshire
BR ˈfɔːfəʃ(ɪ)ə(r)
AM ˈfɔːrfərˌʃɪ(ə)r

forfeit
BR ˈfɔːfɪt, -s,
-ɪŋ, -ɪd
AM ˈfɔːrfəˌt, -ts,
-dɪŋ, -dəd

forfeitable
BR ˈfɔːfɪtəbl
AM ˈfɔːrfədəb(ə)l

forfeiter
BR ˈfɔːfɪtə(r), -z
AM ˈfɔːrfədər, -z

forfeiture
BR ˈfɔːfɪtʃə(r)
AM ˈfɔːrfətʃər,
ˈfɔːrfətjʊ(ə)r

forfend
BR fɔːˈfend, -z,
-ɪŋ, -ɪd
AM fɔːrˈfend, -z, -ɪŋ,
-əd

forgather
BR (ˌ)fɔːˈgæðə(r),
-ə(r)z, -(ə)rɪŋ, -ə(r)d
AM fɔːrˈgæðər,
fərˈgæðər, -z, -ɪŋ, -d

forgave
BR fəˈgeɪv
AM fərˈgeɪv

forge
BR fɔːdʒ, -ɪz, -ɪŋ, -d
AM fɔːrdʒ, -əz, -ɪŋ, -t

forgeable
BR ˈfɔːdʒəbl
AM ˈfɔːrdʒəb(ə)l

forger
BR ˈfɔːdʒə(r), -z
AM ˈfɔːrdʒər, -z

forgery
BR ˈfɔːdʒ(ə)r|i, -ɪz
AM ˈfɔːrdʒəri, -z

forget
BR fəˈget, -s, -ɪŋ
AM fərˈgeˌt, -ts,
-dɪŋ

forgetful
BR fəˈgetf(ʊ)l
AM fərˈgetf(ə)l

forgetfully
BR fəˈgetfəli,
fəˈgetfli
AM fərˈgetfəli

forgetfulness
BR fəˈgetf(ʊ)lnəs
AM fərˈgetfəlnəs

forget-me-not
BR fəˈgetmɪnɒt, -s
AM fərˈgedmɪˌnɑt, -s

forgettable
BR fəˈgetəbl
AM fərˈgedəb(ə)l

forgetter
BR fəˈgetə(r), -z
AM fərˈgedər, -z

forgivable
BR fəˈgɪvəbl
AM fərˈgɪvəb(ə)l

forgivably
BR fəˈgɪvəbli
AM fərˈgɪvəbli

forgive
BR fəˈgɪv, -z, -ɪŋ
AM fərˈgɪv, -z,
-ɪŋ

forgiven
BR fəˈgɪvn
AM fərˈgɪv(ə)n

forgiveness
BR fəˈgɪvnɪs
AM fərˈgɪvnɪs

forgiver
BR fəˈgɪvə(r), -z
AM fərˈgɪvər, -z

forgivingly
BR fəˈgɪvɪŋli
AM fərˈgɪvɪŋli

forgo
BR fɔːˈgəʊ, -z, -ɪŋ
AM fɔːrˈgoʊ, fərˈgoʊ,
-z, -ɪŋ

forgot
BR fəˈgɒt
AM fərˈgɑt

forgotten
BR fəˈgɒtn
AM fərˈgɑtn

forint
BR ˈfɒrɪnt, -s
AM ˈfɔːrɪnt, -s
HU ˈfɒrɪnt

fork
BR fɔːk, -s, -ɪŋ, -t
AM fɔː(ə)rk, -s,
-ɪŋ, -t

forkful
BR ˈfɔːkfʊl, -z
AM ˈfɔːrkˌfʊl, -z

forklift
BR ˈfɔːklɪft, -s
AM ˈfɔːrkˌlɪft, -s

forlorn
BR fəˈlɔːn
AM fərˈlɔː(ə)rn

forlornly
BR fəˈlɔːnli
AM fərˈlɔːrnli

forlornness
BR fəˈlɔːnnəs
AM fərˈlɔːr(n)nəs

form
BR fɔːm, -z, -ɪŋ, -d
AM fɔː(ə)rm, -z, -ɪŋ, -d

formal
BR ˈfɔːml
AM ˈfɔːrm(ə)l

formaldehyde
BR fɔːˈmaldɪhaɪd
AM fərˈmældəˌhaɪd,
fɔːrˈmældəˌhaɪd

formalin
BR ˈfɔːməlɪn
AM ˈfɔːrməlɪn

formalisation
BR ˌfɔːmlaɪˈzeɪʃn
AM ˌfɔːrməˌlaɪˈzeɪʃ(ə)n,
ˌfɔːrmələˈzeɪʃ(ə)n

formalise
BR ˈfɔːmlaɪz, -ɪz, -ɪŋ, -d
AM ˈfɔːrməˌlaɪz, -ɪz,
-ɪŋ, -d

formalism
BR ˈfɔːmlɪzm
AM ˈfɔːrməˌlɪz(ə)m

formalist
BR ˈfɔːmlɪst, -s
AM ˈfɔːrmələst, -s

formalistic
BR ˌfɔːmlˈɪstɪk
AM ˌfɔːrməˈlɪstɪk

formality
BR fəˈmælɪt|i,
fɔːˈmælɪt|i, -ɪz
AM fərˈmælədi, -z

formalization
BR ˌfɔːmlaɪˈzeɪʃn
AM ˌfɔːrməˌlaɪˈzeɪʃ(ə)n,
ˌfɔːrmələˈzeɪʃ(ə)n

formalize
BR ˈfɔːmlaɪz, -ɪz, -ɪŋ,
-d
AM ˈfɔːrməˌlaɪz, -ɪz,
-ɪŋ, -d

formally
BR ˈfɔːmḷi
AM ˈfɔrməli

formalness
BR ˈfɔːmlnəs
AM ˈfɔrməlnəs

formant
BR ˈfɔːm(ə)nt, -s
AM ˈfɔrm(ə)nt, -s

format
BR ˈfɔːmat, -s, -ɪŋ, -ɪd
AM ˈfɔrˌmæ|t, -ts, -dɪŋ, -dəd

formate
BR ˈfɔːmeɪt
AM ˈfɔrˌmeɪt

formation
BR fɔːˈmeɪʃn, -z
AM fərˈmeɪʃ(ə)n, fɔrˈmeɪʃ(ə)n, -z

formational
BR fɔːˈmeɪʃn̩l
AM fərˈmeɪʃən(ə)l, fərˈmeɪʃn(ə)l, fɔrˈmeɪʃən(ə)l, fɔrˈmeɪʃn(ə)l

formative
BR ˈfɔːmətɪv
AM ˈfɔrmədɪv

formatively
BR ˈfɔːmətɪvli
AM ˈfɔrmədəvli

formbook
BR ˈfɔːmbʊk
AM ˈfɔrmˌbʊk

Formby
BR ˈfɔːmbi
AM ˈfɔrmbi

forme
BR fɔːm, -z
AM fɔ(ə)rm, -z

former
BR ˈfɔːmə(r)
AM ˈfɔrmər

formerly
BR ˈfɔːməli
AM ˈfɔrmərli

formic
BR ˈfɔːmɪk
AM ˈfɔrmɪk

Formica
AM fərˈmaɪkə, fərˈmaɪkə

formication
BR ˌfɔːmɪˈkeɪʃn
AM ˌfɔrməˈkeɪʃ(ə)n

formidable
BR ˈfɔːmɪdəbl, fəˈmɪdəbl
AM fərˈmɪdəb(ə)l, fɔrˈmɪdəb(ə)l, ˈfɔrmədəb(ə)l

formidableness
BR ˈfɔːmɪdəblnəs, fəˈmɪdəblnəs
AM fərˈmɪdəbəlnəs, fɔrˈmɪdəbəlnəs, ˈfɔrmədəbəlnəs

formidably
BR ˈfɔːmɪdəbli, fəˈmɪdəbli
AM fərˈmɪdəbli, fɔrˈmɪdəbli, ˈfɔrmədəbli

formless
BR ˈfɔːmləs
AM ˈfɔrmləs

formlessly
BR ˈfɔːmləsli
AM ˈfɔrmləsli

formlessness
BR ˈfɔːmləsnəs
AM ˈfɔrmləsnəs

Formosa
BR fɔːˈməʊsə(r), fɔːˈməʊzə(r)
AM fərˈmoʊsə

Formosan
BR fɔːˈməʊsn, fɔːˈməʊzn, -z
AM fərˈmoʊs(ə)n, -z

formula
BR ˈfɔːmjʊlə(r), -z
AM ˈfɔrmjələ, -z

formulae
BR ˈfɔːmjʊliː
AM ˈfɔrmjəˌlaɪ, ˈfɔrmjəˌli

formulaic
BR ˌfɔːmjʊˈleɪɪk
AM ˌfɔrmjəˈleɪɪk

formularise
BR ˈfɔːmjʊlərʌɪz, -ɪz, -ɪŋ, -d
AM ˈfɔrmjələˌraɪz, -ɪz, -ɪŋ, -d

formularize
BR ˈfɔːmjʊlərʌɪz, -ɪz, -ɪŋ, -d
AM ˈfɔrmjələˌraɪz, -ɪz, -ɪŋ, -d

formulary
BR ˈfɔːmjʊlər|i, -ɪz
AM ˈfɔrmjəˌleri, -z

formulate
BR ˈfɔːmjʊleɪt, -s, -ɪŋ, -ɪd
AM ˈfɔrmjəˌleɪ|t, -ts, -dɪŋ, -dɪd

formulation
BR ˌfɔːmjʊˈleɪʃn, -z
AM ˌfɔrmjəˈleɪʃ(ə)n, -z

formulator
BR ˈfɔːmjʊleɪtə(r), -z
AM ˈfɔrmjəˌleɪdər, -z

formulise
BR ˈfɔːmjʊlʌɪz, -ɪz, -ɪŋ, -d
AM ˈfɔrmjəˌlaɪz, -ɪz, -ɪŋ, -d

formulism
BR ˈfɔːmjʊlɪzm
AM ˈfɔrmjəˌlɪz(ə)m

formulist
BR ˈfɔːmjʊlɪst, -s
AM ˈfɔrmjələst, -s

formulistic
BR ˌfɔːmjʊˈlɪstɪk
AM ˌfɔrmjəˈlɪstɪk

formulize
BR ˈfɔːmjʊlʌɪz, -ɪz, -ɪŋ, -d
AM ˈfɔrmjəˌlaɪz, -ɪz, -ɪŋ, -d

formwork
BR ˈfɔːmwɜːk
AM ˈfɔrmˌwɜrk

fornicate
BR ˈfɔːnɪkeɪt, -s, -ɪŋ, -ɪd
AM ˈfɔrnəˌkeɪ|t, -ts, -dɪŋ, -dɪd

fornication
BR ˌfɔːnɪˈkeɪʃn
AM ˌfɔrnəˈkeɪʃ(ə)n

fornicator
BR ˈfɔːnɪkeɪtə(r), -z
AM ˈfɔrnəˌkeɪdər, -z

fornices
BR ˈfɔːnɪsiːz
AM ˈfɔrnəˌsiz

fornix
BR ˈfɔːnɪks
AM ˈfɔrnɪks

forrader
BR ˈfɒrədə(r)
AM ˈfɔrədər

Forres
BR ˈfɒrɪs
AM ˈfɑrəs, ˈfɔrəs

Forrest
BR ˈfɒrɪst
AM ˈfɔrəst

Forrester
BR ˈfɒrɪstə(r)
AM ˈfɑrəstər, ˈfɔrəstər

forsake
BR fɔːˈseɪk, -s, -ɪŋ
AM fərˈseɪk, -s, -ɪŋ

forsaken
BR fɔːˈseɪk(ə)n
AM fərˈseɪk(ə)n

forsakenness
BR fɔːˈseɪknnəs
AM fərˈseɪkə(n)nəs

forsaker
BR fɔːˈseɪkə(r), -z
AM fərˈseɪkər, -z

Forshaw
BR ˈfɔːʃɔː(r)
AM ˈfɔrˌʃɔ

forsook
BR fɔːˈsʊk
AM fərˈsʊk

forsooth
BR fɔːˈsuːθ
AM fərˈsuθ

Forster
BR ˈfɔːstə(r)
AM ˈfɔrstər

forswear
BR fɔːˈswɛː(r), -z, -ɪŋ
AM fɔ(ə)rˈswɛ(ə)r, fərˈswɛ(ə)r, -z, -ɪŋ

forswore
BR fɔː'swɔː(r)
AM fɔr'swɔ(ə)r,
fər'swɔ(ə)r

Forsyte
BR 'fɔːsʌɪt
AM 'fɔrsaɪt

Forsyth
BR fɔː'sʌɪθ, fɔː'sʌɪθ
AM fɔr,saɪθ

forsythia
BR fɔː'sʌɪθɪə(r)
AM fər'sɪθɪə, fər'sɪθɪə

fort
BR fɔːt, -s
AM fɔ(ə)rt, -s

fortalice
BR 'fɔːtəlɪs, -ɪz
AM 'fɔrdələs, -əz

Fort-de-France
BR ,fɔː(t)də'frɑːns
AM ',fɔrdə'fræns

forte
BR 'fɔːteɪ, -z
AM fɔ(ə)rt,
'fɔr,teɪ, -z

Fortean
BR 'fɔːtɪən
AM 'fɔrdɪən

forte-piano
BR ,fɔːteɪpɪ'anəʊ,
,fɔːtɪ'pjɑːnəʊ
AM 'fɔr,teɪpɪ'ɑnoʊ,
'fɔr,teɪ'pjɑnoʊ

Fortescue
BR 'fɔːtɪskjuː
AM 'fɔrdəs,kju

forth
BR fɔːθ
AM fɔ(ə)rθ

forthcoming
BR ,fɔːθ'kʌmɪŋ
AM ',fɔrθ'kəmɪŋ

forthcomingness
BR ,fɔːθ'kʌmɪŋnɪs
AM ',fɔrθ'kəmɪŋnɪs

forthright
BR 'fɔːθrʌɪt
AM 'fɔrθ,raɪt

forthrightly
BR 'fɔːθrʌɪtli
AM 'fɔrθ,raɪtli

forthrightness
BR 'fɔːθrʌɪtnɪs
AM 'fɔrθ,raɪtnɪs

forthwith
BR ,fɔːθ'wɪð,
,fɔːθ'wɪθ
AM 'fɔrθ'wɪθ

fortieth
BR 'fɔːtɪθ
AM 'fɔrdiɪθ

fortifiable
BR 'fɔːtɪfʌɪəbl
AM 'fɔrdə,faɪəb(ə)l

fortification
BR ,fɔːtɪfɪ'keɪʃn, -z
AM ,fɔrdəfə'keɪʃ(ə)n,
-z

fortifier
BR 'fɔːtɪfʌɪə(r), -z
AM 'fɔrdə,faɪər, -z

fortify
BR 'fɔːtɪfʌɪ, -z,
-ɪŋ, -d
AM 'fɔrdə,faɪ, -z, -ɪŋ,
-d

Fortinbras
BR 'fɔːt(ɪ)nbras
AM 'fɔrtn,bræs

fortis
BR 'fɔːtɪs
AM 'fɔrdəs

fortissimo
BR fɔː'tɪsɪməʊ
AM fɔr'tɪsəmoʊ

fortitude
BR 'fɔːtɪtjuːd,
'fɔːtɪtʃuːd
AM 'fɔrdə,tud

Fort Knox
BR ,fɔːt 'nɒks
AM ,fɔ(ə)rt 'nɑks

fortnight
BR 'fɔːtnʌɪt, -s
AM 'fɔrt,naɪt, -s

fortnightly
BR 'fɔːtnʌɪtl|i, -ɪz
AM 'fɔrt,naɪtli, -z

Fortnum and Mason
BR ,fɔːtnəm (ə)n(d)
'meɪsn
AM 'fɔrtn(ə)m ən
'meɪs(ə)n

FORTRAN
BR 'fɔːtran
AM 'fɔr,træn

fortress
BR 'fɔːtrɪs, -ɪz
AM 'fɔrtrəs, -əz

fortuitism
BR fɔː'tjuːɪtɪzm,
fɔː'tʃuːɪtɪzm
AM fɔr'tuə,tɪz(ə)m

fortuitist
BR fɔː'tjuːɪtɪst,
fɔː'tʃuːɪtɪst, -s
AM fɔr'tuədəst, -s

fortuitous
BR fɔː'tjuːɪtəs,
fɔː'tʃuːɪtəs
AM fɔr'tuədəs

fortuitously
BR fɔː'tjuːɪtəsli,
fɔː'tʃuːɪtəsli
AM fɔr'tuədəsli

fortuitousness
BR fɔː'tjuːɪtəsnəs,
fɔː'tʃuːɪtəsnəs
AM fɔr'tuədəsnəs

fortuity
BR fɔː'tjuːɪt|i,
fɔː'tʃuːɪt|i, -ɪz
AM fɔr'tuədi, -z

fortunate
BR 'fɔːtʃnət,
'fɔːtjʊnət
AM 'fɔrtʃ(ə)nət

fortunately
BR 'fɔːtʃnətli,
'fɔːtjʊnətli
AM 'fɔrtʃ(ə)nətli

fortune
BR 'fɔːtʃ(uː)n,
'fɔːtjuːn, -z
AM 'fɔrtʃ(ə)n, -z

forty
BR 'fɔːti
AM 'fɔrdi

fortyfold
BR 'fɔːtɪfəʊld
AM 'fɔrdi,foʊld

forty-niner
BR ,fɔːtɪ'nʌɪnə(r),
-z
AM ,fɔrdi'naɪnər, -z

forum
BR 'fɔːrəm, -z
AM 'fɔr(ə)m, -z

forward
BR 'fɔːwəd, -z, -ɪŋ,
-ɪd
AM 'fɔrwərd, -z, -ɪŋ,
-əd

forwarder
BR 'fɔːwədə(r), -z
AM 'fɔrwərdər, -z

forwardly
BR 'fɔːwədli
AM 'fɔrwərdli

forwardness
BR 'fɔːwədnəs
AM 'fɔrwərdnəs

forwards
BR 'fɔːwədz
AM 'fɔrwərdz

forwent
BR (,)fɔː'wɛnt
AM fɔr'wɛnt

Fosbury
BR 'fɒzb(ə)ri
AM 'fɑs,beri

Fosdick
BR 'fɒzdɪk
AM 'fɑzdɪk

Fosdyke
BR 'fɒzdʌɪk
AM 'fɑz,daɪk

foss
BR fɒs, -ɪz
AM fɑs, fɔs, -əz

fossa
BR 'fɒsə(r), -z
AM 'fɑsə, 'fɔsə, -z

fossae
BR 'fɒsiː
AM 'fɑ,saɪ, 'fɑsi,
'fɑ,saɪ, 'fɔsi

fosse
BR fɒs, -ɪz
AM fɑs, -əz

fossick
BR 'fɒs|ɪk, -ɪks, -ɪkɪŋ,
-ɪkt
AM 'fɑsɪk, -s, -ɪŋ, -t

fossicker
BR 'fɒsɪkə(r), -z
AM 'fɑsɪkər, -z

fossil
BR ˈfɒsl, -z
AM ˈfɑs(ə)l, -z

fossil fuel
BR ˌfɒsl ˈfjuːəl
AM ˌfɑs(ə)l ˈfju(ə)l

fossiliferous
BR ˌfɒsɪˈlɪf(ə)rəs
AM ˌfɑsəˈlɪfərəs

fossilisation
BR ˌfɒslʌɪˈzeɪʃn, ˌfɒsɪlʌɪˈzeɪʃn
AM ˌfɑsəˌlaɪˈzeɪʃ(ə)n, ˌfɑsələˈzeɪʃ(ə)n

fossilise
BR ˈfɒslʌɪz, ˈfɒsɪlʌɪz, -ɪz, -ɪŋ, -d
AM ˈfɑsəˌlaɪz, -ɪz, -ɪŋ, -d

fossilization
BR ˌfɒslʌɪˈzeɪʃn, ˌfɒsɪlʌɪˈzeɪʃn
AM ˌfɑsəˌlaɪˈzeɪʃ(ə)n, ˌfɑsələˈzeɪʃ(ə)n

fossilize
BR ˈfɒslʌɪz, ˈfɒsɪlʌɪz, -ɪz, -ɪŋ, -d
AM ˈfɑsəˌlaɪz, -ɪz, -ɪŋ, -d

fossorial
BR fɒˈsɔːrɪəl
AM fɑˈsɔrɪəl

foster
BR ˈfɒst|ə(r), -əz, -(ə)rɪŋ, -əd
AM ˈfɑstǀər, ˈfɔstǀər, -ərz, -(ə)rɪŋ, -ərd

fosterage
BR ˈfɒst(ə)rɪdʒ
AM ˈfɑstərɪdʒ, ˈfɔstərɪdʒ

fosterer
BR ˈfɒst(ə)rə(r), -z
AM ˈfɑstərər, ˈfɔstərər, -z

fosterling
BR ˈfɒstəlɪŋ, -z
AM ˈfɑstərlɪŋ, ˈfɔstərlɪŋ, -z

Fothergill
BR ˈfɒðəgɪl
AM ˈfɑðərˌgɪl

Fotheringay
BR ˈfɒð(ə)rɪŋgeɪ
AM ˈfɑðərənˌgeɪ

Fotheringham
BR ˈfɒð(ə)rɪŋgəm
AM ˈfɑðərɪŋəm

Foucault
BR fuːˈkəʊ
AM fuˈkoʊ

fouetté
BR ˈfwɛteɪ, ˈfuːəteɪ, -z
AM ˌfuəˈteɪ, -z
FR fwete

fought
BR fɔːt
AM fɑt, fɔt

foul
BR faʊl, -z, -ɪŋ, -d, -ə(r), -ɪst
AM faʊl, -z, -ɪŋ, -d, -ər, -əst

Foula
BR ˈfuːlə(r)
AM ˈfulə

foulard
BR ˈfuːlɑː(r), ˈfuːlɑːd, fuːˈlɑː(r), fuːˈlɑːd, -z
AM fəˈlɑrd, fuˈlɑrd, -z

Foulds
BR fəʊldz
AM foʊl(d)z

Foulkes
BR fəʊks, faʊks
AM foʊlks

foully
BR ˈfaʊlli
AM ˈfaʊ(l)li

foulmart
BR ˈfuːmɑːt, -s
AM ˈfuˌmɑrt, ˈfumərt, -s

foulness
BR ˈfaʊlnəs
AM ˈfaʊlnəs

foumart
BR ˈfuːmɑːt, -s
AM ˈfuˌmɑrt, ˈfumərt, -s

found
BR faʊnd, -ɪŋ, ɪd
AM faʊnd

foundation
BR faʊnˈdeɪʃn, -z
AM faʊnˈdeɪʃ(ə)n, -z

foundational
BR faʊnˈdeɪʃn̩l
AM faʊnˈdeɪʃən(ə)l, faʊnˈdeɪʃ(ə)l

foundationer
BR faʊnˈdeɪʃn̩ə(r), -z
AM faʊnˈdeɪʃ(ə)nər, -z

founder
BR ˈfaʊnd|ə(r), -əz, -(ə)rɪŋ, -əd
AM ˈfaʊnd|ər, -ərz, -(ə)rɪŋ, -ərd

foundership
BR ˈfaʊndəʃɪp
AM ˈfaʊndərˌʃɪp

foundling
BR ˈfaʊndlɪŋ, -z
AM ˈfaʊndlɪŋ, -z

foundress
BR ˈfaʊndrɪs, -ɪz
AM ˈfaʊndrəs, -əz

foundry
BR ˈfaʊndr|i, -ɪz
AM ˈfaʊndri, -z

fount[1] *in printing*
BR fɒnt, faʊnt, -s
AM faʊnt, fɑnt, -s

fount[2] *spring of water, beginning*
BR faʊnt, -s
AM faʊnt, -s

fountain
BR ˈfaʊnt(ɨ)n, -z, -d
AM ˈfaʊnt(ə)n, -z, -d

fountainhead
BR ˈfaʊnt(ɨ)nhɛd, -z
AM ˈfaʊnt(ə)nˌ(h)ɛd, -z

fountainpen
BR ˈfaʊnt(ɨ)npɛn, -z
AM ˈfaʊnt(ə)nˌpɛn, -z

four
BR fɔː(r), -z
AM fɔ(ə)r, -z

four-bagger
BR ˈfɔːˌbagə(r), -z
AM ˈfɔrˈbægər, -z

fourchette
BR ˌfʊəˈʃɛt, ˌfɔːˈʃɛt, -s
AM ˌfʊrˈʃɛt, -s

fourdrinier
BR ˌfʊəˈdrɪnɪə(r), ˌfʊəˈdrɪnɪeɪ, ˌfɔːˈdrɪnɪə(r), ˌfɔːˈdrɪnɪeɪ, -z
AM ˌfɔrdrəˈnɪ(ə)r, -z

fourfold
BR ˈfɔːfəʊld
AM ˈfɔrˌfoʊld

Fourier
BR ˈfʊrɪə(r), ˈfʊrɪeɪ
AM ˈfurɪeɪ

Fourierism
BR ˈfʊrɪərɪzm
AM ˈfurɪəˌrɪz(ə)m

fourpence
BR ˈfɔːp(ə)ns, -ɪz
AM ˈfɔrˌpɛns, -əz

fourpenny
BR ˈfɔːpn̩i, ˈfɔːpni, -ɪz
AM ˈfɔrˌpɛni, -z

fourscore
BR ˌfɔːˈskɔː(r)
AM ˌfɔrˈskɔ(ə)r

foursome
BR ˈfɔːs(ə)m, -z
AM ˈfɔrs(ə)m, -z

foursquare
BR ˌfɔːˈskwɛː(r)
AM ˌfɔrˈskwɛ(ə)r

fourteen
BR ˌfɔːˈtiːn, -z
AM ˈfɔrˈtin, -z

fourteenth
BR ˌfɔːˈtiːnθ
AM ˈfɔrˈtinθ

fourth
BR fɔːθ, -s
AM fɔ(ə)rθ, -s

fourthly
BR ˈfɔːθli
AM ˈfɔrθli

fovea
BR ˈfəʊvɪə(r)
AM ˈfoʊvɪə

foveae
BR ˈfəʊviː
AM ˈfoʊviˌaɪ, ˈfoʊviˌi

foveal
BR ˈfəʊvɪəl
AM ˈfoʊvɪəl

foveate
BR ˈfəʊvɪət
AM ˈfoʊviət, ˈfoʊviˌeɪt

foveola
BR fə(ʊ)ˈviːələ(r)
AM foʊˈviələ

foveolae
BR fə(ʊ)ˈviːəliː
AM foʊˈviəˌlaɪ, foʊˈviəli

foveolate
BR fə(ʊ)ˈviːələt
AM foʊˈviələt, foʊˈviəˌleɪt

Fowey
BR fɔɪ
AM fɔɪ

Fowkes
BR fəʊks, faʊks
AM faʊks, foʊks

fowl
BR faʊl, -z
AM faʊl, -z

fowler
BR ˈfaʊlə(r), -z
AM ˈfaʊlər, -z

Fowles
BR faʊlz
AM foʊls, faʊls

fowling
BR ˈfaʊlɪŋ
AM ˈfaʊlɪŋ

Fowlmere
BR ˈfaʊlmɪə(r)
AM ˈfaʊlˌmaɪər

fox
BR fɒks, -ɪz
AM faks, -əz

Foxcroft
BR ˈfɒkskrɒft
AM ˈfaksˌkraft, ˈfaksˌkrɔft

Foxe
BR fɒks
AM faks

foxfire
BR ˈfɒksˌfʌɪə(r)
AM ˈfaksˌfaɪ(ə)r

foxglove
BR ˈfɒksglʌv, -z
AM ˈfaksˌgləv, -z

foxhole
BR ˈfɒkshəʊl, -z
AM ˈfaksˌ(h)oʊl, -z

foxhound
BR ˈfɒkshaʊnd, -z
AM ˈfaksˌ(h)aʊnd, -z

foxhunt
BR ˈfɒkshʌnt, -s, -ɪŋ, -ɪd
AM ˈfaksˌ(h)ən|t, -ts, -(t)ɪŋ, -(t)əd

foxily
BR ˈfɒksɪli
AM ˈfaksəli

foxiness
BR ˈfɒksɪnɪs
AM ˈfaksɪnɪs

foxlike
BR ˈfɒkslʌɪk
AM ˈfaksˌlaɪk

foxtail
BR ˈfɒksteɪl, -z
AM ˈfaksˌteɪl, -z

Foxton
BR ˈfɒkst(ə)n
AM ˈfakst(ə)n

foxtrot
BR ˈfɒkstrɒt, -s
AM ˈfaksˌtrɑt, -s

foxy
BR ˈfɒks|i, -ɪə(r), -ɪst
AM ˈfaksi, -ər, -ɪst

foyer
BR ˈfɔɪeɪ, ˈfɔɪə(r), -z
AM ˈfɔɪər, -z

Foyle
BR fɔɪl
AM fɔɪl

Fra
BR frɑː(r)
AM frɑ

frabjous
BR ˈfrabdʒəs
AM ˈfræbdʒəs

frabjously
BR ˈfrabdʒəsli
AM ˈfræbdʒəsli

fracas[1] *singular*
BR ˈfrakɑː(r)
AM ˈfrækəs, ˈfreɪkəs

fracas[2] *plural*
BR ˈfrakɑːz
AM ˈfrækəs, ˈfreɪkəs

fracases
BR ˈfrakəsɪz
AM ˈfrækəsəz, ˈfreɪkəsəz

fracking
BR ˈfrakɪŋ
AM ˈfrækɪŋ

fractal
BR ˈfraktl, -z
AM ˈfrækt(ə)l, -z

fraction
BR ˈfrakʃn, -z
AM ˈfrækʃ(ə)n, -z

fractional
BR ˈfrakʃn̩l
AM ˈfrækʃən(ə)l, ˈfrækʃn(ə)l

fractionalise
BR ˈfrakʃn̩ʌɪz, ˈfrakʃənəlʌɪz, -ɪz, -ɪŋ, -d
AM ˈfrækʃnəˌlaɪz, ˈfrækʃənlˌaɪz, -ɪz, -ɪŋ, -d

fractionalize
BR ˈfrakʃn̩ʌɪz, ˈfrakʃənəlʌɪz, -ɪz, -ɪŋ, -d
AM ˈfrækʃnəˌlaɪz, ˈfrækʃənlˌaɪz, -ɪz, -ɪŋ, -d

fractionally
BR ˈfrakʃn̩li, ˈfrakʃnəli
AM ˈfrækʃ(ə)nəli

fractionary
BR ˈfrakʃn(ə)ri
AM ˈfrækʃəˌneri

fractionate
BR ˈfrakʃn̩eɪt, -s, -ɪŋ, -ɪd
AM ˈfrækʃəˌneɪ|t, -ts, -dɪŋ, -dɪd

fractionation
BR ˌfrakʃəˈneɪʃn
AM ˌfrækʃəˈneɪʃ(ə)n

fractionator
BR ˈfrakʃn̩eɪtə(r), -z
AM ˈfrækʃəˌneɪdər, -z

fractionise
BR ˈfrakʃn̩ʌɪz, -ɪz, -ɪŋ, -d
AM ˈfrækʃəˌnaɪz, -ɪz, -ɪŋ, -d

fractionize
BR ˈfrakʃn̩ʌɪz, -ɪz, -ɪŋ, -d
AM ˈfrækʃəˌnaɪz, -ɪz, -ɪŋ, -d

fractious
BR ˈfrakʃəs
AM ˈfrækʃəs

fractiously
BR ˈfrakʃəsli
AM ˈfrækʃəsli

fractiousness
BR ˈfrakʃəsnəs
AM ˈfrækʃəsnəs

fracture
BR ˈfraktʃə(r), -əz, -(ə)rɪŋ, -əd
AM ˈfræktʃər, -ərz, -ərɪŋ, -ərd

fraena
BR ˈfriːnə(r)
AM ˈfrinə

fraenula
BR ˈfriːnjʊlə(r), ˈfrɛnjʊlə(r)
AM ˈfrɛnjələ

fraenulum
BR ˈfriːnjʊləm, ˈfrɛnjʊləm
AM ˈfrɛnjəl(ə)m

fraenum
BR ˈfriːnəm
AM ˈfrɛn(ə)m

fragile
BR ˈfradʒʌɪl
AM ˈfrædʒ(ə)l

fragilely
BR ˈfradʒʌɪl(l)i
AM ˈfrædʒə(l)li

fragility
BR frəˈdʒɪlɪti
AM frəˈdʒɪlɪdi

fragment[1] *noun*
BR ˈfragm(ə)nt, -s
AM ˈfrægm(ə)nt, -s

fragment[2] *verb*
BR fragˈmɛnt, -s, -ɪŋ, -ɪd
AM ˌfrægˈmɛn|t, -ts, -(t)ɪŋ, -(t)əd

fragmental
BR fragˈmɛntl
AM frægˈmɛn(t)l

fragmentarily
BR ˈfragm(ə)nt(ə)rɪli
AM ˌfrægmənˈtɛrəli

fragmentary
BR ˈfragm(ə)ntri
AM ˈfrægmənˌtɛri

fragmentation
BR ˌfragm(ɛ)nˈteɪʃn
AM ˌfrægmənˈteɪʃ(ə)n

fragmentise
BR ˈfragm(ə)ntʌɪz, -ɪz, -ɪŋ, -d
AM ˈfrægmənˌtaɪz, -ɪz, -ɪŋ, -d

fragmentize
BR ˈfragm(ə)ntʌɪz, -ɪz, -ɪŋ, -d
AM ˈfrægmənˌtaɪz, -ɪz, -ɪŋ, -d

Fragonard
BR ˈfragənɑː(r)
AM ˌfrægəˈnɑr

fragrance
BR ˈfreɪɡr̩ns, -ɪz
AM ˈfreɪɡrəns, -əz

fragranced
BR ˈfreɪɡr̩nst
AM ˈfreɪɡrənst

fragrancy
BR ˈfreɪɡr̩nsi
AM ˈfreɪɡrənsi

fragrant
BR ˈfreɪɡr̩nt
AM ˈfreɪɡrənt

fragrantly
BR ˈfreɪɡr̩ntli
AM ˈfreɪɡrən(t)li

fragrantness
BR ˈfreɪɡr̩ntnəs
AM ˈfreɪɡrən(t)nəs

frail
BR freɪl, -ə(r), -ɪst
AM freɪl, -ər, -ɪst

frailly
BR ˈfreɪlli
AM ˈfreɪ(əl)li

frailness
BR ˈfreɪlnɪs
AM ˈfreɪ(ə)lnɪs

frailty
BR ˈfreɪlt|i, -ɪz
AM ˈfreɪ(ə)lti, -z

fraise
BR frɛz, freɪz
AM frɛz

fraises
BR frɛz, freɪz
AM frɛz

Fraktur
BR ˈfraktʊə(r), frakˈtʊə(r)
AM frækˈtʊ(ə)r

framable
BR ˈfreɪməbl
AM ˈfreɪməb(ə)l

frambesia
BR framˈbiːzɪə(r), framˈbiːʒə(r)
AM fræmˈbiʒə

framboesia
BR framˈbiːzɪə(r), framˈbiːʒə(r)
AM fræmˈbiʒə

frame
BR freɪm, -z, -ɪŋ, -d
AM freɪm, -z, -ɪŋ, -d

frameless
BR ˈfreɪmlɪs
AM ˈfreɪmlɪs

framer
BR ˈfreɪmə(r), -z
AM ˈfreɪmər, -z

framework
BR ˈfreɪmwəːk, -s
AM ˈfreɪmˌwərk, -s

Framlingham
BR ˈframlɪŋəm
AM ˈfræmlɪŋəm

Framlington
BR ˈframlɪŋt(ə)n
AM ˈfræmlɪŋt(ə)n

Frampton
BR ˈfram(p)t(ə)n
AM ˈfræmt(ə)n

Fran
BR fran
AM fræn

franc
BR fraŋk, -s
AM fræŋk, -s

France
BR frɑːns
AM fræns

Frances
BR ˈfrɑːnsɪs
AM ˈfrænsəs

Francesca
BR franˈtʃɛskə(r)
AM frænˈ(t)ʃɛskə

Franche-Comté
BR ˌfrɒ̃ʃˈkɒ̃teɪ
AM ˌfrɑ̃ʃˌkɔnˈteɪ

franchise
BR ˈfran(t)ʃʌɪz, -ɪz, -ɪŋ, -d
AM ˈfræn,(t)ʃaɪz, -ɪz, -ɪŋ, -d

franchisee
BR ˌfran(t)ʃʌɪˈziː, -z
AM ˌfræn,(t)ʃaɪˈzi, -z

franchiser
BR ˈfran(t)ʃʌɪzə(r), -z
AM ˈfræn,(t)ʃaɪzər, -z

Francine
BR frɑːnˈsiːn
AM ˌfrænˈsin

Francis
BR ˈfrɑːnsɪs
AM ˈfrænsəs

Franciscan
BR franˈsɪsk(ə)n, -z
AM frænˈsɪsk(ə)n, -z

francium
BR ˈfransɪəm, ˈfrɑːnsɪəm
AM ˈfræn(t)siəm

Franck
BR frɑːŋk
AM frɑŋk

Franco
BR ˈfraŋkəʊ
AM ˈfræŋkoʊ

Franco-
BR ˈfraŋkəʊ
AM ˈfræŋkoʊ

Franco-German
BR ˌfraŋkəʊˈdʒəːmən
AM ˌfræŋkoʊ-ˈdʒɜrm(ə)n

François
BR ˈfrɒnswɑː(r), ˈfrɑːnswɑː(r)
AM ˌfrænˈswɑ

Françoise
BR ˈfrɒnswɑː(r), ˈfrɑːnswɑː(r)
AM ˌfrænˈswɑz

francolin
BR ˈfraŋkəlɪn, -z
AM ˈfræŋkəl(ə)n, -z

Francomania
BR ˌfraŋkəʊˈmeɪnɪə(r)
AM ˌfræŋkoʊˈmeɪnɪə

Franconia
BR fraŋˈkəʊnɪə(r)
AM fræŋˈkoʊnɪə

Francophile
BR ˈfraŋkə(ʊ)fʌɪl, -z
AM ˈfræŋkəˌfaɪl, -z

Francophobe
BR ˈfraŋkə(ʊ)fəʊb, -z
AM ˈfræŋkəˌfoʊb, -z

Francophobia
BR ˌfraŋkə(ʊ)ˈfəʊbɪə(r)
AM ˌfræŋkəˈfoʊbɪə

francophone
BR ˈfraŋkə(ʊ)fəʊn
AM ˈfræŋkəˌfoʊn

frangibility
BR ˌfran(d)ʒɪˈbɪlɪti
AM ˌfrændʒəˈbɪlɪdi

frangible
BR ˈfran(d)ʒɪbl
AM ˈfrændʒəb(ə)l

frangibleness
BR ˈfran(d)ʒɪblnəs
AM ˈfrændʒəbəlnəs

frangipane
BR ˈfran(d)ʒɪpeɪn, -z
AM ˈfrændʒəˌpeɪn, -z

frangipani
BR ˌfran(d)ʒɪˈpɑːn|i, -ɪz
AM ˌfræn(d)ʒəˈpæni, ˌfrændʒəˈpɑni, -z

franglais
BR ˈfrɑːŋɡleɪ, ˈfrɒŋɡleɪ
AM ˌfrɑŋˈɡleɪ

frank
BR fraŋ|k, -ks, -kɪŋ, -(k)t, -kə(r), -kɪst
AM fræŋ|k, -ks, -kɪŋ, -(k)t, -kər, -kəst

frankable
BR ˈfraŋkəbl
AM ˈfræŋkəb(ə)l
Frankenstein
BR ˈfraŋk(ɪ)nstʌɪn
AM ˈfræŋkən‚staɪn
franker
BR ˈfraŋkə(r), -z
AM ˈfræŋkər, -z
Frankfort
BR ˈfraŋkfət
AM ˈfræŋkfərt
Frankfurt
BR ˈfraŋkfə(ː)t
AM ˈfræŋkfərt
frankfurter
BR ˈfraŋkfəːtə(r), -z
AM ˈfræŋkfərdər, -z
Frankie
BR ˈfraŋki
AM ˈfræŋki
frankincense
BR ˈfraŋk(ɪ)nsɛns
AM ˈfræŋkən‚sɛns
Frankish
BR ˈfraŋkɪʃ
AM ˈfræŋkɪʃ
Frankland
BR ˈfraŋklənd
AM ˈfræŋklənd
franklin
BR ˈfraŋklɪn, -z
AM ˈfræŋkl(ə)n, -z
frankly
BR ˈfraŋkli
AM ˈfræŋkli
Franklyn
BR ˈfraŋklɪn
AM ˈfræŋkl(ə)n
frankness
BR ˈfraŋknəs
AM ˈfræŋknəs
Franks
BR fraŋks
AM fræŋks
frantic
BR ˈfrantɪk
AM ˈfræn(t)ɪk
frantically
BR ˈfrantɪkli
AM ˈfræn(t)ək(ə)li

franticly
BR ˈfrantɪkli
AM ˈfræn(t)ək(ə)li
franticness
BR ˈfrantɪknɪs
AM ˈfræn(t)ɪknɪs
Franz Joseph Land
BR ˌfran(t)s
ˈdʒəʊsɪf ‚land
AM ˌfran(t)s
ˈdʒoʊsəf ‚lænd
frap
BR frap, -s,
-ɪŋ, -t
AM fræp, -s,
-ɪŋ, -t
frappé
BR ˈfrapeɪ
AM fræp, fræˈpeɪ
FR ʀape
Frascati
BR fraˈskɑːti
AM fræsˈkɑdi
Fraser
BR ˈfreɪzə(r)
AM ˈfreɪʒər,
ˈfreɪzər
Fraserburgh
BR ˈfreɪzəb(ə)rə(r),
ˈfreɪzə‚bʌrə(r)
AM ˈfreɪzər‚bərə
frass
BR fras
AM fræs
frat
BR frat
AM fræt
fratchiness
BR ˈfratʃɪnɪs
AM ˈfrætʃɪnɪs
fratchy
BR ˈfratʃi
AM ˈfrætʃi
fraternal
BR frəˈtəːnl
AM frəˈtərn(ə)l
fraternalism
BR frəˈtəːnlɪzm
AM frəˈtərnl‚ɪz(ə)m
fraternally
BR frəˈtəːnl̩i
AM frəˈtərnəli

fraternisation
BR ˌfratənʌɪˈzeɪʃn
AM ˈfrædər‚naɪ-
ˈzeɪʃ(ə)n,
ˌfrædərnəˈzeɪʃ(ə)n
fraternise
BR ˈfratənʌɪz, -ɪz,
-ɪŋ, -d
AM ˈfrædər‚naɪz, -ɪz,
-ɪŋ, -d
fraternity
BR frəˈtəːnɪt|i, -ɪz
AM frəˈtərnədi, -z
fraternization
BR ˌfratənʌɪˈzeɪʃn
AM ˈfrædər‚naɪ-
ˈzeɪʃ(ə)n,
ˌfrædərnəˈzeɪʃ(ə)n
fraternize
BR ˈfratənʌɪz, -ɪz,
-ɪŋ, -d
AM ˈfrædər‚naɪz, -ɪz,
-ɪŋ, -d
fratricidal
BR ˌfratrɪˈsʌɪdl
AM ˈfrætrəˌsaɪd(ə)l
fratricide
BR ˈfratrɪsʌɪd, -z
AM ˈfrætrə‚saɪd,
-z
Frau
BR fraʊ, -z
AM fraʊ, -z
fraud
BR frɔːd, -z
AM frɑd, frɔd, -z
fraudster
BR ˈfrɔːdstə(r),
-z
AM ˈfrɑd‚stər, -z
fraudulence
BR ˈfrɔːdjʊlns,
ˈfrɔːdʒʊlns,
ˈfrɔːdʒl̩ns
AM ˈfrɑdʒəl(ə)ns,
ˈfrɔdʒəl(ə)ns
fraudulent
BR ˈfrɔːdjʊlnt,
ˈfrɔːdʒʊlnt,
ˈfrɔːdʒl̩nt
AM ˈfrɑdʒəl(ə)nt,
ˈfrɔdʒəl(ə)nt

fraudulently
BR ˈfrɔːdjʊlntli,
ˈfrɔːdʒʊlntli,
ˈfrɔːdʒl̩ntli
AM ˈfrɑdʒələn(t)li,
ˈfrɔdʒələn(t)li
fraught
BR frɔːt
AM frɑt, frɔt
Fräulein
BR ˈfrɔɪlʌɪn, -z
AM ˈfrɔɪ‚laɪn, -z
fraulein
BR ˈfrɔɪlʌɪn, -z
AM ˈfrɔɪ‚laɪn, -z
Fraunhofer
BR ˈfraʊnhəʊfə(r)
AM ˈfraʊn‚(h)oʊfər
fraxinella
BR ˌfraksɪˈnɛlə(r)
AM ˌfræksəˈnɛlə
fray
BR freɪ, -z, -ɪŋ, -d
AM freɪ, -z,
-ɪŋ, -d
Fray Bentos
BR ˌfreɪ ˈbɛntɒs
AM ˌfreɪ ˈbɛn(t)əs
Frayn
BR freɪn
AM freɪn
Frayne
BR freɪn
AM freɪn
Frazer
BR ˈfreɪzə(r)
AM ˈfreɪʒər,
ˈfreɪzər
Frazier
BR ˈfreɪzɪə(r)
AM ˈfreɪʒər, ˈfreɪzər
frazil
BR ˈfreɪz(ɪ)l, frəˈzɪl
AM ˈfræz(ə)l, ˈfreɪzl
frazzle
BR ˈfraz|l, -lz,
-lɪŋ\-l̩ŋ, -ld
AM ˈfræz(ə)l, -z,
-ɪŋ, -d
freak
BR friːk, -s, -ɪŋ, -t
AM frik, -s, -ɪŋ, -t

freakily
BR ˈfriːkɪli
AM ˈfrikɪli

freakiness
BR ˈfriːkɪnɪs
AM ˈfrikɪnɪs

freakish
BR ˈfriːkɪʃ
AM ˈfrikɪʃ

freakishly
BR ˈfriːkɪʃli
AM ˈfrikɪʃli

freakishness
BR ˈfriːkɪʃnɪs
AM ˈfrikɪʃnɪs

freaky
BR ˈfriːk|i, -ɪə(r), -ɪɪst
AM ˈfriki, -ər, -ɪst

freckle
BR ˈfrɛkl, -z, -d
AM ˈfrɛk(ə)l, -z, -d

freckly
BR ˈfrɛkli
AM ˈfrɛkl̩i, ˈfrɛkli

Fred
BR frɛd
AM frɛd

Freddie
BR ˈfrɛdi
AM ˈfrɛdi

Freddy
BR ˈfrɛdi
AM ˈfrɛdi

Frederic
BR ˈfrɛd(ə)rɪk
AM ˈfrɛd(ə)rɪk

Frederica
BR ˌfrɛdəˈriːkə(r), frɛˈdriːkə(r)
AM ˌfrɛd(ə)ˈrikə

Frederick
BR ˈfrɛd(ə)rɪk
AM ˈfrɛdrɪk

Fredericton
BR ˈfrɛd(ə)rɪkt(ə)n
AM ˈfrɛdrɪkt(ə)n

free
BR friː, -z, -ɪŋ, -d, -ə(r), -ɪst
AM fri, -s, -ɪŋ, -d, -ər, -ɪst

freebase
BR ˈfriːbeɪs, -ɪz, -ɪŋ, -d
AM ˈfriˌbeɪs, -ɪz, -ɪŋ, -d

freebee
BR ˈfriːb|i, -ɪz
AM ˈfribi, -z

freebie
BR ˈfriːb|i, -ɪz
AM ˈfribi, -z

freeboard
BR ˈfriːbɔːd, -z
AM ˈfriˌbɔ(ə)rd, -z

freeboot
BR ˈfriːbuːt, -s, -ɪŋ, -ɪd
AM ˈfriˌbu|t, -ts, -dɪŋ, -dəd

freebooter
BR ˈfriːˌbuːtə(r), -z
AM ˈfriˌbudər, -z

freeborn
BR ˌfriːˈbɔːn
AM ˈfriˌbɔ(ə)rn

freedman
BR ˈfriːdman, ˈfriːdmən
AM ˈfridm(ə)n, ˈfrɪdˌmæn

freedmen
BR ˈfriːdmɛn, ˈfriːdmən
AM ˈfrɪdm(ə)n, ˈfrɪdˌmɛn

freedom
BR ˈfriːdəm, -z
AM ˈfrɪd(ə)m, -z

freedwoman
BR ˈfriːdˌwʊmən
AM ˈfrɪdˌwʊm(ə)n

freedwomen
BR ˈfriːdˌwɪmɪn
AM ˈfrɪdˌwɪmɪn

Freefone
BR ˈfriːfəʊn
AM ˈfriˌfoʊn

freehand
BR ˈfriːhand
AM ˈfriˌ(h)ænd

freehold
BR ˈfriːhəʊld, -z
AM ˈfriˌ(h)oʊld, -z

freeholder
BR ˈfriːhəʊldə(r), -z
AM ˈfriˌ(h)oʊldər, -z

freelance
BR ˈfriːlɑːns, -ɪz, -ɪŋ, -t
AM ˈfriˌlæns, -əz, -ɪŋ, -t

freeline
BR ˈfriːlʌɪn, -z, -ɪŋ, -d
AM ˈfriˌlaɪn, -z, ɪŋ, -d

freeload
BR ˈfriːləʊd, -z, -ɪŋ, -ɪd
AM ˈfriˌloʊd, -z, -ɪŋ, -əd

freeloader
BR ˈfriːləʊdə(r), -z
AM ˈfriˌloʊdər, -z

freely
BR ˈfriːli
AM ˈfrili

Freeman
BR ˈfriːmən
AM ˈfrim(ə)n

freeman
BR ˈfriːmən
AM friˌmæn, ˈfrim(ə)n

freemartin
BR ˈfriːˌmɑːtɪn, -z
AM ˈfriˌmartn, -z

Freemason
BR ˈfriːˌmeɪsn, -z
AM ˈfriˌmeɪs(ə)n, -z

freemasonry
BR ˈfriːˌmeɪsnri
AM ˈfriˌmeɪsnri

freemen
BR ˈfriːmən
AM friˌmɛn, ˈfrim(ə)n

freeness
BR ˈfriːnɪs
AM ˈfrinɪs

freephone
BR ˈfriːfəʊn
AM ˈfriˌfoʊn

Freeport
BR ˈfriːpɔːt
AM ˈfriˌpɔ(ə)rt

Freepost
BR ˈfriːpəʊst
AM ˈfriˌpoʊst

Freer
BR frɪə(r)
AM ˈfri(ə)r

freer
BR ˈfriːə(r)
AM ˈfriər

free-range
BR ˌfriːˈreɪn(d)ʒ
AM ˈfriˈreɪndʒ

free-rider
BR ˈfriːˌrʌɪdə(r), -z
AM ˈfriˌraɪdər, -z

freesheet
BR ˈfriːʃiːt, -s
AM ˈfriˌʃit, -s

freesia
BR ˈfriːzɪə(r), ˈfriːʒə(r), -z
AM ˈfriziə, ˈfriʒ(i)ə, -z

freest
BR ˌfriːɪst
AM ˈfriɪst

freestanding
BR ˌfriːˈstandɪŋ
AM ˈfriˌstændɪŋ

freestone
BR ˈfriːstəʊn
AM ˈfriˌstoʊn

freestyle
BR ˈfriːstʌɪl
AM ˈfriˌstaɪl

freestyler
BR ˈfriːstʌɪlə(r), -z
AM ˈfriˌstaɪlər, -z

freethinker
BR ˌfriːˈθɪŋkə(r), -z
AM ˌfriˈθɪŋkər, -z

freethinking
BR ˌfriːˈθɪŋkɪŋ
AM ˌfriˈθɪŋkɪŋ

Freetown
BR ˈfriːtaʊn
AM ˈfriˌtaʊn

freeware
BR ˈfriːwɛː(r)
AM ˈfriˌwɛ(ə)r

freeway
BR ˈfriːweɪ, -z
AM ˈfriˌweɪ, -z

freewheel
BR ˌfriːˈwiːl, -z,
-ɪŋ, -d
AM ˈfriː(h)wil, -z, -ɪŋ,
-d
freewheeler
BR ˌfriːˈwiːlə(r), -z
AM ˈfriː(h)wilər,
-z
freewill
BR ˌfriːˈwɪl
AM ˈfriːwɪl
freezable
BR ˈfriːzəbl
AM ˈfrizəb(ə)l
freeze
BR friːz, -ɪz, -ɪŋ
AM friz, -ɪz, -ɪŋ
freezer
BR ˈfriːzə(r), -z
AM ˈfrizər, -z
Freiburg
BR ˈfraɪbəːg
AM ˈfraɪˌbərg
freight
BR freɪt, -s, -ɪŋ,
-ɪd
AM freɪ|t, -ts, -dɪŋ,
-dɪd
freightage
BR ˈfreɪtɪdʒ
AM ˈfreɪdɪdʒ
freighter
BR ˈfreɪtə(r), -z
AM ˈfreɪdər, -z
freightliner
BR ˈfreɪtˌlaɪnə(r),
-z
AM ˈfreɪtˌlaɪnər, -z
Freischütz, Der
BR ˌdəː ˈfraɪʃuːts
AM ˌdər ˈfraɪˌʃuts
Frelimo
BR freˈliːməʊ,
frɪˈliːməʊ
AM freˈlimoʊ
Fremantle
BR ˈfriːmantl
AM ˈfriːˌmæn(t)əl
fremitus
BR ˈfremɪtəs
AM ˈfremədəs

Frémont
BR ˈfriːmɒnt
AM ˈfriˌmɑnt
frena
BR ˈfriːnə(r)
AM ˈfrinə
French
BR fren(t)ʃ
AM fren(t)ʃ
Frenchification
BR ˌfren(t)ʃɪfɪˈkeɪʃn
AM ˌfren(t)ʃəfəˈkeɪʃ(ə)n
Frenchify
BR ˈfren(t)ʃɪfaɪ, -z,
-ɪŋ, -d
AM ˈfren(t)ʃəˌfaɪ, -z,
-ɪŋ, -d
Frenchman
BR ˈfren(t)ʃmən
AM ˈfren(t)ʃm(ə)n
Frenchmen
BR ˈfren(t)ʃmən
AM ˈfren(t)ʃm(ə)n
Frenchness
BR ˈfren(t)ʃnəs
AM ˈfren(t)ʃnəs
Frenchwoman
BR ˈfren(t)ʃˌwʊmən
AM ˈfren(t)ʃˌwʊm(ə)n
Frenchwomen
BR ˈfren(t)ʃˌwɪmɪn
AM ˈfren(t)ʃˌwɪmɪn
Frenchy
BR ˈfren(t)ʃi,
-ɪz
AM ˈfren(t)ʃi,
-z
frenetic
BR frɪˈnetɪk
AM frəˈnedɪk
frenetically
BR frɪˈnetɪkli
AM frəˈnedək(ə)li
frenula
BR ˈfrenjʊlə(r)
AM ˈfrenjələ
frenulum
BR ˈfrenjʊləm
AM ˈfrenjəl(ə)m
frenum
BR ˈfriːnəm
AM ˈfrin(ə)m

frenzied
BR ˈfrenzɪd
AM ˈfrenzɪd
frenziedly
BR ˈfrenzɪdli
AM ˈfrenzɪdli
frenzy
BR ˈfrenz|i, -ɪz
AM ˈfrenzi, -z
Freon
BR ˈfriːɒn, -z
AM ˈfriˌɑn, -z
frequency
BR ˈfriːkw(ə)ns|i, -ɪz
AM ˈfrikwənsi, -z
frequent[1] *adjective*
BR ˈfriːkw(ə)nt
AM ˈfrikwənt
frequent[2] *verb*
BR frɪˈkwent, -s, -ɪŋ,
-ɪd
AM friˈkwen|t, -ts,
-(t)ɪŋ, -(t)əd
frequentation
BR ˌfriːkw(ə)nˈteɪʃn
AM ˌfrikwənˈteɪʃ(ə)n
frequentative
BR frɪˈkwentətɪv
AM friˈkwən(t)ədɪv
frequenter
BR frɪˈkwentə(r), -z
AM friˈkwen(t)ər, -z
frequently
BR ˈfriːkw(ə)ntli
AM ˈfrikwən(t)li
Frere
BR frɪə(r), freː(r)
AM ˈfrer(i)
fresco
BR ˈfreskəʊ, -z, -d
AM ˈfreskoʊ, -z, -d
fresco secco
BR ˌfreskəʊ ˈsekəʊ
AM ˌfreskoʊ ˈsekoʊ
fresh
BR freʃ, -ə(r), -ɪst
AM freʃ, -ər, -əst
freshen
BR ˈfreʃn, -z,
-ɪŋ, -d
AM ˈfreʃ(ə)n, -z,
-ɪŋ, -d

fresher
BR ˈfreʃə(r), -z
AM ˈfreʃər, -z
freshet
BR ˈfreʃɪt, -s
AM ˈfreʃət, -s
freshly
BR ˈfreʃli
AM ˈfreʃli
freshman
BR ˈfreʃmən
AM ˈfreʃm(ə)n
freshmen
BR ˈfreʃmən
AM ˈfreʃm(ə)n,
ˈfreʃˌmen
freshness
BR ˈfreʃnəs
AM ˈfreʃnəs
freshwater
BR ˈfreʃˌwɔːtə(r)
AM ˈfreʃˈwɑdər,
ˈfreʃˈwɔdər
freshwoman
BR ˈfreʃˌwʊmən
AM ˈfreʃˌwʊm(ə)n
freshwomen
BR ˈfreʃˌwɪmɪn
AM ˈfreʃˌwɪmɪn
Fresnel
BR ˈfreɪnel, frəˈnel
AM frəˈnel
Fresno
BR ˈfreznəʊ
AM ˈfreznoʊ
fret
BR fret, -s, -ɪŋ, -ɪd
AM fre|t, -ts, -dɪŋ,
-dəd
fretboard
BR ˈfretbɔːd, -z
AM ˈfretˌbɔ(ə)rd, -z
fretful
BR ˈfretf(ʊ)l
AM ˈfretf(ə)l
fretfully
BR ˈfretfʊli,
ˈfretfˌli
AM ˈfretfəli
fretfulness
BR ˈfretf(ʊ)lnəs
AM ˈfretfəlnəs

fretless
BR ˈfretləs
AM ˈfretləs
fretsaw
BR ˈfretsɔː(r), -z
AM ˈfretˌsɑ,
ˈfretˌsɔ, -z
fretwork
BR ˈfretwəːk
AM ˈfretˌwərk
Freud
BR frɔɪd
AM frɔɪd
Freudian
BR ˈfrɔɪdiən
AM ˈfrɔɪdiən
Freudianism
BR ˈfrɔɪdiənɪzm
AM ˈfrɔɪdiəˌnɪz(ə)m
Frey
BR freɪ
AM freɪ
Freya
BR ˈfreɪə(r)
AM ˈfreɪə
Freyr
BR ˈfreɪə(r)
AM ˈfreɪər
friability
BR ˌfrʌɪəˈbɪlɪti
AM ˌfrʌɪəˈbɪlɪdi
friable
BR ˈfrʌɪəbl
AM ˈfrʌɪəb(ə)l
friableness
BR ˈfrʌɪəblnəs
AM ˈfrʌɪəbəlnəs
friar
BR ˈfrʌɪə(r), -z
AM ˈfrʌɪər, -z
friarly
BR ˈfrʌɪəli
AM ˈfrʌɪərli
friary
BR ˈfrʌɪər|i,
-ɪz
AM ˈfrʌɪəri, -z
fribble
BR ˈfrɪbl̩, -z,
-ɪŋ, -d
AM ˈfrɪb(ə)l, -d,
-ɪŋ, -d

fricandeau
BR ˈfrɪk(ə)ndəʊ, -z
AM ˌfrɪkənˈdoʊ,
ˈfrɪkənˌdoʊ, -z
FR ғʀikɑ̃do
fricandeaux
BR ˈfrɪk(ə)ndəʊz
AM ˈfrɪkənˌdoʊz
ˌfrɪkənˈdoʊ
FR ғʀikɑ̃do
fricassee
BR ˈfrɪkəsiː,
ˌfrɪkəˈsiː, -z,
-ɪŋ, -d
AM ˌfrɪkəˈsi, ˈfrɪkəˌsi,
-z, -ɪŋ, -d
fricative
BR ˈfrɪkətɪv, -z
AM ˈfrɪkədɪv, -z
friction
BR ˈfrɪkʃn
AM ˈfrɪkʃ(ə)n
frictional
BR ˈfrɪkʃn̩l, -z
AM ˈfrɪkʃən(ə)l,
ˈfrɪkʃn(ə)l, -z
frictionally
BR ˈfrɪkʃn̩li, ˈfrɪkʃn̩əli
AM ˈfrɪkʃ(ə)nəli
frictionless
BR ˈfrɪkʃnləs
AM ˈfrɪkʃənləs
Friday
BR ˈfrʌɪd|eɪ,
ˈfrʌɪd|i, -eɪz\-ɪz
AM ˈfrʌɪdi,
ˈfrʌɪˌdeɪ, -z
fridge
BR frɪdʒ, -ɪz
AM frɪdʒ, -ɪz
Friedan
BR friːˈdan
AM friˈdæn
Friedman
BR ˈfriːdmən
AM ˈfridm(ə)n
Friedrich
BR ˈfriːdrɪk
AM ˈfridrɪk
friend
BR frend, -z
AM frend, -z

friendless
BR ˈfrendləs
AM ˈfren(d)ləs
friendlessness
BR ˈfrendləsnəs
AM ˈfren(d)ləsnəs
friendlily
BR ˈfrendlɪli
AM ˈfren(d)ləli
friendliness
BR ˈfrendlɪnɪs
AM ˈfren(d)lɪnɪs
friendly
BR ˈfrendli
AM ˈfren(d)li
friendship
BR ˈfren(d)ʃɪp, -s
AM ˈfren(d)ˌʃɪp, -s
frier
BR ˈfrʌɪə(r), -z
AM ˈfrʌɪər, -z
Friern Barnet
BR ˌfrʌɪən ˈbɑːnɪt
AM ˌfrʌɪərn ˈbɑrnət
Fries
BR friːz
AM ˈfriz
Friesian
BR ˈfriːʒn, -z
AM ˈfriʒ(ə)n,
ˈfriʒ(ə)n, -z
Friesland
BR ˈfriːzlənd
AM ˈfrizlənd
frieze
BR friːz, -ɪz
AM friz, -ɪz
frig[1] *noun,*
refrigerator
BR frɪdʒ, -ɪz
AM frɪdʒ, -ɪz
frig[2] *verb, copulate,*
masturbate
BR frɪg, -z,
-ɪŋ, -d
AM frɪg, -z, -ɪŋ, -d
frigate
BR ˈfrɪgɪt, -s
AM ˈfrɪgɪt, -s
Frigg
BR frɪg
AM frɪg

Frigga
BR ˈfrɪgə(r)
AM ˈfrɪgə
fright
BR frʌɪt, -s
AM frʌɪt, -s
frighten
BR ˈfrʌɪt|n, -nz,
-n̩ɪŋ\-nɪŋ, -nd
AM ˈfrʌɪtn, -z, -ɪŋ, -d
frightener
BR ˈfrʌɪtnə(r),
ˈfrʌɪtnə(r), -z
AM ˈfrʌɪtnər,
ˈfrʌɪtnər, -z
frighteningly
BR ˈfrʌɪtn̩ɪŋli,
ˈfrʌɪtnɪŋli
AM ˈfrʌɪtnɪŋli,
ˈfrʌɪtn̩ɪŋli
frightful
BR ˈfrʌɪtf(ʊ)l
AM ˈfrʌɪtf(ə)l
frightfully
BR ˈfrʌɪtfʊli,
ˈfrʌɪtfl̩i
AM ˈfrʌɪtfəli
frightfulness
BR ˈfrʌɪtf(ʊ)lnəs
AM ˈfrʌɪtfəlnəs
frigid
BR ˈfrɪdʒɪd
AM ˈfrɪdʒɪd
Frigidaire
BR ˌfrɪdʒɪˈdɛː(r), -z
AM ˌfrɪdʒɪˈdɛ(ə)r, -z
frigidaria
BR ˌfrɪdʒɪˈdɛːrɪə(r)
AM ˌfrɪdʒəˈdɛriə
frigidarium
BR ˌfrɪdʒɪˈdɛːrɪəm,
-z
AM ˌfrɪdʒəˈdɛriəm, -z
frigidity
BR frɪˈdʒɪdɪti
AM frəˈdʒɪdɪdi
frigidly
BR ˈfrɪdʒɪdli
AM ˈfrɪdʒɪdli
frigidness
BR ˈfrɪdʒɪdnɪs
AM ˈfrɪdʒɪdnɪs

frijoles
BR frɪˈhəʊlɛs
AM friˈhoʊˌleɪs

frill
BR frɪl, -z, -d
AM frɪl, -z, -d

frillery
BR ˈfrɪlər|i, -ɪz
AM ˈfrɪləri, -z

frilliness
BR ˈfrɪlinɪs
AM ˈfrɪlinɪs

frilling
BR ˈtrɪlɪŋ, -z
AM ˈfrɪlɪŋ, -z

frilly
BR ˈfrɪli
AM ˈfrɪli

fringe
BR frɪn(d)ʒ, -ɪz
AM frɪndʒ, -ɪz

fringeless
BR ˈfrɪn(d)ʒlɪs
AM ˈfrɪndʒləs

fringy
BR ˈfrɪn(d)ʒi
AM ˈfrɪndʒi

Frink
BR frɪŋk
AM frɪŋk

Frinton
BR ˈfrɪnt(ə)n
AM ˈfrɪn(t)ən

frippery
BR ˈfrɪp(ə)r|i, -ɪz
AM ˈfrɪp(ə)ri, -z

frippet
BR ˈfrɪpɪt, -s
AM ˈfrɪpɪt, -s

frisbee
BR ˈfrɪzb|iː, -ɪz
AM ˈfrɪzˌbi, -z

Frisch
BR frɪʃ
AM frɪʃ

frisé
BR ˈfriːzeɪ, ˈfrɪzeɪ
AM friˈzeɪ
FR fʀize

frisée
BR ˈfriːzeɪ, ˈfrɪzeɪ
AM friˈzeɪ

Frisia
BR ˈfrɪzɪə(r), ˈfrɪʒə(r), ˈfriːzɪə(r), ˈfriːʒə(r)
AM ˈfrɪʒə, ˈfrɪʒə

Frisian
BR ˈfrɪzɪən, ˈfrɪʒn, ˈfriːzɪən, ˈfriːʒn, -z
AM ˈfrɪʒ(ə)n, ˈfrɪʒ(ə)n, -z

frisk
BR frɪsk, -s, -ɪŋ, -t
AM frɪsk, -s, -ɪŋ, -t

frisker
BR ˈfrɪskə(r), -z
AM ˈfrɪskər, -z

frisket
BR ˈfrɪskɪt, -s
AM ˈfrɪskɪt, -s

friskily
BR ˈfrɪskɪli
AM ˈfrɪskɪli

friskiness
BR ˈfrɪskɪnɪs
AM ˈfrɪskɪnɪs

frisky
BR ˈfrɪski
AM ˈfrɪski

frisson
BR ˈfriːsɒn, ˈfrɪsɒn, -z
AM friˈsɔn, -z

frit
BR frɪt, -s, -ɪŋ, -ɪd
AM frɪ|t, -ts, -dɪŋ, -dɪd

frites *plural noun*
BR friːt
AM frit

frith
BR frɪθ, -s
AM frɪθ, -s

fritillary
BR frɪˈtɪl(ə)r|i, -ɪz
AM ˈfrɪdlˌɛri, -z

fritter
BR ˈfrɪt|ə(r), -əz, -(ə)rɪŋ, -əd
AM ˈfrɪdər, -z, -ɪŋ, -d

fritto misto
BR ˌfrɪtəʊ ˈmɪstəʊ
AM ˌfridoʊ ˈmɪstoʊ

Fritz
BR frɪts
AM frɪts

Friuli
BR friːˈuːli
AM friˈuli

Friulian
BR friːˈuːlɪən
AM friˈuliən, friˈulj(ə)n

frivol
BR ˈfrɪv|l, -lz, -l̩ɪŋ\-lɪŋ, -ld
AM ˈfrɪv(ə)l, -z, -ɪŋ, -d

frivolity
BR frɪˈvɒlɪt|i, -ɪz
AM frɪˈvalədi, -z

frivolous
BR ˈfrɪvləs
AM ˈfrɪvələs

frivolously
BR ˈfrɪvləsli
AM ˈfrɪvələsli

frivolousness
BR ˈfrɪvləsnəs
AM ˈfrɪvələsnəs

friz
BR frɪz, -ɪz, -ɪŋ, -d
AM frɪz, -ɪz, -ɪŋ, -d

frizz
BR frɪz, -ɪz, -ɪŋ, -d
AM frɪz, -ɪz, -ɪŋ, -d

frizzily
BR ˈfrɪzɪli
AM ˈfrɪzɪli

frizziness
BR ˈfrɪzɪnɪs
AM ˈfrɪzɪnɪs

frizzle
BR ˈfrɪz|l, -lz, -l̩ɪŋ\-lɪŋ, -ld
AM ˈfrɪz(ə)l, -z, -ɪŋ, -d

frizzly
BR ˈfrɪzli, ˈfrɪzl̩i
AM ˈfrɪzli, ˈfrɪzl̩i

frizzy
BR ˈfrɪz|i, -ɪə(r), -ɪɪst
AM ˈfrɪzi, -ər, -ɪst

fro
BR frəʊ
AM froʊ

Frobisher
BR ˈfrəʊbɪʃə(r)
AM ˈfroʊbɪʃər

frock
BR frɒk, -s
AM frɑk, -s

Frodsham
BR ˈfrɒdʃəm
AM ˈfrɑdʃ(ə)m, ˈfrɔdʃ(ə)m

froe
BR frəʊ, -z
AM froʊ, -z

Froebel
BR ˈfrəʊbl, ˈfrɜːbl
AM ˈfreɪb(ə)l

Froebelian
BR frə(ʊ)ˈbiːlɪən, frɜːˈbiːlɪən, -z
AM frəˈbiliən, -z

Froebelism
BR ˈfrəʊbɪlɪzm, ˈfrəʊblɪzm, ˈfrɜːbɪlɪzm, ˈfrɜːblɪzm
AM ˈfreɪbəˌlɪz(ə)m

frog
BR frɒg, -z, -d
AM frag, frɔg, -z, -d

frogbit
BR ˈfrɒgbɪt, -s
AM ˈfragˌbɪt, ˈfrɔgˌbɪt, -s

frogfish
BR ˈfrɒgfɪʃ, -ɪz
AM ˈfragˌfɪʃ, ˈfrɔgˌfɪʃ, -ɪz

Froggie
BR ˈfrɒg|i, -ɪz
AM ˈfragi, ˈfrɔgi, -z

frogging
BR ˈfrɒgɪŋ, -z
AM ˈfragɪŋ, ˈfrɔgɪŋ, -z

froggy
BR ˈfrɒgi
AM ˈfragi, ˈfrɔgi

froghopper
BR ˈfrɒgˌhɒpə(r), -z
AM ˈfragˌ(h)apər, ˈfrɔgˌ(h)apər, -z

frogman
BR ˈfrɒgmən
AM ˈfrɔgˌmæn, ˈfragm(ə)n, ˈfragˌmæn, ˈfrɔgm(ə)n

frogmarch
BR ˈfrɒgmaːtʃ, -ɪz, -ɪŋ, -t
AM ˈfrɑɡˌmɑrtʃ, ˈfrɔːɡˌmɑrtʃ, -əz, -ɪŋ, -t

frogmen
BR ˈfrɒgmən
AM ˈfrɔːɡˌmɛn, ˈfrɑɡm(ə)n, ˈfrɑɡˌmɛn, ˈfrɔːɡm(ə)n

Frogmore
BR ˈfrɒgmɔː(r)
AM ˈfrɑɡˌmɔ(ə)r, ˈfrɔːɡˌmɔ(ə)r

frogmouth
BR ˈfrɒgmaʊθ, -ðz
AM ˈfrɑɡˌmaʊθ, ˈfrɔːɡˌmaʊθ, -θz\-ðz

frogspawn
BR ˈfrɒgspɔːn
AM ˈfrɑɡˌspɑn, ˈfrɔːɡˌspɔn

froing
BR ˈfrəʊɪŋ, -z
AM ˈfroʊɪŋ, -z

frolic
BR ˈfrɒlˌɪk, -ɪks, -ɪkɪŋ, -ɪkt
AM ˈfrɑlɪk, -s, -ɪŋ, -t

frolicker
BR ˈfrɒlɪkə(r), -z
AM ˈfrɑlɪkər, -z

frolicsome
BR ˈfrɒlɪks(ə)m
AM ˈfrɑlɪks(ə)m

frolicsomely
BR ˈfrɒlɪks(ə)mli
AM ˈfrɑlɪksəmli

frolicsomeness
BR ˈfrɒlɪks(ə)mnəs
AM ˈfrɑlɪksəmnəs

from[1] *strong form*
BR frɒm
AM frɑm

from[2] *weak form*
BR frəm
AM frəm

fromage blanc
BR ˌfrɒmɑːʒ ˈblɒ̃
AM froʊˌmɑʒ ˈblɑŋk
FR fʀɔmaʒ blɑ̃

fromage frais
BR ˌfrɒmɑːʒ ˈfreɪ
AM froʊˌmɑʒ ˈfreɪ

Frome[1] *Australia*
BR frəʊm
AM froʊm

Frome[2] *England, West Indies*
BR fruːm
AM frum

Fron *in Welsh placenames*
BR vrɒn
AM vrɑn

frond
BR frɒnd, -z
AM frɑnd, -z

frondage
BR ˈfrɒndɪdʒ
AM ˈfrɑndɪdʒ

Fronde
BR frɒnd
AM frɑnd
FR fʀɔ̃d

Frondes
BR frɒnd
AM frɑnd
FR fʀɔ̃d

frondeur
BR frɒnˈdəː(r)
AM ˌfrɔnˈdər
FR fʀɔ̃dœʀ

frondeurs
BR frɒnˈdəː(r), ˌfrɒnˈdəːz
AM ˌfrɑnˈdərz, ˌfrɔnˈdərz
FR fʀɔ̃dœʀ

frondose
BR frɒnˈdəʊs
AM ˈfrɑnˌdoʊs, ˈfrɔnˌdoʊs

front
BR frʌnt, -s, -ɪŋ, -ɪd
AM frənˌt, -ts, -(t)ɪŋ, -(t)əd

frontage
BR ˈfrʌntˌɪdʒ, -ɪdʒɪz
AM ˈfrən(t)ɪdʒ, -ɪz

frontager
BR ˈfrʌntɪdʒə(r), -z
AM ˈfrən(t)ɪdʒər, -z

frontal
BR ˈfrʌntl, -z
AM ˈfrən(t)l, -z

frontally
BR ˈfrʌntli
AM ˈfrən(t)li

frontbench *adjective*
BR ˌfrʌnˈtbɛn(t)ʃ
AM ˌfrənˈtbɛn(t)ʃ

front bench *noun*
BR ˌfrʌnt ˈbɛn(t)ʃ, -ɪz
AM ˌfrənt ˈbɛn(t)ʃ, -əz

front-bencher
BR ˌfrʌntˈbɛn(t)ʃə(r), -z
AM ˌfrəntˈbɛn(t)ʃər, -z

frontier
BR ˈfrʌntɪə(r), frʌnˈtɪə(r), -z
AM frənˈtɪ(ə)r, -z

frontierless
BR ˈfrʌntɪələs, frʌnˈtɪələs
AM frənˈtɪrləs

frontiersman
BR ˈfrʌntɪəzmən, frʌnˈtɪəzmən
AM frənˈtɪrzm(ə)n

frontiersmen
BR ˈfrʌntɪəzmən, frʌnˈtɪəzmən
AM frənˈtɪrzm(ə)n

frontierswoman
BR ˈfrʌntɪəzˌwʊmən, frʌnˈtɪəzˌwʊmən
AM frənˈtɪrzˌwʊm(ə)n

frontierswomen
BR ˈfrʌntɪəzˌwɪmɪn, frʌnˈtɪəzˌwɪmɪn
AM frənˈtɪrzˌwɪmɪn

frontispiece
BR ˈfrʌntɪspiːs, -ɪz
AM ˈfrən(t)ɪsˌpis, -ɪz

frontless
BR ˈfrʌntləs
AM ˈfrən(t)ləs

frontlet
BR ˈfrʌntlɪt, -s
AM ˈfrən(t)lət, -s

frontline
BR ˌfrʌntˈlʌɪn
AM ˈfrən(t)ˈlaɪn

frontman
BR ˈfrʌntman
AM ˈfrəntˌmæn

frontmen
BR ˈfrʌntmɛn
AM ˈfrəntmɛn

frontogenesis
BR ˌfrʌntə(ʊ)ˈdʒɛnɪsɪs
AM ˌfrɑn(t)oʊˈdʒɛnəsəs, ˌfrən(t)oʊˈdʒɛnəsəs

frontogenetic
BR ˌfrʌntə(ʊ)dʒɪˈnɛtɪk
AM ˌfrɑn(t)oʊdʒəˈnɛdɪk, ˌfrən(t)oʊdʒəˈnɛdɪk

fronton
BR ˈfrʌnt(ə)n, -z
AM ˈfrɑnˌtɑn, -z

frontpage
BR ˌfrʌntˈpeɪdʒ
AM ˈfrəntˈpeɪdʒ

front-runner
BR ˌfrʌntˈrʌnə(r), ˈfrʌntˌrʌnə(r), -z
AM ˈfrəntˌrənər, -z

frontward
BR ˈfrʌntwəd, -z
AM ˈfrəntwərd, -z

frore
BR frɔː(r)
AM frɔ(ə)r

frosh
BR frɒʃ, -ɪz
AM frɑʃ, frɔʃ, -əz

frost
BR frɒst, -s, -ɪŋ, -ɪd
AM frɑst, frɔst, -s, -ɪŋ, -əd

frostbite
BR ˈfrɒs(t)bʌɪt
AM ˈfrɑs(t)ˌbaɪt, ˈfrɔs(t)ˌbaɪt

frostbitten
BR ˈfrɒs(t)ˌbɪtn
AM ˈfrɑːs(t)ˌbɪtn, ˈfrɔːs(t)ˌbɪtn

frostbound
BR ˈfrɒs(t)baʊnd
AM ˈfrɑːs(t)ˌbaʊnd, ˈfrɔːs(t)ˌbaʊnd

frost-free
BR ˌfrɒs(t)ˈfriː
AM ˈfrɑːs(t)ˈfri, ˈfrɔːs(t)ˈfri

frostily
BR ˈfrɒstɪli
AM ˈfrɑːstəli, ˈfrɔːstəli

frostiness
BR ˈfrɒstɪnɪs
AM ˈfrɑːstɪnɪs, ˈfrɔːstɪnɪs

frosting
BR ˈfrɒstɪŋ, -z
AM ˈfrɑːstɪŋ, ˈfrɔːstɪŋ, -z

frostless
BR ˈfrɒs(t)ləs
AM ˈfrɑːs(t)ləs, ˈfrɔːs(t)ləs

frost-work
BR ˈfrɒstwɜːk
AM ˈfrɑːs(t)ˌwɚk, ˈfrɔːs(t)ˌwɚk

frosty
BR ˈfrɒst|i, -ɪə(r), -ɪɪst
AM ˈfrɑːsti, ˈfrɔːsti, -ɚ, -ɪst

froth
BR frɒθ, -s, -ɪŋ, -t
AM frɑːθ, frɔːθ, -s, -ɪŋ, -t

frothily
BR ˈfrɒθɪli
AM ˈfrɑːθəli, ˈfrɔːθəli

frothiness
BR ˈfrɒθɪnɪs
AM ˈfrɑːθɪnɪs, ˈfrɔːθɪnɪs

frothy
BR ˈfrɒθ|i, -ɪə(r), -ɪɪst
AM ˈfrɑːθi, ˈfrɔːθi, -ɚ, -ɪst

frottage
BR ˈfrɒtɑːʒ, ˈfrɒtɪdʒ, frɒˈtɑːʒ
AM frɔːˈtɑʒ
FR fʀɔtaʒ

froufrou
BR ˈfruːfruː, -z
AM ˈfruˌfru, -z

frow
BR fraʊ, -z
AM froʊ, -z

froward
BR ˈfraʊəd
AM ˈfroʊ(w)ərd

frowardly
BR ˈfraʊədli
AM ˈfroʊ(w)ərdli

frowardness
BR ˈfraʊədnəs
AM ˈfroʊ(w)ərdnəs

frown
BR fraʊn, -z, -ɪŋ, -d
AM fraʊn, -z, -ɪŋ, -d

frowner
BR ˈfraʊnə(r)
AM ˈfraʊnər

frowningly
BR ˈfraʊnɪŋli
AM ˈfroʊnɪŋli

frowsily
BR ˈfraʊzɪli
AM ˈfraʊzəli

frowst
BR fraʊst, -s, -ɪŋ, -ɪd
AM fraʊst, -s, -ɪŋ, -əd

frowster
BR ˈfraʊstə(r), -z
AM ˈfraʊstər, -z

frowstily
BR ˈfraʊstɪli
AM ˈfraʊstəli

frowstiness
BR ˈfraʊstɪnɪs
AM ˈfraʊstɪnɪs

frowsty
BR ˈfraʊst|i, -ɪə(r), -ɪɪst
AM ˈfraʊsti, -ər, -ɪst

frowsy
BR ˈfraʊz|i, -ɪə(r), -ɪɪst
AM ˈfraʊzi, -ər, -ɪst

frowzily
BR ˈfraʊzɪli
AM ˈfraʊzəli

frowziness
BR ˈfraʊzɪnɪs
AM ˈfraʊzɪnɪs

frowzy
BR ˈfraʊz|i, -ɪə(r), -ɪɪst
AM ˈfraʊzi, -ər, -ɪst

froze
BR frəʊz
AM froʊz

frozen
BR ˈfrəʊzn
AM ˈfroʊz(ə)n

frozenly
BR ˈfrəʊznli
AM ˈfroʊzənli

fructiferous
BR ˌfrʌkˈtɪf(ə)rəs
AM ˌfrəkˈtɪfərəs

fructification
BR ˌfrʌktɪfɪˈkeɪʃn
AM ˌfrəktəfəˈkeɪʃ(ə)n

fructify
BR ˈfrʌktɪfʌɪ, -z, -ɪŋ, -d
AM ˈfrəktəˌfaɪ, -z, -ɪŋ, -d

fructose
BR ˈfrʌktəʊz, ˈfrʌktəʊs, ˈfrʊktəʊz, ˈfrʊktəʊs
AM ˈfrəkˌtoʊs, ˈfrʊkˌtoʊz, ˈfrəkˌtoʊz, ˈfrʊkˌtoʊs

fructuous
BR ˈfrʌktjʊəs, ˈfrʌktʃʊəs
AM ˈfrək(t)ʃ(əw)əs

frugal
BR ˈfruːgl
AM ˈfrug(ə)l

frugality
BR fruːˈgalɪti
AM fruˈgælədi

frugally
BR ˈfruːgḷi
AM ˈfrugəli

frugalness
BR ˈfruːglnəs
AM ˈfrugəlnəs

frugivorous
BR fruːˈdʒɪv(ə)rəs
AM fruˈdʒɪvərəs

fruit
BR fruːt, -s, -ɪŋ, -ɪd
AM frut, -ts, -dɪŋ, -dəd

fruitage
BR ˈfruːtɪdʒ
AM ˈfrudɪdʒ

fruitarian
BR fruːˈtɛːrɪən, -z
AM fruˈtɛrɪən, a

fruitbat
BR ˈfruːtbat, -s
AM ˈfrutˌbæt, -s

fruitcake
BR ˈfruːtkeɪk, -s
AM ˈfrutˌkeɪk, -s

fruiter
BR ˈfruːtə(r), -z
AM ˈfrudər, -z

fruiterer
BR ˈfruːt(ə)rə(r), -z
AM ˈfrudərər, -z

fruitful
BR ˈfruːtf(ʊ)l
AM ˈfrutf(ə)l

fruitfully
BR ˈfruːtfʊli, ˈfruːtfḷi
AM ˈfrutfəli

fruitfulness
BR ˈfruːtf(ʊ)lnəs
AM ˈfrutfəlnəs

fruitily
BR ˈfruːtɪli
AM ˈfrudəli

fruitiness
BR ˈfruːtɪnɪs
AM ˈfrudɪnɪs

fruition
BR fruːˈɪʃn
AM fruˈɪʃ(ə)n

fruitless
BR ˈfruːtləs
AM ˈfrutləs

fruitlessly
BR ˈfruːtləsli
AM ˈfrutləsli

fruitlessness
BR ˈfruːtləsnəs
AM ˈfrutləsnəs

fruitlet
BR ˈfruːtlɪt, -s
AM ˈfrutlət, -s
fruitwood
BR ˈfruːtwʊd, -z
AM ˈfrutˌwʊd, -z
fruity
BR ˈfruːt|i, -ɪə(r), -ɪɪst
AM ˈfrudi, -ər, -ɪst
frumenty
BR ˈfruːm(ə)nti
AM ˈfrumən(t)i
frump
BR frʌmp, -s
AM frəmp, -s
frumpily
BR ˈfrʌmpɪli
AM ˈfrəmpəli
frumpiness
BR ˈfrʌmpɪnɪs
AM ˈfrəmpɪnɪs
frumpish
BR ˈfrʌmpɪʃ
AM ˈfrəmpɪʃ
frumpishly
BR ˈfrʌmpɪʃli
AM ˈfrəmpɪʃli
frumpy
BR ˈfrʌmp|i, -ɪə(r), -ɪɪst
AM ˈfrəmpi, -ər, -ɪst
frusemide
BR ˈfruːsəmʌɪd
AM ˈfrusəˌmaɪd
frusta
BR ˈfrʌstə(r)
AM ˈfrəstə
frustrate
BR frʌˈstreɪt, -s, -ɪŋ, -ɪd
AM ˈfrəˌstreɪ|t, -ts, -dɪŋ, -dɪd
frustratedly
BR frʌˈstreɪtɪdli
AM ˈfrəˌstreɪdɪdli
frustrater
BR frʌˈstreɪtə(r), -z
AM ˈfrəˌstreɪdər, -z
frustratingly
BR frʌˈstreɪtɪŋli
AM ˈfrəˌstreɪdɪŋli

frustration
BR frʌˈstreɪʃn, -z
AM frəˈstreɪʃ(ə)n, -z
frustule
BR ˈfrʌstjuːl, ˈfrʌstʃuːl, -z
AM ˈfrəsˌtʃul, -z
frustum
BR ˈfrʌstəm, -z
AM ˈfrəst(ə)m, -z
frutescent
BR fruːˈtɛsnt
AM fruˈtɛs(ə)nt
frutex
BR ˈfruːtɛks, -ɪz
AM ˈfruˌdɛks, -əz
frutices
BR ˈfruːtɪsiːz
AM ˈfrudəˌsiz
fruticose
BR ˈfruːtɪkəʊz, ˈfruːtɪkəʊs
AM ˈfrudəˌkoʊs
fry
BR frʌɪ, -z, -ɪŋ, -d
AM fraɪ, -z, -ɪŋ, -d
Frye
BR frʌɪ
AM fraɪ
fryer
BR ˈfrʌɪə(r), -z
AM ˈfraɪər, -z
frypan
BR ˈfrʌɪpan, -z
AM ˈfraɪˌpæn, -z
Fryston
BR ˈfrʌɪst(ə)n
AM ˈfraɪst(ə)n
fry-up
BR ˈfrʌɪʌp, -s
AM ˈfraɪˌəp, -s
FT-SE
BR ˈfʊtsi
AM ˈfʊtsi
fubsy
BR ˈfʌbs|i, -ɪə(r), -ɪɪst
AM ˈfəbsi, -ər, -ɪst
Fuchs
BR fuːks, fʊks
AM f(j)uks

fuchsia
BR ˈfjuːʃə(r), -z
AM ˈfjuʃə, -z
fuchsine
BR ˈfuːksiːn
AM ˈfjukˌsin, ˈfjuks(ə)n
fuci
BR ˈfjuːsʌɪ
AM ˈfjuˌsaɪ
fuck
BR fʌk, -s, -ɪŋ, -t
AM fək, -s, -ɪŋ, -t
fuckable
BR ˈfʌkəbl
AM ˈfəkəb(ə)l
fuckee
BR fʌˈkiː, fʌkˈiː, -z
AM fəˈki, -z
fucker
BR ˈfʌkə(r), -z
AM ˈfəkər, -z
fuckhead
BR ˈfʌkhɛd, -z
AM ˈfək(h)ɛd, -z
fuckwad
BR ˈfʌkwɒd, -z
AM ˈfəkˌwɑd, -z
fucoid
BR ˈfjuːkɔɪd
AM ˈfjuˌkɔɪd
fucous
BR ˈfjuːkəs
AM ˈfjukəs
fucus
BR ˈfjuːkəs
AM ˈfjukəs
fuddle
BR ˈfʌd|l, -lz, -l̩ŋ\-lɪŋ, -ld
AM ˈfəd(ə)l, -z, -ɪŋ, -d
fuddy-duddy
BR ˈfʌdɪˌdʌd|i, -ɪz
AM ˈfədiˌdədi, -z
fudge
BR fʌdʒ, -ɪz, -ɪŋ, -d
AM fədʒ, -əz, -ɪŋ, -d
fudgeable
BR ˈfʌdʒəbl
AM ˈfədʒəb(ə)l
fudgicle
BR ˈfʌdʒɪkl, -z
AM ˈfədʒək(ə)l, -z

fuehrer
BR ˈfjʊərə(r), -z
AM ˈfjʊrər, -z
fuel
BR ˈfjuːəl, -z, -ɪŋ, -d
AM ˈfju(ə)l, -z, -ɪŋ, -d
Fuentes
BR fʊˈɛnteɪs
AM ˈfwɛnteɪs, fʊˈɛnteɪs
fug
BR fʌg, -z
AM fəg, -z
fugacious
BR fjuːˈgeɪʃəs
AM fjuˈgeɪʃəs
fugaciously
BR fjuːˈgeɪʃəsli
AM fjuˈgeɪʃəsli
fugaciousness
BR fjuːˈgeɪʃəsnəs
AM fjuˈgeɪʃəsnəs
fugacity
BR fjuːˈgasɪti
AM fjuˈgæsədi
fugal
BR ˈfjuːgl
AM ˈfjug(ə)l
fugally
BR ˈfjuːgl̩i
AM ˈfjugəli
fugginess
BR ˈfʌgɪnɪs
AM ˈfəgɪnɪs
fuggy
BR ˈfʌg|i, -ɪə(r), -ɪɪst
AM ˈfəgi, -ər, -ɪst
fugitive
BR ˈfjuːdʒɪtɪv, -z
AM ˈfjudʒəˌtɪv, ˈfjudʒədɪv, -z
fugitively
BR ˈfjuːdʒɪtɪvli
AM ˈfjudʒəˌtɪvli, ˈfjudʒədəvli
fugle
BR ˈfjuːg|l, -lz, -l̩ŋ\-lɪŋ, -ld
AM ˈfjug(ə)l, -z, -ɪŋ, -d
fugleman
BR ˈfjuːglmən
AM ˈfjugəlm(ə)n

fuglemen
BR ˈfjuːglmən
AM ˈfjugəlm(ə)n
fugu
BR ˈfuːguː, -z
AM ˈf(j)ugu, -z
fugue
BR fjuːg, -z
AM fjug, -z
fuguist
BR ˈfjuːgɪst, -s
AM ˈfjugəst, -s
Führer
BR ˈfjʊərə(r)
AM ˈfjʊrər
Fujairah
BR fʊˈdʒʌɪrə(r)
AM fuˈdʒaɪrə
Fuji
BR ˈfuːdʒi
AM ˈfudʒi
Fujian
BR ˈfuːdʒɪən
AM ˈfudʒiən
Fujica
BR ˈfuːdʒɪkə(r)
AM ˈfudʒəkə
Fujitsu
BR fuːˈdʒɪtsuː
AM fuˈdʒɪtsu
Fujiyama
BR ˌfuːdʒɪˈjaːmə(r)
AM ˌfudʒiˈjamə
Fulani
BR fʊˈlaːni
AM fəˈlani
Fulbright
BR ˈfʊlbrʌɪt
AM ˈfʊlˌbraɪt
fulcra
BR ˈfʊlkrə(r)
AM ˈfəlkrə, ˈfʊlkrə
fulcrum
BR ˈfʊlkrəm, -z
AM ˈfəlkr(ə)m, ˈfʊlkr(ə)m, -z
fulfil
BR fʊlˈfɪl, -z, -ɪŋ, -d
AM fʊlˈfɪl, -z, -ɪŋ, -d
fulfill
BR fʊlˈfɪl, -z, -ɪŋ, -d
AM fʊlˈfɪl, -z, -ɪŋ, -d

fulfillable
BR fʊlˈfɪləbl
AM fʊlˈfɪləb(ə)l
fulfiller
BR fʊlˈfɪlə(r), -z
AM fʊlˈfɪlər, -z
fulfillment
BR fʊlˈfɪlm(ə)nt, -s
AM fʊlˈfɪlm(ə)nt, -s
fulfilment
BR fʊlˈfɪlm(ə)nt, -s
AM fʊlˈfɪlm(ə)nt, -s
Fulford
BR ˈfʊlfəd
AM ˈfʊlfərd
fulgent
BR ˈfʌldʒ(ə)nt
AM ˈfəldʒ(ə)nt
fulgid
BR ˈfʌldʒɪd
AM ˈfʊldʒəd
fulguration
BR ˌfʌlgjʊˈreɪʃn
AM ˌfʊlg(j)əˈreɪʃ(ə)n
fulgurite
BR ˈfʌlgjʊrʌɪt
AM ˈfʊlg(j)əˌraɪt
Fulham
BR ˈfʊləm
AM ˈfʊl(ə)m
fuliginous
BR fjuːˈlɪdʒɪnəs
AM fjuˈlɪdʒənəs
fuliginously
BR fjuːˈlɪdʒɪnəsli
AM fjuˈlɪdʒənəsli
full
BR fʊl, -z, -ɪŋ, -d, -ə(r), -ɪst
AM fʊl, -z, -ɪŋ, -d, -ər, -əst
fullback
BR ˈfʊlbak, -s
AM ˈfə(l)ˌbæk, ˈfʊlˌbæk, -s
fuller
BR ˈfʊlə(r), -z
AM ˈfʊlər, -z
fullness
BR ˈfʊlnəs
AM ˈfʊlnəs

fully
BR ˈfʊli
AM ˈfʊli
fulmar
BR ˈfʊlmə(r), ˈfʊlmaː(r), -z
AM ˈfʊlˌmar, ˈfʊlmər, -z
fulminant
BR ˈfʊlmɪnənt, ˈfʌlmɪnənt
AM ˈfʊlmənənt
fulminate
BR ˈfʊlmɪneɪt, ˈfʌlmɪneɪt, -s, -ɪŋ, -ɪd
AM ˈfʊlməˌneɪt, -ts, -dɪŋ, -dɪd
fulmination
BR ˌfʊlmɪˈneɪʃn, ˌfʌlmɪˈneɪʃn, -z
AM ˌfəlməˈneɪʃ(ə)n, -z
fulminatory
BR ˈfʊlmɪnət(ə)ri, ˈfʌlmɪnət(ə)ri
AM ˈfəlmɪnəˌtɔri
fulminic acid
BR fʊlˌmɪnɪk ˈasɪd, fʌlˌmɪnɪk +
AM fəlˌmɪnɪk ˈæsəd
fulness
BR ˈfʊlnəs
AM ˈfʊlnəs
fulsome
BR ˈfʊls(ə)m
AM ˈfʊls(ə)m
fulsomely
BR ˈfʊls(ə)mli
AM ˈfʊlsəmli
fulsomeness
BR ˈfʊls(ə)mnəs
AM ˈfʊlsəmnəs
Fulton
BR ˈfʊlt(ə)n
AM ˈfʊlt(ə)n
fulvescent
BR fʌlˈvɛsnt, fʊlˈvɛsnt
AM fəlˈvɛs(ə)nt
fulvous
BR ˈfʌlvəs, ˈfʊlvəs
AM ˈfəlvəs, ˈfʊlvəs

Fulwell
BR ˈfʊlwɛl
AM ˈfʊlˌwɛl
Fulwood
BR ˈfʊlwʊd
AM ˈfʊlˌwʊd
Fu Manchu
BR ˌfuː manˈtʃuː
AM ˌfu mænˈtʃu
fumaric
BR fjʊˈmarɪk, fjuːˈmarɪk
AM fjuˈmɛrɪk
fumarole
BR ˈfjuːmərəʊl, -z
AM ˈfjuməˌroʊl, -z
fumarolic
BR ˌfjuːməˈrɒlɪk
AM ˌfjuməˈralɪk, ˌfjuməˈroʊlɪk
fumble
BR ˈfʌmbl̩, -lz, -lɪŋ\-lɪŋ, -ld
AM ˈfəmb(ə)l, -z, -ɪŋ, -d
fumbler
BR ˈfʌmbl̩ə(r), ˈfʌmblə(r), -z
AM ˈfəmb(ə)lər, -z
fumblingly
BR ˈfʌmblɪŋli
AM ˈfəmb(ə)lɪŋli
fume
BR fjuːm, -z, -ɪŋ, -d
AM fjum, -z, -ɪŋ, -d
fumeless
BR ˈfjuːmləs
AM ˈfjumləs
fumigant
BR ˈfjuːmɪg(ə)nt, -s
AM ˈfjuməgənt, -s
fumigate
BR ˈfjuːmɪgeɪt, -s, -ɪŋ, -ɪd
AM ˈfjuməˌgeɪt, -ts, -dɪŋ, -dɪd
fumigation
BR ˌfjuːmɪˈgeɪʃn
AM ˌfjuməˈgeɪʃ(ə)n
fumigator
BR ˈfjuːmɪgeɪtə(r), -z
AM ˈfjuməˌgeɪdər, -z

fumingly
BR ˈfjuːmɪŋli
AM ˈfjumɪŋli

fumitory
BR ˈfjuːmɪt(ə)r|i, -ɪz
AM ˈfjumə‿tɔri, -z

fumy
BR ˈfjuːm|i, -ɪə(r), -ɪɪst
AM ˈfjumi, -ər, -ɪst

fun
BR fʌn
AM fən

Funafuti
BR ˌfuːnəˈfuːti
AM ˌf(j)unəˈf(j)udi

funambulist
BR fjuːˈnæmbjʊlɪst, -s
AM fjuˈnæmbjələst, -s

funboard
BR ˈfʌnbɔːd, -z
AM ˈfən‿bɔ(ə)rd, -z

Funchal
BR ˌfʊnˈtʃɑːl
AM fənˈʃɑl, funˈʃɑl

function
BR ˈfʌŋ(k)ʃn̩, -nz, -n̩ɪŋ\-nɪŋ, -nd
AM ˈfəŋ(k)ʃ(ə)n, -z, -ɪŋ, -d

functional
BR ˈfʌŋ(k)ʃn̩l
AM ˈfəŋ(k)ʃən(ə)l, ˈfəŋ(k)ʃn(ə)l

functionalism
BR ˈfʌŋ(k)ʃn̩lɪzm, ˈfʌŋ(k)ʃnəlɪzm
AM ˈfəŋ(k)ʃnə‿lɪz(ə)m, ˈfəŋ(k)ʃənl‿ɪz(ə)m

functionalist
BR ˈfʌŋ(k)ʃn̩lɪst, ˈfʌŋ(k)ʃnəlɪst, -s
AM ˈfəŋ(k)ʃnələst, ˈfəŋ(k)ʃənləst, -s

functionality
BR ˌfʌŋ(k)ʃəˈnalɪt|i, -ɪz
AM ˌfəŋ(k)ʃəˈnælədi, -z

functionally
BR ˈfʌŋ(k)ʃn̩li, ˈfʌŋ(k)ʃnəli
AM ˈfəŋ(k)ʃ(ə)nəli

functionary
BR ˈfʌŋ(k)ʃn̩(ə)r|i, -ɪz
AM ˈfəŋ(k)ʃəˌnɛri, -z

functionate
BR ˈfʌŋ(k)ʃneɪt, -s, -ɪŋ, -ɪd
AM ˈfəŋ(k)ʃəˌneɪ|t, -ts, -dɪŋ, -dɪd

functionless
BR ˈfʌŋ(k)ʃnləs
AM ˈfəŋ(k)ʃənləs

functor
BR ˈfʌŋ(k)tə(r), -z
AM ˈfəŋ(k)tər, -z

fund
BR fʌnd, -z, -ɪŋ, -ɪd
AM fənd, -z, -ɪŋ, -əd

fundament
BR ˈfʌndəm(ə)nt, -s
AM ˈfəndəm(ə)nt, -s

fundamental
BR ˌfʌndəˈmɛntl
AM ˌfəndəˈmɛn(t)l

fundamentalism
BR ˌfʌndəˈmɛntl̩ɪzm
AM ˌfəndəˈmɛn(t)l‿ɪz(ə)m

fundamentalist
BR ˌfʌndəˈmɛntl̩ɪst, -s
AM ˌfəndəˈmɛn(t)l̩əst, -s

fundamentality
BR ˌfʌndəmɛnˈtalɪti
AM ˌfəndəmənˈtælədi

fundamentally
BR ˌfʌndəˈmɛntl̩i
AM ˌfəndəˈmɛn(t)l̩i

fundholder
BR ˈfʌndˌhəʊldə(r), -z
AM ˈfən(d)ˌ(h)oʊldər, -z

fundholding
BR ˈfʌndˌhəʊldɪŋ
AM ˈfən(d)ˌ(h)oʊldɪŋ

fundi
BR ˈfʌndʌɪ
AM ˈfənˌdaɪ

fundus
BR ˈfʌndəs
AM ˈfəndəs

Fundy
BR ˈfʌndi
AM ˈfəndi

funebrial
BR fjuːˈniːbrɪəl, fjuːˈnɛbrɪəl
AM fjuˈnɛbrɪəl, fjuˈnibrɪəl

funeral
BR ˈfjuːn(ə)r|, -z
AM ˈfjunər(ə)l, ˈfjunr(ə)l, -z

funerary
BR ˈfjuːn(ə)rəri
AM ˈfjunəˌrɛri

funereal
BR fjʊˈnɪərɪəl, fjuːˈnɪərɪəl
AM fjəˈnɪriəl

funereally
BR fjʊˈnɪərɪəli, fjuːˈnɪərɪəli
AM fjəˈnɪriəli

funfair
BR ˈfʌnfɛː(r), -z
AM ˈfənˌfɛ(ə)r, -z

fungal
BR ˈfʌŋgl
AM ˈfəŋg(ə)l

fungi
BR ˈfʌŋgʌɪ, ˈfʌn(d)ʒʌɪ
AM ˈfəŋˌgaɪ, ˈfənˌdʒaɪ

fungibility
BR ˌfʌn(d)ʒɪˈbɪlɪti
AM ˌfəndʒəˈbɪlɪdi

fungible
BR ˈfʌn(d)ʒɪbl
AM ˈfəndʒəb(ə)l

fungicidal
BR ˌfʌn(d)ʒɪˈsʌɪdl, ˌfʌŋgɪˈsʌɪdl
AM ˌfəŋgəˌsaɪd(ə)l, ˌfəndʒəˌsaɪd(ə)l

fungicide
BR ˈfʌn(d)ʒɪsʌɪd, ˈfʌŋgɪsʌɪd, -z
AM ˈfəŋgəˌsaɪd, ˈfəndʒəˌsaɪd, -z

fungiform
BR ˈfʌn(d)ʒɪfɔːm, ˈfʌŋgɪfɔːm
AM ˈfəŋgəˌfɔ(ə)rm, ˈfəndʒəˌfɔ(ə)rm

fungistatic
BR ˌfʌn(d)ʒɪˈstatɪk, ˌfʌŋgɪˈstatɪk
AM ˌfəŋgəˈstædɪk, ˌfəndʒəˈstædɪk

fungistatically
BR ˌfʌn(d)ʒɪˈstatɪkli, ˌfʌŋgɪˈstatɪkli
AM ˌfəŋgəˈstædək(ə)li, ˌfəndʒəˈstædək(ə)li

fungivorous
BR ˌfʌn(d)ʒɪv(ə)rəs
AM ˌfənˈgɪvərəs, fənˈdʒɪvərəs

fungo
BR ˈfʌŋgəʊ, -z
AM ˈfəŋgoʊ, -z

fungoid
BR ˈfʌŋgɔɪd
AM ˈfəŋˌgɔɪd

fungous
BR ˈfʌŋgəs
AM ˈfəŋgəs

fungus
BR ˈfʌŋgəs, -ɪz
AM ˈfəŋgəs, -əz

funhouse
BR ˈfʌnhaʊ|s, -zɪz
AM ˈfənˌ(h)aʊ|s, -zəz

funicle
BR ˈfjuːnɪkl, -z
AM ˈfjunəkl, -z

funicular
BR f(j)ʊˈnɪkjʊlə(r), -z
AM fjuˈnɪkjələr, -z

funiculi
BR fjʊˈnɪkjʊlʌɪ
AM ˌfjuˈnɪkjəˌlaɪ

funiculus
BR fjʊˈnɪkjʊləs
AM ˌfjuˈnɪkjələs

funk
BR fʌŋ|k, -ks, -kɪŋ, -(k)t
AM fəŋ|k, -ks, -kɪŋ, -(k)t

funkia
BR ˈfʌŋkɪə(r), -z
AM ˈfʊŋkɪə, ˈfəŋkɪə, -z

funkily
BR ˈfʌŋkɪli
AM ˈfəŋkəli

funkiness
BR ˈfʌŋkɪnɪs
AM ˈfəŋkɪnɪs

funkster
BR ˈfʌŋ(k)stə(r), -z
AM ˈfəŋ(k)stər, -z

funky
BR ˈfʌŋk|i, -iə(r),
-ɪst
AM ˈfəŋki, -ər, -ɪst

fun-lover
BR ˈfʌnˌlʌvə(r), -z
AM ˈfənˌləvər, -z

fun-loving
BR ˈfʌnˌlʌvɪŋ
AM ˈfənˌləvɪŋ

funnel
BR ˈfʌn|l, -lz, -lɪŋ,
-ld
AM ˈfən(ə)l, -z, -ɪŋ, -d

funnily
BR ˈfʌnɪli
AM ˈfənəli

funniness
BR ˈfʌnɪnɪs
AM ˈfənɪnɪs

funniosity
BR ˌfʌnɪˈɒsɪt|i, -ɪz
AM ˌfəniˈɑsədi, -z

funny
BR ˈfʌn|i, -ɪz, -iə(r),
-ɪst
AM ˈfəni, -z, -ər, -ɪst

funster
BR ˈfʌnstə(r), -z
AM ˈfənstər, -z

fur
BR fɜː(r), -z
AM fər, -z

furbelow
BR ˈfɜːbɪləʊ, -z
AM ˈfərbəˌloʊ, -z

furbish
BR ˈfɜːb|ɪʃ, -ɪʃɪz,
-ɪʃɪŋ, -ɪʃt
AM ˈfərbɪʃ, -ɪz, -ɪŋ, -t

furbisher
BR ˈfɜːbɪʃə(r), -z
AM ˈfərbɪʃər, -z

Furby
BR ˈfɜːbi
AM ˈfərbi

furcate
BR ˈfɜːkeɪt, fəˈkeɪt,
-s, -ɪŋ, -ɪd
AM ˈfərˌkeɪ|t, -ts, -dɪŋ,
-dɪd

furcation
BR fəˈkeɪʃn
AM fərˈkeɪʃ(ə)n

furfuraceous
BR ˌfɜːfəˈreɪʃəs
AM ˌfərf(j)əˈreɪʃəs

Furies
BR ˈfjʊərɪz, ˈfjɔːrɪz
AM ˈfjʊriz

furious
BR ˈfjʊərɪəs, ˈfjɔːrɪəs
AM ˈfjʊriəs

furiously
BR ˈfjʊərɪəsli,
ˈfjɔːrɪəsli
AM ˈfjʊriəsli

furiousness
BR ˈfjʊərɪəsnəs,
ˈfjɔːrɪəsnəs
AM ˈfjʊriəsnəs

furl
BR fɜːl, -z, -ɪŋ, -d
AM fərl, -z, -ɪŋ, -d

furlable
BR ˈfɜːləbl
AM ˈfərləb(ə)l

furless
BR ˈfɜːləs
AM ˈfərləs

furlong
BR ˈfɜːlɒŋ, -z
AM ˈfərˌlɑŋ, ˈfərˌlɔŋ, -z

furlough
BR ˈfɜːləʊ, -z
AM ˈfərˌloʊ, -z

furmety
BR ˈfɜːməti
AM ˈfərmədi

furnace
BR ˈfɜːnɪs, -ɪz
AM ˈfərnəs, -əz

Furneaux
BR ˈfɜːnəʊ
AM ˈfərnoʊ

Furness
BR ˈfɜːnɪs, fəˈnɛs
AM fərˈnɛs

furnish
BR ˈfɜːn|ɪʃ, -ɪʃɪz,
-ɪʃɪŋ, -ɪʃt
AM ˈfərnɪʃ, -ɪz,
-ɪŋ, -t

furnisher
BR ˈfɜːnɪʃə(r), -z
AM ˈfərnɪʃər, -z

furnishing
BR ˈfɜːnɪʃɪŋ, -z
AM ˈfərnɪʃɪŋ, -z

furnishings
BR ˈfɜːnɪʃɪŋz
AM ˈfərnɪʃɪŋz

furniture
BR ˈfɜːnɪtʃə(r)
AM ˈfərnɪtʃʊ(ə)r,
ˈfərnɪtʃər

Furnivall
BR ˈfɜːnɪvl
AM ˈfərnəv(ə)l

furor
BR ˈfjʊərɔː(r),
ˈfjɔːrɔː(r), -z
AM ˈfjuˌrɔ(ə)r,
ˈfjʊˌrɔ(ə)r, -z

furore
BR fjʊˈrɔːri,
ˈfjʊərɔː(r),
ˈfjɔːrɔː(r)
AM ˈfjuˌrɔ(ə)r,
ˈfjʊˌrɔ(ə)r

furores
BR fjʊˈrɔːriz,
ˈfjʊərɔːz, ˈfjɔːrɔːz
AM ˈfjuˌrɔ(ə)rz,
ˈfjʊˌrɔ(ə)rz

furphy
BR ˈfɜːf|i, -ɪz
AM ˈfərfi, -z

furrier
BR ˈfʌrɪə(r), -z
AM ˈfəriər, -z

furriery
BR ˈfʌrɪəri
AM ˈfəriəri

furriness
BR ˈfɜːrɪnɪs
AM ˈfərɪnɪs

furring
BR ˈfɜːrɪŋ
AM ˈfərɪŋ

furrow
BR ˈfʌrəʊ, -z, -ɪŋ, -d
AM ˈfəroʊ, -z, -ɪŋ, -d

furrowless
BR ˈfʌrəʊləs
AM ˈfəroʊləs

furrowy
BR ˈfʌrəʊi
AM ˈfərəwi

furry
BR ˈfɜːr|i, -iə(r), -ɪst
AM ˈfəri, -ər, -ɪst

further
BR ˈfɜːð|ə(r), -əz,
-(ə)rɪŋ, -əd
AM ˈfərðər, -z, -ɪŋ, -d

furtherance
BR ˈfɜːð(ə)rns
AM ˈfərð(ə)rəns

furtherer
BR ˈfɜːð(ə)rə(r), -z
AM ˈfərðərər, -z

furthermore
BR ˌfɜːðəˈmɔː(r),
fəˈðəmɔː(r)
AM ˌfərðərˈmɔ(ə)r,
ˈfərðərˌmɔ(ə)r

furthermost
BR ˈfɜːðəməʊst
AM ˈfərðərˌmoʊst

furthest
BR ˈfɜːðɪst
AM ˈfərðəst

furtive
BR ˈfɜːtɪv
AM ˈfərdɪv

furtively
BR ˈfɜːtɪvli
AM ˈfərdɪvli

furtiveness
BR ˈfɜːtɪvnɪs
AM ˈfərdɪvnɪs

furuncle
BR ˈfjʊərʌŋkl,
ˈfjɔːrʌŋkl, -z
AM ˈfjuˌrəŋk(ə)l, -z

furuncular
BR fjʊˈrʌŋkjʊlə(r)
AM fjuˈrəŋkjələr

furunculosis
BR fjʊˌrʌŋkjʊˈləʊsɪs
AM fjuˌrəŋkjəˈloʊsəs

furunculous
BR fjʊˈrʌŋkjʊləs
AM fjuˈrəŋkjələs

fury
BR ˈfjʊəri, ˈfjɔːri
AM ˈfjʊri

furze
BR fəːz
AM fɜrz

furzy
BR ˈfəːzi
AM ˈfɜrzi

fusaria
BR fjʊˈzɛːriə(r)
AM fjəˈzɛriə

fusarium
BR fjʊˈzɛːriəm
AM fjəˈzɛriəm

fuscous
BR ˈfʌskəs
AM ˈfəskəs

fuse
BR fjuːz, -ɪz, -ɪŋ, -d
AM fjuz, -əz, -ɪŋ, -d

fusee
BR fjuːˈziː, -z
AM fjuˈzi, -z

fusel
BR ˈfjuːzl
AM ˈfjuz(ə)l

fuselage
BR ˈfjuːzɪlˌɑːʒ, ˈfjuːzɪlˌɪdʒ, -ɑːʒɪz\-ɪdʒɪz
AM ˈfjuzəˌlɑʒ, ˈfjusəˌlɑʒ, -ɪz

fuseless
BR ˈfjuːzləs
AM ˈfjuzləs

fusibility
BR ˌfjuːzɪˈbɪlɪti
AM ˌfjuzəˈbɪlɪdi

fusible
BR ˈfjuːzɪbl
AM ˈfjuzəb(ə)l

fusiform
BR ˈfjuːzɪfɔːm
AM ˈfjuzəˌfɔ(ə)rm

fusil
BR ˈfjuːz(ɪ)l, -z
AM ˈfjuz(ə)l, -z

fusilier
BR ˌfjuːzɪˈlɪə(r), -z
AM ˌfjuzəˈlɪ(ə)r, -z

fusillade
BR ˌfjuːzɪˈleɪd, ˌfjuːzɪˈlɑːd, -z
AM ˌfjuzəˈlɑd, ˌfjuzəˈleɪd, -z

fusilli
BR f(j)ʊˈziːli
AM ˌfjuˈsɪli

fusion
BR ˈfjuːʒn
AM ˈfjuʒ(ə)n

fusional
BR ˈfjuːʒn̩l
AM ˈfjuʒən(ə)l, ˈfjuʒn(ə)l

fusionist
BR ˈfjuːʒnɪst, -s
AM ˈfjuʒənəst, -s

fuss
BR fʌs, -ɪz, -ɪŋ, -t
AM fəs, -əz, -ɪŋ, -t

fusser
BR ˈfʌsə(r), -z
AM ˈfəsər, -z

fussily
BR ˈfʌsɪli
AM ˈfəsəli

fussiness
BR ˈfʌsɪnɪs
AM ˈfəsɪnɪs

fusspot
BR ˈfʌspɒt, -s
AM ˈfəsˌpɑt, -s

fussy
BR ˈfʌs|i, -ɪə(r), -ɪɪst
AM ˈfəsi, -ər, -ɪst

fustanella
BR ˌfʌstəˈnɛlə(r), -z
AM ˌfəstəˈnɛlə, -z

fustian
BR ˈfʌstɪən
AM ˈfəstʃ(ə)n

fustic
BR ˈfʌstɪk
AM ˈfəstɪk

fustigate
BR ˈfʌstɪgeɪt, -s, -ɪŋ, -ɪd
AM ˈfəstəˌgeɪ|t, -ts, -dɪŋ, -dɪd

fustigation
BR ˌfʌstɪˈgeɪʃn, -z
AM ˌfəstəˈgeɪʃ(ə)n, -z

fustily
BR ˈfʌstɪli
AM ˈfəstəli

fustiness
BR ˈfʌstɪnɪs
AM ˈfəstɪnɪs

fusty
BR ˈfʌst|i, -ɪə(r), -ɪɪst
AM ˈfəsti, -ər, -ɪst

futharc
BR ˈfuːθɑːk
AM ˈfuˌθɑrk

futhorc
BR ˈfuːθɔːk
AM ˈfuˌθɔ(ə)rk

futile
BR ˈfjuːtʌɪl
AM ˈfjudl

futilely
BR ˈfjuːtʌɪlli
AM ˈfjud(l)li

futileness
BR ˈfjuːtʌɪlnɪs
AM ˈfjudlnəs

futilitarian
BR ˌfjuːtɪlɪˈtɛːrɪən
AM fjuˌtɪləˈtɛriən

futility
BR fjuːˈtɪlɪti, fjʊˈtɪlɪti
AM ˈfjuˈtɪlɪdi

futon
BR ˈf(j)uːtɒn, ˌfuːˈtɒn, -z
AM ˈf(j)uˌtɑn, -z

futtock
BR ˈfʌtək, -s
AM ˈfədək, -s

future
BR ˈfjuːtʃə(r), -z
AM ˈfjutʃər, -z

futureless
BR ˈfjuːtʃələs
AM ˈfjutʃərləs

futurism
BR ˈfjuːtʃ(ə)rɪzm
AM ˈfjutʃəˌrɪz(ə)m

futurist
BR ˈfjuːtʃ(ə)rɪst, -s
AM ˈfjutʃəˌrəst, -s

futuristic
BR ˌfjuːtʃəˈrɪstɪk
AM ˌfjutʃəˈrɪstɪk

futuristically
BR ˌfjuːtʃəˈrɪstɪkli
AM ˌfjutʃəˈrɪstək(ə)li

futurity
BR fjʊˈtjʊərɪt|i, fjʊˈtʃʊərɪt|i, fjʊˈtjɔːrɪt|i, fjʊˈtʃɔːrɪt|i, -ɪz
AM fjəˈturədi, fjəˈtʃurədi, fjəˈturədi, -z

futurologist
BR ˌfjuːtʃəˈrɒlədʒɪst, -s
AM ˌfjutʃəˈrɑlədʒəst, -s

futurology
BR ˌfjuːtʃəˈrɒlədʒi
AM ˌfjutʃəˈrɑlədʒi

futz
BR fʌts, -ɪz, -ɪŋ, -t
AM fəts, -əz, -ɪŋ, -t

fuze
BR fjuːz, -ɪz, -ɪŋ, -d
AM fjuz, -əz, -ɪŋ, -d

fuzee
BR fjuːˈziː, -z
AM fjuˈzi, -z

fuzz
BR fʌz
AM fəz

fuzzily
BR ˈfʌzɪli
AM ˈfəzəli

fuzziness
BR ˈfʌzɪnɪs
AM ˈfəzɪnɪs

fuzzy
BR ˈfʌz|i, -ɪə(r), -ɪɪst
AM ˈfəzi, -ər, -ɪst

fuzzy-wuzzy
BR ˈfʌzɪˌwʌz|i, -ɪz
AM ˈfəziˈwəzi, -z

Fyfe
BR fʌɪf
AM faɪf

Fyffe
BR fʌɪf
AM faɪf

Fylde
BR fʌɪld
AM faɪld

fylfot
BR ˈfɪlfɒt, -s
AM ˈfɪlˌfɑt, -s

Fylingdales
BR ˈfʌlɪŋdeɪlz
AM ˈfaɪlɪŋˌdeɪlz

Fyne
BR fʌɪn
AM faɪn

fyrd
BR fɜːd, fɪəd, -z
AM fɪ(ə)rd, fərd, -z

fytte
BR fɪt
AM fɪt

G

g
BR dʒiː, -z
AM dʒi, -z

gab
BR gab, -z, -ɪŋ, -d
AM gæb, -z, -ɪŋ, -d

Gabalfa
BR gəˈbalvə(r), gəˈbalfə(r)
AM gəˈbælfə

gabardine
BR ˈgabədiːn, ˌgabəˈdiːn, -z
AM ˈgæbərˌdin, -z

gabber
BR ˈgabə(r), -z
AM ˈgæbər, -z

Gabbitas
BR ˈgabɪtas
AM ˈgæbədəs

gabble
BR ˈgab|l, -lz, -l̩ŋ\-lŋ, -ld
AM ˈgæb(ə)l, -z, -ɪŋ, -d

gabbler
BR ˈgablə(r), -z
AM ˈgæblər, -z

gabbro
BR ˈgabrəʊ, -z
AM ˈgæbroʊ, -z

gabbroic
BR gaˈbrəʊɪk
AM gəˈbroʊɪk

gabbroid
BR ˈgabrɔɪd
AM ˈgæˌbrɔɪd

gabby
BR ˈgab|i, -ɪə(r), -ɪst
AM ˈgæbi, -ər, -ɪst

gabelle
BR gaˈbɛl, -z
AM gəˈbɛl, -z

gaberdine
BR ˈgabədiːn, ˌgabəˈdiːn, -z
AM ˈgæbərˌdin, -z

gabfest
BR ˈgabfɛst, -s
AM ˈgæbˌfɛst, -s

gabion
BR ˈgeɪbɪən, -z
AM ˈgeɪbiən, -z

gabionade
BR ˌgeɪbɪəˈneɪd, -z
AM ˌgeɪbiəˈneɪd, -z

gabionage
BR ˈgeɪbɪənɪdʒ
AM ˈgeɪbiəˌna(d)ʒ

gable
BR ˈgeɪbl, -z, -d
AM ˈgeɪb(ə)l, -z, -d

gablet
BR ˈgeɪblɪt, -s
AM ˈgeɪblət, -s

Gabo
BR ˈgɑːbəʊ
AM ˈgɑboʊ

Gabon
BR gəˈbɒn
AM gəˈboʊn, gəˈbɑn
FR gabɔ̃

Gabonese
BR ˌgabəˈniːz
AM ˌgæbəˈniz

Gábor
BR gəˈbɔː(r)
AM gəˈbɔ(ə)r
HU ˈgɑːbor

Gaborone
BR ˌgabəˈrəʊni
AM ˌgɑbəˈroʊn

Gabriel
BR ˈgeɪbrɪəl
AM ˈgeɪbriəl

Gabrielle
BR ˌgeɪbrɪˈɛl
AM ˌgæbriˈɛl

gad
BR gad, -z, -ɪŋ, -ɪd
AM gæd, -z, -ɪŋ, -ɪd

gadabout
BR ˈgadəbaʊt, -s
AM ˈgædəˌbaʊt, -s

Gadarene
BR ˈgadəriːn, ˌgadəˈriːn
AM ˌgædəˈrin, ˈgædəˌrin

Gaddafi
BR gəˈdɑːfi, gəˈdafi
AM gəˈdɑfi

gadfly
BR ˈgadflʌɪ, -z
AM ˈgædˌflaɪ, -z

gadget
BR ˈgadʒɪt, -s
AM ˈgædʒət, -s

gadgeteer
BR ˌgadʒɪˈtɪə(r), -z
AM ˌgædʒəˈtɪ(ə)r, -z

gadgetry
BR ˈgadʒɪtri
AM ˈgædʒətri

gadgety
BR ˈgadʒɪti
AM ˈgædʒədi

Gadhelic
BR gaˈdɛlɪk
AM gæˈdɛlɪk, gəˈdɛlɪk

gadid
BR ˈgeɪdɪd, -z
AM ˈgeɪdɪd, -z

gadoid
BR ˈgadɔɪd, -z
AM ˈgæˌdɔɪd, ˈgeɪˌdɔɪd, -z

gadolinite
BR ˈgadlˌɪnʌɪt, gəˈdəʊlɪnʌɪt
AM ˈgædləˌnaɪt

gadolinium
BR ˌgadəˈlɪnɪəm, ˌgadlˈɪnɪəm
AM ˌgædlˈɪniəm

gadroon
BR gəˈdruːn, -z
AM gəˈdrun, -z, -d

gadwall
BR ˈgadwɔːl, -z
AM ˈgæˌdwal, ˈgæˌdwɔl, -z

gadzooks
BR (ˌ)gadˈzuːks
AM gædˈzuks

Gaea
BR ˈdʒiːə(r)
AM ˈdʒiə

Gael
BR geɪl, -z
AM geɪl, -z

Gaeldom
BR ˈgeɪldəm
AM ˈgeɪld(ə)m

Gaelic
BR ˈgeɪlɪk, ˈgalɪk
AM ˈgeɪlɪk

Gaeltacht
BR ˈgeɪltaxt
AM ˈgeɪlˌtækt
IR ˈgeːltəxt

Gaenor
BR ˈgeɪnə(r)
AM ˈgeɪnər

gaff
BR gaf, -s, -ɪŋ, -t
AM gæf, -s, -ɪŋ, -t

gaffe
BR gaf, -s
AM gæf, -s

gaffer
BR ˈgafə(r), -z
AM ˈgæfər, -z

Gaffney
BR ˈgafni
AM ˈgæfni

Gafsa
BR ˈgafsə(r)
AM ˈgæfsə

gag
BR gag, -z, -ɪŋ, -d
AM gæg, -z, -ɪŋ, -d

gaga
BR ˈgɑːgɑː(r)
AM ˈgɑˌgɑ

Gagarin
BR gəˈgɑːrɪn
AM gəˈgɑr(ə)n
RUS gaˈgarʲin

gage
BR geɪdʒ, -ɪz, -ɪŋ, -d
AM geɪdʒ, -ɪz, -ɪŋ, -d

gaggle
BR ˈgagl, -z
AM ˈgæg(ə)l, -z

gagman
BR ˈgagman
AM ˈgægˌmæn

gagmen
BR ˈgagmɛn
AM ˈgægˌmɛn

gagster
BR ˈgagstə(r), -z
AM ˈgægstər, -z

Gaia
BR ˈgʌɪə(r)
AM ˈgaɪə

Gaian
BR ˈgʌɪən, -z
AM ˈgaɪən, -z

gaiety
BR ˈgeɪɪti
AM ˈgaɪɪdi

gaijin
BR (ˌ)gʌɪˈdʒɪn
AM gaɪˈdʒɪn

Gail
BR geɪl
AM geɪl

gaillardia
BR geɪˈlɑːdɪə(r), -z
AM gəˈlɑrd(i)ə, -z

gaily
BR ˈgeɪli
AM ˈgeɪli

gain
BR geɪn, -z, -ɪŋ, -d
AM geɪn, -z, -ɪŋ, -d

gainable
BR ˈgeɪnəbl
AM ˈgeɪnəb(ə)l

gainer
BR ˈgeɪnə(r), -z
AM ˈgeɪnər, -z

Gaines
BR geɪnz
AM geɪnz

gainful
BR ˈgeɪnf(ʊ)l
AM ˈgeɪnf(ə)l

gainfully
BR ˈgeɪnfʊli, ˈgeɪnfl̩i
AM ˈgeɪnfəli

gainfulness
BR ˈgeɪnf(ʊ)lnəs
AM ˈgeɪnfəlnəs

gainings
BR ˈgeɪnɪŋz
AM ˈgeɪnɪŋz

gainsaid
BR ˌgeɪnˈsɛd
AM ˈgeɪnˌseɪd

gainsay
BR ˌgeɪnˈseɪ, -z, -ɪŋ
AM ˌgeɪnˌseɪ, -z, -ɪŋ

gainsayer
BR ˌgeɪnˈseɪə(r), -z
AM ˌgeɪnˌseɪər, -z

Gainsborough
BR ˈgeɪnzb(ə)rə(r)
AM ˈgeɪnzbərə

'gainst
BR gɛnst, geɪnst
AM geɪnst, gɛnst

Gairloch
BR ˈgɛːlɒx, ˈgɛːlɒk
AM ˈgɛrlɑk

gait
BR geɪt, -s
AM geɪt, -s

gaiter
BR ˈgeɪtə(r), -z, -d
AM ˈgeɪdər, -z, -d

Gaitskell
BR ˈgeɪtskɪl
AM ˈgeɪtsk(ə)l

Gaius
BR ˈgʌɪəs
AM ˈgaɪəs

gal
BR gal, -z
AM gæl, -z

gala
BR ˈgɑːlə(r), ˈgeɪlə(r), -z
AM ˈgælə, ˈgeɪlə, -z

galactagogue
BR gəˈlaktəgɒg, -z
AM gəˈlæktəˌgɑg, -z

galactic
BR gəˈlaktɪk
AM gəˈlæktɪk

galactogogue
BR gəˈlaktəgɒg, -z
AM gəˈlæktəˌgɑg, -z

galactose
BR gəˈlaktəʊz, gəˈlaktəʊs
AM gəˈlækˌtoʊz, gəˈlækˌtoʊs

galago
BR gəˈleɪgəʊ, -z
AM gəˈlagoʊ, ˈgælə,goʊ, gəˈleɪgoʊ, -z

galah
BR gəˈlɑː(r), -z
AM gəˈlɑ, -z

Galahad
BR ˈgaləhad
AM ˈgæləˌhæd

galantine
BR ˈgaln̩tiːn, ˌgaln̩ˈtiːn, -z
AM ˈgælənˌtin, -z

galanty show
BR gəˈlantɪ ʃəʊ, -z
AM gəˈlæn(t)i ˌʃoʊ, -z

Galapagos
BR gəˈlapəgəs
AM gəˈlapəgəs, gəˈlapəˌgoʊs

Galashiels
BR ˌgaləˈʃiːlz
AM ˌgæləˈʃilz

Galatea
BR ˌgaləˈtɪə(r)
AM ˌgæləˈtiə

Galatia
BR gəˈleɪʃ(ɪ)ə(r)
AM gəˈleɪʃ(i)ə

Galatian
BR gəˈleɪʃ(ə)n, -z
AM gəˈleɪʃ(i)ən, -z

galaxy
BR ˈgaləksǀi, -ɪz
AM ˈgæləksi, -z

Galba
BR ˈgalbə(r)
AM ˈgælbə

galbanum
BR ˈgalbənəm
AM ˈgælbən(ə)m

Galbraith
BR galˈbreɪθ
AM ˈgælˌbreɪθ

gale
BR geɪl, -z
AM geɪl, -z

galea
BR ˈgeɪlɪə(r), -z
AM ˈgeɪliə, -z

galeae
BR ˈgeɪlɪʌɪ
AM ˈgeɪliˌaɪ, ˈgeɪliˌi

galeate
BR ˈgeɪlɪət
AM ˈgeɪliət

galeated
BR ˈgeɪlɪeɪtɪd
AM ˈgeɪliˌeɪdɪd

Galen
BR ˈgeɪlɪn
AM ˈgeɪl(ə)n

galena
BR gəˈliːnə(r)
AM gəˈlinə

galenic
BR gəˈlɛnɪk
AM gəˈlɛnɪk, geɪˈlɛnɪk

galenical
BR gəˈlɛnɪkl
AM gəˈlɛnək(ə)l, geɪˈlɛnək(ə)l

galette
BR gəˈlɛt, -s
AM gəˈlɛt, -s

Galicia
BR gəˈlɪsɪə(r), gəˈlɪʃ(ɪ)ə(r)
AM gəˈlɪʃə
SP gaˈliθja, gaˈlisja

Galician
BR gəˈlɪsɪən, gəˈlɪʃən, gəˈlɪʃn, -z
AM gəˈlɪʃ(ə)n, -z

Galilean
BR ˌgalɪˈliːən
AM ˌgæləˈliən

Galilee
BR ˈgalɪliː, -z
AM ˈgælə,li, -z

Galileo
BR ˌgalɪˈleɪəʊ
AM ˌgæləˈleɪoʊ

galimatias
BR ˌgalɪˈmatɪəs, ˌgalɪˈmeɪʃəs
AM ˌgæləˈmædiəs, ˌgæləˈmeɪʃəs

galingale
BR ˈgalɪŋgeɪl, -z
AM ˈgælənˌgeɪl, -z

galiot
BR ˈgalɪət, -s
AM ˈgæliˌɑt, ˈgæliət, -s

galipot
BR ˈgalɪpɒt
AM ˈgæliˌpɑt

gall
BR gɔːl, -z, -ɪŋ, -d
AM gɑl, gɔl, -z, -ɪŋ, -d

Galla
BR ˈgalə(r), -z
AM ˈgalə, ˈgælə, -z

Gallacher
BR ˈgaləhə(r), ˈgaləxə(r)
AM ˈgæləkər

Gallagher
BR ˈgaləhə(r), ˈgaləxə(r), ˈgaləgə(r)
AM ˈgæləgər

Gallaher
BR ˈgaləhə(r), ˈgaləxə(r)
AM ˈgælə,hər

gallant[1] *adjective, brave, splendid*
BR ˈgalnt
AM ˈgæl(ə)nt

gallant[2] *noun, adjective, courteous*
BR ˈgalnt, gəˈlant, -s
AM gəˈlant, ˈgæl(ə)nt, gəˈlænt, -s

gallant[3] *verb*
BR gəˈlant, -s, -ɪŋ, -ɪd
AM gəˈlan|t, gəˈlæn|t, -ts, -(t)ɪŋ, -(t)əd

gallantly
BR ˈgalntli
AM ˈgælən(t)li

gallantry
BR ˈgalntri
AM ˈgæləntri

Galle
BR ˈgɔːl
AM ˈgɑl, ˈgɔl

galleon
BR ˈgalɪən, -z
AM ˈgælj(ə)n, ˈgæliən, -z

galleria
BR ˌgaləˈriːə(r), -z
AM ˌgæləˈriə, -z

gallery
BR ˈgal(ə)r|i, -ɪz, -d
AM ˈgæl(ə)ri, -z, -d

galleryite
BR ˈgalərɪʌɪt, -s
AM ˈgæl(ə)riˌaɪt, -s

galley
BR ˈgal|i, -ɪz
AM ˈgæli, -z

galliambic
BR ˌgalɪˈambɪk, -s
AM ˌgæliˈæmbɪk, -s

galliard
BR ˈgalɪɑːd, -z
AM ˈgæljərd, -z

Gallic
BR ˈgalɪk
AM ˈgælɪk

Gallican
BR ˈgalɪk(ə)n, -z
AM ˈgælək(ə)n, -z

Gallicanism
BR ˈgalɪkn̩ɪzm
AM ˈgæləkəˌnɪz(ə)m

gallice
BR ˈgalɪsiː
AM ˈgæləs

Gallicise
BR ˈgalɪsʌɪz, -ɪz, -ɪŋ, -d
AM ˈgæləˌsaɪz, -ɪz, -ɪŋ, -d

Gallicism
BR ˈgalɪsɪzm, -z
AM ˈgæləˌsɪz(ə)m, -z

Gallicize
BR ˈgalɪsʌɪz, -ɪz, -ɪŋ, -d
AM ˈgæləˌsaɪz, -ɪz, -ɪŋ, -d

galligaskins
BR ˈgalɪˌgaskɪnz
AM ˈgæliˈgæskənz, ˌgæləˈgæskənz

gallimaufry
BR ˌgalɪˈmɔːfr|i, -ɪz
AM ˌgæləˈmɑfri, ˌgæləˈmɔfri, ɪz

gallinaceous
BR ˌgalɪˈneɪʃəs
AM ˌgæləˈneɪʃəs

gallingly
BR ˈgɔːlɪŋli
AM ˈgɑlɪŋli, ˈgɔlɪŋli

gallinule
BR ˈgalɪnjuːl, -z
AM ˈgæləˌn(j)ul, -z

galliot
BR ˈgalɪət, -s
AM ˈgæliˌɑt, ˈgæliət, -s

Gallipoli
BR gəˈlɪpli
AM gəˈlɪp(ə)li

gallipot
BR ˈgalɪpɒt, -s
AM ˈgæləˌpɑt, -s

gallium
BR ˈgalɪəm
AM ˈgæliəm

gallivant
BR ˈgalɪvant, -s, -ɪŋ, -ɪd
AM ˌgæləˌvæn|t, -ts, -(t)ɪŋ, -(t)əd

galliwasp
BR ˈgalɪwɒsp, -s
AM ˈgæləˌwɑsp, -s

gallnut
BR ˈgalnʌt, -s
AM ˈgæl,nət, -s

Gallo-
BR ˈgaləʊ
AM ˈgæloʊ

Gallo
BR ˈgaləʊ
AM ˈgæloʊ

Gallois
BR ˈgalwɑː(r)
AM gɑlˈwa
FR galwa

Gallomania
BR ˌgalə(ʊ)ˈmeɪnɪə(r)
AM ˌgæloʊˈmeɪniə

Gallomaniac
BR ˌgalə(ʊ)ˈmeɪnɪak, -s
AM ˌgæloʊˈmeɪniˌæk, -s

gallon
BR ˈgalən, -z
AM ˈgæl(ə)n, -z

gallonage
BR ˈgalən|ɪdʒ, -ɪdʒɪz
AM ˈgælənɪdʒ, -ɪz

galloon
BR gəˈluːn
AM gəˈlun

gallop
BR ˈgaləp, -s, -ɪŋ, -t
AM ˈgæləp, -s, -ɪŋ, -t

galloper
BR ˈgaləpə(r), -z
AM ˈgæləpər, -z

Gallophile
BR ˈgalə(ʊ)fʌɪl, -z
AM ˈgæləˌfaɪl, -z

Gallophobe
BR ˈgalə(ʊ)fəʊb, -z
AM ˈgæləˌfoʊb, -z

Gallophobia
BR ˌgalə(ʊ)ˈfəʊbɪə(r)
AM ˌgæləˈfoʊbiə

Gallo-Roman
BR ˌgaləʊˈrəʊmən, -z
AM ˌgæloʊˈroʊm(ə)n, -z

galloway
BR ˈgaləweɪ, -z
AM ˈgæləˌweɪ, -z

gallowglass
BR ˈgaləʊglɑːs, -ɪz
AM ˈgæloʊˌglæs, -əz

gallows
BR ˈgaləʊz
AM ˈgæloʊz

gallstone
BR ˈgɔːlstəʊn, -z
AM ˈgɑlˌstoʊn, ˈgɔlˌstoʊn, -z

Gallup
BR ˈgaləp
AM ˈgæləp

galluses
BR ˈgaləsɪz
AM ˈgæləsəz

gall-wasp
BR ˈgɔːlwɒsp, -s
AM ˈgɑlˌwɑsp, ˈgɔlˌwɑsp, -s

galoot
BR gəˈluːt, -s
AM gəˈlut, -s

galop
BR ˈgaləp, -s, -ɪŋ, -t
AM ˈgæləp, -s, -ɪŋ, -t

galore
BR gəˈlɔː(r)
AM gəˈlɔ(ə)r

galosh
BR gəˈlɒʃ, -ɪz
AM gəˈlɑʃ, -əz

Galsworthy
BR ˈgɔːlzˌwəːði
AM ˈgɑlzˌwərði, ˈgɔlzˌwərði

Galt
BR gɔːlt, gɒlt
AM ˈgɑlt, ˈgɔlt

Galton
BR ˈgɔːlt(ə)n, ˈgɒlt(ə)n
AM ˈgɑlt(ə)n, ˈgɔlt(ə)n

galumph
BR gəˈlʌmf, -s, -ɪŋ, -t
AM gəˈləm(p)f, -s, -ɪŋ, -t

Galvani
BR galˈvɑːni
AM gælˈvɑni
IT galˈvani

galvanic
BR galˈvanɪk
AM gælˈvænɪk

galvanically
BR galˈvanɪkli
AM gælˈvænək(ə)li

galvanise
BR ˈgalvənʌɪz, -ɪz, -ɪŋ, -d
AM ˈgælvəˌnaɪz, -ɪz, -ɪŋ, -d

galvaniser
BR ˈgalvənʌɪzə(r), -z
AM ˈgælvəˌnaɪzər, -z

galvanism
BR ˈgalvənɪzm
AM ˈgælvəˌnɪz(ə)m

galvanist
BR ˈgalvənɪst, -s
AM ˈgælvənəst, -s

galvanization
BR ˌgalvənʌɪˈzeɪʃn
AM ˌgælvəˌnaɪˈzeɪʃ(ə)n, ˌgælvənəˈzeɪʃ(ə)n

galvanize
BR ˈgalvənʌɪz, -ɪz, -ɪŋ, -d
AM ˈgælvəˌnaɪz, -ɪz, -ɪŋ, -d

galvanizer
BR ˈgalvənʌɪzə(r), -z
AM ˈgælvəˌnaɪzər, -z

galvanometer
BR ˌgalvəˈnɒmɪtə(r), -z
AM ˌgælvəˈnɑmədər, -z

galvanometric
BR ˌgalvn̩ˈmɛtrɪk
AM ˌgælvənəˈmɛtrɪk

Galveston
BR ˈgalvɪst(ə)n
AM ˈgælvəst(ə)n

galvo
BR ˈgalvəʊ, -z
AM ˈgælˌvoʊ, -z

Galway
BR ˈgɔːlweɪ
AM ˈgɑlˌweɪ, ˈgɔlˌweɪ

gam
BR gam, -z
AM gæm, -z

Gama, da
BR də ˈgɑːmə(r)
AM də ˈgæmə

Gamage
BR ˈgamɪdʒ
AM ˈgæmɪdʒ

Gamaliel
BR gəˈmeɪlɪəl
AM gəˈmeɪlɪəl

gamay
BR ˈgameɪ, -z
AM gæˈmeɪ, -z

gamba
BR ˈgambə(r), -z
AM ˈgɑmbə, ˈgæmbə, -z

Gambaccini
BR ˌgambəˈtʃiːni
AM ˌgæmbəˈtʃini

gambade
BR gamˈbeɪd, gamˈbɑːd, -z
AM gæmˈbɑd, gæmˈbeɪd, -z

gambado
BR gamˈbeɪdəʊ, gamˈbɑːdəʊ, -z
AM gæmˈbɑˌdoʊ, gæmˈbeɪˌdoʊ, -z

Gambia
BR ˈgambɪə(r)
AM ˈgæmbɪə

Gambian
BR ˈgambɪən, -z
AM ˈgæmbɪən, -z

gambier
BR ˈgambɪə(r), -z
AM ˈgæmˌbɪ(ə)r, -z

gambit
BR ˈgambɪt, -s
AM ˈgæmbət, -s

gamble
BR ˈgamb|l, -lz, -lɪŋ\-lɪŋ, -ld
AM ˈgæmb(ə)l, -z, -ɪŋ, -d

gambler
BR ˈgamblə(r), -z
AM ˈgæmblər, -z

gamboge
BR gamˈbəʊ(d)ʒ, gamˈbuːʒ
AM gæmˈbuʒ, gæmˈboʊdʒ

gambol
BR ˈgamb|l, -lz, -lɪŋ\-lɪŋ, -ld
AM ˈgæmb(ə)l, -z, -ɪŋ, -d

gambrel
BR ˈgambr(ə)l, -z
AM ˈgæmbr(ə)l, -z

game
BR geɪm, -z, -ɪŋ, -d, -ə(r), -ɪst
AM geɪm, -z, -ɪŋ, -d, -ər, -ɪst

gamebook
BR ˈgeɪmbʊk, -s
AM ˈgeɪmˌbʊk, -s

gamecock
BR ˈgeɪmkɒk, -s
AM ˈgeɪmˌkɑk, -s

gamefowl
BR ˈgeɪmfaʊl, -z
AM ˈgeɪmˌfaʊl, -z

gamekeeper
BR ˈgeɪmˌkiːpə(r), -z
AM ˈgeɪmˌkipər, -z

gamekeeping
BR ˈgeɪmˌkiːpɪŋ
AM ˈgeɪmˌkipɪŋ

gamelan
BR ˈgamɪlan
AM ˈgæməˌlæn

gamely
BR ˈgeɪmli
AM ˈgeɪmli

gameness
BR ˈgeɪmnɪs
AM ˈgeɪmnɪs

gamesman
BR ˈgeɪmzmən
AM ˈgeɪmzm(ə)n

gamesmanship
BR ˈgeɪmzmənʃɪp
AM ˈgeɪmzmənˌʃɪp

gamesmen
BR ˈgeɪmzmən
AM ˈgeɪmzm(ə)n

gamesome
BR ˈgeɪms(ə)m
AM ˈgeɪms(ə)m

gamesomely
BR ˈgeɪms(ə)mli
AM ˈgeɪmsəmli

gamesomeness
BR ˈgeɪms(ə)mnəs
AM ˈgeɪmsəmnəs

gamesplayer
BR ˈgeɪmzˌpleɪə(r), -z
AM ˈgeɪmzˌpleɪər, -z

gamester
BR ˈgeɪmstə(r), -z
AM ˈgeɪmstər, -z

gametangia
BR ˌgamɪˈtan(d)ʒ(i)ə(r)
AM ˌgæməˈtændʒ(i)ə

gametangium
BR ˌgamɪˈtan(d)ʒɪəm
AM ˌgæməˈtændʒiəm

gamete
BR ˈgamiːt, gaˈmiːt
AM gəˈmit, ˈgæm,it

gametic
BR gaˈmetɪk
AM gəˈmedɪk

gametocyte
BR gəˈmiːtə(ʊ)sʌɪt,
ˈgamɪtəsʌɪt, -s
AM gəˈmidəˌsaɪt, -s

gametogenesis
BR gəˌmiːtə(ʊ)-
ˈdʒenɪsɪs,
ˌgamɪtə(ʊ)ˈdʒenɪsɪs
AM ˌgæmedoʊ-
ˈdʒenəsəs,
gəˌmidəˈdʒenəsəs

gametophyte
BR gəˈmiːtə(ʊ)fʌɪt,
ˈgamɪtəfʌɪt, -s
AM gəˈmidəˌfaɪt, -s

gametophytic
BR gəˌmiːtə(ʊ)ˈfɪtɪk,
ˌgamɪtə(ʊ)ˈfɪtɪk
AM gəˌmidəˈfɪdɪk

gamey
BR ˈgeɪm|i, -ɪə(r),
-ɪɪst
AM ˈgeɪmi, -ər, -ɪst

gamily
BR ˈgeɪmɪli
AM ˈgeɪmɪli

gamin
BR ˈgamɪn, -z
AM ˈgæm(ə)n, -z
FR gamɛ̃

gamine
BR ˈgamiːn, -z
AM ˈgæmin, -z
FR gamin

gaminess
BR ˈgeɪmɪnɪs
AM ˈgeɪmɪnɪs

gamma
BR ˈgamə(r), -z
AM ˈgæmə, -z

gammadion
BR gaˈmeɪdɪən,
gaˈmadɪən, -z
AM gəˈmædiˌɑn,
gəˈmeɪdɪən,
gəˈmædɪən,
gæˈmeɪdiˌɑn,
gæˈmædiˌɑn,
gæˈmeɪdɪən,
gæˈmædɪən,
gəˈmeɪdiˌɑn, -z

gammer
BR ˈgamə(r), -z
AM ˈgæmər, -z

gamminess
BR ˈgamɪnɪs
AM ˈgæmɪnɪs

gammon
BR ˈgam(ə)n, -z
AM ˈgæm(ə)n, -z

gammy
BR ˈgam|i, -ɪə(r), -ɪɪst
AM ˈgæmi, -ər, -ɪst

Gamow
BR ˈgamoʊ
AM ˈgæˌmoʊ
RUS ˈgaməf

gamp
BR gamp, -s
AM gæmp, -s

gamut
BR ˈgamət, -s
AM ˈgæmət, -s

gamy
BR ˈgeɪm|i, -ɪə(r),
-ɪɪst
AM ˈgeɪmi, -ər, -ɪst

ganache
BR gaˈnaʃ
AM gəˈnɑʃ

Gand
BR gand
AM gænd

gander
BR ˈgandə(r), -z
AM ˈgændər, -z

Gandhi
BR ˈgandi, ˈgɑːndi
AM ˈgɑndi

Ganesha
BR gəˈneɪʃə(r)
AM gəˈneɪʃə

gang
BR gaŋ, -z, -ɪŋ, -d
AM gæŋ, -z,
-ɪŋ, -d

gangboard
BR ˈgaŋbɔːd, -z
AM ˈgæŋˌbɔ(ə)rd, -z

gangbuster
BR ˈgaŋˌbʌstə(r),
-z
AM ˈgæŋˌbəstər, -z

ganger
BR ˈgaŋə(r), -z
AM ˈgæŋər, -z

Ganges
BR ˈgandʒiːz
AM ˈgænˌdʒiz

Gangetic
BR ganˈdʒetɪk
AM gænˈdʒɛdɪk

gangland
BR ˈgaŋland
AM ˈgæŋˌlænd

gangle
BR ˈgaŋg|l, -lz,
-lɪŋ\-lɪŋ, -ld
AM ˈgæŋg(ə)l, -z,
-ɪŋ, -d

ganglia
BR ˈgaŋglɪə(r)
AM ˈgæŋglɪə

gangliar
BR ˈgaŋglɪə(r)
AM ˈgæŋglɪər

gangliform
BR ˈgaŋglɪfɔːm
AM ˈgæŋgləˌfɔ(ə)rm

gangling
BR ˈgaŋglɪŋ
AM ˈgæŋglɪŋ

ganglion
BR ˈgaŋglɪən, -z
AM ˈgæŋglɪən, -z

ganglionated
BR ˈgaŋglɪəneɪtɪd
AM ˈgæŋglɪəˌneɪdɪd

ganglionic
BR ˌgaŋglɪˈɒnɪk
AM ˌgæŋgliˈɑnɪk

gangly
BR ˈgaŋgl|i, -ɪə(r), -ɪɪst
AM ˈgæŋgli, -ər, -ɪst

gangplank
BR ˈgaŋplaŋk, -s
AM ˈgæŋˌplæŋk, -s

gangrene
BR ˈgaŋgriːn
AM ˈgæŋgrin

gangrenous
BR ˈgaŋgrɪnəs
AM ˈgæŋgrənəs

gangster
BR ˈgaŋstə(r), -z
AM ˈgæŋgstər, -z

gangsterism
BR ˈgaŋst(ə)rɪzm
AM ˈgæŋgstəˌrɪz(ə)m

gangue
BR gaŋ
AM gæŋ

gangway
BR ˈgaŋweɪ, -z
AM ˈgæŋˌweɪ, -z

ganister
BR ˈganɪstə(r)
AM ˈgænəstər

ganja
BR ˈgandʒə(r)
AM ˈgændʒə,
ˈgɑndʒə

gannet
BR ˈganɪt, -s
AM ˈgænət, -s

gannetry
BR ˈganɪtr|i, -ɪz
AM ˈgænətri, -z

Gannex
BR ˈganɛks
AM ˈgænəks

gannister
BR ˈganɪstə(r)
AM ˈgænəstər

Gannon
BR ˈganən
AM ˈgænən

ganoid
BR ˈganɔɪd, -z
AM ˈgæˌnɔɪd, -z

gantlet
BR ˈgantlɪt, ˈgɔːntlɪt, -s
AM ˈgantlət, ˈgɔntlət, -s

gantry
BR ˈgæntr|i, -ɪz
AM ˈgæntri, -z

Ganymede
BR ˈgænɪmiːd
AM ˈgænəˌmid

gaol
BR dʒeɪl, -z, -ɪŋ, -d
AM dʒeɪl, -z, -ɪŋ, -d

gaolbird
BR ˈdʒeɪlbəːd, -z
AM ˈdʒeɪlˌbɝd, -z

gaoler
BR ˈdʒeɪlə(r), -z
AM ˈdʒeɪlɚ, -z

gap
BR gæp, -s, -ɪŋ, -t
AM gæp, -s, -ɪŋ, -t

gape
BR geɪp, -s, -ɪŋ, -t
AM geɪp, -s, -ɪŋ, -t

gaper
BR ˈgeɪpə(r), -z
AM ˈgeɪpɚ, -z

gapeworm
BR ˈgeɪpwəːm, -z
AM ˈgeɪpˌwɝm, -z

gapingly
BR ˈgeɪpɪŋli
AM ˈgeɪpɪŋli

gappy
BR ˈgæp|i, -ɪə(r), -ɪɪst
AM ˈgæpi, -ɚ, -ɪst

gar
BR gɑː(r)
AM gɑr

garage
BR ˈgærɑː(d)ʒ,
ˈgærɪdʒ, gəˈrɑː(d)ʒ,
ˈgærɑː(d)ʒɪz\
ˈgærɪdʒɪz\
gəˈrɑː(d)ʒɪz,
ˈgærɑː(d)ʒɪŋ\
ˈgærɪdʒɪŋ\
gəˈrɑː(d)ʒɪŋ,
ˈgærɑː(d)ʒd\
ˈgærɪdʒd\
gəˈrɑː(d)ʒd
AM gəˈrɑʒ, -əz, -ɪŋ, -t

garam masala
BR ˌgɑːrəm məˈsɑːlə(r)
AM ˌgɑrəm məˈsɑlə

Garard
BR ˈgɑrɑːd
AM ˈgɛrɑrd

garb
BR gɑːb, -z, -d
AM gɑrb, -z, -d

garbage
BR ˈgɑːbɪdʒ
AM ˈgɑrbɪdʒ

garbanzo
BR gɑːˈbænzəʊ, -z
AM gɑrˈbænzoʊ, -z

Garbett
BR ˈgɑːbɪt
AM ˈgɑrbət

garble
BR ˈgɑːb|l, -lz,
-lɪŋ\-lɪŋ, -ld
AM ˈgɑrb(ə)l, -z, -ɪŋ, -d

garbler
BR ˈgɑːblə(r), -z
AM ˈgɑrb(ə)lɚ, -z

Garbo
BR ˈgɑːbəʊ
AM ˈgɑrˌboʊ

garboard
BR ˈgɑːbɔːd, -z
AM ˈgɑrˌbɔ(ə)rd, -z

García
BR gɑːˈsiːə(r)
AM gɑrˈsiə
SP garˈθia, garˈsia

garçon
BR ˈgɑːsɒn, ˈgɑːsɒ̃, -z
AM gɑrˈsɔn, -z
FR gaʁsɔ̃

Garda
BR ˈgɑːdə(r)
AM ˈgɑrdə

Gardaí
BR (ˌ)gɑːˈdiː
AM gɑrˈdi

garden
BR ˈgɑːd|n, -nz,
-n̩ɪŋ\-nɪŋ, -nd
AM ˈgɑrd(ə)n, -z, -ɪŋ, -d

gardener
BR ˈgɑːdnə(r),
ˈgɑːdnə(r), -z
AM ˈgɑrdn̩ɚ, -z

gardenesque
BR ˌgɑːdnˈɛsk
AM ˌgɑrdnˈɛsk

gardenia
BR gɑːˈdiːniə(r), -z
AM gɑrˈdinjə, -z

Gardiner
BR ˈgɑːdnə(r)
AM ˈgɑrd(ə)nɚ

Gardner
BR ˈgɑːdnə(r)
AM ˈgɑrdnɚ

Gardyne
BR gɑːˈdʌɪn, ˈgɑːdʌɪn
AM ˈgɑrdaɪn

Gareloch
BR ˈgɛːlɒx, ˈgɛːlɒk
AM ˈgɛrlɑk

Gareth
BR ˈgærəθ
AM ˈgɛrəθ

Garfield
BR ˈgɑːfiːld
AM ˈgɑrˌfild

garfish
BR ˈgɑːfɪʃ
AM ˈgɑrˌfɪʃ

Garforth
BR ˈgɑːfɔːθ, ˈgɑːfəθ
AM ˈgɑrˌfɔ(ə)rθ

Garfunkel
BR gɑːˈfʌŋkl,
ˈgɑːˌfʌŋkl
AM ˈgɑrˌfəŋk(ə)l

garganey
BR ˈgɑːgn̩|i, -ɪz
AM ˈgɑrgəni, -z

Gargantua
BR gɑːˈgæntjʊə(r),
gɑːˈgæntʃʊə(r)
AM ˌgɑrˈgæn(t)ʃuə

gargantuan
BR gɑːˈgæntjʊən,
gɑːˈgæntʃʊən
AM gɑrˈgæn(t)ʃ(əw)ən

garget
BR ˈgɑːgɪt
AM ˈgɑrgət

gargle
BR ˈgɑːg|l, -lz,
-lɪŋ\-lɪŋ, -ld
AM ˈgɑrg(ə)l, -z, -ɪŋ, -d

gargoyle
BR ˈgɑːgɔɪl, -z
AM ˈgɑrˌgɔɪl, -z

gargoylism
BR ˈgɑːgɔɪlɪzm
AM ˈgɑrˌgɔɪˌlɪz(ə)m

Garibaldi
BR ˌgærɪˈbɔːldi,
ˌgærɪˈbɒldi,
ˌgærɪˈbaldi
AM ˌgɛrəˈbaldi,
ˌgɛrəˈbɔldi

garish
BR ˈgɛːrɪʃ, ˈgærɪʃ
AM ˈgɛrɪʃ

garishly
BR ˈgɛːrɪʃli, ˈgærɪʃli
AM ˈgɛrəʃli

garishness
BR ˈgɛːrɪʃnɪs, ˈgærɪʃnɪs
AM ˈgɛrɪʃnɪs

garland
BR ˈgɑːlənd, -z, -ɪŋ, -ɪd
AM ˈgɑrlən(d), -z, -ɪŋ, -əd

garlic
BR ˈgɑːlɪk
AM ˈgɑrlɪk

garlicky
BR ˈgɑːlɪki
AM ˈgɑrlɪki

Garman
BR ˈgɑːmən
AM ˈgɑrm(ə)n

garment
BR ˈgɑːm(ə)nt, -s, -ɪd
AM ˈgɑrmən|t, -ts, -(t)əd

Garmondsway
BR ˈgɑːmən(d)zweɪ
AM ˈgɑrmənzˌweɪ

Garmonsway
BR ˈgɑːmənzweɪ
AM ˈgɑrmənzˌweɪ

garner
BR ˈgɑːn|ə(r), -əz,
-(ə)rɪŋ, -əd
AM ˈgɑrnɚ, -z, -ɪŋ, -d

garnet
BR ˈgɑːnɪt, -s
AM ˈgɑrnət, -s

Garnett
BR ˈgɑːnɪt
AM ˈgɑrnət

garnish
BR ˈgɑːn|ɪʃ, -ɪʃiz,
-ɪʃɪŋ, -ɪʃt
AM ˈgɑrnɪʃ, -ɪz,
-ɪŋ, -t

garnishee
BR ˌgɑːnɪˈʃiː, -z
AM ˌgɑrnɪˈʃi, -z

garnishing
BR ˈgɑːnɪʃɪŋ, -z
AM ˈgɑrnɪ|ɪŋ, -z

garnishment
BR ˈgɑːnɪʃm(ə)nt
AM ˈgɑrnɪʃm(ə)nt

garniture
BR ˈgɑːnɪtʃə(r)
AM ˈgɑrnətʃər,
ˈgɑrnətʃʊ(ə)r

Garonne
BR gəˈrɒn
AM gəˈrɔn, gəˈrɑn

garotte
BR gəˈrɒt, -s,
-ɪŋ, -ɪd
AM gəˈrɑ|t, -ts, -dɪŋ,
-dəd

garpike
BR ˈgɑːpʌɪk
AM ˈgærˌpaɪk

Garrard
BR ˈgarɑːd
AM gəˈrɑrd

Garratt
BR ˈgarət
AM ˈgɛrət

garret
BR ˈgarət, -s
AM ˈgɛrət, -s

garreteer
BR ˌgarɪˈtiːə(r), -z
AM ˌgɛrəˈtɪ(ə)r, -z

Garrick
BR ˈgarɪk
AM ˈgɛrɪk

garrison
BR ˈgarɪs(ə)n, -z,
-ɪŋ, -d
AM ˈgɛrəs(ə)n, -z,
-ɪŋ, -d

garrote
BR gəˈrɒt, -s, -ɪŋ, -ɪd
AM gəˈrɑ|t, -ts, -dɪŋ,
-dəd

garrotte
BR gəˈrɒt, -s, -ɪŋ, -ɪd
AM gəˈrɑ|t, -ts, -dɪŋ,
-dəd

garrotter
BR gəˈrɒtə(r), -z
AM gəˈrɑdər, -z

garrulity
BR gəˈr(j)uːlɪti,
gaˈr(j)uːlɪti
AM gəˈrulədi

garrulous
BR ˈgar(j)ʊləs
AM ˈgɛrələs

garrulously
BR ˈgar(j)ʊləsli
AM ˈgɛrələsli

garrulousness
BR ˈgar(j)ʊləsnəs
AM ˈgɛrələsnəs

Garry
BR ˈgari
AM ˈgɛri

garrya
BR ˈgarɪə(r), -z
AM ˈgɛrɪə, -z

garter
BR ˈgɑːt|ə(r), -əz,
-(ə)rɪŋ, -əd
AM ˈgɑrdər, -z, -ɪŋ, -d

garth
BR gɑːθ, -s
AM gɑrθ, -s

garuda
BR ˈgarʊdə(r), -z
AM gəˈrudə, -z

Garvey
BR ˈgɑːvi
AM ˈgɑrvi

Gary
BR ˈgari
AM ˈgɛri

Garza
BR ˈgɑːzə(r)
AM ˈgɑrzə

gas
BR gas, -ɪz, -ɪŋ, -t
AM gæs, -əz, -ɪŋ, -t

gasbag
BR ˈgasbag, -z
AM ˈgæsˌbæg, -z

gas chamber
BR ˈgas ˌtʃeɪmbə(r), -z
AM ˈgæs ˌtʃeɪmbər,
-z

Gascogne
BR ˈgaskɔɪn
AM gæsˈkɔɪn
FR gaskɔɲ

Gascoigne
BR ˈgaskɔɪn
AM gæsˈkɔɪn

Gascoin
BR ˈgaskɔɪn
AM gæsˈkɔɪn

Gascoine
BR ˈgaskɔɪn
AM gæsˈkɔɪn

Gascon
BR ˈgaskən, -z
AM ˈgæsk(ə)n, -z
FR gaskɔ̃

gasconade
BR ˌgaskəˈneɪd, -z,
-ɪŋ, -ɪd
AM ˌgæskəˈneɪd, -z,
-ɪŋ, -ɪd

Gascony
BR ˈgaskəni
AM ˈgæskəni

gas-electric
BR ˌgasɪˈlɛktrɪk
AM ˌgæsəˈlɛktrɪk

gaseous
BR ˈgasɪəs, ˈgeɪsɪəs
AM ˈgæsiəs, ˈgæʃ(j)əs

gaseousness
BR ˈgasɪəsnəs,
ˈgeɪsɪəsnəs
AM ˈgæsiəsnəs,
ˈgæʃ(j)əsnəs

gasfield
BR ˈgasfiːld, -z
AM ˈgæsˌfild, -z

gash
BR gaʃ, -ɪz, -ɪŋ, -t
AM gæʃ, -əz, -ɪŋ, -t

gasholder
BR ˈgasˌhəʊldə(r), -z
AM ˈgæsˌ(h)oʊldər, -z

gashouse
BR ˈgashaʊ|s, -zɪz
AM ˈgæsˌ(h)aʊ|s, -zəz

gasification
BR ˌgasɪfɪˈkeɪʃn
AM ˌgæsəfəˈkeɪʃ(ə)n

gasify
BR ˈgasɪfʌɪ, -z,
-ɪŋ, -d
AM ˈgæsəˌfaɪ, -z, -ɪŋ,
-d

Gaskell
BR ˈgaskl
AM ˈgæsk(ə)l

gasket
BR ˈgaskɪt, -s
AM ˈgæskət, -s

gaskin
BR ˈgaskɪn, -z
AM ˈgæskən, -z

gaslamp
BR ˈgaslamp, -s
AM ˈgæsˌlæmp, -s

gaslight
BR ˈgaslʌɪt
AM ˈgæsˌlaɪt

gasman
BR ˈgasman
AM ˈgæsm(ə)n

gasmen
BR ˈgasmɛn
AM ˈgæsm(ə)n

gasohol
BR ˈgasəhɒl
AM ˈgæsəˌhɑl,
ˈgæsəˌhɔl

gasolene
BR ˈgasəliːn,
ˌgasəˈliːn
AM ˌgæsəˈlin,
ˈgæsəlin

gasoline
BR ˈgasəliːn,
ˌgasəˈliːn
AM ˌgæsəˈlin,
ˈgæsəlin

gasometer
BR gaˈsɒmɪtə(r), -z
AM gæˈsɑmədər, -z

gasp
BR gɑːsp, -s, -ɪŋ, -t
AM gæsp, -s, -ɪŋ, -t

gasper
BR ˈgɑːspə(r), -z
AM ˈgæspər, -z

gaspereau
BR ˈgaspərəʊ, -z
AM ˈgæspəroʊ, -z
FR gaspəʀo

gaspereaux
BR ˈgaspərəʊz
AM ˈgæspəroʊ

gasproof
BR ˈgaspruːf
AM ˈgæsˌpruf

Gassendi
BR gəˈsɛndi
AM gəˈsɛndi

gasser
BR ˈgasə(r), -z
AM ˈgæsər, -z

gassiness
BR ˈgasɪnɪs
AM ˈgæsɪnɪs

gassy
BR ˈgas|i, -ɪə(r), -ɪɪst
AM ˈgæsi, -ər, -ɪst

gasteropod
BR ˈgast(ə)rəpɒd, -z
AM ˈgæst(ə)rəˌpɑd, -z

Gasthaus
BR ˈgasthaʊ|s, -zɪz
AM ˈgastˌ(h)aʊ|s, -zəz

Gasthäuser
BR ˈgasthɔɪzə(r)
AM ˈgastˌ(h)ɔɪzər

Gasthof
BR ˈgasthɒf, -s
AM ˈgastˌ(h)ɑf, ˈgastˌ(h)ɔf, -s
GER ˈgasthoːf

Gasthöfe
BR ˈgastˌhɒfə(r)
AM ˈgas(t)ˌ(h)ɑfə, ˈgas(t)ˌ(h)ɔfə
GER ˈgasthøːfə

gastrectomy
BR gaˈstrɛktəm|i, -ɪz
AM gæˈstrɛktəmi, -z

gastric
BR ˈgastrɪk
AM ˈgæstrɪk

gastritis
BR gaˈstrʌɪtɪs
AM gæˈstraɪdɪs

gastroenteric
BR ˌgastrəʊɛnˈtɛrɪk
AM ˌgæstroʊˌɛnˈtɛrɪk

gastroenteritis
BR ˌgastrəʊˌɛntəˈrʌɪtɪs
AM ˌgæstroʊˌɛn(t)əˈraɪdɪs

gastroenterology
BR ˌgastrəʊˌɛntəˈrɒlədʒi
AM ˌgæstroʊˌɛn(t)əˈrɑlədʒi

gastrointestinal
BR ˌgastrəʊɪnˈtɛstɪnl, ˌgastrəʊˌɪntɛˈstʌɪnl
AM ˌgæstroʊɪnˈtɛstən(ə)l

gastronome
BR ˈgastrənəʊm, -z
AM ˈgæstrəˌnoʊm, -z

gastronomic
BR ˌgastrəˈnɒmɪk
AM ˌgæstrəˈnɑmɪk

gastronomical
BR ˌgastrəˈnɒmɪkl
AM ˌgæstrəˈnɑmək(ə)l

gastronomically
BR ˌgastrəˈnɒmɪkli
AM ˌgæstrəˈnɑmək(ə)li

gastronomy
BR gaˈstrɒnəmi
AM gæˈstrɑnəmi

gastropod
BR ˈgastrəpɒd, -z
AM ˈgæstrəˌpad, -z

gastropodous
BR gaˈstrɒpədəs
AM gæˈstrɑpədəs

gastroscope
BR ˈgastrəskəʊp, -s
AM ˈgæstrəˌskoʊp, -s

gastrula
BR ˈgastrʊlə(r), -z
AM ˈgæstrʊlə, -z

gastrulae
BR ˈgastrʊliː
AM ˈgæstrəˌlaɪ, ˈgæstrəˌli

gasworks
BR ˈgaswəːks
AM ˈgæsˌwərks

gat
BR gat, -s
AM gæt, -s

gate
BR geɪt, -s, -ɪŋ, -ɪd
AM geɪ|t, -ts, -dɪŋ, -dɪd

gateau
BR ˈgatəʊ, -z
AM gæˈtoʊ, gɑˈtoʊ, -z

gateaux
BR ˈgatəʊz
AM gæˈtoʊ, gɑˈtoʊ

gatecrash
BR ˈgeɪtkraʃ, -ɪz, -ɪŋ, -t
AM ˈgeɪtˌkræʃ, -əz, -ɪŋ, -t

gatecrasher
BR ˈgeɪtkraʃə(r), -z
AM ˈgeɪtˌkræʃər, -z

gatefold
BR ˈgeɪtfəʊld, -z
AM ˈgeɪtˌfoʊld, -z

gatehouse
BR ˈgeɪthaʊ|s, -zɪz
AM ˈgeɪtˌ(h)aʊ|s, -zɪz

gatekeeper
BR ˈgeɪtˌkiːpə(r), -z
AM ˈgeɪtˌkipər, -z

gateleg
BR ˈgeɪtlɛg, -z
AM ˈgeɪtˌlɛg, -z

gatelegged
BR ˈgeɪtˈlɛgd
AM ˈgeɪtˌlɛgəd

gateman
BR ˈgeɪtman
AM ˈgeɪtm(ə)n

gatemen
BR ˈgeɪtmɛn
AM ˈgeɪtm(ə)n

gatepost
BR ˈgeɪtpəʊst, -s
AM ˈgeɪtˌpoʊst, -s

Gates
BR geɪts
AM geɪts

Gateshead
BR ˈgeɪtshɛd, ˌgeɪtsˈhɛd
AM ˈgeɪtsˌ(h)ɛd

gateway
BR ˈgeɪtweɪ, -z
AM ˈgeɪtˌweɪ, -z

gather
BR ˈgað|ə(r), -əz, -(ə)rɪŋ, -əd
AM ˈgæð|ər, -ərz, -(ə)rɪŋ, -ərd

gatherer
BR ˈgað(ə)rə(r), -z
AM ˈgæðərər, -z

gathering
BR ˈgað(ə)rɪŋ, -z
AM ˈgæð(ə)rɪŋ, -z

Gatling
BR ˈgatlɪŋ, -z
AM ˈgætˌlɪŋ, -z

'gator
BR ˈgeɪtə(r), -z
AM ˈgeɪdər, -z

GATT
BR gat
AM gæt

Gatting
BR ˈgatɪŋ
AM ˈgædɪŋ

Gatwick
BR ˈgatwɪk
AM ˈgætˌwɪk

gauche
BR gəʊʃ
AM goʊʃ

gauchely
BR ˈgəʊʃli
AM ˈgoʊʃli

gaucheness
BR ˈgəʊʃnəs
AM ˈgoʊʃnəs

gaucherie
BR ˈgəʊʃ(ə)r|i, -ɪz
AM ˈgoʊʃəri, -z

gaucho
BR ˈgaʊtʃəʊ, -z
AM ˈgaʊtʃoʊ, -z

gaud
BR ˈgɔːd, -z
AM gɑd, gɔd, -z

gaudeamus
BR ˌgaʊdɪˈɑːməs
AM ˌgaʊdiˈɑməs
Gaudí
BR ˈgaʊdi
AM ˈgaʊdi
SP gawˈði
gaudily
BR ˈgɔːdɪli
AM ˈgɑdəli, ˈgɔdəli
gaudiness
BR ˈgɔːdɪnɪs
AM ˈgɑdinɪs, ˈgɔdinɪs
gaudy
BR ˈgɔːd|i, -ɪə(r), -ɪɪst
AM ˈgɑdi, ˈgɔdi, -ər, -ɪst
gauge
BR geɪdʒ, -ɪz, -ɪŋ, -d
AM geɪdʒ, -ɪz, -ɪŋ, -d
gaugeable
BR ˈgeɪdʒəbl
AM ˈgeɪdʒəb(ə)l
gauger
BR ˈgeɪdʒə(r), -z
AM ˈgeɪdʒər, -z
Gauguin
BR ˈgəʊgã, ˈgəʊgan
AM gɑˈgɛn, gɔˈgɛn
Gaul
BR gɔːl, -z
AM gɑl, gɔl, -z
gauleiter
BR ˈgaʊlʌɪtə(r), -z
AM ˈgaʊˌlaɪdər, -z
Gaulish
BR ˈgɔːlɪʃ
AM ˈgɑlɪʃ, ˈgɔlɪʃ
Gaullism
BR ˈgəʊlɪzm
AM ˈgɑˌlɪz(ə)m, ˈgɔˌlɪz(ə)m
Gaullist
BR ˈgəʊlɪst, -s
AM ˈgɑləst, ˈgɔləst, -s
Gauloise
BR ˈgəʊlwɑːz, ˈgɔːlwɑːz, -ɪz
AM ˈgɑlˌwɑz, ˈgɔlˌwɑz, -əz
gault
BR gɔːlt, gɒlt
AM gɑlt, gɔlt

gaultheria
BR gɔːlˈtɪrɪə(r), -z
AM gɑlˈθɪrɪə, gɔlˈθɪrɪə, -z
gaunt
BR gɔːnt, -ə(r), -ɪst
AM gɑnt, gɔnt, -ər, -əst
gauntlet
BR ˈgɔːntlɪt, -s
AM ˈgɑn(t)lət, ˈgɔn(t)lət, -s
gauntly
BR ˈgɔːntli
AM ˈgɑn(t)li, ˈgɔn(t)li
gauntness
BR ˈgɔːntnəs
AM ˈgɑn(t)nəs, ˈgɔn(t)nəs
gauntry
BR ˈgɔːntr|i, -ɪz
AM ˈgɑntri, ˈgɔntri, -z
gaur
BR ˈgaʊə(r), -z
AM ˈgaʊ(ə)r, -z
Gauss
BR gaʊs, -ɪz, -ɪŋ, -t
AM gaʊs, -əz, -ɪŋ, -t
Gaussian
BR ˈgaʊsɪən
AM ˈgaʊsɪən
Gautama
BR ˈgaʊtəmə(r), ˈgəʊtəmə(r)
AM ˈgaʊdəmə, ˈgɔdəmə
gauze
BR gɔːz
AM gɑz, gɔz
gauzily
BR ˈgɔːzɪli
AM ˈgɑzəli, ˈgɔzəli
gauziness
BR ˈgɔːzɪnɪs
AM ˈgɑzinɪs, ˈgɔzinɪs
gauzy
BR ˈgɔːz|i, -ɪə(r), -ɪɪst
AM ˈgɑzi, ˈgɔzi, -ər, -ɪst
gave
BR geɪv
AM geɪv

gavel
BR ˈgavl, -z
AM ˈgæv(ə)l, -z
gavial
BR ˈgeɪvɪəl, ˈgavɪəl, -z
AM ˈgeɪvɪəl, -z
Gavin
BR ˈgavɪn
AM ˈgæv(ə)n
gavotte
BR gəˈvɒt, -s
AM gəˈvɑt, -s
Gawain
BR ˈgɑːweɪn, ˈgaweɪn, gəˈweɪn
AM ˈgɑweɪn, gəˈweɪn
Gawd *God in exclamations*
BR gɔːd
AM gɑd, gɔd
gawk
BR gɔːk, -s, -ɪŋ, -t
AM gɑk, gɔk, -s, -ɪŋ, -t
gawkily
BR ˈgɔːkɪli
AM ˈgɑkəli, ˈgɔkəli
gawkiness
BR ˈgɔːkɪnɪs
AM ˈgɑkinɪs, ˈgɔkinɪs
gawkish
BR ˈgɔːkɪʃ
AM ˈgɑkɪʃ, ˈgɔkɪʃ
gawky
BR ˈgɔːk|i, -ɪə(r), -ɪɪst
AM ˈgɑki, ˈgɔki, -ər, -ɪst
gawp
BR gɔːp, -s, -ɪŋ, -t
AM gɑp, gɔp, -s, -ɪŋ, -t
gawper
BR ˈgɔːpə(r), -z
AM ˈgɑpər, ˈgɔpər, -z
gay
BR geɪ, -ə(r), -ɪst
AM geɪ, -ər, -ɪst
gayal
BR gʌɪˈjɑːl, gʌɪˈjal, -z
AM gəˈjal, -z
Gaydon
BR ˈgeɪdn
AM ˈgeɪd(ə)n

Gaye
BR geɪ
AM geɪ
gayety
BR ˈgeɪɪti
AM ˈgeɪɪdi
Gayle
BR geɪl
AM geɪl
Gaylord
BR ˈgeɪlɔːd
AM ˈgeɪˌlɔ(ə)rd
Gay-Lussac
BR ˌgeɪˈluːsak
AM ˈgeɪləˌsæk
gayness
BR ˈgeɪnɪs
AM ˈgeɪnɪs
Gaynor
BR ˈgeɪnə(r)
AM ˈgeɪnər
Gaza
BR ˈgɑːzə(r)
AM ˈgɑzə
gazania
BR gəˈzeɪnɪə(r), -z
AM gəˈzeɪnɪə, -z
gaze
BR geɪz, -ɪz, -ɪŋ, -d
AM geɪz, -ɪz, -ɪŋ, -d
gazebo
BR gəˈziːbəʊ, -z
AM gəˈziboʊ, -z
gazelle
BR gəˈzɛl, -z
AM gəˈzɛl, -z
gazer
BR ˈgeɪzə(r), -z
AM ˈgeɪzər, -z
gazette
BR gəˈzɛt, -s, -ɪŋ, -ɪd
AM gəˈzɛ|t, -ts, -dɪŋ, -dəd
gazetteer
BR ˌgazɪˈtɪə(r), -z
AM ˌgæzəˈtɪ(ə)r, -z
gazpacho
BR gazˈpatʃəʊ, gəˈspatʃəʊ, gəˈspɑːtʃəʊ, -z
AM gɑzˈpatʃoʊ, -z

gazump
BR gəˈzʌm|p, -ps, -pɪŋ, -(p)t
AM gəˈzəmp, -s, -ɪŋ, -t

gazumper
BR gəˈzʌmpə(r), -z
AM gəˈzəmpər, -z

gazunder
BR gəˈzʌnd|ə(r), -əz, -(ə)rɪŋ, -əd
AM gəˈzənd|ər, -ərz, -(ə)rɪŋ, -ərd

Gdansk
BR gəˈdansk
AM gəˈdɑnsk

Gdańsk
BR gəˈdansk
AM gəˈdɑnsk
POL gˈdanʲsk

GDP
BR ˌdʒiːdiːˈpiː
AM ˌdʒiˌdiˈpi

Gdynia
BR gəˈdɪnɪə(r)
AM gəˈdɪnɪə

gean
BR giːn, -z
AM gin, -z

gear
BR gɪə(r), -z, -ɪŋ, -d
AM gɪ(ə)r, -z, -ɪŋ, -d

gearbox
BR ˈgɪəbɒks, -ɪz
AM ˈgɪrˌbɑks, -əz

gearing
BR ˈgɪərɪŋ
AM ˈgɪrɪŋ

gearstick
BR ˈgɪəstɪk, -s
AM ˈgɪrˌstɪk, -s

gearwheel
BR ˈgɪəwiːl, -z
AM ˈgɪrˌ(h)wil, -z

Geary
BR ˈgɪəri
AM ˈgɪri

Geber
BR ˈdʒiːbə(r)
AM ˈdʒibər

gecko
BR ˈgɛkəʊ, -z
AM ˈgɛkoʊ, -z

Geddes
BR ˈgɛdɪs
AM ˈgɛdiz

gee
BR dʒiː, -z, -ɪŋ, -d
AM dʒi, -z, -ɪŋ, -d

Geechee
BR ˈgiːtʃiː
AM ˈgiˌtʃi

gee-gee
BR ˈdʒiːdʒiː, -z
AM ˈdʒiˌdʒi, -z

geek
BR giːk, -s
AM gik, -s

Geelong
BR dʒiːˈlɒŋ, dʒɪˈlɒŋ
AM dʒiˈlɑŋ, dʒiˈlɔŋ

geese
BR giːs
AM gis

gee-string
BR ˈdʒiːstrɪŋ, -z
AM ˈdʒiˌstrɪŋ, -z

gee-whiz
BR ˌdʒiːˈwɪz
AM ˈˌdʒiˈ(h)wɪz

gee-whizz
BR ˌdʒiːˈwɪz
AM ˈˌdʒiˈ(h)wɪz

Ge'ez
BR ˈgiːɛz
AM geɪˈɛz, gɪˈɛz

geezer
BR ˈgiːzə(r), -z
AM ˈgizər, -z

gefilte fish
BR gɪˈfɪltə fɪʃ
AM gəˈfɪltə ˌfɪʃ

Gehenna
BR gɪˈhɛnə(r)
AM gəˈhɛnə

Gehrig
BR ˈgɛrɪg
AM ˈgɛrɪg

Geiger counter
BR ˈgaɪgəˌkaʊntə(r), -z
AM ˈgaɪgərˌkaʊn(t)ər, -z

Geikie
BR ˈgiːki
AM ˈgiki

Geisel
BR ˈgaɪsl
AM ˈgaɪs(ə)l

geisha
BR ˈgeɪʃə(r), -z
AM ˈgiʃə, ˈgeɪʃə, -z

Geissler
BR ˈgaɪslə(r)
AM ˈgeɪslər

gel
BR dʒɛl, -z, -ɪŋ, -d
AM dʒɛl, -z, -ɪŋ, -d

gelada
BR dʒɪˈlɑːdə(r), -z
AM ˈgɛlədə, dʒəˈlɑdə, gəˈlɑdə, ˈdʒɛlədə, -z

gelatin
BR ˈdʒɛlətɪn
AM ˈdʒɛlədən, ˈdʒɛlətn

gelatine
BR ˈdʒɛlətiːn
AM ˈdʒɛlədən, ˈdʒɛlətn

gelatinisation
BR dʒɪˌlatɪnʌɪˈzeɪʃn
AM ˌdʒɛlədəˌnaɪˈzeɪʃ(ə)n, dʒɛˌlætn̩əˈzeɪʃ(ə)n, ˌdʒɛlədənəˈzeɪʃ(ə)n, dʒɛˌlætnˌaɪˈzeɪʃ(ə)n

gelatinise
BR dʒɪˈlatɪnʌɪz, -ɪz, -ɪŋ, -d
AM ˈdʒɛlədəˌnaɪz, dʒəˈlætn̩ˌaɪz, -ɪŋ, -d

gelatinization
BR dʒɪˌlatɪnʌɪˈzeɪʃn
AM ˌdʒɛlədəˌnaɪˈzeɪʃ(ə)n, dʒɛˌlætn̩əˈzeɪʃ(ə)n, ˌdʒɛlədənəˈzeɪʃ(ə)n, dʒɛˌlætnˌaɪˈzeɪʃ(ə)n

gelatinize
BR dʒɪˈlatɪnʌɪz, -ɪz, -ɪŋ, -d
AM ˈdʒɛlədəˌnaɪz, dʒəˈlætn̩ˌaɪz, -ɪz, -ɪŋ, -d

gelatinous
BR dʒɪˈlatɪnəs
AM dʒəˈlætn̩əs

gelatinously
BR dʒɪˈlatɪnəsli
AM dʒəˈlætn̩əsli

gelation
BR dʒɪˈleɪʃn, dʒɛˈleɪʃn
AM dʒɛˈleɪʃ(ə)n, dʒəˈleɪʃ(ə)n

gelato
BR dʒɪˈlatəʊ
AM dʒəˈlɑdoʊ

gelcoat
BR ˈdʒɛlkəʊt, -s
AM ˈdʒɛlˌkoʊt, -s

geld
BR gɛld, -z, -ɪŋ, -ɪd
AM gɛld, -z, -ɪŋ, -əd

Geldart
BR ˈgɛldɑːt
AM ˈgɛldɑrt

Gelderland
BR ˈgɛldəland
AM ˈgɛldərˌlænd
DU ˈxɛldərˌlɑnt

gelding
BR ˈgɛldɪŋ, -z
AM ˈgɛldɪŋ, -z

Geldof
BR ˈgɛldɒf
AM ˈgɛldɑf, ˈgɛldɔf

gelid
BR ˈdʒɛlɪd
AM ˈdʒɛlɪd

gelignite
BR ˈdʒɛlɪgnʌɪt
AM ˈdʒɛləgˌnaɪt

Gell
BR dʒɛl, gɛl
AM gɛl

Gelligaer
BR ˌgɛɬˈgʌɪə(r), ˌgɛɬɪgʌɪə(r), ˌgɛɬɪˈgɛː(r), ˌgɛɬɪˈgɛː(r)
AM ˌgɛləˈgɛ(ə)r

Gell-Mann
BR ˌgɛlˈman
AM ˌgɛlˈmæn

gelly
BR ˈdʒɛli
AM ˈdʒɛli

gelsemium
BR dʒɛlˈsiːmɪəm
AM dʒɛlˈsimiəm

gelt
BR gɛlt
AM gɛlt

gem
BR dʒɛm, -z
AM dʒɛm, -z

Gemara
BR gɛˈmɑːrə(r)
AM gəˈmɑrə

gematria
BR gɪˈmeɪtrɪə(r)
AM gəˈmeɪtriə

geminal
BR ˈdʒɛmɪnl
AM ˈdʒɛmən(ə)l

geminally
BR ˈdʒɛmɪnli
AM ˈdʒɛmənəli

geminate[1] *adjective*
BR ˈdʒɛmɪnət
AM ˈdʒɛmənət

geminate[2] *verb*
BR ˈdʒɛmɪneɪt, -s,
-ɪŋ, -ɪd
AM ˈdʒɛməˌneɪ|t, -ts,
-dɪŋ, -dɪd

gemination
BR ˌdʒɛmɪˈneɪʃn
AM ˌdʒɛməˈneɪʃ(ə)n

Gemini[1] *constellation*
BR ˈdʒɛmɪnʌɪ,
ˈdʒɛmɪniː
AM ˈdʒɛməˌni,
ˈdʒɛməˌnaɪ

Gemini[2] *spacecraft*
BR ˈdʒɛmɪniː
AM ˈdʒɛməˌnaɪ

Geminian
BR ˌdʒɛmɪˈnʌɪən,
ˌdʒɛmɪˈniːən,
-z
AM ˌdʒɛməˈniən,
ˌdʒɛməˈnaɪən, -z

Geminids
BR ˈdʒɛmɪnɪdz
AM ˈdʒɛmənɪdz

gemlike
BR ˈdʒɛmlʌɪk
AM ˈdʒɛmˌlaɪk

gemma
BR ˈdʒɛmə(r), -z
AM ˈdʒɛmə, -z

gemmae
BR ˈdʒɛmiː
AM ˈdʒɛmaɪ, ˈdʒɛmi

gemmation
BR dʒɛˈmeɪʃn
AM dʒɛˈmeɪʃ(ə)n

Gemmell
BR ˈgɛml
AM ˈgɛml

gemmiferous
BR dʒɛˈmɪf(ə)rəs
AM dʒɛˈmɪf(ə)rəs

Gemmill
BR ˈgɛml
AM ˈgɛml

gemmiparous
BR dʒɛˈmɪp(ə)rəs
AM dʒɛˈmɪpərəs

gemmologist
BR dʒɛˈmɒlədʒɪst, -s
AM dʒɛˈmɑlədʒəst, -s

gemmology
BR dʒɛˈmɒlədʒi
AM dʒɛˈmɑlədʒi

gemmule
BR ˈdʒɛmjuːl, -z
AM ˈdʒɛˌm(j)ul, -z

gemmy
BR ˈdʒɛmi
AM ˈdʒɛmi

gemologist
BR dʒɛˈmɒlədʒɪst, -s
AM dʒɛˈmɑlədʒəst, -s

gemology
BR dʒɛˈmɒlədʒi
AM dʒɛˈmɑlədʒi

gemsbok
BR ˈgɛmzbɒk, -s
AM ˈgɛmzˌbak, -s

gemstone
BR ˈdʒɛmstəʊn, -z
AM ˈdʒɛmˌstoʊn, -z

gemütlich
BR gəˈmuːtlɪk, gə-
ˈmuːtlɪʃ, gəˈmuːtlɪx
AM gəˈmʊtlɪk

gen
BR dʒɛn, -z, -ɪŋ, -d
AM dʒɛn, -z, -ɪŋ, -d

gendarme
BR ˈʒɒndɑːm,
ˈʒɒ̃dɑːm, -z
AM ˌʒɑnˈdɑrm, -z

gendarmerie
BR ʒɒnˈdɑːm(ə)r|i,
ʒɒ̃ˈdɑːm(ə)r|i, -ɪz
AM ˌʒɑnˈdɑrməri, -z

gender
BR ˈdʒɛndə(r), -z
AM ˈdʒɛndər, -z

gene
BR dʒiːn, -z
AM dʒin, -z

genealogical
BR ˌdʒiːnɪəˈlɒdʒɪkl
AM ˌdʒiniəˈlɑdʒək(ə)l

genealogically
BR ˌdʒiːnɪəˈlɒdʒɪkli
AM ˌdʒiniəˈlɑdʒək(ə)li

genealogise
BR ˌdʒiːnɪˈalədʒʌɪz,
-ɪz, -ɪŋ, -d
AM ˌdʒiniˈaləˌdʒaɪz,
-ɪz, -ɪŋ, -d

genealogist
BR ˌdʒiːnɪˈalədʒɪst, -s
AM ˌdʒiniˈælədʒəst,
ˌdʒiniˈalədʒəst, -s

genealogize
BR ˌdʒiːnɪˈalədʒʌɪz,
-ɪz, -ɪŋ, -d
AM ˌdʒiniˈaləˌdʒaɪz,
-ɪz, -ɪŋ, -d

genealogy
BR ˌdʒiːnɪˈalədʒ|i, -ɪz
AM ˌdʒiniˈælədʒi,
ˌdʒiniˈalədʒi, -z

genera
BR ˈdʒɛn(ə)rə(r)
AM ˈdʒɛnərə

generable
BR ˈdʒɛn(ə)rəbl
AM ˈdʒɛnərəb(ə)l

general
BR ˈdʒɛn(ə)rl̩, -z
AM ˈdʒɛnər(ə)l,
ˈdʒɛnr(ə)l, -z

generalisability
BR ˌdʒɛn(ə)rl̩ʌɪzəˈbɪlɪti
AM ˌdʒɛn(ə)rəˌlaɪzə-
ˈbɪlɨdi

generalisable
BR ˈdʒɛn(ə)rl̩ʌɪzəbl
AM ˌdʒɛn(ə)rə-
ˈlaɪzəb(ə)l

generalisation
BR ˌdʒɛn(ə)rl̩ʌɪˈzeɪʃn,
-z
AM ˌdʒɛn(ə)rə-
ˌlaɪˈzeɪʃ(ə)n,
ˌdʒɛn(ə)rələ-
ˈzeɪʃ(ə)n, -z

generalise
BR ˈdʒɛn(ə)rl̩ʌɪz, -ɪz,
-ɪŋ, -d
AM ˈdʒɛn(ə)rəˌlaɪz,
-ɪz, -ɪŋ, -d

generaliser
BR ˈdʒɛn(ə)rl̩ʌɪzə(r),
-z
AM ˈdʒɛn(ə)rəˌlaɪzər,
-z

generalissimo
BR ˌdʒɛn(ə)rəˈlɪsɪməʊ,
-z
AM ˌdʒɛn(ə)rəˈlɪsə-
ˌmoʊ, -z

generalist
BR ˈdʒɛn(ə)rl̩ɪst, -s
AM ˈdʒɛn(ə)rələst, -s

generality
BR ˌdʒɛnəˈralɪt|i, -ɪz
AM ˌdʒɛnəˈrælədi, -z

generalizability
BR ˌdʒɛn(ə)rl̩ʌɪzəˈbɪlɪti
AM ˌdʒɛn(ə)rəˌlaɪzə-
ˈbɪlɨdi

generalizable
BR ˈdʒɛn(ə)rl̩ʌɪzəbl
AM ˌdʒɛn(ə)rə-
ˈlaɪzəb(ə)l

generalization
BR ˌdʒɛn(ə)rl̩ʌɪˈzeɪʃn,
-z
AM ˌdʒɛn(ə)rə-
ˌlaɪˈzeɪʃ(ə)n,
ˌdʒɛn(ə)rələ-
ˈzeɪʃ(ə)n, -z

generalize
BR ˈdʒɛn(ə)rl̩ʌɪz, -ɪz,
-ɪŋ, -d
AM ˈdʒɛn(ə)rəˌlaɪz,
-ɪz, -ɪŋ, -d

generalizer
BR ˈdʒen(ə)rlˌaɪzə(r), -z
AM ˈdʒen(ə)rəˌlaɪzər, -z

generally
BR ˈdʒen(ə)rl̩i
AM ˈdʒen(ə)rəli

generalness
BR ˈdʒen(ə)rl̩nəs
AM ˈdʒen(ə)rəlnəs

generalship
BR ˈdʒen(ə)rl̩ʃɪp, -s
AM ˈdʒen(ə)rəlˌʃɪp, -s

generate
BR ˈdʒenəreɪt, -s, -ɪŋ, -ɪd
AM ˈdʒenəˌreɪ|t, -ts, -dɪŋ, -dɪd

generation
BR ˌdʒenəˈreɪʃn, -z
AM ˌdʒenəˈreɪʃ(ə)n, -z

generational
BR ˌdʒenəˈreɪʃn̩l
AM ˌdʒenəˈreɪʃən(ə)l, ˌdʒenəˈreɪʃn(ə)l

generative
BR ˈdʒen(ə)rətɪv
AM ˈdʒenəˌreɪdɪv, ˈdʒen(ə)rədɪv

generatively
BR ˈdʒen(ə)rətɪvli
AM ˈdʒenəˌreɪdɪvli, ˈdʒen(ə)rədɪvli

generativeness
BR ˈdʒen(ə)rətɪvnɪs
AM ˈdʒenəˌreɪdɪvnɪs, ˈdʒen(ə)rədɪvnɪs

generator
BR ˈdʒenəreɪtə(r), -z
AM ˈdʒenəˌreɪdər, -z

generic
BR dʒɪˈnerɪk
AM dʒəˈnerɪk

generically
BR dʒɪˈnerɪkli
AM dʒəˈnerək(ə)li

generosity
BR ˌdʒenəˈrɒsɪti
AM ˌdʒenəˈrasədi

generous
BR ˈdʒen(ə)rəs
AM ˈdʒen(ə)rəs

generously
BR ˈdʒen(ə)rəsli
AM ˈdʒen(ə)rəsli

generousness
BR ˈdʒen(ə)rəsnəs
AM ˈdʒen(ə)rəsnəs

genesis
BR ˈdʒenɪsɪs, -ɪz
AM ˈdʒenəsəs, -əz

Genet
BR ʒəˈneɪ
AM dʒəˈneɪ

genet
BR ˈdʒenɪt, -s
AM ˈdʒenət, -s

genetic
BR dʒɪˈnetɪk, -s
AM dʒəˈnedɪk, -s

genetically
BR dʒɪˈnetɪkli
AM dʒəˈnedək(ə)li

geneticist
BR dʒɪˈnetɪsɪst, -s
AM dʒəˈnedəsəst, -s

genette
BR dʒɪˈnet, -s
AM ˈdʒenət, -s

Geneva
BR dʒɪˈniːvə(r)
AM dʒəˈnivə

Genevan
BR dʒɪˈniːvn, -z
AM dʒəˈniv(ə)n, -z

genever
BR dʒɪˈniːvə(r)
AM dʒəˈnivər

Genevieve
BR ˈdʒenɪviːv
AM ˈdʒenəviv

Genghis Khan
BR ˌɡeŋɡɪs ˈkɑːn
AM ˈɡeŋɡɪs ˈkɑn

genial[1] *jovial, kindly*
BR ˈdʒiːniəl
AM ˈdʒiniəl, ˈdʒinj(ə)l

genial[2] *of the chin*
BR dʒɪˈniːəl, dʒɪˈnaɪəl
AM dʒəˈniəl

geniality
BR ˌdʒiːniˈælɪti, -ɪz
AM ˌdʒinˈjælədi, ˌdʒiniˈælədi, -z

genially
BR ˈdʒiːniəli
AM ˈdʒiniəli, ˈdʒinjəli

genic
BR ˈdʒenɪk
AM ˈdʒenɪk

genie
BR ˈdʒiːn|i, -ɪz
AM ˈdʒini, -z

genii
BR ˈdʒiːniaɪ
AM ˈdʒiniˌaɪ

genipapo
BR ˌdʒenɪˈpapəʊ, -z
AM ˌdʒenəˈpapoʊ, -z

genital
BR ˈdʒenɪtl, -z
AM ˈdʒenədl, -z

genitalia
BR ˌdʒenɪˈteɪliə(r)
AM ˌdʒenəˈteɪliə, dʒenəˈteɪljə

genitally
BR ˈdʒenɪtl̩i
AM ˈdʒenədl̩i

genitival
BR ˌdʒenɪˈtaɪvl
AM ˌdʒenəˈtaɪv(ə)l

genitivally
BR ˌdʒenɪˈtaɪvl̩i
AM ˌdʒenəˈtaɪvəli

genitive
BR ˈdʒenɪtɪv, -z
AM ˈdʒenədɪv, -z

genito-urinary
BR ˌdʒenɪtəʊˈjʊərɪn(ə)ri, ˌdʒenɪtəʊˈjɔːrɪn(ə)ri
AM ˌdʒenətoʊˈjʊrəˌneri

genius
BR ˈdʒiːniəs, -ɪz
AM ˈdʒinjəs, -ɪz

genizah
BR dʒeˈniːzə(r), ɡeˈniːzə(r), -z
AM dʒəˈniˌza, -z

genlock
BR ˈdʒenlɒk, -s
AM ˈdʒenˌlɑk, -s

Gennesaret
BR ɡɪˈnez(ə)rɪt
AM ɡeˈnezərət

Gennesareth
BR ɡɪˈnez(ə)rɪt
AM ɡeˈnezərət

genoa
BR ˈdʒenəʊə(r), dʒɪˈnəʊə(r), -z
AM dʒəˈnoʊə, -z

genocidal
BR ˌdʒenəˈsaɪdl
AM ˌdʒenəˈsaɪd(ə)l

genocide
BR ˈdʒenəsaɪd
AM ˈdʒenəˌsaɪd

Genoese
BR ˌdʒenəʊˈiːz
AM ˌdʒenoʊˈiz

genogram
BR ˈdʒenəɡram, ˈdʒiːnəɡram, -z
AM ˈdʒinəˌɡræm, -z

genome
BR ˈdʒiːnəʊm, -z
AM ˈdʒiˌnoʊm, -z

genotoxin
BR ˈdʒenə(ʊ)ˌtɒksɪn, ˈdʒiːnə(ʊ)ˌtɒksɪn, -z
AM ˈdʒinoʊˌtɑks(ə)n, -z

genotype
BR ˈdʒenətaɪp, -s
AM ˈdʒenəˌtaɪp, ˈdʒinəˌtaɪp

genotypic
BR ˌdʒenəˈtɪpɪk
AM ˌdʒenəˈtɪpɪk

Genova
BR ˈdʒenəvə(r)
AM ˈdʒenəvə

genre
BR ˈʒɒ̃rə(r), ˈʒɒnrə(r), ˈʒɑːnrə(r), -z
AM ˈʒɑnrə, -z

gens
BR dʒenz, -ɪz
AM dʒenz, -əz

gent
BR dʒent, -s
AM dʒent, -s

genteel
BR dʒenˈtiːl
AM dʒenˈtil

genteelism
BR dʒɛnˈtiːlɪzm
AM dʒɛnˈtiˌlɪz(ə)m

genteelly
BR dʒɛnˈtiːlli
AM dʒɛnˈti(l)li

genteelness
BR dʒɛnˈtiːlnɪs
AM dʒɛnˈtilnɪs

gentes
BR ˈdʒɛntiːz
AM ˈdʒɛnˌtiz

gentian
BR ˈdʒɛnʃ(iə)n, -z
AM ˈdʒɛn(t)ʃ(ə)n, -z

gentile
BR ˈdʒɛntʌɪl, -z
AM ˈdʒɛnˌtaɪl, -z

gentility
BR dʒɛnˈtɪlɪti
AM dʒɛnˈtɪlɪdi

gentle
BR ˈdʒɛntl, -ə(r), -ɪst
AM ˈdʒɛn(t)əl, -ər, -əst

gentlefolk
BR ˈdʒɛntlfəʊk, -s
AM ˈdʒɛn(t)lˌfoʊk, -s

gentleman
BR ˈdʒɛntlmən
AM ˈdʒɛn(t)lm(ə)n

gentlemanliness
BR ˈdʒɛntlmənlinɪs
AM ˈdʒɛn(t)lmənlinɪs

gentlemanly
BR ˈdʒɛntlmənli
AM ˈdʒɛn(t)lmənli

gentlemen
BR ˈdʒɛntlmən
AM ˈdʒɛn(t)lm(ə)n

gentleness
BR ˈdʒɛntlnəs
AM ˈdʒɛn(t)lnəs

gentlewoman
BR ˈdʒɛntlˌwʊmən
AM ˈdʒɛn(t)lˌwʊm(ə)n

gentlewomen
BR ˈdʒɛntlˌwɪmɪn
AM ˈdʒɛn(t)lˌwɪmɪn

gently
BR ˈdʒɛntli
AM ˈdʒɛn(t)li

gentoo
BR ˈdʒɛntuː, -z
AM ˈdʒɛnˌtu, -z

gentrification
BR ˌdʒɛntrɪfɪˈkeɪʃn
AM ˌdʒɛntrəfəˈkeɪʃ(ə)n

gentrifier
BR ˈdʒɛntrɪfʌɪə(r), -z
AM ˈdʒɛntrəˌfaɪər, -z

gentrify
BR ˈdʒɛntrɪfʌɪ, -z, -ɪŋ, -d
AM ˈdʒɛntrəˌfaɪ, -z, -ɪŋ, -d

gentry
BR ˈdʒɛntri
AM ˈdʒɛntri

genuflect
BR ˈdʒɛnjəflɛkt, -s, -ɪŋ, -ɪd
AM ˈdʒɛnjəˌflɛk|(t), -(t)s, -tɪŋ, -təd

genuflection
BR ˌdʒɛnjəˈflɛkʃn, -z
AM ˌdʒɛnjəˈflɛkʃ(ə)n, -z

genuflector
BR ˈdʒɛnjəflɛktə(r), -z
AM ˈdʒɛnjəˌflɛktər, -z

genuflectory
BR ˌdʒɛnjəˈflɛkt(ə)ri
AM ˌdʒɛnjəˈflɛkˌtɔri

genuflexion
BR ˌdʒɛnjəˈflɛkʃn, -z
AM ˌdʒɛnjəˈflɛkʃ(ə)n, -z

genuine
BR ˈdʒɛnjʊɪn
AM ˈdʒɛnjəw(ə)n

genuinely
BR ˈdʒɛnjʊɪnli
AM ˈdʒɛnjəwənli

genuineness
BR ˈdʒɛnjʊɪnnəs
AM ˈdʒɛnjəwə(n)nəs

genus
BR ˈdʒiːnəs
AM ˈdʒinəs

geobotanist
BR ˌdʒiːəʊˈbɒtənɪst, ˌdʒiːəʊˈbɒtn̩ɪst, -s
AM ˌdʒioʊˈbatn̩əst, -s

geobotany
BR ˌdʒiːəʊˈbɒtəni, ˌdʒiːəˈbɒtn̩i
AM ˌdʒioʊˈbatn̩i

geocaching
BR ˈdʒiːəʊˌkaʃɪŋ
AM ˈdʒioʊˌkæʃɪŋ

geocentric
BR ˌdʒiːə(ʊ)ˈsɛntrɪk
AM ˌdʒioʊˈsɛntrɪk

geocentrically
BR ˌdʒiːə(ʊ)ˈsɛntrɪkli
AM ˌdʒioʊˈsɛntrɪk(ə)li

geochemical
BR ˌdʒiːəʊˈkɛmɪkl
AM ˌdʒioʊˈkɛmək(ə)l

geochemist
BR ˌdʒiːəʊˈkɛmɪst, -s
AM ˌdʒioʊˈkɛməst, -s

geochemistry
BR ˌdʒiːəʊˈkɛmɪstri
AM ˌdʒioʊˈkɛməstri

geochronological
BR ˌdʒiːəʊˌkrɒnəˈlɒdʒɪkl
AM ˌˈdʒioʊˌkranəˈladʒək(ə)l

geochronologist
BR ˌdʒiːəʊkrəˈnɒlədʒɪst, -s
AM ˌˈdʒioʊkrəˈnalədʒəst, -s

geochronology
BR ˌdʒiːəʊkrəˈnɒlədʒi
AM ˌdʒioʊkrəˈnalədʒi

geode
BR ˈdʒiːəʊd, -z
AM ˈdʒiˌoʊd, -z

geodesic
BR ˌdʒiːə(ʊ)ˈdɛsɪk, ˌdʒiːə(ʊ)ˈdiːsɪk, ˌdʒiːə(ʊ)ˈdiːzɪk
AM ˌdʒioʊˈdɛsɪk

geodesist
BR dʒɪˈɒdɪsɪst, -s
AM dʒiˈadəsəst, -s

geodesy
BR dʒɪˈɒdɪsi
AM dʒiˈadəsi

geodetic
BR ˌdʒiːə(ʊ)ˈdɛtɪk
AM ˌdʒiəˈdɛdɪk

geodic
BR dʒɪˈɒdɪk
AM dʒiˈadɪk

Geoff
BR dʒɛf
AM dʒɛf

Geoffrey
BR ˈdʒɛfri
AM ˈdʒɛfri

geographer
BR dʒɪˈɒgrəfə(r), ˈdʒɒgrəfə(r), -z
AM dʒiˈagrəfər, -z

geographic
BR ˌdʒiːəˈgrafɪk
AM ˌdʒiəˈgræfɪk

geographical
BR ˌdʒiːəˈgrafɪkl
AM ˌdʒiəˈgræfək(ə)l

geographically
BR ˌdʒiːəˈgrafɪkli
AM ˌdʒiəˈgræfək(ə)li

geography
BR dʒɪˈɒgrəfi, ˈdʒɒgrəfi
AM dʒiˈagrəfi

geoid
BR ˈdʒiːɔɪd, -z
AM ˈdʒiˌɔɪd, -z

geologic
BR ˌdʒiːəˈlɒdʒɪk
AM ˌdʒiəˈladʒɪk

geological
BR ˌdʒiːəˈlɒdʒɪkl
AM ˌdʒiəˈladʒək(ə)l

geologically
BR ˌdʒiːəˈlɒdʒɪkli
AM ˌdʒiəˈladʒək(ə)li

geologise
BR dʒɪˈɒlədʒʌɪz, -ɪz, -ɪŋ, -d
AM dʒiˈaləˌdʒaɪz, -ɪz, -ɪŋ, -d

geologist
BR dʒɪˈɒlədʒɪst, -s
AM dʒiˈalədʒəst, -s

geologize
BR dʒɪˈɒlədʒʌɪz, -ɪz, -ɪŋ, -d
AM dʒiˈaləˌdʒaɪz, -ɪz, -ɪŋ, -d

geology
BR dʒɪˈɒlədʒi
AM dʒiˈɑlədʒi

geomagnetic
BR ˌdʒiːə(ʊ)magˈnɛtɪk
AM ˌdʒiəˌmægˈnɛdɪk

geomagnetically
BR ˌdʒiːə(ʊ)magˈnɛtɪkli
AM ˌdʒiəˌmægˈnɛdək(ə)li

geomagnetism
BR ˌdʒiːəʊˈmagnɪtɪzm
AM ˌdʒiəˈmægnəˌtɪz(ə)m

geomancy
BR ˈdʒiːəmansi
AM ˈdʒiəˌmænsi

geomantic
BR ˌdʒiːə(ʊ)ˈmantɪk
AM ˌdʒiəˈmæn(t)ɪk

geometer
BR dʒɪˈɒmɪtə(r), -z
AM dʒiˈɑmədər, -z

geometric
BR ˌdʒiːəˈmɛtrɪk
AM ˌdʒiəˈmɛtrɪk

geometrical
BR ˌdʒiːəˈmɛtrɪkl
AM ˌdʒiəˈmɛtrək(ə)l

geometrically
BR ˌdʒiːəˈmɛtrɪkli
AM ˌdʒiəˈmɛtrək(ə)li

geometrician
BR ˌdʒiːə(ʊ)mɪˈtrɪʃn, -z
AM dʒiˌɑməˈtrɪʃ(ə)n, -z

geometrise
BR dʒɪˈɒmɪtrʌɪz, ˈdʒɒmɪtrʌɪz, -ɪz, -ɪŋ, -d
AM dʒiˈɑməˌtraɪz, -ɪz, -ɪŋ, -d

geometrize
BR dʒɪˈɒmɪtrʌɪz, ˈdʒɒmɪtrʌɪz, -ɪz, -ɪŋ, -d
AM dʒiˈɑməˌtraɪz, -ɪz, -ɪŋ, -d

geometry
BR dʒɪˈɒmɪtri, ˈdʒɒmɪtri
AM dʒiˈɑmətri

geomorphological
BR ˌdʒiəʊˌmɔːfəˈlɒdʒɪkl
AM ˌdʒioʊˌmɔrfəˈlɑdʒək(ə)l

geomorphologist
BR ˌdʒiə(ʊ)mɔːˈfɒlədʒɪst, -s
AM ˌdʒioʊˌmɔrˈfɑlədʒəst, -s

geomorphology
BR ˌdʒiə(ʊ)mɔːˈfɒlədʒi
AM ˌdʒioʊˌmɔrˈfɑlədʒi

geophagy
BR dʒɪˈɒfədʒi
AM dʒiˈɑfədʒi

geophone
BR ˈdʒiːə(ʊ)fəʊn, -z
AM ˈdʒiəˌfoʊn, -z

geophysical
BR ˌdʒiːə(ʊ)ˈfɪzɪkl
AM ˌdʒiəˈfɪzɪk(ə)l

geophysically
BR ˌdʒiːə(ʊ)ˈfɪzɪkli
AM ˌdʒiəˈfɪzɪk(ə)li

geophysicist
BR ˌdʒiːə(ʊ)ˈfɪzɪsɪst, -s
AM ˌdʒiəˈfɪzɪsɪst, -s

geophysics
BR ˌdʒiːə(ʊ)ˈfɪzɪks
AM ˌdʒiəˈfɪzɪks

geopolitical
BR ˌdʒiːəʊpəˈlɪtɪkl
AM ˌdʒioʊpəˈlɪdɪk(ə)l

geopolitically
BR ˌdʒiːəʊpəˈlɪtɪkli
AM ˌdʒioʊpəˈlɪdɪk(ə)li

geopolitician
BR ˌdʒiːəʊˌpɒlɪˈtɪʃn, -z
AM ˌdʒioʊˌpɑləˈtɪʃ(ə)n, -z

geopolitics
BR ˌdʒiːə(ʊ)ˈpɒlɪtɪks
AM ˌdʒioʊˈpɑlədɪks

Geordie
BR ˈdʒɔːd|i, -ɪz
AM ˈdʒɔrdi, -z

George
BR ˈdʒɔːdʒ
AM ˈdʒɔrdʒ

Georgetown
BR ˈdʒɔːdʒtaʊn
AM ˈdʒɔrdʒˌtaʊn

Georgette
BR dʒɔːˈdʒɛt
AM dʒɔrˈdʒɛt

Georgia
BR ˈdʒɔːdʒə(r)
AM ˈdʒɔrdʒə

Georgian
BR ˈdʒɔːdʒ(ə)n, -z
AM ˈdʒɔrdʒ(ə)n, -z

Georgiana
BR ˌdʒɔːdʒɪˈɑːnə(r)
AM ˌdʒɔrdʒiˈænə

georgic
BR ˈdʒɔːdʒɪk, -s
AM ˈdʒɔrdʒɪk, -s

Georgie
BR ˈdʒɔːdʒi
AM ˈdʒɔrdʒi

Georgina
BR dʒɔːˈdʒiːnə(r)
AM dʒɔrˈdʒinə

geoscience
BR ˌdʒiːəʊˈsʌɪəns, -ɪz
AM ˈdʒioʊˌsaɪəns, -əz

geoscientist
BR ˌdʒiːəʊˈsʌɪəntɪst, -s
AM ˌdʒioʊˈsaɪən(t)əst, -s

geosphere
BR ˈdʒiːə(ʊ)sfɪə(r), -z
AM ˈdʒioʊˌsfɪ(ə)r, -z

geostationary
BR ˌdʒiːə(ʊ)ˈsteɪʃn̩ri
AM ˌdʒioʊˈsteɪʃənɛri

geostrophic
BR ˌdʒiːəˈstrɒfɪk, ˌdʒiːəˈstrəʊfɪk
AM ˌdʒiəˈstrɑfɪk

geosynchronous
BR ˌdʒiːə(ʊ)ˈsɪŋkrənəs
AM ˌdʒioʊˈsɪŋkrənəs

geotag
BR ˈdʒiːəʊtag, -z, -ɪŋ, -d
AM ˈdʒioʊˌtæg, -z, -ɪŋ, -d

geotechnical
BR ˌdʒiːə(ʊ)ˈtɛknɪkl
AM ˌdʒiəˈtɛknək(ə)l

geotectonics
BR ˌdʒiːəʊtɛkˈtɒnɪks
AM ˌdʒioʊtɛkˈtɑnɪks

geothermal
BR ˌdʒiːə(ʊ)ˈθəːml
AM ˌdʒioʊˈθərm(ə)l

geothermally
BR ˌdʒiːə(ʊ)ˈθəːmli
AM ˌdʒioʊˈθərməli

geotropic
BR ˌdʒiːəˈtrɒpɪk, ˌdʒiːəˈtrəʊpɪk
AM ˌdʒiəˈtrɑpɪk

geotropism
BR ˌdʒiːəʊˈtrəʊpɪzm
AM dʒiˈɑtrəˌpɪz(ə)m, ˌdʒioʊˈtrɑˌpɪz(ə)m

Geraint
BR ˈɡɛrʌɪnt
AM ˈdʒɛraɪnt

Gerald
BR ˈdʒɛrl̩d
AM ˈdʒɛrəl(d)

Geraldine
BR ˈdʒɛrl̩diːn
AM ˌdʒɛrəlˈdin

Geraldton
BR ˈdʒɛrl̩d(ə)n
AM ˈdʒɛrəl(d)t(ə)n

geranium
BR dʒɪˈreɪnɪəm, -z
AM dʒəˈreɪnj(ə)m, dʒəˈreɪnɪəm, -z

Gerard
BR ˈdʒɛrɑːd, dʒəˈrɑːd
AM dʒəˈrɑrd

gerbera
BR ˈdʒəːb(ə)rə(r), ˈɡəːb(ə)rə(r), -z
AM ˈdʒɜrbərə, dʒɜrˈbɛrə, ˈɡɜrbərə, -z

gerbil
BR ˈdʒəːb(ɪ)l, -z
AM ˈdʒɜrb(ə)l, -z

Gerda
BR ˈgəːdə(r)
AM ˈgɚdə

gerenuk
BR ˈgerənʊk, ˈdʒerənʊk, -s
AM gəˈrenək, ˈgerəˌnʊk, -s

gerfalcon
BR ˈdʒəːˌfɔːlkn, ˈdʒəːˌfɒlkn, ˈdʒəːˌfalkn, -z
AM ˈdʒɚˌfælk(ə)n, -z

geriatric
BR ˌdʒerɪˈatrɪk, -s
AM ˌdʒeriˈætrɪk, -s

geriatrician
BR ˌdʒeriəˈtrɪʃn, -z
AM ˌdʒeriəˈtrɪʃ(ə)n, -z

geriatrist
BR ˌdʒerɪˈatrɪst, -s
AM ˌdʒeriˈætrəst, -s

gerkin
BR ˈgəːkɪn, -z
AM ˈgɚk(ə)n, -z

germ
BR dʒəːm, -z
AM dʒɚm, -z

Germaine
BR ʒəːˈmeɪn
AM ʒɚˈmeɪn

German
BR ˈdʒəːmən, -z
AM ˈdʒɚm(ə)n, -z

germander
BR dʒəˈmandə(r), -z
AM dʒɚˈmændɚ, -z

germane
BR dʒəˈmeɪn
AM dʒɚˈmeɪn

germanely
BR dʒəˈmeɪnli
AM dʒɚˈmeɪnli

germaneness
BR dʒəˈmeɪnɪs
AM dʒɚˈmeɪ(n)nɪs

Germanic
BR dʒəˈmanɪk
AM dʒɚˈmænɪk

Germanicism
BR dʒəˈmanɪsɪzm, -z
AM dʒɚˈmænəˌsɪz(ə)m, -z

Germanicus
BR dʒəˈmanɪkəs
AM dʒɚˈmænəkəs

Germanisation
BR ˌdʒəːmənʌɪˈzeɪʃn
AM ˌdʒɚməˌnaɪˈzeɪʃ(ə)n, ˌdʒɚmənəˈzeɪʃ(ə)n

Germanise
BR ˈdʒəːmənʌɪz, -ɪz, -ɪŋ, -d
AM ˈdʒɚməˌnaɪz, -ɪz, -ɪŋ, -d

Germaniser
BR ˈdʒəːmənʌɪzə(r), -z
AM ˈdʒɚməˌnaɪzɚ, -z

Germanism
BR ˈdʒəːmənɪzm, -z
AM ˈdʒɚməˌnɪz(ə)m, -z

Germanist
BR ˈdʒəːmənɪst, -s
AM ˈdʒɚmənəst, -s

germanium
BR dʒəːˈmeɪniəm, dʒəˈmeɪniəm
AM dʒɚˈmeɪniəm

Germanization
BR ˌdʒəːmənʌɪˈzeɪʃn
AM ˌdʒɚməˌnaɪˈzeɪʃ(ə)n, ˌdʒɚmənəˈzeɪʃ(ə)n

Germanize
BR ˈdʒəːmənʌɪz, -ɪz, -ɪŋ, -d
AM ˈdʒɚməˌnaɪz, -ɪz, -ɪŋ, -d

Germanizer
BR ˈdʒəːmənʌɪzə(r), -z
AM ˈdʒɚməˌnaɪzɚ, -z

germanous
BR ˈdʒəːmənəs
AM ˈdʒɚmənəs

Germany
BR ˈdʒəːmənǀi, -ɪz
AM ˈdʒɚməni, -z

germen
BR ˈdʒəːmən, -z
AM ˈdʒɚm(ə)n, -z

germicidal
BR ˌdʒəːmɪˈsʌɪdl
AM ˌdʒɚməˈsaɪd(ə)l

germicide
BR ˈdʒəːmɪsʌɪd, -z, -əl
AM ˈdʒɚməˌsaɪd, -z, -(ə)l

germinal
BR ˈdʒəːmɪnl
AM ˈdʒɚmən(ə)l

germinally
BR ˈdʒəːmɪnli
AM ˈdʒɚmənəli

germinant
BR ˈdʒəːmɪnənt
AM ˈdʒɚmənənt

germinate
BR ˈdʒəːmɪneɪt, -s, -ɪŋ, -ɪd
AM ˈdʒɚməˌneɪǀt, -ts, -dɪŋ, -dɪd

germination
BR ˌdʒəːmɪˈneɪʃn
AM ˌdʒɚməˈneɪʃ(ə)n

germinative
BR ˈdʒəːmɪnətɪv
AM ˈdʒɚməˌneɪdɪv

germinator
BR ˈdʒəːmɪneɪtə(r), -z
AM ˈdʒɚməˌneɪdɚ, -z

Germiston
BR ˈdʒəːmɪst(ə)n
AM ˈdʒɚməst(ə)n

Germolene
BR ˈdʒəːməliːn
AM ˈdʒɚməˌliːn

germon
BR ˈdʒəːm(ə)n, -z
AM ʒɚˈman, ʒɚˈmɒn, -z

germy
BR ˈdʒəːmǀi, -ɪə(r), -ɪɪst
AM ˈdʒɚmi, -ɚ, -ɪst

Geronimo
BR dʒɪˈrɒnɪməʊ
AM dʒəˈranəˌmoʊ

gerontocracy
BR ˌdʒernˈtɒkrəsǀi, -ɪz
AM ˌdʒerənˈtakrəsi, -z

gerontological
BR dʒəˌrɒntəˈlɒdʒɪkl, ˌdʒerntəˈlɒdʒɪkl
AM dʒəˌran(t)əˈladʒək(ə)l

gerontologist
BR ˌdʒernˈtɒlədʒɪst, -s
AM ˌdʒerənˈtalədʒəst, -s

gerontology
BR ˌdʒernˈtɒlədʒi
AM ˌdʒerənˈtalədʒi

Gerrard
BR ˈdʒerɑːd, dʒəˈrɑːd
AM dʒəˈrɑrd

Gerry
BR ˈdʒeri
AM ˈdʒeri

gerrymander
BR ˈdʒerɪmandǀə(r), -əz, -(ə)rɪŋ, -əd
AM ˈdʒeriˌmændɚ, -ɚz, -(ə)rɪŋ, -ɚd

gerrymanderer
BR ˈdʒerɪmand(ə)rə(r), -z
AM ˈdʒeriˌmænd(ə)rɚ, -z

Gershwin
BR ˈgəːʃwɪn
AM ˈgɚʃwɪn

Gertie
BR ˈgəːti
AM ˈgɚdi

Gertrude
BR ˈgəːtruːd
AM ˈgɚˌtrud

gerund
BR ˈdʒerǝnd, ˈdʒerʌnd, -z
AM ˈdʒerənd, -z

gerundial
BR dʒɪˈrʌndɪəl, dʒɛˈrʌndɪəl
AM dʒəˈrəndɪəl

gerundival
BR ˌdʒernˈdʌɪvl, ˌdʒerʌnˈdʌɪvl
AM ˌdʒerənˈdaɪv(ə)l

gerundive
BR dʒɪˈrʌndɪv,
dʒeˈrʌndɪv, -z
AM dʒəˈrəndɪv, -z

Gervaise
BR ˈdʒɜːveɪz,
dʒɜːˈveɪz,
ˈdʒɜːveɪs,
dʒɜːˈveɪs
AM ʒɜrˈveɪ(z)

Gervase
BR ˈdʒɜːveɪz,
dʒɜːˈveɪz,
ˈdʒɜːveɪs,
dʒɜːˈveɪs
AM ʒɜrˈveɪ(z)

gesnieriad
BR gesˈnɪəriad,
dʒesˈnɪəriad, -z
AM dʒesˈnɪriæd,
gesˈnɪriæd, -z

gesso
BR ˈdʒesəʊ
AM ˈdʒesoʊ

gest
BR dʒest, -s
AM dʒest, -s

gestagen
BR ˈdʒestədʒ(ə)n, -z
AM ˈdʒestə‚dʒen,
ˈdʒestədʒ(ə)n, -z

gestagenic
BR ‚dʒestəˈdʒenɪk
AM ‚dʒestəˈdʒenɪk

gestalt
BR gəˈʃtalt,
gəˈʃtɑːlt
AM gəˈstalt, gəˈʃtalt

gestaltism
BR gəˈʃtaltɪzm,
gəˈʃtɑːltɪzm
AM gəˈstal‚tɪz(ə)m,
gəˈʃtal‚tɪz(ə)m

gestaltist
BR gəˈʃtaltɪst,
gəˈʃtɑːltɪst, -s
AM gəˈstaltəst,
gəˈʃtaltəst, -s

Gestapo
BR geˈstɑːpəʊ
AM gəˈstɑpoʊ

gestate
BR dʒeˈsteɪt, ˈdʒesteɪt,
-s, -ɪŋ, -ɪd
AM ˈdʒe‚steɪ|t, -ts,
-dɪŋ, -dɪd

gestation
BR dʒeˈsteɪʃn
AM dʒeˈsteɪʃ(ə)n

gestatorial
BR ‚dʒestəˈtɔːriəl
AM ‚dʒestəˈtɔriəl

gestatory
BR dʒeˈsteɪt(ə)ri,
ˈdʒestət(ə)ri
AM ˈdʒestə‚tɔri

Gestetner
BR geˈstetnə(r),
gɪˈstetnə(r)
AM gəˈstetnər

gesticulate
BR dʒeˈstɪkjʊleɪt, -s,
-ɪŋ, -ɪd
AM dʒeˈstɪkjə‚leɪ|t, -ts,
-dɪŋ, -dɪd

gesticulation
BR dʒe‚stɪkjʊˈleɪʃn, -z
AM dʒe‚stɪkjəˈleɪʃ(ə)n,
-z

gesticulative
BR dʒeˈstɪkjʊlətɪv
AM dʒeˈstɪkjələdɪv,
dʒeˈstɪkjə‚leɪdɪv

gesticulator
BR dʒeˈstɪkjʊleɪtə(r),
-z
AM dʒeˈstɪkjə‚leɪdər,
-z

gesticulatory
BR dʒeˈstɪkjʊlət(ə)ri
AM ‚dʒestəˈkjulə‚tɔri

gestural
BR ˈdʒestʃ(ə)rl
AM ˈdʒeʃtʃər(ə)l,
ˈdʒeʃtʃr(ə)l,
ˈdʒestʃər(ə)l,
ˈdʒestʃr(ə)l

gesture
BR ˈdʒestʃə(r), -əz,
-(ə)rɪŋ, -əd
AM ˈdʒeʃtʃər,
ˈdʒestʃər, -z,
-ɪŋ, -d

gesturer
BR ˈdʒestʃ(ə)rə(r),
-z
AM ˈdʒeʃtʃərər,
ˈdʒestʃərər, -z

gesundheit
BR gəˈzʊndhʌɪt,
gəˈzʊnthʌɪt
AM gəˈzʊn(d)‚(h)aɪt

get
BR get, -s, -ɪŋ
AM ge|t, -ts, -dɪŋ

geta
BR ˈgeɪtə(r)
AM ˈge‚tɑ

get-at-able
BR ˈgetˈatəbl
AM gedˈædəb(ə)l

getaway
BR ˈgetəweɪ, -z
AM ˈgedə‚weɪ, -z

Gethin
BR ˈgeθɪn
AM ˈgeθ(ə)n

Gethsemane
BR geθˈsemənɪ
AM ‚geθˈsemənɪ

gettable
BR ˈgetəbl
AM ˈgedəb(ə)l

getter
BR ˈgetə(r), -z
AM ˈgedər, -z

Getty
BR ˈgetɪ
AM ˈgedɪ

Gettysburg
BR ˈgetɪzbɜːg
AM ˈgedɪz‚bɜrg

geum
BR ˈdʒiːəm, -z
AM ˈdʒiəm, -z

gewgaw
BR ˈgjuːgɔː(r), -z
AM ˈgju‚gɑ, ˈgju‚gɔ, -z

Gewürztraminer
BR gəˈvʊətstrə‚miːnə(r), -z
AM gəˈwɜrts‚trɑmənər, -z

geyser
BR ˈgiːzə(r),
ˈgʌɪzə(r), -z
AM ˈgaɪzər, -z

Ghana
BR ˈgɑːnə(r)
AM ˈgɑnə

Ghanaian
BR gɑːˈneɪən, -z
AM ˈgɑnɪən, -z

gharial
BR ˈgarɪəl, ˈgarɪɑːl,
ˈgɛrɪəl, ‚gʌrɪˈɑːl, -z
AM ˈgɛrɪəl, -z

gharry
BR ˈgar|ɪ, -ɪz
AM ˈgɛrɪ, -z

ghastlily
BR ˈgɑːs(t)lɪlɪ
AM ˈgæs(t)ləlɪ

ghastliness
BR ˈgɑːs(t)lɪnɪs
AM ˈgæs(t)lɪnɪs

ghastly
BR ˈgɑːs(t)l|ɪ, -ɪə(r),
-ɪst
AM ˈgæs(t)lɪ, -ər, -ɪst

ghat
BR gɑːt, gɔːt,
gʌt, -s
AM gɑt, gɔt, -s

ghaut
BR gɑːt, gɔːt, gʌt, -s
AM gɑt, gɔt, -s

Ghazi
BR ˈgɑːz|ɪ, -ɪz
AM ˈgɑ‚zi, -z

ghee
BR giː
AM gi

Gheg
BR geg, -z
AM geg, -z

Ghent
BR gent
AM gent

gherao
BR geˈraʊ, -z, -ɪŋ, -d
AM gəˈraʊ, -z, -ɪŋ, -d

gherkin
BR ˈgɜːkɪn, -z
AM ˈgɜrk(ə)n, -z

ghetto
BR ˈgɛtəʊ, -z
AM ˈgɛdoʊ, -z
ghettoise
BR ˈgɛtəʊˌaɪz, -ɪz,
 -ɪŋ, -d
AM ˈgɛdoʊˌaɪz, -ɪz,
 -ɪŋ, -d
ghettoize
BR ˈgɛtəʊˌaɪz, -ɪz,
 -ɪŋ, -d
AM ˈgɛdoʊˌaɪz, -ɪz,
 -ɪŋ, -d
ghi
BR giː
AM gi
Ghibelline
BR ˈgɪbɪliːn,
 ˈgɪbɪlʌɪn, -z
AM ˈgɪbəˌlaɪn,
 ˈgɪbəl(ə)n,
 ˈgɪbəˌlin, -z
Ghibellinism
BR ˈgɪbɪlɪnɪzm
AM ˈgɪbəˌlaɪˌnɪz(ə)m,
 ˈgɪbələˌnɪz(ə)m
Ghiberti
BR gɪˈbɛːti
AM gɪˈbɛrdi
ghillie
BR ˈgɪl|i, -ɪz
AM ˈgɪli, -z
ghost
BR gəʊst, -s, -ɪŋ, -ɪd
AM goʊst, -s, -ɪŋ, -əd
ghostbuster
BR ˈgəʊs(t)ˌbʌstə(r),
 -z
AM ˈgoʊs(t)ˌbəstər, -z
ghostbusting
BR ˈgəʊs(t)ˌbʌstɪŋ
AM ˈgoʊs(t)ˌbəstɪŋ
ghostlike
BR ˈgəʊs(t)lʌɪk
AM ˈgoʊs(t)ˌlaɪk
ghostliness
BR ˈgəʊs(t)lɪnɪs
AM ˈgoʊs(t)lɪnɪs
ghostly
BR ˈgəʊs(t)l|i,
 -ɪə(r), -ɪɪst
AM ˈgoʊs(t)li, -ər, -ɪst

ghostwriter
BR ˈgəʊs(t)ˌrʌɪtə(r), -z
AM ˈgoʊs(t)ˌraɪdər, -z
ghoul
BR guːl, -z
AM gul, -z
ghoulish
BR ˈguːlɪʃ
AM ˈgulɪʃ
ghoulishly
BR ˈguːlɪʃli
AM ˈgulɪʃli
ghoulishness
BR ˈguːlɪʃnɪs
AM ˈgulɪʃnɪs
ghyll
BR gɪl, -z
AM gɪl, -z
Giacometti
BR ˌdʒakəˈmɛti
AM ˌdʒækəˈmɛdi
giant
BR ˈdʒʌɪənt, -s
AM ˈdʒaɪənt, -s
giantess
BR ˈdʒʌɪəntɪs,
 ˈdʒʌɪəntɛs,
 ˌdʒʌɪənˈtɛs, -ɪz
AM ˈdʒaɪən(t)əs, -əz
giantism
BR ˈdʒʌɪəntɪzm
AM ˈdʒaɪən(t)ˌɪz(ə)m
giaour
BR ˈdʒaʊə(r), -z
AM ˈdʒaʊ(ə)r, -z
giardiasis
BR ˌdʒɪɑːˈdʌɪəsɪs
AM ˌdʒ(i)ɑrˈdaɪəsɪs
gib
BR dʒɪb, -z, -ɪŋ, -d
AM dʒɪb, -z, -ɪŋ, -d
Gibb
BR gɪb
AM gɪb
gibber
BR ˈdʒɪb|ə(r), -əz,
 -(ə)rɪŋ, -əd
AM ˈdʒɪb|ər, -ərz,
 -(ə)rɪŋ, -ərd
gibberellin
BR ˌdʒɪbəˈrɛlɪn
AM ˌdʒɪbəˈrɛl(ə)n

gibberish
BR ˈdʒɪb(ə)rɪʃ
AM ˈdʒɪb(ə)rɪʃ
gibbet
BR ˈdʒɪbɪt, -s
AM ˈdʒɪbɪt, -s
gibbon
BR ˈgɪbən, -z
AM ˈgɪb(ə)n, -z
Gibbons
BR ˈgɪbənz
AM ˈgɪbənz
gibbosity
BR gɪˈbɒsɪti
AM gɪˈbɑsədi
gibbous
BR ˈgɪbəs
AM ˈgɪbəs
gibbously
BR ˈgɪbəsli
AM ˈgɪbəsli
gibbousness
BR ˈgɪbəsnəs
AM ˈgɪbəsnəs
Gibbs
BR gɪbz
AM ˈgɪbz
gibe
BR dʒʌɪb, -z, -ɪŋ, -d
AM dʒaɪb, -z, -ɪŋ, -d
Gibeon
BR ˈgɪbɪən
AM ˈgɪbɪən
Gibeonite
BR ˈgɪbɪənʌɪt
AM ˈgɪbɪəˌnaɪt
giber
BR ˈdʒʌɪbə(r), -z
AM ˈdʒaɪbər, -z
giblets
BR ˈdʒɪblɪts
AM ˈdʒɪbləts
Gibraltar
BR dʒɪˈbrɔːltə(r),
 dʒɪˈbrɒltə(r)
AM dʒəˈbrɑltər,
 dʒəˈbrɔltər
Gibraltarian
BR ˌdʒɪbrɔːlˈtɛːrɪən,
 ˌdʒɪbrɒlˈtɛːrɪən, -z
AM ˌdʒɪbralˈtɛrɪən,
 ˌdʒɪbrɔlˈtɛrɪən, -z

Gibson
BR ˈgɪbsn
AM ˈgɪbs(ə)n
giclée
BR ˈʒiːkleɪ, -z
AM ʒiˈkleɪ, -z
gid
BR gɪd
AM gɪd
giddily
BR ˈgɪdɪli
AM ˈgɪdɨli
giddiness
BR ˈgɪdɪnɪs
AM ˈgɪdɪnɪs
giddy
BR ˈgɪd|i, -ɪə(r), -ɪɪst
AM ˈgɪdi, -ər, -ɪst
Gide
BR ʒiːd
AM ʒid
Gideon
BR ˈgɪdɪən
AM ˈgɪdɪən
gie
BR giː, -z, -ɪŋ, -d
AM gi, -z, -ɪŋ, -d
Gielgud
BR ˈgiːlgʊd
AM ˈgilˌgʊd
gift
BR gɪft, -s, -ɪd
AM gɪft, -s, -ɪd
giftedly
BR ˈgɪftɪdli
AM ˈgɪftɪdli
giftedness
BR ˈgɪftɪdnɪs
AM ˈgɪftɪdnɪs
giftware
BR ˈgɪftwɛː(r)
AM ˈgɪf(t)ˌwɛ(ə)r
giftwrap
BR ˌgɪftˈrap, ˈgɪftrap,
 -s, -ɪŋ, -t
AM ˈgɪf(t)ˌræp, -s, -ɪŋ, -t
gig
BR gɪg, -z
AM gɪg, -z
gigabit
BR ˈgɪgəbɪt, -s
AM ˈgɪgəˌbɪt, -s

gigabyte
BR ˈgɪgəbʌɪt, -s
AM ˈgɪgəˌbaɪt, -s

gigaflop
BR ˈgɪgəflɒp, -s
AM ˈgɪgəˌflɑp, -s

gigametre
BR ˈgɪgəˌmiːtə(r), -z
AM ˈgɪgəˌmidər, -z

gigantesque
BR ˌdʒʌɪgənˈtɛsk
AM ˌdʒaɪgənˈtɛsk

gigantic
BR dʒʌɪˈgantɪk
AM dʒaɪˈgæn(t)ɪk

gigantically
BR dʒʌɪˈgantɪkli
AM dʒaɪˈgæn(t)ək(ə)li

gigantism
BR dʒʌɪˈgantɪzm
AM dʒaɪˈgæn,tɪz(ə)m

Gigantopithecus
BR dʒʌɪˌgantəʊ-ˈpɪθɪkəs, ˌdʒʌɪgantəʊˈpɪθɪkəs
AM dʒaɪˌgæn(t)oʊ-ˈpɪθɪkəs

gigawatt
BR ˈgɪgəwɒt, -s
AM ˈgɪgəˌwɑt, -s

giggle
BR ˈgɪg|l, -lz, -lɪŋ\-lɪŋ, -ld
AM ˈgɪg(ə)l, -z, -ɪŋ, -d

giggler
BR ˈgɪglə(r), ˈgɪglə(r), -z
AM ˈgɪg(ə)lər, -z

Giggleswick
BR ˈgɪglzwɪk
AM ˈgɪgəlzwɪk

giggliness
BR ˈgɪglɪnɨs, ˈgɪglɪnɪs
AM ˈgɪg(ə)linɨs

giggly
BR ˈgɪgl|i, -ɪə(r), -ɪɪst
AM ˈgɪgli, ˈgɪgli, -ər, -ɪst

Gigli
BR ˈdʒiːli
AM ˈdʒili
IT ˈdʒiʎʎi

GIGO
BR ˈgɪgəʊ
AM ˈgɪˌgoʊ

gigolo
BR ˈ(d)ʒɪgələʊ, -z
AM ˈdʒɪgəˌloʊ, -z

gigot
BR ˈdʒɪgət, -s
AM ˈdʒɪgət, -s

gigue
BR ʒiːg, -z
AM ʒig, -z

Gila monster
BR ˈhiːlə ˌmɒnstə(r), -z
AM ˈhilə ˌmɑnstər, -z

Gilbert
BR ˈgɪlbət
AM ˈgɪlbərt

Gilbertian
BR gɪlˈbəːtɪən
AM gɪlˈbərdiən

gild
BR gɪld, -z, -ɪŋ, -ɪd
AM gɪld, -z, -ɪŋ, -ɪd

gilder
BR ˈgɪldə(r), -z
AM ˈgɪldər, -z

Gilead
BR ˈgɪlɪad
AM ˈgɪliˌæd

Giles
BR ˈdʒʌɪlz
AM ˈdʒaɪlz

gilet
BR (d)ʒɪˈleɪ, -z
AM ʒəˈleɪ, -z

gilgai
BR ˈgɪlgʌɪ, -z
AM ˈgɪlˌgaɪ, -z

Gilgamesh
BR ˈgɪlgəmɛʃ
AM ˈgɪlgəˌmɛʃ

Gilgit
BR ˈgɪlgɪt
AM ˈgɪlgɪt

Gill[1] *surname*
BR gɪl
AM gɪl

gill[2] *liquid measure*
BR dʒɪl, -z
AM dʒɪl, -z

gill[3] *of fish*
BR gɪl, -z
AM gɪl, -z

Gill[4] *woman's forename*
BR dʒɪl
AM dʒɪl

gill[5] *verb*
BR gɪl, -z, -ɪŋ, -d
AM gɪl, -z, -ɪŋ, -d

Gillard
BR ˈgɪlɑːd
AM ˈgɪlərd

gillaroo
BR ˌgɪləˈruː, -z
AM ˌgɪləˈru, -z

gill cover
BR ˈgɪl ˌkʌvə(r), -z
AM ˈgɪl ˌkəvər, -z

Gillespie
BR gɪˈlɛspi
AM gəˈlɛspi

Gillette
BR dʒɪˈlɛt
AM dʒəˈlɛt

Gillian
BR ˈdʒɪlɪən
AM ˈdʒɪliən, ˈdʒɪlj(ə)n

gillie
BR ˈgɪl|i, -ɪz
AM ˈgɪli, -z

Gillies
BR ˈgɪlɪz
AM ˈgɪliz

Gilligan
BR ˈgɪlɪg(ə)n
AM ˈgɪlɪg(ə)n

Gillingham[1] *place in Kent, UK*
BR ˈdʒɪlɪŋəm
AM ˈdʒɪlɪŋəm

Gillingham[2] *places in Dorset and Norfolk, UK*
BR ˈgɪlɪŋəm
AM ˈgɪlɪŋəm

gillion
BR ˈgɪlj(ə)n, -z
AM ˈgɪlj(ə)n, -z

gill-net
BR ˈgɪlnɛt, -s
AM ˈgɪlˌnɛt, -s

Gillow
BR ˈgɪləʊ
AM ˈgɪloʊ

Gilly
BR ˈdʒɪli
AM ˈdʒɪli

gilly
BR ˈgɪl|i, -ɪz
AM ˈgɪli, -z

gillyflower
BR ˈdʒɪlɪˌflaʊə(r), -z
AM ˈdʒɪliˌflaʊər, -z

Gilman
BR ˈgɪlmən
AM ˈgɪlm(ə)n

Gilmore
BR ˈgɪlmɔː(r)
AM ˈgɪlˌmɔ(ə)r

Gilmour
BR ˈgɪlmɔː(r)
AM ˈgɪlˌmɔ(ə)r

Gilpin
BR ˈgɪlpɪn
AM ˈgɪlpɪn

Gilroy
BR ˈgɪlrɔɪ
AM ˈgɪlˌrɔɪ

gilt
BR gɪlt, -s
AM gɪlt, -s

gilt-edged
BR ˌgɪltˈɛdʒd
AM ˈˌgɪltˈɛdʒd

giltwood
BR ˈgɪltwʊd
AM ˈgɪltˌwʊd

gimbal
BR ˈdʒɪmbl, ˈgɪmbl, -z
AM ˈdʒɪmb(ə)l, ˈgɪmb(ə)l, -z

gimcrack
BR ˈdʒɪmkrak
AM ˈdʒɪmˌkræk

gimcrackery
BR ˈdʒɪmkrak(ə)ri
AM ˈdʒɪmˌkrækəri

gimcracky
BR ˈdʒɪmkraki
AM ˈdʒɪmˌkræki

gimlet
BR ˈgɪmlɪt, -s
AM ˈgɪmlət, -s

gimme
BR ˈgɪmi
AM ˈgɪmi

gimmick
BR ˈgɪmɪk, -s
AM ˈgɪmɪk, -s

gimmickry
BR ˈgɪmɪkri
AM ˈgɪmɪkri

gimmicky
BR ˈgɪmɪki
AM ˈgɪmɪki

gimp
BR gɪm|p, -ps, -pɪŋ, -(p)t
AM gɪm|p, -(p)s, -pɪŋ, -(p)t

gimpy
BR ˈgɪmpi
AM ˈgɪmpi

Gimson
BR ˈgɪmsn, ˈdʒɪmsn
AM ˈdʒɪms(ə)n, ˈgɪms(ə)n

gin
BR dʒɪn, -z
AM dʒɪn, -z

Gina
BR ˈdʒiːnə(r)
AM ˈdʒɪnə

ging
BR gɪŋ, -z, -ɪŋ, -d
AM gɪŋ, -z, -ɪŋ, -d

ginger
BR ˈdʒɪn(d)ʒ|ə(r), -əz, -(ə)rɪŋ, -əd
AM ˈdʒɪndʒ|ər, -ərz, -(ə)rɪŋ, -ərd

ginger ale
BR ˌdʒɪn(d)ʒər ˈeɪl
AM ˌdʒɪndʒər ˈeɪl, ˈdʒɪndʒər ˌeɪl

gingerbread
BR ˈdʒɪn(d)ʒəbred
AM ˈdʒɪndʒərˌbred

gingerliness
BR ˈdʒɪn(d)ʒəlɪnɪs
AM ˈdʒɪndʒərlɪnɪs

gingerly
BR ˈdʒɪn(d)ʒəli
AM ˈdʒɪndʒərli

gingery
BR ˈdʒɪn(d)ʒ(ə)ri
AM ˈdʒɪndʒəri

gingham
BR ˈgɪŋəm
AM ˈgɪŋəm

gingili
BR ˈdʒɪn(d)ʒɪli
AM ˈdʒɪndʒəli

gingiva
BR dʒɪnˈdʒʌɪvə(r), ˈdʒɪn(d)ʒɪvə(r)
AM dʒənˈdʒaɪvə

gingivae
BR dʒɪnˈdʒʌɪviː, ˈdʒɪn(d)ʒɪviː
AM ˈdʒɪndʒəˌvaɪ, dʒənˈdʒaɪvi

gingival
BR dʒɪnˈdʒʌɪvl, ˈdʒɪn(d)ʒɪvl
AM ˈdʒɪndʒəv(ə)l, dʒənˈdʒaɪv(ə)l

gingivitis
BR ˌdʒɪn(d)ʒɪˈvʌɪtɪs
AM ˌdʒɪndʒəˈvaɪdɪs

gingko
BR ˈgɪŋkəʊ, -z
AM ˈgɪŋkoʊ, -z

ginglymi
BR ˈgɪŋglɪmʌɪ, ˈgɪŋglɪmiː, ˈdʒɪŋglɪmʌɪ, ˈdʒɪŋglɪmiː
AM ˈgɪŋgləˌmaɪ, ˈdʒɪŋgləmi, ˈgɪŋgləmi, ˈdʒɪŋgləˌmaɪ

ginglymus
BR ˈgɪŋglɪməs, ˈdʒɪŋglɪməs
AM ˈgɪŋgləməs, ˈdʒɪŋgləməs

Gingold
BR ˈgɪŋgəʊld
AM ˈgɪŋˌgoʊld

gink
BR ˈgɪŋk, -s
AM ˈgɪŋk, -s

ginkgo
BR ˈgɪŋkəʊ, -z
AM ˈgɪŋkoʊ, -z

Ginn
BR gɪn
AM dʒɪn, gɪn

ginner
BR ˈdʒɪnə(r), -z
AM ˈdʒɪnər, -z

Ginny
BR ˈdʒɪni
AM ˈdʒɪni

Gino
BR ˈdʒiːnəʊ
AM ˈdʒɪnoʊ

ginormous
BR dʒʌɪˈnɔːməs
AM dʒaɪˈnɔrməs

Ginsberg
BR ˈgɪnzbəːg
AM ˈgɪnzˌbərg

ginseng
BR ˈdʒɪnseŋ
AM ˌdʒɪnˈseŋ

Ginsu
BR ˈgɪnsuː
AM ˈgɪnsu

gingivitis

Gioconda, La
BR la ˌdʒɪəˈkɒndə(r)
AM ˌla dʒəˈkandə, ˌla dʒɔˈkɒndə

Giorgione
BR ˌdʒɔːdʒɪˈəʊni
AM dʒɔrˈdʒ(i)oʊni

Giotto
BR ˈdʒɒtəʊ, dʒɪˈɒtəʊ
AM ˈdʒadoʊ, ˈdʒɔdoʊ

Giovanni
BR dʒə(ʊ)ˈvaːni, ˌdʒiːəˈvaːni
AM ˌdʒiəˈvani, dʒəˈvani

gip
BR dʒɪp, -s, -ɪŋ, -t
AM dʒɪp, -s, -ɪŋ, -t

gippo
BR ˈdʒɪpəʊ, -z
AM ˈdʒɪpoʊ, -z

gippy
BR ˈdʒɪpi
AM ˈdʒɪpi

Gipsy
BR ˈdʒɪps|i, -ɪz
AM ˈdʒɪpsi, -z

giraffe
BR dʒɪˈrɑːf, -s
AM dʒəˈræf, -s

Giraldus Cambrensis
BR dʒɪˌraldəs kamˈbrɛnsɪs
AM dʒəˌraldəs kæmˈbrɛnsəs, dʒəˌrɒldəs kæmˈbrɛnsəs

girandole
BR ˈdʒɪrndəʊl, -z
AM ˈdʒɪrənˌdoʊl, -z

Girard
BR ˈdʒɛrɑːd, dʒəˈrɑːd
AM dʒəˈrɑrd

girasol
BR ˈdʒɪrəsɒl, -z
AM ˈdʒɪrəˌsal, -z

girasole
BR ˈdʒɪrəsəʊl, -z
AM ˈdʒɪrəˌsoʊl, -z

gird
BR gəːd, -z, -ɪŋ, -ɪd
AM gərd, -z, -ɪŋ, -əd

girder
BR ˈgəːdə(r), -z
AM ˈgərdər, -z

girdle
BR ˈgəːd|l, -lz, -lɪŋ\-lŋ, -ld
AM ˈgərd(ə)l, -z, -ɪŋ, -d

girl
BR gəːl, -z
AM gərl, -z

girlfriend
BR ˈgəːlfrend, -z
AM ˈgərlˌfrend, -z

girlhood
BR ˈgəːlhʊd
AM ˈgərl,(h)ʊd

girlie
BR ˈgəːli
AM ˈgərli

girlie-man
BR ˈgəːliˌman
AM ˈgərliˌmæn

girlie-men
BR ˈgəːliˌmen
AM ˈgərliˌmɛn

girlish
BR ˈgɜːlɪʃ
AM ˈgɜrlɪʃ

girlishly
BR ˈgɜːlɪʃli
AM ˈgɜrlɪʃli

girlishness
BR ˈgɜːlɪʃnɪs
AM ˈgɜrlɪʃnɪs

girly
BR ˈgɜːli
AM ˈgɜrli

giro[1] *banking*
BR ˈdʒaɪrəʊ, -z
AM ˈdʒaɪroʊ, -z

giro[2] *gyroscope*
BR ˈdʒaɪrəʊ, -z
AM ˈdʒaɪroʊ, -z

giro[3] *verb*
BR ˈdʒaɪrəʊ, -z, -ɪŋ, -d
AM ˈdʒaɪroʊ, -z, -ɪŋ, -d

Gironde
BR (d)ʒɪˈrɒnd
AM dʒəˈrɑnd

Girondin
BR (d)ʒɪˈrɒndɪn, -z
AM dʒəˈrɑnd(ə)n, -z
FR ʒiʁɔ̃dɛ̃

Girondist
BR (d)ʒɪˈrɒndɪst, -s
AM dʒəˈrɑndəst, -s

girt
BR gɜːt
AM gɜrt

girth
BR gɜːθ, -s
AM gɜrθ, -s

Girton
BR ˈgɜːtn̩
AM ˈgɜrt(ə)n

Gisborne
BR ˈgɪzbəːn
AM ˈgɪzbərn

Giselle
BR (d)ʒɪˈzɛl
AM ʒəˈzɛl

Gish
BR gɪʃ
AM gɪʃ

gismo
BR ˈgɪzməʊ, -z
AM ˈgɪzmoʊ, -z

Gissing
BR ˈgɪsɪŋ
AM ˈgɪsɪŋ

gist
BR dʒɪst
AM dʒɪst

git
BR gɪt, -s
AM gɪt, -s

gîte
BR ʒiːt, -s
AM ʒit, -s

gittern
BR ˈgɪtɜːn, -z
AM ˈgɪdərn, -z

Gittins
BR ˈgɪtɪnz
AM ˈgɪtɪnz

Giuseppe
BR dʒʊˈzɛpi, dʒʊˈsɛpi
AM dʒəˈsɛpi

givable
BR ˈgɪvəbl
AM ˈgɪvəb(ə)l

give
BR gɪv, -z, -ɪŋ
AM gɪv, -z, -ɪŋ

giveable
BR ˈgɪvəbl
AM ˈgɪvəb(ə)l

giveaway
BR ˈgɪvəweɪ, -z
AM ˈgɪvəˌweɪ, -z

given
BR ˈgɪvn
AM ˈgɪv(ə)n

Givenchy
BR ʒɪˈvɒ̃ʃi, ʒɪˈvɒnʃi
AM ʒəˈvɑnʃi

giver
BR ˈgɪvə(r), -z
AM ˈgɪvər, -z

gizmo
BR ˈgɪzməʊ, -z
AM ˈgɪzmoʊ, -z

gizzard
BR ˈgɪzəd, -z
AM ˈgɪzərd, -z

glabella
BR gləˈbɛlə(r)
AM gləˈbɛlə

glabellae
BR gləˈbɛliː
AM gləˈbɛˌlaɪ, gləˈbɛli

glabellar
BR gləˈbɛlə(r)
AM gləˈbɛlər

glabrous
BR ˈgleɪbrəs
AM ˈgleɪbrəs

glacé
BR ˈglaseɪ
AM glaˈseɪ, glæˈseɪ

glacial
BR ˈgleɪʃl, ˈgleɪsɪəl
AM ˈgleɪʃ(ə)l

glacially
BR ˈgleɪʃli, ˈgleɪsɪəli
AM ˈgleɪʃəli

glaciate
BR ˈgleɪsieɪt, ˈgleɪʃieɪt, -s, -ɪŋ, -ɪd
AM ˈgleɪʃiˌeɪ|t, -ts, -dɪŋ, -dɪd

glaciated
BR ˈgleɪsieɪtɪd, ˈgleɪʃieɪtɪd
AM ˈgleɪʃiˌeɪdɪd

glaciation
BR ˌgleɪsɪˈeɪʃn, ˌgleɪʃɪˈeɪʃn, -z
AM ˌgleɪʃiˈeɪʃ(ə)n, -z

glacier
BR ˈglasɪə(r), ˈgleɪsɪə(r), -z
AM ˈgleɪʃər, -z

glaciological
BR ˌgleɪsɪəˈlɒdʒɪkl, ˌgleɪʃɪəˈlɒdʒɪkl
AM ˌgleɪʃiəˈlɑdʒək(ə)l

glaciologist
BR ˌgleɪsɪˈɒlədʒɪst, ˌgleɪʃɪˈɒlədʒɪst, -s
AM ˌgleɪʃiˈɑlədʒəst, -s

glaciology
BR ˌgleɪsɪˈɒlədʒi, ˌgleɪʃɪˈɒlədʒi
AM ˌgleɪʃiˈɑlədʒi

glacis[1] *singular*
BR ˈglas|ɪs, ˈglas|i, -ɪsɪz
AM ˈglæ|səs, glæˈ|si, -səsəs, -ˈsiz

glacis[2] *plural*
BR ˈglasɪz
AM ˈglæsəs, glæˈsiz

glad
BR glad, -ə(r), -ɪst
AM glæd, -ər, -əst

gladden
BR ˈgladn̩, -z, -ɪŋ, -d
AM ˈglæd(ə)n, -z, -ɪŋ, -d

gladdener
BR ˈgladnə(r), -z
AM ˈglædnər, -z

gladdie
BR ˈglad|i, -ɪz
AM ˈglædi, -z

gladdon
BR ˈgladn, -z
AM ˈglæd(ə)n, -z

glade
BR gleɪd, -z
AM gleɪd, -z

gladiator
BR ˈgladɪeɪtə(r), -z
AM ˈglædiˌeɪdər, -z

gladiatorial
BR ˌgladɪəˈtɔːrɪəl
AM ˌglædiəˈtɔriəl

gladioli
BR ˌgladɪˈəʊlaɪ
AM ˌglædiˈoʊˌlaɪ

gladiolus
BR ˌgladɪˈəʊləs, -ɪz
AM ˌglædiˈoʊləs, -ɪz

gladly
BR ˈgladli
AM ˈglædli

gladness
BR ˈgladnəs
AM ˈglædnəs

gladsome
BR ˈglads(ə)m
AM ˈglæds(ə)m

gladsomely
BR ˈglads(ə)mli
AM ˈglædsəmli

gladsomeness
BR ˈglads(ə)mnəs
AM ˈglædsəmnəs

Gladstone
BR ˈgladst(ə)n
AM ˈglædzˌtoʊn

Gladwin
BR ˈɡlædwɪn
AM ˈɡlædwen

Gladys
BR ˈɡlædɪs
AM ˈɡlædəs

Glagolitic
BR ˌɡlæɡəˈlɪtɪk
AM ˌɡlæɡəˈlɪdɪk

glair
BR ɡlɛː(r)
AM ɡlɛ(ə)r

glaire
BR ɡlɛː(r)
AM ɡlɛ(ə)r

glaireous
BR ˈɡlɛːrəs
AM ˈɡlɛrəs

glairiness
BR ˈɡlɛːrɪnɪs
AM ˈɡlɛrɪnɪs

glairy
BR ˈɡlɛːri
AM ˈɡlɛri

glaive
BR ɡleɪv, -z
AM ɡleɪv, -z

glam
BR ɡlæm, -z, -ɪŋ, -d
AM ɡlæm, -z, -ɪŋ, -d

Glamis
BR ɡlɑːmz
AM ˈɡlɑmz

glamor
BR ˈɡlæmə(r)
AM ˈɡlæmər

Glamorgan
BR ɡləˈmɔːɡ(ə)n
AM ɡləˈmɔrɡ(ə)n

glamorisation
BR ˌɡlæm(ə)rʌɪˈzeɪʃn
AM ˌɡlæməˌraɪˈzeɪʃ(ə)n, ˌɡlæm(ə)rəˈzeɪʃ(ə)n

glamorise
BR ˈɡlæmərʌɪz, -ɪz, -ɪŋ, -d
AM ˈɡlæməˌraɪz, -ɪz, -ɪŋ, -d

glamorization
BR ˌɡlæm(ə)rʌɪˈzeɪʃn
AM ˌɡlæməˌraɪˈzeɪʃ(ə)n, ˌɡlæm(ə)rəˈzeɪʃ(ə)n

glamorize
BR ˈɡlæmərʌɪz, -ɪz, -ɪŋ, -d
AM ˈɡlæməˌraɪz, -ɪz, -ɪŋ, -d

glamorous
BR ˈɡlæm(ə)rəs
AM ˈɡlæm(ə)rəs

glamorously
BR ˈɡlæm(ə)rəsli
AM ˈɡlæm(ə)rəsli

glamour
BR ˈɡlæmə(r)
AM ˈɡlæmər

glamourisation
BR ˌɡlæm(ə)rʌɪˈzeɪʃn
AM ˌɡlæməˌraɪˈzeɪʃ(ə)n, ˌɡlæm(ə)rəˈzeɪʃ(ə)n

glamourise
BR ˈɡlæmərʌɪz, -ɪz, -ɪŋ, -d
AM ˈɡlæməˌraɪz, -ɪz, -ɪŋ, -d

glamourization
BR ˌɡlæm(ə)rʌɪˈzeɪʃn
AM ˌɡlæməˌraɪˈzeɪʃ(ə)n, ˌɡlæm(ə)rəˈzeɪʃ(ə)n

glamourize
BR ˈɡlæmərʌɪz, -ɪz, -ɪŋ, -d
AM ˈɡlæməˌraɪz, -ɪz, -ɪŋ, -d

glamourous
BR ˈɡlæm(ə)rəs
AM ˈɡlæm(ə)rəs

glamourously
BR ˈɡlæm(ə)rəsli
AM ˈɡlæm(ə)rəsli

glance
BR ɡlɑːns, -ɪz, -ɪŋ, -t
AM ɡlæns, -əz, -ɪŋ, -t

glancingly
BR ˈɡlɑːnsɪŋli
AM ˈɡlænsɪŋli

gland
BR ɡlænd, -z
AM ɡlænd, -z

glandered
BR ˈɡlændəd
AM ˈɡlændərd

glanderous
BR ˈɡlænd(ə)rəs
AM ˈɡlændərəs

glanders
BR ˈɡlændəz
AM ˈɡlændərz

glandes
BR ˈɡlændiːz
AM ˈɡlændiz

glandular
BR ˈɡlændjʊlə(r), ˈɡlændʒʊlə(r)
AM ˈɡlændjələr, ˈɡlændʒələr

glandule
BR ˈɡlændjuːl, ˈɡlændʒuːl, -z
AM ˈɡlændjul, ˈɡlændʒul, -z

glans
BR ɡlanz
AM ɡlænz

Glanville
BR ˈɡlanvɪl
AM ˈɡlænˌvɪl

Glanyrafon
BR ˌɡlanərˈavn
AM ˌɡlænərˈæv(ə)n

Glaramara
BR ˌɡlarəˈmɑːrə(r)
AM ˌɡlɛrəˈmɑrə

glare
BR ɡlɛː(r), -z, -ɪŋ, -d
AM ɡlɛ(ə)r, -z, -ɪŋ, -d

glaringly
BR ˈɡlɛːrɪŋli
AM ˈɡlɛrɪŋli

glaringness
BR ˈɡlɛːrɪŋnɪs
AM ˈɡlɛrɪŋnɪs

glary
BR ˈɡlɛːri
AM ˈɡlɛri

Glaser
BR ˈɡleɪzə(r)
AM ˈɡleɪzər

Glasgow
BR ˈɡlazɡəʊ, ˈɡlɑːzɡəʊ
AM ˈɡlæsˌɡoʊ, ˈɡlæzˌɡoʊ

Glaslyn
BR ˈɡlaslɪn
AM ˈɡlæsl(ə)n

glasnost
BR ˈɡlaznɒst
AM ˈɡlɑzˌnɒst, ˈɡlɑzˌnɑst, ˈɡlɑzˌnoʊst
RUS ˈɡlasnəstʲ

glass
BR ɡlɑːs, -ɪz
AM ɡlæs, -əz

glassful
BR ˈɡlɑːsfʊl, -z
AM ˈɡlæsˌfʊl, -z

glassfull
BR ˈɡlɑːsfʊl, -z
AM ˈɡlæsˌfʊl, -z

glasshouse
BR ˈɡlɑːshaʊs, -zɪz
AM ˈɡlæs(h)aʊs, -zəz

glassie
BR ˈɡlɑːsli, -ɪz
AM ˈɡlæsi, -z

glassily
BR ˈɡlɑːsɪli
AM ˈɡlæsəli

glassine
BR ˈɡlɑːsiːn
AM ˈɡlæˌsin

glassiness
BR ˈɡlɑːsɪnɪs
AM ˈɡlæsɪnɪs

glassless
BR ˈɡlɑːsləs
AM ˈɡlæsləs

glasslike
BR ˈɡlɑːslʌɪk
AM ˈɡlæsˌlaɪk

glassmaker
BR ˈɡlɑːsˌmeɪkə(r), -z
AM ˈɡlæsˌmeɪkər, -z

glasspaper
BR ˈɡlɑːsˌpeɪpə(r)
AM ˈɡlæsˌpeɪpər

glassware
BR ˈɡlɑːswɛː(r)
AM ˈɡlæsˌwɛ(ə)r

glasswork
BR ˈglɑːswɜːk, -s
AM ˈglæsˌwɜrk, -s

glasswort
BR ˈglɑːswɔːt, -s
AM ˈglæsˌwɔ(ə)rt,
ˈglæswərt, -s

glassy
BR ˈglɑːs|i, -ɪə(r), -ɪɪst
AM ˈglæsi, -ər, -ɪst

Glastonbury
BR ˈglast(ə)nb(ə)ri,
ˈglɑːst(ə)nb(ə)ri
AM ˈglæstənˌbɛri

Glaswegian
BR glazˈwiːdʒ(ə)n,
glɑːˈzwiːdʒ(ə)n, -z
AM glæsˈwɪdʒiən,
glæzˈwɪdʒiən, -z

glaucoma
BR glɔːˈkəʊmə(r),
glaʊˈkəʊmə(r)
AM glɑˈkoʊmə,
glɔˈkoʊmə

glaucomatous
BR glɔːˈkəʊmətəs,
glaʊˈkəʊmətəs
AM glɑˈkɑmədəs,
glɑˈkoʊmədəs,
glɑˈkɑmədəs,
glɔˈkoʊmədəs

glaucous
BR ˈglɔːkəs
AM ˈglɑkəs,
ˈglɔkəs

Glaxo
BR ˈglaksəʊ
AM ˈglæksoʊ

glaze
BR gleɪz, -ɪz, -ɪŋ, -d
AM gleɪz, -ɪz, -ɪŋ, -d

glazer
BR ˈgleɪzə(r), -z
AM ˈgleɪzər, -z

glazier
BR ˈgleɪzɪə(r), -z
AM ˈgleɪzɪər,
ˈgleɪʒər, -z

glaziery
BR ˈgleɪzɪəri
AM ˈgleɪzɪˌɛri,
ˈgleɪʒəri

glazy
BR ˈgleɪzi
AM ˈgleɪzi

gleam
BR gliːm, -z, -ɪŋ, -d
AM glim, -z, -ɪŋ, -d

gleamingly
BR ˈgliːmɪŋli
AM ˈglimɪŋli

gleamy
BR ˈgliːmi
AM ˈglimi

glean
BR gliːn, -z, -ɪŋ, -d
AM glin, -z, -ɪŋ, -d

gleaner
BR ˈgliːnə(r), -z
AM ˈglinər, -z

gleanings
BR ˈgliːnɪŋz
AM ˈglinɪŋz

Gleason
BR ˈgliːs(ə)n
AM ˈglis(ə)n

Gleave
BR gliːv
AM gliv

glebe
BR gliːb, -z
AM glib, -z

glee
BR gliː
AM gli

gleeful
BR ˈgliːf(ʊ)l
AM ˈglif(ə)l

gleefully
BR ˈgliːfʊli,
ˈgliːfli
AM ˈglifəli

gleefulness
BR ˈgliːf(ʊ)lnəs
AM ˈglifəlnəs

gleesome
BR ˈgliːs(ə)m
AM ˈglis(ə)m

Gleeson
BR ˈgliːs(ə)n
AM ˈglis(ə)n

Gleichschaltung
BR ˈglʌɪkˌʃaltʊŋ
AM ˈglaɪkˌʃæltʊŋ

glen
BR glɛn, -z
AM glɛn, -z

Glencoe
BR ˌglɛnˈkəʊ
AM ˈglɛnˌkoʊ

Glenda
BR ˈglɛndə(r)
AM ˈglɛndə

Glendale
BR ˈglɛndeɪl
AM ˈglɛnˌdeɪl

Glendenning
BR glɛnˈdɛnɪŋ
AM glɛnˈdɛnɪŋ

Glendinning
BR glɛnˈdɪnɪŋ
AM glɛnˈdɪnɪŋ

Glendower
BR glɛnˈdaʊə(r)
AM ˈglɛndaʊər

Gleneagles
BR glɛnˈiːglz
AM glɛnˈigəlz

Glenfiddich
BR glɛnˈfɪdɪk,
glɛnˈfɪdɪx
AM glɛnˈfɪdɪtʃ,
glɛnˈfɪdɪk

glengarry
BR glɛnˈgar|i, -ɪz
AM ˌglɛnˈgɛri, -z

Glenlivet
BR glɛnˈlɪvɪt
AM glɛnˈlɪvɪt

Glenn
BR glɛn
AM glɛn

glenoid cavity
BR ˌgliːnɔɪd ˈkavɪt|i,
-ɪz
AM ˌglɛˌnɔɪd
ˈkævədi, -z

Glenrothes
BR glɛnˈrɒθɪs
AM ˌglɛnˈrɑθəs

Glenys
BR ˈglɛnɪs
AM ˈglɛnəs

gley
BR gleɪ, -z
AM gleɪ, -z

glia
BR ˈglʌɪə(r), ˈgliːə(r),
-z
AM ˈglaɪə, ˈgliə, -z

glial
BR ˈglʌɪəl, ˈgliːəl
AM ˈglaɪəl, ˈgliəl

glib
BR glɪb, -ə(r), -ɪst
AM glɪb, -ər, -ɪst

glibly
BR ˈglɪbli
AM ˈglɪbli

glibness
BR ˈglɪbnɪs
AM ˈglɪbnɪs

glide
BR glʌɪd, -z, -ɪŋ, -ɪd
AM glaɪd, -z, -ɪŋ, -ɪd

glider
BR ˈglʌɪdə(r), -z
AM ˈglaɪdər, -z

glidingly
BR ˈglʌɪdɪŋli
AM ˈglaɪdɪŋli

glim
BR glɪm, -z
AM glɪm, -z

glimmer
BR ˈglɪm|ə(r), -əz,
-(ə)rɪŋ, -əd
AM ˈglɪmər, -z, -ɪŋ, -d

glimmering
BR ˈglɪm(ə)rɪŋ, -z
AM ˈglɪmərɪŋ, -z

glimmeringly
BR ˈglɪm(ə)rɪŋli
AM ˈglɪmərɪŋli

glimpse
BR glɪm(p)s, -ɪz, -ɪŋ, -t
AM glɪm(p)s, -ɪz,
-ɪŋ, -t

Glinka
BR ˈglɪŋkə(r)
AM ˈglɪŋkə

glint
BR glɪnt, -s, -ɪŋ, -ɪd
AM glɪn|t, -ts, -(t)ɪŋ,
-(t)ɪd

glioma
BR glʌɪˈəʊmə(r), -z
AM glaɪˈoʊmə, -z

glissade
BR glɪˈsɑːd, glɪˈseɪd,
-z, -ɪŋ, -ɪd
AM gləˈsɑd, -z, -ɪŋ,
-əd

glissandi
BR glɪˈsandiː
AM gləˈsanˌdaɪ

glissando
BR glɪˈsandəʊ, -z
AM gləˈsandoʊ, -z

glissé
BR glɪˈseɪ, -z
AM glɪˈseɪ, gləˈseɪ, -z
FR glise

glisten
BR ˈglɪsǀn, -nz,
-n̩ɪŋ\-nɪŋ, -nd
AM ˈglɪsn, -z, -ɪŋ, -d

glister
BR ˈglɪstǀə(r), -əz,
-(ə)rɪŋ, -əd
AM ˈglɪstǀər, -ərz,
-(ə)rɪŋ, -ərd

glitch
BR glɪtʃ, -ɪz
AM glɪtʃ, -ɪz

glitter
BR ˈglɪtǀə(r), -əz,
-(ə)rɪŋ, -əd
AM ˈglɪdər, -z, -ɪŋ, -d

glitterati
BR ˌglɪtəˈrɑːti
AM ˌglɪdəˈrɑdi

glitteringly
BR ˈglɪt(ə)rɪŋli
AM ˈglɪdərɪŋli

glittery
BR ˈglɪt(ə)ri
AM ˈglɪdəri

glitz
BR glɪts
AM glɪts

glitzily
BR ˈglɪtsɨli
AM ˈglɪtsɨli

glitziness
BR ˈglɪtsɨnɨs
AM ˈglɪtsɨnɨs

glitzy
BR ˈglɪtsǀi, -ɪə(r), -ɪɪst
AM ˈglɪtsi, -ər, -ɪst

gloaming
BR ˈgləʊmɪŋ
AM ˈgloʊmɪŋ

gloat
BR gləʊt, -s, -ɪŋ,
-ɪd
AM gloʊǀt, -ts, -dɪŋ,
-dəd

gloater
BR ˈgləʊtə(r), -z
AM ˈgloʊdər, -z

gloatingly
BR ˈgləʊtɪŋli
AM ˈgloʊdɪŋli

glob
BR glɒb, -z
AM glɑb, -z

global
BR ˈgləʊbl
AM ˈgloʊb(ə)l

globalisation
BR ˌgləʊblʌɪˈzeɪʃn
AM ˌgloʊbəˌlaɪ-
ˈzeɪʃ(ə)n,
ˌgloʊbələˈzeɪʃ(ə)n

globalise
BR ˈgləʊblʌɪz, -ɪz, -ɪŋ,
-d
AM ˈgloʊbəˌlaɪz, -ɪz,
-ɪŋ, -d

globalization
BR ˌgləʊblʌɪˈzeɪʃn
AM ˌgloʊbəˌlaɪ-
ˈzeɪʃ(ə)n,
ˌgloʊbələˈzeɪʃ(ə)n

globalize
BR ˈgləʊblʌɪz, -ɪz,
-ɪŋ, -d
AM ˈgloʊbəˌlaɪz, -ɪz,
-ɪŋ, -d

globally
BR ˈgləʊbli
AM ˈgloʊbəli

globe
BR gləʊb, -z
AM gloʊb, -z

globefish
BR ˈgləʊbfɪʃ, -ɪz
AM ˈgloʊbˌfɪʃ, -ɪz

globelike
BR ˈgləʊblʌɪk
AM ˈgloʊbˌlaɪk

globetrotter
BR ˈgləʊbˌtrɒtə(r), -z
AM ˈgloʊbˌtrɑdər,
-z

globigerina
BR ˌgləʊbɪdʒəˈrʌɪnə(r),
-z
AM gloʊˌbɪdʒəˈrinə,
gloʊˌbɪdʒəˈraɪnə,
-z

globigerinae
BR ˌgləʊbɪdʒəˈrʌɪniː
AM gloʊˌbɪdʒəˈriˌnaɪ,
gloʊˌbɪdʒəˈraɪni

globoid
BR ˈgləʊbɔɪd, -z
AM ˈgloʊˌbɔɪd, -z

globose
BR ˈgləʊbəʊs,
gləʊˈbəʊs
AM ˈgloʊˌboʊs

globosely
BR ˈgləʊbəʊsli,
gləʊˈbəʊsli
AM ˈgloʊˌboʊsli

globoseness
BR ˈgləʊbəʊsnəs,
gləʊˈbəʊsnəs
AM ˈgloʊˌboʊsnəs

globular
BR ˈglɒbjʉlə(r)
AM ˈglɑbjələr

globularity
BR ˌglɒbjʉˈlarɨti
AM ˌglɑbjəˈlɛrədi

globularly
BR ˈglɒbjʉləli
AM ˈglɑbjələrli

globule
BR ˈglɒbjuːl, -z
AM ˈglɑbˌjul, -z

globulin
BR ˈglɒbjʉlɪn
AM ˈglɑbjəl(ə)n

globulous
BR ˈglɒbjʉləs
AM ˈglɑbjələs

Glockenspiel
BR ˈglɒknspiːl,
ˈglɒknʃpiːl, -z
AM ˈglɑkənˌʃpil,
ˈglɑkənˌspil, -z

glom
BR glɒm, -z, -ɪŋ, -d
AM glɑm, -z, -ɪŋ, -d

glomata
BR glʌɪˈəʊmətə(r)
AM glaɪˈoʊmədə

glomerate[1] *adjective*
BR ˈglɒm(ə)rət
AM ˈglɑmərət,
ˈglɑməˌreɪt

glomerate[2] *verb*
BR ˈglɒməreɪt, -s,
-ɪŋ, -ɪd
AM ˈglɑməˌreɪǀt, -ts,
-dɪŋ, -dɪd

glomerular
BR glɒˈmɛr(j)ʉlə(r)
AM gləˈmɛr(j)ələr

glomerule
BR ˈglɒməruːl, -z
AM ˈglɑməˌrul, -z

glomeruli
BR glɒˈmɛr(j)ʉlʌɪ,
glɒˈmɛr(j)ʉliː
AM gləˈmɛrjəˌlaɪ

glomerulus
BR glɒˈmɛr(j)ʉləs
AM gləˈmɛrjələs

gloom
BR gluːm
AM glum

gloomily
BR ˈgluːmɨli
AM ˈglumɨli

gloominess
BR ˈgluːmɪnɨs
AM ˈglumɪnɨs

gloomy
BR ˈgluːmǀi, -ɪə(r), -ɪɪst
AM ˈglumi, -ər, -ɪst

glop
BR glɒp, -s
AM glɑp, -s

Gloria
BR ˈglɔːrɪə(r)
AM ˈglɔriə

Gloriana
BR ˌglɔːrɪˈɑːnə(r)
AM ˌglɔriˈænə

glorification
BR ˌglɔːrɪfɪˈkeɪʃn
AM ˌglɔrəfəˈkeɪʃ(ə)n

glorifier
BR ˈglɔːrɪfʌɪə(r), -z
AM ˈglɔrəˌfaɪ(ə)r, -z

glorify
BR ˈglɔːrɪfʌɪ, -z, -ɪŋ, -d
AM ˈglɔrəˌfaɪ, -z, -ɪŋ, -d

gloriole
BR ˈglɔːriəʊl, -z
AM ˈglɔrioʊl, -z

glorious
BR ˈglɔːriəs
AM ˈglɔriəs

gloriously
BR ˈglɔːriəsli
AM ˈglɔriəsli

gloriousness
BR ˈglɔːriəsnəs
AM ˈglɔriəsnəs

glory
BR ˈglɔːr|i, -ɪz
AM ˈglɔri, -z

gloss
BR glɒs, -ɪz, -ɪŋ, -t
AM glas, glɔs, -əz, -ɪŋ, -t

glossal
BR ˈglɒsl
AM ˈglas(ə)l

glossarial
BR glɒˈsɛːriəl
AM glaˈsɛriəl, glɔˈsɛriəl

glossarist
BR ˈglɒsərɪst, -s
AM ˈglasərəst, ˈglɔsərəst, -s

glossary
BR ˈglɒs(ə)r|i, -ɪz
AM ˈglasəri, ˈglɔsəri, -z

glossator
BR ˈglɒseɪtə(r), glɒˈseɪtə(r), -z
AM ˈglaˌseɪdər, ˈglɔˌseɪdər, -z

glosseme
BR ˈglɒsiːm, -z
AM ˈglaˌsim, ˈglɔˌsim, -z

glosser
BR ˈglɒsə(r), -z
AM ˈglasər, ˈglɔsər, -z

glossily
BR ˈglɒsɪli
AM ˈglasəli, ˈglɔsəli

glossiness
BR ˈglɒsɪnɪs
AM ˈglasɪnɪs, ˈglɔsɪnɪs

glossitis
BR glɒˈsʌɪtɪs
AM glaˈsaɪdɪs, glɔˈsaɪdɪs

glossographer
BR glɒˈsɒgrəfə(r), -z
AM glaˈsagrəfər, glɔˈsagrəfər, -z

glossolalia
BR ˌglɒsəˈleɪliə(r)
AM ˌglɔsəˈleɪljə, ˌglasəˈleɪliə, ˌglɔsəˈleɪliə, ˌglasəˈleɪljə

glosso-laryngeal
BR ˌglɒsəʊləˈrɪndʒɪəl, ˌglɒsəʊˌlarɪnˈdʒiːəl, ˌglɒsəʊˌlarŋˈdʒiːəl
AM ˌˈglasoʊləˈrɪndʒ(ə)l, ˈglɔsoʊləˈrɪndʒ(ə)l

glossology
BR glɒˈsɒlədʒi
AM glaˈsalədʒi, glɔˈsalədʒi

Glossop
BR ˈglɒsəp
AM ˈglasəp, ˈglɔsəp

glossy
BR ˈglɒs|i, -ɪz, -ɪə(r), -ɪɪst
AM ˈglasi, ˈglɔsi, -z, -ər, -ɪst

Gloster
BR ˈglɒstə(r)
AM ˈglastər, ˈglɔster

glottal
BR ˈglɒtl, -z
AM ˈglɑdl, -z

glottalisation
BR ˌglɒtlʌɪˈzeɪʃn
AM ˌglɑdlˌaɪˈzeɪʃ(ə)n, ˌglɑdl̩ˈzeɪʃ(ə)n

glottalise
BR ˈglɒtlʌɪz, -ɪz, -ɪŋ, -d
AM ˈglɑdlˌaɪz, -ɪz, -ɪŋ, -d

glottalization
BR ˌglɒtlʌɪˈzeɪʃn
AM ˌglɑdlˌaɪˈzeɪʃ(ə)n, ˌglɑdl̩ˈzeɪʃ(ə)n

glottalize
BR ˈglɒtlʌɪz, -ɪz, -ɪŋ, -d
AM ˈglɑdlˌaɪz, -ɪz, -ɪŋ, -d

glottis
BR ˈglɒtɪs, -ɪz
AM ˈglɑdəs, -ɪz

glottochronology
BR ˌglɒtəʊkrəˈnɒlədʒi
AM ˌglɑdoʊkrəˈnɑlədʒi

Gloucester
BR ˈglɒstə(r)
AM ˈglastər, ˈglɔstər

glove
BR glʌv, -z
AM glʌv, -z

Glover
BR ˈglʌvə(r)
AM ˈglʌvər

glow
BR gləʊ, -z, -ɪŋ, -d
AM gloʊ, -z, -ɪŋ, -d

glower
BR ˈglaʊə(r), -z, -ɪŋ, -d
AM ˈgloʊər, ˈglaʊər, -z, -(ə)rɪŋ, -d

gloxinia
BR glɒkˈsɪnɪə(r)
AM glakˈsɪniə

Gloy
BR glɔɪ
AM glɔɪ

Gluck
BR glʊk
AM glʊk

glucose
BR ˈgluːkəʊz, ˈgluːkəʊs
AM ˈgluˌkoʊs

glucoside
BR ˈgluːkəsʌɪd
AM ˈglukəˌsaɪd

glucosidic
BR ˌgluːkəˈsɪdɪk
AM ˌglukəˈsɪdɪk

glue
BR gluː, -z, -ɪŋ, -d
AM glu, -z, -ɪŋ, -d

gluer
BR ˈgluːə(r), -z
AM ˈgluər, -z

gluey
BR ˈgluː|i, -ɪə(r), -ɪɪst
AM ˈglui, -ər, -ɪst

glueyly
BR ˈgluːɪli
AM ˈgluəli

glueyness
BR ˈgluːɪnɪs
AM ˈgluɪnɪs

glug
BR glʌg, -z, -ɪŋ, -d
AM gləg, -z, -ɪŋ, -d

Glühwein
BR ˈgluːvʌɪn, -z
AM ˈgluˌwaɪn, ˈgluˌvaɪn, -z

glum
BR glʌm, -ə(r), -ɪst
AM gl(ə)m, -ər, -əst

glumaceous
BR gluːˈmeɪʃəs
AM gluˈmeɪʃəs

glume
BR gluːm, -z
AM glum, -z

glumly
BR ˈglʌmli
AM ˈgləmli

glumness
BR ˈglʌmnəs
AM ˈgləmnəs

glumose
BR ˈglʌməʊs
AM ˈgləmoʊz, ˈgləmoʊs

gluon
BR ˈgluːɒn
AM ˈgluˌɑn

glut
BR glʌt, -s, -ɪŋ, -ɪd
AM glə|t, -ts, -dɪŋ,
   -dəd

glutamate
BR ˈgluːtəmeɪt
AM ˈgluːdəˌmeɪt

glutamic
BR gluːˈtæmɪk
AM gluːˈtæmɪk

gluteal
BR ˈgluːtɪəl
AM ˈgluːdiəl

gluten
BR ˈgluːt(ɪ)n
AM ˈglutn̩

gluteus
BR ˈgluːtɪəs
AM ˈgluːdiəs

glutinous
BR ˈgluːtɪnəs,
   ˈgluːtn̩əs
AM ˈgluːdənəs,
   ˈgluːtn̩əs

glutinously
BR ˈgluːtɪnəsli,
   ˈgluːtn̩əsli
AM ˈgluːdənəsli,
   ˈgluːtn̩əsli

glutinousness
BR ˈgluːtɪnəsnəs,
   ˈgluːtn̩əsnəs
AM ˈgluːdənəsnəs,
   ˈgluːtn̩əsnəs

glutton
BR ˈglʌtn, -z
AM ˈglətn, -z

gluttonise
BR ˈglʌtn̩aɪz, -ɪz,
   -ɪŋ, -d
AM ˈglədəˌnaɪz,
   ˈglətn̩ˌaɪz, -ɪz,
   -ɪŋ, -d

gluttonize
BR ˈglʌtn̩aɪz, -ɪz,
   -ɪŋ, -d
AM ˈglədəˌnaɪz,
   ˈglətn̩ˌaɪz, -ɪz, -ɪŋ, -d

gluttonous
BR ˈglʌtn̩əs
AM ˈglədənəs,
   ˈglətn̩əs

gluttonously
BR ˈglʌtn̩əsli
AM ˈglədənəsli,
   ˈglətn̩əsli

gluttony
BR ˈglʌtn̩i
AM ˈglədəni,
   ˈglətn̩i

glyceride
BR ˈglɪsəraɪd, -z
AM ˈglɪsəˌraɪd, -z

glycerin
BR ˈglɪs(ə)rɪn
AM ˈglɪsrɪn,
   ˈglɪsər(ə)n

glycerine
BR ˈglɪs(ə)riːn,
   ˈglɪs(ə)rɪn
AM ˈglɪsrɪn,
   ˈglɪsər(ə)n

glycerol
BR ˈglɪsərɒl
AM ˈglɪsəˌral,
   ˈglɪsərɔl

glycin
BR ˈglaɪsɪn
AM ˈglaɪs(ə)n

glycine
BR ˈglaɪsiːn
AM ˈglaɪˌsin

glycogen
BR ˈglaɪkədʒ(ə)n
AM ˈglaɪkəˌdʒen,
   ˈglaɪkədʒ(ə)n

glycogenesis
BR ˌglaɪkəˈdʒenɪsɪs
AM ˌglaɪkəˈdʒenəsəs

glycogenic
BR ˌglaɪkəˈdʒenɪk
AM ˌglaɪkəˈdʒenɪk

glycol
BR ˈglaɪkɒl
AM ˈglaɪˌkɑl,
   ˈglaɪkɔl

glycolic
BR glaɪˈkɒlɪk
AM glaɪˈkalɪk,
   glaɪˈkɔlɪk

glycollic
BR glaɪˈkɒlɪk
AM ˌglaɪˈkalɪk,
   glaɪˈkɔlɪk

glycolyses
BR glaɪˈkɒlɪsiːz
AM ˌglaɪˈkaləˌsiz,
   glaɪˈkɔləˌsiz

glycolysis
BR glaɪˈkɒlɪsɪs
AM ˌglaɪˈkaləsəs,
   ˌglaɪˈkɔləsəs

glycoprotein
BR ˌglaɪkəʊˈprəʊtiːn,
   -z
AM ˈˌglaɪkoʊˌprou-
   ˌtin, -z

glycoside
BR ˈglaɪkəsaɪd, -z
AM ˈglaɪkəˌsaɪd, -z

glycosidic
BR ˌglaɪkə(ʊ)ˈsɪdɪk
AM ˌglaɪkoʊˈsɪdɪk

glycosuria
BR ˌglaɪkəˈsjʊərɪə(r),
   ˌglaɪkəˈʃʊərɪə(r),
   ˌglaɪkəˈsjɔːrɪə(r),
   ˌglaɪkəˈʃɔːrɪə(r)
AM ˌglaɪkoʊˈʃʊriə,
   ˌglaɪkoʊˈsʊriə

glycosuric
BR ˌglaɪkəˈsjʊərɪk,
   ˌglaɪkəˈʃʊərɪk,
   ˌglaɪkəˈsjɔːrɪk,
   ˌglaɪkəˈʃɔːrɪk
AM ˌglaɪkoʊˈʃʊrɪk,
   ˌglaɪkoʊˈsʊrɪk

Glyn
BR glɪn
AM glɪn

Glyndebourne
BR ˈglaɪn(d)bɔːn
AM ˈglaɪn(d)-
   ˌbɔ(ə)rn

Glynis
BR ˈglɪnɪs
AM ˈglɪnɪs

Glynn
BR glɪn
AM glɪn

glyph
BR glɪf, -s
AM glɪf, -s

glyphic
BR ˈglɪfɪk
AM ˈglɪfɪk

glyptal
BR ˈglɪptl, -z
AM ˈglɪptl, -z

glyptic
BR ˈglɪptɪk
AM ˈglɪptɪk

glyptodon
BR ˈglɪptədɒn, -z
AM ˈglɪptəˌdɑn, -z

glyptodont
BR ˈglɪptədɒnt, -s
AM ˈglɪptəˌdɑnt, -s

glyptography
BR glɪpˈtɒgrəfi
AM glɪpˈtɑgrəfi

gnamma
BR ˈnamə(r), -z
AM (gə)ˈnæmə, -z

gnarl
BR nɑːl, -z
AM nɑrl, -z, -d

gnarly
BR ˈnɑːlli, -ɪə(r),
   -ɪst
AM ˈnɑrli, -ər, -ɪst

gnash
BR naʃ, -ɪz, -ɪŋ, -t
AM næʃ, -əz, -ɪŋ, -t

gnasher
BR ˈnaʃə(r), -z
AM ˈnæʃər, -z

gnat
BR nat, -s
AM næt, -s

gnathic
BR ˈnaθɪk
AM ˈnæθɪk

gnaw
BR nɔː(r), -z, -ɪŋ, -d
AM nɑ, nɔ, -z, -ɪŋ, -d

gnawingly
BR ˈnɔː(r)ɪŋli
AM ˈnɔɪŋli

gneiss
BR nʌɪs
AM naɪs

gneissic
BR ˈnʌɪsɪk
AM ˈnaɪsɪk

gneissoid
BR ˈnʌɪsɔɪd
AM ˈnaɪˌsɔɪd

gneissose
BR ˈnʌɪsəʊs
AM ˈnaɪˌsoʊs

gnocchi
BR ˈnɒki
AM ˈnɑki

gnome
BR nəʊm, -z
AM noʊm, -z

gnomic
BR ˈnəʊmɪk
AM ˈnoʊmɪk

gnomically
BR ˈnəʊmɪkli
AM ˈnoʊmək(ə)li

gnomish
BR ˈnəʊmɪʃ
AM ˈnoʊmɪʃ

gnomon
BR ˈnəʊmɒn, -z
AM ˈnoʊm(ə)n, ˈnoʊˌmɑn, -z

gnomonic
BR nəʊˈmɒnɪk
AM noʊˈmɑnɪk

gnoses
BR ˈnəʊsiːz
AM ˈnoʊsiz

gnosis
BR ˈnəʊsɪs
AM ˈnoʊsəs

gnostic
BR ˈnɒstɪk, -s
AM ˈnɑstɪk, -s

gnosticism
BR ˈnɒstɪsɪzm
AM ˈnɑstəˌsɪz(ə)m

gnosticize
BR ˈnɒstɪsʌɪz, -ɪz, -ɪŋ, -d
AM ˈnɑstəˌsaɪz, -ɪz, -ɪŋ, -d

gnotobiotic
BR ˌnəʊtə(ʊ)bʌɪˈɒtɪk
AM ˌnoʊdəˌbaɪˈɑdɪk

gnu
BR n(j)uː, -z
AM n(j)u, -z

go
BR ɡəʊ, -z, -ɪŋ
AM ɡoʊ, -z, -ɪŋ

goa
BR ˈɡəʊə(r), -z
AM ˈɡoʊə, -z

goad
BR ɡəʊd, -z, -ɪŋ, -ɪd
AM ɡoʊd, -z, -ɪŋ, -əd

go-ahead
BR ˈɡəʊəhɛd
AM ˈɡoʊəˌhɛd

goal
BR ɡəʊl, -z
AM ɡoʊl, -z

goalball
BR ˈɡəʊlˌbɔːl
AM ˈɡoʊlˌbɑl, ˈɡoʊlˌbɔl

goalie
BR ˈɡəʊl|i, -ɪz
AM ˈɡoʊli, -z

goalkeeper
BR ˈɡəʊlˌkiːpə(r), -z
AM ˈɡoʊlˌkipər, -z

goalkeeping
BR ˈɡəʊlˌkiːpɪŋ
AM ˈɡoʊlˌkipɪŋ

goalless
BR ˈɡəʊlləs
AM ˈɡoʊ(l)ləs

goalminder
BR ˈɡəʊlˌmʌɪndə(r), -z
AM ˈɡoʊlˌmaɪndər, -z

goalmouth
BR ˈɡəʊlmaʊ|θ, -ðs
AM ˈɡoʊlˌmaʊθ, -s

goalpost
BR ˈɡəʊlpəʊst, -s
AM ˈɡoʊlˌpoʊst, -s

goalscorer
BR ˈɡəʊlˌskɔːrə(r), -z
AM ˈɡoʊlˌskɔrər, -z

goalscoring
BR ˈɡəʊlˌskɔːrɪŋ
AM ˈɡoʊlˌskɔrɪŋ

goaltender
BR ˈɡəʊlˌtɛndə(r), -z
AM ˈɡoʊlˌtɛndər, -z

goaltending
BR ˈɡəʊlˌtɛndɪŋ
AM ˈɡoʊlˌtɛndɪŋ

Goan
BR ˈɡəʊən
AM ˈɡoʊən

Goanese
BR ˌɡəʊəˈniːz
AM ˌɡoʊəˈniz

goanna
BR ɡəʊˈanə(r), -z
AM ɡoʊˈænə, -z

goat
BR ɡəʊt, -s
AM ɡoʊt, -s

goatee
BR ˌɡəʊˈtiː, -z
AM ˌɡoʊˈti, -z

goatherd
BR ˈɡəʊthəːd, -z
AM ˈɡoʊtˌ(h)ərd, -z

Goathland
BR ˈɡəʊθlənd
AM ˈɡoʊθˌlænd

goatish
BR ˈɡəʊtɪʃ
AM ˈɡoʊdɪʃ

goatling
BR ˈɡəʊtlɪŋ, -z
AM ˈɡoʊtlɪŋ, -z

goatsbeard
BR ˈɡəʊtsbɪəd, -z
AM ˈɡoʊtsˌbɪ(ə)rd, -z

goatskin
BR ˈɡəʊtskɪn, -z
AM ˈɡoʊtˌskɪn, -z

goatsucker
BR ˈɡəʊtˌsʌkə(r), -z
AM ˈɡoʊtˌsəkər, -z

goaty
BR ˈɡəʊt|i, -ɪə(r), -ɪst
AM ˈɡoʊdi, -ər, -ɪst

gob
BR ɡɒb, -z
AM ɡɑb, -z

gobang
BR ˌɡəʊˈbaŋ
AM ɡoʊˈbɑŋ

gobbet
BR ˈɡɒbɪt, -s
AM ˈɡɑbət, -s

Gobbi
BR ˈɡɒbi
AM ˈɡɑbi
IT ˈɡɔbbi

gobble
BR ˈɡɒb|l, -lz, -lɪŋ\-lɪŋ, -ld
AM ˈɡɑb(ə)l, -z, -ɪŋ, -d

gobbledegook
BR ˈɡɒbldɪɡuːk
AM ˈɡɑbəldiˌɡʊk

gobbledygook
BR ˈɡɒbldɪɡuːk
AM ˈɡɑbəldiˌɡʊk

gobbler
BR ˈɡɒblə(r), -z
AM ˈɡɑb(ə)lər, -z

gobby
BR ˈɡɒb|i, -ɪz
AM ˈɡɑbi, -z

Gobelins
BR ˈɡəʊblɪnz
AM ˈɡoʊbələnz
FR ɡɔblɛ̃

gobemouche
BR ˈɡɒbmuːʃ, -ɪz
AM ɡoʊbˈmuʃ, -əz

go-between
BR ˈɡəʊbɪtwiːn, -z
AM ˈɡoʊbəˌtwin, -z

Gobi Desert
BR ˌɡəʊbi ˈdɛzət
AM ˌˌɡoʊbi ˈdɛzərt

Gobineau
BR ˈɡɒbɪnəʊ
AM ˈɡɑbəˌnoʊ

goblet
BR ˈɡɒblɪt, -s
AM ˈɡɑblət, -s

goblin
BR ˈɡɒblɪn, -z
AM ˈɡɑbl(ə)n, -z

gobsmack
BR ˈɡɒbsmak, -s, -ɪŋ, -t
AM ˈɡɑbˌsmæk, -s, -ɪŋ, -t

goby *fish*
BR ˈɡəʊb|i, -ɪz
AM ˈɡoʊbi, -z

go-by
BR ˈɡəʊbʌɪ
AM ˈɡoʊˌbaɪ

go-cart
BR ˈɡəʊkɑːt, -s
AM ˈɡoʊˌkɑrt, -s

god
BR gɒd, -z
AM gɑd, -z

Godalming
BR ˈgɒdlmɪŋ
AM ˈgɑdəlmɪŋ

Godard
BR ˈgɒdɑː(d)
AM ˈgɑdərd, ˈgoʊˌdɑrd

godchild
BR ˈgɒdtʃaɪld
AM ˈgɑdˌtʃaɪld

godchildren
BR ˈgɒdˌtʃɪldr(ə)n
AM ˈgɑdˌtʃɪldr(ə)n

Godd
BR gɒd
AM gɑd

goddam
BR ˈgɒdam, -d
AM ˈgɑdˈdæm, -d

goddamn
BR ˈgɒdam, -d
AM ˈgɑdˈdæm, -d

Goddard
BR ˈgɒdɑːd, ˈgɒdəd
AM ˈgɑdərd

goddess
BR ˈgɒdɪs, ˈgɒdɛs, -ɪz
AM ˈgɑdəs, -əz

Gödel
BR ˈgəʊdl
AM ˈgoʊd(ə)l

godet
BR ˌgəʊˈdɛt, ˈgəʊdeɪ
AM goʊˈdɛt

godetia
BR gə(ʊ)ˈdiːʃ(ɪ)ə(r), -z
AM gəˈdiʃə, -z

godets
BR ˌgəʊˈdɛts, ˈgəʊdeɪz
AM goʊˈdɛts

go-devil
BR ˈgəʊˌdɛvl, -z
AM ˈgoʊˌdɛv(ə)l, -z

godfather
BR ˈgɒdˌfɑːðə(r), -z
AM ˈgɑdˌfɑðər, -z

godfearing
BR ˈgɒdˌfɪərɪŋ
AM ˈgɑdˌfɪrɪŋ

godforsaken
BR ˈgɒdfəˌseɪk(ə)n
AM ˌgɑdfərˈseɪk(ə)n

Godfrey
BR ˈgɒdfri
AM ˈgɑdfri

Godgiven
BR ˈgɒdˌgɪvn
AM ˈgɑdˈgɪv(ə)n

godhead
BR ˈgɒdhɛd, -z
AM ˈgɑdˌ(h)ɛd, -z

godhood
BR ˈgɒdhʊd, -z
AM ˈgɑdˌ(h)ʊd, -z

Godiva
BR gəˈdʌɪvə(r)
AM gəˈdaɪvə

godless
BR ˈgɒdləs
AM ˈgɑdləs

godlessly
BR ˈgɒdləsli
AM ˈgɑdləsli

godlessness
BR ˈgɒdləsnəs
AM ˈgɑdləsnəs

godlike
BR ˈgɒdlʌɪk
AM ˈgɑdˌlaɪk

godliness
BR ˈgɒdlɪnɪs
AM ˈgɑdlɪnɪs

godly
BR ˈgɒdl|i, -ɪə(r), -ɪst
AM ˈgɑdli, -ər, -ɪst

Godman
BR ˈgɒdmən
AM ˈgɑdm(ə)n

godmother
BR ˈgɒdˌmʌðə(r), -z
AM ˈgɑdˌməðər, -z

Godolphin
BR gəˈdɒlfɪn
AM gəˈdɑlf(ə)n, gəˈdɔlf(ə)n

godown
BR ˌgəʊˈdaʊn, -z
AM ˈgoʊˌdaʊn, -z

godparent
BR ˈgɒdˌpɛːrn̩t, -s
AM ˈgɑdˌpɛrənt, -s

godsend
BR ˈgɒdsɛnd, -z
AM ˈgɑdˌsɛnd, -z

godship
BR ˈgɒdʃɪp, -s
AM ˈgɑdˌʃɪp, -s

godson
BR ˈgɒdsʌn, -z
AM ˈgɑdˌs(ə)n, -z

god-speed
BR ˌgɒdˈspiːd
AM ˌgɑdˈspid, ˌgɑdzˈpid

Godunov
BR ˈgɒdənɒf
AM ˈgɔdəˌnɔf, ˈgɑdəˌnɑv, ˈgɑdəˌnaf, ˈgɑdəˌnɑv
RUS gəduˈnof

godward
BR ˈgɒdwəd, -z
AM ˈgɑdwərd, -z

Godwin
BR ˈgɒdwɪn
AM ˈgɑdw(ə)n

godwit
BR ˈgɒdwɪt, -s
AM ˈgɑdˌwɪt, -s

Godwottery
BR ˌgɒdˈwɒt(ə)ri
AM ˈgɑdˌwɑdəri

Godzilla
BR gɒdˈzɪlə(r)
AM gɑdˈzɪlə

Goebbels
BR ˈgəːblz
AM ˈgʊbəlz

goer
BR ˈgəʊə(r), -z
AM ˈgoʊ(ə)r, -z

Goering
BR ˈgəːrɪŋ
AM ˈgʊrɪŋ

goest
BR gəʊɪst
AM goʊ(ə)st

goeth
BR gəʊɪθ
AM goʊ(ə)θ

Goethe
BR ˈgəːtə(r)
AM ˈgʊdə

Goethean
BR ˈgəːtɪən, -z
AM ˈgʊdiən, -z

Goethian
BR ˈgəːtɪən, -z
AM ˈgʊdiən, -z

gofer
BR ˈgəʊfə(r), -z
AM ˈgoʊfər, -z

Goff
BR gɒf
AM gɑf, gɔf

goffer
BR ˈgəʊf|ə(r), ˈgɒf|ə(r), -əz, -(ə)rɪŋ, -əd
AM ˈgɑfər, ˈgɔfər, -z, -ɪŋ, -d

Gog
BR gɒg
AM gɑg, gɔg

go-getter
BR ˌgəʊˈgɛtə(r), ˈgəʊˌgɛtə(r), -z
AM ˈgoʊˌgɛdər, -z

goggle
BR ˈgɒg|l, -lz, -lɪŋ\-lɪŋ, -ld
AM ˈgɑg(ə)l, -z, -ɪŋ, -d

goglet
BR ˈgɒglɪt, -s
AM ˈgɑglət, -s

Gogmagog
BR ˌgɒgməˈgɒg
AM ˌgɑgməˈgɑg, ˌgɔgməˈgɔg

go-go
BR ˈgəʊgəʊ
AM ˈgoʊˌgoʊ

Gogol
BR ˈgəʊgɒl
AM ˈgoʊg(ə)l, ˈgoʊˌgɔl
RUS ˈgogəlʲ

Goiânia
BR gɔɪˈɑnɪə(r)
AM gɔɪˈæniə

Goidel
BR ˈgɔɪdl, -z
AM ˈgɔɪd(ə)l, -z

Goidelic
BR gɔɪˈdɛlɪk
AM gɔɪˈdɛlɪk

going
BR ˈgəʊɪŋ, -z
AM ˈgoʊɪŋ, -z

goiter
BR ˈgɔɪtə(r), -z, -d
AM ˈgɔɪdər, -z, -d

goitre
BR ˈgɔɪtə(r), -z, -d
AM ˈgɔɪdər, -z, -d

goitrous
BR ˈgɔɪtrəs
AM ˈgɔɪtrəs

go-kart
BR ˈgəʊkɑːt, -s
AM ˈgoʊˌkɑrt, -s

Golan Heights
BR ˌgəʊlan ˈhʌɪts,
ˌgəʊlɑːn +,
gəʊˈlɑːn +
AM ˌgoʊlɑn ˈhaɪts

Golborne
BR ˈgəʊlbɔːn
AM ˈgoʊlˌbɔ(ə)rn

Golconda
BR gɒlˈkɒndə(r), -z
AM gɑlˈkɑndə, -z

gold
BR gəʊld
AM goʊld

Golda
BR ˈgəʊldə(r)
AM ˈgoʊldə

Goldberg
BR ˈgəʊl(d)bɜːg
AM ˈgoʊl(d)ˌbɜrg

golden
BR ˈgəʊld(ə)n
AM ˈgoʊld(ə)n

golden-ager
BR ˌgəʊld(ə)nˈeɪdʒə(r), -z
AM ˌˌgoʊldənˈeɪdʒər, -z

goldeneye
BR ˈgəʊldˌnʌɪ, -z
AM ˈgoʊldənˌaɪ, -z

goldenly
BR ˈgəʊldn̩li
AM ˈgoʊldənli

goldenness
BR ˈgəʊldn̩nəs
AM ˈgoʊldə(n)nəs

goldenrod
BR ˈgəʊldn̩rɒd, ˌgəʊldn̩ˈrɒd
AM ˈgoʊldənˌrɑd

goldfield
BR ˈgəʊl(d)fiːld, -z
AM ˈgoʊl(d)ˌfild, -z

goldfinch
BR ˈgəʊl(d)fɪn(t)ʃ, -ɪz
AM ˈgoʊl(d)ˌfɪn(t)ʃ, -ɪz

goldfish
BR ˈgəʊl(d)fɪʃ
AM ˈgoʊl(d)ˌfɪʃ

Goldie
BR ˈgəʊldi
AM ˈgoʊldi

Goldilocks
BR ˈgəʊldɪlɒks
AM ˈgoʊldiˌlɑks

Golding
BR ˈgəʊldɪŋ
AM ˈgoʊldɪŋ

Goldman
BR ˈgəʊl(d)mən
AM ˈgoʊl(d)m(ə)n

Goldmark
BR ˈgəʊl(d)mɑːk
AM ˈgoʊl(d)ˌmɑrk

goldmine
BR ˈgəʊl(d)mʌɪn, -z
AM ˈgoʊl(d)ˌmaɪn, -z

Goldschmidt
BR ˈgəʊl(d)ʃmɪt
AM ˈgoʊl(d)ˌʃmɪt

goldsmith
BR ˈgəʊl(d)smɪθ, -s
AM ˈgoʊl(d)ˌsmɪθ, -s

Goldstein
BR ˈgəʊl(d)stiːn, ˈgəʊl(d)stʌɪn
AM ˈgoʊl(d)ˌstin, ˈgoʊl(d)ˌstaɪn

Goldwater
BR ˈgəʊldˌwɔːtə(r)
AM ˈgoʊl(d)ˌwɑdər, ˈgoʊl(d)ˌwɔdər

Goldwyn
BR ˈgəʊldwɪn
AM ˈgoʊl(d)w(ə)n

golem
BR ˈgəʊləm, ˈgɔɪləm, -z
AM ˈgoʊl(ə)m, -z

golf
BR gɒlf, -ɪŋ
AM gɑlf, gɔlf, -ɪŋ

golfer
BR ˈgɒlfə(r), -z
AM ˈgɑlfər, ˈgɔlfər, -z

Golgi
BR ˈgɒldʒi
AM ˈgoʊldʒi, ˈgɔldʒi

Golgotha
BR ˈgɒlgəθə(r), gɒlˈgɒðə(r)
AM ˈgɔlgəθə, ˌgɑlˈgɑθə, ˌgɔlˈgɑθə, ˈgɑlgəθə

Goliath
BR gəˈlʌɪəθ, -s
AM gəˈlaɪəθ, -s

Golightly
BR gə(ʊ)ˈlʌɪtli
AM goʊˈlaɪtli

Gollancz
BR ˈgɒlaŋks, gəˈlaŋks
AM gəˈlæŋkʃ, ˈgɑlæŋks

golliwog
BR ˈgɒlɪwɒg, -z
AM ˈgɑliˌwɑg, -z

gollop
BR ˈgɒləp, -s, -ɪŋ, -t
AM ˈgɑləp, -s, -ɪŋ, -t

golly
BR ˈgɒli
AM ˈgɑli

gollywog
BR ˈgɒlɪwɒg, -z
AM ˈgɑliˌwɑg, -z

golosh
BR gəˈlɒʃ, -ɪz
AM gəˈlɑʃ, -əz

gombeen
BR gɒmˈbiːn, -z
AM gɑmˈbin, -z

Gomer
BR ˈgəʊmə(r)
AM ˈgoʊmər

Gomes
BR ˈgəʊmɛz
AM ˈgoʊmɛz

Gómez
BR ˈgəʊmɛz
AM ˈgoʊmɛz

Gomorrah
BR gəˈmɒrə(r)
AM gəˈmɔrə

Gompers
BR ˈgɒmpəz
AM ˈgɑmpərz

gonad
BR ˈgəʊnad, ˈgɒnad, -z
AM ˈgoʊˌnæd, -z

gonadal
BR gə(ʊ)ˈneɪdl
AM goʊˈnæd(ə)l

gonadotrophic
BR ˌgəʊnədəˈtrɒfɪk, ˌgəʊnədəˈtrəʊfɪk, ˌgɒnədəˈtrɒfɪk, ˌgɒnədəˈtrəʊfɪk
AM ˌgoʊˌnædəˈtroʊfɪk, ˌgoʊˌnædəˈtrafɪk

gonadotrophin
BR ˌgəʊnədəˈtrəʊfɪn, ˌgəʊnədəˈtrɒfɪn, ˌgɒnədəˈtrəʊfɪn, ˌgɒnədəˈtrɒfɪn
AM ˌgoʊˌnædəˈtroʊf(ə)n

gonadotropic
BR ˌgəʊnədəˈtrɒpɪk, ˌgəʊnədəˈtrəʊpɪk, ˌgɒnədəˈtrɒpɪk, ˌgɒnədəˈtrəʊpɪk
AM ˌgoʊˌnædəˈtrapɪk

Goncourt
BR ˈgɒŋkʊə(r), ˈgɒŋkɔː(r)
AM ˈgɑnˌkʊ(ə)r, ˈgɔnˌkʊ(ə)r

gondola
BR ˈgɒndl̩ə(r), -z
AM ˈgɑndələ, -z

gondolier
BR ˌgɒndəˈlɪə(r), -z
AM ˌgɑndəˈlɪ(ə)r, -z

Gondwana
BR gɒnˈdwɑːnə(r)
AM ganˈdwɑnə

Gondwanaland
BR gɒnˈdwɑːnəland
AM ganˈdwɑnəˌlænd

gone
BR gɒn
AM gɑn, gɔn

goner
BR ˈgɒnə(r), -z
AM ˈgɑnər, ˈgɔnər, -z

Goneril
BR ˈgɒn(ə)rɪl, ˈgɒn(ə)rl̩
AM ˈgɑnər(ə)l

gonfalon
BR ˈgɒnfl̩ən, -z
AM ˈganfəl(ə)n, -z

gonfalonier
BR ˌgɒnfl̩əˈnɪə(r), -z
AM ˌganfələˈnɪ(ə)r, -z

gong
BR gɒŋ, -z
AM gɑŋ, gɔŋ, -z

goniometer
BR ˌgəʊnɪˈɒmɪtə(r), -z
AM ˌgoʊniˈɑmədər, -z

goniometric
BR ˌgəʊnɪəˈmɛtrɪk
AM ˌgoʊniəˈmɛtrɪk

goniometrical
BR ˌgəʊnɪəˈmɛtrɪkl
AM ˌgoʊniəˈmɛtrək(ə)l

goniometrically
BR ˌgəʊnɪəˈmɛtrɪkli
AM ˌgoʊniəˈmɛtrək(ə)li

goniometry
BR ˌgəʊniˈɒmɪtri
AM ˌgoʊniˈɑmətri

gonk
BR gɒŋk, -s
AM gɑŋk, gɔŋk, -s

gonna[1] *strong form*
BR ˈgɒnə(r)
AM ˈgɔnə, ˈgɑnə, ˈgənə

gonna[2] *weak form*
BR ˈgnə(r)
AM ˈgənə

gonococcal
BR ˌgɒnəˈkɒkl
AM ˌganəˈkak(ə)l

gonococci
BR ˌgɒnəˈkɒk(s)ʌɪ, ˌgɒnəˈkɒk(s)iː
AM ˌganəˈkɑ(k)ˌsaɪ

gonococcus
BR ˌgɒnəˈkɒkəs
AM ˌganəˈkɑkəs

gonorrhea
BR ˌgɒnəˈrɪə(r)
AM ˌganəˈriə

gonorrheal
BR ˌgɒnəˈrɪəl
AM ˌganəˈriəl

gonorrhoea
BR ˌgɒnəˈrɪə(r)
AM ˌganəˈriə

gonorrhoeal
BR ˌgɒnəˈrɪəl
AM ˌganəˈriəl

Gonville
BR ˈgɒnvɪl
AM ˈgɑnˌvɪl

Gonzales
BR gɒnˈzɑːlɪz, gɒnˈzɑːlɛz
AM ganˈzɑləz, ganˈzɑləs

González
BR gɒnˈzɑːlɪz, gɒnˈzɑːlɛz
AM ganˈzɑləz, ganˈzɑləs
SP gonˈθaleθ, gonˈsales

gonzo
BR ˈgɒnzəʊ, -z
AM ˈgɑnzoʊ, -z

goo
BR guː, -z
AM gu, -z

goober
BR ˈguːbə(r), -z
AM ˈgubər, -z

Gooch
BR guːtʃ
AM gutʃ

good
BR gʊd, -z
AM gʊd, -z

Goodall
BR ˈgʊdɔːl
AM ˈgʊdˌal, ˈgʊdˌɔl

Goodbody
BR ˈgʊdˌbɒdi
AM ˈgʊdˌbadi

goodby
BR (ˌ)gʊdˈbʌɪ, -z
AM gʊdˈbaɪ, -z

goodbye
BR (ˌ)gʊdˈbʌɪ, -z
AM gʊdˈbaɪ, -z

Goodchild
BR ˈgʊdtʃʌɪld
AM ˈgʊdˌtʃaɪld

Goode
BR gʊd
AM gʊd

Goodenough
BR ˈgʊdɨnʌf, ˈgʊdn̩ʌf
AM ˈgʊdənəf

Goodfellow
BR ˈgʊdˌfɛləʊ
AM ˈgʊdˌfɛloʊ

Goodge
BR guːdʒ
AM gʊdʒ

Goodhart
BR ˈgʊdhɑːt
AM ˈgʊdˌ(h)ɑrt

good-hearted
BR ˌgʊdˈhɑːtɨd
AM ˈgʊdˈ(h)ɑrdəd

good-heartedness
BR ˌgʊdˈhɑːtɨdnɪs
AM ˈgʊdˈ(h)ɑrdədnəs

goodie
BR ˈgʊdǁi, -ɪz
AM ˈgʊdi, -z

goodish
BR ˈgʊdɪʃ
AM ˈgʊdɪʃ

Goodison
BR ˈgʊdɨs(ə)n
AM ˈgʊdəs(ə)n

goodliness
BR ˈgʊdlɪnɪs
AM ˈgʊdlɪnɪs

goodly
BR ˈgʊdlǁi, -ɪə(r), -ɪɪst
AM ˈgʊdli, -ər, -ɪst

goodman
BR ˈgʊdmən
AM ˈgʊdm(ə)n

goodmen
BR ˈgʊdmən
AM ˈgʊdm(ə)n

good-natured
BR ˌgʊdˈneɪtʃəd
AM ˈˌgʊdˈneɪtʃərd

good-naturedly
BR ˌgʊdˈneɪtʃədli
AM ˈˌgʊdˈneɪtʃərdli

goodness
BR ˈgʊdnəs
AM ˈgʊdnəs

goodnight
BR (ˌ)gʊdˈnʌɪt, -s
AM gʊdˈnaɪt, -s

goodo
BR ˌgʊdˈəʊ
AM ˌgʊdˈoʊ

good-oh
BR ˌgʊdˈəʊ
AM ˌgʊdˈoʊ

Goodrich
BR ˈgʊdrɪtʃ
AM ˈgʊdrɪtʃ

goods
BR gʊdz
AM gʊdz

goodwife
BR ˈgʊdwʌɪf
AM ˈgʊdˌwaɪf

goodwill
BR ˌgʊdˈwɪl
AM ˈˌgʊdˈwɪl

Goodwin
BR ˈgʊdwɪn
AM ˈgʊdwɪn

goodwives
BR ˈgʊdwʌɪvz
AM ˈgʊdˌwaɪvz

Goodwood
BR ˈgʊdwʊd
AM ˈgʊdˌwʊd

Goodwright
BR ˈgʊdrʌɪt
AM ˈgʊdˌraɪt

goody
BR ˈgʊdǁi, -ɪz
AM ˈgʊdi, -z

Goodyear
BR ˈgʊdjɪə(r), ˈgʊdjəː(r)
AM ˈgʊdˌjɪ(ə)r

gooey
BR ˈguːl|i, -ɪə(r), -ɪɪst
AM ˈguɪ, -ər, -ɪst

gooeyly
BR ˈguːɪli
AM ˈguəli

gooeyness
BR ˈguːɪnɪs
AM ˈguɪnɪs

goof
BR guːf, -s, -ɪŋ, -t
AM guf, -s, -ɪŋ, -t

goofball
BR ˈguːfbɔːl, -z
AM ˈgufˌbal, ˈgufˌbɔl, -z

goofily
BR ˈguːfɪli
AM ˈgufəli

goofiness
BR ˈguːfɪnɪs
AM ˈgufɪnɪs

goofy
BR ˈguːf|i, -ɪə(r), -ɪɪst
AM ˈgufi, -ər, -ɪst

goog
BR guːg, -z
AM gug, -z

Googie
BR ˈguːgi
AM ˈgʊgi

googly
BR ˈguːgl|i, -ɪz
AM ˈgugli, -z

googol
BR ˈguːgɒl
AM ˈguˌgɔl, ˈguˌgal, ˈgug(ə)l

gook
BR guːk, -s
AM gʊk, -s

Goole
BR guːl
AM gul

goolie
BR ˈguːl|i, -ɪz
AM ˈguli, -z

goon
BR guːn, -z
AM gun, -z

goonery
BR ˈguːn(ə)ri
AM ˈgunəri

gooney
BR ˈguːni
AM ˈguni

Goonhilly
BR gʊnˈhɪli, ˌguːnˈhɪli
AM gʊnˈhɪli

goop
BR guːp, -s
AM gup, -s

goopiness
BR ˈguːpɪnɪs
AM ˈgupɪnɪs

goopy
BR ˈguːp|i, -ɪə(r), -ɪɪst
AM ˈgupi, -ər, -ɪst

goosander
BR guːˈsændə(r), -z
AM guˈsændər, -z

goose
BR guːs, -ɪz, -ɪŋ, -t
AM gus, -əz, -ɪŋ, -t

gooseberry
BR ˈgʊzb(ə)r|i, -ɪz
AM ˈgusˌbɛri, -z

goosebumps
BR ˈguːsbʌmps
AM ˈgusˌbəm(p)s

gooseflesh
BR ˈguːsflɛʃ
AM ˈgusˌflɛʃ

goosefoot
BR ˈguːsfʊt, -s
AM ˈgusˌfʊt, -s

goosegog
BR ˈgʊzgɒg, -z
AM ˈgʊzˌgag, -z

goosegrass
BR ˈguːsgrɑːs, -ɪz
AM ˈgusˌgræs, -əz

gooseherd
BR ˈguːshəːd, -z
AM ˈgusˌ(h)ərd, -z

goosestep
BR ˈguːsstɛp, -s, -ɪŋ, -t
AM ˈgu(s)ˌstɛp, -s, -ɪŋ, -t

goosey
BR ˈguːsi
AM ˈgusi

Goossens
BR ˈguːsnz
AM ˈgus(ə)ns

gopher
BR ˈgəʊfə(r), -z
AM ˈgoʊfər, -z

goral
BR ˈgɔːrl̩, -z
AM ˈgoʊrəl, -z

Gorbachev
BR ˈgɔːbətʃɒf
AM ˈgɔrbəˌtʃɑf, ˈgɔrbəˌtʃʌv, ˈgɔrbəˌtʃɑf, ˈgɔrbəˌtʃɔv
RUS gərbaˈtʃof

Gorbals
BR ˈgɔːblz
AM ˈgɔrbəlz

gorblimey
BR (ˌ)gɔːˈblʌɪm|i, -ɪz
AM gɔrˈblaɪmi, -z

gorcock
BR ˈgɔːkɒk, -s
AM ˈgɔrˌkak, -s

Gordian
BR ˈgɔːdiən
AM ˈgɔrdiən

Gordimer
BR ˈgɔːdɪmə(r)
AM ˈgɔrdəmər

gordita
BR gɔːˈdiːtə(r), -z
AM gɔrˈdidə, -z

Gordium
BR ˈgɔːdiəm
AM ˈgɔrdiəm

gordo
BR ˈgɔːdəʊ, -z
AM ˈgɔrˌdoʊ, -z

Gordon
BR ˈgɔːdn̩
AM ˈgɔrd(ə)n

Gordonstoun
BR ˈgɔːdnst(ə)n, ˈgɔːdnzt(ə)n
AM ˈgɔrdənˌstoʊn

gore
BR gɔː(r), -z, -ɪŋ, -d
AM gɔ(ə)r, -z, -ɪŋ, -d

Górecki
BR gəˈrɛtski
AM gʊˈrɛtski

Gore-tex
BR ˈgɔːtɛks
AM ˈgɔrˌtɛks

gorge
BR gɔːdʒ, -ɪz, -ɪŋ, -d
AM gɔrdʒ, -əz, -ɪŋ, -t

gorgeous
BR ˈgɔːdʒəs
AM ˈgɔrdʒəs

gorgeously
BR ˈgɔːdʒəsli
AM ˈgɔrdʒəsli

gorgeousness
BR ˈgɔːdʒəsnəs
AM ˈgɔrdʒəsnəs

gorger
BR ˈgɔːdʒə(r), -z
AM ˈgɔrdʒər, -z

gorget
BR ˈgɔːdʒɪt, -s
AM ˈgɔrdʒət, -s

Gorgio
BR ˈgɔːdʒəʊ, -z
AM ˈgɔrˌdʒoʊ, -z

gorgon
BR ˈgɔːg(ə)n, -z
AM ˈgɔrg(ə)n, -z

gorgonia
BR gɔːˈgəʊnɪə(r), -z
AM gɔrˈgoʊnɪə, -z

gorgoniae
BR gɔːˈgəʊnɪiː
AM gɔrˈgoʊniˌaɪ, gɔrˈgoʊniˌi

gorgonian
BR gɔːˈgəʊnɪən, -z
AM gɔrˈgoʊnɪən, -z

gorgonise
BR ˈgɔːgn̩ʌɪz, -ɪz, -ɪŋ, -d
AM ˈgɔrgəˌnaɪz, -ɪz, -ɪŋ, -d

gorgonize
BR ˈgɔːgn̩ʌɪz, -ɪz, -ɪŋ, -d
AM ˈgɔrgəˌnaɪz, -ɪz, -ɪŋ, -d

Gorgonzola
BR ˌɡɔːɡn̩ˈzəʊlə(r)
AM ˌɡɔrɡənˈzoʊlə

gorilla
BR ɡəˈrɪlə(r), -z
AM ɡəˈrɪlə, -z

gorily
BR ˈɡɔːrɪli
AM ˈɡɔrəli

goriness
BR ˈɡɔːrɪnɪs
AM ˈɡɔrɪnɪs

Goring
BR ˈɡɔːrɪŋ
AM ˈɡɔrɪŋ

Gorki
BR ˈɡɔːki
AM ˈɡɔrki

Gorky
BR ˈɡɔːki
AM ˈɡɔrki

Gorman
BR ˈɡɔːmən
AM ˈɡɔrm(ə)n

gormandise
BR ˈɡɔːm(ə)ndʌɪz, -ɪz, -ɪŋ, -d
AM ˈɡɔrmənˌdaɪz, -ɪz, -ɪŋ, -d

gormandiser
BR ˈɡɔːm(ə)ndʌɪzə(r), -z
AM ˈɡɔrmənˌdaɪzər, -z

gormandize
BR ˈɡɔːm(ə)ndʌɪz, -ɪz, -ɪŋ, -d
AM ˈɡɔrmənˌdaɪz, -ɪz, -ɪŋ, -d

gormandizer
BR ˈɡɔːm(ə)ndʌɪzə(r), -z
AM ˈɡɔrmənˌdaɪzər, -z

gormless
BR ˈɡɔːmləs
AM ˈɡɔrmləs

gormlessly
BR ˈɡɔːmləsli
AM ˈɡɔrmləsli

gormlessness
BR ˈɡɔːmləsnəs
AM ˈɡɔrmləsnəs

Gormley
BR ˈɡɔːmli
AM ˈɡɔrmli

Goronwy
BR ɡəˈrɒnwi
AM ɡəˈrɑnwi

go-round
BR ˈɡəʊraʊnd
AM ˈɡoʊˌraʊnd

Gor-Ray
BR ˈɡɔːreɪ
AM ˈɡɔ(r)ˌreɪ

gorse
BR ɡɔːs
AM ɡɔ(ə)rs

Gorsedd
BR ˈɡɔːseð
AM ˈɡɔrsɛð

Gorseinon
BR ɡɔːˈsʌɪnən
AM ɡɔrˈsaɪnən

gorsy
BR ˈɡɔːs|i, -ɪə(r), -ɪɪst
AM ˈɡɔrsi, -ər, -ɪst

Gorton
BR ˈɡɔːtn̩
AM ˈɡɔrt(ə)n

gory
BR ˈɡɔːr|i, -ɪə(r), -ɪɪst
AM ˈɡɔri, -ər, -ɪst

Gosforth
BR ˈɡɒsfəθ, ˈɡɒsfɔːθ
AM ˈɡasfərθ

gosh
BR ɡɒʃ
AM ɡɑʃ

goshawk
BR ˈɡɒshɔːk, -s
AM ˈɡasˌ(h)ɑk, ˈɡasˌ(h)ɔk, -s

Goshen
BR ˈɡəʊʃn̩
AM ˈɡoʊʃ(ə)n

gosling
BR ˈɡɒzlɪŋ, -z
AM ˈɡazlɪŋ, -z

go-slow
BR ˌɡəʊˈsləʊ, -z
AM ˌɡoʊˈsloʊ, -z

gospel
BR ˈɡɒspl̩, -z
AM ˈɡasp(ə)l, -z

gospeler
BR ˈɡɒspl̩ə(r), -z
AM ˈɡaspələr, -z

gospeller
BR ˈɡɒspl̩ə(r), -z
AM ˈɡaspələr, -z

Gosport
BR ˈɡɒspɔːt
AM ˈɡasˌpɔ(ə)rt

Goss
BR ɡɒs
AM ɡas, ɡɔs

gossamer
BR ˈɡɒsəmə(r), -d
AM ˈɡasəmər, -d

gossamery
BR ˈɡɒsəm(ə)ri
AM ˈɡasəˌmɛri

gossan
BR ˈɡɒzn̩
AM ˈɡas(ə)n

Gosse
BR ɡɒs
AM ɡas, ɡɔs

gossip
BR ˈɡɒs|ɪp, -ɪps, -ɪpɪŋ, -ɪpt
AM ˈɡasəp, -s, -ɪŋ, -t

gossiper
BR ˈɡɒsɪpə(r), -z
AM ˈɡasəpər, -z

gossipmonger
BR ˈɡɒsɪpˌmʌŋɡə(r), -z
AM ˈɡasəpˌmɔŋɡər, ˈɡasəpˌmɑŋɡər, -z

gossipy
BR ˈɡɒsɪpi
AM ˈɡasəpi

gossoon
BR ɡɒˈsuːn, -z
AM ɡaˈsun, -z

got
BR ɡɒt
AM ɡat

gotcha
BR ˈɡɒtʃə(r), -z
AM ˈɡatʃə, -z

Goth
BR ɡɒθ, -s
AM ɡɑθ, ɡɔθ, -s

Gotha
BR ˈɡəʊθə(r), ˈɡəʊtə(r)
AM ˈɡoʊθə

Gotham[1] *New York*
BR ˈɡɒθ(ə)m
AM ˈɡɑθ(ə)m

Gotham[2] *place in UK*
BR ˈɡəʊtəm, ˈɡɒtəm
AM ˈɡoʊdəm

Gothamite
BR ˈɡɒθmʌɪt, -s
AM ˈɡɑθəˌmaɪt, -s

Gothard
BR ˈɡɒθɑːd
AM ˈɡɑθərd

Gothenburg
BR ˈɡɒθnbəːɡ
AM ˈɡɑθənˌbərɡ

Gothic
BR ˈɡɒθɪk
AM ˈɡɑθɪk

Gothically
BR ˈɡɒθɪkli
AM ˈɡɑθɪk(ə)li

Gothicise
BR ˈɡɒθɪsʌɪz, -ɪz, -ɪŋ, -d
AM ˈɡɑθəˌsaɪz, -ɪz, -ɪŋ, -d

Gothicism
BR ˈɡɒθɪsɪzm
AM ˈɡɑθəˌsɪz(ə)m

Gothicize
BR ˈɡɒθɪsʌɪz, -ɪz, -ɪŋ, -d
AM ˈɡɑθəˌsaɪz, -ɪz, -ɪŋ, -d

Gotland
BR ˈɡɒtland
AM ˈɡatˌlænd

gotta
BR ˈɡɒtə(r)
AM ˈɡadə

gotten
BR ˈɡɒtn̩
AM ˈɡatn̩

Götterdämmerung
BR ˌɡɒtəˈdamərʊŋ, ˌɡəːtəˈdamərʊŋ, ˌɡɒtəˈdamərʌŋ, ˌɡəːtəˈdamərʌŋ
AM ˌɡadərˈdæmərʊŋ
GER ˈɡœtɐdɛmərʊŋ

gouache
BR guˈɑːʃ, gwɑːʃ, -ɪz
AM guˈɑʃ, gwɑʃ, -əz

Gouda
BR ˈgaʊdə(r), ˈguːdə(r)
AM ˈgudə
DU ˈxɔʊdɑ

Goudge
BR guːdʒ
AM gudʒ

Goudy
BR ˈgaʊdi
AM ˈgaʊdi

gouge
BR gaʊdʒ, -ɪz, -ɪŋ, -d
AM gaʊdʒ, -əz, -ɪŋ, -t

gouger
BR ˈgaʊdʒə(r), -z
AM ˈgaʊdʒər, -z

Gough
BR gɒf
AM gɑf, gɔf

goujons
BR ˈguː(d)ʒ(ɒ)nz, ˈguːʒɒ̃
AM ˈgudʒənz

goulash
BR ˈguːlæʃ, -ɪz
AM ˈguˌlɑʃ, -əz

Gould
BR guːld
AM guld

Gounod
BR ˈguːnəʊ
AM guˈnoʊ

gourami
BR gʊˈrɑːmli, ˈgʊərəmli, -ɪz
AM gəˈrɑmi, -z

gouramy
BR gʊˈrɑːmli, ˈgʊərəmli, -ɪz
AM gəˈrɑmi, -z

gourd
BR gʊəd, gɔːd, -z
AM gɔ(ə)rd, -z

gourdful
BR ˈgʊədfʊl, ˈgɔːdfʊl, -z
AM ˈgɔrdˌfʊl, -z

Gourlay
BR ˈgʊəli
AM ˈgərli

Gourley
BR ˈgʊəli
AM ˈgərli

gourmand
BR ˈgʊəmənd, ˈgɔːmənd, -z
AM ˌgʊrˈmɑnd, -z

gourmandise
BR ˈgʊəm(ə)ndʌɪz, ˈgɔːm(ə)ndʌɪz, -ɪz, -ɪŋ, -d
AM ˈgʊrmənˌdaɪz, -ɪŋ, -d

gourmandism
BR ˈgʊəm(ə)ndɪzm, ˈgɔːm(ə)ndɪzm
AM ˈgʊrmənˌdɪz(ə)m

gourmandize
BR ˈgʊəm(ə)ndʌɪz, ˈgɔːm(ə)ndʌɪz, -ɪz, -ɪŋ, -d
AM ˈgʊrmənˌdaɪz, -ɪz, -ɪŋ, -d

gourmet
BR ˈgʊəmeɪ, ˈgɔːmeɪ, -z
AM ˌgɔrˈmeɪ, ˌgʊrˈmeɪ, -z

gout
BR gaʊt
AM gaʊt

goutily
BR ˈgaʊtɪli
AM ˈgaʊdəli

goutiness
BR ˈgaʊtɪnɪs
AM ˈgaʊdɪnɪs

goutweed
BR ˈgaʊtwiːd
AM ˈgaʊtˌwid

gouty
BR ˈgaʊtli, -ɪə(r), -ɪɪst
AM ˈgaʊdi, -ər, -ɪst

Govan
BR ˈgʌvn
AM ˈgʌv(ə)n

govern
BR ˈgʌvn̩, -z, -ɪŋ, -d
AM ˈgʌvərn, -z, -ɪŋ, -d

governability
BR ˌgʌvnəˈbɪlɪti
AM ˌgʌvərnəˈbɪlɪdi

governable
BR ˈgʌvnəbl
AM ˈgʌvərnəb(ə)l

governableness
BR ˈgʌvnəblnəs
AM ˈgʌvərnəbəlnəs

governance
BR ˈgʌvnəns
AM ˈgʌvərnəns

governess
BR ˈgʌvnɪs, ˈgʌvn̩ɛs, -ɪz
AM ˈgʌvərnəs, -əz

governessy
BR ˈgʌvn̩si
AM ˈgʌvərnəsi

government
BR ˈgʌvnm(ə)nt, ˈgʌvəm(ə)nt, -s
AM ˈgʌvə(r)m(ə)nt, ˈgʌvər(n)m(ə)nt, -s

governmental
BR ˌgʌvnˈmɛntl, ˌgʌvəˈmɛntl
AM ˌgʌvər(n)ˈmɛn(t)l

governmentally
BR ˌgʌvnˈmɛntl̩i, ˌgʌvəˈmɛntl̩i
AM ˌgʌvər(n)ˈmɛn(t)li

governor
BR ˈgʌvnə(r), ˈgʌvnə(r), -z
AM ˈgəv(ə)nər, -z

governorate
BR ˈgʌvn̩ərət, ˈgʌvnərət, -s
AM ˈgəv(ə)nəˌreɪt, ˈgəv(ə)nərət, -s

governorship
BR ˈgʌvnəʃɪp, ˈgʌvnəʃɪp, -s
AM ˈgəv(ə)nərˌʃɪp, -s

Gow
BR gaʊ
AM gaʊ

gowan
BR ˈgaʊən, -z
AM ˈgoʊən, -z

Gower
BR ˈgaʊə(r)
AM ˈgaʊər

Gowing
BR ˈgaʊɪŋ
AM ˈgaʊɪŋ

gowk
BR gaʊk, -s
AM gaʊk, -s

gown
BR gaʊn, -z
AM gaʊn, -z

gownsman
BR ˈgaʊnzmən
AM ˈgaʊnzm(ə)n

gownsmen
BR ˈgaʊnzmən
AM ˈgaʊnzm(ə)n

Gowrie
BR ˈgaʊri
AM ˈgaʊri

goy
BR gɔɪ, -z
AM gɔɪ, -z

Goya
BR ˈgɔɪə(r)
AM ˈgɔɪə

goyim
BR ˈgɔɪ(j)ɪm
AM ˈgɔɪ(j)ɨm

goyisch
BR gɔɪˈ(j)ɪʃ
AM ˈgɔɪʃ

goyish
BR gɔɪˈ(j)ɪʃ
AM ˈgɔɪʃ

Gozo
BR ˈgəʊzəʊ
AM ˈgoʊˌzoʊ

Graafian
BR ˈgrɑːfiən
AM ˈgræfiən, ˈgrɑfiən

grab
BR grab, -z, -ɪŋ, -d
AM græb, -z, -ɪŋ, -d

grabber
BR ˈgrabə(r), -z
AM ˈgræbər, -z

grabble
BR ˈgrabl̩, -lz, -lɪŋ\-lɪŋ, -ld
AM ˈgræb(ə)l, -z, -ɪŋ, -d

grabby
BR ˈgrab|i, -iə(r), -ɪɪst
AM ˈgræbi, -ər, -ɪst

graben
BR ˈgrɑːb(ə)n, -z
AM ˈgrɑb(ə)n, -z

Gracchus
BR ˈgrakəs
AM ˈgrækəs

grace
BR greɪs, -ɪz, -ɪŋ, -t
AM greɪs, -ɪz, -ɪŋ, -t

graceful
BR ˈgreɪsf(ʊ)l
AM ˈgreɪsf(ə)l

gracefully
BR ˈgreɪsfʊli, ˈgreɪsfˌli
AM ˈgreɪsfəli

gracefulness
BR ˈgreɪsf(ʊ)lnəs
AM ˈgreɪsfəlnəs

graceless
BR ˈgreɪslɪs
AM ˈgreɪslɪs

gracelessly
BR ˈgreɪslɪsli
AM ˈgreɪslɪsli

gracelessness
BR ˈgreɪslɪsnɪs
AM ˈgreɪslɪsnɪs

Gracie
BR ˈgreɪsi
AM ˈgreɪsi

gracile
BR ˈgrasɪl, ˈgrasʌɪl
AM ˈgræˌsaɪl, ˈgræs(ə)l

gracility
BR grəˈsɪlɪti
AM grəˈsɪlɪdi, græˈsɪlɪdi

graciosity
BR ˌgreɪʃiˈɒsɪti, ˌgreɪsiˈɒsɪti
AM ˌgreɪsiˈɑsədi, ˌgreɪʃiˈɑsədi

gracious
BR ˈgreɪʃəs
AM ˈgreɪʃəs

graciously
BR ˈgreɪʃəsli
AM ˈgreɪʃəsli

graciousness
BR ˈgreɪʃəsnəs
AM ˈgreɪʃəsnəs

grackle
BR ˈgrakl, -z
AM ˈgræk(ə)l, -z

grad
BR grad, -z
AM græd, -z

gradability
BR ˌgreɪdəˈbɪlɪti
AM ˌgreɪdəˈbɪlɪdi

gradable
BR ˈgreɪdəbl
AM ˈgreɪdəb(ə)l

gradate
BR grəˈdeɪt, -s, -ɪŋ, -ɪd
AM ˈgreɪˌdeɪ|t, -ts, -dɪŋ, -dɪd

gradation
BR grəˈdeɪʃn, -z
AM greɪˈdeɪʃ(ə)n, -z

gradational
BR grəˈdeɪʃn̩l
AM greɪˈdeɪʃən(ə)l, greɪˈdeɪʃn(ə)l

gradationally
BR grəˈdeɪʃn̩li, grəˈdeɪʃnəli
AM greɪˈdeɪʃ(ə)nəli

grade
BR greɪd, -z, -ɪŋ, -ɪd
AM greɪd, -z, -ɪŋ, -ɪd

grader
BR ˈgreɪdə(r), -z
AM ˈgreɪdər, -z

Gradgrind
BR ˈgradgrʌɪnd
AM ˈgræd,graɪnd

gradience
BR ˈgreɪdiəns
AM ˈgreɪdiəns

gradient
BR ˈgreɪdiənt, -s
AM ˈgreɪdiənt, -s

gradin
BR ˈgreɪdɪn, -z
AM ˈgreɪdn, -z

gradine
BR ˈgreɪdiːn, -z
AM grəˈdin, ˈgreɪˌdin, -z

grading
BR ˈgreɪdɪŋ, -z
AM ˈgreɪdɪŋ, -z

gradual
BR ˈgradʒʊəl, ˈgradjʊəl, ˈgradʒʊl
AM ˈgrædʒ(ə)l, ˈgrædʒ(ə)wəl

gradualism
BR ˈgradʒʊəlɪzm, ˈgradjʊəlɪzm, ˈgradʒʊlɪzm, ˈgradʒl̩ɪzm
AM ˈgrædʒəˌlɪz(ə)m, ˈgrædʒ(ə)wəˌlɪz(ə)m

gradualist
BR ˈgradʒʊəlɪst, ˈgradjʊəlɪst, ˈgradʒəlɪst, ˈgradʒl̩ɪst, -s
AM ˈgrædʒələst, ˈgrædʒ(ə)wələst, -s

gradualistic
BR ˌgradʒʊəˈlɪstɪk, ˌgradjʊəˈlɪstɪk, ˌgradʒ(ʊ)lˈɪstɪk
AM ˌgrædʒəˈlɪstɪk, ˌgrædʒ(ə)wəˈlɪstɪk

gradually
BR ˈgradʒʊəli, ˈgradjʊəli, ˈgradʒʊli, ˈgradʒl̩i
AM ˈgrædʒəli, ˈgrædʒ(ə)wəli

gradualness
BR ˈgradʒʊəlnəs, ˈgradjʊəlnəs, ˈgradʒ(ʊ)lnəs
AM ˈgrædʒəlnəs, ˈgrædʒ(ə)wəlnəs

graduand
BR ˈgradʒʊand, ˈgradjʊand, -z
AM ˈgrædʒ(ə)wənd, -z

graduate¹ *noun*
BR ˈgradʒʊət, ˈgradjʊət, -s
AM ˈgrædʒ(ə)wət, -s

graduate² *verb*
BR ˈgradʒʊeɪt, ˈgradjʊeɪt, -s, -ɪŋ, -ɪd
AM ˈgrædʒəˌweɪ|t, -ts, -dɪŋ, -dɪd

graduation
BR ˌgradʒʊˈeɪʃn, ˌgradjʊˈeɪʃn, -z
AM ˌgrædʒəˈweɪʃ(ə)n, -z

graduator
BR ˈgradʒʊeɪtə(r), ˈgradjʊeɪtə(r), -z
AM ˈgrædʒəˌweɪdər, -z

Grady
BR ˈgreɪdi
AM ˈgreɪdi

Graecise
BR ˈgriːsʌɪz, ˈgrʌɪsʌɪz, -ɪz, -ɪŋ, -d
AM ˈgriˌsaɪz, -ɪz, -ɪŋ, -d

Graecism
BR ˈgriːsɪzm, ˈgrʌɪsɪzm, -z
AM ˈgriˌsɪz(ə)m, -z

Graecize
BR ˈgriːsʌɪz, ˈgrʌɪsʌɪz, -ɪz, -ɪŋ, -d
AM ˈgriˌsaɪz, -ɪz, -ɪŋ, -d

Graeco-
BR ˈgriːkəʊ, ˈgrʌɪkəʊ, ˈgrɛkəʊ
AM ˈgrɛkoʊ

Graecomania
BR ˌgriːkəʊˈmeɪniə(r), ˌgrʌɪkəʊˈmeɪniə(r), ˌgrɛkəʊˈmeɪniə(r)
AM ˌgrɛkoʊˈmeɪniə

Graecomaniac
BR ˌgriːkəʊˈmeɪniak, ˌgrʌɪkəʊˈmeɪniak, ˌgrɛkəʊˈmeɪniak, -s
AM ˌgrɛkoʊˈmeɪniˌæk, -s

Graecophile
BR ˈgriːkəʊfʌɪl, ˈgrʌɪkəʊfʌɪl, ˈgrɛkəʊfʌɪl, -z
AM ˈgrɛkoʊˌfaɪl, -z

Graeco-Roman
BR ˌgriːkəʊˈrəʊmən,
ˌgrʌɪkəʊˈrəʊmən,
ˌgrɛkəʊˈrəʊmən
AM ˌˈgrɛkoʊˈroʊm(ə)n

Graeme
BR ˈgreɪəm
AM ˈgreɪəm

Graf
BR grɑːf
AM græf, grɑf

graffiti
BR grəˈfiːt|i, -ɪd
AM grəˈfidi, -d

graffitist
BR grəˈfiːtɪst, -s
AM grəˈfidɪst, -s

graffito
BR grəˈfiːtəʊ
AM grəˈfidoʊ

graft
BR grɑːft, -s, -ɪŋ, -ɪd
AM græft, -s, -ɪŋ, -əd

grafter
BR ˈgrɑːftə(r), -z
AM ˈgræftər, -z

Grafton
BR ˈgrɑːft(ə)n
AM ˈgræft(ə)n

graham
BR ˈgreɪəm, -z
AM ˈgreɪəm, græm, -z

Grahame
BR ˈgreɪəm
AM ˈgreɪəm

Grahamstown
BR ˈgreɪəmztaʊn
AM ˈgreɪəmzˌtaʊn

Graig
BR grʌɪg
AM greɪg, graɪg

Grail
BR greɪl
AM greɪl

grail
BR greɪl, -z
AM greɪl, -z

grain
BR greɪn, -z
AM greɪn, -z

grainer
BR ˈgreɪnə(r), -z
AM ˈgreɪnər, -z

grainfield
BR ˈgreɪnfiːld, -z
AM ˈgreɪnˌfild, -z

Grainger
BR ˈgreɪn(d)ʒə(r)
AM ˈgreɪndʒər

grainily
BR ˈgreɪnɪli
AM ˈgreɪnɪli

graininess
BR ˈgreɪnɪnɪs
AM ˈgreɪnɪnɪs

grainless
BR ˈgreɪnlɪs
AM ˈgreɪnlɪs

grainy
BR ˈgreɪn|i, -ɪə(r), -ɪɪst
AM ˈgreɪni, -ər, -ɪst

grallatorial
BR ˌgrɑləˈtɔːriəl
AM ˌgræləˈtɔriəl

gram
BR gram, -z
AM græm, -z

graminaceous
BR ˌgramɪˈneɪʃəs
AM ˌgræməˈneɪʃəs

gramineous
BR grəˈmɪniəs
AM grəˈmɪniəs

graminivorous
BR ˌgramɪˈnɪv(ə)rəs
AM ˌgræməˈnɪvərəs

grammalogue
BR ˈgraməlɒg, -z
AM ˈgræməˌlɔg, ˈgræməˌlag, -z

grammar
BR ˈgramə(r), -z
AM ˈgræmər, -z

grammarian
BR grəˈmɛːriən, -z
AM grəˈmɛriən, -z

grammarless
BR ˈgramələs
AM ˈgræmərləs

grammatical
BR grəˈmatɪkl
AM grəˈmædək(ə)l

grammaticality
BR grəˌmatɪˈkalɪti
AM grəˌmædəˈkælədi

grammatically
BR grəˈmatɪkli
AM grəˈmædək(ə)li

grammaticalness
BR grəˈmatɪklnəs
AM grəˈmædəkəlnəs

grammaticise
BR grəˈmatɪsʌɪz, -ɪz, -ɪŋ, -d
AM grəˈmædəˌsaɪz, -ɪz, -ɪŋ, -d

grammaticize
BR grəˈmatɪsʌɪz, -ɪz, -ɪŋ, -d
AM grəˈmædəˌsaɪz, -ɪz, -ɪŋ, -d

gramme
BR gram, -z
AM græm, -z

Grammy
BR ˈgram|i, -ɪz
AM ˈgræmi, -z

gramophone
BR ˈgraməfəʊn, -z
AM ˈgræməˌfoʊn, -z

gramophonic
BR ˌgraməˈfɒnɪk
AM ˌgræməˈfɑnɪk

Grampian
BR ˈgrampiən, -z
AM ˈgræmpiən, -z

grampus
BR ˈgrampəs, -ɪz
AM ˈgræmpəs, -əz

Gramsci
BR ˈgramʃi
AM ˈgræmʃi

gran
BR gran, -z
AM græn, -z

Granada
BR grəˈnɑːdə(r)
AM grəˈnɑdə

granadilla
BR ˌgranəˈdɪlə(r), -z
AM ˌgrænəˈdɪlə, -z

Granados
BR grəˈnɑːdɒs
AM grəˈnɑdəs

granary
BR ˈgran(ə)r|i, -ɪz
AM ˈgræn(ə)ri, ˈgreɪn(ə)ri, -z

Gran Canaria
BR ˌgran kəˈnɛːriə(r)
AM ˌgræn kəˈnɛriə
SP ˌgraŋ kaˈnarja

Gran Chaco
BR ˌgran ˈtʃɑːkəʊ, + ˈtʃakəʊ
AM ˌgran ˈtʃɑkoʊ

grand
BR grand, -ə(r), -ɪst
AM grænd, -ər, -əst

grandad
BR ˈgrandad, -z
AM ˈgrænˌdæd, -z

grandam
BR ˈgrandam, -z
AM ˈgrænd(ə)m, ˈgrænˌdæm, -z

grandame
BR ˈgrandeɪm, -z
AM ˈgrænd(ə)m, ˈgrænˌdeɪm, -z

grandchild
BR ˈgran(d)tʃʌɪld
AM ˈgræn(d)ˌtʃaɪld

grandchildren
BR ˈgran(d)ˌtʃɪldr(ə)n
AM ˈgræn(d)ˌtʃɪldr(ə)n

Grand Coulee
BR ˌgran(d) ˈkuːli
AM ˌˈgræn(d) ˈkuli

granddad
BR ˈgrandad, -z
AM ˈgrænˌdæd, -z

granddaddy
BR ˈgranˌdad|i, -ɪz
AM ˈgrænˌdædi, -z

granddaughter
BR ˈgranˌdɔːtə(r), -z
AM ˈgrænˌdɑdər, ˈgrænˌdɔdər, -z

grandee
BR granˈdiː, -z
AM grænˈdi, -z

grandeur
BR ˈgran(d)ʒə(r),
ˈgrandjʊə(r)
AM ˈgrænd(j)ʊr,
ˈgrændʒər
grandfather
BR ˈgran(d)ˌfɑːðə(r),
-z
AM ˈgræn(d)ˌfɑðər,
-z
grandfatherly
BR ˈgran(d)ˌfɑːðəli
AM ˈgræn(d)ˌfɑðərli
Grand Guignol
BR ˌgrɒn ˈgiːnjɒl,
ˌgrɒ̃ +
AM ˈˌgræn(d) ˈginjɒl
grandiflora
BR ˌgrandɪˈflɔːrə(r)
AM ˌgrændəˈflɔrə
grandiloquence
BR granˈdɪləkw(ə)ns
AM grænˈdɪləkwəns
grandiloquent
BR granˈdɪləkw(ə)nt
AM grænˈdɪləkwənt
grandiloquently
BR granˈdɪləkw(ə)ntli
AM grænˈdɪləkwən(t)li
grandiose
BR ˈgrandɪəʊs,
ˈgrandɪəʊz
AM ˌgrændiˈoʊs,
ˈgrændiˌoʊz,
ˌgrændiˈoʊz,
ˈgrændiˌoʊs
grandiosely
BR ˈgrandɪəʊsli,
ˈgrandɪəʊzli
AM ˌgrændiˈoʊsli,
ˈgrændiˌoʊzli,
ˌgrændiˈoʊzli,
ˈgrændiˌoʊsli
grandiosity
BR ˌgrandɪˈɒsɪti
AM ˌgrændiˈɑsədi
Grandison
BR ˈgrandɪs(ə)n
AM ˈgrændəs(ə)n
Grandisonian
BR ˌgrandɪˈsəʊnɪən
AM ˌgrændəˈsoʊnɪən

grandly
BR ˈgrandli
AM ˈgræn(d)li
grandma
BR ˈgran(d)mɑː(r), -z
AM ˈgræ(m)ˌmɑ,
ˈgræn(d)ˌmɑ, -z
grand mal
BR ˌgrɒn ˈmal, ˌgrɒ̃ +
AM ˌgræn(d) ˈmɑl
grandmama
BR ˈgran(d)məˌmɑː(r),
-z
AM ˈgræn(d)məˌmɑ,
ˈgræn(d)ˌmamə, -z
grandmamma
BR ˈgran(d)məˌmɑː(r),
-z
AM ˈgræn(d)məˌmɑ,
ˈgræn(d)ˌmamə, -z
grandmaster
BR ˌgran(d)ˈmɑːstə(r),
-z
AM ˌgræn(d)ˈmæstər,
-z
grandmother
BR ˈgran(d)ˌmʌðə(r), -z
AM ˈgræn(d)ˌməðər,
-z
grandmotherly
BR ˈgran(d)ˌmʌðəli
AM ˈgræn(d)ˌməðərli
grandness
BR ˈgran(d)nəs
AM ˈgræn(d)nəs
grandpa
BR ˈgran(d)pɑː(r),
ˈgrampɑː(r), -z
AM ˈgræmˌpɑ,
ˈgræn(d)ˌpɑ, -z
grandpapa
BR ˈgran(d)pəˌpɑː(r),
-z
AM ˈgræn(d)pəˌpɑ,
ˈgræn(d)ˌpapə, -z
grandparent
BR ˈgran(d)ˌpɛːrn̩t, -s
AM ˈgræn(d)ˌpɛrənt, -s
Grand Prix
BR ˌgrɒ̃ ˈpriː:
AM ˌgræn(d) pri,
ˌgrɑn ˈpri

grandsire
BR ˈgran(d)sʌɪə(r), -z
AM ˈgræn(d)ˌsaɪ(ə)r,
-z
grandson
BR ˈgran(d)sʌn, -z
AM ˈgræn(d)ˌs(ə)n, -z
Grands Prix
BR ˌgrɒ̃ ˈpriː(z)
AM ˌgræn(d) pri,
ˌgrɑn ˈpri
grandstand
BR ˈgran(d)stand, -z
AM ˈgræn(d)ˌstænd,
-z
granduncle
BR ˈgrandˌʌŋkl
AM ˈgrændˌəŋk(ə)l
grange
BR greɪn(d)ʒ, -ɪz
AM greɪndʒ, -ɪz
Grangemouth
BR ˈgreɪn(d)ʒmaʊθ
AM ˈgreɪndʒˌmaʊθ
graniferous
BR graˈnɪf(ə)rəs
AM grəˈnɪf(ə)rəs
graniform
BR ˈgranɪfɔːm
AM ˈgrænəˌfɔ(ə)rm
granita
BR graˈniːtə(r)
AM grəˈnidə
granite[1]
BR ˈgranɪt
AM ˈgrænət
granite[2] *plural of granita*
BR graˈniːti
AM grəˈnidi
graniteware
BR ˈgranɪtwɛː(r)
AM ˈgrænətˌwɛ(ə)r
granitic
BR graˈnɪtɪk
AM grəˈnɪdɪk
granitoid
BR ˈgranɪtɔɪd
AM ˈgrænəˌtɔɪd
granivore
BR ˈgranɪvɔː(r), -z
AM ˈgrænəˌvɔ(ə)r, -z

granivorous
BR graˈnɪv(ə)rəs
AM grəˈnɪv(ə)rəs
granma
BR ˈgranmɑː(r), -z
AM ˈgræ(m)ˌmɑ,
ˈgrænˌmɑ, -z
grannie
BR ˈgran|i, -ɪz
AM ˈgræni, -z
granny
BR ˈgran|i, -ɪz
AM ˈgrænɪ, -z
granola
BR graˈnəʊlə(r)
AM grəˈnoʊlə
granolithic
BR ˌgranəˈlɪθɪk
AM ˌgrænəˈlɪθɪk
granophyre
BR ˈgranə(ʊ)fʌɪə(r)
AM ˈgrænəˌfaɪ(ə)r
granpa
BR ˈgranpɑː(r),
ˈgrampɑː(r), -z
AM ˈgræmˌpɑ,
ˈgrænˌpɑ, -z
grant
BR grɑːnt, -s, -ɪŋ, -ɪd
AM græn|t, -ts, -(t)ɪŋ,
-(t)əd
Granta
BR ˈgrɑːntə(r)
AM ˈgræn(t)ə
grantable
BR ˈgrɑːntəbl
AM ˈgræn(t)əb(ə)l
Grantchester
BR ˈgrɑːntʃɪstə(r)
AM ˈgræn,(t)ʃɛstər
grantee
BR (ˌ)grɑːnˈtiː, -z
AM grænˈti, -z
granter
BR ˈgrɑːntə(r), -z
AM ˈgræn(t)ər, -z
Granth
BR grʌnt
AM grənt
Grantha
BR ˈgrʌntə(r)
AM ˈgrən(t)ə

Grantham
BR ˈgranθəm
AM ˈgrænθ(ə)m

Grantley
BR ˈgrɑːntli
AM ˈgræn(t)li

grantor
BR (ˌ)grɑːnˈtɔː(r), ˈgrɑːntə(r), -z
AM grænˈtɔ(ə)r, -z

grantsmanship
BR ˈgrɑːntsmənʃɪp
AM ˈgræn(t)smənˌʃɪp

gran turismo
BR ˌgran tʊəˈrɪzməʊ, + tʊˈrɪzməʊ, + tɔːˈrɪzməʊ, -z
AM ˌgræn tʊˈrɪzmoʊ, -z

granular
BR ˈgranjʊlə(r)
AM ˈgrænjələr

granularity
BR ˌgranjʊˈlarɪti
AM ˌgrænjəˈlɛrədi

granularly
BR ˈgranjʊləli
AM ˈgrænjələrli

granulate
BR ˈgranjʊleɪt, -s, -ɪŋ, -ɪd
AM ˈgrænjəˌleɪ|t, -ts, -dɪŋ, -dɪd

granulation
BR ˌgranjʊˈleɪʃn
AM ˌgrænjəˈleɪʃ(ə)n

granulator
BR ˈgranjʊleɪtə(r), -z
AM ˈgrænjəˌleɪdər, -z

granule
BR ˈgranjuːl, -z
AM ˈgrænˌjul, -z

granulocyte
BR ˈgranjʊləsʌɪt, -s
AM ˈgrænjələˌsaɪt, -s

granulocytic
BR ˌgranjʊləˈsɪtɪk
AM ˌgrænjələˈsɪdɪk

granulometric
BR ˌgranjʊləˈmɛtrɪk
AM ˌgrænjələˈmɛtrɪk

Granville
BR ˈgranv(ɪ)l
AM ˈgrænˌvɪl

grape
BR greɪp, -s
AM greɪp, -s

grapefruit
BR ˈgreɪpfruːt, -s
AM ˈgreɪpˌfrut, -s

grapery
BR ˈgreɪp(ə)r|i, -ɪz
AM ˈgreɪpəri, -z

grapeseed
BR ˈgreɪpsiːd
AM ˈgreɪpˌsid

grapeshot
BR ˈgreɪpʃɒt
AM ˈgreɪpˌʃɑt

grapevine
BR ˈgreɪpvʌɪn, -z
AM ˈgreɪpˌvaɪn, -z

grapey
BR ˈgreɪp|i, -ɪə(r), -ɪɪst
AM ˈgreɪpi, -ər, -ɪst

graph
BR grɑːf, -s
AM græf, -s

graphematic
BR ˌgrafəˈmatɪk
AM ˌgræfəˈmædɪk

grapheme
BR ˈgrafiːm, -z
AM ˈgræfim, -z

graphemic
BR graˈfiːmɪk, -s
AM grəˈfimɪk, -s

graphemically
BR graˈfiːmɪkli
AM grəˈfimək(ə)li

graphic
BR ˈgrafɪk, -s
AM ˈgræfɪk, -s

graphicacy
BR ˈgrafɪkəsi
AM ˈgræfəkəsi

graphical
BR ˈgrafɪkl
AM ˈgræfək(ə)l

graphically
BR ˈgrafɪkli
AM ˈgræfək(ə)li

graphicness
BR ˈgrafɪknɪs
AM ˈgræfɪknɪs

graphite
BR ˈgrafʌɪt
AM ˈgræˌfaɪt

graphitic
BR graˈfɪtɪk
AM grəˈfɪdɪk

graphitise
BR ˈgrafɪtʌɪz, -ɪz, -ɪŋ, -d
AM ˈgræfəˌtaɪz, -ɪz, -ɪŋ, -d

graphitize
BR ˈgrafɪtʌɪz, -ɪz, -ɪŋ, -d
AM ˈgræfəˌtaɪz, -ɪz, -ɪŋ, -d

graphological
BR ˌgrafəˈlɒdʒɪkl
AM ˌgræfəˈlɑdʒək(ə)l

graphologist
BR graˈfɒlədʒɪst, -s
AM grəˈfɑlədʒəst, -s

graphology
BR graˈfɒlədʒi
AM grəˈfɑlədʒi

grapnel
BR ˈgrapnl, -z
AM ˈgræpn(ə)l, -z

grappa
BR ˈgrapə(r)
AM ˈgrɑpə

Grappelli
BR grəˈpɛli
AM grəˈpɛli

grapple
BR ˈgrap|l, -lz, -l̩ŋ\-lɪŋ, -ld
AM ˈgræp(ə)l, -z, -ɪŋ, -d

grappler
BR ˈgraplə(r), ˈgraplə(r), -z
AM ˈgræp(ə)lər, -z

graptolite
BR ˈgraptəlʌɪt, -s
AM ˈgræptəˌlaɪt, -s

grapy
BR ˈgreɪp|i, -ɪə(r), -ɪɪst
AM ˈgreɪpi, -ər, -ɪst

Grasmere
BR ˈgrasmɪə(r), ˈgrɑːsmɪə(r)
AM ˈgræsˌmɪ(ə)r

grasp
BR grɑːsp, -s, -ɪŋ, -t
AM græsp, -s, -ɪŋ, -t

graspable
BR ˈgrɑːspəbl
AM ˈgræspəb(ə)l

grasper
BR ˈgrɑːspə(r), -z
AM ˈgræspər, -z

graspingly
BR ˈgrɑːspɪŋli
AM ˈgræspɪŋli

graspingness
BR ˈgrɑːspɪŋnɪs
AM ˈgræspɪŋnɪs

grass
BR grɑːs, -ɪz
AM græs, -əz

grasscloth
BR ˈgrɑːsklɒ|θ, -θs\-ðz
AM ˈgræsˌklɑ|θ, ˈgræsˌklɔ|θ, -θs\-ðz

Grasse
BR ˈgrɑːs
AM ˈgrɑs

grasshopper
BR ˈgrɑːsˌhɒpə(r), -z
AM ˈgræsˌ(h)ɑpər, -z

grassiness
BR ˈgrɑːsɪnɪs
AM ˈgræsɪnɪs

Grassington
BR ˈgrɑːsɪŋt(ə)n
AM ˈgræsɪŋt(ə)n

Grassland
BR ˈgrɑːsland, -z
AM ˈgræsˌlænd, -z

grassless
BR ˈgrɑːsləs
AM ˈgræsləs

grasslike
BR ˈgrɑːslʌɪk
AM ˈgræsˌlaɪk

grassy
BR ˈgrɑːs|i, -ɪə(r), -ɪɪst
AM ˈgræsi, -ər, -ɪst

grate
BR greɪt, -s, -ɪŋ, -ɪd
AM greɪ|t, -ts, -dɪŋ, -dɪd

grateful
BR ˈgreɪtf(ʊ)l
AM ˈgreɪtf(ə)l

gratefully
BR ˈgreɪtfəli, ˈgreɪtfḷi
AM ˈgreɪtfəli

gratefulness
BR ˈgreɪtf(ʊ)lnəs
AM ˈgreɪtfəlnəs

grater
BR ˈgreɪtə(r), -z
AM ˈgreɪdər, -z

graticule
BR ˈgrætɪkjuːl, -z
AM ˈgrædə,kjul, -z

gratification
BR ˌgrætɪfɪˈkeɪʃn
AM ˌgrædəfəˈkeɪʃ(ə)n

gratifier
BR ˈgrætɪfʌɪə(r), -z
AM ˈgrædə,faɪ(ə)r, -z

gratify
BR ˈgrætɪfʌɪ, -z, -ɪŋ, -d
AM ˈgrædə,faɪ, -z, -ɪŋ, -d

gratifyingly
BR ˈgrætɪfʌɪɪŋli
AM ˈgrædə,faɪɪŋli

gratin
BR ˈgratã, ˈgratəŋ, -z
AM ˈgrætn, grəˈtan, ˈgratn, -z
FR ɡʁatɛ̃

gratiné
BR ˈgratɪneɪ, -z
AM ˌgrætnˈeɪ, -z
FR ɡʁatine

gratinée
BR ˈgratɪneɪ, -z
AM ˌgrætnˈeɪ, -z
FR ɡʁatine

grating
BR ˈgreɪtɪŋ, -z
AM ˈgreɪdɪŋ, -z

gratingly
BR ˈgreɪtɪŋli
AM ˈgreɪdɪŋli

gratis
BR ˈgratɪs, ˈgrɑːtɪs, ˈgreɪtɪs
AM ˈgrædəs

gratitude
BR ˈgrætɪtjuːd, ˈgrætɪtʃuːd
AM ˈgrædə,t(j)ud

Grattan
BR ˈgratn
AM ˈgrætn

Gratton
BR ˈgratn
AM ˈgrætn

gratuitous
BR grəˈtjuːɪtəs, grəˈtʃuːɪtəs
AM grəˈt(j)uədəs

gratuitously
BR grəˈtjuːɪtəsli, grəˈtʃuːɪtəsli
AM grəˈt(j)uədəsli

gratuitousness
BR grəˈtjuːɪtəsnəs, grəˈtʃuːɪtəsnəs
AM grəˈt(j)uədəsnəs

gratuity
BR grəˈtjuːɪt|i, grəˈtʃuːɪt|i, -ɪz
AM grəˈt(j)uədi, -z

gratulatory
BR ˈgratjʊlət(ə)ri, ˈgratʃʊlət(ə)ri
AM ˈgrætʃələˌtɔri

graunch
BR grɔːn(t)ʃ, -ɪz, -ɪŋ, -t
AM grantʃ, grɒntʃ, -əz, -ɪŋ, -t

gravadlax
BR ˈgravɛdlaks
AM ˈgravədˌlaks

gravamen
BR grəˈveɪmɛn, grəˈvɑːmɛn, ˈgravəmɛn, -z
AM grəˈvam(ə)n, ˈgravəm(ə)n, ˈgrævəm(ə)n, grəˈveɪm(ə)n, -z

gravamina
BR grəˈveɪmɪnə(r), grəˈvɑːmɪnə(r)
AM grəˈvæmənə, grəˈvamənə

grave¹ *accent*
BR grɑːv, -z
AM greɪv, grɑv, -z

grave² *burial place*
BR greɪv, -z
AM greɪv, -z

grave³ *adjective*
BR greɪv, ə(r), -ɪst
AM greɪv, -ər, -əst

gravedigger
BR ˈgreɪvˌdɪgə(r), -z
AM ˈgreɪvˌdɪgər, -z

gravel
BR ˈgravl, -d
AM ˈgræv(ə)l, -d

graveless
BR ˈgreɪvlɪs
AM ˈgreɪvlɪs

gravelly
BR ˈgravl̩i
AM ˈgrævəli

gravely
BR ˈgreɪvli
AM ˈgreɪvli

graven
BR ˈgreɪvn
AM ˈgreɪv(ə)n

graveness
BR ˈgreɪvnɪs
AM ˈgreɪvnɪs

Graveney
BR ˈgreɪvni
AM ˈgreɪvni

graver
BR ˈgreɪvə(r), -z
AM ˈgreɪvər, -z

Graves¹ *surname*
BR greɪvz
AM ˈgreɪvz

Graves² *wine*
BR grɑːv
AM grav
FR ɡʁav

Gravesend
BR ˌgreɪvzˈɛnd
AM ˌgreɪvzˈɛnd

graveside
BR ˈgreɪvsʌɪd
AM ˈgreɪvˌsaɪd

gravestone
BR ˈgreɪvstəʊn, -z
AM ˈgreɪvˌstoʊn, -z

Gravettian
BR grəˈvɛtɪən
AM grəˈvɛdiən

graveward
BR ˈgreɪvwəd
AM ˈgreɪvwərd

graveyard
BR ˈgreɪvjɑːd, -z
AM ˈgreɪvˌjɑrd, -z

gravid
BR ˈgravɪd
AM ˈgrævəd

gravimeter
BR grəˈvɪmɪtə(r), -z
AM græˈvɪmədər, grəˈvɪmədər, -z

gravimetric
BR ˌgravɪˈmɛtrɪk
AM ˌgrævəˈmɛtrɪk

gravimetry
BR grəˈvɪmɪtri
AM græˈvɪmətri, grəˈvɪmətri

gravitas
BR ˈgravɪtas, ˈgravɪtɑːs
AM ˈgrævəˌtas

gravitate
BR ˈgravɪteɪt, -s, -ɪŋ, -ɪd
AM ˈgrævəˌteɪ|t, -ts, -dɪŋ, -dɪd

gravitation
BR ˌgravɪˈteɪʃn
AM ˌgrævəˈteɪʃ(ə)n

gravitational
BR ˌgravɪˈteɪʃn̩l
AM ˌgrævəˈteɪʃən(ə)l, ˌgrævəˈteɪʃn(ə)l

gravitationally
BR ˌgravɪˈteɪʃn̩li, ˌgravɪˈteɪʃnəli
AM ˌgrævəˈteɪʃ(ə)nəli

graviton
BR ˈgravɪtɒn, -z
AM ˈgrævəˌtɑn, -z

gravity
BR ˈgrævɪti
AM ˈgrævədi

gravlax
BR ˈgrævlæks
AM ˈgrɑvˌlæks

gravure
BR grəˈvjʊə(r), grəˈvjɔː(r)
AM grəˈvjʊ(ə)r

gravy
BR ˈgreɪvi
AM ˈgreɪvi

gray
BR greɪ, -z, -ɪŋ, -d, -ə(r), -ɪst
AM greɪ, -z, -ɪŋ, -d, -ər, -ɪst

graybeard
BR ˈgreɪbɪəd, -z
AM ˈgreɪˌbɪ(ə)rd, -z

grayish
BR ˈgreɪɪʃ
AM ˈgreɪɪʃ

grayling
BR ˈgreɪlɪŋ, -z
AM ˈgreɪlɪŋ, -z

Grayson
BR ˈgreɪsn
AM ˈgreɪs(ə)n

graywacke
BR ˈgreɪˌwakə(r)
AM ˈgreɪˌwækə

Graz
BR grɑːts
AM grɑts

graze
BR greɪz, -ɪz, -ɪŋ, -d
AM greɪz, -ɪz, -ɪŋ, -d

grazer
BR ˈgreɪzə(r), -z
AM ˈgreɪzər, -z

grazier
BR ˈgreɪzɪə(r), -z
AM ˈgreɪʒər, ˈgreɪzɪər, -z

graziery
BR ˈgreɪzɪər|i, -ɪz
AM ˈgreɪʒəri, ˈgreɪzɪəri, -z

grease[1] *noun*
BR griːs, -ɪz
AM gris, -ɪz

grease[2] *verb*
BR griː|s, -sɪz\-zɪz, -sɪŋ\-zɪŋ, -st\-zd
AM griz, gri|s, -sɪz\-zɪz, -sɪŋ\-zɪŋ, -st\-zd

greaseless
BR ˈgriːslɪs
AM ˈgrislɪs

greasepaint
BR ˈgriːspeɪnt
AM ˈgrisˌpeɪnt

greaseproof
BR ˈgriːspruːf
AM ˈgrisˌpruf

greaser
BR ˈgriːsə(r), -z
AM ˈgrizər, ˈgrisər, -z

greasily
BR ˈgriːsɪli
AM ˈgrizɪli, ˈgrisɪli

greasiness
BR ˈgriːsɪnɪs
AM ˈgrizɪnɪs, ˈgrisɪnɪs

greasy
BR ˈgriːs|i, -ɪə(r), -ɪɪst
AM ˈgrizi, ˈgrisi, -ər, -ɪst

great
BR greɪt, -ə(r), -ɪst
AM greɪ|t, -dər, -dɪst

greatcoat
BR ˈgreɪtkəʊt, -s
AM ˈgreɪtˌkoʊt, -s

greatness
BR ˈgreɪtnɪs
AM ˈgreɪtnɪs

greave
BR griːv, -z, -ɪŋ, -d
AM griv, -z, -ɪŋ, -d

Greaves
BR griːvz
AM grivz

grebe
BR griːb, -z
AM grib, -z

grebo
BR ˈgriːbəʊ, -z
AM ˈgreɪˌboʊ, -z

Grecian
BR ˈgriːʃn
AM ˈgrɪʃ(ə)n

Grecise
BR ˈgriːsʌɪz, -ɪz, -ɪŋ, -d
AM ˈgriˌsaɪz, -ɪz, -ɪŋ, -d

Grecism
BR ˈgriːsɪzm, -z
AM ˈgriˌsɪz(ə)m, -z

Grecize
BR ˈgriːsʌɪz, -ɪz, -ɪŋ, -d
AM ˈgriˌsaɪz, -ɪz, -ɪŋ, -d

Greco-
BR ˈgriːkəʊ, ˈgrɛkəʊ
AM ˈgrɛkoʊ

Grecomania
BR ˌgriːkəʊˈmeɪnɪə(r), ˌgrɛkəʊˈmeɪnɪə(r)
AM ˌgrɛkoʊˈmeɪnɪə

Grecomaniac
BR ˌgriːkəʊˈmeɪnɪak, ˌgrɛkəʊˈmeɪnɪak, -s
AM ˌgrɛkoʊˈmeɪnɪˌæk, -s

Grecophile
BR ˈgriːkəʊfʌɪl, ˈgrɛkəʊfʌɪl, -z
AM ˈgrɛkoʊˌfaɪl, -z

Greece
BR griːs
AM gris

greed
BR griːd
AM grid

greedily
BR ˈgriːdɪli
AM ˈgridɪli

greediness
BR ˈgriːdɪnɪs
AM ˈgridɪnɪs

greedy
BR ˈgriːd|i, -ɪə(r), -ɪɪst
AM ˈgridi, -ər, -ɪst

greegree
BR ˈgriːgriː, -z
AM ˈgriˌgri, -z

Greek
BR griːk, -s
AM grik, -s

Greekness
BR ˈgriːknɪs
AM ˈgriknɪs

Greeley
BR ˈgriːli
AM ˈgrili

Greely
BR ˈgriːli
AM ˈgrili

green
BR griːn, -z, -ɪŋ, -ə(r), -ɪst
AM grin, -z, -ɪŋ, -ər, -ɪst

Greenaway
BR ˈgriːnəweɪ
AM ˈgrinəˌweɪ

greenback
BR ˈgriːnbak, -s
AM ˈgrinˌbæk, -s

Greenbaum
BR ˈgriːnbaʊm
AM ˈgrinˌbɑm

Green Beret
BR ˌgriːn ˈbɛreɪ, -z
AM ˌgrin bəˈreɪ, -z

greenbottle
BR ˈgriːnˌbɒtl, -z
AM ˈgrinˌbɑd(ə)l, -z

greenbrier
BR ˈgriːnˌbrʌɪə(r)
AM ˈgrinˌbraɪ(ə)r

Greene
BR griːn
AM grin

greenery
BR ˈgriːn(ə)ri
AM ˈgrinəri

greenfeed
BR ˈgriːnfiːd
AM ˈgrinˌfid

Greenfield
BR ˈgriːnfiːld
AM ˈgrinˌfild

greenfinch
BR ˈgriːnfɪn(t)ʃ, -ɪz
AM ˈgrinˌfɪn(t)ʃ, -ɪz

greenfly
BR ˈgriːnflʌɪ, -z
AM ˈgrinˌflaɪ, -z

greengage
BR ˈgriːngeɪdʒ, -ɪz
AM ˈgrinˌgeɪdʒ, -ɪz

greengrocer
BR ˈgriːnˌgrəʊsə(r), -z
AM ˈgrinˌgroʊsər, -z
greengrocery
BR ˈgriːnˌgrəʊs(ə)r|i, -ɪz
AM ˈgrinˌgroʊs(ə)ri, -z
Greengross
BR ˈgriːngrɒs
AM ˈgrinˌgrɑs, ˈgrinˌgrɔs
Greenhalgh
BR ˈgriːnhalʃ, ˈgɪːlnhɔːlj, ˈgriːnhɒlʃ, ˈgriːnhaldʒ
AM ˈgrin(h)ælʃ
Greenham
BR ˈgriːnəm
AM ˈgrin(ə)m
greenhead
BR ˈgriːnhɛd, -z
AM ˈgrin(h)ɛd, -z
greenheart
BR ˈgriːnhɑːt, -s
AM ˈgrin(h)ɑrt, -s
greenhide
BR ˈgriːnhʌɪd, -z
AM ˈgrin(h)aɪd, -z
greenhorn
BR ˈgriːnhɔːn, -z
AM ˈgrin(h)ɔ(ə)rn, -z
Greenhough
BR ˈgriːn(h)ɒf, ˈgriːn(h)ʌf, ˈgriːnhəʊ, ˈgriːnhaʊ
AM ˈgrin(h)əf
greenhouse
BR ˈgriːnhaʊ|s, -zɪz
AM ˈgrin(h)aʊ|s, -zəz
greening
BR ˈgriːnɪŋ, -z
AM ˈgrinɪŋ, -z
greenish
BR ˈgriːnɪʃ
AM ˈgrinɪʃ
greenishness
BR ˈgriːnɪʃnɪs
AM ˈgrinɪʃnɪs
greenkeeper
BR ˈgriːnˌkiːpə(r), -z
AM ˈgrinˌkipər, -z
greenkeeping
BR ˈgriːnˌkiːpɪŋ
AM ˈgrinˌkipɪŋ
Greenland
BR ˈgriːnlənd
AM ˈgrinlənd
Greenlander
BR ˈgriːnləndə(r), -z
AM ˈgrinləndər, -z
greenlet
BR ˈgriːnlɪt, -s
AM ˈgrinlət, -s
greenly
BR ˈgriːnli
AM ˈgrinli
greenmail
BR ˈgriːnmeɪl
AM ˈgrinˌmeɪl
greenmailer
BR ˈgriːnˌmeɪlə(r), -z
AM ˈgrinˌmeɪlər, -z
greenness
BR ˈgriːnnɪs
AM ˈgri(n)nɪs
Greenock
BR ˈgriːnək
AM ˈgrinək
Greenough
BR ˈgriːnəʊ
AM ˈgrinoʊ
Greenpeace
BR ˈgriːnpiːs
AM ˈgrinˌpis
greenroom
BR ˈgriːnruːm, ˈgriːnrʊm, -z
AM ˈgrinˌrʊm, ˈgrinˌrum, -z
greensand
BR ˈgriːnsand, -z
AM ˈgrinˌsænd, -z
greenshank
BR ˈgriːnʃaŋk, -s
AM ˈgrinˌʃæŋk, -s
greensick
BR ˈgriːnsɪk
AM ˈgrinˌsɪk
greensickness
BR ˈgriːnˌsɪknɪs
AM ˈgrinˌsɪknɪs
greenskeeper
BR ˈgriːnzˌkiːpə(r), -z
AM ˈgrinzˌkipər, -z
Greenslade
BR ˈgriːnsleɪd
AM ˈgrinˌsleɪd
Greensleeves
BR ˈgriːnsliːvz
AM ˈgrinˌslivz
greenstick
BR ˈgriːnstɪk
AM ˈgrinˌstɪk
greenstone
BR ˈgriːnstəʊn
AM ˈgrinˌstoʊn
Greenstreet
BR ˈgriːnstriːt
AM ˈgrinˌstrit
greenstuff
BR ˈgriːnstʌf
AM ˈgrinˌstəf
greensward
BR ˈgriːnswɔːd
AM ˈgrinˌswɑrd, ˈgrinˌswɔ(ə)rd
greenweed
BR ˈgriːnwiːd, -z
AM ˈgrinˌwid, -z
Greenwell
BR ˈgriːnw(ɛ)l
AM ˈgrinˌwɛl
Greenwich
BR ˈgrɛnɪtʃ, ˈgrɪnɪtʃ, ˈgrɛnɪdʒ, ˈgrɪnɪdʒ
AM ˈgrɛnɪtʃ
greenwood
BR ˈgriːnwʊd, -z
AM ˈgrinˌwʊd, -z
greeny
BR ˈgriːni
AM ˈgrini
greenyard
BR ˈgriːnjɑːd, -z
AM ˈgrinˌjɑrd, -z
Greer
BR grɪə(r)
AM grɪ(ə)r
greet
BR griːt, -s, -ɪŋ, -ɪd
AM gri|t, -ts, -dɪŋ, -dɪd
greeter
BR ˈgriːtə(r), -z
AM ˈgridər, -z
greeting
BR ˈgriːtɪŋ, -z
AM ˈgridɪŋ, -z
greffier
BR ˈgrɛfɪə(r), -z
AM ˈgrɛfiˌeɪ, -z
Greg
BR grɛg
AM grɛg
gregarious
BR grɪˈgɛːrɪəs
AM grəˈgɛriəs
gregariously
BR grɪˈgɛːrɪəsli
AM grəˈgɛriəsli
gregariousness
BR grɪˈgɛːrɪəsnəs
AM grəˈgɛriəsnəs
Gregg
BR grɛg
AM grɛg
Gregor
BR ˈgrɛgə(r)
AM ˈgrɛgər
Gregorian
BR grɪˈgɔːrɪən
AM grəˈgɔriən
Gregory
BR ˈgrɛg(ə)ri
AM ˈgrɛg(ə)ri
Gregson
BR ˈgrɛgsn
AM ˈgrɛgs(ə)n
Greig
BR grɛg
AM grɛg
greisen
BR ˈgrʌɪzn
AM ˈgraɪzn
gremial
BR ˈgriːmɪəl, -z
AM ˈgrimiəl, -z
gremlin
BR ˈgrɛmlɪn, -z
AM ˈgrɛml(ə)n, -z
Grenada
BR grɪˈneɪdə(r)
AM grəˈneɪdə

grenade
BR grɪˈneɪd, -z
AM grəˈneɪd, -z
Grenadian
BR grɪˈneɪdiən, -z
AM grəˈneɪdiən, -z
grenadier
BR ˌgrenəˈdɪə(r), -z
AM ˌgrenəˈdɪ(ə)r, -z
grenadilla
BR ˌgrenəˈdɪlə(r), -z
AM ˌgrenəˈdɪlə, -z
grenadine
BR ˈgrenədiːn, ˌgrenəˈdiːn, -z
AM ˈgrenəˌdin, -z
Grendel
BR ˈgrendl
AM ˈgrend(ə)l
Grendon
BR ˈgrend(ə)n
AM ˈgrend(ə)n
Grenfell
BR ˈgrenf(e)l
AM ˈgrenˌfel
Grenoble
BR grɪˈnəʊbl
AM grəˈnoʊb(ə)l
FR gʀənɔbl
Grenville
BR ˈgrenv(ɪ)l
AM ˈgrenv(ə)l
Grepo
BR ˈgrepəʊ, -z
AM ˈgrepoʊ, -z
Gresham
BR ˈgreʃəm
AM ˈgreʃ(ə)m
gressorial
BR greˈsɔːriəl
AM greˈsɔriəl
Greta
BR ˈgretə(r), ˈgriːtə(r)
AM ˈgredə
Gretel
BR ˈgretl
AM ˈgred(ə)l
Gretna Green
BR ˌgretnə ˈgriːn
AM ˌgretnə ˈgrin

Gretzky
BR ˈgretski
AM ˈgretski
Greville
BR ˈgrev(ɪ)l
AM ˈgrevɪl
grew
BR gruː
AM gru
grey
BR greɪ, -z, -ɪŋ, -d, -ə(r), -ɪst
AM greɪ, -z, -ɪŋ, -d, -ər, -ɪst
greybeard
BR ˈgreɪbɪəd, -z
AM ˈgreɪˌbɪ(ə)rd, -z
Greyfriars
BR ˈgreɪˌfrʌɪəz
AM ˈgreɪˌfraɪ(ə)rz
greyhen
BR ˈgreɪhen, -z
AM ˈgreɪˌ(h)en, -z
greyhound
BR ˈgreɪhaʊnd, -z
AM ˈgreɪˌ(h)aʊnd, -z
greyish
BR ˈgreɪɪʃ
AM ˈgreɪɪʃ
greylag
BR ˈgreɪlag, -z
AM ˈgreɪˌlæg, -z
greyly
BR ˈgreɪli
AM ˈgreɪli
greyness
BR ˈgreɪnɪs
AM ˈgreɪnɪs
Greystoke
BR ˈgreɪstəʊk
AM ˈgreɪˌstoʊk
greywacke
BR ˈgreɪˌwakə(r)
AM ˈgreɪˌwækə
Gribble
BR ˈgrɪbl
AM ˈgrɪb(ə)l
gricer
BR ˈgrʌɪsə(r), -z
AM ˈgraɪsər, -z

grid
BR grɪd, -z, -ɪd
AM grɪd, -z, -ɪd
griddle
BR ˈgrɪdl, -z
AM ˈgrɪd(ə)l, -z
griddlecake
BR ˈgrɪdlkeɪk, -s
AM ˈgrɪdlˌkeɪk, -s
gridiron
BR ˈgrɪdˌʌɪən, -z
AM ˈgrɪdˌaɪ(ə)rn, -z
gridlock
BR ˈgrɪdlɒk, -s, -t
AM ˈgrɪdˌlɑk, -s, -t
grief
BR griːf, -s
AM grif, -s
Grieg
BR griːg
AM grig
NO griːg, grig
Grier
BR grɪə(r)
AM grɪ(ə)r
Grierson
BR ˈgrɪəsn
AM ˈgrɪrs(ə)n
grievance
BR ˈgriːvns, -ɪz
AM ˈgrivəns, -əz
grieve
BR griːv, -z, -ɪŋ, -d
AM griv, -z, -ɪŋ, -d
griever
BR ˈgriːvə(r), -z
AM ˈgrivər, -z
grievous
BR ˈgriːvəs
AM ˈgrivəs
grievously
BR ˈgriːvəsli
AM ˈgrivəsli
grievousness
BR ˈgriːvəsnəs
AM ˈgrivəsnəs
griff
BR grɪf, -s
AM grɪf, -s
griffe
BR grɪf, -s
AM grɪf, -s

griffin
BR ˈgrɪf(ɪ)n, -z
AM ˈgrɪf(ə)n, -z
Griffith
BR ˈgrɪfɪθ
AM ˈgrɪfɪθ
Griffiths
BR ˈgrɪfɪθs
AM ˈgrɪfɪθs
griffon
BR ˈgrɪfn, -z
AM ˈgrɪf(ə)n, -z
grift
BR grɪft
AM grɪft
grifter
BR ˈgrɪftə(r), -z
AM ˈgrɪftər, -z
grig
BR grɪg, -z
AM grɪg, -z
Griggs
BR grɪgz
AM grɪgz
Grignard
BR ˈgriːnjɑː(r)
AM ˈgrinˌjɑrd
FR gʀiɲaʀ
Grigson
BR ˈgrɪgsn
AM ˈgrɪgs(ə)n
grike
BR grʌɪk, -s
AM graɪk, -s
grill
BR grɪl, -z, -ɪŋ, -d
AM grɪl, -z, -ɪŋ, -d
grillade
BR grɪˈleɪd, grɪˈjɑːd, ˈgriːɑːd, -z
AM griˈjɑd, grəˈlɑd, -z
grillage
BR ˈgrɪl|ɪdʒ, -ɪdʒɪz
AM grəˈlɑʒ, ˈgrɪlɪdʒ, -əz
grille
BR grɪl, -z
AM grɪl, -z
griller
BR ˈgrɪlə(r), -z
AM ˈgrɪlər, -z

grilling

grilling
BR ˈgrɪlɪŋ, -z
AM ˈgrɪlɪŋ, -z

grillroom
BR ˈgrɪlruːm,
ˈgrɪlrʊm, -z
AM ˈgrɪlˌrʊm, ˈgrɪlˌrum, -z

grillwork
BR ˈgrɪlwɜːk
AM ˈgrɪlˌwɝk

grilse
BR grɪls
AM grɪls

grim
BR grɪm, -ə(r), -ɪst
AM grɪm, -ər, -ɪst

grimace
BR ˈgrɪməs, grɪˈmeɪs, -ɪz, -ɪŋ, -t
AM grəˈmeɪs, ˈgrɪməs, -ɪz, -ɪŋ, -t

grimacer
BR ˈgrɪməsə(r), grɪˈmeɪsə(r), -z
AM grəˈmeɪsər, ˈgrɪməsər, -z

Grimaldi
BR grɪˈmɔːldi, grɪˈmɒldi
AM grəˈmɑldi, grəˈmɔldi

grimalkin
BR grɪˈmalkɪn, grɪˈmɔːlkɪn, -z
AM grəˈmɑlk(ə)n, -z

grime
BR grʌɪm, -z, -ɪŋ, -d
AM graɪm, -z, -ɪŋ, -d

Grimes
BR grʌɪmz
AM graɪmz

Grimethorpe
BR ˈgrʌɪmθɔːp
AM ˈgraɪmˌθɔ(ə)rp

grimily
BR ˈgrʌɪmɪli
AM ˈgraɪmɪli

griminess
BR ˈgrʌɪmɪnɪs
AM ˈgraɪmɪnɪs

grimly
BR ˈgrɪmli
AM ˈgrɪmli

Grimm
BR grɪm
AM grɪm

grimness
BR ˈgrɪmnɪs
AM ˈgrɪmnɪs

Grimond
BR ˈgrɪmənd
AM ˈgrɪmənd

Grimsby
BR ˈgrɪmzbi
AM ˈgrɪmzbi

Grimshaw
BR ˈgrɪmʃɔː(r)
AM ˈgrɪmˌʃɔ

grimy
BR ˈgrʌɪm|i, -ɪə(r), -ɪst
AM ˈgraɪmi, -ər, -ɪst

grin
BR grɪn, -z, -ɪŋ, -d
AM grɪn, -z, -ɪŋ, -d

grind
BR grʌɪnd, -z, -ɪŋ
AM graɪnd, -z, -ɪŋ

grinder
BR ˈgrʌɪndə(r), -z
AM ˈgraɪndər, -z

grindingly
BR ˈgrʌɪndɪŋli
AM ˈgraɪndɪŋli

grindstone
BR ˈgrʌɪn(d)stəʊn, -z
AM ˈgraɪn(d)ˌstoʊn, -z

gringo
BR ˈgrɪŋgəʊ, -z
AM ˈgrɪŋgoʊ, -z

grinner
BR ˈgrɪnə(r), -z
AM ˈgrɪnər, -z

grinningly
BR ˈgrɪnɪŋli
AM ˈgrɪnɪŋli

Grinstead
BR ˈgrɪnstɛd, ˈgrɪnstɪd
AM ˈgrɪnˌstɛd

grip
BR grɪp, -s, -ɪŋ, -t
AM grɪp, -s, -ɪŋ, -t

gripe
BR grʌɪp, -s, -ɪŋ, -t
AM graɪp, -s, -ɪŋ, -t

griper
BR ˈgrʌɪpə(r), -z
AM ˈgraɪpər, -z

gripingly
BR ˈgrʌɪpɪŋli
AM ˈgraɪpɪŋli

grippe
BR grɪp, griːp
AM grɪp
FR ɡʀip

gripper
BR ˈgrɪpə(r), -z
AM ˈgrɪpər, -z

grippingly
BR ˈgrɪpɪŋli
AM ˈgrɪpɪŋli

grippy
BR ˈgrɪp|i, -ɪə(r), -ɪst
AM ˈgrɪpi, -ər, -ɪst

Griqua
BR ˈgriːk(w)ə(r)
AM ˈgrikwə

Griqualand
BR ˈgriːk(w)əland
AM ˈgrikwəˌlænd

grisaille
BR grɪˈzeɪl, grɪˈzaɪ(l)
AM grəˈzeɪl, grəˈzaɪ
FR ɡʀizaj

Griselda
BR grɪˈzɛldə(r)
AM grəˈzɛldə
IT griˈzɛlda

griseofulvin
BR ˌgrɪzɪə(ʊ)ˈfʊlvɪn
AM ˌgrɪzioʊˈfʊlv(ə)n

grisette
BR grɪˈzɛt, -s
AM grəˈzɛt, -s
FR ɡʀizɛt

Grisewood
BR ˈgrʌɪzwʊd
AM ˈgraɪzˌwʊd

griskin
BR ˈgrɪskɪn, -z
AM ˈgrɪskɪn, -z

grisliness
BR ˈgrɪzlɪnɪs
AM ˈgrɪzlɪnɪs

grizzle

grisly
BR ˈgrɪzl|i, -ɪə(r), -ɪst
AM ˈgrɪzli, -ər, -ɪst

grison
BR ˈgrɪzn, ˈgrʌɪsn
AM ˈgrɪzn

grissini
BR grɪˈsiːni
AM grəˈsini

grist
BR grɪst
AM grɪst

gristle
BR ˈgrɪsl
AM ˈgrɪs(ə)l

gristly
BR ˈgrɪsl|i, ˈgrɪsl̩|i, -ɪə(r), -ɪst
AM ˈgrɪs(ə)li, -ər, -ɪst

gristmill
BR ˈgrɪs(t)mɪl, -z
AM ˈgrɪs(t)ˌmɪl, -z

Griswold
BR ˈgrɪzw(əʊ)ld
AM ˈgrɪzˌwɑld, ˈgrɪzˌwɔld

grit
BR grɪt, -s
AM grɪt, -s

gritstone
BR ˈgrɪtstəʊn, -z
AM ˈgrɪtˌstoʊn, -z

gritter
BR ˈgrɪtə(r), -z
AM ˈgrɪdər, -z

grittily
BR ˈgrɪtɪli
AM ˈgrɪdɪli

grittiness
BR ˈgrɪtɪnɪs
AM ˈgrɪdɪnɪs

gritty
BR ˈgrɪt|i, -ɪə(r), -ɪst
AM ˈgrɪdi, -ər, -ɪst

Grizedale
BR ˈgrʌɪzdeɪl
AM ˈgraɪzˌdeɪl

grizzle
BR ˈgrɪz|l, -lz, -lɪŋ\-lɪŋ, -ld
AM ˈgrɪz(ə)l, -z, -ɪŋ, -d

568

grizzler
BR ˈgrɪzlə(r), -z
AM ˈgrɪz(ə)lər, -z

grizzly
BR ˈgrɪzl|i, -ɪz, -ɪə(r), -ɪɪst
AM ˈgrɪzli, -z, -ər, -ɪst

groan
BR grəʊn, -z, -ɪŋ, -d
AM groʊn, -z, -ɪŋ, -d

groaner
BR ˈgrəʊnə(r), -z
AM ˈgroʊnər, -z

groaningly
BR ˈgrəʊnɪŋli
AM ˈgroʊnɪŋli

groat
BR grəʊt, -s
AM groʊt, -s

Gro-bag
BR ˈgrəʊbag, -z
AM ˈgroʊˌbæg, -z

Grobian
BR ˈgrəʊbɪən
AM ˈgroʊbɪən

grocer
BR ˈgrəʊsə(r), -z
AM ˈgroʊsər, -z

grocery
BR ˈgrəʊs(ə)r|i, -ɪz
AM ˈgroʊs(ə)ri, -z

grockle
BR ˈgrɒkl, -z
AM ˈgrɑk(ə)l, -z

Grocott
BR ˈgrəʊkɒt
AM ˈgroʊˌkɑt

Grodno
BR ˈgrɒdnəʊ
AM ˈgrɑdˌnoʊ

grog
BR grɒg
AM grɑg

Grogan
BR ˈgrəʊg(ə)n
AM ˈgroʊg(ə)n

groggily
BR ˈgrɒgɪli
AM ˈgrɑgəli

grogginess
BR ˈgrɒgɪnɪs
AM ˈgrɑgɪnɪs

groggy
BR ˈgrɒg|i, -ɪə(r), -ɪɪst
AM ˈgrɑgi, -ər, -ɪst

grogram
BR ˈgrɒgrəm
AM ˈgrɑgr(ə)m

groin
BR grɔɪn, -z
AM grɔɪn, -z

Grolier
BR ˈgrəʊlɪə(r)
AM ˈgroʊlɪər
FR ɡʀɔlje

grommet
BR ˈgrɒmɪt, ˈgrʌmɪt, -s
AM ˈgrɑmət, -s

gromwell
BR ˈgrɒmw(ɛ)l, -z
AM ˈgrɑmw(ə)l, -z

Gromyko
BR grəˈmiːkəʊ
AM grəˈmikoʊ
RUS graˈmɪkə

Groningen
BR ˈgrəʊnɪŋən, ˈgrɒnɪŋən, ˈxrəʊnɪŋən
AM ˈgroʊnɪŋən
DU ˈxronɪŋə(n)

groom
BR gruːm, -z, -ɪŋ, -d
AM grum, -z, -ɪŋ, -d

groomsman
BR ˈgruːmzmən
AM ˈgrumzm(ə)n

groomsmen
BR ˈgruːmzmən
AM ˈgrumzm(ə)n

groove
BR gruːv, -z, -ɪŋ, -d
AM gruv, -z, -ɪŋ, -d

groover
BR ˈgruːvə(r), -z
AM ˈgruvər, -z

groovily
BR ˈgruːvɪli
AM ˈgruvəli

grooviness
BR ˈgruːvɪnɪs
AM ˈgruvɪnɪs

groovy
BR ˈgruːv|i, -ɪə(r), -ɪɪst
AM ˈgruvi, -ər, -ɪst

grope
BR grəʊp, -s, -ɪŋ, -t
AM groʊp, -s, -ɪŋ, -t

groper
BR ˈgrəʊpə(r), -z
AM ˈgroʊpər, -z

gropingly
BR ˈgrəʊpɪŋli
AM ˈgroʊpɪŋli

Gropius
BR ˈgrəʊpɪəs
AM ˈgroʊpɪəs

grosbeak
BR ˈgrəʊsbiːk, ˈgrɒsbiːk, -s
AM ˈgroʊsˌbik, -s

groschen
BR ˈgrəʊʃn, ˈgrɒʃn
AM ˈgroʊʃ(ə)n

grosgrain
BR ˈgrəʊgreɪn
AM ˈgroʊˌgreɪn
FR ɡʀogʀɛ̃

Grosmont[1] *in Monmouthshire, UK*
BR ˈgrɒsm(ɒ)nt, ˈgrəʊsm(ɒ)nt
AM ˈgroʊsˌmɑnt

Grosmont[2] *in Yorkshire, UK*
BR ˈgrəʊ(s)m(ɒ)nt
AM ˈgroʊsˌmɑnt

gros point
BR ˌgrəʊ ˈpɔɪnt
AM ˌgroʊ ˌpɔɪnt
FR ɡʀo pwɛ̃

gross
BR grəʊs, -ɪz, -ɪŋ, -t, -ə(r), -ɪst
AM groʊs, -əz, -ɪŋ, -t, -ər, -əst

Grosseteste
BR ˈgrəʊstɛst, ˈgrəʊsteɪt
AM ˈgroʊsˌtɛst

grossly
BR ˈgrəʊsli
AM ˈgroʊsli

Grossmith
BR ˈgrəʊsmɪθ
AM ˈgroʊˌsmɪθ

grossness
BR ˈgrəʊsnəs
AM ˈgroʊsnəs

Grosvenor
BR ˈgrəʊvnə(r), ˈgrəʊvn̩(r)
AM ˈgroʊvnər

Grosz
BR grəʊs
AM groʊs

grot
BR grɒt, -s
AM grɑt, -s

grotesque
BR grə(ʊ)ˈtɛsk
AM grəˈtɛsk, groʊˈtɛsk

grotesquely
BR grə(ʊ)ˈtɛskli
AM grəˈtɛskli, groʊˈtɛskli

grotesqueness
BR grə(ʊ)ˈtɛsknəs
AM grəˈtɛsknəs, groʊˈtɛsknəs

grotesquerie
BR grə(ʊ)ˈtɛsk(ə)r|i, -ɪz
AM groʊˈtɛskəri, -z

grotesquery
BR grə(ʊ)ˈtɛsk(ə)r|i, -ɪz
AM groʊˈtɛskəri, -z

Grotius
BR ˈgrəʊtɪəs
AM ˈgroʊʃ(i)əs

grottily
BR ˈgrɒtɪli
AM ˈgrɑdəli

grottiness
BR ˈgrɒtɪnɪs
AM ˈgrɑdɪnɪs

grotto
BR ˈgrɒtəʊ, -z
AM ˈgrɑdoʊ, -z

grotty
BR ˈgrɒt|i, -ɪə(r), -ɪɪst
AM ˈgrɑdi, -ər, -ɪst

grouch
BR graʊtʃ, -ɪz, -ɪŋ, -t
AM graʊtʃ, -əz, -ɪŋ, -t

grouchily
BR ˈgraʊtʃɪli
AM ˈgraʊtʃəli

grouchiness
BR ˈgraʊtʃɪnɪs
AM ˈgraʊtʃɪnɪs

Groucho
BR ˈgraʊtʃəʊ
AM ˈgraʊtʃoʊ

grouchy
BR ˈgraʊtʃ|i, -iə(r), -ɪst
AM ˈgraʊtʃi, -ər, -ɪst

ground
BR graʊnd, -z, -ɪŋ, -ɪd
AM graʊnd, -z, -ɪŋ, -əd

groundage
BR ˈgraʊndɪdʒ
AM ˈgraʊndɪdʒ

groundbait
BR ˈgraʊn(d)beɪt, -s
AM ˈgraʊn(d)ˌbeɪt, -s

grounder
BR ˈgraʊndə(r), -z
AM ˈgraʊndər, -z

groundhog
BR ˈgraʊndhɒg, -z
AM ˈgraʊn(d)ˌ(h)ɑg, ˈgraʊn(d)ˌ(h)ɔg, -z

grounding
BR ˈgraʊndɪŋ, -z
AM ˈgraʊndɪŋ, -z

groundless
BR ˈgraʊndləs
AM ˈgraʊn(d)ləs

groundlessly
BR ˈgraʊndləsli
AM ˈgraʊn(d)ləsli

groundlessness
BR ˈgraʊndləsnəs
AM ˈgraʊn(d)ləsnəs

groundling
BR ˈgraʊndlɪŋ, -z
AM ˈgraʊn(d)lɪŋ, -z

groundnut
BR ˈgraʊn(d)nʌt, -s
AM ˈgraʊn(d)ˌnət, -s

groundout
BR ˈgraʊndaʊt, -s
AM ˈgraʊnˌdaʊt, -s

grounds
BR graʊn(d)z
AM graʊn(d)z

groundsel
BR ˈgraʊn(d)sl
AM ˈgraʊn(d)s(ə)l

groundsheet
BR ˈgraʊn(d)ʃiːt, -s
AM ˈgraʊn(d)ˌʃit, -s

groundsman
BR ˈgraʊn(d)zmən
AM ˈgraʊn(d)zm(ə)n

groundsmen
BR ˈgraʊn(d)zmən
AM ˈgraʊn(d)zˌmɛn, ˈgraʊn(d)zm(ə)n

groundswell
BR ˈgraʊn(d)swɛl
AM ˈgraʊn(d)ˌswɛl

groundwater
BR ˈgraʊndˌwɔːtə(r), -z
AM ˈgraʊn(d)ˌwadər, ˈgraʊn(d)ˌwɔdər, -z

groundwork
BR ˈgraʊndwəːk
AM ˈgraʊn(d)ˌwərk

group
BR gruːp, -s, -ɪŋ, -t
AM grup, -s, -ɪŋ, -t

groupage
BR ˈgruːpɪdʒ
AM ˈgrupɪdʒ

grouper
BR ˈgruːpə(r), -z
AM ˈgrupər, -z

groupie
BR ˈgruːp|i, -ɪz
AM ˈgrupi, -z

grouping
BR ˈgruːpɪŋ, -z
AM ˈgrupɪŋ, -z

groupware
BR ˈgruːpwɛː(r)
AM ˈgrupˌwɛ(ə)r

grouse
BR graʊs, -ɪz, -ɪŋ, -t
AM graʊs, -əz, -ɪŋ, -t

grouser
BR ˈgraʊsə(r), -z
AM ˈgraʊsər, -z

grout
BR graʊt, -s, -ɪŋ, -ɪd
AM graʊ|t, -ts, -dɪŋ, -dəd

grouter
BR ˈgraʊtə(r), -z
AM ˈgraʊdər, -z

grove
BR grəʊv, -z
AM groʊv, -z

grovel
BR ˈgrɒv|l, -lz, -lɪŋ\-lɪŋ, -ld
AM ˈgrəv(ə)l, ˈgrɑv(ə)l, -z, -ɪŋ, -d

groveler
BR ˈgrɒvlə(r), ˈgrɒvlə(r), -z
AM ˈgrəv(ə)lər, ˈgrɑv(ə)lər, -z

grovelingly
BR ˈgrɒvlɪŋli, ˈgrɒvlɪŋli
AM ˈgrɑv(ə)lɪŋli

groveller
BR ˈgrɒvlə(r), ˈgrɒvlə(r), -z
AM ˈgrəv(ə)lər, ˈgrɑv(ə)lər, -z

grovellingly
BR ˈgrɒvlɪŋli, ˈgrɒvlɪŋli
AM ˈgrɑv(ə)lɪŋli

Grover
BR ˈgrəʊvə(r)
AM ˈgroʊvər

Groves
BR grəʊvz
AM groʊvz

grovy
BR ˈgrəʊvi
AM ˈgroʊvi

grow
BR grəʊ, -z, -ɪŋ
AM groʊ, -z, -ɪŋ

growable
BR ˈgrəʊəbl
AM ˈgroʊəb(ə)l

growbag
BR ˈgrəʊbag, -z
AM ˈgroʊˌbæg, -z

grower
BR ˈgrəʊə(r), -z
AM ˈgroʊər, -z

growl
BR graʊl, -z, -ɪŋ, -d
AM graʊl, -z, -ɪŋ, -d

growler
BR ˈgraʊlə(r), -z
AM ˈgraʊlər, -z

growlingly
BR ˈgraʊlɪŋli
AM ˈgraʊlɪŋli

Growmore
BR ˈgrəʊmɔː(r)
AM ˈgroʊˌmɔ(ə)r

grown
BR grəʊn
AM groʊn

grownup *noun*
BR ˈgrəʊnʌp, -s
AM ˈgroʊˌnəp, -s

grown-up *adjective*
BR ˌgrəʊnˈʌp
AM ˈgroʊˌnəp

growth
BR grəʊθ, -s
AM groʊθ, -s

groyne
BR grɔɪn, -z
AM grɔɪn, -z

Grozny
BR ˈgrɒzni
AM ˈgrɑzni, ˈgrɔzni

grub
BR grʌb, -z, -ɪŋ, -d
AM grəb, -z, -ɪŋ, -d

grubber
BR ˈgrʌbə(r), -z
AM ˈgrəbər, -z

grubbily
BR ˈgrʌbɪli
AM ˈgrəbəli

grubbiness
BR ˈgrʌbɪnɪs
AM ˈgrəbɪnɪs

grubby
BR ˈgrʌb|i, -iə(r), -ɪst
AM ˈgrəbi, -ər, -ɪst

grubstake
BR ˈɡrʌbsteɪk, -s
AM ˈɡrəbˌsteɪk, -s
grubstaker
BR ˈɡrʌbsteɪkə(r), -z
AM ˈɡrəbˌsteɪkər, -z
grudge
BR ɡrʌdʒ, -ɪz, -ɪŋ, -d
AM ɡrədʒ, -əz, -ɪŋ, -d
grudger
BR ˈɡrʌdʒə(r), -z
AM ˈɡrədʒər, -z
grudgingly
BR ˈɡrʌdʒɪŋli
AM ˈɡrədʒɪŋli
grudgingness
BR ˈɡrʌdʒɪŋnɪs
AM ˈɡrədʒɪŋnɪs
gruel
BR ˈɡruːəl
AM ˈɡru(ə)l
grueling
BR ˈɡruːəlɪŋ
AM ˈɡru(ə)lɪŋ
gruelingly
BR ˈɡruːəlɪŋli
AM ˈɡru(ə)lɪŋli
gruelling
BR ˈɡruːəlɪŋ
AM ˈɡru(ə)lɪŋ
gruellingly
BR ˈɡruːəlɪŋli
AM ˈɡru(ə)lɪŋli
gruesome
BR ˈɡruːs(ə)m
AM ˈɡrus(ə)m
gruesomely
BR ˈɡruːs(ə)mli
AM ˈɡrusəmli
gruesomeness
BR ˈɡruːs(ə)mnəs
AM ˈɡrusəmnəs
gruff
BR ɡrʌf, -ə(r), -ɪst
AM ɡrəf, -ər, -əst
gruffly
BR ˈɡrʌfli
AM ˈɡrəfli
gruffness
BR ˈɡrʌfnəs
AM ˈɡrəfnəs

Gruffydd
BR ˈɡrɪfɪð
AM ˈɡrɪfɪθ
grumble
BR ˈɡrʌmbl, -z, -ɪŋ, -d
AM ˈɡrəmb(ə)l, -z, -ɪŋ, -d
grumbler
BR ˈɡrʌmblə(r), -z
AM ˈɡrəmb(ə)lər, -z
grumbling
BR ˈɡrʌmblɪŋ, -z
AM ˈɡrəmb(ə)lɪŋ, -z
grumblingly
BR ˈɡrʌmblɪŋli
AM ˈɡrəmb(ə)lɪŋli
grumbly
BR ˈɡrʌmbli
AM ˈɡrəmb(ə)li
grummet
BR ˈɡrʌmɪt, -s
AM ˈɡrəmət, -s
grumous
BR ˈɡruːməs
AM ˈɡrəməs
grump
BR ɡrʌm|p, -(p)s
AM ɡrəm|p, -(p)s
grumpily
BR ˈɡrʌmpɨli
AM ˈɡrəmpəli
grumpiness
BR ˈɡrʌmpɪnɪs
AM ˈɡrəmpɪnɪs
grumpish
BR ˈɡrʌmpɪʃ
AM ˈɡrəmpɪʃ
grumpishly
BR ˈɡrʌmpɪʃli
AM ˈɡrəmpɪʃli
grumpy
BR ˈɡrʌmp|i, -ɪə(r), -ɪɪst
AM ˈɡrəmpi, -ər, -ɪst
Grundig
BR ˈɡrʌndɪɡ, ˈɡrʊndɪɡ
AM ˈɡrəndɪɡ
Grundy
BR ˈɡrʌnd|i, -ɪz
AM ˈɡrəndi, -z
Grundyism
BR ˈɡrʌndiɪzm
AM ˈɡrəndiˌɪz(ə)m

grunge
BR ɡrʌn(d)ʒ
AM ɡrəndʒ
grungy
BR ˈɡrʌn(d)ʒi
AM ˈɡrəndʒi
grunion
BR ˈɡrʌnj(ə)n
AM ˈɡrənj(ə)n
grunt
BR ɡrʌnt, -s, -ɪŋ, -ɪd
AM ɡrən|t, -ts, -(t)ɪŋ, -(t)əd
grunter
BR ˈɡrʌntə(r), -z
AM ˈɡrən(t)ər, -z
Grunth
BR ɡrʌnt
AM ɡrənθ
Gruyère
BR ˈɡruːjɛː(r), ɡrʊˈjɛː(r)
AM ɡruˈjɛ(ə)r
Gruyères
BR ˈɡruːjɛː(r), ɡrʊˈjɛː(r)
AM ɡruˈjɛ(ə)r(z)
gryphon
BR ˈɡrɪfn, -z
AM ˈɡrɪf(ə)n, -z
grysbok
BR ˈɡrʌɪsbɒk, ˈxreɪsbɒk, -s
AM ˈɡraɪsˌbak, ˈɡreɪsˌbak, -s
guac
BR ɡwɑːk
AM ɡwak
guacamole
BR ˌɡwɑːkəˈməʊli
AM ˌɡwɑkəˈmoʊli
guacharo
BR ˈɡwɑːtʃərəʊ, -z
AM ˈɡwɑtʃəˌroʊ, -z
SP ɡwaˈtʃaro
Guadalajara
BR ˌɡwɑːdələˈhɑːrə(r)
AM ˌɡwɑdələˈhɑrə
Guadalcanál
BR ˌɡwɑːdlkəˈnal
AM ˌɡwɑdəlkəˈnæl

Guadaloupe
BR ˌɡwɑːdəˈluːp
AM ˌɡwɑdəˈlup
Guadaloupian
BR ˌɡwɑːdəˈluːpiən, -z
AM ˌɡwɑdəˈlupiən, -z
Guadalquivír
BR ˌɡwɑːdlkwɪˈvɪə(r), ˌɡwɑːdlˈkwɪvə(r)
AM ˌɡwɑdlˈk(w)ɪvər
Guadeloupe
BR ˌɡwɑːdəˈluːp
AM ˌɡwɑdəˈlup
Guadeloupian
BR ˌɡwɑːdəˈluːpiən, -z
AM ˌɡwɑdəˈlupiən, -z
guaiac
BR ˈɡ(w)ʌɪak, -s
AM ˈɡ(w)aɪak, ˈɡ(w)aɪˌæk, -s
guaiacum
BR ˈɡ(w)ʌɪəkəm, -z
AM ˈɡ(w)aɪək(ə)m, -z
Guam
BR ɡwɑːm
AM ɡwɑm
guan
BR ɡwɑːn, -z
AM ɡwɑn, -z
guanaco
BR ˈɡwɑːnəkəʊ, -z
AM ɡwəˈnakoʊ, -z
SP ɡwaˈnako
Guangdong
BR ˈɡwaŋˈdɒŋ
AM ˈɡwaŋˈdɑn, ˈɡwaŋˈdɔn
guanine
BR ˈɡwɑːniːn, ˈɡuːəniːn
AM ˈɡwanən, ˈɡwɑˌnin
guano
BR ˈɡwɑːnəʊ
AM ˈɡwanoʊ
Guantánamo
BR ɡwanˈtɑnəməʊ, ɡwɑːnˈtɑnəməʊ
AM ɡwɑnˈtɑnəmoʊ

guar
BR gwɑː(r), ˈguːɑː(r)
AM gwɑr

Guarani
BR ˌgwɑːrəˈniː, ˈgwɑːr̩ni, -z
AM ˌgwɑrəˈni, -z

guarantee
BR ˌgar̩nˈtiː, -z, -ɪŋ, -d
AM ˌgerənˈti, -z, -ɪŋ, -d

guarantor
BR ˌgar̩nˈtɔː(r), -z
AM ˌgɛ(ə)rənˈtɔ(ə)r, -z

guaranty
BR ˈgar̩nt|i, -ɪz
AM ˈgerənti, -z

guard
BR gɑːd, -z, -ɪŋ, -ɪd
AM gɑrd, -z, -ɪŋ, -əd

guardant
BR ˈgɑːd(ə)nt
AM ˈgɑrdənt

guardedly
BR ˈgɑːdɪdli
AM ˈgɑrdədli

guardedness
BR ˈgɑːdɪdnɪs
AM ˈgɑrdədnəs

guardee
BR ˌgɑːˈdiː, -z
AM ˌgɑrˈdi, -z

guarder
BR ˈgɑːdə(r), -z
AM ˈgɑrdər, -z

guardhouse
BR ˈgɑːdhaʊs, -zɪz
AM ˈgɑrd(h)aʊs, -zəz

Guardi
BR ˈgwɑːdi
AM ˈgɑrdi
IT ˈgwɑrdi

guardian
BR ˈgɑːdiən, -z
AM ˈgɑrdiən, -z

guardianship
BR ˈgɑːdiənʃɪp, -s
AM ˈgɑrdiənʃɪp, -s

guardless
BR ˈgɑːdləs
AM ˈgɑrdləs

guardrail
BR ˈgɑːdreɪl, -z
AM ˈgɑrdˌreɪl, -z

guardroom
BR ˈgɑːdruːm, ˈgɑːdrʊm, -z
AM ˈgɑrdˌrʊm, ˈgɑrdˌrum, -z

guardsman
BR ˈgɑːdzmən
AM ˈgɑrdzm(ə)n

guardsmen
BR ˈgɑːdzmən
AM ˈgɑrdzˌmɛn, ˈgɑrdzm(ə)n

Guarneri
BR gwɑːˈnɛːri
AM ˌgwɑrˈnɛri

Guarnerius
BR gwɑːˈnɪəriəs, gwɑːˈnɛːriəs
AM gwɑrˈnɛriəs

Guatemala
BR ˌgwɑːtəˈmɑːlə(r), ˌgwatəˈmɑːlə(r)
AM ˌgwɑdəˈmɑlə

Guatemalan
BR ˌgwɑːtəˈmɑːlən, ˌgwatəˈmɑːlən, -z
AM ˌgwɑdəˈmɑl(ə)n, -z

guava
BR ˈgwɑːvə(r), -z
AM ˈgwɑvə, -z

Guayaquil
BR ˌgwʌɪəˈkiːl
AM ˌgaɪəˈki(ə)l

guayule
BR (g)wɑːˈ(j)uːl|i, -ɪz
AM (g)wɑˈjuli, -z

gubbins
BR ˈgʌbɪnz
AM ˈgəbənz

gubernatorial
BR ˌguːbənəˈtɔːriəl
AM ˌguːbə(r)nəˈtɔriəl

Gucci
BR ˈguːtʃi
AM ˈgutʃi

gudgeon
BR ˈgʌdʒ(ə)n, -z
AM ˈgədʒ(ə)n, -z

Gudrun
BR ˈgʊdrən, ˈgʊdruːn
AM ˈgʊdr(ə)n, ˈgʊdr(ə)n

guelder-rose
BR ˈgɛldərəʊz, ˌgɛldəˈrəʊz, -ɪz
AM ˈgɛldərˌroʊz, -ɪz

Guelph
BR gwɛlf, -s
AM gwɛlf, -s

Guelphic
BR ˈgwɛlfɪk
AM ˈgwɛlfɪk

Guelphism
BR ˈgwɛlfɪzm
AM ˈgwɛlˌfɪz(ə)m

guenon
BR gəˈnɒn, ˈgweɪnɒn, -z
AM gəˈnɑn, -z

guerdon
BR ˈgəːdn, -z
AM ˈgərd(ə)n, -z

guerilla
BR gəˈrɪlə(r), gɛˈrɪlə(r), -z
AM gəˈrɪlə, -z

Guernica
BR ˈgəːnɪkə(r), gəːˈniːkə(r)
AM ˈgɛrˌnikə, ˈgɛrˌnikə

Guernsey
BR ˈgəːnz|i, -ɪz
AM ˈgərnzi, -z

Guerrero
BR gɛˈrɛːrəʊ
AM gəˈrɛroʊ

guerrilla
BR gɛˈrɪlə(r), -z
AM gəˈrɪlə, -z
SP gɛˈrrija

guess
BR gɛs, -ɪz, -ɪŋ, -t
AM gɛs, -əz, -ɪŋ, -t

guessable
BR ˈgɛsəbl
AM ˈgɛsəb(ə)l

guesser
BR ˈgɛsə(r), -z
AM ˈgɛsər, -z

guesstimate[1] *noun*
BR ˈgɛstɪmət, -s
AM ˈgɛstəmət, -s

guesstimate[2] *verb*
BR ˈgɛstɪmeɪt, -s, -ɪŋ, -ɪd
AM ˈgɛstəˌmeɪ|t, -ts, -dɪŋ, -dɪd

guesswork
BR ˈgɛswəːk
AM ˈgɛsˌwərk

guest
BR gɛst, -s, -ɪŋ, -ɪd
AM gɛst, -s, -ɪŋ, -əd

guesthouse
BR ˈgɛsthaʊs, -zɪz
AM ˈgɛst(h)aʊs, -zəz

guestimate[1] *noun*
BR ˈgɛstɪmət, -s
AM ˈgɛstəmət, -s

guestimate[2] *verb*
BR ˈgɛstɪmeɪt, -s, -ɪŋ, -ɪd
AM ˈgɛstəˌmeɪ|t, -ts, -dɪŋ, -dɪd

guestroom
BR ˈgɛstruːm, ˈgɛstrʊm, -z
AM ˈgɛstˌrʊm, ˈgɛstˌrum, -z

guestship
BR ˈgɛstʃɪp
AM ˈgɛs(t)ˌʃɪp

Guevara
BR gɪˈvɑːrə(r), gɛˈvɑːrə(r)
AM gəˈvɑrə

guff
BR gʌf
AM gəf

guffaw
BR gəˈfɔː(r), -z, -ɪŋ, -d
AM gəˈfɑ, gəˈfɔ, -z, -ɪŋ, -d

Guggenheim
BR ˈgʊg(ə)nhʌɪm
AM ˈgʊgən(h)aɪm

guggle
BR ˈgʌg|l, -lz, -lɪŋ\-lɪŋ, -ld
AM ˈgəg(ə)l, -z, -ɪŋ, -d

Guiana
BR gʌɪˈɑːnə(r),
gɪˈɑːnə(r),
gʌɪˈanə(r)
AM giˈɑnə

Guianese
BR ˌgʌɪəˈniːz
AM ˌgiəˈniz

guidable
BR ˈgʌɪdəbl
AM ˈgaɪdəb(ə)l

guidance
BR ˈgʌɪd(ə)ns
AM ˈgaɪdns

guide
BR gʌɪd, -z, -ɪŋ, -ɪd
AM gaɪd, -z, -ɪŋ, -ɪd

guidebook
BR ˈgʌɪdbʊk, -s
AM ˈgaɪdˌbʊk, -s

guideline
BR ˈgʌɪdlʌɪn, -z
AM ˈgaɪdˌlaɪn, -z

guidepost
BR ˈgʌɪdpəʊst, -s
AM ˈgaɪdˌpoʊst, -s

Guider
BR ˈgʌɪdə(r), -z
AM ˈgaɪdər, -z

guideway
BR ˈgʌɪdweɪ, -z
AM ˈgaɪdˌweɪ, -z

Guido
BR ˈg(w)iːdəʊ
AM ˈg(w)idoʊ

guidon
BR ˈgʌɪdn, -z
AM ˈgaɪd(ə)n,
ˈgaɪˌdɑn, -z

Guignol
BR giːnˈjɒl
AM ginˈjɑl, ginˈjɔl

Guignolesque
BR ˌgiːnjəˈlɛsk
AM ˌginjəˈlɛsk

guild
BR gɪld, -z
AM gɪld, -z

guilder
BR ˈgɪldə(r), -z
AM ˈgɪldər, -z

Guildford
BR ˈgɪl(d)fəd
AM ˈgɪl(d)fərd

guildhall
BR ˈgɪldhɔːl, -z
AM ˈgɪl(d)ˌ(h)ɑl,
ˈgɪl(d)ˌ(h)ɔl, -z

guildsman
BR ˈgɪldzmən
AM ˈgɪl(d)zm(ə)n

guildsmen
BR ˈgɪldzmən
AM ˈgɪl(d)zm(ə)n

guildswoman
BR ˈgɪldzˌwʊmən
AM ˈgɪl(d)zˌwʊm(ə)n

guildswomen
BR ˈgɪldzˌwɪmɪn
AM ˈgɪl(d)zˌwɪmɪ̈n

guile
BR gʌɪl
AM gaɪl

guileful
BR ˈgʌɪlf(ʊ)l
AM ˈgaɪlf(ə)l

guilefully
BR ˈgʌɪlfəli,
ˈgʌɪlfˌli
AM ˈgaɪlfəli

guilefulness
BR ˈgʌɪlf(ʊ)lnəs
AM ˈgaɪlfəlnəs

guileless
BR ˈgʌɪllɪs
AM ˈgaɪ(l)lɪs

guilelessly
BR ˈgʌɪllɪsli
AM ˈgaɪ(l)lɪsli

guilelessness
BR ˈgʌɪllɪsnɪs
AM ˈgaɪ(l)lɪsnɪ̈s

Guillaume
BR ˈgiːəʊm
AM giˈoʊm

guillemot
BR ˈgɪlɪmɒt, -s
AM ˈgɪləˌmɑt, -s

guilloche
BR gɪˈləʊʃ, gɪˈlɒʃ,
-ɪz
AM giˈjoʊʃ, gəˈloʊʃ,
-əz

guillotine
BR ˈgɪlətiːn, ˌgɪləˈtiːn,
-z, -ɪŋ, -d
AM ˈgi(j)əˌtin,
ˈgɪləˌtin, -z, -ɪŋ, -d

guillotiner
BR ˈgɪlətiːnə(r),
ˌgɪləˈtiːnə(r), -z
AM ˈgi(j)əˌtinər,
ˈgɪləˌtinər, -z

guilt
BR gɪlt
AM gɪlt

guiltily
BR ˈgɪltɪli
AM ˈgɪltɪ̈li

guiltiness
BR ˈgɪltɪnɪs
AM ˈgɪltɪnɪ̈s

guiltless
BR ˈgɪltlɪs
AM ˈgɪltlɪs

guiltlessly
BR ˈgɪltlɪsli
AM ˈgɪltlɪsli

guiltlessness
BR ˈgɪltlɪsnɪs
AM ˈgɪltlɪsnɪ̈s

guilty
BR ˈgɪlt|i, -ɪə(r), -ɪɪst
AM ˈgɪlti, -ər, -ɪst

guimp
BR gɪmp, -s
AM gɪmp, -s

guimpe
BR gɪmp, -s
AM gɪmp, -s

guinea
BR ˈgɪn|i, -ɪz
AM ˈgɪni, -z

Guinea-Bissau
BR ˌgɪnɪbɪˈsaʊ
AM ˌgɪnɪbɪˈsaʊ

Guinean
BR ˈgɪnɪən, -z
AM ˈgɪnɪən, -z

Guinevere
BR ˈgwɪnɪvɪə(r)
AM ˈgwɪnɪˌvɪ(ə)r

Guinness
BR ˈgɪnɪs, -ɪz
AM ˈgɪnɪ̈s, -ɪz

guipure
BR gɪˈpjʊə(r)
AM gɪˈp(j)u(ə)r

guise
BR gʌɪz, -ɪz
AM gaɪz, -ɪz

Guiseley
BR ˈgʌɪzli
AM ˈgaɪzli

guitar
BR gɪˈtɑː(r), -z
AM gəˈtɑr, -z

guitarist
BR gɪˈtɑːrɪst, -s
AM gəˈtɑrəst, -s

guiver
BR ˈgʌɪvə(r)
AM ˈgaɪvər

Gujarat
BR ˌgʊdʒəˈrɑːt,
ˌguːdʒəˈrɑːt
AM ˌgʊdʒəˈrɑt

Gujarati
BR ˌgʊdʒəˈrɑːt|i,
ˌguːdʒəˈrɑːt|i,
-ɪz
AM ˌgʊdʒəˈrɑd|i, -z

Gujerat
BR ˌgʊdʒəˈrɑːt,
ˌguːdʒəˈrɑːt
AM ˌgʊdʒəˈrɑt

Gujerati
BR ˌgʊdʒəˈrɑːt|i,
ˌguːdʒəˈrɑːt|i,
-ɪz
AM ˌgʊdʒəˈrɑdi, -z

Gujranwala
BR ˌgʊdʒrənˈwɑːlə(r)
AM ˈgʊdʒrənˌwɑlə

Gujrat
BR ˌgʊdʒ(ə)ˈrɑːt
AM ˌgʊdʒ(ə)ˈrɑt

gulag
BR ˈguːlag, -z
AM ˈguˌlag, -z
RUS gʊˈlak

gular
BR ˈgjuːlə(r)
AM ˈg(j)ulər

Gulbenkian
BR gʊlˈbɛŋkɪən
AM gʊlˈbɛŋkiən

gulch
BR gʌltʃ, -ɪz
AM gəltʃ, -əz

gulden
BR ˈgʊld(ə)n, -z
AM ˈgʊld(ə)n,
ˈguld(ə)n, -z
DU ˈxəldə(n)

gules
BR gjuːlz
AM gjulz

gulf
BR gʌlf, -s
AM gəlf, -s

gulfweed
BR ˈgʌlfwiːd
AM ˈgəlfˌwid

gull
BR gʌl, -z, -ɪŋ, -d
AM gəl, -z, -ɪŋ, -d

Gullah
BR ˈgʌlə(r)
AM ˈgələ

gullery
BR ˈgʌl(ə)r|i, -ɪz
AM ˈgələri, -z

gullet
BR ˈgʌlɪt, -s
AM ˈgələt, -s

gulley
BR ˈgʌl|i, -ɪz, -ɪd
AM ˈgəli, -z, -d

gullibility
BR ˌgʌləˈbɪlɪti
AM ˌgələˈbɪlɪdi

gullible
BR ˈgʌlɪbl
AM ˈgələb(ə)l

gullibly
BR ˈgʌlɪbli
AM ˈgələbli

Gulliver
BR ˈgʌlɪvə(r)
AM ˈgələvər

gully
BR ˈgʌl|i, -ɪz,
-ɪd
AM ˈgəli, -z, -d

gulp
BR gʌlp, -s,
-ɪŋ, -t
AM gəlp, -s, -ɪŋ, -t

gulper
BR ˈgʌlpə(r), -z
AM ˈgəlpər, -z

gulpingly
BR ˈgʌlpɪŋli
AM ˈgəlpɪŋli

gulpy
BR ˈgʌlpi
AM ˈgəlpi

gum
BR gʌm, -z, -ɪŋ, -d
AM gəm, -z,
-ɪŋ, -d

gumbo
BR ˈgʌmbəʊ, -z
AM ˈgəmˌboʊ, -z

gumboil
BR ˈgʌmbɔɪl, -z
AM ˈgəmˌbɔɪl, -z

gumboot
BR ˈgʌmbuːt, -s
AM ˈgəmˌbut, -s

gumdrop
BR ˈgʌmdrɒp, -s
AM ˈgəmˌdrɑp, -s

gumma
BR ˈgʌmə(r), -z
AM ˈgəmə, -z

gummatous
BR ˈgʌmətəs
AM ˈgəməˌtoʊs

Gummer
BR ˈgʌmə(r)
AM ˈgəmər

Gummidge
BR ˈgʌmɪdʒ
AM ˈgəmɪdʒ

gummily
BR ˈgʌmɪli
AM ˈgəməli

gumminess
BR ˈgʌmɪnɪs
AM ˈgəmɪnɪs

gummy
BR ˈgʌmi
AM ˈgəmi

gumption
BR ˈgʌm(p)ʃn
AM ˈgəm(p)ʃ(ə)n

gumshield
BR ˈgʌmʃiːld, -z
AM ˈgəmˌʃild, -z

gumshoe
BR ˈgʌmʃuː, -z
AM ˈgəmˌʃu, -z

gun
BR gʌn, -z, -ɪŋ, -d
AM gən, -z, -ɪŋ, -d

gunboat
BR ˈgʌnbəʊt, -s
AM ˈgənˌboʊt, -s

gundi
BR ˈgʌnd|i, -ɪz
AM ˈgəndi, ˈgʊndi, -z

gundog
BR ˈgʌndɒg, -z
AM ˈgənˌdɑg,
ˈgənˌdɔg, -z

gundy
BR ˈgʌndi
AM ˈgəndi

gunfight
BR ˈgʌnfʌɪt, -s
AM ˈgənˌfaɪt, -s

gunfighter
BR ˈgʌnˌfʌɪtə(r), -z
AM ˈgənˌfaɪdər, -z

gunfire
BR ˈgʌnˌfʌɪə(r)
AM ˈgənˌfaɪ(ə)r

Gunga Din
BR ˌgʌŋgə ˈdɪn
AM ˌgəŋgə ˈdɪn

gunge
BR gʌn(d)ʒ
AM gəndʒ

gung-ho
BR ˌgʌŋˈhəʊ
AM ˌgəŋˈhoʊ

gungy
BR gʌn(d)ʒi
AM gəndʒi

gunk
BR gʌŋk
AM gəŋk

gunless
BR ˈgʌnləs
AM ˈgənləs

gunlock
BR ˈgʌnlɒk, -s
AM ˈgənˌlɑk, -s

gunmaker
BR ˈgʌnˌmeɪkə(r), -z
AM ˈgənˌmeɪkər, -z

gunman
BR ˈgʌnmən,
ˈgʌnman
AM ˈgənm(ə)n

gunmen
BR ˈgʌnmən, ˈgʌnmɛn
AM ˈgənˌmɛn,
ˈgənm(ə)n

gunmetal
BR ˈgʌnˌmɛtl
AM ˈgənˌmɛdl

Gunn
BR gʌn
AM gən

gunnel
BR ˈgʌnl, -z
AM ˈgən(ə)l, -z

gunner
BR ˈgʌnə(r), -z
AM ˈgənər, -z

gunnera
BR ˈgʌn(ə)rə(r), -z
AM ˈgən(ə)rə, -z

gunnery
BR ˈgʌn(ə)ri
AM ˈgən(ə)ri

gunny
BR ˈgʌn|i, -ɪz
AM ˈgəni, -z

gunnysack
BR ˈgʌnɪsak, -s
AM ˈgəniˌsæk, -s

gunplay
BR ˈgʌnpleɪ, -z
AM ˈgənˌpleɪ, -z

gunpoint
BR ˈgʌnpɔɪnt
AM ˈgənˌpɔɪnt

gunpowder
BR ˈgʌnˌpaʊdə(r)
AM ˈgənˌpaʊdər

gunpower
BR ˈgʌnpaʊə(r)
AM ˈgənˌpaʊər

gunroom
BR ˈgʌnruːm,
ˈgʌnrʊm, -z
AM ˈgənˌrʊm,
ˈgənˌrum, -z

gunrunner
BR ˈgʌnˌrʌnə(r), -z
AM ˈgənˌrənər, -z

gunrunning
BR ˈgʌnˌrʌnɪŋ
AM ˈgən̩ˌrənɪŋ
gunsel
BR ˈgʌnsl, -z
AM ˈgən(t)s(ə)l, -z
gunship
BR ˈgʌnʃɪp, -s
AM ˈgən̩ˌʃɪp, -s
gunshot
BR ˈgʌnʃɒt, -s
AM ˈgən̩ˌʃɑt, -s
gunshy
BR ˈgʌnʃaɪ
AM ˈgən̩ˌʃaɪ
gunsight
BR ˈgʌnsaɪt, -s
AM ˈgən̩ˌsaɪt, -s
gunslinger
BR ˈgʌnˌslɪŋə(r), -z
AM ˈgən̩ˌslɪŋər, -z
gunslinging
BR ˈgʌnˌslɪŋɪŋ
AM ˈgən̩ˌslɪŋɪŋ
gunsmith
BR ˈgʌnsmɪθ, -s
AM ˈgən̩ˌsmɪθ, -s
gunstock
BR ˈgʌnstɒk, -s
AM ˈgən̩ˌstɑk, -s
Gunter
BR ˈgʌntə(r), ˈgʊntə(r)
AM ˈgən(t)ər
Gunther
BR ˈgʌnθə(r), ˈgʊntə(r)
AM ˈgʊn(t)ər, ˈgənθər
gunwale
BR ˈgʌnl, -z
AM ˈgənl, -z
gunyah
BR ˈgʌnjə(r), -z
AM ˈgənjə, -z
Guomindang
BR ˌgwəʊmɪnˈdaŋ
AM ˈgwɔˌmɪnˈdæŋ
guppy
BR ˈgʌp|i, -iz
AM ˈgəpi, -z
Gupta
BR ˈgʊptə(r)
AM ˈgʊptə

gurdwara
BR ˈgəːdwɑːrə(r), gədˈwɑːrə(r), -z
AM ˈˌgərdˌwɑrə, -z
gurgitation
BR ˌgəːdʒɪˈteɪʃn
AM ˌgərdʒəˈteɪʃ(ə)n
gurgle
BR ˈgəːg|l, -lz, -lɪŋ\-lɪŋ, -ld
AM ˈgərg(ə)l, -z, -ɪŋ, -d
gurgler
BR ˈgəːglə(r), ˈgəːglə(r), -z
AM ˈgərg(ə)lər, -z
gurjun
BR ˈgəːdʒ(ə)n, -z
AM ˈgərj(ə)n, -z
Gurkha
BR ˈgəːkə(r), ˈgʊəkə(r), -z
AM ˈgərkə, ˈgʊrkə, -z
Gurkhali
BR ˌgəːˈkɑːli
AM ˌgərˈkɑli
gurnard
BR ˈgəːnəd, -z
AM ˈgərnərd, -z
gurnet
BR ˈgəːnɪt, -s
AM ˈgərnət, -s
gurney
BR ˈgəːn|i, -iz
AM ˈgərni, -z
guru
BR ˈgʊruː, -z
AM gəˈru, ˈgʊˌru, -z
Gus
BR gʌs
AM gəs
gush
BR gʌʃ, -ɪz, -ɪŋ, -t
AM gəʃ, -əz, -ɪŋ, -t
gusher
BR ˈgʌʃə(r), -z
AM ˈgəʃər, -z
gushily
BR ˈgʌʃɪli
AM ˈgəʃəli
gushiness
BR ˈgʌʃɪnɪs
AM ˈgəʃɪnɪs

gushing
BR ˈgʌʃɪŋ
AM ˈgəʃɪŋ
gushingly
BR ˈgʌʃɪŋli
AM ˈgəʃɪŋli
gushy
BR ˈgʌʃ|i, -iə(r), -ɪɪst
AM ˈgəʃi, -ər, -ɪst
gusset
BR ˈgʌs|ɪt, -ɪts, -ɪtɪd
AM ˈgəsə|t, -ts, -dəd
gust
BR gʌst, -s, -ɪŋ, -ɪd
AM gəst, -s, -ɪŋ, -əd
Gustafson
BR ˈgʊstɑːfs(ə)n, ˈgʌstɑːfs(ə)n
AM ˈgəstəfs(ə)n
gustation
BR gʌˈsteɪʃn
AM gəˈsteɪʃ(ə)n
gustative
BR ˈgʌstətɪv, gʌˈsteɪtɪv
AM ˈgəstədɪv
gustatory
BR ˈgʌstət(ə)ri, gʌˈsteɪt(ə)ri
AM ˈgəstəˌtɔri
Gustave
BR ˈgʊstɑːv, ˈgʌstɑːv
AM ˈgʊsˌtɑv
Gustavus
BR gʊˈstɑːvəs, gʌˈstɑːvəs
AM gʊˈstɑvəs
gustily
BR ˈgʌstɪli
AM ˈgəstəli
gustiness
BR ˈgʌstɪnɪs
AM ˈgəstɪnɪs
gusto
BR ˈgʌstəʊ
AM ˈgəstoʊ
gusty
BR ˈgʌst|i, -iə(r), -ɪɪst
AM ˈgəsti, -ər, -ɪst
gut
BR gʌt, -s, -ɪŋ, -ɪd
AM gə|t, -ts, -dɪŋ, -dəd

Gutenberg
BR ˈguːtnbəːg, ˈgʊtnbəːg
AM ˈgʊtn̩ˌbərg
Guthrie
BR ˈgʌθri
AM ˈgəθri
Gutiérrez
BR ˌgʊtiˈɛːrez
AM ˌgudiˈɛrəz, ˌgudiˈɛrəs
SP guˈtjerreθ, guˈtjerres
gutless
BR ˈgʌtləs
AM ˈgətləs
gutlessly
BR ˈgʌtləsli
AM ˈgətləsli
gutlessness
BR ˈgʌtləsnəs
AM ˈgətləsnəs
gutrot
BR ˈgʌtrɒt
AM ˈgətˌrɑt
gutser
BR ˈgʌtsə(r), -z
AM ˈgətsər, -z
gutsily
BR ˈgʌtsɪli
AM ˈgətsəli
gutsiness
BR ˈgʌtsɪnɪs
AM ˈgətsɪnɪs
gutsy
BR ˈgʌts|i, -iə(r), -ɪɪst
AM ˈgətsi, -ər, -ɪst
guttapercha
BR ˌgʌtəˈpəːtʃə(r)
AM ˌgədəˈpərtʃə
guttate
BR ˈgʌteɪt
AM ˈgədˌeɪt
gutter
BR ˈgʌt|ə(r), -əz, -(ə)rɪŋ, -əd
AM ˈgədər, -z, -ɪŋ, -d
guttersnipe
BR ˈgʌtəsnaɪp, -s
AM ˈgədərˌsnaɪp, -s

guttle
BR gʌt|l, -lz, -l̩ɪŋ\-l̩ɪŋ, -ld
AM ˈgəd(ə)l, -z, -ɪŋ, -d

guttural
BR ˈgʌt(ə)r̩l, -z
AM ˈgədər(ə)l, -z

gutturalise
BR ˈgʌt(ə)rl̩ʌɪz, -ɪz, -ɪŋ, -d
AM ˈgədərəˌlaɪz, -ɪz, -ɪŋ, -d

gutturalism
BR ˈgʌt(ə)rl̩ɪzm
AM ˈgədərəˌlɪz(ə)m

gutturality
BR ˌgʌtəˈralɪti
AM ˌgədəˈrælədi

gutturalize
BR ˈgʌt(ə)rl̩ʌɪz, -ɪz, -ɪŋ, -d
AM ˈgədərəˌlaɪz, -ɪz, -ɪŋ, -d

gutturally
BR ˈgʌt(ə)rl̩i
AM ˈgədərəli

gutty
BR ˈgʌti
AM ˈgədi

gutzer
BR ˈgʌtsə(r), -z
AM ˈgətsər, -z

guv
BR gʌv
AM gəv

guvnor
BR ˈgʌvnə(r), -z
AM ˈgəvnər, -z

guv'nor
BR ˈgʌvnə(r), -z
AM ˈgəvnər, -z

guy
BR gʌɪ, -z, -ɪŋ, -d
AM gaɪ, -z, -ɪŋ, -d

Guyana
BR gʌɪˈanə(r)
AM gaɪˈɑnə

Guyanese
BR ˌgʌɪəˈniːz
AM ˌgiəˈniz

Guyenne
BR g(w)ɪˈjɛn
AM g(w)iˈ(j)ɛn
FR gɥijɛn

Guy Fawkes
BR ˌgʌɪ ˈfɔːks
AM ˌgaɪ ˈfɑks, ˌgaɪ ˈfɔks

Guzmán
BR ˈgʊθm(ə)n
AM ˈgusm(ə)n
SP guθˈman, gusˈman

guzzle
BR ˈgʌz|l, -lz, -l̩ɪŋ\-l̩ɪŋ, -ld
AM ˈgəz(ə)l, -z, -ɪŋ, -d

guzzler
BR ˈgʌzl̩ə(r), ˈgʌzlə(r), -z
AM ˈgəz(ə)lər, -z

Gwalia
BR ˈgwɑːlɪə(r)
AM ˈgwɑliə, ˈgwɑljə

Gwalior
BR ˈgwɑːlɪɔː(r)
AM ˈgwɑli,ɔ(ə)r

Gwen
BR gwɛn
AM gwɛn

Gwenda
BR ˈgwɛndə(r)
AM ˈgwɛndə

Gwendolen
BR ˈgwɛndl̩ɪn
AM ˈgwɛndəl(ə)n

Gwendoline
BR ˈgwɛndl̩ɪn
AM ˈgwɛndəl(ə)n

Gwendraeth
BR ˈgwɛndrʌɪθ
AM ˈgwɛnˌdraɪθ
WE ˈgwɛndraɪθ

Gwenllian
BR ˈgwɛnl̩ɪən
AM ˈgwɛnlj(ə)n

Gwent
BR gwɛnt
AM gwɛnt

Gwenyth
BR ˈgwɛnɪθ
AM ˈgwɛnɪθ

Gwyn
BR gwɪn
AM gwɪn
WE gwɪn

Gwynedd
BR ˈgwɪnəð
AM ˈgwɪnəð

Gwyneth
BR ˈgwɪnɪθ
AM ˈgwɪnɪθ

Gwynfor
BR ˈgwɪnvɔː(r)
AM ˈgwɪnvɑ(ə)r

Gwynn
BR gwɪn
AM gwɪn

gybe
BR dʒʌɪb, -z, -ɪŋ, -d
AM dʒaɪb, -z, -ɪŋ, -d

Gyles
BR dʒʌɪlz
AM dʒaɪlz

gym
BR dʒɪm, -z
AM dʒɪm, -z

gymkhana
BR dʒɪmˈkɑːnə(r), -z
AM dʒɪmˈkænə, dʒɪmˈkɑnə, -z

gymnasia
BR dʒɪmˈneɪzɪə(r)
AM dʒɪmˈneɪʒə, dʒɪmˈneɪziə

gymnasial
BR dʒɪmˈneɪzɪəl
AM dʒɪmˈneɪziəl

gymnasium
BR dʒɪmˈneɪzɪəm, -z
AM dʒɪmˈneɪziəm, -z

gymnast
BR ˈdʒɪmnast, -s
AM ˈdʒɪmˌnæst, ˈdʒɪmnəst, -s

gymnastic
BR dʒɪmˈnastɪk, -s
AM dʒɪmˈnæstɪk, -s

gymnastically
BR dʒɪmˈnastɪkli
AM dʒɪmˈnæstək(ə)li

gymnosophist
BR dʒɪmˈnɒsəfɪst, -s
AM dʒɪmˈnɑsəfəst, -s

gymnosophy
BR dʒɪmˈnɒsəfi
AM dʒɪmˈnɑsəfi

gymnosperm
BR ˈdʒɪmnə(ʊ)spəːm, -z
AM ˈdʒɪmnəˌspərm, -z

gymnospermous
BR ˌdʒɪmnə(ʊ)-ˈspəːməs
AM ˌdʒɪmnəˈspərməs

gymp
BR gɪm|p, -pz, -pɪŋ, -(p)t
AM gɪm|p, -ps, -pɪŋ, -(p)t

gymslip
BR ˈdʒɪmslɪp, -s
AM ˈdʒɪmˌslɪp, -s

gynaecea
BR ˌdʒʌɪnɪˈsiːə(r), ˌgʌɪnɪˈsiːə(r)
AM ˌdʒɪnəˈsiə

gynaeceum
BR ˌdʒʌɪnɪˈsiːəm, ˌgʌɪnɪˈsiːəm, -z
AM ˌdʒɪnəˈsiəm, -z

gynaecocracy
BR ˌgʌɪnəˈkɒkrəs|i, ˌdʒʌɪnəˈkɒkrəs|i, -ɪz
AM ˌgaɪnəˈkɑkrəsi, -z

gynaecologic
BR ˌgʌɪnəkəˈlɒdʒɪk
AM ˌgaɪnəkəˈlɑdʒɪk

gynaecological
BR ˌgʌɪnəkəˈlɒdʒɪkl
AM ˌgaɪnəkə-ˈlɑdʒək(ə)l

gynaecologically
BR ˌgʌɪnəkəˈlɒdʒɪkli
AM ˌgaɪnəkə-ˈlɑdʒək(ə)li

gynaecologist
BR ˌgʌɪnəˈkɒlədʒɪst, -s
AM ˌgaɪnəˈkɑlədʒəst, -s

gynaecology
BR ˌgʌɪnəˈkɒlədʒi
AM ˌgaɪnəˈkɑlədʒi

gynaecomastia
BR ˌgʌɪnəkə(ʊ)-ˈmastɪə(r)
AM ˌgaɪnəkoʊˈmæstiə

gynandromorph
BR dʒɪˈnandrəmɔːf, -s
AM dʒɪˈnændrə-
ˌmɔ(ə)rf, -s

gynandromorphic
BR dʒɪˌnandrəˈmɔːfɪk
AM dʒɪˌnændrə-
ˈmɔrfɪk

gynandromorphism
BR dʒɪˌnandrə-
ˈmɔːfɪzm
AM dʒɪˌnændrəˈmɔr-
ˌfɪz(ə)m

gynandrous
BR dʒɪˈnandrəs
AM dʒɪˈnændrəs

gynecia
BR gʌɪˈniːsɪə(r),
dʒʌɪˈniːsɪə(r)
AM gaɪˈniʃɪə

gynecium
BR gʌɪˈniːsɪəm,
dʒʌɪˈniːsɪəm, -z
AM gaɪˈniʃɪəm, -z

gynecocracy
BR gʌɪnəˈkɒkrəs|i,
ˌdʒʌɪnəˈkɒkrəs|i, -ɪz
AM ˌgaɪnəˈkakrəsi, -z

gynecologic
BR ˌgʌɪnəkəˈlɒdʒɪk
AM ˌgaɪnəkəˈlɑdʒɪk

gynecological
BR ˌgʌɪnəkəˈlɒdʒɪkl
AM ˌgaɪnəkəˈlɑdʒək(ə)l

gynecologically
BR ˌgʌɪnəkəˈlɒdʒɪkli
AM ˌgaɪnəkə-
ˈlɑdʒək(ə)li

gynecologist
BR ˌgʌɪnəˈkɒlədʒɪst,
-s
AM ˌgaɪnəˈkɑlədʒəst,
-s

gynecology
BR ˌgʌɪnəˈkɒlədʒi
AM ˌgaɪnəˈkɑlədʒi

gynecomastia
BR ˌgʌɪnəkəˈmastɪə(r)
AM ˌgaɪnəkoʊˈmæstɪə

gynobase
BR ˈgʌɪnə(ʊ)beɪs, -ɪz
AM ˈgaɪnoʊˌbeɪs, -ɪz

gynocracy
BR gʌɪˈnɒkrəs|i,
dʒʌɪˈnɒkrəs|i, -ɪz
AM gaɪˈnɑkrəsi, -z

gynoecia
BR gʌɪˈniːsɪə(r),
dʒʌɪˈniːsɪə(r)
AM gaɪˈniʃɪə

gynoecium
BR gʌɪˈniːsɪəm
AM gaɪˈniʃɪəm

gynophobia
BR ˌgʌɪnəˈfəʊbɪə(r),
ˌdʒʌɪnəˈfəʊbɪə(r)
AM ˌgaɪnəˈfoʊbɪə

gyp
BR dʒɪp, -s
AM dʒɪp, -s

gyppy tummy
BR ˌdʒɪpɪ ˈtʌmi
AM ˈdʒɪpi ˌtəmi

gypseous
BR ˈdʒɪpsɪəs
AM ˈdʒɪpsɪəs

gypsiferous
BR dʒɪpˈsɪf(ə)rəs
AM dʒɪpˈsɪf(ə)rəs

gypsophila
BR dʒɪpˈsɒfɪlə(r), -z
AM dʒɪpˈsafələ, -z

gypsum
BR ˈdʒɪpsəm
AM ˈdʒɪps(ə)m

Gypsy
BR ˈdʒɪps|i, -ɪz
AM ˈdʒɪpsi, -z

Gypsydom
BR ˈdʒɪpsɪdəm
AM ˈdʒɪpsɪd(ə)m

Gypsyfied
BR ˈdzɪpsɪfʌɪd
AM ˈdʒɪpsəˌfaɪd

Gypsyhood
BR ˈdʒɪpsɪhʊd
AM ˈdʒɪpsiˌhʊd

Gypsyish
BR ˈdʒɪpsɪʃ
AM ˈdʒɪpsɪʃ

gyrate
BR dʒʌɪˈreɪt, -s, -ɪŋ, -ɪd
AM ˈdʒaɪˌreɪ|t, -ts,
-dɪŋ, -dɪd

gyration
BR dʒʌɪˈreɪʃn, -z
AM dʒaɪˈreɪʃ(ə)n, -z

gyrator
BR dʒʌɪˈreɪtə(r), -z
AM ˈdʒaɪˌreɪdər, -z

gyratory
BR dʒʌɪˈreɪt(ə)ri,
ˈdʒʌɪrət(ə)ri
AM ˈdʒaɪrəˌtɔri

gyre
BR ˈdʒʌɪə(r), -z
AM ˈdʒaɪ(ə)r, -z

gyrfalcon
BR ˈdʒəː, fɔːlkn,
ˈdʒəː, fɒlkn,
ˈdʒəː, falkn, -z
AM ˈdʒər, fælk(ə)n,
-z

gyri
BR ˈdʒʌɪrʌɪ
AM ˈdʒaɪˌraɪ

gyro[1] *gyroscope*
BR ˈdʒʌɪrəʊ
AM ˈdʒaɪroʊ

gyro[2] *sandwich*
BR ˈjɪərəʊ, ˈdʒɪərəʊ,
ˈdʒʌɪrəʊ, -z
AM ˈjɪroʊ, ˈdʒɪroʊ, -z

gyrocompass
BR ˈdʒʌɪrə(ʊ)
ˌkʌmpəs, -ɪz
AM ˈdʒaɪroʊˌkəmpəs,
-əz

gyrograph
BR ˈdʒʌɪrəgrɑːf, -s
AM ˈdʒaɪrəˌgræf, -s

gyromagnetic
BR ˌdʒʌɪrə(ʊ)mag-
ˈnɛtɪk
AM ˌdʒaɪroʊˌmæg-
ˈnɛdɪk

gyronny
BR dʒʌɪˈrɒni
AM dʒaɪˈrɑni

gyropilot
BR ˈdʒʌɪrə(ʊ)ˌpʌɪlət,
-s
AM ˈdʒaɪrəˌpaɪlət, -s

gyroplane
BR ˈdʒʌɪrəpleɪn, -z
AM ˈdʒaɪrəˌpleɪn, -z

gyroscope
BR ˈdʒʌɪrəskəʊp, -s
AM ˈdʒaɪrəˌskoʊp, -s

gyroscopic
BR ˌdʒʌɪrəˈskɒpɪk
AM ˌdʒaɪrəˈskapɪk

gyrostabiliser
BR ˈdʒʌɪrəʊ-
ˌsteɪbɪlʌɪzə(r),
ˈdʒʌɪrəʊ-
ˌsteɪblʌɪzə(r), -z
AM ˌdʒaɪroʊˈsteɪbə-
ˌlaɪzər, -z

Gyrostabilizer
BR ˈdʒʌɪrəʊ-
ˌsteɪbɪlʌɪzə(r),
ˈdʒʌɪrəʊ-
ˌsteɪbɪlʌɪzə(r), -z
AM ˌdʒaɪroʊ-
ˈsteɪbəˌlaɪzər, -z

gyrostatic
BR ˌdʒʌɪrəˈstatɪk
AM ˌdʒaɪrəˈstædɪk

gyrus
BR ˈdʒʌɪrəs
AM ˈdʒaɪrəs

gyttja
BR ˈjɪtʃə(r)
AM ˈjɪˌtʃa
SW ˈjətja

gyve
BR dʒʌɪv, -z, -ɪŋ, -d
AM dʒaɪv, -z, -ɪŋ, -d

gyver
BR ˈgʌɪvə(r)
AM ˈgaɪvər

H

h
BR eɪtʃ, -ɪz
AM eɪtʃ, -ɪz

ha
BR hɑː(r)
AM hɑ

haar
BR hɑː(r), -z
AM (h)ɑr, -z

Haarlem
BR ˈhɑːləm
AM ˈhɑrl(ə)m

Haas
BR hɑːs, has
AM hɑs

Habakkuk
BR ˈhabəkʌk
AM həˈbækək,
ˈhæbəˌkʊk

habanera
BR ˌhabəˈnɛːrə(r),
ˌ(h)ɑːbəˈnɛːrə(r), -z
AM (h)ɑbəˈnɛrə, -z

habeas corpus
BR ˌheɪbɪəs ˈkɔːpəs
AM ˈheɪbɪə ˈskɔrpəs

Haber-Bosch
BR ˌheɪbəˈbɒʃ
AM ˈheɪbərˌbɑʃ,
ˈheɪbərˈbɒʃ

haberdasher
BR ˈhabədaʃə(r), -z
AM ˈhabərˌdæʃər, -z

haberdashery
BR ˈhabədaʃ(ə)r|i,
-ɪz
AM ˈhabərˌdæʃəri, -z

habergeon
BR ˈhabədʒ(ə)n, -z
AM həˈbərdʒ(i)ən,
ˈhæbərdʒ(ə)n, -z

Habgood
BR ˈhabgʊd
AM ˈhæbˌgʊd

habile
BR ˈhabɪl
AM ˈhæb(ə)l

habiliment
BR həˈbɪlɪm(ə)nt, -s
AM həˈbɪləm(ə)nt, -s

habilitate
BR həˈbɪlɪteɪt, -s,
-ɪŋ, -ɪd
AM həˈbɪləˌteɪ|t, -ts,
-dɪŋ, -dɪd

habilitation
BR həˌbɪlɪˈteɪʃn
AM həˌbɪləˈteɪʃ(ə)n

habit
BR ˈhabɪt, -s
AM ˈhæbət, -s

habitability
BR ˌhabɪtəˈbɪlɪti
AM ˌhæbədəˈbɪlɪdi

habitable
BR ˈhabɪtəbl
AM ˈhæbədəb(ə)l

habitableness
BR ˈhabɪtəblnəs
AM ˈhæbədəbəlnəs

habitably
BR ˈhabɪtəbli
AM ˈhæbədəbli

habitant
BR ˈhabɪt(ə)nt, -s
AM ˈhæbətnt,
ˈhæbədənt, -s

habitat
BR ˈhabɪtat, -s
AM ˈhæbəˌtæt, -s

habitation
BR ˌhabɪˈteɪʃn, -z
AM ˌhæbəˈteɪʃ(ə)n, -z

habited
BR ˈhabɪtɪd
AM ˈhæbədəd

habitual
BR həˈbɪtʃʊəl,
həˈbɪtʃ(ɞ)l,
həˈbɪtjʊəl, həˈbɪtjɞl
AM həˈbɪtʃ(əw)əl

habitually
BR həˈbɪtʃʊəli,
həˈbɪtʃɞli,
həˈbɪtʃli, həˈbɪtjʊəli,
həˈbɪtjɞli
AM həˈbɪtʃ(əw)əli

habitualness
BR həˈbɪtʃʊəlnəs,
həˈbɪtʃ(ɞ)lnəs,
həˈbɪtjʊəlnəs,
həˈbɪtjɞlnəs
AM həˈbɪtʃ(əw)əlnəs

habituate
BR həˈbɪtʃʊeɪt,
həˈbɪtjʊeɪt, -s, -ɪŋ, -ɪd
AM həˈbɪtʃəˌweɪ|t, -ts,
-dɪŋ, -dɪd

habituation
BR həˌbɪtʃɞˈeɪʃn,
həˌbɪtjʊˈeɪʃn
AM həˌbɪtʃəˈweɪʃ(ə)n

habitude
BR ˈhabɪtʃuːd,
ˈhabɪtjuːd, -z
AM ˈhæbəˌt(j)ud, -z

habitué
BR həˈbɪtʃʊeɪ,
həˈbɪtjʊeɪ, -z
AM həˌbɪtʃəˈweɪ,
həˈbɪtʃəˌweɪ, -z

Habsburg
BR ˈhapsbɜːg,
ˈhabzbɜːg, -z
AM ˈhɑbsˌbərg,
ˈhæpsˌbərg, -z

habutai
BR ˈhɑːbʊtʌɪ
AM ˈhɑbəˌtaɪ

haček
BR ˈhatʃɛk,
ˈhɑːtʃɛk, -s
AM ˈhɑˌtʃɛk,
ˈhæˌtʃɛk, -s

hachure
BR ˈhaʃə(r), haˈʃʊə(r),
ˈhaʃəz\haˈʃʊəz,
ˈhaʃ(ə)rɪŋ\haˈʃʊərɪŋ,
ˈhaʃəd\haˈʃʊəd
AM ˈhæʃər, hæˈʃʊ(ə)r,
-z, -ɪŋ, -d

hacienda
BR ˌhasɪˈɛndə(r), -z
AM ˌhɑsiˈɛndə, -z
SP aˈθjenda, aˈsjenda

hack
BR hak, -s, -ɪŋ, -t
AM hæk, -s, -ɪŋ, -t

hackamore
BR ˈhakəmɔː(r), -z
AM ˈhækəˌmɔ(ə)r,
-z

hackberry
BR ˈhakb(ə)r|i,
-ɪz
AM ˈhækˌbɛri, -z

hacker
BR ˈhakə(r), -z
AM ˈhækər, -z

hackery
BR ˈhak(ə)r|i, -ɪz
AM ˈhækəri, -z

Hackett
BR ˈhakɪt
AM ˈhækət

hackette
BR haˈkɛt, -s
AM hæˈkɛt, -s

hackle
BR ˈhakl, -lz, -lɪŋ\-lɪŋ,
-ld
AM ˈhæk(ə)l, -z, -ɪŋ,
-d

hackly
BR ˈhakli
AM ˈhækli

hackmatack
BR ˈhakmətak, -s
AM ˈhækməˌtæk, -s

hackney
BR ˈhakn|i, ɪz, ɪd
AM ˈhækni, -z, -d

hacksaw
BR ˈhaksɔː(r), -z
AM ˈhækˌsɑ, ˈhækˌsɔ,
-z

hackwork
BR ˈhakwɜːk
AM ˈhækˌwərk

had[1] *strong form*
BR had
AM hæd

had[2] *weak form*
BR həd, əd, d
AM əd, d, həd

haddie
BR ˈhad|i, -ɪz
AM ˈhædi, -z

Haddington
BR ˈhadɪnt(ə)n
AM ˈhædɪnt(ə)n

haddock
BR ˈhadək, -s
AM ˈhædək, -s

Haddon
BR ˈhadn
AM ˈhæd(ə)n

hade
BR heɪd, -z, -ɪŋ, -ɪd
AM heɪd, -z, -ɪŋ,
-ɪd

Hadean
BR ˈheɪdɪən
AM ˈheɪdɪən

Hades
BR ˈheɪdiːz
AM ˈheɪdiz

Hadfield
BR ˈhadfiːld
AM ˈhædˌfild

Hadith
BR həˈdiːθ
AM həˈdiθ

hadj
BR hadʒ, hɑːdʒ, -ɪz
AM hædʒ, hɑdʒ, -əz

hadji
BR ˈhadʒ|i(ː), ˈhɑːdʒ|i(ː), -ɪz\-iːz
AM ˈhædʒi, ˈhɑdʒi, -z

Hadlee
BR ˈhadli
AM ˈhædli

Hadley
BR ˈhadli
AM ˈhædli

hadn't
BR ˈhadnt
AM ˈhædnt

Hadrian
BR ˈheɪdriən
AM ˈheɪdriən

hadron
BR ˈhadrɒn, -z
AM ˈhæd,rɑn, ˈhædr(ə)n, -z

hadronic
BR haˈdrɒnɪk
AM hædˈrɑnɪk

hadrosaur
BR ˈhadrəsɔː(r), -z
AM ˈhædrə,sɔ(ə)r, -z

hadst[1] *strong form*
BR hadst
AM hædst

hadst[2] *weak form*
BR hədst
AM hədst

haecceity
BR hɛkˈsiːɪt|i, hiːkˈsiːɪt|i, -ɪz
AM hækˈsiːdi, -z

haem
BR hiːm
AM him

haemal
BR ˈhiːml
AM ˈhim(ə)l

haematic
BR hiːˈmatɪk
AM hiˈmædɪk

haematin
BR ˈhiːmətɪn
AM ˈhimə,tin

haematite
BR ˈhiːmətʌɪt
AM ˈhimə,taɪt

haematocele
BR hɪˈmatəsiːl
AM hiˈmædoʊ,sil

haematocrit
BR hɪˈmatəkrɪt
AM hiˈmædə,krɪt

haematologic
BR ˌhiːmətəˈlɒdʒɪk
AM ˌhimədoʊˈlɑdʒɪk

haematological
BR ˌhiːmətəˈlɒdʒɪkl
AM ˌhimədoʊ-ˈlɑdʒək(ə)l

haematologist
BR ˌhiːməˈtɒlədʒɪst, -s
AM ˌhiməˈtɑlədʒəst, -s

haematology
BR ˌhiːməˈtɒlədʒi
AM ˌhiməˈtɑlədʒi

haematoma
BR ˌhiːməˈtəʊmə(r), -z
AM ˌhiməˈtoʊmə, -z

haematuria
BR ˌhiːməˈtjʊərɪə(r), ˌhiːməˈtʃʊərɪə(r), ˌhiːməˈtjɔːrɪə(r), ˌhiːməˈtʃɔːrɪə(r)
AM ˌhiməˈtʊriə

haemocyanin
BR ˌhiːmə(ʊ)ˈsʌɪənɪn
AM ˌhiməˈsaɪənən

haemodialysis
BR ˌhiːmə(ʊ)dʌɪˈalɪsɪs
AM ˌhimoʊdaɪˈæləsəs

haemodynamic
BR ˌhiːmə(ʊ)dʌɪ-ˈnamɪk
AM ˌhimoʊdaɪˈnæmɪk

haemoglobin
BR ˌhiːməˈgləʊbɪn
AM ˈhimə,gloʊb(ə)n

haemolysis
BR hiːˈmɒlɪsɪs
AM hiˈmɑləsəs

haemolytic
BR ˌhiːməˈlɪtɪk
AM ˌhiməˈlɪdɪk

haemophilia
BR ˌhiːməˈfɪlɪə(r)
AM ˌhiməˈfɪliə, ˌhiməˈfɪljə

haemophiliac
BR ˌhiːməˈfɪlɪak, -s
AM ˌhiməˈfɪli,æk, -s

haemophilic
BR ˌhiːməˈfɪlɪk
AM ˌhiməˈfɪlɪk

haemorrhage
BR ˈhɛm(ə)r|ɪdʒ, -ɪdʒɪz, -ɪdʒɪŋ, -ɪdʒd
AM ˈhɛm(ə)rɪdʒ, -ɪz, -ɪŋ, -d

haemorrhagic
BR ˌhɛməˈradʒɪk
AM ˌhɛməˈrædʒɪk

haemorrhoid
BR ˈhɛmərɔɪd, -z
AM ˈhɛm(ə),rɔɪd, -z

haemorrhoidal
BR ˌhɛməˈrɔɪdl
AM ˌhɛm(ə)ˈrɔɪd(ə)l

haemostasis
BR ˌhiːmə(ʊ)ˈsteɪsɪs
AM ˌhiməˈsteɪsəs

haemostatic
BR ˌhiːməˈstatɪk
AM ˌhiməˈstædɪk

haere mai
BR ˈhʌɪrə ˈmʌɪ
AM ˈhirə ˈmaɪ

hafiz
BR ˈhɑːfiz, -ɪz
AM ˈhɑfəz, -əz

hafnium
BR ˈhafnɪəm
AM ˈhæfniəm

Hafod
BR ˈhavɒd
AM ˈhævəd

haft
BR hɑːft, -s, -ɪŋ, -ɪd
AM hæft, -s, -ɪŋ, -əd

haftara
BR ˌhɑːftəˈrɑː(r), ˌhaftəˈrɑː(r)
AM ˌhaftəˈrɑ

haftarah
BR ˌhɑːftəˈrɑː(r), ˌhaftəˈrɑː(r)
AM ˌhaftəˈrɑ

hag
BR hag, -z
AM hæg, -z

Hagan
BR ˈheɪg(ə)n
AM ˈheɪg(ə)n

Hagar
BR ˈheɪgɑː(r)
AM ˈheɪgər

hagfish
BR ˈhagfɪʃ, -ɪz
AM ˈhæg,fɪʃ, -ɪz

Haggada
BR həˈgɑːdə(r), ˌhagəˈdɑː(r)
AM həˈgɑdə

Haggadah
BR həˈgɑːdə(r), ˌhagəˈdɑː(r)
AM həˈgɑdə

Haggadic
BR həˈgɑːdɪk, həˈgadɪk
AM həˈgɑdɪk

Haggadoth
BR həˈgɑːdəʊt, ˌhagəˈdəʊt
AM həˈgɑˌdoʊθ

Haggai
BR ˈhag(ɪ)ʌɪ, ˈhageɪʌɪ
AM ˈhægaɪ

haggard
BR ˈhagəd
AM ˈhægərd

haggardly
BR ˈhagədli
AM ˈhægərdli

haggardness
BR ˈhagədnəs
AM ˈhægərdnəs

haggis
BR ˈhag|ɪs, -ɪsɪz
AM ˈhagəs, -əz

haggish
BR ˈhagɪʃ
AM ˈhægɪʃ

haggle
BR ˈhagǁl, -lz,
-ǁɪŋ\-lɪŋ, -ld
AM ˈhæg(ə)l, -z, -ɪŋ, -d

haggler
BR ˈhaglə(r),
ˈhaglə(r), -z
AM ˈhæg(ə)lər, -z

hagiocracy
BR ˌhagɪˈɒkrəsǀi, -ɪz
AM ˌheɪgɪˈɑkrəsi,
ˌhagiˈakrəsi,
ˌhægiˈakrəsi, -z

Hagiographa
BR ˌhagɪˈɒgrəfə(r)
AM ˌheɪgɪˈɑgrəfə,
ˌhagiˈagrəfə,
ˌhægiˈagrəfə

hagiographer
BR ˌhagɪˈɒgrəfə(r), -z
AM ˌheɪgɪˈɑgrəfər,
ˌhagiˈagrəfər,
ˌhægiˈagrəfər, -z

hagiographic
BR ˌhagɪəˈgrafɪk
AM ˌheɪgiəˈgræfɪk,
ˌhagiəˈgræfɪk,
ˌhægiəˈgræfɪk

hagiographical
BR ˌhagɪəˈgrafɪkl
AM ˌheɪgiəˈgræfək(ə)l,
ˌhagiəˈgræfɪk(ə)l,
ˌhægiəˈgræfək(ə)l

hagiography
BR ˌhagɪˈɒgrəfi
AM ˌheɪgɪˈɑgrəfi,
ˌhagiˈagrəfi,
ˌhægiˈagrəfi

hagiolater
BR ˌhagɪˈɒlətə(r), -z
AM ˌheɪgɪˈalədər,
ˌhagiˈalədər,
ˌhagiˈalədər, -z

hagiolatry
BR ˌhagɪˈɒlətri
AM ˌheɪgɪˈalətri, ˌhagi-
ˈalətri, ˌhagiˈalətri

hagiological
BR ˌhagɪəˈlɒdʒɪkl
AM ˌheɪgiəˈlɑdʒək(ə)l,
ˌhagiəˈlɑdʒək(ə)l,
ˌhagiəˈlɑdʒək(ə)l

hagiologist
BR ˌhagɪˈɒlədʒɪst, -s
AM ˌheɪgiˈalədʒəst,
ˌhagiˈalədʒəst,
ˌhægiˈalədʒəst, -s

hagiology
BR ˌhagɪˈɒlədʒi
AM ˌheɪgiˈalədʒi,
ˌhagiˈalədʒi,
ˌhægiˈalədʒi

hagioscope
BR ˈhagɪəskəʊp, -s
AM ˈheɪgiəˌskoʊp,
ˈhagiəˌskoʊp,
ˈhægiəˌskoʊp, -s

hagioscopic
BR ˌhagɪəˈskɒpɪk
AM ˌheɪgiəˈskɑpɪk,
ˌhagiəˈskɑpɪk,
ˌhægiəˈskɑpɪk

hagridden
BR ˈhagˌrɪdn
AM ˈhægˌrɪd(ə)n

Hague
BR heɪg
AM heɪg

hah *interjection*
BR hɑː(r)
AM hɑ

ha-ha[1] *ditch*
BR ˈhɑːhɑː(r), -z
AM ˈhɑˌhɑ, -z

ha-ha[2] *interjection, laughter*
BR (ˌ)hɑːˈhɑː(r), -z
AM ˈhɑˈhɑ, -z

Hahn
BR hɑːn
AM hɑn

hahnium
BR ˈhɑːnɪəm
AM ˈhɑnɪəm

haick
BR hʌɪk, ˈhɑːɪk,
heɪk, -s
AM haɪk, -s

Haida
BR ˈhʌɪdə(r), -z
AM ˈhaɪdə, -z

Haifa
BR ˈhʌɪfə(r)
AM ˈhaɪfə

Haig
BR heɪg
AM heɪg

Haigh[1] *placename*
BR heɪ
AM heɪ

Haigh[2] *surname*
BR heɪg
AM heɪg

Haight
BR hʌɪt, heɪt
AM heɪt

Haight-Ashbury
BR ˌhʌɪtˈaʃb(ə)ri
AM ˌheɪtˈaʃbɛri

haik
BR hʌɪk, ˈhɑːɪk,
heɪk, -s
AM haɪk, -s

haiku
BR ˈhʌɪkuː, -z
AM ˈhaɪˌku, -z

hail
BR heɪl, -z, -ɪŋ, -d
AM heɪl, -z, -ɪŋ, -d

hailer
BR ˈheɪlə(r), -z
AM ˈheɪlər, -z

Haile Selassie
BR ˌhʌɪli sɪˈlasi
AM ˈˌhaɪli səˈlæsi

Hailey
BR ˈheɪli
AM ˈheɪli

Haileybury
BR ˈheɪlɪb(ə)ri
AM ˈheɪliˌbɛri

Hailsham
BR ˈheɪlʃəm
AM ˈheɪlʃ(ə)m

hailstone
BR ˈheɪlstəʊn, -z
AM ˈheɪlˌstoʊn, -z

hailstorm
BR ˈheɪlstɔːm, -z
AM ˈheɪlˌstɔ(ə)rm, -z

Hailwood
BR ˈheɪlwʊd
AM ˈheɪlˌwʊd

haily
BR ˈheɪli
AM ˈheɪli

Hain
BR heɪn
AM heɪn

Hainaut
BR ˈheɪnɔː(l)t,
ˈheɪnɒlt
AM (h)eɪˈnoʊ
FR ˈɛno

Haines
BR heɪnz
AM heɪnz

Hainsworth
BR ˈhɔɪnɛwəːθ,
ˈheɪnzwəθ
AM ˈheɪnzˌwərθ

Haiphong
BR ˌhʌɪˈfɒŋ
AM ˈhaɪˌfɑŋ,
ˈhaɪˈfɔŋ

hair
BR hɛː(r), -z, -d
AM hɛ(ə)r, -z, -d

hairbreadth
BR ˈhɛːbredθ,
ˈhɛːbretθ
AM ˈhɛrˌbrɛ(d)θ

hairbrush
BR ˈhɛːbrʌʃ, -ɪz
AM ˈhɛrˌbrəʃ, -əz

haircare
BR ˈhɛːkɛː(r)
AM ˈhɛrˌkɛ(ə)r

haircloth
BR ˈhɛːklɒǀθ,
-s\-ðz
AM ˈhɛrˌklɑθ,
ˈhɛrˌklɔθ, -θs\-ðz

haircut
BR ˈhɛːkʌt, -s, -ɪŋ
AM ˈhɛrˌkət, -s, -ɪŋ

hairdo
BR ˈhɛːduː, -z
AM ˈhɛrˌdu, -z

hairdresser
BR ˈhɛːˌdrɛsə(r), -z
AM ˈhɛrˌdrɛsər, -z

hairdressing
BR ˈhɛːˌdrɛsɪŋ
AM ˈhɛrˌdrɛsɪŋ

hairdrier
BR ˈhɛːˌdrʌɪə(r), -z
AM ˈhɛrˌdraɪər, -z

hairdryer
BR ˈhɛːˌdrʌɪə(r), -z
AM ˈhɛrˌdraɪər, -z
hairgrip
BR ˈhɛːgrɪp, -s
AM ˈhɛrˌgrɪp, -s
hairily
BR ˈhɛːrɪli
AM ˈhɛrəli
hairiness
BR ˈhɛːrɪnɪs
AM ˈhɛrɪnɪs
hairless
BR ˈhɛːləs
AM ˈhɛrləs
hairlessness
BR ˈhɛːləsnəs
AM ˈhɛrləsnəs
hairlike
BR ˈhɛːlʌɪk
AM ˈhɛrˌlaɪk
hairline
BR ˈhɛːlʌɪn, -z
AM ˈhɛrˌlaɪn, -z
hairnet
BR ˈhɛːnɛt, -s
AM ˈhɛrˌnɛt, -s
hairpiece
BR ˈhɛːpiːs, -ɪz
AM ˈhɛrˌpis, -ɪz
hairpin
BR ˈhɛːpɪn, -z
AM ˈhɛrˌpɪn, -z
hairsbreadth
BR ˈhɛːzbrɛdθ,
ˈhɛːzbrɛtθ
AM ˈhɛrzˌbrɛ(d)θ
hairspray
BR ˈhɛːspreɪ, -z
AM ˈhɛrˌspreɪ, -z
hairspring
BR ˈhɛːsprɪŋ, -z
AM ˈhɛrˌsprɪŋ, -z
hairstreak
BR ˈhɛːstriːk, -s
AM ˈhɛrˌstrik, -s
hairstyle
BR ˈhɛːstʌɪl, -z
AM ˈhɛrˌstaɪl, -z
hairstyling
BR ˈhɛːˌstʌɪlɪŋ
AM ˈhɛrˌstaɪlɪŋ

hairstylist
BR ˈhɛːˌstʌɪlɪst, -s
AM ˈhɛrˌstaɪlɪst, -s
hairy
BR ˈhɛːr|i, -ɪə(r), -ɪɪst
AM ˈhɛri, -ər, -ɪst
Haiti
BR ˈheɪti, ˈhʌɪti,
heɪˈiːti, hʌɪˈiːti,
hɑːˈiːti
AM ˈheɪdi
Haitian
BR ˈheɪʃ(ɪə)n, ˈheɪtɪən,
ˈhʌɪʃn, heɪˈiːʃn,
hʌɪˈiːʃn, hɑːˈiːʃn, -z
AM ˈheɪʃ(ə)n, -z
haj
BR hadʒ, hɑːdʒ, -ɪz
AM hædʒ, hɑdʒ, -ɪz
haji
BR ˈhadʒ|i(ː),
ˈhɑːdʒ|i(ː), -ɪz\-iːz
AM ˈhædʒi, ˈhɑdʒi, -z
hajj
BR hadʒ, hɑːdʒ, -ɪz
AM hædʒ, hɑdʒ, -ɪz
hajji
BR ˈhadʒ|i(ː),
ˈhɑːdʒ|i(ː), -ɪz\-iːz
AM ˈhædʒi,
ˈhɑdʒi, -z
haka
BR ˈhɑːkə(r), -z
AM ˈhɑkə, -z
hake
BR heɪk, -s
AM heɪk, -s
Hakenkreuz
BR ˈhɑːk(ə)nkrɔɪts
AM ˈhɑkənˌkrɔɪts
Hakenkreuze
BR ˈhɑːk(ə)nˌkrɔɪtsə(r)
AM ˈhɑkənˌkrɔɪtsə
hakim
BR haˈkiːm, -z
AM həˈkim, -z
Hakka
BR ˈhakə(r), -z
AM ˈhækə, ˈhɑkə, -z
Hakluyt
BR ˈhakluːt
AM ˈhæˌklut

Hal
BR hal
AM hæl
Halacha
BR ˌhalaːˈxɑː(r),
həˈlaːxə(r),
həˈlaːkɑː(r)
AM hɑˈlɑkɑ
Halachic
BR həˈlaːkɪk
AM həˈlɑkɪk
Halafian
BR həˈlaːfɪən
AM həˈlɑfɪən
Halakah
BR ˌhalaːˈxɑː(r),
həˈlaːxə(r),
həˈlaːkɑː(r)
AM hɑˈlɑkɑ
halal
BR həˈlaːl, həˈlal,
ˈhalal
AM həˈlæl, həˈlɑl
halation
BR həˈleɪʃn
AM həˈleɪʃ(ə)n
halberd
BR ˈhalbəd, -z
AM ˈhɔlbərd,
ˈhɑlbərd,
ˈhælbərd, -z
halberdier
BR ˌhalbəˈdɪə(r), -z
AM ˌhɔlbərˈdɪ(ə)r,
ˌhɑlbərˈdɪ(ə)r,
ˌhælbərˈdɪ(ə)r, -z
halcyon
BR ˈhalsɪən
AM ˈhælsiˌɑn,
ˈhælsɪən
Haldane
BR ˈhɔːldeɪn,
ˈhɒldeɪn, ˈhaldeɪn
AM ˈhɔlˌdeɪn,
ˈhɑlˌdeɪn,
ˈhælˌdeɪn
hale
BR heɪl, -z, -ɪŋ, -d
AM heɪl, -z, -ɪŋ, -d
haleness
BR ˈheɪlnəs
AM ˈheɪlnɪs

háleř *currency*
BR ˈhɑːlə(r)
AM ˈhɑlər
CZ ˈhʌleː(r)ʒ
haleru
BR ˈhɑːləruː
AM ˈhɑləru
Hales
BR heɪlz
AM heɪlz
Halesowen
BR (ˌ)heɪlzˈəʊɪn
AM ˌheɪlzˈoʊən
Halesworth
BR ˈheɪlzwəːθ,
ˈheɪlzwəθ
AM ˈheɪlzˌwərθ
Halewood
BR ˈheɪlwʊd
AM ˈheɪlˌwʊd
Halex
BR ˈheɪlɛks
AM ˈheɪlɛks
Haley
BR ˈheɪli
AM ˈheɪli
half
BR hɑːf
AM hæf
half-ass
BR ˈhɑːfas, -ɪz, -ɪŋ, -t
AM ˈhæfˌæs, -əz, -ɪŋ, -t
halfback
BR ˈhɑːfbak, -s
AM ˈhæfˌbæk, -s
half-caf
BR ˈhɑːfkaf, -s
AM ˈhæfˌkæf
halfpence
BR ˈheɪp(ə)ns
AM ˈheɪpəns,
ˈhæfˌpɛns
halfpenny
BR ˈheɪpn̩i, ˈheɪpn̩i,
-ɪz
AM ˈheɪp(ə)ni,
ˈhæfˌpɛni, -z
halfpennyworth
BR ˈheɪpnɪwəːθ,
ˌhɑːfˈpɛnəθ, -s
AM ˈheɪpnɪˌwərθ,
ˈhæfˈpɛniˌwərθ, -s

halftime
BR ˌhɑːfˈtʌɪm
AM ˈhæfˌtaɪm

halftone
BR ˌhɑːfˈtəʊn,
ˈhɑːftəʊn, -z
AM ˈhæfˌtoʊn, -z

halftrack *noun*
BR ˈhɑːftræk, -s
AM ˈhæfˌtræk, -s

half-track *adjective*
BR ˌhɑːfˈtræk, -t
AM ˈˌhæfˈtræk, -t

halfway
BR ˌhɑːfˈweɪ
AM ˈhæfˈweɪ

halfwit
BR ˈhɑːfwɪt, -s
AM ˈhæfˌwɪt, -s

half-witted
BR ˌhɑːfˈwɪtɪd
AM ˈˌhæfˈwɪdɪd

half-wittedly
BR ˌhɑːfˈwɪtɪdli
AM ˈˌhæfˈwɪdɪdli

half-wittedness
BR ˌhɑːfˈwɪtɪdnɪs
AM ˈˌhæfˈwɪdɪdnɪs

halibut
BR ˈhalɪbət, -s
AM ˈhæləbət, -s

Halicarnassus
BR ˌhalɪkɑːˈnasəs
AM ˌhæləkɑrˈnæsəs

halide
BR ˈheɪlʌɪd,
ˈhalʌɪd, -z
AM ˈhæˌlaɪd,
ˈheɪˌlaɪd, -z

halieutic
BR ˌhalɪˈjuːtɪk, -s
AM ˌhæliˈ(j)udɪk, -s

Halifax
BR ˈhalɪfaks
AM ˈhæləˌfæks

haliotis
BR ˌhalɪˈəʊtɪs
AM ˌhæliˈoʊdəs

halite
BR ˈhalʌɪt, -s
AM ˈheɪˌlaɪt,
ˈhæˌlaɪt, -s

halitosis
BR ˌhalɪˈtəʊsɪs
AM ˌhæləˈtoʊsəs

hall
BR hɔːl, -z
AM hɑl, hɔl, -z

hallal
BR həˈlɑːl, həˈlal,
ˈhalal
AM həˈlæl, həˈlɑl

Hallam
BR ˈhaləm
AM ˈhæl(ə)m

Halle
BR ˈhalə(r)
AM ˈhɑlə

Hallé
BR ˈhaleɪ, ˈhali
AM ˈhaleɪ

halleluja
BR ˌhalɪˈluːjə(r), -z
AM ˌhæləˈlujə, -z

hallelujah
BR ˌhalɪˈluːjə(r), -z
AM ˌhæləˈlujə, -z

Haller
BR ˈhalə(r)
AM ˈhælər

Halley
BR ˈhali
AM ˈhæli

halliard
BR ˈhaljəd, -z
AM ˈhæljərd, -z

Halliday
BR ˈhalɪdeɪ
AM ˈhæləˌdeɪ

Halliwell
BR ˈhalɪwel
AM ˈhæləˌwel

hallmark
BR ˈhɔːlmɑːk, -s,
-ɪŋ, -t
AM ˈhɑlˌmɑrk,
ˈhɔlˌmɑrk, -s,
-ɪŋ, -t

hallo
BR həˈləʊ, -z
AM həˈloʊ, -z

halloo
BR həˈluː, -z, -ɪŋ, -d
AM həˈlu, -z, -ɪŋ, -d

hallow
BR ˈhaləʊ, -z, -ɪŋ, -d
AM ˈhæloʊ, -z, -ɪŋ, -d

Halloween
BR ˌhaləʊˈiːn
AM ˌhaləˈwin,
ˌhæləˈwin

Hallowe'en
BR ˌhaləʊˈiːn
AM ˌhaləˈwin,
ˌhæləˈwin

Hallowes
BR ˈhaləʊz
AM ˈhæloʊz

hallstand
BR ˈhɔːlstand, -z
AM ˈhɑlˌstænd,
ˈhɔlˌstænd, -z

Hallstatt
BR ˈhɑːlʃtɑːt,
ˈhɑːlʃtat
AM ˈhɑlˌstat,
ˈhɑlˌʃtat

halluces
BR ˈhaljʉsiːz
AM ˈhæləˌsiz

hallucinant
BR həˈl(j)uːsɪnənt, -s
AM həˈlusənənt, -s

hallucinate
BR həˈl(j)uːsɪneɪt, -s,
-ɪŋ, -ɪd
AM həˈlusnˌeɪt, -ts,
-dɪŋ, -dɪd

hallucination
BR həˌl(j)uːsɪˈneɪʃn, -z
AM həˌlusnˈeɪʃn, -z

hallucinator
BR həˈl(j)uːsɪneɪtə(r),
-z
AM həˈlusnˌeɪdər, -z

hallucinatory
BR həˈl(j)uːsɪnət(ə)ri,
həˈl(j)uːsnət(ə)ri,
həˌl(j)uːsɪˈneɪt(ə)ri
AM həˈlusnəˌtɔri

hallucinogen
BR hə-
ˈl(j)uːs(ɪ)nədʒ(ə)n,
həˈl(j)uːsnədʒ(ə)n,
-z
AM həˈlusənəˌdʒen, -z

hallucinogenic
BR həˌl(j)uːs(ɪ)nə-
ˈdʒenɪk,
həˌl(j)uːsnəˈdʒenɪk
AM həˌlusnəˈdʒenɪk

hallux
BR ˈhaləks, -ɪz
AM ˈhæləks, -əz

hallway
BR ˈhɔːlweɪ, -z
AM ˈhɑlˌweɪ,
ˈhɔlˌweɪ, -z

halm
BR hɔːm, -z
AM hɑ(l)m, hɔm, -z

halma
BR ˈhalmə(r)
AM ˈhælmə

Halmahera
BR ˌhalməˈhɛːrə(r)
AM ˌhælməˈhɛrə

halo
BR ˈheɪləʊ, -z, -d
AM ˈheɪloʊ, -z, -d

halocarbon
BR ˈhalə(ʊ)ˌkɑːbn, -z
AM ˈhæləˌkɑrb(ə)n, -z

halogen
BR ˈhalədʒ(ə)n, -z
AM ˈhælədʒ(ə)n, -z

halogenation
BR ˌhalədʒəˈneɪʃn
AM həˌlɑdʒəˈneɪʃ(ə)n,
ˌhælədʒəˈneɪʃ(ə)n

halogenic
BR ˌhaləˈdʒenɪk
AM ˌhæləˈdʒenɪk

halon
BR ˈheɪlɒn
AM ˈheɪlɑn

halophyte
BR ˈhaləfʌɪt, -s
AM ˈhæləˌfaɪt, -s

Halpern
BR ˈhalp(ə)n
AM ˈhælpərn

Halpin
BR ˈhalpɪn
AM ˈhælp(ə)n

Hals
BR hals, halz
AM hɑls

Halstead
BR ˈhalstɛd, ˈhalstɪd, ˈhɔːlstɛd, ˈhɔːlstɪd, ˈhɒlstɛd, ˈhɒlstɪd
AM ˈhɑlˌstɛd, ˈhɔlˌstɛd

halt
BR hɔːlt, hɒlt, -s, -ɪŋ, -ɪd
AM hɑlt, hɔlt, -s, -ɪŋ, -əd

Haltemprice
BR ˈhɔːltəmprʌɪs, ˈhɒltəmprʌɪs
AM ˈhɑltəmˌpraɪs, ˈhɔltəmˌpraɪs

halter
BR ˈhɔːltə(r), ˈhɒltə(r), -z
AM ˈhɑltər, ˈhɔltər, -z

halteres
BR ˈhaltɪəz, ˈhɔːltɪəz, ˈhɒltɪəz, halˈtɪəz
AM ˈhɑlˌtɪ(ə)rz, ˈhɑlˌtɪ(ə)rz, ˈhælˌtɪ(ə)rz

halterneck
BR ˈhɔːltənɛk, ˈhɒltənɛk, -s
AM ˈhɑltərˌnɛk, ˈhɔltərˌnɛk, -s

haltingly
BR ˈhɔːltɪŋli, ˈhɒltɪŋli
AM ˈhɑltɪŋli, ˈhɔltɪŋli

Halton
BR ˈhɔːlt(ə)n, ˈhɒlt(ə)n
AM ˈhɑlt(ə)n, ˈhɔlt(ə)n

halva
BR ˈhalvɑː(r), -z
AM ˈhɑlˌvɑ, -z

halvah
BR ˈhalvɑː(r), -z
AM ˈhɑlˌvɑ, -z

halve
BR hɑːv, -z, -ɪŋ, -d
AM hæv, -z, -ɪŋ, -d

halyard
BR ˈhaljəd, -z
AM ˈhæljərd, -z

ham
BR ham, -z, -ɪŋ, -d
AM hæm, -z, -ɪŋ, -d

Hamada
BR həˈmɑːdə(r)
AM həˈmɑdə

hamadryad
BR ˌhaməˈdrʌɪad, -z
AM ˌhæməˈdraɪˌæd, ˌhæməˈdraɪəd, -z

hamadryas
BR ˌhaməˈdrʌɪas, -ɪz
AM ˌhæməˈdraɪəs, -ɪz

hamamelis
BR ˌhaməˈmiːl|ɪs, -ɪsɪz
AM ˌhæməˈmilɪs, -ɪz

hamartia
BR həˈmɑːtɪə(r)
AM həˈmɑrdiə

Hamas
BR haˈmas
AM hɑˈmɑs

Hambly
BR ˈhambli
AM ˈhæmbli

hambone
BR ˈhambəʊn, -z
AM ˈhæmˌboʊn, -z

Hambro
BR ˈhambrəʊ
AM ˈhæmbroʊ

Hamburg
BR ˈhambəːg
AM ˈhæmˌbɜrg

hamburger
BR ˈhamˌbəːgə(r), -z
AM ˈhæmˌbɜrgər, -z

Hamelin
BR ˈham(ɪ)lɪn
AM ˈhæm(ə)l(ə)n

Hamer
BR ˈheɪmə(r)
AM ˈheɪmər

hames
BR heɪmz
AM heɪmz

Hamilcar
BR ˈham(ɪ)lkɑː(r), həˈmɪlkɑː(r)
AM ˈhæməlˌkɑr, həˈmɪlˌkɑr

Hamill
BR ˈham(ɪ)l
AM ˈhæm(ə)l

Hamilton
BR ˈham(ɪ)lt(ə)n
AM ˈhæməlt(ə)n

Hamish
BR ˈheɪmɪʃ
AM ˈhæmɪʃ

Hamite
BR ˈhamʌɪt, -s
AM ˈhæˌmaɪt, -s

Hamitic
BR haˈmɪtɪk
AM həˈmɪdɪk

Hamito-Semitic
BR ˌhamɪtəʊsɪˈmɪtɪk
AM ˌhæməˌtoʊsəˈmɪdɪk

hamlet
BR ˈhamlɪt, -s
AM ˈhæmlət, -s

Hamley
BR ˈhamli
AM ˈhæmli

Hamlin
BR ˈhamlɪn
AM ˈhæml(ə)n

Hamlyn
BR ˈhamlɪn
AM ˈhæml(ə)n

hammam
BR ˈhamam, həˈmɑːm, ˈhʌmʌm, -z
AM həˈmɑm, -z

hammer
BR ˈham|ə(r), -əz, -(ə)rɪŋ, -əd
AM ˈhæmər, -z, -ɪŋ, -d

hammerbeam
BR ˈhaməbiːm, -z
AM ˈhæmərˌbim, -z

hammerer
BR ˈham(ə)rə(r), -z
AM ˈhæmərər, -z

Hammerfest
BR ˈhaməfɛst
AM ˈhæmərˌfɛst

hammerhead
BR ˈhaməhɛd, -z
AM ˈhæmərˌ(h)ɛd, -z

hammering
BR ˈham(ə)rɪŋ, -z
AM ˈhæmərɪŋ, -z

hammerless
BR ˈhamələs
AM ˈhæmərləs

hammerlock
BR ˈhaməlɒk, -s
AM ˈhæmərˌlɑk, -s

hammerman
BR ˈhaməman
AM ˈhæmərˌmæn

hammermen
BR ˈhamɛmɛn
AM ˈhæmərˌmɛn

Hammersmith
BR ˈhaməsmɪθ
AM ˈhæmərˌsmɪθ

Hammerstein
BR ˈhaməstʌɪn
AM ˈhæmərˌstaɪn, ˈhæmərˌstin

Hammett
BR ˈhamɪt
AM ˈhæmət

hammock
BR ˈhamək, -s
AM ˈhæmək, -s

Hammond
BR ˈhamənd
AM ˈhæmənd

Hammurabi
BR ˌhamʊˈrɑːbi
AM ˌhæməˈrɑbi

hammy
BR ˈham|i, -ɪə(r), -ɪɪst
AM ˈhæmi, -ər, -ɪst

Hamnett
BR ˈhamnɪt
AM ˈhæmnət

hamper
BR ˈhamp|ə(r), -əz, -(ə)rɪŋ, -əd
AM ˈhæmp|ər, -ərz, -(ə)rɪŋ, -ərd

Hampshire
BR ˈham(p)ʃ(ɪ)ə(r)
AM ˈhæm(p)ʃɪ(ə)r

Hampson
BR ˈham(p)s(ə)n
AM ˈhæm(p)s(ə)n

Hampstead
BR ˈham(p)stɪd, ˈham(p)stɛd
AM ˈhæm(p)ˌstɛd

Hampton
BR ˈham(p)t(ə)n
AM ˈhæm(p)t(ə)n

Hampton Court
BR ˌham(p)t(ə)n ˈkɔːt
AM ˌhæm(p)t(ə)n ˈkɔ(ə)rt

Hampton Roads
BR ˌham(p)t(ə)n ˈrəʊdz
AM ˌhæm(p)t(ə)n ˈroʊdz

hamsin
BR ˈhamsin
AM ˈhæmsɪn

hamster
BR ˈhamstə(r), -z
AM ˈhæmstər, -z

hamstring
BR ˈhamstrɪŋ, -z, -ɪŋ
AM ˈhæmˌstrɪŋ, -z, -ɪŋ

hamstrung
BR ˈhamstrʌŋ
AM ˈhæmˌstrʌŋ

hamuli
BR ˈhamjʉlʌɪ, ˈhamjʉliː
AM ˈhæmjəˌlaɪ

hamulus
BR ˈhamjʉləs
AM ˈhæmjələs

Hamza
BR ˈhamzə(r), -z
AM ˈhæmzə, -z

hamzah
BR ˈhamzə(r), -z
AM ˈhæmzə, -z

Han
BR han
AM hæn

Hancock
BR ˈhankɒk, ˈhaŋkɒk
AM ˈhænˌkɑk, ˈhænˌkɑk

Hancox
BR ˈhankɒks, ˈhaŋkɒks
AM ˈhæŋkɑks, ˈhænkaks

hand
BR hand, -z, -ɪŋ, -ɪd
AM hænd, -z, -ɪŋ, -əd

hand-axe
BR ˈhandaks, -ɪz
AM ˈhændˌæks, -əz

handbag
BR ˈhan(d)bag, -z
AM ˈhæn(d)ˌbæg, -z

handball
BR ˈhan(d)bɔːl, -z
AM ˈhæn(d)ˌbɑl, ˈhæn(d)ˌbɔl, -z

handbasin
BR ˈhan(d)ˌbeɪsn, -z
AM ˈhæn(d)ˌbeɪsn, -z

handbell
BR ˈhan(d)bɛl, -z
AM ˈhæn(d)ˌbɛl, -z

handbill
BR ˈhan(d)bɪl, -z
AM ˈhæn(d)ˌbɪl, -z

handbook
BR ˈhan(d)bʊk, -s
AM ˈhæn(d)ˌbʊk, -s

handbrake
BR ˈhan(d)breɪk, -s
AM ˈhæn(d)ˌbreɪk, -s

handbreadth
BR ˈhan(d)brɛdθ, ˈhan(d)brɛtθ, -s
AM ˈhæn(d)ˌbrɛ(d)θ, -s

handcar
BR ˈhan(d)kɑː(r), -z
AM ˈhæn(d)ˌkɑr, -z

handcart
BR ˈhan(d)kɑːt, -s
AM ˈhæn(d)ˌkɑrt, -s

handclap
BR ˈhan(d)klap, -s
AM ˈhæn(d)ˌklæp, -s

handclapping
BR ˈhan(d)ˌklapɪŋ
AM ˈhæn(d)ˌklæpɪŋ

handcraft
BR ˈhan(d)krɑːft, -s, -ɪŋ, -ɪd
AM ˈhæn(d)ˌkræft, -s, -ɪŋ, -d

handcuff
BR ˈhan(d)kʌf, -s, -ɪŋ, -t
AM ˈhæn(d)ˌkəf, -s, -ɪŋ, -t

handedness
BR ˈhandɪdnɪs
AM ˈhændədnəs

Handel
BR ˈhandl
AM ˈhand(ə)l

Handelian
BR hanˈdiːliən
AM hænˈdɛliən

handful
BR ˈhan(d)fʊl, -z
AM ˈhæn(d)ˌfʊl, -z

handglass
BR ˈhan(d)glɑːs, -ɪz
AM ˈhæn(d)ˌglæs, -əz

handgrip
BR ˈhan(d)grɪp, -s
AM ˈhæn(d)ˌgrɪp, -s

handgun
BR ˈhan(d)gʌn, -z
AM ˈhæn(d)ˌgən, -z

handhold
BR ˈhandhəʊld, -z
AM ˈhæn(d)ˌ(h)oʊld, -z

hand-holding
BR ˈhandˌhəʊldɪŋ
AM ˈhæn(d)ˌ(h)oʊldɪŋ

handicap
BR ˈhandɪkap, -s, -ɪŋ, -t
AM ˈhandiˌkæp, -s, -ɪŋ, -t

handicapper
BR ˈhandɪˌkapə(r), -z
AM ˈhandiˌkæpər, -z

handicraft
BR ˈhandɪkrɑːft, -s
AM ˈhændiˌkræft, -s

handily
BR ˈhændɪli
AM ˈhændəli

handiness
BR ˈhandɪnɪs
AM ˈhændɪnɪs

handiwork
BR ˈhandɪwəːk
AM ˈhændiˌwərk

handkerchief
BR ˈhaŋkətʃɪf, ˈhaŋkətʃiːf
AM ˈhæŋkərˌtʃɪf, ˈhæŋkərtʃəf

handkerchiefs
BR ˈhaŋkətʃɪfs, ˈhaŋkətʃiːfs, ˈhaŋkətʃiːvz
AM ˈhæŋkərˌtʃɪvz, ˈhæŋkərˌtʃɪfs, ˈhæŋkərtʃəfs

handle
BR ˈhand|l, -lz, -lɪŋ\-lŋ, -ld
AM ˈhænd(ə)|l, ˈhæn(ə)|l, -lz, -lɪŋ, ld

handleability
BR ˌhandləˈbɪlɪti, ˌhandləˈbɪlɪti
AM ˌhæn(d)ləˈbɪlɪdi

handleable
BR ˈhandləbl, ˈhandləbl
AM ˈhæn(d)ləb(ə)l

handlebar
BR ˈhandlbɑː(r), -z
AM ˈhæn(d)lˌbɑr, -z

handler
BR ˈhandlə(r), ˈhandlə(r), -z
AM ˈhænd(ə)lər, ˈhæn(ə)lər, -z

handless
BR ˈhandləs
AM ˈhæn(d)ləs

Handley
BR ˈhandli
AM ˈhæn(d)li

handline
BR ˈhan(d)lʌɪn, -z, -ɪŋ, -d
AM ˈhæn(d)ˌlaɪn, -z, -ɪŋ, -d

handlist
BR ˈhan(d)lɪst, -s
AM ˈhæn(d)ˌlɪst, -s

handloom
BR ˈhan(d)luːm, -z
AM ˈhæn(d)ˌlum, -z

handmade
BR ˌhan(d)ˈmeɪd
AM ˈhæn(d)ˈmeɪd

handmaid
BR ˈhan(d)meɪd, -z
AM ˈhæn(d)ˌmeɪd, -z

handmaiden
- BR ˈhan(d)ˌmeɪdn, -z
- AM ˈhæn(d)ˌmeɪd(ə)n, -z

hand-off
- BR ˈhandɒf, -s
- AM ˈhænd.ɔf, ˈhænd.ɑf, -s

handout
- BR ˈhandaʊt, -s
- AM ˈhænd.aʊt, -s

handover
- BR ˈhandˌəʊvə(r), -z
- AM ˈhændˌoʊvər, -z

hand-painted
- BR ˌhan(d)ˈpeɪntɪd
- AM ˈhæn(d)ˈpeɪn(t)ɪd

hand-pick
- BR ˌhan(d)ˈpɪk, -s, -ɪŋ, -t
- AM ˈhæn(d)ˈpɪk, -s, -ɪŋ, -t

handpicked
- BR ˌhan(d)ˈpɪkt
- AM ˈhæn(d)ˈpɪkt

handpump
- BR ˈhan(d)pʌmp, -s
- AM ˈhæn(d)ˌpəmp, -s

handrail
- BR ˈhandreɪl, -z
- AM ˈhæn(d)ˌreɪl, -z

handsaw
- BR ˈhan(d)sɔː(r), -z
- AM ˈhæn(d)ˌsɑ, ˈhæn(d)ˌsɔ, -z

handsbreadth
- BR ˈhan(d)zbrɛdθ, ˈhan(d)zbrɛtθ, -s
- AM ˈhæn(d)zˌbrɛ(d)θ, -s

handsel
- BR ˈhan(d)s|l, -lz, -əlɪŋ\-lɪŋ, -ld
- AM ˈhæn(t)s(ə)l, -z, -ɪŋ, -d

handset
- BR ˈhan(d)sɛt, -s
- AM ˈhæn(d)ˌsɛt, -s

handshake
- BR ˈhan(d)ʃeɪk, -s
- AM ˈhæn(d)ˌʃeɪk, -s

handsome
- BR ˈhans(ə)m, -əmə(r)\-mə(r), -əmɪst\-mɪst
- AM ˈhæn(t)s(ə)m, -ər, -əst

handsomely
- BR ˈhans(ə)mli
- AM ˈhæn(t)səmli

handsomeness
- BR ˈhans(ə)mnəs
- AM ˈhæn(t)səmnəs

handspike
- BR ˈhan(d)spʌɪk, -s
- AM ˈhæn(d)ˌspaɪk, -s

handspring
- BR ˈhan(d)sprɪŋ, -z
- AM ˈhæn(d)ˌsprɪŋ, -z

handstand
- BR ˈhan(d)stand, -z
- AM ˈhæn(d)ˌstænd, -z

hand-wash
- BR ˈhandwɒʃ, -ɪz, -ɪŋ, -t
- AM ˈhæn(d)ˌwɔʃ, ˈhæn(d)ˌwɑʃ, -əz, -ɪŋ, -t

handwork
- BR ˈhandwəːk
- AM ˈhæn(d)ˌwərk

handworked
- BR ˌhandˈwəːkt
- AM ˈhæn(d)ˈwərkt

handwriting
- BR ˈhandˌrʌɪtɪŋ
- AM ˈhæn(d)ˌraɪdɪŋ

handwritten
- BR ˌhandˈrɪtn
- AM ˈhæn(d)ˈrɪtn

handy
- BR ˈhand|i, -ɪə(r), -ɪɪst
- AM ˈhændi, -ər, -ɪst

handyman
- BR ˈhandɪman
- AM ˈhændiˌmæn

handymen
- BR ˈhandɪmɛn
- AM ˈhændiˌmɛn

Haney
- BR ˈheɪni
- AM ˈheɪni

hang
- BR haŋ, -z, -ɪŋ, -d
- AM hæŋ, -z, -ɪŋ, -d

hangar
- BR ˈhaŋ(g)ə(r), -z
- AM ˈhæŋər, -z

hangarage
- BR ˈhaŋ(g)(ə)rɪdʒ
- AM ˈhæŋərɪdʒ

Hangchow
- BR ˌhaŋˈtʃaʊ
- AM ˈhæŋˈtʃaʊ

hangdog
- BR ˈhaŋdɒg
- AM ˈhæŋˌdɑg, ˈhæŋˌdɔg

hanger
- BR ˈhaŋə(r), -z
- AM ˈhæŋər, -z

hangi
- BR ˈhaŋ|i, ˈhɑːŋ|i, -ɪz
- AM ˈhæŋi, -z

hanging
- BR ˈhaŋɪŋ, -z
- AM ˈhæŋɪŋ, -z

hangman
- BR ˈhaŋmən, ˈhaŋman
- AM ˈhæŋˌmæn, ˈhæŋm(ə)n

hangmen
- BR ˈhaŋmən, ˈhaŋmɛn
- AM ˈhæŋˌmɛn, ˈhæŋm(ə)n

hangnail
- BR ˈhaŋneɪl, -z
- AM ˈhæŋˌneɪl, -z

hangout
- BR ˈhaŋaʊt, -s
- AM ˈhæŋˌaʊt, -s

hangover
- BR ˈhaŋˌəʊvə(r), -z
- AM ˈhæŋˌoʊvər, -z

Hang Seng
- BR ˌhaŋ ˈsɛŋ
- AM ˈhæŋ ˈsɛŋ

hangup
- BR ˈhaŋʌp, -s
- AM ˈhæŋˌəp, -s

Hangzhou
- BR ˌhaŋˈ(d)ʒaʊ
- AM ˈhæŋˈ(d)ʒaʊ

Hanif
- BR haˈniːf
- AM həˈnif

hank
- BR haŋk, -s
- AM hæŋk, -s

hanker
- BR ˈhaŋk|ə(r), -əz, -(ə)rɪŋ, -əd
- AM ˈhæŋk|ər, -ərz, -(ə)rɪŋ, -ərd

hankerer
- BR ˈhaŋk(ə)rə(r), -z
- AM ˈhæŋk(ə)rər, -z

hankering
- BR ˈhaŋk(ə)rɪŋ, -z
- AM ˈhæŋk(ə)rɪŋ, -z

hankie
- BR ˈhaŋk|i, -ɪz
- AM ˈhæŋki, -z

Hanks
- BR haŋks
- AM hæŋks

hanky
- BR ˈhaŋk|i, -ɪz
- AM ˈhæŋki, -z

hanky-panky
- BR ˌhaŋkɪˈpaŋki
- AM ˈˌhæŋkiˈpæŋki

Hanley
- BR ˈhanli
- AM ˈhænli

Hanna
- BR ˈhanə(r)
- AM ˈhænə

Hannah
- BR ˈhanə(r)
- AM ˈhænə

Hannibal
- BR ˈhanɪbl
- AM ˈhænəb(ə)l

Hannon
- BR ˈhanən
- AM ˈhænən

Hannover
- BR ˈhanə(ʊ)və(r)
- AM ˈhænˌoʊvər
- GER haˈnoːfɐ

Hanoi
- BR haˈnɔɪ
- AM hæˈnɔɪ

Hanover
BR ˈhanə(ʊ)və(r)
AM ˈhænˌoʊvər

Hanoverian
BR ˌhanə(ʊ)ˈvɛːrɪən,
ˌhanə(ʊ)ˈvɪərɪən, -z
AM ˌhænəˈveriən,
-z

Hanrahan
BR ˈhanrəhan
AM ˈhænrəˌhæn

Hanratty
BR hanˈrati
AM ˈhænˌrædi

Hans
BR hans, hanz
AM hɑns

Hansa
BR ˈhansə(r)
AM ˈhænsə

Hansard
BR ˈhansɑːd
AM ˈhænsard

Hanse
BR ˈhans, -ɪz
AM hɑns, ˈhænz, -əz

Hanseatic
BR ˌhansɪˈatɪk
AM ˌhænsiˈædɪk

Hänsel
BR ˈhansl
AM ˈhæn(t)s(ə)l,
ˈhɑn(t)s(ə)l
GER ˈhɛnzl

hansel
BR ˈhans|l, -lz,
-l̩ŋ, -ld
AM ˈhæn(t)s(ə)l, -z,
-ɪŋ, -d

Hansen
BR ˈhansn
AM ˈhæns(ə)n
NO ˈhansen

hansom
BR ˈhans(ə)m, -z
AM ˈhæns(ə)m, -z

Hanson
BR ˈhansn
AM ˈhæns(ə)n

Hants *Hampshire*
BR ˈhants
AM ˈhænts

Hanukkah
BR ˈhanʊkə(r),
ˈxanʊkə(r),
ˈhɑːnʊkə(r),
ˈxɑːnʊkə(r), -z
AM ˈhɑnəkə, -z

Hanuman
BR ˌhʌnʊˈmɑːn
AM ˌhanəˈmɑn

hanuman
BR ˌhʌnʊˈmɑːn,
-z
AM həˈnʊm(ə)n,
ˈhænəˌmɑn, -z

hap
BR hap, -s, -ɪŋ, -t
AM hæp, -s,
-ɪŋ, -t

hapa
BR ˈhɑːpə(r), -z
AM ˈhɑpə, -z

hapax
BR ˈhapaks
AM ˈhæˌpæks

hapax legomena
BR ˌhapaks
lɪˈɡɒmɪnə(r)
AM ˌhæpæks
ləˈɡɑmənə

hapax legomenon
BR ˌhapaks
lɪˈɡɒmɪnɒn
AM ˌhæpæks
ləˈɡɑməˌnɑn

ha'penny
BR ˈheɪpn|i, -ɪz
AM ˈheɪp(ə)ni, -z

haphazard
BR ˌhapˈhazəd
AM ˌhæpˈhæzərd

haphazardly
BR ˌhapˈhazədli
AM ˌhæpˈhæzərdli

haphazardness
BR ˌhapˈhazədnəs
AM ˌhæpˈhæzərdnəs

haphtarah
BR ˌhɑːftɑːˈrɑː(r)
AM ˌhɑftəˈrɑ

haphtaroth
BR ˌhɑːftɑːˈrəʊt
AM ˌhɑftəˈrɑθ

haphtorah
BR ˌhɑːfˈtəʊrɑː(r)
AM ˌhɑftəˈrɑ

hapless
BR ˈhapləs
AM ˈhæpləs

haplessly
BR ˈhapləsli
AM ˈhæpləsli

haplessness
BR ˈhapləsnəs
AM ˈhæpləsnəs

haplography
BR hapˈlɒɡrəfi
AM hæpˈlɑɡrəfi

haploid
BR ˈhaplɔɪd
AM ˈhæpˌlɔɪd

haplology
BR hapˈlɒlədʒ|i, -ɪz
AM hæpˈlɑlədʒi, -z

haply
BR ˈhapli
AM ˈhæpli

hap'orth
BR ˈheɪpəθ, -s
AM ˈheɪpərθ, -s

ha'p'orth
BR ˈheɪpəθ
AM ˈheɪpərθ

happen
BR ˈhap|(ə)n, -(ə)nz,
-(ə)nɪŋ\-n̩ŋ, -(ə)nd
AM ˈhæp|ən, -ənz\m-z,
-(ə)nɪŋ, -ənd\n̩d

happening
BR ˈhap(ə)nɪŋ,
ˈhapn̩ɪŋ, -z
AM ˈhæp(ə)nɪŋ, -z

happenstance
BR ˈhap(ə)nstans,
ˈhap(ə)nstɑːns
AM ˈhæpənˌstæns

happi
BR ˈhap|i, -ɪz
AM ˈhæpi, -z

happi-coat
BR ˈhapɪkəʊt, -s
AM ˈhæpiˌkoʊt, -s

happily
BR ˈhapɪli
AM ˈhæp(ə)li

happiness
BR ˈhapɪnɪs, -ɪz
AM ˈhæpɪnɪs, -ɪz

Happisburgh
BR ˈheɪzb(ə)rə(r)
AM ˈheɪzbərə

happy
BR ˈhap|i, -ɪə(r),
-ɪɪst
AM ˈhæpi, -ər, -ɪst

happy-go-lucky
BR ˌhapɪɡə(ʊ)ˈlʌki
AM ˌhæpiˌɡoʊˈləki

happy slapping
BR ˌhapɪ ˈslapɪŋ,
ˈhapɪˌslapɪŋ
AM ˈhæpiˌslæpɪŋ

Hapsburg
BR ˈhapsbəːɡ,
ˈhabzbəːɡ, -z
AM ˈhɑbsˌbərɡ,
ˈhæpsˌbərɡ, -z

haptic
BR ˈhaptɪk
AM ˈhæptɪk

hara-kiri
BR ˌharəˈkɪri
AM ˌhɛrəˈkɛri,
ˌhɛrəˈkɪri

harangue
BR həˈraŋ, -z,
-ɪŋ, -d
AM həˈræŋ, -z, -ɪŋ, -d

haranguer
BR həˈraŋə(r), -z
AM həˈræŋər, -z

Harappa
BR həˈrapə(r)
AM həˈræpə

Harare
BR həˈrɑːri
AM həˈrɑri

harass
BR ˈharəs, həˈras,
-ɪz, -ɪŋ, -t
AM ˈhɛrəs, həˈræs,
-əz, -ɪŋ, -t

harasser
BR ˈharəsə(r),
həˈrasə(r), -z
AM ˈhɛrəsər,
həˈræsər, -z

harassingly
BR ˈharəsɪŋli, həˈrasɪŋli
AM ˈhɛrəsɪŋli, həˈræsɪŋli

harassment
BR ˈharəsm(ə)nt, həˈrasm(ə)nt
AM ˈhɛrəsm(ə)nt, həˈræsm(ə)nt

Harben
BR ˈhɑːb(ə)n
AM ˈhɑrb(ə)n

harbinger
BR ˈhɑːbɪn(d)ʒə(r), -z
AM ˈhɑrbəndʒər, -z

harbor
BR ˈhɑːb|ə(r), -əz, -(ə)rɪŋ, -əd
AM ˈhɑrbər, -z, -ɪŋ, -d

harborage
BR ˈhɑːb(ə)rɪdʒ
AM ˈhɑrbərɪdʒ

harborless
BR ˈhɑːbələs
AM ˈhɑrbərləs

harbormaster
BR ˈhɑːbəˌmɑːstə(r), -z
AM ˈhɑrbərˌmæstər, -z

harbour
BR ˈhɑːb|ə(r), -əz, -(ə)rɪŋ, -əd
AM ˈhɑrbər, -z, -ɪŋ, -d

harbourage
BR ˈhɑːb(ə)rɪdʒ
AM ˈhɑrbərɪdʒ

harbourless
BR ˈhɑːbələs
AM ˈhɑrbərləs

harbourmaster
BR ˈhɑːbəˌmɑːstə(r), -z
AM ˈhɑrbərˌmæstər, -z

Harcourt
BR ˈhɑːkɔːt
AM ˈhɑrˌkɔ(ə)rt

hard
BR hɑːd, -ə(r), -ɪst
AM hɑrd, -ər, -əst

hard-arse
BR ˈhɑːdɑːs, -ɪz
AM ˈhɑrdˌɑrs, -əz

hard-ass
BR ˈhɑːdas, ˈhɑːdɑːs, -ɪz
AM ˈhɑrdˌæs, -əz

hardback
BR ˈhɑːdbak, -s
AM ˈhɑrdˌbæk, -s

hardbake
BR ˈhɑːdbeɪk
AM ˈhɑrdˌbeɪk

hardball
BR ˈhɑːdbɔːl
AM ˈhɑrdˌbɑl, ˈhɑrdˌbɔl

hardbitten
BR ˌhɑːdˈbɪtn
AM ˈhɑrdˈbɪtn

hardboard
BR ˈhɑːdbɔːd
AM ˈhɑrdˌbɔ(ə)rd

hardbound
BR ˈhɑːdbaʊnd
AM ˈhɑrdˌbaʊnd

Hardcastle
BR ˈhɑːdˌkɑːsl, ˈhɑːdˌkasl
AM ˈhɑrdˌkæs(ə)l

hard-code
BR ˌhɑːdˈkəʊd, -z, -ɪŋ, -ɪd
AM ˈhɑrdˌkoʊd, -z, -ɪŋ, -əd

hardcore *noun*
BR ˈhɑːdkɔː(r)
AM ˈhærdˌkɔ(ə)r

hard-core *adjective*
BR ˌhɑːdˈkɔː(r)
AM ˈhɑrdˈkɔ(ə)r

hardcover
BR ˌhɑːdˈkʌvə(r)
AM ˈhɑrdˌkʌvər

harden
BR ˈhɑːd|n, -nz, -n̩ɪŋ\-nɪŋ, -nd
AM ˈhɑrd(ə)n, -z, -ɪŋ, -d

hardener
BR ˈhɑːdnə(r), ˈhɑːdnə(r), -z
AM ˈhɑrdn̩ər, -z

hardhat
BR ˈhɑːdhat, -s
AM ˈhɑrdˌ(h)æt, -s

hardheaded
BR ˌhɑːdˈhɛdɪd
AM ˌˈhɑrdˈhɛdəd

hard-headedly
BR ˌhɑːdˈhɛdɪdli
AM ˌˈhɑrdˈhɛdədli

hard-headedness
BR ˌhɑːdˈhɛdɪdnɪs
AM ˌˈhɑrdˈhɛdədnəs

hard-hearted
BR ˌhɑːdˈhɑːtɪd
AM ˌˈhɑrdˈhɑrdəd

hard-heartedly
BR ˌhɑːdˈhɑːtɪdli
AM ˌˈhɑrdˈhɑrdədli

hard-heartedness
BR ˌhɑːdˈhɑːtɪdnɪs
AM ˌˈhɑrdˈhɑrdədnəs

Hardicanute
BR ˈhɑːdɪkəˌnjuːt
AM ˈhɑrdəkəˌnut

Hardie
BR ˈhɑːdi
AM ˈhɑrdi

hardihood
BR ˈhɑːdɪhʊd
AM ˈhɑrdiˌ(h)ʊd

hardily
BR ˈhɑːdɪli
AM ˈhɑrdəli

Hardin
BR ˈhɑːdɪn
AM ˈhɑrd(ə)n

hardiness
BR ˈhɑːdɪnɪs
AM ˈhɑrdɪnɪs

Harding
BR ˈhɑːdɪŋ
AM ˈhɑrdɪŋ

hardish
BR ˈhɑːdɪʃ
AM ˈhɑrdɪʃ

hardline *adjective*
BR ˌhɑːdˈlaɪn
AM ˈhɑrdˈlaɪn

hardliner
BR ˌhɑːdˈlaɪnə(r), -z
AM ˈhɑrdˌlaɪnər, -z

hardly
BR ˈhɑːdli
AM ˈhɑrdli

Hardman
BR ˈhɑːdmən
AM ˈhɑrdm(ə)n

hardness
BR ˈhɑːdnəs
AM ˈhɑrdnəs

hardpan
BR ˈhɑːdpan, -z
AM ˈhɑrdˌpæn, -z

hardshell
BR ˈhɑːdʃɛl, -z
AM ˈhɑrdˌʃɛl, -z

hardship
BR ˈhɑːdʃɪp, -s
AM ˈhɑrdˌʃɪp, -s

hardstanding
BR ˌhɑːdˈstandɪŋ
AM ˈhɑrdˈstændɪŋ

hardtack
BR ˈhɑːdtak
AM ˈhɑrdˌtæk

hardtop
BR ˈhɑːdtɒp, -s
AM ˈhɑrdˌtɑp, -s

Hardwar
BR ˈhɑːdwɑː(r)
AM ˈhɑrˌdwɑr

hardware
BR ˈhɑːdwɛː(r)
AM ˈhɑrdˌwɛ(ə)r

hardwearing
BR ˌhɑːdˈwɛːrɪŋ
AM ˈˈhɑrdˈwɛrɪŋ

Hardwick
BR ˈhɑːdwɪk
AM ˈhɑrdˌwɪk

Hardwicke
BR ˈhɑːdwɪk
AM ˈhɑrdˌwɪk

hardwire
BR ˈhɑːdˌwʌɪə(r), -z, -ɪŋ, -d
AM ˈhɑrdˌwaɪ(ə)r, -z, -ɪŋ, -d

hardwood
BR ˈhɑːdwʊd, -z
AM ˈhɑrdˌwʊd, -z

hardworking
BR ˌhɑːdˈwəːkɪŋ
AM ˈˈhɑrdˈwərkɪŋ

hardy
BR ˈhɑːd|i, -iə(r),
-ɪst
AM ˈhɑrdi, -ər,
-ɪst
hare
BR hɛː(r), -z, -ɪŋ, -d
AM hɛ(ə)r, -z,
-ɪŋ, -d
harebell
BR ˈhɛːbɛl, -z
AM ˈhɛrˌbɛl, -z
harebrained
BR ˈhɛːbreɪnd
AM ˈhɛrˌbreɪn(d)
Hare Krishna
BR ˌharɪ ˈkrɪʃnə(r)
AM ˌhɛri ˈkrɪʃnə,
ˌhari ˈkrɪʃnə
harelip
BR ˌhɛːˈlɪp, -s
AM ˈhɛrˌlɪp, -s
harelipped
BR ˌhɛːˈlɪpt
AM ˈhɛrˌlɪpt
harem
BR ˈhɛːrəm, ˈhɑːriːm,
(ˌ)hɑːˈriːm, -z
AM ˈhɛr(ə)m, -z
harewood
BR ˈhɛːwʊd
AM ˈhɛrˌwʊd
Harewood[1] *name of*
Earl and House in
UK
BR ˈhɑːwʊd
AM ˈhɑrˌwʊd
Harewood[2] *place in*
UK
BR ˈhɛːwʊd,
ˈhɑːwʊd
AM ˈhɛrˌwʊd
Hargraves
BR ˈhɑːgreɪvz
AM ˈhɑrˌgreɪvz
Hargreaves
BR ˈhɑːgriːvz,
ˈhɑːgreɪvz
AM ˈhɑrˌgreɪvz
haricot
BR ˈharɪkəʊ, -z
AM ˈhɛrəˌkoʊ, -z

Harijan
BR ˈhʌrɪdʒ(ə)n,
ˈharɪdʒ(ə)n,
ˈharɪdʒan, -z
AM ˈhɛrəˌdʒæn, -z
hark
BR hɑːk, -s, -ɪŋ, -t
AM hɑrk, -s, -ɪŋ, -t
harken
BR ˈhɑːk|(ə)n, -(ə)nz,
-ənɪŋ\-n̩ɪŋ, -(ə)nd
AM ˈhɑrk(ə)n, -z, -ɪŋ, -d
Harkness
BR ˈhɑːknɪs
AM ˈhɑrknəs
harl
BR hɑːl, -z
AM hɑrl, -z
Harland
BR ˈhɑːlənd
AM ˈhɑrlən(d)
harle
BR hɑːl
AM hɑrl
Harlech
BR ˈhɑːləx, ˈhɑːlək
AM ˈhɑrlɛk
Harlem
BR ˈhɑːləm
AM ˈhɑrl(ə)m
harlequin
BR ˈhɑːlɪkwɪn, -z
AM ˈhɑrlək(w)ən, -z
harlequinade
BR ˌhɑːlɪkwɪˈneɪd, -z
AM ˌhɑrlək(w)əˈneɪd,
-z
Harlesden
BR ˈhɑːlzd(ə)n
AM ˈhɑrlzd(ə)n
Harley Street
BR ˈhɑːlɪ striːt
AM ˈhɑrli ˌstrit
harlot
BR ˈhɑːlət, -s
AM ˈhɑrlət, -s
harlotry
BR ˈhɑːlətri
AM ˈhɑrlətri
Harlow
BR ˈhɑːləʊ
AM ˈhɑrloʊ

Harlowe
BR ˈhɑːləʊ
AM ˈhɑrloʊ
harm
BR hɑːm, -z, -ɪŋ, -d
AM hɑrm, -z, -ɪŋ, -d
Harman
BR ˈhɑːmən
AM ˈhɑrm(ə)n
harmattan
BR hɑːˈmatn, -z
AM ˌhɑrməˈtan, -z
Harmer
BR ˈhɑːmə(r)
AM ˈhɑrmər
harmful
BR ˈhɑːmf(ʊ)l
AM ˈhɑrmf(ə)l
harmfully
BR ˈhɑːmfʊli,
ˈhɑːmfl̩i
AM ˈhɑrmfəli
harmfulness
BR ˈhɑːmf(ʊ)lnəs
AM ˈhɑrmfəlnəs
harmless
BR ˈhɑːmləs
AM ˈhɑrmləs
harmlessly
BR ˈhɑːmləsli
AM ˈhɑrmləsli
harmlessness
BR ˈhɑːmləsnəs
AM ˈhɑrmləsnəs
Harmon
BR ˈhɑːm(ə)n
AM ˈhɑrm(ə)n
Harmondsworth
BR ˈhɑːmən(d)zwɜːθ
AM ˈhɑrmən(d)zˌwərθ
harmonic
BR hɑːˈmɒnɪk
AM hɑrˈmɑnɪk
harmonica
BR hɑːˈmɒnɪkə(r), -z
AM hɑrˈmɑnəkə, -z
harmonically
BR hɑːˈmɒnɪkli
AM hɑrˈmɑnək(ə)li
harmonious
BR hɑːˈməʊniəs
AM hɑrˈmoʊniəs

harmoniously
BR hɑːˈməʊniəsli
AM hɑrˈmoʊniəsli
harmoniousness
BR hɑːˈməʊniəsnəs
AM hɑrˈmoʊniəsnəs
harmonisation
BR ˌhɑːmənʌɪˈzeɪʃn, -z
AM ˌhɑrməˌnaɪ-
ˈzeɪʃ(ə)n,
ˌhɑrmənə-
ˈzeɪʃ(ə)n, -z
harmonise
BR ˈhɑːmənʌɪz, -ɪz,
-ɪŋ, -d
AM ˈhɑrməˌnaɪz, -ɪz,
-ɪŋ, -d
harmonist
BR ˈhɑːmənɪst, -s
AM ˈhɑrmənəst, -s
harmonistic
BR ˌhɑːməˈnɪstɪk
AM ˌhɑrməˈnɪstɪk
harmonium
BR hɑːˈməʊniəm, -z
AM hɑrˈmoʊniəm, -z
harmonization
BR ˌhɑːmənʌɪˈzeɪʃn, -z
AM ˌhɑrməˌnaɪ-
ˈzeɪʃ(ə)n,
ˌhɑrmənə-
ˈzeɪʃ(ə)n, -z
harmonize
BR ˈhɑːmənʌɪz, -ɪz,
-ɪŋ, -d
AM ˈhɑrməˌnaɪz, -ɪz,
-ɪŋ, -d
harmony
BR ˈhɑːmən|i, -ɪz
AM ˈhɑrməni, -z
Harmsworth
BR ˈhɑːmzwɜːθ
AM ˈhɑrmzˌwərθ
harness
BR ˈhɑːnɪs, -ɪz, -ɪŋ, -t
AM ˈhɑrnəs, -əz, -ɪŋ, -t
harnesser
BR ˈhɑːnɪsə(r), -z
AM ˈhɑrnəsər, -z
Harold
BR ˈhar̩ld
AM ˈhɛrəld

harp
BR hɑːp, -s, -ɪŋ, -t
AM hɑrp, -s, -ɪŋ, -t
Harpenden
BR ˈhɑːp(ə)ndən
AM ˈhɑrpənd(ə)n
harper
BR ˈhɑːpə(r), -z
AM ˈhɑrpər, -z
Harpic
BR ˈhɑːpɪk
AM ˈhɑrpək
harpie
BR ˈhɑːp|i, -ɪz
AM ˈhɑrpi, -z
harpist
BR ˈhɑːpɪst, -s
AM ˈhɑrpəst, -s
Harpocrates
BR hɑːˈpɒkrətiːz
AM hɑrˈpɑkrəˌtiz
harpoon
BR hɑːˈpuːn, -z, -ɪŋ, -d
AM ˌhɑrˈpun, -z, -ɪŋ, -d
harpooner
BR hɑːˈpuːnə(r), -z
AM ˌhɑrˈpunər, -z
harpsichord
BR ˈhɑːpsɪkɔːd, -z
AM ˈhɑrpsəˌkɔ(ə)rd, -z
harpsichordist
BR ˈhɑːpsɪkɔːdɪst, -s
AM ˈhɑrpsəˌkɔrdəst, -s
harpy
BR ˈhɑːp|i, -ɪz
AM ˈhɑrpi, -z
harquebus
BR ˈ(h)ɑːkwɨbəs, -ɨz
AM ˈ(h)ɑrk(w)əbəs, -əz
harquebusier
BR ˌ(h)ɑːkwɨbəˈsɪə(r), -z
AM ˌ(h)ɑrk(w)əbəˈsɪ(ə)r, -z
Harrap
BR ˈharəp
AM ˈhɛrəp

Harrell
BR ˈharl̩
AM ˈhɛrəl
harridan
BR ˈharɪd(ə)n, -z
AM ˈhɛrəd(ə)n, -z
harrier
BR ˈharɪə(r), -z
AM ˈhɛriər, -z
Harries
BR ˈharɪs, ˈharɪz
AM ˈhɛriz
Harriet
BR ˈharɪət
AM ˈhɛriət
Harriman
BR ˈharɪmən
AM ˈhɛrəm(ə)n
Harrington
BR ˈharɪŋt(ə)n
AM ˈhɛrɪŋt(ə)n
Harris
BR ˈharɪs
AM ˈhɛrəs
Harrisburg
BR ˈharɪsbəːg
AM ˈhɛrəsˌbɜrg
Harrison
BR ˈharɪs(ə)n
AM ˈhɛrəs(ə)n
Harrod
BR ˈharəd, -z
AM ˈhɛrəd, -z
Harrogate
BR ˈharəgət, ˈharəgeɪt
AM ˈhɛrəˌgeɪt
Harrovian
BR haˈrəʊvɪən, -z
AM həˈroʊvɪən, -z
harrow
BR ˈharəʊ, -z, -ɪŋ, -d
AM ˈhɛr|oʊ, -oʊz, -əwɪŋ, -oʊd
harrower
BR ˈharəʊə(r), -z
AM ˈhɛrəwər, -z
harrowingly
BR ˈharəʊɪŋli
AM ˈhɛrəwɪŋli

harrumph
BR həˈrʌmf, -s, -ɪŋ, -t
AM həˈrəm(p)f, -s, -ɪŋ, -t
harry
BR ˈhar|i, -ɪz, -ɪɪŋ, -ɪd
AM ˈhɛri, -z, -ɪŋ, -d
harsh
BR hɑːʃ, -ə(r), -ɪst
AM hɑrʃ, -ər, -əst
harshen
BR ˈhɑːʃn, -z, -ɪŋ, -d
AM ˈhɑrʃ(ə)n, -z, -ɪŋ, -d
harshly
BR ˈhɑːʃli
AM ˈhɑrʃli
harshness
BR ˈhɑːʃnəs
AM ˈhɑrʃnəs
harslet
BR ˈhɑːslɪt
AM ˈhɑrslət
hart
BR hɑːt, -s
AM hɑrt, -s
hartal
BR ˈhɑːtɑːl, ˈhɑːtɑːl, hɑːˈtɑːl, həˈtɑːl
AM hɑrˈtɑl
Harte
BR hɑːt
AM hɑrt
hartebeest
BR ˈhɑːtɪbiːst, -s
AM ˈhɑrdəˌbist, -s
Hartford
BR ˈhɑːtfəd
AM ˈhɑrtfərd
Hartland
BR ˈhɑːtlənd
AM ˈhɑrtlənd
Hartlepool
BR ˈhɑːtlɪpuːl
AM ˈhɑrtliˌpul
Hartley
BR ˈhɑːtli
AM ˈhɑrtli
Hartman
BR ˈhɑːtmən
AM ˈhɑrtm(ə)n

Hartnell
BR ˈhɑːtnl̩
AM ˈhɑrtn(ə)l
hartshorn
BR ˈhɑːtshɔːn
AM ˈhɑrtsˌ(h)ɔ(ə)rn
Hartshorne
BR ˈhɑːtshɔːn
AM ˈhɑrtˌʃɔ(ə)rn
harum-scarum
BR ˌhɛrəmˈskɛːrəm
AM ˌˌhɛrəmˈskɛr(ə)m
haruspex
BR haˈrʌspɛks, ˈharəspɛks
AM ˈhɛrəˌspɛks, həˈrəˌspɛks
haruspices
BR haˈrʌspɪsiːz
AM həˈrəspəˌsiz
haruspicy
BR haˈrʌspɪsi
AM həˈrəspəsi
Harvard
BR ˈhɑːvəd
AM ˈhɑrvərd
harvest
BR ˈhɑːvɪst, -s, -ɪŋ, -ɪd
AM ˈhɑrvəst, -s, -ɪŋ, -əd
harvestable
BR ˈhɑːvɪstəbl
AM ˈhɑrvəstəb(ə)l
harvester
BR ˈhɑːvɪstə(r), -z
AM ˈhɑrvəstər, -z
harvestman
BR ˈhɑːvɪs(t)mən
AM ˈhɑrvəs(t)m(ə)n
harvestmen
BR ˈhɑːvɪs(t)mən
AM ˈhɑrvəs(t)m(ə)n
Harvey
BR ˈhɑːvi
AM ˈhɑrvi
Harwich
BR ˈharɪdʒ, ˈharɪtʃ
AM ˈhɛrɪdʒ
Harwood
BR ˈhɑːwʊd
AM ˈhɑrˌwʊd

Haryana
BR ˌharɪˈɑːnə(r)
AM ˌhɑriˈɑnə

Harz
BR hɑːts
AM ˈhɑrts

has¹ *strong*
BR hæz
AM hæz

has² *weak*
BR (h)əz, z, s
AM z, s, (h)əz

Hasdrubal
BR ˈhæzdrʊbl, ˈhazdruːbl, ˈhazdrʊbal
AM ˈhæzdrub(ə)l

Hašek
BR ˈhaʃɛk
AM ˈhæʃɛk
CZ ˈhʌʃɛk

Haseldine
BR ˈheɪzldʌɪn
AM ˈheɪzəlˌdaɪn

hash
BR haʃ, -ɪz, -ɪŋ, -t
AM hæʃ, -əz, -ɪŋ, -t

hash-browns
BR ˌhaʃˈbraʊnz
AM ˈhæʃˌbraʊnz

hasheesh
BR ˈhaʃiːʃ, ˈhaʃɪʃ, haˈʃiːʃ
AM hɑˈʃiʃ, hæˈʃiʃ

Hashemite
BR ˈhaʃɪmʌɪt, -s
AM ˈhæʃəˌmaɪt, -s

hashish
BR ˈhaʃiːʃ, ˈhaʃɪʃ, haˈʃiːʃ
AM hɑˈʃiʃ, hæˈʃiʃ

Hasid
BR ˈhasɪd
AM ˈhæsɪd

hasidic
BR haˈsɪdɪk
AM həˈsɪdɪk

Hasidim
BR ˈhasɪdɪm
AM həˈsidɪm

Hasidism
BR ˈhasɪdɪzm
AM ˈhæsəˌdɪz(ə)m

Haslam
BR ˈhazləm
AM ˈhæzl(ə)m

Haslemere
BR ˈheɪzlmɪə(r)
AM ˈheɪzəlˌmɪ(ə)r

haslet
BR ˈhazlɪt, ˈheɪzlɪt
AM ˈheɪzlət, ˈhæslət

Haslett
BR ˈheɪzlɪt, ˈhazlɪt
AM ˈhæzlət

Hasmonean
BR ˌhazməˈniːən
AM ˌhæzməˈniən

hasn't
BR ˈhaznt
AM ˈhæznt

hasp
BR hɑːsp, -s
AM hæsp, -s

Hassall
BR ˈhasl
AM ˈhæs(ə)l

Hassan
BR haˈsɑːn, ˈhasn
AM hɑˈsan

Hasselt
BR ˈhaslt
AM ˈhæsəlt

hassle
BR ˈhas|l, -lz, -l̩ɪŋ\-lɪŋ, -ld
AM ˈhæs(ə)l, -z, -ɪŋ, -d

hassock
BR ˈhasək, -s
AM ˈhæsək, -s

hast
BR hast
AM hæst

hastate
BR ˈhasteɪt
AM ˈhæˌsteɪt

haste
BR heɪst
AM heɪst

hasten
BR ˈheɪs|n, -nz, -n̩ɪŋ\-nɪŋ, -nd
AM ˈheɪs|n, -nz, -n̩ɪŋ, -nd

Hastie
BR ˈheɪsti
AM ˈheɪsti

hastily
BR ˈheɪstɪli
AM ˈheɪstɪli

hastiness
BR ˈheɪstɪnɪs
AM ˈheɪstɪnɪs

Hastings
BR ˈheɪstɪŋz
AM ˈheɪstɪŋz

hasty
BR ˈheɪst|i, -ɪə(r), -ɪst
AM ˈheɪsti, -ər, -ɪst

hat
BR hat, -s
AM hæt, -s

hatable
BR ˈheɪtəbl
AM ˈheɪdəb(ə)l

hatband
BR ˈhatband, -z
AM ˈhætˌbænd, -z

hatbox
BR ˈhatbɒks, -ɪz
AM ˈhætˌbɑks, -əz

hatch
BR hatʃ, -ɪz, -ɪŋ, -t
AM hætʃ, -ɪz, -ɪŋ, -t

hatchback
BR ˈhatʃbak, -s
AM ˈhætʃˌbæk, -s

Hatcher
BR ˈhatʃə(r)
AM ˈhætʃər

hatchery
BR ˈhatʃ(ə)r|i, -ɪz
AM ˈhætʃəri, -z

hatchet
BR ˈhatʃɪt, -s
AM ˈhætʃət, -s

hatching
BR ˈhatʃɪŋ, -z
AM ˈhætʃɪŋ, -z

hatchling
BR ˈhatʃlɪŋ, -z
AM ˈhætʃlɪŋ, -z

hatchment
BR ˈhatʃm(ə)nt, -s
AM ˈhætʃm(ə)nt, -s

hatchway
BR ˈhatʃweɪ, -z
AM ˈhætʃˌweɪ, -z

hate
BR heɪt, -s, -ɪŋ, -ɪd
AM heɪ|t, -ts, -dɪŋ, -dɪd

hateful
BR ˈheɪtf(ʊ)l
AM ˈheɪtf(ə)l

hatefully
BR ˈheɪtfəli, ˈheɪtfl̩i
AM ˈheɪtfəli

hatefulness
BR ˈheɪtf(ʊ)lnəs
AM ˈheɪtfəlnəs

hater
BR ˈheɪtə(r), -z
AM ˈheɪdər, -z

Hatfield
BR ˈhatfiːld
AM ˈhætˌfild

hatful
BR ˈhatfʊl, -z
AM ˈhætˌfʊl, -z

hath
BR haθ
AM hæθ

Hathaway
BR ˈhaθəweɪ
AM ˈhæθəˌweɪ

hatha-yoga
BR ˌhʌtəˈjəʊgə(r), ˌhaθəˈjəʊgə(r)
AM ˈhɑdəˌjoʊgə, ˈhɑθəˈjoʊgə

Hatherley
BR ˈhaðəli
AM ˈhæðərli

Hathern
BR ˈhaðn
AM ˈhæðərn

Hathersage
BR ˈhaðəseɪdʒ, ˈhaðəsɪdʒ
AM ˈhæðərsɪdʒ, ˈhæðərˌseɪdʒ

Hathor
BR ˈhaθɔː(r)
AM ˈhæθər

hatless
BR ˈhatləs
AM ˈhætləs

hatpeg
BR ˈhatpɛg, -z
AM ˈhætˌpɛg, -z

hatpin
BR ˈhatpɪn, -z
AM ˈhætˌpɪn, -z

hatred
BR ˈheɪtrɪd
AM ˈheɪtrəd

Hatshepsut
BR hatˈʃɛpsuːt
AM hætˈʃɛpˌsut

hatstand
BR ˈhatstand, -z
AM ˈhætˌstænd, -z

hatter
BR ˈhatə(r), -z
AM ˈhædər, -z

Hatteras
BR ˈhat(ə)rəs
AM ˈhædərəs

Hattersley
BR ˈhatəzli
AM ˈhædərzli

Hattie
BR ˈhati
AM ˈhædi

Hatton
BR ˈhatn
AM ˈhætn

Hattusas
BR hatˈtuːsəs
AM hæ(t)ˈtusəs

hauberk
BR ˈhɔːbəːk, -s
AM ˈhabərk, ˈhɔbərk, -s

Haugh
BR hɔː(r), hɔːf
AM hɒf, haf, haʊ

Haughey
BR ˈhɒxi, ˈhɔːhi
AM ˈhɔi, ˈhaʊi

haughtily
BR ˈhɔːtɪli
AM ˈhadəli, ˈhɔdəli

haughtiness
BR ˈhɔːtɪnɪs
AM ˈhadɪnɪs, ˈhɔdɪnɪs

Haughton
BR ˈhɔːtn
AM ˈhatn, ˈhɔtn

haughty
BR ˈhɔːt|i, -ɪə(r), -ɪɪst
AM ˈhadi, ˈhɔdi, -ər, -ɪst

haul
BR hɔːl, -z, -ɪŋ, -d
AM hal, hɔl, -z, -ɪŋ, -d

haulage
BR ˈhɔːlɪdʒ
AM ˈhalɪdʒ, ˈhɔlɪdʒ

hauler
BR ˈhɔːlə(r), -z
AM ˈhalər, ˈhɔlər, -z

haulier
BR ˈhɔːlɪə(r), -z
AM ˈhaljər, ˈhɔljər, -z

haulm
BR hɔːm, -z
AM ha(l)m, hɔm, -z

haulyard
BR ˈhɔːljəd, -z
AM ˈhaljərd, ˈhɔljərd, -z

haunch
BR hɔːn(t)ʃ, -ɪz
AM han(t)ʃ, hɔn(t)ʃ, -əz

haunt
BR hɔːnt, -s, -ɪŋ, -ɪd
AM han|t, hɔn|t, -ts, -(t)ɪŋ, -(t)əd

haunter
BR ˈhɔːntə(r), -z
AM ˈhan(t)ər, ˈhɔn(t)ər, -z

hauntingly
BR ˈhɔːntɪŋli
AM ˈhan(t)ɪŋli, ˈhɔn(t)ɪŋli

Hauptmann
BR ˈhaʊp(t)mən
AM ˈhaʊp(t)man

Hausa
BR ˈhaʊsə(r), ˈhaʊzə(r), -z
AM ˈhaʊzə, ˈhaʊsə, -z

Hausfrau
BR ˈhaʊsfraʊ, -z
AM ˈhaʊsˌfraʊ, -z

hautbois
BR ˈ(h)əʊbɔɪ, -z
AM ˈ(h)oʊ(t)ˌbɔɪ, -z

hautboy
BR ˈ(h)əʊbɔɪ, -z
AM ˈ(h)oʊ(t)ˌbɔɪ, -z

haute couture
BR ˌəʊt kəˈtjʊə(r), + kɜˈtʃʊə(r)
AM ˌ(h)oʊt ˌkuˈtʊ(ə)r

haute cuisine
BR ˌəʊt kwɪˈziːn
AM ˌ(h)oʊt ˌkwəˈzin

haute école
BR ˌəʊt eɪˈkɒl
AM ˌ(h)oʊ ˈtɛkɔl
FR ˈot ekɔl

hauteur
BR əʊˈtəː(r), hɔːˈtəː(r)
AM (h)oʊˈtər

haut monde
BR ˌəʊ ˈmɒnd
AM ˌ(h)oʊ ˈmand, ˌ(h)oʊ ˈmɔnd

Havana
BR həˈvanə(r), -z
AM həˈvɑnə, həˈvænə, -z

Havant
BR ˈhavnt
AM ˈhævənt

have¹ *strong*
BR hav, -z, -ɪŋ
AM hæv, -z, -ɪŋ

have² *weak*
BR həv, (ə)v
AM (ə)v, həv

have-a-go
BR ˌhavəˈgəʊ
AM ˈˌhævəˈgoʊ

Havel
BR ˈhɑːv(ə)l
AM ˈhav(ə)l

Havelock
BR ˈhavlɒk
AM ˈhævˌlɑk, ˈhævəˌlak

havelock
BR ˈhavlɒk, -s
AM ˈhævˌlɑk, ˈhævəˌlak, -s

haven
BR ˈheɪvn, -z
AM ˈheɪv(ə)n, -z

have-not
BR havˈnɒt, ˈhavnɒt, -s
AM ˈhævˌnat, -s

haven't
BR havnt
AM ˈhævənt

haver
BR ˈheɪv|ə(r), -əz, -(ə)rɪŋ, -əd
AM ˈheɪvər, -z, -ɪŋ, -d

Haverfordwest
BR ˌhavəfədˈwɛst
AM ˌhævərfərdˈwɛst

Haverhill
BR ˈheɪv(ə)rɪl, ˈheɪv(ə)rl̩, ˈheɪvəhɪl
AM ˈhævərˌhɪl

Havering
BR ˈheɪv(ə)rɪŋ
AM ˈhævərɪŋ

Havers
BR ˈheɪvəz
AM ˈheɪvərs

haversack
BR ˈhavəsak, -s
AM ˈhævərˌsæk, -s

haversine
BR ˈhavəsʌɪn, -z
AM ˈhævərˌsaɪn, -z

haves
BR havz
AM hævz

Haviland
BR ˈhavɪlənd
AM ˈhævələnd

havildar
BR ˈhav(ɪ)ldɑː(r), -z
AM ˈhævəlˌdɑr, -z

havoc
BR ˈhavək
AM ˈhævək

haw
BR hɔː(r), -z, -ɪŋ, -d
AM ha, hɔ, -z, -ɪŋ, -d

Hawaii
BR həˈwʌɪiː
AM həˈwaɪ(j)i

Hawaiian
BR həˈwʌɪən, -z
AM həˈwaɪ(j)ən, -z

Hawes
BR hɔːz
AM hɑz, hɔz
hawfinch
BR ˈhɔːfɪn(t)ʃ, -ɪz
AM ˈhɑˌfɪntʃ, ˈhɔˌfɪntʃ, -ɪz
haw-haw[1] *interjection*
BR ˌhɔːˈhɔː(r)
AM ˌhɑˈhɑ, ˌhɔˈhɔ
haw-haw[2] *noun*
BR ˈhɔːhɔː(r)
AM ˌhɑˈhɑ, ˌhɔˈhɔ
Hawick
BR ˈhɔːɪk, hɔɪk
AM ˈhɑwɪk, ˈhɔwɪk
hawk
BR hɔːk, -s, -ɪŋ, -t
AM hɑk, hɔk, -s, -ɪŋ, -t
hawkbit
BR ˈhɔːkbɪt, -s
AM ˈhɑkˌbɪt, ˈhɔkˌbɪt, -s
Hawke
BR hɔːk
AM ˈhɑk, ˈhɔk
Hawke Bay
BR ˌhɔːk ˈbeɪ
AM ˈhɑk ˈbeɪ, ˈhɔk ˈbeɪ
hawker
BR ˈhɔːkə(r), -z
AM ˈhɑkər, ˈhɔkər, -z
Hawkes
BR hɔːks
AM hɑks, hɔks
Hawke's Bay
BR ˌhɔːks ˈbeɪ
AM ˈhɑks ˈbeɪ, ˈhɔks ˈbeɪ
Hawking
BR ˈhɔːkɪŋ
AM ˈhɑkɪŋ, ˈhɔkɪŋ
Hawkins
BR ˈhɔːkɪnz
AM ˈhɑkɪŋz, ˈhɔkɪŋz
hawkish
BR ˈhɔːkɪʃ
AM ˈhɑkɪʃ, ˈhɔkɪʃ

hawkishness
BR ˈhɔːkɪʃnɪs
AM ˈhɑkɪʃnɪs, ˈhɔkɪʃnɪs
hawklike
BR ˈhɔːklʌɪk
AM ˈhɑkˌlaɪk, ˈhɔkˌlaɪk
hawkmoth
BR ˈhɔːkmɒθ, -s
AM ˈhɑkˌmɑθ, ˈhɔkˌmɔθ, -s
hawksbill
BR ˈhɔːksbɪl, -z
AM ˈhɑksˌbɪl, ˈhɔksˌbɪl, -z
Hawksmoor
BR ˈhɔːksmʊə(r), ˈhɔːksmɔː(r)
AM ˈhɑksˌmʊ(ə)r, ˈhɔksˌmʊ(ə)r
hawkweed
BR ˈhɔːkwiːd, -z
AM ˈhɑkˌwid, ˈhɔkˌwid, -z
Hawley
BR ˈhɔːli
AM ˈhɑli, ˈhɔli
Haworth
BR ˈhaʊəθ, ˈhɔːwəθ
AM ˈhɑˌwərθ, ˈhɔˌwərθ
hawse
BR hɔːz, -ɪz
AM hɑz, hɔz, -əz
hawser
BR ˈhɔːzə(r), -z
AM ˈhɑzər, ˈhɔzər, -z
hawthorn
BR ˈhɔːθɔːn, -z
AM ˈhɑˌθɔ(ə)rn, ˈhɔˌθɔ(ə)rn, -z
Hawtrey
BR ˈhɔːtri
AM ˈhɑtri, ˈhɔtri
Haxey
BR ˈhaksi
AM ˈhæksi
hay
BR heɪ
AM heɪ

Hayakawa
BR ˌhʌɪəˈkaːwə(r)
AM ˌhaɪəˈkawə
haybox
BR ˈheɪbɒks, -ɪz
AM ˈheɪˌbɑks, -əz
haycock
BR ˈheɪkɒk, -s
AM ˈheɪˌkɑk, -s
Hayden
BR ˈheɪdn
AM ˈheɪd(ə)n
Haydn[1] *composer*
BR ˈhʌɪdn
AM ˈhaɪdn
Haydn[2] *forename*
BR ˈheɪdn
AM ˈheɪd(ə)n
Hayek
BR ˈhʌɪɛk, ˈhaːjɛk
AM ˈhaɪɛk
Hayes
BR heɪz
AM ˈheɪz
hayfield
BR ˈheɪfiːld, -z
AM ˈheɪˌfild, -z
hayfork
BR ˈheɪfɔːk, -s
AM ˈheɪˌfɔ(ə)rk, -s
haylage
BR ˈheɪlɪdʒ
AM ˈheɪlɪdʒ
Hayle
BR heɪl
AM heɪl
Hayley
BR ˈheɪli
AM ˈheɪli
Hayling
BR ˈheɪlɪŋ
AM ˈheɪlɪŋ
hayloft
BR ˈheɪlɒft, -s
AM ˈheɪˌlɑft, ˈheɪˌlɔft, -s
haymaker
BR ˈheɪˌmeɪkə(r), -z
AM ˈheɪˌmeɪkər, -z
haymaking
BR ˈheɪˌmeɪkɪŋ
AM ˈheɪˌmeɪkɪŋ

Hayman
BR ˈheɪmən
AM ˈheɪm(ə)n
Haymarket
BR ˈheɪˌmaːkɪt
AM ˈheɪˌmɑrkət
haymow
BR ˈheɪməʊ
AM ˈheɪˌmoʊ
Haynes
BR heɪnz
AM heɪnz
hayrack
BR ˈheɪrak, -s
AM ˈheɪˌræk, -s
hayrick
BR ˈheɪrɪk, -s
AM ˈheɪˌrɪk, -s
hayride
BR ˈheɪrʌɪd, -z
AM ˈheɪˌraɪd, -z
Hays
BR heɪz
AM heɪz
hayseed
BR ˈheɪsiːd, -z
AM ˈheɪˌsid, -z
haystack
BR ˈheɪstak, -s
AM ˈheɪˌstæk, -s
Hayter
BR ˈheɪtə(r)
AM ˈheɪdər
haywain
BR ˈheɪweɪn, -z
AM ˈheɪˌweɪn, -z
Hayward
BR ˈheɪwəd
AM ˈheɪwərd
haywire
BR ˈheɪˌwʌɪə(r)
AM ˈheɪˌwaɪ(ə)r
Haywood
BR ˈheɪwʊd
AM ˈheɪˌwʊd
Hayworth
BR ˈheɪwə(ː)θ
AM ˈheɪˌwərθ
Hazan
BR həˈzan
AM həˈzɑn

hazard
BR ˈhazəd, -z, -ɪŋ, -ɪd
AM ˈhæzərd, -z, -ɪŋ, -əd

hazardous
BR ˈhazədəs
AM ˈhæzərdəs

hazardously
BR ˈhazədəsli
AM ˈhæzərdəsli

hazardousness
BR ˈhazədəsnəs
AM ˈhæzərdəsnəs

haze
BR heɪz, -ɪz
AM heɪz, -ɪz

hazel
BR ˈheɪzl, -z
AM ˈheɪz(ə)l, -z

hazelnut
BR ˈheɪzlnʌt, -s
AM ˈheɪzəlˌnət, -s

hazily
BR ˈheɪzɪli
AM ˈheɪzɪli

haziness
BR ˈheɪzɪnɪs
AM ˈheɪzɪnɪs

Hazlitt
BR ˈhazlɪt, ˈheɪzlɪt
AM ˈhæzlət

hazy
BR ˈheɪz|i, -iə(r), -ɪɪst
AM ˈheɪzi, -ər, -ɪst

Hazzard
BR ˈhazəd
AM ˈhæzərd

he[1] *noun*
BR hiː, -z
AM hi, -z

he[2] *strong form pronoun*
BR hiː
AM hi

he[3] *weak form pronoun*
BR (h)iː
AM (h)i

head
BR hɛd, -z, -ɪŋ, -ɪd
AM hɛd, -z, -ɪŋ, -əd

headache
BR ˈhɛdeɪk, -s
AM ˈhɛdˌeɪk, -s

headachy
BR ˈhɛdeɪki
AM ˈhɛdˌeɪki

headage
BR ˈhɛdɪdʒ
AM ˈhɛdɪdʒ

headband
BR ˈhɛdband, -z
AM ˈhɛdˌbænd, -z

headbanger
BR ˈhɛdˌbaŋə(r), -z
AM ˈhɛdˌbæŋər, -z

headbanging
BR ˈhɛdˌbaŋɪŋ
AM ˈhɛdˌbæŋɪŋ

headboard
BR ˈhɛdbɔːd, -z
AM ˈhɛdˌbɔ(ə)rd, -z

headcam
BR ˈhɛdkam, -z
AM ˈhɛdˌkæm, -z

headcheese
BR ˈhɛdtʃiːz
AM ˈhɛdˌtʃiz

headcount
BR ˈhɛdkaʊnt, -s
AM ˈhɛdˌkaʊnt, -s

headdress
BR ˈhɛddrɛs, -ɪz
AM ˈhɛ(d)ˌdrɛs, -əz

header
BR ˈhɛdə(r), -z
AM ˈhɛdər, -z

headfast
BR ˈhɛdfɑːst, -s
AM ˈhɛdˌfæst, -s

headfirst
BR ˌhɛdˈfəːst
AM ˈhɛdˈfərst

headgear
BR ˈhɛdgɪə(r)
AM ˈhɛdˌgɪ(ə)r

headhunt
BR ˈhɛdhʌnt, -s, -ɪŋ, -ɪd
AM ˈhɛdˌ(h)ən|t, -ts, -(t)ɪŋ, -(t)əd

headhunter
BR ˈhɛdˌhʌntə(r), -z
AM ˈhɛdˌ(h)ən(t)ər, -z

headily
BR ˈhɛdɪli
AM ˈhɛdəli

headiness
BR ˈhɛdɪnɪs
AM ˈhɛdɪnɪs

heading
BR ˈhɛdɪŋ, -z
AM ˈhɛdɪŋ, -z

headlamp
BR ˈhɛdlamp, -s
AM ˈhɛdˌlæmp, -s

headland
BR ˈhɛdlənd, -z
AM ˈhɛdˌlænd, ˈhɛdlənd, -z

headless
BR ˈhɛdləs
AM ˈhɛdləs

headlight
BR ˈhɛdlʌɪt, -s
AM ˈhɛdˌlaɪt, -s

headline
BR ˈhɛdlʌɪn, -z, -ɪŋ, -d
AM ˈhɛdˌlaɪn, -z, -ɪŋ, -d

headliner
BR ˈhɛdˌlʌɪnə(r), -z
AM ˈhɛdˌlaɪnər, -z

headlock
BR ˈhɛdlɒk, -s
AM ˈhɛdˌlɑk, -s

headlong
BR ˈhɛdlɒŋ
AM ˈhɛdˌlɑŋ, ˈhɛdˌlɔŋ

headman[1] *chief*
BR ˌhɛdˈman, ˈhɛdman
AM ˈhɛdˈmæn

headman[2] *executioner*
BR ˈhɛdman
AM ˈhɛdm(ə)n

headmaster
BR ˌhɛdˈmɑːstə(r), -z
AM ˈhɛdˌmæstər, -z

headmasterly
BR ˌhɛdˈmɑːstəli
AM ˈhɛdˌmæstərli

headmen[1] *chiefs*
BR ˌhɛdˈmɛn, ˈhɛdmɛn
AM ˈhɛdˈmɛn

headmen[2] *executioners*
BR ˈhɛdmɛn
AM ˈhɛdm(ə)n

headmistress
BR ˌhɛdˈmɪstrɪs, -ɪz
AM ˌhɛdˈmɪstrɪs, -ɪz

headmost
BR ˈhɛdməʊst
AM ˈhɛdˌmoʊst

headnote
BR ˈhɛdnəʊt, -s
AM ˈhɛdˌnoʊt, -s

headphone
BR ˈhɛdfəʊn, -z
AM ˈhɛdˌfoʊn, -z

headpiece
BR ˈhɛdpiːs, -ɪz
AM ˈhɛdˌpis, -ɪz

headpin
BR ˈhɛdpɪn, -z
AM ˈhɛdˌpɪn, -z

headquarter *verb*
BR ˈhɛdˌkwɔːt|ə(r), -əz, -(ə)rɪŋ, -əd
AM ˈhɛdˌkwɔrd|ər, -ərz, -(ə)rɪŋ, -ərd

headquarters *noun*
BR ˌhɛdˈkwɔːtəz, ˈhɛdˌkwɔːtəz
AM ˈhɛdˌkwɔrdərz

headrest
BR ˈhɛdrɛst, -s
AM ˈhɛdˌrɛst, -s

headroom
BR ˈhɛdruːm, ˈhɛdrʊm
AM ˈhɛdˌrʊm, ˈhɛdˌrum

headsail
BR ˈhɛdseɪl, -z
AM ˈhɛdˌseɪl, -z

headscarf
BR ˈhɛdskɑːf
AM ˈhɛdˌskɑrf

headscarves
BR ˈhɛdskɑːvz
AM ˈhɛdˌskɑrvz

headset
BR ˈhɛdsɛt, -s
AM ˈhɛdˌsɛt, -s

headship
BR ˈhedʃɪp, -s
AM ˈhedˌʃɪp, -s

headshrinker
BR ˈhedˌʃrɪŋkə(r), -z
AM ˈhedˌʃrɪŋkər, -z

headsman
BR ˈhedzmən
AM ˈhedzm(ə)n

headsmen
BR ˈhedzmən
AM ˈhedzm(ə)n

headspace
BR ˈhedspeɪs
AM ˈhedˌspeɪs

headspring
BR ˈhedsprɪŋ, -z
AM ˈhedˌsprɪŋ, -z

headsquare
BR ˈhedskweː(r), -z
AM ˈhedˌskwe(ə)r, -z

headstall
BR ˈhedstɔːl, -z
AM ˈhedˌstal,
ˈhedˌstɔl, -z

headstand
BR ˈhedstand, -z
AM ˈhedˌstænd, -z

headstock
BR ˈhedstɒk, -s
AM ˈhedˌstak, -s

headstone
BR ˈhedstəʊn, -z
AM ˈhedˌstoʊn, -z

headstrong
BR ˈhedstrɒŋ
AM ˈhedˌstraŋ,
ˈhedˌstrɔŋ

headstrongly
BR ˈhedstrɒŋli
AM ˈhedˌstraŋli,
ˈhedˌstrɔŋli

headstrongness
BR ˈhedstrɒŋnəs
AM ˈhedˌstraŋnəs,
ˈhedˌstrɔŋnəs

headteacher
BR ˌhedˈtiːtʃə(r), -z
AM ˈˌhedˈtitʃər, -z

head-to-toe
BR ˌhedtəˈtəʊ
AM ˈhedtəˈtoʊ

headward
BR ˈhedwəd
AM ˈhedwərd

headwater
BR ˈhedˌwɔːtə(r), -z
AM ˈhedˌwadər,
ˈhedˌwɔdər, -z

headway
BR ˈhedweɪ
AM ˈhedˌweɪ

headwind
BR ˈhedwɪnd, -z
AM ˈhedˌwɪnd, -z

headword
BR ˈhedwəːd, -z
AM ˈhedˌwərd, -z

headwork
BR ˈhedwəːk
AM ˈhedˌwərk

heady
BR ˈhed|i, -iə(r), -ɪst
AM ˈhedi, -ər, -ɪst

heal
BR hiːl, -z, -ɪŋ, -d
AM hil, -z, -ɪŋ, -d

healable
BR ˈhiːləbl
AM ˈhiləb(ə)l

heald
BR hiːld, -z
AM hild, -z

healer
BR ˈhiːlə(r), -z
AM ˈhilər, -z

Healey
BR ˈhiːli
AM ˈhili

health
BR helθ
AM helθ

healthful
BR ˈhelθf(ʊ)l
AM ˈhelθf(ə)l

healthfully
BR ˈhelθfʊli, ˈhelθfl̩i
AM ˈhelθfəli

healthfulness
BR ˈhelθf(ʊ)lnəs
AM ˈhelθfəlnəs

healthily
BR ˈhelθɪli
AM ˈhelθəli

healthiness
BR ˈhelθɪnɪs
AM ˈhelθɪnɪs

healthy
BR ˈhelθ|i, -iə(r),
-ɪst
AM ˈhelθi, -ər, -ɪst

Healy
BR ˈhiːli
AM ˈhili

Heaney
BR ˈhiːni
AM ˈhini

Heanor
BR ˈhiːnə(r)
AM ˈhinər

heap
BR hiːp, -s, -ɪŋ, -t
AM hip, -s, -ɪŋ, -t

hear
BR hɪə(r), -z, -ɪŋ
AM hɪ|(ə)r, -(ə)rz,
-rɪŋ

hearable
BR ˈhɪərəbl
AM ˈhɪrəb(ə)l

Heard
BR həːd
AM hərd

hearer
BR ˈhɪərə(r), -z
AM ˈhɪrər, -z

hearken
BR ˈhaːk|(ə)n, -(ə)nz,
-ənɪŋ\-nɪŋ, -(ə)nd
AM ˈhark(ə)n, -z, -ɪŋ,
-d

Hearn
BR həːn
AM hərn

Hearne
BR həːn
AM hərn

hearsay
BR ˈhɪəseɪ
AM ˈhɪrˌseɪ

hearse
BR həːs, -ɪz
AM hərs, -əz

Hearst
BR həːst
AM hərst

heart
BR haːt, -s
AM hart, -s

heartache
BR ˈhaːteɪk, -s
AM ˈharˌdeɪk, -s

heartbeat
BR ˈhaːtbiːt, -s
AM ˈhartˌbit, -s

heartbreak
BR ˈhaːtbreɪk, -s, -ɪŋ
AM ˈhartˌbreɪk,
-s, -ɪŋ

heartbreaker
BR ˈhaːtˌbreɪkə(r), -z
AM ˈhartˌbreɪkər, -z

heartbreaking
BR ˈhaːtˌbreɪkɪŋ
AM ˈhartˌbreɪkɪŋ

heartbroken
BR ˈhaːtˌbrəʊk(ə)n
AM ˈhartˌbroʊk(ə)n

heartburn
BR ˈhaːtbəːn
AM ˈhartˌbərn

hearten
BR ˈhaːt|n, -nz,
-nɪŋ\-nɪŋ, -nd
AM ˈhart(ə)n, -z,
-ɪŋ, -d

hearteningly
BR ˈhaːtn̩ɪŋli,
ˈhaːtnɪŋli
AM ˈhartnɪŋli

heartfelt
BR ˈhaːtfelt
AM ˈhartˌfelt

hearth
BR haːθ, -s
AM harθ, -s

hearthrug
BR ˈhaːθrʌg, -z
AM ˈharθˌrəg, -z

hearthstone
BR ˈhaːθstəʊn, -z
AM ˈharθˌstoʊn, -z

heartily
BR ˈhaːtɪli
AM ˈhardəli

heartiness
BR ˈhaːtɪnɪs
AM ˈhardɪnɪs

heartland
BR ˈhɑːtlənd,
ˈhɑːtland, -z
AM ˈhɑrtˌlænd, -z

heartless
BR ˈhɑːtləs
AM ˈhɑrtləs

heartlessly
BR ˈhɑːtləsli
AM ˈhɑrtləsli

heartlessness
BR ˈhɑːtləsnəs
AM ˈhɑrtləsnəs

heartrending
BR ˈhɑːtˌrendɪŋ
AM ˈhɑrtˌrendɪŋ

heartsearching
BR ˈhɑːtˌsəːtʃɪŋ
AM ˈhɑrtˌsɜrtʃɪŋ

heartsease
BR ˈhɑːtsiːz
AM ˈhɑrtˌsiz

heartsick
BR ˈhɑːtsɪk
AM ˈhɑrtˌsɪk

heartsickness
BR ˈhɑːtˌsɪknɪs
AM ˈhɑrtˌsɪknɪs

heartsore
BR ˈhɑːtsɔː(r)
AM ˈhɑrtˌsɔ(ə)r

heart-stopper
BR ˈhɑːtˌstɒpə(r), -z
AM ˈhɑrtˌstɑpər, -z

heart-stopping
BR ˈhɑːtˌstɒpɪŋ
AM ˈhɑrtˌstɑpɪŋ

heartstrings
BR ˈhɑːtstrɪŋz
AM ˈhɑrtˌstrɪŋz

heartthrob
BR ˈhɑːtθrɒb, -z
AM ˈhɑrtˌθrɑb, -z

heart-to-heart
BR ˌhɑːttəˈhɑːt, -s
AM ˌhɑr(t)təˈhɑrt, -s

heartwarming
BR ˈhɑːtˌwɔːmɪŋ
AM ˈhɑrtˌwɔrmɪŋ

heartwarmingly
BR ˈhɑːtˌwɔːmɪŋli
AM ˈhɑrtˌwɔrmɪŋli

heartwood
BR ˈhɑːtwʊd
AM ˈhɑrtˌwʊd

hearty
BR ˈhɑːt|i, -ɪə(r), -ɪɪst
AM ˈhɑrdi, -ər, -ɪst

heat
BR hiːt, -s, -ɪŋ, -ɪd
AM hi|t, -ts, -dɪŋ,
-dɪd

heatedly
BR ˈhiːtɪdli
AM ˈhidɪdli

heater
BR ˈhiːtə(r), -z
AM ˈhidər, -z

heath
BR hiːθ, -s
AM hiθ, -s

Heathcliff
BR ˈhiːθklɪf
AM ˈhiθˌklɪf

Heathcliffe
BR ˈhiːθklɪf
AM ˈhiθˌklɪf

Heathcote
BR ˈhiːθkət, ˈhɛθkət
AM ˈhiθˌkoʊt

heathen
BR ˈhiːðn, -z
AM ˈhið(ə)n, -z

heathendom
BR ˈhiːðndəm
AM ˈhiðənd(ə)m

heathenish
BR ˈhiːðnɪʃ
AM ˈhiðənɪʃ

heathenishly
BR ˈhiːðn̩ʃli
AM ˈhiðənɪʃli

heathenishness
BR ˈhiːðn̩ʃnɪs
AM ˈhiðənɪʃnɪs

heathenism
BR ˈhiːðnɪzm
AM ˈhiðəˌnɪz(ə)m

heathenry
BR ˈhiːðnri
AM ˈhiðənri

heather
BR ˈhɛðə(r), -z
AM ˈhɛðər, -z

heathery
BR ˈhɛð(ə)ri
AM ˈhɛðəri

Heathfield
BR ˈhiːθfiːld
AM ˈhiθˌfild

heathland
BR ˈhiːθland, -z
AM ˈhiθˌlænd, -z

heathless
BR ˈhiːθlɪs
AM ˈhiθlɪs

heathlike
BR ˈhiːθlʌɪk
AM ˈhiθˌlaɪk

Heathrow
BR ˌhiːθˈrəʊ
AM ˌhiθˌroʊ

heathy
BR ˈhiːθi
AM ˈhiθi

Heaton
BR ˈhiːtn
AM ˈhitn

heatproof
BR ˈhiːtpruːf
AM ˈhitˌpruf

heatstroke
BR ˈhiːtstrəʊk
AM ˈhitˌstroʊk

heatwave
BR ˈhiːtweɪv, -z
AM ˈhitˌweɪv, -z

heave
BR hiːv, -z,
-ɪŋ, -d
AM hiv, -z, -ɪŋ, -d

heave-ho
BR ˌhiːvˈhəʊ
AM ˌhivˈhoʊ

heaven
BR ˈhɛvn, -z
AM ˈhɛv(ə)n, -z

heavenliness
BR ˈhɛvnlɪnɪs
AM ˈhɛvənlinɪs

heavenly
BR ˈhɛvnli
AM ˈhɛvənli

heavenward
BR ˈhɛvnwəd, -z
AM ˈhɛvənwərd, -z

heaver
BR ˈhiːvə(r), -z
AM ˈhivər, -z

heavily
BR ˈhɛvɪli
AM ˈhɛvəli

heaviness
BR ˈhɛvɪnɪs
AM ˈhɛvɪnɪs

Heaviside
BR ˈhɛvɪsʌɪd
AM ˈhɛviˌsaɪd

heavy
BR ˈhɛv|i, -ɪə(r),
-ɪɪst
AM ˈhɛvi, -ər, -ɪst

heavy-footed
BR ˌhɛvɪˈfʊtɪd
AM ˌhɛviˈfʊdəd

heavy-handed
BR ˌhɛvɪˈhandɪd
AM ˌhɛviˈhændəd

heavy-handedly
BR ˌhɛvɪˈhandɪdli
AM ˌhɛviˈhændədli

heavy-handedness
BR ˌhɛvɪˈhandɪdnɪs
AM ˌˌhɛviˈhændədnəs

heavy-hearted
BR ˌhɛvɪˈhɑːtɪd
AM ˌˌhɛviˈhɑrdəd

heavyish
BR ˈhɛvɪɪʃ
AM ˈhɛvɪɪʃ

heavyset
BR ˌhɛvɪˈsɛt
AM ˈhɛviˌsɛt

heavyweight
BR ˈhɛvɪweɪt, -s
AM ˈhɛviˌweɪt, -s

Hebburn
BR ˈhɛb(əː)n
AM ˈhɛbərn

Hebden
BR ˈhɛbd(ə)n
AM ˈhɛbd(ə)n

hebdomadal
BR hɛbˈdɒmədl
AM hɛbˈdaməd(ə)l

hebdomadally
BR hɛbˈdɒmədli
AM hɛbˈdamədli

Hebe
BR ˈhiːbi
AM ˈhibi
Hebert
BR ˈhiːbət, ˈhɛbət
AM ˈeɪˌbɛ(ə)r, ˈhɛbərt
hebetude
BR ˈhɛbɪtjuːd,
ˈhɛbɪtʃuːd
AM ˈhɛbəˌt(j)ud
Hebraic
BR hɪˈbreɪɪk,
hiːˈbreɪɪk
AM hiˈbreɪɪk
Hebraically
BR hɪˈbreɪɪkli,
hiːˈbreɪɪkli
AM hiˈbreɪɪk(ə)li
Hebraise
BR ˈhiːbreɪʌɪz, -ɪz,
-ɪŋ, -d
AM ˈhiˌbreɪˌaɪz, -ɪz,
-ɪŋ, -d
Hebraism
BR ˈhiːbreɪɪzm, -z
AM ˈhiˌbreɪˌɪz(ə)m,
-z
Hebraist
BR ˈhiːbreɪɪst, -s
AM ˈhiˌbreɪɪst, -s
Hebraistic
BR ˌhiːbreɪˈɪstɪk
AM ˌhibreɪˈɪstɪk
Hebraize
BR ˈhiːbreɪʌɪz, -ɪz,
-ɪŋ, -d
AM ˈhiˌbreɪˌaɪz, -ɪz,
-ɪŋ, -d
Hebrew
BR ˈhiːbruː, -z
AM ˈhiˌbru, -z
Hebridean
BR ˌhɛbrɪˈdiːən, -z
AM ˌhɛbrəˈdiən, -z
Hebrides
BR ˈhɛbrɪdiːz
AM ˈhɛbrədiz
Hebron
BR ˈhiːbrɒn,
ˈhɛbrɒn
AM ˈhiˌbrɑn,
ˈhibr(ə)n

Hecate¹
Shakespearean
BR ˈhɛkəti, ˈhɛkət
AM ˈhɛkədi
Hecate²
BR ˈhɛkəti
AM ˈhɛkədi
hecatomb
BR ˈhɛkətuːm, -z
AM ˈhɛkəˌtoʊm, -z
heck
BR hɛk
AM hɛk
heckelphone
BR ˈhɛklfəʊn, -z
AM ˈhɛkəlˌfoʊn, -z
heckle
BR ˈhɛk|l, -lz,
-lɪŋ\-lɪŋ, -ld
AM ˈhɛk(ə)l, -z,
-ɪŋ, -d
heckler
BR ˈhɛkl|ə(r),
ˈhɛklə(r), -z
AM ˈhɛk(ə)lər, -z
Heckmondwike
BR ˈhɛkmən(d)wʌɪk
AM ˈhɛkmən(d)ˌwaɪk
hectarage
BR ˈhɛkt(ə)rɪdʒ
AM ˈhɛktərɪdʒ
hectare
BR ˈhɛktɛː(r), -z
AM ˈhɛkˌtɛ(ə)r, -z
hectic
BR ˈhɛktɪk
AM ˈhɛktɪk
hectically
BR ˈhɛktɪkli
AM ˈhɛktək(ə)li
hectogram
BR ˈhɛktəgram, -z
AM ˈhɛktəˌgræm, -z
hectograph
BR ˈhɛktəgrɑːf, -s
AM ˈhɛktəˌgræf, -s
hectoliter
BR ˈhɛktəˌliːtə(r), -z
AM ˈhɛktəˌlidər, -z
hectolitre
BR ˈhɛktəˌliːtə(r), -z
AM ˈhɛktəˌlidər, -z

hectometer
BR ˈhɛktəˌmiːtə(r), -z
AM ˈhɛktəˌmidər, -z
hectometre
BR ˈhɛktəˌmiːtə(r), -z
AM ˈhɛktəˌmidər, -z
hector
BR ˈhɛkt|ə(r), -əz,
-(ə)rɪŋ, -əd
AM ˈhɛkt|ər, -ərz,
-(ə)rɪŋ, -ərd
hectoringly
BR ˈhɛkt(ə)rɪŋli
AM ˈhɛkt(ə)rɪŋli
Hecuba
BR ˈhɛkjʉbə(r)
AM ˈhɛkjəbə
he'd¹ *strong form*
BR hiːd
AM hid
he'd² *weak form*
BR (h)ɪd
AM (h)ɪd
heddle
BR ˈhɛdl, -z
AM ˈhɛd(ə)l, -z
Hedex
BR ˈhɛdɛks
AM ˈhɛdɛks
hedge
BR hɛdʒ, -ɪz, -ɪŋ, -d
AM hɛdʒ, -əz, -ɪŋ, -d
hedgehog
BR ˈhɛdʒ(h)ɒg, -z
AM ˈhɛdʒˌ(h)ɑg,
ˈhɛdʒˌ(h)ɔg, -z
hedgehop
BR ˈhɛdʒhɒp, -s, -ɪŋ, -t
AM ˈhɛdʒˌ(h)ɑp, -s,
-ɪŋ, -t
hedgehopper
BR ˈhɛdʒˌhɒpə(r), -z
AM ˈhɛdʒˌ(h)ɑpər, -z
hedger
BR ˈhɛdʒə(r), -z
AM ˈhɛdʒər, -z
hedgerow
BR ˈhɛdʒrəʊ, -z
AM ˈhɛdʒˌroʊ, -z
Hedges
BR ˈhɛdʒɪz
AM ˈhɛdʒəs

Hedley
BR ˈhɛdli
AM ˈhɛdli
hedonic
BR hiːˈdɒnɪk,
hɪˈdɒnɪk
AM hiˈdɑnɪk
hedonism
BR ˈhiːdn̩ɪzm,
ˈhɛdn̩ɪzm
AM ˈhidəˌnɪz(ə)m,
ˈhidn̩ˌɪz(ə)m
hedonist
BR ˈhiːdn̩ɪst,
ˈhɛdn̩ɪst, -s
AM ˈhidənəst,
ˈhidn̩əst, -s
hedonistic
BR ˌhiːdəˈnɪstɪk,
ˌhɛdəˈnɪstɪk
AM ˌhidn̩ˈɪstɪk
hedonistically
BR ˌhiːdəˈnɪstɪkli,
ˌhɛdəˈnɪstɪkli
AM ˌhidəˈnɪstək(ə)li,
ˌhidn̩ˈɪstək(ə)li
heebie-jeebies
BR ˌhiːbɪˈdʒiːbɪz
AM ˈhibiˈdʒibiz
heed
BR hiːd, -z, -ɪŋ, -ɪd
AM hid, -z,
-ɪŋ, -ɪd
heedful
BR ˈhiːdf(ʊ)l
AM ˈhidf(ə)l
heedfully
BR ˈhiːdfʊli,
ˈhiːdfl̩i
AM ˈhidfəli
heedfulness
BR ˈhiːdf(ʊ)lnəs
AM ˈhidfəlnəs
heedless
BR ˈhiːdlɪs
AM ˈhidlɪs
heedlessly
BR ˈhiːdlɪsli
AM ˈhidlɪsli
heedlessness
BR ˈhiːdlɪsnɪs
AM ˈhidlɪsnɪs

hee-haw
BR ˈhiːhɔː(r), ˌhiːˈhɔː(r), -z, -ɪŋ, -d
AM ˈhiˌhɑ, ˈhiˌhɔ, -z, -ɪŋ, -d

heel
BR hiːl, -z, -ɪŋ, -d
AM hil, -z, -ɪŋ, -d

heelball
BR ˈhiːlbɔːl
AM ˈhilˌbɑl, ˈhilˌbɔl

heelbar
BR ˈhiːlbɑː(r), -z
AM ˈhilˌbɑr, -z

heelless
BR ˈhiː(l)lɪs
AM ˈhi(l)lɪs

heeltap
BR ˈhiːltap, -s
AM ˈhilˌtæp, -s

Heep
BR hiːp
AM hip

Heffernan
BR ˈhɛfənən
AM ˈhɛfərnən

heft
BR hɛft, -s, -ɪŋ, -ɪd
AM hɛft, -s, -ɪŋ, -əd

heftily
BR ˈhɛftɪli
AM ˈhɛftəli

heftiness
BR ˈhɛftɪnɪs
AM ˈhɛftɪnɪs

hefty
BR ˈhɛft|i, -ɪə(r), -ɪɪst
AM ˈhɛfti, -ər, -ɪst

Hegarty
BR ˈhɛgəti
AM ˈhɛgərdi

Hegel
BR ˈheɪgl
AM ˈheɪg(ə)l

Hegelian
BR hɪˈgeɪliən, heɪˈgeɪliən, -z
AM həˈgeɪliən, -z

Hegelianism
BR hɪˈgeɪliənɪzm, heɪˈgeɪliənɪzm
AM həˈgeɪliəˌnɪz(ə)m

hegemonic
BR ˌhɛgɪˈmɒnɪk, ˌhɛdʒɪˈmɒnɪk
AM ˌhɛgəˈmɑnɪk

hegemony
BR hɪˈgɛməni, hɪˈdʒɛməni, ˈhɛgɪməni, ˈhɛdʒɪməni
AM həˈdʒɛməni

Hegira
BR hɪˈdʒʌɪrə(r)
AM ˈhɛdʒərə, həˈdʒaɪrə

Heidegger
BR ˈhʌɪdɛgə(r), ˈhʌɪdɪgə(r)
AM ˈhaɪdəgər

Heidelberg
BR ˈhʌɪdlbəːg
AM ˈhaɪdlˌbɜrg

Heidi
BR ˈhʌɪdi
AM ˈhaɪdi

heifer
BR ˈhɛfə(r), -z
AM ˈhɛfər, -z

heigh
BR heɪ
AM heɪ, haɪ

heigh-ho
BR ˌheɪˈhəʊ, ˈheɪhəʊ
AM ˌheɪˈhoʊ

height
BR hʌɪt, -s
AM haɪt, -s

heighten
BR ˈhʌɪt|n, -nz, -n̩ɪŋ\-nɪŋ, -nd
AM ˈhaɪtn, -z, -ɪŋ, -d

Heilbronn
BR ˈhʌɪlbrɒn
AM ˈhaɪlˌbrɑn
GER haɪlˈbrɔn

Heilong
BR ˌhʌɪˈlɒŋ
AM ˈhaɪˌlɑŋ, ˈhaɪˌlɔŋ

Heimlich
BR ˈhʌɪmlɪç
AM ˈhaɪmlɪk

Heine
BR ˈhʌɪni, ˈhʌɪnə(r)
AM ˈhaɪni, ˈhaɪnə

Heineken
BR ˈhʌɪnɪk(ə)n
AM ˈhaɪnək(ə)n

Heinemann
BR ˈhʌɪnɪmən
AM ˈhaɪnəm(ə)n

Heiney
BR ˈhʌɪni
AM ˈhaɪni

Heinkel
BR ˈhʌɪŋkl
AM ˈhaɪŋk(ə)l

Heinlein
BR ˈhʌɪnlʌɪn
AM ˈhaɪnˌlaɪn

heinous
BR ˈheɪnəs, ˈhiːnəs
AM ˈheɪnəs

heinously
BR ˈheɪnəsli, ˈhiːnəsli
AM ˈheɪnəsli

heinousness
BR ˈheɪnəsnəs, ˈhiːnəsnəs
AM ˈheɪnəsnəs

Heinz
BR hʌɪnz, hʌɪns
AM haɪn(t)s

heir
BR ɛː(r), -z
AM ɛ(ə)r, -z

heirdom
BR ˈɛːdəm
AM ˈɜrd(ə)m

heiress
BR ˈɛːrɪs, ˈɛːrɛs, ˌɛːrˈɛs, -ɪz
AM ˈɛrəs, -əz

heirless
BR ˈɛːləs
AM ˈɛrləs

heirloom
BR ˈɛːluːm, -z
AM ˈɛrˌlum, -z

heirship
BR ˈɛːʃɪp
AM ˈɛrˌʃɪp

Heisenberg
BR ˈhʌɪznbəːg
AM ˈhaɪzənˌbɜrg

heist
BR hʌɪst, -s, -ɪŋ, -ɪd
AM haɪst, -s, -ɪŋ, -ɪd

hei-tiki
BR ˌheɪˈtɪk|i, -ɪz
AM ˌheɪˈtiˌki, -z

Hejira
BR hɪˈdʒʌɪrə(r)
AM ˈhɛdʒərə, həˈdʒaɪrə

Hekla
BR ˈhɛklə(r)
AM ˈhɛklə

HeLa
BR ˈhiːlə(r)
AM ˈhɛlə

held
BR hɛld
AM hɛld

Heldentenor
BR ˌhɛldnˈtɛnə(r), -z
AM ˈhɛldənˌtɛnər, -z
GER ˌhɛldntɛˈnoːɐ

hele
BR hiːl, -z, -ɪŋ, -d
AM hil, -z, -ɪŋ, -d

Helen
BR ˈhɛlɪn
AM ˈhɛl(ə)n

Helena
BR ˈhɛlɪnə(r)
AM ˈhɛlənə

helenium
BR hɪˈliːnɪəm
AM həˈliniəm

Helga
BR ˈhɛlgə(r)
AM ˈhɛlgə

Helgoland
BR ˈhɛlgəland
AM ˈhɛlgəˌlænd

heliacal
BR hɪˈlʌɪəkl, hɛˈlʌɪəkl
AM hiˈlaɪək(ə)l, həˈlaɪək(ə)l

helianthemum
BR ˌhiːlɪˈanθɪməm, -z
AM ˌhiliˈænθəməm, -z

helianthus
BR ˌhiːliˈænθəs, -ɪz
AM ˌhiliˈænθəs, -əz
helical
BR ˈhelɪkl
AM ˈhelək(ə)l, ˈhelɪk(ə)l
helically
BR ˈhelɪkli
AM ˈhelək(ə)li, ˈhelɪk(ə)li
helices
BR ˈhelɪsiːz
AM ˈheləˌsiz, ˈhiləˌsiz
helichrysum
BR ˌheliˈkrʌɪsəm, -z
AM ˌheləˈkraɪs(ə)m, -z
helicity
BR hiˈlɪsɪti
AM ˌhiˈlɪsɪdi
helicoid
BR ˈhelɪkɔɪd, -z
AM ˈheləˌkɔɪd, -z
Helicon
BR ˈhelɪk(ɒ)n, -z
AM ˈhelək(ə)n, ˈheləˌkɑn, -z
helicopter
BR ˈhelɪkɒptə(r), -z
AM ˈheləˌkɑptər, -z
helideck
BR ˈhelɪdek, -s
AM ˈheləˌdek, -s
Heligoland
BR ˈhelɪgə(ʊ)land
AM ˈheləgoʊˌlænd
heliocentric
BR ˌhiːliə(ʊ)ˈsentrɪk
AM ˌhiliəˈsentrɪk
heliocentrically
BR ˌhiːliə(ʊ)ˈsentrɪkli
AM ˌhiliəˈsentrək(ə)li
Heliogabalus
BR ˌhiːliə(ʊ)ˈgabləs
AM ˌhiliəˈgæbələs
heliogram
BR ˈhiːliəgram, -z
AM ˈhilioʊˌgræm, -z
heliograph
BR ˈhiːliəgrɑːf, -s, -ɪŋ, -t
AM ˈhilioʊˌgræf, -s, -ɪŋ, -t

heliography
BR ˌhiːliˈɒgrəfi
AM ˌhiliˈɑgrəfi
heliogravure
BR ˌhiːliəʊgrəˈvjʊə(r)
AM ˌhilioʊgrəˈvjʊ(ə)r
heliolithic
BR ˌhiːliəˈlɪθɪk
AM ˌhiliəˈlɪθɪk
heliometer
BR ˌhiːliˈɒmɪtə(r), -z
AM ˌhiliˈɑmədər, -z
Heliopolis
BR ˌhiːliˈɒplɪs
AM ˌhiliˈɑpələs
Helios
BR ˈhiːlɪɒs
AM ˈhiliəs, ˈhiliˌɑs
heliostat
BR ˈhiːliəstat, -s
AM ˈhiljəˌstæt, ˈhiliəˌstæt, -s
heliostatic
BR ˌhiːliəˈstatɪk
AM ˌhiliəˈstædɪk
heliotherapy
BR ˌhiːliəʊˈθerəpi
AM ˌhiljəˈθerəpi, ˌhiliəˈθerəpi
heliotrope
BR ˈhiːliətrəʊp, -s
AM ˈhiljəˌtroʊp, ˈhiliəˌtroʊp, -s
heliotropic
BR ˌhiːliə(ʊ)ˈtrɒpɪk, ˌhiːliəˈtrəʊpɪk
AM ˌhiliəˈtrɑpɪk
heliotropically
BR ˌhiːliəˈtrɒpɪkli, ˌhiːliə(ʊ)ˈtrəʊpɪkli
AM ˌhiliəˈtrɑpək(ə)li
heliotropism
BR ˌhiːliə(ʊ)ˈtrəʊpɪzm, ˌhiːliˈɒtrəpɪzm
AM ˌhiliəˈtraˌpɪz(ə)m
heliotype
BR ˈhiːliətʌɪp, -s
AM ˈhiljəˌtaɪp, ˈhiliəˌtaɪp, -s
helipad
BR ˈhelɪpad, -z
AM ˈheləˌpæd, -z

heliport
BR ˈhelɪpɔːt, -s
AM ˈheləˌpɔ(ə)rt, -s
heli-skiing
BR ˈheliˌskiːɪŋ
AM ˈheliˌskiːɪŋ
helium
BR ˈhiːliəm
AM ˈhiliəm
helix
BR ˈhiːlɪks, -ɪz
AM ˈlɪlɪks, -ɪz
he'll
BR hiːl
AM hil
hell
BR hel
AM hel
hella
BR ˈhelə(r)
AM ˈhelə
hellacious
BR heˈleɪʃəs
AM heˈleɪʃəs
hellaciously
BR heˈleɪʃəsli
AM heˈleɪʃəsli
Helladic
BR heˈladɪk, -s
AM heˈlædɪk, -s
Hellas
BR ˈhelas
AM ˈheləs
hellcat
BR ˈhelkat, -s
AM ˈhelˌkæt, -s
hellebore
BR ˈhelɪbɔː(r)
AM ˈheləˌbɔ(ə)r
helleborine
BR ˈhelɪbəriːn, ˈhelɪbərʌɪn, -z
AM ˈhələbəˌrin, ˈheləbəˌraɪn, -z
Hellene
BR ˈheliːn, -z
AM ˈheˌlin, -z
Hellenic
BR hɪˈlenɪk, heˈlenɪk
AM heˈlenɪk

Hellenisation
BR ˌhelɪnʌɪˈzeɪʃn
AM ˌheləˌnaɪˈzeɪʃ(ə)n, ˌhelənəˈzeɪʃ(ə)n
Hellenise
BR ˈhelɪnʌɪz, -ɪz, -ɪŋ, -d
AM ˈheləˌnaɪz, -ɪz, -ɪŋ, -d
Hellenism
BR ˈhelɪnɪzm, -z
AM ˈheləˌnɪz(ə)m, -z
Hellenist
BR ˈhelɪnɪst, -s
AM ˈhelənəst, -s
Hellenistic
BR ˌhelɪˈnɪstɪk
AM ˌheləˈnɪstɪk
Hellenization
BR ˌhelɪnʌɪˈzeɪʃn
AM ˌheləˌnaɪˈzeɪʃ(ə)n, ˌhelənəˈzeɪʃ(ə)n
Hellenize
BR ˈhelɪnʌɪz, -ɪz, -ɪŋ, -d
AM ˈheləˌnaɪz, -ɪz, -ɪŋ, -d
Heller
BR ˈhelə(r)
AM ˈhelər
Hellespont
BR ˈhelɪspɒnt
AM ˈheləˌspɑnt
hellfire
BR ˌhelˈfʌɪə(r), ˈhelfʌɪə(r)
AM ˈhelˌfaɪ(ə)r
hell-for-leather
BR ˌhelfəˈleðə(r)
AM ˌhelfərˈleðər
hellgrammite
BR ˈhelgrəmʌɪt, -s
AM ˈhelgrəˌmaɪt, -s
hellhole
BR ˈhelhəʊl, -z
AM ˈhelˌ(h)oʊl, -z
hellhound
BR ˈhelhaʊnd, -z
AM ˈhelˌ(h)aʊnd, -z
hellion
BR ˈhelj(ə)n, -z
AM ˈhelj(ə)n, -z

hellish
BR ˈhelɪʃ
AM ˈhelɪʃ

hellishly
BR ˈhelɪʃli
AM ˈhelɪʃli

hellishness
BR ˈhelɪʃnɪs
AM ˈhelɪʃnɪs

hell-like
BR ˈhellʌɪk
AM ˈhelˌlaɪk

Hellman
BR ˈhelmən
AM ˈhelm(ə)n

hello
BR heˈləʊ, -z
AM heˈloʊ, həˈloʊ, -z

hellraiser
BR ˈhelˌreɪzə(r), -z
AM ˈhelˌreɪzər, -z

hellraising
BR ˈhelˌreɪzɪŋ
AM ˈhelˌreɪzɪŋ

helluva
BR ˈheləvə(r)
AM ˈheləvə

hellward
BR ˈhelwəd
AM ˈhelwərd

helm
BR helm, -z
AM helm, -z

helmet
BR ˈhelmɪt, -s, -ɪd
AM ˈhelmət, -ts, -dəd

Helmholtz
BR ˈhelmhɒlts, ˈhelməʊlts
AM ˈhelmˌ(h)oʊlts

helminth
BR ˈhelmɪnθ, -s
AM ˈhelmənθ, -s

helminthiasis
BR ˌhelmɪnˈθʌɪəsɪs
AM ˌhelmənˈθaɪəsəs

helminthic
BR helˈmɪnθɪk
AM helˈmɪnθɪk

helminthoid
BR ˈhelmɪnθɔɪd
AM ˈhelmənˌθɔɪd, helˈmɪnˌθɔɪd

helminthologist
BR ˌhelmɪnˈθɒlədʒɪst, -s
AM ˌhelmənˈθɑlədʒəst, -s

helminthology
BR ˌhelmɪnˈθɒlədʒi
AM ˌhelmənˈθɑlədʒi

Helms
BR helmz
AM helmz

helmsman
BR ˈhelmzmən
AM ˈhelmzm(ə)n

helmsmen
BR ˈhelmzmən
AM ˈhelmzm(ə)n

Héloïse
BR ˈeləʊiːz, ˌeləʊˈiːz
AM ˈ(h)eləˌwiz
FR eloiz

Helot
BR ˈhelət, -s
AM ˈhelət, -s

helotism
BR ˈhelətɪzm
AM ˈheləˌtɪz(ə)m

helotry
BR ˈhelətri
AM ˈhelətri

help
BR help, -s, -ɪŋ, -t
AM help, -s, -ɪŋ, -t

helper
BR ˈhelpə(r), -z
AM ˈhelpər, -z

helpful
BR ˈhelpf(ʊ)l
AM ˈhelpf(ə)l

helpfully
BR ˈhelpfʊli, ˈhelpfl̩i
AM ˈhelpfəli

helpfulness
BR ˈhelpf(ʊl)nəs
AM ˈhelpfəlnəs

helping
BR ˈhelpɪŋ, -z
AM ˈhelpɪŋ, -z

helpless
BR ˈhelpləs
AM ˈhelpləs

helplessly
BR ˈhelpləsli
AM ˈhelpləsli

helplessness
BR ˈhelpləsnəs
AM ˈhelpləsnəs

helpline
BR ˈhelplʌɪn, -z
AM ˈhelpˌlaɪn, -z

Helpmann
BR ˈhelpmən
AM ˈhelpm(ə)n

helpmate
BR ˈhelpmeɪt, -s
AM ˈhelpˌmeɪt, -s

helpmeet
BR ˈhelpmiːt, -s
AM ˈhelpˌmit, -s

Helsingborg
BR ˈhelsɪŋbɔːg
AM ˈhelsɪŋˌbɔ(ə)rg

Helsingfors
BR ˈhelsɪŋfɔːz
AM ˈhelsɪŋˌfɔ(ə)rz
SW ˌhelsɪŋˈfɒrs

Helsingōr
BR ˈhelsɪŋə(r)
AM ˈhelsɪŋər
DAN ˌhelsenˈœːʌ

Helsinki
BR ˈhelˌsɪŋki, ˈhelsɪŋki
AM ˈhelsɪŋki, helˈsɪŋki

helter-skelter
BR ˌheltəˈskeltə(r), -z
AM ˌheltərˈskeltər, -z

helve
BR helv, -z
AM helv, -z

Helvellyn
BR helˈvelɪn
AM helˈvel(ə)n

Helvetia
BR helˈviːʃ(ɪ)ə(r)
AM helˈviʃə

Helvetian
BR helˈviːʃ(ə)n, -z
AM helˈvɪʃ(ə)n, -z

Helvetic
BR helˈvetɪk
AM helˈvedɪk

hem
BR hem, -z, -ɪŋ, -d
AM hem, -z, -ɪŋ, -d

hemal
BR ˈhiːml
AM ˈhim(ə)l

he-man
BR ˈhiːman
AM ˈhiˌmæn

hematic
BR hiːˈmatɪk
AM hiˈmædɪk

hematin
BR ˈhiːmətɪn
AM ˈhiməˌtin

hematite
BR ˈhiːmətʌɪt
AM ˈhiməˌtaɪt

hematocele
BR hɪˈmatəsiːl
AM hiˈmædoʊˌsil

hematocrit
BR hɪˈmatəkrɪt, ˈhiːmətə(ʊ)krɪt, -s
AM hiˈmædəˌkrɪt, -s

hematologic
BR ˌhiːmətəˈlɒdʒɪk
AM ˌhimədoʊˈladʒɪk

hematological
BR ˌhiːmətəˈlɒdʒɪkl
AM ˌhimədoʊˈladʒək(ə)l

hematologist
BR ˌhiːməˈtɒlədʒɪst, -s
AM ˌhiməˈtalədʒəst, -s

hematology
BR ˌhiːməˈtɒlədʒi
AM ˌhiməˈtalədʒi

hematoma
BR ˌhiːməˈtəʊmə(r), -z
AM ˌhiməˈtoʊmə, -z

hematuria
BR ˌhiːməˈtjʊərɪə(r), ˌhiːməˈtʃʊərɪə(r), ˌhiːməˈtʃɔːrɪə(r), ˌhiːməˈtʃɔːrɪə(r)
AM ˌhiməˈtʊriə

heme
BR hiːm
AM him

Hemel Hempstead
BR ˌheml ˈhem(p)sted
AM ˈˌhem(ə)l ˈhem(p)ˌsted

he-men
BR ˈhiːmen
AM ˈhiˌmen

hemerocallis
BR ˌhem(ə)rəʊˈkalɪs
AM ˌhemərouˈkæləs

hemianopia
BR ˌhemiəˈnəʊpiə(r)
AM ˌhimiəˈnoupiə

hemianopsia
BR ˌhemiəˈnɒpsiə(r)
AM ˌhimiəˈnɑpsiə

hemicellulose
BR ˌhemɪˈseljʉləʊs, ˌhemɪˈseljʉləʊz, -ɪz
AM ˌheməˈsel(j)əlouz, ˌheməˈsel(j)əlous, -əz

hemicycle
BR ˈhemɪˌsʌɪkl, -z
AM ˈheməˌsaɪk(ə)l, -z

hemidemisemiquaver
BR ˌhemiˌdemɪˈsemiˌkweɪvə(r), -z
AM ˈˌhemiˌdemiˈsemiˌkweɪvər, -z

hemihedral
BR ˌhemɪˈhiːdr(ə)l
AM ˌheməˈhidr(ə)l

Hemingway
BR ˈhemɪŋweɪ
AM ˈhemɪŋweɪ

hemiplegia
BR ˌhemɪˈpliːdʒ(i)ə(r)
AM ˌheməˈpli(d)ʒə

hemiplegic
BR ˌhemɪˈpliːdʒɪk, -s
AM ˌheməˈplidʒɪk, -s

Hemiptera
BR hɪˈmɪpt(ə)rə(r)
AM həˈmɪptərə

hemipteran
BR hɪˈmɪpt(ə)rn, -z
AM həˈmɪptər(ə)n, həˈmɪptr(ə)n, -z

hemipterous
BR hɪˈmɪpt(ə)rəs
AM həˈmɪptərəs

hemisphere
BR ˈhemɪsfɪə(r), -z
AM ˈheməˌsfɪ(ə)r, -z

hemispheric
BR ˌhemɪˈsferɪk
AM ˌheməˈsferɪk, ˌheməˈsfɪrɪk

hemispherical
BR ˌhemɪˈsferɪkl
AM ˌheməˈsferək(ə)l, ˌheməˈsfɪrɪk(ə)l

hemispherically
BR ˌhemɪˈsferɪkli
AM ˌheməˈsferək(ə)li, ˌheməˈsfɪrɪk(ə)li

hemistich
BR ˈhemɪstɪk, -s
AM ˈheməstɪk, -s

hemline
BR ˈhemlʌɪn, -z
AM ˈhemˌlaɪn, -z

hemlock
BR ˈhemlɒk
AM ˈhemˌlak

hemocyanin
BR ˌhiːmə(ʊ)ˈsʌɪənɪn, -z
AM ˌhiməˈsaɪənən, -z

hemodialysis
BR ˌhiːmə(ʊ)dʌɪˈalɪsɪs, -ɪz
AM ˌhimouˌdaɪˈæləsəs, -əs

hemodynamic
BR ˌhiːmə(ʊ)dʌɪˈnamɪk
AM ˌhimoudaɪˈnæmɪk

hemoglobin
BR ˌhiːməˈgləʊbɪn
AM ˈhiməˌgloub(ə)n

hemolysis
BR hiːˈmɒlɪsɪs
AM hiˈmɑləsəs

hemolytic
BR ˌhiːməˈlɪtɪk
AM ˌhiməˈlɪdɪk

hemophilia
BR ˌhiːməˈfɪliə(r)
AM ˌhiməˈfɪliə, ˌhiməˈfɪljə

hemophiliac
BR ˌhiːməˈfɪlɪak, -s
AM ˌhiməˈfɪliˌæk, -s

hemophilic
BR ˌhiːməˈfɪlɪk, -s
AM ˌhiməˈfɪlɪk, -s

hemophyliac
BR ˌhiːməˈfɪlɪak, -s
AM ˌhiməˈfɪliˌæk, -s

hemorrhage
BR ˈhem(ə)r|ɪdʒ, -ɪdʒɪz, -ɪdʒɪŋ, -ɪdʒd
AM ˈhem(ə)rɪdʒ, -ɪz, -ɪŋ, -d

hemorrhagic
BR ˌheməˈradʒɪk
AM ˌheməˈrædʒɪk

hemorrhoid
BR ˈhemərɔɪd, -z
AM ˈhem(ə)ˌrɔɪd, -z

hemorrhoidal
BR ˌheməˈrɔɪdl
AM ˌhem(ə)ˈrɔɪd(ə)l

hemostasis
BR ˌhiːmə(ʊ)ˈsteɪsɪs
AM ˌhiməˈsteɪsəs

hemostat
BR ˈhiːməstat, -s
AM ˈhiməˌstæt, -s

hemostatic
BR ˌhiːməˈstatɪk
AM ˌhiməˈstædɪk

hemp
BR hemp
AM hemp

hempen
BR ˈhempən
AM ˈhemp(ə)n

hemp-nettle
BR ˈhempˌnetl, -z
AM ˈhempˌned(ə)l, -z

hemstitch
BR ˈhemstɪtʃ
AM ˈhemˌstɪtʃ

hen
BR hen, -z
AM hen, -z

Henan
BR ˈhiːnən
AM ˈhinən

henbane
BR ˈhenbeɪn
AM ˈhenˌbeɪn

hence
BR hens
AM hens

henceforth
BR ˌhensˈfɔːθ, ˈhensfɔːθ
AM ˈˌhensˌfɔ(ə)rθ

henceforward
BR ˌhensˈfɔːwəd
AM ˌhensˈfɔrwərd

henchman
BR ˈhen(t)ʃmən
AM ˈhen(t)ʃm(ə)n

henchmen
BR ˈhen(t)ʃmən
AM ˈhen(t)ʃm(ə)n

hencoop
BR ˈhenkuːp, -s
AM ˈhenˌkup, -s

hendecagon
BR henˈdekəg(ɒ)n, -z
AM ˈhendekəˌgan, -z

hendecasyllabic
BR ˌhendekəsɪˈlabɪk, -s
AM henˌdekəsəˈlæbɪk, -s

hendecasyllable
BR ˌhendekəˈsɪləbl, henˌdekəˈsɪləbl, -z
AM henˌdekəˈsɪləb(ə)l, henˌdekəˌsɪləb(ə)l, -z

Henderson
BR ˈhendəs(ə)n
AM ˈhendərs(ə)n

hendiadys
BR henˈdʌɪədɪs
AM henˈdaɪədəs

Hendon
BR ˈhend(ə)n
AM ˈhend(ə)n

Hendricks
BR ˈhendrɪks
AM ˈhendrɪks

Hendrickson
BR ˈhendrɪks(ə)n
AM ˈhendrɪks(ə)n

Hendrix
BR ˈhendrɪks
AM ˈhendrɪks

Hendry
BR ˈhendri
AM ˈhendri

Hendy
BR ˈhendi
AM ˈhendi

henequen
BR ˈhenɪkɛn
AM ˈhenək(ə)n

henge
BR hen(d)ʒ, -ɪz
AM hendʒ, -əz

Hengist
BR ˈheŋgɪst
AM ˈheŋgəst

henhouse
BR ˈhenhaʊ|s, -zɪz
AM ˈhen,(h)aʊ|s, -zəz

Henley
BR ˈhenli
AM ˈhenli

henna
BR ˈhenə(r), -d
AM ˈhenə, -d

Hennessey
BR ˈhenɪsi
AM ˈhenəsi

Hennessy
BR ˈhenɪsi
AM ˈhenəsi

henotheism
BR ˈhenəʊˌθiːɪzm, ˌhenəʊˈθiːɪzm
AM ˌhenoʊˈθiːɪz(ə)m, ˈhenoʊθiːɪz(ə)m

henpeck
BR ˈhenpɛk, -s, -ɪŋ, -t
AM ˈhen,pɛk, -s, -ɪŋ, -t

Henri *English surname*
BR ˈhenri
AM ˈhenri

Henrietta
BR ˌhenrɪˈetə(r)
AM ˌhenriˈedə

Henriques
BR henˈriːkɪz
AM henˈrikɪz

henry
BR ˈhenr|i, -ɪz
AM ˈhenri, -z

Henshaw
BR ˈhenʃɔː(r)
AM ˈhen,ʃɔ

Hensley
BR ˈhenzli
AM ˈhenzli

Henson
BR ˈhensn
AM ˈhens(ə)n

Henty
BR ˈhenti
AM ˈhen(t)i

Henze
BR ˈhentsə(r)
AM ˈhen(t)sə

heortologist
BR ˌhɪɔːˈtɒlədʒɪst, -s
AM hiˌɔrˈtɑlədʒəst, -s

heortology
BR ˌhɪɔːˈtɒlədʒi
AM hiˌɔrˈtɑlədʒi

hep
BR hep
AM həp, hep

heparin
BR ˈhepərɪn
AM ˈhepər(ə)n

heparinise
BR ˈhep(ə)rɪnʌɪz, -ɪz, -ɪŋ, -d
AM ˈhepərəˌnaɪz, -ɪz, -ɪŋ, -d

heparinize
BR ˈhep(ə)rɪnʌɪz, -ɪz, -ɪŋ, -d
AM ˈhepərəˌnaɪz, -ɪz, -ɪŋ, -d

hepatic
BR hɪˈpatɪk, hɛˈpatɪk
AM həˈpædɪk

hepatica
BR hɪˈpatɪkə(r), heˈpatɪkə(r)
AM həˈpædɪkə

hepatitis
BR ˌhepəˈtʌɪtɪs
AM ˌhepəˈtaɪdɪs

hepatocyte
BR ˈhepətə(ʊ)sʌɪt, hɪˈpatə(ʊ)sʌɪt, hɛˈpatəʊsʌɪt, -s
AM həˈpædəˌsaɪt, -s

hepatomegaly
BR ˌhepətəʊˈmegli
AM ˌhepədoʊˈmegəli, həˌpædəˈmegəli

hepatotoxic
BR ˌhepətəʊˈtɒksɪk, hɪˌpatəʊˈtɒksɪk, hɛˌpatəʊˈtɒksɪk
AM həˌpædəˈtaksɪk

Hepburn
BR ˈhe(p)bəːn, ˈheb(ə)n
AM ˈhepbərn

Hephaestus
BR hɪˈfiːstəs
AM hɪˈfɛstəs

Hephzibah
BR ˈhefzɪbɑː(r), ˈhepsɪbɑː(r)
AM ˈhepzəˌbɑ

Hepplewhite
BR ˈheplwʌɪt
AM ˈhepəlˌ(h)waɪt

heptachord
BR ˈheptəkɔːd, -z
AM ˈheptəˌkɔ(ə)rd, -z

heptad
BR ˈheptad, -z
AM ˈhepˌtæd, -z

heptaglot
BR ˈheptəglɒt, -s
AM ˈheptəˌglɑt, -s

heptagon
BR ˈheptəg(ɒ)n, -z
AM ˈheptəˌgɑn, -z

heptagonal
BR hepˈtagn̩l
AM hepˈtægən(ə)l, hepˈtægn(ə)l

heptahedra
BR ˌheptəˈhiːdrə(r)
AM ˌheptəˈhidrə

heptahedral
BR ˌheptəˈhiːdr(ə)l
AM ˌheptəˈhidr(ə)l

heptahedron
BR ˈheptəˌhiːdr(ə)n, -z
AM ˌheptəˈhidr(ə)n, ˌheptəˈhidˌrɑn, -z

heptameter
BR hepˈtamɪtə(r), -z
AM hepˈtæmədər, -z

heptane
BR ˈheptein, -z
AM ˈhepˌtein, -z

heptarchic
BR hepˈtɑːkɪk
AM hepˈtɑrkɪk

heptarchical
BR hepˈtɑːkɪkl
AM hepˈtɑrkək(ə)l

heptarchy
BR ˈheptɑːk|i, -ɪz
AM ˈhepˌtɑrki, -z

heptasyllabic
BR ˌheptəsɪˈlabɪk
AM ˌheptəsəˈlæbɪk

Heptateuch
BR ˈheptətjuːk
AM ˈheptəˌt(j)uk

heptathlete
BR hepˈtaθliːt, -s
AM hepˈtæθlit, -s

heptathlon
BR hepˈtaθl(ɒ)n, -z
AM hepˈtæθˌlɑn, -z

heptavalent
BR ˌheptəˈveɪlnt
AM ˌheptəˈveɪl(ə)nt

Hepworth
BR ˈhepwə(ː)θ
AM ˈhepˌwərθ

her[1] *strong form*
BR həː(r)
AM hər

her[2] *weak form*
BR (h)ə(r)
AM (h)ər

Hera
BR ˈhɪərə(r)
AM ˈhɛrə

Heracles
BR ˈherəkliːz
AM ˈherəkliz

Heraclitus
BR ˌherəˈklʌɪtəs
AM ˌherəˈklaɪdəs

Heraklion
BR hɛˈrakliən
AM hɛˈræklian

herald
BR ˈherl̩d, -z, -ɪŋ, -ɪd
AM ˈherəld, -z, -ɪŋ, -əd

heraldic
BR hɪˈrældɪk, heˈrældɪk
AM həˈrældɪk,
heˈrældɪk

heraldically
BR hɪˈrældɪkli,
heˈrældɪkli
AM həˈrældək(ə)li,
heˈrældək(ə)li

heraldist
BR ˈherḷdɪst, -s
AM ˈherəldəst, -s

heraldry
BR ˈherḷdrɪ
AM ˈherəldri

herb
BR hɜːb, -z
AM (h)ɜrb, -z

herbaceous
BR hɜ(ː)ˈbeɪʃəs
AM (h)ɜrˈbeɪʃəs

herbage
BR ˈhɜːbɪdʒ
AM ˈ(h)ɜrbɪdʒ

herbal
BR ˈhɜːbl
AM ˈ(h)ɜrb(ə)l

herbalism
BR ˈhɜːbḷɪzm
AM ˈ(h)ɜrbəˌlɪz(ə)m

herbalist
BR ˈhɜːbḷɪst, -s
AM ˈ(h)ɜrbələst,
-s

herbaria
BR hɜːˈbeːrɪə(r)
AM (h)ɜrˈberiə

herbarium
BR hɜːˈbeːrɪəm, -z
AM (h)ɜrˈberiəm, -z

Herbert
BR ˈhɜːbət
AM ˈhɜrbərt

herbicidal
BR ˌhɜːbɪˈsʌɪdl
AM ˈ(h)ɜrbəˌsaɪd(ə)l

herbicide
BR ˈhɜːbɪsʌɪd, -z
AM ˈ(h)ɜrbəˌsaɪd, -z

Herbie
BR ˈhɜːbi
AM ˈhɜrbi

herbiferous
BR hə(ː)ˈbɪf(ə)rəs
AM (h)ərˈbɪfərəs

herbivore
BR ˈhɜːbɪvɔː(r), -z
AM ˈ(h)ɜrbəˌvɔ(ə)r,
-z

herbivorous
BR hə(ː)ˈbɪv(ə)rəs
AM (h)ərˈbɪvərəs

herbless
BR ˈhɜːbləs
AM ˈ(h)ɜrbləs

herblike
BR ˈhɜːblʌɪk
AM ˈ(h)ɜrbˌlaɪk

herb Paris
BR ˌhɜːb ˈparɪs
AM ˌ(h)ɜrb ˈperəs

herb Robert
BR ˌhɜːb ˈrɒbət
AM ˌ(h)ɜrb ˈrɑbərt

herb tea
BR ˌhɜːb ˈtiː, -z
AM ˌˈ(h)ɜrb ˈti, -z

herb tobacco
BR ˌhɜːb təˈbakəʊ
AM ˌˈ(h)ɜrb təˈbækoʊ

herby
BR ˈhɜːb|i, -ɪə(r),
-ɪɪst
AM ˈ(h)ɜrbi, -ər, -ɪst

Hercegovina
BR ˌhɜːtsəˈɡʊvɪnə(r),
ˌhɜːtsəɡəˈviːnə(r)
AM ˌhɜrtsəˈɡoʊvɪnə

Herculaneum
BR ˌhɜːkjʊˈleɪnɪəm
AM ˌhɜrkjəˈleɪniəm

Herculean
BR ˌhɜːkjʊˈliːən
AM hərˈkjuliən,
ˌhɜrkjəˈliən

Hercules
BR ˈhɜːkjʊliːz, -ɪz
AM ˈhɜrkjəˌliz, -ɪz

Hercynian
BR hɜːˈsɪnɪən
AM hərˈsɪniən

herd
BR hɜːd, -z, -ɪŋ, -ɪd
AM hɜrd, -z, -ɪŋ, -əd

herder
BR ˈhɜːdə(r), -z
AM ˈhɜrdər, -z

herdsman
BR ˈhɜːdzmən
AM ˈhɜrdzm(ə)n

herdsmen
BR ˈhɜːdzmən
AM ˈhɜrdzm(ə)n

Herdwick
BR ˈhɜːdwɪk, -s
AM ˈhɜrdˌwɪk, -s

here
BR hɪə(r)
AM hɪ(ə)r

hereabout
BR ˌhɪərəbaʊt,
ˌhɪərəˈbaʊt, -s
AM ˌhɪrəˈbaʊt, -s

hereafter
BR ˌhɪərˈɑːftə(r)
AM hɪrˈæftər

hereat
BR ˌhɪərˈat
AM ˌhɪrˈæt

hereby
BR ˌhɪəˈbʌɪ,
ˈhɪəbʌɪ
AM ˌhɪrˈbaɪ

hereditable
BR hɪˈredɪtəbl
AM həˈredədəb(ə)l

hereditament
BR ˌherɪˈdɪtəm(ə)nt, -s
AM ˌherəˈdɪdəm(ə)nt,
-s

hereditarily
BR hɪˈredɪt(ə)rḷi
AM həˌredəˈterəli

hereditariness
BR hɪˈredɪt(ə)rɪnɪs
AM həˈredəˌterɪnəs

hereditary
BR hɪˈredɪt(ə)ri
AM həˈredəˌteri

heredity
BR hɪˈredɪti
AM həˈredədi

Hereford *English town*
BR ˈherɪfəd
AM ˈherəfərd

Herefordshire
BR ˈherɪfədʃ(ɪ)ə(r)
AM ˈherəfərdˌʃɪ(ə)r

herein
BR ˌhɪərˈɪn
AM ˌˈhɪrˈɪn

hereinafter
BR ˌhɪərɪnˈɑːftə(r)
AM ˌˈhɪrɪnˈæftər

hereinbefore
BR ˌhɪərɪmbɪˈfɔː(r)
AM ˌˈhɪrɪnbəˈfɔ(ə)r

hereof
BR ˌhɪərˈɒv
AM ˌˈhɪrˈʌv

Herero
BR heˈreːrəʊ,
heˈrɪərəʊ, -z
AM həˈreroʊ, -z

heresiarch
BR hɪˈriːzɪɑːk,
heˈriːzɪɑːk, -s
AM heˈriziˌɑrk,
həˈriziˌɑrk, -s

heresiology
BR hɪˌriːzɪˈɒlədʒi,
heˌriːzɪˈɒlədʒi
AM heˌriziˈɑlədʒi,
həˌriziˈɑlədʒi

heresy
BR ˈherɪs|i, -ɪz
AM ˈherəsi, -z

heretic
BR ˈherɪtɪk, -s
AM ˈherəˌtɪk, -s

heretical
BR hɪˈretɪkl, heˈretɪkl
AM heˈredək(ə)l,
həˈredək(ə)l

heretically
BR hɪˈretɪkli, heˈretɪkli
AM heˈredək(ə)li,
həˈredək(ə)li

hereto
BR ˌhɪəˈtuː
AM ˌˈhɪrˈtu

heretofore
BR ˌhɪətʊˈfɔː(r)
AM ˌhɪrdəˈfɔ(ə)r

hereunder
BR ˌhɪərˈʌndə(r)
AM ˌhɪrˈəndər

hereunto
BR ˌhɪərˈʌntuː
AM ˈˌhɪrˈˌənˈˌtʊ

hereupon
BR ˌhɪərəˈpɒn
AM ˈˌhɪrəˌpɑn

Hereward
BR ˈhɛrɪwəd
AM ˈhɛrəˌwɑrd

herewith
BR ˌhɪəˈwɪð
AM ˌhɪrˈwɪð, ˌhɪrˈwɪθ

Herford
BR ˈhɜːfəd
AM ˈhɜrfərd

heriot
BR ˈhɛriət, -s
AM ˈhɛriət, -s

Heriott
BR ˈhɛriət
AM ˈhɛriət

heritability
BR ˌhɛrɪtəˈbɪlɪti
AM ˌhɛrədəˈbɪlɨdi

heritable
BR ˈhɛrɪtəbl
AM ˈhɛrədəb(ə)l

heritably
BR ˈhɛrɪtəbli
AM ˈhɛrədəbli

heritage
BR ˈhɛrɪt|ɪdʒ, -ɪdʒɪz
AM ˈhɛrədɪdʒ, -ɪz

heritor
BR ˈhɛrɪtə(r), -z
AM ˈhɛrədər, -z

herky-jerky
BR ˌhɜːkɪˈdʒɜːki
AM ˈhɛrkiˈdʒɛrki

herl
BR hɜːl
AM hɜrl

herm
BR hɜːm, -z
AM hɜrm, -z

Herman
BR ˈhɜːmən
AM ˈhɜrm(ə)n

hermaphrodite
BR həˈ(ː)mafrədʌɪt, -s
AM hərˈmæfrədaɪt, -s

hermaphroditic
BR həˈ(ː)ˌmafrəˈdɪtɪk
AM hərˌmæfrəˈdɪdɪk

hermaphroditical
BR həˈ(ː)ˌmafrəˈdɪtɪkl
AM hərˌmæfrə-ˈdɪdək(ə)l

hermaphroditism
BR həˈ(ː)ˈmafrədɪtɪzm
AM hərˈmæfrədɪˌtɪz(ə)m

hermeneutic
BR ˌhɜːməˈnjuːtɪk, -s
AM ˌhɜrməˈn(j)udɪk, -s

hermeneutical
BR ˌhɜːməˈnjuːtɪkl
AM ˌhɜrmə-ˈn(j)udək(ə)l

hermeneutically
BR ˌhɜːməˈnjuːtɪkli
AM ˌhɜrmə-ˈn(j)udək(ə)li

Hermes
BR ˈhɜːmiːz
AM ˈhɜrmiz

hermetic
BR həˈ(ː)ˈmɛtɪk
AM hərˈmɛdɪk

hermetically
BR həˈ(ː)ˈmɛtɪkli
AM hərˈmɛdək(ə)li

hermetism
BR ˈhɜːmɪtɪzm
AM ˈhɜrməˌtɪz(ə)m

Hermia
BR ˈhɜːmiə(r)
AM ˈhɜrmiə

Hermione
BR həˈ(ː)ˈmʌɪəni
AM hərˈmaɪəni

hermit
BR ˈhɜːmɪt, -s
AM ˈhɜrmət, -s

hermitage
BR ˈhɜːmɪt|ɪdʒ, -ɪdʒɪz
AM ˈhɜrmədɪdʒ, -ɪz

Hermitian
BR həˈ(ː)ˈmɪʃn
AM hərˈmɪʃ(ə)n

hermitic
BR həˈ(ː)ˈmɪtɪk
AM hərˈmɪdɪk

Hermon
BR ˈhɜːm(ə)n
AM ˈhɜrm(ə)n

Hern
BR hɜːn
AM hɜrn

Hernández
BR həˈnandɛz
AM hərˈnænˌdɛz

Herne
BR hɜːn
AM hɜrn

hernia
BR ˈhɜːniə(r), -z
AM ˈhɜrniə, -z

hernial
BR ˈhɜːniəl
AM ˈhɜrniəl

herniary
BR ˈhɜːniəri
AM ˈhɜrniɛri

herniated
BR ˈhɜːnieɪtɪd
AM ˈhɜrniˌeɪdɨd

Herning
BR ˈhɜːnɪŋ
AM ˈhɜrnɪŋ
DAN ˈhɑʌnɛŋ

hero
BR ˈhɪərəʊ, -z
AM ˈhiroʊ, -z

Herod
BR ˈhɛrəd
AM ˈhɛrəd

Herodias
BR hɪˈrəʊdɪas, hɛˈrəʊdɪas
AM həˈroʊdiəs

Herodotus
BR hɪˈrɒdətəs, hɛˈrɒdətəs
AM hɛˈrɑdədəs

heroic
BR hɪˈrəʊɪk, -s
AM həˈroʊɪk, -s

heroically
BR hɪˈrəʊɪkli
AM həˈroʊək(ə)li

heroi-comic
BR hɪˌrəʊɪˈkɒmɪk
AM hɛˌroʊəˈkɑmɪk, həˌroʊəˈkɑmɪk

heroi-comical
BR hɪˌrəʊɪˈkɒmɪkl
AM hɛˌroʊə-ˈkɑmək(ə)l, həˌroʊəˈkɑmək(ə)l

heroin
BR ˈhɛrəʊɪn
AM ˈhɛrəw(ə)n

heroine
BR ˈhɛrəʊɪn, -z
AM ˈhɛrəw(ə)n, -z

heroise
BR ˈhɪərəʊʌɪz, -ɪz, -ɪŋ, -d
AM ˈhirəˌwaɪz, -ɨz, -ɪŋ, -d

heroism
BR ˈhɛrəʊɪzm
AM ˈhɛrəˌwɪz(ə)m

heroize
BR ˈhɪərəʊʌɪz, -ɪz, -ɪŋ, -d
AM ˈhirəˌwaɪz, -ɨz, -ɪŋ, -d

heron
BR ˈhɛrn̩, -z
AM ˈhɛr(ə)n, -z

heronry
BR ˈhɛrn̩r|i, -ɪz
AM ˈhɛrənri, -z

herpes
BR ˈhɜːpiːz
AM ˈhɜrpiz

herpes simplex
BR ˌhɜːpiːz ˈsɪmplɛks
AM ˌhɜrpiz ˈsɪmˌplɛks

herpes zoster
BR ˌhɜːpiːz ˈzɒstə(r)
AM ˌhɜrpiz ˈzɑstər

herpetic
BR hɜːˈpɛtɪk
AM hərˈpɛdɪk

herpetological
BR ˌhɜːpɪtəˈlɒdʒɪkl
AM ˌhɜrpədə-ˈlɑdʒək(ə)l

herpetologically
BR ˌhɜːpɪtəˈlɒdʒɪkli
AM ˌhɜrpədə-
ˈlɑdʒək(ə)li

herpetologist
BR ˌhɜːpɪˈtɒlədʒɪst, -s
AM ˌhɜrpəˈtɑlədʒəst, -s

herpetology
BR ˌhɜːpɪˈtɒlədʒi
AM ˌhɜrpəˈtɑlədʒi

Herr
BR hɛː(r)
AM hɛ(ə)r

Herrera
BR hɪˈrɛːrə(r)
AM həˈrɛrə

Herrick
BR ˈhɛrɪk
AM ˈhɛrɪk

herring
BR ˈhɛrɪŋ, -z
AM ˈhɛrɪŋ, -z

herringbone
BR ˈhɛrɪŋbəʊn
AM ˈhɛrɪŋˌboʊn

Herriot
BR ˈhɛriət
AM ˈhɛriət

Herrnhuter
BR ˈhɜːnˌhuːtə(r),
ˈhɛːnˌhuːtə(r),
ˈhɛrnˌhuːtə(r), -z
AM ˈhɜrnˌ(h)udər, -z

hers
BR hɜːz
AM hɜrz

Herschel
BR ˈhɜːʃl
AM ˈhɜrʃ(ə)l

herself[1] *strong form*
BR hɜːˈsɛlf
AM hɜrˈsɛlf

herself[2] *weak form*
BR (h)əˈsɛlf
AM (h)ərˈsɛlf

Hersey
BR ˈhɜːsi
AM ˈhɜrsi

Hershey
BR ˈhɜːʃi
AM ˈhɜrʃi

Herstmonceaux
BR ˌhɜːs(t)mənˈs(j)uː
AM ˌhɜrs(t)mənˈsu

Hertford
BR ˈhɑːtfəd
AM ˈhɑrtfərd

Hertfordshire
BR ˈhɑːtfədʃ(ɪ)ə(r)
AM ˈhɑrtfərdˌʃɪ(ə)r

Herts. *Hertfordshire*
BR ˈhɑːts
AM ˈhɑrts

Hertz
BR hɜːts
AM ˈhɜrts

hertz
BR hɜːts
AM hɜrts

Hertzog
BR ˈhɜːtsɒg, ˈhɜːzɒg
AM ˈhɜrˌzɔg,
ˈhɜrtˌsag, ˈhɜrˌzag,
ˈhɜrtˌsɔg

Herzegovina
BR ˌhɜːtsəˈgɒvɪnə(r),
ˌhɜːtsəgəˈviːnə(r)
AM ˌhɜrtsəˈgoʊvinə

Herzl
BR ˈhɜːtsl
AM ˈhɜrts(ə)l

Herzog
BR ˈhɜːzɒg, ˈhɜːtsɒg
AM ˈhɜrˌzag, ˈhɜrˌzɔg

he's[1] *strong form*
BR hiːz
AM hiz

he's[2] *weak form*
BR (h)ɪz
AM (h)ɪz

Heseltine
BR ˈhɛsltʌɪn,
ˈhɛzltʌɪn
AM ˈhɛsəlˌtaɪn

Heshvan
BR ˈhɛʃvən
AM ˈhɛʃv(ə)n

Hesiod
BR ˈhɛsjəd
AM ˈhɛsjəd, ˈhɛsiəd

hesitance
BR ˈhɛzɪt(ə)ns
AM ˈhɛzədns

hesitancy
BR ˈhɛzɪt(ə)nsi
AM ˈhɛzədnsi

hesitant
BR ˈhɛzɪt(ə)nt
AM ˈhɛzədənt

hesitantly
BR ˈhɛzɪt(ə)ntli
AM ˈhɛzədən(t)li

hesitate
BR ˈhɛzɪteɪt, -s,
-ɪŋ, -ɪd
AM ˈhɛzəˌteɪt, tɜ,
-dɪŋ, -dɪd

hesitater
BR ˈhɛzɪteɪtə(r), -z
AM ˈhɛzəˌteɪdər, -z

hesitatingly
BR ˈhɛzɪteɪtɪŋli
AM ˈhɛzəˌteɪdɪŋli

hesitation
BR ˌhɛzɪˈteɪʃn, -z
AM ˌhɛzəˈteɪʃ(ə)n, -z

hesitative
BR ˈhɛzɪtətɪv,
ˈhɛzɪteɪtɪv
AM ˈhɛzəˌteɪdɪv

Hesketh
BR ˈhɛskɪθ
AM ˈhɛskəθ

Hesperian
BR hɛˈspɪərɪən
AM hɛˈspɪriən

Hesperides
BR hɛˈspɛrɪdiːz
AM hɛˈspɛrədiz

hesperidia
BR ˌhɛspɪˈrɪdɪə(r)
AM ˌhɛspəˈrɪdiə

hesperidium
BR ˌhɛspɪˈrɪdɪəm
AM ˌhɛspəˈrɪdiəm

Hesperus
BR ˈhɛsp(ə)rəs
AM ˈhɛspərəs

Hess
BR hɛs
AM hɛs

Hesse
BR hɛs, ˈhɛsə(r)
AM hɛs

Hessen
BR ˈhɛsn
AM ˈhɛs(ə)n

Hessian
BR ˈhɛsɪən, -z
AM ˈhɛʃ(ə)n, -z

Hessle
BR ˈhɛzl
AM ˈhɛs(ə)l

hest
BR hɛst
AM hɛst

Hester
BR ˈhɛstə(r)
AM ˈhɛstər

Heston
BR ˈhɛst(ə)n
AM ˈhɛst(ə)n

Hesvan
BR ˈhɛsvən
AM ˈhɛsv(ə)n

het
BR hɛt, -s
AM hɛt, -s

hetaera
BR hɪˈtɪərə(r), -z
AM həˈtɪrə, -z

hetaerae
BR hɪˈtɪəriː,
hɪˈtɪərʌɪ
AM həˈtɛˌraɪ, həˈtɪri

hetaerism
BR hɪˈtɪərɪzm
AM həˈtɪˌrɪz(ə)m

hetaira
BR hɪˈtʌɪrə(r), -z
AM həˈtaɪrə, -z

hetairai
BR hɪˈtʌɪrʌɪ
AM həˈtaɪˌraɪ

hetairism
BR hɪˈtʌɪrɪzm
AM həˈtaɪˌrɪz(ə)m

hetero
BR ˈhɛt(ə)rəʊ, -z
AM ˈhɛdəroʊ, -z

heterochromatic
BR ˌhɛt(ə)rəʊkrəˈmatɪk
AM ˌhɛdərəkrəˈmædɪk

heteroclite
BR ˈhɛt(ə)rəklʌɪt, -s
AM ˈhɛdərəˌklaɪt, -s

heterocyclic
BR ˌhɛt(ə)rə(ʊ)ˈsʌɪklɪk
AM ˈˌhɛdərəˈsaɪklɪk

heterodox
BR ˈhɛt(ə)rədɒks
AM ˈhɛtrəˌdaks, ˈhɛdərəˌdaks

heterodoxy
BR ˈhɛt(ə)rədɒksi
AM ˈhɛtrəˌdaksi, ˈhɛdərəˌdaksi

heterodyne
BR ˈhɛt(ə)rədʌɪn, -z, -ɪŋ, -d
AM ˈhɛdərəˌdaɪn, -z, -ɪŋ, -d

heterogamous
BR ˌhɛtəˈrɒgəməs
AM ˌhɛdəˈragəməs

heterogamy
BR ˌhɛtəˈrɒgəmi
AM ˌhɛdəˈragəmi

heterogeneity
BR ˌhɛt(ə)rə(ʊ)dʒɪˈniːɪti, ˌhɛt(ə)rə(ʊ)dʒɪˈneɪɪti
AM ˌhɛdərədʒəˈneɪɪdi, ˌhɛdərədʒəˈniɪdi

heterogeneous
BR ˌhɛt(ə)rəˈdʒiːnɪəs
AM ˈˌhɛdərəˈdʒinjəs, ˈˌhɛdərəˈdʒiniəs

heterogeneously
BR ˌhɛt(ə)rəˈdʒiːnɪəsli
AM ˈˌhɛdərəˈdʒinjəsli, ˈˌhɛdərəˈdʒiniəsli

heterogeneousness
BR ˌhɛt(ə)rəˈdʒiːnɪəsnəs
AM ˈˌhɛdərəˈdʒinjəsnəs, ˈˌhɛdərəˈdʒiniəsnəs

heterogeneses
BR ˌhɛt(ə)rə(ʊ)ˈdʒɛnɪsiːz
AM ˈˌhɛdərəˈdʒɛnəˌsiz

heterogenesis
BR ˌhɛt(ə)rə(ʊ)ˈdʒɛnɪsɪs
AM ˈˌhɛdərəˈdʒɛnəsəs

heterogenetic
BR ˌhɛt(ə)rədʒɪˈnɛtɪk
AM ˈˌhɛdərədʒəˈnɛdɪk

heterogeny
BR ˌhɛtəˈrɒdʒɪni
AM ˌhɛdəˈradʒəni

heterogonous
BR ˌhɛtəˈrɒgənəs
AM ˌhɛdəˈragənəs

heterogony
BR ˌhɛtəˈrɒgəni
AM ˌhɛdəˈragəni

heterograft
BR ˈhɛt(ə)rəgrɑːft, -s
AM ˈhɛdəroʊˌgræft, -s

heterologous
BR ˌhɛtəˈrɒləgəs
AM ˌhɛdəˈraləgəs

heterology
BR ˌhɛtəˈrɒlədʒi
AM ˌhɛdəˈralədʒi

heteromerous
BR ˌhɛtəˈrɒm(ə)rəs
AM ˌhɛdəˈram(ə)rəs

heteromorphic
BR ˌhɛt(ə)rəˈmɔːfɪk
AM ˈˌhɛdərəˈmɔrfɪk

heteromorphism
BR ˌhɛt(ə)rəˈmɔːfɪzm
AM ˌhɛdərəˈmɔrˌfɪz(ə)m

heteronomous
BR ˌhɛtəˈrɒnəməs
AM ˌhɛdəˈranəməs

heteronomy
BR ˌhɛtəˈrɒnəmi
AM ˌhɛdəˈranəmi

heteropathic
BR ˌhɛt(ə)rəˈpaθɪk
AM ˈˌhɛdərəˈpæθɪk

heterophony
BR ˌhɛtəˈrɒfn̩|i, -ɪz
AM ˌhɛdəˈrafəni, -z

heterophyllous
BR ˌhɛtəˈrɒfɪləs
AM ˌhɛdəˈrafələs

heterophylly
BR ˌhɛtəˈrɒfɪli
AM ˌhɛdəˈrafəli

heteroplastic
BR ˌhɛt(ə)rəˈplastɪk
AM ˈˌhɛdərəˈplæstɪk

heteroploid
BR ˈhɛt(ə)rəplɔɪd
AM ˈhɛdərəˌplɔɪd

heteropolar
BR ˌhɛt(ə)rə(ʊ)ˈpəʊlə(r)
AM ˈˌhɛdərəˈpoʊlər

Heteroptera
BR ˌhɛtəˈrɒpt(ə)rə(r)
AM ˌhɛdəˈraptərə

heteropteran
BR ˌhɛtəˈrɒpt(ə)rn̩, -z
AM ˌhɛdəˈraptər(ə)n, ˌhɛdəˈraptr(ə)n, -z

heteropterous
BR ˌhɛtəˈrɒpt(ə)rəs
AM ˌhɛdəˈraptərəs

heterosexism
BR ˌhɛt(ə)rəʊˈsɛksɪzm
AM ˌhɛdərəˈsɛkˌsɪz(ə)m

heterosexist
BR ˌhɛt(ə)rəʊˈsɛksɪst
AM ˌhɛdərəˈsɛksəst

heterosexual
BR ˌhɛt(ə)rə(ʊ)ˈsɛkʃʊəl, ˌhɛt(ə)rə(ʊ)ˈsɛkʃ(ʊ̈)l, ˌhɛt(ə)rə(ʊ)ˈsɛksjʊ(ə)l
AM ˌhɛdərəˈsɛkʃ(əw)əl

heterosexuality
BR ˌhɛt(ə)rə(ʊ)ˌsɛkʃʊˈalɪti, ˌhɛt(ə)rə(ʊ)ˌsɛksjʊˈalɪti
AM ˈˌhɛdəroʊˌsɛkʃəˈwælədi

heterosexually
BR ˌhɛt(ə)rə(ʊ)ˈsɛkʃʊəli, ˌhɛt(ə)rə(ʊ)ˈsɛkʃʊ̈li, ˌhɛt(ə)rə(ʊ)ˈsɛkʃli, ˌhɛt(ə)rə(ʊ)ˈsɛksjʊ(ə)li
AM ˈˌhɛdərəˈsɛkʃ(əw)əli

heterosis
BR ˌhɛtəˈrəʊsɪs, -ɪz
AM ˌhɛdəˈroʊsəs, -əz

heterotaxy
BR ˈhɛt(ə)rə(ʊ)ˌtaksi
AM ˈhɛdəroʊˌtæksi

heterotransplant
BR ˌhɛt(ə)rəʊˈtransplɑːnt, -s
AM ˈˌhɛdəroʊˈtrænsˌplænt, -s

heterotrophic
BR ˌhɛt(ə)rə(ʊ)ˈtrɒfɪk, ˌhɛt(ə)rə(ʊ)ˈtrəʊfɪk
AM ˌhɛdərəˈtrafɪk

heterozygote
BR ˌhɛt(ə)rə(ʊ)ˈzʌɪgəʊt, -s
AM ˈˌhɛdəroʊˈzaɪgoʊt, -s

heterozygotic
BR ˌhɛt(ə)rəzʌɪˈgɒtɪk
AM ˈˌhɛdəroʊˌzaɪˈgadɪk

heterozygous
BR ˌhɛt(ə)rə(ʊ)ˈzʌɪgəs
AM ˈˌhɛdəroʊˈzaɪgəs

Hetherington
BR ˈhɛð(ə)rɪŋt(ə)n
AM ˈhɛðərɪŋt(ə)n

hetman
BR ˈhɛtmən
AM ˈhɛtm(ə)n

hetmen
BR ˈhɛtmən
AM ˈhɛtm(ə)n

Hettie
BR ˈhɛti
AM ˈhɛdi

Hetton-le-Hole
BR ˌhɛtnlɪˈhəʊl
AM ˌhɛdnləˈhoʊl

het up
BR ˌhɛt ˈʌp
AM ˌhɛt ˈəp

heuchera
BR ˈhjuːk(ə)rə(r), ˈhɔɪk(ə)rə(r), -z
AM ˈhjukərə, -z

Heugh[1] *place in UK*
BR hjuːf
AM hjuf

Heugh[2] *surname*
BR hjuː
AM hju

heuristic
BR hjʊəˈrɪstɪk, -s
AM hjuˈrɪstɪk, -s

heuristically
BR hjʊəˈrɪstɪkli
AM hjuˈrɪstək(ə)li
hevea
BR ˈhiːvɪə(r), -z
AM ˈhiviə, -z
hew
BR hjuː, -z, -ɪŋ, -d
AM hju, -z, -ɪŋ, -d
hewer
BR ˈhjuːə(r), -z
AM ˈhjuər, -z
Hewett
BR ˈhjuːɪt
AM ˈhjuɪt
Hewitt
BR ˈhjuːɪt
AM ˈhjuɪt
Hewlett
BR ˈhjuːlɪt
AM ˈhjulɪt
hex
BR hɛks, -ɪz, -ɪŋ, -t
AM hɛks, -əz, -ɪŋ, -t
hexachord
BR ˈhɛksəkɔːd, -z
AM ˈhɛksəˌkɔ(ə)rd, -z
hexad
BR ˈhɛksad, -z
AM ˈhɛkˌsæd, -z
hexadecimal
BR ˌhɛksəˈdɛsɪml
AM ˌhɛksəˈdɛs(ə)m(ə)l
hexadecimally
BR ˌhɛksəˈdɛsɪmli
AM ˌhɛksəˈdɛs(ə)məli
hexagon
BR ˈhɛksəg(ə)n, -z
AM ˈhɛksəˌgan, -z
hexagonal
BR hɛkˈsagnl̩
AM hɛkˈsægən(ə)l
hexagonally
BR hɛkˈsagnli
AM hɛkˈsægənəli
hexagram
BR ˈhɛksəgram, -z
AM ˈhɛksəˌgræm, -z
hexahedra
BR ˌhɛksəˈhiːdrə(r)
AM ˌhɛksəˈhidrə

hexahedral
BR ˌhɛksəˈhiːdr(ə)l
AM ˌhɛksəˈhidr(ə)l
hexahedron
BR ˌhɛksəˈhiːdr(ə)n, -z
AM ˌhɛksəˈhidr(ə)n, -z
hexameron
BR hɛkˈsam(ə)rn̩
AM hɛkˈsæmər(ə)n
hexameter
BR hɛkˈsamɪtə(r), -z
AM hɛkˈsæmədər, -z
hexametric
BR ˌhɛksəˈmɛtrɪk
AM ˌhɛksəˈmɛtrɪk
hexametrist
BR hɛkˈsamɪtrɪst, -s
AM ˌhɛksəˈmɛtrəst, -s
hexane
BR ˈhɛksɛɪn
AM ˈhɛkˌsɛɪn
hexapla
BR ˈhɛksəplə(r)
AM ˈhɛksəplə
hexapod
BR ˈhɛksəpɒd, -z
AM ˈhɛksəˌpɑd, -z
Hexapoda
BR ˌhɛksəˈpəʊdə(r)
AM ˌhɛksəˈpoʊdə
hexapody
BR hɛkˈsapəd|i, -ɪz
AM hɛkˈsapədi, -z
hexastyle
BR ˈhɛksəstʌɪl, -z
AM ˈhɛksəˌstaɪl, -z
hexasyllabic
BR ˌhɛksəsɪˈlabɪk
AM ˌhɛksəsəˈlæbɪk
Hexateuch
BR ˈhɛksətjuːk, ˈhɛksətʃuːk
AM ˈhɛksəˌtɔɪk
hexavalent
BR ˌhɛksəˈveɪlnt
AM ˌhɛksəˈveɪl(ə)nt
hexode
BR ˈhɛksəʊd, -z
AM ˈhɛkˌsoʊd, -z

hexose
BR ˈhɛksəʊz, ˈhɛksəʊs, -ɪz
AM ˈhɛkˌsoʊs, -əz
hey
BR heɪ
AM heɪ
heyday
BR ˈheɪdeɪ
AM ˈheɪˌdeɪ
Heyerdahl
BR ˈhʌɪədɑːl
AM ˈhaɪərˌdɑl
Heyes
BR heɪz
AM heɪz
Heyford
BR ˈheɪfəd
AM ˈheɪfərd
Heyhoe
BR ˈheɪhəʊ
AM ˈheɪˌ(h)oʊ
hey presto
BR ˌheɪ ˈprɛstəʊ
AM ˌheɪ ˈprɛstoʊ
Heysham
BR ˈhiːʃ(ə)m
AM ˈhiʃ(ə)m
Heythrop
BR ˈhiːθrɒp
AM ˈhiθrəp
Heywood
BR ˈheɪwʊd
AM ˈheɪˌwʊd
Hezbollah
BR hɛzˈbɒlə(r), ˌhɛzbəˈlɑː(r)
AM hɛzˈbɑlə, ˌhɛzbəˈlɑ
Hezekiah
BR ˌhɛzɪˈkʌɪə(r)
AM ˌhɛzəˈkaɪə
hi
BR hʌɪ
AM haɪ
Hialeah
BR ˌhʌɪəˈliːə(r)
AM ˌhaɪəˈliə
hiatal
BR hʌɪˈeɪtl
AM haɪˈeɪd(ə)l

hiatus
BR hʌɪˈeɪtəs, -ɪz
AM haɪˈeɪdəs, -əz
Hiawatha
BR ˌhʌɪəˈwɒθə(r)
AM ˌhaɪəˈwɑθə
hibachi
BR hɪˈbɑːtʃi, -ɪz
AM həˈbɑtʃi, -z
hibernal
BR hʌɪˈbəːnl
AM haɪˈbɛrn(ə)l
hibernate
BR ˈhʌɪbəneɪt, -s, -ɪŋ, -ɪd
AM ˈhaɪbərˌneɪ|t, -ts, -dɪŋ, -dɪd
hibernation
BR ˌhʌɪbəˈneɪʃn
AM ˌhaɪbərˈneɪʃ(ə)n
hibernator
BR ˈhʌɪbəneɪtə(r), -z
AM ˈhaɪbərˌneɪdər, -z
Hibernia
BR hʌɪˈbəːnɪə(r), hɪˈbəːnɪə(r)
AM haɪˈbərniə
Hibernian
BR hʌɪˈbəːnɪən, hɪˈbəːnɪən, -z
AM haɪˈbərniən, -z
Hibernicism
BR hʌɪˈbəːnɪsɪzm, hɪˈbəːnɪsɪzm, -z
AM haɪˈbərnəˌsɪz(ə)m, -z
hibiscus
BR hɪˈbɪskəs
AM haɪˈbɪskəs
Hibs
BR hɪbz
AM hɪbz
hic
BR hɪk
AM hɪk
hiccough
BR ˈhɪkʌp, -s, -ɪŋ, -t
AM ˈhɪkəp, -s, -ɪŋ, -t
hiccoughy
BR ˈhɪkʌpi
AM ˈhɪkəpi

hiccup
BR ˈhɪkʌp, -s, -ɪŋ, -t
AM ˈhɪkəp, -s, -ɪŋ, -t

hiccupy
BR ˈhɪkʌpi
AM ˈhɪkəpi

hic jacet
BR ˌhɪk ˈdʒeɪsɛt,
+ ˈjakɛt, -s
AM ˌhɪk ˈdʒeɪsət, -s

hick
BR hɪk, -s
AM hɪk, -s

hickey
BR ˈhɪk|i, -ɪz
AM ˈhɪki, -z

Hickling
BR ˈhɪklɪŋ
AM ˈhɪklɪŋ

Hickman
BR ˈhɪkmən
AM ˈhɪkm(ə)n

Hickok
BR ˈhɪkɒk
AM ˈhɪkɑk

hickory
BR ˈhɪk(ə)r|i, -ɪz
AM ˈhɪk(ə)ri, -z

Hicks
BR hɪks
AM hɪks

Hickson
BR ˈhɪks(ə)n
AM ˈhɪks(ə)n

hid
BR hɪd
AM hɪd

Hidalgo
BR hɪˈdalgəʊ
AM həˈdalgoʊ

Hidcote
BR ˈhɪdkət
AM ˈhɪdkət

hidden
BR ˈhɪdn
AM ˈhɪd(ə)n

hiddenness
BR ˈhɪdnnəs
AM ˈhɪd(ɪn)nɪs

hide
BR hʌɪd, -z, -ɪŋ
AM haɪd, -z, -ɪŋ

hide-and-seek
BR ˌhʌɪd(ə)n(d)ˈsiːk
AM ˌhaɪdənˈsik

hideaway
BR ˈhʌɪdəweɪ, -z
AM ˈhaɪdˌəweɪ, -z

hidebound
BR ˈhʌɪdbaʊnd
AM ˈhaɪdˌbaʊnd

hi-de-hi
BR ˌhʌɪdɪˈhʌɪ
AM ˌhaɪdiˈhaɪ

hideosity
BR ˌhɪdɪˈɒsɪt|i, -ɪz
AM ˌhɪdiˈɑsədi, -z

hideous
BR ˈhɪdɪəs
AM ˈhɪdiəs

hideously
BR ˈhɪdɪəsli
AM ˈhɪdiəsli

hideousness
BR ˈhɪdɪəsnəs
AM ˈhɪdiəsnəs

hideout
BR ˈhʌɪdaʊt, -s
AM ˈhaɪdˌaʊt, -s

hider
BR ˈhʌɪdə(r), -z
AM ˈhaɪdər, -z

hidey-hole
BR ˈhʌɪdɪhəʊl, -z
AM ˈhaɪdiˌ(h)oʊl, -z

hiding
BR ˈhʌɪdɪŋ, -z
AM ˈhaɪdɪŋ, -z

hidrosis
BR hʌɪˈdrəʊsɪs
AM haɪˈdroʊsəs, hɪˈdroʊsəs

hidrotic
BR hʌɪˈdrɒtɪk
AM haɪˈdrɑtɪk, hɪˈdrɑtɪk

hie
BR hʌɪ, -z, -ɪŋ, -d
AM haɪ, -z, -ɪŋ, -d

hierarch
BR ˈhʌɪ(ə)rɑːk, -s
AM ˈhaɪ(ə)ˌrɑrk, -s

hierarchal
BR ˌhʌɪ(ə)ˈrɑːkl
AM ˌhaɪ(ə)ˈrɑrk(ə)l

hierarchic
BR ˌhʌɪ(ə)ˈrɑːkɪk
AM ˌhaɪ(ə)ˈrɑrkɪk

hierarchical
BR ˌhʌɪ(ə)ˈrɑːkɪkl
AM ˌhaɪ(ə)ˈrɑrkək(ə)l

hierarchically
BR ˌhʌɪ(ə)ˈrɑːkɪkli
AM ˌhaɪ(ə)ˈrɑrkək(ə)li

hierarchise
BR ˈhʌɪ(ə)rɑːk|ʌɪz, -ɪz, -ɪŋ, -d
AM ˈhaɪ(ə)ˌrɑrˌkaɪz, -ɪz, -ɪŋ, -d

hierarchism
BR ˈhʌɪ(ə)rɑːkɪzm
AM ˈhaɪ(ə)ˌrɑrˌkɪz(ə)m

hierarchize
BR ˈhʌɪ(ə)rɑːk|ʌɪz, -ɪz, -ɪŋ, -d
AM ˈhaɪ(ə)ˌrɑrˌkaɪz, -ɪz, -ɪŋ, -d

hierarchy
BR ˈhʌɪ(ə)rɑːk|i, -ɪz
AM ˈhaɪ(ə)ˌrɑrki, -z

hieratic
BR hʌɪ(ə)ˈratɪk
AM ˌhaɪ(ə)ˈrædɪk

hieratically
BR hʌɪ(ə)ˈratɪkli
AM ˌhaɪ(ə)ˈrædək(ə)li

hierocracy
BR hʌɪ(ə)ˈrɒkrəs|i, -ɪz
AM ˌhaɪ(ə)ˈrɑkrəsi, -z

hieroglyph
BR ˈhʌɪ(ə)rəglɪf, -s
AM ˈhaɪroʊˌglɪf, ˈhaɪrəˌglɪf, -s

hieroglyphic
BR ˌhʌɪ(ə)rəˈglɪfɪk, -s
AM ˌhaɪroʊˈglɪfɪk, ˌhaɪrəˈglɪfɪk, -s

hieroglyphical
BR ˌhʌɪ(ə)rəˈglɪfɪkl
AM ˌhaɪroʊˈglɪfək(ə)l, ˌhaɪrəˈglɪfək(ə)l

hieroglyphically
BR ˌhʌɪ(ə)rəˈglɪfɪkli
AM ˌhaɪ(ə)roʊˈglɪfək(ə)li, ˌhaɪrəˈglɪfək(ə)li

hierogram
BR ˈhʌɪ(ə)rəgram, -z
AM ˈhaɪroʊˌgræm, ˈhaɪrəˌgræm, -z

hierograph
BR ˈhʌɪ(ə)rəgrɑːf, -s
AM ˈhaɪroʊˌgræf, ˈhaɪrəˌgræf, -s

hierolatry
BR hʌɪ(ə)ˈrɒlətri
AM ˌhaɪ(ə)ˈrɑlətri

hierology
BR hʌɪ(ə)ˈrɒlədʒi
AM ˌhaɪ(ə)ˈrɑlədʒi

Hieronymus
BR hʌɪˈrɒnɪməs, hɪˈrɒnɪməs
AM h(ɪ)əˈrɑnəməs

hierophant
BR ˈhʌɪ(ə)rəfant, -s
AM ˈhaɪrəˌfænt, -s

hierophantic
BR ˌhʌɪ(ə)rəˈfantɪk
AM ˌhaɪrəˈfæn(t)ɪk

hifalutin
BR ˌhʌɪfəˈluːt(ɪ)n
AM ˌhaɪfəˈlutn

hifalutin'
BR ˌhʌɪfəˈluːt(ɪ)n
AM ˌhaɪfəˈlutn

hi-fi
BR ˈhʌɪfʌɪ, -z
AM ˈhaɪˌfaɪ, -z

Higginbotham
BR ˈhɪg(ɪ)nˌbɒtəm
AM ˈhɪgɪnˌbɑdəm, ˈhɪgɪnˌbɑθ(ə)m

Higginbottom
BR ˈhɪg(ɪ)nˌbɒtəm
AM ˈhɪgɪnˌbɑdəm

Higgins
BR ˈhɪgɪnz
AM ˈhɪgɪnz

higgle
BR ˈhɪg|l, -lz, -lɪŋ\-lɪŋ, -ld
AM ˈhɪg(ə)l, -z, -ɪŋ, -d

higgledy-piggledy
BR ˌhɪgldɪˈpɪgldi
AM ˈhɪgəldiˈpɪgəldi

Higgs
BR hɪgz
AM hɪgz

high
BR hʌɪ, -z, -ə(r), -ɪst
AM haɪ, -z, -ər, -ɪst

Higham
BR ˈhʌɪəm
AM ˈhaɪəm

high-and-dry
BR ˌhʌɪənˈdrʌɪ
AM ˌhaɪənˈdraɪ

high-and-mighty
BR ˌhʌɪən(d)ˈmʌɪti
AM ˌhaɪənˈmaɪdi

highball
BR ˈhʌɪbɔːl, -z
AM ˈhaɪˌbɑl,
ˈhaɪˌbɔl, -z

highbinder
BR ˈhʌɪˌbʌɪndə(r), -z
AM ˈhaɪˌbaɪndər, -z

highborn
BR ˈhʌɪbɔːn, ˌhʌɪˈbɔːn
AM ˈhaɪˌbɔ(ə)rn

highboy
BR ˈhʌɪbɔɪ, -z
AM ˈhaɪˌbɔɪ, -z

highbrow
BR ˈhʌɪbraʊ
AM ˈhaɪˌbraʊ

Highclere
BR ˈhʌɪklɪə(r)
AM ˈhaɪˌklɪ(ə)r

Highcliffe
BR ˈhʌɪklɪf
AM ˈhaɪˌklɪf

highfalutin
BR ˌhʌɪfəˈluːt(ɪ)n
AM ˈhaɪfəˈlutn

highfalutin'
BR ˌhʌɪfəˈluːt(ɪ)n
AM ˈhaɪfəˈlutn

highfaluting
BR ˌhʌɪfəˈluːtɪŋ
AM ˈhaɪfəˈlutn

high-five
BR ˌhʌɪˈfʌɪv, -z, -ɪŋ, -d
AM ˈhaɪˈfaɪv, -z, -ɪŋ, -d

Highgate
BR ˈhʌɪgeɪt
AM ˈhaɪˌgeɪt

high-handed
BR ˌhʌɪˈhandɪd
AM ˈˌhaɪˈhæn(d)əd

high-handedly
BR ˌhʌɪˈhandɪdli
AM ˈˌhaɪˈhæn(d)ədli

high-handedness
BR ˌhʌɪˈhandɪdnɪs
AM ˈˌhaɪˈhæn(d)ədnəs

high-hat
BR ˌhʌɪˈhat, -s, -ɪŋ, -ɪd
AM ˈhaɪˈhæ|t, -ts, -dɪŋ,
-dəd

highland
BR ˈhʌɪlənd, -z
AM ˈhaɪlənd, -z

Highlander
BR ˈhʌɪləndə(r), -z
AM ˈhaɪləndər, -z

Highlandman
BR ˈhʌɪləndmən
AM ˈhaɪlən(d)ˌmæn

Highlandmen
BR ˈhʌɪləndmən
AM ˈhaɪlən(d)ˌmɛn

highlight
BR ˈhʌɪlʌɪt, -s, -ɪŋ, -ɪd
AM ˈhaɪˌlaɪ|t, -ts, -dɪŋ,
-dɪd

highlighter
BR ˈhʌɪlʌɪtə(r), -z
AM ˈhaɪˌlaɪdər, -z

high-living
BR ˌhʌɪˈlɪvɪŋ
AM ˌhaɪˈlɪvɪŋ

highly
BR ˈhʌɪli
AM ˈhaɪli

high-muck-a-muck
BR ˈhʌɪmʌkəˌmʌk, -s
AM ˈˌhaɪˈməkiˌmək,
ˈˌhaɪˈməkəˌmək, -s

highness
BR ˈhʌɪnɪs, -ɪz
AM ˈhaɪnɪs, -ɪz

highrise
BR ˈhʌɪrʌɪz, ˌhʌɪˈrʌɪz,
-ɪz
AM ˈhaɪˌraɪz, -ɪz

highroad
BR ˈhʌɪrəʊd, -z
AM ˈhaɪˌroʊd, -z

high-rolling
BR ˌhʌɪˈrəʊlɪŋ
AM ˈhaɪˈroʊlɪŋ

high-stepper
BR ˌhʌɪˈstɛpə(r), -z
AM ˈˌhaɪˈstɛpər, -z

hight
BR hʌɪt
AM haɪt

hightail
BR ˈhʌɪteɪl, -z, -ɪŋ, -d
AM ˈhaɪˌteɪl, -z, -ɪŋ, -d

highway
BR ˈhʌɪweɪ, -z
AM ˈhaɪˌweɪ, -z

highwayman
BR ˈhʌɪweɪmən
AM ˈhaɪˌweɪm(ə)n

highwaymen
BR ˈhʌɪweɪmən
AM ˈhaɪˌweɪˌmɛn,
ˈhaɪˌweɪm(ə)n

hijack
BR ˈhʌɪdʒak, -s, -ɪŋ, -t
AM ˈhaɪˌdʒæk, -s, -ɪŋ, -t

hijacker
BR ˈhʌɪdʒakə(r), -z
AM ˈhaɪˌdʒækər, -z

hijinks
BR ˈhʌɪdʒɪŋks
AM ˈhaɪˌdʒɪŋks

Hijra
BR ˈhɪdʒrə(r)
AM ˈhɪdʒrə

hike
BR hʌɪk, -s, -ɪŋ, -t
AM haɪk, -s, -ɪŋ, -t

hiker
BR ˈhʌɪkə(r), -z
AM ˈhaɪkər, -z

hila
BR ˈhʌɪlə(r)
AM ˈhaɪlə

hilarious
BR hɪˈlɛːrɪəs
AM həˈlɛrɪəs

hilariously
BR hɪˈlɛːrɪəsli
AM həˈlɛrɪəsli

hilariousness
BR hɪˈlɛːrɪəsnəs
AM həˈlɛrɪəsnəs

hilarity
BR hɪˈlarɪti
AM həˈlɛrədi

Hilary
BR ˈhɪləri
AM ˈhɪləri

Hilbert
BR ˈhɪlbət
AM ˈhɪlbərt

Hilda
BR ˈhɪldə(r)
AM ˈhɪldə

Hildesheim
BR ˈhɪldəshʌɪm
AM ˈhɪldəsˌhaɪm

hill
BR hɪl, -z
AM hɪl, -z

Hillary
BR ˈhɪləri
AM ˈhɪləri

hillbilly
BR ˈhɪlˌbɪl|i, -ɪz
AM ˈhɪlˌbɪli, -z

hillcrest
BR ˈhɪlkrɛst, -s
AM ˈhɪlˌkrɛst, -s

Hillel
BR ˈhɪlɛl
AM ˈˌhɪlˈɛl

Hiller
BR ˈhɪlə(r)
AM ˈhɪlər

Hillhead
BR ˌhɪlˈhɛd
AM ˈˌhɪlˈhɛd

Hilliard
BR ˈhɪlɪɑːd, ˈhɪlɪəd
AM ˈhɪlɪərd,
ˈhɪljərd

Hillier
BR ˈhɪlɪə(r)
AM ˈhɪlɪər

hilliness
BR ˈhɪlɪnɪs
AM ˈhɪlɪnɪs

Hillingdon
BR ˈhɪlɪŋdən
AM ˈhɪlɪŋd(ə)n

Hillman
BR ˈhɪlmən
AM ˈhɪlm(ə)n
hillmen
BR ˈhɪlmən
AM ˈhɪlm(ə)n
hillock
BR ˈhɪlək, -s
AM ˈhɪlək, -s
hillocky
BR ˈhɪləki
AM ˈhɪləki
Hills
BR hɪlz
AM hɪlz
Hillsboro
BR ˈhɪlzb(ə)rə(r)
AM ˈhɪlzˌbərə
Hillsborough
BR ˈhɪlzb(ə)rə(r)
AM ˈhɪlzˌbərə
hillside
BR ˈhɪlsʌɪd, -z
AM ˈhɪlˌsaɪd, -z
hilltop
BR ˈhɪltɒp, -s
AM ˈhɪlˌtɑp, -s
hillwalker
BR ˈhɪlˌwɔːkə(r), -z
AM ˈhɪlˌwɑkər,
ˈhɪlˌwɔkər, -z
hillwalking
BR ˈhɪlˌwɔːkɪŋ
AM ˈhɪlˌwɑkɪŋ,
ˈhɪlˌwɔkɪŋ
hilly
BR ˈhɪlǀi, -ɪə(r),
-ɪɪst
AM ˈhɪli, -ər, -ɪst
Hilo
BR ˈhiːləʊ
AM ˈhiloʊ,
ˈhaɪloʊ
hilt
BR hɪlt, -s
AM hɪlt, -s
Hilton
BR ˈhɪlt(ə)n
AM ˈhɪlt(ə)n
hilum
BR ˈhʌɪləm
AM ˈhaɪl(ə)m

Hilversum
BR ˈhɪlvəsəm
AM ˈhɪlvərs(ə)m
him¹ *strong form*
BR hɪm
AM hɪm
him² *weak form*
BR ɪm
AM ɪm
Himalaya
BR ˌhɪməˈleɪə(r),
hɪˈmɑːlɪə(r), -z
AM ˌhɪməˈleɪə, -z
Himalayan
BR ˌhɪməˈleɪən,
hɪˈmɑːlɪən
AM ˌhɪməˈleɪən
himation
BR hɪˈmatɪɒn
AM həˈmædiˌɑn,
həˈmædiən
Himmler
BR ˈhɪmlə(r)
AM ˈhɪmlər
himself¹ *strong form*
BR hɪmˈsɛlf
AM hɪmˈsɛlf
himself² *weak form*
BR ɪmˈsɛlf
AM ɪmˈsɛlf
Hinayana
BR ˌhiːnəˈjɑːnə(r)
AM ˌhinəˈjɑnə
Hinchcliffe
BR ˈhɪn(t)ʃklɪf
AM ˈhɪn(t)ʃˌklɪf
Hinchingbrooke
BR ˈhɪn(t)ʃɪŋbrʊk
AM ˈhɪn(t)ʃɪŋˌbrʊk
Hinchliffe
BR ˈhɪn(t)ʃlɪf
AM ˈhɪn(t)ʃlɪf
Hinckley
BR ˈhɪŋkli
AM ˈhɪŋkli
hind
BR hʌɪnd, -z
AM haɪnd, -z
hindbrain
BR ˈhʌɪn(d)breɪn,
-z
AM ˈhaɪn(d)ˌbreɪn, -z

Hinde
BR hʌɪnd
AM haɪnd
Hindemith
BR ˈhɪndəmɪt,
ˈhɪndəmɪθ
AM ˈhɪndəˌmɪθ
Hindenburg
BR ˈhɪndənbəːɡ
AM ˈhɪndənˌbərɡ
hinder¹ *adjective*
BR ˈhʌɪndə(r)
AM ˈhaɪndər
hinder² *verb, delay*
BR ˈhɪndǀə(r), -əz,
-(ə)rɪŋ, -əd
AM ˈhɪndǀər, -ərz,
-(ə)rɪŋ, -ərd
Hindhead
BR ˈhʌɪndhɛd
AM ˈhaɪn(d)ˌ(h)ɛd
Hindi
BR ˈhɪndi(ː)
AM ˈhɪndi
Hindle
BR ˈhɪndl
AM ˈhɪnd(ə)l
Hindley
BR ˈhɪndli, ˈhʌɪndli
AM ˈhɪn(d)li
Hindmarsh
BR ˈhʌɪn(d)mɑːʃ
AM ˈhaɪn(d)ˌmɑrʃ
hindmost
BR ˈhʌɪn(d)məʊst
AM ˈhaɪn(d)ˌmoʊst
Hindoo
BR ˌhɪnˈduː, ˈhɪnduː, -z
AM ˈhɪndu, -z
hindquarters
BR ˌhʌɪn(d)ˈkwɔːtəz,
ˈhʌɪn(d)ˌkwɔːtəz
AM ˈhaɪn(d)ˌkwɔrdərz
hindrance
BR ˈhɪndr̩ns, -ɪz
AM ˈhɪndrəns, -əz
hindsight
BR ˈhʌɪn(d)sʌɪt
AM ˈhaɪn(d)ˌsaɪt
Hindu
BR ˌhɪnˈduː, ˈhɪnduː, -z
AM ˈhɪndu, -z

Hinduise
BR ˈhɪnduːʌɪz, -ɪz,
-ɪŋ, -d
AM ˈhɪnduˌaɪz, -ɪz,
-ɪŋ, -d
Hinduism
BR ˈhɪnduːɪzm
AM ˈhɪnduˌɪz(ə)m
Hinduize
BR ˈhɪnduːʌɪz, -ɪz,
-ɪŋ, -d
AM ˈhɪnduˌaɪz, -ɪz,
-ɪŋ, -d
Hindu Kush
BR ˌhɪnduːˈkʊʃ
AM ˌhɪnduˈkʊʃ
Hindustan
BR ˌhɪndʊˈstɑːn
AM ˈhɪnduˌstæn
Hindustani
BR ˌhɪndʊˈstɑːni
AM ˌˌhɪnduˈstɑni
hindwing
BR ˈhʌɪndwɪŋ, -z
AM ˈhaɪn(d)ˌwɪŋ, -z
Hines
BR hʌɪnz
AM haɪnz
hinge
BR hɪn(d)ʒ, -ɪz,
-ɪŋ, -d
AM hɪndʒ, -ɪz,
-ɪŋ, -d
hingeless
BR ˈhɪn(d)ʒlɪs
AM ˈhɪndʒlɪs
hingewise
BR ˈhɪn(d)ʒwʌɪz
AM ˈhɪndʒˌwaɪz
hinny
BR ˈhɪnǀi, -ɪz
AM ˈhɪni, -z
Hinshelwood
BR ˈhɪnʃlwʊd
AM ˈhɪnʃəlˌwʊd
hint
BR hɪnt, -s, -ɪŋ, -ɪd
AM hɪn|t, -ts, -(t)ɪŋ,
-(t)ɪd
hinterland
BR ˈhɪntəland, -z
AM ˈhɪn(t)ərˌlænd, -z

Hinton
BR ˈhɪnt(ə)n
AM ˈhɪn(t)ən

hip
BR hɪp, -s, -t
AM hɪp, -s, -t

hipbath
BR ˈhɪp|bɑːθ
AM ˈhɪp,bæ|θ, -θs\-ðz

hipbone
BR ˈhɪpbəʊn, -z
AM ˈhɪp,boʊn, -z

hip-hip-hooray
BR ˌhɪp,hɪphəˈreɪ
AM ˌhɪp,(h)ɪphəˈreɪ

hiphop *noun*
BR ˈhɪphɒp
AM ˈhɪp,(h)ɑp

hipless
BR ˈhɪplɪs
AM ˈhɪpləs

hipline
BR ˈhɪplʌɪn, -z
AM ˈhɪp,laɪn, -z

hipness
BR ˈhɪpnɪs
AM ˈhɪpnɪs

Hipparchus
BR hɪˈpɑːkəs
AM ˈhɪˌpɑrkəs

hippeastrum
BR ˌhɪpɪˈastrəm, -z
AM ˌhɪpəˈæstr(ə)m, -z

hipped
BR hɪpt
AM hɪpt

hipper
BR ˈhɪpə(r), -z
AM ˈhɪpər, -z

hippety-hop
BR ˌhɪpɪtɪˈhɒp
AM ˌhɪpədɪˈhɑp

hippie
BR ˈhɪp|i, -ɪz
AM ˈhɪpi, -z

hippo
BR ˈhɪpəʊ, -z
AM ˈhɪpoʊ, -z

hippocampi
BR ˌhɪpə(ʊ)ˈkampʌɪ
AM ˌhɪpəˈkæm,paɪ

hippocampus
BR ˌhɪpə(ʊ)ˈkampəs
AM ˌhɪpəˈkæmpəs

hippocentaur
BR ˌhɪpə(ʊ)ˈsɛntɔː(r), -z
AM ˌhɪpəˈsɛn,tɔ(ə)r, -z

hippocras
BR ˈhɪpəkras
AM ˈhɪpəˌkræs

Hippocrates
BR hɪˈpɒkrətiːz
AM hɪˈpɑkrədiz

Hippocratic
BR ˌhɪpəˈkratɪk
AM ˌhɪpəˈkrædɪk

Hippocrene
BR ˈhɪpəkriːn
AM ˈhɪpəˌkrin

hippodrome
BR ˈhɪpədrəʊm, -z
AM ˈhɪpəˌdroʊm, -z

hippogriff
BR ˈhɪpə(ʊ)grɪf, -s
AM ˈhɪpəˌgrɪf, -s

hippogryph
BR ˈhɪpə(ʊ)grɪf, -s
AM ˈhɪpəˌgrɪf, -s

Hippolyta
BR hɪˈpɒlɪtə(r)
AM həˈpɑlədə

Hippolytus
BR hɪˈpɒlɪtəs
AM hɪˈpɑlədəs

hippophagy
BR hɪˈpɒfədʒi
AM hɪˈpɑfədʒi

hippophile
BR ˈhɪpəfʌɪl, -z
AM ˈhɪpəˌfaɪl, -z

hippophobia
BR ˌhɪpə(ʊ)ˈfəʊbɪə(r)
AM ˈhɪpəˌfoʊbɪə

hippopotamus
BR ˌhɪpəˈpɒtəməs, -ɪz
AM ˌhɪpəˈpɑdəməs, -əz

Hippo Regius
BR ˌhɪpəʊ ˈriːdʒɪəs
AM ˈˌhɪpoʊ ˈrɪdʒ(i)əs

hippy
BR ˈhɪp|i, -ɪz
AM ˈhɪpi, -z

hipster
BR ˈhɪpstə(r), -z
AM ˈhɪpstər, -z

hipsterism
BR ˈhɪpstərɪzm
AM ˈhɪpstəˌrɪz(ə)m

hiragana
BR ˌhɪrəˈgɑːnə(r), ˌhɪərəˈgɑːnə(r)
AM ˌhɪrəˈgɑnə

Hiram
BR ˈhʌɪrəm
AM ˈhaɪr(ə)m

hircine
BR ˈhəːsʌɪn, ˈhəːsɪn
AM ˈhərs(ə)n, ˈhərˌsaɪn

hire
BR ˈhʌɪə(r), -z, -ɪŋ, -d
AM haɪ(ə)r, -z, -ɪŋ, -d

hireable
BR ˈhʌɪərəbl
AM ˈhaɪrəb(ə)l

hireling
BR ˈhʌɪəlɪŋ, -z
AM ˈhaɪrlɪŋ, -z

hirer
BR ˈhʌɪərə(r), -z
AM ˈhaɪrər, -z

Hirohito
BR ˌhɪrəˈhiːtəʊ
AM ˈˌhɪroʊˈhɪdoʊ

Hiroshima
BR hɪˈrɒʃɪmə(r), ˌhɪrəˈʃiːmə(r)
AM hɪˈroʊʃəmə, ˌhɪroʊˈʃimə

Hirst
BR həːst
AM hərst

hirsute
BR ˈhəːsjuːt, həːˈsjuːt
AM hərˈsut, ˈhɪrˌsut, hɪrˈsut, ˈhərˌsut

hirsuteness
BR ˈhəːsjuːtnəs, həːˈsjuːtnəs
AM hərˈsutnəs, ˈhɪrˌsutnəs, hɪrˈsutnəs, ˈhərˌsutnəs

hirsutism
BR ˈhəːsjuːtɪzm, həːˈsjuːtɪzm
AM hərˈsuˌtɪz(ə)m, ˈhɪrˌsuˌtɪz(ə)m, hɪrˈsuˌtɪz(ə)m, ˈhərˌsuˌtɪz(ə)m

hirundine
BR ˈhɪrʌndʌɪn, hɪˈrʌndʌɪn, -z
AM hɪˈrən,daɪn, hɪˈrənd(ə)n, -z

Hirwaun
BR ˈhɪrʊʌɪn
AM ˈhɪrʊaɪn
WE ˈhɪrwaɪn

his[1] *strong form*
BR hɪz
AM hɪz

his[2] *weak form*
BR ɪz
AM ɪz

Hislop
BR ˈhɪzlɒp
AM ˈhɪzləp

Hispanic
BR hɪˈspanɪk, -s
AM hɪˈspænɪk, -s

Hispanicise
BR hɪˈspanɪsʌɪz, -ɪz, -ɪŋ, -d
AM hɪˈspænəˌsaɪz, -ɪz, -ɪŋ, -d

Hispanicist
BR hɪˈspanɪsɪst, -s
AM hɪˈspænəsəst, -s

Hispanicize
BR hɪˈspanɪsʌɪz, -ɪz, -ɪŋ, -d
AM hɪˈspænəˌsaɪz, -ɪz, -ɪŋ, -d

Hispaniola
BR ˌhɪspanɪˈəʊlə(r), hɪˌspanɪˈəʊlə(r), ˌhɪspanˈjəʊlə(r)
AM ˌhɪspənˈjoʊlə

Hispanist
BR hɪˈspanɪst, -s
AM ˈhɪspənəst, -s

Hispano-Suiza
BR hɪˌspanəʊˈswiːzə(r)
AM hɪˌspænoʊˈswizə

hispid
BR ˈhɪspɪd
AM ˈhɪspɪd

hiss
BR hɪs, -ɪz, -ɪŋ, -t
AM hɪs, -ɪz, -ɪŋ, -t

hist
BR hɪst
AM hɪst

histamine
BR ˈhɪstəmiːn, ˈhɪstəmɪn
AM ˈhɪstəˌmin

histaminic
BR ˌhɪstəˈmɪnɪk
AM ˌhɪstəˈmɪnɪk

histidine
BR ˈhɪstədiːn
AM ˈhɪstəˌdin

histiocyte
BR ˈhɪstɪəsʌɪt, -s
AM ˈhɪstiəˌsaɪt, -s

histochemical
BR ˌhɪstəʊˈkɛmɪkl
AM ˌhɪstəˈkɛmək(ə)l

histochemistry
BR ˌhɪstəʊˈkɛmɪstri
AM ˌhɪstəˈkɛməstri

histogenesis
BR ˌhɪstə(ʊ)ˈdʒɛnɪsɪs
AM ˌhɪstəˈdʒɛnəsəs

histogenetic
BR ˌhɪstəʊdʒɪˈnɛtɪk
AM ˌhɪstədʒəˈnɛdɪk

histogenic
BR ˌhɪstəˈdʒɛnɪk
AM ˌhɪstəˈdʒɛnɪk

histogeny
BR hɪˈstɒdʒɪni
AM hɪˈstadʒəni

histogram
BR ˈhɪstəgram, -z
AM ˈhɪstəˌgræm, -z

histological
BR ˌhɪstəˈlɒdʒɪkl
AM ˌhɪstəˈladʒək(ə)l

histologist
BR hɪˈstɒlədʒɪst, -s
AM hɪˈstalədʒəst, -s

histology
BR hɪˈstɒlədʒi
AM hɪˈstalədʒi

histolysis
BR hɪˈstɒlɪsɪs
AM hɪˈstɑləsəs

histolytic
BR ˌhɪstəˈlɪtɪk
AM ˌhɪstəˈlɪdɪk

histone
BR ˈhɪstəʊn, -z
AM ˈhɪˌstoʊn, -z

histopathology
BR ˌhɪstəʊpəˈθɒlədʒi
AM ˌˌhɪstəpəˈθɑlədʒi

historian
BR hɪˈstɔːrɪən, -z
AM hɪˈstɔriən, -z

historiated
BR hɪˈstɔːrɪeɪtɪd
AM hɪˈstɔriˌeɪdɪd

historic
BR hɪˈstɒrɪk
AM hɪˈstɔrɪk

historical
BR hɪˈstɒrɪkl
AM hɪˈstɔrək(ə)l

historically
BR hɪˈstɒrɪkli
AM hɪˈstɔrək(ə)li

historicism
BR hɪˈstɒrɪsɪzm
AM hɪˈstɔrəˌsɪz(ə)m

historicist
BR hɪˈstɒrɪsɪst, -s
AM hɪˈstɔrəsəst, -s

historicity
BR ˌhɪstəˈrɪsɪti
AM ˌhɪstəˈrɪsɪdi

historiographer
BR hɪˌstɒrɪˈɒgrəfə(r), ˌhɪstɒrɪˈɒgrəfə(r), -z
AM hɪˌstɔriˈɑgrəfər, -z

historiographic
BR hɪˌstɒrɪəˈgrafɪk
AM hɪˌstɔriəˈgræfɪk

historiographical
BR hɪˌstɒrɪəˈgrafɪkl
AM hɪˌstɔriə-ˈgræfək(ə)l

historiography
BR hɪˌstɒrɪˈɒgrəfi, ˌhɪstɒrɪˈɒgrəfi
AM hɪˌstɔriˈɑgrəfi

history
BR ˈhɪst(ə)r|i, -ɪz
AM ˈhɪst(ə)ri, -z

histrionic
BR ˌhɪstrɪˈɒnɪk, -s
AM ˌhɪstriˈɑnɪk, -s

histrionically
BR ˌhɪstrɪˈɒnɪkli
AM ˌhɪstriˈɑnək(ə)li

histrionicism
BR ˌhɪstrɪˈɒnɪsɪzm
AM ˌhɪstriˈɑnəˌsɪz(ə)m

histrionism
BR ˈhɪstrɪənɪzm
AM ˈhɪstriəˌnɪz(ə)m

hit
BR hɪt, -s, -ɪŋ
AM hɪ|t, -ts, -dɪŋ

hit-and-miss
BR ˌhɪt(ə)n(d)ˈmɪs
AM ˌhɪtnˈmɪs

hit-and-run
BR ˌhɪt(ə)n(d)ˈrʌn
AM ˌhɪtnˈrən

hitch
BR hɪtʃ, -ɪz, -ɪŋ, -t
AM hɪtʃ, -ɪz, -ɪŋ, -t

Hitchcock
BR ˈhɪtʃkɒk
AM ˈhɪtʃˌkɑk

Hitchen
BR ˈhɪtʃɪn
AM ˈhɪtʃɪn

Hitchens
BR ˈhɪtʃ(ɪ)nz
AM ˈhɪtʃənz

hitcher
BR ˈhɪtʃə(r), -z
AM ˈhɪtʃər, -z

hitchhike
BR ˈhɪtʃhʌɪk, -s, -ɪŋ, -t
AM ˈhɪtʃˌhaɪk, -s, -ɪŋ, -t

Hitchin
BR ˈhɪtʃɪn
AM ˈhɪtʃɪn

hitech
BR hʌɪˈtɛk
AM haɪˈtɛk

hither
BR ˈhɪðə(r)
AM ˈhɪðər

hitherto
BR ˌhɪðəˈtuː, ˈhɪðətuː
AM ˌhɪðərˈtu, ˈhɪðərˌtu

hitherward
BR ˈhɪðəwəd, -z
AM ˈhɪðərwərd, -z

Hitler
BR ˈhɪtlə(r)
AM ˈhɪtlər

Hitlerian
BR hɪtˈlɪərɪən
AM hɪtˈlɛriən

Hitlerism
BR ˈhɪtlərɪzm
AM ˈhɪtləˌrɪz(ə)m

Hitlerite
BR ˈhɪtlərʌɪt, -s
AM ˈhɪtləˌraɪt, -s

hitman
BR ˈhɪtman
AM ˈhɪtˌmæn

hitmen
BR ˈhɪtmɛn
AM ˈhɪtˌmɛn

hitter
BR ˈhɪtə(r), -z
AM ˈhɪdər, -z

Hittite
BR ˈhɪtʌɪt, -s
AM ˈhɪˌtaɪt, -s

hive
BR hʌɪv, -z, -ɪŋ, -d
AM haɪv, -z, -ɪŋ, -d

hiya!
BR ˈhʌɪə(r)
AM ˈhaɪə

Hizbollah
BR ˌhɛzbəˈlaː(r), ˌhɪzbəˈlaː(r)
AM ˌhɛzbəˈlɑ

h'm
BR (h)m
AM (h)m

hmm
BR (h)m, -z
AM (h)m, -z

ho
BR həʊ
AM hoʊ

hoagie
BR ˈhəʊg|i, -ɪz
AM ˈhoʊgi, -z

hoar
BR hɔː(r)
AM hɔ(ə)r
hoard
BR hɔːd, -z, -ɪŋ, -ɪd
AM hɔ(ə)rd, -z, -ɪŋ, -əd
hoarder
BR ˈhɔːdə(r), -z
AM ˈhɔrdər, -z
hoarding
BR ˈhɔːdɪŋ, -z
AM ˈhɔrdɪŋ, -z
Hoare
BR hɔː(r)
AM hɔ(ə)r
hoarfrost
BR ˈhɔːfrɒst
AM ˈhɔrˌfrɑst, ˈhɔrˌfrɔst
hoarhound
BR ˈhɔːhaʊnd
AM ˈhɔrˌ(h)aʊnd
hoarily
BR ˈhɔːrɪli
AM ˈhɔrəli
hoariness
BR ˈhɔːrɪnɪs
AM ˈhɔrɪnɪs
hoarse
BR hɔːs, -ə(r), -ɪst
AM hɔ(ə)rs, -ər, -əst
hoarsely
BR ˈhɔːsli
AM ˈhɔrsli
hoarsen
BR ˈhɔːsn̩, -z, -ɪŋ, -d
AM ˈhɔrs(ə)n, -z, -ɪŋ, -d
hoarseness
BR ˈhɔːsnəs
AM ˈhɔrsnəs
hoarstone
BR ˈhɔːstəʊn, -z
AM ˈhɔrˌstoʊn, -z
hoary
BR ˈhɔːr|i, -ɪə(r), -ɪɪst
AM ˈhɔri, -ər, -ɪst
hoatzin
BR həʊˈatsɪn, ˌwɑːtˈsiːn, -z
AM ˌwɑtˈsin, -z

hoax
BR həʊks, -ɪz, -ɪŋ, -t
AM hoʊks, -əz, -ɪŋ, -t
hoaxer
BR ˈhəʊksə(r), -z
AM ˈhoʊksər, -z
hob
BR hɒb, -z
AM hab, -z
Hobart
BR ˈhəʊbɑːt
AM ˈhoʊbərt
Hobbes
BR hɒbz
AM habz
hobbit
BR ˈhɒbɪt, -s
AM ˈhabət, -s
hobbitry
BR ˈhɒbɪtri
AM ˈhabətri
hobble
BR ˈhɒb|l, -lz, -l̩ɪŋ\-lɪŋ, -ld
AM ˈhab(ə)l, -z, -ɪŋ, -d
hobbledehoy
BR ˈhɒbldɪˌhɔɪ, -z
AM ˈhabəldiˌhɔɪ, -z
hobbler
BR ˈhɒblə(r), ˈhɒblə(r), -z
AM ˈhab(ə)lər, -z
Hobbs
BR hɒbz
AM habz
hobby
BR ˈhɒb|i, -ɪz
AM ˈhabi, -z
hobbyhorse
BR ˈhɒbihɔːs
AM ˈhabiˌhɔ(ə)rs
hobbyist
BR ˈhɒbiɪst, -s
AM ˈhabiɪst, -s
Hobday
BR ˈhɒbdeɪ
AM ˈhabˌdeɪ
hobday
BR ˈhɒbdeɪ, -z, -ɪŋ, -d
AM ˈhabˌdeɪ, -z, -ɪŋ, -d

hobgoblin
BR ˌhɒbˈgɒblɪn, ˈhɒbˌgɒblɪn, -z
AM ˈhabˌgabl(ə)n, -z
Hobley
BR ˈhəʊbli
AM ˈhoʊbli
hobnail
BR ˈhɒbneɪl, -z, -d
AM ˈhabˌneɪl, -z, -d
hobnob
BR ˈhɒbnɒb, -z, -ɪŋ, -d
AM ˈhabˌnab, -z, -ɪŋ, -d
hobo
BR ˈhəʊbəʊ, -z
AM ˈhoʊˌboʊ, -z
Hoboken
BR ˈhəʊbəʊk(ə)n
AM ˈhoʊˌboʊk(ə)n
Hobsbawm
BR ˈhɒbzbɔːm
AM ˈhabzˌbɑm, ˈhabzˌbɔm
Hobson
BR ˈhɒbsn
AM ˈhabs(ə)n
Hobson-Jobson
BR ˌhɒbsnˈdʒɒbsn
AM ˌhabsənˈdʒabs(ə)n
Ho Chi Minh
BR ˌhəʊ ˌ(t)ʃiː ˈmɪn
AM ˌhoʊ ˌ(t)ʃi ˈmɪn
hock
BR hɒk, -s, -ɪŋ, -t
AM hak, -s, -ɪŋ, -t
hockey
BR ˈhɒki
AM ˈhɑki
hockeyist
BR ˈhɒkiɪst, -s
AM ˈhɑkiɪst, -s
hockney
BR ˈhɒkni
AM ˈhɑkni
hockshop
BR ˈhɒkʃɒp, -s
AM ˈhakˌʃɑp, -s
Hocktide
BR ˈhɒktʌɪd
AM ˈhakˌtaɪd

hocus
BR ˈhəʊkəs, -ɪz, -ɪŋ, -t
AM ˈhoʊkəs, -əz, -ɪŋ, -t
hocus-pocus
BR ˌhəʊkəsˈpəʊkəs
AM ˌhoʊkəsˈpoʊkəs
hod
BR hɒd, -z
AM had, -z
hodden
BR ˈhɒdn
AM ˈhad(ə)n
Hodder
BR ˈhɒdə(r)
AM ˈhadər
Hoddesdon
BR ˈhɒdzd(ə)n
AM ˈhadzd(ə)n
hoddie
BR ˈhɒd|i, -ɪz
AM ˈhadi, -z
Hoddinott
BR ˈhɒdɪnɒt
AM ˈhadənɑt
Hoddle
BR ˈhɒdl
AM ˈhad(ə)l
Hodeida
BR hə(ʊ)ˈdeɪdə(r)
AM hoʊˈdeɪdə
Hodge
BR hɒdʒ, -ɪz
AM hɑdʒ, -əz
hodgepodge
BR ˈhɒdʒpɒdʒ
AM ˈhadʒˌpadʒ
Hodges
BR ˈhɒdʒɪz
AM ˈhadʒəz
Hodgetts
BR ˈhɒdʒɪts
AM ˈhadʒəts
Hodgkin
BR ˈhɒdʒkɪn
AM ˈhadʒk(ə)n
Hodgkinson
BR ˈhɒdʒkɪns(ə)n
AM ˈhadʒkəns(ə)n
Hodgson
BR ˈhɒdʒsn
AM ˈhadʒs(ə)n

hodiernal
BR ˌhɒdɪˈɜːnl, ˌhəʊdɪˈɜːnl
AM ˌhɑdiˈɜrn(ə)l, ˌhoʊdiˈɜrn(ə)l

hodman
BR ˈhɒdmən
AM ˈhɑdm(ə)n

hodmen
BR ˈhɒdmən
AM ˈhɑdm(ə)n

hodograph
BR ˈhɒdəgrɑːf, -s
AM ˈhoʊdəˌgræf, ˈhɑdəˌgræf, -s

hodometer
BR hɒˈdɒmɪtə(r)
AM hoʊˈdɑmədər, həˈdɑmədər

Hodson
BR ˈhɒdsn
AM ˈhɑds(ə)n

hoe
BR həʊ, -z, -ɪŋ, -d
AM hoʊ, -z, -ɪŋ, -d

hoedown
BR ˈhəʊdaʊn, -z
AM ˈhoʊˌdaʊn, -z

hoer
BR ˈhəʊə(r), -z
AM ˈhoʊər, -z

Hoey
BR ˈhəʊi
AM ˈhoʊi

Hoffman
BR ˈhɒfmən
AM ˈhɑfm(ə)n, ˈhɔfm(ə)n

Hoffnung
BR ˈhɒfnʊŋ, ˈhɒfnʌŋ
AM ˈhɑfnəŋ, ˈhɔfnəŋ

Hofmannsthal
BR ˈhɒfmənʃtɑːl
AM ˈhɑfmənˌstɑl, ˈhɔfmənˌstɔl

Hofmeister
BR ˈhɒfˌmʌɪstə(r)
AM ˈhɑfˌmaɪstər, ˈhɔfˌmaɪstər

hog
BR hɒg, -z, -ɪŋ, -d
AM hɑg, hɔg, -z, -ɪŋ, -d

hogan
BR ˈhəʊg(ə)n, -z
AM ˈhoʊˌgɑn, ˈhoʊg(ə)n, -z

Hogarth
BR ˈhəʊgɑːθ
AM ˈhoʊˌgɑrθ

Hogarthian
BR həʊˈgɑːθiən
AM hoʊˈgɑrθiən

hogback
BR ˈhɒgbak, -s
AM ˈhɑgˌbæk, ˈhɔgˌbæk, -s

Hogben
BR ˈhɒgbən
AM ˈhɑgb(ə)n, ˈhɔgb(ə)n

Hogg
BR hɒg
AM ˈhɑg

Hoggar Mountains
BR ˌhɒgəˈmaʊntɪnz
AM ˌhɑgərˈmaʊntnz

Hoggart
BR ˈhɒgət
AM ˈhɑgərt, ˈhɔgərt

hogger
BR ˈhɒgə(r), -z
AM ˈhɑgər, ˈhɔgər, -z

hoggery
BR ˈhɒg(ə)r|i, -ɪz
AM ˈhɑgəri, ˈhɔgəri, -z

hogget
BR ˈhɒgɪt, -s
AM ˈhɑgət, ˈhɔgət, -s

hoggin
BR ˈhɒgɪn
AM ˈhɑg(ə)n, ˈhɔg(ə)n

hoggish
BR ˈhɒgɪʃ
AM ˈhɑgɪʃ, ˈhɔgɪʃ

hoggishly
BR ˈhɒgɪʃli
AM ˈhɑgɪʃli, ˈhɔgɪʃli

hoggishness
BR ˈhɒgɪʃnɪs
AM ˈhɑgɪʃnɪs, ˈhɔgɪʃnɪs

hoglike
BR ˈhɒglʌɪk
AM ˈhɑgˌlaɪk, ˈhɔgˌlaɪk

Hogmanay
BR ˈhɒgmənei, ˌhɒgməˈnei, -z
AM ˌhɑgməˈnei, -z

hogshead
BR ˈhɒgzhɛd, -z
AM ˈhɑgzˌ(h)ɛd, ˈhɔgzˌ(h)ɛd, -z

hogtie
BR ˈhɒgtʌɪ, -z, -ɪŋ, -d
AM ˈhɑgˌtaɪ, ˈhɔgˌtaɪ, -z, -ɪŋ, -d

hogwash
BR ˈhɒgwɒʃ
AM ˈhɑgˌwɑʃ, ˈhɔgˌwɔʃ

hogweed
BR ˈhɒgwiːd
AM ˈhɑgˌwid, ˈhɔgˌwid

Hohenstaufen
BR ˈhəʊənˌstaʊfn, ˈhəʊənˌʃtaʊfn
AM ˈhoʊənˌʃtaʊf(ə)n, ˈhoʊənˌstaʊf(ə)n

Hohenzollern
BR ˌhəʊənˈzɒl(ə)n
AM ˌhoʊənˈzɑlərn

ho-ho
BR ˌhəʊˈhəʊ
AM ˌhoʊˈhoʊ

ho-hum
BR ˌhəʊˈhʌm
AM ˌhoʊˈhəm

hoick
BR hɔɪk, -s, -ɪŋ, -t
AM hɔɪk, -s, -ɪŋ, -t

hoi polloi
BR ˌhɔɪ pəˈlɔɪ
AM ˌhɔɪ pəˈlɔɪ

hoisin
BR ˈhɔɪzɪn
AM ˈhɔɪzɪn

hoist
BR hɔɪst, -s, -ɪŋ, -ɪd
AM hɔɪst, -s, -ɪŋ, -ɪd

hoister
BR ˈhɔɪstə(r), -z
AM ˈhɔɪstər, -z

hoity-toity
BR ˌhɔɪtɪˈtɔɪti
AM ˌhɔɪdiˈtɔɪdi

hokey
BR ˈhəʊki
AM ˈhoʊki

hokey-cokey
BR ˌhəʊkɪˈkəʊki
AM ˌhoʊkiˈkoʊki

hokeyness
BR ˈhəʊkɪnɪs
AM ˈhoʊkinɪs

hokey-pokey
BR ˌhəʊkɪˈpəʊki
AM ˌhoʊkiˈpoʊki

hoki
BR ˈhəʊki
AM ˈhoʊki

hokily
BR ˈhəʊkɪli
AM ˈhoʊkəli

Hokkaido
BR hɒˈkʌɪdəʊ
AM hɑˈkaɪˌdoʊ

hokku
BR ˈhɒkuː, -z
AM ˈhɑˌku, ˈhɔˌku, -z

hokonui
BR ˈhɒkənʊi
AM ˈhɑkənui

hokum
BR ˈhəʊkəm
AM ˈhoʊk(ə)m

hoky
BR ˈhəʊk|i, -ɪə(r), -ɪɪst
AM ˈhoʊki, -ər, -ɪst

Holarctic
BR hɒlˈɑːktɪk
AM ˌhɒlˈɑrktɪk, ˌhoʊlˈɑrktɪk, ˌhɑlˈɑrdɪk, ˌhɔlˈɑrdɪk, ˌhoʊlˈɑrdɪk, ˌhɑlˈɑrktɪk

Holbeach
BR ˈhɒlbiːtʃ
AM ˈhɑlˌbitʃ, ˈhɔlˌbitʃ

Holbech
BR ˈhɒlbiːtʃ
AM ˈhɑlˌbɛk, ˈhɔlˌbɛk

Holbeche
BR ˈhɒlbiːtʃ
AM ˈhɑlˌbɛk, ˈhɔlˌbɛk

Holbein
BR ˈhɒlbʌɪn
AM ˈhoʊlˌbaɪn

Holborn
BR ˈhəʊbn
AM ˈhoʊ(l)ˌbɔ(ə)rn

Holborne
BR ˈhəʊ(l)bn
AM ˈhoʊ(l)ˌbɔ(ə)rn

Holbrook
BR ˈhəʊlbrʊk
AM ˈhoʊlˌbrʊk

Holbrooke
BR ˈhəʊlbrʊk
AM ˈhoʊlˌbrʊk

Holcomb
BR ˈhəʊ(l)kəm
AM ˈhoʊ(l)k(ə)m

Holcombe
BR ˈhəʊ(l)kəm
AM ˈhoʊ(l)k(ə)m

hold
BR həʊld, -z, -ɪŋ
AM hoʊld, -z, -ɪŋ

holdable
BR ˈhəʊldəbl
AM ˈhoʊldəb(ə)l

holdall
BR ˈhəʊldɔːl, -z
AM ˈhoʊldˌal,
ˈhoʊldˌɔl, -z

holdback
BR ˈhəʊl(d)bak, -s
AM ˈhoʊl(d)ˌbæk, -s

hold-down
BR ˈhəʊl(d)daʊn, -z
AM ˈhoʊlˌdaʊn, -z

Holden
BR ˈhəʊld(ə)n
AM ˈhoʊld(ə)n

holder
BR ˈhəʊldə(r), -z
AM ˈhoʊldər, -z

Hölderlin
BR ˈhəːldəliːn
AM ˈhəldərlin

Holderness
BR ˈhəʊldənɪs
AM ˈhoʊldərnəs

holdfast
BR ˈhəʊl(d)fɑːst, -s
AM ˈhoʊl(d)ˌfæst, -s

holding
BR ˈhəʊldɪŋ, -z
AM ˈhoʊldɪŋ, -z

holdout
BR ˈhəʊldaʊt, -s
AM ˈhoʊlˌdaʊt, -s

holdover
BR ˈhəʊldˌəʊvə(r), -z
AM ˈhoʊlˌdoʊvər, -z

Holdsworth
BR ˈhəʊl(d)zwə(ː)θ
AM ˈhoʊl(d)zˌwərθ

holdup
BR ˈhəʊldʌp, -s
AM ˈhoʊlˌdəp, -s

hole
BR həʊl, -z, -ɪŋ, -d
AM hoʊl, -z, -ɪŋ, -d

holey
BR ˈhəʊli
AM ˈhoʊli

Holford
BR ˈhəʊlfəd, ˈhɒlfəd
AM ˈhoʊ(l)fərd

Holi
BR ˈhəʊliː
AM ˈhoʊli

holibut
BR ˈhɒlɪbʌt, -s
AM ˈhaləbət, -s

holiday
BR ˈhɒlɪd|eɪ, ˈhɒlɪd|i,
-eɪz\-ɪz
AM ˈhaləˌdeɪ, -z

holidaymaker
BR ˈhɒlɪdɪˌmeɪkə(r), -z
AM ˈhaləˌdeɪˌmeɪkər,
-z

holily
BR ˈhəʊlɪli
AM ˈhoʊləli

holiness
BR ˈhəʊlɪnɪs
AM ˈhoʊlɪnɪs

Holinshed
BR ˈhɒlɪnʃed,
ˈhɒlɪnzhed
AM ˈhalənʃed,
ˈhalənzˌ(h)ɛd

holism
BR ˈhəʊlɪzm
AM ˈhoʊlˌɪz(ə)m

holist
BR ˈhəʊlɪst, -s
AM ˈhoʊləst, -s

holistic
BR həʊˈlɪstɪk,
hɒˈlɪstɪk
AM hoʊˈlɪstɪk

holistically
BR həʊˈlɪstɪkli,
hɒˈlɪstɪkli
AM hoʊˈlɪstək(ə)li

holla
BR ˈhɒlə(r), -z,
-ɪŋ, -d
AM ˈhalə, -z,
-ɪŋ, -d

Holland
BR ˈhɒlənd, -z
AM ˈhalən(d), -z

hollandaise
BR ˌhɒlənˈdeɪz
AM ˌhalənˈdeɪz

Hollander
BR ˈhɒləndə(r), -z
AM ˈhaləndər, -z

Hollands
BR ˈhɒlən(d)z
AM ˈhalən(d)z

holler
BR ˈhɒl|ə(r), -əz,
-(ə)rɪŋ, -əd
AM ˈhalər, -z,
-ɪŋ, -d

Hollerith
BR ˈhɒlərɪθ
AM ˈhalərɪθ

Holley
BR ˈhɒli
AM ˈhali

Holliday
BR ˈhɒlɪdeɪ
AM ˈhaləˌdeɪ

Hollingsworth
BR ˈhɒlɪŋzwə(ː)θ
AM ˈhalɪŋzˌwərθ

Hollins
BR ˈhɒlɪnz
AM ˈhalənz

Hollis
BR ˈhɒlɪs
AM ˈhaləs

hollo
BR ˈhɒləʊ, -z, -ɪŋ, -d
AM ˈhal|oʊ, -oʊz,
-əwɪŋ, -oʊd

hollow
BR ˈhɒləʊ, -z, -ɪŋ, -d
AM ˈhal|oʊ, -oʊz,
-əwɪŋ, -oʊd

holloware
BR ˈhɒlə(ʊ)wɛː(r)
AM ˈhaləˌwɛ(ə)r

Holloway
BR ˈhɒləweɪ
AM ˈhaləˌweɪ

hollow-cheeked
BR ˌhɒlə(ʊ)ˈtʃiːkt
AM ˌhaloʊˌtʃlkt

hollow-eyed
BR ˌhɒləʊˈʌɪd
AM ˌhaloʊˌaɪd

hollow-hearted
BR ˌhɒləʊˈhɑːtɪd
AM ˌhaloʊˌhɑrdəd

hollowly
BR ˈhɒləʊli
AM ˈhaloʊli

hollowness
BR ˈhɒləʊnəs
AM ˈhaloʊnəs

hollowware
BR ˈhɒlə(ʊ)wɛː(r)
AM ˈhaloʊˌwɛ(ə)r

holly
BR ˈhɒli
AM ˈhali

hollyhock
BR ˈhɒlihɒk, -s
AM ˈhaliˌhak, -s

Hollywood
BR ˈhɒliwʊd
AM ˈhaliˌwʊd

holm
BR həʊm, -z
AM hoʊm, -z

Holman
BR ˈhəʊlmən
AM ˈhoʊ(l)m(ə)n

Holme
BR həʊm
AM hoʊm

Holmes
BR həʊmz
AM hoʊmz

Holmesian
BR ˈhəʊmziən
AM ˈhoʊmziən

Holmfirth
BR ˈhəʊmfəːθ, ˌhəʊmˈfəːθ
AM ˈhoʊ(l)mˌfɚθ

holmium
BR ˈhəʊlmɪəm, ˈhɒlmɪəm
AM ˈhoʊ(l)mɪəm

holmoak
BR ˈhəʊməʊk, -s
AM ˈhoʊmˌoʊk, -s

Holmwood
BR ˈhəʊmwʊd
AM ˈhoʊ(l)mˌwʊd

holocaust
BR ˈhɒləkɔːst, -s
AM ˈhoʊləˌkɔst, ˈhɑləˌkɑst, ˈhoʊləˌkɑst, ˈhɑləˌkɔst, -s

Holocene
BR ˈhɒləsiːn
AM ˈhoʊləˌsin, ˈhɑləˌsin

holoenzyme
BR ˌhɒləʊˈɛnzʌɪm, -z
AM ˌhoʊloʊˈɛnˌzaɪm, ˌhɑloʊˈɛnˌzaɪm, -z

Holofernes
BR ˌhɒləˈfəːniːz, həˈlɒfəniːz
AM ˌhɑləˈfɚniz

hologram
BR ˈhɒləgram, -z
AM ˈhoʊləˌgræm, ˈhɑləˌgræm, -z

holograph
BR ˈhɒləgrɑːf, -s
AM ˈhoʊləˌgræf, ˈhɑləˌgræf, -s

holographic
BR ˌhɒləˈgrafɪk
AM ˌhoʊləˈgræfɪk, ˌhɑləˈgræfɪk

holographically
BR ˌhɒləˈgrafɪkli
AM ˌhoʊləˈgræfək(ə)li, ˌhɑləˈgræfək(ə)li

holography
BR hɒˈlɒgrəfi
AM hoʊˈlɑgrəfi

holohedral
BR ˌhɒləˈhiːdr(ə)l
AM ˌhoʊləˈhidr(ə)l, ˌhɑləˈhidr(ə)l

holometabolous
BR ˌhɒlə(ʊ)mɪˌtabələs
AM ˌˌhoʊloʊməˈtæbələs, ˌhɑloʊməˈtæbələs

holophote
BR ˈhɒləfəʊt, -s
AM ˈhoʊləˌfoʊt, ˈhɑləˌfoʊt, -s

holophyte
BR ˈhɒləfʌɪt, -s
AM ˈhoʊləˌfaɪt, ˈhɑləˌfaɪt, -s

holophytic
BR ˌhɒləˈfɪtɪk
AM ˌhoʊləˈfɪdɪk, ˌhɑləˈfɪdɪk

holothurian
BR ˌhɒləˈθ(j)ʊərɪən, ˌhɒləˈθjɔːrɪən, -z
AM ˌhoʊləˈθʊrɪən, ˌhɑləˈθʊrɪən, -z

holotype
BR ˈhɒlətʌɪp, -s
AM ˈhoʊləˌtaɪp, ˈhɑləˌtaɪp, -s

Holroyd
BR ˈhɒlrɔɪd, ˈhəʊlrɔɪd
AM ˈhoʊlrɔɪd, ˈhɔlrɔɪd

hols *holidays*
BR hɒlz
AM hɑlz

Holst
BR həʊlst
AM ˈhoʊlst

Holstein
BR ˈhɒlsteɪn, -z
AM ˈhoʊlˌstin, ˈhoʊlˌsteɪn, -z
GER ˈhɔlʃtaɪn

holster
BR ˈhəʊlstə(r), ˈhɒlstə(r), -z
AM ˈhoʊlstɚ, -z

holt
BR həʊlt, -s
AM hoʊlt, -s

holus-bolus
BR ˌhəʊləsˈbəʊləs
AM ˈhoʊləsˈboʊləs

holy
BR ˈhəʊl|i, -ɪə(r), -ɪɪst
AM ˈhoʊli, -ɚ, -ɪst

Holyhead
BR ˈhɒlɪhɛd
AM ˈhoʊliˌ(h)ɛd, ˈhaliˌhɛd

Holyoake
BR ˈhəʊlɪəʊk
AM ˈhoʊliˌoʊk

Holyrood
BR ˈhɒlɪruːd
AM ˈhoʊliˌrud, ˈhaliˌrud

holystone
BR ˈhəʊlɪstəʊn, -z, -ɪŋ, -d
AM ˈhoʊliˌstoʊn, -z, -ɪŋ, -d

Holywell
BR ˈhɒlɪwɛl
AM ˈhoʊliˌwɛl, ˈhaliˌwɛl

hom
BR həʊm
AM hoʊm

homa
BR ˈhəʊmə(r)
AM ˈhoʊmə

homage
BR ˈhɒmɪdʒ
AM ˈ(h)ɑmɪdʒ

hombre
BR ˈɒmbr|eɪ, ˈɒmbr|i, -eɪz\-ɪz
AM ˈɑmbri, ˈɑmbreɪ, -z

homburg
BR ˈhɒmbəːg, -z
AM ˈhamˌbɚg, -z

home
BR həʊm, -z, -ɪŋ, -d
AM hoʊm, -z, -ɪŋ, -d

homebody
BR ˈhəʊmˌbɒd|i, -ɪz
AM ˈhoʊmˌbadi, -z

homebound
BR ˈhəʊmbaʊnd
AM ˈhoʊmˌbaʊnd

homeboy
BR ˈhəʊmbɔɪ, -z
AM ˈhoʊmˌbɔɪ, -z

home-brewing
BR ˈhəʊmˈbruːɪŋ
AM ˌhoʊmˈbruɪŋ

homebuyer
BR ˈhəʊmˌbʌɪə(r), -z
AM ˈhoʊmˌbaɪɚ, -z

homecoming
BR ˈhəʊmˌkʌmɪŋ, -z
AM ˈhoʊmˌkəmɪŋ, -z

homegrown
BR ˌhəʊmˈgrəʊn
AM ˈˌhoʊmˈgroʊn

homeland
BR ˈhəʊmland, -z
AM ˈhoʊmˌlænd, -z

homeless
BR ˈhəʊmləs
AM ˈhoʊmləs

homelessness
BR ˈhəʊmləsnəs
AM ˈhoʊmləsnəs

homelike
BR ˈhəʊmlʌɪk
AM ˈhoʊmˌlaɪk

homeliness
BR ˈhəʊmlɪnɪs
AM ˈhoʊmlɪnɪs

homely
BR ˈhəʊml|i, -ɪə(r), -ɪɪst
AM ˈhoʊmli, -ɚ, -ɪst

homemade
BR ˌhəʊmˈmeɪd
AM ˌˈhoʊ(m)ˈmeɪd

homemaker
BR ˈhəʊmˌmeɪkə(r), -z
AM ˈhoʊ(m)ˌmeɪkɚ, -z

home-making
BR ˈhəʊmˌmeɪkɪŋ
AM ˈhoʊ(m)ˌmeɪkɪŋ

homeomorphism
BR ˌhɒmɪə(ʊ)ˈmɔːfɪzm, ˌhəʊmɪə(ʊ)ˈmɔːfɪzm
AM ˌhoʊmioʊˈmɔrfɪz(ə)m

homeopath
BR ˈhəʊmɪəpəθ, ˈhɒmɪəpəθ, -s
AM ˈhoʊmiəˌpæθ, -s

homeopathic
BR ˌhəʊmɪəˈpæθɪk, ˌhɒmɪəˈpæθɪk
AM ˌˌhoʊmiəˈpæθɪk

homeopathically
BR ˌhəʊmɪəˈpæθɪkli, ˌhɒmɪəˈpæθɪkli
AM ˌˌhoʊmiəˈpæθək(ə)li

homeopathist
BR ˌhəʊmɪˈɒpəθɪst, ˌhɒmɪˈɒpəθɪst, -s
AM ˌˌhoʊmiˈɑpəθəst, -s

homeopathy
BR ˌhəʊmɪˈɒpəθi, ˌhɒmɪˈɒpəθi
AM ˌhoʊmiˈɑpəθi

homeostasis
BR ˌhəʊmɪə(ʊ)ˈsteɪsɪs, ˌhɒmɪə(ʊ)ˈsteɪsɪs
AM ˌˌhoʊmiəˈsteɪsəs, ˌhoʊmiəˈsteɪsɪs

homeostatic
BR ˌhəʊmɪə(ʊ)ˈstætɪk, ˌhɒmɪə(ʊ)ˈstætɪk
AM ˌˌhoʊmiəˈstædɪk

homeostatically
BR ˌhəʊmɪə(ʊ)ˈstætɪkli, ˌhɒmɪə(ʊ)ˈstætɪkli
AM ˌˌhoʊmiəˈstædək(ə)li

homeotherm
BR ˈhəʊmɪə(ʊ)θɜːm, -z
AM ˈhoʊmiəˌθɝm, -z

homeothermal
BR ˌhəʊmɪə(ʊ)ˈθɜːml
AM ˌhoʊmiəˈθɝm(ə)l

homeothermic
BR ˌhəʊmɪə(ʊ)ˈθɜːmɪk, ˌhɒmɪə(ʊ)ˈθɜːmɪk
AM ˌhoʊmiəˈθɝmɪk

homeothermy
BR ˈhəʊmɪə(ʊ)ˌθɜːmi
AM ˈhoʊmiəˌθɝmi

homeowner
BR ˈhəʊmˌəʊnə(r), -z
AM ˈhoʊmˌoʊnər, -z

Homer
BR ˈhəʊmə(r), -z
AM ˈhoʊmər, -z

Homeric
BR həˈ(ʊ)mɛrɪk
AM hoʊˈmɛrɪk

homeroom
BR ˈhəʊmruːm, ˈhəʊmrʊm, -z
AM ˈhoʊmˌrum, ˈhoʊmˌrʊm, -z

Homerton
BR ˈhɒmət(ə)n
AM ˈhoʊmərt(ə)n, ˈhɑmərt(ə)n

homesick
BR ˈhəʊmsɪk
AM ˈhoʊmˌsɪk

homesickness
BR ˈhəʊmˌsɪknɪs
AM ˈhoʊmˌsɪknɪs

homespun
BR ˈhəʊmspʌn
AM ˈhoʊmˌspʌn

homestead
BR ˈhəʊmstɛd, -z, -ɪŋ
AM ˈhoʊmˌstɛd, -z, -ɪŋ

homesteader
BR ˈhəʊmstɛdə(r), -z
AM ˈhoʊmˌstɛdər, -z

homestyle
BR ˈhəʊmstaɪl
AM ˈhoʊmˌstaɪl

hometown
BR ˈhəʊmtaʊn, ˌhəʊmˈtaʊn
AM ˌˌhoʊmˈtaʊn

homeward
BR ˈhəʊmwəd, -z
AM ˈhoʊmwərd, -z

homework
BR ˈhəʊmwɜːk
AM ˈhoʊmˌwɝk

homeworker
BR ˈhəʊmˌwɜːkə(r), -z
AM ˈhoʊmˌwɝkər, -z

homey
BR ˈhəʊm|i, -ɪə(r), -ɪɪst
AM ˈhoʊmi, -ər, -ɪst

homeyly
BR ˈhəʊmɪli
AM ˈhoʊməli

homeyness
BR ˈhəʊmɪnɪs
AM ˈhoʊminɪs

homicidal
BR ˌhɒmɪˈsʌɪdl
AM ˌˌhɑməˈsaɪd(ə)l

homicidally
BR ˌhɒmɪˈsʌɪdl̩i
AM ˌˌhɑməˈsaɪdl̩i

homicide
BR ˈhɒmɪsʌɪd, -z
AM ˈhɑməˌsaɪd, -z

homiletic
BR ˌhɒmɪˈlɛtɪk, -s
AM ˌhɑməˈlɛdɪk, -s

homiliary
BR hɒˈmɪlɪər|i, -ɪz
AM hɑˈmɪliˌɛri, -z

homilist
BR ˈhɒmɪlɪst, ˈhɒml̩ɪst, -s
AM ˈhɑmələst, -s

homily
BR ˈhɒmɪl|i, ˈhɒml̩|i, -ɪz
AM ˈhɑməli, -z

homing
BR ˈhəʊmɪŋ
AM ˈhoʊmɪŋ

hominid
BR ˈhɒmɪnɪd, -z
AM ˈhaməˌnɪd, ˈhamənəd, -z

hominoid
BR ˈhɒmɪnɔɪd, -z
AM ˈhaməˌnɔɪd, -z

hominy
BR ˈhɒmɪni
AM ˈhaməni

Homo
BR ˈhəʊməʊ, ˈhɒməʊ
AM ˈhoʊˌmoʊ

homo
BR ˈhəʊməʊ, -z
AM ˈhoʊˌmoʊ, -z

homocentric
BR ˌhəʊmə(ʊ)ˈsɛntrɪk, ˌhɒmə(ʊ)ˈsɛntrɪk
AM ˌhoʊmoʊˈsɛntrɪk

homoeopath
BR ˈhəʊmɪəpaθ, ˈhɒmɪəpaθ, -s
AM ˈhoʊmiəˌpæθ, -s

homoeopathic
BR ˌhəʊmɪəˈpæθɪk, ˌhɒmɪəˈpæθɪk
AM ˌˌhoʊmiəˈpæθɪk

homoeopathically
BR ˌhəʊmɪəˈpæθɪkli, ˌhɒmɪəˈpæθɪkli
AM ˌˌhoʊmiəˈpæθək(ə)li

homoeopathist
BR ˌhəʊmɪˈɒpəθɪst, ˌhɒmɪˈɒpəθɪst, -s
AM ˌˌhoʊmiˈɑpəθəst, -s

homoeopathy
BR ˌhəʊmɪˈɒpəθi, ˌhɒmɪˈɒpəθi
AM ˌhoʊmiˈɑpəθi

homoeostasis
BR ˌhəʊmɪə(ʊ)ˈsteɪsɪs, ˌhɒmɪə(ʊ)ˈsteɪsɪs
AM ˌˌhoʊmiəˈstæsəs, ˌhoʊmiəˈsteɪsɪs

homoeostatic
BR ˌhəʊmɪə(ʊ)ˈstætɪk, ˌhɒmɪə(ʊ)ˈstætɪk
AM ˌˌhoʊmiəˈstædɪk

homoeostatically
BR ˌhəʊmɪə(ʊ)ˈstætɪkli, ˌhɒmɪə(ʊ)ˈstætɪkli
AM ˌˌhoʊmiəˈstædək(ə)li

homoeotherm
BR ˈhəʊmɪə(ʊ)θɜːm, ˈhɒmɪə(ʊ)θɜːm, -z
AM ˈhoʊmiəˌθɝm, -z

homoeothermal
BR ˌhəʊmɪə(ʊ)ˈθɜːml, ˌhɒmɪə(ʊ)ˈθɜːml
AM ˌhoʊmiəˈθɝm(ə)l

homoeothermic
BR ˌhəʊmɪə(ʊ)ˈθɜːmɪk, ˌhɒmɪə(ʊ)ˈθɜːmɪk
AM ˌhoʊmiəˈθɝmɪk

homoeothermy
BR ˈhəʊmɪə(ʊ)ˌθɜːmi, ˈhɒmɪə(ʊ)ˌθɜːmi
AM ˈhoʊmiəˌθɝmi

homoerotic
BR ˌhəʊməʊˈrɒtɪk, ˌhɒməʊˈrɒtɪk
AM ˌhoʊmoʊəˈradɪk

homogametic
BR ˌhəʊməʊgə'mɛtɪk, ˌhɒməʊgə'mɛtɪk
AM ˌhoʊmoʊgə-'mɛdɪk

homogamous
BR hə(ʊ)'mɒgəməs, hɒ'mɒgəməs
AM hə'magəməs, hoʊ'magəməs

homogamy
BR hə(ʊ)'mɒgəmi, hɒ'mɒgəmi
AM hə'magəmi, hoʊ'magəmi

homogenate
BR hə(ʊ)'mɒdʒɪneɪt, hɒ'mɒdʒɪneɪt, -s
AM hə'madʒəˌneɪt, hoʊ'madʒənət, hə'madʒənət, hoʊ'madʒəˌneɪt, -s

homogeneity
BR ˌhəʊmə(ʊ)dʒɪ'niːɪti, ˌhɒmə(ʊ)dʒɪ'niːɪti, ˌhəʊmə(ʊ)dʒɪ'neɪɪti, ˌhɒmə(ʊ)dʒɪ'neɪɪti
AM ˌhoʊmoʊdʒə'niːɪdi, ˌhoʊmədʒə'neɪɪdi, ˌhoʊmoʊdʒə'neɪɪdi, ˌhoʊmədʒə'niːɪdi

homogeneous
BR ˌhəʊmə(ʊ)'dʒiːnɪəs, ˌhɒmə(ʊ)'dʒiːnɪəs
AM ˌhoʊmoʊ'dʒinɪəs, ˌhoʊmə'dʒinɪəs

homogeneously
BR ˌhəʊmə(ʊ)-'dʒiːnɪəsli, ˌhɒmə(ʊ)'dʒiːnɪəsli
AM ˌhoʊmoʊ'dʒinɪəsli, ˌhoʊmə'dʒinɪəsli

homogeneousness
BR ˌhəʊmə(ʊ)-'dʒiːnɪəsnəs, ˌhɒmə(ʊ)-'dʒiːnɪəsnəs
AM ˌhoʊmoʊ-'dʒinɪəsnəs, ˌhoʊmə'dʒinɪəsnəs

homogenetic
BR ˌhəʊmə(ʊ)dʒɪ'nɛtɪk, ˌhɒmə(ʊ)dʒɪ'nɛtɪk
AM ˌhoʊmoʊdʒə'nɛdɪk, ˌhoʊmədʒə'nɛdɪk

homogenisation
BR hɒˌmɒdʒɪnʌɪ'zeɪʃn, hɒˌmɒdʒṇʌɪ'zeɪʃn
AM həˌmadʒəˌnaɪ-'zeɪʃ(ə)n, həˌmadʒənə'zeɪʃ(ə)n

homogenise
BR hɒ'mɒdʒṇʌɪz, -ɪz, -ɪŋ, -d
AM hə'madʒəˌnaɪz, -ɪz, -ɪŋ, -d

homogeniser
BR hɒ'mɒdʒɪnʌɪzə(r), hɒ'mɒdʒṇʌɪzə(r), -z
AM hə'madʒəˌnaɪzər, -z

homogenization
BR hɒˌmɒdʒɪnʌɪ'zeɪʃn, hɒˌmɒdʒṇʌɪ'zeɪʃn
AM həˌmadʒəˌnaɪ-'zeɪʃ(ə)n, həˌmadʒənə'zeɪʃ(ə)n

homogenize
BR hə'mɒdʒɪnʌɪz, hə'mɒdʒṇʌɪz, hɒ'mɒdʒɪnʌɪz, hɒ'mɒdʒṇʌɪz, -ɪz, -ɪŋ, -d
AM hə'madʒəˌnaɪz, -ɪz, -ɪŋ, -d

homogenizer
BR hɒ'mɒdʒɪnʌɪzə(r), hɒ'mɒdʒṇʌɪzə(r), -z
AM hə'madʒəˌnaɪzər, -z

homogenous
BR hɒ'mɒdʒɪnəs, hɒ'mɒdʒṇəs
AM hə'madʒənəs

homogeny
BR hɒ'mɒdʒɪni, hɒ'mɒdʒṇi
AM hə'madʒəni

homograft
BR 'hɒməgrɑːft, 'həʊməgrɑːft, -s
AM 'hoʊməˌgræft, 'haməˌgræft, -s

homograph
BR 'hɒməgrɑːf, 'həʊməgrɑːf, -s
AM 'hoʊməˌgræf, 'haməˌgræf, -s

homographic
BR ˌhɒmə'grafɪk, ˌhəʊmə'grafɪk
AM ˌˈhoʊmə'græfɪk, ˌˈhamə'græfɪk

homoiotherm
BR 'həʊmɔɪə(ʊ)θɜːm, 'hɒmɔɪə(ʊ)θɜːm, -z
AM ˌhoʊ'mɔɪəˌθɜrm, -z

homoiothermal
BR ˌhəʊmɔɪə(ʊ)'θɜːml, ˌhɒmɔɪə(ʊ)'θɜːml
AM ˌˈhoʊˌmɔɪə-'θɜrm(ə)l

homoiothermic
BR ˌhəʊmɔɪə(ʊ)-'θɜːmɪk, ˌhɒmɔɪə(ʊ)'θɜːmɪk
AM ˌˈhoʊˌmɔɪə'θɜrmɪk

homoiothermy
BR 'həʊmɔɪə(ʊ)ˌθɜːmi, 'hɒmɔɪə(ʊ)ˌθɜːmi
AM ˌhoʊ'mɔɪəˌθɜrmi

homoiousian
BR ˌhɒmɔɪ'uːsɪən, ˌhəʊmɔɪ'uːsɪən, ˌhɒmɔɪ'aʊsɪən, ˌhəʊmɔɪ'aʊsɪən, ˌhɒmɔɪ'uːzɪən, ˌhəʊmɔɪ'aʊzɪən, ˌhɒmɔɪ'aʊzɪən, ˌhəʊmɔɪ'aʊzɪən, -z
AM ˌhoʊˌmɔɪ'uzɪən, ˌhoʊˌmɔɪ'usɪən, -z

homolog
BR 'hɒməlɒg, -z
AM 'hoʊməˌlɑg, 'hoʊməˌlɔg, 'haməˌlɑg, -z

homologate
BR hɒ'mɒləgeɪt, -s, -ɪŋ, -ɪd
AM hə'maləˌgeɪ|t, hoʊ'maləˌgeɪ|t, -ts, -dɪŋ, -dɪd

homologation
BR hɒˌmɒlə'geɪʃn, ˌhɒmə(ʊ)lə'geɪʃn
AM həˌmalə'geɪʃ(ə)n, hoʊˌmalə'geɪʃ(ə)n

homological
BR ˌhɒmə'lɒdʒɪkl
AM ˌhoʊmə-'lɑdʒək(ə)l, ˌhamə'lɑdʒək(ə)l

homologise
BR hɒ'mɒlədʒʌɪz, -ɪz, -ɪŋ, -d
AM hə'maləˌdʒaɪz, hoʊ'maləˌdʒaɪz, -ɪz, -ɪŋ, -d

homologize
BR hɒ'mɒlədʒʌɪz, -ɪz, -ɪŋ, -d
AM hə'maləˌdʒaɪz, hoʊ'maləˌdʒaɪz, -ɪz, -ɪŋ, -d

homologous
BR hɒ'mɒləgəs
AM hə'maləgəs, hoʊ'maləgəs

homologue
BR 'hɒməlɒg, -z
AM 'hoʊməˌlɑg, 'hoʊməˌlɔg, 'haməˌlɑg, -z

homology
BR hɒ'mɒlədʒ|i, -ɪz
AM hoʊ'malədʒi, hə'malədʒi, -z

homomorph
BR 'həʊmə(ʊ)mɔːf, 'hɒmə(ʊ)mɔːf, -s
AM 'haməˌmɔ(ə)rf, 'hoʊməˌmɔ(ə)rf, -s

homomorphic
BR ˌhəʊmə(ʊ)'mɔːfɪk, ˌhɒmə(ʊ)'mɔːfɪk
AM ˌhamə'mɔrfɪk, ˌhoʊmə'mɔrfɪk

homomorphically
BR ˌhəʊmə(ʊ)'mɔːfɪkli, ˌhɒmə(ʊ)'mɔːfɪkli
AM ˌhamə'mɔrfək(ə)li, ˌhoʊmə'mɔrfək(ə)li

homomorphism
BR ˌhəʊmə(ʊ)-
ˈmɔːfɪzm, ˌhɒmə(ʊ)-
ˈmɔːfɪzm, -z
AM ˌhɑmə'mɔrˌfɪz(ə)m,
ˌhoʊmə'mɔrˌfɪz(ə)m,
-z

homomorphous
BR ˌhəʊmə(ʊ)'mɔːfəs,
ˌhɒmə(ʊ)'mɔːfəs
AM ˌhɑmə'mɔrfəs,
ˌhoʊmə'mɔrfəs

homomorphy
BR 'həʊmə(ʊ)ˌmɔː.fi,
'hɒmə(ʊ)ˌmɔːfi
AM 'hɑməˌmɔrfi,
'hoʊməˌmɔrfi

homonym
BR 'hɒmənɪm, -z
AM 'hɑməˌnɪm, -z

homonymic
BR ˌhɒmə'nɪmɪk
AM ˌhoʊmə'nɪmɪk,
ˌhɑmə'nɪmɪk

homonymous
BR hɒ'mɒnɪməs
AM hoʊ'mɑnəməs,
hə'mɑnəməs

homonymously
BR hɒ'mɒnɪməsli
AM hoʊ'mɑnəməsli,
hə'mɑnəməsli

homonymy
BR hɒ'mɒnɪmi
AM hoʊ'mɑnəmi,
hə'mɑnəmi

homoousian
BR ˌhɒməʊ'uːsɪən,
ˌhəʊməʊ'uːsɪən,
ˌhɒməʊ'aʊsɪən,
ˌhəʊməʊ'aʊsɪən,
ˌhɒməʊ'uːzɪən,
ˌhəʊməʊ'uːzɪən,
ˌhɒməʊ'aʊzɪən,
ˌhəʊməʊ'aʊzɪən,
-z
AM ˌhoʊmoʊ'uzɪən,
ˌhoʊmoʊ'usɪən, -z

homophile
BR 'həʊməfaɪl,
'hɒməfaɪl, -z
AM 'hoʊməˌfaɪl, -z

homophobe
BR 'həʊməfəʊb,
'hɒməfəʊb, -z
AM 'hoʊməˌfoʊb, -z

homophobia
BR ˌhəʊmə'fəʊbɪə(r),
ˌhɒmə'fəʊbɪə(r)
AM ˌhoʊmə'foʊbɪə

homophobic
BR ˌhəʊmə'fəʊbɪk,
ˌhɒmə'fəʊbɪk
AM ˌhoʊmə'foʊbɪk

homophone
BR 'hɒməfəʊn, -z
AM 'hoʊməˌfoʊn,
'hɑməˌfoʊn, -z

homophonic
BR ˌhɒmə'fɒnɪk
AM ˌhoʊmə'fɑnɪk,
ˌhɑmə'fɑnɪk

homophonically
BR ˌhɒmə'fɒnɪkli
AM ˌhoʊmə'fɑnək(ə)li,
ˌhɑmə'fɑnək(ə)li

homophonous
BR hɒ'mɒfnəs
AM hə'mɑfənəs,
hoʊ'mɑfənəs

homophony
BR hɒ'mɒfni
AM hə'mɑfəni,
hoʊ'mɑfəni

homoplastic
BR ˌhəʊmə(ʊ)'plastɪk,
ˌhɒmə(ʊ)'plastɪk
AM ˌhoʊmə'plæstɪk,
ˌhɑmə'plæstɪk

homopolar
BR ˌhəʊmə(ʊ)'pəʊlə(r),
ˌhɒmə(ʊ)'pəʊlə(r)
AM ˌhoʊmə'poʊlər,
ˌhɑmə'poʊlər

Homoptera
BR hɒ'mɒpt(ə)rə(r)
AM hoʊ'mɑptərə

homopteran
BR hɒ'mɒpt(ə)rn, -z
AM hoʊ'mɑptər(ə)n,
hoʊ'mɑptr(ə)n, -z

homopterous
BR hɒ'mɒpt(ə)rəs
AM hoʊ'mɑptərəs

Homo sapiens
BR ˌhəʊməʊ
'sapɪenz,
ˌhɒməʊ+,
+ 'seɪpɪenz
AM ˌ'hoʊmoʊ
'sæpɪənz,
ˌ'hoʊmoʊ
'seɪpɪənz

homosexual
BR ˌhəʊmə(ʊ)'sekʃʊəl,
ˌhəʊmə(ʊ)'sekʃ(ʉ)l,
ˌhəʊmə(ʊ)-
'seksju(ə)l,
ˌhɒmə(ʊ)'sekʃʊəl,
ˌhɒmə(ʊ)'sekʃ(ʉ)l,
ˌhɒmə(ʊ)'seksju(ə)l,
-z
AM ˌhoʊmoʊ-
'sekʃ(əw)əl,
ˌhoʊmə'sɛkʃ(əw)əl,
-z

homosexuality
BR ˌhəʊmə(ʊ)ˌsekʃʊ-
'alɪti, ˌhəʊmə(ʊ)-
ˌseksju'alɪti,
ˌhɒmə(ʊ)ˌsekʃʊ'alɪti,
ˌhɒmə(ʊ)ˌseksju-
'alɪti
AM ˌ'hoʊmoʊˌsekʃə-
'wælədi, ˌ'hoʊmə-
ˌsekʃə'wælədi

homosexually
BR ˌhəʊmə(ʊ)'sekʃʊəli,
ˌhəʊmə(ʊ)'sekʃʉli,
ˌhəʊmə(ʊ)'sekʃli,
ˌhəʊmə(ʊ)-
'seksju(ə)li,
ˌhɒmə(ʊ)'sekʃʊəli,
ˌhɒmə(ʊ)'sekʃʉli,
ˌhɒmə(ʊ)'sekʃli,
ˌhɒmə(ʊ)'seksju(ə)li
AM ˌhoʊmoʊ-
ˌsekʃ(əw)əli,
ˌhoʊmə'sɛkʃ(əw)əli

homotransplant
BR ˌhəʊməʊ-
'transplɑːnt,
ˌhɒməʊ'transplɑːnt,
-s
AM ˌhoʊmoʊ'træns-
ˌplænt, -s

homousian
BR hɒ'muːsɪən,
hɒ'maʊsɪən,
hɒ'muːzɪən,
hɒ'maʊzɪən, -z
AM ˌhoʊmoʊ'uzɪən,
ˌhoʊmoʊ'usɪən, -z

homozygote
BR ˌhəʊməʊ'zʌɪgəʊt,
ˌhɒməʊ'zʌɪgəʊt, -s
AM ˌhoʊmoʊ'zaɪgoʊt,
-s

homozygous
BR ˌhəʊməʊ'zʌɪgəs,
ˌhɒməʊ'zʌɪgəs
AM ˌhoʊmoʊ'zaɪgəs

homuncule
BR hɒ'mʌŋkjuːl, -z
AM hə'məŋkjul, -z

homunculus
BR hɒ'mʌŋkjʉləs, -ɪz
AM hoʊ'məŋkjələs, -əz

homy
BR 'həʊmi
AM 'hoʊmi

Hon. *Honorary,*
Honourable
BR ɒn
AM ɑn

hon *honey*
BR hʌn
AM hən

Honan
BR 'həʊ'nan
AM 'hoʊ'næn

honcho
BR 'hɒntʃəʊ, -z
AM 'hɑn(t)ʃoʊ, -z

Honda
BR 'hɒndə(r), -z
AM 'hɑndə, -z

Honddu
BR 'hɒnði
AM 'hɑnði, 'hɔnði

Honduran
BR hɒn'djʊərn,
hɒn'dʒʊərn, -z
AM hɑn'd(j)ʊr(ə)n, -z

Honduras
BR hɒn'djʊərəs,
hɒn'dʒʊərəs
AM hɑn'd(j)ʊrəs

hone
BR həʊn, -z, -ɪŋ, -d
AM hoʊn, -z, -ɪŋ, -d

Honecker
BR ˈhɒnɪkə(r)
AM ˈhɑnəkər

Honegger
BR ˈhɒnɪgə(r)
AM ˈhɑnəgər

honest
BR ˈɒnɪst
AM ˈɑnəst

honestly
BR ˈɒnɪstli
AM ˈɑnəs(t)li

honesty
BR ˈɒnɪsti
AM ˈɑnəsti

honey
BR ˈhʌn|i, -ɪz, -ɪd
AM ˈhəni, -z, -d

honeybee
BR ˈhʌnɪbiː, -z
AM ˈhəniˌbi, -z

honeybun
BR ˈhʌnɪbʌn, -z
AM ˈhəniˌbən, -z

honeybunch
BR ˈhʌnɪbʌn(t)ʃ, -ɪz
AM ˈhəniˌbən(t)ʃ, -ɪz

honeycomb
BR ˈhʌnɪkəʊm, -z, -d
AM ˈhəniˌkoʊm, -z, -d

honeydew
BR ˈhʌnɪdjuː, ˈhʌnɪdʒuː
AM ˈhəniˌd(j)u

honeyguide
BR ˈhʌnɪgʌɪd, -z
AM ˈhəniˌgaɪd, -z

honeymoon
BR ˈhʌnɪmuːn, -z
AM ˈhəniˌmun, -z

honeymooner
BR ˈhʌnɪmuːnə(r), -z
AM ˈhəniˌmunər, -z

honeysuckle
BR ˈhʌnɪˌsʌkl
AM ˈhəniˌsək(ə)l

Hong Kong
BR ˌhɒŋ ˈkɒŋ
AM ˌˈhaŋˌkaŋ, ˌˈhɔŋˌkɔŋ

Honiara
BR ˌhɒnɪˈɑːrə(r)
AM ˌhoʊniˈɑrə

honied
BR ˈhʌnɪd
AM ˈhənid

Honiton
BR ˈhʌnɪt(ə)n, ˈhɒnɪt(ə)n
AM ˈhənətn, ˈhɑnətn

honk
BR hɒŋ|k, -ks, -kɪŋ, -(k)t
AM haŋ|k, hɔŋ|k, -ks, -kɪŋ, -(k)t

honkie
BR ˈhɒŋk|i, -ɪz
AM ˈhaŋki, ˈhɔŋki, -z

honky
BR ˈhɒŋk|i, -ɪz
AM ˈhaŋki, ˈhɔŋki, -z

honky-tonk
BR ˈhɒŋkɪtɒŋk, -s
AM ˈhaŋkiˌtaŋk, ˈhɔŋkiˌtɔŋk, -s

honnête homme
BR ɒˌnɛt ˈɒm, -z
AM ɑˌnɛt ˈɑm, ɔˌnɛt ˈɔm, -z
FR ɔnɛt ɔm

Honolulu
BR ˌhɒnəˈluːluː
AM ˌhɑnəˈlulu

honor
BR ˈɒn|ə(r), -əz, -(ə)rɪŋ, -əd
AM ˈɑnər, -z, -ɪŋ, -d

honorable
BR ˈɒn(ə)rəbl
AM ˈɑnrəb(ə)l, ˈɑnər(ə)b(ə)l

honorableness
BR ˈɒn(ə)rəblnəs
AM ˈɑnrəbəlnəs, ˈɑnər(ə)bəlnəs

honorably
BR ˈɒn(ə)rəbli
AM ˈɑnrəbli, ˈɑnər(ə)bli

honorand
BR ˈɒnərand, -z
AM ˈɑnərənd, -z

honoraria
BR ˌɒnəˈrɛːrɪə(r)
AM ˌɑnəˈrɛriə

honorarium
BR ˌɒnəˈrɛːrɪəm, -z
AM ˌɑnəˈrɛriəm, -z

honorary
BR ˈɒn(ə)rəri
AM ˈɑnəˌrɛri

honorific
BR ˌɒnəˈrɪfɪk
AM ˌɑnəˈrɪfɪk

honorifically
BR ˌɒnəˈrɪfɪkli
AM ˌɑnəˈrɪfək(ə)li

honoris causa
BR (h)ɒˌnɔːrɪs ˈkaʊzə(r)
AM (h)əˌnɔrəs ˈkaːzə, (h)əˌnɔrəs ˈkɔzə

honour
BR ˈɒn|ə(r), -əz, -(ə)rɪŋ, -əd
AM ˈɑnər, -z, -ɪŋ, -d

honourable
BR ˈɒn(ə)rəbl
AM ˈɑn(ə)r(ə)b(ə)l

honourableness
BR ˈɒn(ə)rəblnəs
AM ˈɑnrəbəlnəs, ˈɑnər(ə)bəlnəs

honourably
BR ˈɒn(ə)rəbli
AM ˈɑnrəbli, ˈɑnər(ə)bli

Hons.
BR ɒnz
AM ɑnz

Hon. Sec. *Honorary Secretary*
BR ˌɒn ˈsɛk, -s
AM ˌˈɑn ˈsɛk, -s

Honshu
BR ˈhɒnʃuː
AM ˈhɑnˌʃu

hooch
BR huːtʃ
AM hutʃ

hood
BR hʊd, -z, -ɪŋ, -ɪd
AM hʊd, -z, -ɪŋ, -əd

hoodie
BR ˈhʊd|i, -ɪz
AM ˈhʊdi, -z

hoodless
BR ˈhʊdləs
AM ˈhʊdləs

hoodlike
BR ˈhʊdlʌɪk
AM ˈhʊdˌlaɪk

hoodlum
BR ˈhuːdləm, -z
AM ˈhʊdl(ə)m, ˈhudl(ə)m, -z

hoodoo
BR ˈhuːduː, -z
AM ˈhuˌdu, -z

hoodwink
BR ˈhʊdwɪŋ|k, -ks, -kɪŋ, -(k)t
AM ˈhʊˌdwɪŋ|k, -ks, -kɪŋ, -(k)t

hooey
BR ˈhuːi
AM ˈhui

hoof
BR huːf, hʊf, -s, -ɪŋ, -t
AM huf, hʊf, -s, -ɪŋ, -t

hoofbeat
BR ˈhuːfbiːt, ˈhʊfbiːt, -s
AM ˈhufˌbit, ˈhʊfˌbit, -s

hoofer
BR ˈhuːfə(r), ˈhʊfə(r), -z
AM ˈhufər, ˈhʊfər, -z

hoofmark
BR ˈhuːfmɑːk, ˈhʊfmɑːk, -s
AM ˈhufˌmɑrk, ˈhʊfˌmɑrk, -s

Hooghly
BR ˈhuːgli
AM ˈhugli

hoo-ha
BR ˈhuːhɑː(r), -z
AM ˈhuˌhɑ, -z

hoo-hah
BR ˈhuːhɑː(r), -z
AM ˈhuˌhɑ, -z
hook
BR hʊk, -s, -ɪŋ, -t
AM hʊk, -s,
-ɪŋ, -t
hooka
BR ˈhʊkə(r),
ˈhuːkɑː(r), -z
AM ˈhukə,
ˈhʊkə, -z
hookah
BR ˈhʊkə(r),
ˈhuːkɑː(r), -z
AM ˈhukə, ˈhʊkə, -z
Hooke
BR hʊk
AM ˈhʊk
hooker
BR ˈhʊkə(r), -z
AM ˈhʊkər, -z
hookey
BR ˈhʊki
AM ˈhʊki
hookless
BR ˈhʊkləs
AM ˈhʊkləs
hooklet
BR ˈhʊklɪt, -s
AM ˈhʊklət, -s
hooklike
BR ˈhʊklʌɪk
AM ˈhʊkˌlaɪk
hookup
BR ˈhʊkʌp, -s
AM ˈhʊˌkəp, -s
hookworm
BR ˈhʊkwəːm, -z
AM ˈhʊkˌwɜrm, -z
hooky
BR ˈhʊki
AM ˈhʊki
Hooley
BR ˈhuːli
AM ˈhuli
hooligan
BR ˈhuːlɪɡ(ə)n, -z
AM ˈhuləɡ(ə)n, -z
hooliganism
BR ˈhuːlɪɡnɪzm
AM ˈhuləɡəˌnɪz(ə)m

hoon
BR huːn, -z, -ɪŋ, -d
AM hun, -z, -ɪŋ, -d
hoop
BR huːp, -s
AM hup, -s
Hooper
BR ˈhuːpə(r)
AM ˈhupər
hoopla
BR ˈhuːplɑː(r),
ˈhʊplɑː(r), -z
AM ˈhʊˌplɑ, ˈhuˌplɑ,
-z
hoopoe
BR ˈhuːpuː, ˈhuːpəʊ,
-z
AM ˈhuˌpu, ˈhuˌpoʊ,
-z
hooray
BR həˈreɪ
AM huˈreɪ, həˈreɪ
hooroo
BR həˈruː, -z
AM ˌhuˈru, -z
hoosegow
BR ˈhuːsɡaʊ, -z
AM ˈhusˌɡaʊ, -z
Hoosier
BR ˈhuːʒə(r),
ˈhuːzɪə(r), -z
AM ˈhuʒər, -z
Hooson
BR ˈhuːsn
AM ˈhus(ə)n
hoot
BR huːt, -s, -ɪŋ, -ɪd
AM hu|t, -ts, -dɪŋ, -dəd
hootch
BR huːtʃ
AM hutʃ
hootenanny
BR ˈhuːtnanˌi,
ˌhuːtnˈanˌi, -ɪz
AM ˈhutnˌæni, -z
hooter
BR ˈhuːtə(r), -z
AM ˈhudər, -z
hoover
BR ˈhuːvˌə(r), -əz,
-(ə)rɪŋ, -əd
AM ˈhuvər, -z, -ɪŋ, -d

Hooverville
BR ˈhuːvəvɪl
AM ˈhuvərv(ə)l,
ˈhuvərˌvɪl
hooves
BR huːvz
AM huvz, hʊvz
hop
BR hɒp, -s,
-ɪŋ, -t
AM hɑp, -s, -t
hop-bine
BR ˈhɒphʌɪn, -z
AM ˈhɑ(p)ˌbaɪn, -z
Hopcraft
BR ˈhɒpkrɑːft
AM ˈhɑpˌkræft
Hopcroft
BR ˈhɒpkrɒft
AM ˈhɑpˌkrɑft,
ˈhɑpˌkrɔft
hope
BR həʊp, -s, -ɪŋ, -t
AM hoʊp, -s, -ɪŋ, -t
hopeful
BR ˈhəʊpf(ʊ)l
AM ˈhoʊpf(ə)l
hopefully
BR ˈhəʊpfʊli,
ˈhəʊpfˌli
AM ˈhoʊpfəli
hopefulness
BR ˈhəʊpf(ʊ)lnəs
AM ˈhoʊpfəlnəs
hopeless
BR ˈhəʊpləs
AM ˈhoʊpləs
hopelessly
BR ˈhəʊpləsli
AM ˈhoʊpləsli
hopelessness
BR ˈhəʊpləsnəs
AM ˈhoʊpləsnəs
hoper
BR ˈhəʊpə(r), -z
AM ˈhoʊpər, -z
hophead
BR ˈhɒphɛd, -z
AM ˈhɑp(h)ɛd, -z
Hopi
BR ˈhəʊpˌi, -ɪz
AM ˈhoʊpi, -z

Hopkin
BR ˈhɒpkɪn
AM ˈhɑpk(ə)n
Hopkins
BR ˈhɒpkɪnz
AM ˈhɑpkənz
Hopkinson
BR ˈhɒpkɪns(ə)n
AM ˈhɑpkəns(ə)n
hoplite
BR ˈhɒplʌɪt, -s
AM ˈhɑˌplaɪt, -s
hop o' my-thumb
BR ˌhɒpəməˈθʌm,
-z
AM ˌˈhɑpəˌmaɪˈθəm,
ˈhɑpəməˈθəm, -z
hopper
BR ˈhɒpə(r), -z
AM ˈhɑpər, -z
hopple
BR ˈhɒp|l, -lz,
-l̩ɪŋ\-lɪŋ, -ld
AM ˈhɑp(ə)l, -z,
-ɪŋ, -d
hopsack
BR ˈhɒpsak
AM ˈhɑpˌsæk
hopsacking
BR ˈhɒpˌsakɪŋ
AM ˈhɑpˌsækɪŋ
hopscotch
BR ˈhɒpskɒtʃ
AM ˈhɑpˌskɑtʃ
Hopwood
BR ˈhɒpwʊd
AM ˈhɑpˌwʊd
Horabin
BR ˈhɒrəbɪn
AM ˈhɔrəb(e)n
Horace
BR ˈhɒrɪs
AM ˈhɔrəs
Horan
BR ˈhɔːrn̩
AM ˈhɔr(ə)n
horary
BR ˈhɔːrərˌi, -ɪz
AM ˈhɔrəri, -z
Horatia
BR həˈreɪʃ(ɪ)ə(r)
AM həˈreɪʃə

Horatian
BR həˈreɪʃn
AM həˈreɪʃ(ə)n

Horatio
BR həˈreɪʃ(i)əʊ
AM həˈreɪʃ(i)oʊ

Horbury
BR ˈhɔːb(ə)ri
AM ˈhɔrˌbɛri

horde
BR hɔːd, -z
AM hɔ(ə)rd, -z

Hordern
BR ˈhɔːdn
AM ˈhɔrdərn

Horeb
BR ˈhɔːrɛb
AM ˈhɔrəb

horehound
BR ˈhɔːhaʊnd, -z
AM ˈhɔrˌ(h)aʊnd, -z

Horgan
BR ˈhɔːg(ə)n
AM ˈhɔrg(ə)n

horizon
BR həˈrʌɪzn, -z
AM həˈraɪzn, -z

horizontal
BR ˌhɒrɪˈzɒntl
AM ˌhɔrəˈzɑn(t)l

horizontality
BR ˌhɒrɪzɒnˈtalɪti
AM ˌhɔrəˌzɑnˈtælədi

horizontally
BR ˌhɒrɪˈzɒntl̩i
AM ˌhɔrəˈzɑn(t)l̩i

horizontalness
BR ˌhɒrɪˈzɒntlnəs
AM ˌhɔrəˈzɑn(t)lnəs

Horkheimer
BR ˈhɔːkˌhʌɪmə(r)
AM ˈhɔrkˌ(h)aɪmər

Horlicks
BR ˈhɔːlɪks
AM ˈhɔrˌlɪks

hormonal
BR hɔːˈməʊnl
AM hɔrˈmoʊn(ə)l

hormonally
BR hɔːˈməʊnl̩i
AM hɔrˈmoʊnəli

hormone
BR ˈhɔːməʊn, -z
AM ˈhɔrˌmoʊn, -z

Hormuz
BR ˌhɔːˈmʊz, ˌhɔːˈmuːz
AM ˌhɔrˈmuz

horn
BR hɔːn, -z, -d
AM hɔ(ə)rn, -z, -d

hornbeam
BR ˈhɔːnbiːm, -z
AM ˈhɔrnˌbim, -z

hornbill
BR ˈhɔːnbɪl, -z
AM ˈhɔrnˌbɪl, -z

hornblende
BR ˈhɔːnblɛnd, -z
AM ˈhɔrnˌblɛnd, -z

Hornblower
BR ˈhɔːnˌbləʊə(r)
AM ˈhɔrnˌbloʊər

hornbook
BR ˈhɔːnbʊk, -s
AM ˈhɔrnˌbʊk, -s

Hornby
BR ˈhɔːnbi
AM ˈhɔrnbi

Horncastle
BR ˈhɔːnˌkɑːsl
AM ˈhɔrnˌkæs(ə)l

Hornchurch
BR ˈhɔːntʃəːtʃ
AM ˈhɔrnˌtʃərtʃ

Horne
BR hɔːn
AM hɔ(ə)rn

Horner
BR ˈhɔːnə(r)
AM ˈhɔrnər

horner
BR ˈhɔːnə(r), -z
AM ˈhɔrnər, -z

hornet
BR ˈhɔːnɪt, -s
AM ˈhɔrnət, -s

horniness
BR ˈhɔːnɪnɪs
AM ˈhɔrnɪnɪs

hornist
BR ˈhɔːnɪst, -s
AM ˈhɔrnəst, -s

hornless
BR ˈhɔːnləs
AM ˈhɔrnləs

hornlike
BR ˈhɔːnlʌɪk
AM ˈhɔrnˌlaɪk

hornpipe
BR ˈhɔːnpʌɪp, -s
AM ˈhɔrnˌpaɪp, -s

Hornsby
BR ˈhɔːnzbi
AM ˈhɔrnzbi

hornstone
BR ˈhɔːnstəʊn
AM ˈhɔrnˌstoʊn

hornswoggle
BR ˈhɔːnˌswɒg|l, -lz, -l̩ɪŋ\-lɪŋ, -ld
AM ˈhɔrnˌswɑg(ə)l, -z, -ɪŋ, -d

Hornung
BR ˈhɔːnʊŋ
AM ˈhɔrnʊŋ, ˈhɔrnɪŋ

hornwort
BR ˈhɔːnwəːt, -s
AM ˈhɔrnˌwɔ(ə)rt, ˈhɔrnwərt, -s

horny
BR ˈhɔːn|i, -ɪə(r), -ɪɪst
AM ˈhɔrni, -ər, -ɪst

horologe
BR ˈhɒrəlɒdʒ, -ɪz
AM ˈhɔrəˌlɑdʒ, -əz

horologer
BR hɒˈrɒlədʒə(r), -z
AM həˈrɑlədʒər, -z

horologic
BR ˌhɒrəˈlɒdʒɪk
AM ˌhɔrəˈlɑdʒɪk

horological
BR ˌhɒrəˈlɒdʒɪkl
AM ˌhɔrəˈlɑdʒɪk(ə)l

horologist
BR hɒˈrɒlədʒɪst, -s
AM həˈrɑlədʒəst, -s

horology
BR hɒˈrɒlədʒi
AM həˈrɑlədʒi

horoscope
BR ˈhɒrəskəʊp, -s
AM ˈhɔrəˌskoʊp, -s

horoscopic
BR ˌhɒrəˈskɒpɪk
AM ˌhɔrəˈskɑpɪk

horoscopical
BR ˌhɒrəˈskɒpɪkl
AM ˌhɔrəˈskɑpək(ə)l

horoscopy
BR hɒˈrɒskəpi
AM həˈrɑskəpi

Horowitz
BR ˈhɒrəwɪts, ˈhɒrəvɪts
AM ˈhɔrəˌwɪts
RUS ˈgorəvʲits

horrendous
BR hɒˈrɛndəs
AM həˈrɛndəs, həˈrɛndəs

horrendously
BR hɒˈrɛndəsli
AM həˈrɛndəsli, həˈrɛndəsli

horrendousness
BR hɒˈrɛndəsnəs
AM həˈrɛndəsnəs, həˈrɛndəsnəs

horrent
BR ˈhɒrn̩t
AM ˈhɔrənt

horrible
BR ˈhɒrɪbl
AM ˈhɔrəb(ə)l

horribleness
BR ˈhɒrɪblnəs
AM ˈhɔrəbəlnəs

horribly
BR ˈhɒrɪbli
AM ˈhɔrəbli

horrid
BR ˈhɒrɪd
AM ˈhɔrəd

horridly
BR ˈhɒrɪdli
AM ˈhɔrədli

horridness
BR ˈhɒrɪdnɪs
AM ˈhɔrədnəs

horrific
BR həˈrɪfɪk
AM həˈrɪfɪk, hɔˈrɪfɪk

horrifically
BR həˈrɪfɪkli
AM həˈrɪfək(ə)li, hɔˈrɪfək(ə)li

horrification
BR ˌhɒrɪfɪˈkeɪʃn
AM hɔˌrɪfəˈkeɪʃ(ə)n

horrifiedly
BR ˈhɒrɪfʌɪdli
AM ˈhɔrəˌfaɪdli

horrify
BR ˈhɒrɪfʌɪ, -z, -ɪŋ, -d
AM ˈhɔrəˌfaɪ, -z, -ɪŋ, -d

horrifyingly
BR ˈhɒrɪfʌɪɪŋli
AM ˈhɔrəˌfaɪɪŋli

horripilation
BR hɒˌrɪpɪˈleɪʃn
AM hɔˌrɪpəˈleɪʃ(ə)n

horror
BR ˈhɒrə(r), -z
AM ˈhɔrər, -z

Horsa
BR ˈhɔːsə(r)
AM ˈhɔrsə

hors concours
BR ˌɔːˈkɔ̃kʊə(r)
AM ˌɔ(ə)r kɔnˈkʊ(ə)r
FR ˈɔʀ kɔ̃kuʀ

hors de combat
BR ˌɔː də ˈkɒmbɑː(r)
AM ˌɔr də ˌkɑmˈbɑ

hors-d'œuvre
BR ˌɔːˈdəːv, -z
AM ˌɔrˈdərv, -z
FR ˈɔʀ dœvʀ

horse
BR hɔːs, -ɪz, -ɪŋ, -t
AM hɔ(ə)rs, -ɪz, -ɪŋ, -t

horseback
BR ˈhɔːsbak
AM ˈhɔrsˌbæk

horsebean
BR ˈhɔːsbiːn, -z
AM ˈhɔrsˌbin, -z

horsebox
BR ˈhɔːsbɒks, -ɪz
AM ˈhɔrsˌbɑks, -əz

horsebreaker
BR ˈhɔːsˌbreɪkə(r), -z
AM ˈhɔrsˌbreɪkər, -z

horse-coper
BR ˈhɔːsˌkəʊpə(r), -z
AM ˈhɔrsˌkoʊpər, -z

Horseferry
BR ˈhɔːsˌfɛri
AM ˈhɔrsˌfɛri

horseflesh
BR ˈhɔːsflɛʃ
AM ˈhɔrsˌflɛʃ

horsefly
BR ˈhɔːsflʌɪ, -z
AM ˈhɔrsˌflaɪ, -z

Horseforth
BR ˈhɔːsfəθ
AM ˈhɔrsˌfɔ(ə)rθ

Horseguard
BR ˈhɔːsgɑːd, -z
AM ˈhɔrsˌgɑrd, -z

horsehair
BR ˈhɔːshɛː(r)
AM ˈhɔrsˌ(h)ɛ(ə)r

horsehide
BR ˈhɔːshʌɪd
AM ˈhɔrsˌ(h)aɪd

horseleech
BR ˈhɔːsliːtʃ, -ɪz
AM ˈhɔrsˌlitʃ, -ɪz

horseless
BR ˈhɔːsləs
AM ˈhɔrsləs

horselike
BR ˈhɔːslʌɪk
AM ˈhɔrsˌlaɪk

horseman
BR ˈhɔːsmən
AM ˈhɔrsm(ə)n

horsemanship
BR ˈhɔːsmənʃɪp
AM ˈhɔrsmənˌʃɪp

horsemeat
BR ˈhɔːsmiːt
AM ˈhɔrsˌmit

horseplay
BR ˈhɔːspleɪ
AM ˈhɔrsˌpleɪ

horsepower
BR ˈhɔːsˌpaʊə(r)
AM ˈhɔrsˌpaʊər

horseradish
BR ˈhɔːsˌrad|ɪʃ, -ɪʃɪz
AM ˈhɔrsˌrædɪʃ, -ɪz

horseshit
BR ˈhɔː(s)ʃɪt
AM ˈhɔr(s)ˌʃɪt

horseshoe
BR ˈhɔː(s)ʃuː, ˈhɔːʃʃuː, -z
AM ˈhɔr(s)ˌʃu, -z

horsetail
BR ˈhɔːsteɪl, -z
AM ˈhɔrsˌteɪl, -z

horsewhip
BR ˈhɔːswɪp, -s, -ɪŋ, -t
AM ˈhɔrsˌ(h)wɪp, -s, -ɪŋ, -t

horsewoman
BR ˈhɔːsˌwʊmən
AM ˈhɔrsˌwʊm(ə)n

horsewomen
BR ˈhɔːsˌwɪmɪn
AM ˈhɔrsˌwɪmɪn

horsey
BR ˈhɔːsi
AM ˈhɔrsi

Horsham
BR ˈhɔːʃəm
AM ˈhɔrʃ(ə)m

horsily
BR ˈhɔːsɪli
AM ˈhɔrsəli

horsiness
BR ˈhɔːsɪnɪs
AM ˈhɔrsɪnɪs

horst
BR hɔːst, -s
AM hɔ(ə)rst, -s

horsy
BR ˈhɔːs|i, -ɪə(r), -ɪɪst
AM ˈhɔrsi, -ər, -ɪst

Horta
BR ˈhɔːtə(r)
AM ˈhɔrdə

hortation
BR hɔːˈteɪʃn, -z
AM ˌhɔrˈteɪʃ(ə)n, -z

hortative
BR ˈhɔːtətɪv
AM ˈhɔrdədɪv

hortatory
BR ˈhɔːtət(ə)ri, hɔːˈteɪt(ə)ri
AM ˈhɔdəˌtɔri

Hortense
BR hɔːˈtɛns
AM ˈhɔrˌtɛns
FR ˈɔʀtɑ̃s

hortensia
BR hɔːˈtɛnsɪə(r)
AM hɔrˈtɛnsɪə

horticultural
BR ˌhɔːtɪˈkʌltʃ(ə)rl̩
AM ˌhɔrdəˈkəltʃər(ə)l, ˌhɔrdəˈkəltʃr(ə)l

horticulturalist
DR ˌhɔːtɪˈkʌltʃ(ə)ɪlɪst, -s
AM ˌhɔrdəˈkəltʃ(ə)rələst, -s

horticulturally
BR ˌhɔːtɪˈkʌltʃ(ə)rli
AM ˌhɔrdəˈkəltʃ(ə)rəli

horticulture
BR ˈhɔːtɪˌkʌltʃə(r)
AM ˈhɔrdəˌkəltʃər

horticulturist
BR ˌhɔːtɪˈkʌltʃ(ə)rɪst, -s
AM ˌhɔrdəˈkəltʃərəst, -s

horti sicci
BR ˌhɔːtʌɪ ˈsɪkʌɪ, ˌhɔːtiː ˈsɪkiː
AM ˌˌhɔrdaɪ ˈsɪˌkaɪ

Horton
BR ˈhɔːtn
AM ˈhɔrt(ə)n

hortus siccus
BR ˌhɔːtəs ˈsɪkəs
AM ˌˌhɔrdəs ˈsɪkəs

Horus
BR ˈhɔːrəs
AM ˈhɔrəs

hosanna
BR hə(ʊ)ˈzanə(r), -z
AM hoʊˈzænə, -z

hose
BR həʊz, -ɪz, -ɪŋ, -d
AM hoʊz, -ɪz, -ɪŋ, -d

Hosea
BR hə(ʊ)ˈzɪə(r)
AM hoʊˈzeɪə

Hoseason
BR həʊˈsiːzn
AM hoʊˈsizn

hosepipe
BR ˈhəʊzpʌɪp, -s
AM ˈhoʊzˌpaɪp, -s

hosier
BR ˈhəʊzɪə(r), -z
AM ˈhoʊʒər, -z

hosiery
BR ˈhəʊz(ɪ)əri
AM ˈhoʊʒ(ə)ri

hospice
BR ˈhɒsp|ɪs, -ɪsɪz
AM ˈhɑspəs, -əz

hospitable
BR hɒˈspɪtəbl, ˈhɒspɪtəbl
AM ˈhɑspɪdəb(ə)l, hɑˈspɪdəb(ə)l

hospitably
BR hɒˈspɪtəbli, ˈhɒspɪtəbli
AM ˈhɑspɪdɪbli, hɑˈspɪdɪbli

hospital
BR ˈhɒspɪtl, -z
AM ˈhɑˌspɪdl, -z

hospitaler
BR ˈhɒspɪtlə(r)
AM ˈhɑˌspɪdlər

hospitalisation
BR ˌhɒspɪtlʌɪˈzeɪʃn
AM ˌhɑˌspɪdəlˌaɪ-ˈzeɪʃ(ə)n, ˌhɑˌspɪdələˈzeɪʃ(ə)n

hospitalise
BR ˈhɒspɪtlʌɪz, -ɪz, -ɪŋ, -d
AM ˈhɑˌspədəˌlaɪz, -ɪz, -ɪŋ, -d

hospitalism
BR ˈhɒspɪtlɪzm
AM ˈhɑˌspədəˌlɪz(ə)m

hospitality
BR ˌhɒspɪˈtalɪti
AM ˌhɑspəˈtælədi

hospitalization
BR ˌhɒspɪtlʌɪˈzeɪʃn
AM ˌhɑˌspɪdəlˌaɪ-ˈzeɪʃ(ə)n, ˌhɑˌspɪdələˈzeɪʃ(ə)n

hospitalize
BR ˈhɒspɪtlʌɪz, -ɪz, -ɪŋ, -d
AM ˈhɑˌspədəˌlaɪz, -ɪz, -ɪŋ, -d

hospitaller
BR ˈhɒspɪtlə(r)
AM ˈhɑˌspɪdlər

host
BR həʊst, -s, -ɪŋ, -ɪd
AM hoʊst, -s, -ɪŋ, -əd

hosta
BR ˈhɒstə(r), -z
AM ˈhɑstə, -z

hostage
BR ˈhɒst|ɪdʒ, -ɪdʒɪz
AM ˈhɑstɪdʒ, -ɪz

hostageship
BR ˈhɒstɪdʒʃɪp
AM ˈhɑstɪdʒˌʃɪp

hostel
BR ˈhɒstl̩, -z, -ɪŋ
AM ˈhɑst|l, -lz, -l̩ɪŋ

hosteller
BR ˈhɒstlə(r), -z
AM ˈhɑstələr, -z

hostelry
BR ˈhɒstlr|i, -ɪz
AM ˈhɑstlri, -z

hostess
BR ˈhəʊstəs, həʊˈstɛs, -ɪz
AM ˈhoʊstəs, -əz

hostile
BR ˈhɒstʌɪl
AM ˈhɑˌstaɪl, ˈhɑstl

hostilely
BR ˈhɒstʌɪlli
AM ˈhɑˌstaɪ(l)li, ˈhɑst(l)li

hostility
BR hɒˈstɪlɪt|i, -ɪz
AM hɑˈstɪlɪdi, -z

hostler
BR ˈ(h)ɒslə(r), -z
AM ˈ(h)ɑslər, -z

hot
BR hɒt, -ə(r), -ɪst
AM hat, -dər, -dəst

hotbed
BR ˈhɒtbɛd, -z
AM ˈhatˌbɛd, -z

hot-blooded
BR ˌhɒtˈblʌdɪd
AM ˈhatˈblədəd

hot-bloodedly
BR ˌhɒtˈblʌdɪdli
AM ˈhatˈblədədli

hot cake
BR ˌhɒt ˈkeɪk, -s
AM ˈhat ˌkeɪk, -s

Hotchkiss
BR ˈhɒtʃkɪs, -z
AM ˈhatʃˌkɪs, -z

hotchpot
BR ˈhɒtʃpɒt
AM ˈhatʃˌpat

hotchpotch
BR ˈhɒtʃpɒtʃ
AM ˈhatʃˌpatʃ

hotdog
BR ˌhɒtˈdɒg, -z, -ɪŋ
AM ˈhatˌdag, ˈhatˌdɔg, -z, -ɪŋ

hotel
BR hə(ʊ)ˈtɛl, -z
AM hoʊˈtɛl, -z

hotelier
BR hə(ʊ)ˈtɛlɪə(r), hə(ʊ)ˈtɛlɪeɪ, -z
AM ˌoʊtɛlˈjeɪ, hoʊˈtɛljər, -z

hotelkeeper
BR hə(ʊ)ˈtɛlˌkiːpə(r), -z
AM hoʊˈtɛlˌkipər, -z

hotfoot[1] *adverb*
BR ˌhɒtˈfʊt
AM ˈhatˌfʊt

hotfoot[2] *verb*
BR ˈhɒtfʊt, ˌhɒtˈfʊt, -s, -ɪŋ, -ɪd
AM ˈhatˌfʊ|t, -ts, -dɪŋ, -dəd

hot gospeler
BR ˌhɒt ˈgɒspl̩ə(r), -z
AM ˌhat ˈgɑspələr, -z

hot gospeller
BR ˌhɒt ˈgɒspl̩ə(r), -z
AM ˌhat ˈgɑspələr, -z

hothead
BR ˈhɒthɛd, -z
AM ˈhatˌ(h)ɛd, -z

hotheaded
BR ˌhɒtˈhɛdɪd
AM ˈˌhatˈhɛdəd

hotheadedly
BR ˌhɒtˈhɛdɪdli
AM ˈˌhatˈhɛdədli

hotheadedness
BR ˌhɒtˈhɛdɪdnɪs
AM ˈˌhatˈhɛdədnəs

hothouse
BR ˈhɒthaʊ|s, -zɪz
AM ˈhatˌ(h)aʊ|s, -zəz

hotline
BR ˈhɒtlʌɪn, -z
AM ˈhatˌlaɪn, -z

hotly
BR ˈhɒtli
AM ˈhatli

hotness
BR ˈhɒtnəs
AM ˈhatnəs

hotplate
BR ˈhɒtpleɪt, -s
AM ˈhatˌpleɪt, -s

hotpot
BR ˈhɒtpɒt, -s
AM ˈhatˌpat, -s

hotrod
BR ˈhɒtrɒd, -z
AM ˈhatˌrad, -z

hot-rodder
BR ˈhɒtˌrɒdə(r), -z
AM ˈhatˌradər, -z

hot-rodding
BR ˈhɒtˌrɒdɪŋ
AM ˈhatˌradɪŋ

hotshot
BR ˈhɒtʃɒt, -s
AM ˈhatˌʃat, -s

hotspot
BR ˈhɒtspɒt, -s
AM ˈhatˌspat, -s

hotspur
BR ˈhɒtspəː(r), -z
AM ˈhatˌspər, -z

hot-swap
BR ˌhɒtˈswɒp, -s, -ɪŋ, -t
AM ˈhatˈswap, -s, -ɪŋ, -t

Hottentot
BR ˈhɒtntɒt, -s
AM ˈhatn̩ˌtat, -s

hotter
BR ˈhɒtə(r), -z
AM ˈhɑdər, -z

hottie
BR ˈhɒt|i, -ɪz
AM ˈhɑdi, -z

hottish
BR ˈhɒtɪʃ
AM ˈhɑdɪʃ

hotty
BR ˈhɒt|i, -ɪz
AM ˈhɑdi, -z

Houdini
BR huːˈdiːni, huˈdiːni
AM huˈdini

Hough
BR haʊ, hʌf, hɒf
AM həf, haʊ

hough
BR hɒk, -s, -ɪŋ, -t
AM hɑk, -s, -ɪŋ, -t

hougher
BR ˈhɒkə(r), -z
AM ˈhɑkər, -z

Houghton
BR ˈhaʊtn̩, ˈhəʊtn̩, ˈhɔːtn̩
AM ˈhoʊtn̩

Houghton-le-Spring
BR ˌhaʊtn̩lˈsprɪŋ
AM ˌhoʊtn̩ləˈsprɪŋ

Houlihan
BR ˈhuːlɪhən
AM ˈhuləˌhæn

hoummos
BR ˈhʊmʊs, ˈhuːmʊs
AM ˈ(h)juməs

hound
BR haʊnd, -z, -ɪŋ, -ɪd
AM haʊnd, -z, -ɪŋ, -əd

hounder
BR ˈhaʊndə(r), -z
AM ˈhaʊndər, -z

houndish
BR ˈhaʊndɪʃ
AM ˈhaʊndɪʃ

Houndsditch
BR ˈhaʊn(d)zdɪtʃ
AM ˈhaʊn(d)zˌdɪtʃ

houndstooth
BR ˈhaʊn(d)ztuːθ
AM ˈhaʊn(d)zˌtuθ

hour
BR ˈaʊə(r), -z
AM aʊ(ə)r, -z

hourglass
BR ˈaʊəɡlɑːs, -ɪz
AM ˈaʊ(ə)rˌɡlæs, -əz

houri
BR ˈhʊər|i, -ɪz
AM ˈhuri, -z

hourly
BR ˈaʊəli
AM ˈaʊ(ə)rli

house¹
BR haʊs, -zɪz
AM haʊs, -zəz

house² verb
BR haʊz, -ɪz, -ɪŋ, -d
AM haʊz, -əz, -ɪŋ, -t

houseboat
BR ˈhaʊsbəʊt, -s
AM ˈhaʊsˌboʊt, -s

housebound
BR ˈhaʊsbaʊnd
AM ˈhaʊsˌbaʊnd

houseboy
BR ˈhaʊsbɔɪ, -z
AM ˈhaʊsˌbɔɪ, -z

housebreaker
BR ˈhaʊsˌbreɪkə(r), -z
AM ˈhaʊsˌbreɪkər, -z

housebreaking
BR ˈhaʊsˌbreɪkɪŋ
AM ˈhaʊsˌbreɪkɪŋ

housebuilder
BR ˈhaʊsˌbɪldə(r), -z
AM ˈhaʊsˌbɪldər, -z

housebuilding
BR ˈhaʊsˌbɪldɪŋ
AM ˈhaʊsˌbɪldɪŋ

housebuyer
BR ˈhaʊsˌbʌɪə(r), -z
AM ˈhaʊsˌbaɪər, -z

housebuying
BR ˈhaʊsˌbʌɪɪŋ
AM ˈhaʊsˌbaɪɪŋ

housecarl
BR ˈhaʊskɑːl, -z
AM ˈhaʊsˌkɑrl, -z

housecarle
BR ˈhaʊskɑːl, -z
AM ˈhaʊsˌkɑrl, -z

housecoat
BR ˈhaʊskəʊt, -s
AM ˈhaʊsˌkoʊt, -s

housecraft
BR ˈhaʊskrɑːft
AM ˈhaʊsˌkræft

housedog
BR ˈhaʊsdɒɡ, -z
AM ˈhaʊsˌdɑɡ, ˈhaʊsˌdɔɡ, -z

housedress
BR ˈhaʊsdrɛs, -ɪz
AM ˈhaʊsˌdrɛs, -əz

housefly
BR ˈhaʊsflʌɪ, -z
AM ˈhaʊsˌflaɪ, -z

houseful
BR ˈhaʊsfʊl, -z
AM ˈhaʊsˌfʊl, -z

Housego
BR ˈhaʊsɡəʊ
AM ˈhaʊsɡoʊ

housegroup
BR ˈhaʊsɡruːp, -s
AM ˈhaʊsˌɡrup, -s

houseguest
BR ˈhaʊsɡɛst, -s
AM ˈhaʊsˌɡɛst, -s

household
BR ˈhaʊs(h)əʊld, -z
AM ˈhaʊs(h)oʊld, -z

householder
BR ˈhaʊs(h)əʊldə(r), -z
AM ˈhaʊs(h)oʊldər, -z

househusband
BR ˈhaʊsˌhʌzbənd, -z
AM ˈhaʊs(h)əzbənd, -z

housekeep
BR ˈhaʊskiːp, -s
AM ˈhaʊsˌkip, -s

housekeeper
BR ˈhaʊsˌkiːpə(r), -z
AM ˈhaʊsˌkipər, -z

housekeeping
BR ˈhaʊsˌkiːpɪŋ
AM ˈhaʊsˌkipɪŋ

housekept
BR ˈhaʊskɛpt
AM ˈhaʊsˌkɛpt

houseleek
BR ˈhaʊsliːk, -s
AM ˈhaʊsˌlik, -s

houseless
BR ˈhaʊsləs
AM ˈhaʊsləs

houselights
BR ˈhaʊslʌɪts
AM ˈhaʊsˌlaɪts

house-made
BR ˌhaʊsˈmeɪd
AM ˈhaʊsˌmeɪd

housemaid
BR ˈhaʊsmeɪd, -z
AM ˈhaʊsˌmeɪd, -z

houseman
BR ˈhaʊsmən
AM ˈhaʊsm(ə)n

housemaster
BR ˈhaʊsˌmɑːstə(r), -z
AM ˈhaʊsˌmæstər, -z

housemate
BR ˈhaʊsmeɪt, -s
AM ˈhaʊsˌmeɪt, -s

housemistress
BR ˈhaʊsˌmɪstrɪs, -ɪz
AM ˈhaʊsˌmɪstrɪs, -ɪz

housemother
BR ˈhaʊsˌmʌðə(r), -z
AM ˈhaʊsˌmʌðər, -z

housepainter
BR ˈhaʊsˌpeɪntə(r), -z
AM ˈhaʊsˌpeɪn(t)ər, -z

houseparent
BR ˈhaʊsˌpɛːr(ə)nt, -s
AM ˈhaʊsˌpɛrənt, -s

houseplant
BR ˈhaʊsplɑːnt, -s
AM ˈhaʊsˌplænt, -s

houseroom
BR ˈhaʊsruːm, ˈhaʊsrʊm
AM ˈhaʊsˌrʊm, ˈhaʊsˌrum

housesitter
BR ˈhaʊsˌsɪtə(r), -z
AM ˈhaʊ(s)ˌsɪdər, -z

housetop
BR ˈhaʊstɒp, -s
AM ˈhaʊsˌtɑp, -s

housewares
BR ˈhaʊswɛːz
AM ˈhaʊsˌwɛrz

housewarming
BR ˈhaʊsˌwɔːmɪŋ, -z
AM ˈhaʊsˌwɔrmɪŋ, -z

housewife
BR ˈhaʊswʌɪf
AM ˈhaʊsˌwaɪf

housewifeliness
BR ˈhaʊswʌɪflɪnɪs
AM ˈhaʊsˌwaɪflɪnɪs

housewifely
BR ˈhaʊswʌɪfli
AM ˈhaʊsˌwaɪfli

housewifery
BR ˈhaʊswɪf(ə)ri
AM ˈhaʊsˌwaɪfəri

housewives
BR ˈhaʊswʌɪvz
AM ˈhaʊsˌwaɪvz

housework
BR ˈhaʊswəːk
AM ˈhaʊsˌwərk

housey-housey
BR ˌhaʊzɪˈhaʊzi
AM ˌhaʊziˈhaʊzi

housing
BR ˈhaʊzɪŋ
AM ˈhaʊzɪŋ

Housman
BR ˈhaʊsmən
AM ˈhaʊsm(ə)n

Houston
BR ˈh(j)uːst(ə)n
AM ˈhʊst(ə)n, ˈ(h)just(ə)n

Houyhnhnm
BR ˈwɪnɪm, hʊˈɪnɪm, -z
AM ˈhʊɪn(ɨ)m, ˈwɪnɪm, -z

hove
BR həʊv
AM hoʊv

hovel
BR ˈhɒvl, -z
AM ˈhəv(ə)l, -z

hover
BR ˈhɒv|ə(r), -əz, -(ə)rɪŋ, -əd
AM ˈhəv|ər, -ərz, -(ə)rɪŋ, -ərd

hovercraft
BR ˈhɒvəkrɑːft, -s
AM ˈhəvərˌkræft, -s

hoverer
BR ˈhɒv(ə)rə(r), -z
AM ˈhəvərər, -z

hoverfly
BR ˈhɒvəflʌɪ, -z
AM ˈhəvərˌflaɪ, -z

hoverport
BR ˈhɒvəpɔːt, -s
AM ˈhəvərˌpɔ(ə)rt, -s

hovertrain
BR ˈhɒvətreɪn, -z
AM ˈhəvərˌtreɪn, -z

Hovis
BR ˈhəʊvɪs
AM ˈhoʊvəs

how
BR haʊ
AM haʊ

Howard
BR ˈhaʊəd
AM ˈhaʊərd

Howarth
BR ˈhaʊəθ
AM ˈhaʊərθ

howbeit
BR haʊˈbiːɪt
AM haʊˈbiɪt

howdah
BR ˈhaʊdə(r), -z
AM ˈhaʊdə, -z

Howden
BR ˈhaʊdn
AM ˈhaʊd(ə)n

how-do-you-do
BR ˌhaʊdʒəˈduː, ˌhaʊd(ə)jəˈduː, -z
AM ˌhaʊdiˈdu, ˌhaʊdəjəˈdu, -z

howdy
BR ˈhaʊdi
AM ˈhaʊdi

how-d'ye-do
BR ˌhaʊdjəˈduː, ˌhaʊdʒəˈduː, -z
AM ˌhaʊdiˈdu, ˌhaʊdəjəˈdu, -z

Howe
BR haʊ
AM haʊ

Howell
BR ˈhaʊ(ə)l
AM ˈhaʊəl

Howells
BR ˈhaʊəlz
AM ˈhaʊəlz

Howerd
BR ˈhaʊəd
AM ˈhaʊərd

Howes
BR haʊz
AM haʊz

however
BR haʊˈɛvə(r)
AM haʊˈɛvər

Howie
BR ˈhaʊi
AM ˈhaʊi

howitzer
BR ˈhaʊɪtsə(r), -z
AM ˈhaʊətsər, -z

howl
BR haʊl, -z, -ɪŋ, -d
AM haʊl, -z, -ɪŋ, -d

howler
BR ˈhaʊlə(r), -z
AM ˈhaʊlər, -z

Howlett
BR ˈhaʊlɪt
AM ˈhaʊlət

howsoever
BR ˌhaʊsəʊˈɛvə(r)
AM ˌˌhaʊsoʊˈɛvər, ˌhaʊsəˈwɛvər

howzat
BR (ˌ)haʊˈzat
AM haʊˈzæt

Hoxton
BR ˈhɒkst(ə)n
AM ˈhɑkst(ə)n

hoy
BR hɔɪ, -z, -ɪŋ, -d
AM hɔɪ, -z, -ɪŋ, -d

hoya
BR ˈhɔɪə(r), -z
AM ˈhɔɪə, -z

hoyden
BR ˈhɔɪdn, -z
AM ˈhɔɪdn, -z

hoydenish
BR ˈhɔɪdnɪʃ
AM ˈhɔɪdnɪʃ

Hoylake
BR ˈhɔɪleɪk
AM ˈhɔɪˌleɪk

Hoyle
BR hɔɪl
AM hɔɪl

Hsing-king
BR ˈʃɪnˈdʒɪŋ
AM ˈʃɪnˈdʒɪŋ

Huascarán
BR ˌwɑːskəˈrɑːn
AM ˌwɑskəˈrɑn

hub
BR hʌb, -z
AM həb, -z

Hubbard
BR ˈhʌbəd
AM ˈhəbərd

Hubble
BR ˈhʌbl
AM ˈhəb(ə)l

hubbub
BR ˈhʌbʌb
AM ˈhəbəb

hubby
BR ˈhʌb|i, -ɪz
AM ˈhəbi, -z

hubcap
BR ˈhʌbkap, -s
AM ˈhəbˌkæp, -s

Hubei
BR ˈhuːˈbeɪ
AM ˈhuˈbeɪ

Huber
BR ˈhjuːbə(r)
AM ˈhjubər

Hubert
BR ˈhjuːbət
AM ˈ(h)jubərt

hubris
BR ˈh(j)uːbrɪs
AM ˈ(h)jubrəs

hubristic
BR h(j)uːˈbrɪstɪk
AM (h)juˈbrɪstɪk

Huck
BR hʌk
AM hək

huckaback
BR ˈhʌkəbak
AM ˈhəkəˌbæk

huckle
BR ˈhʌkl, -z
AM ˈhək(ə)l, -z
huckle-back
BR ˈhʌklbak, -s
AM ˈhəkəlˌbæk, -s
huckleberry
BR ˈhʌklb(ə)r|i, -ɪz
AM ˈhəkəlˌbɛri, -z
huckster
BR ˈhʌkstə(r), -z
AM ˈhəkstər, -z
huckstery
BR ˈhʌkstəri
AM ˈhəkstəri
huckterism
BR ˈhʌkstərɪzm
AM ˈhəkstəˌrɪz(ə)m
Huddersfield
BR ˈhʌdəzfiːld
AM ˈhədərsˌfild
huddle
BR ˈhʌdl̩, -əlz, -(ə)lɪŋ, -əld
AM ˈhəd(ə)l, -z, -ɪŋ, -d
Huddleston
BR ˈhʌdlst(ə)n
AM ˈhədlst(ə)n
Hudibras
BR ˈhjuːdɪbras
AM ˈhjudəˌbræs
Hudibrastic
BR ˌhjuːdɪˈbrastɪk
AM ˌhjudəˈbræstɪk
Hudson
BR ˈhʌdsn
AM ˈhəds(ə)n
Hué
BR ˈ(h)weɪ
AM ˈ(h)weɪ
hue
BR hjuː, -z
AM (h)ju, -z
hueless
BR ˈhjuːləs
AM ˈhjuləs
Huey
BR ˈhjuːi
AM ˈhjui
huff
BR hʌf, -s, -ɪŋ, -t
AM həf, -s, -ɪŋ, -t

huffily
BR ˈhʌfɪli
AM ˈhəfəli
huffiness
BR ˈhʌfɪnɪs
AM ˈhəfɪnɪs
huffish
BR ˈhʌfɪʃ
AM ˈhəfɪʃ
huffishly
BR ˈhʌfɪʃli
AM ˈhəfɪʃli
huffishness
BR ˈhʌfɪʃnɪs
AM ˈhəfɪʃnɪs
Huffman
BR ˈhʌfmən
AM ˈhəfm(ə)n
huffy
BR ˈhʌf|i, -ɪə(r), -ɪst
AM ˈhəfi, -ər, -ɪst
hug
BR hʌg, -z, -ɪŋ, -d
AM həg, -z, -ɪŋ, -d
huge
BR hjuːdʒ, -ə(r), -ɪst
AM (h)judʒ, -ər, -əst
hugely
BR ˈhjuːdʒli
AM ˈ(h)judʒli
hugeness
BR ˈhjuːdʒnəs
AM ˈ(h)judʒnəs
huggable
BR ˈhʌgəbl
AM ˈhəgəb(ə)l
hugger
BR ˈhʌgə(r), -z
AM ˈhəgər, -z
hugger-mugger
BR ˈhʌgəˌmʌgə(r)
AM ˈhəgərˈməgər
Huggins
BR ˈhʌgɪnz
AM ˈhəgənz
Hugh
BR hjuː
AM (h)ju
Hughenden
BR ˈhjuːəndən
AM ˈhjuənd(ə)n

Hughes
BR hjuːz
AM (h)juz
Hughey
BR ˈhjuːi
AM ˈ(h)jui
Hughie
BR ˈhjuːi
AM ˈ(h)jui
Hugo
BR ˈhjuːgəʊ
AM ˈ(h)jugoʊ
Huguenot
BR ˈhjuːgənəʊ, -z
AM ˈhjugəˌnɑt, -s
huh
BR hʌ(r)
AM hə
hula
BR ˈhuːlə(r), -z, -ɪŋ, -d
AM ˈhulə, -z, -ɪŋ, -d
hula-hoop
BR ˈhuːləhuːp, -s
AM ˈhuləˌhup, -s
hula-hula
BR ˌhuːləˈhuːlə(r), -z, -ɪŋ, -d
AM ˈˌhuləˈhulə, -z, -ɪŋ, -d
hulk
BR hʌlk, -s, -ɪŋ
AM həlk, -s, -ɪŋ
hull
BR hʌl, -z, -ɪŋ, -d
AM həl, -z, -ɪŋ, -d
hullabaloo
BR ˌhʌləbəˈluː, -z
AM ˌhələbəˈlu, -z
hullo
BR həˈləʊ, -z
AM həˈloʊ, -z
Hulme
BR hjuːm, hʌlm
AM hjum
Hulot
BR ˈuːləʊ
AM ˈhjulət, ˈuloʊ
Hulse
BR hʌls
AM həls

hum
BR hʌm, -z, -ɪŋ, -d
AM həm, -z, -ɪŋ, -d
human
BR ˈhjuːmən, -z
AM ˈ(h)jum(ə)n, -z
humane
BR hjʊˈmeɪn, ˌhjuːˈmeɪn, -ə(r), -ɪst
AM hjuˈmeɪn, -ər, -ɪst
humanely
BR hjʊˈmeɪnli, ˌhjuːˈmeɪnli
AM hjuˈmeɪnli
humaneness
BR hjʊˈmeɪnnɪs, hjuːˈmeɪnnɪs
AM hjuˈmeɪ(n)nɪs
humanisation
BR ˌhjuːmənʌɪˈzeɪʃn
AM ˌ(h)juməˌnaɪˈzeɪʃ(ə)n, ˌhjumənəˌzeɪʃ(ə)n
humanise
BR ˈhjuːmənʌɪz, -ɪz, -ɪŋ, -d
AM ˈhjuməˌnaɪz, -ɪz, -ɪŋ, -d
humanism
BR ˈhjuːmənɪzm
AM ˈhjuməˌnɪz(ə)m
humanist
BR ˈhjuːmənɪst, -s
AM ˈhjumənəst, -s
humanistic
BR ˌhjuːməˈnɪstɪk
AM ˌhjuməˈnɪstɪk
humanistically
BR ˌhjuːməˈnɪstɪkli
AM ˌhjuməˈnɪstɪk(ə)li
humanitarian
BR hjʊˌmanɪˈtɛːrɪən, ˌhjuːmanɪˈtɛːrɪən, -z
AM hjuˌmænəˈtɛriən, -z
humanitarianism
BR hjʊˌmanɪˈtɛːrɪənɪzm, ˌhjuːmanɪˈtɛːrɪənɪzm
AM hjuˌmænəˈtɛriəˌnɪz(ə)m

humanity
BR hjʊˈmænɪt|i, -ɪz
AM hjuˈmænədi, -z

humanization
BR ˌhjuːmənʌɪˈzeɪʃn
AM ˌ(h)juːməˌnaɪˈzeɪʃ(ə)n, ˌhjuːmənəˌzeɪʃ(ə)n

humanize
BR ˈhjuːmənʌɪz, -ɪz, -ɪŋ, -d
AM ˈ(h)juːməˌnaɪz, -ɪz, -ɪŋ, -d

humankind
BR ˌhjuːmənˈkʌɪnd, ˈhjuːmənkʌɪnd
AM ˌ(h)juːmənˈkaɪnd

humanly
BR ˈhjuːmənli
AM ˈhjuːmənli

humanness
BR ˈhjuːmənnəs
AM ˈhjuːmə(n)nəs

humanoid
BR ˈhjuːmənɔɪd, -z
AM ˈhjuːməˌnɔɪd, -z

Humber
BR ˈhʌmbə(r)
AM ˈhəmbər

Humberside
BR ˈhʌmbəsʌɪd
AM ˈhəmbərˌsaɪd

Humbert
BR ˈhʌmbət
AM ˈhəmbərt

humble
BR ˈhʌmb|l, -lz, -lɪŋ \-lɪŋ, -ld, -lə(r), -lɪst
AM ˈhəmb(ə)l, -z, -ɪŋ, -d, -ər, -əst

humbleness
BR ˈhʌmblnəs
AM ˈhəmbəlnəs

humbly
BR ˈhʌmbli
AM ˈhəmbli

Humboldt
BR ˈhʌmbəʊlt
AM ˈhəmˌboʊlt

humbug
BR ˈhʌmbʌg, -z, -ɪŋ, -d
AM ˈhəmˌbəg, -z, -ɪŋ, -d

humbuggery
BR ˈhʌmbʌɡ(ə)ri
AM ˈhəmˌbəɡəri

humdinger
BR ˌhʌmˈdɪŋə(r), -z
AM ˌˈhəmˈdɪŋɡər, -z

humdrum
BR ˈhʌmdrʌm
AM ˈhəmˌdrəm

Hume
BR hjuːm
AM ˈhjum

humectant
BR hjʊˈmɛkt(ə)nt, -s
AM hjuˈmɛktnt, -s

humeral
BR ˈhjuːm(ə)r̩l
AM ˈhjumər(ə)l, ˈhjumr(ə)l

humerus
BR ˈhjuːm(ə)rəs, -ɪz
AM ˈhjumərəs, -əz

humic
BR ˈhjuːmɪk
AM ˈhjumɪk

humid
BR ˈhjuːmɪd
AM ˈ(h)jumɪd

humidification
BR hjʊˌmɪdɪfɪˈkeɪʃn
AM hjuˌmɪdəfəˈkeɪʃ(ə)n

humidifier
BR hjʊˈmɪdɪfʌɪə(r), -z
AM hjuˈmɪdəˌfaɪər, -z

humidify
BR hjʊˈmɪdɪfʌɪ, -z, -ɪŋ, -d
AM hjuˈmɪdəˌfaɪ, -z, -ɪŋ, -d

humidity
BR hjʊˈmɪdɪti
AM (h)juˈmɪdɪdi

humidly
BR ˈhjuːmɪdli
AM ˈhjuməːdli

humidness
BR ˈhjuːmɪdnəs
AM ˈhjumədnəs

humidor
BR ˈhjuːmɪdɔː(r), -z
AM ˈhjuməˌdɔ(ə)r, -z

humification
BR ˌhjuːmɪfɪˈkeɪʃn
AM hjuˌmɪfəˈkeɪʃ(ə)n

humify
BR ˈhjuːmɪfʌɪ, -z, -ɪŋ, -d
AM ˈhjuməˌfaɪ, -z, -ɪŋ, -d

humiliate
BR hjʊˈmɪlɪeɪt, -s, -ɪŋ, -ɪd
AM (h)juˈmɪli‚eɪ|t, -ts, -dɪŋ, -dɪd

humiliatingly
BR hjʊˈmɪlɪeɪtɪŋli
AM hjuˈmɪliˌeɪdɪŋli

humiliation
BR hjʊˌmɪlɪˈeɪʃn, ˌhjuːmɪlɪˈeɪʃn, -z
AM hjuˌmɪliˈeɪʃ(ə)n, -z

humiliator
BR hjʊˈmɪlɪeɪtə(r), -z
AM hjuˈmɪliˌeɪdər, -z

humility
BR hjʊˈmɪlɪti
AM hjuˈmɪlɪdi

hummable
BR ˈhʌməbl
AM ˈhəməb(ə)l

hummer
BR ˈhʌmə(r), -z
AM ˈhəmər, -z

hummingbird
BR ˈhʌmɪŋbəːd, -z
AM ˈhəmɪŋˌbərd, -z

hummock
BR ˈhʌmək, -s
AM ˈhəmək, -s

hummocky
BR ˈhʌməki
AM ˈhəməki

hummus
BR ˈhjuːməs
AM ˈhʊməs, ˈhəməs

humongous
BR hjuːˈmʌŋɡəs
AM hjuˈmɑŋɡəs

humor
BR ˈhjuːm|ə(r), -əz, -(ə)rɪŋ, -əd
AM ˈ(h)jumər, -z, -ɪŋ, -d

humoral
BR ˈhjuːm(ə)r̩l
AM ˈhjumər(ə)l, ˈhjumr(ə)l

humoresque
BR ˌhjuːməˈrɛsk, -s
AM ˌhjuməˈrɛsk, -s

humorist
BR ˈhjuːmərɪst, -s
AM ˈhjumərəst, -s

humoristic
BR ˌhjuːməˈrɪstɪk
AM ˌhjuməˈrɪstɪk

humorless
BR ˈhjuːmələs
AM ˈhjumərləs

humorlessly
BR ˈhjuːmələsli
AM ˈhjumərləsli

humorlessness
BR ˈhjuːmələsnəs
AM ˈhjumərləsnəs

humorous
BR ˈhjuːm(ə)rəs
AM ˈhjumərəs

humorously
BR ˈhjuːm(ə)rəsli
AM ˈhjumərəsli

humorousness
BR ˈhjuːm(ə)rəsnəs
AM ˈhjumərəsnəs

humorsome
BR ˈhjuːməs(ə)m
AM ˈhjumərs(ə)m

humorsomely
BR ˈhjuːməs(ə)mli
AM ˈhjumərsəmli

humorsomeness
BR ˈhjuːməs(ə)mnəs
AM ˈhjumərsəmnəs

humour
BR ˈhjuːm|ə(r), -əz, -(ə)rɪŋ, -əd
AM ˈ(h)jumər, -z, -ɪŋ, -d

humourist
BR ˈhjuːm(ə)rɪst, -s
AM ˈhjumərəst, -s

humourless
BR ˈhjuːmələs
AM ˈhjumərləs

humourlessly
BR ˈhjuːmələsli
AM ˈhjumərləsli
humourlessness
BR ˈhjuːmələsnəs
AM ˈhjumərləsnəs
humoursome
BR ˈhjuːməs(ə)m
AM ˈhjumərs(ə)m
humous
BR ˈhjuːməs
AM ˈhjuməs
hump
BR hʌm|p, -ps,
-pɪŋ, -(p)t
AM həmp, -s,
-ɪŋ, -t
humpback
BR ˈhʌmpbak, -s
AM ˈhəmpˌbæk, -s
humpbacked
BR ˌhʌmpˈbakt
AM ˈhəmpˌbækt
humper
BR ˈhʌmpə(r), -z
AM ˈhəmpər, -z
Humperdinck
BR ˈhʊmpədɪŋk,
ˈhʌmpədɪŋk
AM ˈhəmpərˌdɪŋk
humph
BR hʌmf, h m̩h
AM həm(p)f
Humphrey
BR ˈhʌmfri
AM ˈhəm(p)fri
Humphreys
BR ˈhʌmfriz
AM ˈhəm(p)friz
Humphries
BR ˈhʌmfriz
AM ˈhəm(p)friz
humpiness
BR ˈhʌmpɪnɪs
AM ˈhəmpɪnɪs
humpless
BR ˈhʌmpləs
AM ˈhəmpləs
humpty
BR ˈhʌm(p)t|i,
-ɪz
AM ˈhəmti, -z

humpty-dumpty
BR ˌhʌm(p)tɪˈdʌm(p)t|i,
-ɪz
AM ˈhəmtiˈdəmti, -z
humpy
BR ˈhʌmp|i, -ɪə(r),
-ɪɪst
AM ˈhəmpi, -ər, -ɪst
humus
BR ˈhjuːməs
AM ˈhjuməs
humusify
BR ˈhjuːməsɪfʌɪ, -z,
-ɪŋ, -d
AM ˈhjuməsəˌfaɪ, -z,
-ɪŋ, -d
Hun
BR hʌn, -z
AM hən, -z
Hunan
BR ˌhuːˈnan
AM ˈhuˈnɑn
hunch
BR hʌn(t)ʃ, -ɪz,
-ɪŋ, -t
AM hən(t)ʃ, -əz, -ɪŋ, -t
Hunchback
BR ˈhʌn(t)ʃbak, -s
AM ˈhən(t)ʃˌbæk, -s
hunchbacked
BR ˌhʌn(t)ʃˈbakt
AM ˈhən(t)ʃˌbækt
hundred
BR ˈhʌndrəd, -z
AM ˈhəndrəd, -z
hundredfold
BR ˈhʌndrədfəʊld
AM ˈhəndrədˌfoʊld
hundredth
BR ˈhʌndrədθ,
ˈhʌndrətθ
AM ˈhəndrətθ,
ˈhəndrədθ
hundredweight
BR ˈhʌndrədweɪt, -s
AM ˈhəndrədˌweɪt, -s
hung
BR hʌŋ
AM həŋ
Hungarian
BR hʌŋˈɡɛːrɪən, -z
AM həŋˈɡɛriən, -z

Hungary
BR ˈhʌŋɡ(ə)ri
AM ˈhəŋɡəri
hunger
BR ˈhʌŋɡ|ə(r), -əz,
-(ə)rɪŋ, -əd
AM ˈhəŋɡər, -z, -ɪŋ, -d
Hungerford
BR ˈhʌŋɡəfəd
AM ˈhəŋɡərfərd
hungrily
BR ˈhʌŋɡrɪli
AM ˈhəŋɡrəli
hungriness
BR ˈhʌŋɡrɪnɪs
AM ˈhəŋɡrɪnɪs
hungry
BR ˈhʌŋɡr|i, -ɪə(r), -ɪɪst
AM ˈhəŋɡri, -ər, -ɪst
hunk
BR hʌŋk, -s
AM həŋk, -s
hunker
BR ˈhʌŋk|ə(r), -əz,
-(ə)rɪŋ, -əd
AM ˈhəŋkər, -z, -ɪŋ, -d
Hunkpapa
BR ˈhʌŋkˌpɑːpə(r), -z
AM ˈhəŋkˌpɑpə, -z
hunky
BR ˈhʌŋk|i, -ɪz
AM ˈhəŋki, -z
hunky-dory
BR ˌhʌŋkɪˈdɔːri
AM ˌhəŋkiˈdɔri
Hunniford
BR ˈhʌnɪfəd
AM ˈhənəfərd
Hunnish
BR ˈhʌnɪʃ
AM ˈhənɪʃ
Hunslet
BR ˈhʌnzlɪt
AM ˈhənzlət
Hunstanton
BR hʌnˈstant(ə)n,
ˈhʌnst(ə)n
AM ˈhənstən(t)ən
hunt
BR hʌnt, -s, -ɪŋ, -ɪd
AM hən|t, -ts, -(t)ɪŋ,
-(t)əd

huntaway
BR ˈhʌntəweɪ, -z
AM ˈhən(t)əˌweɪ, -z
hunter
BR ˈhʌntə(r), -z
AM ˈhən(t)ər, -z
Huntingdon
BR ˈhʌntɪŋd(ə)n
AM ˈhən(t)ɪŋd(ə)n
Huntingdonshire
BR ˈhʌntɪŋd(ə)nʃ(ɪ)ə(r)
AM ˈhən(t)ɪŋdən, ʃɪ(ə)r
Huntington
BR ˈhʌntɪŋt(ə)n
AM ˈhən(t)ɪŋt(ə)n
Huntley
BR ˈhʌntli
AM ˈhən(t)li
huntress
BR ˈhʌntrɪs, -ɪz
AM ˈhən(t)rəs, -əz
huntsman
BR ˈhʌn(t)smən
AM ˈhən(t)sm(ə)n
huntsmen
BR ˈhʌn(t)smən
AM ˈhən(t)sm(ə)n
Huntsville
BR ˈhʌn(t)svɪl
AM ˈhən(t)sˌvɪl
hup
BR hʌp, -s
AM həp, -s
Hupeh
BR ˌhuːˈpeɪ
AM ˈhuˈpeɪ
hurdle
BR ˈhɜːd|l, -lz,
-l̩ɪŋ\-lɪŋ, -ld
AM ˈhɜrd(ə)l, -z, -ɪŋ,
-d
hurdler
BR ˈhɜːdl|ə(r),
ˈhɜːdlə(r), -z
AM ˈhɜrd(ə)lər, -z
hurdy-gurdy
BR ˌhɜːdɪˈɡɜːd|i,
ˈhɜːdɪˌɡɜːd|i, -ɪz
AM ˈhɜrdiˌɡɜrdi, -z
Hurford
BR ˈhɜːfəd
AM ˈhɜrfərd

hurl
BR hɜːl, -z, -ɪŋ, -d
AM hɜrl, -z, -ɪŋ, -d
hurley
BR ˈhɜːli
AM ˈhɜrli
Hurlingham
BR ˈhɜːlɪŋəm
AM ˈhɜrlɪŋəm
hurly-burly
BR ˌhɜːlɪˈbɜːli, ˈhɜːlɪˌbɜːli
AM ˈhɜrliˈbɜrli
Hurn
BR hɜːn
AM hɜrn
Huron
BR ˈhjʊərɒn
AM ˈhjʊˌrɑn
hurrah
BR hʊˈrɑː(r), -z
AM həˈrɑ, -z
hurray
BR hʊˈreɪ, -z
AM huˈreɪ, həˈreɪ, -z
Hurri
BR ˈhʊr|i, -ɪz
AM ˈhʊri, -z
hurricane
BR ˈhʌrɪk(ə)n, -z
AM ˈhɜrəˌkeɪn, -z
hurried
BR ˈhʌrɪd
AM ˈhɜrid
hurriedly
BR ˈhʌrɪdli
AM ˈhɜrədli, ˈhɜridli
hurriedness
BR ˈhʌrɪdnɪs
AM ˈhɜridnɪs
hurroo
BR hʊˈruː, -z
AM ˌhəˈru, -z
hurry
BR ˈhʌr|i, -ɪz, -ɪɪŋ, -ɪd
AM ˈhɜri, -z, -ɪŋ, -d
hurry-scurry
BR ˌhʌrɪˈskʌri
AM ˈhɜriˈskɜri
Hurst
BR hɜːst
AM hɜrst

hurst
BR hɜːst, -s
AM hɜrst, -s
Hurstmonceux
BR ˌhɜːs(t)mənˈs(j)uː
AM ˌhɜrs(t)mənˈsu
Hurston
BR ˈhɜːst(ə)n
AM ˈhɜrst(ə)n
Hurstpierpoint
BR ˌhɜːs(t)pɪəˈpɔɪnt
AM ˌhɜrs(t)pɪrˈpɔɪnt
hurt
BR hɜːt, -s, -ɪŋ
AM hɜr|t, -ts, -dɪŋ
hurtful
BR ˈhɜːtf(ʊ)l
AM ˈhɜrtf(ə)l
hurtfully
BR ˈhɜːtfʊli, ˈhɜːtfl̩i
AM ˈhɜrtfəli
hurtfulness
BR ˈhɜːtf(ʊ)lnəs
AM ˈhɜrtfəlnəs
hurtle
BR ˈhɜːt|l, -lz, -lɪŋ\-lɪ̩ŋ, -ld
AM ˈhɜrd(ə)l, -z, -ɪŋ, -d
hurtless
BR ˈhɜːtləs
AM ˈhɜrtləs
Husain
BR hʊˈseɪn
AM hʊˈseɪn
Husák
BR ˈhuːsak
AM ˈhusæk
husband
BR ˈhʌzbənd, -z, -ɪŋ, -ɪd
AM ˈhəzbən(d), -z, -ɪŋ, -əd
husbander
BR ˈhʌzbəndə(r), -z
AM ˈhəzbəndər, -z
husbandhood
BR ˈhʌzbəndhʊd
AM ˈhəzbən(dh)ʊd
husbandless
BR ˈhʌzbəndləs
AM ˈhəzbən(d)ləs

husbandlike
BR ˈhʌzbəndlʌɪk
AM ˈhəzbən(d)ˌlaɪk
husbandly
BR ˈhʌzbəndli
AM ˈhəzbən(d)li
husbandman
BR ˈhʌzbən(d)mən
AM ˈhəzbən(d)m(ə)n
husbandmen
BR ˈhʌzbən(d)mən
AM ˈhəzbən(d)m(ə)n
husbandry
BR ˈhʌzbəndri
AM ˈhəzbəndri
husbandship
BR ˈhʌzbən(d)ʃɪp
AM ˈhəzbən(d)ˌʃɪp
hush
BR hʌʃ, -ɪz, -ɪŋ, -t
AM həʃ, -əz, -ɪŋ, -t
hushaby
BR ˈhʌʃəbʌɪ
AM ˈhəʃəˌbaɪ
hushabye
BR ˈhʌʃəbʌɪ
AM ˈhəʃəˌbaɪ
hush-hush
BR ˌhʌʃˈhʌʃ
AM ˈˌhəʃˈhəʃ
hush money
BR ˈhʌʃˌmʌni
AM ˈhəʃˌməni
hush-up
BR ˈhʌʃʌp
AM ˈhəʃəp
husk
BR hʌsk, -s, -ɪŋ, -t
AM həsk, -s, -ɪŋ, -t
huskily
BR ˈhʌskɪli
AM ˈhəskəli
huskiness
BR ˈhʌskɪnɪs
AM ˈhəskɪnɪs
Huskisson
BR ˈhʌskɪs(ə)n
AM ˈhəskəns(ə)n
husky
BR ˈhʌsk|i, -ɪz, -ɪə(r), -ɪɪst
AM ˈhəski, -z, -ər, -ɪst

huss
BR hʌs, -ɪz
AM həs, -əz
Hussain
BR hʊˈseɪn
AM həˈseɪn
hussar
BR hʊˈzɑː(r), -z
AM həˈzɑr, -z
Hussein
BR hʊˈseɪn
AM hʊˈseɪn
Husserl
BR ˈhʊsəːl
AM ˈhʊsɜrl
Hussey
BR ˈhʌsi
AM ˈhəsi
Hussite
BR ˈhʌsʌɪt, ˈhʊsʌɪt, -s
AM ˈhʊˌsaɪt, ˈhəˌsaɪt, -s
Hussitism
BR ˈhʌsʌɪtɪzm, ˈhʊsʌɪtɪzm
AM ˈhʊˌsaɪˌtɪz(ə)m, ˈhəˌsaɪˌtɪz(ə)m
hussy
BR ˈhʌs|i, ˈhʌz|i, -ɪz
AM ˈhəsi, ˈhəzi, -z
hustings
BR ˈhʌstɪŋz
AM ˈhəstɪŋz
hustle
BR ˈhʌs|l, -lz, -lɪŋ\-lɪ̩ŋ, -ld
AM ˈhəs(ə)l, -z, -ɪŋ, -d
hustler
BR ˈhʌslə(r), -z
AM ˈhəs(ə)lər, -z
Huston
BR ˈhjuːst(ə)n
AM ˈhjust(ə)n
hut
BR hʌt, -s
AM hət, -s
hutch
BR hʌtʃ, -ɪz
AM hətʃ, -əz
Hutcheson
BR ˈhʌtʃɪs(ə)n
AM ˈhətʃəs(ə)n

Hutchings
BR ˈhʌtʃɪŋz
AM ˈhətʃɪŋz

Hutchins
BR ˈhʌtʃɪnz
AM ˈhətʃənz

Hutchinson
BR ˈhʌtʃ(ɪ)ns(ə)n
AM ˈhətʃəns(ə)n

Hutchison
BR ˈhʌtʃɪs(ə)n
AM ˈhətʃəs(ə)n

hutia
BR hʌˈtiː(ɪ), -z
AM həˈtiə, -z

hutlike
BR ˈhʌtlʌɪk
AM ˈhət͵laɪk

hutment
BR ˈhʌtm(ə)nt, -s
AM ˈhətm(ə)nt, -s

Hutterite
BR ˈhʌtərʌɪt, ˈhʊtərʌɪt
AM ˈhədə͵raɪt

Hutton
BR ˈhʌtn
AM ˈhətn

Hutu
BR ˈhuːtuː, -z
AM ˈhu͵tu, -z

Huw
BR hjuː
AM hju
WE hɪʊ

Huxley
BR ˈhʌksli
AM ˈhəksli

Huxtable
BR ˈhʌkstəbl
AM ˈhəkstəb(ə)l

Huygens
BR ˈhɔɪgənz
AM ˈhɔɪgənz
DU ˈhœyxəns

Huyton
BR ˈhʌɪtn
AM ˈhaɪtn

huzza
BR hʊˈzɑː(r)
AM həˈzɑ

huzzah
BR hʊˈzɑː(r)
AM həˈzɑ

huzzy
BR ˈhʌz|i, -ɪz
AM ˈhəzi, -z

Hwange
BR ˈhwaŋgi, ˈhwaŋgeɪ
AM ˈ(h)wɑŋi

Hwang-Ho
BR ˈhwaŋˈhəʊ
AM ˈ(h)wɑŋˈhoʊ

hwyl
BR ˈhuːɪl, hwiːl
AM (h)wil, ˈhuɪl
WE ˈhwɪl

hyacinth
BR ˈhʌɪəsɪnθ, -s
AM ˈhaɪə͵sɪnθ, -s

hyacinthine
BR ˌhʌɪəˈsɪnθʌɪn
AM ˌhaɪəˈsɪn͵θaɪn, ˌhaɪəˈsɪnθ(ə)n

Hyacinthus
BR ˌhʌɪəˈsɪnθəs
AM ˌhaɪəˈsɪnθəs

Hyades
BR ˈhʌɪədiːz
AM ˈhaɪ͵diz

hyaena
BR hʌɪˈiːnə(r), -z
AM haɪˈinə, -z

hyalin
BR ˈhʌɪəlɪn
AM ˈhaɪə͵laɪn, ˈhaɪəl(ə)n

hyaline
BR ˈhʌɪəlɪn, ˈhʌɪəliːn, ˈhʌɪəlʌɪn
AM ˈhaɪə͵laɪn, ˈhaɪəl(ə)n

hyalite
BR ˈhʌɪəlʌɪt
AM ˈhaɪə͵laɪt

hyaloid
BR ˈhʌɪəlɔɪd
AM ˈhaɪə͵lɔɪd

Hyatt
BR ˈhʌɪət
AM ˈhaɪət

hybrid
BR ˈhʌɪbrɪd, -z
AM ˈhaɪ͵brɪd, -z

hybridisable
BR ˈhʌɪbrɪdʌɪzəbl
AM ˌhaɪbrəˈdaɪzəb(ə)l, ˈhaɪbrə͵daɪzəb(ə)l

hybridisation
BR ˌhʌɪbrɪdʌɪˈzeɪʃn
AM ˌhaɪbrəˌdaɪˈzeɪʃ(ə)n, ˌhaɪbrədəˈzeɪʃ(ə)n

hybridise
BR ˈhʌɪbrɪdʌɪz, -ɪz, -ɪŋ, -d
AM ˈhaɪbrə͵daɪz, -ɪz, -ɪŋ, -d

hybridism
BR ˈhʌɪbrɪdɪzm
AM ˈhaɪbrə͵dɪz(ə)m

hybridity
BR hʌɪˈbrɪdɪti
AM haɪˈbrɪdɪdi

hybridizable
BR ˈhʌɪbrɪdʌɪzəbl
AM ˌhaɪbrəˈdaɪzəb(ə)l, ˈhaɪbrə͵daɪzəb(ə)l

hybridization
BR ˌhʌɪbrɪdʌɪˈzeɪʃn
AM ˌhaɪbrəˌdaɪˈzeɪʃ(ə)n, ˌhaɪbrədəˈzeɪʃ(ə)n

hybridize
BR ˈhʌɪbrɪdʌɪz, -ɪz, -ɪŋ, -d
AM ˈhaɪbrə͵daɪz, -ɪz, -ɪŋ, -d

hydantoin
BR hʌɪˈdantəʊɪn
AM haɪˈdæn(t)oʊən, haɪˈdæn͵toʊən

hydathode
BR ˈhʌɪdəθəʊd, -z
AM ˈhaɪdə͵θoʊd, -z

hydatid
BR ˈhʌɪdətɪd, hʌɪˈdatɪd, -z
AM ˈhaɪdədəd, -z

hydatidiform
BR ˌhʌɪdəˈtɪdɪfɔːm
AM ˌhaɪdəˈtɪdə͵fɔ(ə)rm

Hyde
BR hʌɪd
AM haɪd

Hyderabad
BR ˈhʌɪd(ə)rəbad
AM ˈhaɪd(ə)rə͵bæd, ˈhaɪd(ə)rə͵bɑd

Hydra
BR ˈhʌɪdrə(r)
AM ˈhaɪdrə

hydra
BR ˈhʌɪdrə(r), -z
AM ˈhaɪdrə, -z

hydrangea
BR hʌɪˈdreɪn(d)ʒə(r), -z
AM haɪˈdrændʒə, -z

hydrant
BR ˈhʌɪdrn̩t, -s
AM ˈhaɪdrənt, -s

hydratable
BR hʌɪˈdreɪtəbl
AM ˈhaɪ͵dreɪdəb(ə)l

hydrate[1] *noun*
BR ˈhʌɪdreɪt, -s
AM ˈhaɪ͵dreɪt, -s

hydrate[2] *verb*
BR hʌɪˈdreɪt, -s, -ɪŋ, -ɪd
AM ˈhaɪ͵dreɪ|t, -ts, -dɪŋ, -dɪd

hydration
BR hʌɪˈdreɪʃn
AM haɪˈdreɪʃ(ə)n

hydrator
BR hʌɪˈdreɪtə(r), -z
AM ˈhaɪ͵dreɪdər, -z

hydraulic
BR hʌɪˈdrɒlɪk, -s
AM haɪˈdrɑlɪk, haɪˈdrɔlɪk, -s

hydraulically
BR hʌɪˈdrɒlɪkli
AM haɪˈdrɑlək(ə)li, haɪˈdrɔlək(ə)li

hydraulicity
BR ˌhʌɪdrəˈlɪsɪti
AM ˌhaɪdrəˈlɪsɪdi

hydrazine
BR ˈhʌɪdrəziːn
AM ˈhaɪdrə͵zin, ˈhaɪdərəz(ə)n

hydric
BR ˈhʌɪdrɪk
AM ˈhaɪdrɪk

hydride
BR ˈhʌɪdrʌɪd, -z
AM ˈhaɪˌdraɪd, -z

hydriodic acid
BR ˌhʌɪdrɪɒdɪk ˈasɪd
AM ˈˌhaɪdriˌɑdɪk ˈæsəd

hydro
BR ˈhʌɪdrəʊ, -z
AM ˈhaɪdroʊ, -z

hydrobromic acid
BR ˌhʌɪdrəbrəʊmɪk-ˈasɪd
AM ˈˌhaɪdroʊˌbrɑmɪk-ˈæsəd

hydrocarbon
BR ˌhʌɪdrə(ʊ)-ˈkɑːb(ə)n, -z
AM ˈhaɪdroʊˌkɑrb(ə)n, -z

hydrocele
BR ˈhʌɪdrə(ʊ)siːl, -z
AM ˈhaɪdroʊˌsil, -z

hydrocephalic
BR ˌhʌɪdrə(ʊ)sɪˈfalɪk, ˌhʌɪdrəʊkɛˈfalɪk
AM ˌhaɪdroʊsəˈfælɪk

hydrocephalus
BR ˌhʌɪdrə(ʊ)ˈsɛfləs, ˌhʌɪdrə(ʊ)ˈkɛfləs
AM ˌhaɪdroʊˈsɛfələs

hydrochloric acid
BR ˌhʌɪdrəklɒrɪk ˈasɪd
AM ˈˌhaɪdroʊˌklɔrɪk ˈæsəd

hydrochloride
BR ˌhʌɪdrə(ʊ)-ˈklɔːrʌɪd, -z
AM ˌhaɪdroʊˈklɔˌraɪd, -z

hydrocortisone
BR ˌhʌɪdrəʊˈkɔːtɪzəʊn
AM ˌhaɪdroʊˈkɔrdəˌzoʊn

hydrocyanic acid
BR ˌhʌɪdrə(ʊ)sʌɪˌanɪk ˈasɪd
AM ˈˌhaɪdroʊˌsaɪˌænɪk ˈæsəd

hydrodynamic
BR ˌhʌɪdrə(ʊ)dʌɪ-ˈnamɪk, -s
AM ˈˌhaɪdroʊˌdaɪ-ˈnæmɪk, -s

hydrodynamical
BR ˌhʌɪdrə(ʊ)dʌɪ-ˈnamɪkl
AM ˈˌhaɪdroʊˌdaɪ-ˈnæmək(ə)l

hydrodynamicist
BR ˌhʌɪdrə(ʊ)dʌɪ-ˈnamɪsɪst, -s
AM ˈˌhaɪdroʊˌdaɪ-ˈnæməsəst, -s

hydroelectric
BR ˌhʌɪdrəʊɪˈlɛktrɪk
AM ˈˌhaɪdroʊɪˈlɛktrɪk, ˈˌhaɪdroʊəˈlɛktrɪk

hydroelectrically
BR ˌhʌɪdrəʊɪˈlɛktrɪkli
AM ˈˌhaɪdroʊɪ-ˈlɛktrək(ə)li, ˈˌhaɪdroʊə-ˈlɛktrək(ə)li

hydroelectricity
BR ˌhʌɪdrəʊɪlɛkˈtrɪsɪti
AM ˈˌhaɪdroʊɪˌlɛk-ˈtrɪsɪdi, ˈˌhaɪdroʊə-ˌlɛkˈtrɪsɪdi

hydrofined
BR ˈhʌɪdrəfʌɪnd
AM ˈhaɪdrəˌfaɪnd, ˈhaɪdroʊˌfaɪnd

hydrofining
BR ˈhʌɪdrəˌfʌɪnɪŋ
AM ˈhaɪdrəˌfaɪnɪŋ, ˈhaɪdroʊˌfaɪnɪŋ

hydrofluoric acid
BR ˌhʌɪdrəflʊərɪk ˈasɪd, ˌhʌɪdrəflɔːrɪk +
AM ˈˌhaɪdroʊˌflʊrɪk ˈæsəd

hydrofoil
BR ˈhʌɪdrəfɔɪl, -z
AM ˈhaɪdrəˌfɔɪl, ˈhaɪdroʊˌfɔɪl, -z

hydrogen
BR ˈhʌɪdrədʒ(ə)n
AM ˈhaɪdrədʒ(ə)n

hydrogenase
BR hʌɪˈdrɒdʒɪneɪz, hʌɪˈdrɒdʒɪneɪs, -ɪz
AM haɪˈdrɑdʒəˌneɪz, ˈhaɪdrədʒəˌneɪs, haɪˈdrɑdʒəˌneɪs, ˈhaɪdrədʒəˌneɪz, -ɪz

hydrogenate
BR ˈhʌɪdrədʒɪneɪt, hʌɪˈdrɒdʒɪneɪt, -s, -ɪŋ, -ɪd
AM haɪˈdrɑdʒəneɪ|t, ˈhaɪdrədʒəˌneɪ|t, -ts, -dɪŋ, -dɪd

hydrogenation
BR ˌhʌɪdrədʒɪˈneɪʃn, hʌɪˌdrɒdʒɪˈneɪʃn
AM haɪˌdrɑdʒə-ˈneɪʃ(ə)n, ˌhaɪdrədʒəˈneɪʃ(ə)n

hydrogenous
BR hʌɪˈdrɒdʒɪnəs
AM haɪˈdrɑdʒənəs

hydrogeological
BR ˌhʌɪdrəʊˌdʒɪə-ˈlɒdʒɪkl
AM ˈˌhaɪdrəˌdʒiə-ˈlɑdʒək(ə)l

hydrogeologist
BR ˌhʌɪdrəʊdʒɪ-ˈɒlədʒɪst, -s
AM ˌhaɪdrədʒi-ˈɑlədʒəst, -s

hydrogeology
BR ˌhʌɪdrəʊdʒɪˈɒlədʒi
AM ˌhaɪdrədʒiˈɑlədʒi

hydrographer
BR hʌɪˈdrɒgrəfə(r), -z
AM haɪˈdrɑgrəfər, -z

hydrographic
BR ˌhʌɪdrəˈgrafɪk
AM ˌhaɪdrəˈgræfɪk

hydrographical
BR ˌhʌɪdrəˈgrafɪkl
AM ˌhaɪdrəˈgræfək(ə)l

hydrographically
BR ˌhʌɪdrəˈgrafɪkli
AM ˌhaɪdrəˈgræfək(ə)li

hydrography
BR hʌɪˈdrɒgrəfi
AM haɪˈdrɑgrəfi

hydroid
BR ˈhʌɪdrɔɪd, -z
AM ˈhaɪˌdrɔɪd, -z

hydrolase
BR ˈhʌɪdrəleɪz, -ɪz
AM ˈhaɪd(ə)rəˌleɪz, ˈhaɪd(ə)rəˌleɪs, -ɪz

hydrologic
BR ˌhʌɪdrəˈlɒdʒɪk
AM ˌhaɪdrəˈlɑdʒɪk

hydrological
BR ˌhʌɪdrəˈlɒdʒɪkl
AM ˌhaɪdrəˈlɑdʒək(ə)l

hydrologically
BR ˌhʌɪdrəˈlɒdʒɪkli
AM ˌhaɪdrəˈlɑdʒək(ə)li

hydrologist
BR hʌɪˈdrɒlədʒɪst, -s
AM haɪˈdrɑlədʒəst, -s

hydrology
BR hʌɪˈdrɒlədʒi
AM haɪˈdrɑlədʒi

hydrolyse
BR ˈhʌɪdrəlʌɪz, -ɪz, -ɪŋ, -d
AM ˈhaɪdrəˌlaɪz, -ɪz, -ɪŋ, -d

hydrolysis
BR hʌɪˈdrɒlɪsɪs
AM haɪˈdrɑləsəs

hydrolytic
BR ˌhʌɪdrəˈlɪtɪk
AM ˌhaɪdrəˈlɪdɪk

hydrolytically
BR ˌhʌɪdrəˈlɪtɪkli
AM ˌhaɪdrəˈlɪdək(ə)li

hydrolyze
BR ˈhʌɪdrəlʌɪz, -ɪz, -ɪŋ, -d
AM ˈhaɪdrəˌlaɪz, -ɪz, -ɪŋ, -d

hydromagnetic
BR ˌhʌɪdrəʊmag-ˈnɛtɪk, -s
AM ˈˌhaɪdrəmæg-ˈnɛdɪk, -s

hydromania
BR ˈhʌɪdrəˌmeɪnɪə(r)
AM ˌhaɪdrəˈmeɪnɪə

hydromechanics
BR ˌhʌɪdrəʊmɪˈkanɪks
AM ˌhaɪdrəmə-ˈkænɪks

hydromel
BR ˈhʌɪdrəmɛl
AM ˈhaɪdrəˌmɛl

hydrometer
BR hʌɪˈdrɒmɪtə(r), -z
AM haɪˈdrɑmədər, -z

hydrometric
BR ˌhaɪdrəˈmetrɪk
AM ˌhaɪdrəˈmetrɪk

hydrometrical
BR ˌhaɪdrəˈmetrɪkl
AM ˌhaɪdrəˈmetrək(ə)l

hydrometrically
BR ˌhaɪdrəˈmetrɪkli
AM ˌhaɪdrəˈmetrək(ə)li

hydrometry
BR haɪˈdrɒmɪtri
AM haɪˈdrɑmətri

hydronium ion
BR haɪˈdrəʊniəm
ˌaɪən, -z
AM haɪˈdroʊniəm
ˌaɪən, -z

hydropathic
BR ˌhaɪdrəˈpæθɪk, -s
AM ˌhaɪdrəˈpæθɪk, -s

hydropathically
BR ˌhaɪdrəˈpæθɪkli
AM ˌhaɪdrəˈpæθək(ə)li

hydropathist
BR haɪˈdrɒpəθɪst, -s
AM haɪˈdrɑpəθəst, -s

hydropathy
BR haɪˈdrɒpəθi
AM haɪˈdrɑpəθi

hydrophane
BR ˈhaɪdrəfeɪn
AM ˈhaɪdrəˌfeɪn

hydrophil
BR ˈhaɪdrəfɪl
AM ˈhaɪdrəˌfɪl

hydrophile
BR ˈhaɪdrəfaɪl
AM ˈhaɪdrəˌfaɪl

hydrophilic
BR ˌhaɪdrəˈfɪlɪk
AM ˌhaɪdrəˈfɪlɪk

hydrophobia
BR ˌhaɪdrəˈfəʊbiə(r)
AM ˌhaɪdrəˈfoʊbiə

hydrophobic
BR ˌhaɪdrəˈfəʊbɪk
AM ˌhaɪdrəˈfoʊbɪk

hydrophone
BR ˈhaɪdrəfəʊn, -z
AM ˈhaɪdrəˌfoʊn, -z

hydrophyte
BR ˈhaɪdrəfʌɪt, -s
AM ˈhaɪdrəˌfaɪt, -s

hydropic
BR haɪˈdrɒpɪk
AM haɪˈdrɑpɪk

hydroplane
BR ˈhaɪdrəpleɪn, -z
AM ˈhaɪdrəˌpleɪn, -z

hydropneumatic
BR ˌhaɪdrəʊnjuː-
ˈmatɪk
AM ˌˈhaɪdrəˌnjʊ-
ˈmædɪk

hydroponic
BR ˌhaɪdrəˈpɒnɪk, -s
AM ˌhaɪdrəˈpɑnɪk, -s

hydroponically
BR ˌhaɪdrəˈpɒnɪkli
AM ˌhaɪdrəˈpɑnək(ə)li

hydroquinone
BR ˌhaɪdrəʊˈkwɪnəʊn
AM ˌhaɪdrəˈkwɪˌnoʊn

hydrosphere
BR ˈhaɪdrə(ʊ)sfɪə(r)
AM ˈhaɪdrəˌsfɪ(ə)r

hydrostatic
BR ˌhaɪdrəˈstatɪk, -s
AM ˌhaɪdrəˈstædɪk, -s

hydrostatical
BR ˌhaɪdrəˈstatɪkl
AM ˌhaɪdrəˈstædək(ə)l

hydrostatically
BR ˌhaɪdrəˈstatɪkli
AM ˌhaɪdrəˈstædək(ə)li

hydrotherapist
BR ˌhaɪdrə(ʊ)-
ˈθerəpɪst, -s
AM ˌhaɪdroʊˈθerəpəst, -s

hydrotherapy
BR ˌhaɪdrə(ʊ)ˈθerəpi
AM ˌhaɪdroʊˈθerəpi

hydrothermal
BR ˌhaɪdrə(ʊ)ˈθəːml
AM ˌhaɪdroʊˈθɜrm(ə)l

hydrothermally
BR ˌhaɪdrə(ʊ)ˈθəːmli̩
AM ˌhaɪdroʊˈθɜrməli

hydrothorax
BR ˌhaɪdrəʊˈθɔːraks
AM ˌhaɪdroʊˈθɔˌræks

hydrotropism
BR ˌhaɪdrəʊˈtrəʊpɪzm
AM ˌhaɪdroʊˈtrɑ-
ˌpɪz(ə)m

hydrous
BR ˈhaɪdrəs
AM ˈhaɪdrəs

hydroxide
BR haɪˈdrɒksaɪd,
-z
AM haɪˈdrɑkˌsaɪd,
-z

hydroxonium ion
BR ˌhaɪdrɒkˈsəʊniəm
ˌaɪən, -z
AM ˌhaɪˌdrɑkˈsoʊniəm
ˌaɪən, -z

hydroxy
BR haɪˈdrɒksi
AM haɪˈdrɑksi

hydroxyl
BR haɪˈdrɒksɪl,
haɪˈdrɒksʌɪl, -z
AM haɪˈdrɑks(ə)l,
-z

hydrozoan
BR ˌhaɪdrəˈzəʊən, -z
AM ˌhaɪdrəˈzoʊən,
-z

hyena
BR haɪˈiːnə(r), -z
AM haɪˈinə, -z

Hygeia
BR haɪˈdʒiːə(r)
AM haɪˈdʒiə

hygeian
BR haɪˈdʒiːən
AM haɪˈdʒiən

Hygena
BR haɪˈdʒiːnə(r)
AM haɪˈdʒinə

hygiene
BR ˈhaɪdʒiːn
AM ˈhaɪˌdʒin

hygienic
BR haɪˈdʒiːnɪk, -s
AM ˌhaɪˈdʒinɪk,
ˌhaɪˈdʒɛnɪk, -s

hygienically
BR haɪˈdʒiːnɪkli
AM ˌhaɪˈdʒinək(ə)li,
ˌhaɪˈdʒɛnək(ə)li

hygienist
BR ˈhaɪdʒiːnɪst,
haɪˈdʒiːnɪst, -s
AM ˈhaɪˌdʒenəst,
ˈhaɪˌdʒinɪst, -s

hygrology
BR haɪˈgrɒlədʒi
AM haɪˈgrɑlədʒi

hygrometer
BR haɪˈgrɒmɪtə(r), -z
AM haɪˈgrɑmədər, -z

hygrometric
BR ˌhaɪgrəˈmetrɪk
AM ˌhaɪgrəˈmetrɪk

hygrometrically
BR ˌhaɪgrəˈmetrɪkli
AM ˌhaɪgrəˈmetrək(ə)li

hygrometry
BR haɪˈgrɒmɪtri
AM haɪˈgrɑmətri

hygrophilous
BR haɪˈgrɒfɪləs,
haɪˈgrɒflǝs
AM haɪˈgrɑfələs

hygrophyte
BR ˈhaɪgrəfʌɪt, -s
AM ˈhaɪgrəˌfaɪt, -s

hygrophytic
BR ˌhaɪgrəˈfɪtɪk
AM ˌhaɪgrəˈfɪdɪk

hygroscope
BR ˈhaɪgrəskəʊp, -s
AM ˈhaɪgrəˌskoʊp, -s

hygroscopic
BR ˌhaɪgrəˈskɒpɪk
AM ˌhaɪgrəˈskɑpɪk

hygroscopically
BR ˌhaɪgrəˈskɒpɪkli
AM ˌhaɪgrəˈskɑpək(ə)li

hying
BR ˈhaɪɪŋ
AM ˈhaɪɪŋ

Hyksos
BR ˈhɪksɒs
AM ˈhɪkˌsas,
ˈhɪkˌsɔs

Hyland
BR ˈhaɪlənd
AM ˈhaɪlənd

Hylda
BR ˈhɪldə(r)
AM ˈhɪldə

hylic
BR ˈhʌɪlɪk
AM ˈhaɪlɪk

hylomorphism
BR ˌhʌɪlə(ʊ)ˈmɔːfɪzm
AM ˌhaɪlə'mɔr,fɪz(ə)m

hylotheism
BR ˌhʌɪlə(ʊ)ˈθiːɪzm
AM ˌhaɪlə'θi,ɪz(ə)m

hylozoism
BR ˌhʌɪlə(ʊ)ˈzəʊɪzm
AM ˌhaɪlə'zoʊ,ɪz(ə)m

hylozoist
BR ˌhʌɪlə(ʊ)ˈzəʊɪst, -s
AM ˌhaɪlə'zoʊəst, -s

Hylton
BR ˈhɪlt(ə)n
AM ˈhɪlt(ə)n

Hyman
BR ˈhʌɪmən
AM ˈhaɪm(ə)n

hymen
BR ˈhʌɪmɛn, -z
AM ˈhaɪm(ə)n, -z

hymenal
BR ˈhʌɪmənl
AM ˈhaɪmən(ə)l

hymeneal
BR ˌhʌɪmɪˈniːəl, ˌhʌɪmɛˈniːəl
AM ˌhaɪməˈniəl

hymenia
BR hʌɪˈmiːnɪə(r)
AM haɪˈminɪə

hymenium
BR hʌɪˈmiːnɪəm
AM haɪˈminɪəm

Hymenoptera
BR ˌhʌɪmɪˈnɒpt(ə)rə(r), ˌhʌɪmɛˈnɒpt(ə)rə(r)
AM ˌhaɪməˈnɑptərə

hymenopteran
BR ˌhʌɪmɪˈnɒpt(ə)rn̩, ˌhʌɪmɛˈnɒpt(ə)rn̩, -z
AM ˌhaɪməˈnɑptər(ə)n, ˌhaɪməˈnɑptr(ə)n, -z

hymenopterous
BR ˌhʌɪmɪˈnɒpt(ə)rəs, ˌhʌɪmɛˈnɒpt(ə)rəs
AM ˌhaɪməˈnɑptərəs

hymn
BR hɪm, -z, -ɪŋ, -d
AM hɪm, -z, -ɪŋ, -d

hymnal
BR ˈhɪmn(ə)l, -z
AM ˈhɪmn(ə)l, -z

hymnary
BR ˈhɪmnər|i, -ɪz
AM ˈhɪmnəri, -z

hymnbook
BR ˈhɪmbʊk, -s
AM ˈhɪm,bʊk, -s

hymnic
BR ˈhɪmnɪk
AM ˈhɪmnɪk

hymnist
BR ˈhɪmnɪst, -s
AM ˈhɪmnɪst, -s

hymnodist
BR ˈhɪmnədɪst, -s
AM ˈhɪmnədəst, -s

hymnody
BR ˈhɪmnəd|i, -ɪz
AM ˈhɪmnədi, -z

hymnographer
BR hɪmˈnɒgrəfə(r), -z
AM hɪmˈnɑgrəfər, -z

hymnography
BR hɪmˈnɒgrəfi
AM hɪmˈnɑgrəfi

hymnologist
BR hɪmˈnɒlədʒɪst, -s
AM hɪmˈnɑlədʒəst, -s

hymnology
BR hɪmˈnɒlədʒi
AM hɪmˈnɑlədʒi

Hynes
BR hʌɪnz
AM haɪnz

hyoid
BR ˈhʌɪɔɪd
AM ˈhaɪ,ɔɪd

hyoscine
BR ˈhʌɪəsiːn
AM ˈhaɪə,sin

hyoscyamine
BR ˌhʌɪə(ʊ)ˈsʌɪəmiːn, ˌhʌɪə(ʊ)ˈsʌɪəmɪn
AM ˌhaɪəˈsaɪə,min, ˌhaɪəˈsaɪəm(ə)n

hypaesthesia
BR ˌhʌɪpɪsˈθiːzɪə(r), ˌhʌɪpɪsˈθiːʒə(r)
AM ˌhaɪpəsˈθɪʒ(i)ə, ˌhɪpəsˈθɪzɪə, ˌhaɪpəsˈθɪzɪə, ˌhɪpəsˈθɪʒ(i)ə

hypaesthetic
BR ˌhʌɪpɪsˈθɛtɪk
AM ˌhaɪpəsˈθɛdɪk, ˌhɪpəsˈθɛdɪk

hypaethral
BR hʌɪˈpiːθr(ə)l
AM həˈpiθr(ə)l, haɪˈpiθr(ə)l

hypallage
BR hʌɪˈpalədʒ|i, -ɪz
AM hɪˈpælədʒi, haɪˈpælədʒi, -z

Hypatia
BR hʌɪˈpeɪʃ(ɪ)ə(r)
AM ˌhaɪˈpeɪdɪə, ˌhaɪˈpeɪʃə

hype
BR hʌɪp, -s, -ɪŋ, -t
AM haɪp, -s, -ɪŋ, -t

hyperactive
BR ˌhʌɪpərˈaktɪv
AM ˌhaɪpərˈæktɪv

hyperactivity
BR ˌhʌɪpərakˈtɪvɪti
AM ˌhaɪpər,ækˈtɪvɪdi

hyperaemia
BR ˌhʌɪpəˈriːmɪə(r)
AM ˌhaɪpəˈrimɪə

hyperaemic
BR ˌhʌɪpəˈriːmɪk
AM ˌhaɪpəˈrimɪk

hyperaesthesia
BR ˌhʌɪp(ə)rɪsˈθiːzɪə(r), ˌhʌɪp(ə)rɪsˈθiːʒə(r)
AM ˌhaɪpərəsˈθɪzɪə, ˌhaɪpərəsˈθɪʒ(i)ə

hyperaesthetic
BR ˌhʌɪp(ə)rɪsˈθɛtɪk
AM ˌhaɪpərəsˈθɛdɪk

hyperbaric
BR ˌhʌɪpəˈbarɪk
AM ˌhaɪpərˈbɛrɪk

hyperbaton
BR hʌɪˈpəːbət(ɒ)n
AM haɪˈpərbə,tɑn

hyperbola
BR hʌɪˈpəːblə(r), -z
AM haɪˈpərbələ, -z

hyperbole
BR hʌɪˈpəːbl|i, -ɪz
AM haɪˈpərbəli, -z

hyperbolic
BR ˌhʌɪpəˈbɒlɪk
AM ˌhaɪpərˈbɑlɪk

hyperbolical
BR ˌhʌɪpəˈbɒlɪkl
AM ˌhaɪpərˈbɑlək(ə)l

hyperbolically
BR ˌhʌɪpəˈbɒlɪkli
AM ˌhaɪpərˈbɑlək(ə)li

hyperbolism
BR hʌɪˈpəːblɪzm
AM haɪˈpərbə,lɪz(ə)m

hyperbolist
BR hʌɪˈpəːblɪst, -s
AM haɪˈpərbələst, -s

hyperboloid
BR hʌɪˈpəːblɔɪd, -z
AM haɪˈpərbə,lɔɪd, -z

hyperboloidal
BR ˌhʌɪˌpəːbəˈlɔɪdl
AM ˌhaɪˌpərbəˈlɔɪd(ə)l

Hyperborean
BR ˌhʌɪpəˈbɔːrɪən, ˌhʌɪpəbəˈriːən, -z
AM ˈˌhaɪpərbəˈriən, ˌhaɪpə(r)ˈbɔrɪən, -z

hypercatalectic
BR ˌhʌɪpəˌkatəˈlɛktɪk, ˌhʌɪpəˌkatlˈɛktɪk
AM ˈˌhaɪpərˌkædəˈlɛktɪk

hyperconscious
BR ˌhʌɪpəˈkɒnʃəs
AM ˌhaɪpərˈkɑnʃəs

hypercorrect
BR ˌhʌɪpəkəˈrɛkt
AM ˌhaɪpərkəˈrɛk(t)

hypercorrection
BR ˌhʌɪpəkəˈrɛkʃn
AM ˌhaɪpərkəˈrɛkʃ(ə)n

hypercritical
BR ˌhʌɪpəˈkrɪtɪkl
AM ˌhaɪpərˈkrɪdək(ə)l

hypercritically
BR ˌhʌɪpəˈkrɪtɪkli
AM ˌhaɪpərˈkrɪdək(ə)li

hypercriticism
BR ˌhaɪpəˈkrɪtɪsɪzm
AM ˌhaɪpərˈkrɪdə-
ˌsɪz(ə)m
hypercube
BR ˈhaɪpəkjuːb, -z
AM ˈhaɪpərˌkjub, -z
hyperdulia
BR ˌhaɪpədjʉˈlaɪə(r),
ˌhaɪpədʒʉˈlaɪə(r)
AM ˈˌhaɪpərˌd(j)uˈlaɪə
hyperemia
BR ˌhaɪpəˈriːmiə(r)
AM ˌhaɪpəˈrimiə
hyperemic
BR ˌhaɪpəˈriːmɪk
AM ˌhaɪpəˈrimɪk
hyperesthesia
BR ˌhaɪp(ə)rɪsˈθiːziə(r),
ˌhaɪp(ə)rɪsˈθiːʒə(r)
AM ˌhaɪpərəsˈθiziə,
ˌhaɪpərəsˈθiʒ(i)ə
hyperesthetic
BR ˌhaɪp(ə)rɪsˈθetɪk
AM ˌhaɪpərəsˈθedɪk
hyperfocal
BR ˌhaɪpəˈfəʊkl
AM ˌhaɪpərˈfoʊk(ə)l
hypergamy
BR haɪˈpɜːgəmi
AM haɪˈpɜrgəmi
hyperglycaemia
BR ˌhaɪpəglaɪˈsiːmiə(r)
AM ˌhaɪpərglaɪˈsimiə
hyperglycaemic
BR ˌhaɪpəglaɪˈsiːmɪk
AM ˈhaɪpərglaɪˈsimɪk
hyperglycemia
BR ˌhaɪpəglaɪˈsiːmiə(r)
AM ˌhaɪpərglaɪˈsimiə
hyperglycemic
BR ˌhaɪpəglaɪˈsiːmɪk
AM ˈhaɪpərglaɪˈsimɪk
hypergolic
BR ˌhaɪpəˈgɒlɪk
AM ˌhaɪpərˈgalɪk
hypericum
BR haɪˈperɪkəm, -z
AM haɪˈperək(ə)m, -z
Hyperion
BR haɪˈpɪəriən
AM haɪˈpiriən

hyperkinetic
BR ˌhaɪpəkaɪˈnetɪk,
ˌhaɪpəkɪˈnetɪk
AM ˌhaɪpərkəˈnedɪk
hyperlipidaemia
BR ˌhaɪpəˌlɪpɪˈdiːmiə(r)
AM ˈˌhaɪpəˌlɪpəˈdimiə
hyperlipidaemic
BR ˌhaɪpəˌlɪpɪˈdiːmɪk
AM ˈˌhaɪpəˌlɪpəˈdimɪk
hyperlipidemia
BR ˌhaɪpəˌlɪpɪˈdiːmiə(r)
AM ˈˌhaɪpəˌlɪpəˈdimiə
hyperlipidemic
BR ˌhaɪpəˌlɪpɪˈdiːmɪk
AM ˈˌhaɪpəˌlɪpəˈdimɪk
hypermarket
BR ˈhaɪpəˌmɑːkɪt, -s
AM ˈhaɪpərˌmarkət, -s
hypermetric
BR ˌhaɪpəˈmetrɪk
AM ˌhaɪpərˈmetrɪk
hypermetrical
BR ˌhaɪpəˈmetrɪkl
AM ˌhaɪpərˈmetrək(ə)l
hypermetropia
BR ˌhaɪpəmɪˈtrəʊpiə(r)
AM ˌhaɪpərməˈtroʊpiə
hypermetropic
BR ˌhaɪpəmɪˈtrɒpɪk,
ˌhaɪpəmɪˈtrəʊpɪk
AM ˌhaɪpərməˈtrapɪk
hypernym
BR ˈhaɪpənɪm, -z
AM ˈhaɪpərˌnɪm, -z
hyperon
BR ˈhaɪpərɒn, -z
AM ˈhaɪpəˌran, -z
hyperonic
BR ˌhaɪpəˈrɒnɪk
AM ˌhaɪpəˈranɪk
hyperopia
BR ˌhaɪpəˈrəʊpiə(r)
AM ˌhaɪpəˈroʊpiə
hyperopic
BR ˌhaɪpəˈrɒpɪk
AM ˌhaɪpəˈrapɪk
hyperphysical
BR ˌhaɪpəˈfɪzɪkl
AM ˌhaɪpərˈfɪzɪk(ə)l

hyperphysically
BR ˌhaɪpəˈfɪzɪkli
AM ˌhaɪpərˈfɪzɪk(ə)li
hyperplasia
BR ˌhaɪpəˈpleɪziə(r),
ˌhaɪpəˈpleɪʒə(r)
AM ˌhaɪpərˈpleɪziə,
ˌhaɪpərˈpleɪʒ(i)ə
hypersensitive
BR ˌhaɪpəˈsensɪtɪv
AM ˌhaɪpərˈsensədɪv
hypersensitiveness
BR ˌhaɪpəˈsensɪtɪvnɪs
AM ˌhaɪpərˈsensədɪvnɪs
hypersensitivity
BR ˌhaɪpəˌsensɪˈtɪviti
AM ˈˌhaɪpərˌsensəˈtɪvɪdi
hypersonic
BR ˌhaɪpəˈsɒnɪk
AM ˌhaɪpərˈsanɪk
hypersonically
BR ˌhaɪpəˈsɒnɪkli
AM ˌhaɪpərˈsanək(ə)li
hyperspace
BR ˈhaɪpəspeɪs
AM ˈhaɪpərˌspeɪs
hypersthene
BR ˈhaɪpəsθiːn
AM ˈhaɪpərˌsθin
hypertension
BR ˌhaɪpəˈtenʃn
AM ˌhaɪpərˈtenʃ(ə)n
hypertensive
BR ˌhaɪpəˈtensɪv
AM ˌhaɪpərˈtensɪv
hypertext
BR ˈhaɪpətekst,
-s
AM ˈhaɪpərˌtekst,
-s
hyperthermia
BR ˌhaɪpəˈθɜːmiə(r)
AM ˌhaɪpərˈθɜrmiə
hyperthermic
BR ˌhaɪpəˈθɜːmɪk
AM ˌhaɪpərˈθɜrmɪk
hyperthyroid
BR ˌhaɪpəˈθaɪrɔɪd
AM ˌhaɪpərˌθaɪˌrɔɪd
hyperthyroidic
BR ˌhaɪpəθaɪˈrɔɪdɪk
AM ˈˌhaɪpərˌθaɪˈrɔɪdɪk

hyperthyroidism
BR ˌhaɪpəˈθaɪrɔɪdɪzm
AM ˌhaɪpərˈθaɪˌrɔɪ-
ˌdɪz(ə)m
hypertonia
BR ˌhaɪpəˈtəʊniə(r)
AM ˌhaɪpərˈtoʊniə
hypertonic
BR ˌhaɪpəˈtɒnɪk
AM ˌhaɪpərˈtanɪk
hypertonicity
BR ˌhaɪpətə(ʊ)ˈnɪsɪti
AM ˌhaɪpərtəˈnɪsɪdi
hypertrophic
BR ˌhaɪpəˈtrɒfɪk,
ˌhaɪpəˈtrəʊfɪk
AM ˌhaɪpərˈtrafɪk
hypertrophied
BR haɪˈpɜːtrəfid
AM haɪˈpɜrtrəfid
hypertrophy
BR haɪˈpɜːtrəfi
AM haɪˈpɜrtrəfi
hyperventilate
BR ˌhaɪpəˈventɪleɪt, -s,
-ɪŋ, -ɪd
AM ˌhaɪpərˈven(t)ə-
ˌleɪt, -ts, -dɪŋ, -dɪd
hyperventilation
BR ˌhaɪpəˌventɪˈleɪʃn
AM ˌhaɪpərˌven(t)ə-
ˈleɪʃ(ə)n
hypesthesia
BR ˌhaɪpɪsˈθiːziə(r),
ˌhaɪpɪsˈθiːʒə(r)
AM ˌhaɪpəsˈθiʒ(i)ə,
ˌhɪpəsˈθiziə, ˌhaɪpəs-
ˈθiziə, ˌhɪpəsˈθiʒ(i)ə
hypesthetic
BR ˌhaɪpɪsˈθetɪk
AM ˌhaɪpəsˈθedɪk,
ˌhɪpəsˈθedɪk
hypethral
BR haɪˈpiːθr(ə)l
AM həˈpiθr(ə)l,
haɪˈpiθr(ə)l
hypha
BR ˈhaɪfə(r)
AM ˈhaɪfə
hyphae
BR ˈhaɪfiː
AM ˈhaɪˌfaɪ, ˈhaɪfi

hyphal
BR ˈhaɪfl
AM ˈhaɪf(ə)l

hyphen
BR ˈhaɪfn, -z
AM ˈhaɪf(ə)n, -z

hyphenate
BR ˈhaɪfn̩eɪt, -s,
-ɪŋ, -ɪd
AM ˈhaɪfəˌneɪ|t, -ts,
-dɪŋ, -dɪd

hyphenation
BR ˌhaɪfəˈneɪʃn
AM ˌhaɪfəˈneɪʃ(ə)n

hypnogenesis
BR ˌhɪpnə(ʊ)ˈdʒenɪsɪs
AM ˌhɪpnoʊˈdʒenəsəs

hypnologist
BR hɪpˈnɒlədʒɪst, -s
AM hɪpˈnɑlədʒəst, -s

hypnology
BR hɪpˈnɒlədʒi
AM hɪpˈnɑlədʒi

hypnopaedia
BR ˌhɪpnə(ʊ)ˈpiːdiə(r)
AM ˌhɪpnoʊˈpidiə

hypnopedia
BR ˌhɪpnə(ʊ)ˈpiːdiə(r)
AM ˌhɪpnoʊˈpidiə

Hypnos
BR ˈhɪpnɒs
AM ˈhɪpˌnɑs, ˈhɪpnɔs

hypnoses
BR hɪpˈnəʊsiːz
AM hɪpˈnoʊsiz

hypnosis
BR hɪpˈnəʊsɪs
AM hɪpˈnoʊsəs

hypnotherapist
BR ˌhɪpnə(ʊ)ˈθerəpɪst,
-s
AM ˌhɪpnoʊˈθerəpəst,
-s

hypnotherapy
BR ˌhɪpnə(ʊ)ˈθerəpi
AM ˌhɪpnoʊˈθerəpi

hypnotic
BR hɪpˈnɒtɪk
AM hɪpˈnɑdɪk

hypnotically
BR hɪpˈnɒtɪkli
AM hɪpˈnɑdək(ə)li

hypnotisable
BR ˈhɪpnətaɪzəbl
AM ˈhɪpnəˌtaɪzəb(ə)l

hypnotise
BR ˈhɪpnətaɪz, -ɪz,
-ɪŋ, -d
AM ˈhɪpnəˌtaɪz, -ɪz,
-ɪŋ, -d

hypnotism
BR ˈhɪpnətɪzm
AM ˈhɪpnəˌtɪz(ə)m

hypnotist
BR ˈhɪpnətɪst, -s
AM ˈhɪpnədəst, -s

hypnotizable
BR ˈhɪpnətaɪzəbl
AM ˈhɪpnəˌtaɪzəb(ə)l

hypnotize
BR ˈhɪpnətaɪz, -ɪz, -ɪŋ,
-d
AM ˈhɪpnəˌtaɪz, -ɪz,
-ɪŋ, -d

hypo
BR ˈhaɪpəʊ
AM ˈhaɪpoʊ

hypoaesthesia
BR ˌhaɪpəʊɪsˈθiːziə(r),
ˌhaɪpəʊɪsˈθiːʒə(r)
AM ˌhaɪp(oʊ)əˈsθiziə,
ˌhaɪp(oʊ)əˈsθiʒ(i)ə

hypo-allergenic
BR ˌhaɪpəʊˌaləˈdʒenɪk
AM ˌˈhaɪpoʊˌælər-
ˈdʒenɪk

hypoblast
BR ˈhaɪpə(ʊ)blɑːst
AM ˈhaɪpəˌblæst

hypocaust
BR ˈhaɪpə(ʊ)kɔːst, -s
AM ˈhaɪpəˌkɑst,
ˈhaɪpəˌkɔst, -s

hypochlorite
BR ˌhaɪpə(ʊ)ˈklɔːraɪt,
-s
AM ˌhaɪpəˈklɔˌraɪt, -s

hypochlorous acid
BR ˌhaɪpəklɔːrəs ˈasɪd
AM ˌhaɪpəˌklɔrəs-
ˈæsəd

hypochondria
BR ˌhaɪpəˈkɒndriə(r)
AM ˌhaɪpəˈkɑndriə

hypochondriac
BR ˌhaɪpəˈkɒndriak,
-s
AM ˌhaɪpəˈkɑndriˌæk,
-s

hypocoristic
BR ˌhaɪpə(ʊ)kəˈrɪstɪk
AM ˌhaɪpəkəˈrɪstɪk

hypocotyl
BR ˈhaɪpə(ʊ)ˌkɒtl, -z
AM ˌhaɪpəˈkɑdl,
ˈhaɪpəˌkɑdl, -z

hypocrisy
BR hɪˈpɒkrəs|i, -ɪz
AM həˈpakrəsi, -z

hypocrite
BR ˈhɪpəkrɪt, -s
AM ˈhɪpəˌkrɪt, -s

hypocritical
BR ˌhɪpəˈkrɪtɪkl
AM ˌhɪpəˈkrɪdək(ə)l

hypocritically
BR ˌhɪpəˈkrɪtɪkli
AM ˌhɪpəˈkrɪdək(ə)li

hypocycloid
BR ˌhaɪpə(ʊ)ˈsaɪklɔɪd,
-z
AM ˌhaɪpəˈsaɪˌklɔɪd,
-z

hypocycloidal
BR ˌhaɪpə(ʊ)saɪˈklɔɪdl
AM ˌˈhaɪpəˌsaɪˈklɔɪd(ə)l

hypoderma
BR ˌhaɪpəˈdəːmə(r)
AM ˌhaɪpəˈdərmə

hypodermal
BR ˌhaɪpəˈdəːml
AM ˌhaɪpəˈdərm(ə)l

hypodermata
BR ˌhaɪpə(ʊ)-
ˈdəːmətə(r)
AM ˌhaɪpəˈdərmədə

hypodermic
BR ˌhaɪpəˈdəːmɪk, -s
AM ˌhaɪpəˈdərmɪk,
-s

hypodermically
BR ˌhaɪpəˈdəːmɪkli
AM ˌhaɪpəˈdərmək(ə)li

hypodermis
BR ˌhaɪpə(ʊ)ˈdəːmɪs
AM ˌhaɪpəˈdərməs

hypoesthesia
BR ˌhaɪpəʊɪsˈθiːziə(r),
ˌhaɪpəʊɪsˈθiːʒə(r)
AM ˌhaɪp(oʊ)əˈsθiziə,
ˌhaɪp(oʊ)əˈsθiʒ(i)ə

hypogastria
BR ˌhaɪpə(ʊ)ˈgastriə(r)
AM ˌhaɪpəˈgæstriə

hypogastric
BR ˌhaɪpə(ʊ)ˈgastrɪk
AM ˌhaɪpəˈgæstrɪk

hypogastrium
BR ˌhaɪpə(ʊ)ˈgastriəm
AM ˌhaɪpəˈgæstriəm

hypogea
BR ˌhaɪpə(ʊ)ˈdʒiːə(r)
AM ˌhaɪpəˈdʒiə

hypogeal
BR ˌhaɪpə(ʊ)ˈdʒiːəl
AM ˌhaɪpəˈdʒiəl

hypogean
BR ˌhaɪpə(ʊ)ˈdʒiːən
AM ˌhaɪpəˈdʒiən

hypogene
BR ˌhaɪpə(ʊ)dʒiːn
AM ˈhaɪpəˌdʒin

hypogeum
BR ˌhaɪpə(ʊ)ˈdʒiːəm
AM ˌhaɪpəˈdʒiəm

hypoglycaemia
BR ˌhaɪpə(ʊ)glaɪ-
ˈsiːmiə(r)
AM ˌhaɪpoʊglaɪˈsimiə

hypoglycaemic
BR ˌhaɪpə(ʊ)glaɪ-
ˈsiːmɪk
AM ˈhaɪpoʊglaɪˈsimɪk

hypoglycemia
BR ˌhaɪpə(ʊ)glaɪ-
ˈsiːmiə(r)
AM ˌhaɪpoʊglaɪˈsimiə

hypoglycemic
BR ˌhaɪpə(ʊ)glaɪ-
ˈsiːmɪk
AM ˈhaɪpoʊglaɪ-
ˈsimɪk

hypoid
BR ˈhaɪpɔɪd, -z
AM ˈhaɪˌpɔɪd, -z

hypolimnia
BR ˌhaɪpəˈlɪmniə(r)
AM ˌhaɪpəˈlɪmniə

hypolimnion
BR ˌhʌɪpəˈlɪmnɪən
AM ˌhaɪpəˈlɪmnɪən,
  ˌhaɪpəˈlɪmniˌɑn
hypomania
BR ˌhʌɪpə(ʊ)ˈmeɪnɪə(r)
AM ˌhaɪpəˈmeɪnɪə
hypomaniac
BR ˌhʌɪpə(ʊ)ˈmeɪnɪak
AM ˌhaɪpəˈmeɪnɪˌæk,
  -s
hypomanic
BR ˌhʌɪpə(ʊ)ˈmanɪk,
  ʊ
AM ˌhaɪpəˈmænɪk, -s
hyponastic
BR ˌhʌɪpəˈnastɪk
AM ˌhaɪpəˈnæstɪk
hyponasty
BR ˈhʌɪpə(ʊ)ˌnasti
AM ˈhaɪpəˌnasti
hyponym
BR ˈhʌɪpənɪm, -z
AM ˈhaɪpəˌnɪm, -z
hyponymous
BR hʌɪˈpɒnɪməs
AM həˈpɑnəməs,
  haɪˈpɑnəməs
hyponymy
BR hʌɪˈpɒnɪmi
AM həˈpɑnəmi,
  haɪˈpɑnəmi
hypophyseal
BR ˌhʌɪpə(ʊ)ˈfɪzɪəl
AM ˌhaɪpəˈfɪzɪəl
hypophysial
BR ˌhʌɪpə(ʊ)ˈfɪzɪəl
AM ˌhaɪpəˈfɪzɪəl
hypophysis
BR hʌɪˈpɒfɪsɪs, -ɪz
AM haɪˈpɑfəsəs, -əz
hypostases
BR hʌɪˈpɒstəsɪs
AM haɪˈpɑstəsiz
hypostasis
BR hʌɪˈpɒstəsɪs
AM haɪˈpɑstəsəs
hypostasise
BR hʌɪˈpɒstəsʌɪz, -ɪz,
  -ɪŋ, -d
AM haɪˈpɑstəˌsaɪz, -ɪz,
  -ɪŋ, -d

hypostasize
BR hʌɪˈpɒstəsʌɪz, -ɪz,
  -ɪŋ, -d
AM haɪˈpɑstəˌsaɪz, -ɪz,
  -ɪŋ, -d
hypostatic
BR ˌhʌɪpə(ʊ)ˈstatɪk
AM ˌhaɪpəˈstædɪk
hypostatical
BR ˌhʌɪpə(ʊ)ˈstatɪkl
AM ˌhaɪpəˈstædək(ə)l
hypostatically
BR ˌhʌɪpə(ʊ)ˈstatɪkli
AM ˌhaɪpəˈstædək(ə)li
hypostatise
BR hʌɪˈpɒstətʌɪz, -ɪz,
  -ɪŋ, -d
AM haɪˈpɑstəˌtaɪz, -ɪz,
  -ɪŋ, -d
hypostatize
BR hʌɪˈpɒstətʌɪz, -ɪz,
  -ɪŋ, -d
AM haɪˈpɑstəˌtaɪz, -ɪz,
  -ɪŋ, -d
hypostyle
BR ˈhʌɪpəstʌɪl
AM ˈhaɪpəˌstaɪl
hyposulfite
BR ˌhʌɪpə(ʊ)ˈsʌlfʌɪt, -s
AM ˌhaɪpəˈsəlˌfaɪt, -s
hyposulphite
BR ˌhʌɪpə(ʊ)ˈsʌlfʌɪt, -s
AM ˌhaɪpəˈsəlˌfaɪt, -s
hypotactic
BR ˌhʌɪpə(ʊ)ˈtaktɪk
AM ˌhaɪpoʊˈtæktɪk
hypotaxes
BR ˌhʌɪpə(ʊ)ˈtaksiːz
AM ˌhaɪpəˈtæksiz
hypotaxis
BR ˌhʌɪpə(ʊ)ˈtaksɪs
AM ˌhaɪpəˈtæksəs
hypotension
BR ˌhʌɪpə(ʊ)ˈtɛnʃn
AM ˈˌhaɪpəˌtɛn(t)ʃ(ə)n
hypotensive
BR ˌhʌɪpə(ʊ)ˈtɛnsɪv
AM ˌhaɪpoʊˈtɛnsɪv
hypotenuse
BR hʌɪˈpɒtɪnjuːs,
  hʌɪˈpɒtɪnjuːz, -ɪz
AM haɪˈpɑtnˌ(j)us, -əz

hypothalami
BR ˌhʌɪpə(ʊ)ˈθaləmʌɪ,
  ˌhʌɪpə(ʊ)ˈθaləmiː
AM ˌhaɪpəˈθælˌmaɪ
hypothalamic
BR ˌhʌɪpə(ʊ)ˈθaləmɪk
AM ˌhaɪpəˈθælmɪk
hypothalamus
BR ˌhʌɪpə(ʊ)ˈθaləməs
AM ˌhaɪpəˈθælməs
hypothec
BR hʌɪˈpɒθɪk
AM haɪˈpɑθək,
  həˈpɑθək
hypothecary
BR hʌɪˈpɒθɪk(ə)r|i, -ɪz
AM haɪˈpɑθəˌkɛri,
  həˈpɑθəˌkɛri, -z
hypothecate
BR hʌɪˈpɒθɪkeɪt, -s,
  -ɪŋ, -ɪd
AM haɪˈpɑθəˌkeɪ|t,
  həˈpɑθəˌkeɪ|t, -ts,
  -dɪŋ, -dɪd
hypothecation
BR hʌɪˌpɒθɪˈkeɪʃn
AM haɪˌpɑθəˈkeɪʃ(ə)n,
  həˌpɑθəˈkeɪʃ(ə)n
hypothecator
BR hʌɪˈpɒθɪkeɪtə(r), -z
AM haɪˈpɑθəˌkeɪdər,
  həˈpɑθəˌkeɪdər, -z
hypothermia
BR ˌhʌɪpə(ʊ)ˈθəːmɪə(r)
AM ˌhaɪpəˈθɜrmiə
hypotheses
BR hʌɪˈpɒθɪsiːz
AM haɪˈpɑθəˌsiz
hypothesis
BR hʌɪˈpɒθɪsɪs
AM haɪˈpɑθəsəs
hypothesise
BR hʌɪˈpɒθɪsʌɪz, -ɪz,
  -ɪŋ, -d
AM haɪˈpɑθəˌsaɪz, -ɪz,
  -ɪŋ, -d
hypothesiser
BR hʌɪˈpɒθɪsʌɪzə(r), -z
AM haɪˈpɑθəˌsaɪzər, -z
hypothesist
BR hʌɪˈpɒθɪsɪst, -s
AM haɪˈpɑθəsəst, -s

hypothesize
BR hʌɪˈpɒθɪsʌɪz, -ɪz,
  -ɪŋ, -d
AM haɪˈpɑθəˌsaɪz, -ɪz,
  -ɪŋ, -d
hypothesizer
BR hʌɪˈpɒθɪsʌɪzə(r),
  -z
AM haɪˈpɑθəˌsaɪzər, -z
hypothetical
BR ˌhʌɪpəˈθɛtɪkl
AM ˌhaɪpəˈθɛdək(ə)l
hypothetically
BR ˌhʌɪpəˈθɛtɪkli
AM ˌhaɪpəˈθɛdək(ə)li
hypothyroid
BR ˌhʌɪpə(ʊ)ˈθʌɪrɔɪd
AM ˌhaɪpoʊˈθaɪˌrɔɪd
hypothyroidic
BR ˌhʌɪpə(ʊ)θʌɪˈrɔɪdɪk
AM ˈˌhaɪpərˌθaɪˈrɔɪdɪk
hypothyroidism
BR ˌhʌɪpə(ʊ)-
  ˈθʌɪrɔɪdɪzm
AM ˌhaɪpoʊˈθaɪˌrɔɪ-
  ˌdɪz(ə)m
hypoventilation
BR ˌhʌɪpə(ʊ)ˌvɛntɪ-
  ˈleɪʃn
AM ˈˌhaɪpoʊˌvɛn(t)ə-
  ˈleɪʃ(ə)n
hypoxaemia
BR ˌhʌɪpɒkˈsiːmɪə(r)
AM haɪˌpakˈsimiə
hypoxemia
BR ˌhʌɪpɒkˈsiːmɪə(r)
AM haɪˌpakˈsimiə
hypoxia
BR hʌɪˈpɒksɪə(r)
AM haɪˈpaksiə,
  haɪˈpɑksiə
hypoxic
BR hʌɪˈpɒksɪk
AM haɪˈpaksɪk,
  haɪˈpɑksɪk
hypsilophodont
BR ˌhɪpsɪˈlɒfədɒnt, -s
AM ˌhɪpsəˈlɑfəˌdɑnt,
  -s
hypsographic
BR ˌhɪpsə(ʊ)ˈgrafɪk
AM ˌhɪpsoʊˈgræfɪk

hypsographical
BR ˌhɪpsə(ʊ)ˈgrafɪkl
AM ˌhɪpsoʊˈgræfək(ə)l

hypsography
BR hɪpˈsɒgrəfi
AM hɪpˈsɑgrəfi

hypsometer
BR hɪpˈsɒmɪtə(r), -z
AM hɪpˈsɑmədər, -z

hypsometric
BR ˌhɪpsə(ʊ)ˈmɛtrɪk
AM ˌhɪpsoʊˈmɛtrɪk

hypsometry
BR hɪpˈsɒmɪtri
AM hɪpˈsɑmətri

hyracotherium
BR ˌhaɪrakəˈθɪərɪəm, -z
AM ˌhaɪrəkəˈθɪriəm, ˌhaɪrəkəˈθɛriəm, -z

hyrax
BR ˈhaɪraks, -ɪz
AM ˈhaɪˌræks, -əz

Hyrcania
BR həːˈkeɪnɪə(r)
AM hərˈkeɪnɪə

hyson
BR ˈhaɪsn
AM ˈhaɪs(ə)n

hyssop
BR ˈhɪsəp
AM ˈhɪsəp

hysterectomise
BR ˌhɪstəˈrɛktəmʌɪz, -ɪz, -ɪŋ, -d
AM ˌhɪstəˈrɛktəˌmaɪz, -ɪz, -ɪŋ, -d

hysterectomize
BR ˌhɪstəˈrɛktəmʌɪz, -ɪz, -ɪŋ, -d
AM ˌhɪstəˈrɛktəˌmaɪz, -ɪz, -ɪŋ, -d

hysterectomy
BR ˌhɪstəˈrɛktəm|i, -ɪz
AM ˌhɪstəˈrɛktəmi, -z

hysteresis
BR ˌhɪstəˈriːsɪs
AM ˌhɪstəˈrɪsɪs

hysteria
BR hɪˈstɪərɪə(r)
AM həˈstɪrɪə, həˈstɛrɪə

hysteric
BR hɪˈstɛrɪk, -s
AM həˈstɛrɪk, -s

hysterical
BR hɪˈstɛrɪkl
AM həˈstɛrək(ə)l

hysterically
BR hɪˈstɛrɪkli
AM həˈstɛrək(ə)li

hysteron proteron
BR ˌhɪstərɒnˈprəʊtərɒn
AM ˈhɪstəˌrɑnˈproʊdəˌrɑn

Hythe
BR hʌɪð
AM haɪð

Hyundai
BR ˈhʌɪəndʌɪ, hʌɪˈʌndʌɪ
AM ˈhaɪənˌdaɪ

Hywel
BR ˈhəwəl, havəl
AM ˈhəwəl
WE ˈhʌwel

I

I
BR ʌɪ, -z
AM aɪ, -z

Iain
BR ˈiːən
AM ˈiən

iamb
BR ˈʌɪam(b), -z
AM ˈaɪˌæm(b), -z

iambic
BR ʌɪˈambɪk
AM aɪˈæmbɪk

iambus
BR ʌɪˈambəs, -ɪz
AM aɪˈæmbəs, -əz

Ian
BR ˈiːən
AM ˈiən

Iapetus
BR ʌɪˈapɪtəs
AM aɪəˈpɛdəs

Iasi
BR ˈjɑːsi
AM ˈjasi, ˈjaʃi

IATA
BR ɪˈɑːtə(r), ʌɪˈɑːtə(r)
AM aɪˈɑdə

iatrogenic
BR ʌɪˌatrəˈdʒɛnɪk
AM aɪˌætrəˈdʒɛnɪk

Ibadan
BR ɪˈbadn
AM iˈbɑdɑn

Iban
BR ɪˈbaːn
AM ɪˈban, iˈban

Ibbotson
BR ˈɪbəts(ə)n
AM ˈɪbɪts(ə)n

Ibcol
BR ˈɪbkɒl
AM ˈɪbˌkɑl, ˈɪbˌkɔl

I-beam
BR ˈʌɪbiːm, -z
AM ˈaɪˌbim, -z

Iberia
BR ʌɪˈbɪərɪə(r)
AM aɪˈbɪrɪə
SP iˈβerja

Iberian
BR ʌɪˈbɪərɪən, -z
AM aɪˈbɪrɪən, -z

Ibero-American
BR ʌɪˌbɪərəʊəˈmɛrɪk(ə)n, -z
AM aɪˈbɪroʊəˈmɛrəkən, -z

ibex
BR ˈʌɪbɛks, -ɪz
AM ˈaɪˌbɛks, -əz

ibid
BR ˈɪbɪd
AM ˈɪbɪd

ibidem
BR ˈɪbɪdɛm
AM ˈɪbəˌdɛm

ibis
BR ˈʌɪb|ɪs, -ɪsɪz
AM ˈaɪbɪs, -ɪz

Ibiza
BR ɪˈbiːθə(r)
AM əˈbiθə
SP iˈβiθa, iˈβisa

IBM
BR ˌʌɪbiːˈɛm
AM ˌaɪbiˈɛm

Ibo
BR ˈiːbəʊ, -z
AM ˈiˌboʊ, -z

ibogaine
BR ɪˈbəʊgəiːn
AM əˈboʊˌgeɪn

Ibrahim
BR ˈɪbrəhɪm, ˈɪbrəhiːm
AM ˈɪbrəˌhim

Ibrox
BR ˈʌɪbrɒks
AM ˈaɪbrɑks

Ibsen
BR ˈɪbs(ə)n
AM ˈɪbs(ə)n
NO ˈipsen

ibuprofen
BR ˌʌɪbjuːˈprəʊf(ə)n
AM ˌaɪbjuˈproʊfən

Icarus
BR ˈɪk(ə)rəs
AM ˈɪkərəs

ICBM
BR ˌʌɪsiːbiːˈɛm, -z
AM ˌaɪˌsiˌbiˈɛm, -z

ice
BR ʌɪs, -ɪz, -ɪŋ, -t
AM aɪs, -ɪz, -ɪŋ, -t

iceberg
BR ˈʌɪsbəːg, -z
AM ˈaɪsˌbərg, -z

iceblink
BR ˈʌɪsblɪŋk, -s
AM ˈaɪsˌblɪŋk, -s

iceboat
BR ˈʌɪsbəʊt, -s
AM ˈaɪsˌboʊt, -s

icebound
BR ˈʌɪsbaʊnd
AM ˈaɪsˌbaʊnd

icebox
BR ˈʌɪsbɒks, -ɪz
AM ˈaɪsˌbɑks, -əz

icebreaker
BR ˈʌɪsˌbreɪkə(r), -z
AM ˈaɪsˌbreɪkər, -z

ice cream
BR ˌaɪs ˈkriːm,
ˈaɪs kriːm, -z
AM ˌaɪs ˈkrim,
ˈaɪs ˌkrim, -z

icefall
BR ˈaɪsfɔːl, -z
AM ˈaɪsˌfɑl, ˈaɪsˌfɔl, -z

icehouse
BR ˈaɪshaʊ|s, -zɪz
AM ˈaɪsˌ(h)aʊ|s, -zəz

Iceland
BR ˈaɪslənd
AM ˈaɪʊlənd

Icelander
BR ˈaɪsləndə(r), -z
AM ˈaɪsləndər, -z

Icelandic
BR aɪsˈlandɪk
AM aɪsˈlændɪk

iceman
BR ˈaɪsman
AM ˈaɪsm(ə)n

icemen
BR ˈaɪsmɛn
AM ˈaɪsm(ə)n

Iceni
BR aɪˈsiːnaɪ
AM aɪˈsiˌnaɪ

Ichabod
BR ˈɪkəbɒd,
ˈɪxəbɒd
AM ˈɪkəˌbɑd

I Ching
BR ˌaɪ ˈtʃɪŋ
AM ˈi ˈtʃɪŋ

ichneumon
BR ɪkˈnjuːmən
AM ɪkˈn(j)um(ə)n

ichnography
BR ɪkˈnɒɡrəfi
AM ɪkˈnɑɡrəfi

ichor
BR ˈaɪkɔː(r)
AM ˈaɪˌkɔ(ə)r

ichorous
BR ˈaɪk(ə)rəs
AM ˈaɪkərəs

ichthyographer
BR ˌɪkθɪˈɒɡrəfə(r), -z
AM ˌɪkθiˈɑɡrəfər, -z

ichthyography
BR ˌɪkθɪˈɒɡrəfi
AM ˌɪkθiˈɑɡrəfi

ichthyoid
BR ˈɪkθɪɔɪd, -z
AM ˈɪkθiˌɔɪd, -z

ichthyolatry
BR ˌɪkθɪˈɒlətri
AM ˌɪkθiˈɑlətri

ichthyolite
BR ˈɪkθɪəlʌɪt, -s
AM ˈɪkθiəˌlaɪt, -s

ichthyological
BR ˌɪkθɪəˈlɒdʒɪkl
AM ˌɪkθiəˈlɑdʒək(ə)l

ichthyologist
BR ˌɪkθɪˈɒlədʒɪst, -s
AM ˌɪkθiˈɑlədʒəst, -s

ichthyology
BR ˌɪkθɪˈɒlədʒi
AM ˌɪkθiˈɑlədʒi

ichthyophagous
BR ˌɪkθɪˈɒfəɡəs
AM ˌɪkθiˈɑfəɡəs

ichthyophagy
BR ˌɪkθɪˈɒfədʒi
AM ˌɪkθiˈɑfədʒi

ichthyosaur
BR ˈɪkθɪəsɔː(r), -z
AM ˈɪkθiəˌsɔ(ə)r, -z

ichthyosauri
BR ˌɪkθɪəˈsɔːraɪ
AM ˌɪkθiəˈsɔˌraɪ

ichthyosaurus
BR ˌɪkθɪəˈsɔːrəs, -ɪz
AM ˌɪkθiəˈsɔrəs, -əz

ichthyosis
BR ˌɪkθɪˈəʊsɪs
AM ˌɪkθiˈoʊsəs

ichthyotic
BR ˌɪkθɪˈɒtɪk
AM ˌɪkθiˈɑdɪk

icicle
BR ˈaɪsɪkl, -z
AM ˈaɪskəl,
ˈaɪˌsɪk(ə)l, -z

icily
BR ˈaɪsɨli
AM ˈaɪsɨli

iciness
BR ˈaɪsɪnɨs
AM ˈaɪsɨnɨs

icing
BR ˈaɪsɪŋ
AM ˈaɪsɪŋ

Icknield Way
BR ˌɪkniːld ˈweɪ
AM ˌɪknild ˈweɪ

icky
BR ˈɪki
AM ˈɪki

icon
BR ˈaɪkɒn, -z
AM ˈaɪˌkɑn, -z

iconic
BR aɪˈkɒnɪk
AM aɪˈkɑnɪk

iconicity
BR ˌaɪkəˈnɪsɨti
AM ˌaɪkəˈnɪsɨdi

iconium
BR aɪˈkəʊniəm
AM aɪˈkoʊniəm

iconoclasm
BR aɪˈkɒnəklazm
AM aɪˈkɑnəˌklæz(ə)m

iconoclast
BR aɪˈkɒnəklast,
aɪˈkɒnəklɑːst, -s
AM aɪˈkɑnəˌklæst, -s

iconoclastic
BR aɪˌkɒnəˈklastɪk,
ˌaɪkɒnəˈklastɪk
AM aɪˌkɑnəˈklæstɪk

iconoclastically
BR aɪˌkɒnəˈklastɪkli,
ˌaɪkɒnəˈklastɪkli
AM aɪˌkɑnə-
ˈklæstək(ə)li

iconographer
BR ˌaɪkəˈnɒɡrəfə(r), -z
AM ˌaɪkəˈnɑɡrəfər, -z

iconographic
BR ˌaɪkn̩əˈɡrafɪk
AM ˌaɪkənəˈɡræfɪk

iconographical
BR ˌaɪkn̩əˈɡrafɪkl
AM ˌaɪkənəˈɡræfək(ə)l

iconographically
BR ˌaɪkn̩əˈɡrafɪkli
AM ˌaɪkənəˈɡræfək(ə)li

iconography
BR ˌaɪkəˈnɒɡrəfi
AM ˌaɪkəˈnɑɡrəfi

iconolater
BR ˌaɪkəˈnɒlətə(r), -z
AM ˌaɪkəˈnɑlədər, -z

iconolatry
BR ˌaɪkəˈnɒlətri
AM ˌaɪkəˈnɑlətri

iconology
BR ˌaɪkəˈnɒlədʒi
AM ˌaɪkəˈnɑlədʒi

iconometer
BR ˌaɪkəˈnɒmɨtə(r), -z
AM ˌaɪkəˈnɑmədər, -z

iconometry
BR ˌaɪkəˈnɒmɨtri
AM ˌaɪkəˈnɑmətri

iconostases
BR ˌaɪkəˈnɒstəsiːz
AM ˌaɪkəˈnɑstəsiz

iconostasis
BR ˌaɪkəˈnɒstəsɪs
AM ˌaɪkəˈnɑstəsəs

icosahedral
BR ˌaɪkɒsəˈhiːdr(ə)l,
aɪˌkɒsəˈhiːdr(ə)l
AM aɪˌkoʊsəˈhidrəl

icosahedron
BR ˌaɪkɒsəˈhiːdr(ə)n,
aɪˌkɒsəˈhiːdr(ə)n, -z
AM aɪˌkoʊsəˈhidrən,
-z

icosidodecahedra
BR ˌaɪkɒsɨˌdəʊdɛkə-
ˈhiːdrə(r)
AM aɪˌkoʊsəˌdoʊ-
ˌdɛkəˈhidrə

icosidodecahedron
BR ˌaɪkɒsɨˌdəʊdɛkə-
ˈhiːdr(ə)n
AM aɪˌkoʊsəˌdoʊ-
ˌdɛkəˈhidrən

ictal
BR ˈɪktl
AM ˈɪktl

icteric
BR ɪkˈtɛrɪk
AM ɪkˈtɛrɪk

icterus
BR ˈɪkt(ə)rəs
AM ˈɪktərəs

ictus
BR ˈɪktəs, -ɪz
AM ˈɪktəs, -əz

icy
BR ˈʌɪs|i, -ɪə(r), -ɪɪst
AM ˈaɪsi, -ər, -ɪst

ID
BR ˌʌɪ ˈdiː
AM ˌaɪ ˈdi

I'd
BR ʌɪd
AM aɪd

id
BR ɪd
AM ɪd

Ida
BR ˈʌɪdə(r)
AM ˈaɪdə

Idaho
BR ˈʌɪdəhəʊ
AM ˈaɪdəˌhoʊ

Idahoan
BR ˈʌɪdəhəʊən, -z
AM ˈaɪdəˌhoʊən, -z

ide
BR ʌɪd, -z
AM aɪd, -z

idea
BR ʌɪˈdɪə(r), -z, -d
AM aɪˈdɪə, -z, -d

ideal
BR ʌɪˈdɪəl, ʌɪˈdiːl, -z
AM aɪˈdi(ə)l, -z

idealess
BR ʌɪˈdɪələs
AM aɪˈdɪələs

idealisation
BR ʌɪˌdɪəlʌɪˈzeɪʃn, ˌʌɪdɪəlʌɪˈzeɪʃn
AM aɪˌdi(ə)ˌlaɪˈzeɪʃ(ə)n, aɪˌdi(ə)ləˈzeɪʃ(ə)n

idealise
BR ʌɪˈdɪəlʌɪz, -ɪz, -ɪŋ, -d
AM aɪˈdi(ə)ˌlaɪz, -ɪz, -ɪŋ, -d

idealiser
BR ʌɪˈdɪəlʌɪzə(r), -z
AM aɪˈdi(ə)ˌlaɪzər, -z

idealism
BR ʌɪˈdɪəlɪzm
AM ˌaɪˈdi(ə)ˌlɪz(ə)m

idealist
BR ʌɪˈdɪəlɪst, -s
AM aɪˈdi(ə)ləst, -s

idealistic
BR ʌɪˌdɪəˈlɪstɪk, ˌʌɪdɪəˈlɪstɪk
AM ˌaɪˌdi(ə)ˈlɪstɪk

idealistically
BR ʌɪˌdɪəˈlɪstɪkli, ˌʌɪdɪ(ə)ˈlɪstɪkli
AM ˌaɪˌdi(ə)ˈlɪstək(ə)li

ideality
BR ˌʌɪdɪˈalɪt|i, -ɪz
AM ˌaɪdiˈælədi, -z

idealization
BR ʌɪˌdɪəlʌɪˈzeɪʃn, ˌʌɪdɪəlʌɪˈzeɪʃn
AM aɪˌdi(ə)ˌlaɪˈzeɪʃ(ə)n, aɪˌdi(ə)ləˈzeɪʃ(ə)n

idealize
BR ʌɪˈdɪəlʌɪz, -ɪz, -ɪŋ, -d
AM aɪˈdi(ə)ˌlaɪz, -ɪz, -ɪŋ, -d

idealizer
BR ʌɪˈdɪəlʌɪzə(r), -z
AM aɪˈdi(ə)ˌlaɪzər, -z

ideally
BR ʌɪˈdɪəl(l)i
AM aɪˈdi(ə)li

ideate
BR ˈʌɪdɪeɪt, -s, -ɪŋ, -ɪd
AM ˈaɪdiˌeɪ|t, -ts, -dɪŋ, -dɪd

ideation
BR ˌʌɪdɪˈeɪʃn, -z
AM ˌaɪdiˈeɪʃ(ə)n, -z

ideational
BR ˌʌɪdɪˈeɪʃn̩l
AM ˌaɪdiˈeɪʃ(ə)n(ə)l

Ideationally
BR ˌʌɪdɪˈeɪʃn̩li, ˌʌɪdɪˈeɪʃnəli
AM ˌaɪdiˈeɪʃ(ə)nəli

idée fixe
BR ˌiːdeɪ ˈfiːks
AM iˌdeɪ ˈfiks

idée reçue
BR ˌiːdeɪ rəˈsjuː, -z
AM iˌdeɪ rəˈsu, -z
FR ide ʀəsy

idées fixes
BR ˌiːdeɪ ˈfiːks
AM iˌdeɪ ˈfiks

idem
BR ˈɪdɛm, ˈʌɪdɛm
AM ˈiˌdɛm, ˈaɪˌdɛm

identic
BR ʌɪˈdɛntɪk
AM əˈdɛn(t)ɪk, aɪˈdɛn(t)ɪk

identical
BR ʌɪˈdɛntɪkl
AM əˈdɛn(t)ək(ə)l, aɪˈdɛn(t)ək(ə)l

identically
BR ʌɪˈdɛntɪkli
AM əˈdɛn(t)ək(ə)li, aɪˈdɛn(t)ək(ə)li

identicalness
BR ʌɪˈdɛntɪklnəs
AM əˈdɛn(t)əkəlnəs, aɪˈdɛn(t)əkəlnəs

identifiable
BR ʌɪˈdɛntɪfʌɪəbl
AM əˌˈdɛn(t)əˌˈfaɪəb(ə)l, aɪˌˈdɛn(t)əˌfaɪəb(ə)l

identifiably
BR ʌɪˈdɛntɪfʌɪəbli
AM əˌˈdɛn(t)əˌˈfaɪəbli, aɪˌˈdɛn(t)əˌfaɪəbli

identification
BR ʌɪˌdɛntɪfɪˈkeɪʃn
AM aɪˌdɛn(t)əfəˈkeɪʃ(ə)n

identifier
BR ʌɪˈdɛntɪfʌɪə(r), -z
AM əˈdɛn(t)əˌfaɪər, aɪˈdɛn(t)əˌfaɪər, -z

identify
BR ʌɪˈdɛntɪfʌɪ, -z, -ɪŋ, -d
AM əˈdɛn(t)əˌfaɪ, aɪˈdɛn(t)əˌfaɪ, -z, -ɪŋ, -d

identikit
BR ʌɪˈdɛntɪkɪt, -s
AM aɪˈdɛn(t)əˌkɪt, -s

identity
BR ʌɪˈdɛntɪt|i, -ɪz
AM aɪˈdɛn(t)ədi, -z

ideocracy
BR ˌɪdɪˈɒkrəsi
AM ˌɪdiˈakrəsi

ideocratic
BR ˌɪdɪəˈkratɪk
AM ˌɪdiəˈkrædɪk

ideogram
BR ˈɪdɪəgram, ˌʌɪdɪəgram, -z
AM ˈaɪdiəˌgræm, ˈɪdiəˌgræm, -z

ideograph
BR ˈɪdɪəgrɑːf, ˌʌɪdɪəgrɑːf, -s
AM ˈaɪdiəˌgræf, ˈɪdiəˌgræf, -s

ideographic
BR ˌɪdɪəˈgrafɪk, ˌʌɪdɪəˈgrafɪk
AM ˌaɪdiəˈgræfɪk, ˌɪdiəˈgræfɪk

ideographical
BR ˌɪdɪəˈgrafɪkl, ˌʌɪdɪəˈgrafɪkl
AM ˌaɪdiəˈgræfək(ə)l, ˌɪdiəˈgræfək(ə)l

ideological
BR ˌʌɪdɪəˈlɒdʒɪkl, ˌɪdɪəˈlɒdʒɪkl
AM ˌaɪdiəˈlɑdʒək(ə)l, ˌɪdiəˈlɑdʒək(ə)l

ideologically
BR ˌʌɪdɪəˈlɒdʒɪkli, ˌɪdɪəˈlɒdʒɪkli
AM ˌaɪdiəˈlɑdʒək(ə)li, ˌɪdiəˈlɑdʒək(ə)li

ideologist
BR ˌʌɪdɪˈɒlədʒɪst, ˌɪdɪˈɒlədʒɪst, -s
AM ˌaɪdiˈalədʒəst, ˌɪdiˈalədʒəst, -s

ideologue
BR ˈʌɪdɪəlɒg, ˈɪdɪəlɒg, -z
AM ˈaɪdiəˌlɔg, ˈɪdiəˌlɑg, ˈaɪdiəˌlɑg, ˈɪdiəˌlɔg, -z

ideology
BR ˌʌɪdɪˈɒlədʒ|i, ˌɪdɪˈɒlədʒ|i, -ɪz
AM ˌaɪdiˈalədʒi, ˌɪdiˈalədʒi, -z

ides
BR ʌɪdz
AM aɪdz

idiocy
BR ˈɪdiəs|i, -ɪz
AM ˈɪdiəsi, -z
idiolect
BR ˈɪdiəlɛkt, -s
AM ˈɪdiəˌlɛk|(t), -(t)s
idiom
BR ˈɪdiəm, -z
AM ˈɪdiəm, -z
idiomatic
BR ˌɪdiəˈmætɪk
AM ˌɪdiəˈmædɪk
idiomatically
BR ˌɪdiəˈmætɪkli
AM ˌɪdiəˈmædək(ə)li
idiopathic
BR ˌɪdiəˈpæθɪk
AM ˌɪdiəˈpæθɪk
idiopathy
BR ˌɪdiˈɒpəθ|i, -ɪz
AM ˌɪdiˈɑpəθi, -z
idiosyncrasy
BR ˌɪdiə(ʊ)ˈsɪŋkrəs|i, -ɪz
AM ˌɪdiəˈsɪŋkrəsi, -z
idiosyncratic
BR ˌɪdiə(ʊ)sɪŋˈkrætɪk
AM ˌɪdiəsɪŋˈkrædɪk
idiosyncratically
BR ˌɪdiə(ʊ)sɪŋˈkrætɪkli
AM ˌɪdiəsɪŋ-ˈkrædək(ə)li
idiot
BR ˈɪdiət, -s
AM ˈɪdiət, -s
idiotic
BR ˌɪdiˈɒtɪk
AM ˌɪdiˈɑdɪk
idiotically
BR ˌɪdiˈɒtɪkli
AM ˌɪdiˈɑdək(ə)li
Iditarod
BR ʌɪˈdɪtərɒd
AM aɪˈdɪdəˌrɑd
idle
BR ˈʌɪd|l, -lz, -l̩ŋ\-lɪŋ, -ld
AM ˈaɪd|əl, -əlz, -(ə)lɪŋ, -əld
idleness
BR ˈʌɪdlnəs
AM ˈaɪdlnəs

idler
BR ˈʌɪdlə(r), ˈʌɪdl̩ə(r), -z
AM ˈaɪd(ə)lər, -z
idly
BR ˈʌɪdli
AM ˈaɪdl̩i, ˈaɪdli
Ido
BR ˈiːdəʊ
AM ˈiˌdoʊ
idol
BR ˈʌɪdl, -z
AM ˈaɪd(ə)l, -z
idola
BR ʌɪˈdəʊlə(r)
AM aɪˈdoʊlə
idolater
BR ʌɪˈdɒlətə(r), -z
AM aɪˈdɑlədər, -z
idolatress
BR ʌɪˈdɒlətrəs, -ɪz
AM aɪˈdɑlətrəs, -əz
idolatrous
BR ʌɪˈdɒlətrəs
AM aɪˈdɑlətrəs
idolatrously
BR ʌɪˈdɒlətrəsli
AM aɪˈdɑlətrəsli
idolatry
BR ʌɪˈdɒlətri
AM aɪˈdɑlətri
idolisation
BR ˌʌɪdl̩ʌɪˈzeɪʃn
AM ˌaɪdlaɪˈzeɪʃ(ə)n, ˌaɪdləˈzeɪʃ(ə)n
idolise
BR ˈʌɪdl̩ʌɪz, -ɪz, -ɪŋ, -d
AM ˈaɪdlˌaɪz, -ɪz, -ɪŋ, -d
idoliser
BR ˈʌɪdl̩ʌɪzə(r), -z
AM ˈaɪdlˌaɪzər, -z
idolization
BR ˌʌɪdl̩ʌɪˈzeɪʃn
AM ˌaɪdlaɪˈzeɪʃ(ə)n, ˌaɪdləˈzeɪʃ(ə)n
idolize
BR ˈʌɪdl̩ʌɪz, -ɪz, -ɪŋ, -d
AM ˈaɪdlˌaɪz, -ɪz, -ɪŋ, -d
idolizer
BR ˈʌɪdl̩ʌɪzə(r), -z
AM ˈaɪdlˌaɪzər, -z

idolum
BR ʌɪˈdəʊləm
AM aɪˈdoʊl(ə)m
Idomeneus
BR ʌɪˈdɒmɪnjuːs, ɪˈdɒmɪnjuːs
AM ˌaɪˈdɑmən(j)us
idyl
BR ˈɪd(ɪ)l, -z
AM ˈaɪdl, -z
idyll
BR ˈɪd(ɪ)l, -z
AM ˈaɪdl, -z
idyllic
BR ɪˈdɪlɪk
AM aɪˈdɪlɪk
idyllically
BR ɪˈdɪlɪkli
AM aɪˈdɪlək(ə)li
idyllise
BR ˈɪdl̩ʌɪz, ˈɪdɪlʌɪz, -ɪz, -ɪŋ, -d
AM ˈaɪdlˌaɪz, -ɪz, -ɪŋ, -d
idyllist
BR ˈɪdl̩ɪst, ˈɪdɪlɪst, -s
AM ˈaɪdləst, -s
idyllize
BR ˈɪdl̩ʌɪz, ˈɪdɪlʌɪz, -ɪz, -ɪŋ, -d
AM ˈaɪdlˌaɪz, -ɪz, -ɪŋ, -d
i.e.
BR ˌʌɪ ˈiː
AM ˌaɪ ˈi
Iestyn
BR ˈjɛstɪn
AM ˈjɛst(ə)n
WE ˈjɛstɪn
Ieuan
BR ˈjʌɪən
AM ˈjaɪvən
WE ˈjeɪən
if
BR ɪf, -s
AM ɪf, -s
iff
BR ɪf
AM ɪf
iffy
BR ˈɪfi
AM ˈɪfi

Ifni
BR ˈɪfni
AM ˈɪfni
SP ˈifni
Ifor
BR ˈiːvɔː(r), ˈʌɪvɔː(r)
AM ˈaɪvɔ(ə)r, ˈivɔ(ə)r
WE ˈɪvɒr
Igbo
BR ˈɪgbəʊ, -z
AM ˈɪgˌboʊ, -z
Ightham
BR ˈʌɪtəm
AM ˈaɪdəm
igloo
BR ˈɪgluː, -z
AM ˈɪglu, -z
Ignatius
BR ɪgˈneɪʃəs
AM ɪgˈneɪʃəs
igneous
BR ˈɪgniəs
AM ˈɪgniəs
ignis fatuus
BR ˌɪgnɪs ˈfatjʊəs, + ˈfatʃʊəs
AM ˌɪgnəs ˈfætʃ(əw)əs
ignitability
BR ɪgˌnʌɪtəˈbɪlɪti
AM ɪgˌnaɪdəˈbɪlɪdi
ignitable
BR ɪgˈnʌɪtəbl
AM ɪgˈnaɪdəb(ə)l
ignite
BR ɪgˈnʌɪt, -s, -ɪŋ, -ɪd
AM ɪgˈnaɪ|t, -ts, -dɪŋ, -dɪd
igniter
BR ɪgˈnʌɪtə(r), -z
AM ɪgˈnaɪdər, -z
ignitibility
BR ɪgˌnʌɪtɪˈbɪlɪti
AM ɪgˌnaɪdəˈbɪlɪdi
ignitible
BR ɪgˈnʌɪtɪbl
AM ɪgˈnaɪdəb(ə)l
ignition
BR ɪgˈnɪʃn
AM ɪgˈnɪʃ(ə)n

ignitron
BR ɪgˈnʌɪtrɒn, ˈɪgnɪtrɒn, -z
AM ˈɪgnəˌtrɑn, -z

ignobility
BR ˌɪgnə(ʊ)ˈbɪlɪti
AM ɪgˌnoʊˈbɪlɪdi

ignoble
BR ɪgˈnəʊbl
AM ɪgˈnoʊbəl

ignobly
BR ɪgˈnəʊbli
AM ɪgˈnoʊbli

ignominious
BR ˌɪgnəˈmɪniəs
AM ˌɪgnəˈmɪniəs

ignominiously
BR ˌɪgnəˈmɪniəsli
AM ˌɪgnəˈmɪniəsli

ignominiousness
BR ˌɪgnəˈmɪniəsnəs
AM ˌɪgnəˈmɪniəsnəs

ignominy
BR ˈɪgnəmɪni
AM ɪgˈnamɪni, ˈɪgnəˌmɪni

ignoramus
BR ˌɪgnəˈreɪməs, -ɪz
AM ˌɪgnəˈræməs, ˌɪgnəˈreɪməs, -əz

ignorance
BR ˈɪgn(ə)r̩s
AM ˈɪgnərəns

ignorant
BR ˈɪgn(ə)r̩t
AM ˈɪgnərənt

ignorantly
BR ˈɪgn(ə)r̩tli
AM ˈɪgnərən(t)li

ignore
BR ɪgˈnɔː(r), -z, -ɪŋ, -d
AM ɪgˈnɔː(ə)r, -z, -ɪŋ, -d

ignorer
BR ɪgˈnɔːrə(r), -z
AM ɪgˈnɔrər, -z

ignotum per ignotius
BR ɪgˌnəʊt(ə)m pər ɪgˈnəʊtɪəs, + ɪgˈnəʊʃəs
AM ɪgˌnoʊdəm pər ɪgˈnoʊʃəs

Igor
BR ˈiːgɔː(r)
AM ˈɪgɔ(ə)r

Iguaçu
BR ɪˈgwɑːsuː
AM ɪˈgwɑˌsu

iguana
BR ˌɪgjʊˈɑːnə(r), ɪˈgwɑːnə(r), -z
AM ɪˈgwɑnə, əˈgwɑnə, -z

iguanodon
BR ˌɪgjʊˈɑːnədɒn, ɪˈgwɑːnədɒn, -z
AM ɪˈgwɑnəˌdɑn, əˈgwɑnəˌdɑn, -z

IKEA
BR ʌɪˈkiːə(r)
AM aɪˈkiə

ikebana
BR ˌɪkɪˈbɑːnə(r), ˌiːkeɪˈbɑːnə(r)
AM ˌɪkəˈbɑnə

Ikhnaton
BR ɪkˈnɑːt(ɒ)n
AM ɪkˈnɑtn

ikky
BR ˈɪki
AM ˈɪki

ikon
BR ˈʌɪkɒn, -z
AM ˈaɪˌkɑn, -z

ilang-ilang
BR ˈiːlaŋˈiːlaŋ
AM ˈɪlæŋˈɪlæŋ

Ilchester
BR ˈɪltʃɪstə(r)
AM ˈɪltʃɪstər

ILEA
BR ˈɪlɪə(r), ˌʌɪɛlɪˈeɪ
AM ˌaɪˌɛlˌiˈeɪ

ileac
BR ˈɪlɪak
AM ˈɪliˌæk

ileal
BR ˈɪlɪəl
AM ˈɪliəl

Île-de-France
BR ˌiːldəˈfrɑːns
AM ˌiːldəˈfrɑns

ileitis
BR ˌɪlɪˈʌɪtɪs
AM ˌɪliˈaɪdɪs

ileostomy
BR ˌɪlɪˈɒstəm|i, -ɪz
AM ˌɪliˈɑstəmi, -z

Iles
BR ʌɪlz
AM ˈaɪlz

ileum
BR ˈɪlɪəm, -z
AM ˈɪliəm, -z

ileus
BR ˈɪlɪəs, -ɪz
AM ˈɪliəs, -ɪz

ilex
BR ˈʌɪlɛks, -ɪz
AM ˈaɪˌlɛks, -əz

ilia
BR ˈɪlɪə(r)
AM ˈɪliə, ˈɪljə

iliac
BR ˈɪlɪak
AM ˈɪliˌæk

Iliad
BR ˈɪlɪad
AM ˈɪliəd

ilium
BR ˈɪlɪəm
AM ˈɪliəm

ilk
BR ɪlk
AM ɪlk

I'll
BR ʌɪl
AM aɪl

ill
BR ɪl
AM ɪl

illation
BR ɪˈleɪʃn, -z
AM əˈleɪʃ(ə)n, -z

illative
BR ɪˈleɪtɪv, ˈɪlətɪv
AM əˈleɪdɪv, ˈɪlədɪv

illatively
BR ɪˈleɪtɪvli, ˈɪlətɪvli
AM əˈleɪdɪvli, ˈɪlədɪvli

illegal
BR ɪˈliːgl
AM əˈligəl, ɪ(l)ˈligəl

illegality
BR ˌɪlɪˈgalɪt|i, -ɪz
AM ˌɪ(l)ləˈgælədi, -z

illegally
BR ɪˈliːgli
AM əˈlig(ə)li, ɪ(l)ˈlig(ə)li

illegibility
BR ɪˌlɛdʒɪˈbɪlɪti
AM əˌlɛdʒəˈbɪlɪdi, ˌɪ(l)ˌlɛdʒəˈbɪlɪdi

illegible
BR ɪˈlɛdʒɪbl
AM əˈlɛdʒəb(ə)l, ɪ(l)ˈlɛdʒəb(ə)l

illegibly
BR ɪˈlɛdʒɪbli
AM əˈlɛdʒəbli, ɪ(l)ˈlɛdʒəbli

illegitimacy
BR ˌɪlɪˈdʒɪtɪməsi
AM ˌɪ(l)ləˈdʒɪdəməsi

illegitimate
BR ˌɪlɪˈdʒɪtɪmət
AM ˌɪ(l)ləˈdʒɪdəmət

illegitimately
BR ˌɪlɪˈdʒɪtɪmətli
AM ˌɪ(l)ləˈdʒɪdəmətli

illegitimation
BR ˌɪlɪˌdʒɪtɪˈmeɪʃn
AM ˌɪ(l)ləˌdʒɪdəˈmeɪʃ(ə)n

illegitimise
BR ˌɪlɪˈdʒɪtɪmʌɪz, -ɪz, -ɪŋ, -d
AM ˌɪ(l)ləˈdʒɪdəˌmaɪz, -ɪz, -ɪŋ, -d

illegitimize
BR ˌɪlɪˈdʒɪtɪmʌɪz, -ɪz, -ɪŋ, -d
AM ˌɪ(l)ləˈdʒɪdəˌmaɪz, -ɪz, -ɪŋ, -d

ill-gotten
BR ˈɪlˈgɒtn
AM ˈɪlˈgɑtn

ill-humored
BR ˌɪlˈhjuːməd
AM ˈˌɪlˈ(h)jumərd

ill-humoured
BR ˌɪlˈhjuːməd
AM ˈˌɪlˈ(h)jumərd

illiberal
BR ɪˈlɪb(ə)rl̩
AM ɪ(l)ˈlɪb(ə)rəl

illiberality
BR ɪˌlɪbəˈralɪti
AM ˈˌɪ(l)ˌlɪbəˈrælədi

illiberally
BR ɪˈlɪb(ə)rli
AM ɪ(l)ˈlɪb(ə)rəli

illicit
BR ɪˈlɪsɪt
AM ɪ(l)ˈlɪsɪt

illicitly
BR ɪˈlɪsɪtli
AM ɪ(l)ˈlɪsɪtli

illicitness
BR ɪˈlɪsɪtnɪs
AM ɪ(l)ˈlɪsɪtnɪs

illimitability
BR ɪˌlɪmɪtəˈbɪlɪti
AM ɪ(l)ˌlɪmədəˈbɪlɪdi

illimitable
BR ɪˈlɪmɪtəbl
AM ɪ(l)ˈlɪmədəb(ə)l

illimitableness
BR ɪˈlɪmɪtəblnəs
AM ɪ(l)ˈlɪmədəbəlnəs

illimitably
BR ɪˈlɪmɪtəbli
AM ɪ(l)ˈlɪmədəbli

Illingworth
BR ˈɪlɪŋwə(ː)θ
AM ˈɪlɪŋˌwɚθ

Illinois
BR ˌɪlɪˈnɔɪ
AM ˌɪləˈnɔɪ

Illinoisan
BR ˌɪlɪˈnɔɪən, -z
AM ˌɪləˈnɔɪən, -z

illiquid
BR ɪˈlɪkwɪd
AM ɪ(l)ˈlɪkwɪd

illiquidity
BR ˌɪlɪˈkwɪdɪti
AM ɪ(l)ˌləˈkwɪdɪdi

illiteracy
BR ɪˈlɪt(ə)rəsi
AM ɪ(l)ˈlɪdərəsi, ɪ(l)ˈlɪtrəsi

illiterate
BR ɪˈlɪt(ə)rət
AM ɪ(l)ˈlɪdərət

illiterately
BR ɪˈlɪt(ə)rətli
AM ɪ(l)ˈlɪdərətli

illiterateness
BR ɪˈlɪt(ə)rətnəs
AM ɪ(l)ˈlɪdərətnəs

ill-natured
BR ˌɪlˈneɪtʃəd
AM ˈˌɪlˈneɪtʃɚd

ill-naturedly
BR ˌɪlˈneɪtʃədli
AM ˈˌɪlˈneɪtʃɚdli

illness
BR ˈɪlnɪs, -ɪz
AM ˈɪlnəs, -əz

illogical
BR ɪˈlɒdʒɪkl
AM ɪ(l)ˈlɑdʒək(ə)l

illogicality
BR ɪˌlɒdʒɪˈkalɪti
AM ɪ(l)ˌlɑdʒəˈkælədi

illogically
BR ɪˈlɒdʒɪkli
AM ɪ(l)ˈlɑdʒək(ə)li

ill-omened
BR ˌɪlˈəʊmɛnd
AM ˈˌɪlˈoʊmənd

ill-starred
BR ˌɪlˈstɑːd
AM ˈɪlˈstɑrd

illude
BR ɪˈl(j)uːd, -z, -ɪŋ, -ɪd
AM ɪˈlud, -z, -ɪŋ, -əd

illume
BR ɪˈl(j)uːm, -z, -ɪŋ, -d
AM ɪˈlum, -z, -ɪŋ, -d

illuminance
BR ɪˈl(j)uːmɪnəns, -ɪz
AM ɪˈlumənəns, -əz

illuminant
BR ɪˈl(j)uːmɪnənt, -s
AM ɪˈlumənənt, -s

illuminate
BR ɪˈl(j)uːmɪneɪt, -s, -ɪŋ, -ɪd
AM ɪˈluməˌneɪ|t, -ts, -dɪŋ, -dɪd

illuminati
BR ɪˌl(j)uːmɪˈnɑːtiː
AM ɪˌluməˈnɑdi

illuminatingly
BR ɪˈl(j)uːmɪneɪtɪŋli
AM ɪˈluməˌneɪdɪŋli

illumination
BR ɪˌl(j)uːmɪˈneɪʃn, -z
AM ɪˌluməˈneɪʃ(ə)n, -z

illuminative
BR ɪˈl(j)uːmɪnətɪv
AM ɪˈluməˌneɪdɪv

illuminator
BR ɪˈl(j)uːmɪneɪtə(r), -z
AM ɪˈluməˌneɪdɚ, -z

illumine
BR ɪˈl(j)uːm|ɪn, -ɪnz, -ɪnɪŋ, -ɪnd
AM ɪˈlum(ə)n, -z, -ɪŋ, -d

illuminism
BR ɪˈl(j)uːmɪnɪzm
AM ɪˈluməˌnɪz(ə)m

illuminist
BR ɪˈl(j)uːmɪnɪst, -s
AM ɪˈlumənəst, -s

ill-use
BR ˌɪlˈjuːz, -ɪz, -ɪŋ, -d
AM ˈˌɪlˈjuz, -əz, -ɪŋ, -d

illusion
BR ɪˈl(j)uːʒn, -z
AM ɪˈluʒ(ə)n, -z

illusional
BR ɪˈl(j)uːʒn̩l
AM ɪˈluʒ(ə)n(ə)l

illusionism
BR ɪˈl(j)uːʒnɪzm
AM ɪˈluʒəˌnɪz(ə)m

illusionist
BR ɪˈl(j)uːʒnɪst, -s
AM ɪˈluʒənəst, -s

illusionistic
BR ɪˌl(j)uːʒəˈnɪstɪk, ɪˌl(j)uːʒnˈɪstɪk
AM ɪˌluʒəˈnɪstɪk

illusive
BR ɪˈl(j)uːsɪv
AM ɪˈlusɪv

illusively
BR ɪˈl(j)uːsɪvli
AM ɪˈlusɪvli

illusiveness
BR ɪˈl(j)uːsɪvnɪs
AM ɪˈlusɪvnɪs

illusorily
BR ɪˈl(j)uːs(ə)rɪli, ɪˈl(j)uːz(ə)rɪli
AM ɪˈluz(ə)rəli, ɪˈlus(ə)rəli

illusoriness
BR ɪˈl(j)uːs(ə)rɪnɪs, ɪˈl(j)uːz(ə)rɪnɪs
AM ɪˈluz(ə)rɪnɪs, ɪˈlus(ə)rɪnɪs

illusory
BR ɪˈl(j)uːs(ə)ri, ɪˈl(j)uːz(ə)ri
AM ɪˈluz(ə)ri, ɪˈlus(ə)ri

illustrate
BR ˈɪləstreɪt, -s, -ɪŋ, -ɪd
AM ˈɪləˌstreɪ|t, -ts, -dɪŋ, -dɪd

illustration
BR ˌɪləˈstreɪʃn, -z
AM ˌɪləˈstreɪʃ(ə)n, -z

illustrational
BR ˌɪləˈstreɪʃn̩l
AM ˌɪləˈstreɪʃ(ə)n(ə)l

illustrative
BR ˈɪləstrətɪv, ɪˈlʌstrətɪv
AM ˈɪləˌstreɪdɪv, ɪˈləstrədɪv

illustratively
BR ˈɪləstrətɪvli, ɪˈlʌstrətɪvli
AM ˈɪləˌstreɪdɪvli, ɪˈləstrədɪvli

illustrator
BR ˈɪləstreɪtə(r), -z
AM ˈɪləˌstreɪdɚ, -z

illustrious
BR ɪˈlʌstrɪəs
AM ɪˈləstrɪəs

illustriously
BR ɪˈlʌstrɪəsli
AM ɪˈləstrɪəsli

illustriousness
BR ɪˈlʌstrɪəsnəs
AM ɪˈləstrɪəsnəs

Illyria
BR ɪˈlɪrɪə(r)
AM ɪˈlɪrɪə

Illyrian
BR ɪˈlɪrɪən, -z
AM ɪˈlɪrɪən, -z

Illyricum
BR ɪˈlɪrɪkəm
AM ɪˈlɪrɪkəm

illywhacker
BR ˈɪliˌwakə(r), -z
AM ˈɪliˌ(h)wækər, -z

ilmenite
BR ˈɪlmɪnʌɪt, -s
AM ˈɪlməˌnaɪt, -s

Ilminster
BR ˈɪlmɪnstə(r)
AM ˈɪlˌmɪnstər

Ilona
BR ɪˈləʊnə(r)
AM ɪˈloʊnə
HU ˈɪlona

Ilson
BR ˈɪls(ə)n
AM ˈɪls(ə)n

Ilyushin
BR ɪlˈjuːʃ(i)n
AM ɪlˈjuʃɪn

I'm
BR ʌɪm
AM aɪm

image
BR ˈɪm|ɪdʒ, -ɪdʒɪz, -ɪdʒɪŋ, -ɪdʒd
AM ˈɪmɪdʒ, -ɪz, -ɪŋ, -d

imageable
BR ˈɪmɪdʒəbl
AM ˈɪmɪdʒəb(ə)l

imageless
BR ˈɪmɪdʒlɪs
AM ˈɪmɪdʒlɪs

imagery
BR ˈɪmɪdʒ(ə)ri
AM ˈɪmɪdʒ(ə)ri

imaginable
BR ɪˈmadʒɪnəbl, ɪˈmadʒn̩əbl
AM ɪˈmædʒ(ə)nəb(ə)l

imaginably
BR ɪˈmadʒɪnəbli, ɪˈmadʒn̩əbli
AM ɪˈmædʒ(ə)nəbli

imaginal
BR ɪˈmadʒɪnl, ɪˈmadʒn̩l
AM ɪˈmædʒ(ə)n(ə)l

imaginarily
BR ɪˈmadʒɪn(ə)rɪli, ɪˈmadʒn̩(ə)rɪli
AM ɪˌmædʒəˈnɛrəli

imaginary
BR ɪˈmadʒɪn(ə)ri, ɪˈmadʒn̩(ə)ri
AM ɪˈmædʒəˌnɛri

imagination
BR ɪˌmadʒɪˈneɪʃn
AM ɪˌmædʒəˈneɪʃ(ə)n

imaginative
BR ɪˈmadʒɪnətɪv, ɪˈmadʒn̩ətɪv
AM ɪˈmædʒ(ə)nədɪv

imaginatively
BR ɪˈmadʒɪnətɪvli, ɪˈmadʒn̩ətɪvli
AM ɪˈmædʒ(ə)nədɪvli

imaginativeness
BR ɪˈmadʒɪnətɪvnɪs, ɪˈmadʒn̩ətɪvnɪs
AM ɪˈmædʒ(ə)nədɪvnɪs

imagine verb
BR ɪˈmadʒɪn, ɪˈmadʒn̩, -z, -ɪŋ, -d
AM ɪˈmædʒ(ə)n, -z, -ɪŋ, -d

imaginer
BR ɪˈmadʒɪnə(r), ɪˈmadʒn̩ə(r), -z
AM ɪˈmædʒənər, -z

imagines[1] from *imagine*
BR ɪˈmadʒɪnz, ɪˈmadʒn̩z
AM ɪˈmædʒənz

imagines[2] plural of *imago*
BR ɪˈmeɪdʒɪniːz, ɪˈmɑːdʒɪniːz
AM ɪˈmɑgəˌniz, ɪˈmeɪdʒəˌniz, ɪˈmædʒəˌniz, ɪˈmeɪgəˌniz

imaginings
BR ɪˈmadʒɪnɪŋz, ɪˈmadʒn̩ɪŋz
AM ɪˈmædʒənɪŋz

imagism
BR ˈɪmɪdʒɪzm
AM ˈɪməˌdʒɪz(ə)m

imagist
BR ˈɪmɪdʒɪst, -s
AM ˈɪmədʒəst, -s

imagistic
BR ˌɪmɪˈdʒɪstɪk
AM ˌɪməˈdʒɪstɪk

imago
BR ɪˈmeɪgəʊ, ɪˈmɑːgəʊ, -z
AM ɪˈmɑgoʊ, ɪˈmeɪgoʊ, -z

imam
BR ɪˈmɑːm, ɪˈmam, -z
AM ɪˈmæm, ɪˈmɑm, -z

imamate
BR ɪˈmɑːmət, ɪˈmamət, -s
AM ɪˈmæˌmeɪt, ɪˈmɑˌmeɪt, -s

IMAX
BR ˈʌɪmaks
AM ˈaɪˌmæks

imbalance
BR (ˌ)ɪmˈbalns
AM ɪmˈbæl(ə)ns

imbecile
BR ˈɪmbɪsiːl, -z
AM ˈɪmbəˌsaɪl, ˈɪmbəs(ə)l, -z

imbecilely
BR ˈɪmbɪsiːlli
AM ˈɪmbəˌsaɪ(l)li, ˈɪmbəsə(l)li

imbecilic
BR ˌɪmbɪˈsɪlɪk
AM ˌɪmbəˈsɪlɪk

imbecility
BR ˌɪmbɪˈsɪlɪti
AM ˌɪmbəˈsɪlɪdi

imbed
BR ɪmˈbɛd, -z, -ɪŋ, -ɪd
AM ɪmˈbɛd, -z, -ɪŋ, -əd

Imbert
BR ˈɪmbət
AM ˈɪmbərt

imbibe
BR ɪmˈbʌɪb, -z, -ɪŋ, -d
AM ɪmˈbaɪb, -z, -ɪŋ, -d

imbiber
BR ɪmˈbʌɪbə(r), -z
AM ɪmˈbaɪbər, -z

imbibition
BR ˌɪmbɪˈbɪʃn, -z
AM ɪmˌbaɪˈbɪʃ(ə)n, -z

imbricate
BR ˈɪmbrɪkeɪt, -s, -ɪŋ, -ɪd
AM ˈɪmbrəˌkeɪ|t, -ts, -dɪŋ, -dɪd

imbrication
BR ˌɪmbrɪˈkeɪʃn
AM ˌɪmbrəˈkeɪʃ(ə)n

imbroglio
BR ɪmˈbrəʊliəʊ, -z
AM ɪmˈbrɔljoʊ, ɪmˈbroʊljoʊ, -z

Imbros
BR ˈɪmbrɒs
AM ˈɪmˌbrɑs, ˈɪmˌbrɔs

imbrue
BR ɪmˈbruː, -z, -ɪŋ, -d
AM ɪmˈbru, -z, -ɪŋ, -d

imbrute
BR ɪmˈbruːt, -s, -ɪŋ, -ɪd
AM ɪmˈbru|t, -ts, -dɪŋ, -dəd

imbue
BR ɪmˈbjuː, -z, -ɪŋ, -d
AM ɪmˈbju, -z, -ɪŋ, -d

Imhotep
BR ˈɪmhəʊtɛp
AM ɪmˈhoʊˌtɛp

imide
BR ˈɪmʌɪd, -z
AM ˈɪˌmaɪd, -z

imidozole
BR ˌɪmɪˈdeɪzəʊl, ɪˈmɪdəzəʊl
AM əˈmɪdəˌzoʊl

imine
BR ˈɪmiːn, ɪˈmiːn, -z
AM ˈɪmɪn, ˈɪˌmin, -z

imitability
BR ˌɪmɪtəˈbɪlɪti
AM ˌɪmədəˈbɪlɪdi

imitable
BR ˈɪmɪtəbl
AM ˈɪmədəb(ə)l

imitate
BR ˈɪmɪteɪt, -s, -ɪŋ, -ɪd
AM ˈɪməˌteɪ|t, -ts, -dɪŋ, -dɪd

imitation
BR ˌɪmɪˈteɪʃn, -z
AM ˌɪməˈteɪʃ(ə)n, -z
imitative
BR ˈɪmɪtətɪv
AM ˈɪmədədɪv,
ˈɪməˌteɪdɪv
imitatively
BR ˈɪmɪtətɪvli
AM ˈɪmədədəvli,
ˈɪməˌteɪdɪvli
imitativeness
BR ˈɪmɪtətɪvnɪs
AM ˈɪmədədɪvnɪs,
ˈɪməˌteɪdɪvnɪs
imitator
BR ˈɪmɪteɪtə(r), -z
AM ˈɪməˌteɪdər, -z
immaculacy
BR ɪˈmakjʉləsi
AM ɪˈmækjələsi
immaculate
BR ɪˈmakjʉlət
AM ɪˈmækjələt
immaculately
BR ɪˈmakjʉlətli
AM ɪˈmækjələtli
immaculateness
BR ɪˈmakjʉlətnəs
AM ɪˈmækjələtnəs
immanence
BR ˈɪmənəns
AM ˈɪmənəns
immanency
BR ˈɪmənənsi
AM ˈɪmənənsi
immanent
BR ˈɪmənənt
AM ˈɪmənənt
immanentism
BR ˈɪmənəntɪzm
AM ˈɪmənənˌtɪz(ə)m
immanentist
BR ˈɪmənəntɪst, -s
AM ˈɪmənən(t)əst, -s
Immanuel
BR ɪˈmanjʉəl,
ɪˈmanjʉl
AM ɪˈmænjəwəl
immaterial
BR ˌɪməˈtɪərɪəl
AM ˌɪ(m)məˈtɪrɪəl

immaterialise
BR ˌɪməˈtɪərɪəlʌɪz, -ɪz,
-ɪŋ, -d
AM ˌɪ(m)məˈtɪrɪəˌlaɪz,
-ɪz, -ɪŋ, -d
immaterialism
BR ˌɪməˈtɪərɪəlɪzm
AM ˌɪ(m)məˈtɪrɪəˌlɪz(ə)m
immaterialist
BR ˌɪməˈtɪərɪəlɪst, -s
AM ˌɪ(m)məˈtɪrɪələst, -s
immateriality
BR ˌɪməˌtɪərɪˈalɪti
AM ˌɪ(m)məˌtɪriˈælədi
immaterialize
BR ˌɪməˈtɪərɪəlʌɪz, -ɪz,
-ɪŋ, -d
AM ˌɪ(m)məˈtɪrɪəˌlaɪz,
-ɪz, -ɪŋ, -d
immaterially
BR ˌɪməˈtɪərɪəli
AM ˌɪ(m)məˈtɪrɪəli
immature
BR ˌɪməˈtjʊə(r),
ˌɪməˈtʃʊə(r),
ˌɪməˈtjɔː(r),
ˌɪməˈtʃɔː(r)
AM ˌɪ(m)məˈtʃʊ(ə)r,
ˌɪ(m)məˈtʃər,
ˌɪ(m)məˈtʊ(ə)r
immaturely
BR ˌɪməˈtjʊəli,
ˌɪməˈtʃʊəli,
ˌɪməˈtjɔːli,
ˌɪməˈtʃɔːli
AM ˌɪ(m)məˈtʃʊrli,
ˌɪ(m)məˈtʃərli,
ˌɪ(m)məˈtʊrli
immaturity
BR ˌɪməˈtjʊərɪti,
ˌɪməˈtʃʊərɪti,
ˌɪməˈtjɔːrɪti,
ˌɪməˈtʃɔːrɪti
AM ˌɪ(m)məˈtʃʊrədi,
ˌɪ(m)məˈtʃərədi,
ˌɪ(m)məˈtʊrədi
immeasurability
BR ɪˌmɛʒ(ə)rəˈbɪlɪti
AM ɪ(m)ˌmɛʒ(ə)rəˈbɪlɪdi

immeasurable
BR (ˌ)ɪˈmɛʒ(ə)rəbl
AM ɪ(m)ˈmɛʒ(ə)r(ə)bəl
immeasurableness
BR (ˌ)ɪˈmɛʒ(ə)rəblnəs
AM ɪ(m)ˈmɛʒ(ə)rəbəlnəs
immeasurably
BR (ˌ)ɪˈmɛʒ(ə)rəbli
AM ɪ(m)ˈmɛʒ(ə)rəbli
immediacy
BR ɪˈmiːdɪəsi
AM ɪˈmidiəsi
immediate
BR ɪˈmiːdɪət
AM ɪˈmidiət
immediately
BR ɪˈmiːdɪətli
AM ɪˈmidiətli
immediateness
BR ɪˈmiːdɪətnəs
AM ɪˈmidiətnəs
immedicable
BR ɪˈmɛdɪkəbl
AM ɪˈmɛdəkəb(ə)l
immedicably
BR ɪˈmɛdɪkəbli
AM ɪˈmɛdəkəbli
immemorial
BR ˌɪməˈmɔːrɪəl
AM ˌɪ(m)mə-ˈmɔriəl
immemorially
BR ˌɪmɪˈmɔːrɪəli
AM ˌɪ(m)məˈmɔriəli
immense
BR ɪˈmɛns
AM ɪˈmɛns
immensely
BR ɪˈmɛnsli
AM ɪˈmɛnsli
immenseness
BR ɪˈmɛnsnəs
AM ɪˈmɛnsnəs
immensity
BR ɪˈmɛnsɪti
AM ɪˈmɛnsədi
immerse
BR ɪˈməːs, -ɪz,
-ɪŋ, -t
AM ɪˈmɜrs, -əz,
-ɪŋ, -t

immersion
BR ɪˈməːʃn, ɪˈməːʒn
AM ɪˈmɜrʃ(ə)n,
ɪˈmɜrʒ(ə)n
immigrant
BR ˈɪmɪgrənt, -s
AM ˈɪməgrənt, -s
immigrate
BR ˈɪmɪgreɪt, -s, -ɪŋ,
-ɪd
AM ˈɪməˌgreɪ|t, -ts,
dɪŋ, -dɪd
immigration
BR ˌɪmɪˈgreɪʃn
AM ˌɪməˈgreɪʃ(ə)n
immigratory
BR ˈɪmɪgrət(ə)ri
AM ˈɪməgrəˌtɔri
imminence
BR ˈɪmɪnəns
AM ˈɪmənəns
imminent
BR ˈɪmɪnənt
AM ˈɪmənənt
imminently
BR ˈɪmɪnəntli
AM ˈɪmənən(t)li
immiscibility
BR ɪˌmɪsɪˈbɪlɪti
AM ɪ(m)ˌmɪsəˈbɪlɪdi
immiscible
BR (ˌ)ɪˈmɪsɪbl
AM ɪ(m)ˈmɪsɪb(ə)l
immiscibly
BR (ˌ)ɪˈmɪsɪbli
AM ɪ(m)ˈmɪsɪbli
immitigable
BR (ˌ)ɪˈmɪtɪgəbl
AM ɪ(m)ˈmɪdəgəb(ə)l
immitigably
BR (ˌ)ɪˈmɪtɪgəbli
AM ɪ(m)ˈmɪdəgəbli
immittance
BR ɪˈmɪt(ə)ns, -ɪz
AM ɪ(m)ˈmɪtns, -ɪz
immixture
BR ɪˈmɪkstʃə(r), -z
AM ɪ(m)ˈmɪkstʃər, -z
immobile
BR ɪˈməʊbʌɪl
AM ɪ(m)ˌmoʊbaɪl,
ɪ(m)ˈmoʊbəl

immobilisation
BR ˌɪməʊbɪlaɪˈzeɪʃn,
ɪˌməʊblaɪˈzeɪʃn
AM ˈˌɪ(m)ˌmoʊbəˌlaɪ-
ˈzeɪʃ(ə)n, əˌmoʊbələ-
ˈzeɪʃ(ə)n, əˌmoʊbə-
ˌlaɪˈzeɪʃ(ə)n, ˈˌɪ(m)-
ˌmoʊbələˈzeɪʃ(ə)n

immobilise
BR ɪˈməʊbɪlaɪz,
ɪˈməʊblaɪz, -ɪz,
-ɪŋ, -d
AM əˈmoʊbəˌlaɪz,
ɪ(m)ˈmoʊbəˌlaɪz,
-ɪz, -ɪŋ, -d

immobiliser
BR ɪˈməʊbɪlaɪzə(r),
ɪˈməʊblaɪzə(r), -z
AM əˈmoʊbəˌlaɪzər,
ɪ(m)ˈmoʊbəˌlaɪzər, -z

immobilism
BR ɪˈməʊbɪlɪzm,
ɪˈməʊblɪzm
AM əˈmoʊbəˌlɪz(ə)m,
ɪ(m)ˈmoʊbəˌlɪz(ə)m

immobility
BR ˌɪmə(ʊ)ˈbɪlɪti
AM ˌɪ(m)moʊˈbɪlɨdi

immobilization
BR ˌɪməʊbɪlaɪˈzeɪʃn,
ɪˌməʊblaɪˈzeɪʃn
AM ˈˌɪ(m)ˌmoʊbəˌlaɪ-
ˈzeɪʃ(ə)n, əˌmoʊbələ-
ˈzeɪʃ(ə)n, əˌmoʊbə-
ˌlaɪˈzeɪʃ(ə)n, ˈˌɪ(m)-
ˌmoʊbələˈzeɪʃ(ə)n

immobilize
BR ɪˈməʊbɪlaɪz,
ɪˈməʊblaɪz, -ɪz,
-ɪŋ, -d
AM əˈmoʊbəˌlaɪz,
ɪ(m)ˈmoʊbəˌlaɪz,
-ɪz, -ɪŋ, -d

immobilizer
BR ɪˈməʊbɪlaɪzə(r),
ɪˈməʊblaɪzə(r), -z
AM əˈmoʊbəˌlaɪzər,
ɪ(m)ˈmoʊbəˌlaɪzər, -z

immoderacy
BR (ˌ)ɪˈmɒd(ə)rəsi
AM əˈmad(ə)rəsi,
ɪ(m)ˈmad(ə)rəsi

immoderate
BR (ˌ)ɪˈmɒd(ə)rət
AM əˈmad(ə)rət,
ɪ(m)ˈmad(ə)rət

immoderately
BR (ˌ)ɪˈmɒd(ə)rətli
AM əˈmad(ə)rətli,
ɪ(m)ˈmad(ə)rətli

immoderateness
BR (ˌ)ɪˈmɒd(ə)rətnəs
AM əˈmad(ə)rətnəs,
ɪ(m)ˈmad(ə)rətnəs

immoderation
BR ˌɪˌmɒd(ə)ˈreɪʃn
AM əˌmad(ə)ˈreɪʃ(ə)n,
ɪ(m)ˌmad(ə)ˈreɪʃ(ə)n

immodest
BR (ˌ)ɪˈmɒdɪst
AM əˈmadəst,
ɪ(m)ˈmadəst

immodestly
BR (ˌ)ɪˈmɒdɪstli
AM əˈmadəs(t)li,
ɪ(m)ˈmadəs(t)li

immodesty
BR (ˌ)ɪˈmɒdɪsti
AM əˈmadəsti,
ɪ(m)ˈmadəsti

immolate
BR ˈɪməleɪt, -s,
-ɪŋ, -ɨd
AM ˈɪməˌleɪ|t, -ts,
-dɪŋ, -dɨd

immolation
BR ˌɪməˈleɪʃn
AM ˌɪməˈleɪʃ(ə)n

immolator
BR ˈɪməleɪtə(r),
-z
AM ˈɪməˌleɪdər, -z

immoral
BR (ˌ)ɪˈmɒrl̩
AM əˈmɔrəl,
ɪ(m)ˈmɔrəl

immorality
BR ˌɪməˈralɪti
AM ˌɪmɔˈrælədi,
ˌɪməˈrælɨdi

immorally
BR (ˌ)ɪˈmɒrli
AM əˈmɔrəli,
ɪ(m)ˈmɔrəli

immortal
BR (ˌ)ɪˈmɔːtl̩, -z
AM ɪ(m)ˈmɔrdl̩,
əˈmɔrdl̩, -z

immortalisation
BR ɪˌmɔːtl̩aɪˈzeɪʃn, -z
AM ɪ(m)ˌmɔrdlə-
ˈzeɪʃ(ə)n, ɪ(m)-
ˌmɔrdlˌaɪˈzeɪʃ(ə)n, -z

immortalise
BR ɪˈmɔːtl̩aɪz, -ɪz, -ɪŋ,
-d
AM ɪ(m)ˈmɔrdlˌaɪz,
-ɪz, -ɪŋ, -d

immortality
BR ˌɪmɔːˈtalɪti
AM ˌɪ(m)mɔrˈtælədi

immortalization
BR ɪˌmɔːtl̩aɪˈzeɪʃn, -z
AM ɪ(m)ˌmɔrdlə-
ˈzeɪʃ(ə)n, ɪ(m)-
ˌmɔrdlˌaɪˈzeɪʃ(ə)n,
-z

immortalize
BR ɪˈmɔːtl̩aɪz, -ɪz, -ɪŋ,
-d
AM ɪ(m)ˈmɔrdlˌaɪz,
-ɪz, -ɪŋ, -d

immortally
BR ɪˈmɔːtl̩i
AM əˈmɔrdl̩i,
ɪ(m)ˈmɔrdl̩i

immortelle
BR ˌɪmɔːˈtɛl, -z
AM əˌmɔrˈtɛl,
ˈɪˌmɔrˈtɛl, -z

immovability
BR ɪˌmuːvəˈbɪlɪti
AM əˌmuvəˈbɪlɨdi,
ɪ(m)ˌmuvəˈbɪlɨdi

immovable
BR (ˌ)ɪˈmuːvəbl̩, -z
AM əˈmuvəb(ə)l,
ɪ(m)ˈmuvəb(ə)l, -z

immovableness
BR (ˌ)ɪˈmuːvəblnəs
AM əˈmuvəbəlnəs,
ɪ(m)ˈmuvəbəlnəs

immovably
BR (ˌ)ɪˈmuːvəbli
AM əˈmuvəbli,
ɪ(m)ˈmuvəbli

immoveable
BR (ˌ)ɪˈmuːvəbl̩, -z
AM əˈmuvəb(ə)l,
ɪ(m)ˈmuvəb(ə)l, -z

immoveableness
BR (ˌ)ɪˈmuːvəblnəs
AM əˈmuvəbəlnəs,
ɪ(m)ˈmuvəbəlnəs

immoveably
BR (ˌ)ɪˈmuːvəbli
AM əˈmuvəbli,
ɪ(m)ˈmuvəbli

immune
BR ɪˈmjuːn
AM ɪˈmjun

immunisation
BR ˌɪmjʊnaɪˈzeɪʃn
AM ˌɪmjəˌnaɪˈzeɪʃ(ə)n,
ˌɪmjənəˈzeɪʃ(ə)n

immunise
BR ˈɪmjʊnaɪz, -ɪz,
-ɪŋ, -d
AM ˈɪmjəˌnaɪz, -ɪz,
-ɪŋ, -d

immuniser
BR ˈɪmjʊnaɪzə(r),
-z
AM ˈɪmjəˌnaɪzər, -z

immunity
BR ɪˈmjuːnɪt|i, -ɪz
AM ɪˈmjunədi, -z

immunization
BR ˌɪmjʊnaɪˈzeɪʃn
AM ˌɪmjəˌnaɪˈzeɪʃ(ə)n,
ˌɪmjənəˈzeɪʃ(ə)n

immunize
BR ˈɪmjʊnaɪz, -ɪz,
-ɪŋ, -d
AM ˈɪmjəˌnaɪz, -ɪz,
-ɪŋ, -d

immunizer
BR ˈɪmjʊnaɪzə(r),
-z
AM ˈɪmjəˌnaɪzər, -z

immunoassay
BR ˌɪmjʊnəʊəˈseɪ,
ˌɪmjʊnəʊˈaseɪ, -z
AM ˌɪmjənoʊˈæˌseɪ,
-z

immunochemistry
BR ˌɪmjʊnəʊˈkɛmɪstri
AM ˌɪmjənoʊˈkɛməstri

immunocompetence
BR ˌɪmjʊnəʊ-
ˈkɒmpɪt(ə)ns
AM ˌɪmjənoʊ-
ˈkɑmpədəns

immunocompetent
BR ˌɪmjʊnəʊ-
ˈkɒmpɪt(ə)nt
AM ˌɪmjənoʊ-
ˈkɑmpədnt

**immunocompro-
mised**
BR ˌɪmjʊnəʊ-
ˈkɒmprəmaɪzd
AM ˌɪmjənoʊˈkɑmprə-
ˌmaɪzd

immunodeficiency
BR ˌɪmjʊnəʊdɪˈfɪʃnsi
AM ˌɪmjənoʊdə-
ˈfɪʃənsi

immunodeficient
BR ˌɪmjʊnəʊdɪˈfɪʃnt
AM ˌɪmjənoʊdəˈfɪʃ(ə)nt

immunodepressed
BR ˌɪmjʊnəʊdɪˈprest
AM ˌɪmjənoʊdəˈprest

immunodepression
BR ˌɪmjʊnəʊdɪˈpreʃn
AM ˌɪmjənoʊdə-
ˈpreʃ(ə)n

immunogenic
BR ˌɪmjʊnəʊˈdʒenɪk
AM ˌɪmjənoʊˈdʒenɪk

immunoglobulin
BR ˌɪmjʊnəʊ-
ˈglɒbjʊlɪn, -z
AM ˌɪmjənoʊ-
ˈglɑbjəl(ə)n, -z

immunologic
BR ˌɪmjʊnəˈlɒdʒɪk
AM ˈˌɪmjənəˈlɑdʒɪk

immunological
BR ˌɪmjʊnəˈlɒdʒɪkl
AM ˈˌɪmjənəˈlɑdʒək(ə)l

immunologically
BR ˌɪmjʊnəˈlɒdʒɪkli
AM ˈˌɪmjənə-
ˈlɑdʒək(ə)li

immunologist
BR ˌɪmjʊˈnɒlədʒɪst, -s
AM ˌɪmjəˈnɑlədʒəst,
-s

immunology
BR ˌɪmjʊˈnɒlədʒi
AM ˌɪmjəˈnɑlədʒi

immunosuppressant
BR ˌɪmjʊnəʊsəˈpresnt,
-s
AM ˌɪmjənoʊsə-
ˈpres(ə)nt, -s

immunosuppressed
BR ˌɪmjʊnəʊsəˈprest
AM ˌɪmjənoʊsəˈprest

immunosuppression
BR ˌɪmjʊnəʊsəˈpreʃn
AM ˌɪmjənoʊsə-
ˈpreʃ(ə)n

immunosuppressive
BR ˌɪmjʊnəʊsəˈpresɪv,
-z
AM ˌɪmjənoʊsə-
ˈpresɪv, -z

immunosuppressor
BR ˌɪmjʊnəʊsə-
ˈpresə(r), -z
AM ˈˌɪmjənoʊsə-
ˈpresər, ɪˌmjunoʊsə-
ˈpresər, -z

immunotherapy
BR ɪˌmjuːnə(ʊ)ˈθerəpi,
ˌɪmjʊnəʊˈθerəpi
AM əˌmjunoʊˈθerəpi,
ˈˌɪmjənoʊˈθerəpi

immure
BR ɪˈmjʊə(r),
ɪˈmjɔː(r), -z, -ɪŋ, -d
AM ɨˈmjʊ(ə)r, -z,
-ɪŋ, -d

immurement
BR ɪˈmjʊəm(ə)nt,
ɪˈmjɔːm(ə)nt, -s
AM ɨˈmjʊrm(ə)nt, -s

immutability
BR ɪˌmjuːtəˈbɪlɪti
AM əˌmjudəˈbɪlɨdi,
ɪ(m)ˌmjudəˈbɪlɨdi

immutable
BR (ˌ)ɪˈmjuːtəbl
AM əˈmjudəb(ə)l,
ɪ(m)ˈmjudəb(ə)l

immutably
BR (ˌ)ɪˈmjuːtəbli
AM əˈmjudəbli,
ɪ(m)ˈmjudəbli

Imogen
BR ˈɪmədʒ(ə)n
AM ˈɪmədʒ(ə)n

imp
BR ɪmp, -s
AM ɪmp, -s

impact[1] *noun*
BR ˈɪmpakt, -s
AM ˈɪmˌpæk(t), -s

impact[2] *verb*
BR ɪmˈpakt, -s, -ɪŋ, -ɪd
AM ɪmˈpæk|(t), -(t)s,
-ɪŋ, -ɨd

impaction
BR ɪmˈpakʃn, -z
AM ɪmˈpækʃ(ə)n, -z

impair
BR ɪmˈpe:(r), -z, -ɪŋ, -d
AM ɪmˈpɛ(ə)r, -z, -ɪŋ,
-d

impairment
BR ɪmˈpeːm(ə)nt
AM ɪmˈpɛrm(ə)nt

impala
BR ɪmˈpɑːlə(r), -z
AM ɪmˈpɑlə, ɪmˈpælə,
-z

impale
BR ɪmˈpeɪl, -z, -ɪŋ, -d
AM ɪmˈpeɪl, -z, -ɪŋ, -d

impalement
BR ɪmˈpeɪlm(ə)nt
AM ɪmˈpeɪlm(ə)nt

impalpability
BR ɪmˌpalpəˈbɪlɪti
AM ɪmˌpælpəˈbɪlɨdi

impalpable
BR (ˌ)ɪmˈpalpəbl
AM ɪmˈpælpəb(ə)l

impalpably
BR (ˌ)ɪmˈpalpəbli
AM ɪmˈpælpəbli

impanel
BR ɪmˈpanl̩, -z, -ɪŋ, -d
AM ɨmˈpæn(ə)l, -z,
-ɪŋ, -d

imparisyllabic
BR ɪmˌparɪsɪˈlabɪk
AM ˈˌɪmˌperəsəˈlæbɪk

impark
BR ɪmˈpɑːk, -s, -ɪŋ, -t
AM ɪmˈpɑrk, -s, -ɪŋ, -t

impart
BR ɪmˈpɑːt, -s, -ɪŋ, -ɪd
AM ɨmˈpɑr|t, -ts, -dɪŋ,
-dəd

impartable
BR ɪmˈpɑːtəbl
AM ɨmˈpɑrdəb(ə)l

impartation
BR ˌɪmpɑːˈteɪʃn, -z
AM ɨmˌpɑrˈteɪʃ(ə)n, -z

impartial
BR (ˌ)ɪmˈpɑːʃl
AM ɨmˈpɑrʃ(ə)l

impartiality
BR ˌɪmpɑːʃiˈalɪti,
ɪmˌpɑːʃiˈalɪti
AM ɨmˌpɑrʃiˈælədi

impartially
BR ɪmˈpɑːʃli
AM ɨmˈpɑrʃəli

impartialness
BR ɪmˈpɑːʃlnəs
AM ɨmˈpɑrʃəlnəs

impartible
BR ɪmˈpɑːtɪbl
AM ɨmˈpɑrdəb(ə)l

impartment
BR ɪmˈpɑːtm(ə)nt, -s
AM ɨmˈpɑrtm(ə)nt,
-s

impassability
BR ɪmˌpɑːsəˈbɪlɪti
AM ɪmˌpæsəˈbɪlɨdi

impassable
BR (ˌ)ɪmˈpɑːsəbl
AM ɪmˈpæsəb(ə)l

impassableness
BR (ˌ)ɪmˈpɑːsəblnəs
AM ɪmˈpæsəbəlnəs

impassably
BR (ˌ)ɪmˈpɑːsəbli
AM ɪmˈpæsəbli

impasse
BR æmˈpɑːs, ɪmˈpɑːs,
ɒmˈpɑːs, ˈæmpɑːs,
ˈɪmpɑːs, ˈɒmpɑːs,
-ɪz
AM ɪmˈpæs, ˈɪmˌpæs,
-əz

impassibility
BR ɪmˌpɑːsɪˈbɪlɪti
AM ɪmˌpæsəˈbɪlɨdi

impassible
BR (ˌ)ɪmˈpɑːsɪbl
AM ɪmˈpæsəb(ə)l

impassibleness
BR (ˌ)ɪmˈpɑːsɪblnəs
AM ɪmˈpæsəbəlnəs

impassibly
BR (ˌ)ɪmˈpɑːsɪbli
AM ɪmˈpæsəbli

impassion
BR ɪmˈpaʃn̩, -z, -ɪŋ, -d
AM ɪmˈpæʃ(ə)n, -z, -ɪŋ, -d

impassive
BR ɪmˈpasɪv
AM ɪmˈpæsɪv

impassively
BR ɪmˈpasɪvli
AM ɪmˈpæsəvli

impassiveness
BR ɪmˈpasɪvnɪs
AM ɪmˈpæsɪvnɪs

impassivity
BR ˌɪmpaˈsɪvɪti
AM ˌɪmpəˈsɪvɪdi

impasto
BR ɪmˈpastəʊ, ɪmˈpɑːstəʊ, -z
AM ɪmˈpastoʊ, ɪmˈpæstoʊ, -z
IT ɪmˈpasto

impatience
BR ɪmˈpeɪʃns
AM ɪmˈpeɪʃ(ə)ns

impatiens
BR ɪmˈpeɪʃɪɛnz, ɪmˈpatɪɛnz
AM ɪmˈpeɪʃ(ə)ns

impatient
BR ɪmˈpeɪʃnt
AM ɪmˈpeɪʃ(ə)nt

impatiently
BR ɪmˈpeɪʃntli
AM ɪmˈpeɪʃən(t)li

impeach
BR ɪmˈpiːtʃ, -ɪz, -ɪŋ, -t
AM ɪmˈpitʃ, -ɪz, -ɪŋ, -t

impeachable
BR ɪmˈpiːtʃəbl
AM ɪmˈpitʃəb(ə)l

impeachment
BR ɪmˈpiːtʃm(ə)nt, -s
AM ɪmˈpitʃm(ə)nt, -s

impeccability
BR ɪmˌpɛkəˈbɪlɪti
AM ɪmˌpɛkəˈbɪlɪdi

impeccable
BR ɪmˈpɛkəbl
AM ɪmˈpɛkəb(ə)l

impeccably
BR ɪmˈpɛkəbli
AM ɪmˈpɛkəbli

impeccancy
BR ɪmˈpɛk(ə)nsi
AM ɪmˈpɛkənsi

impeccant
BR ɪmˈpɛk(ə)nt
AM ɪmˈpɛkənt

impecuniosity
BR ˌɪmpɪˌkjuːnɪˈɒsɪti
AM ˌɪmpiˌkjuniˈasədi, ˌɪmpəˌkjuniˈasədi

impecunious
BR ˌɪmpɪˈkjuːnɪəs
AM ˌɪmpəˈkjuniəs

impecuniously
BR ˌɪmpɪˈkjuːnɪəsli
AM ˌɪmpəˈkjuniəsli

impecuniousness
BR ˌɪmpɪˈkjuːnɪəsnəs
AM ˌɪmpəˈkjuniəsnəs

impedance
BR ɪmˈpiːd(ə)ns
AM ɪmˈpidns

impede
BR ɪmˈpiːd, -z, -ɪŋ, -ɪd
AM ɪmˈpid, -z, -ɪŋ, -ɪd

impediment
BR ɪmˈpɛdɪm(ə)nt, -s
AM ɪmˈpɛdəm(ə)nt, -s

impedimenta
BR ɪmˌpɛdɪˈmɛntə(r)
AM ˌɪmˌpɛdəˈmɛn(t)ə, əmˌpɛdəˈmɛn(t)ə

impedimental
BR ɪmˌpɛdɪˈmɛntl
AM ˌɪmˌpɛdəˈmɛn(t)l, əmˌpɛdəˈmɛn(t)l

impel
BR ɪmˈpɛl, -z, -ɪŋ, -d
AM ɪmˈpɛl, -z, -ɪŋ, -d

impellent
BR ɪmˈpɛlnt, -s
AM ɪmˈpɛl(ə)nt, -s

impeller
BR ɪmˈpɛlə(r), -z
AM ɪmˈpɛlər, -z

impend
BR ɪmˈpɛnd, -z, -ɪŋ, -ɪd
AM ɪmˈpɛnd, -z, -ɪŋ, -əd

impendence
BR ɪmˈpɛnd(ə)ns
AM ɪmˈpɛndns

impendency
BR ɪmˈpɛnd(ə)nsi
AM ɪmˈpɛndnsi

impendent
BR ɪmˈpɛnd(ə)nt, -s
AM ɪmˈpɛndnt, -s

impending
BR ɪmˈpɛndɪŋ
AM ɪmˈpɛndɪŋ

impenetrability
BR ɪmˌpɛnɪtrəˈbɪlɪti
AM ɪmˌpɛnətrəˈbɪlɪdi

impenetrable
BR (ˌ)ɪmˈpɛnɪtrəbl
AM ɪmˈpɛnətrəb(ə)l

impenetrableness
BR (ˌ)ɪmˈpɛnɪtrəblnəs
AM ɪmˈpɛnətrəbəlnəs

impenetrably
BR (ˌ)ɪmˈpɛnɪtrəbli
AM ɪmˈpɛnətrəbli

impenetrate
BR (ˌ)ɪmˈpɛnɪtreɪt, -s, -ɪŋ, -ɪd
AM ɪmˈpɛnəˌtreɪ|t, -ts, -dɪŋ, -dɪd

impenitence
BR (ˌ)ɪmˈpɛnɪt(ə)ns
AM ɪmˈpɛnətns, ɪmˈpɛnədəns

impenitency
BR (ˌ)ɪmˈpɛnɪt(ə)nsi
AM ɪmˈpɛnətnsi, ɪmˈpɛnədənsi

impenitent
BR (ˌ)ɪmˈpɛnɪt(ə)nt
AM ɪmˈpɛnədnt

impenitently
BR (ˌ)ɪmˈpɛnɪt(ə)ntli
AM ɪmˈpɛnətn(t)li, ɪmˈpɛnədən(t)li

imperatival
BR ɪmˌpɛrəˈtʌɪvl
AM ɪmˌpɛrəˈtaɪvəl

imperative
BR ɪmˈpɛrətɪv, -z
AM əmˈpɛrədɪv, -z

imperatively
BR ɪmˈpɛrətɪvli
AM əmˈpɛrədəvli

imperativeness
BR ɪmˈpɛrətɪvnɪs
AM əmˈpɛrədɪvnɪs

imperator
BR ˌɪmpəˈrɑːtɔː(r), -z
AM ˌɪmpəˈrɑˌtɔ(ə)r, ˌɪmpəˈreɪdər, -z

imperatorial
BR ɪmˌpɛrəˈtɔːrɪəl, ˌɪmpɛrəˌtɔːrɪəl
AM ɪmˌpɛrəˈtɔriəl

imperceptibility
BR ˌɪmpəˌsɛptɪˈbɪlɪti
AM ˌɪmpərˌsɛptəˈbɪlɪdi

imperceptible
BR ˌɪmpəˈsɛptɪbl
AM ˌɪmpərˈsɛptəb(ə)l

imperceptibly
BR ˌɪmpəˈsɛptɪbli
AM ˌɪmpərˈsɛptəbli

impercipience
BR ˌɪmpəˈsɪpɪəns
AM ˌɪmpərˈsɪpiəns

impercipient
BR ˌɪmpəˈsɪpɪənt
AM ˌɪmpərˈsɪpiənt

imperfect
BR (ˌ)ɪmˈpəːfɪkt, -s
AM ɪmˈpərfək|(t), -(t)s

imperfection
BR ˌɪmpəˈfɛkʃn, -z
AM ˌɪmpərˈfɛkʃ(ə)n, -z

imperfective
BR ˌɪmpəˈfɛktɪv, -z
AM ˌɪmpərˈfɛktɪv, -z

imperfectly
BR (ˌ)ɪmˈpəːfɪktli
AM ɪmˈpərfək(t)li

imperfectness
BR (ˌ)ɪmˈpəːfɪk(t)nəs
AM ɪmˈpɚfək(t)nəs
imperforate
BR (ˌ)ɪmˈpəːf(ə)rət
AM ɪmˈpɚfərət
imperia
BR ɪmˈpɪərɪə(r)
AM ɪmˈpɪriə
imperial
BR ɪmˈpɪərɪəl
AM ɪmˈpɪriəl
imperialise
BR ɪmˈpɪərɪəlʌɪz, -ɪz, -ɪŋ, -d
AM ɪmˈpɪriəˌlaɪz, -ɪz, -ɪŋ, -d
imperialism
BR ɪmˈpɪərɪəlɪzm
AM ɪmˈpɪriəˌlɪz(ə)m
imperialist
BR ɪmˈpɪərɪəlɪst, -s
AM ɪmˈpɪriələst, -s
imperialistic
BR ɪmˌpɪərɪəˈlɪstɪk
AM ɪmˌpɪriəˈlɪstɪk
imperialistically
BR ɪmˌpɪərɪəˈlɪstɪkli
AM ɪmˌpɪriəˈlɪstək(ə)li
imperialize
BR ɪmˈpɪərɪəlʌɪz, -ɪz, -ɪŋ, -d
AM ɪmˈpɪriəˌlaɪz, -ɪz, -ɪŋ, -d
imperially
BR ɪmˈpɪərɪəli
AM ɪmˈpɪriəli
imperil
BR ɪmˈpɛrl̩, -z, -ɪŋ, -d
AM ɪmˈpɛrəl, -z, -ɪŋ, -d
imperious
BR ɪmˈpɪərɪəs
AM ɪmˈpɪriəs
imperiously
BR ɪmˈpɪərɪəsli
AM ɪmˈpɪriəsli
imperiousness
BR ɪmˈpɪərɪəsnəs
AM ɪmˈpɪriəsnəs

imperishability
BR ɪmˌpɛrɪʃəˈbɪlɪti, ˌɪmpɛrɪʃəˈbɪliti
AM ɪmˌpɛrəʃəˈbɪlɪdi
imperishable
BR ɪmˈpɛrɪʃəbl
AM ɪmˈpɛrəʃəb(ə)l
imperishableness
BR ɪmˈpɛrɪʃəbli
AM ɪmˈpɛrəʃəbli
imperishably
BR ɪmˈpɛrɪʃəblnəs
AM ɪmˈpɛrəʃəhəlnəs
imperium
BR ɪmˈpɪərɪəm
AM ɪmˈpɪriəm
impermanence
BR (ˌ)ɪmˈpəːmənəns
AM ɪmˈpɚmənəns
impermanency
BR (ˌ)ɪmˈpəːmənənsǀi, -ɪz
AM ɪmˈpɚmənənsi, -z
impermanent
BR (ˌ)ɪmˈpəːmənənt
AM ɪmˈpɚmənənt
impermanently
BR (ˌ)ɪmˈpəːmənəntli
AM ɪmˈpɚmənən(t)li
impermeability
BR ɪmˌpəːmɪəˈbɪlɪti, ˌɪmpəːmɪəˈbɪliti
AM ɪmˌpɚmiəˈbɪlɪdi
impermeable
BR (ˌ)ɪmˈpəːmɪəbl
AM ɪmˈpɚmiəb(ə)l
impermeableness
BR (ˌ)ɪmˈpəːmɪəblnəs
AM ɪmˈpɚmiəbəlnəs
impermeably
BR (ˌ)ɪmˈpəːmɪəbli
AM ɪmˈpɚmiəbli
impermissibility
BR ˌɪmpəˌmɪsɪˈbɪlɪti
AM ɪmˌpɚmɪsəˈbɪlɪdi
impermissible
BR ˌɪmpəˈmɪsɪbl
AM ˌɪmˌpɚˈmɪsɪb(ə)l
imperscriptible
BR ˌɪmpəˈskrɪptɪbl
AM ˌɪmˌpɚˈskrɪptɪb(ə)l

impersonal
BR (ˌ)ɪmˈpəːsn̩l
AM ɪmˈpɚs(ə)n(ə)l
impersonality
BR ɪmˌpəːsəˈnælɪti
AM ɪmˌpɚsn̩ˈælədi
impersonally
BR (ˌ)ɪmˈpəːsn̩li, (ˌ)ɪmˈpəːsn̩li
AM ɪmˈpɚs(ə)nəli
impersonate
BR ɪmˈpəːsn̩eɪt, -s, -ɪŋ, -ɪd
AM ɪmˈpɚsn̩ˌeɪǀt, -ts, -dɪŋ, -dɪd
impersonation
BR ɪmˌpəːsəˈneɪʃn, ɪmˌpəːsn̩ˈeɪʃn, -z
AM ˌɪmˌpɚsəˈneɪʃ(ə)n, əmˌpɚsn̩ˈeɪʃ(ə)n, -z
impersonator
BR ɪmˈpəːsn̩eɪtə(r), -z
AM ɪmˈpɚsn̩ˌeɪdɚ, -z
impertinence
BR ɪmˈpəːtɪnəns, ɪmˈpəːtn̩əns
AM ɪmˈpɚtn̩əns
impertinent
BR ɪmˈpəːtɪnənt, ɪmˈpəːtn̩ənt
AM ɪmˈpɚtn̩ənt
impertinently
BR ɪmˈpəːtɪnəntli, ɪmˈpəːtn̩əntli
AM ɪmˈpɚtn̩ən(t)li
imperturbability
BR ˌɪmpəˌtəːbəˈbɪlɪti
AM ˌɪmpɚtɚbəˈbɪlɪdi
imperturbable
BR ˌɪmpəˈtəːbəbl
AM ˌɪmpɚˈtɚbəb(ə)l
imperturbableness
BR ˌɪmpəˈtəːbəblnəs
AM ˌɪmpɚˈtɚbəbəlnəs
imperturbably
BR ˌɪmpəˈtəːbəbli
AM ˌɪmpɚˈtɚbəbli
impervious
BR ɪmˈpəːvɪəs
AM ɪmˈpɚviəs

imperviously
BR ɪmˈpəːvɪəsli
AM ɪmˈpɚviəsli
imperviousness
BR ɪmˈpəːvɪəsnəs
AM ɪmˈpɚviəsnəs
impetiginous
BR ˌɪmpɪˈtɪdʒɪnəs
AM ˌɪmpəˈtɪdʒɪnəs
impetigo
BR ˌɪmpɪˈtʌɪɡəʊ
AM ˌɪmpəˈtaɪɡoʊ, ˌɪmpəˈtiɡoʊ
impetrate
BR ˈɪmpɪtreɪt, -s, -ɪŋ, -ɪd
AM ˈɪmpəˌtreɪǀt, -ts, -dɪŋ, -dɪd
impetration
BR ˌɪmpɪˈtreɪʃn, -z
AM ˌɪmpəˈtreɪʃ(ə)n, -z
impetratory
BR ˈɪmpɪtrət(ə)ri
AM ˈɪmpətrəˌtɔri
impetuosity
BR ɪmˌpɛtjʊˈɒsɪti, ɪmˌpɛtʃʊˈɒsɪti
AM ɪmˌpɛtʃəˈwɑsədi
impetuous
BR ɪmˈpɛtjʊəs, ɪmˈpɛtʃʊəs
AM ɪmˈpɛtʃ(əw)əs
impetuously
BR ɪmˈpɛtjʊəsl, ɪmˈpɛtʃʊəsli
AM ɪmˈpɛtʃ(əw)əsli
impetuousness
BR ɪmˈpɛtjʊəsnəs, ɪmˈpɛtʃʊəsnəs
AM ɪmˈpɛtʃ(əw)əsnəs
impetus
BR ˈɪmpɪtəs
AM ˈɪmpədəs
impi
BR ˈɪmpǀi, -ɪz
AM ˈɪmpi, -z
impiety
BR (ˌ)ɪmˈpʌɪɪtǀi, -ɪz
AM ɪmˈpaɪədi, -z
impinge
BR ɪmˈpɪn(d)ʒ, -ɪz, -ɪŋ, -d
AM ɪmˈpɪndʒ, -ɪz, -ɪŋ, -d

impingement
BR ɪmˈpɪn(d)ʒm(ə)nt, -s
AM ɨmˈpɪndʒm(ə)nt, -s

impinger
BR ɪmˈpɪn(d)ʒə(r), -z
AM ɨmˈpɪndʒɚ, -z

impious
BR ˈɪmpɪəs, (ˌ)ɪmˈpʌɪəs
AM ɪmˈpaɪəs, ˈɪmpiəs

impiously
BR ˈɪmpɪəsli, (ˌ)ɪmˈpʌɪəsli
AM ɪmˈpaɪəsli, ˈɪmpiəsli

impiousness
BR ˈɪmpɪəsnəs, (ˌ)ɪmˈpʌɪəsnəs
AM ɪmˈpaɪəsnəs, ˈɪmpiəsnəs

impish
BR ˈɪmpɪʃ
AM ˈɪmpɪʃ

impishly
BR ˈɪmpɪʃli
AM ˈɪmpɪʃli

impishness
BR ˈɪmpɪʃnɪs
AM ˈɪmpɪʃnɨs

implacability
BR ɪmˌplakəˈbɪlɨti
AM ɨmˌplækəˈbɪlɨdi

implacable
BR ɪmˈplakəbl
AM ɨmˈplækəb(ə)l

implacableness
BR ɪmˈplakəblnəs
AM ɨmˈplækəbəlnəs

implacably
BR ɪmˈplakəbli
AM ɨmˈplækəbli

implant[1] *noun*
BR ˈɪmplɑːnt, -s
AM ˈɪmˌplænt, -s

implant[2] *verb*
BR ɪmˈplɑːnt, -s, -ɪŋ, -ɨd
AM ɨmˈplænǀt, -ts, -(t)ɪŋ, -(t)əd

implantation
BR ˌɪmplɑːnˈteɪʃn, -z
AM ɪmˌplænˈteɪʃ(ə)n, ˌɪmplənˈteɪʃ(ə)n, -z

implausibility
BR ɪmˌplɔːzɪˈbɪlɨti
AM ɪmˌplɑzəˈbɪlɨdi, ɪmˌplɔzəˈbɪlɨdi

implausible
BR (ˌ)ɪmˈplɔːzɪbl
AM ɨmˈplɑzəb(ə)l, ɨmˈplɔzəb(ə)l

implausibly
BR (ˌ)ɪmˈplɔːzɪbli
AM ɨmˈplɑzəbli, ɨmˈplɔzəbli

implead
BR ɪmˈpliːd, -z, -ɪŋ, -ɨd
AM ɨmˈplid, -z, -ɪŋ, -ɨd

implement[1] *noun*
BR ˈɪmplɨm(ə)nt, -s
AM ˈɪmpləm(ə)nt, -s

implement[2] *verb*
BR ˈɪmplɪmɛnt, -s, -ɪŋ, -ɨd
AM ˈɪmpləˌmɛnǀt, -ts, -(t)ɪŋ, -(t)əd

implementation
BR ˌɪmplɪm(ɛ)nˈteɪʃn, -z
AM ˌɪmpləmənˈteɪʃ(ə)n, -z

implementer
BR ˈɪmplɪmɛntə(r), -z
AM ˈɪmpləˌmɛn(t)ɚ, -z

implicate
BR ˈɪmplɨkeɪt, -s, -ɪŋ, -ɨd
AM ˈɪmpləˌkeɪǀt, -ts, -dɪŋ, -dɨd

implication
BR ˌɪmplɨˈkeɪʃn, -z
AM ˌɪmpləˈkeɪʃ(ə)n, -z

implicative
BR ɪmˈplɪkətɪv, ˈɪmplɨkeɪtɪv
AM ɪmˈplɪkədɪv, ˈɪmpləˌkeɪdɪv

implicatively
BR ɪmˈplɪkətɪvli, ˈɪmplɨkeɪtɪvli
AM ɪmˈplɪkədəvli, ˈɪmpləˌkeɪdɪvli

implicature
BR ˈɪmplɨkətʃə(r), -z
AM ˈɪmplɪkəˌtʃɚ, -z

implicit
BR ɪmˈplɪsɪt
AM ɪmˈplɪsɨt

implicitly
BR ɪmˈplɪsɪtli
AM ɪmˈplɪsɨtli

implicitness
BR ɪmˈplɪsɪtnɪs
AM ɪmˈplɪsɨtnɨs

implied
BR ɪmˈplʌɪd
AM ɨmˈplaɪd

impliedly
BR ɪmˈplʌɪ(ɨ)dli
AM ɨmˈplaɪ(ə)dli

implode
BR ɪmˈpləʊd, -z, -ɪŋ, -ɨd
AM ɨmˈploʊd, -z, -ɪŋ, -ɨd

implore
BR ɪmˈplɔː(r), -z, -ɪŋ, -d
AM ɨmˈplɔ(ə)r, -z, -ɪŋ, -d

imploringly
BR ɪmˈplɔːrɪŋli
AM ɨmˈplɔrɪŋli

implosion
BR ɪmˈpləʊʒn, -z
AM ɨmˈploʊʒ(ə)n, -z

implosive
BR ɪmˈpləʊsɪv, ɪmˈpləʊzɪv, -z
AM ɨmˈploʊzɪv, -z

imply
BR ɪmˈplʌɪ, -z, -ɪŋ, -d
AM ɨmˈplaɪ, -z, -ɪŋ, -d

impolder
BR ɪmˈpəʊldǀə(r), -əz, -(ə)rɪŋ, -əd
AM ɨmˈpoʊldɚ, -d, -ɪŋ, -d

impolicy
BR ɪmˈpɒlɪsǀi, -ɪz
AM ɨmˈpɑləsi, -z

impolite
BR ˌɪmpəˈlʌɪt
AM ˌɪmpəˈlaɪt

impolitely
BR ˌɪmpəˈlʌɪtli
AM ˌɪmpəˈlaɪtli

impoliteness
BR ˌɪmpəˈlʌɪtnɪs
AM ˌɪmpəˈlaɪtnəs

impolitic
BR (ˌ)ɪmˈpɒlɪtɪk
AM ɪmˈpɑləˌtɪk

imponderability
BR ɪmˌpɒnd(ə)rəˈbɪlɨǀti, ˌɪmpɒnd(ə)rəˈbɪlɨǀti, -ɪz
AM ɪmˌpɑndərəˈbɪlɨdi, -z

imponderable
BR (ˌ)ɪmˈpɒnd(ə)rəbl, -z
AM ɪmˈpɑndərəb(ə)l, -z

imponderably
BR (ˌ)ɪmˈpɒnd(ə)rəbli
AM ɨmˈpɑndərəbli

imponent
BR ɪmˈpəʊnənt, -s
AM ɨmˈpoʊnənt, ˈɪmˌpoʊnənt, -s

import[1] *noun*
BR ˈɪmpɔːt, -s
AM ˈɪmˌpɔ(ə)rt, -s

import[2] *verb*
BR ɪmˈpɔːt, -s, -ɪŋ, -ɨd
AM ɪmǀˈpɔ(ə)rt, -ˈpɔ(ə)rts, -ˈpɔrdɪŋ, -ˈpɔrdɨd

importable
BR ɪmˈpɔːtəbl
AM ɨmˈpɔrdəb(ə)l

importance
BR ɪmˈpɔːt(ə)ns
AM ɪmˈpɔrtns

important
BR ɪmˈpɔːt(ə)nt
AM ɪmˈpɔrtnt

importantly
BR ɪmˈpɔːt(ə)ntli
AM ɪmˈpɔrtn(t)li

importation
BR ˌɪmpɔːˈteɪʃn, -z
AM ˌɪmpɔrˈteɪʃ(ə)n, -z

importer
BR ɪmˈpɔːtə(r), -z
AM ɨmˈpɔrdɚ, -z

importunate
BR ɪmˈpɔːtʃʊnət,
ɪmˈpɔːtjʊnət
AM əmˈpɔrtʃənət

importunately
BR ɪmˈpɔːtʃʊnətli,
ɪmˈpɔːtjʊnətli
AM əmˈpɔrtʃənətli

importune
BR ˌɪmpɔːˈtʃuːn,
ˌɪmpɔːˈtjuːn, -z,
-ɪŋ, -d
AM ˌɪmpɔrˈt(j)un,
ˌɪmpərˈt(j)un, -z,
-ɪŋ, -d

importunity
BR ˌɪmpɔːˈtjuːnɪti,
ˌɪmpɔːˈtʃuːnɪti
AM ˌɪmpɔrˈt(j)unədi,
ˌɪmpərˈt(j)unədi

impose
BR ɪmˈpəʊz, -ɪz,
-ɪŋ, -d
AM ɪmˈpoʊz, -əz,
-ɪŋ, -t

imposingly
BR ɪmˈpəʊzɪŋli
AM ɪmˈpoʊzɪŋli

imposingness
BR ɪmˈpəʊzɪŋnɪs
AM ɪmˈpoʊzɪŋnɪs

imposition
BR ˌɪmpəˈzɪʃn, -z
AM ˌɪmpəˈzɪʃ(ə)n, -z

impossibility
BR ɪmˌpɒsɪˈbɪlɪt|i,
ˌɪmpɒsɪˈbɪlɪt|i, -ɪz
AM əmˌpasəˈbɪlɪdi,
ˌɪmˌpasəˈbɪlɪdi, -z

impossible
BR ɪmˈpɒsɪbl
AM ɪmˈpasəb(ə)l

impossibly
BR ɪmˈpɒsɪbli
AM ɪmˈpasəbli

impost
BR ˈɪmpəʊst,
ˈɪmpɒst, -s
AM ˈɪmˌpoʊst, -s

imposter
BR ɪmˈpɒstə(r), -z
AM ɪmˈpastər, -z

impostor
BR ɪmˈpɒstə(r), -z
AM ɪmˈpastər, -z

impostorous
BR ɪmˈpɒst(ə)rəs
AM ɪmˈpast(ə)rəs

impostrous
BR ɪmˈpɒstrəs
AM ɪmˈpastrəs

imposture
BR ɪmˈpɒstʃə(r), -z
AM ɪmˈpastʃər, -z

impotence
BR ˈɪmpət(ə)ns
AM ˈɪmpətns,
ˈɪmpədəns

impotency
BR ˈɪmpət(ə)nsi
AM ˈɪmpətnsi,
ˈɪmpədənsi

impotent
BR ˈɪmpət(ə)nt
AM ˈɪmpədnt,
ˈɪmpədənt

impotently
BR ˈɪmpət(ə)ntli
AM ˈɪmpətn(t)li,
ˈɪmpədən(t)li

impound
BR ɪmˈpaʊnd, -z, -ɪŋ,
-ɪd
AM ɪmˈpaʊnd, -z, -ɪŋ,
-əd

impoundable
BR ɪmˈpaʊndəbl
AM ɪmˈpaʊndəb(ə)l

impounder
BR ɪmˈpaʊndə(r), -z
AM ɪmˈpaʊndər, -z

impoundment
BR ɪmˈpaʊndm(ə)nt, -s
AM ɪmˈpaʊndm(ə)nt, -s

impoverish
BR ɪmˈpɒv(ə)r|ɪʃ,
-ɪʃɪz, -ɪʃɪŋ, -ɪʃt
AM ɪmˈpav(ə)rɪʃ, -ɪz,
-ɪŋ, -t

impoverishment
BR ɪmˈpɒv(ə)rɪʃm(ə)nt,
-s
AM ɪmˈpav(ə)rɪʃm(ə)nt,
-s

impracticability
BR ɪmˌpræktɪkəˈbɪlɪti,
ˌɪmpræktɪkəˈbɪlɪti
AM əmˌpræktəkəˈbɪlɪdi,
ˌɪmˌpræktəkəˈbɪlɪdi

impracticable
BR (ˌ)ɪmˈpræktɪkəbl
AM ɪmˈpræktəkəb(ə)l

impracticableness
BR (ˌ)ɪmˈpræktɪkəblnəs
AM ɪmˈpræktəkəbəlnəs

impracticably
BR (ˌ)ɪmˈpræktɪkəbli
AM ɪmˈpræktəkəbli

impractical
BR (ˌ)ɪmˈpræktɪkl
AM ɪmˈpræktək(ə)l

impracticality
BR ɪmˌpræktɪˈkælɪti,
ˌɪmpræktɪˈkælɪti
AM əmˌpræktəˈkælədi,
ˌɪmˌpræktəˈkælədi

impractically
BR (ˌ)ɪmˈpræktɪkļi
AM ɪmˈpræktək(ə)li

imprecate
BR ˈɪmprɪkeɪt, -s, -ɪŋ, -ɪd
AM ˈɪmprəˌkeɪ|t, -ts,
-dɪŋ, -dɪd

imprecation
BR ˌɪmprɪˈkeɪʃn, -z
AM ˌɪmprəˈkeɪʃ(ə)n, -z

imprecatory
BR ˈɪmprɪkeɪt(ə)ri,
ɪmˈprɛkət(ə)ri
AM ˈɪmpərəkəˌtɔri

imprecise
BR ˌɪmprɪˈsʌɪs
AM ˌɪmprəˈsaɪs

imprecisely
BR ˌɪmprɪˈsʌɪsli
AM ˌɪmprəˈsaɪsli

impreciseness
BR ˌɪmprɪˈsʌɪsnɪs
AM ˌɪmprəˈsaɪsnɪs

imprecision
BR ˌɪmprɪˈsɪʒn, -z
AM ˌɪmprəˈsɪʒ(ə)n, -z

impregnability
BR ɪmˌprɛgnəˈbɪlɪti
AM ɪmˌprɛgnəˈbɪlɪdi,
əmˌprɛgnəˈbɪlɪdi

impregnable
BR (ˌ)ɪmˈprɛgnəbl
AM ɪmˈprɛgnəb(ə)l,
əmˈprɛgnəb(ə)l

impregnably
BR (ˌ)ɪmˈprɛgnəbli
AM ɪmˈprɛgnəbli,
əmˈprɛgnəbli

impregnatable
BR ˈɪmprɛgneɪtəbl,
ˌɪmprɛgˈneɪtəbl
AM ɪmˌprɛgˈneɪdəb(ə)l

impregnate[1] *adjective*
BR (ˌ)ɪmˈprɛgnət
AM ɪmˈprɛgnət

impregnate[2] *verb*
BR ˈɪmprɛgneɪt, -s,
-ɪŋ, -ɪd
AM ɪmˈprɛgˌneɪ|t, -ts,
-dɪŋ, -dɪd

impregnation
BR ˌɪmprɛgˈneɪʃn, -z
AM ˌɪmˌprɛgˈneɪʃ(ə)n,
-z

impresario
BR ˌɪmprɪˈsɑːriəʊ, -z
AM ˌɪmprəˈsɛrioʊ,
ˌɪmprəˈsɑrioʊ, -z

imprescriptible
BR ˌɪmprɪˈskrɪptɪbl
AM ˌɪmprəˈskrɪptəb(ə)l

impress[1] *noun*
BR ˈɪmprɛs, -ɪz
AM ˈɪmˌprɛs, -əz

impress[2] *verb*
BR ɪmˈprɛs, -ɪz, -ɪŋ, -t
AM ɪmˈprɛs, -əz,
-ɪŋ, -t

impressible
BR ɪmˈprɛsɪbl
AM ˈɪmˌprɛsəb(ə)l

impression
BR ɪmˈprɛʃn, -z
AM ɪmˈprɛʃ(ə)n, -z

impressionability
BR ɪmˌprɛʃ(ə)nəˈbɪlɪti,
ɪmˌprɛʃnəˈbɪlɪti
AM ɪmˌprɛʃ(ə)nəˈbɪlɪdi

impressionable
BR ɪmˈprɛʃnəbl,
ɪmˈprɛʃnəbl
AM ɪmˈprɛʃ(ə)nəb(ə)l

impressionably
BR ɪmˈpreʃnəbli,
ɪmˈpreʃnəbli
AM ɪmˈpreʃ(ə)nəbli

impressional
BR ɪmˈpreʃn̩l
AM ɪmˈpreʃ(ə)n(ə)l

impressionism
BR ɪmˈpreʃnɪzm
AM ɪmˈpreʃə,nɪz(ə)m

impressionist
BR ɪmˈpreʃnɪst, -s
AM ɪmˈpreʃ(ə)nəst, -s

impressionistic
BR ɪm,preʃəˈnɪstɪk,
ɪm,preʃn̩ˈɪstɪk
AM əm,preʃəˈnɪstɪk,
ɪm,preʃəˈnɪstɪk

impressionistically
BR ɪm,preʃəˈnɪstɪkli,
ɪm,preʃn̩ˈɪstɪkli
AM əm,preʃə-
ˈnɪstək(ə)li,
ɪm,preʃəˈnɪstək(ə)li

impressive
BR ɪmˈpresɪv
AM ɪmˈpresɪv,
əmˈpresɪv

impressively
BR ɪmˈpresɪvli
AM ɪmˈpresəvli,
əmˈpresəvli

impressiveness
BR ɪmˈpresɪvnɪs
AM əmˈpresɪvnɪs

impressment
BR ɪmˈpresm(ə)nt
AM ɪmˈpresm(ə)nt

imprest
BR ˈɪmprest, -s
AM ˈɪm,prest, -s

imprimatur
BR ,ɪmprɪˈmɑːtə(r),
,ɪmprɪˈmeɪtə(r), -z
AM ɪmˈprɪmə,t(j)ʊ(ə)r,
,ɪmprəˈmɑːdər, -z

imprimatura
BR ,ɪmpriːməˈtʊərə(r), -z
AM ɪm,prɪməˈtʊrə, -z

imprint[1] *noun*
BR ˈɪmprɪnt, -s
AM ˈɪm,prɪnt, -s

imprint[2] *verb*
BR ɪmˈprɪnt, -s, -ɪŋ, -ɪd
AM ɪmˈprɪn|t, -ts, -(t)ɪŋ, -(t)əd

imprison
BR ɪmˈprɪzn̩, -z, -ɪŋ, -d
AM ɪmˈprɪzn̩, -z, -ɪŋ, -d

imprisonment
BR ɪmˈprɪznm(ə)nt, -s
AM ɪmˈprɪznm(ə)nt, -s

impro
BR ˈɪmprəʊ, -z
AM ˈɪm,proʊ, -z

improbability
BR ɪm,prɒbəˈbɪlɪt|i, -ɪz
AM əm,prɑbəˈbɪlɪdi,
ˈɪm,prɑbəˈbɪlɪdi, -z

improbable
BR (,)ɪmˈprɒbəbl
AM ɪmˈprɑbəb(ə)l

improbably
BR (,)ɪmˈprɒbəbli
AM ɪmˈprɑbəbli

improbity
BR (,)ɪmˈprəʊbɪti
AM ɪmˈprɑbədi,
ɪmˈproʊbədi

impromptu
BR ɪmˈprɒm(p)tjuː,
ɪmˈprɒm(p)tʃuː, -z
AM ɪmˈprɑm(p),t(j)u, -z

improper
BR (,)ɪmˈprɒpə(r)
AM ɪmˈprɑpər

improperly
BR (,)ɪmˈprɒpəli
AM ɪmˈprɑpərli

impropriate
BR (,)ɪmˈprəʊprieɪt, -s, -ɪŋ, -ɪd
AM ɪmˈproʊpri,eɪ|t, -ts, -dɪŋ, -dɪd

impropriation
BR ɪm,prəʊpriˈeɪʃn, -z
AM ɪm,proʊpriˈeɪʃ(ə)n, -z

impropriator
BR (,)ɪmˈprəʊprieɪtə(r), -z
AM ɪmˈproʊpri,eɪdər, -z

impropriety
BR ,ɪmprəˈprʌɪt|i, -ɪz
AM ,ɪmproʊˈpraɪədi,
,ɪmprəˈpraɪədi, -z

improv
BR ˈɪmprɒv, -z
AM ˈɪm,prɑv, -z

improvability
BR ɪm,pruːvəˈbɪlɪt|i, -ɪz
AM ɪm,pruvəˈbɪlɪdi, -z

improvable
BR ɪmˈpruːvəbl
AM ɪmˈpruvəb(ə)l

improve
BR ɪmˈpruːv, -z, -ɪŋ, -d
AM ɪmˈpruv, -z, -ɪŋ, -d

improvement
BR ɪmˈpruːvm(ə)nt, -s
AM ɪmˈpruvm(ə)nt, -s

improver
BR ɪmˈpruːvə(r), -z
AM ɪmˈpruvər, -z

improvidence
BR (,)ɪmˈprɒvɪd(ə)ns
AM ɪmˈprɑvədns

improvident
BR (,)ɪmˈprɒvɪd(ə)nt
AM ɪmˈprɑvədnt

improvidently
BR (,)ɪmˈprɒvɪd(ə)ntli
AM ɪmˈprɑvəd(ə)n(t)li

improvisation
BR ,ɪmprəvʌɪˈzeɪʃn, -z
AM ,ɪmprəvəˈzeɪʃ(ə)n,
ɪm,prɑvəˈzeɪʃ(ə)n, -z

improvisational
BR ,ɪmprəvʌɪˈzeɪʃn̩
AM ,ɪmprəvə-
ˈzeɪʃ(ə)n(ə)l,
ɪm,prɑvəˈzeɪʃ(ə)n(ə)l

improvisatorial
BR ,ɪmprəvʌɪzəˈtɔːriəl,
ɪm,prɒvɪzəˈtɔːriəl
AM ɪmˈˌprɑvəzəˈtɔriəl

improvisatory
BR ,ɪmprəˈvʌɪzət(ə)ri
AM ,ɪmprəˈvaɪzə,tɔri,
ɪmˈprɑvəzə,tɔri

improvise
BR ˈɪmprəvʌɪz, -ɪz, -ɪŋ, -d
AM ˈɪmprə,vaɪz, -ɪz, -ɪŋ, -d

improviser
BR ˈɪmprəvʌɪzə(r), -z
AM ˈɪmprə,vaɪzər, -z

imprudence
BR (,)ɪmˈpruːd(ə)ns
AM ɪmˈprudns

imprudent
BR (,)ɪmˈpruːd(ə)nt
AM ɪmˈprudnt

imprudently
BR (,)ɪmˈpruːd(ə)ntli
AM ɪmˈprudn(t)li

impudence
BR ˈɪmpjʊd(ə)ns
AM ˈɪmpjədns

impudent
BR ˈɪmpjʊd(ə)nt
AM ˈɪmpjədnt

impudently
BR ˈɪmpjʊd(ə)ntli
AM ˈɪmpjəd(ə)n(t)li

impudicity
BR ,ɪmpjʊˈdɪsɪti
AM ,ɪmpjoʊˈdɪsɪdi,
,ɪmpjəˈdɪsɪdi

impugn
BR ɪmˈpjuːn, -z, -ɪŋ, -d
AM ɪmˈpjun, -z, -ɪŋ, -d

impugnable
BR ɪmˈpjuːnəbl
AM ɪmˈpjunəb(ə)l

impugnment
BR ɪmˈpjuːnm(ə)nt, -s
AM ɪmˈpjunm(ə)nt, -s

impuissance
BR (,)ɪmˈpwɪsns,
(,)ɪmˈpjuːsns
AM ɪmˈpwɪs(ə)ns,
ɪmˈpjus(ə)ns

impuissant
BR (ˌ)ɪmˈpwɪsnt,
(ˌ)ɪmˈpjuːɪsnt
AM ɪmˈpwɪs(ə)nt,
ɪmˈpjus(ə)nt
impulse
BR ˈɪmpʌls, -ɪz
AM ˈɪmˌpəls, -əz
impulsion
BR ɪmˈpʌlʃn, -z
AM ɪmˈpəlʃ(ə)n, -z
impulsive
BR ɪmˈpʌlsɪv
AM ɪmˈpəlsɪv
impulsively
BR ɪmˈpʌlsɪvli
AM ɪmˈpəlsəvli
impulsiveness
BR ɪmˈpʌlsɪvnɪs
AM ɪmˈpəlsɪvnɪs
impunity
BR ɪmˈpjuːnɪti
AM ɪmˈpjunədi
impure
BR (ˌ)ɪmˈpjʊə(r),
(ˌ)ɪmˈpjɔː(r)
AM ɪmˈpjʊ(ə)r
impurely
BR (ˌ)ɪmˈpjʊəli,
(ˌ)ɪmˈpjɔːli
AM ɪmˈpjʊrli
impureness
BR (ˌ)ɪmˈpjʊənəs,
(ˌ)ɪmˈpjɔːnəs
AM ɪmˈpjʊrnəs
impurity
BR (ˌ)ɪmˈpjʊərɪt|i,
ˌɪmˈpjɔːrɪt|i, -ɪz
AM ɪmˈpjʊrədi, -z
imputable
BR ɪmˈpjuːtəbl
AM ɪmˈpjʊdəb(ə)l
imputation
BR ˌɪmpjʉˈteɪʃn, -z
AM ˌɪmpjəˈteɪʃ(ə)n, -z
imputative
BR ɪmˈpjuːtətɪv
AM ɪmˈpjʊdədɪv
impute
BR ɪmˈpjuːt, -s, -ɪŋ, -ɪd
AM ɪmˈpju|t, -ts, -dɪŋ, -dəd

imshi
BR ˈɪmʃi
AM ˈɪmˌʃi
in
BR ɪn
AM ɪn
Ina
BR ˈiːnə(r), ˈʌɪnə(r)
AM ˈinə, ˈaɪnə
inability
BR ˌɪnəˈbɪlɪti
AM ˌɪnəˈbɪlɪdi
in absentia
BR ˌɪn əbˈsɛntɪə(r),
+ əbˈsɛnʃ(ɪ)ə(r)
AM ˌɪn ˌæbˈsɛnʃə,
ˌɪn əbˈsɛnʃə
inaccessibility
BR ˌɪnəkˌsɛsɪˈbɪlɪti
AM ˌɪnəkˌsɛsəˈbɪlɪdi,
ˌɪnækˌsɛsəˈbɪlɪdi
inaccessible
BR ˌɪnəkˈsɛsɪbl
AM ˌɪnəkˈsɛsəb(ə)l,
ˌɪnækˈsɛsəb(ə)l
inaccessibleness
BR ˌɪnəkˈsɛsɪblnəs
AM ˌɪnəkˈsɛsəbəlnəs,
ˌɪnækˈsɛsəbələs
inaccessibly
BR ˌɪnəkˈsɛsɪbli
AM ˌɪnəkˈsɛsəbli,
ˌɪnækˈsɛsəbli
inaccuracy
BR (ˌ)ɪnˈakjʉrəs|i,
-ɪz
AM ɪnˈækjərəsi,
-z
inaccurate
BR (ˌ)ɪnˈakjʉrət
AM ɪnˈækjərət
inaccurately
BR (ˌ)ɪnˈakjʉrətli
AM ɪnˈækjərətli
inaction
BR ɪnˈakʃn
AM ɪnˈækʃ(ə)n
inactivate
BR ɪnˈaktɪveɪt, -s,
-ɪŋ, -ɪd
AM ɪnˈæktəˌveɪ|t, -ts,
-dɪŋ, -dɪd

inactivation
BR ɪnˌaktɪˈveɪʃn,
ˌɪnaktɪˈveɪʃn, -z
AM ɪnˌæktəˈveɪʃ(ə)n,
-z
inactive
BR (ˌ)ɪnˈaktɪv
AM ɪnˈæktɪv
inactively
BR (ˌ)ɪnˈaktɪvli
AM ɪnˈæktəvli
inactivity
BR ˌɪnakˈtɪvɪti
AM ˌɪnækˈtɪvɪdi
inadequacy
BR (ˌ)ɪnˈadɪkwəs|i, -ɪz
AM ɪnˈædəkwəsi, -z
inadequate
BR (ˌ)ɪnˈadɪkwət
AM ɪnˈædəkwət
inadequately
BR (ˌ)ɪnˈadɪkwətli
AM ɪnˈædəkwətli
inadmissibility
BR ˌɪnədˌmɪsɪˈbɪlɪti
AM ˌɪnədˌmɪsəˈbɪlɪdi
inadmissible
BR ˌɪnədˈmɪsɪbl
AM ˌɪnədˈmɪsəb(ə)l
inadmissibly
BR ˌɪnədˈmɪsɪbli
AM ˌɪnədˈmɪsɪbli
inadvertence
BR ˌɪnədˈvɜːt(ə)ns
AM ˌɪˌnædˈvərtns,
ˌɪnədˈvərtns
inadvertency
BR ˌɪnədˈvɜːt(ə)nsi
AM ˌɪˌnædˈvərtnsi,
ˌɪnədˈvərtnsi
inadvertent
BR ˌɪnədˈvɜːt(ə)nt
AM ˌɪnədˈvərtnt
inadvertently
BR ˌɪnədˈvɜːt(ə)ntli
AM ˌɪnədˈvərtn(t)li
inadvisability
BR ˌɪnədˌvʌɪzəˈbɪlɪti
AM ˌɪnədˌvaɪzəˈbɪlɪdi
inadvisable
BR ˌɪnədˈvʌɪzəbl
AM ˌɪnədˈvaɪzəb(ə)l

inalienability
BR ɪnˌeɪlɪənəˈbɪlɪti
AM ɪnˌeɪlɪənəˈbɪlɪdi
inalienable
BR (ˌ)ɪnˈeɪlɪənəbl
AM ɪnˈeɪlɪənəb(ə)l
inalienableness
BR (ˌ)ɪnˈeɪlɪənəblnəs
AM ɪnˈeɪlɪənəbəlnəs
inalienably
BR (ˌ)ɪnˈeɪlɪənəbli
AM ɪnˈeɪlɪənəbli
inalterability
BR ɪnˌɔːlt(ə)rəˈbɪlɪti,
ˌɪnɔːlt(ə)rəˈbɪlɪti,
ɪnˌɒlt(ə)rəˈbɪlɪti,
ˌɪnɒlt(ə)rəˈbɪlɪti
AM ɪnˌɑlt(ə)rəˈbɪlɪdi,
ɪnˌɔlt(ə)rəˈbɪlɪdi
inalterable
BR (ˌ)ɪnˈɔːlt(ə)rəbl,
(ˌ)ɪnˈɒlt(ə)rəbl
AM ɪnˈɑlt(ə)rəb(ə)l,
ɪnˈɔlt(ə)rəb(ə)l
inalterably
BR (ˌ)ɪnˈɔːlt(ə)rəbli,
(ˌ)ɪnˈɒlt(ə)rəbli
AM ɪnˈɑlt(ə)rəbli,
ɪnˈɔlt(ə)rəbli
inamorata
BR ɪnˌaməˈrɑːtə(r),
ˌɪnaməˈrɑːtə(r), -z
AM ɪˌnæməˈrɑdə, -z
inamorato
BR ɪnˌaməˈrɑːtəʊ,
ˌɪnaməˈrɑːtəʊ, -z
AM ɪˌnæməˈrɑdoʊ, -z
inane
BR ɪˈneɪn
AM ɪˈneɪn
inanely
BR ɪˈneɪnli
AM ɪˈneɪnli
inaneness
BR ɪˈneɪnnɪs
AM ɪˈneɪ(n)nɪs
inanga
BR ˈiːnaŋgə(r), -z
AM ˈiˌnaŋgə, -z
inanimate
BR ɪnˈanɪmət
AM ɪnˈænəmət

inanimately
BR ɪnˈænɪmətli
AM ɪnˈænəmətli

inanimation
BR ɪnˌænɪˈmeɪʃn
AM ɪnˌænəˈmeɪʃ(ə)n

inanition
BR ˌɪnəˈnɪʃn
AM ˌɪnəˈnɪʃ(ə)n

inanity
BR ɪˈnænɪtˌi, -ɪz
AM ɨˈnænədi, -z

inappeasable
BR ˌɪnəˈpiːzəbl
AM ˌɪnəˈpizəb(ə)l

inappellable
BR ˌɪnəˈpɛləbl
AM ˌɪnəˈpɛləb(ə)l

inappetence
BR (ˌ)ɪnˈæpɪt(ə)ns
AM ɨnˈæpətns, ɨnˈæpədəns

inappetency
BR (ˌ)ɪnˈæpɪt(ə)nsi
AM ɨnˈæpətnsi, ɨnˈæpədənsi

inappetent
BR (ˌ)ɪnˈæpɪt(ə)nt
AM ɨnˈæpədnt, ɨnˈæpədənt

inapplicability
BR ˌɪnəˌplɪkəˈbɪlɪti, ɪnˌæplɪkəˈbɪlɪti
AM ənˌæpləkəˈbɪlɪdi, ˌɪnˌæpləkəˈbɪlɪdi

inapplicable
BR ˌɪnəˈplɪkəbl, (ˌ)ɪnˈæplɪkəbl
AM ənˈæpləkəb(ə)l, ˌɪnˈæpləkəb(ə)l

inapplicably
BR ˌɪnəˈplɪkəbli, (ˌ)ɪnˈæplɪkəbli
AM ənˈæpləkəbli, ˌɪnˈæpləkəbli

inapposite
BR (ˌ)ɪnˈæpəzɪt
AM ɨnˈæpəzət

inappositely
BR (ˌ)ɪnˈæpəzɪtli
AM ɨnˈæpəzətli

inappositeness
BR (ˌ)ɪnˈæpəzɪtnɪs
AM ɨnˈæpəzətnəs

inappreciable
BR ˌɪnəˈpriːʃ(ɪ)əbl
AM ˌɪnəˈpriʃəb(ə)l

inappreciably
BR ˌɪnəˈpriːʃ(ɪ)əbli
AM ˌɪnəˈpriʃəbli

inappreciation
BR ˌɪnəˌpriːʃɪˈeɪʃn, ˌɪnəˌpriːsɪˈeɪʃn
AM ˌˌɪnəprɪʃɪˈeɪʃ(ə)n

inappreciative
BR ˌɪnəˈpriːʃ(ɪ)ətɪv, ˌɪnəˈpriːsɪətɪv
AM ˌɪnəˈpriʃədɪv

inapprehensible
BR ɪnˌæprɪˈhɛnsɪbl, ˌɪnæprɪˈhɛnsɪbl
AM ɨnˌæprə-ˈhɛnsəb(ə)l

inappropriate
BR ˌɪnəˈprəʊprɪət
AM ˌɪnəˈproʊprɪət

inappropriately
BR ˌɪnəˈprəʊprɪətli
AM ˌɪnəˈproʊprɪətli

inappropriateness
BR ˌɪnəˈprəʊprɪətnəs
AM ˌɪnəˈproʊprɪətnəs

inapt
BR (ˌ)ɪnˈapt
AM ɨnˈæpt

inaptitude
BR (ˌ)ɪnˈaptɪtjuːd, (ˌ)ɪnˈaptɪtʃuːd
AM ɨnˈæptə,t(j)ud

inaptly
BR (ˌ)ɪnˈaptli
AM ɨnˈæp(t)li

inaptness
BR (ˌ)ɪnˈap(t)nəs
AM ɨnˈæp(t)nəs

inarch
BR ɪnˈɑːtʃ, -ɪz, -ɪŋ, -t
AM ɨnˈɑrtʃ, -əz, -ɪŋ, -t

inarguable
BR (ˌ)ɪnˈɑːgjʊəbl
AM ˌɪnˈɑrgjəˌ(wə)bəl

inarguably
BR (ˌ)ɪnˈɑːgjʊəbli
AM ˌɪnˈɑrgjə(wə)bli

inarticulacy
BR ˌɪnɑːˈtɪkjʊləsi
AM ˌɪnɑrˈtɪkjələsi

inarticulate
BR ˌɪnɑːˈtɪkjʊlət
AM ˌɪnɑrˈtɪkjələt

inarticulately
BR ˌɪnɑːˈtɪkjʊlətli
AM ˌɪnɑrˈtɪkjələtli

inarticulateness
BR ˌɪnɑːˈtɪkjʊlətnəs
AM ˌɪnɑrˈtɪkjələtnəs

inartistic
BR ˌɪnɑːˈtɪstɪk
AM ˌɪnɑrˈtɪstɪk

inartistically
BR ˌɪnɑːˈtɪstɪkli
AM ˌɪnɑr-ˈtɪstək(ə)li

inasmuch
BR ˌɪnəzˈmʌtʃ
AM ˌɪnəzˈmətʃ

inattention
BR ˌɪnəˈtɛnʃn
AM ˌɪnəˈten(t)ʃ(ə)n

inattentive
BR ˌɪnəˈtɛntɪv
AM ˌɪnəˈten(t)ɪv

inattentively
BR ˌɪnəˈtɛntɪvli
AM ˌɪnəˈten(t)əvli

inattentiveness
BR ˌɪnəˈtɛntɪvnɪs
AM ˌɪnəˈten(t)ɪvnɪs

inaudibility
BR ɪnˌɔːdɪˈbɪlɪti, ˌɪnɔːdɪˈbɪlɪti
AM ɨˌnɑdəˈbɪlɪdi, ˌɨnɑdəˈbɪlɪdi, ɨˌnɔdəˈbɪlɪdi, ˌɨnɔdəˈbɪlɪdi

inaudible
BR (ˌ)ɪnˈɔːdɪbl
AM ɨnˈɑdəb(ə)l, ɨnˈɔdəb(ə)l

inaudibly
BR (ˌ)ɪnˈɔːdɪbli
AM ɨnˈɑdəbli, ɨnˈɔdəbli

inaugural
BR ɪˈnɔːgjʊrḷ, -z
AM ɨˈnɑg(ə)rəl, ɨˈnɑgjərəl, ɨˈnɑg(ə)rəl, ɨˈnɔgjərəl, -z

inaugurate
BR ɪˈnɔːgjʊreɪt, -s, -ɪŋ, -ɪd
AM ɨˈnɑg(j)əˌreɪt, ɨˈnɔg(j)əˌreɪt, -ts, -dɪŋ, -dɪd

inauguration
BR ɪˌnɔːgjʊˈreɪʃn, -z
AM ɨˌnɑg(j)əˈreɪʃ(ə)n, ɨˌnɔg(j)əˈreɪʃ(ə)n, -z

inaugurator
BR ɪˈnɔːgjʊreɪtə(r), -z
AM ɨˈnɑg(j)əˌreɪdər, ɨˈnɔg(j)əˌreɪdər, -z

inauguratory
BR ɪˈnɔːgjʊrət(ə)ri
AM ɨˈnɑg(j)ərəˌtɔri, ɨˈnɔg(j)ərəˌtɔri

inauspicious
BR ˌɪnɔːˈspɪʃəs
AM ˌɪnɑˈspɪʃəs, ˌɪnɔˈspɪʃəs

inauspiciously
BR ˌɪnɔːˈspɪʃəsli
AM ˌɪnɑˈspɪʃəsli, ˌɪnɔˈspɪʃəsli

inauspiciousness
BR ˌɪnɔːˈspɪʃəsnəs
AM ˌɪnɑˈspɪʃəsnəs, ˌɪnɔˈspɪʃəsnəs

inauthentic
BR ˌɪnɔːˈθɛntɪk
AM ˌɪnɑˈθen(t)ɪk, ˌɪnɔˈθen(t)ɪk

inauthenticity
BR ˌɪnɔːθɛnˈtɪsɪti
AM ˌˌɪnɑθənˈtɪsɪdi, ˌˌɪnɔθənˈtɪsɪdi

in-between
BR ˌɪnbɪˈtwiːn
AM ˌˌɪnbəˈtwin

inboard
BR ˈɪnbɔːd
AM ˈɪnˌbɔ(ə)rd

inborn
BR ˌɪnˈbɔːn
AM ˈˌɪnˈbɔ(ə)rn

inbound
BR ˈɪnbaʊnd
AM ˈɪnˌbaʊnd

inbreathe
BR ˌɪnˈbriːð, -z, -ɪŋ, -d
AM ɪnˈbrið, -z, -ɪŋ, -d

inbred
BR ˌɪnˈbrɛd
AM ˈˌɪnˌbrɛd

inbreed
BR ˌɪnˈbriːd, -z, -ɪŋ
AM ˈɪnˌbrid, -z, -ɪŋ

inbreeding
BR ˈɪnˌbriːdɪŋ, ˌɪnˈbriːdɪŋ
AM ˈɪnˌbridɪŋ

inbuilt
BR ˌɪnˈbɪlt
AM ˈɪnˌbɪlt

Inc.
BR ɪŋk
AM ɪŋk

Inca
BR ˈɪŋkə(r), -z
AM ˈɪŋkə, -z

Incaic
BR ɪŋˈkeɪɪk
AM ɪnˈkeɪɪk

incalculability
BR ɪnˌkalkjʊləˈbɪlɪti, ɪŋˌkalkjʊləˈbɪlɪti
AM ɪnˌkælkjələˈbɪlɪdi, ˈˌɪnˌkælkjələˈbɪlɪdi, ˈˌɪŋˌkælkjələˈbɪlɪdi

incalculable
BR (ˌ)ɪnˈkalkjʊləbl, (ˌ)ɪŋˈkalkjʊləbl
AM ɪŋˈkælkjələb(ə)l, ɪnˈkælkjələb(ə)l

incalculably
BR (ˌ)ɪnˈkalkjʊləbli, (ˌ)ɪŋˈkalkjʊləbli
AM ɪŋˈkælkjələbli, ɪnˈkælkjələbli

in camera
BR ˌɪn ˈkam(ə)rə(r)
AM ˌɪn ˈkæm(ə)rə

Incan
BR ˈɪŋkən
AM ˈɪŋkən

incandesce
BR ˈɪnbaʊnd, ˌɪnkanˈdɛs, ˌɪnkanˈdɛs, -ɪz, -ɪŋ, -t
AM ˌɪŋkənˈdɛs, ˌɪŋkənˈdɛs, -əz, -ɪŋ, -t

incandescence
BR ˌɪnkanˈdɛsns, ˌɪŋkanˈdɛsns
AM ˌɪŋkənˈdɛs(ə)ns, ˌɪŋkənˈdɛs(ə)ns

incandescent
BR ˌɪnkanˈdɛsnt, ˌɪŋkanˈdɛsnt
AM ˌɪŋkənˈdɛs(ə)nt, ˌɪŋkənˈdɛs(ə)nt

incandescently
BR ˌɪnkanˈdɛsntli, ˌɪŋkanˈdɛsntli
AM ˌɪŋkənˈdɛsn(t)li, ˌɪŋkənˈdɛsn(t)li

incantation
BR ˌɪnkanˈteɪʃn, ˌɪŋkanˈteɪʃn, -z
AM ˌɪŋˌkænˈteɪʃ(ə)n, ˌɪnˌkænˈteɪʃ(ə)n, -z

incantational
BR ˌɪŋkanˈteɪʃn̩l
AM ˌɪŋˌkænˈteɪʃ(ə)n(ə)l, ˌɪnˌkænˈteɪʃ(ə)n(ə)l

incantatory
BR ˌɪnkanˈteɪt(ə)ri, ɪnˈkantət(ə)ri, ˌɪŋkanˈteɪt(ə)ri, ɪŋˈkantət(ə)ri
AM ɪŋˈkæn(t)əˌtɔri, ɪnˈkæn(t)əˌtɔri

incapability
BR ɪnˌkeɪpəˈbɪlɪti, ˌɪnkeɪpəˈbɪlɪti, ɪŋˌkeɪpəˈbɪlɪti, ˌɪŋkeɪpəˈbɪlɪti
AM ɪnˌkeɪpəˈbɪlɪdi, ˈˌɪŋˌkeɪpəˈbɪlɪdi, ˈˌɪnˌkeɪpəˈbɪlɪdi

incapable
BR ɪnˈkeɪpəbl, ɪŋˈkeɪpəbl
AM ɪŋˈkeɪpəb(ə)l, ɪnˈkeɪpəb(ə)l

incapably
BR ɪnˈkeɪpəbli, ɪŋˈkeɪpəbli
AM ɪŋˈkeɪpəbli, ɪnˈkeɪpəbli

incapacitant
BR ˌɪnkəˈpasɪt(ə)nt, ˌɪŋkəˈpasɪt(ə)nt, -s
AM ˌɪŋkəˈpæsətnt, ˌɪnkəˈpæsətnt, -s

incapacitate
BR ˌɪnkəˈpasɪteɪt, ˌɪŋkəˈpasɪteɪt, -s, -ɪŋ, -ɪd
AM ˌɪŋkəˈpæsəˌteɪ|t, ˌɪnkəˈpæsəˌteɪ|t, -ts, -dɪŋ, -dɪd

incapacitation
BR ˌɪnkəˌpasɪˈteɪʃn, ˌɪŋkəˌpasɪˈteɪʃn
AM ˈˌɪŋkəˌpæsəˈteɪʃ(ə)n, ˈˌɪnkəˌpæsəˈteɪʃ(ə)n

incapacity
BR ˌɪnkəˈpasɪti, ˌɪŋkəˈpasɪti
AM ˌɪŋkəˈpæsədi, ˌɪnkəˈpæsədi

in-car
BR ˌɪnˈkɑː(r), ˌɪŋˈkɑː(r)
AM ˈˌɪnˈkɑr

incarcerate
BR ɪnˈkɑːsəreɪt, ɪŋˈkɑːsəreɪt, -s, -ɪŋ, -ɪd
AM ɪŋˈkɑrsəˌreɪ|t, ɪnˈkɑrsəˌreɪ|t, -ts, -dɪŋ, -dɪd

incarceration
BR ɪnˌkɑːsəˈreɪʃn, ɪŋˌkɑːsəˈreɪʃn
AM ɪŋˌkɑrsəˈreɪʃ(ə)n, ɪnˌkɑrsəˈreɪʃ(ə)n

incarcerator
BR ɪnˈkɑːsəreɪtə(r), ɪŋˈkɑːsəreɪtə(r), -z
AM ɪŋˈkɑrsəˌreɪdər, ɪnˈkɑrsəˌreɪdər, -z

incarnadine
BR ɪnˈkɑːnədʌɪn, ɪŋˈkɑːnədʌɪn, -z, -ɪŋ, -d
AM ɪŋˈkɑrnəˌdaɪn, ɪnˈkɑrnəˌdaɪn, -z, -ɪŋ, -d

incarnate[1] *adjective*
BR ɪnˈkɑːnət, ɪŋˈkɑːnət
AM ɪnˈkɑrnət

incarnate[2] *verb*
BR ɪnˈkɑːneɪt, ɪŋˈkɑːneɪt, -s, -ɪŋ, -ɪd
AM ˈɪnˌkɑrnˌeɪ|t, ˈɪŋˌkɑrnˌeɪ|t, ənˈkɑrˌneɪ|t, -ts, -dɪŋ, -dɪd

incarnation
BR ˌɪnkɑːˈneɪʃn, ˌɪŋkɑːˈneɪʃn, -z
AM ˌɪŋˌkɑrˈneɪʃ(ə)n, ˌɪnˌkɑrˈneɪʃ(ə)n, -z

incase
BR ɪnˈkeɪs, ɪŋˈkeɪs, -ɪz, -ɪŋ, -t
AM ɪnˈkeɪs, -ɪz, -ɪŋ, -t

incaution
BR ɪnˈkɔːʃn, ɪŋˈkɔːʃn, -z
AM ɪŋˈkɔʃ(ə)n, ɪnˈkɑʃ(ə)n, ɪŋˈkɑʃ(ə)n, ɪnˈkɔʃ(ə)n, -z

incautious
BR (ˌ)ɪnˈkɔːʃəs, (ˌ)ɪŋˈkɔːʃəs
AM ɪŋˈkɔʃəs, ɪnˈkɑʃəs, ɪŋˈkɑʃəs, ɪnˈkɔʃəs

incautiously
BR (ˌ)ɪnˈkɔːʃəsli, (ˌ)ɪŋˈkɔːʃəsli
AM ɪŋˈkɔʃəsli, ɪnˈkɑʃəsli, ɪŋˈkɑʃəsli, ɪnˈkɔʃəsli

incautiousness
BR (ˌ)ɪnˈkɔːʃəsnəs, (ˌ)ɪŋˈkɔːʃəsnəs
AM ɪŋˈkɔʃəsnəs, ɪnˈkɑʃəsnəs, ɪŋˈkɑʃəsnəs, ɪnˈkɔʃəsnəs

incendiarism
BR ɪnˈsendɪərɪzm,
ɪnˈsendʒərɪzm
AM ɪnˈsendɪəˌrɪz(ə)m

incendiary
BR ɪnˈsendɪər|i,
ɪnˈsendʒ(ə)r|i, -ɪz
AM ɪnˈsendiˌeri, -z

incensation
BR ˌɪnsenˈseɪʃn, -z
AM ɪnˌsenˈseɪʃ(ə)n, -z

incense[1] *noun*
BR ˈɪnsens
AM ˈɪnˌsens

incense[2] *verb*
BR ɪnˈsens, -ɪz, -ɪŋ, -t
AM ɪnˈsens, -əz, -ɪŋ, -t

incensory
BR ɪnˈsens(ə)r|i, -ɪz
AM ɪnˈsens(ə)ri, -z

incentive
BR ɪnˈsentɪv, -z
AM ɪnˈsen(t)ɪv, -z

incept
BR ɪnˈsept, -s, -ɪŋ, -ɪd
AM ɪnˈsept, -s, -ɪŋ, -əd

inception
BR ɪnˈsepʃn
AM ɪnˈsepʃ(ə)n

inceptive
BR ɪnˈseptɪv
AM ɪnˈseptɪv

inceptor
BR ɪnˈseptə(r), -z
AM ɪnˈseptər, -z

incertitude
BR (ˌ)ɪnˈsɜːtɪtjuːd,
(ˌ)ɪnˈsɜːtɪtʃuːd
AM ɪnˈsɜrdəˌt(j)ud

incessancy
BR ɪnˈsesnsi
AM ɪnˈsesənsi

incessant
BR ɪnˈsesnt
AM ɪnˈsesnt

incessantly
BR ɪnˈsesntli
AM ɪnˈsesn(t)li

incessantness
BR ɪnˈsesntnəs
AM ɪnˈsesn(t)nəs

incest
BR ˈɪnsest
AM ˈɪnˌsest

incestuous
BR ɪnˈsestjʊəs,
ɪnˈsestʃʊəs
AM ɪnˈsestʃ(əw)əs

incestuously
BR ɪnˈsestjʊəsli,
ɪnˈsestʃʊəsli
AM ɪnˈsestʃ(əw)əsli

incestuousness
BR ɪnˈsestjʊəsnəs,
ɪnˈsestʃʊəsnəs
AM ɪnˈsestʃ(əw)əsnəs

inch
BR ɪn(t)ʃ, -ɪz, -ɪŋ, -t
AM ɪn(t)ʃ, -ɪz, -ɪŋ, -t

incharge
BR ˈɪntʃɑːdʒ, -ɪz
AM ɪnˈtʃɑrdʒ, -əz

Inchcape
BR ˈɪn(t)ʃkeɪp
AM ˈɪn(t)ʃˌkeɪp

inchmeal
BR ˈɪn(t)ʃmiːl
AM ˈɪn(t)ʃˌmil

inchoate[1] *adjective*
BR ɪnˈkəʊeɪt,
ˈɪnkəʊeɪt,
ɪŋˈkəʊeɪt,
ˈɪŋkəʊeɪt
AM ˈɪnkəˌweɪt,
ɪŋˈkoʊət,
ˈɪŋkəˌweɪt,
ɪnˈkoʊət

inchoate[2] *verb*
BR ɪnˈkəʊeɪt,
ˈɪnkəʊeɪt, -s, -ɪŋ,
-ɪd
AM ˈɪnkəˌweɪt,
ˈɪnkəˌweɪt, -ts,
-dɪŋ, -dɪd

inchoately
BR ɪnˈkəʊeɪtli,
ˈɪnkəʊeɪtli,
ɪŋˈkəʊeɪtli,
ˈɪŋkəʊeɪtli
AM ˈɪnkəˌweɪtli,
ɪŋˈkoʊətli,
ˈɪŋkəˌweɪtli,
ɪnˈkoʊətli

inchoateness
BR ɪnˈkəʊeɪtnɪs,
ˈɪnkəʊeɪtnɪs,
ɪŋˈkəʊeɪtnɪs,
ˈɪŋkəʊeɪtnɪs
AM ˈɪnkəˌweɪtnɪs,
ɪŋˈkoʊətnəs,
ˈɪŋkəˌweɪtnɪs,
ɪnˈkoʊətnəs

inchoation
BR ˌɪnkəʊˈeɪʃn,
ˌɪŋkəʊˈeɪʃn, -z
AM ˌɪŋkəˈweɪʃ(ə)n,
ˌɪnkəˈweɪʃ(ə)n, -z

inchoative
BR ˈɪnkəʊeɪtɪv,
ˈɪŋkəʊeɪtɪv
AM ˈɪŋkəˌweɪdɪv,
ˈɪnkəˌweɪdɪv

Inchon
BR ˈɪnˈtʃɒn
AM ˌɪnˈtʃɑn

inchworm
BR ˈɪn(t)ʃwɜːm, -z
AM ˈɪn(t)ʃˌwɜrm, -z

incidence
BR ˈɪnsɪd(ə)ns
AM ˈɪnsədns

incident
BR ˈɪnsɪd(ə)nt, -s
AM ˈɪnsədnt, -s

incidental
BR ˌɪnsɪˈdentl, -z
AM ˌɪnsəˈden(t)l, -z

incidentally
BR ˌɪnsɪˈdentli,
ˌɪnsɪˈdentli
AM ˌɪnsəˈden(t)li

incidentalness
BR ˌɪnsɪˈdentlnəs
AM ˌɪnsəˈden(t)lnəs

incinerate
BR ɪnˈsɪnəreɪt, -s,
-ɪŋ, -ɪd
AM ɪnˈsɪnəˌreɪ|t, -ts,
-dɪŋ, -dɪd

incineration
BR ɪnˌsɪnəˈreɪʃn
AM ɪnˌsɪnəˈreɪʃ(ə)n

incinerator
BR ɪnˈsɪnəreɪtə(r), -z
AM ɪnˈsɪnəˌreɪdər, -z

incipience
BR ɪnˈsɪpɪəns
AM ɪnˈsɪpiəns

incipiency
BR ɪnˈsɪpɪəns|i, -ɪz
AM ɪnˈsɪpiənsi, -z

incipient
BR ɪnˈsɪpɪənt
AM ɪnˈsɪpiənt

incipiently
BR ɪnˈsɪpɪəntli
AM ɪnˈsɪpiən(t)li

incipit
BR ˈɪnsɪpɪt, -s
AM ɪnˈsɪpɪt, -s

incise
BR ɪnˈsaɪz, -ɪz,
-ɪŋ, -d
AM ɪnˈsaɪz, -ɪz,
-ɪŋ, -d

incision
BR ɪnˈsɪʒn, -z
AM ɪnˈsɪʒ(ə)n, -z

incisive
BR ɪnˈsaɪsɪv
AM ɪnˈsaɪsɪv

incisively
BR ɪnˈsaɪsɪvli
AM ɪnˈsaɪsɪvli

incisiveness
BR ɪnˈsaɪsɪvnɪs
AM ɪnˈsaɪsɪvnɪs

incisor
BR ɪnˈsaɪzə(r), -z
AM ˌɪnˈsaɪzər,
ɪnˈsaɪzər, -z

incitation
BR ˌɪnsaɪˈteɪʃn,
ˌɪnsɪˈteɪʃn, -z
AM ˌɪnsəˈteɪʃ(ə)n,
ɪnˌsaɪˈteɪʃ(ə)n, -z

incite
BR ɪnˈsaɪt, -s,
-ɪŋ, -ɪd
AM ɪnˈsaɪ|t, -ts, -dɪŋ,
-dɪd

incitement
BR ɪnˈsaɪtm(ə)nt, -s
AM ɪnˈsaɪtm(ə)nt, -s

inciter
BR ɪnˈsaɪtə(r), -z
AM ɪnˈsaɪdər, -z

incivility
BR ˌɪnsɪˈvɪlɪt|i, -ɪz
AM ˌɪnsəˈvɪlɪdi, -z

incivism
BR ˈɪnsɪvɪzm
AM ɪnˈsɪˌvɪz(ə)m

inclemency
BR (ˌ)ɪnˈklem(ə)nsi, (ˌ)ɪŋˈklem(ə)nsi
AM ɪŋˈklemənsi, ɪnˈklemənsi

inclement
BR (ˌ)ɪnˈklem(ə)nt, (ˌ)ɪŋˈklem(ə)nt
AM ɪŋˈklem(ə)nt, ɪnˈklem(ə)nt

inclemently
BR (ˌ)ɪnˈklem(ə)ntli, (ˌ)ɪŋˈklem(ə)ntli
AM ɪŋˈklemən(t)li, ɪnˈklemən(t)li

inclinable
BR ɪnˈklaɪnəbl, ɪŋˈklaɪnəbl
AM ɪŋˈklaɪnəb(ə)l, ɪnˈklaɪnəb(ə)l

inclination
BR ˌɪnklɪˈneɪʃn, ˌɪŋklɪˈneɪʃn, -z
AM ˌɪŋkləˈneɪʃ(ə)n, ˌɪnkləˈneɪʃ(ə)n, -z

incline[1] *noun*
BR ˈɪnklaɪn, ˈɪŋklaɪn, -z
AM ˈɪŋˌklaɪn, ˈɪnˌklaɪn, -z

incline[2] *verb*
BR ɪnˈklaɪn, ɪŋˈklaɪn, -z, -ɪŋ, -d
AM ɪŋˈklaɪn, ɪnˈklaɪn, -z, -ɪŋ, -d

incliner
BR ɪnˈklaɪnə(r), ɪŋˈklaɪnə(r), -z
AM ɪŋˈklaɪnər, ɪnˈklaɪnər, -z

inclinometer
BR ˌɪnklɪˈnɒmɪtə(r), ˌɪŋklɪˈnɒmɪtə(r), -z
AM ɪŋˌklaɪˈnamədər, ɪnˌklaɪˈnamədər, -z

inclose
BR ɪnˈkləʊz, ɪŋˈkləʊz, -ɪz, -ɪŋ, -d
AM ɪŋˈkloʊz, ɪnˈkloʊz, -əz, -ɪŋ, -t

inclosure
BR ɪnˈkləʊʒə(r), ɪŋˈkləʊʒə(r), -z
AM ɪŋˈkloʊʒər, ɪnˈkloʊʒər, -z

includable
BR ɪnˈkluːdəbl, ɪŋˈkluːdəbl
AM ɪŋˈkludəb(ə)l, ɪnˈkludəb(ə)l

include
BR ɪnˈkluːd, ɪŋˈkluːd, -z, -ɪŋ, -ɪd
AM ɪŋˈklud, ɪnˈklud, -z, -ɪŋ, -əd

includible
BR ɪnˈkluːdɪbl, ɪŋˈkluːdɪbl
AM ɪŋˈkludəb(ə)l, ɪnˈkludəb(ə)l

inclusion
BR ɪnˈkluːʒn, ɪŋˈkluːʒn, -z
AM ɪŋˈkluːʒ(ə)n, ɪnˈkluːʒ(ə)n, -z

inclusive
BR ɪnˈkluːsɪv, ɪŋˈkluːsɪv
AM ɪŋˈklusɪv, ɪnˈklusɪv

inclusively
BR ɪnˈkluːsɪvli, ɪŋˈkluːsɪvli
AM ɪŋˈklusəvli, ɪnˈklusəvli

inclusiveness
BR ɪnˈkluːsɪvnɪs, ɪŋˈkluːsɪvnɪs
AM ɪŋˈklusɪvnɪs, ɪnˈklusɪvnɪs

incog *incognito*
BR ɪnˈkɒg, ɪŋˈkɒg
AM ɪŋˈkag, ɪnˈkag

incognisance
BR ɪnˈkɒgnɪzns, ɪŋˈkɒgnɪzns
AM ɪŋˈkagnəzns, ɪnˈkagnəzns

incognisant
BR ɪnˈkɒgnɪznt, ɪŋˈkɒgnɪznt
AM ɪŋˈkagnəznt, ɪnˈkagnəznt

incognito
BR ˌɪnkɒgˈniːtəʊ, ˌɪŋkɒgˈniːtəʊ
AM ˌɪŋˌkagˈnidoʊ, ˌɪnˌkag-ˈnidoʊ

incognizance
BR ɪnˈkɒgnɪzns, ɪŋˈkɒgnɪzns
AM ɪŋˈkagnəzns, ɪnˈkagnəzns

incognizant
BR ɪnˈkɒgnɪznt, ɪŋˈkɒgnɪznt
AM ɪŋˈkagnəznt, ɪnˈkagnəznt

incoherence
BR ˌɪnkə(ʊ)ˈhɪərns, ˌɪŋkə(ʊ)ˈhɪərns
AM ˌɪnkoʊˈherəns, ˌɪŋkoʊˈherəns, ˌɪnkoʊˈhɪrəns, ˌɪŋkoʊˈhɪrəns

incoherency
BR ˌɪnkə(ʊ)ˈhɪərns|i, ˌɪŋkə(ʊ)ˈhɪərns|i, -ɪz
AM ˌɪnkoʊˈherənsi, ˌɪŋkoʊˈherənsi, ˌɪnkoʊˈhɪrənsi, ˌɪŋkoʊˈhɪrənsi, -z

incoherent
BR ˌɪnkə(ʊ)ˈhɪərnt, ˌɪŋkə(ʊ)ˈhɪərnt
AM ˌɪnkoʊˈherənt, ˌɪŋkoʊˈherənt, ˌɪnkoʊˈhɪrənt, ˌɪŋkoʊˈhɪrənt

incoherently
BR ˌɪnkə(ʊ)ˈhɪərntli, ˌɪŋkə(ʊ)ˈhɪərntli
AM ˌɪnkoʊˈherən(t)li, ˌɪŋkoʊˈherən(t)li, ˌɪnkoʊˈhɪrən(t)li, ˌɪŋkoʊˈhɪrən(t)li

incombustibility
BR ˌɪnkəmˌbʌstɪ-ˈbɪlɪti, ˌɪŋkəmˌbʌstɪˈbɪlɪti
AM ˌɪŋkəmˌbəstəˈbɪlɪdi, ˌɪnkəmˌbəstəˈbɪlɪdi

incombustible
BR ˌɪnkəmˈbʌstɪbl, ˌɪŋkəmˈbʌstɪbl
AM ˌɪŋkəmˈbəstəb(ə)l, ˌɪnkəmˈbəstəb(ə)l

incombustibleness
BR ˌɪnkəmˈbʌstɪblnəs, ˌɪŋkəmˈbʌstɪblnəs
AM ˌɪŋkəmˈbəstəbəlnəs, ˌɪnkəmˈbəstəbəlnəs

income
BR ˈɪnkʌm, ˈɪŋkʌm, -z
AM ˈɪŋˌkəm, ˈɪnˌkəm, -z

incomer
BR ˈɪnˌkʌmə(r), ˈɪŋˌkʌmə(r), -z
AM ˈɪŋˌkəmər, ˈɪnˌkəmər, -z

incoming
BR ˈɪnˌkʌmɪŋ, ˈɪŋˌkʌmɪŋ
AM ˈɪŋˌkəmɪŋ, ˈɪnˌkəmɪŋ

incommensurability
BR ˌɪnkəˌmenʃ(ə)rə-ˈbɪlɪti, ˌɪnkəˌmens(ə)rəˈbɪlɪti, ˌɪnkəˌmensjərəˈbɪlɪti, ˌɪŋkəˌmenʃ(ə)rə-ˈbɪlɪti, ˌɪŋkəˌmens(ə)rəˈbɪlɪti, ˌɪŋkəˌmensjərəˈbɪlɪti
AM ˈɪŋkəˌmens(ə)rə-ˈbɪlɪdi, ˈɪnkəˌmenʃ(ə)rəˈbɪlɪdi, ˈɪŋkəˌmenʃ(ə)rə-ˈbɪlɪdi, ˈɪnkəˌmens(ə)rəˈbɪlɪdi

incommensurable
BR ˌɪnkəˈmenʃ(ə)rəbl,
ˌɪnkəˈmens(ə)rəbl,
ˌɪnkəˈmensjərəbl,
ˌɪŋkəˈmenʃ(ə)rəbl,
ˌɪŋkəˈmens(ə)rəbl,
ˌɪŋkəˈmensjərəbl
AM ˌɪŋkə-
ˈmens(ə)rəb(ə)l,
ˌɪnkə-
ˈmen(t)ʃ(ə)rəb(ə)l,
ˌɪŋkə-
ˈmen(t)ʃ(ə)rəb(ə)l,
ˌɪnkəˈmens(ə)rəb(ə)l

incommensurably
BR ˌɪnkə-
ˈmenʃ(ə)rəbli,
ˌɪnkəˈmens(ə)rəbli,
ˌɪnkəˈmensjərəbli,
ˌɪŋkəˈmenʃ(ə)rəbli,
ˌɪŋkəˈmens(ə)rəbli,
ˌɪŋkəˈmensjərəbli
AM ˌɪŋkə-
ˈmens(ə)rəbli,
ˌɪnkəˈmenʃ(ə)rəbli,
ˌɪŋkəˈmenʃ(ə)rəbli,
ˌɪnkəˈmens(ə)rəbli

incommensurate
BR ˌɪnkəˈmenʃ(ə)rət,
ˌɪnkəˈmens(ə)rət,
ˌɪnkəˈmensjərət,
ˌɪŋkəˈmenʃ(ə)rət,
ˌɪŋkəˈmens(ə)rət,
ˌɪŋkəˈmensjərət
AM ˌɪŋkəˈmens(ə)rət,
ˌɪnkəˈmenʃ(ə)rət,
ˌɪŋkəˈmenʃ(ə)rət,
ˌɪnkəˈmens(ə)rət

incommensurately
BR ˌɪnkə-
ˈmenʃ(ə)rətli,
ˌɪnkəˈmens(ə)rətli,
ˌɪnkəˈmensjərətli,
ˌɪŋkəˈmenʃ(ə)rətli,
ˌɪŋkəˈmens(ə)rətli,
ˌɪŋkəˈmensjərətli
AM ˌɪŋkə-
ˈmens(ə)rətli,
ˌɪnkəˈmenʃ(ə)rətli,
ˌɪŋkəˈmenʃ(ə)rətli,
ˌɪnkəˈmens(ə)rətli

incommensurateness
BR ˌɪnkəˈmenʃ(ə)rətnəs,
ˌɪnkəˈmens(ə)rətnəs,
ˌɪnkəˈmensjərətnəs,
ˌɪŋkəˈmenʃ(ə)rətnəs,
ˌɪŋkəˈmens(ə)rətnəs,
ˌɪŋkəˈmensjərətnəs
AM ˌɪŋkə-
ˈmens(ə)rətnəs,
ˌɪnkəˈmenʃ(ə)rətnəs,
ˌɪŋkəˈmenʃ(ə)rətnəs,
ˌɪnkəˈmens(ə)rətnəs

incommode
BR ˌɪnkəˈməʊd, ˌɪŋkə-
ˈməʊd, -z, -ɪŋ, -ɪd
AM ˌɪŋkəˈmoʊd, ˌɪnkə-
ˈmoʊd, -z, -ɪŋ, -əd

incommodious
BR ˌɪnkəˈməʊdiəs,
ˌɪŋkəˈməʊdiəs
AM ˌɪŋkəˈmoʊdiəs,
ˌɪnkəˈmoʊdiəs

incommodiously
BR ˌɪnkəˈməʊdiəsli,
ˌɪŋkəˈməʊdiəsli
AM ˌɪŋkəˈmoʊdiəsli,
ˌɪnkəˈmoʊdiəsli

incommodiousness
BR ˌɪnkəˈməʊdiəsnəs,
ˌɪŋkəˈməʊdiəsnəs
AM ˌɪŋkəˈmoʊdiəsnəs,
ˌɪnkəˈmoʊdiəsnəs

incommunicability
BR ˌɪnkəˌmjuːnɪkə-
ˈbɪlɪti, ˌɪŋkə-
ˌmjuːnɪkəˈbɪlɪti
AM ˈˌɪŋkəˌmjuːnəkə-
ˈbɪlɪdi, ˈˌɪnkə-
ˌmjuːnəkəˈbɪlɪdi

incommunicable
BR ˌɪnkəˈmjuːnɪkəbl,
ˌɪŋkəˈmjuːnɪkəbl
AM ˌɪŋkəˈmjuːnəkəb(ə)l,
ˌɪnkəˈmjuːnəkəb(ə)l

incommunicableness
BR ˌɪnkə-
ˈmjuːnɪkəblnəs,
ˌɪŋkəˈmjuːnɪkəblnəs
AM ˌɪŋkə-
ˈmjuːnəkəbəlnəs,
ˌɪnkəˈmjuːnəkəbəlnəs

incommunicably
BR ˌɪnkəˈmjuːnɪkəbli,
ˌɪŋkəˈmjuːnɪkəbli
AM ˌɪŋkəˈmjuːnəkəbli,
ˌɪnkəˈmjuːnəkəbli

incommunicado
BR ˌɪnkəˌmjuːnɪ-
ˈkɑːdəʊ,
ˌɪŋkəˌmjuːnɪˈkɑːdəʊ
AM ˈˌɪŋkəˌmjunə-
ˈkɑdoʊ,
ˌɪnkəˌmjunəˈkɑdoʊ

incommunicative
BR ˌɪnkəˈmjuːnɪkətɪv,
ˌɪŋkəˈmjuːnɪkətɪv
AM ˌɪŋkəˈmjuːnəkəˌdɪv,
ˌɪŋkəˈmjuːnəˌkeɪdɪv,
ˌɪnkəˈmjuːnəkədɪv,
ˌɪnkəˈmjuːnə-
ˌkeɪdɪv

incommunicatively
BR ˌɪnkə-
ˈmjuːnɪkətɪvli,
ˌɪŋkəˈmjuːnɪkətɪvli
AM ˌɪnkə-
ˈmjunəkədəvli,
ˌɪŋkəˈmjunəˌkeɪdɪvli,
ˌɪŋkəˈmjunəkədəvli,
ˌɪnkəˈmjunə-
ˌkeɪdɪvli

incommunicativeness
BR ˌɪnkə-
ˈmjuːnɪkətɪvnɪs,
ˌɪŋkəˈmjuːnɪkətɪvnɪs
AM ˌɪnkə-
ˈmjunəkədɪvnɪs,
ˌɪŋkəˈmjunə-
ˌkeɪdɪvnɪs, ˌɪŋkə-
ˈmjunəkədɪvnɪs,
ˌɪnkəˈmjunə-
ˌkeɪdɪvnɪs

incommutable
BR ˌɪnkəˈmjuːtəbl,
ˌɪŋkəˈmjuːtəbl
AM ˌɪŋkəˈmjudəb(ə)l,
ˌɪnkəˈmjudəb(ə)l

incommutably
BR ˌɪnkəˈmjuːtəbli,
ˌɪŋkəˈmjuːtəbli
AM ˌɪŋkəˈmjudəbli,
ˌɪnkəˈmjudəbli

incomparability
BR ɪnˌkɒmp(ə)rə-
ˈbɪlɪti,
ˌɪnkəmˌparəˈbɪlɪti,
ɪŋˌkɒmp(ə)rəˈbɪlɪti,
ˌɪŋkəmˌparəˈbɪlɪti
AM ɪnˌkɑmp(ə)rəˈbɪlɪdi,
ˈˌɪŋˌkɑmp(ə)rəˈbɪlɪdi,
ˈˌɪnˌkɑmp(ə)rə-
ˈbɪlɪdi

incomparable
BR ɪnˈkɒmp(ə)rəbl,
ˌɪnkəmˈparəbl,
ɪŋˈkɒmp(ə)rəbl,
ˌɪŋkəmˈparəbl
AM ɪnˈkɑmp(ə)rəb(ə)l,
ˌɪŋˈkɑmp(ə)rəb(ə)l,
ˌɪnˈkɑmp(ə)rəb(ə)l

incomparableness
BR ɪnˈkɒmp(ə)rəblnəs,
ˌɪnkəmˈparəblnəs,
ɪŋˈkɒmp(ə)rəblnəs,
ˌɪŋkəmˈparəblnəs
AM ɪn-
ˈkɑmp(ə)rəbəlnəs,
ˌɪŋˈkɑmp(ə)rəbəlnəs,
ˌɪnˈkɑmp(ə)rəbəlnəs

incomparably
BR ɪnˈkɒmp(ə)rəbli,
ˌɪnkəmˈparəbli,
ɪŋˈkɒmp(ə)rəbli,
ˌɪŋkəmˈparəbli
AM ɪnˈkɑmp(ə)rəbli,
ˌɪŋˈkɑmp(ə)rəbli,
ˌɪnˈkɑmp(ə)rəbli

incompatibility
BR ˌɪnkəmˌpatɪˈbɪlɪti,
ˌɪŋkəmpatɪˈbɪlɪti
AM ˈˌɪŋkəmˌpædə-
ˈbɪlɪdi,
ˈˌɪnkəmˌpædəˈbɪlɪdi

incompatible
BR ˌɪnkəmˈpatɪbl,
ˌɪŋkəmˈpatɪbl
AM ˌɪŋkəmˈpædəb(ə)l,
ˌɪnkəmˈpædəb(ə)l

incompatibleness
BR ˌɪnkəmˈpatɪblnəs,
ˌɪŋkəmˈpatɪblnəs
AM ˌɪŋkəm-
ˈpædəbəlnəs,
ˌɪnkəmˈpædəbəlnəs

incompatibly
BR ˌɪnkəmˈpatɪbli,
ˌɪŋkəmˈpatɪbli
AM ˌɪŋkəmˈpædəbli,
ˌɪnkəmˈpædəbli

incompetence
BR ɪnˈkɒmpɪt(ə)ns,
ɪŋˈkɒmpɪt(ə)ns
AM ɪŋˈkampədns,
ɪnˈkampədns

incompetency
BR ɪnˈkɒmpɪt(ə)nsi,
ɪŋˈkɒmpɪt(ə)nsi
AM ɪŋˈkampədənsi,
ɪnˈkampədənsi

incompetent
BR ɪnˈkɒmpɪt(ə)nt,
ɪŋˈkɒmpɪt(ə)nt
AM ɪŋˈkampədnt,
ɪnˈkampədnt

incompetently
BR ɪnˈkɒmpɪt(ə)ntli,
ɪŋˈkɒmpɪt(ə)ntli
AM ɪŋˈkampədən(t)li,
ɪnˈkampədən(t)li

incomplete
BR ˌɪnkəmˈpliːt,
ˌɪŋkəmˈpliːt
AM ˌɪŋkəmˈplit,
ˌɪnkəmˈplit

incompletely
BR ˌɪnkəmˈpliːtli,
ˌɪŋkəmˈpliːtli
AM ˌɪŋkəmˈplitli,
ˌɪnkəmˈplitli

incompleteness
BR ˌɪnkəmˈpliːtnɪs,
ˌɪŋkəmˈpliːtnɪs
AM ˌɪŋkəmˈplitnɪs,
ˌɪnkəmˈplitnɪs

incomprehensibility
BR ɪnˌkɒmprɪˌhensɪˈbɪlɪti, ˌɪnkɒmprɪ-
ˌhensɪˈbɪlɪti,
ɪŋˌkɒmprɪˌhensɪ-
ˈbɪlɪti, ˌɪŋkɒmprɪ-
ˌhensɪˈbɪlɪti
AM ɪnˌkamprəˌhensə-
ˈbɪlɪdi, ˈɪŋˌkamprə-
ˌhensəˈbɪlɪdi,
ˈˌɪnˌkamprəˌhensə-
ˈbɪlɪdi

incomprehensible
BR ɪnˌkɒmprɪˈhensɪbl,
ˌɪnkɒmprɪˈhensɪbl,
ɪŋˌkɒmprɪˈhensɪbl,
ˌɪŋkɒmprɪˈhensɪbl
AM ˈˌɪŋˌkamprə-
ˈhensəb(ə)l, ˈˌɪn-
ˌkamprəˈhensəb(ə)l

incomprehensibleness
BR ɪnˌkɒmprɪ-
ˈhensɪblnəs,
ˌɪnkɒmprɪ-
ˈhensɪblnəs,
ɪŋˌkɒmprɪ-
ˈhensɪblnəs,
ˌɪŋkɒmprɪ-
ˈhensɪblnəs
AM ˈˌɪŋˌkamprə-
ˈhensəbəlnəs,
ˈˌɪnˌkamprə-
ˈhensəbəlnəs

incomprehensibly
BR ɪnˌkɒmprɪ-
ˈhensɪbli,
ˌɪnkɒmprɪˈhensɪbli,
ɪŋˌkɒmprɪˈhensɪbli,
ˌɪŋkɒmprɪˈhensɪbli
AM ˈˌɪŋˌkamprə-
ˈhensəbli,
ˈˌɪnˌkamprəˈhensəbli

incomprehension
BR ɪnˌkɒmprɪˈhenʃn,
ˌɪnkɒmprɪˈhenʃn,
ɪŋˌkɒmprɪˈhenʃn,
ˌɪŋkɒmprɪˈhenʃn
AM ɪnˌkamprə-
ˈhen(t)ʃ(ə)n,
ˈˌɪŋˌkamprə-
ˈhen(t)ʃ(ə)n,
ˈˌɪnˌkamprə-
ˈhen(t)ʃ(ə)n

incompressibility
BR ˌɪnkəmˌpresɪˈbɪlɪti,
ˌɪŋkəmˌpresɪˈbɪlɪti
AM ˈˌɪŋkəmˌpresə-
ˈbɪlɪdi, ˈˌɪnkəm-
ˌpresəˈbɪlɪdi

incompressible
BR ˌɪnkəmˈpresɪbl,
ˌɪŋkəmˈpresɪbl
AM ˌɪŋkəmˈpresəb(ə)l,
ˌɪnkəmˈpresəb(ə)l

inconceivability
BR ˌɪnkənˌsiːvəˈbɪlɪti,
ˌɪŋkənˌsiːvə-
ˈbɪlɪti
AM ˈˌɪŋkənˌsiːvəˈbɪlɪdi,
ˈˌɪnkənˌsiːvə-
ˈbɪlɪdi

inconceivable
BR ˌɪnkənˈsiːvəbl,
ˌɪŋkənˈsiːvəbl
AM ˌɪŋkənˈsivəb(ə)l,
ˌɪnkənˈsivəb(ə)l

inconceivableness
BR ˌɪnkənˈsiːvəblnəs,
ˌɪŋkənˈsiːvəblnəs
AM ˌɪŋkənˈsivəbəlnəs,
ˌɪnkənˈsivəbəlnəs

inconceivably
BR ˌɪnkənˈsiːvəbli,
ˌɪŋkənˈsiːvəbli
AM ˌɪŋkənˈsivəbli,
ˌɪnkənˈsivəbli

inconclusive
BR ˌɪnkənˈkluːsɪv,
ˌɪŋkənˈkluːsɪv
AM ˌɪŋkənˈklusɪv,
ˌɪnkənˈklusɪv

inconclusively
BR ˌɪnkənˈkluːsɪvli,
ˌɪŋkənˈkluːsɪvli
AM ˌɪŋkənˈklusəvli,
ˌɪnkənˈklusəvli

inconclusiveness
BR ˌɪnkənˈkluːsɪvnɪs,
ˌɪŋkənˈkluːsɪvnɪs
AM ˌɪŋkənˈklusɪvnɪs,
ˌɪnkənˈklusɪvnɪs

incondensable
BR ˌɪnkənˈdensəbl,
ˌɪŋkənˈdensəbl
AM ˌɪŋkənˈdensəb(ə)l,
ˌɪnkənˈdensəb(ə)l

incondite
BR ɪnˈkɒndɪt,
ɪnˈkɒndʌɪt,
ɪŋˈkɒndɪt,
ɪŋˈkɒndʌɪt
AM ɪŋˈkanˌdaɪt,
ɪnˈkandət,
ɪŋˈkandət,
ɪnˈkanˌdaɪt

incongruity
BR ˌɪnkənˈgruːɪti,
ˌɪŋkənˈgruːɪti,
ˌɪŋkəŋˈgruːɪti
AM ˌɪŋkaŋˈgruədi,
ˌɪnkənˈgruədi,
ˌɪŋkaŋˈgruədi,
ˌɪnkənˈgruədi

incongruous
BR ɪnˈkɒŋgruəs,
ɪŋˈkɒŋgruəs
AM ɪŋˈkaŋgruəs,
ɪnˈkaŋgruəs

incongruously
BR ɪnˈkɒŋgruəsli,
ɪŋˈkɒŋgruəsli
AM ɪŋˈkaŋgruəsli,
ɪnˈkaŋgruəsli

incongruousness
BR ɪnˈkɒŋgruəsnəs,
ɪŋˈkɒŋgruəsnəs
AM ɪŋˈkaŋgruəsnəs,
ɪnˈkaŋgruəsnəs

inconsecutive
BR ˌɪnkənˈsekjʊtɪv,
ˌɪŋkənˈsekjʊtɪv
AM ˌɪŋkənˈsekjədɪv,
ˌɪnkənˈsekjədɪv

inconsecutively
BR ˌɪnkən-
ˈsekjʊtɪvli,
ˌɪŋkənˈsekjʊtɪvli
AM ˌɪŋkən-
ˈsekjədəvli,
ˌɪnkənˈsekjədəvli

inconsecutiveness
BR ˌɪnkən-
ˈsekjʊtɪvnɪs,
ˌɪŋkənˈsekjʊtɪvnɪs
AM ˌɪŋkən-
ˈsekjədɪvnɪs,
ˌɪnkənˈsekjədɪvnɪs

inconsequence
BR ɪnˈkɒnsɪkw(ə)ns,
ɪŋˈkɒnsɪkw(ə)ns
AM ɪŋˈkansəˌkwens,
ɪnˈkansəˌkwens

inconsequent
BR ɪnˈkɒnsɪkw(ə)nt,
ɪŋˈkɒnsɪkw(ə)nt
AM ɪŋˈkansə(ˌ)kwent,
ɪnˈkansə(ˌ)kwent

inconsequential
BR ɪnˌkɒnsɪˈkwɛnʃl̩,
ˌɪnkɒnsɪˈkwɛnʃl̩,
ɪŋˌkɒnsɪˈkwɛnʃl̩,
ˌɪŋkɒnsɪˈkwɛnʃl̩
AM ˈɪŋˌkansəˈkwɛn(t)ʃ(ə)l,
ˈɪnˌkansəˈkwɛn(t)ʃ(ə)l

inconsequentiality
BR ɪnˌkɒnsɪˌkwɛnʃɪˈælɪti, ˌɪnkɒnsɪˌkwɛnʃɪˈælɪti,
ɪŋˌkɒnsɪˌkwɛnʃɪˈælɪti, ˌɪŋkɒnsɪˌkwɛnʃɪˈælɪti, -ɪz
AM ˈɪŋˌkansəˌkwɛn(t)ʃiˈælədi,
ˈɪnˌkansəˌkwɛn(t)ʃiˈælədi, -z

inconsequentially
BR ɪnˌkɒnsɪˈkwɛnʃli,
ˌɪnkɒnsɪˈkwɛnʃli,
ɪŋˌkɒnsɪˈkwɛnʃli,
ˌɪŋkɒnsɪˈkwɛnʃli
AM ˈɪŋˌkansəˈkwɛn(t)ʃəli,
ˈɪnˌkansəˈkwɛn(t)ʃəli

inconsequentialness
BR ɪnˌkɒnsɪˈkwɛnʃlnəs,
ˌɪnkɒnsɪˈkwɛnʃlnəs,
ɪŋˌkɒnsɪˈkwɛnʃlnəs,
ˌɪŋkɒnsɪˈkwɛnʃlnəs
AM ˈɪŋˌkansəˈkwɛn(t)ʃəlnəs,
ˈɪnˌkansəˈkwɛn(t)ʃəlnəs

inconsequently
BR ɪnˈkɒnsɪkw(ə)ntli,
ɪŋˈkɒnsɪkw(ə)ntli
AM ɪŋˈkansəˌ(ˌ)kwɛn(t)li,
ɪnˈkansəˌ(ˌ)kwɛn(t)li

inconsiderable
BR ˌɪnkənˈsɪd(ə)rəbl̩,
ˌɪŋkənˈsɪd(ə)rəbl̩
AM ˌɪnkənˈsɪdrəb(ə)l,
ˌɪnkənˈsɪdər(ə)bəl,
ˌɪŋkənˈsɪdrəb(ə)l,
ˌɪŋkənˈsɪdər(ə)bəl

inconsiderableness
BR ˌɪnkənˈsɪd(ə)rəblnəs,
ˌɪŋkənˈsɪd(ə)rəblnəs
AM ˌɪnkənˈsɪdrəbəlnəs, ˌɪŋkənˈsɪdər(ə)bəlnəs,
ˌɪŋkənˈsɪdrəbəlnəs,
ˌɪŋkənˈsɪdər(ə)bəlnəs

inconsiderably
BR ˌɪnkənˈsɪd(ə)rəbli,
ˌɪŋkənˈsɪd(ə)rəbli
AM ˌɪnkənˈsɪdrəbli,
ˌɪnkənˈsɪdər(ə)bli,
ˌɪŋkənˈsɪdrəbli,
ˌɪŋkənˈsɪdər(ə)bli

inconsiderate
BR ˌɪnkənˈsɪd(ə)rət,
ˌɪŋkənˈsɪd(ə)rət
AM ˌɪnkənˈsɪd(ə)rət,
ˌɪŋkənˈsɪd(ə)rət

inconsiderately
BR ˌɪnkənˈsɪd(ə)rətli,
ˌɪŋkənˈsɪd(ə)rətli
AM ˌɪnkənˈsɪd(ə)rətli,
ˌɪŋkənˈsɪd(ə)rətli

inconsiderateness
BR ˌɪnkənˈsɪd(ə)rətnəs,
ˌɪŋkənˈsɪd(ə)rətnəs
AM ˌɪnkənˈsɪd(ə)rətnəs,
ˌɪŋkənˈsɪd(ə)rətnəs

inconsideration
BR ˌɪnkənˌsɪdəˈreɪʃn,
ˌɪŋkənˌsɪdəˈreɪʃn, -z
AM ˌɪŋkənˌsɪd(ə)ˈreɪʃ(ə)n, ˌɪnkənˌsɪd(ə)ˈreɪʃ(ə)n, -z

inconsistency
BR ˌɪnkənˈsɪst(ə)nsi,
ˌɪŋkənˈsɪst(ə)nsi, -ɪz
AM ˌɪŋkənˈsɪstnsi,
ˌɪnkənˈsɪstnsi, -z

inconsistent
BR ˌɪnkənˈsɪst(ə)nt,
ˌɪŋkənˈsɪst(ə)nt
AM ˌɪŋkənˈsɪst(ə)nt,
ˌɪnkənˈsɪst(ə)nt

inconsistently
BR ˌɪnkənˈsɪst(ə)ntli,
ˌɪŋkənˈsɪst(ə)ntli
AM ˌɪŋkənˈsɪstən(t)li,
ˌɪnkənˈsɪstən(t)li

inconsolability
BR ˌɪnkənˌsəʊləˈbɪlɪti,
ˌɪnkənˌsəʊləˈbɪlɪti
AM ˈˌɪŋkənˌsoʊləˈbɪlɪdi,
ˈˌɪnkənˌsoʊləˈbɪlɪdi

inconsolable
BR ˌɪnkənˈsəʊləbl̩,
ˌɪŋkənˈsəʊləbl̩
AM ˌɪŋkənˈsoʊləb(ə)l,
ˌɪnkənˈsoʊləb(ə)l

inconsolableness
BR ˌɪnkənˈsəʊləblnəs,
ˌɪŋkənˈsəʊləblnəs
AM ˌɪŋkənˈsoʊləbəlnəs,
ˌɪnkənˈsoʊləbəlnəs

inconsolably
BR ˌɪnkənˈsəʊləbli,
ˌɪŋkənˈsəʊləbli
AM ˌɪŋkənˈsoʊləbəli,
ˌɪnkənˈsoʊləbəli

inconsonance
BR ɪnˈkɒnsn̩əns,
ɪŋˈkɒnsn̩əns, -ɪz
AM ɪŋˈkansənəns,
ɪnˈkansənəns, -əz

inconsonant
BR ɪnˈkɒnsənənt,
ɪnˈkɒnsn̩ənt,
ɪŋˈkɒnsənənt,
ɪŋˈkɒnsn̩ənt
AM ɪŋˈkansənənt,
ɪnˈkansənənt

inconsonantly
BR ɪnˈkɒnsn̩əntli,
ɪŋˈkɒnsn̩əntli
AM ɪŋˈkansənən(t)li,
ɪnˈkansənən(t)li

inconspicuous
BR ˌɪnkənˈspɪkjʊəs,
ˌɪŋkənˈspɪkjʊəs
AM ˌɪnkənˈspɪkjəwəs,
ˌɪŋkənzˈpɪkjəwəs,
ˌɪŋkənˈspɪkjəwəs,
ˌɪnkənzˈpɪkjəwəs

inconspicuously
BR ˌɪnkənˈspɪkjʊəsli,
ˌɪŋkənˈspɪkjʊəsli
AM ˌɪnkənˈspɪkjəwəsli,
ˌɪŋkənzˈpɪkjəwəsli,
ˌɪŋkənˈspɪkjəwəsli,
ˌɪŋkənzˈpɪkjəwəsli

inconspicuousness
BR ˌɪnkənˈspɪkjʊəsnəs,
ˌɪŋkənˈspɪkjʊəsnəs
AM ˌɪnkənˈspɪkjəwəsnəs,
ˌɪŋkənzˈpɪkjəwəsnəs,
ˌɪŋkənˈspɪkjəwəsnəs,
ˌɪŋkənzˈpɪkjəwəsnəs

inconstancy
BR ɪnˈkɒnst(ə)nsi,
ɪŋˈkɒnst(ə)nsi
AM ɪnˈkanstnsi,
ɪnˈkanztnsi

inconstant
BR ɪnˈkɒnst(ə)nt,
ɪŋˈkɒnst(ə)nt
AM ɪnˈkanst(ə)nt,
ɪnˈkanzt(ə)nt

inconstantly
BR ɪnˈkɒnst(ə)ntli,
ɪŋˈkɒnst(ə)ntli
AM ɪnˈkanstən(t)li,
ɪnˈkanztən(t)li

incontestability
BR ˌɪnkənˌtɛstəˈbɪlɪti,
ˌɪŋkənˌtɛstəˈbɪlɪti
AM ˌɪnkənˌtɛstəˈbɪlɪdi,
ˌɪŋkənˌtɛstəˈbɪlɪdi

incontestable
BR ˌɪnkənˈtɛstəbl̩,
ˌɪŋkənˈtɛstəbl̩
AM ˌɪnkənˈtɛstəb(ə)l,
ˌɪŋkənˈtɛstəb(ə)l

incontestably
BR ˌɪnkənˈtɛstəbli,
ˌɪŋkənˈtɛstəbli
AM ˌɪnkənˈtɛstəbli,
ˌɪŋkənˈtɛstəbli

incontinence
BR ɪnˈkɒntɪnəns,
ɪŋˈkɒntɪnəns
AM ɪŋˈkant(ə)nəns,
ɪnˈkant(ə)nəns

incontinent
BR ɪnˈkɒntɪnənt,
ɪŋˈkɒntɪnənt
AM ɪŋˈkɑnt(ə)nənt,
ɪnˈkɑnt(ə)nənt

incontinently
BR ɪnˈkɒntɪnəntli,
ɪŋˈkɒntɪnəntli
AM ɪŋˈkɑnt(ə)nən(t)li,
ɪnˈkɑnt(ə)nən(t)li

incontrovertibility
BR ɪnˌkɒntrəˌvɜːtəˈbɪlɪti, ˌɪnkɒntrəˌvɜːtəˈbɪlɪti,
ɪŋˌkɒntrəˌvɜːtəˈbɪlɪti, ˌɪŋkɒntrəˌvɜːtəˈbɪlɪti
AM ɪnˌkɑntrəˌvɜrdəˈbɪlɪdi, ˌɪŋˌkɑntrəˌvɜrdəˈbɪlɪdi, ˌɪnˌkɑntrəˌvɜrdəˈbɪlɪdi

incontrovertible
BR ɪnˌkɒntrəˈvɜːtəbl, ˌɪnkɒntrəˈvɜːtəbl,
ɪŋˌkɒntrəˈvɜːtəbl, ˌɪŋkɒntrəˈvɜːtəbl
AM ɪnˌkɑntrəˈvɜrdəb(ə)l, ˌɪŋˌkɑntrəˈvɜrdəb(ə)l, ˌɪnˌkɑntrəˈvɜrdəb(ə)l

incontrovertibly
BR ɪnˌkɒntrəˈvɜːtəbli, ˌɪnkɒntrəˈvɜːtəbli,
ɪŋˌkɒntrəˈvɜːtəbli, ˌɪŋkɒntrəˈvɜːtəbli
AM ɪnˌkɑntrəˈvɜrdəbli, ˌɪŋˌkɑntrəˈvɜrdəbli, ˌɪnˌkɑntrəˈvɜrdəbli

inconvenience
BR ˌɪnkənˈviːnɪəns, ˌɪŋkənˈviːnɪəns, -ɪz
AM ˌɪŋkənˈvinj(ə)ns, ˌɪnkənˈvinj(ə)ns, -əz

inconvenient
BR ˌɪnkənˈviːnɪənt, ˌɪŋkənˈviːnɪənt
AM ˌɪŋkənˈvinj(ə)nt, ˌɪnkənˈvinj(ə)nt

inconveniently
BR ˌɪnkənˈviːnɪəntli, ˌɪŋkənˈviːnɪəntli
AM ˌɪŋkənˈvinjən(t)li, ˌɪnkənˈvinjən(t)li

inconvertibility
BR ˌɪnkənˌvɜːtɪˈbɪlɪti, ˌɪŋkənˌvɜːtɪˈbɪlɪti
AM ɪnˌkanˌvɜrdəˈbɪlɪdi, ˌɪŋˌkan-vɜrdəˈbɪlɪdi, ˌɪnˌkanˌvɜrdəˈbɪlɪdi

inconvertible
BR ˌɪnkənˈvɜːtɪbl, ˌɪŋkənˈvɜːtɪbl
AM ɪnˌkanˈvɜrdəb(ə)l, ˌɪŋˌkanˈvɜrdəb(ə)l, ˌɪnˌkanˈvɜrdəb(ə)l

inconvertibly
BR ˌɪnkənˈvɜːtɪbli, ˌɪŋkənˈvɜːtɪbli
AM ɪnˌkanˈvɜrdəbli, ˌɪŋˌkanˈvɜrdəbli, ˌɪnˌkanˈvɜrdəbli

incoordination
BR ˌɪnkəʊˌɔːdɪˈneɪʃn, ˌɪŋkəʊˌɔːdɪˈneɪʃn
AM ˌɪŋkoʊˌɔrdəˈneɪʃ(ə)n, ˌɪnkoʊˌɔrdəˈneɪʃ(ə)n

incorporate[1] *adjective*
BR ɪnˈkɔːp(ə)rət, ɪŋˈkɔːp(ə)rət
AM ɪŋˈkɔrp(ə)rət, ɪnˈkɔrp(ə)rət

incorporate[2] *verb*
BR ɪnˈkɔːpəreɪt, ɪŋˈkɔːpəreɪt, -s, -ɪŋ, -ɪd
AM ɪŋˈkɔrpəˌreɪ|t, ɪnˈkɔrpəˌreɪ|t, -ts, -dɪŋ, -dɪd

incorporation
BR ɪnˌkɔːpəˈreɪʃn, ɪŋˌkɔːpəˈreɪʃn, -z
AM ɪŋˌkɔrpəˈreɪʃ(ə)n, ɪnˌkɔrpəˈreɪʃ(ə)n, -z

incorporator
BR ɪnˈkɔːpəreɪtə(r), ɪŋˈkɔːpəreɪtə(r), -z
AM ɪŋˈkɔrpəˌreɪdər, ɪnˈkɔrpəˌreɪdər, -z

incorporeal
BR ˌɪnkɔːˈpɔːrɪəl, ˌɪŋkɔːˈpɔːrɪəl
AM ˌɪŋˌkɔrˈpɔrɪəl, ˌɪnˌkɔrˈpɔrɪəl

incorporeality
BR ˌɪnkɔːˌpɔːrɪˈælɪti, ˌɪŋkɔːˌpɔːrɪˈælɪti
AM ˌɪŋˌkɔrˌpɔriˈælədi, ˌɪnˌkɔrˌpɔriˈælədi

incorporeally
BR ˌɪnkɔːˈpɔːrɪəli, ˌɪŋkɔːˈpɔːrɪəli
AM ˌɪŋˌkɔrˈpɔriəli, ˌɪnˌkɔrˈpɔriəli

incorporeity
BR ˌɪnkɔːpəˈriːɪti, ˌɪnkɔːpəˈreɪɪti, ˌɪŋkɔːpəˈriːɪti, ˌɪŋkɔːpəˈreɪɪti
AM ˌɪŋˌkɔrpəˈriɪdi, ˌɪŋˌkɔrpəˈreɪɪdi, ˌɪnˌkɔrpəˈriɪdi, ˌɪnˌkɔrpəˈreɪɪdi, ˌɪnˌkɔrpəˈriɪdi

incorporial
BR ˌɪnkɔːˈpɔːrɪəl, ˌɪŋkɔːˈpɔːrɪəl
AM ˌɪŋˌkɔrˈpɔrɪəl, ˌɪnˌkɔrˈpɔrɪəl

incorrect
BR ˌɪnkəˈrɛkt, ˌɪŋkəˈrɛkt
AM ˌɪŋkəˈrɛk(t), ˌɪnkəˈrɛk(t)

incorrectly
BR ˌɪnkəˈrɛktli, ˌɪŋkəˈrɛktli
AM ˌɪŋkəˈrɛk(t)li, ˌɪnkəˈrɛk(t)li

incorrectness
BR ˌɪnkəˈrɛk(t)nəs, ˌɪŋkəˈrɛk(t)nəs
AM ˌɪŋkəˈrɛk(t)nəs, ˌɪnkəˈrɛk(t)nəs

incorrigibility
BR ɪnˌkɒrɪdʒəˈbɪlɪti, ˌɪnkɒrɪdʒəˈbɪlɪti, ɪŋˌkɒrɪdʒəˈbɪlɪti, ˌɪŋkɒrɪdʒəˈbɪlɪti
AM ɪnˌkɔrədʒəˈbɪlɪdi, ɪŋˌkɔrədʒəˈbɪlɪdi, ˌɪnˌkɔrədʒəˈbɪlɪdi

incorrigible
BR ɪnˈkɒrɪdʒəbl, ɪŋˈkɒrɪdʒəbl
AM ɪnˈkɔrədʒəb(ə)l, ɪŋˈkɔrədʒəb(ə)l, ˌɪnˈkɔrədʒəb(ə)l

incorrigibleness
BR ɪnˈkɒrɪdʒəblnəs, ɪŋˈkɒrɪdʒəblnəs
AM ɪnˈkɔrədʒəbəlnəs, ɪŋˈkɔrədʒəbəlnəs, ˌɪnˈkɔrədʒəbəlnəs

incorrigibly
BR ɪnˈkɒrɪdʒəbli, ɪŋˈkɒrɪdʒəbli
AM ɪnˈkɔrədʒəbli, ɪŋˈkɔrədʒəbli, ˌɪnˈkɔrədʒəbli

incorruptibility
BR ˌɪnkəˌrʌptəˈbɪlɪti, ˌɪŋkəˌrʌptəˈbɪlɪti
AM ˌɪŋkəˌrəptəˈbɪlɪdi, ˌɪnkəˌrəptəˈbɪlɪdi

incorruptible
BR ˌɪnkəˈrʌptɪbl, ˌɪŋkəˈrʌptɪbl
AM ˌɪŋkəˈrəptəb(ə)l, ˌɪnkəˈrəptəb(ə)l

incorruptibly
BR ˌɪnkəˈrʌptɪbli, ˌɪŋkəˈrʌptɪbli
AM ˌɪŋkəˈrəptəbli, ˌɪnkəˈrəptəbli

incorruption
BR ˌɪnkəˈrʌpʃn, ˌɪŋkəˈrʌpʃn
AM ˌɪŋkəˈrəpʃ(ə)n, ˌɪnkəˈrəpʃ(ə)n

incrassate
BR ɪnˈkraseɪt, ɪŋˈkraseɪt, -s, -ɪŋ, -ɪd
AM ɪŋˈkræˌseɪ|t, ɪnˈkræˌseɪ|t, -ts, -dɪŋ, -dɪd

increasable
BR ɪnˈkriːsəbl, ɪŋˈkriːsəbl
AM ɪŋˈkrisəb(ə)l, ɪnˈkrisəb(ə)l

increase[1] *noun*
BR ˈɪnkriːs, ˈɪŋkriːs, -ɪz
AM ˈɪŋˌkris, ˈɪnˌkris, -ɪz

increase² *verb*
BR ɪnˈkriːs, ɪŋˈkriːs,
-ɪz, -ɪŋ, -t
AM ɪŋˈkris, ɪnˈkris,
-ɪz, -ɪŋ, -t

increaser
BR ɪnˈkriːsə(r),
ɪŋˈkriːsə(r),
-z
AM ɪŋˈkrisər,
ɪnˈkrisər,
-z

increasingly
BR ɪnˈkriːsɪŋli,
ɪŋˈkriːsɪŋli
AM ɪŋˈkrisɪŋli,
ɪnˈkrisɪŋli

incredibility
BR ɪnˌkredɪˈbɪlɪti,
ɪŋˌkredɪˈbɪlɪti
AM ɪnˌkredəˈbɪlɪdi,
ˌɪŋˌkredəˈbɪlɪdi,
ˌɪnˌkredəˈbɪlɪdi

incredible
BR ɪnˈkredɪbl,
ɪŋˈkredɪbl
AM ɪŋˈkredəb(ə)l,
ɪnˈkredəb(ə)l

incredibleness
BR ɪnˈkredɪblnəs,
ɪŋˈkredɪblnəs
AM ɪŋˈkredəbəlnəs,
ɪnˈkredəbəlnəs

incredibly
BR ɪnˈkredɪbli,
ɪŋˈkredɪbli
AM ɪŋˈkredəbli,
ɪnˈkredəbli

incredulity
BR ˌɪnkrɪˈdjuːlɪti,
ˌɪnkrɪˈdʒuːlɪti,
ˌɪŋkrɪˈdjuːlɪti,
ˌɪŋkrɪˈdʒuːlɪti
AM ˌɪŋkrəˈd(j)ulədi,
ˌɪnkrəˈd(j)ulədi

incredulous
BR ɪnˈkredjʊləs,
ɪnˈkredʒʊləs,
ɪŋˈkredjʊləs,
ɪŋˈkredʒʊləs
AM ɪŋˈkredʒələs,
ɪnˈkredʒələs

incredulously
BR ɪnˈkredjʊləsli,
ɪnˈkredʒʊləsli,
ɪŋˈkredjʊləsli,
ɪŋˈkredʒʊləsli
AM ɪŋˈkredʒələsli,
ɪnˈkredʒələsli

incredulousness
BR ɪnˈkredjʊləsnəs,
ɪnˈkredʒʊləsnəs,
ɪŋˈkredjʊləsnəs,
ɪŋˈkredʒʊləsnəs
AM ɪŋˈkredʒələsnəs,
ɪnˈkredʒələsnəs

increment
BR ˈɪnkrɪm(ə)nt,
ˈɪŋkrɪm(ə)nt, -s
AM ˈɪnkrəm(ə)nt,
ˈɪŋkrəm(ə)nt,
-s

incremental
BR ˌɪnkrɪˈmentl,
ˌɪŋkrɪˈmentl
AM ˌɪnkrəˈmen(t)l,
ˌɪŋkrəˈmen(t)l

incrementally
BR ˌɪnkrɪˈmentl̩i,
ˌɪŋkrɪˈmentl̩i
AM ˌɪnkrəˈmen(t)li,
ˌɪŋkrəˈmen(t)li

incriminate
BR ɪnˈkrɪmɪneɪt,
ɪŋˈkrɪmɪneɪt, -s,
-ɪŋ, -ɪd
AM ɪŋˈkrɪməˌneɪt,
ɪnˈkrɪməˌneɪt, -ts,
-dɪŋ, -dɪd

incriminatingly
BR ɪnˈkrɪmɪneɪtɪŋli,
ɪŋˈkrɪmɪneɪtɪŋli
AM ɪŋˈkrɪməˌneɪdɪŋli,
ɪnˈkrɪməˌneɪdɪŋli

incrimination
BR ɪnˌkrɪmɪˈneɪʃn,
ɪŋˌkrɪmɪˈneɪʃn
AM ɪŋˌkrɪməˈneɪʃ(ə)n,
ɪnˌkrɪməˈneɪʃ(ə)n

incriminatory
BR ɪnˈkrɪmɪnət(ə)ri,
ɪŋˈkrɪmɪnət(ə)ri
AM ɪŋˈkrɪmənəˌtɔri,
ɪnˈkrɪmənəˌtɔri

in-crowd
BR ˈɪnkraʊd,
ˈɪŋkraʊd, -z
AM ˈɪnˌkraʊd, -z

incrust
BR ɪnˈkrʌst, ɪŋˈkrʌst,
-s, -ɪŋ, -ɪd
AM ɪŋˈkrʌst, ɪnˈkrʌst,
-s, -ɪŋ, -əd

incrustation
BR ˌɪnkrʌˈsteɪʃn,
ˌɪŋkrʌˈsteɪʃn, -z
AM ˌɪŋˌkrəˈsteɪʃ(ə)n,
ˌɪnˌkrəˈsteɪʃ(ə)n, -z

incubate
BR ˈɪŋkjʊbeɪt,
ˈɪnkjʊbeɪt, -s,
-ɪŋ, -ɪd
AM ˈɪŋkjəˌbeɪt,
ˈɪnkjəˌbeɪt, -ts,
-dɪŋ, -dɪd

incubation
BR ˌɪŋkjʊˈbeɪʃn,
ˌɪnkjʊˈbeɪʃn
AM ˌɪŋkjəˈbeɪʃ(ə)n,
ˌɪnkjəˈbeɪʃ(ə)n

incubational
BR ˌɪŋkjʊˈbeɪʃn̩,
ˌɪnkjʊˈbeɪʃn̩
AM ˌɪŋkjəˈbeɪʃ(ə)n(ə)l,
ˌɪnkjəˈbeɪʃ(ə)n(ə)l

incubative
BR ˈɪŋkjʊbeɪtɪv,
ˈɪnkjʊbeɪtɪv
AM ˈɪŋkjəˌbeɪdɪv,
ˈɪnkjəˌbeɪdɪv

incubator
BR ˈɪŋkjʊbeɪtə(r),
ˈɪnkjʊbeɪtə(r),
-z
AM ˈɪŋkjəˌbeɪdər,
ˈɪnkjəˌbeɪdər, -z

incubatory
BR ˈɪŋkjʊˈbeɪt(ə)ri,
ˈɪnkjʊˈbeɪt(ə)ri
AM ɪŋˈkjubətri,
ɪnˈkjubəˌtɔri

incubi
BR ˈɪŋkjʊbʌɪ,
ˈɪnkjʊbʌɪ
AM ˈɪnkjəˌbaɪ,
ˈɪŋkjəˌbaɪ

incubus
BR ˈɪŋkjʊbəs,
ˈɪnkjʊbəs, -ɪz
AM ˈɪnkjəbəs,
ˈɪŋkjəbəs, -əz

incudes
BR ˈɪŋkjʊdiːz,
ɪŋˈkjuːdiːz,
ɪnˈkjuːdiːz
AM ɪnˈk(j)uˌdiz

inculcate
BR ˈɪnk(ʌ)lkeɪt,
ˈɪŋk(ʌ)lkeɪt, -s,
-ɪŋ, -ɪd
AM ˈɪnkəlˌkeɪt
ˈɪŋkəlˌkeɪt,
ɪnˈkəlˌkeɪt, -ts,
-dɪŋ, -dɪd

inculcation
BR ˌɪnk(ʌ)lˈkeɪʃn,
ˌɪŋk(ʌ)lˈkeɪʃn
AM ˌɪŋkəlˈkeɪʃ(ə)n,
ˌɪnkəlˈkeɪʃ(ə)n

inculcator
BR ˈɪnk(ʌ)lkeɪtə(r),
ˈɪŋk(ʌ)lkeɪtə(r), -z
AM ˈɪnkəlˌkeɪdər
ˈɪŋkəlˌkeɪdər,
ɪnˈkəlˌkeɪdər, -z

inculpate
BR ɪnˈkʌlpeɪt,
ˈɪŋkʌlpeɪt, -s, -ɪŋ, -ɪd
AM ˈɪnkəlˌpeɪt,
ˈɪŋkəlˌpeɪt,
ɪnˈkəlˌpeɪt, -ts,
-dɪŋ, -dɪd

inculpation
BR ˌɪnkʌlˈpeɪʃn,
ˌɪŋkʌlˈpeɪʃn
AM ˌɪŋkəlˈpeɪʃ(ə)n,
ˌɪnkəlˈpeɪʃ(ə)n

inculpative
BR ɪnˈkʌlpətɪv,
ɪŋˈkʌlpətɪv
AM ˈɪnkəlˌpeɪdɪv,
ˈɪŋkəlˌpeɪdɪv,
ɪnˈkəlˌpeɪdɪv

inculpatory
BR ɪnˈkʌlpət(ə)ri,
ɪŋˈkʌlpət(ə)ri
AM ɪŋˈkəlpəˌtɔri,
ɪnˈkəlpəˌtɔri

incult
BR ɪnˈkʌlt, ɪŋˈkʌlt
AM ɪŋˈkəlt, ɪnˈkəlt

inculturation
BR ɪnˌkʌltʃəˈreɪʃn
AM ɪnˌkəltʃəˈreɪʃ(ə)n

incumbency
BR ɪnˈkʌmbəns|i,
ɪŋˈkʌmbəns|i,
-ɪz
AM ɪŋˈkəmbənsi,
ɪnˈkəmbənsi,
-z

incumbent
BR ɪnˈkʌmbənt,
ɪŋˈkʌmbənt,
-s
AM ɪŋˈkəmbənt,
ɪnˈkəmbənt, -s

incunable
BR ɪnˈkjuːnəbl,
ɪŋˈkjuːnəbl
AM ɪŋˈkjunəb(ə)l,
ɪnˈkjunəb(ə)l

incunabula
BR ˌɪnkjʊˈnabjʊlə(r),
ˌɪŋkjʊˈnabjʊlə(r)
AM ˌɪnkjəˈnæbjələ,
ˌɪŋkjəˈnæbjələ

incunabular
BR ˌɪnkjʊˈnabjʊlə(r),
ˌɪŋkjʊˈnabjʊlə(r)
AM ˌɪnkjəˈnæbjələr,
ˌɪŋkjəˈnæbjələr

incunabulum
BR ˌɪnkjʊˈnabjʊləm,
ˌɪŋkjʊˈnabjʊləm
AM ˌɪnkjəˈnæbjəl(ə)m,
ˌɪŋkjəˈnæbjəl(ə)m

incur
BR ɪnˈkəː(r), ɪŋˈkəː(r),
-z, -ɪŋ, -d
AM ɪŋˈkər, ɪnˈkər, -z,
-ɪŋ, -d

incurability
BR ɪnˌkjʊərəˈbɪlɪti,
ɪnˌkjɔːrəˈbɪlɪti,
ɪŋˌkjʊərəˈbɪlɪti,
ɪŋˌkjɔːrəˈbɪlɪti
AM ənˌkjʊrəˈbɪlɪdi,
ˈɪŋˌkjʊrəˈbɪlɪdi,
ˈɪnˌkjʊrəˈbɪlɪdi

incurable
BR ɪnˈkjʊərəbl,
ɪnˈkjɔːrəbl, ɪŋ-
ˈkjʊərəbl, ɪŋˈkjɔːrəbl
AM ɪŋˈkjʊrəb(ə)l,
ɪnˈkjʊrəb(ə)l

incurableness
BR ɪnˈkjʊərəblnəs,
ɪnˈkjɔːrəblnəs,
ɪŋˈkjʊərəblnəs,
ɪŋˈkjɔːrəblnəs
AM ɪŋˈkjʊrəbəlnəs,
ɪnˈkjʊrəbəlnəs

incurably
BR ɪnˈkjʊərəbli,
ɪnˈkjɔːrəbli,
ɪŋˈkjʊərəbli,
ɪŋˈkjɔːrəbli
AM ɪŋˈkjʊrəbli,
ɪnˈkjʊrəbli

incuriosity
BR ɪnˌkjʊərɪˈɒsɪti,
ɪnˌkjɔːrɪˈɒsɪti,
ɪŋˌkjʊərɪˈɒsɪti,
ɪŋˌkjɔːrɪˈɒsɪti,
ˌɪnkjʊərɪˈɒsɪti,
ˌɪnkjɔːrɪˈɒsɪti,
ˌɪŋkjʊərɪˈɒsɪti,
ˌɪŋkjɔːrɪˈɒsɪti
AM ɪnˌkjʊriˈɑsədi,
ˈɪŋˌkjʊriˈɑsədi,
ˈɪnˌkjʊriˈɑsədi

incurious
BR ɪnˈkjʊərɪəs,
ɪnˈkjɔːrɪəs, ɪŋ-
ˈkjʊərɪəs, ɪŋˈkjɔːrɪəs
AM ɪnˈkjʊriəs,
ɪnˈkjʊriəs

incuriously
BR ɪnˈkjʊərɪəsli,
ɪnˈkjɔːrɪəsli,
ɪŋˈkjʊərɪəsli,
ɪŋˈkjɔːrɪəsli
AM ɪnˈkjʊriəsli,
ɪnˈkjʊriəsli

incuriousness
BR ɪnˈkjʊərɪəsnəs,
ɪnˈkjɔːrɪəsnəs,
ɪŋˈkjʊərɪəsnəs,
ɪŋˈkjɔːrɪəsnəs
AM ɪnˈkjʊriəsnəs,
ɪnˈkjʊriəsnəs

incurrable
BR ɪnˈkəːrəbl,
ɪŋˈkəːrəbl
AM ɪŋˈkərəb(ə)l,
ɪnˈkərəb(ə)l

incursion
BR ɪnˈkəːʃn, ɪnˈkəːʒn,
ɪŋˈkəːʃn, ɪŋˈkəːʒn,
-z
AM ɪŋˈkərʒ(ə)n,
ɪnˈkərʒ(ə)n, -z

incursive
BR ɪnˈkəːsɪv, ɪŋˈkəːsɪv
AM ɪŋˈkərsɪv,
ɪnˈkərsɪv

incurvation
BR ˌɪnkəːˈveɪʃn,
ˌɪŋkəːˈveɪʃn, -z
AM ˌɪnkərˈveɪʃ(ə)n,
ˌɪŋkərˈveɪʃ(ə)n, -z

incurve
BR ɪnˈkəːv, ɪŋˈkəːv,
-z, -ɪŋ, -d
AM ɪŋˈkərv, ɪnˈkərv,
-z, -ɪŋ, -d

incus
BR ˈɪŋkəs
AM ˈɪŋkəs

incuse
BR ɪnˈkjuːz, ɪŋˈkjuːz,
-ɪz, -ɪŋ, -d
AM ɪŋˈkjuz, ɪnˈkjuz,
-əz, -ɪŋ, -d

indaba
BR ɪnˈdɑːbə(r), -z
AM ɪnˈdɑbə, -z

in date
BR ˌɪn ˈdeɪt
AM ˌɪn ˈdeɪt

Indebele
BR ˌɪndəˈbiːli,
ˌɪndəˈbeɪli
AM ˌɪndəˈbili

indebted
BR ɪnˈdetɪd
AM ɪnˈdedəd

indebtedness
BR ɪnˈdetɪdnɪs
AM ɪnˈdedədnəs

indecency
BR ɪnˈdiːsns|i, -ɪz
AM ɪnˈdisənsi, -z

indecent
BR ɪnˈdiːsnt
AM ɪnˈdis(ə)nt

indecently
BR ɪnˈdiːsntli
AM ɪnˈdisn(t)li

indecipherability
BR ˌɪndɪˌsaɪf(ə)rəˈbɪlɪti
AM ˈˌɪndəˌsaɪf(ə)rə-
ˈbɪlɪdi

indecipherable
BR ˌɪndɪˈsaɪf(ə)rəbl
AM ˌɪndəˈsaɪf(ə)rəb(ə)l

indecipherably
BR ˌɪndɪˈsaɪf(ə)rəbli
AM ˌɪndəˈsaɪf(ə)rəbli

indecision
BR ˌɪndɪˈsɪʒn
AM ˌɪndəˈsɪʒ(ə)n

indecisive
BR ˌɪndɪˈsaɪsɪv
AM ˌɪndəˈsaɪsɪv

indecisively
BR ˌɪndɪˈsaɪsɪvli
AM ˌɪndəˈsaɪsɪvli

indecisiveness
BR ˌɪndɪˈsaɪsɪvnɪs
AM ˌɪndəˈsaɪsɪvnɪs

indeclinable
BR ˌɪndɪˈklaɪnəbl
AM ˌɪndəˈklaɪnəb(ə)l

indecorous
BR (ˌ)ɪnˈdɛk(ə)rəs
AM ɪnˈdɛkərəs

indecorously
BR (ˌ)ɪnˈdɛk(ə)rəsli
AM ɪnˈdɛkərəsli

indecorousness
BR (ˌ)ɪnˈdɛk(ə)rəsnəs
AM ɪnˈdɛkərəsnəs

indecorum
BR ˌɪndɪˈkɔːrəm
AM ˌɪndəˈkɔrəm

indeed
BR ɪnˈdiːd
AM ɪnˈdid

indefatigability
BR ˌɪndɪˌfatɪgəˈbɪlɪti
AM ˈˌɪndəˌfædəgəˈbɪlɪdi

indefatigable
BR ˌɪndɪˈfatɪgəbl
AM ˌɪndəˈfædəgəb(ə)l

indefatigableness
BR ˌɪndɪˈfatɪgəblnəs
AM ˌɪndəˈfædəgəbəlnəs

indefatigably
BR ˌɪndɪˈfatɪgəbli
AM ˌɪndəˈfædəgəbli

indefeasibility
BR ˌɪndɪˌfiːzɪˈbɪlɪti
AM ˈˌɪndəˌfizə-ˈbɪlɪdi

indefeasible
BR ˌɪndɪˈfiːzɪbl
AM ˌɪndəˈfizəb(ə)l

indefeasibly
BR ˌɪndɪˈfiːzɪbli
AM ˌɪndəˈfizəbli

indefectible
BR ˌɪndɪˈfɛktɪbl
AM ˌɪndəˈfɛktəb(ə)l

indefensibility
BR ˌɪndɪˌfɛnsɪ-ˈbɪlɪti
AM ˈˌɪndəˌfɛnsə-ˈbɪlɪdi

indefensible
BR ˌɪndɪˈfɛnsɪbl
AM ˌɪndəˈfɛnsəb(ə)l

indefensibly
BR ˌɪndɪˈfɛnsɪbli
AM ˌɪndəˈfɛnsəbli

indefinable
BR ˌɪndɪˈfʌɪnəbl
AM ˌɪndəˈfaɪnəb(ə)l

indefinably
BR ˌɪndɪˈfʌɪnəbli
AM ˌɪndəˈfaɪnəbli

indefinite
BR (ˌ)ɪnˈdɛf(ɪ)nɪt, (ˌ)ɪnˈdɛfn̩t
AM ɪnˈdɛf(ə)nət

indefinitely
BR (ˌ)ɪnˈdɛf(ɪ)nɪtli, (ˌ)ɪnˈdɛfn̩tli
AM ɪnˈdɛf(ə)nətli

indefiniteness
BR (ˌ)ɪnˈdɛf(ɪ)nɪtnəs, (ˌ)ɪnˈdɛfn̩tnɪs
AM ɪnˈdɛf(ə)nətnəs

indehiscence
BR ˌɪndɪˈhɪsns
AM ˌɪndiˈhɪs(ə)ns, ˌɪndəˈhɪs(ə)ns

indehiscent
BR ˌɪndɪˈhɪsnt
AM ˌɪndiˈhɪs(ə)nt, ˌɪndəˈhɪs(ə)nt

indelibility
BR ɪnˌdɛlɪˈbɪlɪti
AM ɪnˌdɛləˈbɪlɪdi

indelible
BR (ˌ)ɪnˈdɛlɪbl
AM ɪnˈdɛləb(ə)l

indelibly
BR (ˌ)ɪnˈdɛlɪbli
AM ɪnˈdɛləbli

indelicacy
BR (ˌ)ɪnˈdɛlɪkəs|i, -ɪz
AM ɪnˈdɛləkəsi, -z

indelicate
BR (ˌ)ɪnˈdɛlɪkət
AM ɪnˈdɛləkət

indelicately
BR (ˌ)ɪnˈdɛlɪkətli
AM ɪnˈdɛləkətli

indelicateness
BR (ˌ)ɪnˈdɛlɪkətnəs
AM ɪnˈdɛləkətnəs

indeminify
BR ɪnˈdɛmnɪfʌɪ, -z, -ɪŋ, -d
AM ɪnˈdɛmnəˌfaɪ, -z, -ɪŋ, -d

indemnification
BR ɪnˌdɛmnɪfɪˈkeɪʃn
AM ɪnˌdɛmnəfəˈkeɪʃ(ə)n

indemnifier
BR ɪnˈdɛmnɪfʌɪə(r), -z
AM ɪnˈdɛmnəˌfaɪər, -z

indemnity
BR ɪnˈdɛmnɪti
AM ɪnˈdɛmnədi, -z

indemonstrable
BR ˌɪndɪˈmɒnstrəbl, ɪnˈdɛmənstrəbl
AM ɪnˈdɛmənstrəb(ə)l, ˌɪndəˈmɑnstrəb(ə)l

indene
BR ˈɪndiːn, -z
AM ˈɪnˌdin, -z

indent¹ *noun*
BR ˈɪndɛnt, -s
AM ˈɪnˌdɛnt, -s

indent² *verb*
BR ɪnˈdɛnt, -s, -ɪŋ, -ɪd
AM ɪnˈdɛn|t, -ts, -(t)ɪŋ, -(t)əd

indentation
BR ˌɪndɛnˈteɪʃn, -z
AM ˌɪnˌdɛnˈteɪʃ(ə)n, -z

indenter
BR ɪnˈdɛntə(r), -z
AM ɪnˈdɛn(t)ər, -z

indentor
BR ɪnˈdɛntə(r), -z
AM ɪnˈdɛn(t)ər, -z

indenture
BR ɪnˈdɛntʃə(r), -əz, -(ə)rɪŋ, -əd
AM ɪnˈdɛn(t)ʃər, -z, -ɪŋ, -d

indentureship
BR ɪnˈdɛntʃəʃɪp, -s
AM ɪnˈdɛn(t)ʃərˌʃɪp, -s

independence
BR ˌɪndɪˈpɛnd(ə)ns
AM ˌɪndəˈpɛndəns

independency
BR ˌɪndɪˈpɛnd(ə)ns|i, -ɪz
AM ˌɪndəˈpɛndnsi, -z

independent
BR ˌɪndɪˈpɛnd(ə)nt, -s
AM ˌɪndəˈpɛndənt, -s

independently
BR ˌɪndɪˈpɛnd(ə)ntli
AM ˌɪndəˈpɛndən(t)li

in-depth
BR ˌɪnˈdɛpθ
AM ˈɪnˌdɛpθ

indescribability
BR ˌɪndɪˌskrʌɪbəˈbɪlɪti
AM ˈˌɪndəˌskraɪbə-ˈbɪlɪdi

indescribable
BR ˌɪndɪˈskrʌɪbəbl
AM ˌɪndəˈskraɪbəb(ə)l

indescribably
BR ˌɪndɪˈskrʌɪbəbli
AM ˌɪndəˈskraɪbəbli

indestructibility
BR ˌɪndɪˌstrʌktɪˈbɪlɪti
AM ˈˌɪndəˌstrʌktə-ˈbɪlɪdi

indestructible
BR ˌɪndɪˈstrʌktɪbl
AM ˌɪndəˈstrʌktəb(ə)l

indestructibly
BR ˌɪndɪˈstrʌktɪbli
AM ˌɪndəˈstrʌktəbli

indeterminable
BR ˌɪndɪˈtəːmɪnəbl
AM ˌɪndəˈtərmənəb(ə)l

indeterminably
BR ˌɪndɪˈtəːmɪnɪbli
AM ˌɪndəˈtərmənəbli

indeterminacy
BR ˌɪndɪˈtəːmɪnəsi
AM ˌɪndəˈtərmənəsi

indeterminate
BR ˌɪndɪˈtəːmɪnət
AM ˌɪndəˈtərmənət

indeterminately
BR ˌɪndɪˈtəːmɪnətli
AM ˌɪndəˈtərmənətli

indeterminateness
BR ˌɪndɪˈtəːmɪnətnəs
AM ˌɪndəˈtərmənətnəs

indetermination
BR ˌɪndɪˌtəːmɪˈneɪʃn
AM ˌɪndəˌtərmə-ˈneɪʃ(ə)n

indeterminism
BR ˌɪndɪˈtəːmɪnɪzm
AM ˌɪndəˈtərmə-ˌnɪz(ə)m

indeterminist
BR ˌɪndɪˈtəːmɪnɪst, -s
AM ˌɪndəˈtərmənəst, -s

indeterministic
BR ˌɪndɪˌtəːmɪˈnɪstɪk
AM ˌɪndəˌtərməˈnɪstɪk

index
BR ˈɪndɛks, -ɪz, -ɪŋ, -t
AM ˈɪnˌdɛks, -əz, -ɪŋ, -t

indexation
BR ˌɪndɛkˈseɪʃn
AM ˌɪnˌdɛkˈseɪʃ(ə)n

indexer
BR ˈɪndɛksə(r), -z
AM ˈɪnˌdɛksər, -z

indexible
BR ˈɪndɛksɪbl, ɪnˈdɛksɪbl
AM ˈɪnˌdɛksəb(ə)l

indexical
BR ɪnˈdeksɪkl
AM ɪnˈdeksək(ə)l
indexless
BR ˈɪndeksləs
AM ɪnˌdeksləs
India
BR ˈɪndɪə(r)
AM ˈɪndɪə
Indiaman
BR ˈɪndɪəmən
AM ˈɪndɪəˌmæn
Indiamen
BR ˈɪndɪəmen
AM ˈɪndɪəˌmen
Indian
BR ˈɪndɪən, -z
AM ˈɪndɪən, -z
Indiana
BR ˌɪndɪˈænə(r)
AM ˌɪndɪˈænə
Indianapolis
BR ˌɪndɪəˈnæplɪs
AM ˌɪndɪəˈnæp(ə)ləs
Indic
BR ˈɪndɪk, -s
AM ˈɪndɪk, -s
indicate
BR ˈɪndɪkeɪt, -s, -ɪŋ, -ɪd
AM ˈɪndəˌkeɪ|t, -ts, -dɪŋ, -dɪd
indication
BR ˌɪndɪˈkeɪʃn, -z
AM ˌɪndəˈkeɪʃ(ə)n, -z
indicative
BR ɪnˈdɪkətɪv, -z
AM ɪnˈdɪkədɪv, -z
indicatively
BR ɪnˈdɪkətɪvli
AM ɪnˈdɪkədɪvli
indicator
BR ˈɪndɪkeɪtə(r), -z
AM ˈɪndəˌkeɪdər, -z
indicatory
BR ɪnˈdɪkət(ə)ri, ˈɪndɪkeɪt(ə)ri
AM ɪnˈdɪkəˌtɔri
indices
BR ˈɪndɪsiːz
AM ˈɪndəˌsiz

indicia
BR ɪnˈdɪsɪə(r), ɪnˈdɪʃɪə(r)
AM ɪnˈdɪʃ(i)ə
indicial
BR ɪnˈdɪʃl
AM ɪnˈdɪʃ(i)əl
indicium
BR ɪnˈdɪsɪəm, ɪnˈdɪʃɪəm
AM ɪnˈdɪʃ(i)əm
indict
BR ɪnˈdaɪt, -s, -ɪŋ, -ɪd
AM ɪnˈdaɪ|t, -ts, -dɪŋ, -dɪd
indictable
BR ɪnˈdaɪtəbl
AM ɪnˈdaɪdəb(ə)l
indictee
BR ˌɪndaɪˈtiː, -z
AM ˌɪnˌdaɪˈti, -z
indicter
BR ɪnˈdaɪtə(r), -z
AM ɪnˈdaɪdər, -z
indiction
BR ɪnˈdɪkʃn, -z
AM ɪnˈdɪkʃ(ə)n, -z
indictment
BR ɪnˈdaɪtm(ə)nt, -s
AM ɪnˈdaɪtm(ə)nt, -s
indie
BR ˈɪnd|i, -ɪz
AM ˈɪndi, -z
Indies
BR ˈɪndɪz
AM ˈɪndiz
indifference
BR ɪnˈdɪf(ə)rn̩s
AM ɪnˈdɪf(ə)rəns
indifferent
BR ɪnˈdɪf(ə)rn̩t
AM ɪnˈdɪfərnt, ɪnˈdɪf(ə)rənt
indifferentism
BR ɪnˈdɪf(ə)rn̩tɪzm
AM ɪnˈdɪf(ə)rənˌtɪz(ə)m, ɪnˈdɪfərn̩ˌtɪz(ə)m
indifferentist
BR ɪnˈdɪf(ə)rn̩tɪst, -s
AM ɪnˈdɪf(ə)rən(t)əst, ɪnˈdɪfərn̩təst, -s

indifferently
BR ɪnˈdɪf(ə)rn̩tli
AM ɪnˈdɪf(ə)rən(t)li, ɪnˈdɪfərn̩tli
indigence
BR ˈɪndɪdʒ(ə)ns
AM ˈɪndədʒ(ə)ns
indigene
BR ˈɪndɪdʒiːn, -z
AM ˈɪndəˌdʒin, -z
indigenisation
BR ɪnˌdɪdʒɪnaɪˈzeɪʃn, ɪnˌdɪdʒn̩aɪˈzeɪʃn
AM ɪnˌdɪdʒəˌnaɪˈzeɪʃ(ə)n, ɪnˌdɪdʒənəˈzeɪʃ(ə)n
indigenise
BR ɪnˈdɪdʒɪnaɪz, ɪnˈdɪdʒn̩aɪz, -ɪz, -ɪŋ, -d
AM ɪnˈdɪdʒəˌnaɪz, -ɪz, -ɪŋ, -d
indigenization
BR ɪnˌdɪdʒɪnaɪˈzeɪʃn, ɪnˌdɪdʒn̩aɪˈzeɪʃn
AM ɪnˌdɪdʒəˌnaɪˈzeɪʃ(ə)n, ɪnˌdɪdʒənəˈzeɪʃ(ə)n
indigenize
BR ɪnˈdɪdʒɪnaɪz, ɪnˈdɪdʒn̩aɪz, -ɪz, -ɪŋ, -d
AM ɪnˈdɪdʒəˌnaɪz, -ɪz, -ɪŋ, -d
indigenous
BR ɪnˈdɪdʒɪnəs, ɪnˈdɪdʒn̩əs
AM ɪnˈdɪdʒənəs
indigenously
BR ɪnˈdɪdʒɪnəsli, ɪnˈdɪdʒn̩əsli
AM ɪnˈdɪdʒənəsli
indigenousness
BR ɪnˈdɪdʒɪnəsnəs, ɪnˈdɪdʒn̩əsnəs
AM ɪnˈdɪdʒənəsnəs
indigent
BR ˈɪndɪdʒ(ə)nt
AM ˈɪndədʒ(ə)nt
indigently
BR ˈɪndɪdʒ(ə)ntli
AM ˈɪndədʒən(t)li

indigested
BR ˌɪndɪˈdʒestɪd, ˌɪndaɪˈdʒestɪd
AM ˌɪndəˈdʒestəd
indigestibility
BR ˌɪndɪˌdʒestɪˈbɪlɪti, ˌɪndaɪˌdʒestɪˈbɪlɪti
AM ˌɪndəˌdʒestəˈbɪlɪdi
indigestible
BR ˌɪndɪˈdʒestɪbl, ˌɪndaɪˈdʒestɪbl
AM ˌɪndəˈdʒestəb(ə)l
indigestibly
BR ˌɪndɪˈdʒestɪbli, ˌɪndaɪˈdʒestɪbli
AM ˌɪndəˈdʒestəbli
indigestion
BR ˌɪndɪˈdʒestʃn
AM ˌɪnˌdaɪˈdʒestʃ(ə)n, ˌɪndəˈdʒestʃ(ə)n
indigestive
BR ˌɪndɪˈdʒestɪv
AM ˌɪndəˈdʒestɪv
indignant
BR ɪnˈdɪgnənt
AM ɪnˈdɪgnənt
indignantly
BR ɪnˈdɪgnəntli
AM ɪnˈdɪgnən(t)li
indignation
BR ˌɪndɪgˈneɪʃn
AM ˌɪndɪgˈneɪʃ(ə)n
indignity
BR ɪnˈdɪgnɪt|i, -ɪz
AM ɪnˈdɪgnɪdi, -z
indigo
BR ˈɪndɪgəʊ
AM ˈɪndəˌgoʊ
indigotic
BR ˌɪndɪˈgɒtɪk
AM ˌɪndəˈgɑdɪk
Indira
BR ˈɪndɪrə(r), ɪnˈdɪərə(r)
AM ɪnˈdɪrə
indirect
BR ˌɪndɪˈrekt, ˌɪndaɪˈrekt
AM ˌɪndəˈrek(t)
indirection
BR ˌɪndɪˈrekʃn, ˌɪndaɪˈrekʃn
AM ˌɪndəˈrekʃ(ə)n

indirectly
BR ˌɪndɪˈrektli, ˌɪndʌɪˈrektli
AM ˌɪndəˈrek(t)li

indirectness
BR ˌɪndɪˈrek(t)nəs, ˌɪndʌɪˈrek(t)nəs
AM ˌɪndəˈrektnəs

indiscernibility
BR ˌɪndɪˌsəːnɪˈbɪlɪti
AM ˈˌɪndəˌsɜrnəˈbɪlɪdi

indiscernible
BR ˌɪndɪˈsəːnɪbl
AM ˌɪndəˈsɜrnəb(ə)l

indiscernibly
BR ˌɪndɪˈsəːnɪbli
AM ˌɪndəˈsɜrnəbli

indiscipline
BR (ˌ)ɪnˈdɪsɪplɪn
AM ɪnˈdɪsəpl(ə)n

indiscreet
BR ˌɪndɪˈskriːt
AM ˌɪndəˈskrit

indiscreetly
BR ˌɪndɪˈskriːtli
AM ˌɪndəˈskritli

indiscreetness
BR ˌɪndɪˈskriːtnɪs
AM ˌɪndəˈskritnɪs

indiscrete
BR ˌɪndɪˈskriːt
AM ˌɪndəˈskrit

indiscretion
BR ˌɪndɪˈskrɛʃn, -z
AM ˌɪndəˈskrɛʃ(ə)n, -z

indiscriminate
BR ˌɪndɪˈskrɪmɪnət
AM ˌɪndəˈskrɪm(ə)nət

indiscriminately
BR ˌɪndɪˈskrɪmɪnətli
AM ˌɪndəˈskrɪm(ə)nətli

indiscriminateness
BR ˌɪndɪˈskrɪmɪnətnəs
AM ˌɪndəˈskrɪm(ə)nətnəs

indiscrimination
BR ˌɪndɪˌskrɪmɪˈneɪʃn, -z
AM ˈˌɪndəˌskrɪməˈneɪʃ(ə)n, -z

indiscriminative
BR ˌɪndɪˈskrɪmɪnətɪv
AM ˌɪndəˈskrɪməˌneɪdɪv

indispensability
BR ˌɪndɪˌspɛnsəˈbɪlɪti
AM ˈˌɪndəˌspɛnsəˈbɪlɪdi

indispensable
BR ˌɪndɪˈspɛnsəbl
AM ˌɪndəˈspɛnsəb(ə)l

indispensableness
BR ˌɪndɪˈspɛnsəblnəs
AM ˌɪndəˈspɛnsəbəlnəs

indispensably
BR ˌɪndɪˈspɛnsəbli
AM ˌɪndəˈspɛnsəbli

indispose
BR ˌɪndɪˈspəʊz, -ɪz, -ɪŋ, -d
AM ˌɪndəˈspoʊz, -əz, -ɪŋ, -d

indisposition
BR ˌɪndɪspəˈzɪʃn, ɪnˌdɪspəˈzɪʃn, -z
AM ɪnˌdɪspəˈzɪʃ(ə)n, ˈˌɪnˌdɪspəˈzɪʃ(ə)n, -z

indisputability
BR ˌɪndɪˌspjuːtəˈbɪlɪti
AM ɪndəˌspjudəˈbɪlɪdi, ˈˌɪndəˌspjudəˈbɪlɪdi

indisputable
BR ˌɪndɪˈspjuːtəbl
AM ɪndəˈspjudəb(ə)l, ˌɪndəˈspjudəb(ə)l

indisputableness
BR ˌɪndɪˈspjuːtəblnəs
AM ɪndəˈspjudəbəlnəs, ˌɪndəˈspjudəbəlnəs

indisputably
BR ˌɪndɪˈspjuːtəbli
AM ɪndəˈspjudəbli, ˌɪndəˈspjudəbli

indissolubilist
BR ˌɪndɪˈsɒljəbɪlɪst, ˌɪndɪˈsɒljəblɪst, -s
AM ˌɪndəˈsɑljəˌbɪlɪst, ˌɪndəˈsɑljəˌbɪlɪst, -s

indissolubility
BR ˌɪndɪˌsɒljəˈbɪlɪti
AM ɪndəˌsɑljəˈbɪlɪdi, ˈˌɪndəˌsɑljəˈbɪlɪdi

indissoluble
BR ˌɪndɪˈsɒljəbl
AM ɪndəˈsɑljəb(ə)l, ˌɪndəˈsɑljəb(ə)l

indissolubly
BR ˌɪndɪˈsɒljəbli
AM ɪndəˈsɑljəbli, ˌɪndəˈsɑljəbli

indistinct
BR ˌɪndɪˈstɪŋ(k)t
AM ˌɪndəˈstɪŋk(t), ˈˌɪndəˈstɪŋ(k)t

indistinctive
BR ˌɪndɪˈstɪŋ(k)tɪv
AM ˌɪndəˈstɪŋ(k)tɪv

indistinctively
BR ˌɪndɪˈstɪŋ(k)tɪvli
AM ˌɪndəˈstɪŋ(k)tɪvli

indistinctiveness
BR ˌɪndɪˈstɪŋ(k)tɪvnɪs
AM ˌɪndəˈstɪŋ(k)tɪvnəs

indistinctly
BR ˌɪndɪˈstɪŋ(k)tli
AM ˌɪndəˈstɪŋkli, ˌɪndəˈstɪŋ(k)tli

indistinctness
BR ˌɪndɪˈstɪŋ(k)tnɪs, ˌɪndɪˈstɪŋk(t)nɪs
AM ˌɪndəˈstɪŋk(t)nəs, ˌɪndəˈstɪŋ(k)tnəs

indistinguishable
BR ˌɪndɪˈstɪŋgwɪʃəbl
AM ˌɪndəˈstɪŋgwəʃəb(ə)l

indistinguishableness
BR ˌɪndɪˈstɪŋgwɪʃəblnəs
AM ˌɪndəˈstɪŋgwəʃəbəlnəs

indistinguishably
BR ˌɪndɪˈstɪŋgwɪʃəbli
AM ˌɪndəˈstɪŋgwəʃəbli

indite
BR ɪnˈdʌɪt, -s, -ɪŋ, -ɪd
AM ɪnˈdaɪ|t, -ts, -dɪŋ, -dɪd

indium
BR ˈɪndɪəm
AM ˈɪndiəm

indivertible
BR ˌɪndʌɪˈvəːtɪbl, ˌɪndɪˈvəːtɪbl
AM ˌɪnˌdaɪˈvɜrdəb(ə)l, ˌɪndəˈvɜrdəb(ə)l

indivertibly
BR ˌɪndʌɪˈvəːtɪbli, ˌɪndɪˈvəːtɪbli
AM ˌɪnˌdaɪˈvɜrdəbli, ˌɪndəˈvɜrdəbli

individual
BR ˌɪndɪˈvɪdʒʊəl, ˌɪndɪˈvɪdʒɵl, ˌɪndɪˈvɪdjʊəl, ˌɪndɪˈvɪdjɵl, -z
AM ˌɪndəˈvɪdʒ(ə)l, ˌɪndəˈvɪdʒ(ə)wəl, -z

individualisation
BR ˌɪndɪˌvɪdʒɵlʌɪˈzeɪʃn, ˌɪndɪˌvɪdʒlʌɪˈzeɪʃn, ˌɪndɪˌvɪdjɵlʌɪˈzeɪʃn, -z
AM ˈˌɪndəˌvɪdʒəˌlaɪˈzeɪʃ(ə)n, ˈˌɪndəˌvɪdʒ(ə)wələˈzeɪʃ(ə)n, ˌɪndəˌvɪdʒələˈzeɪʃ(ə)n, ˈˌɪndəˌvɪdʒ(ə)wəˌlaɪˈzeɪʃ(ə)n, -z

individualise
BR ɪndɪˈvɪdʒɵlʌɪz, ɪndɪˈvɪdʒlʌɪz, ɪndɪˈvɪdjɵlʌɪz, -ɪz, -ɪŋ, -d
AM ˌɪndəˈvɪdʒəˌlaɪz, ˌɪndəˈvɪdʒ(ə)wəˌlaɪz, -ɪz, -ɪŋ, -d

individualism
BR ˌɪndɪˈvɪdʒɵlɪzm, ˌɪndɪˈvɪdʒlɪzm, ˌɪndɪˈvɪdjɵlɪzm
AM ˌɪndəˈvɪdʒəˌlɪz(ə)m, ˌɪndəˈvɪdʒ(ə)wəˌlɪz(ə)m

individualist
BR ˌɪndɪˈvɪdʒɵlɪst, ˌɪndɪˈvɪdʒlɪst, ˌɪndɪˈvɪdjɵlɪst, -s
AM ˌɪndəˈvɪdʒələst, ˌɪndəˈvɪdʒ(ə)wələst, -s

individualistic
BR ˌɪndɪˌvɪdʒɵˈlɪstɪk, ˌɪndɪˌvɪdʒlˈɪstɪk, ˌɪndɪˌvɪdjɵˈlɪstɪk
AM ˌɪndəˌvɪdʒəˈlɪstɪk, ˌɪndəˌvɪdʒ(ə)wəˈlɪstɪk

individualistically
BR ˌɪndɪˌvɪdʒʊ'lɪstɪkli,
ˌɪndɪˌvɪdʒl̩'ɪstɪkli,
ˌɪndɪˌvɪdjʊ'lɪstɪkli
AM ˈˌɪndəˌvɪdʒə-
'lɪstək(ə)li,
ˈˌɪndəˌvɪdʒ(ə)wə-
'lɪstək(ə)li

individuality
BR ˌɪndɪˌvɪdʒʊ'alɪti,
ˌɪndɪˌvɪdjʊ'alɪti
AM ˌɪndəˌvɪdʒə-
'wælədi

individualization
BR ˌɪndɪˌvɪdʒʊlaɪ'zeɪʃn,
ˌɪndɪˌvɪdʒlaɪ'zeɪʃn,
ˌɪndɪˌvɪdjʊlaɪ'zeɪʃn,
-z
AM ˈˌɪndəˌvɪdʒəˌlaɪ-
'zeɪʃ(ə)n, ˈˌɪndə-
ˌvɪdʒ(ə)wələ-
'zeɪʃ(ə)n, ˈˌɪndə-
ˌvɪdʒələ'zeɪʃ(ə)n,
ˈˌɪndəˌvɪdʒ(ə)wəˌlaɪ-
'zeɪʃ(ə)n, -z

individualize
BR ɪndɪ'vɪdʒʊlaɪz,
ɪndɪ'vɪdʒlaɪz,
ɪndɪ'vɪdjʊlaɪz, -ɪz,
-ɪŋ, -d
AM ˌɪndə'vɪdʒəˌlaɪz,
ˌɪndə'vɪdʒ(ə)wə-
ˌlaɪz, -ɪz, -ɪŋ, -d

individually
BR ˌɪndɪ'vɪdʒʊli, ˌɪndɪ-
'vɪdʒli, ˌɪndɪ'vɪdjʊli
AM ˌɪndə'vɪdʒəli,
ˌɪndə'vɪdʒ(ə)wəli

individuate
BR ˌɪndɪ'vɪdʒʊeɪt,
ˌɪndɪ'vɪdjʊeɪt, -s,
-ɪŋ, -ɪd
AM ˌɪndə'vɪdʒəˌweɪ|t,
-ts, -dɪŋ, -dɪd

individuation
BR ˌɪndɪˌvɪdʒʊ'eɪʃn,
ˌɪndɪˌvɪdjʊ'eɪʃn, -z
AM ˈˌɪndəˌvɪdʒə-
'weɪʃ(ə)n, -z

indivisibility
BR ˌɪndɪˌvɪzɪ'bɪlɪti
AM ˈˌɪndəˌvɪzə'bɪlɪdi

indivisible
BR ˌɪndɪ'vɪzɪbl
AM ˌɪndə'vɪzəb(ə)l

indivisibly
BR ˌɪndɪ'vɪzɪbli
AM ˌɪndə'vɪzəbli

Indo-Aryan
BR ˌɪndəʊ'ɛːrɪən,
ˌɪndəʊ'ɑːrɪən,
ˌɪndəʊ'arɪən, -z
AM ˌɪndoʊ'ɛrɪən, -z

Indo-China
BR ˌɪndəʊ'tʃʌɪnə(r)
AM ˌɪndoʊ'tʃaɪnə

Indo-Chinese
BR ˌɪndəʊˌtʃʌɪ'niːz
AM ˌɪndoʊˌtʃaɪ'niz

indocile
BR (ˌ)ɪn'dəʊsʌɪl
AM ɪn'dɑs(ə)l

indocility
BR ˌɪndə'sɪlɪti
AM ˌɪndə'sɪlɪdi,
ˌɪnˌdɑ'sɪlɪdi

indoctrinate
BR ɪn'dɒktrɪneɪt, -s,
-ɪŋ, -ɪd
AM ɪn'dɑktrəˌneɪ|t, -ts,
-dɪŋ, -dɪd

indoctrination
BR ɪnˌdɒktrɪ'neɪʃn
AM ɪnˌdɑktrə'neɪʃ(ə)n

indoctrinator
BR ɪn'dɒktrɪneɪtə(r), -z
AM ɪn'dɑktrəˌneɪdər,
-z

Indo-European
BR ˌɪndəʊˌjʊərə'piːən,
ˌɪndəʊˌjɔːrə'piːən,
-z
AM ˌɪndoʊˌjʊrə'piən,
ˌɪndoʊˌjʊrə'piən, -z

Indo-Germanic
BR ˌɪndəʊ-
ˌdʒəː'manɪk,
ˌɪndəʊdʒə'manɪk, -s
AM ˌɪndoʊdʒɚr-
'mænɪk, -s

Indo-Iranian
BR ˌɪndəʊɪ'reɪnɪən, -z
AM ˌɪndoʊə'reɪnɪən,
-z

indole
BR 'ɪndəʊl, -z
AM 'ɪnˌdoʊl, -z

indoleacetic acid
BR ˌɪndəʊləˌsiːtɪk 'asɪd,
ˌɪndəʊləˌsɛtɪk +, -z
AM ɪnˌdoʊliə'sɛdɪk
ˌæsəd, -z

indolence
BR 'ɪndl̩ns
AM 'ɪndəl(ə)ns

indolent
BR 'ɪndl̩nt
AM 'ɪndəl(ə)nt

indolently
BR 'ɪndl̩ntli
AM 'ɪndələn(t)li

Indologist
BR ɪn'dɒlədʒɪst,
-s
AM ɪn'dɑlədʒəst,
-s

Indology
BR ɪn'dɒlədʒi
AM ɪn'dɑlədʒi

indomitability
BR ɪnˌdɒmɪtə'bɪlɪti
AM ɪnˌdɑmədə'bɪlɪdi

indomitable
BR ɪn'dɒmɪtəbl
AM ɪn'dɑmədəb(ə)l

indomitableness
BR ɪn'dɒmɪtəblnəs
AM ɪn'dɑmədəbəlnəs

indomitably
BR ɪn'dɒmɪtəbli
AM ɪn'dɑmədəbəli

Indonesia
BR ˌɪndə'niːzɪə(r),
ˌɪndə'niːʒə(r)
AM ˌɪndə'niʃə, ˌɪndoʊ-
'nɪʒə, ˌɪndoʊ'nɪʃə,
ˌɪndə'nɪʒə

Indonesian
BR ˌɪndə'niːzɪən,
ˌɪndə'niːʒn, -z
AM ˌɪndə'nɪʃ(ə)n,
ˌɪndə'nɪzɪən,
ˌɪndoʊ'nɪʒ(ə)n,
ˌɪndoʊ'nɪʃ(ə)n,
ˌɪndoʊ'nɪzɪən,
ˌɪndə'nɪʒ(ə)n, -z

indoor
BR ˌɪn'dɔː(r)
AM 'ɪnˌdɔ(ə)r

indoors
BR ˌɪn'dɔːz
AM ɪn'dɔ(ə)rz,
ˌɪn'dɔ(ə)rz

Indo-Pacific
BR ˌɪndəʊpə'sɪfɪk
AM ˌɪndoʊpə'sɪfɪk

Indore
BR (ˌ)ɪn'dɔː(r)
AM ɪn'dɔ(ə)r

indorse
BR ɪn'dɔːs, -ɪz, -ɪŋ, -t
AM ɪn'dɔ(ə)rs, -əz,
-ɪŋ, -t

indorsement
BR ɪn'dɔːsm(ə)nt, -s
AM ɪn'dɔrsm(ə)nt, -s

Indra
BR 'ɪndrə(r)
AM 'ɪndrə

indraft
BR 'ɪndrɑːft, -s
AM 'ɪnˌdræft, -s

indraught
BR 'ɪndrɑːft, -s
AM 'ɪnˌdræft, -s

indrawn
BR ˌɪn'drɔːn
AM 'ɪnˌdrɑn, 'ɪnˌdrɔn

indri
BR 'ɪndr|i, -ɪz
AM 'ɪndri, -z

indubitable
BR ɪn'djuːbɪtəbl,
ɪn'dʒuːbɪtəbl
AM ɪn'd(j)ubədəb(ə)l

indubitably
BR ɪn'djuːbɪtəbli,
ɪn'dʒuːbɪtəbli
AM ɪn'd(j)ubədəbli

induce
BR ɪn'djuːs, ɪn'dʒuːs,
-ɪz, -ɪŋ, -t
AM ɪn'd(j)us, -əz, -ɪŋ, -t

inducement
BR ɪn'djuːsm(ə)nt,
ɪn'dʒuːsm(ə)nt, -s
AM ɪn'd(j)usm(ə)nt,
ɪn'd(j)usm(ə)nt, -s

inducer
BR ɪnˈdjuːsə(r),
ɪnˈdʒuːsə(r), -z
AM ɪnˈd(j)usər,
ɪnˈd(j)usər, -z

inducible
BR ɪnˈdjuːsɪbl,
ɪnˈdʒuːsɪbl
AM ɪnˈd(j)usəb(ə)l,
ɪnˈd(j)usəb(ə)l

induct
BR ɪnˈdʌkt, -s, -ɪŋ, -ɪd
AM ɪnˈdək|(t), -(t)s,
-tɪŋ, -təd

inductance
BR ɪnˈdʌkt(ə)ns, -ɪz
AM ɪnˈdəktns, -əz

inductee
BR ˌɪndʌkˈtiː, -z
AM ɪnˌdəkˈti, -z

induction
BR ɪnˈdʌkʃn, -z
AM ɪnˈdəkʃ(ə)n, -z

inductive
BR ɪnˈdʌktɪv
AM ɪnˈdəktɪv

inductively
BR ɪnˈdʌktɪvli
AM ɪnˈdəktəvli

inductiveness
BR ɪnˈdʌktɪvnɪs
AM ɪnˈdəktɪvnɪs

inductor
BR ɪnˈdʌktə(r), -z
AM ɪnˈdəktər, -z

indue
BR ɪnˈdjuː, ɪnˈdʒuː,
-z, -ɪŋ, -d
AM ɪnˈd(j)u, -z, -ɪŋ, -d

indulge
BR ɪnˈdʌldʒ, -ɪz,
-ɪŋ, -d
AM ɪnˈdəldʒ, -əz,
-ɪŋ, -t

indulgence
BR ɪnˈdʌldʒ(ə)ns,
-ɪz, -t
AM ɪnˈdəldʒ(ə)ns,
-əz, -t

indulgent
BR ɪnˈdʌldʒ(ə)nt
AM ɪnˈdəldʒ(ə)nt

indulgently
BR ɪnˈdʌldʒ(ə)ntli
AM ɪnˈdəldʒən(t)li

indulger
BR ɪnˈdʌldʒə(r), -z
AM ɪnˈdəldʒər, -z

indult
BR ɪnˈdʌlt, -s
AM ɪnˈdəlt, -s

indumenta
BR ˌɪndjʊˈmentə(r),
ˌɪndʒʊˈmentə(r)
AM ˌɪnd(j)əˈmen(t)ə

indumentum
BR ˌɪndjʊˈmentəm,
ˌɪndʒʊˈmentəm
AM ˌɪnd(j)əˈmen(t)əm

induna
BR ɪnˈduːnə(r), -z
AM ɪnˈdunə, -z

indurate[1] *adjective*
BR ˈɪndjʊrət,
ˈɪndʒʊrət
AM ˈɪnd(j)ərət

indurate[2] *verb*
BR ˈɪndjʊreɪt,
ˈɪndʒʊreɪt, -s, -ɪŋ,
-ɪd
AM ˈɪnd(j)əˌreɪ|t, -ts,
-dɪŋ, -dɪd

induration
BR ˌɪndjʊˈreɪʃn,
ˌɪndʒʊˈreɪʃn, -z
AM ˌɪnd(j)əˈreɪʃ(ə)n,
-z

indurative
BR ˈɪndjʊrətɪv,
ˈɪndʒʊrətɪv
AM ˈɪnd(j)əˌreɪdɪv

Indus
BR ˈɪndəs
AM ˈɪndəs

indusia
BR ɪnˈdjuːziə(r),
ɪnˈdʒuːziə(r)
AM ɪnˈd(j)uziə,
ɪnˈd(j)uʒ(i)ə

indusial
BR ɪnˈdjuːziəl,
ɪnˈdʒuːziəl
AM ɪnˈd(j)uziəl,
ɪnˈd(j)uʒ(i)əl

indusium
BR ɪnˈdjuːziəm,
ɪnˈdʒuːziəm
AM ɪnˈd(j)uziəm,
ɪnˈd(j)uʒ(i)əm

industrial
BR ɪnˈdʌstrɪəl, -z
AM ɪnˈdəstriəl, -z

industrialisation
BR ɪnˌdʌstrɪəlʌɪˈzeɪʃn
AM ɪnˌdəstriəˌlaɪ-
ˈzeɪʃ(ə)n,
ɪnˌdəstriələˈzeɪʃ(ə)n

industrialise
BR ɪnˈdʌstrɪəlʌɪz, -ɪz,
-ɪŋ, -d
AM ɪnˈdəstriəˌlaɪz, -ɪz,
-ɪŋ, -d

industrialism
BR ɪnˈdʌstrɪəlɪzm
AM ɪnˈdəstriəˌlɪz(ə)m

industrialist
BR ɪnˈdʌstrɪəlɪst, -s
AM ɪnˈdəstriələst, -s

industrialization
BR ɪnˌdʌstrɪəlʌɪˈzeɪʃn
AM ɪnˌdəstriəˌlaɪ-
ˈzeɪʃ(ə)n,
ɪnˌdəstriələˈzeɪʃ(ə)n

industrialize
BR ɪnˈdʌstrɪəlʌɪz, -ɪz,
-ɪŋ, -d
AM ɪnˈdəstriəˌlaɪz, -ɪz,
-ɪŋ, -d

industrially
BR ɪnˈdʌstrɪəli
AM ɪnˈdəstriəli

industrious
BR ɪnˈdʌstrɪəs
AM ɪnˈdəstriəs

industriously
BR ɪnˈdʌstrɪəsli
AM ɪnˈdəstriəsli

industriousness
BR ɪnˈdʌstrɪəsnəs
AM ɪnˈdəstriəsnəs

industry
BR ˈɪndəstr|i, -ɪz
AM ˈɪndəstri, -z

indwell
BR (ˌ)ɪnˈdwɛl, -z, -ɪŋ, -d
AM ɪnˈdwɛl, -z, -ɪŋ, -d

indweller
BR (ˌ)ɪnˈdwɛlə(r), -z
AM ɪnˈdwɛlər, -z

Indy *Indianapolis*
BR ˈɪndi
AM ˈɪndi

Indycar
BR ˈɪndɪkɑː(r), -z
AM ˈɪndiˌkɑr, -z

inebriate[1] *noun*
BR ɪˈniːbrɪət, -s
AM ɪˈnibriˌeɪt,
ɪˈnibriət, ɪˈnibriˌeɪt,
ɪˈnibriət, -s

inebriate[2] *verb*
BR ɪˈniːbrɪeɪt, -s, -ɪŋ, -ɪd
AM ɪˈnibriˌeɪ|t, ɪˈnibri-
ˌeɪ|t, -ts, -dɪŋ, -dɪd

inebriation
BR ɪˌniːbrɪˈeɪʃn
AM ɪˌnibriˈeɪʃ(ə)n

inebriety
BR ˌɪnɪˈbrʌɪti
AM ˌɪnəˈbraɪədi

inedibility
BR ɪnˌedɪˈbɪlɪti
AM ɪnˌɛdəˈbɪlɪdi,
ˌɪnˌɛdəˈbɪlɪdi

inedible
BR (ˌ)ɪnˈedɪbl
AM ɪnˈɛdəb(ə)l

inedibly
BR (ˌ)ɪnˈedɪbli
AM ɪnˈɛdəbli

ineducability
BR ɪnˌedjʊkəˈbɪlɪti,
ɪnˌedʒʊkəˈbɪlɪti
AM ˈˌɪnˌɛdʒəkəˈbɪlɪdi

ineducable
BR (ˌ)ɪnˈedjʊkəbl,
(ˌ)ɪnˈɛdʒʊkəbl
AM ɪnˈɛdʒəkəb(ə)l

ineducably
BR (ˌ)ɪnˈedjʊkəbli,
(ˌ)ɪnˈɛdʒʊkəbli
AM ɪnˈɛdʒəkəbli

ineffability
BR ɪnˌɛfəˈbɪlɪti
AM ɪˌnɛfəˈbɪlɪdi

ineffable
BR ɪnˈɛfəbl
AM ɪnˈɛfəb(ə)l

ineffably
BR ɪnˈɛfəbli
AM ɪnˈɛfəbli

ineffaceability
BR ɪnɪˌfeɪsəˈbɪlɪti
AM ˈɪniˌfeɪsəˈbɪlɪdi, ˌɪnəˌfeɪsəˈbɪlɪdi

ineffaceable
BR ˌɪnɪˈfeɪsəbl
AM ˌɪnɪˈfeɪsəb(ə)l, ˌɪnəˈfeɪsəb(ə)l

ineffaceably
BR ˌɪnɪˈfeɪsəbli
AM ˌɪnɪˈfeɪsəbli, ˌɪnəˈfeɪsəbli

ineffective
BR ˌɪnɪˈfɛktɪv
AM ˌɪnɪˈfɛktɪv, ˌɪnəˈfɛktɪv

ineffectively
BR ˌɪnɪˈfɛktɪvli
AM ˌɪnɪˈfɛktəvli, ˌɪnəˈfɛktəvli

ineffectiveness
BR ˌɪnɪˈfɛktɪvnɪs
AM ˌɪnɪˈfɛktɪvnɪs, ˌɪnəˈfɛktɪvnɪs

ineffectual
BR ˌɪnɪˈfɛktʃʊəl, ˌɪnɪˈfɛktʃ(ʊ)l, ˌɪnɪˈfɛktjʊəl, ˌɪnɪˈfɛktjʉl
AM ˌɪnəˈfɛk(t)ʃ(əw)əl

ineffectuality
BR ˌɪnɪˌfɛktʃʊˈalɪt|i, ˌɪnɪˌfɛktjʊˈalɪt|i, -ɪz
AM ˈɪnəˌfɛk(t)ʃə-ˈwælədi, -z

ineffectually
BR ˌɪnɪˈfɛktʃʊəli, ˌɪnɪˈfɛktʃʉli, ˌɪnɪˈfɛktʃli, ˌɪnɪˈfɛktjʊəli, ˌɪnɪˈfɛktjʉli
AM ˌɪnəˈfɛk(t)ʃ(əw)əli

ineffectualness
BR ˌɪnɪˈfɛktʃʊəlnəs, ˌɪnɪˈfɛktʃ(ʉ)lnəs, ˌɪnɪˈfɛktjʊəlnəs, ˌɪnɪˈfɛktjʉlnəs
AM ˌɪnə-ˈfɛk(t)ʃ(əw)əlnəs

inefficacious
BR ˌɪnɛfɪˈkeɪʃəs, ɪnˌɛfɪˈkeɪʃəs
AM ˌɪnɛfəˈkeɪʃəs

inefficaciously
BR ˌɪnɛfɪˈkeɪʃəsli, ɪnˌɛfɪˈkeɪʃəsli
AM ˌɪnɛfəˈkeɪʃəsli

inefficaciousness
BR ˌɪnɛfɪˈkeɪʃəsnəs, ɪnˌɛfɪˈkeɪʃəsnəs
AM ˌɪnɛfəˈkeɪʃəsnəs

inefficacy
BR ɪnˈɛfɪkəs|i, -ɪz
AM ɪnˈɛfəkəsi, -z

inefficiency
BR ˌɪnɪˈfɪʃnsi
AM ˌɪnɪˈfɪʃənsi, ˌɪnəˈfɪʃənsi

inefficient
BR ˌɪnɪˈfɪʃnt
AM ˌɪnɪˈfɪʃ(ə)nt, ˌɪnəˈfɪʃ(ə)nt

inefficiently
BR ˌɪnɪˈfɪʃntli
AM ˌɪnɪˈfɪʃən(t)li, ˌɪnəˈfɪʃən(t)li

inegalitarian
BR ˌɪnɪˌgalɪˈtɛːrɪən, -z
AM ˈɪnəˌgæləˈtɛrɪən, ˈɪniˌgæləˈtɛrɪən, -z

inelastic
BR ˌɪnɪˈlastɪk
AM ˌɪnəˈlæstɪk

inelastically
BR ˌɪnɪˈlastɪkli
AM ˌɪnəˈlæstək(ə)li

inelasticity
BR ˌɪnɪlaˈstɪsɪti, ˌɪniːlaˈstɪsɪti
AM ˈɪniˌlæˈstɪsɪdi, ˈɪnəˌlæˈstɪsɪdi

inelegance
BR (ˌ)ɪnˈɛlɪg(ə)ns
AM ɪnˈɛləgəns

inelegant
BR (ˌ)ɪnˈɛlɪg(ə)nt
AM ɪnˈɛləgənt

inelegantly
BR (ˌ)ɪnˈɛlɪg(ə)ntli
AM ɪnˈɛləgən(t)li

ineligibility
BR ɪnˌɛlɪdʒɪˈbɪlɪti
AM ɪnˌɛlədʒəˈbɪlɪdi, ˌɪnˌɛlədʒəˈbɪlɪdi

ineligible
BR (ˌ)ɪnˈɛlɪdʒɪbl
AM ɪnˈɛlədʒəb(ə)l

ineligibly
BR (ˌ)ɪnˈɛlɪdʒɪbli
AM ɪnˈɛlədʒəbli

ineluctability
BR ˌɪnɪˌlʌktəˈbɪlɪti
AM ˈɪnəˌləktəˈbɪlɪdi

ineluctable
BR ˌɪnɪˈlʌktəbl
AM ˌɪnəˈləktəb(ə)l

ineluctably
BR ˌɪnɪˈlʌktəbli
AM ˌɪnəˈləktəbli

inept
BR ɪˈnɛpt, ɪnˈɛpt
AM ɪˈnɛpt

ineptitude
BR ɪˈnɛptɪtjuːd, ɪˈnɛptɪtʃuːd
AM ɪˈnɛptəˌt(j)ud

ineptly
BR ɪˈnɛptli
AM ɪˈnɛp(t)li

ineptness
BR ɪˈnɛp(t)nəs
AM ɪˈnɛp(t)nəs

inequable
BR (ˌ)ɪnˈɛkwəbl
AM ɪnˈɛkwəb(ə)l

inequality
BR ˌɪnɪˈkwɒlɪt|i, -ɪz
AM ˌɪnəˈkwɔlədi, ˌɪnɪˈkwɑlədi, ˌɪnɪˈkwɔlədi, ˌɪnəˈkwɑlədi, -z

inequitable
BR (ˌ)ɪnˈɛkwɪtəbl
AM ɪnˈɛkwədəb(ə)l

inequitably
BR (ˌ)ɪnˈɛkwɪtəbli
AM ɪnˈɛkwədəbli

inequity
BR (ˌ)ɪnˈɛkwɪt|i, -ɪz
AM ɪnˈɛkwədi, -z

ineradicable
BR ˌɪnɪˈradɪkəbl
AM ˌɪnəˈrædəkəb(ə)l

ineradicably
BR ˌɪnɪˈradɪkəbli
AM ˌɪnəˈrædəkəbli

inerrability
BR ɪnˌəːrəˈbɪlɪti
AM ˈɪnˌɛrəˈbɪlɪdi

inerrable
BR (ˌ)ɪnˈəːrəbl
AM ɪˈnɛrəb(ə)l

inerrably
BR (ˌ)ɪnˈəːrəbli
AM ɪˈnɛrəbli

inerrancy
BR (ˌ)ɪnˈɛrn̩si
AM ɪˈnɛrənsi

inerrant
BR (ˌ)ɪnˈɛrn̩t
AM ɪˈnɛrənt

inert
BR ɪˈnəːt
AM ɪˈnərt

inertia
BR ɪˈnəːʃə(r)
AM ɪˈnərʃə

inertial
BR ɪˈnəːʃ(ɪə)l
AM ɪˈnərʃ(ə)l

inertialess
BR ɪˈnəːʃələs
AM ɪˈnərʃələs

inertly
BR ɪˈnəːtli
AM ɪˈnərtli

inertness
BR ɪˈnəːtnəs
AM ɪˈnərtnəs

inescapability
BR ˌɪnɪˌskeɪpəˈbɪlɪti
AM ˈɪnəˌskeɪpəˈbɪlɪdi

inescapable
BR ˌɪnɪˈskeɪpəbl
AM ˌɪnəˈskeɪpəb(ə)l

inescapably
BR ˌɪnɪˈskeɪpəbli
AM ˌɪnəˈskeɪpəbli

inescutcheon
BR ˌɪnɪˈskʌtʃ(ə)n
AM ˌɪnɛˈskætʃ(ə)n, ˌɪnəˈskətʃ(ə)n

in essence
BR ˌɪnˈesns
AM ɪˈnes(ə)ns

inessential
BR ˌɪnɪˈsenʃl, -z
AM ˌɪniˈsen(t)ʃ(ə)l,
ˌɪnəˈsen(t)ʃ(ə)l, -z

inestimable
BR ɪnˈestɪməbl
AM ɪnˈestəməb(ə)l,
ɪnˈestəməb(ə)l

inestimably
BR ɪnˈestɪməbli
AM ɪnˈestəməbli,
ɪnˈestəməbli

inevitability
BR ɪnˌevɪtəˈbɪlɪti,
ɪˌnevɪtəˈbɪlɪti
AM ɪˌnevɪtəˈbɪlɪdi,
ɪˌnevədəˈbɪlɪdi

inevitable
BR ɪnˈevɪtəbl,
ɪˈnevɪtəbl
AM ɪˈnevɪtəb(ə)l,
ɪˈnevədəb(ə)l

inevitableness
BR ɪnˈevɪtəblnəs,
ɪˈnevɪtəblnəs
AM ɪˈnevɪtəbəlnəs,
ɪˈnevədəbəlnəs

inevitably
BR ɪnˈevɪtəbli,
ɪˈnevɪtəbli
AM ɪˈnevɪtəbli,
ɪˈnevədəbli

inexact
BR ˌɪnɪɡˈzækt,
ˌɪneɡˈzækt
AM ˌɪneɡˈzæk(t),
ˌɪnɪɡˈzæk(t)

inexactitude
BR ˌɪnɪɡˈzæktɪtjuːd,
ˌɪneɡˈzæktɪtjuːd,
ˌɪnɪɡˈzæktɪtʃuːd,
ˌɪneɡˈzæktɪtʃuːd, -z
AM ˌɪneɡˈzæktət(j)ud,
ˌɪnɪɡˈzæktət(j)ud, -z

inexactly
BR ˌɪnɪɡˈzæk(t)li,
ˌɪneɡˈzæk(t)li
AM ˌɪneɡˈzæk(t)li,
ˌɪnɪɡˈzæk(t)li

inexactness
BR ˌɪnɪɡˈzæk(t)nəs,
ˌɪneɡˈzæk(t)nəs
AM ˌɪneɡˈzæk(t)nəs,
ˌɪnɪɡˈzæk(t)nəs

inexcusable
BR ˌɪnɪkˈskjuːzəbl,
ˌɪnekˈskjuːzəbl
AM ˌɪnekˈskjuzəb(ə)l,
ˌɪnɪkˈskjuzəb(ə)l

inexcusably
BR ˌɪnɪkˈskjuːzəbli,
ˌɪnekˈskjuːzəbli
AM ˌɪnekˈskjuzəbli,
ˌɪnɪkˈskjuzəbli

inexhaustibility
BR ˌɪnɪɡˌzɔːstɪˈbɪlɪti,
ˌɪneɡˌzɔːstɪˈbɪlɪti
AM ˈˌɪneɡˌzɑːstəˈbɪlɪdi,
ˈˌɪnɪɡˌzɑːstəˈbɪlɪdi,
ˈˌɪneɡˌzɑːstəˈbɪlɪdi,
ˈˌɪnɪɡˌzɔːstəˈbɪlɪdi

inexhaustible
BR ˌɪnɪɡˈzɔːstɪbl,
ˌɪneɡˈzɔːstɪbl
AM ˌɪneɡˈzɑːstəb(ə)l,
ˌɪnɪɡˈzɑːstəb(ə)l,
ˌɪneɡˈzɑːstəb(ə)l,
ˌɪnɪɡˈzɔːstəb(ə)l

inexhaustibly
BR ˌɪnɪɡˈzɔːstɪbli,
ˌɪneɡˈzɔːstɪbli
AM ˌɪneɡˈzɑːstəbli,
ˌɪnɪɡˈzɑːstəbli,
ˌɪneɡˈzɑːstəbli,
ˌɪnɪɡˈzɔːstəbli

inexorability
BR ɪnˌeks(ə)rəˈbɪlɪti
AM ɪˌneks(ə)rəˈbɪlɪdi

inexorable
BR ɪnˈeks(ə)rəbl
AM ɪˈneks(ə)rəb(ə)l

inexorably
BR ɪnˈeks(ə)rəbli
AM ɪˈneks(ə)rəbli

inexpedience
BR ˌɪnɪkˈspiːdiəns,
ˌɪnekˈspiːdiəns
AM ˌɪnekˈspidiəns,
ˌɪnɪkˈspidiəns

inexpediency
BR ˌɪnɪkˈspiːdiənsi,
ˌɪnekˈspiːdiənsi
AM ˌɪnekˈspidiənsi,
ˌɪnɪkˈspidiənsi

inexpedient
BR ˌɪnɪkˈspiːdiənt,
ˌɪnekˈspiːdiənt
AM ˌɪnekˈspidiənt,
ˌɪnɪkˈspidiənt

inexpensive
BR ˌɪnɪkˈspensɪv,
ˌɪnekˈspensɪv
AM ˌɪŋekˈspensɪv,
ˌɪnɪkˈspensɪv

inexpensively
BR ˌɪnɪkˈspensɪvli,
ˌɪnekˈspensɪvli
AM ˌɪŋekˈspensəvli,
ˌɪnɪkˈspensəvli

inexpensiveness
BR ˌɪnɪkˈspensɪvnɪs,
ˌɪnekˈspensɪvnɪs
AM ˌɪŋekˈspensɪvnɪs,
ˌɪnɪkˈspensɪvnɪs

inexperience
BR ˌɪnɪkˈspɪəriəns,
ˌɪnekˈspɪəriəns,
-t
AM ˌɪnekˈspiriəns,
ˌɪnɪkˈspiriəns,
-t

inexpert
BR (ˌ)ɪnˈekspɜːt
AM ˌɪnəkˈspɜrt,
ɪnˈekspərt

inexpertly
BR (ˌ)ɪnˈekspɜːtli
AM ˌɪnəkˈspɜrtli,
ɪnˈekspərtli

inexpertness
BR (ˌ)ɪnˈekspɜːtnəs
AM ˌɪnəkˈspɜrtnəs,
ɪnˈekspərtnəs

inexpiable
BR (ˌ)ɪnˈekspiəbl
AM ɪnˈekspiəb(ə)l

inexpiably
BR (ˌ)ɪnˈekspiəbli
AM ɪnˈekspiəbli

inexplicability
BR ˌɪnɪkˌsplɪkəˈbɪlɪti,
ˌɪnekˌsplɪkəˈbɪlɪti,
ɪnˌeksplɪkəˈbɪlɪti
AM ɪnˌek,splɪkəˈbɪlɪdi,
ˈˌɪnekˌsplɪkəˈbɪlɪdi

inexplicable
BR ˌɪnɪkˈsplɪkəbl,
ˌɪnekˈsplɪkəbl,
ɪnˈeksplɪkəbl
AM ɪnˌekˈsplɪkəb(ə)l,
ɪnˈekspləkəb(ə)l,
ɪnˈeksplakəb(ə)l,
ˌɪnekˈsplɪkəb(ə)l

inexplicably
BR ˌɪnɪkˈsplɪkəbli,
ˌɪnekˈsplɪkəbli,
ɪnˈeksplɪkəbli
AM ɪnˌekˈsplɪkəbli,
ɪnˈeksplakəbli,
ɪnˈeksplakəbli,
ˌɪnekˈsplɪkəbli

inexplicit
BR ˌɪnɪkˈsplɪsɪt,
ˌɪnekˈsplɪsɪt
AM ˌɪnekˈsplɪsɪt,
ˌɪnɪkˈsplɪsɪt

inexplicitly
BR ˌɪnɪkˈsplɪsɪtli,
ˌɪnekˈsplɪsɪtli
AM ˌɪnekˈsplɪsɪtli,
ˌɪnɪkˈsplɪsɪtli

inexplicitness
BR ˌɪnɪkˈsplɪsɪtnɪs,
ˌɪnekˈsplɪsɪtnɪs
AM ˌɪnekˈsplɪsɪtnɪs,
ˌɪnɪkˈsplɪsɪtnɪs

inexpressible
BR ˌɪnɪkˈspresɪbl,
ˌɪnekˈspresɪbl
AM ˌɪnəkˈspresəb(ə)l,
ˌɪnɪkˈspresəb(ə)l,
ˌɪnekˈspresəb(ə)l,
ˌɪnɪkˈspresəb(ə)l

inexpressibly
BR ˌɪnɪkˈspresɪbli,
ˌɪnekˈspresɪbli
AM ˌɪnəkˈspresəbli,
ˌɪnɪkˈspresəbli,
ˌɪnekˈspresəbli,
ˌɪnɪkˈspresəbli

inexpressive
BR ˌɪnɪkˈspresɪv,
ˌɪnekˈspresɪv
AM ˌɪnekˈspresɪv,
ˌɪnɪkˈspresɪv

inexpressively
BR ˌɪnɪk-
ˈspresɪvli,
ˌɪnekˈspresɪvli
AM ˌɪnek-
ˈspresəvli,
ˌɪnɪkˈspresəvli

inexpressiveness
BR ˌɪnɪk-
ˈspresɪvnɪs,
ˌɪnekˈspresɪvnɪs
AM ˌɪnekˈspresɪvnɪs,
ˌɪnɪkˈspresɪvnɪs

inexpugnable
BR ˌɪnɪkˈspʌgnəbl,
ˌɪnekˈspʌgnəbl
AM ˌɪnekˈspənəb(ə)l,
ˌɪnekˈspjunəb(ə)l

inexpungible
BR ˌɪnɪk-
ˈspʌn(d)ʒɪbl,
ˌɪnekˈspʌn(d)ʒɪbl
AM ˌɪnekˈspəndʒəb(ə)l,
ˌɪnɪkˈspəndʒəb(ə)l

in extenso
BR ˌɪn ɪkˈstensəʊ,
+ ekˈstensəʊ
AM ˌɪ nəkˈstenˌsoʊ

inextinguishable
BR ˌɪnɪk-
ˈstɪŋgwɪʃəbl,
ˌɪnekˈstɪŋgwɪʃəbl
AM ˌɪnɪk-
ˈstɪŋgwɪʃəb(ə)l

inextinguishably
BR ˌɪnɪk-
ˈstɪŋgwɪʃəbli,
ˌɪnekˈstɪŋgwɪʃəbli
AM ˌɪnɪk-
ˈstɪŋgwɪʃəbli

in extremis
BR ˌɪn ɪkˈstriːmɪs,
+ ekˈstriːmɪs
AM ˌɪn ekˈstreɪməs,
ˌɪn ɪkˈstriməs,
ˌɪn ekˈstriməs,
ˌɪn ɪkˈstreɪməs

inextricability
BR ˌɪnɪkˌstrɪkəˈbɪlɪti,
ˌɪnekˌstrɪkəˈbɪlɪti,
ɪnˌekstrɪkəˈbɪlɪti
AM ˌɪnɪkˌstrɪkəˈbɪlɪdi,
ˌɪnˌekstrəkəˈbɪlɪdi,
ɪnɪkˈstrɪkəˈbɪlɪdi,
ɪnˌekˌstrɪkəˈbɪlɪdi,
ɪnˌekstrəkəˈbɪlɪdi,
ˌɪnekˌstrɪkəˈbɪlɪdi

inextricable
BR ˌɪnɪkˈstrɪkəbl,
ˌɪnekˈstrɪkəbl,
ɪnˈekstrɪkəbl
AM ˌɪnɪkˈstrɪkəb(ə)l,
ˌɪnˈekstrəkəb(ə)l,
ɪnɪkˈstrɪkəb(ə)l,
ɪnˌekˈstrɪkəb(ə)l,
ɪnˈekstrəkəb(ə)l,
ˌɪnekˈstrɪkəb(ə)l

inextricably
BR ˌɪnɪkˈstrɪkəbli,
ˌɪnekˈstrɪkəbli,
ɪnˈekstrɪkəbli
AM ˌɪnɪkˈstrɪkəbli,
ˌɪnˈekstrəkəbli,
ɪnɪkˈstrɪkəbli,
ɪnˌekˈstrɪkəbli,
ɪnˈekstrəkəbli,
ˌɪnekˈstrɪkəbli

Inez
BR ˈiːnez, ˈʌɪnez
AM aɪˈnez

infallibility
BR ɪnˌfalɪˈbɪlɪti,
ˌɪnfalɪˈbɪlɪti
AM ˌɪnˌfæləˈbɪlɪdi

infallible
BR ɪnˈfalɪbl
AM ɪnˈfæləb(ə)l

infallibly
BR ɪnˈfalɪbli
AM ɪnˈfæləbli

infamous
BR ˈɪnfəməs
AM ˈɪnfəməs

infamously
BR ˈɪnfəməsli
AM ˈɪnfəməsli

infamy
BR ˈɪnfəmi
AM ˈɪnfəmi

infancy
BR ˈɪnf(ə)nsi
AM ˈɪnfənsi

infant
BR ˈɪnf(ə)nt, -s
AM ˈɪnfənt, -s

infanta
BR ɪnˈfantə(r), -z
AM ɪnˈfæn(t)ə, -z

infante
BR ɪnˈfantˌi, -ɪz
AM ɪnˈfænˌteɪ, -z

infanticidal
BR ɪnˌfantɪˈsʌɪdl
AM ɪnˌfæn(t)əˈsaɪd(ə)l

infanticide
BR ɪnˈfantɪsʌɪd, -z
AM ɪnˈfæn(t)əˌsaɪd, -z

infantile
BR ˈɪnf(ə)ntʌɪl
AM ˈɪnfəntl, ˈɪnfənˌtaɪl

infantilism
BR ɪnˈfantɪlɪzm
AM ɪnˈfæn(t)lˌɪz(ə)m,
ˈɪnfən(t)lˌɪz(ə)m

infantility
BR ˌɪnf(ə)nˈtɪlɪt|i, -ɪz
AM ˌɪnfənˈtɪlɪdi, -z

infantine
BR ˈɪnf(ə)ntʌɪn
AM ˈɪnfənˌtin,
ˈɪnfənˌtaɪn

infantry
BR ˈɪnf(ə)ntri
AM ˈɪnfəntri

infantryman
BR ˈɪnf(ə)ntrɪmən
AM ˈɪnfəntrim(ə)n

infantrymen
BR ˈɪnf(ə)ntrɪmən
AM ˈɪnfəntrim(ə)n

infarct
BR ˈɪnfɑːkt, ɪnˈfɑːkt, -s
AM ˈɪnˌfɑrk|(t), -(t)s

infarction
BR ɪnˈfɑːkʃn
AM ɪnˈfɑrkʃ(ə)n

infatuate
BR ɪnˈfatjʊeɪt,
ɪnˈfatʃʊeɪt, -s, -ɪŋ, -ɪd
AM ɪnˈfætʃəˌweɪ|t, -ts,
-dɪŋ, -dɪd

infatuation
BR ɪnˌfatjʊˈeɪʃn,
ɪnˌfatʃʊˈeɪʃn, -z
AM ɪnˌfætʃəˈweɪʃ(ə)n,
-z

infauna
BR ˈɪnˌfɔːnə(r)
AM ɪnˈfɑnə, ɪnˈfɔnə

infeasibility
BR ˌɪnfiːzɪˈbɪlɪti,
ɪnˌfiːzɪˈbɪlɪti
AM ˈˌɪnfizəˈbɪlɪdi

infeasible
BR ɪnˈfiːzɪbl
AM ɪnˈfizɪb(ə)l

infect
BR ɪnˈfekt, -s, -ɪŋ, -ɪd
AM ɪnˈfek|(t), -(t)s,
-tɪŋ, -təd

infection
BR ɪnˈfekʃn, -z
AM ɪnˈfekʃ(ə)n, -z

infectious
BR ɪnˈfekʃəs
AM ɪnˈfekʃəs

infectiously
BR ɪnˈfekʃəsli
AM ɪnˈfekʃəsli

infectiousness
BR ɪnˈfekʃəsnəs
AM ɪnˈfekʃəsnəs

infective
BR ɪnˈfektɪv
AM ɪnˈfektɪv

infectiveness
BR ɪnˈfektɪvnɪs
AM ɪnˈfektɪvnɪs

infector
BR ɪnˈfektə(r), -z
AM ɪnˈfektər, -z

infelicitous
BR ˌɪnfɪˈlɪsɪtəs
AM ˌɪnfəˈlɪsədəs

infelicitously
BR ˌɪnfɪˈlɪsɪtəsli
AM ˌɪnfəˈlɪsədəsli

infelicity
BR ˌɪnfɪˈlɪsɪt|i, -ɪz
AM ˌɪnfəˈlɪsɪdi, -z

infer
BR ɪnˈfəː(r), -z, -ɪŋ, -d
AM ɪnˈfər, -z, -ɪŋ, -d

inferable
BR ɪnˈfɜːrəbl
AM ɪnˈfɜrəb(ə)l

inference
BR ˈɪnf(ə)rn̩s, -ɪz
AM ˈɪnf(ə)rəns, -əz

inferential
BR ˌɪnfəˈrenʃl
AM ˌɪnfəˈren(t)ʃ(ə)l

inferentially
BR ˌɪnfəˈrenʃli
AM ˌɪnfəˈren(t)ʃəli

inferior
BR ɪnˈfɪərɪə(r), -z
AM ɪnˈfɪriər, -z

inferiority
BR ɪnˌfɪərɪˈɒrɪti
AM ɪnˌfɪriˈɔrədi

inferiorly
BR ɪnˈfɪərɪəli
AM ɪnˈfɪriərli

infernal
BR ɪnˈfɜːnl
AM ɪnˈfɜrn(ə)l

infernally
BR ɪnˈfɜːnl̩i
AM ɪnˈfɜrnəli

inferno
BR ɪnˈfɜːnəʊ, -z
AM ɪnˈfɜrnoʊ, -z

infertile
BR ɪnˈfɜːtʌɪl
AM ɪnˈfɜrdl

infertility
BR ˌɪnfəˈtɪlɪti
AM ˌɪnfərˈtɪlɪdi

infest
BR ɪnˈfest, -s, -ɪŋ, -ɪd
AM ɪnˈfest, -s, -ɪŋ, -əd

infestation
BR ˌɪnfeˈsteɪʃn, -z
AM ˌɪnfəˈsteɪʃ(ə)n, -z

infeudation
BR ˌɪnfjuːˈdeɪʃn
AM ˌɪnfjuˈdeɪʃ(ə)n

infibulate
BR ɪnˈfɪbjəleɪt, -s, -ɪŋ, -ɪd
AM ɪnˈfɪbjəˌleɪ|t, -ts, -dɪŋ, -dɪd

infibulation
BR ɪnˌfɪbjəˈleɪʃn
AM ɪnˌfɪbjəˈleɪʃ(ə)n

infidel
BR ˈɪnfɪd(ɛ)l, -z
AM ˈɪnfəˌdɛl, ˈɪnfəd(ə)l, -z

infidelity
BR ˌɪnfɪˈdelɪt|i, -ɪz
AM ˌɪnfəˈdɛlədi, -z

infield
BR ˈɪnfiːld, -z
AM ˈɪnˌfild, -z

infielder
BR ˈɪnˌfiːldə(r), -z
AM ˈɪnˌfildər, -z

infighter
BR ˈɪnˌfʌɪtə(r), -z
AM ˈɪnˌfaɪdər, -z

infighting
BR ˈɪnˌfʌɪtɪŋ
AM ˈɪnˌfaɪdɪŋ

infill
BR ˈɪnfɪl, -z, -ɪŋ, -d
AM ˈɪnˌfɪl, -z, -ɪŋ, -d

infiltrate
BR ˈɪnf(ɪ)ltreɪt, -s, -ɪŋ, -ɪd
AM ˈɪnfɪlˌtreɪ|t, ɪnˈfɪlˌtreɪ|t, -ts, -dɪŋ, -dɪd

infiltration
BR ˌɪnf(ɪ)lˈtreɪʃn
AM ˌɪnfɪlˈtreɪʃ(ə)n

infiltrator
BR ˈɪnf(ɪ)ltreɪtə(r), -z
AM ˈɪnfɪlˌtreɪdər, ənˈfɪlˌtreɪdər, -z

infinite
BR ˈɪnfɪnət
AM ˈɪnfənət

infinitely
BR ˈɪnfɪnətli
AM ˈɪnfənətli

infiniteness
BR ˈɪnfɪnətnəs
AM ˈɪnfənətnəs

infinitesimal
BR ˌɪnfɪnɪˈtesɪml
AM ˈˌɪnˌfɪnəˈtɛz(ə)m(ə)l, ˈˌɪnˌfɪnəˈtɛs(ə)m(ə)l

infinitesimally
BR ˌɪnfɪnɪˈtesɪml̩i, ˌɪnfɪnɪˈtesɪməli
AM ˈˌɪnˌfɪnəˈtɛz(ə)məli, ˈˌɪnˌfɪnəˈtɛs(ə)məli

infinitival
BR ˌɪnfɪnɪˈtʌɪvl, ɪnˌfɪnɪˈtʌɪvl
AM ˈˌɪnˌfɪnəˈtaɪvəl

infinitivally
BR ˌɪnfɪnɪˈtʌɪvl̩i, ɪnˌfɪnɪˈtʌɪvl̩i
AM ˈˌɪnˌfɪnəˈtaɪvəli

infinitive
BR ɪnˈfɪnɪtɪv, -z
AM ɪnˈfɪnədɪv, -z

infinitude
BR ɪnˈfɪnɪtjuːd, ɪnˈfɪnɪtʃuːd, -z
AM ɪnˈfɪnəˌt(j)ud, -z

infinity
BR ɪnˈfɪnɪt|i, -ɪz
AM ɪnˈfɪnɪdi, -z

infirm
BR ɪnˈfɜːm
AM ɪnˈfɜrm

infirmary
BR ɪnˈfɜːm(ə)r|i, -ɪz
AM ɪnˈfɜrm(ə)ri, -z

infirmity
BR ɪnˈfɜːmɪt|i, -ɪz
AM ɪnˈfɜrmədi, -z

infirmly
BR ɪnˈfɜːmli
AM ɪnˈfɜrmli

infix[1] *noun*
BR ˈɪnfɪks, -ɪz
AM ˈɪnˌfɪks, -ɪz

infix[2] *verb*
BR (ˌ)ɪnˈfɪks, -ɪz, -t
AM ɪnˈfɪks, -ɪz, -ɪŋ, -t

infixation
BR ˌɪnfɪkˈseɪʃn, -z
AM ˌɪnˌfɪkˈseɪʃ(ə)n, -z

in flagrante delicto
BR ˌɪn fləˌgrantɪ dɪˈlɪktəʊ
AM ˌɪn fləˌgranˌteɪ dəˈlɪkˌtoʊ

inflame
BR ɪnˈfleɪm, -z, -ɪŋ, -d
AM ɪnˈfleɪm, -z, -ɪŋ, -d

inflamer
BR ɪnˈfleɪmə(r), -z
AM ɪnˈfleɪmər, -z

inflammability
BR ɪnˌflaməˈbɪlɪti
AM ɪnˌflæməˈbɪlɪdi

inflammable
BR ɪnˈflaməbl
AM ɪnˈflæməb(ə)l

inflammableness
BR ɪnˈflaməblnəs
AM ɪnˈflæməbəlnəs

inflammably
BR ɪnˈfləməbli
AM ɪnˈflæməbli

inflammation
BR ˌɪnfləˈmeɪʃn, -z
AM ˌɪnfləˈmeɪʃ(ə)n, -z

inflammatory
BR ɪnˈflamət(ə)ri
AM ɪnˈflæməˌtɔri

inflatable
BR ɪnˈfleɪtəbl, -z
AM ɪnˈfleɪdəb(ə)l, -z

inflate
BR ɪnˈfleɪt, -s, -ɪŋ, -ɪd
AM ɪnˈfleɪ|t, -ts, -dɪŋ, -dɪd

inflatedly
BR ɪnˈfleɪtɪdli
AM ɪnˈfleɪdɪdli

inflatedness
BR ɪnˈfleɪtɪdnɪs
AM ɪnˈfleɪdɪdnɪs

inflater
BR ɪnˈfleɪtə(r), -z
AM ɪnˈfleɪdər, -z

inflation
BR ɪnˈfleɪʃn
AM ɪnˈfleɪʃ(ə)n

inflationary
BR ɪnˈfleɪʃn̩(ə)ri
AM ɪnˈfleɪʃəˌnɛri

inflationism
BR ɪnˈfleɪʃn̩ɪzm
AM ɪnˈfleɪʃəˌnɪz(ə)m

inflationist
BR ɪnˈfleɪʃn̩ɪst, -s
AM ɪnˈfleɪʃənəst, -s

inflator
BR ɪnˈfleɪtə(r), -z
AM ɪnˈfleɪdər, -z

inflect
BR ɪnˈflɛkt, -s,
-ɪŋ, -ɪd
AM ɪnˈflɛk|(t), -(t)s,
-tɪŋ, -təd

inflection
BR ɪnˈflɛkʃn, -z
AM ɪnˈflɛkʃ(ə)n, -z

inflectional
BR ɪnˈflɛkʃn̩l
AM ɪnˈflɛkʃ(ə)n(ə)l

inflectionally
BR ɪnˈflɛkʃn̩li,
ɪnˈflɛkʃn̩əli
AM ɪnˈflɛkʃ(ə)nəli

inflectionless
BR ɪnˈflɛkʃnləs
AM ɪnˈflɛkʃənləs

inflective
BR ɪnˈflɛktɪv
AM ɪnˈflɛktɪv

inflexibility
BR ɪnˌflɛksɨˈbɪlɪti
AM ɪnˌflɛksəˈbɪlɨdi,
ˌɪnˌflɛksəˈbɪlɨdi

inflexible
BR ɪnˈflɛksɨbl
AM ɪnˈflɛksəb(ə)l

inflexibly
BR ɪnˈflɛksɨbli
AM ɪnˈflɛksəbli

inflexion
BR ɪnˈflɛkʃn, -z
AM ɪnˈflɛkʃ(ə)n, -z

inflexional
BR ɪnˈflɛkʃn̩l
AM ɪnˈflɛkʃ(ə)n(ə)l

inflexionally
BR ɪnˈflɛkʃn̩li,
ɪnˈflɛkʃnəli
AM ɪnˈflɛkʃ(ə)nəli

inflexionless
BR ɪnˈflɛkʃnləs
AM ɪnˈflɛkʃənləs

inflict
BR ɪnˈflɪkt, -s, -ɪŋ,
-ɪd
AM ɪnˈflɪk|(t), -(t)s,
-tɪŋ, -tɨd

inflictable
BR ɪnˈflɪktəbl
AM ɪnˈflɪktɨb(ə)l

inflicter
BR ɪnˈflɪktə(r), -z
AM ɪnˈflɪktər, -z

infliction
BR ɪnˈflɪkʃn, -z
AM ɪnˈflɪkʃ(ə)n,
-z

inflictor
BR ɪnˈflɪktə(r), -z
AM ɪnˈflɪktər, -z

in-flight
BR ˌɪnˈflʌɪt
AM ˌɪnˈflaɪt

inflorescence
BR ˌɪnfləˈrɛsns
AM ˌɪnfləˈrɛs(ə)ns,
ˌɪnfloʊˈrɛs(ə)ns

inflow
BR ˈɪnfləʊ, -z
AM ˈɪnˌfloʊ, -z

inflowing
BR ˈɪnˌfləʊɪŋ, -z
AM ˈɪnˌfloʊɪŋ, -z

influence
BR ˈɪnfluəns, -ɪz,
-ɪŋ, -t
AM ˈɪnfluəns, -əz,
-ɪŋ, -t

influenceable
BR ˈɪnfluənsəbl
AM ˈɪnfluənsəb(ə)l

influencer
BR ˈɪnfluənsə(r), -z
AM ˈɪnfluənsər, -z

influent
BR ˈɪnfluənt, -s
AM ˈɪnfluənt, -s

influential
BR ˌɪnfluˈɛnʃl
AM ˌɪnˌfluˈɛn(t)ʃ(ə)l

influentially
BR ˌɪnfluˈɛnʃli
AM ˌɪnˌfluˈɛn(t)ʃəli

influenza
BR ˌɪnfluˈɛnzə(r)
AM ˌɪnˌfluˈɛnzə

influenzal
BR ˌɪnfluˈɛnzl
AM ˌɪnˌfluˈɛnz(ə)l

influx
BR ˈɪnflʌks, -ɪz
AM ˈɪnˌflʌks, -əz

info
BR ˈɪnfəʊ
AM ˈɪnfoʊ

infobit
BR ˈɪnfəʊbɪt, -s
AM ˈɪnfoʊˌbɪt, -s

infold
BR (ˌ)ɪnˈfəʊld, -z,
-ɪŋ, -ɪd
AM ɪnˈfoʊld, -z, -ɪŋ,
-ɨd

in folio
BR ˌɪn ˈfəʊliəʊ
AM ˌɪn ˈfoʊlioʊ

infomania
BR ˌɪnfə(ʊ)ˈmeɪnɪə(r),
-z
AM ˌɪnfoʊˈmeɪniə, -z

infomercial
BR ˌɪnfə(ʊ)ˈmɜːʃl, -z
AM ˈɪnfoʊˌmɜrʃ(ə)l, -z

infopreneur
BR ˌɪnfə(ʊ)prəˈnɜː(r),
-z
AM ˌɪnfoʊprəˈnʊ(ə)r,
ˌɪnfoʊprəˈnɜr, -z

inform
BR ɪnˈfɔːm, -z,
-ɪŋ, -d
AM ɪnˈfɔ(ə)rm, -z,
-ɪŋ, -d

informal
BR ɪnˈfɔːml
AM ɪnˈfɔrm(ə)l

informality
BR ˌɪnfɔːˈmalɨti
AM ˌɪnfərˈmælədi

informally
BR ɪnˈfɔːmli
AM ɪnˈfɔrməli

informant
BR ɪnˈfɔːm(ə)nt, -s
AM ɪnˈfɔrm(ə)nt, -s

informatics
BR ˌɪnfəˈmatɪks
AM ˌɪnfərˈmædɪks

information
BR ˌɪnfəˈmeɪʃn
AM ˌɪnfərˈmeɪʃ(ə)n

informational
BR ˌɪnfəˈmeɪʃn̩l
AM ˌɪnfərˈmeɪʃ(ə)n(ə)l

informationally
BR ˌɪnfəˈmeɪʃn̩li,
ˌɪnfəˈmeɪʃnəli
AM ˌɪnfərˈmeɪʃ(ə)nəli

informative
BR ɪnˈfɔːmətɪv
AM ɪnˈfɔrmədɪv

informatively
BR ɪnˈfɔːmətɪvli
AM ɪnˈfɔrmədəvli

informativeness
BR ɪnˈfɔːmətɪvnɪs
AM ɪnˈfɔrmədɪvnɪs

informatory
BR ɪnˈfɔːmət(ə)ri
AM ɪnˈfɔrməˌtɔri

informedly
BR ɪnˈfɔːmɪdli
AM ɪnˈfɔrm(ə)dli

informedness
BR ɪnˈfɔːmɨdnɪs
AM ɪnˈfɔrm(əd)nəs

informer
BR ɪnˈfɔːmə(r), -z
AM ɪnˈfɔrmər, -z

infosphere
BR ˈɪnfə(ʊ)sfɪə(r), -z
AM ˈɪnfoʊˌsfɪ(ə)r, -z

infotainment
BR ˌɪnfə(ʊ)ˈteɪnm(ə)nt
AM ˌˈɪnfoʊ-
ˈteɪ(n)m(ə)nt

infotech
BR ˈɪnfəʊtɛk
AM ˈɪnfoʊˌtɛk

infra
BR ˈɪnfrə(r)
AM ˈɪnfrə

infraclass
BR ˈɪnfrəklɑːs, -ɪz
AM ˈɪnfrəˌklæs, -əz

infract
BR ɪnˈfrakt, -s,
-ɪŋ, -ɪd
AM ɪnˈfræk|(t), -(t)s,
-tɪŋ, -təd

infraction
BR ɪnˈfrakʃn, -z
AM ɪnˈfrækʃ(ə)n, -z

infractor
BR ɪnˈfraktə(r), -z
AM ɪnˈfræktər, -z

infradian
BR ɪnˈfreɪdiən
AM ɪnˈfreɪdiən

infra dig
BR ˌɪnfrə ˈdɪg
AM ˈˌɪnfrə ˈdɪg

infralapsarian
BR ˌɪnfrəlapˈsɛːriən, -z
AM ˈˌɪnfrəˌlæpˈsɛriən, -z

infrangibility
BR ɪnˌfran(d)ʒɪˈbɪlɪti
AM ˈˌɪnˌfrændʒəˈbɪlɪdi

infrangible
BR ɪnˈfran(d)ʒɪbl
AM ɪnˈfrændʒəb(ə)l

infrangibleness
BR ɪnˈfran(d)ʒɪblnəs
AM ɪnˈfrændʒəbəlnəs

infrangibly
BR ɪnˈfran(d)ʒɪbli
AM ɪnˈfrændʒəbli

infrared
BR ˌɪnfrəˈrɛd
AM ˌɪnfrəˈrɛd

infrarenal
BR ˌɪnfrəˈriːnl
AM ˌɪnfrəˈrin(ə)l

infrasonic
BR ˌɪnfrəˈsɒnɪk
AM ˌɪnfrəˈsɑnɪk

infrasonically
BR ˌɪnfrəˈsɒnɪkli
AM ˌɪnfrəˈsɑnək(ə)li

infrasound
BR ˈɪnfrəsaʊnd
AM ˌɪnfrəˈsaʊnd

infrastructural
BR ˌɪnfrəˈstrʌktʃ(ə)rl
AM ˌɪnfrəˈstrək(t)ʃ(ə)rəl

infrastructure
BR ˈɪnfrəˌstrʌktʃə(r), -z
AM ˈɪnfrəˌstrək(t)ʃər, -z

infrequency
BR ɪnˈfriːkw(ə)nsi
AM ɪnˈfrikwənsi

infrequent
BR ɪnˈfriːkw(ə)nt
AM ɪnˈfrikwənt

infrequently
BR ɪnˈfriːkw(ə)ntli
AM ɪnˈfrikwən(t)li

infringe
BR ɪnˈfrɪn(d)ʒ, -ɪz, -ɪŋ, -d
AM ɪnˈfrɪndʒ, -ɪz, -ɪŋ, -d

infringement
BR ɪnˈfrɪn(d)ʒm(ə)nt, -s
AM ɪnˈfrɪndʒm(ə)nt, -s

infringer
BR ɪnˈfrɪn(d)ʒə(r), -z
AM ɪnˈfrɪndʒər, -z

infructescence
BR ˌɪnfrʌkˈtɛsns, -ɪz
AM ˌɪnˌfrəkˈtɛs(ə)ns, -əz

infula
BR ˈɪnfjʊlə(r)
AM ˈɪnfjələ

infulae
BR ˈɪnfjʊliː
AM ˈɪnf(j)əˌlaɪ, ˈɪnfjəli

infundibular
BR ˌɪnfʌnˈdɪbjʊlə(r)
AM ˈˌɪnfənˈdɪbjələr

infuriate
BR ɪnˈfjʊərieɪt, ɪnˈfjɔːrieɪt, -s, -ɪŋ, -ɪd
AM ɪnˈfjuriˌeɪt, -ts, -dɪŋ, -dɪd

infuriatingly
BR ɪnˈfjʊərieɪtɪŋli, ɪnˈfjɔːrieɪtɪŋli
AM ɪnˈfjuriˌeɪdɪŋli

infuriation
BR ɪnˌfjʊərɪˈeɪʃn, ɪnˌfjɔːrɪˈeɪʃn, -z
AM ɪnˌfjuriˈeɪʃ(ə)n, -z

infusable
BR ɪnˈfjuːzəbl
AM ɪnˈfjuzəb(ə)l

infuse
BR ɪnˈfjuːz, -ɪz, -ɪŋ, -d
AM ɪnˈfjuz, -ɪz, -ɪŋ, -d

infuser
BR ɪnˈfjuːzə(r), -z
AM ɪnˈfjuzər, -z

infusibility
BR ɪnˌfjuːzɪˈbɪlɪti
AM ɪnˌfjuzəˈbɪlɪdi

infusible
BR ɪnˈfjuːzɪbl
AM ɪnˈfjuzəb(ə)l

infusion
BR ɪnˈfjuːʒn, -z
AM ɪnˈfjuʒ(ə)n, -z

infusive
BR ɪnˈfjuːzɪv
AM ɪnˈfjuzɪv

infusorial earth
BR ˌɪnfjʊˌzɔːriəl ˈəːθ, ˌɪnfjʊˌsɔːriəl +, -s
AM ˌɪnfjəˌzɔriəl ˈərθ, -s

Inga
BR ˈɪŋə(r)
AM ˈɪŋ(g)ə

Ingatestone
BR ˈɪŋgeɪtstəʊn
AM ˈɪŋgeɪtsˌtoʊn

ingather
BR ˌɪnˈgað|ə(r), -əz, -(ə)rɪŋ, -əd
AM ˈɪnˌgæð|ər, -ərz, -(ə)rɪŋ, -ərd

ingathering *noun*
BR ˈɪnˌgað(ə)rɪŋ, -z
AM ˈɪnˌgæð(ə)rɪŋ, -z

ingeminate
BR ɪnˈdʒɛmɪneɪt, -s, -ɪŋ, -ɪd
AM ɪnˈdʒɛməˌneɪ|t, -ts, -dɪŋ, -dɪd

ingenious
BR ɪnˈdʒiːniəs
AM ɪnˈdʒiniəs, ɪnˈdʒinjəs

ingeniously
BR ɪnˈdʒiːniəsli
AM ɪnˈdʒiniəsli, ɪnˈdʒinjəsli

ingeniousness
BR ɪnˈdʒiːniəsnəs
AM ɪnˈdʒiniəsnəs, ɪnˈdʒinjəsnəs

ingénue
BR ˈanʒeɪm(j)uː, ˌanʒeɪˈn(j)uː, -z
AM ˈandʒəˌnu, ˈændʒəˌnu, -z

ingenuity
BR ˌɪndʒɪˈnjuːɪti
AM ˌɪndʒəˈn(j)uədi

ingenuous
BR ɪnˈdʒɛnjʊəs
AM ɪnˈdʒɛnjəwəs

ingenuously
BR ɪnˈdʒɛnjʊəsli
AM ɪnˈdʒɛnjəwəsli

ingenuousness
BR ɪnˈdʒɛnjʊəsnəs
AM ɪnˈdʒɛnjəwəsnəs

Ingersoll
BR ˈɪŋgəsɒl
AM ˈɪŋgərˌsɑl, ˈɪŋgərˌsɔl

ingest
BR ɪnˈdʒɛst, -s, -ɪŋ, -ɪd
AM ɪnˈdʒɛst, -s, -ɪŋ, -əd

ingestion
BR ɪnˈdʒɛstʃn
AM ɪnˈdʒɛstʃ(ə)n

ingestive
BR ɪnˈdʒɛstɪv
AM ɪnˈdʒɛstɪv

Ingham
BR ˈɪŋəm
AM ˈɪŋəm

inglenook
BR ˈɪŋglnʊk, -s
AM ˈɪŋgəlˌnʊk, -s

Ingleton
BR ˈɪŋlt(ə)n
AM ˈɪŋgəlt(ə)n

Inglewood
BR ˈɪŋglwʊd
AM ˈɪŋgəlˌwʊd

Inglis
BR ˈɪŋglɪs
AM ˈɪŋglɪs

inglorious
BR (ˌ)ɪnˈglɔːrɪəs, (ˌ)ɪŋˈglɔːrɪəs
AM ɪŋˈglɔriəs, ɪnˈglɔriəs

ingloriously
BR (ˌ)ɪnˈglɔːrɪəsli, (ˌ)ɪŋˈglɔːrɪəsli
AM ɪŋˈglɔriəsli, ɪnˈglɔriəsli

ingloriousness
BR (ˌ)ɪnˈglɔːrɪəsnəs,
(ˌ)ɪŋˈglɔːrɪəsnəs
AM ɪŋˈglɔːriəsnəs,
ɪnˈglɔːriəsnəs

Ingmar
BR ˈɪŋmɑː(r)
AM ˈɪŋmɑr

ingoing
BR ˈɪnˌgəʊɪŋ,
ˈɪŋˌgəʊɪŋ
AM ˌɪnˈgoʊɪŋ,
ˈɪŋˌgoʊɪŋ,
ˌɪŋˈgoʊɪŋ,
ˈɪnˌgoʊɪŋ

Ingoldsby
BR ˈɪŋgl(d)zbi
AM ˈɪŋgəl(d)zbi

ingot
BR ˈɪŋgət, -s
AM ˈɪŋgət, -s

ingraft
BR ɪnˈgrɑːft, ɪŋˈgrɑːft,
-s, -ɪŋ, -ɪd
AM ɪŋˈgræft, ɪnˈgræft,
-s, -ɪŋ, -əd

ingrain *adjective*
BR ˈɪŋgreɪn,
(ˌ)ɪnˈgreɪn, ˈɪŋgreɪn,
(ˌ)ɪŋˈgreɪn
AM ɪnˈgreɪn

ingrained
BR (ˌ)ɪnˈgreɪnd,
(ˌ)ɪŋˈgreɪnd
AM ɪnˈgreɪnd

ingrainedly
BR (ˌ)ɪnˈgreɪnɪdli,
(ˌ)ɪŋˈgreɪnɪdli
AM ɪnˈgreɪnɪdli

Ingram
BR ˈɪŋgrəm
AM ˈɪŋgrəm

Ingrams
BR ˈɪŋgrəmz
AM ˈɪŋgrəmz

ingrate
BR ˈɪŋgreɪt, ɪnˈgreɪt,
ˈɪŋgreɪt, ɪŋˈgreɪt, -s,
-ɪŋ, -ɪd
AM ˈɪŋˌgreɪ|t, ɪnˈgreɪ|t,
ɪŋˈgreɪ|t, ˈɪnˌgreɪ|t,
-ts, -dɪŋ, -dɪd

ingratiate
BR ɪnˈgreɪʃieɪt,
ɪŋˈgreɪʃieɪt, -s,
-ɪŋ, -ɪd
AM ɪŋˈgreɪʃiˌeɪ|t,
ɪnˈgreɪʃiˌeɪ|t, -ts,
-dɪŋ, -dɪd

ingratiatingly
BR ɪnˈgreɪʃieɪtɪŋli,
ɪŋˈgreɪʃieɪtɪŋli
AM ɪŋˈgreɪʃiˌeɪdɪŋli,
ɪnˈgreɪʃiˌeɪdɪŋli

ingratiation
BR ɪnˌgreɪʃiˈeɪʃn,
ɪŋˌgreɪʃiˈeɪʃn, -z
AM ɪŋˌgreɪʃiˈeɪʃ(ə)n,
ɪnˌgreɪʃiˈeɪʃ(ə)n, -z

ingratitude
BR ɪnˈgrætɪtjuːd,
ɪnˈgrætɪtʃuːd,
ɪŋˈgrætɪtjuːd,
ɪŋˈgrætɪtʃuːd
AM ɪŋˈgrædəˌt(j)ud,
ɪnˈgrædəˌt(j)ud

ingravescence
BR ˌɪŋgrəˌvɛsns,
ˌɪŋgrəˈvɛsns, -ɪz
AM ˌɪŋgrəˈvɛs(ə)ns,
ˌɪŋgrəˈvɛs(ə)ns,
-əz

ingravescent
BR ˌɪŋgrəˌvɛsnt,
ˌɪŋgrəˈvɛsnt
AM ˌɪŋgrəˈvɛs(ə)nt,
ˌɪŋgrəˈvɛs(ə)nt

ingredient
BR ɪnˈgriːdiənt,
ɪŋˈgriːdiənt, -s
AM ɪŋˈgridiənt,
ɪnˈgridiənt, -s

Ingres
BR ˈæŋgr(ər)
AM ˈæŋgr(əs)
FR ẽgʀ

ingress
BR ˈɪŋgrɛs, ˈɪŋgrɛs
AM ˈɪnˌgrɛs, ˈɪnˌgrɛs

ingression
BR (ˌ)ɪnˈgrɛʃn,
(ˌ)ɪŋˈgrɛʃn, -z
AM ɪŋˈgrɛʃ(ə)n,
ɪnˈgrɛs(ə)n, -z

ingressive
BR (ˌ)ɪnˈgrɛsɪv,
(ˌ)ɪŋˈgrɛsɪv
AM ɪŋˈgrɛsɪv,
ɪnˈgrɛsɪv

ingressively
BR (ˌ)ɪnˈgrɛsɪvli,
(ˌ)ɪŋˈgrɛsɪvli
AM ɪŋˈgrɛsɪvli,
ɪnˈgrɛsɪvli

ingressiveness
BR (ˌ)ɪnˈgrɛsɪvnɪs,
(ˌ)ɪŋˈgrɛsɪvnɪs
AM ɪŋˈgrɛsɪvnɪs,
ɪnˈgrɛsɪvli

Ingrid
BR ˈɪŋgrɪd
AM ˈɪŋgrɪd

in-group
BR ˈɪŋgruːp,
ˈɪŋgruːp, -s
AM ˈɪnˌgrup, -s

ingrowing
BR ˌɪnˈgrəʊɪŋ,
ˌɪŋˈgrəʊɪŋ
AM ˈɪnˌgroʊɪŋ

ingrown
BR ˌɪnˈgrəʊn,
ˌɪŋˈgrəʊn
AM ˈɪnˌgroʊn

ingrowth
BR ˈɪŋgrəʊθ,
ˈɪŋgrəʊθ, -s
AM ˈɪnˌgroʊθ,
-s

inguinal
BR ˈɪŋgwɪnl
AM ˈɪŋgwən(ə)l

inguinally
BR ˈɪŋgwɪnli
AM ˈɪŋgwənəli

ingulf
BR ɪnˈgʌlf,
ɪŋˈgʌlf
AM ɪŋˈgəlf,
ɪnˈgəlf

ingurgitate
BR (ˌ)ɪnˈgɜːdʒɪteɪt,
(ˌ)ɪŋˈgɜːdʒɪteɪt, -s,
-ɪŋ, -ɪd
AM ɪŋˈgɜrdʒəˌteɪ|t, -ts,
-dɪŋ, -dɪd

ingurgitation
BR ɪnˌgəːdʒɪˈteɪʃn,
ɪŋˌgəːdʒɪˈteɪʃn, -z
AM ɪŋˌgɜrdʒəˌteɪʃ(ə)n,
-z

inhabit
BR ɪnˈhæb|ɪt, -ɪts, -ɪtɪŋ,
-ɪtɪd
AM ɪnˈhæbə|t, -ts,
-dɪŋ, -dəd

inhabitability
BR ɪnˌhæbɪtəˈbɪlɪti
AM ɪnˌ(h)æbədəˈbɪlɪdi

inhabitable
BR ɪnˈhæbɪtəbl
AM ɪnˈhæbədəb(ə)l

inhabitance
BR ɪnˈhæbɪt(ə)ns, -ɪz
AM ɪnˈhæbətns,
ɪnˈhæbədəns, -əz

inhabitancy
BR ɪnˈhæbɪt(ə)ns|i, -ɪz
AM ɪnˈhæbətnsi,
ɪnˈhæbədnsi, -z

inhabitant
BR ɪnˈhæbɪt(ə)nt, -s
AM ɪnˈhæbədnt, -s

inhabitation
BR ɪnˌhæbɪˈteɪʃn, -z
AM ɪnˌ(h)æbəˈteɪʃ(ə)n,
-z

inhalant
BR ɪnˈheɪlnt, -s
AM ɪnˈheɪl(ə)nt, -s

inhalation
BR ˌɪnhəˈleɪʃn, -z
AM ˌɪnhəˈleɪʃ(ə)n, -z

inhale
BR ɪnˈheɪl, -z, -ɪŋ, -d
AM ɪnˈheɪl, -z, -ɪŋ, -d

inhaler
BR ɪnˈheɪlə(r), -z
AM ɪnˈheɪlər, -z

inharmonic
BR ˌɪnhɑːˈmɒnɪk
AM ˌɪnhɑrˈmɑnɪk

inharmonious
BR ˌɪnhɑːˈməʊnɪəs
AM ˌɪnhɑrˈmoʊnɪəs

inharmoniously
BR ˌɪnhɑːˈməʊnɪəsli
AM ˌɪnhɑrˈmoʊnɪəsli

inharmoniousness
BR ˌɪnhɑːˈməʊnɪəsnəs
AM ˌɪnhɑrˈmoʊnɪəsnəs
inhere
BR ɪnˈhɪə(r), -z,
-ɪŋ, -d
AM ɪnˈhɪ(ə)r, -z,
-ɪŋ, -d
inherence
BR ɪnˈhɛrn̩s, ɪnˈhɪərn̩s
AM ɪnˈhɛrəns,
ɪnˈhɪrəns
inherent
BR ɪnˈhɛrn̩t, ɪnˈhɪərn̩t
AM ɪnˈhɛrənt,
ɪnˈhɪrənt
inherently
BR ɪnˈhɛrn̩tli,
ɪnˈhɪərn̩tli
AM ɪnˈhɛrən(t)li,
ɪnˈhɪrən(t)li
inherit
BR ɪnˈhɛr|ɪt, -ɪts, -ɪtɪŋ,
-ɪtɪd
AM ɪnˈhɛrə|t, -ts, -dɪŋ,
-dəd
inheritability
BR ɪnˌhɛrɪtəˈbɪlɪti
AM ɪnˌ(h)ɛrədəˈbɪlɪdi
inheritable
BR ɪnˈhɛrɪtəbl
AM ɪnˈhɛrədəb(ə)l
inheritance
BR ɪnˈhɛrɪt(ə)ns, -ɪz
AM ɪnˈhɛrətns,
ɪnˈhɛrədəns, -əz
inheritor
BR ɪnˈhɛrɪtə(r), -z
AM ɪnˈhɛrədər, -z
inheritress
BR ɪnˈhɛrɪtrɪs, -ɪz
AM ɪnˈhɛrətrəs,
-əz
inheritrices
BR ɪnˈhɛrɪtrɪsiːz
AM ɪnˈhɛrətrəsiz
inheritrix
BR ɪnˈhɛrɪtrɪks, -ɪz
AM ɪnˈhɛrəˌtrɪks, -ɪz
inhesion
BR ɪnˈhiːʒn̩, -z
AM ɪŋˈhiʒ(ə)n, -z

inhibit
BR ɪnˈhɪb|ɪt, -ɪts,
-ɪtɪŋ, -ɪtɪd
AM ɪnˈhɪbɪ|t, -ts, -dɪŋ,
-dɪd
inhibition
BR ˌɪn(h)ɪˈbɪʃn̩, -z
AM ˌɪnhəˈbɪʃ(ə)n,
ˌɪn(h)ɪˈbɪʃ(ə)n,
ˌɪnəˈbɪʃ(ə)n, -z
inhibitive
BR ɪnˈhɪbɪtɪv
AM ɪnˈhɪbɪdɪv
inhibitor
BR ɪnˈhɪbɪtə(r), -z
AM ɪnˈhɪbədər, -z
inhibitory
BR ɪnˈhɪbɪt(ə)ri
AM ɪnˈhɪbəˌtɔri
inhomogeneity
BR ɪnˌhəʊmə(ʊ)dʒɪ-
ˈniːɪti, ɪnˌhɒmə(ʊ)-
dʒɪˈniːɪti, ɪn-
ˌhəʊmə(ʊ)dʒɪˈneɪɪti,
ɪnˌhɒmə(ʊ)dʒɪˈneɪɪti
AM ɪnˌ(h)oʊmoʊdʒə-
ˈniːɪdi, ɪn-
ˌ(h)oʊmədʒəˈneɪɪdi,
ɪnˌ(h)oʊmoʊdʒə-
ˈneɪɪdi, ɪn-
ˌ(h)oʊmədʒəˈniːɪdi
inhomogeneous
BR ɪnˌhəʊmə(ʊ)-
ˈdʒiːnɪəs,
ɪnˌhɒmə(ʊ)ˈdʒiːnɪəs
AM ɪnˌ(h)oʊmoʊ-
ˈdʒinɪəs,
ɪnˌ(h)oʊməˈdʒinɪəs
inhospitable
BR ˌɪnhɒˈspɪtəbl,
ɪnˈhɒspɪtəbl
AM ˌɪnˈhɑspɪdəb(ə)l,
ɪnhɑˈspɪdəb(ə)l,
ɪnˈhɑspɪdəb(ə)l,
ˌɪnhɑˈspɪdəb(ə)l
inhospitableness
BR ˌɪnhɒˈspɪtəblnəs,
(ˌ)ɪnˈhɒspɪtəblnəs
AM ˌɪnˈhɑspɪdəbəlnəs,
ɪnhɑˈspɪdəbəlnəs,
ɪnˈhɑspɪdəbəlnəs,
ˌɪnhɑˈspɪdəbəlnəs

inhospitably
BR ˌɪnhɒˈspɪtəbli,
(ˌ)ɪnˈhɒspɪtəbli
AM ˌɪnˈhɑspɪdəbli,
ɪnhɑˈspɪdəbli,
ɪnˈhɑspɪdəbli,
ˌɪnhɑˈspɪdəbli
inhospitality
BR ˌɪnhɒspɪˈtælɪti,
ɪnˌhɒspɪˈtælɪti
AM ɪnˌ(h)ɑspəˈtælədi
in-house
BR ˌɪnˈhaʊs
AM ˈɪnˈhaʊs
inhuman
BR (ˌ)ɪnˈhjuːmən
AM ɪnˈ(h)jum(ə)n
inhumane
BR ˌɪnhjʊˈmeɪn
AM ɪn(h)juˈmeɪn,
ˌɪn(h)juˈmeɪn
inhumanely
BR ˌɪnhjʊˈmeɪnli
AM ɪn(h)juˈmeɪnli,
ˌɪn(h)juˈmeɪnli
inhumanity
BR ˌɪnhjʊˈmanɪti
AM ˌɪn(h)juˈmænədi, -z
inhumanly
BR ɪnˈhjuːmənli
AM ɪnˈ(h)jumənli
inhumanness
BR ɪnˈhjuːmənnəs
AM ɪnˈ(h)jumənnəs
inhumation
BR ˌɪnhjʊˈmeɪʃn̩, -z
AM ˌɪn(h)juˈmeɪʃ(ə)n,
-z
inhume
BR (ˌ)ɪnˈhjuːm, -z,
-ɪŋ, -d
AM ɪnˈ(h)jum, -z,
-ɪŋ, -d
Inigo
BR ˈɪnɪgəʊ
AM ˈɪnɪgoʊ
inimical
BR ɪˈnɪmɪkl
AM ɪˈnɪmək(ə)l
inimically
BR ɪˈnɪmɪkli
AM ɪˈnɪmək(ə)li

inimitability
BR ɪˌnɪmɪtəˈbɪlɪti
AM ɪˌnɪmədəˈbɪlɪdi
inimitable
BR ɪˈnɪmɪtəbl
AM ɪˈnɪmədəb(ə)l
inimitableness
BR ɪˈnɪmɪtəblnəs
AM ɪˈnɪmədəbəlnəs
inimitably
BR ɪˈnɪmɪtəbli
AM ɪˈnɪmədəbli
iniquitous
BR ɪˈnɪkwɪtəs
AM ɪˈnɪkwədəs
iniquitously
BR ɪˈnɪkwɪtəsli
AM ɪˈnɪkwədəsli
iniquitousness
BR ɪˈnɪkwɪtəsnəs
AM ɪˈnɪkwədəsnəs
iniquity
BR ɪˈnɪkwɪt|i, -ɪz
AM ɪˈnɪkwɪdi, -z
initial
BR ɪˈnɪʃ|l, -lz, -l̩ɪŋ, -ld
AM ɪˈnɪʃ(ə)l, -əlz,
-(ə)lɪŋ, -əld
initialisation
BR ɪˌnɪʃl̩ʌɪˈzeɪʃn̩, -z
AM ɪˌnɪʃəˌlaɪˈzeɪʃ(ə)n,
ɪˌnɪʃələˈzeɪʃ(ə)n, -z
initialise
BR ɪˈnɪʃl̩ʌɪz, -ɪz,
-ɪŋ, -d
AM ɪˈnɪʃəˌlaɪz, -ɪz,
-ɪŋ, -d
initialism
BR ɪˈnɪʃl̩ɪzm, -z
AM ɪˈnɪʃəˌlɪz(ə)m, -z
initialization
BR ɪˌnɪʃl̩ʌɪˈzeɪʃn̩, -z
AM ɪˌnɪʃəˌlaɪˈzeɪʃən|,
ɪˌnɪʃələˈzeɪʃ(ə)n, -z
initialize
BR ɪˈnɪʃl̩ʌɪz, -ɪz,
-ɪŋ, -d
AM ɪˈnɪʃəˌlaɪz, -ɪz,
-ɪŋ, -d
initially
BR ɪˈnɪʃli
AM ɪˈnɪʃ(ə)li

initiate¹ *noun*
BR ɪˈnɪʃiət, -s
AM ɪˈnɪʃiət, -s
initiate² *verb*
BR ɪˈnɪʃieɪt, -s, -ɪŋ, -ɪd
AM ɪˈnɪʃiˌeɪ|t, -ts, -dɪŋ, -dɨd
initiation
BR ɪˌnɪʃiˈeɪʃn, -z
AM ɪˈnɪʃiˌeɪʃ(ə)n, -z
initiative
BR ɪˈnɪʃətɪv, -z
AM ɪˈnɪʃədɪv, -z
initiator
BR ɪˈnɪʃieɪtə(r), -z
AM ɪˈnɪʃiˌeɪdər, -z
initiatory
BR ɪˈnɪʃ(i)ət(ə)ri
AM ɪˈnɪʃ(i)əˌtɔri
inject
BR ɪnˈdʒɛkt, -s, -ɪŋ, -ɪd
AM ɪnˈdʒɛk|(t), -(t)s, -tɪŋ, -təd
injectable
BR ɪnˈdʒɛktəbl, -z
AM ɪnˈdʒɛktəb(ə)l, -z
injection
BR ɪnˈdʒɛkʃn, -z
AM ɪnˈdʒɛkʃ(ə)n, -z
injector
BR ɪnˈdʒɛktə(r), -z
AM ɪnˈdʒɛktər, -z
in-joke
BR ˈɪndʒəʊk, -s
AM ˈɪnˌdʒoʊk, -s
injudicious
BR ˌɪndʒʊˈdɪʃəs
AM ˌɪndʒuˈdɪʃəs
injudiciously
BR ˌɪndʒʊˈdɪʃəsli
AM ˌɪndʒuˈdɪʃəsli
injudiciousness
BR ˌɪndʒʊˈdɪʃəsnəs
AM ˌɪndʒuˈdɪʃəsnəs
Injun
BR ˈɪndʒ(ə)n, -z
AM ˈɪndʒ(ə)n, -z
injunct
BR ɪnˈdʒʌŋ(k)t
AM ɪnˈdʒəŋk(t), ɪnˈdʒəŋ(k)t

injunction
BR ɪnˈdʒʌŋ(k)ʃn, -z
AM ɪnˈdʒəŋ(k)ʃ(ə)n, -z
injunctive
BR ɪnˈdʒʌŋ(k)tɪv
AM ɪnˈdʒəŋ(k)tɪv
injure
BR ˈɪn(d)ʒ|ə(r), -əz, -(ə)rɪŋ, -əd
AM ˈɪndʒ|ər, -ərz, -(ə)rɪŋ, -ərd
injurer
BR ˈɪn(d)ʒ(ə)rə(r), -z
AM ˈɪndʒərər, -z
injuria
BR ɪnˈdʒʊərɪə(r)
AM ɪnˈdʒʊriə
injuriae
BR ɪnˈdʒʊəriiː,
ɪnˈdʒʊərɪʌɪ,
ɪnˈdʒɔːriiː,
ɪnˈdʒɔːrɪʌɪ
AM ɪnˈdʒʊriˌaɪ, ɪnˈdʒʊriˌi
injurious
BR ɪnˈdʒʊəriəs, ɪnˈdʒɔːriəs
AM ɪnˈdʒʊriəs
injuriously
BR ɪnˈdʒʊəriəsli, ɪnˈdʒɔːriəsli
AM ɪnˈdʒʊriəsli
injuriousness
BR ɪnˈdʒʊəriəsnəs, ɪnˈdʒɔːriəsnəs
AM ɪnˈdʒʊriəsnəs
injury
BR ˈɪn(d)ʒ(ə)r|i, -ɪz
AM ˈɪndʒ(ə)ri, -z
injustice
BR ɪnˈdʒʌst|ɪs, -ɨsɨz
AM ɪnˈdʒəstəs, -əz
ink
BR ɪŋ|k, -ks, -kɪŋ, -(k)t
AM ɪŋ|k, -ks, -kɪŋ, -(k)t
Inkatha
BR ɪnˈkɑːtə(r), ɪŋˈkɑːtə(r)
AM ɪŋˈkɑdə, ɪnˈkɑdə
inkblot
BR ˈɪŋkblɒt, -s
AM ˈɪŋkˌblɑt, -s

inkbottle
BR ˈɪŋkˌbɒtl, -z
AM ˈɪŋkˌbɑdəl, -z
inker
BR ˈɪŋkə(r), -z
AM ˈɪŋkər, -z
inkhorn
BR ˈɪŋkhɔːn, -z
AM ˈɪŋk,(h)ɔ(ə)rn, -z
inkily
BR ˈɪŋkɨli
AM ˈɪŋkɨli
inkiness
BR ˈɪŋkɪnɨs
AM ˈɪŋkɪnɨs
inkling
BR ˈɪŋklɪŋ, -z
AM ˈɪŋklɪŋ, -z
inkpad
BR ˈɪŋkpad, -z
AM ˈɪŋkˌpæd, -z
Inkpen
BR ˈɪŋkpɛn
AM ˈɪŋkˌpɛn
inkpot
BR ˈɪŋkpɒt, -s
AM ˈɪŋkˌpɑt, -s
inkstand
BR ˈɪŋkstand, -z
AM ˈɪŋkˌstænd, -z
inkwell
BR ˈɪŋkwɛl, -z
AM ˈɪŋkˌwɛl, -z
inky
BR ˈɪŋk|i, -iə(r), -ɨst
AM ˈɪŋki, -ər, -ɨst
INLA
BR ˌʌɪɛnɛlˈeɪ
AM ˌaɪˌɛnˌɛlˈeɪ
inlaid
BR ˌɪnˈleɪd
AM ˌɪnˈleɪd
inland¹ *adjective*
BR ˈɪnlənd
AM ˈɪnlənd, ˈɪnˌlænd
inland² *adverb*
BR ɪnˈland, ˈɪnland
AM ˈɪnlənd, ˈɪnˌlænd
inlander
BR ˈɪnləndə(r), -z
AM ˈɪnləndər, ˈɪnˌlændər, -z

inlandish
BR ˈɪnlandɪʃ
AM ˈɪnləndɪʃ, ˈɪnˌlændɪʃ
inlaw
BR ˈɪnlɔː(r), -z
AM ˈɪnˌlɑ, ˈɪnˌlɔ, -z
inlay¹ *noun*
BR ˈɪnleɪ, -z
AM ˈɪnˌleɪ, -z
inlay² *verb*
BR ˌɪnˈleɪ, -z, -ɪŋ, -d
AM ˌɪnˈleɪ, -z, -ɪŋ, -d
inlayer
BR ˌɪnˈleɪə(r), ˈɪnleɪə(r), -z
AM ˌɪnˈleɪər, ˈɪnˌleɪər, -z
inlet
BR ˈɪnlɨt, ˈɪnlɛt, -s
AM ˈɪnlət, ˈɪnˌlɛt, -s
inlier
BR ˈɪnˌlʌɪə(r), -z
AM ˈɪnˌlaɪər, -z
in loco parentis
BR ɪn ˌləʊkəʊ pəˈrɛntɪs
AM ˌɪn ˌloʊkoʊ pəˈrɛn(t)əs
inly
BR ˈɪnli
AM ˈɪnli
inlying
BR ˈɪnˌlʌɪɪŋ
AM ˈɪnˌlaɪɪŋ
Inmarsat
BR ˈɪnmɑːsat
AM ˈɪnmɑrˌsæt
inmate
BR ˈɪnmeɪt, -s
AM ˈɪnˌmeɪt, -s
in medias res
BR ɪn ˌmiːdɪəs ˈreɪz, + ˌmiːdɪɑːs +,
+ ˌmɛdɪəs +,
+ ˌmɛdɪɑːs +, + ˈreɪs
AM ˌɪn ˈmidiˌəs ˈreɪs, ˌɪn ˌmeɪdiˌəs ˈreɪs
in memoriam
BR ˌɪn mɨˈmɔːrɪam
AM ˌɪn məˈmɔriˌæm, ˌɪn məˈmɔriəm

inmost
BR ˈɪnməʊst
AM ˈɪnˌmoʊst
inn
BR ɪn, -z
AM ɪn, -z
innards
BR ˈɪnədz
AM ˈɪnərdz
innate
BR ɪˈneɪt
AM ɪˈneɪt
innately
BR ɪˈneɪtli
AM ɪˈneɪtli
innateness
BR ɪˈneɪtnɪs
AM ɪˈneɪtnɪs
inner
BR ˈɪnə(r)
AM ˈɪnər
innerly
BR ˈɪnəli
AM ˈɪnərli
innermost
BR ˈɪnəməʊst
AM ˈɪnərˌmoʊst
innerness
BR ˈɪnənəs
AM ˈɪnərnəs
innervate
BR ˈɪnə(ː)veɪt, ɪˈnɜːveɪt, -s, -ɪŋ, -ɪd
AM ˈɪnərˌveɪ|t, ɪˈnɜːrˌveɪ|t, -ts, -dɪŋ, -dɪd
innervation
BR ˌɪnə(ː)ˈveɪʃn
AM ˌɪnərˈveɪʃ(ə)n
Innes
BR ˈɪnɪs, ˈɪnɪz
AM ˈɪnɪs
inning
BR ˈɪnɪŋ, -z
AM ˈɪnɪŋ, -z
Innisfail
BR ˌɪnɪsˈfeɪl
AM ˌɪnɪsˈfeɪl
innkeeper
BR ˈɪnˌkiːpə(r), -z
AM ˈɪnˌkipər, -z

innocence
BR ˈɪnəsns
AM ˈɪnəs(ə)ns
innocency
BR ˈɪnəsnsi
AM ˈɪnəsənsi
innocent
BR ˈɪnəsnt, -s
AM ˈɪnəs(ə)nt, -s
innocently
BR ˈɪnəsntli
AM ˈɪnəsən(t)li
innocuity
BR ˌɪnɒˈkjʊɪti
AM ˌɪˌnɑˈkjʊədi
innocuous
BR ɪˈnɒkjʊəs
AM ɪˈnɑkjəwəs
innocuously
BR ɪˈnɒkjʊəsli
AM ɪˈnɑkjəwəsli
innocuousness
BR ɪˈnɒkjʊəsnəs
AM ɪˈnɑkjəwəsnəs
innominate
BR ɪˈnɒmɪnət
AM ɪˈnɑmənət
innovate
BR ˈɪnəveɪt, -s, -ɪŋ, -ɪd
AM ˈɪnoʊˌveɪ|t, ˈɪnəˌveɪ|t, -ts, -dɪŋ, -dɪd
innovation
BR ˌɪnəˈveɪʃn, -z
AM ˌɪnoʊˈveɪʃ(ə)n, ˌɪnəˈveɪʃ(ə)n, -z
innovational
BR ˌɪnəˈveɪʃn̩l
AM ˌɪnoʊˈveɪʃ(ə)n(ə)l, ˌɪnəˈveɪʃ(ə)n(ə)l
innovative
BR ˈɪnəveɪtɪv, ˈɪnəvətɪv
AM ˈɪnəˌveɪdɪv
innovatively
BR ˈɪnəveɪtɪvli
AM ˈɪnəˌveɪdɪvli
innovativeness
BR ˈɪnəveɪtɪvnɪs
AM ˈɪnəˌveɪdɪvnɪs

innovator
BR ˈɪnəveɪtə(r), -z
AM ˈɪnoʊˌveɪdər, ˈɪnəˌveɪdər, -z
innovatory
BR ˈɪnəveɪt(ə)ri
AM ˈɪnoʊvəˌtɔri, ˈɪnəvəˌtɔri
innoxious
BR ɪˈnɒkʃəs
AM ɪˈnɑkʃəs, ɪ(n)ˈnɑkʃəs
innoxiously
BR ɪˈnɒkʃəsli
AM ɪˈnɑkʃəsli, ɪ(n)ˈnɑkʃəsli
innoxiousness
BR ɪˈnɒkʃəsnəs
AM ɪˈnɑkʃəsnəs, ɪ(n)ˈnɑkʃəsnəs
Innsbruck
BR ˈɪnzbrʊk
AM ˈɪnzˌbrʊk
Inns of Court
BR ˌɪnz əv ˈkɔːt
AM ˌɪnz əv ˈkɔ(ə)rt
innuendo
BR ˌɪnjʊˈɛndəʊ, -z
AM ˌɪnjəˈwɛndoʊ, -z
Innuit
BR ˈɪn(j)ʊɪt
AM ˈɪn(j)ʊɪt
innumerability
BR ɪˌnjuːm(ə)rəˈbɪlɪti
AM ɪˌn(j)um(ə)rəˈbɪlɪdi
innumerable
BR ɪˈnjuːm(ə)rəbl
AM ɪˈn(j)um(ə)rəb(ə)l
innumerably
BR ɪˈnjuːm(ə)rəbli
AM ɪˈn(j)um(ə)rəbli
innumeracy
BR ɪˈnjuːm(ə)rəsi
AM ɪˈn(j)um(ə)rəsi
innumerate
BR ɪˈnjuːm(ə)rət
AM ɪˈn(j)umərət
innutrition
BR ˌɪnjʊˈtrɪʃn
AM ɪ(n)ˌn(j)uˈtrɪʃ(ə)n, ɪˌn(j)uˈtrɪʃ(ə)n

innutritious
BR ˌɪnjʊˈtrɪʃəs
AM ɪ(n)ˈn(j)utrɪʃəs, ɪˈn(j)utrɪʃəs
inobservance
BR ˌɪnəbˈzɜːvns
AM ˌɪnəbˈzɜrvəns
inobservant
BR ˌɪnəbˈzɜːvnt
AM ˌɪnəbˈzɜrvənt
inocula
BR ɪˈnɒkjʊlə(r)
AM ɪˈnɑkjələ
inoculable
BR ɪˈnɒkjʊləbl
AM ɪˈnɑkjələb(ə)l
inoculate
BR ɪˈnɒkjʊleɪt, -s, -ɪŋ, -ɪd
AM ɪˈnɑkjəˌleɪ|t, -ts, -dɪŋ, -dɪd
inoculation
BR ɪˌnɒkjʊˈleɪʃn, -z
AM ɪˌnɑkjəˈleɪʃ(ə)n, -z
inoculative
BR ɪˈnɒkjʊlətɪv
AM ɪˈnɑkjəˌleɪdɪv
inoculator
BR ɪˈnɒkjʊleɪtə(r), -z
AM ɪˈnɑkjəˌleɪdər, -z
inoculum
BR ɪˈnɒkjʊləm
AM ɪˈnɑkjəl(ə)m
inodorous
BR ɪnˈəʊd(ə)rəs
AM ɪnˈoʊdərəs
in-off
BR ˌɪnˈɒf, -s
AM ˈɪnˌɑf, -s
inoffensive
BR ˌɪnəˈfɛnsɪv
AM ˌɪnəˈfɛnsɪv
inoffensively
BR ˌɪnəˈfɛnsɪvli
AM ˌɪnəˈfɛnsəvli
inoffensiveness
BR ˌɪnəˈfɛnsɪvnɪs
AM ˌɪnəˈfɛnsɪvnɪs
inofficious
BR ˌɪnəˈfɪʃəs
AM ˌɪnəˈfɪʃəs

inoperability
BR ɪnˌɒp(ə)rəˈbɪlɪti
AM ɪnˌɑp(ə)rəˈbɪlɪdi
inoperable
BR (ˌ)ɪnˈɒp(ə)rəbl
AM ɪnˈɑp(ə)rəb(ə)l
inoperably
BR (ˌ)ɪnˈɒp(ə)rəbli
AM ɪnˈɑp(ə)rəbli
inoperative
BR (ˌ)ɪnˈɒp(ə)rətɪv
AM ɪnˈɑp(ə)rədɪv
inoperativeness
BR (ˌ)ɪnˈɒp(ə)rətɪvnɪs
AM ɪnˈɑp(ə)rədɪvnɪs
inopportune
BR (ˌ)ɪnˈɒpətjuːn,
ˌɪnɒpəˈtjuːn,
(ˌ)ɪnˈɒpətʃuːn,
ˌɪnɒpəˈtʃuːn
AM ɪnˌɑpərˈt(j)un,
ˈɪnˌɑpərˈt(j)un
inopportunely
BR (ˌ)ɪnˈɒpətjuːnli,
ˌɪnɒpəˈtjuːnli,
(ˌ)ɪnˈɒpətʃuːnli,
ˌɪnɒpəˈtʃuːnli
AM ɪnˌɑpərˈt(j)unli,
ˈɪnˌɑpərˈt(j)unli
inopportuneness
BR (ˌ)ɪnˈɒpətjuːnnəs,
ˌɪnɒpəˈtjuːnnəs,
(ˌ)ɪnˈɒpətʃuːnnəs,
ˌɪnɒpəˈtʃuːnnəs
AM ɪnˌɑpərˈt(j)u(n)nəs,
ˈɪnˌɑpər-
ˈt(j)u(n)nəs
inordinate
BR ɪnˈɔːdɪnət,
ɪnˈɔːdnət
AM ɪˈnɔrdnət
inordinately
BR ɪnˈɔːdɪnətli,
ɪnˈɔːdnətli
AM ɪˈnɔrdnətli
inordinateness
BR ɪnˈɔːdɪnətnəs,
ɪnˈɔːdnətnəs
AM ɪˈnɔrdnətnəs
inorganic
BR ˌɪnɔːˈgænɪk
AM ˌɪnɔrˈgænɪk

inorganically
BR ˌɪnɔːˈgænɪkli
AM ˌɪnɔrˈgænək(ə)li
inosculate
BR ɪnˈɒskjʊleɪt, -s,
-ɪŋ, -ɪd
AM ɪnˈɑskjəˌleɪt, -ts,
-dɪŋ, -dɪd
inosculation
BR ɪnˌɒskjʊˈleɪʃn, -z
AM ɪnˌɑskjəˈleɪʃ(ə)n, -z
inositol
BR aɪˈnəʊsɪtnl
AM aɪˈnoʊsədəl,
aɪˈnoʊsədɒl
in-patient
BR ˈɪnˌpeɪʃnt, -s
AM ˈɪnˌpeɪʃ(ə)nt, -s
in propria persona
BR ɪn ˌprəʊpriə
pə(ː)ˈsəʊnə(r)
AM ˌɪn ˌproʊpriə
pərˈsoʊnə
input
BR ˈɪnpʊt, -s, -ɪŋ, -ɪd
AM ˈɪnˌpʊ|t, -ts, -dɪŋ,
-dəd
inputter
BR ˈɪnpʊtə(r), -z
AM ˈɪnˌpʊdər, -z
inquest
BR ˈɪŋkwest,
ˈɪnkwest, -s
AM ˈɪŋˌkwest,
ˈɪnˌkwest, -s
inquietude
BR ɪnˈkwaɪɪtjuːd,
ɪŋˈkwaɪɪtjuːd,
ɪnˈkwaɪɪtʃuːd,
ɪŋˈkwaɪɪtʃuːd
AM ɪŋˈkwaɪəˌt(j)ud,
ɪnˈkwaɪəˌt(j)ud
inquiline
BR ˈɪnkwɪlʌɪn,
ˈɪŋkwɪlʌɪn, -z
AM ˈɪŋkwəl(ə)n,
ˈɪŋkwəˌlaɪn, -z
inquire
BR ɪnˈkwaɪə(r), ɪŋ-
ˈkwaɪə(r), -z, -ɪŋ, -d
AM ɪŋˈkwaɪ(ə)r, ɪn-
ˈkwaɪ(ə)r, -z, -ɪŋ, -d

inquirer
BR ɪnˈkwaɪərə(r),
ɪŋˈkwaɪərə(r), -z
AM ɪŋˈkwaɪ(ə)rər,
ɪnˈkwaɪ(ə)rər,
-z
inquiry
BR ɪnˈkwaɪ(ə)r|i,
ɪŋˈkwaɪ(ə)r|i,
-ɪz
AM ɪnˈkwaɪri,
ˈɪnkwəri,
ˈɪŋˌkwaɪri, ˈɪŋkwəri,
ˈɪnˌkwaɪri, -z
inquisition
BR ˌɪnkwɪˈzɪʃn,
ˌɪŋkwɪˈzɪʃn, -z
AM ˌɪŋkwəˈzɪʃ(ə)n,
ˌɪnkwəˈzɪʃ(ə)n, -z
inquisitional
BR ˌɪnkwɪˈzɪʃnl
AM ˌɪŋkwəˈzɪʃ(ə)n(ə)l,
ˌɪnkwəˈzɪʃ(ə)n(ə)l
inquisitive
BR ɪnˈkwɪzɪtɪv,
ɪŋˈkwɪzɪtɪv
AM ɪŋˈkwɪzədɪv,
ɪnˈkwɪzədɪv
inquisitively
BR ɪnˈkwɪzɪtɪvli,
ɪŋˈkwɪzɪtɪvli
AM ɪŋˈkwɪzədəvli,
ɪnˈkwɪzədəvli
inquisitiveness
BR ɪnˈkwɪzɪtɪvnɪs,
ɪŋˈkwɪzɪtɪvnɪs
AM ɪŋˈkwɪzədɪvnɪs,
ɪnˈkwɪzədɪvnɪs
inquisitor
BR ɪnˈkwɪzɪtə(r),
ɪŋˈkwɪzɪtə(r),
-z
AM ɪŋˈkwɪzədər,
ɪnˈkwɪzədər,
-z
inquisitorial
BR ɪnˌkwɪzɪˈtɔːriəl,
ɪŋˌkwɪzɪˈtɔːriəl,
ˌɪnkwɪzɪˈtɔːriəl,
ˌɪŋkwɪzɪˈtɔːriəl
AM ɪŋˌkwɪzəˈtɔriəl,
ɪnˌkwɪzəˈtɔriəl

inquisitorially
BR ɪnˌkwɪzɪˈtɔːriəli,
ɪŋˌkwɪzɪˈtɔːriəli,
ˌɪnkwɪzɪˈtɔːriəli,
ˌɪŋkwɪzɪˈtɔːriəli
AM ɪŋˌkwɪzəˈtɔriəli,
ɪnˌkwɪzəˈtɔriəli
inquorate
BR ˌɪnˈkwɔːreɪt,
ˌɪŋˈkwɔːreɪt
AM ɪŋˈkwɔˌreɪt,
ɪnˈkwɔˌreɪt
in re
BR ˌɪn ˈreɪ, + ˈriː
AM ˌɪn ˈreɪ
in rem
BR ɪn ˈrem
AM ɪn ˈrem
inroad
BR ˈɪnrəʊd, -z
AM ˈɪnˌroʊd, -z
inrush
BR ˈɪnrʌʃ, -ɪz
AM ˈɪnˌrəʃ,
-əz
inrushing
BR ˈɪnˌrʌʃɪŋ, -z
AM ˈɪnˌrəʃɪŋ, -z
insalubrious
BR ˌɪnsəˈl(j)uːbriəs
AM ˌɪnsəˈlubriəs
insalubrity
BR ˌɪnsəˈl(j)uːbrɪti
AM ˌɪnsəˈlubrədi
insane
BR ɪnˈseɪn
AM ɪnˈseɪn
insanely
BR ɪnˈseɪnli
AM ɪnˈseɪnli
insaneness
BR ɪnˈseɪnnɪs
AM ɪnˈseɪ(n)nɪs
insanitarily
BR ɪnˈsanɪt(ə)rɪli
AM ɪnˌsænəˈterəli
insanitariness
BR ɪnˈsanɪt(ə)rɪnɪs
AM ɪnˈsænəˌterɪnɪs
insanitary
BR ɪnˈsanɪt(ə)ri
AM ɪnˈsænəˌteri

insanity
BR ɪnˈsænɪti
AM ɪnˈsænədi

insatiability
BR ɪnˌseɪʃəˈbɪlɪti
AM ənˌseɪʃəˈbɪlɪdi, ˌɪnˌseɪʃəˈbɪlɪdi

insatiable
BR ɪnˈseɪʃ(i)əbl
AM ɪnˈseɪʃəb(ə)l

insatiably
BR ɪnˈseɪʃ(i)əbli
AM ɪnˈseɪʃəbli

insatiate
BR ɪnˈseɪʃiət
AM ɪnˈseɪʃ(i)ɪt

inscape
BR ˈɪnskeɪp, -s
AM ˈɪnˌskeɪp, ˈɪnzˌkeɪp, -s

inscribable
BR ɪnˈskrʌɪbəbl
AM ɪnˈskraɪbəb(ə)l, ɪnzˈkraɪbəb(ə)l

inscribe
BR ɪnˈskrʌɪb, -z, -ɪŋ, -d
AM ɪnˈskraɪb, ɪnzˈkraɪb, -z, -ɪŋ, -d

inscriber
BR ɪnˈskrʌɪbə(r), -z
AM ɪnˈskraɪbər, ɪnzˈkraɪbər, -z

inscription
BR ɪnˈskrɪpʃn, -z
AM ɪnˈskrɪpʃ(ə)n, ɪnzˈkrɪpʃ(ə)n, -z

inscriptional
BR ɪnˈskrɪpʃn̩l
AM ɪnˈskrɪpʃ(ə)n(ə)l, ɪnzˈkrɪpʃ(ə)n(ə)l

inscriptive
BR ɪnˈskrɪptɪv
AM ɪnˈskrɪptɪv, ɪnzˈkrɪptɪv

inscrutability
BR ɪnˌskruːtəˈbɪlɪti
AM ənˌskrudəˈbɪlɪdi, ɪnzˌkrudəˈbɪlɪdi

inscrutable
BR ɪnˈskruːtəbl
AM ənˈskrudəb(ə)l, ɪnzˈkrudəb(ə)l

inscrutableness
BR ɪnˈskruːtəblnəs
AM ənˈskrudəbəlnəs, ɪnzˈkrudəbəlnəs

inscrutably
BR ɪnˈskruːtəbli
AM ənˈskrudəbli, ɪnzˈkrudəbli

inscrutibility
BR ɪnˌskruːtəˈbɪlɪti
AM ənˌskrudəˈbɪlɪdi, ɪnzˌkrudəˈbɪlɪdi

inseam
BR ˈɪnsiːm, -z
AM ˈɪnˌsim, -z

insect
BR ˈɪnsɛkt, -s
AM ˈɪnˌsɛk|(t), -(t)s

insectaria
BR ˌɪnsɛkˈtɛːrɪə(r)
AM ɪnˌsɛkˈtɛrɪə

insectarium
BR ˌɪnsɛkˈtɛːrɪəm, -z
AM ɪnˌsɛkˈtɛrɪəm, -z

insectary
BR ɪnˈsɛkt(ə)r|i, -ɪz
AM ˈɪnˌsɛkˌtɛri, -z

insecticidal
BR ɪnˌsɛktɪˈsʌɪdl
AM ɪnˈsɛktəˌsaɪd(ə)l

insecticide
BR ɪnˈsɛktɪsʌɪd, -z
AM ɪnˈsɛktəˌsaɪd, -z

insectile
BR ɪnˈsɛktʌɪl
AM ɪnˈsɛkˌtaɪl, ɪnˈsɛktl

insectivore
BR ɪnˈsɛktɪvɔː(r), -z
AM ɪnˈsɛktəˌvɔ(ə)r, -z

insectivorous
BR ˌɪnsɛkˈtɪv(ə)rəs
AM ˌɪnˌsɛkˈtɪv(ə)rəs

insectology
BR ˌɪnsɛkˈtɒlədʒi
AM ˌɪnˌsɛkˈtɑlədʒi

insecure
BR ˌɪnsɪˈkjʊə(r), ˌɪnsɪˈkjɔː(r)
AM ˌɪnsəˈkjʊ(ə)r

insecurely
BR ˌɪnsɪˈkjʊəli, ˌɪnsɪˈkjɔːli
AM ˌɪnsəˈkjʊrli

insecurity
BR ˌɪnsɪˈkjʊərɪti, ˌɪnsɪˈkjɔːrɪti
AM ˌɪnsəˈkjʊrədi

Inselberg
BR ˈɪnslbəːg, -z
AM ˈɪnsəlˌbɜrg, -z

inseminate
BR ɪnˈsɛmɪneɪt, -s, -ɪŋ, -ɪd
AM ɪnˈsɛməˌneɪ|t, -ts, -dɪŋ, -dɪd

insemination
BR ɪnˌsɛmɪˈneɪʃn
AM ɪnˌsɛməˈneɪʃ(ə)n

inseminator
BR ɪnˈsɛmɪneɪtə(r), -z
AM ɪnˈsɛməˌneɪdər, -z

insensate
BR ɪnˈsɛnseɪt
AM ˈɪnˌsɛnˌseɪt, ɪnˈsɛnˌseɪt

insensately
BR ɪnˈsɛnseɪtli
AM ˈɪnˌsɛnˌseɪtli, ɪnˈsɛnˌseɪtli

insensibility
BR ɪnˌsɛnsɪˈbɪlɪti
AM ənˌsɛnsəˈbɪlɪdi, ˌɪnˌsɛnsəˈbɪlɪdi

insensible
BR ɪnˈsɛnsɪbl
AM ɪnˈsɛnsəb(ə)l

insensibleness
BR ɪnˈsɛnsɪblnəs
AM ɪnˈsɛnsəbəlnəs

insensibly
BR ɪnˈsɛnsɪbli
AM ɪnˈsɛnsəbli

insensitive
BR ɪnˈsɛnsɪtɪv
AM ɪnˈsɛnsədɪv

insensitively
BR ɪnˈsɛnsɪtɪvli
AM ɪnˈsɛnsədəvli

insensitiveness
BR ɪnˈsɛnsɪtɪvnɪs
AM ɪnˈsɛnsədɪvnɪs

insensitivity
BR ˌɪnsɛnsɪˈtɪvɪti, ɪnˌsɛnsɪˈtɪvɪti
AM ənˌsɛnsəˈtɪvɪdi, ˌɪnˌsɛnsəˈtɪvɪdi

insentience
BR ɪnˈsɛnʃ(ɪə)ns, ɪnˈsɛntɪəns
AM ɪnˈsɛnʃ(i)əns

insentient
BR ɪnˈsɛnʃ(ɪə)nt, ɪnˈsɛntɪənt
AM ɪnˈsɛnʃ(i)ənt

inseparability
BR ɪnˌsɛp(ə)rəˈbɪlɪti, ˌɪnsɛp(ə)rəˈbɪlɪti
AM ɪnˌsɛp(ə)rəˈbɪlɪdi, ˌɪnˌsɛp(ə)rəˈbɪlɪdi

inseparable
BR ɪnˈsɛp(ə)rəbl
AM ɪnˈsɛpərəb(ə)l

inseparably
BR ɪnˈsɛp(ə)rəbli
AM ɪnˈsɛpərəbli

insert[1] *noun*
BR ˈɪnsəːt, -s
AM ˈɪnˌsɜrt, -s

insert[2] *verb*
BR ɪnˈsəːt, -s, -ɪŋ, -ɪd
AM ɪnˈsɜr|t, -ts, -dɪŋ, -dəd

insertable
BR ɪnˈsəːtəbl
AM ɪnˈsɜrdəb(ə)l

inserter
BR ɪnˈsəːtə(r), -z
AM ɪnˈsɜrdər, -z

insertion
BR ɪnˈsəːʃn, -z
AM ɪnˈsɜrʃ(ə)n, -z

inset[1] *noun*
BR ˈɪnsɛt, -s
AM ˈɪnˌsɛt, -s

inset[2] *verb*
BR ɪnˈsɛt, ˈɪnsɛt, -s, -ɪŋ
AM ɪnˈsɛ|t, -ts, -dɪŋ

insetter
BR ˈɪnˌsɛtə(r), -z
AM ˈɪnˌsɛdər, -z

inshallah
BR ɪnˈʃalə(r)
AM ɪnˈʃɑlə

inshore
BR ˌɪnˈʃɔː(r)
AM ɪnˈʃɔ(ə)r, ˈɪnˈʃɔ(ə)r

inside
BR ˌɪnˈsʌɪd, -z
AM ɪnˈsaɪd, -z

insider
BR (ˌ)ɪnˈsʌɪdə(r), -z
AM ɪnˈsaɪdər, -z

insidious
BR ɪnˈsɪdɪəs
AM ɪnˈsɪdɪəs

insidiously
BR ɪnˈsɪdɪəsli
AM ɪnˈsɪdɪəsli

insidiousness
BR ɪnˈsɪdɪəsnəs
AM ɪnˈsɪdɪəsnəs

insight
BR ˈɪnsʌɪt, -s
AM ˈɪnˌsaɪt, -s

insightful
BR ˈɪnsʌɪtf(ʊ)l
AM ɪnˈsaɪtfəl

insightfully
BR ˈɪnsʌɪtfʊli, ˈɪnsʌɪtfli
AM ɪnˈsaɪtfəli

insignia
BR ɪnˈsɪɡnɪə(r)
AM ɪnˈsɪɡnɪə

insignificance
BR ˌɪnsɪɡˈnɪfɪk(ə)ns
AM ˌɪnsɪɡˈnɪfəkəns

insignificancy
BR ˌɪnsɪɡˈnɪfɪk(ə)nsi
AM ˌɪnsɪɡˈnɪfəkənsi

insignificant
BR ˌɪnsɪɡˈnɪfɪk(ə)nt
AM ˌɪnsɪɡˈnɪfəkənt

insignificantly
BR ˌɪnsɪɡˈnɪfɪk(ə)ntli
AM ˌɪnsɪɡˈnɪfəkən(t)li

insincere
BR ˌɪns(ɪ)nˈsɪə(r)
AM ˌɪnsɪnˈsɪ(ə)r

insincerely
BR ˌɪns(ɪ)nˈsɪəli
AM ˌɪnsɪnˈsɪrli

insincerity
BR ˌɪns(ɪ)nˈsɛrɪti
AM ˌɪnsɪnˈsɛrədi

insinuate
BR ɪnˈsɪnjʊeɪt, -s, -ɪŋ, -ɪd
AM ɪnˈsɪnjəˌweɪ|t, -ts, -dɪŋ, -dɪd

insinuatingly
BR ɪnˈsɪnjʊeɪtɪŋli
AM ɪnˈsɪnjəˌweɪdɪŋli

insinuation
BR ɪnˌsɪnjʊˈeɪʃn, -z
AM ɪnˌsɪnjəˈweɪʃ(ə)n, -z

insinuative
BR ɪnˈsɪnjʊeɪtɪv
AM ɪnˈsɪnjəˌweɪdɪv

insinuator
BR ɪnˈsɪnjʊeɪtə(r), -z
AM ɪnˈsɪnjəˌweɪdər, -z

insinuatory
BR ɪnˈsɪnjʊət(ə)ri
AM ɪnˈsɪnjəwəˌtɔri

insipid
BR ɪnˈsɪpɪd
AM ɪnˈsɪpɪd

insipidity
BR ˌɪnsɪˈpɪdɪt|i, -ɪz
AM ˌɪnsəˈpɪdɪdi, -z

insipidly
BR ɪnˈsɪpɪdli
AM ɪnˈsɪpɪdli

insipidness
BR ɪnˈsɪpɪdnɪs
AM ɪnˈsɪpɪdnɪs

insist
BR ɪnˈsɪst, -s, -ɪŋ, -ɪd
AM ɪnˈsɪst, -s, -ɪŋ, -ɪd

insistence
BR ɪnˈsɪst(ə)ns
AM ɪnˈsɪstns

insistency
BR ɪnˈsɪst(ə)nsi
AM ɪnˈsɪstənsi

insistent
BR ɪnˈsɪst(ə)nt
AM ɪnˈsɪst(ə)nt

insistently
BR ɪnˈsɪst(ə)ntli
AM ɪnˈsɪstən(t)li

insister
BR ɪnˈsɪstə(r), -z
AM ɪnˈsɪstər, -z

insistingly
BR ɪnˈsɪstɪŋli
AM ɪnˈsɪstɪŋli

in situ
BR ˌɪn ˈsɪtjuː, + ˈsɪtʃuː
AM ˌɪn ˈsɪtu, ˌɪn ˈsaɪtu

insobriety
BR ˌɪnsə(ʊ)ˈbrʌɪti
AM ˌɪnsoʊˈbraɪədi, ˌɪnsəˈbraɪədi

insofar
BR ˌɪnsə(ʊ)ˈfɑː(r)
AM ˌɪnsoʊˈfɑr

insolation
BR ˌɪnsə(ʊ)ˈleɪʃn
AM ˌɪnsoʊˈleɪʃ(ə)n, ˌɪnsəˈleɪʃ(ə)n

insole
BR ˈɪnsəʊl, -z
AM ˈɪnˌsoʊl, -z

insolence
BR ˈɪnsl̩ns
AM ˈɪnsəl(ə)ns

insolent
BR ˈɪnsl̩nt
AM ˈɪnsəl(ə)nt

insolently
BR ˈɪnsl̩ntli
AM ˈɪnsələn(t)li

insolubilise
BR ɪnˈsɒljʊblʌɪz, ɪnˈsɒljʊbɪlʌɪz, -ɪz, -ɪŋ, -d
AM ɪnˈsaljəbəˌlaɪz, ˌɪnˈsaljəbəˌlaɪz, -ɪz, -ɪŋ, -d

insolubility
BR ɪnˌsɒljʊˈbɪlɪti, ˌɪnsɒljʊˈbɪlɪti
AM ɪnˌsaljəˈbɪlɪdi, ˌɪnˌsaljəˈbɪlɪdi

insolubilize
BR ɪnˈsɒljʊblʌɪz, ɪnˈsɒljʊbɪlʌɪz, -ɪz, -ɪŋ, -d
AM ɪnˈsaljəbəˌlaɪz, ˌɪnˈsaljəbəˌlaɪz, -ɪz, -ɪŋ, -d

insoluble
BR (ˌ)ɪnˈsɒljʊbl
AM ɪnˈsaljəb(ə)l, ˌɪnˈsaljəb(ə)l

insolubleness
BR (ˌ)ɪnˈsɒljʊblnəs
AM ɪnˈsaljəbəlnəs, ˌɪnˈsaljəbəlnəs

insolubly
BR (ˌ)ɪnˈsɒljʊbli
AM ɪnˈsaljəbli, ˌɪnˈsaljəbli

insolvable
BR (ˌ)ɪnˈsɒlvəbl
AM ɪnˈsalvəb(ə)l

insolvency
BR (ˌ)ɪnˈsɒlv(ə)nsi
AM ɪnˈsalvənsi

insolvent
BR (ˌ)ɪnˈsɒlv(ə)nt
AM ɪnˈsalvənt

insomnia
BR ɪnˈsɒmnɪə(r)
AM ɪnˈsamnɪə

insomniac
BR ɪnˈsɒmnɪak, -s
AM ɪnˈsamniˌæk, -s

insomuch
BR ˌɪnsə(ʊ)ˈmʌtʃ
AM ˌɪnsoʊˈmətʃ

insouciance
BR ɪnˈsuːsɪəns, ɪnˈsuːsɪɒ̃s
AM ɪnˈsuʃ(ə)ns, ɪnˈsusɪəns

insouciant
BR ɪnˈsuːsɪənt, ɪnˈsuːsɪɒ̃
AM ɪnˈsuʃ(ə)nt, ɪnˈsusɪənt

insouciantly
BR ɪnˈsuːsɪəntli
AM ɪnˈsuʃən(t)li, ɪnˈsusɪən(t)li

insousiant
BR ɪnˈsuːsɪənt, ɪnˈsuːsɪɒ̃
AM ɪnˈsuʃ(ə)nt, ɪnˈsusɪənt

inspan
BR ˈɪnspan, ɪnˈspan, -z, -ɪŋ, -d
AM ɪnˈspæn, ɪnzˈpæn, -z, -ɪŋ, -d

inspect
BR ɪnˈspekt, -s,
-ɪŋ, -ɪd
AM ɪnˈspek|(t),
ɪnzˈpek|(t), -(t)s,
-tɪŋ, -təd

inspection
BR ɪnˈspekʃn, -z
AM ɪnˈspekʃ(ə)n,
ɪnzˈpekʃ(ə)n, -z

inspector
BR ɪnˈspektə(r), -z
AM ɪnˈspektər,
ɪnzˈpektər, -z

inspectorate
BR ɪnˈspekt(ə)rət,
-s
AM ɪnˈspektərət,
ɪnzˈpektərət, -s

inspectorial
BR ˌɪnspekˈtɔːriəl
AM ɪnˌspekˈtɔriəl,
ɪnzˌpekˈtɔriəl

inspectorship
BR ɪnˈspektəʃɪp, -s
AM ɪnˈspektərˌʃɪp,
ɪnzˈpektərˌʃɪp, -s

inspiration
BR ˌɪnspɪˈreɪʃn, -z
AM ˌɪnspəˈreɪʃ(ə)n, -z

inspirational
BR ˌɪnspɪˈreɪʃn̩l
AM ˌɪnspəˈreɪʃ(ə)n(ə)l

inspirationally
BR ˌɪnspɪˈreɪʃn̩li,
ˌɪnspɪˈreɪʃnəli
AM ˌɪnspəˈreɪʃ(ə)nəli

inspirationism
BR ˌɪnspɪˈreɪʃn̩ɪzm
AM ˌɪnspəˈreɪʃn̩ˌɪz(ə)m,
ˌɪnspəˈreɪʃəˌnɪz(ə)m

inspirationist
BR ˌɪnspɪˈreɪʃn̩ɪst, -s
AM ˌɪnspəˈreɪʃn̩ɪst,
ˌɪnspəˈreɪʃənəst, -s

inspirator
BR ˈɪnspɪreɪtə(r), -z
AM ˈɪnspəˌreɪdər, -z

inspiratory
BR ɪnˈspɪrət(ə)ri,
ɪnˈspʌɪ(ə)rət(ə)ri
AM ˈɪnspərəˌtɔri

inspire
BR ɪnˈspʌɪə(r), -z,
-ɪŋ, -d
AM ɪnˈspaɪ(ə)r,
ɪnzˈpaɪ(ə)r, -z, -ɪŋ,
-d

inspiredly
BR ɪnˈspʌɪədli
AM ɪnˈspaɪ(ə)rdli,
ɪnzˈpaɪ(ə)rdli

inspirer
BR ɪnˈspʌɪərə(r), -z
AM ɪnˈspaɪ(ə)rər,
ɪnzˈpaɪ(ə)rər, -z

inspiringly
BR ɪnˈspʌɪərɪŋli
AM ɪnˈspaɪ(ə)rɪŋli,
ɪnzˈpaɪ(ə)rɪŋli

inspirit
BR ɪnˈspɪrɪt, -ɪts,
-ɪtɪŋ, -ɪtɪd
AM ɪnˈspɪrɪ|t, ɪnzˈpɪrɪ|t,
-ts, -dɪŋ, -dɪd

inspiritingly
BR ɪnˈspɪrɪtɪŋli
AM ɪnˈspɪrɪdɪŋli,
ɪnzˈpɪrɪdɪŋli

inspissate
BR ɪnˈspɪseɪt,
ˈɪnspɪseɪt, -s, -ɪŋ,
-ɪd
AM ɪnˈspɪˌseɪ|t,
ˈɪnspəˌseɪ|t,
ɪnzˈpɪ-ˌseɪ|t, -ts,
-dɪŋ, -dɪd

inspissation
BR ˌɪnspɪˈseɪʃn, -z
AM ɪnˌspɪˈseɪʃ(ə)n,
ˌɪnspəˈseɪʃ(ə)n
ɪnzˌpɪˈseɪʃ(ə)n, -z

inspissator
BR ˈɪnspɪseɪtə(r), -z
AM ˈɪnspɪˌseɪdər,
ˈɪnspəˌseɪdər,
ɪnzˈpɪˌseɪdər, -z

inst.
BR ɪnst
AM ɪnst

instability
BR ˌɪnstəˈbɪlɪti
AM ˌɪnstəˈbɪlɪdi,
ˌɪnztəˈbɪlɪdi

instal
BR ɪnˈstɔːl, d, -z, -ɪŋ
AM ɪnˈstɔl, ɪnzˈtal,
ɪnˈstal, ɪnzˈtɔl, d,
-z, -ɪŋ

install
BR ɪnˈstɔːl, d, -z,
-ɪŋ
AM ɪnˈstɔl, ɪnzˈtal,
ɪnˈstal, ɪnzˈtɔl, d,
-z, -ɪŋ

installant
BR ɪnˈstɔːlnt, -s
AM ɪnˈstɔl(ə)nt,
ɪnzˈtal(ə)nt,
ɪnˈstal(ə)nt,
ɪnzˈtɔl(ə)nt, -s

installation
BR ˌɪnstəˈleɪʃn, -z
AM ˌɪnstəˈleɪʃ(ə)n,
ˌɪnztəˈleɪʃ(ə)n, -z

installer
BR ɪnˈstɔːlə(r), -z
AM ɪnˈstɔlər, ɪnzˈtalər,
ɪnˈstalər, ɪnzˈtɔlər,
-z

installment
BR ɪnˈstɔːlm(ə)nt, -s
AM ɪnˈstɔlm(ə)nt,
ɪnzˈtalm(ə)nt,
ɪnˈstalm(ə)nt,
ɪnzˈtɔlm(ə)nt, -s

instalment
BR ɪnˈstɔːlm(ə)nt, -s
AM ɪnˈstɔlm(ə)nt,
ɪnzˈtalm(ə)nt,
ɪnˈstalm(ə)nt,
ɪnzˈtɔlm(ə)nt, -s

instance
BR ˈɪnst(ə)ns, -ɪz,
-ɪŋ, -t
AM ˈɪnst(ə)ns,
ˈɪnzt(ə)ns, -əz,
-ɪŋ, -t

instancy
BR ˈɪnst(ə)ns|i, -ɪz
AM ˈɪnstənsi,
ˈɪnztənsi, -z

instant
BR ˈɪnst(ə)nt, -s
AM ˈɪnst(ə)nt,
ˈɪnzt(ə)nt, -s

instantaneity
BR ɪnˌstantəˈniːɪti,
ˌɪnstantəˈneɪɪti
AM ɪnˌstæntn̩ˈiɪdi,
ɪnzˌtæntn̩ˈeɪɪdi,
ɪnˌstæntn̩ˈeɪɪdi,
ɪnzˌtæntn̩ˈiɪdi

instantaneous
BR ˌɪnst(ə)nˈteɪɪəs
AM ˌɪnstənˈteɪɪəs,
ˌɪnztənˈteɪɪəs,
ˌɪnstənˈteɪjəs,
ˌɪnztənˈteɪɪəs

instantaneously
BR ˌɪnst(ə)nˈteɪɪəsli
AM ˌɪnstənˈteɪɪəsli,
ˌɪnztənˈteɪjəsli,
ˌɪnstənˈteɪjəsli,
ˌɪnztənˈteɪɪəsli

instantaneousness
BR ˌɪnst(ə)n-
ˈteɪɪəsnəs
AM ˌɪnstənˈteɪɪəsnəs,
ˌɪnztənˈteɪjəsnəs,
ˌɪnstənˈteɪjəsnəs,
ˌɪnztənˈteɪɪəsnəs

instanter *adverb*
BR ɪnˈstantə(r)
AM ɪnˈstæn(t)ər,
ɪnzˈtæn(t)ər

instantiate
BR ɪnˈstanʃieɪt, -s,
-ɪŋ, -ɪd
AM ɪnˈstæn(t)ʃiˌeɪ|t,
ɪnzˈtæn(t)ʃiˌeɪ|t, -ts,
-dɪŋ, -dɪd

instantiation
BR ɪnˌstanʃiˈeɪʃn, -z
AM ɪnˌstæn(t)ʃiˈeɪʃ(ə)n,
ɪnzˌtæn(t)ʃiˈeɪʃ(ə)n,
-z

instantly
BR ˈɪnst(ə)ntli
AM ˈɪnstən(t)li,
ˈɪnztən(t)li

instar
BR ˈɪnstɑː(r), -z
AM ˈɪnˌstɑr, ˈɪnzˌtɑr, -z

instate
BR ɪnˈsteɪt, -s, -ɪŋ, -ɪd
AM ɪnˈsteɪ|t, ɪnzˈteɪ|t,
-ts, -dɪŋ, -dɪd

in statu pupillari
BR ɪn ˌstatjuː
ˌpjuːpɪˈlɑːri
AM ˌɪn ˌstɑˌtu ˌpjupəˈlɛri, ˌɪn ˈstædu
ˌpjupəˈlɛri, ˌɪn
ˈsteɪˌtu ˌpjupəˈlɛri

instauration
BR ˌɪnstɔːˈreɪʃn, -z
AM ˌɪnˌstɔˈreɪʃ(ə)n,
ˌɪnzˌtɔˈreɪʃ(ə)n, -z

instaurator
BR ˈɪnstɔːreɪtə(r), -z
AM ˈɪnstəˌreɪdər,
ˈɪnzəˌreɪdər, -z

instead
BR ɪnˈstɛd
AM ɪnˈstɛd, ɪnzˈted

instep
BR ˈɪnstɛp, -s
AM ˈɪnˌstɛp,
ˈɪnzˌtɛp, -s

instigate
BR ˈɪnstɪgeɪt, -s,
-ɪŋ, -ɪd
AM ˈɪnstəˌgeɪ|t,
ˈɪnzəˌgeɪ|t, -ts,
-dɪŋ, -dɪd

instigation
BR ˌɪnstɪˈgeɪʃn
AM ˌɪnstəˈgeɪʃ(ə)n,
ˌɪnzəˈgeɪʃ(ə)n

instigative
BR ˈɪnstɪgətɪv
AM ˈɪnstəˌgeɪdɪv,
ˈɪnzəˌgeɪdɪv

instigator
BR ˈɪnstɪgeɪtə(r), -z
AM ˈɪnstəˌgeɪdər,
ˈɪnzəˌgeɪdər, -z

instil
BR ɪnˈstɪl, -z, -ɪŋ, -d
AM ɪnˈstɪl, ɪnzˈtɪl, -z,
-ɪŋ, -d

instill
BR ɪnˈstɪl, -z, -ɪŋ, -d
AM ɪnˈstɪl, ɪnzˈtɪl, -z,
-ɪŋ, -d

instillation
BR ˌɪnstɪˈleɪʃn, -z
AM ˌɪnstəˈleɪʃ(ə)n,
ˌɪnzəˈleɪʃ(ə)n, -z

instiller
BR ɪnˈstɪlə(r), -z
AM ɪnˈstɪlər, ɪnzˈtɪlər,
-z

instillment
BR ɪnˈstɪlm(ə)nt, -s
AM ɪnˈstɪlm(ə)nt,
ɪnzˈtɪlm(ə)nt, -s

instilment
BR ɪnˈstɪlm(ə)nt, -s
AM ɪnˈstɪlm(ə)nt,
ɪnzˈtɪlm(ə)nt, -s

instinct
BR ˈɪnstɪŋ(k)t, -s
AM ˈɪnstɪŋ(k)t,
ˈɪnzɪŋk(t),
ˈɪnstɪŋk(t),
ˈɪnzɪŋ(k)t, -(t)s

instinctive
BR ɪnˈstɪŋ(k)tɪv
AM ɪnˈstɪŋ(k)tɪv,
ɪnzˈtɪŋ(k)tɪv

instinctively
BR ɪnˈstɪŋ(k)tɪvli
AM ɪnˈstɪŋ(k)tɪvli,
ɪnzˈtɪŋ(k)tɪvli

instinctual
BR ɪnˈstɪŋ(k)tʃʊəl,
ɪnˈstɪŋ(k)tʃ(ʊ)l,
ɪnˈstɪŋ(k)tjʊəl,
ɪnˈstɪŋ(k)tjʉl
AM ɪnˈstɪŋ(k)(t)ʃə(wə)l,
ɪnzˈtɪŋ(k)(t)ʃə(wə)l

instinctually
BR ɪnˈstɪŋ(k)tʃʊəli,
ɪnˈstɪŋ(k)tʃʉli,
ɪnˈstɪŋ(k)tʃˌli,
ɪnˈstɪŋ(k)tjʊəli,
ɪnˈstɪŋktjʉli
AM ɪn-
ˈstɪŋ(k)(t)ʃə(wə)li,
ɪnzˈtɪŋ(k)(t)ʃə(wə)li

institute
BR ˈɪnstɪtjuːt,
ˈɪnstɪtʃuːt, -s
AM ˈɪnstəˌt(j)ut,
ˈɪnzəˌt(j)ut, -s

institution
BR ˌɪnstɪˈtjuːʃn,
ˌɪnstɪˈtʃuːʃn, -z
AM ˌɪnstəˈt(j)uʃ(ə)n,
ˌɪnzəˈt(j)uʃ(ə)n, -z

institutional
BR ˌɪnstɪˈtjuːʃn̩,
ˌɪnstɪˈtʃuːʃn̩
AM ˌɪnstə-
ˈt(j)uʃ(ə)n(ə)l,
ˌɪnzə-
ˈt(j)uʃ(ə)n(ə)l

institutionalisation
BR ˌɪnstɪˌtjuːʃn̩ʌɪˈzeɪʃn, ˌɪnstɪˌtjuːʃnəlʌɪˈzeɪʃn,
ˌɪnstɪˌtʃuːʃn̩ʌɪˈzeɪʃn, ˌɪnstɪˌtʃuːʃnəlʌɪˈzeɪʃn
AM ˌɪnzəˈt(j)uʃnələˌzeɪʃ(ə)n,
ˌɪnstəˈt(j)uʃənləˌzeɪʃ(ə)n,
ˌɪnstəˈt(j)uʃnələˌzeɪʃ(ə)n, ˌɪnzəˈt(j)uʃəŋlˌaɪˈzeɪʃ(ə)n,
ˌɪnzəˈt(j)uʃnəˌlaɪˈzeɪʃ(ə)n, ˌɪnstəˈt(j)uʃənlˌaɪˈzeɪʃ(ə)n,
ˌɪnstəˈt(j)uʃnəˌlaɪˈzeɪʃ(ə)n, ˌɪnzəˈt(j)uʃənləˈzeɪʃ(ə)n

institutionalise
BR ˌɪnstɪˈtjuːʃn̩ʌɪz,
ˌɪnstɪˈtjuːʃnəlʌɪz,
ˌɪnstɪˈtʃuːʃn̩ʌɪz,
ˌɪnstɪˈtʃuːʃnəlʌɪz,
-ɪz, -ɪŋ, -d
AM ˌɪnzəˈtuʃnəˌlaɪz,
ˌɪnstəˈt(j)uʃənlˌaɪz,
ˌɪnstəˈtuʃnəˌlaɪz,
ˌɪnzəˈt(j)uʃənlˌaɪz,
-ɪz, -ɪŋ, -d

institutionalism
BR ˌɪnstɪˈtjuːʃn̩ɪzm,
ˌɪnstɪˈtjuːʃnəlɪzm,
ˌɪnstɪˈtʃuːʃn̩ɪzm,
ˌɪnstɪˈtʃuːʃnəlɪzm
AM ˌɪnzəˈt(j)uʃnəˌlɪz(ə)m, ˌɪnstəˈt(j)uʃənlˌɪz(ə)m,
ˌɪnstəˈt(j)uʃnəˌlɪz(ə)m,
ˌɪnzəˈt(j)uʃənlˌɪz(ə)m

institutionalization
BR ˌɪnstɪˌtjuːʃn̩ʌɪˈzeɪʃn, ˌɪnstɪˌtjuːʃnəlʌɪˈzeɪʃn,
ˌɪnstɪˌtʃuːʃn̩ʌɪˈzeɪʃn, ˌɪnstɪˌtʃuːʃnəlʌɪˈzeɪʃn
AM ˌɪnzəˈt(j)uʃnələˌzeɪʃ(ə)n, ˌɪnstəˈt(j)uʃənləˌzeɪʃ(ə)n,
ˌɪnstəˈt(j)uʃnələˌzeɪʃ(ə)n, ˌɪnzəˈt(j)uʃənlˌaɪˈzeɪʃ(ə)n,
ˌɪnzəˈt(j)uʃnəˌlaɪˈzeɪʃ(ə)n,
ˌɪnstəˈt(j)uʃənlˌaɪˈzeɪʃ(ə)n,
ˌɪnstəˈt(j)uʃnəˌlaɪˈzeɪʃ(ə)n,
ˌɪnzəˈt(j)uʃənləˈzeɪʃ(ə)n

institutionalize
BR ˌɪnstɪˈtjuːʃn̩ʌɪz,
ˌɪnstɪˈtjuːʃnəlʌɪz,
ˌɪnstɪˈtʃuːʃn̩ʌɪz,
ˌɪnstɪˈtʃuːʃnəlʌɪz,
-ɪz, -ɪŋ, -d
AM ˌɪnzəˈtuʃnəˌlaɪz,
ˌɪnstəˈt(j)uʃənlˌaɪz,
ˌɪnstəˈtuʃnəˌlaɪz,
ˌɪnzəˈt(j)uʃənlˌaɪz,
-ɪz, -ɪŋ, -d

institutionally
BR ˌɪnstɪˈtjuːʃn̩i,
ˌɪnstɪˈtjuːʃnəli,
ˌɪnstɪˈtʃuːʃn̩i,
ˌɪnstɪˈtʃuːʃnəli
AM ˌɪnstəˈt(j)uʃ(ə)nəli,
ˌɪnzəˈt(j)uʃ(ə)nəli

in-store
BR ˌɪnˈstɔː(r)
AM ˈˌɪnˈstɔ(ə)r

INSTRAW
BR ˈɪnstrɔː(r)
AM ˈɪnˌstrɔ, ˈɪnzˌtrɑ,
ˈɪnˌstrɑ, ˈɪnzˌtrɔ

instruct
BR ɪnˈstrʌkt, -s, -ɪŋ,
-ɪd
AM ɪnˈstrək|(t), ɪnz
ˈtrək|(t), -(t)s, -tɪŋ,
-təd

instruction
BR ɪnˈstrʌkʃn, -z
AM ɪnˈstrʌkʃ(ə)n,
ɪnzˈtrəkʃ(ə)n, -z

instructional
BR ɪnˈstrʌkʃn̩l
AM ɪnˈstrʌkʃ(ə)n(ə)l

instructive
BR ɪnˈstrʌktɪv
AM ɪnˈstrʌktɪv

instructively
BR ɪnˈstrʌktɪvli
AM ɪnˈstrʌktɪvli

instructiveness
BR ɪnˈstrʌktɪvnɪs
AM ɪnˈstrʌktɪvnɪs

instructor
BR ɪnˈstrʌktə(r), -z
AM ɪnˈstrʌktər, -z

instructorship
BR ɪnˈstrʌktəʃɪp
AM ɪnˈstrʌktərˌʃɪp

instructress
BR ɪnˈstrʌktrɪs, -ɪz
AM ɪnˈstrʌktrəs, -əz

instrument
BR ˈɪnstrʉm(ə)nt, -s
AM ˈɪnstrəm(ə)nt, ˈɪnztrəm(ə)nt, -s

instrumental
BR ˌɪnstrʉˈmentl
AM ˌɪnstrəˈmen(t)l, ˌɪnztrəˈmen(t)l

instrumentalist
BR ˌɪnstrʉˈmentl̩ɪst, -s
AM ˌɪnstrəˈmen(t)ləst, ˌɪnztrəˈmen(t)ləst, -s

instrumentality
BR ˌɪnstrʉmenˈtælɪti
AM ˌɪnztrəˌmenˈtælədi, ˌɪnstrəmənˈtælədi, ˌɪnstrəˌmenˈtælədi, ˌɪnztrəmənˈtælədi

instrumentally
BR ˌɪnstrʉˈmentl̩i
AM ˌɪnstrəˈmen(t)l̩i, ˌɪnztrəˈmen(t)l̩i

instrumentation
BR ˌɪnstrʉm(ɛ)nˈteɪʃn
AM ˌɪnztrəˌmenˈteɪʃ(ə)n, ˌɪnstrəmənˈteɪʃ(ə)n, ˌɪnstrəˌmenˈteɪʃ(ə)n, ˌɪnztrəmənˈteɪʃ(ə)n

insubordinate
BR ˌɪnsəˈbɔːdɪnət, ˌɪnsəˈbɔːdn̩ət
AM ˌɪnsəˈbɔrdn̩ət

insubordinately
BR ˌɪnsəˈbɔːdɪnətli, ˌɪnsəˈbɔːdn̩ətli
AM ˌɪnsəˈbɔrdn̩ətli

insubordination
BR ˌɪnsəˌbɔːdɪˈneɪʃn
AM ˈɪnsəˌbɔrdəˈneɪʃ(ə)n

insubstantial
BR ˌɪnsəbˈstænʃl
AM ˌɪnsəbˈstæn(t)ʃ(ə)l

insubstantiality
BR ˌɪnsəbˌstænʃɪˈælɪt|i, -ɪz
AM ˈɪnsəbˌstæn(t)ʃiˈælədi, -z

insubstantially
BR ˌɪnsəbˈstænʃli
AM ˌɪnsəbˈstæn(t)ʃəli

insufferable
BR ɪnˈsʌf(ə)rəbl
AM ɪnˈsəf(ə)rəb(ə)l

insufferableness
BR ɪnˈsʌf(ə)rəblnəs
AM ɪnˈsəf(ə)rəbəlnəs

insufferably
BR ɪnˈsʌf(ə)rəbli
AM ɪnˈsəf(ə)rəbli

insufficiency
BR ˌɪnsəˈfɪʃns|i, -ɪz
AM ˌɪnsəˈfɪʃənsi, -z

insufficient
BR ˌɪnsəˈfɪʃnt
AM ˌɪnsəˈfɪʃ(ə)nt

insufficiently
BR ˌɪnsəˈfɪʃntli
AM ˌɪnsəˈfɪʃən(t)li

insufflate
BR ˈɪnsəfleɪt, ɪnˈsʌfleɪt, -s, -ɪŋ, -ɪd
AM ˈɪnsəˌfleɪ|t, -ts, -dɪŋ, -dɪd

insufflation
BR ˌɪnsəˈfleɪʃn, -z
AM ˌɪnsəˈfleɪʃ(ə)n, -z

insufflator
BR ˈɪnsəˌfleɪtə(r), -z
AM ˈɪnsəˌfleɪdər, -z

insular
BR ˈɪnsjʉlə(r)
AM ˈɪns(j)ələr

insularism
BR ˈɪnsjʉlərɪzm
AM ˈɪns(j)ələˌrɪz(ə)m

insularity
BR ˌɪnsjʉˈlarɪti
AM ˌɪns(j)əˈlɛrədi

insularly
BR ˈɪnsjʉləli
AM ˈɪns(j)ələrli

insulate
BR ˈɪnsjʉleɪt, -s, -ɪŋ, -ɪd
AM ˈɪnsəˌleɪ|t, -ts, -dɪŋ, -dɪd

insulation
BR ˌɪnsjʉˈleɪʃn
AM ˌɪnsəˈleɪʃ(ə)n

insulator
BR ˈɪnsjʉleɪtə(r), -z
AM ˈɪnsəˌleɪdər, -z

insulin
BR ˈɪnsjʉlɪn
AM ˈɪnsəl(ə)n

insult[1] *noun*
BR ˈɪnsʌlt, -s
AM ˈɪnˌsəlt, -s

insult[2] *verb*
BR ɪnˈsʌlt, -s, -ɪŋ, -ɪd
AM ɪnˈsəlt, -s, -ɪŋ, -əd

insulter
BR ɪnˈsʌltə(r), -z
AM ɪnˈsəltər, -z

insultingly
BR ɪnˈsʌltɪŋli
AM ɪnˈsəltɪŋli

insuperability
BR ɪnˌs(j)uːp(ə)rəˈbɪlɪti
AM ənˌsup(ə)rəˈbɪlɪdi, ˈɪnˌsup(ə)rəˈbɪlɪdi

insuperable
BR ɪnˈs(j)uːp(ə)rəbl
AM ɪnˈsup(ə)rəb(ə)l

insuperably
BR ɪnˈs(j)uːp(ə)rəbli
AM ɪnˈsup(ə)rəbli

insupportable
BR ˌɪnsəˈpɔːtəbl
AM ˌɪnsəˈpɔrdəb(ə)l

insupportableness
BR ˌɪnsəˈpɔːtəblnəs
AM ˌɪnsəˈpɔrdəbəlnəs

insupportably
BR ˌɪnsəˈpɔːtəbli
AM ˌɪnsəˈpɔrdəbli

insurability
BR ɪnˌʃʊərəˈbɪlɪti, ɪnˌʃɔːrəˈbɪlɪti
AM ɪnˌʃʊrəˈbɪlɪdi

insurable
BR ɪnˈʃʊərəbl, ɪnˈʃɔːrəbl
AM ɪnˈʃʊrəb(ə)l

insurance
BR ɪnˈʃʊərns, ɪnˈʃɔːrn̩s, -ɪz
AM ɪnˈʃʊrəns, -əz

insurant
BR ɪnˈʃʊərn̩t, ɪnˈʃɔːrn̩t, -s
AM ɪnˈʃʊrənt, -s

insure
BR ɪnˈʃʊə(r), ɪnˈʃɔː(r), -z, -ɪŋ, -d
AM ɪnˈʃʊ(ə)r, -z, -ɪŋ, -d

insurer
BR ɪnˈʃʊərə(r), ɪnˈʃɔːrə(r), -z
AM ɪnˈʃʊrər, -z

insurgence
BR ɪnˈsɜːdʒ(ə)ns, -ɪz
AM ɪnˈsərdʒ(ə)ns, -əz

insurgency
BR ɪnˈsɜːdʒ(ə)ns|i, -ɪz
AM ɪnˈsərdʒənsi, -z

insurgent
BR ɪnˈsɜːdʒ(ə)nt, -s
AM ɪnˈsərdʒ(ə)nt, -s

insurmountability
BR ˌɪnsəˌmaʊntəˈbɪlɪti
AM ˈɪnsərˌmaʊn(t)əˈbɪlɪdi

insurmountable
BR ˌɪnsəˈmaʊntəbl
AM ˌɪnsər-ˈmaʊn(t)əb(ə)l

insurmountably
BR ˌɪnsəˈmaʊntəbli
AM ˌɪnsərˈmaʊn(t)əbli

insurrection
BR ˌɪnsəˈrekʃn, -z
AM ˌɪnsəˈrekʃ(ə)n, -z

insurrectional
BR ˌɪnsəˈrekʃn̩l
AM ˌɪnsəˈrekʃ(ə)n(ə)l

insurrectionary
BR ˌɪnsəˈrekʃn(ə)r|i, -ɪz
AM ˌɪnsəˈrekʃəˌneri, -z

insurrectionism
BR ˌɪnsəˈrekʃn̩ɪzm
AM ˌɪnsəˈrekʃə-ˌnɪz(ə)m

insurrectionist
BR ˌɪnsəˈrekʃn̩ɪst, -s
AM ˌɪnsəˈrekʃənəst, -s

insusceptibility
BR ˌɪnsəˌseptɪˈbɪlɪti
AM ˌɪnsəˌseptəˈbɪlɪdi

insusceptible
BR ˌɪnsəˈseptɪbl
AM ˌɪnsəˈseptəb(ə)l

inswing
BR ˈɪnswɪŋ, -z
AM ˈɪnˌswɪŋ, -z

inswinger
BR ˈɪnˌswɪŋə(r), -z
AM ˈɪnˌswɪŋər, -z

intact
BR (ˌ)ɪnˈtakt
AM ɪnˈtæk(t)

intactness
BR (ˌ)ɪnˈtak(t)nəs
AM ɪnˈtæk(t)nəs

intaglio
BR ɪnˈtalɪəʊ, ɪnˈtɑːlɪəʊ
AM ɪnˈtɑljoʊ, ɪnˈtægliʊ, ɪnˈtæljoʊ
IT ɪnˈtaʎʎo

intake
BR ˈɪnteɪk, -s
AM ˈɪnˌteɪk, -s

intangibility
BR ɪnˌtan(d)ʒɪˈbɪlɪti
AM ɪnˌtændʒəˈbɪlɪdi, ˌɪnˌtændʒəˈbɪlɪdi

intangible
BR ɪnˈtan(d)ʒɪbl
AM ɪnˈtændʒəb(ə)l

intangibly
BR ɪnˈtan(d)ʒɪbli
AM ɪnˈtændʒəbli

intarsia
BR ɪnˈtɑːsɪə(r)
AM ɪnˈtɑrsiə

Intasun
BR ˈɪntəsʌn
AM ˈɪn(t)əˌs(ə)n

integer
BR ˈɪntɪdʒə(r), -z
AM ˈɪn(t)ədʒər, -z

integrability
BR ˌɪntɪgrəˈbɪlɪti
AM ˌɪn(t)əgrəˈbɪlɪdi

integrable
BR ˈɪntɪgrəbl, ɪnˈtegrəbl
AM ˈɪn(t)əgrəb(ə)l

integral[1] *general use*
BR ˈɪntɪgr(ə)l, ɪnˈtegr(ə)l
AM ˈɪn(t)əgrəl

integral[2] *mathematical*
BR ˈɪntɪgr(ə)l, -z
AM ˈɪn(t)əgrəl, -z

integrality
BR ˌɪntɪˈgralɪt|i, -ɪz
AM ˌɪn(t)əˈgrælədi, -z

integrally
BR ˈɪntɪgrl̩i, ɪnˈtegrl̩i
AM ɪnˈtegrəli, ˈɪn(t)əgrəli

integrand
BR ˈɪntɪgrand, -z
AM ˈɪn(t)əgrænd, -z

integrant
BR ˈɪntɪgrnt, -s
AM ˈɪn(t)əgrənt, -s

integrate
BR ˈɪntɪgreɪt, -s, -ɪŋ, -ɪd
AM ˈɪn(t)əˌgreɪ|t, -ts, -dɪŋ, -dɪd

integration
BR ˌɪntɪˈgreɪʃn
AM ˌɪn(t)əˈgreɪʃ(ə)n

integrationist
BR ˌɪntɪˈgreɪʃn̩ɪst, -s
AM ˌɪn(t)əˈgreɪʃənəst, -s

integrative
BR ˈɪntɪgrətɪv
AM ˈɪn(t)əˌgreɪdɪv

integrator
BR ˈɪntɪgreɪtə(r), -z
AM ˈɪn(t)əˌgreɪdər, -z

integrity
BR ɪnˈtegrɪti
AM ɪnˈtegrədi

integument
BR ɪnˈtegjʊm(ə)nt, -s
AM ɪnˈtegjəm(ə)nt, -s

integumental
BR ɪnˌtegjʊˈmentl
AM ɪnˌtegjəˈmen(t)l

integumentary
BR ɪnˌtegjʊˈment(ə)ri
AM ɪnˌtegjəˈmen(t)əri

intel
BR ˈɪntel
AM ˈɪnˌtel

intellect
BR ˈɪntɪlekt, -s
AM ˈɪn(t)lˌek|(t), -(t)s

intellection
BR ˌɪntɪˈlekʃn, -z
AM ˌɪn(t)lˈekʃ(ə)n, -z

intellective
BR ˌɪntɪˈlektɪv
AM ˌɪn(t)lˌektɪv

intellectual
BR ˌɪntɪˈlektʃʊəl, ˌɪntɪˈlektʃ(ʊ)l, ˌɪntɪˈlektjʊəl, ˌɪntɪˈlektjʊl, -z
AM ˌɪn(t)ə-ˈlek(t)ʃ(əw)əl, -z

intellectualise
BR ˌɪntɪˈlektʃʊəlʌɪz, ˌɪntɪˈlektʃʊlʌɪz, ˌɪntɪˈlektʃlʌɪz, ˌɪntɪˈlektjʊəlʌɪz, ˌɪntɪˈlektjʊlʌɪz, -ɪz, -ɪŋ, -d
AM ˌɪn(t)əˈlek(t)ʃ(əw)ə,lʌɪz, -ɪz, -ɪŋ, -d

intellectualism
BR ˌɪntɪˈlektʃʊəlɪzm, ˌɪntɪˈlektʃʊlɪzm, ˌɪntɪˈlektʃlɪzm, ˌɪntɪˈlektjʊəlɪzm, ˌɪntɪˈlektjʊlɪzm
AM ˌɪn(t)ə-ˈlek(t)ʃ(əw)ə,lɪz(ə)m

intellectualist
BR ˌɪntɪˈlektʃʊəlɪst, ˌɪntɪˈlektʃʊlɪst, ˌɪntɪˈlektʃlɪst, ˌɪntɪˈlektjʊəlɪst, ˌɪntɪˈlektjʊlɪst, -s
AM ˌɪn(t)ə-ˈlek(t)ʃ(əw)ələst, -s

intellectuality
BR ˌɪntɪˌlektʃʊˈalɪti, ˌɪntɪˌlektjʊˈalɪti
AM ˌɪn(t)əˌlek(t)ʃə-ˈwælədi

intellectualize
BR ˌɪntɪˈlektʃʊəlʌɪz, ˌɪntɪˈlektʃʊlʌɪz, ˌɪntɪˈlektʃlʌɪz, ˌɪntɪˈlektjʊəlʌɪz, ˌɪntɪˈlektjʊlʌɪz, -ɪz, -ɪŋ, -d
AM ˌɪn(t)ə-ˈlek(t)ʃ(əw)ə,lʌɪz, -ɪz, -ɪŋ, -d

intellectually
BR ˌɪntɪˈlektʃʊəli, ˌɪntɪˈlektʃʊli, ˌɪntɪˈlektʃli, ˌɪntɪˈlektjʊəli, ˌɪntɪˈlektjʊli
AM ˌɪn(t)ə-ˈlek(t)ʃ(əw)əli

intelligence
BR ɪnˈtelɪdʒ(ə)ns, -ɪz
AM ɪnˈtelədʒ(ə)ns, -əz

intelligent
BR ɪnˈtelɪdʒ(ə)nt
AM ɪnˈtelədʒ(ə)nt

intelligential
BR ɪnˌtelɪˈdʒenʃl
AM ɪnˌteləˈdʒenʃ(ə)l

intelligently
BR ɪnˈtelɪdʒ(ə)ntli
AM ɪnˈtelədʒən(t)li

intelligentsia
BR ɪnˌtelɪˈdʒensɪə(r), ˌɪntelɪˈdʒensɪə(r)
AM ɪnˌteləˈdʒen(t)sɪə

intelligibility
BR ɪnˌtelɪdʒɪˈbɪlɪti
AM ɪnˌtelədʒəˈbɪlɪdi

intelligible
BR ɪnˈtelɪdʒɪbl
AM ɪnˈtelədʒəb(ə)l

intelligibly
BR ɪnˈtelɪdʒɪbli
AM ɪnˈtelədʒəbli

Intelpost
BR ˈɪntelpəʊst
AM ˈɪnˌtelˈpoʊst

Intelsat
BR ˈɪntelsat
AM ˈɪnˌtelˌsæt

intemperance
BR ɪnˈtemp(ə)rn̩s
AM ɪnˈtemp(ə)rəns

intemperate
BR ɪnˈtemp(ə)rət
AM ɪnˈtemp(ə)rət

intemperately
BR ɪnˈtemp(ə)rətli
AM ɪnˈtemp(ə)rətli

intemperateness
BR ɪnˈtemp(ə)rətnəs
AM ɪnˈtemp(ə)rətnəs

intend
BR ɪnˈtend, -z, -ɪŋ, -ɪd
AM ɪnˈtend, -z, -ɪŋ, -əd

intendancy
BR ɪnˈtend(ə)ns|i, -ɪz
AM ɪnˈtendnsi, -z

intendant
BR ɪnˈtend(ə)nt, -s
AM ɪnˈtendnt, -s

intended
BR ɪnˈtendɪd, -z
AM ɪnˈtendəd, -z

intendedly
BR ɪnˈtendɪdli
AM ɪnˈtendədli

intendment
BR ɪnˈten(d)m(ə)nt, -s
AM ɪnˈten(d)m(ə)nt, -s

intense
BR ɪnˈtens, -ə(r), -ɪst
AM ɪnˈtens, -ər, -əst

intensely
BR ɪnˈtensli
AM ɪnˈtensli

intenseness
BR ɪnˈtensnəs
AM ɪnˈtensnəs

intensification
BR ɪnˌtensɪfɪˈkeɪʃn
AM ɪnˌtensəfəˈkeɪʃ(ə)n

intensifier
BR ɪnˈtensɪfʌɪə(r), -z
AM ɪnˈtensəˌfaɪər, -z

intensify
BR ɪnˈtensɪfʌɪ, -z, -ɪŋ, -d
AM ɪnˈtensəˌfaɪ, -z, -ɪŋ, -d

intension
BR ɪnˈtenʃn, -z
AM ɪnˈtenʃ(ə)n, -z

intensional
BR ɪnˈtenʃn̩l
AM ɪnˈten(t)ʃ(ə)n(ə)l

intensionally
BR ɪnˈtenʃn̩li, ɪnˈtenʃnəli
AM ɪnˈten(t)ʃ(ə)nəli

intensity
BR ɪnˈtensɪti
AM ɪnˈtensədi

intensive
BR ɪnˈtensɪv
AM ɪnˈtensɪv

intensively
BR ɪnˈtensɪvli
AM ɪnˈtensəvli

intensiveness
BR ɪnˈtensɪvnɪs
AM ɪnˈtensɪvnɪs

intent
BR ɪnˈtent, -s
AM ɪnˈtent, -s

intention
BR ɪnˈtenʃn, -z, -d
AM ɪnˈten(t)ʃ(ə)n, -z, -d

intentional
BR ɪnˈtenʃn̩l
AM ɪnˈten(t)ʃ(ə)n(ə)l

intentionality
BR ɪnˌtenʃəˈnalɪt|i, -ɪz
AM ɪnˌten(t)ʃəˈnælədi, -z

intentionally
BR ɪnˈtenʃn̩li, ɪnˈtenʃnəli
AM ɪnˈten(t)ʃ(ə)nəli

intentioned
BR ɪnˈtenʃnd
AM ɪnˈten(t)ʃənd

intently
BR ɪnˈtentli
AM ɪnˈten(t)li

intentness
BR ɪnˈtentnəs
AM ɪnˈtentnəs

inter *verb*
BR ɪnˈtɜː(r), -z, -ɪŋ, -d
AM ɪnˈtɜr, -z, -ɪŋ, -d

interact
BR ˌɪntərˈakt, -s, -ɪŋ, -ɪd
AM ˌɪn(t)ərˈæk|(t), -(t)s, -tɪŋ, -təd

interactant
BR ˌɪntərˈakt(ə)nt, -s
AM ˌɪn(t)ərˈæktnt, -s

interaction
BR ˌɪntərˈakʃn
AM ˌɪn(t)ərˈækʃ(ə)n

interactional
BR ˌɪntərˈakʃn̩l
AM ˌɪn(t)ərˈækʃ(ə)n(ə)l

interactive
BR ˌɪntərˈaktɪv
AM ˌɪn(t)ərˈæktɪv

interactively
BR ˌɪntərˈaktɪvli
AM ˌɪn(t)ərˈæktəvli

inter alia
BR ˌɪntər ˈeɪlɪə(r), +ˈɑːlɪə(r), +ˈalɪə(r)
AM ˈˌɪn(t)ərˈeɪljə, ˈˌɪn(t)ərˈalɪə, ˈˌɪn(t)ərˈeɪlɪə, ˈˌɪn(t)ərˈaljə

interAmerican
BR ˌɪnt(ə)rəˈmerɪk(ə)n
AM ˌɪn(t)ərəˈmerəkən

interarticular
BR ˌɪnt(ə)rɑːˈtɪkjələ(r)
AM ˈˌɪn(t)ərˌɑrˈtɪkjələr

interatomic
BR ˌɪnt(ə)rəˈtɒmɪk
AM ˈˌɪn(t)ərəˈtɑmɪk

interbank
BR ˌɪntəˈbaŋk
AM ˈɪn(t)ərˌbæŋk

interbed
BR ˌɪntəˈbed, -z, -ɪŋ, -ɪd
AM ˈɪn(t)ərˌbed, -z, -ɪŋ, -əd

interblend
BR ˌɪntəˈblend, -z, -ɪŋ, -ɪd
AM ˈɪn(t)ərˌblend, -z, -ɪŋ, -əd

interbred
BR ˌɪntəˈbred
AM ˌɪn(t)ərˈbred

interbreed
BR ˌɪntəˈbriːd, -z, -ɪŋ
AM ˌɪn(t)ərˈbrid, -z, -ɪŋ

intercalary
BR ɪnˈtɜːkl̩(ə)ri, ˌɪntəˈkal(ə)ri
AM ɪn(t)ərˈkæləri, ɪnˈtɜrkəˌleri

intercalate
BR ɪnˈtɜːkl̩eɪt, ˌɪntəkəˈleɪt, -s, -ɪŋ, -ɪd
AM ɪnˈtɜrkəˌleɪ|t, -ts, -dɪŋ, -dɪd

intercalation
BR ɪnˌtɜːkəˈleɪʃn, ˌɪntəkəˈleɪʃn, -z
AM ɪnˌtɜrkəˈleɪʃ(ə)n, -z

intercede
BR ˌɪntəˈsiːd, -z, -ɪŋ, -ɪd
AM ˌɪn(t)ərˈsid, -z, -ɪŋ, -ɪd

interceder
BR ˌɪntəˈsiːdə(r), -z
AM ˌɪn(t)ərˈsidər, -z

intercellular
BR ˌɪntəˈseljələ(r)
AM ˌɪn(t)ərˈseljələr

intercensal
BR ˌɪntəˈsensl
AM ˌɪn(t)ərˈsens(ə)l

intercept
BR ˌɪntəˈsept, -s, -ɪŋ, -ɪd
AM ˌɪn(t)ərˈsept, -s, -ɪŋ, -əd

interception
BR ˌɪntəˈsɛpʃn, -z
AM ˌɪn(t)ərˈsɛpʃ(ə)n, -z

interceptive
BR ˌɪntəˈsɛptɪv
AM ˌɪn(t)ərˈsɛptɪv

interceptor
BR ˈɪntəˌsɛptə(r),
ˌɪntəˈsɛptə(r), -z
AM ˌɪn(t)ərˈsɛptər, -z

intercession
BR ˌɪntəˈsɛʃn, -z
AM ˌɪn(t)ərˈsɛʃ(ə)n, -z

intercessional
BR ˌɪntəˈsɛʃn̩l
AM ˌɪn(t)ərˈsɛʃ(ə)n(ə)l

intercessor
BR ˌɪntəˈsɛsə(r),
ˈɪntəˌsɛsə(r), -z
AM ˈɪn(t)ərˌsɛsər, -z

intercessorial
BR ˌɪntəsɪˈsɔːriəl,
ˌɪntəsəˈsɔːriəl
AM ˈɪn(t)ərsəˈsɔriəl

intercessory
BR ˌɪntəˈsɛs(ə)ri
AM ˌɪn(t)ərˈsɛsəri

interchange¹ *noun*
BR ˈɪntətʃeɪn(d)ʒ, -ɪz
AM ˈɪn(t)ərˌtʃeɪndʒ, -ɪz

interchange² *verb*
BR ˌɪntəˈtʃeɪn(d)ʒ, -ɪz, -ɪŋ, -d
AM ˌɪn(t)ərˈtʃeɪndʒ, -ɪz, -ɪŋ, -d

interchangeability
BR ˌɪntəˌtʃeɪn(d)ʒəˈbɪlɪti
AM ˌɪn(t)ərˌtʃeɪndʒəˈbɪlɪdi

interchangeable
BR ˌɪntəˈtʃeɪn(d)ʒəbl
AM ˌɪn(t)ərˈtʃeɪndʒəb(ə)l

interchangeableness
BR ˌɪntəˈtʃeɪn(d)ʒəblnəs
AM ˌɪn(t)ərˈtʃeɪndʒəbəlnəs

interchangeably
BR ˌɪntəˈtʃeɪn(d)ʒəbli
AM ˌɪn(t)ərˈtʃeɪndʒəbli

inter-city
BR ˌɪntəˈsɪti
AM ˌɪn(t)ərˈsɪdi

inter-class
BR ˌɪntəˈklɑːs
AM ˌɪn(t)ərˈklæs

intercollegiate
BR ˌɪntəkəˈliːdʒɪət
AM ˌɪn(t)ərkəˈlidʒ(i)ət

intercolonial
BR ˌɪntəkəˈləʊniəl
AM ˌɪn(t)ərkəˈloʊniəl

intercom
BR ˈɪntəkɒm, -z
AM ˈɪn(t)ərˌkam, -z

intercommunicate
BR ˌɪntəkəˈmjuːnɪkeɪt, -s, -ɪŋ, -ɪd
AM ˈɪn(t)ərkəˈmjunəˌkeɪt, -ts, -dɪŋ, -dɪd

intercommunication
BR ˌɪntəkəˌmjuːnɪˈkeɪʃn
AM ˌɪn(t)ərkəˌmjunəˈkeɪʃ(ə)n

intercommunicative
BR ˌɪntəkəˈmjuːnɪkətɪv
AM ˈɪn(t)ərkəˈmjunəkədɪv, ˈɪn(t)ərkəˈmjunəˌkeɪdɪv

intercommunion
BR ˌɪntəkəˈmjuːniən
AM ˌɪn(t)ərkəˈmjunj(ə)n

intercommunity
BR ˌɪntəkəˈmjuːnɪti
AM ˈɪn(t)ərkəˈmjunədi

interconnect
BR ˌɪntəkəˈnɛkt, -s, -ɪŋ, -ɪd
AM ˈɪn(t)ərkəˈnɛk|(t), -(t)s, -tɪŋ, -təd

interconnection
BR ˌɪntəkəˈnɛkʃn, -z
AM ˈɪn(t)ərkəˈnɛkʃ(ə)n, -z

intercontinental
BR ˌɪntəˌkɒntɪˈnɛntl
AM ˈɪn(t)ərˌkan(t)əˈnɛn(t)l, ˈɪn(t)ərˌkantnˈɛn(t)l

intercontinentally
BR ˌɪntəˌkɒntɪˈnɛntli
AM ˈɪn(t)ərˌkan(t)əˈnɛn(t)li, ˈɪn(t)ərˌkantnˈɛn(t)li

interconversion
BR ˌɪntəkənˈvəːʃn, -z
AM ˈɪn(t)ərkənˈvərʒ(ə)n, -z

interconvert
BR ˌɪntəkənˈvəːt, -s, -ɪŋ, -ɪd
AM ˌɪn(t)ərkənˈvər|t, -ts, -dɪŋ, -dəd

interconvertible
BR ˌɪntəkənˈvəːtɪbl
AM ˈɪn(t)ərkənˈvərdəb(ə)l

intercool
BR ˈɪntəkuːl, -z, -ɪŋ, -d
AM ˈɪn(t)ərˈkul, -z, -ɪŋ, -d

intercooler
BR ˈɪntəˌkuːlə(r), -z
AM ˈɪn(t)ərˌkulər, -z

intercooling
BR ˈɪntəˌkuːlɪŋ, -z
AM ˈɪn(t)ərˌkulɪŋ, -z

intercorrelate
BR ˌɪntəˈkɒrɪleɪt, -s, -ɪŋ, -ɪd
AM ˌɪn(t)ərˈkɔrəˌleɪ|t, -ts, -dɪŋ, -dɪd

intercorrelation
BR ˌɪntəˌkɒrɪˈleɪʃn, -z
AM ˌɪn(t)ərˌkɔrəˈleɪʃ(ə)n, -z

intercostal
BR ˌɪntəˈkɒstl
AM ˌɪn(t)ərˈkast(ə)l

intercostally
BR ˌɪntəˈkɒstli
AM ˌɪn(t)ərˈkastəli

intercounty
BR ˌɪntəˈkaʊnti
AM ˌɪn(t)ərˈkaʊn(t)i

intercourse
BR ˈɪntəkɔːs
AM ˈɪn(t)ərˌkɔ(ə)rs

intercrop
BR ˌɪntəˈkrɒp, -s, -ɪŋ, -t
AM ˌɪn(t)ərˈkrap, -s, -ɪŋ, -t

intercross
BR ˌɪntəˈkrɒs, -ɪz, -ɪŋ, -t
AM ˌɪn(t)ərˈkrɔs, ˌɪn(t)ərˈkras, -əz, -ɪŋ, -t

intercrural
BR ˌɪntəˈkrʊərl̩
AM ˌɪn(t)ərˈkrʊrəl

intercurrence
BR ˌɪntəˈkʌrm̩s, -ɪz
AM ˌɪn(t)ərˈkərəns, -əz

intercurrent
BR ˌɪntəˈkʌrm̩t
AM ˌɪn(t)ərˈkərənt

intercut
BR ˌɪntəˈkʌt, -s, -ɪŋ
AM ˌɪn(t)ərˈkə|t, -ts, -dɪŋ

interdenominational
BR ˌɪntədɪˌnɒmɪˈneɪʃn̩l
AM ˈɪn(t)ərdəˌnaməˈneɪʃ(ə)n(ə)l

interdenominationally
BR ˌɪntədɪˌnɒmɪˈneɪʃn̩li, ˌɪntədɪˌnɒmɪˈneɪʃnəli
AM ˈɪn(t)ərdəˌnaməˈneɪʃ(ə)nəli

interdepartmental
BR ˌɪntəˌdiːpɑːtˈmɛntl, ˌɪntədɪˌpɑːtˈmɛntl
AM ˈɪn(t)ərdiˌpɑrtˈmɛn(t)l, ˈɪn(t)ərdəˌpɑrtˈmɛn(t)l

interdepartmentally
BR ˌɪntəˌdiːpɑːtˈmɛntli, ˌɪntədɪˌpɑːtˈmɛntli
AM ˈɪn(t)ərdiˌpɑrtˈmɛn(t)li, ˈɪn(t)ərdəˌpɑrtˈmɛn(t)li

interdepend
BR ˌɪntədɪˈpend, -z, -ɪŋ, -ɪd
AM ˈˌɪn(t)ərdəˈpend, -z, -ɪŋ, -əd
interdependence
BR ˌɪntədɪˈpend(ə)ns
AM ˈˌɪn(t)ərdəˈpendns
interdependency
BR ˌɪntədɪˈpend(ə)ns|i, -ɪz
AM ˈˌɪn(t)ərdəˈpendnsi, -z
interdependent
BR ˌɪntədɪˈpend(ə)nt
AM ˈˌɪn(t)ərdəˈpendənt
interdependently
BR ˌɪntədɪˈpend(ə)ntli
AM ˈˌɪn(t)ərdəˈpendən(t)li
interdict[1] *noun*
BR ˈɪntədɪkt, -s
AM ˈɪn(t)ərˌdɪk(t), -s
interdict[2] *verb*
BR ˌɪntəˈdɪkt, -s, -ɪŋ, -ɪd
AM ˌɪn(t)ərˈdɪk|(t), -(t)s, -tɪŋ, -tɪd
interdiction
BR ˌɪntəˈdɪkʃn, -z
AM ˌɪn(t)ərˈdɪkʃ(ə)n, -z
interdictory
BR ˌɪntəˈdɪkt(ə)ri
AM ˌɪn(t)ərˈdɪkˌtɔri
interdigital
BR ˌɪntəˈdɪdʒɪtl
AM ˌɪn(t)ərˈdɪdʒɪdl̩
interdigitally
BR ˌɪntəˈdɪdʒɪtli
AM ˌɪn(t)ərˈdɪdʒɪdl̩i
interdigitate
BR ˌɪntəˈdɪdʒɪteɪt, -s, -ɪŋ, -ɪd
AM ˌɪn(t)ərˈdɪdʒɪˌteɪ|t, -ts, -dɪŋ, -dɪd
interdisciplinary
BR ˌɪntəˌdɪsɪˈplɪn(ə)ri, ˌɪntəˈdɪsɪplɪn(ə)ri
AM ˌɪn(t)ərˈdɪs(ə)pləˌnɛri

interest
BR ˈɪntrɪst, ˈɪnt(ə)rest, -s, -ɪŋ, -ɪd
AM ˈɪnt(ə)rəst, -s, -ɪŋ, -əd
interestedly
BR ˈɪntrɪstɪdli, ˈɪnt(ə)restɪdli
AM ˈɪnt(ə)rəstəd
interestedness
BR ˈɪntrɪstɪdnɪs, ˈɪnt(ə)restɪdnɪs
AM ˈɪn(t)əˌrestədnəs, ˈɪnt(ə)rəstədnəs
interestingly
BR ˈɪntrɪstɪŋli, ˈɪnt(ə)restɪŋli
AM ˈɪnt(ə)rəstɪŋli
interestingness
BR ˈɪntrɪstɪŋnɪs, ˈɪnt(ə)restɪŋnɪs
AM ˈɪnt(ə)rəstɪŋnɪs
interface
BR ˈɪntəfeɪs, -ɪz, -ɪŋ, -t
AM ˈɪn(t)ərˌfeɪs, -ɪz, -ɪŋ, -t
interfacial
BR ˌɪntəˈfeɪʃl
AM ˌɪn(t)ərˈfeɪʃ(ə)l
interfacially
BR ˌɪntəˈfeɪʃli
AM ˌɪn(t)ərˈfeɪʃəli
interfacing
BR ˈɪntəˌfeɪsɪŋ, -z
AM ˈɪn(t)ərˌfeɪsɪŋ, -z
inter-faith
BR ˌɪntəˈfeɪθ
AM ˌɪn(t)ərˈfeɪθ
interfemoral
BR ˌɪntəˈfem(ə)rl̩
AM ˌɪn(t)ərˈfem(ə)rəl
interfere
BR ˌɪntəˈfɪə(r), -z, -ɪŋ, -d
AM ˌɪn(t)ərˈfɪ(ə)r, -z, -ɪŋ, -d
interference
BR ˌɪntəˈfɪərn̩s
AM ˌɪn(t)ərˈfɪrəns
interferential
BR ˌɪntəfəˈrenʃl
AM ˌɪn(t)ərfəˈren(t)ʃ(ə)l

interferer
BR ˌɪntəˈfɪərə(r), -z
AM ˌɪn(t)ərˈfɪrər, -z
interferingly
BR ˌɪntəˈfɪərɪŋli
AM ˌɪn(t)ərˈfɪrɪŋli
interferometer
BR ˌɪntəfəˈrɒmɪtə(r), -z
AM ˌɪn(t)ərfəˈrɑmədər, -z
interferometric
BR ˌɪntəˌferə(ʊ)ˈmetrɪk, ˌɪntəˌfɪərə(ʊ)ˈmetrɪk
AM ˌɪn(t)ərˌfɪrəˈmetrɪk
interferometrically
BR ˌɪntəˌferəˈmetrɪkli, ˌɪntəˌfɪərəˈmetrɪkli
AM ˌɪn(t)ərˌfɪrəˈmetrək(ə)li
interferometry
BR ˌɪntəfɪˈrɒmɪtri
AM ˌɪn(t)ərfəˈrɑmətri
interferon
BR ˌɪntəˈfɪərɒn
AM ˌɪn(t)ərˈfɪrˌɑn
interfile
BR ˌɪntəˈfʌɪl, -z, -ɪŋ, -d
AM ˌɪn(t)ərˈfaɪl, -z, -ɪŋ, -d
interflow
BR ˌɪntəˈfləʊ, -z, -ɪŋ, -d
AM ˌɪn(t)ərˈfloʊ, -z, -ɪŋ, -d
interfluent
BR ˌɪntəˈfluənt
AM ˌɪn(t)ərˈfluənt
interfluve
BR ˈɪntəfluːv, -z
AM ˈɪn(t)ərˌfluv, -z
interfuse
BR ˌɪntəˈfjuːz, -ɪz, -ɪŋ, -d
AM ˌɪn(t)ərˈfjuz, -əz, -ɪŋ, -d
interfusion
BR ˌɪntəˈfjuːʒn, -z
AM ˌɪn(t)ərˈfjuʒ(ə)n, -z

intergalactic
BR ˌɪntəgəˈlaktɪk
AM ˈˌɪn(t)ərgəˈlæktɪk
intergalactically
BR ˌɪntəgəˈlaktɪkli
AM ˈˌɪn(t)ərgəˈlæktək(ə)li
interglacial
BR ˌɪntəˈgleɪʃl, ˌɪntəˈgleɪsɪəl, -z
AM ˌɪn(t)ərˈgleɪʃ(ə)l, -z
intergovernmental
BR ˌɪntəˌgʌvnˈmentl̩, ˌɪntəˌgʌvəˈmentl
AM ˈˌɪn(t)ərˌgəvər(n)ˈmen(t)l
intergovernmentally
BR ˌɪntəˌgʌvnˈmentl̩i, ˌɪntəˌgʌvəˈmentl̩i
AM ˈˌɪn(t)ərˌgəvər(n)ˈmen(t)li
intergradation
BR ˌɪntəgrəˈdeɪʃn, -z
AM ˌɪn(t)ərgrəˈdeɪʃ(ə)n, -z
intergrade
BR ˌɪntəˈgreɪd, -z, -ɪŋ, -ɪd
AM ˌɪn(t)ərˈgreɪd, -z, -ɪŋ, -ɪd
intergrowth
BR ˈɪntəgrəʊθ, -s
AM ˈɪn(t)ərˌgroʊθ, -s
interim
BR ˈɪnt(ə)rɪm
AM ˈɪn(t)ərəm
interior
BR ɪnˈtɪərɪə(r), -z
AM ɪnˈtɪriər, -z
interiorise
BR ɪnˈtɪərɪərʌɪz, -ɪz, -ɪŋ, -d
AM ɪnˈtɪriəˌraɪz, -ɪz, -ɪŋ, -d
interiorize
BR ɪnˈtɪərɪərʌɪz, -ɪz, -ɪŋ, -d
AM ɪnˈtɪriəˌraɪz, -ɪz, -ɪŋ, -d
interiorly
BR ɪnˈtɪərɪəli
AM ɪnˈtɪriərli

interject
BR ˌɪntəˈdʒekt, -s,
-ɪŋ, -ɪd
AM ˌɪn(t)ərˈdʒek|(t),
-(t)s, -tɪŋ, -təd

interjection
BR ˌɪntəˈdʒekʃn, -z
AM ˌɪn(t)ərˈdʒekʃ(ə)n,
-z

interjectional
BR ˌɪntəˈdʒekʃn̩l
AM ˌɪn(t)ər-
ˈdʒekʃ(ə)n(ə)l

interjectionary
BR ˌɪntəˈdʒekʃn̩(ə)ri
AM ˌɪn(t)ərˈdʒekʃə-
ˌneri

interjectory
BR ˌɪntəˈdʒekt(ə)ri
AM ˌɪn(t)ərˈdʒekt(ə)ri

interknit
BR ˌɪntəˈnɪt, -s, -ɪŋ, -ɪd
AM ˌɪn(t)ərˈnɪ|t, -ts,
-dɪŋ, -dəd

interlace
BR ˌɪntəˈleɪs, -ɪz, -ɪŋ, -t
AM ˈˌɪn(t)ərˌleɪs, -ɪz,
-ɪŋ, -t

interlacement
BR ˌɪntəˈleɪsm(ə)nt, -s
AM ˌɪn(t)ərˈleɪsm(ə)nt,
-s

Interlaken
BR ˈɪntəˌlɑːk(ə)n
AM ˈɪn(t)ərˌlɑkən

interlanguage
BR ˈɪntəˌlaŋ(g)w|ɪdʒ,
-ɪdʒɪz
AM ˈɪn(t)ər-
ˌlæŋ(g)wədʒ, -z

interlap
BR ˌɪntəˈlap, -s, -ɪŋ, -t
AM ˌɪn(t)ərˈlæp, -s,
-ɪŋ, -t

interlard
BR ˌɪntəˈlɑːd, -z, -ɪŋ, -ɪd
AM ˌɪn(t)ərˈlɑrd, -z,
-ɪŋ, -ɪd

interleaf
BR ˌɪntəˈliːf, -s, -ɪŋ, -t
AM ˈˌɪn(t)ərˌlif, -s,
-ɪŋ, -t

interleave
BR ˌɪntəˈliːv, -z,
-ɪŋ, -d
AM ˌɪn(t)ərˈliv, -z,
-ɪŋ, -d

interleukin
BR ˌɪntəˈluːkɪn, -z
AM ˌɪn(t)ərˈlukən, -z

interlibrary
BR ˌɪntəˈlʌɪbr(ər)i
AM ˌɪn(t)ərˈlaɪb(r)əri

interline
BR ˌɪntəˈlʌɪn, -z,
-ɪŋ, -d
AM ˌɪn(t)ərˈlaɪn, -z,
-ɪŋ, -d

interlinear
BR ˌɪntəˈlɪnɪə(r)
AM ˌɪn(t)ərˈlɪniər

interlineation
BR ˌɪntəˌlɪnɪˈeɪʃn, -z
AM ˈˌɪn(t)ərˌlɪni-
ˈeɪʃ(ə)n, -z

Interlingua
BR ˌɪntəˈlɪŋgwə(r)
AM ˌɪn(t)ərˈlɪŋgwə

interlining[1]
interlineation
BR ˌɪntəˈlʌɪnɪŋ, -z
AM ˈˌɪn(t)ərˌlaɪnɪŋ, -z

interlining[2] *layer
between two others*
BR ˈɪntəˌlʌɪnɪŋ, -z
AM ˈɪn(t)ərˌlaɪnɪŋ, -z

interlink
BR ˌɪntəˈlɪŋ|k, -ks,
-kɪŋ, -(k)t
AM ˈˌɪn(t)ərˌlɪŋ|k, -ks,
-kɪŋ, -(k)t

interlobular
BR ˌɪntəˈlɒbjʊlə(r)
AM ˌɪn(t)ərˈlɑbjələr

interlock[1] *noun*
BR ˈɪntəlɒk, -s
AM ˈɪn(t)ərˌlɑk, -s

interlock[2] *verb*
BR ˌɪntəˈlɒk, -s, -ɪŋ, -t
AM ˌɪn(t)ərˈlɑk, -s,
-ɪŋ, -t

interlocker
BR ˌɪntəˈlɒkə(r), -z
AM ˌɪn(t)ərˈlɑkər, -z

interlocution
BR ˌɪntələˈkjuːʃn, -z
AM ˈˌɪn(t)ərˌloʊ-
ˈkjuʃ(ə)n, -z

interlocutor
BR ˌɪntəˈlɒkjʊtə(r), -z
AM ˌɪn(t)ərˈlakjədər,
-z

interlocutory
BR ˌɪntəˈlɒkjʊt(ə)r|i,
-ɪz
AM ˌɪn(t)ərˈlakjəˌtɔri,
-z

interlocutrix
BR ˌɪntəˈlɒkjʊtrɪks, -ɪz
AM ˌɪn(t)ərˈlakjəˌtrɪks,
-ɪz

interlope
BR ˌɪntəˈləʊp, -s, -ɪŋ, -t
AM ˌɪn(t)ərˈloʊp,
ˈɪn(t)ərˌloʊp, -s,
-ɪŋ, -t

interloper
BR ˈɪntəˌləʊpə(r), -z
AM ˌɪn(t)ərˈloʊpər,
ˈɪn(t)ərˌloʊpər, -z

interlude
BR ˈɪntəl(j)uːd, -z
AM ˈɪn(t)ərˌlud, -z

intermarriage
BR ˌɪntəˈmarɪdʒ
AM ˌɪn(t)ərˈmerɪdʒ

intermarry
BR ˌɪntəˈmar|i, -ɪz,
-ɪɪŋ, -ɪd
AM ˌɪn(t)ərˈmeri, -z,
-ɪŋ, -d

intermedia
BR ˌɪntəˈmiːdɪə(r)
AM ˌɪn(t)ərˈmidiə

intermediacy
BR ˌɪntəˈmiːdɪəs|i, -ɪz
AM ˌɪn(t)ərˈmidiəsi, -z

intermediary
BR ˌɪntəˈmiːdɪər|i, -ɪz
AM ˌɪn(t)ərˈmidiˌeri, -z

intermediate
BR ˌɪntəˈmiːdɪət, -s
AM ˌɪn(t)ərˈmidiət, -s

intermediately
BR ˌɪntəˈmiːdɪətli
AM ˌɪn(t)ərˈmidiətli

intermediateness
BR ˌɪntəˈmiːdɪətnəs
AM ˌɪn(t)ərˈmidiətnəs

intermediation
BR ˌɪntəˌmiːdɪˈeɪʃn, -z
AM ˈˌɪn(t)ərˌmidi-
ˈeɪʃ(ə)n, -z

intermediator
BR ˌɪntəˈmiːdɪeɪtə(r),
-z
AM ˌɪn(t)ərˈmidiˌeɪdər,
-z

intermedium
BR ˌɪntəˈmiːdɪəm
AM ˌɪn(t)ərˈmidiəm

interment
BR ɪnˈtəːm(ə)nt, -s
AM ɪnˈtɜrm(ə)nt, -s

intermesh
BR ˌɪntəˈmeʃ, -ɪz, -ɪŋ, -t
AM ˌɪn(t)ərˈmeʃ, -əz,
-ɪŋ, -t

intermezzo
BR ˌɪntəˈmetsəʊ, -z
AM ˌɪn(t)ərˈmetsoʊ,
-z

interminable
BR ɪnˈtəːmɪnəbl
AM ɪnˈtɜrmənəb(ə)l

interminableness
BR ɪnˈtəːmɪnəblnəs
AM ɪnˈtɜrmənəbəlnəs

interminably
BR ɪnˈtəːmɪnəbli
AM ɪnˈtɜrmənəbli

intermingle
BR ˌɪntəˈmɪŋgl, -z, -ɪŋ,
-d
AM ˌɪn(t)ərˈmɪŋg|əl,
-əlz, -(ə)lɪŋ, -əld

intermission
BR ˌɪntəˈmɪʃn, -z
AM ˌɪn(t)ərˈmɪʃ(ə)n,
-z

intermit
BR ˌɪntəˈmɪt, -s, -ɪŋ,
-ɪd
AM ˌɪn(t)ərˈmɪ|t, -ts,
-dɪŋ, -dɪd

intermittence
BR ˌɪntəˈmɪt(ə)ns, -ɪz
AM ˌɪn(t)ərˈmɪtns, -əz

intermittency
BR ˌɪntəˈmɪt(ə)nsi
AM ˌɪn(t)ərˈmɪtnsi
intermittent
BR ˌɪntəˈmɪt(ə)nt
AM ˌɪn(t)ərˈmɪtnt
intermittently
BR ˌɪntəˈmɪt(ə)ntli
AM ˌɪn(t)ərˈmɪtn(t)li
intermix
BR ˌɪntəˈmɪks, -ɪz,
-ɪŋ, -t
AM ˌɪn(t)ərˈmɪks, -ɪz,
-ɪŋ, -t
intermixable
BR ˌɪntəˈmɪksəbl
AM ˌɪn(t)ərˈmɪksəb(ə)l
intermixture
BR ˌɪntəˈmɪkstʃə(r), -z
AM ˌɪn(t)ərˈmɪkstʃər,
-z
intermolecular
BR ˌɪntəməˈlɛkjʊlə(r)
AM ˈˌɪn(t)ərməˈlɛkjələr
intern[1] *noun*
BR ˈɪntəːn, -z
AM ˈɪnˌtɜrn, -z
intern[2] *verb*
BR ɪnˈtəːn, -z,
-ɪŋ, -d
AM ɪnˈtɜrn, -z,
-ɪŋ, -d
internal
BR ɪnˈtəːnl
AM ɪnˈtɜrn(ə)l
internalisation
BR ɪnˌtəːnlaɪˈzeɪʃn
AM ɪnˌtɜrnlˌaɪˈzeɪʃ(ə)n,
ɪnˌtɜrnləˈzeɪʃ(ə)n
internalise
BR ɪnˈtəːnlʌɪz, -ɪz,
-ɪŋ, -d
AM ɪnˈtɜrnlˌaɪz, -ɪz,
-ɪŋ, -d
internality
BR ˌɪntəːˈnalɪti
AM ˌɪntərˈnælədi
internalization
BR ɪnˌtəːnlʌɪˈzeɪʃn
AM ɪnˌtɜrnlˌaɪˈzeɪʃ(ə)n,
ɪnˌtɜrnləˈzeɪʃ(ə)n
internalize
BR ɪnˈtəːnlʌɪz, -ɪz,
-ɪŋ, -d
AM ɪnˈtɜrnlˌaɪz, -ɪz,
-ɪŋ, -d
internally
BR ɪnˈtəːnli
AM ɪnˈtɜrnəli
international
BR ˌɪntəˈnaʃnl,
-z
AM ˌɪn(t)ərˈnæʃ(ə)n(ə)l,
-z
Internationale
BR ˌɪntəˌnaʃ(i)əˈnɑːl,
ˌɪntəˌnaʃ(i)əˈnal
AM ˌɪn(t)ərˈnæʃəˈnɑl,
ˌɪn(t)ərˌnæʃəˈnæl
internationalisation
BR ˌɪntəˌnaʃnlʌɪˈzeɪʃn,
ˌɪntəˌnaʃnəlʌɪˈzeɪʃn
AM ˌɪn(t)ərˌnæʃnələˈzeɪʃ(ə)n, ˌɪn(t)ər-
ˌnæʃənlˌaɪˈzeɪʃ(ə)n,
ˌɪn(t)ərˌnæʃnəlˌaɪ-
ˈzeɪʃ(ə)n, ˌɪn(t)ər-
ˌnæʃənləˈzeɪʃ(ə)n
internationalise
BR ˌɪntəˈnaʃnlʌɪz,
ˌɪntəˈnaʃnəlʌɪz, -ɪz,
-ɪŋ, -d
AM ˌɪn(t)ərˈnæʃnəlˌaɪz,
ˌɪn(t)ərˈnæʃənlˌaɪz,
-ɪz, -ɪŋ, -d
internationalism
BR ˌɪntəˈnaʃnlɪzm,
ˌɪntəˈnaʃnəlɪzm
AM ˌɪn(t)ərˈnæʃnəlˌɪz(ə)m, ˌɪn(t)ər-
ˈnæʃənlˌɪz(ə)m
internationalist
BR ˌɪntəˈnaʃnlɪst,
ˌɪntəˈnaʃnəlɪst,
-s
AM ˌɪn(t)ərˈnæʃnələst,
ˌɪn(t)ərˈnæʃənləst,
-s
internationality
BR ˌɪntəˌnaʃəˈnalɪti
AM ˈˌɪn(t)ərˌnæʃ(ə)-
ˈnælədi
internationalization
BR ˌɪntəˌnaʃnlʌɪˈzeɪʃn,
ˌɪntəˌnaʃnəlʌɪˈzeɪʃn
AM ˌɪn(t)ərˌnæʃnələ-
ˈzeɪʃ(ə)n, ˌɪn(t)ər-
ˌnæʃənlˌaɪˈzeɪʃ(ə)n,
ˌɪn(t)ərˌnæʃnəlˌaɪ-
ˈzeɪʃ(ə)n, ˌɪn(t)ər-
ˌnæʃənləˈzeɪʃ(ə)n
internationalize
BR ˌɪntəˈnaʃnlʌɪz,
ˌɪntəˈnaʃnəlʌɪz, -ɪz,
-ɪŋ, -d
AM ˌɪn(t)ərˈnæʃnəlˌaɪz,
ˌɪn(t)ərˈnæʃənlˌaɪz,
-ɪz, -ɪŋ, -d
internationally
BR ˌɪntəˈnaʃnli,
ˌɪntəˈnaʃnəli
AM ˌɪn(t)ərˈnæʃ(ə)nəli
interne
BR ˈɪntəːn, -z
AM ˈɪnˌtɜrn, -z
internecine
BR ˌɪntəˈniːsʌɪn
AM ˌɪn(t)ərˈnism,
ˌɪn(t)ərˈnɛˌsin
internee
BR ˌɪntəːˈniː, -z
AM ˌɪnˌtərˈni, -z
internist
BR ɪnˈtəːnɪst, -s
AM ˈɪnˌtɜrnəst, -s
internment
BR ɪnˈtəːnm(ə)nt, -s
AM ɪnˈtɜrnm(ə)nt, -s
internode
BR ˈɪntənəʊd, -z
AM ˈɪn(t)ərˌnoʊd, -z
internship
BR ˈɪntəːnʃɪp, -s
AM ˈɪnˌtɜrnˌʃɪp, -s
internuclear
BR ˌɪntəˈnjuːklɪə(r)
AM ˌɪn(t)ərˈn(j)ʊkliər
internuncial
BR ˌɪntəˈnʌnsɪəl
AM ˌɪn(t)ərˈnənsiəl
internuncio
BR ˌɪntəˈnʌnsɪəʊ, -z
AM ˌɪn(t)ərˈnənsioʊ, -z
interoceanic
BR ˌɪntərˌəʊʃiˈanɪk,
ˌɪntərˌəʊsiˈanɪk
AM ˈˌɪn(t)ərˌoʊʃi-
ˈænɪk
interoceptive
BR ˌɪnt(ə)rəˈsɛptɪv
AM ˈˌɪn(t)ərəˈsɛptɪv
interoperability
BR ˌɪntərˌɒp(ə)rəˈbɪlɪti
AM ˈˌɪn(t)ərˌɑp(ə)rə-
ˈbɪlɪdi
interoperable
BR ˌɪntərˈɒp(ə)rəbl
AM ˌɪn(t)ərˈɑp(ə)rəb(ə)l
interosculate
BR ˌɪntərˈɒskjʊleɪt, -s,
-ɪŋ, -ɪd
AM ˌɪn(t)ərˈɑskjəˌleɪt,
-ts, -dɪŋ, -dɪd
interosseous
BR ˌɪntərˈɒsɪəs
AM ˌɪn(t)ərˈɑsiəs
interpage
BR ˌɪntəˈpeɪdʒ, -ɪz,
-ɪŋ, -d
AM ˌɪn(t)ərˈpeɪdʒ, -ɪz,
-ɪŋ, -d
interparietal
BR ˌɪntəpəˈrʌɪɪtl
AM ˈˌɪn(t)ərpəˈraɪɪdl
interparietally
BR ˌɪntəpəˈrʌɪɪtli
AM ˈˌɪn(t)ərpəˈraɪɪdli
interpellate
BR ɪnˈtəːpəleɪt,
ˌɪntəˈpɛleɪt, -s,
-ɪŋ, -ɪd
AM ɪnˈtɜrpəˌleɪt,
ˌɪn(t)ərˈpɛˌleɪt, -ts,
-dɪŋ, -dɪd
interpellation
BR ɪnˌtəːpəˈleɪʃn,
ˌɪntəpəˈleɪʃn, -z
AM ˌɪn(t)ərpəˈleɪʃ(ə)n,
ɪnˌtɜrpəˈleɪʃ(ə)n,
-z
interpellator
BR ɪnˈtəːpəleɪtə(r),
-z
AM ɪnˈtɜrpəˌleɪdər,
ˌɪn(t)ərˈpɛˌleɪdər, -z

interpenetrate
BR ˌɪntəˈpenɪtreɪt, -s,
-ɪŋ, -ɪd
AM ˌɪn(t)ərˈpenəˌtreɪ|t,
-ts, -dɪŋ, -dɪd

interpenetration
BR ˌɪntəˌpenɪˈtreɪʃn
AM ˈˌɪn(t)ərˌpenə-
ˈtreɪʃ(ə)n

interpenetrative
BR ˌɪntəˈpenɪtrətɪv
AM ˌɪn(t)ərˈpenətrədɪv,
ˌɪn(t)ərˈpenəˌtreɪdɪv

interpersonal
BR ˌɪntəˈpɜːsn̩l
AM ˌɪn(t)ərˈpɜrs(ə)n(ə)l

interpersonally
BR ˌɪntəˈpɜːsn̩li,
ˌɪntəˈpɜːsnəli
AM ˌɪn(t)ərˈpɜrs(ə)nəli

interplait
BR ˌɪntəˈplat, -s, -ɪŋ, -ɪd
AM ˌɪn(t)ərˈl|æt,
ˌɪn(t)ərˈpl|eɪt,
-eɪts\-æts,
-eɪdɪŋ\-ædɪŋ,
-eɪdɪd\-ædəd

interplanetary
BR ˌɪntəˈplanɪt(ə)ri
AM ˌɪn(t)ərˈplænəˌteri

interplay
BR ˈɪntəpleɪ
AM ˈɪn(t)ərˌpleɪ

interplead
BR ˌɪntəˈpliːd, -z, -ɪŋ, -ɪd
AM ˌɪn(t)ərˈplid, -z,
-ɪŋ, -ɪd

interpleader
BR ˌɪntəˈpliːdə(r), -z
AM ˌɪn(t)ərˈplidər, -z

Interpol
BR ˈɪntəpɒl
AM ˈɪn(t)ərˌpoʊl

interpolate
BR ɪnˈtɜːpəleɪt, -s, -ɪŋ,
-ɪd
AM ɪnˈtɜrpəˌleɪ|t, -ts,
-dɪŋ, -dɪd

interpolation
BR ɪnˌtɜːpəˈleɪʃn, -z
AM ɪnˌtɜrpəˈleɪʃ(ə)n,
-z

interpolative
BR ɪnˈtɜːpəlǝtɪv
AM ɪnˈtɜrpəlǝdɪv,
ɪnˈtɜrpəˌleɪdɪv

interpolator
BR ɪnˈtɜːpəleɪtə(r), -z
AM ɪnˈtɜrpəˌleɪdər, -z

interposal
BR ˌɪntəˈpəʊzl, -z
AM ˌɪn(t)ərˈpoʊz(ə)l,
-z

interpose
BR ˌɪntəˈpəʊz, -ɪz, ɪŋ,
-d
AM ˌɪn(t)ərˈpoʊz, -əz,
-ɪŋ, -t

interposition
BR ˌɪntəpəˈzɪʃn
AM ˌɪn(t)ərpəˈzɪʃ(ə)n

interpret
BR ɪnˈtɜːprɪt, -s, -ɪŋ, -ɪd
AM ɪnˈtɜrprə|t, -ts,
-dɪŋ, -dəd

interpretability
BR ɪnˌtɜːprɪtəˈbɪlɪti
AM ɪnˌtɜrprədəˈbɪlɪdi

interpretable
BR ɪnˈtɜːprɪtəbl
AM ɪnˈtɜrprədəb(ə)l

interpretation
BR ɪnˌtɜːprɪˈteɪʃn, -z
AM ɪnˌtɜrprəˈteɪʃ(ə)n,
-z

interpretational
BR ɪnˌtɜːprɪˈteɪʃn̩l
AM ɪnˌtɜrprəˈteɪʃ(ə)n(ə)l

interpretative
BR ɪnˈtɜːprɪtətɪv
AM ɪnˈtɜrprədədɪv,
ɪnˈtɜrprəˌteɪdɪv

interpreter
BR ɪnˈtɜːprɪtə(r), -z
AM ɪnˈtɜrprədər, -z

interpretive
BR ɪnˈtɜːprɪtɪv
AM ɪnˈtɜrprədɪv

interpretively
BR ɪnˈtɜːprɪtɪvli
AM ɪnˈtɜrprədɪvli

interprovincial
BR ˌɪntəprəˈvɪnʃl
AM ˈˌɪn(t)ərprəˈvɪnʃ(ə)l

interracial
BR ˌɪntəˈreɪʃl
AM ˌɪn(t)ərˈreɪʃ(ə)l

interracially
BR ˌɪntəˈreɪʃli
AM ˌɪn(t)ərˈreɪʃəli

interregna
BR ˌɪntəˈregnə(r)
AM ˌɪn(t)ərˈregnə

interregnum
BR ˌɪntəˈregnəm, -z
AM ˌɪn(t)ərˈregn(ə)m,
-z

interrelate
BR ˌɪntərɪˈleɪt, -s, -ɪŋ,
-ɪd
AM ˌɪn(t)ərəˈleɪ|t, -ts,
-dɪŋ, -dɪd

interrelation
BR ˌɪntərɪˈleɪʃn, -z
AM ˈˌɪn(t)ərəˈleɪʃ(ə)n, -z

interrelationship
BR ˌɪntərɪˈleɪʃnʃɪp, -s
AM ˈˌɪn(t)ərəˈleɪʃən-
ˌʃɪp, -s

interrogate
BR ɪnˈterəgeɪt, -s, -ɪŋ,
-ɪd
AM ɪnˈterəˌgeɪ|t, -ts,
-dɪŋ, -dɪd

interrogation
BR ɪnˌterəˈgeɪʃn, -z
AM ɪnˌterəˈgeɪʃ(ə)n, -z

interrogational
BR ɪnˌterəˈgeɪʃn̩l
AM ɪnˌterəˈgeɪʃ(ə)n(ə)l

interrogative
BR ˌɪntəˈrɒgətɪv, -z
AM ˌɪn(t)əˈrɑgədɪv, -z

interrogatively
BR ˌɪntəˈrɒgətɪvli
AM ˌɪn(t)əˈrɑgədəvli

interrogator
BR ɪnˈterəgeɪtə(r), -z
AM ɪnˈterəˌgeɪdər, -z

interrogatory
BR ˌɪntəˈrɒgət(ə)ri
AM ˌɪn(t)əˈrɑgəˌtɔri

interrupt
BR ˌɪntəˈrʌpt, -s, -ɪŋ, -ɪd
AM ˌɪn(t)əˈrəpt, -s,
-ɪŋ, -əd

interrupter
BR ˌɪntəˈrʌptə(r), -z
AM ˌɪn(t)əˈrəptər, -z

interruptible
BR ˌɪntəˈrʌptɪbl
AM ˌɪn(t)əˈrəptəb(ə)l

interruption
BR ˌɪntəˈrʌpʃn, -z
AM ˌɪn(t)əˈrəpʃ(ə)n, -z

interruptive
BR ˌɪntəˈrʌptɪv
AM ˌɪn(t)əˈrəptɪv

interruptor
BR ˌɪntəˈrʌptə(r), -z
AM ˌɪn(t)əˈrəptər, -z

interruptory
BR ˌɪntəˈrʌpt(ə)ri
AM ˌɪn(t)əˈrəpt(ə)ri

intersect
BR ˌɪntəˈsekt, -s,
-ɪŋ, -ɪd
AM ˌɪn(t)ərˈsek|(t),
-(t)s, -tɪŋ, -təd

intersection[1] *dividing*
BR ˌɪntəˈsekʃn, -z
AM ˌɪn(t)ərˈsekʃ(ə)n,
-z

intersection[2] *road*
BR ˈɪntəˌsekʃn, -z
AM ˈɪn(t)ərˌsekʃ(ə)n,
-z

intersectional
BR ˌɪntəˈsekʃn̩l
AM ˌɪn(t)ərˈsekʃ(ə)n(ə)l

interseptal
BR ˌɪntəˈseptl
AM ˌɪn(t)ərˈseptl

intersex
BR ˈɪntəseks, -ɪz
AM ˈˌɪn(t)ərˌseks,
-əz

intersexual
BR ˌɪntəˈsekʃʊəl,
ˌɪntəˈsekʃ(ʊ)l,
ˌɪntəˈseksjʊ(ə)l
AM ˌɪn(t)ərˈsekʃ(əw)əl

intersexuality
BR ˌɪntəˌsekʃʊˈalɪt|i,
ˌɪntəˌseksjʊˈalɪt|i,
-ɪz
AM ˈˌɪn(t)ərˌsekʃə-
ˈwælədi, -z

intersexually
BR ˌɪntəˈsɛkʃʊəli, ˌɪntə-ˈsɛkʃʊli, ˌɪntəˈsɛkʃli, ˌɪntəˈsɛksjʊ(ə)li
AM ˌɪn(t)ərˈsɛkʃ(əw)əli

interspace[1] *noun*
BR ˈɪntəspeɪs, -ɪz
AM ˈɪn(t)ərˌspeɪs, -ɪz

interspace[2] *verb*
BR ˌɪntəˈspeɪs, -ɪz, -ɪŋ, -t
AM ˌɪn(t)ərˈspeɪs, -ɪz, -ɪŋ, -t

interspecific
BR ˌɪntəspɪˈsɪfɪk
AM ˌɪn(t)ərspəˈsɪfɪk

intersperse
BR ˌɪntəˈspɜːs, -ɪz, -ɪŋ, -t
AM ˌɪn(t)ərˈspɜrs, -ɪz, -ɪŋ, -t

interspersion
BR ˌɪntəˈspɜːʃn
AM ˌɪn(t)ərˈspɜrʒ(ə)n

interspinal
BR ˌɪntəˈspʌɪnl
AM ˌɪn(t)ərˈspaɪn(ə)l

interspinous
BR ˌɪntəˈspʌɪnəs
AM ˌɪn(t)ərˈspaɪnəs

interstate
BR ˌɪntəˈsteɪt
AM ˈˌɪn(t)ərˈsteɪt

interstellar
BR ˌɪntəˈstɛlə(r)
AM ˌɪn(t)ərˈstɛlər

interstice
BR ɪnˈtɜːstɪs, -ɪz
AM ɪnˈtɜrstəs, -əz

interstitial
BR ˌɪntəˈstɪʃl
AM ˌɪn(t)ərˈstɪʃ(ə)l

interstitially
BR ˌɪntəˈstɪʃli
AM ˌɪn(t)ərˈstɪʃəli

intertextuality
BR ˌɪntəˌtɛkstjʊˈalɪti, ˌɪntəˌtɛkstʃʊˈalɪti, -ɪz
AM ˈˌɪn(t)ərˌtɛk(st)ʃəˈwælədi, -z

intertidal
BR ˌɪntəˈtʌɪdl
AM ˌɪn(t)ərˈtaɪd(ə)l

intertribal
BR ˌɪntəˈtrʌɪbl
AM ˌɪn(t)ərˈtraɪb(ə)l

intertrigo
BR ˌɪntəˈtrʌɪɡəʊ, -z
AM ˌɪn(t)ərˈtraɪˌɡoʊ, -z

intertwine
BR ˌɪntəˈtwʌɪn, -z, -ɪŋ, -d
AM ˌɪn(t)ərˈtwaɪn, -z, -ɪŋ, -d

intertwinement
BR ˌɪntəˈtwʌɪnm(ə)nt, -s
AM ˌɪn(t)ər-ˈtwaɪnm(ə)nt, -s

intertwist
BR ˌɪntəˈtwɪst, -s, -ɪŋ, -ɪd
AM ˌɪn(t)ərˈtwɪst, -s, -ɪŋ, -əd

interval
BR ˈɪntəvl, -z
AM ˈɪn(t)ərvəl, -z

intervallic
BR ˌɪntəˈvalɪk
AM ˌɪn(t)ərˈvælɪk

intervene
BR ˌɪntəˈviːn, -z, -ɪŋ, -d
AM ˌɪn(t)ərˈvin, -z, -ɪŋ, -d

intervener
BR ˌɪntəˈviːnə(r), -z
AM ˌɪn(t)ərˈvinər, -z

intervenient
BR ˌɪntəˈviːnɪənt
AM ˌɪn(t)ərˈviniənt

intervenor
BR ˌɪntəˈviːnə(r), -z
AM ˌɪn(t)ərˈvinər, -z

intervention
BR ˌɪntəˈvɛnʃn, -z
AM ˌɪn(t)ərˈvɛn(t)ʃ(ə)n, -z

interventionism
BR ˌɪntəˈvɛnʃnɪzm
AM ˌɪn(t)ərˈvɛn(t)ʃə-ˌnɪz(ə)m

interventionist
BR ˌɪntəˈvɛnʃnɪst, -s
AM ˌɪn(t)ər-ˈvɛn(t)ʃənəst, -s

intervertebral
BR ˌɪntəˈvəːtɪbr(ə)l
AM ˌɪn(t)ərˈvɜrdəbrəl

interview
BR ˈɪntəvjuː, -z, -ɪŋ, -d
AM ˈɪn(t)ərˌvju, -z, -ɪŋ, -d

interviewee
BR ˌɪntəvjuːˈiː, -z
AM ˌɪn(t)ərˌvjuˈi, -z

interviewer
BR ˈɪntəvjuːə(r), -z
AM ˈɪn(t)ərˌvjuər, -z

inter vivos
BR ˌɪntə ˈviːvəʊs
AM ˈˌɪn(t)ər ˈvaɪˌvoʊs, ˈˌɪn(t)ər ˈviˌvoʊs

interwar
BR ˌɪntəˈwɔː(r)
AM ˌɪn(t)ərˈwɔ(ə)r

interweave
BR ˌɪntəˈwiːv, -z, -ɪŋ
AM ˌɪn(t)ərˈwiv, -z, -ɪŋ

Interweb
BR ˈɪntəwɛb
AM ˈɪn(t)ərˌwɛb

interwind
BR ˌɪntəˈwʌɪnd, -z, -ɪŋ
AM ˌɪn(t)ərˈwaɪnd, -z, -ɪŋ

interwork
BR ˌɪntəˈwɜːk, -s, -ɪŋ, -t
AM ˌɪn(t)ərˈwɜrk, -s, -ɪŋ, -t

interwound
BR ˌɪntəˈwaʊnd
AM ˌɪn(t)ərˈwaʊnd

interwove
BR ˌɪntəˈwəʊv
AM ˌɪn(t)ərˈwoʊv

interwoven
BR ˌɪntəˈwəʊvn
AM ˌɪn(t)ərˈwoʊvən

intestacy
BR ɪnˈtɛstəsi
AM ɪnˈtɛstəsi

intestate
BR ɪnˈtɛsteɪt
AM ɪnˈtɛstət, ɪnˈtɛˌsteɪt

intestinal
BR ɪnˈtɛstɪnl, ˌɪntɛˈstʌɪnl
AM ɪnˈtɛstən(ə)l

intestine
BR ɪnˈtɛst(ɪ)n, -z
AM ɪnˈtɛst(ə)n, -z

inthrall
BR ɪnˈθrɔːl
AM ɪnˈθrɑl, ɪnˈθrɔl

intifada
BR ˌɪntɪˈfɑːdə(r), -z
AM ˌɪn(t)əˈfɑdə, -z

intimacy
BR ˈɪntɪməs|i, -ɪz
AM ˈɪn(t)əməsi, -z

intimate[1] *noun, adjective*
BR ˈɪntɪmət, -s
AM ˈɪn(t)əmət, -s

intimate[2] *verb*
BR ˈɪntɪmeɪt, -s, -ɪŋ, -ɪd
AM ˈɪn(t)əˌmeɪ|t, -ts, -dɪŋ, -dɪd

intimately
BR ˈɪntɪmətli
AM ˈɪn(t)əmətli

intimater
BR ˈɪntɪmeɪtə(r), -z
AM ˈɪn(t)əˌmeɪdər, -z

intimation
BR ˌɪntɪˈmeɪʃn, -z
AM ˌɪn(t)əˈmeɪʃ(ə)n, -z

intimidate
BR ɪnˈtɪmɪdeɪt, -s, -ɪŋ, -ɪd
AM ɪnˈtɪməˌdeɪ|t, -ts, -dɪŋ, -dɪd

intimidatingly
BR ɪnˈtɪmɪdeɪtɪŋli
AM ɪnˈtɪməˌdeɪdɪŋli

intimidation
BR ɪnˌtɪmɪˈdeɪʃn
AM ɪnˌtɪməˈdeɪʃ(ə)n

intimidator
BR ɪnˈtɪmɪdeɪtə(r), -z
AM ɪnˈtɪməˌdeɪdər, -z

intimidatory
BR ɪnˌtɪmɪˈdeɪt(ə)ri
AM ɪnˈtɪmədəˌtɔri

intinction
BR ɪnˈtɪŋ(k)ʃn, -z
AM ɪnˈstɪŋ(k)ʃ(ə)n, -z

intitule
BR ɪnˈtɪtjuːl, ɪnˈtɪtʃuːl,
-z, -ɪŋ, -d
AM ɪnˈtɪtʃ(ə)l,
ɪnˈtɪˌtʃʊl, -z, -ɪŋ, -d

into[1] *strong form*
BR ˈɪntuː
AM ˈɪntu

into[2] *weak form,
before consonants*
BR ˈɪntə
AM ˈɪn(t)ə

into[3] *weak form,
before vowels*
BR ˈɪntʊ
AM ˈɪn(t)ʊ

intolerable
BR ɪnˈtɒl(ə)rəbl
AM ɪnˈtɑlərbəl,
ɪnˈtɑl(ə)rəb(ə)l

intolerableness
BR ɪnˈtɒl(ə)rəblnəs
AM ɪnˈtɑlərbəlnəs,
ɪnˈtɑl(ə)rəbəlnəs

intolerably
BR ɪnˈtɒl(ə)rəbli
AM ɪnˈtɑlərbli,
ɪnˈtɑl(ə)rəbli

intolerance
BR ɪnˈtɒl(ə)rn̩s
AM ɪnˈtɑl(ə)rəns

intolerant
BR ɪnˈtɒl(ə)rn̩t
AM ɪnˈtɑl(ə)rənt

intolerantly
BR ɪnˈtɒl(ə)rn̩tli
AM ɪnˈtɑl(ə)rən(t)li

intonate
BR ˈɪntəneɪt, -s, -ɪŋ, -ɪd
AM ˈɪn(t)əˌneɪ|t, -ts,
-dɪŋ, -dɪd

intonation
BR ˌɪntəˈneɪʃn, -z
AM ˌɪntoʊˈneɪʃ(ə)n,
ˌɪn(t)əˈneɪʃ(ə)n, -z

intonational
BR ˌɪntəˈneɪʃn̩l
AM ˌɪntoʊˈneɪʃ(ə)n(ə)l,
ˌɪn(t)əˈneɪʃ(ə)n(ə)l

intone
BR ɪnˈtəʊn, -z, -ɪŋ, -d
AM ɪnˈtoʊn, -z, -ɪŋ, -d

intoner
BR ɪnˈtəʊnə(r), -z
AM ɪnˈtoʊnər, -z

in toto
BR ˌɪn ˈtəʊtəʊ
AM ˌɪn ˈtoʊdoʊ

intoxicant
BR ɪnˈtɒksɪk(ə)nt, -s
AM ɪnˈtɑksəkənt, -s

intoxicate
BR ɪnˈtɒksɪkeɪt, -s,
-ɪŋ, -ɪd
AM ɪnˈtɑksəkeɪ|t, -ts,
-dɪŋ, -dɪd

intoxicatingly
BR ɪnˈtɒksɪkeɪtɪŋli
AM ɪnˈtɑksəkeɪdɪŋli

intoxication
BR ɪnˌtɒksɪˈkeɪʃn
AM ɪnˌtɑksəˈkeɪʃ(ə)n

intracellular
BR ˌɪntrəˈseljʉlə(r)
AM ˌɪntrəˈseljələr

intracranial
BR ˌɪntrəˈkreɪnɪəl
AM ˌɪntrəˈkreɪnɪəl

intracranially
BR ˌɪntrəˈkreɪnɪəli
AM ˌɪntrəˈkreɪnɪəli

intractability
BR ɪnˌtræktəˈbɪlɪti
AM ɪnˌtræktəˈbɪlɪdi,
ˌɪnˌtræktəˈbɪlɪdi

intractable
BR ɪnˈtræktəbl
AM ɪnˈtræktəb(ə)l,
ˌɪnˈtræktəb(ə)l

intractableness
BR ɪnˈtræktəblnəs
AM ɪnˈtræktəbəlnəs,
ˌɪnˈtræktəbəlnəs

intractably
BR ɪnˈtræktəbli
AM ˌɪnˈtræktəbli,
ˌɪnˈtræktəbli

intrados
BR ˈɪntrədɒs, -ɪz
AM ˈɪntrəˌdoʊs,
ˈɪntrəˌdɑs, -əz

intramolecular
BR ˌɪntrəməˈlekjʉlə(r)
AM ˌɪntrəməˈlekjələr

intramural
BR ˌɪntrəˈmjʊərl̩,
ˌɪntrəˈmjɔːrl̩
AM ˌɪntrəˈmjur(ə)l

intramurally
BR ˌɪntrəˈmjʊərli,
ˌɪntrəˈmjɔːrli
AM ˌɪntrəˈmjur(ə)li

intramuscular
BR ˌɪntrəˈmʌskjʉlə(r)
AM ˌɪntrəˈməskjələr

intranational
BR ˌɪntrəˈnæʃn̩l
AM ˌɪntrəˈnæʃ(ə)n(ə)l

Intranet
BR ˈɪntrənet
AM ˈɪntrəˌnet

intransigence
BR ɪnˈtrænsɪdʒ(ə)ns,
ɪnˈtrænzɪdʒ(ə)ns
AM ɪnˈtrænzədʒ(ə)ns,
ɪnˈtrænsədʒ(ə)ns

intransigency
BR ɪnˈtrænsɪdʒ(ə)ns|i,
ɪnˈtrænzɪdʒ(ə)ns|i, -ɪz
AM ɪnˈtrænzədʒənsi,
ɪnˈtrænsədʒənsi, -z

intransigent
BR ɪnˈtrænsɪdʒ(ə)nt,
ɪnˈtrænzɪdʒ(ə)nt
AM ɪnˈtrænzədʒ(ə)nt,
ɪnˈtrænsədʒ(ə)nt

intransigently
BR ɪnˈtrænsɪdʒ(ə)ntli,
ɪnˈtrænzɪdʒ(ə)ntli
AM ɪnˈtrænzədʒən(t)li,
ɪnˈtrænsədʒən(t)li

intransitive
BR ɪnˈtrænsɪtɪv,
ɪnˈtrænzɪtɪv
AM ɪnˈtrænzədɪv

intransitively
BR ɪnˈtrænsɪtɪvli,
ɪnˈtrænzɪtɪvli
AM ɪnˈtrænzədəvli

intransitivity
BR ɪnˌtrænsɪˈtɪvɪti,
ɪnˌtrænzɪˈtɪvɪti
AM ɪnˌtrænzəˈtɪvɪdi

intrapreneur
BR ˌɪntrəprəˈnɜː(r)
AM ˌɪntrəprəˈnʊ(ə)r,
ˌɪntrəprəˈnɜr

intrauterine
BR ˌɪntrəˈjuːtərʌɪn
AM ˌɪntrəˈjudəraɪn,
ˌɪntrəˈjudərən

intravasate
BR ɪnˈtrævəseɪt, -s,
-ɪŋ, -ɪd
AM ɪnˈtrævəˌseɪ|t, -ts,
-dɪŋ, -dɪd

intravasation
BR ɪnˌtrævəˈseɪʃn, -z
AM ɪnˌtrævəˈseɪʃ(ə)n,
-z

intravenous
BR ˌɪntrəˈviːnəs
AM ˌɪntrəˈvinəs

intravenously
BR ˌɪntrəˈviːnəsli
AM ˌɪntrəˈvinəsli

in-tray
BR ˈɪntreɪ, -z
AM ˈɪnˌtreɪ, -z

intrench
BR ɪnˈtren(t)ʃ, -ɪz,
-ɪŋ, -t
AM ɪnˈtren(t)ʃ, -əz,
-ɪŋ, -t

intrenchment
BR ɪnˈtren(t)ʃm(ə)nt, -s
AM ɪnˈtren(t)ʃm(ə)nt,
-s

intrepid
BR ɪnˈtrepɪd
AM ɪnˈtrepəd

intrepidity
BR ˌɪntrɪˈpɪdɪti,
ˌɪntreˈpɪdɪti
AM ˌɪntreˈpɪdɪdi,
ˌɪntrəˈpɪdɪdi

intrepidly
BR ɪnˈtrepɪdli
AM ɪnˈtrepədli

intricacy
BR ˈɪntrɪkəs|i, -ɪz
AM ˈɪntrəkəsi, -z

intricate
BR ˈɪntrɪkət
AM ˈɪntrəkət

intricately
BR ˈɪntrɪkətli
AM ˈɪntrəkətli
intrigant
BR ˈɪntrɪg(ə)nt, -s
AM ˈɪntrəˌɡɑnt, -s
intrigante
BR ˈɪntrɪg(ə)nt, -s
AM ˈɪntrəˌɡɑnt, -s
FR ɛ̃tʀigɑ̃t
intrigue[1] *noun*
BR ˈɪntriːg, -z
AM ɪnˈtrig, ˈɪnˌtrig, -z
intrigue[2] *verb*
BR ɪnˈtriːg, -z, -ɪŋ, -d
AM ɪnˈtrig, -z, -ɪŋ, -d
intriguer
BR ɪnˈtriːgə(r), -z
AM ɪnˈtrigər, -z
intriguingly
BR ɪnˈtriːgɪŋli
AM ɪnˈtrigɪŋli
intrinsic
BR ɪnˈtrɪnsɪk,
ɪnˈtrɪnzɪk
AM ɪnˈtrɪnsɪk,
ɪnˈtrɪnzɪk
intrinsically
BR ɪnˈtrɪnsɪkli,
ɪnˈtrɪnzɪkli
AM ɪnˈtrɪnsək(ə)li,
ɪnˈtrɪnzək(ə)li
intro
BR ˈɪntrəʊ, -z
AM ˈɪntroʊ, -z
introduce
BR ˌɪntrəˈdjuːs,
ˌɪntrəˈdʒuːs, -ɪz,
-ɪŋ, -t
AM ˌɪntroʊˈd(j)us,
ˌɪntrəˈd(j)us, -əz,
-ɪŋ, -t
introducer
BR ˌɪntrəˈdjuːsə(r),
ˌɪntrəˈdʒuːsə(r), -z
AM ˌɪntroʊˈd(j)usər,
ˌɪntrəˈd(j)usər, -z
introducible
BR ˌɪntrəˈdjuːsɪbl,
ˌɪntrəˈdʒuːsɪbl
AM ˌɪntroʊˈd(j)usəb(ə)l,
ˌɪntrəˈd(j)usəb(ə)l

introduction
BR ˌɪntrəˈdʌkʃn, -z
AM ˌɪntroʊˈdəkʃ(ə)n,
ˌɪntrəˈdəkʃ(ə)n, -z
introductory
BR ˌɪntrəˈdʌkt(ə)ri
AM ˌɪntroʊˈdəkt(ə)ri,
ˌɪntrəˈdəkt(ə)ri
introflexion
BR ˌɪntrə(ʊ)ˈflɛkʃn, -z
AM ˌɪntroʊˈflɛkʃ(ə)n,
ˌɪntrəˈflɛkʃ(ə)n, -z
introgression
BR ˌɪntrə(ʊ)ˈgrɛʃn,
-z
AM ˌɪntroʊˈgrɛʃ(ə)n,
ˌɪntrəˈgrɛʃ(ə)n, -z
introit
BR ˈɪntrɔɪt, -s
AM ɪnˈtrɔɪt, ˈɪnˌtrɔɪt, -s
introjection
BR ˌɪntrə(ʊ)ˈdʒɛkʃn,
-z
AM ˌɪntroʊˈdʒɛkʃ(ə)n,
ˌɪntrəˈdʒɛkʃ(ə)n, -z
intromission
BR ˌɪntrə(ʊ)ˈmɪʃn, -z
AM ˌɪntroʊˈmɪʃ(ə)n,
ˌɪntrəˈmɪʃ(ə)n, -z
intromit
BR ˌɪntrə(ʊ)ˈmɪt, -s,
-ɪŋ, -ɪd
AM ˌɪntroʊˈmɪ|t,
ˌɪntrəˈmɪ|t, -ts, -dɪŋ,
-dɪd
intromittent
BR ˌɪntrə(ʊ)ˈmɪtnt
AM ˌɪntroʊˈmɪtnt,
ˌɪntrəˈmɪtnt
introrse
BR ɪnˈtrɔːs
AM ɪnˈtro(ə)rs
introspect
BR ˌɪntrə(ʊ)ˈspɛkt, -s,
-ɪŋ, -ɪd
AM ˌɪntroʊˈspɛk|(t),
ˌɪntrəˈspɛk|(t), -(t)s,
-tɪŋ, -təd
introspection
BR ˌɪntrə(ʊ)ˈspɛkʃn
AM ˌɪntroʊˈspɛkʃ(ə)n,
ˌɪntrəˈspɛkʃ(ə)n

introspective
BR ˌɪntrə(ʊ)ˈspɛktɪv
AM ˌɪntroʊˈspɛktɪv,
ˌɪntrəˈspɛktɪv
introspectively
BR ˌɪntrə(ʊ)ˈspɛktɪvli
AM ˌɪntroʊˈspɛktəvli,
ˌɪntrəˈspɛktəvli
introspectiveness
BR ˌɪntrə(ʊ)-
ˈspɛktɪvnɪs
AM ˌɪntroʊˈspɛktɪvnɪs,
ˌɪntrəˈspɛktɪvnɪs
introsusception
BR ˌɪntrə(ʊ)səˈsɛpʃn, -z
AM ˌɪntrəsəˈsɛpʃ(ə)n, -z
introversible
BR ˌɪntrə(ʊ)ˈvəːsɪbl
AM ˈɪntroʊˌvərsəb(ə)l,
ˈɪntrəˌvərsəb(ə)l
introversion
BR ˌɪntrə(ʊ)ˈvəːʃn
AM ˈɪntroʊˌvərʒ(ə)n,
ˈɪntrəˌvərʒ(ə)n
introversive
BR ˌɪntrə(ʊ)ˈvəːsɪv
AM ˌɪntroʊˈvərsɪv,
ˌɪntrəˈvərsɪv
introvert[1] *noun*
BR ˈɪntrəvəːt, -s
AM ˈɪntroʊˌvərt,
ˈɪntrəˌvərt, -s
introvert[2] *verb*
BR ˌɪntrə(ʊ)ˈvəːt, -s,
-ɪŋ, -ɪd
AM ˈɪntroʊˌvər|t,
ˈɪntrəˌvər|t, -ts,
-dɪŋ, -dəd
introverted *adjective*
BR ˈɪntrəvəːtɪd
AM ˈɪntroʊˌvərdəd,
ˈɪntrəˌvərdəd
introvertive
BR ˌɪntrə(ʊ)ˈvəːtɪv
AM ˈɪntroʊˌvərdɪv,
ˈɪntrəˌvərdɪv
intrude
BR ɪnˈtruːd, -z, -ɪŋ, -ɪd
AM ɪnˈtrud, -z, -ɪŋ, -əd
intruder
BR ɪnˈtruːdə(r), -z
AM ɪnˈtrudər, -z

intrudingly
BR ɪnˈtruːdɪŋli
AM ɪnˈtrudɪŋli
intrusion
BR ɪnˈtruːʒn, -z
AM ɪnˈtruʒ(ə)n, -z
intrusionist
BR ɪnˈtruːʒnɪst, -s
AM ɪnˈtruʒənəst, -s
intrusive
BR ɪnˈtruːsɪv
AM ɪnˈtrusɪv
intrusively
BR ɪnˈtruːsɪvli
AM ɪnˈtrusəvli
intrusiveness
BR ɪnˈtruːsɪvnɪs
AM ɪnˈtrusɪvnɪs
intrust
BR ɪnˈtrʌst, -s, -ɪŋ,
-ɪd
AM ɪnˈtrəst, -s, -ɪŋ,
-əd
intubate
BR ˈɪntjəbeɪt,
ˈɪntʃəbeɪt, -s, -ɪŋ,
-ɪd
AM ˈɪntjəˌbeɪ|t, -ts,
-dɪŋ, -dɪd
intubation
BR ˌɪntjəˈbeɪʃn,
ˌɪntʃəˈbeɪʃn, -z
AM ˌɪntjəˈbeɪʃ(ə)n, -z
intuit
BR ɪnˈtjuː|ɪt, ɪnˈtʃuː|ɪt,
-s, -ɪtɪŋ, -ɪtɪd
AM ɪnˈt(j)uə|t, -ts,
-dɪŋ, -dɪd
intuitable
BR ɪnˈtjuːɪtəbl,
ɪnˈtʃuːɪtəbl
AM ɪnˈt(j)uədəb(ə)l
intuition
BR ˌɪntjʊˈɪʃn,
ˌɪntʃʊˈɪʃn, -z
AM ˌɪntəˈwɪʃ(ə)n,
ˌɪnt(j)uˈɪʃ(ə)n, -z
intuitional
BR ˌɪntjʊˈɪʃn̩l,
ˌɪntʃʊˈɪʃn̩l
AM ˌɪntəˈwɪʃ(ə)n(ə)l,
ˌɪnt(j)uˈɪʃ(ə)n(ə)l

intuitionalism
BR ˌɪntjuˈɪʃn̩lɪzm,
ˌɪntjʊˈɪʃnəlɪzm,
ˌɪntʃʊˈɪʃn̩lɪzm,
ˌɪntʃʊˈɪʃnəlɪzm
AM ˌɪntəˈwɪʃənlˌɪz(ə)m,
ˌɪnt(j)uˈɪʃnəˌlɪz(ə)m,
ˌɪntəˈwɪʃnəˌlɪz(ə)m,
ˌɪnt(j)uˈɪʃn̩lˌɪz(ə)m

intuitionalist
BR ˌɪntjuˈɪʃn̩lɪst,
ˌɪntjʊˈɪʃnəlɪst,
ˌɪntʃʊˈɪʃn̩lɪst,
ˌɪntʃʊˈɪʃnəlɪst,
-s
AM ˌɪntəˈwɪʃənləst,
ˌɪnt(j)uˈɪʃnələst,
ˌɪntəˈwɪʃnələst,
ˌɪnt(j)uˈɪʃn̩ləst,
-s

intuitionism
BR ˌɪntjuˈɪʃnɪzm,
ˌɪntʃʊˈɪʃnɪzm
AM ˌɪntəˈwɪʃəˌnɪz(ə)m,
ˌɪnt(j)uˈɪʃəˌnɪz(ə)m

intuitionist
BR ˌɪntjuˈɪʃnɪst,
ˌɪntʃʊˈɪʃnɪst, -s
AM ˌɪntəˈwɪʃənəst,
ˌɪnt(j)uˈɪʃənəst,
-s

intuitive
BR ɪnˈtjuːɪtɪv,
ɪnˈtʃuːɪtɪv
AM ɪnˈt(j)uədɪv

intuitively
BR ɪnˈtjuːɪtɪvli,
ɪnˈtʃuːɪtɪvli
AM ɪnˈt(j)uədəvli

intuitiveness
BR ɪnˈtjuːɪtɪvnɪs,
ɪnˈtʃuːɪtɪvnɪs
AM ɪnˈt(j)uədɪvnɪs

intuitivism
BR ɪnˈtjuːɪtɪvɪzm,
ɪnˈtʃuːɪtɪvɪzm
AM ɪnˈt(j)uədɪˌvɪz(ə)m

intuitivist
BR ɪnˈtjuːɪtɪvɪst,
ɪnˈtʃuːɪtɪvɪst,
-s
AM ɪnˈt(j)uədɪvɪst, -s

intumesce
BR ˌɪntjɜˈmɛs,
ˌɪntʃɜˈmɛs, -ɪz, -ɪŋ, -t
AM ˌɪnt(j)uˈmɛs, -əz,
-ɪŋ, -t

intumescence
BR ˌɪntjɜˈmɛsns,
ˌɪntʃɜˈmɛsns
AM ˌɪnt(j)uˈmɛs(ə)ns

intumescent
BR ˌɪntjɜˈmɛsnt,
ˌɪntʃɜˈmɛsnt
AM ˌɪnt(j)uˈmɛs(ə)nt

intumescently
BR ˌɪntjɜˈmɛsntli,
ˌɪntʃɜˈmɛsntli
AM ˌɪnt(j)uˈmɛsn(t)li

intussusception
BR ˌɪntəsəˈsɛpʃn, -z
AM ˌɪn(t)əsəˈsɛpʃ(ə)n,
-z

intwine
BR ɪnˈtwʌɪn, -z, -ɪŋ, -d
AM ɪnˈtwaɪn, -z, -ɪŋ, -d

Inuit
BR ˈɪn(j)ʊɪt, -s
AM ˈɪn(j)uɪt, -s

Inuk
BR ˈɪnʊk, -s
AM ˈiˌnək, -s

Inuktitut
BR ɪˈnʊktɪtʊt
AM ɪˈnʊktəˌtʊt

inunction
BR ɪˈnʌŋ(k)ʃn, -z
AM ɪˈnəŋkʃ(ə)n, -z

inundate
BR ˈɪnʌndeɪt, -s,
-ɪŋ, -ɪd
AM ˈɪnənˌdeɪt, -ts,
-dɪŋ, -dɪd

inundation
BR ˌɪnʌnˈdeɪʃn, -z
AM ˌɪnənˈdeɪʃ(ə)n, -z

Inupik
BR ɪˈnuːpɪk, -s
AM ɪˈnuˌpɪk, -s

inure
BR ɪˈnjʊə(r), ɪˈnjɔː(r),
-z, -ɪŋ, -d
AM ɪˈn(j)ʊ(ə)r, -z,
-ɪŋ, -d

inurement
BR ɪˈnjʊəm(ə)nt,
ɪˈnjɔːm(ə)nt, -s
AM ɪˈn(j)ʊrm(ə)nt, -s

in utero
BR ɪn ˈjuːt(ə)rəʊ
AM ɪn ˈjudəroʊ

in vacuo
BR ɪn ˈvakjʊəʊ
AM ɪn ˈvækjəˌwoʊ

invade
BR ɪnˈveɪd, -z, -ɪŋ, -ɪd
AM ɪnˈveɪd, -z, -ɪŋ, -ɪd

invader
BR ɪnˈveɪdə(r), -z
AM ɪnˈveɪdər, -z

invaginate
BR ɪnˈvadʒɪneɪt,
ɪnˈvadʒneɪt, -s, -ɪŋ,
-ɪd
AM ɪnˈvædʒəˌneɪt, -ts,
-dɪŋ, -dɪd

invagination
BR ɪnˌvadʒɪˈneɪʃn, -z
AM ɪnˌvædʒəˈneɪʃ(ə)n,
-z

invalid[1] *adjective, not valid*
BR (ˌ)ɪnˈvalɪd
AM ɪnˈvæləd

invalid[2] *noun*
BR ˈɪnvəlɪd, ˈɪnvəliːd, -z
AM ˈɪnvələd, -z

invalid[3] *verb*
BR ˈɪnvəliːd, ˈɪnvəlɪd,
-z, -ɪŋ, -ɪd
AM ˈɪnvələd, -z, -ɪŋ, -əd

invalidate
BR ɪnˈvalɪdeɪt, -s,
-ɪŋ, -ɪd
AM ɪnˈvæləˌdeɪt, -ts,
-dɪŋ, -dɪd

invalidation
BR ɪnˌvalɪˈdeɪʃn
AM ɪnˌvæləˈdeɪʃ(ə)n

invalidism
BR ˌɪnvəˈliːdɪzm
AM ˈɪnvələˌdɪz(ə)m

invalidity
BR ˌɪnvəˈlɪdɪti
AM ˌɪnvæˈlɪdɪdi,
ˌɪnvəˈlɪdɪdi

invalidly
BR (ˌ)ɪnˈvalɪdli
AM ɪnˈvælədli

invaluable
BR ɪnˈvaljʊəbl,
ɪnˈvaljəbl
AM ɪnˈvæljəb(ə)l

invaluableness
BR ɪnˈvaljʊəblnəs,
ɪnˈvaljəblnəs
AM ɪnˈvæljəbəlnəs

invaluably
BR ɪnˈvaljʊəbli,
ɪnˈvaljəbli
AM ɪnˈvæljəbli

Invar
BR ɪnˈvɑː(r),
ˈɪnvɑː(r)
AM ˈɪnˌvɑr

invariability
BR ɪnˌvɛːrɪəˈbɪlɪti
AM ɪnˌvɛriəˈbɪlɪdi,
ˌɪnˌvɛriəˈbɪlɪdi

invariable
BR (ˌ)ɪnˈvɛːrɪəbl
AM ɪnˈvɛriəb(ə)l,
ˌɪnˈvɛriəb(ə)l

invariableness
BR (ˌ)ɪnˈvɛːrɪəblnəs
AM ɪnˈvɛriəbəlnəs,
ˌɪnˈvɛriəbəlnəs

invariably
BR (ˌ)ɪnˈvɛːrɪəbli
AM ɪnˈvɛriəbli,
ˌɪnˈvɛriəbli

invariance
BR (ˌ)ɪnˈvɛːrɪəns,
-ɪz
AM ɪnˈvɛriəns,
ˌɪnˈvɛriəns, -əz

invariant
BR (ˌ)ɪnˈvɛːrɪənt, -s
AM ɪnˈvɛriənt,
ˌɪnˈvɛriənt, -s

invasion
BR ɪnˈveɪʒn, -z
AM ɪnˈveɪʒ(ə)n, -z

invasive
BR ɪnˈveɪsɪv,
ɪnˈveɪzɪv
AM ɪnˈveɪzɪv,
ɪnˈveɪsɪv

invasively
BR ɪnˈveɪsɪvli, ɪnˈveɪzɪvli
AM ɪnˈveɪzɪvli, ɪnˈveɪsɪvli

invasiveness
BR ɪnˈveɪsɪvnɪs, ɪnˈveɪzɪvnɪs
AM ɪnˈveɪzɪvnɪs, ɪnˈveɪsɪvnɪs

invected
BR ɪnˈvektɪd
AM ɪnˈvektəd

invective
BR ɪnˈvektɪv
AM ɪnˈvektɪv

invectively
BR ɪnˈvektɪvli
AM ɪnˈvektəvli

invectiveness
BR ɪnˈvektɪvnɪs
AM ɪnˈvektɪvnɪs

inveigh
BR ɪnˈveɪ, -z, -ɪŋ, -d
AM ɪnˈveɪ, -z, -ɪŋ, -d

inveigle
BR ɪnˈveɪgļ, ɪnˈviːgļ, -z, -ļɪŋ\-lɪŋ, -ld
AM ɪnˈveɪgəl, -əlz, -(ə)lɪŋ, -əld

inveiglement
BR ɪnˈveɪglm(ə)nt, ɪnˈviːglm(ə)nt, -s
AM ɪnˈveɪgəlm(ə)nt, -s

invent
BR ɪnˈvent, -s, -ɪŋ, -ɪd
AM ɪnˈven|t, -ts, -(t)ɪŋ, -(t)əd

inventable
BR ɪnˈventəbl
AM ɪnˈven(t)əb(ə)l

invention
BR ɪnˈvenʃn, -z
AM ɪnˈvenʃ(ə)n, -z

inventive
BR ɪnˈventɪv
AM ɪnˈven(t)ɪv

inventively
BR ɪnˈventɪvli
AM ɪnˈven(t)əvli

inventiveness
BR ɪnˈventɪvnɪs
AM ɪnˈven(t)ɪvnɪs

inventor
BR ɪnˈventə(r), -z
AM ɪnˈven(t)ər, -z

inventory
BR ˈɪnv(ə)nt(ə)r|i, -ɪz
AM ˈɪnvənˌtɔri, -z

inventress
BR ɪnˈventrɪs, -ɪz
AM ɪnˈventrəs, -əz

Inveraray
BR ˌɪnvəˈrɛːri
AM ˈˌɪnvəˌreri

Invercargill
BR ˌɪnvəˈkɑːg(ɪ)l
AM ˈˌɪnvərˌkɑrgəl

Invergordon
BR ˌɪnvəˈgɔːdn
AM ˈˌɪnvərˌgɔrdən

Inverness
BR ˌɪnvəˈnɛs
AM ˈˌɪnvərˌnɛs

Inverness-shire
BR ˌɪnvəˈnɛsʃ(ɪ)ə(r)
AM ˈˌɪnvərˌnɛsˌʃɪ(ə)r

inverse
BR ˈɪnvəːs, ɪnˈvəːs, -ɪz
AM ɪnˈvərs, ˈɪnvərs, -əz

inversely
BR ˌɪnvəːsli, ɪnˈvəːsli
AM ɪnˈvərsli, ˈɪnvərsli

inversion
BR ɪnˈvəːʃn, -z
AM ɪnˈvərʒ(ə)n, -z

inversive
BR ɪnˈvəːsɪv
AM ɪnˈvərsɪv

invert[1] *noun*
BR ˈɪnvəːt, -s
AM ˈɪnvərt, -s

invert[2] *verb*
BR ɪnˈvəːt, -s, -ɪŋ, -ɪd
AM ɪnˈvər|t, -ts, -dɪŋ, -dəd

invertase
BR ˈɪnvəteɪz, ɪnˈvəːteɪz
AM ɪnˈvərˌteɪz, ˈɪnvərˌteɪz

invertebrate
BR ɪnˈvəːtɪbreɪt, -s
AM ɪnˈvərdəˌbreɪt, ɪnˈvərdəbrət, -s

inverter
BR ɪnˈvəːtə(r), -z
AM ɪnˈvərdər, -z

invertibility
BR ɪnˌvəːtɪˈbɪlɪti
AM ɪnˌvərdəˈbɪlɨdi

invertible
BR ɪnˈvəːtɪbl
AM ɪnˈvərdəb(ə)l

Inverurie
BR ˌɪnvəˈrʊəri
AM ˈˌɪnvəˌrʊri

invest
BR ɪnˈvest, -s, -ɪŋ, -ɪd
AM ɪnˈvest, -s, -ɪŋ, -əd

investable
BR ɪnˈvestəbl
AM ɪnˈvestəb(ə)l

investible
BR ɪnˈvestɪbl
AM ɪnˈvestəb(ə)l

investigate
BR ɪnˈvestɪgeɪt, -s, -ɪŋ, -ɪd
AM ɪnˈvestəˌgeɪ|t, -ts, -dɪŋ, -dɪd

investigation
BR ɪnˌvestɪˈgeɪʃn, -z
AM ɪnˌvestəˈgeɪʃ(ə)n, -z

investigational
BR ɪnˌvestɪˈgeɪʃņḷ
AM ɪnˌvestəˈgeɪʃ(ə)n(ə)l

investigative
BR ɪnˈvestɪgətɪv
AM ɪnˈvestəˌgeɪdɪv

investigator
BR ɪnˈvestɪgeɪtə(r), -z
AM ɪnˈvestəˌgeɪdər, -z

investigatory
BR ɪnˈvestɪget(ə)ri
AM ɪnˈvestəgəˌtɔri

investiture
BR ɪnˈvestɪtʃə(r), ɪnˈvestɪtjʊə(r), -z
AM ɪnˈvestətʃər, ɪnˈvestətʃʊ(ə)r, -z

investment
BR ɪnˈves(t)m(ə)nt, -s
AM ɪnˈves(t)m(ə)nt, -s

investor
BR ɪnˈvestə(r), -z
AM ɪnˈvestər, -z

inveteracy
BR ɪnˈvet(ə)rəs|i, -ɪz
AM ɪnˈvedərəsi, -z

inveterate
BR ɪnˈvet(ə)rət
AM ɪnˈvedərət

inveterately
BR ɪnˈvet(ə)rətli
AM ɪnˈvedərətli

inveterateness
BR ɪnˈvet(ə)rətnəs
AM ɪnˈvedərətnəs

invidious
BR ɪnˈvɪdɪəs
AM ɪnˈvɪdɪəs

invidiously
BR ɪnˈvɪdɪəsli
AM ɪnˈvɪdɪəsli

invidiousness
BR ɪnˈvɪdɪəsnəs
AM ɪnˈvɪdɪəsnəs

invigilate
BR ɪnˈvɪdʒɪleɪt, -s, -ɪŋ, -ɪd
AM ɪnˈvɪdʒəˌleɪ|t, -ts, -dɪŋ, -dɪd

invigilation
BR ɪnˌvɪdʒɪˈleɪʃn
AM ɪnˌvɪdʒəˈleɪʃ(ə)n

invigilator
BR ɪnˈvɪdʒɪleɪtə(r), -z
AM ɪnˈvɪdʒəˌleɪdər, -z

invigorate
BR ɪnˈvɪgəreɪt, -s, -ɪŋ, -ɪd
AM ɪnˈvɪgəˌreɪ|t, -ts, -dɪŋ, -dɪd

invigoratingly
BR ɪnˈvɪgəreɪtɪŋli
AM ɪnˈvɪgəˌreɪdɪŋli

invigoration
BR ɪnˌvɪgəˈreɪʃn
AM ɪnˌvɪgəˈreɪʃ(ə)n

invigorative
BR ɪnˈvɪg(ə)rətɪv
AM ɪnˈvɪgəˌreɪdɪv

invigorator
BR ɪnˈvɪgəreɪtə(r),
-z
AM ɪnˈvɪgəˌreɪdər,
-z

invincibility
BR ɪnˌvɪnsɪˈbɪlɪti,
ˌɪnvɪnsɪˈbɪlɪti
AM ɪnˌvɪnsəˈbɪlɪdi

invincible
BR ɪnˈvɪnsɪbl
AM ɪnˈvɪnsəb(ə)l

invincibleness
BR ɪnˈvɪnsɪblnəs
AM ɪnˈvɪnsəbəlnəs

invincibly
BR ɪnˈvɪnsɪbli
AM ɪnˈvɪnsəbli

inviolability
BR ɪnˌvaɪələˈbɪlɪti,
ˌɪnvaɪələˈbɪlɪti
AM ɪnˌvaɪələˈbɪlɪdi,
ˈˌɪnˌvaɪələˈbɪlɪdi

inviolable
BR (ˌ)ɪnˈvaɪələbl
AM ɪnˈvaɪələb(ə)l

inviolableness
BR (ˌ)ɪnˈvaɪələblnəs
AM ɪnˈvaɪələbəlnəs

inviolably
BR (ˌ)ɪnˈvaɪələbli
AM ɪnˈvaɪələbli

inviolacy
BR (ˌ)ɪnˈvaɪələsi
AM ɪnˈvaɪələsi

inviolate
BR (ˌ)ɪnˈvaɪələt
AM ɪnˈvaɪələt

inviolately
BR (ˌ)ɪnˈvaɪələtli
AM ɪnˈvaɪələtli

inviolateness
BR (ˌ)ɪnˈvaɪələtnəs
AM ɪnˈvaɪələtnəs

inviscid
BR ɪnˈvɪsɪd
AM ɪnˈvɪsɪd

invisibility
BR ɪnˌvɪzɪˈbɪlɪti,
ˌɪnvɪzɪˈbɪlɪti
AM ɪnˌvɪzəˈbɪlɪdi,
ˈˌɪnˌvɪzəˈbɪlɪdi

invisible
BR (ˌ)ɪnˈvɪzɪbl
AM ɪnˈvɪzəb(ə)l

invisibleness
BR (ˌ)ɪnˈvɪzɪblnəs
AM ɪnˈvɪzəbəlnəs

invisibly
BR (ˌ)ɪnˈvɪzɪbli
AM ɪnˈvɪzəbli

invitation
BR ˌɪnvɪˈteɪʃn, -z
AM ˌɪnvəˈteɪʃ(ə)n, -z

invitatory
BR ɪnˈvaɪtət(ə)ri
AM ɪnˈvaɪdəˌtɔri

invite
BR ɪnˈvaɪt, -s, -ɪŋ, -ɪd
AM ɪnˈvaɪ|t, -ts, -dɪŋ, -dɪd

invitee
BR ˌɪnvaɪˈtiː,
ɪnˌvaɪˈtiː, -z
AM ɪnˌvaɪˈti, -z

inviter
BR ɪnˈvaɪtə(r), -z
AM ɪnˈvaɪdər, -z

invitingly
BR ɪnˈvaɪtɪŋli
AM ɪnˈvaɪdɪŋli

invitingness
BR ɪnˈvaɪtɪŋnɪs
AM ɪnˈvaɪdɪŋnɪs

in vitro
BR ɪn ˈviːtrəʊ,
+ ˈvɪtrəʊ
AM ɪn ˈviˌtroʊ

in vivo
BR ɪn ˈviːvəʊ,
+ ˈvaɪvəʊ
AM ɪn ˈviˌvoʊ

invocable
BR ˈɪnvəkəbl,
ɪnˈvəʊkəbl
AM ˈɪnvəkəb(ə)l,
ɪnˈvoʊkəb(ə)l

invocation
BR ˌɪnvə(ʊ)ˈkeɪʃn, -z
AM ˌɪnvoʊˈkeɪʃ(ə)n,
ˌɪnvəˈkeɪʃ(ə)n, -z

invocatory
BR ɪnˈvɒkət(ə)ri
AM ɪnˈvakəˌtɔri

invoice
BR ˈɪnvɔɪs, -ɪz, -ɪŋ, -t
AM ˈɪnˌvɔɪs, -ɪz, -ɪŋ, -t

invoke
BR ɪnˈvəʊk, -s, -ɪŋ, -t
AM ɪnˈvoʊk, -s, -ɪŋ, -t

invoker
BR ɪnˈvəʊkə(r), -z
AM ɪnˈvoʊkər, -z

involucral
BR ˌɪnvəˈl(j)uːkr(ə)l
AM ˌɪnvəˈlukrəl

involucre
BR ˈɪnvəˌl(j)uːkə(r),
-z
AM ˈɪnvəˌlukər, -z

involuntarily
BR (ˌ)ɪnˈvɒlṇtrɪli
AM ɪnˈvalənˌtɛrəli

involuntariness
BR (ˌ)ɪnˈvɒlṇtrɪnɪs
AM ɪnˈvalənˌtɛrɪnɪs

involuntary
BR (ˌ)ɪnˈvɒlṇt(ə)ri
AM ɪnˈvalənˌtɛri

involute
BR ˈɪnvəl(j)uːt, -s, -ɪd
AM ˈɪnvəˌl(j)ul|t, -ts,
-dəd

involution
BR ˌɪnvəˈl(j)uːʃn, -z
AM ˌɪnvəˈl(j)uʃ(ə)n,
-z

involutional
BR ˌɪnvəˈl(j)uːʃṇl
AM ˌɪnvəˈl(j)uʃ(ə)n(ə)l

involve
BR ɪnˈvɒlv, -z, -ɪŋ, -d
AM ɪnˈvɑ(l)v, ɪnˈva(l)v,
-z, -ɪŋ, -d

involvement
BR ɪnˈvɒlvm(ə)nt, -s
AM ɪnˈvɑ(l)vm(ə)nt,
ɪnˈva(l)vm(ə)nt, -s

invulnerability
BR ɪnˌvʌln(ə)rəˈbɪlɪti,
ˌɪnvʌln(ə)rəˈbɪlɪti
AM ɪnˌvəln(ə)rəˈbɪlɪdi,
ˈˌɪnˌvəln(ə)rəˈbɪlɪdi

invulnerable
BR (ˌ)ɪnˈvʌln(ə)rəbl
AM ɪnˈvəlnər(ə)bəl

invulnerably
BR (ˌ)ɪnˈvʌln(ə)rəbli
AM ɪnˈvəlnər(ə)bli

inward
BR ˈɪnwəd, -z
AM ˈɪnwərd, -z

inwardly
BR ˈɪnwədli
AM ˈɪnwərdli

inwardness
BR ˈɪnwədnəs
AM ˈɪnwərdnəs

inweave
BR ˌɪnˈwiːv, -z, -ɪŋ
AM ɪnˈwiv, ˌɪnˈwiv,
-z, -ɪŋ

inwove
BR ˌɪnˈwəʊv
AM ɪnˈwoʊv,
ˌɪnˈwoʊv

inwoven
BR ˌɪnˈwəʊvn
AM ɪnˈwoʊvən,
ˌɪnˈwoʊvən

inwrap
BR ˌɪnˈræp, -s, -ɪŋ, -t
AM ɪnˈræp, ˌɪnˈræp, -s,
-ɪŋ, -t

inwreathe
BR ˌɪnˈriːð, -z, -ɪŋ, -d
AM ɪnˈrið, ˌɪnˈrið, -z,
-ɪŋ, -d

inwrought
BR ˌɪnˈrɔːt
AM ɪnˈrɔt, ˌɪnˈrɑt,
ɪnˈrɑt, ɪnˈrɔt

inyala
BR ɪnˈjɑːlə(r), -z
AM ɪnˈjɑlə, -z

in-your-face
adjective
BR ˌɪnjəˈfeɪs
AM ˈˌɪnjərˈfeɪs

Io
BR ˈaɪəʊ
AM ˈaɪˌoʊ

iodate
BR ˈaɪədeɪt, -s
AM ˈaɪəˌdeɪt, -s

iodic
BR aɪˈɒdɪk
AM aɪˈɑdɪk

iodide
BR ˈʌɪədʌɪd, -z
AM ˈaɪəˌdaɪd, -z

iodin
BR ˈʌɪədɪn, -z
AM ˈaɪəˌdaɪn, -z

iodinate
BR ˈʌɪədɪneɪt,
ʌɪˈɒdɪneɪt, -s, -ɪŋ,
-ɪd
AM ˈaɪədəˌneɪ|t, -ts,
-dɪŋ, -dɪd

iodination
BR ˌʌɪədɪˈneɪʃn,
ʌɪˌɒdɪˈneɪʃn, -z
AM ˌaɪədəˈneɪʃ(ə)n,
-z

iodine
BR ˈʌɪədiːn, -z
AM ˈaɪəˌdaɪn, -z

iodinise
BR ˈʌɪədɪnʌɪz, -ɪz,
-ɪŋ, -d
AM ˈaɪədəˌnaɪz, -ɪz,
-ɪŋ, -d

iodinize
BR ˈʌɪədɪnʌɪz, -ɪz,
-ɪŋ, -d
AM ˈaɪədəˌnaɪz, -ɪz,
-ɪŋ, -d

iodisation
BR ˌʌɪədʌɪˈzeɪʃn
AM ˌaɪəˌdaɪˈzeɪʃ(ə)n,
ˌaɪədəˈzeɪʃ(ə)n

iodise
BR ˈʌɪədʌɪz, -ɪz,
-ɪŋ, -d
AM ˈaɪəˌdaɪz, -ɪz,
-ɪŋ, -d

iodism
BR ˈʌɪədɪzm
AM ˈaɪəˌdɪz(ə)m

iodization
BR ˌʌɪədʌɪˈzeɪʃn
AM ˌaɪəˌdaɪˈzeɪʃ(ə)n,
ˌaɪədəˈzeɪʃ(ə)n

iodize
BR ˈʌɪədʌɪz, -ɪz,
-ɪŋ, -d
AM ˈaɪəˌdaɪz, -ɪz,
-ɪŋ, -d

iodoform
BR ʌɪˈɒdə(ʊ)fɔːm,
ʌɪˈəʊdə(ʊ)fɔːm,
ˈʌɪədəfɔːm, -z
AM aɪˈadəˌfɔ(ə)rm,
aɪˈoʊdəˌfɔ(ə)rm, -z

Iolanthe
BR ˌʌɪəˈlanθi
AM ˌaɪəˈlænθi

Iolo
BR ˈjəʊləʊ
AM ˈjoʊloʊ
WE ˈjɒlɒ

ion
BR ˈʌɪɒn, -z
AM ˈaɪˌɑn, ˈaɪən,
-z

Iona
BR ʌɪˈəʊnə(r)
AM aɪˈoʊnə

Ionesco
BR ˌiːəˈnɛskəʊ,
jɒˈnɛskəʊ
AM jɔˈnɛskoʊ
FR jɔnɛsko

Ionia
BR ʌɪˈəʊnɪə(r)
AM aɪˈoʊniə

Ionian
BR ʌɪˈəʊnɪən, -z
AM aɪˈoʊniən, -z

ionic
BR ʌɪˈɒnɪk
AM aɪˈɑnɪk

ionically
BR ʌɪˈɒnɪkli
AM aɪˈɑnək(ə)li

ionisable
BR ˈʌɪənʌɪzəbl
AM ˈaɪəˌnaɪzəb(ə)l

ionisation
BR ˌʌɪənʌɪˈzeɪʃn
AM ˌaɪəˌnaɪˈzeɪʃ(ə)n,
ˌaɪənəˈzaɪˈzeɪʃ(ə)n

ionise
BR ˈʌɪənʌɪz, -ɪz,
-ɪŋ, -d
AM ˈaɪəˌnaɪz, -ɪz,
-ɪŋ, -d

ioniser
BR ˈʌɪənʌɪzə(r), -z
AM ˈaɪəˌnaɪzər, -z

ionium
BR ʌɪˈəʊnɪəm, -z
AM aɪˈoʊniəm, -z

ionizable
BR ˈʌɪənʌɪzəbl
AM ˈaɪəˌnaɪzəb(ə)l

ionization
BR ˌʌɪənʌɪˈzeɪʃn
AM ˌaɪəˌnaɪˈzeɪʃ(ə)n,
ˌaɪənəˈzeɪʃ(ə)n

ionize
BR ˈʌɪənʌɪz, -ɪz,
-ɪŋ, -d
AM ˈaɪəˌnaɪz, -ɪz,
-ɪŋ, -d

ionizer
BR ˈʌɪənʌɪzə(r), -z
AM ˈaɪəˌnaɪzər, -z

ionophore
BR ʌɪˈɒnə(ʊ)fɔː(r), -z
AM aɪˈɑnəˌfɔ(ə)r, -z

ionosphere
BR ʌɪˈɒnəsfɪə(r)
AM aɪˈɑnəˌsfɪ(ə)r

ionospheric
BR ʌɪˌɒnə(ʊ)ˈsfɛrɪk
AM aɪˌɑnəˈsfɪrɪk

iontophoresis
BR ʌɪˌɒntə(ʊ)fəˈriːsɪs
AM aɪˈɑn(t)əfəˈrisɪs

Iorwerth
BR ˈjɔːwə(ː)θ
AM ˈjɔrˌwərθ
WE ˈjɒrwɛrθ

iota
BR ʌɪˈəʊtə(r), -z
AM aɪˈoʊdə, -z

IOU
BR ˌʌɪəʊˈjuː, -z
AM ˌaɪˌoʊˈju, -z

Iowa
BR ˈʌɪəwə(r)
AM ˈaɪəwə

Iowan
BR ˈʌɪəwən, -z
AM ˈaɪəwən, -z

Ipatieff
BR ɪˈpatɪɛf
AM ɪˈpætˌjɛf

ipecac
BR ˈɪpɪkak
AM ˈɪpəkæk

ipecacuanha
BR ˌɪpɪkakjʊˈanə(r),
ˌɪpɪkakjʊˈɑːnə(r)
AM iˌpeɪkəˈkwanjə,
ˌɪpəˌkækjəˈwan(j)ə

Iphigenia
BR ɪˌfɪdʒɪˈniːə(r),
ˌʌɪfɪdʒɪˈnʌɪə(r)
AM ˌɪfədʒəˈniə

Ipoh
BR ˈiːpəʊ
AM ˈiˌpoʊ

ipomoea
BR ˌɪpəˈmiːə(r), -z
AM ˌɪpəˈmiə, -z

ipse dixit
BR ˌɪpsiˈdɪksɪt,
ˌɪpseɪ +
AM ˌɪpsiˈdɪksɪt

ipsilateral
BR ˌɪpsɪˈlat(ə)rl̩
AM ˌɪpsɪˈlæd(ə)rəl

ipsissima verba
BR ɪpˌsɪsɪmə ˈvəːbə(r)
AM ɪpˌsɪsəmə ˈvərbə

ipso facto
BR ˌɪpsəʊ ˈfaktəʊ
AM ˈɪpsoʊ ˈfæktoʊ

Ipswich
BR ˈɪpswɪtʃ
AM ˈɪpswɪtʃ

Iqbal
BR ˈɪkbal, ˈɪkbɑːl
AM ˈɪkˌbal

Ira
BR ˈʌɪrə(r)
AM ˈaɪrə

IRA[1] *banking*
BR ˈʌɪrə(r)
AM ˌaɪˌɑrˈeɪ, ˈaɪrə

IRA[2] *Irish Republican Army*
BR ˌʌɪɑːrˈeɪ
AM ˌaɪˌɑrˈeɪ

irade
BR ɪˈrɑːd|i, -ɪz
AM ɪˈrɑdi, -z

Iran
BR ɪˈrɑːn
AM ɪˈræn, ɪˈrɑn

Iran-Contra
BR ɪˌrɑːnˈkɒntrə(r)
AM ɪˌrænˈkɑntrə,
ɪˌrɑnˈkɑntrə

Irangate
BR ɪˈrɑːŋgeɪt
AM ɪˈrænˌgeɪt,
ɪˈrɑnˌgeɪt

Iranian
BR ɪˈreɪniən, -z
AM ɪˈrɑniən,
ɪˈreɪniən, -z

Iraq
BR ɪˈrɑːk
AM ɪˈræk, ɪˈrɑk

Iraqi
BR ɪˈrɑːk|i, -ɪz
AM ɪˈræki,
ɪˈrɑki, -z

IRAS
BR ˈʌɪrɑs
AM ˈaɪˌræs

irascibility
BR ɪˌrasɪˈbɪlɪti
AM ɪˌræsəˈbɪlɪdi

irascible
BR ɪˈrasɪbl
AM ɪˈræsəb(ə)l

irascibleness
BR ɪˈrasɪblnəs
AM ɪˈræsəbəlnəs

irascibly
BR ɪˈrasɪbli
AM ɪˈræsəbli

irate
BR ʌɪˈreɪt
AM aɪˈreɪt

irately
BR ʌɪˈreɪtli
AM aɪˈreɪtli

irateness
BR ʌɪˈreɪtnɪs
AM aɪˈreɪtnɪs

ire
BR ˈʌɪə(r)
AM ˈaɪ(ə)r

ireful
BR ˈʌɪəf(ʊ)l
AM ˈaɪrfəl

irefully
BR ˈʌɪəfʊli, ˈʌɪəfḷi
AM ˈaɪrfəli

irefulness
BR ˈʌɪəf(ʊ)lnəs
AM ˈaɪrfəlnəs

Ireland
BR ˈʌɪələnd
AM ˈaɪrlən(d)

Irenaeus
BR ʌɪˈriːniəs
AM aɪˈriniəs

Irene
BR ˈʌɪriːn, ʌɪˈriːn
AM ˈaɪˌrin, aɪˈrin

irenic
BR ʌɪˈriːnɪk, ʌɪˈrɛnɪk
AM aɪˈrinɪk,
aɪˈrɛnɪk

irenical
BR ʌɪˈriːnɪkl, ʌɪˈrɛnɪkl
AM aɪˈrinɪk(ə)l,
aɪˈrɛnək(ə)l

irenicon
BR ʌɪˈriːnɪkɒn,
ʌɪˈrɛnɪkɒn, -z
AM aɪˈrinəˌkɑn,
aɪˈrɛnəˌkɑn, -z

Ireton
BR ˈʌɪət(ə)n
AM ˈaɪ(ə)rt(ə)n

Irgun
BR əːˈguːn
AM ərˈgun

Irian
BR ˈɪriən
AM ˈɪriən

Irian Jaya
BR ˌɪriən ˈdʒʌɪə(r)
AM ˌɪriən ˈdʒaɪə

iridaceous
BR ˌɪrɪˈdeɪʃəs
AM ˌɪrəˈdeɪʃəs

iridescence
BR ˌɪrɪˈdɛsns
AM ˌɪrəˈdɛs(ə)ns

iridescent
BR ˌɪrɪˈdɛsnt
AM ˌɪrəˈdɛs(ə)nt

iridescently
BR ˌɪrɪˈdɛsntli
AM ˌɪrəˈdɛsn(t)li

iridium
BR ɪˈrɪdiəm
AM ɪˈrɪdiəm

iridologist
BR ˌɪrɪˈdɒlədʒɪst, -s
AM ˌɪrəˈdɑlədʒəst, -s

iridology
BR ˌɪrɪˈdɒlədʒi
AM ˌɪrəˈdɑlədʒi

iris
BR ˈʌɪr|ɪs, -ɪsɪz
AM ˈaɪrɪs, -ɪz

Irish
BR ˈʌɪrɪʃ
AM ˈaɪrɪʃ

Irishman
BR ˈʌɪrɪʃmən
AM ˈaɪrɪʃm(ə)n

Irishmen
BR ˈʌɪrɪʃmən
AM ˈaɪrɪʃm(ə)n

Irishness
BR ˈʌɪrɪʃnɪs
AM ˈaɪrɪʃnɪs

Irishwoman
BR ˈʌɪrɪʃˌwʊmən
AM ˈaɪrɪʃˌwʊm(ə)n

Irishwomen
BR ˈʌɪrɪʃˌwɪmɪn
AM ˈaɪrɪʃˌwɪmɪn

iritis
BR ʌɪˈrʌɪtɪs
AM aɪˈraɪdɪs

irk
BR əːk, -s, -ɪŋ, -t
AM ərk, -s, -ɪŋ, -t

irksome
BR ˈəːks(ə)m
AM ˈərks(ə)m

irksomely
BR ˈəːks(ə)mli
AM ˈərksəmli

irksomeness
BR ˈəːks(ə)mnəs
AM ˈərksəmnəs

Irkutsk
BR əːˈkʊtsk,
ɪəˈkʊtsk
AM ˈɪrˌkʊ(t)sk

Irlam
BR ˈəːləm
AM ˈərl(ə)m

Irma
BR ˈəːmə(r)
AM ˈərmə

Irnbru
BR ˈʌɪənbruː
AM ˈaɪ(ə)rnˌbru

iroko
BR ɪˈrəʊkəʊ, -z
AM ɪˈroʊˌkoʊ, -z

iron
BR ˈʌɪən, -z, -ɪŋ, -d
AM ˈaɪ(ə)rn, -z, -ɪŋ, -d

Iron Age
BR ˈʌɪən eɪdʒ
AM ˈaɪ(ə)rn ˌeɪdʒ

ironbark
BR ˈʌɪənbɑːk, -s
AM ˈaɪ(ə)rnˌbɑrk, -s

ironclad
BR ˈʌɪənklad, -z
AM ˈaɪ(ə)rnˌklæd, -z

ironer
BR ˈʌɪənə(r), -z
AM ˈaɪ(ə)rnər, -z

ironic
BR ʌɪˈrɒnɪk
AM aɪˈrɑnɪk

ironical
BR ʌɪˈrɒnɪkl
AM aɪˈrɑnək(ə)l

ironically
BR ʌɪˈrɒnɪkli
AM aɪˈrɑnək(ə)li

ironise
BR ˈʌɪərənʌɪz, -ɪz,
-ɪŋ, -d
AM ˈaɪrəˌnaɪz, -ɪz, -ɪŋ, -d

ironist
BR ˈʌɪrənɪst, -s
AM ˈaɪrənəst, -s

ironize
BR ˈʌɪərənʌɪz, -ɪz,
-ɪŋ, -d
AM ˈaɪrəˌnaɪz, -ɪz,
-ɪŋ, -d

ironless
BR ˈʌɪənləs
AM ˈaɪ(ə)rnləs

ironmaster
BR ˈʌɪənˌmɑːstə(r), -z
AM ˈaɪ(ə)rnˌmæstər, -z

ironmonger
BR ˈʌɪənˌmʌŋgə(r), -z
AM ˈaɪ(ə)rnˌmʌŋgər,
ˈaɪ(ə)rnˌmɑŋgər, -z

ironmongery
BR ˈaɪənˌmʌŋg(ə)ri
AM ˈaɪ(ə)rnˌmaŋg(ə)ri, ˈaɪ(ə)rnˌməŋg(ə)ri

Ironside
BR ˈaɪənsaɪd, -z
AM ˈaɪ(ə)rnˌsaɪd, -z

ironstone
BR ˈaɪənstəʊn
AM ˈaɪ(ə)rnˌstoʊn

ironware
BR ˈaɪənwɛː(r)
AM ˈaɪ(ə)rnˌwɛ(ə)r

ironwood
BR ˈaɪənwʊd
AM ˈaɪ(ə)rnˌwʊd

ironwork
BR ˈaɪənwɜːk, -s
AM ˈaɪ(ə)rnˌwɝk, -s

irony
BR ˈaɪrən|i, -ɪz
AM ˈaɪərni, ˈaɪrəni, -z

Iroquoian
BR ˌɪrəˈkwɔɪən, -z
AM ˈɪrəˌk(w)ɔɪən, -z

Iroquois
BR ˈɪrəkwɔɪ, -z
AM ˈɪrəˌk(w)ɔɪ, -z

irradiance
BR ɪˈreɪdiəns, -ɪz
AM ɪˈreɪdiəns, -əz

irradiant
BR ɪˈreɪdiənt
AM ɪˈreɪdiənt

irradiate
BR ɪˈreɪdieɪt, -s, -ɪŋ, -ɪd
AM ɪˈreɪdiˌeɪ|t, -ts, -dɪŋ, -dɪd

irradiation
BR ɪˌreɪdiˈeɪʃn
AM ɪˌreɪdiˈeɪʃ(ə)n

irradiative
BR ɪˈreɪdiətɪv
AM ɪˌreɪdiˌeɪdɪv

irrational
BR (ˌ)ɪˈraʃn̩l
AM ɪ(r)ˈræʃ(ə)n(ə)l

irrationalise
BR (ˌ)ɪˈraʃn̩l̩ʌɪz, (ˌ)ɪˈraʃnəlʌɪz, -ɪz, -ɪŋ, -d
AM ɪ(r)ˈræʃnəˌlaɪz, ɪ(r)ˈræʃənl̩ˌaɪz, -ɪz, -ɪŋ, -d

irrationality
BR ɪˌraʃəˈnalɪti
AM əˌræʃəˈnælədi, ɪ(r)ˌræʃəˈnælədi

irrationalize
BR (ˌ)ɪˈraʃn̩l̩ʌɪz, (ˌ)ɪˈraʃnəlʌɪz, -ɪz, -ɪŋ, -d
AM ɪ(r)ˈræʃnəˌlaɪz, ɪ(r)ˈræʃənl̩ˌaɪz, -ɪz, -ɪŋ, -d

irrationally
BR (ˌ)ɪˈraʃnli, (ˌ)ɪˈraʃnəli
AM ɪ(r)ˈræʃ(ə)nəli

Irrawaddy
BR ˌɪrəˈwɒdi
AM ˌɪrəˈwɑdi

Irrawady
BR ˌɪrəˈwɒdi
AM ˌɪrəˈwɑdi

irreclaimable
BR ˌɪrɪˈkleɪməbl
AM ˌɪ(r)rəˈkleɪməb(ə)l

irreclaimably
BR ˌɪrɪˈkleɪməbli
AM ˌɪ(r)rəˈkleɪməbli

irreconcilability
BR ɪˌrek(ə)nˌsʌɪləˈbɪlɪti, ˌɪrek(ə)nˌsʌɪləˈbɪlɪti
AM ɪˌrekənˌsaɪləˈbɪlɪdi, ˌɪ(r)ˌrekənˌsaɪləˈbɪlɪdi

irreconcilable
BR ˌɪrek(ə)nˈsʌɪləbl, ɪˌrek(ə)nˈsʌɪləbl, ɪˈrek(ə)nsʌɪləbl
AM ɪˌrekənˈsaɪləb(ə)l, ˌɪ(r)ˌrekənˈsaɪləb(ə)l

irreconcilableness
BR ˌɪrek(ə)nˈsʌɪləblnəs, ɪˌrek(ə)nˈsʌɪləblnəs, ɪˈrek(ə)nsʌɪləblnəs
AM ɪˌrekənˈsaɪləbəlnəs, ˌɪ(r)ˌrekənˈsaɪləbəlnəs

irreconcilably
BR ˌɪrek(ə)nˈsʌɪləbli, ɪˌrek(ə)nˈsʌɪləbli, ɪˈrek(ə)nsʌɪləbli
AM ɪˌrekənˈsaɪləbli, ˌɪ(r)ˌrekənˈsaɪləbli

irrecoverable
BR ˌɪrɪˈkʌv(ə)rəbl
AM ˌɪ(r)rəˈkʌv(ə)rəb(ə)l

irrecoverably
BR ˌɪrɪˈkʌv(ə)rəbli
AM ˌɪ(r)rəˈkʌv(ə)rəbli

irrecusable
BR ˌɪrɪˈkjuːzəbl
AM ˌɪ(r)rəˈkjuzəb(ə)l

irredeemability
BR ˌɪrɪˌdiːməˈbɪlɪti
AM ˌɪ(r)rəˌdiməˈbɪlɪdi

irredeemable
BR ˌɪrɪˈdiːməbl
AM ˌɪ(r)rəˈdiməb(ə)l

irredeemably
BR ˌɪrɪˈdiːməbli
AM ˌɪ(r)rəˈdiməbli

irredentism
BR ˌɪrɪˈdentɪzm
AM ˌɪ(r)rəˈdenˌtɪz(ə)m

irredentist
BR ˌɪrɪˈdentɪst, -s
AM ˌɪ(r)rəˈden(t)əst, -s

irreducibility
BR ˌɪrɪˌdjuːsɪˈbɪlɪti, ˌɪrɪˌdʒuːsɪˈbɪlɪti
AM ˌɪ(r)rəˌd(j)usəˈbɪlɪdi

irreducible
BR ˌɪrɪˈdjuːsɪbl, ˌɪrɪˈdʒuːsɪbl
AM ˌɪ(r)rəˈd(j)usəb(ə)l

irreducibly
BR ˌɪrɪˈdjuːsɪbli, ˌɪrɪˈdʒuːsɪbli
AM ˌɪ(r)rəˈd(j)usəbli

irrefragability
BR ɪˌrefrəgəˈbɪlɪti
AM ˌɪ(r)rəˌfrefrəgəˈbɪlɪdi

irrefragable
BR (ˌ)ɪˈrefrəgəbl
AM ɪˈrefrəgəb(ə)l, ɪ(r)ˈrefrəgəb(ə)l

irrefragableness
BR (ˌ)ɪˈrefrəgəblnəs
AM ɪˈrefrəgəbəlnəs, ɪ(r)ˈrefrəgəbəlnəs

irrefragably
BR (ˌ)ɪˈrefrəgəbli
AM ɪˈrefrəgəbli, ɪ(r)ˈrefrəgəbli

irrefrangible
BR ˌɪrɪˈfran(d)ʒɪbl
AM ˌɪ(r)rəˈfrændʒəb(ə)l

irrefutability
BR ˌɪrɪˌfjuːtəˈbɪlɪti, ɪˌrefjʊtəˈbɪlɪti
AM ˌɪ(r)ˌrefjədəˈbɪlɪdi, ɪˌrefjədəˈbɪlɪdi, ˌɪ(r)rəˌfjudəˈbɪlɪdi

irrefutable
BR ˌɪrɪˈfjuːtəbl, ɪˈrefjʊtəbl
AM ˌɪ(r)rəˈfjədəb(ə)l, ɪˈrefjədəb(ə)l, ˌɪ(r)rəˈfjudəb(ə)l

irrefutably
BR ˌɪrɪˈfjuːtəbli, ɪˈrefjʊtəbli
AM ˌɪ(r)rəˈfjədəbli, ɪˈrefjədəbli, ˌɪ(r)rəˈfjudəbli

irregardless
BR ˌɪrɪˈgɑːdləs
AM ˌɪ(r)rəˈgɑrdləs

irregular
BR (ˌ)ɪˈregjʊlə(r)
AM ɪ(r)ˈregjələr

irregularity
BR ɪˌregjʊˈlarɪt|i, -ɪz
AM ɪˌregjəˈlerədi, ˌɪ(r)ˌregjəˈlerədi, -z

irregularly
BR (ˌ)ɪˈregjʊləli
AM ɪ(r)ˈregjələrli

irrelative
BR (ˌ)ɪˈrelətɪv
AM ɪˈrelədɪv, ˌɪ(r)ˈrelədɪv

irrelatively
BR (ˌ)ɪˈrelətɪvli
AM ɪˈrelədəvli, ˌɪ(r)ˈrelədəvli

irrelevance
BR (ˌ)ɪˈrelɪvəns, -ɪz
AM ɪˈreləvəns,
ˌɪ(r)ˈreləvəns, -əz

irrelevancy
BR (ˌ)ɪˈrelɪvəns|i, -ɪz
AM ɪˈreləvəns|i,
ˌɪ(r)ˈreləvənsi, -z

irrelevant
BR (ˌ)ɪˈrelɪvənt
AM ɪˈreləvənt,
ˌɪ(r)ˈreləvənt

irrelevantly
BR (ˌ)ɪˈrelɪvəntli
AM ɪˈreləvən(t)li,
ˌɪ(r)ˈreləvən(t)li

irreligion
BR ˌɪrɪˈlɪdʒ(ə)n
AM ˌɪ(r)əˈlɪdʒ(ə)n

irreligionist
BR ˌɪrɪˈlɪdʒn̩ɪst, -s
AM ˌɪ(r)əˈlɪdʒənəst, -s

irreligious
BR ˌɪrɪˈlɪdʒəs
AM ˌɪ(r)əˈlɪdʒəs

irreligiously
BR ˌɪrɪˈlɪdʒəsli
AM ˌɪ(r)əˈlɪdʒəsli

irreligiousness
BR ˌɪrɪˈlɪdʒəsnəs
AM ˌɪ(r)əˈlɪdʒəsnəs

irremediable
BR ˌɪrɪˈmiːdɪəbl
AM ˌɪ(r)əˈmidɪəb(ə)l

irremediably
BR ˌɪrɪˈmiːdɪəbli
AM ˌɪ(r)əˈmidɪəbli

irremissible
BR ˌɪrɪˈmɪsɪbl
AM ˌɪ(r)əˈmɪsɪb(ə)l

irremissibly
BR ˌɪrɪˈmɪsɪbli
AM ˌɪ(r)əˈmɪsɪbli

irremovability
BR ˌɪrɪˌmuːvəˈbɪlɪt|i, -ɪz
AM ˈˌɪ(r)əˌmuvəˈbɪlɪdi, -z

irremovable
BR ˌɪrɪˈmuːvəbl
AM ˌɪ(r)əˈmuvəb(ə)l

irremovably
BR ˌɪrɪˈmuːvəbli
AM ˌɪ(r)əˈmuvəbli

irremoveability
BR ˌɪrɪˌmuːvəˈbɪlɪti
AM ˈˌɪ(r)əˌmuvəˈbɪlɪdi

irremoveable
BR ˌɪrɪˈmuːvəbl
AM ˌɪ(r)əˈmuvəb(ə)l

irreparability
BR ɪˌrep(ə)rəˈbɪlɪti
AM ˈˌɪ(r)ˌrep(ə)rəˈbɪlɪdi

irreparable
BR (ˌ)ɪˈrep(ə)rəbl
AM ɪˈrep(ə)rəb(ə)l,
ˌɪrˈrep(ə)rəb(ə)l

irreparableness
BR (ˌ)ɪˈrep(ə)rəblnəs
AM ɪˈrep(ə)rəbəlnəs,
ˌɪrˈrep(ə)rəbəlnəs

irreparably
BR (ˌ)ɪˈrep(ə)rəbli
AM ɪˈrep(ə)rəbli,
ˌɪrˈrep(ə)rəbli

irreplaceable
BR ˌɪrɪˈpleɪsəbl
AM ˌɪ(r)əˈpleɪsəb(ə)l

irreplaceably
BR ˌɪrɪˈpleɪsəbli
AM ˌɪ(r)əˈpleɪsəbli

irrepressibility
BR ˌɪrɪˌpresɪˈbɪlɪti
AM ˈˌɪ(r)əˌpresəˈbɪlɪdi

irrepressible
BR ˌɪrɪˈpresɪbl
AM ˌɪ(r)əˈpresəb(ə)l

irrepressibleness
BR ˌɪrɪˈpresɪblnəs
AM ˌɪ(r)əˈpresəbəlnəs

irrepressibly
BR ˌɪrɪˈpresɪbli
AM ˌɪ(r)əˈpresəbli

irreproachability
BR ˌɪrɪˌprəʊtʃəˈbɪlɪti
AM ˈˌɪ(r)əˌproʊtʃəˈbɪlɪdi

irreproachable
BR ˌɪrɪˈprəʊtʃəbl
AM ˌɪ(r)əˈproʊtʃəb(ə)l

irreproachableness
BR ˌɪrɪˈprəʊtʃəblnəs
AM ˌɪ(r)əˈproʊtʃəbəlnəs

irreproachably
BR ˌɪrɪˈprəʊtʃəbli
AM ˌɪ(r)əˈproʊtʃəbli

irresistibility
BR ˌɪrɪˌzɪstɪˈbɪlɪti
AM ˈˌɪ(r)əˌzɪstəˈbɪlɪdi

irresistible
BR ˌɪrɪˈzɪstɪbl
AM ˌɪ(r)əˈzɪstəb(ə)l

irresistibleness
BR ˌɪrɪˈzɪstɪblnəs
AM ˌɪ(r)əˈzɪstəbəlnəs

irresistibly
BR ˌɪrɪˈzɪstɪbli
AM ˌɪ(r)əˈzɪstəbli

irresolute
BR (ˌ)ɪˈrezəl(j)uːt
AM ɪ(r)ˈrezəˌlut

irresolutely
BR (ˌ)ɪˈrezəl(j)uːtli
AM ɪ(r)ˈrezəˌlutli

irresoluteness
BR (ˌ)ɪˈrezəl(j)uːtnəs
AM ɪ(r)ˈrezəˌlutnəs

irresolution
BR ɪˌrezəˈl(j)uːʃn,
ˌɪrezəˈl(j)uːʃn
AM ˈˌɪ(r)ˌrezəˈluʃ(ə)n

irresolvability
BR ˌɪrɪˌzɒlvəˈbɪlɪti
AM ˈˌɪ(r)əˌzɑlvəˈbɪlɪdi

irresolvable
BR ˌɪrɪˈzɒlvəbl
AM ˌɪ(r)əˈzɑlvəb(ə)l

irrespective
BR ˌɪrɪˈspektɪv
AM ˌɪ(r)əˈspektɪv

irrespectively
BR ˌɪrɪˈspektɪvli
AM ˌɪ(r)əˈspektəvli

irresponsibility
BR ˌɪrɪˌspɒnsɪˈbɪlɪti
AM ˈˌɪ(r)əˌspɑnsəˈbɪlɪdi

irresponsible
BR ˌɪrɪˈspɒnsɪbl
AM ˌɪ(r)əˈspɑnsəb(ə)l

irresponsibly
BR ˌɪrɪˈspɒnsɪbli
AM ˌɪ(r)əˈspɑnsəbli

irresponsive
BR ˌɪrɪˈspɒnsɪv
AM ˌɪ(r)əˈspɑnsɪv

irresponsively
BR ˌɪrɪˈspɒnsɪvli
AM ˌɪ(r)əˈspɑnsəvli

irresponsiveness
BR ˌɪrɪˈspɒnsɪvnɪs
AM ˌɪ(r)əˈspɑnsɪvnɪs

irretentive
BR ˌɪrɪˈtentɪv
AM ˌɪ(r)əˈten(t)ɪv

irretrievability
BR ˌɪrɪˌtriːvəˈbɪlɪti
AM ˈˌɪ(r)əˌtrivəˈbɪlɪdi

irretrievable
BR ˌɪrɪˈtriːvəbl
AM ˌɪ(r)əˈtrivəb(ə)l

irretrievably
BR ˌɪrɪˈtriːvəbli
AM ˌɪ(r)əˈtrivəbli

irreverence
BR ɪˈrev(ə)rns
AM ˌɪ(r)ˈrev(ə)rəns

irreverent
BR ɪˈrev(ə)rnt
AM ˌɪ(r)ˈrev(ə)rənt

irreverential
BR ɪˌrevəˈrenʃl,
ˌɪrevəˈrenʃl
AM ˌɪ(r)ˌrevəˈren(t)ʃ(ə)l

irreverently
BR ɪˈrev(ə)rn̩tli
AM ˌɪ(r)ˈrev(ə)rən(t)li

irreversibility
BR ˌɪrɪˌvɜːsɪˈbɪlɪti
AM ˈˌɪ(r)əˌvɜrsəˈbɪlɪdi

irreversible
BR ˌɪrɪˈvɜːsɪbl
AM ˌɪ(r)əˈvɜrsəb(ə)l

irreversibly
BR ˌɪrɪˈvɜːsɪbli
AM ˌɪ(r)əˈvɜrsəbli

irrevocability
BR ɪˌrevəkəˈbɪlɪti
AM ɪˌrevəkəˈbɪlɪdi,
ˈˌɪ(r)ˌrevəkəˈbɪlɪdi

irrevocable
BR ɪˈrɛvəkəbl
AM ɨˈrɛvəkəb(ə)l,
ˌɪ(r)rəˈvoʊkəb(ə)l,
ˌɪ(r)ˈrɛvəkəb(ə)l

irrevocably
BR ɪˈrɛvəkəbli
AM ɨˈrɛvəkəbli,
ˌɪ(r)rəˈvoʊkəbli,
ˌɪ(r)ˈrɛvəkəbli

irrigable
BR ˈɪrɪgəbl
AM ˈɪrəgəb(ə)l

irrigate
BR ˈɪrɪgeɪt, -s, -ɪŋ, -ɨd
AM ˈɪrəgeɪ|t, -ts, -dɪŋ, -dɨd

irrigation
BR ˌɪrɨˈgeɪʃn
AM ˌɪrəˈgeɪʃ(ə)n

irrigative
BR ˈɪrɪgətɪv
AM ˈɪrəˌgeɪdɪv

irrigator
BR ˈɪrɪgeɪtə(r), -z
AM ˈɪrəˌgeɪdər, -z

irritability
BR ˌɪrɪtəˈbɪlɨti
AM ˌɪrədəˈbɪlɨdi

irritable
BR ˈɪrɪtəbl
AM ˈɪrədəb(ə)l

irritably
BR ˈɪrɪtəbli
AM ˈɪrədəbli

irritancy
BR ˈɪrɪt(ə)nsi
AM ˈɪrədnsi

irritant
BR ˈɪrɪt(ə)nt, -s
AM ˈɪrədnt, -s

irritate
BR ˈɪrɪteɪt, -s, -ɪŋ, -ɨd
AM ˈɪrəˌteɪ|t, -ts, -dɪŋ, -dɨd

irritatedly
BR ˈɪrɪteɪtɨdli
AM ˈɪrəˌteɪdɨdli

irritatingly
BR ˈɪrɪteɪtɪŋli
AM ˈɪrəˌteɪdɪŋli

irritation
BR ˌɪrɪˈteɪʃn, -z
AM ˌɪrəˈteɪʃ(ə)n, -z

irritative
BR ˈɪrɪtətɪv
AM ˈɪrəˌteɪdɪv

irritator
BR ˈɪrɪteɪtə(r), -z
AM ˈɪrəˌteɪdər, -z

irrupt
BR ɪˈrʌpt, -s, -ɪŋ, -ɨd
AM ɨˈrəpt, -s, -ɪŋ, -əd

irruption
BR ɪˈrʌpʃn, -z
AM ɨˈrəpʃ(ə)n, -z

irruptive
BR ɪˈrʌptɪv
AM ɨˈrəptɪv

Irvine[1] *placename in UK*
BR ˈəːvɪn
AM ˈərvən

Irvine[2] *placename in USA*
BR ˈəːvaɪn
AM ˈərˌvaɪn

Irvine[3] *surname*
BR ˈəːvɪn
AM ˈərvən

Irving
BR ˈəːvɪŋ
AM ˈərvɪŋ

Irvingite
BR ˈəːvɪŋʌɪt, -s
AM ˈərvɪŋˌgaɪt, -s

Irwell
BR ˈəːwɛl
AM ˈərˌwɛl

Irwin
BR ˈəːwɪn
AM ˈərwən

is[1] *strong*
BR ɪz
AM ɪz

is[2] *weak*
BR s, z
AM z, s

Isaac
BR ˈʌɪzək
AM ˈaɪzək

Isaacs
BR ˈʌɪzəks
AM ˈaɪzəks

Isabel
BR ˈɪzəbɛl
AM ˈɪzəˌbɛl

Isabella
BR ˌɪzəˈbɛlə(r)
AM ˌɪzəˈbɛlə

Isabelle
BR ˈɪzəbɛl, ˌɪzəˈbɛl
AM ˌɪzəˈbɛl, ˈɪzəˌbɛl

isabelline
BR ˌɪzəˈbɛliːn, ˌɪzəˈbɛlɪn, ˌɪzəˈbɛlʌɪn
AM ˌɪzəˈbɛˌlaɪn, ˈɪzəˌbɛˌlin, ˈɪzəˌbɛl(ə)n

Isadora
BR ˌɪzəˈdɔːrə(r)
AM ˌɪzəˈdɔrə

Isadore
BR ˈɪzədɔː(r)
AM ˈɪzəˌdɔ(ə)r

isagogic
BR ˌʌɪsəˈgɒdʒɪk, -s
AM ˌaɪsəˈgɑdʒɪk, -s

Isaiah
BR ʌɪˈzʌɪə(r)
AM aɪˈzeɪə

Isambard
BR ˈɪzmbɑːd
AM ˈɪzəmˌbɑrd

isatin
BR ˈʌɪsətɪn
AM ˈaɪsətn, ˈaɪsədən

Iscariot
BR ɪˈskarɪət
AM ɨsˈkɛrɪət

ischaemia
BR ɪˈskiːmɪə(r)
AM ɪsˈkimiə

ischaemic
BR ɪˈskiːmɪk
AM ɪsˈkimɪk

ischemia
BR ɪˈskiːmɪə(r)
AM ɪsˈkimiə

ischemic
BR ɪˈskiːmɪk
AM ɪsˈkimɪk

Ischia
BR ˈɪskɪə(r)
AM ˈɪskiə
IT ˈiskja

ischiadic
BR ˌɪskɪˈadɪk
AM ˌɪskiˈædɪk

ischial
BR ˈɪskɪəl
AM ˈɪskiəl

ischiatic
BR ˌɪskɪˈatɪk
AM ˌɪskiˈædɪk

ischium
BR ˈɪskɪəm
AM ˈɪskiə

isentropic
BR ˌʌɪs(ɛ)nˈtrɒpɪk, ˌʌɪz(ɛ)nˈtrɒpɪk, ˌʌɪs(ɛ)nˈtrəʊpɪk, ˌʌɪz(ɛ)nˈtrəʊpɪk
AM ˌaɪzənˈtrɑpɪk, ˌaɪsənˈtrɑpɪk

Iseult
BR ɪˈzuːlt, ɪˈsuːlt
AM ˌɪˈzɔlt, ˌɪˈsɔlt

Isfahan
BR ˌɪsfəˈhɑːn, ˈɪsfəhɑːn
AM ˌɪsfəˈhɑn

Isherwood
BR ˈɪʃəwʊd
AM ˈɪʃərˌwʊd

Ishiguro
BR ˌɪʃɪˈgʊərəʊ
AM ˌɪʃiˈguˌroʊ

Ishmael
BR ˈɪʃmeɪl, ˈɪʃmɪəl
AM ˈɪʃmiəl, ˈɪʃˌmeɪl

Ishmaelite
BR ˈɪʃmeɪlʌɪt, ˈɪʃmɪəlʌɪt, -s
AM ˈɪʃmiəˌlaɪt, ˈɪʃˌmeɪˌlaɪt, -s

Ishtar
BR ˈɪʃtɑː(r)
AM ˈɪʃˌtɑr

Isidore
BR ˈɪzɨdɔː(r)
AM ˈɪzəˌdɔ(ə)r

isinglass
BR ˈaɪzɪŋglɑːs
AM ˈaɪzɪŋˌglæs, ˈaɪznˌglæs

Isis
BR ˈaɪsɪs
AM ˈaɪsɪs

Isla
BR ˈaɪlə(r)
AM ˈaɪlə

Islam
BR ˈɪzlɑːm, ˈɪslɑːm, ɪzˈlɑːm, ɪzˈlam
AM ɪzˈlɑm, ˈɪsˌlam, ˈɪzˌlam, ɪˈslam

Islamabad
BR ɪzˈlɑːməbad, ɪsˈlɑːməbad
AM ɪˌzlæməˈbad, ɪˌslæməˈbæd, ɪˌzlæməˈbæd, ɪˌsləməˈbad

Islamic
BR ɪzˈlamɪk, ɪsˈlamɪk
AM ɪzˈlamɪk, ɪˈslamɪk

islamification
BR ɪzˌlamɪfɪˈkeɪʃn, ɪsˌlamɪfɪˈkeɪʃn
AM ɪsˌlaməfəˈkeɪʃ(ə)n

Islamisation
BR ɪzˌlɑːmaɪˈzeɪʃn, ɪsˌlɑːmaɪˈzeɪʃn
AM ɪˌzləməˈzeɪʃ(ə)n, ɪˌslamˌaɪˈzeɪʃ(ə)n, ɪˌzlamˌaɪˈzeɪʃ(ə)n, ɪˌsləməˈzeɪʃ(ə)n

Islamise
BR ˈɪzləmaɪz, ˈɪsləmaɪz, -ɪz, -ɪŋ, -d
AM ˈɪzləˌmaɪz, ˈɪsləˌmaɪz, -ɪz, -ɪŋ, -d

Islamism
BR ˈɪzləmɪzm, ˈɪsləmɪzm
AM ˈɪzləˌmɪz(ə)m, ˈɪsləˌmɪz(ə)m

Islamist
BR ˈɪzləmɪst, ˈɪsləmɪst, -s
AM ˈɪzləməst, ˈɪsləməst, -s

Islamite
BR ˈɪzləmʌɪt, ˈɪsləmʌɪt, -s
AM ˈɪzləˌmaɪt, ˈɪsləˌmaɪt, -s

Islamitic
BR ˌɪzləˈmɪtɪk, ˌɪsləˈmɪtɪk
AM ˌɪzləˈmɪdɪk, ˌɪsləˈmɪdɪk

Islamization
BR ɪzˌlɑːmaɪˈzeɪʃn, ɪsˌlɑːmaɪˈzeɪʃn
AM ɪˌzləməˈzeɪʃ(ə)n, ɪˌslamˌaɪˈzeɪʃ(ə)n, ɪˌzlamˌaɪˈzeɪʃ(ə)n, ɪˌsləməˈzeɪʃ(ə)n

Islamize
BR ˈɪzləmʌɪz, ˈɪsləmʌɪz, -ɪz, -ɪŋ, -d
AM ˈɪzləˌmaɪz, ˈɪsləˌmaɪz, -ɪz, -ɪŋ, -d

island
BR ˈʌɪlənd, -(d)z
AM ˈaɪlənd, -(d)z

islander
BR ˈʌɪləndə(r), -z
AM ˈaɪləndər, -z

isle
BR ʌɪl, -z
AM aɪl, -z

Isle of Man
BR ˌʌɪl əv ˈman
AM ˌaɪl əv ˈmæn

Isle of Wight
BR ˌʌɪl əv ˈwʌɪt
AM ˌaɪl əv ˈwaɪt

islet
BR ˈʌɪlɪt, -s
AM ˈaɪlət, -s

Isleworth
BR ˈʌɪzlwə(ː)θ
AM ˈaɪlˌwərθ

Islington
BR ˈɪzlɪŋt(ə)n
AM ˈaɪlɪŋt(ə)n

Islwyn
BR ˈɪslʊɪn
AM ˈɪslʊɪn
WE ˈɪslwɪn

ism
BR ˈɪzm, -z
AM ˈɪz(ə)m, -z

Ismaili
BR ˌɪzmɑːˈiːli, -ɪz
AM ˌɪzmɑˈili, ˌɪzməˈili, -z

Ismailia
BR ˌɪzmʌɪˈliːə(r), ˌɪsmʌɪˈliːə(r)
AM ˌɪsmaɪˈliə, ˌɪzmaɪˈliə

Ismay
BR ˈɪzmeɪ
AM ˈɪzmaɪ

isn't
BR ˈɪznt
AM ˈɪznt

isobar
BR ˈʌɪsə(ʊ)bɑː(r), -z
AM ˈaɪsoʊˌbɑr, ˈaɪsəˌbɑr, -z

isobaric
BR ˌʌɪsə(ʊ)ˈbarɪk
AM ˌaɪsoʊˈbɛrɪk, ˌaɪsəˈbɛrɪk

Isobel
BR ˈɪzəbɛl
AM ˈɪzəˌbɛl

isocheim
BR ˈʌɪsə(ʊ)kʌɪm, -z
AM ˈaɪsoʊˌkaɪm, ˈaɪsəˌkaɪm, -z

isochromatic
BR ˌʌɪsə(ʊ)krəˈmatɪk
AM ˌaɪsəkrəˈmædɪk

isochronal
BR ʌɪˈsɒkrn̩l
AM aɪˈsakrən(ə)l

isochronally
BR ʌɪˈsɒkrn̩li
AM aɪˈsakrənəli

isochronicity
BR ˌʌɪˌsɒkrəˈnɪsɪt|i, -ɪz
AM ˌaɪˌsakrəˈnɪsɪdi, -z

isochronize
BR ʌɪˈsɒkrənʌɪz, -ɪz, -ɪŋ, -d
AM aɪˈsakrəˌnaɪz, -ɪz, -ɪŋ, -d

isochronous
BR ʌɪˈsɒkrənəs
AM aɪˈsakrənəs

isochronously
BR ʌɪˈsɒkrənəsli
AM aɪˈsakrənəsli

isochrony
BR ʌɪˈsɒkrəni
AM aɪˈsakrəni

isoclinal
BR ˌʌɪsə(ʊ)ˈklʌɪnl
AM ˌaɪsoʊˈklaɪnl, ˌaɪsəˈklaɪn(ə)l

isoclinic
BR ˌʌɪsə(ʊ)ˈklɪnɪk
AM ˌaɪsoʊˈklɪnɪk, ˌaɪsəˈklɪnɪk

isocracy
BR ʌɪˈsɒkrəs|i, -ɪz
AM aɪˈsakrəsi, -z

Isocrates
BR ʌɪˈsɒkrətiːz
AM aɪˈsakrəˌtiz

isocratic
BR ˌʌɪsə(ʊ)ˈkratɪk
AM ˌaɪsoʊˈkrædɪk, ˌaɪsəˈkrædɪk

isocyclic
BR ˌʌɪsə(ʊ)ˈsʌɪklɪk
AM ˌaɪsoʊˈsaɪklɪk, ˌaɪsəˈsaɪklɪk

isodynamic
BR ˌʌɪsə(ʊ)dʌɪˈnamɪk
AM ˌaɪsoʊˌdaɪˈnæmɪk, ˌaɪsəˌdaɪˈnæmɪk

isoenzyme
BR ˈʌɪsəʊˌɛnzʌɪm, -z
AM ˈaɪsoʊˌɛnˌzaɪm, ˈaɪsəˌɛnˌzaɪm, -z

isogeotherm
BR ˌʌɪsə(ʊ)-ˈdʒɪə(ʊ)θəːm, -z
AM ˌaɪsoʊˈdʒɪəˌθərm, ˌaɪsəˈdʒɪəˌθərm, -z

isogeothermal
BR ˌʌɪsəʊ-ˌdʒiːə(ʊ)ˈθəːml
AM ˌaɪsoʊˌdʒiə-ˈθərm(ə)l, ˌaɪsə-ˌdʒɪəˈθərm(ə)l

isogloss
BR ˈʌɪsəglɒs, -ɪz
AM ˈaɪsəˌglas, ˈaɪsoʊ-ˌglɔs, ˈaɪsoʊˌglas, ˈaɪsəˌglɔs, -əz

isogonic
BR ˌʌɪsə(ʊ)ˈgɒnɪk
AM ˌaɪsəˈgɑnɪk

isohel
BR ˈʌɪsə(ʊ)hɛl, -z
AM ˈaɪsoʊˌhɛl, ˈaɪsəˌhɛl, -z

isohyet
BR ˌʌɪsə(ʊ)ˈhʌɪɪt, -s
AM ˌaɪsoʊˈhaɪət, ˌaɪsəˈhaɪət, -s

isolable
BR ˈʌɪs(ə)ləbl
AM ˈaɪsələb(ə)l

isolatable
BR ˈʌɪsəleɪtəbl
AM ˈaɪsəˌleɪdəb(ə)l

isolate[1] *noun, adjective*
BR ˈʌɪs(ə)lət, -s
AM ˈaɪsələt, -s

isolate[2] *verb*
BR ˈʌɪsəleɪt, -s, -ɪŋ, -ɪd
AM ˈaɪsəˌleɪ|t, -ts, -dɪŋ, -dɪd

isolation
BR ˌʌɪsəˈleɪʃn
AM ˌaɪsəˈleɪʃ(ə)n

isolationism
BR ˌʌɪsəˈleɪʃnɪzm
AM ˌaɪsəˈleɪʃəˌnɪz(ə)m

isolationist
BR ˌʌɪsəˈleɪʃnɪst, -s
AM ˌaɪsəˈleɪʃənəst, -s

isolative
BR ˈʌɪs(ə)lətɪv
AM ˈaɪsəˌleɪdɪv

isolatively
BR ˈʌɪs(ə)lətɪvli
AM ˈaɪsəˌleɪdɪvli

isolator
BR ˈʌɪsəleɪtə(r), -z
AM ˈaɪsəˌleɪdər, -z

Isolde
BR ɪˈzɒldə(r)
AM ɪˈzold, ɪˈsold

isolette
BR ˌʌɪsəˈlɛt
AM ˌaɪsəˈlɛt

isoleucine
BR ˌʌɪsə(ʊ)ˈluːsiːn
AM ˌaɪsoʊˈlus(ə)n, ˌaɪsəˈlus(ə)n

isomer
BR ˈʌɪsəmə(r), -z
AM ˈaɪsəmər, -z

isomerase
BR ʌɪˈsɒməreɪz
AM aɪˈsaməˌreɪz

isomeric
BR ˌʌɪsəˈmɛrɪk
AM ˌaɪzəˈmɛrɪk, ˌaɪsoʊˈmɛrɪk

isomerise
BR ʌɪˈsɒmərʌɪz, -ɪz, -ɪŋ, -d
AM aɪˈsaməˌraɪz, -ɪz, -ɪŋ, -d

isomerism
BR ʌɪˈsɒmərɪzm
AM aɪˈsaməˌrɪz(ə)m

isomerize
BR ʌɪˈsɒmərʌɪz, -ɪz, -ɪŋ, -d
AM aɪˈsaməˌraɪz, -ɪz, -ɪŋ, -d

isomerous
BR ʌɪˈsɒm(ə)rəs
AM aɪˈsamərəs

isometric
BR ˌʌɪsə(ʊ)ˈmɛtrɪk, -s
AM ˌaɪzəˈmɛtrɪk, ˌaɪsoʊˈmɛtrɪk, -s

isometrically
BR ˌʌɪsə(ʊ)ˈmɛtrɪkli
AM ˌaɪzəˈmɛtrək(ə)li, ˌaɪsoʊˈmɛtrək(ə)li

isometry
BR ʌɪˈsɒmɪtri
AM aɪˈsamətri

isomorph
BR ˈʌɪsə(ʊ)mɔːf, -s
AM ˈaɪsoʊˌmɔ(ə)rf, ˈaɪsəˌmɔ(ə)rf, -s

isomorphic
BR ˌʌɪsə(ʊ)ˈmɔːfɪk
AM ˌaɪsoʊˈmɔrfɪk

isomorphically
BR ˌʌɪsə(ʊ)ˈmɔːfɪkli
AM ˌaɪsoʊˈmɔrfək(ə)li

isomorphism
BR ˌʌɪsə(ʊ)ˈmɔːfɪzm
AM ˌaɪsoʊˈmɔrˌfɪz(ə)m

isomorphous
BR ˌʌɪsə(ʊ)ˈmɔːfəs
AM ˌaɪsoʊˈmɔrfəs

isonomy
BR ʌɪˈsɒnəmi
AM aɪˈsɑnəmi

isooctane
BR ˌʌɪsəʊˈɒkteɪn
AM ˌaɪsoʊˈɑkteɪn

isophote
BR ˌʌɪsə(ʊ)fəʊt, -s
AM ˈaɪsəˌfoʊt, -s

isopleth
BR ˌʌɪsə(ʊ)plɛθ, -s
AM ˈaɪsoʊˌplɛθ, ˈaɪsəˌplɛθ, -s

isopod
BR ˌʌɪsə(ʊ)pɒd, -z
AM ˈaɪsəˌpad, -z

isopropyl
BR ˌʌɪsəʊˈprəʊpʌɪl, ˌʌɪsəʊˈprəʊpɪl
AM ˌaɪsoʊˈproʊpəl, ˌaɪsəˈproʊpəl

isoproterenol
BR ˌʌɪsə(ʊ)ˌprəʊtəˈriːnɒl
AM ˌaɪsoʊˌproʊdəˈrinɔl, ˌaɪsəˌproʊdəˈrinɔl, ˌaɪsoʊˌproʊdəˈrinɔl, ˌaɪsəˌproʊdəˈrinɔl

isosceles
BR ʌɪˈsɒsɪliːz, ʌɪˈsɒslˌiːz
AM aɪˈsasəˌliz

isoseismal
BR ˌʌɪsə(ʊ)ˈsʌɪzml
AM ˌaɪsoʊˈsaɪzm(ə)l, ˌaɪsəˈsaɪzm(ə)l

isoseismic
BR ˌʌɪsə(ʊ)ˈsʌɪzmɪk
AM ˌaɪsoʊˈsaɪzmɪk, ˌaɪsəˈsaɪzmɪk

isospin
BR ˌʌɪsə(ʊ)spɪn
AM ˈaɪsoʊˌspɪn, ˈaɪsəˌspɪn

isostasy
BR ʌɪˈsɒstəs|i, -ɪz
AM aɪˈsastəsi, -z

isostatic
BR ˌʌɪsə(ʊ)ˈstatɪk
AM ˌaɪsoʊˈstædɪk, ˌaɪsəˈstædɪk

isothere
BR ˌʌɪsə(ʊ)θɪə(r), -z
AM ˈaɪsəˌθɪ(ə)r, -z

isotherm
BR ˈʌɪsə(ʊ)θəːm, -z
AM ˈaɪsoʊˌθərm, ˈaɪsəˌθərm, -z

isothermal
BR ˌʌɪsə(ʊ)ˈθəːml
AM ˌaɪsoʊˈθərm(ə)l, ˌaɪsəˈθərm(ə)l

isothermally
BR ˌʌɪsə(ʊ)ˈθəːmli
AM ˌaɪsoʊˈθərməli, ˌaɪsəˈθərməli

isotonic
BR ˌʌɪsə(ʊ)ˈtɒnɪk
AM ˌaɪsoʊˈtanɪk, ˌaɪsəˈtanɪk

isotonically
BR ˌʌɪsə(ʊ)ˈtɒnɪkli
AM ˌaɪsoʊˈtanək(ə)li, ˌaɪsəˈtanək(ə)li

isotonicity
BR ˌʌɪsə(ʊ)təˈnɪsɪti
AM ˈaɪsoʊtəˈnɪsɪdi, ˈaɪsətəˈnɪsɪdi

isotope
BR ˈʌɪsətəʊp, -s
AM ˈaɪsoʊˌtoʊp, ˈaɪsəˌtoʊp, -s

isotopic
BR ˌʌɪsə(ʊ)ˈtɒpɪk
AM ˌaɪsoʊˈtapɪk, ˌaɪsəˈtapɪk

isotopically
BR ˌʌɪsə(ʊ)ˈtɒpɪkli
AM ˌaɪsoʊˈtapək(ə)li, ˌaɪsəˈtapək(ə)li

isotopy
BR ʌɪˈsɒtəpi
AM ˈaɪsəˌtoʊpi, aɪˈsadəpi, ˈaɪsəˌtapi

isotropic
BR ˌʌɪsə(ʊ)ˈtrɒpɪk, ˌʌɪsə(ʊ)ˈtrəʊpɪk
AM ˌaɪsoʊˈtrapɪk, ˌaɪsəˈtrapɪk

isotropically
BR ˌʌɪsə(ʊ)ˈtrɒpɪkli,
ˌʌɪsə(ʊ)ˈtrəʊpɪkli
AM ˌaɪsoʊˈtrɑpək(ə)li,
ˌaɪsəˈtrɑpək(ə)li

isotropy
BR ʌɪˈsɒtrəpi
AM aɪˈsɑtrəpi

Ispahan
BR ˌɪspəˈhɑːn,
ˈɪspəhɑːn
AM ˌɪspəˈhɑn

I-spy
BR ˌʌɪˈspʌɪ
AM ˌaɪˈspaɪ

Israel
BR ˈɪzreɪl
AM ˈɪzˌreɪl, ˈɪzriəl

Israeli
BR ɪzˈreɪl|i, -ɪz
AM ɪzˈreɪli, -z

Israelite
BR ˈɪzrəlʌɪt, -s
AM ˈɪzriəˌlaɪt, -s

Issachar
BR ˈɪsəkɑː(r)
AM ˈɪsəˌkɑr

Issigonis
BR ˌɪsɪˈɡəʊnɪs,
ˌɪzɪˈɡəʊnɪs
AM ˌɪsɪˈɡoʊnəs

issuable
BR ˈɪʃ(j)ʊəbl, ˈɪsjʊəbl
AM ˈɪʃ(j)u(w)əb(ə)l

issuance
BR ˈɪʃ(j)ʊəns,
ˈɪsjʊəns, -ɪz
AM ˈɪʃ(j)u(w)əns, -əz

issuant
BR ˈɪʃ(j)ʊənt, ˈɪsjʊənt
AM ˈɪʃ(j)u(w)ənt

issue
BR ˈɪʃ(j)uː, ˈɪsjuː, -z,
-ɪŋ, -d
AM ˈɪʃ(j)u, -z, -ɪŋ, -d

issueless
BR ˈɪʃ(j)uːləs, ˈɪsjuːləs
AM ˈɪʃ(j)uləs

issuer
BR ˈɪʃ(j)uːə(r),
ˈɪsjuːə(r), -z
AM ˈɪʃ(j)u(w)ər, -z

Istanbul
BR ˌɪstanˈbʊl
AM ˈˌɪstæmˈbʊl,
ˈˌɪstænˈbʊl

isthmian
BR ˈɪs(θ)mɪən
AM ˈɪsmiən

isthmus
BR ˈɪs(θ)məs,
-ɪz
AM ˈɪsməs, -əz

istle
BR ˈɪstli
AM ˈɪs(t)li

Istria
BR ˈɪstrɪə(r)
AM ˈɪstriə
IT ˈistrja

Istrian
BR ˈɪstrɪən, -z
AM ˈɪstriən, -z

it
BR ɪt
AM ɪt

Italian
BR ɪˈtalj(ə)n, -z
AM ɪˈtælj(ə)n, -z

Italianate
BR ɪˈtaljəneɪt
AM ɪˈtæljəˌneɪt

italic
BR ɪˈtalɪk, -s
AM aɪˈtælɪk, ɪˈtælɪk,
-s

italicisation
BR ɪˌtalɪsʌɪˈzeɪʃn
AM aɪˌtæləsəˈzeɪʃ(ə)n,
ɪˌtæləˌsaɪˈzeɪʃ(ə)n,
aɪˌtæləˌsaɪˈzeɪʃ(ə)n,
ɪˌtæləsəˈzeɪʃ(ə)n

italicise
BR ɪˈtalɪsʌɪz, -ɪz,
-ɪŋ, -d
AM aɪˈtæləˌsaɪz,
ɪˈtæləˌsaɪz, -ɪz,
-ɪŋ, -d

italicization
BR ɪˌtalɪsʌɪˈzeɪʃn
AM aɪˌtæləsəˈzeɪʃ(ə)n,
ɪˌtæləˌsaɪˈzeɪʃ(ə)n,
aɪˌtæləˌsaɪˈzeɪʃ(ə)n,
əˌtæləsəˈzeɪʃ(ə)n

italicize
BR ɪˈtalɪsʌɪz, -ɪz,
-ɪŋ, -d
AM aɪˈtæləˌsaɪz,
ɪˈtæləˌsaɪz, -ɪz,
-ɪŋ, -d

Italiot
BR ɪˈtalɪət, -s
AM ɪˈtæliət, ɪˈtæliˌɑt,
-s

Italy
BR ˈɪtl̩i
AM ˈɪdə̩li

itch
BR ɪtʃ, -ɪz, -ɪŋ, -t
AM ɪtʃ, -ɪz, -ɪŋ, -t

Itchen
BR ˈɪtʃ(ɪ)n
AM ˈɪtʃɪn

itchiness
BR ˈɪtʃinɪs
AM ˈɪtʃinɪs

itchy
BR ˈɪtʃ|i, -ɪə(r), -ɪɪst
AM ˈɪtʃi, -ər, -ɪst

it'd
BR ˈɪtəd
AM ˈɪdɪd

item
BR ˈʌɪtɪm, -z
AM ˈaɪdəm, -z

itemisation
BR ˌʌɪtɪmʌɪˈzeɪʃn
AM ˌaɪdəˌmaɪˈzeɪʃ(ə)n,
ˌaɪdəməˈzeɪʃ(ə)n

itemise
BR ˈʌɪtɪmʌɪz, -ɪz, -ɪŋ,
-d
AM ˈaɪdəˌmaɪz, -ɪz,
-ɪŋ, -d

itemiser
BR ˈʌɪtɪmʌɪzə(r), -z
AM ˈaɪdəˌmaɪzər, -z

itemization
BR ˌʌɪtɪmʌɪˈzeɪʃn
AM ˌaɪdəˌmaɪˈzeɪʃ(ə)n,
ˌaɪdəməˈzeɪʃ(ə)n

itemize
BR ˈʌɪtɪmʌɪz, -ɪz, -ɪŋ,
-d
AM ˈaɪdəˌmaɪz, -ɪz,
-ɪŋ, -d

itemizer
BR ˈʌɪtɪmʌɪzə(r), -z
AM ˈaɪdəˌmaɪzər,
-z

iterance
BR ˈɪt(ə)r̩ns, -ɪz
AM ˈɪdərəns, -əz

iterancy
BR ˈɪt(ə)r̩nsi
AM ˈɪdərənsi

iterate
BR ˈɪtəreɪt, -s, -ɪŋ,
-ɪd
AM ˈɪdəˌreɪ|t, -ts, -dɪŋ,
-dɪd

iteration
BR ˌɪtəˈreɪʃn, -z
AM ˌɪdəˈreɪʃ(ə)n,
-z

iterative
BR ˈɪt(ə)rətɪv
AM ˈɪdərədɪv,
ˈɪdəˌreɪdɪv

iteratively
BR ˈɪt(ə)rətɪvli
AM ˈɪdərədɪvli,
ˈɪdəˌreɪdɪvli

iterativeness
BR ˈɪt(ə)rətɪvnɪs
AM ˈɪdərədɪvnɪs,
ˈɪdəˌreɪdɪvnɪs

iterativity
BR ˌɪt(ə)rəˈtɪvɪti
AM ˌɪd(ə)rəˈtɪvɪdi

Ithaca
BR ˈɪθəkə(r)
AM ˈɪθəkə

ithyphallic
BR ˌɪθɪˈfalɪk
AM ˌɪθəˈfælɪk

itineracy
BR ʌɪˈtɪn(ə)rəsi
AM ɪˈtɪn(ə)rəsi,
aɪˈtɪn(ə)rəsi

itinerancy
BR ʌɪˈtɪn(ə)r̩nsi
AM ɪˈtɪn(ə)rənsi,
aɪˈtɪn(ə)rənsi

itinerant
BR ʌɪˈtɪn(ə)r̩nt, -s
AM ɪˈtɪn(ə)rənt,
aɪˈtɪn(ə)rənt, -s

itinerary
BR ʌɪˈtɪn(ə)rər|i, -ɪz
AM ɨˈtɪnəˌrɛri, aɪˈtɪnəˌrɛri, -z

itinerate
BR ʌɪˈtɪn(ə)reɪt, -s, -ɪŋ, -ɪd
AM ɨˈtɪnəˌreɪ|t, aɪˈtɪnəˌreɪ|t, -ts, -dɪŋ, -dɨd

itineration
BR ʌɪˌtɪnəˈreɪʃn, -z
AM ɨˌtɪnəˈreɪʃ(ə)n, aɪˌtɪnəˈreɪʃ(ə)n, -z

it'll
BR ˈɪtl
AM ˈɪdl

Ito
BR ˈiːtəʊ
AM ˈiˌdoʊ

its
BR ɪts
AM ɪts

it's
BR ɪts
AM ɪts

itself
BR ɪtˈsɛlf
AM ɪtˈsɛlf

itsy-bitsy
BR ˌɪtsɪˈbɪtsi
AM ˈˌɪtsiˈbɪtsi

itty-bitty
BR ˌɪtɪˈbɪti
AM ˈˌɪdiˈbɪdi

Ivan[1]
BR ˈʌɪvn
AM ˈaɪvən

Ivan[2] *foreign*
BR ɪˈvan, ɪˈvɑːn
AM ˈaɪvən

Ivanhoe
BR ˈʌɪvnhəʊ
AM ˈaɪvənˌ(h)oʊ

I've
BR ʌɪv
AM aɪv

Iveagh
BR ˈʌɪvi, ˈʌɪveɪ
AM ˈaɪveɪ, ˈaɪvi

Iveco
BR ɪˈveɪkəʊ
AM ɨˈveɪkoʊ

Ivens
BR ˈʌɪvnz
AM ˈaɪvənz

Iver
BR ˈʌɪvə(r)
AM ˈaɪvər

Ives
BR ʌɪvz
AM ˈaɪvz

ivied
BR ˈʌɪvɪd
AM ˈaɪvid

Ivor
BR ˈʌɪvə(r)
AM ˈaɪvər

ivoried
BR ˈʌɪv(ə)rɪd
AM ˈaɪv(ə)rid

ivory
BR ˈʌɪv(ə)r|i, -ɪz
AM ˈaɪv(ə)ri, -z

ivy
BR ˈʌɪv|i, -ɪz, -ɪd

Iwo Jima
BR ˌɪwə(ʊ) ˈdʒiːmə(r)
AM ˌˌɪwoʊ ˈdʒimə

ixia
BR ˈɪksɪə(r), -z
AM ˈɪksiə, -z

Ixion
BR ɪkˈsʌɪən
AM ˈɪksiən, ˈɪksiˌɑn

Iyar
BR ˈiːjɑː(r)
AM ˈijər, ˈiˌjɑr

Iyyar
BR ˈiːjɑː(r)
AM ˈijər, ˈiˌjɑr

izard
BR ˈɪzəd, -z
AM iˈzərd, -z

Izmir
BR ɪzˈmɪə(r)
AM ɪzˈmɪ(ə)r
TU ɪzˈmɪ(ə)r

Iznik
BR ˈɪznɪk
AM ˈɪznɪk
TU ɪzˈnɪk

Izvestia
BR ɪzˈvɛstɪə(r)
AM ɪzˈvɛstiə
RUS izˈvʲestʲijə

Izzard
BR ˈɪzɑːd
AM ˈɪzərd

Izzy
BR ˈɪzi
AM ˈɪzi

J

j
BR dʒeɪ, -z
AM dʒeɪ, -z

jab
BR dʒab, -z, -ɪŋ, -d
AM dʒæb, -z, -ɪŋ, -d

Jabalpur
BR ˈdʒablpʊə(r), ˈdʒablpɔː(r)
AM ˈdʒɑbəlˌpʊ(ə)r

jabber
BR ˈdʒab|ə(r), -əz, -(ə)rɪŋ, -əd
AM ˈdʒæbər, -z, -ɪŋ, -d

jabberer
BR ˈdʒab(ə)rə(r), -z
AM ˈdʒæbərər, -z

jabberwock
BR ˈdʒabəwɒk
AM ˈdʒæbərˌwɑk, ˈdʒæbərˌwɔk

jabberwocky
BR ˈdʒabəˌwɒki
AM ˈdʒæbərˌwaki, ˈdʒæbərˌwɔki

Jabez
BR ˈdʒeɪbɛz, ˈdʒeɪbɪz
AM ˈdʒeɪbɛz

jabiru
BR ˈdʒabɪruː, ˌdʒabɨˈruː, -z
AM ˈˌdʒæbəˈru, -z

jaborandi
BR ˌdʒabəˈrand|i, -ɪz
AM ˌdʒæbəˈrændi, -z

jabot
BR ˈʒabəʊ, -z
AM ˈʒæˌboʊ, ʒæˈboʊ, -z

jacana
BR ˈdʒakənə(r), ˌdʒasəˈnɑː(r), -z
AM ˈdʒækənə, -z

jacaranda
BR ˌdʒakəˈrandə(r), -z
AM ˌdʒækəˈrændə, -z

Jacinta
BR dʒəˈsɪntə(r)
AM dʒəˈsɪn(t)ə

jacinth
BR ˈdʒasɪnθ, ˈdʒeɪsɪnθ, -s
AM ˈdʒæsənθ, ˈdʒeɪsənθ, -s

Jacintha
BR dʒəˈsɪnθə(r)
AM dʒəˈsɪnθə

jack
BR dʒak, -s, -ɪŋ, -t
AM dʒæk, -s, -ɪŋ, -t

jackal
BR ˈdʒakl, -z
AM ˈdʒækəl, -z

jackanapes
BR ˈdʒakəneɪps
AM ˈdʒækəˌneɪps

jackaroo
BR ˌdʒakəˈruː, -z
AM ˌdʒækəˈru, -z

jackass
BR ˈdʒakas, -ɪz
AM ˈdʒæˌkæs, -əz

jackboot
BR ˈdʒakbuːt, -s, -ɪd
AM ˈdʒækˌbu|t, -ts, -dəd

jackdaw
BR ˈdʒakdɔː(r), -z
AM ˈdʒækˌdɑ, ˈdʒækˌdɔ, -z

jackeroo
BR ˌdʒakəˈruː, -z
AM ˌdʒækəˈru, -z

jacket
BR ˈdʒak|ɪt, -ɪts, -ɪtɨd
AM ˈdʒækə|t, -ts, -dəd

jackfish
BR ˈdʒakfɪʃ
AM ˈdʒækˌfɪʃ

Jack Frost
BR ˌdʒak ˈfrɒst
AM ˌdʒæk ˈfrɑst,
ˌdʒæk ˈfrɔst

jackfruit
BR ˈdʒakfruːt
AM ˈdʒækˌfrut

jackhammer
BR ˈdʒakˌhamə(r), -z
AM ˈdʒækˌ(h)æmər, -z

Jackie
BR ˈdʒaki
AM ˈdʒæki

jackknife noun
BR ˈdʒaknʌɪf
AM ˈdʒækˌnaɪf

jack-knife verb
BR ˈdʒaknʌɪf, -s,
-ɪŋ, -t
AM ˈdʒækˌnaɪf, -s,
-ɪŋ, -t

jackknives noun
BR ˈdʒaknʌɪvz
AM ˈdʒækˌnaɪvz

jackleg
BR ˈdʒaklɛg, -z
AM ˈdʒækˌlɛg, -z

jacklight
BR ˈdʒaklʌɪt, -s
AM ˈdʒækˌlaɪt, -s

Jacklin
BR ˈdʒaklɪn
AM ˈdʒæklɪn

jack-o'-lantern
BR ˌdʒakəˈlant(ə)n, -z
AM ˈdʒækəˌlæn(t)ərn,
-z

jackpot
BR ˈdʒakpɒt, -s
AM ˈdʒækˌpɑt, -s

jackrabbit
BR ˈdʒakˌrabɪt, -s
AM ˈdʒækˌræbət, -s

Jack Russell
BR ˌdʒak ˈrʌsl, -z
AM ˌdʒæk ˈrəs(ə)l, -z

jackscrew
BR ˈdʒakskruː, -z
AM ˈdʒækˌskru, -z

jackshaft
BR ˈdʒakʃɑːft, -s
AM ˈdʒækˌʃæf|t, -(t)s

jacksnipe
BR ˈdʒaksnʌɪp, -s
AM ˈdʒækˌsnaɪp, -s

Jackson
BR ˈdʒaksn
AM ˈdʒæks(ə)n

Jacksonville
BR ˈdʒaksnvɪl
AM ˈdʒæksənvəl,
ˈdʒæksənˌvɪl

jackstaff
BR ˈdʒakstɑːf, -s
AM ˈdʒækˌstæf, -s

jackstaves
BR ˈdʒaksteɪvz
AM ˈdʒækˌsteɪvz

jackstone
BR ˈdʒakstəʊn, -z
AM ˈdʒækˌstoʊn,
-z

jackstraw
BR ˈdʒakstrɔː(r), -z
AM ˈdʒækˌstrɑ,
ˈdʒækˌstrɔ, -z

Jacky
BR ˈdʒaki
AM ˈdʒæki

Jacob
BR ˈdʒeɪkəb
AM ˈdʒeɪkəb

Jacobean
BR ˌdʒakəˈbiːən,
-z
AM ˌdʒeɪkəˈbiən,
ˌdʒækəˈbiən, -z

Jacobi
BR ˈdʒakəbi,
dʒəˈkəʊbi
AM dʒəˈkoʊbi

Jacobin
BR ˈdʒakəbɪn, -z
AM ˈdʒeɪkəbən,
ˈdʒækəbən, -z

Jacobinic
BR ˌdʒakəˈbɪnɪk
AM ˌdʒækəˈbɪnɪk

Jacobinical
BR ˌdʒakəˈbɪnɪkl
AM ˌdʒækəˈbɪnɪk(ə)l

Jacobinism
BR ˈdʒakəbɪnɪzm
AM ˈdʒækəbəˌnɪz(ə)m

Jacobite
BR ˈdʒakəbʌɪt, -s
AM ˈdʒeɪkəˌbaɪt,
ˈdʒækəˌbaɪt, -s

Jacobitical
BR ˌdʒakəˈbɪtɪkl
AM ˌdʒækəˈbɪdɪk(ə)l

Jacobitism
BR ˈdʒakəbɪtɪzm
AM ˈdʒækəˌbaɪtˌɪz(ə)m

Jacobs
BR ˈdʒeɪkəbz
AM ˈdʒeɪkəbz

Jacobson
BR ˈdʒeɪkəbs(ə)n,
ˈjɑːkəbs(ə)n
AM ˈdʒeɪkəbs(ə)n

jaconet
BR ˈdʒakənɛt, -s
AM ˌdʒækəˈnɛt,
ˈdʒækəˌnɛt, -s

Jacquard
BR ˈdʒakɑːd, -z
AM dʒəˈkɑrd,
ˈdʒæˌkɑrd, -z
FR ʒakaʀ

Jacqueline
BR ˈdʒakl̩iːn,
ˈdʒakl̩ɪn
AM ˈdʒækwəl(ə)n,
ˈdʒæk(ə)l(ə)n

Jacquelyn
BR ˈdʒakl̩ɪn
AM ˈdʒækwəl(ə)n,
ˈdʒæk(ə)l(ə)n

jacquerie
BR ˈdʒeɪk(ə)r|i, -ɪz
AM ˌ(d)ʒɑkəˈri, -z

Jacques
BR dʒeɪks, dʒaks,
ʒak
AM dʒæk, ʒak
FR ʒak

Jacqui
BR ˈdʒaki
AM ˈdʒeɪˌkwi, ˈdʒæki

jactation
BR dʒakˈteɪʃn
AM dʒækˈteɪʃ(ə)n

jactitation
BR ˌdʒaktɪˈteɪʃn
AM ˌdʒæktəˈteɪʃ(ə)n

jacuzzi
BR dʒəˈkuːz|i, -ɪz
AM dʒəˈkuzi, -z

jade
BR dʒeɪd, -z, -ɪd
AM dʒeɪd, -z, -ɪd

jadedly
BR ˈdʒeɪdɪdli
AM ˈdʒeɪdɪdli

jadedness
BR ˈdʒeɪdɪdnɪs
AM ˈdʒeɪdɪdnɪs

jadeite
BR ˈdʒeɪdʌɪt, -s
AM ˈdʒeɪdˌaɪt, -s

j'adoube
BR ʒaˈduːb
AM ʒɑˈdub
FR ʒadub

Jaeger
BR ˈjeɪgə(r)
AM ˈdʒæɡər, ˈjeɪgər

Jaffa
BR ˈdʒafə(r), -z
AM ˈdʒæfə, -z

Jaffna
BR ˈdʒafnə(r)
AM ˈdʒæfnə

jag
BR dʒag, -z, -ɪŋ, -d
AM dʒæg, -z, -ɪŋ, -d

jagged[1] adjective
BR ˈdʒagɪd
AM ˈdʒægəd

jagged[2] verb
BR dʒagd
AM dʒægd

jaggedly
BR ˈdʒagɪdli
AM ˈdʒægədli

jaggedness
BR ˈdʒagɪdnɪs
AM ˈdʒægədnəs

jagger
BR ˈdʒagə(r), -z
AM ˈdʒægər, -z

Jagger
BR ˈdʒagə(r)
AM ˈdʒægər

jagginess
BR ˈdʒagɪnɪs
AM ˈdʒægɪnɪs

jaggy
BR ˈdʒagǀi, -ɪə(r), -ɪɪst
AM ˈdʒægi, -ər, -ɪst

Jago
BR ˈdʒeɪgəʊ, ˈjeɪgəʊ
AM ˈdʒeɪˌgoʊ

jaguar
BR ˈdʒagjʊə(r), -z
AM ˈdʒægˌwɑr, -z

jaguarundi
BR ˌdʒagwɑːˈrʌndǀi, -ɪz
AM ˌdʒægwəˈrəndi, -z

jail
BR dʒeɪl, -z, -ɪŋ, -d
AM dʒeɪl, -z, -ɪŋ, -d

jailbait
BR ˈdʒeɪlbeɪt
AM ˈdʒeɪlˌbeɪt

jailbird
BR ˈdʒeɪlbəːd, -z
AM ˈdʒeɪlˌbərd, -z

jailbreak
BR ˈdʒeɪlbreɪk, -s
AM ˈdʒeɪlˌbreɪk, -s

jailer
BR ˈdʒeɪlə(r), -z
AM ˈdʒeɪlər, -z

jailhouse
BR ˈdʒeɪlhaʊǀs, -zɪz
AM ˈdʒeɪlˌ(h)aʊǀs, -zəz

Jain
BR dʒeɪn, -z
AM dʒeɪn, -z

Jainism
BR ˈdʒeɪnɪzm
AM ˈdʒeɪˌnɪz(ə)m

Jainist
BR ˈdʒeɪnɪst, -s
AM ˈdʒeɪnɪst, -s

Jaipur
BR ˌdʒʌɪˈpʊə(r), ˌdʒʌɪˈpɔː(r)
AM ˈdʒaɪˌpʊ(ə)r

Jakarta
BR dʒəˈkɑːtə(r)
AM dʒəˈkɑrdə

Jake
BR dʒeɪk
AM dʒeɪk

jake
BR dʒeɪk, -s
AM dʒeɪk, -s

Jalalabad
BR dʒəˈlɑːləbad
AM dʒəˈlæləˌbæd, dʒɑˈlɑləˌbɑd

jalap
BR ˈdʒaləp, ˈdʒɒləp
AM ˈdʒɑləp

jalapeño
BR ˌhaləˈpeɪnjəʊ, ˌhaləˈpiːnjəʊ, -z
AM ˌhaləˈpinjoʊ, ˌhaləˈpeɪnjoʊ, -z
SP ˌxalaˈpeˋo

jalopy
BR dʒəˈlɒpǀi, -ɪz
AM dʒəˈlɑpi, -z

jalousie
BR ˈʒalʊziː, -z
AM ˈdʒæləˌsi, -z

jam
BR dʒam, -z, -ɪŋ, -d
AM dʒæm, -z, -ɪŋ, -d

Jamaica
BR dʒəˈmeɪkə(r)
AM dʒəˈmeɪkə

Jamaican
BR dʒəˈmeɪk(ə)n, -z
AM dʒəˈmeɪkən, -z

Jamal
BR dʒəˈmɑːl
AM dʒeˈmɑl

jamb
BR dʒam, -z
AM dʒæm, -z

jambalaya
BR ˌdʒambəˈlʌɪə(r), -z
AM ˌdʒæmbəˈlaɪə, -z

jamberoo
BR ˌdʒambəˈruː, -z
AM ˌdʒæmbəˈru, -z

jamboree
BR ˌdʒambəˈriː, -z
AM ˌdʒæmbəˈri, -z

James
BR dʒeɪmz
AM dʒeɪmz

Jameson
BR ˈdʒeɪms(ə)n
AM ˈdʒeɪm(ə)s(ə)n

Jamestown
BR ˈdʒeɪmztaʊn
AM ˈdʒeɪmˌstaʊn

Jamie
BR ˈdʒeɪmi
AM ˈdʒeɪmi

Jamieson
BR ˈdʒeɪmɪs(ə)n
AM ˈdʒeɪməs(ə)n

jammer
BR ˈdʒamə(r), -z
AM ˈdʒæmər, -z

jammies
BR ˈdʒamɪz
AM ˈdʒæmiz

jamminess
BR ˈdʒamɪnɪs
AM ˈdʒæmɪnɪs

Jammu
BR ˈdʒamuː, ˈdʒʌmuː
AM ˈdʒɑmu

jammy
BR ˈdʒamǀi, -ɪə(r), -ɪɪst
AM ˈdʒæmi, -ər, -ɪst

Jamshid
BR ˌdʒamˈʃiːd, ˈdʒamʃiːd, ˌdʒamˈʃɪd, ˈdʒamʃɪd
AM ˌdʒæmˈʃɪd

Jan[1] *English female forename*
BR dʒan
AM dʒæn

Jan[2] *non-English male forename*
BR jan
AM jɑn

Janáček
BR ˈjanətʃɛk
AM ˈjænəˌtʃɛk, ˈjɑnəˌtʃɛk
CZ ˈjʌnɑːtʃɛk

Jancis
BR ˈdʒansɪs
AM ˈdʒænsəs

Jane
BR dʒeɪn
AM dʒeɪn

jane
BR dʒeɪn, -z
AM dʒeɪn, -z

Janet
BR ˈdʒanɪt
AM ˈdʒænət

Janette
BR dʒəˈnɛt
AM dʒəˈnɛt

Janey
BR ˈdʒeɪni
AM ˈdʒeɪni

jangle
BR ˈdʒaŋgǀl, -lz, -l̩ŋ\-lɪŋ, -ld
AM ˈdʒæŋgǀəl, -əlz, -(ə)lɪŋ, -əld

Janglish
BR ˈdʒaŋglɪʃ
AM ˈdʒæŋglɪʃ

Janice
BR ˈdʒanɪs
AM ˈdʒænəs

Janine
BR dʒəˈniːn
AM dʒəˈnin

Janis
BR ˈdʒanɪs
AM ˈdʒænəs

janissary
BR ˈdʒanɪs(ə)rǀi, -ɪz
AM ˈdʒænəˌsɛri, -z

janitor
BR ˈdʒanɪtə(r), -z
AM ˈdʒænɪdər, -z

janitorial
BR ˌdʒanɪˈtɔːrɪəl
AM ˌdʒænəˈtɔriəl

janizary
BR ˈdʒanɪz(ə)rǀi, -ɪz
AM ˈdʒænəˌzɛri, -z

jankers
BR ˈdʒaŋkəz
AM ˈdʒæŋkərz

Jansen
BR ˈdʒans(ə)n
AM ˈdʒæns(ə)n

Jansenism
BR ˈdʒansn̩ɪzm
AM ˈdʒænsəˌnɪz(ə)m

Jansenist
BR ˈdʒansn̩ɪst, -s
AM ˈdʒænsənəst, -s

January
BR ˈdʒanjʊərǀi,
ˈdʒanjɜrǀi, -ɪz
AM ˈdʒænjəˌwɛri, -z

Janus
BR ˈdʒeɪnəs
AM ˈdʒeɪnəs

Jap
BR dʒap, -s
AM dʒæp, -s

Japan
BR dʒəˈpan, -z, -ɪŋ, -d
AM dʒəˈpæn, -z, -ɪŋ, -d

Japanese
BR ˌdʒapəˈniːz
AM ˌdʒæpəˈniz

jape
BR dʒeɪp, -s
AM dʒeɪp, -s

japery
BR ˈdʒeɪp(ə)ri
AM ˈdʒeɪp(ə)ri

Japheth
BR ˈdʒeɪfɛθ, ˈdʒeɪfɪθ
AM ˈdʒeɪˌfɛθ

Japhetic
BR dʒəˈfɛtɪk
AM dʒəˈfɛdɪk

japonica
BR dʒəˈpɒnɪkə(r), -z
AM dʒəˈpɑnəkə, -z

Jaques[1] *general name*
BR dʒeɪks
AM dʒeɪks

Jaques[2] *Shakespearian name*
BR ˈdʒeɪkwɪz
AM ˈdʒeɪkwɪz

Jaques-Dalcroze
BR dʒeɪks ˌdalˈkrəʊz
AM dʒeɪks ˌdælˈkroʊz
FR ʒak dalkʁoz

jar
BR dʒɑː(r), -z, -ɪŋ, -d
AM dʒɑr, -z, -ɪŋ, -d

Jardine
BR ˈdʒɑːdiːn,
ˈdʒɑːdʌɪn
AM dʒɑrˈdin

jardinière
BR ˌʒɑːdɪˈnjɛː(r), -z
AM ˌdʒɑrdnˈɪ(ə)r, -z

jarful
BR ˈdʒɑːfʊl, -z
AM ˈdʒɑrˌfʊl, -z

jargon
BR ˈdʒɑːg(ə)n
AM ˈdʒɑrgən

jargonelle
BR ˌdʒɑːgəˈnɛl, -z
AM ˌdʒɑrgəˈnɛl, -z

jargonise
BR ˈdʒɑːgn̩ʌɪz, -ɪz, -ɪŋ, -d
AM ˈdʒɑrgəˌnaɪz, -ɪz, -ɪŋ, -d

jargonistic
BR ˌdʒɑːgəˈnɪstɪk
AM ˌdʒɑrgəˈnɪstɪk

jargonize
BR ˈdʒɑːgn̩ʌɪz, -ɪz, -ɪŋ, -d
AM ˈdʒɑrgəˌnaɪz, -ɪz, -ɪŋ, -d

jargoon
BR dʒɑːˈguːn, -z
AM dʒɑrˈgun, -z

Jarman
BR ˈdʒɑːmən
AM ˈdʒɑrm(ə)n

Jarndyce
BR ˈdʒɑːndʌɪs
AM ˈdʒɑrnˌdaɪs,
ˈdʒɑrndəs

jarrah
BR ˈdʒarə(r), -z
AM ˈdʒɛrə, -z

Jarratt
BR ˈdʒarət
AM ˈdʒɛrət

Jarrett
BR ˈdʒarət
AM ˈdʒɛrət

Jarrold
BR ˈdʒarl̩d
AM ˈdʒɛrəld

Jarrow
BR ˈdʒarəʊ
AM ˈdʒɛroʊ

Jarvis
BR ˈdʒɑːvɪs
AM ˈdʒɑrvəs

jasmin
BR ˈdʒasmɪn,
ˈdʒazmɪn, -z
AM ˈdʒæzm(ə)n, -z

jasmine
BR ˈdʒasmɪn,
ˈdʒazmɪn, -z
AM ˈdʒæzm(ə)n, -z

Jason
BR ˈdʒeɪsn
AM ˈdʒeɪs(ə)n

jaspé
BR ˈ(d)ʒaspeɪ
AM ʒæˈspeɪ

jasper
BR ˈdʒaspə(r)
AM ˈdʒæspər

Jat
BR dʒɑːt, -s
AM dʒɑt, -s

Jataka
BR ˈdʒɑːtəkə(r)
AM ˈdʒɑdəkə

jati
BR ˈdʒɑːtǀi, -ɪz
AM ˈdʒɑdi, -z

JATO
BR ˈdʒeɪtəʊ
AM ˈdʒeɪˌtoʊ,
ˈdʒeɪdoʊ

jaundice
BR ˈdʒɔːndɪs, -t
AM ˈdʒɑndəs,
ˈdʒɔndəs, -t

jaunt
BR dʒɔːnt, -s, -ɪŋ, -ɪd
AM dʒɑnǀt, dʒɔnǀt, -ts, -(t)ɪŋ, -(t)əd

jauntily
BR ˈdʒɔːntɪli
AM ˈdʒɑn(t)əli,
ˈdʒɔn(t)əli

jauntiness
BR ˈdʒɔːntɪnɪs
AM ˈdʒɑn(t)inɪs,
ˈdʒɔn(t)inɪs

jaunty
BR ˈdʒɔːntǀi, -ɪə(r), -ɪɪst
AM ˈdʒɑn(t)i,
ˈdʒɔn(t)i, -ər, -ɪst

Java
BR ˈdʒɑːvə(r)
AM ˈdʒɑvə

Javan
BR ˈdʒɑːvn, -z
AM ˈdʒɑvən, -z

Javanese
BR ˌdʒɑːvəˈniːz
AM ˌdʒɑvəˈniz

javelin
BR ˈdʒav(ə)lɪn, -z
AM ˈdʒæv(ə)l(ə)n, -z

Javelle water
BR dʒəˈvɛl ˌwɔːtə(r)
AM dʒəˈvɛl ˌwɑdər,
dʒəˈvɛl ˌwɔdər

jaw
BR dʒɔː(r), -z, -ɪŋ, -d
AM dʒɑ, dʒɔ, -z, -ɪŋ, -d

jawbone
BR ˈdʒɔːbəʊn, -z
AM ˈdʒɑˌboʊn,
ˈdʒɔˌboʊn, -z

jawbreaker
BR ˈdʒɔːˌbreɪkə(r), -z
AM ˈdʒɑˌbreɪkər,
ˈdʒɔˌbreɪkər, -z

jawline
BR ˈdʒɔːlʌɪn, -z
AM ˈdʒɑˌlaɪn,
ˈdʒɔˌlaɪn, -z

jay
BR dʒeɪ, -z
AM dʒeɪ, -z

jaybird
BR ˈdʒeɪbəːd, -z
AM ˈdʒeɪˌbərd, -z

Jaycee
BR ˌdʒeɪˈsiː, -z
AM ˌdʒeɪˈsi, -z

Jayne
BR dʒeɪn
AM dʒeɪn

jaywalk
BR ˈdʒeɪwɔːk, -s, -ɪŋ, -d
AM ˈdʒeɪˌwɑːk, ˈdʒeɪˌwɔk, -s, -ɪŋ, -d

jaywalker
BR ˈdʒeɪˌwɔːkə(r), -z
AM ˈdʒeɪˌwɑːkər, ˈdʒeɪˌwɔːkər, -z

jazz
BR dʒaz, -ɪz, -ɪŋ, -d
AM dʒæz, -əz, -ɪŋ, -t

jazzband
BR ˈdʒazband, -z
AM ˈdʒæzˌbænd, -z

jazzer
BR ˈdʒazə(r), -z
AM ˈdʒæzər, -z

jazzily
BR ˈdʒazɪli
AM ˈdʒæzəli

jazziness
BR ˈdʒazɪnɪs
AM ˈdʒæzɪnɪs

jazzman
BR ˈdʒazman
AM ˈdʒæzˌmæn, ˈdʒæzm(ə)n

jazzmen
BR ˈdʒazmɛn
AM ˈdʒæzˌmɛn, ˈdʒæzm(ə)n

jazzy
BR ˈdʒaz|i, -ɪə(r), -ɪɪst
AM ˈdʒæzi, -ər, -ɪst

J-cloth
BR ˈdʒeɪ klɒ|θ, -θs\-ðz
AM ˈdʒeɪ ˌklɑ|θ, ˈdʒeɪ ˌklɔ|θ, -θs\-ðz

jealous
BR ˈdʒɛləs
AM ˈdʒɛləs

jealously
BR ˈdʒɛləsli
AM ˈdʒɛləsli

jealousness
BR ˈdʒɛləsnəs
AM ˈdʒɛləsnəs

jealousy
BR ˈdʒɛləs|i, -ɪz
AM ˈdʒɛləsi, -z

jean
BR dʒiːn, -z
AM dʒin, -z

Jean[1] *female forename*
BR dʒiːn
AM dʒin

Jean[2] *male forename*
BR ʒɒ̃
AM ʒɔn, ʒɑn, dʒin

Jeanette
BR dʒɪˈnɛt
AM dʒəˈnɛt

Jeanie
BR ˈdʒiːni
AM ˈdʒini

Jeanne d'Arc
BR (d)ʒan dɑːk
AM (d)ʒɑn ˈdɑrk
FR ʒɑn daʀk

Jeannette
BR dʒɪˈnɛt
AM dʒəˈnɛt

Jeannie
BR ˈdʒiːni
AM ˈdʒini

Jeannine
BR dʒɪˈniːn
AM dʒəˈnin

Jeans
BR dʒiːnz
AM ˈdʒinz

Jeavons
BR ˈdʒɛvnz
AM ˈdʒɛvəns

Jedah
BR ˈdʒɛdə(r)
AM ˈdʒɛdə

Jedburgh
BR ˈdʒɛdb(ə)rə(r)
AM ˈdʒɛdbərə

Jeddah
BR ˈdʒɛdə(r)
AM ˈdʒɛdə

Jeep
BR dʒiːp, -s
AM dʒip, -s

jeepers
BR ˈdʒiːpəz
AM ˈdʒipərz

jeer
BR dʒɪə(r), -z, -ɪŋ, -d
AM dʒɪ(ə)r, -z, -ɪŋ, -d

jeeringly
BR ˈdʒɪərɪŋli
AM ˈdʒɪrɪŋli

Jeeves
BR dʒiːvz
AM ˈdʒivz

jeez
BR dʒiːz
AM dʒiz

Jeff
BR dʒɛf
AM dʒɛf

Jefferies
BR ˈdʒɛfrɪz
AM ˈdʒɛfriz

Jefferson
BR ˈdʒɛfəs(ə)n
AM ˈdʒɛfərs(ə)n

Jeffery
BR ˈdʒɛfri
AM ˈdʒɛfri

Jeffrey
BR ˈdʒɛfri
AM ˈdʒɛfri

Jeffreys
BR ˈdʒɛfrɪz
AM ˈdʒɛfriz

jehad
BR dʒɪˈhad, -z
AM dʒəˈhɑd, dʒəˈhæd, -z

Jehoshaphat
BR dʒɪˈhɒʃəfat, dʒɪˈhɒsəfat
AM dʒəˈhɑsəˌfæt

Jehovah
BR dʒɪˈhəʊvə(r)
AM dʒəˈhoʊvə

Jehovist
BR dʒɪˈhəʊvɪst, -s
AM dʒəˈhoʊvəst, -s

Jehu
BR ˈdʒiːhjuː
AM ˈdʒiˌh(j)u

jejune
BR dʒɪˈdʒuːn
AM dʒəˈdʒun

jejunely
BR dʒɪˈdʒuːnli
AM dʒəˈdʒunli

jejuneness
BR dʒɪˈdʒuːnnəs
AM dʒəˈdʒu(n)nəs

jejunum
BR dʒɪˈdʒuːnəm
AM dʒəˈdʒun(ə)m

Jekyll
BR ˈdʒɛkl, ˈdʒiːk(ɪ)l
AM ˈdʒɛkəl

jell
BR dʒɛl, -z, -ɪŋ, -d
AM dʒɛl, -z, -ɪŋ, -d

jellaba
BR ˈdʒɛləbə(r), dʒɪˈlɑːbə(r), -z
AM ˈdʒɛləbə, -z

jellabah
BR ˈdʒɛləbə(r), dʒɪˈlɑːbə(r), -z
AM ˈdʒɛləbə, -z

Jellicoe
BR ˈdʒɛlɪkəʊ
AM ˈdʒɛləkoʊ

jellification
BR ˌdʒɛlɪfɪˈkeɪʃn
AM ˌdʒɛləfəˈkeɪʃ(ə)n

jellify
BR ˈdʒɛlɪfʌɪ, -z, -ɪŋ, -d
AM ˈdʒɛləˌfaɪ, -z, -ɪŋ, -d

jello
BR ˈdʒɛləʊ
AM ˈdʒɛloʊ

jelly
BR ˈdʒɛl|i, -ɪz, -ɪɪŋ, -ɪd
AM ˈdʒɛli, -z, -ɪŋ, -d

jellyfish
BR ˈdʒɛlɪfɪʃ, -ɪz
AM ˈdʒɛliˌfɪʃ, -ɪz

Jem
BR dʒɛm
AM dʒɛm

Jemima
BR dʒɪˈmʌɪmə(r)
AM dʒəˈmaɪmə

Jemma
BR ˈdʒɛmə(r)
AM ˈdʒɛmə

jemmy
BR ˈdʒem|i, -ɪz,
-ɪŋ, -ɪd
AM ˈdʒemi, -z, -ɪŋ, -d
Jena
BR ˈjeɪnə(r)
AM ˈjeɪnə
je ne sais quoi
BR ˌʒə nə seɪ ˈkwɑː(r)
AM ˌʒə nə seɪ ˈkwɑ
FR ʒə nə sɛ kwa,
ʒən sɛ kwa
Jenifer
BR ˈdʒenɪfə(r)
AM ˈdʒenəfər
Jenkin
BR ˈdʒeŋkɪn
AM ˈdʒeŋkən
Jenkins
BR ˈdʒeŋkɪnz
AM ˈdʒeŋkənz
Jenkinson
BR ˈdʒeŋkɪns(ə)n
AM ˈdʒeŋkəns(ə)n
Jenna
BR ˈdʒenə(r)
AM ˈdʒenə
Jenner
BR ˈdʒenə(r)
AM ˈdʒenər
jennet
BR ˈdʒenɪt, -s
AM ˈdʒenət, -s
Jennifer
BR ˈdʒenɪfə(r)
AM ˈdʒenəfər
Jennings
BR ˈdʒenɪŋz
AM ˈdʒenɪŋz
jenny
BR ˈdʒen|i, -ɪz
AM ˈdʒeni, -z
Jensen[1] *foreign name*
BR ˈjens(ə)n
AM ˈjens(ə)n
Jensen[2]
BR ˈdʒens(ə)n
AM ˈdʒens(ə)n
jeon
BR ˈdʒiːɒn
AM ˈdʒiˌɑn

jeopardise
BR ˈdʒepədʌɪz, -ɪz,
-ɪŋ, -d
AM ˈdʒepərˌdaɪz, -ɪz,
-ɪŋ, -d
jeopardize
BR ˈdʒepədʌɪz, -ɪz,
-ɪŋ, -d
AM ˈdʒepərˌdaɪz, -ɪz,
-ɪŋ, -d
jeopardy
BR ˈdʒepədi
AM ˈdʒepərdi
Jephthah
BR ˈdʒefθə(r)
AM ˈdʒefˌtɑ
jequirity
BR dʒɪˈkwɪrɪt|i, -ɪz
AM dʒəˈkwɪrɪdi, -z
Jerba
BR ˈdʒɜːbə(r)
AM ˈdʒɜrbə
jerbil
BR ˈdʒɜːb(ɪ)l, -z
AM ˈdʒɜrbəl, -z
jerboa
BR dʒɜ(ː)ˈbəʊə(r),
-z
AM dʒərˈboʊə, -z
jeremiad
BR ˌdʒerɪˈmʌɪad, -z
AM ˌdʒerəˈmaɪˌæd,
ˌdʒerəˈmaɪəd, -z
Jeremiah
BR ˌdʒerɪˈmʌɪə(r), -z
AM ˌdʒerəˈmaɪə, -z
Jeremy
BR ˈdʒerɪmi
AM ˈdʒerəmi
Jerez
BR hɛˈreθ
AM hɛˈreθ, hɛˈres
SP xeˈreθ, xeˈres
Jericho
BR ˈdʒerɪkəʊ
AM ˈdʒerəˌkoʊ
jerk
BR ˈdʒɜːk, -s, -ɪŋ, -t
AM dʒɜrk, -s, -ɪŋ, -t
jerker
BR ˈdʒɜːkə(r), -z
AM ˈdʒɜrkər, -z

jerkily
BR ˈdʒɜːkɪli
AM ˈdʒɜrkəli
jerkin
BR ˈdʒɜːkɪn, -z
AM ˈdʒɜrkən, -z
jerkiness
BR ˈdʒɜːkɪnɪs
AM ˈdʒɜrkɪnɪs
jerky
BR ˈdʒɜːk|i, -ɪə(r), -ɪɪst
AM ˈdʒɜrki, -ər, -ɪst
Jermaine
BR dʒəˈmeɪn
AM dʒərˈmeɪn
Jermyn
BR ˈdʒɜːmɪn
AM ˈdʒɜrm(ə)n
jeroboam
BR ˌdʒerəˈbəʊəm, -z
AM ˌdʒerəˈboʊəm, -z
Jerome
BR dʒɪˈrəʊm,
dʒeˈrəʊm
AM dʒəˈroʊm
jerry
BR ˈdʒer|i, -ɪz
AM ˈdʒeri, -z
jerrycan
BR ˈdʒerɪkan, -z
AM ˈdʒeriˌkæn, -z
jerrymander
BR ˈdʒerɪmand|ə(r),
ˌdʒerɪˈmand|ə(r),
-əz, -(ə)rɪŋ, -əd
AM ˈdʒeriˌmænd|ər,
-ərz, -(ə)rɪŋ, -ərd
jersey
BR ˈdʒɜːz|i, -ɪz
AM ˈdʒɜrzi, -z
Jerusalem
BR dʒɪˈruːs(ə)ləm
AM dʒəˈrus(ə)l(ə)m
Jervaulx[1] *placename*
BR ˈdʒɜːvəʊ
AM ˈdʒɜrvoʊ
Jervaulx[2] *surname*
BR ˈdʒɜːvɪs
AM ˈdʒɜrvəs
Jervis
BR ˈdʒɜːvɪs
AM ˈdʒɜrvəs

Jespersen
BR ˈjespəs(ə)n,
ˈdʒespəs(ə)n
AM ˈjespərs(ə)n,
ˈdzespərs(ə)n
DAN ˈjesbʌsən
jess
BR dʒes, -ɪz, -ɪŋ, -t
AM dʒes, -əz, -ɪŋ, -t
jessamin
BR ˈdʒesəmɪn, -z
AM ˈdʒez(ə)m(ə)n, -z
jesse
BR ˈdʒes|i, -ɪz
AM ˈdʒes, -z
Jessel
BR ˈdʒesl
AM ˈdʒes(ə)l
Jessica
BR ˈdʒesɪkə(r)
AM ˈdʒesəkə
Jessie
BR ˈdʒesi
AM ˈdʒesi
Jessop
BR ˈdʒesəp
AM ˈdʒesəp
jest
BR dʒest, -s, -ɪŋ, -ɪd
AM dʒest, -s, -ɪŋ, -əd
jester
BR ˈdʒestə(r), -z
AM ˈdʒestər, -z
jestful
BR ˈdʒes(t)fʊl
AM ˈdʒes(t)fəl
Jesu[1] *when singing*
BR ˈdʒiːzjuː, ˈjeɪzuː,
ˈjeɪsuː
AM ˈdʒeɪzu
Jesu[2]
BR ˈdʒiːzjuː
AM ˈdʒizu
Jesuit
BR ˈdʒezjʊɪt,
ˈdʒezʊɪt, -s
AM ˈdʒezəwət,
ˈdʒezəwət, -s
jesuitic
BR ˌdʒezjʊˈɪtɪk,
ˌdʒezʊˈɪtɪk
AM ˌdʒezəˈwɪdɪk

Jesuitical
BR ˌdʒezjuˈɪtɪkl,
ˌdʒeʒuˈɪtɪkl
AM ˌdʒeʒəˈwɪdɪk(ə)l

Jesuitically
BR ˌdʒezjuˈɪtɪkli,
ˌdʒeʒuˈɪtɪkli
AM ˌdʒeʒəˈwɪdɪk(ə)li

Jesus
BR ˈdʒiːzəs
AM ˈdʒizəs

jet
BR dʒet, -s, -ɪŋ, -ɪd
AM dʒe|t, -ts, -dɪŋ,
-dəd

jeté
BR ˈʒeteɪ, -z
AM ʒəˈteɪ, -z

jetfoil
BR ˈdʒetfɔɪl, -z
AM ˈdʒetˌfɔɪl, -z

Jethro
BR ˈdʒeθrəʊ
AM ˈdʒeθroʊ

jetlag
BR ˈdʒetlag, -d
AM ˈdʒetˌlæg, -d

jetliner
BR ˈdʒetˌlʌɪnə(r), -z
AM ˈdʒetˌlaɪnə(r), -z

jeton
BR ˈdʒet(ə)n, -z
AM ʒəˈtɑn, ˈdʒetn, -z
FR ʒ(ə)tɔ̃

jetsam
BR ˈdʒets(ə)m
AM ˈdʒets(ə)m

jet-set
BR ˈjetset, -s, -ɪŋ,
-ɪd
AM ˈdʒetˌset, -s, -ɪŋ,
-əd

jetstream
BR ˈdʒetstriːm
AM ˈdʒetˌstrim

jettison
BR ˈdʒetɪs|(ə)n,
ˈdʒetɪz|(ə)n, -(ə)nz,
-nɪŋ\-ənɪŋ, -(ə)nd
AM ˈdʒedəz(ə)n,
ˈdʒedəs(ə)n, -z,
-ɪŋ, -d

jetton
BR ˈdʒet(ə)n, -z
AM ʒəˈtɑn,
ˈdʒetn, -z

jetty
BR ˈdʒet|i, -ɪz
AM ˈdʒedi, -z

jeu
BR ʒɜː(r), -z
AM ʒɜ, -z

jeu d'esprit
BR ˌʒɜː dɛˈspriː
AM ˌʒɜ dəˈspri

jeunesse dorée
BR ʒɜːˌnɛs dɔːˈreɪ,
ˌʒɜːnɛs ˈdɔːreɪ
AM ʒɜˌnɛs dɔˈreɪ,
ʒɜˌnɛs dəˈreɪ

jeux d'esprit
BR ˌʒɜː dɛˈspriː
AM ˌʒɜ(z) dəˈspri

Jevons
BR ˈdʒevnz
AM ˈdʒevənz

Jew
BR dʒuː, -z
AM dʒu, -z

jewel
BR ˈdʒuː(ə)l, -z, -d
AM ˈdʒu(ə)l, -z, -d

jeweler
BR ˈdʒuː(ə)lə(r), -z
AM ˈdʒu(ə)lər, -z

Jewell
BR ˈdʒuː(ə)l
AM ˈdʒu(ə)l

jeweller
BR ˈdʒuː(ə)lə(r), -z
AM ˈdʒu(ə)lər, -z

jewellery
BR ˈdʒuː(ə)lri
AM ˈdʒu(ə)lri

jewelly
BR ˈdʒuːəli
AM ˈdʒu(ə)li

jewelry
BR ˈdʒuː(ə)lri
AM ˈdʒu(ə)lri

Jewess
BR ˈdʒuːɛs, ˈdʒuːɪs,
dʒuːˈɛs, -ɪz
AM ˈdʒuəs, -əz

jewfish
BR ˈdʒuːfɪʃ, -ɪz
AM ˈdʒuˌfɪʃ, -ɪz

Jewish
BR ˈdʒuːɪʃ
AM ˈdʒuɪʃ

Jewishly
BR ˈdʒuːɪʃli
AM ˈdʒuəʃli

Jewishness
BR ˈdʒuːɪʃnɪs
AM ˈdʒuɪʃnɪs

Jewry
BR ˈdʒʊəri
AM ˈdʒuri

Jewson
BR ˈdʒuːsn
AM ˈdʒus(ə)n

Jeyes
BR dʒeɪz
AM dʒeɪz

jezail
BR dʒɪˈzʌɪl, dʒɪˈzeɪl, -z
AM dʒəˈzeɪl,
dʒəˈzaɪ(ə)l, -z

Jezebel
BR ˈdʒezəbɛl, -z
AM ˈdʒezəb(ə)l,
ˈdʒezəˌbɛl, -z

Jezreel
BR ˈdʒezrɪəl, dʒezˈriːl
AM ˈˌdʒezˌril

jib
BR dʒɪb, -z, -ɪŋ, -d
AM dʒɪb, -z, -ɪŋ, -d

jibba
BR ˈdʒɪbə(r), -z
AM ˈdʒɪbə, -z

jibbah
BR ˈdʒɪbə(r), -z
AM ˈdʒɪbə, -z

jibber
BR ˈdʒɪb|ə(r), -əz,
-(ə)rɪŋ, -əd
AM ˈdʒɪb|ər, -ərz,
-(ə)rɪŋ, -ərd

jibe
BR dʒʌɪb, -z, -ɪŋ, -d
AM dʒaɪb, -z, -ɪŋ, -d

Jibuti
BR dʒɪˈbuːti
AM dʒɪˈbudi

JICTAR
BR ˈdʒɪktɑː(r)
AM ˈdʒɪkˌtɑr

Jiddah
BR ˈdʒɪdə(r)
AM ˈdʒɪdə

Jif
BR dʒɪf
AM dʒɪf

jiff
BR dʒɪf, -s
AM dʒɪf, -s

jiffy
BR ˈdʒɪf|i, -ɪz
AM ˈdʒɪfi, -z

jig
BR dʒɪg, -z, -ɪŋ, -d
AM dʒɪg, -z, -ɪŋ, -d

jigaboo
BR ˈdʒɪgəbuː, -z
AM ˈdʒɪgəˌbu, -z

jigger
BR ˈdʒɪgə(r), -z, -d
AM ˈdʒɪgər, -z, -d

jiggery-pokery
BR ˌdʒɪg(ə)rɪˈpəʊk(ə)ri
AM ˌdʒɪgərɪˈpoʊkərɪ

jiggle
BR ˈdʒɪg|l, -lz,
-lɪŋ\-lɪŋ, -ld
AM ˈdʒɪg|əl, -əlz,
-(ə)lɪŋ, -əld

jiggly
BR ˈdʒɪglḭ, ˈdʒɪgli
AM ˈdʒɪg(ə)li

jigot
BR ˈdʒɪgət, -s
AM ˈdʒɪgət, -s

jigsaw
BR ˈdʒɪgsɔː(r), -z
AM ˈdʒɪgˌsɑ,
ˈdʒɪgˌsɔ, -z

jihad
BR dʒɪˈhad, -z
AM dʒəˈhad,
dʒəˈhæd, -z

jill
BR dʒɪl, -z
AM dʒɪl, -z

jillaroo
BR ˌdʒɪləˈruː, -z
AM ˌdʒɪləˈru, -z

jilleroo
BR ˌdʒɪləˈruː, -z
AM ˌdʒɪləˈru, -z
Jillian
BR ˈdʒɪliən
AM ˈdʒɪlj(ə)n, ˈdʒɪliən
jillion
BR ˈdʒɪlj(ə)n, -z
AM ˈdʒɪlj(ə)n, -z
jilt
BR dʒɪlt, -s, -ɪŋ, -ɪd
AM dʒɪlt, -s, -ɪŋ, -ɪd
Jim
BR dʒɪm
AM dʒɪm
Jim Crowism
BR ˌdʒɪmˈkrəʊɪzm
AM ˈdʒɪmˌkroʊˌɪz(ə)m
jim-dandy
BR ˌdʒɪmˈdandi
AM ˈˌdʒɪmˈdændi
Jiménez
BR ˈhɪmɪnɛz, hɪˈmɛnɛz
AM ˈhɪmənɛz, hɪˈmænɛz
SP xiˈmeneθ, xiˈmenes
jiminy
BR ˈdʒɪmɪni
AM ˈdʒɪməni
jimjams
BR ˈdʒɪmdʒamz
AM ˈdʒɪmˌdʒæmz
Jimmi
BR ˈdʒɪmi
AM ˈdʒɪmi
Jimmie
BR ˈdʒɪmi
AM ˈdʒɪmi
jimmy
BR ˈdʒɪm|i, -ɪz, -ɪŋ, -ɪd
AM ˈdʒɪmi, -z, -ɪŋ, -d
jimmygrant
BR ˈdʒɪmɪgrɑːnt, -s
AM ˈdʒɪmiˌgrænt, -s
jimpson
BR ˈdʒɪm(p)s(ə)n, -z
AM ˈdʒɪms(ə)n, -z
jimson
BR ˈdʒɪms(ə)n, -z
AM ˈdʒɪms(ə)n, -z

Jin
BR dʒɪn
AM dʒɪn
Jinan
BR ˌdʒɪˈnan
AM ˈˌdʒɪˈnæn
jingle
BR ˈdʒɪŋg|l, -lz, -lɪŋ\-lŋ, -ld
AM ˈdʒɪŋg|əl, -əlz, -(ə)lɪŋ, -əld
jingly
BR ˈdʒɪŋgl|i, -ɪə(r), -ɪɪst
AM ˈdʒɪŋli, -ər, -ɪst
jingo
BR ˈdʒɪŋgəʊ
AM ˈdʒɪŋgoʊ
jingoism
BR ˈdʒɪŋgəʊɪzm
AM ˈdʒɪŋgoʊˌɪz(ə)m
jingoist
BR ˈdʒɪŋgəʊɪst, -s
AM ˈdʒɪŋgoʊəst, -s
jingoistic
BR ˌdʒɪŋgəʊˈɪstɪk
AM ˌdʒɪŋgoʊˈɪstɪk
jink
BR dʒɪŋ|k, -ks, -kɪŋ, -(k)t
AM dʒɪŋ|k, -ks, -kɪŋ, -(k)t
jinker
BR ˈdʒɪŋkə(r), -z
AM ˈdʒɪŋkər, -z
jinks
BR dʒɪŋks
AM dʒɪŋks
jinn
BR dʒɪn, -z
AM dʒɪn, -z
Jinnah
BR ˈdʒɪnə(r)
AM ˈdʒɪnə
jinnee
BR dʒɪn|i, -ɪz
AM ˈdʒɪni, -z
jinni
BR dʒɪn|i, -ɪz
AM ˈdʒɪni, -z
Jinnie
BR ˈdʒɪni
AM ˈdʒɪni

Jinny
BR ˈdʒɪni
AM ˈdʒɪni
jinricksha
BR dʒɪnˈrɪkʃɔː(r), -z
AM ˌdʒɪnˈrɪkʃɑ, ˌdʒɪnˈrɪkʃɔ, -z
jinrickshaw
BR dʒɪnˈrɪkʃɔː(r), -z
AM ˌdʒɪnˈrɪkʃɑ, ˌdʒɪnˈrɪkʃɔ, -z
jinx
BR dʒɪŋks, ɪz, ɪŋ, -t
AM dʒɪŋks, -ɪz, -ɪŋ, -t
jipijapa
BR ˌhiːpɪˈhɑːpə(r), -z
AM ˈˌhipiˈhapə, -z
SP ˌxipiˈxapa
jitney
BR ˈdʒɪtn|i, -ɪz
AM ˈdʒɪtni, -z
jitter
BR ˈdʒɪt|ə(r), -əz, -(ə)rɪŋ, -əd
AM ˈdʒɪdər, -z, -ɪŋ, -d
jitterbug
BR ˈdʒɪtəbʌg, -z, -ɪŋ, -d
AM ˈdʒɪdərˌbəg, -z, -ɪŋ, -d
jitteriness
BR ˈdʒɪt(ə)rɪnɪs
AM ˈdʒɪdərɪnɪs
jittery
BR ˈdʒɪt(ə)ri
AM ˈdʒɪdəri
jiujitsu
BR ˌdʒuːˈdʒɪtsuː
AM ˌdʒuˈdʒɪtsu
Jivaro
BR ˈhiːvərəʊ, -z
AM ˈjivəroʊ, -z
jive
BR dʒʌɪv, -z, -ɪŋ, -d
AM dʒaɪv, -z, -ɪŋ, -d
jiver
BR ˈdʒʌɪvə(r), -z
AM ˈdʒaɪvər, -z
jizz
BR dʒɪz
AM dʒɪz

Jnr
BR ˈdʒuːnɪə(r)
AM ˈdʒunjər
jo
BR dʒəʊ, -z
AM dʒoʊ, -z
Joachim
BR ˈdʒəʊəkɪm
AM ˈdʒoʊəˌkɪm, wɑˈkim
Joan
BR dʒəʊn
AM dʒoʊn
Joanna
BR dʒəʊˈanə(r)
AM dʒəˈwænə, dʒoʊˈænə
Joanne
BR dʒəʊˈan
AM dʒəˈwæn, dʒoʊˈæn
Joan of Arc
BR ˌdʒəʊn əv ˈɑːk
AM ˈdʒoʊn əv ˈɑrk
Job *name*
BR dʒəʊb
AM dʒoʊb
job
BR dʒɒb, -z, -ɪŋ
AM dʒab, -z, -ɪŋ
jobber
BR ˈdʒɒbə(r), -z
AM ˈdʒabər, -z
jobbery
BR ˈdʒɒb(ə)ri
AM ˈdʒabəri
jobcentre
BR ˈdʒɒbˌsentə(r), -z
AM ˈdʒabˌsen(t)ər, -z
jobholder
BR ˈdʒɒbˌhəʊldə(r), -z
AM ˈdʒabˌ(h)oʊldər, -z
jobless
BR ˈdʒɒbləs
AM ˈdʒabləs
joblessness
BR ˈdʒɒbləsnəs
AM ˈdʒabləsnəs
Jobling
BR ˈdʒɒblɪŋ
AM ˈdʒablɪŋ

Job's comforter
BR ˈdʒəʊbz
ˈkʌmfətə(r), -z
AM ˌdʒoʊbz
ˈkəmfərdər, -z

jobsheet
BR ˈdʒɒbʃiːt, -s
AM ˈdʒɑbˌʃit, -s

jobsworth
BR ˈdʒɒbzwə(ː)θ, -s
AM ˈdʒɑbzˌwərθ,
-θs\-ðz

Jo'burg
BR ˈdʒəʊbɜːg
AM ˈdʒoʊˌbɜrg

jobwork
BR ˈdʒɒbwɜːk
AM ˈdʒɑbˌwɜrk

Jocasta
BR dʒə(ʊ)ˈkæstə(r)
AM dʒoʊˈkæstə

Jocelyn
BR ˈdʒɒslɪn, ˈdʒɒsl̩ɪn
AM ˈdʒɑs(ə)l(ə)n

jock
BR dʒɒk, -s
AM dʒɑk, -s

jockey
BR ˈdʒɒk|i, -ɪz,
-ɪŋ, -ɪd
AM ˈdʒɑki, -z, -ɪŋ, -d

jockeydom
BR ˈdʒɒkɪdəm
AM ˈdʒɑkidəm

jockeyship
BR ˈdʒɒkɪʃɪp
AM ˈdʒɑkiˌʃɪp

jockstrap
BR ˈdʒɒkstræp, -s
AM ˈdʒɑkˌstræp, -s

jocose
BR dʒə(ʊ)ˈkəʊs
AM dʒoʊˈkoʊs

jocosely
BR dʒə(ʊ)ˈkəʊsli
AM dʒoʊˈkoʊsli

jocoseness
BR dʒə(ʊ)ˈkəʊsnəs
AM dʒoʊˈkoʊsnəs

jocosity
BR dʒə(ʊ)ˈkɒsɪti
AM dʒoʊˈkɑsədi

jocular
BR ˈdʒɒkjʉlə(r)
AM ˈdʒɑkjələr

jocularity
BR ˌdʒɒkjʉˈlærɪt|i,
-ɪz
AM ˌdʒɑkjəˈlɛrədi,
-z

jocularly
BR ˈdʒɒkjʉləli
AM ˈdʒɑkjələrli

jocund
BR ˈdʒɒk(ʌ)nd,
ˈdʒəʊk(ʌ)nd
AM ˈdʒoʊkənd,
ˈdʒɑkənd

jocundity
BR dʒɒˈkʌndɪti,
dʒəʊˈkʌndɪti
AM dʒoʊˈkəndədi,
dʒəˈkəndədi

jocundly
BR ˈdʒɒk(ʌ)ndli,
ˈdʒəʊk(ʌ)ndli
AM ˈdʒoʊkən(d)li,
ˈdʒɑkən(d)li

jocundness
BR ˈdʒɒk(ʌ)n(d)nəs,
ˈdʒəʊk(ʌ)n(d)nəs
AM ˈdʒoʊkən(d)nəs,
ˈdʒɑkən(d)nəs

jodel
BR ˈjəʊd|l, -lz,
-lɪŋ\-lɪŋ, -ld
AM ˈjoʊd|əl, -əlz,
-(ə)lɪŋ, -əld

Jodhpur
BR ˈdʒɒdpʊə(r),
ˈdʒɒdpɔː(r)
AM ˈdʒɑdpər

jodhpurs
BR ˈdʒɒdpəz
AM ˈdʒɑdpərz

Jodie
BR ˈdʒəʊdi
AM ˈdʒoʊdi

Jodrell Bank
BR ˌdʒɒdr(ə)l ˈbaŋk
AM ˌdʒɑdrəl ˈbæŋk

Jody
BR ˈdʒəʊdi
AM ˈdʒoʊdi

Joe
BR dʒəʊ
AM dʒoʊ

Joe Bloggs
BR ˌdʒəʊ ˈblɒgz
AM ˌdʒoʊ ˈblɑgz

Joe Blow
BR ˌdʒəʊ ˈbləʊ
AM ˌdʒoʊ ˈbloʊ

Joel
BR dʒəʊl
AM dʒoʊ(ə)l

joey
BR ˈdʒəʊ|i, -ɪz
AM ˈdʒoʊi, -z

jog
BR dʒɒg, -z, -ɪŋ, -d
AM dʒɑg, -z, -ɪŋ, -d

jogger
BR ˈdʒɒgə(r), -z
AM ˈdʒɑgər, -z

joggle
BR ˈdʒɒg|l, -lz,
-lɪŋ\-lɪŋ, -ld
AM ˈdʒɑg|əl, -əlz,
-(ə)lɪŋ, -əld

Jogjakarta
BR ˌdʒɒgdʒəˈkɑːtə(r)
AM ˌdʒɑgdʒəˈkɑrdə

jogtrot
BR ˈdʒɒgtrɒt, -s, -ɪŋ, -ɪd
AM ˈdʒɑgˌtrɑ|t, -ts,
-dɪŋ, -dəd

Johanna
BR dʒəʊˈanə(r)
AM dʒoʊˈænə

Johannesburg
BR dʒə(ʊ)ˈhænɪzbɜːg,
dʒə(ʊ)ˈhænɪsbɜːg
AM dʒoʊˈhænəsˌbɜrg

john
BR dʒɒn, -z
AM dʒɑn, -z

Johnnie
BR ˈdʒɒni
AM ˈdʒɑni

johnny
BR ˈdʒɒn|i, -ɪz
AM ˈdʒɑni, -z

johnnycake
BR ˈdʒɒnɪkeɪk, -s
AM ˈdʒɑniˌkeɪk, -s

John o'Groats
BR ˌdʒɒn əˈgrəʊts
AM ˌdʒɑn əˈgroʊts

Johns
BR dʒɒnz
AM dʒɑnz

Johnson
BR ˈdʒɒnsn
AM ˈdʒɑns(ə)n

Johnsonian
BR ˌdʒɒnˈsəʊnɪən
AM ˌdʒɑnˈsoʊnɪən

Johnston
BR ˈdʒɒnst(ə)n,
ˈdʒɒnsn
AM ˈdʒɑnst(ə)n

Johnstone
BR ˈdʒɒnst(ə)n,
ˈdʒɒnsn, ˈdʒɒnstəʊn
AM ˈdʒɑnˌstoʊn,
ˈdʒɑnst(ə)n

Johor
BR dʒəˈhɔː(r)
AM dʒəˈhɔ(ə)r

Johore
BR dʒəˈhɔː(r)
AM dʒəˈhɔ(ə)r

joie de vivre
BR ˌʒwɑː də ˈviːvr(ər)
AM ˌʒwɑ də ˈvivrə

join
BR dʒɔɪn, -z, -ɪŋ, -d
AM dʒɔɪn, -z, -ɪŋ, -d

joinable
BR ˈdʒɔɪnəbl
AM ˈdʒɔɪnəb(ə)l

joinder
BR ˈdʒɔɪndə(r)
AM ˈdʒɔɪndər

joiner
BR ˈdʒɔɪnə(r), -z
AM ˈdʒɔɪnər, -z

joinery
BR ˈdʒɔɪn(ə)ri
AM ˈdʒɔɪnəri

joint
BR dʒɔɪnt, -s, -ɪŋ, -ɪd
AM ˈdʒɔɪn|t, -ts, -(t)ɪŋ,
-(t)ɪd

jointedly
BR ˈdʒɔɪntɪdli
AM ˈdʒɔɪn(t)ɪdli

jointedness
BR ˈdʒɔɪntɪdnɪs
AM ˈdʒɔɪn(t)ɪdnɪs

jointer
BR ˈdʒɔɪntə(r), -z
AM ˈdʒɔɪn(t)ər, -z

jointless
BR ˈdʒɔɪntlɪs
AM ˈdʒɔɪntləs

jointly
BR ˈdʒɔɪntli
AM ˈdʒɔɪn(t)li

jointress
BR ˈdʒɔɪntrɪs, -ɪz
AM ˈdʒɔɪntrəs, -əz

jointure
BR ˈdʒɔɪntʃə(r), -z
AM ˈdʒɔɪn(t)ʃər, -z

joist
BR dʒɔɪst, -s
AM dʒɔɪst, -s

jojoba
BR hə(ʊ)ˈhəʊbə(r)
AM hoʊˈhoʊbə
SP xoˈxoβa

joke
BR dʒəʊk, -s, -ɪŋ, -t
AM dʒoʊk, -s, -ɪŋ, -t

joker
BR ˈdʒəʊkə(r), -z
AM ˈdʒoʊkər, -z

jokesmith
BR ˈdʒəʊksmɪθ, -s
AM ˈdʒoʊkˌsmɪ|θ, -θs\-ðz

jokey
BR ˈdʒəʊki
AM ˈdʒoʊki

jokily
BR ˈdʒəʊkɨli
AM ˈdʒoʊkəli

jokiness
BR ˈdʒəʊkɪnɪs
AM ˈdʒoʊkinɪs

jokingly
BR ˈdʒəʊkɪŋli
AM ˈdʒoʊkɪŋli

joky
BR ˈdʒəʊki
AM ˈdʒoʊki

Jolene
BR dʒəʊˈliːn
AM dʒoʊˈlin

Jolley
BR ˈdʒɒli
AM ˈdʒɑli

Jollie
BR ˈdʒɒli
AM ˈdʒɑli

jollification
BR ˌdʒɒlɪfɪˈkeɪʃn, -z
AM ˌdʒɑləfəˈkeɪʃ(ə)n, -z

jollify
BR ˈdʒɒlɪfʌɪ, -z, -ɪŋ, -d
AM ˈdʒɑləˌfaɪ, -z, -ɪŋ, -d

jollily
BR ˈdʒɒlɨli
AM ˈdʒɑləli

jolliness
BR ˈdʒɒlɪnɪs
AM ˈdʒɑlinɪs

jollity
BR ˈdʒɒlɨti
AM ˈdʒɑlədi

jollo
BR ˈdʒɒləʊ, -z
AM ˈdʒɑˌloʊ, -z

jolly
BR ˈdʒɒl|i, -ɪz, -ɪŋ, -ɪd, -ɪə(r), -ɪst
AM ˈdʒɑli, -z, -ɪŋ, -d, -ər, -ɪst

jollyboat
BR ˈdʒɒlɪbəʊt, -s
AM ˈdʒɑliˌboʊt, -s

Jolson
BR ˈdʒəʊls(ə)n
AM ˈdʒoʊls(ə)n

jolt
BR dʒəʊlt, -s, -ɪŋ, -ɪd
AM dʒoʊlt, -s, -ɪŋ, -ɪd

joltily
BR ˈdʒəʊltɨli
AM ˈdʒoʊltəli

joltiness
BR ˈdʒəʊltɪnɪs
AM ˈdʒoʊltinɪs

jolty
BR ˈdʒəʊlt|i, -ɪə(r), -ɪst
AM ˈdʒoʊlti, -ər, -ɪst

Jolyon
BR ˈdʒəʊliən, ˈdʒɒliən
AM ˈdʒɑliən

Jomon
BR ˈdʒəʊmɒn
AM ˈdʒoʊmɑn

Jon
BR dʒɒn
AM dʒɑn

Jonah
BR ˈdʒəʊnə(r), -z
AM ˈdʒoʊnə, -z

Jonas
BR ˈdʒəʊnəs
AM ˈdʒoʊnəs

Jonathan
BR ˈdʒɒnəθ(ə)n
AM ˈdʒɑnəθən

Jones
BR dʒəʊnz
AM dʒoʊnz

Joneses
BR ˈdʒəʊnzɪz
AM ˈdʒoʊnzəz

Jong
BR jɒŋ
AM jɑŋ, jɔŋ

jongleur
BR ʒɒ̃ˈglɜː(r), ʒɒŋˈglɜː(r), -z
AM ˈdʒɑŋglər, ʒɔŋˈglɜr, -z

jonquil
BR ˈdʒɒŋkw(ɨ)l, -z
AM ˈdʒɑnkwəl, -z

Jonson
BR ˈdʒɒns(ə)n
AM ˈdʒɑns(ə)n

Jools
BR dʒuːlz
AM dʒulz

Joplin
BR ˈdʒɒplɪn
AM ˈdʒɑpl(ə)n

Jopling
BR ˈdʒɒplɪŋ
AM ˈdʒɑplɪŋ

Joppa
BR ˈdʒɒpə(r)
AM ˈdʒɑpə

Jordan
BR ˈdʒɔːdn
AM ˈdʒɔrdən

Jordanhill
BR ˌdʒɔːdnˈhɪl
AM ˌdʒɔrdənˈhɪl

Jordanian
BR dʒɔːˈdeɪniən, -z
AM dʒɔrˈdeɪniən, -z

jorum
BR ˈdʒɔːrəm, -z
AM ˈdʒɔrəm, -z

Jorvik
BR ˈjɔːvɪk
AM ˈjɔrˌvɪk

Josceline
BR ˈdʒɒs(ə)lɪn
AM ˈdʒɑsl(ə)n

José
BR həʊˈzeɪ, həʊˈseɪ
AM hoʊˈseɪ, hoʊˈzeɪ

Joseph
BR ˈdʒəʊzɪf
AM ˈdʒoʊsəf, ˈdʒoʊzəf

Josephine
BR ˈdʒəʊzɪfiːn
AM ˈdʒoʊzəfin

Josephus
BR dʒə(ʊ)ˈsiːfəs
AM ˌdʒoʊˈsifəs

josh
BR dʒɒʃ, -ɪz, -ɪŋ, -t
AM dʒɑʃ, -əz, -ɪŋ, -t

josher
BR ˈdʒɒʃə(r), -z
AM ˈdʒɑʃər, -z

Joshua
BR ˈdʒɒʃ(j)ʊə(r)
AM ˈdʒɑʃ(ə)wə

Josiah
BR dʒə(ʊ)ˈzʌɪə(r), dʒə(ʊ)ˈsʌɪə(r)
AM ˌdʒoʊˈzaɪə, ˌdʒoʊˈsaɪə

Josie
BR ˈdʒəʊzi, ˈdʒəʊsi
AM ˈdʒoʊzi

joss
BR dʒɒs
AM dʒas, dʒɔs

josser
BR ˈdʒɒsə(r), -z
AM ˈdʒasər, ˈdʒɔsər, -z

jostle
BR ˈdʒɒs|l, -lz, -lɪŋ\-lɪŋ, -ld
AM ˈdʒas|əl, -əlz, -(ə)lɪŋ, -əld

jot
BR dʒɒt, -s, -ɪŋ, -ɪd
AM dʒɑ|t, -ts, -dɪŋ, -dəd

jota
BR ˈxəʊtə(r), -z
AM ˈhoʊdə, -z

jotter
BR ˈdʒɒtə(r), -z
AM ˈdʒɑdər, -z

jougs
BR dʒuːgz
AM dʒugz

Joule
BR dʒuːl
AM dʒul

joule
BR dʒuːl, -z
AM dʒul, -z

jounce
BR dʒaʊns, -ɪz, -ɪŋ, -t
AM dʒaʊns, -əz, -ɪŋ, -t

journal
BR ˈdʒɜːnl, -z
AM ˈdʒɜrn(ə)l, -z

journalese
BR ˌdʒɜːnəˈliːz, ˌdʒɜːnlˈiːz
AM ˈˌdʒɜrnlˈiz

journalise
BR ˈdʒɜːn|ʌɪz, -ɪz, -ɪŋ, -d
AM ˈdʒɜrnlˌaɪz, -ɪz, -ɪŋ, -d

journalism
BR ˈdʒɜːnl̩ɪzm
AM ˈdʒɜrnl̩ɪz(ə)m

journalist
BR ˈdʒɜːnl̩ɪst, -s
AM ˈdʒɜrnl̩əst, -s

journalistic
BR ˌdʒɜːnəˈlɪstɪk, ˌdʒɜːnlˈɪstɪk
AM ˌdʒɜrnlˈɪstɪk

journalistically
BR ˌdʒɜːnəˈlɪstɪkli, ˌdʒɜːnlˈɪstɪkli
AM ˌdʒɜrnlˈɪstək(ə)li

journalize
BR ˈdʒɜːn|l̩ʌɪz, -ɪz, -ɪŋ, -d
AM ˈdʒɜrnlˌaɪz, -ɪz, -ɪŋ, -d

journey
BR ˈdʒɜːn|i, -ɪz, -ɪŋ, -ɪd
AM ˈdʒɜrni, -z, -ɪŋ, -d

journeyer
BR ˈdʒɜːnɪə(r), -z
AM ˈdʒɜrniər, -z

journeyman
BR ˈdʒɜːnɪmən
AM ˈdʒɜrnɪm(ə)n

journeymen
BR ˈdʒɜːnɪmən
AM ˈdʒɜrnɪm(ə)n

journo
BR ˈdʒɜːnəʊ, -z
AM ˈdʒɜrnoʊ, -z

joust
BR dʒaʊst, -s, -ɪŋ, -ɪd
AM dʒaʊst, -s, -ɪŋ, -ɪd

jouster
BR ˈdʒaʊstə(r), -z
AM ˈdʒaʊstər, -z

Jove
BR dʒəʊv
AM dʒoʊv

jovial
BR ˈdʒəʊvɪəl
AM ˈdʒoʊvɪəl

joviality
BR ˌdʒəʊvɪˈalɪti
AM ˌdʒoʊvɪˈælədi

jovially
BR ˈdʒəʊvɪəli
AM ˈdʒoʊvɪəli

Jovian
BR ˈdʒəʊvɪən
AM ˈdʒoʊvɪən

jowar
BR dʒaʊˈwɑː(r)
AM dʒəˈwɑr

Jowett
BR ˈdʒaʊɪt, ˈdʒaʊət, -s
AM ˈdʒoʊət, ˈdʒaʊət, -s

Jowitt
BR ˈdʒaʊɪt, ˈdʒaʊɪt
AM ˈdʒoʊət, ˈdʒaʊət

jowl
BR dʒaʊl, -z, -d
AM dʒaʊl, -z, -d

jowly
BR ˈdʒaʊli
AM ˈdʒaʊəli, ˈdʒaʊli

joy
BR dʒɔɪ, -z
AM dʒɔɪ, -z

Joyce
BR dʒɔɪs
AM dʒɔɪs

Joycean
BR ˈdʒɔɪsɪən
AM ˈdʒɔɪsɪən

joyful
BR ˈdʒɔɪf(ʊ)l
AM ˈdʒɔɪfəl

joyfully
BR ˈdʒɔɪfʊli, ˈdʒɔɪfl̩i
AM ˈdʒɔɪfəli

joyfulness
BR ˈdʒɔɪf(ʊ)lnəs
AM ˈdʒɔɪfəlnəs

joyless
BR ˈdʒɔɪlɪs
AM ˈdʒɔɪlɪs

joylessly
BR ˈdʒɔɪlɪsli
AM ˈdʒɔɪlɪsli

joylessness
BR ˈdʒɔɪlɪsnɪs
AM ˈdʒɔɪlɪsnɪs

joyous
BR ˈdʒɔɪəs
AM ˈdʒɔɪəs

joyously
BR ˈdʒɔɪəsli
AM ˈdʒɔɪəsli

joyousness
BR ˈdʒɔɪəsnəs
AM ˈdʒɔɪəsnəs

joyride
BR ˈdʒɔɪrʌɪd, -z, -ɪŋ
AM ˈdʒɔɪˌraɪd, -z, -ɪŋ

joyrider
BR ˈdʒɔɪrʌɪdə(r), -z
AM ˈdʒɔɪˌraɪdər, -z

joystick
BR ˈdʒɔɪstɪk, -s
AM ˈdʒɔɪˌstɪk, -s

JPEG
BR ˈdʒeɪpɛg
AM ˈdʒeɪˌpɛg

Jr
BR dʒuˈnɪə(r)
AM ˈdʒunjər

Juan
BR hwɑːn
AM (h)wɑn
SP xwan

Juanita
BR (h)wəˈniːtə(r)
AM (h)wəˈnidə
SP xwaˈnita

Juárez
BR ˈhwɑːrɛz
AM ˈˌ(h)wɑˌrɛz
SP xwareθ, ˈxwares

Juba
BR ˈdʒuːbə(r)
AM ˈdʒubə

jube[1] *in a church*
BR ˈdʒuːb|i, -ɪz
AM ˈjuˌbeɪ, -z

jube[2] *watercourse*
BR dʒuːb, -z
AM dʒub, -z

jubilance
BR ˈdʒuːbɪlns, ˈdʒuːbl̩ns
AM ˈdʒubəl(ə)ns

jubilant
BR ˈdʒuːbɪlnt, ˈdʒuːbl̩nt
AM ˈdʒubəl(ə)nt

jubilantly
BR ˈdʒuːbɪl̩ntli, ˈdʒuːbl̩ntli
AM ˈdʒubələn(t)li

Jubilate *noun*
BR ˌdʒuːbɪˈlɑːteɪ
AM ˌdʒubəˈlɑdeɪ

jubilate *verb*
BR ˈdʒuːbɨleɪt, -s,
-ɪŋ, -ɪd
AM ˈdʒubəˌleɪ|t, -ts,
-dɪŋ, -dɪd
jubilation
BR ˌdʒuːbɪˈleɪʃn
AM ˌdʒubəˈleɪʃ(ə)n
jubilee
BR ˈdʒuːbɨliː,
-z
AM ˌdʒubəˈli,
ˈdʒubəˌli, -z
Judaea
BR dʒuːˈdɪə(r),
dʒʉˈdɪə(r)
AM dʒuˈdɪə
Judaean
BR dʒuːˈdɪən,
dʒʉˈdɪən
AM dʒuˈdɪən
Judaeo-Christian
BR dʒʉˌdeɪəʊˈkrɪstʃ(ə)n
AM dʒuˌdeɪoʊ-
ˈkrɪstʃ(ə)n
Judah
BR ˈdʒuːdə(r)
AM ˈdʒudə
Judaic
BR dʒuːˈdeɪɪk,
dʒʉˈdeɪɪk
AM dʒuˈdeɪɪk
Judaism
BR ˈdʒuːdeɪɪzm
AM ˈdʒudiˌɪz(ə)m,
ˈdʒudəˌɪz(ə)m
Judaization
BR ˌdʒuːdə(r)ʌɪˈzeɪʃn
AM ˌdʒudɨˈzeɪʃ(ə)n,
ˌdʒudeɪˈzeɪʃ(ə)n
Judaize
BR ˈdʒuːdə(r)ʌɪz, -ɪz,
-ɪŋ, -d
AM ˈdʒudiˌaɪz,
ˈdʒudəˌaɪz, -ɪz,
-ɪŋ, -d
Judas
BR ˈdʒuːdəs, -ɪz
AM ˈdʒudəs, -əz
Judas Iscariot
BR ˌdʒuːdəs ɪˈskarɪət
AM ˌdʒudəs ɪsˈkɛrɪət

Judas Maccabaeus
BR ˌdʒuːdəs
ˌmakəˈbiːəs
AM ˈˌdʒudəs
ˌmækəˈbiəs
Judd
BR dʒʌd
AM dʒəd
judder
BR ˈdʒʌd|ə(r), -əz,
-(ə)rɪŋ, -əd
AM ˈdʒədər, -z, -ɪŋ, -d
juddery
BR ˈdʒʌd(ə)ri
AM ˈdʒədəri
Jude
BR dʒuːd
AM dʒud
Judea
BR dʒuːˈdɪə(r),
dʒʉˈdɪə(r)
AM dʒuˈdɪə
Judean
BR dʒuːˈdɪən,
dʒʉˈdɪən
AM dʒuˈdɪən
Judeo-Christian
BR dʒʉˌdeɪəʊ-
ˈkrɪstʃ(ə)n
AM dʒuˌdeɪoʊ-
ˈkrɪstʃ(ə)n
judge
BR dʒʌdʒ, -ɪz, -ɪŋ, -d
AM dʒədʒ, -əz, -ɪŋ, -d
judgelike
BR ˈdʒʌdʒlʌɪk
AM ˈdʒədʒˌlaɪk
judgematic
BR dʒʌdʒˈmatɪk
AM dʒədʒˈmædɪk
judgematical
BR dʒʌdʒˈmatɪkl
AM dʒədʒˈmædək(ə)l
judgematically
BR dʒʌdʒˈmatɪkli
AM dʒədʒˈmædək(ə)li
judgement
BR ˈdʒʌdʒm(ə)nt, -s
AM ˈdʒədʒm(ə)nt, -s
judgemental
BR dʒʌdʒˈmɛntl
AM dʒədʒˈmɛn(t)l

judgementally
BR dʒʌdʒˈmɛntli
AM dʒədʒˈmɛn(t)li
Judges
BR ˈdʒʌdʒɪz
AM ˈdʒədʒəz
judgeship
BR ˈdʒʌdʒʃɪp, -s
AM ˈdʒədʒˌʃɪp, -s
judgment
BR ˈdʒʌdʒm(ə)nt,
-s
AM ˈdʒədʒm(ə)nt, -s
judgmental
BR dʒʌdʒˈmɛntl
AM dʒədʒˈmɛn(t)l
judgmentally
BR dʒʌdʒˈmɛntli
AM dʒədʒˈmɛn(t)li
Judi
BR ˈdʒuːd|i, -ɪz
AM ˈdʒudi, -z
judicative
BR ˈdʒuːdɪkətɪv
AM ˈdʒudəˌkeɪdɪv
judicatory
BR ˈdʒuːdɪkət(ə)r|i,
dʒʉˈdɪkət(ə)r|i,
-ɪz
AM ˈdʒudəkəˌtɔri, -z
judicature
BR ˈdʒuːdɪkətʃə(r),
dʒʉˈdɪkətʃə(r)
AM ˈdʒudəkətʃər,
ˈdʒudəˌkeɪtʃər,
ˈdʒudəkəˌtʃʊ(ə)r
judicial
BR dʒʉˈdɪʃl
AM dʒuˈdɪʃ(ə)l
judicially
BR dʒʉˈdɪʃli
AM dʒuˈdɪʃ(ə)li
judiciary
BR dʒʉˈdɪʃ(ə)ri
AM dʒuˈdɪʃəri,
dʒuˈdɪʃiˌɛri
judicious
BR dʒʉˈdɪʃəs
AM dʒuˈdɪʃəs
judiciously
BR dʒʉˈdɪʃəsli
AM dʒuˈdɪʃəsli

judiciousness
BR dʒʉˈdɪʃəsnəs
AM dʒuˈdɪʃəsnəs
Judith
BR ˈdʒuːdɨθ
AM ˈdʒudəθ
judo
BR ˈdʒuːdəʊ
AM ˈdʒudoʊ
judoist
BR ˈdʒuːdəʊɪst, -s
AM ˈdʒudoʊəst, -s
judoka
BR ˈdʒuːdəʊkə(r),
-z
AM ˌdʒudoʊˈka,
ˈdʒudoʊˌka, -z
Judy
BR ˈdʒuːd|i, -ɪz
AM ˈdʒudi, -z
jug
BR dʒʌg, -z, -ɪŋ, -d
AM dʒəg, -z, -ɪŋ, -d
Jugendstil
BR ˈjuːgənt-ʃtiːl
AM ˈjugəntˌstil
jugful
BR ˈdʒʌgfʊl, -z
AM ˈdʒəgˌfʊl, -z
juggernaut
BR ˈdʒʌgənɔːt, -s
AM ˈdʒəgərˌnat,
ˈdʒəgərˌnɔt, -s
juggins
BR ˈdʒʌgɪnz, -ɪz
AM ˈdʒəgənz, -əz
juggle
BR ˈdʒʌg|l, -lz,
-lɪŋ\-lɪŋ, -ld
AM ˈdʒəgəl, -əlz,
-(ə)lɪŋ, -əld
juggler
BR ˈdʒʌglə(r), -z
AM ˈdʒəg(ə)lər, -z
jugglery
BR ˈdʒʌglər|i, -ɪz
AM ˈdʒəgləri, -z
Jugoslav
BR ˈjuːgə(ʊ)slaːv,
-z
AM ˈjugəˌslav,
ˈjugoʊˌslav, -z

Jugoslavia
BR ˌjuːgə(ʊ)ˈslɑːvɪə(r)
AM ˌjugəˈslɑvɪə, ˌjugoʊˈslɑvɪə

Jugoslavian
BR ˌjuːgə(ʊ)ˈslɑːvɪən, -z
AM ˌjugəˈslɑvɪən, ˌjugoʊˈslɑvɪən, -z

jugular
BR ˈdʒʌgjʊlə(r), -z
AM ˈdʒəgjələr, -z

jugulate
BR ˈdʒʌgjʊleɪt, -s, -ɪŋ, -ɪd
AM ˈdʒəgjəˌleɪ|t, -ts, -dɪŋ, -dɪd

Jugurtha
BR dʒʊˈgəːθə(r)
AM dʒuˈgɜrθə

Jugurthine
BR dʒʊˈgəːθʌɪn
AM dʒuˈgɜrˌθin, dʒuˈgɜrθən

juice
BR dʒuːs, -ɪz
AM dʒus, -əz

juiceless
BR ˈdʒuːsləs
AM ˈdʒusləs

juicer
BR ˈdʒuːsə(r), -z
AM ˈdʒusər, -z

juicily
BR ˈdʒuːsɪli
AM ˈdʒusəli

juiciness
BR ˈdʒuːsɪnɪs
AM ˈdʒusɪnɪs

juicy
BR ˈdʒuːs|i, -ɪə(r), -ɪɪst
AM ˈdʒusi, -ər, -ɪst

jujitsu
BR ˌdʒuːˈdʒɪtsuː
AM ˌdʒuˈdʒɪtsu

juju
BR ˈdʒuːdʒuː, -z
AM ˈdʒudʒu, -z

jujube
BR ˈdʒuːdʒuːb, -z
AM ˈdʒudʒəbi, ˈdʒuˌdʒub, -z

jujutsu
BR ˌdʒuːˈdʒʌtsuː
AM ˌdʒuˈdʒɪtsu

jukebox
BR ˈdʒuːkbɒks, -ɪz
AM ˈdʒukˌbɑks, -əz

Jukes
BR dʒuːks
AM dʒuks

juku
BR ˈdʒʊkuː, -z
AM ˈdʒʊku, -z

julep
BR ˈdʒuːlɪp, ˈdʒuːlɛp, -s
AM ˈdʒuləp, -s

Jules
BR dʒuːlz
AM dʒulz

Julia
BR ˈdʒuːlɪə(r)
AM ˈdʒuliə, ˈdʒuljə

Julian
BR ˈdʒuːlɪən
AM ˈdʒuliən

Julie
BR ˈdʒuːli
AM ˈdʒuli

Julien
BR ˈdʒuːlɪən
AM ˈdʒuliən

julienne
BR ˌdʒuːlɪˈɛn
AM (d)ʒulˈjɛn, ˌ(d)ʒuliˈɛn
FR ʒyljɛn

Juliet
BR ˈdʒuːlɪət, ˌdʒuːlɪˈɛt
AM ˈdʒuljət, ˌdʒuliˈɛt

Julius
BR ˈdʒuːlɪəs
AM ˈdʒuliəs

July
BR dʒʊˈlʌɪ, -z
AM dʒuˈlaɪ, dʒəˈlaɪ, -z

jumble
BR ˈdʒʌmb|l, -lz, -l̩ŋ\-lɪŋ, -ld
AM ˈdʒəmb|əl, -əlz, -(ə)lɪŋ, -əld

jumbly
BR ˈdʒʌmbl|i, -ɪə(r), -ɪɪst
AM ˈdʒəmbəli, ˈdʒəmbli, -ər, -ɪst

jumbo
BR ˈdʒʌmbəʊ, -z
AM ˈdʒəmboʊ, -z

jumboise
BR ˈdʒʌmbəʊʌɪz, -ɪz, -ɪŋ, -d
AM ˈdʒəmboʊˌaɪz, -ɪz, -ɪŋ, -d

jumboize
BR ˈdʒʌmbəʊʌɪz, -ɪz, -ɪŋ, -d
AM ˈdʒəmboʊˌaɪz, -ɪz, -ɪŋ, -d

jumbuck
BR ˈdʒʌmbʌk, -s
AM ˈdʒəmbək, -s

jump
BR dʒʌm|p, -ps, -pɪŋ, -(p)t
AM dʒəmp, -s, -ɪŋ, -t

jumpable
BR ˈdʒʌmpəbl
AM ˈdʒəmpəb(ə)l

jumper
BR ˈdʒʌmpə(r), -z
AM ˈdʒəmpər, -z

jumpily
BR ˈdʒʌmpɪli
AM ˈdʒəmpəli

jumpiness
BR ˈdʒʌmpɪnɪs
AM ˈdʒəmpɪnɪs

jumpsuit
BR ˈdʒʌmps(j)uːt, -s
AM ˈdʒəm(p)ˌsut, -s

jumpy
BR ˈdʒʌmp|i, -ɪə(r), -ɪɪst
AM ˈdʒəmpi, -ər, -ɪst

Jun.
BR ˈdʒuːnɪə(r)
AM ˈdʒunjər

junco
BR ˈdʒʌŋkəʊ, -z
AM ˈdʒəŋkoʊ, -z

junction
BR ˈdʒʌŋ(k)ʃn, -z
AM ˈdʒəŋ(k)ʃ(ə)n, -z

juncture
BR ˈdʒʌŋ(k)tʃə(r), -z
AM ˈdʒəŋ(k)(t)ʃər, -z

June
BR dʒuːn, -z
AM dʒun, -z

Juneau
BR ˈdʒuːnəʊ
AM ˈdʒuˌnoʊ

Jung
BR jʊŋ
AM jʊŋ

Jungfrau
BR ˈjʊnfraʊ
AM ˈjʊŋˌfraʊ

Jungian
BR ˈjʊŋɪən
AM ˈjʊŋɪən

jungle
BR ˈdʒʌŋgl, -z, -d
AM ˈdʒəŋgəl, -z, -d

jungly
BR ˈdʒʌŋgl|i, -ɪə(r), -ɪɪst
AM ˈdʒəŋgəli, ˈdʒəŋgli, -ər, -ɪst

junior
BR ˈdʒuːnɪə(r), -z
AM ˈdʒunjər, -z

juniorate
BR ˈdʒuːnɪərət, -s
AM ˈdʒunjəˌreɪt, ˈdʒunjərət, -s

juniority
BR dʒuːnɪˈɒrɪti
AM dʒunˈjɔrədi

juniper
BR ˈdʒuːnɪpə(r), -z
AM ˈdʒunəpər, -z

junk
BR dʒʌŋ|k, -ks, -kɪŋ, -(k)t
AM dʒəŋ|k, -ks, -kɪŋ, -(k)t

Junker
BR ˈjʊŋkə(r), -z
AM ˈdʒəŋkər, -z

junkerdom
BR ˈjʊŋkədəm
AM ˈjʊŋkərdəm

junket
BR ˈdʒʌŋk|ɪt, -ɪts,
-ɪtɪŋ, -ɪtɪd
AM ˈdʒəŋkə|t, -ts,
-dɪŋ, -dəd

junkie
BR ˈdʒʌŋk|i, -ɪz
AM ˈdʒəŋki, -z

Junkin
BR ˈdʒʌŋkɪn
AM ˈdʒəŋkən

junk mail
BR ˈdʒʌŋk meɪl,
ˌdʒʌŋk ˈmeɪl
AM ˈdʒəŋk ˌmeɪl

junky
BR ˈdʒʌŋk|i, -ɪz
AM ˈdʒəŋki, -z

junkyard
BR ˈdʒʌŋkjɑːd, -z
AM ˈdʒəŋk ˌjɑrd, -z

Juno
BR ˈdʒuːnəʊ
AM ˈdʒunoʊ

Junoesque
BR ˌdʒuːnəʊˈɛsk
AM ˌdʒunoʊˈɛsk

Junor
BR ˈdʒuːnə(r)
AM ˈdʒunər

junta
BR ˈdʒʌntə(r),
ˈhʊntə(r), -z
AM ˈhʊntə, ˈdʒəntə,
ˈhʊntə, -z
SP ˈxuntə

Jupiter
BR ˈdʒuːpɪtə(r)
AM ˈdʒupədər

Jura
BR ˈdʒʊərə(r)
AM ˈdʒʊrə
FR ʒyʀa

jural
BR ˈdʒʊərḷ
AM ˈdʒʊrəl

Jurassic
BR dʒʊˈræsɪk
AM dʒəˈræsɪk

jurat
BR ˈdʒʊərat, -s
AM ˈdʒʊræt, -s

juridical
BR dʒʊˈrɪdɪkl
AM dʒuˈrɪdək(ə)l,
dʒəˈrɪdək(ə)l

juridically
BR dʒʊˈrɪdɪkli
AM dʒuˈrɪdək(ə)li,
dʒəˈrɪdək(ə)li

jurisconsult
BR ˌdʒʊərɪskənˈsʌlt,
-s
AM ˌdʒʊrəskənˈsəlt,
ˌdʒʊrəˈskənsəlt, -s

jurisdiction
BR ˌdʒʊərɪzˈdɪkʃn,
ˌdʒʊərɪsˈdɪkʃn, -z
AM ˌdʒʊrəzˈdɪkʃ(ə)n,
ˌdʒʊrəsˈdɪkʃ(ə)n, -z

jurisdictional
BR ˌdʒʊərɪzˈdɪkʃṇl
AM ˌdʒʊrəz-
ˈdɪkʃ(ə)n(ə)l,
ˌdʒʊrəsˈdɪkʃ(ə)n(ə)l

jurisprudence
BR ˌdʒʊərɪsˈpruːd(ə)ns
AM ˈdʒʊrəˌsprudns,
ˌdʒʊrəˈsprudns,
ˈdʒʊrəˌsprudns,
ˌdʒʊrəˈsprudns

jurisprudent
BR ˌdʒʊərɪsˈpruːd(ə)nt
AM ˈdʒʊrəˌsprudnt,
ˌdʒʊrəˈsprudnt,
ˈdʒʊrəˌsprudnt,
ˌdʒʊrəˈsprudnt

jurisprudential
BR ˌdʒʊərɪsprʊˈdɛnʃl
AM ˌdʒʊrəˌspruː-
ˈdɛn(t)ʃ(ə)l, ˌdʒʊrə-
ˌspruˈdɛn(t)ʃ(ə)l

jurist
BR ˈdʒʊərɪst, -s
AM ˈdʒʊrəst, ˈdʒʊrəst,
-s

juristic
BR dʒʊˈrɪstɪk
AM dʒuˈrɪstɪk,
dʒʊˈrɪstɪk

juristical
BR dʒʊˈrɪstɪkl
AM dʒuˈrɪstɪk(ə)l,
dʒʊˈrɪstɪk(ə)l

juror
BR ˈdʒʊərə(r), -z
AM ˈdʒʊrər, ˈdʒʊˌrɔ(ə)r,
ˈdʒuˌrɔ(ə)r, ˈdʒʊrər,
-z

jury
BR ˈdʒʊər|i, -ɪz
AM ˈdʒʊri,
ˈdʒʊri, -z

juryman
BR ˈdʒʊərɪmən
AM ˈdʒʊrɪm(ə)n,
ˈdʒʊrɪm(ə)n

jurymen
BR ˈdʒʊərɪmən
AM ˈdʒʊrɪm(ə)n,
ˈdʒʊrɪm(ə)n

jurywoman
BR ˈdʒʊərɪˌwʊmən
AM ˈdʒʊriˌwʊm(ə)n,
ˈdʒʊriˌwʊm(ə)n

jurywomen
BR ˈdʒʊərɪˌwɪmɪn
AM ˈdʒʊriˌwɪmɪn,
ˈdʒʊriˌwɪmɪn

jussive
BR ˈdʒʌsɪv, -z
AM ˈdʒəsɪv, -z

just[1] *adjective, adverb*
strong form
BR dʒʌst
AM dʒəst

just[2] *adverb weak form*
BR dʒəst
AM dʒəst

juste milieu
BR ʒuːst ˈmiːljəː(r),
+ mɪlˈjəː(r)
AM ˌʒəst mɪlˈjə,
ˌʒust mɪlˈju

justice
BR ˈdʒʌst|ɪs,
-ɪsɪz
AM ˈdʒəstəs,
-əz

justiceship
BR ˈdʒʌstɪsʃɪp
AM ˈdʒəstə(s)ˌʃɪp

justiciable
BR dʒʌˈstɪʃ(ɪ)əbl
AM ˌdʒəˈstɪʃ(i)əb(ə)l

justiciar
BR dʒʌˈstɪʃə(r)
AM ˌdʒəˈstɪʃ(i)ər

justiciary
BR dʒʌˈstɪʃɪər|i,
dʒʌˈstɪʃ(ə)r|i, -ɪz
AM ˌdʒəˈstɪʃiˌɛri, -z

justifiability
BR ˌdʒʌstɪfʌɪəˈbɪlɪti
AM ˌdʒəstəˌfaɪəˈbɪlɪdi

justifiable
BR ˈdʒʌstɪfʌɪəbl,
ˌdʒʌstɪˈfʌɪəbl
AM ˌdʒəstəˈfaɪəb(ə)l,
ˈdʒəstəˌfaɪəb(ə)l

justifiableness
BR ˈdʒʌstɪfʌɪəblnəs,
ˌdʒʌstɪˈfʌɪəblnəs
AM ˌdʒəstəˈfaɪəbəlnəs,
ˈdʒəstəˌfaɪəbəlnəs

justifiably
BR ˈdʒʌstɪfʌɪəbli,
ˌdʒʌstɪˈfʌɪəbli
AM ˌdʒəstəˈfaɪəbli,
ˈdʒəstəˌfaɪəbli

justification
BR ˌdʒʌstɪfɪˈkeɪʃn, -z
AM ˌdʒəstəfəˈkeɪʃ(ə)n,
-z

justificatory
BR ˈdʒʌstɪfɪkeɪt(ə)ri,
ˌdʒʌstɪfɪˈkeɪt(ə)ri
AM ˌdʒəstəˈfɪkəˌtɔri,
dʒəˈstɪfəkəˌtɔri

justifier
BR ˈdʒʌstɪfʌɪə(r)
AM ˈdʒəstəˌfaɪər

justify
BR ˈdʒʌstɪfʌɪ, -z,
-ɪŋ, -d
AM ˈdʒəstəˌfaɪ, -z,
-ɪŋ, -d

Justin
BR ˈdʒʌstɪn
AM ˈdʒəst(ə)n

Justine
BR ˈdʒʌstiːn,
dʒʌˈstiːn
AM ˈdʒəstin

Justinian
BR dʒʌsˈtɪnɪən
AM dʒəsˈtɪniən

justly
BR ˈdʒʌs(t)li
AM ˈdʒəs(t)li

justness
BR ˈdʒʌs(t)nəs
AM ˈdʒəs(t)nəs

jut
BR dʒʌt, -s, -ɪŋ, -ɪd
AM dʒə|t, -ts, -dɪŋ, -dəd

jute
BR dʒuːt, -s
AM dʒut, -s

Jutish
BR ˈdʒuːtɪʃ
AM ˈdʒudɪʃ

Jutland
BR ˈdʒʌtlənd
AM ˈdʒətlənd

Juvenal
BR ˈdʒuːvɪnl, ˈdʒuːvn̩l
AM ˈdʒuvən(ə)l

juvenescence
BR ˌdʒuːvɪˈnɛsns
AM ˌdʒuvəˈnɛs(ə)ns

juvenescent
BR ˌdʒuːvɪˈnɛsnt
AM ˌdʒuvəˈnɛs(ə)nt

juvenile
BR ˈdʒuːvɪnʌɪl, -z
AM ˈdʒuvənl,
ˈdʒuvəˌnaɪl, -z

juvenilely
BR ˈdʒuːvɪnʌɪlli
AM ˈdʒuvənli,
ˈdʒuvəˌnaɪ(l)li

juvenilia
BR ˌdʒuːvɪˈnɪliə(r)
AM ˌdʒuvəˈnɪliə,
ˌdʒuvəˈnɪljə

juvenility
BR ˌdʒuːvɪˈnɪlɪti
AM ˌdʒuvəˈnɪlɨdi

juxtapose
BR ˌdʒʌkstəˈpəʊz,
ˈdʒʌkstəpəʊz, -ɪz, -ɪŋ, -d
AM ˌdʒəkstəˈpoʊz,
ˈdʒəkstəˌpoʊz, -əz, -ɪŋ, -t

juxtaposition
BR ˌdʒʌkstəpəˈzɪʃn
AM ˌdʒəkstəpəˈzɪʃ(ə)n

juxtapositional
BR ˌdʒʌkstəpəˈzɪʃn̩l
AM ˌdʒəkstəpə-ˈzɪʃ(ə)n(ə)l

K

k
BR keɪ, -z
AM keɪ, -z

K2
BR ˌkeɪˈtuː
AM ˌkeɪˈtu

ka
BR kaː(r)
AM ka

Kaaba
BR ˈkaːbə(r)
AM ˈkæbə, ˈkabə

kabaddi
BR kəˈbadi
AM kəˈbadi

Kabaka
BR kəˈbaːkə(r)
AM kəˈbakə

kabala
BR kaˈbaːlə(r)
AM ˈkabələ, kəˈbalə

Kabalega
BR ˌkabəˈleɪɡə(r)
AM ˌkæbəˈlɛɡə

kabbala
BR kaˈbaːlə(r)
AM ˈkæbələ, kəˈbalə

kabbalism
BR ˈkabl̩ɪzm
AM kəˈbɑˌlɪz(ə)m, ˈkæbəˌlɪzm

kabbalist
BR ˈkabl̩ɪst, -s
AM kəˈbaləst, ˈkæbələst, -s

kabob
BR kəˈbaːb, -z
AM kəˈbab, -z

kabuki
BR kəˈbuːki
AM kəˈbuki

Kabul
BR ˈkaːb(ʊ)l, kəˈbʊl
AM kəˈbʊl, ˈkabʊl

Kabwe
BR ˈkabweɪ, ˈkabwi
AM ˈkabweɪ

Kabyle
BR kəˈbʌɪl, -z
AM kəˈbaɪ(ə)l, -z

kachina
BR kəˈtʃiːnə(r), -z
AM kəˈtʃinə, -z

Kádáar
BR ˈkaːdɑː(r)
AM ˈkaˌdar
HU ˈkaːdɑːr

Kaddafi
BR kəˈdafi, kəˈdɑːfi
AM kəˈdafi

kaddish
BR ˈkad|ɪʃ, -ɪʃiz
AM ˈkadɪʃ, -ɪz

kadi
BR ˈkaːd|i, -ɪz
AM ˈkadi, -z

kaffir
BR ˈkafə(r), -z
AM ˈkæfər, -z

kaffiyeh
BR kaˈfiː(j)ə(r), -z
AM kəˈfi(j)ə, -z

kafir
BR ˈkafə(r), -z
AM ˈkæfər, -z

Kafka
BR ˈkafkə(r)
AM ˈkafkə

Kafkaesque
BR ˌkafkə(r)ˈɛsk
AM ˌkafkəˈɛsk

kaftan
BR ˈkaftan, -z
AM ˈkæfˌtæn, ˈkæft(ə)n, -z

Kagan
BR ˈkeɪɡ(ə)n
AM ˈkeɪɡən

Kagoshima
BR ˌkaɡəˈʃiːmə(r)
AM ˌkaɡəˈʃimə

kagoul
BR kəˈɡuːl, -z
AM kəˈɡul, -z

kagoule
BR kəˈɡuːl, -z
AM kəˈɡul, -z

Kahlua
BR kəˈluːə(r)
AM kəˈluə

Kahn
BR kɑːn
AM kan

kahuna
BR kəˈhuːnə(r)
AM kəˈhunə

kai
BR kʌɪ
AM kaɪ

Kaifeng
BR ˌkʌɪˈfɛŋ
AM ˈˌkaɪˈfɛŋ

kail
BR keɪl, -z
AM keɪl, -z

kailyard
BR ˈkeɪljɑːd
AM ˈkeɪlˌjɑrd

kainite
BR ˈkʌɪnʌɪt, ˈkeɪnʌɪt
AM ˈkeɪnaɪt, ˈkaɪnaɪt

Kaiser
BR ˈkʌɪzə(r), -z
AM ˈkaɪzər, -z

kaisership
BR ˈkʌɪzəʃɪp, -s
AM ˈkaɪzərʃɪp, -s

Kai Tak
BR ˌkʌɪ ˈtak
AM ˌkaɪ ˈtak

kaizen
BR ˈkʌɪzn
AM ˈkaɪz(ə)n

kaka
BR ˈkaːkə(r), -z
AM ˈkakə, -z

kakapo
BR ˈkaːkəpəʊ, -z
AM ˈkakəˌpoʊ, -z

kakemono
BR ˌkaːkɪˈməʊnəʊ, -z
AM ˌkækəˈmoʊnoʊ, ˌkakəˈmoʊnoʊ, -z

kala-azar
BR ˌkaːlə(r)əˈzɑː(r)
AM ˌkaləˈzɑr

Kalahari
BR ˌkaləˈhɑːri
AM ˌkaləˈhari

Kalamazoo
BR ˌkaləməˈzuː
AM ˌkæləməˈzu

Kalashnikov
BR kəˈlaʃnɪkɒf, -s
AM kəˈlæʃnəˌkaf, -s

kale
BR keɪl, -z
AM keɪl, -z

kaleidoscope
BR kəˈlaɪdəskəʊp, -s
AM kəˈlaɪdəˌskoʊp, -s

kaleidoscopic
BR kəˌlaɪdəˈskɒpɪk
AM kəˌlaɪdəˈskɑpɪk

kaleidoscopical
BR kəˌlaɪdəˈskɒpɪkl
AM kəˌlaɪdəˈskɑpək(ə)l

kaleidoscopically
BR kəˌlaɪdəˈskɒpɪkli
AM kəˌlaɪdəˈskɑpək(ə)li

kalenchoe
BR ˌkalənˈkəʊi, ˌkalənˈkəʊi
AM ˈkælənˌkoʊi

kalends
BR ˈkalɛndz, ˈkalɪndz
AM ˈkælən(d)z

kaleyard
BR ˈkeɪljɑːd, -z
AM ˈkeɪlˌjard, -z

Kalgoorlie
BR kalˈɡʊəli
AM kalˈɡʊrli

Kali
BR ˈkɑːli
AM ˈkɑli

kali
BR ˈkali, ˈkeɪli, ˈkeɪlʌɪ
AM ˈkeɪli

Kalinin
BR kəˈliːnɪn
AM kəˈlinɪn
RUS kaˈlʲinʲin

Kaliningrad
BR kəˈliːnɪnɡrad
AM kəˈlinɪnˌɡræd
RUS kəlʲinʲinˈɡrat

Kalmar
BR ˈkalmɑː(r), ˈkɑːlmə(r)
AM ˈkalmar

kalmia
BR ˈkalmɪə(r), -z
AM ˈkalmɪə, -z

Kalmuck
BR ˈkalmʌk, -s
AM ˈkalmək, -s
RUS kalˈmɪk

Kalmuk
BR ˈkalmʌk, -s
AM ˈkalmək, -s
RUS kalˈmɪk

Kalmyk
BR ˈkalmɪk, -s
AM ˈkælmɪk, -s
RUS kalˈmɪk

kalong
BR ˈkalɒŋ, ˈkɑːlɒŋ, -z
AM ˈkalɑŋ, ˈkalɔŋ, -z

kalpa
BR ˈkʌlpə(r), ˈkalpə(r), -z
AM ˈkəlpə, -z

Kaluga
BR kəˈluːɡə(r)
AM kəˈluɡə
RUS kaˈluɡə

Kama
BR ˈkɑːmə(r)
AM ˈkɑmə

Kama Sutra
BR ˌkɑːmə ˈsuːtrə(r)
AM ˌkɑmə ˈsutrə

Kamchatka
BR kamˈtʃatkə(r)
AM kamˈtʃatkə

kame
BR keɪm, -z
AM keɪm, -z

Kamenskoye
BR kəˈmɛnskɔɪə(r)
AM kəˈmɛnˌskɔɪə
RUS ˈkamʲinskəji

Kamensk-Uralski
BR ˌkamɛnskjʉˈralski
AM ˌkamɛnskjʊˈralski

kamikaze
BR ˌkamɪˈkɑːzi
AM ˌkaməˈkazi

Kampala
BR kamˈpɑːlə(r)
AM kamˈpalə

kampong
BR ˈkampɒn, ˈkampɒŋ, -z
AM ˈkamˌpaŋ, ˈkamˌpɔŋ, -z

Kampuchea
BR ˌkampʉˈtʃiːə(r)
AM ˌkampəˈtʃiə

Kampuchean
BR ˌkampʉˈtʃiːən, -z
AM ˌkampəˈtʃiən, -z

kana
BR ˈkɑːnə(r)
AM ˈkanə

kanaka
BR kəˈnakə(r), -z
AM kəˈnakə, -z

Kanarese
BR ˌkanəˈriːz
AM ˌkanəˈriz

Kanawa
BR ˈkanəwə(r), kəˈnɑːwə(r)
AM ˈkanəwə, kəˈnɑwə

kanban
BR ˈkanban, -z
AM ˈkanˌban, -z

Kanchenjunga
BR ˌkantʃ(ə)nˈdʒʊŋɡə(r)
AM ˌkan(t)ʃənˈdʒʊŋɡə

Kandahar
BR ˌkandəˈhɑː(r)
AM ˌkandəˈhar

Kandinsky
BR kanˈdɪnski
AM kænˈdɪnski
RUS kanˈdʲinskʲij

Kandy
BR ˈkandi
AM ˈkændi

Kandyan
BR ˈkandɪən, -z
AM ˈkændɪən, -z

Kane
BR keɪn
AM keɪn

kanga
BR ˈkaŋɡə(r), -z
AM ˈkæŋɡə, -z

kangaroo
BR ˌkaŋɡəˈruː, -z
AM ˌkæŋɡəˈru, -z

Kangchenjunga
BR ˌkantʃ(ə)nˈdʒʊŋɡə(r)
AM ˌkantʃənˈdʒʊŋɡə

kanji
BR ˈkandʒi
AM ˈkɑndʒi

Kannada
BR ˈkɑːnədə(r), ˈkanədə(r)
AM ˈkænədə, ˈkanədə

Kano
BR ˈkɑːnəʊ
AM ˈkanoʊ

kanoon
BR kəˈnuːn, -z
AM kɑˈnun, -z

Kansan
BR ˈkanz(ə)n, -z
AM ˈkænzn, -z

Kansas
BR ˈkanzəs
AM ˈkænzəs

Kant
BR kant
AM kɑnt

Kantian
BR ˈkantɪən, -z
AM ˈkan(t)ɪən, -z

KANU
BR ˈkɑːnuː
AM ˈkɑnu

kaolin
BR ˈkeɪəlɪn
AM ˈkeɪəl(ə)n

kaolinic
BR ˌkeɪəˈlɪnɪk
AM ˌkeɪəˈlɪnɪk

kaolinise
BR ˈkeɪəlɪnʌɪz, -ɪz, -ɪŋ, -d
AM ˈkeɪələˌnaɪz, -ɪz, -ɪŋ, -d

kaolinite
BR ˈkeɪəlɪnʌɪt
AM ˈkeɪələˌnaɪt

kaolinize
BR ˈkeɪəlɪnʌɪz, -ɪz, -ɪŋ, -d
AM ˈkeɪələˌnaɪz, -ɪz, -ɪŋ, -d

kaon
BR ˈkeɪɒn, -z
AM ˈkeɪən, ˈkeɪˌɑn, -z

Kapellmeister
BR kəˈpɛlmʌɪstə(r), -z
AM kəˈpɛlˌmaɪstər, -z

Kap Farvel
BR ˌkap fɑːˈvɛl
AM ˌkæp fɑrˈvɛl
DAN ˌkab fɑˈvɛl

Kaplan
BR ˈkaplən
AM ˈkæpl(ə)n

kapok
BR ˈkeɪpɒk
AM ˈkeɪˌpɑk

kappa
BR ˈkapə(r)
AM ˈkæpə

kaput
BR kəˈpʊt
AM kɑˈpʊt, kəˈpʊt

Karabiner
BR ˌkarəˈbiːnə(r), -z
AM ˌkɛrəˈbinər, -z

Karachi
BR kəˈrɑːtʃi
AM kəˈrɑtʃi

Karaite
BR ˈkɛːrəʌɪt, -s
AM ˈkɛrəˌaɪt, -s

Karajan
BR ˈkarəjɑːn
AM ˈkɛrəˌjɑn

Karakoram
BR ˌkarəˈkɔːrəm
AM ˌkɛrəˈkɔrəm

Karakorum
BR ˌkarəˈkɔːrəm
AM ˌkɛrəˈkɔrəm

karakul
BR ˈkarək(ʊ)l, -z
AM ˈkɛrək(ə)l, -z

Kara Kum
BR ˌkarə ˈkʌm
AM ˈkɛrə ˈkəm

karaoke
BR ˌkarɪˈəʊki
AM ˌkɛriˈoʊki

karat
BR ˈkarət, -s
AM ˈkɛrət, -s

karate
BR kəˈrɑːti
AM kəˈrɑdi

Kardomah
BR kɑːˈdəʊmə(r)
AM kɑrˈdoʊmə

karela
BR kəˈrɛlə(r), kəˈreɪlə(r), -z
AM kəˈrɛlə, -z

Karelia
BR kəˈriːlɪə(r)
AM kəˈriliə, kəˈriljə

Karelian
BR kəˈriːlɪən, -z
AM kəˈriliən, -z

Karen[1] *Burmese people*
BR kaˈrɛn, -z
AM kaˈrɛn, -z

Karen[2] *forename*
BR ˈkarn̩
AM ˈkɛrən

Kariba
BR kəˈriːbə(r)
AM kəˈribə

Karin
BR ˈkarɪn, ˈkarn̩
AM ˈkɑrən, ˈkɛrən

Karl
BR kɑːl
AM kɑrl

Karloff
BR ˈkɑːlɒf
AM ˈkɑrˌlɑf, ˈkɑrˌlɔf

Karlsbad
BR ˈkɑːlzbad
AM ˈkɑrlzˌbæd, ˈkɑrlzˌbɑd
GER ˈkɑrlsbɑːt

Karlsruhe
BR ˈkɑːlzrʊə(r)
AM ˈkɑrlzˌrʊə

karma
BR ˈkɑːmə(r)
AM ˈkɑrmə

karmic
BR ˈkɑːmɪk
AM ˈkɑrmɪk

Karnak
BR ˈkɑːnak
AM ˈkɑrˌnæk

Karnataka
BR kəˈnɑːtəkə(r)
AM kɑrˈnɑdəkə

Karno
BR ˈkɑːnəʊ
AM ˈkɑrnoʊ

karoo
BR kəˈruː, -z
AM kəˈru, -z

Karpov
BR ˈkɑːpɒv
AM ˈkɑrˌpɑv, ˈkɑrˌpɔv
RUS ˈkɑrpəf

karri
BR ˈkar|i, -ɪz
AM ˈkɛri, -z

Karroo
BR kəˈruː
AM kəˈru

Kars
BR kɑːs
AM kɑrs

karst
BR kɑːst
AM kɑrst

kart
BR kɑːt, -s, -ɪŋ, -ɪd
AM kɑr|t, -ts, -dɪŋ, -dɪd

karyokinesis
BR ˌkarɪəʊkɪˈniːsɪs
AM ˌˌkɛriəkəˈnɪsɪs

karyotype
BR ˈkarɪə(ʊ)tʌɪp, -s
AM ˈkɛriəˌtaɪp, ˈkɛrioʊˌtaɪp, -s

kasbah
BR ˈkazbɑː(r), -z
AM ˈkæsˌbɑ, ˈkæzˌbɑ, -z

Kashmir
BR ˌkaʃˈmɪə(r)
AM ˈkæʒˌmɪ(ə)r, ˈkæʃˌmɪ(ə)r

Kashmiri
BR kaʃˈmɪər|i, -ɪz
AM ˌkæʒˈmɪri, ˌkæʃˈmɪri, -z

Kasparov
BR ˈkaspərɒv, kaˈspɑːrɒv
AM ˈkæspəˌrɑv, kæsˈpɛrɔv, kæsˈpɛrɑv, ˈkæspəˌrɔv
RUS kɑˈspɑrəf

Kassel
BR ˈkasl
AM ˈkæs(ə)l

Kassite
BR ˈkasʌɪt, -s
AM ˈkæˌsaɪt, -s

katabatic
BR ˌkatəˈbatɪk, -s
AM ˌkædəˈbædɪk, -s

katabolism
BR kəˈtabəlɪzm
AM kəˈtæbəˌlɪzm

katakana
BR ˌkatəˈkɑːnə(r), -z
AM ˌkɑdəˈkɑnə, -z

Katanga
BR kəˈtaŋgə(r)
AM kəˈtæŋ(g)ə

katathermometer
BR ˌkatəθəˈmɒmɪtə(r), -z
AM ˌˌkædəθərˈmɑmədər, -z

Kate
BR keɪt
AM keɪt

Kath
BR kaθ
AM kæθ

katharevousa
BR ˌkaθəˈrɛvuːsə(r)
AM ˌkɑθəˈrɛvəsə

Katharine
BR ˈkaθ(ə)rɪn, ˈkaθ(ə)rn̩
AM ˈkæθ(ə)rən

Katherine
BR ˈkaθ(ə)rɪn, ˈkaθ(ə)rn̩
AM ˈkæθ(ə)rən

Kathie
BR ˈkæθi
AM ˈkæθi

Kathleen
BR kæθˈliːn
AM kæθˈlin

Kathmandu
BR ˌkætmænˈduː
AM ˌkætmænˈdu, ˌkætmænˈdu

kathode
BR ˈkæθəʊd, -z
AM ˈkæθoʊd, -z

Kathryn
BR ˈkæθr(ɨ)n
AM ˈkæθrən

Kathy
BR ˈkæθi
AM ˈkæθi

Katia
BR ˈkætɪə(r)
AM ˈkætjə, ˈkɑdiə

Katie
BR ˈkeɪti
AM ˈkeɪdi

Katmandu
BR ˌkætmænˈduː
AM ˌkætmænˈdu, ˌkætmænˈdu

Katowice
BR ˌkætəˈviːtʃə(r), ˌkætəˈviːtsə(r)
AM ˌkɑdəˈvɪtsə
POL ˌkɑtɒˈvitsɛ

Katrina
BR kəˈtriːnə(r)
AM kəˈtrinə

Katrine
BR ˈkætrɪn
AM kəˈtrin(ə), ˈkætrɪn

Kattegat
BR ˈkætɪgæt
AM ˈkædəˌgæt
DAN ˈkadəˌgad

Katy
BR ˈkeɪti
AM ˈkeɪdi

Katya
BR ˈkætjə(r)
AM ˈkætjə, ˈkɑdiə

katydid
BR ˈkeɪtɪdɪd, -z
AM ˈkeɪdiˌdɪd, -z

Katz
BR kæts
AM kætz

Kauffmann
BR ˈkɔːfmən, ˈkaʊfmən
AM ˈkɑfm(ə)n, ˈkɔfm(ə)n

Kaufman
BR ˈkɔːfmən, ˈkaʊfmən
AM ˈkɑfm(ə)n, ˈkɔfm(ə)n

Kaunas
BR ˈkaʊnəs
AM ˈkaʊnəs
RUS ˈkaʊnəs

Kaunda
BR kaʊˈʊndə(r)
AM kəˈwʊndə

kauri
BR ˈkaʊr|i, -ɪz
AM ˈkaʊri, -z

kava
BR ˈkɑːvə(r)
AM ˈkɑvə

Kavanagh
BR ˈkævṇə(r), kəˈvænə(r)
AM ˈkævəˌnɔ

kawakawa
BR ˈkɑːwəˌkɑːwə(r), -z
AM ˈkɑwəˈkɑwə, -z

Kawasaki
BR ˌkɑwəˈsɑːk|i, ˌkɑːwəˈsɑːk|i, ˌkɑwəˈsɑk|i, -ɪz
AM ˌkɑwəˈsɑki, -z

Kawthulei
BR kɔːˈθuːleɪ
AM kɑˈθuleɪ, kɔˈθuleɪ

Kay
BR keɪ
AM keɪ

kayak
BR ˈkʌɪak, -s
AM ˈkaɪˌæk, -s

Kaye
BR keɪ
AM keɪ

kayo
BR ˌkeɪˈəʊ, -z, -ɪŋ, -d
AM ˈkeɪˈoʊ, -z, -ɪŋ, -d

Kazakh
BR kəˈzæk, ˈkæzæk, -s
AM kəˈzæk, -s
RUS kaˈzax

Kazakhstan
BR ˌkæzækˈstɑːn
AM ˈkæzækˌstæn, ˌkæzækˈstæn
RUS kəzæxˈstan

Kazan
BR kəˈzæn
AM kəˈzæn
RUS kaˈʒanʲ
TU kʌˈzʌn

kazoo
BR kəˈzuː, -z
AM kəˈzu, -z

kea
BR ˈkiːə(r), ˈkeɪə(r), -z
AM kiə, -z

Kean
BR kiːn
AM kin

Keane
BR kiːn
AM kin

Kearney
BR ˈkɑːni, ˈkəːni
AM ˈkərni

Kearns
BR kəːnz
AM kərnz

Kearny
BR ˈkɑːni, ˈkəːni
AM ˈkərni

Keating
BR ˈkiːtɪŋ
AM ˈkidɪŋ

Keaton
BR ˈkiːtn
AM ˈkitn

Keats
BR kiːts
AM kits

Keatsian
BR ˈkiːtsɪən, -z
AM ˈkitsɪən, -z

Keays
BR kiːz
AM kiz

kebab
BR kɪˈbæb, -z
AM kəˈbɑb, -z

Keble
BR ˈkiːbl
AM ˈkibəl

keck
BR kɛk, -s, -ɪŋ, -t
AM kɛk, -s, -ɪŋ, -t

ked
BR kɛd, -z
AM kɛd, -z

Kedah
BR ˈkɛdə(r)
AM kəˈdɑ, ˈkɛdə

kedge
BR kɛdʒ, -ɪz, -ɪŋ, -d
AM kɛdʒ, -əz, -ɪŋ, -d

kedgeree
BR ˈkɛdʒəriː, ˌkɛdʒəˈriː
AM ˌkɛdʒəˈri, ˈkɛdʒəˌri

Keeble
BR ˈkiːbl
AM ˈkibəl

Keefe
BR kiːf
AM kif

Keegan
BR ˈkiːg(ə)n
AM ˈkigən

keek
BR kiːk, -s, -ɪŋ, -t
AM kik, -s, -ɪŋ, -t

keel
BR kiːl, -z, -ɪŋ, -d
AM kil, -z, -ɪŋ, -d

keelboat
BR ˈkiːlˌbəʊt, -s
AM ˈkilˌboʊt, -s

Keele
BR kiːl
AM kil

Keeler
BR ˈkiːlə(r)
AM ˈkilər

Keeley
BR ˈkiːli
AM ˈkili

keelhaul
BR ˈkiːlhɔːl, -z, -ɪŋ, -d
AM ˈkilˌ(h)ɑl, ˈkilˌ(h)ɔl, -z, -ɪŋ, -d

Keeling
BR ˈkiːlɪŋ
AM ˈkilɪŋ

keelless
BR ˈkiːlləs
AM ˈki(l)lɪs

keelson
BR ˈkɛlsn, ˈkiːlsn, -z
AM ˈkils(ə)n, -z

keen
BR kiːn, -z, -ɪŋ, -d, -ə(r), -ɪst
AM kin, -z, -ɪŋ, -d, -ər, -ɪst

Keenan
BR ˈkiːnən
AM ˈkinən

Keene
BR kiːn
AM kin

keenly
BR ˈkiːnli
AM ˈkinli

keenness
BR ˈkiːnnɪs
AM ˈki(n)nɪs

keep
BR kiːp, -s, -ɪŋ
AM kip, -s, -ɪŋ

keepable
BR ˈkiːpəbl
AM ˈkipəb(ə)l

keeper
BR ˈkiːpə(r), -z
AM ˈkipər, -z

keepnet
BR ˈkiːpnɛt, -s
AM ˈkipˌnɛt, -s

keepsake
BR ˈkiːpseɪk, -s
AM ˈkipˌseɪk, -s

keeshond
BR ˈkeɪshɒnd, -z
AM ˈkeɪsˌ(h)ɑnd, -z

kef
BR kɛf
AM kɛf

keffiyeh
BR kəˈfiː(j)ə(r), -z
AM kəˈfi(j)ə, -z

Keflavik
BR ˈkɛfləvɪk
AM ˈkɛfləvɪk

keg
BR kɛg, -z
AM kɛg, -z

kegler
BR ˈkɛglə(r), -z
AM ˈkɛglər, -z

Kehoe
BR ˈkiːəʊ
AM ˈkiˌ(h)oʊ

Keighley[1] *place in U.K.*
BR ˈkiːθli
AM ˈkiθli

Keighley[2] *surname*
BR ˈkiːθli, ˈkiːli
AM ˈkili

Keillor
BR ˈkiːlə(r)
AM ˈkilər

Keir
BR kɪə(r)
AM kɛ(ə)r

keiretsu
BR keɪˈrɛtsuː, -z
AM keɪˈrɛtsu, -z

keister
BR ˈkiːstə(r), -z
AM ˈkistər, -z

Keith
BR kiːθ
AM kiθ

kelim
BR kɛˈliːm, -z
AM kəˈlim, -z

Kelleher
BR ˈkɛləhə(r)
AM ˈkɛləhər

Keller
BR ˈkɛlə(r)
AM ˈkɛlər

Kellet
BR ˈkɛlɪt
AM ˈkɛlət

Kellett
BR ˈkɛlɪt
AM ˈkɛlət

Kelley
BR ˈkɛli
AM ˈkɛli

Kellogg
BR ˈkɛlɒg
AM ˈkɛlag, ˈkɛlɔg

Kells
BR kɛlz
AM kɛlz

kelly
BR ˈkɛl|i, -ɪz
AM ˈkɛli, -z

keloid
BR ˈkiːlɔɪd, -z
AM ˈkiˌlɔɪd, -z

kelp
BR kɛlp
AM kɛlp

kelpie
BR ˈkɛlp|i, -ɪz
AM ˈkɛlpi, -z

kelpy
BR ˈkɛlp|i, -ɪz
AM ˈkɛlpi, -z

Kelso
BR ˈkɛlsəʊ
AM ˈkɛlˌsoʊ

kelson
BR ˈkɛlsn, -z
AM ˈkɛls(ə)n, -z

kelt
BR kɛlt, -s
AM kɛlt, -s

kelter
BR ˈkɛltə(r)
AM ˈkɛltər

kelvin
BR ˈkɛlvɪn, -z
AM ˈkɛlvən, -z

Kelvinator
BR ˈkɛlvɪneɪtə(r)
AM ˈkɛlvəˌneɪdər

Kelvinside
BR ˌkɛlv(ɪ)nˈsʌɪd
AM ˈkɛlvənˌsaɪd

Kemble
BR ˈkɛmbl
AM ˈkɛmbəl

kemp
BR kɛmp
AM kɛmp

Kempis
BR ˈkɛmpɪs
AM ˈkɛmpəs

kempt
BR kɛm(p)t
AM kɛm(p)t

kempy
BR ˈkɛmpi
AM ˈkɛmpi

ken
BR kɛn, -z, -ɪŋ, -d
AM kɛn, -z, -ɪŋ, -d

Kenco
BR ˈkɛnkəʊ, ˈkɛŋkəʊ
AM ˈkɛŋkoʊ

Kendall
BR ˈkɛndl
AM ˈkɛndl

kendo
BR ˈkɛndəʊ
AM ˈkɛndoʊ

Kendrick
BR ˈkɛndrɪk
AM ˈkɛndrɪk

Keneally
BR kɪˈniːli
AM kəˈnili

Kenelm
BR ˈkɛnɛlm
AM ˈkɛnɛlm

Kenilworth
BR ˈkɛn(ɪ)lwə(ː)θ
AM ˈkɛnəlˌwərθ

Kennebunkport
BR ˌkɛnɪˈbʌŋkpɔːt
AM ˌkɛnəˈbəŋkˌpɔ(ə)rt

Kennedy
BR ˈkɛnɪdi
AM ˈkɛnədi

kennel
BR ˈkɛnl, -z
AM ˈkɛn(ə)l, -z

Kennelly
BR ˈkɛnl̩i
AM ˈkɛnəli

Kennet
BR ˈkɛnɪt
AM ˈkɛnət

Kenneth
BR ˈkɛnɪθ
AM ˈkɛnəθ

Kenney
BR ˈkɛni
AM ˈkɛni

kenning
BR ˈkɛnɪŋ, -z
AM ˈkɛnɪŋ, -z

Kennington
BR ˈkɛnɪŋt(ə)n
AM ˈkɛnɪŋt(ə)n

Kenny
BR ˈkɛni
AM ˈkɛni

keno
BR ˈkiːnəʊ
AM ˈkinoʊ

kenosis
BR kɪˈnəʊsɪs
AM kiˈnoʊsəs, kəˈnoʊsəs

kenotic
BR kɪˈnɒtɪk
AM kiˈnɑdɪk, kəˈnɑdɪk

kenotron
BR ˈkɛnətrɒn
AM ˈkɛnəˌtrɑn

Kenrick
BR ˈkɛnrɪk
AM ˈkɛnrɪk

Kensal
BR ˈkɛnsl
AM ˈkɛns(ə)l

Kensington
BR ˈkɛnzɪŋt(ə)n
AM ˈkɛnsɪŋt(ə)n

Kensitas
BR ˈkɛnzɪtas
AM ˈkɛnzədəs

kent
BR kɛnt, -s, -ɪŋ, -ɪd
AM kɛn|t, -ts, -(t)ɪŋ, -(t)ɪd

Kentigern
BR ˈkɛntɪgəːn, ˈkɛntɪg(ə)n
AM ˈkɛn(t)əˌgərn

Kentish
BR ˈkɛntɪʃ
AM ˈkɛn(t)ɪʃ

kentledge
BR ˈkɛntlɪdʒ
AM ˈkɛntˌlɛdʒ

Kenton
BR ˈkɛnt(ə)n
AM ˈkɛn(t)ən

Kentuckian
BR kɛnˈtʌkiən, -z
AM kənˈtəkiən, -z

Kentucky
BR kɛnˈtʌki
AM kənˈtəki

Kenwood
BR ˈkɛnwʊd
AM ˈkɛnˌwʊd

Kenya[1] *before independence*
BR ˈkiːnjə(r)
AM ˈkɛnjə, ˈkinjə

Kenya[2]
BR ˈkɛnjə(r)
AM ˈkɛnjə, ˈkinjə

Kenyan[1] *before independence*
BR ˈkiːnj(ə)n, -z
AM ˈkɛnj(ə)n, ˈkinj(ə)n, -z

Kenyan[2]
BR ˈkɛnj(ə)n, -z
AM ˈkɛnj(ə)n, ˈkinj(ə)n, -z

Kenyatta
BR kɛnˈjatə(r)
AM kɛˈnjɑdə

Kenyon
BR ˈkɛnj(ə)n
AM ˈkɛnj(ə)n

Keogh
BR ˈkiːəʊ
AM ˈkioʊ

Keough
BR ˈkiːəʊ
AM ˈkioʊ

kepi
BR ˈkeɪp|i, ˈkɛp|i, -ɪz
AM ˈkɛpi, ˈkeɪpi, -z

Kepler
BR ˈkɛplə(r)
AM ˈkɛplər

Keplerian
BR kɛˈplɪərɪən
AM kɛˈplɛrɪən

Keppel
BR ˈkɛpl
AM ˈkɛpəl

kept
BR kɛpt
AM kɛp(t)

Kerala
BR ˈkɛrələ(r)
AM ˈkɛrələ

Keralite
BR ˈkɛrəlʌɪt, -s
AM ˈkɛrəˌlaɪt, -s

keratin
BR ˈkɛrətɪn
AM ˈkɛrət(ə)n

keratinisation
BR ˌkɛrətɪnʌɪˈzeɪʃn, ˌkɛrətnʌɪˈzeɪʃn
AM ˌkɛrətnˌaɪˈzeɪʃ(ə)n, ˌkɛrəˌtɪnɪˈzeɪʃ(ə)n

keratinise
BR ˈkɛrətɪnʌɪz, ˈkɛrətnʌɪz, -ɪz, -ɪŋ, -d
AM ˈkɛrətnˌaɪz, -ɪz, -ɪŋ, -d

keratinization
BR ˌkɛrətɪnʌɪˈzeɪʃn, ˌkɛrətnʌɪˈzeɪʃn
AM ˌkɛrətnˌaɪˈzeɪʃ(ə)n, ˌkɛrəˌtɪnɪˈzeɪʃ(ə)n

keratinize
BR ˈkɛrətɪnʌɪz, ˈkɛrətnʌɪz, -ɪz, -ɪŋ, -d
AM ˈkɛrətnˌaɪz, -ɪz, -ɪŋ, -d

keratose
BR ˈkɛrətəʊs, ˈkɛrətəʊz
AM ˈkɛrəˌtoʊz, ˈkɛrəˌtoʊs

keratosis
BR ˌkɛrəˈtəʊsɪs
AM ˌkɛrəˈtoʊsəs

kerb
BR kəːb, -z
AM kərb, -z

kerbside
BR ˈkəːbsʌɪd
AM ˈkərbˌsaɪd

kerbstone
BR ˈkəːbstəʊn, -z
AM ˈkərbˌstoʊn, -z

kerchief
BR kəːˈtʃɪf, ˈkəːtʃiːf, -s
AM kərˈtʃɪf, ˈkərtʃəf, -s, -t

Kerensky
BR kəˈrɛnski
AM kəˈrɛnski
RUS ˈkʲerʲinskʲij

kerf
BR kəːf, -s
AM kərf, -s

kerfuffle
BR kəˈfʌfl, -z
AM kərˈfəfəl, -z

Kerguelen
BR ˈkəːgɪlɪn, ˈkəːglɪn
AM kərˈgjul(ə)n

kermes
BR ˈkəːmɪz, ˈkəːmiːz
AM ˈkɛrməs, ˈkɛrmiz

kermess
BR ˈkəːmɛs, kəˈmɛs, -ɪz
AM ˈkərməs, -əz

kermesse
BR ˈkəːmɛs, kəˈmɛs, -ɪz
AM ˈkərməs, -əz

kermis
BR ˈkəːm|ɪs, -ɪsɪz
AM ˈkərməs, -əz

Kermit
BR ˈkəːmɪt
AM ˈkərmɪt

Kermode
BR kəˈməʊd, ˈkəːməʊd
AM ˈkərmədi, ˌkərˈmoʊd

kern
BR kəːn, -z, -ɪŋ, -d
AM kərn, -z, -ɪŋ, -d

kernel
BR ˈkəːnl, -z
AM ˈkərn(ə)l, -z

kero *kerosene*
BR ˈkɛrəʊ
AM ˈkɛˌroʊ

kerosene
BR ˈkɛrəsiːn
AM ˌkɛrəˈsin

kerosine
BR ˈkɛrəsiːn
AM ˌkɛrəˈsin

Kerouac
BR ˈkɛrʊak
AM ˈkɛrəˌwæk

kerplunk
BR kəˈplʌŋk
AM kərˈpləŋk

Kerr
BR kɜː(r), kɛː(r), kɑː(r)
AM kɑr, kɜr

Kerrigan
BR ˈkɛrɪɡ(ə)n
AM ˈkɛrəɡən

Kerry
BR ˈkɛr|i, -ɪz
AM ˈkɛri, -z

kersey
BR ˈkɜːzi
AM ˈkɜrzi

kerseymere
BR ˈkɜːzɪmɪə(r), -z
AM ˈkɜrziˌmɪ(ə)r, -z

Kershaw
BR ˈkɜːʃɔː(r)
AM ˈkɜrˌʃɔ

kerygma
BR kəˈrɪɡmə(r)
AM kəˈrɪɡmə

kerygmata
BR kəˈrɪɡmətə(r)
AM kəˈrɪɡmədə

kerygmatic
BR ˌkɛrɪɡˈmatɪk
AM ˌkɛrɪɡˈmædɪk

Kes
BR kɛz, kɛs
AM kɛz, kɛs

Kesey
BR ˈkiːzi
AM ˈkizi

Kesh
BR kɛʃ
AM kɛʃ

kesh
BR keɪʃ
AM keɪʃ

keskidee
BR ˈkɛskɪdiː, -z
AM ˈkɛskəˌdi, -z

Kessler
BR ˈkɛslə(r)
AM ˈkɛslər

Kesteven
BR kɪˈstiːvn, kɛˈstiːvn, ˈkɛstɪvn
AM ˈkɛstəvn, kəˈstivn

Keston
BR ˈkɛst(ə)n
AM ˈkɛst(ə)n

kestrel
BR ˈkɛstr(ə)l, -z
AM ˈkɛstrəl, -z

Keswick
BR ˈkɛzɪk
AM ˈkɛsˌwɪk

ketch
BR kɛtʃ, -ɪz
AM kɛtʃ, -əz

ketchup
BR ˈkɛtʃʌp, -s
AM ˈkɛtʃəp, -s

ketoacidosis
BR ˌkiːtəʊˌasɪˈdəʊsɪs
AM ˌkidoʊˌæsəˈdoʊsəs

ketone
BR ˈkiːtəʊn, -z
AM ˈkiˌtoʊn, -z

ketonic
BR kiːˈtɒnɪk
AM kiˈtɑnɪk

ketonuria
BR ˌkiːtəˈnjʊərɪə(r)
AM ˌkidəˈn(j)ʊriə

ketosis
BR kiːˈtəʊsɪs
AM kiˈtoʊsəs

ketotic
BR kiːˈtɒtɪk
AM kiˈtɑdɪk

Kettering
BR ˈkɛt(ə)rɪŋ
AM ˈkɛdərɪŋ

kettle
BR ˈkɛtl, -z
AM ˈkɛdəl, -z

kettledrum
BR ˈkɛtldrʌm, -z
AM ˈkɛdlˌdrəm, -z

kettledrummer
BR ˈkɛtlˌdrʌmə(r), -z
AM ˈkɛdlˌdrəmər, -z

kettleful
BR ˈkɛtlfʊl, -z
AM ˈkɛdlˌfʊl, -z

keuper
BR ˈkɔɪpə(r)
AM ˈkɔɪpər

kevel
BR ˈkɛvl, -z
AM ˈkɛvəl, -z

Kevin
BR ˈkɛvɪn
AM ˈkɛvən

kevlar
BR ˈkɛvlɑː(r)
AM ˈkɛvˌlɑr

Kew
BR kjuː
AM kju

Kewpie
BR ˈkjuːp|i, -ɪz
AM ˈkjupi, -z

kex
BR kɛks
AM kɛks

key
BR kiː, -z, -ɪŋ, -d
AM ki, -z, -ɪŋ, -d

keyboard
BR ˈkiːbɔːd, -z, -ɪŋ, -ɪd
AM ˈkiˌbɔ(ə)rd, -z, -ɪŋ, -əd

keyboarder
BR ˈkiːbɔːdə(r), -z
AM ˈkiˌbɔrdər, -z

keyboardist
BR ˈkiːbɔːdɪst, -s
AM ˈkiˌbɔrdəst, -s

keyer
BR ˈkiːə(r), -z
AM ˈkiər, -z

Keyes
BR kiːz
AM kiz

keyholder
BR ˈkiːˌhəʊldə(r), -z
AM ˈkiˌ(h)oʊldər, -z

keyhole
BR ˈkiːhəʊl, -z
AM ˈkiˌ(h)oʊl, -z

Key Largo
BR ˌkiː ˈlɑːɡəʊ
AM ˌki ˈlɑrˌɡoʊ

keyless
BR ˈkiːlɪs
AM ˈkilɨs

Keynes
BR keɪnz, kiːnz
AM keɪnz, kinz

Keynesian
BR ˈkeɪnzɪən, -z
AM ˈkeɪnziən, -z

Keynesianism
BR ˈkeɪnzɪənɪzm
AM ˈkeɪnziəˌnɪz(ə)m

keynote
BR ˈkiːnəʊt, -s, -ɪŋ, -ɪd
AM ˈkiˌnoʊ|t, -ts, -dɪŋ, -dəd

Keynsham
BR ˈkeɪnʃ(ə)m
AM ˈkeɪnʃ(ə)m

keypad
BR ˈkiːpad, -z
AM ˈkiˌpæd, -z

keypunch
BR ˈkiːpʌn(t)ʃ, -ɪz
AM ˈkiˌpən(t)ʃ, -əz

keypuncher
BR ˈkiːˌpʌn(t)ʃə(r), -z
AM ˈkiˌpən(t)ʃər, -z

keyring
BR ˈkiːrɪŋ, -z
AM ˈkiˌrɪŋ, -z

Keys
BR kiːz
AM kiz

Keyser
BR ˈkʌɪzə(r), ˈkiːzə(r)
AM ˈkaɪzər

keystone
BR ˈkiːstəʊn, -z
AM ˈkiˌstoʊn, -z

Keystone Kops
BR ˌkiːstəʊn ˈkɒps
AM ˌkiˌstoʊn ˈkɑps

keystroke
BR ˈkiːstrəʊk, -s
AM ˈkiˌstroʊk, -s

keyway
BR ˈkiːweɪ, -z
AM ˈkiˌweɪ, -z

Key West
BR ˌkiː ˈwest
AM ˈˌki ˈwest

keyword
BR ˈkiːwɜːd, -z
AM ˈkiˌwərd, -z

KGB
BR ˌkeɪdʒiːˈbiː
AM ˌkeɪˌdʒiˈbi

Khabarovsk
BR ˈkaːbərɒfsk,
ˌkaːbəˈrɒfsk
AM ˈkabəˌrafsk
RUS xɑˈbaɾəfsk

Khachaturian
BR ˌkatʃəˈtjʊərɪən,
ˌkatʃəˈtʃʊərɪən
AM ˌkatʃəˈtʊriən
RUS xətʃətuˈrjan

khaddar
BR ˈkadə(r)
AM ˈkadər

khaki
BR ˈkaːki
AM ˈkæki

khalif
BR ˈkeɪlɪf, -s
AM ˈkeɪlɪf, -s

khalifate
BR ˈkeɪlɪfeɪt, -s
AM ˈkeɪləfət,
ˈkeɪləˌfeɪt, -s

Khalki
BR ˈkalki
AM ˈkalki

khamsin
BR ˈkamsɪn, -z
AM ˈkamˌsin, -z

khan
BR kaːn, -z
AM kan, -z

khanate
BR ˈkaːneɪt, -s
AM ˈkaneɪt, -s

Kharg
BR kaːɡ
AM ˈkarɡ

Kharkov
BR ˈkaːkɒv
AM ˈkarˌkav,
ˈkarˌkɔv
RUS ˈxarʲkəf

Khartoum
BR kaːˈtuːm
AM karˈtum

Khayyam
BR kʌɪˈam, kʌɪˈaːm
AM kaɪˈæm

khazi
BR ˈkaːz|i, -ɪz
AM ˈkazi, -z

Khedival
BR kɪˈdiːvl, kɛˈdiːvl
AM kɛˈdivəl, kəˈdivəl

khedive
BR kɪˈdiːv,
kɛˈdiːv, -z
AM kɛˈdiv, kəˈdiv, -z

Khedivial
BR kɪˈdiːvɪəl,
kɛˈdiːvɪəl
AM kɛˈdiviəl,
kəˈdiviəl

Khíos
BR ˈkʌɪɒs
AM ˈkaɪas, ˈkaɪɔs
GR ˈhiːɔs

Khitai
BR ˌkiːˈtʌɪ
AM ˌkiˈtaɪ

Khmer
BR kmɛː(r),
kəˈmɛː(r)
AM k(ə)ˈmɛ(ə)r

Khmer Rouge
BR ˌkmɛː ˈruːʒ,
kəˌmɛː +
AM k(ə)ˌmɛ(ə)r ˈruʒ

Khoikhoi
BR ˈkɔɪkɔɪ
AM ˈkɔɪˌkɔɪ

Khoisan
BR ˈkɔɪsaːn
AM ˈkɔɪˌsan

Khomeini
BR kɒˈmeɪni
AM hoʊˈmeɪni,
koʊˈmeɪni

Khorramshahr
BR ˌkɒrəmˈʃaː(r)
AM ˌkɔrəmˈʃar

khoum
BR kuːm, -z
AM kum, -z

Khrushchev
BR ˈkrʊstʃɒf,
ˈkrʊʃtʃɒf
AM ˈkrʊʃˌ(t)ʃɔf,
ˈkrʊʃˌ(t)ʃɛv,
ˈkrʊʃˌ(t)ʃaf,
ˈkrʊʃˌ(t)ʃɛv
RUS xruʃˈtʃof

Khufu
BR ˈkuːfuː
AM ˈkuˌfu

Khyber Pass
BR ˌkʌɪbə ˈpaːs,
ˌxʌɪbə +
AM ˌˌkaɪbər ˈpæs

kHz
BR ˈkɪləhəːts
AM ˈkɪləˌhərts

kiang
BR kɪˈaŋ, -z
AM kiˈ(j)æŋ, -z

Kiangsu
BR kɪˌaŋˈsuː
AM kiˌ(j)æŋˈsu

Kia-Ora
BR ˌkiːəˈɔːrə(r)
AM ˌkiəˈɔrə

kibble
BR ˈkɪb|l, -lz,
-lɪŋ\-lɪŋ, -ld
AM ˈkɪb|əl, -əlz,
-(ə)lɪŋ, -əld

kibbutz
BR kɪˈbʊts, -ɪz
AM kɪˈbʊts, -əz

kibbutzim
BR kɪˈbʊtsɪm
AM kɪˌbʊtˈsim

kibbutznik
BR kɪˈbʊtsnɪk, -s
AM kɪˈbʊtsnɪk, -s

kibe
BR kʌɪb, -z
AM kaɪb, -z

kibitka
BR kɪˈbɪtkə(r), -z
AM kəˈbɪ(t)kə, -z

kibits
BR ˈkɪb|ɪts, -ɪtsɪz,
-ɪtsɪŋ, -ɪtst
AM ˈkɪbəts, -əz,
-ɪŋ, -t

kibitzer
BR ˈkɪbɪtsə(r), -z
AM ˈkɪbətsər, -z

kiblah
BR ˈkɪblə(r)
AM ˈkɪblə

kibosh
BR ˈkʌɪbɒʃ
AM ˈkaɪˌbɑʃ,
kəˈbaʃ

kick
BR kɪk, -s, -ɪŋ, -t
AM kɪk, -s, -ɪŋ, t

kickable
BR ˈkɪkəbl
AM ˈkɪkəb(ə)l

kick-ass
BR ˌkɪkˈaːs,
ˌkɪkˈas
AM ˈkɪkˈæs

kickback
BR ˈkɪkbak, -s
AM ˈkɪkˌbæk, -s

kick-boxer
BR ˈkɪkˌbɒksə(r), -z
AM ˈkɪkˌbaksər, -z

kick-boxing
BR ˈkɪkˌbɒksɪŋ
AM ˈkɪkˌbaksɪŋ

kickdown
BR ˈkɪkdaʊn
AM ˈkɪkˌdaʊn

kicker
BR ˈkɪkə(r), -z
AM ˈkɪkər, -z

kickoff
BR ˈkɪkɒf, -s
AM ˈkɪkˌaf,
ˈkɪkˌɔf, -s

kick-pleat
BR ˈkɪkpliːt, -s
AM ˈkɪkˌplit, -s

kickshaw
BR ˈkɪkʃɔː(r), -z
AM ˈkɪkˌʃa,
ˈkɪkˌʃɔ, -z

kicksorter
BR ˈkɪkˌsɔːtə(r), -z
AM ˈkɪkˌsɔrdər, -z

kickstand
BR ˈkɪkstand, -z
AM ˈkɪkˌstænd, -z

kickstart
BR ˈkɪkstɑːt, ˌkɪkˈstɑːt, -s, -ɪŋ, -ɪd
AM ˈkɪkˌstɑr|t, -ts, -dɪŋ, -dəd

kid
BR kɪd, -z, -ɪŋ, -ɪd
AM kɪd, -z, -ɪŋ, -ɪd

Kidd
BR kɪd
AM kɪd

kidder
BR ˈkɪdə(r), -z
AM ˈkɪdər, -z

Kidderminster
BR ˈkɪdəˌmɪnstə(r)
AM ˈkɪdərˌmɪnstər

kiddie
BR ˈkɪd|i, -ɪz
AM ˈkɪdi, -z

kiddiewink
BR ˈkɪdɪwɪŋk, -s
AM ˈkɪdiˌwɪŋk, -s

kiddingly
BR ˈkɪdɪŋli
AM ˈkɪdɪŋli

kiddle
BR ˈkɪdl, -z
AM ˈkɪd(ə)l, -z

kiddo
BR ˈkɪdəʊ
AM ˈkɪdoʊ

kiddush
BR ˈkɪdʊʃ
AM ˈkɪdəʃ

kiddy
BR ˈkɪd|i, -ɪz
AM ˈkɪdi, -z

kidnap
BR ˈkɪdnap, -s, -ɪŋ, -t
AM ˈkɪdˌnæp, -s, -ɪŋ, -t

kidnaper
BR ˈkɪdnapə(r), -z
AM ˈkɪdˌnæpər, -z

kidnaping
BR ˈkɪdnapɪŋ, -z
AM ˈkɪdˌnæpɪŋ, -z

kidnapper
BR ˈkɪdnapə(r), -z
AM ˈkɪdˌnæpər, -z

kidnapping
BR ˈkɪdnapɪŋ, -z
AM ˈkɪdˌnæpɪŋ, -z

kidney
BR ˈkɪdn|i, -ɪz
AM ˈkɪdni, -z

kidology
BR kɪˈdɒlədʒi
AM kɪˈdɑlədʒi

kidskin
BR ˈkɪdskɪn
AM ˈkɪdˌskɪn

Kidwelly
BR kɪdˈwɛli
AM kɪdˈwɛli

Kiel
BR kiːl
AM kil

Kielce
BR ˈkjɛl(t)sə(r)
AM ˈkjɛl(t)sə
POL ˈkjɛltsɛ

Kielder
BR ˈkiːldə(r)
AM ˈkildər

Kiely
BR ˈkiːli
AM ˈkili

kier
BR kɪə(r), -z
AM kɪ(ə)r, -z

Kieran
BR ˈkɪərn̩
AM ˈkɪrən

Kierkegaard
BR ˈkɪəkəgɑːd
AM ˈkɪrkɛˌgɑrd
DAN ˈkiʌgəˌgɒːˈ

Kieron
BR ˈkɪərn̩
AM ˈkɪrən

kieselguhr
BR ˈkiːzlgʊə(r)
AM ˈkizɛlgər

Kiev
BR ˌkiːˈɛf, ˌkiːˈɛv, ˈkiːɛf, ˈkiːɛv
AM ˈkiɛv, ˌkiˈɛv

kif
BR kɪf, -s
AM kɪf, -s

Kigali
BR kɪˈgɑːli
AM kɪˈgɑli

kike
BR kʌɪk, -s
AM kaɪk, -s

Kikuyu
BR kɪˈkuːyuː, -z
AM kɪˈkuyu, -z

Kilbracken
BR kɪlˈbrak(ə)n
AM kɪlˈbrækən

Kilbride
BR kɪlˈbrʌɪd
AM kɪlˈbraɪd

Kilburn
BR ˈkɪlb(ə)n, ˈkɪlbəːn
AM ˈkɪlbərn

Kildare
BR kɪlˈdɛː(r)
AM ˌkɪlˈdɛ(ə)r

kilderkin
BR ˈkɪldəkɪn, -z
AM ˈkɪldərkən, -z

Kilfedder
BR kɪlˈfɛdə(r)
AM kɪlˈfɛdər

kilim
BR kɪˈliːm, -z
AM kəˈlim, -z

Kilimanjaro
BR ˌkɪlɪmanˈdʒɑːrəʊ
AM ˌkɪləmənˈdʒɑroʊ

Kilkenny
BR kɪlˈkɛni
AM kɪlˈkɛnni

kill
BR kɪl, -z, -ɪŋ, -d
AM kɪl, -z, -ɪŋ, -d

Killamarsh
BR ˈkɪləmɑːʃ
AM ˈkɪləˌmɑrʃ

Killanin
BR kɪˈlanɪn
AM kɪˈlænən

Killarney
BR kɪˈlɑːni
AM kɪˈlɑrni

killdeer
BR ˈkɪldɪə(r), -z
AM ˈkɪldɪ(ə)r, -z

killer
BR ˈkɪlə(r), -z
AM ˈkɪlər, -z

killick
BR ˈkɪlɪk, -s
AM ˈkɪlɪk, -s

Killiecranckie
BR ˌkɪlɪˈkraŋki
AM ˌkɪliˈkræŋki

killifish
BR ˈkɪlɪfɪʃ, -ɪz
AM ˈkɪliˌfɪʃ, -ɪz

killing
BR ˈkɪlɪŋ, -z
AM ˈkɪlɪŋ, -z

killingly
BR ˈkɪlɪŋli
AM ˈkɪlɪŋli

killjoy
BR ˈkɪldʒɔɪ, -z
AM ˈkɪlˌdʒɔɪ, -z

Kilmarnock
BR kɪlˈmɑːnɒk
AM kɪlˈmɑrnək

Kilmuir
BR kɪlˈmjʊə(r)
AM kɪlˈmjʊ(ə)r

kiln
BR kɪln, -z
AM kɪln, -z

Kilner
BR ˈkɪlnə(r)
AM ˈkɪlnər

kilo
BR ˈkiːləʊ, -z
AM ˈkiloʊ, -z

kilobyte
BR ˈkɪlə(ʊ)bʌɪt, -s
AM ˈkɪləˌbaɪt, -s

kilocalorie
BR ˈkɪlə(ʊ)ˌkal(ə)r|i, -ɪz
AM ˈkɪləˌkæl(ə)ri, -z

kilocycle
BR ˈkɪlə(ʊ)ˌsʌɪkl, -z
AM ˈkɪləˌsaɪk(ə)l, -z

kilogram
BR ˈkɪləgram, -z
AM ˈkɪləˌgræm, -z

kilogramme
BR ˈkɪləgram, -z
AM ˈkɪləˌgræm, -z

kilohertz

kilohertz
BR ˈkɪlə(ʊ)hɜːts
AM ˈkɪləˌhɜrts

kilojoule
BR ˈkɪlə(ʊ)dʒuːl, -z
AM ˈkɪləˌdʒul, -z

kiloliter
BR ˈkɪlə(ʊ)ˌliːtə(r)
AM ˈkɪləˌlidər

kilolitre
BR ˈkɪlə(ʊ)ˌliːtə(r)
AM ˈkɪləˌlidər

kilometer
BR ˈkɪləˌmiːtə(r),
  kɪˈlɒmɪtə(r), -z
AM ˈkɪləˌmidər,
  kəˈlɑmədər, -z

kilometre
BR ˈkɪləˌmiːtə(r),
  kɪˈlɒmɪtə(r), -z
AM ˈkɪləˌmidər,
  kəˈlɑmədər, -z

kilometric
BR ˌkɪləˈmɛtrɪk
AM ˌkɪləˈmɛtrɪk

kiloton
BR ˈkɪlə(ʊ)tʌn, -z
AM ˈkɪləˌtɑn,
  ˈkɪləˌt(ə)n, -z

kilotonne
BR ˈkɪlə(ʊ)tʌn, -z
AM ˈkɪləˌt(ə)n, -z

kilovolt
BR ˈkɪlə(ʊ)vəʊlt,
  -s
AM ˈkɪləˌvoʊlt, -s

kilowatt
BR ˈkɪləwɒt, -s
AM ˈkɪləˌwɑt, -s

Kilpatrick
BR kɪlˈpatrɪk
AM kɪlˈpætrɪk

Kilroy
BR ˈkɪlrɔɪ,
  ˌkɪlˈrɔɪ
AM ˈkɪlˌrɔɪ

kilt
BR kɪlt, -s, -ɪd
AM kɪlt, -s, -ɪd

kilter
BR ˈkɪltə(r)
AM ˈkɪltər

kiltie
BR ˈkɪlt|i, -ɪz
AM ˈkɪlti, -z

Kim
BR kɪm
AM kɪm

Kimber
BR ˈkɪmbə(r)
AM ˈkɪmbər

Kimberley
BR ˈkɪmbəli
AM ˈkɪmbərli

kimberlite
BR ˈkɪmbəlʌɪt
AM ˈkɪmbərˌlaɪt

Kimberly
BR ˈkɪmbəli
AM ˈkɪmbərli

Kimbolton
BR kɪmˈbəʊlt(ə)n
AM kɪmˈboʊlt(ə)n

kimchi
BR ˈkɪmtʃi
AM kɪmˈtʃi

kimono
BR kɪˈməʊnəʊ, -z, -d
AM kəˈmoʊnə,
  kəˈmoʊnoʊ, -z, -d

kin
BR kɪn
AM kɪn

kina
BR ˈkiːnə(r), -z
AM ˈkinə, -z

Kinabalu
BR ˌkiːnəˈbɑːluː
AM ˌkinəˈbɑˌlu

kinaesthesia
BR ˌkɪnɪsˈθiːzɪə(r),
  ˌkɪnɪsˈθiːʒə(r),
  ˌkʌɪnɪsˈθiːzɪə(r),
  ˌkʌɪnɪsˈθiːʒə(r)
AM ˌkɪnəsˈθiziə,
  ˌkɪnəsˈθiʒ(i)ə

kinaesthetic
BR ˌkɪnɪsˈθɛtɪk,
  ˌkʌɪnɪsˈθɛtɪk
AM ˌkɪnəsˈθɛdɪk

kinaesthetically
BR ˌkɪnɪsˈθɛtɪkli,
  ˌkʌɪnɪsˈθɛtɪkli
AM ˌkɪnəsˈθɛdək(ə)li

kinara
BR kɪˈnɑːrə(r), -z
AM kɪˈnɑrə, -z

Kincaid
BR kɪnˈkeɪd
AM kɪnˈkeɪd

Kincardine
BR kɪnˈkɑːd(ɪ)n
AM kɪnˈkɑrdən

Kinchinjunga
BR ˌkɪntʃ(ɪ)nˈdʒʊŋgə(r)
AM ˌkɪn(t)ʃənˈdʒʊŋgə

kincob
BR ˈkɪŋkəb
AM ˈkɪŋˌkɑb,
  ˈkɪnˌkɑb

kind
BR kʌɪnd, -ə(r),
  -ɪst
AM kaɪnd, -ər, -ɪst

kinda *kind of*
BR ˈkʌɪndə(r)
AM ˈkaɪndə

Kinder
BR ˈkɪndə(r)
AM ˈkɪndər

kindergarten
BR ˈkɪndəˌgɑːtn, -z
AM ˈkɪndərˌgɑrdən,
  ˈkɪndərˌgɑrt(ə)n, -z

kind-hearted
BR ˌkʌɪndˈhɑːtɪd
AM ˌˈkaɪnd)ˈhɑrdəd

kind-heartedly
BR ˌkʌɪndˈhɑːtɪdli
AM ˌˈkaɪnd)ˈhɑrdədli

kind-heartedness
BR ˌkʌɪndˈhɑːtɪdnɪs
AM ˌˈkaɪnd)-
  ˈhɑrdədnəs

kindle
BR ˈkɪnd|l, -lz,
  -lɪŋ\-lɪŋ, -ld
AM ˈkɪn|dəl, -dəlz,
  -(d)(ə)lɪŋ, -dəld

kindler
BR ˈkɪndlə(r),
  ˈkɪndlə(r), -z
AM ˈkɪn(də)lər, -z

kindlily
BR ˈkʌɪndlɪli
AM ˈkaɪn(d)lɪli

kindliness
BR ˈkʌɪndlɪnɪs
AM ˈkaɪn(d)linɪs

kindling
BR ˈkɪndlɪŋ
AM ˈkɪn(d)lɪŋ

kindly
BR ˈkʌɪndl|i, -ɪə(r),
  -ɪst
AM ˈkaɪn(d)li, -ər,
  -ɪst

kindness
BR ˈkʌɪn(d)nɪz, -ɪz
AM ˈkaɪn(d)nɪs,
  -ɪz

kindred
BR ˈkɪndrɪd
AM ˈkɪndrɪd

kine
BR kʌɪn
AM kaɪn

kinematic
BR ˌkɪnɪˈmatɪk,
  ˌkʌɪnɪˈmatɪk, -s
AM ˌkɪnəˈmædɪk, -s

kinematical
BR ˌkɪnɪˈmatɪkl,
  ˌkʌɪnɪˈmatɪkl
AM ˌkɪnəˈmædək(ə)l

kinematically
BR ˌkɪnɪˈmatɪkli,
  ˌkʌɪnɪˈmatɪkli
AM ˌkɪnəˈmædək(ə)li

kinematograph
BR ˌkɪnɪˈmatəgrɑːf,
  ˌkɪnɪˈmatəgraf, -s
AM ˌkɪnəˈmædəˌgræf,
  -s

kinescope
BR ˈkɪnɪskəʊp, -s
AM ˈkɪnəˌskoʊp, -s

kinesics
BR kɪˈniːsɪks,
  kʌɪˈniːsɪks
AM kəˈnisɪks

kinesiology
BR kɪˌniːsɪˈɒlədʒi,
  kɪˌniːzɪˈɒlədʒi,
  kʌɪˌniːsɪˈɒlədʒi,
  kʌɪˌniːzɪˈɒlədʒi
AM kəˌniziˈɑlədʒi,
  kəˌnisiˈɑlədʒi

kinesthesia
BR ˌkɪnɪsˈθiːziə(r),
ˌkɪnɪsˈθiːʒə(r),
ˌkʌnɪsˈθiːziə(r),
ˌkʌnɪsˈθiːʒə(r)
AM ˌkɪnəsˈθiziə,
ˌkɪnəsˈθiʒ(i)ə

kinesthetic
BR ˌkɪnɪsˈθɛtɪk,
ˌkʌnɪsˈθɛtɪk
AM ˌkɪnəsˈθɛdɪk

kinesthetically
BR ˌkɪnɪsˈθɛtɪkli,
ˌkʌnɪsˈθɛtɪkli
AM ˌkɪnəsˈθɛdək(ə)li

kinetic
BR kɪˈnɛtɪk,
kʌɪˈnɛtɪk, -s
AM kəˈnɛdɪk, -s

kinetically
BR kɪˈnɛtɪkli,
kʌɪˈnɛtɪkli
AM kəˈnɛdək(ə)li

kinetin
BR ˈkʌɪnɨtɪn, -z
AM ˈkɪnətn, -z

kinfolk
BR ˈkɪnfəʊk
AM ˈkɪnˌfoʊk

king
BR kɪŋ, -z
AM kɪŋ, -z

kingbird
BR ˈkɪŋbəːd, -z
AM ˈkɪŋˌbərd, -z

kingbolt
BR ˈkɪŋbəʊlt
AM ˈkɪŋˌboʊlt

kingcraft
BR ˈkɪŋkrɑːft
AM ˈkɪŋˌkræft

kingcup
BR ˈkɪŋkʌp, -s
AM ˈkɪŋˌkəp, -s

kingdom
BR ˈkɪŋdəm,
-z, -d
AM ˈkɪŋdəm,
-z, -d

kingfish
BR ˈkɪŋfɪʃ, -ɨz
AM ˈkɪŋˌfɪʃ, -ɨz

kingfisher
BR ˈkɪŋˌfɪʃə(r), -z
AM ˈkɪŋˌfɪʃər, -z

kinghood
BR ˈkɪŋhʊd, -z
AM ˈkɪŋˌ(h)ʊd, -z

King Kong
BR ˌkɪŋ ˈkɒŋ
AM ˌˈkɪŋ ˈkɑŋ,
ˈkɪŋ ˈkɔŋ

kingless
BR ˈkɪŋlɨs
AM ˈkɪŋlɨs

kinglet
BR ˈkɪŋlɨt, -s
AM ˈkɪŋlɨt, -s

kinglike
BR ˈkɪŋlʌɪk
AM ˈkɪŋˌlaɪk

kingliness
BR ˈkɪŋlinɨs
AM ˈkɪŋlinɨs

kingling
BR ˈkɪŋlɪŋ, -z
AM ˈkɪŋlɪŋ, -z

kingly
BR ˈkɪŋl|i, -ɪə(r), -ɪɪst
AM ˈkɪŋli, -ər, -ɨst

kingmaker
BR ˈkɪŋˌmeɪkə(r), -z
AM ˈkɪŋˌmeɪkər, -z

kingpin
BR ˈkɪŋpɪn, -z
AM ˈkɪŋˌpɪn, -z

Kingsbridge
BR ˈkɪŋzbrɪdʒ
AM ˈkɪŋzˌbrɪdʒ

Kingsbury
BR ˈkɪŋzb(ə)ri
AM ˈkɪŋzˌbɛri

kingship
BR ˈkɪŋʃɪp
AM ˈkɪŋˌʃɪp

Kingsley
BR ˈkɪŋzli
AM ˈkɪŋzli

Kingston
BR ˈkɪŋst(ə)n
AM ˈkɪŋst(ə)n

Kingstown
BR ˈkɪŋstaʊn
AM ˈkɪŋˌstoʊn

Kingsway
BR ˈkɪŋzweɪ
AM ˈkɪŋzˌweɪ

Kingswear
BR ˈkɪŋzwɪə(r)
AM ˈkɪŋzˌwɪ(ə)r

Kingswinford
BR kɪŋˈswɪnfəd,
kɪŋzˈwɪnfəd
AM kɪŋzˈwɪnfərd

Kingswood
BR ˈkɪŋzwʊd
AM ˈkɪŋzˌwʊd

kinin
BR ˈkʌɪnɪn, -z
AM ˈkaɪnɨn, -z

kink
BR kɪŋ|k, -ks,
-kɪŋ, -(k)t
AM kɪŋ|k, -ks,
-kɪŋ, -(k)t

kinkajou
BR ˈkɪŋkədʒuː, -z
AM ˈkɪŋkəˌdʒu, -z

Kinki
BR ˈkɪŋki
AM ˈkɪŋki

kinkily
BR ˈkɪŋkɨli
AM ˈkɪŋkɨli

kinkiness
BR ˈkɪŋkɪnɨs
AM ˈkɪŋkɨnɨs

kinky
BR ˈkɪŋk|i, -ɪə(r),
-ɪɪst
AM ˈkɪŋki, -ər, -ɨst

kinless
BR ˈkɪnlɨs
AM ˈkɪnlɨs

Kinloch
BR kɪnˈlɒx, kɪnˈlɒk
AM kɪnˈlɑk, ˈkɪnlɑk

Kinloss
BR kɪnˈlɒs
AM kɪnˈlɑs, kɪnˈlɔs

Kinnear
BR kɪˈnɪə(r)
AM kɪˈnɪ(ə)r

Kinney
BR ˈkɪni
AM ˈkɪni

Kinnock
BR ˈkɪnək
AM ˈkɪnək

kino
BR ˈkiːnəʊ, -z
AM ˈkinoʊ, -z

Kinross
BR kɪnˈrɒs
AM kɪnˌrɑs,
ˌkɪnˈrɑs,
ˌkɪnˈrɔs,
ˈkɪnˌrɑs

Kinsale
BR kɪnˈseɪl
AM kɪnˈseɪl

Kinsella
BR kɪnˈsɛlə(r),
ˈkɪns(ə)lə(r)
AM kɪnˈsɛlə

Kinsey
BR ˈkɪnzi
AM ˈkɪnzi

kinsfolk
BR ˈkɪnzfəʊk
AM ˈkɪnzˌfoʊk

Kinshasa
BR kɪnˈʃɑːsə(r)
AM kənˈʃɑsə

kinship
BR ˈkɪnʃɪp
AM ˈkɪnˌʃɪp

kinsman
BR ˈkɪnzmən
AM ˈkɪnzm(ə)n

kinsmen
BR ˈkɪnzmən
AM ˈkɪnzm(ə)n

kinswoman
BR ˈkɪnzˌwʊmən
AM ˈkɪnzˌwʊm(ə)n

kinswomen
BR ˈkɪnzˌwɪmɪn
AM ˈkɪnzˌwɪmɨn

Kintyre
BR kɪnˈtʌɪə(r)
AM kɪnˈtaɪ(ə)r

kiosk
BR ˈkiːɒsk, -s
AM ˈkiɑsk, -s

Kiowa
BR ˈkʌɪəwə(r), -z
AM ˈkaɪəwə, -z

kip
BR kɪp, -s, -ɪŋ, -t
AM kɪp, -s, -ɪŋ, -t

Kipling
BR ˈkɪplɪŋ
AM ˈkɪplɪŋ

Kippax
BR ˈkɪpaks
AM ˈkɪpæks

kipper
BR ˈkɪp|ə(r), -əz,
-(ə)rɪŋ, -əd
AM ˈkɪpər, -z, -ɪŋ, -d

kipsie
BR ˈkɪps|i, -ɪz
AM ˈkɪpsi, -z

kipsy
BR ˈkɪps|i, -ɪz
AM ˈkɪpsi, -z

kir
BR kɪə(r)
AM kɪ(ə)r

Kirbigrip
BR ˈkɜːbɪɡrɪp, -s
AM ˈkɜrbɪˌɡrɪp, -s

Kirby
BR ˈkɜːbi
AM ˈkɜrbi

kirby-grip
BR ˈkɜːbɪɡrɪp, -s
AM ˈkɜrbiˌɡrɪp, -s

Kirchhoff
BR ˈkɜːkɒf
AM ˈkɜrkˌ(h)ɑf,
ˈkɜrˌtʃɔf,
ˈkɜrˌtʃɑf,
ˈkɜrkˌ(h)ɔf
GER ˈkɪrçhɔf

Kirghiz
BR ˈkɜːɡɪz,
ˈkɪəɡɪz,
kɪəˈɡɪz
AM kɪrˈɡiz

Kirghizia
BR kəːˈɡɪzɪə(r),
kɪəˈɡɪzɪə(r)
AM kərˈɡɪzɪə

Kirgiz
BR ˈkɜːɡɪz,
ˈkɪəɡɪz,
kɪəˈɡɪz
AM kɪrˈɡiz

Kirgizia
BR kəːˈɡɪzɪə(r),
kɪəˈɡɪzɪə(r)
AM kərˈɡɪzɪə

Kiribati
BR ˌkɪrɪˈbɑːti, ˌkɪrɪˈbas
AM ˌkɪrəˈbas, ˌkɪrəˈbadi

Kirin
BR ˈkɪərɪn
AM ˈkɪrɪn

kirk
BR kɜːk, -s
AM kɜrk, -s

Kirkbride
BR kɜːkˈbrʌɪd
AM ˌkɜrkˈbraɪd

Kirkby
BR ˈkɜː(k)bi
AM ˈkɜrkbi

Kirkcaldy
BR kə(ː)ˈkɒdi,
kə(ː)ˈkɔːdi
AM kərˈkɑ(l)di,
kərˈkɔ(l)di

Kirkcudbright
BR kə(ː)ˈkuːbri
AM kərˈkubri

Kirkgate
BR ˈkɜːɡət
AM ˈkɜr(k)ˌɡeɪt

Kirkham
BR ˈkɜːkəm
AM ˈkɜrkəm

Kirkland
BR ˈkɜːklənd
AM ˈkɜrklən(d)

Kirklees
BR kɜːkˈliːz
AM ˈkɜrkˈliz

kirkman
BR ˈkɜːkmən
AM ˈkɜrkm(ə)n

kirkmen
BR ˈkɜːkmən
AM ˈkɜrkm(ə)n

Kirkpatrick
BR kɜːkˈpatrɪk
AM ˌkɜrkˈpætrɪk

Kirkstall
BR ˈkɜːkstɔːl
AM ˈkɜrkˌstɑl,
ˈkɜrkˌstɔl

Kirkstone
BR ˈkɜːkst(ə)n
AM ˈkɜrkˌstoʊn

Kirkwall
BR ˈkɜːkwɔːl
AM kərˈkwɑl,
kərˈkwɔl

Kirkwood
BR kɜːkwʊd
AM ˈkɜrkˌwʊd

Kirov
BR ˈkɪərɒv, ˈkɪərɒf
AM ˈkɪˌrɑv, ˈkɪˌrɒv
RUS ˈkʲirəf

Kirriemuir
BR ˌkɪrɪˈmjʊə(r)
AM ˌkɪriˈmjʊ(ə)r

kirsch
BR kɪəʃ, kɜːʃ
AM kɪrʃ

kirschwasser
BR ˈkɪəʃˌvasə(r),
ˈkɜːʃˌvasə(r), -z
AM ˈkɪrʃˌvɑsər, -z

Kirsten
BR ˈkɜːst(ɨ)n
AM ˈkɜrst(ə)n

Kirstie
BR ˈkɜːsti
AM ˈkɜrsti

kirtle
BR ˈkɜːtl, -z
AM ˈkɜrdəl, -z

Kirundi
BR kɪˈrʊndi
AM kiˈrʊndi

Kirwan
BR kɜːw(ə)n
AM ˈkɜrwən

kishke
BR ˈkɪʃkə(r), -z
AM ˈkɪʃkə, -z

kiskadee
BR ˌkɪskəˈdiː, -z
AM ˌkɪskəˌdi, -z

Kislev
BR ˈkɪslɛf
AM ˈkɪsləf,
ˈkɪsləv

Kislew
BR ˈkɪslɛf
AM ˈkɪsləf, ˈkɪsləv

kismet
BR ˈkɪzmɪt, ˈkɪzmɛt
AM ˈkɪzˌmɛt, ˌkɪzˈmɛt,
ˈkɪzmət

kiss
BR kɪs, -ɪz, -ɪŋ, -t
AM kɪs, -ɪz, -ɪŋ, -t

kissable
BR ˈkɪsəbl
AM ˈkɪsəb(ə)l

kissagram
BR ˈkɪsəɡram, -z
AM ˈkɪsəˌɡræm, -z

kisser
BR ˈkɪsə(r), -z
AM ˈkɪsər, -z

Kissinger
BR ˈkɪs(ɨ)ndʒə(r)
AM ˈkɪsəndʒər

kissogram
BR ˈkɪsəɡram, -z
AM ˈkɪsəˌɡræm, -z

kissy
BR ˈkɪsi
AM ˈkɪsi

kist
BR kɪst, -s
AM kɪst, -s

Kiswahili
BR ˌkiːswɑːˈhiːli
AM ˌkiswɑˈhili

kit
BR kɪt, -s, -ɪŋ, -ɪd
AM kɪ|t, -ts, -dɪŋ, -dɨd

kitbag
BR ˈkɪtbag, -z
AM ˈkɪtˌbæɡ, -z

kitchen
BR ˈkɪtʃ(ɨ)n, -z
AM ˈkɪtʃ(ə)n, -z

Kitchener
BR ˈkɪtʃɪnə(r)
AM ˈkɪtʃ(ə)nər

kitchenette
BR ˌkɪtʃɨˈnɛt, -s
AM ˌkɪtʃəˈnɛt, -s

kitchenware
BR ˈkɪtʃ(ɨ)nwɛː(r)
AM ˈkɪtʃənˌwɛ(ə)r

kite
BR kʌɪt, -s
AM kaɪt, -s

Kitemark

Kitemark
BR ˈkaɪtmɑːk, -s
AM ˈkaɪtˌmɑrk, -s
kith
BR kɪθ
AM kɪθ
Kit-Kat
BR ˈkɪtkat, -s
AM ˈkɪ(t)ˌkæt, -s
kitsch
BR kɪtʃ
AM kɪtʃ
kitschiness
BR ˈkɪtʃɪnɨs
AM ˈkɪtʃɪnɨs
kitschy
BR ˈkɪtʃ|i, -ɪə(r), -ɪɪst
AM ˈkɪtʃi, -ər, -ɪst
Kitson
BR ˈkɪts(ə)n
AM ˈkɪts(ə)n
kitten
BR ˈkɪtn̩, -z, -ɪŋ, -d
AM ˈkɪtn̩, -z, -ɪŋ, -d
kittenish
BR ˈkɪtn̩ɪʃ
AM ˈkɪtn̩ɪʃ
kittenishly
BR ˈkɪtn̩ɪʃli
AM ˈkɪtn̩ɪʃli
kittenishness
BR ˈkɪtn̩ɪʃnɨs
AM ˈkɪtn̩ɪʃnɨs
kittiwake
BR ˈkɪtɪweɪk, -s
AM ˈkɪdiˌweɪk, -s
kittle
BR ˈkɪtl
AM ˈkɪd(ə)l
kitty
BR ˈkɪt|i, -ɪz
AM ˈkɪdi, -z
Kitwe
BR ˈkɪtweɪ
AM ˈkɪtˌweɪ
Kivu
BR ˈkiːvuː
AM ˈkiˌvu
Kiwanis
BR kɪˈwɑːnɪs
AM kəˈwɑnəs

kiwi
BR ˈkiːwiː, -z
AM ˈkiwi, -z
Klan
BR klan
AM klæn
Klansman
BR ˈklanzmən
AM ˈklænzm(ə)n
Klansmen
BR ˈklanzmən
AM ˈklænzm(ə)n
Klaus
BR klaʊs
AM klaʊs
klavier
BR klaˈvɪə(r), -z
AM kləˈvɪ(ə)r, -z
klaxon
BR ˈklaksn, -z
AM ˈklæks(ə)n, -z
klebsiella
BR ˌklɛbzɪˈɛlə(r)
AM ˌklɛbziˈɛlə, ˌklɛbsiˈɛlə
Klee
BR kleɪ
AM kleɪ
Kleenex
BR ˈkliːnɛks, -ɪz
AM ˈkliˌnɛks, -əz
Klein
BR klʌɪn
AM klaɪn
Kleinwort
BR ˈklʌɪnwɔːt
AM ˈklaɪnˌwɔ(ə)rt, ˈklaɪnwərt
Kleist
BR klʌɪst
AM klaɪst
Klemperer
BR ˈklɛmp(ə)rə(r)
AM ˈklɛmpərər
klepht
BR klɛft, -s
AM klɛft, -s
kleptomania
BR ˌklɛptə(ʊ)ˈmeɪnɪə(r)
AM ˌklɛptəˈmeɪniə

kleptomaniac
BR ˌklɛptə(ʊ)ˈmeɪnɪak, -s
AM ˌklɛptəˈmeɪniˌæk, -s
Klerksdorp
BR ˈkləːksdɔːp
AM ˈklərksˌdɔ(ə)rp
klieg
BR kliːg, -z
AM klig, -z
Klimt
BR klɪmt
AM klɪmt
Kline
BR klʌɪn
AM klaɪn
klipspringer
BR ˈklɪpˌsprɪŋə(r), -z
AM ˈklɪpˌsprɪŋər, -z
Klondike
BR ˈklɒndʌɪk
AM ˈklɑnˌdaɪk
kloof
BR kluːf, -s
AM kluf, -s
Klosters
BR ˈkləʊstəz, ˈklɒstəz
AM ˈklɑstərz, ˈklɔstərz
kludge
BR kluːdʒ
AM kludʒ, klʊdʒ
klutz
BR klʌts, -ɪz
AM kləts, -əz
klutzy
BR ˈklʌtz|i, -ɪə(r), -ɪɪst
AM ˈklətzi, -ər, -ɪst
klystron
BR ˈklʌɪstrɒn, -z
AM ˈklaɪˌstrɑn, -z
K-meson
BR ˌkeɪˈmiːzɒn, ˌkeɪˈmiːsɒn, ˌkeɪˈmeɪzɒn, ˌkeɪˈmeɪsɒn
AM ˈkeɪˌmɛzn, ˈkeɪˈmeɪˌzɑn
knack
BR nak, -s
AM næk, -s

knacker
BR ˈnakə(r), -z, -d
AM ˈnækər, -z, -d
knackery
BR ˈnak(ə)r|i, -ɪz
AM ˈnæk(ə)ri, -z
knackwurst
BR ˈnakwəːst, ˈnakvʊəst
AM ˈnɑkˌwʊrst, ˈnɑkˌwərst
knag
BR nag, -z
AM næg, -z
knaggy
BR ˈnag|i, -ɪə(r), -ɪɪst
AM ˈnægi, -ər, -ɪst
knap
BR nap, -s, -ɪŋ, -t
AM næp, -s, -ɪŋ, -t
Knapp
BR nap
AM næp
knapper
BR ˈnapə(r), -z
AM ˈnæpər, -z
knapsack
BR ˈnapsak, -s
AM ˈnæpˌsæk, -s
knapweed
BR ˈnapwiːd, -z
AM ˈnæpˌwid, -z
knar
BR nɑː(r), -z
AM nɑr, -z
Knaresborough
BR ˈnɛːzb(ə)rə(r)
AM ˈnɛrzˌbərə
Knatchbull
BR ˈnatʃbʊl
AM ˈnætʃˌbʊl
knave
BR neɪv, -z
AM neɪv, -z
knavery
BR ˈneɪv(ə)ri
AM ˈneɪvəri
knavish
BR ˈneɪvɪʃ
AM ˈneɪvɪʃ

knavishly
BR ˈneɪvɪʃli
AM ˈneɪvɪʃli

knavishness
BR ˈneɪvɪʃnɪs
AM ˈneɪvɪʃnɪs

knawel
BR nɔː(ə)l
AM nal, nɔl

knead
BR niːd, -z, -ɪŋ, -ɪd
AM nid, -z, -ɪŋ, -ɪd

kneadable
BR ˈniːdəbl
AM ˈnidəb(ə)l

kneader
BR ˈniːdə(r), -z
AM ˈnidər, -z

Knebworth
BR ˈnɛbwə(ː)θ
AM ˈnɛbˌwərθ

knee
BR niː, -z, -ɪŋ, -d
AM ni, -z, -ɪŋ, -d

kneecap
BR ˈniːkap, -s, -ɪŋ, -t
AM ˈniˌkæp, -s, -ɪŋ, -t

kneecapping
BR ˈniːˌkapɪŋ, -z
AM ˈniˌkæpɪŋ, -z

kneehole
BR ˈniːhəʊl, -z
AM ˈniˌhoʊl, -z

kneel
BR niːl, -z, -ɪŋ
AM nil, -z, -ɪŋ

kneeler
BR ˈniːlə(r), -z
AM ˈnilər, -z

knee-trembler
BR ˈniːˌtrɛmblə(r), -z
AM ˈniˌtrɛmb(ə)lər, -z

knell
BR nɛl, -z, -ɪŋ, -d
AM nɛl, -z, -ɪŋ, -d

Kneller
BR ˈnɛlə(r)
AM ˈnɛlər

knelt
BR nɛlt
AM nɛlt

Knesset
BR (kə)ˈnɛsɪt
AM (kə)ˈnɛsət

knew
BR njuː
AM n(j)u

knicker
BR ˈnɪkə(r), -z
AM ˈnɪkər, -z

Knickerbocker
BR ˈnɪkəˌbɒkə(r), -z
AM ˈnɪkərˌbakər, -z

knick-knack
BR ˈnɪknak, -s
AM ˈnɪkˌnæk, -s

knick-knackery
BR ˈnɪkˌnak(ə)ri
AM ˈnɪkˌnækəri

knick-knackish
BR ˈnɪkˌnakɪʃ
AM ˈnɪkˌnækɪʃ

knife
BR nʌɪf
AM naɪf

knifelike
BR ˈnʌɪflʌɪk
AM ˈnaɪfˌlaɪk

knifepoint
BR ˈnʌɪfpɔɪnt
AM ˈnaɪfˌpɔɪnt

knifer
BR ˈnʌɪfə(r), -z
AM ˈnaɪfər, -z

knight
BR nʌɪt, -s, -ɪŋ, -ɪd
AM naɪ|t, -ts, -dɪŋ, -dɪd

knightage
BR ˈnʌɪt|ɪdʒ, -ɪdʒɪz
AM ˈnaɪdɪdʒ, -ɪz

knight-errant
BR ˌnʌɪtˈɛrn̩t
AM ˌnaɪtˈɛrənt

knight-errantry
BR ˌnʌɪtˈɛrn̩tri
AM ˌnaɪtˈɛrəntri

knighthood
BR ˈnʌɪthʊd, -z
AM ˈnaɪtˌ(h)ʊd, -z

Knight Hospitaller
BR ˌnʌɪt ˈhɒspɪtl̩ə(r)
AM ˈˌnaɪt ˈhɑˌspɪtl̩ər

knightlike
BR ˈnʌɪtlʌɪk
AM ˈnaɪtˌlaɪk

knightliness
BR ˈnʌɪtlɪnɪs
AM ˈnaɪtlɪnɪs

knightly
BR ˈnʌɪtl|i, -ɪə(r), -ɪɪst
AM ˈnaɪtli, -ər, -ɪst

Knighton
BR ˈnʌɪt(ə)n
AM ˈnaɪtn

Knights
BR nʌɪts
AM naɪts

Knightsbridge
BR ˈnʌɪtsbrɪdʒ
AM ˈnaɪtsˌbrɪdʒ

knights-errant
BR ˌnʌɪtsˈɛrn̩t
AM ˌnaɪtsˈɛrənt

Knights Hospitaller
BR ˌnʌɪts ˈhɒspɪtl̩ə(r)
AM ˈˌnaɪts ˈhɑˌspɪtl̩ər

Knights Templar
BR ˌnʌɪts ˈtɛmplə(r)
AM ˈˌnaɪts ˈtɛmplər

Knight Templar
BR ˌnʌɪt ˈtɛmplə(r)
AM ˈˌnaɪt ˈtɛmplər

kniphofia
BR nɪˈfəʊfiə(r),
nʌɪˈfəʊfiə(r),
nɪpˈhəʊfiə(r)
AM nəˈfoʊfiə

knish
BR kəˈnɪʃ, knɪʃ, -ɪz
AM kəˈnɪʃ, -ɪz

knit
BR nɪt, -s, -ɪŋ, -ɪd
AM nɪ|t, -ts, -dɪŋ, -dɪd

knitter
BR ˈnɪtə(r), -z
AM ˈnɪdər, -z

knitwear
BR ˈnɪtwɛː(r)
AM ˈnɪtˌwɛ(ə)r

knives
BR nʌɪvz
AM naɪvz

knob
BR nɒb, -z
AM nab, -z

knobbiness
BR ˈnɒbɪnɪs
AM ˈnabɪnɪs

knobble
BR ˈnɒbl, -z
AM ˈnabəl, -z

knobbliness
BR ˈnɒblɪnɪs
AM ˈnab(ə)lɪnɪs

knobbly
BR ˈnɒbl|i, ˈnɒbl̩|i,
-ɪə(r), -ɪɪst
AM ˈnab(ə)li, -ər,
-ɪst

knobby
BR ˈnɒb|i, -ɪə(r), -ɪɪst
AM ˈnabi, -ər, -ɪst

knobhead
BR ˈnɒbhɛd, -z
AM ˈnabˌ(h)ɛd, -z

knobkerrie
BR ˈnɒbˌkɛr|i, -ɪz
AM ˈnabˌkɛri, -z

knoblike
BR ˈnɒblʌɪk
AM ˈnabˌlaɪk

knobstick
BR ˈnɒbstɪk, -s
AM ˈnabˌstɪk, -s

knock
BR nɒk, -s, -ɪŋ, -t
AM nak, -s, -ɪŋ, -t

knockabout
BR ˈnɒkəbaʊt
AM ˈnakəˌbaʊt

knocker
BR ˈnɒkə(r), -z
AM ˈnakər, -z

knockout
BR ˈnɒkaʊt, -s
AM ˈnaˌkaʊt, -s

knockwurst
BR ˈnɒkwəːst,
ˈnɒkvʊəst
AM ˈnakˌwʊrst,
ˈnakˌwərst

knoll
BR nəʊl, nɒl, -z
AM noʊl, -z

Knollys
BR nəʊlz
AM noʊlz

knop
BR nɒp, -s
AM nɑp, -s

knopkierie
BR ˈknɒpˌkɪərǀi, -ɪz
AM ˈ(k)nɑpˌkiri, -z

Knossos
BR ˈ(k)nɒsɒs
AM ˈ(k)nɑsɑs, ˈ(k)nɑsɔs

knot
BR nɒt, -s, -ɪŋ, -ɪd
AM nɑǀt, -ts, -dɪŋ, -dəd

knotgrass
BR ˈnɒtgrɑːs
AM ˈnɑtˌgræs

knothole
BR ˈnɒthəʊl, -z
AM ˈnɑtˌ(h)oʊl, -z

knotless
BR ˈnɒtləs
AM ˈnɑtlɛs

Knott
BR nɒt
AM nɑt

knotter
BR ˈnɒtə(r), -z
AM ˈnɑdər, -z

knottily
BR ˈnɒtɪli
AM ˈnɑdəli

knottiness
BR ˈnɒtɪnɪs
AM ˈnɑdɪnɪs

knotting
BR ˈnɒtɪŋ, -z
AM ˈnɑdɪŋ, -z

knotty
BR ˈnɒtǀi, -ɪə(r), -ɪɪst
AM ˈnɑdi, -ər, -ɪst

knotweed
BR ˈnɒtwiːd
AM ˈnɑtˌwid

knotwork
BR ˈnɒtwɜːk
AM ˈnɑtˌwɜrk

knout
BR naʊt, nuːt, -s, -ɪŋ, -ɪd
AM naʊǀt, -ts, -dɪŋ, -dəd

know
BR nəʊ, -z, -ɪŋ
AM noʊ, -z, -ɪŋ

knowable
BR ˈnəʊəbl
AM ˈnoʊəb(ə)l

knower
BR ˈnəʊə(r), -z
AM ˈnoʊər, -z

know-how
BR ˈnəʊhaʊ
AM ˈnoʊˌhaʊ

knowing
BR ˈnəʊɪŋ
AM ˈnoʊɪŋ

knowingly
BR ˈnəʊɪŋli
AM ˈnoʊɪŋli

knowingness
BR ˈnəʊɪŋnɪs
AM ˈnoʊɪŋnɪs

Knowle
BR nəʊl
AM noʊl

knowledgability
BR ˌnɒlɪdʒəˈbɪlɪti
AM ˌnɑlədʒəˈbɪlɪdi

knowledgable
BR ˈnɒlɪdʒəbl
AM ˈnɑlədʒəb(ə)l

knowledgableness
BR ˈnɒlɪdʒəblnəs
AM ˈnɑlədʒəbəlnəs

knowledgably
BR ˈnɒlɪdʒəbli
AM ˈnɑlədʒəbli

knowledge
BR ˈnɒlɪdʒ
AM ˈnɑlədʒ

knowledgeability
BR ˌnɒlɪdʒəˈbɪlɪti
AM ˌnɑlədʒəˈbɪlɪdi

knowledgeable
BR ˈnɒlɪdʒəbl
AM ˈnɑlədʒəb(ə)l

knowledgeableness
BR ˈnɒlɪdʒəblnəs
AM ˈnɑlədʒəbəlnəs

knowledgeably
BR ˈnɒlɪdʒəbli
AM ˈnɑlədʒəbli

Knowles
BR nəʊlz
AM noʊlz

known
BR nəʊn
AM noʊn

Knox
BR nɒks
AM ˈnɑks

Knoxville
BR ˈnɒksvɪl
AM ˈnɑksvəl, ˈnɑksˌvɪl

knuckle
BR ˈnʌkǀl, -lz, -lɪŋ\-lɪŋ, -ld
AM ˈnəkǀəl, -əlz, -(ə)lɪŋ, -əld

knuckleball
BR ˈnʌklbɔːl, -z
AM ˈnəkəlˌbɑl, ˈnəkəlˌbɔl, -z

knucklebone
BR ˈnʌklbəʊn, -z
AM ˈnəkəlˌboʊn, -z

knucklehead
BR ˈnʌklhɛd, -z
AM ˈnəkəlˌ(h)ɛd, -z

knuckly
BR ˈnʌklǀi, ˈnʌkli
AM ˈnəkli

knur
BR nɜː(r), -z
AM nɜr, -z

knurl
BR nɜːl, -d
AM nɜrl, -d

knurr
BR nɜː(r), -z
AM nɜr, -z

Knut
BR knʌt, kəˈnuːt
AM kəˈnut

Knutsford
BR ˈnʌtsfəd
AM ˈnətsfərd

KO
BR ˌkeɪˈəʊ, -z, -ɪŋ, -d
AM ˌkeɪˈoʊ, -z, -ɪŋ, -d

koa
BR ˈkəʊə(r), -z
AM ˈkoʊə, -z

koala
BR kəʊˈɑːlə(r), -z
AM kəˈwɑlə, koʊˈɑlə, -z

koan
BR ˈkəʊan, -z
AM ˈkoʊˌɑn, -z

Kobe
BR ˈkəʊbi, ˈkəʊbeɪ
AM ˈkoʊbi

kobold
BR ˈkəʊb(ə)ld
AM ˈkoʊˌbɑld, ˈkoʊˌbɔld

Koch
BR kəʊk, kɒtʃ, kɒk, kɒx
AM kʊk, kɑk, kɔk

Köchel
BR ˈkɜːkl, ˈkɜːxl
AM ˈkoʊkəl

Kodachrome
BR ˈkəʊdəkrəʊm
AM ˈkoʊdəˌkroʊm

Kodak
BR ˈkəʊdak, -s
AM ˈkoʊˌdæk, -s

Kodály
BR ˈkəʊdʌɪ
AM ˌkoʊˈdaɪ(i)
HU ˈkɔdɑːj

Kodiak
BR ˈkəʊdiak, -s
AM ˈkoʊdiˌæk, -s

koel
BR ˈkəʊəl, -z
AM ˈkoʊəl, -z

Koestler
BR ˈkɜːs(t)lə(r)
AM ˈkɛs(t)lər

Koh-i-noor
BR ˌkəʊɨˈnʊə(r), ˌkəʊɨˈnɔː(r)
AM ˌkoʊə.nʊ(ə)r

kohl
BR kəʊl
AM koʊl

kohlrabi
BR ˌkəʊlˈrɑːbǀi, -ɪz
AM ˌkoʊlˈrɑbi, -z

koi
BR kɔɪ
AM kɔɪ

Koil
BR kɔɪl
AM kɔɪl

koiné
BR ˈkɔɪneɪ, ˈkɔɪni(ː)
AM kɔɪˈneɪ

Kojak
BR ˈkəʊdʒak
AM ˈkoʊˌdʒæk

Kokoschka
BR kəˈkʊʃkə(r)
AM kəˈkɑʃkə,
kəˈkɔʃkə

kola
BR ˈkəʊlə(r)
AM ˈkoʊlə

Kolhapur
BR ˈkɒləpʊə(r)
AM ˈkɑləˌpʊ(ə)r,
ˈkɔləˌpʊ(ə)r

kolinsky
BR kəˈlɪnsk|i, -ɪz
AM kəˈlɪnski, -z

kolkhoz
BR ˌkɒlˈkɒz,
ˌkɒlˈkɔːz,
ˌkʌlkˈhɔːz
AM kəlˈkaz,
kəlˈkɔz
RUS kalˈxos

Köln
BR kəːln, kəʊln
AM kəln

Koluma
BR kəˈluːmə(r)
AM kəˈlumə
RUS kəlɪˈma

komitadji
BR ˌkɒmɪˈtadʒ|i, -ɪz
AM ˌkoʊməˈtadʒi, ˌkaməˈtadʒi, -z

Komodo
BR kəˈməʊdəʊ
AM kəˈmoʊˌdoʊ

Kompong Cham
BR ˌkɒmpɒŋ ˈtʃam
AM ˈkamˈpaŋ ˈtʃam, ˈkamˈpɔŋ ˈtʃam

Kompong Som
BR ˌkɒmpɒŋ ˈsɒm
AM ˈkamˈpaŋ ˈsam, ˈkamˈpɔŋ ˈsam

Komsomol
BR ˈkɒmsəmɒl
AM ˈkamsəˌmal, ˈkamsəˌmɔl
RUS kəmsaˈmol

Komsomolsk
BR ˈkɒmsəmɒlsk
AM ˈkamsəˌmalsk
RUS kəmsaˈmolsk

Kongo
BR ˈkɒŋgəʊ
AM ˈkaŋgoʊ

Königsberg
BR ˈkəːnɪgzbəːg
AM ˈkənɪgzˌbərg
GER ˈkæːnɪçsbɛrk

Konika
BR ˈkɒnɪkə(r), ˈkəʊnɪkə(r)
AM ˈkanəkə

Konopka
BR kəˈnɒpkə(r)
AM kəˈnapkə

Konrad
BR ˈkɒnrad
AM ˈkanˌræd

Kon-Tiki
BR ˌkɒnˈtiːki
AM ˌkanˈtiki

koodoo
BR ˈkuːduː, -z
AM ˈkuˌdu, -z

kook
BR kuːk, -s
AM kuk, -s

kookaburra
BR ˈkʊkəˌbʌrə(r), -z
AM ˈkʊkəˌbərə, -z

kookily
BR ˈkʊkɪli
AM ˈkukəli

kookiness
BR ˈkʊkɪnɪs
AM ˈkukɪnɪs

kooky
BR ˈkuːk|i, ˈkʊk|i, -ɪə(r), -ɪɪst
AM ˈkuki, -ər, -ɪst

koozie
BR ˈkuːz|i, -ɪz
AM ˈkuzi, -z

kop
BR kɒp, -s
AM kap, -s

kopeck
BR ˈkəʊpɛk, -s
AM ˈkoʊˌpɛk, -s

kopek
BR ˈkəʊpɛk, -s
AM ˈkoʊˌpɛk, -s

kopi
BR ˈkəʊpi
AM ˈkoʊpi

kopje
BR ˈkɒp|i, -ɪz
AM ˈkapi, -z

koppa
BR ˈkɒpə(r), -z
AM ˈkapə, -z

koppie
BR ˈkɒp|i, -ɪz
AM ˈkapi, -z

koradji
BR ˈkɒrədʒ|i, kəˈradʒ|i, -ɪz
AM kəˈradʒi, -z

Koran
BR kɔːˈraːn
AM kɔˈran, kəˈran

Koranic
BR kəˈranɪk
AM kɔˈranɪk, kəˈranɪk

Korda
BR ˈkɔːdə(r)
AM ˈkɔrdə
HU ˈkɔrda

Kordofan
BR ˌkɔːdə(ʊ)ˈfan, ˌkɔːdə(ʊ)ˈfaːn
AM ˌkɔrdoʊˈfan

Korea
BR kəˈrɪə(r)
AM kəˈriə

Korean
BR kəˈrɪən, -z
AM kəˈriən, -z

korfball
BR ˈkɔːfbɔːl
AM ˈkɔrfˌbal, ˈkɔrfˌbɔl

Kórinthos
BR kəˈrɪnθɒs
AM kəˈrɪnθɔs, kəˈrɪnθas, kəˈrɪnθas, kəˈrɪnθɔs
GR ˈkɔriːnθɔs

korma
BR ˈkɔːmə(r), -z
AM ˈkɔrmə, -z

Korsakoff
BR ˈkɔːsəkɒf
AM ˈkɔrsəˌkaf, ˈkɔrsəˌkɔf
RUS ˈkorsəkəf

koruna
BR ˈkɒrʉnə(r), -z
AM ˈkɔrənə, -z
CZ ˈkɔrunʌ

Kos
BR kɒs
AM kas, kɔs
GR kɔs

Kościuszko
BR ˌkɒsɪˈʌskəʊ, ˌkɒsɪˈʊskəʊ
AM ˌkasiˈəsˌkoʊ
POL kɒʃˈtʃʊʃkɒ

kosher
BR ˈkəʊʃə(r)
AM ˈkoʊʃər

Kosovo
BR ˈkɒsəvəʊ
AM ˈkasəˌvə, ˈkɔsəˌvə

Kostroma
BR ˈkɒstrəmaː(r)
AM ˈkastrəˌma
RUS kəstraˈma

Kosygin
BR kəˈsiːgɪn
AM kəˈsidʒɪn, kəˈsigɪn
RUS kaˈsɪɡʲin

Kota
BR ˈkəʊtə(r)
AM ˈkoʊdə

Kota Baharu
BR ˌkəʊtə bəˈhaːruː, + ˈbaːruː
AM ˌkoʊdə bəˈhaˌru

Kota Kinabalu
BR ˌkəʊtə ˌkɪnəˈbaːluː
AM ˌkoʊdə ˌkɪnəˈbaˌlu

Kotka
BR ˈkɒtkə(r)
AM ˈkɑtkə

koto
BR ˈkəʊtəʊ, -z
AM ˈkoʊdoʊ, -z

kotow
BR ˌkəʊˈtaʊ, ˌkaʊˈtaʊ, -z, -ɪŋ, -d
AM ˈkaʊˌtaʊ, -z, -ɪŋ, -d

koulan
BR ˈkuːlən, -z
AM ˈkuˌlɑn, -z

koumis
BR ˈkuːmɪs
AM ˈkuməs, kuˈmɪs
RUS kuˈmɪs

koumiss
BR ˈkuːmɪs
AM ˈkuməs, kuˈmɪs
RUS kuˈmɪs

kouprey
BR ˈkuːpreɪ, -z
AM ˈkuˌpreɪ, -z

kourbash
BR ˈkʊəbɑʃ, -ɪz
AM kʊrˈbɑʃ, ˈkʊrˌbɑʃ, -əz

kowhai
BR ˈkəʊwʌɪ, ˈkɔːfʌɪ, -z
AM ˈkoʊˌwaɪ, -z

Kowloon
BR ˌkaʊˈluːn
AM ˌkaʊˈlun

kowtow
BR ˌkaʊˈtaʊ, -z, -ɪŋ, -d
AM ˈkaʊˌtaʊ, -z, -ɪŋ, -d

Kra
BR krɑː(r)
AM ˈkrɑ

kraal
BR krɑːl, -z
AM krɑl, -z

kraft
BR krɑːft
AM kræft

krait
BR krʌɪt, -s
AM kraɪt, -s

Krakatoa
BR ˌkrakəˈtəʊə(r)
AM ˌkrækəˈtoʊə

kraken
BR ˈkrɑːk(ə)n, -z
AM ˈkrɑkən, -z

Kraków
BR ˈkrakaʊ, ˈkrakɒf
AM ˈkrakɔf, ˈkrakɑf, ˈkrɑˌkaʊ
POL ˈkrakʊf

Kramer
BR ˈkreɪmə(r)
AM ˈkreɪmər

krans
BR krɑːns, krans
AM kræns

krantz
BR krɑːns, krans
AM kræn(t)s

Krasnodar
BR ˌkraznə(ʊ)ˈdɑː(r)
AM ˈkrɑsnəˌdɑr

Krasnoyarsk
BR ˌkrasnəˈjɑːsk
AM ˈkrɑsnəˌjɑrsk

krater
BR ˈkreɪtə(r), -z, -d
AM ˈkreɪdər, -z, -d

K-ration
BR ˈkeɪˌraʃn, -z
AM ˈkeɪˌreɪʃ(ə)n, ˈkeɪˌræʃ(ə)n, -z

Kraus
BR kraʊs
AM kraʊs

Krause
BR kraʊs
AM kraʊs
GER ˈkraʊzə

Krauss
BR kraʊs
AM kraʊs

Kraut
BR kraʊt, -s
AM kraʊt, -s

Kray
BR kreɪ
AM kreɪ

Krebs
BR krɛbz
AM krɛbz

Krefeld
BR ˈkreɪfɛld
AM ˈkreɪˌfɛld

Kreisler
BR ˈkrʌɪzlə(r)
AM ˈkraɪslər

Kremlin
BR ˈkrɛmlɪn
AM ˈkrɛml(ə)n

Kremlinologist
BR ˌkrɛmlɪˈnɒlədʒɪst, -s
AM ˌkrɛmlə-ˈnɑlədʒəst, -s

Kremlinology
BR ˌkrɛmlɪˈnɒlədʒi
AM ˌkrɛmləˈnɑlədʒi

Kretzschmar
BR ˈkrɛtʃmɑː(r)
AM ˈkrɛtʃˌmɑr

kriegspiel
BR ˈkriːgspiːl
AM ˈkrigzˌpil, ˈkrigˌʃpil

krill
BR krɪl
AM krɪl

krimmer
BR ˈkrɪmə(r)
AM ˈkrɪmər

Krio
BR ˈkriːəʊ, -z
AM ˈkrioʊ, -z

kris
BR kriːs, -ɪz
AM kris, krɪs, -ɪz

Krishna
BR ˈkrɪʃnə(r)
AM ˈkrɪʃnə

Krishnaism
BR ˈkrɪʃnə(r)ɪzm
AM ˈkrɪʃnəˌɪz(ə)m

Krishnamurti
BR ˌkrɪʃnəˈmʊəti, ˌkrɪʃnəˈmɜːti
AM ˌkrɪʃnəˈmɜrdi

Krista
BR ˈkrɪstə(r)
AM ˈkrɪstə

Kristallnacht
BR ˈkrɪstlnɑxt
AM ˈkrɪstlˌnɑkt
GER krɪsˈtalnaxt

Kroeber
BR ˈkrəʊbə(r)
AM ˈkroʊbər
GER ˈkrøːbɐ

kromesky
BR krə(ʊ)ˈmɛsk|i, ˈkrɒmɛsk|i, -ɪz
AM kroʊˈmɛski, -z

krona
BR ˈkrəʊnə(r)
AM ˈkroʊnə
SW ˈkroːna

krone
BR ˈkrəʊnə(r)
AM ˈkroʊnə
DAN ˈkKoːnə
NO ˈkruːne

kroner
BR ˈkrəʊnə(r)
AM ˈkroʊnər
DAN ˈkKoːnʌ
NO ˈkruːner

kronor
BR ˈkrəʊnə(r)
AM ˈkroʊnər
SW ˈkroːnɒr

Kronos
BR ˈkrɒnɒs
AM ˈkroʊˌnɑs, ˈkroʊˌnɔs

Kronstadt
BR ˈkrɒnstat
AM ˈkrɑnˌstad

kronur
BR ˈkrəʊnə(r)
AM ˈkroʊnər

Kroo
BR kruː
AM kru

Kropotkin
BR krəˈpɒtkɪn
AM krəˈpɑtkən

Kru
BR kruː
AM kru

Krueger
BR ˈkruːgə(r)
AM ˈkrugər

Kruger
BR ˈkruːgə(r)
AM ˈkrugər
AFK ˈkryər

Krugerrand

BR ˈkruːgərand, -z
AM ˈkrugərænd, -(d)z
AFK ˈkryəˌrant

krumhorn

BR ˈkrʌmhɔːn, -z
AM ˈkrʊm‚(h)ɔ(ə)rn, -z

krummholz

BR ˈkrʌmhɒlts
AM ˈkrʌm‚(h)alts, ˈkrəm‚(h)ɔlts

krummhorn

BR ˈkrʌmhɔːn, -z
AM ˈkrʊm‚(h)ɔ(ə)rn, -z

Krupp

BR krʊp, krʌp
AM ˈkrʊp

krypton

BR ˈkrɪptɒn
AM ˈkrɪpˌtɑn

kryptonite

BR ˈkrɪptənʌɪt
AM ˈkrɪptənʌɪt

Kshatriya

BR ˈkʃatrɪə(r), -z
AM (kə)ˈʃatri(j)ə, -z

Kuala Lumpur

BR ˌkwɑːləˈlʊmpʊə(r), + ˈlʌmpə(r)
AM ˌkwaləlʊmˈpʊ(ə)r

Kublai Khan

BR ˌkuːbləˈkɑːn, ˌkuːblʌɪ +
AM ˌkʊbləˈkɑn

Kubrick

BR ˈk(j)uːbrɪk
AM ˈkʊbrɪk

kuccha

BR ˈkʌtʃə(r)
AM ˈkətʃə

kudos

BR ˈkjuːdɒs
AM ˈkuˌdoʊs

kudu

BR ˈkuːduː, -z
AM ˈkudu, -z

kudzu

BR ˈkʊdzuː
AM ˈkədˌzu

Kufic

BR ˈk(j)uːfɪk
AM ˈk(j)ufɪk

Kuhn

BR kuːn
AM k(j)un

Ku Klux Klan

BR ˌkuː klʌks ˈklan
AM ˈku ˌkləks ˈklæn

Ku Klux Klansman

BR ˌkuː klʌks ˈklanzmən
AM ˈku ˌkləks ˈklænzm(ə)n

Ku Klux Klansmen

BR ˌkuː klʌks ˈklanzmən
AM ˈku ˌkləks ˈklænzm(ə)n

kukri

BR ˈkʊkr|i, -ɪz
AM ˈkʊkri, -z

kulak

BR ˈkuːlak, -s
AM kuˈlak, ˈkulæk, -s
RUS kuˈlak

kulan

BR ˈkuːlən, -z
AM ˈkulan, -z

Kultur

BR kʊlˈtʊə(r)
AM kʊlˈtʊ(ə)r

Kulturkampf

BR kʊlˈtʊəkam(p)f
AM kʊlˈtʊrˌkam(p)f

Kumamoto

BR ˌkuːməˈməʊtəʊ
AM ˌkuməˈmoʊdoʊ

kumara

BR ˈkuːmərə(r), -z
AM ˈkumərə, -z

kumis

BR ˈkuːmɪs
AM ˈkuməs, kuˈmɪs
RUS kuˈmɪs

kumiss

BR ˈkuːmɪs
AM ˈkuməs, kuˈmɪs
RUS kuˈmɪs

Kümmel

BR ˈkʊml
AM ˈkɪm(ə)l

kumquat

BR ˈkʌmkwɒt, -s
AM ˈkəmˌkwɑt, -s

Kundera

BR ˈkʊndərə(r)
AM ˈkʊndərə

Kung

BR kʊŋ
AM kʊŋ

kung fu

BR ˌkʊŋ ˈfuː, ˌkʌŋ +
AM ˌkʊŋ ˈfu

Kunlun Shan

BR ˌkʊnlʊn ˈʃan
AM ˈkʊnˈˌlʊn ˈʃan

Kunming

BR ˌkʊnˈmɪŋ
AM ˈkʊnˈmɪŋ

Kuomintang

BR ˌkwəʊmɪnˈtaŋ
AM ˈkwɔˈˌmɪnˈtæŋ

Kuoni

BR kʊˈəʊni
AM kʊˈoʊni

kurbash

BR ˈkʊəbaʃ, -ɪz
AM ˌkʊrˈbaʃ, ˈkʊrˌbaʃ, -əz

kurchatovium

BR ˌkəːtʃəˈtəʊvɪəm
AM ˌkərtʃəˈtoʊvɪəm

Kurd

BR kəːd, -z
AM kərd, -z

kurdaitcha

BR kəˈdʌɪtʃə(r), -z
AM kərˈdaɪtʃə, -z

Kurdish

BR ˈkəːdɪʃ
AM ˈkərdɪʃ

Kurdistan

BR ˌkəːdɪˈstɑːn
AM ˈkərdəˌstæn

Kurgan

BR kʊəˈgɑːn
AM kʊrˈgɑn
RUS kurˈgan

Kurile

BR kjʊˈriːl
AM ˈkurəl

Kurosawa

BR ˌkʊrəˈsɑːwə(r)
AM ˌkʊrəˈsɑwə

kurrajong

BR ˈkʌrədʒɒŋ, -z
AM ˈkərəˌdʒɑŋ, ˈkərəˌdʒɔŋ, -z

Kursaal

BR ˈkʊəzɑːl, ˈkʊəsɑːl, ˈkəːzl, ˈkəːsl, -z
AM ˈkʊrˌzal, -z

Kurt

BR kəːt
AM kərt

kurta

BR ˈkəːtə(r), -z
AM ˈkərdə, -z

kurtosis

BR kəːˈtoʊsɪs
AM kərˈtoʊsəs

kurus

BR kʊˈrʊʃ, kʊˈruːʃ
AM kəˈrʊʃ

Kurzweil

BR ˈkəːtswʌɪl, ˈkəːtsvʌɪl
AM ˈkərtsˌwaɪl

Kush

BR kʊʃ
AM kʊʃ

Kuwait

BR k(j)ʊˈweɪt, -i
AM kəˈweɪ|t, ˌkuˈweɪ|t, -di

Kuwaiti

BR k(j)ʊˈweɪt|i, -ɪz
AM kəˈweɪdi, -z

Kuznetz Basin

BR kʊzˌnɛts ˈbeɪsn
AM ˈkʊzˌnɛts ˈbeɪs(ə)n

kvas

BR kvɑːs
AM kvɑs, kəˈvɑs

kvass

BR kvɑːs
AM kvɑs, kəˈvɑs

kvetch

BR kvɛtʃ, -ɪz, -ɪŋ, -t
AM kvɛtʃ, kəˈvɛtʃ, -əz, -ɪŋ, -t

kvetcher
BR ˈkvetʃə(r), -z
AM ˈkvetʃər, -z

Kwa
BR kwɑː(r)
AM kwɑ

KWAC
BR kwak
AM kwæk

kwacha
BR ˈkwɑːtʃə(r), -z
AM ˈkwɑtʃə, -z

KwaNdebele
BR ˌkwɑːndɪˈbiːli, ˌkwɑːn̩dɪˈbeɪli
AM ˌkwɑndəˈbiˌli

kwanza
BR ˈkwanzə(r), -z
AM ˈkwɑnˌzɑ, -z

kwashiorkor
BR ˈkwɒʃɪəkɔː(r), ˌkwɒʃɪˈɔːkɔː(r)
AM ˈˌkwɑʃiˌɔrˌkɔ(ə)r

KwaZulu
BR ˌkwɑːˈzuːluː
AM ˌkwɑˈzulu

Kweilin
BR ˌkweɪˈlɪn
AM ˈkweɪˈlɪn

Kweiyang
BR ˌkweɪˈjaŋ
AM ˈkweɪˈjæŋ

kwela
BR ˈkweɪlə(r)
AM ˈkweɪlə

Kwells
BR kwelz
AM kwelz

KWIC
BR kwɪk
AM kwɪk

Kwik-Fit
BR ˈkwɪkfɪt
AM ˈkwɪkˌfɪt

KWOC
BR kwɒk
AM kwɑk

kyanise
BR ˈkʌɪənʌɪz, -ɪz, -ɪŋ, -d
AM ˈkaɪəˌnaɪz, -ɪz, -ɪŋ, -d

kyanite
BR ˈkʌɪənʌɪt
AM ˈkaɪəˌnaɪt

kyanitic
BR ˌkʌɪəˈnɪtɪk
AM ˌkaɪəˈnɪdɪk

kyanize
BR ˈkʌɪənʌɪz, -ɪz, -ɪŋ, -d
AM ˈkaɪəˌnaɪz, -ɪz, -ɪŋ, -d

kyat
BR kiːˈɑːt, -s
AM kiˈ(j)ɑt, -s

kybosh
BR ˈkʌɪbɒʃ
AM kəˈbɑʃ, ˈkaɪˌbɑʃ

Kyd
BR kɪd
AM kɪd

kyle
BR kʌɪl, -z
AM kaɪl, -z

kylie
BR ˈkʌɪlli, -ɪz
AM ˈkaɪli, -z

kylin
BR ˈkiːlɪn, -z
AM ˈkɪlɪn, -z

kylix
BR ˈkʌɪlɪks
AM ˈkaɪlɪks

kyloe
BR ˈkʌɪləʊ, -z
AM ˈkaɪloʊ, -z

kymogram
BR ˈkʌɪmə(ʊ)gram, -z
AM ˈkaɪməˌgræm, -z

kymograph
BR ˈkʌɪmə(ʊ)grɑːf, -s
AM ˈkaɪməˌgræf, -s

kymographic
BR ˌkʌɪmə(ʊ)ˈgrafɪk
AM ˌkaɪməˈgræfɪk

kymographically
BR ˌkʌɪmə(ʊ)ˈgrafɪkli
AM ˌkaɪməˈgræfək(ə)li

Kyoto
BR kɪˈəʊtəʊ
AM kiˈ(j)oʊˌtoʊ, kiˈ(j)oʊdoʊ

kyphosis
BR kʌɪˈfəʊsɪs
AM kaɪˈfoʊsəs

kyphotic
BR kʌɪˈfɒtɪk
AM kaɪˈfɑdɪk

Kyrenia
BR kʌɪˈriːnɪə(r)
AM kəˈriniə

Kyrgyz
BR ˈkəːgɪz, ˈkɪəgɪz, kɪəˈgɪz
AM kɪrˈgɪz
RUS kʲirˈgʲis

Kyrgyzstan
BR ˌkəːgɪˈstɑːn, ˈkɪəgɪˈstɑːn
AM ˈkɪrgəˌstæn
RUS kʲirgʲiˈstan

kyrie
BR ˈkɪrɪeɪ, -z
AM ˈkɪriˌeɪ, -z

Kyushu
BR kɪˈuːʃuː, ˈkjuːʃuː
AM kiˈjuʃu

L

l
BR el, -z
AM el, -z

la
BR lɑː(r)
AM lɑ

laager
BR ˈlɑːgə(r), -z
AM ˈlɑgər, -z

lab
BR lab, -z
AM læb, -z

Laban[1] *dancer/ choreographer*
BR ˈlɑːb(ə)n
AM ˈlɑbən

Laban[2] *in Bible*
BR ˈleɪb(ə)n
AM ˈleɪbən

labara
BR ˈlab(ə)rə(r), ˈleɪb(ə)rə(r)
AM ˈlæbərə

labarum
BR ˈlab(ə)rəm, ˈleɪb(ə)rəm, -z
AM ˈlæbərəm, -z

labdanum
BR ˈlabdənəm, -z
AM ˈlæbdən(ə)m, -z

labefaction
BR ˌlabɪˈfakʃn, -z
AM ˌlæbəˈfækʃ(ə)n, -z

label
BR ˈleɪb|l, -lz, -l̩ŋ\-l̩ŋ, -ld
AM ˈleɪb|(ə)l, -əlz, -(ə)lɪŋ, -əld

labeler
BR ˈleɪblə(r), ˈleɪblə(r), -z
AM ˈleɪb(ə)lər, -z

labeller
BR ˈleɪbl̩ə(r), ˈleɪblə(r), -z
AM ˈleɪb(ə)lər, -z

labia
BR ˈleɪbɪə(r)
AM ˈleɪbiə

labial
BR ˈleɪbɪəl, -z
AM ˈleɪbiəl, -z

labialisation
BR ˌleɪbɪəlʌɪˈzeɪʃn, -z
AM ˌleɪbiəˌlaɪˈzeɪʃ(ə)n, ˌleɪbiələˈzeɪʃ(ə)n, -z

labialise
BR ˈleɪbɪəlʌɪz, -ɪz, -ɪŋ, -d
AM ˈleɪbiəˌlaɪz, -ɪz, -ɪŋ, -d

labialism
BR ˈleɪbɪəlɪzm, -z
AM ˈleɪbiəˌlɪz(ə)m, -z

labiality
BR ˌleɪbɪˈalɪti
AM ˌleɪbiˈælədi

labialization
BR ˌleɪbɪəlʌɪˈzeɪʃn, -z
AM ˈleɪbiəˌlaɪˈzeɪʃ(ə)n, ˌleɪbiələˈzeɪʃ(ə)n, -z

labialize
BR ˈleɪbɪəlʌɪz, -ɪz,
-ɪŋ, -d
AM ˈleɪbiəˌlaɪz, -ɪz,
-ɪŋ, -d
labially
BR ˈleɪbɪəli
AM ˈleɪbiəli
labia majora
BR ˌleɪbɪə məˈdʒɔːrə(r)
AM ˈleɪbɪə məˈdʒɔrə
labia minora
BR ˌleɪbɪə mɪˈnɔːrə(r)
AM ˈleɪbɪə məˈnɔrə
labiate
BR ˈleɪbɪeɪt,
ˈleɪbɪət, -s
AM ˈleɪbiˌeɪt, ˈleɪbiɨt,
-s
labile
BR ˈleɪbʌɪl
AM ˈleɪˌbaɪl, ˈleɪb(ə)l
lability
BR leɪˈbɪlɨti
AM ləˈbɪlɨdi, leɪˈbɪlɨdi
labiodental
BR ˌleɪbɪə(ʊ)ˈdɛntl
AM ˌleɪbioʊˈdɛn(t)l
labiovelar
BR ˌleɪbɪə(ʊ)ˈviːlə(r)
AM ˌleɪbioʊˈvilər
labium
BR ˈleɪbɪəm
AM ˈleɪbɪəm
La Bohème
BR ˌlaː bəʊˈɛm, ˌla +
AM ˌla boʊˈɛm
FR la bɔɛm
labor
BR ˈleɪb|ə(r), -əz,
-(ə)rɪŋ, -əd
AM ˈleɪb|ər, -ərz,
-(ə)rɪŋ, -ərd
laboratory
BR ləˈbɒrət(ə)r|i, -ɪz
AM ˈlæbrəˌtɔri, -z
laborer
BR ˈlab(ə)rə(r), -z
AM ˈleɪb(ə)rər, -z
laborious
BR ləˈbɔːrɪəs
AM ləˈbɔriəs

laboriously
BR ləˈbɔːrɪəsli
AM ləˈbɔriəsli
laboriousness
BR ləˈbɔːrɪəsnəs
AM ləˈbɔriəsnəs
laborism
BR ˈleɪbərɪzm
AM ˈleɪbəˌrɪz(ə)m
Laborite
BR ˈleɪbərʌɪt, -s
AM ˈleɪbəˌraɪt, -s
Labouchere
BR ˌlabuːˈʃɛː(r)
AM ˌlabuˈʃɛ(ə)r
labour
BR ˈleɪb|ə(r), -əz,
-(ə)rɪŋ, -əd
AM ˈleɪb|ər, -ərz,
-(ə)rɪŋ, -ərd
labourer
BR ˈlab(ə)rə(r), -z
AM ˈleɪb(ə)rər, -z
labourism
BR ˈleɪbərɪzm
AM ˈleɪbəˌrɪz(ə)m
Labourite
BR ˈleɪbərʌɪt, -s
AM ˈleɪbəˌraɪt, -s
Labov
BR ləˈbɒv, ləˈbəʊv
AM ləˈboʊv, ləˈbav,
ləˈbɔv
Labovian
BR ləˈbɒvɪən,
ləˈbəʊvɪən
AM ləˈboʊvɪən,
ləˈbavɪən,
ləˈbɔvɪən
labra
BR ˈleɪbrə(r),
ˈlabrə(r)
AM ˈlæbrə, ˈleɪbrə
Labrador
BR ˈlabrədɔː(r), -z
AM ˈlæbrəˌdɔ(ə)r, -z
labret
BR ˈleɪbrɪt, -s
AM ˈleɪˌbrɛt, -s
labrum
BR ˈleɪbrəm, ˈlabrəm
AM ˈlæbrəm, ˈleɪbrəm

La Bruyère
BR ˌla brʉˈjɛː(r)
AM ˌla bruˈjɛ(ə)r
FR la bʀyjɛʀ
Labuan
BR ləˈbuːən
AM ˈlabjəwən
laburnum
BR ləˈbɜːnəm, -z
AM ləˈbɜrn(ə)m, -z
labyrinth
BR ˈlab(ə)rɪnθ, -s
AM ˈlæb(ə)ˌrɪnθ, -s
labyrinthian
BR ˌlabəˈrɪnθɪən
AM ˌlæb(ə)ˈrɪnθɪən
labyrinthine
BR ˌlabəˈrɪnθʌɪn
AM ˌlæb(ə)ˈrɪnθən,
ˌlæb(ə)ˈrɪnˌθaɪn,
ˌlæb(ə)ˈrɪnˌθin
lac
BR lak, -s
AM læk, -s
Lacan
BR laˈkan
AM laˈkan
FR lakɑ̃
Laccadive
BR ˈlakəˌtɪv,
ˈlakədiːv
AM ˈlakədɪv
laccolith
BR ˈlakəlɪθ, -s
AM ˈlækəˌlɪθ, -s
lace
BR leɪs, -ɪz, -ɪŋ, -t
AM leɪs, -ɪz, -ɪŋ, -t
lacemaker
BR ˈleɪsˌmeɪkə(r), -z
AM ˈleɪsˌmeɪkər, -z
lacemaking
BR ˈleɪsˌmeɪkɪŋ
AM ˈleɪsˌmeɪkɪŋ
lacerable
BR ˈlas(ə)rəbl
AM ˈlæsərəb(ə)l
lacerate
BR ˈlasəreɪt, -s,
-ɪŋ, -ɪd
AM ˈlæsəˌreɪ|t, -ts,
-dɪŋ, -dɨd

laceration
BR ˌlasəˈreɪʃn, -z
AM ˌlæsəˈreɪʃ(ə)n, -z
lacertian
BR ləˈsɜːtɪən,
ləˈsɜːʃn, -z
AM ləˈsɜrʃ(i)ən, -z
lacertilian
BR ˌlasəˈtɪlɪən, -z
AM ˌlæsərˈtɪlɪən,
ˌlæsərˈtɪlj(ə)n, -z
lacertine
BR ləˈsɜːtʌɪn
AM ˈlæsərˌtaɪn
lacewing
BR ˈleɪswɪŋ, -z
AM ˈleɪsˌwɪŋ, -z
lacewood
BR ˈleɪswʊd
AM ˈleɪsˌwʊd
lacework
BR ˈleɪswɜːk
AM ˈleɪswɜrk
lacey
BR ˈleɪsi
AM ˈleɪsi
laches
BR ˈlatʃɪz, ˈleɪtʃɪz
AM ˈlætʃəz
Lachesis
BR ˈlakɪsɪs
AM ˈlakəsəs
Lachlan
BR ˈlɒklən, ˈlaklən
AM ˈlakl(ə)n
lachryma Christi
BR ˈlakrɪmə ˈkrɪsti
AM ˈlakrəmə ˈkrɪsti
lachrymal
BR ˈlakrɪml
AM ˈlækrəm(ə)l
lachrymation
BR ˌlakrɪˈmeɪʃn, -z
AM ˌlækrəˈmeɪʃ(ə)n,
-z
lachrymator
BR ˈlakrɪmeɪtə(r), -z
AM ˈlækrəˌmeɪdər, -z
lachrymatory
BR ˈlakrɪmət(ə)r|i,
-ɪz
AM ˈlækrəməˌtɔri, -z

lachrymose
BR ˈlakrɪməʊs, ˈlakrɪməʊz
AM ˈlækrəˌmoʊz, ˈlækrəˌmoʊs

lachrymosely
BR ˈlakrɪməʊsli, ˈlakrɪməʊzli
AM ˈlækrəˌmoʊzli, ˈlækrəˌmoʊsli

lacily
BR ˈleɪsɪli
AM ˈleɪsɪli

laciness
BR ˈleɪsɪnɪs
AM ˈleɪsɪnɪs

lacing
BR ˈleɪsɪŋ, -z
AM ˈleɪsɪŋ, -z

laciniate
BR ləˈsɪniət
AM ləˈsɪniˌeɪt

laciniated
BR ləˈsɪnieɪtɪd
AM ləˈsɪniˌeɪdɪd

laciniation
BR ləˌsɪniˈeɪʃn, -z
AM ləˌsɪniˈeɪʃ(ə)n, -z

lack
BR lak, -s, -ɪŋ, -t
AM læk, -s, -ɪŋ, -t

lackadaisical
BR ˌlakəˈdeɪzɪkl
AM ˌlækəˈdeɪzɪk(ə)l

lackadaisically
BR ˌlakəˈdeɪzɪkli
AM ˌlækəˈdeɪzɪk(ə)li

lackadaisicalness
BR ˌlakəˈdeɪzɪklnəs
AM ˌlækəˈdeɪzɪkəlnəs

lacker
BR ˈlak|ə(r), -əz, -(ə)rɪŋ, -əd
AM ˈlækər, -z, -ɪŋ, -d

lackey
BR ˈlak|i, -ɪz
AM ˈlæki, -z

lackland
BR ˈlak‚land, -z
AM ˈlækˌlænd, ˈlæklənd, -z

lackluster
BR ˈlakˌlʌstə(r)
AM ˈlækˌləstər

lacklustre
BR ˈlakˌlʌstə(r)
AM ˈlækˌləstər

Lacock
BR ˈleɪkɒk
AM ˈleɪˌkɑk

Laconia
BR ləˈkəʊniə(r)
AM ləˈkoʊniə

Laconian
BR ləˈkəʊniən, -z
AM ləˈkoʊniən, -z

laconic
BR ləˈkɒnɪk
AM ləˈkɑnɪk

laconically
BR ləˈkɒnɪkli
AM ləˈkɑnək(ə)li

laconicism
BR ləˈkɒnɪsɪzm, -z
AM ləˈkɑnəˌsɪz(ə)m, -z

laconism
BR ˈlakənɪzm
AM ˈlakəˌnɪz(ə)m

La Coruña
BR ˌlɑː kəˈruːnjə(r), ˌla +
AM ˌlɑ kəˈrunə
SP ˌla koˈruˋa

lacquer
BR ˈlak|ə(r), -əz, -(ə)rɪŋ, -əd
AM ˈlækər, -z, -ɪŋ, -d

lacquerer
BR ˈlak(ə)rə(r), -z
AM ˈlækərər, -z

lacquerware
BR ˈlakəwɛː(r)
AM ˈlækərˌwɛ(ə)r

lacquey
BR ˈlak|i, -ɪz
AM ˈlæki, -z

lacrimal
BR ˈlakrɪml, -z
AM ˈlækrəm(ə)l, -z

lacrimation
BR ˌlakrɪˈmeɪʃn
AM ˌlækrəˈmeɪʃ(ə)n

lacrosse
BR ləˈkrɒs
AM ləˈkrɑs, ləˈkrɔs

lacrymal
BR ˈlakrɪml, -z
AM ˈlækrəm(ə)l, -z

lacrymation
BR ˌlakrɪˈmeɪʃn
AM ˌlækrəˈmeɪʃ(ə)n

lactase
BR ˈlakteɪz, -ɪz
AM ˈlækˌteɪz, ˈlækˌteɪs, -ɪz

lactate[1] *noun*
BR ˈlakteɪt, -s
AM ˈlækˌteɪt, -s

lactate[2] *verb*
BR lakˈteɪt, -s, -ɪŋ, -ɪd
AM lækˈteɪ|t, -ts, -dɪŋ, -dɪd

lactation
BR lakˈteɪʃn
AM lækˈteɪʃ(ə)n

lacteal
BR ˈlaktɪəl, -z
AM ˈlæktɪəl, -z

lactescence
BR lakˈtɛsns, -ɪz
AM lækˈtɛs(ə)ns, -əz

lactescent
BR lakˈtɛsnt
AM lækˈtɛs(ə)nt

lactic
BR ˈlaktɪk
AM ˈlæktɪk

lactiferous
BR lakˈtɪf(ə)rəs
AM lækˈtɪf(ə)rəs

lactobacilli
BR ˌlaktəʊbəˈsɪlʌɪ
AM ˌlæktoʊbəˈsɪˌlaɪ

lactobacillus
BR ˌlaktəʊbəˈsɪləs
AM ˌlæktoʊbəˈsɪləs

lactometer
BR lakˈtɒmɪtə(r), -z
AM lækˈtɑmədər, -z

lactone
BR ˈlaktəʊn, -z
AM ˈlækˌtoʊn, -z

lactoprotein
BR ˌlaktə(ʊ)ˈprəʊtiːn, -z
AM ˌlæktoʊˈproʊˌtin, -z

lactose
BR ˈlaktəʊs, ˈlaktəʊz
AM ˈlækˌtoʊz, ˈlækˌtoʊs

lacuna
BR ləˈkjuːnə(r), -z
AM ləˈk(j)unə, -z

lacunae
BR ləˈkjuːniː, ləˈkjuːnʌɪ
AM ləˈk(j)uni, ləˈk(j)uˌnaɪ

lacunal
BR ləˈkjuːnl
AM ləˈk(j)un(ə)l

lacunar
BR ləˈkjuːnə(r)
AM ˈlæk(j)ənər

lacunary
BR ˈlakjʊn(ə)ri, ləˈkjuːn(ə)ri
AM ləˈk(j)unɑri, ˈlækjəˌnɛri

lacunose
BR ləˈkjuːnəʊs
AM ˈlakjəˌnoʊz, ˈlækjəˌnoʊs

lacustrine
BR ləˈkʌstrʌɪn, ləˈkʌstrɪn
AM ləˈkəstrən

lacy
BR ˈleɪsi
AM ˈleɪsi

lad
BR lad, -z
AM læd, -z

Lada
BR ˈlɑːdə(r), -z
AM ˈlɑdə, -z
RUS ˈlɑdə

Ladakh
BR ləˈdɑːk, ləˈdak
AM ləˈdɑk

ladanum
BR ˈladn̩əm
AM ˈladən(ə)m

Ladbroke
BR ˈlædbrʊk, -s
AM ˈlædˌbrʊk, -s

ladder
BR ˈlæd|ə(r), -əz,
-(ə)rɪŋ, -əd
AM ˈlædər, -z, -ɪŋ, -d

laddie
BR ˈlæd|i, -ɪz
AM ˈlædi, -z

laddish
BR ˈlædɪʃ
AM ˈlædɪʃ

laddishness
BR ˈlædɪʃnɪs
AM ˈlædɪʃnɪs

laddy
BR ˈlæd|i, -ɪz
AM ˈlædi, -z

lade
BR leɪd, -z, -ɪŋ, -ɪd
AM leɪd, -z, -ɪŋ, -ɪd

Ladefoged
BR ˈlædɪfəʊgɪd
AM ˈlædəˌfoʊgəd

laden
BR ˈleɪdn
AM ˈleɪdən

la-di-da
BR ˌlɑːdɪˈdɑː(r), -z
AM ˌlɑdiˈdɑ, -z

ladify
BR ˈleɪdɪfʌɪ, -z, -ɪŋ, -d
AM ˈleɪdiˌfaɪ, -z, -ɪŋ, -d

Ladin
BR laˈdiːn
AM ləˈdin

lading
BR ˈleɪdɪŋ
AM ˈleɪdɪŋ

Ladino
BR laˈdiːnəʊ, -z
AM ləˈdinoʊ, -z
SP laˈðino

ladle
BR ˈleɪd|l, -lz,
-lɪŋ\-lɪŋ, -ld
AM ˈleɪd|əl, -əlz,
-(ə)lɪŋ, -əld

ladleful
BR ˈleɪdlfʊl, -z
AM ˈleɪdəlˌfʊl, -z

ladler
BR ˈleɪdlə(r),
ˈleɪdlə(r), -z
AM ˈleɪd(ə)lər, -z

Ladoga
BR laˈdəʊgə(r)
AM lɑˈdɔgə, lɑˈdoʊgə

lady
BR ˈleɪd|i, -ɪz
AM ˈleɪdi, -z

ladybird
BR ˈleɪdɪbɜːd, -z
AM ˈleɪdiˌbɜrd, -z

ladybug
BR ˈleɪdɪbʌg, -z
AM ˈleɪdiˌbəg, -z

lady-fern
BR ˈleɪdɪfɜːn, -z
AM ˈleɪdiˌfɜrn, -z

ladyfinger
BR ˈleɪdɪˌfɪŋgə(r)
AM ˈleɪdiˌfɪŋgər

ladyfy
BR ˈleɪdɪfʌɪ, -z, -ɪŋ, -d
AM ˈleɪdiˌfaɪ, -z, -ɪŋ, -d

ladyhood
BR ˈleɪdɪhʊd
AM ˈleɪdiˌ(h)ʊd

ladykiller
BR ˈleɪdɪˌkɪlə(r), -z
AM ˈleɪdiˌkɪlər, -z

ladylike
BR ˈleɪdɪlʌɪk
AM ˈleɪdiˌlaɪk

ladyship
BR ˈleɪdɪʃɪp, -s
AM ˈleɪdiˌʃɪp, -s

Ladysmith
BR ˈleɪdɪsmɪθ
AM ˈleɪdiˌsmɪθ

Lae
BR leɪ
AM leɪ

Laertes
BR leɪˈɜːtiːz
AM leɪˈɜrtiz

Laetitia
BR lɪˈtɪʃə(r)
AM ləˈtɪʃə

laetrile
BR ˈleɪtrʌɪl, ˈleɪtr(ɨ)l
AM ˈleɪəˌtrɪl

laevodopa
BR ˌliːvəˌdəʊpə(r)
AM ˈlivoʊˌdoʊpə

laevorotatory
BR ˌliːvəʊˈrəʊtət(ə)ri
AM ˌlivəˈroʊdəˌtɔri

laevotartaric
BR ˌliːvəʊtɑːˈtærɪk
AM ˌlivoʊtɑrˈtɛrɪk

laevulose
BR ˈliːvjʉləʊs,
ˈliːvjʉləʊz,
ˈlɛvjʉləʊs,
ˈlɛvjʉləʊz
AM ˈlɛvjəˌloʊz,
ˈlɛvjəloʊs

La Fayette
BR ˌlɑː fʌɪˈjɛt, ˌlɑ +,
+ feɪˈjɛt
AM lɑˌfaɪˈjɛt, lɑˌfeɪˈjɛt, lɑ fəˈjɛt

La Fontaine
BR ˌlɑː fɒnˈteɪn,
ˌlɑ +
AM lɑ fɑnˈteɪn
FR la fɔ̃tɛn

lag
BR læg, -z, -ɪŋ, -d
AM læg, -z, -ɪŋ, -d

lagan
BR ˈlæg(ə)n, -z
AM ˈlægən, -z

lager
BR ˈlɑːgə(r), -z
AM ˈlɑgər, -z

Lagerkvist
BR ˈlɑːgəkfɪst
AM ˈlɑgərˌkvɪst

Lagerlöf
BR ˈlɑːgələʊf
AM ˈlɑgərˌloʊf
SW ˈlɑːgərˌləːv

lagerphone
BR ˈlɑːgəfəʊn, -z
AM ˈlɑgərˌfoʊn, -z

laggard
BR ˈlægəd, -z
AM ˈlægərd, -z

laggardly
BR ˈlægədli
AM ˈlægərdli

laggardness
BR ˈlægədnəs
AM ˈlægərdnəs

lagger
BR ˈlægə(r), -z
AM ˈlægər, -z

lagging
BR ˈlægɪŋ, -z
AM ˈlægɪŋ, -z

lagniappe
BR ˈlænjap,
ˌlænˈjap, -s
AM ˌlænˈjæp, -s

lagomorph
BR ˈlægəmɔːf, -s
AM ˈlægəˌmɔ(ə)rf, -s

Lagonda
BR ləˈgɒndə(r)
AM ləˈgɑndə

lagoon
BR ləˈguːn, -z
AM ləˈgun, -z

lagoonal
BR ləˈguːnl
AM ləˈgun(ə)l

Lagos
BR ˈleɪgɒs
AM ˈlɑgoʊs

Lagrange
BR ləˈgreɪn(d)ʒ
AM ləˈgreɪndʒ
FR lagʁɑ̃ʒ

La Guardia
BR ləˈgwɑːdɪə(r)
AM ləˈgwɑrdiə
IT la ˈgwardja
SP la ˈgwardja

lah
BR ˈlɑː(r)
AM ˈlɑ

lahar
BR ˈlɑːhɑː(r), -z
AM ˈlɑhɑr, ləˈhɑr, -z

lah-di-dah
BR ˌlɑːdɪˈdɑː(r)
AM ˌlɑdiˈdɑ

Lahnda
BR ˈlɑːndə(r)
AM ˈlɑndə

Lahore
BR ləˈhɔː(r)
AM ləˈhɔ(ə)r

Lahu
BR lɑːˈhuː, -z
AM lɑˈhu, -z
laic
BR ˈleɪɪk
AM ˈleɪɪk
laical
BR ˈleɪɪkl
AM ˈleɪɪk(ə)l
laically
BR ˈleɪɪkli
AM ˈleɪɪk(ə)li
laicisation
BR ˌleɪɪsʌɪˈzeɪʃn, -z
AM ˌleɪəˌsaɪˈzeɪʃ(ə)n, ˌleɪəsəˈzeɪʃ(ə)n, -z
laicise
BR ˈleɪɪsʌɪz, -ɪz, -ɪŋ, -d
AM ˈleɪəˌsaɪz, -ɪz, -ɪŋ, -d
laicity
BR leɪˈɪsɪti
AM leɪˈɪsɪdi
laicization
BR ˌleɪɪsʌɪˈzeɪʃn, -z
AM ˌleɪəˌsaɪˈzeɪʃ(ə)n, ˌleɪəsəˈzeɪʃ(ə)n, -z
laicize
BR ˈleɪɪsʌɪz, -ɪz, -ɪŋ, -d
AM ˈleɪəˌsaɪz, -ɪz, -ɪŋ, -d
laid
BR leɪd
AM leɪd
Laidlaw
BR ˈleɪdlɔː(r)
AM ˈleɪdˌlɔ
lain
BR leɪn
AM leɪn
Laing
BR laŋ
AM ˈlæŋ
lair
BR lɛː(r), -z
AM lɛ(ə)r, -z
lairage
BR ˈlɛːr|ɪdʒ, -ɪdʒɪz
AM ˈlɛrɪdʒ, -ɪz

laird
BR lɛːd, -z
AM lɛ(ə)rd, -z
lairdship
BR ˈlɛːdʃɪp, -s
AM ˈlɛrdˌʃɪp, -s
lairy
BR ˈlɛːri
AM ˈlɛri
laisser-aller
BR ˌleɪseɪˈaleɪ
AM ˌlɛzeɪəˈleɪ, ˌlɛseɪəˈleɪ
laisser-faire
BR ˌleɪseɪˈfɛː(r)
AM ˌlɛzeɪˈfɛ(ə)r, ˌlɛseɪˈfɛ(ə)r
laissez-faire
BR ˌleɪseɪˈfɛː(r)
AM ˌlɛzeɪˈfɛ(ə)r, ˌlɛseɪˈfɛ(ə)r
laissez-passer
BR ˌleɪseɪˈpaseɪ
AM ˌlɛzeɪpəˈseɪ, ˌlɛseɪpəˈseɪ
laity
BR ˈleɪɪti
AM ˈleɪɪdi
Laius
BR ˈleɪəs
AM ˈleɪəs
La Jolla
BR lə ˈhɔɪə(r)
AM lə ˈhɔɪə
SP la ˈxoja
lake
BR leɪk, -s
AM leɪk, -s
lakefront
BR ˈleɪkfrʌnt
AM ˈleɪkˌfrənt
Lakeland
BR ˈleɪklənd
AM ˈleɪklənd
lakeless
BR ˈleɪklɪs
AM ˈleɪklɪs
lakelet
BR ˈleɪklɪt, -s
AM ˈleɪklət, -s

Lakenheath
BR ˈleɪk(ə)nhiːθ
AM ˈleɪkənˌ(h)iθ
Laker
BR ˈleɪkə(r)
AM ˈleɪkər
lakeshore
BR ˈleɪkʃɔː(r)
AM ˈleɪkˌʃɔ(ə)r
lakeside
BR ˈleɪksʌɪd
AM ˈleɪkˌsaɪd
lakh
BR lak, -s
AM lɑk, -s
Lakshmi
BR ˈlakʃmi
AM ˈlɑkʃmi
Lalage
BR ˈlaləgi, ˈlalədʒi
AM ˈlælədʒi, ˈlæləgi
lalapalooza
BR ˌlaləpəˈluːzə(r)
AM ˌlaləpəˈluzə
Lalique
BR laˈliːk
AM lɑˈlik
FR lalik
Lallan
BR ˈlalən, -z
AM ˈlɑl(ə)n, -z
lallation
BR laˈleɪʃn
AM ləˈleɪʃ(ə)n
lalling
BR ˈlalɪŋ
AM ˈlɑlɪŋ
lallygag
BR ˈlalɪgag, -z, -ɪŋ, -d
AM ˈlɑliˌgæg, -z, -ɪŋ, -d
Lalo
BR ˈlɑːləʊ
AM ˈlɑˌloʊ
FR lalo
lam
BR lam, -z, -ɪŋ, -d
AM læm, -z, -ɪŋ, -d
lama
BR ˈlɑːmə(r), -z
AM ˈlɑmə, -z

Lamaism
BR ˈlɑːmə(r)ɪzm
AM ˈlɑməˌɪz(ə)m
Lamaist
BR ˈlɑːmə(r)ɪst
AM ˈlɑmə(j)əst
Lamarck
BR laˈmɑːk
AM lɑˈmɑrk
FR lamaʀk
Lamarckian
BR laˈmɑːkɪən, -z
AM ləˈmɑrkiən, -z
Lamarckism
BR laˈmɑːkɪzm
AM ləˈmɑrˌkɪz(ə)m
lamasery
BR ˈlɑːməs(ə)r|i, -ɪz
AM ˈlɑməˌsɛri, -z
Lamaze
BR ləˈmɑːz, ləˈmeɪz
AM ləˈmɑz
lamb
BR lam, -z, -ɪŋ, -d
AM læm, -z, -ɪŋ, -d
lambada
BR lamˈbɑːdə(r), -z
AM læmˈbɑdə, -z
lambast
BR lamˈbast, -s, -ɪŋ, -ɪd
AM ˈlæmˈbæst, -s, -ɪŋ, -əd
lambaste
BR lamˈbeɪst, -s, -ɪŋ, -ɪd
AM læmˈbeɪst, -s, -ɪŋ, -ɪd
lambda
BR ˈlamdə(r), -z
AM ˈlæmdə, -z
lambdacism
BR ˈlamdəsɪzm
AM ˈlæmdəˌsɪz(ə)m
lambency
BR ˈlamb(ə)nsi
AM ˈlæmbənsi
lambent
BR ˈlambənt
AM ˈlæmbənt
lambently
BR ˈlambəntli
AM ˈlæmbən(t)li

lamber
BR ˈlamə(r), -z
AM ˈlæmər, -z

lambert
BR ˈlambət, -s
AM ˈlæmbərt, -s

Lambeth
BR ˈlambəθ
AM ˈlæmbəθ

lambhood
BR ˈlamhʊd
AM ˈlæm,(h)ʊd

lambkin
BR ˈlamkɪn, -z
AM ˈlæmkən, -z

lamblike
BR ˈlamlʌɪk
AM ˈlæm,laɪk

Lamborghini
BR ˌlambəˈgiːn|i, -ɪz
AM ˌlɑmbərˈgini, -z

lambrequin
BR ˈlamb(r)əkɪn, -z
AM ˈlæmbrəkən, ˈlæmbərkən, -z

Lambretta
BR lamˈbrɛtə(r)
AM læmˈbrɛdə
IT lamˈbretta

Lambrusco
BR lamˈbrʊskəʊ
AM lɑmˈbrʊskoʊ
IT lamˈbrusko

lambskin
BR ˈlamskɪn, -z
AM ˈlæm,skɪn, -z

lambswool
BR ˈlamzwʊl, -z
AM ˈlæmz,wʊl, -z

Lambton
BR ˈlamt(ə)n
AM ˈlæmt(ə)n

LAMDA
BR ˈlamdə(r)
AM ˈlæmdə

lame
BR leɪm
AM leɪm

lamé
BR ˈlɑːmeɪ
AM lɑˈmeɪ

lamebrain
BR ˈleɪmbreɪn, -z
AM ˈleɪm,breɪn, -z

lamella
BR ləˈmɛlə(r)
AM ləˈmɛlə

lamellae
BR ləˈmɛliː
AM ləˈmɛˌlaɪ, ləˈmɛli

lamellar
BR ləˈmɛlə(r)
AM ləˈmɛlər

lamellate
BR ˈlamlət
AM ləˈmɛlət, ˈlæməˌleɪt, ˈlæmələt

lamellibranch
BR ləˈmɛlɪbraŋk, -s
AM ləˈmɛləˌbræŋk, -s

lamellicorn
BR ləˈmɛlɪkɔːn, -z
AM ləˈmɛləˌkɔ(ə)rn, -z

lamelliform
BR ləˈmɛlɪfɔːm
AM ləˈmɛləˌfɔ(ə)rm

lamellose
BR ləˈmɛləʊs
AM ˈlæməˌloʊs, ləˈmɛˌloʊz, ˈlæməˌloʊz, ləˈmɛˌloʊs

lamely
BR ˈleɪmli
AM ˈleɪmli

lameness
BR ˈleɪmnɪs
AM ˈleɪmnɪs

lament
BR ləˈmɛnt, -s, -ɪŋ, -ɪd
AM ləˈmɛn|t, -ts, -(t)ɪŋ, -(t)əd

lamentable
BR ˈlam(ɪ)ntəbl, ləˈmɛntəbl
AM ləˈmɛn(t)əb(ə)l, ˈlæmən(t)əb(ə)l

lamentably
BR ˈlam(ɪ)ntəbli, ləˈmɛntəbli
AM ləˈmɛn(t)əbli, ˈlæmən(t)əbli

lamentation
BR ˌlam(ɪ)nˈteɪʃn, -z
AM ˌlæmənˈteɪʃ(ə)n, -z

Lamentations
BR ˌlam(ɪ)nˈteɪʃnz
AM ˌlæmənˈteɪʃənz

lamenter
BR ləˈmɛntə(r), -z
AM ləˈmɛn(t)ər, -z

lamentingly
BR ləˈmɛntɪŋli
AM ləˈmɛn(t)ɪŋli

lamina
BR ˈlamɪnə(r), ˈlamnə(r), -z
AM ˈlæmənə, -z

laminae
BR ˈlamɪniː, ˈlamn̩iː, ˈlamɪnʌɪ, ˈlamn̩ʌɪ
AM ˈlæməˌnaɪ, ˈlæməˌni

laminar
BR ˈlamɪnə(r), ˈlamnə(r)
AM ˈlæmənər

laminate¹ *noun*
BR ˈlamɪnət, ˈlamnət, -s
AM ˈlæməˌneɪt, ˈlæmənət, -s

laminate² *verb*
BR ˈlamɪneɪt, ˈlamn̩eɪt, -s, -ɪŋ, -ɪd
AM ˈlæməˌneɪ|t, -ts, -dɪŋ, -dɪd

lamination
BR ˌlamɪˈneɪʃn, -z
AM ˌlæməˈneɪʃ(ə)n, -z

laminator
BR ˈlamɪneɪtə(r), ˈlamn̩eɪtə(r), -z
AM ˈlæməˌneɪdər, -z

lamington
BR ˈlamɪŋt(ə)n, -z
AM ˈlæmɪŋt(ə)n, -z

laminose
BR ˈlamɪnəʊs, ˈlamn̩əʊs
AM ˈlæməˌnoʊz, ˈlæməˌnoʊs

lamish
BR ˈleɪmɪʃ
AM ˈleɪmɪʃ

Lammas
BR ˈlaməs
AM ˈlæməs

lammergeier
BR ˈlaməˌgʌɪə(r), -z
AM ˈlɑmərˌgaɪ(ə)r, -z

lammergeyer
BR ˈlaməˌgʌɪə(r), -z
AM ˈlɑmərˌgaɪ(ə)r, -z

Lammermuir
BR ˈlaməmjʊə(r), ˈlaməmjɔː(r)
AM ˈlæmərˌmjʊ(ə)r

Lamont
BR ləˈmɒnt, ˈlam(ə)nt
AM ləˈmɑnt

lamp
BR lamp, -s
AM læmp, -s

lampblack
BR ˈlampblak
AM ˈlæm(p)ˌblæk

lampern
BR ˈlampən, -z
AM ˈlæmpərn, -z

Lampeter
BR ˈlampɪtə(r)
AM ˈlæmpədər

lampless
BR ˈlampləs
AM ˈlæmpləs

lamplight
BR ˈlamplʌɪt
AM ˈlæmpˌlaɪt

lamplighter
BR ˈlampˌlʌɪtə(r), -z
AM ˈlæmpˌlaɪdər, -z

lamplit
BR ˈlamplɪt
AM ˈlæmpˌlɪt

Lamplugh
BR ˈlampluː
AM ˈlæmplu

lampoon
BR lamˈpuːn, -z, -ɪŋ, -d
AM læmˈpun, -z, -ɪŋ, -d

lampooner
BR lamˈpuːnə(r), -z
AM læmˈpunər, -z

lampoonery
BR lamˈpuːn(ə)ri
AM læmˈpun(ə)ri

lampoonist
BR lamˈpuːnɪst, -s
AM læmˈpunəst, -s

lamp-post
BR ˈlam(p)pəʊst, -s
AM ˈlæm(p)ˌpoʊst, -s

lamprey
BR ˈlamprˌi, -ɪz
AM ˈlæmpri, -z

lampshade
BR ˈlampʃeɪd, -z
AM ˈlæm(p)ˌʃeɪd, -z

Lana
BR ˈlɑːnə(r)
AM ˈlɑnə
IT ˈlana

Lanark
BR ˈlanək
AM ˈlænərk

Lanarkshire
BR ˈlanəkʃ(ɪ)ə(r)
AM ˈlænərkʃ(ɪ)ər

Lancashire
BR ˈlaŋkəʃ(ɪ)ə(r)
AM ˈlæŋkəʃi(ə)r

Lancaster
BR ˈlaŋkastə(r), ˈlaŋkɑːstə(r)
AM ˈlæŋkəstər, ˈlæŋˌkæstər

Lancastrian
BR laŋˈkastrɪən, -z
AM læŋˈkæstriən, -z

lance
BR lɑːns, -ɪz, -ɪŋ, -t
AM læns, -əz, -ɪŋ, -t

lancelet
BR ˈlɑːnslɪt, -s
AM ˈlænslət, -s

Lancelot
BR ˈlɑːnsəlɒt
AM ˈlænsəˌlɑt

lanceolate
BR ˈlɑːnsɪəleɪt
AM ˈlænsiəˌleɪt, ˈlænsiələt

lancer
BR ˈlɑːnsə(r), -z
AM ˈlænsər, -z

lancet
BR ˈlɑːnsɪt, -s, -ɪd
AM ˈlænsə|t, -ts, -dəd

lancewood
BR ˈlɑːnswʊd, -z
AM ˈlænsˌwʊd, -z

Lanchester
BR ˈlɑːntʃɪstə(r)
AM ˈlæn(t)ʃɪstər

Lanchow
BR ˌlanˈtʃaʊ
AM ˈlɑnˈtʃaʊ

Lancia
BR ˈlɑːnsɪə(r), -z
AM ˈlɑnsiə, -z
IT ˈlantʃa

lancinate
BR ˈlɑːnsɪneɪt, -s, -ɪŋ, -ɪd
AM ˈlænsəˌneɪ|t, -ts, -dɪŋ, -dɪd

Lancing
BR ˈlɑːnsɪŋ
AM ˈlænsɪŋ

Lancôme
BR ˈlɒŋkəʊm
AM ˌlɑŋˌkoʊm
FR lãkom

Lancs. *Lancashire*
BR ˈlaŋks
AM ˈlæŋks

Land *German province*
BR land, lant
AM lɑnt, lɑnd

land
BR land, -z, -ɪŋ, -ɪd
AM lænd, -z, -ɪŋ, -ɪd

landau
BR ˈlandɔː(r), ˈlandaʊ, -z
AM ˈlænˌdaʊ, -z

landaulet
BR ˌlandɔːˈlɛt, -s
AM ˌlændɑˈlɛt, ˌlændɔˈlɛt, -s

landaulette
BR ˌlandɔːˈlɛt, -s
AM ˌlændɑˈlɛt, ˌlændɔˈlɛt, -s

Länder
BR ˈlɛndə(r)
AM ˈlɛndər

Landers
BR ˈlandəz
AM ˈlændərz

Landes
BR lɒ̃d
AM ˈlæn(d)z

landfall
BR ˈlan(d)fɔːl
AM ˈlæn(d)ˌfɑl, ˈlæn(d)ˌfɔl

landfill
BR ˈlan(d)fɪl, -z
AM ˈlæn(d)ˌfɪl, -z

landform
BR ˈlan(d)fɔːm, -z
AM ˈlæn(d)ˌfɔ(ə)rm, -z

landgrave
BR ˈlan(d)greɪv, -z
AM ˈlæn(d)ˌgreɪv, -z

landgraviate
BR lan(d)ˈgreɪvɪət, -s
AM læn(d)ˈgreɪviˌeɪt, -s

landgravine
BR ˈlan(d)grəviːn, -z
AM ˈlæn(d)grəˌvin, -z

landholder
BR ˈlandˌhəʊldə(r), -z
AM ˈlæn(d)ˌ(h)oʊldər, -z

landholding
BR ˈlandˌhəʊldɪŋ, -z
AM ˈlæn(d)ˌ(h)oʊldɪŋ, -z

landing
BR ˈlandɪŋ, -z
AM ˈlændɪŋ, -z

Landis
BR ˈlandɪs
AM ˈlændəs

landlady
BR ˈlan(d)ˌleɪd|i, -ɪz
AM ˈlæn(d)ˌleɪdi, -z

Ländler
BR ˈlɛndlə(r), -z
AM ˈlɛn(d)lər, -z

landless
BR ˈlan(d)ləs
AM ˈlæn(d)ləs

landline
BR ˈlan(d)lʌɪn, -z
AM ˈlæn(d)ˌlaɪn, -z

landlocked
BR ˈlan(d)lɒkt
AM ˈlæn(d)ˌlɑkt

landloper
BR ˈlan(d)ˌləʊpə(r), -z
AM ˈlæn(d)ˌloʊpər, -z

landlord
BR ˈlan(d)lɔːd, -z
AM ˈlæn(d)ˌlɔ(ə)rd, -z

landlubber
BR ˈlan(d)ˌlʌbə(r), -z
AM ˈlæn(d)ˌləbər, -z

landmark
BR ˈlan(d)mɑːk, -s
AM ˈlæn(d)ˌmɑrk, -s

landmass
BR ˈlan(d)mas, -ɪz
AM ˈlæn(d)ˌmæs, -əz

landmine
BR ˈlan(d)mʌɪn, -z
AM ˈlæn(d)ˌmaɪn, -z

landocracy
BR lanˈdɒkrəs|i, -ɪz
AM lænˈdɑkræsi, -z

landocrat
BR ˈlandə(ʊ)krat, -s
AM ˈlændəˌkræt, -s

Landon
BR ˈlandən
AM ˈlændən

Landor
BR ˈlandɔː(r), ˈlandə(r)
AM ˈlændər

landowner
BR ˈlandəʊnə(r), -z
AM ˈlænˌdoʊnər, -z

landownership
BR ˈlandˌəʊnəʃɪp
AM ˈlænˌdoʊnərˌʃɪp

landowning
BR ˈlandəʊnɪŋ
AM ˈlænˌdoʊnɪŋ

landrail
BR ˈlandreɪl, -z
AM ˈlæn(d)ˌreɪl, -z

Land-Rover
BR ˈlandˌrəʊvə(r), -z
AM ˈlæn(d)ˌroʊvər, -z

Landry
BR ˈlandri
AM ˈlændri

landscape
BR ˈlan(d)skeɪp, -s, -ɪŋ, -t
AM ˈlæn(d)ˌskeɪp, ˈlænzˌkeɪp, -s, -ɪŋ, -t

landscapist
BR ˈlan(d)skeɪpɪst, -s
AM ˈlæn(d)ˌskeɪpɪst, -s

Landseer
BR ˈlan(d)sɪə(r)
AM ˈlæn(d)ˌsɪ(ə)r

Landshut
BR ˈlandzhʊt
AM ˈlandzˌ(h)ʊt

landslide
BR ˈlan(d)slʌɪd, -z
AM ˈlæn(d)ˌslaɪd, -z

landslip
BR ˈlan(d)slɪp, -s
AM ˈlæn(d)ˌslɪp, -s

Landsmål
BR ˈlan(d)zmɔːl
AM ˈlandzˌmɔl, ˈlandzˌmal

landsman
BR ˈlan(d)zmən
AM ˈlæn(d)zm(ə)n

landsmen
BR ˈlan(d)zmən
AM ˈlæn(d)zm(ə)n

Landsteiner
BR ˈlan(d)ˌʃtʌɪnə(r)
AM ˈlan(d)ˌstaɪnər

landward
BR ˈlandwəd, -z
AM ˈlændərd, ˈlæn(d)wərd, -z

lane
BR leɪn, -z
AM leɪn, -z

Lang
BR laŋ
AM ˈlæŋ

Langbaurgh
BR ˈlaŋbɑːf
AM ˈlæŋbæf

Langdale
BR ˈlaŋdeɪl
AM ˈlæŋˌdeɪl

Lange[1] *New Zealand politician*
BR ˈlɒŋi
AM læŋ, ˈlæŋi

Lange[2]
BR laŋ
AM læŋ, ˈlæŋi

Langerhans
BR ˈlaŋəhanz
AM ˈlæŋərˌhænz

Langford
BR ˈlaŋfəd
AM ˈlæŋfərd

Langland
BR ˈlaŋlənd
AM ˈlæŋlənd

langlauf
BR ˈlaŋlaʊf, -s
AM ˈlaŋˌlaʊf, -s

Langley
BR ˈlaŋli
AM ˈlæŋli

Langmuir
BR ˈlaŋmjʊə(r)
AM ˈlæŋˌmjuər

Lango
BR ˈlaŋəʊ
AM ˈlæŋgoʊ

Langobardic
BR ˌlaŋə(ʊ)ˈbɑːdɪk
AM ˌlæŋgoʊˈbardək

langouste
BR lɒŋˈguːst, ˈlɒŋguːst, -s
AM laŋˈgust, -s
FR lãgust

langoustine
BR ˌlɒŋguˈstiːn, ˈlɒŋgustiːn, -z
AM ˌlæŋgəˌstin, -z

Langton
BR ˈlaŋt(ə)n
AM ˈlæŋt(ə)n

Langtry
BR ˈlaŋtri
AM ˈlæŋtri

language
BR ˈlaŋgw|ɪdʒ, -ɪdʒɪz
AM ˈlæŋgwɪdʒ, -ɪz

langue
BR lɒŋ(g), lõg, lɑːŋ(g)
AM laŋ(g)

langue de chat
BR ˌlɒŋ də ˈʃɑː(r), lõg +, ˌlɑːŋ +
AM ˌlaŋ də ˈʃɑ

Languedoc
DU ˈlɒŋɡədʊk, ˈlɑːŋɡədɒk
AM ˌlaŋ(gə)ˈdak, ˌlaŋ(gə)ˈdɔk
FR lãgdɔk

langue d'oc
BR ˌlɒŋ ˈdɒk, lõg +, ˌlɑːŋ +
AM ˌlaŋ(gə)ˈdak, ˌlaŋ(gə)ˈdɔk
FR lãg dɔk

langue d'oïl
BR ˌlɒŋ ˈdɔɪ(l), lõg +, ˌlɑːŋ +
AM ˌlaŋ(gə)ˈdɔɪl
FR lãg dɔjl

langues de chat
BR ˌlɒŋ də ˈʃɑː(r), lõg +, ˌlɑːŋ +
AM ˌlaŋ də ˈʃɑ

languid
BR ˈlaŋgwɪd
AM ˈlæŋgwəd

languidly
BR ˈlaŋgwɪdli
AM ˈlæŋgwədli

languidness
BR ˈlaŋgwɪdnɪs
AM ˈlæŋgwədnəs

languish
BR ˈlaŋgw|ɪʃ, -ɪʃɪz, -ɪʃɪŋ, -ɪʃt
AM ˈlæŋgwɪʃ, -ɪz, -ɪŋ, -t

languisher
BR ˈlaŋgwɪʃə(r), -z
AM ˈlæŋgwɪʃər, -z

languishingly
BR ˈlaŋgwɪʃɪŋli
AM ˈlæŋgwɪʃɪŋli

languishment
BR ˈlaŋgwɪʃm(ə)nt
AM ˈlæŋgwɪʃm(ə)nt

languor
BR ˈlaŋgə(r)
AM ˈlæŋ(g)ər

languorous
BR ˈlaŋg(ə)rəs
AM ˈlæŋ(g)(ə)rəs

languorously
BR ˈlaŋg(ə)rəsli
AM ˈlæŋ(g)(ə)rəsli

langur
BR ˈlaŋgəː(r), laŋˈgʊə(r), lʌŋˈgʊə(r), -z
AM lʊŋˈgʊ(ə)r, -z

laniary
BR ˈlanɪər|i, -ɪz
AM ˈleɪniˌɛri, -z

laniferous
BR laˈnɪf(ə)rəs
AM ləˈnɪf(ə)rəs

lanigerous
BR laˈnɪdʒ(ə)rəs
AM ləˈnɪdʒ(ə)rəs

lank
BR laŋk, -ə(r), -ɪst
AM læŋk, -ər, -əst

Lankester
BR ˈlaŋkɪstə(r)
AM ˈlæŋkəstər

lankily
BR ˈlaŋkɪli
AM ˈlæŋkəli

lankiness
BR ˈlaŋkɪnɪs
AM ˈlæŋkinɪs

lankly
BR ˈlaŋkli
AM ˈlæŋkli

lankness
BR ˈlaŋknəs
AM ˈlæŋknəs

lanky
BR ˈlaŋk|i, -ɪə(r), -ɪɪst
AM ˈlæŋki, -ər, -ɪst

lanner
BR ˈlanə(r), -z
AM ˈlænər, -z

lanneret
BR ˈlanərɪt, -s
AM ˌlænəˈrɛt,
ˈlænəˌrɛt, -s

lanolin
BR ˈlanl̩ɪn
AM ˈlænl̩ən

lanoline
BR ˈlanl̩iːn
AM ˈlænəˌlin

Lansbury
BR ˈlanzb(ə)ri
AM ˈlænzˌbɛri

Lansdown
BR ˈlanzdaʊn
AM ˈlænzˌdaʊn

Lansdowne
BR ˈlanzdaʊn
AM ˈlænzˌdaʊn

Lansing
BR ˈlɑːnsɪŋ
AM ˈlænsɪŋ

lansker
BR ˈlanskə(r)
AM ˈlænskər

lansquenet
BR ˈlɑːnskənɛt, -s
AM ˌlænskəˈnɛt, -s

lantana
BR lanˈtɑːnə(r),
lanˈteɪnə(r), -z
AM lænˈtænə, -z

lantern
BR ˈlant(ə)n, -z
AM ˈlæn(t)ərn, -z

lanthanide
BR ˈlanθənʌɪd, -z
AM ˈlænθəˌnaɪd, -z

lanthanum
BR ˈlanθənəm
AM ˈlænθən(ə)m

lanugo
BR ləˈnjuːɡəʊ
AM ləˈn(j)uɡoʊ

lanyard
BR ˈlanjɑːd, -z
AM ˈlænjərd, -z

Lanza
BR ˈlanzə(r)
AM ˈlanzə,
ˈlænzə

Lanzarote
BR ˌlanzəˈrɒti
AM ˌlɑnsəˈroʊdi
SP ˌlanθaˈrote,
ˌlansaˈrote

Lanzhou
BR ˌlanˈʒuː
AM ˌlænˈʒu

Lao
BR laʊ
AM laʊ

Laocoon
BR leɪˈɒkəʊɒn
AM leɪˈɑkəˌwɑn

Laodicean
BR ˌleɪə(ʊ)dɪˈsiːən, -z
AM leɪˌadiˈsiən, -z

Laois
BR liːʃ
AM liʃ

Laos
BR ˈlɑːɒs, laʊs
AM ˈlɑoʊs

Laotian
BR leɪˈəʊʃn, -z
AM leɪˈoʊʃ(ə)n, -z

Lao-tzu
BR ˌlaʊˈtsuː
AM ˌlaʊˈtsu

lap
BR lap, -s, -ɪŋ, -t
AM læp, -s, -ɪŋ, -t

laparoscope
BR ˈlap(ə)rəskəʊp, -s
AM ˈlæpərəˌskoʊp, -s

laparoscopy
BR ˌlapəˈrɒskəp|i, -ɪz
AM ˌlæpəˈraskəpi, -z

laparotomy
BR ˌlapəˈrɒtəm|i, -ɪz
AM ˌlæpəˈradəmi, -z

La Paz
BR la ˈpaz
AM lə ˈpaz
SP la ˈpaθ, la ˈpas

lapdog
BR ˈlapdɒɡ, -z
AM ˈlæpˌdɑɡ,
ˈlæpˌdɔɡ, -z

lapel
BR ləˈpɛl, -z
AM ləˈpɛl, -z, -d

lapful
BR ˈlapfʊl, -z
AM ˈlæpˌfʊl, -z

lapicide
BR ˈlapɪsʌɪd, -z
AM ˈlæpəˌsaɪd, -z

lapidary
BR ˈlapɪd(ə)r|i, -ɪz
AM ˈlæpəˌdɛri, -z

lapidate
BR ˈlapɪdeɪt, -s, -ɪŋ, -ɪd
AM ˈlæpəˌdeɪ|t, -ts, -dɪŋ, -dɪd

lapidation
BR ˌlapɪˈdeɪʃn
AM ˌlæpəˈdeɪʃ(ə)n

lapilli
BR ləˈpɪlʌɪ
AM ləˈpɪˌlaɪ

lapis lazuli
BR ˌlapɪs ˈlazjʊlʌɪ,
+ ˈlazjʊliː
AM ˌlæpəs ˈlæʒəlaɪ,
ˈlæpəs ˈlæzjəli,
ˈlæpəs ˈlæzjəlaɪ

Lapith
BR ˈlapɪθ, -s
AM ˈlæpəθ, -s

Laplace
BR laˈplɑːs, laˈplas
AM laˈplas

Lapland
BR ˈlapland
AM ˈlæpˌlænd

Laplander
BR ˈlapˌlandə(r), -z
AM ˈlæpˌlændər, -z

Lapotaire
BR ˌlapʊˈtɛː(r)
AM ˌlapəˈtɛ(ə)r

Lapp
BR lap, -s
AM læp, -s

Lappard
BR ˈlɛpɑːd
AM ˈlæpərd,
ˈlɛˌpɑrd

lappet
BR ˈlap|ɪt, -s, -ɪtɪŋ, -ɪtɪd
AM ˈlæpə|t, -ts, -dəd

Lappish
BR ˈlapɪʃ
AM ˈlæpɪʃ

Lapsang Souchong
BR ˌlapsan ˈsuːʃɒŋ,
+ suːˈʃɒŋ
AM ˌlapsaŋ suˈtʃaŋ

lapse
BR laps, -ɪz, -ɪŋ, -t
AM læps, -əz, -ɪŋ, -t

lapser
BR ˈlapsə(r), -z
AM ˈlæpsər, -z

lapstone
BR ˈlapstəʊn, -z
AM ˈlæpˌstoʊn, -z

lapsus calami
BR ˌlapsəs ˈkaləmʌɪ
AM ˌlæpsəs ˈkaləmi,
ˈlæpsəs ˈkaləˌmaɪ

lapsus linguae
BR ˌlapsəs ˈlɪŋɡwʌɪ
AM ˌlapsəs ˈlɪŋɡwaɪ

Laptev
BR ˈlaptɛv
AM ˈlapˌtɛv
RUS ˈlaptʲif

laptop
BR ˈlaptɒp, -s
AM ˈlæpˌtɑp, -s

Laputa
BR ləˈpjuːtə(r)
AM ləˈp(j)udə

Laputan
BR ləˈpjuːtn, -z
AM ləˈpjutn, -z

lapwing
BR ˈlapwɪŋ, -z
AM ˈlæpˌwɪŋ, -z

Lara
BR ˈlɑːrə(r)
AM ˈlɑrə

Laramie
BR ˈlarəmi
AM ˈlɛrəˌmi

larboard
BR ˈlɑːbɔːd,
ˈlabəd
AM ˈlæbərd,
ˈlɑrˌbɔ(ə)rd

larcener
BR ˈlɑːsɪnə(r),
  ˈlɑːsn̩ə(r), -z
AM ˈlɑrsnər,
  ˈlɑrsənər, -z

larcenist
BR ˈlɑːsɪnɪst,
  ˈlɑːsn̩ɪst, -s
AM ˈlɑrsn̩əst,
  ˈlɑrsənəst, -s

larcenous
BR ˈlɑːsɪnəs, ˈlɑːsn̩əs
AM ˈlɑrsn̩əs, ˈlɑrsənəs

larcenously
BR ˈlɑːsɪnəsli,
  ˈlɑːsn̩əsli
AM ˈlɑrsn̩əsli,
  ˈlɑrsənəsli

larceny
BR ˈlɑːsɪn|i, ˈlɑːsn̩|i,
  -ɪz
AM ˈlɑrsni, ˈlɑrsəni, -z

larch
BR lɑːtʃ, -ɪz
AM lɑrtʃ, -əz

larchwood
BR ˈlɑːtʃwʊd, -z
AM ˈlɑrtʃˌwʊd, -z

lard
BR lɑːd, -z, -ɪŋ, -ɪd
AM lɑrd, -z, -ɪŋ, -əd

lardass
BR ˈlɑːdɑːs, -ɪz
AM ˈlɑrdæs, -əz

larder
BR ˈlɑːdə(r), -z
AM ˈlɑrdər, -z

Lardner
BR ˈlɑːdnə(r)
AM ˈlɑrdnər

lardon
BR ˈlɑːdn
AM ˈlɑrdən

lardoon
BR lɑːˈduːn, -z
AM lɑrˈdun, -z

lardy
BR ˈlɑːdi
AM ˈlɑrdi

lardy-dardy
BR ˌlɑːdɪˈdɑːdi
AM ˈlɑrdiˈdɑrdi

Laredo
BR ləˈreɪdəʊ
AM ləˈreɪdoʊ
SP lɑˈreðo

lares
BR ˈlɑːriːz,
  ˈlɑːreɪz, ˈlɛriːz
AM ˈlɛrɪz, ˈleɪˌrɪz

Largactil
BR lɑːˈgæktɪl
AM lɑrˈgækt(ə)l

large
BR lɑːdʒ, -ə(r),
  -ɪst
AM lɑrdʒ, -ər, -əst

large-cap
BR ˌlɑːdʒˈkæp, -s
AM ˈlɑrdʒˌkæp, -s

largely
BR ˈlɑːdʒli
AM ˈlɑrdʒli

largen
BR ˈlɑːdʒ|(ə)n,
  -(ə)nz, -ənɪŋ\-n̩ɪŋ,
  -(ə)nd
AM ˈlɑrdʒ(ə)n, -z,
  -ɪŋ, -d

largeness
BR ˈlɑːdʒnəs
AM ˈlɑrdʒnəs

largess
BR lɑːˈ(d)ʒɛs
AM lɑrˈ(d)ʒɛs

largesse
BR lɑːˈ(d)ʒɛs
AM lɑrˈ(d)ʒɛs

larghetto
BR lɑːˈgɛtəʊ, -z
AM lɑrˈgɛdoʊ, -z
IT lɑrˈgetto

largish
BR ˈlɑːdʒɪʃ
AM ˈlɑrdʒɪʃ

largo
BR ˈlɑːgəʊ, -z
AM ˈlɑrgoʊ, -z

Largs
BR lɑːgz
AM lɑrgz

lariat
BR ˈlærɪət, -s
AM ˈlɛriət, -s

Larissa
BR ləˈrɪsə(r)
AM ləˈrɪsə

lark
BR lɑːk, -s, -ɪŋ, -t
AM lɑrk, -s, -ɪŋ, -t

Larkin
BR ˈlɑːkɪn
AM ˈlɑrkən

larkiness
BR ˈlɑːkɪnɪs
AM ˈlɑrkɪnɪs

larkspur
BR ˈlɑːkspəː(r), -z
AM ˈlɑrkˌspər, -z

larky
BR ˈlɑːki
AM ˈlɑrki

larn
BR lɑːn, -z, -ɪŋ, -d
AM ˈlɑrn, -z, -ɪŋ, -d

La Rochelle
BR ˌlɑː rɒˈʃɛl, ˌlɑ +
AM lɑ rəˈʃɛl

Larousse
BR lɑˈruːs
AM ləˈrus

LARP
BR lɑːp, -s, -ɪŋ, -t
AM lɑrp, -s,
  -ɪŋ, -d

larrikin
BR ˈlærɪkɪn, -z
AM ˈlɛrəkən, -z

larrup
BR ˈlærəp, -s, -ɪŋ, -t
AM ˈlɛrəp, -s,
  -ɪŋ, -t

Larry
BR ˈlæri
AM ˈlɛri

Lars
BR lɑːz
AM lɑrz

Larsen
BR ˈlɑːs(ə)n
AM ˈlɑrs(ə)n
DAN ˈlɑːsən
SW ˈlɑːʃen

Larson
BR ˈlɑːs(ə)n
AM ˈlɑrs(ə)n

larva
BR ˈlɑːvə(r), -z
AM ˈlɑrvə, -z

larvae
BR ˈlɑːviː
AM ˈlɑrˌvaɪ,
  ˈlɑrveɪ, ˈlɑrvi

larval
BR ˈlɑːvl
AM ˈlɑrvəl

larvicide
BR ˈlɑːvɪsaɪd, -z
AM ˈlɑrvəˌsaɪd, -z

Larwood
BR ˈlɑːwʊd
AM ˈlɑrˌwʊd

laryngeal
BR ləˈrɪn(d)ʒɪəl,
  ˌlærɪnˈdʒiːəl,
  ˌlærn̩ˈdʒiːəl
AM ˈlɛrənˈdʒɪəl,
  ləˈrɪndʒ(i)əl

larynges
BR lærˈɪn(d)ʒiːz
AM ləˈrɪnˌdʒiz

laryngic
BR lærˈɪndʒɪk
AM ləˈrɪndʒɪk

laryngitic
BR ˌlærɪnˈdʒɪtɪk,
  ˌlærn̩ˈdʒɪtɪk
AM ˌlɛrənˈdʒɪdɪk

laryngitis
BR ˌlærɪnˈdʒʌɪtɪs,
  ˌlærn̩ˈdʒʌɪtɪs
AM ˌlɛrənˈdʒaɪdɪs

laryngology
BR ˈlærɪŋˈɡɒlədʒi
AM ˌlɛrənˈɡɑlədʒi

laryngoscope
BR ləˈrɪŋɡəskəʊp, -s
AM ləˈrɪndʒəˌskoʊp,
  ləˈrɪŋɡəˌskoʊp, -s

laryngoscopic
BR ˌlæˌrɪŋɡəˈskɒpɪk
AM ləˌrɪndʒəˈskɑpɪk,
  ləˌrɪŋɡəˈskɑpɪk

laryngoscopically
BR ˌlæˌrɪŋɡəˈskɒpɪkli
AM ləˌrɪndʒə-
  ˈskɑpək(ə)li,
  ləˌrɪŋɡəˈskɑpək(ə)li

laryngoscopy
BR ˌlarɪŋˈgɒskəp|i, -ɪz
AM ˌlɛrənˈgaskəpi, -z

laryngotomy
BR ˌlarɪŋˈgɒtəm|i, -ɪz
AM ˌlɛrənˈgadəmi, -z

larynx
BR ˈlarɪŋks, -ɪz
AM ˈlɛrɪŋks, -ɪz

lasagna
BR ləˈzanjə(r)
AM ləˈzanjə

lasagne
BR ləˈzanjə(r)
AM ləˈzanjə
IT laˈzaˋˋe

La Salle
BR laˈsal
AM ləˈsal

La Scala
BR laˈskɑːlə(r)
AM lɑˈskalə

lascar
BR ˈlaskə(r), -z
AM ˈlæskər, -z

lascivious
BR ləˈsɪviəs
AM ləˈsɪviəs

lasciviously
BR ləˈsɪviəsli
AM ləˈsɪviəsli

lasciviousness
BR ləˈsɪviəsnəs
AM ləˈsɪviəsnəs

laser
BR ˈleɪzə(r), -z
AM ˈleɪzər, -z

laserdisc
BR ˈleɪzədɪsk, -s
AM ˈleɪzərˌdɪsk, -s

LaserVision
BR ˈleɪzəˌvɪʒn
AM ˈleɪzərˌvɪʒ(ə)n

lash
BR laʃ, -ɪz, -ɪŋ, -t
AM læʃ, -əz, -ɪŋ, -t

lasher
BR ˈlaʃə(r), -z
AM ˈlæʃər, -z

lashing
BR ˈlaʃɪŋ, -z
AM ˈlæʃɪŋ, -z

lashingly
BR ˈlaʃɪŋli
AM ˈlæʃɪŋli

lashkar
BR ˈlaʃkɑː(r), -z
AM ˈlæʃkər, -z

lashless
BR ˈlaʃləs
AM ˈlæʃləs

Lasker
BR ˈlaskə(r), -z
AM ˈlæskər, -z

Laski
BR ˈlaski
AM ˈlæski

Las Palmas
BR las ˈpalməs, + ˈpɑː(l)məs
AM ˌlas ˈpalməs
SP las ˈpalmas

lasque
BR lɑːsk, lask, -s
AM læsk, -s

lass
BR las, -ɪz
AM læs, -əz

Lassa fever
BR ˈlasə ˌfiːvə(r)
AM ˌlɑsə ˈfivər

lassie
BR ˈlas|i, -ɪz
AM ˈlæsi, -z

lassitude
BR ˈlasɪtjuːd, ˈlasɪtʃuːd
AM ˈlæsəˌt(j)ud

lasso
BR laˈsuː, ˈlasəʊ, -z, -ɪŋ, -d
AM ˈlæsu, læˈsu, ˈlasoʊ, -z, -ɪŋ, -d

lassoer
BR laˈsuːə(r), ˈlasəʊə(r), -z
AM ˈlæsəwər, -z

Lassus
BR ˈlasəs
AM ˈlasəs
FR lasys

last
BR lɑːst, -s, -ɪŋ, -ɪd
AM læst, -s, -ɪŋ, -əd

lasting
BR ˈlɑːstɪŋ
AM ˈlæstɪŋ

lastingly
BR ˈlɑːstɪŋli
AM ˈlæstɪŋli

lastingness
BR ˈlɑːstɪŋnɪs
AM ˈlæstɪŋnɪs

lastly
BR ˈlɑːstli
AM ˈlæs(t)li

Las Vegas
BR las ˈveɪgəs
AM lɑs ˈveɪgəs

lat
BR lat, -s
AM læt, -s

Latakia
BR ˌlatəˈkiːə(r)
AM ˌlɑdəˈkiə

latch
BR latʃ, -ɪz, -ɪŋ, -t
AM lætʃ, -əz, -ɪŋ, -t

latchet
BR ˈlatʃɪt, -s
AM ˈlætʃət, -s

latchkey
BR ˈlatʃkiː, -z
AM ˈlætʃˌki, -z

late
BR leɪt, -ə(r), -ɪst
AM leɪ|t, -dər, -dɪst

latecomer
BR ˈleɪtˌkʌmə(r), -z
AM ˈleɪtˌkəmər, -z

lateen
BR laˈtiːn
AM læˈtin, ləˈtin

lateish
BR ˈleɪtɪʃ
AM ˈleɪdɪʃ

lately
BR ˈleɪtli
AM ˈleɪtli

laten
BR ˈleɪtn̩, -z, -ɪŋ, -d
AM ˈleɪtn̩, -z, -ɪŋ, -d

latency
BR ˈleɪt(ə)nsi
AM ˈleɪtnsi

La Tène
BR ləˈtɛn
AM ləˈtɛn

lateness
BR ˈleɪtnɪs
AM ˈleɪtnɪs

latent
BR ˈleɪt(ə)nt
AM ˈleɪtnt

latently
BR ˈleɪt(ə)ntli
AM ˈleɪtn(t)li

later
BR ˈleɪtə(r)
AM ˈleɪdər

lateral
BR ˈlat(ə)rl̩, -z
AM ˈlætrəl, ˈlædərəl, -z

laterally
BR ˈlat(ə)rli
AM ˈlætrəli, ˈlædərəli

Lateran
BR ˈlat(ə)rn̩
AM ˈlæd(ə)rən

laterite
BR ˈlatərʌɪt
AM ˈlædəˌraɪt

lateritic
BR ˌlatəˈrɪtɪk
AM ˌlædəˈrɪdɪk

latex
BR ˈleɪtɛks
AM ˈleɪˌtɛks

lath
BR lɑː|θ, la|θ, lɑːðz\lɑːθs\laθs
AM læ|θ, -ðz\-θs

Latham
BR ˈleɪθ(ə)m, ˈleɪð(ə)m
AM ˈleɪθəm

lathe
BR leɪð, -z
AM leɪð, -z

lather
BR ˈlɑːð|ə(r), ˈlað|ə(r), -əz, -(ə)rɪŋ, -əd
AM ˈlæð|ər, -ərz, -(ə)rɪŋ, -ərd

lathery
BR ˈlɑːð(ə)ri, ˈlað(ə)ri
AM ˈlæðəri

lathi
BR ˈlɑːt|i, -ɪz
AM ˈlɑdi, -z

lathy
BR ˈleɪði
AM ˈleɪði

latices
BR ˈlætɪsiːz
AM ˈlædəˌsiz

latifundia
BR ˌlætɪˈfʌndɪə(r)
AM ˌlædəˈfændɪə

latifundium
BR ˌlætɪˈfʌndɪəm
AM ˌlædəˈfændɪəm

Latimer
BR ˈlætɪmə(r)
AM ˈlædəmər

Latin
BR ˈlætɪn, -z
AM ˈlætn, -z

Latinate
BR ˈlætɪneɪt
AM ˈlætnˌeɪt

Latinisation
BR ˌlætɪnaɪˈzeɪʃn
AM ˌlætnˌaɪˈzeɪʃ(ə)n, ˌlætnəˈzeɪʃ(ə)n

Latinise
BR ˈlætɪnaɪz, -ɪz, -ɪŋ, -d
AM ˈlætnˌaɪz, -ɪz, -ɪŋ, -d

Latiniser
BR ˈlætɪnaɪzə(r), -z
AM ˈlætnˌaɪzər, -z

Latinism
BR ˈlætɪnɪzm, -z
AM ˈlætnˌɪz(ə)m, -z

Latinist
BR ˈlætɪnɪst, -s
AM ˈlætnəst, -s

Latinization
BR ˌlætɪnaɪˈzeɪʃn
AM ˌlætnˌaɪˈzeɪʃ(ə)n, ˌlætnəˈzeɪʃ(ə)n

Latinize
BR ˈlætɪnaɪz, -ɪz, -ɪŋ, -d
AM ˈlætnˌaɪz, -ɪz, -ɪŋ, -d

Latinizer
BR ˈlætɪnaɪzə(r), -z
AM ˈlætnˌaɪzər, -z

Latino
BR laˈtiːnəʊ, -z
AM ləˈtiˌnoʊ, -z

latish
BR ˈleɪtɪʃ
AM ˈleɪdɪʃ

latitude
BR ˈlætɪtjuːd, ˈlætɪtʃuːd, -z
AM ˈlædəˌt(j)ud, -z

latitudinal
BR ˌlætɪˈtjuːdɪnl, ˌlætɪˈtʃuːdɪnl
AM ˌlædəˈt(j)udn̩əl

latitudinally
BR ˌlætɪˈtjuːdɪnl̩i, ˌlætɪˈtʃuːdɪnl̩i
AM ˌlædəˈt(j)udn̩əli

latitudinarian
BR ˌlætɪˌtjuːdɪˈnɛːrɪən, ˌlætɪˌtʃuːdɪˈnɛːrɪən, -z
AM ˌlædəˌt(j)udnˈɛrɪən, -z

latitudinarianism
BR ˌlætɪˌtjuːdɪˈnɛːrɪənɪzm, ˌlætɪˌtʃuːdɪˈnɛːrɪənɪzm
AM ˌlædəˌt(j)udnˈɛrɪəˌnɪz(ə)m

Latium
BR ˈleɪʃ(ɪ)əm, ˈlɑːtɪəm
AM ˈleɪʃ(i)əm

latke
BR ˈlʌtkə(r), -z
AM ˈlɑtkə, -z

Latona
BR ləˈtəʊnə(r)
AM ləˈtoʊnə

Latoya
BR ləˈtɔɪə(r)
AM ləˈtɔɪ

latria
BR ləˈtrʌɪə(r)
AM ləˈtraɪə

latrine
BR ləˈtriːn, -z
AM ləˈtrin, -z

Latrobe
BR ləˈtrəʊb
AM ləˈtroʊb

latten
BR ˈlætn, -z
AM ˈlætn, -z

latter
BR ˈlætə(r)
AM ˈlædər

latterly
BR ˈlætəli
AM ˈlædərli

lattice
BR ˈlætɪs, -ɪz, -t
AM ˈlædəs, -əz, -t

latticing
BR ˈlætɪsɪŋ
AM ˈlædəsɪŋ

Latvia
BR ˈlætvɪə(r)
AM ˈlætvɪə

Latvian
BR ˈlætvɪən, -z
AM ˈlætvɪən, -z

laud
BR lɔːd, -z, -ɪŋ, -ɪd
AM lɑd, lɔd, -z, -ɪŋ, -əd

Lauda
BR ˈlaʊdə(r)
AM ˈlaʊdə

laudability
BR ˌlɔːdəˈbɪlɪti
AM ˌlɑdəˈbɪlɪdi, ˌlɔdəˈbɪlɪdi

laudable
BR ˈlɔːdəbl
AM ˈlɑdəb(ə)l, ˈlɔdəb(ə)l

laudably
BR ˈlɔːdəbli
AM ˈlɑdəbli, ˈlɔdəbli

laudanum
BR ˈlɔːdn̩əm
AM ˈlɑdn̩əm, ˈlɔdn̩əm

laudation
BR lɔːˈdeɪʃn, -z
AM lɑˈdeɪʃ(ə)n, lɔˈdeɪʃ(ə)n, -z

laudative
BR ˈlɔːdətɪv
AM ˈlɑdədɪv, ˈlɔdədɪv

laudatory
BR ˈlɔːdət(ə)ri
AM ˈlɑdəˌtɔri, ˈlɔdəˌtɔri

Lauderdale
BR ˈlɔːdədeɪl
AM ˈlɑdərˌdeɪl, ˈlɔdərˌdeɪl

laugh
BR lɑːf, -s, -ɪŋ, -t
AM læf, -s, -ɪŋ, -t

laughable
BR ˈlɑːfəbl
AM ˈlæfəb(ə)l

laughably
BR ˈlɑːfəbli
AM ˈlæfəbli

Laugharne
BR lɑːn
AM lɑrn

laugher
BR ˈlɑːfə(r), -z
AM ˈlæfər, -z

laughingly
BR ˈlɑːfɪŋli
AM ˈlæfɪŋli

laughingstock
BR ˈlɑːfɪŋstɒk, -s
AM ˈlæfɪŋˌstɑk, -s

laughter
BR ˈlɑːftə(r)
AM ˈlæftər

Laughton
BR ˈlɔːtn
AM ˈlɑtn, ˈlɔtn

launce
BR ˈlɔːns, -ɪz
AM ˈlɑns, ˈlɔns, -əz

Launceston
BR ˈlɔːnst(ə)n, ˈlɑːnst(ə)n
AM ˈlɑnst(ə)n, ˈlɔnst(ə)n

launch
BR lɔːn(t)ʃ, -ɪz, -ɪŋ, -t
AM lɑn(t)ʃ, lɔn(t)ʃ, -əz, -ɪŋ, -t

launcher
BR ˈlɔːn(t)ʃə(r), -z
AM ˈlɑn(t)ʃər, ˈlɔn(t)ʃər, -z

launchpad
BR ˈlɔːn(t)ʃpad, -z
AM ˈlɑːn(t)ʃˌpæd,
ˈlɔːn(t)ʃˌpæd, -z

launder
BR ˈlɔːnd|ə(r), -əz,
-(ə)rɪŋ, -əd
AM ˈlɑːnd|ər, ˈlɔːnd|ər,
-ərz, -(ə)rɪŋ, -ərd

launderer
BR ˈlɔːnd(ə)rə(r), -z
AM ˈlɑːndərər,
ˈlɔːndərər, -z

launderette
BR ˌlɔːnˈdrɛt,
ˌlɔːndəˈrɛt, -s
AM ˌlɑːndəˈrɛt,
ˌlɔːndəˈrɛt, -s

laundress
BR ˈlɔːndrɪs,
lɔːnˈdrɛs, -ɪz
AM ˈlɑːndrəs,
ˈlɔːndrəs, -əz

laundromat
BR ˈlɔːndrəmat, -s
AM ˈlɑːndrəˌmæt,
ˈlɔːndrəˌmæt, -s

laundry
BR ˈlɔːndr|i, -ɪz
AM ˈlɑːndri,
ˈlɔːndri, -z

Laura
BR ˈlɔːrə(r)
AM ˈlɔrə

Laurasia
BR lɔːˈreɪʃə(r),
lɔːˈreɪʒə(r)
AM lɔːˈreɪʃə,
lɔːˈreɪʒə

laureate
BR ˈlɔːriət, ˈlɒriət, -s
AM ˈlɔriɪt, -s

laureateship
BR ˈlɔːriətʃɪp,
ˈlɒriətʃɪp, -s
AM ˈlɔriɪtˌʃɪp, -s

laurel
BR ˈlɒrl̩, -z
AM ˈlɔrəl, -z

Lauren
BR ˈlɔːrn̩, ˈlɒrn̩
AM ˈlɔrən

Laurence
BR ˈlɒrn̩s
AM ˈlɔrəns

Laurentian *adjective*
BR lɒˈrɛnʃn, lɔːˈrɛnʃn
AM lɔːˈrɛn(t)ʃ(ə)n

Laurie
BR ˈlɒri
AM ˈlɔri

Laurier
BR ˈlɒriə(r), ˈlɒrieɪ
AM ˈlɔriər
FR lɔʁje

Lauriston
BR ˈlɒrɪst(ə)n
AM ˈlɔrəst(ə)n

laurustinus
BR ˌlɒrəˈstaɪnəs, -ɪz
AM lɔːˈrəstənəs, -əz

Lausanne
BR ləʊˈzan
AM lɑˈzɑn, lɔˈzɑn
FR lozan

LAUTRO
BR ˈlaʊtrəʊ
AM ˈlɑˌtroʊ, ˈlɔˌtroʊ

lav
BR lav, -z
AM læv, -z

lava
BR ˈlaːvə(r)
AM ˈlɑvə

lavabo
BR ləˈvaːbəʊ,
ləˈveɪbəʊ, -z
AM ləˈveɪboʊ,
ləˈvɑboʊ, -z

lavage
BR ˈlavɪdʒ
AM ˈlævɪdʒ, ləˈvɑʒ

Laval
BR laˈval
AM lɑˈvɑl
FR laval

lavaliere
BR ləˌvalɪˈɛː(r),
ləˈvaljɛː(r)
AM ˌlævəˈlɪ(ə)r,
ˌlavəˈlɪ(ə)r

lavation
BR ləˈveɪʃn
AM ləˈveɪʃ(ə)n

lavatorial
BR ˌlavəˈtɔːriəl
AM ˌlævəˈtɔriəl

lavatory
BR ˈlavət(ə)r|i, -ɪz
AM ˈlævəˌtɔri, -z

lave
BR leɪv, -z, -ɪŋ, -d
AM leɪv, -z, -ɪŋ, -d

lavender
BR ˈlav(ɪ)ndə(r)
AM ˈlævəndər

laver
BR ˈleɪvə(r), -z
AM ˈleɪvər, -z

Laverick
BR ˈlav(ə)rɪk
AM ˈlæv(ə)rək

laverock
BR ˈlav(ə)rək, -s
AM ˈlæv(ə)rək, -s

Lavery
BR ˈleɪv(ə)ri
AM ˈleɪvəri

Lavinia
BR ləˈvɪnɪə(r)
AM ləˈvɪnjə, ləˈvɪniə

lavish
BR ˈlavɪʃ
AM ˈlævɪʃ

lavishly
BR ˈlavɪʃli
AM ˈlævɪʃli

lavishness
BR ˈlavɪʃnɪs
AM ˈlævɪʃnɪs

Lavoisier
BR laˈvwɑːzieɪ,
laˈvwɑzieɪ
AM ləˌvwɑˈzieɪ

lavvy
BR ˈlav|i, -ɪz
AM ˈlævi, -z

law
BR lɔː(r), -z
AM lɑ, lɔ, -z

Lawes
BR lɔːz
AM lɑz, lɔz

Lawford
BR ˈlɔːfəd
AM ˈlɑfərd, ˈlɔfərd

lawful
BR ˈlɔːf(ʊ)l
AM ˈlɑfəl, ˈlɔfəl

lawfully
BR ˈlɔːfʊli, ˈlɔːfli
AM ˈlɑf(ə)li, ˈlɔf(ə)li

lawfulness
BR ˈlɔːf(ʊ)lnəs
AM ˈlɑfəlnəs, ˈlɔfəlnəs

lawgiver
BR ˈlɔːˌgɪvə(r), -z
AM ˈlɑˌgɪvər,
ˈlɔˌgɪvər, -z

Lawler
BR ˈlɔːlə(r)
AM ˈlɑlər, ˈlɔlər

lawless
BR ˈlɔːləs
AM ˈlɑləs, ˈlɔləs

lawlessly
BR ˈlɔːləsli
AM ˈlɑləsli, ˈlɔləsli

lawlessness
BR ˈlɔːləsnəs
AM ˈlɑləsnəs,
ˈlɔləsnəs

Lawley
BR ˈlɔːli
AM ˈlɑli, ˈlɔli

Lawlor
BR ˈlɔːlə(r)
AM ˈlɑlər, ˈlɔlər

lawmaker
BR ˈlɔːˌmeɪkə(r), -z
AM ˈlɑˌmeɪkər,
ˈlɔˌmeɪkər, -z

lawman
BR ˈlɔːman, ˈlɔːmən
AM ˈlɑm(ə)n,
ˈlɑˌmæn, ˈlɑm(ə)n,
ˈlɔˌmæn

lawmen
BR ˈlɔːmɛn, ˈlɔːmən
AM ˈlɑm(ə)n, ˈlɑˌmɛn,
ˈlɑm(ə)n, ˈlɔˌmɛn

lawn
BR lɔːn, -z
AM lɑn, lɔn, -z, -d

lawnmower
BR ˈlɔːnˌməʊə(r), -z
AM ˈlɑnˌmoʊ(ə)r,
ˈlɔnˌmoʊ(ə)r, -z

lawny
BR ˈlɔːni
AM ˈlɑni, ˈlɔni

Lawrence
BR ˈlɒrn̩s
AM ˈlɔrəns

lawrencium
BR ləˈrɛnsiəm
AM lɑˈrɛn(t)siəm,
lɔˈrɛn(t)siəm

Lawrey
BR ˈlɒri
AM ˈlaʊri

Lawrie
BR ˈlɒri
AM ˈlɔri, ˈlaʊri

Laws
BR lɔːz
AM lɑz, lɔz

Lawson
BR ˈlɔːsn
AM ˈlɑs(ə)n, ˈlɔs(ə)n

lawsuit
BR ˈlɔːs(j)uːt, -s
AM ˈlɑˌsut,
ˈlɔˌsut, -s

Lawton
BR ˈlɔːtn
AM ˈlɑtn, ˈlɔtn

lawyer
BR ˈlɔɪə(r), ˈlɔːjə(r), -z
AM ˈlɔjər, ˈlɑjər, ˈlɔɪər, -z

lawyerly
BR ˈlɔːɪəli, ˈlɔːjəli
AM ˈlɔjərli, ˈlɑjərli, ˈlɔɪərli

lax
BR laks, -ə(r), -ɪst
AM læks, -ər, -əst

laxative
BR ˈlaksətɪv, -z
AM ˈlæksədɪv, -z

Laxey
BR ˈlaksi
AM ˈlæksi

laxity
BR ˈlaksɪti
AM ˈlæksədi

laxly
BR ˈlaksli
AM ˈlæksli

laxness
BR ˈlaksnəs
AM ˈlæksnəs

lay
BR leɪ, -z, -ɪŋ, -d
AM leɪ, -z, -ɪŋ, -d

layabout
BR ˈleɪəbaʊt, -s
AM ˈleɪəˌbaʊt, -s

Layamon
BR ˈleɪəmən
AM ˈleɪəm(ə)n, ˈleɪəˌmɑn

lay-by
BR ˈleɪbʌɪ, -z
AM ˈleɪˌbɑɪ, -z

Laycock
BR ˈleɪkɒk
AM ˈleɪkɑk

layer
BR ˈleɪə(r), -z, -ɪŋ, -d
AM ˈlɛ(ə)r, ˈleɪər, -z, -ɪŋ, -d

layette
BR leɪˈɛt, -s
AM leɪˈɛt, -s

layman
BR ˈleɪmən
AM ˈleɪm(ə)n

laymen
BR ˈleɪmən
AM ˈleɪm(ə)n

lay-off noun
BR ˈleɪɒf, -s
AM ˈleɪˌɑf, ˈleɪˌɔf, -s

layout
BR ˈleɪaʊt, -s
AM ˈleɪˌaʊt, -s

layover
BR ˈleɪˌəʊvə(r), -z
AM ˈleɪˌoʊvər, -z

layperson
BR ˈleɪˌpɜːsn, -z
AM ˈleɪˌpərs(ə)n, -z

layshaft
BR ˈleɪʃɑːft, -s
AM ˈleɪˌʃæft, -s

laystall
BR ˈleɪstɔːl, -z
AM ˈleɪˌstɑl, ˈleɪˌstɔl, -z

Layton
BR ˈleɪtn
AM ˈleɪtn

laywoman
BR ˈleɪˌwʊmən
AM ˈleɪˌwʊm(ə)n

laywomen
BR ˈleɪˌwɪmɪn
AM ˈleɪˌwɪmɪn

lazar
BR ˈlazə(r), -z
AM ˈleɪzər, ˈlæzər, -z

lazaret
BR ˌlazəˈrɛt, -s
AM ˌlæzəˈrɛt, -s

lazaretto
BR ˌlazəˈrɛtəʊ, -z
AM ˌlæzəˈrɛdoʊ, -z

Lazarist
BR ˈlaz(ə)rɪst, -s
AM ˈlæzərəst, -s

Lazarus
BR ˈlaz(ə)rəs
AM ˈlæzərəs

laze
BR leɪz, -ɪz, -ɪŋ, -d
AM leɪz, -ɪz, -ɪŋ, -d

lazily
BR ˈleɪzɪli
AM ˈleɪzɪli

laziness
BR ˈleɪzinɪs
AM ˈleɪzinɪs

Lazio
BR ˈlatsɪəʊ
AM ˈlatsioʊ
IT ˈlattsjo

Lazonby
BR ˈleɪznbi
AM ˈleɪzənbi

lazuli
BR ˈlazjʊlʌɪ, ˈlazjʊliː
AM ˈlaʒəlaɪ, ˈlæzjəli, ˈlæzjəlaɪ

lazy
BR ˈleɪz|i, -ɪə(r), -ɪst
AM ˈleɪzi, -ər, -ɪst

lazybones
BR ˈleɪzɪbəʊnz
AM ˈleɪziˌboʊnz

L-dopa
BR ˌɛlˈdəʊpə(r)
AM ˌɛlˈdoʊpə

Lea
BR liː
AM ˈleɪə, ˈli(ə)

LEA
BR ˌɛliːˈeɪ, -z
AM ˌɛlˌiˈeɪ, -z

lea
BR liː, -z
AM li, -z

leach
BR liːtʃ, -ɪz, -ɪŋ, -t
AM litʃ, -ɪz, -ɪŋ, -t

leacher
BR ˈliːtʃə(r), -z
AM ˈlitʃər, -z

Leacock
BR ˈliːkɒk
AM ˈleɪˌkɑk, ˈliˌkɑk

lead[1] noun, verb
present, guide etc
BR liːd, -z, -ɪŋ
AM lid, -z, -ɪŋ

lead[2] metal, noun and verb
BR lɛd, -z, -ɪŋ, -ɪd
AM lɛd, -z, -ɪŋ, -ɪd

leadable
BR ˈliːdəbl
AM ˈlidəb(ə)l

Leadbelly
BR ˈlɛdˌbɛli
AM ˈlɛdˌbɛli

Leadbetter
BR ˈlɛdˌbɛtə(r)
AM ˈlɛdˌbədər

leaden
BR ˈlɛdn
AM ˈlɛdən

Leadenhall
BR ˈlɛdnhɔːl
AM ˈlɛdənˌ(h)ɑl, ˈlɛdənˌ(h)ɔl

leadenly
BR ˈlɛdnli
AM ˈlɛdnli

leadenness
BR ˈlɛdnnəs
AM ˈlɛd(n)nəs

leader
BR ˈliːdə(r), -z
AM ˈlidər, -z
leaderene
BR ˌliːdəˈriːn, -z
AM ˈlidəˌrin, -z
leaderless
BR ˈliːdələs
AM ˈlidərləs
leadership
BR ˈliːdəʃɪp
AM ˈlidərˌʃɪp
lead-free
BR ˌlɛdˈfriː
AM ˈlɛdˈfri
lead-in
BR ˈliːdɪn, -z
AM ˈliˌdɪn, -z
leading
BR ˈliːdɪŋ, -z
AM ˈlidɪŋ, -z
leadless
BR ˈliːdlɪs
AM ˈlidlɪs
leadwort
BR ˈlɛdwəːt
AM ˈlɛdˌwɔː(ə)rt, ˈlɛdwərt
leaf[1] *noun*
BR liːf
AM lif
leaf[2] *verb*
BR liːf, -s, -ɪŋ, -t
AM lif, -s, -ɪŋ, -t
leafage
BR ˈliːfɪdʒ
AM ˈlifɪdʒ
leafcutter
BR ˈliːfˌkʌtə(r), -z
AM ˈlifˌkədər, -z
leafhopper
BR ˈliːfˌhɒpə(r), -z
AM ˈlifˌ(h)ɑpər, -z
leafiness
BR ˈliːfɪnɪs
AM ˈlifɪnɪs
leafless
BR ˈliːflɪs
AM ˈliflɪs
leaflessness
BR ˈliːflɪsnɪs
AM ˈliflɪsnɪs

leaflet
BR ˈliːflɪt, -s, -ɪŋ, -ɪd
AM ˈliflɪ|t, -ts, -dɪŋ, -dɪd
leaflike
BR ˈliːflʌɪk
AM ˈlifˌlaɪk
leafy
BR ˈliːf|i, -ɪə(r), -ɪɪst
AM ˈlifi, -ər, -ɪst
league
BR liːg, -z, -ɪŋ, -d
AM lig, -z, -ɪŋ, -d
leaguer
BR ˈliːgə(r), -z
AM ˈligər, -z
Leah
BR ˈliːə(r)
AM ˈleɪə, liə
Leahy
BR ˈliːhi, ˈleɪhi
AM ˈlihi, ˈleɪ(h)i
leak
BR liːk, -s, -ɪŋ, -t
AM lik, -s, -ɪŋ, -t
leakage
BR ˈliːk|ɪdʒ, -ɪdʒɪz
AM ˈlikɪdʒ, -ɪz
leaker
BR ˈliːkə(r), -z
AM ˈlikər, -z
Leakey
BR ˈliːki
AM ˈliki
leakiness
BR ˈliːkɪnɪs
AM ˈlikɪnɪs
leakproof
BR ˈliːkpruːf
AM ˈlikˌpruf
leaky
BR ˈliːk|i, -ɪə(r), -ɪɪst
AM ˈliki, -ər, -ɪst
leal
BR liːl
AM lil
Leamington Spa
BR ˌlɛmɪŋt(ə)n ˈspɑː(r)
AM ˌlɛmɪŋt(ə)n ˈspɑ

lean
BR liːn, -z, -ɪŋ, -d, -ə(r), -ɪst
AM lin, -z, -ɪŋ, -d, -ər, -ɪst
lean-burn
BR ˌliːnˈbəːn
AM ˈlinˌbərn
Leander
BR lɪˈandə(r)
AM liˈændər
leaning
BR ˈliːnɪŋ, -z
AM ˈlinɪŋ, -z
leanly
BR ˈliːnli
AM ˈlinli
Leanne
BR liːˈan
AM liˈæn
leanness
BR ˈliːnnɪs
AM ˈli(n)nɪs
leant
BR lɛnt
AM lɛnt
lean-to
BR ˈliːntuː, -z
AM ˈlinˌtu, -z
leap
BR liːp, -s, -ɪŋ, -t
AM lip, -s, -ɪŋ, -t
leaper
BR ˈliːpə(r), -z
AM ˈlipər, -z
leapfrog
BR ˈliːpfrɒg
AM ˈlipˌfrɑg, ˈlipˌfrɔg
leapt
BR lɛpt
AM lɛpt
Lear
BR lɪə(r)
AM lɪ(ə)r
learn
BR ləːn, -z, -ɪŋ
AM lərn, -z, -ɪŋ
learnability
BR ˌləːnəˈbɪlɪti
AM ˌlərnəˈbɪlɪdi

learnable
BR ˈləːnəbl
AM ˈlərnəb(ə)l
learned[1] *adjective*
BR ˈləːnɪd
AM ˈlərnəd
learned[2] *verb*
BR ləːnd, ləːnt
AM lərnt, lərnd
learnedly
BR ˈləːnɪdli
AM ˈlərnədli
learnedness
BR ˈləːnɪdnɪs
AM ˈlərnədnəs
learner
BR ˈləːnə(r), -z
AM ˈlərnər, -z
learnt
BR ləːnt
AM lərnt
leasable
BR ˈliːsəbl
AM ˈlisəb(ə)l
lease
BR liːs, -ɪz, -ɪŋ, -t
AM lis, -ɪz, -ɪŋ, -t
leaseback
BR ˈliːsbak, -s
AM ˈlisˌbæk, -s
leasehold
BR ˈliːshəʊld, -z
AM ˈlisˌ(h)oʊld, -z
leaseholder
BR ˈliːsˌhəʊldə(r), -z
AM ˈlisˌ(h)oʊldər, -z
leaser
BR ˈliːsə(r), -z
AM ˈlisər, -z
leash
BR liːʃ, -ɪz
AM liʃ, -ɪz
least
BR liːst
AM list
leastways
BR ˈliːstweɪz
AM ˈlistˌweɪz
leastwise
BR ˈliːstwʌɪz
AM ˈlistˌwaɪz

leat
BR liːt, -s
AM lit, -s

leather
BR ˈleð|ə(r), -əz,
-(ə)rɪŋ, -əd
AM ˈleðɚ, -z,
-ɪŋ, -d

leatherback
BR ˈleðəbak, -s
AM ˈleðɚˌbæk, -s

leathercloth
BR ˈleðəklɒθ, -θs\-ðz
AM ˈleðɚˌklɔːθ,
ˈleðɚˌklɑːθ, -θs\-ðz

leatherette
BR ˌleðəˈret
AM ˌleðɚˈet

Leatherhead
BR ˈleðəhed
AM ˈleðɚˌ(h)ed

leatheriness
BR ˈleð(ə)rɪnɪs
AM ˈleð(ə)rɪnɪs

leatherjacket
BR ˈleðəˌdʒakɪt, -s
AM ˈleðɚˌdʒækət, -s

leathern
BR ˈleðn
AM ˈleðɚn

leatherneck
BR ˈleðənek, -s
AM ˈleðɚˌnek, -s

leatheroid
BR ˈleðərɔɪd
AM ˈleðəˌrɔɪd

leatherwear
BR ˈleðəweː(r)
AM ˈleðɚˌwe(ə)r

leathery
BR ˈleð(ə)ri
AM ˈleð(ə)ri

leave
BR liːv, -z, -ɪŋ
AM liv, -z, -ɪŋ

leaven
BR ˈlevn̩, -z, -ɪŋ, -d
AM ˈlev|ən, -ənz,
-(ə)nɪŋ, -ənd

leaver
BR ˈliːvə(r), -z
AM ˈlivɚ, -z

leaves
BR liːvz
AM livz

leavings
BR ˈliːvɪŋz
AM ˈlivɪŋz

Leavis
BR ˈliːvɪs
AM ˈlivɪs

Lebanese
BR ˌlebəˈniːz
AM ˌlebəˈniz

Lebanon
BR ˈlebənən
AM ˈlebənən,
ˈlebəˌnɑn

Le Bardo
BR lə ˈbɑːdəʊ
AM lə ˈbɑrdoʊ

Lebensraum
BR ˈleɪb(ə)nzraʊm
AM ˈleɪbənzˌraʊm,
ˈleɪbənˌsraʊm

Leblanc
BR ləˈblɒŋk,
ləˈblɑːŋk, ləˈblɔ̃
AM ləˈblɑŋk

Lebowa
BR ləˈbəʊə(r)
AM ləˈboʊə

Lec
BR lek
AM lek

Le Carré
BR lə ˈkareɪ
AM lə kəˈreɪ

lech
BR letʃ, -ɪz, -ɪŋ, -t
AM letʃ, -əz,
-ɪŋ, -t

lecher
BR ˈletʃə(r), -z
AM ˈletʃɚ, -z

lecherous
BR ˈletʃ(ə)rəs
AM ˈletʃ(ə)rəs

lecherously
BR ˈletʃ(ə)rəsli
AM ˈletʃ(ə)rəsli

lecherousness
BR ˈletʃ(ə)rəsnəs
AM ˈletʃ(ə)rəsnəs

lechery
BR ˈletʃ(ə)r|i, -ɪz
AM ˈletʃ(ə)ri, -z

Lechlade
BR ˈletʃleɪd
AM ˈletʃˌleɪd

lecithin
BR ˈlesɪθ(ɪ)n
AM ˈlesəθən

Leclanché
BR ləˈklɑːnʃeɪ,
ləˈklɔ̃ʃeɪ
AM ləˈklɑnʃ

Leconfield
BR ˈlek(ə)nfiːld
AM ˈlekənˌfild

Le Corbusier
BR lə ˌkɔːˈb(j)uːzieɪ
AM lə ˌkɔrbəˈzjeɪ
FR lə kɔʁbyzje

lectern
BR ˈlekt(əː)n, -z
AM ˈlektɚn, -z

lection
BR ˈlekʃn, -z
AM ˈlekʃ(ə)n, -z

lectionary
BR ˈlekʃn(ə)r|i, -ɪz
AM ˈlekʃəˌneri, -z

lector
BR ˈlektɔː(r), -z
AM ˈlekˌtɔ(ə)r,
ˈlektɚ, -z

lectrice
BR lekˈtriːs,
ˈlektriːs, -ɪz
AM ˈlektrəs, -əz

lecture
BR ˈlektʃə(r), -əz,
-(ə)rɪŋ, -əd
AM ˈlek|(t)ʃɚ, -(t)ʃɚz,
-tʃərɪŋ\-ʃ(ə)rɪŋ,
-(t)ʃɚd

lecturer
BR ˈlektʃ(ə)rə(r), -z
AM ˈlek(t)ʃərɚ, -z

lecturership
BR ˈlektʃ(ə)rəʃɪp, -s
AM ˈlek(t)ʃərɚˌʃɪp, -s

lectureship
BR ˈlektʃəʃɪp, -s
AM ˈlek(t)ʃɚˌʃɪp, -s

lecythi
BR ˈlesɪθʌɪ
AM ˈlesəθaɪ

lecythus
BR ˈlesɪθəs
AM ˈlesəθəs

LED
BR ˌeliːˈdiː
AM ˌelˌiˈdi

led
BR led
AM led

Leda
BR ˈliːdə(r)
AM ˈlidə

Ledbetter
BR ˈledbetə(r)
AM ˈledˌbedɚ

Ledbury
BR ˈledb(ə)ri
AM ˈledˌberi

Lederhosen
BR ˈleɪdəˌhəʊzn
AM ˈleɪdɚˌ(h)oʊzn

ledge
BR ledʒ, -ɪz
AM ledʒ, -əz, -d

ledger
BR ˈledʒə(r), -z
AM ˈledʒɚ, -z

ledgy
BR ˈledʒ|i, -ɪə(r),
-ɪɪst
AM ˈledʒi, -ɚ, -ɪst

Led Zeppelin
BR ˌled ˈzepl̩ɪn
AM ˌled ˈzep(ə)l(ə)n

lee
BR liː, -z
AM li, -z

leech
BR liːtʃ, -ɪz
AM litʃ, -ɪz

leechcraft
BR ˈliːtʃkrɑːft
AM ˈlitʃˌkræft

Leeds
BR liːdz
AM lidz

Lee-Enfield
BR ˌliːˈenfiːld, -z
AM ˌliˈenˌfild, -z

leek
BR liːk, -s
AM lik, -s
leer
BR lɪə(r), -z, -ɪŋ, -d
AM lɪ(ə)r, -z,
 -ɪŋ, -d
leeriness
BR ˈlɪərɪnɪs
AM ˈlɪrɪnɪs
leeringly
BR ˈlɪərɪŋli
AM ˈlɪrɪŋli
leery
BR ˈlɪəri
AM ˈlɪri
lees
BR liːz
AM liz
leet
BR liːt, -s
AM lit, -s
leeward[1] *non-technical*
BR ˈliːwəd
AM ˈliwərd
leeward[2] *technical, shipping*
BR ˈluːəd
AM ˈluərd
Leeward Islands
BR ˈliːwəd ˌʌɪlən(d)z
AM ˈliwərd ˈaɪlən(d)z
leewardly[1]
 non-technical
BR ˈliːwədli
AM ˈliwərdli
leewardly[2] *technical, shipping*
BR ˈluːədli
AM ˈluərdli
leeway
BR ˈliːweɪ
AM ˈliˌweɪ
left
BR left, -s
AM left, -s
leftie
BR ˈleft|i, -ɪz
AM ˈlefti, -z
leftish
BR ˈleftɪʃ
AM ˈleftɪʃ

leftism
BR ˈleftɪzm
AM ˈlefˌtɪz(ə)m
leftist
BR ˈleftɪst, -s
AM ˈleftəst, -s
leftmost
BR ˈlef(t)məʊst
AM ˈlef(t)ˌmoʊst
leftover *noun*
BR ˈleftəʊvə(r), -z
AM ˈleftˌoʊvər, -z
left-over *adjective*
BR ˌleftˈəʊvə(r)
AM ˈleftˌoʊvər
leftward
BR ˈleftwəd, -z
AM ˈlef(t)wərd, -z
lefty
BR ˈleft|i, -ɪz
AM ˈlefti, -z
leg
BR leg, -z, -ɪŋ, -d
AM leg, -z, -ɪŋ, -d
legacy
BR ˈlegəs|i, -ɪz
AM ˈlegəsi, -z
legal
BR ˈliːgl
AM ˈligəl
legalese
BR ˌliːgəˈliːz, ˌliːglˈiːz
AM ˌligəˈliz
legalisation
BR ˌliːglʌɪˈzeɪʃn
AM ˌligəˌlaɪˈzeɪʃ(ə)n, ˌligələˈzeɪʃ(ə)n
legalise
BR ˈliːglʌɪz, -ɪz, -ɪŋ, -d
AM ˈligəˌlaɪz, -ɪz, -ɪŋ, -d
legalism
BR ˈliːglɪzm
AM ˈligəˌlɪz(ə)m
legalist
BR ˈliːglɪst, -s
AM ˈligələst, -s
legalistic
BR ˌliːgəˈlɪstɪk, ˌlɪglˈɪstɪk
AM ˌligəˈlɪstɪk

legalistically
BR ˌliːgəˈlɪstɪkli, ˌliːglˈɪstɪkli
AM ˌligəˈlɪstək(ə)li
legality
BR liːˈgalɪt|i, lɪˈgalɪt|i, -ɪz
AM liˈgælədi, ləˈgælədi, -z
legalization
BR ˌliːglʌɪˈzeɪʃn
AM ˌligəˌlaɪˈzeɪʃ(ə)n, ˌligələˈzeɪʃ(ə)n
legalize
BR ˈliːglʌɪz, -ɪz, -ɪŋ, -d
AM ˈligəˌlaɪz, -ɪz, -ɪŋ, -d
legally
BR ˈliːgli
AM ˈligəli
legate
BR ˈlegət, -s
AM ˈlegət, -s
legatee
BR ˌlegəˈtiː, -z
AM ˌlegəˈti, -z
legateship
BR ˈlegətʃɪp, -s
AM ˈlegətˌʃɪp, -s
legatine
BR ˈlegətɪn
AM ˈlegəˌtin
legation
BR lɪˈgeɪʃn, -z
AM ləˈgeɪʃ(ə)n, -z
legato
BR lɪˈgɑːtəʊ
AM ləˈgɑdoʊ
IT leˈgato
legator
BR lɪˈgeɪtə(r), -z
AM ləˈgeɪdər, -z
legend
BR ˈledʒ(ə)nd, -z
AM ˈledʒənd, -z
legendarily
BR ˈledʒ(ə)ndrɪli
AM ˈledʒənˌderəli
legendary
BR ˈledʒ(ə)nd(ə)ri
AM ˈledʒənˌderi

legendry
BR ˈledʒ(ə)ndri
AM ˈledʒəndri
leger
BR ˈledʒə(r), -z
AM ˈledʒər, -z
legerdemain
BR ˌledʒədəˈmeɪn
AM ˌledʒərdəˈmeɪn
leger line
BR ˈledʒə lʌɪn, -z
AM ˈledʒər ˌlaɪn, -z
Legg
BR leg
AM leg
Leggatt
BR ˈlegət
AM ˈlegət
Legge
BR leg
AM ˈleg(gi)
legged
BR ˈleg(ɪ)d
AM ˈleg(ə)d
legger
BR ˈlegə(r), -z
AM ˈlegər, -z
legginess
BR ˈleginɪs
AM ˈleginɪs
legging
BR ˈlegɪŋ, -z
AM ˈlegɪŋ, -z
leggy
BR ˈlegi
AM ˈlegi
leghorn
BR ˈleghɔːn, -z
AM ˈlegˌ(h)ɔ(ə)rn, -z
legibility
BR ˌledʒɪˈbɪlɪti
AM ˌledʒəˈbɪlɪdi
legible
BR ˈledʒɪbl
AM ˈledʒəb(ə)l
legibly
BR ˈledʒɪbli
AM ˈledʒəbli
legion
BR ˈliːdʒ(ə)n, -z
AM ˈlidʒ(ə)n, -z, -d

legionary
BR ˈliːdʒn(ə)r|i, -ɪz
AM ˈlidʒəˌnɛri, -z

legionella
BR ˌliːdʒəˈnɛlə(r), -z
AM ˌlidʒəˈnɛlə, -z

legionellae
BR ˌliːdʒəˈnɛliː
AM ˌlidʒəˈnɛli

legionnaire
BR ˌliːdʒəˈnɛː(r), -z
AM ˌlidʒəˈnɛ(ə)r, -z

legislate
BR ˈlɛdʒɪsleɪt, -s, -ɪŋ, -ɪd
AM ˈlɛdʒəˌsleɪ|t, -ts, -dɪŋ, -dɪd

legislation
BR ˌlɛdʒɪˈsleɪʃn
AM ˌlɛdʒəˈsleɪʃ(ə)n

legislative
BR ˈlɛdʒɪslətɪv
AM ˈlɛdʒəˌsleɪdɪv

legislatively
BR ˈlɛdʒɪslətɪvli
AM ˌlɛdʒəˈsleɪdɪvli

legislator
BR ˈlɛdʒɪsleɪtə(r), -z
AM ˈlɛdʒəˌsleɪdər, -z

legislature
BR ˈlɛdʒɪslətʃə(r), -z
AM ˈlɛdʒəˌsleɪtʃər, -z

legit
BR lɪˈdʒɪt
AM ləˈdʒɪt

legitimacy
BR lɪˈdʒɪtɪməsi
AM ləˈdʒɪdəməsi

legitimate
BR lɪˈdʒɪtɪmət
AM ləˈdʒɪdəmət

legitimately
BR lɪˈdʒɪtɪmətli
AM ləˈdʒɪdəmətli

legitimation
BR lɪˌdʒɪtɪˈmeɪʃn
AM ləˌdʒɪtɪˈmeɪʃ(ə)n

legitimatisation
BR lɪˌdʒɪtɪmətʌɪˈzeɪʃn
AM ləˌdʒɪdəməˌtaɪ-ˈzeɪʃ(ə)n, lə-ˌdʒɪdəmədəˈzeɪʃ(ə)n

legitimatise
BR lɪˈdʒɪtɪmətʌɪz, -ɪz, -ɪŋ, -d
AM ləˈdʒɪdəməˌtaɪz, -ɪz, -ɪŋ, -d

legitimatization
BR lɪˌdʒɪtɪmətʌɪˈzeɪʃn
AM ləˌdʒɪdəməˌtaɪ-ˈzeɪʃ(ə)n, ləˌdʒɪdəmədə-ˈzeɪʃ(ə)n

legitimatize
BR lɪˈdʒɪtɪmətʌɪz, -ɪz, -ɪŋ, -d
AM ləˈdʒɪdəməˌtaɪz, -ɪz, -ɪŋ, -d

legitimisation
BR lɪˌdʒɪtɪmʌɪˈzeɪʃn
AM ləˌdʒɪdəˌmaɪ-ˈzeɪʃ(ə)n, ləˌdʒɪdəməˈzeɪʃ(ə)n

legitimise
BR lɪˈdʒɪtɪmʌɪz, -ɪz, -ɪŋ, -d
AM ləˈdʒɪdəˌmaɪz, -ɪz, -ɪŋ, -d

legitimism
BR lɪˈdʒɪtɪmɪzm
AM ləˈdʒɪdəˌmɪz(ə)m

legitimist
BR lɪˈdʒɪtɪmɪst, -s
AM ləˈdʒɪdəmɪst, -s

legitimization
BR lɪˌdʒɪtɪmʌɪ-ˈzeɪʃn
AM ləˌdʒɪdəˌmaɪ-ˈzeɪʃ(ə)n, ləˌdʒɪdəməˈzeɪʃ(ə)n

legitimize
BR lɪˈdʒɪtɪmʌɪz, -ɪz, -ɪŋ, -d
AM ləˈdʒɪdəˌmaɪz, -ɪz, -ɪŋ, -d

legless
BR ˈlɛgləs
AM ˈlɛgləs

legman
BR ˈlɛgman
AM ˈlɛgˌmæn

legmen
BR ˈlɛgmɛn
AM ˈlɛgˌmɛn

Lego
BR ˈlɛgəʊ
AM ˈlɛgoʊ

legroom
BR ˈlɛgruːm, ˈlɛgrʊm
AM ˈlɛgˌrʊm, ˈlɛgˌrum

legume
BR ˈlɛgjuːm, -z
AM ˈlɛg(j)um, -z

leguminous
BR lɪˈgjuːmɪnəs
AM ləˈg(j)umənəs

legwork
BR ˈlɛgwəːk
AM ˈlɛgˌwərk

Lehár
BR leɪˈhɑː(r), ˈleɪhɑː(r)
AM ˈleɪˌhɑr
HU lɛˈhɑːr

Le Havre
BR lə ˈɑːvrə(r)
AM lə ˈhɑvrə

Lehman
BR ˈleɪmən, ˈliːmən
AM ˈlim(ə)n, ˈleɪm(ə)n

Lehmann
BR ˈleɪmən, ˈliːmən
AM ˈlim(ə)n, ˈleɪm(ə)n

lehr
BR lɪə(r), lɛː(r), -z
AM lɛ(ə)r, -z

Lehrer
BR ˈlɛːrə(r), ˈlɪərə(r)
AM ˈlɛrər

lei
BR leɪ, -z
AM leɪ, -z

Leibniz
BR ˈlʌɪbnɪts, ˈliːbnɪts
AM ˈlaɪbˌnɪts

Leibnizian
BR lʌɪbˈnɪtsɪən, liːbˈnɪtsɪən, -z
AM laɪbˈnɪtsɪən, -z

Leica
BR ˈlʌɪkə(r)
AM ˈlaɪkə

Leicester
BR ˈlɛstə(r)
AM ˈlɛstər

Leicestershire
BR ˈlɛstəʃ(ɪ)ə(r)
AM ˈlɛstərʃɪ(ə)r

Leichhardt
BR ˈlʌɪkhɑːt
AM ˈlaɪkˌ(h)ɑrd
GER ˈlaɪçhart

Leiden
BR ˈlʌɪdn, ˈleɪdn
AM ˈleɪdn, ˈlaɪdən

Leif
BR liːf
AM lif

Leigh
BR liː
AM li

Leighton
BR ˈleɪtn
AM ˈleɪtn

Leila
BR ˈliːlə(r), ˈleɪlə(r)
AM ˈlilə

Leinster
BR ˈlɛnstə(r)
AM ˈlɛnstər

Leipzig
BR ˈlʌɪpsɪg
AM ˈlaɪpzɪg, ˈlaɪpsɪg
GER ˈlaɪptsɪç

Leishman
BR ˈliːʃmən, ˈlɪʃmən
AM ˈlɪʃm(ə)n

leishmaniasis
BR ˌliːʃməˈnʌɪəsɪs
AM ˌlɪʃməˈnaɪəsəs

Leister
BR ˈlɛstə(r)
AM ˈlistər, ˈlɛstər

leister
BR ˈliːstə(r), -z
AM ˈlistər, -z

leisure
BR ˈlɛʒə(r), -d
AM ˈlɛʒər, ˈliʒər, -d

leisureless
BR ˈlɛʒələs
AM ˈlɛʒərləs, ˈliʒərləs

leisureliness
BR ˈlɛʒəlɪnɪs
AM ˈlɛʒərlɪnɪs, ˈliʒərlɪnɪs

leisurely
BR ˈlɛʒəli
AM ˈlɛʒərli, ˈliʒərli
leisurewear
BR ˈlɛʒəwɛː(r)
AM ˈlɛʒərˌwɛ(ə)r, ˈliʒərˌwɛ(ə)r
Leitch
BR liːtʃ
AM litʃ
Leith
BR liːθ
AM liθ
leitmotif
BR ˈlaɪtməʊˌtiːf, -s
AM ˈlaɪtmoʊˌtif, -s
leitmotiv
BR ˈlaɪtməʊˌtiːf, -s
AM ˈlaɪtmoʊˌtif, -s
leitmotive
BR ˈlaɪt|məʊˌtiːf, ˈlaɪtˌməʊtɪv, -məʊˌtiːfs\-ˌməʊtɪvz
AM ˈlaɪtmoʊˌtif, -s
Leitrim
BR ˈliːtrɪm
AM ˈlitrəm
Leix
BR liːʃ, leɪʃ
AM liʃ, leɪʃ
lek
BR lɛk, -s, -ɪŋ, -t
AM lɛk, -s, -ɪŋ, -t
Leland
BR ˈliːlənd
AM ˈlilənd
Lely
BR ˈliːli
AM ˈlili
LEM
BR lɛm, -z
AM lɛm, -z
leman
BR ˈlɛmən, ˈliːmən, -z
AM ˈlɛm(ə)n, -z
Le Mans
BR lə ˈmɒ̃
AM lə ˈmɑn(z)
Lemesurier
BR ləˈmɛʒ(ə)rə(r)
AM ləˌmɛʒəriˈeɪ

lemma
BR ˈlɛmə(r), -z
AM ˈlɛmə, -z
lemmatisation
BR ˌlɛmətaɪˈzeɪʃn, -z
AM ˌlɛməˌtaɪˈzeɪʃ(ə)n, ˌlɛmədəˈzeɪʃ(ə)n, -z
lemmatise
BR ˈlɛmətaɪz, -ɪz, -ɪŋ, -d
AM ˈlɛməˌtaɪz, -ɪz, -ɪŋ, -d
lemmatization
BR ˌlɛmətaɪˈzeɪʃn, -z
AM ˌlɛməˌtaɪˈzeɪʃ(ə)n, ˌlɛmədəˈzeɪʃ(ə)n, -z
lemmatize
BR ˈlɛmətaɪz, -ɪz, -ɪŋ, -d
AM ˈlɛməˌtaɪz, -ɪz, -ɪŋ, -d
lemme
BR ˈlɛmi
AM ˈlɛmi
lemming
BR ˈlɛmɪŋ, -z
AM ˈlɛmɪŋ, -z
Lemmon
BR ˈlɛmən
AM ˈlɛm(ə)n
Lemnos
BR ˈlɛmnɒs
AM ˈlɛmˌnɑs, ˈlɛmnoʊs
lemon
BR ˈlɛmən, -z
AM ˈlɛm(ə)n, -z
lemonade
BR ˌlɛməˈneɪd, -z
AM ˌˌlɛməˈneɪd, -z
lemony
BR ˈlɛməni
AM ˈlɛməni
lempira
BR lɛmˈpɪərə(r), -z
AM lɛmˈpɪrə, -z
Lemuel
BR ˈlɛmjʊəl, ˈlɛmjʊl
AM ˈlɛmjəwəl
lemur
BR ˈliːmə(r), -z
AM ˈlimər, -z

lemurine
BR ˈliːmjʊrʌɪn, ˈlɛmjʊrʌɪn
AM ˈlɛm(j)əˌraɪn, ˈlim(j)əˌraɪn
lemuroid
BR ˈliːmjʊrɔɪd, ˈlɛmjʊrɔɪd
AM ˈlɛmjəˌrɔɪd, ˈlimjəˌrɔɪd
Len
BR lɛn
AM lɛn
Lena[1] *forename*
BR ˈliːnə(r)
AM ˈlinə
RUS ˈlʲenə
Lena[2] *river*
BR ˈleɪnə(r), ˈliːnə(r)
AM ˈleɪnə
RUS ˈlʲenə
lend
BR lɛnd, -z, -ɪŋ
AM lɛnd, -z, -ɪŋ
lendable
BR ˈlɛndəbl
AM ˈlɛndəb(ə)l
lender
BR ˈlɛndə(r), -z
AM ˈlɛndər, -z
Lendl
BR ˈlɛndl
AM ˈlɛndl
length
BR lɛŋ(k)θ, -s
AM lɛŋθ, -s
lengthen
BR ˈlɛŋ(k)θ|n, -nz, -n̩ɪŋ\-nɪŋ, -nd
AM ˈlɛŋθ|ən, -ənz, -(ə)nɪŋ, -ənd
lengthener
BR ˈlɛŋ(k)θnə(r), ˈlɛŋ(k)θnə(r), -z
AM ˈlɛŋθ(ə)nər, -z
lengthily
BR ˈlɛŋ(k)θɪli
AM ˈlɛŋθəli
lengthiness
BR ˈlɛŋ(k)θɪnɪs
AM ˈlɛŋθinɪs

lengthman
BR ˈlɛŋ(k)θmən
AM ˈlɛŋθm(ə)n, ˈlɛŋθˌmæn
lengthmen
BR ˈlɛŋ(k)θmən
AM ˈlɛŋθm(ə)n, ˈlɛŋθˌmɛn
lengthways
BR ˈlɛŋ(k)θweɪz
AM ˈlɛŋθˌweɪz
lengthwise
BR ˈlɛŋ(k)θwʌɪz
AM ˈlɛŋθˌwaɪz
lengthy
BR ˈlɛŋ(k)θ|i, -ɪə(r), -ɪɪst
AM ˈlɛŋθi, -ər, -ɪst
lenience
BR ˈliːnɪəns
AM ˈlinj(ə)ns, ˈliniəns
leniency
BR ˈliːnɪənsi
AM ˈlinjənsi, ˈliniənsi
lenient
BR ˈliːnɪənt
AM ˈlinj(ə)nt, ˈliniənt
leniently
BR ˈliːnɪəntli
AM ˈlinjən(t)li, ˈliniən(t)li
Lenihan
BR ˈlɛnəhən
AM ˈlɛnəˌhæn
Lenin
BR ˈlɛnɪn
AM ˈlɛnən
RUS ˈlʲenʲin
Leninakan
BR ləˈnɪnəkan
AM ˌlɛnənəˈkan
RUS lʲinʲinaˈkan
Leningrad
BR ˈlɛnɪngrad
AM ˈlɛnənˌgræd
RUS lʲinʲinˈgrat
Leninism
BR ˈlɛnɪnɪzm
AM ˈlɛnənˌɪz(ə)m
Leninist
BR ˈlɛnɪnɪst, -s
AM ˈlɛnənəst, -s

Leninite
BR ˈlenɪnʌɪt, -s
AM ˈlenəˌnaɪt, -s

lenis
BR ˈliːnɪs
AM ˈlemɪs, ˈlinɪs

lenite
BR lɪˈnʌɪt, -s, -ɪŋ, -ɪd
AM ˈliˌnaɪ|t, -ts, -dɪŋ, -dɪd

lenition
BR lɪˈnɪʃn, -z
AM ləˈnɪʃ(ə)n, -z

lenitive
BR ˈlenɪtɪv, -z
AM ˈlenədɪv, -z

lenity
BR ˈlenɪti
AM ˈlenədi

Lennie
BR ˈleni
AM ˈleni

Lennon
BR ˈlenən
AM ˈlenən

Lennox
BR ˈlenəks
AM ˈlenəks

Lenny
BR ˈleni
AM ˈleni

Leno
BR ˈliːnəʊ
AM ˈlenoʊ

leno
BR ˈliːnəʊ, -z
AM ˈlemoʊ, ˈlinoʊ, -z

Lenor
BR lɪˈnɔː(r)
AM ləˈnɔ(ə)r

Lenora
BR lɪˈnɔːrə(r)
AM ləˈnɔrə

Lenore
BR lɪˈnɔː(r)
AM ləˈnɔ(ə)r

Le Nôtre
BR lə ˈnɒtrə(r)
AM lə ˈnɑtrə
FR lə nоtʀ

Lenox
BR ˈlenəks
AM ˈlenəks

lens
BR lenz, -ɪz, -d
AM lenz, -əz, -d

lensless
BR ˈlenzləs
AM ˈlenzləs

lensman
BR ˈlenzmən
AM ˈlenzm(ə)n

lensmen
BR ˈlenzmən
AM ˈlenzm(ə)n

lent
BR lent
AM lent

Lenten
BR ˈlent(ə)n
AM ˈlen(t)ən

lenticel
BR ˈlentɪsel, -z
AM ˈlen(t)əˌsel, -z

lenticular
BR lenˈtɪkjʊlə(r)
AM lenˈtɪkjələr

lentigo
BR lenˈtʌɪgəʊ
AM lenˈtaɪgoʊ

lentil
BR ˈlent(ɪ)l, -z
AM ˈlen(t)l, -z

lentisc
BR lenˈtɪsk, -s
AM ˈlenˌtɪsk, -s

lentisk
BR lenˈtɪsk, -s
AM ˈlenˌtɪsk, -s

lento
BR ˈlentəʊ
AM ˈlen(t)oʊ
IT ˈlento

lentoid
BR ˈlentɔɪd
AM ˈlenˌtɔɪd

Leo
BR ˈliːəʊ
AM ˈlioʊ

Leofric
BR ˈleɪəfrɪk, ˈliːəfrɪk, ˈlefrɪk
AM ˈliəfrɪk, ˈlefrɪk, ˈleɪəfrɪk

Leominster
BR ˈlemstə(r)
AM ˈlemstər

Leon *forename*
BR ˈliːɒn, ˈleɪɒn
AM ˈliˌɑn

León *place in Spain*
BR leɪˈɒn
AM leɪˈoʊn
SP leˈon

Leona
BR lɪˈəʊnə(r)
AM liˈoʊnə

Leonard
BR ˈlenəd
AM ˈlenərd

Leonardo
BR ˌliːəˈnɑːdəʊ, ˌleɪəˈnɑːdəʊ
AM liəˈnɑrdoʊ

leone
BR liːˈəʊn, -z
AM liˈoʊn, -z

Leonid
BR ˈliːənɪd, ˈleɪənɪd
AM ˈleɪəˌnɪd, ˈliəˌnɪd
RUS lʲiaˈnʲit

Léonie
BR ˈliːəni, lɪˈəʊni
AM ˈleɪəni
FR leɔni

leonine
BR ˈliːənʌɪn
AM ˈliəˌnaɪn

Leonora
BR ˌliːəˈnɔːrə(r)
AM l(i)əˈnɔrə

leopard
BR ˈlepəd, -z
AM ˈlepərd, -z

leopardess
BR ˈlepədes, ˌlepəˈdes, -ɪz
AM ˈlepərdəs, -əz

Leopold
BR ˈliːəpəʊld
AM ˈliəˌpoʊld

Léopoldville
BR ˈliːəpəʊldˌvɪl
AM ˈliəˌpoʊl(d)ˌvɪl

leotard
BR ˈliːə(ʊ)tɑːd, -z
AM ˈliəˌtɑrd, -z

leper
BR ˈlepə(r), -z
AM ˈlepər, -z

lepidolite
BR ˈlepɪdəlʌɪt, lɪˈpɪdəlʌɪt
AM ˈlepədəˌlaɪt, ləˈpɪdəˌlaɪt

Lepidoptera
BR ˌlepɪˈdɒpt(ə)rə(r)
AM ˌlepəˈdaptərə

lepidopteran
BR ˌlepɪˈdɒpt(ə)rn, -z
AM ˌlepəˈdaptərən, -z

lepidopterist
BR ˌlepɪˈdɒpt(ə)rɪst, -s
AM ˌlepəˈdapt(ə)rəst, -s

lepidopterous
BR ˌlepɪˈdɒpt(ə)rəs
AM ˌlepəˈdaptərəs

Lepidus
BR ˈlepɪdəs
AM ˈlepədəs

leporine
BR ˈlepərʌɪn
AM ˈlepərən, ˈlepəˌraɪn

leprechaun
BR ˈleprɪkɔːn, -z
AM ˈleprəˌkɔn, ˈleprəˌkɑn, -z

leprosaria
BR ˌleprəˈsɛːrɪə(r)
AM ˌleprəˈsɛriə

leprosarium
BR ˌleprəˈsɛːrɪəm
AM ˌleprəˈsɛriəm

leprosy
BR ˈleprəsi
AM ˈleprəsi

leprous
BR ˈleprəs
AM ˈleprəs

lepta
BR ˈleptə(r)
AM ˈleptə

Leptis Magna
BR ˌleptɪs ˈmagnə(r)
AM ˌleptəs ˈmagnə
leptocephalic
BR ˌleptəʊsɪˈfalɪk,
ˌleptəʊkɛˈfalɪk
AM ˌleptəsəˈfælɪk
leptocephalous
BR ˌleptəʊˈsɛf(ə)ləs,
ˌleptəʊˈsɛfl̩s,
ˌleptəʊˈkɛf(ə)ləs,
ˌleptəʊˈkɛfl̩s
AM ˌleptəˈsɛfələs
leptodactyl
BR ˌleptəʊˈdakt(ɪ)l, -z
AM ˌleptəˈdæktl, -z
lepton
BR ˈleptɒn
AM ˈlept(ə)n,
ˈlepˌtɑn
leptonic
BR lepˈtɒnɪk
AM lepˈtɑnɪk
leptospirosis
BR ˌleptə(ʊ)spʌɪˈrəʊsɪs,
ˌleptə(ʊ)spɪˈrəʊsɪs
AM ˌleptəˌspaɪˈroʊsəs
leptotene
BR ˈleptə(ʊ)tiːn, -z
AM ˈleptəˌtin, -z
Lepus
BR ˈliːpəs, ˈlɛpəs
AM ˈlipəs, ˈlɛpəs
Lermontov
BR ˈləːm(ə)ntɒv
AM ˈlɜrmanˌtɒv,
lərˈmanˌtav,
ˈlɜrmanˌtav,
lərˈmanˌtɒv
Leroy
BR ˈliːrɔɪ, ləˈrɔɪ
AM ˈliˌrɔɪ
Lerwick
BR ˈləːwɪk
AM ˈlɜr(w)ɪk
Les
BR lɛz
AM lɛs
Lesage
BR ləˈsɑːʒ
AM ləˈsɑʒ
FR ləsaʒ

lesbian
BR ˈlɛzbɪən, -z
AM ˈlɛzbiən, -z
lesbianism
BR ˈlɛzbɪənɪzm
AM ˈlɛzbiənˌɪz(ə)m
Lesbos
BR ˈlɛzbɒs
AM ˈlɛzˌboʊs, ˈlɛzbɒs
lèse-majesté
BR ˌliːzˈmadʒɪsti
AM ˌlɛzˌmadʒəsˈteɪ
lesion
BR ˈliːʒn, -z
AM ˈliʒ(ə)n, -z
Lesley
BR ˈlɛzli
AM ˈlɛsli, ˈlɛzli
Leslie
BR ˈlɛzli
AM ˈlɛsli, ˈlɛzli
Lesney
BR ˈlɛzni
AM ˈlɛzni
Lesotho
BR lɪˈsuːtuː, lɪˈsəʊtəʊ
AM ləˈsoʊˌðoʊ,
ləˈsutˌ(h)u
less
BR lɛs
AM lɛs
lessee
BR lɛˈsiː, -z
AM lɛˈsi, -z
lesseeship
BR lɛˈsiːʃɪp, -s
AM lɛˈsiˌʃɪp, -s
lessen
BR ˈlɛs|n, -nz,
-n̩ŋ\-nɪŋ, -nd
AM ˈlɛs(ə)n, -z,
-ɪŋ, -d
Lesseps
BR ˈlɛsɛps
AM ləˈsɛps
FR lɛsɛps
lesser
BR ˈlɛsə(r)
AM ˈlɛsər
Lessing
BR ˈlɛsɪŋ
AM ˈlɛsɪŋ

lesson
BR ˈlɛsn, -z
AM ˈlɛs(ə)n, -z
lessor
BR lɛˈsɔː(r),
ˈlɛsɔː(r), -z
AM ˈlɛˌsɔ(ə)r, -z
lest
BR lɛst
AM lɛst
Lester
BR ˈlɛstə(r)
AM ˈlɛstər
let
BR lɛt, -s, -ɪŋ
AM lɛ|t, -ts, -dɪŋ
letch
BR lɛtʃ, -ɪz, -ɪŋ, -t
AM lɛtʃ, -əz, -ɪŋ, -t
Letchworth
BR ˈlɛtʃwəθ
AM ˈlɛtʃˌwərθ
letdown
BR ˈletdaʊn, -z
AM ˈlɛtˌdaʊn, -z
lethal
BR ˈliːθl
AM ˈliθəl
lethality
BR liːˈθalɪti
AM liˈθælədi
lethally
BR ˈliːθli
AM ˈliθəli
lethargic
BR lɪˈθɑːdʒɪk
AM ləˈθɑrdʒɪk
lethargically
BR lɪˈθɑːdʒɪkli
AM ləˈθɑrdʒək(ə)li
lethargy
BR ˈlɛθədʒi
AM ˈlɛθərdʒi
Lethbridge
BR ˈlɛθbrɪdʒ
AM ˈlɛθˌbrɪdʒ
Lethe
BR ˈliːθi
AM ˈliθi
Lethean
BR ˈliːθɪən
AM ˈliθiən

Leticia
BR lɪˈtɪʃ(ɪ)ə(r)
AM ləˈtɪʃə
Letitia
BR lɪˈtɪʃ(ɪ)ə(r)
AM ləˈtɪʃə
Letraset
BR ˈlɛtrəsɛt
AM ˈlɛtrəˌsɛt
Lett
BR ˈlɛt, -s
AM ˈlɛt, -s
letter
BR ˈlɛt|ə(r), -əz,
-(ə)rɪŋ, -əd
AM ˈlɛdər, -z, -ɪŋ, -d
letter-bomb
BR ˈlɛtəbɒm, -z,
-ɪŋ, -d
AM ˈlɛdərˌbɑm, -z,
-ɪŋ, -d
letter bomber
BR ˈlɛtəˌbɒmə(r), -z
AM ˈlɛdərˌbɑmər, -z
letterbox
BR ˈlɛtəbɒks, -ɪz
AM ˈlɛdərˌbɑks, -əz
letterer
BR ˈlɛt(ə)rə(r), -z
AM ˈlɛdərər, -z
letterhead
BR ˈlɛtəhɛd, -z
AM ˈlɛdərˌ(h)ɛd, -z
letterless
BR ˈlɛtələs
AM ˈlɛdərləs
Letterman
BR ˈlɛtəmən
AM ˈlɛdərm(ə)n
letterpress
BR ˈlɛtəprɛs, -ɪz
AM ˈlɛdərˌprɛs,
-əz
Lettic
BR ˈlɛtɪk, -s
AM ˈlɛdɪk, -s
Lettice
BR ˈlɛtɪs
AM ˈlɛdɪs
letting
BR ˈlɛtɪŋ, -z
AM ˈlɛdɪŋ, -z

Lettish
BR ˈletɪʃ
AM ˈledɪʃ

lettuce
BR ˈletɪs, -ɪz
AM ˈledəs, -ɪz

letup
BR ˈletʌp, -s
AM ˈled̬ˌəp, -s

leu
BR ˈleɪuː
AM ˈleʊ

Leuchars[1] *place in UK*
BR ˈluːxəz, ˈluːkəz
AM ˈlukərz

Leuchars[3] *place in UK*
BR ˈluːxəz, ˈluːkəz
AM ˈlukərz

leucine
BR ˈl(j)uːsiːn, -z
AM ˈluˌsin, ˈlus(ə)n, -z

leucoblast
BR ˈl(j)uːkə(ʊ)blɑːst, -s
AM ˈlukəˌblæst, -s

leucocyte
BR ˈl(j)uːkə(ʊ)sʌɪt, -s
AM ˈlukəˌsaɪt, -s

leucocytic
BR ˌl(j)uːkə(ʊ)ˈsɪtɪk
AM ˌlukəˈsɪtɪk

leucoderma
BR ˌluːkəˈdəːmə(r)
AM ˌlukəˈdərmə

leucoma
BR l(j)uːˈkəʊmə(r), -z
AM luˈkoʊmə, -z

leucopathy
BR l(j)uːˈkɒpəθi
AM luˈkɑpəθi

leucopenia
BR ˌluːkəˈpiːnɪə(r)
AM ˌlukəˈpiniə

leucoplast
BR ˈluːkəplast, ˈluːkəplɑːst
AM ˌlukəˌplæst

leucorrhoea
BR ˌl(j)uːkəˈriːə(r)
AM ˌlukəˈrɪə

leucotome
BR ˈl(j)uːkətəʊm, -z
AM ˈlukəˌtoʊm, -z

leucotomize
BR l(j)uːˈkɒtəmʌɪz, -ɪz, -ɪŋ, -d
AM luˈkɑdəˌmaɪz, -ɪz, -ɪŋ, -d

leucotomy
BR l(j)uːˈkɒtəm|i, -ɪz
AM luˈkɑdəmi, -z

leukaemia
BR l(j)uːˈkiːmɪə(r)
AM luˈkimiə

leukaemic
BR l(j)uːˈkiːmɪk
AM luˈkimɪk

leukaemogen
BR luːˈkiːmədʒ(ə)n, -z
AM luˈkiməˌdʒen, luˈkimədʒ(ə)n, -z

leukaemogenic
BR luːˌkiːməˈdʒenɪk
AM luˌkiməˈdʒenɪk

leukemia
BR l(j)uːˈkiːmɪə(r)
AM luˈkimiə

leukemic
BR l(j)uːˈkiːmɪk
AM luˈkimɪk

leukemogen
BR luːˈkiːmədʒ(ə)n, -z
AM luˈkiməˌdʒen, luˈkimədʒ(ə)n, -z

leukemogenic
BR luːˌkiːməˈdʒenɪk
AM luˌkiməˈdʒenɪk

leukocyte
BR ˈl(j)uːkəsʌɪt, -s
AM ˈlukəˌsaɪt, -s

leukotriene
BR ˌluːkə(ʊ)ˈtrʌiːn, -z
AM ˌlukəˈtraɪin, -z

Leuven
BR ˈluːven
AM ˈluˌven
FL ˈløvə(n)

lev
BR ˈlev, -z
AM ˈlev, -z

leva
BR ˈlevə(r), -z
AM ˈlɛˌvɑ, ˈlevə, -z

Levalloisean
BR ˌləvəˈlwɑːzɪən
AM ˌlevəˈlɔɪzɪən

levant
BR lɪˈvant, -s, -ɪŋ, -ɪd
AM ləˈvɑnt, ləˈvænt, -s, -ɪŋ, -ɪd

levanter
BR ləˈvɑntə(r), -z
AM ləˈvɑn(t)ər, ləˈvæn(t)ər, -z

Levantine
BR ˈlevntʌɪn
AM ˈlevənˌtaɪn, ləˈvæn(t)ən

levator
BR lɪˈveɪtə(r), -z
AM ləˈveɪdər, -z

levee
BR ˈlev|i, ˈlev|eɪ, -ɪz\-eɪz
AM ˈlevi, -z

level
BR ˈlev|l, -lz, -l̩ɪŋ, -ld
AM ˈlev|əl, -əlz, -(ə)lɪŋ, -əld

leveller
BR ˈlevlə(r), -z
AM ˈlev(ə)lər, -z

levelly
BR ˈlevl̩(l)i
AM ˈlevəli

levelness
BR ˈlevlnəs
AM ˈlevəlnəs

lever
BR ˈliːv|ə(r), -əz, -(ə)rɪŋ, -əd
AM ˈlivər, ˈlevər, -ərz, -(ə)rɪŋ, -ərd

leverage
BR ˈliːv(ə)rɪdʒ, ˈlev(ə)rɪdʒ
AM ˈlev(ə)rɪdʒ

leveret
BR ˈlev(ə)rɪt, -s
AM ˈlev(ə)rət, -s

Leverhulme
BR ˈliːvəhjuːm
AM ˈlevərˌhjum

Le Verrier
BR lə ˈveɪɪeɪ
AM lə verˈjeɪ

Levi[1] *Biblical name*
BR ˈliːvʌɪ
AM ˈliˌvaɪ

Levi[2] *surname*
BR ˈlevi, ˈliːvi
AM ˈlevi

leviable
BR ˈlevɪəbl
AM ˈlevɪəb(ə)l

leviathan
BR lɪˈvʌɪəθn, -z
AM ləˈvaɪəθən, -z

levigate
BR ˈlevɪgeɪt, -s, -ɪŋ, -ɪd
AM ˈlevəˌgeɪ|t, -ts, -dɪŋ, -dɪd

levigation
BR ˌleviˈgeɪʃn, -z
AM ˌlevəˈgeɪʃ(ə)n, -z

levin
BR ˈlevɪn, -z
AM ˈlevən, -z

Levine
BR ləˈviːn
AM ləˈvaɪn, ləˈvin

levirate
BR ˈliːvɪrət, ˈlevɪrət, -s
AM ˈlevəˌreɪt, ˈlevərət, -s

leviratic
BR ˌliːvɪˈratɪk, ˌlevɪˈratɪk
AM ˌlevəˈrædɪk

leviratical
BR ˌliːvɪˈratɪkl, ˌlevɪˈratɪkl
AM ˌlevəˈrædək(ə)l

Levi's
BR ˈliːvʌɪz
AM ˈliˌvaɪz

levitate
BR ˈlevɪteɪt, -s, -ɪŋ, -ɪd
AM ˈlevəˌteɪ|t, -ts, -dɪŋ, -dɪd

levitation
BR ˌlevɪˈteɪʃn
AM ˌlevəˈteɪʃ(ə)n

levitator
BR ˈlevɪteɪtə(r), -z
AM ˈlevɪˌteɪdər, -z
Levite
BR ˈliːvʌɪt, -s
AM ˈliˌvaɪt, -s
Levitical
BR lɪˈvɪtɪkl
AM ləˈvɪdək(ə)l
Leviticus
BR lɪˈvɪtɪkəs
AM ləˈvɪdəkəs
Levittown
BR ˈlevɪttaʊn
AM ˈlevə(t)ˌtaʊn
levity
BR ˈlevɪti
AM ˈlevədi
levodopa
BR ˌliːvəˈdəʊpə(r),
ˌlevəˈdəʊpə(r)
AM ˌlevəˈdoʊpə
levorotatory
BR ˌliːvəʊˈrəʊtət(ə)ri
AM ˌlivoʊˈroʊdəˌtɔri
levulose
BR ˈliːvjʉləʊs,
ˈliːvjʉləʊz,
ˈlevjʉləʊs,
ˈlevjʉləʊz
AM ˈlevjəloʊz,
ˈlevjəloʊs
levy
BR ˈlev|i, -ɪz, -ɪɪŋ, -ɪd
AM ˈlevi, -z, -ɪŋ, -d
lewd
BR l(j)uːd, -ə(r), -ɪst
AM lud, -ər, -əst
lewdly
BR ˈl(j)uːdli
AM ˈludli
lewdness
BR ˈl(j)uːdnəs
AM ˈludnəs
Lewes
BR ˈluːɪs
AM ˈluwəs
lewis
BR ˈluːɪs, -ɪz
AM ˈluwəs, -ɪz

Lewisham
BR ˈluːɪʃ(ə)m
AM ˈluwəʃ(ə)m
lewisite
BR ˈluːɪsʌɪt
AM ˈluəˌsaɪt
lex
BR leks
AM leks
lex domicilii
BR ˌleks dɒmɪˈsɪliʌɪ
AM ˌˈleks ˌdaməˈsɪliˌi
lexeme
BR ˈleksiːm, -z
AM ˈlekˌsim, -z
lexemic
BR lekˈsiːmɪk
AM lekˈsimɪk
lex fori
BR ˌleks ˈfɔːrʌɪ
AM ˌˈleks ˈfɔri
lexical
BR ˈleksɪkl
AM ˈleksək(ə)l
lexically
BR ˈleksɪkli
AM ˈleksək(ə)li
lexicographer
BR ˌleksɪˈkɒɡrəfə(r), -z
AM ˌleksəˈkɑɡrəfər, -z
lexicographic
BR ˌleksɪkəˈɡrafɪk
AM ˌˌleksəkəˈɡræfɪk
lexicographical
BR ˌleksɪkəˈɡrafɪkl
AM ˌˌleksəkə-
ˈɡræfək(ə)l
lexicographically
BR ˌleksɪkəˈɡrafɪkli
AM ˌˌleksəkə-
ˈɡræfək(ə)li
lexicography
BR ˌleksɪˈkɒɡrəfi
AM ˌleksəˈkɑɡrəfi
lexicological
BR ˌleksɪkəˈlɒdʒɪkl
AM ˌˌleksəkə-
ˈlɑdʒək(ə)l
lexicologically
BR ˌleksɪkəˈlɒdʒɪkli
AM ˌˌleksəkə-
ˈlɑdʒək(ə)li

lexicologist
BR ˌleksɪˈkɒlədʒɪst, -s
AM ˌleksəˈkalədʒəst, -s
lexicology
BR ˌleksɪˈkɒlədʒi
AM ˌleksəˈkalədʒi
lexicon
BR ˈleksɪk(ə)n, -z
AM ˈleksəkən,
ˈleksəˌkan, -z
lexicostatistics
BR ˌleksɪkəʊstəˈtɪstɪks
AM ˌleksəkoʊstəˈtɪstɪks
lexigraphy
BR lekˈsɪɡrəfi
AM lekˈsɪɡrəfi
Lexington
BR ˈleksɪŋt(ə)n
AM ˈleksɪŋt(ə)n
lexis
BR ˈleksɪs
AM ˈleksəs
lex loci
BR ˌleks ˈləʊsʌɪ
AM ˌˈleks ˈloʊsi
lex talionis
BR ˌleks talɪˈəʊnɪs
AM ˈleks ˌtaliˈoʊnəs
Ley
BR liː, leɪ
AM li, leɪ
ley
BR liː, leɪ, -z
AM leɪ, -z
Leyburn
BR ˈleɪbəːn
AM ˈleɪbərn
Leyden
BR ˈlʌɪdn
AM ˈlaɪdən
Leyland
BR ˈleɪlənd
AM ˈlilənd, ˈleɪlənd
leylandii
BR leɪˈlandɪʌɪ
AM leɪˈlændiaɪ
Leyte
BR ˈleɪti
AM ˈleɪˌti
Leyton
BR ˈleɪtn
AM ˈleɪtn

Leytonstone
BR ˈleɪtnstəʊn
AM ˈleɪtnˌstoʊn
Lhasa
BR ˈlɑːsə(r), ˈlasə(r)
AM ˈlɑsə
lhasa apso
BR ˌlɑːsə(r) ˈapsəʊ,
ˌlasə(r) +, -z
AM ˌlɑsə ˈɑpsoʊ, -z
liability
BR ˌlʌɪəˈbɪlɪt|i, -ɪz
AM ˌlaɪəˈbɪlɪdi, -z
liable
BR ˈlʌɪəbl
AM ˈlaɪəb(ə)l
liaise
BR lɪˈeɪz, -ɪz, -ɪŋ, -d
AM liˈeɪz, -ɪz, -ɪŋ, -d
liaison
BR lɪˈeɪz(ɒ)n, lɪˈeɪzɔ̃
AM liˈeɪˌzɑn, ˈliəˌzɑn
Liam
BR ˈliːəm
AM ˈliəm, ˈlaɪəm
liana
BR lɪˈɑːnə(r), -z
AM liˈænə, liˈɑnə, -z
liane
BR lɪˈɑːn, lɪˈan, -z
AM liˈæn, liˈɑn, -z
Lianne
BR lɪˈan
AM liˈæn
Liao
BR lɪˈaʊ
AM lɪˈaʊ
liar
BR ˈlʌɪə(r), -z
AM ˈlaɪ(ə)r, -z
Lias
BR ˈlʌɪəs
AM ˈlaɪəs
liassic
BR ˈlʌɪˈasɪk
AM laɪˈæsɪk
lib
BR lɪb
AM lɪb
libation
BR lʌɪˈbeɪʃn, -z
AM laɪˈbeɪʃ(ə)n, -z

libber
BR ˈlɪbə(r), -z
AM ˈlɪbər, -z

Libby
BR ˈlɪbi
AM ˈlɪbi

LibDem
BR ˌlɪbˈdɛm, -z
AM ˈlɪbˈdɛm, -z

libel
BR ˈlaɪb|l, -lz, -lɪŋ, -ld
AM ˈlaɪb|(ə)l, -əlz,
-(ə)lɪŋ, -əld

libelant
BR ˈlaɪblənt, -s
AM ˈlaɪbəl(ə)nt, -s

libelee
BR ˌlaɪbəˈliː, -z
AM ˌlaɪbəˈli, -z

libeler
BR ˈlaɪblə(r), -z
AM ˈlaɪbələr, -z

libelist
BR ˈlaɪblɪst, -s
AM ˈlaɪbələst, -s

libellant
BR ˈlaɪblənt, -s
AM ˈlaɪbəl(ə)nt, -s

libellee
BR ˌlaɪbəˈliː, -z
AM ˌlaɪbəˈli, -z

libeller
BR ˈlaɪblə(r), -z
AM ˈlaɪbələr, -z

libellist
BR ˈlaɪblɪst, -s
AM ˈlaɪbələst, -s

libellous
BR ˈlaɪbləs
AM ˈlaɪbələs

libellously
BR ˈlaɪbləsli
AM ˈlaɪbələsli

libelous
BR ˈlaɪbləs
AM ˈlaɪbələs

libelously
BR ˈlaɪbləsli
AM ˈlaɪbələsli

liber
BR ˈlaɪbə(r)
AM ˈlɪbər, ˈlaɪbər

Liberace
BR ˌlɪbəˈrɑːtʃi
AM ˌlɪbəˈrɑtʃi

liberal
BR ˈlɪb(ə)r|, -z
AM ˈlɪb(ə)rəl, -z

liberalisation
BR ˌlɪb(ə)rlaɪˈzeɪʃn
AM ˌlɪb(ə)rə,laɪ-
ˈzeɪʃ(ə)n,
ˌlɪb(ə)rələˈzeɪʃ(ə)n

liberalise
BR ˈlɪb(ə)rlaɪz, -ɪz,
-ɪŋ, -d
AM ˈlɪb(ə)rə,laɪz, -ɪz,
-ɪŋ, -d

liberaliser
BR ˈlɪb(ə)rlaɪzə(r), -z
AM ˈlɪb(ə)rə,laɪzər, -z

liberalism
BR ˈlɪb(ə)rlɪzm
AM ˈlɪb(ə)rə,lɪz(ə)m

liberalist
BR ˈlɪb(ə)rlɪst, -s
AM ˈlɪb(ə)rələst, -s

liberalistic
BR ˌlɪb(ə)rəˈlɪstɪk,
ˌlɪb(ə)rlˈɪstɪk
AM ˌlɪb(ə)rəˈlɪstɪk

liberality
BR ˌlɪbəˈralɪti
AM ˌlɪbəˈrælədi

liberalization
BR ˌlɪb(ə)rlaɪˈzeɪʃn
AM ˌlɪb(ə)rə,laɪ-
ˈzeɪʃ(ə)n,
ˌlɪb(ə)rələˈzeɪʃ(ə)n

liberalize
BR ˈlɪb(ə)rlaɪz, -ɪz,
-ɪŋ, -d
AM ˈlɪb(ə)rə,laɪz, -ɪz,
-ɪŋ, -d

liberalizer
BR ˈlɪb(ə)rlaɪzə(r), -z
AM ˈlɪb(ə)rə,laɪzər, -z

liberally
BR ˈlɪb(ə)rli
AM ˈlɪb(ə)rəli

liberalness
BR ˈlɪb(ə)rlnəs
AM ˈlɪb(ə)rəlnəs

liberate
BR ˈlɪbəreɪt, -s, -ɪŋ, -ɪd
AM ˈlɪbə,reɪ|t, -ts,
-dɪŋ, -dɪd

liberation
BR ˌlɪbəˈreɪʃn
AM ˌlɪbəˈreɪʃ(ə)n

liberationist
BR ˌlɪbəˈreɪʃnɪst, -s
AM ˌlɪbəˈreɪʃənəst, -s

liberator
BR ˈlɪbəreɪtə(r), -z
AM ˈlɪbə,reɪdər, -z

Liberia
BR laɪˈbɪərɪə(r)
AM laɪˈbɪrɪə

Liberian
BR laɪˈbɪərɪən, -z
AM laɪˈbɪrɪən, -z

libertarian
BR ˌlɪbəˈtɛːrɪən, -z
AM ˌlɪbərˈtɛrɪən, -z

libertarianism
BR ˌlɪbəˈtɛːrɪənɪzm
AM ˌlɪbərˈtɛrɪə,nɪz(ə)m

libertinage
BR ˈlɪbətɪnɪdʒ
AM ˈlɪbər,tɪnɪdʒ

libertine
BR ˈlɪbətiːn, -z
AM ˈlɪbər,tin, -z

libertinism
BR ˈlɪbətɪnɪzm
AM ˈlɪbər,tɪ,nɪz(ə)m

liberty
BR ˈlɪbət|i, -ɪz
AM ˈlɪbərdi, -z

libidinal
BR lɪˈbɪdɪn(ə)l,
lɪˈbɪdn(ə)l
AM ləˈbɪdnəl

libidinally
BR lɪˈbɪdɪnli, lɪˈbɪdn̩li
AM ləˈbɪd(ə)nəli

libidinous
BR lɪˈbɪdɪnəs,
lɪˈbɪdnəs
AM ləˈbɪdnəs

libidinously
BR lɪˈbɪdɪnəsli,
lɪˈbɪdn̩sli
AM ləˈbɪdnəsli

libidinousness
BR lɪˈbɪdɪnəsnəs,
lɪˈbɪdnəsnəs
AM ləˈbɪdnəsnəs

libido
BR lɪˈbiːdəʊ, -z
AM ləˈbidoʊ, -z

libitum
BR ˈlɪbɪtəm
AM ˈlɪbɪdəm

Lib-Lab
BR ˌlɪbˈlab
AM ˈlɪbˌlæb

Li Bo
BR ˌliː ˈbəʊ
AM ˈli ˈboʊ

LIBOR
BR ˈlaɪbɔː(r)
AM ˈlaɪbə(ə)r

Libra
BR ˈliːbrə(r), -z
AM ˈlɪbrə, -z

Libran
BR ˈliːbrən, ˈlɪbrən, -z
AM ˈlaɪbrən, -z

librarian
BR laɪˈbrɛːrɪən, -z
AM laɪˈbrɛrɪən, -z

librarianship
BR laɪˈbrɛːrɪənʃɪp, -s
AM laɪˈbrɛrɪənˌʃɪp, -s

library
BR ˈlaɪb(rə)r|i, -ɪz
AM ˈlaɪˌbrɛri, -z

librate
BR laɪˈbreɪt, ˈlaɪbreɪt,
-s, -ɪŋ, -ɪd
AM ˈlaɪˌbreɪ|t, -ts,
-dɪŋ, -dɪd

libration
BR laɪˈbreɪʃn, -z
AM laɪˈbreɪʃ(ə)n, -z

libratory
BR ˈlaɪbrət(ə)ri
AM ˈlaɪbrəˌtɔri

librettist
BR lɪˈbrɛtɪst, -s
AM ləˈbrɛdəst, -s

libretto
BR lɪˈbrɛtəʊ, -z
AM ləˈbrɛdoʊ, -z
IT liˈbretto

Libreville
BR ˈliːbrəvɪl
AM ˈlɪbrəˌvɪl
FR libʀəvil

Librium
BR ˈlɪbriəm
AM ˈlɪbriəm

Libya
BR ˈlɪbiə(r), ˈlɪbjə(r)
AM ˈlɪbiə

Libyan
BR ˈlɪbiən, ˈlɪbj(ə)n, -z
AM ˈlɪbiən, -z

lice
BR lʌɪs
AM laɪs

licence
BR ˈlʌɪsns, -ɪz, -ɪŋ, -t
AM ˈlaɪsns, -ɪz, -ɪŋ, -t

licensable
BR ˈlʌɪsnsəbl
AM ˈlaɪsnsəb(ə)l

license
BR ˈlʌɪsns, -ɪz, -ɪŋ, -t
AM ˈlaɪsns, -ɪz, -ɪŋ, -t

licensee
BR ˌlʌɪsnˈsiː, -z
AM ˌlaɪsnˈsi, -z

licenser
BR ˈlʌɪsnsə(r), -z
AM ˈlaɪsnsər, -z

licensor
BR ˈlʌɪsnsə(r), -z
AM ˈlaɪsnsər, -z

licentiate
BR lʌɪˈsɛnʃiət, -s
AM laɪˈsɛnʃ(i)ɨt, -s

licentious
BR lʌɪˈsɛnʃəs
AM laɪˈsɛnʃəs

licentiously
BR lʌɪˈsɛnʃəsli
AM laɪˈsɛnʃəsli

licentiousness
BR lʌɪˈsɛnʃəsnəs
AM laɪˈsɛnʃəsnəs

lichee
BR lʌɪˈtʃiː, ˈlʌɪtʃiː, ˈliːtʃiː, ˈlɪtʃiː, -z
AM ˈlɪtʃi, -z

lichen
BR ˈlɪtʃ(ɨ)n, ˈlʌɪk(ə)n, -z, -d
AM ˈlaɪkən, -z, -d

lichenology
BR ˌlɪtʃɨˈnɒlədʒi, ˌlʌɪkəˈnɒlədʒi
AM ˌlaɪkəˈnɑlədʒi

lichenous
BR ˈlɪtʃɨnəs, ˈlʌɪkənəs
AM ˈlaɪkənəs

Lichfield
BR ˈlɪtʃfiːld
AM ˈlɪtʃˌfild

lich-gate
BR ˈlɪtʃgeɪt, -s
AM ˈlɪtʃˌgeɪt, -s

Lichtenstein
BR ˈlɪkt(ə)nstʌɪn, ˈlɪxt(ə)nstʌɪn
AM ˈlɪktənˌstaɪn

licit
BR ˈlɪsɪt
AM ˈlɪsɨt

licitly
BR ˈlɪsɪtli
AM ˈlɪsɨtli

lick
BR lɪk, -s, -ɪŋ, -t
AM lɪk, -s, -ɪŋ, -t

licker
BR ˈlɪkə(r), -z
AM ˈlɪkər, -z

lickerish
BR ˈlɪk(ə)rɪʃ
AM ˈlɪk(ə)rɪʃ

lickety-split
BR ˌlɪkɪtɪˈsplɪt
AM ˌlɪkədiˈsplɪt

licking
BR ˈlɪkɪŋ, -z
AM ˈlɪkɪŋ, -z

lickspittle
BR ˈlɪkˌspɪtl, -z
AM ˈlɪkˌspɪd(ə)l, -z

licorice
BR ˈlɪk(ə)rɪʃ, ˈlɪk(ə)rɪs
AM ˈlɪk(ə)rɪʃ

lictor
BR ˈlɪktɔː(r), -z
AM ˈlɪktər, -z

lid
BR lɪd, -z, -ɪd
AM lɪd, -z, -ɨd

lidar
BR ˈlʌɪdɑː(r)
AM ˈlaɪˌdɑr

Liddell
BR ˈlɪdl
AM lɪˈdɛl, ˈlɪd(ə)l

lidless
BR ˈlɪdlɪs
AM ˈlɪdləs

lido
BR ˈliːdəʊ, ˈlʌɪdəʊ, -z
AM ˈlidoʊ, -z

lidocaine
BR ˈlʌɪdəkeɪn
AM ˈlaɪdəˌkeɪn

lie
BR lʌɪ, -z, -ɪŋ, -d
AM laɪ, -z, -ɪŋ, -d

Liebfraumilch
BR ˈliːbfraʊmɪlk, ˈliːbfraʊmɪlʃ, ˈliːbfraʊmɪlx
AM ˈlibˌfraʊˌmɪltʃ

Liebig
BR ˈliːbɪg
AM ˈlibɪg

Liechtenstein
BR ˈlɪkt(ə)nstʌɪn, ˈlɪxt(ə)nstʌɪn
AM ˈlɪktənˌstaɪn

Liechtensteiner
BR ˈlɪkt(ə)nstʌɪnə(r), ˈlɪxt(ə)nstʌɪnə(r), -z
AM ˈlɪktənˌstaɪnər, -z

Lied *song*
BR liːd
AM lid

lied *past tense*
BR lʌɪd
AM laɪd

Lieder
BR ˈliːdə(r)
AM ˈlidər

Liederkrantz
BR ˈliːdəkranz, ˈliːdəkrants
AM ˈlidərˌkræn(t)s, ˈlidərˌkrænz

lief
BR liːf
AM lif

Liège
BR lɪˈeɪʒ
AM liˈɛʒ

liege
BR liːdʒ, -ɪz
AM li(d)ʒ, -ɪz

liegeman
BR ˈliːdʒmən
AM ˈli(d)ʒm(ə)n, ˈli(d)ʒˌmæn

liegemen
BR ˈliːdʒmən
AM ˈli(d)ʒm(ə)n, ˈli(d)ʒˌmɛn

lie-in
BR ˈlʌɪɪn, ˌlʌɪˈɪn, -z
AM ˈlaɪˌɪn, -z

lien
BR ˈliː(ə)n, -z
AM ˈli(ə)n, -z

lierne
BR lɪˈəːn, -z
AM liˈərn, -z

lieu
BR l(j)uː
AM l(j)u

lieutenancy
BR lɛfˈtɛnəns|i, -ɪz
AM luˈtɛnənsi, -z

lieutenant
BR lɛfˈtɛnənt, -s
AM luˈtɛnənt, -s

lieux
BR l(j)uː
AM l(j)u

life
BR lʌɪf
AM laɪf

lifebelt
BR ˈlʌɪfbɛlt, -s
AM ˈlaɪfˌbɛlt, -s

lifeblood
BR ˈlʌɪfblʌd
AM ˈlaɪfˌbləd

lifeboat
BR ˈlʌɪfbəʊt, -s
AM ˈlaɪfˌboʊt, -s

lifeboatman
BR ˈlaɪfbəʊtmən
AM ˈlaɪfˌboʊtm(ə)n

lifeboatmen
BR ˈlaɪfbəʊtmən
AM ˈlaɪfˌboʊtm(ə)n

lifebuoy
BR ˈlaɪfbɔɪ, -z
AM ˈlaɪfˌbui, ˈlaɪfˌbɔɪ, -z

lifeguard
BR ˈlaɪfgɑːd, -z
AM ˈlaɪfˌgɑrd, -z

lifejacket
BR ˈlaɪfˌdʒakɪt, -s
AM ˈlaɪfˌdʒækət, -s

lifeless
BR ˈlaɪflɪs
AM ˈlaɪflɪs

lifelessly
BR ˈlaɪflɪsli
AM ˈlaɪflɪsli

lifelessness
BR ˈlaɪflɪsnɪs
AM ˈlaɪflɪsnɪs

lifelike
BR ˈlaɪflaɪk
AM ˈlaɪfˌlaɪk

lifelikeness
BR ˈlaɪflaɪknɪs
AM ˈlaɪfˌlaɪknɪs

lifeline
BR ˈlaɪflaɪn, -z
AM ˈlaɪfˌlaɪn, -z

lifelong
BR ˈlaɪflɒŋ, ˌlaɪfˈlɒŋ
AM ˈlaɪfˌlɑŋ, ˈlaɪfˌlɔŋ

lifer
BR ˈlaɪfə(r), -z
AM ˈlaɪfər, -z

lifesaver
BR ˈlaɪfˌseɪvə(r), -z
AM ˈlaɪfˌseɪvər, -z

lifespan
BR ˈlaɪfspan, -z
AM ˈlaɪfˌspæn, -z

lifestyle
BR ˈlaɪfstaɪl, -z
AM ˈlaɪfˌstaɪl, -z

lifestyler
BR ˈlaɪfˌstaɪlə(r), -z
AM ˈlaɪfˌstaɪlər, -z

lifetime
BR ˈlaɪftaɪm, -z
AM ˈlaɪfˌtaɪm, -z

Liffey
BR ˈlɪfi
AM ˈlɪfi

Lifford
BR ˈlɪfəd
AM ˈlɪfərd

LIFO *last in, first out*
BR ˈliːfəʊ
AM ˈlifoʊ

lift
BR lɪft, -s, -ɪŋ, -ɪd
AM lɪft, -s, -ɪŋ, -ɪd

liftable
BR ˈlɪftəbl
AM ˈlɪftəb(ə)l

liftboy
BR ˈlɪf(t)bɔɪ, -z
AM ˈlɪf(t)ˌbɔɪ, -z

lifter
BR ˈlɪftə(r), -z
AM ˈlɪftər, -z

liftgate
BR ˈlɪf(t)geɪt, -s
AM ˈlɪf(t)ˌgeɪt, -s

liftman
BR ˈlɪf(t)man
AM ˈlɪf(t)ˌmæn

liftmen
BR ˈlɪf(t)men
AM ˈlɪf(t)ˌmen

lig
BR lɪg, -z, -ɪŋ, -d
AM lɪg, -z, -ɪŋ, -d

ligament
BR ˈlɪgəm(ə)nt, -s
AM ˈlɪgəm(ə)nt, -s

ligamental
BR ˌlɪgəˈmentl
AM ˌlɪgəˈmen(t)l

ligamentary
BR ˌlɪgəˈment(ə)ri
AM ˌlɪgəˈmen(t)əri

ligamentous
BR ˌlɪgəˈmentəs
AM ˌlɪgəˈmen(t)əs

ligand
BR ˈlɪg(ə)nd, -z
AM ˈlaɪgənd, ˈlɪgənd, -z

ligate
BR ˈlaɪgeɪt, lɪˈgeɪt, -s, -ɪŋ, -d
AM ˈlaɪˌgeɪ|t, -ts, -dɪŋ, -dɪd

ligation
BR laɪˈgeɪʃn, lɪˈgeɪʃn, -z
AM laɪˈgeɪʃ(ə)n, -z

ligature
BR ˈlɪgətʃʊə(r), ˈlɪgətjʊə(r), -z
AM ˈlɪgʌˌtʃʊ(ə)r, ˈlɪgətʃər, -z

liger
BR ˈlaɪgə(r), -z
AM ˈlaɪgər, -z

ligger
BR ˈlɪgə(r), -z
AM ˈlɪgər, -z

light
BR laɪt, -s, -ɪŋ, -ə(r), -ɪst
AM laɪ|t, -ts, -dɪŋ, -dər, -dɪst

lighten
BR ˈlaɪt|n, -nz, -n̩ɪŋ\-nɪŋ, -nd
AM ˈlaɪtn, -z, -ɪŋ, -d

lightening
BR ˈlaɪtn̩ɪŋ, ˈlaɪtnɪŋ, -z
AM ˈlaɪtnɪŋ, ˈlaɪtn̩ɪŋ, -z

lighter
BR ˈlaɪtə(r), -z
AM ˈlaɪdər, -z

lighterage
BR ˈlaɪt(ə)rɪdʒ
AM ˈlaɪdərɪdʒ

lighterman
BR ˈlaɪtəmən
AM ˈlaɪdərm(ə)n

lightermen
BR ˈlaɪtəmən
AM ˈlaɪdərm(ə)n

lightfast
BR ˈlaɪtfɑːst
AM ˈlaɪtˌfæst

lightfoot
BR ˈlaɪtfʊt, -s
AM ˈlaɪtˌfʊt, -s

light-footed
BR ˌlaɪtˈfʊtɪd
AM ˌlaɪtˈfʊdəd

light-footedly
BR ˌlaɪtˈfʊtɪdli
AM ˌlaɪtˈfʊdədli

light-footedness
BR ˌlaɪtˈfʊtɪdnɪs
AM ˌlaɪtˈfʊdədnəs

light-handed
BR ˌlaɪtˈhandɪd
AM ˌlaɪtˈhæn(d)əd

light-handedly
BR ˌlaɪtˈhandɪdli
AM ˌlaɪtˈhæn(d)ədli

light-handedness
BR ˌlaɪtˈhandɪdnɪs
AM ˌlaɪtˈhæn(d)ədnəs

light-headed
BR ˌlaɪtˈhedɪd
AM ˈlaɪtˌhedəd

light-headedly
BR ˌlaɪtˈhedɪdli
AM ˈlaɪtˌhedədli

light-headedness
BR ˌlaɪtˈhedɪdnɪs
AM ˈlaɪtˌhedədnəs

light-hearted
BR ˌlaɪtˈhɑːtɪd
AM ˈlaɪtˌhɑrdəd

light-heartedly
BR ˌlaɪtˈhɑːtɪdli
AM ˈlaɪtˌhɑrdədli

light-heartedness
BR ˌlaɪtˈhɑːtɪdnɪs
AM ˈlaɪtˌhɑrdədnəs

lighthouse
BR ˈlaɪthaʊ|s, -zɪz
AM ˈlaɪt,(h)aʊ|s, -zəz

lighting
BR ˈlaɪtɪŋ
AM ˈlaɪdɪŋ

lightish
BR ˈlaɪtɪʃ
AM ˈlaɪdɪʃ

lightless
BR ˈlaɪtlɪs
AM ˈlaɪtlɪs

lightly
BR ˈlaɪtli
AM ˈlaɪtli

lightness
BR ˈlaɪtnɪs
AM ˈlaɪtnɪs

lightning
BR ˈlaɪtnɪŋ
AM ˈlaɪtnɪŋ

light of day
BR ˌlaɪt əv ˈdeɪ
AM ˈˌlaɪt əv ˈdeɪ

light-o'-love
BR ˌlaɪtəˈlʌv
AM ˈˌlaɪdəˈləv

lightproof
BR ˈlaɪtpruːf
AM ˈlaɪtˌpruf

lightship
BR ˈlaɪtʃɪp, -s
AM ˈlaɪtˌʃɪp, -s

lightsome
BR ˈlaɪts(ə)m
AM ˈlaɪts(ə)m

lightsomely
BR ˈlaɪts(ə)mli
AM ˈlaɪtsəmli

lightsomeness
BR ˈlaɪts(ə)mnəs
AM ˈlaɪtsəmnəs

lightweight
BR ˈlaɪtweɪt, -s
AM ˈlaɪtˌweɪt, -s

lightwood
BR ˈlaɪtwʊd, -z
AM ˈlaɪtˌwʊd, -z

lign-aloe
BR ˈlaɪnˌaləʊ, -z
AM ˈlaɪnˌæloʊ, -z

ligneous
BR ˈlɪgnɪəs
AM ˈlɪgnɪəs

ligniferous
BR lɪgˈnɪf(ə)rəs
AM lɪgˈnɪf(ə)rəs

lignification
BR ˌlɪgnɪfɪˈkeɪʃn
AM ˌlɪgnəfəˈkeɪʃ(ə)n

ligniform
BR ˈlɪgnɪfɔːm
AM ˈlɪgnəˌfɔ(ə)rm

lignify
BR ˈlɪgnɪfʌɪ, -z, -ɪŋ, -d
AM ˈlɪgnəˌfaɪ, -z, -ɪŋ, -d

lignin
BR ˈlɪgnɪn
AM ˈlɪgnən

lignite
BR ˈlɪgnʌɪt
AM ˈlɪgˌnaɪt

lignitic
BR lɪgˈnɪtɪk
AM lɪgˈnɪdɪk

lignocaine
BR ˈlɪgnə(ʊ)keɪn
AM ˈlɪgnəˌkeɪn

lignum
BR ˈlɪgnəm
AM ˈlɪgn(ə)m

lignum vitae
BR ˌlɪgnəm ˈvʌɪtiː, + ˈviːtʌɪ
AM ˈˌlɪgn(ə)m ˈviˌtaɪ, ˈˌlɪgn(ə)m ˈvaɪˌdi

ligroin
BR ˈlɪgrəʊɪn
AM ˈlɪgroʊən

ligroine
BR ˈlɪgrəʊiːn
AM ˈlɪgroʊən

ligulate
BR ˈlɪgjʉleɪt
AM ˈlɪgjəˌleɪt

ligule
BR ˈlɪgjuːl, -z
AM ˈlɪˌgjul, -z

Liguria
BR lɪˈgjʊərɪə(r)
AM ləˈgurɪə

Ligurian
BR lɪˈgjʊərɪən, -z
AM ləˈgurɪən, -z

ligustrum
BR lɪˈgʌstrəm, -z
AM ləˈgəstrəm, -z

likability
BR ˌlʌɪkəˈbɪlɪti
AM ˌlaɪkəˈbɪlɪdi

likable
BR ˈlʌɪkəbl
AM ˈlaɪkəb(ə)l

likableness
BR ˈlʌɪkəblnəs
AM ˈlaɪkəbəlnəs

like
BR lʌɪk, -s, -ɪŋ, -t
AM laɪk, -s, -ɪŋ, -t

likeability
BR ˌlʌɪkəˈbɪlɪti
AM ˌlaɪkəˈbɪlɪdi

likeable
BR ˈlʌɪkəbl
AM ˈlaɪkəb(ə)l

likeableness
BR ˈlʌɪkəblnəs
AM ˈlaɪkəbəlnəs

likeably
BR ˈlʌɪkəbli
AM ˈlaɪkəbli

likelihood
BR ˈlʌɪklɪhʊd
AM ˈlaɪkliˌ(h)ʊd

likeliness
BR ˈlʌɪklɪnɪs
AM ˈlaɪklinɪs

likely
BR ˈlʌɪkl|i, -ɪə(r), -ɪst
AM ˈlaɪkli, -ər, -ɪst

like-minded
BR ˌlʌɪkˈmʌɪndɪd
AM ˈˌlaɪkˈˌmaɪndɪd

like-mindedly
BR ˌlʌɪkˈmʌɪndɪdli
AM ˌlaɪkˌmaɪndɪdli

like-mindedness
BR ˌlʌɪkˈmʌɪndɪdnɪs
AM ˌlaɪkˌmaɪndɪdnɪs

liken
BR ˈlʌɪk|(ə)n, -(ə)nz, -ənɪŋ\-nɪŋ, -(ə)nd
AM ˈlaɪk|ən, -ənz, -(ə)nɪŋ, -ənd

likeness
BR ˈlʌɪknɪs, -ɪz
AM ˈlaɪknɪs, -ɪz

likewise
BR ˈlʌɪkwʌɪz
AM ˈlaɪkˌwaɪz

liking
BR ˈlʌɪkɪŋ, -z
AM ˈlaɪkɪŋ, -z

Likud
BR lɪˈkʊd
AM lɪˈkʊd

likuta
BR lɪˈkuːtə(r)
AM lɪˈkudə

lilac
BR ˈlʌɪlək, -s
AM ˈlaɪlək, ˈlaɪˌlɑk, -s

lilangeni
BR ˌliːlaŋˈgeɪni
AM ˌlɪlənˌgeɪni

liliaceous
BR ˌlɪlɪˈeɪʃəs
AM ˌlɪliˈeɪʃəs

Lilian
BR ˈlɪlɪən
AM ˈlɪliən

Lilienthal
BR ˈlɪlɪəntɑːl
AM ˈlɪliənˌtɑl

Lilith
BR ˈlɪlɪθ
AM ˈlɪlɪθ

Lille
BR liːl
AM lɪl

Lillee
BR ˈlɪli
AM ˈlɪli

Lil-lets
BR lɪˈlets
AM lɪˈlɛts

Lilley
BR ˈlɪli
AM ˈlɪli

Lillian
BR ˈlɪlɪən
AM ˈlɪliən, ˈlɪlj(ə)n

Lilliburlero
BR ˌlɪlɪbəˈlɛːrəʊ
AM ˌlɪlɪbərˈlɛroʊ

Lillie
BR ˈlɪli
AM ˈlɪli

Lilliput
BR ˈlɪlɪpʌt, ˈlɪlɪpɒt
AM ˈlɪlɪpət, ˈlɪlɪpʊt

Lilliputian
BR ˌlɪlɪˈpjuːʃn
AM ˌlɪləˈpjuʃ(ə)n

Lilly
BR ˈlɪli
AM ˈlɪli

lillywhite
BR ˌlɪliˈwʌɪt
AM ˌlɪliˈ(h)waɪt
lilo
BR ˈlʌɪləʊ, -z
AM ˈlaɪloʊ, -z
Lilongwe
BR lɪˈlɒŋwi, lɪˈlɒŋweɪ
AM ləˈlɑŋweɪ, ləˈlɑŋwi
lilt
BR lɪlt, -s, -ɪŋ, -ɪd
AM lɪlt, -s, -ɪŋ, -ɪd
lily
BR ˈlɪli, -iz, -ɪd
AM ˈlɪli, -z, -d
lily-livered
BR ˌlɪliˈlɪvəd
AM ˌlɪliˌlɪvərd
Lima *Peru*
BR ˈliːmə(r)
AM ˈlimə
lima bean
BR ˈliːmə ˌbiːn, ˈlʌɪmə +, -z
AM ˈlaɪmə ˌbin, -z
Limassol
BR ˈlɪməsɒl
AM ˈlɪməˌsɑl, ˈlɪməˌsɔl
limb
BR lɪm, -z, -d
AM lɪm, -z, -(b)d
limber[1] *limb cutter*
BR ˈlɪmə, -z
AM ˈlɪmər, -z
limber[2] *verb, adjective, noun 'gun carriage'*
BR ˈlɪmb|ə(r), -əz, -(ə)rɪŋ, -əd
AM ˈlɪmb|ər, -ərz, -(ə)rɪŋ, -ərd
limberness
BR ˈlɪmbənəs
AM ˈlɪmbərnəs
limbi
BR ˈlɪmbʌɪ
AM ˈlɪmˌbaɪ
limbic
BR ˈlɪmbɪk
AM ˈlɪmbɪk

limbless
BR ˈlɪmlɪs
AM ˈlɪmlɪs
limbo
BR ˈlɪmbəʊ, -z
AM ˈlɪmboʊ, -z
Limburg
BR ˈlɪmbəːg
AM ˈlɪmˌbɜrg
DU ˈlɪmbərx
Limburger
BR ˈlɪmbəːgə(r), -z
AM ˈlɪmˌbɜrgər, -z
DU ˈlɪmbərxər
limbus
BR ˈlɪmbəs
AM ˈlɪmbəs
lime
BR lʌɪm, -z, -ɪŋ, -d
AM laɪm, -z, -ɪŋ, -d
limeade
BR ˌlʌɪmˈeɪd, -z
AM ˌlaɪmˈeɪd, -z
Limehouse
BR ˈlʌɪmhaʊs
AM ˈlaɪmˌ(h)aʊs
limejuice
BR ˈlʌɪmdʒuːs, -ɪz
AM ˈlaɪmˌdʒus, -əz
limekiln
BR ˈlʌɪmkɪln, -z
AM ˈlaɪmˌkɪl(n), -z
limeless
BR ˈlʌɪmlɪs
AM ˈlaɪmlɪs
limelight
BR ˈlʌɪmlʌɪt, -s
AM ˈlaɪmˌlaɪt, -s
limen
BR ˈlʌɪmɛn
AM ˈlaɪm(ə)n
limepit
BR ˈlʌɪmpɪt, -s
AM ˈlaɪmˌpɪt, -s
limerick
BR ˈlɪm(ə)rɪk, -s
AM ˈlɪm(ə)rɪk, -s
limestone
BR ˈlʌɪmstəʊn
AM ˈlaɪmˌstoʊn

limewash
BR ˈlʌɪmwɒʃ, -ɪz
AM ˈlaɪmˌwɑʃ, ˈlaɪmˌwɔʃ, -əz
lime-wort
BR ˈlʌɪmwəːt, -s
AM ˈlaɪmˌwɔ(ə)rt, ˈlaɪmwərt, -s
limey
BR ˈlʌɪmli, -ɪz
AM ˈlaɪmi, -z
limina
BR ˈlɪmɪnə(r)
AM ˈlɪmɪnə
liminal
BR ˈlɪmɪnl
AM ˈlɪmɪn(ə)l
liminality
BR ˌlɪmɪˈnalɪti
AM ˌlɪməˈnælədi
limit
BR ˈlɪm|ɪt, -ɪts, -ɪtɪŋ, -ɪtɪd
AM ˈlɪmɪ|t, -ts, -dɪŋ, -dɪd
limitable
BR ˈlɪmɪtəbl
AM ˈlɪmɪdəb(ə)l
limitary
BR ˈlɪmɪt(ə)ri
AM ˈlɪməˌtɛri
limitation
BR ˌlɪmɪˈteɪʃn, -z
AM ˌlɪməˈteɪʃ(ə)n, -z
limitative
BR ˈlɪmɪtətɪv
AM ˈlɪməˌteɪdɪv
limitedly
BR ˈlɪmɪtɪdli
AM ˈlɪmɪdɪdli
limitedness
BR ˈlɪmɪtɪdnɪs
AM ˈlɪmɪdɪdnɪs
limiter
BR ˈlɪmɪtə(r), -z
AM ˈlɪmɪdər, -z
limitless
BR ˈlɪmɪtlɪs
AM ˈlɪmɪtlɪs
limitlessly
BR ˈlɪmɪtlɪsli
AM ˈlɪmɪtlɪsli

limitlessness
BR ˈlɪmɪtlɪsnɪs
AM ˈlɪmɪtlɪsnɪs
limn
BR lɪm, -z, -ɪŋ, -d
AM lɪm, -z, -ɪŋ, -d
limner
BR ˈlɪm(n)ə(r), -z
AM ˈlɪm(n)ər, -z
limnological
BR ˌlɪmnəˈlɒdʒɪkl
AM ˌlɪmnəˈlɑdʒək(ə)l
limnologist
BR lɪmˈnɒlədʒɪst, -s
AM lɪmˈnɑlədʒəst, -s
limnology
BR lɪmˈnɒlədʒi
AM lɪmˈnɑlədʒi
limo
BR ˈlɪməʊ, -z
AM ˈlɪmoʊ, -z
Limoges
BR lɪˈməʊʒ
AM ləˈmoʊʒ
Limousin
BR ˌlɪmʉˈzã, -z
AM ˌlɪməˈzin, ˈlɪməˌzin, -z
limousine
BR ˌlɪməˈziːn, ˈlɪməziːn, -z
AM ˌlɪməˈzin, ˈlɪməˌzin, -z
limp
BR lɪm|p, -ps, -pɪŋ, -(p)t
AM lɪmp, -s, -ɪŋ, -t
limpet
BR ˈlɪmpɪt, -s
AM ˈlɪmpɪt, -s
limpid
BR ˈlɪmpɪd
AM ˈlɪmpɪd
limpidity
BR lɪmˈpɪdɪti
AM lɪmˈpɪdɪdi
limpidly
BR ˈlɪmpɪdli
AM ˈlɪmpɪdli
limpidness
BR ˈlɪmpɪdnɪs
AM ˈlɪmpɪdnɪs

limpingly
BR ˈlɪmpɪŋli
AM ˈlɪmpɪŋli

limpkin
BR ˈlɪm(p)kɪn
AM ˈlɪm(p)kɪn

limply
BR ˈlɪmpli
AM ˈlɪmpli

limpness
BR ˈlɪmpnɪs
AM ˈlɪmpnɪs

Limpopo
BR lɪmˈpəʊpəʊ
AM lɪmˈpoʊpoʊ

limpwort
BR ˈlɪmpwɜːt, -s
AM ˈlɪmpˌwɔ(ə)rt, ˈlɪmpwərt, -s

limp-wristed
BR ˌlɪmpˈrɪstɪd
AM ˈlɪmpˌrɪstɪd

limuli
BR ˈlɪmjʊlaɪ
AM ˈlɪmjəˌlaɪ

limulus
BR ˈlɪmjʊləs
AM ˈlɪmjələs

limy
BR ˈlaɪm|i, -ɪə(r), -ɪɪst
AM ˈlaɪmi, -ər, -ɪst

Linacre
BR ˈlɪnəkə(r)
AM ˈlɪnəkər

linage
BR ˈlaɪn|ɪdʒ, -ɪdʒɪz
AM ˈlaɪnɪdʒ, -ɪz

Linch
BR lɪn(t)ʃ
AM lɪn(t)ʃ

linchpin
BR ˈlɪn(t)ʃpɪn, -z
AM ˈlɪn(t)ʃˌpɪn, -z

Lincoln
BR ˈlɪŋk(ə)n
AM ˈlɪŋkən

Lincolnshire
BR ˈlɪŋk(ə)nʃ(ɪ)ə(r)
AM ˈlɪŋkənʃi(ə)r

Lincrusta
BR ˌlɪŋˈkrʌstə(r)
AM ˌlɪŋˈkrəstə, ˌlɪnˈkrəstə

Lincs. *Lincolnshire*
BR ˈlɪŋks
AM ˈlɪŋks

linctus
BR ˈlɪŋ(k)təs
AM ˈlɪŋktəs

Lind
BR lɪnd
AM ˈlɪnd

Linda
BR ˈlɪndə(r)
AM ˈlɪndə

lindane
BR ˈlɪndeɪn
AM ˈlɪnˌdeɪn

Lindbergh
BR ˈlɪn(d)bəːg
AM ˈlɪn(d)ˌbɜrg

Lindemann
BR ˈlɪndɪmən
AM ˈlɪndəm(ə)n

linden
BR ˈlɪndən, -z
AM ˈlɪndən, -z

Lindisfarne
BR ˈlɪndɪsfɑːn
AM ˈlɪndɪsˌfɑrn

Lindley
BR ˈlɪn(d)li
AM ˈlɪn(d)li

Lindon
BR ˈlɪndən
AM ˈlɪndən

Lindsay
BR ˈlɪn(d)zi
AM ˈlɪnzi

Lindsey
BR ˈlɪn(d)zi
AM ˈlɪnzi

Lindwall
BR ˈlɪndwɔːl
AM ˈlɪn(d)ˌwɑl, ˈlɪn(d)ˌwɔl

Lindy
BR ˈlɪndi
AM ˈlɪndi

line
BR laɪn, -z, -ɪŋ, -d
AM laɪn, -z, -ɪŋ, -d

lineage
BR ˈlɪni|ɪdʒ, -ɪdʒɪz
AM ˈlaɪnɪdʒ, -ɪz

lineal
BR ˈlɪniəl
AM ˈlɪniəl

lineally
BR ˈlɪniəli
AM ˈlɪniəli

lineament
BR ˈlɪniəm(ə)nt, -s
AM ˈlɪn(i)əm(ə)nt, -s

linear
BR ˈlɪniə(r)
AM ˈlɪniər

linearise
BR ˈlɪniəraɪz, -ɪz, -ɪŋ, -d
AM ˈlɪniəˌraɪz, -ɪz, -ɪŋ, -d

linearity
BR ˌlɪniˈarɪt|i, -ɪz
AM ˌlɪniˈɛrədi, -z

linearize
BR ˈlɪniəraɪz, -ɪz, -ɪŋ, -d
AM ˈlɪniəˌraɪz, -ɪz, -ɪŋ, -d

linearly
BR ˈlɪniəli
AM ˈlɪniərli

lineation
BR ˌlɪniˈeɪʃn, -z
AM ˌlɪniˈeɪʃ(ə)n, -z

linebacker
BR ˈlaɪnˌbakə(r), -z
AM ˈlaɪnˌbækər, -z

linefeed
BR ˈlaɪnfiːd
AM ˈlaɪnˌfid

Linehan
BR ˈlɪnɪhən
AM ˈlɪnəhæn

Lineker
BR ˈlɪnɪkə(r)
AM ˈlɪnəkər

lineman
BR ˈlaɪnmən
AM ˈlaɪnm(ə)n

linemen
BR ˈlaɪnmən
AM ˈlaɪnm(ə)n

linen
BR ˈlɪnɪn
AM ˈlɪnɪn

linenfold
BR ˈlɪnɪnfəʊld
AM ˈlɪnənˌfoʊld

lineout
BR ˈlaɪnaʊt, -s
AM ˈlaɪnˌaʊt, -s

liner
BR ˈlaɪnə(r), -z
AM ˈlaɪnər, -z

linertrain
BR ˈlaɪnətreɪn, -z
AM ˈlaɪnərˌtreɪn, -z

lineshooter
BR ˈlaɪnˌʃuːtə(r), -z
AM ˈlaɪnˌʃudər, -z

lineside
BR ˈlaɪnsaɪd
AM ˈlaɪnˌsaɪd

linesman
BR ˈlaɪnzmən
AM ˈlaɪnzm(ə)n

linesmen
BR ˈlaɪnzmən
AM ˈlaɪnzm(ə)n

lineup
BR ˈlaɪnʌp, -s
AM ˈlaɪnˌəp, -s

Linford
BR ˈlɪnfəd
AM ˈlɪnfərd

ling
BR lɪŋ, -z
AM lɪŋ, -z

linga
BR ˈlɪŋɡə(r), -z
AM ˈlɪŋɡə, -z

Lingala
BR lɪŋˈɡɑːlə(r)
AM lɪŋˈɡɑlə

lingam
BR ˈlɪŋɡəm, -z
AM ˈlɪŋɡəm, -z

linger
BR ˈlɪŋg|ə(r), -əz,
-(ə)rɪŋ, -əd
AM ˈlɪŋg|ər, -ərz,
-(ə)rɪŋ, -ərd

lingerer
BR ˈlɪŋg(ə)rə(r), -z
AM ˈlɪŋgərər, -z

lingerie
BR ˈlãʒ(ə)ri, ˈlɒ̃ʒ(ə)ri,
ˈlɒn(d)ʒ(ə)ri,
ˈlɑːn(d)ʒ(ə)ri
AM ˌlɑn(d)ʒəˈreɪ

lingeringly
BR ˈlɪŋg(ə)rɪŋli
AM ˈlɪŋg(ə)rɪŋli

Lingfield
BR ˈlɪŋfiːld
AM ˈlɪŋˌfild

lingo
BR ˈlɪŋgəʊ, -z
AM ˈlɪŋgoʊ, -z

lingua franca
BR ˌlɪŋgwə ˈfræŋkə(r),
-z
AM ˈlɪŋgwəˈfræŋkə,
-z

lingual
BR ˈlɪŋgw(ə)l
AM ˈlɪŋgwəl

lingualise
BR ˈlɪŋgwḷaɪz, -ɪz, -ɪŋ,
-d
AM ˈlɪŋgwəˌlaɪz, -ɪz,
-ɪŋ, -d

lingualize
BR ˈlɪŋgwḷaɪz, -ɪz,
-ɪŋ, -d
AM ˈlɪŋgwəˌlaɪz, -ɪz,
-ɪŋ, -d

lingually
BR ˈlɪŋgwḷi
AM ˈlɪŋgwəli

Linguaphone
BR ˈlɪŋgwəfəʊn
AM ˈlɪŋgwəˌfoʊn

linguiform
BR ˈlɪŋgwɪfɔːm
AM ˈlɪŋgwəˌfɔ(ə)rm

linguine
BR lɪŋˈgwiːni
AM lɪŋˈgwini

linguist
BR ˈlɪŋgwɪst, -s
AM ˈlɪŋgwɪst, -s

linguistic
BR lɪŋˈgwɪstɪk, -s
AM lɪŋˈgwɪstɪk, -s

linguistically
BR lɪŋˈgwɪstɪkli
AM lɪŋˈgwɪstək(ə)li

linguistician
BR ˌlɪŋgwɪˈstɪʃn, -z
AM ˌlɪŋgwəˈstɪʃ(ə)n,
-z

linguodental
BR ˌlɪŋgwəʊˈdɛntl
AM ˌlɪŋgwoʊˈdɛn(t)l

lingy
BR ˈlɪŋi
AM ˈlɪŋgi

liniment
BR ˈlɪnɪm(ə)nt, -s
AM ˈlɪnəm(ə)nt, -s

lining
BR ˈlaɪnɪŋ, -z
AM ˈlaɪnɪŋ, -z

link
BR lɪŋ|k, -ks, -kɪŋ,
-(k)t
AM lɪŋ|k, -ks, -kɪŋ,
-(k)t

linkage
BR ˈlɪŋk|ɪdʒ, -ɪdʒɪz
AM ˈlɪŋkɪdʒ, -ɪz

Linklater
BR ˈlɪŋkˌleɪtə(r),
ˈlɪŋklətə(r)
AM ˈlɪŋkˌlɛdər

linkman
BR ˈlɪŋkman
AM ˈlɪŋkm(ə)n

linkmen
BR ˈlɪŋkmɛn
AM ˈlɪŋkm(ə)n

linkup
BR ˈlɪŋkʌp, -s
AM ˈlɪŋkˌəp, -s

Linley
BR ˈlɪnli
AM ˈlɪnli

Linlithgow
BR lɪnˈlɪθgəʊ
AM lɪnˈlɪθˌgoʊ

linn
BR lɪn, -z
AM lɪn, -z

Linnaean
BR lɪˈniːən,
lɪˈneɪən, -z
AM lɪˈneɪən,
lɪˈniən, -z

Linnaeus
BR lɪˈniːəs,
lɪˈneɪəs
AM lɪˈniəs

linnet
BR ˈlɪnɪt, -s
AM ˈlɪnɪt, -s

Linnhe
BR ˈlɪni
AM ˈlɪni

lino
BR ˈlaɪnəʊ
AM ˈlaɪnoʊ

linocut
BR ˈlaɪnəʊkʌt, -s
AM ˈlaɪnoʊˌkət, -s

linocutting
BR ˈlaɪnəʊˌkʌtɪŋ, -z
AM ˈlaɪnoʊˌkədɪŋ,
-z

linoleic acid
BR ˌlɪnəliːɪk ˈasɪd,
ˌlɪnəleɪɪk +
AM ləˈnoʊliɪk ˈæsəd,
ˌlɪnəˈliɪk ˈæsəd

linolenic acid
BR ˌlɪnəlɛnɪk ˈasɪd
AM ˌlɪnəˈlɛnɪk ˈæsəd,
ˌlɪnəˈlinɪk ˈæsəd

linoleum
BR lɪˈnəʊliəm, -d
AM ləˈnoʊliəm, -d

linotype
BR ˈlaɪnə(ʊ)taɪp
AM ˈlaɪnəˌtaɪp

linsang
BR ˈlɪnsaŋ, -z
AM ˈlɪnˌsæŋ, -z

linseed
BR ˈlɪnsiːd
AM ˈlɪnˌsid

linsey-woolsey
BR ˌlɪnzɪˈwʊlzi
AM ˈlɪnzɪˈwʊlzi

linstock
BR ˈlɪnstɒk, -s
AM ˈlɪnˌstak,
ˈlɪnzˌtak, -s

lint
BR lɪnt
AM lɪnt

lintel
BR ˈlɪntl, -z
AM ˈlɪn(t)l, -z, -d

linter
BR ˈlɪntə(r), -z
AM ˈlɪn(t)ər, -z

Linton
BR ˈlɪnt(ə)n
AM ˈlɪn(t)ən

linty
BR ˈlɪnti
AM ˈlɪn(t)i

Linus
BR ˈlaɪnəs
AM ˈlaɪnəs

Linwood
BR ˈlɪnwʊd
AM ˈlɪnˌwʊd

liny
BR ˈlaɪn|i, -iə(r),
-ɪst
AM ˈlaɪni, -ər, -ɪst

Linz
BR lɪn(t)s
AM lɪn(t)s

lion
BR ˈlaɪən, -z
AM ˈlaɪən, -z

Lionel
BR ˈlaɪənl
AM ˌlaɪəˈnɛl,
ˈlaɪ(ə)nl

lioness
BR ˈlaɪənɛs, ˈlaɪənɪs,
ˌlaɪəˈnɛs, -ɪz
AM ˈlaɪənɪs, -ɪz

lionet
BR ˈlaɪənɪt, -s
AM ˈlaɪənət, -s

lion-hearted
BR ˌlaɪənˈhɑːtɪd
AM ˈlaɪən,(h)ɑrdəd

lionhood
BR ˈlaɪənhʊd
AM ˈlaɪən,(h)ʊd

lionisation
BR ˌlaɪənaɪˈzeɪʃn
AM ˌliən,aɪˈzeɪʃ(ə)n, ˌliənəˈzeɪʃ(ə)n

lionise
BR ˈlaɪənaɪz, -ɪz, -ɪŋ, -d
AM ˈlaɪəˌnaɪz, -ɪz, -ɪŋ, -d

lioniser
BR ˈlaɪənaɪzə(r), -z
AM ˈlaɪəˌnaɪzər, -z

lionization
BR ˌlaɪənaɪˈzeɪʃn
AM ˌliən,aɪˈzeɪʃ(ə)n, ˌlaɪənəˈzeɪʃ(ə)n

lionize
BR ˈlaɪənaɪz, -ɪz, -ɪŋ, -d
AM ˈlaɪəˌnaɪz, -ɪz, -ɪŋ, -d

lionizer
BR ˈlaɪənaɪzə(r), -z
AM ˈlaɪəˌnaɪzər, -z

lion-like
BR ˈlaɪənlaɪk
AM ˈlaɪənˌlaɪk

Lions
BR ˈlaɪənz
AM ˈlaɪənz

lion-tamer
BR ˈlaɪənˌteɪmə(r), -z
AM ˈlaɪənˌteɪmər, -z

lip
BR lɪp, -s, -t
AM lɪp, -s, -t

lipase
BR ˈlaɪpeɪz, ˈlaɪpeɪs, ˈlɪpeɪz, ˈlɪpeɪs
AM ˈlaɪˌpeɪs, ˈlɪˌpeɪs

lipid
BR ˈlɪpɪd, -z
AM ˈlɪpɪd, -z

lipidoses
BR ˌlɪpɨˈdəʊsiːz
AM ˌlɪpəˈdoʊsiz

lipidosis
BR ˌlɪpɨˈdəʊsɪs, -ɪz
AM ˌlɪpəˈdoʊsəs, -əz

Lipizzaner
BR ˌlɪpɪtˈsɑːnə(r), -z
AM ˌlɪpəˈtsɑnər, ˈlɪpəˌzɑnər, -z

lipless
BR ˈlɪplɪs
AM ˈlɪpləs

liplike
BR ˈlɪplaɪk
AM ˈlɪpˌlaɪk

Li Po
BR ˌliːˈpəʊ
AM ˈliˈpoʊ

lipography
BR lɪˈpɒgrəfi
AM ləˈpɑgrəfi

lipoid
BR ˈlɪpɔɪd, ˈlaɪpɔɪd, -z
AM ˈlaɪˌpɔɪd, ˈlɪˌpɔɪd, -z

lipoma
BR lɪˈpəʊmə(r), laɪˈpəʊmə(r), -z
AM laɪˈpoʊmə, -z

lipomata
BR lɪˈpəʊmətə(r), laɪˈpəʊmətə(r)
AM laɪˈpoʊmədə

lipoprotein
BR ˌlɪpəʊˈprəʊtiːn, -z
AM ˌlɪpəˈproʊˌtin, -z

liposome
BR ˈlɪpə(ʊ)səʊm, -z
AM ˈlɪpəˌsoʊm, -z

liposuction
BR ˈlɪpəʊˌsʌkʃn, ˈlaɪpəʊˌsʌkʃn
AM ˈlɪpoʊˌsəkʃ(ə)n, ˈlaɪpoʊˌsəkʃ(ə)n

Lippi
BR ˈlɪpi
AM ˈlɪpi

Lippizaner
BR ˌlɪpɪtˈsɑːnə(r), -z
AM ˌlɪpəˈtsɑnər, ˈlɪpəˌzɑnər, -z

Lippmann
BR ˈlɪpmən
AM ˈlɪpm(ə)n

lippy
BR ˈlɪp|i, -ɪə(r), -ɪst
AM ˈlɪpi, -ər, -ɪst

lipsalve
BR ˈlɪpsalv, -z
AM ˈlɪpˌsæ(l)v, -z

lipstick
BR ˈlɪpstɪck, -s
AM ˈlɪpˌstɪk, -s

lip-sync
BR ˈlɪpsɪŋ|k, -ks, -kɪŋ, -(k)t
AM ˈlɪpˌsɪŋk, -s, -ɪŋ, -t

lip-syncer
BR ˈlɪpˌsɪŋkə(r), -z
AM ˈlɪpˌsɪŋkər, -z

lip-synch
BR ˈlɪpsɪŋ|k, -ks, -kɪŋ, -(k)t
AM ˈlɪpˌsɪŋk, -s, -ɪŋ, -t

lip-syncher
BR ˈlɪpˌsɪŋkə(r), -z
AM ˈlɪpˌsɪŋkər, -z

Lipton
BR ˈlɪpt(ə)n
AM ˈlɪpt(ə)n

liquate
BR lɪˈkweɪt, -s, -ɪŋ, -ɪd
AM ˈlɪˌkweɪ|t, ˈlaɪˌkweɪ|t, -ts, -dɪŋ, -dɪd

liquation
BR lɪˈkweɪʃn
AM ləˈkweɪʃ(ə)n, laɪˈkweɪʃ(ə)n

liquefacient
BR ˌlɪkwɪˈfeɪʃnt
AM ˌlɪkwəˈfeɪʃ(ə)nt

liquefaction
BR ˌlɪkwɪˈfakʃn
AM ˌlɪkwəˈfækʃ(ə)n

liquefactive
BR ˌlɪkwɪˈfaktɪv
AM ˌlɪkwəˈfæktɪv

liquefiable
BR ˈlɪkwɪfaɪəbl
AM ˈlɪkwəˌfaɪəb(ə)l

liquefier
BR ˈlɪkwɪfaɪə(r), -z
AM ˈlɪkwəˌfaɪər, -z

liquefy
BR ˈlɪkwɪfaɪ, -z, -ɪŋ, -d
AM ˈlɪkwəˌfaɪ, -z, -ɪŋ, -d

liquescent
BR lɪˈkwɛsnt
AM lɪˈkwɛs(ə)nt

liqueur
BR lɪˈkjʊə(r), lɪˈkjɔː(r), lɪˈkjɜː(r), -z
AM lɪˈkɜr, -z

liquid
BR ˈlɪkwɪd, -z
AM ˈlɪkwɪd, -z

liquidambar
BR ˈlɪkwɪdˈambə(r), -z
AM ˈlɪkwəˈdæmbər, -z

liquidate
BR ˈlɪkwɪdeɪt, -s, -ɪŋ, -ɪd
AM ˈlɪkwəˌdeɪ|t, -ts, -dɪŋ, -dɪd

liquidation
BR ˌlɪkwɪˈdeɪʃn
AM ˌlɪkwəˈdeɪʃ(ə)n

liquidator
BR ˈlɪkwɪdeɪtə(r), -z
AM ˈlɪkwəˌdeɪdər, -z

liquidise
BR ˈlɪkwɪdaɪz, -ɪz, -ɪŋ, -d
AM ˈlɪkwəˌdaɪz, -ɪz, -ɪŋ, -d

liquidiser
BR ˈlɪkwɪdaɪzə(r), -z
AM ˈlɪkwəˌdaɪzər, -z

liquidity
BR lɪˈkwɪdɨti
AM lɪˈkwɪdɨdi

liquidize
BR ˈlɪkwɪdaɪz, -ɪz, -ɪŋ, -d
AM ˈlɪkwəˌdaɪz, -ɪz, -ɪŋ, -d

liquidizer
BR ˈlɪkwɪdaɪzə(r), -z
AM ˈlɪkwəˌdaɪzər, -z

liquidly
BR ˈlɪkwɪdli
AM ˈlɪkwɪdli

liquidness
BR ˈlɪkwɪdnɨs
AM ˈlɪkwɪdnɨs

liquidus
BR ˈlɪkwɪdəs, -ɪz
AM ˈlɪkwɪdəs, -əz

liquify
BR ˈlɪkwɪfʌɪ, -z, -ɪŋ, -d
AM ˈlɪkwəˌfaɪ, -z, -ɪŋ, -d

liquor
BR ˈlɪkə(r), -z
AM ˈlɪkər, -z

liquorice
BR ˈlɪk(ə)rɪʃ, ˈlɪk(ə)rɪs
AM ˈlɪk(ə)rɪʃ

liquorish
BR ˈlɪk(ə)rɪʃ
AM ˈlɪk(ə)rɪʃ

liquorishly
BR ˈlɪk(ə)rɪʃli
AM ˈlɪk(ə)rɪʃli

liquorishness
BR ˈlɪk(ə)rɪʃnɪs
AM ˈlɪk(ə)rɪʃnɪs

lira
BR ˈlɪərə(r), -z
AM ˈlɪrə, -z
IT ˈlira

lire
BR ˈlɪərə(r), -z
AM ˈlɪrə, -z
IT ˈlire

liripipe
BR ˈlɪrɪpʌɪp, -s
AM ˈlɪrəˌpaɪp, -s

Lisa
BR ˈliːsə(r), ˈliːzə(r), ˈlʌɪzə(r)
AM ˈlaɪzə, ˈlɪsə

Lisbeth
BR ˈlɪzbɛθ
AM ˈlɪzbɛθ, ˈlɪzbəθ

Lisbon
BR ˈlɪzbən
AM ˈlɪzbən

Lisburn
BR ˈlɪzbəːn
AM ˈlɪzbərn

lisente
BR lɪˈsɛnti
AM ləˈsɛn(t)i

Liskeard
BR lɪˈskɑːd
AM lɪˈskɑrd

lisle
BR lʌɪl
AM laɪl

lisp
BR lɪsp, -s, -ɪŋ, -t
AM lɪsp, -s, -ɪŋ, -t

lisper
BR ˈlɪspə(r), -z
AM ˈlɪspər, -z

lispingly
BR ˈlɪspɪŋli
AM ˈlɪspɪŋli

lissom
BR ˈlɪs(ə)m
AM ˈlɪs(ə)m

lissome
BR ˈlɪs(ə)m
AM ˈlɪs(ə)m

lissomly
BR ˈlɪsəmli
AM ˈlɪsəmli

lissomness
BR ˈlɪs(ə)mnəs
AM ˈlɪsəmnəs

list
BR lɪst, -s, -ɪŋ, -ɪd
AM lɪst, -s, -ɪŋ, -ɪd

listable
BR ˈlɪstəbl
AM ˈlɪstəb(ə)l

listel
BR ˈlɪstl, -z
AM ˈlɪst(ə)l, -z

listen
BR ˈlɪs|n, -nz, -n̩ɪŋ\-nɪŋ, -nd
AM ˈlɪs|n, -nz, -n̩ɪŋ, -nd

listenability
BR ˌlɪsn̩əˈbɪlɪti, ˌlɪsnəˈbɪlɪti
AM ˌlɪsn̩əˈbɪlɪdi, ˌlɪsnəˈbɪlɪdi

listenable
BR ˈlɪsn̩əbl, ˈlɪsnəbl
AM ˈlɪsnəb(ə)l, ˈlɪsn̩əb(ə)l

listener
BR ˈlɪsnə(r), ˈlɪsnə(r), -z
AM ˈlɪsnər, ˈlɪsn̩ər, -z

lister
BR ˈlɪstə(r), -z
AM ˈlɪstər, -z

listeria
BR lɪˈstɪərɪə(r)
AM ləˈstɪrɪə

Listerine
BR ˈlɪstəriːn
AM ˌlɪstərˈin

listeriosis
BR lɪˌstɪərɪˈəʊsɪs
AM ləˌstɪriˈoʊsəs

listing
BR ˈlɪstɪŋ, -z
AM ˈlɪstɪŋ, -z

listless
BR ˈlɪs(t)lɪs
AM ˈlɪs(t)lɪs

listlessly
BR ˈlɪs(t)lɪsli
AM ˈlɪs(t)lɪsli

listlessness
BR ˈlɪs(t)lɪsnɪs
AM ˈlɪs(t)lɪsnɪs

Liston
BR ˈlɪst(ə)n
AM ˈlɪst(ə)n

Liszt
BR ˈlɪst
AM ˈlɪst

lit
BR lɪt
AM lɪt

Li T'ai Po
BR ˌliː tʌɪ ˈpəʊ
AM ˈli ˌtaɪ ˈpoʊ

litany
BR ˈlɪtn̩i, -ɪz
AM ˈlɪtn̩i, -z

Litchfield
BR ˈlɪtʃfiːld
AM ˈlɪtʃˌfild

litchi
BR lʌɪˈtʃiː, ˈlʌɪtʃiː, ˈliːtʃiː, ˈlɪtʃiː, -z
AM ˈlɪtʃi, -z

lite
BR lʌɪt
AM laɪt

liter
BR ˈliːtə(r), -z
AM ˈlidər, -z

literacy
BR ˈlɪt(ə)rəsi
AM ˈlɪtrəsi, ˈlɪdərəsi

literae humaniores
BR ˌlɪtərʌɪ hjuːˌmanɪˈɔːriːz
AM ˈˌlɪdəreɪ ˌ(h)juːˌmæniˈoʊˌreɪs

literal
BR ˈlɪt(ə)rl̩
AM ˈlɪtrəl, ˈlɪdərəl

literalise
BR ˈlɪt(ə)rl̩ʌɪz, -ɪz, -ɪŋ, -d
AM ˈlɪtrəˌlaɪz, ˈlɪdərəˌlaɪz, -ɪz, -ɪŋ, -d

literalism
BR ˈlɪt(ə)rl̩ɪzm
AM ˈlɪtrəˌlɪz(ə)m, ˈlɪdərəˌlɪz(ə)m

literalist
BR ˈlɪt(ə)rl̩ɪst, -s
AM ˈlɪtrələst, ˈlɪdərələst, -s

literalistic
BR ˌlɪt(ə)rəˈlɪstɪk, ˌlɪt(ə)rl̩ˈɪstɪk
AM ˌlɪtrəˈlɪstɪk, ˌlɪdərəˈlɪstɪk

literality
BR ˌlɪtəˈralɪti
AM ˌlɪtəˈrælədi

literalize
BR ˈlɪt(ə)rl̩ʌɪz, -ɪz, -ɪŋ, -d
AM ˈlɪtrəˌlaɪz, ˈlɪdərəˌlaɪz, -ɪz, -ɪŋ, -d

literally
BR ˈlɪt(ə)rli
AM ˈlɪtrəli, ˈlɪdərəli

literal-minded
BR ˌlɪt(ə)rl̩ˈmʌɪndɪd
AM ˈlɪtrəlˌmaɪndɪd, ˈlɪdərəlˌmaɪnɪd

literalness
BR ˈlɪt(ə)rl̩nəs
AM ˈlɪtrəlnəs, ˈlɪdərəlnəs

literarily
BR ˈlɪt(ə)rərɪli
AM ˌlɪdəˈrɛrəli

literariness
BR ˈlɪt(ə)rərɪnɪs
AM ˈlɪdəˌrɛrɪnɪs

literary
BR ˈlɪt(ə)rəri
AM ˈlɪdəˌreri
literate
BR ˈlɪt(ə)rət
AM ˈlɪdərət
literately
BR ˈlɪt(ə)rətli
AM ˈlɪdərətli
literateness
BR ˈlɪt(ə)rətnəs
AM ˈlɪdərətnəs
literati
BR ˌlɪtəˈrɑːti
AM ˌlɪdəˈrɑdi
literatim
BR ˌlɪtəˈrɑːtɪm
AM ˌlɪdəˈrɑdɨm
literation
BR ˌlɪtəˈreɪʃn
AM ˌlɪdəˈreɪʃ(ə)n
literator
BR ˈlɪtəreɪtə(r), -z
AM ˈlɪdəˌreɪtər, -z
literature
BR ˈlɪt(ə)rɪtʃə(r)
AM ˈlɪdərəˌtʃʊ(ə)r,
ˈlɪtrəˌtʃʊ(ə)r,
ˈlɪdərəˌt(j)ʊ(ə)r,
ˈlɪdər(ə)tʃər
litharge
BR ˈlɪθɑːdʒ, -ɪz
AM lɪˈθɑrdʒ,
ˈlɪˌθɑrdʒ, -əz
lithe
BR laɪð, -ə(r), -ɪst
AM laɪð, -ər, -ɪst
lithely
BR ˈlaɪðli
AM ˈlaɪðli
litheness
BR ˈlaɪðnɪs
AM ˈlaɪðnɪs
lithesome
BR ˈlaɪðs(ə)m
AM ˈlaɪðs(ə)m
Lithgow
BR ˈlɪθɡəʊ
AM ˈlɪθɡoʊ, ˈlɪθɡaʊ
lithia
BR ˈlɪθɪə(r)
AM ˈlɪθɪə

lithic
BR ˈlɪθɪk
AM ˈlɪθɪk
lithium
BR ˈlɪθɪəm
AM ˈlɪθɪəm
litho
BR ˈlʌɪθəʊ, -z
AM ˈlɪθoʊ, -z
lithograph
BR ˈlɪθə(ʊ)ɡrɑːf, -s, -ɪŋ, -t
AM ˈlɪθəˌɡræf, -s, -ɪŋ, -t
lithographer
BR lɪˈθɒɡrəfə(r), -z
AM ləˈθɑɡrəfər, -z
lithographic
BR ˌlɪθə(ʊ)ˈɡrafɪk
AM ˌlɪθəˈɡræfɪk
lithographically
BR ˌlɪθə(ʊ)ˈɡrafɪkli
AM ˌlɪθəˈɡræfək(ə)li
lithography
BR lɪˈθɒɡrəfi
AM ləˈθɑɡrəfi
lithological
BR ˌlɪθəˈlɒdʒɪkl
AM ˌlɪθəˈlɑdʒək(ə)l
lithologist
BR lɪˈθɒlədʒɪst, -s
AM ləˈθɑlədʒəst, -s
lithology
BR lɪˈθɒlədʒi
AM ləˈθɑlədʒi
lithophyte
BR ˈlɪθə(ʊ)faɪt, -s
AM ˈlɪθəˌfaɪt, -s
lithopone
BR ˈlɪθə(ʊ)pəʊn, -z
AM ˈlɪθəˌpoʊn, -z
lithosphere
BR ˈlɪθə(ʊ)sfɪə(r), -z
AM ˈlɪθəˌsfɪ(ə)r, -z
lithospheric
BR ˌlɪθə(ʊ)ˈsfɛrɪk
AM ˌlɪθəˈsfɛrɪk
lithotomise
BR lɪˈθɒtəmʌɪz, -ɪz, -ɪŋ, -d
AM ləˈθɑdəˌmaɪz, -ɪz, -ɪŋ, -d

lithotomist
BR lɪˈθɒtəmɪst, -s
AM ləˈθɑdəməst, -s
lithotomize
BR lɪˈθɒtəmʌɪz, -ɪz, -ɪŋ, -d
AM ləˈθɑdəˌmaɪz, -ɪz, -ɪŋ, -d
lithotomy
BR lɪˈθɒtəm|i, -ɪz
AM ləˈθɑdəmi, -z
lithotripsy
BR ˈlɪθə(ʊ)ˌtrɪps|i, -ɪz
AM ˈlɪθəˌtrɪpsi, -z
lithotripter
BR ˈlɪθə(ʊ)ˌtrɪptə(r), -z
AM ˈlɪθəˌtrɪptər, -z
lithotriptic
BR ˌlɪθə(ʊ)ˈtrɪptɪk
AM ˌlɪθəˈtrɪptɪk
lithotrity
BR lɪˈθɒtrɪti
AM ləˈθɑˌtrədi
Lithuania
BR ˌlɪθjʊˈeɪnɪə(r)
AM ˌlɪθəˈweɪnɪə
Lithuanian
BR ˌlɪθjʊˈeɪnɪən, -z
AM ˌlɪθəˈweɪnɪən, -z
litigable
BR ˈlɪtɪɡəbl
AM ˈlɪdəɡəb(ə)l
litigant
BR ˈlɪtɪɡ(ə)nt, -s
AM ˈlɪdəɡənt, -s
litigate
BR ˈlɪtɪɡeɪt, -s, -ɪŋ, -ɪd
AM ˈlɪdəˌɡeɪ|t, -ts, -dɪŋ, -dɪd
litigation
BR ˌlɪtɪˈɡeɪʃn, -z
AM ˌlɪdəˈɡeɪʃ(ə)n, -z
litigator
BR ˈlɪtɪɡeɪtə(r), -z
AM ˈlɪdəˌɡeɪdər, -z
litigious
BR lɪˈtɪdʒəs
AM ləˈtɪdʒəs
litigiously
BR lɪˈtɪdʒəsli
AM ləˈtɪdʒəsli

litigiousness
BR lɪˈtɪdʒəsnəs
AM ləˈtɪdʒəsnəs
litmus
BR ˈlɪtməs
AM ˈlɪtməs
litotes
BR ˈlʌɪtətiːz, lʌɪˈtəʊtiːz
AM ˈlɪdəˌtiz, laɪˈtoʊdiz, ˈlaɪdəˌtiz
litre
BR ˈliːtə(r), -z
AM ˈlidər, -z
litreage
BR ˈliːt(ə)r|ɪdʒ, -ɪdʒɪz
AM ˈlitrɪdʒ, ˈlidərɪdʒ, -ɪz
Litt.D. *Doctor of Letters*
BR ˌlɪtˈdiː
AM ˈlɪt ˈdi
litter
BR ˈlɪt|ə(r), -əz, -(ə)rɪŋ, -əd
AM ˈlɪdər, -z, -ɪŋ, -d
littérateur
BR ˌlɪt(ə)rəˈtəː(r), -z
AM ˌlɪdərəˈtər, -z
litterbag
BR ˈlɪtəbaɡ, -z
AM ˈlɪdərˌbæɡ, -z
litterbin
BR ˈlɪtəbɪn, -z
AM ˈlɪdərˌbɪn, -z
litterbug
BR ˈlɪtəbʌɡ, -z
AM ˈlɪdərˌbəɡ, -z
litterlout
BR ˈlɪtəlaʊt, -s
AM ˈlɪdərˌlaʊt, -s
littery *adjective*
BR ˈlɪt(ə)ri
AM ˈlɪdəri
little
BR ˈlɪt|l, -lə(r)\-lə(r), -lɪst\-lɪst
AM ˈlɪd(ə)l, -ər, -ɪst
Little Bighorn
BR ˌlɪtl ˈbɪɡhɔːn
AM ˌlɪd(ə)l ˈbɪɡˌ(h)ɔ(ə)rn

Little Englander
BR ˌlɪtl ˈɪŋɡləndə(r), -z
AM ˌlɪd(ə)l ˈɪŋ(ɡ)ləndər, -z

Littlehampton
BR ˌlɪtlˈham(p)t(ə)n, ˈlɪtlˌham(p)t(ə)n
AM ˌlɪdlˈhæm(p)t(ə)n

Littlejohn
BR ˈlɪtldʒɒn
AM ˈlɪdlˌdʒɑn

littleness
BR ˈlɪtlnəs
AM ˈlɪdlnɪs

Littler
BR ˈlɪtlə(r)
AM ˈlɪdələr, ˈlɪtlər

Littleton
BR ˈlɪtlt(ə)n
AM ˈlɪdlt(ə)n

Littlewood
BR ˈlɪtlwʊd, -z
AM ˈlɪdlˌwʊd, -z

Litton
BR ˈlɪtn
AM ˈlɪtn

littoral
BR ˈlɪt(ə)rl̩, -z
AM ˈlɪdərəl, -z

Littré
BR lɪˈtreɪ
AM ləˈtreɪ

liturgic
BR lɪˈtɜːdʒɪk, -s
AM ləˈtɜrdʒɪk, -s

liturgical
BR lɪˈtɜːdʒɪkl
AM ləˈtɜrdʒək(ə)l

liturgically
BR lɪˈtɜːdʒɪkli
AM ləˈtɜrdʒək(ə)li

liturgiology
BR lɪˌtɜːdʒɪˈɒlədʒi
AM ləˌtɜrdʒiˈɑlədʒi

liturgist
BR ˈlɪtədʒɪst, -s
AM ˈlɪdərdʒəst, -s

liturgy
BR ˈlɪtədʒ|i, -ɪz
AM ˈlɪdərdʒi, -z

livable
BR ˈlɪvəbl
AM ˈlɪvəb(ə)l

live[1] *adjective*
BR lʌɪv
AM laɪv

live[2] *verb*
BR lɪv, -z, -ɪŋ, -d
AM lɪv, -z, -ɪŋ, -d

liveability
BR ˌlɪvəˈbɪlɪti
AM ˌlɪvəˈbɪlɪdi

liveable
BR ˈlɪvəbl
AM ˈlɪvəb(ə)l

liveableness
BR ˈlɪvəblnəs
AM ˈlɪvəbəlnəs

live-blog
BR ˈlʌɪvblɒɡ, -z, -ɪŋ, -d
AM ˈlaɪvˌblɑɡ, -z, -ɪŋ, -d

livelihood
BR ˈlʌɪvlihʊd, -z
AM ˈlaɪvliˌ(h)ʊd, -z

livelily
BR ˈlʌɪvlɪli
AM ˈlaɪvlɪli

liveliness
BR ˈlʌɪvlɪnɪs
AM ˈlaɪvlɪnɪs

livelong
BR ˈlɪvlɒŋ
AM ˈlɪvˌlɑŋ, ˈlɪvˌlɔŋ

lively
BR ˈlʌɪvl|i, -ɪə(r), -ɪɪst
AM ˈlaɪvli, -ər, -ɪst

liven
BR ˈlʌɪvn̩, -z, -ɪŋ, -d
AM ˈlaɪv|ən, -ənz, -(ə)nɪŋ, -ənd

Liver *connected with Liverpool*
BR ˈlʌɪvə(r)
AM ˈlaɪvər

liver
BR ˈlɪvə(r), -z
AM ˈlɪvər, -z

liveried
BR ˈlɪv(ə)rɪd
AM ˈlɪv(ə)rɪd

liverish
BR ˈlɪv(ə)rɪʃ
AM ˈlɪv(ə)rɪʃ

liverishly
BR ˈlɪv(ə)rɪʃli
AM ˈlɪv(ə)rɪʃli

liverishness
BR ˈlɪv(ə)rɪʃnɪs
AM ˈlɪv(ə)rɪʃnɪs

liverless
BR ˈlɪvələs
AM ˈlɪvərləs

Liverpool
BR ˈlɪvəpuːl
AM ˈlɪvərˌpʊl

Liverpudlian
BR ˌlɪvəˈpʌdliən, -z
AM ˌlɪvərˈpədliən, -z

liverwort
BR ˈlɪvəwɜːt
AM ˈlɪvərˌwɔ(ə)rt, ˈlɪvərwərt

liverwurst
BR ˈlɪvəwɜːst
AM ˈlɪvərˌwɜrst

livery
BR ˈlɪv(ə)r|i, -ɪz
AM ˈlɪv(ə)ri, -z

liveryman
BR ˈlɪv(ə)rɪmən
AM ˈlɪv(ə)rim(ə)n

liverymen
BR ˈlɪv(ə)rɪmən
AM ˈlɪv(ə)rim(ə)n

lives[1] *from verb live*
BR lɪvz
AM lɪvz

lives[2] *plural of life*
BR lʌɪvz
AM laɪvz

Livesey
BR ˈlɪvzi, ˈlɪvsi
AM ˈlɪvsi, ˈlɪvzi

livestock
BR ˈlʌɪvstɒk
AM ˈlaɪvˌstɑk

Livia
BR ˈlɪviə(r)
AM ˈlɪviə

livid
BR ˈlɪvɪd
AM ˈlɪvɪd

lividity
BR lɪˈvɪdɪti
AM ləˈvɪdɪdi

lividly
BR ˈlɪvɪdli
AM ˈlɪvɪdli

lividness
BR ˈlɪvɪdnɪs
AM ˈlɪvɪdnɪs

living
BR ˈlɪvɪŋ, -z
AM ˈlɪvɪŋ, -z

Livings
BR ˈlɪvɪŋz
AM ˈlɪvɪŋz

Livingston
BR ˈlɪvɪŋst(ə)n
AM ˈlɪvɪŋst(ə)n

Livingstone
BR ˈlɪvɪŋst(ə)n
AM ˈlɪvɪŋst(ə)n

Livonia
BR lɪˈvəʊniə(r)
AM ləˈvoʊniə

Livorno
BR lɪˈvɔːnəʊ
AM ləˈvɔrˌnoʊ
IT liˈvorno

Livy
BR ˈlɪvi
AM ˈlɪvi

lixiviate
BR lɪkˈsɪvɪeɪt, -s, -ɪŋ, -ɪd
AM lɪkˈsɪviˌeɪ|t, -ts, -dɪŋ, -dɪd

lixiviation
BR lɪkˌsɪvɪˈeɪʃn
AM lɪkˌsɪviˈeɪʃ(ə)n

Liz
BR lɪz
AM lɪz

Liza
BR ˈlʌɪzə(r), ˈliːzə(r)
AM ˈlizə, ˈlaɪzə

lizard
BR ˈlɪzəd, -z
AM ˈlɪzərd, -z

Lizzie
BR ˈlɪzi
AM ˈlɪzi

Lizzy
BR ˈlɪzi
AM ˈlɪzi

Ljubljana
BR ˌl(j)uːblɪˈɑːnə(r)
AM ˌl(j)ʊbliˈɑnə

llama
BR ˈlɑːmə(r), -z
AM ˈlɑmə, -z

Llan
BR ɬan, lan
AM læn
WE ðan

Llanberis
BR ɬanˈbɛrɪs, lanˈbɛrɪs
AM lænˈbɛrəs

Llandaff
BR ˈɬandaf, ɬanˈdaf, ˈlandaf, lanˈdaf
AM ˈlænˌdæf

Llandeilo
BR ɬanˈdʌɪləʊ, lanˈdʌɪləʊ
AM lænˈdaɪloʊ

Llandovery
BR ɬanˈdʌv(ə)ri, lanˈdʌv(ə)ri
AM lænˈdəvəri

Llandrindod Wells
BR ɬanˌdrɪndɒd ˈwɛlz, lanˌdrɪndɒd +
AM lænˌdrɪndɑd ˈwɛlz

Llandudno
BR ɬanˈdɪdnəʊ, lanˈdɪdnəʊ, lanˈdʌdnəʊ
AM lænˈdədnoʊ

Llanelli
BR ɬaˈnɛɬi, laˈnɛθli
AM ləˈnɛθli

llanero
BR l(j)ɑːˈnɛːrəʊ, -z
AM lɑˈnɛroʊ, -z
SP jaˈnero

Llangollen
BR ɬanˈɡɒɬən, lanˈɡɒθlən
AM læŋˈɡoʊl(ə)n

llano
BR ˈl(j)ɑːnəʊ, -z
AM ˈlɑˌnoʊ, -z
SP ˈjano

Llanwrtyd
BR ɬanˈʊətɪd, ɬanˈəːtɪd, lanˈəːtɪd
AM lænˈərdəd
WE ðanˈwrtɪd

Llewellyn
BR ɬʊˈɛlɪn, lʊˈɛlɪn, lʊˈwɛlɪn
AM lʊˈwɛlɪn

Llewelyn
BR ɬʊˈɛlɪn, lʊˈɛlɪn, lʊˈwɛlɪn
AM lʊˈ(w)ɛl(ə)n
WE ðeˈwelɪn

Lleyn
BR ɬiːn, liːn
AM lin

Lloyd
BR lɔɪd
AM lɔɪd

Lloyd's
BR lɔɪdz
AM lɔɪdz

llyn
BR ɬɪn, lɪn, -z
AM lɪn, -z

Llywelyn
BR ɬʊˈɛlɪn, lʊˈɛlɪn, lʊˈwɛlɪn
AM lʊˈwɛl(ə)n
WE ðʌˈwelɪn

lo
BR ləʊ
AM loʊ

loa
BR ˈləʊə(r), -z
AM ləˈwɑ, -z

loach
BR ləʊtʃ, -ɪz
AM loʊ(t)ʃ, -əz

load
BR ləʊd, -z, -ɪŋ, -ɪd
AM loʊd, -z, -ɪŋ, -əd

loader
BR ˈləʊdə(r), -z
AM ˈloʊdər, -z

loading
BR ˈləʊdɪŋ, -z
AM ˈloʊdɪŋ, -z

loadsamoney
BR ˈləʊdzəˌmʌni, ˌləʊdzəˈmʌni
AM ˈloʊdzəˌməni

loadstar
BR ˈləʊdstɑː(r), -z
AM ˈloʊdˌstɑr, -z

loadstone
BR ˈləʊdstəʊn, -z
AM ˈloʊdˌstoʊn, -z

loaf
BR ləʊf, -s, -ɪŋ, -t
AM loʊf, -s, -ɪŋ, -t

loafer
BR ˈləʊfə(r), -z
AM ˈloʊfər, -z

loam
BR ləʊm
AM loʊm

loaminess
BR ˈləʊmɪnɪs
AM ˈloʊmɪnɪs

loamy
BR ˈləʊmi
AM ˈloʊmi

loan
BR ləʊn, -z, -ɪŋ, -d
AM loʊn, -z, -ɪŋ, -d

loanable
BR ˈləʊnəbl
AM ˈloʊnəb(ə)l

lo and behold
BR ˌləʊ n̩(d) bɪˈhəʊld
AM ˌloʊ (ə)n bəˈhoʊld

loanee
BR ˌləʊnˈiː, -z
AM ˌloʊˈni, -z

loaner
BR ˈləʊnə(r), -z
AM ˈloʊnər, -z

loanholder
BR ˈləʊnˌhəʊldə(r), -z
AM ˈloʊnˌ(h)oʊldər, -z

loanshark
BR ˈləʊnʃɑːk, -s
AM ˈloʊnˌʃɑrk, -s

loanword
BR ˈləʊnwəːd, -z
AM ˈloʊnˌwərd, -z

loath
BR ləʊθ
AM loʊθ

loathe
BR ləʊð, -z, -ɪŋ, -d
AM loʊð, -z, -ɪŋ, -d

loather
BR ˈləʊðə(r), -z
AM ˈloʊðər, -z

loathsome
BR ˈləʊðs(ə)m, ˈləʊθs(ə)m
AM ˈloʊðs(ə)m, ˈloʊθs(ə)m

loathsomely
BR ˈləʊðs(ə)mli, ˈləʊθs(ə)mli
AM ˈloʊðsəmli, ˈloʊθsəmli

loathsomeness
BR ˈləʊðs(ə)mnəs, ˈləʊθs(ə)mnəs
AM ˈloʊðsəmnəs, ˈloʊθsəmnəs

loaves
BR ləʊvz
AM loʊvz

lob
BR lɒb, -z, -ɪŋ, -d
AM lɑb, -z, -ɪŋ, -d

lobar
BR ˈləʊbə(r), -z
AM ˈloʊˌbɑr, -z

lobate
BR ˈləʊbeɪt
AM ˈloʊˌbeɪt

lobation
BR lə(ʊ)ˈbeɪʃn, -z
AM loʊˈbeɪʃ(ə)n, -z

lobby
BR ˈlɒbi, -ɪz, -ɪɪŋ, -ɪd
AM ˈlɑbi, -z, -ɪŋ, -d

lobbyer
BR ˈlɒbɪə(r), -z
AM ˈlɑbiər, -z

lobbyism
BR ˈlɒbɪɪzm
AM ˈlɑbiˌɪz(ə)m

lobbyist
BR ˈlɒbɪɪst, -s
AM ˈlɑbiɪst, -s

lobe
BR ləʊb, -z, -d
AM loʊb, -z, -d

lobectomy
BR ləʊˈbɛktəm|i,
-ɪz
AM loʊˈbɛktəmi, -z

lobeless
BR ˈləʊbləs
AM ˈloʊbləs

lobelia
BR ləˈbiːlɪə(r)
AM loʊˈbiːlɪə,
loʊˈbiːljə

lobeline
BR ˈləʊbəliːn
AM ˈloʊbəˌliːn

Lobito
BR ləˈbiːtəʊ
AM ləˈbiːdoʊ

loblolly
BR ˈlɒbˌlɒl|i, -ɪz
AM ˈlɑbˌlɑli, -z

lobo
BR ˈləʊbəʊ, -z
AM ˈloʊboʊ, -z

lobotomise
BR ləˈbɒtəmʌɪz, -ɪz,
-ɪŋ, -d
AM ləˈbɑdəˌmaɪz, -ɪz,
-ɪŋ, -d

lobotomize
BR ləˈbɒtəmʌɪz, -ɪz,
-ɪŋ, -d
AM ləˈbɑdəˌmaɪz, -ɪz,
-ɪŋ, -d

lobotomy
BR ləˈbɒtəm|i,
-ɪz
AM ləˈbɑdəmi, -z

lobscouse
BR ˈlɒbskaʊs
AM ˈlɑbˌskaʊs

lobster
BR ˈlɒbstə(r), -z
AM ˈlɑbstər, -z

lobsterman
BR ˈlɒbstəmən
AM ˈlɑbstərm(ə)n

lobstermen
BR ˈlɒbstəmən
AM ˈlɑbstərm(ə)n

lobsterpot
BR ˈlɒbstəpɒt, -s
AM ˈlɑbstərˌpɑt, -s

lobster thermidor
BR ˌlɒbstə ˈθəːmɪdɔː(r)
AM ˌlɑbstər ˈθərməˌdɔ(ə)r

lobular
BR ˈlɒbjʉlə(r)
AM ˈlɑbjələr

lobulate
BR ˈlɒbjʉlət
AM ˈlɑbjəˌleɪt

lobule
BR ˈlɒbjuːl, -z
AM ˈlɑbjul, -z

lobworm
BR ˈlɒbwəːm, -z
AM ˈlɑbwərm, -z

local
BR ˈləʊkl, -z
AM ˈloʊkəl, -z

locale
BR lə(ʊ)ˈkɑːl, -z
AM loʊˈkæl, -z

localisable
BR ˈləʊklʌɪzəbl
AM ˈloʊkəˌlaɪzəb(ə)l

localisation
BR ˌləʊklʌɪˈzeɪʃn
AM ˌloʊkəˌlaɪˈzeɪʃ(ə)n,
ˌloʊkələˈzeɪʃ(ə)n

localise
BR ˈləʊklʌɪz, -ɪz,
-ɪŋ, -d
AM ˈloʊkəˌlaɪz, -ɪz,
-ɪŋ, -d

localism
BR ˈləʊklɪzm, -z
AM ˈloʊkəˌlɪz(ə)m, -z

locality
BR lə(ʊ)ˈkalɪt|i, -ɪz
AM loʊˈkælədi, -z

localizable
BR ˈləʊklʌɪzəbl
AM ˈloʊkəˌlaɪzəb(ə)l

localization
BR ˌləʊklʌɪˈzeɪʃn
AM ˌloʊkəˌlaɪˈzeɪʃ(ə)n,
ˌloʊkələˈzeɪʃ(ə)n

localize
BR ˈləʊklʌɪz, -ɪz,
-ɪŋ, -d
AM ˈloʊkəˌlaɪz, -ɪz,
-ɪŋ, -d

locally
BR ˈləʊkl̩i
AM ˈloʊkəli

localness
BR ˈləʊklnəs
AM ˈloʊkəlnəs

Locarno
BR lə(ʊ)ˈkɑːnəʊ
AM loʊˈkɑrˌnoʊ
IT loˈkarno

locatable
BR lə(ʊ)ˈkeɪtəbl
AM ˌloʊˈkeɪdəb(ə)l

locate
BR lə(ʊ)ˈkeɪt, -s, -ɪŋ,
-ɪd
AM loʊˈkeɪ|t, ˈloʊ-
ˌkeɪ|t, -ts, -dɪŋ, -dɪd

location
BR lə(ʊ)ˈkeɪʃn, -z
AM loʊˈkeɪʃ(ə)n, -z

locational
BR lə(ʊ)ˈkeɪʃn̩l
AM loʊˈkeɪʃ(ə)n(ə)l

locative
BR ˈlɒkətɪv, -z
AM ˈlɑkədɪv, -z

locator
BR lə(ʊ)ˈkeɪtə(r), -z
AM ˈloʊˌkeɪdər, -z

loc. cit. *loco citato*
BR ˌlɒk ˈsɪt
AM ˈlɑk ˈsɪt

loch
BR lɒx, lɒk, -s
AM lɑk, -s
IR lox

lochan
BR ˈlɒx(ə)n, ˈlɒk(ə)n,
-z
AM ˈlɑkən, -z

Lochgilphead
BR lɒxˈgɪlphɛd,
lɒkˈgɪlphɛd
AM lɑkˈgɪlfɛd

lochia
BR ˈlɒkɪə(r),
ˈləʊkɪə(r), -z
AM ˈlɑkiə, ˈloʊkiə, -z

lochial
BR ˈlɒkɪəl, ˈləʊkɪəl
AM ˈlɑkiəl, ˈloʊkiəl

Lochinvar
BR ˌlɒxɪnˈvɑː(r),
ˌlɒkɪnˈvɑː(r)
AM ˌlɑkənˈvɑr

lochside
BR ˈlɒxsʌɪd, ˈlɒksʌɪd
AM ˈlɑkˌsaɪd

loci
BR ˈləʊsʌɪ, ˈləʊkʌɪ,
ˈlɒkʌɪ, ˈləʊsiː,
ˈləʊkiː, ˈlɒkiː
AM ˈloʊˌsi, ˈloʊˌki,
ˈloʊˌsaɪ

loci classici
BR ˌləʊsʌɪ ˈklasɪsʌɪ,
ˌləʊkʌɪ +, ˌlɒkʌɪ +,
ˌləʊsiː ˈklasɪsiː,
ˌləʊkiː +, ˌlɒkiː +
AM ˌloʊˌsi ˈklæsəˌsi,
ˌloʊˌki ˈklæsəˌki,
ˌloʊˌsaɪ ˈklæsəˌsaɪ

lock
BR lɒk, -s, -ɪŋ, -t
AM lɑk, -s, -ɪŋ, -t

lockable
BR ˈlɒkəbl
AM ˈlɑkəb(ə)l

lockage
BR ˈlɒkɪdʒ
AM ˈlɑkɪdʒ

lockbox
BR ˈlɒkbɒks, -ɪz
AM ˈlɑkˌbɑks, -əz

Locke
BR lɒk
AM ˈlɑk

locker
BR ˈlɒkə(r), -z
AM ˈlɑkər, -z

Lockerbie
BR ˈlɒkəbi
AM ˈlɑkərbi

locket
BR ˈlɒkɪt, -s
AM ˈlɑkət, -s

lockfast
BR ˈlɒkfɑːst
AM ˈlɑkˌfæst

lockgate
BR ˌlɒkˈgeɪt,
ˈlɒkgeɪt, -s
AM ˈlɑkˌgeɪt, -s

Lockhart
BR ˈlɒkhɑːt, ˈlɒkət
AM ˈlɑkˌ(h)ɑrt

Lockheed
BR ˈlɒkhiːd
AM ˈlɑkˌ(h)id

lockjaw
BR ˈlɒkdʒɔː(r)
AM ˈlɑkˌdʒɔ

lockless
BR ˈlɒkləs
AM ˈlɑkləs

locknut
BR ˈlɒknʌt, -s
AM ˈlɑkˌnət, -s

lockout
BR ˈlɒkaʊt, -s
AM ˈlɑkaʊt, ˈlɑkˌaʊt, -s

Locksley
BR ˈlɒksli
AM ˈlɑksli

locksman
BR ˈlɒksmən
AM ˈlɑksm(ə)n

locksmen
BR ˈlɒksmən
AM ˈlɑksm(ə)n

locksmith
BR ˈlɒksmɪθ, -s
AM ˈlɑkˌsmɪθ, -s

lockstitch
BR ˈlɒkstɪtʃ
AM ˈlɑkˌstɪtʃ

lockup
BR ˈlɒkʌp, -s
AM ˈlɑkəp, -s

Lockwood
BR ˈlɒkwʊd
AM ˈlɑkˌwʊd

Lockyer
BR ˈlɒkjə(r)
AM ˈlɑkjər

loco
BR ˈləʊkəʊ, -z
AM ˈloʊkoʊ, -z

locomotion
BR ˌləʊkəˈməʊʃn
AM ˌloʊkəˈmoʊʃ(ə)n

locomotive
BR ˌləʊkəˈməʊtɪv, -z
AM ˌloʊkəˈmoʊdɪv, -z

locomotor
BR ˌləʊkə(ʊ)ˈməʊtə(r), -z
AM ˌloʊkəˈmoʊdər, -z

locomotory
BR ˌləʊkə(ʊ)ˈməʊt(ə)ri
AM ˌloʊkəˈmoʊdəri

locoweed
BR ˈləʊkəʊwiːd
AM ˈloʊkoʊˌwid

locular
BR ˈlɒkjʊlə(r)
AM ˈlɑkjələr

loculi
BR ˈlɒkjʊlʌɪ, ˈlɒkjʊliː
AM ˈlɑkjəˌlaɪ

loculus
BR ˈlɒkjʊləs
AM ˈlɑkjələs

locum
BR ˈləʊkəm, -z
AM ˈloʊkəm, -z

locum tenency
BR ˌləʊkəm ˈtɛnənsˌi, -ɪz
AM ˌloʊkəm ˈtɛnənsi, -z

locum tenens
BR ˌləʊkəm ˈtɛnɛnz
AM ˌloʊkəm ˈtɛnɛnz

locus
BR ˈləʊkəs, ˈlɒkəs
AM ˈloʊkəs

locus classicus
BR ˌləʊkəs ˈklasɪkəs, ˌlɒkəs +
AM ˌloʊkəs ˈklæsəkəs

locus standi
BR ˌləʊkəs ˈstandʌɪ, ˌlɒkəs +, + ˈstandiː
AM ˌloʊkəs ˈstandi, ˈloʊkəs ˈstanˌdaɪ

locust
BR ˈləʊkəst, -s
AM ˈloʊkəst, -s

locution
BR ləˈkjuːʃn, -z
AM ləˈkjuʃ(ə)n, -z

locutory
BR ˈlɒkjʊt(ə)rˌi, -ɪz
AM ˈlɑkjəˌtɔri, -z

lode
BR ləʊd, -z
AM loʊd, -z

loden
BR ˈləʊdn, -z
AM ˈloʊdən, -z

lodestar
BR ˈləʊdstɑː(r), -z
AM ˈloʊdˌstɑr, -z

lodestone
BR ˈləʊdstəʊn, -z
AM ˈloʊdˌstoʊn, -z

lodge
BR lɒdʒ, -ɪz, -ɪŋ, -d
AM lɑdʒ, -əz, -ɪŋ, -d

lodgement
BR ˈlɒdʒm(ə)nt, -s
AM ˈlɑdʒm(ə)nt, -s

lodger
BR ˈlɒdʒə(r), -z
AM ˈlɑdʒər, -z

lodging
BR ˈlɒdʒɪŋ, -z
AM ˈlɑdʒɪŋ, -z

lodgment
BR ˈlɒdʒm(ə)nt, -s
AM ˈlɑdʒm(ə)nt, -s

lodicule
BR ˈlɒdɪkjuːl, -z
AM ˈlɑdəˌkjul, -z

Loeb
BR ləʊb, ləːb
AM loʊb

loess
BR ˈləʊɪs, ˈləʊɛs, ləːs
AM ləs, ˈloʊˌɛs, lɛs

loessial
BR ləʊˈɛsɪəl, ˈləːsɪəl
AM ˈləsɪəl, loʊˈɛsɪəl, ˈlɛsɪəl

Loew
BR ləʊ
AM loʊ

Loewe
BR ləʊ
AM loʊ

Lofoten
BR ləˈfəʊtn
AM loˈfutn
NO ˈluːfuːten

loft
BR lɒft, -s, -ɪŋ, -ɪd
AM lɑft, lɔft, -s, -ɪŋ, -əd

lofter
BR ˈlɒftə(r), -z
AM ˈlɑfdər, ˈlɔfdər, -z

Lofthouse
BR ˈlɒfthaʊs, ˈlɒftəs
AM ˈlɑftˌ(h)aʊs, ˈlɔftˌ(h)aʊs

loftily
BR ˈlɒftɪli
AM ˈlɑfdəli, ˈlɔfdəli

loftiness
BR ˈlɔːftɪnɪs
AM ˈlɑfdinɪs, ˈlɔfdinɪs

Loftus
BR ˈlɒftəs
AM ˈlɑfdəs, ˈlɔfdəs

lofty
BR ˈlɒftˌi, -ɪə(r), -ɪst
AM ˈlɑfdi, ˈlɔfdi, -ər, -ɪst

log
BR lɒg, -z, -ɪŋ, -d
AM lɑg, lɔg, -z, -ɪŋ, -d

Logan
BR ˈləʊg(ə)n
AM ˈloʊgən

logan[1]
BR ˈlɒg(ə)n, -z
AM ˈlɔgən, -z

logan[2]
BR ˈlɒg(ə)n, -z
AM ˈlagən, ˈlɔgən, -z

loganberry
BR ˈləʊg(ə)nb(ə)rˌi, ˈləʊg(ə)nˌbɛrˌi, -ɪz
AM ˈloʊgənˌbɛri, -z

logaoedic
BR ˌlɒgə(r)ˈiːdɪk
AM ˌlagəˈidɪk

logarithm
BR ˈlɒgərɪð(ə)m, -z
AM ˈlagəˌrɪðəm, ˈlɔgəˌrɪðəm, -z

logarithmic
BR ˌlɒgəˈrɪðmɪk
AM ˌlagəˈrɪðmɪk, ˌlɔgəˈrɪðmɪk

logarithmically
BR ˌlɒgəˈrɪðmɪkli
AM ˌlagəˈrɪθmɪk(ə)li, ˌlɔgəˈrɪθmɪk(ə)li

logbook
BR ˈlɒgbʊk, -s
AM ˈlag,bʊk, ˈlɔg,bʊk, -s

loge
BR ləʊʒ, -ɪz
AM loʊʒ, -əz

logger
BR ˈlɒgə(r), -z
AM ˈlɑɡɚ, ˈlɔgər, -z

loggerhead
BR ˈlɒgəhɛd, -z
AM ˈlagər,(h)ɛd, ˈlɔgər,(h)ɛd, -z

loggia
BR ˈlɒdʒ(i)ə(r), ˈləʊdʒ(i)ə(r), -z
AM ˈloʊdʒ(i)ə, ˈlɔdʒ(i)ə, -z

logia
BR ˈləʊgɪə(r), ˈlɒgɪə(r), -z
AM ˈloʊdʒ(i)ə, -z

logic
BR ˈlɒdʒɪk
AM ˈlɑdʒɪk

logical
BR ˈlɒdʒɪkl
AM ˈlɑdʒək(ə)l

logicality
BR ˌlɒdʒɪˈkalɪti
AM ˌlɑdʒəˈkælədi

logically
BR ˈlɒdʒɪkli
AM ˈlɑdʒək(ə)li

logical positivism
BR ˌlɒdʒɪkl ˈpɒzɪtɪvɪzm
AM ˌlɑdʒək(ə)l ˈpɑzədə,vɪz(ə)m

logical positivist
BR ˌlɒdʒɪkl ˈpɒzɪtɪvɪst, -s
AM ˌlɑdʒək(ə)l ˈpɑzədəvəst, -s

logician
BR lə(ʊ)ˈdʒɪʃn, lɒˈdʒɪʃn, -z
AM loʊˈdʒɪʃ(ə)n, ləˈdʒɪʃ(ə)n, -z

logion
BR ˈləʊgɪən, ˈlɒgɪɒn
AM ˈloʊdʒɪən

logistic
BR lɒˈdʒɪstɪk, -s
AM loʊˈdʒɪstɪk, ləˈdʒɪstɪk, -s

logistical
BR lɒˈdʒɪstɪkl
AM ləˈdʒɪstɪk(ə)l

logistically
BR lɒˈdʒɪstɪkli
AM ˌləˈdʒɪstɪk(ə)li

logjam
BR ˈlɒgdʒam, -z
AM ˈlag,dʒæm, ˈlɔg,dʒæm, -z

logo
BR ˈlɒgəʊ, ˈləʊgəʊ, -z
AM ˈloʊgoʊ, -z

logogram
BR ˈlɒgəgram, -z
AM ˈloʊgə,græm, -z

logographer
BR lɒˈgɒgrəfə(r), -z
AM loʊˈgagrəfər, -z

logomachy
BR lə(ʊ)ˈgɒməkǀi, -ɪz
AM loʊˈgaməki, -z

logon
BR ˈlɒgɒn, ˌlɒgˈɒn, -z
AM ˈlag,an, ˈlɔg,an, -z

logopaedic
BR ˌlɒgəˈpiːdɪk, -s
AM ˌloʊgəˈpidɪk, ˌlɔgəˈpidɪk, -s

logopedic
BR ˌlɒgəˈpiːdɪk, -s
AM ˌloʊgəˈpidɪk, ˌlɔgəˈpidɪk, -s

logorrhea
BR ˌlɒgəˈriːə(r)
AM ˌloʊgəˈriə, ˌlɔgəˈriə

logorrheic
BR ˌlɒgəˈriːɪk
AM ˌloʊgəˈriɪk, ˌlɔgəˈriɪk

logorrhoea
BR ˌlɒgəˈriːə(r)
AM ˌloʊgəˈriə, ˌlɔgəˈriə

logorrhoeic
BR ˌlɒgəˈriːɪk
AM ˌloʊgəˈriɪk, ˌlɔgəˈriɪk

logos
BR ˈlɒgɒs
AM ˈloʊ,goʊs

logotype
BR ˈlɒgə(ʊ)tʌɪp, -s
AM ˈloʊgə,taɪp, ˈlɔgə,taɪp, -s

logroll
BR ˈlɒgrəʊl, -z, -ɪŋ, -d
AM ˈlag,roʊl, ˈlɔg,roʊl, -z, -ɪŋ, -d

logroller
BR ˈlɒg,rəʊlə(r), -z
AM ˈlag,roʊlər, ˈlɔg,roʊlər, -z

Logue
BR ləʊg
AM loʊg

logwood
BR ˈlɒgwʊd
AM ˈlag,wʊd, ˈlɔg,wʊd

Lohengrin
BR ˈləʊəngrɪn
AM ˈloʊən,grɪn

loin
BR lɔɪn, -z
AM lɔɪn, -z

loincloth
BR ˈlɔɪnklɒǀθ, -θs\-ðz
AM ˈlɔɪn,klɑǀθ, ˈlɔɪn,klɔǀθ, -θs\-ðz

loir
BR ˈlɔɪə(r), lwɑː(r)
AM l(ə)ˈwɑr, ˈlɔɪ(ə)r

Loire
BR lwɑː(r)
AM l(ə)ˈwɑr
FR lwaʀ

Lois
BR ˈləʊɪs
AM ˈloʊwəs

loiter
BR ˈlɔɪtǀə(r), -əz, -(ə)rɪŋ, -əd
AM ˈlɔɪdər, -z, -ɪŋ, -d

loiterer
BR ˈlɔɪt(ə)rə(r), -z
AM ˈlɔɪdərər, -z

Loki
BR ˈləʊki
AM ˈloʊ,ki

LOL
BR ˌɛl əʊ ˈɛl, lɒl
AM ˌˈɛl,oʊˈɛl

Lola
BR ˈləʊlə(r)
AM ˈloʊlə

Lolita
BR lɒˈliːtə(r), lə(ʊ)ˈliːtə(r)
AM loʊˈlidə

loll
BR lɒl, -z, -ɪŋ, -d
AM lal, -z, -ɪŋ, -d

Lolland
BR ˈlɒlənd
AM ˈlalənd

lollapalooza
BR ˌlɒləpəˈluːzə(r)
AM ˌlaləpəˈluzə

Lollard
BR ˈlɒlɑːd, -z
AM ˈlalərd, -z

Lollardism
BR ˈlɒlɑːdɪzm
AM ˈlalər,dɪz(ə)m

Lollardy
BR ˈlɒlɑːdi
AM ˈlalərdi

loller
BR ˈlɒlə(r), -z
AM ˈlalər, -z

lollipop
BR ˈlɒlɪpɒp, -s
AM ˈlali,pap, -s

lollop
BR ˈlɒləp, -s, -ɪŋ, -t
AM ˈlaləp, -s, -ɪŋ, -t

lolly
BR ˈlɒl|i, -ɪz
AM ˈlɑli, -z

Lomas
BR ˈləʊmas
AM ˈloʊməs

Lomax
BR ˈləʊmaks
AM ˈloʊmæks

Lombard
BR ˈlɒmbɑːd, -z
AM ˈlɑmˌbɑrd, -z

Lombardi
BR lɒmˈbɑːdi
AM lɑmˈbɑrdi

Lombardic
BR (ˌ)lɒmˈbɑːdɪk
AM ˌlɑmˈbɑrdɪk

Lombardy
BR ˈlɒmbədi
AM ˈlɑmbərdi, ˈlɑmˌbɑrdi

Lombok
BR ˈlɒmbɒk
AM ˈlɑmˌbɑk

Lomé
BR ˈləʊmeɪ
AM loʊˈmeɪ
FR lɔme

loment
BR ˈləʊm(ɛ)nt, -s
AM ˈloʊm(ə)nt, -s

lomentaceous
BR ˌləʊm(ə)nˈteɪʃəs
AM ˌloʊmənˈteɪʃəs

London
BR ˈlʌndən
AM ˈlʌndən

Londonderry
BR ˈlʌndʌnˌdɛri, ˌlʌndʌnˈdɛri
AM ˌləndənˈdɛri, ˈləndənˌdɛri

Londoner
BR ˈlʌndənə(r), -z
AM ˈləndənər, -z

lone
BR ləʊn
AM loʊn

loneliness
BR ˈləʊnlɪnɪs
AM ˈloʊnlɪnɪs

lonely
BR ˈləʊnl|i, -iə(r), -ɪɪst
AM ˈloʊnli, -ər, -ɪst

loner
BR ˈləʊnə(r), -z
AM ˈloʊnər, -z

lonesome
BR ˈləʊns(ə)m
AM ˈloʊns(ə)m

lonesomely
BR ˈləʊns(ə)mli
AM ˈloʊnsəmli

lonesomeness
BR ˈləʊns(ə)mnəs
AM ˈloʊnsəmnəs

long
BR lɒ|ŋ, -ŋz, -ŋɪŋ, -ŋd, -ŋɡə(r), -ŋɡɪst
AM lɔ|ŋ, -ŋz, -ŋɪŋ, -ŋd, -ŋɡər, -ŋɡəst

longanimity
BR ˌlɒŋɡəˈnɪmɪti
AM ˌlɑŋɡəˈnɪmɪdi, ˌlɔŋɡəˈnɪmɪdi

long-awaited
BR ˈlɒŋəˌweɪtɪd
AM ˈlɑŋəˌweɪdɨd, ˈlɔŋəˈweɪdɨd

Long Beach
BR ˈlɒŋ biːtʃ
AM ˈlɑŋ ˌbitʃ, ˈlɔŋ ˌbitʃ

longboard
BR ˈlɒŋbɔːd, -z
AM ˈlɑŋˌbɔ(ə)rd, ˈlɔŋˌbɔ(ə)rd, -z

longboat
BR ˈlɒŋbəʊt, -s
AM ˈlɑŋˌboʊt, ˈlɔŋˌboʊt, -s

Longbottom
BR ˈlɒŋˌbɒtəm
AM ˈlɑŋˌbɑdəm, ˈlɔŋˌbɑdəm

longbow
BR ˈlɒŋbəʊ, -z
AM ˈlɑŋˌboʊ, ˈlɔŋˌboʊ, -z

Longbridge
BR ˈlɒŋbrɪdʒ
AM ˈlɑŋˌbrɪdʒ, ˈlɔŋˌbrɪdʒ

Longden
BR ˈlɒŋdən
AM ˈlɑŋdən, ˈlɔŋdən

longe
BR lʌn(d)ʒ, lɒn(d)ʒ, -ɪz, -ɪŋ, -d
AM lənd ʒ, -əz, -ɪŋ, -d

longeron
BR ˈlɒn(d)ʒ(ə)rn̩, ˈlɒn(d)ʒ(ə)rɒn, -z
AM ˈlɑndʒəˌrɑn, ˈlɑndʒərən, -z

longevity
BR lɒnˈdʒɛvɪti
AM lɑnˈdʒɛvədi, lɔnˈdʒɛvədi

Longfellow
BR ˈlɒŋˌfɛləʊ
AM ˈlɑŋˌfɛloʊ, ˈlɔŋˌfɛloʊ

Longford
BR ˈlɒŋfəd
AM ˈlɑŋfərd, ˈlɔŋfərd

longhair
BR ˈlɒŋhɛː(r), -z
AM ˈlɑŋˌ(h)ɛ(ə)r, ˈlɔŋˌ(h)ɛ(ə)r, -z

longhand
BR ˈlɒŋhand
AM ˈlɑŋˌ(h)ænd, ˈlɔŋˌ(h)ænd

longhop
BR ˈlɒŋhɒp, -s
AM ˈlɑŋˌ(h)ɑp, ˈlɔŋˌ(h)ɑp, -s

longhorn
BR ˈlɒŋhɔːn, -z
AM ˈlɑŋˌ(h)ɔ(ə)rn, ˈlɔŋˌ(h)ɔ(ə)rn, -z

longhouse
BR ˈlɒŋhaʊ|s, -zɪz
AM ˈlɑŋˌ(h)aʊ|s, ˈlɔŋˌ(h)aʊ|s, -zəz

longicorn
BR ˈlɒn(d)ʒɪkɔːn, -z
AM ˈlɑndʒəˌkɔ(ə)rn, -z

longing
BR ˈlɒŋɪŋ, -z
AM ˈlɑŋɪŋ, ˈlɔŋɪŋ, -z

longingly
BR ˈlɒŋɪŋli
AM ˈlɑŋɪŋli, ˈlɔŋɪŋli

Longinus
BR lɒnˈdʒʌɪnəs, lɒŋˈɡiːnəs
AM lɑnˈdʒaɪnəs

longish
BR ˈlɒŋɪʃ
AM ˈlɑŋɪʃ, ˈlɔŋɪʃ

longitude
BR ˈlɒŋɡɪtjuːd, ˈlɒŋɡɪtʃuːd, ˈlɒn(d)ʒɪtjuːd, ˈlɒn(d)ʒɪtʃuːd, -z
AM ˈlɑndʒɪˌt(j)ud, ˈlɔndʒɪˌt(j)ud, -z

longitudinal
BR ˌlɒŋɡɪˈtjuːdɪn̩l, ˌlɒŋɡɪˈtʃuːdɪn̩l, ˌlɒn(d)ʒɪˈtjuːdɪn̩l, ˌlɒn(d)ʒɪˈtʃuːdɪn̩l
AM ˌlɑndʒəˈt(j)udn̩əl, ˌlɔndʒəˈt(j)udn̩əl

longitudinally
BR ˌlɒŋɡɪˈtjuːdɪn̩li, ˌlɒŋɡɪˈtʃuːdɪn̩li, ˌlɒn(d)ʒɪˈtjuːdɪn̩li, ˌlɒn(d)ʒɪˈtʃuːdɪn̩li
AM ˌlɑndʒəˈt(j)udn̩əli, ˌlɔndʒəˈt(j)udn̩əli

long jump
BR ˈlɒŋ dʒʌmp
AM ˈlɑŋ ˌdʒəmp, ˈlɔŋ ˌdʒəmp

Longleat
BR ˈlɒŋliːt
AM ˈlɑŋlit, ˈlɔŋlit

Longman
BR ˈlɒŋmən
AM ˈlɑŋm(ə)n, ˈlɔŋm(ə)n

longship
BR ˈlɒŋʃɪp, -s
AM ˈlɑŋˌʃɪp, ˈlɔŋˌʃɪp, -s

longshore
BR ˈlɒŋʃɔː(r)
AM ˈlɑŋˌʃɔ(ə)r, ˈlɔŋˌʃɔ(ə)r

longshoreman
BR ˈlɒŋʃɔːmən
AM ˌlɑŋˈʃɔrm(ə)n, ˌlɔŋˈʃɔrm(ə)n

longshoremen
BR ˈlɒŋʃɔːmən
AM ˌlɑŋˈʃɔrm(ə)n, ˌlɔŋˈʃɔrm(ə)n

longstop
BR ˈlɒŋstɒp, -s
AM ˈlɑŋˌstɑp, ˈlɔŋˌstɑp, -s

Longton
BR ˈlɒŋt(ə)n
AM ˈlɑŋt(ə)n, ˈlɔŋt(ə)n

Longtown
BR ˈlɒŋtaʊn
AM ˈlɑŋˌtaʊn, ˈlɔŋˌtaʊn

longueur
BR (ˌ)lɒŋˈɡɜː(r), -z
AM lɑŋˈ(ɡ)ər, lɔŋˈ(ɡ)ər, -z

longways
BR ˈlɒŋweɪz
AM ˈlɑŋˌweɪz, ˈlɔŋˌweɪz

longwise
BR ˈlɒŋwʌɪz
AM ˈlɑŋˌwaɪz, ˈlɔŋˌwaɪz

lonicera
BR lɒˈnɪs(ə)rə(r)
AM loʊˈnɪsərə

Lonnie
BR ˈlɒni
AM ˈlɑni

Lonrho
BR ˈlɒnrəʊ
AM ˈlɑnroʊ

Lonsdale
BR ˈlɒnzdeɪl
AM ˈlɑnzˌdeɪl

loo
BR luː, -z
AM lu, -z

Looe
BR luː
AM lu

loof
BR luːf, -s, -ɪŋ, -d
AM luf, -s, -ɪŋ, -d

loofa
BR ˈluːfə(r), -z
AM ˈlufə, -z

loofah
BR ˈluːfə(r), -z
AM ˈlufə, -z

look
BR lʊk, -s, -ɪŋ, -t
AM lʊk, -s, -ɪŋ, -t

lookalike
BR ˈlʊkəlʌɪk, -s
AM ˈlʊkəˌlaɪk, -s

looker
BR ˈlʊkə(r), -z
AM ˈlʊkər, -z

lookout
BR ˈlʊkaʊt, -s
AM ˈlʊkaʊt, ˈlʊkˌaʊt, -s

look-see
BR ˈlʊksiː
AM ˈlʊkˌsi

lookup
BR ˈlʊkʌp, -s
AM ˈlʊkˌəp, -s

loom
BR luːm, -z, -ɪŋ, -d
AM lum, -z, -ɪŋ, -d

loon
BR luːn, -z
AM lun, -z

looniness
BR ˈluːnɪnɪs
AM ˈluninɪs

loony
BR ˈluːn|i, -ɪz
AM ˈluni, -z

loop
BR luːp, -s, -ɪŋ, -t
AM lup, -s, -ɪŋ, -t

looper
BR ˈluːpə(r), -z
AM ˈlupər, -z

loophole
BR ˈluːphəʊl, -z
AM ˈlupˌ(h)oʊl, -z

loopiness
BR ˈluːpɪnɪs
AM ˈlupinɪs

loopy
BR ˈluːp|i, -ɪə(r), -ɪɪst
AM ˈlupi, -ər, -ɪst

loose
BR luːs, -ɪz, -ɪŋ, -t, -ə(r), -ɪst
AM lus, -əz, -ɪŋ, -t, -ər, -əst

loosebox
BR ˈluːsbɒks, -ɪz
AM ˈlusˌbɑks, -əz

loosely
BR ˈluːsli
AM ˈlusli

loosen
BR ˈluːs|n, -nz, -n̩ɪŋ\-nɪŋ, -nd
AM ˈlus(ə)n, -z, -ɪŋ, -d

loosener
BR ˈluːsn̩ə(r), ˈluːsnə(r), -z
AM ˈlusn̩ər, -z

looseness
BR ˈluːsnəs
AM ˈlusnəs

loosestrife
BR ˈluːsstrʌɪf, -s
AM ˈlu(s)ˌstraɪf, -s

loosish
BR ˈluːsɪʃ
AM ˈlusɪʃ

loot
BR luːt, -s, -ɪŋ, -ɪd
AM lu|t, -ts, -dɪŋ, -dəd

looter
BR ˈluːtə(r), -z
AM ˈludər, -z

lop
BR lɒp, -s, -ɪŋ, -t
AM lɑp, -s, -ɪŋ, -t

lope
BR ləʊp, -s, -ɪŋ, -t
AM loʊp, -s, -ɪŋ, -t

López
BR ˈləʊpɛz
AM ˈloʊpɛz
SP ˈlopeθ, ˈlopes

lophobranch
BR ˈləʊfə(ʊ)braŋk, ˈlɒfə(ʊ)braŋk, -s
AM ˈloʊfəˌbræŋk, ˈlɑfəˌbræŋk, -s

lophodont
BR ˈləʊfə(ʊ)dɒnt, ˈlɒfə(ʊ)dɒnt, -s
AM ˈloʊfəˌdɑnt, ˈlɑfəˌdɑnt, -s

lophophore
BR ˈləʊfə(ʊ)fɔː(r), ˈlɒfə(ʊ)fɔː(r), -z
AM ˈloʊfəˌfɔ(ə)r, ˈlɑfəˌfɔ(ə)r, -z

lopolith
BR ˈlɒplɪθ, -s
AM ˈlɑpəˌlɪθ, -s

lopper
BR ˈlɒpə(r), -z
AM ˈlɑpər, -z

loppy
BR ˈlɒp|i, -ɪə(r), -ɪɪst
AM ˈlɑpi, -ər, -ɪst

lopsided
BR ˌlɒpˈsʌɪdɪd
AM ˈlɑpˌsaɪdɪd

lopsidedly
BR ˌlɒpˈsʌɪdɪdli
AM ˈlɑpˌsaɪdɪdli

lopsidedness
BR ˌlɒpˈsʌɪdɪdnɪs
AM ˈlɑpˌsaɪdɪdnɪs

loquacious
BR ləˈkweɪʃəs
AM loʊˈkweɪʃəs

loquaciously
BR ləˈkweɪʃəsli
AM loʊˈkweɪʃəsli

loquaciousness
BR ləˈkweɪʃəsnəs
AM loʊˈkweɪʃəsnəs

loquacity
BR lə(ʊ)ˈkwasɪti
AM loʊˈkwæsədi

loquat
BR ˈləʊkwɒt, -s
AM loʊˈkwat, ˈloʊˌkwat, -s

loquitur
BR ˈlɒkwɪtə(r)
AM ˈloʊkwədər, ˈlakwədər

lor
BR lɔː(r)
AM lɔ(ə)r

loral
BR ˈlɔːrl̩, -z
AM ˈlɔrəl, -z

loran
BR ˈlɔːrn̩, -z
AM ˈlɔrən, -z

Lorca
BR ˈlɔːkə(r)
AM ˈlɔrkə
SP ˈlorka

Lorcan
BR ˈlɔːk(ə)n
AM ˈlɔrkən

lorch
BR ˈlɔːtʃ, -ɪz
AM ˈlɔrtʃ, -əz

lorcha
BR ˈlɔːtʃə(r), -z
AM ˈlɔr(t)ʃə, -z

lord
BR lɔːd, -z, -ɪŋ, -ɪd
AM lɔ(ə)rd, -z, -ɪŋ, -əd

lordless
BR ˈlɔːdləs
AM ˈlɔrdləs

lordlike
BR ˈlɔːdlʌɪk
AM ˈlɔrdˌlaɪk

lordliness
BR ˈlɔːdlɪnɪs
AM ˈlɔrdlɪnɪs

lordling
BR ˈlɔːdlɪŋ, -z
AM ˈlɔrdlɪŋ, -z

lordly
BR ˈlɔːdl|i, -ɪə(r), -ɪɪst
AM ˈlɔrdli, -ər, -ɪst

lordosis
BR lɔːˈdəʊsɪs
AM lɔrˈdoʊsəs

lordotic
BR lɔːˈdɒtɪk
AM lɔrˈdɑdɪk

lordship
BR ˈlɔːdʃɪp, -s
AM ˈlɔrdˌʃɪp, -s

Lordy
BR ˈlɔːdi
AM ˈlɔrdi

lore
BR lɔː(r)
AM lɔ(ə)r

L'Oréal
BR ˈlɒrɪal
AM lɒriˈæl
FR lɔʀeal

Lorelei
BR ˈlɒrəlʌɪ, ˈlɔːrəlʌɪ, -z
AM ˈlɔrəˌlaɪ, -z

Loren
BR ləˈrɛn, ˈlɔːrn̩
AM ləˈrɛn
IT ˈloren

Lorentz
BR ˈlɒrn̩(t)s
AM lɔˈrənz

Lorenz
BR ˈlɒrənz, ˈlɒrn̩z
AM lɔˈrənz

Lorenzo
BR ləˈrɛnzəʊ
AM ləˈrɛnˌzoʊ
IT loˈrenzo

Loreto
BR ləˈrɛtəʊ
AM ləˈrɛdoʊ

Loretta
BR ləˈɛtə(r)
AM ləˈrɛdə

lorgnette
BR lɔːˈnjɛt, -s
AM lɔrnˈjɛt, -s

lorgnon
BR ˈlɔːnj(ə)n, -z
AM lɔrnˈjɔn, -z
FR lɔʀɲɔ̃

loricate
BR ˈlɒrɪkeɪt, -s
AM ˈlɔrəˌkeɪt, -s

lorikeet
BR ˈlɒrɪkiːt, ˌlɒrɪˈkiːt, -s
AM ˈlɔrəˌkit, -s

lorimer
BR ˈlɒrɪmə(r), -z
AM ˈlɔrəmər, -z

loris
BR ˈlɔːrɪs, -ɪz
AM ˈlɔrəs, -əz

lorn
BR lɔːn
AM lɔ(ə)rn

Lorna
BR ˈlɔːnə(r)
AM ˈlɔrnə

Lorraine
BR ləˈreɪn
AM ləˈreɪn
FR lɔʀɛn

lorry
BR ˈlɒr|i, -ɪz
AM ˈlɔri, -z

lorryload
BR ˈlɒrɪləʊd, -z
AM ˈlɔriˌloʊd, -z

lory
BR ˈlɔːr|i, -ɪz
AM ˈlɔri, -z

losable
BR ˈluːzəbl
AM ˈluzəb(ə)l

Los Alamos
BR lɒs ˈaləmɒs
AM lɑ ˈsæləmoʊs, lɔ ˈsæləmoʊs

Los Angeles
BR lɒs ˈan(d)ʒɪliːz
AM lɑ ˈsændʒələs, lɔ ˈsændʒələs

lose
BR luːz, -ɪz, -ɪŋ
AM luz, -əz, -ɪŋ

loser
BR ˈluːzə(r), -z
AM ˈluzər, -z

Losey
BR ˈləʊzi
AM ˈloʊzi

loss
BR lɒs, -ɪz
AM las, lɔs, -əz

löss
BR ˈləʊɪs, ˈləʊɛs, ləːs
AM ˈləs, ˈloʊˌɛs, lɛs

Lossiemouth
BR ˈlɒsɪmaʊθ, ˌlɒsɪˈmaʊθ
AM ˌlɑsɪˈmaʊθ, ˌlɔsɪˈmaʊθ

lost
BR lɒst
AM last, lɔst

Lostwithiel
BR lɒs(t)ˈwɪθɪəl
AM ˌlastˈwɪθiəl, ˌlɔstˈwɪθiəl

lot
BR lɒt, -s
AM lat, -s

loth
BR ləʊθ
AM loʊθ

Lothario
BR ləˈθɑːrɪəʊ, ləˈθɛːrɪəʊ, -z
AM loʊˈθɑrioʊ, loʊˈθɛrioʊ, -z

Lothian
BR ˈləʊðɪən
AM ˈloʊðiən

loti
BR ˈləʊt|i, ˈluːt|i, -ɪz
AM ˈloʊdi, -z

lotic
BR ˈləʊtɪk
AM ˈloʊdɪk

lotion
BR ˈləʊʃn, -z
AM ˈloʊʃ(ə)n, -z

lotsa *lots of*
BR ˈlɒtsə(r)
AM ˈlatsə

lotta *lot of*
BR ˈlɒtə(r)
AM ˈladə

lottery
BR ˈlɒt(ə)r|i, -ɪz
AM ˈladəri, -z

Lottie
BR ˈlɒti
AM ˈladi

lotto
BR ˈlɒtəʊ
AM ˈladoʊ

lotus
BR ˈləʊtəs, -ɪz
AM ˈloʊdəs, -əz

Lou
BR ˈluː
AM ˈlu

louche
BR luːʃ
AM luʃ

loud
BR laʊd, -ə(r), -ɪst
AM laʊd, -ər, -əst

louden
BR ˈlaʊdn̩, -z, -ɪŋ, -d
AM ˈlaʊdən, -z, -ɪŋ, -d

loudhailer
BR ˌlaʊdˈheɪlə(r), -z
AM ˈlaʊdˌheɪlər, -z

loudish
BR ˈlaʊdɪʃ
AM ˈlaʊdɪʃ

loudly
BR ˈlaʊdli
AM ˈlaʊdli

loudmouth
BR ˈlaʊdmaʊ|θ, -ðz\-θs
AM ˈlaʊdˌmaʊ|θ, -ðz

loudmouthed
BR ˌlaʊdˈmaʊðd
AM ˈlaʊdˌmaʊðd

loudness
BR ˈlaʊdnəs
AM ˈlaʊdnəs

loudspeaker
BR ˌlaʊdˈspiːkə(r), -z
AM ˈlaʊdˌspikər, -z

Louella
BR lʊˈelə(r)
AM lʊˈelə

lough
BR lɒx, lɒk, -s
AM lɑk, -s

Loughborough
BR ˈlʌfb(ə)rə(r)
AM ˈləfbərə

Loughlin
BR ˈlɒxlɪn, ˈlɒklɪn
AM ˈlɑklən

Lough Neagh
BR ˌlɒx ˈneɪ, ˌlɒk +
AM ˌlɑk ˈneɪ

Loughor
BR ˈlʌxə(r), ˈlʌkə(r)
AM ˈlɑkər

Louie
BR ˈluːi
AM ˈluwi

Louis
BR ˈluːiː, ˈluːɪs
AM ˈluwi, ˈluwəs

louis[1] *coin*
BR ˈluːi
AM ˈluwi, ˈluwəs
FR lwi

louis[2] *coins*
BR luːɪz
AM ˈluwiz

Louisa
BR lʊˈiːzə(r)
AM ləˈwizə

Louisburg
BR ˈluːɪsbəːg
AM ˈləwəsˌhərg

Louise
BR lʊˈiːz
AM ləˈwiz

Louisiana
BR lʊˌiːziˈanə(r)
AM ˌluwiziˈænə

Louisianan
BR lʊˌiːziˈanən, -z
AM ˌluwiziˈænən, -z

Louisville
BR ˈluːɪvɪl
AM ˈlu(wə)vəl, ˈluwiˌvɪl

lounge
BR laʊn(d)ʒ, -ɪz, -ɪŋ, -d
AM laʊndʒ, -əz, -ɪŋ, -d

lounger
BR ˈlaʊn(d)ʒə(r), -z
AM ˈlaʊndʒər, -z

Lounsbury
BR ˈlaʊnzb(ə)ri
AM ˈlaʊnzˌberi

loupe
BR luːp, -s
AM lup, -s

lour
BR ˈlaʊə(r), -z, -ɪŋ, -d
AM ˈlaʊ(ə)r, -z, -ɪŋ, -d

Lourdes
BR lʊəd(z), lɔːdz
AM lʊ(ə)rd
FR luʀd

Lourenço Marques
BR ləˌrensəʊ ˈmɑːks
AM ləˌren(t)soʊ marˈkes
B PORT loˌresu ˈmarkis
L PORT loˌrẽsu ˈmarkəʃ

louringly
BR ˈlaʊərɪŋli
AM ˈlaʊrɪŋli

loury
BR ˈlaʊəri
AM ˈlaʊri

louse
BR laʊs, -ɪz, -ɪŋ, -t
AM laʊs, -əz, -ɪŋ, -t

lousewort
BR ˈlaʊswəːt, -s
AM ˈlaʊsˌwɔ(ə)rt, ˈlaʊswərt, -s

lousily
BR ˈlaʊzɪli
AM ˈlaʊzəli

lousiness
BR ˈlaʊzɪnɪs
AM ˈlaʊzɪnɪs

lousy
BR ˈlaʊz|i, -iə(r), -ɪɪst
AM ˈlaʊzi, -ər, -ɪst

lout
BR laʊt, -s
AM laʊt, -s

Louth
BR laʊθ
AM laʊθ

loutish
BR ˈlaʊtɪʃ
AM ˈlaʊdɪʃ

loutishly
BR ˈlaʊtɪʃli
AM ˈlaʊdɪʃli

loutishness
BR ˈlaʊtɪʃnɪs
AM ˈlaʊdɪʃnɪs

Louvain
BR lʊˈvã, lʊˈvan
AM luˈvæn

louver
BR ˈluːvə(r), -z
AM ˈluvər, -z, -d

Louvre
BR ˈluːvrə(r), luːv
AM ˈluv(rə)
FR luvʀ

louvre
BR ˈluːvə(r), -z, -d
AM ˈluvər, -z, -d

lovability
BR ˌlʌvəˈbɪlɪti
AM ˌləvəˈbɪlɪdi

lovable
BR ˈlʌvəbl
AM ˈləvəb(ə)l

lovableness
BR ˈlʌvəblnəs
AM ˈləvəbəlnəs

lovably
BR ˈlʌvəbli
AM ˈləvəbli

lovage
BR ˈlʌvɪdʒ
AM ˈləvɪdʒ

lovat
BR ˈlʌvət
AM ˈləvət

love
BR lʌv, -z, -ɪŋ, -d
AM ləv, -z, -ɪŋ, -d

loveable
BR ˈlʌvəbl
AM ˈləvəb(ə)l

loveably
BR ˈlʌvəbli
AM ˈləvəbli

lovebird
BR ˈlʌvbəːd, -z
AM ˈləvˌbərd, -z

lovebite
BR ˈlʌvbaɪt, -s
AM ˈləvˌbaɪt, -s

lovechild
BR ˈlʌvtʃaɪld
AM ˈləvˌtʃaɪld

lovechildren
BR ˈlʌvˌtʃɪldr(ə)n
AM ˈləvˌtʃɪldrən

Loveday
BR ˈlʌvdeɪ
AM ˈləvˌdeɪ

Lovejoy
BR ˈlʌvdʒɔɪ
AM ˈləvˌdʒɔɪ

Lovelace
BR ˈlʌvleɪs
AM ˈləvləs

loveless
BR ˈlʌvləs
AM ˈləvləs

lovelessly
BR ˈlʌvləsli
AM ˈləvləsli
lovelessness
BR ˈlʌvləsnəs
AM ˈləvləsnəs
lovelily
BR ˈlʌvlɪli
AM ˈləvləli
loveliness
BR ˈlʌvlinɪs
AM ˈləvlinɪs
Lovell
BR ˈlʌvl
AM ləˈvɛl
lovelock
BR ˈlʌvlɒk, -s
AM ˈləvˌlak, -s
lovelorn
BR ˈlʌvlɔːn
AM ˈləvˌlɔ(ə)rn
lovely
BR ˈlʌvl|i, -ɪz, -ɪə(r), -ɪst
AM ˈləvli, -z, -ər, -ɪst
lovemaking
BR ˈlʌvˌmeɪkɪŋ
AM ˈləvˌmeɪkɪŋ
lover
BR ˈlʌvə(r), -z
AM ˈləvər, -z
Loveridge
BR ˈlʌv(ə)rɪdʒ
AM ˈləvˌrɪdʒ
loverless
BR ˈlʌvələs
AM ˈləvərləs
loverlike
BR ˈlʌvəlʌɪk
AM ˈləvərˌlaɪk
lovesick
BR ˈlʌvsɪk
AM ˈləvˌsɪk
lovesickness
BR ˈlʌvˌsɪknɪs
AM ˈləvˌsɪknɪs
lovesome
BR ˈlʌvs(ə)m
AM ˈləvs(ə)m
loveworthy
BR ˈlʌvˌwəːði
AM ˈləvˌwərði

lovey
BR ˈlʌv|i, -ɪz
AM ˈləvi, -z
lovey-dovey
BR ˌlʌvɪˈdʌvi
AM ˌləviˈdəvi
lovingly
BR ˈlʌvɪŋli
AM ˈləvɪŋli
lovingness
BR ˈlʌvɪŋnɪs
AM ˈləvɪŋnɪs
low
BR ləʊ, -z, -ɪŋ, -d, -ə(r), -ɪst
AM loʊ, -z, -ɪŋ, -(ə)r, -əst
lowball
BR ˈləʊbɔːl, -z
AM ˈloʊˌbal, ˈloʊˌbɔl, -z
lowboy
BR ˈləʊbɔɪ, -z
AM ˈloʊˌbɔɪ, -z
lowbrow
BR ˈləʊbraʊ, -z
AM ˈloʊˌbraʊ, -z
lowbrowed
BR ˌləʊˈbraʊd
AM ˈloʊbraʊd
low-cal
BR ˌləʊˈkal
AM ˈloʊˈkæl
low-calorie
BR ˌləʊˈkaləri
AM ˌˈloʊˈkæl(ə)ri
low-down[1] *adjective*
BR ˌləʊˈdaʊn
AM ˈloʊˈdaʊn
low-down[2] *noun*
BR ˈləʊdaʊn
AM ˈloʊˌdaʊn
Lowell
BR ˈləʊəl
AM ˈloʊəl
Löwenbräu
BR ˈləʊənbraʊ
AM ˈloʊənˌbraʊ
GER ˈlœːvn̩brɔy
lower[1] *lour*
BR ˈlaʊə(r), -z, -ɪŋ, -d
AM ˈlaʊər, ˈloʊər, -z, -(ə)rɪŋ, -d

lower[2] *position*
BR ˈləʊə(r), -z, -ɪŋ, -d
AM ˈloʊ(ə)r, -z, -ɪŋ, -d
lowermost
BR ˈləʊəməʊst
AM ˈloʊ(ə)rˌmoʊst
Lowery
BR ˈləʊ(ə)ri
AM ˈloʊri
Lowestoft
BR ˈləʊ(ɪ)stɒft
AM ˈloʊ(ə)ˌstaft, ˈloʊ(ə)ˌstɔft
lowish
BR ˈləʊɪʃ
AM ˈloʊɪʃ
lowland
BR ˈləʊlənd, -z
AM ˈloʊˌlænd, ˈloʊlənd, -z
lowlander
BR ˈləʊləndə(r), -z
AM ˈloʊˌlændər, ˈloʊləndər, -z
lowlife
BR ˈləʊlʌɪf
AM ˈloʊˌlaɪf
lowlight
BR ˈləʊlʌɪt, -s
AM ˈloʊˌlaɪt, -s
lowlily
BR ˈləʊlɪli
AM ˈloʊlɪli
lowliness
BR ˈləʊlinɪs
AM ˈloʊlinɪs
lowly
BR ˈləʊl|i, -ɪə(r), -ɪst
AM ˈloʊli, -ər, -ɪst
Lowman
BR ˈləʊmən
AM ˈloʊm(ə)n
Lowndes
BR laʊn(d)z
AM ˈlaʊndəs
lowness
BR ˈləʊnəs, -ɪz
AM ˈloʊnəs, -əz
Lowrie
BR ˈlaʊri
AM ˈlaʊri

low-rise[1] *adjective*
BR ˌləʊˈrʌɪz
AM ˈloʊˌraɪz
low-rise[2] *noun*
BR ˈləʊrʌɪz, -ɪz
AM ˈloʊˌraɪz, -ɪz
Lowry
BR ˈlaʊri
AM ˈlaʊri
low season[1] *adjective*
BR ˌləʊˈsiːzn
AM ˈloʊˌsizn
low season[2] *noun*
BR ˈləʊˌsiːzn, -z
AM ˈloʊˌsizn, -z
lox
BR lɒks
AM laks
Loxene
BR ˈlɒksiːn
AM ˈlakˌsin
Loxley
BR ˈlɒksli
AM ˈlaksli
loxodrome
BR ˈlɒksədrəʊm, -z
AM ˈlaksəˌdroʊm, -z
loxodromic
BR ˌlɒksəˈdrɒmɪk
AM ˌlaksəˈdrɑmɪk
loyal
BR ˈlɔɪəl
AM ˈlɔɪ(ə)l
loyalism
BR ˈlɔɪəlɪzm
AM ˈlɔɪ(ə)lˌɪz(ə)m
loyalist
BR ˈlɔɪəlɪst, -s
AM ˈlɔɪ(ə)ləst, -s
loyally
BR ˈlɔɪəli
AM ˈlɔɪ(ə)li
loyalty
BR ˈlɔɪəlt|i, -ɪz
AM ˈlɔɪ(ə)lti, -z
lozenge
BR ˈlɒz(ɪ)n(d)ʒ, -ɪz, -d
AM ˈlazəndʒ, -əz, -d
lozengy
BR ˈlɒz(ɪ)ndʒi
AM ˈlazəndʒi

Ltd
BR ˈlɪmɪtɪd
AM ˈlɪmɪdɪd

Lualaba
BR ˌluːəˈlɑːbə(r)
AM ˌluəˈlɑbə

Luanda
BR luˈændə(r)
AM ləˈwɑndə

Luandan
BR luˈændən, -z
AM ləˈwɑndən, -z

Luang Prabang
BR luˌæŋ prəˈbæŋ
AM luˈæŋ prəˈbæŋ

luau
BR ˈluːaʊ, -z
AM ˈluˌaʊ, -z

lubber
BR ˈlʌbə(r), -z
AM ˈləbər, -z

lubberlike
BR ˈlʌbəlʌɪk
AM ˈləbərˌlaɪk

lubberly
BR ˈlʌbəli
AM ˈləbərli

Lubbock
BR ˈlʌbək
AM ˈləbək

lube
BR luːb, -z, -ɪŋ, -d
AM lub, -z, -ɪŋ, -d

Lübeck
BR ˈluːbɛk
AM ˈluˌbɛk

Lublin
BR ˈluːblɪn
AM ˈluˌblɪn

lubra
BR ˈl(j)uːbrə(r), -z
AM ˈlubrə, -z

lubricant
BR ˈl(j)uːbrɪk(ə)nt, -s
AM ˈlubrəkənt, -s

lubricate
BR ˈl(j)uːbrɪkeɪt, -s, -ɪŋ, -ɪd
AM ˈlubrəˌkeɪ|t, -ts, -dɪŋ, -dɪd

lubrication
BR ˌl(j)uːbrɪˈkeɪʃn
AM ˌlubrəˈkeɪʃ(ə)n

lubricative
BR ˈl(j)uːbrɪkətɪv
AM ˈlubrəˌkeɪdɪv

lubricator
BR ˈl(j)uːbrɪkeɪtə(r), -z
AM ˈlubrəˌkeɪdər, -z

lubricious
BR l(j)uːˈbrɪʃəs
AM luˈbrɪʃəs

lubricity
BR l(j)uːˈbrɪsɪti
AM luˈbrɪsɪdi

Lubumbashi
BR ˌlʊbʊmˈbɑʃi
AM ˌlubumˈbɑʃi

Lubyanka
BR ˌlʊbɪˈæŋkə(r)
AM lʊˈbjæŋkə
RUS lʲuˈbʲankə

Lucan
BR ˈluːk(ə)n
AM ˈlukən

Lucania
BR luːˈkeɪnɪə(r)
AM luˈkeɪnɪə

lucarne
BR ˈl(j)uːkɑːn, -z
AM luˈkɑrn, -z

Lucas
BR ˈluːkəs
AM ˈlukəs

luce
BR luːs
AM lus

lucency
BR ˈluːsnsi
AM ˈlusənsi

lucent
BR ˈluːsnt
AM ˈlus(ə)nt

lucently
BR ˈluːsntli
AM ˈlusn(t)li

Lucerne
BR luːˈsɜːn
AM luˈsɜrn

Lucey
BR ˈluːsi
AM ˈlusi

Lucia[1] *Italian*
BR luˈtʃiːə(r)
AM luˈtʃiə

Lucia[2]
BR ˈluːsɪə(r), ˈluːʃ(ɪ)ə(r)
AM ˈluʃə

Lucian
BR ˈluːʃ(ɪə)n, ˈluːsɪən
AM ˈluʃ(ə)n

lucid
BR ˈl(j)uːsɪd
AM ˈlusəd

lucidity
BR l(j)uːˈsɪdɪti
AM luˈsɪdɪdi

lucidly
BR ˈl(j)uːsɪdli
AM ˈlusədli

lucidness
BR ˈl(j)uːsɪdnɪs
AM ˈlusədnəs

Lucie
BR ˈluːsi
AM ˈlusi

lucifer
BR ˈl(j)uːsɪfə(r), -z
AM ˈlusəfər, -z

Lucifer
BR ˈl(j)uːsɪfə(r), -z
AM ˈlusəfər, -z

luciferin
BR l(j)uːˈsɪf(ə)rɪn
AM luˈsɪf(ə)rən

Lucille
BR luːˈsiːl
AM luˈsil

Lucinda
BR luːˈsɪndə(r)
AM luˈsɪndə

Lucite
BR ˈluːsʌɪt
AM ˈluˌsaɪt

Lucius
BR ˈluːsɪəs, ˈluːʃəs
AM ˈluʃəs

luck
BR lʌk
AM lək

luckily
BR ˈlʌkɪli
AM ˈləkəli

luckiness
BR ˈlʌkɪnɪs
AM ˈləkɪnɪs

luckless
BR ˈlʌkləs
AM ˈləkləs

lucklessly
BR ˈlʌkləsli
AM ˈləkləsli

lucklessness
BR ˈlʌkləsnəs
AM ˈləkləsnəs

Lucknow
BR ˈlʌknaʊ
AM ˈləknaʊ

lucky
BR ˈlʌk|i, -ɪə(r), -ɪɪst
AM ˈləki, -ər, -ɪst

Lucozade
BR ˈluːkəzeɪd
AM ˈlukəˌzeɪd

lucrative
BR ˈl(j)uːkrətɪv
AM ˈlukrədɪv

lucratively
BR ˈl(j)uːkrətɪvli
AM ˈlukrədəvli

lucrativeness
BR ˈl(j)uːkrətɪvnɪs
AM ˈlukrədɪvnɪs

lucre
BR ˈl(j)uːkə(r)
AM ˈlukər

Lucrece
BR l(j)uːˈkriːs
AM luˈkris

Lucretia
BR l(j)uːˈkriːʃə(r)
AM luˈkriʃə

Lucretius
BR l(j)uːˈkriːʃəs
AM luˈkriʃəs

lucubrate
BR ˈl(j)uːkjʊbreɪt, -s, -ɪŋ, -ɪd
AM ˈluk(j)əˌbreɪ|t, -ts, -dɪŋ, -dɪd

lucubration
BR ˌl(j)uːkjʊˈbreɪʃn
AM ˌluk(j)əˈbreɪʃ(ə)n

lucubrator
BR ˈl(j)uːkjʊbreɪtə(r), -z
AM ˈluk(j)ə‚breɪdər, -z

luculent
BR ˈluːkjʊlnt
AM ˈlukjəl(ə)nt

luculently
BR ˈluːkjʊlntli
AM ˈlukjələn(t)li

Lucullan *adjective*
BR l(j)uːˈkʌlən
AM luˈkəl(ə)n

Lucy
BR ˈluːsi
AM ˈlusi

Lūda
BR ˈluːdə(r)
AM ˈlʊdə

Luddism
BR ˈlʌdɪzm
AM ˈlə‚dɪz(ə)m

Luddite
BR ˈlʌdʌɪt, -s
AM ˈlə‚daɪt, -s

Ludditism
BR ˈlʌdʌɪtɪzm
AM ˈlədə‚tɪz(ə)m

lude
BR luːd, -z
AM lud, -z

Ludendorff
BR ˈluːdndɔːf
AM ˈludn‚dɔ(ə)rf

Ludgate
BR ˈlʌdgət, ˈlʌdgeɪt
AM ˈləd‚geɪt, ˈlədgət

ludic
BR ˈl(j)uːdɪk
AM ˈl(j)udɪk

ludicrous
BR ˈl(j)uːdɪkrəs
AM ˈludəkrəs

ludicrously
BR ˈl(j)uːdɪkrəsli
AM ˈludəkrəsli

ludicrousness
BR ˈl(j)uːdɪkrəsnəs
AM ˈludəkrəsnəs

Ludlow
BR ˈlʌdləʊ
AM ˈləd‚loʊ

Ludlum
BR ˈlʌdləm
AM ˈlədl(ə)m

ludo
BR ˈl(j)uːdəʊ
AM ˈlu‚doʊ

Ludovic
BR ˈluːdəvɪk
AM ˈludə‚vɪk

Ludwig
BR ˈlʊdwɪg, ˈlʊdvɪg
AM ˈlʊd‚wɪg

lues *lues venerea*
BR ˈl(j)uːiːz
AM ˈluiz

luetic
BR l(j)uːˈiːtɪk, l(j)uːˈɛtɪk
AM luˈidɪk

luff
BR lʌf, -s, -ɪŋ, -t
AM ləf, -s, -ɪŋ, -t

luffa
BR ˈlʌfə(r), -z
AM ˈləfə, -z

Luftwaffe
BR ˈlʊft‚wafə(r), ˈlʊft‚vafə(r), ˈlʊft‚waːfə(r), ˈlʊft‚vaːfə(r)
AM ˈlʊf(t)‚wafə

lug
BR lʌg, -z, -ɪŋ, -d
AM ləg, -z, -ɪŋ, -d

Lugano
BR luːˈgaːnəʊ
AM luˈganoʊ
IT luˈgano

Lugard
BR ˈluːgaːd
AM ˈlu‚gard

luge
BR luː(d)ʒ, -ɪz, -ɪŋ, -d
AM luʒ, -əz, -ɪŋ, -d

Luger
BR ˈluːgə(r), -z
AM ˈlugər, -z

luggable
BR ˈlʌgəbl
AM ˈləgəb(ə)l

luggage
BR ˈlʌgɪdʒ
AM ˈləgɪdʒ

lugger
BR ˈlʌgə(r), -z
AM ˈləgər, -z

lughole
BR ˈlʌghəʊl, -z
AM ˈləg‚(h)oʊl, -z

lugsail
BR ˈlʌgs(eɪ)l, ˈlʌgsl, -z
AM ˈləg‚seɪl, ˈləgs(ə)l, -z

lugubrious
BR lʊˈg(j)uːbrɪəs
AM ləˈgubrɪəs, luˈgubrɪəs

lugubriously
BR lʊˈg(j)uːbrɪəsli
AM luˈgubrɪəsli

lugubriousness
BR lʊˈg(j)uːbrɪəsnəs
AM luˈgubrɪəsnəs

lugworm
BR ˈlʌgwəːm, -z
AM ˈləg‚wərm, -z

Luick
BR ˈluːɪk
AM ˈluwɪk

Lukács
BR ˈluːkatʃ
AM ˈlu‚katʃ

Luke
BR luːk
AM luk

lukewarm
BR ˌluːkˈwɔːm
AM ˌlukˈwɔ(ə)rm

lukewarmly
BR ˌluːkˈwɔːmli
AM ˌlukˈwɔrmli

lukewarmness
BR ˌluːkˈwɔːmnəs
AM ˌlukˈwɔrmnəs

lull
BR lʌl, -z, -ɪŋ, -d
AM ləl, -z, -ɪŋ, -d

lullaby
BR ˈlʌləbʌɪ, -z
AM ˈlələ‚baɪ, -z

Lully
BR ˈlʊli
AM lʊˈli

lulu
BR ˈluːluː, -z
AM ˈlu‚lu, -z

Lulworth
BR ˈlʌlwə(ː)θ
AM ˈləl‚wərθ

lum
BR lʌm, -z
AM l(ə)m, -z

Lumb
BR lʌm
AM l(ə)m

lumbago
BR lʌmˈbeɪgəʊ
AM ˌləmˈbeɪ‚goʊ

lumbar
BR ˈlʌmbə(r)
AM ˈləmbər, ˈləm‚bɑr

lumber
BR ˈlʌmb|ə(r), -əz, -(ə)rɪŋ, -əd
AM ˈləmb|ər, -ərz, -(ə)rɪŋ, -ərd

lumberer
BR ˈlʌmb(ə)rə(r), -z
AM ˈləmbərər, -z

lumberjack
BR ˈlʌmbədʒak, -s
AM ˈləmbər‚dʒæk, -s

lumberman
BR ˈlʌmbəman
AM ˈləmbərm(ə)n

lumbermen
BR ˈlʌmbəmɛn
AM ˈləmbərm(ə)n

lumbersome
BR ˈlʌmbəs(ə)m
AM ˈləmbərs(ə)m

lumberyard
BR ˈlʌmbəjaːd, -z
AM ˈləmbər‚jard, -z

lumbrical
BR ˈlʌmbrɪkl
AM ˈləmbrək(ə)l

lumen
BR ˈl(j)uːmɪn, ˈl(j)uːmɛn, -z
AM ˈlum(ə)n, -z

lumière
BR ˈluːmɪɛː(r),
ˌluːmɪˈɛː(r)
AM ˌlumiˈɛ(ə)r

luminaire
BR ˌl(j)uːmɪˈnɛː(r),
-z
AM ˌluməˈnɛ(ə)r, -z

luminal
BR ˈl(j)uːmɪnl
AM ˈlumən(ə)l

luminance
BR ˈl(j)uːmɪnəns
AM ˈlumənəns

luminary
BR ˈl(j)uːmɪn(ə)r|i, -ɪz
AM ˈluməˌnɛri, -z

luminesce
BR ˌl(j)uːmɪˈnɛs, -ɪz,
-ɪŋ, -t
AM ˌluməˈnɛs, -əz,
-ɪŋ, -t

luminescence
BR ˌl(j)uːmɪˈnɛsns
AM ˌluməˈnɛs(ə)ns

luminescent
BR ˌl(j)uːmɪˈnɛsnt
AM ˌluməˈnɛs(ə)nt

luminiferous
BR ˌl(j)uːmɪˈnɪf(ə)rəs
AM ˌluməˈnɪf(ə)rəs

luminosity
BR ˌl(j)uːmɪˈnɒsɪti
AM ˌluməˈnɑsədi

luminous
BR ˈl(j)uːmɪnəs
AM ˈlumənəs

luminously
BR ˈl(j)uːmɪnəsli
AM ˈlumənəsli

luminousness
BR ˈl(j)uːmɪnəsnəs
AM ˈlumənəsnəs

Lumley
BR ˈlʌmli
AM ˈləmli

lumme
BR ˈlʌmi
AM ˈləmi

lummox
BR ˈlʌməks, -ɪz
AM ˈləməks, -əz

lummy
BR ˈlʌmi
AM ˈləmi

lump
BR lʌm|p, -ps,
-pɪŋ, -(p)t
AM ləmp, -s, -ɪŋ, -t

lumpectomy
BR ˌlʌmˈpɛktəm|i, -ɪz
AM ˌləmˈpɛktəmi, -z

lumpen
BR ˈlʌmpən
AM ˈləmpən

lumpenproletariat
BR ˌlʌmpənˌprəʊlɪ-
ˈtɛːrɪət
AM ˌˌləmpənˌproʊlə-
ˈtɛrɪət

lumper
BR ˈlʌmpə(r), -z
AM ˈləmpər, -z

lumpfish
BR ˈlʌmpfɪʃ, -ɪz
AM ˈləm(p)ˌfɪʃ, -ɪz

lumpily
BR ˈlʌmpɪli
AM ˈləmpəli

lumpiness
BR ˈlʌmpɪnɪs
AM ˈləmpinɪs

lumpish
BR ˈlʌmpɪʃ
AM ˈləmpɪʃ

lumpishly
BR ˈlʌmpɪʃli
AM ˈləmpɪʃli

lumpishness
BR ˈlʌmpɪʃnɪs
AM ˈləmpɪʃnɪs

lumpsucker
BR ˈlʌmpˌsʌkə(r), -z
AM ˈləm(p)ˌsəkər, -z

lumpy
BR ˈlʌmp|i, -ɪə(r),
-ɪɪst
AM ˈləmpi, -ər, -ɪst

Lumsden
BR ˈlʌmzd(ə)n
AM ˈləmzdən

Luna
BR ˈluːnə(r)
AM ˈlunə

lunacy
BR ˈluːnəs|i, -ɪz
AM ˈlunəsi, -z

lunar
BR ˈluːnə(r)
AM ˈlunər

lunate
BR ˈluːneɪt
AM ˈluˌneɪt

lunatic
BR ˈluːnətɪk, -s
AM ˈlunəˌtɪk, -s

lunation
BR luːˈneɪʃn, -z
AM luˈneɪʃ(ə)n, -z

lunch
BR lʌn(t)ʃ, -ɪz,
-ɪŋ, -t
AM lən(t)ʃ, -əz,
-ɪŋ, -t

luncheon
BR ˈlʌn(t)ʃ(ə)n, -z
AM ˈlən(t)ʃ(ə)n, -z

luncheonette
BR ˌlʌn(t)ʃəˈnɛt,
ˌlʌn(t)ʃnˈɛt, -s
AM ˈlən(t)ʃəˈnɛt, -s

luncher
BR ˈlʌn(t)ʃə(r), -z
AM ˈlən(t)ʃər, -z

lunchroom
BR ˈlʌn(t)ʃruːm,
ˈlʌn(t)ʃrʊm, -z
AM ˈlən(t)ʃˌrʊm,
ˈlən(t)ʃˌrum, -z

lunchtime
BR ˈlʌn(t)ʃtʌɪm, -z
AM ˈlən(t)ʃˌtaɪm, -z

Lund[1] *place in Sweden*
BR lʊnd
AM lʊnd
SW lənd

Lund[2] *surname*
BR lʌnd
AM lənd

Lundy
BR ˈlʌndi
AM ˈləndi

lune
BR luːn, -z
AM lun, -z

lunette
BR luːˈnɛt, -s
AM luˈnɛt, -s

lung
BR lʌŋ, -z, -d
AM ləŋ, -z, -d

lunge
BR lʌn(d)ʒ, -ɪz, -ɪŋ, -d
AM ləndʒ, -əz, -ɪŋ, -d

lungfish
BR ˈlʌŋfɪʃ, -ɪz
AM ˈləŋˌfɪʃ, -ɪz

lungful
BR ˈlʌŋfʊl, -z
AM ˈləŋˌfʊl, -z

lungi
BR ˈlʌŋɡ|i, ˈlʊŋɡ|i, -ɪz
AM ˈləŋɡi, -z

lungless
BR ˈlʌŋləs
AM ˈləŋləs

lungworm
BR ˈlʌŋwəːm, -z
AM ˈləŋwərm, -z

lungwort
BR ˈlʌŋwəːt, -s
AM ˈləŋˌwɔ(ə)rt,
ˈləŋwərt, -s

lunisolar
BR ˌluːnɪˈsəʊlə(r)
AM ˈluniˈsoʊlər

lunker
BR ˈlʌŋkə(r), -z
AM ˈləŋkər, -z

lunkhead
BR ˈlʌŋkhɛd, -z
AM ˈləŋkˌ(h)ɛd, -z

Lunn
BR lʌn
AM l(ə)n

Lunt
BR lʌnt
AM l(ə)nt

lunula
BR ˈluːnjʉlə(r)
AM ˈlunjələ

lunulae
BR ˈluːnjʉliː
AM ˈlunjəˌlaɪ, ˈlunjəˌli

Luo
BR ˈluːəʊ
AM ˈluˌoʊ

Lupercalia
BR ˌluːpəˈkeɪliə(r)
AM ˌlupərˈkeɪliə, ˌlupərˈkeɪljə

lupiform
BR ˈluːpɪfɔːm
AM ˈlupəˌfɔ(ə)rm

lupin
BR ˈluːpɪn, -z
AM ˈlupən, -z

lupine[1] *flower*
BR ˈluːpɪn, -z
AM ˈlupən, -z

lupine[2] *wolf-like*
BR ˈl(j)uːpʌɪn
AM ˈluˌpaɪn

lupoid
BR ˈl(j)uːpɔɪd
AM ˈluˌpɔɪd

lupous
BR ˈl(j)uːpəs
AM ˈlupəs

lupus
BR ˈl(j)uːpəs
AM ˈlupəs

lupus vulgaris
BR ˌl(j)uːpəs vʌlˈgɑːrɪs, + vʌlˈgɛːrɪs
AM ˌlupəs vəlˈgɛrəs

lur
BR lʊə(r), ləː(r), -z
AM lʊ(ə)r, -z
DAN ˈluːʌ
NO lʉr

lurch
BR ləːtʃ, -ɪz, -ɪŋ, -t
AM lərtʃ, -əz, -ɪŋ, -t

lurcher
BR ˈləːtʃə(r), -z
AM ˈlərtʃər, -z

lure
BR l(j)ʊə(r), ljɔː(r), -z, -ɪŋ, -d
AM lʊ(ə)r, -z, -ɪŋ, -d

Lurex
BR ˈl(j)ʊərɛks, ˈljɔːrɛks
AM ˈlʊˌrɛks

lurgy
BR ˈləːɡ|i, -ɪz
AM ˈlərɡi, -z

lurid
BR ˈl(j)ʊərɪd, ˈljɔːrɪd
AM ˈlʊrəd

luridly
BR ˈl(j)ʊərɪdli, ˈljɔːrɪdli
AM ˈlʊrədli

luridness
BR ˈl(j)ʊərɪdnɪs, ˈljɔːrɪdnɪs
AM ˈlʊrədnəs

luringly
BR ˈl(j)ʊərɪŋli, ˈljɔːrɪŋli
AM ˈlʊrɪŋli

lurk
BR ləːk, -s, -ɪŋ, -t
AM lərk, -s, -ɪŋ, -t

lurker
BR ˈləːkə(r), -z
AM ˈlərkər, -z

Lurpak
BR ˈləːpak
AM ˈlərˌpæk

Lusaka
BR lʉˈsɑːkə(r)
AM lʊˈsɑkə

luscious
BR ˈlʌʃəs
AM ˈləʃəs

lusciously
BR ˈlʌʃəsli
AM ˈləʃəsli

lusciousness
BR ˈlʌʃəsnəs
AM ˈləʃəsnəs

lush
BR lʌʃ, -ɪz
AM ləʃ, -əz

lushly
BR ˈlʌʃli
AM ˈləʃli

lushness
BR ˈlʌʃnəs
AM ˈləʃnəs

Lusiad
BR ˈl(j)uːsiad
AM ˈluziˌæd

Lusitania
BR ˌluːsɪˈteɪnɪə(r), ˌluzəˈteɪnɪə, ˌlusəˈteɪnɪə

lust
BR lʌst, -s, -ɪŋ, -ɪd
AM ləst, -s, -ɪŋ, -əd

luster
BR ˈlʌstə(r), -z
AM ˈləstər, -z

lustful
BR ˈlʌs(t)f(ʊ)l
AM ˈləs(t)fəl

lustfully
BR ˈlʌs(t)fʊli, ˈlʌs(t)fl̩i
AM ˈləs(t)fəli

lustfulness
BR ˈlʌs(t)f(ʊ)lnəs
AM ˈləs(t)fəlnəs

lustily
BR ˈlʌstɪli
AM ˈləstəli

lustiness
BR ˈlʌstɪnɪs
AM ˈləstɪnɪs

lustra
BR ˈlʌstrə(r)
AM ˈləstrə

lustral
BR ˈlʌstr(ə)l
AM ˈləstrəl

lustrate
BR lʌˈstreɪt, ˈlʌstreɪt, -s, -ɪŋ, -ɪd
AM ˈləˌstreɪ|t, -ts, -dɪŋ, -dɪd

lustration
BR lʌˈstreɪʃn, -z
AM ləˈstreɪʃ(ə)n, -z

lustre
BR ˈlʌstə(r), -z
AM ˈləstər, -z

lustreless
BR ˈlʌstələs
AM ˈləstərləs

lustreware
BR ˈlʌstəwɛː(r), -z
AM ˈləstərˌwɛ(ə)r, -z

lustrous
BR ˈlʌstrəs
AM ˈləstrəs

lustrously
BR ˈlʌstrəsli
AM ˈləstrəsli

lustrousness
BR ˈlʌstrəsnəs
AM ˈləstrəsnəs

lustrum
BR ˈlʌstrəm, -z
AM ˈləstrəm, -z

lusty
BR ˈlʌst|i, -ɪə(r), -ɪɪst
AM ˈləsti, -ər, -ɪst

lusus
BR ˈl(j)uːsəs
AM ˈlusəs

lutanist
BR ˈl(j)uːtn̩ɪst, -s
AM ˈlutn̩əst, -s

lute
BR ˈl(j)uːt, -s
AM ˈlut, -s

luteal
BR ˈl(j)uːtɪəl
AM ˈludiəl

lutecium
BR l(j)uːˈtɛʃ(ɪ)əm, l(j)uːˈtiːsɪəm
AM luˈtisiəm, luˈtiʃ(i)əm

lutein
BR ˈl(j)uːtɪɪn, -z
AM ˈludiən, -z

luteinize
BR ˈl(j)uːtɪɪnʌɪz, -ɪz, -ɪŋ, -d
AM ˈludiəˌnaɪz, -ɪz, -ɪŋ, -d

lutenist
BR ˈl(j)uːtɪnɪst, ˈl(j)uːtn̩ɪst, -s
AM ˈlutn̩əst, -s

luteofulvous
BR ˌl(j)uːtɪəʊˈfʌlvəs
AM ˌludioʊˈfəlvəs

luteous
BR ˈl(j)uːtɪəs
AM ˈludiəs

lutestring
BR ˈl(j)uːtstrɪŋ, -z
AM ˈlutˌstrɪŋ, -z

lutetium
BR l(j)uːˈtiːʃɪəm, l(j)uːˈtiːsɪəm
AM luˈtisiəm, luˈtiʃ(i)əm

Luther
BR ˈluːθə(r)
AM ˈluθər
Lutheran
BR ˈluːθ(ə)rn̩,
-z
AM ˈluθərn,
ˈluθ(ə)rən, -z
Lutheranise
BR ˈluːθ(ə)rn̩ʌɪz, -ɪz,
-ɪŋ, -d
AM ˈluθ(ə)rəˌnaɪz, -ɪz,
-ɪŋ, -d
Lutheranism
BR ˈluːθ(ə)rn̩ɪzm
AM ˈluθ(ə)rəˌnɪz(ə)m
Lutheranize
BR ˈluːθ(ə)rn̩ʌɪz, -ɪz,
-ɪŋ, -d
AM ˈluθ(ə)rəˌnaɪz, -ɪz,
-ɪŋ, -d
Lutine Bell
BR ˌluːtiːn ˈbɛl
AM ˈluˌtin ˈbɛl
luting
BR ˈl(j)uːtɪŋ, -z
AM ˈludɪŋ, -z
Luton
BR ˈluːtn
AM ˈlutn
Lutterworth
BR ˈlʌtəwə(ː)θ
AM ˈlədərˌwərθ
Lutyens
BR ˈlʌtjənz
AM ˈlətjɛnz
Lutz
BR lʊts, luːts,
-ɪz
AM lʊts, -əz
luv
BR lʌv, -z
AM ləv, -z
luvvie
BR ˈlʌv|i, -ɪz
AM ˈləvi, -z
luvvy
BR ˈlʌv|i, -ɪz
AM ˈləvi, -z
lux
BR lʌks
AM ləks

luxate
BR lʌkˈseɪt, ˈlʌkseɪt,
-s, -ɪŋ, -ɪd
AM ˈləkˌseɪ|t, -ts, -dɪŋ,
-dɪd
luxation
BR lʌkˈseɪʃn
AM ləkˈseɪʃ(ə)n
luxe
BR lʌks, lʊks
AM ləks
Luxembourg
BR ˈlʌkə(ə)mbəːɡ
AM ˈləksəmˌbərɡ
FR lyksɑ̃buʀ
Luxembourger
BR ˈlʌks(ə)mbəːɡə(r),
-z
AM ˈləksəmˌbərɡər,
-z
Luxemburg
BR ˈlʌks(ə)mbəːɡ
AM ˈləksəmˌbərɡ
Luxemburger
BR ˈlʌks(ə)mbəːɡə(r),
-z
AM ˈləksəmˌbərɡər,
-z
Luxemburgish
BR ˈluːks(ə)mbəːɡɪʃ
AM ˈləksəmˌbərɡɪʃ
Luxor
BR ˈlʌksɔː(r)
AM ˈləkˌsɔ(ə)r
luxuriance
BR lʌkˈʒʊərɪəns,
lʌkˈzjʊərɪəns,
lʌɡˈzjʊərɪəns
AM ləkˈʃʊrɪəns,
ləɡˈʒʊrɪəns
luxuriant
BR lʌkˈʒʊərɪənt,
lʌkˈzjʊərɪənt,
lʌɡˈzjʊərɪənt
AM ləkˈʃʊrɪənt,
ləɡˈʒʊrɪənt
luxuriantly
BR lʌkˈʒʊərɪəntli,
lʌkˈzjʊərɪəntli,
lʌɡˈzjʊərɪəntli
AM ləkˈʃʊrɪən(t)li,
ləɡˈʒʊrɪən(t)li

luxuriate
BR lʌkˈʒʊərɪeɪt,
lʌkˈzjʊərɪeɪt,
lʌɡˈzjʊərɪeɪt, -s,
-ɪŋ, -ɪd
AM ləkˈʃʊriˌeɪ|t,
ləɡˈʒʊriˌeɪ|t, -ts,
-dɪŋ, -dɪd
luxurious
BR lʌkˈʒʊərɪəs,
lʌkˈzjʊərɪəs,
lʌɡˈzjʊərɪəs
AM ləkˈʃʊrɪəs,
ləɡˈʒʊrɪəs
luxuriously
BR lʌkˈʒʊərɪəsli,
lʌkˈzjʊərɪəsli,
lʌɡˈzjʊərɪəsli
AM ləkˈʃʊrɪəsli,
ləɡˈʒʊrɪəsli
luxuriousness
BR lʌkˈʒʊərɪəsnəs,
lʌkˈzjʊərɪəsnəs,
lʌɡˈzjʊərɪəsnəs
AM ləkˈʃʊrɪəsnəs,
ləɡˈʒʊrɪəsnəs
luxury
BR ˈlʌkʃ(ə)r|i, -ɪz
AM ˈləɡʒ(ə)ri,
ˈləkʃ(ə)ri, -z
Luzon
BR ˌluːˈzɒn
AM ˌluˈzɑn
Lvov
BR lvɒv
AM ˈl(ə)vɑv,
ˈl(ə)vɔv
lwei
BR lweɪ, ləˈweɪ, -z
AM ləˈweɪ, -z
Lyall
BR ˈlʌɪ(ə)l
AM ˈlaɪəl
lycanthrope
BR ˈlʌɪk(ə)nθrəʊp, -s
AM ˈlaɪkənˌθroʊp, -s
lycanthropy
BR lʌɪˈkanθrəpi
AM laɪˈkænθrəpi
lycée
BR ˈliːseɪ, -z
AM liˈseɪ, -z

lyceum
BR lʌɪˈsiːəm, -z
AM ˌlaɪˈsiəm, -z
lychee
BR lʌɪˈtʃiː, ˈlʌɪtʃiː,
ˈliːtʃiː, ˈlɪtʃiː, -z
AM ˈlɪtʃi, -z
lychgate
BR ˈlɪtʃɡeɪt, -s
AM ˈlɪtʃˌɡeɪt, -s
lychnis
BR ˈlɪknɪs
AM ˈlɪknɪs
Lycia
BR ˈlɪsɪə(r)
AM ˈlɪʃiə, ˈlɪʃə
Lycian
BR ˈlɪsɪən, -z
AM ˈlɪʃiən, ˈlɪʃ(ə)n, -z
Lycidas
BR ˈlɪsɪdas
AM ˈlɪsɪdəs
lycopene
BR ˈlʌɪkə(ʊ)piːn
AM ˈlaɪkəˌpin
lycopod
BR ˈlʌɪkəpɒd, -z
AM ˈlaɪkəˌpɑd, -z
lycopodium
BR ˌlʌɪkə(ʊ)ˈpəʊdɪəm
AM ˌlaɪkəˈpoʊdiəm
Lycra
BR ˈlʌɪkrə(r)
AM ˈlaɪkrə
Lycurgus
BR lʌɪˈkəːɡəs
AM laɪˈkərɡəs
Lydd
BR lɪd
AM lɪd
lyddite
BR ˈlɪdʌɪt
AM ˈlɪˌdaɪt
Lydgate
BR ˈlɪdɡeɪt
AM ˈlɪdɡət, ˈlɪdˌɡeɪt
Lydia
BR ˈlɪdɪə(r)
AM ˈlɪdiə
Lydian
BR ˈlɪdɪən, -z
AM ˈlɪdiən, -z

lye
BR lʌɪ
AM laɪ

Lyell
BR ˈlʌɪ(ə)l
AM ˈlaɪ(ə)l

Lygon
BR ˈlɪg(ə)n
AM ˈlɪgən

lying
BR ˈlʌɪɪŋ
AM ˈlaɪɪŋ

lyingly
BR ˈlʌɪɪŋli
AM ˈlaɪɪŋli

lyke wake
BR ˈlʌɪk weɪk, -s
AM ˈlaɪk ˌweɪk, -s

Lyle
BR lʌɪl
AM laɪl

Lyly
BR ˈlɪli
AM ˈlɪli

Lyme disease
BR ˈlʌɪm dɪˌziːz
AM ˈlaɪm dəˌziz

lyme-grass
BR ˈlʌɪmgrɑːs
AM ˈlaɪmˌgræs

Lyme Regis
BR ˌlʌɪm ˈriːdʒɪs
AM ˌˈlaɪm ˈrɪdʒɪs

Lymington
BR ˈlɪmɪŋt(ə)n
AM ˈlɪmɪŋt(ə)n

Lymm
BR lɪm
AM lɪm

lymph
BR lɪmf
AM lɪmf

lymphadenitis
BR ˌlɪmfadɪˈnʌɪtɪs
AM ˌlɪmfædn̩ˈaɪdɪs

lymphadenopathy syndrome
BR ˌlɪmfadɪˈnɒpəθɪ ˌsɪndrəʊm
AM ˌˌlɪmˌfædn̩ˈɑpəθi ˌsɪnˌdroʊm

lymphangitis
BR ˌlɪmfanˈdʒʌɪtɪs
AM ˌlɪmfændʒaɪdɪs

lymphatic
BR lɪmˈfatɪk
AM lɪmˈfædɪk

lymphocyte
BR ˈlɪmfə(ʊ)sʌɪt, -s
AM ˈlɪmfəˌsaɪt, -s

lymphocytic
BR ˌlɪmfə(ʊ)ˈsɪtɪk
AM ˌlɪmfəˈsɪdɪk

lymphoid
BR ˈlɪmfɔɪd
AM ˈlɪmˌfɔɪd

lymphoma
BR lɪmˈfəʊmə(r), -z
AM lɪmˈfoʊmə, -z

lymphomata
BR lɪmˈfəʊmətə(r)
AM lɪmˈfoʊmədə

lymphopathy
BR lɪmˈfɒpəθ|i, -ɪz
AM lɪmˈfɑpəθi, -z

lymphous
BR ˈlɪmfəs
AM ˈlɪmfəs

Lympne
BR lɪm
AM lɪm

Lyn
BR lɪn
AM lɪn

Lynam
BR ˈlʌɪnəm
AM ˈlaɪn(ə)m

lyncean
BR lɪnˈsiːən
AM ˈlɪnsiən, lɪnˈsiən

lynch
BR lɪn(t)ʃ, -ɪz, -ɪŋ, -t
AM lɪn(t)ʃ, -ɪz, -ɪŋ, -t

lyncher
BR ˈlɪn(t)ʃə(r), -z
AM ˈlɪn(t)ʃər, -z

lynchet
BR ˈlɪn(t)ʃɪt, -s
AM ˈlɪn(t)ʃɪt, -s

lynching
BR ˈlɪn(t)ʃɪŋ, -z
AM ˈlɪn(t)ʃɪŋ, -z

lynchpin
BR ˈlɪn(t)ʃpɪn, -z
AM ˈlɪn(t)ʃˌpɪn, -z

Lynda
BR ˈlɪndə(r)
AM ˈlɪndə

Lynette
BR lɪˈnɛt
AM lɪˈnɛt

Lynmouth
BR ˈlɪnməθ
AM ˈlɪnməθ

Lynn
BR lɪn
AM lɪn

Lynne
BR lɪn
AM lɪn

Lynsey
BR ˈlɪnzi
AM ˈlɪnzi

Lynton
BR ˈlɪnt(ə)n
AM ˈlɪn(t)ən

lynx
BR lɪŋks, -ɪz
AM lɪŋks, -ɪz

lynxlike
BR ˈlɪŋkslʌɪk
AM ˈlɪŋksˌlaɪk

Lyon
BR ˈlʌɪən
AM ˈlaɪən
FR ljɔ̃

Lyonnais
BR ˌliːəˈneɪz, ˌlʌɪəˈneɪz
AM ˌliəˈneɪz, ˌlaɪəˈneɪz
FR ljɔnɛ

lyonnaise
BR ˌliːəˈneɪz, ˌlʌɪəˈneɪz
AM ˌliəˈneɪz, ˌlaɪəˈneɪz

Lyonnesse
BR ˌlʌɪəˈnɛs
AM ˌlaɪəˈnɛs

Lyons[1] *place in France*
BR ˈliːɔ̃
AM liˈɑn, liˈɔn
FR ljɔ̃

Lyons[2] *surname*
BR ˈlʌɪənz
AM ˈlaɪənz

lyophilic
BR ˌlʌɪə(ʊ)ˈfɪlɪk
AM ˌlaɪəˈfɪlɪk

lyophilise
BR ˈlʌɪˈɒfɪlʌɪz, -ɪz, -ɪŋ, -d
AM ˈlaɪˈɑfɪlaɪz, -z, -ɪŋ, -d

lyophilize
BR ˈlʌɪˈɒfɪlʌɪz, -ɪz, -ɪŋ, -d
AM ˈlaɪˈɑfɪlaɪz, -z, -ɪŋ, -d

lyophobic
BR ˌlʌɪə(ʊ)ˈfəʊbɪk
AM ˌlaɪəˈfoˈbɪk

Lyra
BR ˈlʌɪrə(r)
AM ˈlaɪrə

lyrate
BR ˈlʌɪreɪt
AM ˈlaɪrət, ˈlaɪˌreɪt

lyre
BR ˈlʌɪə(r), -z
AM ˈlaɪ(ə)r, -z

lyrebird
BR ˈlʌɪəbəːd, -z
AM ˈlaɪrˌbərd, -z

lyric
BR ˈlɪrɪk, -s
AM ˈlɪrɪk, -s

lyrical
BR ˈlɪrɪkl
AM ˈlɪrɪk(ə)l

lyrically
BR ˈlɪrɪkli
AM ˈlɪrɪk(ə)li

lyricism
BR ˈlɪrɪsɪzm
AM ˈlɪrəˌsɪz(ə)m

lyricist
BR ˈlɪrɪsɪst, -s
AM ˈlɪrəsəst, -s

lyrist[1] *lyre player*
BR ˈlʌɪ(ə)rɪst, -s
AM ˈlaɪ(ə)rɪst, -s

lyrist[2] *lyricist*
BR ˈlɪrɪst, -s
AM ˈlɪrɪst, -s

Lysander
BR laɪˈsandə(r)
AM laɪˈsændər
lyse
BR laɪz, -ɪz, -ɪŋ, -d
AM laɪz, laɪs, -ɪz,
 -ɪŋ, -d
Lysenko
BR lɪˈsɛŋkəʊ,
 laɪˈsɛŋkəʊ
AM laɪˈsɛnkoʊ
RUS lɪˈsʲenkə
lysergic
BR laɪˈsɜːdʒɪk
AM laɪˈsɜrdʒɪk
Lysias
BR ˈlɪsɪas
AM ˈlɪsiəs
lysin
BR ˈlaɪsɪn
AM ˈlaɪsn
lysine
BR ˈlaɪsiːn
AM ˈlaɪˌsin
Lysippus
BR laɪˈsɪpəs
AM ˈlaɪˈsɪpəs
lysis
BR ˈlaɪsɪs
AM ˈlaɪsɪs
Lysistrata
BR laɪˈsɪstrətə(r)
AM ˌlɪsɪˈstrɑdə
Lysol
BR ˈlaɪsɒl
AM ˈlaɪˌsɑl,
 ˈlaɪˌsɔl
lysosome
BR ˈlaɪsə(ʊ)səʊm, -z
AM ˈlaɪsəˌsoʊm, -z
lysozyme
BR ˈlaɪsə(ʊ)zaɪm
AM ˈlaɪzəˌzaɪm
Lytham
BR ˈlɪð(ə)m
AM ˈlɪθəm
lytic
BR ˈlɪtɪk
AM ˈlɪdɪk
lytta
BR ˈlɪtə(r)
AM ˈlɪdə

lyttae
BR ˈlɪti:
AM ˈliˌtaɪ, ˈlɪdi
Lyttleton
BR ˈlɪtlt(ə)n
AM ˈlɪdlt(ə)n
Lytton
BR ˈlɪtn
AM ˈlɪtn

M

m
BR ɛm, -z
AM ɛm, -z
M.A.
BR ˌɛmˈeɪ, -z
AM ɛˈmeɪ, -z
ma
BR mɑː(r), -z
AM mɑ, -z
ma'am
BR mɑːm, mam, məm
AM mæm
maanhaar
BR ˈmɑːnhɑː(r), -z
AM ˈmanhɑr, -z
maar
BR mɑː(r), -z
AM mɑr, -z
maariv
BR ˈmɑː(ə)rɪv,
 ˈmʌrɪv
AM ˈmɑrɪv, ˈmɑərɪv
Maas
BR mɑːs
AM ˈmɑs
Maastricht
BR ˈmɑːstrɪxt,
 ˈmɑːstrɪkt
AM ˈmɑstrɪk(t)
Maat
BR mɑːt
AM mɑt
mabalane
BR ˌmabəˈlɑːneɪ, -z
AM ˌmabəˈlɑn(i), -z
mabe
BR ˈmɑːb|i, ˈmɑːbeɪ,
 -ɪz\-eɪz
AM ˈmabi, mɑˈbeɪ, -z

Mabel
BR ˈmeɪbl
AM ˈmeɪb(ə)l
Mabinogion
BR ˌmabɪˈnɒgɪɒn
AM ˌmæbəˈnoʊgiən
mac
BR mak, -s
AM mæk, -s
macabre
BR məˈkɑːbrə(r)
AM məˈkabr̩,
 məˈkɑbrə
macaco
BR məˈkeɪkəʊ, -z
AM məˈkɑˌkoʊ,
 -z
macadam
BR məˈkadəm
AM məˈkædəm
macadamia
BR ˌmakəˈdeɪmɪə(r)
AM ˌmækəˈdeɪmiə
macadamise
BR məˈkadəmʌɪz, -ɪz,
 -ɪŋ, -d
AM məˈkædəˌmaɪz,
 -ɪz, -ɪŋ, -d
macadamization
BR məˌkadəmʌɪˈzeɪʃn
AM məˌkædəˌmaɪ-
 ˈzeɪʃ(ə)n,
 məˌkædəməˈzeɪʃ(ə)n
macadamize
BR məˈkadəmʌɪz, -ɪz,
 -ɪŋ, -d
AM məˈkædəˌmaɪz,
 -ɪz, -ɪŋ, -d
Macanese
BR ˌmakəˈniːz
AM ˌmækəˈniz
Macao
BR məˈkaʊ
AM məˈkaʊ
macaque
BR məˈkɑːk,
 məˈkak, -s
AM məˈkæk,
 məˈkak, -s
macaroni
BR ˌmakəˈrəʊni
AM ˌmækəˈroʊni

macaronic
BR ˌmakəˈrɒnɪk, -s
AM ˌmækəˈrɑnɪk, -s
macaroon
BR ˌmakəˈruːn, -z
AM ˌmækəˈrun, -z
MacArthur
BR məˈkɑːθə(r)
AM məˈkɑrθər
macassar
BR məˈkasə(r)
AM məˈkæsər
Macau
BR məˈkaʊ
AM məˈkaʊ
Macaulay
BR məˈkɔːli
AM məˈkɑli,
 məˈkɔli
macaw
BR məˈkɔː(r), -z
AM məˈkɑ,
 məˈkɔ, -z
Macbeth
BR makˈbɛθ
AM ˌmækˈbɛθ,
 məkˈbɛθ
Maccabean
BR ˌmakəˈbiːən
AM ˌmækəˈbiən
Maccabees
BR ˈmakəbiːz
AM ˈmækəbiz
maccaron
BR ˈmakərɒn, -z
AM ˈmækəˌrɑn,
 -z
MacDiarmid
BR məkˈdəːmɪd
AM məkˈdɜrməd
Macdonald
BR məkˈdɒnld
AM məkˈdɑnəl(d)
MacDonnell
BR məkˈdɒnl
AM məkˈdɑnl
mace
BR meɪs, -ɪz
AM meɪs, -ɪz
mace-bearer
BR ˈmeɪsˌbɛːrə(r), -z
AM ˈmeɪsˌbɛrər, -z

macédoine
BR ˌmasɪˈdwɑːn, ˈmasɪdwɑːn, -z
AM ˌmasəˈdwɑn, -z
FR masedwɑ̃

Macedon
BR ˈmasɪd(ə)n
AM ˈmæsəˌdɒn, ˈmæsədn

Macedonia
BR ˌmasɪˈdəʊnɪə(r)
AM ˌmæsəˈdoʊnɪə

Macedonian
BR ˌmasɪˈdəʊnɪən, -z
AM ˌmæsəˈdoʊnɪən, -z

macer
BR ˈmeɪsə(r), -z
AM ˈmeɪsər, -z

macerate
BR ˈmasəreɪt, -s, -ɪŋ, -ɪd
AM ˈmæsəˌreɪ|t, -ts, -dɪŋ, -dɪd

maceration
BR ˌmasəˈreɪʃn, -z
AM ˌmæsəˈreɪʃ(ə)n, -z

macerator
BR ˈmasəreɪtə(r), -z
AM ˈmæsəˌreɪdər, -z

Macgillicuddy's Reeks
BR məˌɡɪlɪkʌdɪz ˈriːks
AM məˈɡɪləkədiz ˈriks

mach
BR mak, mɑːk
AM mɑk

machaca
BR məˈtʃɑːkə(r), -z
AM məˈtʃɑkə, -z

machaira
BR məˈkʌɪrə(r), məˈkɛːrə(r), -z
AM məˈkaɪrə, -z

machete
BR məˈ(t)ʃɛt|i, -ɪz
AM məˈ(t)ʃɛdi, -z

Machiavelli
BR ˌmakjəˈvɛli
AM ˌmɑkiəˈvɛli
IT makjaˈvɛlli

Machiavellian
BR ˌmakjəˈvɛlɪən
AM ˌmɑkiəˈvɛlɪən, ˌmɑkiəˈvɛlj(ə)n

Machiavellianism
BR ˈmakjəˈvɛlɪənɪzm
AM ˌmɑkiəˈvɛlɪəˌnɪz(ə)m, ˌmɑkiəˈvɛljəˌnɪz(ə)m

machicolate
BR məˈtʃɪkəleɪt, -s, -ɪŋ, -ɪd
AM məˈtʃɪkəˌleɪ|t, -ts, -dɪŋ, -dɪd

machicolation
BR məˌtʃɪkəˈleɪʃn, -z
AM məˌtʃɪkəˈleɪʃ(ə)n, -z

Machin
BR ˈmeɪtʃɪn
AM ˈmeɪtʃ(ɪ)n

machinability
BR məˌʃiːnəˈbɪlɪti
AM məˌʃinəˈbɪlɪdi

machinable
BR məˈʃiːnəbl
AM məˈʃinəb(ə)l

machinate
BR ˈmakɪneɪt, ˈmaʃɪneɪt, -s, -ɪŋ, -ɪd
AM ˈmæʃəˌneɪ|t, ˈmækəˌneɪ|t, -ts, -dɪŋ, -dɪd

machination
BR ˌmakɪˈneɪʃn, ˌmaʃɪˈneɪʃn, -z
AM ˌmæʃəˈneɪʃ(ə)n, ˌmækəˈneɪʃ(ə)n, -z

machinator
BR ˈmakɪneɪtə(r), ˈmaʃɪneɪtə(r), -z
AM ˈmæʃəˌneɪdər, ˈmækəˌneɪdər, -z

machine
BR məˈʃiːn, -z, -ɪŋ, -d
AM məˈʃin, -z, -ɪŋ, -d

machinelike
BR məˈʃiːnlʌɪk
AM məˈʃinˌlaɪk

machinery
BR məˈʃiːn(ə)ri
AM məˈʃin(ə)ri

machinist
BR məˈʃiːnɪst, -s
AM məˈʃinɪst, -s

machismo
BR məˈkɪzməʊ, məˈtʃɪzməʊ
AM məˈtʃɪzmoʊ, məˈkɪzmoʊ

Machmeter
BR ˈmakˌmiːtə(r), ˈmɑːkˌmiːtə(r), -z
AM ˈmɑkˌmidər, -z

macho
BR ˈmatʃəʊ
AM ˈmɑtʃoʊ

machometer
BR ˌmakˈɒmɪtə(r), -z
AM ˌmɑˈkɑmədər, -z

Machu Picchu
BR ˌmatʃuː ˈpɪtʃuː
AM ˌmɑtʃu ˈpɪ(k)tʃu
SP ˌmatʃu ˈpitʃu

Machynlleth
BR məˈxʌnləθ məˈkʌnləθ
AM məˈkənləθ

macintosh
BR ˈmakɪntɒʃ, -ɪz
AM ˈmækənˌtɑʃ, -əz

mack
BR mak
AM mæk

Mackay
BR məˈkʌɪ
AM məˈkeɪ

Mackenzie
BR məˈkɛnzi
AM məˈkɛnzi

mackerel
BR ˈmak(ə)rl̩, -z
AM ˈmæk(ə)rəl, -z

Mackeson
BR ˈmakɪs(ə)n
AM ˈmækəs(ə)n

Mackey
BR ˈmaki
AM ˈmæki

Mackie
BR ˈmaki
AM ˈmæki

Mackin
BR ˈmak(ɪ)n
AM ˈmækən

Mackinac
BR ˈmakɪnɔː(r), -z
AM ˈmɑkəˌnɑ, ˈmɑkəˌnɔ, -z

mackinaw
BR ˈmakɪnɔː(r)
AM ˈmækəˌnɑ, ˈmækəˌnɔ

mackintosh
BR ˈmakɪntɒʃ, -ɪz
AM ˈmækənˌtɑʃ, -əz

mackle
BR ˈmakl, -z
AM ˈmækəl, -z

Maclaren
BR məˈklarn̩
AM məˈklɛrən

macle
BR ˈmakl, -z
AM ˈmækəl, -z

Maclean
BR məˈkliːn, məˈkleɪn
AM məˈklin

Macleans
BR məˈkliːnz
AM məˈklinz

MacLehose
BR ˈmaklhəʊz
AM ˈmækl,(h)oʊz

Macleod
BR məˈklaʊd
AM məˈklaʊd

Macmillan
BR məkˈmɪlən
AM məkˈmɪl(ə)n

MacNeice
BR məkˈniːs
AM məkˈnis

Macon *city in Georgia, US*
BR ˈmeɪk(ə)n
AM ˈmeɪkən

Mâcon
BR ˈmakɒ̃, ˈmɑːkɒ̃
AM mɑˈkɔn
FR makɔ̃

Maconachie
BR məˈkɒnəki,
məˈkɒnəxi
AM məˈkanəki

Maconochie
BR məˈkɒnəki,
məˈkɒnəxi
AM məˈkanəki

Macquarie
BR məˈkwɒri
AM məˈkwɔri,
məˈkwɛri

macramé
BR məˈkrɑːmi,
məˈkrɑːmeɪ
AM ˈmækrəˌmeɪ

macrame
BR məˈkrɑːmi,
məˈkrɑːmeɪ
AM ˈmækrəˌmeɪ

macraner
BR məˈkrɑːnə(r),
ˌmakrəˈnɛː(r),
-z
AM məˈkrɑnər, -z

Macready
BR məˈkriːdi
AM məkˈridi,
məˈkridi

macro
BR ˈmakrəʊ, -z
AM ˈmækroʊ, -z

macrobiotic
BR ˌmakrə(ʊ)baɪˈɒtɪk
AM ˌmækroʊbaɪˈadɪk

macrobiotically
BR ˌmakrə(ʊ)baɪˈɒtɪkli
AM ˌmækroʊbaɪ-
ˈadək(ə)li

macrocarpa
BR ˈmakrə(ʊ)ˌkɑːpə(r),
-z
AM ˈmækrəˌkɑrpə,
-z

macrocephalic
BR ˌmakrə(ʊ)sɪˈfalɪk,
ˌmakrə(ʊ)kɛˈfalɪk
AM ˌmækroʊsəˈfælɪk

macrocephalous
BR ˌmakrə(ʊ)ˈsɛfləs,
ˌmakrə(ʊ)ˈkɛfləs
AM ˌmækroʊˈsɛfələs

macrocephaly
BR ˌmakrə(ʊ)ˈsɛfl̩i,
ˌmakrə(ʊ)ˈkɛfl̩i
AM ˌmækroʊˈsɛfəli

macrocosm
BR ˈmakrə(ʊ)kɒz(ə)m,
-z
AM ˈmækroʊˌkaz(ə)m,
ˈmækrəˌkaz(ə)m,
-z

macrocosmic
BR ˌmakrə(ʊ)-
ˈkɒzmɪk
AM ˌmækrəˈkazmɪk

macrocosmically
BR ˌmakrə(ʊ)-
ˈkɒzmɪkli
AM ˌmækrə-
ˈkazmək(ə)li

macroeconomic
BR ˌmakrəʊˌiːkə-
ˈnɒmɪk, ˌmakrəʊ-
ˌɛkəˈnɒmɪk, -s
AM ˈmækroʊˌikə-
ˈnamɪk, ˈmækroʊ-
ˌɛkəˈnamɪk,
-s

macroglia
BR maˈkrɒɡlɪə(r),
ˌmakrə(ʊ)ˈɡlʌɪə(r)
AM mæˈkrɑɡlɪə,
ˌmækrəˈɡlaɪə

macroglial
BR maˈkrɒɡlɪəl,
ˌmakrə(ʊ)ˈɡlʌɪəl
AM mæˈkrɑɡlɪəl,
ˌmækrəˈɡlaɪəl

macro-instruction
BR ˌmakrəʊɪnˈstrʌkʃn,
-z
AM ˈmækroʊˌɪn-
ˈstrəkʃ(ə)n, -z

macromolecular
BR ˌmakrəʊmə-
ˈlɛkjʊlə(r)
AM ˌmækroʊmə-
ˈlɛkjələr

macromolecule
BR ˌmakrəʊ-
ˈmɒlɪkjuːl, -z
AM ˌmækroʊˈmɑlə-
ˌkjul, -z

macron
BR ˈmakr(ɒ)n,
ˈmeɪkr(ɒ)n, -z
AM ˈmæˌkrɑn,
ˈmeɪkrən,
ˈmeɪˌkrɑn, -z

macrophage
BR ˈmakrə(ʊ)feɪdʒ, -ɪz
AM ˈmækrəˌfeɪdʒ, -ɪz

macrophotography
BR ˌmakrəʊfəˈtɒɡrəfi
AM ˌˈmækroʊfə-
ˈtɑɡrəfi

macropod
BR ˈmakrəpɒd, -z
AM ˈmækrəˌpɑd, -z

macroscopic
BR ˌmakrə(ʊ)ˈskɒpɪk
AM ˌmækrəˈskɑpɪk

macroscopically
BR ˌmakrə(ʊ)ˈskɒpɪkli
AM ˌmækrə-
ˈskɑpək(ə)li

macula
BR ˈmakjʊlə(r), -z
AM ˈmækjələ, -z

maculae
BR ˈmakjʊli:
AM ˈmækjəˌlaɪ,
ˈmækjəˌli

maculae luteae
BR ˌmakjʊli:
ˈl(j)uːtii:
AM ˌˈmækjəˌlaɪ ˈludi-
ˌaɪ, ˌˈmækjəli ˈludiˌi

macula lutea
BR ˌmakjʊlə
ˈl(j)uːtɪə(r)
AM ˌˈmækjələ ˈludiə

macular
BR ˈmakjʊlə(r)
AM ˈmækjələr

maculation
BR ˌmakjʊˈleɪʃn, -z
AM ˌmækjəˈleɪʃ(ə)n,
-z

mad
BR mad, -ə(r), -ɪst
AM mæd, -ər, -əst

Madagascan
BR ˌmadəˈɡask(ə)n, -z
AM ˌmædəˈɡæskən, -z

Madagascar
BR ˌmadəˈɡaskə(r)
AM ˌmædəˈɡæskər

madala
BR məˈdɑːlə(r), -z
AM məˈdɑlə, -z

madam
BR ˈmadəm, -z
AM ˈmædəm, -z

Madame
BR ˈmadəm, -z
AM məˈdɑm,
ˈmædəm, -z

Madang
BR məˈdaŋ
AM məˈdæŋ

madcap
BR ˈmadkap, -s
AM ˈmædˌkæp, -s

madden
BR ˈmadn, -z, -ɪŋ, -d
AM ˈmædn, -z, -ɪŋ, -d

maddeningly
BR ˈmadnɪŋli
AM ˈmædnɪŋli

madder
BR ˈmadə(r), -z
AM ˈmædər, -z

Maddie
BR ˈmadi
AM ˈmædi

Maddison
BR ˈmadɪsn
AM ˈmædəs(ə)n

Maddock
BR ˈmadək
AM ˈmædək

Maddocks
BR ˈmadəks
AM ˈmædəks

Maddox
BR ˈmadəks
AM ˈmædəks

Maddy
BR ˈmadi
AM ˈmædi

made
BR meɪd
AM meɪd

Madeira
BR məˈdɪərə(r)
AM məˈdɪrə, məˈdɛrə

Madeiran
BR məˈdɪərən, -z
AM məˈdɪrən,
məˈdɛrən, -z

Madelaine
BR ˈmadlın, ˈmadlın,
ˈmadlˌeın, ˈmadleın
AM ˈˌmadlˌeın,
ˈmædlən

madeleine
BR ˈmadlın, ˈmadlın,
ˈmadlˌeın, ˈmadleın,
-z
AM ˈˌmadlˌeın,
ˈmædlən, -z

Madeley
BR ˈmeıdli
AM ˈmeıdli

Madeline
BR ˈmadlın, ˈmadlın
AM ˈmædlən

mademoiselle
BR ˌmadəm(w)əˈzɛl,
ˌmam(wə)ˈzɛl, -z
AM ˌmæd(ə)m(w)əˈzɛl, -z

made-to-measure
BR ˌmeıdtəˈmɛʒə(r)
AM ˈˌmeıdtəˈmɛʒər

Madge
BR madʒ
AM mædʒ

madhhab
BR məˈdab, -z
AM məˈdab,
ˈmaðhab, -z

madhouse
BR ˈmadhaʊ|s, -zɪz
AM ˈmædˌ(h)aʊ|s, -zəz

Madhya Pradesh
BR ˌmadıə prəˈdɛʃ
AM ˈˌmadıə prəˈdɛʃ

Madison
BR ˈmadıs(ə)n
AM ˈmædəs(ə)n

madly
BR ˈmadli
AM ˈmædli

madman
BR ˈmadmən
AM ˈmædm(ə)n,
ˈmædˌmæn

madmen
BR ˈmadmən
AM ˈmædm(ə)n,
ˈmædˌmɛn

madness
BR ˈmadnəs, -ɪz
AM ˈmædnəs, -əz

madonna
BR məˈdɒnə(r), -z
AM məˈdɑnə, -z

Madras
BR məˈdrɑːs
AM məˈdræs, məˈdrɑs, ˈmædrəs

madrasa
BR məˈdrɑsə(r), -z
AM məˈdrɑsə, -z

madrepore
BR ˈmadrıpɔː(r), -z
AM ˈmædrəˌpɔ(ə)r, -z

madreporic
BR ˌmadrıˈpɒrık
AM ˌmædrəˈpɔrık

Madrid
BR məˈdrıd
AM məˈdrıd

madrigal
BR ˈmadrıgl, -z
AM ˈmædrəgəl, -z

madrigalesque
BR ˌmadrıgəˈlɛsk, ˌmadrıglˈɛsk
AM ˈˌmædrəgəˈlɛsk

madrigalian
BR ˌmadrıˈgeılıən
AM ˌmædrəˈgeılıən, ˌmædrəˈgeılj(ə)n

madrigalist
BR ˈmadrıglıst, -s
AM ˈmædrəgələst, -s

madrona
BR məˈdrəʊnə(r), -z
AM məˈdroʊnə, -z

madrone
BR məˈdrəʊnə(r), -z
AM məˈdroʊnə, -z

madumbi
BR məˈdʌmb|i, -ɪz
AM məˈdʊmbi, -z

Madura
BR məˈd(j)ʊərə(r)
AM ˈmædʒərə

Madurese
BR ˌmadjʊˈriːz, ˌmadʒʊˈriːz
AM ˌmædəˈriz

madwoman
BR ˈmadˌwʊmən
AM ˈmædˌwʊm(ə)n

madwomen
BR ˈmadˌwımın
AM ˈmædˌwımın

mae
BR mɛː(r)
AM mɛ

Mae
BR meı
AM meı

Maecenas
BR mʌıˈsiːnəs
AM maıˈsinəs

maelstrom
BR ˈmeılstrɒm, -z
AM ˈmeılztrəm, ˈmeılˌstram, -z

maenad
BR ˈmiːnad, ˈmʌınad, -z
AM ˈmiˌnæd, -z

maenadic
BR miːˈnadık, mʌıˈnadık
AM miˈnædık

Maendy
BR ˈmeındi
AM ˈmeındi

maenor
BR ˈmʌınɔː(r)
AM ˈmaınɔr

Maerdy
BR ˈmɑːdi
AM ˈmɛrdi, ˈmɑrdi

Maesteg
BR ˌmʌıˈsteıg
AM ˌmaıˌsteıg

maestoso
BR mʌıˈstəʊsəʊ, mʌıˈstəʊzəʊ, -z
AM maıˈstoʊzoʊ, maıˈstoʊˌsoʊ, -z
IT maeˈstoso

maestro
BR ˈmʌıstrəʊ, -z
AM ˈmaıstroʊ, -z
IT maˈɛstro

Maeterlinck
BR ˈmɛtəlıŋk
AM ˈmɛdərˌlıŋk

Maeve
BR meıv
AM meıv

Mae West
BR ˌmeı ˈwɛst, -s
AM ˌmeı ˈwɛst, -s

Mafeking
BR ˈmafıkıŋ
AM ˈmæfəˌkıŋ

MAFF
BR maf
AM mæf

maffick
BR ˈmaf|ık, -ıks, -ıkıŋ, -ıkt
AM ˈmæfık, -s, -ıŋ, -t

Mafia
BR ˈmafıə(r)
AM ˈmɑfiə

mafiosi
BR ˌmafıˈəʊziː, ˌmafıˈəʊsiː
AM ˌmɑfiˈoʊsi, ˌmɑfiˈoʊzi

mafioso
BR ˌmafıˈəʊzəʊ, ˌmafıˈəʊsəʊ
AM ˌmɑfiˈoʊsoʊ, ˌmɑfiˈoʊzoʊ

mafufunyana
BR ˌmafʊfʊˈnjɑːnə(r)
AM ˌmɑfʊfʊˈnjɑnə

mag
BR mag, -z
AM mæg, -z

magalogue
BR ˈmagəlɒg, -z
AM ˈmægəˌlɑg, ˈmægəˌlɔg, -z

magazine
BR ˌmagəˈziːn, -z
AM ˌmægəˌzin, -z

Magda
BR ˈmagdə(r)
AM ˈmægdə

Magdala
BR ˈmagdələ(r)
AM ˈmægdələ

Magdalen Oxford
college
BR ˈmɔːdlɪn
AM ˈmægdəl(ə)n,
ˈmɒdl(ə)n
Magdalena
BR ˌmægdəˈliːnə(r)
AM ˌmægdəˈlinə
Magdalene[1] biblical
name
BR ˌmægdəˈliːni,
ˈmægdəlɪn
AM ˈmægdəˌlin,
ˈmægdəl(ə)n
Magdalene[2]
Cambridge college
BR ˈmɔːdlɪn
AM ˈmægdəl(ə)n,
ˈmɒdl(ə)n
Magdalenian
BR ˌmægdəˈliːniən, -z
AM ˌmægdəˈliniən, -z
Magdeburg
BR ˈmægdəbəːg
AM ˈmægdəˌbərg
magdelen
BR ˈmægdəlɪn, -z
AM ˈmægdəl(ə)n, -z
mage
BR meɪdʒ, -ɪz
AM meɪdʒ, -ɪz
Magee
BR məˈgiː
AM məˈgi
Magellan
BR məˈgɛlən,
məˈdʒɛlən
AM məˈdʒɛl(ə)n
Magellanic clouds
BR ˌmædʒɪlanɪk ˈklaʊdz
AM ˌmædʒəˌlænɪk ˈklaʊdz
magenta
BR məˈdʒɛntə(r), -z
AM məˈdʒɛn(t)ə, -z
Maggie
BR ˈmagi
AM ˈmægi
Maggiore
BR ˌmædʒɪˈɔːri
AM məˈdʒɔri
IT madˈdʒore

maggot
BR ˈmagət, -s
AM ˈmægət, -s
maggoty
BR ˈmagəti
AM ˈmægədi
Magherafelt
BR ˌmak(ə)rəˈfɛlt
AM ˌmɑk(ə)rəˈfɛlt
maghrib
BR maˈgriːb, ˈmagrɪb
AM ˈmɑgrəb
Maghrib
BR maˈgriːb
AM ˈmæˌgrɪb
magi
BR ˈmeɪdʒʌɪ
AM ˈmæˌdʒaɪ, ˈmeɪˌdʒaɪ
magian
BR ˈmeɪdʒɪən
AM ˈmeɪdʒ(i)ən
magianism
BR ˈmeɪdʒɪənɪzm
AM ˈmeɪdʒəˌnɪz(ə)m
magic
BR ˈmadʒɪk
AM ˈmædʒɪk
magical
BR ˈmadʒɪkl
AM ˈmædʒək(ə)l
magically
BR ˈmadʒɪkli
AM ˈmædʒək(ə)li
magician
BR məˈdʒɪʃn, -z
AM məˈdʒɪʃ(ə)n, -z
Magiinis
BR məˈgɪnɪs
AM məˈgɪnɪs
Magilligan
BR məˈgɪlɪg(ə)n
AM məˈgɪlɪg(i)n
magilp
BR məˈgɪlp
AM məˈgɪlp
Maginot Line
BR ˈma(d)ʒɪnəʊ lʌɪn
AM ˈmɑ(d)ʒənoʊ ˌlaɪn
magisterial
BR ˌmædʒɪˈstɪərɪəl
AM ˌmædʒəˈstɛrɪəl,
ˌmædʒəˈstɪrɪəl

magisterially
BR ˌmædʒɪˈstɪərɪəli
AM ˌmædʒəˈstɛrɪəli,
ˌmædʒəˈstɪrɪəli
magisterium
BR ˌmædʒɪˈstɪərɪəm
AM ˌmædʒəˈstɛrɪəm,
ˌmædʒəˈstɪrɪəm
magistracy
BR ˈmadʒɪstrəs|i, -ɪz
AM ˈmædʒəstrəsi, -z
magistral
BR ˈmadʒɪstr(ə)l
AM ˈmædʒəstrəl
magistrand
BR ˈmadʒɪstrand, -z
AM ˈmædʒəˌstrænd, -z
magistrate
BR ˈmadʒɪstreɪt, -s
AM ˈmædʒəˌstreɪt, -s
magistrateship
BR ˈmadʒɪstreɪtʃɪp, -s
AM ˈmædʒəˌstreɪtˌʃɪp, -s
magistrature
BR ˈmadʒɪstreɪtʃə(r), -z
AM ˈmædʒəstrəˌtʃʊ(ə)r, ˈmædʒəˌstreɪtʃər, -z
Maglemosian
BR ˌmaglə ˈməʊsɪən, ˌmaglə ˈməʊzɪən, -z
AM ˌmɑlə ˈmoʊʒ(ə)n, ˌmaglə ˈmoʊsɪən, -z
maglev
BR ˈmaglɛv, -z
AM ˈmægˌlɛv, -z
magma
BR ˈmagmə(r)
AM ˈmægmə
magmatic
BR magˈmatɪk
AM mægˈmædɪk
Magna Carta
BR ˌmagnə ˈkɑːtə(r)
AM ˈˌmægnə ˈkɑrdə
magna cum laude
BR ˌmagnə kʊm ˈlaʊdeɪ, + ˈlɔːdi
AM ˌmægnə kəm ˈlaʊdi, ˌmægnə kəm ˈlaʊdə

Magna Graecia
BR ˌmagnə ˈgriːsɪə(r)
AM ˈˌmægnə ˈgreɪʃ(i)ə
magnanimity
BR ˌmagnəˈnɪmɪti
AM ˌmægnəˈnɪmɪdi
magnanimous
BR magˈnanɪməs
AM mægˈnænəməs
magnanimously
BR magˈnanɪməsli
AM mægˈnænəməsli
magnate
BR ˈmagnət, -s
AM ˈmægnət, ˈmægˌneɪt, -s
magnesia
BR magˈniːʃə(r), magˈniːʒə(r), magˈniːzɪə(r)
AM mægˈniʃə, mægˈniʒə
magnesian
BR magˈniːʃn, magˈniːʒn, magˈniːzɪən
AM mægˈniʃ(ə)n, mægˈniʒ(ə)n
magnesite
BR ˈmagnɪsʌɪt
AM ˈmægnəˌsaɪt
magnesium
BR magˈniːzɪəm
AM mægˈniziəm
magnet
BR ˈmagnɪt, -s
AM ˈmægnət, -s
magnetar
BR ˈmagnɪtɑː(r), -z
AM ˈmægnəˌtɑr, -z
magnetic
BR magˈnɛtɪk, -s
AM mægˈnɛdɪk, -s
magnetically
BR magˈnɛtɪkli
AM mægˈnɛdək(ə)li
magnetisable
BR ˈmagnɪtʌɪzəbl
AM ˈmægnəˌtaɪzəb(ə)l

magnetisation
BR ˌmagnɪtʌɪˈzeɪʃn, -z
AM ˌmægnəˌtaɪˈzeɪʃ(ə)n, ˌmægnədəˈzeɪʃ(ə)n, -z

magnetise
BR ˈmagnɪtʌɪz, -ɪz, -ɪŋ, -d
AM ˈmægnəˌtaɪz, -ɪz, -ɪŋ, -d

magnetiser
BR ˈmagnɪtʌɪzə(r), -z
AM ˈmægnəˌtaɪzər, -z

magnetism
BR ˈmagnɪtɪzm
AM ˈmægnəˌtɪz(ə)m

magnetite
BR ˈmagnɪtʌɪt
AM ˈmægnəˌtaɪt

magnetizable
BR ˈmagnɪtʌɪzəbl
AM ˈmægnəˌtaɪzəb(ə)l

magnetization
BR ˌmagnɪtʌɪˈzeɪʃn, -z
AM ˌmægnəˌtaɪˈzeɪʃ(ə)n, ˌmægnədəˈzeɪʃ(ə)n, -z

magnetize
BR ˈmagnɪtʌɪz, -ɪz, -ɪŋ, -d
AM ˈmægnəˌtaɪz, -ɪz, -ɪŋ, -d

magnetizer
BR ˈmagnətʌɪzə(r), -z
AM ˈmægnəˌtaɪzər, -z

magneto
BR magˈniːtəʊ, -z
AM mægˈniːdoʊ, -z

magnetograph
BR magˈniːtə(ʊ)grɑːf, magˈniːtə(ʊ)graf, -s
AM mægˈnɛdəˌgræf, -s

magnetohydrody-namic
BR magˌniːtəʊ-ˌhʌɪdrə(ʊ)dʌɪˈnamɪk
AM mægˌnɛdoʊ-ˌhaɪdroʊˌdaɪˈnæmɪk

magnetometer
BR ˌmagnɪˈtɒmɪtə(r), -z
AM ˌmægnəˈtɑmədər, -z

magnetometry
BR magnɪˈtɒmɪtri
AM ˌmægnəˈtɑmətri

magnetomotive
BR magˌniːtə(ʊ)-ˈməʊtɪv
AM mægˌnɛdoʊ-ˈmoʊdɪv

magneton
BR ˈmagnɪtɒn, -z
AM ˈmægnəˌtɑn, ˈmægnət(ə)n, -z

magnetosphere
BR magˈniːtə(ʊ)sfɪə(r)
AM ˌmægˈnidɪˌsfɪ(ə)r, ˌmægˈnɛdəˌsfɪ(ə)r

magnetostriction
BR magˌniːtə(ʊ)-ˈstrɪkʃn, -z
AM mægˌnɛdoʊ-ˈstrɪkʃ(ə)n, -z

magnetron
BR ˈmagnɪtrɒn, -z
AM ˈmægnəˌtrɑn, -z

magnifiable
BR ˈmagnɪfʌɪəbl
AM ˈmægnəfaɪəb(ə)l

Magnificat
BR magˈnɪfɪkat, -s
AM mægˈnɪfəˌkɑt, -s

magnification
BR ˌmagnɪfɪˈkeɪʃn, -z
AM ˌmægnəfəˈkeɪʃ(ə)n, -z

magnificence
BR magˈnɪfɪsns
AM mægˈnɪfəs(ə)ns

magnificent
BR magˈnɪfɪsnt
AM mægˈnɪfəs(ə)nt

magnificently
BR magˈnɪfɪsntli
AM mægˈnɪfəsən(t)li

magnifico
BR magˈnɪfɪkəʊ, -z
AM mægˈnɪfəˌkoʊ, -z

magnifier
BR ˈmagnɪfʌɪə(r), -z
AM ˈmægnəˌfaɪər, -z

magnifique
BR ˌmanjɪˈfiːk
AM ˌmɑnjəˈfik

magnify
BR ˈmagnɪfʌɪ, -z, -ɪŋ, -d
AM ˈmægnəˌfaɪ, -z, -ɪŋ, -d

magniloquence
BR magˈnɪləkw(ə)ns
AM mægˈnɪləkwəns

magniloquent
BR magˈnɪləkw(ə)nt
AM mægˈnɪləkwənt

magniloquently
BR magˈnɪlɒkw(ə)ntli
AM mægˈnɪləkwən(t)li

magnitude
BR ˈmagnɪtʃuːd, ˈmagnɪtjuːd
AM ˈmægnəˌt(j)ud

magnolia
BR magˈnəʊlɪə(r), -z
AM mægˈnoʊlɪə, mægˈnoʊljə, -z

Magnox
BR ˈmagnɒks
AM ˈmægˌnɑks

magnum
BR ˈmagnəm, -z
AM ˈmægn(ə)m, -z

magnum opus
BR ˌmagnəm ˈəʊpəs
AM ˌmægn(ə)m ˈoʊpəs

Magnus
BR ˈmagnəs
AM ˈmægnəs

Magog
BR ˈmeɪgɒg
AM məˈgɑg

Magoo
BR məˈguː
AM məˈgu

Magowan
BR məˈgaʊən
AM məˈgaʊən

magpie
BR ˈmagpʌɪ, -z
AM ˈmægˌpaɪ, -z

Magrath
BR məˈgrɑːθ, məˈgrɑθ
AM məˈgræθ

Magraw
BR məˈgrɔː(r)
AM məˈgrɑ, məˈgrɔ

Magritte
BR maˈgriːt
AM məˈgrit

Magruder
BR məˈgruːdə(r)
AM məˈgrudər

magsman
BR ˈmagzmən
AM ˈmægzm(ə)n

magsmen
BR ˈmagzmən
AM ˈmægzm(ə)n

magstripe
BR ˈmagstrʌɪp, -s
AM ˈmægˌstraɪp, -s

maguey
BR məˈgeɪ, ˈmagweɪ, -z
AM məˈgeɪ, -z

Maguire
BR məˈgwʌɪə(r)
AM məˈgwaɪər

maguro
BR maˈguːrəʊ
AM məˈguroʊ

magus
BR ˈmeɪgəs
AM ˈmeɪgəs

Magwitch
BR ˈmagwɪtʃ
AM ˈmægˌwɪtʃ

Magyar
BR ˈmagjɑː(r), -z
AM ˈmægˌjɑr, -z
HU ˈmɔzar

Mahabharata
BR məˌhɑːˈbɑːrətə(r)
AM məˌhɑˈbɑrədə, ˌmɑhəˈbɑrədə

mahala *adjective, adverb*
BR məˈhɑːlə(r)
AM məˈhɑlə

mahala *noun*
BR məˈheɪlə(r), -z
AM məˈheɪlə, -z

mahaleb
BR ˈmɑːhəlɛb, -z
AM ˈmɑ(h)əˌlɛb, -z

Mahalia
BR məˈheɪliə(r)
AM məˈheɪliə, məˈheɪljə

mahant
BR məˈhʌnt, -s
AM məˈhɑnt, -s

Mahar
BR məˈhɑː(r), -z
AM məˈhɑr, -z

maharaja
BR ˌmɑː(h)əˈrɑːdʒə(r), -z
AM ˌmɑ(h)əˈrɑ(d)ʒə, -z

maharajah
BR ˌmɑː(h)əˈrɑːdʒə(r), -z
AM ˌmɑ(h)əˈrɑ(d)ʒə, -z

maharanee
BR ˌmɑː(h)əˈrɑːnli, -ɪz
AM ˌmɑ(h)əˈrɑni, -z

maharani
BR ˌmɑː(h)əˈrɑːnli, -ɪz
AM ˌmɑ(h)əˈrɑni, -z

Maharashtra
BR ˌmɑː(h)əˈrɑːʃtrə(r)
AM ˌmɑ(h)əˈrɑʃtrə

Maharashtrian
BR ˌmɑː(h)əˈrɑːʃtriən, -z
AM ˌmɑ(h)əˈrɑʃtriən, -z

maharishi
BR ˌmɑː(h)əˈrɪʃli, -ɪz
AM ˌmɑ(h)əˈrɪʃi, -z

mahatma
BR məˈhɑtmə(r), -z
AM məˈhætmə, məˈhɑtmə, -z

Mahaweli
BR ˌmɑːhəˈwɛli
AM ˌmɑ(h)əˈwɛli

Mahayana
BR ˌmɑːhəˈjɑːnə(r)
AM ˌmɑ(h)əˈjɑnə

Mahdi
BR ˈmɑːdli, -ɪz
AM ˈmɑdi, -z

Mahdism
BR ˈmɑːdɪzm
AM ˈmɑˌdɪz(ə)m

Mahdist
BR ˈmɑːdɪst, -s
AM ˈmɑdəst, -s

Maher
BR mɑː(r), ˈmeɪə(r)
AM ˈmeɪər

Mahfouz
BR mɑːˈfuːz
AM mɑˈfuz

mah-jong
BR ˌmɑːˈdʒɒŋ
AM ˌmɑˈ(d)ʒɑŋ, ˌmɑˈ(d)ʒɔŋ

mah-jongg
BR ˌmɑːˈdʒɒŋ
AM ˌmɑˈ(d)ʒɑŋ, ˌmɑˈ(d)ʒɔŋ

Mahler
BR ˈmɑːlə(r)
AM ˈmɑlər

mahlstick
BR ˈmɔːlstɪk, -s
AM ˈmɔlˌstɪk, ˈmɑlˌstɪk, -s

mahmal
BR ˈmɑːmal, -z
AM ˈmɑmɑl, -z

mahogany
BR məˈhɒɡəni
AM məˈhɑɡəni

Mahomet
BR məˈhɒmɪt
AM məˈhɑmət

Mahometan
BR məˈhɒmɪt(ə)n, -z
AM məˈhɑmədən, -z

Mahommed
BR məˈhɒmɪd
AM məˈhɑməd

Mahommedan
BR məˈhɒmɪd(ə)n, -z
AM məˈhɑmədən, -z

Mahon
BR mɑːn
AM ˈmeɪən, mæn

Mahoney
BR ˈmɑːni, məˈhəʊni
AM məˈhoʊni

mahonia
BR məˈhəʊniə(r), -z
AM məˈhoʊniə, -z

Mahony
BR ˈmɑːni, məˈhəʊni
AM məˈhoʊni

mahout
BR məˈhaʊt, məˈhuːt, -s
AM məˈhaʊt, -s

Mahratta
BR məˈrɑːtə(r), məˈrɑtə(r), -z
AM məˈrɑdə, -z

Mahratti
BR məˈrɑːti, məˈrɑti
AM məˈrɑdi

mahseer
BR ˈmɑːsɪə(r), -z
AM ˈmɑˌsɪ(ə)r, -z

mahurat
BR məˈhuːrət, -s
AM məˈhurət, -s

Maia
BR ˈmʌɪə(r), ˈmeɪə(r)
AM ˈmeɪ(j)ə, ˈmaɪə

maid
BR meɪd, -z
AM meɪd, -z

maidan
BR mʌɪˈdɑːn, ˈmʌɪdɑːn, -z
AM maɪˈdɑn, -z

Maida Vale
BR ˌmeɪdə ˈveɪl
AM ˌmeɪdə ˈveɪl

maiden
BR ˈmeɪdn, -z
AM ˈmeɪdən, -z

maidenhair
BR ˈmeɪdnhɛː(r), -z
AM ˈmeɪdnˌ(h)ɛ(ə)r, -z

maidenhead
BR ˈmeɪdnhɛd, -z
AM ˈmeɪdnˌ(h)ɛd, -z

maidenhood
BR ˈmeɪdnhʊd
AM ˈmeɪdnˌ(h)ʊd

maidenish
BR ˈmeɪdnɪʃ
AM ˈmeɪdn̩ɪʃ

maidenlike
BR ˈmeɪdnlʌɪk
AM ˈmeɪdnˌlaɪk

maidenly
BR ˈmeɪdnli
AM ˈmeɪdnli

maidish
BR ˈmeɪdɪʃ
AM ˈmeɪdɪʃ

maidservant
BR ˈmeɪdˌsəːvnt, -s
AM ˈmeɪdˌsərvənt, -s

Maidstone
BR ˈmeɪdst(ə)n
AM ˈmeɪdˌstoʊn

maieutic
BR meɪˈjuːtɪk, mʌɪˈjuːtɪk
AM meɪˈjudək

maigre
BR ˈmeɪɡə(r)
AM ˈmeɪɡər

Maigret
BR ˈmeɪɡreɪ
AM meɪˈɡreɪ
FR mɛɡʀɛ

maihem
BR ˈmeɪhɛm
AM ˈmeɪˌ(h)ɛm

mail
BR meɪl, -z, -ɪŋ, -d
AM meɪl, -z, -ɪŋ, -d

mailable
BR ˈmeɪləbl
AM ˈmeɪləb(ə)l

mailbag
BR ˈmeɪlbag, -z
AM ˈmeɪlˌbæɡ, -z

mailboat
BR ˈmeɪlbəʊt, -s
AM ˈmeɪlˌboʊt, -s

mail-bomb
BR ˈmeɪlbɒm, -z, -ɪŋ, -d
AM ˈmeɪlˌbɑm, -z, -ɪŋ, -d

mail bomber
BR meɪl ˌbɒmə(r), -z
AM ˈmeɪl ˌbɑmər, -z

mailbox
BR ˈmeɪlbɒks, -ɪz
AM ˈmeɪlˌbɑks, -əz

maile
BR ˈmɑːɪˌleɪ
AM ˈmaiˌleɪ
mailer
BR ˈmeɪlə(r), -z
AM ˈmeɪlər, -z
mailing
BR ˈmeɪlɪŋ, -z
AM ˈmeɪlɪŋ, -z
maillot
BR mʌɪˈəʊ, -z
AM maɪˈ(j)oʊ, -z
mailman
BR ˈmeɪlman
AM ˈmeɪlˌmæn
mailmen
BR ˈmeɪlmɛn
AM ˈmeɪlˌmɛn
mail order
BR ˌmeɪl ˈɔːdə(r)
AM ˈmeɪl ˌɔrdər
mailshot
BR ˈmeɪlʃɒt, -s
AM ˈmeɪlˌʃɑt, -s
maim
BR meɪm, -z, -ɪŋ, -d
AM meɪm, -z, -ɪŋ, -d
Maimonides
BR mʌɪˈmɒnɪdiːz
AM maɪˈmɑnədiz
Main *German river*
BR mʌɪn
AM maɪn
main
BR meɪn, -z
AM meɪn, -z
mainboard
BR ˈmeɪnbɔːd, -z
AM ˈmeɪnˌbɔ(ə)rd, -z
maincrop
BR ˈmeɪnkrɒp
AM ˈmeɪnˌkrɑp
Maine
BR meɪn
AM meɪn
mainframe
BR ˈmeɪnfreɪm, -z
AM ˈmeɪnˌfreɪm, -z
mainland
BR ˈmeɪnland
AM ˈmeɪnlənd, ˈmeɪnˌlænd

mainlander
BR ˈmeɪnlandə(r), -z
AM ˈmeɪnləndər, ˈmeɪnˌlændər, -z
mainline
BR ˈmeɪnlʌɪn, -z, -ɪŋ, -d
AM ˈmaɪnˌlaɪn, -z, -ɪŋ, -d
mainliner
BR ˈmeɪnlʌɪnə(r), -z
AM ˈmeɪnˌlaɪnər, -z
mainly
BR ˈmeɪnli
AM ˈmeɪnli
mainmast
BR ˈmeɪnmɑːst, -s
AM ˈmeɪnˌmæst, -s
mainplane
BR ˈmeɪnpleɪn, -z
AM ˈmeɪnˌpleɪn, -z
mainsail
BR ˈmeɪns(eɪ)l, -z
AM ˈmeɪnˌseɪl, ˈmeɪns(ə)l, -z
mainsborne
BR ˈmeɪnzbɔːn
AM ˈmeɪnzˌbɔ(ə)rn
mainsheet
BR ˈmeɪnʃiːt, -s
AM ˈmeɪnˌʃit, -s
mainspring
BR ˈmeɪnsprɪŋ, -z
AM ˈmeɪnˌsprɪŋ, -z
mainstay
BR ˈmeɪnsteɪ, -z
AM ˈmeɪnˌsteɪ, -z
mainstream
BR ˈmeɪnstriːm
AM ˈmeɪnˌstrim
maintain
BR meɪnˈteɪn, -z, -ɪŋ, -d
AM meɪnˈteɪn, -z, -ɪŋ, -d
maintainability
BR ˌmeɪntemə'bɪlɪti, mənˌteɪnə'bɪlɪti
AM ˌmeɪntenə'bɪlɪdi
maintainable
BR meɪnˈteɪnəbl
AM meɪnˈteɪnəb(ə)l

maintainer
BR meɪnˈteɪnə(r), -z
AM meɪnˈteɪnər, -z
maintainor
BR meɪnˈteɪnə(r), -z
AM meɪnˈteɪnər, -z
maintenance
BR ˈmeɪnt(ɪ)nəns, ˈmeɪntn̩əns
AM ˈmeɪntn̩əns, ˈmeɪnt(ə)nəns
Maintenon
BR ˈmantənɒn
AM ˌmænt(ə)ˈnɒn
FR mɛ̃tnɔ̃
maintop
BR ˈmeɪntɒp, -s
AM ˈmeɪnˌtɑp, -s
maintopmast
BR ˌmeɪnˈtɒpmɑːst, -s
AM ˌmeɪnˈtɑpˌmæst, -s
Mainwaring
BR ˈmanərɪŋ, ˈmeɪnˌwɛːrɪŋ
AM ˈmeɪnˌwɛrɪŋ
Mainz
BR mʌɪnts
AM maɪn(t)s
maiolica
BR məˈjɒlɪkə(r)
AM məˈjɑləkə
Mair
BR mʌɪə(r)
AM maɪər
Mairead
BR məˈreɪd
AM ˈmeɪˌrɪd
Maisie
BR ˈmeɪzi
AM ˈmeɪzi
maisonette
BR ˌmeɪzəˈnɛt, -s
AM ˌmeɪzəˈnɛt, -s
maisonnette
BR ˌmeɪzəˈnɛt, -s
AM ˌmeɪzəˈnɛt, -s
mai tai
BR ˈmʌɪˌtʌɪ, -z
AM ˈmaɪˌtaɪ, -z
Maithili
BR ˈmʌɪtɪli
AM ˈmaɪdəli

Maitland
BR ˈmeɪtlənd
AM ˈmeɪtlən(d)
maître d'
BR ˌmeɪtrə ˈdiː, ˌmɛtrə +, -z
AM ˌmeɪtrə ˈdi, ˌmeɪdər ˈdi, -z
maître d'hôtel
BR ˌmeɪtrə dəʊˈtɛl, ˌmɛtrə +
AM ˌmeɪtrə doʊˈtɛl
maîtres d'
BR ˌmeɪtrə ˈdiː, ˌmɛtrə +
AM ˌmeɪtrə ˈdiz, ˌmeɪdər ˈdiz
maîtres d'hôtel
BR ˌmeɪtrə dəʊˈtɛl, ˌmɛtrə +
AM ˌmeɪtrə doʊˈtɛl
maize
BR meɪz
AM meɪz
maizel
BR ˈmeɪz|l, -lz, -l̩ŋ\-lɪŋ, -ld
AM ˈmeɪzəl, -z, -ɪŋ, -d
majestic
BR məˈdʒɛstɪk
AM məˈdʒɛstɪk
majestically
BR məˈdʒɛstɪkli
AM məˈdʒɛstək(ə)li
majesty
BR ˈmadʒɪst|i, -ɪz
AM ˈmædʒɛsti, -z
Maj.-Gen.
BR ˌmeɪdʒə ˈdʒɛn(ə)r̩l
AM ˌmeɪdʒər ˈdʒɛn(ə)rəl
majita
BR məˈdʒiːtə(r), -z
AM məˈdʒidə, -z
Majlis
BR madʒˈlɪs, ˈmadʒlɪs
AM mædʒˈlɪs
majolica
BR məˈdʒɒlɪkə(r)
AM məˈdʒɑləkə

major
BR ˈmeɪdʒə(r), -z,
-ɪŋ, -d
AM ˈmeɪdʒər, -z,
-ɪŋ, -d

Majorca
BR məˈjɔːkə(r)
AM məˈjɔrkə

Majorcan
BR məˈjɔːkn̩
AM məˈjɔrkən

majordomo
BR ˌmeɪdʒəˈdəʊməʊ,
-z
AM ˌmeɪdʒərˈdoʊmoʊ,
-z

majorette
BR ˌmeɪdʒəˈret, -s
AM ˌmeɪdʒəˈret, -s

major general
BR ˌmeɪdʒə ˈdʒen(ə)rl̩,
-z
AM ˈˌmeɪdʒər
ˈdʒen(ə)rəl, -z

Majorism
BR ˈmeɪdʒərɪzm
AM ˈmeɪdʒəˌrɪz(ə)m

majoritarian
BR məˌdʒɒrɪˈtɛːrɪən,
-z
AM məˌdʒɔrəˈtɛrɪən,
-z

majority
BR məˈdʒɒrɪt|i, -ɪz
AM məˈdʒɔrədi, -z

majoron
BR ˈmeɪdʒərɒn,
ˈmædʒərɒn, -z
AM ˈmeɪdʒəˌrɑn,
-z

majorship
BR ˈmeɪdʒəʃɪp, -s
AM ˈmeɪdʒərˌʃɪp, -s

majuscular
BR məˈdʒʌskjʊlə(r)
AM məˈdʒəskjələr

majuscule
BR ˈmadʒəskjuːl
AM ˈmædʒəsˌkju(ə)l

makable
BR ˈmeɪkəbl
AM ˈmeɪkəb(ə)l

Makarios
BR məˈkarɪɒs,
məˈkɑːrɪɒs
AM məˈkɛrɪəs
GR maˈkariːɔs

Makassar
BR məˈkasə(r)
AM məˈkɑsər

makatane
BR ˌmakəˈtɑːn|i,
-ɪz
AM ˌmakəˈtɑni, -z

makatea
BR ˌmakəˈtiːə(r), -z
AM ˌmakəˈtiə, -z

make
BR meɪk, -s, -ɪŋ
AM meɪk, -s, -ɪŋ

make-believe
BR ˈmeɪkbɪliːv
AM ˈmeɪkbəˌliv

make-or-break
BR ˌmeɪkɔːˈbreɪk
AM ˈmeɪkərˈbreɪk

Makepeace
BR ˈmeɪkpiːs
AM ˈmeɪkˌpis

maker
BR ˈmeɪkə(r), -z
AM ˈmeɪkər, -z

makeready
BR ˈmeɪkˌred|i, -ɪz
AM ˈmeɪkˌredi, -z

Makerere
BR məˈkɛrəri
AM məˈkɛrəri

makeshift
BR ˈmeɪkʃɪft
AM ˈmeɪkˌʃɪft

makeup
BR ˈmeɪkʌp, -s
AM ˈmeɪˌkəp, -s

makeweight
BR ˈmeɪkweɪt, -s
AM ˈmeɪkˌweɪt, -s

Makgadikgadi
BR məˈ(k)ˈgadɪ(k)-
ˌgɑːdi
AM məˈgædɪˌgædi

making
BR ˈmeɪkɪŋ, -z
AM ˈmeɪkɪŋ, -z

mako[1] *shark*
BR ˈmɑːkəʊ,
ˈmeɪkəʊ, -z
AM ˈmeɪkoʊ, -z

mako[2] *tree*
BR ˈmɑːkəʊ, ˈmakəʊ,
ˈmeɪkəʊ, -z
AM ˈmɑkoʊ,
ˈmeɪkoʊ, -z

Maksutov
BR ˈmaksʊtɒv,
makˈsuːtɒv, -z
AM mʊkˈsudəv,
ˈmaksəˌtav,
makˈsudəv,
ˈmaksəˌtɔv, -z
RUS makˈsutəf

makulu
BR məˈkuːluː, -z
AM məˈkulu, -z

makunouchi
BR maˌkuːnəʊˈuːtʃi,
ˌmakʊnəʊˈuːtʃi
AM məˌkunoʊˈutʃi

Malabar
BR ˈmaləbɑː(r)
AM ˈmæləbar

Malabo
BR ˈmaləbəʊ
AM ˈmæləˌboʊ

malabsorption
BR ˌmaləbˈsɔːpʃn, -z
AM ˌmæləbˈzɔrpʃ(ə)n,
ˌmæləbˈsɔrpʃ(ə)n,
-z

malacca
BR məˈlakə(r), -z
AM məˈlɑkə, -z

Malachi
BR ˈmaləkʌɪ
AM ˈmæləˌkaɪ

malachite
BR ˈmaləkʌɪt
AM ˈmæləˌkaɪt

Malachy
BR ˈmaləki
AM ˈmæləki

malacoderm
BR ˈmaləkə(ʊ)dəːm,
-z
AM ˈmæləkoʊˌdərm,
-z

malacology
BR ˌmaləˈkɒlədʒi
AM ˌmæləˈkɑlədʒi

malacostracan
BR ˌmaləˈkɒstrək(ə)n,
-z
AM ˌmæləˈkɑstrəkən,
-z

maladaptation
BR ˌmalədəpˈteɪʃn,
-z
AM ˈˌmælˌædəp
ˈteɪʃ(ə)n, -z

maladaptive
BR ˌmaləˈdaptɪv
AM ˌmæləˈdæptɪv

maladjusted
BR ˌmaləˈdʒʌstɪd
AM ˌmæləˈdʒəstəd

maladjustment
BR ˌmalə-
ˈdʒʌs(t)m(ə)nt, -s
AM ˌmælə-
ˈdʒəstm(ə)nt, -s

maladminister
BR ˌmaladˈmɪnɪst|ə(r),
-əz, -(ə)rɪŋ, -əd
AM ˌmælˌædˈmɪnɪstər,
-z, -ɪŋ, -d

maladministration
BR ˌmalədˌmɪnɪˈstreɪʃn
AM ˈˌmælədˌmɪnə-
ˈstreɪʃ(ə)n

maladroit
BR ˌmaləˈdrɔɪt
AM ˌmæləˈdrɔɪt

maladroitly
BR ˌmaləˈdrɔɪtli
AM ˌmæləˈdrɔɪtli

maladroitness
BR ˌmaləˈdrɔɪtnɪs
AM ˌmæləˈdrɔɪtnɪs

malady
BR ˈmaləd|i, -ɪz
AM ˈmælədi, -z

malae
BR mɑˈlɑːeɪ, -z
AM mɑˈlɑˌeɪ, -z

mala fide
BR ˌmalə ˈfʌɪdi,
ˌmeɪlə +, + ˈfiːdeɪ
AM ˌmɑlə ˈfaɪdi

Málaga
BR ˈmaləgə(r)
AM ˈmɑləgə
SP ˈmalaɣa

Malagasy
BR ˌmaləˈgasi
AM ˌmæləˈgæsi

malagueña
BR ˌmaləˈgeɪnjə(r), -z
AM ˌmɑləˈg(w)eɪnjə, -z
SP ˌmalaˈɣeˋa

malaise
BR maˈleɪz
AM mɑˈleɪz, məˈlɛz, mɑˈlɛz, məˈleɪz

Malamud
BR ˈmaləmʊd
AM ˈmæləməd

malamute
BR ˈmaləmjuːt, -s
AM ˈmælə‌ˌmjut, -s

malanders
BR ˈmaln̩dəz
AM ˈmælən‌dərz

malapert
BR ˌmaləˈpəːt, ˈmaləpəːt, -s
AM ˌmæləˈˌpərt, -s

malaprop
BR ˈmaləprɒp, -s
AM ˈmæləˌprɑp, -s

malapropism
BR ˈmaləprəpɪzm, -z
AM ˈmæləˌprɑˌpɪz(ə)m, -z

malapropos
BR ˌmalaprəˈpəʊ
AM ˌmæˈlaprəˌpoʊ, ˌmæˌlaprəˈpoʊ

malar
BR ˈmeɪlə(r), -z
AM ˈmeɪlər, -z

malaria
BR məˈlɛːriə(r)
AM məˈlɛriə

malarial
BR məˈlɛːriəl
AM məˈlɛriəl

malarian
BR məˈlɛːriən
AM məˈlɛriən

malarious
BR məˈlɛːriəs
AM məˈlɛriəs

malarkey
BR məˈlɑːki
AM məˈlɑrki

malarky
BR məˈlɑːki
AM məˈlɑrki

malathion
BR ˌmaləˈθʌɪən
AM ˌmæləˈθaɪɑn

Malawi
BR məˈlɑːwi
AM məˈlɑwi

Malawian
BR məˈlɑːwiən, -z
AM məˈlɑwiən, -z

Malay
BR məˈleɪ
AM məˈleɪ, ˈmeɪˌleɪ

Malaya
BR məˈleɪə(r)
AM məˈleɪə

Malayalam
BR ˌmaləˈjɑːləm
AM ˌmæləˈjɑl(ə)m

Malayan
BR məˈleɪən, -z
AM məˈleɪən, -z

Malayo-Chinese
BR məˌleɪəʊtʃʌɪˈniːz
AM məˈleɪoʊˌtʃaɪˈniz

Malayo-Polynesian
BR məˌleɪəʊˌpɒlɪˈniːzj(ə)n, məˌleɪəʊˌpɒlɪˈniːʒn, -z
AM meˈleɪoʊˌpaləˈniʃ(ə)n, meˈleɪoʊˌpaləˈniʒ(ə)n, -z

Malaysia
BR məˈleɪziə(r), məˈleɪʒə(r)
AM məˈleɪʒə

Malaysian
BR məˈleɪziən, məˈleɪʒ(ə)n, -z
AM məˈleɪʒ(ə)n, -z

Malbec
BR ˈmalbɛk, ˈmɒlbɛk, -s
AM ˈmælbɛk, -s

Malcolm
BR ˈmalkəm
AM ˈmælkəm

malcontent
BR ˈmalkəntɛnt, -s
AM ˈmælkənˌtɛnt, ˌmælkənˈtɛnt, -s

malcontented
BR ˌmalkənˈtɛntɪd
AM ˌmælkənˈtɛn(t)əd

mal de mer
BR ˌmal də ˈmɛː(r)
AM ˌmal də ˈmɛ(ə)r

Malden
BR ˈmɔːld(ə)n, ˈmɒld(ə)n
AM ˈmɑldən, ˈmɔldən

maldistributed
BR ˌmaldɪˈstrɪbjʊtɪd, ˌmalˈdɪstrɪbjuːtɪd
AM ˌmældəˈstrɪbjʊdəd

maldistribution
BR ˌmaldɪstrɪˈbjuːʃn
AM ˈˌmælˌdɪstrə‌ˈbjuʃ(ə)n

Maldive
BR ˈmɔːldiːv, ˈmɒldiːv, -z
AM ˈmɑldiv, ˈmɑldaɪv, -z

Maldivian
BR mɔːˈldɪvɪən, mɒlˈdɪvɪən, -z
AM malˈdɪvɪən, -z

Maldon
BR ˈmɔːld(ə)n, ˈmɒld(ə)n
AM ˈmɑldən, ˈmɔldən

male
BR meɪl, -z
AM meɪl, -z

malediction
BR ˌmalɪˈdɪkʃn, -z
AM ˌmæləˈdɪkʃ(ə)n, -z

maledictive
BR ˌmalɪˈdɪktɪv
AM ˌmæləˈdɪktɪv

maledictory
BR ˌmalɪˈdɪkt(ə)ri
AM ˌmæləˈdɪkt(ə)ri

malefaction
BR ˌmalɪˈfakʃn, -z
AM ˌmæləˈfækʃ(ə)n, -z

malefactor
BR ˈmalɪfaktə(r), -z
AM ˈmæləˌfæktər, -z

malefic
BR məˈlɛfɪk
AM məˈlɛfɪk

maleficence
BR məˈlɛfɪsns
AM məˈlɛfəs(ə)ns

maleficent
BR məˈlɛfɪsnt
AM məˈlɛfəs(ə)nt

malefit
BR ˈmalɪfɪt, -s
AM ˈmæləˌfɪt, -s

maleic
BR məˈliːɪk
AM məˈleɪɪk, məˈliɪk

maleimide
BR məˈliːɪmʌɪd
AM məˈliɪˌmaɪd

malemute
BR ˈmaləmjuːt, -s
AM ˈmæləˌmjut, -s

maleness
BR ˈmeɪlnɪs
AM ˈmeɪlnɪs

maleoyl
BR ˈmalɪˌɔɪl
AM ˈmæliəwəl

malestream
BR ˈmeɪlstriːm
AM ˈmeɪlˌstrim

Malet
BR ˈmalɪt
AM ˈmælət

malevolence
BR məˈlɛvl̩ns
AM məˈlɛvəl(ə)ns

malevolent
BR məˈlɛvl̩nt
AM məˈlɛvəl(ə)nt

malevolently
BR məˈlɛvl̩ntli
AM məˈlɛvələn(t)li

maleyl
BR ˈmaleɪl
AM ˈmæleɪl

malfeasance
BR malˈfiːzns
AM mælˈfizns

malfeasant
BR malˈfiːznt, -s
AM mælˈfiznt, -s

Malfi
BR ˈmalfi
AM ˈmælfi

malformation
BR ˌmalfɔːˈmeɪʃn, -z
AM ˌmælfərˈmeɪʃ(ə)n, ˌmælfɔrˈmeɪʃ(ə)n, ▭

malformed
BR ˌmalˈfɔːmd
AM ˌmælˈfɔrmd

malfunction
BR ˌmalˈfʌŋ(k)ʃn, -z, -ɪŋ, -d
AM ˌmælˈfəŋ(k)ʃ(ə)n, -z, -ɪŋ, -d

Malham
BR ˈmaləm
AM ˈmæl(ə)m

Malherbe
BR malˈɛːb
AM ˌmaˈlɛrb

Mali
BR ˈmaːli
AM ˈmɑli
FR mali

Malian
BR ˈmaːliən, -z
AM ˈmaliən, ˈmalj(ə)n, -z

Malibu
BR ˈmalɪbuː
AM ˈmæləˌbu

malic
BR ˈmalɪk, ˈmeɪlɪk
AM ˈmælɪk

malice
BR ˈmalɪs
AM ˈmæləs

malice aforethought
BR ˌmalɪs əˈfɔːθɔːt
AM ˌˈmæləs əˈfɔrˌθɑt, ˌˈmæləs əˈfɔrˌθɔt

malicious
BR məˈlɪʃəs
AM məˈlɪʃəs

maliciously
BR məˈlɪʃəsli
AM məˈlɪʃəsli

maliciousness
BR məˈlɪʃəsnəs
AM məˈlɪʃəsnəs

malign
BR məˈlʌɪn, -z, -ɪŋ, -d
AM məˈlaɪn, -z, -ɪŋ, -d

malignancy
BR məˈlɪgnəns|i, -ɪz
AM məˈlɪgnənsi, ▭

malignant
BR məˈlɪgnənt
AM məˈlɪgnənt

malignantly
BR məˈlɪgnəntli
AM məˈlɪgnən(t)li

maligner
BR məˈlʌɪnə(r), -z
AM məˈlaɪnər, -z

malignity
BR məˈlɪgnɪt|i, -ɪz
AM məˈlɪgnɪdi, -z

malignly
BR məˈlʌɪnli
AM məˈlaɪnli

malimbe
BR məˈlɪmb|i, -ɪz
AM məˈlɪmbi, -z

Malin
BR ˈmalɪn
AM ˈmæl(ə)n

Malines
BR maˈliːn
AM məˈlin
FR malin

malinger
BR məˈlɪŋg|ə(r), -əz, -(ə)rɪŋ, -əz
AM məˈlɪŋg|ər, -ərz, -(ə)rɪŋ, -ərd

malingerer
BR məˈlɪŋg(ə)rə(r), -z
AM məˈlɪŋgərər, -z

Malinowski
BR ˌmalɪˈnɒfski
AM ˌmaləˈnafski

malism
BR ˈmeɪlɪzm
AM ˈmeɪˌlɪz(ə)m

malison
BR ˈmalɪzn, ˈmalɪsn, -z
AM ˈmæləs(ə)n, ˈmæləz(ə)n, -z

malkoha
BR ˈmalkəʊə(r), -z
AM ˈmælkoʊə, -z

malky
BR ˈmalk|i, -ɪz, -ɪŋ, -ɪd
AM ˈmælki, -z, -ɪŋ, -d

mall
BR mal, mɔːl, -z
AM mal, mɔl, -z

Mallaig
BR ˈmaleɪg, maˈleɪg
AM ˈmæˌleɪg

Mallalieu
BR ˈmaləljuː
AM ˈmæləˌlju

mallam
BR ˈmaləm, -z
AM ˈmæl(ə)m, -z

mallard
BR ˈmalɑːd, -z
AM ˈmælərd, -z

Mallarmé
BR ˌmalaːˈmeɪ
AM ˌmaˌlarˌmeɪ
FR malaʁme

malleability
BR ˌmalɪəˈbɪlɪti
AM ˌmæliəˈbɪlɪdi, ˌmæl(j)əˈbɪlɪdi

malleable
BR ˈmalɪəbl
AM ˈmæliəb(ə)l, ˈmæl(j)əb(ə)l

malleableness
BR ˈmalɪəblnəs
AM ˈmæliəbəlnəs, ˈmæl(j)əbəlnəs

malleably
BR ˈmalɪəbli
AM ˈmæliəbli, ˈmæl(j)əbli

mallee
BR ˈmali
AM ˈmæli

mallei
BR ˈmalɪʌɪ
AM ˈmæliˌaɪ

mallemuck
BR ˈmalɪmʌk, -s
AM ˈmæləˌmək, -s

mallenders
BR ˈmalṇdəz
AM ˈmæləndərz

malleoli
BR məˈliːəlʌɪ
AM məˈliəˌlaɪ

malleolus
BR məˈliːələs
AM məˈliələs

mallet
BR ˈmalɪt, -s
AM ˈmælət, -s

malleus
BR ˈmalɪəs
AM ˈmæliəs

Mallorca
BR məˈjɔːkə(r)
AM məˈjɔrkə

Mallorcan
BR məˈjɔːk(ə)n, -z
AM məˈjɔrkən, -z

Mallory
BR ˈmaləri
AM ˈmæləri

mallow
BR ˈmaləʊ, -z
AM ˈmæloʊ, -z

malm
BR mɑːm, -z
AM mɑm, -z

Malmesbury
BR ˈmɑːmzb(ə)ri
AM ˈmæmzˌbɛri, ˈmɑmzˌbɛri

Malmö
BR ˈmɑːlməʊ, ˈmalməʊ
AM ˈmɑlˌmoʊ
SW ˈmalmə

Malmquist
BR ˈmalmkwɪst
AM ˈmalmˌkwɪst

malmsey
BR ˈmɑːmzi
AM ˈmɑmzi

malnourished
BR ˌmalˈnʌrɪʃt
AM ˌmælˈnərɪʃt

malnourishment
BR ˌmalˈnʌrɪʃm(ə)nt
AM ˌmælˈnɜrɪʃm(ə)nt

malnutrition
BR ˌmalnjuˈtrɪʃn
AM ˌmæln(j)uˈtrɪʃ(ə)n

malo
BR ˈmɑːləʊ, -z
AM ˈmɑloʊ, -z

malocchio
BR malˈɒkɪəʊ
AM mɑlˈɑkioʊ

malodorous
BR malˈəʊd(ə)rəs
AM ˌmælˈoʊdərəs

malodorously
BR malˈəʊd(ə)rəsli
AM ˌmælˈoʊdərəsli

malodorousness
BR malˈəʊd(ə)rəsnəs
AM ˌmælˈoʊdərəsnəs

malombo
BR məˈlɒmbəʊ
AM məˈlɑmboʊ

Malone
BR məˈləʊn
AM məˈloʊn

Maloney
BR məˈləʊni
AM məˈloʊni

malope
BR ˈmaləp|i, -ɪz
AM ˈmæləpi, -z

Malory
BR ˈmaləri
AM ˈmæləri

maloti
BR məˈləʊti, məˈluːti
AM məˈlɑdi

Malpas[1] *place in Cheshire, UK*
BR ˈmɔː(l)pəs, ˈmalpəs
AM ˈmɑlˌpɑs

Malpas[2] *place in Cornwall, UK*
BR ˈməʊpəs
AM ˈmɑlˌpɑs

Malpas[3] *place in Gwent, UK*
BR ˈmalpas
AM ˈmɑlˌpɑs

Malpighi
BR malˈpiːgi
AM mælˈpɪgi

Malpighian layer
BR malˈpɪgiən ˌleɪə(r), -z
AM ˌmælˈpɪgiən ˌleɪ(ə)r, -z

malpitte
BR ˈmalpɪtə(r)
AM ˈmɑlpədə

Malplaquet
BR ˈmalpləkeɪ
AM ˈmælpləˌkɛt

malpractice
BR ˌmalˈpraktǀɪs, -ɪsɪz
AM mælˈpræktəs, -əz

malt
BR mɔːlt, mɒlt, -s, -ɪŋ, -ɪd
AM mɑlt, mɔlt, -s, -ɪŋ, -əd

Malta
BR ˈmɔːltə(r), ˈmɒltə(r)
AM ˈmɑltə, ˈmɔltə

Maltese
BR mɔːlˈtiːz, mɒlˈtiːz
AM mɑlˈtiz, mɔlˈtiz

Malteser
BR mɔːlˈtiːzə(r), mɒlˈtiːzə(r)
AM ˌmɑlˈtizər, ˌmɔlˈtizər

maltha
BR ˈmalθə(r), -z
AM ˈmɑlθə, ˈmɔlθə, -z

malthouse
BR ˈmɔːlthaʊǀs, ˈmɒlthaʊǀs, -zɪz
AM ˈmɑltˌ(h)aʊǀs, ˈmɔltˌ(h)aʊǀs, -zəz

Malthus
BR ˈmalθəs
AM ˈmɑlθəs, ˈmɔlθəs

Malthusian
BR malˈθjuːzɪən
AM mɔlˈθuʒ(ə)n, mɔlˈθuziən

maltiness
BR ˈmɔːltɪnɪs, ˈmɒltɪnɪs
AM ˈmɑltɪnɪs, ˈmɔltɪnɪs

malting
BR ˈmɔːltɪŋ, ˈmɒltɪŋ, -z
AM ˈmɑltɪŋ, ˈmɔltɪŋ, -z

maltose
BR ˈmɔːltəʊz, ˌmɔːltəʊs, ˌmɒltəʊz, ˈmɒltəʊs
AM ˈmɔlˌtoʊz, ˈmɑlˌtoʊs, ˈmɑlˌtoʊz, ˈmɔlˌtoʊs

maltreat
BR malˈtriːt, -s, -ɪŋ, -ɪd
AM mælˈtriǀt, -ts, -dɪŋ, -dɪd

maltreater
BR malˈtriːtə(r), -z
AM mælˈtridər, -z

maltreatment
BR malˈtriːtm(ə)nt
AM mælˈtritm(ə)nt

maltster
BR ˈmɔːltstə(r), ˈmɒltstə(r), -z
AM ˈmɑltstər, ˈmɔltstər, -z

malty
BR ˈmɔːltǀi, -ɪə(r), -ɪɪst
AM ˈmɑlti, ˈmɔlti, -ər, -ɪst

Maluka
BR maˈluːkə(r), -z
AM məˈlukə, -z

malvaceous
BR malˈveɪʃəs
AM mælˈveɪʃəs

Malvern
BR ˈmɔːlv(ə)n, ˈmɒlv(ə)n
AM ˈmɑlvərn, ˈmɔlvərn

malversation
BR ˌmalvəˈseɪʃn
AM ˌmælvərˈseɪʃ(ə)n

Malvinas
BR malˈviːnəs
AM mɑlˈvinəs
SP malˈβinas

malvoisie
BR ˈmalvɔɪzi, ˌmalvɔɪˈziː
AM ˈmælvəzi, ˌmɑlˌvwɑˈzi

Malvolio
BR malˈvəʊlɪəʊ
AM mælˈvoʊlioʊ

mam
BR mam, -z
AM mæm, -z

mama
BR məˈmɑː(r), ˈmamə(r), -z
AM ˈmɑmɑ, -z

mamacita
BR ˌmaməˈsiːtə(r), -z
AM ˌmɑməˈsidə, -z

mamaguy
BR ˈmaməɡʌɪ, -z, -ɪŋ, -d
AM ˈmɑməɡaɪ, -z, -ɪŋ, -d

mamba
BR ˈmambə(r), -z
AM ˈmɑmbə, -z

mambo
BR ˈmambəʊ, -z
AM ˈmɑmboʊ, -z

mamelon
BR ˈmamɪlən, -z
AM ˈmæməl(ə)n, -z

Mameluke
BR ˈmamɪl(j)uːk, -s
AM ˈmæməˌluk, -s

Mamet
BR ˈmamɪt
AM ˈmæmət

Mamie
BR ˈmeɪmi
AM ˈmeɪmi

mamilla
BR maˈmɪlə(r)
AM məˈmɪlə

mamillae
BR maˈmɪliː
AM məˈmɪˌlaɪ, məˈmɪli

mamillary
BR ˈmamɪləri
AM ˈmæməˌlɛri

mamillate
BR ˈmamɪleɪt
AM ˈmæməˌleɪt

mamma[1] *gland*
BR ˈmamə(r)
AM ˈmæmə

mamma² *mother*
BR məˈmɑː(r),
ˈmamə(r), -z
AM məˈmɑ,
ˈmɑmə, -z
mammae
BR ˈmamiː
AM ˈmæˌmaɪ, ˈmæmi
mammal
BR ˈmaml, -z
AM ˈmæm(ə)l, -z
mammalian
BR maˈmeɪliən, -z
AM məˈmeɪliən,
məˈmeɪlj(ə)n, -z
mammaliferous
BR ˌmaməˈlɪf(ə)rəs
AM ˌmæməˈlɪf(ə)rəs
mammalogy
BR maˈmalədʒi
AM məˈmælədʒi
mammary
BR ˈmam(ə)ri
AM ˈmæm(ə)ri
mammee
BR ˈmamǀi, -ɪz
AM ˈmæmi, -z
mammiform
BR ˈmamɪfɔːm
AM ˈmæməˌfɔ(ə)rm
mammilla
BR maˈmɪlə(r)
AM məˈmɪlə
mammillae
BR maˈmɪliː
AM məˈmɪˌlaɪ,
məˈmɪli
mammogram
BR ˈmamə(ʊ)gram, -z
AM ˈmæməˌgræm, -z
mammography
BR maˈmɒgrəfi
AM mæˈmɑgrəfi
Mammon
BR ˈmamən
AM ˈmæm(ə)n
Mammonish
BR ˈmamənɪʃ
AM ˈmæmənɪʃ
Mammonism
BR ˈmamənɪzm
AM ˈmæməˌnɪz(ə)m

Mammonist
BR ˈmamənɪst, -s
AM ˈmæmənəst, -s
Mammonite
BR ˈmamənʌɪt, -s
AM ˈmæməˌnaɪt, -s
mammoth
BR ˈmaməθ, -s
AM ˈmæməθ, -s
mammy
BR ˈmamǀi, -ɪz
AM ˈmæmi, -z
mampoer
BR mamˈpʊə(r),
mamˈpɔː(r)
AM mɑmˈpʊ(ə)r
man
BR man, -z, -ɪŋ, -d
AM mæn, -z,
-ɪŋ, -d
mana
BR ˈmɑːnə(r), -z
AM ˈmɑnə, -z
manacle
BR ˈmanəkǀl, -lz,
-lɪŋ\-lɪŋ, -ld
AM ˈmænəkǀəl, -əlz,
-(ə)lɪŋ, -əld
manada
BR məˈnɑːdə(r), -z
AM məˈnɑdə, -z
manage
BR ˈmanǀɪdʒ, -ɪdʒɪz,
-ɪdʒɪŋ, -ɪdʒd
AM ˈmænɪdʒ, -ɪz,
-ɪŋ, -d
manageability
BR ˌmanɪdʒəˈbɪlɪti
AM ˌmænɪdʒəˈbɪlɪdi
manageable
BR ˈmanɪdʒəbl
AM ˈmænɪdʒəb(ə)l
manageableness
BR ˈmanɪdʒəblnəs
AM ˈmænɪdʒəbəlnəs
manageably
BR ˈmanɪdʒəbli
AM ˈmænɪdʒəbli
management
BR ˈmanɪdʒm(ə)nt, -s
AM ˈmænɪdʒm(ə)nt,
-s

manager
BR ˈmanɪdʒə(r), -z
AM ˈmænɪdʒər, -z
manageress
BR ˌmanɪdʒəˈres, -ɪz
AM ˈmænɪdʒ(ə)rəs,
-əz
managerial
BR ˌmanɪˈdʒɪəriəl
AM ˌmænəˈdʒɪriəl,
ˌmænəˈdʒɛriəl
managerially
BR ˌmanɪˈdʒɪəriəli
AM ˌmænəˈdʒɪriəli,
ˌmænəˈdʒɛriəli
managership
BR ˈmanɪdʒəʃɪp, -s
AM ˈmænɪdʒərˌʃɪp, -s
managing
BR ˈmanɪdʒɪŋ
AM ˈmænɪdʒɪŋ
Managua
BR məˈnagjʊə(r),
məˈnagwə(r)
AM məˈnagwə
SP maˈnaɣwa
manakin
BR ˈmanəkɪn, -z
AM ˈmænəˌkɪn, -z
mañana
BR maˈnjɑːnə(r)
AM məˈnjɑnə
Manasseh
BR məˈnasi,
məˈnasə(r)
AM məˈnæsə
man-at-arms
BR ˌmanətˈɑːmz
AM ˌmænədˈɑrmz
manatee
BR ˌmanəˈtiː,
ˈmanətiː, -z
AM ˈmænəˌti, -z
Manaus
BR maˈnaʊs
AM mɑˈnaʊs
manawa
BR ˈmɑːnəwə(r)
AM ˈmɑnəwə
Manawatu
BR ˌmanəˈwɑːtuː
AM ˈmɑnəˌwɑˌtu

Manchester
BR ˈmantʃɪstə(r),
ˈmantʃɛstə(r)
AM ˈmæn(t)ʃəstər
manchineel
BR ˌman(t)ʃɪˈniːl, -z
AM ˌmæn(t)ʃəˈni(ə)l, -z
Manchu
BR manˈtʃuː, -z
AM mænˈtʃu, -z
Manchuria
BR manˈtʃʊəriə(r)
AM mænˈtʃʊriə
Manchurian
BR manˈtʃʊəriən, -z
AM mænˈtʃʊriən, -z
manciple
BR ˈmansɪpl, -z
AM ˈmænsəpəl, -z
mancozeb
BR ˈmaŋkə(ʊ)zɛb
AM ˈmæŋkəˌzɛb
Mancunian
BR manˈkjuːniən,
maŋˈkjuːniən, -z
AM mænˈkjuniən, -z
Mandaean
BR manˈdiːən, -z
AM mænˈdiən, -z
mandala
BR ˈmandələ(r),
ˈmʌndələ(r), -z
AM ˈmændələ, -z
Mandalay
BR ˌmandəˈleɪ,
ˈmandəleɪ
AM ˈmændəleɪ
mandamus
BR manˈdeɪməs, -ɪz
AM mænˈdeɪməs, -ɪz
mandapa
BR ˈmʌndəpə(r), -z
AM ˈmɑndəpə, -z
mandarin
BR ˈmand(ə)rɪn, -z
AM ˈmændərən, -z
mandarinate
BR ˈmand(ə)rɪneɪt, -s
AM ˈmændərəˌneɪt, -s
mandatary
BR ˈmandət(ə)rǀi, -ɪz
AM ˈmændəˌtɛri, -z

mandate¹ *noun*
BR ˈmandeɪt, -s
AM ˈmænˌdeɪt, -s
mandate² *verb*
BR ˌmanˈdeɪt, ˈmandeɪt, -s, -ɪŋ, -ɪd
AM ˈmænˌdeɪ|t, -ts, -dɪŋ, -dɪd
mandator
BR ˌmanˈdeɪtə(r), ˈmandeɪtə(r), -z
AM ˈmænˌdeɪdər, -z
mandatorily
BR ˈmandət(ə)rɪli
AM ˌmændəˌtɔrəli
mandatory
BR ˈmandət(ə)ri
AM ˈmændəˌtɔri
man-day
BR ˈmandeɪ, -z
AM ˈmænˌdeɪ, -z
Mandela
BR manˈdɛlə(r)
AM mænˈdɛlə
Mandelbaum
BR ˈmandlbaʊm
AM ˈmændlbɑm
Mandelstam
BR ˈmandlstam
AM ˈmɑndlˌstɑm
RUS məndʲɪlʲˈstam
Mandeville
BR ˈmandɪvɪl
AM ˈmændəˌvɪl, ˈmændəvəl
mandible
BR ˈmandɪbl, -z
AM ˈmændəb(ə)l, -z
mandibular
BR manˈdɪbjʊlə(r)
AM mænˈdɪbjələr
mandibulate
BR manˈdɪbjʊleɪt
AM mænˈdɪbjəˌleɪt
Mandingo
BR manˈdɪŋgəʊ
AM mænˈdɪŋgoʊ
mandir
BR ˈmandɪə(r), -z
AM ˈmænˌdɪ(ə)r, -z

mandlen
BR ˈmandlən
AM ˈmæn(d)lən
mandola
BR manˈdəʊlə(r), -z
AM mænˈdoʊlə, -z
mandolin
BR ˌmandəˈlɪn, ˈmandl̩ɪn, -z
AM ˌmændəˈlɪn, -z
mandoline
BR ˌmandəˈlɪn, ˈmandl̩ɪn, -z
AM ˌmændəˈlɪn, -z
mandolinist
BR ˌmandəˈlɪnɪst, ˈmandl̩ɪnɪst, -s
AM ˌmændəˈlɪnɪst, -s
mandoor
BR ˈmandɔː(r), -z
AM ˈmɑndʊ(ə)r, -z
mandorla
BR manˈdɔːlə(r), -z
AM ˈmɑndɔrˌlɑ, -z
mandragora
BR manˈdrag(ə)rə(r), -z
AM mænˈdrægərə, -z
mandrake
BR ˈmandreɪk, -s
AM ˈmænˌdreɪk, -s
mandrel
BR ˈmandr(ɪ)l, -z
AM ˈmændrəl, -z
mandril
BR ˈmandr(ɪ)l, -z
AM ˈmændrəl, -z
mandrill
BR ˈmandr(ɪ)l, -z
AM ˈmændrəl, -z
manducate
BR ˈmandjʊkeɪt, ˈmandʒʊkeɪt, -s, -ɪŋ, -ɪd
AM ˈmændʒəˌkeɪ|t, -ts, -dɪŋ, -dɪd
manducation
BR ˌmandjʊˈkeɪʃn, ˌmandʒʊˈkeɪʃn
AM ˌmændʒəˈkeɪʃ(ə)n

manducatory
BR ˈmandjʊkət(ə)ri, ˈmandʒʊkət(ə)ri
AM ˈmændʒəkəˌtɔri
Mandy
BR ˈmandi
AM ˈmændi
mandyas
BR manˈdiːəs, -ɪz
AM ˌmænˈdiəs, -ɪz
mandylion
BR manˈdɪliən, -z
AM ˌmænˈdɪliən, -z
mane
BR meɪn, -z
AM meɪn, -z
maned
BR ˈmeɪnd
AM ˈmeɪnd
manège
BR maˈneɪʒ, maˈnɛʒ, -ɪz
AM məˈnɛʒ, -əz
maneless
BR ˈmeɪnlɪs
AM ˈmeɪnlɪs
manes *spirit, spirits*
BR ˈmɑːneɪz, ˈmeɪniːz
AM ˈmeɪˌniz, ˈmɑˌneɪz
Manet
BR ˈmaneɪ
AM mɑˈneɪ
maneuver
BR məˈnuːv|ə(r), -əz, -(ə)rɪŋ, -əd
AM məˈn(j)uv|ər, -ərz, -(ə)rɪŋ, -ərd
maneuverability
BR məˌnuːv(ə)rəˈbɪlɪti
AM məˌn(j)uv(ə)rəˈbɪlɪdi
maneuverable
BR məˈnuːv(ə)rəbl
AM məˈn(j)uv(ə)rəb(ə)l
maneuverer
BR məˈnuːv(ə)rə(r), -z
AM məˈn(j)uv(ə)rər, -z
maneuvering
BR məˈnuːv(ə)rɪŋ, -z
AM məˈn(j)uv(ə)rɪŋ, -z

Manfred
BR ˈmanfrɪd
AM ˈmænˌfrɛd, ˈmænfrəd
manful
BR ˈmanf(ʊ)l
AM ˈmænfəl
manfully
BR ˈmanfʊli, ˈmanfl̩i
AM ˈmænfəli
manfulness
BR ˈmanf(ʊ)lnəs
AM ˈmænfəlnəs
manga
BR ˈmaŋgə(r)
AM ˈmæŋgə, ˈmɑŋgə
mangabey
BR ˈmaŋgəbeɪ, -z
AM ˈmæŋgəˌbeɪ, -z
Mangan
BR ˈmaŋgən
AM ˈmæŋgən
manganese
BR ˈmaŋgəniːz, ˌmaŋgəˈniːz
AM ˈmæŋgəˌniz, ˌmæŋgəˈniz
manganic
BR manˈganɪk, maŋˈganɪk
AM mænˈgænɪk, mæŋˈgænɪk
manganite
BR ˈmaŋgənʌɪt
AM ˈmæŋgənaɪt
manganous
BR ˈmaŋgənəs
AM ˈmæŋgənəs
mange
BR meɪn(d)ʒ
AM meɪndʒ
mangel
BR ˈmaŋgl, -z
AM ˈmæŋgəl, -z
mangel-wurzel
BR ˈmaŋglˌwəːzl, -z
AM ˈmæŋgəlˌwɜrz(ə)l, -z
mangemange
BR ˈmaŋgeɪˌmaŋgeɪ, ˈmaŋgɪˌmaŋgi
AM ˈmæŋgeɪˌmæŋgeɪ

manger
BR ˈmeɪn(d)ʒə(r), -z
AM ˈmeɪndʒər, -z

mangetout
BR ˌmɒn(d)ʒˈtuː,
ˌmɒ̃ʒˈtuː, -z
AM ˌmɑnʒˈtu, -z

mangey
BR ˈmeɪn(d)ʒ|i, -ɪə(r),
-ɪɪst
AM ˈmeɪndʒi, -ər, -ɪst

mangily
BR ˈmeɪn(d)ʒɪli
AM ˈmeɪndʒɪli

manginess
BR ˈmeɪn(d)ʒɪnɪs
AM ˈmeɪndʒɪnɪs

mangle
BR ˈmæŋg|l, -lz,
-l̩ŋ\-lɪŋ, -ld
AM ˈmæŋg|əl, -əlz,
-(ə)lɪŋ, -əld

mangler
BR ˈmæŋglə(r),
ˈmæŋglə(r), -z
AM ˈmæŋg(ə)lər, -z

mango
BR ˈmæŋgəʊ, -z
AM ˈmæŋgoʊ, -z

mangold
BR ˈmæŋgəʊld, -z
AM ˈmæŋgoʊld, -z

mangonel
BR ˈmæŋgən(ɛ)l, -z
AM ˈmæŋgəˌnɛl, -z

mangosteen
BR ˈmæŋgəstiːn, -z
AM ˈmæŋgəˌstin, -z

mangrove
BR ˈmæŋgrəʊv, -z
AM ˈmæŋgroʊv, -z

mangy
BR ˈmeɪn(d)ʒ|i, -ɪə(r),
-ɪɪst
AM ˈmeɪndʒi, -ər, -ɪst

manhandle
BR ˈmanhand|l,
ˌmanˈhand|l, -lz,
-l̩ŋ\-lɪŋ, -ld
AM ˈmæn,(h)æn|dəl,
-dəlz, -(d)(ə)lɪŋ,
-dəld

Manhattan
BR manˈhatn
AM mənˈhætn,
mænˈhætn

man-haul
BR ˈmanhɔːl, -z,
-ɪŋ, -d
AM ˈmænˌhɔl,
ˈmænˌhɑl, -z, -ɪŋ, -d

manhole
BR ˈmanhəʊl, -z
AM ˈmæn,(h)oʊl, -z

manhood
BR ˈmanhʊd
AM ˈmæn,(h)ʊd

man-hour
BR ˈmanˌaʊə(r), -z
AM ˈmænˌaʊ(ə)r, -z

manhunt
BR ˈmanhʌnt, -s
AM ˈmæn,(h)ənt, -s

mania
BR ˈmeɪnɪə(r),
ˈmeɪnjə(r), -z
AM ˈmeɪnɪə, -z

maniac
BR ˈmeɪnɪak, -s
AM ˈmeɪniˌæk, -s

maniacal
BR məˈnʌɪəkl
AM məˈnaɪək(ə)l

maniacally
BR məˈnʌɪəkli
AM məˈnaɪək(ə)li

manic
BR ˈmanɪk
AM ˈmænɪk

Manicaland
BR məˈniːkəland
AM məˈnikəˌlænd

manically
BR ˈmanɪkli
AM ˈmænək(ə)li

Manichaean
BR ˌmanɪˈkiːən, -z
AM ˌmænəˈkiən, -z

Manichaeism
BR ˌmanɪˈkiːɪzm
AM ˌmænəˈkiːz(ə)m

Manichean
BR ˌmanɪˈkiːən, -z
AM ˌmænəˈkiən, -z

Manichee
BR ˌmanɪˈkiː, -z
AM ˈmænəˌki, -z

Manicheism
BR ˌmanɪˈkiːɪzm
AM ˌmænəˈkiːz(ə)m

manicotti
BR ˌmanɪˈkɒti
AM ˌmænəˈkɑdi
IT maniˈkɔtti

manicure
BR ˈmanɪkjʊə(r),
ˈmanɪkjɔː(r), -z,
-ɪŋ, -d
AM ˈmænəˌkjʊ(ə)r, -z,
-ɪŋ, -d

manicurist
BR ˈmanɪkjʊərɪst,
ˈmanɪkjɔːrɪst, -s
AM ˈmænəˌkjʊrəst,
-s

manifest
BR ˈmanɪfɛst, -s, -ɪŋ,
-ɪd
AM ˈmænəˌfɛst, -s,
-ɪŋ, -ɪd

manifestation
BR ˌmanɪfɛˈsteɪʃn, -z
AM ˌmænəˌfɛˈsteɪʃ(ə)n,
ˌmænəfəˈsteɪʃ(ə)n,
-z

manifestative
BR ˌmanɪˈfɛstətɪv
AM ˌmænəˈfɛstədɪv

manifestly
BR ˈmanɪfɛstli
AM ˈmænəˌfɛs(t)li

manifesto
BR ˌmanɪˈfɛstəʊ, -z
AM ˌmænəˈfɛstoʊ, -z

manifold
BR ˈmanɪfəʊld, -z
AM ˈmænəˌfoʊld, -z

manifoldly
BR ˈmanɪfəʊldli
AM ˈmænəˌfoʊl(dl)i

manifoldness
BR ˈmanɪfəʊldnəs
AM ˈmænəˌfoʊl(d)nəs

manikin
BR ˈmanɪkɪn, -z
AM ˈmænəkən, -z

manila
BR məˈnɪlə(r)
AM məˈnɪlə

manilla
BR məˈnɪlə(r)
AM məˈnɪlə

manille
BR məˈnɪl, -z
AM məˈnil, -z

Manilow
BR ˈmanɪləʊ
AM ˈmænəˌloʊ

manioc
BR ˈmanɪɒk
AM ˈmæniˌɑk

maniple
BR ˈmanɪpl, -z
AM ˈmænəpəl, -z

manipulability
BR məˌnɪpjʊləˈbɪlɪti
AM məˌnɪpjələˈbɪlɪdi

manipulable
BR məˈnɪpjʊləbl
AM məˈnɪpjələb(ə)l

manipulatable
BR məˈnɪpjʊleɪtəbl
AM məˈnɪpjəˌleɪdəb(ə)l

manipulate
BR məˈnɪpjʊleɪt, -s,
-ɪŋ, -ɪd
AM məˈnɪpjəˌleɪ|t, -ts,
-dɪŋ, -dɪd

manipulation
BR məˌnɪpjʊˈleɪʃn
AM məˌnɪpjəˈleɪʃ(ə)n

manipulative
BR məˈnɪpjʊlətɪv
AM məˈnɪpjəˌleɪdɪv,
məˈnɪpjələdɪv

manipulatively
BR məˈnɪpjʊlətɪvli
AM məˈnɪpjəˌleɪdɪvli

manipulativeness
BR məˈnɪpjʊlətɪvnɪs
AM məˈnɪpjəˌleɪdɪvnɪs

manipulator
BR məˈnɪpjʊleɪtə(r),
-z
AM məˈnɪpjəˌleɪdər, -z

manipulatory
BR məˈnɪpjʊlət(ə)ri
AM məˈnɪpjələˌtɔri

Manipur
BR ˈmanɪpʊə(r),
ˈmʌnɪpʊə(r),
ˈmanɪpɔː(r),
ˈmʌnɪpɔː(r)
AM ˈmænəˌpʊ(ə)r

Manipuri
BR ˌmanɪˈpʊər|i,
ˌmʌnɪˈpʊər|i,
ˌmanɪˈpɔːr|i,
ˌmʌnɪˈpɔːr|i, -ɪz
AM ˌmænəˈpʊri, -z

Manitoba
BR ˌmanɪˈtəʊbə(r)
AM ˌmænəˈtoʊbə

Manitoban
BR ˌmanɪˈtəʊbən, -z
AM ˌmænəˈtoʊbən, -z

manitou
BR ˈmanɪtuː
AM ˈmænəˌtu

mankind
BR ˌmanˈkʌɪnd
AM ˌmænˈkaɪnd

manky
BR ˈmaŋk|i, -ɪə(r),
-ɪɪst
AM ˈmæŋki, -ər, -ɪst

manless
BR ˈmanləs
AM ˈmænləs

Manley
BR ˈmanli
AM ˈmænli

manlike
BR ˈmanlʌɪk
AM ˈmænˌlaɪk

manliness
BR ˈmanlɪnɪs
AM ˈmænlɪnɪs

manly
BR ˈmanl|i, -ɪə(r), -ɪɪst
AM ˈmænli, -ər, -ɪst

man-made
BR ˌmanˈmeɪd
AM ˈˌmænˌmeɪd

Mann
BR ˈman
AM ˈmɑn, ˈmæn

manna
BR ˈmanə(r)
AM ˈmænə

manna-ash
BR ˈmanə(r)aʃ, -ɪz
AM ˈmænəˌæʃ, -əz

manned
BR mand
AM mænd

mannequin
BR ˈmanɪkɪn, -z
AM ˈmænəkən, -z

manner
BR ˈmanə(r), -z, -d
AM ˈmænər, -z, -d

mannerism
BR ˈmanərɪzm, -z
AM ˈmænəˌrɪz(ə)m, -z

mannerist
BR ˈmanərɪst, -s
AM ˈmænərəst, -s

manneristic
BR ˌmanəˈrɪstɪk
AM ˌmænəˈrɪstɪk

manneristical
BR ˌmanəˈrɪstɪkl
AM ˌmænəˈrɪstək(ə)l

manneristically
BR ˌmanəˈrɪstɪkli
AM ˌmænəˈrɪstək(ə)li

mannerless
BR ˈmanələs
AM ˈmænərləs

mannerliness
BR ˈmanəlɪnɪs
AM ˈmænərlɪnɪs

mannerly
BR ˈmanəli
AM ˈmænərli

Mannheim
BR ˈmanhʌɪm
AM ˈmænˌ(h)aɪm

mannikin
BR ˈmanɪkɪn, -z
AM ˈmænəkən, -z

Manning
BR ˈmanɪŋ
AM ˈmænɪŋ

Mannion
BR ˈmanɪən, ˈmanj(ə)n
AM ˈmænɪən,
ˈmænj(ə)n

mannish
BR ˈmanɪʃ
AM ˈmænɪʃ

mannishly
BR ˈmanɪʃli
AM ˈmænɪʃli

mannishness
BR ˈmanɪʃnɪs
AM ˈmænɪʃnɪs

Mano
BR ˈmanəʊ
AM ˈmæˌnoʊ

mano a mano
BR ˌmanəʊ a ˈmanəʊ
AM ˌmɑnoʊ ɑ ˈmɑnoʊ

manoeuvrability
BR məˌnuːv(ə)rəˈbɪlɪti
AM məˌn(j)uv(ə)rə-
ˈbɪlɪdi

manoeuvrable
BR məˈnuːv(ə)rəbl
AM mə-
ˈn(j)uv(ə)rəb(ə)l

manoeuvre
BR məˈnuːv|ə(r), -əz,
-(ə)rɪŋ, -əd
AM məˈn(j)uv|ər, -ərz,
-(ə)rɪŋ, -ərd

manoeuvrer
BR məˈnuːv(ə)rə(r)
AM məˈn(j)uv(ə)rər

manoeuvring
BR məˈnuːv(ə)rɪŋ, -z
AM məˈn(j)uv(ə)rɪŋ,
-z

manometer
BR məˈnɒmɪtə(r), -z
AM məˈnɑmədər,
-z

manometric
BR ˌmanə(ʊ)ˈmɛtrɪk
AM ˌmænəˈmɛtrɪk

manometrical
BR ˌmanə(ʊ)ˈmɛtrɪkl
AM ˌmænəˈmɛtrək(ə)l

manometrically
BR ˌmanə(ʊ)ˈmɛtrɪkli
AM ˌmænəˈmɛtrək(ə)li

ma non troppo
BR ˈmɑː nɒn ˈtrɒpəʊ
AM ˈˌmɑ nɔn ˈtrɔpoʊ
IT manˈnonˈtroppo

manor
BR ˈmanə(r), -z
AM ˈmænər, -z

Manorbier
BR ˌmanəˈbɪə(r)
AM ˌmænəˈbɪ(ə)r

manorial
BR məˈnɔːrɪəl
AM məˈnorɪəl

man-o'-war
BR ˌmanəˈwɔː(r)
AM ˌmænəˈwɔ(ə)r

manpower
BR ˈmanpaʊə(r)
AM ˈmænˌpaʊ(ə)r

manqué
BR ˈmɒŋkeɪ
AM mɑŋˈkeɪ

manquelling
BR ˈmanˈkwɛlɪŋ
AM ˈmænˌkwɛlɪŋ

Man Ray
BR ˌmanˈreɪ
AM ˌmænˈreɪ

mansard
BR ˈmansɑːd, -z
AM ˈmænˌsɑrd, -z

Mansart
BR ˌmɔ̃ˈsɑːt, ˌmɒnˈsɑːt
AM mɑnˈsar(t)

manse
BR mans, -ɪz
AM mæns, -əz

Mansell
BR ˈmansl
AM ˈmæns(ə)l

manservant
BR ˈmanˌsəːvnt, -s
AM ˈmænˌsərvənt, -s

Mansfield
BR ˈmansfiːld
AM ˈmænsˌfild

mansion
BR ˈmanʃn, -z
AM ˈmæn(t)ʃ(ə)n, -z

mansionette
BR ˈmanʃnˈɛt, -s
AM ˈmæn(t)ʃəˈnɛt, -s

manslaughter
BR ˈmanˌslɔːtə(r)
AM ˈmænˌslɑdər,
ˈmænˌslɔdər

manslot
BR ˈmanzlɒt, -s
AM ˈmænzˌlɑt, -s

Manson

Manson
BR ˈmænsn
AM ˈmæns(ə)n

mansuetude
BR ˈmænswɪtjuːd,
ˈmænswɪtʃuːd
AM mænˈsuə,t(j)ud

manta
BR ˈmæntə(r), -z
AM ˈmæn(t)ə, -z

manteau
BR ˈmæntəʊ, -z
AM mænˈtoʊ, -z

manteaux
BR ˈmæntəʊz
AM mænˈtoʊ

mantee
BR ˈmæntiː, -z
AM ˌmænˈti, -z

Mantegna
BR mænˈtɛnjə(r),
mænˈteɪnjə(r)
AM ˌmɑnˈteɪnjə

mantel
BR ˈmæntl, -z
AM ˈmæn(t)l, -z

mantelet
BR ˈmæntlɪt, ˈmætl̩ɪt, -s
AM ˈmæn(t)lət, -s

mantelletta
BR ˌmæntɪˈletə(r), -z
AM ˌmæn(t)əˈlɛdə, -z

mantellette
BR ˌmæntɪˈleteɪ
AM ˌmæn(t)əˈlɛdeɪ

mantelpiece
BR ˈmæntlpiːs, -ɪz
AM ˈmæn(t)l,pis, -ɪz

mantelshelf
BR ˈmæntlʃɛlf
AM ˈmæn(t)l,ʃɛlf

mantelshelves
BR ˈmæntlʃɛlvz
AM ˈmæn(t)l,ʃɛlvz

mantic
BR ˈmæntɪk
AM ˈmæn(t)ɪk

manticore
BR ˈmæntɪkɔː(r), -z
AM ˈmæn(t)ə,kɔ(ə)r, -z

mantid
BR ˈmæntɪd, -z
AM ˈmæn(t)əd, -z

mantilla
BR mænˈtɪlə(r), -z
AM mænˈtɪlə,
mænˈti(j)ə, -z
SP manˈtija

mantis
BR ˈmæntɪs, -ɪz
AM ˈmæn(t)əs, -əz

mantissa
BR mænˈtɪsə(r), -z
AM mænˈtɪsə, -z

mantle
BR ˈmæntl, -lz,
-lɪŋ\-lɪŋ, -ld
AM ˈmæn(t)əl, -z,
-ɪŋ, -d

mantlet
BR ˈmæntlɪt
AM ˈmæn(t)lɛt

mantling
BR ˈmæntlɪŋ, -z
AM ˈmæn(t)lɪŋ, -z

man-to-man
BR ˌmæntəˈmæn
AM ˌmæn(t)əˈmæn

manton
BR mænˈtɒn,
mænˈtəʊn, -z
AM ˌmænˈtɑn, -z

Mantovani
BR ˌmæntəˈvɑːni
AM ˌmɑn(t)əˈvɑni

mantra
BR ˈmæntrə(r), -z
AM ˈmæntrə, -z

mantrap
BR ˈmæntrap, -s
AM ˈmæn,træp, -s

mantua
BR ˈmæntjʊə(r),
ˈmæntʃʊə(r), -z
AM ˈmæn(t)ʃəwə, -z

manty
BR ˈmæntli, -ɪz
AM ˈmæn(t)i, -z

Manu
BR ˈmænuː
AM ˈmɑˌnu

manual
BR ˈmænjʊəl,
ˈmænjʊl, -z
AM ˈmænjə(wə)l, -z

manualette
BR ˌmænjʊəˈlɛt, -s
AM ˌmænjə(wə)ˈlɛt, -s

manually
BR ˈmænjʊəli,
ˈmænjʊli
AM ˈmænjə(wə)li

Manuel
BR mænˈwɛl
AM mænˈwɛl

manufactory
BR ˌmænjʊˈfækt(ə)r|i, -ɪz
AM ˌmæn(j)əˈfækt(ə)ri, -z

manufacturability
BR ˌmænjʊˌfæktʃ(ə)rəˈbɪlɪti
AM ˌmanjəˌfækʃ(ə)rəˈbɪlɪdi, ˌmænjəˌfæktʃərəˈbɪlɪdi

manufacturable
BR ˌmænjʊˈfæktʃ(ə)rəbl
AM ˌmænjəˈfækʃ(ə)rəb(ə)l, ˌmænjəˈfæktʃərəb(ə)l

manufacture
BR ˌmænjʊˈfæktʃ|ə(r),
-əz, -(ə)rɪŋ, -əd
AM ˌmæn(j)əˈfæk|(t)ʃər, -(t)ʃərz, -tʃərɪŋ
\-ʃ(ə)rɪŋ, -(t)ʃərd

manufacturer
BR ˌmænjʊˈfæktʃ(ə)rə(r), -z
AM ˌmænjəˈfækʃ(ə)rər, ˌmænjəˈfæktʃərər, -z

manuhiri
BR ˈmanuːˌhɪər|i, -ɪz
AM ˈmɑnuˌhɪri, -z

manuka
BR ˈmɑːnʊkə(r),
mɑˈnuːkə(r), -z
AM ˈmɑnəkə, -z

manumission
BR ˌmænjʊˈmɪʃn
AM ˌmænjəˈmɪʃ(ə)n

manzanita

manumit
BR ˌmænjʊˈmɪt, -s, -ɪŋ, -ɪd
AM ˌmænjəˈmɪ|t, -ts, -dɪŋ, -dɪd

manuport
BR ˈmænjʊpɔːt, -s
AM ˈmænjə,pɔ(ə)rt, -s

manure
BR məˈnjʊə(r), məˈnjɔː(r), -z, -ɪŋ, -d
AM məˈn(j)ʊ(ə)r, -z, -ɪŋ, -d

manurial
BR məˈnjʊərɪəl, məˈnjɔːrɪəl
AM məˈn(j)ʊriəl

manuscript
BR ˈmænjʊskrɪpt, -s
AM ˈmænjə,skrɪp(t), -s

Manx
BR mæŋks
AM mæŋks

Manxman
BR ˈmæŋksmən
AM ˈmæŋksm(ə)n

Manxmen
BR ˈmæŋksmən
AM ˈmæŋksm(ə)n

Manxwoman
BR ˈmæŋks,wʊmən
AM ˈmæŋks,wʊm(ə)n

Manxwomen
BR ˈmæŋks,wɪmɪn
AM ˈmæŋks,wɪmɪn

many
BR ˈmɛni
AM ˈmɛni

manyfold
BR ˈmɛnɪfəʊld
AM ˈmɛni,foʊld

manyplies
BR ˈmɛnɪplʌɪz
AM ˈmɛni,plaɪz

manzanilla
BR ˌmænzəˈnɪlə(r), ˌmænzəˈniːljə(r), -z
AM ˌmænzəˈni(j)ə, -z

manzanita
BR ˌmænzəˈniːtə(r), -z
AM ˌmænzəˈnidə, -z

Manzoni
BR manˈzəʊni
AM manˈzoʊni
IT manˈdzoni

Maoism
BR ˈmaʊɪzm
AM ˈmaʊˌɪz(ə)m

Maoist
BR ˈmaʊɪst, -s
AM ˈmaʊəst, -s

maomao
BR ˈmaʊmaʊ, -z
AM ˈmaʊˌmaʊ, -z

Maori
BR ˈmaʊr|i, -ɪz
AM ˈmaʊri, -z

Maoriland
BR ˈmaʊrɪland
AM ˈmaʊriˌlænd

Mao Tse-tung
BR ˌmaʊ tseɪˈtʊŋ
AM ˈmaʊˌ(t)seɪˈtʊŋ

Mao Zedong
BR ˌmaʊ zeɪˈdɒŋ
AM ˈmaʊˌzeɪˈdɑŋ,
ˈmaʊˌzeɪˈdɔŋ

map
BR map, -s, -ɪŋ, -t
AM mæp, -s,
-ɪŋ, -t

mapepire
BR ˈmapəpɪə(r), -z
AM mæpəpɪ(ə)r,
-z

maple
BR ˈmeɪpl, -z
AM ˈmeɪpəl, -z

mapless
BR ˈmapləs
AM ˈmæpləs

mappable
BR ˈmapəbl
AM ˈmæpəb(ə)l

Mappa Mundi
BR ˌmapə ˈmʊndi
AM ˌmapə ˈmʊndi

mapper
BR ˈmapə(r), -z
AM ˈmæpər, -z

Maputo
BR məˈpuːtəʊ
AM məˈpudoʊ

maqam
BR məˈkɑːm, -z
AM məˈkɑm, -z

maque choux
BR ˈmak ʃuː
AM ˌmɑk ˈʃu

maquette
BR maˈkɛt, -s
AM mæˈkɛt, -s

maquilladora
BR məˌkɪləˈdɔːrə(r)
AM məˌkiləˈdɔrə

maquillage
BR ˌmakɪˈ(j)ɑːʒ
AM ˌmakiˈjɑʒ

maquis
BR maˈkiː, ˈmakiː,
ˈmɑːkiː
AM mɑˈki

maquisard
BR ˌmakɪˈzɑː(r), -z
AM ˌmakəˈzɑr, -z

mar
BR mɑː(r), -z,
-ɪŋ, -d
AM mɑr, -z, -ɪŋ, -d

marabou *stork, silk*
BR ˈmarəbuː, -z
AM ˈmɛrəˌbu, -z

marabout¹ *stork, silk*
BR ˈmarəbuː, -z
AM ˈmɛrəˌbu, -z

marabout² *holy man, shrine*
BR ˈmarəbuːt, -s
AM ˈmɛrəˌbut, -z

maraca
BR məˈrakə(r), -z
AM məˈrakə, -z

Maracaibo
BR ˌmarəˈkʌɪbəʊ
AM ˌmɛrəˈkaɪboʊ

Maradona
BR ˌmarəˈdɒnə(r)
AM ˌmɛrəˈdɑnə,
ˌmɛrəˈdɔnə

marais
BR maˈreɪ
AM məˈreɪ

Maramba
BR məˈrambə(r)
AM məˈrambə

maranta
BR məˈrantə(r), -z
AM məˈræn(t)ə, -z

marara
BR məˈrɑːrə(r), -z
AM məˈrɑrə, -z

maraschino
BR ˌmarəˈskiːnəʊ,
ˌmarəˈʃiːnəʊ, -z
AM ˌmɛrəˈskiˌnoʊ,
ˌmɛrəˈʃiˌnoʊ, -z

marasmic
BR məˈrazmɪk
AM məˈræzmɪk

marasmus
BR məˈrazməs
AM məˈræzməs

Marat
BR ˈmarɑː(r)
AM məˈrɑ(t)

Maratha
BR məˈrɑːtə(r),
məˈratə(r), -z
AM məˈrɑdə, -z

Marathi
BR məˈrɑːti,
məˈrati
AM məˈrɑdi

marathon
BR ˈmarəθ(ə)n, -z
AM ˈmɛrəˌθɑn, -z

marathoner
BR ˈmarəθnə(r), -z
AM ˈmɛrəˌθɑnər, -z

maraud
BR məˈrɔːd, -z, -ɪŋ, -ɪd
AM məˈrɑd, məˈrɔd, -z, -ɪŋ, -əd

marauder
BR məˈrɔːdə(r), -z
AM məˈrɑdər, məˈrɔdər, -z

maravedi
BR ˌmarəˈveɪd|i, -ɪz
AM ˌmɛrəˈveɪdi, -z

Marazion
BR ˌmarəˈzʌɪən
AM ˌmɛrəˈzaɪən

Marbella
BR mɑːˈbeɪə(r)
AM mɑrˈbeɪə

marble
BR ˈmɑːb|l, -lz,
-lɪŋ\-lɪŋ, -ld
AM ˈmɑrb|əl, -əlz,
-(ə)lɪŋ, -əld

marblette
BR mɑːˈblɛt, mɑːblˈɛt
AM ˌmɑrb(ə)ˈlɛt

marbling
BR ˈmɑːblɪŋ,
ˈmɑːbl̩ɪŋ, -z
AM ˈmɑrb(ə)lɪŋ, -z

marbly
BR ˈmɑːbl̩i
AM ˈmɑrb(ə)li

marc
BR mɑːk
AM mɑrk

Marcan
BR ˈmɑːk(ə)n
AM ˈmɑrkən

marcasite
BR ˈmɑːkəsʌɪt,
ˈmɑːkəziːt
AM ˈmɑrkəˌsaɪt

marcato
BR mɑːˈkɑːtəʊ
AM mɑrˈkɑdoʊ

Marceau
BR mɑːˈsəʊ
AM mɑrˈsoʊ

marcel
BR mɑːˈsɛl, -z, -ɪŋ, -d
AM mɑrˈsɛl, -z, -ɪŋ, -d

Marcella
BR mɑːˈsɛlə(r)
AM mɑrˈsɛlə

Marcellus
BR mɑːˈsɛləs
AM mɑrˈsɛləs

marcescence
BR mɑːˈsesns, -ɪz
AM mɑrˈsɛs(ə)ns, -əz

marcescent
BR mɑːˈsesnt
AM mɑrˈsɛs(ə)nt

march
BR mɑːtʃ, -ɪz, -ɪŋ, -t
AM mɑrtʃ, -əz, -ɪŋ, -t

Marchant
BR ˈmɑːtʃnt
AM ˈmɑrtʃ(ə)nt

Marche
BR ˈmɑːtʃ
AM ˈmɑrtʃ

marcher
BR ˈmɑːtʃə(r), -z
AM ˈmɑrtʃər, -z

Marches
BR ˈmɑːtʃɪz
AM ˈmɑrtʃəz

marchioness
BR ˌmɑːʃəˈnɛs, -ɪz
AM ˈmɑrʃ(ə)nəs, -əz

marchpane
BR ˈmɑːtʃpeɪn
AM ˈmɑrtʃˌpeɪn

Marcia
BR ˈmɑːsɪə(r),
ˈmɑːʃə(r)
AM ˈmɑrʃə

Marciano
BR ˌmɑːsɪˈɑːnəʊ
AM mɑrˈsiɑnoʊ

Marconi
BR mɑːˈkəʊni
AM mɑrˈkoʊni

Marco Polo
BR ˌmɑːkəʊ ˈpəʊləʊ
AM ˌmɑrkoʊ ˈpoʊˌloʊ

Marcos
BR ˈmɑːkɒs
AM ˈmɑrkoʊs

marcottage
BR ˌmɑːkɒˈtɑːʒ,
mɑːˈkɒtɪdʒ
AM ˌmɑrˈkɑdɪdʒ,
ˌmɑrkəˈtɑʒ

marcotted
BR ˈmɑːkɒtɪd
AM ˈmɑrˌkɑdəd

Marcus
BR ˈmɑːkəs
AM ˈmɑrkəs

Marcus Aurelius
BR ˌmɑːkəs ɔːˈriːlɪəs
AM ˌmɑrkəs ɔˈriliəs,
ˌmɑrkəs ɔˈreɪliəs

Marcuse
BR ˌmɑːˈkuːzə(r)
AM mɑrˈkuzə

mardana
BR məˈdɑːnə(r), -z
AM mərˈdɑnə, -z

Mar del Plata
BR ˌmɑː dɛl ˈplɑːtə(r)
AM ˌmɑr dəl ˈplɑdə

Mardi gras
BR ˌmɑːdɪ ˈgrɑː(r), -z
AM ˈmɑrdiˌgrɑ, -z

mardle
BR ˈmɑːd|l, -lz,
-lɪŋ\-lɪŋ, -ld
AM ˈmɑrd(ə)l, -z,
-ɪŋ, -d

Marduk
BR ˈmɑːdək
AM ˈmɑrdək

mardy
BR ˈmɑːdi
AM ˈmɑrdi

mare[1] *horse*
BR mɛː(r), -z
AM mɛ(ə)r, -z

mare[2] *on moon*
BR ˈmɑːr|eɪ, ˈmɑːr|i,
-eɪz\-ɪz
AM ˈmɑri, ˈmɑreɪ, -z

mareel
BR məˈriːl
AM məˈril

maremma
BR məˈrɛmə(r)
AM məˈrɛmə

maremme
BR məˈrɛmi
AM məˈrɛmi

Marengo
BR məˈrɛŋgəʊ
AM məˈrɛŋgoʊ

Marfan
BR ˈmɑːfan
AM ˈmɑrˌfæn

marg
BR mɑːdʒ
AM mɑrdʒ

Margam
BR ˈmɑːgəm
AM ˈmɑrgəm

Margaret
BR ˈmɑːg(ə)rɪt
AM ˈmɑrg(ə)rət

margarine
BR ˌmɑːdʒəˈriːn,
ˌmɑːgəˈriːn
AM ˈmɑrdʒ(ə)rən

margarita
BR ˌmɑːgəˈriːtə(r), -z
AM ˌmɑrgəˈridə, -z

margarite
BR ˈmɑːgərʌɪt
AM ˈmɑrgəˌraɪt

Margate
BR ˈmɑːgeɪt
AM ˈmɑrˌgeɪt

margate *fish*
BR ˈmɑːgɪt, -s
AM ˈmɑrgət, -s

margay
BR ˈmɑːgeɪ, -z
AM ˈmɑrˌgeɪ, -z

marge
BR mɑːdʒ
AM mɑrdʒ

Margerison
BR məˈdʒɛrɪsn,
ˈmɑːdʒ(ə)rɪsn
AM ˌmɑrˈdʒɜrəs(ə)n

Margery
BR ˈmɑːdʒ(ə)ri
AM ˈmɑrdʒ(ə)ri

Margeurite
BR ˌmɑːgəˈriːt
AM ˌmɑrg(j)əˈrit

margin
BR ˈmɑːdʒɪn, -z
AM ˈmɑrdʒ(ə)n,
-z

marginal
BR ˈmɑːdʒɪnl,
ˈmɑːdʒn̩l
AM ˈmɑrdʒən(ə)l

marginalia
BR ˌmɑːdʒɪˈneɪlɪə(r)
AM ˌmɑrdʒəˈneɪliə,
ˌmɑrdʒəˈneɪljə

marginalisation
BR ˌmɑːdʒɪnlʌɪˈzeɪʃn,
ˌmɑːdʒn̩lʌɪˈzeɪʃn
AM ˌmɑrdʒənə-
ˌlaɪˈzeɪʃ(ə)n,
ˌmɑrdʒənələˈzeɪʃ(ə)n

marginalise
BR ˈmɑːdʒɪnlʌɪz,
ˈmɑːdʒn̩lʌɪz, -ɪz,
-ɪŋ, -d
AM ˈmɑrdʒənəˌlaɪz,
-ɪz, -ɪŋ, -d

marginality
BR ˌmɑːdʒɪˈnalɪti
AM ˌmɑrdʒəˈnælədi

marginalization
BR ˌmɑːdʒɪnlʌɪˈzeɪʃn,
ˌmɑːdʒn̩lʌɪˈzeɪʃn
AM ˌmɑrdʒənəˌlaɪ-
ˈzeɪʃ(ə)n,
ˌmɑrdʒənələˈzeɪʃ(ə)n

marginalize
BR ˈmɑːdʒɪnlʌɪz,
ˈmɑːdʒn̩lʌɪz, -ɪz,
-ɪŋ, -d
AM ˈmɑrdʒənəˌlaɪz,
-ɪz, -ɪŋ, -d

marginally
BR ˈmɑːdʒɪnli
AM ˈmɑrdʒənli

marginate
BR ˈmɑːdʒɪneɪt, -s,
-ɪŋ, -ɪd
AM ˈmɑrdʒɪˌneɪ|t, -ts,
-dɪŋ, -dɪd

margination
BR ˌmɑːdʒɪˈneɪʃn,
-z
AM ˌmɑrdʒəˈneɪʃ(ə)n,
-z

Margo
BR ˈmɑːgəʊ
AM ˈmɑrgoʊ

Margolis
BR mɑːˈgəʊlɪs
AM mɑrˈgoʊlɪs

Margot
BR ˈmɑːgəʊ
AM ˈmɑrgoʊ

margravate
BR ˈmɑːgrəveɪt,
-s
AM ˈmɑrgrəˌveɪt,
-s

margrave
BR ˈmɑːgreɪv, -z
AM ˈmɑrˌgreɪv,
-z

margravine
BR ˈmɑːgrəviːn, -z
AM ˈmɑrgrəˌvin, -z

marguerite
BR ˌmɑːgəˈriːt, -s
AM ˌmɑrg(j)əˈrit, -s

Mari

BR ˈmɑːri
AM ˈmɑri

Maria
BR məˈriə(r),
məˈrʌɪə(r)
AM məˈriə

maria *plural of mare*
BR ˈmɑːriə(r)
AM ˈmɑriə

mariage de convenance
BR marɪˌɑːʒ də
ˌkɒ̃vəˈnɒ̃s
AM ˌmarɪˈɑʒ də
ˌkɑnvəˈnɑns

mariages de convenance
BR marɪˌɑːʒ də
ˌkɒ̃vəˈnɒ̃s
AM ˌmarɪˈɑʒ də
ˌkɑnvəˈnɑns

Marian[1] *adjective*
BR ˈmɛːriən
AM ˈmɛriən

Marian[2] *forename*
BR ˈmariən
AM ˈmɛriən

Mariana
BR ˌmarɪˈɑːnə(r)
AM ˌmɛriˈɑnə

Marianas
BR ˌmarɪˈɑːnəz
AM ˌmɛriˈɑnəz

Marianne
BR ˌmarɪˈan
AM ˌmɛriˈæn

Maria Theresa
BR məˌriə təˈreɪzə(r)
AM məˈriə təˈreɪsə

maricon
BR ˌmarɪˈkɒn, -z
AM ˌmɛrəˈkoʊn, -z

Marie
BR məˈriː
AM məˈri

Marie-Antoinette
BR məˌriːantwəˈnɛt
AM məˌriˌantwəˈnɛt

Marienbad
BR ˈmariənbad
AM ˈmɛriənˌbæd,
ˈmɛriənˌbɑd

marigold
BR ˈmarɪgəʊld, -z
AM ˈmɛrəˌgoʊld, -z

marihuana
BR ˌmarɪˈ(h)wɑːnə(r)
AM ˌmɛrəˈ(h)wɑnə

marijuana
BR ˌmarɪˈ(h)wɑːnə(r)
AM ˌmɛrəˈ(h)wɑnə

Marilyn
BR ˈmarɪlɪn, ˈmarl̩ɪn
AM ˈmɛrəl(ə)n

marimba
BR məˈrɪmbə(r), -z
AM məˈrɪmbə, -z

marimbula
BR məˈrɪmbjʊlə(r), -z
AM məˈrɪmbjələ, -z

marina
BR məˈriːnə(r), -z
AM məˈrinə, -z

marinade
BR ˌmarɪˈneɪd, -z
AM ˌmɛrəˌneɪd, -z

marinara
BR ˌmarɪˈnɑːrə(r)
AM ˌmɛrəˈnɛrə

marinate
BR ˈmarɪneɪt, -s, -ɪŋ, -ɪd
AM ˈmɛrəˌneɪ|t, -ts, -dɪŋ, -dɪd

marination
BR ˌmarɪˈneɪʃn, -z
AM ˌmɛrəˈneɪʃ(ə)n, -z

marine
BR məˈriːn, -z
AM məˈrin, -z

mariner
BR ˈmarɪnə(r), -z
AM ˈmɛrənər, -z

Marinetti
BR ˌmarɪˈnɛtiː
AM ˌmɛrəˈnɛdi

Marino
BR məˈriːnəʊ
AM məˈrinoʊ

Mario
BR ˈmariəʊ
AM ˈmɛrioʊ, ˈmɑrioʊ

mariolatry
BR ˌmɛːrɪˈɒlətri,
ˌmarɪˈɒlətri
AM ˌmɛriˈɑlətri

Mariology
BR ˌmɛːrɪˈɒlədʒi,
ˌmarɪˈɒlədʒi
AM ˌmɛriˈɑlədʒi

Marion
BR ˈmariən
AM ˈmɛriən

marionette
BR ˌmarɪəˈnɛt, -s
AM ˌmɛriəˈnɛt, -s

Marisa
BR məˈrɪsə(r)
AM məˈrɪsə, məˈrisə

Marischal
BR ˈmɑːʃl
AM ˈmɛrəˌʃæl

mariscos
BR məˈrɪskəʊz
AM məˈrɪskoʊz

Marist
BR ˈmɛːrɪst,
ˈmarɪst, -s
AM ˈmɛrəst, -s

marital
BR ˈmarɪtl
AM ˈmɛrədl

maritally
BR ˈmarɪtli
AM ˈmɛrədli

maritime
BR ˈmarɪtʌɪm
AM ˈmɛrəˌtaɪm

Maritimes
BR ˈmarɪtʌɪmz
AM ˈmɛrəˌtaɪmz

Maritsa
BR məˈrɪtsə(r)
AM məˈrɪtsə

Marius
BR ˈmariəs
AM ˈmɑriəs, ˈmɛriəs

marjoram
BR ˈmɑːdʒ(ə)rəm
AM ˈmɑrdʒərəm

Marjoribanks
BR ˈmɑːtʃbaŋks
AM ˈmɑrtʃˌbaŋks

Marjorie
BR ˈmɑːdʒ(ə)ri
AM ˈmɑrdʒ(ə)ri

mark
BR mɑːk, -s, -ɪŋ, -t
AM mɑrk, -s, -ɪŋ, -t

markdown
BR ˈmɑːkdaʊn, -z
AM ˈmɑrkˌdaʊn, -z

marked *adjective*
BR mɑːkt, ˈmɑːkɪd
AM ˈmɑrkəd

markedly
BR ˈmɑːkɪdli
AM ˈmɑrkədli

markedness
BR ˈmɑːkɪdnɪs
AM ˈmɑrkədnəs

marker
BR ˈmɑːkə(r), -z
AM ˈmɑrkər, -z

market
BR ˈmɑːk|ɪt, -ɪts, -ɪtɪŋ, -ɪtɪd
AM ˈmɑrkə|t, -ts, -dɪŋ, -dɪd

marketability
BR ˌmɑːkɪtəˈbɪlɪti
AM ˌmɑrkədəˈbɪlɪdi

marketable
BR ˈmɑːkɪtəbl
AM ˈmɑrkədəb(ə)l

marketeer
BR ˌmɑːkɪˈtɪə(r), -z
AM ˌmɑrkəˈtɪ(ə)r, -z

marketer
BR ˈmɑːkɪtə(r), -z
AM ˈmɑrkədər, -z

marketing
BR ˈmɑːkɪtɪŋ, -z
AM ˈmɑrkədɪŋ, -z

marketise
BR ˈmɑːkɪtʌɪz, -ɪz, -ɪŋ, -d
AM ˈmɑrkəˌtaɪz, -d, -ɪz, -ɪŋ

marketize
BR ˈmɑːkɪtʌɪz, -ɪz,
-ɪŋ, -d
AM ˈmɑrkəˌtaɪz, -ɪz,
-ɪŋ, -d
marketplace
BR ˈmɑːkɪtpleɪs, -ɪz
AM ˈmɑrkətˌpleɪs,
-ɪz
markhor
BR ˈmɑːkɔː(r), -z
AM ˈmɑrˌkɔ(ə)r, -z
marking
BR ˈmɑːkɪŋ, -z
AM ˈmɑrkɪŋ, -z
markka
BR ˈmɑːkɑː(r), -z
AM ˈmɑrkə, -z
Markova
BR mɑːˈkəʊvə(r)
AM mɑrˈkoʊvə
Marks
BR ˈmɑːks
AM ˈmɑrks
marksman
BR ˈmɑːksmən
AM ˈmɑrksm(ə)n
marksmanship
BR ˈmɑːksmənʃɪp
AM ˈmɑrksmənˌʃɪp
marksmen
BR ˈmɑːksmən
AM ˈmɑrksm(ə)n
markup
BR ˈmɑːkʌp, -s
AM ˈmɑrˌkəp, -s
marl
BR mɑːl
AM mɑrl
Marlboro
BR ˈmɑːlb(ə)rə(r)
AM ˈmɑrl(l)ˌb(ə)roʊ
Marlborough
BR ˈmɑːlb(ə)rə(r)
AM ˈmɑrl(l)b(ə)roʊ
Marlburian
BR ˌmɑːlˈbjʊərɪən, -z
AM ˌmɑrlˈberɪən, -z
Marlene[1] *English name*
BR ˈmɑːliːn
AM mɑrˈlin

Marlene[2] *German name*
BR mɑːˈlemə(r)
AM mɑrˈleɪnə
Marley
BR ˈmɑːli
AM ˈmɑrli
marlin
BR ˈmɑːlɪn, -z
AM ˈmɑrl(ə)n, -z
marline
BR ˈmɑːlɪn, -z
AM ˈmɑrl(ə)n, -z
marlinespike
BR ˈmɑːlɪnspʌɪk, -s
AM ˈmɑrlənˌspaɪk, -s
marlinspike
BR ˈmɑːlɪnspʌɪk, -s
AM ˈmɑrlənˌspaɪk, -s
marlite
BR ˈmɑːlʌɪt, -s
AM ˈmɑrˌlaɪt, -s
Marlon
BR ˈmɑːlɒn
AM ˈmɑrl(ə)n
Marlow
BR ˈmɑːləʊ
AM ˈmɑrloʊ
Marlowe
BR ˈmɑːləʊ
AM ˈmɑrloʊ
marly
BR ˈmɑːl|i, -ɪə(r),
-ɪɪst
AM ˈmɑrli, -ər,
-ɪst
Marmaduke
BR ˈmɑːmədjuːk,
ˈmɑːmədʒuːk
AM ˈmɑrməˌd(j)uk
marmalade
BR ˈmɑːməleɪd
AM ˈmɑrməˌleɪd
Marmara
BR ˈmɑːm(ə)rə(r)
AM ˈmɑrmərə
Marmion
BR ˈmɑːmɪən
AM ˈmɑrmɪən
marmite
BR ˈmɑːmʌɪt, -s
AM ˈmɑrˌmaɪt, -s

marmolite
BR ˈmɑːməlʌɪt, -s
AM ˈmɑrməˌlaɪt, -s
Marmora
BR ˈmɑːm(ə)rə(r)
AM ˈmɑrmərə
marmoreal
BR mɑːˈmɔːrɪəl
AM mɑrˈmɔrɪəl
marmoreally
BR mɑːˈmɔːrɪəli
AM mɑrˈmɔrɪəli
marmoset
BR ˈmɑːməzɛt,
ˌmɑːməˈzɛt, -s
AM ˈmɑrməˌzɛt,
ˈmɑrməˌsɛt, -s
marmot
BR ˈmɑːmət, -s
AM ˈmɑrmət, -s
Marne
BR ˈmɑːn
AM ˈmɑrn
Marner
BR ˈmɑːnə(r)
AM ˈmɑrnər
marocain
BR ˈmarəkeɪn,
ˌmarəˈkeɪn
AM ˈmarəˌkeɪn
Maronite
BR ˈmarənʌɪt, -s
AM ˈmɛrəˌnaɪt, -s
marool
BR ˈmarʊl
AM ˈmarəl
maroon
BR məˈruːn, -z, -ɪŋ, -d
AM məˈrun, -z,
-ɪŋ, -d
Marple
BR ˈmɑːpl
AM ˈmɑrpl
marplot
BR ˈmɑːplɒt, -s
AM ˈmɑrˌplɑt, -s
marque
BR mɑːk, -s
AM mɑrk, -s
marquee
BR mɑːˈkiː, -z
AM mɑrˈki, -z

Marquesas
BR mɑːˈkeɪzəz,
mɑːˈkeɪsəs
AM ˌmɑrˈkeɪzəz
marquess
BR ˈmɑːkwɪs, -ɪz
AM ˈmɑrkwəs, -əz
marquessate
BR ˈmɑːkwɪsət, -s
AM ˈmɑrkwəsət,
ˈmɑrkwəseɪt, -s
marquetry
BR ˈmɑːkɪtri
AM ˈmɑrkətri
Marquette
BR mɑːˈkɛt
AM mɑrˈkɛt
marquis
BR ˈmɑːkwɪs, mɑːˈkiː
AM ˈmɑrkwəs,
mɑrˈki
marquisate
BR ˈmɑːkwɪsət, -s
AM ˈmɑrkwəsət,
ˈmɑrkwəseɪt, -s
marquise
BR mɑːˈkiːz, -ɪz
AM mɑrˈkiz, -ɪz
marquises *plural*
BR ˈmɑːkwɪsɪz,
mɑːˈkiːz
AM ˈmɑrkwəsəz,
mɑrˈkiz
marquisette
BR ˌmɑːkɪˈzɛt, -s
AM ˌmɑrkiˈzɛt,
ˌmɑrkwəˈzɛt, -s
Marr
BR mɑː(r)
AM mɑr
Marrakesh
BR ˌmarəˈkɛʃ
AM ˌmɛrəˈkɛʃ
marram
BR ˈmarəm
AM ˈmɛrəm
Marrano
BR məˈrɑːnəʊ, -z
AM məˈrɑnoʊ, -z
marriage
BR ˈmar|ɪdʒ, -ɪdʒɪz
AM ˈmɛrɪdʒ, -ɪz

marriageability
BR ˌmarɪdʒəˈbɪlɪti
AM ˌmɛrɪdʒəˈbɪlɪdi

marriageable
BR ˈmarɪdʒəbl
AM ˈmɛrɪdʒəb(ə)l

married
BR ˈmarɪd, -z
AM ˈmɛrid, -z

Marriott
BR ˈmarɪət
AM ˈmɛriˌɑt

marron glacé
BR ˌmarɒn ˈglasei, -z
AM məˈrɑn glɑˈsei, -z

marrow
BR ˈmarəʊ, -z
AM ˈmɛroʊ, -z

marrowbone
BR ˈmarə(ʊ)bəʊn, -z
AM ˈmɛroʊˌboʊn, -z

marrowfat
BR ˈmarə(ʊ)fat
AM ˈmɛroʊˌfæt

marry
BR ˈmar|i, -ɪz, -ɪɪŋ, -ɪd
AM ˈmɛri, -z, -ɪŋ, -d

Marryat
BR ˈmarɪət
AM ˈmɛriət

Mars
BR mɑːz
AM mɑrz

Marsala
BR mɑːˈsɑːlə(r)
AM mɑrˈsɑlə

Marsden
BR ˈmɑːzd(ə)n
AM ˈmɑrzdən

Marseillaise
BR ˌmɑːseɪˈjeɪz,
ˌmɑːsəˈleɪz,
ˌmɑːslˈeɪz,
AM ˌmɑrsəˈjɛz,
ˌmɑrsəˈjeɪ(z)

Marseille
BR mɑːˈseɪ
AM mɑrˈseɪ
FR maʁsɛj

Marseilles
BR mɑːˈseɪ
AM mɑrˈseɪ

marsh
BR mɑːʃ, -ɪz
AM mɑrʃ, -ɪz

Marsha
BR ˈmɑːʃə(r)
AM ˈmɑrʃə

marshal
BR ˈmɑːʃl, -lz, -lɪŋ, -ld
AM ˈmɑrʃəl, -əlz, -(ə)lɪŋ, -əld

marshalship
BR ˈmɑːʃlʃɪp, -s
AM ˈmɑrʃəlˌʃɪp, -s

marshiness
BR ˈmɑːʃɪnɪs
AM ˈmɑrʃɪnɪs

marshland
BR ˈmɑːʃland, -z
AM ˈmɑrʃˌlænd, -z

marshmallow
BR ˌmɑːʃˈmaləʊ, -z
AM ˈmɑrʃˌmɛloʊ, -z

marshy
BR ˈmɑːʃi, -ɪə(r), -ɪɪst
AM ˈmɑrʃi, -ər, -ɪst

Marston Moor
BR ˌmɑːst(ə)n ˈmʊə(r), + ˈmɔː(r)
AM ˌmɑrst(ə)n ˈmɔ(ə)r

marsupial
BR mɑːˈs(j)uːpɪəl, -z
AM mɑrˈsupɪəl, -z

mart
BR mɑːt, -s
AM mɑrt, -s

Martaban
BR ˈmɑːtəban
AM ˈmɑrdəˌbæn

martabani
BR ˌmɑːtəˈbɑːni
AM ˌmɑrdəˈbɑni

martagon
BR ˈmɑːtəg(ə)n, -z
AM ˈmɑrdəgən, -z

martello
BR mɑːˈtɛləʊ, -z
AM mɑrˈtɛloʊ, -z

marten
BR ˈmɑːt(ɪ)n, -z
AM ˈmɑrt(ə)n, -z

Martens
BR ˈmɑːt(ɪ)nz
AM ˈmɑrtənz

martensite
BR ˈmɑːtɪnzʌɪt
AM ˈmɑrtnˌsaɪt

Martha
BR ˈmɑːθə(r)
AM ˈmɑrθə

martial
BR ˈmɑːʃl
AM ˈmɑrʃ(ə)l

martialise
BR ˈmɑːʃlʌɪz, -ɪz, -ɪŋ, -d
AM ˈmɑrʃəˌlaɪz, -ɪz, -ɪŋ, -d

martialize
BR ˈmɑːʃlʌɪz, -ɪz, -ɪŋ, -d
AM ˈmɑrʃəˌlaɪz, -ɪz, -ɪŋ, -d

martially
BR ˈmɑːʃli
AM ˈmɑrʃəli

Martian
BR ˈmɑːʃn, -z
AM ˈmɑrʃ(ə)n, -z

martin
BR ˈmɑːtɪn, -z
AM ˈmɑrtn, -z

Martina
BR mɑːˈtiːnə(r)
AM mɑrˈtinə

Martine
BR mɑːˈtiːn
AM mɑrˈtin

Martineau
BR ˈmɑːtɪnəʊ
AM ˈmɑrtnˌoʊ, ˈmɑrtəˌnoʊ

martinet
BR ˌmɑːtɪˈnɛt, -s
AM ˌmɑrtnˈɛt, -s

Martínez
BR mɑːˈtiːnɛz
AM ˈmɑrtəˌnɛz, mɑrˈtinəz

martingale
BR ˈmɑːtɪŋgeɪl, -z
AM ˈmɑrtnˌgeɪl, -z

martini
BR mɑːˈtiːn|i, -ɪz
AM mɑrˈtini, -z

Martinique
BR ˌmɑːtɪˈniːk
AM ˌmɑrtnˈik

Martinmas
BR ˈmɑːtɪnmas
AM ˈmɑrtnməs

Martinmass
BR ˈmɑːtɪnmas
AM ˈmɑrtnməs

martlet
BR ˈmɑːtlɪt, -s
AM ˈmɑrtlət, -s

Martyn
BR ˈmɑːtɪn
AM ˈmɑrtn

martyr
BR ˈmɑːt|ə(r), -əz, -(ə)rɪŋ, -əd
AM ˈmɑrdər, -z, -ɪŋ, -d

martyrdom
BR ˈmɑːtədəm, -z
AM ˈmɑrdərdəm, -z

martyrisation
BR ˌmɑːt(ə)rʌɪˈzeɪʃn
AM ˌmɑrdəˌraɪˈzeɪʃ(ə)n, ˌmɑrdərəˈzeɪʃ(ə)n

martyrise
BR ˈmɑːtərʌɪz, -ɪz, -ɪŋ, -d
AM ˈmɑrdəˌraɪz, -ɪz, -ɪŋ, -d

martyrization
BR ˌmɑːt(ə)rʌɪˈzeɪʃn
AM ˌmɑrdəˌraɪˈzeɪʃ(ə)n, ˌmɑrdərəˈzeɪʃ(ə)n

martyrize
BR ˈmɑːtərʌɪz, -ɪz, -ɪŋ, -d
AM ˈmɑrdəˌraɪz, -ɪz, -ɪŋ, -d

martyrological
BR ˌmɑːt(ə)rəˈlɒdʒɪkl
AM ˌmɑrdərəˈlɑdʒək(ə)l

martyrologist
BR ˌmɑːtəˈrɒlədʒɪst, -s
AM ˌmɑrdəˈrɑlədʒəst, -s

martyrology

martyrology
BR ˌmɑːtəˈrɒlədʒ|i, -ɪz
AM ˌmɑrdəˈrɑlədʒi, -z

martyry
BR ˈmɑːtər|i, -ɪz
AM ˈmɑrdəri, -z

marumage
BR ˌmaruːˈmɑːgi,
ˌmaruːˈmɑːgeɪ
AM ˌmaruˈmɑgi

marvel
BR ˈmɑːv|l, -lz,
-lɪŋ, -ld
AM ˈmɑːrv|əl, -əlz,
-(ə)lɪŋ, -əld

marveler
BR ˈmɑːvlə(r), -z
AM ˈmɑrv(ə)lər, -z

Marvell
BR ˈmɑːvl
AM ˈmɑrvəl

marveller
BR ˈmɑːvlə(r), -z
AM ˈmɑrv(ə)lər,
-z

marvellous
BR ˈmɑːvləs,
ˈmɑːvləs
AM ˈmɑrv(ə)ləs

marvellously
BR ˈmɑːvləsli,
ˈmɑːvləsli
AM ˈmɑrv(ə)ləsli

marvellousness
BR ˈmɑːvləsnəs,
ˈmɑːvləsnəs
AM ˈmɑrv(ə)ləsnəs

marvelous
BR ˈmɑːvləs,
ˈmɑːvləs
AM ˈmɑrv(ə)ləs

marvelously
BR ˈmɑːvləsli,
ˈmɑːvləsli
AM ˈmɑrv(ə)ləsli

marvelousness
BR ˈmɑːvləsnəs,
ˈmɑːvləsnəs
AM ˈmɑrv(ə)ləsnəs

Marvin
BR ˈmɑːvɪn
AM ˈmɑrv(ə)n

Marx
BR mɑːks
AM ˈmɑrks

Marxian
BR ˈmɑːksiən
AM ˈmɑrksiən

Marxism
BR ˈmɑːksɪzm
AM ˈmɑrk͵sɪz(ə)m

Marxism-Leninism
BR ˌmɑːksɪzmˈlɛnɪnɪzm
AM ˈmɑrk͵sɪzəmˈlɛnəˌnɪz(ə)m

Marxist
BR ˈmɑːksɪst, -s
AM ˈmɑrksəst, -s

Marxist-Leninist
BR ˌmɑːksɪstˈlɛnɪnɪst, -s
AM ˈmɑrksəstˈlɛnənəst, -s

Mary
BR ˈmɛːri
AM ˈmɛri

Mary Celeste
BR ˌmɛːri sɪˈlɛst
AM ˌmɛri səˈlɛst

Maryland
BR ˈmɛːrɪlənd
AM ˈmɛrələn(d)

Marylebone
BR ˈmarɪlɪbəʊn,
ˈmarḷɪbəʊn
AM ˈmɛrɪləˌboʊn

Mary Magdalene
BR ˌmɛːri ˈmagdəlɪn
AM ˌmɛri ˈmægdəl(ə)n

Maryport
BR ˈmɛːrɪpɔːt
AM ˈmɛriˌpɔ(ə)rt

marzipan
BR ˈmɑːzɪpan
AM ˈmɑrtsəˌpæn,
ˈmɑrzəˌpæn,
ˈmɑrtsəˌpɑn

Masada
BR məˈsɑːdə(r)
AM məˈsɑdə

Masai
BR ˈmɑːsʌɪ, ˌmɑːˈsʌɪ,
ˈmɑsʌɪ, ˌmɑˈsʌɪ
AM mɑˈsaɪ, ˈmɑsaɪ

masala
BR məˈsɑːlə(r),
-z
AM məˈsɑlə, -z

Masaryk
BR ˈmazərɪk
AM ˈmɑsəˌrɪk

Mascagni
BR mɑˈskɑnji
AM məˈskɑn(j)i

Mascall
BR ˈmɑskl
AM ˈmæskl

mascara
BR mɑˈskɑːrə(r)
AM məˈskɛrə,
mæˈskɛrə

Mascarene Islands
BR ˌmɑskəˈriːn
ˌʌɪlən(d)z,
ˈmɑskəriːn +
AM ˌmæskəˈrin
ˌaɪlən(d)z

mascaron
BR ˈmɑskər̩n, -z
AM ˈmɑskəˌrɑn, -z
FR mɑskaʁɔ̃

mascarpone
BR ˌmɑskəˈpəʊn|i,
-ɪz
AM ˌmɑskɑrˈpoʊn(i),
-z

mascle
BR ˈmɑskl, ˈmɑːskl,
-z
AM ˈmæskəl, -z

mascon
BR ˈmɑskɒn, -z
AM ˈmæskɑn, -z

mascot
BR ˈmɑskɒt, -s
AM ˈmæskət,
ˈmæˌskɑt, -s

masculine
BR ˈmɑskjʉlɪn
AM ˈmæskjəl(ə)n

masculinely
BR ˈmɑskjʉlɪnli
AM ˈmæskjələnli

masculineness
BR ˈmɑskjʉlɪnnɪs
AM ˈmæskjələ(n)nəs

masculinisation
BR ˌmɑskjʉlɪnʌɪˈzeɪʃn
AM ˌmæskjələˌnaɪ-
ˈzeɪʃ(ə)n,
ˌmæskjələnəˈzeɪʃ(ə)n

masculinise
BR ˈmɑskjʉlɪnʌɪz, -ɪz,
-ɪŋ, -d
AM ˈmæskjələˌnaɪz,
-ɪz, -ɪŋ, -d

masculinity
BR ˌmɑskjʉˈlɪnɪti
AM ˌmæskjəˈlɪnɪdi

masculinization
BR ˌmɑskjʉlɪnʌɪˈzeɪʃn
AM ˌmæskjələˌnaɪ-
ˈzeɪʃ(ə)n,
ˌmæskjələnəˈzeɪʃ(ə)n

masculinize
BR ˈmɑskjʉlɪnʌɪz, -ɪz,
-ɪŋ, -d
AM ˈmæskjələˌnaɪz,
-ɪz, -ɪŋ, -d

masculist
BR ˈmɑskjʉlɪst, -s
AM ˈmæskjələst, -s

Masefield
BR ˈmeɪsfiːld
AM ˈmeɪsˌfild

maser
BR ˈmeɪzə(r), -z
AM ˈmeɪzər, -z

Maserati
BR ˌmɑzəˈrɑːt|i, -ɪz
AM ˌmæzəˈrɑdi,
ˌmɑzəˈrɑdi, -z

Maseru
BR məˈsɛːruː,
məˈsɪəruː
AM ˈmɑsəˌru,
ˈmæzəˌru

MASH
BR maʃ
AM mæʃ

mash
BR maʃ, -ɪz, -ɪŋ, -t
AM mæʃ, -əz,
-ɪŋ, -t

Masham[1] *place in Yorkshire*
BR ˈmas(ə)m
AM ˈmæʃ(ə)m

Masham² *surname, sheep*
BR ˈmaʃ(ə)m
AM ˈmæʃ(ə)m

masher
BR ˈmaʃə(r), -z
AM ˈmæʃər, -z

mashie
BR ˈmaʃ|i, -ɪz
AM ˈmæʃi, -z

Mashona
BR məˈʃɒnə(r), məˈʃəʊnə(r)
AM məˈʃɑnə, məˈʃoʊnə

Mashonaland
BR məˈʃɒnəland, məˈʃəʊnəland
AM məˈʃɑnəlænd, məˈʃoʊnəlænd

mashua
BR ˈmaswə(r), maˈʃuːə(r)
AM ˈmɑswɑ, mɑˈʃuə

mask
BR mɑːsk, -s, -ɪŋ, -t
AM mæsk, -s, -ɪŋ, -t

Maskall
BR ˈmaskl
AM ˈmæskl

Maskell
BR ˈmaskl
AM ˈmæskl

masker
BR ˈmɑːskə(r), -z
AM ˈmæskər, -z

maskinonge
BR ˈmaskɪmɒn(d)ʒ, -ɪz
AM ˈmæskə,nɑndʒ, -əz

masochism
BR ˈmasəkɪzm, ˈmazəkɪzm
AM ˈmæsə,kɪz(ə)m, ˈmæzə,kɪz(ə)m

masochist
BR ˈmasəkɪst, ˈmazəkɪst, -s
AM ˈmæsəkəst, ˈmæzəkəst, -s

masochistic
BR ˌmasəˈkɪstɪk, ˌmazəˈkɪstɪk
AM ˌmæsəˈkɪstɪk, ˌmæzəˈkɪstɪk

masochistically
BR ˌmasəˈkɪstɪkli, ˌmazəˈkɪstɪkli
AM ˌmæsəˈkɪstək(ə)li, ˌmæzəˈkɪstək(ə)li

mason
BR ˈmeɪsn, -z
AM ˈmeɪs(ə)n, -z

Mason-Dixon Line
BR ˌmeɪsnˈdɪksn lʌɪn
AM ˈmeɪsnˈdɪksən,laɪn

Masonic
BR məˈsɒnɪk
AM məˈsɑnɪk

masonry
BR ˈmeɪsnri
AM ˈmeɪsnri

Masorah
BR məˈsɔːrə(r)
AM məˈsɔrə

Masorete
BR ˈmasəriːt, -s
AM ˈmæsə,rit, -s

Masoretic
BR ˌmasəˈrɛtɪk
AM ˌmæsəˈrɛdɪk

masque
BR mɑːsk, -s
AM mæsk, -s

masquer
BR ˈmɑːskə(r), -z
AM ˈmæskər, -z

masquerade
BR ˌmɑːskəˈreɪd, -z, -ɪŋ, -ɪd
AM ˌmæskəˈreɪd, -z, -ɪŋ, -ɪd

masquerader
BR ˌmɑːskəˈreɪdə(r), -z
AM ˌmæskəˈreɪdər, -z

mass
BR mas, -ɪz, -ɪŋ, -t
AM mæs, -əz, -ɪŋ, -t

Massachusetts
BR ˌmasəˈtʃuːsɪts
AM ˌmæsəˈtʃusəts

massacre
BR ˈmasək|ə(r), -əz, -(ə)rɪŋ, -əd
AM ˈmæsək|ər, -ərz, -(ə)rɪŋ, -ərd

massage
BR ˈmasɑː(d)ʒ, -ɪz, -ɪŋ, -d
AM məˈsɑ(d)ʒ, -əz, -ɪŋ, -d

massager
BR ˈmasɑ(d)ʒə(r), -z
AM məˈsɑ(d)ʒər, -z

massasauga
BR ˌmasəˈsɔːgə(r), -z
AM ˌmæsəˈsɑgə, ˌmæsəˈsɔgə, -z

Massawa
BR məˈsɑːwə(r)
AM məˈsɑwə

massé
BR ˈmas|i, -ɪz
AM mæˈseɪ, -z

Massenet
BR ˈmasəneɪ
AM ˌmasəˈneɪ

masseter
BR maˈsiːtə(r), ˈmasɪtə(r), -z
AM məˈsidər, -z

masseur
BR maˈsəː(r), -z
AM məˈsər, mæˈsər, -z

masseuse
BR maˈsəːz, -ɪz
AM məˈsus, mæˈsus, -əz

Massey
BR ˈmasi
AM ˈmæsi

massicot
BR ˈmasɪkɒt
AM ˈmæsə,kɑt

massif
BR ˈmasiːf, mɑˈsiːf, -s
AM mæˈsif, -s

Massif Central
BR ˌmasiːf sɒnˈtrɑːl, ma,siːf +
AM maˌsif ˌsɑnˈtrɑl

Massine
BR maˈsiːn
AM mɑˈsin

massiness
BR ˈmasɪnɪs
AM ˈmæsinɨs

Massinger
BR ˈmasɪn(d)ʒə(r)
AM ˈmæsɪndɡər

massive
BR ˈmasɪv
AM ˈmæsɪv

massively
BR ˈmasɪvli
AM ˈmæsɪvli

massiveness
BR ˈmasɪvnɪs
AM ˈmæsɪvnɨs

massless
BR ˈmasləs
AM ˈmæsləs

Masson
BR ˈmasn
AM məˈsɑn

Massorah
BR məˈsɔːrə(r)
AM məˈsɔrə

Massorete
BR ˈmasəriːt, -s
AM ˈmæsə,rit, -s

Massoretic
BR ˌmasəˈrɛtɪk
AM ˌmæsəˈrɛdɪk

massy
BR ˈmasi
AM ˈmæsi

mast
BR mɑːst, -s, -ɪd
AM mæst, -s, -əd

mastaba
BR ˈmastəbə(r), -z
AM ˈmæstəbə, -z

mastectomy
BR maˈstɛktəm|i, -ɪz
AM mæˈstɛktəmi, -z

master
BR ˈmɑːst|ə(r), -əz, -(ə)rɪŋ, -əd
AM ˈmæst|ər, -ərz, -(ə)rɪŋ, -ərd

masterclass
BR ˈmɑːstəklɑːs, -ɪz
AM ˈmæstər,klæs, -əz

masterdom
BR ˈmɑːstədəm, -z
AM ˈmæstərdəm, -z

masterful
BR ˈmɑːstəf(ʊ)l
AM ˈmæstərfəl

masterfully
BR ˈmɑːstəfʊli, ˈmɑːstəfl̩i
AM ˈmæstərf(ə)li

masterfulness
BR ˈmɑːstəf(ʊ)lnəs
AM ˈmæstərfəlnəs

masterhood
BR ˈmɑːstəhʊd, -z
AM ˈmæstər(h)ʊd, -z

masterless
BR ˈmɑːstələs
AM ˈmæstərləs

masterliness
BR ˈmɑːstəlɪnɪs
AM ˈmæstərlɪnɪs

masterly
BR ˈmɑːstəli
AM ˈmæstərli

mastermind
BR ˈmɑːstəmʌɪnd, -z, -ɪŋ, -ɪd
AM ˈmæstərˌmaɪnd, -z, -ɪŋ, -ɪd

masterpiece
BR ˈmɑːstəpiːs, -ɪz
AM ˈmæstərˌpis, -ɪz

Masters
BR ˈmɑːstəz
AM ˈmæstərz

mastership
BR ˈmɑːstəʃɪp, -s
AM ˈmæstərˌʃɪp, -s

mastersinger
BR ˈmɑːstəˌsɪŋə(r), -z
AM ˈmæstərˌsɪŋər, -z

masterstroke
BR ˈmɑːstəstrəʊk, -s
AM ˈmæstərˌstroʊk, -s

masterwork
BR ˈmɑːstəwɜːk, -s
AM ˈmæstərˌwɜrk, -s

mastery
BR ˈmɑːst(ə)ri
AM ˈmæst(ə)ri

masthead
BR ˈmɑːsthɛd, -z
AM ˈmæstˌ(h)ɛd, -z

mastic
BR ˈmastɪk
AM ˈmæstɪk

masticate
BR ˈmastɪkeɪt, -s, -ɪŋ, -ɪd
AM ˈmæstəˌkeɪ|t, -ts, -dɪŋ, -dɪd

mastication
BR ˌmastɪˈkeɪʃn
AM ˌmæstəˈkeɪʃ(ə)n

masticator
BR ˈmastɪkeɪtə(r), -z
AM ˈmæstəˌkeɪdər, -z

masticatory
BR ˈmastɪkət(ə)ri, ˌmastɪˈkeɪt(ə)ri
AM ˈmæstəkəˌtɔri

mastiff
BR ˈmastɪf, -s
AM ˈmæstəf, -s

mastitis
BR maˈstʌɪtɪs
AM mæˈstaɪdɪs

mastocyte
BR ˈmastəsʌɪt, -s
AM ˈmæstəˌsaɪt, -s

mastodon
BR ˈmastəd(ɒ)n, -z
AM ˈmæstəˌdɑn, -z

mastodontic
BR ˌmastəˈdɒntɪk
AM ˌmæstəˈdɑn(t)ɪk

mastoid
BR ˈmastɔɪd, -z
AM ˈmæˌstɔɪd, -z

mastoiditis
BR ˌmastɔɪˈdʌɪtɪs
AM ˌmæstɔɪˈdaɪdəs

masturbate
BR ˈmastəbeɪt, -s, -ɪŋ, -ɪd
AM ˈmæstərˌbeɪ|t, -ts, -dɪŋ, -dɪd

masturbation
BR ˌmastəˈbeɪʃn
AM ˌmæstərˈbeɪʃ(ə)n

masturbator
BR ˈmastəbeɪtə(r), -z
AM ˈmæstərˌbeɪdər, -z

masturbatory
BR ˈmastəbeɪtri
AM ˈmæstərbəˌtɔri

masu
BR ˈmasuː
AM ˈmɑsu

masur
BR ˈmazə(r), ˈmeɪzə(r)
AM ˈmazər, ˈmeɪzər

mat
BR mat, -s, -ɪŋ, -ɪd
AM mæ|t, -ts, -dɪŋ, -dəd

Matabele
BR ˌmatəˈbiːli
AM ˌmædəˈbili

Matabeleland
BR ˌmatəˈbiːlɪland
AM ˌmædəˈbiliˌlænd

matador
BR ˈmatədɔː(r), -z
AM ˈmædəˌdɔ(ə)r, -z
SP mataˈðor

Mata Hari
BR ˌmɑːtəˈhɑːri
AM ˌmɑdəˈhɑri

matamata
BR ˌmatəˈmatə(r), -z
AM ˌmædəˈmædə, -z

Matapan
BR ˈmatəpan, ˌmatəˈpan
AM ˈmædəˌpæn

matatu
BR məˈtɑːtuː, -z
AM məˈtɑtu, -z

match
BR matʃ, -ɪz, -ɪŋ, -t
AM mætʃ, -ɪz, -ɪŋ, -t

matchable
BR ˈmatʃəbl
AM ˈmætʃəb(ə)l

matchboard
BR ˈmatʃbɔːd
AM ˈmætʃˌbɔ(ə)rd

matchbook
BR ˈmatʃbʊk, -s
AM ˈmætʃˌbʊk, -s

matchbox
BR ˈmatʃbɒks, -ɪz
AM ˈmætʃˌbɑks, -ɪz

matchet
BR ˈmatʃɪt, -s
AM ˈmætʃət, -s

matchless
BR ˈmatʃləs
AM ˈmætʃləs

matchlessly
BR ˈmatʃləsli
AM ˈmætʃləsli

matchlock
BR ˈmatʃlɒk, -s
AM ˈmætʃˌlɑk, -s

matchmaker
BR ˈmatʃˌmeɪkə(r), -z
AM ˈmætʃˌmeɪkər, -z

matchmaking
BR ˈmatʃˌmeɪkɪŋ
AM ˈmætʃˌmeɪkɪŋ

matchplay
BR ˈmatʃpleɪ
AM ˈmætʃˌpleɪ

matchstick
BR ˈmatʃstɪk, -s
AM ˈmætʃˌstɪk, -s

matchup
BR ˈmatʃʌp, -s
AM ˈmætʃˌəp, -s

matchwood
BR ˈmatʃwʊd
AM ˈmætʃˌwʊd

mate
BR meɪt, -s, -ɪŋ, -ɪd
AM meɪ|t, -ts, -dɪŋ, -dɪd

maté
BR ˈmateɪ, ˈmɑːteɪ
AM ˈmɑˌteɪ

mateless
BR ˈmeɪtlɪs
AM ˈmeɪtlɪs

matelot
BR ˈmatləʊ, ˈmatlˌəʊ, -z
AM ˈmædlˌoʊ, ˈmætˌloʊ, -z

matelote
BR ˈmatələʊt, ˈmatlˌəʊt
AM ˈmætˌloʊt, ˈmædlˌoʊt

mater
BR ˈmeɪtə(r)
AM ˈmɑˌtɚr, ˈmeɪdɚ

materfamilias
BR ˌmeɪtəfəˈmɪliəs
AM ˌˌmɑˌtɚrfəˈmɪliəs, ˌmeɪdɚfəˈmɪliəs

material
BR məˈtɪərɪəl, -z
AM məˈtɪriəl, -z

materialisation
BR məˌtɪərɪəlʌɪˈzeɪʃn
AM məˌtɪriəˌlaɪˈzeɪʃ(ə)n, məˌtɪriələˈzeɪʃ(ə)n

materialise
BR məˈtɪərɪəlʌɪz, -ɪz, -ɪŋ, -d
AM məˈtɪriəˌlaɪz, -ɪz, -ɪŋ, -d

materialism
BR məˈtɪərɪəlɪzm
AM məˈtɪriəˌlɪz(ə)m

materialist
BR məˈtɪərɪəlɪst
AM məˈtɪriələst

materialistic
BR məˌtɪərɪəˈlɪstɪk
AM məˌtɪriəˈlɪstɪk

materialistically
BR məˌtɪərɪəˈlɪstɪkli
AM məˌtɪriəˈlɪstək(ə)li

materiality
BR məˌtɪərɪˈalɪti
AM məˌtɪriˈælədi

materialization
BR məˌtɪərɪəlʌɪˈzeɪʃn
AM məˌtɪriəˌlaɪˈzeɪʃ(ə)n, məˌtɪriələˈzeɪʃ(ə)n

materialize
BR məˈtɪərɪəlʌɪz, -ɪz, -ɪŋ, -d
AM məˈtɪriəˌlaɪz, -ɪz, -ɪŋ, -d

materially
BR məˈtɪərɪəli
AM məˈtɪriəli

materia medica
BR məˌtɪərɪə ˈmɛdɪkə(r)
AM məˈtɪriə ˈmɛdəkə

matériel
BR məˌtɪərɪˈɛl
AM məˌtɪriˈɛl

maternal
BR məˈtəːnl
AM məˈtɚrn(ə)l

maternalism
BR məˈtəːnlˌɪzm
AM məˈtɚrnlˌɪz(ə)m

maternalistic
BR məˌtəːnlˈɪstɪk
AM məˌtɚrnlˈɪstɪk

maternally
BR məˈtəːnli
AM məˈtɚrnli

maternity
BR məˈtəːnɪti
AM məˈtɚrnədi

mateship
BR ˈmeɪtʃɪp, -s
AM ˈmeɪtˌʃɪp, -s

matey
BR ˈmeɪt|i, -ɪə(r), -ɪɪst
AM ˈmeɪdi, -ɚr, -ɪst

mateyness
BR ˈmeɪtɪnɪs
AM ˈmeɪdɪnɪs

math
BR maθ, -s
AM mæθ, -s

mathematical
BR ˌmaθ(ə)ˈmatɪkl
AM ˌmæθ(ə)ˈmædək(ə)l

mathematically
BR maθ(ə)ˈmatɪkli
AM ˌmæθ(ə)ˈmædək(ə)li

mathematician
BR ˌmaθ(ə)məˈtɪʃn, -z
AM ˌmæθ(ə)məˈtɪʃ(ə)n, -z

mathematics
BR ˌmaθ(ə)ˈmatɪks
AM mæθ(ə)ˈmædɪks

Mather
BR ˈmeɪðə(r), ˈmaðə(r)
AM ˈmæðɚr

Matheson
BR ˈmaθɪsn̩
AM ˈmaθəs(ə)n

Mathew
BR ˈmaθjuː
AM ˈmæθju

Mathews
BR ˈmaθjuːz
AM ˈmæθjuz

Mathias
BR məˈθʌɪəs
AM məˈθaɪəs

Mathieson
BR ˈmaθɪs(ə)n
AM ˈmaθəs(ə)n

Mathilda
BR məˈtɪldə(r)
AM məˈtɪldə

Mathis
BR ˈmaθɪs
AM ˈmæθəs

mathlete
BR ˈmaθliːt, -s
AM ˈmæθ(ə)ˌlit, -s

maths
BR ˈmaθs
AM ˈmæθs

matico
BR məˈtiːkəʊ, -z
AM məˈtiˌkoʊ, -z

Matilda
BR məˈtɪldə(r), -z
AM məˈtɪldə, -z

matily
BR ˈmeɪtɪli
AM ˈmeɪdɪli

matinée
BR ˈmatɪneɪ, -z
AM ˌˈmætnˌeɪ, -z

matiness
BR ˈmeɪtɪnɪs
AM ˈmeɪdɪnɪs

matins
BR ˈmatɪnz
AM ˈmætnz

Matisse
BR maˈtiːs
AM məˈtis

matlo
BR ˈmatləʊ, -z
AM ˈmætˌloʊ, -z

Matlock
BR ˈmatlɒk
AM ˈmætˌlɑk

matlow
BR ˈmatləʊ, -z
AM ˈmætˌloʊ, -z

Matmata
BR matˈmatə(r)
AM mɑtˈmɑdə

Mato Grosso
BR ˌmatəʊ ˈɡrɒsəʊ
AM ˌmɑdə ˈɡroʊsoʊ
PORT ˌmɑtu ˈɡrosu

matrass
BR ˈmatrəs, -ɪz
AM ˈmætrəs, -əz

matriarch
BR ˈmeɪtrɪɑːk, -s
AM ˈmeɪtriˌɑrk, -s

matriarchal
BR ˌmeɪtrɪˈɑːkl
AM ˌmeɪtriˈɑrkəl

matriarchy
BR ˈmeɪtrɪɑːk|i, -ɪz
AM ˈmeɪtriˌɑrki, -z

matric
BR məˈtrɪk
AM məˈtrɪk

matrices
BR ˈmeɪtrɪsiːz
AM ˈmeɪtrəˌsiz

matricidal
BR ˌmatrɪˈsʌɪdl
AM ˌmætrəˈsaɪd(ə)l

matricide
BR ˈmatrɪsʌɪd, -z
AM ˈmætrəˌsaɪd, -z

matriculant
BR məˈtrɪkjʊlənt, -s
AM məˈtrɪkjəl(ə)nt, -s

matriculate
BR məˈtrɪkjʊleɪt, -s, -ɪŋ, -ɪd
AM məˈtrɪkjəˌleɪ|t, -ts, -dɪŋ, -dɪd

matriculation
BR məˌtrɪkjʊˈleɪʃn
AM məˌtrɪkjəˈleɪʃ(ə)n

matriculatory
BR məˈtrɪkjʊlətri
AM məˈtrɪkjələˌtɔri

matrilineal
BR ˌmatrɪˈlɪnɪəl
AM ˌmætrəˈlɪniəl

matrilineally
BR ˌmatrɪˈlɪnɪəli
AM ˌmætrəˈlɪnɪəli

matrilocal
BR ˌmatrɪˈləʊkl
AM ˌmætrəˈloʊkəl

matrimonial
BR ˌmatrɪˈməʊnɪəl
AM ˌmætrəˈmoʊnɪəl

matrimonially
BR ˌmatrɪˈməʊnɪəli
AM ˌmætrəˈmoʊnɪəli

matrimony
BR ˈmatrɪməni
AM ˈmætrəˌmoʊni

matrix
BR ˈmeɪtrɪks, -ɪz
AM ˈmeɪtrɪks, -ɪz

matron
BR ˈmeɪtr(ə)n, -z
AM ˈmeɪtrən, -z

matronal
BR ˈmeɪtr(ə)nl
AM ˈmeɪtrən(ə)l

matronhood
BR ˈmeɪtr(ə)nhʊd, -z
AM ˈmeɪtrənˌ(h)ʊd, -z

matronly
BR ˈmeɪtr(ə)nli
AM ˈmeɪtr(ə)nli

Matsui
BR matˈsuːi
AM mætˈsui

matsuri
BR matˈsuːr|i, -ɪz
AM ˌmætˈsuri, -z

Matsushita
BR ˌmatsʊˈʃiːtə(r)
AM ˌmætˈsʊʃidə

matsutake
BR ˌmatsʊˈtaːki, ˌmatsʊˈtaːkeɪ
AM ˌmatsuˈtaki

Matsuyama
BR ˌmatsɤˈjaːmə(r)
AM ˌmatsəˈjamə

matt
BR mat, -s, -ɪŋ, -ɪd
AM mæ|t, -ts, -dɪŋ, -dəd

mattamore
BR ˈmatəmɔː(r), -z
AM ˈmædəˌmɔ(ə)r, -z

matte
BR mat, -s
AM mæt, -s

matted
BR ˈmatɪd
AM ˈmædəd

mattedly
BR ˈmatɪdli
AM ˈmædədli

mattedness
BR ˈmatɪdnɪs
AM ˈmædədnəs

matter
BR ˈmat|ə(r), -əz, -(ə)rɪŋ, -əd
AM ˈmædər, -z, -ɪŋ, -d

Matterhorn
BR ˈmatəhɔːn
AM ˈmædərˌ(h)ɔ(ə)rn

matter-of-fact
BR ˌmat(ə)rəvˈfakt
AM ˌmædərə(v)ˈfæk(t)

matter-of-factly
BR ˌmat(ə)rəvˈfaktli
AM ˌmædərə(v)-ˈfæk(t)li

matter-of-factness
BR ˌmat(ə)rəv-ˈfak(t)nəs
AM ˌmædərə(v)-ˈfæk(t)nəs

mattery
BR ˈmat(ə)ri
AM ˈmædəri

Matthew
BR ˈmaθjuː
AM ˈmæθju

Matthews
BR ˈmaθjuːz
AM ˈmæθjuz

Matthias
BR məˈθʌɪəs
AM məˌθaɪəs

matting
BR ˈmatɪŋ
AM ˈmædɪŋ

mattins
BR ˈmatɪnz
AM ˈmætnz

mattock
BR ˈmatək, -s
AM ˈmædək, -s

mattoid
BR ˈmatɔɪd, -z
AM ˈmædˌɔɪd, -z

mattress
BR ˈmatrɪs, -ɪz
AM ˈmætrəs, -əz

matuku
BR məˈtʊkuː, -z
AM məˈtʊku, -z

maturate
BR ˈmatʃɤreɪt
ˈmatjɤreɪt, -s,
AM ˈmætʃəˌreɪt, -ts,
-dɪŋ, -dɪd

maturation
BR ˌmatʃɤˈreɪʃn,
ˌmatjɤˈreɪʃn
AM ˌmætʃəˈreɪʃ(ə)n

maturational
BR ˌmatʃəˈreɪʃn̩l,
ˌmatjɤˈreɪʃn̩l
AM ˌmætʃəˈreɪʃ(ə)n(ə)l

maturative
BR məˈtʃʊərətɪv,
məˈtjʊərətɪv,
məˈtʃɔːrətɪv,
məˈtjɔːrətɪv
AM məˈtʃərədɪv,
məˈtʃʊrədɪv,
ˈmætʃəˌreɪdɪv

mature
BR məˈtʃʊə(r),
məˈtjʊə(r),
məˈtʃɔː(r),
məˈtjɔː(r), -z, -ɪŋ, -d
AM məˈtʃʊ(ə)r,
məˈt(j)ʊ(ə)r,
məˈtʃər, -z, -ɪŋ, -d

maturely
BR məˈtʃʊəli,
məˈtjʊəli, məˈtʃɔːli,
məˈtjɔːli
AM məˈtʃʊrli,
məˈt(j)ʊrli, məˈtʃərli

matureness
BR məˈtʃʊənəs,
məˈtjʊənəs, mə-
ˈtʃɔːnəs, məˈtjɔːnəs
AM məˈtʃʊrnəs,
məˈt(j)ʊrnəs,
məˈtʃərnəs

maturity
BR məˈtʃʊərɪti,
məˈtjʊərɪti,
məˈtʃɔːrɪti,
məˈtjɔːrɪti
AM məˈtʃʊrədi,
məˈt(j)ʊrədi,
məˈtʃərədi

matutinal
BR ˌmatjɤˈtʌɪnl,
ˌmatʃɤˈtʌɪnl,
məˈtjuːtṇl,
məˈtʃuːtṇl
AM ˌmætʃəˈtaɪn(ə)l,
məˈt(j)utn̩əl

maty
BR ˈmeɪti
AM ˈmeɪdi

matza
BR ˈmɒtsə(r),
ˈmatsə(r),
ˈmʌtsə(r), -z
AM ˈmatsə,
ˈmatzə, -z

matzah
BR ˈmɒtsə(r),
ˈmatsə(r),
ˈmʌtsə(r), -z
AM ˈmatsə, ˈmatzə, -z

matzo
BR ˈmɒtsə(r),
ˈmatsə(r),
ˈmʌtsə(r),
ˈmatsoʊ, -z
AM ˈmatsə,
ˈmatzə, -z

matzoh
BR ˈmɒtsə(r),
ˈmatsə(r),
ˈmʌtsə(r),
ˈmatsoʊ, -z
AM ˈmatsə,
ˈmatzə, -z

mauby
BR ˈməʊbi, ˈmɔːbi
AM ˈmabi, ˈmɒbi

maud
BR mɔːd, -z
AM mad, mɒd, -z

Maude
BR mɔːd
AM mad, mɒd

maudlin
BR ˈmɔːdlɪn
AM ˈmɑdl(ə)n, ˈmɔdl(ə)n

Maudling
BR ˈmɔːdlɪŋ
AM ˈmɑdlɪŋ, ˈmɔdlɪŋ

Maudsley
BR ˈmɔːdzli
AM ˈmɑdzli, ˈmɔdzli

mauger
BR ˈmɔːgə(r)
AM ˈmɔgər, ˈmɑgər

Maugham
BR mɔːm
AM mɑm, mɔm

Maughan
BR mɔːn
AM mɔ(ə)n

Maui
BR ˈmaʊi
AM ˈmaʊi

maul
BR mɔːl, -z, -ɪŋ, -d
AM mɑl, mɔl, -z, -ɪŋ, -d

mauler
BR ˈmɔːlə(r), -z
AM ˈmɑlər, ˈmɔlər, -z

Mauleverer
BR məˈlɛv(ə)rə(r)
AM mɑˈlɛvərər, mɔˈlɛvərər

maulstick
BR ˈmɔːlstɪk, -s
AM ˈmɑlˌstɪk, ˈmɔlˌstɪk, -s

Mau Mau
BR ˈmaʊ maʊ
AM ˈmaʊ ˈmaʊ

Mauna Kea
BR ˌmaʊnə ˈkeɪə(r)
AM ˌmaʊnə ˈkeɪə

Mauna Loa
BR ˌmaʊnə ˈləʊə(r)
AM ˌmaʊnə ˈloʊə

maunder
BR ˈmɔːnd|ə(r), -əz, -(ə)rɪŋ, -əd
AM ˈmɑndər, ˈmɔndər, -z, -ɪŋ, -d

maundering
BR ˈmɔːnd(ə)rɪŋ, -z
AM ˈmɑnd(ə)rɪŋ, ˈmɔnd(ə)rɪŋ, -z

Maundy
BR ˈmɔːndi
AM ˈmɑndi, ˈmɔndi

Maupassant
BR ˈməʊpasɒ̃
AM ˌmoʊpəˈsɑn

Maura
BR ˈmɔːrə(r)
AM ˈmɔrə

Maureen
BR ˈmɔːriːn
AM mɔˈrin

Mauretania
BR ˌmɒrɪˈteɪniə(r), ˌmɔːrɪˈteɪniə(r)
AM ˌmɔrəˈteɪniə

Mauretanian
BR ˌmɒrɪˈteɪniən, ˌmɔːrɪˈteɪniən, -z
AM ˌmɔrəˈteɪniən, -z

mauri
BR ˈmaʊri
AM ˈmaʊri

Mauriac
BR ˈmɔːriak
AM ˌmɔriˈ(j)ak
FR mɔʁjak

Maurice
BR ˈmɒrɪs
AM mɔˈris

Maurist
BR ˈmɔːrɪst, -s
AM ˈmɔrəst, -s

Mauritania
BR ˌmɒrɪˈteɪniə(r), ˌmɔːrɪˈteɪniə(r)
AM ˌmɔrəˈteɪniə

Mauritanian
BR ˌmɒrɪˈteɪniən, ˌmɔːrɪˈteɪniən, -z
AM ˌmɔrəˈteɪniən, -z

Mauritian
BR məˈrɪʃn, -z
AM mɔˈrɪʃ(ə)n, -z

Mauritius
BR məˈrɪʃəs
AM mɔˈrɪʃəs

Maury
BR ˈmɔːri
AM ˈmɔri

Maurya
BR ˈmaʊriə(r)
AM ˈmaʊriə

Mauser
BR ˈmaʊzə(r), -z
AM ˈmaʊzər, -z

mausolea
BR ˌmɔːsəˈliːə(r), ˌmɔːzəˈliːə(r)
AM ˌmɔsəˈliə, ˌmɑzəˈliə, ˌmɑsəˈliə, ˌmɔzəˈliə

mausoleum
BR ˌmɔːsəˈliːəm, ˌmɔːzəˈliːəm, -z
AM ˌmɔsəˈliəm, ˌmɑzəˈliəm, ˌmɑsəˈliəm, ˌmɔzəˈliəm, -z

mauve
BR məʊv
AM moʊv, mav, mɔv

mauvish
BR ˈməʊvɪʃ
AM ˈmoʊvɪʃ, ˈmavɪʃ, ˈmɔvɪʃ

maven
BR ˈmeɪvn, -z
AM ˈmeɪvən, -z

maverick
BR ˈmav(ə)rɪk, -s
AM ˈmæv(ə)rɪk, -s

mavis
BR ˈmeɪv|ɪs, -ɪsɨz
AM ˈmeɪvɪs, -ɪz

maw
BR mɔː(r), -z
AM mɑ, mɔ, -z

mawashi
BR məˈwaːʃi, məˈwaʃi, -ɪz
AM məˈwaʃi, -z

Mawddach
BR ˈmaʊðax, ˈmɔːðak
AM ˈmɑðak, ˈmɔðak

Mawdesley
BR ˈmɔːdzli
AM ˈmɑdzli, ˈmɔdzli

Mawer
BR ˈmɔː(ə)(r)
AM ˈmɑwər

Mawgan
BR ˈmɔːg(ə)n
AM ˈmɑgən, ˈmɔgən

Mawhinny
BR məˈwɪni
AM mɑˈwɪni

mawkish
BR ˈmɔːkɪʃ
AM ˈmɑkɪʃ, ˈmɔkɪʃ

mawkishly
BR ˈmɔːkɪʃli
AM ˈmɑkɪʃli, ˈmɔkɪʃli

mawkishness
BR ˈmɔːkɪʃnɪs
AM ˈmɑkɪʃnɪs, ˈmɔkɪʃnɪs

mawkit
BR ˈmɔːkɪt
AM ˈmɔkɪt, ˈmɑkɪt

mawla
BR ˈmaʊlaː(r), -z
AM ˈmaʊlə, -z

Mawson
BR ˈmɔːsn
AM ˈmɑs(ə)n, ˈmɔs(ə)n

mawworm
BR ˈmɔːwəːm, -z
AM ˈmɑˌwərm, ˈmɔˌwərm, -z

max
BR maks
AM mæks

maxi
BR ˈmaksi
AM ˈmæksi

maxilla
BR makˈsɪlə(r), -z
AM mækˈsɪlə, -z

maxillae
BR makˈsɪliː
AM mækˈsɪlaɪ, mækˈsɪli

maxillary
BR makˈsɪl(ə)ri
AM ˈmæksəˌlɛri

maxim
BR ˈmaksɪm, -z
AM ˈmæks(ə)m, -z

maxima
BR ˈmaksɪmə(r)
AM ˈmæksəmə
maximal
BR ˈmaksɪml
AM ˈmæksəm(ə)l
maximalist
BR ˈmaksɪml̩ɪst, -s
AM ˈmæksəmələst, -s
maximally
BR ˈmaksɪml̩i
AM ˈmæksəməli
Maximilian
BR ˌmaksɪˈmɪliən
AM ˌmæksəˈmɪliən
maximin
BR ˈmaksɪmɪn,
ˌmaksɪˈmɪn
AM ˈˌmæksiˌmɪn
maximisation
BR ˌmaksɪmʌɪˈzeɪʃn
AM ˌmæksəˌmaɪ-
ˈzeɪʃ(ə)n,
ˌmæksəməˈzeɪʃ(ə)n
maximise
BR ˈmaksɪmʌɪz, -ɪz,
-ɪŋ, -d
AM ˈmæksəˌmaɪz, -ɪz,
-ɪŋ, -d
maximiser
BR ˈmaksɪmʌɪzə(r), -z
AM ˈmæksəˌmaɪzər, -z
maximization
BR ˌmaksɪmʌɪˈzeɪʃn
AM ˌmæksəˌmaɪ-
ˈzeɪʃ(ə)n,
ˌmæksəməˈzeɪʃ(ə)n
maximize
BR ˈmaksɪmʌɪz, -ɪz,
-ɪŋ, -d
AM ˈmæksəˌmaɪz, -ɪz,
-ɪŋ, -d
maximizer
BR ˈmaksɪmʌɪzə(r), -z
AM ˈmæksəˌmaɪzər,
-z
maximum
BR ˈmaksɪməm, -z
AM ˈmæksəməm, -z
maximus
BR ˈmaksɪməs
AM ˈmæksəməs

Maxine
BR makˈsiːn
AM məkˈsin
maxixe
BR makˈsiːks,
məˈʃiːʃə(r),
makˈsiːksɪz\
məˈsiːʃəz
AM məˈʃiʃə, mækˈsiks,
mækˈsiksɪz\
məˈʃiʃɪz
Maxwell
BR ˈmaksw(ɛ)l
AM ˈmæksˌwɛl
may
BR meɪ
AM meɪ
Maya[1] *American people*
BR ˈmʌɪə(r)
AM ˈmaɪə
Maya[2] *forename*
BR ˈmeɪə(r), ˈmʌɪə(r)
AM ˈmaɪə
Mayall
BR ˈmeɪəl, ˈmeɪɔːl
AM ˈmeɪˌal,
ˈmeɪˌɔl
Mayan
BR ˈmʌɪən, -z
AM ˈmaɪən, -z
maybe
BR ˈmeɪbiː
AM ˈmeɪbi
maybeetle
BR ˈmeɪˌbiːtl, -z
AM ˈmeɪˌbidəl, -z
mayday
BR ˈmeɪdeɪ, -z
AM ˈmeɪˌdeɪ, -z
Mayer[1] *German*
BR ˈmʌɪə(r)
AM ˈmaɪər
Mayer[2]
BR ˈmeɪə(r)
AM ˈmeɪər
mayest
BR ˈmeɪɪst
AM ˈmeɪɪst
Mayfair
BR ˈmeɪfɛː(r), -z
AM ˈmeɪˌfɛ(ə)r, -z

Mayfield
BR ˈmeɪfiːld
AM ˈmeɪˌfild
mayflower
BR ˈmeɪˌflaʊə(r),
-z
AM ˈmeɪˌflaʊər, -z
mayfly
BR ˈmeɪflʌɪ, -z
AM ˈmeɪˌflaɪ, -z
mayhap
BR ˈmeɪhap
AM ˈmeɪˌhæp
mayhem
BR ˈmeɪhɛm
AM ˈmeɪˌhɛm
Mayhew
BR ˈmeɪhjuː
AM ˈmeɪˌhju
maying
BR ˈmeɪɪŋ, -z
AM ˈmeɪɪŋ, -z
Maynard
BR ˈmeɪnɑːd
AM ˈmeɪnərd
Mayne
BR meɪn
AM meɪn
Maynooth
BR məˈnuːθ,
meɪˈnuːθ
AM meɪˈnuθ
mayn't
BR ˈmeɪnt, meɪn̩t
AM ˈmeɪ(ə)nt
Mayo
BR ˈmeɪəʊ
AM ˈmeɪoʊ
mayonnaise
BR ˌmeɪəˈneɪz
AM ˌmeɪəˈneɪz,
ˈmeɪəˌneɪz
mayor
BR ˈmɛː(r), -z
AM ˈmeɪ(ə)r, -z
mayoral
BR ˈmɛːr̩l
AM ˈmeɪərəl,
meɪˈɔrəl
mayoralty
BR ˈmɛːr̩lti, -ɪz
AM ˈmeɪərəlti, -z

mayoress
BR ˈmɛːrəs,
ˌmɛːˈrɛs, -ɪz
AM ˈmeɪərəs, -əz
mayorship
BR ˈmɛːʃɪp, -s
AM ˈmeɪərˌʃɪp, -s
Mayotte
BR maˈjɒt
AM mɑˈjɑt, mɑˈjɔt
maypole
BR ˈmeɪpəʊl, -z
AM ˈmeɪˌpoʊl, -z
Mays
BR meɪz
AM meɪz
mayst
BR meɪst
AM meɪst
mayweed
BR ˈmeɪwiːd, -z
AM ˈmeɪˌwid, -z
maza
BR ˈmɑːzə(r)
AM ˈmɑzə
mazard
BR ˈmazəd, -z
AM ˈmæzərd, -z
Mazar-e-Sharif
BR məˌzɑːrəʃɑˈriːf
AM məˌzɑrəʃəˈrif
Mazarin
BR ˈmazərɪn,
ˈmazəran
AM ˈmæzərən
mazarine
BR ˌmazəˈriːn,
ˈmazərɪn, -z
AM ˈmæzərən,
ˈmæzəˌrin, -z
Mazda
BR ˈmazdə(r), -z
AM ˈmɑzdə, -z
Mazdaism
BR ˈmazdə(r)ɪzm
AM ˈmɑzdəˌɪz(ə)m
mazdoor
BR ˈmʌzdʊə(r), -z
AM ˈməzdʊər, -z
maze
BR meɪz, -ɪz, -d
AM meɪz, -ɪz, -d

mazer
BR ˈmeɪzə(r), -z
AM ˈmeɪzər, -z

mazet
BR ˈmazeɪ, -z
AM mɑˈzeɪ, -z

mazily
BR ˈmeɪzɪli
AM ˈmeɪzɪli

maziness
BR ˈmeɪzɪnɪs
AM ˈmeɪzɪnɪs

mazurka
BR məˈzɜːkə(r),
məˈzʊəkə(r), -z
AM məˈzʊrkə,
məˈzɜrkə, -z

mazy
BR ˈmeɪz|i, -ɪə(r),
-ɪɪst
AM ˈmeɪzi, -ər, -ɪst

mazzard
BR ˈmazəd, -z
AM ˈmæzərd, -z

Mazzini
BR matˈsiːni
AM məˈziːni

Mb
BR ˈmɛgəbʌɪt, -s
AM ˈmɛgəˌbaɪt, -s

Mbabane
BR m̩baˈbɑːni
AM m-bɑˈbɑni

mbari
BR m̩ˈbɑːr|i, -ɪz
AM (ə)m̩ˈbɑri, -z

McAfee
BR ˌmakəˈfiː, məˈkafi
AM məˈkæfi, ˈmækəˌfi

McAleese
BR ˌmakəˈliːs
AM ˌmækəˈlis

McAlister
BR məˈkalɪstə(r)
AM məˈkæləstər

McAllister
BR məkˈalɪstə(r)
AM məˈkæləstər

McAlpine
BR məˈkalpʌɪn
AM məˈkælˌpaɪn

McAnally
BR ˌmakəˈnali
AM ˈmækəˌnæli

McArdle
BR məˈkɑːdl
AM məˈkɑrdəl

McArthur
BR məkˈɑːθə(r)
AM məˈkɑrθər

McAteer
BR ˌmakəˈtɪə(r)
AM ˈmækəˌtɪər

McAuliffe
BR məˈkɔːlɪf
AM məˈkɑlɪf, məˈkɔlɪf

McAvoy
BR ˈmakəvɔɪ
AM ˈmækəˌvɔɪ

McBain
BR məkˈbeɪn
AM məkˈbeɪn

McBrain
BR məkˈbreɪn
AM məkˈbreɪn

McBride
BR məkˈbrʌɪd
AM məkˈbraɪd

McCabe
BR məˈkeɪb
AM məˈkeɪb

McCain
BR məˈkeɪn
AM məˈkeɪn

McCall
BR məˈkɔːl
AM məˈkɑl, məˈkɔl

McCallum
BR məˈkaləm
AM məˈkæl(ə)m

McCann
BR məˈkan
AM məˈkæn

McCarthy
BR məˈkɑːθi
AM məˈkɑrθi

McCarthyism
BR məˈkɑːθiɪzm
AM məˈkɑrθiˌɪz(ə)m

McCarthyite
BR məˈkɑːθiʌɪt
AM məˈkɑrθiˌaɪt

McCartney
BR məˈkɑːtni
AM məˈkɑrtni

McCarty
BR məˈkɑːti
AM məˈkɑrdi

McCaskill
BR məˈkaskɪl
AM məˈkæskəl

McClain
BR məˈkleɪn
AM məˈkleɪn

McClellan
BR məˈklɛlən
AM məˈklɛl(ə)n

McClelland
BR məˈklɛlənd
AM məˈklɛlən(d)

McClintock
BR məˈklɪntɒk
AM məˈklɪn(t)ək, məˈklɪnˌtak

McClure
BR məˈklʊə(r)
AM məˈklʊ(ə)r

McCluskie
BR məˈklʌski
AM məˈkləski

McColl
BR məˈkɒl
AM məˈkal, məˈkɔl

McConachie
BR məˈkɒnəki
AM məˈkɑnəki

McConachy
BR məˈkɒnəki
AM məˈkɑnəki

McConnell
BR məˈkɒn(ə)l
AM məˈkan(ə)l

McCormack
BR məˈkɔːmak
AM məˈkɔrmæk

McCormick
BR məˈkɔːmɪk
AM məˈkɔrmək

McCorquodale
BR məˈkɔːkədeɪl
AM məˈkɔrkəˌdeɪl

McCowan
BR məˈkaʊən
AM məˈkaʊən

McCoy
BR məˈkɔɪ, -z
AM məˈkɔɪ, -z

McCracken
BR məˈkrak(ə)n
AM məˈkrækən

McCrae
BR məˈkreɪ
AM məˈkreɪ

McCrea
BR məˈkreɪ
AM məˈkreɪ

McCready
BR məˈkriːdi
AM məˈkridi

McCrindle
BR məˈkrɪndl
AM məˈkrɪndəl

McCrum
BR məˈkrʌm
AM məˈkrəm

McCulloch
BR məˈkʌlək, məˈkʌləx
AM məˈkələ(k)

McCullogh
BR məˈkʌlək, məˈkʌləx
AM məˈkələ(k)

McCullough
BR məˈkʌlək, məˈkʌləx
AM məˈkələ(k)

McCusker
BR məˈkʌskə(r)
AM məˈkəskər

McDade
BR məkˈdeɪd
AM məkˈdeɪd

McDaniel
BR məkˈdanj(ə)l
AM məkˈdænj(ə)l

McDermot
BR məkˈdəːmət
AM məkˈdərmət

McDermott
BR məkˈdəːmət
AM məkˈdərmət

McDonagh
BR məkˈdɒnə(r)
AM məkˈdɑnə

McDonald
BR mək͵dɒnld
AM mək'danəld

McDonnell
BR mək'dɒnl
AM mək-
'dan(ə)l

McDougal
BR mək'duːgl
AM mək'dugl

McDougall
BR mək'duːgl
AM mək'dugl

McDowall
BR mək'daʊəl
AM mək'daʊəl

McDowell
BR mək'daʊəl
AM mək-
'daʊəl

McDuff
BR mək'dʌf
AM mək'dəf

McElroy
BR 'maklrɔɪ
AM 'mækl͵rɔɪ

McElwain
BR 'maklweɪn,
mə'kɛlweɪn
AM mə'kɛl͵weɪn,
'mækl͵weɪn

McElwie
BR mək'ɛlwi
AM mək'ɛlwi

McEnroe
BR 'mak(ɪ)nrəʊ
AM 'mækən-
͵roʊ

McEvoy
BR 'makɪvɔɪ
AM 'mækə͵vɔɪ

McEwan
BR mə'kjuːən
AM mək'juwən

McFadden
BR mək'fadn
AM mək'fædən

McFadyean
BR mək'fadɪən,
mək'fadj(ə)n
AM mək'fædj(ə)n,
mək'fædɪən

McFadyen
BR mək'fadɪən,
mək'fadj(ə)n
AM mək'fædj(ə)n,
mək'fædɪən

McFadzean
BR mək'fadɪən,
mək'fadj(ə)n
AM mək'fædj(ə)n,
mək'fædɪən

McFarland
BR mək'fɑːlənd
AM mək'fɑrlən(d)

McFarlane
BR mək'fɑːlən
AM mək'fɑrl(ə)n

McFee
BR mək'fiː
AM mək'fi

McGahey
BR mə'gɑːhi,
mə'gaxi,
mə'gahi
AM mə'gɑhi

McGee
BR mə'giː
AM mə'gi

McGhee
BR mə'giː
AM mə'gi

McGill
BR mə'gɪl
AM mə'gɪl

McGilligan
BR mə'gɪlɪg(ə)n
AM mə'gɪlɪgən

McGillivray
BR mə'gɪlɪvreɪ,
mə'gɪlɪvri
AM mə'gɪlɪvreɪ

McGinn
BR mə'gɪn
AM mə'gɪn

McGinnis
BR mə'gɪnɪs
AM mə'gɪnɪs

McGinty
BR mə'gɪnti
AM mə'gɪn(t)i

McGoldrick
BR mə'gəʊldrɪk
AM mə'goʊldrɪk

McGonagall
BR mə'gɒnəgl
AM mə'gɑnəgəl

McGoohan
BR mə'guːən
AM mə'guən

McGough
BR mə'gɒf
AM mə'gəf, mə'gɑf,
mə'gɔf

McGovern
BR mə'gʌvn
AM mə'gəvərn

McGowan
BR mə'gaʊən
AM mə'gaʊən

McGrath[1]
BR mə'grɑːθ, mə'grɑθ
AM mə'græθ

McGrath[2] *in Ireland*
BR mə'grah
AM mə'græθ

McGraw
BR mə'grɔː(r)
AM mə'grɑ, mə'grɔ

McGregor
BR mə'grɛgə(r)
AM mə'grɛgər

McGuigan
BR mə'gwɪg(ə)n
AM mə'gwɪgn

McGuinness
BR mə'gɪnɪs
AM mə'gɪnəs

McGuire
BR mə'gwʌɪə(r)
AM mə'gwaɪər

McGurk
BR mə'gəːk
AM mə'gərk

McHenry
BR mək'hɛnri
AM mək'hɛnri

McHugh
BR mək'hjuː
AM mək'(h)ju

McIlroy
BR 'mak(ɪ)lrɔɪ
AM 'mækl͵rɔɪ

McIlvaney
BR ͵makl'veɪni
AM 'mækl͵veɪni

McIlvenny
BR ͵makl'vɛni
AM 'mækl͵vɛni

McIlwain
BR 'maklweɪn
AM 'mækl͵weɪn

McInerney
BR ͵makɪ'nəːni
AM 'mækə͵nərni

McInnes
BR mək'ɪnɪs
AM mək'ɪnɪs

McInnis
BR mək'ɪnɪs
AM mək'ɪnɪs

McIntosh
BR 'mak(ɪ)ntɒʃ
AM 'mækən͵tɑʃ

McIntyre
BR 'makɪntʌɪə(r)
AM 'mækən͵taɪər

McIver
BR mək'ʌɪvə(r)
AM mə'kaɪvər

McJob
BR mək'dʒɒb, -z
AM mək'dʒɑb, -z

McKay
BR mə'keɪ
AM mə'keɪ

McKechnie
BR mə'kɛkni,
mə'kɛxni
AM mə'kɛkni

McKee
BR mə'kiː
AM mə'ki

McKellar
BR mə'kɛlə(r)
AM mə'kɛlər

McKellen
BR mə'kɛlən
AM mə'kɛl(ə)n

McKendrick
BR mə'kɛndrɪk
AM mə'kɛndrɪk

McKenna
BR mə'kɛnə(r)
AM mə'kɛnə

McKenzie
BR mə'kɛnzi
AM mə'kɛnzi

McKeon
BR məˈkjəʊn
AM məˈkiən

McKeown
BR məˈkjəʊn
AM məˈkiən

McKie
BR məˈkʌɪ,
məˈkiː
AM məˈki

McKinlay
BR məˈkɪnli
AM məˈkɪnli

McKinley
BR məˈkɪnli
AM məˈkɪnli

McKinney
BR məˈkɪni
AM məˈkɪni

McKinnon
BR məˈkɪnən
AM məˈkɪnɨn

McKittrick
BR məˈkɪtrɪk
AM məˈkɪtrɪk

McKnight
BR məkˈnʌɪt
AM məkˈnaɪt

McLachlan
BR məˈklɒxlən,
məˈklɒklən
AM məˈklakl(ə)n

McLaughlin
BR məˈklɒxlɨn,
məˈklɒklɨn
AM məˈklafl(ə)n,
məˈklɔkl(ə)n,
məˈklɔfl(ə)n,
məˈklakl(ə)n

McLean
BR məˈkleɪn,
məˈkliːn
AM məˈklin

McLeish
BR məˈkliːʃ
AM məˈkliʃ

McLellan
BR məˈklɛlən
AM məˈklɛl(ə)n

McLennan
BR məˈklɛnən
AM məˈklɛnən

McLeod
BR məˈklaʊd
AM məˈklaʊd

McLoughlin
BR məˈklɒxlɨn,
məˈklɒklɨn
AM məˈklafl(ə)n,
məˈklɔkl(ə)n,
məˈklɔfl(ə)n,
məˈklakl(ə)n

McLuhan
BR məˈkluːən
AM məˈkluwən

McMahon
BR məkˈmɑːn
AM məkˈmæn

McManus
BR məkˈmanəs
AM məkˈmænəs

McMaster
BR məkˈmɑːstə(r),
məkˈmastə(r)
AM məkˈmæstər

McMenemey
BR məkˈmɛnəmi
AM məkˈmɛnəmi

McMenemy
BR məkˈmɛnəmi
AM məkˈmɛnəmi

McMillan
BR məkˈmɪlən
AM məkˈmɪl(ə)n

McMurdo
BR məkˈməːdəʊ
AM məkˈmərdoʊ

McMurtry
BR məkˈməːtri
AM məkˈmərtri

McNab
BR məkˈnab
AM məkˈnæb

McNaghten
BR məkˈnɔːt(ə)n
AM məkˈnatn,
məkˈnɔtn

McNaghten rules
BR məkˈnɔːt(ə)n ruːlz
AM məkˈnatn ˌrulz, məkˈnɔtn ˌrulz

McNaghton
BR məkˈnɔːt(ə)n
AM məkˈnatn,
məkˈnɔtn

McNair
BR məkˈnɛː(r)
AM məkˈnɛ(ə)r

McNally
BR məkˈnali
AM məkˈnæli

McNamara
BR ˌmaknəˈmɑːrə(r)
AM ˈmæknəˌmɛrə

McNamee
BR ˌmaknəˈmiː
AM ˈmæknəˌmi

McNaughten
BR məkˈnɔːt(ə)n
AM məkˈnatn,
məkˈnɔtn

McNaughton
BR məkˈnɔːt(ə)n
AM məkˈnatn,
məkˈnɔtn

McNeil
BR məkˈniːl
AM məkˈnil

McNeill
BR məkˈniːl
AM məkˈnil

McNestry
BR məkˈnɛstri
AM məkˈnɛstri

McNulty
BR məkˈnʌlti
AM məkˈnəlti

McPhail
BR məkˈfeɪl
AM məkˈfeɪl

McPhee
BR məkˈfiː
AM məkˈfi

McPherson
BR məkˈfəːsn
AM məkˈfɜrs(ə)n,
məkˈfərs(ə)n

McQueen
BR məˈkwiːn
AM məˈkwin

McRae
BR məˈkreɪ
AM məˈkreɪ

McReady
BR məˈkriːdi
AM məkˈridi,
məˈkridi

McShane
BR məkˈʃeɪn
AM məkˈʃeɪn

McShea
BR məkˈʃeɪ
AM məkˈʃeɪ

McSweeney
BR məkˈswiːni
AM məkˈswini

McTaggart
BR məkˈtagət
AM məkˈtægərt

McTavish
BR məkˈtavɪʃ
AM məkˈtævɪʃ

McTeer
BR məkˈtɪə(r)
AM məkˈtɪ(ə)r

McVay
BR məkˈveɪ
AM məkˈveɪ

McVey
BR məkˈveɪ
AM məkˈveɪ

McVicar
BR məkˈvɪkə(r)
AM məkˈvɪkər

McVitie
BR məkˈvɪti
AM məkˈvɪdi

McWhirter
BR məkˈwəːtə(r)
AM məkˈwərdər

McWhorter
BR məkˈwɔːtə(r)
AM məkˈwərdər

McWilliam
BR məkˈwɪlj(ə)m
AM məkˈwɪliəm,
məkˈwɪlj(ə)m

McWilliams
BR məkˈwɪljəmz
AM məkˈwɪliəmz,
məkˈwɪljəmz

me[1] *strong pronoun, musical note*
BR miː
AM mi

me² *weak pronoun*
BR mi
AM mi

Meacham
BR ˈmiːtʃ(ə)m
AM ˈmitʃ(ə)m

Meacher
BR ˈmiːtʃə(r)
AM ˈmitʃər

meacon
BR ˈmiːk(ə)n, -z
AM ˈmikən, -z

mea culpa
BR ˌmeɪə ˈkʊlpə(r),
ˌmiːə +, + ˈkʌlpə(r)
AM ˌmeɪə ˈkʊlpə

mead
BR miːd
AM mid

meadow
BR ˈmɛdəʊ, -z
AM ˈmɛdoʊ, -z

meadowland
BR ˈmɛdəʊland, -z
AM ˈmɛdoʊˌlænd, -z

meadowlark
BR ˈmɛdəʊlɑːk, -s
AM ˈmɛdoʊˌlɑrk, -s

meadowsweet
BR ˈmɛdəʊswiːt
AM ˈmɛdoʊˌswit

meadowy
BR ˈmɛdəʊi
AM ˈmɛdoʊi

meager
BR ˈmiːɡə(r)
AM ˈmiɡər

meagerly
BR ˈmiːɡəli
AM ˈmiɡərli

meagerness
BR ˈmiːɡənəs
AM ˈmiɡərnəs

meagre
BR ˈmiːɡə(r)
AM ˈmiɡər

meagrely
BR ˈmiːɡəli
AM ˈmiɡərli

meagreness
BR ˈmiːɡənəs
AM ˈmiɡərnəs

Meakin
BR ˈmiːkɪn
AM ˈmikɪn

meal
BR miːl, -z
AM mil, -z

mealie
BR ˈmiːl|i, -ɪz
AM ˈmili, -z

mealiness
BR ˈmiːlɪnɪs
AM ˈmilɪnɪs

mealtime
BR ˈmiːltaɪm, -z
AM ˈmilˌtaɪm, -z

mealworm
BR ˈmiːlwəːm, -z
AM ˈmilˌwərm, -z

mealy
BR ˈmiːl|i, -ɪə(r), -ɪɪst
AM ˈmili, -ər, -ɪst

mealybug
BR ˈmiːlibʌɡ, -z
AM ˈmiliˌbəɡ, -z

mealy-mouthed
BR ˌmiːlɪˈmaʊðd
AM ˈmiliˌmaʊθt,
ˈmiliˌmaʊðd

mean
BR miːn, -z, -ɪŋ,
-ə(r), -ɪst
AM min, -z, -ɪŋ,
-ə(r), -ɪst

meander
BR miˈænd|ə(r), -əz,
-(ə)rɪŋ, -əd
AM miˈænd|ər, -ərz,
-(ə)rɪŋ, -ərd

meandering
BR miˈænd(ə)rɪŋ, -z
AM miˈænd(ə)rɪŋ, -z

meandrine
BR miˈændrʌɪn,
miˈændrɪn
AM miˈænˌdraɪn, miˈændrən, miˈændrɪn

meanie
BR ˈmiːn|i, -ɪz
AM ˈmini, -z

meaning
BR ˈmiːnɪŋ, -z
AM ˈminɪŋ, -z

meaningful
BR ˈmiːnɪŋf(ʊ)l
AM ˈminɪŋfəl

meaningfully
BR ˈmiːnɪŋfʊli,
ˈmiːnɪŋfli
AM ˈminɪŋf(ə)li

meaningfulness
BR ˈmiːnɪŋf(ʊ)lnəs
AM ˈminɪŋfəlnəs

meaningless
BR ˈmiːnɪŋlɪs
AM ˈminɪŋlɪs

meaninglessly
BR ˈmiːnɪŋlɪsli
AM ˈminɪŋlɪsli

meaninglessness
BR ˈmiːnɪŋlɪsnɪs
AM ˈminɪŋlɪsnɪs

meaningly
BR ˈmiːnɪŋli
AM ˈminɪŋli

meanly
BR ˈmiːnli
AM ˈminli

meanness
BR ˈmiːnnɪs
AM ˈmi(n)nɪs

means
BR miːnz
AM minz

meant
BR mɛnt
AM mɛnt

meantime
BR ˈmiːntʌɪm
AM ˈminˌtaɪm

meanwhile
BR ˈmiːnwʌɪl
AM ˈminˌ(h)waɪl

meany
BR ˈmiːn|i, -ɪz
AM ˈmini, -z

Mearns
BR mɛːnz
AM mərnz

Measham
BR ˈmiːʃ(ə)m
AM ˈmiʃ(ə)m

measles
BR ˈmiːzlz
AM ˈmizəlz

measliness
BR ˈmiːzlɪnɪs
AM ˈmizlɪnɪs

measly
BR ˈmiːzli
AM ˈmizli

measurability
BR ˌmɛʒ(ə)rəˈbɪlɪti
AM ˌmɛʒərˈbɪlɪdi,
ˌmɛʒ(ə)rəˈbɪlɪdi

measurable
BR ˈmɛʒ(ə)rəbl
AM ˈmɛʒ(ə)r(ə)bəl

measurableness
BR ˈmɛʒ(ə)rəblnəs
AM ˈmɛʒərbəlnəs,
ˈmɛʒ(ə)rəbəlnəs

measurably
BR ˈmɛʒ(ə)rəbli
AM ˈmɛʒərbli,
ˈmɛʒ(ə)rəbli

measure
BR ˈmɛʒ|ə(r), -əz,
-(ə)rɪŋ, -əd
AM ˈmɛʒ|ər, -ərz,
-(ə)rɪŋ, -ərd

measuredly
BR ˈmɛʒədli
AM ˈmɛʒərdli

measureless
BR ˈmɛʒələs
AM ˈmɛʒərləs

measurelessly
BR ˈmɛʒələsli
AM ˈmɛʒərləsli

measurement
BR ˈmɛʒəm(ə)nt, -s
AM ˈmɛʒərm(ə)nt, -s

meat
BR miːt, -s
AM mit, -s

meatball
BR ˈmiːtbɔːl, -z
AM ˈmitˌbɑl,
ˈmitˌbɔl, -z

Meath
BR miːð, miːθ
AM miθ

meathead
BR ˈmiːthɛd, -z
AM ˈmidɛd,
ˈmitˌ(h)ɛd, -z

meatily
BR ˈmiːtɪli
AM ˈmidɪli

meatiness
BR ˈmiːtɪnɪs
AM ˈmidɪnɪs

meatless
BR ˈmiːtlɪs
AM ˈmitlɪs

meatus
BR mɪˈeɪtəs, -ɪz
AM mɪˈeɪdəs, -əz

meaty
BR ˈmiːt|i, -ɪə(r), -ɪɪst
AM ˈmidi, -ər, -ɪst

Mebyon Kernow
BR ˌmɛbɪən ˈkəːnəʊ
AM ˌmɛbɪən ˈkərˌnoʊ

mecca
BR ˈmɛkə(r)
AM ˈmɛkə

meccano
BR mɪˈkɑːnəʊ
AM məˈkɑnoʊ, məˈkænoʊ

mech
BR mɛk
AM mɛk

mechanic
BR mɪˈkanɪk, -s
AM məˈkænɪk, -s

mechanical
BR mɪˈkanɪkl
AM məˈkænək(ə)l

mechanicalism
BR mɪˈkanɪklɪzm
AM məˈkænəkəˌlɪz(ə)m

mechanically
BR mɪˈkanɪkli
AM məˈkænək(ə)li

mechanicalness
BR mɪˈkanɪklnəs
AM məˈkænɪklnəs

mechanician
BR ˌmɛkəˈnɪʃn, -z
AM ˌmɛkəˈnɪʃ(ə)n, -z

mechanisation
BR ˌmɛknʌɪˈzeɪʃn
AM ˌmɛkəˌnaɪˈzeɪʃ(ə)n, ˌmɛkənəˈzeɪʃ(ə)n

mechanise
BR ˈmɛknʌɪz, -ɪz, -ɪŋ, -d
AM ˈmɛkəˌnaɪz, -ɪz, -ɪŋ, -d

mechaniser
BR ˈmɛknʌɪzə(r), -z
AM ˈmɛkəˌnaɪzər, -z

mechanism
BR ˈmɛknɪzm
AM ˈmɛkəˌnɪz(ə)m

mechanist
BR ˈmɛknɪst, -s
AM ˈmɛkənəst, -s

mechanistic
BR ˌmɛkəˈnɪstɪk, ˌmɛknˈɪstɪk
AM ˌmɛkəˈnɪstɪk

mechanistically
BR ˌmɛkəˈnɪstɪkli, ˌmɛknˈɪstɪkli
AM ˌmɛkəˈnɪstək(ə)li

mechanization
BR ˌmɛknʌɪˈzeɪʃn
AM ˌmɛkəˌnaɪˈzeɪʃ(ə)n, ˌmɛkənəˈzeɪʃ(ə)n

mechanize
BR ˈmɛknʌɪz, -ɪz, -ɪŋ, -d
AM ˈmɛkəˌnaɪz, -ɪz, -ɪŋ, -d

mechanizer
BR ˈmɛknʌɪzə(r), -z
AM ˈmɛkəˌnaɪzər, -z

mechanoreceptor
BR ˌmɛknəʊrɪˈsɛptə(r), -z
AM ˌmɛkənoʊrɪˈsɛptər, ˌmɛkənoʊrəˈsɛptər, -z

mechatronics
BR ˈmɛkəˌtrɒnɪks
AM ˌmɛkəˈtrɑnɪks

Mechlin
BR ˈmɛklɪn, -z
AM ˈmɛkl(ə)n, -z

Mecklenburg
BR ˈmɛklənbəːg
AM ˈmɛklənˌbərg

meconium
BR mɪˈkəʊnɪəm
AM məˈkoʊnɪəm

Med
BR mɛd
AM mɛd

medal
BR ˈmɛdl, -z, -d
AM ˈmɛd|əl, -əlz, -(ə)lɪŋ, -əld

medalist
BR ˈmɛdlɪst, -s
AM ˈmɛdləst, -s

medallic
BR mɪˈdalɪk
AM məˈdælɪk

medallion
BR mɪˈdalɪən, mɪˈdalj(ə)n, -z
AM mɛˈdælj(ə)n, məˈdælj(ə)n, -z

medallist
BR ˈmɛdlɪst, -s
AM ˈmɛdləst, -s

Medawar
BR ˈmɛdəwə(r)
AM ˈmɛdəwər

meddle
BR ˈmɛd|l, -lz, -lɪŋ\-lɪŋ, -ld
AM ˈmɛd|əl, -əlz, -(ə)lɪŋ, -əld

meddler
BR ˈmɛdlə(r), ˈmɛdlə(r), -z
AM ˈmɛd(ə)lər, -z

meddlesome
BR ˈmɛdls(ə)m
AM ˈmɛdls(ə)m

meddlesomely
BR ˈmɛdls(ə)mli
AM ˈmɛdlsəmli

meddlesomeness
BR ˈmɛdls(ə)mnəs
AM ˈmɛdlsəmnəs

Mede
BR miːd, -z
AM mid, -z

Medea
BR mɪˈdɪə(r)
AM mɪˈdɪə

Medellín
BR ˌmɛdɪˈjiːn
AM ˌmɛdəˈjin

Medevac
BR ˈmɛdɪvak
AM ˈmɛdəˌvæk

media
BR ˈmiːdɪə(r)
AM ˈmidiə

mediacrat
BR ˈmiːdɪəkrat, -s
AM ˈmidiəˌkræt, -s

mediaeval
BR ˌmɛdɪˈiːvl
AM məˈdivəl, ˌmɛd(i)ˈivəl

mediaevalist
BR ˌmɛdɪˈiːvlɪst, -s
AM məˈdivələst, ˌmɛd(i)ˈivələst, -s

mediagenic
BR ˌmiːdɪəˈdʒɛnɪk
AM ˌmidiəˈdʒɛnɪk

medial
BR ˈmiːdɪəl
AM ˈmidiəl

medially
BR ˈmiːdɪəli
AM ˈmidiəli

median
BR ˈmiːdɪən, -z
AM ˈmidiən, -z

medianly
BR ˈmiːdɪənli
AM ˈmidiənli

mediant
BR ˈmiːdɪənt, -s
AM ˈmidiənt, -s

mediastina
BR ˌmiːdɪəˈstʌɪnə(r)
AM ˌmidiəˈstaɪnə

mediastinal
BR ˌmiːdɪəˈstʌɪnl
AM ˌmidiəˈstaɪn(ə)l

mediastinum
BR ˌmiːdɪəˈstʌɪnəm
AM ˌmidiəˈstaɪn(ə)m

mediate
BR ˈmiːdɪeɪt, -s, -ɪŋ, -ɪd
AM ˈmidiˌeɪ|t, -ts, -dɪŋ, -dɪd

mediately
BR ˈmiːdɪətli
AM ˈmidiɪtli

mediation
BR ˌmiːdɪˈeɪʃn
AM ˌmidiˈeɪʃ(ə)n
mediatisation
BR ˌmiːdiətʌɪˈzeɪʃn, -z
AM ˌmidiəˌtaɪˈzeɪʃ(ə)n,
ˌmidiədəˈzeɪʃ(ə)n, -z
mediatise
BR ˈmiːdiətʌɪz, -ɪz,
-ɪŋ, -d
AM ˈmidiəˌtaɪz, -ɪz,
-ɪŋ, -d
mediatization
BR ˌmiːdiətʌɪˈzeɪʃn, -z
AM ˌmidiəˌtaɪˈzeɪʃ(ə)n,
ˌmidiədəˈzeɪʃ(ə)n, -z
mediatize
BR ˈmiːdiətʌɪz, -ɪz,
-ɪŋ, -d
AM ˈmidiəˌtaɪz, -ɪz,
-ɪŋ, -d
mediator
BR ˈmiːdieɪtə(r), -z
AM ˈmidiˌeɪdər, -z
mediatorial
BR ˌmiːdiəˈtɔːriəl
AM ˌmidiəˈtɔriəl
mediatory
BR ˈmiːdiət(ə)ri
AM ˈmidiəˌtɔri
mediatrices
BR ˌmiːdɪˈeɪtrɪsiːz
AM ˌmidiˈeɪtɪsiz
mediatrix
BR ˈmiːdiətrɪks,
-ɪz
AM ˈmidiəˌtrɪks, -ɪz
medic
BR ˈmɛdɪk, -s
AM ˈmɛdɪk, -s
medicable
BR ˈmɛdɪkəbl
AM ˈmɛdəkəb(ə)l
Medicaid
BR ˈmɛdɪkeɪd
AM ˈmɛdəˌkeɪd
medical
BR ˈmɛdɪkl
AM ˈmɛdək(ə)l
medically
BR ˈmɛdɪkli
AM ˈmɛdək(ə)li

medicament
BR mɪˈdɪkəm(ə)nt, -s
AM ˈmɛdəkəˌmɛnt,
məˈdɪkəm(ə)nt, -s
Medicare
BR ˈmɛdɪkɛː(r)
AM ˈmɛdəˌkɛ(ə)r
medicate
BR ˈmɛdɪkeɪt, -s, -ɪŋ,
-ɪd
AM ˈmɛdəˌkeɪ|t, -ts,
-dɪŋ, -dɪd
medication
BR ˌmɛdɪˈkeɪʃn, -z
AM ˌmɛdəˈkeɪʃ(ə)n, -z
medicative
BR ˈmɛdɪkətɪv
AM ˈmɛdəˌkeɪdɪv
Medicean
BR ˌmɛdɪˈtʃiːən
AM ˌmɛdəˈsiən,
ˌmɛdəˈtʃiən
Medici
BR ˈmɛdɪtʃiː, mɪˈdiːtʃiː
AM ˈmɛdətʃi
medicinal
BR mɪˈdɪsn̩l, mɪˈdɪsɪnl
AM mɛˈdɪsn(ə)l,
məˈdɪsn̩l
medicinally
BR mɪˈdɪsɪnli
AM məˈdɪsnəli,
mɛˈdɪsnəli
medicine
BR ˈmɛd(ɪ)s(ɪ)n, -z
AM ˈmɛd(ə)s(ə)n, -z
medick *plant*
BR ˈmiːdɪk, -s
AM ˈmidɪk, -s
medico
BR ˈmɛdɪkəʊ, -z
AM ˈmɛdəˌkoʊ, -z
medieval
BR ˌmɛdɪˈiːvl
AM məˈdivəl,
ˌmɛd(i)ˈivəl
medievalise
BR ˌmɛdɪˈiːvl̩ʌɪz, -ɪz,
-ɪŋ, -d
AM məˈdivəˌlaɪz,
ˌmɛd(i)ˈivəˌlaɪz, -ɪz,
-ɪŋ, -d

medievalism
BR ˌmɛdɪˈiːvlɪzm
AM məˈdivəˌlɪz(ə)m,
ˌmɛd(i)ˈivəˌlɪz(ə)m
medievalist
BR ˌmɛdɪˈiːvlɪst, -s
AM məˈdivələst,
ˌmɛd(i)ˈivələst, -s
medievalize
BR ˌmɛdɪˈiːvl̩ʌɪz, -ɪz,
-ɪŋ, -d
AM məˈdivəˌlaɪz,
ˌmɛd(i)ˈivəˌlaɪz, -ɪz,
-ɪŋ, -d
medievally
BR ˌmɛdɪˈiːvli
AM məˈdivəli,
ˌmɛd(i)ˈivəli
medigap
BR ˈmɛdɪɡap
AM ˈmɛdiˌɡæp
Medina[1] *place in Saudi Arabia*
BR mɛˈdiːnə(r),
mɪˈdiːnə(r)
AM məˈdinə
Medina[2] *place in US*
BR mɪˈdʌɪnə(r)
AM məˈdaɪnə
mediocre
BR ˌmiːdɪˈəʊkə(r)
AM ˌmidiˈoʊkər
mediocrity
BR ˌmiːdɪˈɒkrɪt|i, -ɪz
AM ˌmidiˈɑkrədi, -z
meditate
BR ˈmɛdɪteɪt, -s, -ɪŋ,
-ɪd
AM ˈmɛdəˌteɪ|t, -ts,
-dɪŋ, -dɪd
meditation
BR ˌmɛdɪˈteɪʃn, -z
AM ˌmɛdəˈteɪʃ(ə)n, -z
meditative
BR ˈmɛdɪtətɪv
AM ˈmɛdəˌteɪdɪv
meditatively
BR ˈmɛdɪtətɪvli
AM ˈmɛdəˌteɪdɪvli
meditativeness
BR ˈmɛdɪtətɪvnɪs
AM ˈmɛdəˌteɪdɪvnɪs

meditator
BR ˈmɛdɪteɪtə(r), -z
AM ˈmɛdəˌteɪdər,
-z
Mediterranean
BR ˌmɛdɪtəˈreɪniən
AM ˌmɛdətəˈreɪnj(ə)n,
ˌmɛdətəˈreɪniən
medium
BR ˈmiːdɪəm, -z
AM ˈmidiəm, -z
mediumism
BR ˈmiːdɪəmɪzm
AM ˈmidiəˌmɪz(ə)m
mediumistic
BR ˌmiːdɪəˈmɪstɪk
AM ˌmidiəˈmɪstɪk
mediumship
BR ˈmiːdɪəmˌʃɪp,
-s
AM ˈmidiəmˌʃɪp, -s
medlar
BR ˈmɛdlə(r), -z
AM ˈmɛdlər, -z
medley
BR ˈmɛdl|i, -ɪz
AM ˈmɛdli, -z
Médoc
BR ˌmeɪˈdɒk
AM ˌmeɪˈdɑk,
ˌmeɪˈdak
medrese
BR mɛˈdrɛseɪ, -z
AM mɛˈdrɛseɪ, -z
medspeak
BR ˈmɛdspiːk
AM ˈmɛdˌspik
medulla
BR mɛˈdʌlə(r),
mɪˈdʌlə(r), -z
AM məˈdələ, -z
medulla oblongata
BR mɛˌdʌlə ˌɒblɒŋ-
ˈɡɑːtə(r), mɪˌdʌlə +
AM məˌdələ ɔˌblɒŋ-
ˈɡɑdə, məˌdələ
ɑˌblɒŋˈɡɑdə
medullary
BR mɛˈdʌl(ə)ri,
mɪˈdʌl(ə)ri
AM ˈmɛdʒələri,
məˈdəl(ə)ri

medusa
BR mɪˈdjuːzə(r), mɪˈdjuːsə(r), -z
AM məˈd(j)usə, məˈd(j)uzə, -z

medusae
BR mɪˈdjuːziː, mɪˈdjuːsiː
AM məˈd(j)usi, məˈd(j)uzaɪ, məˈd(j)uˌsaɪ, məˈd(j)uzi

medusan
BR mɪˈdjuːz(ə)n, mɪˈdjuːs(ə)n
AM məˈd(j)us(ə)n, məˈd(j)uz(ə)n

Medway
BR ˈmɛdweɪ
AM ˈmɛdweɪ

Medwin
BR ˈmɛdwɪn
AM ˈmɛdwɪn

Mee
BR miː
AM mi

meed
BR miːd
AM mid

Meehan
BR ˈmiːən
AM ˈmiˌhæn, ˈmiən

meek
BR miːk
AM mik

meekly
BR ˈmiːkli
AM ˈmikli

meekness
BR ˈmiːknɪs
AM ˈmiknɪs

mee krob
BR miːˈkrɒb
AM ˌmiˈkrɑb

meemaw
BR ˈmiːmɔː(r), -z, -ɪŋ, -d
AM ˈmiˌmɔ, ˈmiˌmɑ, -z, -ɪŋ, -d

meep
BR miːp, -s, -ɪŋ, -t
AM mip, -s, -ɪŋ, -t

meerkat
BR ˈmɪəkat, -s
AM ˈmɪrˌkæt, -s

meerschaum
BR ˈmɪəʃ(ə)m, ˈmɪəʃɔːm, -z
AM ˈmɪrʃ(ə)m, ˈmɪrˌʃam, ˈmɪrˌʃɔm, -z

Meerut
BR ˈmɪərət
AM ˈmɪrət, ˈmeɪrət

meester
BR ˈmɪəstə(r), ˈmiːstə(r), -z
AM ˈmistər, -z

meet
BR miːt, -s, -ɪŋ
AM miǀt, -ts, -dɪŋ

meeter
BR ˈmiːtə(r), -z
AM ˈmidər, -z

meeting
BR ˈmiːtɪŋ, -z
AM ˈmidɪŋ, -z

meetinghouse
BR ˈmiːtɪŋhaʊǀs, -zɪz
AM ˈmidɪŋˌ(h)aʊǀs, -zəz

meetly
BR ˈmiːtli
AM ˈmitli

meetness
BR ˈmiːtnɪs
AM ˈmitnɪs

meetsuk
BR ˈmiːtsuːk
AM ˈmitˌsuk

Meg
BR mɛg
AM mɛg

mega
BR ˈmɛgə(r)
AM ˈmɛgə

megabuck
BR ˈmɛgəbʌk, -s
AM ˈmɛgəˌbək, -s

megabyte
BR ˈmɛgəbaɪt, -s
AM ˈmɛgəˌbaɪt, -s

megacephalic
BR ˌmɛgəsɪˈfalɪk, ˌmɛgəkɛˈfalɪk
AM ˌˌmɛgəsəˈfælɪk

megacycle
BR ˈmɛgəˌsʌɪkl, -z
AM ˈmɛgəˌsaɪk(ə)l, -z

megadeath
BR ˈmɛgədɛθ, -s
AM ˈmɛgəˌdɛθ, -s

Megaera
BR mɪˈdʒɪərə(r)
AM məˈdʒɪrə

megafauna
BR ˈmɛgəˌfɔːnə(r)
AM ˈmɛgəˌfɔnə, ˈmɛgəˌfɑnə

megaflop
BR ˈmɛgəflɒp, -s
AM ˈmɛgəˌflɑp, -s

megahertz
BR ˈmɛgəhəːts
AM ˈmɛgəˌhərts

megalith
BR ˈmɛgəlɪθ, -s
AM ˈmɛgəˌlɪθ, -s

megalithic
BR ˌmɛgəˈlɪθɪk
AM ˌmɛgəˈlɪθɪk

megalomania
BR ˌmɛglə(ʊ)ˈmeɪnɪə(r)
AM ˌmɛg(ə)ləˈmeɪnɪə, ˌmɛg(ə)loʊˈmeɪnɪə

megalomaniac
BR ˌmɛglə(ʊ)ˈmeɪnɪak, -s
AM ˌmɛg(ə)ləˈmeɪniˌæk, ˌmɛg(ə)loʊˈmeɪniˌæk, -s

megalomaniacal
BR ˌmɛgləməˈnʌɪəkl
AM ˌˌmɛg(ə)ləməˈnaɪək(ə)l

megalopolis
BR ˌmɛgəˈlɒpəlɪs, -ɪz
AM ˌmɛgəˈlɑpələs, -əz

megalopolitan
BR ˌmɛgləˈpɒlɪt(ə)n
AM ˌmɛgələˈpɑlətn, ˌmɛgələˈpɑlədən

megalosaur
BR ˈmɛgləsɔː(r), -z
AM ˈmɛgələˌsɔ(ə)r, -z

megalosaurus
BR ˌmɛgləˈsɔːrəs, -ɪz
AM ˌmɛgələˈsɔrəs, -əz

Megan
BR ˈmɛg(ə)n
AM ˈmeɪgən, ˈmɛgən

megaphone
BR ˈmɛgəfəʊn, -z
AM ˈmɛgəˌfoʊn, -z

megapod
BR ˈmɛgəpɒd, -z
AM ˈmɛgəˌpad, -z

megapode
BR ˈmɛgəpəʊd, -z
AM ˈmɛgəˌpoʊd, -z

megaron
BR ˈmɛgərɒn, ˈmɛgərn̩, -z
AM ˈmɛgəˌrɑn, -z

megascopic
BR ˌmɛgəˈskɒpɪk
AM ˌmɛgəˈskɑpɪk

megaspore
BR ˈmɛgəspɔː(r), -z
AM ˈmɛgəˌspɔ(ə)r, -z

megastar
BR ˈmɛgəstɑː(r), -z
AM ˈmɛgəˌstɑr, -z

megastore
BR ˈmɛgəstɔː(r), -z
AM ˈmɛgəˌstɔ(ə)r, -z

megatheria
BR ˌmɛgəˈθɪərɪə(r)
AM ˌmɛgəˈθɪrɪə

megatherium
BR ˌmɛgəˈθɪərɪəm
AM ˌmɛgəˈθɪrɪəm

megaton
BR ˈmɛgətʌn, -z
AM ˈmɛgəˌtan, ˈmɛgəˌt(ə)n, -z

megatonne
BR ˈmɛgətʌn, -z
AM ˈmɛgəˌtan, ˈmɛgəˌt(ə)n, -z

megavolt
BR ˈmɛgəvəʊlt, ˈmɛgəvɒlt, -s
AM ˈmɛgəˌvoʊlt, -s

megawatt
BR ˈmeɡəwɒt, -s
AM ˈmeɡəˌwɑt, -s

Megger
BR ˈmeɡə(r), -z
AM ˈmeɡər, -z

megillah
BR mɪˈɡɪlə(r), -z
AM məˈɡɪlə, -z

megilp
BR məˈɡɪlp
AM məˈɡɪlp

megiston
BR mɪˈɡɪstɒn
AM məˈɡɪst(ə)n

MEGO
BR ˈmiːɡəʊ, -z
AM ˈmiɡoʊ, -z

megohm
BR ˈmeɡəʊm, -z
AM ˈmeɡˌoʊm, -z

megrim
BR ˈmiːɡrɪm, -z
AM ˈmiɡrɪm, -z

megstie
BR ˈmeɡsti, ˈmeksti, ˈmeksti
AM ˈmeɡsti

meh *interjection and adverb*
BR me
AM me

Mehmet
BR ˈmemet
AM ˈmemet

meid
BR meɪt, -s
AM meɪt, -s

Meier
BR ˈmʌɪə(r)
AM ˈmaɪər

Meiji Tenno
BR ˌmeɪdʒɪ ˈtenəʊ
AM meɪˌɪdʒi ˈteˌnoʊ

Meikle
BR ˈmiːkl
AM ˈmikl

Meiklejohn
BR ˈmiːklʤɒn
AM ˈmɪklˌʤɑn, ˈmiklˌʤɑn

meioses
BR mʌɪˈəʊsiːz
AM maɪˈoʊsiz

meiosis
BR mʌɪˈəʊsɪs
AM maɪˈoʊsəs

meiotic
BR mʌɪˈɒtɪk
AM meɪˈɑdɪk

meiotically
BR mʌɪˈɒtɪkli
AM maɪˈɑdək(ə)li

Meir
BR meɪˈɪə(r)
AM meɪˈɪ(ə)r

meishi
BR ˈmeɪʃi
AM ˈmeɪʃi

me-ism
BR ˈmiːɪzm
AM ˈmiˌɪz(ə)m

Meissen
BR ˈmʌɪsn
AM ˈmaɪs(ə)n

Meistersinger
BR ˈmʌɪstəˌsɪŋə(r), ˈmʌɪstəˌzɪŋə(r), -z
AM ˈmaɪstərˌsɪŋər, -z

Mekong
BR ˌmiːˈkɒŋ
AM ˌmiˈkɔŋ, ˌmeɪˈkɑŋ, ˌmiˈkɑŋ, ˌmeɪˈkɔŋ

mel
BR mel, -z
AM mel, -z

mela
BR ˈmeɪlə(r), -z
AM ˈmeɪlɑ, -z

melamine
BR ˈmeləmʌɪn, ˈmeləmiːn
AM ˈmelə,min

melancholia
BR ˌmelənˈkəʊlɪə(r), ˌmelŋˈkəʊlɪə(r)
AM ˌmelənˈkɑljə, ˌmelənˈkoʊlɪə, ˌmelənˈkɑliə, ˌmelənˈkoʊljə

melancholic
BR ˌmelənˈkɒlɪk, ˌmelŋˈkɒlɪk
AM ˌmelənˈkɑlɪk

melancholically
BR ˌmelənˈkɒlɪkli, ˌmelŋˈkɒlɪkli
AM ˌmelənˈkɑlək(ə)li

melancholy
BR ˈmelənk(ə)li, ˈmelŋk(ə)li
AM ˈmelənˌkali

Melanchthon
BR mɪˈlaŋkθən
AM məˈlæŋkˌθɑn

Melanesia
BR ˌmeləˈniːzjə(r), ˌmeləˈniːʒə(r)
AM ˌmeləˈniʃə, ˌmeləˈniʒə

Melanesian
BR ˌmeləˈniːzj(ə)n, ˌmeləˈniːʒn, -z
AM ˌmeləˈniʃ(ə)n, ˌmeləˈniʒ(ə)n, -z

mélange
BR meɪˈlɒ̃ʒ, meɪˈlɑːnʒ, -ɪz
AM meɪˈlɑn(d)ʒ, -əz

Melanie
BR ˈmeləni
AM ˈmeləni

melanin
BR ˈmelənɪn
AM ˈmelənən

melanism
BR ˈmelənɪzm
AM ˈmeləˌnɪz(ə)m

melanocarcinoma
BR ˌmelənəʊˌkɑːsɪˈnəʊmə(r)
AM ˌmelənoʊˌkɑrsəˈnoʊmə

melanoma
BR ˌmeləˈnəʊmə(r), -z
AM ˌmeləˈnoʊmə, -z

melanosarcoma
BR ˌmelənəʊsɑːˈkəʊmə(r)
AM ˌmelənoʊsɑrˈkoʊmə

melanoses
BR ˌmeləˈnəʊsiːz
AM ˌmeləˈnoʊsiz

melanosis
BR ˌmeləˈnəʊsɪs
AM ˌmeləˈnoʊsəs

melanotic
BR ˌmeləˈnɒtɪk
AM ˌmeləˈnɑdɪk

melba
BR ˈmelbə(r)
AM ˈmelbə

Melbourne
BR ˈmelbɔːn
AM ˈmelbərn

Melchett
BR ˈmeltʃɪt
AM ˈmeltʃət

Melchior
BR ˈmelkɪɔː(r)
AM ˈmelkiˌɔ(ə)r

Melchite
BR ˈmelkʌɪt, -s
AM ˈmelˌkaɪt, -s

Melchizedek
BR melˈkɪzədek
AM melˈkɪzəˌdek

meld
BR meld, -z, -ɪŋ, -ɪd
AM meld, -z, -ɪŋ, -əd

Meldrum
BR ˈmeldrəm
AM ˈmeldrəm

Meleager
BR ˌmeliˈeɪɡə(r)
AM ˌmeliˈeɪɡər

melee
BR ˈmeleɪ, meˈleɪ, -z
AM ˈmeɪleɪ, -z

Melhuish
BR melˈhjuːɪʃ, ˈmelhjʊɪʃ, ˈmelɪʃ
AM melˈhjuɪʃ

Melia
BR ˈmiːlɪə(r)
AM ˈmiliə, ˈmiljə

melic
BR ˈmelɪk
AM ˈmelɪk

melick
BR ˈmelɪk
AM ˈmelɪk

Melilla
BR mɪˈlɪə(r)
AM məˈlɪjə

melilot
BR ˈmɛlɪlɒt, -s
AM ˈmɛləˌlɑt, -s

Melina
BR mɪˈliːnə(r)
AM məˈlinə

Melinda
BR mɪˈlɪndə(r)
AM məˈlɪndə

meliorate
BR ˈmiːlɪəreɪt, -s, -ɪŋ, -ɪd
AM ˈmiliəˌreɪ|t, ˈmiljəˌreɪ|t, -ts, -dɪŋ, -dɪd

melioration
BR ˌmiːlɪəˈreɪʃn
AM ˌmiliəˈreɪʃ(ə)n, ˌmiljəˈreɪʃ(ə)n

meliorative
BR ˈmiːlɪərətɪv
AM ˈmiliəˌreɪdɪv, ˈmiljəˌreɪdɪv

meliorism
BR ˈmiːlɪərɪzm
AM ˈmiliəˌrɪz(ə)m, ˈmiljəˌrɪz(ə)m

meliorist
BR ˈmiːlɪərɪst, -s
AM ˈmiliərəst, ˈmiljərəst, -s

melisma
BR mɪˈlɪzmə(r), -z
AM məˈlɪzmə, -z

melismata
BR mɪˈlɪzmətə(r)
AM məˈlɪzmədə

melismatic
BR ˌmɛlɪzˈmatɪk
AM ˌmɛləzˈmædɪk

Melissa
BR mɪˈlɪsə(r)
AM məˈlɪsə

Melksham
BR ˈmɛlkʃ(ə)m
AM ˈmɛlkʃ(ə)m

melliferous
BR mɪˈlɪf(ə)rəs
AM məˈlɪf(ə)rəs

mellifluence
BR mɪˈlɪflʊəns
AM məˈlɪflʊəns

mellifluent
BR mɪˈlɪflʊənt
AM məˈlɪflʊənt

mellifluous
BR mɪˈlɪflʊəs
AM məˈlɪfləwəs

mellifluously
BR mɪˈlɪflʊəsli
AM məˈlɪfləwəsli

mellifluousness
BR məˈlɪflʊəsnəs
AM məˈlɪfləwəsnəs

Mellish
BR ˈmɛlɪʃ
AM ˈmɛlɪʃ

Mellon
BR ˈmɛlən
AM ˈmɛl(ə)n

Mellor
BR ˈmɛlə(r)
AM ˈmɛlər

Mellors
BR ˈmɛləz
AM ˈmɛlərz

mellotron
BR ˈmɛlətrɒn, -z
AM ˈmɛləˌtrɑn, -z

mellow
BR ˈmɛləʊ, -z, -ɪŋ, -d, -ə(r), -ɪst
AM ˈmɛloʊ, -z, -ɪŋ, -d, -ər, -əst

mellowly
BR ˈmɛləʊli
AM ˈmɛloʊli

mellowness
BR ˈmɛləʊnəs
AM ˈmɛloʊnəs

Melly
BR ˈmɛli
AM ˈmɛli

melmot
BR ˈmɛlmɒt
AM ˈmɛlmət

melodeon
BR mɪˈləʊdɪən, -z
AM məˈloʊdɪən, -z

melodic
BR mɪˈlɒdɪk
AM məˈlɑdɪk

melodica
BR mɪˈlɒdɪkə(r), -z
AM məˈlɑdəkə, -z

melodically
BR mɪˈlɒdɪkli
AM məˈlɑdək(ə)li

melodious
BR mɪˈləʊdɪəs
AM məˈloʊdɪəs

melodiously
BR mɪˈləʊdɪəsli
AM məˈloʊdɪəsli

melodiousness
BR mɪˈləʊdɪəsnəs
AM məˈloʊdɪəsnəs

melodise
BR ˈmɛlədʌɪz, -ɪz, -ɪŋ, -d
AM ˈmɛləˌdaɪz, -ɪz, -ɪŋ, -d

melodiser
BR ˈmɛlədʌɪzə(r), -z
AM ˈmɛləˌdaɪzər, -z

melodist
BR ˈmɛlədɪst, -s
AM ˈmɛlədəst, -s

melodize
BR ˈmɛlədʌɪz, -ɪz, -ɪŋ, -d
AM ˈmɛləˌdaɪz, -ɪz, -ɪŋ, -d

melodizer
BR ˈmɛlədʌɪzə(r), -z
AM ˈmɛləˌdaɪzər, -z

melodrama
BR ˈmɛləˌdrɑːmə(r), -z
AM ˈmɛləˌdrɑmə, -z

melodramatic
BR ˌmɛlədrəˈmatɪk, -s
AM ˌmɛlədrəˈmædɪk, -s

melodramatically
BR ˌmɛlədrəˈmatɪkli
AM ˌmɛlədrəˈmædək(ə)li

melodramatise
BR ˌmɛlə(ʊ)ˈdramətʌɪz, -ɪz, -ɪŋ, -d
AM ˌmɛləˈdrɑməˌtaɪz, -ɪz, -ɪŋ, -d

melodramatist
BR ˌmɛlə(ʊ)ˈdramətɪst, -s
AM ˌmɛləˈdrɑmədəst, -s

melodramatize
BR ˌmɛlə(ʊ)ˈdramətʌɪz, -ɪz, -ɪŋ, -d
AM ˌmɛləˈdrɑməˌtaɪz, -ɪz, -ɪŋ, -d

melody
BR ˈmɛləd|i, -ɪz
AM ˈmɛlədi, -z

Melon
BR ˈmɛlən, -z
AM ˈmɛl(ə)n, -z

melony
BR ˈmɛləni
AM ˈmɛləni

Melos
BR ˈmiːlɒs, ˈmɛlɒs
AM ˈmilɑs

Melpomene
BR mɛlˈpɒmɪni
AM mɛlˈpɑməni

Melrose
BR ˈmɛlrəʊz
AM ˈmɛlˌroʊz

melt
BR mɛlt, -s, -ɪŋ, -ɪd
AM mɛlt, -s, -ɪŋ, -əd

meltable
BR ˈmɛltəbl
AM ˈmɛltəb(ə)l

meltage
BR ˈmɛlt|ɪdʒ, -ɪdʒɪz
AM ˈmɛltɪdʒ, -ɪz

meltdown
BR ˈmɛltdaʊn, -z
AM ˈmɛltˌdaʊn, -z

melter
BR ˈmɛltə(r), -z
AM ˈmɛltər, -z

meltingly
BR ˈmɛltɪŋli
AM ˈmɛltɪŋli

melton
BR ˈmɛltn, -z
AM ˈmɛlt(ə)n, -z

Meltonian
BR mɛlˈtəʊnɪən
AM mɛlˈtoʊnɪən

Melton Mowbray
BR ˌmelt(ə)n ˈməʊbri,
+ -ˈməʊbreɪ
AM ˌmeltn ˈmoʊbri

meltwater
BR ˈmeltˌwɔːtə(r), -z
AM ˈmeltˌwɑːdər,
ˈmeltˌwɔdər, -z

Melville
BR ˈmelvɪl
AM ˈmelˌvɪl, ˈmelvəl

Melvin
BR ˈmelvɪn
AM ˈmelvən

member
BR ˈmembə(r), -z, -d
AM ˈmembər, -z, -d

memberless
BR ˈmembələs
AM ˈmembərləs

membership
BR ˈmembəʃɪp, -s
AM ˈmembərˌʃɪp, -s

member state
BR ˌmembə ˈsteɪt, -s
AM ˈmembər ˌsteɪt, -s

membranaceous
BR ˌmembrəˈneɪʃəs
AM ˌmembrəˈneɪʃəs

membrane
BR ˈmembreɪn, -z
AM ˈmemˌbreɪn, -z

membraneous
BR memˈbreɪnɪəs
AM memˈbreɪnɪəs

membranous
BR ˈmembrənəs
AM memˈbreɪnəs,
ˈmembrənəs

membrum virile
BR ˌmembrəm vɪˈrʌɪli,
+ vɪˈriːli, -z
AM ˌmembrəm ˈvɪrɨl,
-z

memento
BR mɪˈmentəʊ, -z
AM məˈmen(t)oʊ, -z

memento mori
BR mɪˌmentəʊ ˈmɔːrʌɪ,
+ -ˈmɔːri
AM məˌmenoʊ ˈmɔri,
məˌmenˌtoʊ ˈmɔri

Memnon
BR ˈmemnɒn
AM ˈmemnan,
ˈmemnən

memo
BR ˈmeməʊ, -z
AM ˈmemoʊ, -z

memoir
BR ˈmemwɑː(r), -z
AM ˈmemˌwɑr, -z

memoirist
BR ˈmemwɑːrɪst, -s
AM ˈmemwɑrəst, -s

memorabilia
BR ˌmem(ə)rəˈbɪlɪə(r)
AM ˌmem(ə)rəˈbɪlɪə,
ˌmem(ə)rəˈbɪljə

memorability
BR ˌmem(ə)rˈbɪlɪti
AM ˌmem(ə)rəˈbɪlɨdi

memorable
BR ˈmem(ə)rəbl
AM ˈmemərbəl,
ˈmem(ə)rəb(ə)l

memorableness
BR ˈmem(ə)rəblnəs
AM ˈmemərbəlnəs,
ˈmem(ə)rəbəlnəs

memorably
BR ˈmem(ə)rəbli
AM ˈmemərbli,
ˈmem(ə)rəbli

memoranda
BR ˌmeməˈrandə(r)
AM ˌmeməˈrændə

memorandum
BR ˌmeməˈrandəm, -z
AM ˌmeməˈrændəm,
-z

memorat
BR ˌmeməˈrɑːt, -s
AM ˌmeməˈrɑt, -s

memorate[1] *noun*
BR ˈmem(ə)rət,
ˈmem(ə)reɪt, -s
AM ˈmem(ə)rət,
ˈmeməˌreɪt, -s

memorate[2] *verb*
BR ˈmemərreɪt, -s,
-ɪŋ, -ɪd
AM ˈmeməˌreɪ|t, -ts,
-dɪŋ, -dɨd

memorial
BR mɪˈmɔːrɪəl, -z
AM məˈmɔrɪəl, -z

memorialise
BR mɪˈmɔːrɪəlʌɪz, -ɪz,
-ɪŋ, -d
AM məˈmɔrɪəˌlaɪz, -ɪz,
-ɪŋ, -d

memorialist
BR mɪˈmɔːrɪəlɪst, -s
AM məˈmɔrɪələst,
-s

memorialize
BR mɪˌmɔːrɪəlʌɪz, -ɪz,
-ɪŋ, -d
AM məˈmɔrɪəˌlaɪz, -ɪz,
-ɪŋ, -d

memoria technica
BR mɪˌmɔːrɪə
ˈteknɪkə(r), -z
AM məˌmɔrɪə
ˈteknəkə, -z

memorisable
BR ˈmemərʌɪzəbl
AM ˈmeməˌraɪzəb(ə)l

memorisation
BR ˌmemərʌɪˈzeɪʃn
AM ˌmeməˌraɪˈzeɪʃ(ə)n,
ˌmemərəˈzeɪʃ(ə)n

memorise
BR ˈmemərʌɪz, -ɪz,
-ɪŋ, -d
AM ˈmeməˌraɪz, -ɪz,
-ɪŋ, -d

memoriser
BR ˈmemərʌɪzə(r), -z
AM ˈmeməˌraɪzər, -z

memorizable
BR ˈmemərʌɪzəbl
AM ˈmeməˌraɪzəb(ə)l

memorization
BR ˌmemərʌɪˈzeɪʃn
AM ˌmeməˌraɪˈzeɪʃ(ə)n,
ˌmemərəˈzeɪʃ(ə)n

memorize
BR ˈmemərʌɪz, -ɪz,
-ɪŋ, -d
AM ˈmeməˌraɪz, -ɪz,
-ɪŋ, -d

memorizer
BR ˈmemərʌɪzə(r), -z
AM ˈmeməˌraɪzər, -z

memory
BR ˈmem(ə)r|i, -ɪz
AM ˈmem(ə)ri, -z

Memphis
BR ˈmemfɪs
AM ˈmem(p)fəs

memsahib
BR ˈmemsɑː(ɪ)b, -z
AM ˈmemˌsɑb,
ˈmemˌsɑ(h)ɪb, -z

men
BR men
AM men

menace
BR ˈmenɨs, -ɪz, -ɪŋ, -t
AM ˈmenəs, -əz, -ɪŋ, -t

menacer
BR ˈmenɨsə(r), -z
AM ˈmenəsər, -z

menacingly
BR ˈmenɨsɪŋli
AM ˈmenəsɪŋli

ménage
BR meɪˈnɑːʒ,
meˈnɑːʒ, -ɪz
AM məˈnɑʒ,
meɪˈnɑʒ, -əz

ménage à trois
BR ˌmenɑːʒ ɑː
ˈtrwɑː(r), ˌmenɑːʒ +,
məˌnɑːʒ +, -z
AM məˈnɑʒ ə ˈt(r)wɑ,
meɪˈnɑʒ ə ˈt(r)wɑ,
-z

menagerie
BR mɪˈnadʒ(ə)r|i, -ɪz
AM məˈnæ(d)ʒəri, -z

Menai Strait
BR ˌmenʌɪ ˈstreɪt
AM ˈmeˌnaɪ ˈstreɪt

Menander
BR mɪˈnandə(r)
AM məˈnændər

menaquinone
BR ˌmenəˈkwɪnəʊn, -z
AM ˌmenəˈkwɪnoʊn,
-z

menarche
BR meˈnɑːki,
mɪˈnɑːki
AM ˈmenɑrki,
məˈnɑrki

Mencken
BR ˈmeŋk(ə)n
AM ˈmeŋken

mend
BR mend, -z, -ɪŋ, -ɪd
AM mend, -z, -ɪŋ, -əd

mendable
BR ˈmendəbl
AM ˈmendəb(ə)l

mendacious
BR menˈdeɪʃəs
AM menˈdeɪʃəs

mendaciously
BR menˈdeɪʃəsli
AM menˈdeɪʃəsli

mendaciousness
BR menˈdeɪʃəsnəs
AM menˈdeɪʃəsnəs

mendacity
BR menˈdasɪti
AM menˈdæsədi

Mendel
BR ˈmendl
AM ˈmend(ə)l

Mendeleev
BR ˌmendəˈleɪev
AM ˌmendəˈleɪev

mendelevium
BR ˌmendəˈliːviəm, ˌmendəˈleɪviəm
AM ˌmendəˈleɪviəm, ˌmendəˈliviəm

Mendelian
BR menˈdiːliən
AM menˈdiliən

Mendelism
BR ˈmendl̩ɪzm
AM ˈmendl̩ɪz(ə)m

Mendelssohn
BR ˈmendls(ə)n
AM ˈmendls(ə)n

mender
BR ˈmendə(r), -z
AM ˈmendər, -z

Méndez
BR ˈmendez
AM ˈmenˌdez
SP ˈmendeθ, ˈmendes

mendicancy
BR ˈmendɪk(ə)nsi
AM ˈmendəkənsi

mendicant
BR ˈmendɪk(ə)nt, -s
AM ˈmendəkənt, -s

mendicity
BR menˈdɪsɪti
AM menˈdɪsɪdi

Mendip
BR ˈmendɪp, -s
AM ˈmendɪp, -s

Mendoza
BR menˈdəʊzə(r)
AM menˈdoʊzə
SP menˈdoθa, menˈdosa

menehune
BR ˌmenəˈhuːn|i, -ɪz
AM ˌmenəˈhuni, -z

Menelaus
BR ˌmenɪˈleɪəs
AM ˌmenəˈleɪəs

Menes
BR ˈmiːniːz
AM ˈmiˌniz

menfolk
BR ˈmenfəʊk
AM ˈmenˌfoʊk

Meng-tzu
BR ˌmeŋˈtsuː
AM ˌmeŋˈtsu

menhaden
BR menˈheɪdn, -z
AM menˈheɪdən, -z

menhir
BR ˈmenhɪə(r), -z
AM ˈmen(h)ɪ(ə)r, -z

menial
BR ˈmiːniəl, -z
AM ˈminiəl, -z

menially
BR ˈmiːniəli
AM ˈminiəli

Meniere
BR ˈmenɪeː(r), ˌmenɪˈɛː(r)
AM ˌmeɪnˈjɛ(ə)r

menina
BR meˈniːnə(r), -z
AM məˈninə, -z

meningeal
BR mɪˈnɪn(d)ʒɪəl
AM məˈnɪndʒiəl

meninges
BR mɪˈnɪn(d)ʒiːz
AM məˈnɪndʒiz

meningitic
BR ˌmenɪnˈdʒɪtɪk
AM ˌmenənˈdʒɪdɪk

meningitis
BR ˌmenɪnˈdʒʌɪtɪs
AM ˌmenənˈdʒaɪdɪs

meningocele
BR mɪˈnɪŋgə(ʊ)siːl, -z
AM məˈnɪŋgoʊˌsil, -z

meningococcal
BR məˌnɪŋgə(ʊ)ˈkɒkl
AM məˌnɪŋgoʊˈkakəl

meningococcus
BR məˌnɪŋgə(ʊ)ˈkɒkəs
AM məˌnɪŋgoʊˈkakəs

meninx
BR ˈmiːnɪŋks, -ɪz
AM ˈmɪnɪŋ(k)s, -ɪz

meniscoid
BR mɪˈnɪskɔɪd
AM məˈnɪsˌkɔɪd

meniscus
BR mɪˈnɪskəs, -ɪz
AM məˈnɪskəs, -əz

Menlo Park
BR ˌmenləʊ ˈpɑːk
AM ˌmenloʊ ˈpɑrk

Mennonite
BR ˈmenənʌɪt, -s
AM ˈmenəˌnaɪt, -s

menologia
BR ˌmenə(ʊ)ˈləʊdʒɪə(r)
AM ˌmenəˈloʊdʒə

menologist
BR mɪˈnɒlədʒɪst, -s
AM məˈnalədʒəst, -s

menologium
BR ˌmenə(ʊ)ˈləʊdʒɪəm, -z
AM ˌmenəˈloʊgiəm, -z

menology
BR mɪˈnɒlədʒ|i, -ɪz
AM məˈnalədʒi, -z

menomin
BR mɪˈnɒmɪn
AM məˈnam(ə)n

menopausal
BR ˌmenə(ʊ)ˈpɔːzl
AM ˈmenəˈpɔz(ə)l, ˈmenəˈpɑz(ə)l

menopause
BR ˈmenə(ʊ)pɔːz, -ɪz
AM ˈmenəˌpɑz, ˈmenəˌpɔz, -ɪz

menorah
BR mɪˈnɔːrə(r), -z
AM məˈnɔrə, -z

Menorca
BR mɪˈnɔːkə(r)
AM məˈnɔrkə

Menorcan
BR mɪˈnɔːk(ə)n, -z
AM məˈnɔrkən, -z

menorrhagia
BR ˌmenəˈreɪdʒɪə(r)
AM ˌmenəˈreɪdʒ(i)ə

menorrhoea
BR ˌmenəˈriːə(r)
AM ˌmenəˈriə

Menotti
BR mɪˈnɒti
AM məˈnadi

mens
BR menz
AM menz

Mensa
BR ˈmensə(r)
AM ˈmensə

menses
BR ˈmensiːz
AM ˈmensiz

Menshevik
BR ˈmenʃəvɪk, -s
AM ˈmen(t)ʃəˌvɪk, -s
RUS mʲinʃɨˈvʲik

mens rea
BR ˌmenz ˈriːə(r), +ˈreɪə(r)
AM ˌmenz ˈriə

Menston
BR ˈmenst(ə)n
AM ˈmenst(ə)n

menstrua
BR ˈmenstruə(r)
AM ˈmenztr(əw)ə, ˈmenstr(əw)ə

menstrual
BR ˈmenstruəl,
ˈmenstru̇l
AM ˈmenztr(əw)əl,
ˈmenstr(əw)əl

menstrual cycle
BR ˌmenstru̇l ˈsʌikl,
-z
AM ˈmenztr(əw)əl
ˌsaik(ə)l,
ˈmenstr(əw)əl
ˌsaik(ə)l, -z

menstruate
BR ˈmenstrueit, -s,
-iŋ, -ɨd
AM ˈmenzˌtreɪ|t,
ˈmenstrəˌweɪ|t,
ˈmenztrəˌweɪ|t,
ˈmensˌtreɪ|t, -ts,
-diŋ, -dɨd

menstruation
BR ˌmenstruˈeɪʃn
AM ˌmenzˈtreɪʃ(ə)n,
ˌmenztrəˈweɪʃ(ə)n,
ˌmenstrəˈweɪʃ(ə)n,
ˌmensˈtreɪʃ(ə)n

menstruous
BR ˈmenstruəs
AM ˈmenztr(əw)əs,
ˈmenstr(əw)əs

menstruum
BR ˈmenstruəm
AM ˈmenztr(əw)əm,
ˈmenstr(əw)əm

mensurability
BR ˌmenʃ(ʊ)rəˈbɪlɨti,
ˌmensju̇rəˈbɪlɨti,
ˌmens(ə)rəˈbɪlɨti
AM ˌmensərəˈbɪlɨdi,
ˌmenʃərəˈbɪlɨdi

mensurable
BR ˈmenʃ(ʊ)rəbl,
ˈmensju̇rəbl,
ˈmens(ə)rəbl
AM ˈmens(ə)rəb(ə)l,
ˈmen(t)ʃ(ə)rəb(ə)l

mensural
BR ˈmenʃ(ʊ)r|,
ˈmensju̇r|,
ˈmens(ə)r|
AM ˈmensərəl,
ˈmen(t)ʃ(ə)rəl

mensuration
BR ˌmenʃu̇ˈreɪʃn,
ˌmensju̇ˈreɪʃn,
ˌmensəˈreɪʃn
AM ˌmensəˈreɪʃ(ə)n,
ˌmen(t)ʃəˈreɪʃ(ə)n

menswear
BR ˈmenzwɛː(r)
AM ˈmenzˌwɛ(ə)r

Mentadent
BR ˈmentədent
AM ˈmen(t)əˌdent

mental
BR ˈmentl
AM ˈmen(t)l

mentalism
BR ˈmentlɪzm
AM ˈmen(t)lˌɪz(ə)m

mentalist
BR ˈmentlɨst, -s
AM ˈmen(t)ləst, -s

mentalistic
BR ˌmentəˈlɪstɪk,
ˌmentlˈɪstɪk
AM ˌmen(t)lˈɪstɪk

mentalistically
BR ˌmentəˈlɪstɪkli,
ˌmentlˈɪstɪkli
AM ˌmen(t)lˈɪstɪk(ə)li

mentality
BR menˈtalɨt|i, -ɪz
AM menˈtælədi, -z

mentally
BR ˈmentli
AM ˈmen(t)li

mentation
BR menˈteɪʃn, -z
AM menˈteɪʃ(ə)n,
-z

menthol
BR ˈmenθɒl
AM ˈmenˌθɑl,
ˈmenˌθɔl

mentholated
BR ˈmenθəleɪtɨd
AM ˈmenθəˌleɪdɨd

mention
BR ˈmenʃn, -nz,
-n̩iŋ\-niŋ, -nd
AM ˈmen(t)ʃən,
-ənz, -(ə)niŋ,
-ənd

mentionable
BR ˈmenʃnəbl,
ˈmenʃnəbl
AM ˈmenʃnəb(ə)l,
ˈmen(t)ʃənəb(ə)l

mentor
BR ˈmentɔː(r), -z
AM ˈmen(t)ər,
ˈmenˌtɔ(ə)r, -z

mentula
BR ˈmentjʊlə(r),
ˈmentʃʊlə(r), -z
AM ˈmen(t)ʃələ, -z

menu
BR ˈmenjuː, -z
AM ˈmenju, -z

Menuhin
BR ˈmenju̇ɪn
AM ˈmenuɪn

Menzies
BR ˈmenzɪz,
ˈmɪŋgɪz,
ˈmɪŋgɪs
AM ˈmenziz

Meon
BR ˈmiːən
AM ˈmiˌɑn

Meopham
BR ˈmep(ə)m
AM ˈmiəpəm

meow
BR mɪˈaʊ, -z, -iŋ, -d
AM miˈaʊ, -z, -iŋ, -d

mepacrine
BR ˈmepəkrɪn
AM ˈmepəˌkrɪn

Mephistophelean
BR ˌmefɪstəˈfiːlɪən,
mɪˌfɪstəˈfiːlɪən
AM ˌmefəˌstafəˈlɪən,
məˌfɪstəˈfiːlɪən

Mephistopheles
BR ˌmefɪˈstɒfɪliːz
AM ˌmefəˈstafəliz

Mephistophelian
BR ˌmefɪstəˈfiːlɪən,
mɪˌfɪstəˈfiːlɪən
AM ˌmefəˌstafəˈlɪən,
məˌfɪstəˈfiːlɪən

mephitic
BR mɪˈfɪtɪk
AM məˈfɪdɪk

mephitis
BR mɪˈfʌɪtɪs, -ɪz
AM məˈfaɪdɨs, -ɪz

meranti
BR məˈrant|i, -ɪz
AM məˈræn(t)i, -z

mercantile
BR ˈməːk(ə)ntʌɪl
AM ˈmərkənˌtaɪl,
ˈmərkənˌtil

mercantilism
BR ˈməːk(ə)ntɨlɪzm,
ˈməːk(ə)ntʌɪlɪzm
AM ˈmərkən(t)əˌlɪz(ə)m

mercantilist
BR ˈməːk(ə)ntɨlɪst,
ˈməːk(ə)ntʌɪlɪst,
məˈkantɨlɪst, -s
AM ˈmərkən(t)ələst, -s

mercaptan
BR məˈkapt(a)n
AM mərˈkæpˌtæn

Mercator
BR mə(ː)ˈkeɪtə(r)
AM mərˈkeɪdər

Mercedes
BR məˈseɪdiːz
AM mərˈseɪdɪz
SP merˈθedes,
merˈsedes

mercenariness
BR ˈməːs(ɨ)n(ə)rɨnɨs,
ˈməːsn̩rɨnɨs
AM ˈmərsnˌerɨnɨs

mercenary
BR ˈməːs(ɨ)n(ə)r|i,
ˈməːsn̩r|i, -ɪz
AM ˈmərsnˌeri, -z

mercer
BR ˈməːsə(r), -z
AM ˈmərsər, -z

mercerise
BR ˈməːsərʌɪz, -ɨz,
-iŋ, -d
AM ˈmərsəˌraɪz, -ɨz,
-iŋ, -d

mercerize
BR ˈməːsərʌɪz, -z,
-iŋ, -d
AM ˈmərsərˌaɪz, -z,
-iŋ, -d

mercery
BR ˈmɜːs(ə)r|i, -ɪz
AM ˈmɜrsəri, -z
merchandisable
BR ˈmɜːtʃ(ə)ndʌɪzəbl
AM ˈmɜrtʃənˌdaɪzəb(ə)l
merchandise[1] *noun*
BR ˈmɜːtʃ(ə)ndʌɪs,
ˈmɜːtʃ(ə)ndʌɪz
AM ˈmɜrtʃənˌdaɪs,
ˈmɜrtʃənˌdaɪz
merchandise[2] *verb*
BR ˈmɜːtʃ(ə)ndʌɪz,
-ɪz, -ɪŋ, -d
AM ˈmɜrtʃənˌdaɪz, -ɪz,
-ɪŋ, -d
merchandiser
BR ˈmɜːtʃ(ə)ndʌɪzə(r),
-z
AM ˈmɜrtʃənˌdaɪzər, -z
merchandizable
BR ˈmɜːtʃ(ə)ndʌɪzəbl
AM ˈmɜrtʃənˌdaɪzəb(ə)l
merchandize[1] *noun*
BR ˈmɜːtʃ(ə)ndʌɪs,
ˈmɜːtʃ(ə)ndʌɪz
AM ˈmɜrtʃənˌdaɪz
merchandize[2] *verb*
BR ˈmɜːtʃ(ə)ndʌɪz,
-ɪz, -ɪŋ, -d
AM ˈmɜrtʃənˌdaɪz, -ɪz,
-ɪŋ, -d
merchandizer
BR ˈmɜːtʃ(ə)ndʌɪzə(r),
-z
AM ˈmɜrtʃənˌdaɪzər, -z
merchant
BR ˈmɜːtʃnt, -s
AM ˈmɜrtʃ(ə)nt, -s
merchantable
BR ˈmɜːtʃntəbl
AM ˈmɜrtʃən(t)əb(ə)l
merchantman
BR ˈmɜːtʃntmən
AM ˈmɜrtʃən(t)m(ə)n
merchantmen
BR ˈmɜːtʃntmən
AM ˈmɜrtʃəntm(ə)n
Mercia
BR ˈmɜːsɪə(r),
ˈmɜːʃ(ɪ)ə(r)
AM ˈmɜrʃ(i)ə

Mercian
BR ˈmɜːsɪən,
ˈmɜːʃ(ɪə)n, -z
AM ˈmɜrʃ(i)ən, -z
merciful
BR ˈmɜːsɪf(ʊ)l
AM ˈmɜrsəfəl
mercifully
BR ˈmɜːsɪfʊli,
ˈmɜːsɪfl̩i
AM ˈmɜrsəf(ə)li
mercifulness
BR ˈmɜːsɪf(ʊ)lnəs
AM ˈmɜrsəfəlnəs
merciless
BR ˈmɜːsɪlɪs
AM ˈmɜrsələs
mercilessly
BR ˈmɜːsɪlɪsli
AM ˈmɜrsələsli
mercilessness
BR ˈmɜːsɪlɪnɪs
AM ˈmɜrsələsnəs
Merck
BR mɜːk
AM mɜrk
Merckx
BR mɜːks
AM ˈmɜrks
mercurial
BR mɜːˈkjʊərɪəl
AM ˌmɜrˈkjʊriəl
mercurialism
BR mɜːˈkjʊərɪəlɪzm
AM ˌmɜrˈkjʊriəˌlɪz(ə)m
mercuriality
BR mɜːˌkjʊərɪˈalɪti
AM ˌmɜrˌkjʊriˈælədi
mercurially
BR mɜːˈkjʊərɪəli
AM ˌmɜrˈkjʊriəli
mercuric
BR mɜːˈkjʊərɪk
AM ˌmɜrˈkjʊrɪk
Mercurochrome
BR mɜːˈkjʊərəkrəʊm
AM mɜ(r)ˈkjʊrəˌkroʊm
mercurous
BR ˈmɜːkjʊrəs
AM ˈmɜrkjərəs

mercury
BR ˈmɜːkjʊri
AM ˈmɜrkjəri
Mercutio
BR mɜ(ː)ˈkjuːʃɪəʊ
AM mɜrˈkjuʃioʊ
mercy
BR ˈmɜːs|i, -ɪz
AM ˈmɜrsi, -z
mere
BR mɪə(r)
AM mɪ(ə)r
Meredith
BR ˈmɛrədɪθ,
mɛˈrɛdɪθ, mɪˈrɛdɪθ
AM ˈmɛrədəθ
Meredydd
BR məˈrɛdɪð
AM ˈmɛrəˌdɪd
WE meˈrɛdɪð
merely
BR ˈmɪəli
AM ˈmɪrli
merestone
BR ˈmɪəstəʊn, -z
AM ˈmɪərˌstoʊn, -z
meretricious
BR ˌmɛrɪˈtrɪʃəs
AM ˌmɛrəˈtrɪʃəs
meretriciously
BR ˌmɛrɪˈtrɪʃəsli
AM ˌmɛrəˈtrɪʃəsli
meretriciousness
BR ˌmɛrɪˈtrɪʃəsnəs
AM ˌmɛrəˈtrɪʃəsnəs
Merfyn
BR ˈmɜːvɪn
AM ˈmɜrfən
merganser
BR mɜːˈgansə(r),
mɜːˈganzə(r), -z
AM mɜrˈgænsər, -z
merge
BR mɜːdʒ, -ɪz, -ɪŋ, -d
AM mɜrdʒ, -əz,
-ɪŋ, -d
mergence
BR ˈmɜːdʒ(ə)ns, -ɪz
AM ˈmɜrdʒ(ə)ns, -əz
Mergenthaler
BR ˈmɜːg(ə)nˌtɑːlə(r)
AM ˈmɜrgənˌtɑlər

merger
BR ˈmɜːdʒə(r), -z
AM ˈmɜrdʒər, -z
merguez
BR ˌmɛːˈgɛz
AM ˌmɜrˈgɛz
Mérida
BR ˈmɛrɪdə(r)
AM ˈmɛridə
Meriden
BR ˈmɛrɪdn
AM ˈmɛrədən
meridian
BR mɪˈrɪdɪən, -z
AM məˈrɪdiən, -z
meridional
BR mɪˈrɪdɪənl
AM məˈrɪdiən(ə)l
Meriel
BR ˈmɛrɪəl
AM ˈmɛriəl
meringue
BR məˈraŋ, -z
AM məˈræŋ, -z
merino
BR məˈriːnəʊ, -z
AM məˈrinoʊ, -z
Merioneth
BR ˌmɛrɪˈɒnɪθ
AM ˌmɛriˈɑnəθ
meristem
BR ˈmɛrɪstɛm, -z
AM ˈmɛriˌstɛm,
-z
meristematic
BR ˌmɛrɪstəˈmatɪk
AM ˌmɛrəstəˈmædɪk
merit
BR ˈmɛr|ɪt, -ɪts,
-ɪtɪŋ, -ɪtɪd
AM ˈmɛrə|t, -ts,
-dɪŋ, -dəd
meritage
BR ˈmɛrɪtɪdʒ, -ɪz
AM ˈmɛrədɪdʒ, -ɪz
meritocracy
BR ˌmɛrɪˈtɒkrəs|i,
-ɪz
AM ˌmɛrəˈtɑkrəsi, -z
meritocratic
BR ˌmɛrɪtəˈkratɪk
AM ˌmɛrədəˈkrædɪk

meritorious
BR ˌmerɪˈtɔːriəs
AM ˌmerəˈtɔriəs
meritoriously
BR ˌmerɪˈtɔːriəsli
AM ˌmerəˈtɔriəsli
meritoriousness
BR ˌmerɪˈtɔːriəsnəs
AM ˌmerəˈtɔriəsnəs
merkin
BR ˈmɜːkɪn, -z
AM ˈmɜrkən, -z
merle
BR ˈmɜːl, -z
AM ˈmɜr(ə)l, -z
merlin
BR ˈmɜːlɪn, -z
AM ˈmɜrl(ə)n, -z
merlion *mythical creature*
BR ˈmɜːˌlʌɪən, -z
AM ˈmɜrˌlaɪən, -z
merlion *bird representation*
BR ˈmɜːliən, -z
AM ˈmɜrliən, -z
merlon
BR ˈmɜːlən, -z
AM ˈmɜrl(ə)n, -z
Merlot
BR ˈmɜːlət, -s
AM mɜrˈloʊ, -s
Merlyn
BR ˈmɜːlɪn
AM ˈmɜrl(ə)n
mermaid
BR ˈmɜːmeɪd, -z
AM ˈmɜrˌmeɪd, -z
merman
BR ˈmɜːman
AM ˈmɜrˌmæn
mermen
BR ˈmɜːmen
AM ˈmɜrˌmen
meroblast
BR ˈmerə(ʊ)blɑːst, -s
AM ˈmerəˌblæst, -s
Meroe
BR ˈmerəʊ
AM ˈmeroʊ

merogony
BR mɪˈrɒɡəni
AM məˈrɑɡəni
merohedral
BR ˌmerə(ʊ)ˈhiːdr(ə)l
AM ˌmeroʊˈhidrəl
mero motu
BR ˌmerəʊ ˈməʊtuː
AM ˌmeroʊ ˈmoʊdu
meronymy
BR mɪˈrɒnɪmi
AM məˈrɑnəmi
Merovingian
BR ˌmerə(ʊ)-
 ˈvɪn(d)ʒiən, -z
AM ˌmerəˈvɪndʒ(i)ən, -z
Merrick
BR ˈmerɪk
AM ˈmerɪk
Merrill
BR ˈmerɪl, ˈmerl̩
AM ˈmerəl
merrily
BR ˈmerɪli
AM ˈmerəli
Merrimac
BR ˈmerɪmak
AM ˈmerəˌmæk
Merrimack
BR ˈmerɪmak
AM ˈmerəˌmæk
merriment
BR ˈmerɪm(ə)nt
AM ˈmerɪm(ə)nt
merriness
BR ˈmerɪnɪs
AM ˈmerɪnɪs
Merrion
BR ˈmeriən
AM ˈmeriən
Merritt
BR ˈmerɪt
AM ˈmerət
merry
BR ˈmer|i, -ɪə(r), -ɪst
AM ˈmeri, -ər, -ɪst
merry-go-round
BR ˈmerɪɡə(ʊ)ˌraʊnd, -z
AM ˈmerɪɡoʊˌraʊnd, -z

merrymaker
BR ˈmeriˌmeɪkə(r), -z
AM ˈmeriˌmeɪkər, -z
merrymaking
BR ˈmeriˌmeɪkɪŋ
AM ˈmeriˌmeɪkɪŋ
Merryweather
BR ˈmeriˌweðə(r)
AM ˈmeriˌweðər
Mersa Matruh
BR ˌmɜːsə məˈtruː
AM ˌmɜrsə məˈtru
Mersey
BR ˈmɜːzi
AM ˈmɜrzi
Merseyside
BR ˈmɜːzɪsʌɪd
AM ˈmɜrziˌsaɪd
Merthiolate
BR mɜːˈθʌɪəleɪt
AM mə(r)ˈθaɪəˌleɪt
Merthyr Tydfil
BR ˌmɜːθə ˈtɪdv(ɪ)l
AM ˌmɜrθər ˈtɪdvɪl
WE ˌmerθɪr ˈtɪdvɪl
Merton
BR ˈmɜːtn
AM ˈmɜrt(ə)n
Mervin
BR ˈmɜːvɪn
AM ˈmɜrvən
Mervyn
BR ˈmɜːvɪn
AM ˈmɜrvən
Meryl
BR ˈmerɪl, ˈmerl̩
AM ˈmerəl
mesa
BR ˈmeɪsə(r), -z
AM ˈmeɪsə, -z
SP ˈmesa
mésalliance
BR meˈzalɪəns
AM ˌmeɪzəˈlaɪəns
Mesa Verde
BR ˌmeɪsə ˈveːdi,
 + ˈvɜːdi
AM ˌmeɪsə ˈverdi
mescal
BR ˈmeskal,
 meˈskal
AM məˈskæl, meˈskæl

mescalin
BR ˈmeskəlɪn
AM ˈmeskəˌlin,
 ˈmeskəl(ə)n
mescaline
BR ˈmeskəlɪn,
 ˈmeskəliːn
AM ˈmeskəl(ə)n,
 ˈmeskəˌlin
mesclun
BR ˈmesklən
AM ˈmeskl(ə)n
mesdames
BR meɪˈdam
AM meɪˈdɑm
mesdemoiselles
BR ˌmeɪd(ə)mwɑ-
 ˈzel
AM ˌmeɪdˌmwɑˈzel,
 ˌmeɪdəm(w)ə-
 ˈzel
meseemed
BR mɪˈsiːmd
AM məˈsimd,
 miˈsimd
meseems
BR mɪˈsiːmz
AM məˈsimz,
 miˈsimz
**mesembryan-
themum**
BR mɪˌzembrɪ-
 ˈanθməm, -z
AM məˌzembri-
 ˈænθəməm, -z
mesencephalon
BR ˌmesenˈsefl̩ɒn,
 ˌmezenˈsefl̩ɒn,
 ˌmesenˈkefl̩ɒn,
 ˌmezenˈkefl̩ɒn
AM ˌmezənˈsefəl(ə)n,
 ˌmezənˈsefəl(ə)n
mesenterial
BR ˌmes(ə)nˈtɪərɪəl,
 ˌmez(ə)nˈtɪərɪəl
AM ˌmesənˈterɪəl,
 ˌmezənˈterɪəl
mesenteric
BR ˌmes(ə)nˈterɪk,
 ˌmez(ə)nˈterɪk
AM ˌmesənˈterɪk,
 ˌmezənˈterɪk

mesenteritis
BR ˌmes(ə)ntəˈrʌɪtɪs,
ˌmez(ə)ntəˈrʌɪtɪs,
mɪˌsentəˈrʌɪtɪs,
mɪˌzentəˈrʌɪtɪs
AM ˌmesən(t)əˈraɪdɪs,
ˌmezən(t)əˈraɪdɪs

mesentery
BR ˈmes(ə)nt(ə)r|i,
ˈmez(ə)nt(ə)r|i, -ɪz
AM ˈmezənˌteri, -z

mesh
BR meʃ, -ɪz, -ɪŋ, -t
AM meʃ, -əz, -ɪŋ, -t

Meshach
BR ˈmiːʃak
AM ˈmiʃæk

mesial
BR ˈmiːziəl,
ˈmiːsiəl,
ˈmesiəl
AM ˈmesiəl,
ˈmiziəl, ˈmisiəl,
ˈmeziəl

mesially
BR ˈmiːziəli, ˈmiːsiəli,
ˈmesiəli
AM ˈmesiəli, ˈmiziəli,
ˈmisiəli, ˈmeziəli

mesic
BR ˈmiːzɪk,
ˈmezɪk
AM ˈmesɪk, ˈmizɪk,
ˈmɪsɪk, ˈmezɪk

Mesmer
BR ˈmezmə(r)
AM ˈmezmər,
ˈmesmər

mesmeric
BR mezˈmerɪk
AM mesˈmerɪk,
mezˈmerɪk

mesmerically
BR mezˈmerɪkli
AM mesˈmerək(ə)li,
mezˈmerək(ə)li

mesmerisation
BR ˌmezmərʌɪˈzeɪʃn
AM ˌmesmərəˈzeɪʃ(ə)n,
ˌmezməˌraɪˈzeɪʃ(ə)n,
ˌmesməˌraɪˈzeɪʃ(ə)n,
ˌmezmərəˈzeɪʃ(ə)n

mesmerise
BR ˈmezmərʌɪz, -ɪz,
-ɪŋ, -d
AM ˈmesməˌraɪz,
ˈmezməˌraɪz, -ɪz,
-ɪŋ, -d

mesmeriser
BR ˈmezmərʌɪzə(r), -z
AM ˈmesməˌraɪzər,
ˈmezməˌraɪzər, -z

mesmerisingly
BR ˈmezmərʌɪzɪŋli
AM ˈmesməˌraɪzɪŋli,
ˈmezməˌraɪzɪŋli

mesmerism
BR ˈmezmərɪzm
AM ˈmesməˌrɪz(ə)m,
ˈmezməˌrɪz(ə)m

mesmerist
BR ˈmezm(ə)rɪst, -s
AM ˈmesmərəst,
ˈmezmərəst, -s

mesmerization
BR ˌmezmərʌɪˈzeɪʃn
AM ˌmesmərəˈzeɪʃ(ə)n,
ˌmezməˌraɪˈzeɪʃ(ə)n,
ˌmesməˌraɪˈzeɪʃ(ə)n,
ˌmezmərəˈzeɪʃ(ə)n

mesmerize
BR ˈmezmərʌɪz, -ɪz,
-ɪŋ, -d
AM ˈmesməˌraɪz,
ˈmezməˌraɪz, -ɪz,
-ɪŋ, -d

mesmerizer
BR ˈmezmərʌɪzə(r), -z
AM ˈmesməˌraɪzər,
ˈmezməˌraɪzər, -z

mesmerizingly
BR ˈmezmərʌɪzɪŋli
AM ˈmesməˌraɪzɪŋli,
ˈmezməˌraɪzɪŋli

mesne
BR miːn
AM miːn

Meso-America
BR ˌmesəʊəˈmerɪkə(r),
ˌmezəʊəˈmerɪkə(r),
ˌmiːsəʊəˈmerɪkə(r),
ˌmiːzəʊəˈmerɪkə(r)
AM ˈˌmesoʊəˈmerəkə,
ˈˌmezoʊəˈmerəkə

Meso-American
BR ˌmesəʊəˈmerɪk(ə)n,
ˌmezəʊəˈmerɪk(ə)n,
ˌmiːsəʊəˈmerɪk(ə)n,
ˌmiːzəʊəˈmerɪk(ə)n,
-z
AM ˈˌmesoʊə-
ˈmerəkən,
ˈˌmezoʊəˈmerəkən,
-z

mesoblast
BR ˈmesə(ʊ)blɑːst,
ˈmezə(ʊ)blɑːst,
ˈmiːsə(ʊ)blɑːst,
ˈmiːzə(ʊ)blɑːst
AM ˈmesoʊˌblæst,
ˈmezoʊˌblæst

mesocarp
BR ˈmesə(ʊ)kɑːp,
ˈmezə(ʊ)kɑːp,
ˈmiːsə(ʊ)kɑːp,
ˈmiːzə(ʊ)kɑːp
AM ˈmesəˌkɑrp,
ˈmezəˌkɑrp

mesocephalic
BR ˌmesəʊsɪˈfalɪk,
ˌmesəʊkeˈfalɪk,
ˌmezəʊsɪˈfalɪk,
ˌmezəʊkeˈfalɪk,
ˌmiːsəʊsɪˈfalɪk,
ˌmiːsəʊkeˈfalɪk,
ˌmiːzəʊsɪˈfalɪk,
ˌmiːzəʊkeˈfalɪk
AM ˈˌmesoʊsə-
ˈfælɪk,
ˈˌmezoʊsəˈfælɪk

mesoderm
BR ˈmesə(ʊ)dəːm,
ˈmezə(ʊ)dəːm,
ˈmiːsə(ʊ)dəːm,
ˈmiːzə(ʊ)dəːm
AM ˈmesəˌdɜrm,
ˈmezəˌdɜrm

mesogaster
BR ˈmesə(ʊ)ˌgastə(r),
ˈmezə(ʊ)ˌgastə(r),
ˈmiːsə(ʊ)ˌgastə(r),
ˈmiːzə(ʊ)ˌgastə(r),
-z
AM ˈmesoʊˌgæstər,
ˈmezoʊˌgæstər,
-z

mesolect
BR ˈmesə(ʊ)lekt,
ˈmezə(ʊ)lekt,
ˈmiːsə(ʊ)lekt,
ˈmiːzə(ʊ)lekt, -s
AM ˈmesəˌlek|(t),
ˈmezəˌlek|(t),
-(t)s

mesolectal
BR ˌmesə(ʊ)ˈlektl,
ˌmezə(ʊ)ˈlektl,
ˌmiːsə(ʊ)ˈlektl,
ˌmiːzə(ʊ)ˈlektl
AM ˌmesəˈlekt(ə)l,
ˌmezəˈlekt(ə)l

Mesolithic
BR ˌmesə(ʊ)ˈlɪθɪk,
ˌmezə(ʊ)ˈlɪθɪk,
ˌmiːsə(ʊ)ˈlɪθɪk,
ˌmiːsə(ʊ)ˈlɪθɪk
AM ˌmesəˈlɪθɪk,
ˌmezəˈlɪθɪk

mesomorph
BR ˈmesə(ʊ)mɔːf,
ˈmezə(ʊ)mɔːf,
ˈmiːsə(ʊ)mɔːf,
ˈmiːzə(ʊ)mɔːf, -s
AM ˈmesəˌmɔ(ə)rf,
ˈmezəˌmɔ(ə)rf, -s

mesomorphic
BR ˌmesə(ʊ)ˈmɔːfɪk,
ˌmezə(ʊ)ˈmɔːfɪk,
ˌmiːsə(ʊ)ˈmɔːfɪk,
ˌmiːzə(ʊ)ˈmɔːfɪk
AM ˌmesəˈmɔrfɪk,
ˌmezəˈmɔrfɪk

mesomorphy
BR ˈmesə(ʊ)ˌmɔːfi,
ˈmezə(ʊ)ˌmɔːfi,
ˈmiːsə(ʊ)ˌmɔːfi,
ˈmiːzə(ʊ)ˌmɔːfi
AM ˈmesəˌmɔrfi,
ˈmezəˌmɔrfi

meson
BR ˈmiːzɒn,
ˈmiːsɒn,
ˈmeɪzɒn,
ˈmeɪsɒn, -z
AM ˈmeɪˌzɑn,
ˈmiˌsɑn,
ˈmeɪˌsɑn,
ˈmiˌzɑn, -z

mesonic
BR mɪˈzɒnɪk,
mɪˈsɒnɪk
AM məˈzænɪk,
meɪˈzænɪk,
mɪˈsænɪk,
məˈsænɪk,
meɪˈsænɪk,
mɪˈzænɪk

mesopause
BR ˈmesə(ʊ)pɔːz,
ˈmezə(ʊ)pɔːz,
ˈmiːsə(ʊ)pɔːz,
ˈmiːzə(ʊ)pɔːz, -z
AM ˈmesəˌpɑːz,
ˈmezəˌpɑːz,
ˈmesəˌpɔːz,
ˈmezəˌpɔːz, -z

mesophyll
BR ˈmesə(ʊ)fɪl,
ˈmezə(ʊ)fɪl,
ˈmiːsə(ʊ)fɪl,
ˈmiːzə(ʊ)fɪl, -z
AM ˈmesəˌfɪl,
ˈmezəˌfɪl, -z

mesophyte
BR ˈmesə(ʊ)faɪt,
ˈmezə(ʊ)faɪt,
ˈmiːsə(ʊ)faɪt,
ˈmiːzə(ʊ)faɪt, -s
AM ˈmesəˌfaɪt,
ˈmezəˌfaɪt, -s

Mesopotamia
BR ˌmesəpəˈteɪmiə(r)
AM ˌmesəpəˈteɪmiə

Mesopotamian
BR ˌmesəpəˈteɪmiən, -z
AM ˌmesəpəˈteɪmiən, -z

mesosomal
BR mesə(ʊ)ˈsəʊml,
ˌmezə(ʊ)ˈsəʊml,
ˌmiːsə(ʊ)ˈsəʊml,
ˌmiːzə(ʊ)ˈsəʊml
AM ˌmezəˈsoʊm(ə)l

mesosome
BR ˌmesə(ʊ)ˈsəʊm,
ˌmezə(ʊ)ˈsəʊm,
ˌmiːsə(ʊ)ˈsəʊm,
ˌmiːzə(ʊ)ˈsəʊm, -z
AM ˈmezəˌsoʊm, -z

mesosphere
BR ˈmesə(ʊ)sfɪə(r),
ˈmezə(ʊ)sfɪə(r),
ˈmiːsə(ʊ)sfɪə(r),
ˈmiːzə(ʊ)sfɪə(r), -z
AM ˈmesəˌsfɪ(ə)r,
ˈmezəˌsfɪ(ə)r, -z

mesothelium
BR ˌmesə(ʊ)ˈθiːˈɪəm,
ˌmezə(ʊ)ˈθiːlɪəm,
ˌmiːsəʊˈθiːlɪəm,
ˌmiːzə(ʊ)ˈθiːlɪəm
AM ˌmesəˈθllləm,
ˌmizəˈθiliəm,
ˌmisəˈθiliəm,
ˌmezəˈθiliəm

mesotron
BR ˈmesətrɒn,
ˈmezətrɒn,
ˈmiːsətrɒn,
ˈmiːzətrɒn, -z
AM ˈmizəˌtrɑn,
ˈmesəˌtrɑn,
ˈmisəˌtrɑn,
ˈmezəˌtrɑn, -z

Mesozoic
BR ˌmesə(ʊ)ˈzəʊɪk,
ˌmezə(ʊ)ˈzəʊɪk,
ˌmiːsə(ʊ)ˈzəʊɪk,
ˌmiːzə(ʊ)ˈzəʊɪk, -s
AM ˌmizəˈzoʊɪk,
ˌmesəˈzoʊɪk,
ˌmisəˈzoʊɪk,
ˌmezəˈzoʊɪk, -s

mesquit
BR meˈskiːt, -s
AM meˈskɪt, -s

mesquite
BR meˈskiːt
AM meˈskɪt

mess
BR mes, -ɪz, -ɪŋ, -t
AM mes, -əz, -ɪŋ, -t

message
BR ˈmes|ɪdʒ, -ɪdʒɪz
AM ˈmesɪdʒ, -ɪz

Messalina
BR ˌmesəˈliːnə(r)
AM ˌmesəˈlinə

messenger
BR ˈmes(ɪ)ndʒə(r), -z
AM ˈmesndʒər, -z

Messerschmitt
BR ˈmesəʃmɪt, -s
AM ˈmesərˌʃmɪt, -s

Messiaen
BR ˈmesjɒ̃
AM məˈsaɪən
FR mesjɑ̃

messiah
BR mɪˈsaɪə(r), -z
AM məˈsaɪə, -z

Messiahship
BR mɪˈsaɪəʃɪp, -s
AM məˈsaɪəˌʃɪp, -s

messianic
BR ˌmesɪˈænɪk,
ˌmesaɪˈænɪk
AM ˌmesiˈænɪk,
ˌmesiˈænɪk

messianically
BR ˌmesɪˈænɪkli,
ˌmesaɪˈænɪkli
AM ˌmesiˈænək(ə)li,
ˌmesiˈænək(ə)li

Messianism
BR mɪˈsaɪənɪzm
AM məˈsaɪəˌnɪz(ə)m

messieurs
BR meɪˈsjəːz, ˈmesəz
AM meɪˈsjərz
FR mesjø

messily
BR ˈmesɪli
AM ˈmesəli

Messina
BR meˈsiːnə(r),
mɪˈsiːnə(r)
AM məˈsinə

messiness
BR ˈmesɪnɪs
AM ˈmesɪnɪs

messmate
BR ˈmesmeɪt, -s
AM ˈmesˌmeɪt, -s

Messrs
BR ˈmesəz
AM ˈmesərz

messuage
BR ˈmesw|ɪdʒ, -ɪdʒɪz
AM ˈmeswɪdʒ, -ɪz

messy
BR ˈmes|i, -ɪə(r), -ɪɪst
AM ˈmesi, -ər, -ɪst

mestiza
BR meˈstiːzə(r),
mɪˈstiːzə(r), -z
AM məˈstisə,
məˈstizə, -z

mestizo
BR meˈstiːzəʊ,
mɪˈstiːzəʊ, -z
AM məˈstizoʊ,
meˈstizoʊ, -z

met
BR met
AM met

meta-analysis
BR ˌmetə(r)ˈnalɪsɪs
AM ˌmed(ə)əˈnæləsəs

metabisulfite
BR ˌmetəbaɪˈsʌlfaɪt, -s
AM ˌmedəˌbaɪˈsəlˌfaɪt, -s

metabisulphite
BR ˌmetəbaɪˈsʌlfaɪt, -s
AM ˌmedəˌbaɪˈsəlˌfaɪt, -s

metabolic
BR ˌmetəˈbɒlɪk
AM ˌmedəˈbɑlɪk

metabolically
BR ˌmetəˈbɒlɪkli
AM ˌmedəˈbɑlək(ə)li

metabolisable
BR mɪˈtabəlaɪzəbl,
meˈtabəlaɪzəbl
AM məˈtæbəˌlaɪzəb(ə)l

metabolise
BR mɪˈtabəlaɪz,
meˈtabəlaɪz, -ɪz,
-ɪŋ, -d
AM məˈtæbəˌlaɪz, -ɪz,
-ɪŋ, -d

metabolism
BR mɪˈtabəlɪzm,
meˈtabəlɪzm
AM məˈtæbəˌlɪz(ə)m

metabolite
BR mɪˈtabəlaɪt,
meˈtabəlaɪt
AM məˈtæbəˌlaɪt

metabolizable
BR mɪˈtabəlaɪzəbl,
meˈtabəlaɪzəbl
AM məˈtæbəˌlaɪzəb(ə)l

metabolize
BR mɪˈtabəlʌɪz,
meˈtabəlʌɪz, -ɪz,
-ɪŋ, -d
AM məˈtæbə‚laɪz, -ɪz,
-ɪŋ, -d

metacarpal
BR ‚metəˈkɑːpl,
ˈmetə‚kɑːpl, -z
AM ˈ‚medəˈkɑrpəl,
-z

metacarpus
BR ‚metəˈkɑːpəs,
ˈmetə‚kɑːpəs
AM ˈ‚medəˈkɑrpəs

metacenter
BR ˈmetə‚sentə(r), -z
AM ˈmedə‚sen(t)ər, -z

metacentre
BR ˈmetə‚sentə(r), -z
AM ˈmedə‚sen(t)ər,
-z

metacentric
BR ‚metəˈsentrɪk
AM ‚medəˈsentrɪk

metadiscourse
BR ˈmetə‚dɪskɔːs
AM ‚medəˈdɪskɔ(ə)rs

metage
BR ˈmiːt|ɪdʒ, ˈmet|ɪdʒ,
-ɪdʒɪz
AM ˈmedɪdʒ, -ɪz

metagee
BR ˈmetədʒiː
AM ˈmedədʒi

metageneses
BR ‚metəˈdʒenɪsiːz
AM ‚medəˈdʒenəsiz

metagenesis
BR ‚metəˈdʒenɪsɪs
AM ‚medəˈdʒenəsəs

metagenetic
BR ‚metədʒɪˈnetɪk
AM ˈ‚medədʒəˈnedɪk

metal
BR ˈmetl̩, -z, -ɪŋ, -d
AM ˈmedl̩, -z, -ɪŋ, -d

metalanguage
BR ˈmetə‚laŋgw|ɪdʒ,
-ɪdʒɪz
AM ˈmedə‚læŋgwɪdʒ,
-ɪz

metalinguistic
BR ‚metəlɪŋˈgwɪstɪk
AM ‚medə‚lɪŋˈgwɪstɪk

metalize
BR ˈmetl̩ʌɪz, -ɪz,
-ɪŋ, -d
AM ˈmedl̩‚aɪz, -ɪz,
-ɪŋ, -d

metallic
BR mɪˈtalɪk
AM məˈtælɪk

metallically
BR mɪˈtalɪkli
AM məˈtælək(ə)li

metalliferous
BR ‚metəˈlɪf(ə)rəs,
‚metlˈɪf(ə)rəs
AM ‚medlˈɪf(ə)rəs

metalline
BR ˈmetl̩ʌɪn
AM ˈmedl̩in, ˈmedl̩ən

metallisation
BR ‚metl̩ʌɪˈzeɪʃn
AM ‚medə‚laɪˈzeɪʃ(ə)n,
‚medl̩əˈzeɪʃ(ə)n

metallise
BR ˈmetl̩ʌɪz, -ɪz,
-ɪŋ, -d
AM ˈmedl̩‚aɪz, -ɪz,
-ɪŋ, -d

metallization
BR ‚metl̩ʌɪˈzeɪʃn
AM ‚medə‚laɪˈzeɪʃ(ə)n,
‚medl̩əˈzeɪʃ(ə)n

metallize
BR ˈmetl̩ʌɪz, -ɪz,
-ɪŋ, -d
AM ˈmedl̩‚aɪz, -ɪz,
-ɪŋ, -d

metallographic
BR ‚metl̩əˈgrafɪk
AM ˈ‚medl̩əˈgræfɪk

metallographical
BR ‚metl̩əˈgrafɪkl
AM ˈ‚medl̩əˈgræfək(ə)l

metallographically
BR ‚metl̩əˈgrafɪkli
AM ˈ‚medl̩əˈgræfək(ə)li

metallography
BR ‚metəˈlɒgrəfi,
‚metlˈɒgrəfi
AM ‚medəˈlɑgrəfi

metalloid
BR ˈmetlɔɪd, -z
AM ˈmedl̩‚ɔɪd, -z

metallophone
BR ˈmetləfəʊn, -z
AM ˈmedl̩ə‚foʊn, -z

metallurgic
BR ‚metəˈləːdʒɪk
AM ‚medlˈərdʒɪk

metallurgical
BR ‚metəˈləːdʒɪkl
AM ‚medlˈərdʒək(ə)l

metallurgically
BR ‚metəˈləːdʒɪkli
AM ‚medlˈərdʒək(ə)li

metallurgist
BR mɪˈtalədʒɪst,
ˈmetələːdʒɪst, -s
AM ˈmedl̩‚ərdʒəst, -s

metallurgy
BR mɪˈtalədʒi,
ˈmetələːdʒi
AM ˈmedl̩‚ərdʒi

metalwork
BR ˈmetlwəːk
AM ˈmedl̩‚wərk

metalworker
BR ˈmetl‚wəːkə(r),
-z
AM ˈmedl‚wərkər,
-z

metalworking
BR ˈmetl‚wəːkɪŋ
AM ˈmedl‚wərkɪŋ

metamer
BR ˈmetəmə(r), -z
AM ˈmedəmər, -z

metamer
BR ˈmetəmə(r), -z
AM ˈmedəmər, -z

metamere
BR ˈmetəmɪə(r), -z
AM ˈmedəmɪ(ə)r, -z

metameric
BR ‚metəˈmerɪk
AM ‚medəˈmerɪk

metamerism
BR mɪˈtamərɪzm
AM məˈtæmə‚rɪz(ə)m

metamorphic
BR ‚metəˈmɔːfɪk
AM ‚medəˈmɔrfɪk

metamorphism
BR ‚metəˈmɔːfɪzm
AM ‚medəˈmɔr‚fɪz(ə)m

metamorphose
BR ‚metəˈmɔːfəʊz,
-ɪz, -ɪŋ, -d
AM ‚medəˈmɔr‚foʊz,
-əz, -ɪŋ, -d

metamorphoses
plural of
metamorphosis
BR ‚metəˈmɔːfəsiːz
AM ‚medəˈmɔrfəsiz

metamorphosis
BR ‚metəˈmɔːfəsɪs
AM ‚medəˈmɔrfəsəs

metapelet
BR ‚metəˈpelɪt, -s
AM ‚medəˈpelət, -s

metaphase
BR ˈmetəfeɪz, -ɪz
AM ˈmedə‚feɪz, -ɪz

metaphor
BR ˈmetəfɔː(r), -z
AM ˈmedə‚fɔ(ə)r,
-z

metaphoric
BR ‚metəˈfɒrɪk
AM ‚medəˈfɔrɪk

metaphorical
BR ‚metəˈfɒrɪkl
AM ‚medəˈfɔrək(ə)l

metaphorically
BR ‚metəˈfɒrɪkli
AM ‚medəˈfɔrək(ə)li

metaphrase
BR ˈmetəfreɪz, -ɪz,
-ɪŋ, -d
AM ˈmedə‚freɪz, -ɪz,
-ɪŋ, -d

metaphrastic
BR ‚metəˈfrastɪk
AM ‚medəˈfræstɪk

metaphysic
BR ‚metəˈfɪzɪk, -s
AM ˈ‚medəˈfɪzɪk, -s

metaphysical
BR ‚metəˈfɪzɪkl
AM ‚medəˈfɪzɪk(ə)l

metaphysically
BR ‚metəˈfɪzɪkli
AM ‚medəˈfɪzɪk(ə)li

metaphysician
BR ˌmetəfɪˈzɪʃn, -z
AM ˈˌmedəfəˈzɪʃ(ə)n, -z
metaphysicise
BR ˌmetəˈfɪzɪsʌɪz, -ɪz, -ɪŋ, -d
AM ˌmedəˈfɪzəˌsaɪz, -ɪz, -ɪŋ, -d
metaphysicize
BR ˌmetəˈfɪzɪsʌɪz, -ɪz, -ɪŋ, -d
AM ˌmedəˈfɪzəˌsaɪz, -ɪz, -ɪŋ, -d
metaplasia
BR ˌmetəˈpleɪziə(r), ˌmetəˈpleɪʒə(r), -z
AM ˌmedəˈpleɪziə, ˌmedəˈpleʒ(i)ə, -z
metaplasm
BR ˈmetəplazm, -z
AM ˈmedəˌplæz(ə)m, -z
metaplastic
BR ˌmetəˈplastɪk
AM ˌmedəˈplæstɪk
metapolitics
BR ˌmetəˈpɒlɪtɪks
AM ˌmedəˈpɑləˌtɪks
metapsychological
BR ˌmetəˌsʌɪkəˈlɒdʒɪkl
AM ˈˌmedəˌsaɪkəˈlɑdʒək(ə)l
metapsychology
BR ˌmetəsʌɪˈkɒlədʒi
AM ˈˌmedəˌsaɪˈkɑlədʒi
metastability
BR ˌmetəstəˈbɪlɪti
AM ˌmedəstəˈbɪlɪdi
metastable
BR ˌmetəˈsteɪbl
AM ˌmedəˈsteɪb(ə)l
metastases
BR mɪˈtastəsiːz
AM məˈtæstəsiz
metastasis
BR mɪˈtastəsɪs
AM məˈtæstəsəs
metastasise
BR mɪˈtastəsʌɪz, -ɪŋ, -d
AM məˈtæstəˌsaɪz, -ɪz, -ɪŋ, -d

metastasize
BR mɪˈtastəsʌɪz, -ɪz, -ɪŋ, -d
AM məˈtæstəˌsaɪz, -ɪz, -ɪŋ, -d
metastatic
BR ˌmetəˈstatɪk
AM ˌmedəˈstædɪk
metatarsal
BR ˌmetəˈtɑːsl, ˈmetəˌtɑːsl, -z
AM ˈˌmedəˈˌtɑrs(ə)l, -z
metatarsus
BR ˌmetəˈtɑːsəs, ˈmetəˌtɑːsəs
AM ˈˌmedəˈˌtɑrsəs
metatherian
BR ˌmetəˈθɪəriən, -z
AM ˌmedəˈθɪriən, -z
metathesis
BR mɪˈtaθɪsɪs
AM məˈtæθəsəs
metathetic
BR ˌmetəˈθetɪk
AM ˌmedəˈθedɪk
metathetical
BR ˌmetəˈθetɪkl
AM ˌmedəˈθedək(ə)l
metazoan
BR ˌmetəˈzəʊən, -z
AM ˌmedəˈzoʊən, -z
Metcalf
BR ˈmetkɑːf
AM ˈmetkæf
Metcalfe
BR ˈmetkɑːf
AM ˈmetkæf
mete
BR miːt, -s, -ɪŋ, -ɪd
AM miːt, -ts, -dɪŋ, -dɪd
metempsychosis
BR ˌmetəmsʌɪˈkəʊsɪs
AM məˌtemsəˈkoʊsəs, ˌmedəmˌsaɪˈkoʊsəs
metempsychosist
BR ˌmetəmsʌɪˈkəʊsɪst, -s
AM məˌtemsəˈkoʊsəst, ˌmedəmˌsaɪˈkoʊsəst, -s

meteor
BR ˈmiːtɪə(r), -z
AM ˈmidiər, -z
meteoric
BR ˌmiːtɪˈɒrɪk
AM ˌmidiˈɔrɪk
meteorically
BR ˌmiːtɪˈɒrɪkli
AM ˌmidiˈɔrək(ə)li
meteorite
BR ˈmiːtɪərʌɪt, -s
AM ˈmidiəˌraɪt, -s
meteoritic
BR ˌmiːtɪəˈrɪtɪk
AM ˌmidiəˈrɪdɪk
meteorograph
BR ˈmiːtɪərəˌgrɑːf, -s
AM ˈmidiˈɔrəgræf, -s
meteoroid
BR ˈmiːtɪərɔɪd, -z
AM ˈmidiəˌrɔɪd, -z
meteoroidal
BR ˌmiːtɪəˈrɔɪdl
AM ˌmidiəˈrɔɪd(ə)l
meteorological
BR ˌmiːtɪərəˈlɒdʒɪkl
AM ˈˌmidiər(ə)ˈlɑdʒək(ə)l
meteorologically
BR ˌmiːtɪərəˈlɒdʒɪkli
AM ˈˌmidiər(ə)ˈlɑdʒək(ə)li
meteorologist
BR ˌmiːtɪəˈrɒlədʒɪst, -s
AM ˌmidiəˈrɑlədʒəst, -s
meteorology
BR ˌmiːtɪəˈrɒlədʒi
AM ˌmidiəˈrɑlədʒi
meter
BR ˈmiːt|ə(r), -əz, -(ə)rɪŋ, -əd
AM ˈmiːd|ər, -ərz, -ərɪŋ\-trɪŋ, -ərd
meterage
BR ˈmiːt(ə)rɪdʒ
AM ˈmidərədʒ
metermaid
BR ˈmiːtəmeɪd, -z
AM ˈmidərˌmeɪd, -z

mete-wand
BR ˈmiːtwɒnd, -z
AM ˈmitˌwand, ˈmitˌwɔnd, -z
methadone
BR ˈmeθədəʊn
AM ˈmeθəˌdoʊn
methamphetamine
BR ˌmeθəmˈfetəmiːn, ˌmeθəmˈfetəmɪn, -z
AM ˌmeθəmˈfɛdəm(ə)n, ˌmeθəmˈfedəmɪn, -z
methanal
BR ˈmeθənal
AM ˈmeθəˌnæl
methane
BR ˈmiːθeɪn
AM ˈmeˌθeɪn
methanoic acid
BR ˌmeθəˌnəʊɪkˈasɪd
AM ˌmeθəˌnoʊɪkˈæsəd
methanol
BR ˈmeθənɒl
AM ˈmeθəˌnal, ˈmeθəˌnɔl
Methedrine
BR ˈmeθədriːn, ˈmeθədrɪn
AM ˈmeθədrən, ˈmeθəˌdrin
metheg
BR ˈmeθeg, -z
AM ˈmeθeg, -z
metheglin
BR mɪˈθeglɪn, meˈθeglɪn
AM məˈθegl(ə)n
methinks
BR mɪˈθɪŋks
AM məˈθɪŋks, miˈθɪŋks
methionine
BR mɪˈθʌɪəniːn, mɪˈθʌɪənɪn
AM məˈθaɪənən, məˈθaɪəˌnin
metho
BR ˈmeθəʊ, -z
AM ˈmeθoʊ, -z

method
BR ˈmɛθəd, -z
AM ˈmɛθəd, -z

methodic
BR mɪˈθɒdɪk
AM məˈθɑdɪk

methodical
BR mɪˈθɒdɪkl
AM məˈθɑdək(ə)l

methodically
BR mɪˈθɒdɪkli
AM məˈθɑdək(ə)li

methodise
BR ˈmɛθədʌɪz, -ɪz, -ɪŋ, -d
AM ˈmɛθəˌdaɪz, -ɪz, -ɪŋ, -d

methodiser
BR ˈmɛθədʌɪzə(r)
AM ˈmɛθəˌdaɪzər

Methodism
BR ˈmɛθədɪzm
AM ˈmɛθəˌdɪz(ə)m

Methodist
BR ˈmɛθədɪst, -s
AM ˈmɛθədəst, -s

Methodistic
BR ˌmɛθəˈdɪstɪk
AM ˌmɛθəˈdɪstɪk

Methodistical
BR ˌmɛθəˈdɪstɪkl
AM ˌmɛθəˈdɪstək(ə)l

Methodius
BR mɪˈθoʊdiəs
AM məˈθoʊdiəs

methodize
BR ˈmɛθədʌɪz, -ɪz, -ɪŋ, -d
AM ˈmɛθəˌdaɪz, -ɪz, -ɪŋ, -d

methodizer
BR ˈmɛθədʌɪzə(r), -z
AM ˈmɛθəˌdaɪzər, -z

methodological
BR ˌmɛθədəˈlɒdʒɪkl
AM ˌmɛθədə-ˈlɑdʒək(ə)l

methodologically
BR ˌmɛθədəˈlɒdʒɪkli
AM ˌmɛθədə-ˈlɑdʒɪk(ə)li

methodologist
BR ˌmɛθəˈdɒlədʒɪst, -s
AM ˌmɛθəˈdɑlədʒəst, -s

methodology
BR ˌmɛθəˈdɒlədʒ|i, -ɪz
AM ˌmɛθəˈdɑlədʒi, -z

methotrexate
BR ˌmɛθə(ʊ)ˈtrɛkseɪt, ˌmiːθə(ʊ)ˈtrɛkseɪt
AM ˌmɛθəˈtrɛkseɪt

methought
BR mɪˈθɔːt
AM məˈθɔt, mɪˈθɑt, məˈθɑt, mɪˈθɔt

meths
BR mɛθs
AM mɛθs

Methuen[1] *place in US*
BR mɪˈθjuːən
AM məˈθ(j)uən

Methuen[2] *surname*
BR ˈmɛθjʊɪn
AM ˈmɛθ(j)ʊən

methuselah
BR mɪˈθjuːzələ(r), -z
AM məˈθ(j)us(ə)lə, məˈθ(j)uz(ə)lə, -z

methyl[1] *non-technical*
BR ˈmɛθ(ɪ)l
AM ˈmɛθəl

methyl[2] *technical*
BR ˈmiːθʌɪl, ˈmɛθ(ʌɪ)l
AM ˈmɛθəl

methylate
BR ˈmɛθɪleɪt, -s, -ɪŋ, -ɪd
AM ˈmɛθəˌleɪ|t, -ts, -dɪŋ, -dɪd

methylated spirit
BR ˌmɛθɪleɪtɪd ˈspɪrɪt, -s
AM ˈmɛθəˌleɪdɪd ˌspɪrɪt, -s

methylation
BR ˌmɛθɪˈleɪʃn, -z
AM ˌmɛθəˈleɪʃ(ə)n, -z

methylene
BR ˈmɛθɪliːn
AM ˈmɛθəˌlin

methylic
BR mɪˈθɪlɪk
AM məˈθɪlɪk

metic
BR ˈmɛtɪk, -s
AM ˈmɛdɪk, -s

metical
BR ˈmɛtɪkl, -z
AM ˈmɛdək(ə)l, -z

meticulous
BR mɪˈtɪkjʊləs
AM məˈtɪkjələs

meticulously
BR mɪˈtɪkjʊləsli
AM məˈtɪkjələsli

meticulousness
BR mɪˈtɪkjʊləsnəs
AM məˈtɪkjələsnəs

métier
BR ˈmeɪtɪeɪ, ˈmɛtɪeɪ, -z
AM mɛˈtjeɪ, ˈmeɪˌtjeɪ, ˈmɛˌtjeɪ, ˈmeɪdieɪ, meɪˈtjeɪ, -z

metif
BR meɪˈtiːf, -s
AM meɪˈtif, -s

metis
BR meɪˈtiː(s), ˈmeɪtiː, meɪˈtiː(s)\ˈmeɪtiː\ ˈmeɪtɪz
AM meɪˈti|(s), -z\-s

metisse
BR meɪˈtiːs, ˈmeɪtiːs, -ɪz
AM meɪˈtis, -ɪz

metol
BR ˈmɛtɒl, -z
AM ˈmiˌtɑl, ˈmiˌtɔl, -z

Metonic
BR mɛˈtɒnɪk, mɪˈtɒnɪk
AM mɛˈtɑnɪk

metonym
BR ˈmɛtənɪm, -z
AM ˈmɛdəˌnɪm, -z

metonymic
BR ˌmɛtəˈnɪmɪk
AM ˌmɛdəˈnɪmɪk

metonymical
BR ˌmɛtəˈnɪmɪkl
AM ˌmɛdəˈnɪmɪk(ə)l

metonymically
BR ˌmɛtəˈnɪmɪkli
AM ˌmɛdəˈnɪmɪk(ə)li

metonymy
BR mɪˈtɒnəmi
AM məˈtɑnəmi

metope
BR ˈmɛt|əʊp, ˈmɛt|əpi, -əʊps\-əpɪz
AM ˈmɛdoʊpi, -z

metoposcopy
BR ˌmɛtəˈpɒskəp|i, -ɪz
AM ˌmɛdəˈpɑskəpi, -z

metre
BR ˈmiːtə(r), -z
AM ˈmidər, -z

metreage
BR ˈmiːt(ə)rɪdʒ
AM ˈmidərɪdʒ

metric
BR ˈmɛtrɪk
AM ˈmɛtrɪk

metrical
BR ˈmɛtrɪkl
AM ˈmɛtrək(ə)l

metrically
BR ˈmɛtrɪkli
AM ˈmɛtrək(ə)li

metricate
BR ˈmɛtrɪkeɪt, -s, -ɪŋ, -ɪd
AM ˈmɛtrəˌkeɪ|t, -ts, -dɪŋ, -dɪd

metrication
BR ˌmɛtrɪˈkeɪʃn
AM ˌmɛtrəˈkeɪʃ(ə)n

metrician
BR mɛˈtrɪʃn, mɪˈtrɪʃn, -z
AM məˈtrɪʃ(ə)n, mɛˈtrɪʃ(ə)n, -z

metricise
BR ˈmɛtrɪsʌɪz, -ɪz, -ɪŋ, -d
AM ˈmɛtrəˌsaɪz, -ɪz, -ɪŋ, -d

metricize
BR ˈmɛtrɪsʌɪz, -ɪz, -ɪŋ, -d
AM ˈmɛtrəˌsaɪz, -ɪz, -ɪŋ, -d

metrist
BR ˈmetrɪst, -s
AM ˈmetrəst, -s

metritis
BR mɪˈtraɪtɪs
AM məˈtraɪdɪs

metro
BR ˈmetrəʊ, -z
AM ˈmetroʊ, -z

metrologic
BR ˌmetrəˈlɒdʒɪk
AM ˌmetrəˈlɑdʒɪk

metrological
BR ˌmetrəˈlɒdʒɪkl
AM ˌmetrəˈlɑdʒək(ə)l

metrology
BR mɪˈtrɒlədʒi,
meˈtrɒlədʒi
AM məˈtrɑlədʒi

metron
BR ˈmetrɒn, -z
AM ˈmetrɑn, -z

metronidazole
BR ˌmetrəˈnaɪdəzəʊl
AM ˌmetrəˈnaɪdəzoʊl

metronome
BR ˈmetrənəʊm, -z
AM ˈmetrəˌnoʊm, -z

metronomic
BR ˌmetrəˈnɒmɪk
AM ˌmetrəˈnɑmɪk

metronymic
BR ˌmetrəˈnɪmɪk, -s
AM ˌmetrəˈnɪmɪk, -s

Metropole
BR ˈmetrəpəʊl
AM ˈmetrəˌpoʊl

metropolis
BR mɪˈtrɒpl̩ɪs, -ɪz
AM meˈtrɑp(ə)ləs,
məˈtrɑp(ə)ləs, -əz

metropolitan
BR ˌmetrəˈpɒlɪt(ə)n, -z
AM ˌmetrəˈpɑlədən,
ˌmetrəˈpɑlətn, -z

metropolitanate
BR ˌmetrəˈpɒlɪtneɪt, -s
AM ˌmetrəˈpɑlədə-
ˌneɪt, ˌmetrə-
ˈpɑlətneɪt, -s

metropolitanism
BR ˌmetrəˈpɒlɪtn̩ɪzm, -z
AM ˌmetrəˈpɑlədə-
ˌnɪz(ə)m, ˌmetrə-
ˈpɑlətn̩ˌɪz(ə)m, -z

metrorrhagia
BR ˌmiːtrəˈreɪdʒɪə(r),
ˌmetrəˈreɪdʒɪə(r)
AM ˌmetrəˈreɪdʒ(i)ə,
ˌmitrəˈreɪdʒ(i)ə

Metternich
BR ˈmetənɪk, ˈmetənɪx
AM ˈmedərˌnɪk

mettle
BR ˈmetl, -d
AM ˈmedəl, -d

mettlesome
BR ˈmetls(ə)m
AM ˈmedls(ə)m

Mettoy
BR ˈmetɔɪ
AM ˈmedɔɪ

metula
BR ˈmetjʊlə(r),
ˈmetʃʊlə(r)
AM ˈmetjələ

metulae
BR ˈmetjʊliː,
ˈmetʃʊliː
AM ˈmetjəˌli

Metz
BR mets
AM mets

meu
BR ˈmjuː, -z
AM ˈmju, -z

meunière
BR ˌməːˈnjɛː(r)
AM mənˈjɛ(ə)r

Meurig
BR ˈmʌɪrɪɡ
AM ˈmɔɪrɪɡ

Meuse
BR ˈməːz
AM ˈmjuz

mevrouw
BR məˈfraʊ
AM məˈfroʊ

mew
BR mjuː, -z, -ɪŋ, -d
AM mju, -z, -ɪŋ, -d

mewl
BR mjuːl, -z, -ɪŋ, -d
AM mjul, -z, -ɪŋ, -d

mews
BR mjuːz
AM mjuz

Mexborough
BR ˈmeksb(ə)rə(r)
AM ˈmeksˌbərəʊ,
ˈmeksˌbərə

Mexicali
BR ˌmeksɪˈkali,
ˌmeksɪˈkɑːli
AM ˌmeksəˈkæli
SP ˌmexiˈkali

Mexican
BR ˈmeksɪk(ə)n, -z
AM ˈmeksəkən, -z

Mexico
BR ˈmeksɪkəʊ
AM ˈmeksəkoʊ

Meyer
BR ˈmʌɪə(r), ˈmeɪə(r)
AM ˈmeɪər, ˈmaɪər

Meyerbeer
BR ˈmʌɪəˌbɪə(r)
AM ˈmeɪərbɪ(ə)r

Meyerhof
BR ˈmʌɪəhɒf
AM ˈmeɪərhaf,
ˈmeɪərhɔf

Meyers
BR ˈmʌɪəz, ˈmeɪəz
AM ˈmeɪərz,
ˈmaɪərz

Meynell
BR ˈmeɪnl, ˈmenl
AM ˈmeɪnl

Meyrick
BR ˈmerɪk
AM ˈmeɪrɪk

mezereon
BR mɪˈzɪərɪən, -z
AM məˈzɪriən,
məˈzɪriən, -z

mezuzah
BR məˈzuːzə(r),
məˈzʊzə(r), -z
AM məˈzuzə, -z

mezuzoth
BR məˈzuːzɒt
AM məˈzʊzoʊθ

mezzaluna
BR ˌme(d)zəˈluːnə(r),
ˌmetsəˈluːnə(r), -z
AM ˌmetsəˈlunə, -z

mezzanine
BR ˈmezəniːn,
ˈmetsəniːn, -z
AM ˈˌmezn̩ˌin,
ˈmezəˌnin, -z

mezza voce
BR ˌmetsə ˈvəʊtʃeɪ
AM ˌmetsə ˈvoʊˌtʃeɪ

mezzo
BR ˈmetsəʊ, -z
AM ˈmetsoʊ, -z

mezzo forte
BR ˌmetsəʊ ˈfɔːteɪ
AM ˌmetsoʊ ˈfɔrteɪ

Mezzogiorno
BR ˌmetsəʊˈdʒ(i)ɔːnəʊ
AM ˌmetsoʊˈdʒ(i)ɔrnoʊ
IT ˌmeddzoˈdʒorno

mezzo piano
BR ˌmetsəʊ ˈpjɑːnəʊ,
+ ˈpjanəʊ
AM ˌmetsoʊ piˈɑnoʊ,
ˌmetsoʊ ˈpjanoʊ

mezzorilievo
BR ˌmetsəʊrɪˈliːvəʊ, -z
AM ˌmetsoʊrəˈlivoʊ, -z

mezzo soprano
BR ˌmetsəʊ
səˈprɑːnəʊ, -z
AM ˌmetsoʊ
səˈprænoʊ,
ˌmetsoʊ səˈprɑnoʊ, -z

mezzotint
BR ˈmetsəʊtɪnt,
ˈmezəʊtɪnt, -s
AM ˈmetsoʊˌtɪnt, -s

mezzotinter
BR ˈmetsəʊˌtɪntə(r),
ˈmezəʊˌtɪntə(r), -z
AM ˈmetsoʊˌtɪn(t)ər, -z

mho
BR məʊ, -z
AM moʊ, -z

Mhz
BR ˈmɛɡəhɜːts
AM ˈmɛɡəˌhɝts

mi
BR miː
AM mi

MI5
BR ˌɛmaɪˈfaɪv
AM ˌɛmˌaɪˈfaɪv

MI6
BR ˌɛmaɪˈsɪks
AM ˌɛmˌaɪˈsɪks

Mia
BR ˈmiə(r)
AM ˈmiə

Miami
BR maɪˈami
AM maɪˈæmi

miaow
BR miˈaʊ, -z, -ɪŋ, -d
AM miˈaʊ, -z, -ɪŋ, -d

miasma
BR miˈazmə(r), maɪˈazmə(r), -z
AM miˈæzmə, maɪˈæzmə, -z

miasmal
BR miˈazml, maɪˈazml
AM miˈæzm(ə)l, maɪˈæzm(ə)l

miasmatic
BR ˌmiəzˈmatɪk, ˌmaɪəzˈmatɪk
AM ˌmaɪəzˈmædɪk, ˌmiəzˈmædɪk

miasmic
BR miˈazmɪk, maɪˈazmɪk
AM miˈæzmɪk, maɪˈæzmɪk

miasmically
BR miˈazmɪkli, maɪˈazmɪkli
AM maɪˈæzmək(ə)li

miaul
BR miˈɔːl, -z, -ɪŋ, -d
AM miˈaʊl, -z, -ɪŋ, -d

mica
BR ˈmaɪkə(r)
AM ˈmaɪkə

micaceous
BR maɪˈkeɪʃəs
AM maɪˈkeɪʃəs

mica-schist
BR ˈmaɪkəʃɪst, -s
AM ˈmaɪkəˌʃɪst, -s

Micawber
BR mɪˈkɔːbə(r), -z
AM məˈkabər, məˈkɔbər, -z

Micawberish
BR mɪˈkɔːb(ə)rɪʃ
AM məˈkabərɪʃ, məˈkɔbərɪʃ

Micawberism
BR mɪˈkɔːbərɪzm
AM məˈkabəˌrɪz(ə)m, məˈkɔbəˌrɪz(ə)m

mice
BR maɪs
AM maɪs

micelle
BR mɪˈsɛl, maɪˈsɛl, -z
AM maɪˈsɛl, məˈsɛl, -z

Michael
BR ˈmaɪkl
AM ˈmaɪk(ə)l

Michaela
BR mɪˈkeɪlə(r)
AM məˈkeɪlə

Michaelmas
BR ˈmɪklməs
AM ˈmɪkəlməs

Michel
BR mɪˈʃɛl
AM məˈʃɛl

Michelangelo
BR ˌmaɪklˈan(d)ʒələʊ
AM ˌmaɪkəlˈændʒəloʊ, ˌmɪkəlˈændʒəloʊ

Micheldever
BR ˈmɪtʃlˌdɛvə(r)
AM ˈmɪtʃlˌdɛvər

Michèle
BR mɪˈʃɛl
AM məˈʃɛl

Michelin
BR ˈmɪtʃlɪn
AM ˈmɪʃəl(ə)n
FR miʃlɛ̃

Michelle
BR mɪˈʃɛl
AM məˈʃɛl

Michelmore
BR ˈmɪtʃlmɔː(r)
AM ˈmɪtʃlˌmɔ(ə)r

Michelson
BR ˈmaɪkls(ə)n
AM ˈmaɪkəls(ə)n

Michener
BR ˈmɪtʃnə(r), ˈmɪʃnə(r)
AM ˈmɪʃnər, mɪtʃ(ə)nər

Michigan
BR ˈmɪʃɪɡ(ə)n
AM ˈmɪʃɪɡən

Michoacán
BR ˌmɪtʃəʊəˈkɑːn
AM ˌmɪtʃoʊəˈkɑn

mick
BR mɪk, -s
AM mɪk, -s

mickerie
BR ˈmɪk(ə)r|i, -ɪz

mickery
BR ˈmɪk(ə)r|i, -ɪz
AM ˈmɪk(ə)ri, -z

mickey
BR ˈmɪk|i, -ɪz
AM ˈmɪki, -z

mickey finn
BR ˈmɪki ˈfɪn, -z
AM ˈmɪki ˈfɪn, -z

Mickiewicz
BR ˌmɪ(t)sˈkjɛwɪtʃ
AM ˈmɪkiˌwɪtʃ
POL mitsˈkjɛvitʃ

mickle
BR ˈmɪkl
AM ˈmɪk(ə)l

Mickleover
BR ˈmɪklˌəʊvə(r)
AM ˈmɪkəlˌoʊvər

Micklethwaite
BR ˈmɪklθweɪt
AM ˈmɪkəlˌθweɪt

Micklewhite
BR ˈmɪklwʌɪt
AM ˈmɪkəlˌwaɪt

micky
BR ˈmɪki
AM ˈmɪki

micro
BR ˈmaɪkrəʊ, -z
AM ˈmaɪkroʊ, -z

microanalyses *plural noun*
BR ˌmaɪkrəʊəˈnalɪsiːz
AM ˌmaɪkroʊəˈnæləsiz

microanalysis
BR ˌmaɪkrəʊəˈnalɪsɪs
AM ˌmaɪkroʊəˈnæləsəs

microbe
BR ˈmaɪkrəʊb, -z
AM ˈmaɪˌkroʊb, -z

microbeer
BR ˈmaɪkrəʊˌbɪə(r), -z
AM ˈmaɪkroʊˌbɪ(ə)r, -z

microbial
BR maɪˈkrəʊbiəl
AM maɪˈkroʊbiəl

microbic
BR maɪˈkrəʊbɪk
AM maɪˈkroʊbɪk

microbiological
BR ˌmaɪkrə(ʊ)ˌbaɪəˈlɒdʒɪkl
AM ˌmaɪkroʊˌbaɪəˈlɑdʒək(ə)l

microbiologically
BR ˌmaɪkrə(ʊ)ˌbaɪəˈlɒdʒɪkli
AM ˈmaɪkroʊˌbaɪəˈlɑdʒək(ə)li

microbiologist
BR ˌmaɪkrə(ʊ)baɪˈɒlədʒɪst, -s
AM ˌmaɪkroʊˌbaɪˈɑlədʒəst, -s

microbiology
BR ˌmaɪkrə(ʊ)baɪˈɒlədʒi
AM ˌmaɪkroʊˌbaɪˈɑlədʒi

microbrew
BR ˈmaɪkrəʊˌbruː, -z, -ɪŋ, -d
AM ˈmaɪkroʊˌbru, -z, -ɪŋ, -d

microburst
BR ˈmʌɪkrə(ʊ)bəːst, -s
AM ˈmaɪkroʊˌbɜrst, ˈmaɪkrəˌbɜrst, -s

Microcard
BR ˈmʌɪkrə(ʊ)kɑːd
AM ˈmaɪkroʊˌkɑrd, ˈmaɪkrəˌkɑrd

microcell
BR ˈmʌɪkrə(ʊ)sɛl, -z
AM ˈmaɪkroʊˌsɛl, -z

microcephalic
BR ˌmʌɪkrə(ʊ)sɪˈfalɪk, ˌmʌɪkrə(ʊ)kɛˈfalɪk
AM ˌmaɪkroʊsəˈfælɪk

microcephalous
BR ˌmʌɪkrə(ʊ)ˈsɛfl̩əs, ˌmʌɪkrə(ʊ)ˈkɛfl̩əs
AM ˌmaɪkroʊˈsɛfələs

microcephaly
BR ˌmʌɪkrə(ʊ)ˈsɛfli, ˌmʌɪkrə(ʊ)ˈkɛfli
AM ˌmaɪkroʊˈsɛfəli

microchip
BR ˈmʌɪkrə(ʊ)tʃɪp, -s
AM ˈmaɪkroʊˌtʃɪp, ˈmaɪkrəˌtʃɪp, -s

microcircuit
BR ˈmʌɪkrə(ʊ)ˌsəːkɪt, -s
AM ˈmaɪkroʊˌsɜrkət, -s

microcircuitry
BR ˈmʌɪkrə(ʊ)ˌsəːkɪtri
AM ˌmaɪkroʊˈsɜrkətri

microclimate
BR ˈmʌɪkrə(ʊ)ˌklʌɪmɪt, -s
AM ˈmaɪkroʊˌklaɪmɪt, -s

microclimatic
BR ˌmʌɪkrə(ʊ)klʌɪˈmatɪk
AM ˌmaɪkroʊˌklaɪˈmædɪk

microclimatically
BR ˌmʌɪkrə(ʊ)klʌɪˈmatɪkli
AM ˌmaɪkroʊˌklaɪˈmædək(ə)li

microcline
BR ˈmʌɪkrə(ʊ)klʌɪn, -z
AM ˈmaɪkroʊˌklaɪn, ˈmaɪkrəˌklaɪn, -z

microcode
BR ˈmʌɪkrə(ʊ)kəʊd, -z
AM ˈmaɪkroʊˌkoʊd, ˈmaɪkrəˌkoʊd, -z

microcomputer
BR ˈmʌɪkrə(ʊ)kəmˌpjuːtə(r), -z
AM ˌmaɪkroʊkəmˈpjudər, -z

microcopy
BR ˈmʌɪkrə(ʊ)ˌkɒpli, -ɪz, -ɪŋ, -ɪd
AM ˈmaɪkroʊˌkɑpi, ˈmaɪkrəˌkɑpi, -z, -ɪŋ, -d

microcosm
BR ˈmʌɪkrə(ʊ)ˌkɒz(ə)m, -z
AM ˈmaɪkroʊˌkɑz(ə)m, ˈmaɪkrəˌkɑz(ə)m, -z

microcosmic
BR ˌmʌɪkrə(ʊ)ˈkɒzmɪk
AM ˌmaɪkroʊˈkɑzmɪk, ˌmaɪkrəˈkɑzmɪk

microcosmically
BR ˌmʌɪkrə(ʊ)ˈkɒzmɪkli
AM ˌmaɪkroʊˈkɑzmək(ə)li, ˌmaɪkrəˈkɑzmək(ə)li

microcrystalline
BR ˌmʌɪkrə(ʊ)ˈkrɪstl̩ʌɪn
AM ˌmaɪkroʊˈkrɪstəˌlaɪn, ˌmaɪkroʊˈkrɪstəl(ə)n

microdot
BR ˈmʌɪkrə(ʊ)dɒt, -s
AM ˈmaɪkroʊˌdɑt, ˈmaɪkrəˌdɑt, -s

microeconomic
BR ˌmʌɪkrə(ʊ)ˌiːkəˈnɒmɪk, ˌmʌɪkrəʊˌɛkəˈnɒmɪk, -s
AM ˌmaɪkroʊˌikəˈnɑmɪk, ˌmaɪkroʊˌɛkəˈnɑmɪk, -s

microelectronic
BR ˌmʌɪkrəʊɪˌlɛkˈtrɒnɪk, ˌmʌɪkrəʊˌɛlɛkˈtrɒnɪk, ˌmʌɪkrəʊˌɪlɛkˈtrɒnɪk, ˌmʌɪkrəʊˌiːlɛkˈtrɒnɪk, -s
AM ˌmaɪkroʊɪˌlɛkˈtrɑnɪk, ˈmaɪkroʊəˌlɛkˈtrɑnɪk, -s

microelectronics
BR ˌmʌɪkrəʊɪˌlɛkˈtrɒnɪks, ˌmʌɪkrəʊˌɛlɛkˈtrɒnɪks, ˌmʌɪkrəʊˌɪlɛkˈtrɒnɪks, ˌmʌɪkrəʊˌiːlɛkˈtrɒnɪks
AM ˌmaɪkroʊɪˌlɛkˈtrɑnɪks, ˈmaɪkroʊəˌlɛkˈtrɑnɪks

microfiche
BR ˈmʌɪkrə(ʊ)fiːʃ, -ɪz
AM ˈmaɪkroʊˌfiʃ, ˈmaɪkrəˌfiʃ, -ɪz

microfilm
BR ˈmʌɪkrə(ʊ)film, -z
AM ˈmaɪkroʊˌfilm, ˈmaɪkrəˌfilm, -z

microfloppy
BR ˈmʌɪkrə(ʊ)ˌflɒpli, -ɪz
AM ˈmaɪkroʊˌflɑpi, -z

microform
BR ˈmʌɪkrə(ʊ)fɔːm, -z
AM ˈmaɪkroʊˌfɔ(ə)rm, ˈmaɪkrəˌfɔ(ə)rm, -z

microgram
BR ˈmʌɪkrə(ʊ)gram, -z
AM ˈmaɪkroʊˌgræm, ˈmaɪkrəˌgræm, -z

micrograph
BR ˈmʌɪkrə(ʊ)grɑːf, -s
AM ˈmaɪkroʊˌgræf, ˈmaɪkrəˌgræf, -s

microgroove
BR ˈmʌɪkrə(ʊ)gruːv, -z
AM ˈmaɪkroʊˌgruv, ˈmaɪkrəˌgruv, -z

microinstruction
BR ˌmʌɪkrəʊɪnˈstrʌkʃn, -z
AM ˌmaɪkroʊɪnˈstrʌkʃ(ə)n, ˌmaɪkroʊɪnzˈtrəkʃ(ə)n, -z

microlight
BR ˈmʌɪkrə(ʊ)lʌɪt, -s
AM ˈmaɪkroʊˌlaɪt, ˈmaɪkrəˌlaɪt, -s

microlith
BR ˈmʌɪkrə(ʊ)lɪθ, -s
AM ˈmʌɪkroʊˌlɪθ, ˈmʌɪkrəˌlɪθ, -s

microlithic
BR ˌmʌɪkrə(ʊ)ˈlɪθɪk
AM ˌmaɪkroʊˈlɪθɪk, ˌmʌɪkrəˈlɪθɪk

micromelia
BR ˌmʌɪkrə(ʊ)ˈmiːliə(r)
AM ˌmaɪkroʊˈmiljə, ˌmaɪkroʊˈmiliə

micromesh
BR ˈmʌɪkrə(ʊ)mɛʃ
AM ˈmaɪkroʊˌmɛʃ, ˈmaɪkrəˌmɛʃ

micrometer[1]
measurement
BR ˈmʌɪkrəʊˌmiːtə(r), -z
AM ˈmaɪkroʊˌmidər, -z

micrometer[2]
measuring instrument
BR mʌɪˈkrɒmɪtə(r), -z
AM maɪˈkrɑmədər, -z

micrometre
measurement
BR ˈmʌɪkrəʊˌmiːtə(r), -z
AM ˈmaɪkroʊˌmidər, -z

micrometry
BR mʌɪˈkrɒmɪtri
AM maɪˈkrɑmətri

microminiaturisation
BR ˌmʌɪkrəʊˌmɪnɪtʃ(ə)rʌɪˈzeɪʃn, -z
AM ˌmaɪkroʊˌmɪnɪtʃəˌraɪˈzeɪʃ(ə)n, ˌmaɪkroʊˌmɪnɪtʃərəˈzeɪʃ(ə)n, -z

microminiaturization
BR ˌmʌɪkrəʊ-ˌmɪnɪtʃ(ə)rʌɪˈzeɪʃn, -z
AM ˈˌmaɪkroʊˌmɪnɪtʃə-ˌraɪˈzeɪʃ(ə)n, ˈmaɪkroʊˌmɪnɪtʃərə-ˈzeɪʃ(ə)n, -z

micron
BR ˈmʌɪkrɒn, -z
AM ˈmaɪˌkrɑn, -z

Micronesia
BR ˌmʌɪkrə(ʊ)-ˈniːzjə(r), ˌmʌɪkrəˈniːʒə(r)
AM ˌmaɪkroʊˈnɪʃə, ˌmaɪkroʊˈniʒə

Micronesian
BR ˌmʌɪkrə(ʊ)-ˈniːzj(ə)n, ˌmʌɪkrə(ʊ)ˈniːʒn, -z
AM ˌmaɪkroʊˈnɪʃ(ə)n, ˌmaɪkroʊˈniʒ(ə)n, -z

microorganism
BR ˌmʌɪkrəʊˈɔːgnɪzm, -z
AM ˌmaɪkroʊˈɔrgəˌnɪz(ə)m, -z

micro-organism
BR ˌmʌɪkrəʊˈɔːgnɪzm, -z
AM ˌmaɪkroʊˈɔrgəˌnɪz(ə)m, -z

microphone
BR ˈmʌɪkrəfəʊn, -z
AM ˈmaɪkrəˌfoʊn, -z

microphonic
BR ˌmʌɪkrəˈfɒnɪk
AM ˌmaɪkrəˈfɑnɪk

microphotograph
BR ˌmʌɪkrəʊ-ˈfəʊtəgrɑːf, -s
AM ˌmaɪkroʊˈfoʊdəˌgræf, -s

microphyte
BR ˈmʌɪkrə(ʊ)fʌɪt, -s
AM ˈmaɪkroʊˌfaɪt, ˈmaɪkrəˌfaɪt, -s

microprocessor
BR ˌmʌɪkrəʊ-ˈprəʊsesə(r), -z
AM ˌmaɪkroʊˈprɑsəsər, -z

microprogram
BR ˈmʌɪkrə(ʊ)ˌprəʊgram, -z
AM ˈmaɪkroʊˌproʊgrəm, -z

micropyle
BR ˈmʌɪkrə(ʊ)pʌɪl, -z
AM ˈmaɪkrəˌpaɪl, -z

microscope
BR ˈmʌɪkrəskəʊp, -s
AM ˈmaɪkrəˌskoʊp, -s

microscopic
BR ˌmʌɪkrəˈskɒpɪk
AM ˌmaɪkrəˈskɑpɪk

microscopical
BR ˌmʌɪkrəˈskɒpɪkl
AM ˌmaɪkrəˈskɑpək(ə)l

microscopically
BR ˌmʌɪkrəˈskɒpɪkli
AM ˌmaɪkrəˈskɑpək(ə)li

microscopist
BR mʌɪˈkrɒskəpɪst, -s
AM maɪˈkrɑskəpəst, -s

microscopy
BR mʌɪˈkrɒskəpi
AM maɪˈkrɑskəpi

microsecond
BR ˈmʌɪkrə(ʊ)ˌsek(ə)nd, -z
AM ˈˌmaɪkroʊˌsekənd, -z

microseism
BR ˈmʌɪkrə(ʊ)ˌsʌɪzm, -z
AM ˈmaɪkroʊˌsaɪz(ə)m, -z

Microsoft
BR ˈmʌɪkrəsɒft
AM ˈmaɪkrəˌsɑft, ˈmaɪkrəˌsɔft

microsome
BR ˈmʌɪkrəsəʊm, -z
AM ˈmaɪkroʊˌsoʊm, ˈmaɪkrəˌsoʊm, -z

microspore
BR ˈmʌɪkrə(ʊ)spɔː(r), -z
AM ˈmaɪkroʊˌspɔ(ə)r, ˈmaɪkrəˌspɔ(ə)r, -z

microstructure
BR ˈmʌɪkrə(ʊ)-ˌstrʌktʃə(r), -z
AM ˈmaɪkroʊ-ˌstrʌk(t)ʃər, -z

microsurgeon
BR ˈmʌɪkrəʊ-ˌsəːdʒ(ə)n, -z
AM ˈmaɪkroʊ-ˌsərdʒ(ə)n, -z

microsurgery
BR ˈmʌɪkrə(ʊ)-ˌsəːdʒ(ə)ri, ˌmʌɪkrə(ʊ)ˈsəːdʒ(ə)ri
AM ˌmaɪkroʊ-ˈsərdʒ(ə)ri

microsurgical
BR ˌmʌɪkrə(ʊ)-ˈsəːdʒɪkl
AM ˌmaɪkroʊ-ˈsərdʒək(ə)l

microswitch
BR ˈmʌɪkrə(ʊ)swɪtʃ, -ɪz
AM ˈmaɪkrəˌswɪtʃ, -ɪz

microtechnique
BR ˈmʌɪkrə(ʊ)tekˌniːk, -s
AM ˈˌmaɪkroʊˌtekˈnik, -s

microtome
BR ˈmʌɪkrə(ʊ)təʊm, -z
AM ˈmaɪkroʊˌtoʊm, ˈmaɪkrəˌtoʊm, -z

microtone
BR ˈmʌɪkrə(ʊ)təʊn, -z
AM ˈmaɪkroʊˌtoʊn, ˈmaɪkrəˌtoʊn, -z

microtubule
BR ˈmʌɪkrəʊˌtjuːbjuːl, ˈmʌɪkrəʊˌtʃuːbjuːl, -z
AM ˈmaɪkroʊ-ˌt(j)ubjul, -z

microwave
BR ˈmʌɪkrə(ʊ)weɪv, -z, -ɪŋ, -d
AM ˈmaɪkroʊˌweɪv, ˈmaɪkrəˌweɪv, -z, -ɪŋ, -d

micrurgy
BR ˈmʌɪkrəːdʒi
AM maɪˈkrərdʒi

micturate
BR ˈmɪktjʊəreɪt, ˈmɪktʃʊəreɪt, -s, -ɪŋ, -ɪd
AM ˈmɪktʃəˌreɪ|t, -ts, -dɪŋ, -dɪd

micturition
BR ˌmɪktjʊˈrɪʃn, ˌmɪktʃʊˈrɪʃn
AM ˌmɪktʃəˈrɪʃ(ə)n

mid
BR mɪd
AM mɪd

midair
BR ˌmɪdˈɛː(r)
AM ˌmɪdˈɛ(ə)r

Midas
BR ˈmʌɪdəs
AM ˈmaɪdəs

midbrain
BR ˈmɪdbreɪn, -z
AM ˈmɪdˌbreɪn, -z

mid-cap
BR ˌmɪdˈkap, -s
AM ˈmɪdˌkæp, -s

mid-career
BR ˌmɪdkəˈrɪə(r)
AM ˌmɪdkəˈrɪ(ə)r

midcourse
BR ˌmɪdˈkɔːs
AM ˌmɪdˈkɔ(ə)rs

midday
BR ˌmɪdˈdeɪ
AM ˈmɪdˌdeɪ

midden
BR ˈmɪdn, -z
AM ˈmɪdən, -z

middle
BR ˈmɪdl, -z
AM ˈmɪd(ə)l, -z

middlebrow
BR ˈmɪdlbraʊ, -z
AM ˈmɪdlˌbraʊ, -z

middleman
BR ˈmɪdlman
AM ˈmɪdlˌmæn

middlemen
BR ˈmɪdlmen
AM ˈmɪdlˌmen

middle-of-the-road
BR ˌmɪdlə(v)ðəˈrəʊd
AM ˈˌmɪdələ(v)ðəˈroʊd

Middlesboro
BR ˈmɪdlzb(ə)rə(r)
AM ˈmɪdlz,bəroʊ,
ˈmɪdlz,bərə

Middlesborough
BR ˈmɪdlzb(ə)rə(r)
AM ˈmɪdlz,bəroʊ,
ˈmɪdlz,bərə

Middlesbrough
BR ˈmɪdlzbrə(r)
AM ˈmɪdlzb(ə)rə

Middlesex
BR ˈmɪdlsɛks
AM ˈmɪdl,sɛks

Middleton
BR ˈmɪdlt(ə)n
AM ˈmɪdlt(ə)n

middleweight
BR ˈmɪdlweɪt, -s
AM ˈmɪdl,weɪt, -s

Middlewich
BR ˈmɪdlwɪtʃ
AM ˈmɪdl,wɪtʃ

middling
BR ˈmɪdl̩ɪŋ, ˈmɪdlɪŋ
AM ˈmɪdl̩ɪŋ, ˈmɪdlɪŋ

middlingly
BR ˈmɪdl̩ɪŋli, ˈmɪdlɪŋli
AM ˈmɪdl̩ɪŋli, ˈmɪdlɪŋli

middy
BR ˈmɪd|i, -ɪz
AM ˈmɪdi, -z

Mideast
BR ˌmɪdˈiːst
AM ˌmɪdˈist

midfield
BR ˌmɪdˈfiːld, ˈmɪdfiːld
AM ˌmɪdˈfild

midfielder
BR ˌmɪdˈfiːldə(r), -z
AM ˌmɪdˈfildər, -z

Midgard
BR ˈmɪdgɑːd
AM ˈmɪd,gɑrd

midge
BR mɪdʒ, -ɪz
AM mɪdʒ, -ɪz

midget
BR ˈmɪdʒɪt, -s
AM ˈmɪdʒɪt, -s

midgie
BR ˈmɪdʒ|i, -ɪz
AM ˈmɪdʒi, -z

Midgley
BR ˈmɪdʒli
AM ˈmɪdʒli

midgut
BR ˈmɪdgʌt, -s
AM ˈmɪd,gət, -s

Midhurst
BR ˈmɪdhəːst
AM ˈmɪd(h)ərst

Midi *south of France*
BR mɪˈdiː
AM miˈdi

MIDI
BR ˈmɪd|i, -ɪz
AM ˈmɪdi, -z

midi
BR ˈmɪd|i, -ɪz
AM ˈmɪdi, -z

Midian
BR ˈmɪdiən
AM ˈmɪdiən

Midianite
BR ˈmɪdiənʌɪt, -s
AM ˈmɪdiə,naɪt, -s

midibus
BR ˈmɪdibʌs, -ɪz
AM ˈmɪdi,bəs, -əz

midinette
BR ˌmɪdɪˈnɛt, -s
AM ˌmɪdiˈnɛt, ˌmɪdnˈɛt, -s

midiron
BR ˈmɪd,ʌɪən, -z
AM ˈmɪd,aɪ(ə)rn, -z

MIDI system
BR ˈmɪdɪ ˌsɪstɨm, -z
AM ˈmɪdi ˌsɪstəm, -z

midland
BR ˈmɪdlənd, -z
AM ˈmɪd,lænd, ˈmɪdlənd, -z

midlander
BR ˈmɪdləndə(r), -z
AM ˈmɪdˌlændər, ˈmɪdləndər, -z

midline
BR ˈmɪdlʌɪn, -z
AM ˈmɪd,laɪn, -z

Midlothian
BR mɪdˈləʊðiən
AM mɪdˈloʊðiən

midmost
BR ˈmɪdməʊst
AM ˈmɪd,moʊst

midnight
BR ˈmɪdnʌɪt
AM ˈmɪd,naɪt

midpoint
BR ˈmɪdpɔɪnt, -s
AM ˈmɪd,pɔɪnt, ʊ

Midrash
BR ˈmɪdraʃ, ˈmɪdrʌʃ
AM ˈmɪd,rɑʃ

Midrashim
BR mɪˈdraʃɪm, ˌmɪdraˈʃɪm, ˌmɪdrʌˈʃɪm
AM ˌmɪdrɑˈʃim

midrib
BR ˈmɪdrɪb, -z
AM ˈmɪd,rɪb, -z

midriff
BR ˈmɪdrɪf, -s
AM ˈmɪˌdrɪf(t), -s

midsection
BR ˈmɪd,sɛkʃn, -z
AM ˈmɪd,sɛkʃ(ə)n, -z

midship
BR ˈmɪdʃɪp, -s
AM ˈmɪd,ʃɪp, -s

midshipman
BR ˈmɪdʃɪpmən
AM ˌmɪdˈʃɪpm(ə)n, ˈmɪd,ʃɪpm(ə)n

midshipmen
BR ˈmɪdʃɪpmən
AM ˌmɪdˈʃɪpm(ə)n, ˈmɪd,ʃɪpm(ə)n

midships
BR ˈmɪdʃɪps
AM ˈmɪd,ʃɪps

midst
BR mɪdst
AM mɪdst

midstream
BR ˌmɪdˈstriːm
AM ˌmɪdˈstrim

midsummer
BR ˌmɪdˈsʌmə(r)
AM ˌmɪdˈsəmər

midterm
BR ˌmɪdˈtəːm, -z
AM ˌˈmɪdˌtərm, -z

midtown
BR ˈmɪdtaʊn
AM ˈmɪd,taʊn

Midway
BR ˈmɪdweɪ
AM ˈmɪd,weɪ

midway
BR ˌmɪdˈweɪ
AM ˌmɪdˈweɪ

midweek
BR ˌmɪdˈwiːk
AM ˌmɪdˈwik

Midwest
BR ˌmɪdˈwɛst
AM ˌmɪdˈwɛst

Midwestern
BR ˌmɪdˈwɛst(ə)n
AM ˌmɪdˈwɛstərn

Midwesterner
BR ˌmɪdˈwɛstn̩ə(r), -z
AM ˌmɪdˈwɛstərnər, -z

midwicket
BR ˌmɪdˈwɪkɪt, -s
AM ˌmɪdˈwɪkɪt, -s

midwife
BR ˈmɪdwʌɪf
AM ˈmɪd,waɪf

midwifery
BR ˌmɪdˈwɪf(ə)ri, ˈmɪdwɪf(ə)ri
AM ˌˈmɪdˌwaɪf(ə)ri

midwinter
BR ˌmɪdˈwɪntə(r)
AM ˌmɪdˈwɪn(t)ər

midwives
BR ˈmɪdwʌɪvz
AM ˈmɪd,waɪvz

Miele
BR ˈmiːlə(r)
AM ˈmilə

mielie
BR ˈmiːl|i, -ɪz
AM ˈmili, -z

mien
BR miːn, -z
AM min, -z

mierda
BR mɪˈɛːdə(r)
AM miˈɛrdə

Miesian
BR ˈmiːziən
AM ˈmiziən, ˈmisiən

miesies
BR ˈmiːsiːs, -ɪz
AM ˈmisis, -ɪz

mieskeit
BR ˈmiːskeɪt, -s
AM ˈmisˌkeɪt, ˈmisˌkaɪt, -s

Mies van der Rohe
BR ˌmiːz van də ˈrəʊə(r)
AM ˌmis væn dər ˈroʊə, ˌmiz væn dər ˈroʊə

miff
BR mɪf, -s, -ɪŋ, -t
AM mɪf, -s, -ɪŋ, -t

MiG
BR mɪg, -z
AM mɪg, -z

might
BR mʌɪt
AM maɪt

mightest
BR ˈmʌɪtɪst
AM ˈmaɪdɪst

might-have-been
BR ˈmʌɪtəvbiːn, -z
AM ˈmaɪdə(v)ˌbɪn, -z

mightily
BR ˈmʌɪtɪli
AM ˈmaɪdɪli

mightiness
BR ˈmʌɪtɪnɪs
AM ˌmaɪdɪnɪs

mightn't
BR ˈmʌɪtnt
AM ˈmaɪtn(t)

mighty
BR ˈmʌɪt|i, -ɪə(r), -ɪst
AM ˈmaɪdi, -ər, -ɪst

migmatite
BR ˈmɪgmətʌɪt
AM ˈmɪgməˌtaɪt

mignon
BR ˈmiːnjɒn, ˈmɪnjɒn, ˌmɪnˈjɒn
AM mɪnˈjɑn, mɪnˈjɔn

mignonette
BR ˌmɪnjəˈnɛt, -s
AM ˌmɪnjəˈnɛt, -s

migraine
BR ˈmiːgreɪn, ˈmʌɪgreɪn, -z
AM ˈmaɪˌgreɪn, -z

migrainous
BR miːˈgreɪnəs, mʌɪˈgreɪnəs
AM maɪˈgreɪnəs

migrant
BR ˈmʌɪgrnt, -s
AM ˈmaɪgrənt, -s

migrate
BR mʌɪˈgreɪt, -s, -ɪŋ, -ɪd
AM ˈmaɪˌgreɪ|t, -ts, -dɪŋ, -dɪd

migration
BR mʌɪˈgreɪʃn, -z
AM maɪˈgreɪʃ(ə)n, -z

migrational
BR mʌɪˈgreɪʃn̩l
AM maɪˈgreɪʃ(ə)n(ə)l

migrator
BR ˈmʌɪgreɪtə(r), mʌɪˈgreɪtə(r), -z
AM ˈmaɪˌgreɪdər, -z

migratory
BR ˈmʌɪgrət(ə)ri, mʌɪˈgreɪt(ə)ri
AM ˈmaɪgrəˌtɔri

Miguel
BR mɪˈgɛl
AM məˈg(w)ɛl

mihanere
BR ˈmɪhənɛr|i, -ɪz
AM ˈmɪhəˌnɛri, -z

mihi
BR ˈmiːh|i, -ɪz
AM ˈmihi, -z

mihrab
BR ˈmiːrɑːb, -z
AM ˈmirəb, -z

Mikado
BR mɪˈkɑːdəʊ, -z
AM məˈkɑdoʊ, -z

mike
BR mʌɪk, -s
AM maɪk, -s

mikeside
BR ˈmʌɪksʌɪd
AM ˈmaɪkˌsaɪd

Mikhail
BR mɪˈkʌɪl, mɪˈxʌɪl
AM məˈkaɪl
RUS mʲixaˈil

miko
BR ˈmiːkəʊ, -z
AM ˈmikoʊ, -z

Míkonos
BR ˈmɪkənɒs
AM ˈmɪkəˌnɑs, ˈmɪkəˌnɔs

mikoshi
BR mɪˈkɒʃ|i, -ɪz
AM məˈkɑʃi, -z

mil
BR mɪl, -z
AM mɪl, -z

milady
BR mɪˈleɪd|i, -ɪz
AM maɪˈleɪdi, məˈleɪdi, -z

milage
BR ˈmʌɪl|ɪdʒ, -ɪdʒɪz
AM ˈmaɪlɪdʒ, -ɪz

milagro
BR mɪˈlɑgrəʊ, -z
AM məˈlɑgroʊ, -z

Milan
BR mɪˈlan
AM məˈlæn, məˈlɑn

Milanese
BR ˌmɪləˈniːz
AM ˌmɪləˈniz

Milburn
BR ˈmɪlbəːn
AM ˈmɪlbərn

milch
BR mɪl(t)ʃ
AM mɪlk, mɪltʃ

mild
BR mʌɪld, -ə(r), -ɪst
AM maɪld, -ər, -ɪst

milden
BR ˈmʌɪld|(ə)n, -(ə)nz, -ənɪŋ\-n̩ɪŋ, -(ə)nd
AM ˈmaɪldən, -z, -ɪŋ, -d

Mildenhall
BR ˈmɪld(ə)nhɔːl
AM ˈmɪldən,(h)ɑl, ˈmɪldən,(h)ɔl

mildew
BR ˈmɪldjuː, ˈmɪldʒuː, -d
AM ˈmɪlˌd(j)u, -d

mildewy
BR ˈmɪldjuːi, ˈmɪldʒuːi
AM ˈmɪlˌd(j)ui

mildish
BR ˈmʌɪldɪʃ
AM ˈmaɪldɪʃ

mildly
BR ˈmʌɪldli
AM ˈmaɪl(d)li

mildness
BR ˈmʌɪldnɪs
AM ˈmaɪl(d)nɪs

Mildred
BR ˈmɪldrɪd
AM ˈmɪldrɪd

mile
BR mʌɪl, -z
AM maɪl, -z

mileage
BR ˈmʌɪl|ɪdʒ, -ɪdʒɪz
AM ˈmaɪlɪdʒ, -ɪz

mileometer
BR mʌɪˈlɒmɪtə(r), -z
AM maɪˈlɑmədər, -z

milepost
BR ˈmʌɪlpəʊst, -s
AM ˈmaɪlˌpoʊst, -s

miler
BR ˈmʌɪlə(r), -z
AM ˈmaɪlər, -z

Miles
BR ˈmʌɪlz
AM ˈmaɪlz

Milesian
BR mʌɪˈliːziən, mʌɪˈliːʒn, mɪˈliːziən, mɪˈliːʒn, -z
AM maɪˈliʒ(ə)n, məˈliʒ(ə)n, -z

milestone
BR ˈmʌɪlstəʊn, -z
AM ˈmaɪlˌstoʊn, -z

Miletus
BR maɪˈliːtəs
AM maɪˈlidəs

milfoil
BR ˈmɪlfɔɪl, -z
AM ˈmɪlˌfɔɪl, -z

Milford Haven
BR ˌmɪlfəd ˈheɪvn
AM ˌmɪlfərd ˈheɪvən

Milhaud
BR ˈmiː(ˌ)əʊ
AM miˈ(ˌ)oʊ
FR milo

miliaria
BR ˌmɪliˈɛːriə(r)
AM ˌmɪliˈɛriə

miliary
BR ˈmɪliəri
AM ˈmɪliˌɛri

milieu
BR ˈmiːljəː(r),
mɪlˈjəː(r), -z
AM mɪlˈjə,
mɪlˈju, -z

milieux
BR ˈmiːljəː(r),
ˈmiːljəːz,
mɪlˈjəː(r),
mɪlˈjəːz
AM mɪlˈjə, mɪlˈju

militancy
BR ˈmɪlɪt(ə)nsi
AM ˈmɪlətnsi,
ˈmɪlədənsi

militant
BR ˈmɪlɪt(ə)nt, -s
AM ˈmɪlətnt,
ˈmɪlədənt, -s

militantly
BR ˈmɪlɪt(ə)ntli
AM ˈmɪlətn(t)li,
ˈmɪlədəntli

militaria
BR ˌmɪlɪˈtɛːriə(r)
AM ˌmɪləˈtɛriə

militarily
BR ˈmɪlɪt(ə)rɪli,
ˌmɪlɪˈtɛrɪli
AM ˌmɪləˈtɛrəli

militariness
BR ˈmɪlɪt(ə)rɪnɪs
AM ˈmɪləˌtɛrɪnɪs

militarisation
BR ˌmɪlɪt(ə)rʌɪˈzeɪʃn
AM ˌmɪlədəˌraɪˈzeɪʃ(ə)n,
ˌmɪlədərəˈzeɪʃ(ə)n

militarise
BR ˈmɪlɪtərʌɪz, -ɪz,
-ɪŋ, -d
AM ˈmɪlədəˌraɪz, -ɪz,
-ɪŋ, -d

militarism
BR ˈmɪlɪtərɪzm
AM ˈmɪlədəˌrɪz(ə)m

militarist
BR ˈmɪlɪt(ə)rɪst, -s
AM ˈmɪlədərəst, -s

militaristic
BR ˌmɪlɪtəˈrɪstɪk
AM ˌmɪlədəˈrɪstɪk

militaristically
BR ˌmɪlɪtəˈrɪstɪkli
AM ˌmɪlədəˈrɪstək(ə)li

militarization
BR ˌmɪlɪt(ə)rʌɪˈzeɪʃn
AM ˌmɪlədəˌraɪˈzeɪʃ(ə)n,
ˌmɪlədərəˈzeɪʃ(ə)n

militarize
BR ˈmɪlɪtərʌɪz, -ɪz,
-ɪŋ, -d
AM ˈmɪlədəˌraɪz, -ɪz,
-ɪŋ, -d

military
BR ˈmɪlɪt(ə)ri
AM ˈmɪləˌtɛri

militate
BR ˈmɪlɪteɪt, -s, -ɪŋ, -ɪd
AM ˈmɪləˌteɪ|t, -ts,
-dɪŋ, -dɪd

militerist
BR ˈmɪlɪt(ə)rɪst, -s
AM ˈmɪlədərəst, -s

militeristically
BR ˌmɪlɪtəˈrɪstɪkli
AM ˌmɪlədəˈrɪstək(ə)li

militerization
BR ˌmɪlɪt(ə)rʌɪˈzeɪʃn
AM ˌmɪlədəˌraɪˈzeɪʃ(ə)n,
ˌmɪlədərəˈzeɪʃ(ə)n

militerize
BR ˈmɪlɪtərʌɪz, -ɪz, -ɪŋ,
-d
AM ˈmɪlədəˌraɪz, -ɪz,
-ɪŋ, -d

militia
BR mɪˈlɪʃə(r), -z
AM məˈlɪʃə, -z

militiaman
BR mɪˈlɪʃəmən
AM məˈlɪʃəm(ə)n

militiamen
BR mɪˈlɪʃəmən
AM məˈlɪʃəm(ə)n

milk
BR mɪlk, -s, -ɪŋ, -t
AM mɪlk, -s, -ɪŋ, -t

milker
BR ˈmɪlkə(r), -z
AM ˈmɪlkər, -z

milkily
BR ˈmɪlkɪli
AM ˈmɪlkɪli

milkiness
BR ˈmɪlkɪnɪs
AM ˈmɪlkɪnɪs

milkmaid
BR ˈmɪlkmeɪd, -z
AM ˈmɪlkˌmeɪd, -z

milkman
BR ˈmɪlkmən
AM ˈmɪlkm(ə)n,
ˈmɪlkˌmæn

milkmen
BR ˈmɪlkmɛn,
ˈmɪlkmən
AM ˈmɪlkm(ə)n,
ˈmɪlkˌmɛn

Milk of Magnesia
BR ˌmɪlk əv magˈniːʃə(r),
+ magˈniːʒə(r),
+ magˈniːzɪə(r)
AM ˌmɪlk ə(v) mægˈniʃə, ˌmɪlk ə(v)
mægˈniʒə

milksop
BR ˈmɪlksɒp, -s
AM ˈmɪlkˌsɑp, -s

milkwort
BR ˈmɪlkwəːt, -s
AM ˈmɪlkˌwɔ(ə)rt,
ˈmɪlkwərt, -s

milky
BR ˈmɪlk|i, -iə(r),
-ɪst
AM ˈmɪlki, -ər, -ɪst

mill
BR mɪl, -z, -ɪŋ, -d
AM mɪl, -z, -ɪŋ, -d

millable
BR ˈmɪləbl
AM ˈmɪləb(ə)l

millage
BR ˈmɪlɪdʒ
AM ˈmɪlɪdʒ

Millais
BR ˈmɪleɪ
AM məˈleɪ

Millar
BR ˈmɪlə(r)
AM ˈmɪlər

Millard
BR ˈmɪlɑːd
AM ˈmɪlərd

Millay
BR ˈmɪleɪ
AM məˈleɪ

Millbank
BR ˈmɪlbaŋk
AM ˈmɪlˌbæŋk

millboard
BR ˈmɪlbɔːd, -z
AM ˈmɪlˌbɔ(ə)rd, -z

milldam
BR ˈmɪldam, -z
AM ˈmɪlˌdæm, -z

millefeuille
BR ˌmiːlˈfəːj, -z
AM ˌmɪlˈfəɪ, -z

millenarian
BR ˌmɪlɪˈnɛːriən, -z
AM ˌmɪləˈnɛriən, -z

millenarianism
BR ˌmɪlɪˈnɛːriənɪzm
AM ˌmɪləˈnɛriəˌnɪz(ə)m

millenarianist
BR ˌmɪlɪˈnɛːriənɪst, -s
AM ˌmɪləˈnɛriənəst, -s

millenary
BR mɪˈlɛnər|i,
ˈmɪlɪn(ə)r|i, -ɪz
AM ˈmɪləˌnɛri, -z

millenia
BR mɪˈlɛnɪə(r)
AM məˈlɛnɪə

millenium
BR mɪˈlɛnɪəm, -z
AM məˈlɛnɪəm, -z

millennial
BR mɪˈleniəl
AM məˈleniəl
millennialist
BR mɪˈleniəlɪst, -s
AM məˈleniələst, -s
millennium
BR mɪˈleniəm, -z
AM məˈleniəm, -z
millepede
BR ˈmɪlɪpiːd, -z
AM ˈmɪləˌpid, -z
millepore
BR ˈmɪlɪpɔː(r), -z
AM ˈmɪləˌpɔ(ə)r, -z
miller
BR ˈmɪlə(r), -z
AM ˈmɪlər, -z
millesimal
BR mɪˈlesɪml
AM məˈlesəm(ə)l
millesimally
BR mɪˈlesɪml̩i
AM məˈlesəməli
millet
BR ˈmɪlɪt
AM ˈmɪlɪt
millhand
BR ˈmɪlhand, -z
AM ˈmɪlˌ(h)ænd, -z
milliammeter
BR ˌmɪlɪˈamɪtə(r), -z
AM ˌmɪliˈæ(m)ˌmidər, -z
milliampere
BR ˌmɪlɪˈampɛː(r), -z
AM ˌmɪliˈæmpɪ(ə)r, -z
milliard
BR ˈmɪliɑːd, -z
AM ˈmɪliˌard, ˈmɪlˌjard, -z
millibar
BR ˈmɪlɪbɑː(r), -z
AM ˈmɪləˌbar, -z
Millicent
BR ˈmɪlɪs(ə)nt
AM ˈmɪləs(ə)nt
Millie
BR ˈmɪli
AM ˈmɪli

Milligan
BR ˈmɪlɪg(ə)n
AM ˈmɪləgən
milligram
BR ˈmɪlɪgram, -z
AM ˈmɪləˌgræm, -z
milligramme
BR ˈmɪlɪgram, -z
AM ˈmɪləˌgræm, -z
Millikan
BR ˈmɪlɪk(ə)n
AM ˈmɪləkən
milliliter
BR ˈmɪlɪˌliːtə(r), -z
AM ˈmɪləˌlidər, -z
millilitre
BR ˈmɪlɪˌliːtə(r), -z
AM ˈmɪləˌlidər, -z
millimeter
BR ˈmɪlɪˌmiːtə(r), -z
AM ˈmɪləˌmidər, -z
millimetre
BR ˈmɪlɪˌmiːtə(r), -z
AM ˈmɪləˌmidər, -z
millimicron
BR ˈmɪlɪˌmʌɪkrɒn, -z
AM ˌmɪləˈmaɪˌkran, -z
milline
BR ˈmɪl(l)ʌɪn
AM ˈmɪ(l)ˌlaɪn
milliner
BR ˈmɪlɪnə(r), -z
AM ˈmɪlənər, -z
millinery
BR ˈmɪlɪn(ə)ri
AM ˈmɪləˌneri
million
BR ˈmɪlj(ə)n, -z
AM ˈmɪlj(ə)n, -z
millionaire
BR ˌmɪljəˈnɛː(r), -z
AM ˈmɪljəˌnɛ(ə)r, ˌmɪljəˈnɛ(ə)r, -z
millionairess
BR ˌmɪljəˈnɛːrɪs, ˌmɪljəˈnɛːres, -ɪz
AM ˌmɪljəˈnɛrəs, -əz
millionfold
BR ˈmɪljənfəʊld
AM ˈmɪljənˌfoʊld

millionth
BR ˈmɪljənθ, -s
AM ˈmɪljənθ, -s
millipede
BR ˈmɪlɪpiːd, -z
AM ˈmɪləˌpid, -z
millisecond
BR ˈmɪlɪˌsek(ə)nd, -z
AM ˈmɪləˌsekənd, -z
millivolt
BR ˈmɪlɪvəʊlt, ˈmɪlɪvɒlt, -s
AM ˈmɪləˌvoʊlt, -s
milliwatt
BR ˈmɪlɪwɒt, -s
AM ˈmɪliˌwat, -s
millpond
BR ˈmɪlpɒnd, -z
AM ˈmɪlˌpand, -z
millrace
BR ˈmɪlreɪs, -ɪz
AM ˈmɪlˌreɪs, -ɪz
Mills
BR mɪlz
AM mɪlz
millstone
BR ˈmɪlstəʊn, -z
AM ˈmɪlˌstoʊn, -z
millstream
BR ˈmɪlstriːm, -z
AM ˈmɪlˌstrim, -z
Millwall
BR ˈmɪlwɔːl
AM ˈmɪlˌwal, ˈmɪlˌwɔl
millwheel
BR ˈmɪlwiːl, -z
AM ˈmɪlˌ(h)wil, -z
millworker
BR ˈmɪlˌwəːkə(r), -z
AM ˈmɪlˌwərkər, -z
millwright
BR ˈmɪlrʌɪt, -s
AM ˈmɪlˌraɪt, -s
Milne
BR mɪln
AM ˈmɪln
Milner
BR ˈmɪlnə(r)
AM ˈmɪlnər
Milngavie
BR mɪlˈgʌɪ
AM mɪlˈgaɪ

milo
BR ˈmʌɪləʊ
AM ˈmaɪloʊ
milometer
BR mʌɪˈlɒmɪtə(r), -z
AM maɪˈlamədər, -z
milonga
BR mɪˈlɒŋɡə(r), -z
AM məˈlaŋɡə, -z
milord
BR mɪˈlɔːd, -z
AM maɪˈlɔ(ə)rd, məˈlɔ(ə)rd, -z
Milosz
BR ˈmiːlɒʃ
AM ˈmilɑʃ, ˈmilɔʃ
milquetoast
BR ˈmɪlktəʊst, -s
AM ˈmɪlkˌtoʊst, -s
milt
BR mɪlt, -s, -ɪŋ, -ɪd
AM mɪlt, -s, -ɪŋ, -ɪd
milter
BR ˈmɪltə(r), -z
AM ˈmɪltər, -z
Milton
BR ˈmɪlt(ə)n
AM ˈmɪlt(ə)n
Miltonian
BR mɪlˈtəʊniən, -z
AM mɪlˈtoʊniən, -z
Miltonic
BR mɪlˈtɒnɪk
AM mɪlˈtɑnɪk
Milwaukee
BR mɪlˈwɔːki
AM mɪlˈwɔki, mɪlˈwɑki
Mimas
BR ˈmʌɪmas
AM ˈmiməs, ˈmaɪməs
mimbar
BR ˈmɪmbɑː(r), -z
AM ˈmɪmˌbar, -z
mime
BR mʌɪm, -z, -ɪŋ, -d
AM maɪm, -z, -ɪŋ, -d
mimeo
BR ˈmɪmɪəʊ, -z, -ɪŋ, -d
AM ˈmɪmioʊ, -z, -ɪŋ, -d

mimeograph
BR ˈmɪmiəɡrɑːf, -s,
-ɪŋ, -t
AM ˈmɪmiəˌɡræf, -s,
-ɪŋ, -t
mimer
BR ˈmaɪmə(r), -z
AM ˈmaɪmər, -z
mimesis
BR mɪˈmiːsɪs,
maɪˈmiːsɪs
AM məˈmisɪs
mimetic
BR mɪˈmetɪk,
maɪˈmetɪk
AM məˈmedɪk
mimetically
BR mɪˈmetɪkli,
maɪˈmetɪkli
AM məˈmedək(ə)li
Mimi
BR ˈmiːmi
AM ˈmimi
mimic
BR ˈmɪmɪk, -s, -ɪŋ, -t
AM ˈmɪmɪk, -s, -ɪŋ, -t
mimicker
BR ˈmɪmɪkə(r), -z
AM ˈmɪmɪkər, -z
mimicry
BR ˈmɪmɪkri
AM ˈmɪmɪkri
miminy-piminy
BR ˌmɪmɪniˈpɪmɪni
AM ˌmɪmɪniˈpɪmɪni
mimosa
BR mɪˈməʊzə(r),
mɪˈməʊsə(r)
AM məˈmoʊzə,
məˈmoʊsə
mimulus
BR ˈmɪmjʉləs
AM ˈmɪmjələs
Min
BR mɪn
AM mɪn
mina
BR ˈmaɪnə(r), -z
AM ˈmaɪnə, -z
minacious
BR mɪˈneɪʃəs
AM məˈneɪʃəs

minacity
BR mɪˈnæsɪtˌi, -ɪz
AM məˈnæsədi, -z
minae
BR ˈmaɪniː
AM ˈmaɪni
Minaean
BR mɪˈniːən, -z
AM məˈniən, -z
minakari
BR ˌmɪnəˈkɑːri,
ˌmiːnəˈkɑːri
AM ˌmɪnəˈkɑri
minaret
BR ˌmɪnəˈret, -s
AM ˌmɪnəˈret, -s
minareted
BR ˌmɪnəˈretɪd
AM ˌmɪnəˈredəd
minatory
BR ˈmɪnət(ə)ri
AM ˈmaɪnəˌtɔri,
ˈmɪnəˌtɔri
minbar
BR ˈmɪnbɑː(r), -z
AM ˈmɪnˌbɑr, -z
mince
BR mɪns, -ɪz, -ɪŋ, -t
AM mɪns, -ɪz, -ɪŋ, -t
mincemeat
BR ˈmɪnsmiːt
AM ˈmɪnsˌmit
mincer
BR ˈmɪnsə(r), -z
AM ˈmɪnsər, -z
Minch
BR mɪn(t)ʃ
AM mɪn(t)ʃ
mincingly
BR ˈmɪnsɪŋli
AM ˈmɪnsɪŋli
mind
BR maɪnd, -z, -ɪŋ,
-ɪd
AM maɪnd, -z, -ɪŋ,
-ɪd
Mindanao
BR ˌmɪndəˈnaʊ
AM ˌmɪndəˈnaoʊ
minder
BR ˈmaɪndə(r), -z
AM ˈmaɪndər, -z

mindful
BR ˈmaɪn(d)f(ʊ)l
AM ˈmaɪn(d)fəl
mindfully
BR ˈmaɪn(d)fʉli,
ˈmaɪn(d)fl̩i
AM ˈmaɪn(d)fəli
mindfulness
BR ˈmaɪn(d)f(ʊ)lnəs
AM ˈmaɪn(d)fəlnəs
mindless
BR ˈmaɪndlɨs
AM ˈmaɪn(d)lɨs
mindlessly
BR ˈmaɪn(d)lɨsli
AM ˈmaɪn(d)lɨsli
mindlessness
BR ˈmaɪndlɨsnɨs
AM ˈmaɪn(d)lɨnɨs
mind-numbing
BR ˈmaɪn(d)ˌnʌmɪŋ
AM ˈmaɪn(d)ˌnəmɪŋ
mindon
BR ˈmɪndɒn, -z
AM ˈmaɪnˌdɑn, -z
Mindoro
BR mɪnˈdɔːrəʊ
AM mɪnˈdɔroʊ
mind-read[1] *present tense*
BR ˈmaɪndriːd, -z,
-ɪŋ
AM ˈmaɪn(d)ˌrid, -z,
-ɪŋ
mind-read[2] *past tense*
BR ˈmaɪndred
AM ˈmaɪn(d)ˌred
mind-reader
BR ˈmaɪndˌriːdə(r), -z
AM ˈmaɪn(d)ˌridər, -z
mindset
BR ˈmaɪn(d)set, -s
AM ˈmaɪn(d)set, -s
Mindy
BR ˈmɪndi
AM ˈmɪndi
mine
BR maɪn, -z, -ɪŋ, -d
AM maɪn, -z, -ɪŋ, -d
minefield
BR ˈmaɪnfiːld, -z
AM ˈmaɪnˌfild, -z

Minehead
BR ˈmaɪnhed
AM ˈmaɪnˌ(h)ed
minelayer
BR ˈmaɪnˌleɪə(r), -z
AM ˈmaɪnˌleɪ(ə)r, -z
minelaying
BR ˈmaɪnˌleɪɪŋ
AM ˈmaɪnˌleɪɪŋ
Minelli
BR mɪˈneli
AM məˈneli
miner
BR ˈmaɪnə(r), -z
AM ˈmaɪnər, -z
mineral
BR ˈmɪn(ə)rl̩, -z
AM ˈmɪn(ə)rəl, -z
mineralisation
BR ˌmɪn(ə)rl̩aɪˈzeɪʃn
AM ˌmɪn(ə)rəˌlaɪ-
ˈzeɪʃ(ə)n,
ˌmɪn(ə)rələˈzeɪʃ(ə)n
mineralise
BR ˈmɪn(ə)rl̩aɪz, -ɪz,
-ɪŋ, -d
AM ˈmɪn(ə)rəˌlaɪz, -ɪz,
-ɪŋ, -d
mineralization
BR ˌmɪn(ə)rl̩aɪˈzeɪʃn
AM ˌmɪn(ə)rəˌlaɪ-
ˈzeɪʃ(ə)n,
ˌmɪn(ə)rələˈzeɪʃ(ə)n
mineralize
BR ˈmɪn(ə)rl̩aɪz, -ɪz,
-ɪŋ, -d
AM ˈmɪn(ə)rəˌlaɪz, -ɪz,
-ɪŋ, -d
mineralogical
BR ˌmɪn(ə)rəˈlɒdʒɪkl
AM ˌmɪn(ə)rə-
ˈlɑdʒɪk(ə)l
mineralogist
BR ˌmɪnəˈrɑlədʒɪst, -s
AM ˌmɪnəˈrɑlədʒəst,
-s
mineralogy
BR ˌmɪnəˈrɑlədʒi
AM ˌmɪnəˈrɑlədʒi
Minerva
BR mɪˈnɜːvə(r)
AM məˈnɜrvə

minestrone
BR ˌmɪnɪˈstrəʊni
AM ˌmɪnəˈstroʊni
IT mineˈstrone

minesweeper
BR ˈmaɪnˌswiːpə(r), -z
AM ˈmaɪnˌswipər, -z

minesweeping
BR ˈmaɪnˌswiːpɪŋ
AM ˈmaɪnˌswipɪŋ

minever
BR ˈmɪnɪvə(r), -z
AM ˈmɪnəvər, -z

mineworker
BR ˈmaɪnˌwɜːkə(r), -z
AM ˈmaɪnˌwɜrkər, -z

Ming
BR mɪŋ
AM mɪŋ

minger
BR ˈmɪŋə(r), -z
AM ˈmɪŋər, -z

mingily
BR ˈmɪn(d)ʒɨli
AM ˈmɪndʒɨli

mingle
BR ˈmɪŋg|l, -lz, -l̩ɪŋ\-lɪŋ, -ld
AM ˈmɪŋg|əl, -əlz, -(ə)lɪŋ, -əld

mingler
BR ˈmɪŋglə(r), ˈmɪŋglə(r), -z
AM ˈmɪŋg(ə)lər, -z

Mingulay
BR ˈmɪŋgʊleɪ
AM ˈmɪŋgəˌleɪ

Mingus
BR ˈmɪŋgəs
AM ˈmɪŋgəs

mingy
BR ˈmɪn(d)ʒ|i, -ɪə(r), -ɨɪst
AM ˈmɪndʒi, -ər, -ɨst

minhag
BR mɪnˈhɑːg, ˈmɪnhɑːg, -z
AM ˌmɪnˈhɑɡ, -z

mini
BR ˈmɪn|i, -ɪz
AM ˈmɪni, -z

miniate
BR ˈmɪnɪeɪt, -s, -ɪŋ, -ɨd
AM ˈmɪniˌeɪ|t, -ts, -dɪŋ, -dɨd

miniature
BR ˈmɪnɪtʃə(r), -z
AM ˈmɪn(i)ətʃər, ˈmɪn(i)əˌtʃʊ(ə)r, -z

miniaturisation
BR ˌmɪnɪtʃ(ə)rʌɪˈzeɪʃn
AM ˌmɪn(i)ətʃərəˈzeɪʃ(ə)n, ˌmɪn(i)ətʃəˌraɪˈzeɪʃ(ə)n, ˌmɪn(i)əˌtʃʊrəˈzeɪʃ(ə)n

miniaturise
BR ˈmɪnɪtʃərʌɪz, -ɨz, -ɪŋ, -d
AM ˈmɪn(i)ətʃəˌraɪz, ˈmɪn(i)əˌtʃʊˌraɪz, -ɨz, -ɪŋ, -d

miniaturist
BR ˈmɪnɪtʃ(ə)rɪst, -s
AM ˈmɪn(i)ətʃərəst, ˈmɪn(i)əˌtʃʊrəst, -s

miniaturization
BR ˌmɪnɪtʃ(ə)rʌɪˈzeɪʃn
AM ˌmɪn(i)ətʃərəˈzeɪʃ(ə)n, ˌmɪn(i)ətʃəˌraɪˈzeɪʃ(ə)n, ˌmɪn(i)əˌtʃʊrəˈzeɪʃ(ə)n

miniaturize
BR ˈmɪnɪtʃərʌɪz, -ɨz, -ɪŋ, -d
AM ˈmɪn(i)ətʃəˌraɪz, ˈmɪn(i)əˌtʃʊˌraɪz, -ɨz, -ɪŋ, -d

minibar
BR ˈmɪnɪbɑː(r), -z
AM ˈmɪniˌbɑr, -z

minibike
BR ˈmɪnɪbʌɪk, -s
AM ˈmɪniˌbaɪk, -s

minibus
BR ˈmɪnɪbʌs, -ɨz
AM ˈmɪniˌbəs, -əz

minicab
BR ˈmɪnɪkab, -z
AM ˈmɪniˌkæb, -z

minicam
BR ˈmɪnɪkam, -z
AM ˈmɪniˌkæm, -z

Minicom
BR ˈmɪnɪkɒm, -z
AM ˈmɪniˌkɑm, -z

minicomputer
BR ˈmɪnɪkəmˌpjuːtə(r), -z
AM ˈmɪnɪkəmˌpjudər, -z

minicourse
BR ˈmɪnɪkɔːs, -ɨz
AM ˈmɪniˌkɔ(ə)rs, -ɨz

minidress
BR ˈmɪnɪdrɛs, -ɨz
AM ˈmɪniˌdrɛs, -əz

minify
BR ˈmɪnɨfʌɪ, -z, -ɪŋ, -d
AM ˈmɪnəˌfaɪ, -z, -ɪŋ, -d

minikin
BR ˈmɪnɨkɪn, -z
AM ˈmɪnɨkɨn, -z

minikini
BR ˌmɪnɪˈkiːn|i, -ɨz
AM ˌmɪniˈkini, -z

minim
BR ˈmɪnɨm, -z
AM ˈmɪnɨm, -z

minima
BR ˈmɪnɨmə(r)
AM ˈmɪnəmə

minimal
BR ˈmɪnɨml
AM ˈmɪnəm(ə)l

minimalism
BR ˈmɪnɨmlˌɪzm
AM ˈmɪnəməlˌɪz(ə)m

minimalist
BR ˈmɪnɨməmlˌɪst, -s
AM ˈmɪnəmələst, -s

mini-mall
BR ˈmɪnɪmal, ˈmɪnɪmɔːl, -z
AM ˈmɪniˌmɔl, ˈmɪniˌmɑl, -z

minimally
BR ˈmɪnɨml̩i
AM ˈmɪnəməli

minimax
BR ˈmɪnɨmaks
AM ˈmɪniˌmæks

minimisation
BR ˌmɪnɨmʌɪˈzeɪʃn
AM ˌmɪnəˌmaɪˈzeɪʃ(ə)n, ˌmɪnəməˈzeɪʃ(ə)n

minimise
BR ˈmɪnɨmʌɪz, -ɨz, -ɪŋ, -d
AM ˈmɪnəˌmaɪz, -ɨz, -ɪŋ, -d

minimiser
BR ˈmɪnɨmʌɪzə(r), -z
AM ˈmɪnəˌmaɪzər, -z

minimization
BR ˌmɪnɨmʌɪˈzeɪʃn
AM ˌmɪnəˌmaɪˈzeɪʃ(ə)n, ˌmɪnəməˈzeɪʃ(ə)n

minimize
BR ˈmɪnɨmʌɪz, -ɨz, -ɪŋ, -d
AM ˈmɪnəˌmaɪz, -ɨz, -ɪŋ, -d

minimizer
BR ˈmɪnɨmʌɪzə(r), -z
AM ˈmɪnəˌmaɪzər, -z

minimum
BR ˈmɪnɨməm, -z
AM ˈmɪnəməm, -z

minion
BR ˈmɪnj(ə)n, ˈmɪnɪən, -z
AM ˈmɪnj(ə)n, -z

minipill
BR ˈmɪnɪpɪl, -z
AM ˈmɪniˌpɪl, -z

minipill
BR ˈmɪnɪpɪl, -z
AM ˈmɪniˌpɪl, -z

miniscule
BR ˈmɪnɪskjuːl
AM ˈmɪnəˌskjul

miniseries
BR ˈmɪnɪˌsɪərɪz
AM ˈmɪniˌsɪriz

miniskirt
BR ˈmɪnɪskɜːt, -s
AM ˈmɪniˌskɜrt, -s

minister
BR ˈmɪnɪst|ə(r), -əz, -(ə)rɪŋ, -əd
AM ˈmɪnəst|ər, -ərz, -(ə)rɪŋ, -ərd

ministerial

ministerial
BR ˌmɪnɪˈstɪərɪəl
AM ˌmɪnəˈstɛrɪəl,
ˌmɪnəˈstɪrɪəl
ministerialist
BR ˌmɪnɪˈstɪərɪəlɪst, -s
AM ˌmɪnəˈstɪrɪələst, -s
ministerially
BR ˌmɪnɪˈstɪərɪəli
AM ˌmɪnəˈstɪrɪəli
ministership
BR ˈmɪnɪstəʃɪp, -s
AM ˈmɪnəstər‚ʃɪp, -s
ministrable
BR ˈmɪnɪstrəbl
AM ˈmɪnəstrəb(ə)l
ministrant
BR ˈmɪnɪstrnt, -s
AM ˈmɪnəstrənt, -s
ministration
BR ˌmɪnɪˈstreɪʃn
AM ˌmɪnəˈstreɪʃ(ə)n
ministrative
BR ˈmɪnɪstrətɪv
AM ˈmɪnəˌstreɪdɪv
ministry
BR ˈmɪnɪstr|i, -ɪz
AM ˈmɪnəstri, -z
minium
BR ˈmɪnɪəm
AM ˈmɪnɪəm
minivan
BR ˈmɪnɪvan
AM ˈmɪniˌvæn
miniver
BR ˈmɪnɪvə(r)
AM ˈmɪnəvər
mink
BR mɪŋk, -s
AM mɪŋk, -s
minke
BR ˈmɪŋk|i,
ˈmɪŋk|ə(r),
-ɪz\-əz
AM ˈmɪŋki, -z
Minkowski
BR mɪŋˈkɒfski
AM ˈmɪŋkaʊski
RUS mʲinˈkofskʲij
min-max
BR ˌmɪnˈmaks
AM ˈmɪnˌmæks

Minna
BR ˈmɪnə(r)
AM ˈmɪnə
Minneapolis
BR ˌmɪnɪˈapəlɪs
AM ˌmɪniˈæpələs
Minnehaha
BR ˌmɪnɪˈhɑːhɑː(r)
AM ˌmɪnɪˈhɑhɑ
Minnelli
BR mɪˈnɛli
AM məˈnɛli
minneola
BR ˌmɪnɪˈəʊlə(r), -z
AM ˌmɪniˈoʊlə, -z
Minnesinger
BR ˈmɪnɪˌsɪŋə(r), -z
AM ˈmɪnɪˌzɪŋər,
ˈmɪnɪˌsɪŋər, -z
Minnesota
BR ˌmɪnɪˈsəʊtə(r)
AM ˌmɪnəˈsoʊdə
Minnesotan
BR ˌmɪnɪˈsəʊt(ə)n, -z
AM ˌmɪnəˈsoʊtn, -z
Minnie
BR ˈmɪni
AM ˈmɪni
minnow
BR ˈmɪnəʊ, -z
AM ˈmɪnoʊ, -z
Minoan
BR mɪˈnəʊən,
mʌɪˈnəʊən, -z
AM maɪˈnoʊən,
məˈnoʊn, -z
Minogue
BR mɪˈnəʊg
AM məˈnoʊg
Minolta
BR mɪˈnɒltə(r)
AM məˈnoʊltə
minor
BR ˈmʌɪnə(r), -z
AM ˈmaɪnər, -z
Minorca
BR mɪˈnɔːkə(r)
AM məˈnɔrkə
Minorcan
BR mɪˈnɔːk(ə)n, -z
AM məˈnɔrkən, -z

Minories
BR ˈmɪn(ə)rɪz
AM ˈmɪnərɪz
Minorite
BR ˈmʌɪnərʌɪt, -s
AM ˈmaɪnəˌraɪt, -s
minority
BR mʌɪˈnɒrɪt|i,
mɪˈnɒrɪt|i, -ɪz
AM məˈnɔrədi, -z
Minos
BR ˈmʌɪnɒs
AM ˈmaɪnɑs,
ˈmaɪnɔs,
ˈmaɪnəs
Minotaur
BR ˈmʌɪnətɔː(r)
AM ˈmɪnəˌtɔ(ə)r
minoxidil
BR mɪˈnɒksɪdɪl
AM məˈnɑksəˌdɪl
minshuku
BR ˈmɪnʃʊkuː, -z
AM ˈmɪnˌʃuku, -z
Minsk
BR ˈmɪnsk
AM ˈmɪnsk
minster
BR ˈmɪnstə(r), -z
AM ˈmɪnstər, -z
minstrel
BR ˈmɪnstr(ə)l, -z
AM ˈmɪnstrəl, -z
minstrelsy
BR ˈmɪnstr(ə)lsi
AM ˈmɪnstrəlsi
mint
BR mɪnt, -s, -ɪŋ, -ɪd
AM mɪnt, -s, -ɪŋ,
-ɪd
mintage
BR ˈmɪnt|ɪdʒ, -ɪdʒɪz
AM ˈmɪn(t)ɪdʒ, -ɪz
Minter
BR ˈmɪntə(r)
AM ˈmɪn(t)ər
mintiness
BR ˈmɪntɪnɪs
AM ˈmɪn(t)inɪs
Minto
BR ˈmɪntəʊ
AM ˈmɪn(t)oʊ

minutia

Minton
BR ˈmɪnt(ə)n
AM ˈmɪntn,
ˈmɪn(t)ən
minty
BR ˈmɪnt|i, -ɪə(r),
-ɪst
AM ˈmɪn(t)i, -ər,
-ɪst
minuend
BR ˈmɪnjʊend, -z
AM ˈmɪnjəˌwɛnd, -z
minuet
BR ˌmɪnjʊˈɛt, -s
AM ˌmɪnjəˈwɛt, -s
minus
BR ˈmʌɪnəs,
-ɪz
AM ˈmaɪnəs,
-ɪz
minuscular
BR mɪˈnʌskjʊlə(r)
AM məˈnəskjələr
minuscule
BR ˈmɪnɪskjuːl
AM ˈmɪnəˌskjul
minute[1] *adjective*
BR mʌɪˈnjuːt
AM maɪˈn(j)ut
minute[2] *noun, verb*
BR ˈmɪn|ɪt, -ɪts, -ɪtɪŋ,
-ɪtɪd
AM ˈmɪn|t, -ts, -dɪŋ,
-dɪd
minutely
BR mʌɪˈnjuːtli
AM məˈn(j)utli,
maɪˈn(j)utli
Minuteman
BR ˈmɪnɪtman
AM ˈmɪnɪtˌmæn
Minutemen
BR ˈmɪnɪtmen
AM ˈmɪnɪtˌmen
minuteness
BR mʌɪˈnjuːtnəs
AM məˈn(j)utnəs,
maɪˈn(j)utnəs
minutia
BR mʌɪˈnjuːʃ(ɪ)ə(r),
mɪˈnjuːʃ(ɪ)ə(r)
AM məˈn(j)uʃ(i)ə

minutiae
BR mʌɪˈnjuːʃɪʌɪ,
mɪˈnjuːʃɪʌɪ,
mʌɪˈnjuːʃiː,
mɪˈnjuːʃiː
AM məˈn(j)uʃiˌʌɪ,
məˈn(j)uʃiˌi

minx
BR mɪŋks, -ɪz
AM mɪŋks, -ɪz

minxish
BR ˈmɪŋksɪʃ
AM ˈmɪŋksɪʃ

minxishly
BR ˈmɪŋksɪʃli
AM ˈmɪŋksɪʃli

Minya Konka
BR ˌmɪnjə ˈkʌŋkə(r)
AM ˌmɪnjə ˈkəŋkə

Miocene
BR ˈmʌɪəsiːn
AM ˈmaɪəˌsin

mioses
BR mʌɪˈəʊsiːz
AM maɪˈoʊsiz

miosis
BR mʌɪˈəʊsɪs
AM maɪˈoʊsəs

miospore
BR ˈmʌɪə(ʊ)spɔː(r), -z
AM ˈmaɪəˌspɔ(ə)r, -z

miotic
BR mʌɪˈɒtɪk
AM maɪˈɑdɪk

Miquelon
BR ˈmiːkələn
AM ˈmikəˌlɑn

Mir
BR ˈmɪə(r)
AM ˈmɪ(ə)r

Mira
BR ˈmʌɪrə(r)
AM ˈmaɪrə

Mirabeau
BR ˈmɪrəbəʊ
AM ˌmɪrəˈboʊ

Mirabel
BR ˈmɪrəbɛl
AM ˈmɪrəˌbɛl

mirabelle
BR ˈmɪrəbɛl, -z
AM ˈmɪrəˌbɛl, -z

miracle
BR ˈmɪrɪkl, -z
AM ˈmɪrɪk(ə)l, -z

miraculous
BR mɪˈrakjʊləs
AM məˈrækjələs

miraculously
BR mɪˈrakjʊləsli
AM məˈrækjələsli

miraculousness
BR mɪˈrakjʊləsnəs
AM məˈrækjələsnəs

mirador
BR ˌmɪrəˈdɔː(r), ˈmɪrədɔː(r), -z
AM ˌmɪrəˈdɔ(ə)r, -z

mirage
BR ˈmɪrɑːʒ, -ɪz
AM məˈrɑʒ, -əz

Miranda
BR mɪˈrandə(r)
AM məˈrændə

MIRAS
BR ˈmʌɪrəs
AM ˈmaɪrəs

mire
BR ˈmʌɪ|ə(r), -əz, -(ə)rɪŋ, -əd
AM ˈmaɪ(ə)r, -z, -ɪŋ, -d

mirepoix
BR ˌmɪəˈpwɑː(r)
AM mɪrˈpwɑ

Mirfield
BR ˈməːfiːld
AM ˈmərˌfild

Miriam
BR ˈmɪriəm
AM ˈmɪriəm

mirid
BR ˈmɪrɪd, ˈmʌɪrɪd, -z
AM ˈmɪrɪd, ˈmaɪrɪd, -z

mirin
BR ˈmɪrɪn
AM ˈmɪrɪn

miriness
BR ˈmʌɪərɪnɪs
AM ˈmaɪrɪnɪs

mirk
BR məːk
AM mərk

mirkily
BR ˈməːkɪli
AM ˈmərkəli

mirkiness
BR ˈməːkɪnɪs
AM ˈmərkɪnɪs

mirky
BR ˈməːk|i, -ɪə(r), -ɪɪst
AM ˈmərki, -ər, -ɪst

Miró
BR mɪˈrəʊ
AM mɪˈroʊ

Mirren
BR ˈmɪrn̩
AM ˈmərən, ˈmɪrən

mirror
BR ˈmɪrə(r), -z, -ɪŋ, -d
AM ˈmɪrər, -z, -ɪŋ, -d

mirth
BR məːθ
AM mərθ

mirthful
BR ˈməːθf(ʊ)l
AM ˈmərθfəl

mirthfully
BR ˈməːθfʊli, ˈməːθfli
AM ˈmərθfəli

mirthfulness
BR ˈməːθf(ʊ)lnəs
AM ˈmərθfəlnəs

mirthless
BR ˈməːθləs
AM ˈmərθləs

mirthlessly
BR ˈməːθləsli
AM ˈmərθləsli

mirthlessness
BR ˈməːθləsnəs
AM ˈmərθləsnəs

MIRV
BR məːv, -z, -ɪŋ, -d
AM mərv, -z, -ɪŋ, -d

miry
BR ˈmʌɪ(ə)ri
AM ˈmaɪri

misaddress
BR ˌmɪsəˈdrɛs, -ɪz, -ɪŋ, -t
AM ˌmɪsəˈdrɛs, -əz, -ɪŋ, -t

misadventure
BR ˌmɪsədˈvɛntʃə(r), -z
AM ˌmɪsədˈvɛn(t)ʃər, -z

misadvise
BR ˌmɪsədˈvʌɪz, -ɪz, -ɪŋ, -d
AM ˌmɪsədˈvaɪz, -ɪz, -ɪŋ, -d

misalign
BR ˌmɪsəˈlʌɪn, -z, -ɪŋ, -d
AM ˌmɪsəˈlaɪn, -z, -ɪŋ, -d

misalignment
BR ˌmɪsəˈlʌɪnm(ə)nt, -s
AM ˌmɪsəˈlaɪnm(ə)nt, -s

misalliance
BR ˌmɪsəˈlʌɪəns, -ɪz
AM ˌmɪsəˈlaɪəns, -əz

misally
BR ˌmɪsəˈlʌɪ, -z, -ɪŋ, -d
AM ˌmɪsəˈlaɪ, -z, -ɪŋ, -d

misanthrope
BR ˈmɪs(ə)nθrəʊp, ˈmɪz(ə)nθrəʊp, -s
AM ˈmɪsn̩ˌθroʊp, -s

misanthropic
BR ˌmɪs(ə)nˈθrɒpɪk, ˌmɪz(ə)nˈθrɒpɪk
AM ˌmɪsn̩ˈθrɑpɪk

misanthropical
BR ˌmɪs(ə)nˈθrɒpɪkl, ˌmɪz(ə)nˈθrɒpɪkl
AM ˌmɪsn̩ˈθrɑpək(ə)l

misanthropically
BR ˌmɪs(ə)nˈθrɒpɪkli, ˌmɪz(ə)nˈθrɒpɪkli
AM ˌmɪsn̩ˈθrɑpək(ə)li

misanthropise
BR mɪˈsanθrəpʌɪz, mɪˈzanθrəpʌɪz, -ɪz, -ɪŋ, -d
AM məˈsænθrəˌpaɪz, -ɪz, -ɪŋ, -d

misanthropist
BR mɪˈsanθrəpɪst, mɪˈzanθrəpɪst, -s
AM məˈsænθrəpəst, -s

misanthropize
BR mɪˈsænθrəpʌɪz,
mɪˈzænθrəpʌɪz, -ɪz,
-ɪŋ, -d
AM məˈsænθrəˌpaɪz,
-ɪz, -ɪŋ, -d

misanthropy
BR mɪˈsænθrəpi,
mɪˈzænθrəpi
AM məˈsænθrəpi

misapplication
BR ˌmɪsaplɪˈkeɪʃn, -z
AM ˈˌmɪsˌæplə-
ˈkeɪʃ(ə)n, -z

misapply
BR ˌmɪsəˈplʌɪ, -z,
-ɪŋ, -d
AM ˌmɪsəˈplaɪ, -z,
-ɪŋ, -d

misapprehend
BR ˌmɪsaprɪˈhɛnd, -z,
-ɪŋ, -ɪd
AM ˈˌmɪsˌæprəˈhɛnd,
-z, -ɪŋ, -ɪd

misapprehension
BR ˌmɪsaprɪˈhɛnʃn,
-z
AM ˈˌmɪsˌæprə-
ˈhɛnʃ(ə)n, -z

misapprehensive
BR ˌmɪsaprɪˈhɛnsɪv
AM ˈˌmɪsˌæprəˈhɛnsɪv

misappropriate
BR ˌmɪsəˈprəʊprɪeɪt,
-s, -ɪŋ, -ɪd
AM ˌmɪsəˈproʊpriˌeɪ|t,
-ts, -dɪŋ, -dɪd

misappropriation
BR ˌmɪsəˌprəʊprɪˈeɪʃn
AM ˈˌmɪsəˌproʊpri-
ˈeɪʃ(ə)n

misbecame
BR ˌmɪsbɪˈkeɪm
AM ˌmɪsbiˈkeɪm,
ˌmɪsbəˈkeɪm

misbecome
BR ˌmɪsbɪˈkʌm, -z, -ɪŋ
AM ˌmɪsbiˈkəm,
ˌmɪsbəˈkəm, -z, -ɪŋ

misbegotten
BR ˌmɪsbɪˈɡɒtn
AM ˌmɪsbəˈɡɑtn

misbehave
BR ˌmɪsbɪˈheɪv, -z,
-ɪŋ, -d
AM ˌmɪsbiˈheɪv,
ˌmɪsbəˈheɪv, -z,
-ɪŋ, -d

misbehaver
BR ˌmɪsbɪˈheɪvə(r),
-z
AM ˌmɪsbiˈheɪvər,
ˌmɪsbəˈheɪvər,
-z

misbehavior
BR ˌmɪsbɪˈheɪvjə(r)
AM ˌmɪsbiˈheɪvjər,
ˌmɪsbəˈheɪvjər

misbehaviour
BR ˌmɪsbɪˈheɪvjə(r)
AM ˌmɪsbiˈheɪvjər,
ˌmɪsbəˈheɪvjər

misbelief
BR ˌmɪsbɪˈliːf
AM ˌmɪsbiˈlif,
ˌmɪsbəˈlif

miscalculate
BR ˌmɪsˈkalkjʊleɪt, -s,
-ɪŋ, -ɪd
AM ˌmɪsˈkælkjəˌleɪ|t,
-ts, -dɪŋ, -dɪd

miscalculation
BR ˌmɪskalkjʊˈleɪʃn,
ˌmɪsˌkalkjʊˈleɪʃn,
-z
AM ˈˌmɪsˌkælkjə-
ˈleɪʃ(ə)n, -z

miscall
BR ˌmɪsˈkɔːl, -z,
-ɪŋ, -d
AM ˌmɪsˈkɑl, ˌmɪsˈkɔl,
-z, -ɪŋ, -d

miscarriage[1] *of foetus/fetus*
BR ˈmɪskarˌɪdʒ,
-ɪdʒɪz
AM ˌmɪsˌkɛrɪdʒ,
-ɪz

miscarriage[2] *of justice*
BR (ˌ)mɪsˈkarˌɪdʒ,
-ɪdʒɪz
AM ˈmɪsˌkɛrɪdʒ,
məsˈkɛrɪdʒ, -ɪz

miscarry
BR (ˌ)mɪsˈkarˌi, -ɪz,
-ɪŋ, -ɪd
AM ˈmɪsˌkɛri, -z,
-ɪŋ, -d

miscast
BR ˌmɪsˈkɑːst, -s, -ɪŋ
AM ˌmɪsˈkæst, -s, -ɪŋ

miscegenation
BR ˌmɪsɪdʒɪˈneɪʃn,
mɪˌsɛdʒɪˈneɪʃn
AM ˌmɪsədʒəˈneɪʃ(ə)n,
məˌsɛdʒəˈneɪʃ(ə)n

miscellanea
BR ˌmɪsəˈleɪnɪə(r)
AM ˌmɪsəˈleɪnjə,
ˌmɪsəˈleɪniə

miscellaneous
BR ˌmɪsəˈleɪnɪəs
AM ˌmɪsəˈleɪnjəs,
ˌmɪsəˈleɪniəs

miscellaneously
BR ˌmɪsəˈleɪnɪəsli
AM ˌmɪsəˈleɪnjəsli,
ˌmɪsəˈleɪniəsli

miscellaneousness
BR ˌmɪsəˈleɪnɪəsnəs
AM ˌmɪsəˈleɪnjəsnəs,
ˌmɪsəˈleɪniəsnəs

miscellanist
BR mɪˈsɛlənɪst, -s
AM ˌmɪsəˈleɪnɪst,
ˌmɪsəˈleɪnɪst, -s

miscellany
BR mɪˈsɛlənˌi, -ɪz
AM məˈsɛləni,
ˈmɪsəˌleɪni, -z

mischance
BR mɪsˈtʃɑːns, -ɪz
AM mɪʃˈtʃæns,
ˌmɪsˈtʃæns, -əz

mischief
BR ˈmɪstʃɪf
AM ˈmɪstʃɪf

mischiefmaker
BR ˈmɪstʃɪfˌmeɪkə(r), -z
AM ˈmɪstʃɪfˌmeɪkər,
-z

mischievous
BR ˈmɪstʃɪvəs
AM ˈmɪʃtʃɪvəs,
ˈmɪstʃɪvəs

mischievously
BR ˈmɪstʃɪvəsli
AM ˈmɪstʃɪvəsli

mischievousness
BR ˈmɪstʃɪvəsnəs
AM ˈmɪstʃɪvəsnəs

Mischling
BR ˈmɪʃlɪŋ
AM ˈmɪʃlɪŋ, -z

misch metal
BR ˈmɪʃ ˌmɛtl, -z
AM ˈmɪʃ ˌmɛdl, -z

miscibility
BR ˌmɪsɪˈbɪlɪti
AM ˌmɪsəˈbɪlɪdi

miscible
BR ˈmɪsɪbl
AM ˈmɪsəb(ə)l

miscommunication
BR ˌmɪskəˌmjuːnɪ-
ˈkeɪʃn
AM ˌmɪskəˌmjunə-
ˈkeɪʃ(ə)n

misconceive
BR ˌmɪskənˈsiːv, -z,
-ɪŋ, -d
AM ˌmɪskənˈsiv, -z,
-ɪŋ, -d

misconceiver
BR ˌmɪskənˈsiːvə(r), -z
AM ˌmɪskənˈsivər, -z

misconception
BR ˌmɪskənˈsɛpʃn, -z
AM ˌmɪskənˈsɛpʃ(ə)n,
-z

misconduct[1] *noun*
BR ˌmɪsˈkɒndʌkt
AM ˌmɪsˈkɑndək(t)

misconduct[2] *verb*
BR ˌmɪskənˈdʌkt, -s,
-ɪŋ, -ɪd
AM ˌmɪskənˈdək|(t),
-(t)s, -tɪŋ, -təd

misconstruction
BR ˌmɪskənˈstrʌkʃn, -z
AM ˌmɪskən-
ˈstrəkʃ(ə)n, -z

misconstrue
BR ˌmɪskənˈstruː, -z,
-ɪŋ, -d
AM ˌmɪskənˈstru, -z,
-ɪŋ, -d

miscopy
BR ˌmɪsˈkɒp|i, -ɪz, -ɪŋ, -ɪd
AM ˌmɪsˈkɑpi, -z, -ɪŋ, -d

miscount[1] *noun*
BR ˈmɪskaʊnt, -s
AM ˈmɪsˌkaʊnt, -s

miscount[2] *verb*
BR ˌmɪsˈkaʊnt, -s, -ɪŋ, -ɪd
AM ˌmɪsˈkaʊn|t, -ts, -(t)ɪŋ, -(t)əd

miscreant
BR ˈmɪskriənt, -s
AM ˈmɪskriənt, -s

miscue[1] *noun*
BR ˈmɪsˌkjuː, -z
AM ˈmɪsˌkju, -z

miscue[2] *verb*
BR ˌmɪsˈkjuː, -z, -ɪŋ, -d
AM ˌmɪsˈkju, -z, -ɪŋ, -d

misdate
BR ˌmɪsˈdeɪt, -s, -ɪŋ, -ɪd
AM ˌmɪsˈdeɪ|t, -ts, -dɪŋ, -dɪd

misdeal[1] *noun*
BR ˈmɪsdiːl, -z
AM ˈmɪsˌdil, -z

misdeal[2] *verb*
BR ˌmɪsˈdiːl, -z, -ɪŋ
AM ˌmɪsˈdil, -z, -ɪŋ

misdealt
BR ˌmɪsˈdɛlt
AM ˌmɪsˈdɛlt

misdeclaration
BR ˌmɪsdɛkləˈreɪʃn, -z
AM ˌmɪsˌdɛkləˈreɪʃ(ə)n, -z

misdeed
BR ˌmɪsˈdiːd, -z
AM ˌmɪsˈdid, -z

misdemeanant
BR ˌmɪsdɪˈmiːnənt, -s
AM ˌmɪsdəˈminənt, -s

misdemeanor
BR ˌmɪsdɪˈmiːnə(r), -z
AM ˌmɪsdəˈminər, -z

misdemeanour
BR ˌmɪsdɪˈmiːnə(r), -z
AM ˌmɪsdəˌminər, -z

misdescribe
BR ˌmɪsdɪˈskrʌɪb, -z, -ɪŋ, -d
AM ˌmɪsdɪˈskraɪb, ˌmɪsdəˈskraɪb, -z, -ɪŋ, -d

misdescription
BR ˌmɪsdɪˈskrɪpʃn, -z
AM ˌmɪsdɪˈskrɪpʃ(ə)n, ˌmɪsdəˈskrɪpʃ(ə)n, -z

misdiagnose
BR ˌmɪsˈdʌɪəgnəʊz, ˌmɪsdʌɪəgˈnəʊz, -ɪz, -ɪŋ, -d
AM ˌmɪsˌdaɪəgˈnoʊz, -əz, -ɪŋ, -d

misdiagnoses
BR ˌmɪsdʌɪəgˈnəʊsiːz
AM ˌmɪsˌdaɪəgˈnoʊsiz

misdiagnosis
BR ˌmɪsdʌɪəgˈnəʊsɪs
AM ˌmɪsˌdaɪəgˈnoʊsəs

misdial
BR ˌmɪsˈdʌɪəl, -z, -ɪŋ, -d
AM ˌmɪsˈdaɪəl, -z, -ɪŋ, -d

misdirect
BR ˌmɪsdʌɪˈrɛkt, ˌmɪsdɪˈrɛkt, -s, -ɪŋ, -ɪd
AM ˌmɪsdəˈrɛk|(t), -(t)s, -tɪŋ, -təd

misdirection
BR ˌmɪsdʌɪˈrɛkʃn, ˌmɪsdɪˈrɛkʃn
AM ˌmɪsdəˈrɛkʃ(ə)n

misdoing
BR ˌmɪsˈduːɪŋ, -z
AM ˌmɪsˈduɪŋ, -z

misdoubt
BR ˌmɪsˈdaʊt, -s, -ɪŋ, -ɪd
AM ˌmɪsˈdaʊ|t, -ts, -dɪŋ, -dəd

mise au point
BR ˌmiːz əʊ ˈpwãː
AM ˌmiˌz oʊ ˈpwɑnt

miseducate
BR ˌmɪsˈɛdjʉkeɪt, ˌmɪsˈɛdʒʉkeɪt, -s, -ɪŋ, -ɪd
AM ˌmɪsˈɛdʒəˌkeɪ|t, -ts, -dɪŋ, -dɪd

miseducation
BR ˌmɪsɛdjʉˈkeɪʃn, ˌmɪsɛdʒɜˈkeɪʃn
AM ˌˌmɪsˌɛdʒəˈkeɪʃ(ə)n

mise en place
BR ˌmiːz ɒn ˈplɑs
AM ˌmiz ɑn ˈplɑs

mise en scène
BR ˌmiːz ɒn ˈseɪn
AM ˌˌmiˌz ɑn ˈsɛn

misemploy
BR ˌmɪsɪmˈplɔɪ, ˌmɪsɛmˈplɔɪ, -z, -ɪŋ, -d
AM ˌmɪsˌɛmˈplɔɪ, -z, -ɪŋ, -d

misemployment
BR ˌmɪsɪmˈplɔɪm(ə)nt, ˌmɪsɛmˈplɔɪm(ə)nt, -s
AM ˌmɪsɛmˈplɔɪm(ə)nt, -s

miser
BR ˈmʌɪzə(r), -z
AM ˈmaɪzər, -z

miserable
BR ˈmɪz(ə)rəbl
AM ˈmɪz(ə)r(ə)bəl, ˈmɪzərbəl

miserableness
BR ˈmɪz(ə)rəblnəs
AM ˈmɪz(ə)r(ə)bəlnəs, ˈmɪzərbəlnəs

miserably
BR ˈmɪz(ə)rəbli
AM ˈmɪz(ə)rəbli, ˈmɪzərbli

misère
BR mɪˈzɛː(r), -z
AM məˈzɛ(ə)r, -z

miserere
BR ˌmɪzɪˈrɛːr|i, ˌmɪzəˈrɪər|i, -ɪz
AM ˌmɪzəˈrɪri, ˌmɪzəˈrɛri, -z

misericord
BR mɪˈzɛrɪkɔːd, -z
AM məˈzɛ(ə)rəˌkɔ(ə)rd, ˈmɪzərəˌkɔ(ə)rd, -z

miserliness
BR ˈmʌɪzəlɪnɪs
AM ˈmaɪzərlɪnɪs

miserly
BR ˈmʌɪzəli
AM ˈmaɪzərli

misery
BR ˈmɪz(ə)r|i, -ɪz
AM ˈmɪz(ə)ri, -z

misfeasance
BR ˌmɪsˈfiːzns
AM ˌmɪsˈfizns

misfeed
BR ˈmɪsfiːd, -z
AM ˈmɪsˌfid, -z

misfield
BR ˌmɪsˈfiːld, -z, -ɪŋ, -ɪd
AM ˌmɪsˈfild, -z, -ɪŋ, -ɪd

misfire[1] *noun*
BR ˈmɪsfʌɪə(r), -z
AM ˈmɪsˌfaɪər, -z

misfire[2] *verb*
BR ˌmɪsˈfʌɪə(r), -z, -ɪŋ, -d
AM ˌmɪsˈfaɪər, -z, -ɪŋ, -d

misfit
BR ˈmɪsfɪt, -s
AM ˈmɪsˌfɪt, -s

misfortune
BR ˌmɪsˈfɔːtʃ(uː)n, ˌmɪsˈfɔːtjuːn, -z
AM ˌmɪsˈfɔrtʃ(ə)n, -z

misgave
BR ˌmɪsˈgeɪv, -z
AM ˌmɪsˈgeɪv, -z

misgive
BR ˌmɪsˈgɪv, -z
AM ˌmɪsˈgɪv, -z

misgiven
BR ˌmɪsˈgɪvn, -z
AM ˌmɪsˈgɪvən, -z

misgiving
BR (ˌ)mɪsˈgɪvɪŋ, -z
AM ˌmɪsˈgɪvɪŋ, -z

misgovern
BR ˌmɪsˈgʌvn, -z, -ɪŋ, -d
AM ˌmɪsˈgəvərn, -z, -ɪŋ, -d

misgovernment
BR ˌmɪsˈgʌvnm(ə)nt, ˌmɪsˈgʌvəm(ə)nt
AM ˌmɪsˈgəvə(r)m(ə)nt, ˌmɪsˈgəvər(n)m(ə)nt

misguidance
BR ˌmɪsˈgʌɪd(ə)ns
AM ˌmɪsgaɪdns
misguide
BR ˌmɪsˈgʌɪd, -z, -ɪŋ, -ɪd
AM ˌmɪsˈgaɪd, -z, -ɪŋ, -ɪd
misguided
BR (ˌ)mɪsˈgʌɪdɪd
AM ˌmɪsˈgaɪdɪd
misguidedly
BR (ˌ)mɪsˈgʌɪdɪdli
AM ˌmɪsˈgaɪdɪdli
misguidedness
BR (ˌ)mɪsˈgʌɪdɪdnɪs
AM ˌmɪsˈgaɪdɪdnɪs
mishandle
BR ˌmɪsˈhænd|l, -lz, -l̩ŋ\-lŋ, -ld
AM ˌmɪsˈhæn|dəl, -dəlz, -(d)(ə)lɪŋ, -dəld
mishap
BR ˈmɪshap, -s
AM ˈmɪsˌ(h)æp, -s
mishear
BR ˌmɪsˈhɪə(r), -z, -ɪŋ
AM ˌmɪsˈhɪ|(ə)r, -(ə)rz, -rɪŋ
misheard
BR ˌmɪsˈhəːd
AM ˌmɪsˈhərd
mishit
BR ˌmɪsˈhɪt, -s, -ɪŋ
AM ˌmɪsˈhɪ|t, -ts, -dɪŋ
mishmash
BR ˈmɪʃmaʃ
AM ˈmɪʃˌmaʃ, ˈmɪʃˌmæʃ
Mishna
BR ˈmɪʃnə(r)
AM ˈmɪʃnə
Mishnah
BR ˈmɪʃnə(r)
AM ˈmɪʃnə
Mishnaic
BR mɪʃˈneɪɪk
AM mɪʃˈneɪɪk
mishpocha
BR mɪʃˈpɒkə(r), mɪʃˈpɒxə(r), -z
AM mɪʃˈpɒkə, mɪʃˈpɑkə, -z

misidentification
BR ˌmɪsʌɪˌdɛntɪfɪˈkeɪʃn, -z
AM ˌmɪsaɪˌdɛn(t)əfəˈkeɪʃ(ə)n, -z
misidentify
BR ˌmɪsʌɪˈdɛntɪfʌɪ, -z, -ɪŋ, -d
AM ˌmɪsaɪˈdɛn(t)əˌfaɪ, -z, -ɪŋ, -d
misinform
BR ˌmɪsɪnˈfɔːm, -z, -ɪŋ, -d
AM ˌmɪsɪnˈfɔ(ə)rm, -z, -ɪŋ, -d
misinformation
BR ˌmɪsɪnfəˈmeɪʃn
AM ˌmɪsɪnfərˈmeɪʃ(ə)n
misinterpret
BR ˌmɪsɪnˈtɜːprɪt, -s, -ɪŋ, -ɪd
AM ˌmɪsɪnˈtɜrprə|t, -ts, -dɪŋ, -dəd
misinterpretation
BR ˌmɪsɪnˌtəːprɪˈteɪʃn, -z
AM ˌmɪsɪnˌtərprəˈteɪʃ(ə)n, -z
misinterpreter
BR ˌmɪsɪnˈtəːprɪtə(r), -z
AM ˌmɪsɪnˈtərprədər, -z
misjudge
BR ˌmɪsˈdʒʌdʒ, -ɪz, -ɪŋ, -d
AM ˌmɪsˈdʒədʒ, -əz, -ɪŋ, -d
misjudgement
BR (ˌ)mɪsˈdʒʌdʒm(ə)nt, -s
AM ˌmɪsˈdʒədʒm(ə)nt, -s
misjudgment
BR (ˌ)mɪsˈdʒʌdʒm(ə)nt, -s
AM ˌmɪsˈdʒədʒm(ə)nt, -s
miskey
BR ˌmɪsˈkiː, -z, -ɪŋ, -d
AM ˌmɪsˈki, -z, -ɪŋ, -d

miskick
BR ˌmɪsˈkɪk, -s, -ɪŋ, -d
AM ˌmɪsˈkɪk, -s, -ɪŋ, -d
Miskin
BR ˈmɪskɪn
AM ˈmɪskɪn
Miskito
BR mɪˈskiːtəʊ, -z
AM məˈskiˌtoʊ, məˈskidoʊ, -z
miskoek
BR ˈmɪskʊk
AM ˈmɪskʊk
misl
BR ˈmɪsl, -z
AM ˈmɪs(ə)l, -z
mislay
BR (ˌ)mɪsˈleɪ, -z, -ɪŋ, -d
AM ˌmɪsˈleɪ, -z, -ɪŋ, -d
mislead
BR (ˌ)mɪsˈliːd, -z, -ɪŋ
AM ˌmɪsˈlid, -z, -ɪŋ
misleader
BR (ˌ)mɪsˈliːdə(r), -z
AM ˌmɪsˈlidər, -z
misleading
BR (ˌ)mɪsˈliːdɪŋ
AM ˌmɪsˈlidɪŋ
misleadingly
BR (ˌ)mɪsˈliːdɪŋli
AM ˌmɪsˈlidɪŋli
misleadingness
BR (ˌ)mɪsˈliːdɪŋnɪs
AM ˌmɪsˈlidɪŋnɪs
misled
BR (ˌ)mɪsˈlɛd
AM ˌmɪsˈlɛd
mislike
BR (ˌ)mɪsˈlʌɪk, -s, -ɪŋ, -d
AM ˌmɪsˈlaɪk, -s, -ɪŋ, -d
mismanage
BR ˌmɪsˈman|ɪdʒ, -ɪdʒɪz, -ɪdʒɪŋ, -ɪdʒd
AM ˌmɪsˈmænɪdʒ, -ɪz, -ɪŋ, -d
mismanagement
BR ˌmɪsˈmanɪdʒm(ə)nt
AM ˌmɪsˈmænədʒm(ə)nt

mismarriage
BR ˌmɪsˈmar|ɪdʒ, -ɪdʒɪz
AM ˌmɪsˈmɛrɪdʒ, -ɪz
mismatch[1] *noun*
BR ˈmɪsmatʃ, -ɪz
AM ˈmɪsˌmætʃ, -əz
mismatch[2] *verb*
BR ˌmɪsˈmatʃ, -ɪz, -ɪŋ, -t
AM ˌmɪsˈmætʃ, -əz, -ɪŋ, -t
mismated
BR ˌmɪsˈmeɪtɪd
AM ˌmɪsˈmeɪdɪd
mismeasure
BR ˌmɪsˈmɛʒ|ə(r), -əz, -(ə)rɪŋ, -əd
AM ˌmɪsˈmɛʒ|ər, -ərz, -(ə)rɪŋ, -ərd
mismeasurement
BR ˌmɪsˈmɛʒəm(ə)nt, -s
AM ˌmɪsˈmɛʒərm(ə)nt, -s
misname
BR ˌmɪsˈneɪm, -z, -ɪŋ, -d
AM ˌmɪsˈneɪm, -z, -ɪŋ, -d
misnomer
BR ˌmɪsˈnəʊmə(r), -z
AM ˌmɪsˈnoʊmər, -z
miso
BR ˈmiːsəʊ
AM ˈmizoʊ
misogamist
BR mɪˈsɒgəmɪst, mʌɪˈsɒgəmɪst, -s
AM məˈsagəməst, -s
misogamy
BR mɪˈsɒgəmi, mʌɪˈsɒgəmi
AM məˈsagəmi
misogynist
BR mɪˈsɒdʒɪnɪst, mʌɪˈsɒdʒɪnɪst, -s
AM məˈsadʒənəst, -s
misogynistic
BR mɪˌsɒdʒɪˈnɪstɪk, mʌɪˌsɒdʒɪˈnɪstɪk
AM məˌsadʒəˈnɪstɪk

misogynous
BR mɪˈsɒdʒɪnəs,
mʌɪˈsɒdʒɪnəs
AM məˈsɑdʒənəs

misogyny
BR mɪˈsɒdʒɪni,
mʌɪˈsɒdʒɪni
AM məˈsɑdʒəni

misologist
BR mɪˈsɒlədʒɪst,
mʌɪˈsɒlədʒɪst, -s
AM məˈsɑlədʒəst, -s

misology
BR mɪˈsɒlədʒi,
mʌɪˈsɒlədʒi
AM məˈsɑlədʒi

misoneism
BR ˌmɪsə(ʊ)ˈniːɪzm, -z
AM ˌmɪsəˈniˌɪz(ə)m, -z

misoneist
BR ˌmɪsə(ʊ)ˈniːɪst, -s
AM ˌmɪsəˈniːɪst, -s

misper
BR ˈmɪspə(r), -z
AM ˈmɪspər, -z

mispickel
BR ˈmɪsˌpɪkl, -z
AM ˈmɪsˌpɪk(ə)l, -z

misplace
BR ˌmɪsˈpleɪs, -ɪz, -ɪŋ, -t
AM ˌmɪsˈpleɪs, -ɪz, -ɪŋ, -t

misplacement
BR ˌmɪsˈpleɪsm(ə)nt
AM ˌmɪsˈpleɪsm(ə)nt

misplay[1] *noun*
BR ˈmɪspleɪ, -z, -ɪŋ, -d
AM ˈmɪsˌpleɪ, -z, -ɪŋ, -d

misplay[2] *verb*
BR ˌmɪsˈpleɪ, -z, -ɪŋ, -d
AM ˌmɪsˈpleɪ, -z, -ɪŋ, -d

misprint[1] *noun*
BR ˈmɪsprɪnt, -s
AM ˈmɪsˌprɪnt, -s

misprint[2] *verb*
BR ˌmɪsˈprɪnt, -s, -ɪŋ, -ɪd
AM ˌmɪsˈprɪn|t, -ts, -(t)ɪŋ, -(t)ɪd

misprision
BR ˌmɪsˈprɪʒn
AM ˌmɪsˈprɪʒ(ə)n

misprize
BR ˌmɪsˈprʌɪz, -ɪz, -ɪŋ, -d
AM ˌmɪsˈpraɪz, -ɪz, -ɪŋ, -d

mispronounce
BR ˌmɪsprəˈnaʊns, -ɪz, -ɪŋ, -t
AM ˌmɪsprəˈnaʊns, -əz, -ɪŋ, -t

mispronunciation
BR ˌmɪsprəˌnʌnsɪˈeɪʃn, -z
AM ˈˌmɪsprəˌnənsiˈeɪʃ(ə)n, -z

misquotation
BR ˌmɪskwə(ʊ)ˈteɪʃn, -z
AM ˌmɪskwoʊˈteɪʃ(ə)n, -z

misquote
BR ˌmɪsˈkwəʊt, -s, -ɪŋ, -ɪd
AM ˌmɪsˈkwoʊ|t, -ts, -dɪŋ, -dəd

misread[1] *present tense*
BR ˌmɪsˈriːd, -z, -ɪŋ
AM ˌmɪsˈrid, -z, -ɪŋ

misread[2] *past tense*
BR ˌmɪsˈred
AM ˌmɪsˈred

misremember
BR ˌmɪsrɪˈmemb|ə(r), -əz, -(ə)rɪŋ, -əd
AM ˌmɪsriˈmemb|ər, ˌmɪsrəˈmemb|ər, -ərz, -(ə)rɪŋ, -ərd

misreport
BR ˌmɪsrɪˈpɔːt, -s, -ɪŋ, -ɪd
AM ˌmɪsrə|ˈpɔ(ə)rt, -ˈpɔ(ə)rts, -ˈpɔrdɪŋ, -ˈpɔrdəd

misrepresent
BR ˌmɪsreprɪˈzent, -s, -ɪŋ, -ɪd
AM ˌmɪsˌreprəˈzen|t, -ts, -(t)ɪŋ, -(t)əd

misrepresentation
BR ˌmɪsˌreprɪzenˈteɪʃn, mɪsˌreprɪzenˈteɪʃn, -z
AM ˈˌmɪsˌreprəˌzenˈteɪʃ(ə)n, -z

misrepresentative
BR ˌmɪsreprɪˈzentətɪv
AM ˈˌmɪsˌreprəˈzen(t)ədɪv

misrule
BR ˌmɪsˈruːl, -z, -ɪŋ, -d
AM ˌmɪsˈrul, -z, -ɪŋ, -d

miss
BR mɪs, -ɪz, -ɪŋ, -t
AM mɪs, -ɪz, -ɪŋ, -t

missable
BR ˈmɪsəbl
AM ˈmɪsəb(ə)l

missal
BR ˈmɪsl, -z
AM ˈmɪs(ə)l, -z

missaying
BR ˌmɪsˈseɪɪŋ, -z
AM ˌmɪ(s)ˈseɪɪŋ, -z

missel thrush
BR ˈmɪsl θrʌʃ, ˈmɪzl +, -ɪz
AM ˈmɪs(ə)l ˌθrəʃ, -əz

Missenden
BR ˈmɪsndən
AM ˈmɪsəndən

misshape[1] *noun*
BR ˈmɪsʃeɪp, ˈmɪʃʃeɪp, -s
AM ˈmɪʃˌʃeɪp, ˈmɪsˌʃeɪp, -s

misshape[2] *verb*
BR ˌmɪsˈʃeɪp, ˌmɪʃˈʃeɪp, -s, -ɪŋ, -t
AM ˌmɪʃˈʃeɪp, ˌmɪsˈʃeɪp, -s, -ɪŋ, -t

misshapen
BR ˌmɪsˈʃeɪp(ə)n, ˌmɪʃˈʃeɪp(ə)n
AM ˌmɪʃˈʃeɪpən, ˌmɪsˈʃeɪpən

misshapenly
BR ˌmɪsˈʃeɪp(ə)nli, ˌmɪʃˈʃeɪp(ə)nli
AM ˌmɪʃˈʃeɪpənli, ˌmɪsˈʃeɪpənli

misshapenness
BR ˌmɪsˈʃeɪp(ə)nnəs, ˌmɪʃˈʃeɪp(ə)nnəs
AM ˌmɪʃˈʃeɪpə(n)nəs, ˌmɪsˈʃeɪpə(n)nəs

missile
BR ˈmɪsʌɪl, -z
AM ˈmɪs(ə)l, -z

missilery
BR ˈmɪsʌɪlri
AM ˈmɪsəlri

mission
BR ˈmɪʃn, -z
AM ˈmɪʃ(ə)n, -z

missionar
BR ˈmɪʃnə(r), -z
AM ˈmɪʃ(ə)nər, -z

missionary
BR ˈmɪʃn(ə)r|i, -ɪz
AM ˈmɪʃəˌneri, -z

missioner
BR ˈmɪʃnə(r), -z
AM ˈmɪʃənər, -z

missis
BR ˈmɪsɪz
AM ˈmɪsɨz

missish
BR ˈmɪsɪʃ
AM ˈmɪsɪʃ

Mississauga
BR ˌmɪsɪˈsɔːgə(r)
AM ˌmɪsɨˈsɑgə, ˌmɪsɨˈsɔgə

Mississippi
BR ˌmɪsɪˈsɪpi
AM ˌmɪsɨˈsɪpi

Mississippian
BR ˌmɪsɪˈsɪpiən, -z
AM ˌmɪsɨˈsɪpiən, -z

missive
BR ˈmɪsɪv, -z
AM ˈmɪsɪv, -z

Missolonghi
BR ˌmɪsəˈlɒŋi
AM ˌmɪsəˈlɑŋi, ˌmɪsəˈlɔŋi

Missouri
BR mɪˈzʊəri
AM məˈzʊrə, məˈzʊri

Missourian
BR mɪˈzʊərɪən, -z
AM məˈzʊriən, -z

misspell
BR ˌmɪsˈspɛl, -z,
-ɪŋ, -t
AM ˌmɪ(s)ˈspɛl, -z,
-ɪŋ, -t
misspelling
BR ˌmɪsˈspɛlɪŋ, -z
AM ˌmɪ(s)ˈspɛlɪŋ, -z
misspend
BR ˌmɪsˈspɛnd, -z, -ɪŋ
AM ˌmɪ(s)ˈspɛnd, -z,
-ɪŋ
misspent
BR ˌmɪsˈspɛnt
AM ˌmɪ(s)ˈspɛnt
misstate
BR ˌmɪsˈsteɪt, -s, -ɪŋ,
-ɪd
AM ˌmɪ(s)ˈsteɪt, -ts,
-dɪŋ, -dɪd
misstatement
BR ˌmɪsˈsteɪtm(ə)nt, -s
AM ˌmɪ(s)ˈsteɪtm(ə)nt,
-s
misstep
BR ˌmɪsˈstɛp, -s, -ɪŋ, -t
AM ˌmɪ(s)ˈstɛp, -s,
-ɪŋ, -t
missus
BR ˈmɪsɪz
AM ˈmɪsɪz
missy
BR ˈmɪs|i, -ɪz
AM ˈmɪsi, -z
mist
BR mɪst, -s, -ɪŋ, -ɪd
AM mɪst, -s, -ɪŋ, -ɪd
mistakable
BR mɪˈsteɪkbl
AM məˈsteɪkəb(ə)l
mistakably
BR mɪˈsteɪkəbli
AM məˈsteɪkəbli
mistake
BR mɪˈsteɪk, -s, -ɪŋ
AM məˈsteɪk, -s, -ɪŋ
mistaken
BR mɪˈsteɪk(ə)n
AM məˈsteɪkən
mistakenly
BR mɪˈsteɪk(ə)nli
AM məˈsteɪkənli

mistakenness
BR mɪˈsteɪk(ə)nnəs
AM məˈsteɪkə(n)nəs
mistaught
BR ˌmɪsˈtɔːt
AM ˌmɪsˈtɑt, ˌmɪsˈtɔt
misteach
BR ˌmɪsˈtiːtʃ, -z
AM ˌmɪsˈtitʃ, -z
misteaching
BR ˌmɪsˈtiːtʃɪŋ, -z
AM ˌmɪsˈtitʃɪŋ, -z
mistelle
BR mɪˈstɛl, -z
AM mɪˈstɛl, -z
mister
BR ˈmɪstə(r), -z
AM ˈmɪstər, -z
mistful
BR ˈmɪstfʊl
AM ˈmɪs(t)fəl
mistigris
BR ˈmɪstɪɡrɪs
AM ˈmɪstɪˌɡrɪs
mistily
BR ˈmɪstɪli
AM ˈmɪstɪli
mistime
BR ˌmɪsˈtʌɪm, -z, -ɪŋ, -d
AM ˌmɪsˈtaɪm, -z,
-ɪŋ, -d
mistiness
BR ˈmɪstɪnɪs
AM ˈmɪstɪnɪs
mistitle
BR ˌmɪsˈtʌɪt|l, -lz,
-lɪŋ\-lɪŋ, -ld
AM ˌmɪsˈtaɪd(ə)l, -z,
-ɪŋ, -d
mistle thrush
BR ˈmɪsl θrʌʃ, ˈmɪzl +,
-ɪz
AM ˈmɪs(ə)l ˌθrəʃ, -əz
mistletoe
BR ˈmɪsltəʊ, ˈmɪzltəʊ
AM ˈmɪsəlˌtoʊ
mistlike
BR ˈmɪstlʌɪk
AM ˈmɪs(t)ˌlaɪk
mistook
BR mɪˈstʊk
AM məˈstʊk

mistral
BR ˈmɪstr(ə)l,
mɪˈstrɑːl
AM məˈstrɑl, ˈmɪstrəl
mistranslate
BR ˌmɪstranzˈleɪt, -s,
-ɪŋ, -ɪd
AM ˌmɪsˈtrænsˌleɪ|t,
ˌmɪsˈtrænzˌleɪ|t, -ts,
-dɪŋ, -dɪd
mistranslation
BR ˌmɪstranzˈleɪʃn, -z
AM ˌmɪsˌtrænsˈleɪʃ(ə)n,
ˌmɪsˌtrænzˈleɪʃ(ə)n,
-z
mistreat
BR ˌmɪsˈtriːt, -s, -ɪŋ,
-ɪd
AM ˌmɪsˈtri|t, -ts, -dɪŋ,
-dɪd
mistreatment
BR ˌmɪsˈtriːtm(ə)nt
AM ˌmɪsˈtritm(ə)nt
mistress
BR ˈmɪstrɪs, -ɪz
AM ˈmɪstrɪs, -ɪz
mistrial
BR ˌmɪsˈtrʌɪəl, ˈmɪsˌtrʌɪəl, -z
AM ˈmɪsˌtraɪəl, -z
mistrust
BR ˌmɪsˈtrʌst, -s, -ɪŋ,
-ɪd
AM ˌmɪsˈtrəst, -s, -ɪŋ,
-ɪd
mistrustful
BR ˌmɪsˈtrʌs(t)f(ʊ)l
AM ˌmɪsˈtrəs(t)fəl
mistrustfully
BR ˌmɪsˈtrʌs(t)fʊli,
ˌmɪsˈtrʌs(t)fl̩i
AM ˌmɪsˈtrəs(t)fəli
mistrustfulness
BR ˌmɪsˈtrʌstf(ʊ)lnəs
AM ˌmɪsˈtrəs(t)fəlnəs
misty
BR ˈmɪst|i, -iə(r), -ɪɪst
AM ˈmɪsti, -ər, -ɪst
mistype
BR ˌmɪsˈtʌɪp, -s, -ɪŋ, -t
AM ˌmɪsˈtaɪp, -s,
-ɪŋ, -t

misunderstand
BR ˌmɪsʌndəˈstand,
-z, -ɪŋ
AM ˈmɪsˌəndərˈstænd,
-z, -ɪŋ
misunderstanding
BR ˌmɪsʌndəˈstandɪŋ,
-z
AM ˈmɪsˌəndər-
ˈstændɪŋ, -z
misunderstood
BR ˌmɪsʌndəˈstʊd
AM ˈmɪsˌəndərˈstʊd
misusage
BR ˌmɪsˈjuːs|ɪdʒ, -ɪdʒɪz
AM ˌmɪsˈjusɪdʒ, -ɪz
misuse[1] *noun*
BR ˌmɪsˈjuːs
AM ˌmɪsˈjus
misuse[2] *verb*
BR ˌmɪsˈjuːz, -ɪz, -ɪŋ,
-d
AM ˌmɪsˈjuz, -əz, -ɪŋ,
-d
misuser
BR ˌmɪsˈjuːzə(r), -z
AM ˌmɪsˈjuzər, -z
Mitanni
BR mɪˈtani
AM məˈtæni
Mitannian
BR mɪˈtaniən, -z
AM məˈtænj(ə)n,
məˈtæniən, -z
mitasses
BR mɪˈtas, mɪːˈtas
AM məˈtæs, mɪˈtɑs
Mitch
BR mɪtʃ
AM mɪtʃ
Mitcham
BR ˈmɪtʃ(ə)m
AM ˈmɪtʃ(ə)m
Mitchell
BR ˈmɪtʃ(ə)l
AM ˈmɪtʃ(ə)l
Mitchum
BR ˈmɪtʃ(ə)m
AM ˈmɪtʃ(ə)m
mite
BR mʌɪt, -s
AM maɪt, -s

miter
BR ˈmʌɪtə(r), -z
AM ˈmaɪdər, -z
Mitford
BR ˈmɪtfəd
AM ˈmɪtfərd
mithai
BR ˈmɪtʌɪ, ˈmiːtʌɪ, -z
AM ˈmɪdaɪ, ˈmidaɪ, -z
Mithraic
BR mɪˈθreɪk
AM məˈθreɪk
Mithraism
BR ˈmɪθreɪɪzm,
ˈmɪθrə-ɪzm
AM ˈmɪθreɪˌɪz(ə)m
Mithraist
BR ˈmɪθreɪɪst,
ˈmɪθrə-ɪst, -s
AM ˈmɪθreɪɪst, -s
Mithras
BR ˈmɪθras
AM ˈmɪθrɑs
Mithridates
BR ˌmɪθrɪˈdeɪtiːz
AM ˌmɪθrəˈdeɪdiz
mithridatic
BR ˌmɪθrɪˈdatɪk
AM ˌmɪθrəˈdeɪdɪk
mithridatise
BR ˈmɪθrɪdeɪtʌɪz,
mɪˈθrɪdətʌɪz, -ɪz,
-ɪŋ, -d
AM ˌmɪθrəˈdeɪdaɪz,
-ɪz, -ɪŋ, -d
mithridatism
BR ˈmɪθrɪdeɪtɪzm,
mɪˈθrɪdətɪzm
AM ˌmɪθrəˈdeɪˌtɪz(ə)m
mithridatize
BR ˈmɪθrɪdeɪtʌɪz,
mɪˈθrɪdətʌɪz, -ɪz,
-ɪŋ, -d
AM ˌmɪθrəˈdeɪdaɪz,
-ɪz, -ɪŋ, -d
mitigable
BR ˈmɪtɪgəbl
AM ˈmɪdəgəb(ə)l
mitigate
BR ˈmɪtɪgeɪt, -s, -ɪŋ, -ɪd
AM ˈmɪdəˌgeɪ|t, -ts,
-dɪŋ, -dɪd

mitigation
BR ˌmɪtɪˈgeɪʃn
AM ˌmɪdəˈgeɪʃ(ə)n
mitigator
BR ˈmɪtɪgeɪtə(r), -z
AM ˈmɪdəˌgeɪdər, -z
mitigatory
BR ˈmɪtɪgeɪt(ə)ri
AM ˈmɪdəgəˌtɔri
Mitilíni
BR ˌmiːtɪˈliːni
AM ˌmɪdɪˈlini
Mitla
BR ˈmɪtlə(r)
AM ˈmɪtlə
mitochondria
BR ˌmʌɪtə(ʊ)-
ˈkɒndrɪə(r)
AM ˌmaɪdəˈkɑndriə
mitochondrion
BR ˌmʌɪtə(ʊ)-
ˈkɒndrɪən
AM ˌmaɪdəˈkɑndriən
mitosis
BR mʌɪˈtəʊsɪs
AM maɪˈtoʊsəs
mitotic
BR mʌɪˈtɒtɪk
AM maɪˈtɑdɪk
mitrailleuse
BR ˌmɪtrʌɪˈəːz, -ɪz
AM ˌmitrəˈjəz,
-əz
FR mitʁajøz
mitral
BR ˈmʌɪtr(ə)l
AM ˈmaɪtrəl
mitre
BR ˈmʌɪtə(r), -z, -d
AM ˈmaɪdər, -z, -d
Mitsubishi
BR ˌmɪtsʊˈbɪʃi
AM ˌmɪtsʊˈbɪʃi
mitt
BR mɪt, -s
AM mɪt, -s
mitten
BR mɪtn, -z, -d
AM mɪtn, -z, -d
Mitterrand
BR ˈmɪtərɒ̃
AM ˈmɪtəran(d)

mittimus
BR ˈmɪtɪməs, -ɪz
AM ˈmɪdəməs,
-əz
Mitty
BR ˈmɪt|i, -ɪz
AM ˈmɪdi, -z
mity
BR ˈmʌɪti
AM ˈmaɪdi
Mitylene
BR ˌmɪtɪˈliːni,
ˌmɪtlˈiːni
AM ˌmɪdɪˈlini
Mitzi
BR ˈmɪtsi
AM ˈmɪtsi
mitzvah
BR ˈmɪtsvə(r)
AM ˈmɪtsvə
mitzvoth
BR ˈmɪtsvəʊt
AM ˌmɪtsˈvoʊt
mix
BR mɪks, -ɪz,
-ɪŋ, -t
AM mɪks, -ɪz,
-ɪŋ, -t
mixable
BR ˈmɪksəbl
AM ˈmɪksəb(ə)l
mixdown
BR ˈmɪksdaʊn, -z
AM ˈmɪksˌdaʊn, -z
mixedness
BR ˈmɪksɪdnɪs
AM ˈmɪksɪdnɪs
mixer
BR ˈmɪksə(r), -z
AM ˈmɪksər, -z
mixmaster
BR ˈmɪksˌmɑːstə(r),
-əz, -(ə)rɪŋ, -əd
AM ˈmɪksˌmæstər, -z,
-ɪŋ, -d
Mixtec
BR ˈmiːstɛk, -s
AM ˈmiˌstɛk, -s
SP ˈmixtek
mixtil
BR ˈmɪkst(ɪ)l
AM ˈmɪkst(ə)l

mixture
BR ˈmɪkstʃə(r), -z
AM ˈmɪk(st)ʃər, -z
miya
BR ˈmiːə(r), -z
AM ˈmiə, -z
mizen
BR ˈmɪzn, -z
AM ˈmɪz(ə)n, -z
mizenmast
BR ˈmɪznmɑːst, -s
AM ˈmɪzənməst,
ˈmɪzənˌmæst,
-s
mizen-sail
BR ˈmɪzns(eɪ)l, -z
AM ˈmɪzəns(ə)l,
ˈmɪzənˌseɪl, -z
Mizoram
BR mɪˈzɔːrəm
AM məˈzɔrəm
mizuna
BR mɪˈzuːnə(r)
AM məˈzunə
mizutaki
BR ˌmɪzʊˈtɑːki,
ˌmɪzʊˈtaki
AM ˌmɪzuˈtɑki
mizzen
BR ˈmɪzn, -z
AM ˈmɪz(ə)n, -z
mizzenmast
BR ˈmɪznm(ɑː)st,
-s
AM ˈmɪzənməst,
ˈmɪzənˌmæst,
-s
mizzle
BR ˈmɪz|l, -lz,
-|lɪŋ\-lɪŋ, -ld
AM ˈmɪz|əl, -əlz,
-(ə)lɪŋ, -əld
mizzly
BR ˈmɪzli
AM ˈmɪzli
mkhedruli
BR m̩ˈkɛdrʊli,
m̩ˈxɛdrʊli
AM məˈkɛdruli
M.Litt.
BR ˌɛm ˈlɪt, -s
AM ˌɛm ˈlɪt, -s

Mlle *Mademoiselle*
BR ˌmadəm(w)əˈzɛl,
ˌmam(wə)ˈzɛl, -z
AM ˌmæd(ə)m(w)ə-
ˈzɛl, -z

m'lud
BR məˈlʌd, ˈmlʌd
AM ˈmləd

mlungu
BR m̩ˈlʊŋguː, -z
AM (ə)mˈlʊŋgu, -z

Mme *Madame*
BR məˈdɑːm,
ˈmadəm, -z
AM ˈmædəm,
məˈdɑm, -z

M.Mus. *Master of Music*
BR ˌɛm ˈmʌz, -ɪz
AM ˌɛm ˈmjuz,
-əz

mnemonic
BR nɪˈmɒnɪk,
niːˈmɒnɪk, -s
AM nəˈmɑnɪk, -s

mnemonically
BR nɪˈmɒnɪkli,
niːˈmɒnɪkli
AM nəˈmɑnək(ə)li

mnemonist
BR nɪˈmɒnɪst,
ˈniːmɒnɪst, -s
AM nəˈmɑnəst, -s

Mnemosyne
BR nɪˈmɒzɪni,
niːˈmɒzɪni,
nɪˈmɒsɪni,
niːˈmɒsɪni
AM nəˈmɑzəni,
nəˈmɑsəni

MO
BR ˌɛmˈəʊ, -z
AM ˌɛmˈoʊ, -z

mo
BR məʊ
AM moʊ

moa
BR ˈməʊə(r), -z
AM ˈmoʊə, -z

Moab
BR ˈməʊab
AM ˈmoʊæb

Moabite
BR ˈməʊəbʌɪt, -s
AM ˈmoʊəˌbaɪt, -s

moai
BR ˈməʊʌɪ
AM ˈmoʊaɪ

moan
BR məʊn, -z,
-ɪŋ, -d
AM moʊn, -z,
-ɪŋ, -d

moaner
BR ˈməʊnə(r), -z
AM ˈmoʊnər, -z

moanful
BR ˈməʊnf(ʊ)l
AM ˈmoʊnfəl

moaningly
BR ˈməʊnɪŋli
AM ˈmoʊnɪŋli

moat
BR məʊt, -s, -ɪd
AM moʊ|t, -ts,
-dəd

mob
BR mɒb, -z, -ɪŋ, -d
AM mɑb, -z, -ɪŋ, -d

mobber
BR ˈmɒbə(r), -z
AM ˈmɑbər, -z

Mobberley
BR ˈmɒbəli
AM ˈmɑbərli

mobbish
BR ˈmɒbɪʃ
AM ˈmɑbɪʃ

Moberly
BR ˈməʊbəli
AM ˈmoʊbərli

Mobil
BR ˈməʊb(ɪ)l
AM ˈmoʊbəl

Mobile *place in US*
BR məʊˈbiːl
AM moʊˈbil

mobile *noun*
BR ˈməʊbʌɪl, -z
AM ˈmoʊˌbil, -z

mobiliary
BR məʊˈbɪliəri
AM moʊˈbɪljəri,
moʊˈbɪliˌɛri

mobilisable
BR ˈməʊbɪlʌɪzəbl,
ˈməʊblʌɪzəbl
AM ˈmoʊbəˌlaɪzəb(ə)l

mobilisation
BR ˌməʊbɪlʌɪˈzeɪʃn,
ˌməʊblʌɪˈzeɪʃn, -z
AM ˌmoʊbəˌlaɪ-
ˈzeɪʃ(ə)n, ˌmoʊbələ-
ˈzeɪʃ(ə)n, -z

mobilise
BR ˈməʊbɪlʌɪz,
ˈməʊblʌɪz, -ɪz,
-ɪŋ, -d
AM ˈmoʊbəˌlaɪz, -ɪz,
-ɪŋ, -d

mobiliser
BR ˈməʊbɪlʌɪzə(r),
ˈməʊblʌɪzə(r), -z
AM ˈmoʊbəˌlaɪzər, -z

mobility
BR mə(ʊ)ˈbɪlɪti
AM moʊˈbɪlɪdi

mobilizable
BR ˈməʊbɪlʌɪzəbl,
ˈməʊblʌɪzəbl
AM ˈmoʊbəˌlaɪzəb(ə)l

mobilization
BR ˌməʊbɪlʌɪˈzeɪʃn,
ˌməʊblʌɪˈzeɪʃn, -z
AM ˌmoʊbəˌlaɪˈzeɪʃ(ə)n,
ˌmoʊbələˈzeɪʃ(ə)n, -z

mobilize
BR ˈməʊbɪlʌɪz,
ˈməʊblʌɪz, -ɪz, -ɪŋ, -d
AM ˈmoʊbəˌlaɪz, -ɪz,
-ɪŋ, -d

mobilizer
BR ˈməʊbɪlʌɪzə(r),
ˈməʊblʌɪzə(r), -z
AM ˈmoʊbəˌlaɪzər, -z

Möbius strip
BR ˈməːbɪəs ˌstrɪp,
ˈməʊbɪəs +
AM ˈmibɪəs ˌstrɪp,
ˈmoʊbɪəs ˌstrɪp

mobocracy
BR mɒbˈɒkrəs|i, -ɪz
AM mɑˈbɑkrəsi, -z

mobster
BR ˈmɒbstə(r), -z
AM ˈmɑbstər, -z

Mobutu
BR məˌbuːtuː
AM məˈbudu

Moby Dick
BR ˌməʊbɪ ˈdɪk
AM ˌmoʊbi ˈdɪk

Mocatta
BR mə(ʊ)ˈkatə(r)
AM moʊˈkɑdə

moccasin
BR ˈmɒkəsɪn, ɪ
AM ˈmɑkəs(ə)n, -z

moch
BR mɒx, mɒk, -s, -ɪŋ, -t
AM mɑk, -s, -ɪŋ, -d

mocha
BR ˈmɒkə(r)
AM ˈmoʊkə

mochadi
BR mɒˈkɑːdi,
mɒˈxɑːdi
AM məˈkɑdi

Mochica
BR mə(ʊ)ˈtʃiːkə(r)
AM moʊˈtʃikə

mochila
BR mə(ʊ)ˈtʃiːlə(r), -z
AM moʊˈtʃilə, -z

mochy
BR ˈmɒxi, ˈmɒki
AM ˈmɑki

mock
BR mɒk, -s, -ɪŋ, -t
AM mɑk, -s, -ɪŋ, -t

mockable
BR ˈmɒkəbl
AM ˈmɑkəb(ə)l

mocker
BR ˈmɒkə(r), -z
AM ˈmɑkər, -z

mockery
BR ˈmɒk(ə)r|i, -ɪz
AM ˈmɑk(ə)ri, -z

mockingbird
BR ˈmɒkɪŋbəːd, -z
AM ˈmɑkɪŋˌbərd, -z

mockingly
BR ˈmɒkɪŋli
AM ˈmɑkɪŋli

mockney
BR ˈmɒkni
AM ˈmɑkni

mockumentary
BR ˈmɒkjʉˈmɛnt(ə)r|i, -ɪz
AM ˌmɑːkjəˈment(ə)ri, ˌmɑːkjəˈmen(t)əri, -z

mod
BR mɒd, -z
AM mɑːd, -z

modal
BR ˈməʊdl
AM ˈmoʊdəl

modality
BR məˈʊˈdælɪti
AM moʊˈdælədi

modally
BR ˈməʊdli
AM ˈmoʊdli

mod cons *modern conveniences*
BR ˌmɒd ˈkɒnz
AM ˌmɑːd ˈkɑːnz

mode
BR məʊd, -z
AM moʊd, -z

model
BR ˈmɒd|l, -lz, -l̩ŋ\-lɪŋ, -ld
AM ˈmɑːd|əl, -əlz, -(ə)lɪŋ, -əld

modeler
BR ˈmɒdl̩ə(r), -z
AM ˈmɑːd(ə)lər, -z

modeller
BR ˈmɒdl̩ə(r), -z
AM ˈmɑːd(ə)lər, -z

modem
BR ˈməʊdɛm, -z
AM ˈmoʊˌdɛm, ˈmoʊdəm, -z

Modena
BR ˈmɒdɪnə(r), ˈmɒdn̩ə(r)
AM ˈmoʊdn̩ə

moderate[1] *noun, adjective*
BR ˈmɒd(ə)rət, -s
AM ˈmɑːd(ə)rət, -s

moderate[2] *verb*
BR ˈmɒdəreɪt, -s, -ɪŋ, -ɪd
AM ˈmɑːdəˌreɪ|t, -ts, -dɪŋ, -dɪd

moderately
BR ˈmɒd(ə)rətli
AM ˈmɑːd(ə)rətli

moderateness
BR ˈmɒd(ə)rətnəs
AM ˈmɑːd(ə)rətnəs

moderation
BR ˌmɒdəˈreɪʃn, -z
AM ˌmɑːdəˈreɪʃ(ə)n, -z

moderatism
BR ˈmɒd(ə)rətɪzm
AM ˈmɑːd(ə)rəˌtɪz(ə)m

moderato
BR ˌmɒdəˈrɑːtəʊ, -z
AM ˌmɑːdəˈrɑːdoʊ, -z
IT moderaˈto

moderator
BR ˈmɒdəreɪtə(r), -z
AM ˈmɑːdəˌreɪdər, -z

moderatorship
BR ˈmɒdəreɪtəʃɪp, -s
AM ˈmɑːdəˌreɪdərˌʃɪp, -s

modern
BR ˈmɒdn, -z
AM ˈmɑːdərn, -z

modernisation
BR ˌmɒdn̩ʌɪˈzeɪʃn, -z
AM ˌmɑːdərˌnaɪˈzeɪʃ(ə)n, ˌmɑːdərnəˈzeɪʃ(ə)n, -z

modernise
BR ˈmɒdn̩ʌɪz, -ɪz, -ɪŋ, -d
AM ˈmɑːdərˌnaɪz, -ɪz, -ɪŋ, -d

moderniser
BR ˈmɒdn̩ʌɪzə(r), -z
AM ˈmɑːdərˌnaɪzər, -z

modernism
BR ˈmɒdn̩ɪzm
AM ˈmɑːdərnˌɪz(ə)m

modernist
BR ˈmɒdn̩ɪst, -s
AM ˈmɑːdərnəst, -s

modernistic
BR ˌmɒdəˈnɪstɪk, ˌmɒdn̩ˈɪstɪk
AM ˌmɑːdərˈnɪstɪk

modernistically
BR ˌmɒdəˈnɪstɪkli, ˌmɒdn̩ˈɪstɪkli
AM ˌmɑːdərˈnɪstək(ə)li

modernity
BR məˈdəːnɪti
AM məˈdɜrnədi, mɑːˈdɜrnədi, məˈdɜrnədi, mɑːˈdɜrnədi

modernization
BR ˌmɒdn̩ʌɪˈzeɪʃn, -z
AM ˌmɑːdərˌnaɪˈzeɪʃ(ə)n, ˌmɑːdərnəˈzeɪʃ(ə)n, -z

modernize
BR ˈmɒdn̩ʌɪz, -ɪz, -ɪŋ, -d
AM ˈmɑːdərˌnaɪz, -ɪz, -ɪŋ, -d

modernizer
BR ˈmɒdn̩ʌɪzə(r), -z
AM ˈmɑːdərˌnaɪzər, -z

modernly
BR ˈmɒdnli
AM ˈmɑːdərnli

modernness
BR ˈmɒdn̩nəs
AM ˈmɑːdər(n)nəs

modest
BR ˈmɒdɪst
AM ˈmɑːdəst

Modestine
BR ˈmɒdɪstiːn, ˌmɒdɪˈstiːn
AM ˈmɑːdəˌstin

modestly
BR ˈmɒdɪstli
AM ˈmɑːdəs(t)li

Modesto
BR mɒˈdɛstəʊ
AM məˈdɛstoʊ

modesty
BR ˈmɒdɪsti
AM ˈmɑːdəsti

modette
BR mɒˈdɛt, -s
AM mɑːˈdɛt, -s

modicum
BR ˈmɒdɪkəm, -z
AM ˈmɑːdəkəm, -z

modifiable
BR ˈmɒdɪfʌɪəbl
AM ˌmɑːdəˈfaɪəb(ə)l

modification
BR ˌmɒdɪfɪˈkeɪʃn, -z
AM ˌmɑːdəfəˈkeɪʃ(ə)n, -z

modificatory
BR ˌmɒdɪfɪˈkeɪt(ə)ri
AM ˌmɑːdəˈfɪkəˌtɔri, ˈmɑːdəfəkəˌtɔri

modifier
BR ˈmɒdɪfʌɪə(r), -z
AM ˈmɑːdəˌfaɪər, -z

modify
BR ˈmɒdɪfʌɪ, -z, -ɪŋ, -d
AM ˈmɑːdəˌfaɪ, -z, -ɪŋ, -d

Modigliani
BR ˌmɒdɪlˈjɑːni
AM ˌmɑːdɪlˈjɑni, ˌmoʊdɪlˈjɑni

modillion
BR məˈʊˈdɪlj(ə)n, -z
AM moʊˈdɪlj(ə)n, -z

modinha
BR məˈdiːnjə(r), -z
AM mɑːˈdinjə, -z

modi operandi
BR ˌməʊdiː ˌɒpəˈrandiː, ˌməʊdʌɪ ˌɒpəˈrandʌɪ
AM ˈmoʊˌdaɪ ˌɑpərˈændaɪ, ˈmoʊˌdi ˌɑpəˈrændi

modish
BR ˈməʊdɪʃ
AM ˈmɑːdɪʃ, ˈmoʊdɪʃ

modishly
BR ˈməʊdɪʃli
AM ˈmɑːdɪʃli, ˈmoʊdɪʃli

modishness
BR ˈməʊdɪʃnɪs
AM ˈmɑːdɪʃnɪs, ˈmoʊdɪʃnɪs

modiste
BR məʊˈdiːst, -s
AM moʊˈdist, -s

modi vivendi
BR ˌməʊdiː vɪˈvɛndiː, ˌməʊdʌɪ vɪˈvɛndʌɪ
AM ˈmoʊˌdaɪ vəˈvɛnˌdaɪ, ˈmoʊˌdi vəˈvɛndi

Mods
BR ˈmɒdz
AM ˈmɑdz

modular
BR ˈmɒdjʉlə(r),
ˈmɒdʒʉlə(r)
AM ˈmɑdʒələr

modularisation
BR ˌmɒdjʉlərʌɪˈzeɪʃn,
ˌmɒdʒʉlərʌɪˈzeɪʃn
AM ˌmɑdʒələˌraɪ-
ˈzeɪʃ(ə)n,
ˌmɑdʒələrəˈzeɪʃ(ə)n

modularise
BR ˈmɒdjʉlərʌɪz,
ˈmɒdʒʉlərʌɪz, -ɪz,
-ɪŋ, -d
AM ˈmɑdʒələˌraɪz, -ɪz,
-ɪŋ, -d

modularity
BR ˌmɒdjʉˈlarɪti,
ˌmɒdʒʉˈlarɪti
AM ˌmɑdʒəˈlɛrədi

modularization
BR ˌmɒdjʉlərʌɪˈzeɪʃn,
ˌmɒdʒʉlərʌɪˈzeɪʃn
AM ˌmɑdʒələ-
ˌraɪˈzeɪʃ(ə)n,
ˌmɑdʒələrəˈzeɪʃ(ə)n

modularize
BR ˈmɒdjʉlərʌɪz,
ˈmɒdʒʉlərʌɪz, -ɪz,
-ɪŋ, -d
AM ˈmɑdʒələˌraɪz, -ɪz,
-ɪŋ, -d

modulate
BR ˈmɒdjʉleɪt,
ˈmɒdʒʉleɪt, -s, -ɪŋ, -ɪd
AM ˈmɑdʒəˌleɪ|t, -ts,
-dɪŋ, -dɪd

modulation
BR ˌmɒdjʉˈleɪʃn,
ˌmɒdʒʉˈleɪʃn, -z
AM ˌmɑdʒəˈleɪʃ(ə)n, -z

modulator
BR ˈmɒdjʉleɪtə(r),
ˈmɒdʒʉleɪtə(r), -z
AM ˈmɑdʒəˌleɪdər, -z

module
BR ˈmɒdjuːl,
ˈmɒdʒuːl, -z
AM ˈmɑdʒul, -z

moduli
BR ˈmɒdjʉlʌɪ,
ˈmɒdʒʉlʌɪ,
ˈmɒdjʉliː,
ˈmɒdʒʉliː
AM ˈmɑdʒəˌlaɪ

modulo
BR ˈmɒdjʉləʊ,
ˈmɒdʒʉləʊ
AM ˈmɑdʒəˌloʊ

modulus
BR ˈmɒdjʉləs,
ˈmɒdʒʉləs
AM ˈmɑdʒələs

modus operandi
BR ˌməʊdəs ˌɒpə-
ˈrandiː, + ˌɒpə-
ˈrandʌɪ
AM ˈmoʊdəs ˌɑpəræn-
ˌdaɪ, ˈmoʊdəs
ˌɑpəˈrændi

modus vivendi
BR ˌməʊdəs vɪˈvɛndiː,
+ vɪˈvɛndʌɪ
AM ˈmoʊdəs vəˈvɛn-
ˌdaɪ, ˈmoʊdəs
vəˈvɛndi

moegoe
BR ˈmʊxuː, ˈmʊguː, -z
AM ˈmʊgu, -z

moeone
BR ˈməʊɪəʊni
AM ˈmoʊɪˌoʊni

Moesia
BR ˈmiːsɪə(r),
ˈmiːzɪə(r)
AM ˈmiʃiə, ˈmiziə

mofette
BR mɒˈfɛt, -s
AM moʊˈfɛt, -s

Moffat
BR ˈmɒfət
AM ˈmɑfət

Moffatt
BR ˈmɒfət
AM ˈmɑfət

mofo
BR ˈməʊfəʊ, -z
AM ˈmoʊˌfoʊ, -z

mog
BR mɒg, -z
AM mɑg, -z

Mogadishu
BR ˌmɒgəˈdɪʃuː
AM ˌmɑgəˈdɪʃu,
ˌmoʊgəˈdɪʃu

Mogadon
BR ˈmɒgədɒn,
-z
AM ˈmɑgəˌdɑn,
ˈmɑgədn, -z

mogas
BR ˈməʊgas
AM ˈmoʊˌgæs

Mogen David
BR ˌməʊg(ə)n ˈdeɪvɪd
AM ˌmoʊgən ˈdeɪvɪd

Mogford
BR ˈmɒgfəd
AM ˈmɑgfərd

Mogg
BR mɒg
AM mɑg

moggie
BR ˈmɒg|i, -ɪz
AM ˈmɑgi, -z

moggy
BR ˈmɒg|i, -ɪz
AM ˈmɑgi, -z

mogul
BR ˈməʊgl, -z
AM ˈmoʊgəl, -z

mohair
BR ˈməʊhɛː(r)
AM ˈmoʊˌhɛ(ə)r

mohalla
BR məˈhalə(r), -z
AM məˈhɑlə, -z

Mohammed
BR mə(ʊ)ˈhamɪd
AM moʊˈhaməd

Mohammedan
BR mə(ʊ)ˈhamɪd(ə)n,
-z
AM moʊˈhamədən,
-z

Mohammedanism
BR mə(ʊ)ˈhamɪdnɪzm
AM moʊˈhamədə-
ˌnɪz(ə)m, moʊ-
ˈhamədnˌɪz(ə)m

mohar
BR ˈməʊhɑː(r), -z
AM ˈmoʊ(h)ɑr, -z

Mohave
BR məˈhɑːv|i, -ɪz
AM məˈhɑvi,
moʊˈhɑvi, -z

mohawk
BR ˈməʊhɔːk, -s
AM ˈmoʊˌhɑk,
ˈmoʊˌhɔk, -s

Mohican
BR mə(ʊ)ˈhiːk(ə)n,
-z
AM moʊˈhikən, -z

Moho
BR ˈməʊhəʊ
AM ˈmoʊˌhoʊ

Mohock
BR ˈməʊhɒk, -s
AM ˈmoʊˌhɑk, -s

Mohole
BR ˈməʊhəʊl
AM ˈmoʊˌhoʊl

Mohs
BR ˈməʊ(z)
AM ˈmoʊ(s)

moidore
BR ˈmɔɪdɔː(r),
ˌmɔɪˈdɔː(r), -z
AM ˈmɔɪdɔ(ə)r, -z

moiety
BR ˈmɔɪɪt|i, -ɪz
AM ˈmɔɪədi, -z

moil
BR mɔɪl, -z, -ɪŋ, -d
AM mɔɪl, -z,
-ɪŋ, -d

Moir
BR ˈmɔɪə(r)
AM ˈmɔɪər

Moira
BR ˈmɔɪrə(r)
AM ˈmɔɪrə

moiré
BR ˈmwɑːreɪ
AM mwɑˈreɪ,
mɑˈreɪ, mɔˈreɪ

moire
BR mwɑː(r)
AM mwɑr

moist
BR mɔɪst, -ə(r),
-ɪst
AM mɔɪst, -ər, -ɪst

moisten
BR ˈmɔɪs|n, -nz,
-nɪŋ\-nɪŋ, -nd
AM ˈmɔɪs|n, -nz,
-(ə)nɪŋ, -nd

moistly
BR ˈmɔɪstli
AM ˈmɔɪs(t)li

moistness
BR ˈmɔɪs(t)nɪs
AM ˈmɔɪs(t)nɪs

moisture
BR ˈmɔɪstʃə(r)
AM ˈmɔɪstʃər

moistureless
BR ˈmɔɪstʃələs
AM ˈmɔɪstʃərləs

moisturise
BR ˈmɔɪstʃərʌɪz, -ɪz,
-ɪŋ, -d
AM ˈmɔɪstʃəˌraɪz, -ɪz,
-ɪŋ, -d

moisturiser
BR ˈmɔɪstʃərʌɪzə(r), -z
AM ˈmɔɪstʃəˌraɪzər, -z

moisturize
BR ˈmɔɪstʃərʌɪz, -ɪz,
-ɪŋ, -d
AM ˈmɔɪstʃəˌraɪz, -ɪz,
-ɪŋ, -d

moisturizer
BR ˈmɔɪstʃərʌɪzə(r), -z
AM ˈmɔɪstʃəˌraɪzər,
-z

mojado
BR mə(ʊ)ˈhɑːdəʊ, -z
AM moʊˈhɑdoʊ, -z

Mojave
BR mə(ʊ)ˈhɑːvi
AM məˈhɑvi,
moʊˈhɑvi

mojito
BR mə(ʊ)ˈhiːtəʊ, -z
AM moʊˈhidoʊ, -z

mojo
BR ˈməʊdʒəʊ, -z,
-ɪŋ, -d
AM ˈmoʊˌdʒoʊ, -z,
-ɪŋ, -d

moke
BR məʊk, -s
AM moʊk, -s

moko
BR ˈməʊkəʊ, -z
AM ˈmoʊˌkoʊ, -z

mokoro
BR məˈkɔːrəʊ, -z
AM məˈkɔroʊ, -z

moksha
BR ˈmɒkʃə(r)
AM ˈmɑkʃə

mol
BR məʊl
AM moʊl

molal
BR ˈməʊləl
AM ˈmoʊləl

molality
BR mə(ʊ)ˈlalɪt|i, -ɪz
AM moʊˈlælədi, -z

molar
BR ˈməʊlə(r), -z
AM ˈmoʊlər, -z

molarity
BR mə(ʊ)ˈlarɪt|i,
-ɪz
AM moʊˈlerədi, -z

molasses
BR mə(ʊ)ˈlasɪz
AM məˈlæsəz

molcajete
BR ˌmɒlkəˈheɪteɪ, -z
AM ˌmoʊlkəˈheɪdeɪ, -z

mold
BR məʊld, -z
AM moʊld, -z

Moldau
BR ˈmɒldaʊ
AM ˈmoʊlˌdaʊ,
ˈmɔlˌdaʊ

Moldavia
BR mɒlˈdeɪviə(r)
AM mɔlˈdeɪviə,
moʊlˈdeɪviə,
mɑlˈdeɪviə

Moldavian
BR mɒlˈdeɪviən, -z
AM mɔlˈdeɪviən,
moʊlˈdeɪviən,
mɑlˈdeɪviən, -z

moldboard
BR ˈməʊl(d)bɔːd, -z
AM ˈmoʊl(d)ˌbɔ(ə)rd,
-z

molder
BR ˈməʊld|ə(r), -əz,
-(ə)rɪŋ, -əd
AM ˈmoʊldər, -z, -ɪŋ, -d

moldiness
BR ˈməʊldɪnɪs
AM ˈmoʊldɪnɪs

molding
BR ˈməʊldɪŋ, -z
AM ˈmoʊldɪŋ, -z

Moldova
BR mɒlˈdəʊvə(r)
AM mɔlˈdoʊvə,
moʊlˈdoʊvə,
mɑlˈdoʊvə

moldy
BR ˈməʊld|i, -ɪə(r), -ɪɪst
AM ˈmoʊldi, -ər, -ɪst

mole
BR məʊl, -z
AM moʊl, -z

molecular
BR məˈlɛkjələ(r)
AM məˈlɛkjələr

molecularity
BR məˌlɛkjəˈlarɪti
AM məˌlɛkjəˈlɛrədi

molecularly
BR məˈlɛkjələli
AM məˈlɛkjələrli

molecule
BR ˈmɒlɪkjuːl, -z
AM ˈmɑləˌkjul, -z

molehill
BR ˈməʊlhɪl, -z
AM ˈmoʊlˌ(h)ɪl, -z

Molesey
BR ˈməʊlzi
AM ˈmoʊlzi

moleskin
BR ˈməʊlskɪn
AM ˈmoʊlˌskɪn

molest
BR məˈlɛst, -s, -ɪŋ, -ɪd
AM məˈlɛst, -s, -ɪŋ, -əd

molestation
BR ˌməʊlɛˈsteɪʃn,
məʊlɪˈsteɪʃn,
mɒlɛˈsteɪʃn,
mɒlɪˈsteɪʃn
AM ˌmoʊləˈsteɪʃ(ə)n,
ˌmoʊˌlɛˈsteɪʃ(ə)n

molester
BR məˈlɛstə(r), -z
AM məˈlɛstər, -z

Molesworth
BR ˈməʊlzwəːθ
AM ˈmoʊlzˌwərθ

Molière
BR ˈmɒliɛː(r)
AM malˈjɛ(ə)r,
moʊlˈjɛ(ə)r

Moline
BR məʊˈliːn
AM moʊˈlin

moline
BR məˈlʌɪn
AM moʊˈlaɪn,
ˈmoʊl(ə)n

moll
BR mɒl, -z
AM mɑl, -z

Mollie
BR ˈmɒli
AM ˈmɑli

mollification
BR ˌmɒlɪfɪˈkeɪʃn
AM ˌmɑləfəˈkeɪʃ(ə)n

mollifier
BR ˈmɒlɪfʌɪə(r), -z
AM ˈmɑləˌfaɪər, -z

mollify
BR ˈmɒlɪfʌɪ, -z,
-ɪŋ, -d
AM ˈmɑləˌfaɪ, -z,
-ɪŋ, -d

Molloy
BR məˈlɔɪ
AM məˈlɔɪ

mollusc
BR ˈmɒləsk, -s
AM ˈmɑləsk, -s

molluscan
BR məˈlʌsk(ə)n
AM məˈləskən

molluscoid
BR məˈlʌskɔɪd
AM məˈləsˌkɔɪd

molluscous
BR məˈlʌskəs
AM məˈləskəs

mollusk
BR ˈmɒləsk, -s
AM ˈmɑləsk, -s

molly
BR ˈmɒl|i, -ɪz
AM ˈmɑli, -z

mollycoddle
BR ˈmɒlɪˌkɒd|l, -lz,
 -lɪŋ\-lɪŋ, -ld
AM ˈmɑliˌkɑd|əl, -əlz,
 -(ə)lɪŋ, -əld

mollymawk
BR ˈmɒlɪmɔːk, -s
AM ˈmɑlɪˌmɑk,
 ˈmɑlɪˌmɔk, -s

moloch
BR ˈməʊlɒk, -s
AM ˈmɑlək, -s

moloi
BR mɔːˈlɔɪ, -z
AM məˈlɔɪ, -z

Moloney
BR məˈləʊni
AM məˈloʊni

Molony
BR məˈləʊni
AM məˈloʊni

molossi
BR məˈlɒsaɪ
AM məˈlɑˌsaɪ

molossus
BR məˈlɒsəs
AM məˈlɑsəs

Molotov
BR ˈmɒlətɒf,
 ˈmɒlətɒv
AM ˈmoʊləˌtɔv,
 ˈmɑləˌtɑf, ˈmoʊlə-
 ˌtɑv, ˈmɑləˌtɔf

molt
BR məʊlt, -s, -ɪŋ, -ɪd
AM moʊlt, -s, -ɪŋ, -əd

molten
BR ˈməʊlt(ə)n
AM ˈmoʊlt(ə)n

molto
BR ˈmɒltəʊ
AM ˈmoʊlˌtoʊ
IT ˈmolto

Molton
BR ˈməʊlt(ə)n
AM ˈmoʊlt(ə)n

Moluccas
BR məˈlʌkəz
AM məˈləkəz

molue
BR ˈməʊluːeɪ, -z
AM ˈmoʊluˌeɪ, -z

moly
BR ˈməʊl|i, -ɪz
AM ˈmoʊli, -z

molybdate
BR məˈlɪbdeɪt
AM məˈlɪbdeɪt

molybdenite
BR məˈlɪbdənʌɪt, -s
AM məˈlɪbdəˌnaɪt, -s

molybdenum
BR məˈlɪbdənəm
AM məˈlɪbdən(ə)m

molybdic
BR məˈlɪbdɪk
AM məˈlɪbdɪk

Molyneaux
BR ˈmɒlɪnəʊ
AM ˈmɑlənoʊ

Molyneux
BR ˈmɒlɪnjuː
AM ˈmɑlənju

mom
BR mɒm, -z
AM mɑm, -z

mom-and-pop
BR ˌmɒm(ə)n(d)ˈpɒp
AM ˌmɑmənˈpɑp

Mombasa
BR mɒmˈbasə(r)
AM mɑmˈbɑsə

moment
BR ˈməʊm(ə)nt, -s
AM ˈmoʊm(ə)nt, -s

momenta
BR mə(ʊ)ˈmentə(r)
AM moʊˈmen(t)ə

momentarily
BR ˈməʊm(ə)nt(ə)rɪli,
 ˌməʊm(ə)nˈterɪli
AM ˌmoʊmənˈterəli

momentariness
BR ˈməʊm(ə)nt(ə)rɪnɪs
AM ˈmoʊmənˌterɪnɪs

momentary
BR ˈməʊm(ə)nt(ə)ri
AM ˈmoʊmənˌteri

momently
BR ˈməʊm(ə)ntli
AM ˈmoʊmən(t)li

momentous
BR məˈmentəs
AM məˈmen(t)əs,
 moʊˈmen(t)əs

momentously
BR məˈmentəsli
AM məˈmen(t)əsli,
 moʊˈmen(t)əsli

momentousness
BR məˈmentəsnəs
AM məˈmen(t)əsnəs,
 moʊˈmen(t)əsnəs

momentum
BR mə(ʊ)ˈmentəm
AM məˈmen(t)əm,
 moʊˈmen(t)əm

Momi
BR ˈməʊmʌɪ
AM ˈmoʊˌmaɪ

momma
BR ˈmɒmə(r), -z
AM ˈmɑmə, -z

Mommsen
BR ˈmɒms(ə)n
AM ˈmɑms(ə)n

mommy
BR ˈmɒm|i, -ɪz
AM ˈmɑmi, -z

mompara
BR mɒmˈpaːrə(r),
 -z
AM mɑmˈpɑrə, -z

Momus
BR ˈməʊməs, -ɪz
AM ˈmoʊməs,
 -əz

Mon
BR məʊn, mɒn
AM ˈmoʊn

Mona
BR ˈməʊnə(r)
AM ˈmoʊnə

monacal
BR ˈmɒnəkl
AM ˈmɑnək(ə)l

Monacan
BR ˈmɒnək(ə)n,
 məˈnaːk(ə)n, -z
AM ˈmɑnəkən, -z

monachal
BR ˈmɒnəkl
AM ˈmɑnək(ə)l

monachism
BR ˈmɒnəkɪzm
AM ˈmɑnəˌkɪz(ə)m

Monaco
BR ˈmɒnəkəʊ,
 məˈnɑːkəʊ
AM ˈmɑnəkoʊ

monad
BR ˈmɒnad,
 ˈməʊnad, -z
AM ˈmoʊˌnæd,
 -z

monadelphous
BR ˌmɒnəˈdɛlfəs
AM ˌmɑnəˈdɛlfəs

monadic
BR mɒˈnadɪk,
 mə(ʊ)ˈnadɪk
AM moʊˈnædɪk

monadism
BR ˈmɒnədɪzm,
 ˈməʊnədɪzm
AM ˈmoʊnædˌɪz(ə)m

monadnock
BR məˈnadnɒk, -s
AM məˈnædˌnɑk, -s

Monaghan
BR ˈmɒnəhən
AM ˈmɑnəgən,
 ˈmɑnəˌhæn

Monahan
BR ˈmɒnəhən
AM ˈmɑnəˌhæn

monandrous
BR mɒˈnandrəs
AM məˈnændrəs

monandry
BR mɒˈnandri
AM məˈnændri

monarch
BR ˈmɒnək, -s
AM ˈmɑˌnɑrk,
 ˈmɑnərk, -s

monarchal
BR məˈnɑːkl
AM məˈnɑrkəl

monarchial
BR məˈnɑːkɪəl
AM məˈnɑrkɪəl

monarchic
BR məˈnɑːkɪk
AM məˈnɑrkɪk

monarchical
BR məˈnɑːkɪkl
AM məˈnɑrkək(ə)l

monarchically
BR məˈnɑːkɪkli
AM məˈnɑrkək(ə)li

monarchism
BR ˈmɒnəkɪzm
AM ˈmɑnərˌkɪz(ə)m

monarchist
BR ˈmɒnəkɪst, -s
AM ˈmɑnərkəst, -s

monarchy
BR ˈmɒnək|i, -ɪz
AM ˈmɑnərki, -z

Monash
BR ˈmɒnaʃ
AM ˈmoʊˌnæʃ

monastery
BR ˈmɒnəst(ə)r|i, -ɪz
AM ˈmɑnəˌstɛri, -z

monastic
BR məˈnæstɪk
AM məˈnæstɪk

monastically
BR məˈnæstɪkli
AM məˈnæstək(ə)li

monasticise
BR məˈnæstɪsʌɪz, -ɪz, -ɪŋ, -d
AM məˈnæstəˌsaɪz, -ɪz, -ɪŋ, -d

monasticism
BR məˈnæstɪsɪzm
AM məˈnæstəˌsɪz(ə)m

monasticize
BR məˈnæstɪsʌɪz, -ɪŋ, -d
AM məˈnæstəˌsaɪz, -ɪz, -ɪŋ, -d

Monastir
BR ˌmɒnəˈstɪə(r)
AM ˌmɑnəˈstɪ(ə)r, ˈmɑnəˌstɪ(ə)r

monatomic
BR ˌmɒnəˈtɒmɪk
AM ˌmɑnəˈtɑmɪk

monaural
BR ˌmɒnˈɔːrḷ
AM ˌmɑnˈɔrəl

monaurally
BR ˌmɒnˈɔːrḷi
AM ˌmɑnˈɔrəli

monazite
BR ˈmɒnəzʌɪt, -s
AM ˈmɑnəˌzaɪt, -s

Monck
BR mʌŋk
AM məŋk

Monckton
BR ˈmʌŋ(k)t(ə)n
AM ˈməŋ(k)t(ə)n

Moncreiff
BR mɒnˈkriːf
AM ˈmɑnˌkrif

Moncrieff
BR mɒnˈkriːf
AM ˈmɑnˌkrif

Moncton
BR ˈmʌŋ(k)t(ə)n
AM ˈməŋ(k)t(ə)n

mondaine
BR ˈmɒndeɪn, -z
AM ˌmɑnˈdeɪn, -z

Mondale
BR ˈmɒndeɪl
AM ˈmɑnˌdeɪl

Monday
BR ˈmʌnd|eɪ, ˈmʌnd|i, -eɪz\-ɪz
AM ˈməndi, ˈmənˌdeɪ, -z

mondegreen
BR ˈmɒndɪgriːn, -z
AM ˈmɑndəˌgrin, -z

mondial
BR ˈmɒndiəl
AM ˈmɑndiəl

mondo
BR ˈmɒndəʊ, -z
AM ˈmɑndoʊ, -z

Mondriaan
BR ˈmɒndriən
AM ˈmɔndriən, ˈmɑndriˌɑn, ˈmændriən, ˈmɔndriˌɑn

monecious
BR mɒˈniːʃəs
AM məˈniʃəs

Monégasque
BR ˌmɒnɪˈgask, -s
AM ˌmɑnəˈgɑsk, -s

Monel
BR ˈməʊn(ə)l, -z
AM moʊˈnɛl, -z

moneme
BR ˈmɒniːm, ˈməʊniːm, -z
AM ˈmoʊˌnim, -z

Monet
BR ˈmɒneɪ
AM ˌmoʊˈneɪ

monetarily
BR ˈmʌnɪt(ə)rɪli
AM ˌmɑnəˈtɛrəli

monetarism
BR ˈmʌnɪt(ə)rɪzm
AM ˈmɑnədəˌrɪz(ə)m

monetarist
BR ˈmʌnɪt(ə)rɪst, -s
AM ˈmɑnədərəst, -s

monetary
BR ˈmʌnɪt(ə)ri
AM ˈmɑnəˌtɛri

monetisation
BR ˌmʌnɪtʌɪˈzeɪʃn
AM ˌmɑnəˌtaɪˈzeɪʃ(ə)n, ˌmɑnədəˈzeɪʃ(ə)n

monetise
BR ˈmʌnɪtʌɪz, -ɪz, -ɪŋ, -d
AM ˈmɑnəˌtaɪz, -ɪz, -ɪŋ, -d

monetization
BR ˌmʌnɪtʌɪˈzeɪʃn
AM ˌmɑnəˌtaɪˈzeɪʃ(ə)n, ˌmɑnədəˈzeɪʃ(ə)n

monetize
BR ˈmʌnɪtʌɪz, -ɪz, -ɪŋ, -d
AM ˈmɑnəˌtaɪz, -ɪz, -ɪŋ, -d

money
BR ˈmʌn|i, -ɪz, -d
AM ˈməni, -z, -d

moneybags
BR ˈmʌnɪbagz
AM ˈməniˌbægz

moneybox
BR ˈmʌnɪbɒks, -ɪz
AM ˈməniˌbɑks, -əz

moneychanger
BR ˈmʌnɪˌtʃeɪn(d)ʒə(r), -z
AM ˈməniˌtʃeɪndʒər, -z

moneyer
BR ˈmʌnɪə(r), -z
AM ˈməniər, -z

moneylender
BR ˈmʌnɪˌlɛndə(r), -z
AM ˈməniˌlɛndər, -z

moneylending
BR ˈmʌnɪˌlɛndɪŋ
AM ˈməniˌlɛndɪŋ

moneyless
BR ˈmʌnɪlɪs
AM ˈmənilɪs

moneymaker
BR ˈmʌnɪˌmeɪkə(r), -z
AM ˈməniˌmeɪkər, -z

moneymaking
BR ˈmʌnɪˌmeɪkɪŋ
AM ˈməniˌmeɪkɪŋ

moneywort
BR ˈmʌnɪwəːt
AM ˈməniˌwɔ(ə)rt, ˈməniwərt

mong
BR mɒŋ, -z
AM mɑŋ, -z

monger
BR ˈmʌŋg|ə(r), -əz, -(ə)rɪŋ
AM ˈməŋglər, ˈmɑŋglər, -ərz, -(ə)rɪŋ

mongo
BR ˈmɒŋgəʊ, -z
AM ˈmɑŋgoʊ, -z

Mongol
BR ˈmɒŋgl, -z
AM ˈmɑŋˌgoʊl, ˈmɑŋgəl, -z

Mongolia
BR mɒŋˈgəʊliə(r)
AM mɑŋˈgoʊliə, mɑŋˈgoʊljə

Mongolian
BR mɒŋˈgəʊliən, -z
AM mɑŋˈgoʊliən, mɑŋˈgoʊlj(ə)n, -z

mongolism
BR ˈmɒŋgəlɪzm
AM ˈmɑŋgəˌlɪz(ə)m

mongoloid
BR ˈmɒŋgəlɔɪd, -z
AM ˈmɑŋgəˌlɔɪd, -z
mongoose
BR ˈmɒŋguːs,
-ɪz
AM ˈmɑŋˌgus,
-əz
mongrel
BR ˈmʌŋgr(ə)l, -z
AM ˈməŋgrəl,
ˈmɑŋgrəl, -z
mongrelisation
BR ˌmʌŋgr̩ʌɪˈzeɪʃn, -z
AM ˌməŋgrələˈzeɪʃ(ə)n,
ˌməŋgrəˌlaɪˈzeɪʃ(ə)n,
ˌmɑŋgrəˌlaɪˈzeɪʃ(ə)n,
ˌmɑŋgrələˈzeɪʃ(ə)n,
-z
mongrelise
BR ˈmʌŋgr̩ʌɪz, -ɪz,
-ɪŋ, -d
AM ˈməŋgrəˌlaɪz,
ˈmɑŋgrəˌlaɪz, -ɪz,
-ɪŋ, -d
mongrelism
BR ˈmʌŋgr̩ɪzm
AM ˈməŋgrəˌlɪz(ə)m,
ˈmɑŋgrəˌlɪz(ə)m
mongrelization
BR ˌmʌŋgr̩ʌɪˈzeɪʃn, -z
AM ˌməŋgrələˈzeɪʃ(ə)n,
ˌməŋgrəˌlaɪˈzeɪʃ(ə)n,
ˌmɑŋgrəˌlaɪˈzeɪʃ(ə)n,
ˌmɑŋgrələˈzeɪʃ(ə)n,
-z
mongrelize
BR ˈmʌŋgr̩ʌɪz, -ɪz,
-ɪŋ, -d
AM ˈməŋgrəˌlaɪz,
ˈmɑŋgrəˌlaɪz, -ɪz,
-ɪŋ, -d
mongrelly
BR ˈmʌŋgrli
AM ˈməŋgrəli,
ˈmɑŋgrəli
'mongst
BR mʌŋst
AM məŋst
monial
BR ˈməʊniəl, -z
AM ˈmoʊniəl, -z

Monica
BR ˈmɒnɪkə(r)
AM ˈmɑnɪkə
monicker
BR ˈmɒnɪkə(r), -z
AM ˈmɑnəkər, -z
monies
BR ˈmʌnɪz
AM ˈməniz
moniker
BR ˈmɒnɪkə(r), -z
AM ˈmɑnəkər, -z
moniliform
BR məˈnɪlɪfɔːm
AM məˈnɪləˌfɔ(ə)rm
Monique
BR mɒˈniːk
AM moʊˈnik,
məˈnik
monism
BR ˈmɒnɪzm
AM ˈmoʊˌnɪz(ə)m,
ˈmɑˌnɪz(ə)m
monist
BR ˈmɒnɪst, -s
AM ˈmoʊnəst,
ˈmɑnəst, -s
monistic
BR mɒˈnɪstɪk
AM moʊˈnɪstɪk,
məˈnɪstɪk
monita
BR ˈmɒnɪtə(r)
AM ˈmɑnədə
monition
BR mɒˈnɪʃn, -z
AM məˈnɪʃ(ə)n, -z
monitor
BR ˈmɒnɪt|ə(r), -əz,
-(ə)rɪŋ, -əd
AM ˈmɑnə|dər,
-dərz, -dərɪŋ\-trɪŋ,
-dərd
monitorial
BR ˌmɒnɪˈtɔːriəl
AM ˌmɑnəˈtɔriəl
monitorship
BR ˈmɒnɪtəʃɪp, -s
AM ˈmɑnədərˌʃɪp, -s
monitory
BR ˈmɒnɪt(ə)r|i, -ɪz
AM ˈmɑnəˌtɔri, -z

monitum
BR ˈmɒnɪtʊm
AM ˈmɑnədəm
monk
BR mʌŋk, -s
AM məŋk, -s
monkery
BR ˈmʌŋk(ə)ri
AM ˈməŋkəri
monkey
BR ˈmʌŋk|i, -ɪz, -ɪŋ,
-ɪd
AM ˈməŋki, -z,
-ɪŋ, -d
monkeyish
BR ˈmʌŋkɪʃ
AM ˈməŋkiʃ
monkeyshine
BR ˈmʌŋkɪʃʌɪn, -z
AM ˈməŋkiˌʃaɪn,
-z
monkfish
BR ˈmʌŋkfɪʃ
AM ˈməŋkˌfɪʃ
Mon-Khmer
BR ˌməʊnˈkmɛː(r),
ˌmɒnˈkmɛː(r)
AM ˌmoʊnkəˈmɛ(ə)r
monkhood
BR ˈmʌŋkhʊd
AM ˈməŋkˌ(h)ʊd
Monkhouse
BR ˈmʌŋkhaʊs
AM ˈməŋkˌ(h)aʊs
monkish
BR ˈmʌŋkɪʃ
AM ˈməŋkɪʃ
monkishly
BR ˈmʌŋkɪʃli
AM ˈməŋkɪʃli
monkishness
BR ˈmʌŋkɪʃnɪs
AM ˈməŋkɪʃnɪs
Monks
BR mʌŋks
AM məŋks
monkshood
BR ˈmʌŋkshʊd
AM ˈməŋksˌ(h)ʊd
Monkton
BR ˈmʌŋ(k)t(ə)n
AM ˈməŋ(k)t(ə)n

Monmouth
BR ˈmɒnməθ,
ˈmʌnməθ
AM ˈmɑnməθ
Monmouthshire
BR ˈmɒnməθʃ(ɪ)ə(r),
ˈmʌnməθʃ(ɪ)ə(r)
AM ˈmɑnməθʃi(ə)r
monniker
BR ˈmɒnɪkə(r), -z
AM ˈmɑnəkər, -z
Mono *lake in US*
BR ˈməʊnəʊ
AM ˈmoʊnoʊ
mono
BR ˈmɒnəʊ
AM ˈmɑnoʊ
monoacid
BR ˈmɒnəʊˌasɪd
AM ˌmɑnoʊˈæsəd
monobasic
BR ˌmɒnə(ʊ)ˈbeɪsɪk
AM ˌmɑnoʊˈbeɪsɪk
monobloc
BR ˈmɒnə(ʊ)blɒk,
-s
AM ˈmɑnəˌblɑk,
-s
monocarpic
BR ˌmɒnə(ʊ)ˈkɑːpɪk
AM ˌmɑnoʊˈkɑrpɪk
monocarpous
BR ˌmɒnə(ʊ)ˈkɑːpəs
AM ˌmɑnoʊˈkɑrpəs
monocausal
BR ˌmɒnə(ʊ)ˈkɔːzl
AM ˌmɑnoʊˈkɑz(ə)l,
ˌmɑnoʊˈkɔz(ə)l
monocephalous
BR ˌmɒnə(ʊ)ˈsɛfləs,
ˌmɒnə(ʊ)ˈkɛfləs
AM ˌmɑnoʊˈsɛfələs
Monoceros
BR məˈnɒs(ə)rəs
AM məˈnɑsərəs
monochasia
BR ˌmɒnəˈkeɪzɪə(r)
AM ˌmɑnəˈkeɪʒə,
ˌmɑnəˈkeɪzɪə
monochasium
BR ˌmɒnəˈkeɪzɪəm
AM ˌmɑnəˈkeɪzɪəm

monochord
BR ˈmɒnə(ʊ)kɔːd, -z
AM ˈmɑnoʊˌkɔ(ə)rd, -z

monochromatic
BR ˌmɒnə(ʊ)krəˈmætɪk
AM ˌˌmɑnoʊkrəˈmædɪk

monochromatically
BR ˌmɒnə(ʊ)krəˈmætɪkli
AM ˌˌmɑnoʊkrəˈmædək(ə)li

monochromatism
BR ˌmɒnə(ʊ)ˈkrəʊmətɪzm
AM ˌmɑnəˈkroʊməˌtɪz(ə)m

monochromator
BR ˈmɒnə(ʊ)krəmeɪtə(r), ˌmɒnə(ʊ)ˈkrɒmɪtə(r), -z
AM ˌmɑnəˈkroʊmeɪdə(r), -z

monochrome
BR ˈmɒnə(ʊ)krəʊm, ˌmɒnə(ʊ)ˈkrəʊm
AM ˈmɑnəˌkroʊm

monochromic
BR ˌmɒnə(ʊ)ˈkrəʊmɪk
AM ˌmɑnəˈkroʊmɪk

monocle
BR ˈmɒnəkl, -z, -d
AM ˈmɑnək(ə)l, -z, -d

monoclinal
BR ˌmɒnə(ʊ)ˈklʌɪnl
AM ˌmɑnəˈklaɪn(ə)l

monocline
BR ˈmɒnə(ʊ)klʌɪn, -z
AM ˈmɑnəˌklaɪn, -z

monoclinic
BR ˌmɒnə(ʊ)ˈklɪnɪk
AM ˌmɑnəˈklɪnɪk

monoclonal
BR ˌmɒnə(ʊ)ˈkləʊnl
AM ˌmɑnəˈkloʊn(ə)l

monocoque
BR ˈmɒnə(ʊ)kɒk, -s
AM ˈmɑnəˌkak, -s
FR mɔnɔcɔk

monocot
BR ˈmɒnə(ʊ)kɒt, -s
AM ˈmɑnəˌkɑt, -s

monocotyledon
BR ˌmɒnə(ʊ)kɒtɪˈliːdn, -z
AM ˌˌmɑnəˌkɑdlˈidn, -z

monocotyledonous
BR ˌmɒnə(ʊ)ˌkɒtɪˈliːdənəs
AM ˌˌmɑnəˌkɑdlˈid(ə)nəs

monocracy
BR mɒˈnɒkrəs|i, -ɪz
AM məˈnɑkrəsi, -z

monocratic
BR ˌmɒnə(ʊ)ˈkrætɪk
AM ˌmɑnəˈkrædɪk

monocrotic
BR ˌmɒnə(ʊ)ˈkrɒtɪk
AM ˌmɑnəˈkrɑdɪk

monocular
BR mɒˈnɒkjʊlə(r)
AM məˈnɑkjələr

monocularly
BR mɒˈnɒkjʊləli
AM məˈnɑkjələrli

monoculture
BR ˈmɒnə(ʊ)ˌkʌltʃə(r)
AM ˈmɑnəˌkəltʃər

monocycle
BR ˈmɒnə(ʊ)ˌsʌɪkl, -z
AM ˈmɑnəˌsaɪk(ə)l, -z

monocyte
BR ˈmɒnə(ʊ)sʌɪt, -s
AM ˈmɑnəˌsaɪt, -s

monodactylous
BR ˌmɒnə(ʊ)ˈdaktɪləs, ˌmɒnə(ʊ)ˈdaktləs
AM ˌmɑnəˈdæktləs

monodic
BR mɒˈnɒdɪk
AM məˈnɑdɪk

monodisperse
BR ˌmɒnə(ʊ)ˈdɪspəːs
AM ˌmɑnədɪsˈpərs

monodist
BR ˈmɒnədɪst, -s
AM ˈmɑnədəst, -s

monodrama
BR ˈmɒnə(ʊ)ˌdrɑːmə(r), ˌmɒnə(ʊ)ˈdrɑːmə(r), -z
AM ˈmɑnoʊˌdrɑmə, -z

monody
BR ˈmɒnəd|i, -ɪz
AM ˈmɑnədi, -z

monoecious
BR mɒˈniːʃəs
AM məˈniʃəs

monofil
BR ˈmɒnə(ʊ)fɪl
AM ˈmɑnəˌfɪl

monofilament
BR ˈmɒnə(ʊ)ˌfɪləm(ə)nt
AM ˌmɑnəˈfɪləm(ə)nt

monogamist
BR mɒˈnɒgəmɪst, -s
AM məˈnɑgəˌməst, -s

monogamous
BR mɒˈnɒgəməs
AM məˈnɑgəməs

monogamously
BR mɒˈnɒgəməsli
AM məˈnɑgəməsli

monogamy
BR mɒˈnɒgəmi
AM məˈnɑgəmi

monogatari
BR ˌmɒnə(ʊ)gɑˈtɑːr|i, -ɪz
AM ˌˌmoʊnoʊgəˈtɑri, -z

monogenean
BR ˌmɒnə(ʊ)dʒɪˈniːən, ˌmɒnə(ʊ)ˈdʒɛniən
AM ˌmɑnəˈdʒɛniən, ˌmɑnədʒəˈniən

monogenesis
BR ˌmɒnə(ʊ)ˈdʒɛnɪsɪs
AM ˌmɑnoʊˈdʒɛnəsəs

monogenetic
BR ˌmɒnə(ʊ)dʒɪˈnɛtɪk
AM ˌmɑnədʒəˈnɛdɪk

monogeny
BR mɒˈnɒdʒɪni
AM məˈnɑdʒəni

monoglot
BR ˈmɒnə(ʊ)glɒt, -s
AM ˈmɑnəˌglɑt, -s

monogram
BR ˈmɒnəgram, -z, -d
AM ˈmɑnəˌgræm, -z, -d

monogrammatic
BR ˌmɒnə(ʊ)grəˈmatɪk
AM ˌmɑnəgrəˈmædɪk

monograph
BR ˈmɒnəgrɑːf, -s
AM ˈmɑnəˌgræf, -s

monographer
BR mɒˈnɒgrəfə(r), -z
AM məˈnɑgrəfər, -z

monographic
BR ˌmɒnə(ʊ)ˈgrafɪk
AM ˌmɑnəˈgræfɪk

monographist
BR mɒˈnɒgrəfɪst, -s
AM məˈnɑgrəfəst, -s

monogynous
BR mɒˈnɒdʒɪnəs
AM məˈnɑdʒənəs

monogyny
BR mɒˈnɒdʒɪni
AM məˈnɑdʒəni

monohull
BR ˈmɒnəʊhʌl, -z
AM ˈmɑnoʊˌhəl, -z

monohybrid
BR ˌmɒnə(ʊ)ˈhʌɪbrɪd, -z
AM ˌmɑnəˈhaɪbrɪd, -z

monohydric
BR ˌmɒnə(ʊ)ˈhʌɪdrɪk
AM ˌmɑnoʊˈhaɪdrɪk

monokini
BR ˌmɒnə(ʊ)ˌkiːn|i, ˌmɒnə(ʊ)ˈkiːn|i, -ɪz
AM ˈmɑnoʊˌkɪni, -z

monolatry
BR mɒˈnɒlətri
AM məˈnɑlətri

monolayer
BR ˈmɒnə(ʊ)ˌleɪə(r), -z
AM ˈmɑnəˌlɛ(ə)r, ˈmɑnəˌleɪər, -z

monolingual
BR ˌmɒnə(ʊ)ˈlɪŋgw(ə)l
AM ˌmɑnəˈlɪŋgwəl

monolith
BR mɒnlɪθ, -s
AM ˈmɑnə‚lɪθ, -s

monolithic
BR ‚mɒnəˈlɪθɪk
AM ‚mɑnəˈlɪθɪk

monolithically
BR ‚mɒnəˈlɪθɪkli
AM ‚mɑnəˈlɪθək(ə)li

monolog
BR ˈmɒnəlɒg, -z
AM ˈmɑnəlɑg,
ˈmɑnəlɔg, -z

monologic
BR ‚mɒnəˈlɒdʒɪk
AM ‚mɑnəˈlɑdʒɪk

monological
BR ‚mɒnəˈlɒdʒɪkl
AM ‚mɑnəˈlɑdʒək(ə)l

monologise
BR ˈmɒnələdʒʌɪz,
məˈnɒlədʒʌɪz, -ɪz,
-ɪŋ, -d
AM məˈnɑlə‚dʒaɪz,
-ɪz, -ɪŋ, -d

monologist
BR məˈnɒlədʒɪst,
-s
AM məˈnɑlədʒəst,
-s

monologize
BR ˈmɒnələdʒʌɪz,
məˈnɒlədʒʌɪz, -ɪz,
-ɪŋ, -d
AM məˈnɑlə‚dʒaɪz,
-ɪz, -ɪŋ, -d

monologue
BR ˈmɒnəlɒg, -z
AM ˈmɑnəlɑg,
ˈmɑnəlɔg, -z

monomania
BR ‚mɒnə(ʊ)ˈmeɪnɪə(r)
AM ‚mɑnoʊˈmeɪnɪə

monomaniac
BR ‚mɒnə(ʊ)ˈmeɪnɪak,
-s
AM ‚mɑnoʊˈmeɪnɪæk,
-s

monomaniacal
BR ‚mɒnə(ʊ)məˈnʌɪəkl
AM ˈ‚mɑnoʊmə-
ˈnaɪək(ə)l

monomark
BR ˈmɒnə(ʊ)mɑːk, -s
AM ˈmɑnoʊ‚mɑrk, -s

monomer
BR ˈmɒnəmə(r), -z
AM ˈmɑnəmər, -z

monomeric
BR ‚mɒnəˈmɛrɪk
AM ‚mɑnəˈmɛrɪk

monometallism
BR ‚mɒnə(ʊ)ˈmɛtlɪzm
AM ‚mɑnoʊˈmɛdl-
‚ɪz(ə)m

monomial
BR mɒˈnəʊmɪəl, -z
AM məˈnoʊmɪəl, -z

monomolecular
BR ‚mɒnə(ʊ)mə-
ˈlɛkjʊlə(r)
AM ˈ‚mɑnoʊmə-
ˈlɛkjələr

monomorphic
BR ‚mɒnə(ʊ)ˈmɔːfɪk
AM ‚mɑnəˈmɔrfɪk

monomorphism
BR ‚mɒnə(ʊ)-
ˈmɔːfɪzm, -z
AM ‚mɑnəˈmɔr‚fɪz(ə)m,
-z

monomorphous
BR ‚mɒnə(ʊ)ˈmɔːfəs
AM ‚mɑnəˈmɔrfəs

Monongahela
BR mə‚nɒŋgəˈhiːlə(r)
AM mə‚nɑŋgəˈhilə

mononucleosis
BR ‚mɒnəʊ‚njuːklɪ-
ˈəʊsɪs
AM ‚mɑnoʊ‚n(j)ukli-
ˈoʊsəs

monopetalous
BR ‚mɒnə(ʊ)ˈpɛtləs
AM ‚mɑnəˈpɛdləs

monophagous
BR məˈnɒfəgəs
AM məˈnɑfəgəs

monophonic
BR ‚mɒnə(ʊ)ˈfɒnɪk
AM ‚mɑnəˈfɑnɪk

monophonically
BR ‚mɒnə(ʊ)ˈfɒnɪkli
AM ‚mɑnəˈfɑnək(ə)li

monophthong
BR ˈmɒnə(f)θɒŋ, -z
AM məˈnɑp‚θɔŋ,
ˈmɑnə(f)‚θɑŋ,
məˈnɑp‚θɑŋ,
ˈmɑnə(f)‚θɔŋ, -z

monophthongal
BR ‚mɒnə(f)ˈθɒŋgl
AM ‚mɑnəpˈθɑŋ(g)əl,
‚mɑnə(f)ˈθɑŋ(g)əl

monophthongally
BR ‚mɒnə(f)ˈθɒŋgli
AM ‚mɑnəpˈθɑŋ(g)əli,
‚mɑnə(f)ˈθɑŋ(g)əli

Monophysite
BR məˈnɒfɪsʌɪt, -s
AM məˈnɑfə‚saɪt, -s

monoplane
BR ˈmɒnəpleɪn, -z
AM ˈmɑnə‚pleɪn, -z

monopod
BR ˈmɒnəpɒd, -z
AM ˈmɑnə‚pɑd, -z

Monopole
BR ˈmɒnə(ʊ)pəʊl
AM ˈmɑnə‚poʊl

monopolisation
BR mə‚nɒpəlʌɪˈzeɪʃn
AM mə‚nɑpə‚laɪ-
ˈzeɪʃ(ə)n,
mə‚nɑpələˈzeɪʃ(ə)n

monopolise
BR məˈnɒpəlʌɪz, -ɪz,
-ɪŋ, -d
AM məˈnɑpə‚laɪz, -ɪz,
-ɪŋ, -d

monopoliser
BR məˈnɒpəlʌɪzə(r),
-z
AM məˈnɑpə‚laɪzər,
-z

monopolist
BR məˈnɒpəlɪst, -s
AM məˈnɑpələst, -s

monopolistic
BR mə‚nɒpəˈlɪstɪk
AM mə‚nɑpəˈlɪstɪk

monopolization
BR mə‚nɒpəlʌɪˈzeɪʃn
AM mə‚nɑpə‚laɪ-
ˈzeɪʃ(ə)n,
mə‚nɑpələˈzeɪʃ(ə)n

monopolize
BR məˈnɒpəlʌɪz, -ɪz,
-ɪŋ, -d
AM məˈnɑpə‚laɪz, -ɪz,
-ɪŋ, -d

monopolizer
BR məˈnɒpəlʌɪzə(r),
-z
AM məˈnɑpə‚laɪzər, -z

monopoly
BR məˈnɒpl̩i, -ɪz
AM məˈnɑpəli, -z

monopsony
BR məˈnɒpsn̩i, -ɪz
AM məˈnɑpsəni, -z

monopsychism
BR ‚mɒnə(ʊ)ˈsʌɪkɪzm
AM ‚mɑnəˈsaɪ‚kɪz(ə)m

monopteros
BR məˈnɒptərɒs, -ɪz
AM məˈnɑptərəs, -əz

monorail
BR ˈmɒnəreɪl, -z
AM ˈmɑnə‚reɪl, -z

monorhyme
BR ˈmɒnə(ʊ)rʌɪm, -z
AM ˈmɑnə‚raɪm, -z

monosaccharide
BR ‚mɒnə(ʊ)-
ˈsakəraɪd, -z
AM ‚mɑnəˈsækə‚raɪd,
-z

monosodium glutamate
BR ‚mɒnə(ʊ)səʊdɪəm
ˈgluːtəmeɪt
AM ˈ‚mɑnə‚soʊdɪəm
ˈgludə‚meɪt

monospermous
BR ‚mɒnə(ʊ)ˈspɜːməs
AM ‚mɑnəˈspɜrməs

monostichous
BR məˈnɒstɪkəs,
‚mɒnə(ʊ)ˈstʌɪkəs
AM ‚mɑnəˈstɪkəs

monostrophic
BR ‚mɒnə(ʊ)ˈstrɒfɪk,
‚mɒnə(ʊ)ˈstrəʊfɪk
AM ‚mɑnəˈstrɑfɪk

monosyllabic
BR ‚mɒnə(ʊ)sɪˈlabɪk
AM ˈ‚mɑnəsəˈlæbɪk

monosyllabically
BR ˌmɒnə(ʊ)sɪˈlabɪkli
AM ˈmɑnəsə-ˈlæbək(ə)li

monosyllable
BR ˈmɒnə(ʊ)ˌsɪləbl, -z
AM ˈmɑnəˌsɪləb(ə)l, -z

monotheism
BR ˈmɒnə(ʊ)θiɪzm, ˈmɒnə(ʊ)ˌθiːɪzm
AM ˌmɑnəˈθiˌɪz(ə)m, ˈmɑnəθiˌɪz(ə)m

monotheist
BR ˈmɒnə(ʊ)θiɪst, ˈmɒnə(ʊ)ˌθiːɪst, -s
AM ˌmɑnəˈθiɪst, -s

monotheistic
BR ˌmɒnə(ʊ)θiˈɪstɪk
AM ˌmɑnəθiˈɪstɪk

monotheistically
BR ˌmɒnə(ʊ)θiˈɪstɪkli
AM ˌmɑnəθiˈɪstɪk(ə)li

Monothelite
BR məˈnɒθɪlaɪt, -s
AM məˈnɑθəˌlaɪt, -s

monotint
BR ˈmɒnə(ʊ)tɪnt, -s
AM ˈmɑnəˌtɪnt, -s

monotonal
BR ˌmɒnə(ʊ)ˈtəʊnl
AM ˌmɑnəˈtoʊn(ə)l

monotonality
BR ˌmɒnətə(ʊ)ˈnalɪti
AM ˌmɑnəˌtoʊˈnælədi

monotone
BR ˈmɒnətəʊn, -z
AM ˈmɑnəˌtoʊn, -z

monotonic
BR ˌmɒnəˈtɒnɪk
AM ˌmɑnəˈtɑnɪk

monotonic *adjective*
BR ˌmɒnə(ʊ)ˈtɒnɪk
AM ˌmɑnəˈtɑnɪk

monotonically
BR ˌmɒnəˈtɒnɪkli
AM ˌmɑnəˈtɑnək(ə)li

monotonise
BR məˈnɒtn̩aɪz, -ɪz, -ɪŋ, -d
AM məˈnɑdəˌnaɪz, məˈnɑtn̩ˌaɪz, -ɪz, -ɪŋ, -d

monotonize
BR məˈnɒtn̩aɪz, -ɪz, -ɪŋ, -d
AM məˈnɑdəˌnaɪz, məˈnɑtn̩ˌaɪz, -ɪz, -ɪŋ, -d

monotonous
BR məˈnɒtn̩əs
AM məˈnɑdənəs, məˈnɑtn̩əs

monotonously
BR məˈnɒtn̩əsli
AM məˈnɑdənəsli, məˈnɑtn̩əsli

monotonousness
BR məˈnɒtn̩əsnəs
AM məˈnɑdənəsnəs, məˈnɑtn̩əsnəs

monotony
BR məˈnɒtn̩i
AM məˈnɑdəni, məˈnɑtn̩i

monotreme
BR ˈmɒnətriːm, -z
AM ˈmɑnəˌtrim, -z

Monotype
BR ˈmɒnə(ʊ)taɪp, -s
AM ˈmɑnəˌtaɪp, -s

monotypic
BR ˌmɒnə(ʊ)ˈtɪpɪk
AM ˌmɑnəˈtɪpɪk

monounsaturate
BR ˌmɒnəʊʌnˈsatʃərət, ˌmɒnəʊʌnˈstjʊərət, -s
AM ˈmɑnoʊʌnˈsætʃərət, -s

monounsaturated
BR ˌmɒnəʊʌnˈsatʃəreɪtɪd, ˌmɒnəʊʌnˈsatjʊəreɪtɪd
AM ˈmɑnoʊʌnˈsætʃəˌreɪdɪd

monovalence
BR ˌmɒnə(ʊ)ˈveɪlns, -ɪz
AM ˌmɑnəˈveɪl(ə)ns, -əz

monovalency
BR ˌmɒnə(ʊ)ˈveɪlns|i, -ɪz
AM ˌmɑnəˈveɪlənsi, -z

monovalent
BR ˌmɒnə(ʊ)ˈveɪlnt
AM ˌmɑnəˈveɪl(ə)nt

monoxide
BR məˈnɒksaɪd, -z
AM məˈnɑkˌsaɪd, -z

Monroe
BR mʌnˈrəʊ
AM mənˈroʊ

Monroe doctrine
BR ˌmʌnrəʊ ˈdɒktr(ɪ)n
AM mənˈroʊ ˈdɑktrən

Monrovia
BR mɒnˈrəʊviə(r)
AM mɑnˈroʊviə, mənˈroʊviə

Monrovian
BR mɒnˈrəʊviən, -z
AM mɑnˈroʊviən, mənˈroʊviən, -z

Mons
BR mɒnz
AM mɑnz
FR mɔ̃s

Monsarrat
BR ˈmɒnsərat, ˌmɒnsəˈrat
AM ˌmɑnsəˈrat

Monseigneur
BR ˌmɒnseˈnjɜː(r)
AM ˌmɑnˌseɪˈnjər

monsieur
BR məˈsjɜː(r)
AM məˈʃər, məˈsjər

Monsignor
BR mɒnˈsiːnjə(r), ˌmɒnsiːˈnjɔː(r), -z
AM mɑnˈsinjər, -z

monsignore
BR ˌmɒnsiːˈnjɔːri
AM ˌmɑnˌsinˈjɔri

monsignori
BR ˌmɒnsiːˈnjɔːriː
AM ˌmɑnˌsinˈjɔri

monsoon
BR mɒnˈsuːn, -z
AM mɑnˈsun, -z

monsoonal
BR mɒnˈsuːnl
AM mɑnˈsun(ə)l

mons pubis
BR ˌmɒnz ˈpjuːbɪs, -ɪz
AM ˈmɑnz ˈpjubəs, -əz

monster
BR ˈmɒnstə(r), -z
AM ˈmɑnstər, -z

monstera
BR mɒnˈstɪərə(r), ˈmɒnst(ə)rə(r), -z
AM ˈmɑnstərə, -z

monstrance
BR ˈmɒnstrn̩s, -ɪz
AM ˈmɑnstrəns, ˈmɑnztrəns, -əz

monstrosity
BR mɒnˈstrɒsɪt|i, -ɪz
AM mɑnˈstrɑsədi, mɑnzˈtrɑsədi, -z

monstrous
BR ˈmɒnstrəs
AM ˈmɑnstrəs, ˈmɑnztrəs

monstrously
BR ˈmɒnstrəsli
AM ˈmɑnstrəsli, ˈmɑnztrəsli

monstrousness
BR ˈmɒnstrəsnəs
AM ˈmɑnstrəsnəs, ˈmɑnztrəsnəs

mons veneris
BR ˌmɒnz ˈvɛnər|ɪs, -ɪsɪz
AM ˈmɑnz ˈvɛnərəs, -əz

montage
BR ˈmɒntaːʒ, -ɪz
AM mɑnˈtɑʒ, -əz

Montagna
BR mɒnˈteɪnjə(r)
AM mɑnˈteɪnjə

Montagnard
BR mɒnˈtɑːnjaːd, -z
AM ˌmɑn(t)əˈnjɑrd, -z
FR mɔ̃taɲaʁ

Montague
BR ˈmɒntəgjuː
AM ˈmɑn(t)əgju

Montaigne
BR mɒnˈteɪn
AM mɑnˈteɪn
FR mɔ̃tɛɲ

Montana
BR mɒnˈtænə(r)
AM manˈtænə

Montanan
BR mɒnˈtænən, -z
AM manˈtænən, -z

montane
BR ˈmɒnteɪn
AM manˈteɪn

Montanism
BR ˈmɒntənɪzm
AM ˈman(t)ə,nɪz(ə)m

Montanist
BR ˈmɒntənɪst, -s
AM ˈmən(t)ənəst, -s

Mont Blanc
BR ˌmɒ̃ ˈblɒ̃
AM ˌman ˈblaŋk

montbretia
BR ˌmɒn(t)ˈbriːʃə(r), -z
AM mantˈbriʃ(i)ə, -z

Montcalm
BR mɒntˈkaːm
AM ˌman(t)ˈkam

Monte
BR ˈmɒnti
AM ˈman(t)i

Monte Carlo
BR ˌmɒntɪ ˈkaːləʊ
AM ˌman(t)i ˈkar,loʊ, ˌman(t)ə ˈkar,loʊ

Monte Cassino
BR ˌmɒntɪ kəˈsiːnəʊ
AM ˌman(t)i kəˈsi,noʊ, ˌman(t)ə kəˈsi,noʊ

Montefiore
BR ˌmɒntɪfɪˈɔːri, ˌmɒntɪˈfjɔːri
AM ˌman(t)əfiˈɔri

Montego Bay
BR mɒnˌtiːgəʊ ˈbeɪ
AM mənˈtigoʊ ˈbeɪ

Monteith
BR mɒnˈtiːθ
AM manˈtiθ

Montenegrin
BR ˌmɒntɪˈniːgrɪn, ˌmɒntɪˈneɪgrɪn, -z
AM ˌman(t)əˈneɪgrɪn, -z

Montenegro
BR ˌmɒntɪˈniːgrəʊ, ˌmɒntɪˈneɪgrəʊ
AM ˌman(t)əˈneɪ-,groʊ

Monterrey
BR ˌmɒntəˈreɪ
AM ˌman(t)əˈreɪ

Montesquieu
BR ˌmɒntɛˈskjəː(r), ˌmɒntɛˈskjuː, ˈmɒnteskjuː
AM ˈmantə,skju

Montessori
BR ˌmɒntɪˈsɔːri
AM ˌmən(t)əˈsɔri

Monteverdi
BR ˌmɒntɪˈvɛːdi, ˌmɒntɪˈvəːdi
AM ˌman(t)əˈvɛrdi

Montevideo
BR ˌmɒntɪvɪˈdeɪəʊ
AM ˌman(t)əvəˈdeɪoʊ

Montez
BR mɒnˈtɛz
AM manˈtɛz

Montezuma
BR ˌmɒntɪˈz(j)uːmə(r)
AM ˌman(t)əˈzumə

Montfort
BR ˈmɒntfət
AM ˈman(t)fərt

Montgolfier
BR ˌmɒntˈgɒlfɪə(r), ˌmɒntˈgɒlfieɪ
AM ˌmanˈgɔlfieɪ, ˌmanˈgɔlfiər
FR mɔ̃gɔlfje

Montgomery
BR m(ə)ntˈgʌm(ə)ri
AM man(t)ˈgəm(ə)ri

month
BR mʌnθ, -s
AM mənθ, -s

monthly
BR ˈmʌnθl|i, -ɪz
AM ˈmənθli, -z

Monticello
BR ˌmɒntɪˈtʃɛləʊ, ˌmɒntɪˈsɛləʊ
AM ˌman(t)əˈsɛloʊ, ˌman(t)əˈtʃɛloʊ

monticule
BR ˈmɒntɪkjuːl, -z
AM ˈman(t)əˌkjul, -z

Montmartre
BR ˌmɒ̃ˈmaːtr(ər)
AM ˌmanˈmartrə

Montmorency
BR ˌmɒntməˈrɛnsi
AM ˌmantməˈrɛnsi
FR mɔ̃mɔrɑ̃si

montmorillonite
BR ˌmɒntməˈrɪlənʌɪt
AM ˌmantməˈrɪlənʌɪt

Mont Pelée
BR mɒnt ˈpɛleɪ
AM ˌman(t) pɛˈleɪ

Montpelier
BR mɒntˈpiːlɪə(r)
AM ˌman(t)ˈpiliər

Montpellier
BR mɒntˈpɛlɪə(r), mɒntˈpɛlɪeɪ
AM ˌmanpəlˈjeɪ
FR mɔ̃pəlje

Montreal
BR ˌmɒntrɪˈɔːl
AM ˌmantriˈɔl

Montreux
BR mɒnˈtrəː(r)
AM mənˈtru

Montrose
BR mɒnˈtrəʊz
AM manˈtroʊz, ˈmanˌtroʊz

Mont-Saint-Michel
BR ˌmɒntsanmɪˈʃɛl, ˌmɒ̃sanmɪˈʃɛl
AM ˌmansanməˈʃɛl

Montserrat
BR ˌmɒn(t)səˈrat
AM ˌman(t)səˈrat

Montserratian
BR ˌmɒn(t)səˈratɪən, -z
AM ˌman(t)səˈradɪən, -z

Monty
BR ˈmɒnti
AM ˈman(t)i

monument
BR ˈmɒnjəm(ə)nt, -s
AM ˈmanjəm(ə)nt, -s

monumental
BR ˌmɒnjəˈmɛntl
AM ˌmanjəˈmɛn(t)l

monumentalise
BR ˌmɒnjəˈmɛntl̩ʌɪz, -ɪz, -ɪŋ, -d
AM ˌmanjəˈmɛn(t)l-ˌaɪz, -ɪz, -ɪŋ, -d

monumentalism
BR ˌmɒnjəˈmɛntlɪzm
AM ˌmanjəˈmɛn(t)l-ˌɪz(ə)m

monumentality
BR ˌmʌnjəmɛnˈtalɪti
AM ˌmanjəˌmɛn ˈtælədi

monumentalize
BR ˌmɒnjəˈmɛntl̩ʌɪz, -ɪz, -ɪŋ, -d
AM ˌmanjəˈmɛn(t)l ˌaɪz, -ɪz, -ɪŋ, -d

monumentally
BR ˌmɒnjəˈmɛntli
AM ˌmanjəˈmɛn(t)li

Monza
BR ˈmɒnzə(r)
AM ˈmɔn(t)sə, ˈmanzə

moo
BR muː, -z, -ɪŋ, -d
AM mu, -z, -ɪŋ, -d

moocah
BR ˈmuːkə(r)
AM ˈmukə

mooch
BR muːtʃ, -ɪz, -ɪŋ, -t
AM mutʃ, -əz, -ɪŋ, -t

moocher
BR ˈmuːtʃə(r), -z
AM ˈmutʃər, -z

moocow
BR ˈmuːkaʊ, -z
AM ˈmuˌkaʊ, -z

mood
BR muːd, -z
AM mud, -z

Moodie
BR ˈmuːdi
AM ˈmudi

moodily
BR ˈmuːdɪli
AM ˈmudəli

moodiness
BR ˈmuːdɪnɪs
AM ˈmudɪnɪs

moody
BR ˈmuːd|i, -ɪə(r), -ɪɪst
AM ˈmudi, -ər, -ɪst

Moog
BR muːg, -z
AM mug, -z

moo goo gai pan
BR ˌmuː guː ˈgʌɪ pan
AM ˈmu ˈgu ˈgaɪ ˈpæn

mooi
BR mɔɪ
AM mɔɪ

moola
BR ˈmuːlə(r)
AM ˈmuˌla

moolah
BR ˈmuːlə(r)
AM ˈmuˌla

mooli
BR ˈmuːl|i, -ɪz
AM ˈmuli, -z

moolvi
BR ˈmuːlv|i, -ɪz
AM ˈmulvi, -z

moolvie
BR ˈmuːlv|i, -ɪz
AM ˈmulvi, -z

moon
BR muːn, -z, -ɪŋ, -d
AM mun, -z, -ɪŋ, -d

moonbeam
BR ˈmuːnbiːm, -z
AM ˈmunˌbim, -z

mooncalf
BR ˈmuːnkɑːf
AM ˈmunˌkæf

mooncalves
BR ˈmuːnkɑːvz
AM ˈmunˌkævz

Mooney
BR ˈmuːni
AM ˈmuni

moonfish
BR ˈmuːnfɪʃ
AM ˈmunˌfɪʃ

moonias
BR ˈmuːnɪas, -ɪz
AM ˈmuniˌæs, -əz

Moonie
BR ˈmuːn|i, -ɪz
AM ˈmuni, -z

moonily
BR ˈmuːnɪli
AM ˈmunəli

moonless
BR ˈmuːnləs
AM ˈmunləs

moonlight
BR ˈmuːnlʌɪt, -s, -ɪŋ, -ɪd
AM ˈmunˌlaɪt, -ts, -dɪŋ, -dɪd

moonlighter
BR ˈmuːnlʌɪtə(r), -z
AM ˈmunˌlaɪdər, -z

moonlit
BR ˈmuːnlɪt
AM ˈmunˌlɪt

moonquake
BR ˈmuːnkweɪk, -s
AM ˈmunˌkweɪk, -s

moonrise
BR ˈmuːnrʌɪz, -ɪz
AM ˈmunˌraɪz, -ɪz

moonscape
BR ˈmuːnskeɪp, -s
AM ˈmunˌskeɪp, -s

moonset
BR ˈmuːnsɛt, -s
AM ˈmunˌsɛt, -s

moonshee
BR ˈmuːnʃiː, -z
AM ˈmunˌʃi, -z

moonshine
BR ˈmuːnʃʌɪn
AM ˈmunˌʃaɪn

moonshiner
BR ˈmuːnʃʌɪnə(r), -z
AM ˈmunˌʃaɪnər, -z

moonshot
BR ˈmuːnʃɒt, -s
AM ˈmunˌʃɑt, -s

moonstone
BR ˈmuːnstəʊn, -z
AM ˈmunˌstoʊn, -z

moonstruck
BR ˈmuːnstrʌk
AM ˈmunˌstrək

moony
BR ˈmuːn|i, -ɪz, -ɪə(r), -ɪɪst
AM ˈmuni, -z, -ər, -ɪst

moor
BR mʊə(r), mɔː(r), -z, -rɪŋ, -d
AM ˈmʊ|(ə)r, -(ə)rz, -rɪŋ, -(ə)rd

moorage
BR ˈmʊər|ɪdʒ, ˈmɔːr|ɪdʒ, -ɪdʒɪz
AM ˈmʊrɪdʒ, -ɪz

moorcock
BR ˈmʊəkɒk, ˈmɔːkɒk, -s
AM ˈmʊrˌkɑk, -s

Moorcroft
BR ˈmʊəkrɒft, ˈmɔːkrɒft
AM ˈmɔrˌkrɔft, ˈmʊrˌkrɔft

Moore
BR mʊə(r), mɔː(r)
AM mɔ(ə)r, mʊ(ə)r

moorfowl
BR ˈmʊəfaʊl, ˈmɔːfaʊl
AM ˈmʊrˌfaʊl

Moorhead
BR ˈmʊəhɛd, ˈmɔːhɛd
AM ˈmɔrˌ(h)ɛd, ˈmʊrˌ(h)ɛd

moorhen
BR ˈmʊəhɛn, ˈmɔːhɛn, -z
AM ˈmʊrˌ(h)ɛn, -z

Moorhouse
BR ˈmʊəhaʊs, ˈmɔːhaʊs
AM ˈmɔrˌ(h)aʊs, ˈmʊrˌ(h)aʊs

mooring
BR ˈmʊərɪŋ, ˈmɔːrɪŋ, -z
AM ˈmʊrɪŋ, -z

Moorish
BR ˈmʊərɪʃ, ˈmɔːrɪʃ
AM ˈmʊrɪʃ

Moorish idol
BR ˌmʊərɪʃ ˈʌɪdl, ˌmɔːrɪʃ +, -z
AM ˌmʊrɪʃ ˈaɪd(ə)l, -z

moorland
BR ˈmʊələnd, ˈmɔːlənd
AM ˈmʊrlənd, ˈmʊrˌlænd

Moorman
BR ˈmʊəmən, ˈmɔːmən
AM ˈmʊrm(ə)n

moory
BR ˈmʊəri, ˈmɔːri
AM ˈmʊri

moose
BR muːs, -ɪz
AM mus, -əz

moo shu
BR ˈmuː ʃuː
AM ˈmu ˈʃu

moot
BR muːt, -s, -ɪŋ, -ɪd
AM mut, -ts, -dɪŋ, -dəd

mop
BR mɒp, -s, -ɪŋ, -t
AM mɑp, -s, -ɪŋ, -t

mope
BR məʊp, -s, -ɪŋ, -t
AM moʊp, -s, -ɪŋ, -t

moped
BR ˈməʊpɛd, -z
AM ˈmoʊˌpɛd, -z

moper
BR ˈməʊpə(r), -z
AM ˈmoʊpər, -z

mophead
BR ˈmɒphɛd, -z
AM ˈmɑpˌ(h)ɛd, -z

mopily
BR ˈməʊpɪli
AM ˈmoʊpəli

mopiness
BR ˈməʊpɪnɪs
AM ˈmoʊpɪnɪs

mopish
BR ˈməʊpɪʃ
AM ˈmoʊpɪʃ

mopoke
BR ˈməʊpəʊk, -s
AM ˈmoʊˌpoʊk, -s

moppet
BR ˈmɒpɪt, -s
AM ˈmɑpət, -s

moppy
BR ˈmɒp|i, -iə(r), -ɪıst
AM ˈmɑpi, -ər, -əst
Mopti
BR ˈmɒpti
AM ˈmɑpti
mopy
BR ˈməʊp|i, -iə(r),
-ɪıst
AM ˈmoʊpi, -ər, -əst
moqueca
BR məˈkeɪkə(r), -z
AM məˈkeɪkə, -z
moquette
BR mɒˈkɛt, məʊˈkɛt
AM moʊˈkɛt
mor
BR mɔː(r)
AM mɔ(ə)r
Morag
BR ˈmɔːrag
AM ˈmɔræg
morainal
BR məˈreɪnl
AM məˈreɪn(ə)l
moraine
BR məˈreɪn, -z
AM məˈreɪn, -z
morainic
BR məˈreɪnɪk
AM məˈreɪnɪk
moral
BR ˈmɒrl̩, -z
AM ˈmɔrəl, -z
morale
BR məˈrɑːl
AM məˈræl, məˈrɛl
Morales
BR məˈrɑːliz
AM məˈræləs
moralisation
BR ˌmɒrl̩ʌɪˈzeɪʃn, -z
AM ˌmɔrəlaɪˈzeɪʃ(ə)n,
ˌmɔrələˈzeɪʃ(ə)n, -z
moralise
BR ˈmɒrl̩ʌɪz, -ɪz, -ɪŋ,
-d
AM ˈmɔrəˌlaɪz, -ɪz,
-ɪŋ, -d
moraliser
BR ˈmɒrl̩ʌɪzə(r), -z
AM ˈmɔrəˌlaɪzər, -z

moralisingly
BR ˈmɒrl̩ʌɪzɪŋli
AM ˈmɔrəˌlaɪzɪŋli
moralism
BR ˈmɒrl̩ɪzm
AM ˈmɔrəˌlɪz(ə)m
moralist
BR ˈmɒrl̩ɪst, -s
AM ˈmɔrələst, -s
moralistic
BR ˌmɒrəˈlɪstɪk,
ˌmɒrl̩ˈɪstɪk
AM ˌmɔrəˈlɪstɪk
moralistically
BR ˌmɒrəˈlɪstɪkli,
ˌmɒrl̩ˈɪstɪkli
AM ˌmɔrəˈlɪstək(ə)li
morality
BR məˈralɪti
AM məˈrælədi,
məˈrælədi
moralization
BR ˌmɒrl̩ʌɪˈzeɪʃn, -z
AM ˌmɔrəlaɪˈzeɪʃ(ə)n,
ˌmɔrələˈzeɪʃ(ə)n, -z
moralize
BR ˈmɒrl̩ʌɪz, -ɪz,
-ɪŋ, -d
AM ˈmɔrəˌlaɪz, -ɪz,
-ɪŋ, -d
moralizer
BR ˈmɒrl̩ʌɪzə(r), -z
AM ˈmɔrəˌlaɪzər, -z
moralizingly
BR ˈmɒrl̩ʌɪzɪŋli
AM ˈmɔrəˌlaɪzɪŋli
morally
BR ˈmɒrl̩i
AM ˈmɔrəli
Moran
BR məˈran, ˈmɔːrn̩
AM məˈræn
Morant
BR məˈrant
AM məˈrænt
morass
BR məˈras, -ɪz
AM məˈræs, məˈræs,
-əz
moratoria
BR ˌmɒrəˈtɔːriə(r)
AM ˌmɔrəˈtɔriə

moratorium
BR ˌmɒrəˈtɔːriəm, -z
AM ˌmɔrəˈtɔriəm, -z
Moravia
BR məˈreɪviə(r)
AM məˈreɪviə
Moravian
BR məˈreɪviən, -z
AM məˈreɪviən, -z
moray
BR ˈmɒreɪ, ˈmɔːreɪ,
mɒˈreɪ, -z
AM məˈreɪ, ˈmɔˌreɪ, -z
Moray Firth
BR ˌmʌri ˈfəːθ
AM məˈreɪ ˈfərθ,
ˈmɔˌreɪ ˈfərθ
morbid
BR ˈmɔːbɪd
AM ˈmɔrbəd
morbidity
BR mɔːˈbɪdɪti
AM mɔrˈbɪdɪdi
morbidly
BR ˈmɔːbɪdli
AM ˈmɔrbədli
morbidness
BR ˈmɔːbɪdnɪs
AM ˈmɔrbədnəs
morbific
BR mɔːˈbɪfɪk
AM mɔrˈbɪfɪk
morbilli
BR mɔːˈbɪlʌɪ,
mɔːˈbɪliː
AM mɔrˈbɪˌlaɪ
morbillivirus
BR mɔːˈbɪlivʌɪrəs, -ɪz
AM mɔrˈbɪləˌvaɪrəs,
-əz
morcha
BR ˈmɔːtʃə(r), -z
AM ˈmɔr(t)ʃə, -z
mordacious
BR mɔːˈdeɪʃəs
AM mɔrˈdeɪʃəs
mordacity
BR mɔːˈdasɪti
AM mɔrˈdæsədi
mordancy
BR ˈmɔːd(ə)nsi
AM ˈmɔrdnsi

mordant
BR ˈmɔːd(ə)nt, -s
AM ˈmɔrdnt, -s
mordantly
BR ˈmɔːd(ə)ntli
AM ˈmɔrdn(t)li
Mordecai
BR ˈmɔːdɪkʌɪ
AM ˈmɔrdəˌkaɪ
mordent
BR ˈmɔːdnt, -s
AM ˈmɔrdnt, -s
Mordred
BR ˈmɔːdrɪd
AM ˈmɔrdrəd
Mordvin
BR ˈmɔːdvɪn
AM ˈmɔrdvən
more
BR mɔː(r)
AM mɔ(ə)r
moreen
BR mɒˈriːn
AM mɔˈrin
moreish
BR ˈmɔːrɪʃ
AM ˈmɔrɪʃ
morel
BR mɒˈrɛl
AM mɔˈrɛl,
məˈrɛl
morello
BR mɒˈrɛləʊ, -z
AM məˈrɛloʊ, -z
Moreno
BR məˈriːnəʊ,
məˈreɪnəʊ
AM məˈreɪnoʊ,
məˈrinoʊ
moreover
BR mɔːrˈəʊvə(r)
AM mɔrˈoʊvər
morepork
BR ˈmɔːpɔːk, -s
AM ˈmɔrˌpɔ(ə)rk, -s
mores
BR ˈmɔːreɪz
AM ˈmɔreɪz
Moresby[1] *place in UK*
BR ˈmɒrɪsbi
AM ˈmɔrzbi

Moresby² *Port Moresby*
BR ˈmɔːzbi
AM ˈmɔrzbi

Moresco
BR məˈrɛskəʊ
AM məˈrɛskoʊ

Moresque
BR mɔːˈrɛsk
AM məˈrɛsk

Moretonhampstead
BR ˌmɔːtnˈham(p)stɪd, ˌmɔːtnˈham(p)stɛd
AM ˌmɔr(ə)tənˈhæm(p)stɛd

Morfa
BR ˈmɔːvə(r)
AM ˈmɔrfə
WE ˈmɒrva

Morgan
BR ˈmɔːg(ə)n
AM ˈmɔrgən

Morganatic
BR ˌmɔːgəˈnatɪk
AM ˌmɔrgəˈnædɪk

morganatically
BR ˌmɔːgəˈnatɪkli
AM ˌmɔrgəˈnædək(ə)li

Morgan le Fay
BR ˌmɔːg(ə)n lə ˈfeɪ
AM ˌmɔrgən lə ˈfeɪ

morgen
BR ˈmɔːg(ə)n, -z
AM ˈmɔrgən, -z

morgue
BR mɔːg, -z
AM mɔ(ə)rg, -z

Moriarty
BR ˌmɒrɪˈɑːti
AM ˌmɔriˈɑrdi

moribund
BR ˈmɒrɪbʌnd
AM ˈmɔrəˌbənd

moribundity
BR ˌmɒrɪˈbʌndɪti
AM ˌmɔrəˈbəndədi

morion
BR ˈmɒrɪən, -z
AM ˈmɔrɪən, -z

Morisco
BR məˈrɪskəʊ, -z
AM məˈrɪskoʊ, -z

morish
BR ˈmɔːrɪʃ
AM ˈmɔrɪʃ

Morison
BR ˈmɒrɪs(ə)n
AM ˈmɔrəs(ə)n

Morland
BR ˈmɔːlənd
AM ˈmɔrlənd

Morley
BR ˈmɔːli
AM ˈmɔrli

Mormon
BR ˈmɔːmən, -z
AM ˈmɔrm(ə)n, -z

Mormonism
BR ˈmɔːmənɪzm
AM ˈmɔrməˌnɪz(ə)m

morn
BR mɔːn, -z
AM mɔ(ə)rn, -z

Morna
BR ˈmɔːnə(r)
AM ˈmɔrnə

Mornay
BR ˈmɔːneɪ, -z
AM mɔrˈneɪ, -z

morning
BR ˈmɔːnɪŋ, -z
AM ˈmɔrnɪŋ, -z

Mornington
BR ˈmɔːnɪŋt(ə)n
AM ˈmɔrnɪŋt(ə)n

Moro
BR ˈmɔːrəʊ, -z
AM ˈmɔroʊ, -z

Moroccan
BR məˈrɒk(ə)n, -z
AM məˈrakən, -z

Morocco
BR məˈrɒkəʊ
AM məˈrakoʊ

moron
BR ˈmɔːrɒn, -z
AM ˈmɔˌran, -z

Moroni
BR məˈrəʊni
AM məˈrani, məˈrani

moronic
BR məˈrɒnɪk
AM məˈranɪk, məˈranɪk

moronically
BR məˈrɒnɪkli
AM məˈranək(ə)li, məˈranək(ə)li

moronism
BR ˈmɔːrɒnɪzm
AM ˈmɔranˌɪz(ə)m, ˈmɔrəˌnɪz(ə)m

morose
BR məˈrəʊs
AM məˈroʊs, mɔˈroʊs

morosely
BR məˈrəʊsli
AM məˈroʊsli, məˈroʊsli

moroseness
BR məˈrəʊsnəs
AM məˈroʊsnəs, məˈroʊsnəs

Morpeth
BR ˈmɔːpəθ
AM ˈmɔrpəθ

morph
BR mɔːf, -s
AM mɔ(ə)rf, -s

morpheme
BR ˈmɔːfiːm, -z
AM ˈmɔrˌfim, -z

morphemic
BR mɔːˈfiːmɪk, -s
AM mɔrˈfimɪk, -s

morphemically
BR mɔːˈfiːmɪkli
AM mɔrˈfimɪk(ə)li

Morpheus
BR ˈmɔːfɪəs
AM ˈmɔrˌfjus, ˈmɔrfiəs

morphia
BR ˈmɔːfɪə(r)
AM ˈmɔrfiə

morphine
BR ˈmɔːfiːn
AM ˈmɔrˌfin

morphing
BR ˈmɔːfɪŋ, -z
AM ˈmɔrfɪŋ, -z

morphinism
BR ˈmɔːfiːnɪzm
AM ˈmɔrfəˌnɪz(ə)m

morphogenesis
BR ˌmɔːfə(ʊ)ˈdʒɛnɪsɪs
AM ˌmɔrfəˈdʒɛnəsəs

morphogenetic
BR ˌmɔːfə(ʊ)dʒɪˈnɛtɪk
AM ˌmɔrfədʒəˈnɛdɪk

morphogenic
BR ˌmɔːfə(ʊ)ˈdʒɛnɪk
AM ˌmɔrfəˈdʒɛnɪk

morphological
BR ˌmɔːfəˈlɒdʒɪkl
AM ˌmɔrfəˈlɑdʒək(ə)l

morphologically
BR ˌmɔːfəˈlɒdʒɪkli
AM ˌmɔrfəˈlɑdʒək(ə)li

morphologist
BR mɔːˈfɒlədʒɪst, -s
AM mɔrˈfɑlədʒəst, -s

morphology
BR mɔːˈfɒlədʒi
AM mɔrˈfɑlədʒi

morphometrics
BR ˌmɔːfəˈmɛtrɪks
AM ˌmɔrfəˈmɛtrɪks

morphometry
BR mɔːˈfɒmɪtri
AM mɔrˈfɑmətri

morphophonemic
BR ˌmɔːfəʊfəˈniːmɪk
AM ˌmɔrfoʊfəˈnimɪk

morphophonemically
BR ˌmɔːfəʊfəˈniːmɪkli
AM ˌmɔrfoʊfəˈnimək(ə)li

Morphy
BR ˈmɔːfi
AM ˈmɔrfi

morris
BR ˈmɒr|ɪs, -ɪsɪz
AM ˈmarəs, ˈmɔrəs, -əz

Morrison
BR ˈmɒrɪs(ə)n
AM ˈmarəs(ə)n, ˈmɔrəs(ə)n

Morrissey
BR ˈmɒrɪsi
AM ˈmɔrəsi

morrow
BR ˈmɒrəʊ, -z
AM ˈmaroʊ, ˈmɔroʊ, -z

morse
BR mɔːs, -ɪz, -ɪŋ, -t
AM mɔ(ə)rs, -əz, -ɪŋ, -t

Morse code
BR ˈmɔːs ˈkəʊd
AM ˌmɔrs ˈkoʊd
morsel
BR ˈmɔːsl, -z
AM ˈmɔrs(ə)l, -z
mort
BR mɔːt, -s
AM mɔ(ə)rt, -s
mortadella
BR ˌmɔːtəˈdɛlə(r)
AM ˌmɔrdəˈdɛlə
mortal
BR ˈmɔːtl, -z
AM ˈmɔrdl, -z
mortality
BR mɔːˈtælɪti
AM mɔrˈtælədi
mortally
BR ˈmɔːtli
AM ˈmɔrdli
mortar
BR ˈmɔːtə(r), -z
AM ˈmɔrdər, -z
mortarboard
BR ˈmɔːtəbɔːd, -z
AM ˈmɔrdərˌbɔ(ə)rd, -z
mortarless
BR ˈmɔːtələs
AM ˈmɔrdərləs
mortary
BR ˈmɔːtəri
AM ˈmɔrdəri
mortgage
BR ˈmɔːgɪdʒ, -ɪdʒɪz, -ɪdʒɪŋ, -ɪdʒd
AM ˈmɔrgɪdʒ, -ɪz, -ɪŋ, -d
mortgageable
BR ˈmɔːgɪdʒəbl
AM ˈmɔrgədʒəb(ə)l
mortgagee
BR ˌmɔːgɪˈdʒiː, -z
AM ˌmɔrgɪˈdʒi, -z
mortgager
BR ˈmɔːgɪdʒə(r), -z
AM ˈmɔrgədʒər, -z
mortgagor
BR ˌmɔːgɪˈdʒɔː(r), -z
AM ˈmɔrgədʒər, ˌmɔrgəˈdʒɔ(ə)r, -z

mortice
BR ˈmɔːtɪs, -ɪsɪz, -ɪsɪŋ, -ɪst
AM ˈmɔrdəs, -əz, -ɪŋ, -t
mortician
BR mɔːˈtɪʃn, -z
AM mɔrˈtɪʃ(ə)n, -z
mortification
BR ˌmɔːtɪfɪˈkeɪʃn
AM ˌmɔrdəfəˈkeɪʃ(ə)n
mortify
BR ˈmɔːtɪfaɪ, -z, -ɪŋ, -d
AM ˈmɔrdəˌfaɪ, -z, -ɪŋ, -d
mortifyingly
BR ˈmɔːtɪfaɪɪŋli
AM ˈmɔrdəˌfaɪɪŋli
Mortimer
BR ˈmɔːtɪmə(r)
AM ˈmɔrdəmər
mortise
BR ˈmɔːtɪs, -ɪsɪz, -ɪsɪŋ, -ɪst
AM ˈmɔrdəs, -əz, -ɪŋ, -t
Mortlake
BR ˈmɔːtleɪk
AM ˈmɔrtˌleɪk
mortmain
BR ˈmɔːtmeɪn
AM ˈmɔrtˌmeɪn
Morton
BR ˈmɔːtn
AM ˈmɔrt(ə)n
mortuary
BR ˈmɔːtjʊəri, ˈmɔːtjɜːri, ˈmɔːtʃʊəri, ˈmɔːtʃ(ʊ)ri, -ɪz
AM ˈmɔrtʃəˌwɛri, -z
morula
BR ˈmɔːr(j)ʊlə(r), ˈmɒr(j)ʊlə(r)
AM ˈmɑrələ, ˈmɔrələ
morulae
BR ˈmɔːr(j)ʊliː, ˈmɒr(j)ʊliː
AM ˈmɑrəli, ˈmɑrəˌlaɪ, ˈmɔrəlaɪ, ˈmɔrəli

moruti
BR mɒˈruːtli, -ɪz
AM məˈrudi, -z
Morwenna
BR mɔːˈwɛnə(r)
AM ˌmɔrˈwɛnə
morwong
BR ˈmɔːwɒŋ, -z
AM ˈmɑrˌwɑŋ, ˈmɔrˌwɔŋ, -z
mosaic
BR mə(ʊ)ˈzeɪɪk, -s
AM moʊˈzeɪɪk, -s
mosaic gold
BR mə(ʊ)ˌzeɪɪk ˈgəʊld
AM moʊˌzeɪɪk ˈgoʊld
mosaicist
BR mə(ʊ)ˈzeɪɪsɪst, -s
AM moʊˈzeɪəsəst, -s
Mosaic Law
BR mə(ʊ)ˌzeɪɪk ˈlɔː(r)
AM moʊˌzeɪɪk ˈlɔ
mosasaur
BR ˈməʊsəsɔː(r), -z
AM ˈmoʊsəˌsɔ(ə)r, -z
mosasauri
BR ˌməʊsəˈsɔːraɪ
AM ˌmoʊsəˈsɔraɪ
mosasaurus
BR ˌməʊsəˈsɔːrəs, -ɪz
AM ˌmoʊsəˈsɔrəs, -əz
moschatel
BR ˌmɒskəˈtɛl
AM ˌmaskəˈtɛl, ˌmɑskəˈtɛl
Moscow
BR ˈmɒskəʊ
AM ˈmasˌkoʊ, ˈmasˌkaʊ
Moseley
BR ˈməʊzli
AM ˈmoʊzli
Moselle
BR mə(ʊ)ˈzɛl, -z
AM moʊˈzɛl, -z
Moser
BR ˈməʊzə(r)
AM ˈmoʊzər
Moses
BR ˈməʊzɪz
AM ˈmoʊzəs

mosey
BR ˈməʊzli, -ɪz, -ɪŋ, -d
AM ˈmoʊzi, -z, -ɪŋ, -d
mosh
BR mɒʃ, -ɪz, -ɪŋ, -t
AM maʃ, -əz, -ɪŋ, -d
moshav
BR ˈməʊʃɑːv, məʊˈʃɑːv
AM moʊˈʃɑv
moshavim
BR mə(ʊ)ˈʃɑːvɪm, ˌməʊʃəˈvɪm
AM ˌmoʊʃəˈvɪm
Moskva
BR ˈmɒskvə(r)
AM ˈmaskvə
RUS maˈskva
Moslem
BR ˈmɒzlɪm, ˈmʊzlɪm, -z
AM ˈmazl(ə)m, -z
Mosley
BR ˈməʊzli, ˈmɒzli
AM ˈmoʊzli
mosque
BR mɒsk, -s
AM mask, -s
mosquito
BR mɒˈskiːtəʊ, -z
AM məˈskidoʊ, -z
moss
BR mɒs, -ɪz
AM mas, mɔs, -əz
Mossad
BR ˈmɒsad
AM ˌmaˈsad, ˌmɔˈsad
mossback
BR ˈmɒsbak, -s
AM ˈmasˌbæk, ˈmɔsˌbæk, -s
Mossel Bay
BR ˌmɒsl ˈbeɪ
AM ˌmas(ə)l ˈbeɪ, ˌmɔs(ə)l ˈbeɪ
mossgrown
BR ˌmɒsˈgrəʊn
AM ˈmasˌgroʊn, ˈmɔsˌgroʊn
mossie
BR ˈmɒzli, ˈmɒsli, -ɪz
AM ˈmasi, ˈmɔsi, -z

mossiness
BR ˈmɒsinɪs
AM ˈmɑsinɪs, ˈmɔsinɪs

mosslike
BR ˈmɒslʌɪk
AM ˈmɑsˌlaɪk, ˈmɔsˌlaɪk

mosso
BR ˈmɒsəʊ
AM ˈmoʊˌsoʊ

Mossop
BR ˈmɒsəp
AM ˈmɑsəp

mosstrooper
BR ˈmɒsˌtruːpə(r), -z
AM ˈmɑsˌtrupər, ˈmɔsˌtrupər, -z

mossy
BR ˈmɒs|i, -iə(r), -ɪst
AM ˈmɑsi, ˈmɔsi, -ər, -ɪst

most
BR məʊst
AM moʊst

mostly
BR ˈməʊs(t)li
AM ˈmoʊs(t)li

Mostyn
BR ˈmɒstɪn
AM ˈmɑst(ə)n

Mosul
BR ˈməʊs(ə)l
AM məˈsul

MOT
BR ˌeməʊˈtiː, -z, -ɪŋ, -d
AM ˌɛmˌoʊˈti, -z, -ɪŋ, -d

mot
BR məʊ, -z
AM moʊ, -z

mote
BR məʊt, -s
AM moʊt, -s

motel
BR məʊˈtɛl, -z
AM moʊˈtɛl, -z

motet
BR məʊˈtɛt, -s
AM moʊˈtɛt, -s

moth
BR mɒθ, -s
AM mɑ|θ, mɔ|θ, -ðz

mothball
BR ˈmɒθbɔːl, -z, -ɪŋ, -d
AM ˈmɑθˌbɑl, ˈmɔθˌbɔl, -z, -ɪŋ, -d

mother
BR ˈmʌð|ə(r), -əz, -(ə)rɪŋ, -əd
AM ˈməð|ər, -ərz, -(ə)rɪŋ, -ərd

motherboard
BR ˈmʌðəbɔːd, -z
AM ˈməðərˌbɔ(ə)rd, -z

mothercraft
BR ˈmʌðəkrɑːft
AM ˈməðərˌkræft

motherese
BR ˌmʌðərˈiːz
AM ˌməðəˈriz

motherfucker
BR ˈmʌðəˌfʌkə(r), -z
AM ˈməðərˌfəkər, -z

motherfucking
BR ˈmʌðəˌfʌkɪŋ
AM ˈməðərˌfəkɪŋ

motherhood
BR ˈmʌðəhʊd
AM ˈməðərˌ(h)ʊd

motherland
BR ˈmʌðəland, -z
AM ˈməðərˌlænd, -z

motherless
BR ˈmʌðələs
AM ˈməðərləs

motherlessness
BR ˈmʌðələsnəs
AM ˈməðərləsnəs

motherlike
BR ˈmʌðəlʌɪk
AM ˈməðərˌlaɪk

motherliness
BR ˈmʌðəlinɪs
AM ˈməðərlinɪs

motherly
BR ˈmʌðəli
AM ˈməðərli

Motherwell
BR ˈmʌðəw(ɛ)l
AM ˈməðərˌwɛl

mothproof
BR ˈmɒθpruːf, -s, -ɪŋ, -t
AM ˈmɑθˌpruf, ˈmɔθˌpruf, -s, -ɪŋ, -t

mothy
BR ˈmɒθ|i, -iə(r), -ɪst
AM ˈmɑθi, -ər, -ɪst

motif
BR məʊˈtiːf, -s
AM moʊˈtif, -s

motifeme
BR məʊˈtiːfiːm, ˈməʊtɪfiːm, -z
AM moʊˈtiˌfim, ˈmoʊdəˌfim, -z

motile
BR ˈməʊtʌɪl
AM ˈmoʊˌtaɪl, ˈmoʊtl

motility
BR məʊˈtɪlɪti
AM moʊˈtɪlɪdi

motion
BR ˈməʊʃn̩, -z, -ɪŋ, -d
AM ˈmoʊʃən, -ənz, -(ə)nɪŋ, -ənd

motional
BR ˈməʊʃn̩l
AM ˈmoʊʃn(ə)l, ˈmoʊʃənl

motionless
BR ˈməʊʃnləs
AM ˈmoʊʃənləs

motionlessly
BR ˈməʊʃnləsli
AM ˈmoʊʃənləsli

motionlessness
BR ˈməʊʃnləsnəs
AM ˈmoʊʃənləsnəs

motivate
BR ˈməʊtɪveɪt, -s, -ɪŋ, -ɪd
AM ˈmoʊdəˌveɪ|t, -ts, -dɪŋ, -dɪd

motivation
BR ˌməʊtɪˈveɪʃn
AM ˌmoʊdəˈveɪʃ(ə)n

motivational
BR ˌməʊtɪˈveɪʃn̩l
AM ˌmoʊdəˈveɪʃ(ə)n(ə)l

motivationally
BR ˌməʊtɪˈveɪʃn̩li, ˌməʊtɪˈveɪʃnəli
AM ˌmoʊdəˈveɪʃ(ə)nəli

motivator
BR ˈməʊtɪveɪtə(r), -z
AM ˈmoʊdəˌveɪdər, -z

motive
BR ˈməʊtɪv, -z
AM ˈmoʊdɪv, -z

motiveless
BR ˈməʊtɪvlɪs
AM ˈmoʊdɪvlɪs

motivelessly
BR ˈməʊtɪvlɪsli
AM ˈmoʊdɪvlɪsli

motivelessness
BR ˈməʊtɪvlɪsnɪs
AM ˈmoʊdɪvlɪsnɪs

motivity
BR məʊˈtɪvɪti
AM moʊˈtɪvɪdi

mot juste
BR ˌməʊ ˈʒuːst
AM ˌmoʊ ˈʒust

motley
BR ˈmɒtli
AM ˈmɑtli

motmot
BR ˈmɒtmɒt, -s
AM ˈmɑtˌmɑt, -s

motocross
BR ˈməʊtə(ʊ)krɒs
AM ˈmoʊdoʊˌkrɑs, ˈmoʊdoʊˌkrɔs

moto perpetuo
BR ˌməʊtəʊ pəˈpɛtjʊəʊ, + pəˈpɛtʃʊəʊ
AM ˌmoʊdoʊ pərˈpɛtʃʊoʊ, ˌmoʊdoʊ pərˈpɛdəˌwoʊ

motor
BR ˈməʊt|ə(r), -əz, -(ə)rɪŋ, -əd
AM ˈmoʊdər, -z, -ɪŋ, -d

motorable
BR ˈməʊt(ə)rəbl
AM ˈmoʊdərəb(ə)l

motorbike
BR ˈməʊtəbʌɪk, -s
AM ˈmoʊdərˌbaɪk, -s

motorboat
BR ˈməʊtəbəʊt, -s
AM ˈmoʊdərˌboʊt, -s

motorcade
BR ˈməʊtəkeɪd, -z
AM ˈmoʊdərˌkeɪd, -z

motorcar
BR ˈməʊtəkɑː(r), -z
AM ˈmoʊdərˌkɑr, -z

motorcoach
BR ˈməʊtəkəʊtʃ, -ɪz
AM ˈmoʊdərˌkoʊtʃ, -ɪz

motorcycle
BR ˈməʊtəˌsaɪk|l, -lz, -lɪŋ\-lɪŋ, -ld
AM ˈmoʊdərˌsaɪk|əl, -əlz, -(ə)lɪŋ, -əld

motorcycling
BR ˈməʊtəˌsaɪklɪŋ
AM ˈmoʊdərˌsaɪk(ə)lɪŋ

motorcyclist
BR ˈməʊtəˌsaɪklɪst, -s
AM ˈmoʊdərˌsaɪklɪst, -s

motorhome
BR ˈməʊtəhəʊm, -z
AM ˈmoʊdərˌ(h)oʊm, -z

motorial
BR məʊˈtɔːriəl
AM moʊˈtɔriəl

motorisation
BR ˌməʊt(ə)rʌɪˈzeɪʃn
AM ˌmoʊdəˌraɪˈzeɪʃ(ə)n, ˌmoʊdərəˈzeɪʃ(ə)n

motorise
BR ˈməʊtərʌɪz, -ɪz, -ɪŋ, -d
AM ˈmoʊdərˌraɪz, -ɪz, -ɪŋ, -d

motorist
BR ˈməʊt(ə)rɪst, -s
AM ˈmoʊdərəst, -s

motorization
BR ˌməʊt(ə)rʌɪˈzeɪʃn
AM ˌmoʊdəˌraɪˈzeɪʃ(ə)n, ˌmoʊdərəˈzeɪʃ(ə)n

motorize
BR ˈməʊtərʌɪz, -ɪz, -ɪŋ, -d
AM ˈmoʊdərˌraɪz, -ɪz, -ɪŋ, -d

motorman
BR ˈməʊtəman
AM ˈmoʊdərˌmæn

motormen
BR ˈməʊtəmɛn
AM ˈmoʊdərˌmɛn

motormouth
BR ˈməʊtəmaʊ|θ, -ðz
AM ˈmoʊdərˌmaʊ|θ, -ðz

motorway
BR ˈməʊtəweɪ, -z
AM ˈmoʊdərˌweɪ, -z

motory
BR ˈməʊt(ə)ri
AM ˈmoʊdəri

Motown
BR ˈməʊtaʊn
AM ˈmoʊˌtaʊn

mots justes
BR ˌməʊ ˈʒuːst
AM ˌmoʊ ˈʒust

Mott
BR mɒt
AM mɑt

motte
BR mɒt, -s
AM mɑt, -s

mottle
BR ˈmɒtl̩, -z, -ɪŋ, -d
AM ˈmɑdəl, -z, -ɪŋ, -d

motto
BR ˈmɒtəʊ, -z
AM ˈmɑdoʊ, -z

Mottram
BR ˈmɒtrəm
AM ˈmɑtrəm

Motu
BR ˈməʊtuː
AM ˈmoʊdu

motu
BR ˈməʊtuː
AM ˈmoʊdu

motza
BR ˈmɒtsə(r)
AM ˈmɑtsə

mouclade
BR muːˈklɑːd
AM muˈklɑd

moue
BR muː, -z
AM mu, -z

mouffle
BR ˈmuːfl, -z
AM ˈmuf(ə)l, -z

moufflon
BR ˈmuːflɒn, -z
AM ˈmuflɑn, -z

mouflon
BR ˈmuːflɒn, -z
AM ˈmuflɑn, -z

mouillé
BR ˈmuːjeɪ, ˈmwiːeɪ
AM muˈjeɪ

moujik
BR ˌmuːˈʒɪk, -s
AM muˈʒɪk, s

mould
BR məʊld, -z, -ɪŋ, -ɪd
AM moʊld, -z, -ɪŋ, -əd

mouldable
BR ˈməʊldəbl
AM ˈmoʊldəb(ə)l

mouldboard
BR ˈməʊl(d)bɔːd, -z
AM ˈmoʊl(d)ˌbɔ(ə)rd, -z

moulder
BR ˈməʊld|ə(r), -əz, -(ə)rɪŋ, -əd
AM ˈmoʊldər, -z, -ɪŋ, -d

mouldiness
BR ˈməʊldɪnɪs
AM ˈmoʊldɪnɪs

moulding
BR ˈməʊldɪŋ, -z
AM ˈmoʊldɪŋ, -z

mouldy
BR ˈməʊld|i, -iə(r), -ɪɪst
AM ˈmoʊldi, -ər, -ɪst

moulin
BR ˈmuːlɪn, -z
AM muˈlɛn, -z

Moulinex
BR ˈmuːlɪnɛks
AM ˈmulənɛks

Moulin Rouge
BR ˌmuːlɑ̃ ˈruːʒ
AM muˈlɛn ˈru(d)ʒ

Moulmein
BR ˈmuːlmeɪn
AM ˈmulˌmeɪn

moult
BR məʊlt, -s, -ɪŋ, -ɪd
AM moʊlt, -s, -ɪŋ, -əd

moulter
BR ˈməʊltə(r), -z
AM ˈmoʊltər, -z

Moulton
BR ˈməʊlt(ə)n
AM ˈmʊlt(ə)n, ˈmoʊlt(ə)n

mound
BR maʊnd, -z
AM maʊnd, -z

mount
BR maʊnt, -s, -ɪŋ, -ɪd
AM maʊn|t, -ts, -(t)ɪŋ, -(t)əd

mountable
BR ˈmaʊntəbl
AM ˈmaʊn(t)əb(ə)l

mountain
BR ˈmaʊntɪn, -z
AM ˈmaʊnt(ə)n, -z

mountaineer
BR ˌmaʊntɪˈnɪə(r), -z, -ɪŋ
AM ˌmaʊnt(ə)nˈɪ(ə)r, -z, -ɪŋ

mountainous
BR ˈmaʊntɪnəs
AM ˈmaʊn(t)ənəs, ˈmaʊntn̩əs

mountainside
BR ˈmaʊntɪnsʌɪd, -z
AM ˈmaʊn(t)ənˌsaɪd, ˈmaʊntn̩ˌsaɪd, -z

mountaintop
BR ˈmaʊntɪntɒp, -s
AM ˈmaʊn(t)ənˌtɑp, ˈmaʊntn̩ˌtɑp, -s

mountainy
BR ˈmaʊntɪni
AM ˈmaʊn(t)əni, ˈmaʊntn̩i

Mountbatten
BR ˌmaʊntˈbatn
AM ˌmaʊn(t)ˈbætn

mountebank
BR ˈmaʊntɪbaŋk, -s
AM ˈmaʊn(t)əˌbæŋk, -s

mountebankery
BR ˈmaʊntɪˌbaŋk(ə)ri
AM ˈmaʊn(t)əˌbæŋkəri

mounter
BR ˈmaʊntə(r), -z
AM ˈmaʊn(t)ər, -z

Mountie
BR ˈmaʊnt|i, -iz
AM ˈmaʊn(t)i, -z

mounting
BR ˈmaʊntɪŋ, -z
AM ˈmaʊn(t)ɪŋ, -z

Mount Isa
BR ˌmaʊnt ˈʌɪzə(r)
AM ˌmaʊn(t) ˈaɪzə

Mountjoy
BR ˈmaʊntdʒɔɪ, ˌmaʊntˈdʒɔɪ
AM ˈˌmaʊn(t)ˈdʒɔɪ

Mounty
BR ˈmaʊnt|i, -iz
AM ˈmaʊn(t)i, -z

mourn
BR mɔːn, -z, -ɪŋ, -d
AM mɔ(ə)rn, -z, -ɪŋ, -d

Mourne
BR mɔːn
AM mɔ(ə)rn

mourner
BR ˈmɔːnə(r), -z
AM ˈmɔrnər, -z

mournful
BR ˈmɔːnf(ʊ)l
AM ˈmɔrnfəl

mournfully
BR ˈmɔːnfɨli, ˈmɔːnfˌli
AM ˈmɔrnfəli

mournfulness
BR ˈmɔːnf(ʊ)lnəs
AM ˈmɔrnfəlnəs

mourning
BR ˈmɔːnɪŋ
AM ˈmɔrnɪŋ

mousaka
BR mʊˈsɑːkə(r), muːˈsɑːkə(r), -z
AM ˌmusəˈkɑ, muˈsɑkə, -z

mouse
BR maʊs
AM maʊs

mousehole
BR ˈmaʊshəʊl, -z
AM ˈmaʊsˌ(h)oʊl, -z

Mousehoule
BR ˈmaʊzl
AM ˈmaʊsˌ(h)oʊl

mouselike
BR ˈmaʊslʌɪk
AM ˈmaʊsˌlaɪk

mouseover
BR ˈmaʊsˌəʊvə(r), -z
AM ˈmaʊsˌoʊvər, -z

mouser
BR ˈmaʊsə(r), -z
AM ˈmaʊsər, -z

mousetrap
BR ˈmaʊstræp, -s
AM ˈmaʊsˌtræp, -s

mousey
BR ˈmaʊs|i, -ɪə(r), -ɪɪst
AM ˈmaʊsi, -ər, -ɪst

mousily
BR ˈmaʊsɪli
AM ˈmaʊsəli

mousiness
BR ˈmaʊsɪnɨs
AM ˈmaʊsɪnɨs

moussaka
BR mʊˈsɑːkə(r), muːˈsɑːkə(r), -z
AM ˌmusəˈkɑ, muˈsɑkə, -z

mousse
BR muːs, -ɪz
AM mus, -əz

mousseline
BR ˈmuːsli:n, muːˈsliːn
AM muˈslin, musəˈlin

moustache
BR məˈstɑːʃ, -ɪz, -t
AM məˈstæʃ, ˈməˌstæʃ, -əz, -t

moustachio
BR məˈstɑːʃ(ɪ)əʊ, -z, -d
AM məˈstæʃioʊ, -z, -d

Mousterian
BR muːˈstɪərɪən, -z
AM muˈstɪriən, -z

mousy
BR ˈmaʊs|i, -ɪə(r), -ɪɪst
AM ˈmaʊsi, -ər, -ɪst

mouth[1] *noun*
BR maʊ|θ, -ðz
AM maʊ|θ, -ðz

mouth[2] *verb*
BR maʊð, -z, -ɪŋ, -d
AM maʊð, -z, -ɪŋ, -d

mouthbrooder
BR ˈmaʊθˌbruːdə(r), -z
AM ˈmaʊθˌbrudər, -z

mouther
BR ˈmaʊðə(r), -z
AM ˈmaʊðər, -z

mouthfeel
BR ˈmaʊθfiːl
AM ˈmaʊθˌfil

mouthful
BR ˈmaʊθfʊl, -z
AM ˈmaʊθˌfʊl, -z

mouthless
BR ˈmaʊθləs
AM ˈmaʊθləs

mouthpart
BR ˈmaʊθpɑːt, -s
AM ˈmaʊθˌpɑrt, -s

mouthpiece
BR ˈmaʊθpiːs, -ɪz
AM ˈmaʊθˌpis, -ɪz

mouth-to-mouth
BR ˌmaʊθtəˈmaʊθ
AM ˌmaʊθtəˈmaʊθ

mouthwash
BR ˈmaʊθwɒʃ, -ɪz
AM ˈmaʊʃˌwɑʃ, ˈmaʊʃˌwɔʃ, -əz

mouthy
BR ˈmaʊð|i, -ɪə(r), -ɪɪst
AM ˈmaʊθi, ˈmaʊði, -ər, -əst

movability
BR ˌmuːvəˈbɪlɨti
AM ˌmuvəˈbɪlɨdi

movable
BR ˈmuːvəbl, -z
AM ˈmuvəb(ə)l, -z

movableness
BR ˈmuːvəblnəs
AM ˈmuvəbəlnəs

movably
BR ˈmuːvəbli
AM ˈmuvəbli

move
BR muːv, -z, -ɪŋ, -d
AM muv, -z, -ɪŋ, -d

moveable
BR ˈmuːvəbl, -z
AM ˈmuvəb(ə)l, -z

movement
BR ˈmuːvm(ə)nt, -s
AM ˈmuvm(ə)nt, -s

mover
BR ˈmuːvə(r), -z
AM ˈmuvər, -z

movie
BR ˈmuːv|i, -ɪz
AM ˈmuvi, -z

moviegoer
BR ˈmuːviˌgəʊə(r), -z
AM ˈmuviˌgoʊər, -z

movie house
BR ˈmuːvi haʊ|s, -zɪz
AM ˈmuvi ˌhaʊ|s, -zəz

moviemaker
BR ˈmuːvɪˌmeɪkə(r), -z
AM ˈmuviˌmeɪkər, -z

Movietone
BR ˈmuːvɪtəʊn
AM ˈmuviˌtoʊn

movingly
BR ˈmuːvɪŋli
AM ˈmuvɪŋli

mow[1] *noun*, in *barley mow*
BR məʊ, -z
AM moʊ, -z

mow[2] *noun, verb, stack*
BR maʊ, -z, -ɪŋ, -d
AM maʊ, -z, -ɪŋ, -d

mow[3] *verb, to cut*
BR məʊ, -z, -ɪŋ, -d
AM moʊ, -z, -ɪŋ, -d

mowable
BR ˈməʊəbl
AM ˈmoʊəb(ə)l

Mowbray
BR ˈməʊbri, ˈməʊbreɪ
AM ˈmoʊˌbreɪ, ˈmoʊbri

mowburnt
BR ˈməʊbɜːnt
AM ˈmoʊˌbɜrnt

mower
BR ˈməʊə(r), -z
AM ˈmoʊər, -z

Mowgli
BR ˈmaʊgli
AM ˈmoʊgli

mowing
BR ˈməʊɪŋ, -z
AM ˈmoʊɪŋ, -z

mowlem
BR ˈməʊləm, -z
AM ˈmoʊl(ə)m, -z

mown
BR məʊn
AM moʊn

moxa
BR ˈmɒksə(r)
AM ˈmaksə

moxibustion
BR ˌmɒksɪˈbʌstʃn
AM ˌmaksəˈbəstʃ(ə)n

moxie
BR ˈmɒksi
AM ˈmaksi

Moy
BR mɔɪ
AM mɔɪ

Moya
BR ˈmɔɪə(r)
AM ˈmɔɪə

Moyer
BR mɔɪə(r)
AM mɔɪər

Moyers
BR mɔɪəz
AM mɔɪərz

Moynahan
BR ˈmɔɪnəhan
AM ˈmɔɪnəˌhæn

Moyne
BR mɔɪn
AM mɔɪn

Moynihan
BR ˈmɔɪnɪən, ˈmɔɪnɪhan
AM ˈmɔɪnəˌhæn

Moyra
BR ˈmɔɪrə(r)
AM ˈmɔɪrə

Mozambican
BR ˌməʊz(a)m-ˈbiːk(ə)n, -z
AM ˌmoʊzæmˈbikən, -z

Mozambiquan
BR ˌməʊz(a)m-ˈbiːk(ə)n, -z
AM ˌmoʊzæmˈbikən, -z

Mozambique
BR ˌməʊz(a)mˈbiːk
AM ˌmoʊzæmˈbik

Mozarab
BR məʊˈzarəb, -z
AM moʊˈzɛrəb, -z

Mozarabic
BR məʊˈzarəbɪk
AM moʊˈzɛrəbɪk

Mozart
BR ˈməʊtsaːt
AM ˈmoʊˌtsart

Mozartian
BR məʊtˈsaːtɪən, -z
AM moʊˈtsardiən, -z

mozz
BR mɒz
AM maz

mozzarella
BR ˌmɒtsəˈrɛlə(r)
AM ˌmatsəˈrɛlə

mozzle
BR ˈmɒzl, -z
AM ˈmaz(ə)l, -z

MP
BR ˌɛmˈpiː, -z
AM ˌɛmˈpi, -z

mph
BR ˌɛmpɪˈeɪtʃ
AM ˌɛmˌpiˈeɪtʃ

M.Phil.
BR ˌɛmˈfɪl, -z
AM ˌɛmˈfɪl, -z

mpingo
BR m̩ˈpɪŋgəʊ
AM (ə)mˈpɪŋgoʊ

Mr
BR ˈmɪstə(r)
AM ˈmɪstər

Mrs
BR ˈmɪsɪz
AM ˈmɪsɪs, ˈmɪsɪz

Ms
BR mɪz
AM mɪz

MSc
BR ˌɛmɛsˈsiː, -z
AM ˌɛmˌɛsˈsi, -z

MS-DOS
BR ˌɛmɛsˈdɒs
AM ˌɛmˌɛsˈdas, ˌɛmˌɛsˈdɔs

M.Tech.
BR ˌɛmˈtɛk, -s
AM ˌɛmˈtɛk, -s

mu
BR mjuː, -z
AM mju, -z

Mubarak
BR mʊˈbarak
AM məˈbarək

much
BR mʌtʃ
AM mətʃ

Muchinga
BR mʊˈtʃɪŋgə(r)
AM mʊˈtʃɪŋgə

muchly
BR ˈmʌtʃli
AM ˈmətʃli

muchness
BR ˈmʌtʃnəs
AM ˈmətʃnəs

mucilage
BR ˈmjuːsɪlɪdʒ, ˈmjuːsḷɪdʒ
AM ˈmjus(ə)lɪdʒ

mucilaginous
BR ˌmjuːsɪˈladʒɪnəs
AM ˌmjusəˈlædʒənəs

mucin
BR mjuːsɪn, -z
AM ˈmjus(ə)n, -z

muck
BR mʌk, -s, -ɪŋ, -t
AM mək, -s, -ɪŋ, -t

mucker
BR ˈmʌkə(r), -z
AM ˈməkər, -z

muckerish
BR ˈmʌk(ə)rɪʃ
AM ˈmək(ə)rɪʃ

muckheap
BR ˈmʌkhiːp, -s
AM ˈməkˌ(h)ip, -s

muckily
BR ˈmʌkɪli
AM ˈməkəli

muckiness
BR ˈmʌkɪnɪs
AM ˈməkɪnɪs

muckle
BR ˈmʌkl, -z
AM ˈmək(ə)l, -z

muckrake
BR ˈmʌkreɪk, -s, -ɪŋ, -t
AM ˈməkˌreɪk, -s, -ɪŋ, -t

muckraker
BR ˈmʌkˌreɪkə(r), -z
AM ˈməkˌreɪkər, -z

muckworm
BR ˈmʌkwəːm, -z
AM ˈməkˌwərm, -z

mucky
BR ˈmʌkli, -ɪə(r), -ɪɪst
AM ˈməki, -ər, -ɪst

mucopolysaccharide
BR ˌmjuːkəʊˌpɒlɪ-ˈsakərʌɪd, -z
AM ˌˈmjukoʊˌpali-ˈsækəˌraɪd, -z

mucosa
BR mjuːˈkəʊzə(r)
AM mjuˈkoʊzə

mucosity
BR mjuːˈkɒsɪti
AM ˌmjuˈkasədi

mucous
BR ˈmjuːkəs
AM ˈmjukəs

mucro
BR ˈmjuːkrəʊ, -z
AM ˈmjukroʊ, -z

mucronate
BR ˈmjuːkrəneɪt
AM ˈmjukrəˌneɪt, ˈmjukrənət

mucus
BR ˈmjuːkəs
AM ˈmjukəs

mud
BR mʌd
AM məd

mudbank
BR ˈmʌdbaŋk, -s
AM ˈmədˌbæŋk, -s

mudbath
BR ˈmʌd|baːθ
AM ˈməd|bæθ, -θs\-ðz

mudbrick
BR ˈmʌdbrɪk, -s
AM ˈmədˌbrɪk, -s
muddily
BR ˈmʌdɪli
AM ˈmədəli
muddiness
BR ˈmʌdɪnɪs
AM ˈmədɪnɪs
muddle
BR ˈmʌd|l, -lz,
 -l̩ɪŋ\-lɪŋ, -ld
AM ˈməd|əl, -əlz,
 -(ə)lɪŋ, -əld
muddler
BR ˈmʌdlə(r),
 ˈmʌdlə(r), -z
AM ˈməd(ə)lər, -z
muddlingly
BR ˈmʌdl̩ɪŋli,
 ˈmʌdlɪŋli
AM ˈmədlɪŋli
muddy
BR ˈmʌd|i, -ɪz, -ɪŋ,
 -ɪd, -ɪə(r), -ɪɪst
AM ˈmədi, -z,
 -ɪŋ, -d, -ər,
 -ɪst
Mudeford
BR ˈmʌdɪfəd
AM ˈmədəfərd
Mudéjar
BR ˌmuːˈdeɪhɑː(r)
AM muˈdɛˌhɑr
SP muˈðexar
Mudéjares
BR ˌmuːˈdeɪhɑːres
AM muˈdɛhɑrˌɛs
SP muˈðexares
mudfish
BR ˈmʌdfɪʃ, -ɪz
AM ˈmədˌfɪʃ, -ɪz
mudflap
BR ˈmʌdflap, -s
AM ˈmədˌflæp, -s
mudflat
BR ˈmʌdflat, -s
AM ˈmədˌflæt, -s
mudflow
BR ˈmʌdfləʊ, -z
AM ˈmədˌfloʊ, -z

Mudge
BR mʌdʒ
AM mədʒ
mudguard
BR ˈmʌdɡɑːd, -z
AM ˈmədˌɡɑrd, -z
mudhif
BR mʊˈdiːf, -s
AM məˈdif, -s
Mudie
BR ˈmjuːdi
AM ˈm(j)udi
mudlark
BR ˈmʌdlɑːk, -s
AM ˈmədˌlɑrk, -s
mudpack
BR ˈmʌdpak, -s
AM ˈmədˌpæk, -s
mudroom
BR ˈmʌdruːm,
 ˈmʌdrʊm, -z
AM ˈmədˌrʊm,
 ˈmədˌrum, -z
mudskipper
BR ˈmʌdˌskɪpə(r), -z
AM ˈmədˌskɪpər, -z
mudslinger
BR ˈmʌdˌslɪŋə(r), -z
AM ˈmədˌslɪŋər, -z
mudslinging
BR ˈmʌdˌslɪŋɪŋ
AM ˈmədˌslɪŋɪŋ
mudstone
BR ˈmʌdstəʊn, -z
AM ˈmədˌstoʊn, -z
mud volcano
BR ˌmʌd vɒlˈkeɪnəʊ
AM ˈˌməd valˈkeɪnoʊ
Mueller
BR ˈmʊlə(r),
 ˈm(j)uːlə(r)
AM ˈm(j)ulər
Muenster
BR ˈmʌnstə(r)
AM ˈmənstər
muesli
BR ˈm(j)uːzli
AM ˈmjuzli
muezzin
BR mʊˈɛzɪn, -z
AM ˈmuəz(ə)n,
 m(j)uˈɛzn, -z

muff
BR mʌf, -s, -ɪŋ, -t
AM məf, -s, -ɪŋ, -t
muffetee
BR ˌmʌfɪˈtiː, -z
AM ˈməfiti, -z
muffin
BR ˈmʌfɪn, -z
AM ˈməfən, -z
muffineer
BR ˌmʌfɪˈnɪə(r), -z
AM ˌməfəˈnɪ(ə)r, -z
muffish
BR ˈmʌfɪʃ
AM ˈməfɪʃ
muffle
BR ˈmʌf|l, -lz,
 -l̩ɪŋ\-lɪŋ, -ld
AM ˈməf|əl, -əlz,
 -(ə)lɪŋ, -əld
muffler
BR ˈmʌflə(r), -z
AM ˈməf(ə)lər, -z
muffuletta
BR ˌmʊfəˈlɛtə(r), -z
AM ˌmʊfəˈlɛdə, -z
mufti
BR ˈmʌfti
AM ˈməfti
mug
BR mʌɡ, -z, -ɪŋ, -d
AM məɡ, -z,
 -ɪŋ, -d
Mugabe
BR mʊˈɡɑːbi
AM muˈɡɑbi
mugful
BR ˈmʌɡfʊl, -z
AM ˈməɡˌfʊl, -z
mugger
BR ˈmʌɡə(r), -z
AM ˈməɡər, -z
Muggeridge
BR ˈmʌɡ(ə)rɪdʒ
AM ˈməɡərɪdʒ
mugginess
BR ˈmʌɡɪnɪs
AM ˈməɡɪnɪs
mugging
BR ˈmʌɡɪŋ, -z
AM ˈməɡɪŋ, -z

muggins
BR ˈmʌɡɪnz, -ɪz
AM ˈməɡɪnz, -ɪz
Muggle
BR ˈmʌɡl, -z
AM ˈməɡ(ə)l, -z
muggy
BR ˈmʌɡ|i, -ɪə(r), -ɪɪst
AM ˈməɡi, -ər, -ɪst
Mughal
BR ˈmʊɡ(ə)l,
 ˈmuːɡ(ə)l, -z
AM ˈməɡəl, -z
mughlai
BR ˈmʊɡlʌɪ, ˈmuːɡlʌɪ
AM ˈmʊɡlaɪ
mugshot
BR ˈmʌɡʃɒt, -s
AM ˈməɡˌʃɑt, -s
mugwort
BR ˈmʌɡwɜːt, -s
AM ˈməɡˌwɔ(ə)rt,
 ˈməɡwərt, -s
mugwump
BR ˈmʌɡwʌmp, -s
AM ˈməɡˌwəmp, -s
Muhammad
BR mʊˈhamәd
AM məˈhaməd,
 moʊˈhaməd
Muhammadanism
BR mʊˈhamədənɪzm
AM moʊˈhamədə-
 ˌnɪz(ə)m,
 məˈhamədn̩ˌɪz(ə)m,
 məˈhamədəˌnɪz(ə)m,
 moʊˈhamədn̩ˌɪz(ə)m
Muhammed
BR mʊˈhamɪd
AM məˈhaməd,
 moʊˈhaməd
Muhammedan
BR mʊˈhamɪd(ə)n, -z
AM məˈhamədən,
 moʊˈhamədən, -z
Muir
BR mjʊə(r), mjɔː(r)
AM ˈmju(ə)r
Muirhead
BR ˈmjʊəhɛd,
 ˈmjɔːhɛd
AM ˈmjʊ(ə)rˌhɛd

mujahadeen
BR ˌmʊdʒəhəˈdiːn,
ˌmuːdʒəhəˈdiːn
AM ˌmudʒəhəˈdin,
ˌmʊdʒəhəˈdin

mujaheddin
BR ˌmʊdʒəhɪˈdiːn,
ˌmuːdʒəhɪˈdiːn
AM ˌmudʒəhəˈdin,
ˌmʊdʒəhəˈdin

mujahedin
BR ˌmʊdʒəhɪˈdiːn,
ˌmuːdʒəhɪˈdiːn
AM ˌmudʒəhəˈdin,
ˌmʊdʒəhəˈdin

mujahidin
BR ˌmʊdʒəhəˈdiːn,
ˌmuːdʒəhəˈdiːn
AM ˌmudʒəhɪˈdin,
ˌmʊdʒəhɪˈdin

Mukden
BR ˈmʊkd(ə)n
AM ˈmʊkdən

mukhiya
BR mʊˈkiːə(r), -z
AM mʊˈkiə, -z

mukluk
BR ˈmʌklʌk, -s
AM ˈmək,lək, -s

mulai
BR ˈmuːleɪ, -z
AM muleɪ, -z

mulatto
BR mjuːˈlatəʊ,
mjʊˈlatəʊ, -z
AM m(j)ʊˈlædoʊ,
m(j)ʊˈlɑdoʊ, -z

mulberry
BR ˈmʌlb(ə)r|i,
-ɪz
AM ˈməl,bɛri, -z

Mulcaghey
BR mʌlˈkaxi,
mʌlˈkahi
AM məlˈkeɪhi

Mulcahy
BR mʌlˈkahi
AM məlˈkeɪhi

mulch
BR mʌl(t)ʃ, -ɪz,
-ɪŋ, -t
AM məltʃ, -əz, -ɪŋ, -t

mulct
BR mʌlkt, -s, -ɪŋ, -ɪd
AM məlk|(t), -(t)s,
-tɪŋ, -təd

Muldoon
BR mʌlˈduːn
AM məlˈdun

mule
BR mjuːl, -z
AM mjul, -z

muleteer
BR ˌmjuːlɪˈtɪə(r), -z
AM ˌmjul(ə)ˈtɪ(ə)ɪ, -z

mulga
BR ˈmʌlgə(r), -z
AM ˈməlgə, -z

Mulhearn
BR mʌlˈhɜːn
AM məlˈhɝn

Mulholland
BR mʌlˈhɒlənd
AM məlˈhɑlən(d)

muli
BR ˈmuːl|i, -ɪz
AM ˈmjuli, -z

muliebrity
BR ˌmjuːlɪˈɛbrɪti
AM ˌmjuliˈɛbrədi

mulierast
BR ˈmjuːlɪərast, -s
AM ˈmjuliəˌræst, -s

mulish
BR ˈmjuːlɪʃ
AM ˈmjulɪʃ

mulishly
BR ˈmjuːlɪʃli
AM ˈmjulɪʃli

mulishness
BR ˈmjuːlɪʃnɪs
AM ˈmjulɪʃnɪs

mull
BR mʌl, -z, -ɪŋ, -d
AM m(ə)l, -z, -ɪŋ, -d

mulla
BR ˈmʌlə(r),
ˈmʊlə(r), -z
AM ˈmulə,
ˈmʊlə, -z

mullah
BR ˈmʌlə(r),
ˈmʊlə(r), -z
AM ˈmulə, ˈmʊlə, -z

Mullan
BR ˈmʌlən
AM ˈməl(ə)n

mullein
BR ˈmʌlɪn, ˈmʌleɪn, -z
AM ˈməl(ə)n, -z

Mullen
BR ˈmʌlən
AM ˈməl(ə)n

Müller
BR ˈmʊlə(r)
AM ˈm(j)ʊlɚ
GER ˈmʏlɐ

Muller *English name*
BR ˈmʌlə(r)
AM ˈmələr

muller
BR ˈmʌlə(r), -z
AM ˈmələr, -z

mullet
BR ˈmʌlɪt, -s
AM ˈmələt, -s

Mulley
BR ˈmʌli
AM ˈməli

mulligan
BR ˈmʌlɪg(ə)n, -z
AM ˈmələgən, -z

mulligatawny
BR ˌmʌlɪgəˈtɔːni
AM ˌmələgəˈtani,
ˌmələgəˈtoni

mulligrubs
BR ˈmʌlɪgrʌbz
AM ˈməli,grəbz

Mullins
BR ˈmʌlɪnz
AM ˈmələnz

mullion
BR ˈmʌlɪən, -z, -d
AM ˈməliən,
ˈməlj(ə)n, -z, -d

mullock
BR ˈmʌlək
AM ˈmələk

mulloway
BR ˈmʌləweɪ, -z
AM ˈmələˌweɪ, -z

Mulroney
BR mʌlˈrəʊni
AM məlˈroʊni

multangular
BR mʌlˈtæŋgjʊlə(r)
AM ˌməl-
ˈtæŋ(g)jələr

multiaxial
BR ˌmʌltɪˈaksɪəl
AM ˌməlˌtaɪˈæksɪəl,
ˌməltiˈæksɪəl

multicellular
BR ˌmʌltɪˈsɛljʊlə(r)
AM ˌməltəˈsɛljələr,
ˌməlˌtaɪˈsɛljələr,
ˌməltiˈsɛljələr

multichannel
BR ˌmʌltɪˈtʃanl
AM ˌməltəˈtʃæn(ə)l,
ˌməlˌtaɪˈtʃæn(ə)l,
ˌməltiˈtʃæn(ə)l

multicolor
BR ˈmʌltɪˌkʌlə(r),
ˌmʌltɪˈkʌlə(r)
AM ˌməltəˈkələr,
ˌməlˌtaɪˈkələr,
ˌməltiˈkələr

multicolored
BR ˌmʌltɪˈkʌləd
AM ˌməltəˈkələrd,
ˌməlˌtaɪˈkələrd,
ˌməltiˈkələrd

multicolour
BR ˈmʌltɪˌkʌlə(r),
ˌmʌltɪˈkʌlə(r)
AM ˌməltəˈkələr,
ˌməlˌtaɪˈkələr,
ˌməltiˈkələr

multicoloured
BR ˌmʌltɪˈkʌləd
AM ˌməltəˈkələrd,
ˌməlˌtaɪˈkələrd,
ˌməltiˈkələrd

multicultural
BR ˌmʌltɪˈkʌltʃ(ə)rl
AM ˌməltəˈkəl(t)ʃ(ə)rəl,
ˌməlˌtaɪˈkəl(t)ʃ(ə)rəl,
ˌməltiˈkəl(t)ʃ(ə)rəl

multiculturalism
BR ˌmʌltɪˈkʌltʃ(ə)rlˌɪzm
AM ˌməltəˈkəl(t)ʃ(ə)rə-
ˌlɪz(ə)m, ˌməlˌtaɪ-
ˈkəl(t)ʃ(ə)rəˌlɪz(ə)m,
ˌməltiˈkəl(t)ʃ(ə)rə-
ˌlɪz(ə)m

multiculturalist
BR ˌmʌltɪˈkʌltʃ(ə)rˌɪst, -s
AM ˌməltə-ˈkəl(t)ʃ(ə)rələst, ˌməl.taɪ-ˈkəl(t)ʃ(ə)rələst, ˌməlti-ˈkəl(t)ʃ(ə)rələst, -s

multiculturally
BR ˌmʌltɪˈkʌltʃ(ə)rˌli
AM ˌməltə-ˈkəl(t)ʃ(ə)rəli, ˌməl.taɪˈkəl(t)ʃ(ə)rəli, ˌməltiˈkəl(t)ʃ(ə)rəli

multiculturism
BR ˌmʌltɪˈkʌltʃ(ə)rɪzm
AM ˌməltiˈkəl(t)ʃ(ə)rə-ˌlɪz(ə)m

multidimensional
BR ˌmʌltɪdaɪˈmenʃn̩l, ˌmʌltɪdɪˈmenʃn̩l
AM ˈˌməltədə-ˈmen(t)ʃ(ə)n(ə)l, ˈˌməlti.daɪ-ˈmen(t)ʃ(ə)n(ə)l, ˈˌməltə.daɪ-ˈmen(t)ʃ(ə)n(ə)l, ˈˌməl.taɪdə-ˈmen(t)ʃ(ə)n(ə)l, ˈˌməltidə-ˈmen(t)ʃ(ə)n(ə)l

multidimensionality
BR ˌmʌltɪdaɪˌmenʃə-ˈnalɪti, ˌmʌltɪdɪ-ˌmenʃəˈnalɪti
AM ˈˌməltidəˌmen(t)ʃn̩-ˈælədi, ˈˌməlti.daɪ-ˌmen(t)ʃəˈnælədi, ˈˌməlti.daɪˌmen(t)ʃn̩-ˈælədi, ˈˌməltə.daɪ-ˌmen(t)ʃəˈnælədi, ˈˌməltə.daɪˌmen(t)ʃn̩-ˈælədi, ˈˌməltədə-ˌmen(t)ʃəˈnælədi, ˌməltədəˌmen(t)ʃn̩-ˈælədi, ˈˌməl.taɪdə-ˌmen(t)ʃəˈnælədi, ˈˌməl.taɪdəˌmen(t)ʃn̩-ˈælədi, ˌməltidə-ˌmen(t)ʃəˈnælədi

multidimensionally
BR ˌmʌltɪdaɪˈmenʃn̩li, ˌmʌltɪdaɪˈmenʃnəli, ˌmʌltɪdɪˈmenʃn̩li, ˌmʌltɪdɪˈmenʃnəli
AM ˈˌməlti.daɪ-ˈmen(t)ʃ(ə)nəli, ˈˌməltədə-ˈmen(t)ʃ(ə)nəli, ˈˌməltə.daɪ-ˈmen(t)ʃ(ə)nəli, ˈˌməl.taɪdə-ˈmen(t)ʃ(ə)nəli, ˈˌməltidə-ˈmen(t)ʃ(ə)nəli

multidirectional
BR ˌmʌltɪdɪˈrekʃn̩l, ˌmʌltɪdaɪˈrekʃn̩l
AM ˈˌməlti.daɪ-ˈrekʃ(ə)n(ə)l, ˈˌməltədə-ˈrekʃ(ə)n(ə)l, ˈˌməltə.daɪˈrekʃ(ə)n(ə)l, ˈˌməl.taɪdə-ˈrekʃ(ə)n(ə)l, ˈˌməltidəˈrekʃ(ə)n(ə)l

multi-ethnic
BR ˌmʌltɪˈeθnɪk
AM ˌməl.taɪˈeθnɪk, ˌməltiˈeθnɪk

multifaceted
BR ˌmʌltɪˈfasɪtɪd
AM ˌməltəˈfæsədəd, ˌməl.taɪˈfæsədəd, ˌməltiˈfæsədəd

multifarious
BR ˌmʌltɪˈfeːriəs
AM ˌməltəˈferiəs, ˌməltiˈferiəs

multifariously
BR ˌmʌltɪˈfeːriəsli
AM ˌməltəˈferiəsli, ˌməltiˈferiəsli

multifariousness
BR ˌmʌltɪˈfeːriəsnəs
AM ˌməltəˈferiəsnəs, ˌməltiˈferiəsnəs

multifid
BR ˈmʌltɪfɪd
AM ˈməltəˌfɪd, ˈməl.taɪˌfɪd, ˈməltiˌfɪd

multifoil
BR ˈmʌltɪfɔɪl
AM ˈməltəˌfɔɪl, ˈməl.taɪˌfɔɪl, ˈməltiˌfɔɪl

multiform
BR ˈmʌltɪfɔːm
AM ˈməltəˌfɔ(ə)rm, ˈməl.taɪˌfɔ(ə)rm, ˈməltiˌfɔ(ə)rm

multiformity
BR ˌmʌltɪˈfɔːmɪt|i, -ɪz
AM ˌməltəˈfɔrməd|i, ˌməltiˈfɔrməd|i, -z

multifunction
BR ˌmʌltɪˈfʌŋ(k)ʃn
AM ˌməltəˈfʌŋkʃ(ə)n, ˌməl.taɪˈfʌŋkʃ(ə)n, ˌməltiˈfʌŋkʃ(ə)n

multifunctional
BR ˌmʌltɪˈfʌŋ(k)ʃn̩l
AM ˌməltə-ˈfʌŋkʃ(ə)n(ə)l, ˌməl.taɪ-ˈfʌŋkʃ(ə)n(ə)l, ˌməltiˈfʌŋkʃ(ə)n(ə)l

multigrade
BR ˈmʌltɪɡreɪd, -z
AM ˌməltiˌɡreɪd, -z

multihull
BR ˈmʌltɪhʌl, -z
AM ˈməltəˌhəl, ˈməl.taɪˌhəl, ˈməltiˌhəl, -z

multilateral
BR ˌmʌltɪˈlat(ə)rl̩
AM ˌməltiˈlætrəl, ˌməltəˈlædərəl, ˌməltəˈlætrəl, ˌməl.taɪˈlædərəl, ˌməl.taɪˈlætrəl, ˌməltiˈlædərəl

multilateralism
BR ˌmʌltɪˈlat(ə)rˌlɪzm
AM ˌməltiˈlætərəlɪz(ə)m

multilateralist
BR ˌmʌltɪˈlat(ə)rˌlɪst, -s
AM ˌməltəˈlætərələst, ˌməl.taɪˈlætərələst, ˌməltiˈlætərələst, -s

multilaterally
BR ˌmʌltɪˈlat(ə)rˌli
AM ˌməltiˈlætrəli, ˌməltəˈlædərəli, ˌməltəˈlætrəli, ˌməl.taɪˈlædərəli, ˌməl.taɪˈlætrəli, ˌməltiˈlædərəli

multi-layered
BR ˌmʌltɪˈleɪəd
AM ˌməltəˈleɪərd, ˌməl.taɪˈleɪərd, ˌməltiˈleɪərd

multilevel
BR ˌmʌltɪˈlevl
AM ˌməltəˈlevəl, ˌməl.taɪˈlevəl, ˌməltiˈlevəl

multilingual
BR ˌmʌltɪˈlɪŋɡw(ə)l
AM ˌməltəˈlɪŋɡwəl, ˌməl.taɪˈlɪŋɡwəl, ˌməltiˈlɪŋɡwəl

multilingualism
BR ˌmʌltɪˈlɪŋɡwˌlɪzm
AM ˌməltəˈlɪŋɡwə-ˌlɪz(ə)m, ˌməl.taɪ-ˈlɪŋɡwəˌlɪz(ə)m, ˌməltiˈlɪŋɡwə-ˌlɪz(ə)m

multilingually
BR ˌmʌltɪˈlɪŋɡwˌli
AM ˌməltəˈlɪŋɡwəli, ˌməl.taɪˈlɪŋɡwəli, ˌməltiˈlɪŋɡwəli

multimedia
BR ˌmʌltɪˈmiːdɪə(r)
AM ˌməltəˈmidɪə, ˌməltiˈmidɪə

multimillion
BR ˌmʌltɪˈmɪlj(ə)n, -z
AM ˌməltəˈmɪlj(ə)n, ˌməltiˈmɪlj(ə)n, -z

multimillionaire
BR ˌmʌltɪˌmɪljəˈneː(r), -z
AM ˌməltəˌmɪljəˈne(ə)r, ˈˌməl.taɪˌmɪljəˈne(ə)r, ˌməltiˌmɪljəˈne(ə)r, -z

multimillionnaire
BR ˌmʌltɪˌmɪljəˈnɛː(r), -z
AM ˌməltəˌmɪljəˈnɛ(ə)r, ˈməlˌtaɪˌmɪljəˈnɛ(ə)r, ˌməltɪˌmɪljəˈnɛ(ə)r, -z

multinational
BR ˌmʌltɪˈnæʃn̩l, -z
AM ˌməltəˈnæʃ(ə)n(ə)l, ˌməlˌtaɪˈnæʃ(ə)n(ə)l, ˌməltɪˈnæʃ(ə)n(ə)l, -z

multinationally
BR ˌmʌltɪˈnæʃn̩li, ˌmʌltɪˈnæʃnəli
AM ˌməltəˈnæʃ(ə)nəli, ˌməlˌtaɪˈnæʃ(ə)nəli, ˌməltɪˈnæʃ(ə)nəli

multinomial
BR ˌmʌltɪˈnəʊmiəl, -z
AM ˌməltəˈnoʊmiəl, ˌməltɪˈnoʊmiəl, -z

multiparous
BR mʌlˈtɪp(ə)rəs
AM ˌməlˈtɪpərəs

multipartite
BR ˌmʌltɪˈpɑːtʌɪt
AM ˌməltəˈpɑrˌtaɪt, ˌməlˌtaɪˈpɑrˌtaɪt, ˌməltɪˈpɑrˌtaɪt

multi-party
BR ˌmʌltɪˈpɑːti
AM ˌməltəˈpɑrdi, ˌməlˌtaɪˈpɑrdi, ˌməltɪˈpɑrdi

multiphase
BR ˈmʌltɪfeɪz, -ɪz
AM ˌməltəˈfeɪz, ˌməlˌtaɪˈfeɪz, ˌməltɪˈfeɪz, -ɪz

multiple
BR ˈmʌltɪpl, -z
AM ˈməltəpəl, -z

multiplex
BR ˈmʌltɪplɛks
AM ˈməltəˌplɛks, ˈməltɪˌplɛks

multiplexer
BR ˈmʌltɪplɛksə(r), -z
AM ˈməltəˌplɛksər, ˈməltɪˌplɛksər, -z

multiplexor
BR ˈmʌltɪplɛksə(r), -z
AM ˈməltəˌplɛksər, ˈməltɪˌplɛksər, -z

multipliable
BR ˈmʌltɪplʌɪəbl
AM ˈməltɪplaɪəb(ə)l, ˈməltəplaɪəb(ə)l

multiplicable
BR ˈmʌltɪplɪkəbl
AM ˈməltɪˈplɪkəb(ə)l, ˈməltəˈplɪkəb(ə)l

multiplicand
BR ˌmʌltɪplɪˈkand, ˈmʌltɪplɪkand, -z
AM ˈˌməltəpləˈkænd, -z

multiplication
BR ˌmʌltɪplɪˈkeɪʃn
AM ˌməltəpləˈkeɪʃ(ə)n

multiplicative
BR ˈmʌltɪplɪkətɪv
AM ˌməltəˈplɪkədɪv, ˈməltəpləˌkeɪdɪv

multiplicity
BR ˌmʌltɪˈplɪsɪti
AM ˌməltəˈplɪsɪdi

multiplier
BR ˈmʌltɪplʌɪə(r), -z
AM ˈməltəˌplaɪər, -z

multiply
BR ˈmʌltɪplʌɪ, -z, -ɪŋ, -d
AM ˈməltəˌplaɪ, -z, -ɪŋ, -d

multipolar
BR ˌmʌltɪˈpəʊlə(r)
AM ˌməltəˈpoʊlər, ˌməlˌtaɪˈpoʊlər, ˌməltɪˈpoʊlər

multiprocessing
BR ˌmʌltɪˈprəʊsɛsɪŋ, -z
AM ˌməltəˈprɑsəsɪŋ, ˌməlˌtaɪˈprɑsəsɪŋ, ˌmɛltɪˈprɑˌsɛsɪŋ, ˌməltəˈprɑˌsɛsɪŋ, ˌməltaɪˈprɑˌsɛsɪŋ, ˌməltɪˈprɑsəsɪŋ, -z

multiprocessor
BR ˌmʌltɪˈprəʊsɛsə(r), -z
AM ˌməltəˈprɑsəsər, ˌməltɪˈprɑˌsɛsər, ˌməltəˈprɑˌsɛsər, ˌməltɪˈprɑsəsər, -z

multiprogramming
BR ˌmʌltɪˈprəʊgramɪŋ, -z
AM ˌməltəˈproʊˌgræmɪŋ, ˌməlˌtaɪˈproʊˌgræmɪŋ, ˌməltɪˈproʊˌgræmɪŋ, -z

multipurpose
BR ˌmʌltɪˈpəːpəs
AM ˈməltəˌpərpəs, ˈməlˌtaɪˌpərpəs, ˈməltɪˌpərpəs

multiracial
BR ˌmʌltɪˈreɪʃl
AM ˌməltəˈreɪʃ(ə)l, ˌməlˌtaɪˈreɪʃ(ə)l, ˌməltɪˈreɪʃ(ə)l

multiracially
BR ˌmʌltɪˈreɪʃli
AM ˌməltəˈreɪʃəli, ˌməlˌtaɪˈreɪʃəli, ˌməltɪˈreɪʃəli

multistage
BR ˌmʌltɪˈsteɪdʒ
AM ˌməltəˈsteɪdʒ, ˌməlˌtaɪˈsteɪdʒ, ˌməltɪˈsteɪdʒ

multistorey
BR ˌmʌltɪˈstɔːri
AM ˈməltəˌstɔri, ˌməlˌtaɪˈstɔri, ˈməltɪˌstɔri

multitask
BR ˌmʌltɪˈtɑːsk, -s, -ɪŋ, -t
AM ˌməltɪˈtæsk, -s, -ɪŋ, -t

multitude
BR ˌmʌltɪtjuːd, ˈmʌltɪtʃuːd, -z
AM ˈməltəˌt(j)ud, -z

multitudinous
BR ˌmʌltɪˈtjuːdɪnəs, ˌmʌltɪˈtʃuːdɪnəs
AM ˌməltəˈt(j)udn̩əs

multitudinously
BR ˌmʌltɪˈtjuːdɪnəsli, ˌmʌltɪˈtʃuːdɪnəsli
AM ˌməltəˈt(j)udn̩əsli

multitudinousness
BR ˌmʌltɪˈtjuːdɪnəsnəs, ˌmʌltɪˈtʃuːdɪnəsnəs
AM ˌməltəˈt(j)udn̩əsnəs

multivalency
BR ˌmʌltɪˈveɪlns|i, -ɪz
AM ˌməltəˈveɪlənsi, ˌməlˌtaɪˈveɪlənsi, ˌməltɪˈveɪlənsi, -z

multivalent
BR ˌmʌltɪˈveɪlnt
AM ˌməltəˈveɪl(ə)nt, ˌməlˌtaɪˈveɪl(ə)nt, ˌməltɪˈveɪl(ə)nt

multivalve
BR ˌmʌltɪˈvalv
AM ˌməltəˈvælv, ˌməlˌtaɪˈvælv, ˌməltɪˈvælv

multivariate
BR ˌmʌltɪˈvɛːriət
AM ˌməltəˈvɛriət, ˌməlˌtaɪˈvɛriət, ˌməltɪˈvɛriət

multiversity
BR ˌmʌltɪˈvəːsɪt|i, -ɪz
AM ˌməltəˈvərsədi, ˌməltɪˈvərsədi, -z

multivocal
BR ˌmʌltɪˈvəʊkl
AM ˌməltəˈvoʊkəl, ˌməlˌtaɪˈvoʊkəl, ˌməltɪˈvoʊkəl

multum in parvo
BR ˌmʌltəm ɪn ˈpɑːvəʊ
AM ˌmʊlt(ə)m ɪn ˈpɑrvoʊ

multure
BR ˈmʌltʃə(r), -z
AM ˈməltʃər, -z

mum
BR mʌm, -z, -ɪŋ, -d
AM məm, -z, -ɪŋ, -d

mumble
BR ˈmʌmb|l, -lz, -lɪŋ\-lɪŋ, -ld
AM ˈməmb|əl, -əlz, -(ə)lɪŋ, -əld

mumbler
BR ˈmʌmblə(r),
ˈmʌmblə(r), -z
AM ˈməmb(ə)lər, -z

Mumbles
BR ˈmʌmblz
AM ˈməmblz

mumbling
BR ˈmʌmblɪŋ,
ˈmʌmblɪŋ, -z
AM ˈməmb(ə)lɪŋ, -z

mumblingly
BR ˈmʌmblɪŋli,
ˈmʌmblɪŋli
AM ˈməmbəlɪŋli

mumbo-jumbo
BR ˌmʌmbəʊˈdʒʌmbəʊ, -z
AM ˌməmboʊˈdʒəmboʊ, -z

mumchance
BR ˈmʌmtʃɑːns, -ɪz
AM ˈməmˌtʃæns, -əz

mu-meson
BR ˌmjuːˈmiːzɒn, ˌmjuːˈmiːsɒn, ˌmjuːˈmɛzɒn, ˌmjuːˈmɛsɒn, ˌmjuːˈmeɪzɒn, -z
AM ˌmjuːˈmeɪˌsɑn, ˌmjuːˈmeɪˌzɑn, -z

Mumford
BR ˈmʌmfəd
AM ˈməmfərd

mummer
BR ˈmʌmə(r), -z
AM ˈməmər, -z

mummery
BR ˈmʌm(ə)ri
AM ˈməməri

mummification
BR ˌmʌmɪfɪˈkeɪʃn
AM ˌməməfəˈkeɪʃ(ə)n

mummify
BR ˈmʌmɪfaɪ, -z, -ɪŋ, -d
AM ˈməməˌfaɪ, -z, -ɪŋ, -d

mumming
BR ˈmʌmɪŋ
AM ˈməmɪŋ

mummy
BR ˈmʌm|i, -ɪz
AM ˈməmi, -z

mumpish
BR ˈmʌmpɪʃ
AM ˈməmpɪʃ

mumps
BR mʌmps
AM məmps

Munch
BR mʊŋk
AM mʊŋk, məŋk
NO mʊŋk, mɵŋk

munch
BR mʌn(t)ʃ, -ɪz, -ɪŋ, -t
AM mən(t)ʃ, -əz, -ɪŋ, -t

Munchausen
BR ˈmʊntʃaʊzn
AM ˈmʊnˌ(t)ʃaʊzn

München
BR ˈmʊn(t)ʃ(ə)n
AM ˈmʊntʃ(ə)n
GER ˈmʏnçn̩

munchies
BR ˈmʌn(t)ʃiz
AM ˈmən(t)ʃiz

Muncie
BR ˈmʌnsi
AM ˈmənsi

Munda
BR ˈmʊndə(r), -z
AM ˈmʊndə, -z

mundane
BR ˌmʌnˈdeɪn
AM ˌmənˈdeɪn

mundanely
BR ˌmʌnˈdeɪnli
AM ˌmənˈdeɪnli

mundaneness
BR ˌmʌnˈdeɪnɪs
AM ˌmənˈdeɪ(n)nɪs

mundanity
BR ˌmʌnˈdeɪnɪt|i, -ɪz
AM ˌmənˈdeɪnɪdi, -z

mundowie
BR mʌnˈdəʊ|i, -ɪz
AM mənˈdoʊi, -z

mundu
BR ˈmʊnduː, -z
AM ˈmʊndu, -z

mung
BR mʌŋ, muːŋ
AM məŋ

mungo
BR ˈmʌŋgəʊ
AM ˈməŋgoʊ

Munich
BR ˈmjuːnɪk, ˈmjuːnɪx
AM ˈmjunɪk

municipal
BR mjʊˈnɪsɪpl
AM mjəˈnɪsəpəl, mjuˈnɪsəpəl

municipalisation
BR mjʊˌnɪsɪpl̩ʌɪˈzeɪʃn
AM mjəˌnɪsəpələˈzeɪʃ(ə)n, mjuˌnɪsəpəˌlaɪˈzeɪʃ(ə)n, mjəˌnɪsəpəˌlaɪˈzeɪʃ(ə)n, mjuˌnɪsəpələˈzeɪʃ(ə)n

municipalise
BR mjʊˈnɪsɪpl̩ʌɪz, -ɪz, -ɪŋ, -d
AM mjəˈnɪsəpəˌlaɪz, mjuˈnɪsəpəˌlaɪz, -ɪz, -ɪŋ, -d

municipality
BR mjʊˌnɪsɪˈpalɪt|i, ˌmjuːnɪsɪˈpalɪt|i, -ɪz
AM mjəˌnɪsəˈpælədi, mjuˌnɪsəˈpælədi, -z

municipalization
BR mjʊˌnɪsɪpl̩ʌɪˈzeɪʃn
AM mjəˌnɪsəpələˈzeɪʃ(ə)n, mjuˌnɪsəpəˌlaɪˈzeɪʃ(ə)n, mjəˌnɪsəpəˌlaɪˈzeɪʃ(ə)n, mjuˌnɪsəpələˈzeɪʃ(ə)n

municipalize
BR mjʊˈnɪsɪpl̩ʌɪz, -ɪz, -ɪŋ, -d
AM mjəˈnɪsəpəˌlaɪz, mjuˈnɪsəpəˌlaɪz, -ɪz, -ɪŋ, -d

municipally
BR mjʊˈnɪsɪpl̩i
AM mjəˈnɪsəpəli, mjuˈnɪsəpəli

munificence
BR mjʊˈnɪfɪsns
AM mjəˈnɪfəs(ə)ns, mjuˈnɪfəs(ə)ns

munificent
BR mjʊˈnɪfɪsnt
AM mjəˈnɪfəs(ə)nt, mjuˈnɪfəs(ə)nt

munificently
BR mjʊˈnɪfɪsntli
AM mjəˈnɪfəsən(t)li, mjuˈnɪfəsəntli

muniment
BR ˈmjuːnɪm(ə)nt, -s
AM ˈmjunəm(ə)nt, -s

munition
BR mjʊˈnɪʃn, -z
AM mjəˈnɪʃ(ə)n, mjuˈnɪʃ(ə)n, -z

munitioner
BR mjʊˈnɪʃnə(r), -z
AM mjəˈnɪʃənər, mjuˈnɪʃənər, -z

munjon
BR mʌn(d)ʒ(ə)n, -z
AM məndʒən, -z

munnion
BR ˈmʌnj(ə)n, -z
AM ˈmənj(ə)n, -z

Muñoz
BR muːˈnjəʊz
AM munˈjoʊz
SP muˈʔoθ, muˈʔos

Munro
BR mʌnˈrəʊ
AM mənˈroʊ

munshi
BR muːnˈʃiː, -z
AM mənˈʃi, -z

Munster
BR ˈmʌnstə(r)
AM ˈmənstər

Münster
BR ˈmʊnstə(r)
AM ˈmʊnstər
GER ˈmʏnstɐ

munt
BR mʊnt, -s
AM mʊnt, -s

muntjac
BR ˈmʌntdʒak, -s
AM ˈməntˌdʒæk, -s

muntjak
BR ˈmʌntdʒak, -s
AM ˈmənt͵dʒæk, -s

muntu
BR ˈmʊntuː, -z
AM ˈmʊntu, -z

Muntz metal
BR ˈmʌnts ˌmetl
AM ˈmən(t)s ˌmɛdl

muon
BR ˈmjuːɒn, -z
AM ˈmjuˌɑn, -z

Muong
BR ˈmuːɒŋ, mwɒŋ, -z
AM ˈmuˌɑŋ, mwɑŋ, -z

muonic
BR mjuːˈɒnɪk
AM mjəˈwɑnɪk, mjuˈɑnɪk

murage
BR ˈmjʊər|ɪdʒ, ˈmjɔːr|ɪdʒ, -ɪdʒɪz
AM ˈmjʊrɪdʒ, -ɪz

mural
BR ˈmjʊərl̩, ˈmjɔːrl̩, -z
AM ˈmjʊrəl, -z

muralist
BR ˈmjʊərl̩ɪst, ˈmjɔːrl̩ɪst, -s
AM ˈmjʊrələst, -s

Murchison
BR ˈmɜːtʃɪs(ə)n
AM ˈmɜrtʃəz(ə)n

murder
BR ˈmɜːd|ə(r), -əz, -(ə)rɪŋ, -əd
AM ˈmɜrdər, -z, -ɪŋ, -d

murderer
BR ˈmɜːd(ə)rə(r), -z
AM ˈmɜrdərər, -z

murderess
BR ˈmɜːdərɛs, ˈmɜːd(ə)rɪs, ˌmɜːdəˈrɛs, -ɪz
AM ˈmɜrdərəs, -əz

murderous
BR ˈmɜːd(ə)rəs
AM ˈmɜrd(ə)rəs

murderously
BR ˈmɜːd(ə)rəsli
AM ˈmɜrd(ə)rəsli

murderousness
BR ˈmɜːd(ə)rəsnəs
AM ˈmɜrd(ə)rəsnəs

Murdo
BR ˈmɜːdəʊ
AM ˈmɜrdoʊ

Murdoch
BR ˈmɜːdɒk, ˈmɜːdəx
AM ˈmɜrdək, ˈmɜrdɑk

mure
BR mjʊə(r), mjɔː(r), -z, -ɪŋ, -d
AM ˈmjʊ(ə)r, -z, -ɪŋ, -d

murex
BR ˈmjʊərɛks, ˈmjɔːrɛks
AM ˈmjʊˌrɛks

Murgatroyd
BR ˈmɜːgətrɔɪd
AM ˈmɜrgəˌtrɔɪd

murgh
BR mʊəg, mɜːg
AM mʊ(ə)rg

murgi
BR ˈmʊəg|i, ˈmɜːg|i, -ɪz
AM ˈmʊrgi, -z

muriatic
BR ˌmjʊərɪˈatɪk, ˌmjɔːrɪˈatɪk
AM ˌmjʊriˈædɪk

Muriel
BR ˈmjʊəriəl, ˈmjɔːriəl
AM ˈmjʊriəl

Murillo
BR mjʊˈrɪləʊ
AM m(j)ʊˈriljoʊ
SP muˈrijo

murine
BR ˈmjʊərʌɪn, ˈmjʊərɪn, ˈmjɔːrʌɪn, ˈmjɔːrɪn
AM ˈmjurən, ˈmjuˌrin, ˈmjuˌraɪn

muriqui
BR ˌmʊrɪˈkiː, -z
AM ˌmʊrɪˈki, -z

murk
BR mɜːk
AM mɜrk

murkily
BR ˈmɜːk|ɪli
AM ˈmɜrkəli

murkiness
BR ˈmɜːkɪnɪs
AM ˈmɜrkɪnɪs

murky
BR ˈmɜːk|i, -ɪə(r), -ɪɪst
AM ˈmɜrki, -ər, -ɪst

Murmansk
BR mɜːˈmansk
AM ˈmʊrˌmænsk, mʊrˈmænsk
RUS ˈmurmənsk

murmur
BR ˈmɜːm|ə(r), -əz, -(ə)rɪŋ, -əd
AM ˈmɜrm|ər, -ərz, -(ə)rɪŋ, -ərd

murmurer
BR ˈmɜːm(ə)rə(r), -z
AM ˈmɜrmərər, -z

murmuringly
BR ˈmɜːm(ə)rɪŋli
AM ˈmɜrm(ə)rɪŋli

murmurous
BR ˈmɜːm(ə)rəs
AM ˈmɜrm(ə)rəs

murphy
BR ˈmɜːf|i, -ɪz
AM ˈmɜrfi, -z

murrain
BR ˈmʌrɪn, ˈmʌrn̩, ˈmʌreɪn, -z
AM ˈmɜrən, -z

Murray
BR ˈmʌri
AM ˈmɜri

murre
BR mɜː(r), -z
AM mɜr, -z

murrelet
BR ˈmɜːlɪt, -s
AM ˈmɜrlət, -s

murrey
BR ˈmʌr|i, -ɪz
AM ˈmɜri, -z

murrhine
BR ˈmʌrɪn, ˈmʌrn̩, ˈmʌrʌɪn, -z
AM ˈmɜˌraɪn, ˈmɜrən, -z

murri
BR ˈmʌr|i, -ɪz
AM ˈmɜri, -z

Murrow
BR ˈmʌrəʊ
AM ˈmɜroʊ

Murrumbidgee
BR ˌmʌrəmˈbɪdʒiː
AM ˌmɜrəmˈbɪdʒi

Murtagh
BR ˈmɜːtə(r)
AM ˈmɜrˌtɔ

murther
BR ˈmɜːð|ə(r), -əz, -(ə)rɪŋ, -əd
AM ˈmɜrð|ər, -ərz, -(ə)rɪŋ, -ərd

muru
BR ˈmʊəruː, -z, -ɪŋ, -d
AM ˈmʊru, -z, -ɪŋ, -d

Mururoa
BR ˌm(j)ʊərəˈrəʊə(r)
AM ˌmjʊrəˈroʊə

musaceous
BR mjuːˈzeɪʃəs, mjʉˈzeɪʃəs
AM mjuˈzeɪʃəs

Musala
BR mjuːˈsɑːlə(r)
AM mjuˈsɑlə

muscadel
BR ˌmʌskəˈdɛl, -z
AM ˌməskəˈdɛl, -z

Muscadet
BR ˈmʌskədeɪ, ˌmʌskəˈdeɪ, -z
AM ˈməskəˌdɛt, -s

muscadine
BR ˈmʌskədʌɪn, ˈmʌskədɪn, -z
AM ˈməskəˌdaɪn, -z

muscarine
BR ˈmʌskəriːn, ˈmʌskərɪn, -z
AM ˈməskəˌrin, ˈməskərən, -z

muscat
BR ˈmʌskat, -s
AM ˈməˌskæt, -s

muscatel
BR ˌmʌskəˈtɛl, -z
AM ˌməskəˈtɛl, -z

muscle
BR ˈmʌs|l, -lz,
-lɪŋ\-lɪŋ, -ld
AM ˈməs|əl, -əlz,
-(ə)lɪŋ, -əld

muscleless
BR ˈmʌsl̩ləs
AM ˈməsə(l)ləs

muscly
BR ˈmʌsli
AM ˈməsl̩i

muscologist
BR mʌˈskɒlədʒɪst, -s
AM məsˈkɑlədʒəst, -s

muscology
BR mʌˈskɒlədʒi
AM məsˈkɑlədʒi

muscovado
BR ˌmʌskəˈvɑːdəʊ, -z
AM ˌməskəˈvɑdoʊ,
ˌməskəˈveɪdoʊ, -z

Muscovite
BR ˈmʌskəvʌɪt, -s
AM ˈməskəˌvaɪt, -s

Muscovy
BR ˈmʌskəvi
AM ˈməskəvi

muscular
BR ˈmʌskjələ(r)
AM ˈməskjələr

muscularity
BR ˌmʌskjʉˈlarɪti
AM ˌməskjəˈlɛrədi

muscularly
BR ˈmʌskjʉləli
AM ˈməskjələrli

musculature
BR ˈmʌskjʉlətʃə(r)
AM ˈməskjələtʃər

musculoskeletal
BR ˌmʌskjʉləʊˈskɛlɪtl
AM ˌˈməskjələˈskɛlətl

muse
BR mjuːz, -ɪz, -ɪŋ, -d
AM mjuz, -əz, -ɪŋ, -d

museology
BR ˌmjuːzɪˈɒlədʒi
AM ˌmjuziˈɑlədʒi

musette
BR mjuːˈzɛt,
mjʉˈzɛt, -s
AM mjuˈzɛt, -s

museum
BR mjuːˈziːəm,
mjʉˈziːəm, -z
AM mjuˈziəm, -z

Musgrave
BR ˈmʌzgreɪv
AM ˈməsgreɪv

Musgrove
BR ˈmʌzgrəʊv
AM ˈməsgroʊv

mush[1] *noun, man*
BR mʊʃ, -ɪz
AM məʃ, -əz

mush[2] *verb*
BR mʌʃ, -ɪz,
-ɪŋ, -t
AM məʃ, -əz,
-ɪŋ, -t

mushaira
BR mʊˈʃʌɪrə(r), -z
AM mʊˈʃaɪrə, -z

mushily
BR ˈmʌʃɪli
AM ˈməʃəli

mushiness
BR ˈmʌʃɪnɪs
AM ˈməʃinɪs

mushroom
BR ˈmʌʃruːm,
ˈmʌʃrʊm, -z
AM ˈməʃˌrʊm,
ˈməʃˌrum, -z

mushroomy
BR ˈmʌʃruːmi,
ˈmʌʃrʊmi
AM ˈməʃˌrumi,
ˈməʃˌrumi

mushy
BR ˈmʌʃi, -ɪə(r),
-ɪɪst
AM ˈməʃi, -ər,
-ɪst

music
BR ˈmjuːzɪk
AM ˈmjuzɪk

musical
BR ˈmjuːzɪkl, -z
AM ˈmjuzək(ə)l, -z

musicale
BR ˌmjuːzɪˈkɑːl,
ˌmjuːzɪˈkal, -z
AM ˌmjuzəˈkæl, -z

musicalise
BR ˈmjuːzɪkl̩ʌɪz, -ɪz,
-ɪŋ, -d
AM ˈmjuzəkəˌlaɪz, -ɪz,
-ɪŋ, -d

musicality
BR ˌmjuːzɪˈkalɪti
AM ˌmjuzəˈkælədi

musicalize
BR ˈmjuːzɪkl̩ʌɪz, -ɪz,
-ɪŋ, -d
AM ˈmjuzəkəˌlaɪz, -ɪz,
-ɪŋ, -d

musically
BR ˈmjuːzɪkl̩i,
ˈmjuːzɪkli
AM ˈmjuzək(ə)li

musicalness
BR ˈmjuːzɪklnəs
AM ˈmjuzəkəlnəs

musician
BR mjuːˈzɪʃn,
mjʉˈzɪʃn, -z
AM mjuˈzɪʃ(ə)n, -z

musicianly
BR mjuːˈzɪʃnli,
mjʉˈzɪʃnli
AM mjuˈzɪʃənli

musicianship
BR mjuːˈzɪʃnʃɪp,
mjʉˈzɪʃnʃɪp
AM mjuˈzɪʃənˌʃɪp

musicological
BR ˌmjuːzɪkəˈlɒdʒɪkl
AM ˌmjuzəkəˈlɑdʒəkl

musicologically
BR ˌmjuːzɪkəˈlɒdʒɪkli
AM ˌmjuzəkə-
ˈlɑdʒ(ə)kli

musicologist
BR ˌmjuːzɪˈkɒlədʒɪst, -s
AM ˌmjuzəˈkɑlədʒəst,
-s

musicology
BR ˌmjuːzɪˈkɒlədʒi
AM ˌmjuzəˈkɑlədʒi

musing
BR ˈmjuːzɪŋ, -z
AM ˈmjuzɪŋ, -z

musingly
BR ˈmjuːzɪŋli
AM ˈmjuzɪŋli

musique concrète
BR mjuːˌziːk kɒŋ-
ˈkrɛt, mjʉˌziːk +
AM mʊˌzik kɑnˈkrɛt

musk
BR mʌsk
AM məsk

muskeg
BR ˈmʌskɛg
AM ˈməsˌkɛg

muskellunge
BR ˈmʌskəlʌn(d)ʒ,
-ɪz
AM ˈməskəˌləndʒ,
-əz

musket
BR ˈmʌskɪt, -s
AM ˈməskət, -s

musketeer
BR ˌmʌskɪˈtɪə(r), -z
AM ˌməskəˈtɪ(ə)r, -z

musketoon
BR ˌmʌskɪˈtuːn, -z
AM ˌməskəˈtun, -z

musketry
BR ˈmʌskɪtri
AM ˈməskətri

muskie
BR ˈmʌski
AM ˈməski

muskiness
BR ˈmʌskɪnɪs
AM ˈməskɪnɪs

muskmelon
BR ˈmʌskˌmɛlən, -z
AM ˈməʃˌmɛl(ə)n,
ˈməskˌmɛl(ə)n,
-z

Muskogean
BR mʌˈskəʊɡɪən,
-z
AM məˈskoʊɡiən,
məˈskoʊɡiən, -z

muskrat
BR ˈmʌskrat, -s
AM ˈməˌskræt, -s

muskwood
BR ˈmʌskwʊd
AM ˈməskˌwʊd

musky
BR ˈmʌski
AM ˈməski

Muslim

Muslim
BR ˈmʊzlɪm, ˈmʌzlɪm,
ˈmʊslɪm, -z
AM ˈmʊzl(ə)m,
ˈməzl(ə)m, -z
muslimisation
BR ˌmʊzlɪmʌɪˈzeɪʃn,
ˌmʌzlɪmʌɪˈzeɪʃn,
ˌmʊslɪmʌɪˈzeɪʃn
AM ˌməzləməˈzeɪʃ(ə)n
muslimization
BR ˌmʊzlɪmʌɪˈzeɪʃn,
ˌmʌzlɪmʌɪˈzeɪʃn,
ˌmʊslɪmʌɪˈzeɪʃn
AM ˌməzləməˈzeɪʃ(ə)n
muslin
BR ˈmʌzlɪn, -d
AM ˈməzl(ə)n, -d
musmon
BR ˈmʌsmən,
ˈmʌzmən, -z
AM ˈməzm(ə)n, -z
muso
BR ˈmjuːzəʊ, -z
AM ˈmjuzoʊ, -z
muso
BR ˈmjuːzəʊ, -z
AM ˈmjuzoʊ, -z
musquash
BR ˈmʌskwɒʃ, -ɪz
AM ˈməˌskwɑʃ,
ˈməˌskwɔʃ,
-əz
muss
BR mʌs, -ɪz, -ɪŋ, -t
AM məs, -əz, -ɪŋ, -t
mussel
BR ˈmʌsl, -z
AM ˈməs(ə)l, -z
Musselburgh
BR ˈmʌslb(ə)rə(r)
AM ˈməslˌbərə,
ˈməslˌbərg
Mussolini
BR ˌmʊsəˈliːni,
ˌmʌsəˈliːni
AM ˌmusəˈlini
Mussorgsky
BR mʉˈsɔːgski,
mʉˈzɔːgski
AM məˈsɔrgski
RUS ˈmusərkskʲij

Mussulman
BR ˈmʌs(ə)lmən, -z
AM ˈməsəlm(ə)n, -z
Mussulmen
BR ˈmʌs(ə)lmən
AM ˈməsəlm(ə)n
mussy
BR ˈmʌsi
AM ˈməsi
must
BR mʌst
AM məst
mustache
BR məˈstɑːʃ, -ɪz, -t
AM məˈstæʃ, ˈməˌstæʃ,
-əz, -t
mustachio
BR məˈstɑːʃ(ɪ)əʊ,
-z, -d
AM məˈstæʃioʊ,
-z, -d
Mustafa
BR ˈmʊstəfə(r),
ˈmʌstəfə(r),
mʉˈstɑːfə(r),
mʉˈstafə(r)
AM mʊsˈtafə,
ˈmʊstəfə
mustang
BR ˈmʌstaŋ, -z
AM ˈməˌstæŋ, -z
Mustapha
BR ˈmʊstəfə(r),
ˈmʌstəfə(r),
mʉˈstɑːfə(r),
mʉˈstafə(r)
AM mʊsˈtafə,
ˈmʊstəfə
mustard
BR ˈmʌstəd
AM ˈməstərd
muster
BR ˈmʌst|ə(r), -əz,
-(ə)rɪŋ, -əd
AM ˈməst|ər, -ərz,
-(ə)rɪŋ, -ərd
musterer
BR ˈmʌst(ə)rə(r), -z
AM ˈməst(ə)rər, -z
musth
BR ˈmʌst
AM ˈməst

must-have
BR ˌmʌstˈhav, -z
AM ˈməstˈhæv, -z
mustily
BR ˈmʌstɪli
AM ˈməstəli
mustiness
BR ˈmʌstɪnɪs
AM ˈməstɪnɪs
Mustique
BR mʊˈstiːk
AM məˈstik
mustn't
BR ˈmʌsnt
AM ˈməsnt
must-see
BR ˌmʌstˈsiː, -z
AM ˈməstˈsi, -z
musty
BR ˈmʌst|i, -ɪə(r),
-ɪɪst
AM ˈməsti, -ər, -ɪst
Mut
BR mʌt
AM mət
mutability
BR ˌmjuːtəˈbɪlɪti
AM ˌmjudəˈbɪlɪdi
mutable
BR ˈmjuːtəbl
AM ˈmjudəb(ə)l
mutagen
BR ˈmjuːtədʒ(ə)n
AM ˈmjudədʒ(ə)n,
ˈmjudəˌdʒɛn
mutagenesis
BR ˌmjuːtəˈdʒɛnɪsɪs
AM ˌmjudəˈdʒɛnəsəs
mutagenic
BR ˌmjuːtəˈdʒɛnɪk
AM ˌmjudəˈdʒɛnɪk
mutant
BR ˈmjuːt(ə)nt, -s
AM ˈmjutnt, -s
mutate
BR mjuːˈteɪt, -s,
-ɪŋ, -ɪd
AM ˈmjuˌteɪt, -ts,
-dɪŋ, -dɪd
mutation
BR mjuːˈteɪʃn, -z
AM mjuˈteɪʃ(ə)n, -z

mutilator

mutational
BR mjuːˈteɪʃnl̩
AM ˌmjuˈteɪʃ(ə)n(ə)l
mutationally
BR mjuːˈteɪʃnl̩i,
mjuːˈteɪʃnəli
AM mjuˈteɪʃ(ə)nəli
mutatis mutandis
BR m(j)uːˌtɑːtɪs
m(j)uːˈtandɪs
AM m(j)uˌtadəs
m(j)uˈtændəs,
m(j)uˌtadəs
m(j)uˈtandəs
mutawwa
BR mʊˈtɑːwə(r)
AM muˈtawə
mutawwain
BR mʊˌtɑːwə(r)ˈiːn
AM muˌtawəˈin
mutch
BR mʌtʃ, -ɪz
AM mətʃ, -əz
mute
BR mjuːt, -s, -ɪŋ, -ɪd
AM mjul̩t, -ts, -dɪŋ, -dəd
mutely
BR ˈmjuːtli
AM ˈmjutli
muteness
BR ˈmjuːtnəs
AM ˈmjutnəs
mutha
BR ˈmʌðə(r), -z
AM ˈməðə, -z
mutilate
BR ˈmjuːtɪleɪt,
ˈmjuːtl̩eɪt, -s, -ɪŋ, -ɪd
AM ˈmjudl̩ˌeɪ|t, -ts,
-dɪŋ, -dɪd
mutilation
BR ˌmjuːtɪˈleɪʃn,
ˌmjuːtl̩ˈeɪʃn, -z
AM ˌmjudl̩ˈeɪʃ(ə)n, -z
mutilative
BR ˈmjuːtɪlətɪv,
ˈmjuːtl̩ətɪv
AM ˈmjudl̩ˌeɪdɪv
mutilator
BR ˈmjuːtɪleɪtə(r),
ˈmjuːtl̩eɪtə(r), -z
AM ˈmjudl̩ˌeɪdər, -z

mutineer
BR ˌmjuːtɪˈnɪə(r), -z
AM ˌmjutnˈɪ(ə)r, -z

mutinous
BR ˈmjuːtɪnəs
AM ˈmjutn̩əs

mutinously
BR ˈmjuːtɪnəsli
AM ˈmjutn̩əsli

mutiny
BR ˈmjuːtɪn|i, -ɪz, -ɪŋ, -ɪd
AM ˈmjutni, -z, -ɪŋ, -d

mutism
BR ˈmjuːtɪzm
AM ˈmjudɪz(ə)m, ˈmjuˌtɪz(ə)m

muton
BR ˈmjuːtɒn, -z
AM ˈmjutn, -z

mutt
BR mʌt, -s
AM mət, -s

mutter
BR ˈmʌt|ə(r), -əz, -(ə)rɪŋ, -əd
AM ˈmə|dər, -dərz, -dərɪŋ\-trɪŋ, -dərd

mutterer
BR ˈmʌt(ə)rə(r), -z
AM ˈmədərər, -z

muttering
BR ˈmʌt(ə)rɪŋ, -z
AM ˈmətrɪŋ, ˈmədərɪŋ, -z

mutteringly
BR ˈmʌt(ə)rɪŋli
AM ˈmətrɪŋli, ˈmədərɪŋli

mutton
BR ˈmʌtn
AM ˈmətn

muttonchop
BR ˌmʌtnˈtʃɒp, -s
AM ˈmətnˌtʃɑp, -s

muttonhead
BR ˈmʌtnhɛd, -z
AM ˈmətnˌ(h)ɛd, -z

muttony
BR ˈmʌtn̩i
AM ˈmətn̩i

mutual
BR ˈmjuːtʃʊəl, ˈmjuːtʃ(ʉ)l, ˈmjuːtjʊəl, ˈmjuːtjʉl
AM ˈmjutʃ(əw)əl

mutualism
BR ˈmjuːtʃʊəlɪzm, ˈmjuːtʃʉlɪzm, ˈmjuːtʃlɪzm, ˈmjuːtjʊəlɪzm, ˈmjuːtjʉlɪzm
AM ˈmjutʃ(u)wəˌlɪz(ə)m

mutualist
BR ˈmjuːtʃʊəlɪst, ˈmjuːtʃʉlɪst, ˈmjuːtʃlɪst, ˈmjuːtjʊəlɪst, ˈmjuːtjʉlɪst, -s
AM ˈmjutʃ(əw)ələst, -s

mutualistic
BR ˌmjuːtʃʊəˈlɪstɪk, ˌmjuːtʃʉˈlɪstɪk, ˌmjuːtʃlˈɪstɪk, ˌmjuːtjʊəˈlɪstɪk, ˌmjuːtjʉˈlɪstɪk
AM ˌmjutʃ(u)wəˈlɪstɪk

mutualistically
BR ˌmjuːtʃʊəˈlɪstɪkli, ˌmjuːtʃʉˈlɪstɪkli, ˌmjuːtʃlˈɪstɪkli, ˌmjuːtjʊəˈlɪstɪkli, ˌmjuːtjʉˈlɪstɪkli
AM ˌmjutʃ(u)wəˈlɪstək(ə)li

mutuality
BR ˌmjuːtʃʊˈalɪti, ˌmjuːtjʊˈalɪti
AM ˌmjutʃəˈwælədi

mutually
BR ˈmjuːtʃʊəli, ˈmjuːtʃʉli, ˈmjuːtʃli, ˈmjuːtjʊəli, ˈmjuːtjʉli
AM ˈmjutʃ(əw)əli

mutuel
BR ˈmjuːtʃʊəl, ˈmjuːtjʊəl, -z
AM ˈmjutʃ(ə)wəl, -z

mutule
BR ˈmjuːtʃuːl, ˈmjuːtjuːl, -z
AM ˈmjuˌtʃul, -z

muu-muu
BR ˈmuːmuː, -z
AM ˈmuˌmu, -z

Muzak
BR ˈmjuːzak
AM ˈmjuzæk

muzhik
BR ˈmuː(d)ʒɪk, -s
AM muˈʒɪk, -s
RUS muˈʒɪk

muzz
BR mʌz, -ɪz, -ɪŋ, -d
AM məz, -əz, -ɪŋ, -d

muzzily
BR ˈmʌzɪli
AM ˈməzəli

muzziness
BR ˈmʌzɪnɨs
AM ˈməzɪnɨs

muzzle
BR ˈmʌz|l, -lz, -l̩ŋ\-lɪŋ, -ld
AM ˈməz|əl, -əlz, -(ə)lɪŋ, -əld

muzzler
BR ˈmʌzlə(r), ˈmʌzlə(r), -z
AM ˈməz(ə)lər, -z

muzzy
BR ˈmʌz|i, -ɪə(r), -ɨst
AM ˈməzi, -ər, -ɪst

mwah *noun and interjection*
BR mwɑː(r), mwɒ(r)
AM mwɑ

my
BR maɪ
AM maɪ

myal
BR ˈmaɪəl
AM ˈmaɪəl

myalgia
BR maɪˈaldʒ(i)ə(r)
AM maɪˈældʒ(i)ə

myalgic
BR maɪˈaldʒɪk
AM maɪˈældʒɪk

myalism
BR ˈmʌɪəlɪzm
AM ˈmaɪəlɪz(ə)m

myall
BR ˈmʌɪəl, -z
AM ˈmaɪˌɑl, ˈmaɪˌɔl, -z

myasthenia
BR ˌmʌɪəsˈθiːnɪə(r)
AM ˌmaɪəsˈθiniə

myasthenic
BR ˌmʌɪəsˈθɛnɪk
AM ˌmaɪəsˈθɛnɪk

mycelia
BR mʌɪˈsiːlɪə(r)
AM maɪˈsiliə, maɪˈsiljə

mycelial
BR mʌɪˈsiːlɪəl
AM maɪˈsiliəl

mycelium
BR mʌɪˈsiːlɪəm
AM maɪˈsiliəm

Mycenae
BR mʌɪˈsiːniː
AM maɪˈsini

Mycenaean
BR mʌɪˈsiːnɪən, -z
AM maɪˈsiniən, -z

mycete
BR ˈmʌɪsiːt
AM ˈmaɪˌsit, -s

mycological
BR ˌmʌɪkəˈlɒdʒɪkl
AM ˌmaɪkəˈlɑdʒək(ə)l

mycologically
BR ˌmʌɪkəˈlɒdʒɪkli
AM ˌmaɪkəˈlɑdʒək(ə)li

mycologist
BR mʌɪˈkɒlədʒɪst, -s
AM maɪˈkɑlədʒəst, -s

mycology
BR mʌɪˈkɒlədʒi
AM maɪˈkɑlədʒi

mycoplasma
BR ˈmʌɪkəʊˌplazmə(r)
AM ˈmaɪkoʊˌplæzmə

mycorrhiza
BR ˌmʌɪkə(ʊ)ˈrʌɪzə(r)
AM ˌmaɪkəˈraɪzə

mycorrhizae
BR ˌmʌɪkə(ʊ)ˈrʌɪziː
AM ˌmaɪkəˈraɪzi

mycorrhizal
BR ˌmaɪkə(ʊ)ˈraɪzl
AM ˌmaɪkəˈraɪz(ə)l
mycosis
BR maɪˈkəʊsɪs
AM maɪˈkoʊsəs
mycotic
BR maɪˈkɒtɪk
AM maɪˈkɑdɪk
mycotoxin
BR ˌmaɪkə(ʊ)ˈtɒksɪn, -z
AM ˌmaɪkəˈtɑks(ə)n, -z
mycotrophy
BR maɪˈkɒtrəfi
AM maɪˈkɑtrəfi
mydriasis
BR maɪˈdrʌɪəsɪs, mɪˈdrʌɪəsɪs, ˌmɪdrɪˈeɪsɪs
AM maɪˈdraɪəsəs
myelin
BR ˈmʌɪlɪn
AM ˈmaɪəl(ə)n
myelination
BR ˌmʌɪlɪˈneɪʃn
AM ˌmaɪələˈneɪʃ(ə)n
myelitis
BR ˌmʌɪəˈlʌɪtɪs
AM ˌmaɪəˈlaɪdɪs
myelocytoma
BR ˌmʌɪələʊsʌɪ-ˈtəʊmə(r)
AM ˌmaɪəloʊˌsaɪ-ˈtoʊmə
myeloid
BR ˈmʌɪələɪd
AM ˈmaɪəˌlɔɪd
myeloma
BR ˌmʌɪəˈləʊmə(r), -z
AM ˌmaɪəˈloʊmə, -z
myelomata
BR ˌmʌɪəˈləʊmətə(r)
AM ˌmaɪəˈloʊmədə
myenteric
BR ˌmʌɪɛnˈtɛrɪk
AM ˌmaɪənˈtɛrɪk
Myers
BR ˈmʌɪəz
AM ˈmaɪərz

Myfanwy
BR mɪˈvanwi
AM məˈvanwi
WE mʌˈvanwi
Mykonos
BR ˈmɪkənɒs
AM ˈmɪkəˌnɑs, ˈmɪkəˌnɒs
Mylar
BR ˈmʌɪlɑː(r)
AM ˈmaɪˌlɑr
Myles
BR ˈmʌɪlz
AM ˈmaɪlz
mylodon
BR ˈmʌɪləd(ɒ)n, -z
AM ˈmaɪləˌdɑn, -z
mylonite
BR ˈmʌɪlənʌɪt, ˈmɪlənʌɪt
AM ˈmɪləˌnaɪt, ˈmaɪləˌnaɪt
myna
BR ˈmʌɪnə(r), -z
AM ˈmaɪnə, -z
mynah
BR ˈmʌɪnə(r), -z
AM ˈmaɪnə, -z
Mynd
BR mɪnd
AM mɪnd
Mynett
BR ˈmʌɪnɪt, mʌɪˈnɛt
AM ˈmɪnət, ˈmaɪnət
Mynott
BR ˈmʌɪnət
AM ˈmaɪˌnɑt, ˈmaɪnət
Mynwy
BR ˈmʌnwi
AM ˈmɑnwi
WE ˈmʌnwi
myocardia
BR ˌmʌɪə(ʊ)ˈkɑːdɪə(r)
AM ˌmaɪəˈkɑrdɪə
myocardial
BR ˌmʌɪə(ʊ)ˈkɑːdɪəl
AM ˌmaɪəˈkɑrdɪəl
myocardiogram
BR ˌmʌɪə(ʊ)-ˈkɑːdɪəgram, -z
AM ˌmaɪəˈkɑrdɪə-ˌgræm, -z

myocarditis
BR ˌmʌɪə(ʊ)kɑːˈdʌɪtɪs
AM ˌmaɪəˌkɑrˈdaɪdɪs
myocardium
BR ˌmʌɪə(ʊ)ˈkɑːdɪəm
AM ˌmaɪəˈkɑrdɪəm
myofibril
BR ˌmʌɪə(ʊ)ˈfʌɪbrɪl, ˌmʌɪə(ʊ)ˈfɪbrɪl, -z
AM ˌmaɪəˈfɪbrəl, -z
myogenic
BR ˌmʌɪə(ʊ)ˈdʒɛnɪk
AM ˌmaɪəˈdʒɛnɪk
myoglobin
BR ˌmʌɪə(ʊ)ˈgləʊbɪn, -z
AM ˌmaɪəˈgloʊbən, -z
myology
BR maɪˈɒlədʒi
AM maɪˈɑlədʒi
myope
BR ˈmʌɪəʊp, -s
AM ˈmaɪˌoʊp, -s
myopia
BR maɪˈəʊpɪə(r)
AM maɪˈoʊpɪə
myopic
BR maɪˈɒpɪk
AM maɪˈɑpɪk
myopically
BR maɪˈɒpɪkli
AM maɪˈɑpək(ə)li
myosis
BR maɪˈəʊsɪs
AM maɪˈoʊsəs
myositis
BR ˌmʌɪəˈsʌɪtɪs
AM ˌmaɪəˈsaɪdɪs
myosote
BR ˈmʌɪə(ʊ)səʊt, -s
AM ˈmaɪəˌsoʊt, -s
myosotis
BR ˌmʌɪə(ʊ)ˈsəʊtɪs, -ɪz
AM ˌmaɪəˈsoʊdəs, -əz
myotonia
BR ˌmʌɪə(ʊ)ˈtəʊnɪə(r)
AM ˌmaɪəˈtoʊnɪə
myotonic
BR ˌmʌɪə(ʊ)ˈtɒnɪk
AM ˌmaɪəˈtɑnɪk
Myra
BR ˈmʌɪrə(r)
AM ˈmaɪrə

Myrdal
BR ˈmɪədɑːl
AM ˈmɪrˌdɑl
myriad
BR ˈmɪrɪəd, -z
AM ˈmɪrɪəd, -z
myriapod
BR ˈmɪrɪəpɒd, -z
AM ˈmɪrɪəˌpɑd, -z
myrmecology
BR ˌməːmɪˈkɒlədʒi
AM ˌmərməˈkɑlədʒi
myrmecophile
BR ˈməːmɪkəfʌɪl, məˈmɪkəfʌɪl, -z
AM ˈmərməkəˌfaɪl, -z
Myrmidon
BR ˈməːmɪd(ə)n, -z
AM ˈmərməˌdɑn, -z
Myrna
BR ˈməːnə(r)
AM ˈmərnə
myrobalan
BR maɪˈrɒbl̩ən, -z
AM məˈrabəl(ə)n, maɪˈrabəl(ə)n, -z
Myron
BR ˈmʌɪrɒn, ˈmʌɪrn̩
AM ˈmaɪrən
myrrh
BR məː(r)
AM mər
myrrhic
BR ˈməːrɪk
AM ˈmərɪk
myrrhy
BR ˈməːri
AM ˈməri
myrtaceous
BR məːˈteɪʃəs
AM mərˈteɪʃəs
myrtle
BR ˈməːtl
AM ˈmərdəl
myself
BR mʌɪˈsɛlf
AM məˈsɛlf, maɪˈsɛlf
Mysia
BR ˈmɪsɪə(r)
AM ˈmɪʃiə

Mysian
BR ˈmɪsɪən, -z
AM ˈmɪʃiən, -z

Mysore
BR (ˌ)maɪˈsɔː(r)
AM maɪˈsɔ(ə)r

mysost
BR ˈm(j)uːsɒst, ˈmaɪsɒst
AM ˈm(j)uˌsɑst, ˈmaɪˌsɑst

mystagogic
BR ˌmɪstəˈgɒdʒɪk
AM ˌmɪstəˈgɑdʒɪk

mystagogical
BR ˌmɪstəˈgɒdʒɪkl
AM ˌmɪstəˈgɑdʒək(ə)l

mystagogue
BR ˈmɪstəgɒg, -z
AM ˈmɪstəˌgag, -z

mysterious
BR mɪˈstɪərɪəs
AM məˈstɪriəs

mysteriously
BR mɪˈstɪərɪəsli
AM məˈstɪriəsli

mysteriousness
BR mɪˈstɪərɪəsnəs
AM məˈstɪriəsnəs

mystery
BR ˈmɪst(ə)r|i, -ɪz
AM ˈmɪst(ə)ri, -z

mystic
BR ˈmɪstɪk, -s
AM ˈmɪstɪk, -s

mystical
BR ˈmɪstɪkl
AM ˈmɪstək(ə)l

mystically
BR ˈmɪstɪkli
AM ˈmɪstək(ə)li

mysticism
BR ˈmɪstɪsɪzm
AM ˈmɪstəˌsɪz(ə)m

mystification
BR ˌmɪstɪfɪˈkeɪʃn
AM ˌmɪstəfəˈkeɪʃ(ə)n

mystify
BR ˈmɪstɪfʌɪ, -z, -ɪŋ, -d
AM ˈmɪstəˌfaɪ, -z, -ɪŋ, -d

mystifyingly
BR ˈmɪstɪfʌɪɪŋli
AM ˈmɪstəˌfaɪɪŋli

mystique
BR mɪˈstiːk
AM mɪˈstik

myth
BR mɪθ, -s
AM mɪθ, -s

mytheme
BR ˈmɪθiːm, -z
AM ˈmɪθim, -z

mythi
BR ˈmʌɪθʌɪ, ˈmɪθiː
AM ˈmaɪθi

mythic
BR ˈmɪθɪk
AM ˈmɪθɪk

mythical
BR ˈmɪθɪkl
AM ˈmɪθək(ə)l

mythically
BR ˈmɪθɪkli
AM ˈmɪθək(ə)li

mythicise
BR ˈmɪθɪsʌɪz, -ɪz, -ɪŋ, -d
AM ˈmɪθəˌsaɪz, -ɪz, -ɪŋ, -d

mythicism
BR ˈmɪθɪsɪzm
AM ˈmɪθəˌsɪz(ə)m

mythicist
BR ˈmɪθɪsɪst, -s
AM ˈmɪθəsəst, -s

mythicize
BR ˈmɪθɪsʌɪz, -ɪz, -ɪŋ, -d
AM ˈmɪθəˌsaɪz, -ɪz, -ɪŋ, -d

mythogenesis
BR ˌmɪθə(ʊ)ˈdʒɛnɪsɪs
AM ˌmɪθəˈdʒɛnəsəs

mythographer
BR mɪˈθɒgrəfə(r), -z
AM məˈθɑgrəfər, -z

mythography
BR mɪˈθɒgrəfi
AM məˈθɑgrəfi

Mytholmroyd
BR ˈmʌɪð(ə)mrɔɪd
AM ˈmɪðəmˌrɔɪd

mythologer
BR mɪˈθɒlədʒə(r), -z
AM məˈθɑlədʒər, -z

mythologic
BR ˌmɪθəˈlɒdʒɪk
AM ˌmɪθəˈlɑdʒɪk

mythological
BR ˌmɪθəˈlɒdʒɪkl
AM ˌmɪθəˈlɑdʒək(ə)l

mythologically
BR ˌmɪθəˈlɒdʒɪkli
AM ˌmɪθəˈlɑdʒək(ə)li

mythologise
BR mɪˈθɒlədʒʌɪz, -ɪz, -ɪŋ, -d
AM məˈθɑləˌdʒaɪz, -ɪz, -ɪŋ, -d

mythologiser
BR mɪˈθɒlədʒʌɪzə(r), -z
AM məˈθɑləˌdʒaɪzər, -z

mythologist
BR mɪˈθɒlədʒɪst, -s
AM məˈθɑlədʒəst, -s

mythologize
BR mɪˈθɒlədʒʌɪz, -ɪz, -ɪŋ, -d
AM məˈθɑləˌdʒaɪz, -ɪz, -ɪŋ, -d

mythologizer
BR mɪˈθɒlədʒʌɪzə(r), -z
AM məˈθɑləˌdʒaɪzər, -z

mythology
BR mɪˈθɒlədʒ|i, -ɪz
AM məˈθɑlədʒi, -z

mythomania
BR ˌmɪθə(ʊ)ˈmeɪnɪə(r), -z
AM ˌmɪθəˈmeɪniə, -z

mythomaniac
BR ˌmɪθə(ʊ)ˈmeɪnɪak, -s
AM ˌmɪθəˈmeɪniˌæk, -s

mythopoeia
BR ˌmɪθə(ʊ)ˈpiːə(r), -z
AM ˌmɪθəˈpiə, -z

mythopoeic
BR ˌmɪθə(ʊ)ˈpiːɪk
AM ˌmɪθəˈpiɪk

mythus
BR ˈmʌɪθəs, ˈmɪθəs
AM ˈmɪθəs, ˈmaɪθəs

Mytilene
BR ˈmɪtɪliːn, ˈmɪtl̩iːn
AM ˈmɪtl̩in

myxedema
BR ˌmɪksɪˈdiːmə(r)
AM ˌmɪksəˈdimə

myxoedema
BR ˌmɪksɪˈdiːmə(r)
AM ˌmɪksəˈdimə

myxoma
BR mɪkˈsəʊmə(r), -z
AM mɪkˈsoʊmə, -z

myxomata
BR mɪkˈsəʊmətə(r)
AM mɪkˈsoʊmədə

myxomatosis
BR ˌmɪksəməˈtəʊsɪs
AM mɪkˌsoʊməˈtoʊsəs

myxomycete
BR ˌmɪksə(ʊ)ˈmʌɪsiːt, -s
AM ˌmɪksəˈmaɪˌsit, -s

myxovirus
BR ˈmɪksəʊˌvʌɪrəs, -ɪz
AM ˈmɪksoʊˌvaɪrəs, -ɪz

mzungu
BR m̩ˈzʊŋguː, -z
AM (ə)m̩ˈzʊŋgu, -z

N

'n *and*
BR (ə)n
AM (ə)n

n
BR ɛn, -z
AM ɛn, -z

na
BR nə(r)
AM nə

NAAFI
BR ˈnaf|i, -ɪz
AM ˈnɑˌfi, ˈnæˌfi, -z

naar
BR nɑː(r)
AM nɑr

nab
BR nab, -z, -ɪŋ, -d
AM næb, -z, -ɪŋ, -d

Nabarro
BR nəˈbɑːrəʊ
AM nəˈbɑroʊ

Nabataean
BR ˌnabəˈtiːən, -z
AM ˌnæbəˈtiən, -z

Nabi
BR ˈnɑːblɪ, -z
AM ˈnɑbi, -z

Nabisco
BR nəˈbɪskəʊ
AM nəˈbɪscoʊ

Nablus
BR ˈnabləs, ˈnɑːbləs
AM ˈnæbləs, ˈnɑbləs

nabob
BR ˈneɪbɒb, -z
AM ˈneɪˌbab, -z

Nabokov
BR ˈnabəkɒv
AM nəˈbɔˌkɒf, ˈnabəˌkɑv, nəˈbɑˌkɑf, ˈnabəˌkɔv
RUS naˈbokəf

Naboth
BR ˈneɪbɒθ
AM ˈneɪbɑθ

nacarat
BR ˈnakərat
AM ˈnækəˌræt

nacelle
BR nəˈsɛl, -z
AM neɪˈsɛl, nəˈsɛl, -z

nacho
BR ˈnɑːtʃəʊ, ˈnatʃəʊ, -z
AM ˈnɑtʃoʊ, -z

nackety
BR ˈnakɪti
AM ˈnækədi

NACODS
BR ˈneɪkɒdz
AM ˈneɪˌkadz

nacre
BR ˈneɪkə(r)
AM ˈneɪkər

nacred
BR ˈneɪkəd
AM ˈneɪkərd

nacreous
BR ˈneɪkriəs
AM ˈneɪkriəs

NACRO
BR ˈnakrəʊ
AM ˈnækroʊ

nacrous
BR ˈneɪkrəs
AM ˈneɪkrəs

nad
BR nad, -z
AM næd, -z

Na-Dene
BR ˌnɑːdeɪˈneɪ, ˌnɑːˈdɛni
AM ˌnɑˈdɛˌni, ˌnɑˈdeɪˌneɪ

Nader
BR ˈneɪdə(r)
AM ˈneɪdər

Nadia
BR ˈnɑːdiə(r), ˈneɪdiə(r)
AM ˈnɑdiə

Nadine
BR neɪˈdiːn
AM nəˈdin, neɪˈdin

nadir
BR ˈneɪdɪə(r), -z
AM ˈneɪˌdɪ(ə)r, ˈneɪdər, -z

nae
BR neɪ
AM neɪ

naevae
BR ˈniːvaɪ
AM ˈniˌvaɪ

naevoid
BR ˈniːvɔɪd
AM ˈniˌvɔɪd

naevus
BR ˈniːvəs
AM ˈnivəs

naff
BR naf
AM næf

Naffy
BR ˈnafi
AM ˈnæfi

nag
BR nag, -z, -ɪŋ, -d
AM næg, -z, -ɪŋ, -d

naga
BR ˈnɑːgə(r), -z
AM ˈnɑgə, -z

Nagaland
BR ˈnɑːgəland
AM ˈnɑgəˌlænd

nagana
BR nəˈɡɑːnə(r)
AM nəˈɡɑnə

Nagasaki
BR ˌnagəˈsɑːki
AM ˌnɑgəˈsaki

nage-no-kata
BR ˌnagɪnəˈkɑːtə(r)
AM ˌnagənoʊˈkadə

nagger
BR ˈnagə(r), -z
AM ˈnægər, -z

naggingly
BR ˈnagɪŋli
AM ˈnægɪŋli

Nagle
BR ˈneɪgl
AM ˈneɪgəl

nagor
BR ˈneɪgɔː(r), -z
AM ˈnægər, -z

Nagorno-Karabakh
BR nəˌgɔːnəʊˌkarəˈbak
AM nəˌgɔrnoʊˌkɛrəˈbak

Nagoya
BR nəˈgɔɪə(r)
AM nəˈgɔɪə

Nagpur
BR ˌnagˈpʊə(r)
AM ˌnægˈpʊ(ə)r

Nahuatl
BR ˈnɑːwɑːtl, nɑːˈwɑːtl, -z
AM ˈˌnɑˌwɑtl, -z

Nahuatlan
BR ˈnɑːwɑːtlən, nɑːˈwɑːtlən
AM nɑˈwɑtl(ə)n

Nahum
BR ˈneɪhəm
AM ˈneɪhəm

naiad
BR ˈnʌɪad, -z
AM ˈnaɪˌæd, ˈneɪəd, ˈnaɪəd, ˈneɪˌæd, -z

naiant
BR ˈneɪənt
AM ˈneɪənt

naif
BR nʌɪˈiːf, nɑːˈiːf, -s
AM nɑˈif, naɪˈif, -s

nail
BR neɪl, -z, -ɪŋ, -d
AM neɪl, -z, -ɪŋ, -d

nailbrush
BR ˈneɪlbrʌʃ, -ɪz
AM ˈneɪlˌbrəʃ, -əz

nailer
BR ˈneɪlə(r), -z
AM ˈneɪlər, -z

nailery
BR ˈneɪlər|i, -ɪz
AM ˈneɪləri, -z

nailless
BR ˈneɪlɪs
AM ˈneɪlɪs

nainsook
BR ˈneɪnsʊk, -s
AM ˈneɪnˌsʊk, -s

Naipaul
BR nʌɪˈpɔːl, ˈnʌɪpɔːl
AM ˈnaɪˌpal, ˈnaɪˌpɔl

naira
BR ˈnʌɪrə(r)
AM ˈnaɪrə

Nairn
BR nɛːn
AM nɛrn

Nairobi
BR nʌɪˈrəʊbi
AM naɪˈroʊbi

Naismith
BR ˈneɪsmɪθ
AM ˈneɪˌsmɪθ

naive
BR nʌɪˈiːv, nɑːˈiːv
AM nɑˈiv

naively
BR nʌɪˈiːvli, nɑːˈiːvli
AM nɑˈivli

naiveness
BR nʌɪˈiːvnɪs, nɑːˈiːvnɪs
AM nɑˈivnɪs

naiveté
BR nʌɪˈiːv(ɨ)teɪ, nɑːˈiːv(ɨ)teɪ
AM nɑˈiv(ə)ˌteɪ, ˌnɑˌiv(ə)ˈteɪ

naivety
BR nʌɪˈiːv(ɨ)ti, nɑːˈiːv(ɨ)ti
AM nɑˈivti, nɑˈivədi

Najaf
BR naˈdʒaf
AM nəˈdʒɑf

naked
BR ˈneɪkɪd
AM ˈneɪkɪd

nakedly
BR ˈneɪkɪdli
AM ˈneɪkɪdli

nakedness
BR ˈneɪkɪdnɪs
AM ˈneɪkɪdnɪs

naker
BR ˈneɪkə(r), -z
AM ˈneɪkər, -z

nakshatra
BR ˈnakʃatrə(r), -z
AM ˈnɑkˌʃatrə, -z

Nakuru
BR naˈkuːruː
AM nəˈkuru

NALGO
BR ˈnalgəʊ
AM ˈnælˌgoʊ

'Nam
BR nam, nɑːm
AM næm, nɑm

Namaqualand
BR nəˈmɑːkwəland
AM nəˈmɑkwəˌlænd

namaz
BR naˈmɑːz
AM nəˈmɑz

namby-pamby
BR ˌnambɪˈpambi
AM ˌnæmbiˈpæmbi

name
BR neɪm, -z, -ɪŋ, -d
AM neɪm, -z, -ɪŋ, -d

nameable
BR ˈneɪməbl
AM ˈneɪməb(ə)l

namedrop
BR ˈneɪmdrɒp, -s, -ɪŋ, -t
AM ˈneɪmˌdrɑp, -s, -ɪŋ, -t

name-dropper
BR ˈneɪmˌdrɒpə(r), -z
AM ˈneɪmˌdrɑpər, -z

nameless
BR ˈneɪmlɪs
AM ˈneɪmlɪs

namelessly
BR ˈneɪmlɪsli
AM ˈneɪmlɪsli

namelessness
BR ˈneɪmlɪsnɪs
AM ˈneɪmlɪnɪs

namely
BR ˈneɪmli
AM ˈneɪmli

nameplate
BR ˈneɪmpleɪt, -s
AM ˈneɪmˌpleɪt, -s

namesake
BR ˈneɪmseɪk, -s
AM ˈneɪmˌseɪk, -s

Namibia
BR nəˈmɪbɪə(r)
AM nəˈmɪbiə

Namibian
BR nəˈmɪbiən, -z
AM nəˈmɪbiən, -z

namma
BR ˈnamə(r), -z
AM ˈnɑmə, -z

Namur
BR nəˈmjʊə(r)
AM nəˈm(j)ʊ(ə)r
FR namyʀ

nan
BR nan, -z
AM næn, -z

nana[1] *foolish person*
BR ˈnɑːnə(r), -z
AM ˈnɑnə, -z

nana[2] *grandmother*
BR ˈnanə(r), -z
AM ˈnænə, ˈnɑnə, -z

Nanaimo
BR nəˈnʌɪməʊ
AM nəˈnaɪˌmoʊ

Nanak
BR ˈnɑːnak
AM ˈnɑˌnæk, ˈnɑnək

Nancarrow
BR nanˈkarəʊ
AM nænˈkɛroʊ

nance
BR nans, -ɪz
AM næns, -əz

Nanchang
BR nanˈtʃaŋ
AM nænˈtʃæŋ

Nancy *city*
BR ˈnansi
AM nɑnˈsi, ˈnɑnsi
FR nãsi

nancy
BR ˈnans|i, -ɪz
AM ˈnænsi, -z

NAND
BR nand
AM nænd

Nandi
BR ˈnandi
AM ˈnɑndi

Nanette
BR naˈnɛt
AM nəˈnɛt

Nanga Parbat
BR ˌnaŋgəˈpɑːbat
AM ˌnɑŋgəˈpɑrbət

nanite
BR ˈnanʌɪt, -s
AM ˈnænaɪt, -s

Nanjing
BR nanˈdʒɪŋ
AM nænˈdʒɪŋ

nankeen
BR nanˈkiːn, naŋˈkiːn
AM nænˈkin

Nanking
BR nanˈkɪŋ, naŋˈkɪŋ
AM nænˈkɪŋ

nanna
BR ˈnanə(r), -z
AM ˈnɑnə, ˈnænə, -z

nanny
BR ˈnan|i, -ɪz, -ɪɪŋ, -ɪd
AM ˈnæni, -z, -ɪŋ, -d

nannygoat
BR ˈnanɪgəʊt, -s
AM ˈnæniˌgoʊt, -s

nannyish
BR ˈnanɪɪʃ
AM ˈnæniɪʃ

nano
BR ˈnanəʊ
AM ˈnænoʊ

nanogram
BR ˈnanə(ʊ)gram, -z
AM ˈnænəˌgræm, -z

nanometer
BR ˈnanə(ʊ)ˌmiːtə(r), -z
AM ˈnænəˌmidər, -z

nanometre
BR ˈnanə(ʊ)ˌmiːtə(r), -z
AM ˈnænəˌmidər, -z

nanosecond
BR ˈnanə(ʊ)ˌsɛk(ə)nd, -z
AM ˈnænəˌsɛkənd, -z

nanotechnology
BR ˌnanə(ʊ)tɛkˈnɒlədʒi
AM ˌnænoʊtɛkˈnɑlədʒi

Nansen
BR ˈnans(ə)n
AM ˈnæns(ə)n

Nantes
BR nɑːnt, nɒnt
AM nɑnt

Nantgaredig
BR ˌnantgəˈrɛdɪg
AM ˌnæntgəˈrɛdɪg
WE ˌnantgaˈredɪg

Nantucket
BR nanˈtʌkɪt
AM nænˈtəkət

Nantwich
BR ˈnantwɪtʃ
AM ˈnæntwɪtʃ

Nant-y-glo
BR ˌnantəˈgləʊ
AM ˌnæn(t)əˈgloʊ
WE ˌnant ʌˈglɒ

naoi
BR ˈneɪɔɪ
AM ˈneɪˌɔɪ

Naomi
BR neɪˈəʊmi
AM naɪˈoʊmi,
neɪˈoʊmi
naos
BR ˈneɪɒs
AM ˈneɪˌɑs
nap
BR næp, -s,
-ɪŋ, -t
AM ˈnæp, -s,
-ɪŋ, -t
napa
BR ˈnæpə(r), -z
AM ˈnæpə, -z
napalm
BR ˈneɪpɑːm
AM ˈneɪˌpɑ(l)m
Napa Valley
BR ˌnæpə ˈvæli
AM ˌˈnæpə ˈvæli
nape
BR neɪp, -s
AM neɪp, -s
napery
BR ˈneɪp(ə)ri
AM ˈneɪp(ə)ri
Naphtali
BR ˈnæftəlʌɪ
AM ˈnæptəˌlaɪ,
ˈnæftəˌlaɪ
naphtha
BR ˈnæfθə(r),
ˈnæpθə(r)
AM ˈnæfθə,
ˈnæpθə
naphthalene
BR ˈnæfθəliːn,
ˈnæpθəliːn
AM ˈnæfθəˌlin,
ˈnæpθəˌlin
naphthalic
BR næfˈθælɪk,
næpˈθælɪk
AM næfˈθælɪk,
næpˈθælɪk
naphthene
BR ˈnæfθiːn,
ˈnæpθiːn,
-z
AM ˈnæfˌθin,
ˈnæpˌθin, -z

naphthenic
BR næfˈθiːnɪk,
næpˈθiːnɪk,
næfˈθɛnɪk, næp
ˈθɛnɪk
AM næpˈθinɪk,
ˈnæfˈθɛnɪk,
næfˈθinɪk,
næpˈθɛnɪk
naphthol
BR ˈnæfθɒl, ˈnæpθɒl
AM ˈnæpˌθɑl, ˈ
ˈnæpˌθʊʊl, ˈnæfˌθɔl,
ˈnæfˌθɑl, ˈnæfˌθoʊl,
ˈnæpˌθɔl
Napier
BR ˈneɪpɪə(r)
AM ˈneɪpi(ə)r
Napierian
BR neɪˈpɪərɪən
AM neɪˈpɪriən
napkin
BR ˈnæpkɪn, -z
AM ˈnæpkɪn, -z
Naples
BR ˈneɪplz
AM ˈneɪpəlz
napoleon
BR nəˈpəʊlɪən, -z
AM nəˈpoʊlj(ə)n,
nəˈpoʊliən, -z
Napoleonic
BR nəˌpəʊlɪˈɒnɪk
AM nəˌpoʊliˈɑnɪk
nappa
BR ˈnæpə(r), -z
AM ˈnæpə, -z
nappe
BR næp, -s
AM næp, -s
napper
BR ˈnæpə(r), -z
AM ˈnæpər, -z
nappy
BR ˈnæp|i, -ɪz
AM ˈnæpi, -z
Nara
BR ˈnɑːrə(r)
AM ˈnɑrə
Narayan
BR nəˈrʌɪən
AM nəˈraɪən

Narberth
BR ˈnɑːbəθ
AM ˈnɑrˌbərθ
Narbonne
BR nɑːˈbɒn
AM nɑrˈbɒn
narc
BR nɑːk, -s
AM nɑrk, -s
narcissi
BR nɑːˈsɪsʌɪ
AM nɑrˈsɪˌsaɪ
narcissism
BR ˈnɑːsɪsɪzm
AM ˈnɑrsəˌsɪz(ə)m
narcissist
BR ˈnɑːsɪsɪst, -s
AM ˈnɑrsəsəst, -s
narcissistic
BR ˌnɑːsɪˈsɪstɪk
AM ˌnɑrsəˈsɪstɪk
narcissistically
BR ˌnɑːsɪˈsɪstɪkli
AM ˌnɑrsəˈsɪstək(ə)li
narcissus
BR nɑːˈsɪsəs, -ɪz
AM nɑrˈsɪsəs,
-əz
narcolepsy
BR ˈnɑːkə(ʊ)lɛpsi
AM ˈnɑrkəˌlɛpsi
narcoleptic
BR ˌnɑːkə(ʊ)ˈlɛptɪk
AM ˌnɑrkəˈlɛptɪk
narcosis
BR nɑːˈkəʊsɪs
AM nɑrˈkoʊsəs
narcoterrorism
BR ˌnɑːkəʊˈtɛrərɪzm
AM ˌnɑrkoʊˈtɛrə-
ˌrɪz(ə)m
narcoterrorist
BR ˌnɑːkəʊˈtɛrərɪst,
-s
AM ˌnɑrkoʊˈtɛrərəst,
-s
narcotic
BR nɑːˈkɒtɪk, -s
AM nɑrˈkɑdɪk, -s
narcotically
BR nɑːˈkɒtɪkli
AM nɑrˈkɑdək(ə)li

narcotisation
BR ˌnɑːkɑːtʌɪˈzeɪʃn
AM ˌnɑrkəˌtaɪˈzeɪʃ(ə)n,
ˌnɑrkədəˈzeɪʃ(ə)n
narcotise
BR ˈnɑːkətʌɪz, -ɪz
-ɪŋ, -d
AM ˈnɑrkəˌtaɪz, -ɪz,
-ɪŋ, -d
narcotism
BR ˈnɑːkətɪzm
AM ˈnɑrkəˌtɪz(ə)m
narcotization
BR ˌnɑːkətʌɪˈzeɪʃn
AM ˌnɑrkəˌtaɪˈzeɪʃ(ə)n,
ˌnɑrkədəˈzeɪʃ(ə)n
narcotize
BR ˈnɑːkətʌɪz, -ɪz,
-ɪŋ, -d
AM ˈnɑrkəˌtaɪz, -ɪz,
-ɪŋ, -d
nard
BR nɑːd
AM nɑrd
nardoo
BR ˌnɑːˈduː,
ˈnɑːduː, -z
AM ˌnɑrˈdu, -z
nareal
BR ˈnɛːrɪəl
AM ˈnɛriəl
nares
BR ˈnɛːriːz
AM nɛrz, ˈnɛriz
nargile
BR ˈnɑːgɪl|eɪ, ˈnɑːgɪl|i,
-eɪz\-ɪz
AM ˈnɑrgəli, -z
nargileh
BR ˈnɑːgɪl|eɪ, ˈnɑːgɪl|i,
-eɪz\-ɪz
AM ˈnɑrgəli, -z
narial
BR ˈnɛːrɪəl
AM ˈnɛriəl
nark
BR nɑːk, -s, -ɪŋ, -t
AM nɑrk, -s, -ɪŋ, -t
narky
BR ˈnɑːk|i, -ɪə(r),
-ɪɪst
AM ˈnɑrki, -ər, -ɪst

Narnia
BR ˈnɑːniə(r)
AM ˈnɑrniə

Narragansett
BR ˌnarəˈgansɪt
AM ˌnɛrəˈgænsət

narratable
BR nəˈreɪtəbl
AM nəˈreɪdəb(ə)l

narrate
BR nəˈreɪt, -s, -ɪŋ, -ɪd
AM ˈnɛˌreɪ|t, -ts, -dɪŋ, -dɪd

narration
BR nəˈreɪʃn, -z
AM nɛˈreɪʃ(ə)n, -z

narrational
BR nəˈreɪʃn̩l
AM nəˈreɪʃ(ə)n(ə)l

narrative
BR ˈnarətɪv, -z
AM ˈnɛrədɪv, -z

narratively
BR ˈnarətɪvli
AM ˈnɛrədəvli

narrator
BR nəˈreɪtə(r), -z
AM ˈnɛˌreɪdər, -z

narrow
BR ˈnarəʊ, -z, -ɪŋ, -d, -ə(r), -ɪst
AM ˈnɛr|oʊ, -oʊz, -oʊɪŋ, -oʊd, -əwər, -əwəst

narrowcast
BR ˈnarəʊkɑːst, -s
AM ˈnɛroʊˌkæst, -s

narrowcaster
BR ˈnarəʊˌkɑːstə(r), -z
AM ˈnɛroʊˌkæstər, -z

narrowcasting
BR ˈnarəʊˌkɑːstɪŋ
AM ˈnɛroʊˌkæstɪŋ

narrowish
BR ˈnarəʊɪʃ
AM ˈnɛrəwɪʃ

narrowly
BR ˈnarəʊli
AM ˈnɛroʊli

narrowness
BR ˈnarəʊnəs
AM ˈnɛroʊnəs

narthex
BR ˈnɑːθɛks, -ɪz
AM ˈnɑrˌθɛks, -əz

Narvik
BR ˈnɑːvɪk
AM ˈnɑrˌvɪk
NO ˈnɑrviːk

narwhal
BR ˈnɑːw(ə)l, -z
AM ˈnɑrwəl, ˈnɑrˌ(h)wɑl, -z

nary
BR ˈnɛːri
AM ˈnɛri

NASA
BR ˈnasə(r)
AM ˈnæsə

nasal
BR ˈneɪzl
AM ˈneɪz(ə)l

nasalisation
BR ˌneɪzl̩ʌɪˈzeɪʃn, -z
AM ˌneɪzəˌlaɪˈzeɪʃ(ə)n, ˌneɪzələˈzeɪʃ(ə)n, -z

nasalise
BR ˈneɪzl̩ʌɪz, -ɪz, -ɪŋ, -d
AM ˈneɪzəˌlaɪz, -ɪz, -ɪŋ, -d

nasality
BR neɪˈzalɪti
AM ˌneɪˈzælədi

nasalization
BR ˌneɪzl̩ʌɪˈzeɪʃn, -z
AM ˌneɪzəˌlaɪˈzeɪʃ(ə)n, ˌneɪzələˈzeɪʃ(ə)n, -z

nasalize
BR ˈneɪzl̩ʌɪz, -ɪz, -ɪŋ, -d
AM ˈneɪzəˌlaɪz, -ɪz, -ɪŋ, -d

nasally
BR ˈneɪzli
AM ˈneɪzəli

nasbandi
BR ˈnasbandi, ˈnʌsbʌndi
AM ˈnɑsˌbɑndi

NASCAR
BR ˈnaskɑː(r)
AM ˈnæsˌkɑr

nascency
BR ˈnasnsi, ˈneɪsnsi
AM ˈneɪsənsi

nascent
BR ˈnasnt, ˈneɪsnt
AM ˈneɪs(ə)nt

NASDAQ
BR ˈnazdak
AM ˈnæzˌdæk

naseberry
BR ˈneɪzb(ə)r|i, -ɪz
AM ˈneɪsˌbɛri, -z

Naseby
BR ˈneɪzbi
AM ˈneɪzbi

Nash
BR naʃ
AM næʃ

Nashe
BR naʃ
AM næʃ

Nashua
BR ˈnaʃʊə(r)
AM ˈnæʃəwə

Nashville
BR ˈnaʃvɪl
AM ˈnæʃvəl, ˈnæʃˌvɪl

nasion
BR ˈneɪzɪən, -z
AM ˈneɪˌzaɪən, -z

Nasmyth
BR ˈneɪsmɪθ
AM ˈneɪˌsmɪθ

naso-frontal
BR ˌneɪzəʊˈfrʌntl
AM ˌneɪzoʊˈfrʌn(t)l

Nassau[1] *Bahamas*
BR ˈnasɔː(r)
AM ˈnæˌsɔ

Nassau[2] *Germany*
BR ˈnasaʊ
AM ˈnɑˌsaʊ

Nasser
BR ˈnasə(r)
AM ˈnæsər

Nastase
BR nəˈstɑːzi
AM nəˈstɑsi, nəˈstɑzi

nastic
BR ˈnastɪk
AM ˈnæstɪk

nastily
BR ˈnɑːstɪli
AM ˈnæstəli

nastiness
BR ˈnɑːstɪnɪs
AM ˈnæstɪnɪs

nasturtium
BR nəˈstəːʃ(ə)m, -z
AM nəˈstərʃ(ə)m, næˈstərʃ(ə)m, -z

nasty
BR ˈnɑːst|i, -ɪə(r), -ɪɪst
AM ˈnæsti, -ər, -ɪst

Nat
BR nat
AM næt

Natal
BR nəˈtal, nəˈtɑːl
AM nəˈtɑl

natal
BR ˈneɪtl
AM ˈneɪdl

Natalie
BR ˈnatəli
AM ˈnædli

natality
BR nəˈtalɪt|i, -ɪz
AM neɪˈtælədi, nəˈtælədi, -z

Natasha
BR nəˈtaʃə(r)
AM nəˈtæʃə, nəˈtɑʃə

natation
BR nəˈteɪʃn
AM neɪˈteɪʃ(ə)n, nɑˈteɪʃ(ə)n

natatoria
BR ˌneɪtəˈtɔːrɪə(r)
AM ˌnædəˈtɔriə, ˌneɪdəˈtɔriə

natatorial
BR ˌneɪtəˈtɔːrɪəl
AM ˌnædəˈtɔriəl, ˌneɪdəˈtɔriəl

natatorium
BR ˌneɪtəˈtɔːrɪʌm, -z
AM ˌnædəˈtɔriəm, ˌneɪdəˈtɔriəm, -z

natatory
BR ˈneɪtətri
AM ˈnædəˌtɔri, ˈneɪdəˌtɔri

natch
BR ˈnatʃ
AM ˈnætʃ
nates *plural noun*
BR ˈneɪtiːz
AM ˈneɪˌtiz
Nathalie
BR ˈnatəli
AM ˈnædli
Nathan
BR ˈneɪθn
AM ˈneɪθən
Nathaniel
BR nəˈθaniəl
AM nəˈθænj(ə)l
natillas
BR nəˈtiːjəz
AM nəˈti(j)əz
nation
BR ˈneɪʃn, -z
AM ˈneɪʃ(ə)n, -z
national
BR ˈnaʃn̩l
AM ˈnæʃ(ə)n(ə)l
nationalisation
BR ˌnaʃn̩lʌɪˈzeɪʃn,
ˌnaʃnəlʌɪˈzeɪʃn
AM ˌnæʃ(ə)nəˌlaɪ-
ˈzeɪʃ(ə)n,
ˌnæʃ(ə)nələˈzeɪʃ(ə)n
nationalise
BR ˈnaʃn̩lʌɪz,
ˈnaʃnəlʌɪz, -ɪz,
-ɪŋ, -d
AM ˈnæʃ(ə)nəˌlaɪz,
-ɪz, -ɪŋ, -d
nationaliser
BR ˈnaʃn̩lʌɪzə(r),
ˈnaʃnəlʌɪzə(r), -z
AM ˈnæʃ(ə)nəˌlaɪzər, -z
nationalism
BR ˈnaʃn̩lɪzm,
ˈnaʃnəlɪzm
AM ˈnæʃ(ə)nəˌlɪz(ə)m
nationalist
BR ˈnaʃn̩lɪst,
ˈnaʃnəlɪst, -s
AM ˈnæʃ(ə)nələst, -s
nationalistic
BR ˌnaʃn̩lˈɪstɪk,
ˌnaʃnəˈlɪstɪk
AM ˌnæʃ(ə)nəˈlɪstɪk

nationalistically
BR ˌnaʃn̩lˈɪstɪkli,
ˌnaʃnəˈlɪstɪkli
AM ˌnæʃ(ə)nə-
ˈlɪstək(ə)li
nationality
BR ˌnaʃ(ə)ˈnalɪtǀi, -ɪz
AM ˌnæʃəˈnælədi, -z
nationalization
BR ˌnaʃn̩lʌɪˈzeɪʃn,
ˌnaʃnəlʌɪˈzeɪʃn
AM ˌnæʃ(ə)nəˌlaɪ-
ˈzeɪʃ(ə)n,
ˌnæʃ(ə)nələˈzeɪʃ(ə)n
nationalize
BR ˈnaʃn̩lʌɪz,
ˈnaʃnəlʌɪz, -ɪz,
-ɪŋ, -d
AM ˈnæʃ(ə)nəˌlaɪz,
-ɪz, -ɪŋ, -d
nationalizer
BR ˈnasn̩lʌɪzə(r),
ˈnaʃnəlʌɪzə(r), -z
AM ˈnæʃ(ə)nəˌlaɪzər,
-z
nationally
BR ˈnaʃn̩li, ˈnaʃnəli
AM ˈnæʃ(ə)nəli
nationhood
BR ˈneɪʃnhʊd
AM ˈneɪʃən,(h)ʊd
nationwide
BR ˌneɪʃnˈwʌɪd
AM ˈˌneɪʃənˌwaɪd
native
BR ˈneɪtɪv, -z
AM ˈneɪdɪv, -z
natively
BR ˈneɪtɪvli
AM ˈneɪdɪvli
nativeness
BR ˈneɪtɪvnɪs
AM ˈneɪdɪvnɨs
nativism
BR ˈneɪtɪvɪzm
AM ˈneɪdəˌvɪz(ə)m
nativist
BR ˈneɪtɪvɪst, -s
AM ˈneɪdəvəst, -s
nativity
BR nəˈtɪvɪtǀi, -ɪz
AM nəˈtɪvɪdi, -z

NATO
BR ˈneɪtəʊ
AM ˈneɪˌdoʊ
natriuresis
BR ˌneɪtrɪjʊ(ə)ˈriːsɪs,
ˌnatrɪjʊ(ə)ˈriːsɪs
AM ˌneɪtrɪjuˈrɪsɪs
natriuretic
BR ˌneɪtrɪjʊ(ə)ˈretɪk,
ˌnatrɪjʊ(ə)ˈretɪk
AM ˌneɪtrɪjuˈredɪk
natron
BR ˈneɪtr(ɒ)n
AM ˈneɪtrən, ˈneɪˌtrɑn
NATSOPA
BR natˈsəʊpə(r)
AM nætˈsoʊpə
natter
BR ˈnatǀə(r), -əz
-(ə)rɪŋ, -əd
AM ˈnædər, -z,
-ɪŋ, -d
natterer
BR ˈnatǀərə(r), -z
AM ˈnædərər, -z
natterjack
BR ˈnatədʒak, -s
AM ˈnædərˌdʒæk,
-s
nattier blue
BR ˌnatjeɪ ˈbluː
AM ˌnædiər ˈblu
nattily
BR ˈnatɪli
AM ˈnædəli
nattiness
BR ˈnatɪnɪs
AM ˈnædɪnɨs
natto
BR ˈnatəʊ
AM ˈnædoʊ
natty
BR ˈnatǀi, -ɪə(r),
-ɨst
AM ˈnædi, -ər,
-ɨst
Natufian
BR nɑːˈtuːfɪən, -z
AM nəˈtufiən, -z
natural
BR ˈnatʃ(ə)rǀ, -z
AM ˈnætʃ(ə)rəl, -z

naturalisation
BR ˌnatʃ(ə)rǀʌɪˈzeɪʃn
AM ˌnætʃ(ə)rəˌlaɪ-
ˈzeɪʃ(ə)n,
ˌnætʃ(ə)rələˈzeɪʃ(ə)n
naturalise
BR ˈnatʃ(ə)rǀʌɪz, -ɪz,
-ɪŋ, -d
AM ˈnætʃ(ə)rəˌlaɪz,
-ɪz, -ɪŋ, -d
naturalism
BR ˈnatʃ(ə)rǀɪzm
AM ˈnætʃ(ə)rəˌlɪz(ə)m
naturalist
BR ˈnatʃ(ə)rǀɪst, -s
AM ˈnætʃ(ə)rələst,
-s
naturalistic
BR ˌnatʃ(ə)rǀˈɪstɪk
AM ˌnætʃ(ə)rəˈlɪstɪk
naturalistically
BR ˌnatʃ(ə)rǀˈɪstɪkli
AM ˌnætʃ(ə)rə-
ˈlɪstək(ə)li
naturalization
BR ˌnatʃ(ə)rǀʌɪˈzeɪʃn
AM ˌnætʃ(ə)rəˌlaɪ-
ˈzeɪʃ(ə)n,
ˌnætʃ(ə)rələˈzeɪʃ(ə)n
naturalize
BR ˈnatʃ(ə)rǀʌɪz, -ɪz,
-ɪŋ, -d
AM ˈnætʃ(ə)rəˌlaɪz,
-ɪz, -ɪŋ, -d
naturally
BR ˈnatʃ(ə)rǀi
AM ˈnætʃ(ə)rəli
naturalness
BR ˈnatʃ(ə)rǀnəs
AM ˈnætʃ(ə)rəlnəs
nature
BR ˈneɪtʃə(r), -z
AM ˈneɪtʃər, -z
natured
BR ˈneɪtʃəd
AM ˈneɪtʃərd
naturism
BR ˈneɪtʃ(ə)rɪzm
AM ˈneɪtʃəˌrɪz(ə)m
naturist
BR ˈneɪtʃ(ə)rɪst, -s
AM ˈneɪtʃərəst, -s

naturopath
BR ˈneɪtʃ(ə)rəpaθ,
ˈnatʃ(ə)rəpaθ, -s
AM ˈnætʃərəˌpæθ,
ˈneɪtʃərəˌpæθ, -s

naturopathic
BR ˌneɪtʃ(ə)rəˈpaθɪk,
ˌnatʃ(ə)rəˈpaθɪk
AM ˌˈnætʃərəˈpæθɪk,
ˌˈneɪtʃərəˈpæθɪk

naturopathically
BR ˌneɪtʃ(ə)rəˈpaθɪkli,
ˌnatʃ(ə)rəˈpaθɪkli
AM ˌˈnætʃərə-
ˈpæθək(ə)li,
ˌˈneɪtʃərəˈpæθək(ə)li

naturopathy
BR ˌneɪtʃəˈrɒpəθi,
ˌnatʃəˈrɒpəθi
AM ˌnætʃəˈrɑpəθi,
ˌneɪtʃəˈrɑpəθi

NatWest
BR ˌnatˈwɛst
AM ˌnætˈwɛst

natya
BR ˈnɑːtjə(r)
AM ˈnɑtjə

naugahyde
BR ˈnɔːgəhʌɪd
AM ˈnɑgəˌhaɪd,
ˈnɔgəˌhaɪd

naught
BR nɔːt, -s
AM nɑt, nɔt, -s

Naughtie
BR ˈnɒxti
AM ˈnɑdi, ˈnɔdi

naughtily
BR ˈnɔːtɪli
AM ˈnɑdəli,
ˈnɔdəli

naughtiness
BR ˈnɔːtɪnɪs, -ɪz
AM ˈnɑdɪnɪs,
ˈnɔdɪnɪs, -ɪz

Naughton
BR ˈnɔːt(ə)n
AM ˈnɑtn, ˈnɔtn

naughty
BR ˈnɔːt|i, -ɪə(r), -ɪɪst
AM ˈnɑdi, ˈnɔdi,
-ər, -ɪst

nauplii
BR ˈnɔːplɪʌɪ, ˈnɔːpliː
AM ˈnɑpliˌaɪ, ˈnɔpliˌaɪ

nauplius
BR ˈnɔːpliəs
AM ˈnɑpliəs, ˈnɔpliəs

Nauru
BR nɑːˈ(u:)ruː,
naʊˈruː
AM nɑˈuru

Nauruan
BR nɑːˈ(u:)ruːən,
naʊˈruːən, -z
AM nɑˈuruwən, -z

nausea
BR ˈnɔːsɪə(r), ˈnɔːzɪə(r)
AM ˈnɔʒə, ˈnɑziə,
ˈnɑʒə, ˈnɔziə

nauseate
BR ˈnɔːsɪeɪt, ˈnɔːzɪeɪt,
-s, -ɪŋ, -ɪd
AM ˈnɔʒiˌeɪ|t, ˈnɑziˌeɪ|t,
ˈnɑʒiˌeɪ|t, ˈnɔziˌeɪ|t,
-ts, -dɪŋ, -dɪd

nauseatingly
BR ˈnɔːsɪeɪtɪŋli,
ˈnɔːzɪeɪtɪŋli
AM ˈnɔʒiˌeɪdɪŋli,
ˈnɑziˌeɪdɪŋli,
ˈnɑʒiˌeɪdɪŋli,
ˈnɔziˌeɪdɪŋli

nauseous
BR ˈnɔːsɪəs, ˈnɔːzɪəs
AM ˈnɔʒəs, ˈnɑʃəs,
ˈnɑʒəs, ˈnɔʃəs

nauseously
BR ˈnɔːsɪəsli,
ˈnɔːzɪəsli
AM ˈnɔʒəsli, ˈnɑʃəsli,
ˈnɑʒəsli, ˈnɔʃəsli

nauseousness
BR ˈnɔːsɪəsnəs,
ˈnɔːzɪəsnəs
AM ˈnɔʒəsnəs,
ˈnɑʃəsnəs, ˈnɑʒəsnəs,
ˈnɔʃəsnəs

Nausicaa
BR nɔːˈsɪkɪə(r),
nɔːˈsɪkeɪə(r)
AM nɔˈsɪkeɪə,
nɑˈsɪkiə, nɑˈsɪkeɪə,
nɔˈsɪkiə

nautanki
BR nɔːˈtaŋki
AM nəˈtaŋki

nautch
BR nɔːtʃ, -ɪz
AM nɑtʃ, nɔtʃ, -əz

nautical
BR ˈnɔːtɪkl
AM ˈnɑdək(ə)l,
ˈnɔdək(ə)l

nautically
BR ˈnɔːtɪkli
AM ˈnɑdək(ə)li,
ˈnɔdək(ə)li

nautilus
BR ˈnɔːtɪləs, ˈnɔːtləs,
-ɪz
AM ˈnɑdləs, ˈnɔdləs,
-əz

nav
BR nav, -z
AM næv, -z

Navaho
BR ˈnavəhəʊ, -z
AM ˈnævəˌhoʊ,
ˈnɑvəˌhoʊ, -z

Navajo
BR ˈnavəhəʊ, -z
AM ˈnævəˌhoʊ,
ˈnɑvəˌhoʊ, -z

naval
BR ˈneɪvl
AM ˈneɪvəl

navally
BR ˈneɪvli
AM ˈneɪvəli

navarin
BR ˈnav(ə)rɪn,
ˈnav(ə)rn̩
AM ˈnævərən

Navarino
BR ˌnavəˈriːnəʊ
AM ˌnævəˈrinoʊ

Navarone
BR ˌnavəˈrəʊn
AM ˌnævəˈroʊn

Navarre
BR nəˈvɑː(r)
AM nəˈvɑr

nave
BR neɪv, -z
AM neɪv, -z

navel
BR ˈneɪvl, -z
AM ˈneɪvəl, -z

navelwort
BR ˈneɪvlwəːt, -s
AM ˈneɪvəlˌwɔ(ə)rt,
ˈneɪvəlwərt, -s

navette
BR naˈvɛt, -s
AM nəˈvɛt, -s

navicular
BR nəˈvɪkjʊlə(r), -z
AM nəˈvɪkjələr, -z

navigability
BR ˌnavɪgəˈbɪlɪti
AM ˌnævəgəˈbɪlɪdi

navigable
BR ˈnavɪgəbl
AM ˈnævəgəb(ə)l

navigableness
BR ˈnavɪgəblnəs
AM ˈnævəgəbəlnəs

navigate
BR ˈnavɪgeɪt, -s,
-ɪŋ, -ɪd
AM ˈnævəˌgeɪ|t, -ts,
-dɪŋ, -dɪd

navigation
BR ˌnavɪˈgeɪʃn, -z
AM ˌnævəˈgeɪʃ(ə)n, -z

navigational
BR ˌnavɪˈgeɪʃn̩l
AM ˌnævəˈgeɪʃ(ə)n(ə)l

navigator
BR ˈnavɪgeɪtə(r), -z
AM ˈnævəˌgeɪdər,
-z

Navrátilová
BR ˌnavratɪˈləʊvə(r)
AM ˌnavrədəˈloʊvə
CZ ˈnʌvrɑːtjlɔvɑː

navvy
BR ˈnav|i, -ɪz
AM ˈnævi, -z

navy
BR ˈneɪv|i, -ɪz
AM ˈneɪvi, -z

nawab
BR nəˈwɑːb,
nəˈwɔːb, -z
AM nəˈwɑb,
nəˈwɔb, -z

Náxos
BR ˈnaksɒs
AM ˈnæk,sɑs,
ˈnæk,sɔs

nay
BR neɪ, -z
AM neɪ, -z

nayaka
BR ˈnʌɪ(j)ɑːkə(r), -z
AM ˈnaɪ,(j)ɑkə, -z

nayika
BR ˈnʌɪ(j)iːkə(r), -z
AM ˈnaɪ,(j)ikə, -z

Nayland
BR ˈneɪlənd
AM ˈneɪlənd

Naylor
BR ˈneɪlə(r)
AM ˈneɪlər

naysay
BR ˈneɪseɪ, -z, -ɪŋ, -d
AM ˈneɪ,seɪ, -z, -ɪŋ, -d

naysayer
BR ˈneɪ,seɪə(r), -z
AM ˈneɪ,seɪər, -z

Nazarene
BR ˌnazəˈriːn,
ˈnazəriːn, -z
AM ˈnæzə,rin, -z

Nazareth
BR ˈnaz(ə)rəθ
AM ˈnæz(ə)rəθ

Nazarite
BR ˈnazərʌɪt, -s
AM ˈnæzə,raɪt, -s

Nazca Lines
BR ˈnazkə lʌɪnz,
ˈnaskə +
AM ˈnɑskə ˌlaɪnz

naze
BR neɪz, -ɪz
AM neɪz, -ɪz

Nazi
BR ˈnɑːts|i, ˈnats|i,
-ɪz
AM ˈnætsi, ˈnatsi, -z

Nazidom
BR ˈnɑːtsɪdəm,
ˈnatsɪdəm
AM ˈnætsidəm,
ˈnatsidəm

Nazification
BR ˌnɑːtsɪfɪˈkeɪʃn,
ˌnatsɪfɪˈkeɪʃn
AM ˌnætsəfəˈkeɪʃ(ə)n,
ˌnatsəfəˈkeɪʃ(ə)n

Nazify
BR ˈnɑːtsɪfʌɪ,
ˈnatsɪfʌɪ, -z, -ɪŋ, -d
AM ˈnætsə,faɪ,
ˈnatʃə,faɪ, -z, -ɪŋ, -d

Naziism
BR ˈnɑːtsiɪzm,
ˈnatsiɪzm
AM ˈnætsi,ɪz(ə)m,
ˈnatsi,ɪz(ə)m

Nazirite
BR ˈnazɪrʌɪt
AM ˈnæzə,raɪt

Nazism
BR ˈnɑːtsɪzm,
ˈnatsɪzm
AM ˈnæt,sɪz(ə)m,
ˈnat,sɪz(ə)m

Ndebele
BR n̩dɪˈbiːli,
(n)dɪˈbeɪli
AM (n)dəˈbili

N'Djamena
BR n̩dʒəˈmeɪnə(r)
AM (n)ˈdʒɑmənə

Ndola
BR n̩ˈdəʊlə(r)
AM ˈ(n)doʊlə

né
BR neɪ
AM neɪ

Neagh
BR neɪ
AM neɪ

Neal
BR niːl
AM nil

Neale
BR niːl
AM nil

neanderthal
BR nɪˈandətɑːl, -z
AM niˈændərˌθɑl,
niˈændərˌθɔl, -z

neap
BR niːp, -s
AM nip, -s

Neapolitan
BR nɪəˈpɒlɪt(ə)n,
ˌniːəˈpɒlɪt(ə)n, -z
AM ˌniəˈpɑlədən,
ˌniəˈpɑlətn̩, -z

near
BR ˈnɪə(r)
AM ˈnɪ(ə)r

nearbout
BR ˌnɪəʊbaʊt,
ˌnɪəˈbaʊt
AM ˌnɪrˈbaʊt

nearby
BR ˌnɪəˈbʌɪ
AM ˌnɪrˈbaɪ

Nearctic
BR ˌniːˈɑːktɪk
AM niˈɑrdɪk,
niˈɑr(k)tɪk

near-death
BR ˌnɪəˈdɛθ
AM ˌnɪrˈdɛθ

nearish
BR ˈnɪərɪʃ
AM ˈnɪrɪʃ

nearly
BR ˈnɪəli
AM ˈnɪrli

nearness
BR ˈnɪənəs
AM ˈnɪrnəs

nearside
BR ˈnɪəsʌɪd
AM ˈnɪrˌsaɪd

Neasden
BR ˈniːzd(ə)n
AM ˈnizdən

neat
BR niːt, -ə(r), -ɪst
AM ni|t, -dər, -dɪst

neaten
BR ˈniːtn̩, -z, -ɪŋ, -d
AM ˈnitn, -z, -ɪŋ, -d

neath
BR niːθ
AM niθ

neatly
BR ˈniːtli
AM ˈnitli

neatness
BR ˈniːtnɪs
AM ˈnitnɪs

Neave
BR niːv
AM niv

nebbish
BR ˈnɛb|ɪʃ, -ɪʃiz
AM ˈnɛbɪʃ, -ɪz

Nebraska
BR nəˈbraskə(r)
AM nəˈbræskə

Nebraskan
BR nɪˈbraskən, -z
AM nəˈbræskən, -z

Nebuchadnezzar
BR ˌnɛbjʊkədˈnɛzə(r),
-z
AM ˌnɛb(j)əkə(d)-
ˈnɛzər, -z

nebula
BR ˈnɛbjʊlə(r), -z
AM ˈnɛbjələ, -z

nebulae
BR ˈnɛbjʊli:
AM ˈnɛbjə,laɪ,
ˈnɛbjəli

nebular
BR ˈnɛbjʊlə(r)
AM ˈnɛbjələr

nebuliser
BR ˈnɛbjʊlʌɪzə(r), -z
AM ˈnɛbjə,laɪzər, -z

nebulizer
BR ˈnɛbjʊlʌɪzə(r),
-z
AM ˈnɛbjə,laɪzər, -z

nebulosity
BR ˌnɛbjʊˈlɒsɪti
AM ˌnɛbjəˈlɑsədi

nebulous
BR ˈnɛbjʊləs
AM ˈnɛbjələs

nebulously
BR ˈnɛbjʊləsli
AM ˈnɛbjələsli

nebulousness
BR ˈnɛbjʊləsnəs
AM ˈnɛbjələsnəs

nebuly
BR ˈnɛbjʊli
AM ˈnɛbjəli

necessarian
BR ˌnɛsɪˈsɛːrɪən, -z
AM ˌnɛsəˈsɛriən, -z

necessarianism
BR ˈnesɪˌseːrɪənɪzm
AM ˌnesəˈserɪəˌnɪz(ə)m

necessarily
BR ˈnesɪs(ə)rɪli, ˌnesəˈserɪli
AM ˌnesəˈserəli

necessariness
BR ˈnesɪs(ə)rɪnɪs
AM ˈnesəˌserɪnɪs

necessary
BR ˈnesɪs(ə)r|i, -ɪz
AM ˈnesəˌseri, -z

necessitarian
BR nɪˌsesɪˈteːrɪən, -z
AM nəˌsesəˈterɪən, -z

necessitarianism
BR nɪˌsesɪˈteːrɪənɪzm
AM nəˌsesəˈterɪəˌnɪz(ə)m

necessitate
BR nɪˈsesɪteɪt, -s, -ɪŋ, -ɪd
AM nəˈsesəˌteɪ|t, -ts, -dɪŋ, -dɪd

necessitous
BR nɪˈsesɪtəs
AM nəˈsesədəs

necessitously
BR nɪˈsesɪtəsli
AM nəˈsesədəsli

necessitousness
BR nɪˈsesɪtəsnəs
AM nəˈsesədəsnəs

necessity
BR nɪˈsesɪt|i, -ɪz
AM nəˈsesədi, -z

neck
BR nek, -s, -ɪŋ, -t
AM nek, -s, -ɪŋ, -t

neck-and-neck
BR ˌnek(ə)n(d)ˈnek
AM ˈnekənˈnek

Neckar
BR ˈnekə(r), ˈnekaː(r)
AM ˈnekər

neckband
BR ˈnekband, -z
AM ˈnekˌbænd, -z

Necker
BR ˈnekə(r)
AM ˈnekər
FR nekɛʀ

neckerchief
BR ˈnekətʃif, ˈnekətʃiːf, -s
AM ˈnekərˌtʃif, ˈnekərˌtʃɪf, -s

necklace
BR ˈneklɪs, -ɪz
AM ˈnekləs, -əz

necklet
BR ˈneklɪt, -s
AM ˈneklət, -s

neckline
BR ˈneklʌɪn, -z
AM ˈnekˌlaɪn, -z

necktie
BR ˈnektʌɪ, -z
AM ˈnekˌtaɪ, -z

neckwear
BR ˈnekwɛː(r)
AM ˈnekˌwɛ(ə)r

necrobiosis
BR ˌnekrə(ʊ)bʌɪˈəʊsɪs
AM ˌnekrəˈbaɪəsəs

necrobiotic
BR ˌnekrə(ʊ)bʌɪˈɒtɪk
AM ˌˈnekrəˌbaɪˈadɪk

necrogenic
BR ˌnekrə(ʊ)ˈdʒenɪk
AM ˌnekrəˈdʒenɪk

necrolatry
BR nɪˈkrɒlətri, neˈkrɒlətri
AM neˈkralətri, nəˈkralətri

necrological
BR ˌnekrəˈlɒdʒɪkl
AM ˌnekrəˈladʒək(ə)l

necrologist
BR nɪˈkrɒlədʒɪst, neˈkrɒlədʒɪst, -s
AM neˈkralədʒəst, nəˈkralədʒəst, -s

necrology
BR nɪˈkrɒlədʒ|i, neˈkrɒlədʒ|i, -ɪz
AM neˈkralədʒi, nəˈkralədʒi, -z

necromancer
BR ˈnekrə(ʊ)mansə(r), -z
AM ˈnekrəˌmænsər, -z

necromancy
BR ˈnekrə(ʊ)mansi
AM ˈnekrəˌmænsi

necromantic
BR ˌnekrə(ʊ)ˈmantɪk, -s
AM ˌnekrəˈmæn(t)ɪk, -s

necrophagous
BR nɪˈkrɒfəgəs, neˈkrɒfəgəs
AM neˈkrafəgəs, nəˈkrafəgəs

necrophil
BR ˈnekrə(ʊ)fil, -z
AM ˈnekrəˌfil, -z

necrophile
BR ˈnekrə(ʊ)fʌɪl, -z
AM ˈnekrəˌfaɪl, -z

necrophilia
BR ˌnekrə(ʊ)ˈfɪlɪə(r)
AM ˌnekrəˈfɪlɪə, ˌnekrəˈfɪljə

necrophiliac
BR ˌnekrə(ʊ)ˈfɪlɪak, -s
AM ˌnekrəˈfɪliˌæk, -s

necrophilic
BR ˌnekrə(ʊ)ˈfɪlɪk
AM ˌnekrəˈfɪlɪk

necrophilism
BR nɪˈkrɒfɪlɪzm, neˈkrɒfɪlɪzm
AM neˈkrafəˌlɪz(ə)m, nəˈkrafəˌlɪz(ə)m

necrophilist
BR nɪˈkrɒfɪlɪst, neˈkrɒfɪlɪst, -s
AM neˈkrafələst, nəˈkrafələst, -s

necrophily
BR nɪˈkrɒfili, neˈkrɒfili
AM neˈkrafəli, nəˈkrafəli

necrophobia
BR ˌnekrə(ʊ)ˈfəʊbɪə(r)
AM ˌnekrəˈfoʊbɪə

necropolis
BR nɪˈkrɒpl̩ɪs, neˈkrɒpl̩ɪs, -ɪz
AM neˈkrapələs, nəˈkrapələs, -əz

necropsy
BR ˈnekrɒpsi, nɪˈkrɒpsi, neˈkrɒpsi
AM ˈneˌkrapsi, nəˈkrapsi

necroscopic
BR ˌnekrə(ʊ)ˈskɒpɪk
AM ˌnekrəˈskapɪk

necroscopy
BR nɪˈkrɒskəp|i, neˈkrɒskəp|i, -ɪz
AM neˈkraskəpi, nəˈkraskəpi, -z

necrose
BR ˈnekrəʊs, nɪˈkrəʊs, neˈkrəʊs
AM nəˈkroʊs, neˈkroʊs, ˈneˌkroʊs

necrosis
BR nɪˈkrəʊsɪs, neˈkrəʊsɪs
AM neˈkroʊsəs, nəˈkroʊsəs

necrotic
BR nɪˈkrɒtɪk, neˈkrɒtɪk
AM neˈkradɪk, nəˈkradɪk

necrotise
BR ˈnekrə(ʊ)tʌɪz, -ɪz, -ɪŋ, -d
AM ˈnekrəˌtaɪz, -ɪz, -ɪŋ, -d

necrotize
BR ˈnekrə(ʊ)tʌɪz, -ɪz, -ɪŋ, -d
AM ˈnekrəˌtaɪz, -ɪz, -ɪŋ, -d

nectar
BR ˈnektə(r)
AM ˈnektər

nectarean
BR nekˈteːrɪən
AM nekˈterɪən

nectared
BR ˈnektəd
AM ˈnektərd

nectareous
BR nekˈteːrɪəs
AM nekˈterɪəs

nectariferous
BR ˌnektəˈrɪf(ə)rəs
AM ˌnektəˈrɪf(ə)rəs
nectarine
BR ˈnektəriːn,
ˈnektərɪn, -z
AM ˌnektəˈrin, -z
nectarous
BR ˈnekt(ə)rəs
AM ˈnektərəs
nectary
BR ˈnekt(ə)r|i, -ɪz
AM ˈnektəri, -z
Ned
BR ned
AM ned
neddy
BR ˈned|i, -ɪz
AM ˈnedi, -z
nee
BR neɪ
AM neɪ
née
BR neɪ
AM neɪ
need
BR niːd, -z, -ɪŋ, -ɪd
AM nid, -z, -ɪŋ, -ɪd
needful
BR ˈniːdf(ʊ)l
AM ˈnidfəl
needfully
BR ˈniːdfʊli,
ˈniːdfˌli
AM ˈnidfəli
needfulness
BR ˈniːdf(ʊ)lnəs
AM ˈnidfəlnəs
Needham
BR ˈniːdəm
AM ˈnidəm
needily
BR ˈniːdɪli
AM ˈnidɪli
neediness
BR ˈniːdɪnɪs
AM ˈnidɪnɪs
needle
BR ˈniːd|l, -lz,
-lɪŋ\-lɪŋ, -ld
AM ˈnid|əl, -əlz,
-(ə)lɪŋ, -əld

needlecord
BR ˈniːdlkɔːd
AM ˈnidlˌkɔrd
needlecraft
BR ˈniːdlkrɑːft
AM ˈnidlˌkræft
needleful
BR ˈniːdlfʊl, -z
AM ˈnidlˌfʊl, -z
needlepoint
BR ˈniːdlpɔɪnt
AM ˈnidlˌpɔɪnt
Needles
BR ˈniːdlz
AM ˈnidlz
needless
BR ˈniːdlɪs
AM ˈnidlɪs
needlessly
BR ˈniːdlɪsli
AM ˈnidlɪsli
needlessness
BR ˈniːdlɪsnɪs
AM ˈnidlɪsnɪs
needlewoman
BR ˈniːdlˌwʊmən
AM ˈnidlˌwʊm(ə)n
needlewomen
BR ˈniːdlˌwɪmɪn
AM ˈnidlˌwɪmɪn
needlework
BR ˈniːdlwɜːk
AM ˈnidlˌwɜrk
needn't
BR ˈniːdnt
AM ˈnidnt
needy
BR ˈniːd|i, -ɪə(r), -ɪɪst
AM ˈnidi, -ər, -ɪst
neef
BR niːf, -s
AM nif, -s
neep
BR niːp, -s
AM nip, -s
ne'er
BR neː(r)
AM nɛ(ə)r
ne'er-do-well
BR ˈneːduwel, -z
AM ˈnɛrdəˌwel,
ˈnɛrduˌwel, -z

nef
BR nef, -s
AM nef, -s
nefarious
BR nɪˈfeːrɪəs
AM nəˈferɪəs
nefariously
BR nɪˈfeːrɪəsli
AM nəˈferɪəsli
nefariousness
BR nɪˈfeːrɪəsnəs
AM nəˈferɪəsnəs
Nefertiti
BR ˌnefəˈtiːti
AM ˌnefərˈtidi
Neff
BR nef
AM nef
Nefyn
BR ˈnev(ɪ)n
AM ˈnevən
neg. *negative*
BR neg
AM neg
negara
BR ˈneg(ə)rə(r), -z
AM ˈnegərə, -z
negate
BR nɪˈgeɪt, -s, -ɪŋ, -ɪd
AM nəˈgeɪ|t, -ts, -dɪŋ, -dɪd
negation
BR nɪˈgeɪʃn, -z
AM nəˈgeɪʃ(ə)n, -z
negationist
BR nɪˈgeɪʃnɪst, -s
AM nəˈgeɪʃ(ə)nəst, -s
negative
BR ˈnegətɪv, -z
AM ˈnegədɪv, -z
negatively
BR ˈnegətɪvli
AM ˈnegədɪvli
negativeness
BR ˈnegətɪvnɪs
AM ˈnegədɪvnɪs
negativism
BR ˈnegətɪvɪzm
AM ˈnegədəvˌɪz(ə)m
negativist
BR ˈnegətɪvɪst, -s
AM ˈnegədəvəst, -s

negativistic
BR ˌnegətɪˈvɪstɪk
AM ˌnegədəˈvɪstɪk
negativity
BR ˌnegəˈtɪvɪti
AM ˌnegəˈtɪvɪdi
negator
BR nɪˈgeɪtə(r), -z
AM nəˈgeɪdər, -z
negatory
BR ˈnegət(ə)ri
AM ˈnegəˌtɔri
Negev
BR ˈnegev
AM ˈnɛˌgev
neglect
BR nɪˈglekt, -s, -ɪŋ, -ɪd
AM nəˈglek|(t), -(t)s, -tɪŋ, -təd
neglectful
BR nɪˈglek(t)f(ʊ)l
AM nəˈglek(t)fəl
neglectfully
BR nɪˈglek(t)fəli,
nɪˈglek(t)fˌli
AM nəˈglek(t)fəli
neglectfulness
BR nɪˈglek(t)f(ʊ)lnəs
AM nəˈglek(t)fəlnəs
negligee
BR ˈneglɪʒeɪ, -z
AM ˌnegləˈʒeɪ,
ˈnegləˌʒeɪ, -z
negligence
BR ˈneglɪdʒ(ə)ns
AM ˈneglədʒ(ə)ns
negligent
BR ˈneglɪdʒ(ə)nt
AM ˈneglədʒ(ə)nt
negligently
BR ˈneglɪdʒ(ə)ntli
AM ˈneglədʒən(t)li
negligibility
BR ˌneglɪdʒɪˈbɪlɪti
AM ˌneglədʒəˈbɪlɪdi
negligible
BR ˈneglɪdʒɪbl
AM ˈneglədʒəb(ə)l
negligibly
BR ˈneglɪdʒɪbli
AM ˈneglədʒəbli

Negombo
BR nɪˈgɒmbəʊ
AM nəˈgɑmˌboʊ,
nəˈgɒmˌboʊ

negotiability
BR nɪˌgəʊʃ(i)əˈbɪlɪti
AM nəˌgoʊʃ(i)əˈbɪlɨdi

negotiable
BR nɪˈgəʊʃ(i)əbl
AM nəˈgoʊʃ(i)əb(ə)l

negotiant
BR nɪˈgəʊʃ(iə)nt, -s
AM nəˈgoʊʃ(i)ənt, -s

negotiate
BR nɪˈgəʊʃieɪt,
nɪˈgəʊsieɪt, -s,
-ɪŋ, -ɨd
AM nəˈgoʊsiˌeɪ|t,
nəˈgoʊʃiˌeɪ|t, -ts,
-dɪŋ, -dɨd

negotiation
BR nɪˌgəʊʃiˈeɪʃn,
nɪˌgəʊsiˈeɪʃn, -z
AM nəˌgoʊsiˈeɪʃ(ə)n,
nəˌgoʊʃiˈeɪʃ(ə)n, -z

negotiator
BR nɪˈgəʊʃieɪtə(r),
nɪˈgəʊsieɪtə(r), -z
AM nəˈgoʊsiˌeɪdər,
nəˈgoʊʃiˌeɪdər, -z

Negress
BR ˈniːgrɪs, ˈniːgrɛs, -ɪz
AM ˈnigrɪs, -əz

Negrillo
BR nɪˈgrɪləʊ, -z
AM nəˈgrɪloʊ, -z

Negrito
BR nɪˈgriːtəʊ, -z
AM nəˈgridoʊ, -z

negritude
BR ˈnɛgrɪtjuːd,
ˈnɛgrɪtʃuːd
AM ˈnɛgrəˌt(j)ud

Negro
BR ˈniːgrəʊ, -z
AM ˈnigroʊ, -z

negroid
BR ˈniːgrɔɪd
AM ˈniˌgrɔɪd

Negroism
BR ˈniːgrəʊɪzm
AM ˈnigrəˌwɪz(ə)m

Negrophobia
BR ˌniːgr(ə)ʊˈfəʊbiə(r)
AM ˌnigrəˈfoʊbiə

Negrophobic
BR ˌniːgr(ə)ʊˈfəʊbɪk
AM ˌnigrəˈfoʊbɪk

negus
BR ˈniːgəs
AM ˈnigəs

Nehemiah
BR ˌniːɨˈmʌɪə(r)
AM ˌniəˈmaɪə

Nehru
BR ˈnɛːruː
AM ˈneɪru

neigh
BR neɪ, -z, -ɪŋ, -d
AM neɪ, -z, -ɪŋ, -d

neighbor
BR ˈneɪb|ə(r), -əz,
-(ə)rɪŋ, -əd
AM ˈneɪbər, -z,
-ɪŋ, -d

neighborhood
BR ˈneɪbəhʊd, -z
AM ˈneɪbərˌ(h)ʊd, -z

neighborliness
BR ˈneɪbəlinɪs
AM ˈneɪbərlinɪs

neighborly
BR ˈneɪbəli
AM ˈneɪbərli

neighbour
BR ˈneɪb|ə(r), -əz,
-(ə)rɪŋ, -əd
AM ˈneɪbər, -z,
-ɪŋ, -d

neighbourhood
BR ˈneɪbəhʊd, -z
AM ˈneɪbərˌ(h)ʊd, -z

neighbourliness
BR ˈneɪbəlinɪs
AM ˈneɪbərlinɪs

neighbourly
BR ˈneɪbəli
AM ˈneɪbərli

Neil
BR niːl
AM nil

Neill
BR niːl
AM nil

Neilson
BR ˈniːls(ə)n
AM ˈnɪls(ə)n

neither
BR ˈnʌɪðə(r),
ˈniːðə(r)
AM ˈnaɪðər,
ˈniðər

nekkid
BR ˈnɛkɪd
AM ˈnɛkɪd

nekton
BR ˈnɛkt(ɒ)n
AM ˈnɛkˌtɑn,
ˈnɛkt(ə)n

Nell
BR nɛl
AM nɛl

Nellie
BR ˈnɛli
AM ˈnɛli

nelly
BR ˈnɛl|i, -ɪz
AM ˈnɛli, -z

Nelson
BR ˈnɛlsn
AM ˈnɛls(ə)n

nelumbo
BR nɪˈlʌmbəʊ, -z
AM nəˈləmboʊ, -z

nematocyst
BR nɪˈmatə(ʊ)sɪst,
ˈnɛmətəsɪst, -s
AM nəˈmædəˌsɪst,
ˈnimədəˌsɪst, -s

nematode
BR ˈnɛmətəʊd, -z
AM ˈniməˌtoʊd, -z

Nembutal
BR ˈnɛmbjɨtal,
ˈnɛmbjɨtɒl
AM ˈnɛmbjəˌtal,
ˈnɛmbjəˌtæl,
ˈnɛmbjəˌtɔl

nem con
BR ˌnɛm ˈkɒn
AM ˌnɛm ˈkɑn

nemertean
BR nɪˈmɜːtiən,
ˌnɛməˈtiːən,
ˈnɛmətiːn, -z
AM nəˈmərdiən, -z

nemertine
BR nɪˈmɜːtʌɪn,
nɪˈmətiːn,
ˈnɛmətʌɪn,
ˈnɛmətiːn
AM ˈnɛmərˌtin

nemeses
BR ˈnɛmɨsiːz
AM ˈnɛməˌsiz

nemesia
BR nɪˈmiːʒ(i)ə(r)
AM nəˈmiziə,
nəˈmiʒ(i)ə

nemesis
BR ˈnɛmɨsɪs
AM ˈnɛməsəs

Nemo
BR ˈniːməʊ
AM ˈnimoʊ

nene
BR ˈneɪneɪ, -z
AM ˈneɪˌneɪ, -z

Nene[1] *river at Northampton, UK*
BR nɛn
AM nɛn

Nene[2] *river at Peterborough, Norfolk and Lincolnshire, UK*
BR niːn
AM nin

Nennius
BR ˈnɛniəs
AM ˈnɛniəs

nenuphar
BR ˈnɛnjɨfɑː(r),
-z
AM ˈnɛnjəˌfɑr,
-z

neo-Cambrian
BR ˌniːə(ʊ)ˈkambriən
AM ˌnioʊˈkæmbriən

Neocene
BR ˈnɪə(ʊ)siːn
AM ˈniəˌsin

neoclassic
BR ˌniːə(ʊ)ˈklasɪk
AM ˌnioʊˈklæsɪk

neoclassical
BR ˌniːə(ʊ)ˈklasɪkl
AM ˌnioʊˈklæsək(ə)l

neoclassicism
BR ˌniːə(ʊ)ˈklasɪsɪzm
AM ˌnioʊˈklæsəˌsɪz(ə)m

neoclassicist
BR ˌniːə(ʊ)ˈklasɪsɪst, -s
AM ˌnioʊˈklæsəsəst, -s

neocolonial
BR ˌniːəʊkəˈləʊnɪəl
AM ˌˈnioʊkəˈloʊnɪəl, ˈnioʊkəˈloʊnj(ə)l

neocolonialism
BR ˌniːəʊkəˈləʊnɪəlɪzm
AM ˌˈnioʊkəˈloʊnɪəˌlɪz(ə)m, ˈnioʊkəˈloʊnjəˌlɪz(ə)m

neocolonialist
BR ˌniːəʊkəˈləʊnɪəlɪst, -s
AM ˌˈnioʊkəˈloʊnɪələst, ˈnioʊkəˈloʊnjələst, -s

neodymium
BR ˌniːə(ʊ)ˈdɪmɪəm
AM ˌnioʊˈdɪmɪəm

Neo-Geo
BR ˌniːə(ʊ)ˈdʒɪəʊ
AM ˈnioʊˈdʒioʊ

neolithic
BR ˌniːəˈlɪθɪk
AM ˌniəˈlɪθɪk

neologian
BR ˌniːəˈləʊdʒ(ɪə)n, -z
AM ˌnioʊˈloʊdʒ(i)ən, -z

neologise
BR nɪˈɒlədʒʌɪz, -ɪz, -ɪŋ, -d
AM niˈɑləˌdʒaɪz, -ɪz, -ɪŋ, -d

neologism
BR nɪˈɒlədʒɪzm, -z
AM niˈɑləˌdʒɪz(ə)m, -z

neologist
BR nɪˈɒlədʒɪst, -s
AM niˈɑlədʒəst, -s

neologize
BR nɪˈɒlədʒʌɪz, -ɪz, -ɪŋ, -d
AM niˈɑləˌdʒaɪz, -ɪz, -ɪŋ, -d

neology
BR nɪˈɒlədʒ|i, -ɪz
AM niˈɑlədʒi, -z

neomycin
BR ˌnɪə(ʊ)ˈmʌɪsɪn
AM ˌnioʊˈmaɪs(ə)n

neon
BR ˈniːɒn
AM ˈniˌɑn

neonatal
BR ˌnɪə(ʊ)ˈneɪtl
AM ˌnioʊˈneɪd(ə)l

neonate
BR ˈnɪə(ʊ)neɪt, -s
AM ˈnɪəˌneɪt, -s

neonatology
BR ˌnɪə(ʊ)neɪˈtɒlədʒi
AM ˌnioʊˌneɪˈtɑlədʒi

neo-noir
BR ˌnɪə(ʊ)ˈnwɑː(r)
AM ˌnioʊˈnwɑr

neontologist
BR ˌnɪɒnˈtɒlədʒɪst, -s
AM ˌniˌɑnˈtɑlədʒəst, -s

neontology
BR ˌnɪɒnˈtɒlədʒi
AM ˌniˌɑnˈtɑlədʒi

neopentane
BR ˌniːə(ʊ)ˈpenteɪn
AM ˌnioʊˈpenˌteɪn

neophobia
BR ˌniːə(ʊ)ˈfəʊbɪə(r)
AM ˌnioʊˈfoʊbɪə

neophron
BR ˈnɪə(ʊ)frɒn, -z
AM ˈnɪəˌfrɑn, -z

neophyte
BR ˈnɪə(ʊ)fʌɪt, -s
AM ˈnɪəˌfaɪt, -s

neoplasm
BR ˈnɪə(ʊ)plazm, -z
AM ˈnɪəˌplæz(ə)m, -z

neoplastic
BR ˌniːə(ʊ)ˈplastɪk
AM ˌnɪəˈplæstɪk

neo-plasticism
BR ˌniːə(ʊ)ˈplastɪsɪzm
AM ˌnɪəˈplæstəˌsɪz(ə)m

Neoplatonic
BR ˌniːə(ʊ)pləˈtɒnɪk
AM ˌnioʊpləˈtɑnɪk

Neoplatonism
BR ˌniːəʊˈpleɪtnɪzm
AM ˌnɪəˈpleɪtnˌɪz(ə)m

Neoplatonist
BR ˌniːəʊˈpleɪtnɪst, -s
AM ˌnɪəˈpleɪtnəst, -s

neoprene
BR ˈnɪə(ʊ)priːn
AM ˈnɪəˌprin

neostigmine
BR ˌniːə(ʊ)ˈstɪɡmiːn
AM ˌnioʊˈstɪɡmin

neotenic
BR ˌniːə(ʊ)ˈtenɪk
AM ˌnioʊˈtinɪk, ˌnioʊˈtenɪk

neotenise
BR nɪˈɒtɪnʌɪz, -ɪz, -ɪŋ, -d
AM niˈɑtnˌaɪz, -d, -ɪz, -ɪŋ

neotenize
BR nɪˈɒtɪnʌɪz, -ɪz, -ɪŋ, -d
AM niˈɑtnˌaɪz, -ɪz, -ɪŋ, -d

neotenous
BR nɪˈɒtɪnəs, nɪˈɒtnəs
AM ˌnioʊˈtinəs

neoteny
BR nɪˈɒtɪni, nɪˈɒtni
AM niˈat(ɪ)ni

neoteric
BR ˌniːə(ʊ)ˈterɪk
AM ˌnɪəˈterɪk

neotropical
BR ˌniːə(ʊ)ˈtrɒpɪkl
AM ˌnioʊˈtrɑpək(ə)l

Neozoic
BR ˌniːə(ʊ)ˈzəʊɪk
AM ˌnɪəˈzoʊɪk

Nepal
BR nɪˈpɔːl
AM ˌneɪˈpal

Nepalese
BR ˌnepəˈliːz
AM ˌnepəˈliz

Nepali
BR nɪˈpɔːl|i, -ɪz
AM nəˈpali, nəˈpɔli, -z

nepenthe
BR nɪˈpenθi
AM nəˈpenθi

nepenthes
BR nɪˈpenθiːz
AM nəˈpenθiz

nepeta
BR nɪˈpiːtə(r), -z
AM nəˈpidə, -z

nepheline
BR ˈnɛfliːn
AM ˈnɛfəˌlin

nephelometer
BR ˌnɛfɪˈlɒmɪtə(r), -z
AM ˌnɛfəˈlamədər, -z

nephelometric
BR ˌnɛfl̩ə(ʊ)ˈmɛtrɪk
AM ˈˌnɛfəloʊˈmɛtrɪk

nephelometry
BR ˌnɛfəˈlɒmɪtri
AM ˌnɛfəˈlamətri

nephew
BR ˈnɛfjuː, ˈnɛvjuː, -z
AM ˈnɛfju, -z

nephology
BR nɪˈfɒlədʒi, nɛˈfɒlədʒi
AM nɛˈfalədʒi, nəˈfalədʒi

nephrectomy
BR nɪˈfrɛktəm|i, nɛˈfrɛktəm|i, -ɪz
AM nəˈfrɛktəmi, -z

nephridia
BR nɪˈfrɪdɪə(r)
AM nəˈfrɪdɪə

nephridiopore
BR nɪˈfrɪdɪəpɔː(r), -z
AM nəˈfrɪdɪəˌpɔ(ə)r, -z

nephridium
BR nɪˈfrɪdɪəm
AM nəˈfrɪdɪəm

nephrite
BR ˈnɛfrʌɪt
AM ˈnɛˌfraɪt

nephritic
BR nɪˈfrɪtɪk, nɛˈfrɪtɪk
AM nəˈfrɪdɪk

nephritis
BR nɪˈfrʌɪtɪs, nɛˈfrʌɪtɪs
AM nəˈfraɪdɪs

nephrology
BR nɪˈfrɒlədʒi, nɛˈfrɒlədʒi
AM nɛˈfrɑːlədʒi, nəˈfrɑːlədʒi

nephron
BR ˈnɛfrɒn, -z
AM ˈnɛˌfrɑːn, -z

nephropathy
BR nɪˈfrɒpəθi, nɛˈfrɒpəθi
AM nɛˈfrɑːpəθi, nəˈfrɑːpəθi

nephrosis
BR nɪˈfrəʊsɪs
AM nəˈfroʊsəs

nephrotomy
BR nɪˈfrɒtəm|i, nɛˈfrɒtəm|i, -ɪz
AM nɛˈfrɑːdəmi, nəˈfrɑːdəmi, -z

ne plus ultra
BR ˌneɪ plʌs ˈʌltrə(r), ˌniː +, + plʊs +, + ˈʊltrɑː(r)
AM ˌneɪ ˌplʊs ˈʊltrə, ˌni ˌpləs ˈəltrə

nepotism
BR ˈnɛpətɪzm
AM ˈnɛpəˌtɪz(ə)m

nepotist
BR ˈnɛpətɪst, -s
AM ˈnɛpədəst, -s

nepotistic
BR ˌnɛpəˈtɪstɪk
AM ˌnɛpəˈtɪstɪk

Neptune
BR ˈnɛptjuːn, ˈnɛptʃuːn
AM ˈnɛpˌt(j)un

Neptunian
BR nɛpˈtjuːnɪən, nɛpˈtʃuːnɪən
AM nɛpˈt(j)uniən

Neptunist
BR ˈnɛptjuːnɪst, ˈnɛptʃuːnɪst, -s
AM ˈnɛpˈt(j)unəst, -s

neptunium
BR nɛpˈtjuːnɪəm, nɛpˈtʃuːnɪəm
AM nɛpˈt(j)uniəm

nerd
BR nəːd, -z
AM nərd, -z

nerdy
BR ˈnəːd|i, -ɪə(r), -ɪɪst
AM ˈnərdi, -ər, -əst

nereid
BR ˈnɪərɪɪd, -z
AM ˈnɛriɪd, ˈnɪriɪd, -z

Nereus
BR ˈnɪərɪəs
AM ˈnɪ(ə)rjəs, ˈnɛriəs

Nerf
BR nəːf
AM nərf

nerine
BR nɪˈrʌɪn|i, nɪˈriːn|i, -ɪz
AM nəˈrini, -z

Nerissa
BR nɪˈriːsə(r)
AM nəˈrɪsə, nəˈrisə

nerka
BR ˈnəːkə(r), -z
AM ˈnərkə, -z

Nernst
BR ˈnəːnst
AM ˈnərnst
GER nɛrnst

Nero
BR ˈnɪərəʊ
AM ˈniroʊ, ˈnɪroʊ

neroli
BR ˈnɪərəli
AM ˈnɛrəli

Neronian
BR nɪˈrəʊnɪən
AM nəˈroʊnɪən

Neruda
BR nəˈruːdə(r)
AM nəˈrudə

Nerva
BR ˈnəːvə(r)
AM ˈnərvə

nervate
BR ˈnəːveɪt
AM ˈnərˌveɪt

nervation
BR nə(ː)ˈveɪʃn, -z
AM ˌnərˈveɪʃ(ə)n, -z

nerve
BR nəːv, -z, -ɪŋ, -d
AM nərv, -z, -ɪŋ, -d

nerveless
BR ˈnəːvləs
AM ˈnərvləs

nervelessly
BR ˈnəːvləsli
AM ˈnərvləsli

nervelessness
BR ˈnəːvləsnəs
AM ˈnərvləsnəs

nerve-racking
BR ˈnəːvˌrakɪŋ
AM ˈnərvˌrækɪŋ

nerve-wracking
BR ˈnəːvˌrakɪŋ
AM ˈnərvˌrækɪŋ

Nervi
BR ˈnəːvi
AM ˈnərvi

nervily
BR ˈnəːvɪli
AM ˈnərvəli

nervine
BR ˈnəːvʌɪn, ˈnəːviːn, -z
AM ˈnərˌvin, -z

nerviness
BR ˈnəːvɪnɪs
AM ˈnərvinɪs

nervous
BR ˈnəːvəs
AM ˈnərvəs

nervously
BR ˈnəːvəsli
AM ˈnərvəsli

nervousness
BR ˈnəːvəsnəs
AM ˈnərvəsnəs

nervure
BR ˈnəːvj(ʊ)ə(r), -z
AM ˈnərˌvjʊ(ə)r, ˈnərvjər, -z

nervy
BR ˈnəːv|i, -ɪə(r), -ɪɪst
AM ˈnərvi, -ər, -ɪst

Nerys
BR ˈnɛrɪs
AM ˈnɛrɪs

Nesbit
BR ˈnɛzbɪt
AM ˈnɛzbət

Nesbitt
BR ˈnɛzbɪt
AM ˈnɛzbət

Nescafé
BR ˈnɛskəfeɪ
AM ˈnɛskəˌfeɪ

nescience
BR ˈnɛsɪəns
AM ˈnɛsɪəns, ˈnɛʃ(i)əns

nescient
BR ˈnɛsɪənt
AM ˈnɛsɪənt, ˈnɛʃ(i)ənt

nesh
BR nɛʃ
AM nɛʃ

ness
BR nɛs, -ɪz
AM nɛs, -ɪz

Nessa
BR ˈnɛsə(r)
AM ˈnɛsə

Nessie
BR ˈnɛsi
AM ˈnɛsi

nest
BR nɛst, -s, -ɪŋ, -ɪd
AM nɛst, -s, -ɪŋ, -əd

Nesta
BR ˈnɛstə(r)
AM ˈnɛstə

nestful
BR ˈnɛstfʊl, -z
AM ˈnɛs(t)ˌfʊl, -z

Nestlé
BR ˈnɛsleɪ, ˈnɛsl
AM ˈnɛsli

nestle
BR ˈnɛs|l, -lz, -l̩ŋ\-lɪŋ, -ld
AM ˈnɛs|əl, -əlz, -(ə)lɪŋ, -əld

nestlike
BR ˈnɛs(t)lʌɪk
AM ˈnɛs(t)ˌlaɪk

nestling
BR ˈnɛs(t)lɪŋ, -z
AM ˈnɛs(t)lɪŋ, -z

Nestor
BR ˈnɛstə(r)
AM ˈnɛstər

Nestorian
BR nɛˈstɔːriən
AM nɛsˈtɔriən

Nestorianism
BR nɛˈstɔːriənɪzm
AM nɛsˈtɔriəˌnɪz(ə)m

Nestorius
BR nɛˈstɔːriəs
AM nɛˈstɔriəs

net
BR nɛt, -s, -ɪŋ, -ɪd
AM nɛ|t, -ts, -dɪŋ, -dəd

neta
BR ˈneɪtə(r), -z
AM ˈneɪdə, -z

netball
BR ˈnɛtbɔːl
AM ˈnɛtˌbɑl, ˈnɛtˌbɔl

netbook
BR ˈnɛtbʊk, -s
AM ˈnɛtˌbʊk, -s

netful
BR ˈnɛtfʊl, -z
AM ˈnɛtˌfʊl, -z

nether
BR ˈnɛðə(r)
AM ˈnɛðər

Netherlander
BR ˈnɛðəˌlandə(r), -z
AM ˈnɛðərˌlændər, -z

Netherlandish
BR ˈnɛðəˌlandɪʃ
AM ˈnɛðərˌlændɪʃ

Netherlands
BR ðə ˈnɛðəːlən(d)z
AM ˈnɛðərlən(d)z

nethermost
BR ˈnɛðəməʊst
AM ˈnɛðərˌmoʊst

netherworld
BR ˈnɛðəwəːld
AM ˈnɛðərˌwɜrld

netiquette
BR ˈnɛtɪkɛt
AM ˈnɛtəkət

netizen
BR ˈnɛtɪz(ə)n, -z
AM ˈnɛdəz(ə)n, -z

netsuke
BR ˈnɛts(ʊ)k|i, -ɪz
AM ˈnɛts(ʊ)ki, -z

nett
BR nɛt
AM nɛt

Nettie
BR ˈnɛti
AM ˈnɛdi

nettle
BR ˈnɛt|l, -lz, -l̩ŋ\-lɪŋ, -ld
AM ˈnɛdəl, -z, -ɪŋ, -d

Nettlefold
BR ˈnɛtlfəʊld
AM ˈnɛdlˌfoʊld

nettlesome
BR ˈnɛtls(ə)m
AM ˈnɛdls(ə)m

network
BR ˈnɛtwəːk, -s, -ɪŋ, -t
AM ˈnɛtˌwɜrk, -s, -ɪŋ, -t

networker
BR ˈnɛtwəːkə(r), -z
AM ˈnɛtˌwɜrkər, -z

neum
BR njuːm, -z
AM n(j)um, -z

Neumann
BR ˈnjuːmən
AM ˈn(j)um(ə)n

neume
BR njuːm, -z
AM n(j)um, -z

neural
BR ˈnjʊərl̩, ˈnjɔːrl̩
AM ˈn(j)ʊrəl, ˈn(j)ʊrəl

neuralgia
BR njʊəˈraldʒə(r), njɔːˈraldʒə(r)
AM n(j)ʊˈrældʒə, n(j)ʊˈrældʒə

neuralgic
BR njʊəˈraldʒɪk, njɔːˈraldʒɪk
AM n(j)ʊˈrældʒɪk, n(j)ʊˈrældʒɪk

neurally
BR ˈnjʊərli, ˈnjɔːrl̩i
AM ˈn(j)ʊrəli, ˈn(j)ʊrəli

neurasthenia
BR ˌnjʊərəsˈθiːniə(r), ˌnjɔːrəsˈθiːniə(r)
AM ˌn(j)ʊrəsˈθiniə

neurasthenic
BR ˌnjʊərəsˈθɛnɪk, ˌnjɔːrəsˈθɛnɪk, -s
AM ˌn(j)ʊrəsˈθɛnɪk, -s

neuration
BR njʊˈreɪʃn, njɔːˈreɪʃn, -z
AM njəˈreɪʃ(ə)n, njuˈreɪʃ(ə)n, -z

neuritic
BR njʊˈrɪtɪk, njɔːˈrɪtɪk
AM n(j)ʊˈrɪdɪk, n(j)ʊˈrɪdɪk

neuritis
BR njʊˈrʌɪtɪs, njɔːˈrʌɪtɪs
AM n(j)ʊˈraɪdɪs, n(j)ʊˈraɪdɪs

neuroanatomical
BR ˌnjʊərəʊˌanəˈtɒmɪkl, ˌnjɔːrəʊˌanəˈtɒmɪkl
AM ˌn(j)ʊroʊˌænəˈtɑmək(ə)l, ˌn(j)ʊroʊˌænəˈtɑmək(ə)l

neuroanatomy
BR ˌnjʊərəʊəˈnatəmi, ˌnjɔːrəʊəˈnatəmi
AM ˌn(j)ʊroʊəˈnædəmi, ˌn(j)ʊroʊəˈnædəmi

neurobiological
BR ˌnjʊərəʊˌbʌɪəˈlɒdʒɪkl, ˌnjɔːrəʊˌbʌɪəˈlɒdʒɪkl
AM ˌn(j)ʊrəbaɪəˈlɑdʒək(ə)l, ˌn(j)ʊroʊbaɪəˈlɑdʒək(ə)l

neurobiology
BR ˌnjʊərəʊbʌɪˈɒlədʒi, ˌnjɔːrəʊbʌɪˈɒlədʒi
AM ˌn(j)ʊrəbaɪˈɑlədʒi, ˌn(j)ʊroʊbaɪˈɑlədʒi

neurode
BR ˈnjʊərəʊd, -z
AM ˈn(j)ʊˌroʊd, -z

neurofibroma
BR ˌnjʊərəʊfʌɪˈbrəʊmə(r), ˌnjɔːrəʊfʌɪˈbrəʊmə(r), -z
AM ˌn(j)ʊroʊfaɪˈbroʊmə, -z

neurofibromata
BR ˌnjʊərəʊfʌɪˈbrəʊmətə(r), ˌnjɔːrəʊfʌɪˈbrəʊmətə(r)
AM ˌn(j)ʊroʊˌfaɪbroʊˈmɑdə

neurofibromatosis
BR ˌnjʊərəʊfʌɪˌbrəʊməˈtəʊsɪs, ˌnjɔːrəʊfʌɪˌbrəʊməˈtəʊsɪs
AM ˌn(j)ʊroʊˌfaɪbroʊməˈtoʊsəs

neurogenesis
BR ˌnjʊərə(ʊ)ˈdʒɛnɪsɪs, ˌnjɔːrə(ʊ)ˈdʒɛnɪsɪs, -ɪz
AM ˌn(j)ʊrəˈdʒɛnəsəs, ˌn(j)ʊroʊˈdʒɛnəsəs, -əz

neurogenic
BR ˌnjʊərə(ʊ)ˈdʒɛnɪk, ˌnjɔːrə(ʊ)ˈdʒɛnɪk
AM ˌn(j)ʊrəˈdʒɛnɪk, ˌn(j)ʊroʊˈdʒɛnɪk

neuroglia
BR njʊəˈrɒɡliə(r), njɔːˈrɒɡliə(r)
AM n(j)ʊˈrɑɡliə, n(j)ʊˈrɑɡliə

neurohormone
BR ˈnjʊərə(ʊ)ˌhɔːməʊn, ˈnjɔːrə(ʊ)ˌhɔːməʊn, -z
AM ˌn(j)ʊrəˈhɔrˌmoʊn, ˌn(j)ʊroʊˈhɔrˌmoʊn, -z

neurolinguistic
BR ˌnjʊərəʊlɪŋˈɡwɪstɪk, ˌnjɔːrəʊlɪŋˈɡwɪstɪk
AM ˌn(j)ʊrəˌlɪŋˈɡwɪstɪk, ˌn(j)ʊroʊˌlɪŋˈɡwɪstɪk

neurological
BR ˌnjʊərəˈlɒdʒɪkl,
ˌnjɔːrəˈlɒdʒɪkl
AM ˌn(j)ʊrəˈlɑdʒək(ə)l,
ˌn(j)ʊrəˈlɑdʒək(ə)l

neurologically
BR ˌnjʊərəˈlɒdʒɪkli,
ˌnjɔːrəˈlɒdʒɪkli
AM ˌn(j)ʊrəˈlɑdʒək(ə)li,
ˌn(j)ʊrəˈlɑdʒək(ə)li

neurologist
BR njʉˈrɒlədʒɪst,
njɔːˈrɒlədʒɪst, -s
AM n(j)ʊˈrɑlədʒəst,
n(j)ʊˈrɑlədʒəst, -s

neurology
BR njʉˈrɒlədʒi,
njɔːˈrɒlədʒi
AM n(j)ʊˈrɑlədʒi,
n(j)ʊˈrɑlədʒi

neuroma
BR njʉˈrəʊmə(r),
njɔːˈrəʊmə(r), -z
AM n(j)ʊˈroʊmə, -z

neuromata
BR njʉˈrəʊmətə(r),
njɔːˈrəʊmətə(r)
AM n(j)ʊˈroʊmədə

neuromuscular
BR ˌnjʊərəʊˈmʌskjʉlə(r),
ˌnjɔːrəʊˈmʌskjʉlə(r)
AM ˌn(j)ʊrəˈməskjələr,
ˌn(j)ʊroʊˈməskjələr

neuron
BR ˈnjʊərɒn,
ˈnjɔːrɒn, -z
AM ˈn(j)ʊˌrɑn,
ˈn(j)ʊˌrɑn, -z

neuronal
BR ˈnjʊərənl,
njʉˈrəʊnl,
njɔːˈrəʊnl
AM ˈn(j)ʊrənl,
ˈn(j)ʊroʊnl

neurone
BR ˈnjʊərəʊn,
ˈnjɔːrəʊn, -z
AM ˈn(j)ʊˌroʊn,
ˈn(j)ʊˌroʊn, -z

neuronic
BR njʉˈrɒnɪk,
njɔːˈrɒnɪk
AM n(j)ʊˈrɑnɪk

neuropath
BR ˈnjʊərəpæθ,
ˈnjɔːrəpæθ, -s
AM ˈn(j)ʊrəˌpæθ,
ˈn(j)ʊroʊˌpæθ, -s

neuropathic
BR ˌnjʊərə(ʊ)ˈpæθɪk,
ˌnjɔːrə(ʊ)ˈpæθɪk
AM ˌn(j)ʊrəˈpæθɪk,
ˌn(j)ʊroʊˈpæθɪk

neuropathologist
BR ˌnjʊərəʊpəˈθɒlədʒɪst,
ˌnjɔːrəʊpəˈθɒlədʒɪst, -s
AM ˌn(j)ʊrəpəˈθɑlədʒəst,
ˌn(j)ʊroʊpəˈθɑlədʒəst, -s

neuropathology
BR ˌnjʊərəʊpəˈθɒlədʒi,
ˌnjɔːrəʊpəˈθɒlədʒi
AM ˌn(j)ʊrəpəˈθɑlədʒi,
ˌn(j)ʊroʊpəˈθɑlədʒi

neuropathy
BR njʉˈrɒpəθi,
njɔːˈrɒpəθi
AM n(j)ʊˈrɑpəθi,
n(j)ʊˈrɑpəθi

neurophysiological
BR ˌnjʊərəʊfɪzɪəˈlɒdʒɪkl,
ˌnjɔːrəʊfɪzɪəˈlɒdʒɪkl
AM ˌn(j)ʊrəˌfɪziəˈlɑdʒək(ə)l,
ˌn(j)ʊroʊˌfɪziəˈlɑdʒək(ə)l

neurophysiologist
BR ˌnjʊərəʊfɪziˈɒlədʒɪst,
ˌnjɔːrəʊfɪziˈɒlədʒɪst, -s
AM ˌn(j)ʊrəˌfɪziˈɑlədʒəst,
ˌn(j)ʊroʊˌfɪziˈɑlədʒəst, -s

neurophysiology
BR ˌnjʊərəʊfɪziˈɒlədʒi,
ˌnjɔːrəʊfɪziˈɒlədʒi
AM ˌn(j)ʊrəˌfɪziˈɑlədʒi, ˌn(j)ʊroʊˌfɪziˈɑlədʒi

neuropilar
BR ˈnʊərəʊˌpɪlə(r)
AM ˌn(j)ʊroʊˈpɪlər

neuropsychological
BR ˌnjʊərəʊsʌɪkəˈlɒdʒɪkl,
ˌnjɔːrəʊsʌɪkəˈlɒdʒɪkl
AM ˌn(j)ʊrəˌsaɪkəˈlɑdʒək(ə)l,
ˌn(j)ʊroʊˌsaɪkəˈlɑdʒək(ə)l

neuropsychology
BR ˌnjʊərəʊsʌɪˈkɒlədʒi,
ˌnjɔːrəʊsʌɪˈkɒlədʒi
AM ˌn(j)ʊrəsaɪˈkɑlədʒi, ˌn(j)ʊroʊˌsaɪˈkɑlədʒi

Neuroptera
BR njʉˈrɒpt(ə)rə(r),
njɔːˈrɒpt(ə)rə(r)
AM n(j)ʊˈrɑptərə,
n(j)ʊˈrɑptərə

neuropteran
BR njʉˈrɒpt(ə)r̩n,
njɔːˈrɒpt(ə)r̩n, -z
AM n(j)ʊˈrɑptərən,
n(j)ʊˈrɑptərən, -z

neuropterous
BR njʉˈrɒpt(ə)rəs,
njɔːˈrɒpt(ə)rəs
AM n(j)ʊˈrɑptərəs,
n(j)ʊˈrɑptərəs

neuroscience
BR ˌnjʊərəʊˈsʌɪəns,
ˈnjɔːrə(ʊ)ˌsʌɪəns
AM ˈn(j)ʊrəˌsaɪəns,
ˈn(j)ʊroʊˌsaɪəns

neuroscientist
BR ˌnjʊərəʊˈsʌɪəntɪst,
ˈnjɔːrə(ʊ)ˌsʌɪəntɪst, -s
AM ˈn(j)ʊrəˌsaɪən(t)əst,
ˈn(j)ʊroʊˌsaɪən(t)əst, -s

neuroses
BR njʉˈrəʊsiːz,
njɔːˈrəʊsiːz
AM n(j)ʊˈroʊsiz,
n(j)ʊˈroʊsiz

neurosis
BR njʉˈrəʊsɪs,
njɔːˈrəʊsɪs
AM n(j)ʊˈroʊsəz,
n(j)ʊˈroʊsəz

neurosurgeon
BR ˈnjʊərə(ʊ)ˌsɜːdʒ(ə)n,
ˈnjɔːrə(ʊ)ˌsɜːdʒ(ə)n, -z
AM ˈn(j)ʊrəˌsɜrdʒ(ə)n,
ˈn(j)ʊroʊˌsɜrdʒ(ə)n, -z

neurosurgery
BR ˈnjʊərə(ʊ)ˌsɜːdʒ(ə)r|i,
ˈnjɔːrə(ʊ)ˌsɜːdʒ(ə)r|i, -ɪz
AM ˌn(j)ʊrəˈsɜrdʒəri,
ˌn(j)ʊroʊˈsɜrdʒəri, -z

neurosurgical
BR ˌnjʊərə(ʊ)ˈsɜːdʒɪkl,
ˌnjɔːrə(ʊ)ˈsɜːdʒɪkl
AM ˌn(j)ʊrəˈsɜrdʒək(ə)l,
ˌn(j)ʊroʊˈsɜrdʒək(ə)l

neurotic
BR njʉˈrɒtɪk,
njɔːˈrɒtɪk, -s
AM n(j)ʊˈrɑdɪk,
n(j)ʊˈrɑdɪk, -s

neurotically
BR njʉˈrɒtɪkli,
njɔːˈrɒtɪkli
AM n(j)ʊˈrɑdək(ə)li,
n(j)ʊˈrɑdək(ə)li

neuroticism
BR njʉˈrɒtɪsɪzm,
njɔːˈrɒtɪsɪzm
AM n(j)ʊˈrɑdəˌsɪz(ə)m,
n(j)ʊˈrɑdəˌsɪz(ə)m

neurotomy
BR njʉˈrɒtəm|i,
njɔːˈrɒtəm|i, -ɪz
AM n(j)ʊˈrɑdəmi,
n(j)ʊˈrɑdəmi, -z

neurotoxin
BR ˈnjʊərəʊˌtɒksɪn,
ˈnjɔːrəʊˌtɒksɪn, -z
AM ˌn(j)ʊrəˈtɑːks(ə)n,
ˌn(j)ʊroʊˈtɑːks(ə)n,
-z

neurotransmitter
BR ˌnjʊərəʊtrænz-
ˈmɪtə(r),
ˌnjɔːrəʊtrænzˈmɪtə(r),
-z
AM ˌn(j)ʊrə-
ˈtrænzmɪdər,
ˌn(j)ʊroʊ-
ˈtrænzmɪdər, -z

neuston
BR ˈnjuːstɒn
AM ˈn(j)ust(ə)n

neuter
BR ˈnjuːt|ə(r), -əz,
-(ə)rɪŋ, -əd
AM ˈn(j)udər, -z, -ɪŋ, -d

neutral
BR ˈnjuːtr(ə)l, -z
AM ˈn(j)utrəl, -z

neutralisation
BR ˌnjuːtrˌlaɪˈzeɪʃn, -z
AM ˌnjutrəˌlaɪˈzeɪʃ(ə)n,
ˌnjutrələˈzeɪʃ(ə)n, -z

neutralise
BR ˈnjuːtrˌlaɪz, -ɪz, -ɪŋ,
-d
AM ˈn(j)utrəˌlaɪz, -ɪz,
-ɪŋ, -d

neutraliser
BR ˈnjuːtrˌlaɪzə(r), -z
AM ˈn(j)utrəˌlaɪzər,
-z

neutralism
BR ˈnjuːtrˌlɪzm
AM ˈn(j)utrəˌlɪz(ə)m

neutralist
BR ˈnjuːtrˌlɪst, -s
AM ˈn(j)utrəlɪst, -s

neutrality
BR njuːˈtralɪti
AM n(j)uˈtrælədi

neutralization
BR ˌnjuːtrˌlaɪˈzeɪʃn, -z
AM ˌn(j)utrəˌlaɪ-
ˈzeɪʃ(ə)n, ˌn(j)utrələ-
ˈzeɪʃ(ə)n, -z

neutralize
BR ˈnjuːtrˌlaɪz, -ɪz, -ɪŋ,
-d
AM ˈn(j)utrəˌlaɪz, -ɪz,
-ɪŋ, -d

neutralizer
BR ˈnjuːtrˌlaɪzə(r), -z
AM ˈn(j)utrəˌlaɪzər, -z

neutrally
BR ˈnjuːtrˌli
AM ˈn(j)utrəli

neutrino
BR njuːˈtriːnəʊ, -z
AM n(j)uˈtrinoʊ, -z

neutron
BR ˈnjuːtrɒn, -z
AM ˈn(j)uˌtrɑn, -z

neutropenia
BR ˌnjuːtrə(ʊ)ˈpiːnɪə(r)
AM ˌn(j)utrəˈpiniə

neutrophil
BR ˈnjuːtrəfɪl, -z
AM ˈn(j)utrəˌfɪl, -z

Neva
BR ˈniːvə(r), ˈneɪvə(r)
AM ˈnivə
RUS nʲiˈva

Nevada
BR nɪˈvɑːdə(r)
AM nəˈvædə

Nevadan
BR nɪˈvɑːd(ə)n, -z
AM nəˈvædən, -z

Neve
BR niːv
AM niv

névé
BR ˈnɛveɪ
AM neɪˈveɪ

never
BR ˈnɛvə(r)
AM ˈnɛvər

nevermore
BR ˌnɛvəˈmɔː(r),
ˈnɛvəmɔː(r)
AM ˌnɛvərˈmɔ(ə)r

never-never
BR ˌnɛvəˈnɛvə(r)
AM ˈnɛvərˈnɛvər

nevertheless
BR ˌnɛvəðəˈlɛs
AM ˌnɛvərðəˈlɛs

nevi
BR ˈniːvʌɪ
AM ˈniˌvaɪ

Neville
BR ˈnɛvɪl
AM ˈnɛvəl

Nevin
BR ˈnɛv(ɪ)n
AM ˈnɛvən

Nevis[1] *Scotland*
BR ˈnɛvɪs
AM ˈnɛvəs

Nevis[2] *West Indies*
BR ˈniːvɪs
AM ˈnɛvəs,
ˈnivəs

nevoid
BR ˈnɛvɔɪd
AM ˈnɛvɔɪd

Nevsky
BR ˈnɛvski
AM ˈnɛvski
RUS ˈnʲefskʲij

nevus
BR ˈniːvəs
AM ˈnivəs

new
BR njuː, -ə(r),
-ɪst
AM n(j)u|, -uər\-ʊ(ə)r,
-uəst

Newark[1] *New Jersey*
BR ˈnjʊək
AM ˈn(j)uwərk

Newark[2] *Delaware*
BR njuːˈɑːk
AM n(j)uˈɑrk

newbie
BR ˈnjuːb|i, -ɪz
AM ˈn(j)ubi, -z

Newbiggin
BR ˈnjuːbɪɡ(ɪ)n
AM ˈn(j)uˌbɪɡɪn

Newbold
BR ˈnjuːbəʊld
AM ˈn(j)uˌboʊld

Newbolt
BR ˈnjuːbəʊlt
AM ˈn(j)uˌboʊlt

newborn[1] *adjective*
BR ˌnjuːˈbɔːn
AM ˈn(j)uˌbɔ(ə)rn

newborn[2] *noun*
BR ˈnjuːbɔːn, -z
AM ˈn(j)uˌbɔ(ə)rn, -z

Newborough
BR ˈnjuːb(ə)rə(r)
AM ˈn(j)uˌbərə

Newbould
BR ˈnjuːbəʊld
AM ˈn(j)uˌboʊld

Newbridge
BR ˈnjuːbrɪdʒ
AM ˈn(j)uˌbrɪdʒ

newbuild
BR ˈnjuːbɪld, -z
AM ˈn(j)uˌbɪld, -z

Newburg
BR ˈnjuːbəːɡ
AM ˈn(j)uˌbərɡ

Newburgh
BR ˈnjuːb(ə)rə(r)
AM ˈn(j)uˌbərə

Newbury
BR ˈnjuːb(ə)ri
AM ˈn(j)uˌbɛri

Newby
BR ˈnjuːbi
AM ˈn(j)ubi

Newcastle
BR ˈnjuːkɑːsl,
ˈnjuːkasl
AM ˈn(j)uˌkæs(ə)l

Newcastle upon Tyne
BR ˈnjuːkasl əˌpɒn
ˈtʌɪn, njʊˈkasl +,
ˈnjuːkɑːsl +
AM ˈn(j)uˌkæs(ə)l
əˌpɑn ˈtaɪn

Newcomb
BR ˈnjuːkəm
AM ˈn(j)ukəm

Newcombe
BR ˈnjuːkəm
AM ˈn(j)ukəm

Newcome
BR ˈnjuːkəm
AM ˈn(j)ukəm

Newcomen
BR ˈnjuːkʌmən
AM ˈn(j)uˌkəm(ə)n

newcomer
BR ˈnjuːkʌmə(r), -z
AM ˈn(j)uˌkəmər, -z

Newdigate
BR ˈnjuːdɪgeɪt
AM ˈn(j)udəˌgeɪt

newel
BR ˈnjuːəl, -z
AM ˈn(j)uwəl, -z

Newell
BR ˈnjuːəl
AM ˈn(j)uəl

newelpost
BR ˈnjuːəlpəʊst, -s
AM ˈn(j)uwəlˌpoʊst, -s

newfangled
BR ˌnjuːˈfæŋgld
AM ˈˌn(j)uˌfæŋgəld

Newfie
BR ˈnjuːf|i, -ɪz
AM ˈn(j)ufi, -z

Newfoundland
BR ˈnjuːfn(d)lənd, ˌnjuːˈfaʊn(d)lənd
AM ˈn(j)ufən(d)ˌlænd, ˌn(j)uˈfaʊn(d)lənd, ˌn(j)ufənˈlænd, ˈn(j)ufən(d)lən(d)

Newfoundlander
BR ˈnjuːfn(d)ləndə(r), ˌnjuː-ˈfaʊn(d)ləndə(r), -z
AM ˈn(j)ufən(d)ˌlændər, ˌn(j)uˈfaʊn(d)ləndər, ˌn(j)ufənˈlændər, ˈn(j)ufən(d)ləndər, -z

Newgate
BR ˈnjuːgeɪt
AM ˈn(j)uˌgeɪt

newgrass
BR ˈnjuːgrɑːs
AM ˈn(j)uˌgræs

Newham
BR ˈnjuːəm
AM ˈn(j)uəm

Newhaven
BR ˈnjuːˌheɪvn
AM ˌn(j)uˈheɪvən

Ne Win
BR ˌneɪ ˈwɪn
AM ˈˌnɛ ˈwɪn

Newington
BR ˈnjuːɪŋt(ə)n
AM ˈn(j)uɪŋt(ə)n

newish
BR ˈnjuːɪʃ
AM ˈn(j)uɪʃ

newlaid
BR ˌnjuːˈleɪd
AM ˌn(j)uˈleɪd

Newlands
BR ˈnjuːlən(d)z
AM ˈn(j)ulən(d)z

newline
BR ˈnjuːlʌɪn, -z
AM ˈn(j)uˌlaɪn, -z

newly
BR ˈnjuːli
AM ˈn(j)uli

Newlyn
BR ˈnjuːlɪn
AM ˈn(j)ul(ə)n

newlywed
BR ˈnjuːlɪwɛd, -z
AM ˈn(j)uliˌwɛd, -z

Newman
BR ˈnjuːmən
AM ˈn(j)um(ə)n

Newmark
BR ˈnjuːmɑːk
AM ˈn(j)uˌmɑrk

Newmarket
BR ˈnjuːˌmɑːkɪt
AM ˈn(j)uˌmɑrkət

new-mown
BR ˌnjuːˈməʊn
AM ˌn(j)uˈmoʊn

Newnes
BR njuːnz
AM ˈn(j)unəs

newness
BR ˈnjuːnəs
AM ˈn(j)unəs

Newnham
BR ˈnjuːnəm
AM ˈn(j)un(ə)m

New Orleans
BR ˌnjuː ɔːˈliːənz
AM ˌn(j)u ərˈlinz, ˌn(j)u ˈɔrlənz

Newport
BR ˈnjuːpɔːt
AM ˈn(j)uˌpɔ(ə)rt

Newquay
BR ˈnjuːkiː
AM ˈn(j)uˌki

Newry
BR ˈnjʊəri
AM ˈn(j)uri

news
BR njuːz
AM n(j)uz

newsagent
BR ˈnjuːzˌeɪdʒ(ə)nt, -s
AM ˈn(j)uzˌeɪdʒ(ə)nt, -s

newsboy
BR ˈnjuːzbɔɪ, -z
AM ˈn(j)uzˌbɔɪ, -z

newsbrief
BR ˈnjuːzbriːf, -s
AM ˈn(j)uzˌbrif, -s

newscast
BR ˈnjuːzkɑːst, -s, -ɪŋ
AM ˈn(j)uzˌkæst, -s, -ɪŋ

newscaster
BR ˈnjuːzˌkɑːstə(r), -z
AM ˈn(j)uzˌkæstər, -z

newsdealer
BR ˈnjuːzˌdiːlə(r), -z
AM ˈn(j)uzˌdilər, -z

newsfeed
BR ˈnjuːzfiːd, -z
AM ˈn(j)uzˌfid, -z

newsflash
BR ˈnjuːzflæʃ, -ɪz
AM ˈn(j)uzˌflæʃ, -əz

newsgirl
BR ˈnjuːzgəːl, -z
AM ˈn(j)uzˌgərl, -z

newsgroup
BR ˈnjuːzgruːp, -s
AM ˈn(j)uzˌgrup, -s

newshound
BR ˈnjuːzhaʊnd, -z
AM ˈn(j)uzˌ(h)aʊnd, -z

newsiness
BR ˈnjuːzɪnɪs
AM ˈn(j)uzinɪs

newsless
BR ˈnjuːzləs
AM ˈn(j)uzləs

newsletter
BR ˈnjuːzˌlɛtə(r), -z
AM ˈn(j)uzˌlɛdər, -z

newsman
BR ˈnjuːzman
AM ˈn(j)uzˌmæn

newsmen
BR ˈnjuːzmɛn
AM ˈn(j)uzˌmɛn

newsmonger
BR ˈnjuːzˌmʌŋgə(r), -z
AM ˈn(j)uzˌməŋgər, ˈn(j)uzˌmɑŋgər, -z

Newsom
BR ˈnjuːs(ə)m
AM ˈn(j)us(ə)m

Newsome[1] *place in UK*
BR ˈnjuːz(ə)m
AM ˈn(j)uz(ə)m

Newsome[2] *surname*
BR ˈnjuːs(ə)m
AM ˈn(j)us(ə)m

New South Wales
BR ˌnjuː saʊθ ˈweɪlz
AM ˌn(j)u ˌsaʊθ ˈweɪlz

newspaper
BR njuːzˌpeɪpə(r), -z
AM ˈn(j)uzˌpeɪpər, -z

newspaperman
BR ˈnjuːzpeɪpəˌman
AM ˈn(j)uzˌpeɪpərˌmæn

newspapermen
BR ˈnjuːzpeɪpəˌmɛn
AM ˈn(j)uzˌpeɪpərˌmɛn

newspeak
BR ˈnjuːspiːk
AM ˈn(j)uˌspik

newsprint
BR ˈnjuːzprɪnt
AM ˈn(j)uzˌprɪnt

newsreader
BR ˈnjuːzˌriːdə(r), -z
AM ˈn(j)uzˌridər, -z

newsreel
BR ˈnjuːzriːl, -z
AM ˈn(j)uzˌril, -z

newsroom
BR ˈnjuːzruːm, ˈnjuːzrʊm
AM ˈn(j)uzˌrʊm, ˈn(j)uzˌrum

newssheet
BR ˈnjuːzʃiːt, -s
AM ˈn(j)uzˌʃit, -s

newsstand
BR ˈnjuːzstand, -z
AM ˈn(j)uzˌstænd, -z

Newstead
BR ˈnjuːstɪd, ˈnjuːsted
AM ˈn(j)uˌsted

newsvendor
BR ˈnjuːzˌvendə(r), -z
AM ˈn(j)uzˌvendər, -z

newswire
BR ˈnjuːzwaɪə(r), -z
AM ˈn(j)uzˌwaɪ(ə)r, -z

newsworthiness
BR ˈɪljuːzˌwəːðɪnɪs
AM ˈn(j)uzˌwərðɪnɨs

newsworthy
BR ˈnjuːzˌwəːði
AM ˈn(j)uzˌwərði

newsy
BR ˈnjuːzi
AM ˈn(j)uzi

newt
BR njuːt, -s
AM n(j)ut, -s

newton
BR ˈnjuːtn, -z
AM ˈn(j)utn, -z

Newton Abbott
BR ˌnjuːtn ˈabət
AM ˌn(j)utn ˈæbət

Newtonian
BR njuːˈtəʊnɪən
AM n(j)uˈtoʊnɪən

Newtonmore
BR ˌnjuːtnˈmɔː(r)
AM ˌn(j)utnˈmɔ(ə)r

Newtown
BR ˈnjuːtaʊn
AM ˈn(j)uˌtaʊn

Newtownabbey
BR ˌnjuːtnˈabi
AM ˌn(j)utnˈæbi

next
BR nekst
AM nekst

nexus
BR ˈneksəs, -ɪz
AM ˈneksəs, -ɪz

Ney
BR neɪ
AM neɪ

Nez Percé
BR ˌnɛz ˈpəːs
AM ˌnɛz ˈpərs

ngaio
BR ˈnʌɪəʊ, -z
AM ˈnaɪoʊ, -z

ngaka
BR (ə)ŋˈɡɑːkə(r), -z
AM (ə)ŋˈɡɑkə, -z

Ngamiland
BR (ə)ŋˈɡɑːmɪland
AM (ə)ŋˈɡɑmɪˌlænd

ngawha
BR ˈnɑːfə(r), -z
AM ˈnɑfɑ, -z

Ngorungoro Crater
BR (ə)ŋˌɡʊrəŋɡʊrə(ʊ) ˈkreɪtə(r)
AM (ə)ŋˌɡɔrəŋˈɡɔroʊ ˌkreɪdər

n-gram
BR ˈengram, ˈeŋgram, -z
AM ˈɛnˌgræm, -z

Nguni
BR (ə)ŋˈɡuːni
AM (ə)ŋˈguni

Nguyen
BR ˌnɔɪˈen
AM ˌnuˈjen

niacin
BR ˈnʌɪsɪn
AM ˈnaɪəs(ə)n

Niagara
BR nʌɪˈagrə(r)
AM naɪˈæg(ə)rə

Niall
BR ˈnʌɪəl
AM ˈnaɪəl

Niamey
BR nɪˈɑːmeɪ, ˌnɪəˈmeɪ
AM niˈɑˌmeɪ

nib
BR nɪb, -z
AM nɪb, -z

nibble
BR ˈnɪb|l, -lz, -lɪŋ\-lɪŋ, -ld
AM ˈnɪb|(ə)l, -əlz, -(ə)lɪŋ, -əld

nibbler
BR ˈnɪblə(r), ˈnɪblə(r), -z
AM ˈnɪb(ə)lər, -z

Nibelung
BR ˈniːbəlʊŋ
AM ˈnibəˌlʊŋ

Nibelungenlied
BR ˈniːbəlʊŋ(g)ənˌliːd
AM ˌnibəˈlʊŋ(g)ənˌlid

niblet
BR ˈnɪblɪt, -s
AM ˈnɪblət, -s

niblick
BR ˈnɪblɪk, -s
AM ˈnɪblɪk, -s

nicad
BR ˈnʌɪkad
AM ˈnaɪˌkæd

Nicaea
BR nʌɪˈsiːə(r)
AM naɪˈsiə

Nicam
BR ˈnʌɪkam
AM ˈnaɪˌkæm

Nicaragua
BR ˌnɪkəˈragjʊə(r)
AM ˌnɪkəˈragwə
SP ˌnikaˈraɣwa

Nicaraguan
BR ˌnɪkəˈragjʊən, -z
AM ˌnɪkəˈragwən, -z

Nice *place in France*
BR niːs
AM nis

nice
BR nʌɪs, -ə(r), -ɪst
AM naɪs, -ər, -ɪst

niceish
BR ˈnʌɪsɪʃ
AM ˈnaɪsɪʃ

nicely
BR ˈnʌɪsli
AM ˈnaɪsli

Nicene
BR ˌnʌɪˈsiːn
AM ˌnaɪˈsin, ˈnaɪˌsin

niceness
BR ˈnʌɪsnɨs
AM ˈnaɪsnɨs

nicety
BR ˈnʌɪsɪt|i, -ɪz
AM ˈnaɪsɨdi, -z

niche
BR niːʃ, nɪtʃ, -ɪz
AM nɪtʃ, -ɪz

Nichol
BR ˈnɪkl
AM ˈnɪk(ə)l

Nichola
BR ˈnɪkl̩ə(r)
AM ˈnɪkələ

Nicholas
BR ˈnɪkləs
AM ˈnɪk(ə)ləs

Nicholls
BR ˈnɪklz
AM ˈnɪkəlz

Nichols
BR ˈnɪklz
AM ˈnɪkəlz

Nicholson
BR ˈnɪkls(ə)n
AM ˈnɪkəls(ə)n

Nichrome
BR ˈnʌɪkrəʊm
AM ˈnaɪˌkroʊm

nicish
BR ˈnʌɪsɪʃ
AM ˈnaɪsɪʃ

nick
BR nɪk, -s, -ɪŋ, -t
AM nɪk, -s, -ɪŋ, -t

nickel
BR ˈnɪkl, -z
AM ˈnɪk(ə)l, -z

nickel-and-dime
BR ˌnɪkl(ə)n(d)ˈdʌɪm
AM ˌnɪk(ə)l(ə)nˈdaɪm

nickelic
BR ˈnɪkəlɪk
AM ˈnɪkəlɪk, nɪˈkɛlɪk

nickelodeon
BR ˌnɪkəˈləʊdɪən, ˌnɪklˈəʊdɪən, -z
AM ˌnɪkəˈloʊdɪən, -z

nickelous
BR ˈnɪkl̩əs
AM ˈnɪkələs

nicker
BR ˈnɪk|ə(r), -əz, -(ə)rɪŋ, -əd
AM ˈnɪkər, -z, -ɪŋ, -d

Nicki
BR ˈnɪki
AM ˈnɪki

Nicklaus
BR ˈnɪkləs
AM ˈnɪkləs

Nickleby
BR ˈnɪklbi
AM ˈnɪkəlbi

nicknack
BR ˈnɪknak, -s
AM ˈnɪkˌnæk, -s

nickname
BR ˈnɪkneɪm, -z
AM ˈnɪkˌneɪm, -z

Nicky
BR ˈnɪki
AM ˈnɪki

Nicobar Islands
BR ˈnɪkə(ʊ)bɑːr ˌʌɪlən(d)z
AM ˈnɪkəbɑr ˈaɪlən(d)z

Nicodemus
BR ˌnɪkəˈdiːməs
AM ˌnɪkəˈdiməs

Niçoise
BR niːˈswɑːz
AM ˌniˈswɑz

nicol
BR ˈnɪkl, -z
AM ˈnɪk(ə)l, -z

Nicola
BR ˈnɪkl̩ə(r)
AM ˈnɪkələ

Nicole
BR nɪˈkəʊl
AM nəˈkoʊl

Nicolet
BR ˌnɪkəˈleɪ
AM ˌnɪkəˈleɪ

Nicolette
BR ˌnɪkəˈlɛt
AM ˌnɪkəˈlɛt

Nicoll
BR ˈnɪkl
AM ˈnɪk(ə)l

Nicolson
BR ˈnɪkls(ə)n
AM ˈnɪkəls(ə)n

Nicomachean
BR nʌɪˌkɒməˈkiːən, ˌnʌɪkəməˈkiːən
AM ˌnɪkəməˈkiən

Nicomachus
BR nʌɪˈkɒməkəs
AM ˌnɪkəˈmɑkəs

Nicosia
BR ˌnɪkəˈsiːə(r)
AM ˌnɪkəˈsiə

nicotiana
BR nɪˌkɒtɪˈɑːnə(r), nɪˌkəʊʃɪˈɑːnə(r), ˌnɪkɒtɪˈɑːnə(r), ˌnɪkəʊʃɪˈɑːnə(r)
AM nɪˌkɑdiˈɑnə, nɪˌkoʊʃiˈɑnə

nicotinamide
BR ˌnɪkəˈtɪnəmʌɪd
AM ˌnɪkəˈtɪnəˌmaɪd

nicotine
BR ˈnɪkətiːn
AM ˌnɪkəˈtin, ˈnɪkəˌtin

nicotinic
BR ˌnɪkəˈtɪnɪk
AM ˌnɪkəˈtɪnɪk

nicotinise
BR ˈnɪkətɪnʌɪz, -ɪz, -ɪŋ, -d
AM ˈnɪkətnˌaɪz, -ɪz, -ɪŋ, -d

nicotinism
BR ˈnɪkətɪnɪzm
AM ˈnɪkətnˌɪz(ə)m

nicotinize
BR ˈnɪkətɪnʌɪz, -ɪz, -ɪŋ, -d
AM ˈnɪkətnˌaɪz, -ɪz, -ɪŋ, -d

nictinoid
BR ˈnɪktɪnɔɪd, -z
AM ˈnɪktnˌɔɪd, -z

nictitate
BR ˈnɪktɪteɪt, -s, -ɪŋ, -ɪd
AM ˈnɪktəˌteɪt, -ts, -dɪŋ, -dɪd

nictitation
BR ˌnɪktɪˈteɪʃn
AM ˌnɪktəˈteɪʃ(ə)n

nidality
BR nʌɪˈdalɪti
AM ˌnaiˈdælədi

nidamental
BR ˌnʌɪdəˈmɛntl
AM ˌnaɪdəˈmɛn(t)l

nide
BR nʌɪd, -z
AM naɪd, -z

nidi
BR ˈnʌɪdʌɪ
AM ˈnaɪˌdaɪ

nidificate
BR ˈnɪdɪfɪkeɪt, -s, -ɪŋ, -ɪd
AM ˈnɪdəfəˌkeɪ|t, -ts, -dɪŋ, -dɪd

nidification
BR ˌnɪdɪfɪˈkeɪʃn
AM ˌnɪdəfəˈkeɪʃ(ə)n

nidifugous
BR nɪˈdɪfjʊgəs
AM nəˈdɪfjəgəs

nidify
BR ˈnɪdɪfʌɪ, -z, -ɪŋ, -d
AM ˈnɪdəˌfaɪ, -z, -ɪŋ, -d

nidus
BR ˈnʌɪdəs, -ɪz
AM ˈnaɪdəs, -əz

niece
BR niːs, -ɪz
AM nis, -ɪz

niello
BR nɪˈɛləʊ, -z, -ɪŋ, -d
AM niˈɛloʊ, -z, -ɪŋ, -d

nielloware
BR nɪˈɛlə(ʊ)wɛː(r)
AM niˈɛloʊˌwɛ(ə)r

nielsbohrium
BR ˌniːlzˈbɔːrɪəm
AM ˌnilzˈbɔriəm

Nielsen
BR ˈniːls(ə)n
AM ˈnils(ə)n
DAN ˈnɛlsən

Niemann
BR ˈniːmən
AM ˈnim(ə)n

Niemeyer
BR ˈniːmʌɪə(r)
AM ˈniˌmaɪər

Niemöller
BR ˈniːmʊlə(r)
AM ˌniˌmoʊlər
GER ˈniːmœlɐ

Niersteiner
BR ˈnɪəstʌɪnə(r), ˈnɪəʃtʌɪnə(r)
AM ˈnɪrˌstaɪnər

Nietzsche
BR ˈniːtʃə(r)
AM ˈnitʃə

Nietzschean
BR ˈniːtʃiən
AM ˈnitʃiən

niff
BR nɪf, -s, -ɪŋ, -t
AM nɪf, -s, -ɪŋ, -t

niffle
BR ˈnɪf|l, -lz, -l̩ɪŋ\-lɪŋ, -ld
AM ˈnɪf(ə)l, -z, -ɪŋ, -d

niff-naff
BR ˈnɪfnaf
AM ˈnɪfˌnæf

niffy
BR ˈnɪf|i, -ɪə(r), -ɪɪst
AM ˈnɪfi, -ər, -ɪst

Niflheim
BR ˈnɪflhʌɪm
AM ˈnɪfəlˌ(h)aɪm

niftily
BR ˈnɪftɪli
AM ˈnɪftɪli

niftiness
BR ˈnɪftɪnɪs
AM ˈnɪftɪnɪs

nifty
BR ˈnɪft|i, -ɪə(r), -ɪɪst
AM ˈnɪfti, -ər, -ɪst

Nigel
BR ˈnʌɪdʒl
AM ˈnaɪdʒ(ə)l

Nigella
BR nʌɪˈdʒɛlə(r)
AM naɪˈgɛlə

Niger[1] *country*
BR niːˈʒɛː(r), nɪˈʒɛː(r), ˈnʌɪdʒə(r)
AM ˈnaɪdʒər
FR niʒɛʀ

Niger[2] *river*
BR ˈnʌɪdʒə(r)
AM ˈnaɪdʒər

Niger-Congo
BR ˈnʌɪdʒəˈkɒŋgəʊ
AM ˈnaɪdʒərˈkɑŋˌgoʊ, ˈnaɪdʒərˈkɔŋˌgoʊ

Nigeria
BR nʌɪˈdʒɪərɪə(r)
AM naɪˈdʒɪrɪə

Nigerian
BR nʌɪˈdʒɪərɪən, -z
AM naɪˈdʒɪrɪən, -z

Nigerien
BR nʌɪˈdʒɪərɪən, -z
AM naɪˈdʒɪrɪən, -z

niggard
BR ˈnɪɡəd, -z
AM ˈnɪɡərd, -z

niggardliness
BR ˈnɪɡədlɪnɪs
AM ˈnɪɡərdlɪnɪs

niggardly
BR ˈnɪɡədli
AM ˈnɪɡərdli

nigger
BR ˈnɪɡə(r), -z
AM ˈnɪɡər, -z

niggle
BR ˈnɪɡ|l, -lz, -lɪŋ\-lɪŋ, -ld
AM ˈnɪɡ|əl, -əlz, -(ə)lɪŋ, -əld

niggler
BR ˈnɪɡlə(r), ˈnɪɡlə(r), -z
AM ˈnɪɡ(ə)lər, -z

niggliness
BR ˈnɪɡlɪnɪs
AM ˈnɪɡlɪnɪs, ˈnɪɡlɪnɪs

nigglingly
BR ˈnɪɡlɪŋli, ˈnɪɡlɪŋli
AM ˈnɪɡ(ə)lɪŋli

niggly
BR ˈnɪɡli
AM ˈnɪɡli, ˈnɪɡli

nigh
BR nʌɪ
AM naɪ

night
BR nʌɪt, -s
AM naɪt, -s

nightbird
BR ˈnʌɪtbəːd, -z
AM ˈnaɪtˌbərd, -z

nightcap
BR ˈnʌɪtkap, -s
AM ˈnaɪtˌkæp, -s

nightclothes
BR ˈnʌɪtkləʊ(ð)z
AM ˈnaɪtˌkloʊðz

nightclub
BR ˈnʌɪtklʌb, -z, -ɪŋ, -d
AM ˈnaɪtˌkləb, -z, -ɪŋ, -d

nightcrawler
BR ˈnʌɪtˌkrɔːlə(r), -z
AM ˈnaɪtˌkrɔlər, ˈnaɪtˌkrɔlər, -z

nightdress
BR ˈnʌɪtdrɛs, -ɪz
AM ˈnaɪtˌdrɛs, -əz

nightfall
BR ˈnʌɪtfɔːl
AM ˈnaɪtˌfɑl, ˈnaɪtˌfɔl

nightgown
BR ˈnʌɪtɡaʊn, -z
AM ˈnaɪtˌɡaʊn, -z

nighthawk
BR ˈnʌɪthɔːk, -s
AM ˈnaɪtˌ(h)ɑk, ˈnaɪtˌ(h)ɔk, -s

nightie
BR ˈnʌɪt|i, -ɪz
AM ˈnaɪdi, -z

nightingale
BR ˈnʌɪtɪŋɡeɪl, -z
AM ˈnaɪtnˌɡeɪl, -z

nightjar
BR ˈnʌɪtdʒɑː(r), -z
AM ˈnaɪtˌdʒɑr, -z

nightlife
BR ˈnʌɪtlʌɪf
AM ˈnaɪtˌlaɪf

nightlight
BR ˈnʌɪtlʌɪt, -s
AM ˈnaɪtˌlaɪt, -s

nightline
BR ˈnʌɪtlʌɪn, -z
AM ˈnaɪtˌlaɪn, -z

nightlong
BR ˌnʌɪtˈlɒŋ
AM ˈnaɪtˌlɑŋ, ˈnaɪtˌlɔŋ

nightly
BR ˈnʌɪtli
AM ˈnaɪtli

nightman
BR ˈnʌɪtman
AM ˈnaɪtˌmæn

nightmare
BR ˈnʌɪtmɛː(r), -z
AM ˈnaɪtˌmɛ(ə)r, -z

nightmarish
BR ˈnʌɪtmɛːrɪʃ
AM ˈnaɪtˌmɛrɪʃ

nightmarishly
BR ˈnʌɪtmɛrɪʃli
AM ˈnaɪtˌmɛrɪʃli

nightmarishness
BR ˈnʌɪtmɛːrɪʃnɪs
AM ˈnaɪtˌmɛrɪʃnɪs

nightmen
BR ˈnʌɪtmɛn
AM ˈnaɪtˌmɛn

nightrider
BR ˈnʌɪtˌrʌɪdə(r), -z
AM ˈnaɪtˌraɪdər, -z

nightshade
BR ˈnʌɪtʃeɪd
AM ˈnaɪtˌʃeɪd

nightshirt
BR ˈnʌɪtʃəːt, -s
AM ˈnaɪtˌʃərt, -s

nightspot
BR ˈnʌɪtspɒt, -s
AM ˈnaɪtˌspɑt, -s

nightstick
BR ˈnʌɪtstɪk, -s
AM ˈnaɪtˌstɪk, -s

nighttime
BR ˈnʌɪttʌɪm
AM ˈnaɪtˌtaɪm

nightwear
BR ˈnʌɪtwɛː(r)
AM ˈnaɪtˌwɛ(ə)r

nigrescence
BR nɪˈɡrɛsns
AM naɪˈɡrɛs(ə)ns

nigrescent
BR nɪˈɡrɛsnt
AM naɪˈɡrɛs(ə)nt

nigritude
BR ˈnɪɡrɪtjuːd, ˈnɪɡrɪtʃuːd
AM ˈnɪɡrəˌt(j)ud

nihilism
BR ˈnʌɪ(h)ɨlɪzm, ˈniː(h)ɨlɪzm, ˈnɪhɨlɪzm
AM ˈniəˌlɪz(ə)m, ˈnɪhɪˌlɪz(ə)m, ˈnaɪəˌlɪz(ə)m

nihilist
BR ˈnʌɪ(h)ɨlɪst, ˈniː(h)ɨlɪst, ˈnɪhɨlɪst, -s
AM ˈniəlɪst, ˈnɪhɨlɪst, ˈnaɪələst, -s

nihilistic
BR ˌnʌɪ(h)ɨˈlɪstɪk, ˌniː(h)ɨˈlɪstɪk, ˌnɪhɨˈlɪstɪk
AM ˌniəˈlɪstɪk, ˌnɪhɨˈlɪstɪk, ˌnaɪəˈlɪstɪk

nihility
BR nʌɪˈ(h)ɪlɨt|i, niːˈ(h)ɪlɨt|i, nɪˈhɪlɨt|i, -ɪz
AM naɪˈhɪlɨdi, -z

nihilo
BR ˈnʌɪ(h)ɨləʊ, ˈniː(h)ɨləʊ, ˈnɪhɨləʊ
AM ˈnaɪhəˌloʊ

nihil obstat
BR ˌnʌɪhɪl ˈɒbstat, ˌnɪhɪl +
AM ˌˈnaɪhɪl ˈɑbˌstæt, ˈˌnaɪhɪl ˈæbzˌtæt

Nijinsky
BR nɪˈʒɪnski
AM nəˈʒɪnski

Nijmegen
BR ˈnʌɪmeɪɡən
AM ˈnaɪˌmeɪɡən
DU ˈnɛimexə(n)

Nike
BR ˈnʌɪki
AM ˈnaɪki

Nikkei index
BR ˌnɪkeɪ ˈɪndɛks
AM ˈnɪˌkeɪ ˈɪndɛks

Nikki
BR ˈnɪki
AM ˈnɪki

Nikon
BR ˈnɪkɒn
AM ˈnaɪˌkɑn

nil
BR nɪl
AM nɪl

nilas
BR ˈniːlɑs
AM ˈnilɑs

nil desperandum
BR ˌnɪl ˌdɛspəˈrandəm
AM ˌnɪl ˌdɛspəˈrɑndəm

Nile
BR nʌɪl
AM naɪl

nilgai
BR ˈnɪlɡʌɪ, -z
AM ˈnɪlˌɡaɪ, -z

Nilotic
BR nʌɪˈlɒtɪk
AM naɪˈlɑdɪk

Nilsson
BR ˈnɪls(ə)n
AM ˈnɪls(ə)n
SW ˈnɪlsɒn

nim
BR nɪm
AM nɪm

nimbi
BR ˈnɪmbʌɪ
AM ˈnɪmˌbaɪ

nimble
BR ˈnɪmbl̩, -ə(r), -ɪst
AM ˈnɪmb|əl, -(ə)lər, -(ə)ləst

nimbleness
BR ˈnɪmblnəs
AM ˈnɪmbəlnəs

nimbly
BR ˈnɪmbli
AM ˈnɪmblɨ, ˈnɪmbli

nimbostrati
BR ˌnɪmbəʊˈstrɑːtʌɪ, ˌnɪmbəʊˈstreɪtʌɪ
AM ˌnɪmboʊˈstrædˌaɪ

nimbostratus
BR ˌnɪmbəʊˈstrɑːtəs, ˌnɪmbəʊˈstreɪtəs
AM ˌnɪmboʊˈstrædəs

nimbus
BR ˈnɪmbəs, -ɪz, -t
AM ˈnɪmbəs, -əz, -t

nimby
BR ˈnɪmb|i, -ɪz
AM ˈnɪmbi, -z

Nîmes
BR niːm
AM nim

niminy-piminy
BR ˌnɪmɨniˈpɪmɨni
AM ˈnɪmɨniˈpɪmɨni

Nimitz
BR ˈnɪmɨts
AM ˈnɪmɨts

Nimmo
BR ˈnɪməʊ
AM ˈnɪmoʊ

Nimrod
BR ˈnɪmrɒd
AM ˈnɪmˌrɑd

Nina
BR ˈniːnə(r)
AM ˈninə

nincompoop
BR ˈnɪŋkəmpuːp, -s
AM ˈnɪŋkəmˌpup, ˈnɪnkəmˌpup, -s

nine
BR nʌɪn, -z
AM naɪn, -z

ninefold
BR ˈnʌɪnfəʊld
AM ˈnaɪnˌfoʊld

ninepin
BR ˈnʌɪnpɪn, -z
AM ˈnaɪnˌpɪn, -z

nineteen
BR ˌnʌɪnˈtiːn
AM ˌˈnaɪnˈtin

nineteenth
BR ˌnʌɪnˈtiːnθ, -s
AM ˌˈnaɪnˈtinθ, -s

ninetieth
BR ˈnʌɪntɨɨθ
AM ˈnaɪn(t)iɨθ

ninety
BR ˈnʌɪnt|i, -ɪz
AM ˈnaɪn(t)i, -z

ninetyfold
BR ˈnʌɪntɪfəʊld
AM ˈnaɪn(t)iˌfoʊld

Nineveh
BR ˈnɪnɨvə(r)
AM ˈnɪnɨvə

Ninian
BR ˈnɪniən
AM ˈnɪniən, ˈnɪnj(ə)n

ninja
BR ˈnɪndʒə(r), -z
AM ˈnɪndʒə, -z

ninjutsu
BR nɪnˈdʒʌtsuː
AM nɪnˈdʒɑtˌsu

ninny
BR ˈnɪn|i, -ɪz
AM ˈnɪni, -z

ninon
BR ˈniːnɒn
AM ˈniˌnɑn

Nintendo
BR nɪnˈtɛndəʊ
AM nɪnˈtɛndoʊ

ninth
BR nʌɪnθ
AM naɪnθ

ninthly
BR ˈnʌɪnθli
AM ˈnaɪnθli

ninyam
BR ˈnɪnjam
AM ˈnɪnjæm

Niobe
BR ˈnʌɪəbi
AM naɪˈoʊbi

niobic
BR nʌɪˈəʊbɪk
AM naɪˈoʊbɪk

niobium
BR nʌɪˈəʊbɪəm
AM naɪˈoʊbɪəm

niobous
BR ˈnʌɪəbəs
AM ˈnaɪəbəs

nip
BR nɪp, -s, -ɪŋ, -t
AM nɪp, -s, -ɪŋ, -t

nipa
BR ˈniːpə(r), ˈnʌɪpə(r), -z
AM ˈnipə, -z

nipper
BR ˈnɪpə(r), -z
AM ˈnɪpər, -z

nippily
BR ˈnɪpɨli
AM ˈnɪpɨli

nippiness
BR ˈnɪpɪnɨs
AM ˈnɪpɪnɨs

nipple
BR ˈnɪpl, -z
AM ˈnɪpl, -z

nipplewort
BR ˈnɪplwəːt, -s
AM ˈnɪplˌwɔ(ə)rt, ˈnɪplwərt, -s

Nippon
BR ˈnɪpɒn
AM ˈnɪˌpɑn

Nipponese
BR ˌnɪpəˈniːz
AM ˌnɪpəˈniz

nippy
BR ˈnɪp|i, -ɪə(r), -ɪɪst
AM ˈnɪpi, -ər, -ɪst

niqab
BR ˈnɪkab, -z
AM nəˈkab, -z

NIREX
BR ˈnʌɪrɛks
AM ˈnaɪˌrɛks

nirl
BR nəːl, -z, -ɪŋ, -d
AM nərl, -z, -ɪŋ, -d

nirvana
BR nɪəˈvɑːnə(r)
AM nɪrˈvɑnə, nərˈvɑnə

Nisan
BR ˈniːsɑːn, ˈnɪs(ɑː)n, ˈnʌɪsan
AM niˈsɑn, ˈnɪsɑn

Nisbet
BR ˈnɪzbɨt
AM ˈnɪzbət

Nisbett
BR ˈnɪzbɨt
AM ˈnɪzbət

nisei
BR ˈniːseɪ, -z
AM niˈseɪ, -z

nisi
BR ˈnʌɪsʌɪ
AM ˈnaɪˌsaɪ

Nissan
BR ˈnɪsan, -z
AM ˈnɪˌsɑn, -z

Nissen
BR ˈnɪsn
AM ˈnɪs(ə)n

nit
BR nɪt, -s
AM nɪt, -s

nite
BR nʌɪt, -s
AM naɪt, -s

niter
BR ˈnʌɪtə(r)
AM ˈnaɪdər

niterie
BR ˈnʌɪt(ə)r|i, -ɪz
AM ˈnaɪdəri, -z

nithering
BR ˈnɪð(ə)rɪŋ
AM ˈnɪð(ə)rɪŋ

nitid
BR ˈnɪtɪd
AM ˈnɪdɪd

nitinol
BR ˈnɪtɪnɒl
AM ˈnɪtn̩ˌal,
ˈnaɪdəˌnal

nitpick
BR ˈnɪtpɪk, -s, -ɪŋ, -t
AM ˈnɪtˌpɪk, -s,
-ɪŋ, -t

nitrate
BR ˈnʌɪtreɪt, -s
AM ˈnaɪˌtreɪt, -s

nitration
BR nʌɪˈtreɪʃn, -z
AM naɪˈtreɪʃ(ə)n, -z

nitrazepam
BR nʌɪˈtreɪzɪpam,
nʌɪˈtrazɪpam
AM naɪˈtræzəˌpæm

nitre
BR ˈnʌɪtə(r)
AM ˈnaɪdər

nitric
BR ˈnʌɪtrɪk
AM ˈnaɪtrɪk

nitride
BR ˈnʌɪtrʌɪd, -z
AM ˈnaɪˌtraɪd, -z

nitrifiable
BR ˈnʌɪtrɪfʌɪəbl
AM ˈnaɪtrəˌfaɪəb(ə)l

nitrification
BR ˌnʌɪtrɪfɪˈkeɪʃn, -z
AM ˌnaɪtrəfəˈkeɪʃ(ə)n, -z

nitrify
BR ˈnʌɪtrɪfʌɪ, -z, -ɪŋ, -d
AM ˈnaɪtrəˌfaɪ, -z, -ɪŋ, -d

nitrile
BR ˈnʌɪtrʌɪl, -z
AM ˈnaɪˌtraɪl, ˈnaɪtrɪl, -z

nitrite
BR ˈnʌɪtrʌɪt, -s
AM ˈnaɪˌtraɪt, -s

nitro
BR ˈnʌɪtrəʊ
AM ˈnaɪtroʊ

nitrobenzene
BR ˌnʌɪtrəʊˈbɛnziːn
AM ˌnaɪtroʊˈbɛnzin

nitrocellulose
BR ˌnʌɪtrəʊˈsɛljʉləʊs, ˌnʌɪtrəʊˈsɛljʉləʊz
AM ˌnaɪtroʊˈsɛljəˌloʊz, ˌnaɪtroʊˈsɛljəˌloʊs

nitrogen
BR ˈnʌɪtrədʒ(ə)n
AM ˈnaɪtrədʒ(ə)n

nitrogenous
BR nʌɪˈtrɒdʒɪnəs
AM naɪˈtrɑdʒənəs

nitroglycerin
BR ˌnʌɪtrəʊˈɡlɪs(ə)riːn, ˌnʌɪtrəʊˈɡlɪs(ə)rɪn
AM ˌnaɪtroʊˈɡlɪsərən

nitroglycerine
BR ˌnʌɪtrəʊˈɡlɪs(ə)riːn, ˌnʌɪtrəʊˈɡlɪs(ə)rɪn
AM ˌnaɪtroʊˈɡlɪsərən

nitrosamine
BR nʌɪˈtrəʊsəmiːn
AM naɪˈtroʊsəˌmin

nitrous
BR ˈnʌɪtrəs
AM ˈnaɪtrəs

nitty-gritty
BR ˌnɪtiˈɡrɪti
AM ˈnɪdiˈɡrɪdi

nitwit
BR ˈnɪtwɪt, -s
AM ˈnɪtˌwɪt, -s

nitwitted
BR ˌnɪtˈwɪtɪd
AM ˈnɪtˌwɪdɪd

nitwittedness
BR ˌnɪtˈwɪtɪdnɪs
AM ˈnɪtˈwɪdɪdnɪs

nitwittery
BR ˈnɪtˌwɪt(ə)ri
AM ˌnɪtˈwɪdəri

niu
BR ˈniːuː, -z
AM ˈniu, -z

Niue
BR ˈnjuːeɪ
AM ˈnjuˌ(w)eɪ

Niu Gini
BR ˌnjuː ˈɡɪni
AM ˌnu ˈɡɪni

nival
BR ˈnʌɪvl
AM ˈnaɪvəl

nivation
BR nʌɪˈveɪʃn
AM naɪˈveɪʃ(ə)n

Nivea
BR ˈnɪviːə(r)
AM ˈnɪviə

Niven
BR ˈnɪvn
AM ˈnɪvən

niveous
BR ˈnɪviəs
AM ˈnɪviəs

nix
BR nɪks, -ɪz, -ɪŋ, -t
AM nɪks, -ɪz, -ɪŋ, -t

Nixdorf
BR ˈnɪksdɔːf
AM ˈnɪksˌdɔ(ə)rf

Nixon
BR ˈnɪks(ə)n
AM ˈnɪks(ə)n

Nizari
BR nɪˈzaːr|i, -ɪz
AM nəˈzari, -z

Nizhni Novgorod
BR ˌnɪʒni ˈnɒvɡərɒd
AM ˌnɪʒni ˈnav ˌɡɔrəd, ˌnɪʒni ˈnɔv ˌɡɔrəd

Njanja
BR nɪˈan(d)ʒə(r), ˈnjan(d)ʒə(r)
AM nəˈjændʒə

Nkomo
BR (ə)ŋˈkəʊməʊ
AM (ə)ŋˈkoʊmoʊ, (ə)ŋˈkɔmoʊ

Nkrumah
BR (ə)ŋˈkruːmə(r)
AM (ə)ŋˈkrumə

no
BR nəʊ, -z
AM noʊ, -z

no-account
BR ˌnəʊəˈkaʊnt, -s
AM ˌnoʊəˈkaʊnt, -s

Noah
BR ˈnəʊə(r), nɔː(r)
AM ˈnoʊə

Noakes
BR ˈnəʊks
AM ˈnoʊks

Noam
BR nəʊ(ə)m
AM ˈnoʊəm

nob
BR nɒb, -z
AM nab, -z

no-bake
BR ˈnəʊbeɪk
AM ˈnoʊˈbeɪk

no-ball
BR ˈnəʊbɔːl, -z, -ɪŋ, -d
AM ˈnoʊˌbal, ˈnoʊˌbɔl, -z, -ɪŋ, -d

nobbins
BR ˈnɒbɪnz
AM ˈnabɪnz

nobble
BR ˈnɒb|l, -lz, -lɪŋ\-lɪŋ, -ld
AM ˈnab|əl, -əlz, -(ə)lɪŋ, -əld

nobbler
BR ˈnɒblə(r), ˈnɒblə(r), -z
AM ˈnab(ə)lər, -z

nobbut
BR ˈnɒbət
AM ˈnabət

Nobel
BR nəʊˈbɛl
AM noʊˈbɛl

nobelium
BR nə(ʊ)ˈbiːliəm, nə(ʊ)ˈbɛliəm
AM noʊˈbɛliəm

Nobel prize
BR ˌnəʊbɛl ˈpraɪz, -ɪz
AM ˈnoʊbɛl ˈpraɪz, noʊˈbɛl ˈpraɪz, -ɪz

nobiliary
BR nə(ʊ)ˈbɪliəri
AM noʊˈbɪljəri, noʊˈbɪliˌɛri

nobility
BR nə(ʊ)ˈbɪlɪti
AM noʊˈbɪlɪdi

noble
BR ˈnəʊbl, -z, -ə(r), -ɪst
AM ˈnoʊb|əl, -əlz, -lər, -ləst

nobleman
BR ˈnəʊblmən
AM ˈnoʊbəlm(ə)n

noblemen
BR ˈnəʊblmən
AM ˈnoʊbəlm(ə)n

nobleness
BR ˈnəʊblnəs
AM ˈnoʊbəlnəs

noblesse
BR nə(ʊ)ˈblɛs
AM noʊˈblɛs

noblesse oblige
BR nə(ʊ)ˌblɛs ə(ʊ)ˈbliːʒ, + ɒˈbliːʒ
AM noʊˈblɛs əˈbliʒ

noblewoman
BR ˈnəʊblˌwʊmən
AM ˈnoʊbəlˌwʊm(ə)n

noblewomen
BR ˈnəʊblˌwɪmɪn
AM ˈnoʊbəlˌwɪmɪn

nobly
BR ˈnəʊbli
AM ˈnoʊbli

nobody
BR ˈnəʊbəd|i, -ɪz
AM ˈnoʊbədi, ˈnoʊˌbɑdi, -z

no-brainer
BR ˌnəʊˈbreɪnə(r), -z
AM ˈnoʊˌbreɪnər, -z

no-brow
BR ˈnəʊbraʊ, -z
AM ˈnoʊˌbraʊ, -z

nobs
BR nɒbz
AM nɑbz

nocebo
BR nə(ʊ)ˈsiːbəʊ, -z
AM noʊˈsiboʊ, -z

nociceptor
BR ˈnəʊsɪsɛptə(r), -z
AM ˈnoʊsəˌsɛptər, -z

nock
BR nɒk, -s
AM nɑk, -s

no-claim bonus
BR ˌnəʊkleɪm ˈbəʊnəs, -ɪz
AM ˌnoʊˌkleɪm ˈboʊnəs, -əz

no-claims bonus
BR ˌnəʊkleɪmz ˈbəʊnəs, -ɪz
AM ˌnoʊˌkleɪmz ˈboʊnəs, -əz

noctambulism
BR nɒkˈtæmbjʊlɪzm
AM nɑkˈtæmbjəˌlɪz(ə)m

noctambulist
BR nɒkˈtæmbjʊlɪst, -s
AM nɑkˈtæmbjələst, -s

noctiluca
BR ˌnɒktɪˈluːkə(r)
AM ˌnɑktəˈlukə

noctilucae
BR ˌnɒktɪˈluːkiː
AM ˌnɑktəˈluki

noctilucent
BR ˌnɒktɪˈluːsnt
AM ˌnɑktəˈlusnt

noctivagant
BR nɒkˈtɪvəg(ə)nt
AM nɑkˈtɪvəgənt

noctivagous
BR nɒkˈtɪvəgəs
AM nɑkˈtɪvəgəs

noctuid
BR ˈnɒktjʊɪd, -z
AM ˈnɑkˌtʃuɪd, -z

noctule
BR ˈnɒktjuːl, ˈnɒktʃuːl, -z
AM ˈnɑkˌtʃul, -z

nocturn
BR ˈnɒktɜːn, ˌnɒkˈtɜːn, -z
AM ˈnɑktərn, -z

nocturnal
BR nɒkˈtɜːnl
AM nɑkˈtɜrn(ə)l

nocturnally
BR nɒkˈtɜːnli
AM nɑkˈtɜrnəli

nocturne
BR ˈnɒktɜːn, ˌnɒkˈtɜːn, -z
AM ˈnɑktərn, -z

nocuous
BR ˈnɒkjʊəs
AM ˈnɑkjəwəs

nod
BR nɒd, -z, -ɪŋ, -ɪd
AM nɑd, -z, -ɪŋ, -əd

nodal
BR ˈnəʊdl
AM ˈnoʊdəl

noddle
BR ˈnɒdl, -z
AM ˈnɑdəl, -z

noddy
BR ˈnɒd|i, -ɪz
AM ˈnɑdi, -z

Noddy suit
BR ˈnɒdɪ ˌs(j)uːt, -s
AM ˈnɑdi ˌsut, -s

node
BR nəʊd, -z
AM noʊd, -z

nodi
BR ˈnəʊdʌɪ
AM ˈnoʊˌdaɪ

nodical
BR ˈnəʊdɪkl
AM ˈnoʊdək(ə)l, ˈnɑdək(ə)l

nodose
BR nə(ʊ)ˈdəʊs
AM ˈnoʊˌdoʊz, ˈnoʊˌdoʊs

nodosity
BR nə(ʊ)ˈdɒsɪti
AM noʊˈdɑsədi

nodular
BR ˈnɒdjʊlə(r), ˈnɒdʒʊlə(r)
AM ˈnɑdjələr, ˈnɑdʒələr

nodulated
BR ˈnɒdjʊleɪtɪd, ˈnɒdʒʊleɪtɪd
AM ˈnɑdjəˌleɪdɪd, ˈnɑdʒəˌleɪdɪd

nodulation
BR ˌnɒdjʊˈleɪʃn, ˌnɒdʒʊˈleɪʃn
AM ˌnɑdjəˈleɪʃ(ə)n, ˌnɑdʒəˈleɪʃ(ə)n

nodule
BR ˈnɒdjuːl, ˈnɒdʒuːl, ˈnɒdʒʊl, -z
AM ˈnɑˌdjul, ˈnɑˌdʒul, -z

nodulose
BR ˈnɒdjʊləʊs, ˈnɒdʒʊləʊs
AM ˈnɑdʒəloʊz, ˈnɑdʒəloʊs

nodulous
BR ˈnɒdjʊləs, ˈnɒdʒʊləs
AM ˈnɑdʒələs

nodus
BR ˈnəʊdəs
AM ˈnoʊdəs

Noel[1] *Christmas*
BR nəʊˈɛl
AM noʊˈɛl

Noel[2] *forename*
BR ˈnəʊ(ə)l
AM ˈnoʊ(ə)l

Noelle
BR nəʊˈɛl
AM noʊˈɛl

noes
BR nəʊz
AM noʊz

noesis
BR nəʊˈiːsɪs
AM noʊˈisɪs

noetic
BR nəʊˈetɪk
AM noʊˈedɪk
no-fly
BR ˌnəʊˈflaɪ
AM ˈnoʊˈflaɪ
nog
BR nɒg
AM nɑg
noggin
BR ˈnɒgɪn, -z
AM ˈnɑgən, -z
nogging
BR ˈnɒgɪŋ, -z
AM ˈnɑgɪŋ, -z
Noguchi
BR nɒˈguːtʃi
AM noʊˈgutʃi
Noh
BR nəʊ
AM noʊ
no-hoper
BR ˌnəʊˈhəʊpə(r), -z
AM ˈnoʊˈhoʊpər, -z
nohow
BR ˈnəʊhaʊ
AM ˈnoʊˌhaʊ
no-huddle
BR ˌnəʊˈhʌdl̩,
ˈnəʊˌhʌdl̩, -z
AM ˈnoʊˈhəd(ə)l
noil
BR nɔɪl, -z
AM nɔɪl, -z
noise
BR nɔɪz, -ɪz, -ɪŋ, -d
AM nɔɪz, -ɪz, -ɪŋ, -d
noiseless
BR ˈnɔɪzlɪs
AM ˈnɔɪzlɪs
noiselessly
BR ˈnɔɪzlɪsli
AM ˈnɔɪzlɪsli
noiselessness
BR ˈnɔɪzlɪsnɪs
AM ˈnɔɪzlɪsnɪs
noisemaker
BR ˈnɔɪzˌmeɪkə(r), -z
AM ˈnɔɪzˌmeɪkər, -z
noisesome
BR ˈnɔɪ(z)s(ə)m
AM ˈnɔɪ(z)s(ə)m

noisette
BR nwɑːˈzet,
nwɒˈzet, -s
AM nwɑˈzet, -s
noisily
BR ˈnɔɪzɪli
AM ˈnɔɪzɨli
noisiness
BR ˈnɔɪzɪnɪs
AM ˈnɔɪzɪnɨs
noisome
BR ˈnɔɪs(ə)m
AM ˈnɔɪs(ə)m
noisomely
BR ˈnɔɪs(ə)mli
AM ˈnɔɪsəmli
noisomeness
BR ˈnɔɪs(ə)mnəs
AM ˈnɔɪsəmnəs
noisy
BR ˈnɔɪz|i, -ɪə(r), -ɪɪst
AM ˈnɔɪzi, -ər, -ɪst
Nok
BR nɒk
AM nɑk
Nola
BR ˈnəʊlə(r)
AM ˈnoʊlə
Nolan
BR ˈnəʊlən
AM ˈnoʊl(ə)n
nolens volens
BR ˌnəʊlenz ˈvəʊlenz
AM ˈnoʊlənz ˈvoʊlənz
nolle prosequi
BR ˌnɒli ˈprɒsɪkwaɪ
AM ˈnoʊli ˈprɑsəˌkwaɪ
nomad
BR ˈnəʊmad, -z
AM ˈnoʊˌmæd, -z
nomadic
BR nə(ʊ)ˈmadɪk
AM noʊˈmædɪk
nomadically
BR nə(ʊ)ˈmadɪkli
AM noʊˈmædək(ə)li
nomadise
BR ˈnəʊmədʌɪz, -ɪz,
-ɪŋ, -d
AM ˈnoʊməˌdaɪz,
ˈnoʊˌmædˌaɪz, -ɪz,
-ɪŋ, -d

nomadism
BR ˈnəʊmədɪzm
AM ˈnoʊməˌdɪz(ə)m
nomadize
BR ˈnəʊmədʌɪz, -ɪz,
-ɪŋ, -d
AM ˈnoʊməˌdaɪz,
ˈnoʊˌmædˌaɪz, -ɪz,
-ɪŋ, -d
no-man's-land
BR ˈnəʊmanzland
AM ˈnoʊˌmænzˌlæn(d)
nombril
BR ˈnɒmbrɪl, -z
AM ˈnɑmbrəl,
-z
nom de guerre
BR ˌnɒm də ˈgɛː(r)
AM ˌnɑm də ˈgɛ(ə)r
nom de plume
BR ˌnɒm də ˈpluːm
AM ˌnɑm də ˈplum
Nome
BR nəʊm
AM noʊm
nomen
BR ˈnəʊmen
AM ˈnoʊm(ə)n
nomenclative
BR ˈnəʊmənˌkleɪtɪv
AM ˈnoʊmənˌkleɪdɪv
nomenclatural
BR ˌnəʊmənˈklatʃ(ə)rl̩
AM ˌnoʊmən-
ˈkleɪtʃ(ə)rəl
nomenclature
BR nə(ʊ)ˈmeŋklətʃə(r),
-z
AM ˈnoʊmənˌkleɪtʃər,
-z
nomenklatura
BR nɒˌmeŋklə-
ˈtjʊərə(r),
nɒˌmeŋkləˈtʃʊərə(r),
nɒˌmeŋkləˈtjɔːrə(r),
nɒˌmeŋkləˈtʃɔːrə(r)
AM ˌnoʊmən-
ˌkləˈt(j)ʊrə
RUS naˌmjɛnklaˈtura
Nomex
BR ˈnəʊmeks
AM ˈnoʊmeks

nomina
BR ˈnɒmɪnə(r)
AM ˈnɑmənə
nominal
BR ˈnɒmɪnl
AM ˈnɑmən(ə)l
nominalisation
BR ˌnɒmɪnl̩ʌɪˈzeɪʃn,
-z
AM ˈnɑmənələˈzeɪʃ(ə)n,
ˈnɑmənl̩ˌaɪˈzeɪʃ(ə)n,
ˈnɑmənəˌlaɪˈzeɪʃ(ə)n,
ˈnɑmənləˈzeɪʃ(ə)n, -z
nominalise
BR ˈnɒmɪnl̩ʌɪz, -ɪz,
-ɪŋ, -d
AM ˈnɑmənəˌlaɪz,
ˈnɑmənl̩ˌaɪz, -ɪz,
-ɪŋ, -d
nominalism
BR ˈnɒmɪnl̩ɪzm
AM ˈnɑmənəˌlɪz(ə)m,
ˈnɑmənl̩ˌɪz(ə)m
nominalist
BR ˈnɒmɪnl̩ɪst, -s
AM ˈnɑmənələst,
ˈnɑmənləst, -s
nominalistic
BR ˌnɒmɪnl̩ˈɪstɪk,
ˌnɒmɪnəˈlɪstɪk
AM ˌnɑmənəˈlɪstɪk
nominalization
BR ˌnɒmɪnl̩ʌɪˈzeɪʃn, -z
AM ˈnɑmənələˈzeɪʃ(ə)n,
ˈnɑmənl̩ˌaɪˈzeɪʃ(ə)n,
ˈnɑmənəˌlaɪˈzeɪʃ(ə)n,
ˈnɑmənləˈzeɪʃ(ə)n, -z
nominalize
BR ˈnɒmɪnl̩ʌɪz, -ɪz,
-ɪŋ, -d
AM ˈnɑmənəˌlaɪz,
ˈnɑmənl̩ˌaɪz, -ɪz,
-ɪŋ, -d
nominally
BR ˈnɒmɪnl̩i
AM ˈnɑmənəli,
ˈnɑmənl̩i
nominate
BR ˈnɒmɪneɪt, -s,
-ɪŋ, -ɪd
AM ˈnɑməˌneɪ|t, -ts,
-dɪŋ, -dɨd

nomination
BR ˌnɒmɪˈneɪʃn, -z
AM ˌnɑməˈneɪʃ(ə)n, -z

nominatival
BR ˌnɒm(ɨ)nəˈtʌɪvl, ˌnɒmn̩əˈtʌɪvl
AM ˈnɑm(ə)nəˌtaɪvəl

nominative
BR ˈnɒm(ɨ)nətɪv, ˈnɒmn̩ətɪv, -z
AM ˈnɑm(ə)nədɪv, -z

nominator
BR ˈnɒmɪneɪtə(r), ˈnɒmn̩eɪtə(r), -z
AM ˈnɑməˌneɪdər, -z

nominee
BR ˌnɒməˈniː, -z
AM ˌnɑməˈni, -z

nomogram
BR ˈnɒməgram, ˈnəʊməgram, -z
AM ˈnoʊməˌgræm, ˈnɑməˌgræm, -z

nomograph
BR ˈnɒməgrɑːf, ˈnəʊməgrɑːf, -s
AM ˈnoʊməˌgræf, ˈnɑməˌgræf, -s

nomographic
BR ˌnɒməˈgrafɪk, ˌnəʊməˈgrafɪk
AM ˌnoʊməˈgræf, ˌnɑməˈgræfɪk

nomographically
BR ˌnɒməˈgrafɪkli, ˌnəʊməˈgrafɪkli
AM ˌnoʊməˈgræfək(ə)li, ˌnɑməˈgræfək(ə)li

nomography
BR nɒˈmɒgrəfi
AM nəˈmɑgrəfi

nomothetic
BR ˌnɒməˈθɛtɪk, ˌnəʊməˈθɛtɪk
AM ˌnoʊməˈθɛdɪk, ˌnɑməˈθɛdɪk

noms de guerre
BR ˌnɒm(z) də ˈgɛː(r)
AM ˌnɔm(z) də ˈgɛ(ə)r

noms de plume
BR ˌnɒm(z) də ˈpluːm
AM ˌnɔm(z) də ˈplum

non
BR nɒn
AM nɑn

nonacceptance
BR ˌnɒnəkˈsɛpt(ə)ns
AM ˌnɑnəkˈsɛptns

nonage
BR ˈnəʊnɪdʒ, ˈnɒnɪdʒ
AM ˈnoʊnɪdʒ, ˈnɑnɪdʒ

nonagenarian
BR ˌnɒnədʒɪˈnɛːrɪən, ˌnəʊnədʒɪˈnɛːrɪən, -z
AM ˌnoʊnədʒəˈnɛrɪən, ˌnɑnədʒəˈnɛrɪən, -z

nonaggressive
BR ˌnɒnəˈgrɛsɪv
AM ˌnɑnəˈgrɛsɪv

nonagon
BR ˈnɒnəg(ɒ)n, -z
AM ˈnoʊnəˌgɑn, ˈnɑnəˌgɑn, -z

nonagression
BR ˌnɒnəˈgrɛʃn
AM ˌnɑnəˈgrɛʃ(ə)n

nonalcoholic
BR ˌnɒnalkəˈhɒlɪk
AM ˌnɑnˌælkəˈhɑlɪk, ˈnɑnˌælkəˈhɑlɪk

nonaligned
BR ˌnɒnəˈlʌɪnd
AM ˌnɑnəˈlaɪnd

nonalignment
BR ˌnɒnəˈlʌɪnm(ə)nt
AM ˌnɑnəˈlaɪnm(ə)nt

nonappearance
BR ˌnɒnəˈpɪərn̩s
AM ˌnɑnəˈpɪrəns

nonary
BR ˈnəʊnəri
AM ˈnoʊnəri

nonassertive
BR ˌnɒnəˈsəːtɪv
AM ˌnɑnəˈsɜrdɪv

nonassertively
BR ˌnɒnəˈsəːtɪvli
AM ˌnɑnəˈsɜrdɪvli

nonattendance
BR ˌnɒnəˈtɛnd(ə)ns
AM ˌnɑnəˈtɛndns

nonavailability
BR ˌnɒnəveɪləˈbɪlɪti
AM ˈˌnɑnəveɪləˈbɪlɪdi

nonbelligerency
BR ˌnɒnbɪˈlɪdʒ(ə)rn̩si
AM ˌnɑnbəˈlɪdʒərənsi

nonbelligerent
BR ˌnɒnbɪˈlɪdʒ(ə)rn̩t, -s
AM ˌnɑnbəˈlɪdʒərənt, -s

nonbiodegradable
BR ˌnɒnˌbʌɪə(ʊ)dɪˈgreɪdəbl
AM ˈˌnɑnˌbaɪoʊdəˈgreɪdəb(ə)l

non-biological
BR ˌnɒnbʌɪəˈlɒdʒɪkl
AM ˈˌnɑnˌbaɪəˈlɑdʒək(ə)l

nonce
BR nɒns
AM nɑns

nonchalance
BR ˈnɒnʃl̩ns
AM ˌnɑnʃəˈlɑns

nonchalant
BR ˈnɒnʃl̩nt
AM ˌnɑnʃəˈlɑnt

nonchalantly
BR ˈnɒnʃl̩ntli
AM ˌnɑn(t)ʃəˈlɑn(t)li

non-com
BR ˌnɒnˌkɒm, -z
AM ˈnɑnˌkɑm, -z

non compos mentis
BR ˌnɒnˌkɒmpəsˈmɛntɪs
AM ˌnɑnˌkɑmpəsˈmɛn(t)əs

nonconformism
BR ˌnɒnkənˈfɔːmɪzm
AM ˌnɑnkənˈfɔrˌmɪz(ə)m

nonconformist
BR ˌnɒnkənˈfɔːmɪst, -s
AM ˌnɑnkənˈfɔrməst, -s

nonconformity
BR ˌnɒnkənˈfɔːmɪti
AM ˌnɑnkənˈfɔrmədi

noncy
BR ˈnɒnsi
AM ˈnɑnsi

nonda
BR ˈnɒndə(r), -z
AM ˈnɑndə, -z

nondescriminatory
BR ˌnɒndɪˈskrɪmɪnətri
AM ˌnɑndəˈskrɪmɪnəˌtɔri

nondescript
BR ˈnɒndɪskrɪpt
AM ˌnɑndəˈskrɪpt

nondescriptly
BR ˈnɒndɪskrɪp(t)li
AM ˌnɑndəˈskrɪp(t)li

nondescriptness
BR ˈnɒndɪskrɪp(t)nɪs
AM ˌnɑndəˈskrɪp(t)nɪs

non-dom
BR ˌnɒnˈdɒm, -z
AM ˈnɑnˌdam, -z

none
BR nʌn
AM nən

nonentity
BR nɒˈnɛntɪtǀi, -ɪz
AM nɑnˈɛn(t)ədi, -z

nones
BR nəʊnz
AM noʊnz

nonessential
BR ˌnɒnɪˈsɛnʃl, -z
AM ˌnɑniˈsɛn(t)ʃ(ə)l, ˌnɑnəˈsɛn(t)ʃ(ə)l, -z

nonesuch
BR ˈnʌnsʌtʃ, -ɪz
AM ˈnənˌsətʃ, -əz

nonet
BR nəʊˈnɛt, nɒˈnɛt, -s
AM noʊˈnɛt, -s

nonetheless
BR ˌnʌnðəˈlɛs
AM ˌnənðəˈlɛs

nonexistent
BR ˌnɒnɪgˈzɪst(ə)nt
AM ˌnɑnəgˈzɪst(ə)nt

nonfeasance
BR ˌnɒnˈfiːzns
AM nɑnˈfiz(ə)ns

nonfiction
BR ˌnɒnˈfɪkʃn
AM ˌnɑnˈfɪkʃ(ə)n
nong
BR ˈnɒŋ, -z
AM ˈnɑŋ, ˈnɔŋ, -z
noninvolvement
BR ˌnɒnɪnˈvɒlvm(ə)nt
AM ˌnɑnənˈvɑlvm(ə)nt,
ˌnɑnənˈvɔlvm(ə)nt
non-ism
BR ˈnɒnɪzm
AM ˈnɑnɪz(ə)m
nonjoinder
BR ˌnɒnˈdʒɔɪndə(r), -z
AM ˌnɑnˈdʒɔɪndər, -z
nonjuring
BR ˌnɒnˈdʒʊərɪŋ
AM ˌnɑnˈdʒʊrɪŋ
nonjuror
BR ˌnɒnˈdʒʊərə(r), -z
AM ˌnɑnˈdʒʊˌrɔ(ə)r,
ˌnɑnˈdʒʊrər,
ˌnɑnˈdʒʊrɔ(ə)r,
ˌnɑnˈdʒʊrər, -z
non-jury
BR ˌnɒnˈdʒʊəri
AM ˌnɑnˈdʒʊri,
ˌnɑnˈdʒʊri
non-material
BR ˌnɒnməˈtɪərɪəl
AM ˌnɑnməˈtɪrɪəl
no-no
BR ˈnəʊnəʊ, -z
AM ˈnoʊˌnoʊ, -z
nonpareil
BR ˌnɒnpəˈreɪl,
ˌnɒmpəˈreɪl,
ˈnɒnp(ə)r̩l,
ˈnɒmp(ə)r̩l
AM ˌnɑnpəˈrel
non placet
BR ˌnɒn ˈpleɪset,
+ ˈplaket, -s
AM ˌnɑn ˈpleɪsɪt, -s
nonplus
BR ˌnɒnˈplʌs, -ɪz, -ɪŋ, -t
AM nɑnˈplʌs, -əz,
-ɪŋ, -t
non possumus
BR ˌnɒn ˈpɒsjɵməs
AM ˌnɑn ˈpɑs(j)əməs

nonrestrictive
BR ˌnɒnrɨˈstrɪktɪv
AM ˌnɑnriˈstrɪktɪv,
ˌnɑnrəˈstrɪktɪv
nonreturnable
BR ˌnɒnrɨˈtɜːnəbl
AM ˌnɑnriˈtɜrnəb(ə)l,
ˌnɑnrəˈtɜrnəb(ə)l
nonsense
BR ˈnɒns(ə)ns, -ɪz
AM ˈnɑns(ə)ns,
ˈnɑnˌsens, -əz
nonsensical
BR nɒnˈsensɪkl
AM nɑnˈsensək(ə)l
nonsensicality
BR ˌnɒnsensɨˈkælɨti,
-ɪz
AM nənˌsensəˈkælədi,
-z
nonsensically
BR nɒnˈsensɨkli
AM nɑnˈsensək(ə)li
non sequitur
BR ˌnɒn ˈsekwɪtə(r),
-z
AM ˌnɑn ˈsekwədər, -z
nonstandard
BR ˌnɒnˈstændəd
AM ˌnɑnˈstændərd
nonstick
BR ˌnɒnˈstɪk
AM ˌnɑnˈstɪk
nonstop
BR ˌnɒnˈstɒp
AM ˈˌnɑnˌstɑp
nonsuch
BR ˈnɒnsʌtʃ, ˈnʌnsʌtʃ,
-ɪz
AM ˈnənˌsətʃ, -əz
nonsuit
BR ˌnɒnˈsuːt,
ˌnɒnˈsjuːt, -s,
-ɪŋ, -ɪd
AM ˌnɑnˈs(j)uːt, -ts,
-dɪŋ, -dəd
nontheless
BR ˌnʌnðəˈles
AM ˌnənðəˈles
non-U
BR ˌnɒnˈjuː
AM ˈnɑnˈju

nonuple
BR ˈnɒnjɵpl
AM ˈnɑn(j)əp(ə)l,
ˌnɑnˈt(j)upl
nonviolence
BR ˌnɒnˈvaɪəln̩s
AM nɑnˈvaɪəl(ə)ns
nonviolent
BR ˌnɒnˈvaɪəlnt
AM ˌnɑnˈvaɪəl(ə)nt
noodge
BR nʊdʒ, ˈnʊdʒ|ə(r),
-ɪz, ɪŋ\ ərɪŋ,
-d\-əd
AM nʊdʒ, -əz,
-ɪŋ, -d
noodle
BR ˈnuːdl, -z
AM ˈnudəl, -z
noogie
BR ˈnʊɡ|i, -ɪz
AM ˈnʊɡi, -z
nooi
BR nɔɪ, ˈnuːiː, -z
AM ˈnui, nɔɪ, -z
nook
BR nʊk, -s
AM nʊk, -s
nookie
BR ˈnʊki
AM ˈnʊki
nooky
BR ˈnʊki
AM ˈnʊki
noon
BR nuːn, -z
AM nun, -z
Noonan
BR ˈnuːnən
AM ˈnunən
noonday
BR ˈnuːndeɪ
AM ˈnunˌdeɪ
no one
BR ˌnəʊ wʌn
AM ˈnoʊ ˌwən
noontide
BR ˈnuːntaɪd
AM ˈnunˌtaɪd
noontime
BR ˈnuːntaɪm
AM ˈnunˌtaɪm

noose
BR nuːs, -ɪz
AM nus,
-əz
Nootka
BR ˈnuːtkə(r),
ˈnʊtkə(r), -z
AM ˈnʊtkə,
-z
nopal
BR ˈnəʊpl, -z
AM ˈnoʊpəl,
-z
nopales
BR nəʊˈpɑːlez
AM noʊˈpɑlɛs
nope
BR nəʊp
AM noʊp
noplace
BR ˈnəʊpleɪs
AM ˈnoʊˌpleɪs
nor
BR nɔː(r)
AM nɔ(ə)r
Nora
BR ˈnɔːrə(r)
AM ˈnɔrə
NORAD
BR ˈnɔːrad
AM ˈnɔrˌæd
noradrenalin
BR ˌnɔːrəˈdrenlɪn
AM ˌnɔrəˈdrenəl(ə)n
noradrenaline
BR ˌnɔːrəˈdrenlɪn
AM ˌnɔrəˈdrenəl(ə)n
Norah
BR ˈnɔːrə(r)
AM ˈnɔrə
Noraid
BR ˈnɔːreɪd
AM ˈnɔˌreɪd
Norbert
BR ˈnɔːbət
AM ˈnɔrbərt
Norden
BR ˈnɔːdn
AM ˈnɔrdən
Nordic
BR ˈnɔːdɪk
AM ˈnɔrdɪk

Nordkinn
BR ˈnɔːdkɪn
AM ˈnɔrdkɪn
NO ˈnuːrçin

Nore
BR nɔː(r)
AM nɔ(ə)r

Noreen
BR ˈnɔːriːn
AM nɔˈrin

Norfolk
BR ˈnɔːfək
AM ˈnɔrfək

Noriega
BR ˌnɒriˈeɪgə(r)
AM ˌnɔriˈeɪgə
SP noˈrjeɣa

nork
BR nɔːk, -s
AM nɔ(ə)rk, -s

norland
BR ˈnɔːlənd, -z
AM ˈnɔrlən(d), -z

norm
BR nɔːm, -z
AM nɔ(ə)rm, -z

Norma
BR ˈnɔːmə(r)
AM ˈnɔrmə

normal
BR ˈnɔːml
AM ˈnɔrm(ə)l

normalcy
BR ˈnɔːmlsi
AM ˈnɔrməlsi

normalisation
BR ˌnɔːml̩ʌɪˈzeɪʃn
AM ˌnɔrməˌlaɪˈzeɪʃ(ə)n, ˌnɔrmələˈzeɪʃ(ə)n

normalise
BR ˈnɔːml̩ʌɪz, -ɪz, -ɪŋ, -d
AM ˈnɔrməˌlaɪz, -ɪz, -ɪŋ, -d

normaliser
BR ˈnɔːml̩ʌɪzə(r), -z
AM ˈnɔrməˌlaɪzər, -z

normality
BR nɔːˈmalɪti
AM nɔrˈmælədi

normalization
BR ˌnɔːml̩ʌɪˈzeɪʃn
AM ˌnɔrməˌlaɪˈzeɪʃ(ə)n, ˌnɔrmələˈzeɪʃ(ə)n

normalize
BR ˈnɔːml̩ʌɪz, -ɪz, -ɪŋ, -d
AM ˈnɔrməˌlaɪz, -ɪz, -ɪŋ, -d

normalizer
BR ˈnɔːml̩ʌɪzə(r), -z
AM ˈnɔrməˌlaɪzər, -z

normally
BR ˈnɔːml̩i
AM ˈnɔrməli

Norman
BR ˈnɔːmən, -z
AM ˈnɔrm(ə)n, -z

Normandy
BR ˈnɔːməndi
AM ˈnɔrməndi

Normanesque
BR ˌnɔːməˈnɛsk
AM ˌnɔrməˈnɛsk

Normanise
BR ˈnɔːmənʌɪz, -ɪz, -ɪŋ, -d
AM ˈnɔrməˌnaɪz, -ɪz, -ɪŋ, -d

Normanism
BR ˈnɔːmənɪzm, -z
AM ˈnɔrməˌnɪz(ə)m, -z

Normanize
BR ˈnɔːmənʌɪz, -ɪz, -ɪŋ, -d
AM ˈnɔrməˌnaɪz, -ɪz, -ɪŋ, -d

Normanton
BR ˈnɔːmənt(ə)n
AM ˈnɔrmənt(ə)n

normative
BR ˈnɔːmətɪv
AM ˈnɔrmədɪv

normatively
BR ˈnɔːmətɪvli
AM ˈnɔrmədɪvli

normativeness
BR ˈnɔːmətɪvnɪs
AM ˈnɔrmədɪvnɪs

Norn
BR nɔːn, -z
AM nɔ(ə)rn, -z

norovirus
BR ˈnɒrə(ʊ)ˌvʌɪrəs
AM ˈnɔroʊˌvaɪrəs

Norplant
BR ˈnɔːplɑːnt
AM ˈnɔrˌplænt

Norris
BR ˈnɒrɪs
AM ˈnɔrəs

Norrköping
BR ˈnɔːkəːpɪŋ
AM ˈnɔrkəpɪŋ
SW nɒrˈʃəːpɪŋ

Norroy
BR ˈnɒrɔɪ
AM ˈnɔˌrɔɪ

Norse
BR nɔːs
AM nɔ(ə)rs

Norseman
BR ˈnɔːsman
AM ˈnɔrsm(ə)n

Norsemen
BR ˈnɔːsmɛn
AM ˈnɔrsˌmɛn, ˈnɔrsm(ə)n

north
BR nɔːθ
AM nɔrθ

Northallerton
BR nɔːˈθalət(ə)n
AM nɔrˈθælərt(ə)n

Northampton
BR nɔːˈθam(p)t(ə)n
AM nɔrˈθæm(p)t(ə)n

Northamptonshire
BR nɔː-ˈθam(p)tənʃ(ɪ)ə(r)
AM nɔrˈθæm(p)tən-ˌʃɪ(ə)r

Northanger
BR ˈnɔːθaŋgə(r), nɔːˈθaŋgə(r)
AM nɔrˈθæŋər, ˈnɔrθæŋər

Northants
BR nɔːˈθants, ˈnɔːθants
AM ˈnɔrˌθæn(t)s

northbound
BR ˈnɔːθbaʊnd
AM ˈnɔrθˌbaʊnd

Northcliffe
BR ˈnɔːθklɪf
AM ˈnɔrθˌklɪf

North Dakota
BR ˌnɔːθ dəˈkəʊtə(r)
AM ˌnɔrθ dəˈkoʊdə

northeast
BR ˌnɔːθˈiːst
AM ˌnɔrθˈist

northeaster
BR ˌnɔːθˈiːstə(r), -z
AM ˌnɔrθˈistər, -z

northeasterly
BR ˌnɔːθˈiːstəl̩i, -ɪz
AM ˌnɔrθˈistərli, -z

northeastern
BR ˌnɔːθˈiːst(ə)n
AM ˌnɔrθˈistərn

northeastward
BR ˌnɔːθˈiːstwəd, -z
AM ˌnɔrθˈistwərd, -z

Northenden
BR ˈnɔːðndən
AM ˈnɔrðəndən

norther
BR ˈnɔːðə(r), -z
AM ˈnɔrðər, -z

northerly
BR ˈnɔːðəl̩i, -ɪz
AM ˈnɔrðərli, -z

northern
BR ˈnɔːðn
AM ˈnɔrðərn

northerner
BR ˈnɔːðnə(r), -z
AM ˈnɔrðərnər, -z

northernmost
BR ˈnɔːðnməʊst
AM ˈnɔrðərnˌmoʊst

Northfleet
BR ˈnɔːθfliːt
AM ˈnɔrθˌflit

northing
BR ˈnɔːθɪŋ, ˈnɔːðɪŋ, -z
AM ˈnɔrðɪŋ, ˈnɔrθɪŋ, -z

Northland
BR ˈnɔːθlənd
AM ˈnɔrθˌlænd, ˈnɔrθlən(d)

Northman
BR ˈnɔːθman
AM ˈnɔrθm(ə)n

Northmen
BR ˈnɔːθmɛn
AM ˈnɔrθm(ə)n

north-northeast[1]
BR ˌnɔːθnɔːθˈiːst
AM ˌnɔrθ,nɔrθˈist

north-northeast[2]
nautical use
BR ˌnɔːnɔːˈriːst
AM ˌnɔr,nɔrˈist

north-northwest[1]
BR ˌnɔːθnɔːθˈwɛst
AM ˌnɔrθ,nɔrθˈwɛst

north-northwest[2]
nautical use
BR ˌnɔːnɔːˈwɛst
AM ˌnɔr,nɔrˈwɛst

Northolt
BR ˈnɔːθəʊlt
AM ˈnɔrθ,(h)oʊlt

North Pole
BR ˌnɔːθ ˈpəʊl
AM ˌnɔrθ ˈpoʊl

North Rhine-Westphalia
BR ˌnɔːθ ˈraɪnwɛstˈfeɪliə(r)
AM ˌnɔrθ ˈraɪn,wɛstˈfɑliə, ˌnɔrθ ˈraɪn,wɛstˈfɑljə

Northrop
BR ˈnɔːθrəp
AM ˈnɔrθrəp

Northrup
BR ˈnɔːθrəp
AM ˈnɔrθrəp

Northumberland
BR nɔːˈθʌmbələnd
AM nɔrˈθəmbərlən(d)

Northumbria
BR nɔːˈθʌmbriə(r)
AM nɔrˈθəmbriə

Northumbrian
BR nɔːˈθʌmbriən, -z
AM nɔrˈθəmbriən, -z

North Utsire
BR ˌnɔːθ ʊtˈsɪərə(r)
AM ˌnɔrθ ʊtˈsɪ(ə)r

northward
BR ˈnɔːθwəd, -z
AM ˈnɔrθwərd, -z

northwest
BR ˌnɔːθˈwɛst
AM ˌnɔrθˈwɛst

northwester
BR ˌnɔːθˈwɛstə(r), -z
AM ˌnɔrθˈwɛstər, -z

northwesterly
BR ˌnɔːθˈwɛstəl|i, -ɪz
AM ˌnɔrθˈwɛstərli, -z

northwestern
BR ˌnɔːθˈwɛst(ə)n
AM ˌnɔrθˈwɛstərn

North-West Frontier
BR ˌnɔːθwɛst ˈfrʌntɪə(r), + frʌnˈtɪə(r)
AM ˌnɔrθ,wɛst frənˈtɪər

northwestward
BR ˌnɔːθˈwɛstwəd, -z
AM ˌnɔrθˈwɛs(t)wərd, -z

Northwich
BR ˈnɔːθwɪtʃ
AM ˈnɔrθwɪtʃ

Norton
BR ˈnɔːtn
AM ˈnɔrt(ə)n

Norvic
BR ˈnɔːvɪk
AM ˈnɔrvɪk

Norway
BR ˈnɔːweɪ
AM ˈnɔrweɪ

Norwegian
BR nɔːˈwiːdʒ(ə)n, -z
AM ˌnɔrˈwidʒ(ə)n, -z

nor'-wester
BR ˌnɔːˈwɛstə(r), -z
AM ˌnɔrˈwɛstər, -z

Norwich
BR ˈnɒrɪdʒ, ˈnɒrɪtʃ
AM ˈnɔrɪdʒ, ˈnɔr(w)ɪtʃ

Norwood
BR ˈnɔːwʊd
AM ˈnɔr,wʊd

nos *numbers*
BR ˈnʌmbəz
AM ˈnəmbərz

nose
BR nəʊz, -ɪz, -ɪŋ, -d
AM noʊz, -əz, -ɪŋ, -d

nosebag
BR ˈnəʊzbag, -z
AM ˈnoʊz,bæg, -z

noseband
BR ˈnəʊzband, -z
AM ˈnoʊz,bænd, -z

nosebleed
BR ˈnəʊzbliːd, -z
AM ˈnoʊz,blid, -z

nosecone
BR ˈnəʊzkəʊn, -z
AM ˈnoʊz,koʊn, -z

nosedive
BR ˈnəʊzdaɪv, -z, -ɪŋ, -d
AM ˈnoʊz,daɪv, -z, -ɪŋ, -d

nosegay
BR ˈnəʊzgeɪ, -z
AM ˈnoʊz,geɪ, -z

noseless
BR ˈnəʊzləs
AM ˈnoʊzləs

nosepipe
BR ˈnəʊzpʌɪp, -s
AM ˈnoʊz,paɪp, -s

nosering
BR ˈnəʊzrɪŋ, -z
AM ˈnoʊz,rɪŋ, -z

nosey
BR ˈnəʊz|i, -ɪə(r), -ɪɪst
AM ˈnoʊzi, -ər, -ɪst

nosey parker
BR ˌnəʊzi ˈpɑːkə(r), -z
AM ˈnoʊzi ˈpɑrkər, -z

Nosferatu
BR ˌnɒsfəˈrɑːtuː
AM ˌnɑsfəˈratu, ˌnɑsfəˈratu

nosh
BR nɒʃ, -ɪz, -ɪŋ, -t
AM nɑʃ, -əz, -ɪŋ, -t

noshery
BR ˈnɒʃ(ə)r|i, -ɪz
AM ˈnɑʃəri, -z

no-show
BR ˌnəʊˈʃəʊ, ˈnəʊʃəʊ, -z
AM ˈnoʊˌʃoʊ, -z

nosh-up
BR ˈnɒʃʌp, -s
AM ˈnɑʃəp, -s

nosily
BR ˈnəʊzɪli
AM ˈnoʊzɪli

nosiness
BR ˈnəʊzɪnɪs
AM ˈnoʊzɪnɪs

nosocomial
BR ˌnɒsə(ʊ)ˈkəʊmɪəl
AM ˌnoʊzoʊˈkoʊmɪəl

nosography
BR nəʊˈsɒɡrəfi
AM noʊˈsɑɡrəfi

nosological
BR ˌnɒsəˈlɒdʒɪkl
AM ˌnɑsəˈlɑdʒək(ə)l

nosology
BR nɒˈsɒlədʒi
AM noʊˈsɑlədʒi

nostalgia
BR nɒˈstaldʒ(ɪ)ə(r)
AM nɑsˈtældʒə, nasˈtældʒə, nəˈstældʒə

nostalgic
BR nɒˈstaldʒɪk
AM nɑsˈtældʒɪk, nasˈtældʒɪk, nəˈstældʒɪk

nostalgically
BR nɒˈstaldʒɪkli
AM nɑsˈtældʒək(ə)li, nasˈtældʒək(ə)li, nəˈstældʒək(ə)li

nostoc
BR ˈnɒstɒk, -s
AM ˈnɑˌstɑk, -s

Nostradamus
BR ˌnɒstrəˈdɑːməs
AM ˌnastrəˈdaməs, ˌnɑstrəˈdaməs

nostril
BR ˈnɒstr(ɪ)l, -z
AM ˈnɑstrəl, -z

nostrum
BR ˈnɒstrəm, -z
AM ˈnɑstrəm, -z

nosy
BR ˈnəʊz|i, -ɪə(r), -ɪɪst
AM ˈnoʊzi, -ər, -ɪst

nosy parker
BR ˌnəʊzi ˈpɑːkə(r), -z
AM ˈnoʊzi ˈpɑrkər, -z

not
BR nɒt
AM nɑt

nota bene
BR ˌnəʊtə ˈbɛneɪ, + ˈbɛni
AM ˌnoʊdə ˈbɛneɪ, ˌnoʊdə ˈbɛni

notability
BR ˌnəʊtəˈbɪlɪt|i, -ɪz
AM ˌnoʊdəˈbɪlɪdi, -z

notable
BR ˈnəʊtəbl
AM ˈnoʊdəb(ə)l

notableness
BR ˈnəʊtəblnəs
AM ˈnoʊdəbəlnəs

notably
BR ˈnəʊtəbli
AM ˈnoʊdəbli

notarial
BR nəʊˈtɛːrɪəl
AM noʊˈtɛriəl

notarially
BR nəʊˈtɛːrɪəli
AM noʊˈtɛriəli

notarise
BR ˈnəʊtərʌɪz, -ɪz, -ɪŋ, -d
AM ˈnoʊdəˌraɪz, -ɪz, -ɪŋ, -d

notarization
BR ˌnəʊtərʌɪˈzeɪʃn
AM ˌnoʊdərʌɪˈzeɪʃ(ə)n, ˌnoʊdərəˈzeɪʃ(ə)n

notarize
BR ˈnəʊtərʌɪz, -ɪz, -ɪŋ, -d
AM ˈnoʊdəˌraɪz, -ɪz, -ɪŋ, -d

notary
BR ˈnəʊt(ə)r|i, -ɪz
AM ˈnoʊdəri, -z

notate
BR nə(ʊ)ˈteɪt, -s, -ɪŋ, -ɪd
AM ˈnoʊˌteɪ|t, -ts, -dɪŋ, -dɪd

notation
BR nə(ʊ)ˈteɪʃn, -z
AM noʊˈteɪʃ(ə)n, -z

notational
BR nə(ʊ)ˈteɪʃn̩l
AM noʊˈteɪʃ(ə)n(ə)l

notch
BR nɒtʃ, -ɪz, -ɪŋ, -t
AM nɑtʃ, -əz, -ɪŋ, -t

notcher
BR ˈnɒtʃə(r), -z
AM ˈnɑtʃər, -z

notchy
BR ˈnɒtʃ|i, -ɪə(r), -ɪɪst
AM ˈnɑtʃi, -ər, -əst

note
BR nəʊt, -s, -ɪŋ, -ɪd
AM noʊ|t, -ts, -dɪŋ, -dəd

notebook
BR ˈnəʊtbʊk, -s
AM ˈnoʊtˌbʊk, -s

notecase
BR ˈnəʊtkeɪs, -ɪz
AM ˈnoʊtˌkeɪs, -ɪz

noteless
BR ˈnəʊtləs
AM ˈnoʊtləs

notelet
BR ˈnəʊtlɪt, -s
AM ˈnoʊtlət, -s

notepad
BR ˈnəʊtpad, -z
AM ˈnoʊtˌpæd, -z

notepaper
BR ˈnəʊtˌpeɪpə(r)
AM ˈnoʊtˌpeɪpər

note-row
BR ˈnəʊtrəʊ, -z
AM ˈnoʊtˌroʊ, -z

noteworthiness
BR ˈnəʊtˌwəːðɪnɪs
AM ˈnoʊtˌwərðɪnɪs

noteworthy
BR ˈnəʊtˌwəːði
AM ˈnoʊtˌwərði

not-for-profit
BR ˌnɒtfəˈprɒfɪt
AM ˌnɑtfərˈprɑfət

nothing
BR ˈnʌθɪŋ, -z
AM ˈnəθɪŋ, -z

nothingness
BR ˈnʌθɪŋnɪs
AM ˈnəθɪŋnɪs

notice
BR ˈnəʊtɪs, -ɪz, -ɪŋ, -t
AM ˈnoʊdəs, -əz, -ɪŋ, -t

noticeable
BR ˈnəʊtɪsəbl
AM ˈnoʊdəsəb(ə)l

noticeably
BR ˈnəʊtɪsəbli
AM ˈnoʊdəsəbli

noticeboard
BR ˈnəʊtɪsbɔːd, -z
AM ˈnoʊdəsˌbɔ(ə)rd, -z

notifiable
BR ˈnəʊtɪfʌɪəbl
AM ˌnoʊdəˈfaɪəb(ə)l

notification
BR ˌnəʊtɪfɪˈkeɪʃn
AM ˌnoʊdəfəˈkeɪʃ(ə)n

notify
BR ˈnəʊtɪfʌɪ, -z, -ɪŋ, -d
AM ˈnoʊdəˌfaɪ, -z, -ɪŋ, -d

notion
BR ˈnəʊʃn, -z
AM ˈnoʊʃ(ə)n, -z

notional
BR ˈnəʊʃn̩l
AM ˈnoʊʃ(ə)n(ə)l

notionalist
BR ˈnəʊʃn̩lɪst, ˈnəʊʃnəlɪst, -s
AM ˈnoʊʃnələst, ˈnoʊʃənələst, -s

notionally
BR ˈnəʊʃn̩li, ˈnəʊʃnəli
AM ˈnoʊʃ(ə)nəli

notochord
BR ˈnəʊtəkɔːd, -z
AM ˈnoʊdəˌkɔ(ə)rd, -z

notoriety
BR ˌnəʊtəˈrʌɪti
AM ˌnoʊdəˈraɪdi

notorious
BR nə(ʊ)ˈtɔːriəs
AM noʊˈtɔriəs, nəˈtɔriəs

notoriously
BR nə(ʊ)ˈtɔːriəsli
AM noʊˈtɔriəsli, nəˈtɔriəsli

notoriousness
BR nə(ʊ)ˈtɔːriəsnəs
AM noʊˈtɔriəsnəs, nəˈtɔriəsnəs

Notre-Dame[1] *church in Paris*
BR ˌnɒtrə ˈdɑːm, ˌnəʊtrə +
AM ˌnoʊdər ˈdɑm, ˌnoʊtrə ˈdɑm

Notre Dame[2] *US university*
BR ˌnɒtrə ˈdɑːm, ˌnəʊtrə +, + ˈdeɪm
AM ˌnoʊdər ˈdeɪm

no-trump
BR ˌnəʊˈtrʌmp
AM ˈnoʊˌtrʌmp

no-trumper
BR ˌnəʊˈtrʌmpə(r), -z
AM ˈnoʊˌtrəmpər, -z

Nott
BR nɒt
AM nɑt

Nottingham
BR ˈnɒtɪŋəm
AM ˈnɑdɪŋəm, ˈnɑdɪŋˌhæm

Nottinghamshire
BR ˈnɒtɪŋəmʃ(ɪ)ə(r)
AM ˈnɑdɪŋˌhæmˌʃ(ɪ)ər, ˈnɑdɪŋəmˌʃ(ɪ)ər

Notting Hill
BR ˌnɒtɪŋ ˈhɪl
AM ˌnɑdɪŋ ˈhɪl

Notts. *Nottinghamshire*
BR nɒts
AM nɑts

notwithstanding
BR ˌnɒtwɪðˈstandɪŋ, ˌnɒtwɪθˈstandɪŋ
AM ˌnɑtwɪðˈstændɪŋ, ˌnɑtwɪ(θ)ˈstændɪŋ

nougat
BR ˈnuːgɑː(r), ˈnʌgɪt
AM ˈnugət

nougatine
BR ˌnuːgəˈtiːn, ˈnuːgətiːn
AM ˈnugəˌtin

nought
BR nɔːt, -s
AM nɑt, nɔt, -s
Nouméa
BR nuːˈmeɪə(r)
AM nuˈmeɪə
noumena
BR ˈnuːmɪnə(r),
ˈnaʊmɪnə(r)
AM ˈnumənə
noumenal
BR ˈnuːmɪnl, ˈnaʊmɪnl
AM ˈnumən(ə)l
noumenally
BR ˈnuːmɪnli,
ˈnaʊmɪnli
AM ˈnumənəli
noumenon
BR ˈnuːmɪnɒn,
ˈnaʊmɪnɒn
AM ˈnuməˌnɑn
noun
BR naʊn, -z
AM naʊn, -z
nounal
BR ˈnaʊnl
AM ˈnaʊn(ə)l
nourish
BR ˈnʌrɪʃ, -ɪʃiz, -ɪʃɪŋ,
-ɪʃt
AM ˈnɜːrɪʃ, ˈnərɪʃ, -ɪz,
-ɪŋ, -t
nourisher
BR ˈnʌrɪʃə(r), -z
AM ˈnɜːrɪʃər, ˈnərɪʃər,
-z
nourishingly
BR ˈnʌrɪʃɪŋli
AM ˈnɜːrɪʃɪŋli,
ˈnərɪʃɪŋli
nourishment
BR ˈnʌrɪʃm(ə)nt,
-s
AM ˈnɜːrɪʃm(ə)nt,
ˈnərɪʃm(ə)nt,
-s
nous
BR naʊs
AM nus
nouveau riche
BR ˌnuːvəʊ ˈriːʃ
AM ˌnuˌvoʊ ˈriʃ

nouveau roman
BR ˌnuːvəʊ rə(ʊ)-
ˈmɑːn, -z
AM ˌnuˌvoʊ roʊˈmɑn,
-z
nouveaux riches
BR ˌnuːvəʊ ˈriːʃ
AM ˌnuˌvoʊ ˈriʃ
nova
BR ˈnəʊvə(r), -z
AM ˈnoʊvə, -z
novae
BR ˈnəʊviː
AM ˈnoʊvi
Novak
BR ˈnəʊvak
AM ˈnoʊvæk
Nova Lisboa
BR ˌnəʊvə lɪzˈbəʊə(r)
AM ˌnoʊvə lɪzˈboʊə
Nova Scotia
BR ˌnəʊvə ˈskəʊʃə(r)
AM ˌnoʊvə ˈskoʊʃə
Nova Scotian
BR ˌnəʊvə ˈskəʊʃ(ə)n,
-z
AM ˌnoʊvə
ˈskoʊʃ(ə)n, -z
Novaya Zemlya
BR ˌnəʊvʌɪə ˈzɛmlɪə(r)
AM ˌnoʊvəjə
ˌzɛmˈl(j)ɑ
RUS ˌnovəjə zʲinˈlʲa
novel
BR ˈnɒvl, -z
AM ˈnɑvəl, -z
novelese
BR ˌnɒvəˈliːz,
ˌnɒvlˈiːz
AM ˌnɑvəˈliz
novelesque
BR ˌnɒvəˈlɛsk,
ˌnɒvlˈɛsk
AM ˌnɑvəˈlɛsk
novelette
BR ˌnɒvəˈlɛt,
ˌnɒvlˈɛt, -s
AM ˌnɑvəˈlɛt, -s
novelettish
BR ˌnɒvəˈlɛtɪʃ,
ˌnɒvlˈɛtɪʃ
AM ˌnɑvəˈlɛdɪʃ

novelisation
BR ˌnɒvlʌɪˈzeɪʃn, -z
AM ˌnɑvəˌlaɪˈzeɪʃ(ə)n,
ˌnɑvələˈzeɪʃ(ə)n, -z
novelise
BR ˈnɒvlʌɪz, -ɪz,
-ɪŋ, -d
AM ˈnɑvəˌlaɪz, -ɪz,
-ɪŋ, -d
novelist
BR ˈnɒvlɪst, -s
AM ˈnɑvələst, -s
novelistic
BR ˌnɒvəˈlɪstɪk,
ˌnɒvlˈɪstɪk
AM ˌnɑvəˈlɪstɪk
novelization
BR ˌnɒvlʌɪˈzeɪʃn, -z
AM ˌnɑvəˌlaɪˈzeɪʃ(ə)n,
ˌnɑvələˈzeɪʃ(ə)n, -z
novelize
BR ˈnɒvlʌɪz, -ɪz,
-ɪŋ, -d
AM ˈnɑvəˌlaɪz, -ɪz,
-ɪŋ, -d
novella
BR nə(ʊ)ˈvɛlə(r), -z
AM noʊˈvɛlə, -z
novelle
BR nə(ʊ)ˈvɛliː
AM noʊˈvɛli
Novello
BR nəˈvɛləʊ
AM noʊˈvɛloʊ
novelty
BR ˈnɒvltǀi, -ɪz
AM ˈnɑvəlti, -z
November
BR nə(ʊ)ˈvɛmbə(r),
-z
AM nəˈvɛmbər,
noʊˈvɛmbər, -z
novena
BR nə(ʊ)ˈviːnə(r), -z
AM noʊˈvinə, -z
Novgorod
BR ˈnɒvɡərɒd
AM ˈnɑvɡəˌrɑd
RUS ˈnovɡərət
novice
BR ˈnɒvɪs, -ɪz
AM ˈnɑvəs, -əz

Novi Sad
BR ˌnəʊvi ˈsad
AM ˌnoʊvi ˈsæd
novitiate
BR nəˈvɪʃɪət, -s
AM nəˈvɪʃət,
noʊˈvɪʃət, -s
Novocain
BR ˈnəʊvə(ʊ)keɪn
AM ˈnoʊvəˌkeɪn
Novocaine
BR ˈnəʊvə(ʊ)keɪn
AM ˈnoʊvəˌkeɪn
Novokuznetsk
BR ˌnəʊvə(ʊ)kʊz-
ˈn(j)ɛtsk
AM ˌnoʊvəkʊz-
ˈn(j)ɛtsk
RUS nəvəkuzˈnʲetsk
Novosibirsk
BR ˌnəʊvə(ʊ)sɪˈbɪəsk
AM ˌnoʊvəsɪˈbɜrsk
RUS nəvəsʲiˈbʲirsk
Novotel
BR ˈnəʊvə(ʊ)tɛl
AM ˈnoʊvəˌtɛl
Novotný
BR nəˈvɒtni
AM nəˈvɑtni,
nəˈvɔtni
CZ ˈnɔvɔtniː
now
BR naʊ
AM naʊ
nowaday
BR ˈnaʊədeɪ
AM ˈnaʊəˌdeɪ
nowadays
BR ˈnaʊədeɪz
AM ˈnaʊəˌdeɪz
noway
BR ˌnəʊˈweɪ, -z
AM ˌnoʊˈweɪ, -z
nowcast
BR ˈnaʊkɑːst, -s
AM ˈnaʊˌkæst, -s, -ɪŋ
Nowel
BR nəʊˈɛl
AM ˈnoʊəl
Nowell[1] *Christmas*
BR nəʊˈɛl
AM noʊˈɛl

Nowell² *forename*
BR ˈnəʊ(ə)l
AM ˈnoʊ(ə)l

nowhere
BR ˈnəʊwɛː(r)
AM ˈnoʊˌ(h)wɛ(ə)r

no-win
BR ˌnəʊˈwɪn
AM ˈnoʊˈwɪn

nowise
BR ˈnəʊwʌɪz
AM ˈnoʊˌwaɪz

nowt
BR naʊt
AM naʊt

noxious
BR ˈnɒkʃəs
AM ˈnakʃəs, ˈnɔkʃəs

noxiously
BR ˈnɒkʃəsli
AM ˈnakʃəsli, ˈnɔkʃəsli

noxiousness
BR ˈnɒkʃəsnəs
AM ˈnakʃəsnəs, ˈnɔkʃəsnəs

noyau
BR ˌnwɑːˈjəʊ
AM ˌnwɑˈjoʊ

noyaux
BR ˌnwɑːˈjəʊ(z)
AM ˌnwɑˈjoʊ(z)

Noyes
BR nɔɪz
AM nɔɪz

nozzle
BR ˈnɒzl, -z
AM ˈnaz(ə)l, -z

NSAID
BR ˈɛnseɪd, -z
AM ˈɛnˌseɪd, -z

n't
BR n̩t
AM n̩t

nth
BR ɛnθ
AM ɛnθ

nu
BR njuː
AM n(j)u

nuance
BR ˈnjuːɑːns, -ɪz
AM ˈn(j)uˌɑns, -əz

nub
BR nʌb, -z
AM nəb, -z

Nuba
BR ˈnjuːbə(r)
AM ˈnubə

nubble
BR ˈnʌbl, -z
AM ˈnəb(ə)l, -z

nubbly
BR ˈnʌbli
AM ˈnəbli̩

nubby
BR ˈnʌbi
AM ˈnəbi

Nubia
BR ˈnjuːbɪə(r)
AM ˈn(j)ubiə

Nubian
BR ˈnjuːbɪən, -z
AM ˈn(j)ubiən, -z

nubile
BR ˈnjuːbʌɪl
AM ˈn(j)ubəl, ˈn(j)uˌbaɪl

nubility
BR ˌnjuːˈbɪlɪti
AM ˌn(j)uˈbɪlɪdi

nubuck
BR ˈnjuːbʌk
AM ˈn(j)uˌbək

nuchal
BR ˈnjuːkl
AM ˈn(j)ukəl

nuciferous
BR ˌnjuːˈsɪf(ə)rəs
AM ˌn(j)uˈsɪf(ə)rəs

nucivorous
BR ˌnjuːˈsɪv(ə)rəs
AM ˌn(j)uˈsɪv(ə)rəs

nuclear
BR ˈnjuːklɪə(r)
AM ˈn(j)ukjələr, ˈn(j)uklɪər

nuclease
BR ˈnjuːklɪeɪz, -ɪz
AM ˈn(j)ukliˌeɪz, -ɪz

nucleate
BR ˈnjuːklɪeɪt, -s, -ɪŋ, -ɪd
AM ˈn(j)ukliˌeɪ|t, -ts, -dɪŋ, -dɪd

nucleation
BR ˌnjuːklɪˈeɪʃn, -z
AM ˌn(j)ukliˈeɪʃ(ə)n, -z

nuclei
BR ˈnjuːklɪʌɪ
AM ˈn(j)ukliˌaɪ

nucleic
BR njuːˈkliːɪk, njuːˈkleɪɪk
AM n(j)uˈkleɪɪk, n(j)uˈkliɪk

nucleolar
BR njuːˈklɪələ(r), ˌnjuːklɪˈəʊlə(r)
AM ˌn(j)uˈkliələr, ˌn(j)ukliˈoʊlər

nucleoli
BR njuːˈklɪəlʌɪ, ˌnjuːklɪˈəʊlʌɪ
AM ˌn(j)uˈkliəˌlaɪ, ˌn(j)ukliˈoʊlaɪ

nucleolus
BR njuːˈklɪələs, ˌnjuːklɪˈəʊləs
AM ˌn(j)uˈkliələs, ˌn(j)ukliˈoʊləs

nucleon
BR ˈnjuːklɒn, -z
AM ˈn(j)uklɪˌɑn, -z

nucleonic
BR ˌnjuːklɪˈɒnɪk, -s
AM ˌn(j)ukliˈɑnɪk, -s

nucleoprotein
BR ˌnjuːklɪəˈprəʊtiːn, -z
AM ˌn(j)uklioʊˈproʊˌtin, -z

nucleoside
BR ˈnjuːklɪəsʌɪd, -z
AM ˈn(j)ukliəˌsaɪd, -z

nucleotide
BR ˈnjuːklɪətʌɪd, -z
AM ˈn(j)ukliəˌtaɪd, -z

nucleus
BR ˈnjuːklɪəs
AM ˈn(j)ukliəs

nuclide
BR ˈnjuːklʌɪd, -z
AM ˈn(j)uˌklaɪd, -z

nuclidic
BR njuːˈklɪdɪk
AM n(j)uˈklɪdɪk

nuddy
BR ˈnʌdi
AM ˈnədi

nude
BR njuːd, -z
AM n(j)ud, -z

nudge
BR nʌdʒ, -ɪz, -ɪŋ, -d
AM nədʒ, -əz, -ɪŋ, -d

nudger
BR ˈnʌdʒə(r), -z
AM ˈnədʒər, -z

nudism
BR ˈnjuːdɪzm
AM ˈn(j)uˌdɪz(ə)m

nudist
BR ˈnjuːdɪst, -s
AM ˈn(j)udəst, -s

nudity
BR ˈnjuːdɪti
AM ˈn(j)udədi

nudnik
BR ˈnʊdnɪk, -s
AM ˈnʊdˌnɪk, -s

nuée ardente
BR ˌnjʊeɪ ɑːˈdɒ̃t
AM ˌnueɪ ˌɑrˈdant

Nuer
BR ˈnuːə(r)
AM ˈnuər

Nuevo León
BR ˌnweɪvəʊ liːˈɒn
AM ˌnwɛvoʊ liˈoʊn
SP ˌnweβo leˈon

Nuffield
BR ˈnʌfiːld
AM ˈnəfild

nugatory
BR ˈnjuːgət(ə)ri, njuːˈgeɪt(ə)ri
AM ˈnugəˌtɔri

Nugent
BR ˈnjuːdʒ(ə)nt
AM ˈnudʒ(ə)nt

nugget
BR ˈnʌgɪt, -s
AM ˈnəgət, -s
nuh-uh
BR ˈnʌˌʌ(r), ˈnə.ə(r)
AM ˌnəˈə
nuisance
BR ˈnjuːsns, -ɪz
AM ˈn(j)usns, -əz
Nuits-Saint-George
BR ˌnwiːsanˈʒɔːʒ
AM ˌnwisænˈ(d)ʒɔr(d)ʒ
nuke
BR njuːk, -s, -ɪŋ, -t
AM n(j)uk, -s, -ɪŋ, -t
Nuku'alofa
BR ˌnuːkuːəˈləʊfə(r)
AM ˌnukuəˈloʊfə, ˌnukuəˈlɔfə
null
BR nʌl
AM n(ə)l
nullah
BR ˈnʌlə(r), -z
AM ˈnələ, -z
nulla-nulla
BR ˈnʌlənʌlə(r), -z
AM ˈnələˈnələ, -z
Nullarbor Plain
BR ˌnʌləbɔːˈpleɪn
AM nəlˌɑrbərˈpleɪn
nullification
BR ˌnʌlɪfɪˈkeɪʃn
AM ˌnələfəˈkeɪʃ(ə)n
nullifidian
BR ˌnʌlɪˈfɪdiən, -z
AM ˌnələˈfɪdiən, -z
nullifier
BR ˈnʌlɪfʌɪə(r), -z
AM ˈnələˌfaɪər, -z
nullify
BR ˈnʌlɪfʌɪ, -z, -ɪŋ, -d
AM ˈnələˌfaɪ, -z, -ɪŋ, -d
nullipara
BR nʌˈlɪp(ə)rə(r), -z
AM nəˈlɪpərə, -z
nulliparous
BR nʌˈlɪp(ə)rəs
AM nəˈlɪp(ə)rəs

nullipore
BR ˈnʌlɪpɔː(r), -z
AM ˈnələˌpɔ(ə)r, -z
nullity
BR ˈnʌlɪt|i, -ɪz
AM ˈnələdi, -z
numb
BR nʌm, -z, -ɪŋ, -d
AM n(ə)m, -z, -ɪŋ, -d
numbat
BR ˈnʌmbat, -s
AM ˈnəmˌbæt, -s
number
BR ˈnʌmb|ə(r), -əz, -(ə)rɪŋ, -əd
AM ˈnəmb|ər, -ərz, -(ə)rɪŋ, -ərd
number cruncher
BR ˈnʌmbəˌkrʌn(t)ʃə(r), -z
AM ˈnəmbərˌkrən(t)ʃər, -z
numberless
BR ˈnʌmbələs
AM ˈnəmbərləs
numberplate
BR ˈnʌmbəpleɪt, -s
AM ˈnəmbərˌpleɪt, -s
numbingly
BR ˈnʌmɪŋli
AM ˈnəmɪŋli
numbly
BR ˈnʌmli
AM ˈnəmli
numbness
BR ˈnʌmnəs
AM ˈnəmnəs
numbskull
BR ˈnʌmskʌl, -z
AM ˈnəmˌskəl, -z
numdah
BR ˈnʌmdə(r), -z
AM ˈnəmdə, -z
numen
BR ˈnjuːmən
AM ˈn(j)um(ə)n
numerable
BR ˈnjuːm(ə)rəbl
AM ˈn(j)um(ə)rəb(ə)l
numerably
BR ˈnjuːm(ə)rəbli
AM ˈn(j)um(ə)rəbli

numeracy
BR ˈnjuːm(ə)rəsi
AM ˈn(j)um(ə)rəsi
numeral
BR ˈnjuːm(ə)rl̩, -z
AM ˈn(j)um(ə)rəl, -z
numerate
BR ˈnjuːm(ə)rət
AM ˈn(j)um(ə)rət
numeration
BR ˌnjuːməˈreɪʃn
AM ˌn(j)uməˈreɪʃ(ə)n
numerative
BR ˈnjuːm(ə)rətɪv
AM ˈn(j)uməˌreɪdɪv
numerator
BR ˈnjuːməreɪtə(r), -z
AM ˈn(j)uməˌreɪdər, -z
numeric
BR njuːˈmɛrɪk, njɝˈmɛrɪk
AM n(j)uˈmɛrɪk
numerical
BR njuːˈmɛrɪkl, njɝˈmɛrɪkl
AM n(j)uˈmɛrɪk(ə)l
numerically
BR njuːˈmɛrɪkli, njɝˈmɛrɪkli
AM n(j)uˈmɛrək(ə)li
numerological
BR ˌnjuːm(ə)rəˈlɒdʒɪkl
AM ˌn(j)umərəˈlɑdʒək(ə)l
numerologist
BR ˌnjuːməˈrɒlədʒɪst, -s
AM ˌn(j)uməˈrɑlədʒəst, -s
numerology
BR ˌnjuːməˈrɒlədʒi
AM ˌn(j)uməˈrɑlədʒi
numerous
BR ˈnjuːm(ə)rəs
AM ˈn(j)um(ə)rəs
numerously
BR ˈnjuːm(ə)rəsli
AM ˈn(j)um(ə)rəsli
numerousness
BR ˈnjuːm(ə)rəsnəs
AM ˈn(j)um(ə)rəsnəs

numerus clausus
BR ˌnjuːmərəsˈklaʊsəs
AM ˌn(j)umərəsˈklaʊsəs
Numidia
BR njuːˈmɪdiə(r), njɝˈmɪdiə(r)
AM n(j)uˈmɪdiə
Numidian
BR njuːˈmɪdiən, njɝˈmɪdiən, -z
AM n(j)uˈmɪdiən, -z
numina
BR ˈnjuːmɪnə(r)
AM ˈn(j)umənə
numinous
BR ˈnjuːmɪnəs
AM ˈn(j)umənəs
numinously
BR ˈnjuːmɪnəsli
AM ˈn(j)umənəsli
numinousness
BR ˈnjuːmɪnəsnəs
AM ˈn(j)umənəsnəs
numismatic
BR ˌnjuːmɪzˈmatɪk, -s
AM ˌn(j)uməsˈmædɪk, ˌn(j)uməzˈmædɪk, -s
numismatically
BR ˌnjuːmɪzˈmatɪkli
AM ˌn(j)uməsˈmædək(ə)li, ˌn(j)uməzˈmædək(ə)li
numismatist
BR njuːˈmɪzmətɪst, njɝˈmɪzmətɪst, -s
AM n(j)uˈmɪsmədəst, n(j)uˈmɪzmədəst, -s
numismatology
BR njuːˌmɪzməˈtɒlədʒi, njɝˌmɪzməˈtɒlədʒi
AM n(j)uˌmɪsməˈtɑlədʒi, n(j)uˌmɪzməˈtɑlədʒi
nummary
BR ˈnʌm(ə)ri
AM ˈnəməri
nummular
BR ˈnʌmjʊlə(r)
AM ˈnəmjələr

nummulite
BR ˈnʌmjʊlʌɪt, -s
AM ˈnəmjəˌlaɪt, -s

numnah
BR ˈnʌmnə(r), -z
AM ˈnəmnə, -z

numskull
BR ˈnʌmskʌl, -z
AM ˈnəmˌskəl, -z

nun
BR nʌn, -z
AM nən, -z

nunatak
BR ˈnʌnətak, -s
AM ˈnənəˌtæk, -s

nun-buoy
BR ˈnʌnbɔɪ, -z
AM ˈnənˌbɔɪ, ˈnənˌbuɪ, -z

Nunc Dimittis
BR ˌnʌŋk dɪˈmɪtɪs, ˌnʊŋk +
AM ˌnəŋk dəˈmɪdəs

nunchaks
BR ˈnʌntʃaks
AM ˈnənˌtʃəks

nunchaku
BR nʌnˈtʃakuː, -z
AM nənˈtʃaku, -z

nunchuck
BR ˈnʌntʃʌk, -s
AM ˈnənˌtʃək, -s

nunciature
BR ˈnʌnsɪətjʊə(r), ˈnʌnsɪətʃə(r), -z
AM nənsiətʃər, ˈnənsiaˌtʃʊ(ə)r, -z

nuncio
BR ˈnʌnsɪəʊ, -z
AM ˈnənsioʊ, -z

nuncupate
BR ˈnʌŋkjʊpeɪt, -s, -ɪŋ, -ɪd
AM ˈnəŋkjəˌpeɪ|t, -ts, -dɪŋ, -dɪd

nuncupation
BR ˌnʌŋkjʊˈpeɪʃn, -z
AM ˌnəŋkjəˈpeɪʃ(ə)n, -z

nuncupative
BR ˈnʌŋkjʊpətɪv
AM ˈnəŋkjəˌpeɪdɪv

Nuneaton
BR nʌnˈiːtn
AM nənˈitn

nunhood
BR ˈnʌnhʊd, -z
AM ˈnənˌ(h)ʊd, -z

nunlike
BR ˈnʌnlʌɪk
AM ˈnənˌlaɪk

Nunn
BR nʌn
AM nən

nunnery
BR ˈnʌn(ə)r|i, -ɪz
AM ˈnənəri, -z

nunnish
BR ˈnʌnɪʃ
AM ˈnənɪʃ

NUPE
BR ˈnjuːpi
AM ˈn(j)upi

Nupe *language*
BR ˈnuːpeɪ
AM ˈnupeɪ

nuptial
BR ˈnʌp(t)ʃl, -z
AM ˈnəp(t)ʃ(ə)l, -z

nurd
BR nɜːd, -z
AM nərd, -z

Nuremberg
BR ˈnjʊərəmbəːg, ˈnjɔːrəmbəːg
AM ˈnʊr(ə)mˌbərg

Nureyev
BR ˈnjʊəreɪef, ˈnjʊəreɪev, njʊˈreɪef, njʊˈreɪev
AM ˈnʊrəjev, nʊˈreɪev
RUS nuˈrʲejif

Nuristan
BR ˌnʊərɪˈstɑːn
AM ˈnʊrəˌstæn

Nurofen
BR ˈnjʊərə(ʊ)fen
AM ˈn(j)ʊrəˌfen

nurse
BR nɜːs, -ɪz, -ɪŋ, -t
AM nərs, -əz, -ɪŋ, -t

nurseling
BR ˈnɜːslɪŋ, -z
AM ˈnərslɪŋ, -z

nursemaid
BR ˈnɜːsmeɪd, -z
AM ˈnərsˌmeɪd, -z

nursery
BR ˈnɜːs(ə)r|i, -ɪz
AM ˈnərs(ə)ri, -z

nurseryman
BR ˈnɜːs(ə)rɪmən
AM ˈnərs(ə)rim(ə)n, ˈnərs(ə)rimæn

nurserymen
BR ˈnɜːs(ə)rɪmən
AM ˈnərs(ə)rim(ə)n

nursling
BR ˈnɜːslɪŋ, -z
AM ˈnərslɪŋ, -z

nurture
BR ˈnɜːtʃ|ə(r), -əz, -(ə)rɪŋ, -əd
AM ˈnərtʃər, -z, -ɪŋ, -d

nurturer
BR ˈnɜːtʃ(ə)rə(r), -z
AM ˈnərtʃərər, -z

nusach
BR ˈnuːsax
AM ˈnuˌsɑk

NUT
BR ˌɛnjuːˈtiː
AM ˌɛnˌjuˈti

nut
BR nʌt, -s, -ɪŋ, -ɪd
AM nə|t, -ts, -dɪŋ, -dəd

nutant
BR ˈnjuːt(ə)nt
AM ˈn(j)utnt

nutation
BR njuːˈteɪʃn, njʊˈteɪʃn, -z
AM n(j)uˈteɪʃ(ə)n, -z

nutcase
BR ˈnʌtkeɪs, -ɪz
AM ˈnətˌkeɪs, -ɪz

nutcracker
BR ˈnʌtˌkrakə(r), -z
AM ˈnətˌkrækər, -z

nutgall
BR ˈnʌtgɔːl, -z
AM ˈnətˌgɑl, ˈnətˌgɔl, -z

nuthatch
BR ˈnʌthatʃ, -ɪz
AM ˈnətˌ(h)ætʃ, -əz

nuthouse
BR ˈnʌthaʊ|s, -zɪz
AM ˈnətˌ(h)aʊ|s, -zəz

nutlet
BR ˈnʌtlɪt, -s
AM ˈnətlət, -s

nutlike
BR ˈnʌtlʌɪk
AM ˈnətˌlaɪk

nutmeat
BR ˈnʌtmiːt, -s
AM ˈnətˌmit, -s

nutmeg
BR ˈnʌtmɛg, -z
AM ˈnətˌmɛg, -z

nutpick
BR ˈnʌtpɪk, -s
AM ˈnətˌpɪk, -s

Nutrasweet
BR ˈnjuːtrəswiːt
AM ˈn(j)utrəˌswit

nutria
BR ˈnjuːtrɪə(r)
AM ˈn(j)utriə

nutrient
BR ˈnjuːtrɪənt, -s
AM ˈn(j)utriənt, -s

nutriment
BR ˈnjuːtrɪm(ə)nt
AM ˈn(j)utrəm(ə)nt

nutrimental
BR ˌnjuːtrɪˈmentl
AM ˌn(j)utrəˈmɛn(t)l

nutrition
BR njuːˈtrɪʃn, njʊˈtrɪʃn
AM n(j)uˈtrɪʃ(ə)n

nutritional
BR njuːˈtrɪʃn̩l, njʊˈtrɪʃn̩l
AM n(j)uˈtrɪʃ(ə)n(ə)l

nutritionally
BR njuːˈtrɪʃn̩li, njʊˈtrɪʃn̩li, njuːˈtrɪʃnəli, njʊˈtrɪʃnəli
AM n(j)uˈtrɪʃ(ə)nəli

nutritionist
BR njuːˈtrɪʃn̩ɪst, njʊˈtrɪʃn̩ɪst, -s
AM n(j)uˈtrɪʃənəst, -s

nutritious
BR njuːˈtrɪʃəs,
njʉˈtrɪʃəs
AM n(j)uˈtrɪʃəs
nutritiously
BR njuːˈtrɪʃəsli,
njʉˈtrɪʃəsli
AM n(j)uˈtrɪʃəsli
nutritiousness
BR njuːˈtrɪʃəsnəs,
njʉˈtrɪʃəsnəs
AM n(j)uˈtrɪʃəsnəs
nutritive
BR ˈnjuːtrətɪv
AM ˈn(j)utrədɪv
nutshell
BR ˈnʌtʃɛl, -z
AM ˈnətˌʃɛl, -z
nutso
BR ˈnʌtsəʊ, -z
AM ˈnətˌsoʊ, -z
Nuttall
BR ˈnʌtɔːl
AM ˈnədəl, ˈnədɔl
nutter
BR ˈnʌtə(r), -z
AM ˈnədər, -z
nuttiness
BR ˈnʌtɪnɪs
AM ˈnədɪnɪs
Nutting
BR ˈnʌtɪŋ
AM ˈnədɪŋ
nutty
BR ˈnʌt|i, -iə(r), -ɪst
AM ˈnədi, -ər, -ɪst
nux vomica
BR ˌnʌks ˈvɒmɪkə(r),
-z
AM ˌnəks ˈvamədə,
-z
nuzzle
BR ˈnʌz|l, -lz,
-lɪŋ\-lɪŋ, -ld
AM ˈnəz|əl, -əlz,
-(ə)lɪŋ, -əld
N-word
BR ˈɛnwɜːd
AM ˈɛnˌwərd
nyaff
BR njaf, -s, -ɪŋ, -t
AM njæf, -s, -ɪŋ, -d

nyah
BR njɑː(r)
AM nja
nyala
BR ˈnjɑːlə(r), -z
AM ˈnjɑlə, -z
Nyasa
BR nʌɪˈasə(r),
nɪˈasə(r)
AM niˈɑsə, ˈnjɑsə
Nyasaland
BR nʌɪˈasəland,
nɪˈasəland
AM niˈɑsələnd,
ˈnjɑsələnd
nyctalopia
BR ˌnɪktəˈləʊpɪə(r)
AM ˌnɪktəˈloʊpiə
nyctitropic
BR ˌnɪktɪˈtrɒpɪk,
ˌnɪktɪˈtrəʊpɪk
AM ˌnɪktəˈtrɑpɪk
Nye
BR nʌɪ
AM naɪ
Nyerere
BR njəˈrɛːri
AM njəˈrɛri
nylghau
BR ˈnɪlgɔː(r), -z
AM ˈnɪlˌgɑ, -z
nylon
BR ˈnʌɪlɒn, -z
AM ˈnaɪˌlɑn, -z
nymph
BR nɪmf, -s
AM nɪmf, -s
nympha
BR ˈnɪmfə(r)
AM ˈnɪmfə
nymphae
BR ˈnɪmfiː
AM ˈnɪmˌfaɪ, ˈnɪmfi
nymphal
BR ˈnɪmfl
AM ˈnɪmfəl
nymphean
BR ˈnɪmfiən
AM ˈnɪmfiən
nymphet
BR nɪmˈfɛt, -s
AM nɪmˈfɛt, -s

nymphlike
BR ˈnɪmflʌɪk
AM ˈnɪmfˌlaɪk
nympho
BR ˈnɪmfəʊ, -z
AM ˈnɪmˌfoʊ, -z
nympholepsy
BR ˌnɪmfəlɛpsi
AM ˈnɪmfəˌlɛpsi
nympholept
BR ˈnɪmfəlɛpt, -s
AM ˈnɪmfəˌlɛpt, -s
nympholeptic
BR ˌnɪmfəˈlɛptɪk
AM ˌnɪmfəˈlɛptɪk
nymphomania
BR ˌnɪmfəˈmeɪnɪə(r)
AM ˌnɪmfəˈmeɪniə
nymphomaniac
BR ˌnɪmfəˈmeɪnɪak,
-s
AM ˌnɪmfəˈmeɪniˌæk,
-s
Nynorsk
BR ˈnjuːnɔːsk,
ˈnynɔːsk
AM ˈn(j)uˌnɔrsk
Nyree
BR ˈnʌɪriː
AM ˈnaɪri
nystagmic
BR nɪˈstagmɪk
AM nəˈstægmɪk
nystagmus
BR nɪˈstagməs
AM nəˈstægməs
Nyx
BR nɪks
AM nɪks

O

o
BR əʊ, -z
AM oʊ, -z
o'
BR ə
AM oʊ, ə
O'
BR əʊ, ə
AM oʊ, ə

Oadby
BR ˈəʊdbi
AM ˈoʊdbi
oaf
BR əʊf, -s
AM oʊf,
-s
oafish
BR ˈəʊfɪʃ
AM ˈoʊfɪʃ
oafishly
BR ˈəʊfɪʃli
AM ˈoʊfɪʃli
oafishness
BR ˈəʊfɪʃnɪs
AM ˈoʊfɪʃnɪs
Oahu
BR əʊˈɑːhuː
AM oʊˈwɑhu
oak
BR əʊk, -s
AM oʊk, -s
oak-aged
BR əʊkˈeɪdʒd
AM ˈoʊkˌeɪdʒd
oaken
BR ˈəʊk(ə)n
AM ˈoʊkən
Oakes
BR əʊks
AM oʊks
Oakham
BR ˈəʊkəm
AM ˈoʊkəm
Oakland
BR ˈəʊklənd
AM ˈoʊklən(d)
Oakley
BR ˈəʊkli
AM ˈoʊkli
Oaks
BR əʊks
AM oʊks
Oaksey
BR ˈəʊksi
AM ˈoʊksi
oakum
BR ˈəʊkəm
AM ˈoʊkəm
Oakville
BR ˈəʊkvɪl
AM ˈoʊkˌvɪl

OAP
BR ˌəʊeɪˈpiː, -z
AM ˌoʊˌeɪˈpi, -z

OAPEC
BR ˈəʊpɛk
AM ˈoʊˌpɛk

oar
BR ɔː(r), -z, -d
AM ɔ(ə)r, -z, -d

oarfish
BR ˈɔːfɪʃ
AM ˈɔrˌfɪʃ

oarless
BR ˈɔːləs
AM ˈɔrləs

oarlock
BR ˈɔːlɒk, -s
AM ˈɔrˌlɑk, -s

oarsman
BR ˈɔːzmən
AM ˈɔrzm(ə)n

oarsmanship
BR ˈɔːzmənʃɪp
AM ˈɔrzmənˌʃɪp

oarsmen
BR ˈɔːzmən
AM ˈɔrzm(ə)n

oarswoman
BR ˈɔːzˌwʊmən
AM ˈɔrzˌwʊm(ə)n

oarswomen
BR ˈɔːzˌwɪmɪn
AM ˈɔrzˌwɪmɪn

oarweed
BR ˈɔːwiːd
AM ˈɔrˌwid

oases
BR əʊˈeɪsiːz
AM oʊˈeɪsiz

oasis
BR əʊˈeɪsɪs
AM oʊˈeɪsɪs

oast
BR əʊst, -s
AM oʊst, -s

oasthouse
BR ˈəʊsthaʊ|s, -zɪz
AM ˈoʊstˌ(h)aʊ|s, -zəz

oat
BR əʊt, -s
AM oʊt, -s

oatcake
BR ˈəʊtkeɪk, -s
AM ˈoʊtˌkeɪk, -s

oaten
BR ˈəʊtn
AM ˈoʊtn

Oates
BR əʊts
AM oʊts

oath
BR əʊ|θ,
-ðz\-θs
AM oʊθ, -s

oatmeal
BR ˈəʊtmiːl
AM ˈoʊtˌmil

oaty
BR ˈəʊti
AM ˈoʊdi

Oaxaca
BR wɑːˈhɑːkə(r)
AM wɑˈhɑkə

Ob
BR ɒb
AM ɔb, ɑb

Obadiah
BR ˌəʊbəˈdʌɪə(r)
AM ˌoʊbəˈdaɪə

obbligati
BR ˌɒblɪˈɡɑːti(ː)
AM ˌɑbləˈɡɑdi

obbligato
BR ˌɒblɪˈɡɑːtəʊ, -z
AM ˌɑbləˈɡɑdoʊ, -z
IT obbliˈɡato

obconic
BR ɒbˈkɒnɪk
AM ɑbˈkɑnɪk

obconical
BR ɒbˈkɒnɪkl
AM ɑbˈkɑnək(ə)l

obcordate
BR ɒbˈkɔːdeɪt
AM ɑbˈkɔrˌdeɪt

obduracy
BR ˈɒbdjʊrəsi,
ˈɒbdʒʊrəsi
AM ˈɑbd(j)ərəsi

obdurance
BR ˈɒbdjʊrn̩s,
ˈɒbdʒʊrn̩s
AM ˈɑbd(j)ər(ə)ns

obdurate
BR ˈɒbdjʊrət,
ˈɒbdʒʊrət
AM ˈɑbd(j)ərət

obdurately
BR ˈɒbdjʊrətli,
ˈɒbdʒʊrətli
AM ˈɑbd(j)ərətli

obdurateness
BR ˈɒbdjʊrətnəs,
ˈɒbdʒʊrətnəs
AM ˈɑbd(j)ərətnəs

OBE
BR ˌəʊbiːˈiː, -z
AM ˌoʊˌbiˈi, -z

obeah
BR ˈəʊbɪə(r)
AM ˈoʊbɪə

obeche
BR əʊˈbiːtʃi, -ɪz
AM oʊˈbitʃi, -z

obedience
BR ə(ʊ)ˈbiːdɪəns
AM oʊˈbidɪəns

obedient
BR ə(ʊ)ˈbiːdɪənt
AM oʊˈbidɪənt

obediently
BR ə(ʊ)ˈbiːdɪəntli
AM oʊˈbidɪən(t)li

obeisance
BR ə(ʊ)ˈbeɪsn̩s,
ə(ʊ)ˈbiːsns, -ɪz
AM oʊˈbis(ə)ns,
oʊˈbeɪs(ə)ns, -ɪz

obeisant
BR ə(ʊ)ˈbeɪsnt,
ə(ʊ)ˈbiːsnt
AM oʊˈbis(ə)nt,
oʊˈbeɪs(ə)nt

obeisantly
BR ə(ʊ)ˈbeɪsntli,
ə(ʊ)ˈbiːsntli
AM oʊˈbisn(t)li,
oʊˈbeɪsn(t)li

obeli
BR ˈɒbɪlʌɪ, ˈɒblʌɪ
AM ˈɑbəˌlaɪ

obelise
BR ˈɒbɪlʌɪz, ˈɒblʌɪz,
-ɪz, -ɪŋ, -d
AM ˈɑbəˌlaɪz, -ɪz, -ɪŋ, -d

obelisk
BR ˈɒbɪlɪsk, ˈɒblɪsk, -s
AM ˈɑbəˌlɪsk, -s

obelize
BR ˈɒbɪlʌɪz, ˈɒblʌɪz,
-ɪz, -ɪŋ, -d
AM ˈɑbəˌlaɪz, -ɪz,
-ɪŋ, -d

obelus
BR ˈɒbɪləs, ˈɒbləs
AM ˈɑbələs

Oberammergau
BR ˌəʊbərˈaməɡaʊ
AM ˌoʊbərˈamərɡaʊ

Oberland
BR ˈəʊbəland
AM ˈoʊbərˌlænd

Oberon
BR ˈəʊbərɒn
AM ˈoʊbəˌrɑn

Oberösterreich
BR ˌəʊbərˈɔːstərʌɪk,
ˌəʊbərˈɔːstərʌɪx
AM ˌoʊbərˈɔstəˌraɪk

obese
BR ə(ʊ)ˈbiːs
AM oʊˈbis

obeseness
BR ə(ʊ)ˈbiːsnɪs
AM oʊˈbisnɪs

obesity
BR ə(ʊ)ˈbiːsɪti
AM oʊˈbisɪdi

obey
BR ə(ʊ)ˈbeɪ, -z, -ɪŋ, -d
AM oʊˈbeɪ, -z, -ɪŋ, -d

obeyer
BR ə(ʊ)ˈbeɪə(r), -z
AM oʊˈbeɪər, -z

obfusc
BR ˈɒbfʌsk
AM ˈɑbˈfəsk

obfuscate
BR ˈɒbfʌskeɪt, -s, -ɪŋ, -ɪd
AM ˈɑbfəˌskeɪ|t, -ts,
-dɪŋ, -dɪd

obfuscation
BR ˌɒbfʌˈskeɪʃn, -z
AM ˌɑbfəˈskeɪʃ(ə)n, -z

obfuscator
BR ˈɒbfʌskeɪtə(r), -z
AM ˈɑbfəˌskeɪdər, -z

obfuscatory
BR ɒbˈfʌskət(ə)ri
AM abˈfəskəˌtɔri

ob-gyn
BR ɒbˈgʌɪn
AM ˌoʊˈbiˈdʒiˈwaɪˈɛn, -z

obi
BR ˈəʊbǀi, -ɪz
AM ˈoʊbi, -z

obit
BR ˈɒbɪt, ˈəʊbɪt, -s
AM oʊˈbɪt, ˈoʊbət, -s

obiter
BR ˈɒbɪtə(r), ˈəʊbɪtə(r)
AM ˈoʊbɪdər

obiter dicta
BR ˌɒbɪtə ˈdɪktə(r), ˌəʊbɪtə +
AM ˌˈoʊbɪdər ˈdɪktə

obiter dictum
BR ˌɒbɪtə ˈdɪktəm, ˌəʊbɪtə +
AM ˌˈoʊbɪdər ˈdɪkt(ə)m

obituarial
BR əˌbɪtʃʊˈɛːriəl, əˌbɪtjʊˈɛːriəl
AM oʊˈbɪtʃəˌweriəl

obituarist
BR əˈbɪtʃ(ʊ)ərɪst, əˈbɪtj(ʊ)ərɪst, -s
AM oʊˈbɪtʃəˌwerəst, -s

obituary
BR əˈbɪtʃʊərǀi, əˈbɪtʃ(ʊ)rǀi, əˈbɪtjʊərǀi, əˈbɪtjərǀi, -ɪz
AM oʊˈbɪtʃəˌweri, -z

object[1] *noun*
BR ˈɒbdʒɪkt, ˈɒbdʒɛkt, -s
AM ˈabdʒək(t), -s

object[2] *verb*
BR əbˈdʒɛkt, -s, -ɪŋ, -ɪd
AM abˈdʒɛkǀ(t), -(t)s, -tɪŋ, -təd

objectification
BR əbˌdʒɛktɪfɪˈkeɪʃn, -z
AM abˌdʒɛktəfəˈkeɪʃ(ə)n, -z

objectify
BR əbˈdʒɛktɪfʌɪ, -z, -ɪŋ, -d
AM abˈdʒɛktəˌfaɪ, -z, -ɪŋ, -d

objection
BR əbˈdʒɛkʃn, -z
AM abˈdʒɛkʃ(ə)n, -z

objectionable
BR əbˈdʒɛkʃnəbl, əbˈdʒɛkʃnəbl
AM ɑbˈdʒɛkʃ(ə)nəb(ə)l

objectionableness
BR əbˈdʒɛkʃnəblnəs, əbˈdʒɛkʃnəblnəs
AM abˈdʒɛkʃ(ə)nəbəlnəs

objectionably
BR əbˈdʒɛkʃnəbli, əbˈdʒɛkʃnəbli
AM abˈdʒɛkʃ(ə)nəbli

objectival
BR ˌɒbdʒɪkˈtʌɪvl, ˌɒbdʒɛkˈtʌɪvl
AM ˌabdʒəkˈtaɪvəl

objective
BR əbˈdʒɛktɪv, -z
AM abˈdʒɛktɪv, -z

objectively
BR əbˈdʒɛktɪvli
AM abˈdʒɛktɪvli

objectiveness
BR əbˈdʒɛktɪvnɪs
AM abˈdʒɛktɪvnɪs

objectivisation
BR əbˌdʒɛktɪvʌɪˈzeɪʃn
AM abˌdʒɛktəvəˈzeɪʃ(ə)n, abˌdʒɛktəˌvaɪˈzeɪʃ(ə)n

objectivise
BR əbˈdʒɛktɪvʌɪz, -ɪz, -ɪŋ, -d
AM abˈdʒɛktəˌvaɪz, -ɪz, -ɪŋ, -d

objectivism
BR əbˈdʒɛktɪvɪzm
AM abˈdʒɛktəˌvɪz(ə)m

objectivist
BR əbˈdʒɛktɪvɪst, -s
AM abˈdʒɛktəvəst, -s

objectivistic
BR əbˌdʒɛktɪˈvɪstɪk
AM abˌdʒɛktəˈvɪstɪk

objectivity
BR ˌɒbdʒɛkˈtɪvɪti, ˌɒbdʒɪkˈtɪvɪti
AM ˌabdʒɛkˈtɪvɪdi

objectivization
BR əbˌdʒɛktɪvʌɪˈzeɪʃn
AM abˌdʒɛktəvəˈzeɪʃ(ə)n, abˌdʒɛktəˌvaɪˈzeɪʃ(ə)n

objectivize
BR əbˈdʒɛktɪvʌɪz, -ɪz, -ɪŋ, -d
AM abˈdʒɛktəˌvaɪz, -ɪz, -ɪŋ, -d

objectless
BR ˈɒbdʒɪk(t)lɪs, ˈɒbdʒɛk(t)ləs
AM ˈabdʒək(t)ləs

objector
BR əbˈdʒɛktə(r), -z
AM abˈdʒɛktər, -z

objet d'art
BR ˌɒbʒeɪ ˈdɑː(r)
AM ˌˈabˌʒeɪ ˈdɑr

objets d'art
BR ˌɒbʒeɪ ˈdɑː(r)
AM ˌˈabˌʒeɪ ˈdɑr

objurgate
BR ˈɒbdʒəgeɪt, -s, -ɪŋ, -ɪd
AM ˈabdʒərˌgeɪǀt, -ts, -dɪŋ, -dɪd

objurgation
BR ˌɒbʒəˈgeɪʃn
AM ˌabʒərˈgeɪʃ(ə)n

objurgatory
BR əbˈdʒəːgət(ə)ri
AM abˈdʒərgəˌtɔri

oblanceolate
BR əbˈlɑːnsɪələt, əbˈlansɪələt
AM abˈlænsɪəˌleɪt

oblast
BR ˈɒblast, -s
AM ˈablast, ˈablæst, -s

oblate[1] *adjective*
BR ˈɒbleɪt, ɒˈbleɪt, əʊˈbleɪt, -s
AM ˌoʊˈbleɪt, ˈabˌleɪt, -s

oblate[2] *person*
BR ˈɒbleɪt, ɒˈbleɪt, əʊˈbleɪt, -s
AM ˈabˌleɪt, -s

oblation
BR əʊˈbleɪʃn, ɒˈbleɪʃn, -z
AM oʊˈbleɪʃ(ə)n, -z

oblational
BR əʊˈbleɪʃn̩l, ɒˈbleɪʃn̩l
AM oʊˈhleɪʃ(ˀ)n(ə)l

oblatory
BR ˈɒblət(ə)ri
AM ˈablǝˌtɔri

obligate
BR ˈɒblɪgeɪt, -s, -ɪŋ, -ɪd
AM ˈabləˌgeɪǀt, -ts, -dɪŋ, -dɪd

obligation
BR ˌɒblɪˈgeɪʃn, -z
AM ˌabləˈgeɪʃ(ə)n, -z

obligational
BR ˌɒblɪˈgeɪʃn̩l
AM ˌabləˈgeɪʃ(ə)n(ə)l

obligator
BR ˈɒblɪgeɪtə(r), -z
AM ˈabləˌgeɪdər, -z

obligatorily
BR əˈblɪgət(ə)rɪli
AM əˌblɪgəˈtɔrəli

obligatory
BR əˈblɪgət(ə)ri
AM əˈblɪgəˌtɔri

oblige
BR əˈblʌɪdʒ, -ɪz, -ɪŋ, -d
AM əˈblaɪdʒ, -ɪz, -ɪŋ, -d

obligee
BR ˌɒblɪˈdʒiː, -z
AM ˌabˌlaɪˈdʒi, ˌabləˈdʒi, -z

obliger
BR əˈblʌɪdʒə(r), -z
AM əˈblaɪdʒər, -z

obliging
BR əˈblʌɪdʒɪŋ
AM əˈblaɪdʒɪŋ

obligingly
BR əˈblʌɪdʒɪŋli
AM əˈblaɪdʒɪŋli

obligingness
BR əˈblaɪdʒɪŋnɪs
AM əˈblaɪdʒɪŋnɪs

obligor
BR ˌɒblɪˈgɔː(r), -z
AM ˌɑbləˈgɔ(ə)r, -z

oblique
BR ə(ʊ)ˈbliːk
AM oʊˈblik

obliquely
BR ə(ʊ)ˈbliːkli
AM oʊˈblikli

obliqueness
BR ə(ʊ)ˈbliːknɪs
AM oʊˈbliknɪs

obliquity
BR ə(ʊ)ˈblɪkwɪt|i, -ɪz
AM oʊˈblɪkwɪdi, -z

obliterate
BR əˈblɪtəreɪt, -s, -ɪŋ, -ɪd
AM oʊˈblɪdəˌreɪ|t, -ts, -dɪŋ, -dɪd

obliteration
BR əˌblɪtəˈreɪʃn
AM oʊˌblɪdəˈreɪʃ(ə)n

obliterative
BR əˈblɪt(ə)rətɪv
AM oʊˈblɪdəˌreɪdɪv

obliterator
BR əˈblɪtəreɪtə(r), -z
AM oʊˈblɪdəˌreɪdər, -z

oblivion
BR əˈblɪviən
AM oʊˈblɪviən

oblivious
BR əˈblɪviəs
AM oʊˈblɪviəs

obliviously
BR əˈblɪviəsli
AM oʊˈblɪviəsli

obliviousness
BR əˈblɪviəsnəs
AM oʊˈblɪviəsnəs

oblong
BR ˈɒblɒŋ, -z
AM ˈɑbˌlɑŋ, ˈɑbˌlɔŋ, -z

obloquy
BR ˈɒbləkwi
AM ˈɑbləkwi

obnoxious
BR ɒbˈnɒkʃəs
AM əbˈnɑkʃəs

obnoxiously
BR ɒbˈnɒkʃəsli
AM əbˈnɑkʃəsli

obnoxiousness
BR ɒbˈnɒkʃəsnəs
AM əbˈnɑkʃəsnəs

oboe
BR ˈəʊbəʊ, -z
AM ˈoʊboʊ, -z

oboe d'amore
BR ˌəʊbəʊ daˈmɔːreɪ
AM ˈoʊboʊ daˈmɔreɪ

oboes d'amore
BR ˌəʊbəʊz daˈmɔːreɪ
AM ˈoʊboʊz daˈmɔreɪ

oboist
BR ˈəʊbəʊɪst, -s
AM ˈoʊbəwəst, ˈoʊboʊwəst, -s

obol
BR ˈɒb(ɒ)l, -z
AM ˈɑˌbɑl, ˈɔˌbɔl, -z

obovate
BR ɒbˈəʊveɪt
AM əbˈoʊˌveɪt

O'Boyle
BR əʊˈbɔɪl
AM oʊˈbɔɪl

O'Brady
BR əʊˈbreɪdi, əʊˈbrɑːdi
AM oʊˈbreɪdi

O'Brien
BR əʊˈbrʌɪən
AM oʊˈbraɪən

obscene
BR əbˈsiːn
AM əbˈsin

obscenely
BR əbˈsiːnli
AM əbˈsinli

obsceneness
BR əbˈsiːnnɪs
AM əbˈsi(n)nɪs

obscenity
BR əbˈsɛnɪt|i, -ɪz
AM əbˈsɛnədi, -z

obscurant
BR ˈɒbskjɜːnt, -s
AM ˈɑbskjərənt, -s

obscurantism
BR ˌɒbskjɜːˈrantɪzm
AM əbˈskjʊrənˌtɪz(ə)m, ˌɑbskjəˈræntɪz(ə)m

obscurantist
BR ˌɒbskjɜːˈrantɪst, -s
AM əbˈskjʊrəntəst, ˌɑbskjəˈræntəst, -s

obscuration
BR ˌɒbskjɜːˈreɪʃn, -z
AM ˌɑbskjəˈreɪʃ(ə)n, -z

obscure
BR əbˈskjʊə(r), əbˈskjɔː(r), -z, -ɪŋ, -d, -ə(r), -ɪst
AM əbˈskjʊ(ə)r, -z, -ɪŋ, -d, -ər, -əst

obscurely
BR əbˈskjʊəli, əbˈskjɔːli
AM əbˈskjʊrli

obscurity
BR əbˈskjʊərɪt|i, əbˈskjɔːrɪt|i, -ɪz
AM əbˈskjʊrədi, -z

obsecrate
BR ˈɒbsɪkreɪt, -s, -ɪŋ, -ɪd
AM ˈɑbsəˌkreɪ|t, -ts, -dɪŋ, -dɪd

obsecration
BR ˌɒbsɪˈkreɪʃn, -z
AM ˌɑbsəˈkreɪʃ(ə)n, -z

obsequial
BR əbˈsiːkwɪəl
AM əbˈsikwiəl

obsequies
BR ˈɒbsɪkwɪz
AM ˈɑbsəkwiz

obsequious
BR əbˈsiːkwɪəs
AM əbˈsikwiəs

obsequiously
BR əbˈsiːkwɪəsli
AM əbˈsikwiəsli

obsequiousness
BR əbˈsiːkwɪəsnəs
AM əbˈsikwiəsnəs

observable
BR əbˈzɜːvəbl
AM əbˈzɜrvəb(ə)l

observably
BR əbˈzɜːvəbli
AM əbˈzɜrvəbli

observance
BR əbˈzɜːvns, -ɪz
AM əbˈzɜrvəns, -əz

observant
BR əbˈzɜːvnt
AM əbˈzɜrvənt

observantly
BR əbˈzɜːvntli
AM əbˈzɜrvən(t)li

observation
BR ˌɒbzəˈveɪʃn, -z
AM ˌɑbzərˈveɪʃ(ə)n, -z

observational
BR ˌɒbzəˈveɪʃn̩l
AM ˌɑbzərˈveɪʃ(ə)n(ə)l

observationally
BR ˌɒbzəˈveɪʃn̩li, ˌɒbzəˈveɪʃnəli
AM ˌɑbzərˈveɪʃ(ə)nəli

observatory
BR əbˈzɜːvət(ə)r|i, -ɪz
AM əbˈzɜrvəˌtɔri, -z

observe
BR əbˈzɜːv, -z, -ɪŋ, -d
AM əbˈzɜrv, -z, -ɪŋ, -d

observer
BR əbˈzɜːvə(r), -z
AM əbˈzɜrvər, -z

obsess
BR əbˈsɛs, -ɪz, -ɪŋ, -t
AM əbˈsɛs, -əz, -ɪŋ, -t

obsession
BR əbˈsɛʃn, -z
AM əbˈsɛʃ(ə)n, -z

obsessional
BR əbˈsɛʃn̩l, -z
AM əbˈsɛʃ(ə)n(ə)l, -z

obsessionalism
BR əbˈsɛʃn̩lɪzm, əbˈsɛʃnəlɪzm
AM əbˈsɛʃənlˌɪz(ə)m, əbˈsɛʃnəˌlɪz(ə)m

obsessionally
BR əbˈsɛʃn̩li, əbˈsɛʃnəli
AM əbˈsɛʃ(ə)nəli

obsessive
BR əbˈsesɪv, -z
AM abˈsesɪv, -z
obsessively
BR əbˈsesɪvli
AM abˈsesɪvli
obsessiveness
BR əbˈsesɪvnɪs
AM abˈsesɪvnɪs
obsidian
BR əbˈsɪdiən
AM abˈsɪdiən
obsolescence
BR ˌɒbsəˈlesns
AM ˌabsəˈles(ə)ns
obsolescent
BR ˌɒbsəˈlesnt
AM ˌabsəˈles(ə)nt
obsolete
BR ˈɒbsəliːt,
ˌɒbsəˈliːt
AM ˌabsəˈlit
obsoletely
BR ˈɒbsəliːtli,
ˌɒbsəˈliːtli
AM ˌabsəˈlitli
obsoleteness
BR ˈɒbsəliːtnɪs,
ˌɒbsəˈliːtnɪs
AM ˌabsəˈlitnɪs
obsoletism
BR ˈɒbsəliːtɪzm,
ˌɒbsəˈliːtɪzm
AM ˌabsəˈliːˌtɪz(ə)m
obstacle
BR ˈɒbstəkl, -z
AM ˈabstək(ə)l,
ˈabztək(ə)l, -z
obstetric
BR ɒbˈstetrɪk, -s
AM abˈstetrɪk, -s
obstetrical
BR ɒbˈstetrɪkl
AM abˈstetrək(ə)l
obstetrically
BR ɒbˈstetrɪkli
AM abˈstetrək(ə)li
obstetrician
BR ˌɒbstɪˈtrɪʃn,
ˌɒbsteˈtrɪʃn, -z
AM ˌabstəˈtrɪʃ(ə)n,
ˌabztəˈtrɪʃ(ə)n, -z

obstinacy
BR ˈɒbstɪnəsi
AM ˈabstənəsi,
ˈabztənəsi
obstinate
BR ˈɒbstɪnət
AM ˈabstənət,
ˈabztənət
obstinately
BR ˈɒbstɪnətli
AM ˈabstənətli,
ˈabztənətli
obstreperous
BR ɒbˈstrep(ə)rəs
AM abˈstrep(ə)rəs
obstreperously
BR ɒbˈstrep(ə)rəsli
AM abˈstrep(ə)rəsli
obstreperousness
BR ɒbˈstrep(ə)rəsnəs
AM abˈstrep(ə)rəsnəs
obstruct
BR əbˈstrʌkt, -s, -ɪŋ,
-ɪd
AM abˈstrək|(t), -(t)s,
-tɪŋ, -təd
obstruction
BR əbˈstrʌkʃn, -z
AM əbˈstrəkʃ(ə)n,
əbˈstrəkʃ(ə)n, -z
obstructionism
BR əbˈstrʌkʃnɪzm
AM abˈstrəkʃəˌnɪz(ə)m
obstructionist
BR əbˈstrʌkʃnɪst,
-s
AM əbˈstrəkʃənəst,
əbˈstrəkʃənəst,
-s
obstructive
BR əbˈstrʌktɪv
AM abˈstrəktɪv
obstructively
BR əbˈstrʌktɪvli
AM abˈstrəktɪvli
obstructiveness
BR əbˈstrʌktɪvnɪs
AM abˈstrəktɪvnɪs
obstructor
BR əbˈstrʌktə(r),
-z
AM abˈstrəktər, -z

obstupefaction
BR əbˌstjuːpɪˈfakʃn,
əbˌstʃuːpɪˈfakʃn
AM abˌst(j)upəˈfækʃ(ə)n
obstupefy
BR əbˈstjuːpɪfʌɪ,
əbˈstʃuːpɪfʌɪ, -z,
-ɪŋ, -d
AM abˈst(j)upəˌfaɪ, -z,
-ɪŋ, -d
obtain
BR əbˈteɪn, -z, -ɪŋ, -d
AM abˈteɪn, -z, -ɪŋ, -d
obtainability
BR əbˌteɪnəˈbɪlɪti
AM abˈteɪnəˈbɪlɪdi
obtainable
BR əbˈteɪnəbl
AM abˈteɪnəb(ə)l
obtainer
BR əbˈteɪnə(r), -z
AM abˈteɪnər, -z
obtainment
BR əbˈteɪnm(ə)nt, -s
AM abˈteɪnm(ə)nt, -s
obtention
BR əbˈtenʃn, -z
AM abˈten(t)ʃ(ə)n, -z
obtrude
BR ɒbˈtruːd, -z, -ɪŋ, -ɪd
AM abˈtrud, -z, -ɪŋ,
-əd
obtruder
BR ɒbˈtruːdə(r), -z
AM abˈtrudər, -z
obtrusion
BR ɒbˈtruːʒn, -z
AM abˈtruʒ(ə)n, -z
obtrusive
BR ɒbˈtruːsɪv
AM abˈtrusɪv
obtrusively
BR ɒbˈtruːsɪvli
AM abˈtrusɪvli
obtrusiveness
BR ɒbˈtruːsɪvnɪs
AM abˈtrusɪvnɪs
obtund
BR ɒbˈtʌnd, -z, -ɪŋ, -ɪd
AM abˈtənd, -z, -ɪŋ,
-əd

obturate
BR ˈɒbtjʊreɪt,
ˈɒbtʃʊreɪt, -s, -ɪŋ,
-ɪd
AM ˈabt(j)əˌreɪ|t, -ts,
-dɪŋ, -dɪd
obturation
BR ˌɒbtjʊˈreɪʃn,
ˌɒbtʃʊˈreɪʃn, -z
AM ˌabt(j)əˈreɪʃ(ə)n,
-z
obturator
BR ˈɒbtjʊreɪtə(r),
ˈɒbtʃʊreɪtə(r), -z
AM ˈabt(j)əˌreɪdər, -z
obtuse
BR ɒbˈtjuːs, ɒbˈtʃuːs
AM abˈt(j)us
obtusely
BR ɒbˈtjuːsli,
ɒbˈtʃuːsli
AM abˈt(j)usli
obtuseness
BR ɒbˈtjuːsnəs,
ɒbˈtʃuːsnəs
AM abˈt(j)usnəs
obtusity
BR ɒbˈtjuːsɪti,
ɒbˈtʃuːsɪti
AM abˈt(j)usədi
obverse[1] *adjective*
BR ˈɒbvəːs
AM abˈvərs
obverse[2] *noun*
BR ˈɒbvəːs, -ɪz
AM ˈabˌvərs, -əz
obversely
BR ˈɒbvəːsli
AM abˈvərsli
obversion
BR ɒbˈvəːʃn, -z
AM abˈvərʒ(ə)n,
abˈvərʃ(ə)n, -z
obvert
BR ɒbˈvəːt, -s,
-ɪŋ, -ɪd
AM abˈvər|t, -ts,
-dɪŋ, -dəd
obviate
BR ˈɒbvieɪt, -s, -ɪŋ, -ɪd
AM ˈabviˌeɪ|t, -ts,
-dɪŋ, -dɪd

obviation
BR ˌɒbvɪˈeɪʃn
AM ˌabviˈeɪʃ(ə)n

obvious
BR ˈɒbvɪəs
AM ˈabviəs

obviously
BR ˈɒbvɪəsli
AM ˈabviəsli

obviousness
BR ˈɒbvɪəsnəs
AM ˈabviəsnəs

O'Byrne
BR əʊˈbɜːn
AM oʊˈbɜrn

O'Callaghan
BR əʊˈkaləhan
AM oʊˈkæləhæn

ocarina
BR ˌɒkəˈriːnə(r), -z
AM ˌakəˈrinə, -z

O'Carroll
BR əʊˈkarl̩
AM oʊˈkɛrəl

O'Casey
BR əʊˈkeɪsi
AM oʊˈkeɪsi, əˈkeɪsi

Occam
BR ˈɒkəm, -z
AM ˈakəm, -z

occasion
BR əˈkeɪʒn, -z
AM əˈkeɪʒ(ə)n, -z

occasional
BR əˈkeɪʒn̩
AM əˈkeɪʒ(ə)n(ə)l

occasionalism
BR əˈkeɪʒn̩lɪzm, əˈkeɪʒnəlɪzm
AM əˈkeɪʒnəˌlɪz(ə)m, əˈkeɪʒnlˌɪz(ə)m

occasionalist
BR əˈkeɪʒn̩lɪst, əˈkeɪʒnəlɪst, -s
AM əˈkeɪʒnələst, əˈkeɪʒnləst, -s

occasionality
BR əˌkeɪʒəˈnalɪti
AM əˌkeɪʒəˈnælədi

occasionally
BR əˈkeɪʒn̩li, əˈkeɪʒnəli
AM əˈkeɪʒ(ə)nəli

occident
BR ˈɒksɪd(ə)nt
AM ˈaksədnt

occidental
BR ˌɒksɪˈdentl, -z
AM ˌaksəˈdɛn(t)l, -z

occidentalise
BR ˌɒksɪˈdentl̩aɪz, -ɪz, -ɪŋ, -d
AM ˌaksəˈdɛn(t)l̩ˌaɪz, -ɪz, -ɪŋ, -d

occidentalism
BR ˌɒksɪˈdentl̩ɪzm
AM ˌaksəˈdɛn(t)l̩ˌɪz(ə)m

occidentalist
BR ˌɒksɪˈdentl̩ɪst, -s
AM ˌaksəˈdɛn(t)l̩əst, -s

occidentalize
BR ˌɒksɪˈdentl̩aɪz, -ɪz, -ɪŋ, -d
AM ˌaksəˈdɛn(t)l̩ˌaɪz, -ɪz, -ɪŋ, -d

occidentally
BR ˌɒksɪˈdentl̩i
AM ˌaksəˈdɛn(t)l̩i

occipital
BR ɒkˈsɪpɪtl
AM akˈsɪpɪdl

occipitally
BR ɒkˈsɪpɪtli
AM akˈsɪpɪdli

occiput
BR ˈɒksɪpʌt, -s
AM ˈaksəpət, -s

Occitan
BR ˈɒksɪtn
AM ˈaksətn, ˈaksəˌtan

Occitanian
BR ˌɒksɪˈteɪnɪən, -z
AM ˌaksəˈteɪnɪən, -z

occlude
BR əˈkluːd, -z, -ɪŋ, -ɪd
AM əˈklud, -z, -ɪŋ, -əd

occlusion
BR əˈkluːʒn, -z
AM əˈkluʒ(ə)n, -z

occlusive
BR əˈkluːsɪv, -z
AM əˈklusɪv, -z

occult
BR ˈɒkʌlt, əˈkʌlt
AM əˈkəlt

occultation
BR ˌɒk(ʌ)lˈteɪʃn, -z
AM ˌakəlˈteɪʃ(ə)n, -z

occultism
BR ˈɒk(ʌ)ltɪzm
AM əˈkəlˌtɪz(ə)m

occultist
BR ˈɒk(ʌ)ltɪst, -s
AM əˈkəltəst, -s

occultly
BR ˈɒk(ʌ)ltli, əˈkʌltli
AM əˈkəltli

occultness
BR ˈɒk(ʌ)ltnəs, əˈkʌltnəs
AM əˈkəltnəs

occupancy
BR ˈɒkjʊp(ə)nsi
AM ˈakjəpənsi

occupant
BR ˈɒkjʊp(ə)nt, -s
AM ˈakjəpənt, -s

occupation
BR ˌɒkjʊˈpeɪʃn, -z
AM ˌakjəˈpeɪʃ(ə)n, -z

occupational
BR ˌɒkjʊˈpeɪʃn̩l
AM ˌakjəˈpeɪʃ(ə)n(ə)l

occupationally
BR ˌɒkjʊˈpeɪʃn̩li, ˌɒkjʊˈpeɪʃnəli
AM ˌakjəˈpeɪʃ(ə)nəli

occupier
BR ˈɒkjʊpaɪə(r), -z
AM ˈakjəˌpaɪər, -z

occupy
BR ˈɒkjʊpaɪ, -z, -ɪŋ, -d
AM ˈakjəˌpaɪ, -z, -ɪŋ, -d

occur
BR əˈkɜː(r), -z, -ɪŋ, -d
AM əˈkɜr, -z, -ɪŋ, -d

occurrence
BR əˈkʌrns, -ɪz
AM əˈkɜrəns, -əz

occurrent
BR əˈkʌrn̩t
AM əˈkɜrənt

ocean
BR ˈəʊʃn, -z
AM ˈoʊʃ(ə)n, -z

oceanaria
BR ˌəʊʃəˈnɛːrɪə(r)
AM ˌoʊʃəˈnɛrɪə

oceanarium
BR ˌəʊʃəˈnɛːrɪəm, -z
AM ˌoʊʃəˈnɛrɪəm, -z

oceanfront
BR ˈəʊʃnfrʌnt
AM ˈoʊʃənˌfrʌnt

ocean-going
BR ˈəʊʃnˌgəʊɪŋ
AM ˈoʊʃənˌgoʊɪŋ

Oceania
BR ˌəʊsɪˈɑːnɪə(r), ˌəʊʃɪˈɑːnɪə(r), ˌəʊsɪˈeɪnɪə(r), ˌəʊʃɪˈeɪnɪə(r)
AM ˌoʊʃiˈænɪə

Oceanian
BR ˌəʊsɪˈɑːnɪən, ˌəʊʃɪˈɑːnɪən, ˌəʊsɪˈeɪnɪən, ˌəʊʃɪˈeɪnɪən, -z
AM ˌoʊʃiˈænɪən, -z

oceanic
BR ˌəʊʃɪˈanɪk, ˌəʊsɪˈanɪk
AM ˌoʊʃiˈænɪk

Oceanid
BR əʊˈsiːənɪd, ˈəʊʃnɪd, -z
AM oʊˈsiənɪd, -z

oceanographer
BR ˌəʊʃəˈnɒgrəfə(r), -z
AM ˌoʊʃəˈnɑgrəfər, -z

oceanographic
BR ˌəʊʃnəˈgrafɪk, ˌəʊʃnəˈgrafɪk
AM ˌoʊʃənəˈgræfɪk

oceanographical
BR ˌəʊʃnəˈgrafɪkl, ˌəʊʃnəˈgrafɪkl
AM ˌoʊʃənəˈgræfək(ə)l

oceanography
BR ˌəʊʃəˈnɒgrəfi
AM ˌoʊʃəˈnagrəfi
Oceanus
BR əʊˈsiːənəs,
əʊˈʃiːənəs
AM oʊˈsiənəs
oceanward
BR ˈəʊʃnwəd
AM ˈoʊʃənwərd
ocellar
BR ə(ʊ)ˈsɛlə(r),
ɒˈsɛlə(r)
AM oʊˈsɛlər
ocellate
BR ˈɒsɪlət
AM oʊˈsɛlət, ˈasəlat,
oʊˈsɛˌleɪt
ocellated
BR ˈɒsɪleɪtɪd
AM ˈasəˌleɪdəd
ocelli
BR ə(ʊ)ˈsɛlʌɪ, ɒˈsɛlʌɪ
AM oʊˈsɛˌlaɪ
ocellus
BR ə(ʊ)ˈsɛləs, ɒˈsɛləs
AM oʊˈsɛləs
ocelot
BR ˈɒsɪlɒt, ˈɒsˌlɒt, -s
AM ˈoʊsəˌlat,
ˈasəˌlat, -s
och
BR ɒx
AM ax
oche
BR ˈɒk|i, -ɪz
AM ˈaki, -z
ocher
BR ˈəʊkə(r)
AM ˈoʊkər
Ochil
BR ˈəʊxl, ˈəʊkl
AM ˈoʊkəl
ochlocracy
BR ɒkˈlɒkrəs|i, -ɪz
AM akˈlakrəsi, -z
ochlocrat
BR ˈɒklərkrat, -s
AM ˈakləˌkræt, -s
ochlocratic
BR ˌɒkləˈkratɪk
AM ˌakləˈkrædɪk

ochone
BR əʊˈhəʊn, ɒˈxəʊn
AM oʊˈhoʊn
ochre
BR ˈəʊkə(r)
AM ˈoʊkər
ochrea
BR ˈɒkrɪə(r), -z
AM ˈakriə, -z
ochreae
BR ˈɒkrɪiː
AM ˈakrii
ochreish
BR ˈəʊk(ə)rɪʃ
AM ˈoʊk(ə)rɪʃ
ochreous
BR ˈəʊkrɪəs,
ˈəʊk(ə)rəs
AM ˈoʊk(ə)rəs
ochrous
BR ˈəʊkrəs
AM ˈoʊk(ə)rəs
ochry
BR ˈəʊkri
AM ˈoʊk(ə)ri
ocker
BR ˈɒkə(r), -z
AM ˈakər, -z
o'clock
BR əˈklɒk
AM əˈklak
O'Connell
BR əʊˈkɒnl
AM oʊˈkan(ə)l,
əˈkan(ə)l
O'Connor
BR əʊˈkɒnə(r)
AM oʊˈkanər,
əˈkanər
Ocrecoke
BR ˈəʊkrəkəʊk
AM ˈoʊkrəˌkoʊk
octachord
BR ˈɒktəkɔːd, -z
AM ˈaktəˌkɔ(ə)rd, -z
octad
BR ˈɒktad, -z
AM ˈakˌtæd, -z
octagon
BR ˈɒktəg(ə)n, -z
AM ˈaktəgən,
ˈaktəˌgan, -z

octagonal
BR ɒkˈtagn̩(ə)l
AM akˈtægən(ə)l
octagonally
BR ɒkˈtagn̩li
AM akˈtægənəli
octahedra
BR ˌɒktəˈhiːdrə(r)
AM ˌaktəˈhidrə
octahedral
BR ˌɒktəˈhiːdr(ə)l
AM ˌaktəˈhidrəl
octahedron
BR ˌɒktəˈhiːdrən, -z
AM ˌaktəˈhidrən, -z
octal
BR ˈɒktl, -z
AM ˈaktl, -z
octamerous
BR ɒkˈtam(ə)rəs
AM akˈtæm(ə)rəs
octameter
BR ɒkˈtamɪtə(r), -z
AM akˈtæmədər, -z
octane
BR ˈɒkteɪn
AM ˈakˌteɪn
Octans
BR ˈɒktanz
AM ˈaktənz
octant
BR ˈɒkt(ə)nt, -s
AM ˈaktnt, -s
octarchy
BR ˈɒktaːk|i, -ɪz
AM ˈakˌtarki, -z
octaroon
BR ˌɒktəˈruːn, -z
AM ˌaktəˈrun, -z
octastyle
BR ˈɒktəstʌɪl, -z
AM ˈaktəˌstaɪl, -z
Octateuch
BR ˈɒktətjuːk,
ˈɒktətʃuːk
AM ˈaktəˌt(j)uk
octavalent
BR ˌɒktəˈveɪlnt
AM ˌaktəˈveɪl(ə)nt
octave
BR ˈɒktɪv, ˈɒkteɪv, -z
AM ˈakˌteɪv, ˈaktəv, -z

Octavia
BR ɒkˈteɪvɪə(r)
AM akˈteɪviə
Octavian
BR ɒkˈteɪvɪən
AM akˈteɪviən
Octavius
BR ɒkˈteɪvɪəs
AM akˈteɪviəs
8vo *octavo*
BR ɒkˈtaːvəʊ
AM akˈtɑvoʊ
octavo
BR ɒkˈtaːvəʊ,
ɒkˈteɪvəʊ, -z
AM akˈtavoʊ, -z
octennial
BR ɒkˈtɛnɪəl
AM akˈtɛniəl
octennially
BR ɒkˈtɛnɪəli
AM akˈtɛniəli
octet
BR ɒkˈtɛt, -s
AM akˈtɛt, -s
octette
BR ɒkˈtɛt, -s
AM akˈtɛt, -s
October
BR ɒkˈtəʊbə(r), -z
AM akˈtoʊbər, -z
Octobrist
BR ɒkˈtəʊbrɪst, -s
AM akˈtoʊbrəst, -s
octocentenary
BR ˌɒktəʊsɛnˈtiːn(ə)r|i,
ˌɒktəʊsɛnˈtɛn(ə)r|i,
-ɪz
AM ˌaktoʊˌsɛnˈtɛnəri,
-z
octodecimo
BR ˌɒktəʊˈdɛsɪməʊ, -z
AM ˌaktoʊˈdɛsəˌmoʊ,
-z
octogenarian
BR ˌɒktədʒɪˈnɛːrɪən, -z
AM ˌaktədʒəˈnɛriən,
-z
octonarian
BR ˌɒktə(ʊ)ˈnɛːrɪən,
-z
AM ˌaktəˈnɛriən, -z

octonarii
BR ˌɒktə(ʊ)ˈnɛːrɪʌɪ
AM ˌɑktəˈnɛriˌɑɪ
octonarius
BR ˌɒktə(ʊ)ˈnɛːrɪəs
AM ˌɑktəˈnɛriəs
octonary
BR ˈɒktə(ʊ)n(ə)r|i, -ɪz
AM ˈɑktəˌnɛri, -z
octopod
BR ˈɒktəpɒd, -z
AM ˈɑktəˌpɑd, -z
octopus
BR ˈɒktəpəs, -ɪz
AM ˈɑktəpəs, -əz
octoroon
BR ˌɒktəˈruːn, -z
AM ˌɑktəˈrun, -z
octosyllabic
BR ˌɒktəʊsɪˈlabɪk
AM ˌɑktoʊsəˈlæbɪk, ˌɑktəsəˈlæbɪk
octosyllable
BR ˈɒktəʊˌsɪləbl̩, ˌɒktəʊˈsɪləbl̩, -z
AM ˌɑktəˈsɪləb(ə)l, -z
octroi
BR ˈɒktrwɑː, -z
AM ˈɑkˌtrɔɪ, ɑkˈtrwɑ, -z
octuple
BR ˈɒktjʊp|l, ɒkˈtjuːp|l, ˈɒktʃʊp|l, ɒkˈtʃuːp|l, -lz, -lɪŋ\-lɪŋ, -ld
AM ɑkˈt(j)əp|əl, -ə-z, -(ə)lɪŋ, -əld
octyl
BR ˈɒktʌɪl, ˈɒktɪl
AM ˈɑktl̩
ocular
BR ˈɒkjʊlə(r)
AM ˈɑkjələr
ocularist
BR ˈɒkjʊlərɪst, -s
AM ˈɑkjələrəst, -s
ocularly
BR ˈɒkjʊləli
AM ˈɑkjələrli
ocular spectra
BR ˌɒkjʊlə ˈspɛktrə(r)
AM ˌɑkjələr ˈspɛktrə

ocular spectrum
BR ˌɒkjʊlə ˈspɛktrəm
AM ˌɑkjələr ˈspɛktrəm
oculate
BR ˈɒkjʊlət
AM ˈɑkjəˌleɪt, ˈɑkjələt
oculist
BR ˈɒkjʊlɪst, -s
AM ˈɑkjələst, -s
oculistic
BR ˌɒkjʊˈlɪstɪk
AM ˌɑkjəˈlɪstɪk
oculonasal
BR ˌɒkjʊləʊˈneɪzl
AM ˌˌɑkjələˈneɪz(ə)l
OD
BR ˌəʊˈdiː, -z, -ɪŋ, -d
AM ˌoʊˈdi, -z, -ɪŋ, -d
od *God*
BR ɒd
AM ɒd, ɑd
odal
BR ˈəʊdl, -z
AM ˈoʊdəl, -z
odalisk
BR ˈəʊdl̩ɪsk, ˈɒdl̩ɪsk, -s
AM ˌoʊdl̩ˈɪsk, ˈoʊdl̩ˌɪsk, -s
odalisque
BR ˈəʊdl̩ɪsk, ˈɒdl̩ɪsk, -s
AM ˌoʊdl̩ˈɪsk, ˈoʊdl̩ˌɪsk, -s
odd
BR ɒd, -z, -ə(r), -ɪst
AM ɑd, -z, -ər, -əst
oddball
BR ˈɒdbɔːl, -z
AM ˈɑdˌbɑl, ˈɒdˌbɔl, -z
Oddfellow
BR ˈɒdˌfɛləʊ, -z
AM ˈɑdˌfɛloʊ, -z
Oddie
BR ˈɒdi
AM ˈɑdi
oddish
BR ˈɒdɪʃ
AM ˈɑdɪʃ
oddity
BR ˈɒdɪt|i, -ɪz
AM ˈɑdədi, -z

oddly
BR ˈɒdli
AM ˈɑdli
oddment
BR ˈɒdm(ə)nt, -s
AM ˈɑdm(ə)nt, -s
oddness
BR ˈɒdnəs
AM ˈɑdnəs
odds and ends
BR ˌɒdz(ə)n(d)ˈɛndz
AM ˌɑdzənˈɛn(d)z
odds-on
BR ˌɒdzˈɒn
AM ˌɑdzˈɑn
ode
BR əʊd, -z
AM oʊd, -z
O'Dea
BR əʊˈdeɪ, əʊˈdiː
AM oʊˈdeɪ
odea
BR ˈəʊdɪə(r)
AM ˈoʊdiə
Odell
BR əʊˈdɛl, ˈəʊdl
AM oʊˈdɛl, əˈdɛl
Odense
BR ˈəʊdənsə(r)
AM ˈoʊdənsə
DAN ˈoːðənsə
Odeon
BR ˈəʊdɪən, -z
AM ˈoʊdiˌɑn, -z
Oder
BR ˈəʊdə(r)
AM ˈoʊdər
Odessa
BR ə(ʊ)ˈdɛsə(r)
AM oʊˈdɛsə
RUS ɐˈdʲesə
Odets
BR ˈəʊdɛts
AM oʊˈdɛts
Odette
BR ə(ʊ)ˈdɛt
AM oʊˈdɛt, ɔˈdɛt
odeum
BR ˈəʊdɪəm
AM ˈoʊdiəm

Odham
BR ˈɒdəm
AM ˈɑdəm
odiferous
BR əʊˈdɪf(ə)rəs
AM oʊˈdɪf(ə)rəs
Odiham
BR ˈəʊdɪ(h)əm
AM ˈoʊdiəm
Odin
BR ˈəʊdɪn
AM ˈoʊdən
odious
BR ˈəʊdɪəs
AM ˈoʊdiəs
odiously
BR ˈəʊdɪəsli
AM ˈoʊdiəsli
odiousness
BR ˈəʊdɪəsnəs
AM ˈoʊdiəsnəs
odium
BR ˈəʊdɪəm
AM ˈoʊdiəm
Odo
BR ˈəʊdəʊ
AM ˈoʊdoʊ
O'Doherty
BR əʊˈdɒxəti, əʊˈdɒhəti, əʊˈdɒkəti
AM oʊˈdɔrdi
Odom
BR ˈəʊdəm
AM ˈoʊdəm
odometer
BR ə(ʊ)ˈdɒmɪtə(r), -z
AM oʊˈdɑmədər, -z
odometry
BR ə(ʊ)ˈdɒmɪtri
AM oʊˈdɑmətri
Odonata
BR ˌəʊdəˈnɑːtə(r)
AM oʊˈdɑnədə, ˌoʊdn̩ˈɑdə
odonate
BR ˈəʊdəneɪt, -s
AM ˈoʊdn̩ˌeɪt, ˈoʊdn̩ət, -s

O'Donnell
BR əʊˈdɒnl
AM oʊˈdan(ə)l,
əˈdan(ə)l

O'Donoghue
BR əʊˈdɒnəhjuː
AM oʊˈdanəhju

O'Donovan
BR əʊˈdɒnəv(ə)n,
əʊˈdʌnəv(ə)n
AM oʊˈdanəvən

odontoglossum
BR ɒˌdɒntəˈglɒsəm,
əʊˌdɒntəˈglɒsəm, -z
AM oʊˌdan(t)ə-
ˈglas(ə)m, -z

odontoid
BR ɒˈdɒntɔɪd,
əʊˈdɒntɔɪd
AM oʊˈdanˌtɔɪd

odontological
BR ɒˌdɒntəˈlɒdʒɪkl,
əʊˌdɒntəˈlɒdʒɪkl
AM oʊˌdan(t)ə-
ˈlɑdʒək(ə)l

odontologist
BR ˌɒdɒnˈtɒlədʒɪst,
ˌəʊdɒnˈtɒlədʒɪst, -s
AM oʊdnˈtalədʒəst, -s

odontology
BR ˌɒdɒnˈtɒlədʒi,
ˌəʊdɒnˈtɒlədʒi
AM ˌoʊdnˈtalədʒi

odontorhynchous
BR ɒˌdɒntəˈrɪŋkəs,
əʊˌdɒntəˈrɪŋkəs
AM oʊˌdan(t)əˈrɪŋkəs

odor
BR ˈəʊdə(r), -z
AM ˈoʊdər, -z

odoriferous
BR ˌəʊdəˈrɪf(ə)rəs
AM ˌoʊdəˈrɪf(ə)rəs

odoriferously
BR ˌəʊdəˈrɪf(ə)rəsli
AM ˌoʊdəˈrɪf(ə)rəsli

odoriferousness
BR ˌəʊdəˈrɪf(ə)rəsnəs
AM ˌoʊdəˈrɪf(ə)rəsnəs

odorless
BR ˈəʊdələs
AM ˈoʊdərləs

Odo-Ro-No
BR ˌəʊdə(ʊ)ˈrəʊnəʊ
AM ˌoʊdoʊˈroʊnoʊ

odorous
BR ˈəʊd(ə)rəs
AM ˈoʊdərəs

odorously
BR ˈəʊd(ə)rəsli
AM ˈoʊdərəsli

odorousness
BR ˈəʊd(ə)rəsnəs
AM ˈoʊdərəsnəs

odour
BR ˈəʊdə(r), -z
AM ˈoʊdər, -z

odourless
BR ˈəʊdələs
AM ˈoʊdərləs

O'Dowd
BR əʊˈdaʊd
AM oʊˈdaʊd

O'Driscoll
BR əʊˈdrɪskl
AM oʊˈdrɪskəl

O'Dwyer
BR əʊˈdwʌɪə(r)
AM oʊˈdwaɪər

Odyssean
BR əʊˈdɪsɪən,
ɒˈdɪsɪən
AM əˈdisiən

Odysseus
BR əʊˈdɪsjuːs,
ɒˈdɪsjuːs,
əʊˈdɪsɪəs,
ɒˈdɪsɪəs
AM əˈdisiəs

odyssey
BR ˈɒdɪs|i, -ɪz
AM ˈadəsi, -z

oecist
BR ˈiːsɪst, ˈiːkɪst, -s
AM ˈisɪst, -s

oecumenical
BR ˌiːkjʉˈmɛnɪkl,
ˌɛkjʉˈmɛnɪkl
AM ˌɛkjəˈmɛnək(ə)l

oecumenicalism
BR ˌiːkjʉˈmɛnɪkl̩ɪzm,
ˌɛkjʉˈmɛnɪkl̩ɪzm
AM ˌɛkjəˈmɛnəkə-
ˌlɪz(ə)m

oecumenically
BR ˌiːkjʉˈmɛnɪkli,
ˌɛkjʉˈmɛnɪkli
AM ˌɛkjəˈmɛnək(ə)li

oecumenicity
BR ɪˌkjuːməˈnɪsɪti
AM ˌɛkjəməˈnɪsɪdi

oecumenism
BR ɪˈkjuːmənɪzm
AM ɛˈkjʊməˌnɪz(ə)m,
ˈɛkjəməˌnɪz(ə)m

oedema
BR ɪˈdiːmə(r),
iːˈdiːmə(r), -z
AM ɪˈdimə, əˈdimə,
-z

oedematose
BR ɪˈdiːmətəʊs,
iːˈdiːmətəʊs
AM əˈdiməˌtoʊz,
əˈdiməˌtoʊs

oedematous
BR ɪˈdiːmətəs,
iːˈdiːmətəs
AM əˈdɛmədəs

Oedipal
BR ˈiːdɪpl
AM ˈidəpəl, ˈɛdəpəl

Oedipus
BR ˈiːdɪpəs
AM ˈidəpəs, ˈɛdəpəs

oenological
BR ˌiːnəˈlɒdʒɪkl
AM ˌinəˈladʒək(ə)l

oenologist
BR iːˈnɒlədʒɪst
AM iˈnalədʒəst

oenology
BR iːˈnɒlədʒi
AM iˈnalədʒi

Oenone
BR ˈiːnəʊn
AM iˈnoʊni

oenophile
BR ˈiːnəfʌɪl
AM ˈinəˌfaɪl

oenophilist
BR iːˈnɒfɪlɪst
AM iˈnafələst

o'er
BR ˈəʊə(r)
AM ˈoʊ(ə)r

Oerlikon
BR ˈəːlɪk(ɒ)n
AM ˈɜrləˌkan, ˈɜrləkən

oersted
BR ˈəːstɪd, ˈəːstɛd, -z
AM ˈɜrˌstɛd, -z

oesophageal
BR ɪˌsɒfəˈdʒiːəl,
iːˌsɒfəˈdʒiːəl
AM əˌsafəˈdʒiəl

oesophagi
BR ɪˈsɒfəɡʌɪ,
iːˈsɒfəɡʌɪ,
ɪˈsɒfədʒʌɪ,
iːˈsɒfədʒʌɪ
AM əˈsafəˌdʒaɪ,
əˈsafəˌɡaɪ

oesophagus
BR ɪˈsɒfəɡəs,
iːˈsɒfəɡəs, -ɪz
AM əˈsafəɡəs, -əz

oestral
BR ˈiːstr(ə)l, ˈɛstr(ə)l
AM ˈɛstrəl

oestrogen
BR ˈiːstrədʒ(ə)n,
ˈɛstrədʒ(ə)n
AM ˈɛstrədʒ(ə)n

oestrogenic
BR ˌiːstrəˈdʒɛnɪk,
ˌɛstrəˈdʒɛnɪk
AM ˌɛstrəˈdʒɛnɪk

oestrogenically
BR ˌiːstrəˈdʒɛnɪkli,
ˌɛstrəˈdʒɛnɪkli
AM ˌɛstrəˈdʒɛnək(ə)li

oestrous
BR ˈiːstrəs, ˈɛstrəs
AM ˈɛstrəs

oestrum
BR ˈiːstrəm,
ˈɛstrəm
AM ˈɛstrəm

oestrus
BR ˈiːstrəs, ˈɛstrəs
AM ˈɛstrəs

oeuvre
BR ˈəːvrə(r)
AM ˈʊvrə

of[1] *strong form*
BR ɒv
AM əv

of² *weak form*
BR əv, ə
AM ə, əv

O'Faolain
BR əʊˈfeɪlən, əʊˈfɑlən
AM oʊˈfeɪl(ə)n

ofay
BR ˈəʊfeɪ, -z
AM ˈoʊˌfeɪ, -z

off
BR ɒf
AM ɑf, ɔf

Offa
BR ˈɒfə(r)
AM ˈɑfə, ˈɔfə

offal
BR ˈɒfl
AM ˈɑfəl, ˈɔfəl

Offaly
BR ˈɒfli
AM ˈɑfəli, ˈɔfəli

off and on
BR ˌɒf (ə)n(d) ˈɒn
AM ˌɑf ən ˈɑn, ˌɔf ən ˈɔn

offbeat *noun*
BR ˈɒfbiːt, -s
AM ˈɑfˌbit, ˈɔfˌbit, -s

off-beat *adjective*
BR ˈɒfbiːt
AM ˈɑfˈbit, ˈɔfˈbit

off-brand
BR ˈɒfbrænd, -z
AM ˈɑfˌbrænd, ˈɔfˌbrænd, -z

off-cast
BR ˈɒfkɑːst, -s
AM ˈɑfˌkæst, ˈɔfˌkæst, -s

off-chance
BR ˈɒftʃɑːns
AM ˈɑfˌtʃæns, ˈɔfˌtʃæns

offcut
BR ˈɒfkʌt, -s
AM ˈɑfˌkət, ˈɔfˌkət, -s

Offenbach
BR ˈɒfnbɑːk
AM ˈɑfənˌbɑk, ˈɔfənˌbɑk

offence
BR əˈfens, -ɪz
AM ˈɔˌfens, ˈɑˌfens, əˈfens, -əz

offenceless
BR əˈfensləs
AM ˈɔˌfensləs, ˈɑˌfensləs, əˈfensləs

offend
BR əˈfend, -z, -ɪŋ, -ɪd
AM əˈfend, -z, -ɪŋ, -əd

offendedly
BR əˈfendɪdli
AM əˈfendədli

offender
BR əˈfendə(r), -z
AM əˈfendər, -z

offense
BR əˈfens, -ɪz
AM ˈɔˌfens, ˈɑˌfens, əˈfens, -əz

offenseless
BR əˈfensləs
AM ˈɔˌfensləs, ˈɑˌfensləs, əˈfensləs

offensive
BR əˈfensɪv
AM ˈɔˌfensɪv, ˈɑˌfensɪv, əˈfensɪv

offensively
BR əˈfensɪvli
AM ˈɔˌfensɪvli, ˈɑˌfensɪvli, əˈfensɪvli

offensiveness
BR əˈfensɪvnɪs
AM ˈɔˌfensɪvnɪs, ˈɑˌfensɪvnɪs, əˈfensɪvnɪs

offer
BR ˈɒf|ə(r), -əz, -(ə)rɪŋ, -əd
AM ˈɑf|ər, ˈɔf|ər, -ərz, -(ə)rɪŋ, -ərd

offerer
BR ˈɒf(ə)rə(r), -z
AM ˈɑf(ə)rər, ˈɔf(ə)rər, -z

offering
BR ˈɒf(ə)rɪŋ, -z
AM ˈɑf(ə)rɪŋ, ˈɔf(ə)rɪŋ, -z

offeror
BR ˈɒf(ə)rə(r), -z
AM ˈɑf(ə)rər, ˈɔf(ə)rər, -z

offertory
BR ˈɒfət(ə)r|i, -ɪz
AM ˈɑfərˌtɔri, ˈɔfərˌtɔri, -z

off-guard
BR ˌɒfˈgɑːd
AM ˌɔfˈgɑrd, ˈɑfˌgɑrd

offhand
BR ˌɒfˈhænd
AM ˌɑfˈhænd, ˈɔfˈhænd

offhanded
BR ˌɒfˈhændɪd
AM ˌɑfˈhæn(d)əd, ˌɔfˈhæn(d)əd

offhandedly
BR ˌɒfˈhændɪdli
AM ˌɑfˈhæn(d)ədli, ˌɔfˈhæn(d)ədli

offhandedness
BR ˌɒfˈhændɪdnɪs
AM ˌɑfˈhæn(d)ədnəs, ˌɔfˈhæn(d)ədnəs

office
BR ˈɒf|ɪs, -ɪsɪz
AM ˈɑfəs, ˈɔfəs, -əz

officeholder
BR ˈɒfɪsˌhəʊldə(r), -z
AM ˈɑfəsˌ(h)oʊldər, ˈɔfəsˌ(h)oʊldər, -z

officer
BR ˈɒfɪsə(r), -z
AM ˈɑfəsər, ˈɔfəsər, -z

official
BR əˈfɪʃl, -z
AM oʊˈfɪʃ(ə)l, əˈfɪʃ(ə)l, -z

officialdom
BR əˈfɪʃldəm
AM oʊˈfɪʃəldəm, əˈfɪʃəldəm

officialese
BR əˌfɪʃəˈliːz, əˌfɪʃˈliːz
AM oʊˌfɪʃəˈliz, əˌfɪʃəˈliz

officialism
BR əˈfɪʃlɪzm
AM oʊˈfɪʃəˌlɪz(ə)m, əˈfɪʃəˌlɪz(ə)m

officially
BR əˈfɪʃli
AM oʊˈfɪʃəli, əˈfɪʃəli

officiant
BR əˈfɪʃiənt, -s
AM oʊˈfɪʃiənt, əˈfɪʃiənt, -s

officiate
BR əˈfɪʃieɪt, -s, -ɪŋ, -ɪd
AM oʊˈfɪʃiˌeɪ|t, əˈfɪʃiˌeɪ|t, -ts, -dɪŋ, -dɪd

officiation
BR əˌfɪʃiˈeɪʃn
AM oʊˌfɪʃiˈeɪʃ(ə)n, əˌfɪʃiˈeɪʃ(ə)n

officiator
BR əˈfɪʃieɪtə(r), -z
AM oʊˈfɪʃiˌeɪdər, əˈfɪʃiˌeɪdər, -z

officinal
BR ˌɒfɪˈsiːnl, əˈfɪsɪnl
AM əˈfɪsən(ə)l

officinally
BR ˌɒfɪˈsiːnl̩i, əˈfɪsɪnl̩i
AM əˈfɪsənəli

officious
BR əˈfɪʃəs
AM əˈfɪʃəs

officiously
BR əˈfɪʃəsli
AM əˈfɪʃəsli

officiousness
BR əˈfɪʃəsnəs
AM əˈfɪʃəsnəs

offie
BR ˈɒf|i, -ɪz
AM ˈɔfi, ˈɑfi, -z

offing
BR ˈɒfɪŋ
AM ˈɑfɪŋ, ˈɔfɪŋ

offish
BR ˈɒfɪʃ
AM ˈɑfɪʃ, ˈɔfɪʃ

offishly
BR ˈɒfɪʃli
AM ˈɑfɪʃli, ˈɔfɪʃli

offishness
BR ˈɒfɪʃnɪs
AM ˈɑːfɪʃnɪs, ˈɔːfɪʃnɪs

off-kilter
BR ˌɒfˈkɪltə(r)
AM ˌɔːfˈkɪltər, ˌɑːfˈkɪltər

offload
BR ˌɒfˈləʊd, -z,
-ɪŋ, -ɪd
AM ˈɑːfˌloʊd,
ˈɔːfˌloʊd, -z, -ɪŋ, -əd

off-piste
BR ˌɒfˈpiːst
AM ˌɔːfˈpiːst, ˈɑːfˈpiːst

off-plan
BR ˌɒfˈplæn
AM ˌɔːfˈplæn, ˌɑːfˈplæn

off-price
BR ˌɒfˈprʌɪs
AM ˈɔːfˈprʌɪs, ˈɑːfˈprʌɪs

offprint
BR ˈɒfprɪnt, -s
AM ˈɑːfˌprɪnt,
ˈɔːfˌprɪnt, -s

off-putting
BR ˈɒfˌpʊtɪŋ,
ˌɒfˈpʊtɪŋ
AM ˈɑːfˌpʊdɪŋ,
ˈɔːfˌpʊdɪŋ

off-puttingly
BR ˈɒfˌpʊtɪŋli,
ˌɒfˈpʊtɪŋli
AM ˈɑːfˌpʊdɪŋli,
ˈɔːfˌpʊdɪŋli

off-road
BR ˌɒfˈrəʊd
AM ˈɔːfˌroʊd, ˈɑːfˈroʊd

off-roader
BR ˌɒfˈrəʊdə(r), -z
AM ˈɔːfˌroʊdər,
ˈɑːfˌroʊdər, -z

offset[1] *noun*
BR ˈɒfsɛt, -s
AM ˈɑːfˌsɛt, ˈɔːfˌsɛt, -s

offset[2] *verb*
BR ˈɒfsɛt, ˌɒfˈsɛt,
-s, -ɪŋ
AM ˌɑːfˈsɛ|t, ˌɔːfˈsɛ|t,
-ts, -dɪŋ

offshoot
BR ˈɒfʃuːt, -s
AM ˈɑːfˌʃuːt, ˈɔːfˌʃuːt, -s

offshore
BR ˌɒfˈʃɔː(r)
AM ˌɑːfˈʃɔː(ə)r,
ˌɔːfˈʃɔː(ə)r

offside
BR ˌɒfˈsʌɪd, -z
AM ˌɑːfˈsaɪd,
ˌɔːfˈsaɪd, -z

offsider
BR ˌɒfˈsʌɪdə(r), -z
AM ˌɑːfˈsaɪdər,
ˌɔːfˈsaɪdər, -z

offspring
BR ˈɒfsprɪŋ, -z
AM ˈɑːfˌsprɪŋ,
ˈɔːfˌsprɪŋ, -z

offstage
BR ˌɒfˈsteɪdʒ
AM ˌɑːfˈsteɪdʒ,
ˌɔːfˈsteɪdʒ

off stage *adverbial*
BR ˌɒf ˈsteɪdʒ
AM ˌɑːf ˈsteɪdʒ,
ˌɔːf ˈsteɪdʒ

off-the-ball
BR ˌɒfðəˈbɔːl
AM ˈɔːfðəˈbɔl,
ˈɑːfðəˈbɑl

off-world
BR ˈɒfˈwɜːld
AM ˈɔːfˌwɜrld,
ˈɑːfˌwɜrld

Ofgas
BR ˈɒfgas
AM ˈɑːfˌɡæs,
ˈɔːfˌɡæs

O'Flaherty
BR əʊˈflɑː(h)əti
AM oʊˈflɛrdi

O'Flynn
BR əʊˈflɪn
AM oʊˈflɪn

Ofsted
BR ˈɒfstɛd
AM ˈɔːfˌstɛd,
ˈɑːfˌstɛd

oft
BR ɒft
AM ɑft, ɔft

Oftel
BR ˈɒftɛl
AM ˈɑːfˌtɛl, ˈɔːfˌtɛl

often
BR ˈɒf(t)n̩, -ə(r), -ɪst
AM ˈɑf(t)ən, ˈɔf(t)ən,
-ər, -əst

oftentimes
BR ˈɒf(t)ntʌɪmz
AM ˈɑf(t)ənˌtaɪmz,
ˈɔf(t)ənˌtaɪmz

ofuro
BR ɒfʊərəʊ, ɒˈfuːrəʊ,
-z
AM əˈfuroʊ, -z

Ofwat
BR ˈɒfwɒt
AM ˈɑːfˌwɑt, ˈɔːfˌwɑt

oga
BR əʊˈɡɑː(r), -z
AM oʊˈɡɑ, -z

Ogaden
BR ˌɒɡəˈdɛn
AM ˌɑɡəˈdɛn, ˌɔɡəˈdɛn

ogam
BR ˈɒɡəm, -z
AM ˈɑɡəm, -z

Ogden
BR ˈɒɡd(ə)n
AM ˈɑɡdən

ogdoad
BR ˈɒɡdəʊad, -z
AM ˈɑɡdəˌwɑd, -z

Ogdon
BR ˈɒɡdən
AM ˈɑɡdən

ogee
BR ˈəʊdʒiː, -z, -d
AM ˈoʊdʒi, -z, -d

ogham
BR ˈɒɡəm, -z
AM ˈɑɡəm, -z

ogi
BR ˈəʊɡi
AM ˈoʊɡi

Ogilvie
BR ˈəʊɡlvi
AM ˈoʊɡəlvi

Ogilvy
BR ˈəʊɡlvi
AM ˈoʊɡəlvi

ogival
BR ˈəʊdʒʌɪvl,
əʊˈdʒʌɪvl
AM oʊˈdʒaɪvəl

ogive
BR ˈəʊdʒʌɪv,
əʊˈdʒʌɪv, -z
AM oʊˈdʒaɪv, -z

ogle
BR ˈəʊɡ|l, -lz,
-lɪŋ\-lɪŋ, -ld
AM ˈɑɡ|əl, ˈoʊɡ|əl,
-əlz, -(ə)lɪŋ, -əld

ogler
BR ˈəʊɡlə(r)
, ˈəʊɡlə(r), -z
AM ˈɑɡ(ə)lər,
ˈoʊɡ(ə)lər, -z

Oglethorpe
BR ˈəʊɡlθɔːp
AM ˈoʊɡəlˌθɔ(ə)rp

Ogmore
BR ˈɒɡmɔː(r)
AM ˈɑɡˌmɔ(ə)r

ogo
BR ˈəʊɡəʊ, -z
AM ˈoʊɡoʊ, -z

O'Gorman
BR əʊˈɡɔːmən
AM oʊˈɡɔrm(ə)n

OGPU
BR ˌəʊdʒiːpiːˈjuː,
ˈɒɡpuː
AM ˈɑɡˌpu, ˌoʊˌdʒiˌpiˈju

O'Grady
BR əʊˈɡreɪdi
AM oʊˈɡreɪdi

ogre
BR ˈəʊɡə(r), -z
AM ˈoʊɡər, -z

ogreish
BR ˈəʊɡ(ə)rɪʃ
AM ˈoʊɡ(ə)rɪʃ

ogreishly
BR ˈəʊɡ(ə)rɪʃli
AM ˈoʊɡ(ə)rɪʃli

ogress
BR ˈəʊɡrɪs, ˈəʊɡrɛs, -ɪz
AM ˈoʊɡrəs, -əz

ogrish
BR ˈəʊɡ(ə)rɪʃ
AM ˈoʊɡ(ə)rɪʃ

Ogwen
BR ˈɒɡwɛn
AM ˈɑɡwən
WE ˈɒɡwen

Ogygian
BR əʊˈdʒɪdʒiən
AM oʊˈdʒɪdʒiən

oh
BR əʊ
AM oʊ

O'Hagan
BR əʊˈheɪg(ə)n
AM oʊˈheɪgən

O'Halloran
BR əʊˈhalərn̩
AM oʊˈhælərən

O'Hanlon
BR əʊˈhanlən
AM oʊˈhænl(ə)n

O'Hara
BR əʊˈhɑːrə(r)
AM oʊˈhɛrə

O'Hare
BR əʊˈhɛː(r)
AM oʊˈhɛ(ə)r

O'Higgins
BR əʊˈhɪɡɪnz
AM oʊˈhɪɡɪnz

Ohio
BR əʊˈhʌɪəʊ
AM oʊˈhaɪoʊ

Ohioan
BR əʊˈhʌɪəʊən, -z
AM oʊˈhaɪoʊən, -z

ohm
BR əʊm, -z
AM oʊm, -z

ohmage
BR ˈəʊmɪdʒ
AM ˈoʊmɪdʒ

ohmic
BR ˈəʊmɪk
AM ˈoʊmɪk

ohmigawd
BR ˌəʊmɪˈɡɔːd
AM ˌoʊˌmaɪˈɡɑd, ˈoʊmaɪˌɡɑd

ohmigod
BR ˌəʊmɪˈɡɒd
AM ˌoʊˌmaɪˈɡɑd, ˈoʊmaɪˌɡɑd

ohmigosh
BR ˌəʊmɪˈɡɒʃ
AM ˈoʊmaɪˌɡɑʃ

ohmmeter
BR ˈəʊmˌmiːtə(r), -z
AM ˈoʊ(m)ˌmidər, -z

oho
BR ə(ʊ)ˈhəʊ
AM oʊˈhoʊ

OHP
BR ˌəʊeɪtʃˈpiː, -z
AM ˌoʊˌeɪtʃˈpi, -z

oi
BR ɔɪ
AM ɔɪ

oick
BR ɔɪk, -s
AM ɔɪk, -s

oidia
BR əʊˈɪdɪə(r)
AM oʊˈɪdɪə

oidium
BR əʊˈɪdɪəm
AM oʊˈɪdɪəm

oik
BR ɔɪk, -s
AM ɔɪk, -s

oil
BR ɔɪl, -z, -ɪŋ, -d
AM ɔɪl, -z, -ɪŋ, -d

oilcake
BR ˈɔɪlkeɪk
AM ˈɔɪlˌkeɪk

oilcan
BR ˈɔɪlkan, -z
AM ˈɔɪlˌkæn, -z

oilcloth
BR ˈɔɪlklɒθ
AM ˈɔɪlˌklɑθ, ˈɔɪlˌklɔθ

oiler
BR ˈɔɪlə(r), -z
AM ˈɔɪlər, -z

oilfield
BR ˈɔɪlfiːld, -z
AM ˈɔɪlˌfild, -z

oilily
BR ˈɔɪlɪli
AM ˈɔɪlɪli

oiliness
BR ˈɔɪlɪnɪs
AM ˈɔɪlɪnɪs

oilionaire
BR ˌɔɪlɪəˈnɛː(r), -z
AM ˈˌɔɪljəˌnɛ(ə)r, -z

oilless
BR ˈɔɪlɪs
AM ˈɔɪ(l)lɪs

oilman
BR ˈɔɪlman
AM ɔɪlm(ə)n, ˈɔɪlˌmæn

oilmen
BR ˈɔɪlmen
AM ˈɔɪlm(ə)n, ˈɔɪlˌmɛn

oilrig
BR ˈɔɪlrɪɡ, -z
AM ˈɔɪlˌrɪɡ, -z

oilseed
BR ˈɔɪlsiːd, -z
AM ˈɔɪlˌsid, -z

oilskin
BR ˈɔɪlskɪn, -z
AM ˈɔɪlˌskɪn, -z

oilstone
BR ˈɔɪlstəʊn, -z
AM ˈɔɪlˌstoʊn, -z

oily
BR ˈɔɪl|i, -ɪə(r), -ɪɪst
AM ˈɔɪli, -ər, -ɪst

oink
BR ɔɪŋ|k, -ks, -kɪŋ, -(k)t
AM ɔɪŋ|k, -ks, -kɪŋ, -(k)t

ointment
BR ˈɔɪntm(ə)nt, -s
AM ˈɔɪntm(ə)nt, -s

Oireachtas
BR ˈɛrəktəs, ˈɛrəxtəs
AM ˈɛrəkθəs
IR ˈorʲəxtəs

Oistrakh
BR ˈɔɪstrɑːk, ˈɔɪstrɑːx
AM ˈɔɪstrɑk

Ojibwa
BR əʊˈdʒɪbwə(r), -z
AM əˈdʒɪbwə, -z

Ojibway
BR əʊˈdʒɪbweɪ, -z
AM oʊˈdʒɪbweɪ, -z

OK
BR (ˌ)əʊˈkeɪ, -z, -ɪŋ, -d
AM ˌoʊˈkeɪ, -z, -ɪŋ, -d

okapi
BR əʊˈkɑːp|i, -ɪz
AM oʊˈkɑpi, -z

Okavango
BR ˌɒkəˈvaŋɡəʊ
AM ˌoʊkəˈvaŋɡoʊ

okay
BR (ˌ)əʊˈkeɪ, -z, -ɪŋ, -d
AM ˌoʊˈkeɪ, -z, -ɪŋ, -d

O'Keefe
BR əʊˈkiːf
AM oʊˈkif

O'Keeffe
BR əʊˈkiːf
AM oʊˈkif

Okefenokee
BR ˌəʊkɪfɪˈnəʊki
AM ˌoʊkɪfəˈnoʊki

Okehampton
BR ˌəʊkˈham(p)t(ə)n
AM ˌoʊkˈhæm(p)t(ə)n

O'Kelly
BR əʊˈkɛli
AM oʊˈkɛli

okey-doke
BR ˌəʊkɪˈdəʊk
AM ˌoʊkiˈdoʊk

okey-dokey
BR ˌəʊkɪˈdəʊki
AM ˌoʊkiˈdoʊki

Okhotsk
BR əʊˈkɒtsk, ˈəʊkɒtsk
AM ˈɑˌkɑtsk

Okie
BR ˈəʊk|i, -ɪz
AM ˈoʊki, -z

Okinawa
BR ˌɒkɪˈnɑːwə(r), ˌəʊkɪˈnɑːwə(r)
AM ˌoʊkəˈnɑwə

Oklahoma
BR ˌəʊkləˈhəʊmə(r)
AM ˌoʊkləˈhoʊmə

Oklahoman
BR ˌəʊkləˈhəʊmən, -z
AM ˌoʊkləˈhoʊm(ə)n, -z

okra
BR ˈəʊkrə(r), ˈɒkrə(r)
AM ˈoʊkrə

okta
BR ˈɒktə(r), -z
AM ˈaktə, -z

Oktoberfest
BR ɒkˈtəʊbəfɛst
AM akˈtoʊbərˌfɛst

Olaf
BR ˈəʊlaf
AM ˈoʊˌlaf

Öland
BR ˈəːland
AM ˈəˌland
SW ˈəːlʌnd

OLAP
BR ˈəʊlap
AM ˈoʊˌlæp

Olav
BR ˈəʊlav
AM ˈoʊləv
DAN ˈoːlaw
NO ˈuːlav

Olave
BR ˈəʊleɪv
AM ˈoʊleɪv, ˈoʊləv

Olbers
BR ˈɒlbəz
AM ˈalbərz, ˈɔlbərz

old
BR əʊld, -ə(r), -ɪst
AM oʊld, -ər, -əst

Oldbury
BR ˈəʊl(d)b(ə)ri
AM ˈoʊl(d)ˌbɛri

Oldcastle
BR ˈəʊl(d)ˌkɑːsl
AM ˈoʊl(d)ˌkæs(ə)l

Old Dominion
BR ˌəʊl(d) dəˈmɪnj(ə)n
AM ˌoʊl(d) dəˈmɪnj(ə)n

olden
BR ˈəʊld(ə)n
AM ˈoʊldən

Oldenburg
BR ˈəʊld(ə)nbəːg
AM ˈoʊldənˌbərg

olde worlde
BR ˌəʊldɪ ˈwəːldi
AM ˈoʊl(d) ˈwərld(i)

old-fashioned
BR ˌəʊl(d)ˈfaʃnd
AM ˌoʊl(d)ˈfæʃənd

Oldfield
BR ˈəʊl(d)fiːld
AM ˈoʊl(d)ˌfild

Oldham
BR ˈəʊldəm
AM ˈoʊldəm, ˈoʊldˌhæm

oldie
BR ˈəʊld|i, -ɪz
AM ˈoʊldi, -z

oldish
BR ˈəʊldɪʃ
AM ˈoʊldɪʃ

old-maidish
BR ˌəʊl(d)ˈmeɪdɪʃ
AM ˌoʊl(d)ˈmeɪdɪʃ

oldness
BR ˈəʊldnəs
AM ˈoʊl(d)nəs

Old Sarum
BR ˌəʊl(d) ˈsɛːrəm
AM ˌoʊl(d) ˈsɛrəm

Oldsmobile
BR ˈəʊl(d)zməbiːl, -z
AM ˈoʊl(d)zməˌbil, -z

old-stager
BR ˌəʊl(d)ˈsteɪdʒə(r), -z
AM ˌoʊl(d)ˈsteɪdʒər, -z

oldster
BR ˈəʊldstə(r), -z
AM ˈoʊl(d)stər, -z

old-timer
BR ˌəʊl(d)ˈtʌɪmə(r), -z
AM ˌoʊl(d)ˈtaɪmər, -z

Olduvai Gorge
BR ˌɒldʊvaɪ ˈgɔːdʒ
AM ˌoʊldəˌvaɪ ˈgɔ(ə)rdʒ, ˈɔldəˌvaɪ ˈgɔ(ə)rdʒ

Old Vic
BR ˌəʊl(d) ˈvɪk
AM ˌoʊl(d) vɪk

olé
BR əʊˈleɪ
AM oʊˈleɪ

olea
BR ˈəʊlɪə(r)
AM ˈoʊliə

oleaceous
BR ˌəʊlɪˈeɪʃəs
AM ˌoʊliˈeɪʃəs

oleaginous
BR ˌəʊlɪˈadʒɪnəs
AM ˌoʊliˈædʒənəs

oleander
BR ˌəʊlɪˈandə(r), -z
AM ˈoʊliˌændər, -z

O'Leary
BR əʊˈlɪəri
AM oʊˈlɪri

oleaster
BR ˌəʊlɪˈastə(r), -z
AM ˌoʊliˈæstər, -z

oleate
BR ˈəʊlɪeɪt, -s
AM ˈoʊliˌeɪt, -s

olecranon
BR əʊˈlɛkrənɒn, ˌəʊlɪˈkreɪnɒn, -z
AM ˌoʊləˈkreɪˌnan, oʊˈlɛkrəˌnan, -z

OLED
BR ˌəʊeliːˈdiː, -z
AM ˌoʊˌɛlˌiˈdi, -z

olefin
BR ˈəʊlɪfɪn, -z
AM ˈoʊləfən, -z

olefine
BR ˈəʊlɪfiːn, ˈəʊlɪfɪn, -z
AM ˈoʊləfən, -z

Oleg
BR ˈəʊlɛg
AM ˈoʊlɛg

oleiferous
BR ˌəʊlɪˈɪf(ə)rəs
AM ˌoʊliˈɪf(ə)rəs

oleo
BR ˈəʊlɪəʊ
AM ˈoʊlioʊ

oleograph
BR ˈəʊlɪəgrɑːf, -s
AM ˈoʊlioʊˌgræf, -s

oleomargarine
BR ˌəʊlɪəʊˌmɑːdʒəˈriːn, ˌəʊlɪəʊˌmɑːgəˈriːn
AM ˌoʊlioʊ-ˈmɑrdʒ(ə)rən

oleometer
BR ˌəʊlɪˈɒmɪtə(r), -z
AM ˌoʊliˈamədər, -z

oleo-resin
BR ˌəʊlɪəʊˈrɛzɪn, -z
AM ˌoʊlioʊˈrɛz(ə)n, -z

Olestra
BR əˈlɛstrə(r)
AM oʊˈlɛstrə

oleum
BR ˈəʊlɪəm
AM ˈoʊliəm

olfaction
BR ɒlˈfakʃn
AM oʊlˈfækʃ(ə)n, alˈfækʃ(ə)n

olfactive
BR ɒlˈfaktɪv
AM oʊlˈfæktɪv, alˈfæktɪv

olfactometer
BR ˌɒlfakˈtɒmɪtə(r), -z
AM ˌalfækˈtamədər, -z

olfactory
BR ɒlˈfakt(ə)ri
AM oʊlˈfækt(ə)ri, alˈfækt(ə)ri

Olga
BR ˈɒlgə(r)
AM ˈoʊlgə

olibanum
BR ɒˈlɪbənəm
AM oʊˈlɪbən(ə)m

Olifant
BR ˈɒlɪf(ə)nt
AM ˈaləfənt

oligarch
BR ˈɒlɪgɑːk, -s
AM ˈoʊləˌgɑrk, ˈaləˌgɑrk, -s

oligarchic
BR ˌɒlɪˈgɑːkɪk
AM ˌoʊləˈgɑrkɪk, ˌaləˈgɑrkɪk

oligarchical
BR ˌɒlɪˈgɑːkɪkl
AM ˌoʊləˈgɑrkək(ə)l, ˌaləˈgɑrkək(ə)l

oligarchically
BR ˌɒlɪˈgɑːkɪkli
AM ˌoʊləˈgɑrkək(ə)li, ˌaləˈgɑrkək(ə)li

oligarchy
BR ˈɒlɪɡɑːk|i, -ɪz
AM ˈoʊləˌɡɑrki, ˈɑləˌɡɑrki, -z

oligocarpous
BR ˌɒlɪɡə(ʊ)ˈkɑːpəs
AM ˌɑləɡoʊˈkɑrpəs

Oligocene
BR ˈɒlɪɡə(ʊ)siːn, ɒˈlɪɡə(ʊ)siːn
AM əˈlɪɡəˌsin, ˈɑləɡoʊˌsin

oligoclase
BR ˈɒlɪɡə(ʊ)kleɪz
AM ˈɑləɡoʊˌkleɪs

oligodendrocyte
BR ˌɒlɪɡəʊˈdendrəsʌɪt, -s
AM ˌˌɑləɡoʊˈdendrəˌsaɪt, -s

oligodendroglia
BR ˌɒlɪɡə(ʊ)ˌdendrəˈɡlʌɪə(r)
AM ˌɑləɡoʊˌdendrəˈɡliə

oligomer
BR ˌɒlɪˈɡəʊmə(r), ɒˈlɪɡəmə(r), ˈɒlɪɡəmə(r), -z
AM əˈlɪɡəˌmɛ(ə)r, ˈɑləɡəˌmɛ(ə)r, -z

oligomerise
BR əˈlɪɡəmərʌɪz, -ɪz, -ɪŋ, -d
AM əˈlɪɡəməˌraɪz, -ɪz, -ɪŋ, -d

oligomerize
BR əˈlɪɡəmərʌɪz, -ɪz, -ɪŋ, -d
AM əˈlɪɡəməˌraɪz, -ɪz, -ɪŋ, -d

oligomerous
BR ˌɒlɪˈɡɒm(ə)rəs
AM ˌɑləˈɡɑm(ə)rəs

oligonucleotide
BR ˌɒlɪɡə(ʊ)-ˈnjuːkliətʌɪd
AM ˌɑləɡoʊˈn(j)ukliəˌtaɪd

oligopeptide
BR ˌɒlɪɡə(ʊ)ˈpeptʌɪd
AM ˌɑləɡoʊˈpepˌtaɪd

oligopolist
BR ˌɒlɪˈɡɒpəlɪst, -s
AM ˌɑləˈɡɑpələst, -s

oligopolistic
BR ˌɒlɪˌɡɒpəˈlɪstɪk
AM ˌɑləɡəpəˈlɪstɪk

oligopoly
BR ˌɒlɪˈɡɒpl̩i, -ɪz
AM ˌɑləˈɡɑpəli, -z

oligopsony
BR ˌɒlɪˈɡɒpsn̩i, -ɪz
AM ˌɑləˈɡɑpsəni, -z

oligosaccharide
BR ˌɒlɪɡə(ʊ)ˈsakərʌɪd, -z
AM ˌɑləɡəˈsækəˌraɪd, -z

oligotrophic
BR ˌɒlɪɡəˈtrɒfɪk, ˌɒlɪɡəˈtrəʊfɪk
AM ˌɑləɡəˈtrɑfɪk

oligotrophy
BR ˌɒlɪˈɡɒtrəfi
AM ˌɑləˈɡɑtrəfi

olingo
BR ɒˈlɪŋɡəʊ, -z
AM əˈlɪŋɡoʊ, -z

olio
BR ˈəʊliəʊ, -z
AM ˈoʊlioʊ, -z

Oliphant
BR ˈɒlɪf(ə)nt
AM ˈɑləfənt

olivaceous
BR ˌɒlɪˈveɪʃəs
AM ˌɑləˈveɪʃəs

olivary
BR ˈɒlɪv(ə)ri
AM ˈɑləˌvɛri

olive
BR ˈɒlɪv, -z
AM ˈɑləv, -z

Oliver
BR ˈɒlɪvə(r)
AM ˈɑləvər

Olivet
BR ˈɒlɪvɛt, ˈɒlɪvɪt
AM ˌɑləˈvet
FR ɔlivɛ

Olivetti
BR ˌɒlɪˈvɛti
AM ˌɑləˈvedi

Olivia
BR ɒˈlɪviə(r)
AM əˈlɪviə

Olivier
BR ɒˈlɪvieɪ, ɒˈlɪviə(r)
AM oʊˈlɪvieɪ, əˈlɪvieɪ

olivine
BR ˈɒlɪviːn, ˌɒlɪˈviːn, -z
AM ˈɑləˌvin, -z

olla podrida
BR ˌɒlə pəˈdriːdə(r), -z
AM ˌɑ(l)jə pəˈdridə, ˌɑlə pəˈdridə, -z

Ollerenshaw
BR ˈɒl(ə)rn̩ʃɔː(r)
AM ˈɑlərənˌʃɔ

Ollerton
BR ˈɒlət(ə)n
AM ˈɑlərt(ə)n

Ollie
BR ˈɒli
AM ˈɑli

olm
BR ɒlm, əʊlm, -z
AM oʊlm, ɑlm, -z

Olmec
BR ˈɒlmɛk
AM ˈɑlˌmɛk

Olmsted
BR ˈɒmstɛd
AM ˈoʊmˌsted

ology
BR ˈɒlədʒi, -ɪz
AM ˈɑlədʒi, -z

oloroso
BR ˌɒləˈrəʊsəʊ, -z
AM ˌoʊləˈroʊˌsoʊ, -z

O'Loughlin
BR əʊˈlɒxlɪn, əʊˈlɒklɪn
AM oʊˈlɑfl(ə)n, oʊˈlɔfl(ə)n

Olsen
BR ˈɒls(ə)n
AM ˈoʊls(ə)n

Olson
BR ˈɒls(ə)n
AM ˈoʊls(ə)n

Olwen
BR ˈɒlwɪn
AM ˈɑlwən

Olympia
BR əˈlɪmpiə(r)
AM əˈlɪmpiə

Olympiad
BR əˈlɪmpiad, -z
AM əˈlɪmpiəd, oʊˈlɪmpiˌæd, -z

Olympian
BR əˈlɪmpiən, -z
AM oʊˈlɪmpiən, əˈlɪmpiən, -z

Olympic
BR əˈlɪmpɪk, -s
AM oʊˈlɪmpɪk, əˈlɪmpɪk, -s

Olympus
BR əˈlɪmpəs
AM əˈlɪmpəs

om
BR əʊm, ɒm
AM oʊm, ɑm, ɔm

oma
BR ˈəʊmə(r), -z
AM ˈoʊmə, -z

Omagh
BR ˈəʊmə(r), əʊˈmɑː(r)
AM oʊˈmɑ

Omaha
BR ˈəʊməhɑː(r)
AM ˈoʊməˌhɑ

O'Mahoney
BR əʊˈmɑː(h)əni
AM oʊməˈhoʊni

O'Mahony
BR əʊˈmɑː(h)əni
AM oʊməˈhoʊni

O'Malley
BR əʊˈmali
AM oʊˈmæli

Oman[1] *country*
BR əʊˈmɑːn
AM oʊˈmɑn

Oman[2] *surname*
BR ˈəʊmən
AM ˈoʊm(ə)n

Omani
BR əʊˈmɑːn|i, -ɪz
AM oʊˈmɑni, -z

O'Mara
BR əʊˈmɑːrə(r)
AM oʊˈmɛrə

Omar Khayyám
BR ˌəʊmɑː kʌɪˈam,
+ kʌɪˈɑːm
AM ˌoʊmɑr kaɪˈam

omasa
BR əʊˈmeɪsə(r)
AM oʊˈmeɪsə

omasum
BR əʊˈmeɪsəm
AM oʊˈmeɪs(ə)m

ombre
BR ˈɒmbə(r), -z
AM ˈambər, -z

ombré
BR ˈɒmbreɪ, ˈɒ̃breɪ, -z
AM ˈamˌbreɪ, -z

ombrology
BR ɒmˈbrɒlədʒi
AM amˈbralədʒi

ombrometer
BR ɒmˈbrɒmɪtə(r), -z
AM amˈbramədər, -z

ombudsman
BR ˈɒmbʊdzmən
AM ˈamˌbʊdzm(ə)n,
ˈamˌbədzm(ə)n

ombudsmen
BR ˈɒmbʊdzmən
AM ˈamˌbʊdzm(ə)n,
ˈamˌbədzm(ə)n

Omdurman
BR ˈɒmdəmən, ˌɒmdə-
ˈmɑːn, ˌɒmdəˈman
AM ˌamdərˈman,
ˌɒmdərˈman,
ˌamdərˈman,
ˌɒmdərˈman

O'Meara
BR əʊˈmɑːrə(r),
əʊˈmɛːrə(r),
əʊˈmɪərə(r)
AM oʊˈmɪrə

omega
BR ˈəʊmɪɡə(r), -z
AM oʊˈmɛɡə,
oʊˈmeɪɡə, -z

omelet
BR ˈɒmlɪt, -s
AM ˈamlət, -s

omelette
BR ˈɒmlɪt, -s
AM ˈamlət, -s

omen
BR ˈəʊmən, -z
AM ˈoʊm(ə)n,
-z

omenta
BR əʊˈmɛntə(r)
AM oʊˈmɛn(t)ə

omental
BR əʊˈmɛntl
AM oʊˈmɛn(t)l

omentum
BR əʊˈmɛntəm
AM oʊˈmɛn(t)əm

omer
BR ˈəʊmə(r),
-z
AM ˈoʊmər, -z

OMG
BR ˌəʊɛmˈdʒiː
AM ˌoʊˌɛmˈdʒi

omicron
BR əʊˈmʌɪkr(ɒ)n,
ˈɒmɪkr(ɒ)n, -z
AM ˈoʊməˌkrɑn,
ˈaməˌkrɑn, -z

omigawd
BR ˌəʊmɪˈɡɔːd
AM ˌoʊˌmaɪˈɡɑd,
ˈoʊmaɪˌɡɑd

omigod
BR ˌəʊmɪˈɡɒd
AM ˌoʊˌmaɪˈɡɑd,
ˈoʊmaɪˌɡɑd

omigosh
BR ˌəʊmɪˈɡɒʃ
AM ˈoʊmaɪˌɡɑʃ

ominous
BR ˈɒmɪnəs
AM ˈamənəs

ominously
BR ˈɒmɪnəsli
AM ˈamənəsli

ominousness
BR ˈɒmɪnəsnəs
AM ˈamənəsnəs

omissible
BR ə(ʊ)ˈmɪsɪbl
AM oʊˈmɪsəb(ə)l

omission
BR ə(ʊ)ˈmɪʃn, -z
AM əˈmɪʃ(ə)n,
oʊˈmɪʃ(ə)n, -z

omissive
BR ə(ʊ)ˈmɪsɪv
AM əˈmɪsɪv,
oʊˈmɪsɪv

omit
BR ə(ʊ)ˈmɪt, -s, -ɪŋ,
-ɪd
AM əˈmɪ|t, oʊˈmɪ|t, -ts,
-dɪŋ, -dɪd

ommatidia
BR ˌɒməˈtɪdɪə(r)
AM ˌaməˈtɪdɪə

ommatidium
BR ˌɒməˈtɪdɪəm
AM ˌaməˈtɪdɪəm

omnibus
BR ˈɒmnɪbʌs,
-ɪz
AM ˈamnəˌbəs,
-əz

omnicompetence
BR ˌɒmnɪˈkɒmpɪt(ə)ns
AM ˌamnəˈkampətns

omnicompetent
BR ˌɒmnɪˈkɒmpɪt(ə)nt
AM ˌamnəˈkampədnt

omnidirectional
BR ˌɒmnɪdɪˈrɛkʃn̩l,
ˌɒmnɪdʌɪˈrɛkʃn̩l
AM ˌamnədə-
ˈrɛkʃ(ə)n(ə)l,
ˌamnəˌdaɪ-
ˈrɛkʃ(ə)n(ə)l

omnifarious
BR ˌɒmnɪˈfɛːrɪəs
AM ˌamnəˈfɛrɪəs

omnific
BR ɒmˈnɪfɪk
AM amˈnɪfɪk

omnigenous
BR ɒmˈnɪdʒɪnəs
AM amˈnɪdʒənəs

omnipotence
BR ɒmˈnɪpət(ə)ns
AM əmˈnɪpədəns,
amˈnɪpətns,
əmˈnɪpətns,
amˈnɪpədəns

omnipotent
BR ɒmˈnɪpət(ə)nt
AM əmˈnɪpədnt,
amˈnɪpədnt

omnipotently
BR ɒmˈnɪpət(ə)ntli
AM əmˈnɪpədən(t)li,
amˈnɪpətn(t)li,
əmˈnɪpətn(t)li,
amˈnɪpədən(t)li

omnipresence
BR ˌɒmnɪˈprɛzns
AM ˌamnəˈprɛzns

omnipresent
BR ˌɒmnɪˈprɛznt
AM ˈamnəˌprɛznt

omniscience
BR ɒmˈnɪsɪəns
AM amˈnɪʃ(ə)ns

omniscient
BR ɒmˈnɪsɪənt
AM amˈnɪʃ(ə)nt

omnisciently
BR ɒmˈnɪsɪəntli
AM amˈnɪʃən(t)li

omnivore
BR ˈɒmnɪvɔː(r), -z
AM ˈamnəˌvɔ(ə)r,
-z

omnivorous
BR ɒmˈnɪv(ə)rəs
AM amˈnɪv(ə)rəs

omnivorously
BR ɒmˈnɪv(ə)rəsli
AM amˈnɪv(ə)rəsli

omnivorousness
BR ɒmˈnɪv(ə)rəsnəs
AM amˈnɪv(ə)rəsnəs

omphaloi
BR ˈɒmfəlɔɪ
AM ˈamfəˌlɔɪ

omphalos
BR ˈɒmfəlɒs
AM ˈɔmfələs,
ˈamfələs, ˈamfələs,
ˈɔmfələs

omphalotomy
BR ˌɒmfəˈlɒtəm|i, -ɪz
AM ˌampəˈladəmi,
ˌamfəˈladəmi, -z

Omsk
BR ɒmsk
AM amsk

on
BR ɒn
AM ɑn, ɔn

onager
BR ˈɒnədʒə(r), ˈɒnəgə(r), -z
AM ˈɑnədʒɚ, ˈɒnədʒɚ, -z

Onan
BR ˈəʊnan
AM ˈoʊnən

onanism
BR ˈəʊnənɪzm
AM ˈoʊnəˌnɪz(ə)m

onanist
BR ˈəʊnənɪst, -s
AM ˈoʊnənəst, -s

onanistic
BR ˌəʊnəˈnɪstɪk
AM ˌoʊnəˈnɪstɪk

Onassis
BR ə(ʊ)ˈnasɪs
AM oʊˈnæsəs, əˈnæsəs

ONC
BR ˌəʊɛnˈsiː, -z
AM ˌoʊɛnˈsi, -z

on call
BR ˌɒn ˈkɔːl
AM ˌɑn ˈkɔl, ˌɑn ˈkɑl

once
BR wʌns
AM wəns

once-over
BR ˈwʌnsˌəʊvə(r)
AM ˈwənsˌoʊvɚ

oncer
BR ˈwʌnsə(r), -z
AM ˈwənsɚ, -z

oncogene
BR ˈɒŋkə(ʊ)dʒiːn, -z
AM ˈɑŋkoʊˌdʒin, ˈɑŋkoʊˌdʒin, ˈɒŋkoʊˌdʒin, -z

oncogenic
BR ˌɒŋkə(ʊ)ˈdʒɛnɪk
AM ˌɑŋkoʊˈdʒɛnɪk, ˌɑŋkoʊˈdʒɛnɪk, ˌɒŋkoʊˈdʒɛnɪk

oncogenous
BR ɒŋˈkɒdʒɨnəs
AM ɑnˈkɑdʒənəs, ɒnˈkɑdʒənəs

oncologist
BR ɒŋˈkɒlədʒɪst, -s
AM ɑnˈkɑlədʒəst, ɒnˈkɑlədʒəst, -s

oncology
BR ɒŋˈkɒlədʒi
AM ɑnˈkɑlədʒi, ɒnˈkɑlədʒi

oncoming
BR ˈɒnˌkʌmɪŋ
AM ˈɑnˌkəmɪŋ, ˈɒnˌkəmɪŋ

oncost
BR ˈɒnkɒst, -s
AM ɑnˈkɑst, ɒnˈkɔst, -s

OND
BR ˌəʊʊɛnˈdiː, -z
AM ˌoʊʊɛnˈdi, -z

one
BR wʌn
AM wən

O'Neal
BR əʊˈniːl
AM oʊˈnil

onefold
BR ˈwʌnfəʊld
AM ˈwənˌfoʊld

Oneida
BR əʊˈnaɪdə(r)
AM oʊˈnaɪdə

O'Neil
BR əʊˈniːl
AM oʊˈnil

O'Neill
BR əʊˈniːl
AM oʊˈnil

oneiric
BR ə(ʊ)ˈnaɪrɪk
AM oʊˈnaɪrɪk

oneirocritic
BR ə(ʊ)ˌnaɪrəˈkrɪtɪk, -s
AM oʊˌnaɪroʊˈkrɪdɪk, -s

oneirologist
BR ə(ʊ)ˌnaɪˈrɒlədʒɪst, -s
AM oʊˌnaɪˈrɑlədʒəst, -s

oneirology
BR ə(ʊ)ˌnaɪˈrɒlədʒi
AM oʊˌnaɪˈrɑlədʒi

oneiromancer
BR ə(ʊ)ˈnaɪrəmansə(r), -z
AM oʊˈnaɪrəˌmænsɚ, -z

oneiromancy
BR ə(ʊ)ˈnaɪrəmansi
AM oʊˈnaɪroʊˌmænsi

oneness
BR ˈwʌnnəs
AM ˈwə(n)nəs

oner
BR ˈwʌnə(r), -z
AM ˈwənɚ, -z

onerous
BR ˈəʊn(ə)rəs, ˈɒn(ə)rəs
AM ˈɑnərəs, ˈoʊnərəs

onerously
BR ˈəʊn(ə)rəsli, ˈɒn(ə)rəsli
AM ˈɑnərəsli, ˈoʊnərəsli

onerousness
BR ˈəʊn(ə)rəsnəs, ˈɒnərəsnəs
AM ˈɑnərəsnəs, ˈoʊnərəsnəs

oneself
BR ˌwʌnˈsɛlf
AM ˌwənˈsɛlf

one-sided
BR ˌwʌnˈsaɪdɪd
AM ˌwənˈsaɪdɪd

one-sidedly
BR ˌwʌnˈsaɪdɪdli
AM ˌwənˈsaɪdɪdli

one-sidedness
BR ˌwʌnˈsaɪdɪdnɪs
AM ˌwənˈsaɪdɪdnɪs

onesie
BR ˈwʌnzli, -ɪz
AM ˈwənzi, -z

Onesimus
BR əʊˈniːsɪməs, əʊˈnɛsɨməs
AM oʊˈnɛsɨməs, oʊˈnɪsɨməs

one-step
BR ˈwʌnstɛp, -s, -ɪŋ, -t
AM ˈwənˌstɛp, -s, -ɪŋ, -t

one-time *adjective*
BR ˈwʌntaɪm
AM ˈwənˈtaɪm

one-to-one
BR ˌwʌntəˈwʌn
AM ˌwən(t)əˈwən

one-upmanship
BR (ˌ)wʌnˈʌpmənʃɪp
AM wənˈəp(s)mənˌʃɪp

onflow
BR ˈɒnfləʊ, -z
AM ˈɑnˌfloʊ, ˈɒnˌfloʊ, -z

onglaze
BR ˈɒngleɪz
AM ˈɑnˌgleɪz, ˈɒnˌgleɪz

ongoing
BR ˈɒngəʊɪŋ, ˌɒnˈgəʊɪŋ
AM ˈɑnˌgoʊɪŋ, ˈɒnˌgoʊɪŋ

ongoingness
BR ˈɒngəʊɪŋnɪs, ˌɒnˈgəʊɪŋnɪs
AM ˈɑngoʊɪŋnɪs, ˈɒngoʊɪŋnɪs

onion
BR ˈʌnjən, -z
AM ˈənj(ə)n, -z

Onions
BR ˈʌnjənz, ə(ʊ)ˈnaɪənz
AM ˈənjənz

onionskin
BR ˈʌnjənskɪn, -z
AM ˈənjənˌskɪn, -z

oniony
BR ˈʌnjəni
AM ˈənjəni

on-line
BR ˌɒnˈlaɪn
AM ˌɑnˈlaɪn, ˌɒnˈlaɪn

onlooker
BR ˈɒnˌlʊkə(r), -z
AM ˈɑnˌlʊkɚ, ˈɒnˌlʊkɚ, -z

onlooking
BR ˈɒnˌlʊkɪŋ
AM ˈɑnˌlʊkɪŋ, ˈɒnˌlʊkɪŋ

only
BR ˈəʊnli
AM ˈoʊnli

only-begotten
BR ˌəʊnlɪbɪˈɡɒtn
AM ˌoʊnlɪbɪˈɡɑtn, ˌoʊnlɪbəˈɡɑtn

on-off
BR ˌɒnˈɒf
AM ˈɑnˌɑf, ˈɔnˌɔf

onomasiology
BR ˌɒnəmeɪsɪˈɒlədʒi, ˌɒnəmeɪzɪˈɒlədʒi
AM ˌɑnəˌmeɪsiˈɑlədʒi, ˌɑnəˌmeɪsiˈɑlədʒi, ˌɑnəˌmeɪziˈɑlədʒi, ˌɔnəˌmeɪsiˈɑlədʒi

onomast
BR ˈɒnəmast, -s
AM ˈɑnəˌmæst, -s

onomastic
BR ˌɒnəˈmastɪk, -s
AM ˌɑnəˈmæstɪk, ˌɔnəˈmæstɪk, -s

onomatopoeia
BR ˌɒnəmatəˈpiːə(r)
AM ˌɑnəˌmædəˈpiə, ˌɔnəˌmædəˈpiə

onomatopoeic
BR ˌɒnəmatəˈpiːɪk
AM ˌɑnəˌmædəˈpiːk, ˌɔnəˌmædəˈpiːk

onomatopoeically
BR ˌɒnəmatəˈpiːɪkli
AM ˌɑnəˌmædəˈpiːk(ə)li

onomatopoetic
BR ˌɒnəmatəpəʊˈɛtɪk
AM ˌɑnəˌmædəpoʊˈɛdɪk, ˌɔnəˌmædəpoʊˈɛdɪk

Onondaga
BR ˌɒnənˈdɑːɡə(r), -z
AM ˌɑnənˈdɑɡə, ˌɔnənˈdɑɡə, -z

on-ramp
BR ˈɒnˌramp, -s
AM ˈɑnˌræmp, -s

onrush
BR ˈɒnrʌʃ, -ɪz
AM ˈɑnˌrəʃ, ˈɔnˌrəʃ, -əz

onrushing
BR ˈɒnˌrʌʃɪŋ
AM ˈɑnˌrəʃɪŋ, ˈɔnˌrəʃɪŋ

onset *noun*
BR ˈɒnsɛt, -s
AM ˈɑnˌsɛt, ˈɔnˌsɛt, -s

on-set *adjective, adverb*
BR ˌɒnˈsɛt
AM ˈɑnˈsɛt, ˈɔnˈsɛt

onshore
BR ˌɒnˈʃɔː(r)
AM ˈɑnˈʃɔ(ə)r, ˈɔnˈʃɔ(ə)r

onside
BR ˌɒnˈsʌɪd
AM ˈɑnˈsaɪd, ˈɔnˈsaɪd

onslaught
BR ˈɒnslɔːt, -s
AM ˈɑnˌslɔt, ˈɔnˌslɔt, -s

Onslow
BR ˈɒnzləʊ
AM ˈɑnzloʊ

onstream
BR ˌɒnˈstriːm
AM ˌɑnˈstrim, ˌɔnˈstrim

Ontario
BR ɒnˈtɛːrɪəʊ
AM ɑnˈtɛrioʊ, ɔnˈtɛrioʊ

on-the-spot
BR ˌɒnðəˈspɒt
AM ˌɑnðəˈspɑt, ˌɔnðəˈspɑt

onto
BR ˈɒntʉ
AM ˈɑnˌtʊ, ˈɔnˌtʊ

ontogenesis
BR ˌɒntə(ʊ)ˈdʒɛnɪsɪs
AM ˌɑnˌtoʊˈdʒɛnəsəs, ˌɔnˌtoʊˈdʒɛnəsəs

ontogenetic
BR ˌɒntəʊdʒɪˈnɛtɪk
AM ˌɑnˌtoʊdʒəˈnɛdɪk, ˌɔnˌtoʊdʒəˈnɛdɪk

ontogenetically
BR ˌɒntəʊdʒɪˈnɛtɪkli
AM ˌɑnˌtoʊdʒəˈnɛdək(ə)li, ˌɔnˌtoʊdʒəˈnɛdək(ə)li

ontogenic
BR ˌɒntə(ʊ)ˈdʒɛnɪk
AM ˌɑnˌtoʊˈdʒɛnɪk, ˌɔnˌtoʊˈdʒɛnɪk

ontogenically
BR ˌɒntə(ʊ)ˈdʒɛnɪkli
AM ˌɑnˌtoʊˈdʒɛnək(ə)li, ˌɔnˌtoʊˈdʒɛnək(ə)li

ontogeny
BR ɒnˈtɒdʒɪni, ɒnˈtɒdʒni
AM ɑnˈtɑdʒəni, ɔnˈtɑdʒəni

ontological
BR ˌɒntəˈlɒdʒɪkl
AM ˌɑn(t)əˈlɑdʒək(ə)l, ˌɔn(t)əˈlɑdʒək(ə)l

ontologically
BR ˌɒntəˈlɒdʒɪkli
AM ˌɑn(t)əˈlɑdʒək(ə)li, ˌɔn(t)əˈlɑdʒək(ə)li

ontologist
BR ɒnˈtɒlədʒɪst, -s
AM ɑnˈtɑlədʒəst, ɔnˈtɑlədʒəst, -s

ontology
BR ɒnˈtɒlədʒi
AM ɑnˈtɑlədʒi, ɔnˈtɑlədʒi

on-trend
BR ˌɒnˈtrɛnd
AM ˌɑnˈtrɛnd

onus
BR ˈəʊnəs
AM ˈoʊnəs

onward
BR ˈɒnwəd, -z
AM ˈɑnwərd, ˈɔnwərd, -z

onymous
BR ˈɒnɪməs
AM ˈɑnəməs, ˈɔnəməs

onyx
BR ˈɒnɪks, -ɪz
AM ˈɑnɪks, ˈɔnɪks, -ɪz

oocyte
BR ˈəʊəsʌɪt
AM ˈoʊəˌsaɪt

oodles
BR ˈuːdlz
AM ˈudlz

oof
BR uːf
AM uf

oofiness
BR ˈuːfɪnɪs
AM ˈufɪnɪs

oofy
BR ˈuːfli, -ɪə(r), -ɪɪst
AM ˈufi, -ər, -əst

oogamous
BR əʊˈɒɡəməs
AM oʊˈ(w)aɡəməs

oogamy
BR əʊˈɒɡəmi
AM oʊˈ(w)aɡəmi

oogenesis
BR əʊə(ʊ)ˈdʒɛnɪsɪs
AM ˌoʊəˈdʒɛnəsəs

oogenetic
BR ˌəʊə(ʊ)dʒɪˈnɛtɪk
AM ˌoʊədʒəˈnɛdɪk

ooh
BR uː, -z, -ɪŋ, -d
AM u, -z, -ɪŋ, -d

oojamaflip
BR ˈuːdʒəməflɪp, -s
AM ˈudʒəməˌflɪp, -s

oolite
BR ˈəʊəlʌɪt, -s
AM ˈoʊəˌlaɪt, -s

oolith
BR ˈəʊəlɪθ, -s
AM ˈoʊəˌlɪθ, -s

oolitic
BR ˌəʊəˈlɪtɪk
AM ˌoʊəˈlɪdɪk

oological
BR ˌəʊəˈlɒdʒɪkl
AM ˌoʊəˈlɑdʒək(ə)l

oologist
BR əʊˈɒlədʒɪst, -s
AM oʊˈ(w)alədʒəst, -s

oology
BR əʊˈɒlədʒi
AM oʊˈ(w)alədʒi

oolong
BR ˈuːlɒŋ
AM ˈuˌlɑŋ, ˈuˌlɔŋ

oomiak
BR ˈuːmɪak, -s
AM ˈumiˌæk, ˈumiək, -s

oompah
BR ˈʊmpɑː(r),
ˈuːmpɑː(r)
AM ˈʊmˌpɑ,
ˈuːmˌpɑ

oomph
BR ʊmf, uːmf
AM ʊmf, ʊmf

Oona
BR ˈuːnə(r)
AM ˈunə

Oonagh
BR ˈuːnə(r)
AM ˈunə

oophorectomy
BR ˌəʊəfəˈrektəm|i, -ɪz
AM ˌoʊfəˈrektəmi, -z

oops
BR (w)ʊps
AM ʊps, (w)ʊps

oops-a-daisy
BR ˌ(w)ʊpsəˈdeɪzi,
ˌ(w)uːpsəˈdeɪzi
AM ˈ(w)ʊpsəˌdeɪzi,
ˈ(w)ʊpsəˌdeɪzi

Oort
BR ɔːt, ʊət
AM ə(ə)rt

oosperm
BR ˈəʊə(ʊ)spɜːm, -z
AM ˈoʊəˌspɜrm, -z

Oostende
BR ɒˈstend
AM ˈoʊˌstend,
ˈɔˌstend
FL oːstˈɛndə

Oosterhuis
BR ˈəʊstəhaʊs,
ˈuːstəhaʊs
AM ˈustərˌ(h)aʊs

ooze
BR uːz, -ɪz, -ɪŋ, -d
AM uz, -əz, -ɪŋ, -d

oozily
BR ˈuːzɪli
AM ˈuzəli

ooziness
BR ˈuːzɪnɪs
AM ˈuzɪnɪs

oozy
BR ˈuːz|i, -ɪə(r), -ɪɪst
AM ˈuzi, -ər, -ɪst

op
BR ɒp, -s
AM ɑp, -s

op. *opus, operator*
BR ɒp
AM ɑp

opa
BR ˈəʊpə(r), -z
AM ˈoʊpə, -z

opacifier
BR əʊˈpæsɪfʌɪə(r), -z
AM oʊˈpæsəˌfaɪər, -z

opacify
BR əʊˈpæsɪfʌɪ, -z,
-ɪŋ, -d
AM oʊˈpæsəˌfaɪ, -z,
-ɪŋ, -d

opacity
BR ə(ʊ)ˈpæsɪti
AM oʊˈpæsədi

opah
BR ˈəʊpə(r), -z
AM ˈoʊpə, -z

opal
BR ˈəʊpl, -z
AM ˈoʊpəl, -z

opalesce
BR ˌəʊpəˈles, -ɪz, -ɪŋ, -t
AM ˌoʊpəˈles, -əz,
-ɪŋ, -t

opalescence
BR ˌəʊpəˈlesns
AM ˌoʊpəˈles(ə)ns

opalescent
BR ˌəʊpəˈlesnt
AM ˌoʊpəˈles(ə)nt

opaline
BR ˈəʊpəlʌɪn
AM ˈoʊpəˌlaɪn,
ˈoʊpəˌlin

opaque
BR ə(ʊ)ˈpeɪk
AM oʊˈpeɪk

opaquely
BR ə(ʊ)ˈpeɪkli
AM oʊˈpeɪkli

opaqueness
BR ə(ʊ)ˈpeɪknɪs
AM oʊˈpeɪknɪs

op art
BR ˈɒp ɑːt
AM ˈɑp ˌɑrt

op. cit.
BR ˌɒp ˈsɪt
AM ˈɑp ˌsɪt

opcode
BR ˈɒpkəʊd, -z
AM ˈɑpˌkoʊd, -z

ope
BR əʊp, -s, -ɪŋ, -t
AM oʊp, -s, -ɪŋ, -t

OPEC
BR ˈəʊpek
AM ˈoʊpek

Op-Ed
BR ˌɒpˈed
AM ˌɑpˈed

Opel
BR ˈəʊpl, -z
AM ˈoʊpɛl, -z

open
BR ˈəʊp|(ə)n, -(ə)nz,
-(ə)nɪŋ\-nɪŋ, -(ə)nd
AM ˈoʊp|ən, -ənz,
-(ə)nɪŋ, -ənd\-n̩d

openable
BR ˈəʊp(ə)nəbl
AM ˈoʊp(ə)nəb(ə)l

opencast
BR ˈəʊp(ə)nkɑːst
AM ˈoʊpənˌkæst

opener
BR ˈəʊp(ə)nə(r),
ˈəʊpn̩ə(r), -z
AM ˈoʊp(ə)nər, -z

opening
BR ˈəʊp(ə)nɪŋ,
ˈəʊpn̩ɪŋ, -z
AM ˈoʊp(ə)nɪŋ, -z

openly
BR ˈəʊp(ə)nli
AM ˈoʊpənli

openness
BR ˈəʊp(ə)nnəs
AM ˈoʊpə(n)nəs

Openshaw
BR ˈəʊp(ə)nʃɔː(r)
AM ˈoʊpənˌʃɔ

openwork
BR ˈəʊp(ə)nwɜːk
AM ˈoʊpənˌwərk

opera
BR ˈɒp(ə)rə(r), -z
AM ˈɑp(ə)rə, -z

operability
BR ˌɒp(ə)rəˈbɪlɪti
AM ˌɑp(ə)rəˈbɪlɪdi

operable
BR ˈɒp(ə)rəbl
AM ˈɑp(ə)rəb(ə)l

operably
BR ˈɒp(ə)rəbli
AM ˈɑp(ə)rəbli

opera buffa
BR ˌɒp(ə)rə ˈbuːfə(r)
AM ˌoʊp(ə)rə
ˈbufə

opéra comique
BR ˌɒp(ə)rə kɒˈmiːk,
-s
AM ˌoʊp(ə)rə kəˈmik,
-s

operand
BR ˈɒpərand, ˈɒp(ə)
rn̩d, -z
AM ˈɑpəˌrænd, -z

operant
BR ˈɒp(ə)rn̩t, -s
AM ˈɑpərənt,
-s

operas buffa
BR ˌɒp(ə)rəz ˈbuːfə(r)
AM ˌoʊp(ə)rəz ˈbufə

opera seria
BR ˌɒp(ə)rə ˈsɪərɪə(r)
AM ˌoʊp(ə)rə ˈsɪrɪə

operas seria
BR ˌɒp(ə)rəz ˈsɪərɪə(r)
AM ˌoʊp(ə)rəz ˈsɪrɪə

operate
BR ˈɒpəreɪt, -s, -ɪŋ,
-ɪd
AM ˈɑpəˌreɪ|t, -ts,
-dɪŋ, -dɪd

operatic
BR ˌɒpəˈratɪk, -s
AM ˌɑpəˈrædɪk, -s

operatically
BR ˌɒpəˈratɪkli
AM ˌɑpəˈrædək(ə)li

operation
BR ˌɒpəˈreɪʃn, -z
AM ˌɑpəˈreɪʃ(ə)n, -z

operational
BR ˌɒpəˈreɪʃn̩l
AM ˌɑpəˈreɪʃ(ə)n(ə)l

operationalise
BR ˌɒpəˈreɪʃn̩lʌɪz,
ˌɒpəˈreɪʃnəlʌɪz, -ɪz,
-ɪŋ, -d
AM ˌɑpəˈreɪʃnəˌlaɪz,
ˌɑpəˈreɪʃənlˌaɪz, -ɪz,
-ɪŋ, -d

operationalize
BR ˌɒpəˈreɪʃn̩lʌɪz,
ˌɒpəˈreɪʃnəlʌɪz, -ɪz,
-ɪŋ, -d
AM ˌɑpəˈreɪʃnəˌlaɪz,
ˌɑpəˈreɪʃənlˌaɪz, -ɪz,
-ɪŋ, -d

operationally
BR ˌɒpəˈreɪʃn̩li,
ˌɒpəˈreɪʃnəli
AM ˌɑpəˈreɪʃ(ə)nəli

operative
BR ˈɒp(ə)rətɪv, -z
AM ˈɑp(ə)rədɪv, -z

operatively
BR ˈɒp(ə)rətɪvli
AM ˈɑp(ə)rədɪvli

operativeness
BR ˈɒp(ə)rətɪvnɪs
AM ˈɑp(ə)rədɪvnɪs

operator
BR ˈɒpəreɪtə(r), -z
AM ˈɑpəˌreɪdər, -z

opercula
BR əʊˈpɜːkjʊlə(r),
ɒˈpɜːkjʊlə(r)
AM oʊˈpɝkjələ

opercular
BR əʊˈpɜːkjʊlə(r),
ɒˈpɜːkjʊlə(r)
AM oʊˈpɝkjələr

operculate
BR əʊˈpɜːkjʊlət,
ɒˈpɜːkjʊlət
AM oʊˈpɝkjəˌleɪt

operculum
BR əʊˈpɜːkjʊləm,
ɒˈpɜːkjʊləm
AM oʊˈpɝkjəl(ə)m

opere buffe
BR ˌɒp(ə)reɪ ˈbuːfeɪ
AM ˌoʊp(ə)reɪ ˈbufeɪ

opere serie
BR ˌɒp(ə)reɪ ˈsɪərieɪ
AM ˌoʊp(ə)rə ˈsɪrieɪ

operetta
BR ˌɒpəˈretə(r), -z
AM ˌɑpəˈredə, -z

operon
BR ˈɒpərɒn, -z
AM ˈɑpərɑn, -z

Ophelia
BR əʊˈfiːliə(r),
ɒˈfiːliə(r)
AM əˈfiljə, oʊˈfiliə,
əˈfiliə, oʊˈfiljə

ophicleide
BR ˈɒfɪklʌɪd, -z
AM ˈoʊfəˌklaɪd,
ˈɑfəˌklaɪd, -z

ophidia
BR ɒˈfɪdiə(r),
əʊˈfɪdiə(r)
AM oʊˈfɪdiə

ophidian
BR ɒˈfɪdiən,
əʊˈfɪdiən, -z
AM oʊˈfɪdiən, -z

ophiolatry
BR ˌɒfɪˈɒlətri
AM ˌoʊfiˈɑlətri,
ˌɑfiˈɑlətri

ophiolite
BR ˈɒfɪəlʌɪt
AM ˈɑfiəˌlaɪt

ophiologist
BR ˌɒfɪˈɒlədʒɪst, -s
AM ˌoʊfiˈɑlədʒəst,
ˌɑfiˈɑlədʒəst, -s

ophiology
BR ˌɒfɪˈɒlədʒi
AM ˌoʊfiˈɑlədʒi,
ˌɑfiˈɑlədʒi

Ophir
BR ˈəʊfə(r)
AM ˈoʊfər

ophite
BR ˈɒfʌɪt,
ˈəʊfʌɪt, -s
AM ˈoʊˌfaɪt, -s

ophitic
BR ɒˈfɪtɪk, əʊˈfɪtɪk
AM oʊˈfɪdɪk

Ophiuchus
BR ɒˈfjuːkəs,
ˌɒfɪˈuːkəs
AM əˈfjukəs

ophthalmia
BR ɒfˈθalmiə(r),
ɒpˈθalmiə(r)
AM afˈθælmiə,
apˈθælmiə

ophthalmic
BR ɒfˈθalmɪk,
ɒpˈθalmɪk
AM afˈθælmɪk,
apˈθælmɪk

ophthalmitis
BR ˌɒfθalˈmʌɪtɪs,
ˌɒpθalˈmʌɪtɪs
AM ˌafθə(l)ˈmaɪdɪs,
ˌapθə(l)ˈmaɪdɪs

ophthalmological
BR ˌɒfθalməˈlɒdʒɪkl,
ˌɒpθalməˈlɒdʒɪkl
AM ˌafθə(l)mə-
ˈlɑdʒək(ə)l,
ˌapθə(l)mə-
ˈlɑdʒək(ə)l

ophthalmologist
BR ˌɒfθalˈmɒlədʒɪst,
ˌɒpθalˈmɒlədʒɪst, -s
AM ˌafθə(l)ˈmɑlədʒəst
ˌapθə(l)-
ˈmɑlədʒəst, ˌapθə(l)-
ˈmɑlədʒəst, -s

ophthalmology
BR ˌɒfθalˈmɒlədʒi,
ˌɒpθalˈmɒlədʒi
AM ˌafθə(l)ˈmɑlədʒi,
ˌapθə(l)ˈmɑlədʒi

ophthalmoscope
BR ɒfˈθalməskəʊp,
ɒpˈθalməskəʊp, -s
AM afˈθælməˌskoʊp,
apˈθælməˌskoʊp, -s

ophthalmoscopic
BR ɒfˌθalməˈskɒpɪk,
ɒpˌθalməˈskɒpɪk
AM ˌafθə(l)mə-
ˈskɑpɪk,
ˌapθə(l)məˈskɑpɪk

ophthalmoscopically
BR ɒfˌθalməˈskɒpɪkli,
ɒpˌθalməˈskɒpɪkli
AM ˌafθə(l)mə-
ˈskɑpək(ə)li,
ˌapθə(l)mə-
ˈskɑpək(ə)li

ophthalmoscopy
BR ˌɒfθalˈmɒskəpi,
ˌɒpθalˈmɒskəpi
AM ˌafθə(l)ˈmaskəpi,
ˌapθə(l)ˈmaskəpi

opiate
BR ˈəʊpɪət, -s
AM ˈoʊpiɪt, -s

Opie
BR ˈəʊpi
AM ˈoʊpi

opine
BR ə(ʊ)ˈpʌɪn, ˈɛ,
-ɪŋ, -d
AM oʊˈpaɪn, -z,
-ɪŋ, -d

opinion
BR əˈpɪnj(ə)n, -z
AM əˈpɪnj(ə)n,
-z

opinionated
BR əˈpɪnjəneɪtɪd
AM əˈpɪnjəˌneɪdɪd

opinionatedly
BR əˈpɪnjəneɪtɪdli
AM əˈpɪnjəˌneɪdɪdli

opinionatedness
BR əˈpɪnjəneɪtɪdnɪs
AM əˈpɪnjəˌneɪdɪdnɪs

opinionative
BR əˈpɪnjənətɪv
AM əˈpɪnjəˌneɪdɪv

opioid
BR ˈəʊpɪɔɪd, -z
AM ˈoʊpiɔɪd, -z

opisometer
BR ˌɒpɪˈsɒmɪtə(r), -z
AM ˌɑpəˈsamədər, -z

opisthograph
BR əˈpɪsθəɡrɑːf, -s
AM əˈpɪsθəˌɡræf, -s

opisthography
BR ˌɒpɪsˈθɒɡrəfi
AM ˌɑpəsˈθɑɡrəfi

opisthosoma
BR əˌpɪsθəˈsəʊmə(r),
-z
AM əˌpɪsθəˈsoʊmə,
-z

opium
BR ˈəʊpɪəm
AM ˈoʊpiəm

opiumise
BR ˈəʊpɪəmʌɪz, -ɪz, -ɪŋ, -d
AM ˈoʊpjəˌmaɪz, ˈoʊpiəˌmaɪz, -ɪz, -ɪŋ, -d

opiumize
BR ˈəʊpɪəmʌɪz, -ɪz, -ɪŋ, -d
AM ˈoʊpjəˌmaɪz, ˈoʊpiəˌmaɪz, -ɪz, -ɪŋ, -d

opodeldoc
BR ˌɒpə(ʊ)ˈdɛldɒk
AM ˌɑpəˈdɛlˌdɑk

opopanax
BR ə(ʊ)ˈpɒpənaks
AM əˈpɑpəˌnæks

Oporto
BR əʊˈpɔːtəʊ, ɒˈpɔːtəʊ
AM əˈpɔrˌtoʊ, ɑˈpɔrˌtoʊ, əˈpɔrdoʊ

opossum
BR əˈpɒsəm, -z
AM (ə)ˈpɑs(ə)m, -z

Oppenheim
BR ˈɒp(ə)nhʌɪm
AM ˈɑpənhaɪm

Oppenheimer
BR ˈɒp(ə)nhʌɪmə(r)
AM ˈɑp(ə)nˌ(h)aɪmər

oppidan
BR ˈɒpɪd(ə)n, -z
AM ˈɑpədən, -z

oppo
BR ˈɒpəʊ, -z
AM ˈɑˌpoʊ, -z

opponency
BR əˈpəʊnənsi
AM əˈpoʊnənsi

opponent
BR əˈpəʊnənt, -s
AM əˈpoʊnənt, -s

opportune
BR ˈɒpətjuːn, ˈɒpətʃuːn, ˌɒpəˈtjuːn, ˌɒpəˈtʃuːn
AM ˌˈɑpərˌt(j)un

opportunely
BR ˈɒpətjuːnli, ˈɒpətʃuːnli, ˌɒpəˈtjuːnli, ˌɒpəˈtʃuːnli
AM ˌɑpərˈt(j)unli

opportuneness
BR ˈɒpətjuːnnəs, ˈɒpətʃuːnnəs, ˌɒpəˈtjuːnnəs, ˌɒpəˈtʃuːnnəs
AM ˌɑpərˈt(j)u(n)nəs

opportunism
BR ˈɒpətjuːnɪzm, ˈɒpətʃuːnɪzm, ˌɒpəˈtjuːnɪzm, ˌɒpəˈtʃuːnɪzm
AM ˌɑpərˈt(j)uˌnɪz(ə)m

opportunist
BR ˈɒpətjuːnɪst, ˈɒpətʃuːnɪst, ˌɒpəˈtjuːnɪst, ˌɒpəˈtʃuːnɪst, -s
AM ˌɑpərˈt(j)unəst, -s

opportunistic
BR ˌɒpətjuːˈnɪstɪk, ˌɒpətʃuːˈnɪstɪk
AM ˌɑpərt(j)uˈnɪstɪk

opportunistically
BR ˌɒpətjuːˈnɪstɪkli, ˌɒpətʃuːˈnɪstɪkli
AM ˌˈɑpərt(j)uˈnɪstək(ə)li

opportunity
BR ˌɒpəˈtjuːnɪt|i, ˌɒpəˈtʃuːnɪt|i, -ɪz
AM ˌɑpərˈt(j)unədi, -z

opposable
BR əˈpəʊzəbl
AM əˈpoʊzəb(ə)l

oppose
BR əˈpəʊz, -ɪz, -ɪŋ, -d
AM əˈpoʊz, -əz, -ɪŋ, -d

opposer
BR əˈpəʊzə(r), -z
AM əˈpoʊzər, -z

opposite
BR ˈɒpəzɪt, ˈɒpəsɪt, -s
AM ˈɑpəzət, -s

oppositely
BR ˈɒpəzɪtli, ˈɒpəsɪtli
AM ˈɑpəzətli

oppositeness
BR ˈɒpəzɪtnɪs, ˈɒpəsɪtnɪs
AM ˈɑpəzətnəs

opposition
BR ˌɒpəˈzɪʃn, -z
AM ˌɑpəˈzɪʃ(ə)n, -z

oppositional
BR ˌɒpəˈzɪʃn̩l
AM ˌɑpəˈzɪʃ(ə)n(ə)l

oppositive
BR əˈpɒzɪtɪv
AM əˈpɑzədɪv

oppress
BR əˈprɛs, -ɪz, -ɪŋ, -t
AM əˈprɛs, -əz, -ɪŋ, -t

oppression
BR əˈprɛʃn
AM əˈprɛʃ(ə)n

oppressive
BR əˈprɛsɪv
AM əˈprɛsɪv

oppressively
BR əˈprɛsɪvli
AM əˈprɛsɪvli

oppressiveness
BR əˈprɛsɪvnɪs
AM əˈprɛsɪvnɪs

oppressor
BR əˈprɛsə(r), -z
AM əˈprɛsər, -z

opprobrious
BR əˈprəʊbrɪəs
AM əˈproʊbrɪəs

opprobriously
BR əˈprəʊbrɪəsli
AM əˈproʊbrɪəsli

opprobriousness
BR əˈprəʊbrɪəsnəs
AM əˈproʊbrɪəsnəs

opprobrium
BR əˈprəʊbrɪəm
AM əˈproʊbrɪəm

oppugn
BR əˈpjuːn, -z, -ɪŋ, -d
AM əˈpjun, -z, -ɪŋ, -d

oppugnance
BR əˈpʌgnəns
AM əˈpəgnəns

oppugnancy
BR əˈpʌgnənsi
AM əˈpəgnənsi

oppugnant
BR əˈpʌgnənt
AM əˈpəgnənt

oppugnation
BR ˌɒpʌgˈneɪʃn
AM ˌɑpəgˈneɪʃ(ə)n

oppugner
BR əˈpjuːnə(r), -z
AM əˈpjunər, -z

Oprah
BR ˈəʊprə(r)
AM ˈoʊprə

Opren
BR ˈəʊpr(ɛ)n
AM ˈoʊprən

opsimath
BR ˈɒpsɪmaθ, -s
AM ˈɑpsəˌmæθ, -s

opsimathy
BR ɒpˈsɪməθi
AM ɑpˈsɪməθi

opsit
BR ˈɒpsɪt, -s, -ɪŋ, -ɪd
AM ˈɑpsɪ|t, -ts, -dɪŋ, -dɪd

opsonic
BR ɒpˈsɒnɪk
AM ɑpˈsɑnɪk

opsonin
BR ˈɒpsənɪn, -z
AM ˈɑpsənən, -z

opt
BR ɒpt, -s, -ɪŋ, -ɪd
AM ɑpt, -s, -ɪŋ, -əd

Optacon
BR ˈɒptək(ə)n
AM ˈɑptəˌkɑn

optant
BR ˈɒpt(ə)nt, -s
AM ˈɑptnt, -s

optative
BR ˈɒptətɪv, -z
AM ˈɑptədɪv, -z

optatively
BR ˈɒptətɪvli
AM ˈɑptədɪvli

optic
BR ˈɒptɪk, -s
AM ˈɑptɪk, -s

optical
BR ˈɒptɪkl
AM ˈɑptək(ə)l

optically
BR ˈɒptɪkli
AM ˈɑptək(ə)li

optician
BR ɒpˈtɪʃn, -z
AM ɑpˈtɪʃ(ə)n, -z

optima
BR ˈɒptɪmə(r)
AM ˈɑptəmə

optimal
BR ˈɒptɪml
AM ˈɑptɪm(ə)l

optimality
BR ˌɒptɪˈmalɪti
AM ˌɑptəˈmælədi

optimally
BR ˈɒptɪml̩i
AM ˈɑptɪm(ə)li

optimisation
BR ˌɒptɪmʌɪˈzeɪʃn, -z
AM ˌɑptə.maɪˈzeɪʃ(ə)n, ˌɑptəməˈzeɪʃ(ə)n, -z

optimise
BR ˈɒptɪmʌɪz, -ɪz, -ɪŋ, -d
AM ˈɑptə.maɪz, -ɪz, -ɪŋ, -d

optimism
BR ˈɒptɪmɪzm
AM ˈɑptə.mɪz(ə)m

optimist
BR ˈɒptɪmɪst, -s
AM ˈɑptəməst, -s

optimistic
BR ˌɒptɪˈmɪstɪk
AM ˌɑptəˈmɪstɪk

optimistically
BR ˌɒptɪˈmɪstɪkli
AM ˌɑptəˈmɪstɪk(ə)li

optimization
BR ˌɒptɪmʌɪˈzeɪʃn, -z
AM ˌɑptə.maɪˈzeɪʃ(ə)n, ˌɑptəməˈzeɪʃ(ə)n, -z

optimize
BR ˈɒptɪmʌɪz, -ɪz, -ɪŋ, -d
AM ˈɑptə.maɪz, -ɪz, -ɪŋ, -d

optimum
BR ˈɒptɪməm, -z
AM ˈɑptəməm, -z

option
BR ˈɒpʃn, -z
AM ˈɑpʃ(ə)n, -z

optional
BR ˈɒpʃn̩l
AM ˈɑpʃ(ə)n(ə)l

optionality
BR ˌɒpʃəˈnalɪti
AM ˌɑpʃəˈnælədi

optionally
BR ˈɒpʃn̩li, ˈɒpʃnəli
AM ˈɑpʃ(ə)nəli

optometer
BR ɒpˈtɒmɪtə(r), -z
AM ɑpˈtɑmədər, -z

optometric
BR ˌɒptəˈmɛtrɪk
AM ˌɑptəˈmɛtrɪk

optometrist
BR ɒpˈtɒmɪtrɪst, -s
AM ɑpˈtɑmətrəst, -s

optometry
BR ɒpˈtɒmɪtri
AM ɑpˈtɑmətri

optophone
BR ˈɒptəfəʊn, -z
AM ˈɑptə.foʊn, -z

opt-out
BR ˈɒptaʊt, -s
AM ˈɑpˈtaʊt, -s

Optrex
BR ˈɒptrɛks
AM ˈɑptrɛks

opulence
BR ˈɒpjʊln̩s
AM ˈoʊpjəl(ə)ns, ˈɑpjəl(ə)ns

opulent
BR ˈɒpjʊln̩t
AM ˈoʊpjəl(ə)nt, ˈɑpjəl(ə)nt

opulently
BR ˈɒpjʊln̩tli
AM ˈoʊpjələn(t)li, ˈɑpjələn(t)li

opuntia
BR əʊˈpʌnʃ(i)ə(r), ɒˈpʌnʃ(i)ə(r), -z
AM oʊˈpʌnʃ(i)ə, -z

opus
BR ˈəʊpəs, -ɪz
AM ˈoʊpəs, -əz

opuscule
BR əˈpʌskjuːl, -z
AM oʊˈpəskjul, -z

or¹ *strong*
BR ɔː(r)
AM ɔ(ə)r

or² *weak*
BR ə(r)
AM ə(r)

orach
BR ˈɒrətʃ, -ɪz
AM ˈɑrətʃ, ˈɔrətʃ, -əz

orache
BR ˈɒrətʃ, -ɪz
AM ˈɑrətʃ, ˈɔrətʃ, -əz

oracle
BR ˈɒrəkl, -z
AM ˈɔrək(ə)l, -z

oracular
BR ɒˈrakjʊlə(r), ɔːˈrakjʊlə(r)
AM əˈrækjələr, ɔˈrækjələr

oracularity
BR ɒˌrakjʊˈlarɪti, ɔːˌrakjʊˈlarɪti
AM əˌrækjəˈlɛrədi, ɔˌrækjəˈlɛrədi

oracularly
BR ɒˈrakjʊləli, ɔːˈrakjʊləli
AM əˈrækjələrli, ɔˈrækjələrli

oracy
BR ˈɔːrəsi
AM ˈoʊrəsi, ˈɔrəsi

oral
BR ˈɔːrl̩, -z
AM ˈoʊrəl, ˈɔrəl, -z

oralism
BR ˈɔːrl̩ɪzm
AM ˈɔrə.lɪz(ə)m, ˈɔrə.lɪz(ə)m

oralist
BR ˈɔːrl̩ɪst, -s
AM ˈoʊrələst, ˈɔrələst, -s

orality
BR ɔːˈralɪti
AM oʊˈrælədi, ɔˈrælədi

orally
BR ˈɔːrl̩i
AM ˈoʊrəli, ˈɔrəli

Oran
BR əˈran, əˈrɑːn
AM oʊˈrɑn

orange
BR ˈɒrɪn(d)ʒ, -ɪz
AM ˈɔrən(d)ʒ, -ɪz

orangeade
BR ˌɒrɪn(d)ʒˈeɪd, -z
AM ˈɔrən(d)ʒ.eɪd, -z

Orangeism
BR ˈɒrɪn(d)ʒɪzm
AM ˈɔrən(d)ʒ.ɪzm

Orangeman
BR ˈɒrɪn(d)ʒmən
AM ˈɔrən(d)ʒm(ə)n

Orangemen
BR ˈɒrɪn(d)ʒmən
AM ˈɔrən(d)ʒm(ə)n

orangery
BR ˈɒrɪn(d)ʒ(ə)r|i, -ɪz
AM ˈɔrən(d)ʒri, -z

orang-outang
BR ɔːˈraŋətaŋ, ɒˈraŋətaŋ, ˌɔːraŋˈuːtaŋ, -z
AM oʊˈræŋ(g)ə.tæŋ, əˈræŋ(g)ə.tæŋ, -z

orangutan
BR ɔːˈraŋətan, ɔːˈraŋətan, ɒˈraŋətan, ˌɔːraŋˈuːtan, -z
AM oʊˈræŋ(g)ə.tæŋ, əˈræŋ(g)ə.tæŋ, -z

orangutang
BR ɔːˈraŋətaŋ, ɒˈraŋətaŋ, ˌɔːraŋˈuːtaŋ, -z
AM oʊˈræŋ(g)ə.tæŋ, əˈræŋ(g)ə.tæŋ, -z

orate
BR ɔːˈreɪt, ɒˈreɪt, -s, -ɪŋ, -ɪd
AM ˈɔrˌeɪ|t, ɔˈreɪ|t, -ts, -dɪŋ, -dɪd

oration
BR ɒˈreɪʃn, -z
AM əˈreɪʃ(ə)n, ɔˈreɪʃ(ə)n, -z

orator
BR ˈɒrətə(r), -z
AM ˈɔrədər, -z
oratorial
BR ˌɒrəˈtɔːriəl
AM ˌɔrəˈtɔriəl
oratorian
BR ˌɒrəˈtɔːriən, -z
AM ˌɔrəˈtɔriən, -z
oratorical
BR ˌɒrəˈtɒrɪkl
AM ˌɔrəˈtɔrək(ə)l
oratorically
BR ˌɒrəˈtɒrɪkli
AM ˌɔrəˈtɔrək(ə)li
oratorio
BR ˌɒrəˈtɔːriəʊ, -z
AM ˌɔrəˈtɔrioʊ, -z
oratory
BR ˈɒrət(ə)ri
AM ˈɔrəˌtɔri
orature
BR ˈɒrətʃə(r), ˈɔːrətʃə(r)
AM ˈɔrətʃər, -z
orb
BR ɔːb, -z
AM ɔ(ə)rb, -z
Orbach
BR ˈɔːbak
AM ˈɔrˌbak
orbicular
BR ɔːˈbɪkjʉlə(r)
AM ɔrˈbɪkjələr
orbicularity
BR ɔːˌbɪkjʉˈlarɪti
AM ɔrˌbɪkjəˈlerədi
orbicularly
BR ɔːˈbɪkjʉləli
AM ɔrˈbɪkjələrli
orbiculate
BR ɔːˈbɪkjʉlət
AM ɔrˈbɪkjəˌleɪt, ɔrˈbɪkjələt
orbit
BR ˈɔːb|ɪt, -ɪts, -ɪtɪŋ, -ɪtɪd
AM ˈɔrbə|t, -ts, -dɪŋ, -dəd
orbital
BR ˈɔːbɪtl
AM ˈɔrbəd(ə)l

orbiter
BR ˈɔːbɪtə(r), -z
AM ˈɔrbədər, -z
orc
BR ɔːk, -s
AM ɔ(ə)rk, -s
orca
BR ˈɔːkə(r), -z
AM ˈɔrkə, -z
Orcadian
BR ɔːˈkeɪdiən, -z
AM ɔrˈkeɪdiən, -z
orchard
BR ˈɔːtʃəd, -z
AM ˈɔrtʃərd, -z
orcharding
BR ˈɔːtʃədɪŋ
AM ˈɔrtʃərdɪŋ
orchardist
BR ˈɔːtʃədɪst, -s
AM ˈɔrtʃərdəst, -s
orchardman
BR ˈɔːtʃədmən
AM ˈɔrtʃərdˌmæn
orchardmen
BR ˈɔːtʃədmən
AM ˈɔrtʃərdˌmɛn
orchestic
BR ɔːˈkɛstɪk
AM ɔrˈkɛstɪk
orchestra
BR ˈɔːkɪstrə(r), ˈɔːkɛstrə(r), -z
AM ˈɔrˌkɛstrə, ˈɔrkəstrə, -z
orchestral
BR ɔːˈkɛstr(ə)l
AM ɔrˈkɛstrəl
orchestrally
BR ɔːˈkɛstrli
AM ɔrˈkɛstrəli
orchestrate
BR ˈɔːkɪstreɪt, ˈɔːkɛstreɪt, -s, -ɪŋ, -ɪd
AM ˈɔrkəˌstreɪ|t, -ts, -dɪŋ, -dɪd
orchestration
BR ˌɔːkɪˈstreɪʃn, ˌɔːkɛˈstreɪʃn, -z
AM ˌɔrkəˈstreɪʃ(ə)n, -z

orchestrator
BR ˈɔːkɪstreɪtə(r), ˈɔːkɛstreɪtə(r), -z
AM ˈɔrkəˌstreɪdər, -z
orchestrina
BR ˌɔːkɪˈstriːnə(r), ˌɔːkɛˈstriːnə(r), -z
AM ˌɔrkəˈstrinə, -z
orchid
BR ˈɔːkɪd, -z
AM ˈɔrkəd, -z
orchidaceous
BR ˌɔːkɪˈdeɪʃəs
AM ˌɔrkəˈdeɪʃəs
orchidist
BR ˈɔːkɪdɪst, -s
AM ˈɔrkədəst, -s
orchidology
BR ˌɔːkɪˈdɒlədʒi
AM ˌɔrkəˈdɑlədʒi
orchil
BR ˈɔːkɪl, ˈɔːtʃɪl, -z
AM ˈɔrkəl, -z
orchilla
BR ɔːˈkɪlə(r), ɔːˈtʃɪlə(r), -z
AM ˈɔrkələ, -z
orchis
BR ˈɔːk|ɪs, -ɪsɪz
AM ˈɔrkəs, -əz
orchitis
BR ɔːˈkʌɪtɪs
AM ɔrˈkaɪdəs
orcin
BR ˈɔːsɪn
AM ˈɔrs(ə)n
orcinol
BR ˈɔːsɪnɒl
AM ˈɔrsən(ə)l, ˈɔrsəˌnɑl
Orcus
BR ˈɔːkəs
AM ˈɔrkəs
Orczy
BR ˈɔːtsi, ˈɔːksi
AM ˈɔrtsi
ordain
BR ɔːˈdeɪn, -z, -ɪŋ, -d
AM ɔrˈdeɪn, -z, -ɪŋ, -d
ordainer
BR ɔːˈdeɪnə(r), -z
AM ɔrˈdeɪnər, -z

ordainment
BR ɔːˈdeɪnm(ə)nt, -s
AM ɔrˈdeɪnm(ə)nt, -s
ordeal
BR ɔːˈdiːl, -z
AM ɔrˈdil, -z
order
BR ˈɔːd|ə(r), -əz, -(ə)rɪŋ, -əd
AM ˈɔrdər, -z, -ɪŋ, -d
orderer
BR ˈɔːd(ə)rə(r), -z
AM ˈɔrdərər, -z
ordering
BR ˈɔːd(ə)rɪŋ, -z
AM ˈɔrd(ə)rɪŋ, -z
orderliness
BR ˈɔːdəlɪnɪs
AM ˈɔrdərlɪnɪs
orderly
BR ˈɔːdəl|i, -ɪz
AM ˈɔrdərli, -z
ordinaire
BR ˌɔːdɪˈnɛː(r)
AM ˌɔrdəˈnɛ(ə)r
ordinal
BR ˈɔːdɪnl, ˈɔːdn̩l, -z
AM ˈɔrdnl, -z
ordinance
BR ˈɔːd(ɪ)nəns, ˈɔːdnəns, -ɪz
AM ˈɔrdnəns, -əz
ordinand
BR ˈɔːdɪnand, -z
AM ˈɔrdəˌnænd, -z
ordinarily
BR ˈɔːdɪn(ə)rəli, ˈɔːdn(ə)rəli
AM ˌɔrdnˈɛrəli
ordinariness
BR ˈɔːdɪn(ə)rɪnɪs, ˈɔːdn(ə)rɪnɪs
AM ˈɔrdnˌɛrɪnɪs
ordinary
BR ˈɔːdɪn(ə)ri, ˈɔːdn(ə)ri
AM ˈɔrdnˌɛri
ordinate
BR ˈɔːdɪnət, ˈɔːdn̩ət, -s
AM ˈɔrdn̩ət, -s

ordination
BR ˌɔːdɪˈneɪʃn, -z
AM ˌɔrdnˈeɪʃ(ə)n, -z
ordnance
BR ˈɔːdnəns
AM ˈɔrdnəns
ordonnance
BR ˈɔːdənəns, -ɪz
AM ˈɔrdnəns, -əz
Ordovician
BR ˌɔːdə(ʊ)ˈvɪʃən,
ˌɔːdə(ʊ)ˈvɪsɪən
AM ˌɔrdəˈvɪʃ(ə)n
ordure
BR ˈɔːdj(ʊ)ə(r),
ˈɔːdʒə(r)
AM ˈɔrdʒər
öre
BR ˈəːrə(r)
AM ˈərə
SW ˈəːrɛ
ore
BR ɔː(r), -z
AM ɔ(ə)r, -z
ōre
BR ˈəːrə(r)
AM ˈərə
DAN ˈœːʌ
NO ˈœːrə
oread
BR ˈɔːrɪad, -z
AM ˈɔri͵æd, -z
orecchiette
BR ˌɒrɛkiˈɛti
AM ɔˌrɛkiˈɛdi
orectic
BR ɒˈrɛktɪk
AM oʊˈrɛktɪk
oregano
BR ˌɒrɪˈgɑːnəʊ,
əˈrɛgənəʊ
AM əˈrɛgəˌnoʊ
Oregon
BR ˈɒrɪg(ə)n
AM ˈɒrəgən,
ˈɒrəˌgɑn
Oregonian
BR ˌɒrɪˈgəʊnɪən, -z
AM ˌɒrəˈgoʊnɪən, -z
O'Reilly
BR əʊˈraɪli
AM oʊˈraɪli

Orenburg
BR ˈɒrənbəːg
AM ˈɔrənˌbərg
RUS ərʲinˈburk
Oreo
BR ˈɔːriəʊ, -z
AM ˈɔrioʊ, -z
oreography
BR ˌɒriˈɒgrəfi
AM ˌɔriˈɑgrəfi
Oresteia
BR ˌɒrɪˈstaɪə(r),
ˌɒrɪˈstiːə(r),
ˌɒrɪˈsteɪə(r),
ˌɔːrɪˈstaɪə(r),
ˌɔːrɪˈstiːə(r),
ˌɔːrɪˈsteɪə(r)
AM ˌɔrəsˈtaɪə
Orestes
BR ɒˈrɛstiːz
AM ɔˈrɛstiz
oreweed
BR ˈɔːwiːd
AM ˈɔrˌwid
orfe
BR ɔːf, -s
AM ɔ(ə)rf, -s
Orff
BR ɔːf
AM ɔ(ə)rf
Orford
BR ˈɔːfəd
AM ˈɔrfərd
organ
BR ˈɔːg(ə)n, -z
AM ˈɔrgən, -z
organa
BR ˈɔːgnə(r)
AM ˈɔrgənə
organdie
BR ˈɔːg(ə)nd|i, -ɪz
AM ˈɔrgəndi, -z
organdy
BR ˈɔːg(ə)nd|i,
-ɪz
AM ˈɔrgəndi, -z
organelle
BR ˌɔːgəˈnɛl, -z
AM ˌɔrgəˈnɛl, -z
organic
BR ɔːˈganɪk
AM ɔrˈgænɪk

organically
BR ɔːˈganɪkli
AM ɔrˈgænək(ə)li
organisable
BR ˈɔːgənʌɪzəbl
AM ˈɔrgəˌnaɪzəb(ə)l
organisation
BR ˌɔːgənʌɪˈzeɪʃn, -z
AM ˌɔrgəˌnaɪˈzeɪʃ(ə)n,
ˌɔrgənəˈzeɪʃ(ə)n, -z
organisational
BR ˌɔːgənʌɪˈzeɪʃn̩l
AM ˈɔrgəˌnaɪ-
ˈzeɪʃ(ə)n(ə)l,
ˌɔrgənəˈzeɪʃ(ə)n(ə)l
organisationally
BR ˌɔːgənʌɪˈzeɪʃn̩li,
ˌɔːgənʌɪˈzeɪʃnəli
AM ˌɔrgəˌnaɪ-
ˈzeɪʃ(ə)nəli,
ˌɔrgənəˈzeɪʃ(ə)nəli
organise
BR ˈɔːgənʌɪz, -ɪz, -ɪŋ, -d
AM ˈɔrgəˌnaɪz, -ɪz, -ɪŋ,
-d
organiser
BR ˈɔːgənʌɪzə(r), -z
AM ˈɔrgəˌnaɪzər, -z
organism
BR ˈɔːgənɪzm, -z
AM ˈɔrgəˌnɪz(ə)m, -z
organist
BR ˈɔːgənɪst, -s
AM ˈɔrgənəst, -s
organizable
BR ˈɔːgənʌɪzəbl
AM ˈɔrgəˌnaɪzəb(ə)l
organization
BR ˌɔːgənʌɪˈzeɪʃn, -z
AM ˌɔrgəˌnaɪˈzeɪʃ(ə)n,
ˌɔrgənəˈzeɪʃ(ə)n, -z
organizational
BR ˌɔːgənʌɪˈzeɪʃn̩l
AM ˈɔrgəˌnaɪ-
ˈzeɪʃ(ə)n(ə)l,
ˌɔrgənəˈzeɪʃ(ə)n(ə)l
organizationally
BR ˌɔːgənʌɪˈzeɪʃn̩li,
ˌɔːgənʌɪˈzeɪʃnəli
AM ˈɔrgəˌnaɪ-
ˈzeɪʃ(ə)nəli,
ˌɔrgənəˈzeɪʃ(ə)nəli

organize
BR ˈɔːgənʌɪz, -ɪz,
-ɪŋ, -d
AM ˈɔrgəˌnaɪz, -ɪz,
-ɪŋ, -d
organizer
BR ˈɔːgənʌɪzə(r), -z
AM ˈɔrgəˌnaɪzər, -z
organochlorine
BR ɔːˌganəʊˈklɔːriːn,
ˌɔːgn̩əʊˈklɔːriːn, -z
AM ɔrˌgænoʊˈklɔrin,
ˌɔrgənoʊˈklɔrɪn, -z
organoleptic
BR ɔːˌganə(ʊ)ˈlɛptɪk,
ˌɔːgn̩ə(ʊ)ˈlɛptɪk
AM ˌɔrgənoʊˈlɛptɪk
organometallic
BR ɔːˌganəʊmɪˈtalɪk,
ˌɔːgn̩əʊmɪˈtalɪk
AM ˌɔrgənoʊməˈtælɪk
organon
BR ˈɔːgənɒn, -z
AM ˈɔrgəˌnɑn, -z
organophosphate
BR ɔːˌganəʊˈfɒsfeɪt,
ˌɔːgn̩əʊˈfɒsfeɪt, -s
AM ɔrˌgænoʊˈfɑsˌfeɪt,
ˌɔrgənəˈfɑsˌfeɪt, -s
organophosphorus
BR ɔːˌganəʊˈfɒsf(ə)rəs,
ˌɔːgn̩əʊˈfɒsf(ə)rəs
AM ɔrˌgænoʊ-
ˈfɑsf(ə)rəs,
ˌɔrgənəˈfɑsf(ə)rəs
organotherapy
BR ˌɔːgn̩əʊˈθɛrəpi
AM ɔrˌgænoʊˈθɛrəpi,
ˌɔrgənəˈθɛrəpi
organum
BR ˈɔːgnəm
AM ˈɔrgən(ə)m
organza
BR ɔːˈganzə(r), -z
AM ɔrˈgænzə, -z
organzine
BR ˈɔːg(ə)nziːn,
ɔːˈganziːn, -z
AM ˈɔrgənˌzin, -z
orgasm
BR ˈɔːgazm, -z
AM ˈɔrˌgæz(ə)m, -z

orgasmic
BR ɔːˈgazmɪk
AM ɔrˈgæzmɪk

orgasmically
BR ɔːˈgazmɪkli
AM ɔrˈgæzmək(ə)li

orgastic
BR ɔːˈgastɪk
AM ɔrˈgæstɪk

orgastically
BR ɔːˈgastɪkli
AM ɔrˈgæstək(ə)li

orgeat
BR ˈɔːdʒɪət, -s
AM ˈɔrˌʒɑt, -s
FR ɔʀʒa

orgiastic
BR ˌɔːdʒɪˈastɪk
AM ˌɔrdʒiˈæstɪk

orgiastically
BR ˌɔːdʒɪˈastɪkli
AM ˌɔrdʒiˈæstək(ə)li

orgone
BR ˈɔːgəʊn
AM ˈɔrˌgoʊn

Orgreave
BR ˈɔːgriːv
AM ˈɔrˌgriv

orgulous
BR ˈɔːgjʊləs
AM ˈɔrg(j)ələs

orgy
BR ˈɔːdʒ|i, -ɪz
AM ˈɔrdʒi, -z

Oriana
BR ˌɒrɪˈɑːnə(r), ˌɔːrɪˈɑːnə(r)
AM ˌɔriˈɑnə

oribi
BR ˈɒrɪb|i, -ɪz
AM ˈɔrəbi, -z

oriel
BR ˈɔːriəl, -z
AM ˈɔriəl, -z

Orient
BR ˈɔːriənt, ˈɒriənt
AM ˈɔriənt

orient *verb*
BR ˈɔːriɛnt, ˈɒriɛnt, -s, -ɪŋ, -ɪd
AM ˈɔriˌɛn|t, -ts, -(t)ɪŋ, -(t)əd

Oriental
BR ˌɔːriˈɛntl, ˌɒriˈɛntl, -z
AM ˌɔriˈɛn(t)l, -z

orientalise
BR ˌɔːriˈɛntl̩ʌɪz, ˌɒriˈɛntl̩ʌɪz, -ɪz, -ɪŋ, -d
AM ˌɔriˈɛn(t)l̩ˌaɪz, -ɪz, -ɪŋ, -d

orientalism
BR ˌɔːriˈɛntl̩ɪzm, ˌɒriˈɛntl̩ɪzm
AM ˌɔriˈɛn(t)l̩ˌɪz(ə)m

orientalist
BR ˌɔːriˈɛntl̩ɪst, ˌɒriˈɛntl̩ɪst, -s
AM ˌɔriˈɛn(t)ləst, -s

orientalize
BR ˌɔːriˈɛntl̩ʌɪz, ˌɒriˈɛntl̩ʌɪz, -ɪz, -ɪŋ, -d
AM ˌɔriˈɛn(t)l̩ˌaɪz, -ɪz, -ɪŋ, -d

orientally
BR ˌɔːriˈɛntli, ˌɒriˈɛntli
AM ˌɔriˈɛn(t)li

orientate
BR ˈɔːriɛnteɪt, ˈɒriɛnteɪt, -s
AM ˈɔriənˌteɪt, -s

orientation
BR ˌɔːriɛnˈteɪʃn, ˌɒriɛnˈteɪʃn, -z
AM ˌɔriənˈteɪʃ(ə)n, -z

orientational
BR ˌɔːriɛnˈteɪʃn̩l, ˌɒriɛnˈteɪʃn̩l
AM ˌɔriənˈteɪʃ(ə)n(ə)l

orienteer
BR ˌɔːriɛnˈtɪə(r), ˌɒriɛnˈtɪə(r), -z
AM ˌɔriənˈtɪ(ə)r, -z

orienteering
BR ˌɔːriɛnˈtɪərɪŋ, ˌɒriɛnˈtɪərɪŋ
AM ˌɔriənˈtɪrɪŋ

orifice
BR ˈɒrɪf|ɪs, -ɪsɪz
AM ˈɔrəfəs, -əz

oriflamme
BR ˈɒrɪflam, -z
AM ˈɔrəˌflæm, -z

origami
BR ˌɒrɪˈgɑːmi
AM ˌɔrəˈgɑmi

origan
BR ˈɒrɪg(ə)n, -z
AM ˈɔrəgən, -z

origanum
BR ɒˈrɪgn̩əm, -z
AM əˈrɪgən(ə)m, -z

Origen
BR ˈɒrɪdʒɛn
AM ˈɔriˌdʒɛn

origin
BR ˈɒrɪdʒ(ɪ)n, -z
AM ˈɔrədʒ(ə)n, -z

original
BR əˈrɪdʒn̩l, əˈrɪdʒɪnl, -z
AM əˈrɪdʒ(ə)n(ə)l, -z

originality
BR əˌrɪdʒɪˈnalɪti
AM əˌrɪdʒəˈnælədi

originally
BR əˈrɪdʒɪnli
AM əˈrɪdʒ(ə)nəli

originate
BR əˈrɪdʒɪneɪt, -s, -ɪŋ, -ɪd
AM əˈrɪdʒəˌneɪ|t, -ts, -dɪŋ, -dɪd

origination
BR əˌrɪdʒɪˈneɪʃn, -z
AM əˌrɪdʒəˈneɪʃ(ə)n, -z

originative
BR əˈrɪdʒɪnətɪv
AM əˈrɪdʒəˌneɪdɪv

originator
BR əˈrɪdʒɪneɪtə(r), -z
AM əˈrɪdʒəˌneɪdər, -z

orinasal
BR ˌɔːrɪˈneɪzl
AM ˌɔrəˈneɪz(ə)l

O-ring
BR ˈəʊrɪŋ, -z
AM ˈoʊˌrɪŋ, -z

Orinoco
BR ˌɒrɪˈnəʊkəʊ
AM ˌɔrəˈnoʊkoʊ
SP oriˈnoko

Orinthia
BR ɒˈrɪnθɪə(r)
AM əˈrɪnθiə

oriole
BR ˈɔːriəʊl, -z
AM ˈɔriˌoʊl, -z

Orion
BR əˈrʌɪən
AM oʊˈraɪən, əˈraɪən

O'Riordan
BR əʊˈrɪədn
AM oʊˈrɪrdən

orison
BR ˈɒrɪzn, -z
AM ˈɔrəzn, ˈɔrəs(ə)n, -z

Orissa
BR ɒˈrɪsə(r)
AM ɔˈrɪsə

Oriya
BR ɒˈriːə(r), -z
AM ɔˈriə, -z

ork
BR ɔːk, -s
AM ɔ(ə)rk, -s

Orkney
BR ˈɔːkn|i, -ɪz
AM ˈɔrkni, -z

Orlando
BR ɔːˈlandəʊ
AM ɔrˈlændoʊ

orle
BR ˈɔːl, -z
AM ˈɔr(ə)l, -z

Orleanist
BR ɔːˈlɪənɪst, -s
AM ɔrˈliənəst, -s

Orléans
BR ɔːˈliːənz, ˈɔːlɪənz
AM ɔrˈliən(z), ˈɔrliən(z)
FR ɔʀleɑ̃

Orlon
BR ˈɔːlɒn
AM ˈɔrˌlɑn

orlop
BR ˈɔːlɒp, -s
AM ˈɔrˌlɑp, -s

Orm
BR ɔːm
AM ɔ(ə)rm
DAN ˈoːʌm

Orme
BR ɔːm
AM ɔ(ə)rm
ormer
BR 'ɔːmə(r), -z
AM 'ɔrmər, -z
Ormerod
BR 'ɔːm(ə)rɒd
AM 'ɔrm,rɑd
Ormesby
BR 'ɔːmzbi
AM 'ɔrmzbi
ormolu
BR 'ɔːməluː
AM 'ɔrmə,lu
Ormond
BR 'ɔːm(ə)nd
AM 'ɔrmənd
Ormonde
BR 'ɔːm(ə)nd
AM 'ɔrmənd
Ormrod
BR 'ɔːmrɒd
AM 'ɔrm,rɑd
Ormsby
BR 'ɔːmzbi
AM 'ɔrmzbi
Ormskirk
BR 'ɔːmzkəːk
AM 'ɔrmz,kərk
Ormuz
BR 'ɔːmʌz
AM 'ɔrməz
ornament[1] *noun*
BR 'ɔːnəm(ə)nt
AM 'ɔrnəm(ə)nt
ornament[2] *verb*
BR 'ɔːnəmɛnt, -s,
-ɪŋ, -ɪd
AM 'ɔrnə,mɛn|t, -ts,
-(t)ɪŋ, -(t)əd
ornamental
BR ,ɔːnə'mɛntl
AM ,ɔrnə'mɛn(t)l
ornamentalism
BR ,ɔːnə'mɛntl̩ɪzm
AM ,ɔrnə'mɛn(t)l-
,ɪz(ə)m
ornamentalist
BR ,ɔːnə'mɛntl̩ɪst, -s
AM ,ɔrnə'mɛn(t)ləst,
-s

ornamentally
BR ,ɔːnə'mɛntl̩i
AM ,ɔrnə'mɛn(t)li
ornamentation
BR ,ɔːnəm(ɛ)n'teɪʃn
AM ,ɔrnə,mɛn'teɪʃ(ə)n
ornate
BR ɔː'neɪt
AM ɔr'neɪt
ornately
BR ɔː'neɪtli
AM ɔr'neɪtli
ornateness
BR ɔː'neɪtnɪs
AM ɔr'neɪtnɪs
orneriness
BR 'ɔːn(ə)rɪnɪs
AM 'ɔrn(ə)rɪnɪs
ornery
BR 'ɔːn(ə)ri
AM 'ɔrn(ə)ri
ornithic
BR ɔː'nɪθɪk
AM ɔr'nɪθɪk
ornithischian
BR ,ɔːnɪ'θɪʃiən,
,ɔːnɪ'θɪskiən, -z
AM ,ɔrnə'θɪʃ(i)ən,
,ɔrnə'θɪskiən, -z
ornithological
BR ,ɔːnɪθə'lɒdʒɪkl
AM ɔr,nɪθə'lɑdʒək(ə)l
ornithologically
BR ,ɔːnɪθə'lɒdʒɪkli
AM ɔr,nɪθə'lɑdʒək(ə)li
ornithologist
BR ,ɔːnɪ'θɒlədʒɪst, -s
AM ,ɔrnə'θɑlədʒəst, -s
ornithology
BR ,ɔːnɪ'θɒlədʒi
AM ,ɔrnə'θɑlədʒi
ornithorhynchus
BR ,ɔːnɪθə(ʊ)'rɪŋkəs, -ɪz
AM ,ɔrnəθə'rɪŋkəs,
ɔr,nɪθə'rɪŋkəs, -əz
ornithoscopy
BR ,ɔːnɪ'θɒskəpi
AM ,ɔrnə'θɑskəpi
orogenesis
BR ,ɒrə(ʊ)'dʒɛnɪsɪs,
,ɔːrə(ʊ)'dʒɛnɪsɪs
AM ,ɔroʊ'dʒɛnəsəs

orogenetic
BR ,ɒrəʊdʒɪ'nɛtɪk,
,ɔːrəʊdʒɪ'nɛtɪk
AM ,ɔroʊdʒə'nɛdɪk
orogenic
BR ,ɒrə(ʊ)'dʒɛnɪk,
,ɔːrə(ʊ)'dʒɛnɪk
AM ,ɔroʊ'dʒɛnɪk
orogeny
BR ɒ'rɒdʒɪni,
ɔː'rɒdʒɪni
AM ɔ'rɑdʒ(ə)ni
orographic
BR ,ɒrə'græfɪk,
,ɔːrə'græfɪk
AM ,ɔrə'græfɪk
orographical
BR ,ɒrə'græfɪkl,
,ɔːrə'græfɪkl
AM ,ɔrə'græfək(ə)l
orography
BR ɒ'rɒgrəfi,
ɔː'rɒgrəfi
AM ɔ'rɑgrəfi
oroide
BR 'ɒrəʊaɪd, -z
AM 'ɔrə,waɪd, -z
orological
BR ,ɒrə'lɒdʒɪkl
AM ,ɔrə'lɑdʒək(ə)l
orologist
BR ɒ'rɒlədʒɪst,
ɔː'rɒlədɪst, -s
AM ɔ'rɑlədʒəst, -s
orology
BR ɒ'rɒlədʒi,
ɔː'rɒlədʒi
AM ɔ'rɑlədʒi
Oronsay
BR 'ɒrɒnseɪ,
'ɒrnzeɪ
AM 'ɔrən,seɪ
Orontes
BR ɒ'rɒntiːz
AM ɔ'ran(t)iz,
ɔ'rɒn(t)iz
oropendola
BR ,ɒrə'pɛndlə(r), -z
AM ,ɔrə'pɛndələ, -z
oropharynges
BR ,ɔːrəʊfə'rɪn(d)ʒiːz
AM ,ɔroʊfə'rɪndʒiz

oropharynx
BR ,ɒː'rəʊ'farɪŋks, -ɪz
AM ,ɔroʊ'fɛrɪŋks, -ɪz
orotund
BR 'ɒrətʌnd
AM 'ɔrə,tənd
O'Rourke
BR əʊ'rɔːk
AM oʊ'rɔ(ə)rk
orphan
BR 'ɔːfn̩, -z, -ɪŋ, -d
AM 'ɔrf|ən, -ənz,
-(ə)ɪŋ, -əɪd
orphanage
BR 'ɔːfn̩ɪdʒ, -ɪdʒɪz
AM 'ɔrf(ə)nɪdʒ, -ɪz
orphanhood
BR 'ɔːfnhʊd
AM 'ɔrfən,(h)ʊd
orphanise
BR 'ɔːfn̩aɪz, -ɪz,
-ɪŋ, -d
AM 'ɔrfə,naɪz, -ɪz,
-ɪŋ, -d
orphanize
BR 'ɔːfn̩aɪz, -ɪz, -ɪŋ, -d
AM 'ɔrfə,naɪz, -ɪz,
-ɪŋ, -d
Orphean
BR ɔː'fiːən, 'ɔːfiən
AM 'ɔrfiən
Orpheus
BR 'ɔːfiəs
AM 'ɔrfiəs
Orphic
BR 'ɔːfɪk
AM 'ɔrfɪk
Orphism
BR 'ɔːfɪzm
AM ɔr,fɪz(ə)m
orphrey
BR 'ɔːfr|i, -ɪz
AM 'ɔrfri, -z
orpiment
BR 'ɔːpɪm(ə)nt, -s
AM 'ɔrpəm(ə)nt, -s
orpin
BR 'ɔːpɪn, -z
AM 'ɔrpən, -z
orpine
BR 'ɔːpaɪn, 'ɔːpɪn, -z
AM 'ɔrpən, -z

Orpington
BR ˈɔːpɪŋt(ə)n
AM ˈɔrpɪŋt(ə)n

Orr
BR ˈɔː(r)
AM ˈɔ(ə)r

orra
BR ˈɒrə(r)
AM ˈɔrə

Orrell
BR ˈɒrl̩
AM ˈɔrəl

orrery
BR ˈɒrər|i, -ɪz
AM ˈɔrəri, -z

orris
BR ˈɒr|ɪs, -ɪsɪz
AM ˈɔrəs, -əz

Orsino
BR ɔːˈsiːnəʊ
AM ɔrˈsinoʊ

Orson
BR ˈɔːsn
AM ˈɔrs(ə)n

ortanique
BR ˌɔːtəˈniːk, -s
AM ˌɔrtəˈnik, -s

Ortega
BR ɔːˈteɪgə(r), ˈɔːˈtiːgə(r)
AM ɔrˈteɪgə
SP orˈteɣa

orthocephalic
BR ˌɔːθəʊsɪˈfalɪk, ˌɔːθəʊkɛˈfalɪk
AM ˌɔrθoʊsəˈfælɪk

orthochromatic
BR ˌɔːθəʊkrəˈmatɪk
AM ˌɔrθoʊkrəˈmædɪk

orthoclase
BR ˈɔːθə(ʊ)kleɪz, ˈɔːθə(ʊ)kleɪs, -ɪz
AM ˈɔrθəˌkleɪz, ˈɔrθəˌkleɪs, -ɪz

orthodontia
BR ˌɔːθəˈdɒntɪə(r)
AM ˌɔrθəˈdɑn(t)ʃ(i)ə

orthodontic
BR ˌɔːθəˈdɒntɪk, -s
AM ˌɔrθəˈdɑn(t)ɪk, -s

orthodontist
BR ˌɔːθəˈdɒntɪst, -s
AM ˌɔrθəˈdɑn(t)əst, -s

orthodox
BR ˈɔːθədɒks
AM ˈɔrθəˌdɑks

orthodoxly
BR ˈɔːθədɒksli
AM ˈɔrθəˌdɑksli

orthodoxy
BR ˈɔːθədɒks|i, -ɪz
AM ˈɔrθəˌdɑksi, -z

orthoepic
BR ˌɔːθəʊˈɛpɪk
AM ˌɔrθoʊˈɛpɪk

orthoepist
BR ˈɔːθəʊˌɛpɪst, ˌɔːθəʊˈɛpɪst, ˈɔːθəʊˌiːpɪst, ˈɔːθəʊˈiːpɪst, ɔːˈθəʊɪpɪst, -s
AM ɔrˈθoʊəpəst, -s

orthoepy
BR ˈɔːθəʊˌiːpi, ˈɔːθəʊˌɛpi, ˈɔːθəʊɪpi, ɔːˈθəʊɪpi
AM ɔrˈθoʊəpi

orthogenesis
BR ˌɔːθə(ʊ)ˈdʒɛnɪsɪs
AM ˌɔrθoʊˈdʒɛnəsəs

orthogenetic
BR ˌɔːθəʊdʒɪˈnɛtɪk
AM ˈɔrθoʊdʒəˈnɛdɪk

orthogenetically
BR ˌɔːθəʊdʒɪˈnɛtɪkli
AM ˈɔrθoʊdʒə-ˈnɛdək(ə)li

orthognathous
BR ɔːˈθɒgnəθəs
AM ɔrˈθɑgnəθəs

orthogonal
BR ɔːˈθɒgənl
AM ɔrˈθɑgən(ə)l

orthogonally
BR ɔːˈθɒgənl̩i
AM ɔrˈθɑg(ə)nəli

orthographer
BR ɔːˈθɒgrəfə(r), -z
AM ɔrˈθɑgrəfər, -z

orthographic
BR ˌɔːθəˈgrafɪk
AM ˌɔrθəˈgræfɪk

orthographical
BR ˌɔːθəˈgrafɪkl
AM ˌɔrθəˈgræfək(ə)l

orthographically
BR ˌɔːθəˈgrafɪkli
AM ˌɔrθəˈgræfək(ə)li

orthography
BR ɔːˈθɒgrəfi
AM ɔrˈθɑgrəfi

ortho-hydrogen
BR ˌɔːθəʊˈhaɪdrədʒ(ə)n
AM ˌɔrθoʊ-ˈhaɪdrədʒ(ə)n

orthopaedic
BR ˌɔːθəˈpiːdɪk, -s
AM ˌɔrθəˈpidɪk, -s

orthopaedist
BR ˌɔːθəˈpiːdɪst, -s
AM ˌɔrθəˈpidɪst, -s

orthopedic
BR ˌɔːθəˈpiːdɪk, -s
AM ˌɔrθəˈpidɪk, -s

orthopedist
BR ˌɔːθəˈpiːdɪst, -s
AM ˌɔrθəˈpidɪst, -s

Orthoptera
BR ɔːˈθɒpt(ə)rə(r)
AM ɔrˈθɑptərə

orthopteran
BR ɔːˈθɒpt(ə)rn
AM ɔrˈθɑptərən

orthopterous
BR ɔːˈθɒpt(ə)rəs
AM ɔrˈθɑptərəs

orthoptic
BR ɔːˈθɒptɪk, -s
AM ɔrˈθɑptɪk, -s

orthoptist
BR ˈɔːθɒptɪst, -s
AM ɔrˈθɑptəst, -s

orthorhombic
BR ˌɔːθəˈrɒmbɪk
AM ˌɔrθəˈrɑmbɪk

orthostatic
BR ˌɔːθəˈstatɪk
AM ˌɔrθəˈstædɪk

orthotone
BR ˈɔːθətəʊn, -z
AM ˈɔrθəˌtoʊn, -z

Ortiz
BR ɔːˈtiːz
AM ɔrˈtiz
SP orˈtiθ, orˈtis

ortolan
BR ˈɔːtlən, -z
AM ˈɔrdl̩ən, -z

Orton
BR ˈɔːtn
AM ˈɔrt(ə)n

orts
BR ɔːts
AM ɔ(ə)rts

Oruro
BR ɔːˈrʊərəʊ
AM ɔˈruroʊ

Orvieto
BR ɔːˈvjɛtəʊ
AM ɔrˈvjedoʊ

Orville
BR ˈɔːv(ɪ)l
AM ˈɔrvəl

Orwell
BR ˈɔːw(ɛ)l
AM ˈɔrˌwɛl

Orwellian
BR ɔːˈwɛliən
AM ɔrˈwɛliən, ɔrˈwɛlj(ə)n

oryx
BR ˈɒr|ɪks, -ɪksɪz
AM ˈɔrɪks, -ɪz

orzo
BR ˈɔːzəʊ
AM ˈɔrzoʊ

Osage
BR əʊˈseɪdʒ, ˈəʊseɪdʒ
AM ˈoʊˌseɪdʒ

Osaka
BR əʊˈsaːkə(r)
AM oʊˈsakə

Osbert
BR ˈɒzbə(ː)t
AM ˈɑzbərt

Osborn
BR ˈɒzbɔːn
AM ˈɑzbərn, ˈɑzˌbɔ(ə)rn

Osborne
BR ˈɒzbɔːn
AM ˈɑzbərn, ˈɑzˌbɔ(ə)rn

Oscar
BR ˈɒskə(r), -z
AM ˈɑskər, -z

oscillate
BR ˈɒsɪleɪt, -s, -ɪŋ, -ɪd
AM ˈɑsəˌleɪ|t, -ts, -dɪŋ, -dɪd

oscillation
BR ˌɒsɪˈleɪʃn, -z
AM ˌɑsəˈleɪʃ(ə)n, -z

oscillator
BR ˈɒsɪleɪtə(r), -z
AM ˈɑsəˌleɪdər, -z

oscillatory
BR ɒˈsɪlət(ə)ri
AM əˈsɪləˌtɔri

oscillogram
BR ɒˈsɪləgram, -z
AM əˈsɪləˌgræm, -z

oscillograph
BR ɒˈsɪləgrɑːf, -s
AM əˈsɪləˌgræf, -s

oscillographic
BR ɒˌsɪləˈgrafɪk
AM əˌsɪləˈgræfɪk

oscillography
BR ˌɒsɪˈlɒgrəfi
AM ˌɑsəˈlɑgrəfi

oscilloscope
BR ɒˈsɪləskəʊp, -s
AM əˈsɪləˌskoʊp, -s

oscilloscopic
BR ɒˌsɪləˈskɒpɪk
AM əˌsɪləˈskɑpɪk

oscine
BR ˈɒsaɪn, ˈɒsɪn
AM ˈɑˌsaɪn, ˈɑsn

oscinine
BR ˈɒsɪnaɪn, ˈɒsɪniːn
AM ˈɑsənən, ˈɑsəˌnaɪn

oscitation
BR ˌɒsɪˈteɪʃn, -z
AM ˌɑsəˈteɪʃ(ə)n, -z

oscula
BR ˈɒskjʊlə(r)
AM ˈɑskjələ

osculant
BR ˈɒskjʊlnt
AM ˈɑskjəl(ə)nt

oscular
BR ˈɒskjʊlə(r)
AM ˈɑskjələr

osculate
BR ˈɒskjʊleɪt, -s, -ɪŋ, -ɪd
AM ˈɑskjəˌleɪ|t, -ts, -dɪŋ, -dɪd

osculation
BR ˌɒskjʊˈleɪʃn, -z
AM ˌɑskjəˈleɪʃ(ə)n, -z

osculatory
BR ˈɒskjʊlət(ə)ri
AM ˈɑskjələˌtɔri

osculum
BR ˈɒskjʊləm
AM ˈɑskjəl(ə)m

Osgood
BR ˈɒzgʊd
AM ˈɑzˌgʊd

OSHA
BR ˈəʊʃə(r)
AM ˈoʊʃə

O'Shaughnessy
BR əʊˈʃɔːnɪsi
AM oʊˈʃɑnəsi, oʊˈʃɔnəsi

O'Shea
BR əʊˈʃeɪ, əʊˈʃiː
AM oʊˈʃeɪ

oshi
BR ˈɒʃi
AM ˈoʊʃi, ˈɑʃi

osier
BR ˈəʊziə(r), ˈəʊʒ(i)ə(r), -z
AM ˈoʊʒər, -z

Osiris
BR ə(ʊ)ˈsaɪrɪs
AM oʊˈsaɪrɪs

Osler
BR ˈɒslə(r)
AM ˈɑslər

Oslo
BR ˈɒzləʊ
AM ˈɑzˌloʊ
NO ˈuslu

Osman
BR ˈɒzmən, ˈɒsmən
AM ˈɑzˌmɑn, ˈɑzm(ə)n

Osmanli
BR ɒzˈmanli, ɒsˈmanli, ɒzˈmɑːnli, ɒsˈmɑːnli, -ɪz
AM ˈɑzˌmɑnli, ˈɑzmənli, -z

osmic
BR ˈɒzmɪk
AM ˈɑzmɪk

osmically
BR ˈɒzmɪkli
AM ˈɑzmək(ə)li

Osmiroid
BR ˈɒzmɪrɔɪd
AM ˈɑzməˌrɔɪd

osmium
BR ˈɒzmɪəm
AM ˈɑzmiəm

osmolality
BR ˌɒzməˈlalɪti
AM ˌɑzməˈlælədi

osmolarity
BR ˌɒzməˈlarɪti
AM ˌɑzməˈlerədi

osmolyte
BR ˈɒzmə(ʊ)lʌɪt
AM ˈɑzmoʊˌlaɪt

Osmond
BR ˈɒzmənd
AM ˈɑzmən(d)

osmosis
BR ɒzˈməʊsɪs
AM ɑˈsmoʊsəs, ɑzˈmoʊsəs

Osmotherley
BR ɒzˈmʌðəli
AM ɑzˈməðərli

Osmotherly
BR ɒzˈmʌðəli
AM ɑzˈməðərli

osmotic
BR ɒzˈmɒtɪk
AM ɑˈsmɑdɪk, ɑzˈmɑdɪk

osmotically
BR ɒzˈmɒtɪkli
AM ɑˈsmɑdək(ə)li, ɑzˈmɑdək(ə)li

osmund
BR ˈɒzmənd, -z
AM ˈɑzmən(d), -z

osmunda
BR ɒzˈmʌndə(r), -z
AM ɑzˈməndə, -z

Osnabrück
BR ˈɒznəbrʊk
AM ˈɑsnəˌbrʊk
GER ɔsnəˈbrʏk

osnaburg
BR ˈɒznəbəːg
AM ˈɑznəˌbərg

osprey
BR ˈɒspreɪ, -z
AM ˈɑspri, -z

Ossa
BR ˈɒsə(r)
AM ˈɑsə

ossein
BR ˈɒsɪn
AM ˈɑsɪn

osseous
BR ˈɒsɪəs
AM ˈɑsiəs

Ossetia
BR ɒˈsɛtɪə(r), ɒˈsiːʃə(r)
AM ɔˈsɛdiə, ɑˈsɪʃə, ɑˈsɛdiə, ɔˈsɪʃə

Ossetic
BR ɒˈsɛtɪk
AM ɑˈsɛdɪk, ɔˈsɛdɪk

Ossett
BR ˈɒsɪt
AM ˈɑsət

ossia
BR ɒˈsiːə(r), ˈɒsjə(r)
AM oʊˈsiə

Ossian
BR ˈɒsɪən
AM ˈɑsiən

Ossianic
BR ˌɒsɪˈanɪk
AM ˌɑʃiˈænɪk, ˌɑsiˈænɪk

ossicle
BR ˈɒsɪkl, -z
AM ˈɑsək(ə)l, -z

Ossie
BR ˈɒs|i, -ɪz
AM ˈɑsi, -z

ossific
BR ɒˈsɪfɪk
AM ɑˈsɪfɪk

ossification
BR ˌɒsɪfɪˈkeɪʃn
AM ˌɑsəfəˈkeɪʃ(ə)n

ossifrage
BR ˈɒsɪfr|ɪdʒ, -ɪdʒɪz
AM ˈɑsəˌfrɪdʒ, -ɪz

ossify
BR ˈɒsɪfʌɪ, -z, -ɪŋ, -d
AM ˈɑsəˌfaɪ, -z, -ɪŋ, -d

osso buco
BR ˌɒsəʊ ˈbʊkəʊ, + ˈbuːkəʊ
AM ˌɑsoʊ ˈbʊko

ossuary
BR ˈɒsjʊərǀi, -ɪz
AM ˈɑs(j)əˌwɛri, ˈɑʃəˌwɛri, -z

Ostade
BR ˈɒstɑːd
AM ˈɑsˌtɑd

osteitis
BR ˌɒstɪˈʌɪtɪs
AM ˌɑstiˈaɪdəs

Ostend
BR ɒˈstɛnd
AM ɑˈstɛnd, ɔˈstɛnd

ostensible
BR ɒˈstɛnsɪbl
AM əˈstɛnsəb(ə)l

ostensibly
BR ɒˈstɛnsɪbli
AM əˈstɛnsɪbli

ostensive
BR ɒˈstɛnsɪv
AM əˈstɛnsɪv

ostensively
BR ɒˈstɛnsɪvli
AM əˈstɛnsɪvli

ostensiveness
BR ɒˈstɛnsɪvnɪs
AM əˈstɛnsɪvnɪs

ostensory
BR ɒˈstɛns(ə)rǀi, -ɪz
AM əˈstɛnsəri, -z

ostentation
BR ˌɒst(ɛ)nˈteɪʃn
AM ˌɑstənˈteɪʃ(ə)n

ostentatious
BR ˌɒst(ɛ)nˈteɪʃəs
AM ˌɑstənˈteɪʃəs

ostentatiously
BR ˌɒst(ɛ)nˈteɪʃəsli
AM ˌɑstənˈteɪʃəsli

osteoarthritic
BR ˌɒstɪəʊɑːˈθrɪtɪk
AM ˌɑstioʊˌɑrˈθrɪdɪk

osteoarthritis
BR ˌɒstɪəʊɑːˈθrʌɪtɪs
AM ˌɑstioʊˌɑrˈθraɪdɪs

osteogenesis
BR ˌɒstɪəʊˈdʒɛnɪsɪs
AM ˌɑstioʊˈdʒɛnəsəs

osteogenetic
BR ˌɒstɪəʊdʒɪˈnɛtɪk
AM ˌɑstioʊdʒəˈnɛdɪk

osteogeny
BR ˌɒstɪˈɒdʒɪni
AM ˌɑstiˈɑdʒɛni

osteography
BR ˌɒstɪˈɒgrəfi
AM ˌɑstiˈɑgrəfi

osteological
BR ˌɒstɪəˈlɒdʒɪkl
AM ˌɑstiəˈlɑdʒək(ə)l

osteologically
BR ˌɒstɪəˈlɒdʒɪkli
AM ˌɑstiəˈlɑdʒək(ə)li

osteologist
BR ˌɒstɪˈɒlədʒɪst, -s
AM ˌɑstiˈɑlədʒəst, -s

osteology
BR ˌɒstɪˈɒlədʒi
AM ˌɑstiˈɑlədʒi

osteomalacia
BR ˌɒstɪəʊməˈleɪʃ(i)ə(r)
AM ˌɑstioʊməˈleɪʃ(i)ə

osteomalacic
BR ˌɒstɪəʊməˈlasɪk
AM ˌɑstioʊməˈlæsɪk

osteomyelitis
BR ˌɒstɪəʊˌmʌɪəˈlʌɪtɪs
AM ˌɑstioʊ-ˌmaɪ(ə)ˈlaɪdɪs

osteopath
BR ˈɒstɪəpaθ, -s
AM ˈɑstiəˌpæθ, -s

osteopathic
BR ˌɒstɪəˈpaθɪk
AM ˌɑstiəˈpæθɪk

osteopathically
BR ˌɒstɪəˈpaθɪkli
AM ˌɑstiəˈpæθək(ə)li

osteopathy
BR ˌɒstɪˈɒpəθi
AM ˌɑstiˈɑpəθi

osteophyte
BR ˈɒstɪəfʌɪt, -s
AM ˈɑstiəˌfaɪt, -s

osteoporosis
BR ˌɒstɪəʊpəˈrəʊsɪs
AM ˌɑstioʊpəˈroʊsəs

Ostermilk
BR ˈɒstəmɪlk
AM ˈoʊstərˌmɪlk, ˈɑstərˌmɪlk

Österreich
BR ˈəːstərʌɪk, ˈəːstərʌɪx
AM ˈəstəˌraɪk

Ostia
BR ˈɒstɪə(r)
AM ˈɑstiə

ostinato
BR ˌɒstɪˈnɑːtəʊ, -z
AM ˌɑstiˈnɑdoʊ, ˌɑstəˈnɑdoʊ, -z

ostler
BR ˈɒslə(r), -z
AM ˈɑslər, -z

Ostmark
BR ˈɒstmɑːk
AM ˈɑs(t)ˌmɑrk

ostomy
BR ˈɒstəmi
AM ˈɑstəmi

Ostpolitik
BR ˈɒstpɒlɪˌtiːk
AM ˈɑs(t)ˌpɑləˌtɪk

ostraca
BR ˈɒstrəkə(r)
AM ˈɑstrəkə

ostracise
BR ˈɒstrəsʌɪz, -ɪz, -ɪŋ, -d
AM ˈɑstrəˌsaɪz, -ɪz, -ɪŋ, -d

ostracism
BR ˈɒstrəsɪzm
AM ˈɑstrəˌsɪz(ə)m

ostracize
BR ˈɒstrəsʌɪz, -ɪz, -ɪŋ, -d
AM ˈɑstrəˌsaɪz, -ɪz, -ɪŋ, -d

ostracoderm
BR ɒˈstrakədəːm, -z
AM əˈstrækəˌdərm, -z

ostracon
BR ˈɒstrəkɒn
AM ˈɑstrəˌkɑn

Ostrava
BR ˈɒstrəvə(r)
AM ˈɑstrəvə, ˈɔstrəvə

ostrich
BR ˈɒstrɪtʃ, ˈɒstrɪdʒ, -ɪz
AM ˈɑstrɪtʃ, -ɪz

Ostrogoth
BR ˈɒstrəgɒθ, -s
AM ˈɑstrəˌgɑθ, -s

Ostrogothic
BR ˌɒstrəˈgɒθɪk
AM ˌɑstrəˈgɑθɪk

Ostwald
BR ˈɒs(t)w(ə)ld
AM ˈɑs(t)ˌwɑld
GER ˈɔstvalt

O'Sullivan
BR əʊˈsʌlɪv(ə)n
AM oʊˈsələvən

Oswald
BR ˈɒzw(ə)ld
AM ˈɑzˌwɑld

Oswaldtwistle
BR ˈɒzw(ə)l(d)ˌtwɪsl
AM ˈɑzwəl(d)ˌtwɪs(ə)l

Oswego
BR ɒsˈwiːgəʊ
AM ɑsˈwigoʊ

Oswestry
BR ˈɒzwɪstri
AM ˈɑzwəstri

Osyth
BR ˈəʊzɪθ, ˈəʊsɪθ
AM ˈoʊsɪθ, ˈoʊzɪθ

Otago
BR əʊˈtɑːgəʊ, ɒˈtɑːgəʊ
AM oʊˈteɪgoʊ

otaku
BR ə(ʊ)ˈtɑːkuː, -z
AM oʊˈtɑku, -z

otary
BR ˈəʊt(ə)rǀi, -ɪz
AM ˈoʊdəri, -z

Otello
BR əʊˈtɛləʊ
AM əˈtɛloʊ, oʊˈtɛloʊ

Othello
BR ɒˈθɛləʊ
AM əˈθɛloʊ, oʊˈθɛloʊ

other
BR ˈʌðə(r), -z
AM ˈəðər, -z
otherness
BR ˈʌðənəs
AM ˈəðərnəs
otherwhere
BR ˈʌðəwɛː(r)
AM ˈəðər,(h)wɛ(ə)r
otherwise
BR ˈʌðəwʌɪz
AM ˈəðərˌwaɪz
Othman
BR ˈɒθmən, ɒθˈmaːn
AM ɑθˈman, ˈɑθm(ə)n
Otho
BR ˈəʊθəʊ
AM ˈoʊθoʊ
otic
BR ˈəʊtɪk, ˈɒtɪk
AM ˈɑdɪk, ˈoʊdɪk
otiose
BR ˈəʊtiəʊs, ˈəʊʃiəʊs,
ˈəʊtiəʊz, ˈəʊʃiəʊz
AM ˈoʊʃiˌoʊz,
ˈoʊdiˌoʊs,
ˈoʊʃiˌoʊs,
ˈoʊdiˌoʊz
otiosely
BR ˈəʊtiəʊsli,
ˈəʊʃiəʊsli,
ˈəʊtiəʊzli,
ˈəʊʃiəʊzli
AM ˈoʊʃiˌoʊzli,
ˈoʊdiˌoʊsli,
ˈoʊʃiˌoʊsli,
ˈoʊdiˌoʊzli
otioseness
BR ˈəʊtiəʊsnəs,
ˈəʊʃiəʊsnəs.
ˈəʊtiəʊznəs,
ˈəʊʃiəʊznəs
AM ˈoʊʃiˌoʊznəs,
ˈoʊdiˌoʊsnəs,
ˈoʊʃiˌoʊsnəs,
ˈoʊdiˌoʊznəs
Otis
BR ˈəʊtɪs
AM ˈoʊdəs
otitis
BR əʊˈtʌɪtɪs
AM oʊˈtaɪdɪs

Otley
BR ˈɒtli
AM ˈɑtli
otolaryngological
BR ˌəʊtəʊˌlarɪŋgə-
ˈlɒdʒɪkl
AM ˌoʊdoʊˌlerəngə-
ˈlɑdʒək(ə)l
otolaryngologist
BR ˌəʊtəʊˌlarɪŋ-
ˈgɒlədʒɪst, -s
AM ˌoʊdoʊˌlerən-
ˈgɑlədʒəst, -s
otolaryngology
BR ˌəʊtəʊˌlarɪŋ-
ˈgɒlədʒi
AM ˌoʊdoʊˌlerən-
ˈgɑlədʒi
otolith
BR ˈəʊtəlɪθ, -s
AM ˈoʊdlˌɪθ, -s
otolithic
BR ˌəʊtəˈlɪθɪk
AM ˌoʊdlˈɪθɪk
otological
BR ˌəʊtəˈlɒdʒɪkl
AM ˌoʊdəˈlɑdʒək(ə)l
otologist
BR əʊˈtɒlədʒɪst, -s
AM oʊˈtɑlədʒəst, -s
otology
BR əʊˈtɒlədʒi
AM oʊˈtɑlədʒi
Otomi
BR ˌəʊtəˈmiː
AM ˌoʊdəˈmi
O'Toole
BR əʊˈtuːl
AM oʊˈtul
otoplasty
BR ˈəʊtə(ʊ)plast|i, -ɪz
AM ˈoʊdoʊˌplæsti, -z
otorhinolaryngologist
BR ˌəʊtəʊˌrʌɪnəʊˌlarɪŋ-
ˈgɒlədʒɪst, -s
AM ˌoʊdoʊˌraɪnoʊ-
ˌlerənˈgɑlədʒəst, -s
otorhinolaryngology
BR ˌəʊtəʊˌrʌɪnəʊˌlarɪŋ-
ˈgɒlədʒi
AM ˌoʊdoʊˌraɪnoʊ-
ˌlerənˈgɑlədʒi

otoscope
BR ˈəʊtəskəʊp, -s
AM ˈoʊdəˌskoʊp, -s
otoscopic
BR ˌəʊtəˈskɒpɪk
AM ˌoʊdəˈskɑpɪk
Otranto
BR əˈtrantəʊ
AM ˌoʊˈtræn(t)oʊ
Ott
BR ɒt
AM ɑt
ottar
BR ˈɒtə(r)
AM ˈɑdər
ottava rima
BR ə(ʊ)ˌtaːvə
ˈriːmə(r)
AM oʊˈtavə ˈrimə,
əˈtavə ˈrimə
Ottawa
BR ˈɒtəwə(r)
AM ˈɑdəˌwa
otter
BR ˈɒtə(r), -z
AM ˈɑdər, -z
Otterburn
BR ˈɒtəbəːn
AM ˈɑdərˌbərn
Ottery
BR ˈɒt(ə)ri
AM ˈɑdəri
Otto
BR ˈɒtəʊ, -z
AM ˈɑdoʊ, -z
Ottoline
BR ˈɒtlɪn
AM ˈɑdəˌlaɪn
ottoman
BR ˈɒtəmən, -z
AM ˈɑdəm(e)n,
-z
Otway
BR ˈɒtweɪ
AM ˈɑtweɪ
Ouagadougou
BR ˌwaːgəˈduːguː,
ˌwagəˈduːguː
AM ˌwagəˈdugu
ouananiche
BR ˌwanəˈniːʃ
AM ˌwanəˈniʃ

oubliette
BR ˌuːbliˈɛt, -s
AM ˌubliˈɛt, -s
FR ublijɛt
ouch
BR aʊtʃ
AM aʊtʃ
oud
BR uːd, -z
AM ud, -z
Oudenarde
BR ˈʊdnɑːd
AM ˈʊdəˌnɑrd
Oudh
BR uːd
AM ud
ought
BR ɔːt
AM ɑt, ɔt
oughtn't
BR ˈɔːtnt
AM ˈɑtnt, ˈɔtnt
ougiya
BR uːˈgiːjə(r), -z
AM uˈdʒiə, -z
ouguiya
BR uːˈgiːjə(r), -z
AM uˈgiə, -z
Ouida
BR ˈwiːdə(r)
AM ˈwidə
ouija board
BR ˈwiːdʒə ˌbɔːd,
ˈwiːdʒɪ +, -z
AM ˈwidʒi ˌbɔ(ə)rd,
ˈwidʒə ˌbɔ(ə)rd,
-z
Ould
BR əʊld, uːld
AM oʊld
Oulton
BR ˈəʊlt(ə)n
AM ˈoʊlt(ə)n
Oulu
BR ˈəʊluː
AM ˈoʊˌlu
ounce
BR aʊns, -ɪz
AM aʊns, -əz
Oundle
BR ˈaʊndl
AM ˈaʊndəl

our[1] *strong form*
BR ˈaʊə(r)
AM ˈaʊ(ə)r

our[2] *weak form*
BR ɑː(r)
AM ɑr

ours[1] *strong form*
BR ˈaʊəz
AM ˈaʊ(ə)rz

ours[2] *weak form*
BR ɑːz
AM ɑrz

ourself[1] *strong form*
BR aʊəˈsɛlf
AM aʊrˈsɛlf

ourself[2] *weak form*
BR ɑːˈsɛlf
AM ɑrˈsɛlf

ourselves[1] *strong form*
BR aʊəˈsɛlvz
AM aʊrˈsɛlvz

ourselves[2] *weak form*
BR ɑːˈsɛlvz
AM ɑrˈsɛlvz

Ouse
BR uːz
AM uz

ousel
BR ˈuːzl, -z
AM ˈuz(ə)l, -z

oust
BR aʊst, -s, -ɪŋ, -ɪd
AM aʊst, -s, -ɪŋ, -əd

ouster
BR ˈaʊstə(r), -z
AM ˈaʊstər, -z

out
BR aʊt
AM aʊt

outact
BR ˌaʊtˈakt, -s, -ɪŋ, -ɪd
AM ˌaʊtˈæk|(t), -(t)s, -tɪŋ, -təd

outage
BR ˈaʊt|ɪdʒ, -ɪdʒɪz
AM ˈaʊdɪdʒ, -ɪz

out-and-out
BR ˌaʊt(ə)n(d)ˈaʊt
AM ˈaʊtnˌaʊt, ˈaʊdənˌaʊt

out-and-outer
BR ˌaʊt(ə)n(d)ˈaʊtə(r), -z
AM ˈaʊtnˌaʊdər, ˈaʊdənˈaʊdər, -z

outback[1]
BR ˈaʊtbak
AM ˈˌaʊtˌbæk

outback[2] *Australia*
BR ˈaʊtˌbæk
AM ˈaʊtbak

outbacker
BR ˈaʊtˌbakə(r), -z
AM ˈaʊtˌbækər, -z

outbalance
BR ˌaʊtˈbalṇs, -ɪz, -ɪŋ, -t
AM ˌaʊtˈbæl(ə)ns, -əz, -ɪŋ, -t

outbid
BR ˌaʊtˈbɪd, -z, -ɪŋ
AM ˌaʊtˈbɪd, -z, -ɪŋ

outbidder
BR ˌaʊtˈbɪdə(r), -z
AM ˌaʊtˈbɪdər, -z

outblaze
BR ˌaʊtˈbleɪz, -ɪz, -ɪŋ, -d
AM ˌaʊtˈbleɪz, -ɪz, -ɪŋ, -d

outboard
BR ˈaʊtbɔːd, -z
AM ˈaʊtˌbɔ(ə)rd, -z

outbound
BR ˈaʊtbaʊnd
AM ˈaʊtˌbaʊnd

outbrave
BR ˌaʊtˈbreɪv, -z, -ɪŋ, -d
AM ˌaʊtˈbreɪv, -z, -ɪŋ, -d

outbreak
BR ˈaʊtbreɪk, -s
AM ˈaʊtˌbreɪk, -s

outbred
BR ˈaʊtˈbrɛd, -z, -ɪŋ
AM ˌaʊtˈbrɛd, -z, -ɪŋ

outbreed
BR ˌaʊtˈbriːd, -z, -ɪŋ
AM ˌaʊtˈbrid, -z, -ɪŋ

outbuilding
BR ˈaʊtˌbɪldɪŋ, -z
AM ˈaʊtˌbɪldɪŋ, -z

outburst
BR ˈaʊtbɜːst, -s
AM ˈaʊtˌbɜrst, -s

outcall
BR ˈaʊtkɔːl, -z
AM ˈaʊtˌkɔl, ˈaʊtˌkɑl, -z

outcast
BR ˈaʊtkɑːst, -s
AM ˈaʊtˌkæst, -s

outcaste
BR ˈaʊtkɑːst, -s
AM ˈaʊtˌkæst, -s

outclass
BR ˌaʊtˈklɑːs, -ɪz, -ɪŋ, -t
AM ˌaʊtˈklæs, -əz, -ɪŋ, -t

outcome
BR ˈaʊtkʌm, -z
AM ˈaʊtˌkəm, -z

outcompete
BR ˌaʊtkəmˈpiːt, -s, -ɪŋ, -ɪd
AM ˌaʊtkəmˈpi|t, -ts, -dɪŋ, -dɪd

outcrop
BR ˈaʊtkrɒp, -s, -ɪŋ
AM ˈaʊtˌkrɑp, -s, -ɪŋ

outcry
BR ˈaʊtkrʌɪ, -z
AM ˈaʊtˌkraɪ, -z

outdance
BR ˌaʊtˈdɑːns, -ɪz, -ɪŋ, -t
AM ˌaʊtˈdæns, -əz, -ɪŋ, -t

outdare
BR ˌaʊtˈdɛː(r), -z, -ɪŋ, -d
AM ˌaʊtˈdɛ(ə)r, -z, -ɪŋ, -d

outdated
BR ˌaʊtˈdeɪtɪd
AM ˌaʊtˈdeɪdɪd

outdatedness
BR ˌaʊtˈdeɪtɪdnɪs
AM ˌaʊtˈdeɪdɪdnɪs

outdid
BR ˌaʊtˈdɪd
AM ˌaʊtˈdɪd

outdistance
BR ˌaʊtˈdɪst(ə)ns, -ɪz, -ɪŋ, -t
AM ˌaʊtˈdɪst(ə)ns, -əz, -ɪŋ, -t

outdo
BR ˌaʊtˈduː, -ɪŋ
AM ˌaʊtˈdu, -ɪŋ

outdoes
BR ˌaʊtˈdʌz
AM ˌaʊtˈdəz

outdone
BR ˌaʊtˈdʌn
AM ˌaʊtˈdən

outdoor
BR ˌaʊtˈdɔː(r), -z
AM ˌaʊtˈdɔ(ə)r, -z

outdoorsman
BR aʊtˈdɔːzmən
AM aʊtˈdɔrzm(ə)n

outdoorsmen
BR aʊtˈdɔːzmən
AM aʊtˈdɔrzm(ə)n

outer
BR ˈaʊtə(r)
AM ˈaʊdər

outermost
BR ˈaʊtəməʊst
AM ˈaʊdərˌmoʊst

outerwear
BR ˈaʊtəwɛː(r)
AM ˈaʊdərˌwɛ(ə)r

outface
BR ˌaʊtˈfeɪs, -ɪz, -ɪŋ, -t
AM ˌaʊtˈfeɪs, -ɪz, -ɪŋ, -t

outfall
BR ˈaʊtfɔːl, -z
AM ˈaʊtˌfɑl, ˈaʊtˌfɔl, -z

outfield
BR ˈaʊtfiːld, -z
AM ˈaʊtˌfild, -z

outfielder
BR ˈaʊtfiːldə(r), -z
AM ˈaʊtˌfildər, -z

outfight
BR ˌaʊtˈfʌɪt, -s, -ɪŋ
AM ˌaʊtˈfaɪ|t, -ts, -dɪŋ

outfit
BR ˈaʊtfɪt, -s, -ɪŋ, -ɪd
AM ˈaʊtˌfɪ|t, -ts, -dɪŋ, -dɪd

outfitter
BR ˈaʊtfɪtə(r), -z
AM ˈaʊtˌfɪdər, -z

outflank
BR ˌaʊtˈflæŋ|k, -ks, -kɪŋ, -(k)t
AM ˌaʊtˈflæŋ|k, -ks, -kɪŋ, -(k)t

outflew
BR ˌaʊtˈfluː
AM ˌaʊtˈflu

outflow
BR ˈaʊtfləʊ, -z
AM ˈaʊtˌfloʊ, -z

outflown
BR ˌaʊtˈfləʊn
AM ˌaʊtˈfloʊn

outflung
BR ˌaʊtˈflʌŋ
AM ˌaʊtˈflʌŋ

outfly
BR ˌaʊtˈflaɪ, -z, -ɪŋ
AM ˌaʊtˈflaɪ, -z, -ɪŋ

outfought
BR ˌaʊtˈfɔːt
AM ˌaʊtˈfɑt, ˌaʊtˈfɔt

outfox
BR ˌaʊtˈfɒks, -ɪz, -ɪŋ, -t
AM ˌaʊtˈfɑks, -əz, -ɪŋ, -t

outgas
BR ˌaʊtˈgas, -ɪz, -ɪŋ, -t
AM ˌaʊtˈgæs, -əz, -ɪŋ, -t

outgeneral
BR ˌaʊtˈdʒen(ə)rḷ, -z, -ɪŋ, -d
AM ˌaʊtˈdʒen(ə)rəl, -z, -ɪŋ, -d

outgo
BR ˌaʊtˈgəʊ, -z, -ɪŋ
AM ˌaʊtˈgoʊ, -z, -ɪŋ

outgoing[1] *adjective*
BR ˌaʊtˈgəʊɪŋ
AM ˈaʊtˌgoʊɪŋ

outgoing[2] *noun*
BR ˈaʊtˌgəʊɪŋ, -z
AM ˈaʊtˌgoʊɪŋ, -z

outgone
BR ˌaʊtˈgɒn
AM ˌaʊtˈgɑn, ˌaʊtˈgɔn

outgrew
BR ˌaʊtˈgruː
AM ˌaʊtˈgru

outgrow
BR ˌaʊtˈgrəʊ, -z, -ɪŋ
AM ˌaʊtˈgroʊ, -z, -ɪŋ

outgrown
BR ˌaʊtˈgrəʊn
AM ˌaʊtˈgroʊn

outgrowth
BR ˈaʊtgrəʊθ, -s
AM ˈaʊtˌgroʊθ, -s

outguess
BR ˌaʊtˈgɛs, -ɪz, -ɪŋ, -t
AM ˌaʊtˈgɛs, -əz, -ɪŋ, -t

outgun
BR ˌaʊtˈgʌn, -z, -ɪŋ, -d
AM ˌaʊtˈgən, -z, -ɪŋ, -d

outhouse
BR ˈaʊthaʊ|s, -zɪz
AM ˈaʊtˌ(h)aʊ|s, -zəz

outie
BR ˈaʊt|i, -ɪz
AM ˈaʊdi, -z

outing
BR ˈaʊtɪŋ, -z
AM ˈaʊdɪŋ, -z

outjockey
BR ˌaʊtˈdʒɒk|i, -ɪz, -ɪɪŋ, -ɪd
AM ˌaʊtˈdʒɑki, -z, -ɪŋ, -d

outjump
BR ˌaʊtˈdʒʌmp, -s, -ɪŋ, -t
AM ˌaʊtˈdʒəmp, -s, -ɪŋ, -t

outlander
BR ˈaʊtˌlandə(r), -z
AM ˈaʊtˌlændər, -z

outlandish
BR (ˌ)aʊtˈlandɪʃ
AM aʊtˈlændɪʃ

outlandishly
BR (ˌ)aʊtˈlandɪʃli
AM aʊtˈlændɪʃli

outlandishness
BR (ˌ)aʊtˈlandɪʃnɪs
AM aʊtˈlændɪʃnɪs

outlast
BR ˌaʊtˈlɑːst, -s, -ɪŋ, -ɪd
AM ˌaʊtˈlæst, -s, -ɪŋ, -əd

outlaw
BR ˈaʊtlɔː(r), -z, -ɪŋ, -d
AM ˈaʊtˌlɑ, ˈaʊtˌlɔ, -z, -ɪŋ, -d

outlawry
BR ˈaʊtlɔːri
AM ˈaʊtˌlɔri

outlay[1] *noun*
BR ˈaʊtleɪ, -z
AM ˈaʊtˌleɪ, -z

outlay[2] *verb*
BR ˌaʊtˈleɪ, -z, -ɪŋ, -d
AM ˌaʊtˈleɪ, -z, -ɪŋ, -d

outlet
BR ˈaʊtlɛt, -s
AM ˈaʊtlət, ˈaʊtˌlɛt, -s

outlier
BR ˈaʊtˌlaɪə(r), -z
AM ˈaʊtˌlaɪ(ə)r, -z

outline
BR ˈaʊtlaɪn, -z, -ɪŋ, -d
AM ˈaʊtˌlaɪn, -z, -ɪŋ, -d

outlive
BR ˌaʊtˈlɪv, -z, -ɪŋ, -d
AM ˌaʊtˈlɪv, -z, -ɪŋ, -d

outlook
BR ˈaʊtlʊk, -s
AM ˈaʊtˌlʊk, -s

outlying
BR ˈaʊtˌlaɪɪŋ
AM ˈaʊtˌlaɪɪŋ

outmaneuver
BR ˌaʊtməˈnuːv|ə(r), -əz, -(ə)rɪŋ, -əd
AM ˌaʊtməˈn(j)uv|ər, -ərz, -(ə)rɪŋ, -ərd

outmanoeuvre
BR ˌaʊtməˈnuːv|ə(r), -əz, -(ə)rɪŋ, -əd
AM ˌaʊtməˈn(j)uv|ər, -ərz, -(ə)rɪŋ, -ərd

outmatch
BR ˌaʊtˈmatʃ, -ɪz, -ɪŋ, -t
AM ˌaʊtˈmætʃ, -əz, -ɪŋ, -t

outmeasure
BR ˌaʊtˈmɛʒ|ə(r), -əz, -(ə)rɪŋ, -əd
AM ˌaʊtˈmɛʒ|ər, -ərz, -(ə)rɪŋ, -ərd

outmoded
BR ˌaʊtˈməʊdɪd
AM ˌaʊtˈmoʊdəd

outmodedly
BR ˌaʊtˈməʊdɪdli
AM ˌaʊtˈmoʊdədli

outmodedness
BR ˌaʊtˈməʊdɪdnɪs
AM ˌaʊtˈmoʊdədnəs

outmost
BR ˈaʊtməʊst
AM ˈaʊtˌmoʊst

outnumber
BR ˌaʊtˈnʌmb|ə(r), -əz, -(ə)rɪŋ, -əd
AM ˌaʊtˈnəmb|ər, -ərz, -(ə)rɪŋ, -ərd

out-of-body
BR ˌaʊtəvˈbɒdi
AM ˌaʊdə(v)ˈbɑdi

outpace
BR ˌaʊtˈpeɪs, -ɪz, -ɪŋ, -t
AM ˌaʊtˈpeɪs, -ɪz, -ɪŋ, -t

outpatient
BR ˈaʊtˌpeɪʃnt, -s
AM ˈaʊtˌpeɪʃ(ə)nt, -s

outperform
BR ˌaʊtpəˈfɔːm, -z, -ɪŋ, -d
AM ˌaʊtpərˈfɔ(ə)rm, -z, -ɪŋ, -d

outperformance
BR ˌaʊtpəˈfɔːm(ə)ns, -ɪz
AM ˌaʊtpərˈfɔrm(ə)ns, -əz

outplacement
BR ˈaʊtˌpleɪsm(ə)nt, -s
AM ˈaʊtˌpleɪsm(ə)nt, -s

outplay
BR ˌaʊtˈpleɪ, -z, -ɪŋ, -d
AM ˌaʊtˈpleɪ, -z, -ɪŋ, -d

outpoint
BR ˌaʊtˈpɔɪnt, -s, -ɪŋ, -ɪd
AM ˌaʊtˈpɔɪn|t, -ts, -(t)ɪŋ, -(t)ɪd

outport
BR ˈaʊtpɔːt, -s
AM ˈaʊtˌpɔ(ə)rt, -s

outpost
BR ˈaʊtpəʊst, -s
AM ˈaʊtˌpoʊst, -s

outpouring
BR ˈaʊtˌpɔːrɪŋ, -z
AM ˈaʊtˌpɔrɪŋ, -z

output
BR ˈaʊtpʊt, -s
AM ˈaʊtˌpʊt, -s

outrage
BR ˈaʊtreɪdʒ, -ɪz, -ɪŋ, -d
AM ˈaʊtˌreɪdʒ, -ɪz, -ɪŋ, -d

outrageous
BR (ˌ)aʊtˈreɪdʒəs
AM aʊtˈreɪdʒəs

outrageously
BR (ˌ)aʊtˈreɪdʒəsli
AM aʊtˈreɪdʒəsli

outrageousness
BR (ˌ)aʊtˈreɪdʒəsnəs
AM aʊtˈreɪdʒəsnəs

Outram
BR ˈuːtr(ə)m, ˈaʊtr(ə)m
AM ˈaʊtrəm, ˈutrəm

outran
BR ˌaʊtˈran
AM ˌaʊtˈræn

outrange
BR ˌaʊtˈreɪn(d)ʒ, -ɪz, -ɪŋ, -d
AM ˌaʊtˈreɪndʒ, -ɪz, -ɪŋ, -d

outrank
BR ˌaʊtˈraŋ|k, -ks, -kɪŋ, -(k)t
AM ˌaʊtˈræŋ|k, -ks, -kɪŋ, -(k)t

outré
BR ˈuːtreɪ
AM uˈtreɪ

outreach[1] *noun*
BR ˈaʊtriːtʃ
AM ˈaʊtˌritʃ

outreach[2] *verb*
BR ˌaʊtˈriːtʃ, -ɪz, -ɪŋ, -t
AM ˌaʊtˈritʃ, -ɪz, -ɪŋ, -t

outridden
BR ˌaʊtˈrɪdn
AM ˌaʊtˈrɪdən

outride
BR ˌaʊtˈrʌɪd, -z, -ɪŋ
AM ˌaʊtˈraɪd, -z, -ɪŋ

outrider
BR ˈaʊtˌrʌɪdə(r), -z
AM ˈaʊtˌraɪdər, -z

outrigged
BR ˈaʊtrɪgd
AM ˈaʊtˌrɪgd

outrigger
BR ˈaʊtˌrɪgə(r), -z
AM ˈaʊtˌrɪgər, -z

outright
BR (ˌ)aʊtˈrʌɪt, ˈaʊtrʌɪt
AM ˈaʊtˌraɪt

outrightness
BR ˈaʊtrʌɪtnɪs
AM ˈaʊtˌraɪtnəs

outrival
BR ˌaʊtˈrʌɪv|l, -lz, -l̩ɪŋ, -ld
AM ˌaʊtˈraɪv|əl, -əlz, -(ə)lɪŋ, -əld

outrode
BR ˌaʊtˈrəʊd
AM ˌaʊtˈroʊd

outrun[1] *noun*
BR ˈaʊtrʌn, -z
AM ˈaʊtˌrən, -z

outrun[2] *verb*
BR ˌaʊtˈrʌn, -z, -ɪŋ
AM ˌaʊtˈrən, -z, -ɪŋ

outrush
BR ˈaʊtrʌʃ, -ɪz
AM ˈaʊtˌrəʃ, -əz

outsail
BR ˌaʊtˈseɪl, -z, -ɪŋ, -d
AM ˌaʊtˈseɪl, -z, -ɪŋ, -d

outsat
BR ˌaʊtˈsat
AM ˌaʊtˌsæt

outsell
BR ˌaʊtˈsɛl, -z, -ɪŋ
AM ˌaʊtˈsɛl, -z, -ɪŋ

outset
BR ˈaʊtsɛt
AM ˈaʊtˌsɛt

outshine
BR ˌaʊtˈʃʌɪn
AM ˌaʊtˌʃaɪn

outshone
BR ˌaʊtˈʃɒn
AM ˌaʊtˌʃoʊn

outshoot
BR ˌaʊtˈʃuːt, -s, -ɪŋ
AM ˌaʊtˈʃu|t, -ts, -dɪŋ

outshot
BR ˌaʊtˈʃɒt
AM ˌaʊtˈʃɑt

outside
BR ˌaʊtˈsʌɪd
AM ˈaʊtˌsaɪd

outsider
BR ˌaʊtˈsʌɪdə(r), -z
AM ˈaʊtˌsaɪdər, -z

outsit
BR ˌaʊtˈsɪt, -s, -ɪŋ
AM ˌaʊtˈsɪ|t, -ts, -dɪŋ

outsize
BR ˌaʊtˈsʌɪz, -ɪz, -ɪŋ, -d
AM ˌaʊtˈsaɪz, -ɪz, -ɪŋ, -d

outsizeness
BR ˈaʊtsʌɪznɪs
AM ˈaʊtˌsaɪznɪs

outskirts
BR ˈaʊtskəːts
AM ˈaʊtˌskərts

outsmart
BR ˌaʊtˈsmɑːt, -s, -ɪŋ, -ɪd
AM ˌaʊtˈsmɑr|t, -ts, -dɪŋ, -dəd

outsold
BR ˌaʊtˈsəʊld
AM ˌaʊtˈsoʊld

outsource
BR ˌaʊtsɔːs, -ɪz, -ɪŋ, -t
AM ˈaʊtˌsɔ(ə)rs, -əz, -ɪŋ, -t

outspan[1] *noun*
BR ˈaʊtspan, -z
AM ˈaʊtˌspæn, -z

outspan[2] *verb*
BR ˌaʊtˈspan, -z, -ɪŋ, -d
AM ˌaʊtˈspæn, -z, -ɪŋ, -d

outspend
BR ˌaʊtˈspɛnd, -z, -ɪŋ
AM ˌaʊtˈspɛnd, -z, -ɪŋ

outspent
BR ˌaʊtˈspɛnt
AM ˌaʊtˈspɛnt

outspoken
BR ˌaʊtˈspəʊk(ə)n
AM ˌaʊtˈspoʊkən

outspokenly
BR ˌaʊtˈspəʊk(ə)nli
AM ˌaʊtˈspoʊkənli

outspokenness
BR ˌaʊtˈspəʊk(ə)nnəs
AM ˌaʊtˈspoʊkə(n)nəs

outspread
BR ˌaʊtˈsprɛd
AM ˌaʊtˈsprɛd

outstanding[1] *exceptional*
BR (ˌ)aʊtˈstandɪŋ
AM ˌaʊtˈstændɪŋ

outstanding[2] *sticking out*
BR (ˌ)aʊtˈstandɪŋ
AM ˌaʊtˈstændɪŋ

outstandingly
BR ˌaʊtˈstandɪŋli
AM ˌaʊtˈstændɪŋli

outstare
BR ˌaʊtˈstɛː(r), -z, -ɪŋ, -d
AM ˌaʊtˈstɛ(ə)r, -z, -ɪŋ, -d

outstation
BR ˈaʊtˌsteɪʃn, -z
AM ˈaʊtˌsteɪʃ(ə)n, -z

outstay
BR ˌaʊtˈsteɪ, -z, -ɪŋ, -d
AM ˌaʊtˈsteɪ, -z, -ɪŋ, -d

outstep
BR ˌaʊtˈstɛp, -s, -ɪŋ, -t
AM ˌaʊtˈstɛp, -s, -ɪŋ, -t

outstretch
BR ˌaʊtˈstrɛtʃ, -ɪz, -ɪŋ
AM ˌaʊtˈstrɛtʃ, -ɪz, -ɪŋ

outstretched
BR ˌaʊtˈstrɛtʃt
AM ˈaʊtˈstrɛtʃt

outstrip
BR ˌaʊtˈstrɪp, -s, -ɪŋ, -t
AM ˌaʊtˈstrɪp, -s, -ɪŋ, -t

outswing
BR ˈaʊtswɪŋ, -z
AM ˈaʊtˌswɪŋ, -z

out-swinger
BR ˈaʊtˌswɪŋə(r), -z
AM ˈaʊtˌswɪŋər, -z

out-take
BR ˈaʊtteɪk, -s
AM ˈaʊtˌteɪk, -s

outtalk
BR ˌaʊtˈtɔːk, -s, -ɪŋ, -t
AM ˌaʊtˈtak, ˌaʊtˈtɔk, -s, -ɪŋ, -t

outvalue
BR ˌaʊtˈvaljuː, -z, -ɪŋ, -d
AM ˌaʊtˈvæl|ju, -juz, -jəwɪŋ, -jud

outvote
BR ˌaʊtˈvəʊt, -s, -ɪŋ, -ɪd
AM ˌaʊtˈvoʊ|t, -ts, -dɪŋ, -dəd

outwalk
BR ˌaʊtˈwɔːk, -s, -ɪŋ, -t
AM ˌaʊtˈwak, ˌaʊtˈwɔk, -s, -ɪŋ, -t

outward
BR ˈaʊtwəd, -z
AM ˈaʊtwərd, -z

outwardly
BR ˈaʊtwədli
AM ˈaʊtwərdli

outwardness
BR ˈaʊtwədnəs
AM ˈaʊtwərdnəs

outwash
BR ˈaʊtwɒʃ, -ɪz
AM ˈaʊtˌwɑʃ, ˈaʊtˌwɔʃ, -əz

outwatch
BR ˌaʊtˈwɒtʃ, -ɪz, -ɪŋ, -t
AM ˌaʊtˈwɑtʃ, ˌaʊtˈwɔtʃ, -əz, -ɪŋ, -t

outwear
BR ˌaʊtˈwɛː(r), -z, -ɪŋ
AM ˌaʊtˈwɛ(ə)r, -z, -ɪŋ

outweigh
BR ˌaʊtˈweɪ, -z, -ɪŋ, -d
AM ˌaʊtˈweɪ, -z, -ɪŋ, -d

outwent
BR ˌaʊtˈwent
AM ˌaʊtˈwent

outwit
BR ˌaʊtˈwɪt, -s, -ɪŋ, -ɪd
AM ˌaʊtˈwɪ|t, -ts, -dɪŋ, -dɪd

outwith
BR ˌaʊtˈwɪθ, ˌaʊtˈwɪð
AM ˌaʊtˈwɪθ

outwore
BR ˌaʊtˈwɔː(r)
AM ˌaʊtˈwɔ(ə)r

outwork[1] *noun*
BR ˈaʊtwɜːk, -s
AM ˈaʊtwɜrk, -s

outwork[2] *verb*
BR ˌaʊtˈwɜːk, -s, -ɪŋ, -t
AM ˌaʊtˈwɜrk, -s, -ɪŋ, -t

outworker
BR ˈaʊtˌwɜːkə(r), -z
AM ˈaʊtˌwɜrkər, -z

outworking *noun*
BR ˈaʊtˌwɜːkɪŋ
AM ˈaʊtˌwɜrkɪŋ

outworn
BR ˌaʊtˈwɔːn
AM ˌaʊtˈwɔ(ə)rn

ouzel
BR ˈuːzl, -z
AM ˈuz(ə)l, -z

ouzo
BR ˈuːzəʊ
AM ˈuzoʊ

ova
BR ˈəʊvə(r)
AM ˈoʊvə

oval
BR ˈəʊvl, -z
AM ˈoʊvəl, -z

ovality
BR əʊˈvalɪti
AM oʊˈvælədi

ovally
BR ˈəʊvli
AM ˈoʊvəli

ovalness
BR ˈəʊvlnəs
AM ˈoʊvəlnəs

Ovaltine
BR ˈəʊvltiːn
AM ˈoʊvəlˌtin

Ovambo
BR əˈ(ʊ)ˈvambəʊ, -z
AM oʊˈvæmboʊ, -z

Ovamboland
BR əˈ(ʊ)ˈvambəʊland
AM oʊˈvæmboʊˌlænd

ovarian
BR əˈ(ʊ)ˈvɛːriən
AM oʊˈvɛriən

ovariectomy
BR əˈ(ʊ)ˌvɛːriˈɛktəm|i, -ɪz
AM oʊˌvɛriˈɛktəmi, -z

ovariotomy
BR əˈ(ʊ)ˌvɛːriˈɒtəm|i, -ɪz
AM oʊˌvɛriˈɑdəmi, -z

ovaritis
BR ˌəʊvəˈrʌɪtɪs
AM ˌoʊvəˈraɪdɪs

ovary
BR ˈəʊv(ə)r|i, -ɪz
AM ˈoʊv(ə)ri, -z

ovate
BR ˈəʊveɪt
AM ˈoʊˌveɪt

ovation
BR əˈ(ʊ)ˈveɪʃn, -z
AM oʊˈveɪʃ(ə)n, -z

ovational
BR əˈ(ʊ)ˈveɪʃn̩l
AM oʊˈveɪʃ(ə)n(ə)l

oven
BR ˈʌvn, -z
AM ˈəvən, -z

ovenbird
BR ˈʌvnbɜːd, -z
AM ˈəvənˌbərd, -z

Ovenden
BR ˈɒvndən, ˈəʊvndən
AM ˈəvəndən

ovenproof
BR ˈʌvnpruːf
AM ˈəvənˌpruf

oven-ready
BR ˌʌvnˈrɛdi
AM ˈəvənˌrɛdi

Ovens
BR ˈʌvnz
AM ˈəvənz

ovenware
BR ˈʌvnwɛː(r)
AM ˈəvənˌwɛ(ə)r

over
BR ˈəʊvə(r), -z
AM ˈoʊvər, -z

overabundance
BR ˌəʊv(ə)rəˈbʌnd(ə)ns, -ɪz
AM ˌoʊvərəˈbəndns, -əz

overabundant
BR ˌəʊv(ə)rəˈbʌnd(ə)nt
AM ˌoʊvərəˈbəndnt

overabundantly
BR ˌəʊv(ə)rəˈbʌnd(ə)ntli
AM ˌoʊvərəˈbəndən(t)li

overachieve
BR ˌəʊv(ə)rəˈtʃiːv, -z, -ɪŋ, -d
AM ˌoʊvərəˈtʃiv, -z, -ɪŋ, -d

overachievement
BR ˌəʊv(ə)rəˈtʃiːvm(ə)nt, -s
AM ˌoʊvərəˈtʃivm(ə)nt, -s

overachiever
BR ˌəʊv(ə)rəˈtʃiːvə(r), -z
AM ˌoʊvərəˈtʃivər, -z

overact
BR ˌəʊvərˈakt, -s, -ɪŋ, -ɪd
AM ˌoʊvərˈæk|(t), -(t)s, -tɪŋ, -təd

overactive
BR ˌəʊvərˈaktɪv
AM ˌoʊvərˈæktɪv

overactivity
BR ˌəʊv(ə)rakˈtɪvɪti
AM ˌoʊvərˌækˈtɪvɪdi

overage[1] *adjective*
BR ˌəʊvərˈeɪdʒ
AM ˌoʊvərˈeɪdʒ

overage[2] *noun*
BR ˈəʊv(ə)r|ɪdʒ, -ɪdʒɪz
AM ˈoʊv(ə)rɪdʒ, -ɪz

overall¹ *adjective, adverb*
BR ˌəʊvəˈrɔːl
AM ˌoʊvəˈrɑl, ˌoʊvəˈrɔl

overall² *noun*
BR ˈəʊvərɔːl, -z, -d
AM ˈoʊvəˌrɑl, ˈoʊvəˌrɔl, -z, -d

overambition
BR ˌəʊv(ə)ræmˈbɪʃn
AM ˌoʊvərˌæmˈbɪʃ(ə)n, ˌoʊvərəmˈbɪʃ(ə)n

overambitious
BR ˌəʊv(ə)ræmˈbɪʃəs
AM ˌoʊvərˌæmˈbɪʃəs, ˌoʊvərəmˈbɪʃəs

overambitiously
BR ˌəʊv(ə)ræmˈbɪʃəsli
AM ˌoʊvərˌæmˈbɪʃəsli, ˌoʊvərəmˈbɪʃəsli

overamp
BR ˌəʊvərˈæmp, -s, -ɪŋ, -t
AM ˌoʊvərˈæmp, -s, -ɪŋ, -t

over-and-over
BR ˌəʊv(ə)m̩(d)ˈəʊvə(r)
AM ˈoʊv(ə)rənˌoʊvər

overanxiety
BR ˌəʊv(ə)ræŋˈzʌɪəti
AM ˌoʊvəræŋˈzaɪəti

overanxious
BR ˌəʊvərˈæŋ(k)ʃəs
AM ˌoʊvərˈæŋ(k)ʃəs

overanxiously
BR ˌəʊvərˈæŋ(k)ʃəsli
AM ˌoʊvərˈæŋ(k)ʃəsli

overarch
BR ˌəʊvərˈɑːtʃ, -ɪz, -ɪŋ, -t
AM ˌoʊvərˈɑrtʃ, -əz, -ɪŋ, -t

overarm
BR ˈəʊvərɑːm
AM ˈoʊvərˌɑrm

overate *from verb 'overeat'*
BR ˌoʊvərˈɛt, ˌəʊvəˈeɪt
AM ˌoʊvərˈeɪt

overattentive
BR ˌəʊv(ə)rəˈtentɪv
AM ˌoʊvərəˈten(t)ɪv

overawe
BR ˌəʊvərˈɔː(r), -z, -ɪŋ, -d
AM ˌoʊvərˈɑ, ˌoʊvərˈɔ, -z, -ɪŋ, -d

overbalance
BR ˌəʊvəˈbalns, -ɪz, -ɪŋ, -t
AM ˌoʊvərˈbæl(ə)ns, -ɪz, -ɪŋ, -t

overbear
BR ˌəʊvəˈbɛː(r), -z, -ɪŋ
AM ˌoʊvərˈbɛ(ə)r, -z, -ɪŋ

overbid
BR ˌəʊvəˈbɪd, -z, -ɪŋ
AM ˈoʊvərˌbɪd, -z, -ɪŋ

overbidder
BR ˌəʊvəˈbɪdə(r), -z
AM ˈoʊvərˌbɪdər, -z

overblew
BR ˌəʊvəˈbluː
AM ˌoʊvərˈblu

overblouse
BR ˈəʊvəblaʊz, -ɪz
AM ˈoʊvərˌblaʊz, ˈoʊvərˌblaʊs, -əz

overblow
BR ˌəʊvəˈbləʊ, -z, -ɪŋ
AM ˌoʊvərˈbloʊ, -z, -ɪŋ

overblown
BR ˌəʊvəˈbləʊn
AM ˌoʊvərˈbloʊn

overboard
BR ˈəʊvəbɔːd
AM ˈoʊvərˌbɔ(ə)rd

overbold
BR ˌəʊvəˈbəʊld
AM ˌoʊvərˈboʊld

overboldly
BR ˌəʊvəˈbəʊldli
AM ˌoʊvərˈboʊldli

overbook
BR ˌəʊvəˈbʊk, -s, -ɪŋ, -t
AM ˌoʊvərˈbʊk, -s, -ɪŋ, -t

overboot
BR ˈəʊvəbuːt, -s
AM ˈoʊvərˌbut, -s

overborne
BR ˌəʊvəˈbɔːn
AM ˌoʊvərˈbɔ(ə)rn

overbought
BR ˌəʊvəˈbɔːt
AM ˌoʊvərˈbɑt, ˌoʊvərˈbɔt

overbred
BR ˌəʊvəˈbred
AM ˌoʊvərˈbred

overbreed
BR ˌəʊvəˈbriːd, -z, -ɪŋ
AM ˌoʊvərˈbrid, -z, -ɪŋ

overbrim
BR ˌəʊvəˈbrɪm, -z, -ɪŋ, -d
AM ˌoʊvərˈbrɪm, -z, -ɪŋ, -d

overbudget
BR ˌəʊvəˈbʌdʒɪt
AM ˌoʊvərˈbədʒət, -s, -ɪŋ, -əd

overbuild
BR ˌəʊvəˈbɪld, -z, -ɪŋ
AM ˌoʊvərˈbɪld, -z, -ɪŋ

overbuilt
BR ˌəʊvəˈbɪlt
AM ˌoʊvərˈbɪlt

overburden
BR ˌəʊvəˈbəːd|n, -nz, -n̩ɪŋ\-nɪŋ, -nd
AM ˈoʊvərˌbərdən, -z, -ɪŋ, -d

overburdensome
BR ˌəʊvəˈbəːdns(ə)m
AM ˌoʊvərˈbərdns(ə)m

Overbury
BR ˈəʊvəb(ə)ri
AM ˈoʊvərˌberi

overbusy
BR ˌəʊvəˈbɪzi
AM ˌoʊvərˈbɪzi

overbuy
BR ˌəʊvəˈbʌɪ, -z, -ɪŋ
AM ˌoʊvərˈbaɪ, -z, -ɪŋ

overcall¹ *noun*
BR ˈəʊvəkɔːl, -z
AM ˈoʊvərˌkɑl, ˈoʊvərˌkɔl, -z

overcall² *verb*
BR ˌəʊvəˈkɔːl, -z, -ɪŋ, -d
AM ˌoʊvərˈkɑl, ˌoʊvərˈkɔl, -z, -ɪŋ, -d

overcame
BR ˌəʊvəˈkeɪm
AM ˌoʊvərˈkeɪm

overcapacity
BR ˌəʊvəkəˈpasɪti
AM ˈoʊvərkəˈpæsədi

overcapitalize
BR ˌəʊvəˈkapɪtlʌɪz, -ɪz, -ɪŋ, -d
AM ˌoʊvərˈkæpədlˌaɪz, -ɪz, -ɪŋ, -d

overcareful
BR ˌəʊvəˈkɛːf(ʊ)l
AM ˌoʊvərˈkɛrfəl

overcarefully
BR ˌəʊvəˈkɛːfəli, ˌəʊvəˈkɛːfli
AM ˌoʊvərˈkɛrfəli

overcast
BR ˌəʊvəˈkɑːst, ˈəʊvəkɑːst
AM ˈoʊvərˌkæst

overcaution
BR ˌəʊvəˈkɔːʃn
AM ˌoʊvərˈkɑʃ(ə)n, ˌoʊvərˈkɔʃ(ə)n

overcautious
BR ˌəʊvəˈkɔːʃəs
AM ˌoʊvərˈkɑʃəs, ˌoʊvərˈkɔʃəs

overcautiously
BR ˌəʊvəˈkɔːʃəsli
AM ˌoʊvərˈkɑʃəsli, ˌoʊvərˈkɔʃəsli

overcautiousness
BR ˌəʊvəˈkɔːʃəsnəs
AM ˌoʊvərˈkɑʃəsnəs, ˌoʊvərˈkɔʃəsnəs

overcharge¹ *noun*
BR ˈəʊvətʃɑːdʒ
AM ˈoʊvərˌtʃɑrdʒ

overcharge² *verb*
BR ˌəʊvəˈtʃɑːdʒ, -ɪz, -ɪŋ, -d
AM ˌoʊvərˈtʃɑrdʒ, -əz, -ɪŋ, -d

overcheck
BR ˈəʊvətʃɛk, -s
AM ˈoʊvərˌtʃɛk, -s
overclock
BR ˌəʊvəˈklɒk, -s, -ɪŋ, -t
AM ˌoʊvərˈklɑk, -s, -ɪŋ, -əd
overcloud
BR ˌəʊvəˈklaʊd, -z, -ɪŋ, -ɪd
AM ˌoʊvərˈklaʊd, -z, -ɪŋ, -ɪd
overcoat
BR ˈəʊvəkəʊt, -s
AM ˈoʊvərˌkoʊt, -s
overcome
BR ˌəʊvəˈkʌm, -z, -ɪŋ
AM ˌoʊvərˈkəm, -z, -ɪŋ
overcommit
BR ˌəʊvəkəˈmɪt, -s, -ɪŋ, -ɪd
AM ˈoʊvərkəˈmɪlt, -ts, -dɪŋ, -ɪd
overcompensate
BR ˌəʊvəˈkɒmp(ɛ)nseɪt, -s, -ɪŋ, -ɪd
AM ˌoʊvərˈkɑmpənˌseɪt, -ts, -dɪŋ, -ɪd
overcompensation
BR ˌəʊvəˌkɒmp(ɛ)nˈseɪʃn
AM ˈoʊvərˌkɑmpənˈseɪʃ(ə)n
overcompensatory
BR ˌəʊvəˌkɒmp(ɛ)nˈseɪt(ə)ri
AM ˈoʊvərkəmˈpɛnsəˌtɔri
overconfidence
BR ˌəʊvəˈkɒnfɪd(ə)ns
AM ˌoʊvərˈkɑnfədəns
overconfident
BR ˌəʊvəˈkɒnfɪd(ə)nt
AM ˌoʊvərˈkɑnfədnt
overconfidently
BR ˌəʊvəˈkɒnfɪd(ə)ntli
AM ˌoʊvərˈkɑnfədən(t)li
overcook
BR ˌəʊvəˈkʊk, -s, -ɪŋ, -t
AM ˌoʊvərˈkʊk, -s, -ɪŋ, -t

overcritical
BR ˌəʊvəˈkrɪtɪkl
AM ˌoʊvərˈkrɪdək(ə)l
overcrop
BR ˌəʊvəˈkrɒp, -s, -ɪŋ, -t
AM ˌoʊvərˈkrɑp, -s, -ɪŋ, -t
overcrowd
BR ˌəʊvəˈkraʊd, -z, -ɪŋ, -ɪd
AM ˌoʊvərˈkraʊd, -z, -ɪŋ, -əd
overdetermination
BR ˌəʊvədɪˌtɜːmɪˈneɪʃn
AM ˈoʊvərdəˌtɜrməˈneɪʃ(ə)n
overdetermine
BR ˌəʊvədɪˈtɜːmɪn, -z, -ɪŋ, -d
AM ˈoʊvərdəˈtɜrm(ə)n, -z, -ɪŋ, -d
overdevelop
BR ˌəʊvədɪˈvɛləp, -s, -ɪŋ, -t
AM ˈoʊvərdəˈvɛləp, -s, -ɪŋ, -t
overdid
BR ˌəʊvəˈdɪd
AM ˌoʊvərˈdɪd
overdo
BR ˌəʊvəˈduː, -ɪŋ
AM ˌoʊvərˈdu, -ɪŋ
overdoes
BR ˌəʊvəˈdʌz
AM ˌoʊvərˈdəz
overdone
BR ˌəʊvəˈdʌn
AM ˌoʊvərˈdən
overdosage
BR ˌəʊvəˈdəʊsɪdʒ, -ɪdʒɪz
AM ˈoʊvərˌdoʊsɪdʒ, -ɪz
overdose[1] *noun, verb, drug abuse*
BR ˈəʊvədəʊs, -ɪz, -ɪŋ, -t
AM ˈoʊvərˌdoʊs, -ɪz, -ɪŋ, -t

overdose[2] *verb, by mistake*
BR ˌəʊvəˈdəʊs, -ɪz, -ɪŋ, -t
AM ˌoʊvərˈdoʊs, -ɪz, -ɪŋ, -t
overdraft
BR ˈəʊvədrɑːft, -s
AM ˈoʊvərˌdræft, -s
overdramatise
BR ˌəʊvəˈdramətʌɪz, -ɪz, -ɪŋ, -d
AM ˌoʊvərˈdrɑməˌtaɪz, ˌoʊvərˈdræməˌtaɪz, -ɪz, -ɪŋ, -d
overdramatize
BR ˌəʊvəˈdramətʌɪz, -ɪz, -ɪŋ, -d
AM ˌoʊvərˈdrɑməˌtaɪz, ˌoʊvərˈdræməˌtaɪz, -ɪz, -ɪŋ, -d
overdrank
BR ˌəʊvəˈdraŋk
AM ˌoʊvərˈdræŋk
overdraw
BR ˌəʊvəˈdrɔː(r), -z, -ɪŋ
AM ˌoʊvərˈdrɑ, ˌoʊvərˈdrɔ, -z, -ɪŋ
overdrawer
BR ˌəʊvəˈdrɔː(r)ə(r), -z
AM ˌoʊvərˈdrɔ(ə)r, -z
overdrawn
BR ˌəʊvəˈdrɔːn
AM ˌoʊvərˈdrɑn, ˌoʊvərˈdrɔn
overdress
BR ˌəʊvəˈdrɛs, -ɪz, -ɪŋ, -t
AM ˌoʊvərˈdrɛs, -əz, -ɪŋ, -t
overdrew
BR ˌəʊvəˈdruː
AM ˌoʊvərˈdru
overdrink
BR ˌəʊvəˈdrɪŋk, -s, -ɪŋ
AM ˌoʊvərˈdrɪŋk, -s, -ɪŋ
overdrive
BR ˈəʊvədrʌɪv, -z
AM ˈoʊvərˌdraɪv, -z

overdrunk
BR ˌəʊvəˈdrʌŋk
AM ˌoʊvərˈdrəŋk
overdub
BR ˌəʊvəˈdʌb, -z, -ɪŋ, -d
AM ˌoʊvərˈdəb, -z, -ɪŋ, -d
overdue
BR ˌəʊvəˈdjuː, ˌəʊvəˈdʒuː
AM ˌoʊvərˈd(j)u
overeager
BR ˌəʊvərˈiːɡə(r)
AM ˌoʊvərˈiɡər
overeagerly
BR ˌəʊvərˈiːɡəli
AM ˌoʊvərˈiɡərli
overeagerness
BR ˌəʊvərˈiːɡənəs
AM ˌoʊvərˈiɡərnəs
over easy
BR ˌəʊvər ˈiːzi
AM ˌoʊvər ˈizi
overeat
BR ˌəʊvərˈiːt, -s, -ɪŋ
AM ˌoʊvərˈiǀt, -ts, -dɪŋ
overeaten
BR ˌəʊvərˈiːtn
AM ˌoʊvərˈitn
overemphases
BR ˌəʊvərˈɛmfəsiːz
AM ˌoʊvərˈɛmfəsiz
overemphasis
BR ˌəʊvərˈɛmfəsɪs
AM ˌoʊvərˈɛmfəsəs
overemphasise
BR ˌəʊvərˈɛmfəsʌɪz, -ɪz, -ɪŋ, -d
AM ˌoʊvərˈɛmfəˌsaɪz, -ɪz, -ɪŋ, -d
overemphasize
BR ˌəʊvərˈɛmfəsʌɪz, -ɪz, -ɪŋ, -d
AM ˌoʊvərˈɛmfəˌsaɪz, -ɪz, -ɪŋ, -d
overenthusiasm
BR ˌəʊv(ə)rɪnˈθjuːzɪazm, ˌəʊv(ə)rɛnˈθjuːzɪazm
AM ˈoʊvərənˈθ(j)uziˌæz(ə)m

overenthusiastic
BR ˌəʊv(ə)rɪnˌθjuːzɪ-ˈæstɪk, ˌəʊv(ə)rɛn-ˌθjuːzɪˈæstɪk
AM ˈoʊvərənˌθjuziˈæstɪk

overenthusiastically
BR ˌəʊv(ə)rɪnˌθjuːzɪˈæstɪkli, ˌəʊv(ə)rɛn-ˌθjuːzɪˈæstɪkli
AM ˈoʊvərənˌθjuziˈæstək(ə)li

overestimate[1] *noun*
BR ˌəʊvərˈɛstɪmət, -s
AM ˌoʊvərˈɛstəmət, -s

overestimate[2] *verb*
BR ˌəʊvərˈɛstɪmeɪt, -s, -ɪŋ, -ɪd
AM ˌoʊvərˈɛstəˌmeɪ|t, -ts, -dɪŋ, -dɪd

overestimation
BR ˌəʊvərˌɛstɪˈmeɪʃn
AM ˌoʊvərˌɛstəˈmeɪʃ(ə)n

overexcite
BR ˌəʊv(ə)rɪkˈsaɪt, ˌəʊv(ə)rɛkˈsaɪt, -s, -ɪŋ, -ɪd
AM ˌoʊvərɛkˈsaɪ|t, ˌoʊvərɪkˈsaɪ|t, -ts, -dɪŋ, -dɪd

overexcitement
BR ˌəʊv(ə)rɪkˈsaɪtm(ə)nt, ˌəʊv(ə)rɛkˈsaɪtm(ə)nt
AM ˈoʊvərɛkˈsaɪtm(ə)nt, ˈoʊvərɪkˈsaɪtm(ə)nt

overexert
BR ˌəʊv(ə)rɪgˈzɜːt, ˌəʊv(ə)rɛgˈzɜːt, -s, -ɪŋ, -ɪd
AM ˌoʊvərɛgˈzɜr|t, ˌoʊvərɪgˈzɜr|t, -ts, -dɪŋ, -dəd

overexertion
BR ˌəʊv(ə)rɪgˈzɜːʃn, ˌəʊv(ə)rɛgˈzɜːʃn
AM ˌoʊvərɛgˈzɜrʃ(ə)n, ˌoʊvərɪgˈzɜrʃ(ə)n

overexpose
BR ˌəʊv(ə)rɪkˈspəʊz, ˌəʊv(ə)rɛkˈspəʊz, -ɪz, -ɪŋ, -d
AM ˈoʊvərɛkˈspoʊz, ˈoʊvərɪkˈspoʊz, -ɪz, -ɪŋ, -d

overexposure
BR ˌəʊv(ə)rɪkˈspəʊʒə(r), ˌəʊv(ə)rɛkˈspəʊʒə(r)
AM ˈoʊvərɛkˈspoʊʒər, ˈoʊvərɪkˈspoʊʒər

overextend
BR ˌəʊvərɪkˈstɛnd, ˌoʊvərɛkˈstɛnd, -z, -ɪŋ, -ɪd
AM ˈoʊvərɛkˈstɛnd, ˈoʊvərɪkˈstɛnd, -z, -ɪŋ, -əd

overfall
BR ˈəʊvəfɔːl, -z
AM ˈoʊvərˌfɑl, ˈoʊvərˌfɔl, -z

overfamiliar
BR ˌəʊvəfəˈmɪlɪə(r)
AM ˈoʊvərfəˈmɪlɪər, ˈoʊvərfəˈmɪljər

overfamiliarity
BR ˌəʊvəfəˌmɪlɪˈærɪti
AM ˈoʊvərfəˌmɪlɪˈɛrədi

overfatigue
BR ˌəʊvəfəˈtiːg, -z, -ɪŋ, -d
AM ˈoʊvərfəˈtig, -z, -ɪŋ, -d

overfed
BR ˌəʊvəˈfɛd
AM ˌoʊvərˈfɛd

overfeed
BR ˌəʊvəˈfiːd, -z, -ɪŋ
AM ˌoʊvərˈfid, -z, -ɪŋ

overfill
BR ˌəʊvəˈfɪl, -z, -ɪŋ, -d
AM ˌoʊvərˈfɪl, -z, -ɪŋ, -d

overfine
BR ˌəʊvəˈfaɪn
AM ˌoʊvərˈfaɪn

overfish
BR ˌəʊvəˈfɪʃ, -ɪz, -ɪŋ, -t
AM ˌoʊvərˈfɪʃ, -ɪz, -ɪŋ, -t

overflew
BR ˌəʊvəˈfluː
AM ˌoʊvərˈflu

overflight
BR ˈəʊvəflaɪt, -s
AM ˈoʊvərˌflaɪt, -s

overflow[1] *noun*
BR ˈəʊvəfləʊ, -z
AM ˈoʊvərˌfloʊ, -z

overflow[2] *verb*
BR ˌəʊvəˈfləʊ, -z, -ɪŋ, -d
AM ˌoʊvərˈfloʊ, -z, -ɪŋ, -d

overflown
BR ˌəʊvəˈfləʊn
AM ˌoʊvərˈfloʊn

overfly
BR ˌəʊvəˈflaɪ, -z, -ɪŋ
AM ˌoʊvərˈflaɪ, -z, -ɪŋ

overfold
BR ˈəʊvəfəʊld, -z
AM ˈoʊvərˌfoʊld, -z

overfond
BR ˌəʊvəˈfɒnd
AM ˌoʊvərˈfɑnd

overfondly
BR ˌəʊvəˈfɒndli
AM ˌoʊvərˈfɑn(d)li

overfondness
BR ˌəʊvəˈfɒn(d)nəs
AM ˌoʊvərˈfɑn(d)nəs

overfulfil
BR ˌəʊvəfʊlˈfɪl, -z, -ɪŋ, -d
AM ˈoʊvərˌfʊ(l)ˈfɪl, -z, -ɪŋ, -d

overfulfill
BR ˌəʊvəfʊlˈfɪl, -z, -ɪŋ, -d
AM ˈoʊvərˌfʊ(l)ˈfɪl, -z, -ɪŋ, -d

overfulfillment
BR ˌəʊvəfʊlˈfɪlm(ə)nt
AM ˈoʊvərˌfʊ(l)ˈfɪlm(ə)nt

overfulfilment
BR ˌəʊvəfʊlˈfɪlm(ə)nt
AM ˈoʊvərˌfʊ(l)ˈfɪlm(ə)nt

overfull
BR ˌəʊvəˈfʊl
AM ˌoʊvərˈfʊl

overgarment
BR ˈəʊvəˌgɑːm(ə)nt, -s
AM ˈoʊvərˌgɑrm(ə)nt, -s

overgeneralisation
BR ˌəʊvəˌdʒɛn(ə)rlʌɪˈzeɪʃn, -z
AM ˌoʊvərˌdʒɛn(ə)rəˌlaɪˈzeɪʃ(ə)n, ˌoʊvərˌdʒɛn(ə)rələˈzeɪʃ(ə)n, -z

overgeneralise
BR ˌəʊvəˈdʒɛn(ə)rlʌɪz, -ɪz, -ɪŋ, -d
AM ˌoʊvərˈdʒɛn(ə)rəˌlaɪz, -ɪz, -ɪŋ, -d

overgeneralization
BR ˌəʊvəˌdʒɛn(ə)rlʌɪˈzeɪʃn, -z
AM ˈoʊvərˌdʒɛn(ə)rəˌlaɪˈzeɪʃ(ə)n, ˌoʊvərˌdʒɛn(ə)rələˈzeɪʃ(ə)n, -z

overgeneralize
BR ˌəʊvəˈdʒɛn(ə)rlʌɪz, -ɪz, -ɪŋ, -d
AM ˌoʊvərˈdʒɛn(ə)rəˌlaɪz, -ɪz, -ɪŋ, -d

overgenerous
BR ˌəʊvəˈdʒɛn(ə)rəs
AM ˌoʊvərˈdʒɛn(ə)rəs

overgenerously
BR ˌəʊvəˈdʒɛn(ə)rəsli
AM ˌoʊvərˈdʒɛn(ə)rəsli

overglaze
BR ˌəʊvəˈgleɪz, -ɪz, -ɪŋ, -d
AM ˌoʊvərˈgleɪz, -ɪz, -ɪŋ, -d

overgraze
BR ˌəʊvəˈgreɪz, -ɪz, -ɪŋ, -d
AM ˌoʊvərˈgreɪz, -ɪz, -ɪŋ, -d

overgrew
BR ˌəʊvəˈgruː
AM ˌoʊvərˈgru

overground
BR ˈəʊvəɡraʊnd
AM ˈoʊvərˌɡraʊnd
overgrow
BR ˌəʊvəˈɡrəʊ, -z, -ɪŋ
AM ˌoʊvərˈɡroʊ, -z, -ɪŋ
overgrown
BR ˌəʊvəˈɡrəʊn
AM ˈˌoʊvərˌɡroʊn
overgrowth
BR ˈəʊvəɡrəʊθ
AM ˈoʊvərˌɡroʊθ
overhand
BR ˈəʊvəhænd
AM ˈoʊvərˌ(h)ænd
overhang[1] *noun*
BR ˈəʊvəhæŋ, -z
AM ˈoʊvərˌ(h)æŋ, -z
overhang[2] *verb*
BR ˌəʊvəˈhæŋ, -z, -ɪŋ
AM ˌoʊvərˈhæŋ, -z, -ɪŋ
overhanging
BR ˌəʊvəˈhæŋɪŋ
AM ˌoʊvərˈhæŋɪŋ
overhaste
BR ˌəʊvəˈheɪst
AM ˌoʊvərˈheɪst
overhastily
BR ˌəʊvəˈheɪstɪli
AM ˌoʊvərˈheɪstɪli
overhasty
BR ˌəʊvəˈheɪsti
AM ˌoʊvərˈheɪsti
overhaul[1] *noun*
BR ˈəʊvəhɔːl, -z
AM ˈoʊvərˌ(h)ɑl, ˈoʊvərˌ(h)ɔl, -z
overhaul[2] *verb*
BR ˈəʊvəhɔːl, ˌəʊvəˈhɔːl, -z, -ɪŋ, -d
AM ˈˌoʊvərˌhɑl, ˈoʊvərˌhɔl, -z, -ɪŋ, -d
overhead[1] *adjective*
BR ˌəʊvəˈhɛd
AM ˌoʊvərˈhɛd
overhead[2] *adverb*
BR ˈəʊvəːhɛd
AM ˌoʊvərˈhɛd

overhead[3] *noun*
BR ˈəʊvəhɛd, -z
AM ˈoʊvərˌ(h)ɛd, -z
overhear
BR ˌəʊvəˈhɪə(r), -z, -ɪŋ
AM ˌoʊvərˈhɪ(ə)r, -z, -ɪŋ
overheard
BR ˌəʊvəˈhəːd
AM ˌoʊvərˈhɜrd
overheat
BR ˌəʊvəˈhiːt, -s, -ɪŋ, -ɪd
AM ˌoʊvərˈhi|t, -ts, -dɪŋ, -dɪd
overhung
BR ˌəʊvəˈhʌŋ
AM ˌoʊvərˈhʌŋ
overindulge
BR ˌəʊv(ə)rɪnˈdʌldʒ, -ɪz, -ɪŋ, -d
AM ˌoʊvərənˈdəldʒ, -əz, -ɪŋ, -d
overindulgence
BR ˌəʊv(ə)rɪnˈdʌldʒ(ə)ns
AM ˈˌoʊvərənˈdəldʒ(ə)ns
overindulgent
BR ˌəʊv(ə)rɪnˈdʌldʒ(ə)nt
AM ˈˌoʊvərənˈdəldʒ(ə)nt
overindulgently
BR ˌəʊv(ə)rɪnˈdʌldʒ(ə)ntli
AM ˈˌoʊvərənˈdəldʒən(t)li
over-inflated
BR ˌəʊv(ə)rɪnˈfleɪtɪd
AM ˈˌoʊvərənˈfleɪdɪd
overinsurance
BR ˌəʊvərɪnˈʃʊərns, ˌəʊvərɪnˈʃɔːrns
AM ˈˌoʊvərənˈʃʊrəns
overinsure
BR ˌəʊv(ə)rɪnˈʃʊə(r), ˌəʊv(ə)rɪnˈʃɔː(r), -z, -ɪŋ, -d
AM ˈˌoʊvərənˈʃʊ(ə)r, -z, -ɪŋ, -d

overissue
BR ˌəʊvərˈɪʃ(j)uː, ˌəʊvərˈɪsjuː, -z, -ɪŋ, -d
AM ˌoʊvərˈɪʃu, -z, -ɪŋ, -d
overjoyed
BR ˌəʊvəˈdʒɔɪd
AM ˌoʊvərˈdʒɔɪd
overkill
BR ˈəʊvəkɪl
AM ˈoʊvərˌkɪl
overladen
BR ˌəʊvəˈleɪdn
AM ˌoʊvərˈleɪdən
overlaid
BR ˌəʊvəˈleɪd
AM ˌoʊvərˈleɪd
overlain
BR ˌəʊvəˈleɪn
AM ˌoʊvərˈleɪn
overland
BR ˈəʊvəland, ˌəʊvəˈland
AM ˈoʊvərˌlænd
overlander
BR ˈəʊvəˌlandə(r), -z
AM ˈoʊvərˌlændər, -z
overlap[1] *noun*
BR ˈəʊvəlap, -s
AM ˈoʊvərˌlæp, -s
overlap[2] *verb*
BR ˌəʊvəˈlap, -s, -ɪŋ, -t
AM ˌoʊvərˈlæp, -s, -ɪŋ, -t
overlarge
BR ˌəʊvəˈlɑːdʒ
AM ˌoʊvərˈlɑrdʒ
overlay[1] *noun*
BR ˈəʊvəleɪ, -z
AM ˈoʊvərˌleɪ, -z
overlay[2] *verb*
BR ˌəʊvəˈleɪ, -z, -ɪŋ, -d
AM ˌoʊvərˈleɪ, -z, -ɪŋ, -d
overleaf
BR ˌəʊvəˈliːf
AM ˈoʊvərˌlif
overleap
BR ˌəʊvəˈliːp, -s, -ɪŋ
AM ˌoʊvərˈlip, -s, -ɪŋ

overleaped
BR ˌəʊvəˈlɛpt
AM ˌoʊvərˈlɪpt
overlept
BR ˌəʊvəˈlɛpt
AM ˌoʊvərˈlɛpt
overlie
BR ˌəʊvəˈlaɪ, -z
AM ˌoʊvərˈlaɪ, -z
overlip
BR ˈəʊvəlɪp, -s
AM ˈoʊvərˌlɪp, -s
overload[1] *noun*
BR ˈəʊvələʊd, -z
AM ˈoʊvərˌloʊd, -z
overload[2] *verb*
BR ˌəʊvəˈləʊd, -z, -ɪŋ, -ɪd
AM ˌoʊvərˈloʊd, -z, -ɪŋ, -əd
overlong
BR ˌəʊvəˈlɒŋ
AM ˌoʊvərˈlɑŋ, ˌoʊvərˈlɔŋ
overlook
BR ˌəʊvəˈlʊk, -s, -ɪŋ, -t
AM ˌoʊvərˈlʊk, -s, -ɪŋ, -t
overlooker
BR ˈəʊvəˌlʊkə(r), -z
AM ˌoʊvərˈlʊkər, -z
overlord
BR ˈəʊvəlɔːd, -z
AM ˈoʊvərˌlɔ(ə)rd, -z
overlordship
BR ˈəʊvəˌlɔːdʃɪp, -s
AM ˈoʊvərˌlɔrdˌʃɪp, -s
overly
BR ˈəʊvəli
AM ˈoʊvərli
overlying
BR ˌəʊvəˈlʌɪɪŋ
AM ˌoʊvərˌlaɪ(ɪ)ŋ
overman[1] *noun*
BR ˈəʊvəman
AM ˈoʊvərˌmæn
overman[2] *verb*
BR ˌəʊvəˈman, -z, -ɪŋ, -d
AM ˌoʊvərˈmæn, -z, -ɪŋ, -d

overmantel
BR ˈəʊvəˌmantl, -z
AM ˈoʊvərˌmæn(t)l, -z

over-many
BR ˌəʊvəˈmɛni
AM ˌoʊvərˈmɛni

overmaster
BR ˌəʊvəˈmɑːst|ə(r), -əz, -(ə)rɪŋ, -əd
AM ˌoʊvərˈmæst|ər, -ərz, -(ə)rɪŋ, -ərd

overmastery
BR ˌəʊvəˈmɑːst(ə)ri
AM ˌoʊvərˈmæstəri

overmatch
BR ˌəʊvəˈmatʃ, -ɪz, -ɪŋ, -t
AM ˌoʊvərˈmætʃ, -əz, -ɪŋ, -t

overmeasure
BR ˌəʊvəˈmɛʒ|ə(r), -əz, -(ə)rɪŋ, -əd
AM ˌoʊvərˈmɛʒər, -z, -ɪŋ, -d

overmen
BR ˈəʊvəmɛn
AM ˈoʊvərˌmɛn

over-mighty
BR ˌəʊvəˈmʌɪti
AM ˌoʊvərˈmaɪdi

overmuch
BR ˌəʊvəˈmʌtʃ
AM ˈoʊvərˌmətʃ

overnight
BR ˌəʊvəˈnʌɪt
AM ˈoʊvərˌnaɪt

overnighter
BR ˌəʊvəˈnʌɪtə(r), -z
AM ˌoʊvərˈnaɪdər, -z

overpaid
BR ˌəʊvəˈpeɪd
AM ˌoʊvərˈpeɪd

overpaid *adjective*
BR ˌəʊvəˈpeɪd
AM ˌoʊvərˈpeɪd

overpaint
BR ˌəʊvəˈpeɪnt, -s, -ɪŋ, -ɪd
AM ˌoʊvərˈpeɪn|t, -ts, -dɪŋ, -dɪd

overparted
BR ˌəʊvəˈpɑːtɪd
AM ˌoʊvərˈpɑrdəd

overpass[1] *noun*
BR ˈəʊvəpɑːs, -ɪz
AM ˈoʊvərˌpæs, -əz

overpass[2] *verb*
BR ˌəʊvəˈpɑːs, -ɪz, -ɪŋ, -t
AM ˌoʊvərˈpæs, -əz, -ɪŋ, -t

overpay
BR ˌəʊvəˈpeɪ, -z, -ɪŋ, -d
AM ˌoʊvərˈpeɪ, -z, -ɪŋ, -d

overpayed *adjective*
BR ˌəʊvəˈpeɪd
AM ˌoʊvərˈpeɪd

overpayment
BR ˈəʊvəˌpeɪm(ə)nt, ˌəʊvəˈpeɪm(ə)nt, -s
AM ˈoʊvərˌpeɪm(ə)nt, -s

overpersuade
BR ˌəʊvəpəˈsweɪd, -z, -ɪŋ, -ɪd
AM ˈoʊvərpərˈsweɪd, -z, -ɪŋ, -ɪd

overpitch
BR ˌəʊvəˈpɪtʃ, -ɪz, -ɪŋ, -t
AM ˌoʊvərˈpɪtʃ, -ɪz, -ɪŋ, -t

overplay
BR ˌəʊvəˈpleɪ, -z, -ɪŋ, -d
AM ˌoʊvərˈpleɪ, -z, -ɪŋ, -d

overplus
BR ˈəʊvəplʌs, -ɪz
AM ˈoʊvərˌpləs, -əz

overpopulate
BR ˌəʊvəˈpɒpjʊleɪt, -s, -ɪŋ, -ɪd
AM ˌoʊvərˈpɑpjəˌleɪ|t, -ts, -dɪŋ, -dɪd

overpopulation
BR ˌəʊvəˌpɒpjʊˈleɪʃn
AM ˈoʊvərˌpɑpjəˈleɪʃ(ə)n

overpower
BR ˌəʊvəˈpaʊə(r), -z, -ɪŋ, -d
AM ˌoʊvərˈpaʊ(ə)r, -z, -ɪŋ, -d

overpoweringly
BR ˌəʊvəˈpaʊərɪŋli
AM ˌoʊvərˈpaʊrɪŋli

overpraise
BR ˌəʊvəˈpreɪz, -ɪz, -ɪŋ, -d
AM ˌoʊvərˈpreɪz, -ɪz, -ɪŋ, -d

overprice
BR ˌəʊvəˈprʌɪs, -ɪz, -ɪŋ, -t
AM ˌoʊvərˈpraɪs, -ɪz, -ɪŋ, -t

overprint[1] *noun*
BR ˈəʊvəprɪnt, -s
AM ˈoʊvərˌprɪnt, -s

overprint[2] *verb*
BR ˌəʊvəˈprɪnt, -s, -ɪŋ, -ɪd
AM ˈoʊvərˌprɪn|t, -ts, -(t)ɪŋ, -(t)əd

overproduce
BR ˌəʊvəprəˈdjuːs, ˌəʊvəprəˈdʒuːs, -ɪz, -ɪŋ, -t
AM ˈoʊvərprəˈd(j)us, -ɪz, -ɪŋ, -t

overproduction
BR ˌəʊvəprəˈdʌkʃn
AM ˈoʊvərprəˈdəkʃ(ə)n

overproof
BR ˌəʊvəˈpruːf
AM ˌoʊvərˈpruf

overprotective
BR ˌəʊvəprəˈtɛktɪv
AM ˈoʊvərprəˈtɛktɪv

overqualified
BR ˌəʊvəˈkwɒlɪfʌɪd
AM ˌoʊvərˈkwɑləˌfaɪd, ˌoʊvərˈkwɑləˌfaɪd

overran
BR ˌəʊvəˈran
AM ˌoʊvə(r)ˈræn

overrate
BR ˌəʊvəˈreɪt, -s, -ɪŋ, -ɪd
AM ˌoʊvə(r)ˈreɪ|t, -ts, -dɪŋ, -dɪd

overreach
BR ˌəʊvəˈriːtʃ, -ɪz, -ɪŋ, -d
AM ˌoʊvə(r)ˈritʃ, -ɪz, -ɪŋ, -d

overreact
BR ˌəʊvərɪˈakt, -s, -ɪŋ, -d
AM ˈoʊvə(r)riˈæk|(t), -(t)s, -tɪŋ, -təd

overreaction
BR ˌəʊvərɪˈakʃn, -z
AM ˈoʊvə(r)riˈækʃ(ə)n, -z

overridden
BR ˌəʊvəˈrɪdn
AM ˌoʊvə(r)ˈrɪdən

override
BR ˌəʊvəˈrʌɪd, -z, -ɪŋ
AM ˌoʊvə(r)ˈraɪd, -z, -ɪŋ

overrider
BR ˌəʊvəˈrʌɪdə(r), -z
AM ˌoʊvə(r)ˈraɪdər, -z

overripe
BR ˌəʊvəˈrʌɪp
AM ˈoʊvə(r)ˌraɪp

overripen
BR ˌəʊvəˈrʌɪp|n, -nz, -nɪŋ\-nɪŋ, -nd
AM ˌoʊvə(r)ˈraɪp|ən, -ənz, -(ə)nɪŋ, -ənd

overripeness
BR ˌəʊvəˈrʌɪpnɪs
AM ˌoʊvə(r)ˈraɪpnɪs

overrode
BR ˌəʊvəˈrəʊd
AM ˌoʊvə(r)ˈroʊd

overruff[1] *noun*
BR ˈəʊvərʌf, -s
AM ˈoʊvə(r)ˌrəf, -s

overruff[2] *verb*
BR ˌəʊvəˈrʌf, -s, -ɪŋ, -d
AM ˌoʊvə(r)ˈrəf, -s, -ɪŋ, -d

overrule
BR ˌəʊvəˈruːl, -z, -ɪŋ, -d
AM ˌoʊvə(r)ˈrul, -z, -ɪŋ, -d

overrun
BR ˌəʊvəˈrʌn, -z, -ɪŋ
AM ˈoʊvə(r)ˌrən, -z, -ɪŋ

oversailing
BR ˌəʊvəˈseɪlɪŋ
AM ˌoʊvərˈseɪlɪŋ
oversaw
BR ˌəʊvəˈsɔː(r)
AM ˌoʊvərˈsɔ
overscrupulous
BR ˌəʊvəˈskruːpjʉləs
AM ˌoʊvərˈskrupjələs
oversea
BR ˌəʊvəˈsiː, -z
AM ˌoʊvərˈsi, -z
oversee
BR ˌəʊvəˈsiː, -z, -ɪŋ
AM ˌoʊvərˈsi, -z, -ɪŋ
overseen
BR ˌəʊvəˈsiːn
AM ˌoʊvərˈsin
overseer
BR ˈəʊvəsɪə(r), -z
AM ˈoʊvərˌsɪ(ə)r, -z
oversell
BR ˌəʊvəˈsɛl, -z, -ɪŋ
AM ˌoʊvərˈsɛl, -z, -ɪŋ
overset
BR ˌəʊvəˈsɛt, -s, -ɪŋ
AM ˌoʊvərˈsɛ|t, -ts, -dɪŋ
oversew
BR ˌəʊvəˈsəʊ, -z, -ɪŋ, -d
AM ˌoʊvərˈsoʊ, -z, -ɪŋ, -d
oversexed
BR ˌəʊvəˈsɛkst
AM ˌoʊvərˈsɛkst
overshadow
BR ˌəʊvəˈʃædəʊ, -z, -ɪŋ, -d
AM ˌoʊvərˈʃæd|oʊ, -oʊz, -əwɪŋ, -oʊd
overshoe
BR ˈəʊvəʃuː, -z
AM ˈoʊvərˌʃu, -z
overshoot
BR ˌəʊvəˈʃuːt, -s, -ɪŋ
AM ˌoʊvərˈʃu|t, -ts, -dɪŋ
overshot
BR ˌəʊvəˈʃɒt
AM ˌoʊvərˈʃɑt

overside
BR ˈəʊvəsʌɪd
AM ˈoʊvərˌsaɪd
oversight
BR ˈəʊvəsʌɪt, -s
AM ˈoʊvərˌsaɪt, -s
oversimplification
BR ˌəʊvəˌsɪmplɪfɪˈkeɪʃn, -z
AM ˌoʊvərˌsɪmpləfəˈkeɪʃ(ə)n, -z
oversimplify
BR ˌəʊvəˈsɪmplɪfʌɪ, -z, -ɪŋ, -d
AM ˌoʊvərˈsɪmpləˌfaɪ, -z, -ɪŋ, -d
oversize
BR ˌəʊvəˈsʌɪz, -d
AM ˈoʊvərˌsaɪz, -d
overskirt
BR ˈəʊvəskəːt, -s
AM ˈoʊvərˌskɜrt, -s
overslaugh
BR ˌəʊvəˈslɔː(r), -z, -ɪŋ, -d
AM ˌoʊvərˈslɑ, ˌoʊvərˈslɔ, -z, -ɪŋ, -d
oversleep
BR ˌəʊvəˈsliːp, -s, -ɪŋ
AM ˌoʊvərˈslip, -s, -ɪŋ
oversleeve
BR ˈəʊvəsliːv, -z
AM ˈoʊvərˌsliv, -z
overslept
BR ˌəʊvəˈslɛpt
AM ˌoʊvərˈslɛpt
oversold
BR ˌəʊvəˈsəʊld
AM ˌoʊvərˈsoʊld
oversolicitous
BR ˌəʊvəsəˈlɪsɪtəs
AM ˌoʊvərsəˈlɪsədəs
oversolicitude
BR ˌəʊvəsəˈlɪsɪtjuːd, ˌəʊvəsəˈlɪsɪtʃuːd
AM ˌoʊvərsəˈlɪsə,t(j)ud
oversoul
BR ˈəʊvəsəʊl
AM ˈoʊvərˌsoʊl

overspecialisation
BR ˌəʊvəˌspɛʃʌɪˈzeɪʃn
AM ˈoʊvərˌspɛʃ(ə)ˌlaɪˈzeɪʃ(ə)n, ˌoʊvərˌspɛʃ(ə)ləˈzeɪʃ(ə)n
overspecialise
BR ˌəʊvəˈspɛʃʌɪz, -ɪz, -ɪŋ, -d
AM ˌoʊvərˈspɛʃ(ə)ˌlaɪz, -ɪz, -ɪŋ, -d
overspecialization
BR ˌəʊvəˌspɛʃʌɪˈzeɪʃn
AM ˈoʊvərˌspɛʃ(ə)ˌlaɪˈzeɪʃ(ə)n, ˌoʊvərˌspɛʃ(ə)ləˈzeɪʃ(ə)n
overspecialize
BR ˌəʊvəˈspɛʃʌɪz, -ɪz, -ɪŋ, -d
AM ˌoʊvərˈspɛʃ(ə)ˌlaɪz, -ɪz, -ɪŋ, -d
overspend[1] *noun*
BR ˈəʊvəspɛnd, -z
AM ˈoʊvərˌspɛnd, -z
overspend[2] *verb*
BR ˌəʊvəˈspɛnd, -z, -ɪŋ
AM ˌoʊvərˈspɛnd, -z, -ɪŋ
overspent
BR ˌəʊvəˈspɛnt
AM ˌoʊvərˈspɛnt
overspill
BR ˈəʊvəspɪl
AM ˈoʊvərˌspɪl
overspread
BR ˌəʊvəˈsprɛd, -z, -ɪŋ
AM ˌoʊvərˈsprɛd, -z, -ɪŋ
overstaff
BR ˌəʊvəˈstɑːf, -s, -ɪŋ, -t
AM ˌoʊvərˈstæf, -s, -ɪŋ, -t
overstate
BR ˌəʊvəˈsteɪt, -s, -ɪŋ, -ɪd
AM ˌoʊvərˈsteɪ|t, -ts, -dɪŋ, -dɪd
overstatement
BR ˌəʊvəˈsteɪtm(ə)nt, ˈəʊvəˌsteɪtm(ə)nt, -s
AM ˌoʊvərˈsteɪtm(ə)nt, -s

overstay
BR ˌəʊvəˈsteɪ, -z, -ɪŋ, -d
AM ˌoʊvərˈsteɪ, -z, -ɪŋ, -d
oversteer[1] *noun*
BR ˈəʊvəstɪə(r)
AM ˈoʊvərˌstɪ(ə)r
oversteer[2] *verb*
BR ˌəʊvəˈstɪə(r), -z, -ɪŋ, -d
AM ˌoʊvərˈstɪ(ə)r, -z, -ɪŋ, -d
overstep
BR ˌəʊvəˈstɛp, -s, -ɪŋ, -t
AM ˌoʊvərˈstɛp, -s, -ɪŋ, -t
overstock
BR ˌəʊvəˈstɒk, -s, -ɪŋ, -t
AM ˌoʊvərˈstɑk, -s, -ɪŋ, -t
overstrain *verb*
BR ˌəʊvəˈstreɪn, -z, -ɪŋ, -d
AM ˌoʊvərˈstreɪn, -z, -ɪŋ, -d
overstress
BR ˌəʊvəˈstrɛs, -ɪz, -ɪŋ, -t
AM ˌoʊvərˈstrɛs, -əz, -ɪŋ, -t
overstretch
BR ˌəʊvəˈstrɛtʃ, -ɪz, -ɪŋ, -t
AM ˌoʊvərˈstrɛtʃ, -əz, -ɪŋ, -t
overstrong
BR ˌəʊvəˈstrɒŋ
AM ˌoʊvərˈstrɑŋ, ˌoʊvərˈstrɔŋ
overstrung
BR ˌəʊvəˈstrʌŋ
AM ˌoʊvərˈstrəŋ
overstudy
BR ˌəʊvəˈstʌd|i, -ɪz, -ɪŋ, -ɪd
AM ˌoʊvərˈstədi, -z, -ɪŋ, -d
overstuff
BR ˌəʊvəˈstʌf, -s, -ɪŋ, -d
AM ˌoʊvərˈstəf, -s, -ɪŋ, -d

oversubscribe
BR ˌəʊvəsəbˈskrʌɪb, -z, -ɪŋ, -d
AM ˈoʊvərsəbˌskraɪb, -z, -ɪŋ, -d

oversubtle
BR ˌəʊvəˈsʌtl
AM ˌoʊvərˈsʌd(ə)l

oversupply
BR ˌəʊvəsəˈplʌɪ, -z, -ɪŋ, -d
AM ˌoʊvərsəˈplaɪ, -z, -ɪŋ, -d

oversusceptible
BR ˌəʊvəsəˈsɛptɪbl
AM ˈoʊvərsəˈsɛptəb(ə)l

overt
BR əʊˈvɜːt, ˈəʊvɜːt
AM ˈoʊvərt, oʊˈvərt

overtake
BR ˌəʊvəˈteɪk, -s, -ɪŋ
AM ˌoʊvərˈteɪk, -s, -ɪŋ

overtaken
BR ˌəʊvəˈteɪk(ə)n
AM ˌoʊvərˈteɪkən

overtask
BR ˌəʊvəˈtɑːsk, -s, -ɪŋ, -t
AM ˌoʊvərˈtæsk, -s, -ɪŋ, -t

overtax
BR ˌəʊvəˈtaks
AM ˌoʊvərˈtæks

over-the-counter
BR ˌəʊvəðəˈkaʊntə(r)
AM ˈoʊvərðəˈkaʊn(t)ər

over-the-top
BR ˌəʊvəðəˈtɒp
AM ˈoʊvərðəˈtɑp

overthrew
BR ˌəʊvəˈθruː
AM ˌoʊvərˈθru, ˌoʊvərˈθru

overthrow[1] *noun*
BR ˈəʊvəθrəʊ, -z
AM ˈoʊvərˌθroʊ, -z

overthrust
BR ˈəʊvəθrʌst, -s
AM ˈoʊvərˌθrʌst, -s

overtime
BR ˈəʊvətʌɪm
AM ˈoʊvərˌtaɪm

overtire
BR ˌəʊvəˈtʌɪə(r), -z, -ɪŋ, -d
AM ˌoʊvərˈtaɪ(ə)r, -z, -ɪŋ, -d

overtly
BR əʊˈvɜːtli, ˈəʊvɜːtli
AM ˈoʊvərtli, oʊˈvərtli

overtness
BR əʊˈvɜːtnəs, ˈəʊvɜːtnəs
AM ˈoʊvərtnəs, oʊˈvərtnəs

Overton
BR ˈəʊvət(ə)n
AM ˈoʊvərt(ə)n

overtone
BR ˈəʊvətəʊn, -z
AM ˈoʊvərˌtoʊn, -z

overtook
BR ˌəʊvəˈtʊk
AM ˌoʊvərˈtʊk

overtop
BR ˌəʊvəˈtɒp, -s, -ɪŋ, -t
AM ˌoʊvərˈtɑp, -s, -ɪŋ, -t

overtrain
BR ˌəʊvəˈtreɪn, -z, -ɪŋ, -d
AM ˌoʊvərˈtreɪn, -z, -ɪŋ, -d

overtrick
BR ˈəʊvətrɪk, -s
AM ˈoʊvərˌtrɪk, -s

overtrump
BR ˌəʊvəˈtrʌmp, -s, -ɪŋ, -t
AM ˌoʊvərˈtrʌmp, -s, -ɪŋ, -t

overture
BR ˈəʊvətjʊə(r), ˈəʊvətʃʊə(r), -z
AM ˈoʊvərˌtʃər, ˈoʊvərˌtʃʊ(ə)r, -z

overturn
BR ˌəʊvəˈtɜːn, -z, -ɪŋ, -d
AM ˌoʊvərˈtɜrn, -z, -ɪŋ, -d

over-under
BR ˌəʊvərˈʌndə(r)
AM ˌoʊvərˈəndər

overuse[1] *noun*
BR ˌəʊvəˈjuːs
AM ˌoʊvərˈjus

overuse[2] *verb*
BR ˌəʊvəˈjuːz, -ɪz, -ɪŋ, -d
AM ˌoʊvərˈjuz, -əz, -ɪŋ, -d

overvaluation
BR ˌəʊvəˌvaljʊˈeɪʃn, -z
AM ˈoʊvərˌvæljəˈweɪʃ(ə)n, -z

overvalue
BR ˌəʊvəˈvaljuː, -z, -ɪŋ, -d
AM ˌoʊvərˈvælju, -z, -ɪŋ, -d

overview
BR ˈəʊvəvjuː, -z
AM ˈoʊvərˌvju, -z

overwater
BR ˌəʊvəˈwɔːt|ə(r), -əz, -(ə)rɪŋ, -əd
AM ˌoʊvərˈwɑdər, ˌoʊvərˈwɔdər, -z, -ɪŋ, -d

overweening
BR ˌəʊvəˈwiːnɪŋ
AM ˌoʊvərˈwinɪŋ

overweeningly
BR ˌəʊvəˈwiːnɪŋli
AM ˌoʊvərˈwinɪŋli

overweeningness
BR ˌəʊvəˈwiːnɪŋnɪs
AM ˌoʊvərˈwinɪŋnɪs

overweight
BR ˌəʊvəˈweɪt
AM ˈoʊvərˌweɪt

overwhelm
BR ˌəʊvəˈwɛlm, -z, -ɪŋ, -d
AM ˌoʊvərˈ(h)wɛlm, -z, -ɪŋ, -d

overwhelmingly
BR ˌəʊvəˈwɛlmɪŋli
AM ˌoʊvərˈ(h)wɛlmɪŋli

overwhelmingness
BR ˌəʊvəˈwɛlmɪŋnɪs
AM ˌoʊvərˈ(h)wɛlmɪŋnɪs

overwind
BR ˌəʊvəˈwʌɪnd, -z, -ɪŋ
AM ˌoʊvərˈwaɪnd, -z, -ɪŋ

overwinter
BR ˌəʊvəˈwɪnt|ə(r), -əz, -(ə)rɪŋ, -əd
AM ˌoʊvərˈwɪn(t)ər, -z, -ɪŋ, -d

overwork
BR ˌəʊvəˈwɜːk, -s, -ɪŋ, -t
AM ˌoʊvərˈwɜrk, -s, -ɪŋ, -t

overwound
BR ˌəʊvəˈwaʊnd
AM ˌoʊvərˈwaʊnd

overwrite
BR ˌəʊvəˈrʌɪt, -s, -ɪŋ
AM ˌoʊvəˈraɪ|t, -ts, -dɪŋ

overwritten
BR ˌəʊvəˈrɪtn
AM ˌoʊvəˈrɪtn

overwrote
BR ˌəʊvəˈrəʊt
AM ˌoʊvəˈroʊt

overwrought
BR ˌəʊvəˈrɔːt
AM ˌoʊvəˈrɑt, ˌoʊvəˈrɔt

overzeal
BR ˌəʊvəˈziːl
AM ˌoʊvərˌzil

overzealous
BR ˌəʊvəˈzɛləs
AM ˌoʊvərˈzɛləs

Ovett
BR ˈəʊvɪt, ˈəʊvɛt, əʊˈvɛt
AM ˈoʊvɛt, oʊˈvɛt

ovibovine
BR ˌəʊvɪˈbəʊvʌɪn, -z
AM ˌoʊviˈboʊvaɪn, -z

ovicide
BR ˈəʊvɪsʌɪd, ˈɒvɪsʌɪd
AM ˈɑvəˌsaɪd, ˈoʊvəˌsaɪd

Ovid
BR ˈɒvɪd
AM ˈɑvɪd

oviducal
BR ˌəʊvɪˈdjuːkl,
ˌəʊvɪˈdʒuːkl
AM ˌoʊvəˈdukəl

oviduct
BR ˈəʊvɪdʌkt, -s
AM ˈoʊvəˌdək(t), -(t)s

oviductal
BR ˌəʊvɪˈdʌktl
AM ˌoʊvəˈdəkt(ə)l

Oviedo
BR ˌɒvɪˈeɪdəʊ
AM aˈvjedoʊ,
ɔˈvjedoʊ
SP oˈβjeðo

oviform
BR ˈəʊvɪfɔːm
AM ˈoʊvəˌfɔ(ə)rm

ovigenesis
BR əʊvɪˈdʒenɪsɪs
AM ˌoʊvɪˈdʒenəsəs

ovine
BR ˈəʊvaɪn
AM ˈoʊˌvaɪn

oviparity
BR ˌəʊvɪˈpærɪti
AM ˌoʊvəˈperədi

oviparous
BR əʊˈvɪp(ə)rəs
AM oʊˈvɪpərəs

oviparously
BR əʊˈvɪp(ə)rəsli
AM oʊˈvɪpərəsli

oviposit
BR ˌəʊvɪˈpɒz|ɪt, -ɪts,
-ɪtɪŋ, -ɪtɪd
AM ˌoʊvəˈpɑzə|t, -ts,
-dɪŋ, -dəd

oviposition
BR ˌəʊvɪpəˈzɪʃn
AM ˌoʊvəpəˈzɪʃ(ə)n

ovipositor
BR ˌəʊvɪˈpɒzɪtə(r),
-z
AM ˌoʊvəˈpɑzədər,
-z

ovoid
BR ˈəʊvɔɪd
AM ˈoʊˌvɔɪd

ovoli
BR ˈəʊvəliː
AM ˈoʊvəˌlaɪ, ˈoʊvəlaɪ

ovolo
BR ˈəʊvələʊ
AM ˈoʊvəˌloʊ,
ˈoʊvəloʊ

ovotestes
BR ˌəʊvəʊˈtestiːz
AM ˌoʊvoʊˈtestiz

ovotestis
BR ˌəʊvəʊˈtestɪs
AM ˌoʊvoʊˈtestəs

ovoviviparity
BR ˌəʊvəʊˌvɪvɪˈpærɪti
AM ˌoʊˌvoʊˌvɪvɪˈperədi

ovoviviparous
BR ˌəʊvəʊvɪˈvɪp(ə)rəs,
ˌəʊvəʊvaɪˈvɪp(ə)rəs
AM ˌoʊˌvoʊvəˈvɪp(ə)rəs

ovular
BR ˈɒvjʊlə(r)
AM ˈavjələr,
ˈoʊvjələr

ovulate
BR ˈɒvjʊleɪt, -s,
-ɪŋ, -ɪd
AM ˈavjəˌleɪ|t, ˈoʊvjə-
ˌleɪ|t, -ts, -dɪŋ, -dɪd

ovulation
BR ˌɒvjʊˈleɪʃn, -z
AM ˌavjəˈleɪʃ(ə)n,
ˌoʊvjəˈleɪʃ(ə)n,
-z

ovulatory
BR ˈɒvjʊlət(ə)ri
AM ˈavjələˌtɔri,
ˈoʊvjələˌtɔri

ovule
BR ˈɒvjuːl, -z
AM ˈavjul,
ˈoʊvjul, -z

ovum
BR ˈəʊvəm
AM ˈoʊvəm

ow!
BR aʊ
AM aʊ

Owain
BR ˈəʊvaɪn
AM ˈoʊweɪn

owe
BR əʊ, -z, -ɪŋ, -d
AM oʊ, -z, -(w)ɪŋ, -d

Owen
BR ˈəʊɪn
AM ˈoʊ(w)ən

Owens
BR ˈəʊɪnz
AM ˈoʊ(w)ənz

owie
BR aʊ|i, -ɪz
AM ˈaʊi, -z

owl
BR aʊl, -z
AM aʊl, -z

owlery
BR ˈaʊlər|i, -ɪz
AM ˈaʊləri, -z

owlet
BR ˈaʊlɪt, -s
AM ˈaʊlət, -s

owlish
BR ˈaʊlɪʃ
AM ˈaʊlɪʃ

owlishly
BR ˈaʊlɪʃli
AM ˈaʊlɪʃli

owlishness
BR ˈaʊlɪʃnɪs
AM ˈaʊlɪʃnɪs

own
BR əʊn, -z, -ɪŋ, -d
AM oʊn, -z, -ɪŋ, -d

own brand
BR ˌəʊn ˈbrænd,
ˈəʊn brænd, -z
AM ˈoʊn ˌbrænd, -z

owner
BR ˈəʊnə(r), -z
AM ˈoʊnər, -z

ownerless
BR ˈəʊnələs
AM ˈoʊnərləs

ownership
BR ˈəʊnəʃɪp
AM ˈoʊnərˌʃɪp

owt
BR aʊt
AM aʊt

ox
BR ɒks
AM aks

oxalate
BR ˈɒksəleɪt, -s
AM ˈaksəˌleɪt, -s

oxalic
BR ɒkˈsalɪk
AM akˈsælɪk

oxalis
BR ˈɒksəlɪs, ɒkˈsalɪs,
ɒkˈsɑːlɪs
AM akˈsæləs, ˈaksələs

oxbow
BR ˈɒksbəʊ, -z
AM ˈaksˌboʊ, -z

Oxbridge
BR ˈɒksbrɪdʒ
AM ˈaksˌbrɪdʒ

oxcart
BR ˈɒkskɑːt, -s
AM ˈaksˌkɑrt, -s

oxen
BR ˈɒksn
AM ˈaks(ə)n

Oxenden
BR ˈɒksndən
AM ˈaksəndən

Oxenford
BR ˈɒksnfɔːd
AM ˈaksənfərd

Oxenholme
BR ˈɒksnhəʊm
AM ˈaksən,(h)oʊm

oxer
BR ˈɒksə(r), -z
AM ˈaksər, -z

Oxfam
BR ˈɒksfam
AM ˈaksfæm

Oxford
BR ˈɒksfəd
AM ˈaksfərd

Oxfordshire
BR ˈɒksfədʃ(ɪ)ə(r)
AM ˈaksfərdˌʃɪ(ə)r

oxheart
BR ˈɒkshɑːt, -s
AM ˈaksˌ(h)ɑrt, -s

oxherd
BR ˈɒkshəːd, -z
AM ˈaksˌ(h)ərd, -z

Oxhey
BR ˈɒksi, ˈɒkshei
AM ˈaksi

oxhide
BR ˈɒkshʌɪd
AM ˈaksˌ(h)aɪd

oxidant
BR ˈɒksɪd(ə)nt, -s
AM ˈaksədnt, -s

oxidate
BR ˈɒksɪdeɪt, -s, -ɪŋ, -ɪd
AM ˈaksə,deɪ|t, -ts, -dɪŋ, -dɪd

oxidation
BR ˌɒksɪˈdeɪʃn
AM ˌaksəˈdeɪʃ(ə)n

oxidational
BR ˌɒksɪˈdeɪʃn̩l
AM ˌaksəˈdeɪʃ(ə)n(ə)l

oxidative
BR ˈɒksɪdeɪtɪv
AM ˈaksə,deɪdɪv

oxide
BR ˈɒksʌɪd, -z
AM ˈak,saɪd, -z

oxidisable
BR ˈɒksɪdʌɪzəbl
AM ˈaksə,daɪzəb(ə)l

oxidisation
BR ˌɒksɪdʌɪˈzeɪʃn
AM ˌaksədəˈzeɪʃ(ə)n, ˌaksə,daɪˈzeɪʃ(ə)n

oxidise
BR ˈɒksɪdʌɪz, -ɪz, -ɪŋ, -d
AM ˈaksə,daɪz, -ɪz, -ɪŋ, -d

oxidiser
BR ˈɒksɪdʌɪzə(r), -z
AM ˈaksə,daɪzər, -z

oxidizable
BR ˈɒksɪdʌɪzəbl
AM ˈaksə,daɪzəb(ə)l

oxidization
BR ˌɒksɪdʌɪˈzeɪʃn
AM ˌaksədəˈzeɪʃ(ə)n, ˌaksə,daɪˈzeɪʃ(ə)n

oxidize
BR ˈɒksɪdʌɪz, -ɪz, -ɪŋ, -d
AM ˈaksə,daɪz, -ɪz, -ɪŋ, -d

oxidizer
BR ˈɒksɪdʌɪzə(r), -z
AM ˈaksə,daɪzər, -z

Oxley
BR ˈɒksli
AM ˈaksli

oxlip
BR ˈɒkslɪp, -s
AM ˈaks,lɪp, -s

Oxnard
BR ˈɒksnɑːd
AM ˈaks,nɑrd

oxo
BR ˈɒksəʊ
AM ˈaksoʊ

Oxon
BR ˈɒks(ɒ)n
AM ˈaks,ɑn

Oxonian
BR ɒkˈsəʊniən, -z
AM akˈsoʊnj(ə)n, akˈsoʊniən, -z

oxonium
BR ɒkˈsəʊniəm
AM akˈsoʊniəm

Oxshott
BR ˈɒk(s)ʃɒt
AM ˈak,ʃɑt

oxslip
BR ˈɒkslɪp, -s
AM ˈaks,lɪp, -s

oxtail
BR ˈɒksteɪl, -z
AM ˈaks,teɪl, -z

oxter
BR ˈɒkstə(r), -z
AM ˈakstər, -z

Oxton
BR ˈɒkst(ə)n
AM ˈakst(ə)n

oxtongue
BR ˈɒkstʌŋ, -z
AM ˈaks,təŋ, -z

Oxus
BR ˈɒksəs
AM ˈaksəs

oxyacetylene
BR ˌɒksɪəˈsɛtɪliːn, ˌɒksɪəˈsɛtliːn, ˌɒksɪəˈsɛtɪlɪn, ˌɒksɪəˈsɛtlɪn
AM ˌaksiəˈsɛdl̩,in, ˌaksiəˈsɛdl̩ən

oxyacid
BR ˌɒksɪˈasɪd, -z
AM ˌaksiˈæsəd, -z

oxycarpous
BR ˌɒksɪˈkɑːpəs
AM ˌaksiˈkɑrpəs

oxycodone
BR ˌɒksɪˈkəʊdəʊn
AM ˌaksiˈkoʊ,doʊn

Oxydol
BR ˈɒksɪdɒl
AM ˈaksɪ,dɑl, ˈaksɪ,dɔl

oxygen
BR ˈɒksɪdʒ(ə)n
AM ˈaksədʒ(ə)n

oxygenate
BR ˈɒksɪdʒɪneɪt, ɒkˈsɪdʒəneɪt, -s, -ɪŋ, -ɪd
AM ˈaksədʒə,neɪ|t, -ts, -dɪŋ, -dɪd

oxygenation
BR ˌɒksɪdʒɪˈneɪʃn
AM ˌaksədʒəˈneɪʃ(ə)n

oxygenator
BR ˈɒksɪdʒɪneɪtə(r), ɒkˈsɪdʒɪneɪtə(r), -z
AM ˈaksədʒə,neɪdər, -z

oxygenise
BR ˈɒksɪdʒɪnʌɪz, -ɪz, -ɪŋ, -d
AM ˈaksədʒə,naɪz, -ɪz, -ɪŋ, -d

oxygenize
BR ˈɒksɪdʒɪnʌɪz, -ɪz, -ɪŋ, -d
AM ˈaksədʒə,naɪz, -ɪz, -ɪŋ, -d

oxygenous
BR ɒkˈsɪdʒɪnəs
AM akˈsɪdʒənəs

oxyhaemoglobin
BR ˌɒksɪ,hiːməˈɡləʊbɪn
AM ˌaksiˈhiməˌɡloʊbən

oxyhemoglobin
BR ˌɒksɪ,hiːməˈɡləʊbɪn
AM ˌaksiˈhiməˌɡloʊbən

oxy-hydrogen
BR ˌɒksɪˈhʌɪdrədʒ(ə)n
AM ˌaksiˈhaɪdrədʒ(ə)n

oxymoron
BR ˌɒksɪˈmɔːrɒn, -z
AM ˌaksəˈmɔr,ɑn, -z

oxyopia
BR ˌɒksɪˈəʊpɪə(r)
AM ˌaksiˈoʊpiə

Oxyrhynchus
BR ˌɒksɪˈrɪŋkəs
AM ˌaksəˈrɪŋkəs

oxysalt
BR ˌɒksɪˈsɔːlt, ˌɒksɪˈsɒlt, ˌɒksɪsɔːlt, ˌɒksɪsɒlt, -s
AM ˌaksiˌsalt, ˌaksiˌsɔlt, -s

oxytocin
BR ˌɒksɪˈtəʊsɪn, -z
AM ˌaksəˈtoʊsn, -z

oxytone
BR ˈɒksɪtəʊn, -z
AM ˈaksə,toʊn, -z

oy
BR ɔɪ, -z
AM ɔɪ, -z

oyabun
BR ˈɔɪəbʊn, ˈəʊjəbʊn, -z
AM ˈɔɪə,bʊn, ˈoʊjə,bʊn, -z

oyakata
BR ˌɔɪəˈkɑːtə(r), ˌəʊjəˈkɑːtə(r), -z
AM ˌɔɪəˈkɑdə, ˌoʊjəˈkɑdə, -z

oyes
BR əʊˈjeɪ, əʊˈjɛz, əʊˈjɛs
AM oʊˈjɛz, oʊˈjeɪ

oyez
BR əʊˈjeɪ, əʊˈjɛz, əʊˈjɛs
AM oʊˈjɛz, oʊˈjeɪ

oyster
BR ˈɔɪstə(r), -z
AM ˈɔɪstər, -z

oystercatcher
BR ˈɔɪstə,katʃə(r), -z
AM ˈɔɪstər,kætʃər, -z

Oystermouth
BR ˈɔɪstəmaʊθ
AM ˈɔɪstərməθ

oystershell
BR ˈɔɪstəʃɛl
AM ˈɔɪstər,ʃɛl

Oz
BR ɒz
AM ɑz

oz.
BR aʊns, -ɪz
AM aʊns, -ɪz

Ozalid
BR ˈɒzlɪd, ˈəʊzlɪd
AM ˈɑzəˌlɪd, ˈoʊzəˌlɪd

Ozark
BR ˈəʊzɑːk, -s
AM ˈoʊˌzɑrk, -s

Ozawa
BR ɒˈzɑːwə(r)
AM oʊˈzɑwə

ozeki
BR əʊˈzɛki
AM oʊˈzɛki

ozocerite
BR əʊˈzɒsərʌɪt, əʊˈzəʊsərʌɪt, ˌəʊzəʊˈsɪərʌɪt
AM oʊˈzoʊkəˌraɪt

ozokerite
BR əʊˈzɒkərʌɪt, əʊˈzəʊkərʌɪt, ˌəʊzəʊˈkɪərʌɪt
AM oʊˈzoʊkəˌraɪt

ozone
BR ˈəʊzəʊn
AM ˈoʊˌzoʊn

ozonic
BR əʊˈzɒnɪk
AM oʊˈzɑnɪk

ozonisation
BR ˌəʊzə(ʊ)nʌɪˈzeɪʃn
AM ˌoʊzəˌnaɪˈzeɪʃ(ə)n, ˌoʊzənəˈzeɪʃ(ə)n

ozonise
BR ˈəʊzə(ʊ)nʌɪz, -ɪz, -ɪŋ, -d
AM ˈoʊzəˌnaɪz, -ɪz, -ɪŋ, -d

ozonization
BR ˌəʊzə(ʊ)nʌɪˈzeɪʃn
AM ˌoʊzəˌnaɪˈzeɪʃ(ə)n, ˌoʊzənəˈzeɪʃ(ə)n

ozonize
BR ˈəʊzə(ʊ)nʌɪz, -ɪz, -ɪŋ, -d
AM ˈoʊzəˌnaɪz, -ɪz, -ɪŋ, -d

Ozymandias
BR ˌɒzɪˈmandɪas
AM ˌoʊzəˈmændiəs

Ozzie
BR ˈɒzi
AM ˈɑzi

P

p
BR piː, -z
AM pi, -z

PA
BR ˌpiːˈeɪ, -z
AM ˌpiˈeɪ, -z

pa
BR pɑː(r), -z
AM pɑ, -z

Paarl
BR pɑːl
AM pɑrl

Pablo
BR ˈpabləʊ
AM ˈpabloʊ

Pablum
BR ˈpabləm
AM ˈpæbl(ə)m

pabulum
BR ˈpabjʉləm
AM ˈpæb(jə)l(ə)m

paca
BR ˈpakə(r), ˈpɑːkə(r), -z
AM ˈpækə, ˈpɑkə, -z

pacarana
BR ˌpakəˈrɑːnə(r), -z
AM ˌpɑkəˈrɑnə, -z

pace[1] *noun, verb*
BR peɪs, -ɪz, -ɪŋ, -t
AM peɪs, -ɪz, -ɪŋ, -t

pace[2] *preposition, with respect to*
BR ˈpeɪsi, ˈpɑːtʃeɪ, ˈpɑːkeɪ
AM ˈpɑˌtʃeɪ, ˈpeɪˌsi

pacemaker
BR ˈpeɪsˌmeɪkə(r), -z
AM ˈpeɪsˌmeɪkər, -z

pacemaking
BR ˈpeɪsˌmeɪkɪŋ
AM ˈpeɪsˌmeɪkɪŋ

paceman
BR ˈpeɪsman
AM ˈpeɪsm(ə)n, ˈpeɪsˌmæn

pacemen
BR ˈpeɪsmɛn
AM ˈpeɪsˌmɛn, ˈpeɪsm(ə)n

pacer
BR ˈpeɪsə(r), -z
AM ˈpeɪsər, -z

pacesetter
BR ˈpeɪsˌsɛtə(r), -z
AM ˈpeɪ(s)ˌsɛdər, -z

pace-setting
BR ˈpeɪsˌsɛtɪŋ
AM ˈpeɪ(s)ˌsɛdɪŋ

pacey
BR ˈpeɪsi
AM ˈpeɪsi

pacha
BR ˈpɑːʃə(r), ˈpaʃə(r), -z
AM ˈpɑʃə, -z

Pachelbel
BR ˈpaklbɛl, paxlbɛl
AM ˈpɑkəlˌbɛl

pachinko
BR pəˈtʃɪŋkəʊ
AM pəˈtʃɪŋkoʊ

pachisi
BR pəˈtʃiːzi
AM pəˈtʃizi

pachuco
BR pəˈtʃuːkəʊ, -z
AM pəˈtʃʊkoʊ, -z

pachyderm
BR ˈpakɪdəːm, -z
AM ˈpækəˌdərm, -z

pachydermal
BR ˌpakɪˈdəːml
AM ˌpækəˈdərm(ə)l

pachydermatous
BR ˌpakɪˈdəːmətəs
AM ˌpækəˈdərmədəs

pachysandra
BR ˌpakɪˈsandrə(r)
AM ˌpækəˈsændrə

pachytene
BR ˈpakitiːn
AM ˈpækəˌtin

pacific
BR pəˈsɪfɪk
AM pəˈsɪfɪk

pacifically
BR pəˈsɪfɪkli
AM pəˈsɪfək(ə)li

pacification
BR ˌpasɪfɪˈkeɪʃn, -z
AM ˌpæsəfəˈkeɪʃ(ə)n, -z

pacificatory
BR pəˈsɪfɪkət(ə)ri, ˌpasɪfɪˈkeɪt(ə)ri
AM pəˈsɪfɪkəˌtɔri

Pacific Ocean
BR pəˌsɪfɪk ˈəʊʃn
AM pəˌsɪfɪk ˈoʊʃ(ə)n

pacifier
BR ˈpasɪfʌɪə(r), -z
AM ˈpæsəˌfaɪ(ə)r, -z

pacifism
BR ˈpasɪfɪzm
AM ˈpæsəˌfɪz(ə)m

pacifist
BR ˈpasɪfɪst, -s
AM ˈpæsəfəst, -s

pacify
BR ˈpasɪfʌɪ, -z, -ɪŋ, -d
AM ˈpæsəˌfaɪ, -z, -ɪŋ, -d

Pacino
BR pəˈtʃiːnəʊ
AM pəˈtʃinoʊ
IT paˈtʃino

pack
BR pak, -s, -ɪŋ, -t
AM pæk, -s, -ɪŋ, -t

packable
BR ˈpakəbl
AM ˈpækəb(ə)l

package
BR ˈpak|ɪdʒ, -ɪdʒɪz, -ɪdʒɪŋ, -ɪdʒd
AM ˈpækɪdʒ, -ɪz, -ɪŋ, -d

packager
BR ˈpakɪdʒə(r), -z
AM ˈpækɪdʒər, -z

Packard
BR ˈpakɑːd
AM ˈpækərd

packer
BR ˈpakə(r), -z
AM ˈpækər, -z

packet
BR ˈpak|ɪt, -ɪts, -ɪtɪŋ,
-ɪtɪd
AM ˈpækə|t, -ts, -dɪŋ,
-dəd

packetise
BR ˈpʌkɪtʌɪz, -ɪz,
-ɪŋ, -d
AM ˈpækəˌtaɪz, -d,
-əz, -ɪŋ

packetize
BR ˈpʌkɪtʌɪz, -ɪz,
-ɪŋ, -d
AM ˈpækəˌtaɪz, -əz,
-ɪŋ, -d

packhorse
BR ˈpakhɔːs, -ɪz
AM ˈpækˌ(h)ɔ(ə)rs,
-əz

packice
BR ˈpakʌɪs
AM ˈpækˌaɪs

packing
BR ˈpakɪŋ, -z
AM ˈpækɪŋ, -z

packingcase
BR ˈpakɪŋkeɪs, -ɪz
AM ˈpækɪŋˌkeɪs,
-ɪz

packman
BR ˈpakman
AM ˈpækm(ə)n,
ˈpækˌmæn

packmen
BR ˈpakmɛn
AM ˈpækm(ə)n,
ˈpækˌmɛn

packsaddle
BR ˈpakˌsadl, -z
AM ˈpækˌsædəl, -z

packthread
BR ˈpakθrɛd
AM ˈpækˌθrɛd

Pac-man
BR ˈpakman
AM ˈpækˌmæn

pact
BR pakt, -s
AM pæk(t), -(t)s

pacy
BR ˈpeɪs|i, -ɪə(r), -ɪɪst
AM ˈpeɪsi, -ər, -əst

pad
BR pad, -z, -ɪŋ, -ɪd
AM pæd, -z, -ɪŋ, -əd

padayatra
BR ˈpɑːdəˌjɑːtrə(r), -z
AM ˈpɑdəˌjɑtrə, -z

Padbury
BR ˈpadb(ə)ri
AM ˈpædˌbɛri

Paddington
BR ˈpadɪŋt(ə)n
AM ˈpædɪŋt(ə)n

paddle
BR ˈpad|l, -lz, -lɪŋ, -ld
AM ˈpæd|əl, -əlz,
-(ə)lɪŋ, -əld

paddleball
BR ˈpadlbɔːl
AM ˈpædlˌbal,
ˈpædlˌbɔl

paddler
BR ˈpadlə(r), -z
AM ˈpæd(ə)lər, -z

paddock
BR ˈpadək, -s
AM ˈpædək, -s

paddy
BR ˈpad|i, -ɪz
AM ˈpædi, -z

paddywack
BR ˈpadɪwak, -s
AM ˈpædiˌ(h)wæk, -s

paddywhack
BR ˈpadɪwak, -s
AM ˈpædiˌ(h)wæk, -s

pademelon
BR ˈpadɪˌmɛlən, -z
AM ˈpædiˌmɛl(ə)n, -z

Paderewski
BR ˌpadəˈrɛfski,
ˌpadəˈrɛvski
AM ˌpædəˈrɛfski
POL ˌpadɛˈrɛvski

Padfield
BR ˈpadfiːld
AM ˈpædˌfild

padiddle
BR pəˈdɪdl, -z
AM pəˈdɪd(ə)l, -z

Padiham
BR ˈpadɪəm
AM ˈpædiəm

Padilla
BR pəˈdɪlə(r)
AM pəˈdɪlə

padlock
BR ˈpadlɒk, -s, -ɪŋ, -t
AM ˈpædˌlak, -s,
-ɪŋ, -t

padloper
BR ˈpatˌləʊpə(r), -z
AM ˈpædˌloʊpər, -z

Padma
BR ˈpadmə(r)
AM ˈpædmə

Padmore
BR ˈpadmɔː(r)
AM ˈpædˌmɔ(ə)r

padouk
BR pəˈdaʊk, -s
AM pəˈdaʊk, -s

padre
BR ˈpɑːdreɪ, -z
AM ˈpɑˌdreɪ, -z

padrino
BR paˈdriːnəʊ, -z
AM pəˈdrinoʊ, -z

padrone
BR pəˈdrəʊn|i, -ɪz
AM pəˈdroʊn(eɪ), -z

padsaw
BR ˈpadsɔː(r), -z
AM ˈpædˌsa,
ˈpædˌsɔ, -z

Padstow
BR ˈpadstəʊ
AM ˈpædˌstoʊ

Padua
BR ˈpadjʊə(r),
ˈpadʒʊə(r)
AM ˈpædʒʊə

Paduan
BR ˈpadjʊən,
ˈpadʒʊən, -z
AM ˈpædʒʊən, -z

Paducah
BR pəˈd(j)uːkə(r)
AM pəˈd(j)ukə

paean
BR ˈpiːən, -z
AM ˈpiən, -z

paederast
BR ˈpɛdərast, -s
AM ˈpɛdəˌræst, -s

paederastic
BR ˌpɛdəˈrastɪk
AM ˌpɛdəˈræstɪk

paederasty
BR ˈpɛdərasti
AM ˈpɛdəˌræsti

paediatric
BR ˌpiːdɪˈatrɪk, -s
AM ˌpidiˈætrɪk, -s

paediatrician
BR ˌpiːdɪəˈtrɪʃn, -z
AM ˌpidiəˈtrɪʃ(ə)n, -z

paediatrist
BR ˈpiːˈdʌɪətrɪst,
ˌpiːdɪˈatrɪst, -s
AM ˌpidiˈætrəst, -s

paedophile
BR ˈpiːdəfʌɪl
AM ˈpɛdəˌfaɪl

paedophilia
BR ˌpiːdəˈfɪliə(r)
AM ˌpidəˈfɪljə,
ˌpɛdəˈfɪliə,
ˌpidəˈfɪliə,
ˌpɛdəˈfɪljə

paedophiliac
BR ˌpiːdəˈfɪliak
AM ˌpidəˈfɪliˌæk, -s

paella
BR pʌɪˈɛlə(r)
AM paɪˈɛlə, pəˈɛlə

paeon
BR ˈpiːən, -z
AM ˈpiən, -z

paeonic
BR ˌpiːˈɒnɪk
AM piˈɑnɪk

paeony
BR ˈpiːən|i, -ɪz
AM ˈpiəni, -z

paesano
BR pʌɪˈzɑːnəʊ, -z
AM paɪˈzɑˌnoʊ, -z

Pagalu
BR ˈpagəluː
AM ˈpægəlu

pagan
BR ˈpeɪgn̩, -z
AM ˈpeɪgən, -z

Paganini
BR ˌpagəˈniːni
AM ˌpægəˈnini
IT pagaˈnini

paganise
BR ˈpeɪɡn̩aɪz, -ɪz, -ɪŋ, -d
AM ˈpeɪɡəˌnaɪz, -ɪz, -ɪŋ, -d

paganish
BR ˈpeɪɡnɪʃ
AM ˈpeɪɡənɪʃ

paganism
BR ˈpeɪɡn̩ɪzm
AM ˈpeɪɡəˌnɪz(ə)m

paganize
BR ˈpeɪɡn̩aɪz, -ɪz, -ɪŋ, -d
AM ˈpeɪɡəˌnaɪz, -ɪz, -ɪŋ, -d

page
BR peɪdʒ, -ɪz, -ɪŋ, -d
AM peɪdʒ, -ɪz, -ɪŋ, -d

pageant
BR ˈpædʒ(ə)nt, -s
AM ˈpædʒ(ə)nt, -s

pageantry
BR ˈpædʒ(ə)ntri
AM ˈpædʒəntri

pageboy
BR ˈpeɪdʒbɔɪ, -z
AM ˈpeɪdʒˌbɔɪ, -z

pager
BR ˈpeɪdʒə(r), -z
AM ˈpeɪdʒər, -z

Paget
BR ˈpædʒɪt
AM ˈpædʒət

pagetic
BR pədˈʒetɪk
AM pəˈdʒedɪk

pageview
BR ˈpeɪdʒvjuː, -z
AM ˈpeɪdʒˌvju, -z

paginal
BR ˈpædʒɪnl
AM ˈpædʒən(ə)l

paginary
BR ˈpædʒɪn(ə)ri
AM ˈpædʒəˌneri

paginate
BR ˈpædʒɪneɪt, -s, -ɪŋ, -ɪd
AM ˈpædʒəˌneɪ|t, -ts, -dɪŋ, -dɪd

pagination
BR ˌpædʒɪˈneɪʃn
AM ˌpædʒəˈneɪʃ(ə)n

Pagliacci
BR ˌpalɪˈɑːtʃi
AM ˌpæ(g)liˈɑtʃi
IT paʎˈʎattʃi

Pagnell
BR ˈpaɡnl
AM ˈpæɡn(ə)l

pagoda
BR pəˈɡəʊdə(r), -z
AM pəˈɡoʊdə, -z

pah
BR pɑː(r)
AM pɑ

Pahang
BR pəˈhaŋ, pəˈhʌŋ
AM pəˈhæŋ

Pahlavi
BR ˈpɑːləvi
AM ˈpɑləvi

pahoehoe
BR pəˈhəʊɪˌhəʊɪ
AM pəˈhoʊɪˌhoʊɪ

paid
BR ˈpeɪd
AM ˈpeɪd

Paige
BR peɪdʒ
AM peɪdʒ

Paignton
BR ˈpeɪntən
AM ˈpeɪn(t)ən

pail
BR peɪl, -z
AM peɪl, -z

pailful
BR ˈpeɪlfʊl, -z
AM ˈpeɪlˌfʊl, -z

paillasse
BR ˈpalɪas, ˌpalɪˈas, -ɪz
AM ˌpæliˈæs, pælˈjæs, paɪˈ(j)as, -ɪəz

paillette
BR palˈjɛt, ˌpalɪˈɛt, -s
AM pɑˈ(j)ɛt, pəˈlɛt, paɪˈ(j)ɛt, -s

pain
BR peɪn, -z, -ɪŋ, -d
AM peɪn, -z, -ɪŋ, -d

pain au chocolat
BR ˌpã əʊ ˈʃɒkəla(r), ˌpan +
AM ˌpæn oʊ ˈʃɑkəla

pain de mie
BR ˌpã də ˈmiː, pan +
AM ˌpæn də ˈmi

Paine
BR peɪn
AM peɪn

painful
BR ˈpeɪnf(ʊ)l
AM ˈpeɪnfəl

painfully
BR ˈpeɪnfʊli, ˈpeɪnfli
AM ˈpeɪnfəli

painfulness
BR ˈpeɪnf(ʊ)lnəs
AM ˈpeɪnfəlnəs

painkiller
BR ˈpeɪnˌkɪlə(r), -z
AM ˈpeɪnˌkɪlər, -z

painkilling
BR ˈpeɪnˌkɪlɪŋ
AM ˈpeɪnˌkɪlɪŋ

painless
BR ˈpeɪnlɪs
AM ˈpeɪnlɪs

painlessly
BR ˈpeɪnlɪsli
AM ˈpeɪnlɪsli

painlessness
BR ˈpeɪnlɪsnɪs
AM ˈpeɪnlɪnɪs

painstaking
BR ˈpeɪnzˌteɪkɪŋ
AM ˈpeɪnˌsteɪkɪŋ

painstakingly
BR ˈpeɪnzˌteɪkɪŋli
AM ˈpeɪnˌsteɪkɪŋli

painstakingness
BR ˈpeɪnzˌteɪkɪŋnɪs
AM ˈpeɪnˌstækɪŋnɪs

paint
BR peɪnt, -s, -ɪŋ, -ɪd
AM peɪn|t, -ts, -(t)ɪŋ, -(t)əd

paintable
BR ˈpeɪntəbl
AM ˈpeɪn(t)əb(ə)l

paintball
BR ˈpeɪntbɔːl
AM ˈpeɪntˌbal, ˈpeɪntˌbɔl

paintbox
BR ˈpeɪntbɒks, -ɪz
AM ˈpeɪntˌbɑks, -əz

paintbrush
BR ˈpeɪntbrʌʃ, -ɪz
AM ˈpeɪntˌbrʌʃ, -əz

painter
BR ˈpeɪntə(r), -z
AM ˈpeɪn(t)ər, -z

painterliness
BR ˈpeɪntəlɪnɪs
AM ˈpeɪn(t)ərlɪnɪs

painterly
BR ˈpeɪntəli
AM ˈpeɪn(t)ərli

painting
BR ˈpeɪntɪŋ, -z
AM ˈpeɪn(t)ɪŋ, -z

paintstick
BR ˈpeɪntstɪk, -s
AM ˈpeɪntˌstɪk, -s

paintwork
BR ˈpeɪntwəːk
AM ˈpeɪntˌwɜrk

painty
BR ˈpeɪnti
AM ˈpeɪn(t)i

pair
BR pɛː(r), -z, -ɪŋ, -d
AM pɛ(ə)r, -z, -ɪŋ, -d

pairing
BR ˈpɛːrɪŋ, -z
AM ˈpɛrɪŋ, -z

pairwork
BR ˈpɛːwəːk
AM ˈpɛrˌwɜrk

paisa
BR ˈpʌɪsɑː(r)
AM ˈpaɪsə

paise
BR ˈpʌɪsə(r)
AM ˈpaɪsə

Paish
BR peɪʃ
AM peɪʃ

paisley
BR ˈpeɪzli
AM ˈpeɪzli

Paisleyite
BR ˈpeɪzliʌɪt, -s
AM ˈpeɪzli,aɪt, -s

paitung
BR ˌpʌɪˈtʊŋ, ˌpeɪˈtʊŋ
AM peɪˈtʊŋ, peɪˈtaŋ

Paiute
BR ˈpʌɪuːt, ˌpʌɪˈ(j)uːt, -s
AM ˌpaɪˈ(j)ut, ˈpaɪˌ(j)ut, -s

pajama
BR pəˈdʒɑːmə(r), -z
AM pəˈdʒæmə, pəˈdʒɑmə, -z

pakapoo
BR ˌpakəˈpuː, ˈpakəpuː
AM ˌpækəˌpu

pakapu
BR ˌpakəˈpuː, ˈpakəpuː
AM ˌpækəˌpu

pakeha
BR ˈpɑːkɨhɑː(r), -z
AM ˈpɑkiˌɑ, ˈpɑkəˌhɑ, -z

Pakenham[1] *surname*
BR ˈpaknəm, ˈpakn̩əm
AM ˈpæknəm

Pakenham[2] UK
placename
BR ˈpeɪknəm
AM ˈpeɪknəm

Paki
BR ˈpakǀi, -ɪz
AM ˈpæki, -z

Pakistan
BR ˌpɑːkɪˈstɑːn
AM ˈpækəˌstæn

Pakistani
BR ˌpɑːkɪˈstɑːnǀi, -ɪz
AM ˌpækəˈstɑni, -z

pakora
BR pəˈkɔːrə(r)
AM pəˈkɔrə

pal
BR pal, -z, -ɪŋ, -d
AM pæl, -z, -ɪŋ, -d

palace
BR ˈpalɪs, -ɪz
AM ˈpæləs, -əz

palacinka
BR ˌpaləˈtʃɪŋkə(r), -z
AM ˌpɑləˈtʃɪŋkə, -z

paladar
BR ˌpaləˈdɑː(r), -z
AM ˌpɑləˈdɑr, -z

paladin
BR ˈpalədɪn, -z
AM ˈpælədən, ˈpælədn̩, -z

Palaearctic
BR ˌpalɪˈɑːktɪk, ˌpeɪlɪˈɑːktɪk
AM ˌpæliˈɑr(k)tɪk, ˌpeɪliˈɑr(k)tɪk

palaeoanthropological
BR ˌpalɪəʊˌanθrəpəˈlɒdʒɪkl, ˌpeɪlɪəʊˌanθrəpəˈlɒdʒɪkl
AM ˌpeɪlioʊˌænθrəpəˈlɑdʒək(ə)l

palaeoanthropologist
BR ˌpalɪəʊˌanθrəˈpɒlədʒɪst, ˌpeɪlɪəʊˌanθrəˈpɒlədʒɪst, -s
AM ˌpeɪlioʊˌænθrəˈpɑlədʒəst, -s

palaeoanthropology
BR ˌpalɪəʊˌanθrəˈpɒlədʒi, ˌpeɪlɪəʊˌanθrəˈpɒlədʒi
AM ˌpeɪlioʊˌænθrəˈpɑlədʒi

palaeobotany
BR ˌpalɪəʊˈbɒtn̩i, ˌpeɪlɪəʊˈbɒtn̩i
AM ˌpeɪlioʊˈbɑtn̩i

Palaeocene
BR ˈpalɪə(ʊ)siːn, ˈpeɪlɪə(ʊ)siːn
AM ˈpeɪliəˌsin

palaeoclimatology
BR ˌpalɪəʊˌklʌɪməˈtɒlədʒi, ˌpeɪlɪəʊˌklʌɪməˈtɒlədʒi
AM ˌpeɪlioʊˌklaɪməˈtɑlədʒi

Palaeolithic
BR ˌpalɪəˈlɪθɪk, ˌpeɪlɪəˈlɪθɪk
AM ˌpeɪliəˈlɪθɪk

palaeoecological
BR ˌpalɪəʊˌiːkəˈlɒdʒɪkl, ˌpalɪəʊˌɛkəˈlɒdʒɪkl, ˌpeɪlɪəʊˌiːkəˈlɒdʒɪkl, ˌpeɪlɪəʊˌɛkəˈlɒdʒɪkl
AM ˌpeɪlioʊˌikəˈlɑdʒək(ə)l, ˌpeɪlioʊˌɛkəˈlɑdʒək(ə)l

palaeoecologist
BR ˌpalɪəʊɪˈkɒlədʒɪst, ˌpeɪlɪəʊɪˈkɒlədʒɪst, -s
AM ˌpeɪlioʊɪˈkɑlədʒəst, ˌpeɪlioʊˌɛˈkɑlədʒəst, -s

palaeoecology
BR ˌpalɪəʊɪˈkɒlədʒi, ˌpeɪlɪəʊɪˈkɒlədʒi
AM ˌpeɪlioʊɪˈkɑlədʒi, ˌpeɪlioʊˌɛˈkɑlədʒi

palaeogeography
BR ˌpalɪəʊdʒɪˈɒgrəfi, ˌpalɪəʊˈdʒɒgrəfi, ˌpeɪlɪəʊdʒɪˈɒgrəfi, ˌpeɪlɪəʊˈdʒɒgrəfi
AM ˌpeɪlioʊdʒiˈɑgrəfi

palaeographer
BR ˌpalɪˈɒgrəfə(r), ˌpeɪlɪˈɒgrəfə(r), -z
AM ˌpeɪliˈɑgrəfər, -z

palaeographic
BR ˌpalɪəˈgrafɪk, ˌpeɪlɪəˈgrafɪk
AM ˌpeɪliəˈgræfɪk

palaeographical
BR ˌpalɪəˈgrafɪkl, ˌpeɪlɪəˈgrafɪkl
AM ˌpeɪliəˈgræfək(ə)l

palaeographically
BR ˌpalɪəˈgrafɪkli, ˌpeɪlɪəˈgrafɪkli
AM ˌpeɪliəˈgræfək(ə)li

palaeography
BR ˌpalɪˈɒgrəfi, ˌpeɪlɪˈɒgrəfi
AM ˌpeɪliˈɑgrəfi

palaeomagnetism
BR ˌpalɪəʊˈmagnɪtɪzm, ˌpeɪlɪəʊˈmagnɪtɪzm
AM ˌpeɪlioʊˈmægnəˌtɪz(ə)m

palaeontological
BR ˌpalɪˌɒntəˈlɒdʒɪkl, ˌpeɪlɪˌɒntəˈlɒdʒɪkl
AM ˌpeɪliˌɑntəˈlɑdʒək(ə)l

palaeontologist
BR ˌpalɪənˈtɒlədʒɪst, ˌpeɪlɪənˈtɒlədʒɪst, -s
AM ˌpeɪliˌənˈtɑlədʒəst, -s

palaeontology
BR ˌpalɪənˈtɒlədʒi, ˌpeɪlɪənˈtɒlədʒi
AM ˌpeɪliˌənˈtɑlədʒi

Palaeozoic
BR ˌpalɪəˈzəʊɪk, ˌpeɪlɪəˈzəʊɪk
AM ˌpeɪliəˈzoʊɪk

palaestra
BR pəˈliːstrə(r), pəˈlʌɪstrə(r), -z
AM pəˈlɛstrə, -z

palagi
BR ˈpɑːlɑŋǀi, pəˈlɑŋǀi, -ɪz
AM ˈpɑˌlɑŋi, -z

palais
BR ˈpalǀeɪ, ˈpalǀi, -eɪz\-ɪz
AM pæˈleɪ, -z

palak
BR ˈpɑːlak
AM ˈpɑlak

palankeen
BR ˌpalənˈkiːn, -z
AM pæˈlæŋk(w)ən, ˌpælənˈk(w)in, -z

palanquin
BR ˌpalənˈkiːn, ˈpalaŋkwɪn, -z
AM pæˈlæŋk(w)ən, ˌpælənˈk(w)in, -z

palapa
BR pəˈlapə(r), -z
AM pəˈlɑpə, -z

palatability
BR ˌpalɪtəˈbɪlɪti
AM ˌpælədəˈbɪlɨdi

palatable
BR ˈpalɪtəbl
AM ˈpælədəb(ə)l
palatableness
BR ˈpalɪtəblnəs
AM ˈpælədəbəlnəs
palatably
BR ˈpalɪtəbli
AM ˈpælədəbli
palatal
BR ˈpalətl, pəˈleɪtl, -z
AM ˈpælədl, -z
palatalisation
BR ˌpalətl̩ʌɪˈzeɪʃn
AM ˌpælədl̩ˌaɪˈzeɪʃ(ə)n, ˌpælədl̩əˈzeɪʃ(ə)n
palatalise
BR ˈpalətl̩ʌɪz, -ɪz, -ɪŋ, -d
AM ˈpælədl̩ˌaɪz, -ɪz, -ɪŋ, -d
palatalization
BR ˌpalətl̩ʌɪˈzeɪʃn
AM ˌpælədl̩ˌaɪˈzeɪʃ(ə)n, ˌpælədl̩əˈzeɪʃ(ə)n
palatalize
BR ˈpalətl̩ʌɪz, -ɪz, -ɪŋ, -d
AM ˈpælədl̩ˌaɪz, -ɪz, -ɪŋ, -d
palatally
BR ˈpalətl̩i, pəˈleɪtl̩i
AM ˈpælədl̩i
palate
BR ˈpalət, -s
AM ˈpælət, -s
palatial
BR pəˈleɪʃl
AM pəˈleɪʃ(ə)l
palatially
BR pəˈleɪʃli
AM pəˈleɪʃəli
Palatinate
BR pəˈlatɪnət, pəˈlatnət, -s
AM pəˈlætn̩ˌeɪt, pəˈlætnət, -s
Palatine
BR ˈpalətʌɪn
AM ˈpæləˌtaɪn
Palau
BR paˈlaʊ
AM pæˈlaʊ, pəˈlaʊ

palaver
BR pəˈlɑːv|ə(r), -əz, -(ə)rɪŋ, -əd
AM pəˈlavər, pəˈlævər, -z, -ɪŋ, -d
Palawan
BR paˈlaʊən, -z
AM paˈlaʊən, pəˈlaʊən, -z
pale
BR peɪl, -z, -ɪŋ, -d
AM peɪl, -z, -ɪŋ, -d
palea
BR ˈpeɪlɪə(r), -z
AM ˈpeɪlɪə, -z
paleae
BR ˈpeɪliː
AM ˈpeɪliˌaɪ, ˈpeɪliˌi
Palearctic
BR ˌpalɪˈɑːktɪk, ˌpeɪlɪˈɑːktɪk
AM ˌpæliˈɑr(k)tɪk, ˌpeɪliˈɑr(k)tɪk
paleface
BR ˈpeɪlfeɪs, -ɪz
AM ˈpeɪlˌfeɪs, -ɪz
pale-faced
BR ˌpeɪlˈfeɪst
AM ˌpeɪlˈfeɪst
Palekh
BR ˈpɑːlɛk
AM ˈpɑlɛk
palely
BR ˈpeɪ(l)li
AM ˈpeɪ(l)li
Palembang
BR pɑːˈlɛmbaŋ, paˈlɛmbaŋ
AM pɑˈlɛmˌbæŋ
paleness
BR ˈpeɪlnɪs
AM ˈpeɪlnɪs
Palenque
BR pəˈlɛŋki
AM pæˈlɛŋki, pəˈlɛŋki
paleoanthropological
BR ˌpalɪəʊˌanθrəpəˈlɒdʒɪkl, ˌpeɪlɪəʊˌanθrəpəˈlɒdʒɪkl
AM ˌpeɪlioʊˌænθrəpəˈlɑdʒək(ə)l

paleoanthropologist
BR ˌpalɪəʊˌanθrəˈpɒlədʒɪst, ˌpeɪlɪəʊˌanθrəˈpɒlədʒɪst, -s
AM ˌpeɪlioʊˌænθrəˈpɑlədʒəst, -s
paleoanthropology
BR ˌpalɪəʊˌanθrəˈpɒlədʒi, ˌpeɪlɪəʊˌanθrəˈpɒlədʒi
AM ˌpeɪlioʊˌænθrəˈpɑlədʒi
paleobotany
BR ˌpalɪəʊˈbɒtn̩i, ˌpeɪlɪəʊˈbɒtn̩i
AM ˌpeɪlioʊˈbɑtn̩i
Paleocene
BR ˈpalɪə(ʊ)siːn, ˈpeɪlɪə(ʊ)siːn
AM ˈpeɪliəˌsin
paleoclimatology
BR ˌpalɪəʊˌklʌɪməˈtɒlədʒi, ˌpeɪlɪəʊˌklʌɪməˈtɒlədʒi
AM ˌpeɪlioʊˌklaɪməˈtɑlədʒi
paleoecological
BR ˌpalɪəʊˌiːkəˈlɒdʒɪkl, ˌpeɪlɪəʊˌiːkəˈlɒdʒɪkl
AM ˌpeɪlioʊˌikəˈlɑdʒək(ə)l, ˌpeɪlioʊˌɛkəˈlɑdʒək(ə)l
paleoecologist
BR ˌpalɪəʊɪˈkɒlədʒɪst, ˌpeɪlɪəʊɪˈkɒlədʒɪst, -s
AM ˌpeɪlioʊɪˈkɑlədʒəst, ˌpeɪlioʊˌɛˈkɑlədʒəst, -s
paleoecology
BR ˌpalɪəʊɪˈkɒlədʒi, ˌpeɪlɪəʊɪˈkɒlədʒi
AM ˌpeɪlioʊɪˈkɑlədʒi, ˌpeɪlioʊˌɛˈkɑlədʒi
paleogeography
BR ˌpalɪəʊdʒɪˈɒgrəfi, ˌpalɪəʊˈdʒɒgrəfi, ˌpeɪlɪəʊdʒɪˈɒgrəfi, ˌpeɪlɪəʊˈdʒɒgrəfi
AM ˌpeɪlioʊdʒiˈɑgrəfi

paleographer
BR ˌpalɪˈɒgrəfə(r), ˌpeɪlɪˈɒgrəfə(r), -z
AM ˌpeɪliˈɑgrəfər, -z
paleographic
BR ˌpalɪəˈgrafɪk, ˌpeɪlɪəˈgrafɪk
AM ˌpeɪliəˈgræfɪk
paleographical
BR ˌpalɪəˈgrafɪkl, ˌpeɪlɪəˈgrafɪkl
AM ˌpeɪliəˈgræfək(ə)l
paleographically
BR ˌpalɪəˈgrafɪkli, ˌpeɪlɪəˈgrafɪkli
AM ˌpeɪliəˈgræfək(ə)li
paleography
BR ˌpalɪˈɒgrəfi, ˌpeɪlɪˈɒgrəfi
AM ˌpeɪliˈɑgrəfi
Paleolithic
BR ˌpalɪəˈlɪθɪk, ˌpeɪlɪəˈlɪθɪk
AM ˌpeɪliəˈlɪθɪk
paleomagnetism
BR ˌpalɪəʊˈmagnɪtɪzm, ˌpeɪlɪəʊˈmagnɪtɪzm
AM ˌpeɪlioʊˈmægnəˌtɪz(ə)m
paleontological
BR ˌpalɪˌɒntəˈlɒdʒɪkl, ˌpeɪlɪˌɒntəˈlɒdʒɪkl
AM ˌpeɪliˌɑntəˈlɑdʒək(ə)l
paleontologist
BR ˌpalɪənˈtɒlədʒɪst, ˌpeɪlɪənˈtɒlədʒɪst, -s
AM ˌpeɪliˌənˈtɑlədʒəst, -s
paleontology
BR ˌpalɪənˈtɒlədʒi, ˌpeɪlɪənˈtɒlədʒi
AM ˌpeɪliˌənˈtɑlədʒi
Paleozoic
BR ˌpalɪəˈzəʊɪk, ˌpeɪlɪəˈzəʊɪk
AM ˌpeɪliəˈzoʊɪk

Palermo
BR pəˈlɛːməʊ, pəˈlɜːməʊ
AM pəˈlɛrˌmoʊ, pəˈlɜrˌmoʊ
IT paˈlɛrmo

Palestine
BR ˈpalɪstʌɪn
AM ˈpæləˌstaɪn

Palestinian
BR ˌpalɪˈstɪnɪən, -z
AM ˌpæləˈstɪnɪən, -z

palestra
BR pəˈlɛstrə(r), -z
AM pəˈlɛstrə, -z

Palestrina
BR ˌpalɪˈstriːnə(r)
AM ˌpæləˈstrinə

paleta
BR pəˈleɪtə(r), -z
AM pəˈleɪdə, -z

Palethorp
BR ˈpeɪlθɔːp
AM ˈpeɪlˌθɔ(ə)rp

Palethorpe
BR ˈpeɪlθɔːp
AM ˈpeɪlˌθɔ(ə)rp

paletot
BR ˈpalɪtəʊ, -z
AM ˈpæl(ə)ˌtoʊ, -z

palette
BR ˈpalɪt, -s
AM ˈpælət, -s

palfrey
BR ˈpɔːlfr|i, ˈpɒlfr|i, -ɪz
AM ˈpɑlfri, ˈpɒlfri, -z

Palfreyman
BR ˈpɔːlfrɪmən, ˈpɒlfrɪmən
AM ˈpɑlfrɪm(ə)n, ˈpɒlfrɪm(ə)n

Palgrave
BR ˈpɔːlgreɪv, ˈpalgreɪv
AM ˈpɑlˌgreɪv, ˈpɒlˌgreɪv

Pali
BR ˈpɑːli
AM ˈpɑˌli

palilalia
BR ˌpalɪˈleɪlɪə(r)
AM ˌpaləˈleɪlɪə

palimony
BR ˈpalɪmən|i
AM ˈpæləˌmoʊni

palimpsest
BR ˈpalɪm(p)sɛst, -s
AM ˈpæləm(p)ˌsɛst, -s

Palin
BR ˈpeɪlɪn
AM ˈpeɪl(ə)n

palindrome
BR ˈpalɪndrəʊm, -z
AM ˈpælənˌdroʊm, -z

palindromic
BR ˌpalɪnˈdrɒmɪk
AM ˌpælənˈdrɑmɪk

palindromist
BR pəˈlɪndrəmɪst, -s
AM pəˈlɪndrəməst, -s

paling
BR ˈpeɪlɪŋ, -z
AM ˈpeɪlɪŋ, -z

palingenesis
BR ˌpalɪnˈdʒɛnɪsɪs
AM ˌpælənˈdʒɛnəsəs

palingenetic
BR ˌpalɪndʒɪˈnɛtɪk
AM ˌpælənʤəˈnɛdɪk

palinode
BR ˈpalɪnəʊd, -z
AM ˈpæləˌnoʊd, -z

palisade
BR ˌpalɪˈseɪd, -z, -ɪŋ, -ɪd
AM ˌpæləˈseɪd, -z, -ɪŋ, -əd

Palisades
BR ˈpalɪseɪdz
AM ˌpæləˈseɪdz

palish
BR ˈpeɪlɪʃ
AM ˈpeɪlɪʃ

Palissy
BR ˈpalɪsi
AM ˈpæləsi

pall
BR pɔːl, -z
AM pɑl, pɒl, -z

Palladian
BR pəˈleɪdɪən
AM pəˈleɪdiən

Palladianism
BR pəˈleɪdɪənɪzm
AM pəˈleɪdiəˌnɪz(ə)m

Palladio
BR pəˈladɪəʊ, pəˈlɑːdɪəʊ
AM pəˈlɑdioʊ
IT palˈladio

palladium
BR pəˈleɪdɪəm, -z
AM pəˈleɪdiəm, -z

Pallas
BR ˈpalas
AM ˈpæləs

pallbearer
BR ˈpɔːlˌbɛːrə(r), -z
AM ˈpɑlˌbɛrər, ˈpɒlˌbɛrər, -z

pallet
BR ˈpalɪt, -s
AM ˈpælət, -s

palletisation
BR ˌpalɪtʌɪˈzeɪʃn
AM ˌpæləˌtaɪˈzeɪʃ(ə)n, ˌpælədəˈzeɪʃ(ə)n

palletise
BR ˈpalɪtʌɪz, -ɪz, -ɪŋ, -d
AM ˈpæləˌtaɪz, -ɪz, -ɪŋ, -d

palletization
BR ˌpalɪtʌɪˈzeɪʃn
AM ˌpæləˌtaɪˈzeɪʃ(ə)n, ˌpælədəˈzeɪʃ(ə)n

palletize
BR ˈpalɪtʌɪz, -ɪz, -ɪŋ, -d
AM ˈpæləˌtaɪz, -ɪz, -ɪŋ, -d

pallia
BR ˈpalɪə(r)
AM ˈpæliə, ˈpæljə

pallial
BR ˈpalɪəl
AM ˈpæliəl, ˈpælj(ə)l

palliasse
BR ˈpalɪas, -ɪz
AM ˌpæliˈæs, pælˈjæs, paɪˈ(j)ɑs, -əz

palliate
BR ˈpalɪeɪt, -s, -ɪŋ, -ɪd
AM ˈpæliˌeɪ|t, -ts, -dɪŋ, -dɪd

palliation
BR ˌpalɪˈeɪʃn
AM ˌpæliˈeɪʃ(ə)n

palliative
BR ˈpalɪətɪv, -z
AM ˈpæljədɪv, ˈpæliˌeɪdɪv, -z

palliatively
BR ˈpalɪətɪvli
AM ˈpæliˌeɪdɪvli, ˈpæljədɪvli

palliator
BR ˈpalɪeɪtə(r), -z
AM ˈpæliˌeɪdər, -z

pallid
BR ˈpalɪd
AM ˈpæləd

pallidity
BR pəˈlɪdɪti
AM pæˈlɪdɪdi, pəˈlɪdɪdi

pallidly
BR ˈpalɪdli
AM ˈpælədli

pallidness
BR ˈpalɪdnɪs
AM ˈpælədnəs

pallium
BR ˈpalɪəm, -z
AM ˈpæliəm, -z

Pall Mall
BR ˌpal ˈmal
AM ˌpɑl ˈmɑl

pall-mall
BR ˌpalˈmal
AM ˌpɒlˈmɒl, ˌpɑlˈmɑl, ˌpɛlˈmɛl

pallor
BR ˈpalə(r)
AM ˈpælər

pally
BR ˈpal|i, -ɪə(r), -ɪst
AM ˈpæli, -ər, -əst

palm
BR pɑːm, -z, -ɪŋ, -d
AM pɑ(l)m, -z, -ɪŋ, -d

Palma
BR ˈpalmə(r), ˈpɑːmə(r)
AM ˈpɑlmə

palmaceous
BR palˈmeɪʃəs, pɑːˈmeɪʃəs
AM pɑˈmeɪʃəs, pælˈmeɪʃəs

palmar
BR ˈpɑːmɑː(r), -z
AM ˈpɑ(l)mər,
ˈpælmər, -z

palmate
BR ˈpælmeɪt, ˈpɑːmeɪt
AM ˈpɑ(l)ˌmeɪt,
ˈpælˌmeɪt

palmer
BR ˈpɑːmə(r), -z
AM ˈpɑ(l)mər, -z

Palmerston
BR ˈpɑːməst(ə)n
AM ˈpɑ(l)mərst(ə)n

Palmerston North
BR ˌpɑːməst(ə)n ˈnɔːθ
AM ˌpɑ(l)mərst(ə)n-
ˈnɔ(ə)rθ

palmette
BR palˈmet,
pɑːˈmet, -s
AM ˌpɑ(l)ˈmet,
ˌpælˈmet, -s

palmetto
BR palˈmetəʊ,
pɑːˈmetəʊ, -z
AM ˌpɑ(l)ˈmedoʊ, -z

palmful
BR ˈpɑːmfʊl, -z
AM ˈpɑ(l)mˌfʊl, -z

palmiped
BR ˈpalmɪped, -z
AM ˈpɑlməˌped,
ˈpɑlməˌped,
ˈpælməˌped, -z

palmipede
BR ˈpalmɪpiːd, -z
AM ˈpɑlməˌpid,
ˈpɑlməˌpid,
ˈpælməˌpid, -z

palmist
BR ˈpɑːmɪst, -s
AM ˈpɑ(l)məst, -s

palmistry
BR ˈpɑːmɪstri
AM ˈpɑ(l)məstri

palmitate
BR ˈpalmɪteɪt,
ˈpɑːmɪteɪt, -s,
-ɪŋ, -ɪd
AM ˈpɑ(l)məˌteɪt, -ts,
-dɪŋ, -dɪd

palmitic
BR palˈmɪtɪk,
pɑːˈmɪtɪk
AM pɑ(l)ˈmɪdɪk

palm-oil
BR ˈpɑːmɔɪl
AM ˈpɑ(l)mˌɔɪl

Palmolive
BR ˌpɑːmˈɒlɪv
AM pɑ(l)ˈmɑlɪv,
pɔ(l)ˈmɑlɪv

Palm Springs
BR ˌpɑːm ˈsprɪŋz
AM ˌpɑ(l)m ˈsprɪŋz

palmtop
BR ˈpɑːmtɒp, -s
AM ˈpɑ(l)mˌtɑp, -s

palmy
BR ˈpɑːm|i, -ɪə(r),
-ɪɪst
AM ˈpɑ(l)mi, -ər,
-əst

palmyra
BR palˈmʌɪrə(r), -z
AM pælˈmaɪrə, -z

Palo Alto
BR ˌpɑləʊ ˈaltəʊ
AM ˌpæˌloʊ ˈælˌtoʊ

palolo
BR pəˈləʊləʊ, -z
AM pəˈloʊˌloʊ, -z

Palomar
BR ˈpɑləmɑː(r)
AM ˈpæləˌmɑr

palomino
BR ˌpaləˈmiːnəʊ, -z
AM ˌpæləˈminoʊ, -z

palooka
BR pəˈluːkə(r), -z
AM pəˈlukə, -z

Palouse
BR pəˈluːs
AM pəˈlus

paloverde
BR ˌpalə(ʊ)ˈvəːd|i, -ɪz
AM ˌpæloʊˈvərdi, -z

palp
BR palp, -s
AM pælp, -s

palpability
BR ˌpalpəˈbɪlɪti
AM ˌpælpəˈbɪlɪdi

palpable
BR ˈpalpəbl
AM ˈpælpəb(ə)l

palpably
BR ˈpalpəbli
AM ˈpælpəbli

palpal
BR ˈpalpl
AM ˈpælpəl

palpate
BR ˈpalpeɪt, palˈpeɪt,
-s, -ɪŋ, -ɪd
AM ˈpælˌpeɪt, ts,
-dɪŋ, -dɪd

palpation
BR palˈpeɪʃn
AM pælˈpeɪʃ(ə)n

palpebral
BR ˈpalpəbr(ə)l
AM pælˈpibrəl,
ˈpælpəbrəl

palpitant
BR ˈpalpɪt(ə)nt
AM ˈpælpətnt,
ˈpælpədənt

palpitate
BR ˈpalpɪteɪt, -s,
-ɪŋ, -ɪd
AM ˈpælpəˌteɪt, -ts,
-dɪŋ, -dɪd

palpitation
BR ˌpalpɪˈteɪʃn
AM ˌpælpəˈteɪʃ(ə)n

palpus
BR ˈpalpəs
AM ˈpælpəs

palsgrave
BR ˈpɔːlzgreɪv,
ˈpɒlzgreɪv, -z
AM ˈpɑlzˌgreɪv,
ˈpɔlzˌgreɪv, -z

palsied
BR ˈpɔːlzɪd, ˈpɒlzɪd
AM ˈpɑlzid, ˈpɔlzid

palstave
BR ˈpɔːlsteɪv,
ˈpɒlsteɪv, -z
AM ˈpɑlˌsteɪv,
ˈpɔlˌsteɪv, -z

palsy
BR ˈpɔːlz|i, ˈpɒlz|i, -ɪz
AM ˈpɑlzi, ˈpɔlzi, -z

palsy-walsy
BR ˌpalziˈwalzi
AM ˌpælziˈwælzi

palter
BR ˈpɔːlt|ə(r),
ˈpɒlt|ə(r), -əz,
-(ə)rɪŋ, -əd
AM ˈpɑltər, ˈpɔltər, -z,
-ɪŋ, -d

palterer
BR ˈpɔːlt(ə)rə(r),
ˈpɒlt(ə)rə(r), -z
AM ˈpɑltərər,
ˈpɔltərər, -z

paltrily
BR ˈpɔːltrɪli, ˈpɒltrɪli
AM ˈpɑltrəli, ˈpɔltrəli

paltriness
BR ˈpɔːltrɪnɪs,
ˈpɒltrɪnɪs
AM ˈpɑltrɪnɪs,
ˈpɔltrɪnɪs

paltry
BR ˈpɔːltr|i, ˈpɒltr|i,
-ɪə(r), -ɪɪst
AM ˈpɑltri, ˈpɔltri, -ər,
-ɪst

paludism
BR ˈpaljʊdɪzm
AM ˈpæljəˌdɪz(ə)m

Paludrine
BR ˈpaljʊdrɪn
AM ˈpæljədrən

paly
BR ˈpeɪli
AM ˈpeɪli

palynological
BR ˌpalɪnəˈlɒdʒɪkl
AM ˌpælənəˈlɑdʒək(ə)l

palynologist
BR ˌpalɪˈnɒlədʒɪst, -s
AM ˌpæləˈnɑlədʒəst, -s

palynology
BR ˌpalɪˈnɒlədʒi
AM ˌpæləˈnɑlədʒi

Pam
BR pam
AM pæm

Pamela
BR ˈpam(ɪ)lə(r),
ˈpamlə(r)
AM ˈpæmələ

Pamirs
BR pəˈmɪəz
AM pəˈmɪərz

pampas
BR ˈpampəs
AM ˈpɑmpəz, ˈpæmpəz

pamper
BR ˈpamp|ə(r), -əz, -(ə)rɪŋ, -əd
AM ˈpæmp|ər, -ərz, -(ə)rɪŋ, -ərd

pamperer
BR ˈpamp(ə)rə(r), -z
AM ˈpæmpərər, -z

pampero
BR pamˈpɛːrəʊ, -z
AM pæmˈpɛroʊ, -z

Pampers
BR ˈpampəz
AM ˈpæmpərz

pamphlet
BR ˈpamflɪt, -s
AM ˈpæmflət, -s

pamphleteer
BR ˌpamflɪˈtɪə(r), -z, -ɪŋ, -d
AM ˌpæmfləˈtɪ(ə)r, -z, -ɪŋ, -d

Pamphylia
BR pamˈfɪlɪə(r)
AM pæmˈfɪlɪə, pæmˈfɪljə

Pamphylian
BR pamˈfɪlɪən, -z
AM pæmˈfɪlɪən, -z

Pamplona
BR pamˈpləʊnə(r)
AM pæmˈploʊnə

Pan
BR pan
AM pæn

pan[1] *betel leaf*
BR pɑːn
AM pɑn

pan[2] *noun, verb*
BR pan, -z, -ɪŋ, -d
AM pæn, -z, -ɪŋ, -d

panacea
BR ˌpanəˈsɪə(r), ˌpanəˈsiːə(r), -z
AM ˌpænəˈsɪə, -z

panacean
BR ˌpanəˈsɪən, ˌpanəˈsiːən
AM ˌpænəˈsɪən

panache
BR pəˈnaʃ
AM pəˈnɑʃ, pəˈnæʃ

panada
BR pəˈnɑːdə(r)
AM pəˈneɪdə, pəˈnɑdə

Panadol
BR ˈpanədɒl
AM ˈpænəˌdɑl, ˈpænəˌdɔl

Pan-African
BR ˌpanˈafrɪk(ə)n
AM ˌpænˈæfrəkən

Panaji
BR pəˈnɑːdʒi
AM pɑˈnɑdʒi

Pan-Am
BR ˌpanˈam
AM ˌpænˈæm

Panama
BR ˌpanəˈmɑː(r), ˈpanəmɑː(r)
AM ˈpænəˌmɑ

Panamanian
BR ˌpanəˈmeɪnɪən, -z
AM ˌpænəˈmeɪnɪən, -z

Panamax
BR ˈpanəmaks
AM ˈpænəˌmæks

Pan-American
BR ˌpanəˈmerɪk(ə)n
AM ˌpænəˈmerəkən

Pan-Anglican
BR ˌpanˈaŋglɪk(ə)n
AM ˌpænˈæŋgləkən

Panasonic
BR ˌpanəˈsɒnɪk
AM ˌpænəˈsɑnɪk

panatela
BR ˌpanəˈtɛlə(r), -z
AM ˌpænəˈtɛlə, -z

panatella
BR ˌpanəˈtɛlə(r), -z
AM ˌpænəˈtɛlə, -z

pancake
BR ˈpankeɪk, ˈpaŋkeɪk, -s, -ɪŋ, -t
AM ˈpænˌkeɪk, -s, -ɪŋ, -t

panchayat
BR pʌnˈtʃʌɪjət, -s
AM pænˈtʃaɪət, -s

Panchen lama
BR ˌpantʃən ˈlɑːmə(r), -z
AM ˌpæn(t)ʃ(ə)n ˌlɑmə, -z

panchromatic
BR ˌpankrəˈmatɪk
AM ˌpænkrəˈmædɪk, ˌpænkroʊˈmædɪk

pancosmism
BR panˈkɒzmɪzm
AM ˌpænˈkɑzˌmɪz(ə)m

Pancras
BR ˈpaŋkrəs
AM ˈpænkrəs, ˈpæŋkrəs

pancreas
BR ˈpaŋkrɪəs, -ɪz
AM ˈpænkriəs, ˈpæŋkriəs, -əz

pancreatic
BR ˌpaŋkrɪˈatɪk
AM ˌpænkriˈædɪk, ˌpæŋkriˈædɪk

pancreatin
BR ˈpaŋkrɪətɪn
AM ˈpænkriətn, ˈpæŋkriətn

pancreatitis
BR ˌpaŋkrɪəˈtʌɪtɪs
AM ˌpænkriəˈtaɪdɪs, ˌpæŋkriəˈtaɪdɪs

panda
BR ˈpandə(r), -z
AM ˈpændə, -z

pandanus
BR panˈdanəs, -ɪz
AM pænˈdænəs, pænˈdeɪnəs, -əz

Pandarus
BR ˈpand(ə)rəs
AM ˈpændərəs

pandean
BR ˈpandɪən, -z
AM ˈpændiən, -z

pandect
BR ˈpandɛkt, -s
AM ˈpænˌdɛk|(t), -(t)s

pandemic
BR (ˌ)panˈdɛmɪk, -s
AM pænˈdɛmɪk, -s

pandemonium
BR ˌpandɪˈməʊnɪəm, -z
AM ˌpændəˈmoʊnɪəm, -z

pander
BR ˈpand|ə(r), -əz, -(ə)rɪŋ, -əd
AM ˈpænd|ər, -ərz, -(ə)rɪŋ, -ərd

pandit
BR ˈpandɪt, ˈpʌndɪt, -s
AM ˈpəndət, ˈpændət, -s

Pandora
BR panˈdɔːrə(r)
AM pænˈdɔrə

pandowdy
BR panˈdaʊd|i, -ɪz
AM pænˈdaʊdi, -z

pane
BR peɪn, -z, -d
AM peɪn, -z, -d

paneer
BR pəˈnɪə(r)
AM pəˈnɪ(ə)r

panegyric
BR ˌpanɪˈdʒɪrɪk, -s
AM ˌpænəˈdʒɪrɪk, -s

panegyrical
BR ˌpanɪˈdʒɪrɪkl
AM ˌpænəˈdʒɪrək(ə)l

panegyrise
BR ˈpanɪdʒɪrʌɪz, -ɪz, -ɪŋ, -d
AM ˈpænədʒəˌraɪz, -ɪz, -ɪŋ, -d

panegyrist
BR ˌpanɪˈdʒɪrɪst, -s
AM ˌpænəˈdʒaɪrɪst, ˌpænəˈdʒɪrɪst, -s

panegyrize
BR ˈpanɪdʒɪrʌɪz, -ɪz, -ɪŋ, -d
AM ˈpænədʒəˌraɪz, -ɪz, -ɪŋ, -d

panel
BR ˈpan|l, -lz, -lɪŋ, -ld
AM ˈpæn(ə)l, -z, -ɪŋ, -d

panela
BR pəˈnɛlə(r)
AM pəˈnɛlə
panelist
BR ˈpanlɪst, -s
AM ˈpænləst, -s
panellist
BR ˈpanlɪst, -s
AM ˈpænləst, -s
pan-ethnic
BR ˌpanˈɛθnɪk
AM ˌpænˈɛθnɪk
panettone
BR ˌpanɪˈtəʊn|eɪ,
ˌpanɪˈtəʊn|i, -ɪz
AM ˌpænəˈtoʊni, -z
IT panetˈtone
panettoni
BR ˌpanɪˈtəʊni:
AM ˌpænəˈtoʊni
IT panetˈtoni
pan-European
BR ˌpanˌjʊərəˈpiːən,
ˌpanˌjɔːrəˈpiːən
AM ˈˌpænˌjʊrəˈpiən,
ˈˌpænˌjʊrəˈpiən
panfish
BR ˈpanfɪʃ
AM ˈpænˌfɪʃ
panforte
BR ˌpanˈfɔːteɪ,
ˌpanˈfɔːti
AM ˌpænˈfɔr,teɪ
IT panˈforte
pan-fried
BR ˌpanˈfrʌɪd
AM ˈpænˌfraɪd
panfry
BR ˈpanfrʌɪ, -z, -ɪŋ, -d
AM ˈpænˌfraɪ, -z, -ɪŋ, -d
panful
BR ˈpanfʊl, -z
AM ˈpænˌfʊl, -z
pang
BR paŋ, -z
AM pæŋ, -z
panga
BR ˈpaŋɡə(r), -z
AM ˈpæŋɡə, -z
Pangaea
BR panˈdʒiːə(r)
AM pænˈdʒiə

Pangbourne
BR ˈpaŋbɔːn
AM ˈpæŋˌbɔ(ə)rn
pangolin
BR paŋˈɡəʊlɪn,
ˈpaŋɡəlɪn, -z
AM pæŋˈɡoʊl(ə)n,
ˈpæŋɡəl(ə)n, -z
panhandle
BR ˈpanˌhand|l, -lz,
-lɪŋ, -ld
AM ˈpænˌ(h)æn(d)əl,
-z, -ɪŋ, -d
panhandler
BR ˈpanˌhandlə(r), -z
AM ˈpænˌ(h)æn(də)lər,
-z
pan-Hellenic
BR ˌpanhɛˈlɛnɪk,
ˌpanhɪˈlɛnɪk
AM ˌpænˌ(h)ɛˈlɛnɪk
pan-Hellenism
BR ˌpanˈhɛlɪnɪzm
AM ˌpænˈhɛləˌnɪz(ə)m
panic
BR ˈpan|ɪk, -ɪks, -ɪkɪŋ,
-ɪkt
AM ˈpænɪk, -ɪks,
-ɪkɪŋ, -ɪkt
panicky
BR ˈpanɪki
AM ˈpænəki
panicle
BR ˈpanɪkl, -z, -d
AM ˈpænək(ə)l, -z, -d
Panini[1] *Italian name*
BR pəˈniːni
AM pəˈnini
IT paˈnini
Panini[2] *Sanskrit name*
BR ˈpanɪni:
AM ˈpænɪni
pani puri
BR ˌpaːnɪ ˈpʊər|i, -ɪz
AM ˌpani ˈpʊri, -z
Panjabi
BR pʌnˈdʒaːb|i, -ɪz
AM pənˈdʒabi, -z
panjandrum
BR panˈdʒandrəm, -z
AM pænˈdʒændrəm, -z

Pankhurst
BR ˈpaŋkhəːst
AM ˈpæŋk,(h)ərst
panko
BR ˈpaŋkəʊ
AM ˈpæŋkoʊ
panlike
BR ˈpanlʌɪk
AM ˈpænˌlaɪk
Panmunjom
BR ˌpanmʊnˈdʒɒm
AM ˌpænˌmʊnˈdʒam,
ˌpænˌmʊnˈdʒɒm
panna cotta
BR ˌpanə ˈkɒtə(r)
AM ˌpænəˈkɑdə
pannage
BR ˈpanɪdʒ
AM ˈpænɪdʒ
Pannal
BR ˈpanl
AM ˈpæn(ə)l
panne
BR pan
AM pæn
Pannell
BR ˈpanl
AM pəˈnɛl, ˈpæn(ə)l
panner
BR ˈpanə(r), -z
AM ˈpænər, -z
pannier
BR ˈpanɪə(r), -z
AM ˈpæniər, ˈpænjər,
-z
pannikin
BR ˈpanɪkɪn, -z
AM ˈpænəkən, -z
pannus
BR ˈpanəs
AM ˈpɑnəs
panoplied
BR ˈpanəplɪd
AM ˈpænəplid
panoply
BR ˈpanəpl|i, -ɪz
AM ˈpænəpli, -z
panoptic
BR pəˈnɒptɪk,
(ˌ)panˈɒptɪk
AM pəˈnaptɪk,
pæˈnaptɪk

panorama
BR ˌpanəˈrɑːmə(r), -z
AM ˌpænəˈrɑmə,
ˌpænəˈræmə, -z
panoramic
BR ˌpanəˈramɪk
AM ˌpænəˈræmɪk
panoramically
BR ˌpanəˈramɪkli
AM ˌpænəˈræmək(ə)li
panpipe
BR ˈpanpʌɪp, □
AM ˈpænˌpaɪp, -s
panpsychism
BR panˈsʌɪkɪzm
AM pænˈsaɪkɪz(ə)m
panslavism
BR panˈslɑːvɪzm
AM pænˈslɑvɪz(ə)m
panspermia
BR panˈspəːmɪə(r)
AM pænˈspərmiə
panstick
BR ˈpanstɪk
AM ˈpænˌstɪk
pansy
BR ˈpanz|i, -ɪz
AM ˈpænzi, -z
pant
BR pant, -s, -ɪŋ, -ɪd
AM pænt, -(t)s, -(t)ɪŋ,
-(t)əd
pantagraph
BR ˈpantəɡrɑːf, -s
AM ˈpæn(t)əˌɡræf, -s
Pantagruel
BR ˌpantəɡrʊˈɛl,
ˈpantəɡrʊəl
AM ˌpæn(t)əˌɡrʊəl,
ˌpæn(t)əɡrʊˈɛl
pantalets
BR ˌpantəˈlɛts,
ˌpantlˈɛts
AM ˌpæn(t)lˈɛts
pantalettes
BR ˌpantəˈlɛts,
ˌpantlˈɛts
AM ˌpæn(t)lˈɛts
pantaloon
BR ˌpantəˈluːn, -z
AM ˌpæn(t)əˈlun,
ˌpæn(t)lˈun, -z

pantechnicon
BR pan'teknɪk(ə)n, -z
AM pæn'tɛknə,kɑn,
pæn'tɛknəkən, -z

Pantelleria
BR ˌpantələ'riːə(r)
AM ˌpæn(t)ələ'riə
IT pantelle'ria

Panthalassa
BR ˌpanθə'lasə(r)
AM ˌpænθə'læsə

pantheism
BR 'panθɪɪzm
AM 'pænθiˌɪz(ə)m

pantheist
BR 'panθɪɪst, -s
AM 'pænθiɪst, -s

pantheistic
BR ˌpanθɪ'ɪstɪk
AM ˌpænθi'ɪstɪk

pantheistical
BR ˌpanθɪ'ɪstɪkl
AM ˌpænθi'ɪstɪk(ə)l

pantheistically
BR 'panθi:stɪkli
AM ˌpænθi'ɪstɪk(ə)li

pantheon
BR 'panθɪən, -z
AM 'pænθɪən,
'pænθiˌɑn, -z

panther
BR 'panθə(r), -z
AM 'pænθər, -z

pantie-girdle
BR 'pantɪˌgəːdl, -z
AM 'pæn(t)iˌgərdəl, -z

panties
BR 'pantɪz
AM 'pæn(t)iz

pantihose
BR 'pantɪhəʊz
AM 'pæn(t)iˌhoʊz

pantile
BR 'pantʌɪl, -z, -d
AM 'pænˌtaɪl,
-z, -d

pantingly
BR 'pantɪŋli
AM 'pæn(t)ɪŋli

panto
BR 'pantəʊ, -z
AM 'pænˌtoʊ, -z

pantograph
BR 'pantəgrɑːf, -s
AM 'pæn(t)əˌgræf, -s

pantographic
BR ˌpantə'grafɪk
AM ˌpæn(t)ə'græfɪk

pantologic
BR ˌpantə'lɒdʒɪk
AM ˌpæn(t)ə'lɑdʒɪk

pantology
BR pan'tɒlədʒi
AM pæn'tɑlədʒi

pantomime
BR 'pantəmʌɪm, -z
AM 'pæn(t)əˌmaɪm, -z

pantomimic
BR ˌpantə'mɪmɪk
AM ˌpæn(t)ə'mɪmɪk

pantomimist
BR 'pantəmʌɪmɪst, -s
AM 'pæn(t)əˌmaɪmɪst,
-s

pantomorphic
BR ˌpantə(ʊ)'mɔːfɪk
AM ˌpæn(t)ə'mɔrfɪk

pantoscopic
BR ˌpantə'skɒpɪk
AM ˌpæn(t)ə'skɑpɪk

pantothenic
BR ˌpantə'θɛnɪk
AM ˌpæn(t)ə'θɛnɪk

pantry
BR 'pantr|i, -ɪz
AM 'pæntri, -z

pantryman
BR 'pantrɪmən
AM 'pæntrɪm(ə)n

pantrymen
BR 'pantrɪmən
AM 'pæntrɪm(ə)n

pants
BR pants
AM pæn(t)s

pantsuit
BR 'pantsuːt, -s
AM 'pæntˌsut, -s

pantsula
BR pant'suːlə(r), -z
AM pænt'sulə, -z

pantyhose
BR 'pantɪhəʊz
AM 'pæn(t)iˌhoʊz

pantywaist
BR 'pantɪweɪst, -s
AM 'pæn(t)iˌweɪst, -s

panzanella
BR ˌpanzə'nɛlə(r)
ˌpantsə'nɛlə(r)
AM ˌpænzə'nɛlə,
ˌpæn(t)sə'nɛlə

Panzer
BR 'panzə(r), -z
AM 'pɑn(t)sər,
'pænzər, -z

pap
BR pap, -s
AM pæp, -s

papa
BR pə'pɑː(r), -z
AM 'pɑpə, -z

papabile
BR pə'pɑːbɪleɪ
AM pə'pɑbəˌleɪ
IT pa'pabile

papacy
BR 'peɪpəs|i, -ɪz
AM 'peɪpəsi, -z

papain
BR pə'peɪɪn, pə'pʌɪɪn
AM pə'peɪn,
'pæˌpeɪn

papal
BR 'peɪpl
AM 'peɪpəl

papalism
BR 'peɪplɪzm
AM 'peɪpəˌlɪz(ə)m

papalist
BR 'peɪplɪst, -s
AM 'peɪpələst, -s

papally
BR 'peɪpli
AM 'peɪpəli

paparazzi
BR ˌpapə'ratsiː
AM ˌpɑpə'rɑtˌsi
IT papa'rattsi

paparazzo
BR ˌpapə'ratsəʊ
AM ˌpɑpə'rɑtˌsoʊ
IT papa'rattso

papaveraceous
BR pəˌpeɪvə'reɪʃəs
AM pəˌpævə'reɪʃəs

papaverine
BR pə'peɪvəriːn,
pə'pavəriːn,
pə'peɪvərɪn,
pə'pavərɪn
AM pə'pævərən,
pə'pævəˌrin

papaw
BR 'pɔːpɔː(r),
pə'pɔː(r), -z
AM pə'pɑ, pə'pɔ, -z

papaya
BR pə'pʌɪə(r), -z
AM pə'paɪə, -z

Papeete
BR ˌpɑːpɪ'iːti,
ˌpɑːpɪ'eɪti,
ˌpapɪ'iːti,
ˌpapɪ'eɪti, pə'piːti
AM pə'pidi, ˌpɑpi'iti

paper
BR 'peɪp|ə(r), -əz,
-(ə)rɪŋ, -əd
AM 'peɪp|ər, -ərz,
-(ə)rɪŋ, -ərd

paperback
BR 'peɪpəbak, -s
AM 'peɪpərˌbæk, -s

paperboy
BR 'peɪpəbɔɪ, -z
AM 'peɪpərˌbɔɪ, -z

paperchase
BR 'peɪpətʃeɪs, -ɪz
AM 'peɪpərˌtʃeɪs, -ɪz

paperclip
BR 'peɪpəklɪp, -s
AM 'peɪpərˌklɪp, -s

paperer
BR 'peɪp(ə)rə(r), -z
AM 'peɪpərər, -z

paperhanger
BR 'peɪpəˌhaŋə(r), -z
AM 'peɪpərˌ(h)æŋər, -z

paperknife
BR 'peɪpənʌɪf
AM 'peɪpərˌnaɪf

paperknives
BR 'peɪpənʌɪvz
AM 'peɪpərˌnaɪvz

paperless
BR 'peɪpələs
AM 'pæpərləs

papermaker
BR ˈpeɪpəˌmeɪkə(r), -z
AM ˈpeɪpərˌmeɪkər, -z

papermaking
BR ˈpeɪpəˌmeɪkɪŋ
AM ˈpeɪpərˌmeɪkɪŋ

paper-pusher
BR ˈpeɪpəˌpʊʃə(r), -z
AM ˈpeɪpərˌpʊʃər, -z

paperweight
BR ˈpeɪpəweɪt, -s
AM ˈpeɪpərˌweɪt, -s

paperwork
BR ˈpeɪpəwɜːk
AM ˈpeɪpərˌwɜrk

papery
BR ˈpeɪp(ə)ri
AM ˈpeɪpəri

Paphlagonia
BR ˌpaflə'gəʊniə(r)
AM ˌpæflə'goʊniə

Paphlagonian
BR ˌpaflə'gəʊniən, -z
AM ˌpæflə'goʊniən, -z

papier-mâché
BR ˌpapjeɪ'maʃeɪ
AM ˌpeɪpərmə'ʃeɪ

papilionaceous
BR pəˌpɪliə'neɪʃəs
AM pəˌpɪliə'neɪʃəs

papilla
BR pə'pɪlə(r)
AM pə'pɪlə

papillae
BR pə'pɪliː
AM pə'pɪlˌaɪ, pə'pɪlˌi

papillary
BR pə'pɪl(ə)ri, 'papɪləri
AM 'pæpəˌlɛri

papillate
BR 'papɪleɪt, pə'pɪlət
AM pə'pɪlɪt, 'pæpəˌleɪt

papilloma
BR ˌpapɪ'ləʊmə(r), -z
AM ˌpæpə'loʊmə, -z

papillomata
BR ˌpapɪ'ləʊmətə(r)
AM ˌpæpə'loʊmədə

papillomavirus
BR ˌpapɪ'ləʊməˌvʌɪrəs
AM ˌpæpə'loʊməˌvaɪrəs

papillon
BR 'papɪlɒn, 'papɪjɒ̃, -z
AM ˌpapi'jɔn, -z

papillose
BR 'papɪləʊs, 'papɪləʊz
AM 'papəˌloʊz, 'papə'loʊs

papism
BR 'peɪpɪzm
AM 'peɪˌpɪz(ə)m

papist
BR 'peɪpɪst, -s
AM 'peɪpɪst, -s

papistic
BR pə'pɪstɪk
AM pə'pɪstɪk

papistical
BR pə'pɪstɪkl
AM pə'pɪstək(ə)l

papistry
BR 'peɪpɪstri
AM 'peɪpɪstri

papoose
BR pə'puːs, -ɪz
AM pə'pus, pæ'pus, -əz

Papp
BR pap, -s
AM pæp, -s

pappardelle
BR ˌpapaː'dɛleɪ
AM ˌpapə'dɛli

pappi
BR 'papʌɪ
AM 'pæˌpaɪ

pappose
BR pa'pəʊs
AM 'pæˌpoʊz, 'pæˌpoʊs

pappus
BR 'papəs
AM 'pæpəs

pappy
BR 'pap|i, -ɪə(r), -ɪɪst
AM 'pæpi, -ər, -əst

papri
BR 'pɑːpri
AM 'papri

paprika
BR 'paprɪkə(r), pə'priːkə(r)
AM pæ'prikə, pə'prikə

Papua
BR 'pap(j)ʊə(r)
AM 'pæpjʊə, 'papʊə

Papuan
BR 'pap(j)ʊən, -z
AM 'pæpjʊən, 'papʊən, -z

Papua New Guinea
BR ˌpap(j)ʊə njuː 'gɪni
AM ˌpæpjʊəˌn(j)u 'gɪni, ˌpapʊəˌn(j)u 'gɪni

Papua New Guinean
BR ˌpap(j)ʊə njuː 'gɪniən, -z
AM ˌpæpjʊəˌn(j)u 'gɪniən, ˌpapʊəˌn(j)u 'gɪniən, -z

papula
BR 'papjʉlə(r)
AM 'pæpjələ

papulae
BR 'papjʉliː
AM 'pæpjəˌlaɪ, 'pæpjəˌli

papular
BR 'papjʉlə(r)
AM 'pæpjələr

papule
BR 'papjuːl, -z
AM 'pæpˌjul, -z

papulose
BR 'papjʉləʊs, 'papjʉləʊz
AM 'pæpjəˌloʊz, 'pæpjəloʊs

papulous
BR 'papjʉləs
AM 'pæpjələs

Papworth
BR 'papwəθ
AM 'pæpˌwɜrθ

papyraceous
BR ˌpapɪ'reɪʃəs
AM ˌpæpə'reɪʃəs

papyri
BR pə'pʌɪrʌɪ
AM pə'paɪˌraɪ, pə'paɪri

papyrological
BR pəˌpʌɪrə'lɒdʒɪkl, pəˌpɪərə'lɒdʒɪkl
AM pəˌpaɪərə-'lɑdʒək(ə)l, pəˌpaɪrə'lədʒək(ə)l

papyrologist
BR ˌpapɪ'rɒlədʒɪst, -s
AM ˌpæpə'rɑlədʒəst, -s

papyrology
BR ˌpapɪ'rɒlədʒi
AM ˌpæpə'rɑlədʒi

papyrus
BR pə'pʌɪrəs, -ɪz
AM pə'paɪrəs, -əz

par
BR pɑː(r)
AM pɑr

Pará
BR pa'rɑː(r)
AM pa'rɑ

para *paratrooper,*
paragraph
BR 'parə(r), -z
AM 'pɛrə, -z

parabases
BR ˌparə'beɪsiːz
AM ˌpɛrə'beɪˌsiz

parabasis
BR ˌparə'beɪsɪs
AM ˌpɛrə'beɪsɪs

parabioses
BR ˌparəbʌɪ'əʊsiːz
AM ˌpɛrə'baɪəˌsiz

parabiosis
BR ˌparəbʌɪ'əʊsɪs
AM ˌpɛrə'baɪəsəs

parabiotic
BR ˌparəbʌɪ'ɒtɪk
AM ˌpɛrəbaɪ'ɑdɪk

parable
BR 'parəbl, -z
AM 'pɛrəb(ə)l, -z

parabola
BR pə'rablə(r), -z
AM pə'ræbələ, -z

parabolic
BR ˌparə'bɒlɪk
AM ˌpɛrə'bɑlɪk

parabolical
BR ˌparəˈbɒlɪkl
AM ˌpɛrəˈbɑlək(ə)l

parabolically
BR ˌparəˈbɒlɪkli
AM ˌpɛrəˈbɑlək(ə)li

paraboloid
BR pəˈrablɔɪd, -z
AM pəˈræbəˌlɔɪd, -z

paraboloidal
BR pəˌrabəˈlɔɪdl
AM pəˌræbəˈlɔɪd(ə)l

Paracelsus
BR ˌparəˈsɛlsəs
AM ˌpɛrəˈsɛlsəs

paracetamol
BR ˌparəˈsiːtəmɒl, ˌparəˈsɛtəmɒl, -z
AM ˌpɛrəˈsɛdəˌmɑl, ˌpɛrəˈsidəˌmɑl, -z

parachronism
BR pəˈrakrənɪzm, -z
AM ˌpɛrəˈkrɑˌnɪz(ə)m, -z

parachute
BR ˈparəʃuːt, -s, -ɪŋ, -ɪd
AM ˈpɛrəˌʃuːt, -ts, -dɪŋ, -dəd

parachutist
BR ˈparəʃuːtɪst, -s
AM ˈpɛrəˌʃudəst, -s

paraclete
BR ˈparəkliːt, -s
AM ˈpɛrəˌklit, -s

parade
BR pəˈreɪd, -z, -ɪŋ, -ɪd
AM pəˈreɪd, -z, -ɪŋ, -ɪd

parader
BR pəˈreɪdə(r), -z
AM pəˈreɪdər, -z

paradichlorobenzene
BR ˌparədʌɪˌklɔːrəʊˈbɛnziːn
AM ˌpɛrəˌdaɪˌklɔrəˈbɛnzin

paradiddle
BR ˈparədɪdl, ˌparəˈdɪdl, -z
AM ˈpɛrəˌdɪd(ə)l, -z

paradigm
BR ˈparədʌɪm, -z
AM ˈpɛrəˌdaɪm, -z

paradigmatic
BR ˌparədɪɡˈmatɪk
AM ˌpɛrəˌdɪɡˈmædɪk

paradigmatical
BR ˌparədɪɡˈmatɪkl
AM ˌpɛrəˌdɪɡˈmædək(ə)l

paradigmatically
BR ˌparədɪɡˈmatɪkli
AM ˌpɛrəˌdɪɡˈmædək(ə)li

paradisaical
BR ˌparədɪˈsʌɪkl, ˌparədɪˈzʌɪkl
AM ˌpɛrədəˈzaɪək(ə)l, ˌpɛrədəˈsaɪək(ə)l

paradisal
BR ˌparəˈdʌɪsl, ˌparəˈdʌɪzl
AM ˌpɛrəˈdaɪz(ə)l

paradise
BR ˈparədʌɪs, -ɪz
AM ˈpɛrəˌdaɪz, ˈpɛrəˌdaɪs, -ɪz

paradisiacal
BR ˌparədɪˈsʌɪəkl, ˌparədɪˈzʌɪəkl
AM ˌpɛrədəˈzaɪək(ə)l, ˌpɛrədəˈsaɪək(ə)l

paradisical
BR ˌparəˈdɪsɪkl, ˌparəˈdɪzɪkl
AM ˌparəˈdɪzək(ə)l, ˌparəˈdɪsək(ə)l

parador
BR ˈparədɔː(r), -z
AM ˈpɛ(ə)rəˌdɔ(ə)r, -z
SP paraˈðor

parados
BR ˈparədɒs, -ɪz
AM ˈpɛrəˌdɑs, -əz

paradox
BR ˈparədɒks, -ɪz
AM ˈpɛrəˌdɑks, -əz

paradoxical
BR ˌparəˈdɒksɪkl
AM ˌpɛrəˈdɑksək(ə)l

paradoxically
BR ˌparəˈdɒksɪkli
AM ˌpɛrəˈdɑksək(ə)li

paradoxure
BR ˌparəˈdɒksjʊə(r), -z
AM ˌpɛrəˈdɑkʃər, -z

paradrop
BR ˈparədrɒp, -s
AM ˈpɛrəˌdrɑp, -s

paraffin
BR ˈparəfɪn
AM ˈpɛrəfən

paraglide
BR ˈparəɡlʌɪd, -z, -ɪŋ, -ɪd
AM ˈpɛrəˌɡlaɪd, -z, -ɪŋ, -ɪd

paraglide
BR ˈparəɡlʌɪd
AM ˈpɛrəˌɡlaɪd

paraglider
BR ˈparəˌɡlʌɪdə(r), -z
AM ˈpɛrəˌɡlaɪdər, -z

paragliding
BR ˈparəˌɡlʌɪdɪŋ
AM ˈpɛrəˌɡlaɪdɪŋ

paragoge
BR ˌparəˈɡəʊdʒi
AM ˌpɛrəˈɡoʊdʒi

paragogic
BR ˌparəˈɡɒdʒɪk
AM ˌpɛrəˈɡɑdʒɪk

paragon
BR ˈparəɡ(ə)n, -z
AM ˈpɛrəɡən, ˈpɛrəˌɡɑn, -z

paragraph
BR ˈparəɡrɑːf, -s, -ɪŋ, -t
AM ˈpɛrəˌɡræf, -s, -ɪŋ, -t

paragraphic
BR ˌparəˈɡrafɪk
AM ˌpɛrəˈɡræfɪk

paragraphist
BR ˈparəˌɡrafɪst, -s
AM ˈpɛrəˌɡræfəst, -s

Paraguay
BR ˈparəɡwʌɪ, ˌparəˈɡwʌɪ
AM ˈpɛrəˌɡwaɪ
SP paraˈɣwaj

Paraguayan
BR ˌparəˈɡwʌɪən, -z
AM ˌpɛrəˈɡwaɪən, -z

parahydrogen
BR ˌparəˈhʌɪdrədʒ(ə)n
AM ˌpɛrəˈhaɪdrədʒən

parakeet
BR ˈparəkiːt, ˌparəˈkiːt, -s
AM ˈpɛrəˌkit, -s

paralanguage
BR ˈparəˌlaŋɡwɪdʒ
AM ˈpɛrəˌlæŋɡwɪdʒ

paraldehyde
BR pəˈraldɪhʌɪd
AM ˌpɛrəˈældəˌhaɪd

paralegal
BR ˌparəˈliːɡl
AM ˌpɛrəˈliɡəl

paraleipomena
BR ˌparəlʌɪˈpɒmɪnə(r), ˌparəlɪˈpɒmɪnə(r)
AM ˈpɛrələˈpɑmənə, ˈpɛrəˌlaɪˈpɑmənə

paraleipses
BR ˌparəˈlʌɪpsiːz
AM ˌpɛrəˈlaɪpsiz

paraleipsis
BR ˌparəˈlʌɪpsɪs
AM ˌpɛrəˈlaɪpsɪs

paralinguistic
BR ˌparəlɪŋˈɡwɪstɪk
AM ˌpɛrəˌlɪŋˈɡwɪstɪk

paralipomena
BR ˌparəlʌɪˈpɒmɪnə(r), ˌparəlɪˈpɒmɪnə(r)
AM ˈpɛrələˈpɑmənə, ˈpɛrəˌlaɪˈpɑmənə

paralipses
BR ˌparəˈlɪpsiːz
AM ˌpɛrəˈlɪpˌsiz

paralipsis
BR ˌparəˈlɪpsɪs
AM ˌpɛrəˈlɪpsɪs

parallactic
BR ˌparəˈlaktɪk
AM ˌpɛrəˈlæktɪk

parallax
BR ˈparəlaks, -ɪz
AM ˈpɛrəˌlæks, -əz

parallel
BR ˈparəlɛl, -z, -ɪŋ, -d
AM ˈpɛrəˌlɛl, -z, -ɪŋ, -d

parallelepiped
BR ˌparəlelə'pʌɪped, -z
AM ˌˌperəˌlelə'paɪpɪd, -z

parallelism
BR 'parəlelɪzm
AM 'perəˌlelˌɪz(ə)m

parallelogram
BR ˌparə'leləgram, -z
AM ˌperə'leləˌgræm, -z

paralogise
BR pə'ralədʒʌɪz, -ɪz, -ɪŋ, -d
AM pə'ræləˌdʒaɪz, -ɪz, -ɪŋ, -d

paralogism
BR pə'ralədʒɪzm, -z
AM pə'ræləˌdʒɪz(ə)m, -z

paralogist
BR pə'ralədʒɪst, -s
AM pə'rælədʒəst, -s

paralogize
BR pə'ralədʒʌɪz, -ɪz, -ɪŋ, -d
AM pə'ræləˌdʒaɪz, -ɪz, -ɪŋ, -d

Paralympics
BR ˌparə'lɪmpɪks
AM ˌperə'lɪmpɪks

paralysation
BR ˌparəlʌɪ'zeɪʃn
AM ˌperəˌlaɪ'zeɪʃ(ə)n, ˌperələ'zeɪʃ(ə)n

paralyse
BR 'parəlʌɪz, -ɪz, -ɪŋ, -d
AM 'perəˌlaɪz, -ɪz, -ɪŋ, -d

paralyses *noun plural*
BR pə'ralɪsiːz
AM pə'ræləˌsiz

paralysingly
BR 'parəlʌɪzɪŋli
AM 'perəˌlaɪzɪŋli

paralysis
BR pə'ralɪsɪs
AM pə'ræləsəs

paralytic
BR ˌparə'lɪtɪk
AM ˌperə'lɪdɪk

paralytically
BR ˌparə'lɪtɪkli
AM ˌperə'lɪdək(ə)li

paralyzation
BR ˌparəlʌɪ'zeɪʃn
AM ˌperəˌlaɪ'zeɪʃ(ə)n, ˌperələ'zeɪʃ(ə)n

paralyze
BR 'parəlʌɪz, -ɪz, -ɪŋ, -d
AM 'perəˌlaɪz, -ɪz, -ɪŋ, -d

paralyzingly
BR 'parəlʌɪzɪŋli
AM 'perəˌlaɪzɪŋli

paramagnetic
BR ˌparəmag'netɪk
AM ˌperəmæg'nedɪk

paramagnetism
BR ˌparə'magnɪtɪzm
AM ˌperə'mægnəˌtɪz(ə)m

paramatta
BR ˌparə'matə(r)
AM ˌperə'mædə

paramecia
BR ˌparə'miːsɪə(r)
AM ˌperə'misiə

paramecium
BR ˌparə'miːsɪəm
AM ˌperə'misiəm

paramedic
BR ˌparə'medɪk, -s
AM ˌperə'medɪk, -s

paramedical
BR ˌparə'medɪkl
AM ˌperə'medək(ə)l

parameter
BR pə'ramɪtə(r), -z
AM pə'ræmədər, -z

parametric
BR ˌparə'metrɪk
AM ˌperə'metrɪk

parametrise
BR pə'ramɪtrʌɪz, -ɪz, -ɪŋ, -d
AM pə'ræməˌtraɪz, -ɪz, -ɪŋ, -d

parametrize
BR pə'ramɪtrʌɪz, -ɪz, -ɪŋ, -d
AM pə'ræməˌtraɪz, -ɪz, -ɪŋ, -d

paramilitary
BR ˌparə'mɪlɪt(ə)ri
AM ˌperə'mɪləˌteri

paramnesia
BR ˌparəm'niːzɪə(r), ˌparəm'niːʒə(r)
AM ˌperəm'niːʒ(i)ə, ˌpeˌræm'niziə, ˌperəm'niziə, ˌpeˌræm'niːʒ(i)ə

paramo
BR 'parəməʊ, -z
AM ˌperəˌmoʊ, -z

paramoecia
BR ˌparə'miːʃ(ɪ)ə(r), -z
AM ˌperə'miʃ(i)ə, -z

paramoecium
BR ˌparə'miːʃ(ɪ)əm, -z
AM ˌperə'miʃ(i)əm, -z

paramount
BR 'parəmaʊnt
AM 'perəˌmaʊnt

paramountcy
BR 'parəmaʊn(t)si
AM 'perəˌmaʊn(t)si

paramountly
BR 'parəmaʊntli
AM 'perəˌmaʊn(t)li

paramour
BR 'parəmʊə(r), 'parəmɔː(r), -z
AM 'perəˌmɔ(ə)r, 'perəˌmʊ(ə)r, -z

Paraná
BR ˌparə'nɑː(r)
AM ˌparə'nɑ

parang
BR pə'raŋ, -z
AM pə'rɑŋ, -z

paranoia
BR ˌparə'nɔɪə(r)
AM ˌperə'nɔɪə

paranoiac
BR ˌparə'nɔɪak, -s
AM ˌperə'nɔɪk, -s

paranoiacally
BR ˌparə'nɔɪəkli
AM ˌperə'nɔɪk(ə)li

paranoic
BR ˌparə'nɔɪk
AM ˌperə'nɔɪk

paranoically
BR ˌparə'nɔɪkli
AM ˌperə'nɔɪk(ə)li

paranoid
BR 'parənɔɪd
AM 'perəˌnɔɪd

paranormal
BR ˌparə'nɔːml
AM ˌperə'nɔrm(ə)l

paranormally
BR ˌparə'nɔːmli
AM ˌperə'nɔrməli

Paranthropus
BR pə'ranθrəpəs, ˌparən'θrəʊpəs
AM pə'rænθrəpəs

parapatric
BR ˌparə'patrɪk
AM ˌperə'pætrɪk

parapente
BR 'parəpɒnt, -s, -ɪŋ, -ɪd
AM 'perəˌpɑn|t, -s, -(t)ɪŋ, -(t)əd

parapet
BR 'parəpɪt, -s, -ɪd
AM 'perəpə|t, -ts, -dɪd

paraph
BR 'paraf, -s
AM pə'ræf, 'perəf, -s

paraphernalia
BR ˌparəfə'neɪlɪə(r)
AM ˌperəfə(r)'neɪliə, ˌperəfə(r)'neɪljə

paraphrase
BR 'parəfreɪz, -ɪz, -ɪŋ, -d
AM 'perəˌfreɪz, -ɪz, -ɪŋ, -d

paraphrastic
BR ˌparə'frastɪk
AM ˌperə'fræstɪk

paraphrastically
BR ˌparə'frastɪkli
AM ˌperə'fræstək(ə)li

paraplegia
BR ˌparə'pliːdʒə(r)
AM ˌperə'plidʒ(i)ə

paraplegic
BR ˌparə'pliːdʒɪk, -s
AM ˌperə'plidʒɪk, -s

paraprofessional
BR ˌparəprəˈfeʃn̩l
AM ˌpɛrəprəˈfeʃ(ə)n(ə)l

parapsychological
BR ˌparəˌsaɪkəˈlɒdʒɪkl
AM ˈˌpɛrəˌsaɪkəˈlɑdʒək(ə)l

parapsychologically
BR ˌparəˌsaɪkəˈlɒdʒɪkli
AM ˈˌpɛrəˌsaɪkəˈlɑdʒək(ə)li

parapsychologist
BR ˌparəsʌɪˈkɒlədʒɪst, -s
AM ˈˌpɛrəsaɪˈkɑlədʒəst, -s

parapsychology
BR ˌparəsʌɪˈkɒlədʒi
AM ˈˌpɛrəsaɪˈkɑlədʒi

paraquat
BR ˈparəkwɒt, ˈparəkwat
AM ˈpɛrəˌkwɑt

pararhyme
BR ˈparərʌɪm
AM ˈpɛrəˌraɪm

parasailer
BR ˈparəˌseɪlə(r), -z
AM ˈpɛrəˌseɪlər, -z

parasailing
BR ˈparəˌseɪlɪŋ
AM ˈpɛrəˌseɪlɪŋ

parasailor
BR ˈparəˌseɪlə(r), -z
AM ˈpɛrəˌseɪlər, -z

parasang
BR ˈparəsaŋ, -z
AM ˈpɛrəˌsæŋ, -z

parascend
BR ˈparəsɛnd, -z, -ɪŋ, -ɪd
AM ˈpɛrəˌsɛnd, -z, -ɪŋ, -əd

parascender
BR ˈparəˌsɛndə(r), -z
AM ˈpɛrəˌsɛndər, -z

paraselenae
BR ˌparəsɪˈliːniː
AM ˌpɛrəsəˈlinaɪ, ˌpɛrəsəˈlini

paraselene
BR ˌparəsɪˈliːni
AM ˌpɛrəsəˈlini

parasitaemia
BR ˌparəsɪˈtiːmɪə(r)
AM ˌpɛrəsəˈtimiə

parasite
BR ˈparəsʌɪt, -s
AM ˈpɛrəˌsaɪt, -s

parasitemia
BR ˌparəsɪˈtiːmɪə(r)
AM ˌpɛrəsəˈtimiə

parasitic
BR ˌparəˈsɪtɪk
AM ˌpɛrəˈsɪdɪk

parasitical
BR ˌparəˈsɪtɪkl
AM ˌpɛrəˈsɪdɪk(ə)l

parasitically
BR ˌparəˈsɪtɪkli
AM ˌpɛrəˈsɪdɪk(ə)li

parasiticide
BR ˌparəˈsɪtɪsʌɪd
AM ˌpɛrəˈsɪdɪˌsaɪd

parasitisation
BR ˌparəsɪtʌɪˈzeɪʃn
AM ˌpɛrəsəˌtaɪˈzeɪʃ(ə)n, ˌpɛrəsədəˈzeɪʃ(ə)n

parasitise
BR ˈparəsɪtʌɪz, -ɪz, -ɪŋ, -d
AM ˈpɛrəsaɪˌtaɪz, ˈpɛrəsəˌtaɪz, -ɪz, -ɪŋ, -d

parasitism
BR ˈparəsɪtɪzm
AM ˈpɛrəˌsaɪˌtɪz(ə)m, ˈpɛrəsəˌtɪz(ə)m

parasitization
BR ˌparəsɪtʌɪˈzeɪʃn
AM ˌpɛrəsəˌtaɪˈzeɪʃ(ə)n, ˌpɛrəsədəˈzeɪʃ(ə)n

parasitize
BR ˈparəsɪtʌɪz, -ɪz, -ɪŋ, -d
AM ˈpɛrəsaɪˌtaɪz, ˈpɛrəsəˌtaɪz, -ɪz, -ɪŋ, -d

parasitoid
BR ˈparəsɪtɔɪd, -z
AM ˈpɛrəsaɪˌtɔɪd, ˈpɛrəsəˌtɔɪd, -z

parasitologist
BR ˌparəsɪˈtɒlədʒɪst, ˌparəsʌɪˈtɒlədʒɪst, -s
AM ˌpɛrəsaɪˈtɑlədʒəst, ˌpɛrəsəˈtɑlədʒəst, -s

parasitology
BR ˌparəsɪˈtɒlədʒi, ˌparəsʌɪˈtɒlədʒi
AM ˌpɛrəsaɪˈtɑlədʒi, ˌpɛrəsəˈtɑlədʒi

parasol
BR ˈparəsɒl, -z
AM ˈpɛrəˌsɑl, ˈpɛrəˌsɔl, -z

parasuicide
BR ˌparəˈs(j)uːɪsʌɪd, -z
AM ˌpɛrəˈsʊ(w)əˌsaɪd, -z

parasympathetic
BR ˌparəˌsɪmpəˈθɛtɪk
AM ˌpɛrəˌsɪmpəˈθɛdɪk

parasyntheses
BR ˌparəˈsɪnθɪsiːz
AM ˌpɛrəˈsɪnθəsiz

parasynthesis
BR ˌparəˈsɪnθɪsɪs
AM ˌpɛrəˈsɪnθəsəs

parasynthetic
BR ˌparəsɪnˈθɛtɪk
AM ˈˌpɛrəˌsɪnˈθɛdɪk

paratactic
BR ˌparəˈtaktɪk
AM ˌpɛrəˈtæktɪk

paratactically
BR ˌparəˈtaktɪkli
AM ˌpɛrəˈtæktək(ə)li

parataxis
BR ˌparəˈtaksɪs
AM ˌpɛrəˈtæksəs

parathion
BR ˌparəˈθʌɪɒn
AM ˌpɛrəˈθaɪˌɑn

parathyroid
BR ˌparəˈθʌɪrɔɪd
AM ˌpɛrəˈθaɪˌrɔɪd

paratroop
BR ˈparətruːp, -s
AM ˈpɛrəˌtrup, -s

paratrooper
BR ˈparətruːpə(r), -z
AM ˈpɛrəˌtrupər, -z

paratroops
BR ˈparətruːps
AM ˈpɛrəˌtrups

paratyphoid
BR ˌparəˈtʌɪfɔɪd
AM ˌpɛrəˈtaɪˌfɔɪd

paravane
BR ˈparəveɪn, -z
AM ˈpɛrəˌveɪn, -z

par avion
BR ˌpɑːr aˈvjɒ̃
AM ˌpɑr aˈvjɔn

parboil
BR ˈpɑːbɔɪl, -z, -ɪŋ, -d
AM ˈpɑrˌbɔɪl, -z, -ɪŋ, -d

parbuckle
BR ˈpɑːˌbʌk|l, -lz, -l̩ɪŋ\-lɪŋ, -ld
AM ˈpɑrˌbək|əl, -əlz, -(ə)lɪŋ, -əld

Parcae
BR ˈpɑːsi
AM ˈpɑrˌkaɪ, ˈpɑrsi

parcel
BR ˈpɑːs|l, -lz, -l̩ɪŋ, -ld
AM ˈpɑrs|əl, -əlz, -(ə)lɪŋ, -əld

parcellary
BR ˈpɑːs|(ə)ri
AM ˈpɑrsəˌlɛri

parch
BR pɑːtʃ, -ɪz, -ɪŋ, -t
AM pɑrtʃ, -əz, -ɪŋ, -t

Parcheesi
BR pɑːˈtʃiːzi
AM pɑrˈtʃizi

parchment
BR ˈpɑːtʃm(ə)nt, -s
AM ˈpɑrtʃm(ə)nt, -s

parclose
BR ˈpɑːkləʊz, -ɪz
AM ˈpɑrˌkloʊz, -əz

parcours
BR pɑːˈkɔː(z), pɑːˈɔːs
AM pɑrˈkɔ(ə)r(s)

pard
BR pɑːd, -z
AM pɑrd, -z

pardalote
BR ˈpɑːdl̩əʊt, -s
AM ˈpɑrdlˌoʊt, -s

pardner
BR ˈpɑːdnə(r), -z
AM ˈpɑrdnər, -z
Pardoe
BR ˈpɑːdəʊ
AM ˈpɑrdoʊ
pardon
BR ˈpɑːd|n, -nz,
 -n̩ɪŋ\-nɪŋ, -nd
AM ˈpɑrdən, -z, -ɪŋ, -d
pardonable
BR ˈpɑːdn̩əbl,
 ˈpɑːdnəbl
AM ˈpɑrdn̩əb(ə)l
pardonably
BR ˈpɑːdn̩əbli,
 ˈpɑːdnəbli
AM ˈpɑrdn̩əbli
pardoner
BR ˈpɑːdn̩ə(r),
 ˈpɑːdnə(r), -z
AM ˈpɑrdn̩ər, -z
pare
BR peː(r), -z, -ɪŋ, -d
AM pe(ə)r, -z, -ɪŋ, -d
paregoric
BR ˌpærəˈɡɒrɪk
AM ˌperəˈɡɔrɪk
pareira
BR pəˈrɛːrə(r)
AM pəˈreɪrə, pəˈrɛrə
paren
BR pəˈren, -z
AM ˈperən, ˈperen, -z
parenchyma
BR pəˈreŋkɪmə(r)
AM pəˈreŋkɪmə
parenchymal
BR pəˈreŋkɪml
AM pəˈreŋkəm(ə)l
parenchymatous
BR ˌpærn̩ˈkɪmətəs
AM ˌperənˈkɪmədəs
parent
BR ˈpeːrn̩t, -s, -ɪŋ, -ɪd
AM ˈperənt, -s, -ɪŋ, -ɪd
parentage
BR ˈpeːrn̩tɪdʒ
AM ˈperən(t)ədʒ
parental
BR pəˈrentl
AM pəˈren(t)l

parentally
BR pəˈrentl̩i
AM pəˈren(t)li
parenteral
BR pəˈrent(ə)r̩l
AM pəˈren(t)ərəl
parenterally
BR pəˈrent(ə)r̩li
AM pəˈren(t)ərəli
parentheses
BR pəˈrenθɪsiːz
AM pəˈrenθəsiz
parenthesis
BR pəˈrenθɪsɪs
AM pəˈrenθəsəs
parenthesise
BR pəˈrenθɪsʌɪz, -ɪz,
 -ɪŋ, -d
AM pəˈrenθəˌsaɪz, -ɪz,
 -ɪŋ, -d
parenthesize
BR pəˈrenθɪsʌɪz, -ɪz,
 -ɪŋ, -d
AM pəˈrenθəˌsaɪz, -ɪz,
 -ɪŋ, -d
parenthetic
BR ˌpærn̩ˈθetɪk
AM ˌperənˈθedɪk
parenthetical
BR ˌpærn̩ˈθetɪkl
AM ˌperənˈθedək(ə)l
parenthetically
BR ˌpærn̩ˈθetɪkli
AM ˌperənˈθedək(ə)li
parenthood
BR ˈpeːrn̩thʊd
AM ˈperən(t)ˌ(h)ʊd
parentless
BR ˈpeːrn̩tləs
AM ˈperən(t)ləs
parer
BR ˈpeːrə(r), -z
AM ˈperər, -z
parerga
BR pəˈrəːɡə(r)
AM pəˈrərɡə
parergon
BR pəˈrəːɡɒn
AM pəˈrərˌɡɑn
paresis
BR pəˈriːsɪs
AM pəˈrisɪs

paresthesia
BR ˌpærəsˈθiːzɪə(r),
 ˌpærəsˈθiːʒə(r)
AM ˌperəsˈθiziə,
 ˌperəsˈθiʒ(i)ə
paresthetic
BR ˌpærəsˈθetɪk
AM ˌperəsˈθedɪk
paretic
BR pəˈretɪk
AM pəˈredɪk
pareve
BR ˈpɑːrəvə(r)
AM ˈpɑr(ə)və
par excellence
BR ˌpɑːr ˌeksəˈlɑːns,
 + ˌeksəlɑːns,
 + ˌeksəˈlɒ̃s,
 + ˌeksəlɒ̃s
AM ˌpɑr ˌeksəˈlɑns
parfait
BR ˈpɑːfeɪ, -z
AM pɑrˈfeɪ, -z
Parfitt
BR ˈpɑːfɪt
AM ˈpɑrfɪt
parfleche
BR ˈpɑːflɛʃ
AM ˈpɑrˌflɛʃ
parfumerie
BR pɑːˈfjuːmər|i, -ɪz
AM pɑrˌfjuməˈri, -z
parge
BR pɑːʒ, -ɪz, -ɪŋ, -d
AM pɑrdʒ, -əz, -ɪŋ, -d
parget
BR ˈpɑːdʒ|ɪt, -ɪts,
 -ɪtɪŋ, -ɪtɪd
AM ˈpɑrdʒət, -s, -ɪŋ,
 -əd
Pargiter
BR ˈpɑːdʒɪtə(r)
AM ˈpɑrdʒɪdər
parhelia
BR pɑːˈhiːlɪə(r)
AM pɑrˈhiliə,
 pɑrˈhiljə
parheliacal
BR ˌpɑːhɪˈlʌɪəkl,
 ˌpɑːhɛˈlʌɪəkl
AM ˌpɑrhiˈlaɪək(ə)l,
 ˌpɑrhəˈlaɪək(ə)l

parhelic
BR ˌpɑːˈhiːlɪk
AM ˌpɑrˈhilɪk,
 ˌpɑrˈhɛlɪk
parhelical
BR ˌpɑːˈhiːlɪkl
AM ˌpɑrˈhilɪk(ə)l,
 ˌpɑrˈhɛlək(ə)l
parhelion
BR pɑːˈhiːlɪən
AM pɑrˈhiliˌɑn,
 pɑrˈhiliən
pariah
BR pəˈrʌɪə(r), -z
AM pəˈraɪə, -z
Parian
BR ˈpeːrɪən, -z
AM ˈperiən, -z
parietal
BR pəˈrʌɪɪtl
AM pəˈraɪəd(ə)l
parikrama
BR pəˈrɪkrəmɑː(r), -z
AM pəˈrɪkrəmə, -z
pari-mutuel
BR ˌpærɪˈmjuːtʃʊəl,
 ˌpærɪˈmjuːtʃ(ʊ)l,
 ˌpærɪˈmjuːtjʊəl,
 ˌpærɪˈmjuːtjʊl
AM ˌperəˈmjutʃə(wə)l
paring
BR ˈpeːrɪŋ, -z
AM ˈperɪŋ, -z
pari passu
BR ˌpærɪ ˈpɑːsuː,
 ˌpɑːrɪ +
AM ˌpærə ˈpɑˌsu,
 ˌpɑri ˈpɑˌsu
Paris
BR ˈpærɪs
AM ˈperəs
FR paʁi
parish
BR ˈpær|ɪʃ, -ɪʃɪz
AM ˈperɪʃ, -ɪz
parishioner
BR pəˈrɪʃnə(r),
 pəˈrɪʃn̩ə(r), -z
AM pəˈrɪʃ(ə)nər, -z
Parisian
BR pəˈrɪzɪən, -z
AM pəˈrɪʒ(ə)n, -z

parison
BR ˈparɪsn, -z
AM ˈpɛrəs(ə)n, -z
parisyllabic
BR ˌparɪsɪˈlabɪk
AM ˌpɛrəsəˈlæbɪk
parity
BR ˈparɪti
AM ˈpɛrədi
park
BR pɑːk, -s, -ɪŋ, -t
AM pɑrk, -s, -ɪŋ, -t
parka
BR ˈpɑːkə(r), -z
AM ˈpɑrkə, -z
parkade
BR pɑːˈkeɪd, -z
AM pɑrˈkeɪd, -z
park and ride
BR ˌpɑːk (ə)n(d) ˈrʌɪd, -z
AM ˈpɑrk ən ˌraɪd, -z
Parke
BR pɑːk
AM pɑrk
parker
BR ˈpɑːkə(r), -z
AM ˈpɑrkər, -z
Parkes
BR pɑːks
AM pɑrks
Parkeston
BR ˈpɑːkst(ə)n
AM ˈpɑrkst(ə)n
parkette
BR pɑːˈkɛt, -s
AM pɑrˈkɛt, -s
Parkhouse
BR ˈpɑːkhaʊs
AM ˈpɑrkˌ(h)aʊs
parkin
BR ˈpɑːkɪn
AM ˈpɑrkɪn
Parkinson
BR ˈpɑːkɪnsn̩
AM ˈpɑrkəns(ə)n
Parkinsonism
BR ˈpɑːkɪnsn̩ɪzm
AM ˈpɑrkənsəˌnɪz(ə)m
parkland
BR ˈpɑːkland, -z
AM ˈpɑrkˌlænd, -z

Parks
BR pɑːks
AM pɑrks
Parkstone
BR ˈpɑːkst(ə)n
AM ˈpɑrkˌstoʊn
parkway
BR ˈpɑːkweɪ, -z
AM ˈpɑrkˌweɪ, -z
parky
BR ˈpɑːk|i, -ɪə(r), -ɪɪst
AM ˈpɑrki, -ər, -ɪst
parlance
BR ˈpɑːlns
AM ˈpɑrl(ə)ns
parlay
BR ˈpɑːleɪ, -z, -ɪŋ, -d
AM ˈpɑrˌleɪ, -z, -ɪŋ, -d
parley
BR ˈpɑːl|i, -ɪz, -ɪɪŋ, -ɪd
AM ˈpɑrli, -z, -ɪŋ, -d
parliament
BR ˈpɑːlɪm(ə)nt, -s
AM ˈpɑrləm(ə)nt, -s
parliamentarian
BR ˌpɑːləm(ɛ)nˈtɛːrɪən, -z
AM ˌpɑrləmənˈtɛrɪən, ˌpɑrləˌmɛnˈterɪən, -z
parliamentary
BR ˌpɑːləˈment(ə)ri
AM ˌpɑrləˈmɛnəri, ˌpɑrləˈment(ə)ri
Parlophone
BR ˈpɑːləfəʊn
AM ˈpɑrləˌfon
parlor
BR ˈpɑːlə(r), -z
AM ˈpɑrlər, -z
parlormaid
BR ˈpɑːləmeɪd, -z
AM ˈpɑrlərˌmeɪd, -z
parlour
BR ˈpɑːlə(r), -z
AM ˈpɑrlər, -z
parlourmaid
BR ˈpɑːləmeɪd, -z
AM ˈpɑrlərˌmeɪd, -z
parlous
BR ˈpɑːləs
AM ˈpɑrləs

parlously
BR ˈpɑːləsli
AM ˈpɑrləsli
parlousness
BR ˈpɑːləsnəs
AM ˈpɑrləsnəs
Parma
BR ˈpɑːmə(r)
AM ˈpɑrmə
IT ˈparma
Parmenides
BR pɑːˈmɛnɪdiːz
AM pɑrˈmɛnəˌdiz
Parmenter
BR ˈpɑːmɪntə(r)
AM ˈpɑrmən(t)ər
Parmentier
BR pɑːˈmɛntɪə(r), pɑːˈmɒntɪeɪ
AM ˌpɑrmən(t)iˈeɪ, ˈpɑrmən(t)ər
parmesan
BR ˌpɑːmɪˈzan
AM ˈpɑrməˌzɑn
Parmigianino
BR ˌpɑːmɪdʒəˈniːnəʊ
AM ˌpɑrmədʒəˈniˌnoʊ
IT parmidʒaˈnino
Parmigiano
BR ˌpɑːmɪˈdʒɑːnəʊ
AM ˌpɑrmiˈdʒɑˌnoʊ, ˌpɑrməˈdʒɑnoʊ
IT parmiˈdʒano
Parmiter
BR ˈpɑːmɪtə(r)
AM ˈpɑrmədər
Parnassian
BR pɑːˈnasɪən, -z
AM pɑrˈnæsjən, pɑrˈnæsɪən, -z
Parnassus
BR pɑːˈnasəs
AM pɑrˈnæsəs
Parnell
BR pɑːˈnɛl
AM pɑrˈnɛl
Parnes
BR pɑːnz
AM pɑrnz

parochial
BR pəˈrəʊkɪəl
AM pəˈroʊkj(ə)l, pəˈroʊkɪəl
parochialism
BR pəˈrəʊkɪəlɪzm
AM pəˈroʊkjəˌlɪz(ə)m, pəˈroʊkɪəˌlɪz(ə)m
parochiality
BR pəˌrəʊkɪˈalɪti
AM pəˌroʊkiˈælədi
parochially
BR pəˈrəʊkɪəli
AM pəˈroʊkjəli, pəˈroʊkɪəli
parodic
BR pəˈrɒdɪk
AM pəˈrɑdɪk
parodist
BR ˈparədɪst, -s
AM ˈpɛrədəst, -s
parody
BR ˈparəd|i, -ɪz
AM ˈpɛrədi, -z
paroecious
BR pəˈriːʃəs
AM pəˈriʃəs
parol
BR pəˈrəʊl, ˈparl̩, -z
AM ˈpɛrəl, pəˈroʊl, -z
parole
BR pəˈrəʊl, -z, -ɪŋ, -d
AM pəˈroʊl, -z, -ɪŋ, -d
parolee
BR pəˌrəʊˈliː, -z
AM pəˌroʊˈli, -z
paronomasia
BR ˌparnə(ʊ)ˈmeɪzɪə(r)
AM ˌpɛrənoʊˈmeɪzɪə, ˌpɛrənoʊˈmeɪʒ(i)ə
paronym
BR ˈparənɪm, -z
AM ˈpɛrəˌnɪm, -z
paronymous
BR pəˈrɒnɪməs
AM pəˈrɑnəməs
parotid
BR pəˈrɒtɪd, -z
AM pəˈrɑdəd, -z
parotitis
BR ˌparəˈtʌɪtɪs
AM ˌpɛrəˈtaɪdəs

paroxysm

paroxysm
BR ˈpærəksɪzm, -z
AM pəˈrɑːkˌsɪz(ə)m,
ˈpɛrəkˌsɪz(ə)m, -z

paroxysmal
BR ˌpærəkˈsɪzm(ə)l
AM pəˈrɑːkˌsɪzm(ə)l,
ˌpɛrəkˈsɪzm(ə)l

paroxytone
BR pæˈrɒksɪtəʊn, -z
AM pɛrˈɑːksəˌtoʊn, -z

parozone
BR ˈpærəzəʊn
AM ˈpɛrəˌzoʊn

parpen
BR ˈpɑːp(ə)n, -z
AM ˈpɑrpən, -z

parquet
BR ˈpɑːkeɪ, -z
AM pɑrˈkeɪ, -z

parquetry
BR ˈpɑːkɪtri
AM ˈpɑrkətri

parr
BR pɑː(r)
AM pɑr

Parramatta
BR ˌpærəˈmætə(r)
AM ˌpɛrəˈmædə

parricidal
BR ˌpærɪˈsaɪdl
AM ˌpɛrəˈsaɪd(ə)l

parricide
BR ˈpærɪsaɪd, -z
AM ˈpɛrəˌsaɪd, -z

parrilla
BR pæˈriːjə(r), -z
AM pəˈriː(j)ə, -z

Parrish
BR ˈpærɪʃ
AM ˈpɛrɪʃ

parrot
BR ˈpærət, -s
AM ˈpɛrət, -s

parrotfish
BR ˈpærətfɪʃ, -ɪz
AM ˈpɛrətˌfɪʃ, -ɪz

Parrott
BR ˈpærət
AM ˈpɛrət

parry
BR ˈpær|i, -ɪz, -ɪŋ, -ɪd
AM ˈpɛri, -z, -ɪŋ, -d

parse
BR pɑːz, -ɪz, -ɪŋ, -d
AM pɑrs, -əz, -ɪŋ, -d

parsec
BR ˈpɑːsɛk, -s
AM ˈpɑrˌsɛk, -s

Parsee
BR ˌpɑːˈsiː, ˈpɑːsiː, -z
AM ˈpɑrsi, ˌpɑrˈsiː, ɒ

Parseeism
BR ˌpɑːˈsiːɪzm, ˈpɑːsiːɪzm
AM ˈpɑrsiˌɪz(ə)m, ˌpɑrˈsiːɪz(ə)m

parser
BR ˈpɑːzə(r), -z
AM ˈpɑrsər, -z

Parsifal
BR ˈpɑːsɪf(ə)l
AM ˈpɑr(t)səˌfɑl, ˈpɑrsəfəl

parsimonious
BR ˌpɑːsɪˈməʊniəs
AM ˌpɑrsəˈmoʊnjəs, ˌpɑrsəˈmoʊniəs

parsimoniously
BR ˌpɑːsɪˈməʊniəsli
AM ˌpɑrsəˈmoʊnjəsli, ˌpɑrsəˈmoʊniəsli

parsimoniousness
BR ˌpɑːsɪˈməʊniəsnəs
AM ˌpɑrsəˈmoʊnjəsnəs, ˌpɑrsəˈmoʊniəsnəs

parsimony
BR ˈpɑːsɪməni
AM ˈpɑrsəˌmoʊni

Parsley *surname*
BR ˈpɑːzli
AM ˈpɑrzli

parsley
BR ˈpɑːsli
AM ˈpɑrsli

parsley-piert
BR ˌpɑːsliˈpɪət, -s
AM ˈpɑrsliˌpɪ(ə)rt, -s

parsnip
BR ˈpɑːsnɪp, -s
AM ˈpɑrsnəp, -s

parson
BR ˈpɑːsn, -z
AM ˈpɑrsən, -z

parsonage
BR ˈpɑːsn|ɪdʒ, -ɪdʒɪz
AM ˈpɑrsn̩ɪdʒ, -ɪz

parsonical
BR pɑːˈsɒnɪkl
AM pɑrˈsɑnək(ə)l

Parsons
BR ˈpɑːsnz
AM ˈpɑrsənz

part
BR pɑːt, -s, -ɪŋ, -ɪd
AM pɑr|t, -ts, -dɪŋ, -dəd

partakable
BR pɑːˈteɪkəbl
AM pɑrˈteɪkəb(ə)l

partake
BR pɑːˈteɪk, -s, -ɪŋ
AM pɑrˈteɪk, -s, -ɪŋ

partaken
BR pɑːˈteɪk(ə)n
AM pɑrˈteɪkən

partaker
BR pɑːˈteɪkə(r), -z
AM pɑrˈteɪkər, -z

partan
BR ˈpɑːt(ə)n, -z
AM ˈpɑrdn, -z

parterre
BR pɑːˈtɛː(r), -z
AM pɑrˈtɛ(ə)r, -z

part-exchange
BR ˌpɑːtɪksˈtʃeɪn(d)ʒ, ˌpɑːtɛksˈtʃeɪn(d)ʒ, -ɪz, -ɪŋ, -d
AM ˌpɑrdɛksˈtʃeɪndʒ, ˌpɑrdɪksˈtʃeɪndʒ, -ɪz, -ɪŋ, -d

parthenogenesis
BR ˌpɑːθnə(ʊ)ˈdʒɛnɪsɪs
AM ˌpɑrθənoʊˈdʒɛnəsəs

parthenogenetic
BR ˌpɑːθnə(ʊ)dʒɪˈnɛtɪk
AM ˌpɑrθənoʊdʒəˈnɛdɪk

participative

parthenogenetically
BR ˌpɑːθnə(ʊ)dʒɪˈnɛtɪkli
AM ˌpɑrθənoʊdʒəˈnɛdək(ə)li

Parthenon
BR ˈpɑːθɪnɒn, ˈpɑːθn̩ɒn
AM ˈpɑrθəˌnɑn

Parthia
BR ˈpɑːθɪə(r)
AM ˈpɑrθiə

Parthian
BR ˈpɑːθɪən, -z
AM ˈpɑrθiən, -z

parti
BR ˈpɑːt|i, -ɪz
AM ˈpɑrdi, -z
FR pɑʁti

partial
BR ˈpɑːʃl
AM ˈpɑrʃ(ə)l

partiality
BR ˌpɑːʃɪˈælɪti
AM ˌpɑrʃiˈælədi

partially
BR ˈpɑːʃli
AM ˈpɑrʃəli

partialness
BR ˈpɑːʃlnəs
AM ˈpɑrʃəlnəs

partible
BR ˈpɑːtɪbl
AM ˈpɑrdəb(ə)l

participant
BR pɑːˈtɪsɪp(ə)nt, -s
AM pɑrˈtɪsɪpənt, -s

participate
BR pɑːˈtɪsɪpeɪt, -s, -ɪŋ, -ɪd
AM pɑrˈtɪsɪˌpeɪ|t, -ts, -dɪŋ, -dɪd

participation
BR pɑːˌtɪsɪˈpeɪʃn, ˌpɑːtɪsɪˈpeɪʃn
AM pɑrˌtɪsɪˈpeɪʃ(ə)n

participative
BR pɑːˈtɪsɪpətɪv
AM pɑrˈtɪsɪpədɪv, pɑrˈtɪsɪˌpeɪdɪv

participator
BR pɑːˈtɪsɪpeɪtə(r), -z
AM pɑrˈtɪsɪˌpeɪdər, -z

participatory
BR pɑːˌtɪsɪˈpeɪt(ə)ri, ˌpɑːtɪsɪˈpeɪt(ə)ri, pɑːˈtɪsɪpət(ə)ri
AM pɑrˈtɪsəpəˌtɔri

participial
BR ˌpɑːtɪˈsɪpiəl
AM ˌpɑrdəˈsɪpiəl

participially
BR ˌpɑːtɪˈsɪpiəli
AM ˌpɑrdəˈsɪpiəli

participle
BR ˈpɑːtɪsɪpl, pɑːˈtɪsɪpl, -z
AM ˈpɑrdəˌsɪpəl, -z

Partick
BR ˈpɑːtɪk
AM ˈpɑrdək

particle
BR ˈpɑːtɪkl, -z
AM ˈpɑrdək(ə)l, -z

particolored
BR ˌpɑːtɪˈkʌləd
AM ˈpɑrdiˌkələrd

particoloured
BR ˌpɑːtɪˈkʌləd
AM ˈpɑrdiˌkələrd

particular
BR pəˈtɪkjʊlə(r), -z
AM pɑrˈtɪkjələr, pə(r)ˈtɪkjələr, -z

particularisation
BR pəˌtɪkjʊləɹɪˈzeɪʃn
AM pə(r)ˌtɪkjələˌraɪˈzeɪʃ(ə)n, pə(r)ˌtɪkjələrəˈzeɪʃ(ə)n

particularise
BR pəˈtɪkjʊləɹaɪz, -ɪz, -ɪŋ, -d
AM pɑrˈtɪkjələˌraɪz, pə(r)ˈtɪkjələˌraɪz, -ɪz, -ɪŋ, -d

particularism
BR pəˈtɪkjʊlərɪzm
AM pə(r)ˈtɪkjələˌrɪz(ə)m

particularist
BR pəˈtɪkjʊlərɪst, -s
AM pə(r)ˈtɪkjələrəst, -s

particularity
BR pəˌtɪkjʊˈlærɪti
AM pɑrˌtɪkjəˈlɛrədi, pə(r)ˌtɪkjəˈlɛrədi

particularization
BR pəˌtɪkjʊləɹɪˈzeɪʃn
AM pə(r)ˌtɪkjələˌraɪˈzeɪʃ(ə)n, pə(r)ˌtɪkjələrəˈzeɪʃ(ə)n

particularize
BR pəˈtɪkjʊləɹaɪz, -ɪz, -ɪŋ, -d
AM pɑrˈtɪkjələˌraɪz, pə(r)ˈtɪkjələˌraɪz, -ɪz, -ɪŋ, -d

particularly
BR pəˈtɪkjʊləli
AM pɑrˈtɪkjələrli, pə(r)ˈtɪkjələrli

particulate
BR pɑːˈtɪkjʊleɪt, pɑːˈtɪkjʊlət, -s
AM pə(r)ˈtɪkjəˌleɪt, pɑrˈtɪkjələt, pɑrˈtɪkjəˌleɪt, pə(r)ˈtɪkjələt, -s

parting
BR ˈpɑːtɪŋ, -z
AM ˈpɑrdɪŋ, -z

Partington
BR ˈpɑːtɪŋt(ə)n
AM ˈpɑrdɪŋt(ə)n

parti pris
BR ˌpɑːtɪ ˈpriː, -z
AM ˌpɑrdi ˈpri, -z
FR paʁti pʁi

partisan
BR ˌpɑːtɪˈzan, ˈpɑːtɪzn, -z
AM ˈpɑrdəˌzæn, ˈpɑrdəzn, -z

partisanship
BR ˌpɑːtɪˈzanʃɪp, ˈpɑːtɪznʃɪp
AM ˈpɑrdəzənˌʃɪp

partita
BR pɑːˈtiːtə(r)
AM pɑrˈtidə
IT parˈtita

partite
BR ˈpɑːtʌɪt
AM ˈpɑrˌtaɪt

partition
BR pɑːˈtɪʃn̩, -z, -ɪŋ, -d
AM pɑrˈtɪʃ(ə)n, -z, -ɪŋ, -d

partitioner
BR pɑːˈtɪʃn̩ə(r), -z
AM pɑrˈtɪʃənər, -z

partitionist
BR pɑːˈtɪʃn̩ɪst, -s
AM pɑrˈtɪʃənəst, -s

partitive
BR ˈpɑːtɪtɪv
AM ˈpɑrdədɪv

partitively
BR ˈpɑːtɪtɪvli
AM ˈpɑrdədɪvli

partizan
BR ˌpɑːtɪˈzan, ˈpɑːtɪzn, -z
AM ˈpɑrdəˌzæn, ˈpɑrdəz(ə)n, -z

partly
BR ˈpɑːtli
AM ˈpɑrtli

partner
BR ˈpɑːtnə(r), -z
AM ˈpɑrtnər, -z

partnerless
BR ˈpɑːtnələs
AM ˈpɑrtnərləs

partnership
BR ˈpɑːtnəʃɪp, -s
AM ˈpɑrtnərˌʃɪp, -s

Parton
BR ˈpɑːtn
AM ˈpɑrtn

partook
BR pɑːˈtʊk
AM pɑrˈtʊk

partridge
BR ˈpɑːtr|ɪdʒ, -ɪdʒɪz
AM ˈpɑrtrɪdʒ, -ɪz

part-singing
BR ˈpɑːtˌsɪŋɪŋ
AM ˈpɑrtˌsɪŋɪŋ

part-skim
BR ˌpɑːtˈskɪm
AM ˈpɑrtˈskɪm

part-song
BR ˈpɑːtsɒŋ, -z
AM ˈpɑrtˌsɑŋ, ˈpɑrtˌsɔŋ, -z

part-time
BR ˌpɑːtˈtʌɪm
AM ˈpɑr(t)ˈtaɪm

part-timer
BR ˌpɑːtˈtʌɪmə(r), -z
AM ˌpɑr(t)ˈtaɪmər, -z

parturient
BR pɑːˈtjʊəriənt
AM pɑrˈt(j)ʊriənt

parturition
BR ˌpɑːtjʊˈrɪʃn, ˌpɑːtʃʊˈrɪʃn
AM ˌpɑrˌtʊˈrɪʃ(ə)n, ˌpɑrtʃəˈrɪʃ(ə)n, ˌpɑrtjəˈrɪʃ(ə)n, ˌpɑrdəˈrɪʃ(ə)n

part-way
BR ˌpɑːtˈweɪ
AM ˈˌpɑrtˌweɪ

part-work
BR ˈpɑːtwəːk
AM ˈpɑrtˌwərk

party
BR ˈpɑːt|i, -ɪz
AM ˈpɑrdi, -z

party line[1] *in politics*
BR ˌpɑːtɪ ˈlʌɪn, -z
AM ˌpɑrdi ˈlaɪn, -z

party line[2] *telephone*
BR ˌpɑːtɪ lʌɪn, -z
AM ˌpɑrdi ˌlaɪn, -z

party-pooper
BR ˈpɑːtɪˌpuːpə(r), -z
AM ˈpɑrdiˌpupər, -z

parvenu
BR ˈpɑːvən(j)uː, -z
AM ˈpɑrvəˌn(j)u, -z
FR paʁvəny

parvenue
BR ˈpɑːvən(j)uː, -z
AM ˈpɑrvəˌn(j)u, -z

parvis
BR ˈpɑːvɪs, -ɪz
AM ˈpɑrvəs, -əz

parvise
BR ˈpɑːvɪs, -ɪz
AM ˈpɑrvəs, -əz

parvovirus
BR ˈpɑːvəʊˌvʌɪrəs, -ɪz
AM ˈpɑrvəˌvaɪrəs, -əz

pas
BR pɑː(r)
AM pɑ
FR pa

Pasadena
BR ˌpasəˈdiːnə(r)
AM ˌpæsəˈdinə

Pascal
BR paˈskɑːl, ˈpaskɑːl,
paˈskal, ˈpaskal
AM pæsˈkæl, pəˈskæl

pascal
BR paˈskɑːl, ˈpaskɑːl,
paˈskal, ˈpaskal
AM pæsˈkæl, pəˈskæl,
-z

Pascale
BR paˈskɑːl
AM pæˈskæl

paschal
BR ˈpask(ə)l
AM ˈpæʃ(ə)l, ˈpæskəl

Pasco
BR ˈpaskəʊ
AM ˈpæskoʊ

Pascoe
BR ˈpaskəʊ
AM ˈpæskoʊ

pas de chat
BR ˌpɑː də ˈʃɑː(r)
AM ˌpɑ də ˈʃɑ
FR pa d(ə) ʃa

pas de deux
BR ˌpɑː də ˈdəː(r), -z
AM ˌpɑdəˈdə, -z

paseo
BR pəˈseɪəʊ, -z
AM pəˈseɪoʊ, -z

pas glissé
BR ˌpɑː glɪˈseɪ
AM ˌpɑ gliˈseɪ
FR pa glise

pash
BR paʃ, -ɪz
AM pæʃ, -əz

pasha
BR ˈpaʃə(r), -z
AM ˈpæʃə, ˈpɑʃə, -z

pashalic
BR ˈpɑːʃəlɪk,
pəˈʃɑːlɪk, -s
AM pəˈʃælɪk, -s

pashm
BR ˈpaʃm
AM ˈpæʃ(ə)m

Pashto
BR ˈpʌʃtəʊ, ˈpaʃtəʊ
AM ˈpæʃˌtoʊ

pasilla
BR pəˈsɪlə(r), -z
AM pəˈsɪlə, -z

Pasiphaë
BR pəˈsɪfiiː,
pəˈsɪfeiː
AM pəˈsɪfəˌi

Pasmore
BR ˈpɑːsmɔː(r)
AM ˈpæsˌmɔ(ə)r

paso doble
BR ˌpasə ˈdəʊbleɪ, -z
AM ˌpæsoʊ ˈdoʊbleɪ,
-z

paspalum
BR ˈpaspələm
AM ˈpæspəl(ə)m

pasque flower
BR ˈpask ˌflaʊə(r), -z
AM ˈpæsk ˌflaʊər, -z

pasquinade
BR ˌpaskwɪˈneɪd, -z
AM ˌpæskwəˈneɪd,
-z

pass
BR pɑːs, -ɪz,
-ɪŋ, -t
AM pæs, -əz,
-ɪŋ, -t

passable
BR ˈpɑːsəbl
AM ˈpæsəb(ə)l

passableness
BR ˈpɑːsəblnəs
AM ˈpæsəbəlnəs

passably
BR ˈpɑːsəbli
AM ˈpæsəbli

passacaglia
BR ˌpasəˈkɑːliə(r), -z
AM ˌpɑsəˈkɑliə,
ˌpɑsəˈkɑljə, -z
IT passaˈkaʎʎa

passade
BR paˈseɪd
AM pəˈseɪd

passage
BR ˈpas|ɪdʒ, -ɪdʒɪz
AM ˈpæsɪdʒ, -ɪz

passageway
BR ˈpasɪdʒweɪ,
-z
AM ˈpæsədʒˌweɪ,
-z

Passamaquoddy
BR ˌpasəməˈkwɒdi
AM ˌpæsəməˈkwɑdi

passant[1] *chess*
BR ˈpasŭt
AM pəˈsænt

passant[2] *heraldry*
BR ˈpasnt
AM ˈpæsnt

Passat
BR paˈsat
AM pəˈsɑt

passata
BR pəˈsɑːtə(r)
AM pəˈsɑdə

passband
BR ˈpɑːsband, -z
AM ˈpæsˌbænd, -z

passbook
BR ˈpɑːsbʊk,
-s
AM ˈpæsˌbʊk,
-s

Passchendaele
BR ˈpaʃndeɪl
AM ˈpæʃənˌdeɪl
FL ˈpɑsxəndɑːlə

passé
BR ˈpɑːseɪ, ˈpaseɪ,
paˈseɪ
AM pæˈseɪ

passée
BR ˈpɑːseɪ, ˈpaseɪ,
paˈseɪ
AM pæˈseɪ

passel
BR ˈpasl, -z
AM ˈpæs(ə)l, -z

passementerie
BR ˈpasm(ə)ntri
AM ˌpasəˌmənˈtri

passenger
BR ˈpas(ɪ)n(d)ʒə(r), -z
AM ˈpæsndʒər, -z

passe-partout
BR ˈpas pɑːtuː,
ˌpas pɑːˈtuː, -z
AM ˌpɑs pɑrˈtu,
ˌpæs pərˈtu,
-z

passer
BR ˈpɑːsə(r), -z
AM ˈpæsər, -z

passer-by
BR ˌpɑːsəˈbʌɪ
AM ˌpæsərˈbaɪ

passerelle
BR ˌpasəˈrɛl, -z
AM ˌpæsəˈrɛl, -z

passerine
BR ˈpasərʌɪn
AM ˈpæsəˌraɪn,
ˈpæsəˌrin,
ˈpæsərən

passers-by
BR ˌpɑːsəzˈbʌɪ
AM ˌpæsərzˈbaɪ

pas seul
BR ˌpɑː ˈsəːl, -z
AM ˌpɑ ˈs(ə)l, -z
FR pa sœl

passibility
BR ˌpasɪˈbɪlɨti
AM ˌpæsəˈbɪlɨdi

passible
BR ˈpasɪbl
AM ˈpæsəb(ə)l

passim
BR ˈpasɪm
AM ˈpæsˌɪm,
ˈpæs(ə)m

passing
BR ˈpɑːsɪŋ, -z
AM ˈpæsɪŋ, -z

passingly
BR ˈpɑːsɪŋli
AM ˈpæsɪŋli

passing-out
BR ˌpɑːsɪŋˈaʊt
AM ˌpæsɪŋˈaʊt

passion
BR ˈpaʃn, -z
AM ˈpæʃ(ə)n, -z

passional
BR ˈpaʃn̩l, -z
AM ˈpæʃ(ə)n(ə)l, -z

passionate
BR ˈpaʃn̩ət
AM ˈpæʃ(ə)nət

passionately
BR ˈpaʃn̩tli
AM ˈpæʃ(ə)nətli

passionateness
BR ˈpaʃn̩tnəs
AM ˈpæʃ(ə)nətnəs

passionflower
BR ˈpaʃn̩ˌflaʊə(r), -z
AM ˈpæʃənˌflaʊ(ə)r, -z

passionfruit
BR ˈpaʃn̩ˌfruːt, -s
AM ˈpæʃənˌfrut, -s

Passionist
BR ˈpaʃn̩ɪst, -s
AM ˈpæʃənəst, -s

passionless
BR ˈpaʃn̩ləs
AM ˈpæʃənləs

Passiontide
BR ˈpaʃn̩tʌɪd
AM ˈpæʃənˌtaɪd

passivate
BR ˈpasɪveɪt, -s, -ɪŋ, -ɪd
AM ˈpæsəˌveɪ|t, -ts, -dɪŋ, -dɪd

passivation
BR ˌpasɪˈveɪʃn
AM ˌpæsəˈveɪʃ(ə)n

passive
BR ˈpasɪv
AM ˈpæsɪv

passive-aggressive
BR ˌpasɪvəˈgrɛsɪv
AM ˈˌpæsɪvəˈgrɛsɪv

passively
BR ˈpasɪvli
AM ˈpæsɪvli

passiveness
BR ˈpasɪvnɪs
AM ˈpæsɪvnɪs

passivity
BR pəˈsɪvɪti
AM pəˈsɪvɪdi, pæˈsɪvɪdi

passkey
BR ˈpɑːskiː, -z
AM ˈpæsˌki, -z

Passover
BR ˈpɑːsˌəʊvə(r)
AM ˈpæsˌoʊvər

passport
BR ˈpɑːspɔːt, -s
AM ˈpæsˌpɔ(ə)rt, -s

pass rush
BR ˈpɑːs ˌrʌʃ, -ɪz
AM ˈpæs ˌrəʃ, -əz

password
BR ˈpɑːswəːd, -z
AM ˈpæsˌwərd, -z

past
BR pɑːst
AM pæst

pasta
BR ˈpastə(r)
AM ˈpɑstə
IT ˈpasta

paste
BR peɪst, -s, -ɪŋ, -ɪd
AM peɪst, -s, -ɪŋ, -ɪd

pasteboard
BR ˈpeɪs(t)bɔːd
AM ˈpeɪs(t)ˌbɔ(ə)rd

pastedown
BR ˈpeɪs(t)daʊn
AM ˈpeɪs(t)ˌdaʊn

pastel
BR ˈpastl
AM pæˈstɛl

pastelist
BR ˈpastl̩ɪst, -s
AM pæˈstɛləst, -s

pastellist
BR ˈpastl̩ɪst, -s
AM pæˈstɛləst, -s

pastern
BR ˈpast(ə:)n, -z
AM ˈpæstərn, -z

Pasternak
BR ˈpastənak
AM ˈpæstərˌnæk
RUS pəstʲirˈnak

Pasteur
BR paˈstəː(r)
AM pæsˈtər
FR pastœʀ

pasteurisation
BR ˌpɑːst(ʃ)ərʌɪˈzeɪʃn, ˌpast(ʃ)ərʌɪˈzeɪʃn, ˌpɑːstjərʌɪˈzeɪʃn, ˌpastjərʌɪˈzeɪʃn
AM ˌpæstərəˈzeɪʃ(ə)n, ˈpæstʃəˌraɪˈzeɪʃ(ə)n, ˌpæstəˌraɪˈzeɪʃ(ə)n, ˌpæstʃərəˈzeɪʃ(ə)n

pasteurise
BR ˈpɑːst(ʃ)ərʌɪz, ˈpast(ʃ)ərʌɪz, ˈpɑːstjərʌɪz, ˈpastjərʌɪz, -ɪz, -ɪŋ, -d
AM ˈpæftʃəˌraɪz, ˈpæstəˌraɪz, ˈpæstʃəˌraɪz, -ɪz, -ɪŋ, -d

pasteuriser
BR ˈpɑːst(ʃ)ərʌɪzə(r), ˈpast(ʃ)ərʌɪzə(r), ˈpɑːstjərʌɪzə(r), ˈpastjərʌɪzə(r), -z
AM ˈpæftʃəˌraɪzər, ˈpæstəˌraɪzər, ˈpæstʃəˌraɪzər, -z

pasteurization
BR ˌpɑːst(ʃ)ərʌɪˈzeɪʃn, ˌpast(ʃ)ərʌɪˈzeɪʃn, ˌpɑːstjərʌɪˈzeɪʃn, ˌpastjərʌɪˈzeɪʃn
AM ˌpæstərəˈzeɪʃ(ə)n, ˈpæstʃəˌraɪˈzeɪʃ(ə)n, ˌpæstəˌraɪˈzeɪʃ(ə)n, ˌpæstʃərəˈzeɪʃ(ə)n

pasteurize
BR ˈpɑːst(ʃ)ərʌɪz, ˈpast(ʃ)ərʌɪz, ˈpɑːstjərʌɪz, ˈpastjərʌɪz, -ɪz, -ɪŋ, -d
AM ˈpæftʃəˌraɪz, ˈpæstəˌraɪz, ˈpæstʃəˌraɪz, -ɪz, -ɪŋ, -d

pasteurizer
BR ˈpɑːst(ʃ)ərʌɪzə(r), ˈpast(ʃ)ərʌɪzə(r), ˈpɑːstjərʌɪzə(r), ˈpastjərʌɪzə(r), -z
AM ˈpæftʃəˌraɪzər, ˈpæstəˌraɪzər, ˈpæstʃəˌraɪzər, -z

pasticcio
BR paˈstiːtʃəʊ, -z
AM paˈsti(t)ʃ(i)oʊ, -z
IT paˈstittʃo

pastiche
BR paˈstiːʃ, -ɪz
AM paˈstiʃ, pæˈstiʃ, -ɪz

pastie
BR ˈpeɪst|i, -ɪz
AM ˈpeɪsti, -z

pastil
BR ˈpast(ɪ)l, -z
AM ˈpæst(ə)l, -z

pastile
BR ˈpast(ɪ)l, -z
AM ˈpæst(ə)l, -z

pastille
BR ˈpast(ɪ)l, -z
AM pæˈstil, -z

pastily
BR ˈpeɪstɪli
AM ˈpeɪstɪli

pastime
BR ˈpɑːstʌɪm, -z
AM ˈpæsˌtaɪm, -z

pastiness
BR ˈpeɪstɪnɪs
AM ˈpeɪstɪnɪs

pasting
BR ˈpeɪstɪŋ, -z
AM ˈpeɪstɪŋ, -z

pastis
BR ˈpastɪs, paˈstiːs
AM paˈstis
FR pastis

pastitsio
BR paˈstiːtsɪəʊ
AM pasˈtitsioʊ

pastmaster
BR ˈpɑːs(t)ˌmɑːstə(r), -z
AM ˌpæstˈmæstər, -z

Paston[1]
BR ˈpast(ə)n
AM ˈpæst(ə)n

Paston[2]
BR ˈpast(ə)n
AM ˈpæst(ə)n

pastor
BR ˈpɑːstə(r), -z
AM ˈpæstər, -z

pastoral
BR ˈpɑːst(ə)r|, -z
AM pæsˈtɒrəl,
ˈpæstərəl, -z
pastorale
BR ˌpæstəˈrɑː|l,
ˌpæstəˈrɑː|li,
-lz\-lɪz
AM ˌpæstəˈræl,
ˌpæstəˈrɑl, -z
pastoralism
BR ˈpɑːst(ə)r|ɪzm
AM ˈpæst(ə)rə|lɪz(ə)m
pastoralist
BR ˈpɑːst(ə)r|ɪst, -s
AM ˈpæst(ə)rələst, -s
pastorality
BR ˌpæstəˈralɪti
AM ˌpæstəˈrælədi
pastorally
BR ˈpɑːst(ə)rli
AM pæsˈtɒrəli,
ˈpæstərəli
pastorate
BR ˈpɑːst(ə)rət, -s
AM ˈpæst(ə)rət, -s
pastorship
BR ˈpɑːstəʃɪp, -s
AM ˈpæstərˌʃɪp, -s
pastrami
BR pəˈstrɑːmi
AM pəˈstrɑmi
pastry
BR ˈpeɪstr|i, -ɪz
AM ˈpeɪstri, -z
pastrycook
BR ˈpeɪstrɪkʊk, -s
AM ˈpeɪstriˌkʊk, -s
pasturage
BR ˈpɑːstʃ(ə)rɪdʒ,
ˈpɑːstjʊrɪdʒ
AM ˈpæstʃərədʒ,
ˈpæstʃərədʒ
pasture
BR ˈpɑːstʃə(r), -z,
-ɪŋ, -d
AM ˈpæstʃər, ˈpæstʃər,
-z, -ɪŋ, -d
pastureland
BR ˈpɑːstʃəland, -z
AM ˈpæstʃərˌlænd,
ˈpæstʃərˌlænd, -z

pasty[1] *adjective*
BR ˈpeɪst|i, -ɪə(r), -ɪɪst
AM ˈpeɪsti, -ər, -ɪst
pasty[2] *noun*
BR ˈpast|i, -ɪz
AM ˈpæsti, -z
pat
BR pat, -s, -ɪŋ, -ɪd
AM pæ|t, -ts, -dɪŋ,
-dəd
pat-a-cake
BR ˈpatəkeɪk
AM ˈpædəˌkeɪk
patagia
BR ˌpatəˈdʒʌɪə(r)
AM pəˈteɪdʒiə
patagium
BR ˌpatəˈdʒʌɪəm
AM pəˈteɪdʒiəm
Patagonia
BR ˌpatəˈɡəʊnɪə(r)
AM ˌpædəˈɡoʊniə
Patagonian
BR ˌpatəˈɡəʊnɪən, -z
AM ˌpædəˈɡoʊniən, -z
Patavinity
BR ˌpatəˈvɪnɪti
AM ˌpædəˈvɪnɪdi
patball
BR ˈpatbɔːl
AM ˈpætˌbɑl, ˈpætˌbɔl
patch
BR patʃ, -ɪz, -ɪŋ, -t
AM pætʃ, -əz, -ɪŋ, -t
patchboard
BR ˈpatʃbɔːd, -z
AM ˈpætʃˌbɔː(ə)rd, -z
patcher
BR ˈpatʃə(r), -z
AM ˈpætʃər, -z
patchily
BR ˈpatʃɪli
AM ˈpætʃɪli
patchiness
BR ˈpatʃɪnɪs
AM ˈpætʃɪnɪs
patchouli
BR ˈpatʃəli, pəˈtʃuːli
AM pəˈtʃuli
patchwork
BR ˈpatʃwɜːk, -s
AM ˈpætʃˌwɜrk, -s

patchy
BR ˈpatʃ|i, -ɪə(r), -ɪɪst
AM ˈpætʃi, -ər, -ɪst
pat-down
BR ˈpatdaʊn, -z
AM ˈpætˌdaʊn, -z
Pate
BR peɪt
AM peɪt
pâte
BR pɑːt, -s
AM pɑt, -s
pâté *of a cross*
BR ˈpateɪ, ˈpati
AM pəˈteɪ
pâté *meat spread*
BR ˈpateɪ, -z
AM pæˈteɪ, pɑˈteɪ, -z
pate *top of head*
BR peɪt, -s
AM peɪt, -s
pâté de foie gras
BR ˌpateɪ də ˌfwɑːˈɡrɑː(r)
AM ˌpateɪ də ˌfwɑ ˈɡrɑ
patée *of a cross*
BR ˈpateɪ, ˈpati
AM pəˈteɪ
Patel
BR pəˈtɛl
AM pəˈtɛl
Pateley
BR ˈpeɪtli
AM ˈpeɪtli
patella
BR pəˈtɛlə(r), -z
AM pəˈtɛlə, -z
patellae
BR pəˈtɛliː
AM pəˈtɛˌlaɪ,
pəˈtɛˌli
patellar
BR pəˈtɛlə(r)
AM pəˈtɛlər
patellate
BR pəˈtɛlət
AM pəˈtɛˌleɪt,
pəˈtɛlət
paten
BR ˈpatn, -z
AM ˈpætn, -z

patency
BR ˈpatnsi
AM ˈpeɪtnsi, ˈpætnsi
patent[1] *adjective, open*
BR ˈpeɪtnt
AM ˈpeɪtnt
patent[2] *inventions, legal etc*
BR ˈpatnt, ˈpeɪtnt, -s,
-ɪŋ, -ɪd
AM ˈpætnt, -s, -ɪŋ, -əd
patent[3] *leather*
BR ˈpeɪtnt
AM ˈpætnt
patentable
BR ˈpatntəbl,
ˈpeɪtntəbl
AM ˈpætn̩əb(ə)l,
ˈpætntəb(ə)l
patentee
BR ˌpatnˈtiː,
ˌpeɪtnˈtiː, -z
AM ˌpætn̩ˈti, -z
patently
BR ˈpeɪtntli
AM ˈpeɪtn(t)li,
ˈpætn(t)li
patentor
BR ˈpatntə(r),
ˈpeɪtntə(r), -z
AM ˈpætn̩ər,
ˈpætntər, -z
Pater
BR ˈpeɪtə(r)
AM ˈpeɪdər
pater
BR ˈpeɪtə(r), -z
AM ˈpɑdər,
ˈpeɪdər, -z
paterfamilias
BR ˌpeɪtəfəˈmɪlɪas,
ˌpatəfəˈmɪlɪas, -ɪz
AM ˌpɑdərfəˈmɪliəs,
ˌpædərfəˈmɪliəs,
-əz
paternal
BR pəˈtɜːnl
AM pəˈtɜrn(ə)l
paternalism
BR pəˈtɜːnlɪzm
AM pəˈtɜrnlˌɪz(ə)m

paternalist
BR pəˈtɜːnḷɪst, -s
AM pəˈtɝnḷəst, -s
paternalistic
BR pə̩tɜːnəˈlɪstɪk, pə̩tɜːnlˈɪstɪk
AM pə̩tɝnlˈɪstɪk
paternalistically
BR pə̩tɜːnəˈlɪstɪkli, pə̩tɜːnlˈɪstɪkli
AM pə̩tɝnlˈɪstək(ə)li
paternally
BR pəˈtɜːnḷi
AM pəˈtɝnəli
paternity
BR pəˈtɜːnɪti
AM pəˈtɝnədi
paternoster
BR ˌpatəˈnɒstə(r), -z
AM ˈpɑdərˌnɑstər, ˈpædərˌnɑstər, -z
Paterson
BR ˈpatəs(ə)n
AM ˈpædərs(ə)n
path
BR pɑːθ, -s
AM pæ|θ, -ðz\-θs
Pathan
BR pəˈtɑːn, -z
AM pəˈtɑn, -z
Pathé
BR ˈpaθeɪ
AM pɑˈteɪ
FR pate
pathetic
BR pəˈθɛtɪk
AM pəˈθɛdɪk
pathetically
BR pəˈθɛtɪkli
AM pəˈθɛdək(ə)li
pathfinder
BR ˈpɑːθˌfʌɪndə(r), -z
AM ˈpæθˌfaɪndər, -z
pathic
BR ˈpaθɪk, -s
AM ˈpæθɪk, -s
pathless
BR ˈpɑːθləs
AM ˈpæθləs

pathogen
BR ˈpaθədʒ(ɛ)n
AM ˈpæθədʒ(ə)n, ˈpæθəˌdʒɛn
pathogenesis
BR ˌpaθəˈdʒɛnɪsɪs
AM ˌpæθəˈdʒɛnəsəs
pathogenetic
BR ˌpaθədʒɪˈnɛtɪk
AM ˌˈpæθədʒəˈnɛdɪk
pathogenic
BR ˌpaθəˈdʒɛnɪk
AM ˌpæθəˈdʒɛnɪk
pathogenous
BR pəˈθɒdʒɪnəs
AM pəˈθɑdʒɛnəs
pathogeny
BR pəˈθɒdʒɪni
AM pəˈθɑdʒəni
pathognomonic
BR ˌpaθəgnəˈmɒnɪk, -s
AM ˌpæθəgnəˈmɑnɪk, pəˌθɑgnəˈmɑnɪk, -s
pathognomy
BR pəˈθɒgnəmi
AM pəˈθɑgnəmi
pathologic
BR ˌpaθəˈlɒdʒɪk
AM ˌpæθəˈlɑdʒɪk
pathological
BR ˌpaθəˈlɒdʒɪkl
AM ˌpæθəˈlɑdʒək(ə)l
pathologically
BR ˌpaθəˈlɒdʒɪkli
AM ˌpæθəˈlɑdʒək(ə)li
pathologist
BR pəˈθɒlədʒɪst, -s
AM pəˈθɑlədʒəst, -s
pathology
BR pəˈθɒlədʒi
AM pəˈθɑlədʒi
pathos
BR ˈpeɪθɒs
AM ˈpeɪˌθɑs, ˈpæˌθɑs, ˈpæˌθɔs, ˈpeɪˌθɔs
pathway
BR ˈpɑːθweɪ, -z
AM ˈpæθˌweɪ, -z
patience
BR ˈpeɪʃns
AM ˈpeɪʃ(ə)ns

patient
BR ˈpeɪʃnt
AM ˈpeɪʃ(ə)nt
patiently
BR ˈpeɪʃntli
AM ˈpeɪʃən(t)li
patina
BR ˈpatɪnə(r), pəˈtiːnə(r), -z
AM pəˈtinə, -z
patinaed
BR ˈpatɪnəd, pəˈtiːnəd
AM pəˈtinəd
patinated
BR ˈpatɪneɪtɪd
AM ˈpætnˌeɪdɪd, ˈpædəˌneɪdɪd
patination
BR ˌpatɪˈneɪʃn
AM ˌpætnˈeɪʃ(ə)n, ˌpædəˈneɪʃ(ə)n
patinous
BR ˈpatɪnəs
AM ˈpætnəs, ˈpædənəs
patio
BR ˈpatɪəʊ, -z
AM ˈpædioʊ, -z
pâtisserie
BR pəˈtɪs(ə)r|i, -ɪz
AM pəˈtɪsəri, -z
patly
BR ˈpatli
AM ˈpætli
Patmore
BR ˈpatmɔː(r)
AM ˈpætˌmɔ(ə)r
Pátmos
BR ˈpatmɒs
AM ˈpætˌmɑs, ˈpætˌmɔs
GR ˈpatmɔs
Patna
BR ˈpatnə(r)
AM ˈpætnə
patness
BR ˈpatnəs
AM ˈpætnəs
patois[1] singular
BR ˈpatwɑː(r)
AM ˈpɑˌtwɑ, ˈpæˌtwɑ

patois[2] plural
BR ˈpatwɑːz
AM ˈpɑˌtwɑz, ˈpæˌtwɑz
Paton
BR ˈpeɪtn
AM ˈpeɪtn
patootie
BR pəˈtuːt|i, -ɪz
AM pəˈtudi, -z
patrial
BR ˈpeɪtrɪəl, ˈpatrɪəl, -z
AM ˈpeɪtrɪəl, -z
patriality
BR ˌpeɪtrɪˈalɪti, ˌpatrɪˈalɪti
AM ˌpeɪtrɪˈælədi
patriarch
BR ˈpeɪtrɪɑːk, ˈpatrɪɑːk, -s
AM ˈpeɪtriˌɑrk, -s
patriarchal
BR ˌpeɪtrɪˈɑːkl, ˌpatrɪˈɑːkl
AM ˌˈpeɪtrɪˈɑrkəl
patriarchally
BR ˌpeɪtrɪˈɑːkḷi, ˌpatrɪˈɑːkḷi
AM ˌpeɪtriˈɑrkəli
patriarchate
BR ˈpeɪtrɪɑːkət, ˈpatrɪɑːkət, -s
AM ˈpeɪtriˌɑrˌkeɪt, ˌpeɪtriˈɑrkət, -s
patriarchism
BR ˈpeɪtrɪɑːkɪzm, ˈpatrɪɑːkɪzm
AM ˈpeɪtriˌɑrˌkɪz(ə)m
patriarchy
BR ˈpeɪtrɪɑːk|i, ˈpatrɪɑːk|i, -ɪz
AM ˈpeɪtriˌɑrki, -z
Patrice
BR pəˈtriːs
AM pəˈtris
Patricia
BR pəˈtrɪʃə(r)
AM pəˈtrɪʃə
patrician
BR pəˈtrɪʃn, -z
AM pəˈtrɪʃ(ə)n, -z

patriciate
BR pəˈtrɪʃiət, -s
AM pəˈtrɪʃiˌeɪt,
pəˈtrɪʃ(i)ɪt, -s
patricidal
BR ˌpatrɪˈsʌɪdl
AM ˌpætrəˈsaɪd(ə)l
patricide
BR ˈpatrɪsʌɪd, -z
AM ˈpætrəˌsaɪd, -z
Patrick
BR ˈpatrɪk
AM ˈpætrɪk
patrilineal
BR ˌpatrɪˈlɪnɪəl
AM ˌpætrəˈlɪnj(ə)l,
ˌpætrəˈlɪnɪəl
patrimonial
BR ˌpatrɪˈməʊnɪəl
AM ˌpætrəˈmoʊnj(ə)l,
ˌpætrəˈmoʊnɪəl
patrimonially
BR ˌpatrɪˈməʊnɪəli
AM ˌpætrəˈmoʊnjəli,
ˌpætrəˈmoʊnɪəli
patrimony
BR ˈpatrɪmən|i, -ɪz
AM ˈpætrəˌmoʊni, -z
patriot
BR ˈpatrɪət, ˈpeɪtrɪət, -s
AM ˈpeɪtriət, -s
patriotic
BR ˌpatrɪˈɒtɪk,
ˌpeɪtrɪˈɒtɪk
AM ˌpeɪtriˈɑdɪk
patriotically
BR ˌpatrɪˈɒtɪkli,
ˌpeɪtrɪˈɒtɪkli
AM ˌpeɪtriˈɑdək(ə)li
patriotism
BR ˈpatrɪətɪzm,
ˈpeɪtrɪətɪzm
AM ˈpeɪtriəˌtɪz(ə)m
patristic
BR pəˈtrɪstɪk, -s
AM pəˈtrɪstɪk, -s
Patroclus
BR pəˈtrɒkləs
AM pəˈtrɑkləs
patrol
BR pəˈtrɒl, -z, -ɪŋ, -d
AM pəˈtroʊl, -z, -ɪŋ, -d

patroller
BR pəˈtrəʊlə(r), -z
AM pəˈtroʊlər, -z
patrolman
BR pəˈtrəʊlman
AM pəˈtroʊlm(ə)n
patrolmen
BR pəˈtrəʊlmen
AM pəˈtroʊlm(ə)n
patrological
BR ˌpatrəˈlɒdʒɪkl
AM ˌpætrəˈlɑdʒək(ə)l
patrologist
BR pəˈtrɒlədʒɪst, -s
AM pəˈtrɑlədʒəst, -s
patrology
BR pəˈtrɒlədʒi
AM pəˈtrɑlədʒi
patron
BR ˈpeɪtrn̩, -z
AM ˈpeɪtrən, -z
patronage
BR ˈpatrn̩ɪdʒ
AM ˈpeɪtrənədʒ,
ˈpætrənədʒ
patronal
BR pəˈtrəʊnl
AM ˈpeɪtrən(ə)l
patroness
BR ˈpeɪtrn̩ɪs,
ˌpeɪtrəˈnɛs, -ɪz
AM ˈpeɪtrənəs, -əz
patronisation
BR ˌpatrn̩ʌɪˈzeɪʃn
AM ˌpeɪtrəˌnaɪˈzeɪʃ(ə)n,
ˌpætrənəˈzeɪʃ(ə)n,
ˌpætrəˌnaɪˈzeɪʃ(ə)n,
ˌpeɪtrənəˈzeɪʃ(ə)n
patronise
BR ˈpatrn̩ʌɪz, -ɪz,
-ɪŋ, -d
AM ˈpætrəˌnaɪz,
ˈpeɪtrəˌnaɪz, -ɪz,
-ɪŋ, -d
patroniser
BR ˈpatrn̩ʌɪzə(r), -z
AM ˈpætrəˌnaɪzər,
ˈpeɪtrəˌnaɪzər, -z
patronisingly
BR ˈpatrn̩ʌɪzɪŋli
AM ˈpætrəˌnaɪzɪŋli,
ˈpeɪtrəˌnaɪzɪŋli

patronization
BR ˌpatrn̩ʌɪˈzeɪʃn
AM ˌpeɪtrəˌnaɪˈzeɪʃ(ə)n,
ˌpætrənəˈzeɪʃ(ə)n,
ˌpætrəˌnaɪˈzeɪʃ(ə)n,
ˌpeɪtrənəˈzeɪʃ(ə)n
patronize
BR ˈpatrn̩ʌɪz, -ɪz, -ɪŋ, -d
AM ˈpætrəˌnaɪz,
ˈpeɪtrəˌnaɪz, -ɪz,
-ɪŋ, -d
patronizer
BR ˈpatrn̩ʌɪzə(r), -z
AM ˈpætrəˌnaɪzər,
ˈpeɪtrəˌnaɪzər, -z
patronizingly
BR ˈpatrn̩ʌɪzɪŋli
AM ˈpætrəˌnaɪzɪŋli,
ˈpeɪtrəˌnaɪzɪŋli
patronymic
BR ˌpatrəˈnɪmɪk, -s
AM ˌpætrəˈnɪmɪk, -s
patronymically
BR ˌpatrəˈnɪmɪkli
AM ˌpætrəˈnɪmək(ə)li
patroon
BR pəˈtruːn, -z
AM pəˈtrun, -z
patsy
BR ˈpats|i, -ɪz
AM ˈpætsi, -z
pattée *of a cross*
BR ˈpateɪ, ˈpati
AM pəˈteɪ
patten
BR ˈpatn, -z
AM ˈpætn, -z
patter
BR ˈpat|ə(r), -əz,
-(ə)rɪŋ, -əd
AM ˈpædər, -z, -ɪŋ, -d
Patterdale
BR ˈpatədeɪl
AM ˈpædərˌdeɪl
pattern
BR ˈpatn, -nz,
-nɪŋ\-ənɪŋ, -nd
AM ˈpædərn, -z,
-ɪŋ, -d
Patterson
BR ˈpatəs(ə)n
AM ˈpædərs(ə)n

Patti
BR ˈpati
AM ˈpædi
Pattie
BR ˈpati
AM ˈpædi
Pattison
BR ˈpatɪs(ə)n
AM ˈpædəs(ə)n
Patton
BR ˈpatn
AM ˈpætn
patty
BR ˈpat|i, -ɪz
AM ˈpædi, -z
pattypan
BR ˈpatɪpan, -z
AM ˈpædiˌpæn,
-z
patulous
BR ˈpatjʊləs
AM ˈpætʃələs
patulously
BR ˈpatjʊləsli
AM ˈpætʃələsli
patulousness
BR ˈpatjʊləsnəs,
ˈpatʃələsnəs
AM ˈpætʃələsnəs
Patuxent
BR pəˈtʌksnt
AM pəˈtəks(ə)nt
paua
BR ˈpaʊə(r), -z
AM ˈpaʊə, -z
paucity
BR ˈpɔːsɪti
AM ˈpɑsədi,
ˈpɔsədi
Paul
BR ˈpɔːl
AM ˈpɑl, ˈpɔl
Paula
BR ˈpɔːlə(r)
AM ˈpɑlə, ˈpɔlə
Paulette
BR pɔːˈlɛt
AM pɑˈlɛt,
pɔˈlɛt
Pauli
BR ˈpaʊli
AM ˈpaʊli

Pauline¹ *of St Paul*
BR ˈpɔːlʌɪn
AM ˈpɔˌlin, ˈpɑˌlaɪn, ˈpɑˌlin, ˈpɔˌlaɪn

Pauline² *forename*
BR ˈpɔːliːn
AM pɔˈlin, pəˈlin

Pauling
BR ˈpɔːlɪŋ
AM ˈpɑlɪŋ, ˈpɔlɪŋ

paulownia
BR pɔːˈləʊnɪə(r), -z
AM pɑˈloʊniə, pɔˈloʊniə, -z

paunch
BR pɔːn(t)ʃ, -ɪz, -ɪŋ, -t
AM pɑn(t)ʃ, pɔn(t)ʃ, -əz, -ɪŋ, -t

paunchiness
BR ˈpɔːn(t)ʃɪnɪs
AM ˈpɑntʃɪnɪs, ˈpɔntʃɪnɪs

paunchy
BR ˈpɔːn(t)ʃ|i, -ɪə(r), -ɪɪst
AM ˈpɑntʃi, ˈpɔntʃi, -ər, -əst

pauper
BR ˈpɔːpə(r), -z
AM ˈpɑpər, ˈpɔpər, -z

pauperdom
BR ˈpɔːpədəm
AM ˈpɑpərdəm, ˈpɔpərdəm

pauperisation
BR ˌpɔːp(ə)rʌɪˈzeɪʃn
AM ˌpɑpəˌraɪˈzeɪʃ(ə)n, ˌpɑpərəˈzeɪʃ(ə)n, ˌpɔpəˌraɪˈzeɪʃ(ə)n, ˌpɔpərəˈzeɪʃ(ə)n

pauperise
BR ˈpɔːp(ə)rʌɪz, -ɪz, -ɪŋ, -d
AM ˈpɑpəˌraɪz, ˈpɔpəˌraɪz, -ɪz, -ɪŋ, -d

pauperism
BR ˈpɔːp(ə)rɪzm
AM ˈpɑpəˌrɪz(ə)m, ˈpɔpəˌrɪz(ə)m

pauperization
BR ˌpɔːp(ə)rʌɪˈzeɪʃn
AM ˌpɑpəˌraɪˈzeɪʃ(ə)n, ˌpɑpərəˈzeɪʃ(ə)n, ˌpɔpəˌraɪˈzeɪʃ(ə)n, ˌpɔpərəˈzeɪʃ(ə)n

pauperize
BR ˈpɔːp(ə)rʌɪz, -ɪz, -ɪŋ, -d
AM ˈpɑpəˌraɪz, ˈpɔpəˌraɪz, -ɪz, -ɪŋ, -d

paupiette
BR pɔːˈpjɛt, -s
AM poʊˈpiɛt, -z

Pausanias
BR pɔːˈseɪnɪəs
AM pɑˈseɪnɪəs, pɔˈseɪnɪəs

pause
BR pɔːz, -ɪz, -ɪŋ, -d
AM pɑz, pɔz, -ɪz, -ɪŋ, -d

pavage
BR ˈpeɪvɪdʒ
AM ˈpeɪvɪdʒ

pavan
BR pəˈvan, pəˈvɑːn, ˈpavn, -z
AM pəˈvan, -z

pavane
BR pəˈvan, pəˈvɑːn, ˈpavn, -z
AM pəˈvan, -z

Pavarotti
BR ˌpavəˈrɒti
AM ˌpævəˈrɑdi, ˌpavəˈrɑdi
IT pavaˈrɔtti

pave
BR peɪv, -z, -ɪŋ, -d
AM peɪv, -z, -ɪŋ, -d

pavé *noun*
BR ˈpaveɪ, -z
AM pæˈveɪ, pəˈveɪ, -z

pavement
BR ˈpeɪvm(ə)nt, -s
AM ˈpeɪvm(ə)nt, -s

paver
BR ˈpeɪvə(r), -z
AM ˈpeɪvər, -z

Pavey
BR ˈpeɪvi
AM ˈpeɪvi

pavilion
BR pəˈvɪlɪən, -z
AM pəˈvɪljən, -z

paving
BR ˈpeɪvɪŋ, -z
AM ˈpeɪvɪŋ, -z

pavior
BR ˈpeɪvɪə(r), -z
AM ˈpeɪvɪər, -z

paviour
BR ˈpeɪvɪə(r), -z
AM ˈpeɪvɪər, -z

Pavlov
BR ˈpavlɒv
AM ˈpavˌlav, ˈpavˌlɔv
RUS ˈpavləf

Pavlova
BR pavˈləʊvə(r), ˈpavləvə(r)
AM pavˈloʊvə
RUS ˈpavləvə

Pavlovian
BR pavˈləʊvɪən
AM pavˈlɔvɪən, pavˈlavɪən, pavˈloʊvɪən

pavonine
BR ˈpavənʌɪn
AM ˈpævəˌnaɪn

paw
BR pɔː(r), -z, -ɪŋ, -d
AM pɑ, pɔ, -z, -ɪŋ, -d

pawkily
BR ˈpɔːkɪli
AM ˈpɑkəli, ˈpɔkəli

pawkiness
BR ˈpɔːkɪnɪs
AM ˈpɑkɪnɪs, ˈpɔkɪnɪs

pawky
BR ˈpɔːk|i, -ɪə(r), -ɪɪst
AM ˈpɑki, ˈpɔki, -ər, -ɪst

pawl
BR pɔːl, -z, -ɪŋ, -d
AM pɑl, pɔl, -z, -ɪŋ, -d

pawn
BR pɔːn, -z, -ɪŋ, -d
AM pɑn, pɔn, -z, -ɪŋ, -d

pawnbroker
BR ˈpɔːnˌbrəʊkə(r), -z
AM ˈpɑnˌbroʊkər, ˈpɔnˌbroʊkər, -z

pawnbroking
BR ˈpɔːnˌbrəʊkɪŋ
AM ˈpɑnˌbroʊkɪŋ, ˈpɔnˌbroʊkɪŋ

Pawnee
BR pɔːˈniː, -z
AM pɑˈni, pɔˈni, -z

pawnshop
BR ˈpɔːnʃɒp, -s
AM ˈpɑnˌʃɑp, ˈpɔnˌʃɑp, -s

pawpaw
BR ˈpɔːpɔː(r), -z
AM ˈpɑpɑ, ˈpɔpɔ, -z

pax
BR paks
AM pɑks, pæks

Paxo
BR ˈpaksəʊ
AM ˈpæksoʊ

Paxton
BR ˈpakstən
AM ˈpækst(ə)n

pay
BR peɪ, -z, -ɪŋ, -d
AM peɪ, -z, -ɪŋ, -d

payable
BR ˈpeɪəbl
AM ˈpeɪəb(ə)l

pay-as-you-earn
BR ˌpeɪəzjuːˈəːn
AM ˌpeɪəzˌjuˈərn

payback
BR ˈpeɪbak, -s
AM ˈpeɪˌbæk, -s

paycheck
BR ˈpeɪtʃɛk, -s
AM ˈpeɪˌtʃɛk, -s

paycheque
BR ˈpeɪtʃɛk, -s
AM ˈpeɪˌtʃɛk, -s

payday
BR ˈpeɪdeɪ, -z
AM ˈpeɪˌdeɪ, -z

paydirt
BR ˈpeɪdəːt
AM ˈpeɪˌdərt

PAYE
BR ˌpiːeɪwʌɪˈiː
AM ˈpiˌeɪˌwaɪˈi

payee
BR ˌpeɪˈiː, -z
AM peɪˈi, -z

payer
BR ˈpeɪə(r), -z
AM ˈpeɪər, -z

pay grade
BR ˈpeɪ ˌgreɪd, -z
AM ˈpeɪ ˌgreɪd, -z

payload
BR ˈpeɪləʊd, -z
AM ˈpeɪˌloʊd, -z

paymaster
BR ˈpeɪˌmɑːstə(r), -z
AM ˈpeɪˌmæstər, -z

payment
BR ˈpeɪm(ə)nt, -s
AM ˈpeɪm(ə)nt, -s

Payn
BR peɪn
AM peɪn

Payne
BR peɪn
AM peɪn

paynim
BR ˈpeɪnɪm
AM ˈpeɪnɪm

payoff
BR ˈpeɪɒf, -s
AM ˈpeɪˌɑf,
ˈpeɪˌɔf, -s

payola
BR peɪˈəʊlə(r), -z
AM peɪˈoʊlə, -z

payout
BR ˈpeɪaʊt, -s
AM ˈpeɪˌaʊt, -s

paypacket
BR ˈpeɪˌpakɪt, -s
AM ˈpeɪˌpækət, -s

payphone
BR ˈpeɪfəʊn, -z
AM ˈpeɪˌfoʊn, -z

payroll
BR ˈpeɪrəʊl, -z
AM ˈpeɪˌroʊl, -z

paysage
BR ˌpeɪˈzɑːʒ,
ˈpeɪzɑː(d)ʒ, -ɪz
AM ˌpeɪ(i)ˈzǀɑʒ,
-əz
FR peɪzaʒ

payslip
BR ˈpeɪslɪp, -s
AM ˈpeɪˌslɪp, -s

Payton
BR ˈpeɪtn
AM ˈpeɪtn

paywall
BR ˈpeɪwɔːl, -z
AM ˈpeɪˌwɑl,
ˈpeɪˌwal, -z

Paz
BR pɑːz
AM pɑz
SP paθ, pas

pea
BR piː, -z
AM pi, -z

Peabody
BR ˈpiːˌbɒdi,
ˈpiːbədi
AM ˈpiˌbadi

peace
BR piːs
AM pis

peaceable
BR ˈpiːsəbl
AM ˈpisəb(ə)l

peaceableness
BR ˈpiːsəblnəs
AM ˈpisəblnɪs

peaceably
BR ˈpiːsəbli
AM ˈpisəbli

peaceful
BR ˈpiːsf(ʊ)l
AM ˈpisfəl

peacefully
BR ˈpiːsfʊli,
ˈpiːsfli
AM ˈpisfəli

peacefulness
BR ˈpiːsf(ʊ)lnəs
AM ˈpisfəlnəs

peacekeeper
BR ˈpiːsˌkiːpə(r), -z
AM ˈpisˌkipər, -z

peacekeeping
BR ˈpiːsˌkiːpɪŋ
AM ˈpisˌkipɪŋ

peacemaker
BR ˈpiːsˌmeɪkə(r), -z
AM ˈpisˌmeɪkər, -z

peacemaking
BR ˈpiːsˌmeɪkɪŋ
AM ˈpisˌmeɪkɪŋ

peacenik
BR ˈpiːsnɪk, -s
AM ˈpisˌnɪk, -s

peacetime
BR ˈpiːstaɪm
AM ˈpisˌtaɪm

peach
BR piːtʃ, -ɪz, -ɪŋ, -t
AM pitʃ, -ɪz, -ɪŋ, -t

Peachey
BR ˈpiːtʃi
AM ˈpitʃi

peachick
BR ˈpiːtʃɪk, -s
AM ˈpiˌtʃɪk, -s

peachiness
BR ˈpiːtʃinɪs
AM ˈpitʃinɪs

peachy
BR ˈpiːtʃli, -iə(r),
-iɪst
AM ˈpitʃi, -ər, -əst

peacock
BR ˈpiːkɒk, -s
AM ˈpiˌkak, -s

peacockery
BR ˈpiːkɒk(ə)ri
AM ˈpiˌkak(ə)ri

peafowl
BR ˈpiːfaʊl, -z
AM ˈpiˌfaʊl, -z

peahen
BR ˈpiːhɛn, -z
AM ˈpiˌhɛn, -z

peak
BR piːk, -s, -ɪŋ, -t
AM pik, -s, -ɪŋ, -t

Peak District
BR ˈpiːk ˌdɪstrɪkt
AM ˈpik ˌdɪstrɪk(t)

Peake
BR ˈpiːk
AM ˈpik

peakiness
BR ˈpiːkɪnɪs
AM ˈpikɪnɪs

peakish
BR ˈpiːkɪʃ
AM ˈpikɪʃ

peakload
BR ˈpiːkləʊd, -z
AM ˌpikˈloʊd, -z

peaky
BR ˈpiːki
AM ˈpiki

peal
BR piːl, -z, -ɪŋ, -d
AM pil, -z, -ɪŋ, -d

pean
BR ˈpiːən
AM ˈpiən

peanut
BR ˈpiːnʌt, -s
AM ˈpinət, -s

pear
BR pɛː(r), -z
AM pɛ(ə)r, -z

Pearce
BR pɪəs
AM pɪ(ə)rs

pearl
BR pɜːl, -z, -ɪŋ, -d
AM pɜrl, -z, -ɪŋ, -d

pearler
BR ˈpɜːlə(r), -z
AM ˈpɜrlər, -z

pearlescent
BR pɜːˈlɛsnt
AM pɜrˈlɛs(ə)nt

Pearl Harbor
BR ˌpɜːl ˈhɑːbə(r)
AM ˌpɜrl ˈhɑrbər

pearliness
BR ˈpɜːlɪnɪs
AM ˈpɜrlinɪs

pearlised
BR ˈpɜːlʌɪzd
AM ˈpɜrˌlaɪzd

pearlite
BR ˈpɜːlʌɪt
AM ˈpɜrˌlaɪt

pearlized
BR ˈpɜːlʌɪzd
AM ˈpɜrˌlaɪzd

pearlware
BR ˈpɜːlwɛː(r)
AM ˈpɜrlˌwɛ(ə)r

pearlwort
BR ˈpɜːlwɜːt
AM ˈpɜrlˌwɔ(ə)rt,
ˈpɜrlwərt

pearly
BR ˈpɜːl|i, -ɪz,
 -ɪə(r), -ɪɪst
AM ˈpɜrli, -z, -ər, -ɪst

pearmain
BR ˈpɜːmeɪn,
 ˈpɛːmeɪn, pəˈmeɪn
AM pərˈmeɪn,
 ˈpɛrˌmeɪn

Pears[1] *soap brand*
BR pɛːz
AM pɛrz

Pears[2] *surname*
BR pɪəz, pɛːz
AM pɛrz

Pearsall
BR ˈpɪəsl
AM ˈpɪrˌsɑl,
 ˈpɪrˌsɔl

pearshaped
BR ˈpɛːʃeɪpt
AM ˈpɛrˌʃeɪpt

Pearson
BR ˈpɪəsn
AM ˈpɪrs(ə)n

peart
BR ˈpɪət
AM ˈpɪ(ə)rt

Peary
BR ˈpɪəri
AM ˈpɪri

peasant
BR ˈpɛznt, -s
AM ˈpɛznt, -s

peasantry
BR ˈpɛzntri
AM ˈpɛzntri

peasanty
BR ˈpɛznti
AM ˈpɛzn(t)i

peascod
BR ˈpiːzkɒd, -z
AM ˈpizˌkɑd, -z

pease
BR piːz
AM piz

peasecod
BR ˈpiːzkɒd, -z
AM ˈpizˌkɑd, -z

peasepudding
BR ˌpiːzˈpʊdɪŋ
AM ˌpizˈpʊdɪŋ

peashooter
BR ˈpiːˌʃuːtə(r), -z
AM ˈpiˌʃudər, -z

pea-soup
BR ˌpiːˈsuːp
AM ˌpiˈsup

pea-souper
BR ˌpiːˈsuːpə(r), -z
AM ˌpiˈsupər, -z

pea stick
BR ˈpiː stɪk, -s
AM ˈpi ˌstɪk, -s

peat
BR piːt
AM pit

peatbog
BR ˈpiːtbɒg, -z
AM ˈpitˌbag,
 ˈpitˌbɔg, -z

peatiness
BR ˈpiːtɪnɪs
AM ˈpidɪnɪs

peatland
BR ˈpiːtlənd, -z
AM ˈpitˌlænd, -z

peatmoss
BR ˈpiːtmɒs, -ɪz
AM ˈpitˌmas,
 ˈpitˌmɔs, -əz

peaty
BR ˈpiːt|i, -ɪə(r),
 -ɪɪst
AM ˈpidi, -ər, -ɪst

peau-de-soie
BR ˌpəʊdəˈswɑː(r)
AM ˌpoʊdəˈswɑ

Peaudouce
BR pəʊˈd(j)uːs
AM poʊˈd(j)us
FR podus

peavey
BR ˈpiːv|i, -ɪz
AM ˈpivi, -z

peavy
BR ˈpiːv|i, -ɪz
AM ˈpivi, -z

pebble
BR ˈpɛbl, -z, -d
AM ˈpɛbəl, -z, -d

pebbledash
BR ˈpɛbldaʃ, -t
AM ˈpɛbəlˌdæʃ, -t

pebbly
BR ˈpɛbli, ˈpɛbli
AM ˈpɛb(ə)li

pec
BR pɛk, -s
AM pɛk, -s

pecan
BR pɪˈkan, ˈpiːkn, -z
AM pəˈkæn, ˈpiˌkɑn,
 ˈpiˌkæn, pəˈkɑn, -z

peccability
BR ˌpɛkəˈbɪlɪti
AM ˌpɛkəˈbɪlɪdi

peccable
BR ˈpɛkəbl
AM ˈpɛkəb(ə)l

peccadillo
BR ˌpɛkəˈdɪləʊ, -z
AM ˌpɛkəˈdɪloʊ, -z

peccancy
BR ˈpɛk(ə)nsi
AM ˈpɛkənsi

peccant
BR ˈpɛk(ə)nt
AM ˈpɛkənt

peccary
BR ˈpɛk(ə)r|i, -ɪz
AM ˈpɛkəri, -z

peccavi
BR pɛˈkɑːviː
AM pəˈkɑvi

pêche Melba
BR ˌpɛʃ ˈmɛlbə(r), -z
AM ˌpɛʃ ˈmɛlbə, -z

peck
BR pɛk, -s, -ɪŋ, -t
AM pɛk, -s, -ɪŋ, -t

pecker
BR ˈpɛkə(r), -z
AM ˈpɛkər, -z

Peckham
BR ˈpɛkəm
AM ˈpɛkəm

peckish
BR ˈpɛkɪʃ
AM ˈpɛkɪʃ

peckishly
BR ˈpɛkɪʃli
AM ˈpɛkɪʃli

peckishness
BR ˈpɛkɪʃnɪs
AM ˈpɛkɪʃnɪs

Pecksniff
BR ˈpɛksnɪf
AM ˈpɛkˌsnɪf

pecorino
BR ˌpɛkəˈriːnəʊ
AM ˌpɛkəˈriˌnoʊ
IT pekoˈrino

Pecos
BR ˈpeɪkɒs
AM ˈpeɪkəs, ˈpeɪˌkoʊs

pecten
BR ˈpɛktɪn, ˈpɛktɛn, -z
AM ˈpɛkt(ə)n, -z

pectic
BR ˈpɛktɪk
AM ˈpɛktɪk

pectin
BR ˈpɛktɪn
AM ˈpɛkt(ə)n

pectinate
BR ˈpɛktɪnət
AM ˈpɛktəˌneɪt,
 ˈpɛktənət

pectinated
BR ˈpɛktɪneɪtɪd
AM ˈpɛktəˌneɪdɪd

pectination
BR ˌpɛktɪˈneɪʃn
AM ˌpɛktəˈneɪʃ(ə)n

pectines
BR ˈpɛktɪniːz
AM ˈpɛktəˌniz

pectoral
BR ˈpɛkt(ə)rl
AM ˈpɛkt(ə)rəl

pectose
BR ˈpɛktəʊs, ˈpɛktəʊz
AM ˈpɛktoʊz,
 ˈpɛktoʊs

peculate
BR ˈpɛkjʊleɪt, -s, -ɪŋ, -ɪd
AM ˈpɛkjəˌleɪt, -ts,
 -dɪŋ, -dɪd

peculation
BR ˌpɛkjʊˈleɪʃn, -z
AM ˌpɛkjəˈleɪʃ(ə)n, -z

peculator
BR ˈpɛkjʊleɪtə(r), -z
AM ˈpɛkjəˌleɪdər, -z

peculiar
BR pɪˈkjuːlɪə(r)
AM pəˈkjuljər

peculiarity
BR pɪˌkjuːlɪˈarɪt|i, -ɪz
AM pəˌkjuliˈɛrədi,
pəˌkjulˈjɛrədi, -z
peculiarly
BR pɪˈkjuːlɪəli
AM pəˈkjuljərli
pecuniarily
BR pɪˈkjuːn(jə)rɪli
AM pəˌkjuniˈɛrəli
pecuniary
BR pɪˈkjuːn(jə)ri
AM pəˈkjuniˌɛri
pedagogic
BR ˌpedəˈɡɒdʒɪk,
ˌpedəˈɡɒɡɪk, -s
AM ˌpedəˈɡadʒɪk, -s
pedagogical
BR ˌpedəˈɡɒdʒɪkl,
ˌpedəˈɡɒɡɪkl
AM ˌpedəˈɡadʒək(ə)l
pedagogically
BR ˌpedəˈɡɒdʒɪkli,
ˌpedəˈɡɒɡɪkli
AM ˌpedəˈɡadʒək(ə)li
pedagogism
BR ˈpedəɡɒɡɪzm,
ˈpedəɡɒdʒɪzm
AM ˈpedəˌɡaˌdʒɪz(ə)m,
ˈpedəˌɡaˌɡɪz(ə)m
pedagogue
BR ˈpedəɡɒɡ, -z
AM ˈpedəˌɡaɡ, -z
pedagoguism
BR ˈpedəɡɒɡɪzm,
ˈpedəɡɒdʒɪzm
AM ˈpedəˌɡaˌɡɪz(ə)m
pedagogy
BR ˈpedəɡɒdʒi,
ˈpedəɡɒɡi
AM ˈpedəˌɡadʒi
pedal[1] *adjective, of the foot*
BR ˈpedl, ˈpiːdl
AM ˈpedəl, ˈpiːdəl
pedal[2] *noun, verb*
BR ˈped|l, -lz, -lɪŋ\-lɪŋ, -ld
AM ˈpedəl, -z, -ɪŋ, -d
pedalo
BR ˈpedləʊ, -z
AM ˈpedlˌoʊ, -z

pedant
BR ˈped(ə)nt, -s
AM ˈpednt, -s
pedantic
BR pɪˈdantɪk
AM pəˈdæn(t)ɪk
pedantically
BR pɪˈdantɪkli
AM pəˈdæn(t)ək(ə)li
pedantry
BR ˈped(ə)ntri
AM ˈpedntri
pedate
BR ˈpedeɪt
AM ˈpedət, ˈpeˌdeɪt
peddle
BR ˈped|l, -lz, -lɪŋ\-lɪŋ, -ld
AM ˈped|əl, -əlz, -(ə)lɪŋ, -əld
peddler
BR ˈpedlə(r), -z
AM ˈped(ə)lər, -z
pederast
BR ˈpedərast, -s
AM ˈpedəˌræst, -s
pederastic
BR ˌpedəˈrastɪk
AM ˌpedəˈræstɪk
pederasty
BR ˈpedərasti
AM ˈpedəˌræsti
pedestal
BR ˈpedɪstl, -z
AM ˈpedəstl, -z
pedestrian
BR pɪˈdestrɪən, -z
AM pəˈdestriən, -z
pedestrianisation
BR pɪˌdestrɪənʌɪˈzeɪʃn
AM pəˌdestriəˌnaɪˈzeɪʃ(ə)n,
pəˌdestriənəˈzeɪʃ(ə)n
pedestrianise
BR pɪˈdestrɪənʌɪz, -ɪz, -ɪŋ, -d
AM pəˈdestriəˌnaɪz, -ɪz, -ɪŋ, -d
pedestrianism
BR pɪˈdestrɪənɪzm
AM pəˈdestriəˌnɪz(ə)m

pedestrianization
BR pɪˌdestrɪənʌɪˈzeɪʃn
AM pəˌdestriəˌnaɪˈzeɪʃ(ə)n,
pəˌdestriənəˈzeɪʃ(ə)n
pedestrianize
BR pɪˈdestrɪənʌɪz, -ɪz, -ɪŋ, -d
AM pəˈdestriəˌnaɪz, -ɪz, -ɪŋ, -d
pediatric
BR ˌpiːdɪˈatrɪk, -s
AM ˌpidiˈætrɪk, -s
pediatrician
BR ˌpiːdɪəˈtrɪʃn, -z
AM ˌpidiəˈtrɪʃ(ə)n, -z
pediatrist
BR ˌpiːˈdʌɪətrɪst,
ˌpiːdɪˈatrɪst
AM ˌpidiˈætrəst
pedicab
BR ˈpedɪkab, -z
AM ˈpedɪkæb, -z
pedicel
BR ˈpedɪs(ɛ)l, -z
AM ˈpedəˌsel, -z
pedicellate
BR ˈpedɪsɪleɪt,
ˈpedɪsleɪt
AM ˌpediˈseˌleɪt,
ˌpediˈselət
pedicle
BR ˈpedɪkl, -z
AM ˈpedək(ə)l, -z
pedicular
BR pɪˈdɪkjʊlə(r),
peˈdɪkjʊlə(r)
AM pəˈdɪkjələr
pediculate
BR pɪˈdɪkjʊlət,
peˈdɪkjʊlət
AM pəˈdɪkjəˌleɪt,
pəˈdɪkjələt
pediculosis
BR pɪˌdɪkjʊˈləʊsɪs,
peˌdɪkjʊˈləʊsɪs
AM pəˌdɪkjəˈloʊsəs
pediculous
BR pɪˈdɪkjʊləs,
peˈdɪkjʊləs
AM pəˈdɪkjələs

pedicure
BR ˈpedɪkjʊə(r),
ˈpedɪkjɔː(r), -z
AM ˈpedəˌkjʊ(ə)r, -z
pedicurist
BR ˈpedɪkjʊərɪst,
ˈpedɪkjɔːrɪst, -s
AM ˈpedəˌkjʊrəst, -s
pediform
BR ˈpedɪfɔːm
AM ˈpedəˌfɔ(ə)rm
pedigree
BR ˈpedɪɡriː, -z, -d
AM ˈpedəˌɡri, -z, -d
pediment
BR ˈpedɪm(ə)nt, -s, -ɪd
AM ˈpedəmən|t, -ts, -ɪd
pedimental
BR ˌpedɪˈmentl
AM ˌpedəˈmen(t)l
pedlar
BR ˈpedlə(r), -z
AM ˈpedlər, -z
pedlary
BR ˈpedləri
AM ˈpedləri
pedological[1] *child study*
BR ˌpiːdəˈlɒdʒɪkl
AM ˌpidəˈladʒək(ə)l,
ˌpedəˈladʒək(ə)l
pedological[2] *soil science*
BR ˌpedəˈlɒdʒɪkl
AM ˌpedəˈladʒək(ə)l
pedologist
BR pɪˈdɒlədʒɪst,
peˈdɒlədʒɪst, -s
AM pəˈdalədʒəst, -s
pedology
BR pɪˈdɒlədʒi,
peˈdɒlədʒi
AM pəˈdalədʒi
pedometer
BR pɪˈdɒmɪtə(r),
peˈdɒmɪtə(r), -z
AM pəˈdamədər, -z
pedophile
BR ˈpiːdəfʌɪl, -z
AM ˈpidəˌfaɪl,
ˈpedəˌfaɪl, -z

pedophilia
BR ˌpiːdəˈfɪlɪə(r)
AM ˌpidəˈfɪljə,
ˌpɛdəˈfɪlɪə,
ˌpɪdəˈfɪlɪə,
ˌpɛdəˈfɪljə

pedophiliac
BR ˌpiːdəˈfɪlɪak, -s
AM ˌpidəˈfɪliˌæk,
ˌpɛdəˈfɪliˌæk, -s

pedophiliad
BR ˌpiːdəˈfɪlɪad
AM ˌpidəˈfɪliˌæd,
ˌpɛdəˈfɪliˌæd

Pedro
BR ˈpɛdrəʊ
AM ˈpeɪdroʊ

peduncle
BR pɪˈdʌŋkl, -z
AM piˈdəŋkəl, ˈpi
ˌdəŋkəl, -z

peduncular
BR pɪˈdʌŋkjʊlə(r)
AM pəˈdəŋkjələr

pedunculate
BR pɪˈdʌŋkjʊleɪt,
pɪˈdʌŋkjʊlət
AM pəˈdəŋkjələt,
pəˈdəŋkjəˌleɪt

pee
BR piː, -z, -ɪŋ, -d
AM pi, -z,
-ɪŋ, -d

Peebles
BR ˈpiːblz
AM ˈpibəlz

peek
BR piːk, -s, -ɪŋ, -t
AM pik, -s, -ɪŋ, -t

peekaboo
BR ˌpiːkəˈbuː
AM ˈˌpikəˌbu

peekily
BR ˈpiːkɪli
AM ˈpikɪli

peekiness
BR ˈpiːkɪnɪs
AM ˈpikɪnɪs

peeky
BR ˈpiːk|i, -ɪə(r),
-ɪɪst
AM ˈpiki, -ər, -ɪɪst

peel
BR piːl, -z, -ɪŋ, -d
AM pil, -z, -ɪŋ, -d

peeler
BR ˈpiːlə(r), -z
AM ˈpilər, -z

peeling
BR ˈpiːlɪŋ, -z
AM ˈpilɪŋ, -z

Peelite
BR ˈpiːlʌɪt, -s
AM ˈpiˌlaɪt, -s

peen
BR piːn, -z
AM pin, -z

Peenemunde
BR ˈpiːnəˌmʊndə(r)
AM ˌpinəˈmʊndə
GER ˈpeːnəmʏndə

peep
BR piːp, -s, -ɪŋ, -t
AM pip, -s, -ɪŋ, -t

peep-bo
BR ˈpiːp(b)əʊ
AM ˈpipˌboʊ

peeper
BR ˈpiːpə(r), -z
AM ˈpipər, -z

peephole
BR ˈpiːphəʊl, -z
AM ˈpip(h)oʊl, -z

peepshow
BR ˈpiːpʃəʊ, -z
AM ˈpipˌʃoʊ, -z

peepul
BR ˈpiːpl, -z
AM ˈpipəl, -z

peer
BR pɪə(r), -z
AM pɪ(ə)r, -z

peerage
BR ˈpɪər|ɪdʒ, -ɪdʒɪz
AM ˈpɪrɪdʒ, -ɪz

peeress
BR ˈpɪərɪs, ˌpɪəˈrɛs, -ɪz
AM ˈpɪrɪs, -ɪz

peer-group
BR ˈpɪəgruːp
AM ˈpɪrˌgrup

peerless
BR ˈpɪələs
AM ˈpɪrlɪs

peerlessly
BR ˈpɪələsli
AM ˈpɪrlɪsli

peerlessness
BR ˈpɪələsnəs
AM ˈpɪrlɪsnɪs

peeve
BR piːv, -z, -ɪŋ, -d
AM piv, -z, -ɪŋ, -d

peevish
BR ˈpiːvɪʃ
AM ˈpivɪʃ

peevishly
BR ˈpiːvɪʃli
AM ˈpivɪʃli

peevishness
BR ˈpiːvɪʃnɪs
AM ˈpivɪʃnɪs

peewee
BR ˈpiːwiː, -z
AM ˈpiˌwi, -z

peewit
BR ˈpiːwɪt, -s
AM ˈpiˌwɪt,
ˈpiwɨt, -s

peg
BR pɛg, -z, -ɪŋ, -d
AM pɛg, -z, -ɪŋ, -d

Pegasean
BR ˌpɛgəˈsiːən
AM ˌpɛgəˈsiən

Pegasus
BR ˈpɛgəsəs
AM ˈpɛgəsəs

pegboard
BR ˈpɛgbɔːd, -z
AM ˈpɛgˌbɔ(ə)rd, -z

Pegg
BR pɛg
AM pɛg

Peggie
BR ˈpɛgi
AM ˈpɛgi

Peggotty
BR ˈpɛgəti
AM ˈpɛgədi

Peggy
BR ˈpɛgi
AM ˈpɛgi

peg-leg
BR ˈpɛglɛg, -z
AM ˈpɛgˌlɛg, -z

pegmatite
BR ˈpɛgmətʌɪt
AM ˈpɛgməˌtaɪt

pegtop
BR ˈpɛgtɒp, -s
AM ˈpɛgˌtɑp, -s

Pegu
BR ˈpɛgjuː, -z
AM pɛˈgu, -z

Pei
BR peɪ
AM peɪ

peignoir
BR ˈpeɪnwɑː(r), -z
AM ˌpeɪnˈwɑr, -z

Peirce
BR pɪəs
AM pɪ(ə)rs

pejoration
BR ˌpɛdʒəˈreɪʃn
AM ˌpeɪəˈreɪʃ(ə)n,
ˌpɛdʒəˈreɪʃ(ə)n

pejorative
BR pɪˈdʒɒrətɪv, -z
AM ˈpɛdʒəˌreɪdɪv,
pəˈdʒɔrədɪv, -z

pejoratively
BR pɪˈdʒɒrətɪvli
AM ˈpɛdʒəˌreɪdɪvli,
pəˈdʒɔrədɪvli

pekan
BR ˈpɛk(ə)n
AM pəˈkæn, ˈpiˌkɑn,
ˈpiˌkæn, pəˈkɑn

peke
BR piːk, -s
AM pik, -s

Pekin
BR ˌpiːˈkɪn
AM ˈpikɪn

Pekinese
BR ˌpiːkɪˈniːz
AM ˈpikɪnˌiz

Peking
BR ˌpiːˈkɪŋ
AM peɪˈkɪŋ, ˌpiˈkɪŋ

pekingese
BR ˌpiːkɪˈniːz, -ɪz
AM ˈpikɪnˌiz, -ɪz

pekoe
BR ˈpiːkəʊ
AM ˈpiˌkoʊ

pelage
BR ˈpelǀɪdʒ, -ɪdʒɪz
AM ˈpelɪdʒ, -ɪz
Pelagian
BR pɪˈleɪdʒɪən, -z
AM pəˈleɪdʒɪən, -z
Pelagianism
BR pɪˈleɪdʒɪənɪzm,
pɪˈleɪdʒnɪzm
AM pəˈleɪdʒ(i)ə-
ˌnɪz(ə)m
pelagic
BR pɪˈladʒɪk
AM pəˈlædʒɪk
Pelagius
BR pɪˈleɪdʒɪəs
AM pəˈleɪdʒ(i)əs
pelargonium
BR ˌpeləˈɡəʊnɪəm, -z
AM ˌpelərˈɡoʊnɪəm,
ˌpeˌlɑrˈɡoʊnɪəm, -z
Pelasgian
BR pɪˈlazdʒɪən,
peˈlazdʒɪən,
pɪˈlazɡɪən,
peˈlazɡɪən, -z
AM pəˈlæzɡɪən,
pəˈlæzdʒɪən, -z
Pelasgic
BR pɪˈlazdʒɪk,
peˈlazdʒɪk,
pɪˈlazɡɪk, peˈlazɡɪk
AM pəˈlæzɡɪk,
pəˈlæzdʒɪk
Pelé
BR ˈpeleɪ
AM ˈpeˌleɪ
pele
BR piːl, -z
AM pil, -z
pelerine
BR ˈpelərɪn,
ˈpeləriːn, -z
AM ˈpeləˌrin, -z
Peleus
BR ˈpeljəs, ˈpiːljəs,
ˈpelɪəs, ˈpiːlɪəs
AM ˈpilɪəs, ˈpeljəs,
ˈpiljəs, ˈpelɪəs
pelf
BR pelf
AM pelf

pelham
BR ˈpeləm, -z
AM ˈpel(ə)m, -z
Pelias
BR ˈpiːlɪas, ˈpelɪas
AM ˈpelɪəs
pelican
BR ˈpelɪkn, -z
AM ˈpelək(ə)n, -z
Pelion
BR ˈpiːlɪɒn
AM ˈpiljən, ˈpilɪən
pelisse
BR pɪˈliːs, -ɪz
AM pəˈlis, -ɪz
pelite
BR ˈpiːlʌɪt
AM ˈpiˌlaɪt
pellagra
BR pɪˈlaɡrə(r),
peˈlaɡrə(r),
pɪˈleɪɡrə(r),
peˈleɪɡrə(r)
AM pəˈlæɡrə,
pəˈleɪɡrə
pellagrous
BR pɪˈlaɡrəs,
peˈlaɡrəs, pɪˈleɪɡrəs,
peˈleɪɡrəs
AM pəˈlæɡrəs,
pəˈleɪɡrəs
pellet
BR ˈpelɪt, -s
AM ˈpelət, -s
pelletise
BR ˈpelɪtʌɪz, -ɪz, -ɪŋ, -d
AM ˈpeləˌtaɪz, -ɪz,
-ɪŋ, -d
pelletize
BR ˈpelɪtʌɪz, -ɪz,
-ɪŋ, -d
AM ˈpeləˌtaɪz, -ɪz,
-ɪŋ, -d
pellicle
BR ˈpelɪkl, -z
AM ˈpelək(ə)l, -z
pellicular
BR pɪˈlɪkjələ(r)
AM pəˈlɪkjələr
pellitory
BR ˈpelɪt(ə)rǀi, -ɪz
AM ˈpeləˌtɔri, -z

pell-mell
BR ˌpelˈmel
AM ˈpelˈmel
pellucid
BR pɪˈl(j)uːsɪd,
peˈl(j)uːsɪd
AM pəlˈjusəd,
pəˈlusəd
pellucidity
BR ˌpeljəˈsɪdɪti
AM ˌpeljəˈsɪdɪdi
pellucidly
BR pɪˈl(j)uːsɪdli,
peˈl(j)uːsɪdli
AM pəlˈjusədli,
pəˈlusədli
pellucidness
BR pɪˈl(j)uːsɪdnɪs,
peˈl(j)uːsɪdnɪs
AM pəlˈjusədnəs,
pəˈlusədnəs
Pelmanise
BR ˈpelmənʌɪz, -ɪz,
-ɪŋ, -d
AM ˈpelməˌnaɪz, -ɪz,
-ɪŋ, -d
Pelmanism
BR ˈpelmənɪzm
AM ˈpelməˌnɪz(ə)m
Pelmanize
BR ˈpelmənʌɪz, -ɪz,
-ɪŋ, -d
AM ˈpelməˌnaɪz, -ɪz,
-ɪŋ, -d
pelmet
BR ˈpelmɪt, -s
AM ˈpelmət, -s
Peloponnese
BR ˌpeləpəˈniːz
AM ˌpeləpəˈniz
Peloponnesian
BR ˌpeləpəˈniːzj(ə)n,
ˌpeləpəˈniːʒn, -z
AM ˌpeləpəˈniʃ(ə)n,
ˌpeləpəˈniʒ(ə)n, -z
Pelops
BR ˈpiːlɒps,
ˈpelɒps
AM ˈpeˌlɑps
pelorus
BR pɪˈlɔːrəs, -ɪz
AM pəˈlɔrəs, -əz

pelota
BR pɪˈlɒtə(r),
peˈlɒtə(r),
pɪˈləʊtə(r),
peˈləʊtə(r)
AM pəˈloʊdə
pelt
BR pelt, -s, -ɪŋ, -ɪd
AM pelt, -s, -ɪŋ, -əd
pelta
BR ˈpeltə(r)
AM ˈpeltə
peltae
BR ˈpeltiː
AM ˈpelˌtaɪ,
ˈpelti
peltate
BR ˈpelteɪt
AM ˈpelˌteɪt
peltry
BR ˈpeltri
AM ˈpeltri
pelvic
BR ˈpelvɪk
AM ˈpelvɪk
pelvis
BR ˈpelvɪs, -ɪz
AM ˈpelvəs, -əz
Pemba
BR ˈpembə(r)
AM ˈpembə
Pemberton
BR ˈpembət(ə)n
AM ˈpembərt(ə)n
pembina
BR ˈpembɪnə(r), -z
AM ˈpembənə,
pemˈbinə, -z
Pembroke
BR ˈpembrʊk,
ˈpembrəʊk
AM ˈpemˌbrʊk,
ˈpemˌbroʊk
pemican
BR ˈpemɪk(ə)n
AM ˈpemək(ə)n
pemmican
BR ˈpemɪk(ə)n
AM ˈpemək(ə)n
pemphigoid
BR ˈpemfɪɡɔɪd
AM ˈpem(p)fəˌɡɔɪd

pemphigous
BR ˈpɛmfɪgəs
AM pɛmˈfaɪgəs, ˈpɛm(p)fəgəs

pemphigus
BR ˈpɛmfɪgəs
AM pɛmˈfaɪgəs, ˈpɛm(p)fəgəs

pen
BR pɛn, -z, -ɪŋ, -d
AM pɛn, -z, -ɪŋ, -d

Peña
BR ˈpeɪnjə(r)
AM ˈpeɪnjə

penal
BR ˈpiːnl
AM ˈpin(ə)l

penalisation
BR ˌpiːnl̩ʌɪˈzeɪʃn
AM ˌpinləˈzeɪʃ(ə)n, ˌpɛnlˌaɪˈzeɪʃ(ə)n, ˌpinlˌaɪˈzeɪʃ(ə)n, ˌpɛnləˈzeɪʃ(ə)n

penalise
BR ˈpiːnl̩ʌɪz, -ɪz, -ɪŋ, -d
AM ˈpinlˌaɪz, ˈpɛnl-ˌaɪz, -ɪz, -ɪŋ, -d

penalization
BR ˌpiːnl̩ʌɪˈzeɪʃn
AM ˌpinləˈzeɪʃ(ə)n, ˌpɛnlˌaɪˈzeɪʃ(ə)n, ˌpinlˌaɪˈzeɪʃ(ə)n, ˌpɛnləˈzeɪʃ(ə)n

penalize
BR ˈpiːnl̩ʌɪz, -ɪz, -ɪŋ, -d
AM ˈpinlˌaɪz, ˈpɛnlˌaɪz, -ɪz, -ɪŋ, -d

penally
BR ˈpiːnl̩i
AM ˈpinəli

penalty
BR ˈpɛnlt|i, -ɪz
AM ˈpɛnlti, -z

penance
BR ˈpɛnəns, -ɪz
AM ˈpɛnəns, -əz

pen-and-ink
BR ˌpɛnən(d)ˈɪŋk
AM ˌpɛnənˈɪŋk

Penang
BR pɪˈnaŋ, pɛˈnaŋ
AM pəˈnæŋ

penannular
BR pɛnˈanjʊlə(r)
AM pɛnˈænjələr

Penarth
BR pɛˈnɑːθ
AM pəˈnɑrθ

penates
BR pɪˈnɑːtiːz, pɪˈnɑːteɪz, pɪˈneɪtiːz, pɛˈnɑːtiːz, pɛˈnɑːteɪz, pɛˈneɪtiːz
AM pəˈnɑdiz, pəˈneɪdiz

pence
BR pɛns
AM pɛns

penchant
BR ˈpɒ̃ʃɒ̃, -z
AM ˈpɛn(t)ʃ(ə)nt, -s

pencil
BR ˈpɛns|l, -lz, -l̩ɪŋ, -ld
AM ˈpɛns|əl, -əlz, -(ə)lɪŋ, -əld

penciller
BR ˈpɛnslə(r), -z
AM ˈpɛnsələr, -z

pencil-neck
BR ˈpɛnslnɛk, -s
AM ˈpɛns(ə)lˌnɛk, -s

pend
BR pɛnd, -z, -ɪŋ, -ɪd
AM pɛnd, -z, -ɪŋ, -əd

pendant
BR ˈpɛnd(ə)nt, -s
AM ˈpɛndnt, -s

pendejo
BR pɛnˈdeɪ(h)əʊ, -z
AM pɛnˈdeɪ(h)oʊ, -z

pendency
BR ˈpɛnd(ə)nsi
AM ˈpɛndnsi

Pendennis
BR pɛnˈdɛnɪs
AM pɛnˈdɛnəs

pendent
BR ˈpɛnd(ə)nt, -s
AM ˈpɛndnt, -s

pendentive
BR pɛnˈdɛntɪv, -z
AM pɛnˈdɛn(t)ɪv, -z

Penderecki
BR ˌpɛndəˈrɛtski
AM ˌpɛndəˈrɛtski
POL ˌpɛndɛˈrɛtski

Pendine
BR pɛnˈdʌɪn
AM pɛnˈdaɪn

Pendle
BR ˈpɛndl
AM ˈpɛndəl

Pendlebury
BR ˈpɛndlb(ə)ri
AM ˈpɛndəlˌbɛri

Pendleton
BR ˈpɛndlt(ə)n
AM ˈpɛn(d)əlt(ə)n

pendragon
BR pɛnˈdrag(ə)n, -z
AM ˌpɛnˈdrægən, -z

pendular
BR ˈpɛndjʊlə(r), ˈpɛndʒʊlə(r)
AM ˈpɛndʒələr

pendulate
BR ˈpɛndjʊleɪt, ˈpɛndʒʊleɪt, -s, -ɪŋ, -ɪd
AM ˈpɛnd(j)əˌleɪ|t, ˈpɛndʒəˌleɪ|t, -ts, -dɪŋ, -dɪd

penduline
BR ˈpɛndjʊlʌɪn, ˈpɛndʒʊlʌɪn
AM ˈpɛndʒəˌlaɪn, ˈpɛndʒəl(ə)n

pendulous
BR ˈpɛndjʊləs, ˈpɛndʒʊləs
AM ˈpɛndjələs, ˈpɛndʒələs

pendulously
BR ˈpɛndjʊləsli, ˈpɛndʒʊləsli
AM ˈpɛndjələsli, ˈpɛndʒələsli

pendulum
BR ˈpɛndjʊləm, ˈpɛndʒʊləm, -z
AM ˈpɛndjəl(ə)m, ˈpɛndʒəl(ə)m, -z

Penelope
BR pɪˈnɛləpi
AM pəˈnɛləpi

peneplain
BR ˈpiːnɪpleɪn, ˈpɛnɪpleɪn, ˌpiːnɪˈpleɪn, ˌpɛnɪˈpleɪn, -z
AM ˈpinəˌpleɪn, -z

penetrability
BR ˌpɛnɪtrəˈbɪlɪti
AM ˌpɛnətrəˈbɪlɪdi

penetrable
BR ˈpɛnɪtrəbl
AM ˈpɛnətrəb(ə)l

penetralia
BR ˌpɛnɪˈtreɪlɪə(r)
AM ˌpɛnəˈtreɪlɪə, ˌpɛnəˈtreɪljə

penetrance
BR ˈpɛnɪtrns
AM ˈpɛnətrəns

penetrant
BR ˈpɛnɪtrn̩t, -s
AM ˈpɛnətrənt, -s

penetrate
BR ˈpɛnɪtreɪt, -s, -ɪŋ, -ɪd
AM ˈpɛnəˌtreɪ|t, -ts, -dɪŋ, -dɪd

penetratingly
BR ˈpɛnɪˌtreɪtɪŋli
AM ˈpɛnəˌtreɪdɪŋli

penetration
BR ˌpɛnɪˈtreɪʃn, -z
AM ˌpɛnəˈtreɪʃ(ə)n, -z

penetrative
BR ˈpɛnɪtrətɪv
AM ˈpɛnətrədɪv, ˈpɛnəˌtreɪdɪv

penetratively
BR ˈpɛnɪtrətɪvli
AM ˈpɛnətrədɪvli, ˈpɛnəˌtreɪdɪvli

penetrator
BR ˈpɛnɪtreɪtə(r), -z
AM ˈpɛnəˌtreɪdər, -z

pen-feather
BR ˈpɛnˌfɛðə(r), -z
AM ˈpɛnˌfɛðər, -z

Penfold
BR ˈpɛnfəʊld
AM ˈpɛnˌfoʊld

penfriend
BR ˈpenfrend, -z
AM ˈpenˌfrend, -z
Pengam
BR ˈpeŋgəm
AM ˈpeŋəm
Penge
BR pen(d)ʒ
AM pen(d)ʒ
Pengelly
BR penˈgeli
AM penˈgeli
penguin
BR ˈpeŋgwɪn, -z
AM ˈpeŋgwən, -z
Penhaligon
BR penˈhalɪg(ə)n
AM penˈhælərən
penicillate
BR ˈpenɪˌsɪlət, ˌpenɪˈsɪlət
AM ˌpenəˈsɪleɪt, ˌpenəˈsɪlɪt
penicillia
BR ˌpenɪˈsɪliə(r)
AM ˌpenəˈsɪliə, ˌpenəˈsɪljə
penicillin
BR ˌpenɪˈsɪlɪn
AM ˌpenəˈsɪlɪn
penicillium
BR ˌpenɪˈsɪliəm
AM ˌpenəˈsɪliəm
penile
BR ˈpiːnʌɪl
AM ˈpɪnl, ˈpɪnaɪl
penillion
BR peˈnɪɬiən, peˈnɪɬiən
AM pəˈnɪljən
peninsula
BR pɪˈnɪnsjʉlə(r), -z
AM pəˈnɪns(ə)lə, -z
peninsular
BR pɪˈnɪnsjʉlə(r)
AM pəˈnɪns(ə)lər
penis
BR ˈpiːn|ɪs, -ɪsɪz
AM ˈpɪnɪs, -ɪz
Penistone
BR ˈpenɪst(ə)n
AM ˈpenəst(ə)n

penitence
BR ˈpenɪt(ə)ns
AM ˈpenətns, ˈpenədəns
penitent
BR ˈpenɪt(ə)nt, -s
AM ˈpenədnt, -s
penitential
BR ˌpenɪˈtenʃl
AM ˌpenəˈten(t)ʃ(ə)l
penitentially
BR ˌpenɪˈtenʃli
AM ˌpenəˈten(t)ʃəli
penitentiary
BR ˌpenɪˈtenʃ(ə)r|i, -ɪz
AM ˌpenəˈten(t)ʃ(ə)ri, -z
penitently
BR ˈpenɪt(ə)ntli
AM ˈpenətn(t)li, ˈpenədən(t)li
penknife
BR ˈpennʌɪf
AM ˈpenˌnaɪf
penknives
BR ˈpennʌɪvz
AM ˈpenˌnaɪvz
penlight
BR ˈpenlʌɪt, -s
AM ˈpenˌlaɪt, -s
Penmaenmawr
BR ˌpenmʌɪnˈmaʊə(r), ˌpenmə(n)ˈmaʊə(r)
AM ˌpenmaɪnˈmaʊ(ə)r
WE ˌpenmaɪnˈmaʊr
penman
BR ˈpenmən
AM ˈpenˌmæn
penmanship
BR ˈpenmənʃɪp
AM ˈpenmənˌʃɪp
penmen
BR ˈpenmən
AM ˈpenˌmen
Penn
BR pen
AM pen
pennant
BR ˈpenənt, -s
AM ˈpenənt, -s

penne
BR ˈpeni
AM ˈpenə, ˈpeneɪ
IT ˈpenne
penni
BR ˈpeni
AM ˈpeni
penniä
BR ˈpeniɑː(r)
AM ˈpeniə
pennies
BR ˈpenɪz
AM ˈpenɪz
penniless
BR ˈpenɪlɪs, ˈpenl̩əs
AM ˈpenɪlɪs, ˈpenl̩əs
pennilessly
BR ˈpenɪlɪsli, ˈpenl̩əsli
AM ˈpenɪlɪsli, ˈpenl̩əsli
pennilessness
BR ˈpenɪlɪsnɪs, ˈpenl̩əsnəs
AM ˈpenɪlɪsnɪs, ˈpenl̩əsnəs
pennill
BR ˈpenɪl
AM ˈpeˌnɪl
Pennine
BR ˈpenʌɪn, -z
AM ˈpeˌnaɪn, -z
Pennington
BR ˈpenɪŋt(ə)n
AM ˈpenɪŋt(ə)n
pennon
BR ˈpenən, -z, -d
AM ˈpenən, -z, -d
penn'orth
BR ˈpenəθ
AM ˈpenərθ
Pennsylvania
BR ˌpens(ɪ)lˈveɪnɪə(r)
AM ˌpensəlˈveɪnjə, ˌpensəlˈveɪnjə
Pennsylvanian
BR ˌpens(ɪ)lˈveɪnɪən, -z
AM ˌpensəlˈveɪnjən, ˌpensəlˈveɪnjən, -z, -z
penny
BR ˈpen|i, -ɪz
AM ˈpeni, -z

Pennycuick
BR ˈpenɪkʊk, ˈpenɪkjuːk, ˈpenɪkwɪk
AM ˈpeniˌkwɪk, ˈpeniˌkʊk
pennyfarthing
BR ˌpeniˈfɑːθɪŋ, -z
AM ˌpeniˈfɑrðɪŋ, -z
Pennyfeather
BR ˈpeniˌfeðə(r)
AM ˈpeniˌfeðər
pennyroyal
BR ˌpenɪˈrɔɪəl
AM ˌpeniˈrɔɪ(ə)l
pennyweight
BR ˈpenɪweɪt, -s
AM ˈpeniˌweɪt, -s
pennywort
BR ˈpenɪwəːt, -s
AM ˈpeniˌwʊ(ə)rt, ˈpeniwərt, -s
pennyworth
BR ˈpenəθ, ˈpenɪwə(ː)θ
AM ˈpeniˌwərθ
penological
BR ˌpiːnəˈlɒdʒɪkl
AM ˌpɪnlˈɑdʒək(ə)l
penologist
BR piːˈnɒlədʒɪst, pɪˈnɒlədʒɪst, -s
AM pəˈnɑlədʒəst, pɪˈnɑlədʒəst, -s
penology
BR piːˈnɒlədʒi, pɪˈnɒlədʒi
AM pəˈnɑlədʒi, pɪˈnɑlədʒi
penpusher
BR ˈpenˌpʊʃə(r), -z
AM ˈpenˌpʊʃər, -z
Penrhos
BR (ˌ)penˈrəʊs, ˈpenrəʊs
AM ˈpenˌroʊs, penˈroʊs
WE ˈpenrɒs
Penrhyn
BR (ˌ)penˈrɪn, ˈpenrɪn
AM ˈpenrən, penˈrɪn
WE ˈpenrɪn

Pensacola
BR ˌpensəˈkəʊlə(r)
AM ˌpensəˈkoʊlə

pensée
BR ˈpɒ̃seɪ, pɒ̃ˈseɪ, -z
AM ˌpɑːnˈseɪ, -z
FR pɑ̃se

Penshurst
BR ˈpenzhɜːst
AM ˈpenzˌ(h)ɜrst

pensile
BR ˈpensʌɪl
AM ˈpens(ə)l

pension[1] *hotel*
BR ˈpɒ̃sjɒ̃, -z
AM ˌpɑːnsiˈɑːn, ˌpɑːnsiˈɒn, -z
FR pɑ̃sjɔ̃

pension[2] *money*
BR ˈpenʃn̩, -z, -ɪŋ, -d
AM ˈpenʃən, -ənz, -(ə)nɪŋ, -ənd

pensionability
BR ˌpenʃn̩əˈbɪlɪti
AM ˌpenʃ(ə)nəˈbɪlɪ̈di

pensionable
BR ˈpenʃn̩əbl
AM ˈpenʃ(ə)nəb(ə)l

pensionary
BR ˈpenʃn̩(ə)r|i, -ɪz
AM ˈpenʃəˌneri, -z

pensioner
BR ˈpenʃnə(r), -z
AM ˈpenʃ(ə)nər, -z

pensionless
BR ˈpenʃn̩ləs
AM ˈpenʃənləs

pensive
BR ˈpensɪv
AM ˈpensɪv

pensively
BR ˈpensɪvli
AM ˈpensɪvli

pensiveness
BR ˈpensɪvnɪs
AM ˈpensɪvnɪs

penstemon
BR penˈstiːmən, ˈpen(t)stɪmən, -z
AM ˈpenstəm(ə)n, penˈstɪm(ə)n, -z

penstock
BR ˈpenstɒk, -s
AM ˈpenˌstɑːk, -s

pent
BR pent
AM pent

pentachord
BR ˈpentəkɔːd, -z
AM ˈpen(t)əˌkɔ(ə)rd, -z

pentacle
BR ˈpentəkl, -z
AM ˈpen(t)ək(ə)l, -z

pentad
BR ˈpentad, -z
AM ˈpenˌtæd, -z

pentadactyl
BR ˌpentəˈdakt(ɪ)l, -z
AM ˌpen(t)əˈdæktl, -z

pentagon
BR -z
AM ˈpen(t)əˌgɑn, -z

pentagonal
BR penˈtagn̩l
AM penˈtægən(ə)l

pentagonally
BR penˈtagn̩li
AM penˈtæg(ə)nəli

pentagram
BR ˈpentəgram, -z
AM ˈpen(t)əˌgræm, -z

pentagynous
BR penˈtadʒɪnəs
AM penˈtædʒənəs

pentahedra
BR ˌpentəˈhiːdrə(r)
AM ˌpen(t)əˈhidrə

pentahedral
BR ˌpentəˈhiːdr(ə)l
AM ˌpen(t)əˈhidrəl

pentahedron
BR ˌpentəˈhiːdrən
AM ˌpen(t)əˈhidrən

pentamerous
BR penˈtam(ə)rəs
AM penˈtæmərəs

pentameter
BR penˈtamɪtə(r), -z
AM penˈtæmədər, -z

pentamidine
BR penˈtamɪdiːn
AM penˈtæməˌdin

pentandrous
BR penˈtandrəs
AM penˈtændrəs

pentane
BR ˈpenteɪn
AM ˈpenˌteɪn

pentangle
BR ˈpentaŋgl, -z
AM ˈpenˌtæŋgəl, -z

pentanoic acid
BR ˌpentənəʊɪk ˈasɪd
AM ˌpen(t)əˌnoʊɪk ˈæsəd

pentaprism
BR ˈpentəˌprɪzm, -z
AM ˈpen(t)əˌprɪz(ə)m, -z

Pentateuch
BR ˈpentətjuːk, ˈpentətʃuːk
AM ˈpen(t)əˌt(j)uk

pentateuchal
BR ˌpentəˈtjuːkl, ˌpentəˈtʃuːkl
AM ˌpen(t)əˈt(j)ukəl

pentathlete
BR penˈtaθliːt, -s
AM penˈtæθˌlit, -s

pentathlon
BR penˈtaθlɒn, -z
AM penˈtæθ(ə)ˌlɑn, penˈtæθ(ə)l(ə)n, -z

pentatonic
BR ˌpentəˈtɒnɪk
AM ˌpen(t)əˈtɑnɪk

pentavalent
BR ˌpentəˈveɪln̩t
AM ˌpen(t)əˈveɪl(ə)nt

Pentax
BR ˈpentaks
AM ˈpentæks

Pentecost
BR ˈpentɪkɒst
AM ˈpen(t)əˌkɑst, ˈpen(t)əˌkɔst

Pentecostal
BR ˌpentɪˈkɒstl, -z
AM ˌpen(t)əˈkɑstl, ˌpen(t)əˈkɔstl, -z

Pentecostalism
BR ˌpentɪˈkɒstlɪzm
AM ˌpen(t)əˈkɑstlˌɪz(ə)m, ˌpen(t)əˈkɔstlˌɪz(ə)m

Pentecostalist
BR ˌpentɪˈkɒstlɪst, -s
AM ˌpen(t)əˈkɑstləst, ˌpen(t)əˈkɔstləst, -s

Pentel
BR ˈpentɛl
AM ˈpenˌtɛl

Penthesilea
BR ˌpenθesɪˈleɪə(r), ˌpenθɪsɪˈleɪə(r)
AM ˌpenθəˈsɪliə

penthouse
BR ˈpenthaʊ|s, -zɪz
AM ˈpen(t)ˌ(h)aʊ|s, -zəz

pentimenti
BR ˌpentɪˈmenti
AM ˌpen(t)əˈmɛnˌti
IT pentiˈmenti

pentimento
BR ˌpentɪˈmentəʊ
AM ˌpen(t)əˈmɛnˌtoʊ
IT pentiˈmento

Pentire
BR penˈtʌɪə(r)
AM penˈtaɪ(ə)r

Pentland
BR ˈpentlənd
AM ˈpen(t)lənd

pentobarbital
BR ˌpentə(ʊ)ˈbɑːbɪtl
AM ˌpen(t)əˈbɑrbəˌtɔl, ˌpen(t)əˈbɑrbəˌtɑl, ˌpen(t)əˈbɑrbədl

pentobarbitol
BR ˌpentə(ʊ)ˈbɑːbɪtɒl
AM ˌpen(t)əˈbɑrbəˌtɔl, ˌpen(t)əˈbɑrbəˌtɑl, ˌpen(t)əˈbɑrbədl

pentobarbitone
BR ˌpentə(ʊ)ˈbɑːbɪtəʊn
AM ˌpen(t)əˈbɑrbəˌtoʊn

pentode
BR ˈpentəʊd, -z
AM ˈpenˌtoʊd, -z

Pentonville
BR ˈpentənvɪl
AM ˈpentn̩ˌvɪl
pentose
BR ˈpentəʊz,
ˈpentəʊs, -ɪz
AM ˈpenˌtoʊz,
ˈpenˌtoʊs, -əz
Pentothal
BR ˈpentəθal
AM ˈpen(θ)əˌθal,
ˈpen(t)əˌθɔl
pent-roof
BR ˈpentruːf,
ˈpentrʊf, -s
AM ˈpen(t)ˌruf, -s
pentstemon
BR pen(t)ˈstiːmən,
ˈpen(t)stɪmən, -z
AM ˈpen(t)stəm(ə)n,
pen(t)ˈstɪm(ə)n, -z
pentyl
BR ˈpentʌɪl
AM ˈpen(t)əl
penuche
BR pɪˈnuːtʃi
AM pəˈnutʃi
penult
BR pɪˈnʌlt, ˈpenʌlt, -s
AM pəˈnəlt,
ˈpiˌnəlt, -s
penultimate
BR pɪˈnʌltɨmət,
pɛˈnʌltɨmət, -s
AM pəˈnəltəmət, -s
penultimately
BR pɪˈnʌltɨmətli,
pɛˈnʌltɨmətli
AM pəˈnəltəmətli
penumbra
BR pɪˈnʌmbrə(r),
pɛˈnʌmbrə(r), -z
AM pəˈnəmbrə, -z
penumbrae
BR pɪˈnʌmbriː,
pɛˈnʌmbriː
AM pəˈnəmˌbraɪ,
pəˈnəmˌbri
penumbral
BR pɪˈnʌmbr(ə)l,
pɛˈnʌmbr(ə)l
AM pəˈnəmbrəl

penurious
BR pɪˈnjʊərɪəs,
pɛˈnjʊərɪəs,
pɪˈnjɔːrɪəs,
pɛˈnjɔːrɪəs
AM pəˈn(j)ʊriəs
penuriously
BR pɪˈnjʊərɪəsli,
pɛˈnjʊərɪəsli,
pɪˈnjɔːrɪəsli,
pɛˈnjɔːrɪəsli
AM pəˈn(j)ʊriəsli
penuriousness
BR pɪˈnjʊərɪəsnəs,
pɛˈnjʊərɪəsnəs,
pɪˈnjɔːrɪəsnəs,
pɛˈnjɔːrɪəsnəs
AM pəˈn(j)ʊriəsnəs
penury
BR ˈpenjʉri
AM ˈpenjəri
Penybont
BR ˌpenɪˈbɒnt
AM ˌpeniˈbant,
ˌpeniˈbɒnt,
WE ˌpenʌˈbɒnt
Penyghent
BR ˌpenɪˈgent
AM ˌpeniˈgent
Penza
BR ˈp(j)enzə(r)
AM ˈpenzə
RUS ˈpʲenzə
Penzance
BR penˈzans
AM penˈzæns
peon
BR ˈpiːɒn,
-z
AM ˈpiɑn,
ˈpiˌɑn, -z
peonage
BR ˈpiːənɪdʒ
AM ˈpiənɪdʒ
peony
BR ˈpiːən|i, -ɪz
AM ˈpiəni, -z
people
BR ˈpiːp|l, -lz,
-lɪŋ\-lɪŋ, -ld
AM ˈpip|əl, -əlz,
-(ə)lɪŋ, -əld

pep
BR pɛp, -s, -ɪŋ, -t
AM pɛp, -s, -ɪŋ, -t
Pepe
BR ˈpɛpeɪ
AM ˈpɛpeɪ
peperino
BR ˌpɛpəˈriːnəʊ
AM ˌpɛpəˈriːˌnoʊ
IT pepeˈrino
peperoni
BR ˌpɛpəˈrəʊn|i, -ɪz
AM ˌpɛpəˈroʊni, -z
IT pepeˈroni
Pepin
BR ˈpɛpɪn
AM ˈpɛpən
pepla
BR ˈpɛplə(r)
AM ˈpɛplə
peplum
BR ˈpɛpləm, -z
AM ˈpɛpl(ə)m, -z
pepo
BR ˈpɛpəʊ, -z
AM ˈpɛˌpoʊ, -z
Peppard
BR ˈpɛpɑːd
AM ˈpɛpərd,
pəˈpɑrd
pepper
BR ˈpɛp|ə(r), -əz,
-(ə)rɪŋ, -əd
AM ˈpɛpər, -z, -ɪŋ, -d
pepperbox
BR ˈpɛpəbɒks, -ɪz
AM ˈpɛpərˌbɑks, -əz
peppercorn
BR ˈpɛpəkɔːn, -z
AM ˈpɛpərˌkɔ(ə)rn, -z
pepperiness
BR ˈpɛp(ə)rɪnɨs
AM ˈpɛp(ə)rɪnɨs
peppermint
BR ˈpɛpəmɪnt, -s
AM ˈpɛpərˌmɪnt, -s
pepperminty
BR ˈpɛpəmɪnti
AM ˈpɛpərˌmɪn(t)i
pepperoncini
BR ˌpɛpərɒnˈtʃiːniː
AM ˌpɛpərənˈtʃini

pepperoncino
BR ˌpɛpərɒnˈtʃiːnəʊ
AM ˌpɛpərənˈtʃinoʊ
pepperoni
BR ˌpɛpəˈrəʊni
AM ˌpɛpəˈroʊni
pepperpot
BR ˈpɛpəpɒt, -s
AM ˈpɛpərˌpɑt, -s
pepperwort
BR ˈpɛpəwəːt, -s
AM ˈpɛpərˌwɔ(ə)rt,
ˈpɛpərwərt, -s
peppery
BR ˈpɛp(ə)ri
AM ˈpɛp(ə)ri
peppily
BR ˈpɛpɪli
AM ˈpɛpəli
peppiness
BR ˈpɛpɪnɨs
AM ˈpɛpɪnɨs
peppy
BR ˈpɛp|i, -ɪə(r),
-ɪɪst
AM ˈpɛpi, -ər,
-ɪst
Pepsi
BR ˈpɛpsi
AM ˈpɛpsi
Pepsi-Cola
BR ˌpɛpsɪˈkəʊlə(r)
AM ˌpɛpsəˈkoʊlə
pepsin
BR ˈpɛpsɪn, -z
AM ˈpɛps(ə)n, -z
Pepsodent
BR ˈpɛpsəd(ɛ)nt
AM ˈpɛpsədnt
peptalk
BR ˈpɛptɔːk, -s
AM ˈpɛpˌtak,
ˈpɛpˌtɔk, -s
peptic
BR ˈpɛptɪk
AM ˈpɛptɪk
peptide
BR ˈpɛptʌɪd
AM ˈpɛpˌtaɪd
peptone
BR ˈpɛptəʊn, -z
AM ˈpɛpˌtoʊn, -z

peptonise
BR ˈpɛptənʌɪz, -ɪz, -ɪŋ, -d
AM ˈpɛptəˌnaɪz, -ɪz, -ɪŋ, -d

peptonize
BR ˈpɛptənʌɪz, -ɪz, -ɪŋ, -d
AM ˈpɛptəˌnaɪz, -ɪz, -ɪŋ, -d

Pepys
BR piːps, ˈpɛp(ɪ)s
AM pips

per[1] *strong form*
BR pəː(r)
AM pər

per[2] *weak form*
BR pə(r)
AM pər

peradventure
BR ˌpəːrədˈvɛntʃə(r), p(ə)rədˈvɛntʃə(r)
AM ˌpɛrədˈvɛn(t)ʃər, ˌpərədˈvɛn(t)ʃər

Perak
BR ˈpɛːrə(r), ˈpɪərə(r), pɛˈrak
AM pəˈræk, ˈpɛræk

perambulate
BR pəˈrambjʉleɪt, -s, -ɪŋ, -ɪd
AM pəˈræmbjəˌleɪ|t, -ts, -dɪŋ, -dɪd

perambulation
BR pəˌrambjʉˈleɪʃn, -z
AM pəˌræmbjəˈleɪʃ(ə)n, -z

perambulator
BR pəˈrambjʉleɪtə(r), -z
AM pəˈræmbjəˌleɪdər, -z

perambulatory
BR pəˈrambjʉlət(ə)ri
AM pəˈræmbjələˌtɔri

per annum
BR pər ˈanəm, pəːr +
AM pə ˈræn(ə)m

percale
BR pəˈkeɪl, pəˈkaːl
AM pərˈkeɪ(ə)l

per capita
BR pə(ː) ˈkapɨtə(r)
AM pər ˈkæpədə

per caput
BR pə(ː) ˈkapʊt
AM pər ˈkæpət

perceivable
BR pəˈsiːvəbl
AM pərˈsivəb(ə)l

perceivably
BR pəˈsiːvəbli
AM pərˈsivəbli

perceive
BR pəˈsiːv, -z, -ɪŋ, -d
AM pərˈsiv, -z, -ɪŋ, -d

perceiver
BR pəˈsiːvə(r), -z
AM pərˈsivər, -z

percent
BR pəˈsɛnt
AM pərˈsɛnt

percentage
BR pəˈsɛnt|ɪdʒ, -ɪdʒɪz
AM pərˈsɛn(t)ɪdʒ, -ɪz

percentile
BR pəˈsɛntʌɪl
AM pərˈsɛnˌtaɪl

percept
BR ˈpəːsɛpt, -s
AM ˈpərˌsɛpt, -s

perceptibility
BR pəˌsɛptɨˈbɪlɪti
AM pərˌsɛptəˈbɪlɪdi

perceptible
BR pəˈsɛptɪbl
AM pərˈsɛptəb(ə)l

perceptibly
BR pəˈsɛptɪbli
AM pərˈsɛptəbli

perception
BR pəˈsɛpʃn, -z
AM pərˈsɛpʃ(ə)n, -z

perceptional
BR pəˈsɛpʃn̩l
AM pərˈsɛpʃ(ə)n(ə)l

perceptive
BR pəˈsɛptɪv
AM pərˈsɛptɪv

perceptively
BR pəˈsɛptɪvli
AM pərˈsɛptɪvli

perceptiveness
BR pəˈsɛptɪvnɪs
AM pərˈsɛptɪvnɪs

perceptivity
BR ˌpəːsɛpˈtɪvɨti
AM ˌpərsɛpˈtɪvɪdi

perceptual
BR pəˈsɛptʃʊəl, pəˈsɛptʃ(ʉ)l, pəˈsɛptjʊəl, pəˈsɛptjʉl
AM pərˈsɛp(t)ʃ(əw)əl

perceptually
BR pəˈsɛptʃʊəli, pəˈsɛptʃʉli, pəˈsɛptʃli, pəˈsɛptjʊəli, pəˈsɛptjʉli
AM pərˈsɛp(t)ʃ(əw)əli

Perceval
BR ˈpəːsɪvl
AM ˈpərsəvəl

perch
BR pəːtʃ, -ɪz, -ɪŋ, -t
AM pərtʃ, -əz, -ɪŋ, -t

perchance
BR pəˈtʃɑːns
AM pərˈtʃæns

percher
BR ˈpəːtʃə(r), -z
AM ˈpərtʃər, -z

Percheron
BR ˈpəːʃ(ə)rɒn, -z
AM ˈpɛr(t)ʃəˌrɑn, -z
FR pɛʁʃəʁɔ̃

perchlorate
BR pəˈklɔːreɪt, -s
AM pərˈklɔˌreɪt, -s

perchloric acid
BR pəˌklɔːrɪk ˈasɪd, pəˌklɒrɪk +
AM pərˌklɔrɪk ˈæsəd

perchloroethylene
BR pəˌklɔːrəʊˈɛθɪliːn
AM pərˌklɔroʊˈɛθəˌlin

percipience
BR pəˈsɪpɪəns
AM pərˈsɪpiəns

percipient
BR pəˈsɪpɪənt
AM pərˈsɪpiənt

percipiently
BR pəˈsɪpɪəntli
AM pərˈsɪpiən(t)li

Percival
BR ˈpəːsɪvl
AM ˈpərsəvəl

percoid
BR ˈpəːkɔɪd, -z
AM ˈpərkɔɪd, -z

percolate
BR ˈpəːkəleɪt, -s, -ɪŋ, -ɪd
AM ˈpərkəˌleɪ|t, -ts, -dɪŋ, -dɪd

percolation
BR ˌpəːkəˈleɪʃn
AM ˌpərkəˈleɪʃ(ə)n

percolator
BR ˈpəːkəleɪtə(r), -z
AM ˈpərkəˌleɪdər, -z

per contra
BR pəː ˈkɒntrə(r)
AM pər ˈkɑntrə, pər ˈkɔntrə

percuss
BR pəˈkʌs, -ɪz, -ɪŋ, -t
AM pərˈkəs, -əz, -ɪŋ, -t

percussion
BR pəˈkʌʃn
AM pərˈkəʃ(ə)n

percussionist
BR pəˈkʌʃn̩ɪst, -s
AM pərˈkəʃənəst, -s

percussive
BR pəˈkʌsɪv
AM pərˈkəsɪv

percussively
BR pəˈkʌsɪvli
AM pərˈkəsɪvli

percussiveness
BR pəˈkʌsɪvnɪs
AM pərˈkəsɪvnɪs

percutaneous
BR ˌpəːkjʉˈteɪnɪəs
AM ˌpərkjəˈteɪniəs

percutaneously
BR ˌpəːkjʉˈteɪnɪəsli
AM ˌpərkjəˈteɪniəsli

Percy
BR ˈpəːsi
AM ˈpərsi

per diem
BR pəː ˈdiːɛm, -z
AM pər ˈdiəm, -z

Perdita
BR ˈpəːdɪtə(r)
AM pərˈdidə
perdition
BR pəˈdɪʃn
AM pərˈdɪʃ(ə)n
perdurability
BR pə,djʊərəˈbɪlɪti,
pə,djɔːrəˈbɪlɪti,
pə,dʒʊərəˈbɪlɪti,
pə,dʒɔːrəˈbɪlɪti
AM pər,d(j)ʊrəˈbɪlɪdi
perdurable
BR pəˈdjʊərəbl,
pəˈdjɔːrəbl,
pəˈdʒʊərəbl,
pəˈdʒɔːrəbl
AM pərˈd(j)ʊrəb(ə)l
perdurably
BR pəˈdjʊərəbli,
pəˈdjɔːrəbli,
pəˈdʒʊərəbli,
pəˈdʒɔːrəbli
AM pərˈd(j)ʊrəbli
père
BR pɛː(r)
AM pɛ(ə)r
FR pɛʀ
peregrinate
BR ˈperɪgrɪneɪt, -s,
-ɪŋ, -ɪd
AM ˈperəgrə,neɪ|t, -ts,
-dɪŋ, -dɪd
peregrination
BR ,perɪgrɪˈneɪʃn, -z
AM ,perəgrəˈneɪʃ(ə)n, -z
peregrinator
BR ˈperɪgrɪneɪtə(r), -z
AM ˈperəgrə,neɪdər, -z
peregrine
BR ˈperɪgrɪn, -z
AM ˈperəgrən, -z
pereira
BR pəˈreːrə(r),
pəˈrɪərə(r)
AM pəˈrerə
Perelman
BR ˈpəːlmən
AM ˈpər(ə)lm(ə)n
peremptorily
BR pəˈrem(p)t(ə)rɪli
AM pəˈrem(p)t(ə)rəli

peremptoriness
BR pəˈrem(p)t(ə)rɪnɪs
AM pəˈrem(p)t(ə)rɪnɪs
peremptory
BR pəˈrem(p)t(ə)ri
AM pəˈrem(p)t(ə)ri
perennial
BR pəˈrenɪəl, -z
AM pəˈrenɪəl,
pəˈrenj(ə)l, -z
perenniality
BR pə,reniˈælɪti
AM pə,reniˈælədi
perennially
BR pəˈrenɪəli
AM pəˈrenɪəli,
pəˈrenjəli
Peres
BR ˈperez
AM ˈpe,rez, ˈperəs
perestroika
BR ,perɪˈstrɔɪ(ɪ)kə(r)
AM ,perəˈstrɔɪkə
Pérez
BR ˈperez
AM ˈperəz, pəˈrez
SP ˈpereθ, ˈperes
perf
BR pəːf, -s
AM pərf, -s
perfect[1] *adjective*
BR ˈpəːfɪkt
AM ˈpərfək(t)
perfect[2] *verb*
BR pəˈfekt, -s, -ɪŋ, -ɪd
AM pərˈfek|(t), -(t)s,
-tɪŋ, -təd
perfecta
BR pəˈfektə(r)
AM pərˈfektə
perfecter
BR pəˈfektə(r), -z
AM pərˈfektər, -z
perfectibility
BR pə,fektɪˈbɪlɪti
AM pər,fektəˈbɪlɪdi
perfectible
BR pəˈfektɪbl
AM pərˈfektəb(ə)l
perfection
BR pəˈfekʃn
AM pərˈfekʃ(ə)n

perfectionism
BR pəˈfekʃnɪzm
AM pərˈfekʃə,nɪz(ə)m
perfectionist
BR pəˈfekʃnɪst,
-s
AM pərˈfekʃ(ə)nəst,
-s
perfective
BR pəˈfektɪv
AM pərˈfektɪv
perfectly
BR ˈpəːfɪk(t)li
AM ˈpərfək(t)li
perfectness
BR ˈpəːfɪk(t)nɪs
AM ˈpərfək(t)nəs
perfecto
BR pəˈfektəʊ
AM pərˈfek,toʊ
perfervid
BR pə(ː)ˈfəːvɪd
AM ,pərˈfərvɪd
perfervidly
BR pə(ː)ˈfəːvɪdli
AM ,pərˈfərvɪdli
perfervidness
BR pə(ː)ˈfəːvɪdnɪs
AM ,pərˈfərvɪdnɪs
perfidious
BR pəˈfɪdɪəs
AM pərˈfɪdɪəs
perfidiously
BR pəˈfɪdɪəsli
AM pərˈfɪdɪəsli
perfidiousness
BR pəˈfɪdɪəsnəs
AM pərˈfɪdɪəsnəs
perfidy
BR ˈpəːfɪd|i, -ɪz
AM ˈpərfədi, -z
perfin
BR ˈpəːfɪn, -z
AM ˈpərfɪn, -z
perfoliate
BR pəˈfəʊlɪət
AM pərˈfoʊlɪət,
pərˈfoʊli,eɪt
perforate[1] *adjective*
BR ˈpəːf(ə)rət
AM ˈpərfə,reɪt,
ˈpərf(ə)rət

perforate[2] *verb*
BR ˈpəːfəreɪt, -s,
-ɪŋ, -ɪd
AM ˈpərfə,reɪ|t, -ts,
-dɪŋ, -dɪd
perforation
BR ,pəːfəˈreɪʃn, -z
AM ,pərfəˈreɪʃ(ə)n, -z
perforative
BR ˈpəːf(ə)rətɪv
AM ˈpərfərədɪv,
ˈpərfə,reɪdɪv
perforator
BR ˈpəːfəreɪtə(r), -z
AM ˈpərfə,reɪdər, -z
perforce
BR pəˈfɔːs
AM pərˈfɔ(ə)rs
perforin
BR ˈpəːf(ə)rɪn
AM ˈpərfərɪn
perform
BR pəˈfɔːm, -z, -ɪŋ, -d
AM pərˈfɔ(ə)rm, -z,
-ɪŋ, -d
performability
BR pə,fɔːməˈbɪlɪti
AM pər,fɔrməˈbɪlɪdi
performable
BR pəˈfɔːməbl
AM pərˈfɔrməb(ə)l
performance
BR pəˈfɔːm(ə)ns, -ɪz
AM pərˈfɔrm(ə)ns, -ɪz
performative
BR pəˈfɔːmətɪv, -z
AM pərˈfɔrmədɪv, -z
performatory
BR pəˈfɔːmət(ə)r|i, -ɪz
AM pərˈfɔrmə,tɔri, -z
performer
BR pəˈfɔːmə(r), -z
AM pərˈfɔrmər, -z
perfume[1] *noun*
BR ˈpəːfjuːm, -z
AM ˌpərˈfjum,
ˈpər,fjum, -z
perfume[2] *verb*
BR pəˈfjuːm,
ˈpəːfjuːm, -z, -ɪŋ, -d
AM pərˌfjum,
ˌpərˈfjum, -z, -ɪŋ, -d

perfumer
BR pəˈfjuːmə(r), -z
AM pərˈfjumər, -z

perfumery
BR pəˈfjuːm(ə)r|i, -ɪz
AM pərˈfjum(ə)ri, -z

perfumier
BR pəˈfjuːmɪə(r), -z
AM pərˈfjumɪ(ə)r, -z

perfumy
BR ˈpəːfjuːmi
AM ˌpərˈfjumi,
ˈpərˌfjumi

perfunctorily
BR pəˈfʌŋ(k)t(ə)rɪli
AM pərˈfəŋ(k)t(ə)rəli

perfunctoriness
BR pəˈfʌŋ(k)t(ə)rɪnɪs
AM pərˈfəŋ(k)t(ə)rɪnɪs

perfunctory
BR pəˈfʌŋ(k)t(ə)ri
AM pərˈfəŋ(k)t(ə)ri

perfuse
BR pəˈfjuːz, -ɪz,
-ɪŋ, -d
AM pərˈfjuz, -əz,
-ɪŋ, -d

perfusion
BR pəˈfjuːʒn, -z
AM pərˈfjuʒ(ə)n, -z

perfusive
BR pəˈfjuːzɪv
AM pərˈfjuzɪv

Pergamene
BR ˈpəːgəmiːn,
ˌpəːgəˈmiːn, -z
AM ˈpərgəˌmin, -z

Pergamon
BR ˈpəːgəmən
AM ˈpərgəm(ə)n

Pergamum
BR ˈpəːgəməm
AM ˈpərgəməm

pergola
BR ˈpəːglə(r), -z
AM ˈpərgələ, -z

perhaps
BR pəˈhaps, praps
AM pərˈ(h)æps

peri
BR ˈpɪər|i, -ɪz
AM ˈpɪəri, -z

perianth
BR ˈpɛrɪanθ, -s
AM ˌpɛriˌænθ, -s

periapses
BR ˌpɛrɪˈapsiːz
AM ˌpɛriˈæpsiz

periapss
BR ˌpɛrɪˈapsɪs
AM ˌpɛriˈæpsɪs

periapt
BR ˈpɛrɪapt, -s
AM ˈpɛriˌæpt, -s

pericardia
BR ˌpɛrɪˈkɑːdɪə(r)
AM ˌpɛrəˈkɑrdiə

pericardiac
BR ˌpɛrɪˈkɑːdɪak
AM ˌpɛrəˈkɑrdiˌæk

pericardial
BR ˌpɛrɪˈkɑːdɪəl
AM ˌpɛrəˈkɑrdiəl

pericarditis
BR ˌpɛrɪkɑːˈdʌɪtɪs
AM ˌpɛrəˌkɑrˈdaɪdɪs

pericardium
BR ˌpɛrɪˈkɑːdɪəm, -z
AM ˌpɛrəˈkɑrdiəm, -z

pericarp
BR ˈpɛrɪkɑːp, -s
AM ˈpɛrəˌkɑrp, -s

perichondria
BR ˌpɛrɪˈkɒndrɪə(r)
AM ˌpɛrəˈkɑndriə

perichondrium
BR ˌpɛrɪˈkɒndrɪəm
AM ˌpɛrəˈkɑndriəm

periclase
BR ˈpɛrɪkleɪz,
ˈpɛrɪkleɪs
AM ˈpɛrəˌkleɪz,
ˈpɛrəˌkleɪs

Periclean
BR ˌpɛrɪˈkliːən
AM ˌpɛrəˈkliən

Pericles
BR ˈpɛrɪkliːz
AM ˈpɛrəˌkliz

periclinal
BR ˌpɛrɪˈklʌɪnl
AM ˌpɛrəˈklaɪn(ə)l

pericope
BR pɪˈrɪkəpi
AM pəˈrɪkəpi

pericrania
BR ˌpɛrɪˈkreɪnɪə(r)
AM ˌpɛrəˈkreɪniə

pericranium
BR ˌpɛrɪˈkreɪnɪəm, -z
AM ˌpɛrəˈkreɪniəm, -z

peridia
BR pɪˈrɪdɪə(r)
AM pəˈrɪdiə

peridium
BR pɪˈrɪdɪəm
AM pəˈrɪdiəm

peridot
BR ˈpɛrɪdɒt
AM ˈpɛriˌdɑt

peridotite
BR ˈpɛrɪdətʌɪt
AM pəˈrɪdəˌtaɪt

perigean
BR ˌpɛrɪˈdʒiːən
AM ˌpɛrəˈdʒiən

perigee
BR ˈpɛrɪdʒiː, -z
AM ˈpɛrədʒi, -z

periglacial
BR ˌpɛrɪˈgleɪʃl,
ˌpɛrɪˈgleɪsɪəl
AM ˌpɛrəˈgleɪʃ(ə)l

perigynous
BR pɪˈrɪdʒɪnəs
AM pəˈrɪdʒənəs

perihelion
BR ˌpɛrɪˈhiːlɪən
AM ˌpɛrəˈhiliən,
ˌpɛrəˈhiljən

peril
BR ˈpɛrɪl, ˈpɛrl̩, -z
AM ˈpɛrəl, -z

perilous
BR ˈpɛrɪləs, ˈpɛrl̩əs
AM ˈpɛrələs

perilously
BR ˈpɛrɪləsli, ˈpɛrl̩əsli
AM ˈpɛrələsli

perilousness
BR ˈpɛrɪləsnəs,
ˈpɛrl̩əsnəs
AM ˈpɛrələsnəs

perilune
BR ˈpɛrɪl(j)uːn
AM ˈpɛrəˌlun

perilymph
BR ˈpɛrɪlɪmf
AM ˈpɛrəˌlɪmf

perimeter
BR pɪˈrɪmɪtə(r), -z
AM pəˈrɪmɪdər, -z

perimetric
BR ˌpɛrɪˈmɛtrɪk
AM ˌpɛrəˈmɛtrɪk

perimysium
BR ˌpɛrɪˈmɪsɪəm
AM ˌpɛrəˈmɪʒ(i)əm

perinatal
BR ˌpɛrɪˈneɪtl
AM ˌpɛrəˈneɪdl

perinea
BR ˌpɛrɪˈniːə(r)
AM ˌpɛrəˈniə

perineal
BR ˌpɛrɪˈniːəl
AM ˌpɛrəˈniəl

perineum
BR ˌpɛrɪˈniːəm, -z
AM ˌpɛrəˈniəm, -z

period
BR ˈpɪərɪəd, -z
AM ˈpɪriəd, -z

periodate
BR pəˈrʌɪədeɪt, -s
AM pərˈaɪəˌdeɪt, -s

periodic
BR ˌpɪərɪˈɒdɪk
AM ˌpɪriˈɑdɪk

periodical
BR ˌpɪərɪˈɒdɪkl, -z
AM ˌpɪriˈɑdək(ə)l, -z

periodically
BR ˌpɪərɪˈɒdɪkli
AM ˌpɪriˈɑdək(ə)li

periodicity
BR ˌpɪərɪəˈdɪsɪti
AM ˌpɪriəˈdɪsɪdi

periodisation
BR ˌpɪərɪədʌɪˈzeɪʃn
AM ˌpɛriəˌdaɪˈzeɪʃ(ə)n,
ˌpɪriədəˈzeɪʃ(ə)n

periodise
BR ˈpɪərɪədʌɪz, -ɪz,
-ɪŋ, -d
AM ˈpɪriədaɪz, -ɪz,
-ɪŋ, -d
periodization
BR ˌpɪərɪədʌɪˈzeɪʃn
AM ˌpɪəriəˌdaɪˈzeɪʃ(ə)n,
ˌpɪəriədəˈzeɪʃ(ə)n
periodize
BR ˈpɪərɪədʌɪz, -ɪz,
-ɪŋ, -d
AM ˈpɪriədaɪz, -ɪz,
-ɪŋ, -d
periodontal
BR ˌpɛrɪəˈdɒntl
AM ˌpɛrioʊˈdan(t)l
periodontics
BR ˌpɛrɪəˈdɒntɪks
AM ˌpɛrioʊˈdan(t)ɪks
periodontist
BR ˌpɛrɪəˈdɒntɪst,
-s
AM ˌpɛrioʊˈdan(t)əst,
-s
periodontology
BR ˌpɛrɪədɒnˈtɒlədʒi
AM ˌpɛrioʊˌdan-
ˈtalədʒi
periostea
BR ˌpɛrɪˈɒstɪə(r)
AM ˌpɛriˈɑstiə
periosteal
BR ˌpɛrɪˈɒstɪəl
AM ˌpɛriˈɑstiəl
periosteum
BR ˌpɛrɪˈɒstɪəm
AM ˌpɛriˈɑstiəm
periostitis
BR ˌpɛrɪəˈstʌɪtɪs
AM ˌpɛriəˈstaɪdɪs,
ˌpɛriˌasˈtaɪdɪs
peripatetic
BR ˌpɛrɪpəˈtɛtɪk
AM ˌpɛrəpəˈtɛdɪk
peripatetically
BR ˌpɛrɪpəˈtɛtɪkli
AM ˌpɛrəpəˈtɛdək(ə)li
peripateticism
BR ˌpɛrɪpəˈtɛtɪsɪzm
AM ˌpɛrəpəˈtɛdə-
ˌsɪz(ə)m

peripeteia
BR ˌpɛrɪpɪˈtʌɪə(r),
ˌpɛrɪpɪˈtɪə(r)
AM ˌpɛrəpəˈtaɪə,
ˌpɛrəpəˈti(j)ə
peripheral
BR pɪˈrɪf(ə)rl
AM pəˈrɪf(ə)rəl
peripherality
BR pɪˌrɪfəˈralɪti
AM pəˌrɪfəˈrælədi
peripherally
BR pɪˈrɪf(ə)r|i
AM pəˈrɪf(ə)rəli
periphery
BR pɪˈrɪf(ə)r|i, -ɪz
AM pəˈrɪf(ə)ri, -z
periphrases
BR pɪˈrɪfrəsiːz
AM pəˈrɪfrəˌsiz
periphrasis
BR pɪˈrɪfrəsɪs
AM pəˈrɪfrəsəz
periphrastic
BR ˌpɛrɪˈfrastɪk
AM ˌpɛrəˈfræstɪk
periphrastically
BR ˌpɛrɪˈfrastɪkli
AM ˌpɛrəˈfræstək(ə)li
peripteral
BR pɪˈrɪpt(ə)rl
AM pəˈrɪpt(ə)rəl
perique
BR pəˈriːk
AM pəˈrik
periscope
BR ˈpɛrɪskəʊp, -s
AM ˈpɛrəˌskoʊp, -s
periscopic
BR ˌpɛrɪˈskɒpɪk
AM ˌpɛrəˈskɑpɪk
periscopically
BR ˌpɛrɪˈskɒpɪkli
AM ˌpɛrəˈskɑpək(ə)li
perish
BR ˈpɛr|ɪʃ, -ɪʃɪz,
-ɪʃɪŋ, -ɪʃt
AM ˈpɛrɪʃ, -ɪz,
-ɪŋ, -t
perishability
BR ˌpɛrɪʃəˈbɪlɪti
AM ˌpɛrəʃəˈbɪlɪdi

perishable
BR ˈpɛrɪʃəbl, -z
AM ˈpɛrəʃəb(ə)l, -z
perishableness
BR ˈpɛrɪʃəblnəs
AM ˈpɛrəʃəbəlnəs
perishably
BR ˈpɛrɪʃəbli
AM ˈpɛrəʃəbli
perisher
BR ˈpɛrɪʃə(r), -z
AM ˈpɛrɪʃər, -z
perishingly
BR ˈpɛrɪʃɪŋli
AM ˈpɛrɪʃɪŋli
perishless
BR ˈpɛrɪʃlɪs
AM ˈpɛrɪʃləs
perisperm
BR ˈpɛrɪspəːm, -z
AM ˈpɛrəˌspərm, -z
perissodactyl
BR pɪˌrɪsə(ʊ)ˈdakt(ɪ)l,
-z
AM pəˌrɪsəˈdæktl, -z
Perissodactyla
BR ˌpɛrɪsəˈdaktɪlə(r)
AM pəˌrɪsəˈdæktələ
peristalith
BR pɪˈrɪstəlɪθ, -s
AM pəˈrɪstəˌlɪθ, -s
peristalsis
BR ˌpɛrɪˈstalsɪs
AM ˌpɛrəˈstɑlsəs,
ˌpɛrəˈstɔlsəs
peristaltic
BR ˌpɛrɪˈstaltɪk
AM ˌpɛrəˈstɑltɪk,
ˌpɛrəˈstɔltɪk
peristaltically
BR ˌpɛrɪˈstaltɪkli
AM ˌpɛrəˈstɑltək(ə)li,
ˌpɛrəˈstɔltək(ə)li
peristome
BR ˈpɛrɪstəʊm, -z
AM ˈpɛrəˌstoʊm, -z
peristyle
BR ˈpɛrɪstʌɪl, -z
AM ˈpɛrəˌstaɪl, -z
peritonea
BR ˌpɛrɪtəˈniːə(r)
AM ˌpɛrətnˈiə

peritoneal
BR ˌpɛrɪtəˈniːəl
AM ˌpɛrətnˈiəl
peritoneum
BR ˌpɛrɪtəˈniːəm, -z
AM ˌpɛrətnˈiəm, -z
peritonitis
BR ˌpɛrɪtəˈnʌɪtɪs
AM ˌpɛrətnˈaɪdɪs
Perivale
BR ˈpɛrɪveɪl
AM ˈpɛrəˌveɪl
periwig
BR ˈpɛrɪwɪg, -z, -d
AM ˈpɛriˌwɪg,
ˈpɛrəˌwɪg, -z, -d
periwinkle
BR ˈpɛrɪˌwɪŋkl, -z
AM ˈpɛriˌwɪŋkəl,
ˈpɛrəˌwɪŋkəl, -z
perjure
BR ˈpəːdʒ|ə(r), -əz,
-(ə)rɪŋ, -əd
AM ˈpərdʒ|ər, -ərz,
-(ə)rɪŋ, -ərd
perjurer
BR ˈpəːdʒ(ə)rə(r), -z
AM ˈpərdʒərər, -z
perjurious
BR pəːˈdʒʊərɪəs
AM pərˈdʒʊriəs
perjury
BR ˈpəːdʒ(ə)r|i, -ɪz
AM ˈpərdʒ(ə)ri, -z
perk
BR pəːk, -s, -ɪŋ, -t
AM pərk, -s, -ɪŋ, -t
perkily
BR ˈpəːkɪli
AM ˈpərkəli
Perkin
BR ˈpəːkɪn
AM ˈpərkən
perkiness
BR ˈpəːkɪnɪs
AM ˈpərkɪnɪs
Perkins
BR ˈpəːkɪnz
AM ˈpərkənz
Perks
BR pəːks
AM pərks

perky
BR ˈpɜːk|i, -ɪə(r), -ɪɪ̈st
AM ˈpɝki, -ɚ, -ɪst

Perlis
BR ˈpɜːlɪs
AM ˈpɝləs

perlite
BR ˈpɜːlʌɪt, -s
AM ˈpɝˌlaɪt, -s

perlocution
BR ˌpɜːləˈkjuːʃn
AM ˌpɝləˈkjuʃ(ə)n

perm
BR pɜːm, -z, -ɪŋ, -d
AM pɝm, -z, -ɪŋ, -d

permafrost
BR ˈpɜːməfrɒst
AM ˈpɝməˌfrɑst, ˈpɝməˌfrɔst

Permalloy
BR ˈpɜːməlɔɪ
AM ˈpɝməˌlɔɪ

permanence
BR ˈpɜːmn̩əns
AM ˈpɝm(ə)nəns

permanency
BR ˈpɜːmn̩əns|i, -ɪz
AM ˈpɝm(ə)nənsi, -z

permanent
BR ˈpɜːmn̩ənt
AM ˈpɝm(ə)nənt

permanentise
BR ˈpɜːmn̩əntʌɪz, -ɪz, -ɪŋ, -d
AM ˈpɝm(ə)nənˌtaɪz, -ɪz, -ɪŋ, -d

permanentize
BR ˈpɜːmn̩əntʌɪz, -ɪz, -ɪŋ, -d
AM ˈpɝm(ə)nənˌtaɪz, -ɪz, -ɪŋ, -d

permanently
BR ˈpɜːmn̩əntli
AM ˈpɝm(ə)nən(t)li

permanganate
BR pəˈmaŋɡəneɪt
AM ˌpɝˈmæŋɡənət, ˌpɝˈmæŋɡəˌneɪt

permanganic acid
BR ˌpɜːmaŋˈɡanɪk ˈasɪd
AM ˌpɝˌmænˈɡænɪk ˈæsəd

permeability
BR ˌpɜːmɪəˈbɪlɪti
AM ˌpɝmiəˈbɪlɪdi

permeable
BR ˈpɜːmɪəbl
AM ˈpɝmiəb(ə)l

permeance
BR ˈpɜːmɪəns
AM ˈpɝmiəns

permeant
BR ˈpɜːmɪənt
AM ˈpɝmiənt

permeate
BR ˈpɜːmɪeɪt, -s, -ɪŋ, -ɪd
AM ˈpɝmiˌeɪt, -ts, -dɪŋ, -dɪd

permeation
BR ˌpɜːmɪˈeɪʃn
AM ˌpɝmiˈeɪʃ(ə)n

permeator
BR ˈpɜːmɪeɪtə(r), -z
AM ˈpɝmiˌeɪdɚ, -z

Permian
BR ˈpɜːmɪən
AM ˈpɝmiən

per mil
BR pə(ː) ˈmɪl
AM pɚ ˈmɪl

per mille
BR pə(ː) ˈmɪl
AM pɚ ˈmɪl

permissibility
BR pəˌmɪsɪˈbɪlɪti
AM pɚˌmɪsəˈbɪlɪdi

permissible
BR pəˈmɪsɪbl
AM pɚˈmɪsəb(ə)l

permissibleness
BR pəˈmɪsɪblnəs
AM pɚˈmɪsəbəlnəs

permissibly
BR pəˈmɪsɪbli
AM pɚˈmɪsəbli

permission
BR pəˈmɪʃn
AM pɚˈmɪʃ(ə)n

permissive
BR pəˈmɪsɪv
AM pɚˈmɪsɪv

permissively
BR pəˈmɪsɪvli
AM pɚˈmɪsɪvli

permissiveness
BR pəˈmɪsɪvnɪs
AM pɚˈmɪsɪvnɪs

permit[1] *noun*
BR ˈpɜːmɪt, -s
AM ˈpɝmɪt, -s

permit[2] *verb*
BR pəˈmɪt, -s, -ɪŋ, -ɪd
AM pɚˈmɪ|t, -ts, -dɪŋ, -dɪd

permittee
BR ˌpɜːmɪˈtiː, -z
AM ˌpɝməˈti, -z

permitter
BR pəˈmɪtə(r), -z
AM pɚˈmɪdɚ, -z

permittivity
BR ˌpɜːmɪˈtɪvɪti
AM ˌpɝməˈtɪvɪdi

permutable
BR pəˈmjuːtəbl
AM pɚˈmjudəb(ə)l

permutate
BR ˈpɜːmjʉteɪt, -s, -ɪŋ, -ɪd
AM ˈpɝmjəˌteɪ|t, -ts, -dɪŋ, -dɪd

permutation
BR ˌpɜːmjʉˈteɪʃn, -z
AM ˌpɝmjuˈteɪʃ(ə)n, ˌpɝmjəˈteɪʃ(ə)n, -z

permutational
BR ˌpɜːmjʉˈteɪʃn̩l
AM ˌpɝmjəˈteɪʃ(ə)n(ə)l

permute
BR pəˈmjuːt, -s, -ɪŋ, -ɪd
AM pɚˈmju|t, -ts, -dɪŋ, -dəd

Pernambuco
BR ˌpɜːnamˈb(j)uːkəʊ
AM ˌpɝnəmˈbjuˌkoʊ

pernicious
BR pəˈnɪʃəs
AM pɚˈnɪʃəs

perniciously
BR pəˈnɪʃəsli
AM pɚˈnɪʃəsli

perniciousness
BR pəˈnɪʃəsnəs
AM pɚˈnɪʃəsnəs

pernicketiness
BR pəˈnɪkɪtɪnɪs
AM pɚˈnɪkɪdɪnɪs

pernickety
BR pəˈnɪkɪti
AM pɚˈnɪkɪdi

pernoctate
BR ˈpɜːnɒkteɪt, -s, -ɪŋ, -d
AM pɚˈnɑkˌteɪ|t, -ts, -dɪŋ, -dɪd

pernoctation
BR ˌpɜːnɒkˈteɪʃn
AM pɚˌnɑkˈteɪʃ(ə)n

Pernod
BR ˈpɛːnəʊ, ˈpɜːnəʊ
AM pɚˈnoʊ
FR pɛʁno

Perón
BR pɛˈrɒn
AM pɛˈroʊn

peroneal
BR ˌpɛrə(ʊ)ˈniːəl
AM ˌpɛrəˈniəl

Peronism
BR ˈpɛrənɪzm
AM pəˈroʊnɪz(ə)m

Peronist
BR ˈpɛrənɪst, -s
AM pəˈroʊnəst, -s

perorate
BR ˈpɛrəreɪt, -s, -ɪŋ, -ɪd
AM ˈpɛrəˌreɪ|t, -ts, -dɪŋ, -dɪd

peroration
BR ˌpɛrəˈreɪʃn, -z
AM pɚˌɔrˈeɪʃən, ˌpɛrəˈreɪʃ(ə)n, -z

Perot
BR pəˈrəʊ
AM pəˈroʊ

peroxidase
BR pəˈrɒksɪdeɪz, -ɪz
AM pəˈrɑksəˌdeɪz, -ɪz

peroxide
BR pəˈrɒksʌɪd, -z
AM pəˈrɑkˌsaɪd, -z

perpend
BR pəˈpɛnd, -z, -ɪŋ, -ɪd
AM pɚˈpɛnd, -z, -ɪŋ, -əd

perpendicular
BR ˌpɜːp(ə)nˈdɪkjʊlə(r),
-z
AM ˌpɝpənˈdɪkjələr,
-z

perpendicularity
BR ˌpɜːp(ə)nˌdɪkjʊ-
ˈlarɪti
AM ˌpɝpənˌdɪkjə-
ˈlɛrədi

perpendicularly
BR ˌpɜːp(ə)nˈdɪkjʊləli
AM ˌpɝpənˈdɪkjələrli

perpetrable
BR ˈpɜːpətrəbl
AM ˈpɝpətrəb(ə)l

perpetrate
BR ˈpɜːpɪtreɪt, -s,
-ɪŋ, -ɪd
AM ˈpɝpəˌtreɪ|t, -ts,
-dɪŋ, -dɪd

perpetration
BR ˌpɜːpɪˈtreɪʃn
AM ˌpɝpəˈtreɪʃ(ə)n

perpetrator
BR ˈpɜːpɪtreɪtə(r), -z
AM ˈpɝpəˌtreɪdər, -z

perpetual
BR pəˈpɛtʃʊəl,
pəˈpɛtʃ(ʊ)l,
pəˈpɛtjʊəl,
pəˈpɛtjʊl
AM pərˈpɛtʃ(əw)əl

perpetualism
BR pəˈpɛtʃʊəlɪzm,
pəˈpɛtʃʊlɪzm,
pəˈpɛtʃlɪzm,
pəˈpɛtjʊəlɪzm,
pəˈpɛtjʊlɪzm
AM pərˈpɛtʃ(əw)ə-
ˌlɪz(ə)m

perpetually
BR pəˈpɛtʃʊəli,
pəˈpɛtʃʊli,
pəˈpɛtʃli,
pəˈpɛtjʊəli,
pəˈpɛtjʊli
AM pərˈpɛtʃ(əw)əli

perpetuance
BR pəˈpɛtʃʊəns,
pəˈpɛtjʊəns
AM pərˈpɛtʃəwəns

perpetuate
BR pəˈpɛtʃʊeɪt,
pəˈpɛtjʊeɪt, -s, -ɪŋ, -ɪd
AM pərˈpɛtʃəˌweɪ|t,
-ts, -dɪŋ, -dɪd

perpetuation
BR pəˌpɛtʃʊˈeɪʃn,
pəˌpɛtjʊˈeɪʃn
AM pərˌpɛtʃəˈweɪʃ(ə)n

perpetuator
BR pəˈpɛtʃʊeɪtə(r),
pəˈpɛtjʊeɪtə(r), -z
AM pərˈpɛtʃəˌweɪdər,
-z

perpetuity
BR ˌpɜːpɪˈtjuːɪti,
ˌpɜːpɪˈtʃuːɪti
AM ˌpɝpəˈt(j)uədi

perpetuum mobile
BR pəˌpɛtjʊəm
ˈməʊbɪli,
pəˌpɛtʃʊəm +
AM pərˈpɛtʃəwəm
ˈmoʊbəˌleɪ,
pərˈpɛtʃəwəm
ˈmoʊbəli

perplex
BR pəˈplɛks, -ɪz, -ɪŋ, -t
AM pərˈplɛks, -əz, -ɪŋ, -t

perplexedly
BR pəˈplɛksɪdli
AM pərˈplɛksədli

perplexingly
BR pəˈplɛksɪŋli
AM pərˈplɛksɪŋli

perplexity
BR pəˈplɛksɪt|i, -ɪz
AM pərˈplɛksədi, -z

per pro.
BR pəː ˈprəʊ
AM pər ˈproʊ

perquisite
BR ˈpɜːkwɪzɪt, -s
AM ˈpɝkwəzət, -s

Perranporth
BR ˌpɛrn̩ˈpɔːθ,
ˈpɛrn̩pɔːθ
AM ˌpɛrənˈpɔ(ə)rθ

Perrault
BR pɛˈrəʊ, ˈpɛrəʊ
AM pəˈroʊ
FR pɛʁo

Perrier
BR ˈpɛrieɪ
AM ˈpɛriˌjeɪ, ˌpɛriˈjeɪ
FR pɛʁje

Perrin[1]
BR ˈpɛrɪn
AM ˈpɛrən

Perrin[2] *French*
BR ˈpɛrã
AM ˈpɛrən
FR pɛʁɛ̃

perron
BR ˈpɛrɒn, ˈpɛrɒ, -z
AM pəˈrɒn, pəˈrɑn,
ˈpɛrən, -z

perruquier
BR pɛˈruːkɪeɪ, -z
AM pəˌrukiˈeɪ, -z
FR pɛʁykje

perry
BR ˈpɛr|i, -ɪz
AM ˈpɛri, -z

perse
BR pɜːs
AM pɝs

per se
BR pəː ˈseɪ
AM ˌpɝ ˈseɪ

persecute
BR ˈpɜːsɪkjuːt, -s,
-ɪŋ, -ɪd
AM ˈpɝsəˌkju|t, -ts,
-dɪŋ, -dəd

persecution
BR ˌpɜːsɪˈkjuːʃn, -z
AM ˌpɝsəˈkjuʃ(ə)n, -z

persecutor
BR ˈpɜːsɪkjuːtə(r), -z
AM ˈpɝsəˌkjudər, -z

persecutory
BR ˈpɜːsɪkjuːt(ə)ri
AM pərˈsɛkjəˌtɔri,
ˈpɝsəkjəˌtɔri

Perseids
BR ˈpɜːsiɪdz
AM ˈpɝsiɪdz

Persephone
BR pəˈsɛfn̩i
AM pərˈsɛfəni

Persepolis
BR pəˈsɛpl̩ɪs
AM pərˈsɛpələs

Perseus
BR ˈpɜːsiəs
AM ˈpɝsiəs

perseverance
BR ˌpɜːsɪˈvɪərn̩s
AM ˌpɝsəˈvɪrəns

perseverate
BR pəˈsɛvəreɪt, -s,
-ɪŋ, -ɪd
AM pərˈsɛvəˌreɪ|t, -ts,
-dɪŋ, -dɪd

perseveration
BR pəˌsɛvəˈreɪʃn
AM pərˌsɛvəˈreɪʃ(ə)n

persevere
BR ˌpɜːsɪˈvɪə(r), -z,
-ɪŋ, -d
AM ˌpɝsəˈvɪ(ə)r, -z,
-ɪŋ, -d

Pershing
BR ˈpɜːʃɪŋ
AM ˈpɝʒɪŋ, ˈpɝʃɪŋ

Persia
BR ˈpɜːʃə(r), ˈpɜːʒə(r)
AM ˈpɝʒə

Persian
BR ˈpɜːʃn, ˈpɜːʒn, -z
AM ˈpɝʒ(ə)n, -z

persiennes
BR ˌpɜːsɪˈɛn(z)
AM ˌpɝziˈɛn(z)
FR pɛʁsjɛn

persiflage
BR ˈpɜːsɪflɑːʒ,
ˌpɜːsɪˈflɑːʒ
AM ˈpɝsəˌflɑʒ
FR pɛʁsiflaʒ

Persil
BR ˈpɜːs(ɪ)l
AM ˈpɝs(ə)l

persimmon
BR pəˈsɪmən, -z
AM pərˈsɪm(ə)n, -z

persist
BR pəˈsɪst, -s, -ɪŋ, -ɪd
AM pərˈsɪst, -s, -ɪŋ, -ɪd

persistence
BR pəˈsɪst(ə)ns
AM pərˈsɪst(ə)ns

persistency
BR pəˈsɪst(ə)nsi
AM pərˈsɪstnsi

persistent
BR pəˈsɪst(ə)nt
AM pərˈsɪst(ə)nt

persistently
BR pəˈsɪst(ə)ntli
AM pərˈsɪst(ə)n(t)li

person
BR ˈpɜːsn, -z
AM ˈpɜrs(ə)n, -z

persona
BR pəˈsəʊnə(r), -z
AM ˌpərˈsoʊnə, -z

personable
BR ˈpɜːsn̩əbl,
ˈpɜːsnəbl
AM ˈpɜrs(ə)nəb(ə)l

personableness
BR ˈpɜːsn̩əblnəs,
ˈpɜːsnəblnəs
AM ˈpɜrs(ə)nəbəlnəs

personably
BR ˈpɜːsn̩əbli,
ˈpɜːsnəbli
AM ˈpɜrs(ə)nəbli

personae
BR pəˈsəʊnʌɪ,
pəˈsəʊniː
AM ˌpərˈsoʊˌnaɪ,
ˌpərˈsoʊni

personage
BR ˈpɜːsn̩|ɪdʒ,
-ɪdʒɪz
AM ˈpɜrsənɪdʒ, -ɪz

persona grata
BR pəˌsəʊnə
ˈɡrɑːtə(r)
AM ˌpərˈsoʊnə ˈɡrɑdə

personal
BR ˈpɜːsn̩l
AM ˈpɜrs(ə)n(ə)l

personalisation
BR ˌpɜːsn̩lʌɪˈzeɪʃn,
ˌpɜːsnəlʌɪˈzeɪʃn
AM ˌpɜrs(ə)nə-
ˌlaɪˈzeɪʃ(ə)n,
ˌpɜrsn(ə)ləˈzeɪʃ(ə)n

personalise
BR ˈpɜːsn̩lʌɪz,
ˈpɜːsnəlʌɪz, -ɪz,
-ɪŋ, -d
AM ˈpɜrs(ə)nəˌlaɪz,
-ɪz, -ɪŋ, -d

personality
BR ˌpɜːsəˈnalɪt|i, -ɪz
AM ˌpɜrsnˈælədi, -z

personalization
BR ˌpɜːsn̩lʌɪˈzeɪʃn,
ˌpɜːsnəlʌɪˈzeɪʃn
AM ˌpɜrs(ə)nə,laɪ-
ˈzeɪʃ(ə)n,
ˌpɜrsn(ə)ləˈzeɪʃ(ə)n

personalize
BR ˈpɜːsn̩lʌɪz,
ˈpɜːsnəlʌɪz, -ɪz,
-ɪŋ, -d
AM ˈpɜrs(ə)nəˌlaɪz,
-ɪz, -ɪŋ, -d

personally
BR ˈpɜːsn̩li, ˈpɜːsnəli
AM ˈpɜrs(ə)nəli

personalty
BR ˈpɜːsn̩lt|i, ˈpɜːsn̩lt|i,
-ɪz
AM ˈpɜrs(ə)nəlti,
-z

persona non grata
BR pəˌsəʊnə
nɒn ˈɡrɑːtə(r)
AM ˌpərˌsoʊnə
ˌnoʊn ˈɡrɑdə, ˌpər
ˌsoʊnə ˌnɑn ˈɡrɑdə

personate
BR ˈpɜːsn̩eɪt, -s, -ɪŋ,
-ɪd
AM ˈpɜrsn̩,eɪ|t, -ts,
-dɪŋ, -dɪd

personation
BR ˌpɜːsəˈneɪʃn,
ˌpɜːsn̩ˈeɪʃn, -z
AM ˌpɜrsnˈeɪʃ(ə)n, -z

personator
BR ˈpɜːsn̩eɪtə(r)
AM ˈpɜrsn̩ˌeɪdər

personhood
BR ˈpɜːsnhʊd
AM ˈpɜrsən,(h)ʊd

personification
BR pəˌsɒnɪfɪˈkeɪʃn, -z
AM pərˌsɑnəfəˈkeɪʃ(ə)n,
-z

personifier
BR pəˈsɒnɪfʌɪə(r), -z
AM pərˈsɑnəˌfaɪ(ə)r,
-z

personify
BR pəˈsɒnɪfʌɪ, -z,
-ɪŋ, -d
AM pərˈsɑnəˌfaɪ, -z,
-ɪŋ, -d

personnel
BR ˌpɜːsəˈnɛl,
ˌpɜːsn̩ˈɛl
AM ˌpɜrsnˈɛl

person-to-person
BR ˌpɜːsntəˈpɜːsn
AM ˌpɜrsn(t)əˈpɜrs(ə)n

perspectival
BR pəˈspɛktɪvl
AM pərˈspɛktɪvəl

perspective
BR pəˈspɛktɪv, -z
AM pərˈspɛktɪv,
-z

perspectively
BR pəˈspɛktɪvli
AM pərˈspɛktɪvli

perspex
BR ˈpɜːspɛks
AM ˈpɜrˌspɛks

perspicacious
BR ˌpɜːspɪˈkeɪʃəs
AM ˌpɜrspəˈkeɪʃəs

perspicaciously
BR ˌpɜːspɪˈkeɪʃəsli
AM ˌpɜrspəˈkeɪʃəsli

perspicaciousness
BR ˌpɜːspɪˈkeɪʃəsnəs
AM ˌpɜrspəˈkeɪʃəsnəs

perspicacity
BR ˌpɜːspɪˈkasɪti
AM ˌpɜrspəˈkæsədi

perspicuity
BR ˌpɜːspɪˈkjuːɪti
AM ˌpɜrspəˈkjuədi

perspicuous
BR pəˈspɪkjʊəs
AM pərˈspɪkjəwəs

perspicuously
BR pəˈspɪkjʊəsli
AM pərˈspɪkjəwəsli

perspicuousness
BR pəˈspɪkjʊəsnəs
AM pərˈspɪkjəwəsnəs

perspiration
BR ˌpɜːspəˈreɪʃn
AM ˌpɜrspəˈreɪʃ(ə)n

perspiratory
BR pəˈspʌɪrət(ə)ri
AM pərˈspaɪrəˌtɔri

perspire
BR pəˈspʌɪə(r), -z,
-ɪŋ, -d
AM pərˈspaɪ(ə)r, -z,
-ɪŋ, -d

persuadability
BR pəˌsweɪdəˈbɪlɪti
AM pərˌsweɪdəˈbɪlɪdi

persuadable
BR pəˈsweɪdəbl
AM pərˈsweɪdəb(ə)l

persuade
BR pəˈsweɪd, -z, -ɪŋ,
-ɪd
AM pərˈsweɪd, -z, -ɪŋ,
-ɪd

persuader
BR pəˈsweɪdə(r), -z
AM pərˈsweɪdər, -z

persuasible
BR pəˈsweɪzɪbl
AM pərˈsweɪzəb(ə)l

persuasion
BR pəˈsweɪʒn, -z
AM pərˈsweɪʒ(ə)n, -z

persuasive
BR pəˈsweɪsɪv,
pəˈsweɪzɪv
AM pərˈsweɪzɪv,
pərˈsweɪsɪv

persuasively
BR pəˈsweɪsɪvli,
pəˈsweɪzɪvli
AM pərˈsweɪzɪvli,
pərˈsweɪsɪvli

persuasiveness
BR pəˈsweɪsɪvnɪs,
pəˈsweɪzɪvnɪs
AM pərˈsweɪzɪvnɪs,
pərˈsweɪsɪvnɪs

pert
BR pɜːt
AM pɜrt

pertain
BR pəˈteɪn, -z, -ɪŋ, -d
AM pərˈteɪn, -z, -ɪŋ, -d

Perth
BR pɜːθ
AM pɜrθ

pertinacious
BR ˌpəːtɪˈneɪʃəs
AM ˌpərtnˈeɪʃəs

pertinaciously
BR ˌpəːtɪˈneɪʃəsli
AM ˌpərtnˈeɪʃəsli

pertinaciousness
BR ˌpəːtɪˈneɪʃəsnəs
AM ˌpərtnˈeɪʃəsnəs

pertinacity
BR ˌpəːtɪˈnasɪti
AM ˌpərtnˈæsədi

pertinence
BR ˈpəːtɪnəns
AM ˈpərtn̩əns

pertinency
BR ˈpəːtɪnənsi
AM ˈpərtn̩ənsi

pertinent
BR ˈpəːtɪnənt
AM ˈpərtn̩ənt

pertinently
BR ˈpəːtɪnəntli
AM ˈpərtn̩ən(t)li

pertly
BR ˈpəːtli
AM ˈpərtli

pertness
BR ˈpəːtnəs
AM ˈpərtnəs

perturb
BR pəˈtəːb, -z, -ɪŋ, -d
AM pərˈtərb, -z, -ɪŋ, -d

perturbable
BR pəˈtəːbəbl
AM pərˈtərbəb(ə)l

perturbation
BR ˌpəːtəˈbeɪʃn, -z
AM ˌpərdərˈbeɪʃ(ə)n, -z

perturbative
BR pəˈtəːbətɪv
AM ˈpərdərˌbeɪdɪv, pərˈtərbədɪv

perturbingly
BR pəˈtəːbɪŋli
AM pərˈtərbɪŋli

pertussis
BR pəˈtʌsɪs
AM pərˈtəsəs

Pertwee
BR ˈpəːtwiː
AM ˈpərtˌwi

Peru
BR pəˈruː
AM pəˈru

Perugia
BR pəˈruːdʒ(ɪ)ə(r)
AM pəˈrudʒə
IT peˈrudʒa

peruke
BR pəˈruːk, -s
AM pəˈruk, -s

perusal
BR pəˈruːzl, -z
AM pəˈruːz(ə)l, -z

peruse
BR pəˈruːz, -ɪz, -ɪŋ, -d
AM pəˈruz, -əz, -ɪŋ, -d

peruser
BR pəˈruːzə(r), -z
AM pəˈruzər, -z

Perutz
BR pəˈrʊts
AM pəˈrʊtz

Peruvian
BR pəˈruːvɪən, -z
AM pəˈruvɪən, -z

perv
BR pəːv, -z, -ɪŋ, -d
AM pərv, -z, -ɪŋ, -d

pervade
BR pəˈveɪd, -z, -ɪŋ, -ɪd
AM pərˈveɪd, -z, -ɪŋ, -ɪd

pervasion
BR pəˈveɪʒn
AM pərˈveɪʒ(ə)n

pervasive
BR pəˈveɪsɪv, pəˈveɪzɪv
AM pərˈveɪsɪv

pervasively
BR pəˈveɪsɪvli, pəˈveɪzɪvli
AM pərˈveɪsɪvli

pervasiveness
BR pəˈveɪsɪvnɪs, pəˈveɪzɪvnɪs
AM pərˈveɪsɪvnɪs

perve
BR pəːv, -z, -ɪŋ, -d
AM pərv, -z, -ɪŋ, -d

perverse
BR pəˈvəːs
AM pərˈvərs

perversely
BR pəˈvəːsli
AM pərˈvərsli

perverseness
BR pəˈvəːsnəs
AM pərˈvərsnəs

perversion
BR pəˈvəːʃn, pəˈvəːʒn, -z
AM pərˈvərʒ(ə)n, -z

perversity
BR pəˈvəːsɪti
AM pərˈvərsədi

perversive
BR pəˈvəːsɪv
AM pərˈvərsɪv

pervert[1] *noun*
BR ˈpəːvəːt, -s
AM ˈpərˌvərt, -s

pervert[2] *verb*
BR pəˈvəːt, -s, -ɪŋ, -ɪd
AM pərˈvərt, -ts, -dɪŋ, -dəd

pervertedly
BR pəˈvəːtɪdli
AM pərˈvərdədli

perverter
BR pəˈvəːtə(r), -z
AM pərˈvərdər, -z

pervious
BR ˈpəːvɪəs
AM ˈpərvɪəs

perviously
BR ˈpəːvɪəsli
AM ˈpərvɪəsli

perviousness
BR ˈpəːvɪəsnəs
AM ˈpərvɪəsnəs

Pery
BR ˈpɪəri, ˈpɛ(ː)ri
AM ˈpɛri

Pesach
BR ˈpeɪsɑːk, ˈpeɪsɑːx
AM ˈpeɪˌsɑk

peseta
BR pəˈseɪtə(r), -z
AM pəˈseɪdə, -z

Peshitta
BR pəˈʃiːtə(r)
AM pəˈʃidə

peskily
BR ˈpɛskɨli
AM ˈpɛskəli

peskiness
BR ˈpɛskɪnɪs
AM ˈpɛskɪnɪs

pesky
BR ˈpɛsk|i, -ɪə(r), -ɪst
AM ˈpɛski, -ər, -ɪst

peso
BR ˈpeɪsəʊ, -z
AM ˈpeɪsoʊ, -z

pessary
BR ˈpɛs(ə)r|i, -ɪz
AM ˈpɛsəri, -z

pessimism
BR ˈpɛsɪmɪzm
AM ˈpɛsəˌmɪz(ə)m

pessimist
BR ˈpɛsɪmɪst, -s
AM ˈpɛsəməst, -s

pessimistic
BR ˌpɛsɪˈmɪstɪk
AM ˌpɛsəˈmɪstɪk

pessimistically
BR ˌpɛsɪˈmɪstɪkli
AM ˌpɛsəˈmɪstɪk(ə)li

pest
BR pɛst, -s
AM pɛst, -s

Pestalozzi
BR ˌpɛstəˈlɒtsi
AM ˌpɛstəˈlɑtsi
IT pestaˈlɔttsi

pester
BR ˈpɛst|ə(r), -əz, -(ə)rɪŋ, -əd
AM ˈpɛstər, -z, -ɪŋ, -d

pesterer
BR ˈpɛst(ə)rə(r), -z
AM ˈpɛstərər, -z

pesthole
BR ˈpɛsthəʊl, -z
AM ˈpɛstˌ(h)oʊl, -z

pesticidal
BR ˌpɛstɪˈsʌɪdl
AM ˌpɛstəˈsaɪd(ə)l

pesticide
BR ˈpɛstɪsʌɪd, -z
AM ˈpɛstəˌsaɪd, -z

pestiferous
BR pɛˈstɪf(ə)rəs
AM pɛˈstɪf(ə)rəs
pestiferously
BR pɛˈstɪf(ə)rəsli
AM pɛˈstɪf(ə)rəsli
pestilence
BR ˈpɛstɪl̩ns, -ɪz
AM ˈpɛstəl(ə)ns, -ɪz
pestilent
BR ˈpɛstɪl̩nt
AM ˈpɛstəl(ə)nt
pestilential
BR ˌpɛstɪˈlɛnʃl̩
AM ˌpɛstəˈlɛn(t)ʃ(ə)l
pestilentially
BR ˌpɛstɪˈlɛnʃli
AM ˌpɛstəˈlɛn(t)ʃəli
pestilently
BR ˈpɛstɪl̩ntli
AM ˈpɛstələn(t)li
pestle
BR ˈpɛs(t)l̩, -z
AM ˈpɛs(ə)l,
ˈpɛst(ə)l, -z
pesto
BR ˈpɛstəʊ
AM ˈpɛstoʊ
IT ˈpesto
pestological
BR ˌpɛstəˈlɒdʒɪkl̩
AM ˌpɛstəˈlɑdʒək(ə)l
pestologist
BR pɛˈstɒlədʒɪst, -s
AM pɛsˈtɑlədʒəst, -s
pestology
BR pɛˈstɒlədʒi
AM pɛsˈtɑlədʒi
PET *positron emission tomography, polyethylene terephthalate*
BR ˌpiːiːˈtiː, pɛt
AM pɛt, ˌpiiˈti
pet
BR pɛt, -s, -ɪŋ, -ɪd
AM pɛ|t, -ts, -dɪŋ, -dəd
Peta
BR ˈpiːtə(r)
AM ˈpidə, ˈpeɪdə

Pétain
BR pɛˈtã
AM pɛˈtɛn
FR petɛ̃
petal
BR ˈpɛtl̩, -z, -d
AM ˈpɛdl̩, -z, -d
petaline
BR ˈpɛtl̩ʌɪn
AM ˈpɛdl̩ən,
ˈpɛdl̩ˌaɪn
petal-like
BR ˈpɛtl̩ʌɪk
AM ˈpɛdl̩ˌaɪk
petaloid
BR ˈpɛtl̩ɔɪd
AM ˈpɛdl̩ˌɔɪd
petalon
BR ˈpɛtəlɒn
AM ˈpɛdl̩ˌɑn
pétanque
BR ˌpeɪˈtɒŋk
AM ˌpeɪˈtɑŋk
FR petɑ̃k
petard
BR pɨˈtɑːd, -z
AM pəˈtɑrd, -z
petasus
BR ˈpɛtəsəs, -ɪz
AM ˈpɛdəsəs, -əz
petaurist
BR pɨˈtɔːrɪst, -s
AM pəˈtɔrəst, -s
petcock
BR ˈpɛtkɒk, -s
AM ˈpɛtˌkɑk, -s
Pete
BR piːt
AM pit
petechia
BR pɨˈtiːkɪə(r)
AM pəˈtikiə
petechiae
BR pəˈtiːkiː
AM pəˈtiki,i, pəˈtikiˌaɪ
petechial
BR pɨˈtiːkɪəl
AM pəˈtikiəl
peter
BR ˈpiːt|ə(r), -əz,
-(ə)rɪŋ, -əd
AM ˈpidər, -z, -ɪŋ, -d

Peterborough
BR ˈpiːtəb(ə)rə(r)
AM ˈpidərˌbərə
Peterhead
BR ˌpiːtəˈhɛd
AM ˌpidərˈhɛd
Peterkin
BR ˈpiːtəkɪn
AM ˈpidərkən
Peterlee
BR ˌpiːtəˈliː
AM ˌpidərˈli
Peterloo
BR ˌpiːtəˈluː
AM ˌpidərˈlu
peterman
BR ˈpiːtəmən
AM ˈpidərm(ə)n
petermen
BR ˈpiːtəmən
AM ˈpidərm(ə)n
Peter Pan
BR ˌpiːtə ˈpan
AM ˌpidər ˈpæn
Peters
BR ˈpiːtəz
AM ˈpidərz
Petersburg
BR ˈpiːtəzbəːg
AM ˈpidərzˌbərg
RUS pʲitʲirˈburk
Petersen
BR ˈpiːtəs(ə)n
AM ˈpidərs(ə)n
DAN ˈpeːˈdʌsən
Petersfield
BR ˈpiːtəzfiːld
AM ˈpidərzˌfild
petersham
BR ˈpiːtəʃ(ə)m, -z
AM ˈpidəˌrʃæm, -z
Peterson
BR ˈpiːtəs(ə)n
AM ˈpidərs(ə)n
Petherick
BR ˈpɛθ(ə)rɪk
AM ˈpɛθ(ə)rək
pethidine
BR ˈpɛθɪdiːn
AM ˈpɛθəˌdin

petiolar
BR ˈpɛtɪəʊlə(r)
AM ˌpidiˈoʊlər
petiolate
BR ˈpɛtɪələt
AM ˈpidiəˌleɪt,
ˌpidiˈoʊlət
petiole
BR ˈpɛtɪəʊl, -z
AM ˈpidiˌoʊl, -z
petit
BR ˈpɛti, pəˈtiː
AM pəˈti(t), ˈpɛdi
FR p(ə)ti
petit bourgeois
BR ˌpɛtɪ ˈbʊəʒwɑː(r),
pəˌtiː +,
+ ˈbɔːʒwɑː(r), -z
AM pəˌti(t) bʊrˈʒwɑ,
ˌpɛdi bʊrˈʒwɑ, -z
FR p(ə)ti buʁʒwa
petite
BR pəˈtiːt
AM pəˈtit
petite bourgeoisie
BR pəˌtiːt
ˌbʊəʒwɑːˈziː,
+ ˌbɔːʒwɑːˈziː
AM pəˌti(t)
ˌbʊrˌʒwɑˈzi,
ˌpɛdi ˌbʊrˌʒwɑˈzi
FR p(ə)tit buʁʒwazi
petit four
BR ˌpɛti ˈfɔː(r), -z
AM ˌpɛdi ˌfɔ(ə)r, -z
petition
BR pɨˈtɪʃ|n, -nz,
-n̩ɪŋ\-nɪŋ, -nd
AM pəˈtɪʃ|ən, -ənz,
-(ə)nɪŋ, -ənd
petitionable
BR pɨˈtɪʃn̩əbl,
pɨˈtɪʃnəbl
AM pəˈtɪʃ(ə)nəb(ə)l
petitionary
BR pɨˈtɪʃn̩ər|i,
pɨˈtɪʃnər|i, -ɪz
AM pəˈtɪʃəˌnɛri, -z
petitioner
BR pɨˈtɪʃn̩ə(r),
pɨˈtɪʃnə(r), -z
AM pəˈtɪʃənər, -z

petitio principii
BR pɪˈtɪʃɪəʊ prɪn-
ˈsɪpɪʌɪ, + prɪŋˈkɪpɪʌɪ
AM pəˌtɪʃioʊ
prɪnˈsɪpi,i

petit jury
BR ˌpetɪ ˈdʒʊərǀi, -ɪz
AM ˈpedi ˌdʒʊri, -z

petit-maître
BR ˌpetɪˈmeɪtrə(r), -z
AM ˌpediˈmeɪtrə, -z
FR p(ə)ti mɛtʀ

petit mal
BR ˌpetɪ ˈmal
AM ˈpedi ˌmal

petit point
BR ˌpet ˈpɔɪnt
AM ˈpedi ˌpɔɪnt
FR p(ə)ti pwɛ̃

petits pois *plural noun*
BR ˌpetɪ ˈpwɑː(r)
AM ˌpedi ˈpwɑ

petnapper
BR ˈpetˌnapə(r), -z
AM ˈpetˌnæpər, -z

petnapping
BR ˈpetˌnapɪŋ
AM ˈpetˌnæpɪŋ

Peto
BR ˈpiːtəʊ
AM ˈpidoʊ

Petra
BR ˈpetrə(r)
AM ˈpetrə

Petrarch
BR ˈpetrɑːk
AM ˈpeˌtrɑrk

Petrarchan
BR pɪˈtrɑːk(ə)n
AM pəˈtrɑrkən

petrel
BR ˈpetr(ə)l, -z
AM ˈpetrəl, -z

Petri dish
BR ˈpetrɪ ˌdɪʃ,
ˈpiːtrɪ +, -ɪz
AM ˈpitri ˌdɪʃ, -ɪz

Petrie
BR ˈpiːtri
AM ˈpitri, ˈpetri

petrifaction
BR ˌpetrɪˈfakʃn
AM ˌpetrəˈfækʃ(ə)n

petrification
BR ˌpetrɪfɪˈkeɪʃn
AM ˌpetrəfəˈkeɪʃ(ə)n

petrify
BR ˈpetrɪfʌɪ, -z, -ɪŋ, -d
AM ˈpetrəˌfaɪ, -z, -ɪŋ, -d

petrochemical
BR ˌpetrəʊˈkemɪkl
AM ˌpetroʊˈkemək(ə)l

petrochemistry
BR ˌpetrəʊˈkemɪstri
AM ˌpetroʊˈkeməstri

petrodollar
BR ˈpetrə(ʊ)ˌdɒlə(r), -z
AM ˈpetroʊˌdɑlər, -z

Petrofina
BR ˌpetrə(ʊ)ˈfiːnə(r)
AM ˌpetrəˈfinə

petrogenesis
BR ˌpetrə(ʊ)ˈdʒenɪsɪs
AM ˌpetroʊˈdʒenəsəs

petroglyph
BR ˈpetrə(ʊ)glɪf, -s
AM ˈpetrəˌglɪf, -s

Petrograd
BR ˈpetrəgrad
AM ˈpetrəˌgræd
RUS pʲitraˈgrat

petrographer
BR pɪˈtrɒgrəfə(r), -z
AM pəˈtrɑgrəfər, -z

petrographic
BR ˌpetrəˈgrafɪk
AM ˌpetrəˈgræfɪk

petrographical
BR ˌpetrəˈgrafɪkl
AM ˌpetrəˈgræfək(ə)l

petrography
BR pɪˈtrɒgrəfi
AM pəˈtrɑgrəfi

petrol
BR ˈpetr(ə)l
AM ˈpetrəl

petrolatum
BR ˌpetrəˈleɪtəm
AM ˌpetroʊˈleɪdəm

petroleum
BR pɪˈtrəʊlɪəm
AM pəˈtroʊliəm

petrolic
BR pɪˈtrɒlɪk
AM pəˈtrɑlɪk

petrologic
BR ˌpetrəˈlɒdʒɪk
AM ˌpetrəˈlɑdʒɪk

petrological
BR ˌpetrəˈlɒdʒɪkl
AM ˌpetrəˈlɑdʒək(ə)l

petrologist
BR pɪˈtrɒlədʒɪst, -s
AM pəˈtrɑlədʒəst, -s

petrology
BR pɪˈtrɒlədʒi
AM pəˈtrɑlədʒi

petronel
BR ˈpetrənl, -z
AM ˈpetrən(ə)l, -z

Petronella
BR ˌpetrəˈnelə(r)
AM ˌpetrəˈnelə

Petronius
BR pɪˈtrəʊnɪəs
AM pəˈtroʊniəs

petrous
BR ˈpetrəs
AM ˈpitrəs, ˈpetrəs

petter
BR ˈpetə(r), -z
AM ˈpedər, -z

petticoat
BR ˈpetɪkəʊt, -s
AM ˈpedəˌkoʊǀt,
ˈpediˌkoʊǀt, -ts

Pettifer
BR ˈpetɪfə(r)
AM ˈpedəfər

pettifog
BR ˈpetɪfɒg, -z, -ɪŋ, -d
AM ˈpediˌfɑg, ˈpedi-
ˌfɔg, -z, -ɪŋ, -d

pettifogger
BR ˈpetɪˌfɒgə(r), -z
AM ˈpediˌfɑgər,
ˈpediˌfɔgər, -z

pettifoggery
BR ˈpetɪˌfɒg(ə)ri
AM ˈpediˈfɑgəri,
ˈpediˈfɔgəri

Pettigrew
BR ˈpetɪgruː
AM ˈpedəˌgru

pettily
BR ˈpetɪli
AM ˈpedəli

pettiness
BR ˈpetɪnɪs
AM ˈpedɪnɪs

pettish
BR ˈpetɪʃ
AM ˈpedɪʃ

pettishly
BR ˈpetɪʃli
AM ˈpedɪʃli

pettishness
BR ˈpetɪʃnɪs
AM ˈpedɪʃnɪs

Pettit
BR ˈpetɪt
AM ˈpedɪt

pettitoe
BR ˈpetɪtəʊ, -z
AM ˈpediˌtoʊ, -z

Pettitt
BR ˈpetɪt
AM ˈpedɪt

petty
BR ˈpetǀi, -ɪə(r),
-ɪɪst
AM ˈpedi, -ər, -ɪst

petty bourgeois
BR ˌpetɪ ˈbʊəʒwɑː(r),
+ ˈbɔːʒwɑː(r), -z
AM ˌpedi bʊrˈʒwɑ, -z

petty bourgeoisie
BR ˌpetɪ ˌbʊəʒwɑːˈziː,
+ ˌbɔːʒwɑːˈziː
AM ˌpedi ˌbʊrˌʒwɑˈzi

Petula
BR pɪˈtjuːlə(r),
pɪˈtʃuːlə(r)
AM pəˈtʃulə,
pəˈt(j)ulə

petulance
BR ˈpetjʊlns,
ˈpetʃʊlns
AM ˈpetʃəl(ə)ns

petulant
BR ˈpetjʊlnt, ˈpetʃʊlnt
AM ˈpetʃəl(ə)nt

petulantly
BR ˈpetjʊlntli,
ˈpetʃʊlntli
AM ˈpetʃələn(t)li

Petulengro
BR ˌpetjʊˈleŋgrəʊ,
ˌpetʃəˈleŋgrəʊ
AM ˌpetʃəˈleŋgroʊ,
ˌpet(j)əˈleŋgroʊ

petunia
BR pɪˈtjuːnɪə(r),
pɪˈtʃuːnɪə(r),
-z
AM pəˈt(j)unjə,
pəˈt(j)unɪə, -z

petuntse
BR peɪˈtʊntsə(r),
pɪˈtʌntsə(r)
AM pəˈtʊn(t)sə

Petworth
BR ˈpetwə(ː)θ
AM ˈpetˌwərθ

Peugeot
BR ˈpɜːʒəʊ, -z
AM ˈpjʊˌʒoʊ,
p(j)əˈʒoʊ, -z
FR pøʒo

Pevensey
BR ˈpevnzi
AM ˈpevənsi

Peveril
BR ˈpev(ə)rɪl,
ˈpev(ə)rl̩
AM ˈpev(ə)rəl

Pevsner
BR ˈpevznə(r)
AM ˈpevznər

pew
BR pjuː, -z
AM pju, -z

pewage
BR ˈpjuːɪdʒ
AM ˈpjuɪdʒ

pewee
BR ˈpiːwiː, -z
AM ˈpiˌwi, -z

pewit
BR ˈpiːwɪt, -s
AM ˈpjuət,
ˈpiwɪt, -s

pewless
BR ˈpjuːləs
AM ˈpjuləs

Pewsey
BR ˈpjuːzi
AM ˈpjuzi

pewter
BR ˈpjuːtə(r)
AM ˈpjudər

pewterer
BR ˈpjuːt(ə)rə(r), -z
AM ˈpjudərər, -z

peyote
BR peɪˈəʊti, pɪˈəʊti
AM peɪˈoʊdi

peyotism
BR peɪˈəʊtɪzm,
pɪˈəʊtɪzm
AM peɪˈoʊˌtɪz(ə)m

Peyton
BR ˈpeɪtn
AM ˈpeɪtn

Pfennig
BR ˈ(p)fenɪg, -z
AM ˈ(p)fenɪg, -z

pH
BR ˌpiːˈeɪtʃ
AM ˌpiˈeɪtʃ

Phaedo
BR ˈfiːdəʊ
AM ˈfeɪdoʊ

Phaedra
BR ˈfeɪdrə(r)
AM ˈfeɪdrə

Phaedrus
BR ˈfiːdrəs
AM ˈfeɪdrəs

Phaethon
BR ˈfeɪɪθ(ə)n
AM ˈfeɪ(ə)tn

phaeton
BR ˈfeɪtn, -z
AM ˈfeɪ(ə)tn, -z

phage
BR feɪdʒ, -ɪz
AM feɪdʒ, -ɪz

phagedaena
BR ˌfadʒɪˈdiːnə(r)
AM ˌfædʒəˈdinə

phagedaenic
BR ˌfadʒɪˈdiːnɪk
AM ˌfædʒəˈdinɪk

phagedena
BR ˌfadʒɪˈdiːnə(r)
AM ˌfædʒəˈdinə

phagedenic
BR ˌfadʒɪˈdiːnɪk
AM ˌfædʒəˈdinɪk

phagocyte
BR ˈfagəsʌɪt, -s
AM ˈfægəˌsaɪt, -s

phagocytic
BR ˌfagəˈsɪtɪk
AM ˌfægəˈsɪdɪk

phagocytise
BR ˈfagəsʌɪtʌɪz, -ɪz, -ɪŋ, -d
AM ˈfægəsəˌtaɪz, -ɪz, -ɪŋ, -d

phagocytize
BR ˈfagəsʌɪtʌɪz, -ɪz, -ɪŋ, -d
AM ˈfægəsəˌtaɪz, -ɪz, -ɪŋ, -d

phagocytose
BR ˈfagəsʌɪtəʊz, -ɪz, -ɪŋ, -d
AM ˈfægəˌsaɪˌtoʊz, ˈfægəˌsaɪˌtoʊs, -əz, -ɪŋ, -d

phagocytosis
BR ˌfagəsʌɪˈtəʊsɪs
AM ˌfægəˌsaɪˈtoʊsəs

Phaidon
BR ˈfʌɪdn
AM ˈfaɪdən

Phalange
BR fəˈlan(d)ʒ
AM fəˈlændʒ

phalangeal
BR fəˈlan(d)ʒɪəl
AM fəˈlændʒ(i)əl,
ˈfeɪˌlændʒ(i)əl

phalanger
BR fəˈlan(d)ʒə(r), -z
AM fəˈlændʒər,
ˈfeɪˌlændʒər, -z

phalanges *bones,*
plural of phalanx
BR fəˈlan(d)ʒiːz
AM feɪˈlændʒiz,
fəˈlændʒiz

phalangist
BR fəˈlan(d)ʒɪst, -s
AM feɪˈlændʒəst,
fəˈlændʒəst, -s

phalansterian
BR ˌfalənˈstɪərɪən,
ˌfalnˈstɪərɪən
AM ˌfælənˈstɪriən

phalanstery
BR ˈfalnst(ə)r|i, -ɪz
AM ˈfælənˌsteri, -z

phalanx
BR ˈfalaŋks, -ɪz
AM ˈfeɪˌlæŋks, -əz

phalarope
BR ˈfalərəʊp, -s
AM ˈfæləˌroʊp, -s

phalli
BR ˈfalʌɪ, ˈfaliː
AM ˈfæˌlaɪ

phallic
BR ˈfalɪk
AM ˈfælɪk

phallically
BR ˈfalɪkli
AM ˈfæləkli

phallicism
BR ˈfalɪsɪzm
AM ˈfæləˌsɪz(ə)m

phallism
BR ˈfalɪzm
AM ˈfæˌlɪz(ə)m

phallocentric
BR ˌfalə(ʊ)ˈsentrɪk
AM ˌfæloʊˈsentrɪk

phallocentricity
BR ˌfalə(ʊ)senˈtrɪsɪti
AM ˌfæloʊˌsenˈtrɪsədi

phallocentrism
BR ˌfalə(ʊ)ˈsentrɪzm
AM ˌfæloʊˈsenˌtrɪz(ə)m

phallus
BR ˈfaləs, -ɪz
AM ˈfæləs, -əz

phanariot
BR fəˈnarɪət, -s
AM fəˈnɛriˌɑt,
fəˈnɛriət, -s

phanerogam
BR ˈfan(ə)rə(ʊ)gam, -z
AM ˈfænərəˌgæm, -z

phanerogamic
BR ˌfan(ə)rəˈgamɪk
AM ˌfænərəˈgæmɪk

phanerogamous
BR ˌfanəˈrɒgəməs
AM ˌfænəˈrɑgəməs

Phanerozoic
BR ˌfan(ə)rəˈzəʊɪk
AM ˌfæn(ə)rəˈzoʊɪk

phantasise
BR ˈfæntəsʌɪz, -ɪz,
-ɪŋ, -d
AM ˈfæn(t)əˌsaɪz,
-ɪz, -ɪŋ, -d

phantasize
BR ˈfæntəsʌɪz, -ɪz,
-ɪŋ, -d
AM ˈfæn(t)əˌsaɪz, -ɪz,
-ɪŋ, -d

phantasm
BR ˈfæntæzm, -z
AM ˈfæntæz(ə)m, -z

phantasmagoria
BR ˌfæntæzməˈɡɔːrɪə(r),
fænˌtæzməˈɡɔːrɪə(r)
AM ˌfænˌtæzməˈɡɔrɪə

phantasmagoric
BR ˌfæntæzməˈɡɒrɪk,
fænˌtæzməˈɡɒrɪk
AM fænˌtæzməˈɡɔrɪk

phantasmagorical
BR ˌfæntæzməˈɡɒrɪkl,
fænˌtæzməˈɡɒrɪkl
AM fænˌtæzmə-
ˈɡɔrək(ə)l

phantasmal
BR fænˈtæzml
AM fænˈtæzm(ə)l

phantasmally
BR fænˈtæzmli
AM fænˈtæzməli

phantasmic
BR fænˈtæzmɪk
AM fænˈtæzmɪk

phantast
BR ˈfæntæst, -s
AM ˈfænˌtæst, -s

phantasy
BR ˈfæntəsli,
-ɪz
AM ˈfæn(t)əsi, -z

phantom
BR ˈfæntəm, -z
AM ˈfæn(t)əm,
-z

pharanges
BR fəˈræn(d)ʒiːz
AM fəˈrændʒiz

Pharaoh
BR ˈfɛːrəʊ, -z
AM ˈfɛroʊ, -z

Pharaonic
BR ˌfɛːreɪˈɒnɪk
AM ˌfɛreɪˈɑnɪk

Pharisaic
BR ˌfærɪˈseɪɪk
AM ˌfɛrəˈseɪɪk

Pharisaical
BR ˌfærɪˈseɪɪkl
AM ˌfɛrəˈseɪɪk(ə)l

Pharisaically
BR ˌfærɪˈseɪɪkli
AM ˌfɛrəˈseɪɪk(ə)li

Pharisaicalness
BR ˌfærɪˈseɪɪklnɪs
AM ˌfɛrəˈseɪɪkəlnəs

Pharisaism
BR ˈfærɪseɪɪzm
AM ˈfɛrəˌseɪˌɪz(ə)m

Pharisee
BR ˈfærɪsiː, -z
AM ˈfɛrəˌsi, -z

pharmaceutic
BR ˌfɑːməˈs(j)uːtɪk, -s
AM ˌfɑrməˈsudɪk, -s

pharmaceutical
BR ˌfɑːməˈs(j)uːtɪkl, -z
AM ˌfɑrməˈsudək(ə)l, -z

pharmaceutically
BR ˌfɑːməˈs(j)uːtɪkli
AM ˌfɑrməˈsudək(ə)li

pharmacist
BR ˈfɑːməsɪst, -s
AM ˈfɑrməsəst, -s

pharmacognosy
BR ˌfɑːməˈkɒɡnəsi
AM ˌfɑrməˈkɑɡnəsi

pharmacological
BR ˌfɑːməkəˈlɒdʒɪkl
AM ˌfɑrməkə-
ˈlɑdʒək(ə)l

pharmacologically
BR ˌfɑːməkəˈlɒdʒɪkli
AM ˌfɑrməkə-
ˈlɑdʒək(ə)li

pharmacologist
BR ˌfɑːməˈkɒlədʒɪst,
-s
AM ˌfɑrməˈkɑlədʒəst,
-s

pharmacology
BR ˌfɑːməˈkɒlədʒi
AM ˌfɑrməˈkɑlədʒi

pharmacopeia
BR ˌfɑːməkəˈpiːə(r),
-z
AM ˌfɑrməˈkoʊpi(j)ə,
ˌfɑrməkəˈpi(j)ə, -z

pharmacopeial
BR ˌfɑːməkəˈpiːəl, -z
AM ˌfɑrməˈkoʊpi(j)əl,
ˌfɑrməkəˈpi(j)əl, -z

pharmacopoeia
BR ˌfɑːməkəˈpiːə(r), -z
AM ˌfɑrməˈkoʊpi(j)ə,
ˌfɑrməkəˈpi(j)ə, -z

pharmacopoeial
BR ˌfɑːməkəˈpiːəl, -z
AM ˌfɑrməˈkoʊpi(j)əl,
-z

pharmacy
BR ˈfɑːməsli, -ɪz
AM ˈfɑrməsi, -z

Pharoah
BR ˈfɛːrəʊ, -z
AM ˈfɛroʊ, -z

pharos
BR ˈfɛːrɒs, -ɪz
AM ˈfɛrɑs, ˈfɛˌrɔs, -əz

Pharsala
BR fɑːˈsɑːlə(r),
fɑːˈseɪlə(r)
AM fɑrˈsɑlə

pharyngal
BR fəˈrɪŋɡl, -z
AM fəˈrɪŋɡəl, -z

pharyngeal
BR fəˈrɪn(d)ʒɪəl,
ˌfærɪnˈdʒiːəl,
ˌfærɲˈdʒiːəl
AM ˌfɛrənˈdʒɪəl,
fəˈrɪndʒ(i)əl

pharyngitis
BR ˌfærɪnˈdʒʌɪtɪs,
ˌfærɲˈdʒʌɪtɪs
AM ˌfɛrənˈdʒaɪdɪs

pharyngoscope
BR fəˈrɪŋɡəskəʊp, -s
AM fəˈrɪŋɡəˌskoʊp, -s

pharyngotomy
BR ˌfærɪŋˈɡɒtəmli, -ɪz
AM ˌfɛrɪŋˈɡɑdəmi, -z

pharynx
BR ˈfærɪŋks, -ɪz
AM ˈfɛrɪŋ(k)s, -ɪz

phase
BR feɪz, -ɪz, -ɪŋ, -d
AM feɪz, -ɪz, -ɪŋ, -d

phasedown
BR ˈfeɪzdaʊn, -z
AM ˈfeɪzˌdaʊn, -z

phaseout
BR ˈfeɪzaʊt, -s
AM ˈfeɪzˌaʊt, -s

phasic
BR ˈfeɪzɪk
AM ˈfeɪzɪk

phasmid
BR ˈfæzmɪd, -z
AM ˈfæzməd, -z

Phasmida
BR ˈfæzmɪdə(r)
AM ˈfæzmədə

phatic
BR ˈfætɪk
AM ˈfædɪk

Ph.D.
BR ˌpiːeɪtʃˈdiː,
-z
AM ˌpieɪtʃˈdi, -z

pheasant
BR ˈfɛznt, -s
AM ˈfɛznt, -s

pheasantry
BR ˈfɛzntrli, -ɪz
AM ˈfɛzntri, -z

Pheidippides
BR fʌɪˈdɪpɪdiːz
AM faɪˈdɪpəˌdiz

Phelan
BR ˈfiːlən
AM ˈfeɪl(ə)n

Phelps
BR fɛlps
AM fɛlps

phenacetin
BR fɪˈnæsɪtɪn
AM fɛˈnæsədən,
fɪˈnæsədən

phenobarbital
BR ˌfiːnə(ʊ)ˈbɑːbɪtl
AM ˌfinoʊˈbɑrbəˌtal,
ˌfinoʊˈbɑrbəˌtɔl

phenobarbitone
BR ˌfiːnə(ʊ)-
ˈbɑːbɪtəʊn
AM ˌfinoʊˈbɑrbəˌtoʊn

phenocryst
BR ˈfiːnə(ʊ)krɪst, ˈfɛnə(ʊ)krɪst, -s
AM ˈfɛnəˌkrɪst, ˈfiːnəˌkrɪst, -s

phenol
BR ˈfiːnɒl
AM ˈfiːˌnɑl, ˈfiːˌnɔl

phenolic
BR fɪˈnɒlɪk
AM fɪˈnɑlɪk, fəˈnɑlɪk

phenological
BR ˌfiːnəˈlɒdʒɪkl
AM ˌfiːnəˈlɑdʒək(ə)l

phenologist
BR fɪˈnɒlədʒɪst, -s
AM fəˈnɑlədʒəst, -s

phenology
BR fɪˈnɒlədʒi
AM fəˈnɑlədʒi

phenolphthalein
BR ˌfiːnɒlˈ(f)θeɪliːn, ˌfiːnɒlˈ(f)θaliːn, ˌfiːnɒlˈ(f)θeɪliːn, ˌfiːnɒlˈ(f)θaliːn
AM ˌfiːnəlˈθeɪˌliː(ə)n

phenomena
BR fɪˈnɒmɪnə(r)
AM fəˈnɑmənə

phenomenal
BR fɪˈnɒmɪnl
AM fəˈnɑmən(ə)l

phenomenalise
BR fɪˈnɒmɪnlˌaɪz, -ɪz, -ɪŋ, -d
AM fəˈnɑmənəˌlaɪz, -ɪz, -ɪŋ, -d

phenomenalism
BR fɪˈnɒmɪnlˌɪzm
AM fəˈnɑmənəˌlɪz(ə)m

phenomenalist
BR fɪˈnɒmɪnlɪst, -s
AM fəˈnɑmənələst, -s

phenomenalistic
BR fɪˌnɒmɪnəˈlɪstɪk, fɪˌnɒmɪnlˈɪstɪk
AM fɪˌnɑmənəˈlɪstɪk

phenomenalize
BR fɪˈnɒmɪnlˌaɪz, -ɪz, -ɪŋ, -d
AM fəˈnɑmənəˌlaɪz, -ɪz, -ɪŋ, -d

phenomenally
BR fɪˈnɒmɪnli
AM fəˈnam(ə)n(ə)li

phenomenological
BR fɪˌnɒmɪnəˈlɒdʒɪkl
AM fəˌnamənəˈlɑdʒək(ə)l

phenomenologically
BR fɪˌnɒmɪnəˈlɒdʒɪkli
AM fəˌnamənəˈlɑdʒək(ə)li

phenomenologist
BR fɪˌnɒmɪˈnɒlədʒɪst, -s
AM fəˌnaməˈnɑlədʒəst, -s

phenomenology
BR fɪˌnɒmɪˈnɒlədʒi
AM fəˌnaməˈnɑlədʒi

phenomenon
BR fɪˈnɒmɪnən
AM fəˈnamənən, fəˈnaməˌnan

phenotype
BR ˈfiːnə(ʊ)tʌɪp, -s
AM ˈfiːnəˌtaɪp, -s

phenotypic
BR ˌfiːnə(ʊ)ˈtɪpɪk
AM ˌfiːnəˈtɪpɪk

phenotypical
BR ˌfiːnə(ʊ)ˈtɪpɪkl
AM ˌfiːnəˈtɪpɪk(ə)l

phenotypically
BR ˌfiːnə(ʊ)ˈtɪpɪkli
AM ˌfiːnəˈtɪpɪk(ə)li

Phensic
BR ˈfɛnzɪk, ˈfɛnsɪk
AM ˈfɛnsɪk, ˈfɛnzɪk

phenyl
BR ˈfiːnʌɪl, ˈfɛnʌɪl, ˈfiːn(ɪ)l, ˈfɛn(ɪ)l, -z
AM ˈfiːn(ə)l, ˈfɛn(ə)l, -z

phenylalanine
BR ˌfiːnʌɪlˈaləniːn, ˌfiːn(ɪ)lˈaləniːn, ˌfiːnʌɪlˈalənʌɪn, ˌfiːn(ɪ)lˈalənʌɪn
AM ˌfiːnəlˈæləˌnin, ˌfɛnəlˈæləˌnin

phenylketonuria
BR ˌfiːnʌɪlˌkiːtəˈnjʊərɪə(r), ˌfiːn(ɪ)lˌkiːtəˈnjʊərɪə(r), ˌfiːnʌɪlˌkiːtəˈnjɔːrɪə(r), ˌfiːn(ɪ)lˌkiːtəˈnjɔːrɪə(r)
AM ˌˌfiːnəlˌkitnˈ(j)ʊriə, ˌfɛnəlˌkitnˈ(j)ʊriə

pheromonal
BR ˌfɛrəˈməʊnl, ˈfɛrəməʊnl
AM ˈfɛrəmoʊn(ə)l

pheromone
BR ˈfɛrəməʊn, -z
AM ˈfɛrəˌmoʊn, -z

phew
BR Φːː, fjuː
AM fju

phi
BR fʌɪ, -z
AM faɪ, -z

phial
BR ˈfʌɪəl, -z
AM ˈfaɪ(ə)l, -z

Phi Beta Kappa
BR ˌfʌɪ ˌbeɪtə ˈkapə(r), + ˌbiːtə +, -z
AM ˌfaɪ ˌbeɪdə ˈkæpə, -z

Phidias
BR ˈfɪdɪəs
AM ˈfɪdiəs

Phil
BR fɪl
AM fɪl

philabeg
BR ˈfɪləbɛɡ, -z
AM ˈfɪləˌbɛɡ, -z

Philadelphia
BR ˌfɪləˈdɛlfɪə(r)
AM ˌfɪləˈdɛlfiə

Philadelphian
BR ˌfɪləˈdɛlfɪən, -z
AM ˌfɪləˈdɛlfiən, -z

philadelphus
BR ˌfɪləˈdɛlfəs
AM ˌfɪləˈdɛlfəs

philander
BR fɪˈland|ə(r), -əz, -(ə)rɪŋ, -əd
AM fəˈlænd|ər, -ərz, -(ə)rɪŋ, -ərd

philanderer
BR fɪˈland(ə)rə(r), -z
AM fəˈlændərər, -z

philanthrope
BR ˈfɪlənθrəʊp, -s
AM ˈfɪlənˌθroʊp, -s

philanthropic
BR ˌfɪlənˈθrɒpɪk
AM ˌfɪlənˈθrɑpɪk

philanthropically
BR ˌfɪlənˈθrɒpɪkli
AM ˌfɪlənˈθrɑpək(ə)li

philanthropise
BR fɪˈlanθrəpʌɪz, -ɪz, -ɪŋ, -d
AM fəˈlænθrəˌpaɪz, -ɪz, -ɪŋ, -d

philanthropism
BR fɪˈlanθrəpɪzm
AM fəˈlænθrəˌpɪz(ə)m

philanthropist
BR fɪˈlanθrəpɪst, -s
AM fəˈlænθrəpəst, -s

philanthropize
BR fɪˈlanθrəpʌɪz, -ɪz, -ɪŋ, -d
AM fəˈlænθrəˌpaɪz, -ɪz, -ɪŋ, -d

philanthropy
BR fɪˈlanθrəpi
AM fəˈlænθrəpi

philatelic
BR ˌfɪləˈtɛlɪk
AM ˌfɪləˈtɛlɪk

philatelically
BR ˌfɪləˈtɛlɪkli
AM ˌfɪləˈtɛlək(ə)li

philatelist
BR fɪˈlatəlɪst, -s
AM fəˈlædləst, -s

philately
BR fɪˈlatəli
AM fəˈlædli

Philbin
BR ˈfɪlbɪn
AM ˈfɪlbɪn

Philby
BR ˈfɪlbi
AM ˈfɪlbi

Philemon
BR fʌɪˈliːmən
AM faɪˈlim(ə)n,
fəˈlim(ə)n

philharmonia
BR ˌfil(h)ɑːˈməʊnɪə(r),
ˌfiləˈməʊnɪə(r)
AM ˌfil(h)ɑrˈmoʊnɪə

philharmonic
BR ˌfil(h)ɑːˈmɒnɪk,
ˌfiləˈmɒnɪk, -s
AM ˌfil,(h)ɑrˈmɑnɪk,
ˌfilərˈmɑnɪk, -s

philhellene
BR fɪlˈheliːn, -z
AM filˈhelin, -z

philhellenic
BR ˌfilheˈliːnɪk,
ˌfilheˈlenɪk
AM ˌfil,(h)ɛˈlenɪk

philhellenism
BR filˈhelɪnɪzm
AM filˈhelə,nɪz(ə)m

philhellenist
BR filˈhelɪnɪst, -s
AM filˈhelənəst, -s

Philip
BR ˈfilɪp
AM ˈfilɪp

Philippa
BR ˈfilɪpə(r)
AM fəˈlɪpə

Philippi
BR ˈfilɪpʌɪ
AM fəˈlɪpi

Philippian
BR fɪˈlɪpɪən, -z
AM fəˈlɪpiən,
-z

philippic
BR fɪˈlɪpɪk, -s
AM fəˈlɪpɪk, -s

philippina
BR ˌfilɪˈpiːnə(r),
-z
AM ˈfiləˌpinə, -z

Philippine
BR ˈfilɪpiːn, -z
AM ˈfiləˌpin, -z

Philippino
BR ˌfilɪˈpiːnəʊ, -z
AM ˌfiləˈpinoʊ, -z

Philips
BR ˈfilɪps
AM ˈfilɪps

Philistine
BR ˈfilɪstʌɪn, -z
AM ˈfiləˌstaɪn,
ˈfiləˌstin, -z

Philistinism
BR ˈfilɪstɪnɪzm
AM ˈfiləˌstaɪˌnɪz(ə)m,
ˈfiləˌstiˌnɪz(ə)m

Phillida
BR ˈfilɪdə(r)
AM ˈfilədə

Phillip
BR ˈfilɪp
AM ˈfilɪp

Phillipines
BR ˈfilɪpiːnz
AM ˈfiləˌpinz

Phillips
BR ˈfilɪps
AM ˈfilɪps

Phillpot
BR ˈfilpɒt
AM ˈfil,pɑt

Phillpott
BR ˈfilpɒt
AM ˈfil,pɑt

phillumenist
BR fɪˈl(j)uːmɪnɪst,
-s
AM fəˈl(j)umənəst,
-s

phillumeny
BR fɪˈl(j)uːmɪni
AM fəˈl(j)uməni

Philly
BR ˈfili
AM ˈfili

Philoctetes
BR ˌfilək'tiːtiːz
AM ˌfiləkˈtidiz

philodendron
BR ˌfiləˈdendr(ə)n, -z
AM ˌfiləˈdendrən, -z

philogynist
BR fɪˈlɒdʒɪnɪst, -s
AM fəˈlɑdʒənəst, -s

philologer
BR fɪˈlɒlədʒə(r), -z
AM fəˈlɑlədʒər, -z

philologian
BR ˌfiləˈləʊdʒɪən, -z
AM ˌfiləˈloʊdʒiən, -z

philologic
BR ˌfiləˈlɒdʒɪk
AM ˌfiləˈlɑdʒɪk

philological
BR ˌfiləˈlɒdʒɪkl
AM ˌfiləˈlɑdʒək(ə)l

philologically
BR ˌfiləˈlɒdʒɪkli
AM ˌˌfiləˈlɑdʒək(ə)li

philologise
BR fɪˈlɒlədʒʌɪz, -ɪz,
-ɪŋ, -d
AM fəˈlɑləˌdʒaɪz, -ɪz,
-ɪŋ, -d

philologist
BR fɪˈlɒlədʒɪst, -s
AM fəˈlɑlədʒəst, -s

philologize
BR fɪˈlɒlədʒʌɪz, -ɪz,
-ɪŋ, -d
AM fəˈlɑləˌdʒaɪz, -ɪz,
-ɪŋ, -d

philology
BR fɪˈlɒlədʒi
AM fəˈlɑlədʒi

philomel
BR ˈfiləmel, -z
AM ˈfiləˌmel, -z

Philomela
BR ˌfiləˈmiːlə(r)
AM ˌfiləˈmilə

Philomena
BR ˌfiləˈmiːnə(r)
AM ˌfiləˈminə

philoprogenitive
BR ˌfilə(ʊ)prə(ʊ)ˈdʒenɪtɪv
AM ˌfiləproʊ-ˈdʒenədɪv

philosophaster
BR fɪˈlɒsəfastə(r),
fɪˌlɒsəˈfastə(r), -z
AM fəˈlɑsəˌfæstər, -z

philosopher
BR fɪˈlɒsəfə(r), -z
AM fəˈlɑs(ə)fər, -z

philosophic
BR ˌfiləˈsɒfik
AM ˌfiləˈsafik

philosophical
BR ˌfiləˈsɒfikl
AM ˌfiləˈsafək(ə)l

philosophically
BR ˌfiləˈsɒfikli
AM ˌfiləˈsafək(ə)li

philosophise
BR fɪˈlɒsəfʌɪz, -ɪz,
-ɪŋ, -d
AM fəˈlɑsəˌfaɪz, -ɪz,
-ɪŋ, -d

philosophiser
BR fɪˈlɒsəfʌɪzə(r),
-z
AM fəˈlɑsəˌfaɪzər,
-z

philosophize
BR fɪˈlɒsəfʌɪz, -ɪz,
-ɪŋ, -d
AM fəˈlɑsəˌfaɪz, -ɪz,
-ɪŋ, -d

philosophizer
BR fɪˈlɒsəfʌɪzə(r), -z
AM fəˈlɑsəˌfaɪzər, -z

philosophy
BR fɪˈlɒsəf|i, -ɪz
AM fəˈlɑsəfi, -z

Philostratus
BR fɪˈlɒstrətəs
AM ˌfiləˈstradəs,
fɪˈlastrədəs

Philpot
BR ˈfilpɒt
AM ˈfil,pɑt

philter
BR ˈfiltə(r), -z
AM ˈfiltər, -z

philtra
BR ˈfiltrə(r)
AM ˈfiltrə

philtre
BR ˈfiltə(r), -z
AM ˈfiltər, -z

philtrum
BR ˈfiltrəm
AM ˈfiltrəm

phimosis
BR fʌɪˈməʊsɪs
AM faɪˈmoʊsəs

phimotic
BR faɪˈmɒtɪk
AM faɪˈmɑdɪk

Phineas
BR ˈfɪniəs
AM ˈfɪniəs

Phipps
BR fɪps
AM fɪps

phish
BR fɪʃ, ɪŋ, -ɪz, -t
AM fɪʃ, -ɪz, -ɪŋ, -t

phiz
BR fɪz, -ɪz
AM fɪz, -ɪz

phizog
BR ˈfɪzɒg, -z
AM ˈfɪz,ɑg, -z

phlebitic
BR flɪˈbɪtɪk
AM flɛˈbɪdɪk

phlebitis
BR flɪˈbʌɪtɪs
AM fləˈbaɪdɪs

phlebotomise
BR flɪˈbɒtəmʌɪz, -ɪz, -ɪŋ, -d
AM fləˈbɑdə,maɪz, -ɪz, -ɪŋ, -d

phlebotomist
BR flɪˈbɒtəmɪst, -s
AM fləˈbɑdəməst, -s

phlebotomize
BR flɪˈbɒtəmʌɪz, -ɪz, -ɪŋ, -d
AM fləˈbɑdə,maɪz, -ɪz, -ɪŋ, -d

phlebotomy
BR flɪˈbɒtəm|i, -ɪz
AM fləˈbɑdəmi, -z

phlegm
BR flɛm
AM flɛm

phlegmatic
BR flɛgˈmatɪk
AM flɛgˈmædɪk

phlegmatically
BR flɛgˈmatɪkli
AM flɛgˈmædək(ə)li

phlegmy
BR ˈflɛmi
AM ˈflɛmi

phloem
BR ˈfləʊɛm
AM ˈfloʊəm, ˈfloʊˌɛm

phlogistic
BR fləˈdʒɪstɪk
AM fləˈdʒɪstɪk

phlogiston
BR fləˈdʒɪst(ɒ)n
AM floʊˈdʒɪst(ə)n

phlox
BR flɒks, -ɪz
AM flɑks, -əz

Phnom Penh
BR ˌ(p)nɒm ˈpɛn
AM ˌ(p)nɑm ˈpɛn

pho
BR fə:(r)
AM fə

phobia
BR ˈfəʊbɪə(r), -z
AM ˈfoʊbiə, -z

phobic
BR ˈfəʊbɪk
AM ˈfoʊbɪk

Phobos
BR ˈfəʊbɒs
AM ˈfoʊˌbɑs, ˈfoʊˌbɔs

Phocaea
BR fə(ʊ)ˈsiːə(r)
AM foʊˈsiə

Phocian
BR ˈfəʊʃɪən, ˈfəʊsɪən
AM ˈfoʊsiən

Phocis
BR ˈfəʊsɪs
AM ˈfoʊsəs

phoebe
BR ˈfiːb|i, -ɪz
AM ˈfiˌbi, -z

Phoebus
BR ˈfiːbəs
AM ˈfibəs

Phoenicia
BR fɪˈnɪʃə(r), fɪˈniːʃə(r)
AM fəˈnɪʃə, fəˈniʃə

Phoenician
BR fɪˈnɪʃn, fɪˈniːʃn, -z
AM fəˈnɪʃ(ə)n, fəˈnɪʃ(ə)n, -z

phoenix
BR ˈfiːnɪks, -ɪz
AM ˈfinɪks, -ɪz

pholas
BR ˈfəʊləs
AM ˈfoʊləs

phon
BR fɒn, -z
AM fɑn, -z

phonaesthesia
BR ˌfɒnəsˈθiːzɪə(r), ˌfɒnəsˈθiːʒə(r)
AM ˌfoʊnəsˈθiːz(i)ə

phonate
BR fəˈneɪt, -s, -ɪŋ, -ɪd
AM ˈfoʊˌneɪ|t, -ts, -dɪŋ, -dɪd

phonation
BR fəˈneɪʃn
AM foʊˈneɪʃ(ə)n

phonatory
BR ˈfəʊnət(ə)ri
AM ˈfoʊnəˌtɔri

phonautograph
BR fə(ʊ)ˈnɔːtəgrɑːf, -s
AM foʊˈnɑdəˌgræf, foʊˈnɔdəˌgræf, -s

phone
BR fəʊn, -z, -ɪŋ, -d
AM foʊn, -z, -ɪŋ, -d

phonecard
BR ˈfəʊnkɑːd, -z
AM ˈfoʊnˌkɑrd, -z

phone-in
BR ˈfəʊnɪn, -z
AM ˈfoʊnˌɪn, -z

phoneme
BR ˈfəʊniːm, -z
AM ˈfoʊˌnim, -z

phonemic
BR fəˈniːmɪk, -s
AM fəˈnimɪk, f oʊˈnimɪk, -s

phonemicisation
BR fəˌniːmɪsʌɪˈzeɪʃn
AM fəˌniməsəˈzeɪʃ(ə)n, foʊˌniməˌsaɪˈzeɪʃ(ə)n, fəˌniməˌsaɪˈzeɪʃ(ə)n, foʊˌniməsəˈzeɪʃ(ə)n

phonemicise
BR fəˈniːmɪsʌɪz, -ɪz, -ɪŋ, -d
AM fəˈnimə,saɪz, foʊˈnimə,saɪz, -ɪz, -ɪŋ, -d

phonemicist
BR fəˈniːmɪsɪst, -s
AM foʊˈnimɪsəst, -s

phonemicization
BR fəˌniːmɪsʌɪˈzeɪʃn
AM fəˌniməsəˈzeɪʃ(ə)n, foʊˌniməˌsaɪˈzeɪʃ(ə)n, fəˌniməˌsaɪˈzeɪʃ(ə)n, foʊˌniməsəˈzeɪʃ(ə)n

phonemicize
BR fəˈniːmɪsʌɪz, -ɪz, -ɪŋ, -d
AM fəˈnimə,saɪz, foʊˈnimə,saɪz, -ɪz, -ɪŋ, -d

phonendoscope
BR ˈfəʊnˌɛndəskəʊp, -s
AM ˌfoʊnˈɛndəˌskoʊp, -s

phonesthesia
BR ˌfɒnəsˈθiːzɪə(r), ˌfɒnəsˈθiːʒə(r)
AM ˌfoʊnəsˈθiːz(i)ə

phonetapping
BR ˈfəʊnˌtapɪŋ, -z
AM ˈfoʊnˌtæpɪŋ, -z

phonetic
BR fəˈnɛtɪk, -s
AM fəˈnɛdɪk, foʊˈnɛdɪk, -s

phonetically
BR fəˈnɛtɪkli
AM fəˈnɛdək(ə)li, foʊˈnɛdək(ə)li

phonetician
BR ˌfɒnəˈtɪʃn, ˌfəʊnəˈtɪʃn, -z
AM ˌfoʊnəˈtɪʃ(ə)n, -z

phoneticise
BR fəˈnɛtɪsʌɪz, -ɪz, -ɪŋ, -d
AM fəˈnɛdə,saɪz, foʊˈnɛdə,saɪz, -ɪz, -ɪŋ, -d

phoneticism
BR fəˈnɛtɪsɪzm
AM fəˈnɛdə,sɪz(ə)m, foʊˈnɛdə,sɪz(ə)m

phoneticist
BR fəˈnetɪsɪst, -s
AM fəˈnedəsəst,
foʊˈnedəsəst, -s

phoneticization
BR fəˌnetɪsaɪˈzeɪʃn
AM fəˌnetəsəˈzeɪʃ(ə)n,
foʊˌnetəˌsaɪˈzeɪʃ(ə)n,
fəˌnetəˌsaɪˈzeɪʃ(ə)n,
foʊˌnetəsəˈzeɪʃ(ə)n

phoneticize
BR fəˈnetɪsaɪz, -ɪz, -ɪŋ, -d
AM fəˈnedəˌsaɪz,
foʊˈnedəˌsaɪz, -ɪz, -ɪŋ, -d

phonetist
BR fəˈnetɪst, -s
AM fəˈnedəst,
foʊˈnedəst, -s

phoney
BR ˈfəʊn|i, -iz
AM ˈfoʊni, -z

phonic
BR ˈfɒnɪk, ˈfəʊnɪk, -s
AM ˈfɑnɪk, -s

phonically
BR ˈfɒnɪkli, ˈfəʊnɪkli
AM ˈfɑnək(ə)li

phonily
BR ˈfəʊnɪli
AM ˈfoʊnəli

phoniness
BR ˈfəʊnɪnɪs
AM ˈfoʊnɪnɪs

phono
BR ˈfəʊnə(ʊ), ˈfɒnə(ʊ)
AM ˈfoʊnoʊ

phonogram
BR ˈfəʊnəgræm, -z
AM ˈfoʊnəˌgræm, -z

phonograph
BR ˈfəʊnəgrɑːf, -s
AM ˈfoʊnəˌgræf, -s

phonographer
BR fəˈnɒgrəfə(r), -z
AM foʊˈnɑgrəfər,
fəˈnɑgrəfər, -z

phonographic
BR ˌfəʊnəˈgræfɪk
AM ˌfoʊnəˈgræfɪk

phonographical
BR ˌfəʊnəˈgræfɪkl
AM ˌfoʊnəˈgræfək(ə)l

phonographically
BR ˌfəʊnəˈgræfɪkli
AM ˌfoʊnəˈgræfək(ə)li

phonography
BR fəˈnɒgrəfi
AM fəˈnɑgrəfi

phonolite
BR ˈfəʊnəlaɪt, -s
AM ˈfoʊnəˌlaɪt, -s

phonological
BR ˌfɒnəˈlɒdʒɪkl,
ˌfəʊnəˈlɒdɪkl,
AM ˌfoʊnlˈɑdʒək(ə)l,
ˌfɑnlˈɑdʒək(ə)l

phonologically
BR ˌfɒnəˈlɒdʒɪkli,
ˌfəʊnəˈlɒdʒɪkli
AM ˌfoʊnlˈɑdʒək(ə)li,
ˌfɑnlˈɑdʒək(ə)li

phonologist
BR fəˈnɒlədʒɪst, -s
AM foʊˈnɑlədʒəst,
fəˈnɑlədʒəst, -s

phonology
BR fəˈnɒlədʒi
AM foʊˈnɑlədʒi,
fəˈnɑlədʒi

phonometer
BR fə(ʊ)ˈnɒmɪtə(r), -z
AM foʊˈnɑmədər, -z

phonon
BR ˈfəʊnɒn, -z
AM ˈfoʊˌnɑn, -z

phonoscope
BR ˈfəʊnəskəʊp, -s
AM ˈfoʊnəˌskoʊp, -s

phonotype
BR ˈfəʊnətaɪp, -s
AM ˈfoʊnəˌtaɪp, -s

phony
BR ˈfəʊn|i, -iz
AM ˈfoʊni, -z

phooey
BR ˈfuːi
AM ˈfui

phoresy
BR ˈfɔːrəsi
AM ˈfɔrəsi

phoretic
BR fəˈretɪk
AM fəˈredɪk

phormium
BR ˈfɔːmiəm
AM ˈfɔrmiəm

phosgene
BR ˈfɒzdʒiːn
AM ˈfɑzˌdʒin

phosphatase
BR ˈfɒsfəteɪz,
ˈfɒsfəteɪs
AM ˈfɑsfəˌteɪz,
ˈfɑsfəˌteɪs

phosphate
BR ˈfɒsfeɪt, -s
AM ˈfɑsˌfeɪt, -s

phosphatic
BR fɒsˈfatɪk
AM fɑsˈfædɪk

phosphene
BR ˈfɒsfiːn
AM ˈfɑsˌfin

phosphide
BR ˈfɒsfʌɪd, -z
AM ˈfɑsˌfaɪd, -z

phosphine
BR ˈfɒsfiːn
AM ˈfɑsˌfin

phosphinic
BR fɒsˈfɪnɪk
AM fɑsˈfɪnɪk

phosphite
BR ˈfɒsfʌɪt, -s
AM ˈfɑsˌfaɪt, -s

phospholipid
BR ˌfɒsfə(ʊ)ˈlɪpɪd, -z
AM ˌfɑsfoʊˈlɪpɪd, -z

phosphor
BR ˈfɒsfə(r)
AM ˈfɑsfər

phosphorate
BR ˈfɒsfəreɪt, -s, -ɪŋ, -ɪd
AM ˈfɑsfəˌreɪ|t, -ts, -dɪŋ, -dɪd

phosphoresce
BR ˌfɒsfəˈres, -ɪz, -ɪŋ, -t
AM ˌfɑsfəˈres, -əz, -ɪŋ, -t

phosphorescence
BR ˌfɒsfəˈresns
AM ˌfɑsfəˈres(ə)ns

phosphorescent
BR ˌfɒsfəˈresnt
AM ˌfɑsfəˈres(ə)nt

phosphoric
BR fɒsˈfɒrɪk
AM fɑsˈfɔrɪk

phosphorite
BR ˈfɒsfərʌɪt
AM ˈfɑsfəˌraɪt

phosphorous
BR ˈfɒsf(ə)rəs
AM ˈfɑsf(ə)rəs

phosphorus
BR ˈfɒsf(ə)rəs
AM ˈfɑsf(ə)rəs

phosphorylate
BR fɒsˈfɒrɪleɪt, -s, -ɪŋ, -ɪd
AM fɑsˈfɔrəˌleɪ|t, -ts, -dɪŋ, -dɪd

phosphorylation
BR ˌfɒsfɒrɪˈleɪʃn
AM fɑsˌfɔrəˈleɪʃ(ə)n

phossy
BR ˈfɒsi
AM ˈfɑsi, ˈfɔsi

phot
BR fəʊt, -s
AM fɑt, foʊt, -s

photic
BR ˈfəʊtɪk
AM ˈfoʊdɪk

photism
BR ˈfəʊtɪzm, -z
AM ˈfoʊˌtɪz(ə)m, -z

Photius
BR ˈfəʊtiəs
AM ˈfoʊdiəs

photo
BR ˈfəʊtəʊ, -z
AM ˈfoʊdoʊ, -z

photobiology
BR ˌfəʊtəʊbʌɪˈɒlədʒi
AM ˌfoʊdoʊˌbaɪˈɑlədʒi

photobomb
BR ˈfəʊtəʊbɒm, -z, -ɪŋ, -d
AM ˈfoʊdoʊˌbɑm, -z, -ɪŋ, -d

photocall
BR ˈfəʊtə(ʊ)kɔːl
AM ˈfoʊdoʊˌkɑl, ˈfoʊdoʊˌkɔl

photocell
BR ˈfəʊtə(ʊ)sɛl, -z
AM ˈfoʊdəˌsɛl, -z

photochemical
BR ˌfəʊtə(ʊ)ˈkɛmɪkl
AM ˌfoʊdəˈkɛmək(ə)l

photochemistry
BR ˌfəʊtə(ʊ)ˈkɛmɪstri
AM ˌfoʊdəˈkɛməstri

photochromic
BR ˌfəʊtə(ʊ)ˈkrəʊmɪk
AM ˌfoʊdəˈkroʊmɪk

photocomposition
BR ˌfəʊtəʊˌkɒmpəˈzɪʃn
AM ˌfoʊdəˌkɑmpəˈzɪʃ(ə)n

photoconductive
BR ˌfəʊtəʊkənˈdʌktɪv
AM ˈfoʊdəkənˈdəktɪv

photoconductivity
BR ˌfəʊtəʊˌkɒndʌkˈtɪvɪti
AM ˈfoʊdoʊˌkɑndəkˈtɪvɪdi

photoconductor
BR ˈfəʊtə(ʊ)kənˌdʌktə(r), -z
AM ˈfoʊdəkənˈdəktər, -z

photocopiable
BR ˈfəʊtə(ʊ)ˌkɒpɪəbl
AM ˈfoʊdəˌkɑpiəb(ə)l

photocopier
BR ˈfəʊtə(ʊ)ˌkɒpɪə(r), -z
AM ˈfoʊdəˌkoʊpiər, -z

photocopy
BR ˈfəʊtə(ʊ)ˌkɒp|i, -ɪz, -ɪɪŋ, -ɪd
AM ˈfoʊdəˌkɑpi, -z, -ɪŋ, -d

photodegradable
BR ˌfəʊtəʊdɪˈgreɪdəbl
AM ˈfoʊdoʊdiˈgreɪdəb(ə)l, ˈfoʊdoʊdəˈgreɪdəb(ə)l

photodiode
BR ˈfəʊtəʊˌdʌɪəʊd, -z
AM ˈfoʊdoʊˌdaɪoʊd, -z

photoduplicate
BR ˌfəʊtə(ʊ)ˈdjuːplɪkeɪt, ˌfəʊtə(ʊ)ˈdʒuːplɪkeɪt, -s, -ɪŋ, -ɪd
AM ˌfoʊdəˈd(j)upləˌkeɪ|t, -ts, -dɪŋ, -dɪd

photoduplication
BR ˌfəʊtəʊˌdjuːplɪˈkeɪʃn, ˌfəʊtə(ʊ)ˌdʒuːplɪˈkeɪʃn
AM ˌfoʊdəˌd(j)upləˈkeɪʃ(ə)n

photodynamic
BR ˌfəʊtə(ʊ)dʌɪˈnamɪk
AM ˌfoʊdəˌdaɪˈnæmɪk

photoelectric
BR ˌfəʊtəʊɪˈlɛktrɪk
AM ˈfoʊdoʊəˈlɛktrɪk, ˈfoʊdoʊiˈlɛktrɪk

photoelectricity
BR ˌfəʊtəʊɪˌlɛkˈtrɪsɪti, ˌfəʊtəʊˌɛlɛkˈtrɪsɪti, ˌfəʊtəʊˌɪlɛkˈtrɪsɪti, ˌfəʊtəʊˌiːlɛkˈtrɪsɪti
AM ˌfoʊdoʊiˌlɛkˈtrɪsədi, ˈfoʊdoʊəˌlɛkˈtrɪsədi

photoelectron
BR ˌfəʊtəʊɪˈlɛktrɒn, -z
AM ˈfoʊdoʊiˈlɛkˌtrɑn, ˈfoʊdoʊəˈlɛkˌtrɑn, -z

photoemission
BR ˌfəʊtəʊɪˈmɪʃn, -z
AM ˈfoʊdoʊiˈmɪʃ(ə)n, ˈfoʊdoʊəˈmɪʃ(ə)n, -z

photoemitter
BR ˌfəʊtəʊɪˈmɪtə(r), -z
AM ˈfoʊdoʊiˈmɪdər, ˈfoʊdoʊəˈmɪdər, -z

photoengraving
BR ˌfəʊtəʊɪnˈgreɪvɪŋ, ˌfəʊtəʊɛnˈgreɪvɪŋ
AM ˈfoʊdoʊɛnˈgreɪvɪŋ, ˈfoʊdoʊɪnˈgreɪvɪŋ

photo finish
BR ˌfəʊtəʊ ˈfɪnɪʃ
AM ˈfoʊdoʊ ˈfɪnɪʃ

photofit
BR ˈfəʊtə(ʊ)fɪt, -s
AM ˈfoʊdəˌfɪt, -s

photogenic
BR ˌfəʊtəˈdʒɛnɪk, ˌfəʊtəˈdʒiːnɪk
AM ˌfoʊdəˈdʒɛnɪk

photogenically
BR ˌfəʊtəˈdʒɛnɪkli, ˌfəʊtəˈdʒiːnɪkli
AM ˌfoʊdəˈdʒɛnək(ə)li

photogram
BR ˈfəʊtəgram, -z
AM ˈfoʊdəˌgræm, -z

photogrammetrist
BR ˌfəʊtə(ʊ)ˈgramɪtrɪst, -s
AM ˌfoʊdəˈgræmətrəst, -s

photogrammetry
BR ˌfəʊtə(ʊ)ˈgramɪtri
AM ˌfoʊdəˈgræmətri

photograph
BR ˈfəʊtəgrɑːf, -s, -ɪŋ, -t
AM ˈfoʊdəˌgræf, -s, -ɪŋ, -t

photographable
BR ˈfəʊtəgrɑːfəbl
AM ˈfoʊdəˌgræfəb(ə)l

photographer
BR fəˈtɒgrəfə(r), -z
AM fəˈtɑgrəfər, -z

photographic
BR ˌfəʊtəˈgrafɪk
AM ˌfoʊdəˈgræfɪk

photographical
BR ˌfəʊtəˈgrafɪkl
AM ˌfoʊdəˈgræfək(ə)l

photographically
BR ˌfəʊtəˈgrafɪkli
AM ˌfoʊdəˈgræfək(ə)li

photography
BR fəˈtɒgrəfi
AM fəˈtɑgrəfi

photogravure
BR ˌfəʊtə(ʊ)grəˈvjʊə(r), -z
AM ˈfoʊdəgrəˈvju(ə)r, -z

photojournalism
BR ˌfəʊtəʊˈdʒɜːnlɪzm
AM ˌfoʊdəˈdʒɜrnəˌlɪz(ə)m

photojournalist
BR ˌfəʊtəʊˈjɜːnlɪst, -s
AM ˌfoʊdəˈdʒɜrnələst, -s

photokinetic
BR ˌfəʊtə(ʊ)kɪˈnɛtɪk
AM ˌfoʊdəkəˈnɛdɪk

photolithographer
BR ˌfəʊtəʊlɪˈθɒgrəfə(r), -z
AM ˌfoʊdoʊlɪˈθɑgrəfər, -z

photolithographic
BR ˌfəʊtəʊˌlɪθəˈgrafɪk
AM ˌfoʊdəˌlɪθəˈgræfɪk

photolithographically
BR ˌfəʊtəʊˌlɪθəˈgrafɪkli
AM ˌfoʊdəˌlɪθəˈgræfək(ə)li

photolithography
BR ˌfəʊtə(ʊ)lɪˈθɒgrəfi
AM ˌfoʊdəˌlɪˈθɑgrəfi

photolyse
BR ˈfəʊtlˌʌɪz, -ɪz, -ɪŋ, -d
AM ˈfoʊdlˌaɪz, -ɪz, -ɪŋ, -d

photolysis
BR fə(ʊ)ˈtɒlɪsɪs
AM foʊˈtɑləsəs

photolytic
BR ˌfəʊtəˈlɪtɪk
AM ˌfoʊdəˈlɪdɪk

photolyze
BR ˈfəʊtlˌʌɪz, -ɪz, -ɪŋ, -d
AM ˈfoʊdlˌaɪz, -ɪz, -ɪŋ, -d

photomechanical
BR ˌfəʊtəʊmɪˈkanɪkl
AM ˌfoʊdəməˈkænək(ə)l

photomechanically
BR ˌfəʊtəʊmɪˈkanɪkli
AM ˌfoʊdoʊməˈkænək(ə)li

photometer
BR fə(ʊ)ˈtɒmɪtə(r), -z
AM fəˈtɑmətər, -z
photometric
BR ˌfəʊtəˈmɛtrɪk
AM ˌfoʊdəˈmɛtrɪk
photometry
BR fə(ʊ)ˈtɒmɪtri
AM fəˈtɑmətri
photomicrograph
BR ˌfəʊtəʊ-
ˈmʌɪkrəɡrɑːf, -s
AM ˌfoʊdəˈmaɪkroʊ-
ˌɡræf, -s
photomicrography
BR ˌfəʊtə(ʊ)mʌɪ-
ˈkrɒɡrəfi
AM ˌfoʊdəˌmaɪ-
ˈkrɑɡrəfi
photomontage
BR ˌfəʊtəʊˈmɒntɑːʒ,
ˌfəʊtə(ʊ)mɒnˈtɑːʒ
AM ˌfoʊdoʊˌmɑnˈtɑʒ
photon
BR ˈfəʊtɒn, -z
AM ˈfoʊˌtɑn, -z
photonics
BR fəʊˈtɒnɪks
AM foʊˈtɑnɪks
photonovel
BR ˈfəʊtəʊˌnɒvl, -z
AM ˈfodoʊˌnɑvəl, -z
photo-offset
BR ˌfəʊtəʊˈɒfsɛt
AM ˌfoʊdoʊˈɑfˌsɛt,
ˌfoʊdoʊˈɔfˌsɛt
photoperiod
BR ˈfəʊtəʊˌpɪərɪəd,
-z
AM ˈfoʊdoʊˌpɪriəd,
-z
photoperiodic
BR ˌfəʊtəʊˌpɪərɪˈɒdɪk
AM ˈfoʊdoʊˌpɪriˈɑdɪk
photoperiodism
BR ˌfəʊtə(ʊ)-
ˈpɪərɪədɪzm
AM ˌfoʊdoʊˈpɪriə-
ˌdɪz(ə)m
photophobia
BR ˌfəʊtə(ʊ)ˈfəʊbɪə(r)
AM ˌfoʊdəˈfoʊbɪə

photophobic
BR ˌfəʊtə(ʊ)ˈfəʊbɪk
AM ˌfoʊdəˈfoʊbɪk
photopic
BR fəʊˈtɒpɪk,
fəʊˈtəʊpɪk
AM ˌfoʊˈtɑpɪk,
fəˈtɑpɪk
photorealism
BR ˌfəʊtəʊˈrɪəlɪzm
AM ˈfoʊdoʊ-
ˈri(ə)lɪz(ə)m
photoreception
BR ˌfəʊtə(ʊ)rɪˈsɛpʃn
AM ˌfoʊdərəˈsɛpʃ(ə)n
photoreceptor
BR ˌfəʊtə(ʊ)rɪˈsɛptə(r),
-z
AM ˌfoʊdərəˈsɛptər, -z
photosensitive
BR ˌfəʊtəʊˈsɛnsɪtɪv
AM ˌfoʊdəˈsɛnsədɪv
photosensitivity
BR ˌfəʊtəʊˌsɛnsɪˈtɪvɪti
AM ˈfoʊdəˌsɛnsə-
ˈtɪvɪdi
photosensitize
BR ˌfəʊtəʊˈsɛnsɪtʌɪz,
-ɪz, -ɪŋ, -d
AM ˌfoʊdəˈsɛnsəˌtaɪz,
-ɪz, -ɪŋ, -d
photoset
BR ˈfəʊtə(ʊ)sɛt, -s, -ɪŋ
AM ˈfoʊdəˌsɛ|t, -ts,
-dɪŋ
photosetter
BR ˈfəʊtəʊˌsɛtə(r), -z
AM ˈfoʊdəˌsɛdər, -z
photosetting
BR ˈfəʊtəʊˌsɛtɪŋ
AM ˈfoʊdəˌsɛdɪŋ
photosphere
BR ˈfəʊtəsfɪə(r), -z
AM ˈfoʊdəˌsfɪ(ə)r, -z
photospheric
BR ˌfəʊtəˈsfɛrɪk
AM ˌfoʊdəˈsfɛrɪk
photostat
BR ˈfəʊtəstat, -s, -ɪŋ,
-ɪd
AM ˈfoʊdəˌstæ|t, -ts,
-dɪŋ, -dəd

photostatic
BR ˌfəʊtəˈstatɪk
AM ˌfoʊdəˈstædɪk
photosynthesis
BR ˌfəʊtə(ʊ)ˈsɪnθɪsɪs
AM ˌfoʊdəˈsɪnθəsəs
photosynthesise
BR ˌfəʊtə(ʊ)ˈsɪnθɪsʌɪz,
-ɪz, -ɪŋ, -d
AM ˌfoʊdəˈsɪnθəˌsaɪz,
-ɪz, -ɪŋ, -d
photosynthesize
BR ˌfəʊtə(ʊ)ˈsɪnθɪsʌɪz,
-ɪz, -ɪŋ, -d
AM ˌfoʊdəˈsɪnθəˌsaɪz,
-ɪz, -ɪŋ, -d
photosynthetic
BR ˌfəʊtə(ʊ)sɪnˈθɛtɪk
AM ˈfoʊdəˌsɪnˈθɛdɪk
photosynthetically
BR ˌfəʊtə(ʊ)sɪnˈθɛtɪkli
AM ˈfoʊdəˌsɪn-
ˈθɛdək(ə)li
phototransistor
BR ˌfəʊtə(ʊ)tranˈzɪstə(r),
ˌfəʊtə(ʊ)tranˈsɪstə(r), -z
AM ˈfoʊdoʊˌtræn-
ˈzɪstər, -z
phototropic
BR ˌfəʊtə(ʊ)ˈtrɒpɪk,
ˌfəʊtə(ʊ)ˈtrəʊpɪk
AM ˌfoʊdəˈtrɑpɪk
phototropism
BR ˌfəʊtə(ʊ)ˈtrəʊpɪzm
AM ˌfoʊdəˈtroʊ-
ˌpɪz(ə)m
phototypesetter
BR ˌfəʊtə(ʊ)ˈtʌɪpsɛtə(r),
-z
AM ˌfoʊdoʊˈtaɪpˌsɛdər,
-z
phototypesetting
BR ˌfəʊtə(ʊ)ˈtʌɪpsɛtɪŋ
AM ˌfoʊdoʊˈtaɪpˌsɛdɪŋ
photovoltaic
BR ˌfəʊtə(ʊ)vɒlˈteɪɪk
AM ˈfoʊdoʊˌvoʊlˈteɪɪk
phrasal
BR ˈfreɪzl
AM ˈfreɪz(ə)l

phrase
BR freɪz, -ɪz, -ɪŋ, -d
AM freɪz, -ɪz, -ɪŋ, -d
phrasebook
BR ˈfreɪzbʊk, -s
AM ˈfreɪzˌbʊk, -s
phraseogram
BR ˈfreɪzɪəɡram, -z
AM ˈfreɪzɪəˌɡræm, -z
phraseological
BR ˌfreɪzɪəˈlɒdʒɪkl
AM ˌfreɪzɪəˈlɑdʒək(ə)l
phraseology
BR ˌfreɪzɪˈɒlədʒ|i,
-ɪz
AM ˌfreɪziˈɑlədʒi, -z
phrasing
BR ˈfreɪzɪŋ, -z
AM ˈfreɪzɪŋ, -z
phratry
BR ˈfreɪtr|i, -ɪz
AM ˈfreɪtri, -z
phreaker
BR ˈfriːkə(r), -z
AM ˈfrikər, -z
phreatic
BR frɪˈatɪk
AM friˈædɪk
phrenetic
BR frɪˈnɛtɪk
AM frəˈnɛdɪk
phrenetically
BR frɪˈnɛtɪkli
AM frəˈnɛdək(ə)li
phrenic
BR ˈfrɛnɪk
AM ˈfrɛnɪk
phrenological
BR ˌfrɛnəˈlɒdʒɪkl
AM ˌfrɛnəˈlɑdʒək(ə)l
phrenologically
BR ˌfrɛnəˈlɒdʒɪkli
AM ˌfrɛnəˈlɑdʒək(ə)li
phrenologist
BR frɪˈnɒlədʒɪst, -s
AM frəˈnɑlədʒəst, -s
phrenology
BR frɪˈnɒlədʒi
AM frəˈnɑlədʒi
Phrygia
BR ˈfrɪdʒɪə(r)
AM ˈfrɪdʒɪə

Phrygian
BR ˈfrɪdʒɪən, -z
AM ˈfrɪdʒiən, -z

phthalate
BR ˈ(f)θaleɪt, -s
AM ˈθæˌleɪt, -s

phthalic acid
BR ˌ(f)θalɪk ˈasɪd
AM ˌθælɪk ˈæsəd

phthalo
BR ˈ(f)θaləʊ
AM ˈθæloʊ

phthisic
BR ˈ(f)θʌɪsɪk, ˈtʌɪsɪk
AM ˈθaɪsɪk, ˈtaɪsɪk, ˈtɪzɪk

phthisical
BR ˈ(f)θʌɪsɪkl, ˈtʌɪsɪkl
AM ˈθaɪsɪk(ə)l, ˈtaɪsɪk(ə)l, ˈtɪzɪk(ə)l

phthisis
BR ˈ(f)θʌɪsɪs, ˈtʌɪsɪs
AM ˈtaɪsəs, ˈθaɪsəs

Phuket
BR ˌpuːˈkɛt
AM ˌpuˈkɛt

phut
BR fʌt
AM fət

phut-phut
BR ˈfʌtfʌt
AM ˈfətˌfət

phutt
BR fʌt
AM fət

phwoar
BR fwɔː(r), fwɑː(r)
AM f(w)ɔ(ə)r

phycological
BR ˌfʌɪkəˈlɒdʒɪkl
AM ˌfaɪkəˈlɑdʒək(ə)l

phycologist
BR fʌɪˈkɒlədʒɪst, -s
AM faɪˈkɑlədʒəst, -s

phycology
BR fʌɪˈkɒlədʒi
AM faɪˈkɑlədʒi

phycomycete
BR ˌfʌɪkə(ʊ)ˈmʌɪsiːt, -s
AM ˌfaɪkəˈmaɪˌsit, -s

phyla
BR ˈfʌɪlə(r)
AM ˈfaɪlə

phylactery
BR fɪˈlakt(ə)r|i, -ɪz
AM fəˈlækt(ə)ri, -z

phyletic
BR fʌɪˈlɛtɪk
AM faɪˈlɛdɪk

phyletically
BR fʌɪˈlɛtɪkli
AM faɪˈlɛdək(ə)li

Phyllida
BR ˈfɪlɪdə(r)
AM ˈfɪlədə

Phyllis
BR ˈfɪlɪs
AM ˈfɪlɪs

phyllite
BR ˈfɪlʌɪt
AM ˈfɪlaɪt

phyllode
BR ˈfɪləʊd, -z
AM ˈfɪˌloʊd, -z

phyllophagous
BR fɪˈlɒfəgəs
AM fəˈlafəgəs

phyllopod
BR ˈfɪləpɒd, -z
AM ˈfɪləˌpɑd, -z

phylloquinone
BR ˌfʌɪləʊˈkwɪnəʊn
AM ˌfɪloʊˈkwaɪˌnoʊn

Phyllosan
BR ˈfɪlə(ʊ)san
AM ˈfɪləs(ə)n

phyllostome
BR ˈfɪləstəʊm, -z
AM ˈfɪləˌstoʊm, -z

phyllotactic
BR ˌfɪlə(ʊ)ˈtaktɪk
AM ˌfɪləˈtæktɪk

phyllotaxis
BR ˌfɪlə(ʊ)ˈtaksɪs, ˈfɪlə(ʊ)ˌtaksɪs
AM ˌfɪləˈtæksəs

phyllotaxy
BR ˈfɪlə(ʊ)ˌtaksi
AM ˈfɪləˌtæksi

phylloxera
BR fɪˈlɒks(ə)rə(r), ˌfɪlɒkˈsɪərə(r)
AM ˌfɪləkˈsirə, fəˈlaksərə

phylogenesis
BR ˌfʌɪlə(ʊ)ˈdʒɛnɪsɪs
AM ˌfaɪloʊˈdʒɛnəsəs

phylogenetic
BR ˌfʌɪlə(ʊ)dʒɪˈnɛtɪk
AM ˌfaɪloʊdʒəˈnɛdɪk

phylogenetically
BR ˌfʌɪlə(ʊ)dʒɪˈnɛtɪkli
AM ˌfaɪloʊdʒə-ˈnɛdək(ə)li

phylogenic
BR ˌfʌɪlə(ʊ)ˈdʒɛnɪk
AM ˌfaɪloʊˈdʒɛnɪk

phylogeny
BR fʌɪˈlɒdʒɪni, fʌɪˈlɒdʒn̩i
AM ˌfaɪˈlɑdʒəni

phylogram
BR ˈfʌɪlə(ʊ)gram, -z
AM ˈfaɪləˌgræm, -z

phyloxera
BR fɪˈlɒks(ə)rə(r), ˌfɪlɒkˈsɪərə(r)
AM ˌfɪləkˈsirə, fəˈlaksərə

phylum
BR ˈfʌɪləm
AM ˈfaɪl(ə)m

physalis
BR ˈfʌɪsəlɪs, ˈfɪsəlɪs, fʌɪˈseɪlɪs
AM ˈfɪsələs, faɪˈsæləs, ˈfaɪsələs

physiatric
BR ˌfɪzɪˈatrɪk
AM ˌfɪziˈætrɪk

physic
BR ˈfɪzɪk, -s, -ɪŋ, -t
AM ˈfɪzɪk, -s, -ɪŋ, -t

physical
BR ˈfɪzɪkl
AM ˈfɪzək(ə)l

physicalism
BR ˈfɪzɪklɪzm
AM ˈfɪzəkəˌlɪz(ə)m

physicalist
BR ˈfɪzɪkl̩ɪst, -s
AM ˈfɪzəkələst, -s

physicalistic
BR ˌfɪzɪkəˈlɪstɪk, ˌfɪzɪklˈɪstɪk
AM ˌfɪzəkəˈlɪstɪk

physicality
BR ˌfɪzɪˈkalɪti
AM ˌfɪzəˈkælədi

physically
BR ˈfɪzɪkli
AM ˈfɪzək(ə)li

physicalness
BR ˈfɪzɪklnəs
AM ˈfɪzəkəlnəs

physician
BR fɪˈzɪʃn, -z
AM fəˈzɪʃ(ə)n, -z

physicist
BR ˈfɪzɪsɪst, -s
AM ˈfɪzəsəst, -s

physicky
BR ˈfɪzɪki
AM ˈfɪzɪki

physico-chemical
BR ˌfɪzɪkəʊˈkɛmɪkl
AM ˈfɪzəkoʊˈkɛmək(ə)l

physio
BR ˈfɪzɪəʊ, -z
AM ˈfɪzioʊ, -z

physiocracy
BR ˌfɪzɪˈɒkrəs|i, -ɪz
AM ˌfɪziˈɑkrəsi, -z

physiocrat
BR ˈfɪzɪəkrat, -s
AM ˈfɪziəˌkræt, -s

physiocratic
BR ˌfɪzɪəˈkratɪk
AM ˌfɪziəˈkrædɪk

physiognomic
BR ˌfɪzɪəˈnɒmɪk
AM ˌfɪziəˈnɑmɪk

physiognomical
BR ˌfɪzɪəˈnɒmɪkl
AM ˌfɪziəˈnamək(ə)l

physiognomically
BR ˌfɪzɪəˈnɒmɪkli
AM ˌfɪziəˈnamək(ə)li

physiognomist
BR ˌfɪzɪˈɒnəmɪst, -s
AM ˌfɪziˈɑ(g)nəməst, -s

physiognomy
BR ˌfɪzɪˈɒnəm|i, -ɪz
AM ˌfɪziˈɑ(g)nəmi, -z

physiographer
BR ˌfɪzɪˈɒɡrəfə(r), -z
AM ˌfɪziˈɑɡrəfər, -z

physiographic
BR ˌfɪziəˈɡræfɪk
AM ˌfɪziəˈɡræfɪk

physiographical
BR ˌfɪziəˈɡræfɪkl
AM ˌfɪziəˈɡræfək(ə)l

physiographically
BR ˌfɪziəˈɡræfɪkli
AM ˌfɪziəˈɡræfək(ə)li

physiography
BR ˌfɪzɪˈɒɡrəfi
AM ˌfɪziˈɑɡrəfi

physiological
BR ˌfɪziəˈlɒdʒɪkl
AM ˌfɪziəˈlɑdʒək(ə)l

physiologically
BR ˌfɪziəˈlɒdʒɪkli
AM ˌfɪziəˈlɑdʒək(ə)li

physiologist
BR ˌfɪzɪˈɒlədʒɪst, -s
AM ˌfɪziˈɑlədʒəst, -s

physiology
BR ˌfɪzɪˈɒlədʒi
AM ˌfɪziˈɑlədʒi

physiotherapist
BR ˌfɪziə(ʊ)ˈθerəpɪst, -s
AM ˈˌfɪzioʊˈθerəpɪst, -s

physiotherapy
BR ˌfɪziə(ʊ)ˈθerəpi
AM ˌfɪzioʊˈθerəpi

physique
BR fɪˈziːk
AM fəˈzik

physostigmine
BR ˌfɪsəʊˈstɪɡmiːn
AM ˌfaɪzəˈstɪɡˌmin

phytoalexin
BR ˌfʌɪtəʊəˈleksɪn
AM ˌfaɪdoʊəˈleksɪn

phytochemical
BR ˌfʌɪtəʊˈkemɪkl
AM ˌfaɪdəˈkemək(ə)l

phytochemist
BR ˌfʌɪtəʊˈkemɪst
AM ˌfaɪdəˈkeməst

phytochemistry
BR ˌfʌɪtəʊˈkemɪstri
AM ˌfaɪdəˈkeməstri

phytochrome
BR ˈfʌɪtəkrəʊm
AM ˈfaɪdəˌkroʊm

phytogenesis
BR ˌfʌɪtəʊˈdʒenɪsɪs
AM ˌfaɪdəˈdʒenəsəs

phytogeny
BR fʌɪˈtɒdʒɪni
AM faɪˈtɑdʒəni

phytogeography
BR ˌfʌɪtəʊdʒɪˈɒɡrəfi, ˌfʌɪtəʊˈdʒɒɡrəfi
AM ˌfaɪdədʒiˈɑɡrəfi

phytography
BR fʌɪˈtɒɡrəfi
AM faɪˈtɑɡrəfi

phytolith
BR ˈfʌɪtəlɪθ, -s
AM ˈfaɪdəˌlɪθ, -s

phytopathology
BR ˌfʌɪtəʊpəˈθɒlədʒi
AM ˌfaɪdəpəˈθɑlədʒi

phytophagous
BR fʌɪˈtɒfəɡəs
AM faɪˈtɑfəɡəs

phytoplankton
BR ˈfʌɪtəʊˌplaŋ(k)tən
AM ˈfaɪdəˈplæŋkt(ə)n

phytotomy
BR fʌɪˈtɒtəmi
AM faɪˈtɑtədmi

phytotoxic
BR ˌfʌɪtə(ʊ)ˈtɒksɪk
AM ˌfaɪdəˈtaksɪk

phytotoxin
BR ˈfʌɪtəˌtɒksɪn, -z
AM ˈfaɪdəˌtaks(ə)n, -z

pi
BR pʌɪ, -z
AM paɪ, -z

piacular
BR pʌɪˈakjʊlə(r)
AM paɪˈækjələr

Piaf
BR ˈpiːaf
AM ˈpiaf
FR pjaf

piaffe
BR pɪˈaf, -s, -ɪŋ, -t
AM pjæf, pɪˈæf, -s, -ɪŋ, -t

Piaget
BR pɪˈaʒeɪ
AM ˌpiɑˈʒeɪ
FR pjaʒɛ

pia mater
BR ˌpʌɪə ˈmeɪtə(r), ˌpiːə +
AM ˈˌpaɪə ˈmeɪdər, ˈpiə ˈmɑdər

pianism
BR ˈpɪənɪzm
AM ˈpiəˌnɪz(ə)m

pianissimo
BR ˌpɪəˈnɪsɪməʊ, -z
AM ˌpiəˈnɪsəˌmoʊ, -z
IT piaˈnissimo

pianist
BR ˈpɪənɪst, -s
AM ˈpiənəst, -s

pianistic
BR ˌpɪəˈnɪstɪk
AM ˌpiəˈnɪstɪk

pianistically
BR ˌpɪəˈnɪstɪkli
AM ˌpiəˈnɪstək(ə)li

piano[1] *instrument*
BR pɪˈanəʊ, -z
AM piˈænoʊ, -z

piano[2] *softly*
BR ˈpjɑːnəʊ, pɪˈɑːnəʊ
AM piˈɑnoʊ
IT ˈpjano

piano-accordion
BR pɪˌanəʊəˈkɔːdɪən, -z
AM piˈˌænoʊəˈkɔrdiən, -z

pianoforte
BR pɪˌanəʊˈfɔːt|i, pɪˌanəʊˈfɔːt|eɪ, -ɪz\-eɪz
AM piˈænəˌfɔrdi, -z
IT pjanoˈfɔrte

pianola
BR ˌpɪəˈnəʊlə(r), -z
AM ˌpiəˈnoʊlə, -z

piano nobile
BR ˌpjɑːnəʊ ˈnəʊbɪleɪ, -z
AM piˈˌɑˌnoʊ ˈnoʊbɪˌleɪ, ˈˌpjɑˌnoʊ-ˈnoʊbɪˌleɪ, -z
IT ˈpjano ˈnɔbile

piasava
BR ˌpiːəˈsɑːvə(r), -z
AM piəˈsavə, -z

piassava
BR ˌpiːəˈsɑːvə(r), -z
AM piəˈsavə, -z

piaster
BR pɪˈastə(r), -z
AM piˈæstər, -z

piastre
BR pɪˈastə(r), -z
AM piˈæstər, -z

Piat
BR ˈpiːət, -s
AM ˈpiət, -s

piazza
BR pɪˈatsə(r), -z
AM piˈæzə, piˈatsə, -z
IT ˈpjattsa

pibroch
BR ˈpiːbrɒk, ˈpiːbrɒx, -s
AM ˈpiˌbrak, ˈpiˌbrax, -s

PIBS *permanent interest-bearing share*
BR ˈpɪbz
AM ˈpɪbz

pic
BR pɪk, -s
AM pɪk, -s

pica
BR ˈpʌɪkə(r)
AM ˈpaɪkə

picadillo
BR ˌpɪkəˈdɪləʊ, -z
AM ˌpɪkəˈdi(j)oʊ, ˌpɪkəˈdɪloʊ, -z

picador
BR ˈpɪkədɔː(r), -z
AM ˈpɪkəˌdɔ(ə)r, -z

picadore
BR ˈpɪkədɔː(r), -z
AM ˈpɪkəˌdɔ(ə)r, -z

picaninny
BR ˈpɪkənɪn|i, ˌpɪkəˈnɪn|i, -ɪz
AM ˈpɪkəˌnɪni, -z

picante
BR pɪˈkanteɪ
AM pəˈkɑnˌteɪ

Picard
BR ˈpiːkɑːd, pɪˈkɑːd
AM pəˈkɑrd
FR pikaʀ

Picardy
BR ˈpɪkədi
AM ˈpɪkərdi

picaresque
BR ˌpɪkəˈresk
AM ˌpɪkəˈresk

picaroon
BR ˌpɪkəˈruːn, -z
AM ˌpɪkəˈrun, -z

Picasso
BR pɪˈkæsəʊ
AM pəˈkɑsoʊ

picayune
BR ˌpɪkəˈjuːn, -z
AM ˌpɪkiˈjun, ˌpɪkəˈjun, -z

Piccadilly
BR ˌpɪkəˈdɪli
AM ˈpɪkəˌdɪli

piccalilli
BR ˌpɪkəˈlɪli
AM ˈpɪkəˌlɪli

piccaninny
BR ˈpɪkənɪn|i, ˌpɪkəˈnɪn|i, -ɪz
AM ˈpɪkəˌnɪni, -z

piccata
BR pɪˈkɑːtə(r)
AM pəˈkɑdə

piccolo
BR ˈpɪkələʊ, -z
AM ˈpɪkəˌloʊ, -z
IT ˈpikkolo

pice
BR pʌɪs
AM paɪs

pichiciago
BR ˌpɪtʃɪˈsjeɪgəʊ, -z
AM ˌpɪtʃɪsɪˈeɪgoʊ, -z

pick
BR pɪk, -s, -ɪŋ, -t
AM pɪk, -s, -ɪŋ, -t

pickaback
BR ˈpɪkəbak, -s
AM ˈpɪkəˌbæk, -s

pickable
BR ˈpɪkəbl
AM ˈpɪkəb(ə)l

pickaninny
BR ˈpɪkənɪn|i, ˌpɪkəˈnɪn|i, -ɪz
AM ˈpɪkəˌnɪni, -z

pickax
BR ˈpɪkaks, -ɪz, -ɪŋ, -t
AM ˈpɪkˌæks, -əz, -ɪŋ, -t

pickaxe
BR ˈpɪkaks, -ɪz, -ɪŋ, -t
AM ˈpɪkˌæks, -əz, -ɪŋ, -t

Pickelhaube
BR ˈpɪkl̩ˌhaʊbə(r), -z
AM ˈpɪkl̩ˌ(h)aʊbə, -z

picker
BR ˈpɪkə(r), -z
AM ˈpɪkər, -z

pickerel
BR ˈpɪk(ə)r|, -z
AM ˈpɪk(ə)rəl, -z

Pickering
BR ˈpɪk(ə)rɪŋ
AM ˈpɪk(ə)rɪŋ

picket
BR ˈpɪk|ɪt, -ɪts, -ɪtɪŋ, -ɪtɪd
AM ˈpɪkɪ|t, -ts, -dɪŋ, -dɪd

picketer
BR ˈpɪkɪtə(r), -z
AM ˈpɪkɪdər, -z

Pickett
BR ˈpɪkɪt
AM ˈpɪkɪt

Pickford
BR ˈpɪkfəd
AM ˈpɪkfərd

pickiness
BR ˈpɪkɪnɪs
AM ˈpɪkɪnɪs

pickings
BR ˈpɪkɪŋz
AM ˈpɪkɪŋz

pickle
BR ˈpɪk|l, -lz, -l̩ɪŋ\-lɪŋ, -ld
AM ˈpɪk|əl, -əlz, -(ə)lɪŋ, -əld

pickler
BR ˈpɪklə(r), ˈpɪklə(r), -z
AM ˈpɪk(ə)lər, -z

Pickles
BR ˈpɪklz
AM ˈpɪkəlz

picklock
BR ˈpɪklɒk, -s
AM ˈpɪkˌlɑk, -s

pick-me-up
BR ˈpɪkmɪʌp, -s
AM ˈpɪkmiˌəp, -s

pick 'n' mix
BR ˌpɪk n̩ ˈmɪks
AM ˈpɪk ən ˌmɪks

pickoff
BR ˈpɪkɒf, -s
AM ˈpɪkˌɑf, ˈpɪkˌɔf, -s

pickpocket
BR ˈpɪkˌpɒk|ɪt, -s, -ɪtɪŋ, -ɪdɪd
AM ˈpɪkˌpɑkə|t, -ts, -dɪŋ, -dəd

pickpocketing
BR ˈpɪkˌpɒkɪtɪŋ
AM ˈpɪkˌpɑkədɪŋ

Pickthorne
BR ˈpɪkθɔːn
AM ˈpɪkˌθɔ(ə)rn

pickup
BR ˈpɪkʌp, -s
AM ˈpɪkˌəp, -s

Pickwick
BR ˈpɪkwɪk
AM ˈpɪkˌwɪk

Pickwickian
BR pɪkˈwɪkiən
AM pɪkˈwɪkiən

picky
BR ˈpɪk|i, -ɪə(r), -ɪɪst
AM ˈpɪki, -ər, -ɪst

pick-your-own
BR ˌpɪkjərˈəʊn, -z
AM ˈpɪkˌjəˈroʊn, -z

picnic
BR ˈpɪkn|ɪk, -ɪks, -ɪkɪŋ, -ɪkt
AM ˈpɪkˌnɪk, -s, -ɪŋ, -t

picnicker
BR ˈpɪknɪkə(r), -z
AM ˈpɪkˌnɪkər, -z

picnicky
BR ˈpɪknɪki
AM ˈpɪkˌnɪki

Pico
BR ˈpiːkəʊ
AM ˈpikoʊ

picocell
BR ˈpiːkəʊsel, -z
AM ˈpaɪkoʊˌsel, -z

pico de gallo
BR ˌpiːkəʊ də ˈgʌɪəʊ, +ˈgaləʊ
AM ˌpikoʊ də ˈgaɪoʊ

picosecond
BR ˈpiːkəʊˌsek(ə)nd, ˈpʌɪkəʊˌsek(ə)nd, -z
AM ˈpaɪkoʊˌsekənd, -z

picot
BR ˈpiːkəʊ, -z, -ɪŋ, -d
AM ˈpiˌkoʊ, -z, -ɪŋ, -d
FR piko

picotee
BR ˌpɪkəˈtiː, -z
AM ˌpɪkəˈti, -z

picquet¹ *picket*
BR ˈpɪkɪt, -s
AM ˈpɪkɪt, -s

picquet² *piquet*
BR pɪˈket
AM pəˈkeɪ

picrate
BR ˈpɪkreɪt, -s
AM ˈpɪˌkreɪt, -s

picric acid
BR ˌpɪkrɪk ˈasɪd
AM ˈpɪˌkrɪk ˈæsəd

Pict
BR pɪkt, -s
AM ˈpɪk|(t), -(t)s

Pictish
BR ˈpɪktɪʃ
AM ˈpɪktɪʃ

pictogram
BR ˈpɪktəgram, -z
AM ˈpɪktəˌgræm, -z

pictograph
BR ˈpɪktəgrɑːf, -s
AM ˈpɪktəˌgræf, -s
pictographic
BR ˌpɪktəˈgrafɪk
AM ˌpɪktəˈgræfɪk
pictography
BR pɪkˈtɒgrəfi
AM pɪkˈtɑgrəfi
pictorial
BR pɪkˈtɔːriəl
AM pɪkˈtɔriəl
pictorially
BR pɪkˈtɔːriəli
AM pɪkˈtɔriəli
picture
BR ˈpɪktʃə(r), -əz, -(ə)rɪŋ, -əd
AM ˈpɪk(t)ʃər, -z, -ɪŋ, -d
picturebook
BR ˈpɪktʃəbʊk, -s
AM ˈpɪk(t)ʃərˌbʊk, -s
picturegoer
BR ˈpɪktʃəˌgəʊə(r), -z
AM ˈpɪk(t)ʃərˌgoʊər, -z
picturesque
BR ˌpɪktʃəˈrɛsk
AM ˌpɪk(t)ʃəˈrɛsk
picturesquely
BR ˌpɪktʃəˈrɛskli
AM ˌpɪk(t)ʃəˈrɛskli
picturesqueness
BR ˌpɪktʃəˈrɛsknəs
AM ˌpɪk(t)ʃəˈrɛsknəs
piddle
BR ˈpɪd|l, -lz, -lɪŋ\-lɪŋ, -ld
AM ˈpɪd|əl, -əlz, -(ə)lɪŋ, -əld
piddler
BR ˈpɪdlə(r), ˈpɪdlə(r), -z
AM ˈpɪd(ə)lər, -z
piddock
BR ˈpɪdək, -s
AM ˈpɪdək, -s
pidgin
BR ˈpɪdʒ(ɪ)n, -z
AM ˈpɪdʒɪn, -z

pidginisation
BR ˌpɪdʒɪnʌɪˈzeɪʃn, ˌpɪdʒn̩ʌɪˈzeɪʃn
AM ˌpɪdʒɪˌnaɪˈzeɪʃ(ə)n, ˌpɪdʒɪnəˈzeɪʃ(ə)n
pidginise
BR ˈpɪdʒɪnʌɪz, ˈpɪdʒn̩ʌɪz, -ɪz, -ɪŋ, -d
AM ˈpɪdʒɪnˌaɪz, -ɪz, -ɪŋ, -d
pidginization
BR ˌpɪdʒɪnʌɪˈzeɪʃn, ˌpɪdʒn̩ʌɪˈzeɪʃn
AM ˌpɪdʒɪˌnaɪˈzeɪʃ(ə)n, ˌpɪdʒɪnəˈzeɪʃ(ə)n
pidginize
BR ˈpɪdʒɪnʌɪz, ˈpɪdʒn̩ʌɪz, -ɪz, -ɪŋ, -d
AM ˈpɪdʒɪnˌaɪz, -ɪz, -ɪŋ, -d
pi-dog
BR ˈpʌɪdɒg, -z
AM ˈpaɪˌdɑg, ˈpaɪˌdɔg, -z
pie
BR pʌɪ, -z
AM paɪ, -z
piebald
BR ˈpʌɪbɔːld, -z
AM ˈpaɪˌbald, ˈpaɪˌbɔld, -z
piece
BR piːs, -ɪz, -ɪŋ, -t
AM pis, -ɪz, -ɪŋ, -t
pièce de résistance
BR piːˌɛs də rɪˈzɪstɒ̃s, + rɛˈzɪstɒ̃s, + ˌrɛzɪˈstɒ̃s
AM piˌɛs də reɪˌziˈstans, piˌɛs də rəˌziˈstans
piece-goods
BR ˈpiːsgʊdz
AM ˈpisˌgʊdz
piecemeal
BR ˈpiːsmiːl
AM ˈpisˌmil
piecer
BR ˈpiːsə(r), -z
AM ˈpisər, -z

piece-rate
BR ˈpiːsreɪt, -s
AM ˈpisˌreɪt, -s
pièces de résistance
BR piːˌɛs də rɪˈzɪstɒ̃s, + rɛˈzɪstɒ̃s, + ˌrɛzɪˈstɒ̃s
AM piˌɛs də reɪˌziˈstans, piˌɛs də rəˌziˈstans
piecework
BR ˈpiːswəːk
AM ˈpisˌwərk
piecrust
BR ˈpʌɪkrʌst, -s
AM ˈpaɪˌkrəst, -s
pied
BR pʌɪd
AM paɪd
pied-à-terre
BR ˌpjɛdəˈtɛː(r), ˌpjeɪdəˈtɛː(r), -z
AM piˌeɪdəˈtɛ(ə)r, -z
piedmont
BR ˈpiːdmɒnt, -s
AM ˈpidˌmant, -s
Piedmontese
BR ˌpiːdmɒnˈtiːz
AM ˌpidmanˈtiz
pie-dog
BR ˈpʌɪdɒg, -z
AM ˈpaɪˌdɑg, ˈpaɪˌdɔg, -z
Pied Piper
BR ˌpʌɪd ˈpʌɪpə(r)
AM ˌpaɪd ˈpaɪpər
pied-piping
BR ˈpʌɪdˈpʌɪpɪŋ
AM ˈpaɪdˈpaɪpɪŋ
pie-eater
BR ˈpʌɪˌiːtə(r), -z
AM ˈpaɪˌidər, -z
pie-eyed
BR ˌpʌɪˈʌɪd
AM ˈpaɪˌaɪd
pie-hole
BR ˈpʌɪhəʊl, -z
AM ˈpaɪˌ(h)oʊl, -z
pie in the sky
BR ˌpʌɪ ɪn ðə ˈskʌɪ
AM ˌpaɪ ɪn ðə ˈskaɪ

pieman
BR ˈpʌɪmən
AM ˈpaɪˌmæn, ˈpaɪm(ə)n
piemen
BR ˈpʌɪmən
AM ˈpaɪˌmɛn, ˈpaɪm(ə)n
pier
BR pɪə(r), -z
AM pɪ(ə)r, -z
pierce
BR pɪəs, -ɪz, -ɪŋ, -t
AM pɪ(ə)rs, -ɪz, -ɪŋ, -t
piercer
BR ˈpɪəsə(r), -z
AM ˈpɪrsər, -z
piercingly
BR ˈpɪəsɪŋli
AM ˈpɪrsɪŋli
Piercy
BR ˈpɪəsi
AM ˈpɪrsi
Pierian
BR pʌɪˈɪəriən, pʌɪˈɛːriən
AM paɪˈɪriən
pierogi
BR pɪəˈrəʊg|i, -ɪz
AM pɪrˈoʊgi, pəˈroʊgi, -z
RUS pʲɪraˈgʲi
Pierre[1] *city in S. Dakota*
BR ˈpɪə(r)
AM ˈpɪ(ə)r
Pierre[2] *French forename*
BR pɪˈɛː(r), pjɛː(r)
AM pjɛ(ə)r, pɪˈɛ(ə)r
FR pjɛʁ
Pierrot
BR ˈpɪərəʊ, -z
AM ˈpɪˌroʊ, ˈpɪəˌroʊ, -z
FR pjɛʁo
Piers
BR ˈpɪəz
AM ˈpɪ(ə)rz
Pierson
BR ˈpɪəsn
AM ˈpɪrs(ə)n

pieta
BR ˌpiːɛˈtɑː(r),
ˌpiːeɪˈtɑː(r), -z
AM ˌpieɪˈtɑ, -z

pietà
BR ˌpiːɛˈtɑː(r),
ˌpiːeɪˈtɑː(r), -z
AM ˌpieɪˈtɑ, -z
IT pjeˈta

Pietermaritzburg
BR ˌpiːtəˈmarɪtsbɜːg
AM ˌpidərˈmɛrəts,bɜrg
AFK ˌpiːtərmaˈrətsbərx

Pietism
BR ˈpʌɪɪtɪzm
AM ˈpaɪə,tɪz(ə)m

pietist
BR ˈpʌɪɪtɪst, -s
AM ˈpaɪədəst, -s

pietistic
BR ˌpʌɪɪˈtɪstɪk
AM ˌpaɪəˈtɪstɪk

pietistical
BR ˌpʌɪɪˈtɪstɪkl
AM ˌpaɪəˈtɪstək(ə)l

pietra dura
BR ˌpjɛtrəˈduːrə(r)
AM ˌpieɪtrəˈd(j)ʊrə

piety
BR ˈpʌɪɪti
AM ˈpaɪədi

piezoelectric
BR ˌpiːzəʊɪˈlɛktrɪk,
pɪˌɛtsəʊɪˈlɛktrɪk,
pʌɪˌiːzəʊɪˈlɛktrɪk
AM piˌeɪtsoʊəˈlɛktrɪk,
piˌeɪzoʊəˈlɛktrɪk

piezoelectrically
BR ˌpiːzəʊɪˈlɛktrɪkli,
pɪˌɛtsəʊɪˈlɛktrɪkli,
pʌɪˌiːzəʊɪˈlɛktrɪkli
AM piˌeɪtsoʊəˈlɛktrək(ə)li, piˌeɪzoʊəˈlɛktrək(ə)li

piezoelectricity
BR ˌpiːzəʊlɛkˈtrɪsɪti,
pɪˌɛtsəʊlɛkˈtrɪsɪti,
pʌɪˌiːzəʊlɛkˈtrɪsɪti
AM piˌeɪtsoʊˌɛlɛkˈtrɪsɪdi, piˌeɪzoʊˌɛlɛkˈtrɪsɪdi

piezometer
BR ˌpiːɪˈzɒmɪtə(r),
ˌpʌɪɪˈzɒmɪtə(r), -z
AM piəˈzɑmədər, -z

piffle
BR ˈpɪfl
AM ˈpɪfəl

piffler
BR ˈpɪflə(r), ˈpɪflə(r), -z
AM ˈpɪf(ə)lər, -z

piffling
BR ˈpɪflɪŋ
AM ˈpɪf(ə)lɪŋ

pig
BR pɪg, -z
AM pɪg, -z

pigeon
BR ˈpɪdʒ(ɪ)n, -z
AM ˈpɪdʒ(ə)n, -z

pigeon-chested
BR ˌpɪdʒ(ɪ)nˈtʃɛstɪd
AM ˈpɪdʒ(ə)n,tʃɛstəd

pigeonhole
BR ˈpɪdʒ(ɪ)nhəʊl, -z, -ɪŋ, -d
AM ˈpɪdʒən,(h)oʊl, -z, -ɪŋ, -d

pigeon pair
BR ˌpɪdʒ(ɪ)n ˈpɛː(r), -z
AM ˈpɪdʒ(ə)n ˌpɛ(ə)r, -z

pigeonry
BR ˈpɪdʒ(ɪ)nr|i, -ɪz
AM ˈpɪdʒənri, -z

piggery
BR ˈpɪg(ə)r|i, -ɪz
AM ˈpɪg(ə)ri, -z

piggin
BR ˈpɪgɪn, -z
AM ˈpɪgɪn, -z

piggish
BR ˈpɪgɪʃ
AM ˈpɪgɪʃ

piggishly
BR ˈpɪgɪʃli
AM ˈpɪgɪʃli

piggishness
BR ˈpɪgɪʃnɪs
AM ˈpɪgɪʃnɪs

Piggott
BR ˈpɪgət
AM ˈpɪgət

piggy
BR ˈpɪg|i, -ɪz
AM ˈpɪgi, -z

piggyback
BR ˈpɪgɪbak, -s
AM ˈpɪgi,bæk, -s

piggybank
BR ˈpɪgɪbaŋk, -s
AM ˈpɪgi,bæŋk, -s

piggy in the middle
BR ˌpɪgɪ ɪn ðə ˈmɪdl
AM ˌpɪgi ɪn (ð)ə ˈmɪd(ə)l

piggywig
BR ˈpɪgɪwɪg, -z
AM ˈpɪgi,wɪg, -z

pigheaded
BR ˌpɪgˈhɛdɪd
AM ˈpɪg,(h)ɛdəd

pig in the middle
BR ˌpɪg ɪn ðə ˈmɪdl
AM ˌpɪg ən(ð)ə ˈmɪd(ə)l

piglet
BR ˈpɪglɪt, -s
AM ˈpɪglɪt, -s

piglike
BR ˈpɪglʌɪk
AM ˈpɪg,laɪk

pigling
BR ˈpɪglɪŋ, -z
AM ˈpɪg(ə)lɪŋ, -z

pigmaean
BR pɪgˈmiːən
AM pɪgˈmiən, ˈpɪgmiən

pigmean
BR pɪgˈmiːən
AM pɪgˈmiən, ˈpɪgmiən

pigmeat
BR ˈpɪgmiːt
AM ˈpɪg,mit

pigment[1] *noun*
BR ˈpɪgm(ə)nt, -s
AM ˈpɪgm(ə)nt, -s

pigment[2] *verb*
BR pɪgˈment, ˈpɪgm(ə)nt, -s, -ɪŋ, -ɪd
AM ˈpɪgm(ə)nt, pɪgˈmɛnt, -s, -ɪŋ, -ɪd

pigmental
BR pɪgˈmentl
AM pɪgˈmɛn(t)l

pigmentary
BR ˈpɪgmənt(ə)ri
AM ˈpɪgmən,tɛri

pigmentation
BR ˌpɪgm(ɛ)nˈteɪʃn
AM ˌpɪg,mɛnˈteɪʃ(ə)n, ˌpɪgmənˈteɪʃ(ə)n

pigmentosa
BR ˌpɪgm(ɛ)nˈtəʊsə(r)
AM ˌpɪg,mɛnˈtoʊsə, ˌpɪgmənˈtoʊsə

pigmy
BR ˈpɪgm|i, -ɪz
AM ˈpɪgmi, -z

pignoli
BR pɪnˈjəʊli
AM pɪnˈjoʊli

pignut
BR ˈpɪgnʌt, -s
AM ˈpɪg,nət, -s

pig-out
BR ˌpɪgˈaʊt
AM ˈpɪgˈaʊt

pigpen
BR ˈpɪgpɛn, -z
AM ˈpɪg,pɛn, -z

pigskin
BR ˈpɪgskɪn, -z
AM ˈpɪg,skɪn, -z

pigsticker
BR ˈpɪg,stɪkə(r), -z
AM ˈpɪg,stɪkər, -z

pigsticking
BR ˈpɪg,stɪkɪŋ
AM ˈpɪg,stɪkɪŋ

pigsty
BR ˈpɪgstʌɪ, -z
AM ˈpɪg,staɪ, -z

pigswill
BR ˈpɪgswɪl
AM ˈpɪg,swɪl

pigtail
BR ˈpɪgteɪl, -z, -d
AM ˈpɪg,teɪl, -z, -d

pigwash
BR ˈpɪgwɒʃ
AM ˈpɪg,wɑʃ, ˈpɪg,wɔʃ

pigweed
BR ˈpɪgwiːd, -z
AM ˈpɪgˌwid, -z
pi jaw
BR ˈpʌɪ dʒɔː(r)
AM ˈpaɪ ˌdʒɔ, ˈpaɪ ˌdʒɑ
pika
BR ˈpʌɪkə(r),
ˈpiːkə(r), -z
AM ˈpikə, ˈpaɪkə, -z
pike
BR pʌɪk, -s
AM paɪk, -s
pikelet
BR ˈpʌɪklɪt, -s
AM ˈpaɪklət, -s
pikeman
BR ˈpʌɪkmən
AM ˈpaɪkm(ə)n
pikemen
BR ˈpʌɪkmən
AM ˈpaɪkm(ə)n
pikeperch
BR ˈpʌɪkpəːtʃ
AM ˈpaɪkˌpərtʃ
piker
BR ˈpʌɪkə(r), -z
AM ˈpaɪkər, -z
pikestaff
BR ˈpʌɪkstɑːf, -s
AM ˈpaɪkˌstæf, -s
pilaf
BR ˈpɪlaf, ˈpiːlaf,
pɪˈlaf, -s
AM pəˈlaf, ˈpiˌlaf, -s
pilaff
BR ˈpɪlaf, ˈpiːlaf,
pɪˈlaf, -s
AM pəˈlaf, ˈpiˌlaf, -s
pilaster
BR pɪˈlastə(r), -z, -d
AM pəˈlæstər,
-z, -d
Pilate
BR ˈpʌɪlət
AM ˈpaɪlət
pilates
BR pɪˈlɑːtiːz
AM pəˈlɑdiz
Pilatus
BR pɪˈlɑːtəs
AM pəˈlɑdəs

pilau
BR pɪˈlaʊ, ˈpiːlaʊ, -z
AM piˈlaʊ, pəˈlaʊ, -z
pilaw
BR pɪˈlaʊ, ˈpiːlaʊ, -z
AM piˈlaʊ, pəˈlaʊ, -z
pilch
BR pɪltʃ, -ɪz
AM pɪltʃ, -ɪz
pilchard
BR ˈpɪltʃəd, -z
AM ˈpɪltʃərd, -z
pile
BR pʌɪl, -z, -ɪŋ, -d
AM paɪl, -z, -ɪŋ, -d
pileate
BR ˈpɪliət, ˈpʌɪliət
AM ˈpɪliət, ˈpaɪliət
pileated
BR ˈpɪlieɪtɪd,
ˈpʌɪlieɪtɪd
AM ˈpɪliˌeɪdɪd, ˈpaɪli
ˌeɪdɪd
piledriver
BR ˈpʌɪlˌdrʌɪvə(r), -z
AM ˈpaɪlˌdraɪvər, -z
piledriving
BR ˈpʌɪlˌdrʌɪvɪŋ
AM ˈpaɪlˌdrɪvɪŋ
pilei
BR ˈpʌɪliʌɪ
AM ˈpaɪliˌaɪ
pileup
BR ˈpʌɪlʌp, -s
AM ˈpaɪlˌəp, -s
pileus
BR ˈpʌɪliəs
AM ˈpaɪliəs
pilewort
BR ˈpʌɪlwəːt
AM ˈpaɪlˌwɔ(ə)rt,
ˈpaɪlwərt
pilfer
BR ˈpɪlf|ə(r), -əz,
-(ə)rɪŋ, -əd
AM ˈpɪlfər, -z, -ɪŋ, -d
pilferage
BR ˈpɪlf(ə)rɪdʒ
AM ˈpɪlf(ə)rɪdʒ
pilferer
BR ˈpɪlf(ə)rə(r), -z
AM ˈpɪlf(ə)rər, -z

pilgrim
BR ˈpɪlgrɪm, -z
AM ˈpɪlgrɪm, -z
pilgrimage
BR ˈpɪlgrɪm|ɪdʒ,
-ɪdʒɪz
AM ˈpɪlgrəmɪdʒ, -ɪz
pilgrimise
BR ˈpɪlgrɪmʌɪz, -ɪz,
-ɪŋ, -d
AM ˈpɪlgrəˌmaɪz, -ɪz,
-ɪŋ, -d
pilgrimize
BR ˈpɪlgrɪmʌɪz, -ɪz,
-ɪŋ, -d
AM ˈpɪlgrəˌmaɪz, -ɪz,
-ɪŋ, -d
piliation
BR ˌpɪliˈeɪʃn
AM ˌpɪliˈeɪʃ(ə)n
piliferous
BR pʌɪˈlɪf(ə)rəs
AM paɪˈlɪf(ə)rəs
piliform
BR ˈpʌɪlɪfɔːm
AM ˈpaɪləˌfɔ(ə)rm
piling
BR ˈpʌɪlɪŋ, -z
AM ˈpaɪlɪŋ, -z
Pilipino
BR ˌpɪlɪˈpiːnəʊ
AM ˌpɪləˈpiˌnoʊ
Pilkington
BR ˈpɪlkɪŋt(ə)n
AM ˈpɪlkɪŋt(ə)n
pill
BR pɪl, -z, -ɪŋ, -d
AM pɪl, -z, -ɪŋ, -d
pillage
BR ˈpɪl|ɪdʒ, -ɪdʒɪz,
-ɪdʒɪŋ, -ɪdʒd
AM ˈpɪlɪdʒ, -ɪz,
-ɪŋ, -d
pillager
BR ˈpɪlɪdʒə(r), -z
AM ˈpɪlədʒər, -z
pillar
BR ˈpɪlə(r), -z, -d
AM ˈpɪlər, -z, -d
pillarbox
BR ˈpɪləbɒks, -ɪz
AM ˈpɪlərˌbɑks, -əz

pillaret
BR ˌpɪləˈrɛt, -s
AM ˌpɪləˈrɛt, -s
pillbox
BR ˈpɪlbɒks, -ɪz
AM ˈpɪlˌbɑks, -əz
Pilling
BR ˈpɪlɪŋ
AM ˈpɪlɪŋ
pillion
BR ˈpɪljən, ˈpɪliən, -z,
-ɪŋ, -d
AM ˈpɪljən, -z, -ɪŋ, -d
pilliwinks
BR ˈpɪlɪwɪŋks
AM ˈpɪliˌwɪŋks
pillock
BR ˈpɪlək, -s
AM ˈpɪlək, -s
pillory
BR ˈpɪl(ə)r|i, -ɪz, -ɪɪŋ,
-ɪd
AM ˈpɪləri, -z, -ɪŋ, -d
pillow
BR ˈpɪləʊ, -z, -ɪŋ, -d
AM ˈpɪloʊ, -z, -ɪŋ, -d
pillowcase
BR ˈpɪlə(ʊ)keɪs, -ɪz
AM ˈpɪloʊˌkeɪs, -ɪz
pillowslip
BR ˈpɪlə(ʊ)slɪp, -s
AM ˈpɪloʊˌslɪp, -s
pillowy
BR ˈpɪləʊi
AM ˈpɪloʊi
pillular
BR ˈpɪljələ(r)
AM ˈpɪljələr
pillule
BR ˈpɪljuːl, -z
AM ˈpɪlˌjul, -z
pillwort
BR ˈpɪlwəːt, -s
AM ˈpɪlˌwɔ(ə)rt,
ˈpɪlwərt, -s
piloncillo
BR ˌpiːlɒnˈsiːjəʊ
AM ˌpilənˈsijoʊ
pilose
BR ˈpʌɪləʊz, ˈpʌɪləʊs
AM ˈpaɪˌloʊz,
ˈpaɪˌloʊs

pilosity
BR pʌɪˈlɒsɪti
AM paɪˈlɑsədi

pilot
BR ˈpʌɪlət, -s, -ɪŋ, -ɪd
AM ˈpaɪlə|t, -ts, -dɪŋ, -dəd

pilotage
BR ˈpʌɪlətɪdʒ
AM ˈpaɪlədɪdʒ

pilothouse
BR ˈpʌɪləthaʊ|s, -zɪz
AM ˈpaɪlətˌ(h)aʊ|s, -zəz

pilot-jacket
BR ˈpʌɪlətˌdʒakɪt, -s
AM ˈpaɪlətˌdʒækɛt, -s

pilotless
BR ˈpʌɪlətləs
AM ˈpaɪlətləs

pilous
BR ˈpʌɪləs
AM ˈpaɪləs

Pilsen
BR ˈpɪlzn, ˈpɪlsn
AM ˈpɪls(ə)n, ˈpɪlz(ə)n

pilsener
BR ˈpɪlznə(r), ˈpɪlsnə(r)
AM ˈpɪlsnər, ˈpɪlz(ə)nər

pilsner
BR ˈpɪlznə(r), ˈpɪlsnə(r)
AM ˈpɪlsnər, ˈpɪlz(ə)nər

Piltdown
BR ˈpɪltdaʊn
AM ˈpɪltˌdaʊn

Pilton
BR ˈpɪlt(ə)n
AM ˈpɪlt(ə)n

pilular
BR ˈpɪljʉlə(r)
AM ˈpɪljələr

pilule
BR ˈpɪljuːl, -z
AM ˈpɪlˌjul, -z

pilulous
BR ˈpɪljʉləs
AM ˈpɪljələs

Pima
BR ˈpiːmə(r), -z
AM ˈpimə, -z

Piman
BR ˈpiːmən
AM ˈpim(ə)n

pimento
BR pɨˈmɛntəʊ, -z
AM pəˈmɛn(t)oʊ, -z

pi-meson
BR ˌpʌɪˈmiːzɒn, ˌpʌɪˈmiːsɒn, ˌpʌɪˈmeɪzɒn, ˌpʌɪˈmeɪsɒn
AM ˈpaɪˌmeɪˌzɑn, ˈpaɪˌmeɪˌsɑn

pimiento
BR ˌpɪmɪˈɛntəʊ, pɪmˈjɛntəʊ, -z
AM pəˈm(j)ɛn(t)oʊ, -z

Pimlico
BR ˈpɪmlɪkəʊ
AM ˈpɪmlɨˌkoʊ

Pimm
BR pɪm, -z
AM pɪm, -z

pimp
BR pɪm|p, -(p)s, -pɪŋ, -(p)t
AM pɪmp, -s, -ɪŋ, -t

pimpernel
BR ˈpɪmpənɛl, -z
AM ˈpɪmpərn(ə)l, ˈpɪmpərˌnɛl, -z

pimple
BR ˈpɪmpl, -z, -d
AM ˈpɪmpəl, -z, -d

pimpliness
BR ˈpɪmplɪnɪs
AM ˈpɪmp(ə)linɪs

pimply
BR ˈpɪmpli
AM ˈpɪmp(ə)li

PIN
BR pɪn
AM pɪn

pin
BR pɪn, -z, -ɪŋ, -d
AM pɪn, -z, -ɪŋ, -d

piña colada
BR ˌpɪnjə kəˈlɑːdə(r), ˌpiːnə +
AM ˈpinjə kəˈlɑdə

pinafore
BR ˈpɪnəfɔː(r), -z
AM ˈpɪnəˌfɔ(ə)r, -z

Pinang
BR pɨˈnaŋ
AM pəˈnæŋ

pinaster
BR pʌɪˈnastə(r), pɨˈnastə(r), -z
AM paɪˈnæstər, -z

piñata
BR pɨˈn(j)ɑːtə(r), -z
AM pɪnˈjɑdə, -z

pinball
BR ˈpɪnbɔːl
AM ˈpɪnˌbɑl, ˈpɪnˌbɔl

PINC
BR pɪŋk
AM pɪŋk

pince-nez[1] *singular*
BR ˌpansˈneɪ, ˌpɑ̃sˈneɪ
AM ˌpɪn(t)ˈsneɪ

pince-nez[2] *plural*
BR ˌpansˈneɪz, ˌpɑ̃sˈneɪz
AM ˌpɪn(t)ˈsneɪz

pincer
BR ˈpɪnsə(r), -z
AM ˈpɪn(t)sər, ˈpɪntʃər, -z

pincette
BR pɪnˈsɛt, pɑ̃ˈsɛt, -s
AM pɪnˈsɛt, -s

pinch
BR pɪn(t)ʃ, -ɪz, -ɪŋ, -t
AM pɪn(t)ʃ, -ɪz, -ɪŋ, -t

pinchbeck
BR ˈpɪn(t)ʃbɛk, -s
AM ˈpɪn(t)ʃˌbɛk, -s

Pincher
BR ˈpɪn(t)ʃə(r)
AM ˈpɪn(t)ʃər

pinch-hit
BR ˌpɪn(t)ʃˈhɪt, -s, -ɪŋ
AM ˈpɪn(t)ʃˌhɪ|t, -ts, -dɪŋ

pinch-hitter
BR ˌpɪn(t)ʃˈhɪtə(r), -z
AM ˈpɪn(t)ʃˌhɪdər, -z

pinchpenny
BR ˈpɪn(t)ʃˌpɛn|i, -ɪz
AM ˈpɪn(t)ʃˌpɛni, -z

pinch-run
BR ˌpɪn(t)ʃˈrʌn, -z, -ɪŋ
AM ˌpɪn(t)ʃˈrən, -z, -ɪŋ

pinch-runner
BR ˌpɪn(t)ʃˈrʌnə(r), -z
AM ˌpɪn(t)ʃˈrənər, -z

Pincus
BR ˈpɪŋkəs
AM ˈpɪŋkəs

pincushion
BR ˈpɪnˌkʊʃn
AM ˈpɪnˌkʊʃ(ə)n

Pindar
BR ˈpɪndɑː(r)
AM ˈpɪnˌdɑr

Pindaric
BR (ˌ)pɪnˈdarɪk
AM pɪnˈdɛrɪk

pin-down *noun*
BR ˈpɪndaʊn
AM ˈpɪnˌdaʊn

Pindus
BR ˈpɪndəs
AM ˈpɪndəs

pine
BR pʌɪn, -z, -ɪŋ, -d
AM paɪn, -z, -ɪŋ, -d

pineal
BR ˈpɪnɪəl, pʌɪˈniːəl
AM paɪˈniəl, ˈpaɪniəl

pineapple
BR ˈpʌɪnˌapl, -z
AM ˈpaɪˌnæpəl, -z

pinecone
BR ˈpʌɪnkəʊn, -z
AM ˈpaɪnˌkoʊn, -z

pine marten
BR ˈpʌɪn ˌmɑːt(ɪ)n, -z
AM ˈpaɪn ˌmɑrt(ə)n, -z

Pinero
BR pɨˈnɪərəʊ, pɨˈnɛːrəʊ
AM pəˈnɛroʊ, pəˈnɪroʊ

pinery
BR ˈpʌɪn(ə)r|i, -ɪz
AM ˈpaɪnəri, -z

pineta
BR paɪˈniːtə(r)
AM paɪˈnidə
pinetree
BR ˈpʌɪntriː, -z
AM ˈpaɪnˌtri, -z
pinetum
BR paɪˈniːtəm
AM paɪˈnidəm
pinewood
BR ˈpʌɪnwʊd, -z
AM ˈpaɪnˌwʊd, -z
pinfeather
BR ˈpɪnˌfɛðə(r), -z
AM ˈpɪnˌfɛðər, -z
pinfold
BR ˈpɪnfəʊld, -z, -ɪŋ, -ɪd
AM ˈpɪnˌfoʊld, -z, -ɪŋ, -əd
ping
BR pɪŋ, -z, -ɪŋ, -d
AM pɪŋ, -z, -ɪŋ, -d
pinger
BR ˈpɪŋə(r), -z
AM ˈpɪŋ(g)ər, -z
pingo
BR ˈpɪŋgəʊ, -z
AM ˈpɪŋ(g)oʊ, -z
pingpong
BR ˈpɪŋpɒŋ
AM ˈpɪŋˌpɑŋ, ˈpɪŋˌpɔŋ
pinguid
BR ˈpɪŋgwɪd
AM ˈpɪŋgwɪd
penguin
BR ˈpɪŋgwɪn, -z
AM ˈpɪŋgwɪn, -z
pinhead
BR ˈpɪnhɛd, -z
AM ˈpɪnˌ(h)ɛd, -z
pinheaded
BR ˌpɪnˈhɛdɪd
AM ˈpɪnˌhɛdəd
pinheadedness
BR ˌpɪnˈhɛdɪdnɪs
AM ˈpɪnˌhɛdədnəs
pinhole
BR ˈpɪnhəʊl, -z
AM ˈpɪnˌ(h)oʊl, -z
pinion
BR ˈpɪnjən, -z, -ɪŋ, -d
AM ˈpɪnjən, -z, -ɪŋ, -d

pink
BR pɪŋ|k, -ks, -kɪŋ, -(k)t
AM pɪŋ|k, -ks, -kɪŋ, -(k)t
Pinkerton
BR ˈpɪŋkət(ə)n
AM ˈpɪŋkərt(ə)n
pinkeye
BR ˈpɪŋkʌɪ
AM ˈpɪŋkˌaɪ
Pink Floyd
BR ˌpɪŋkˈflɔɪd
AM ˌpɪŋkˈflɔɪd
pinkie
BR ˈpɪŋk|i, -ɪz
AM ˈpɪŋki, -z
pinkish
BR ˈpɪŋkɪʃ
AM ˈpɪŋkɪʃ
pinkly
BR ˈpɪŋkli
AM ˈpɪŋkli
pinkness
BR ˈpɪŋknɪs
AM ˈpɪŋknɪs
pinko
BR ˈpɪŋkəʊ, -z
AM ˈpɪŋkoʊ, -z
Pinkster
BR ˈpɪŋkstə(r)
AM ˈpɪŋkstər
pinky
BR ˈpɪŋk|i, -ɪz
AM ˈpɪŋki, -z
pinna
BR ˈpɪnə(r), -z
AM ˈpɪnə, -z
pinnace
BR ˈpɪnɪs, -ɪz
AM ˈpɪnɪs, -ɪz
pinnacle
BR ˈpɪnɪkl, -z
AM ˈpɪnɪk(ə)l, -z
pinnae
BR ˈpɪniː
AM ˈpɪˌnaɪ, ˈpɪni
pinnate
BR ˈpɪneɪt
AM ˈpɪnɪt, ˈpɪˌneɪt
pinnated
BR ˈpɪneɪtɪd
AM ˈpɪnɪdɪd, ˈpɪˌneɪdɪd

pinnately
BR ˈpɪneɪtli
AM ˈpɪnɪtli, ˈpɪˌneɪtli
pinnation
BR pɪˈneɪʃn
AM pəˈneɪʃ(ə)n
Pinner
BR ˈpɪnə(r)
AM ˈpɪnər
Pinney
BR ˈpɪni
AM ˈpɪni
pinnigrade
BR ˈpɪnɪgreɪd
AM ˈpɪnəˌgreɪd
pinniped
BR ˈpɪnɪpɛd, -z
AM ˈpɪniˌpɛd, -z
pinnular
BR ˈpɪnjʊlə(r)
AM ˈpɪnjələr
pinnule
BR ˈpɪnjuːl, -z
AM ˈpɪnˌjul, -z
pinny
BR ˈpɪn|i, -ɪz
AM ˈpɪni, -z
Pinocchio
BR pɪˈnəʊkɪəʊ, pɪˈnɒkɪəʊ
AM pəˈnoʊkioʊ
IT piˈnɔkkjo
Pinochet
BR ˈpɪnəʃeɪ
AM ˌpɪnəˈʃeɪ
SP pinoˈtʃet
pinochle
BR ˈpiːˌnʌkl, ˈpiːˌnɒkl
AM ˈpiˌnakl, ˈpiˌnək(ə)l
pinocle
BR ˈpiːˌnʌkl, ˈpiːˌnɒkl
AM ˈpiˌnakl, ˈpiˌnək(ə)l
pinol
BR ˈpʌɪnɒl, ˈpʌɪnəʊl
AM ˈpaɪˌnal, ˈpaɪˌnɔl
pinole[1] *kind of flour*
BR pɪˈnəʊli, pɪˈnəʊleɪ
AM pəˈnoʊli
pinole[2] *liquid ether*
BR ˈpʌɪnəʊl
AM ˈpaɪˌnoʊl

piñon
BR piːˈnjɒn, ˈpɪnjən, -z
AM ˈpɪnjən, pɪnˈjan, -z
Pinotage
BR ˌpiːnəʊˈtɑːdʒ, -ɪz
AM ˌpinoʊˈtɑʒ, -əz
Pinot Blanc
BR ˌpiːnəʊˈblɒ̃, -z
AM ˌpinoʊˈblɑŋk, -s
FR pino blɑ̃
Pinot Noir
BR ˌpiːnəʊˈnwɑː(r), -z
AM ˌpinoʊˈnwɑr, -z
FR pino nwaʀ
pinout
BR ˈpɪnaʊt, -s
AM ˈpɪnˌaʊt, -s
pinpoint
BR ˈpɪnpɔɪnt, -s, -ɪŋ, -ɪd
AM ˈpɪnˌpɔɪn|t, -ts, -(t)ɪŋ, -(t)ɪd
pinprick
BR ˈpɪnprɪk, -s
AM ˈpɪnˌprɪk, -s
pinsetter
BR ˈpɪnˌsɛtə(r), -z
AM ˈpɪnˌsɛdər, -z
pinspotter
BR ˈpɪnˌspɒtə(r), -z
AM ˈpɪnˌspadər, -z
pinstripe
BR ˈpɪnstrʌɪp, -s, -t
AM ˈpɪnˌstraɪp, -s, -t
pint
BR pʌɪnt, -s
AM paɪnt, -s
Pinta *Columbus ship*
BR ˈpɪntə(r)
AM ˈpɪn(t)ə
pinta[1] *disease*
BR ˈpɪntə(r)
AM ˈpɪn(t)ə
pinta[2] *pint of*
BR ˈpʌɪntə(r), -z
AM ˈpaɪn(t)ə, -z
pintable
BR ˈpɪnˌteɪbl, -z
AM ˈpɪnˌteɪb(ə)l, -z

pintado
BR pɪnˈtɑːdəʊ, -z
AM pɪnˈtɑˌdoʊ, -z

pintail
BR ˈpɪnteɪl, -z
AM ˈpɪnˌteɪl, -z

Pinter
BR ˈpɪntə(r)
AM ˈpɪn(t)ər

pintle
BR ˈpɪntl, -z
AM ˈpɪn(t)əl, -z

pinto
BR ˈpɪntəʊ, -z
AM ˈpɪn(t)oʊ, -z

pinup
BR ˈpɪnʌp, -s
AM ˈpɪnˌəp, -s

pinwheel
BR ˈpɪnwiːl, -z
AM ˈpɪnˌ(h)wil, -z

pinworm
BR ˈpɪnwɜːm, -z
AM ˈpɪnˌwɜrm, -z

piny
BR ˈpʌɪni
AM ˈpaɪni

Pinyin
BR ˌpɪnˈjɪn
AM ˈpɪnˈjɪn

piolet
BR piːəleɪ, -z
AM ˌpiəˈleɪ, -z
FR pjɔlɛ

pion
BR ˈpʌɪɒn, -z
AM ˈpaɪˌɑn, -z

pioneer
BR ˌpʌɪəˈnɪə(r), -z, -ɪŋ, -d
AM ˌpaɪəˈnɪ(ə)r, -z, -ɪŋ, -d

pionic
BR pʌɪˈɒnɪk
AM paɪˈɑnɪk

pious
BR ˈpʌɪəs
AM ˈpaɪəs

piously
BR ˈpʌɪəsli
AM ˈpaɪəsli

piousness
BR ˈpʌɪəsnəs
AM ˈpaɪəsnəs

pip
BR pɪp, -s, -ɪŋ, -t
AM pɪp, -s, -ɪŋ, -t

pipa
BR pɪˈpɑː(r), -z
AM ˈpipə, -z

pipal
BR ˈpiːpl, -z
AM ˈpipəl, -z

pipe
BR pʌɪp, -s, -ɪŋ, -t
AM paɪp, -s, -ɪŋ, -t

pipeclay
BR ˈpʌɪpkleɪ
AM ˈpaɪpˌkleɪ

pipecleaner
BR ˈpʌɪpˌkliːnə(r), -z
AM ˈpaɪpˌklinər, -z

pipe-dream
BR ˈpʌɪpdriːm, -z, -ɪŋ, -d
AM ˈpaɪpˌdrim, -z, -ɪŋ, -d

pipefish
BR ˈpʌɪpfɪʃ, -ɪz
AM ˈpaɪpˌfɪʃ, -ɪz

pipefitting
BR ˈpʌɪpˌfɪtɪŋ
AM ˈpaɪpˌfɪdɪŋ

pipeful
BR ˈpʌɪpfʊl, -z
AM ˈpaɪpˌfʊl, -z

pipeless
BR ˈpʌɪplɪs
AM ˈpaɪplɪs

pipeline
BR ˈpʌɪplʌɪn, -z
AM ˈpaɪpˌlaɪn, -z

pip emma
BR ˌpɪp ˈɛmə(r)
AM ˈpɪp ˈɛmə

piper
BR ˈpʌɪpə(r), -z
AM ˈpaɪpər, -z

piperade
BR ˌpɪpəˈrɑːd, ˌpiːpəˈrɑːd, -z
AM ˌpɪpəˈrɑd, -z

piperidine
BR pɪˈpɛrɪdiːn, pɪˈpɛrɪdɪn, pʌɪˈpɛrɪdiːn, pʌɪˈpɛrɪdɪn
AM paɪˈpɛrəˌdin, paɪˈpɛrədn, pəˈpɛrədn, pəˈpɛrəˌdin

pipette
BR pɪˈpɛt, -s
AM paɪˈpɛt, -s

pipework
BR ˈpʌɪpwɜːk
AM ˈpaɪpˌwɜrk

pipid
BR ˈpɪpɪd
AM ˈpɪpɨd

pipistrelle
BR ˈpɪpɪstrɛl, -z
AM ˈpɪpəˌstrɛl, -z

pipit
BR ˈpɪpɪt, -s
AM ˈpɪpɨt, -s

pipkin
BR ˈpɪpkɪn, -z
AM ˈpɪpkɨn, -z

pipless
BR ˈpɪplɪs
AM ˈpɪplɨs

Pippa
BR ˈpɪpə(r)
AM ˈpɪpə

pippin
BR ˈpɪpɪn, -z
AM ˈpɪpɨn, -z

pipsqueak
BR ˈpɪpskwiːk, -s
AM ˈpɪpˌskwik, -s

pipy
BR ˈpʌɪpi
AM ˈpaɪpi

piquancy
BR ˈpiːk(ə)nsi
AM ˈpik(w)ənsi

piquant
BR ˈpiːk(ə)nt
AM ˈpik(w)ənt

piquantly
BR ˈpiːk(ə)ntli
AM ˈpik(w)ən(t)li

pique
BR piːk
AM pik

piqué
BR ˈpiːkeɪ, -z
AM piˈkeɪ, -z

piquet[1] *card game*
BR pɪˈkɛt, pɪˈkeɪ
AM pəˈkeɪ, pɪˈkeɪ

piquet[2] *group of people*
BR ˈpɪkɪt, -s
AM ˈpɪkɨt, -s

piracy
BR ˈpʌɪrəsi
AM ˈpaɪrəsi

Piraeus
BR pʌɪˈriːəs, pɪˈreɪəs
AM paɪˈriəs, pəˈreɪəs

piragua
BR pɪˈragwə(r), -z
AM pəˈragwə, -z

piraña
BR pɪˈrɑːnə(r), -z
AM pəˈran(j)ə, -z

Pirandello
BR ˌpɪrɪnˈdɛləʊ
AM ˌpɪrənˈdɛloʊ
IT piranˈdɛllo

Piranesi
BR ˌpɪrəˈneɪzi
AM ˌpɪrəˈnɛzi
IT piraˈnesi

piranha
BR pɪˈrɑːnə(r), -z
AM pəˈran(j)ə, -z

pirate
BR ˈpʌɪrət, -s, -ɪŋ, -ɨd
AM ˈpaɪrə|t, -ts, -dɪŋ, -dəd

piratic
BR pʌɪˈratɪk, pɪˈratɪk
AM pəˈrædɪk, paɪˈrædɪk

piratical
BR pʌɪˈratɪkl, pɪˈratɪkl
AM pəˈrædək(ə)l, paɪˈrædək(ə)l

piratically
BR pʌɪˈratɪkli, pɪˈratɪkli
AM pəˈrædək(ə)li, paɪˈrædək(ə)li

Pirie
BR ˈpɪri
AM ˈpɪri

piripiri
BR ˈpɪrɪˌpɪri
AM ˈpɪriˈpɪri

pirog
BR pɪˈrəʊg, -z
AM pɪˈroʊg, piˈroʊg, -z
RUS pʲiˈrok

pirogue
BR pɪˈrəʊg, -z
AM pɪˈroʊg, piˈroʊg, -z

pirouette
BR ˌpɪruˈɛt, -s, -ɪŋ, -ɪd
AM ˌpɪrəˈwɛ|t, -ts, -dɪŋ, -dəd

Pisa
BR ˈpiːzə(r)
AM ˈpizə
IT ˈpisa

pis aller
BR ˌpiːz ˈaleɪ, -z
AM ˌpiz æˈleɪ, ˌpiz əˈleɪ, -z
FR piz ale

Pisan
BR ˈpiːzn, -z
AM ˈpizn, -z

Pisano
BR pɪˈzɑːnəʊ
AM pəˈzɑnoʊ
IT piˈsano

piscary
BR ˈpɪsk(ə)r|i, -ɪz
AM ˈpɪskəri, -z

piscatorial
BR ˌpɪskəˈtɔːriəl
AM ˌpɪskəˈtɔriəl

piscatorially
BR ˌpɪskəˈtɔːriəli
AM ˌpɪskəˈtɔriəli

piscatory
BR ˈpɪskət(ə)ri
AM ˈpɪskəˌtɔri

Piscean *astrology*
BR ˈpʌɪsɪən
AM ˈpaɪsiən

piscean *biology*
BR pɪˈsiːən, ˈpɪs(k)iən
AM pəˈsiən, ˈpɪs(k)iən

Pisces
BR ˈpʌɪsiːz
AM ˈpaɪsiz

piscicultural
BR ˌpɪsɪˈkʌltʃ(ə)r̩l
AM ˌpɪsəˈkəltʃ(ə)rəl

pisciculture
BR ˈpɪsɪˌkʌltʃ(ə)r
AM ˈpɪsəˌkəltʃər

pisciculturist
BR ˌpɪsɪˈkʌltʃ(ə)rɪst, -s
AM ˌpɪsəˈkəltʃ(ə)rəst, -s

piscina
BR pɪˈsiːnə(r), -z
AM pəˈsainə, pəˈsnə, -z

piscine[1] *adjective*
BR ˈpɪs(k)ʌɪn, ˈpɪs(k)iːn
AM ˈpɪsaɪn, ˈpɪsin

piscine[2] *noun*
BR ˈpɪsiːn, pɪˈsiːn, -z
AM ˈpɪsin, pəˈsin, -z

piscivorous
BR pɪˈsɪv(ə)rəs
AM pəˈsɪv(ə)rəs

pisco
BR ˈpɪskəʊ
AM ˈpɪskoʊ

Pisgah
BR ˈpɪzgə(r)
AM ˈpɪzgə

pish
BR pɪʃ
AM pɪʃ

Pisidia
BR pʌɪˈsɪdɪə(r)
AM paɪˈsɪdiə, pəˈsɪdiə

Pisidian
BR pʌɪˈsɪdiən, -z
AM paɪˈsɪdiən, pəˈsɪdiən, -z

pisiform
BR ˈpɪsɪfɔːm
AM ˈpaɪzəˌfɔ(ə)rm, ˈpaɪsəˌfɔ(ə)rm

pismire
BR ˈpɪsˌmʌɪə(r), -z
AM ˈpɪzˌmaɪ(ə)r, ˈpɪsˌmaɪ(ə)r, -z

piss
BR pɪs, -ɪz, -ɪŋ, -t
AM pɪs, -ɪz, -ɪŋ, -t

Pissarro
BR pɪˈsɑːrəʊ
AM pɪˈsɑˌroʊ

pissoir
BR ˈpɪswɑː(r), -z
AM pɪˈswɑr, -z
FR piswaʀ

pisspot
BR ˈpɪspɒt, -s
AM ˈpɪsˌpɑt, -s

piss-taker
BR ˈpɪsˌteɪkə(r), -z
AM ˈpɪsˌteɪkər, -z

piss-taking
BR ˈpɪsˌteɪkɪŋ
AM ˈpɪsˌteɪkɪŋ

piss-up
BR ˈpɪsʌp, -s
AM ˈpɪsəp, -s

pistachio
BR pɪˈstɑː(t)ʃɪəʊ, pɪˈstɑ(t)ʃɪəʊ, -z
AM pəˈstɑʃioʊ, pəˈstæʃioʊ, -z

piste
BR piːst, -s
AM pist, -s

pisteur
BR piːˈstəː(r), -z
AM piˈstər, -z

pistil
BR ˈpɪst(ɪ)l, -z
AM ˈpɪstl, -z

pistillary
BR ˈpɪstɪl(ə)ri, ˈpɪstl̩(ə)ri
AM ˈpɪstəˌlɛri

pistillate
BR ˈpɪstɪleɪt, ˈpɪstl̩eɪt
AM ˈpɪstələt, ˈpɪstəˌleɪt

pistilliferous
BR ˌpɪstɪˈlɪf(ə)rəs
AM ˌpɪstəˈlɪf(ə)rəs

pistilline
BR ˈpɪstɪlɪn, ˈpɪstl̩ɪn, ˈpɪstɪliːn, ˈpɪstl̩iːn
AM ˈpɪstəˌlaɪn, ˈpɪstəl(ə)n

pistol
BR ˈpɪstl̩, -z
AM ˈpɪstl̩, -z

pistole
BR ˈpɪstəʊl, pɪˈstəʊl, -z
AM pəˈstoʊl, -z

pistoleer
BR ˌpɪstəˈlɪə(r), -z
AM ˌpɪstəˈlɪ(ə)r, -z

piston
BR ˈpɪst(ə)n, -z
AM ˈpɪst(ə)n, -z

pistou
BR ˈpiːstuː
AM piˈstu

pit
BR pɪt, -s, -ɪŋ, -ɪd
AM pɪ|t, -ts, -dɪŋ, -dɪd

pita
BR ˈpɪtə(r), ˈpiːtə(r)
AM ˈpidə

pit-a-pat
BR ˌpɪtəˈpat, ˈpɪtəpat
AM ˈˌpɪdəˌpæt

Pitcairn
BR ˈpɪtkɛːn
AM ˈpɪtˌkɛrn

pitch
BR pɪtʃ, -ɪz, -ɪŋ, -t
AM pɪtʃ, -ɪz, -ɪŋ, -t

pitchblack
BR ˌpɪtʃˈblak
AM ˌpɪtʃˈblæk

pitchblende
BR ˈpɪtʃblɛnd
AM ˈpɪtʃˌblɛnd

pitcher
BR ˈpɪtʃə(r), -z
AM ˈpɪtʃər, -z

pitcherful
BR ˈpɪtʃəfʊl, -z
AM ˈpɪtʃərˌfʊl, -z

pitchfork
BR ˈpɪtʃfɔːk, -s, -ɪŋ, -t
AM ˈpɪtʃˌfɔ(ə)rk, -s, -ɪŋ, -t

pitchman
BR ˈpɪtʃmən
AM ˈpɪtʃm(ə)n

pitchmen
BR ˈpɪtʃmən
AM ˈpɪtʃm(ə)n

pitchout
BR ˈpɪtʃaʊt, -s
AM ˈpɪtʃˌaʊt, -s

pitchpine
BR ˈpɪtʃpaɪn
AM ˈpɪtʃˌpaɪn

pitchpipe
BR ˈpɪtʃpaɪp, -s
AM ˈpɪtʃˌpaɪp, -s

pitchstone
BR ˈpɪtʃstəʊn
AM ˈpɪtʃˌstoʊn

pitchy
BR ˈpɪtʃi
AM ˈpɪtʃi

piteous
BR ˈpɪtɪəs
AM ˈpɪdiəs

piteously
BR ˈpɪtɪəsli
AM ˈpɪdiəsli

piteousness
BR ˈpɪtɪəsnəs
AM ˈpɪdiəsnəs

pitfall
BR ˈpɪtfɔːl, -z
AM ˈpɪtˌfɑl, ˈpɪtˌfɔl, -z

pith
BR pɪθ
AM pɪθ

pithead
BR ˈpɪthɛd, -z
AM ˈpɪtˌ(h)ɛd, -z

Pithecanthropus
BR ˌpɪθɪˈkænθrəpəs
AM ˌpɪθəˌkænˈθroʊpəs, ˌpɪθəˈkænθrəpəs

pithecoid
BR ˈpɪθɪkɔɪd, -z
AM ˈpɪθəˌkɔɪd, -z

pithily
BR ˈpɪθɪli
AM ˈpɪθɪli

pithiness
BR ˈpɪθɪnɪs
AM ˈpɪθɪnɪs

pithless
BR ˈpɪθləs
AM ˈpɪθləs

pithoi
BR ˈpɪθɔɪ, ˈpʌɪθɔɪ
AM ˈpaɪˌθɔɪ, ˈpɪˌθɔɪ

pithos
BR ˈpɪθɒs, ˈpʌɪθɒs
AM ˈpaɪˌθɔs, ˈpɪˌθɑs, ˈpaɪˌθɑs, ˈpɪˌθɔs

pithy
BR ˈpɪθi
AM ˈpɪθi

pitiable
BR ˈpɪtɪəbl
AM ˈpɪdiəb(ə)l

pitiableness
BR ˈpɪtɪəblnəs
AM ˈpɪdiəbəlnəs

pitiably
BR ˈpɪtɪəbli
AM ˈpɪdiəbli

pitiful
BR ˈpɪtɪf(ʊ)l
AM ˈpɪdɪfəl

pitifully
BR ˈpɪtɪfʊli, ˈpɪtɪfl̩i
AM ˈpɪdɪfəli

pitifulness
BR ˈpɪtɪf(ʊ)lnəs
AM ˈpɪdɪfəlnəs

pitiless
BR ˈpɪtɪlɪs
AM ˈpɪdɪlɪs

pitilessly
BR ˈpɪtɪlɪsli
AM ˈpɪdɪlɪsli

pitilessness
BR ˈpɪtɪlɪsnɪs
AM ˈpɪdɪlɪsnɪs

Pitlochry
BR pɪtˈlɒxri, pɪtˈlɒkri
AM pɪtˈlɑkri

pitman
BR ˈpɪtmən
AM ˈpɪtm(ə)n

pitmen
BR ˈpɪtmən
AM ˈpɪtm(ə)n

Pitney
BR ˈpɪtni
AM ˈpɪtni

piton
BR ˈpiːtɒn, ˈpiːtɒ̃, -z
AM ˈpiˌtɑn, -z

Pitot tube
BR ˈpiːtəʊ tjuːb, + tʃuːb, -z
AM ˈpidoʊ ˌt(j)ub, piˈtoʊ ˌt(j)ub, -z

pitpan
BR ˈpɪtpan, -z
AM ˈpɪtˌpæn, -z

Pitsea
BR ˈpɪtsiː
AM ˈpɪtsi

Pitt
BR pɪt
AM pɪt

pitta
BR ˈpɪtə(r)
AM ˈpɪdə

pittance
BR ˈpɪt(ə)ns, -ɪz
AM ˈpɪtn̩s, -ɪz

Pittenweem
BR ˌpɪtnˈwiːm
AM ˌpɪtnˈwim

pitter-patter
BR ˈpɪtəˌpatə(r), ˌpɪtəˈpatə(r)
AM ˈpɪdərˌpædər

Pitti
BR ˈpɪti
AM ˈpɪdi
IT ˈpitti

Pittman
BR ˈpɪtmən
AM ˈpɪtm(ə)n

pittosporum
BR pɪˈtɒsp(ə)rəm, -z
AM ˌpɪdəˈspɔrəm, pəˈtɑspərəm, -z

Pitt-Rivers
BR ˌpɪtˈrɪvəz
AM ˌpɪtˈrɪvərz

Pitts
BR pɪts
AM pɪts

Pittsburgh
BR ˈpɪtsbəːg
AM ˈpɪtsˌbɜrg

pituitary
BR pɪˈtjuːɪt(ə)ri, pɪˈtʃuːɪt(ə)ri
AM pəˈt(j)uəˌtɛri

pituri
BR ˈpɪtjʊəri, ˈpɪtjʊri, ˈpɪtʃ(ə)ri
AM ˈpɪtʃəri

pity
BR ˈpɪt|i, -ɪz, -ɪŋ, -ɪd
AM ˈpɪd|i, -z, -ɪŋ, -d

pityingly
BR ˈpɪtɪɪŋli
AM ˈpɪdiɪŋli

pityriasis
BR ˌpɪtɪˈrʌɪəsɪs
AM ˌpɪdəˈraɪəsəs

più
BR pjuː
AM piˈu, pju
IT pju

Pius
BR ˈpʌɪəs
AM ˈpaɪəs

pivot
BR ˈpɪvət, -s, -ɪŋ, -ɪd
AM ˈpɪvə|t, -ts, -dɪŋ, -dəd

pivotability
BR ˌpɪvətəˈbɪlɪti
AM ˌpɪvədəˈbɪlɪdi

pivotable
BR ˈpɪvətəbl
AM ˈpɪvədəb(ə)l

pivotal
BR ˈpɪvətl
AM ˈpɪvədl

pix
BR pɪks
AM pɪks

pixel
BR ˈpɪksl, -z
AM ˈpɪks(ə)l, -z

pixie
BR ˈpɪks|i, -ɪz
AM ˈpɪksi, -z

pixilated
BR ˈpɪksɪleɪtɪd
AM ˈpɪksəˌleɪdɪd

pixy
BR ˈpɪks|i, -ɪz
AM ˈpɪksi, -z

Pizarro
BR pɪˈzɑːrəʊ
AM pəˈzɑroʊ

pizazz
BR pɪˈzaz
AM pəˈzæz

pizza
BR ˈpiːtsə(r), -z
AM ˈpitsə, -z
IT ˈpittsa

pizzazz
BR pɪˈzaz
AM pəˈzæz

pizzeria
BR ˌpiːtsəˈriːə(r),
ˌpɪtsəˈriːə(r), -z
AM ˌpiːtsəˈriə, -z
IT pittseˈria

Pizzey
BR ˈpɪtsi, ˈpɪzi
AM ˈpɪzi, ˈpɪtsi

pizzicato
BR ˌpɪtsɪˈkaːtəʊ, -z
AM ˌpɪtsəˈkadoʊ, -z
IT pittsiˈkato

pizzle
BR ˈpɪzl, -z
AM ˈpɪzl, -z

PJ's
BR ˌpiːˈdʒeɪz
AM ˈpiˌdʒeɪz

placability
BR ˌplakəˈbɪlɪti
AM ˌplækəˈbɪlɨdi

placable
BR ˈplakəbl
AM ˈplækəb(ə)l

placableness
BR ˈplakəblnəs
AM ˈplækəbəlnəs

placably
BR ˈplakəbli
AM ˈplækəbli

placard
BR ˈplakaːd, -z
AM ˈplæˌkɑrd,
ˈplækərd, -z

placate
BR pləˈkeɪt, -s,
-ɪŋ, -ɪd
AM ˈpleɪˌkeɪ|t, -ts,
-dɪŋ, -dɪd

placatingly
BR pləˈkeɪtɪŋli
AM pleɪˈkeɪdɪŋli

placation
BR pləˈkeɪʃn
AM pleɪˈkeɪʃ(ə)n

placatory
BR pləˈkeɪt(ə)ri,
ˈplakət(ə)ri
AM ˈplækəˌtɔri,
ˈpleɪkəˌtɔri

place
BR pleɪs, -ɪz, -ɪŋ, -t
AM pleɪs, -ɪz, -ɪŋ, -t

placebo
BR pləˈsiːbəʊ, -z
AM pləˈsiboʊ, -z

placeholder
BR ˈpleɪsˌhəʊldə(r), -z
AM ˈpleɪsˌ(h)oʊldər,
-z

placeless
BR ˈpleɪslɪs
AM ˈpleɪslɪs

placement
BR ˈpleɪsm(ə)nt, -s
AM ˈpleɪsm(ə)nt, -s

placenta
BR pləˈsentə(r), -z
AM pləˈsen(t)ə, -z

placental
BR pləˈsentl, -z
AM pləˈsen(t)l, -z

placer
BR ˈpleɪsə(r), -z
AM ˈpleɪsər, -z

placet
BR ˈpleɪset, ˈpleɪsɪt, -s
AM ˈpleɪsɪt, -s

placid
BR ˈplasɪd
AM ˈplæsəd

placidity
BR pləˈsɪdɪti
AM pləˈsɪdɨdi,
plæˈsɪdɨdi

placidly
BR ˈplasɪdli
AM ˈplæsədli

placidness
BR ˈplasɪdnɪs
AM ˈplæsədnəs

placing
BR ˈpleɪsɪŋ, -z
AM ˈpleɪsɪŋ, -z

placket
BR ˈplakɪt, -s
AM ˈplækət, -s

placoid
BR ˈplakɔɪd, -z
AM ˈplæˌkɔɪd,
-z

plafond
BR plaˈfɒ̃, plaˈfɒnd,
-z
AM pləˈfɑnd, -z
FR plafɔ̃

plagal
BR ˈpleɪgl
AM ˈpleɪgəl

plage
BR plaːʒ, -ɪz
AM plaʒ, -əz
FR plaʒ

plagiarise
BR ˈpleɪdʒ(i)əraɪz, -ɪz,
-ɪŋ, -d
AM ˈpleɪdʒəˌraɪz, -ɪz,
-ɪŋ, -d

plagiariser
BR ˈpleɪdʒ(i)əraɪzə(r),
-z
AM ˈpleɪdʒəˌraɪzər,
-z

plagiarism
BR ˈpleɪdʒ(i)ərɪzm
AM ˈpleɪdʒəˌrɪz(ə)m

plagiarist
BR ˈpleɪdʒ(i)ərɪst, -s
AM ˈpleɪdʒərəst, -s

plagiaristic
BR ˌpleɪdʒ(i)əˈrɪstɪk
AM ˌpleɪdʒəˈrɪstɪk

plagiarize
BR ˈpleɪdʒ(i)əraɪz, -ɪz,
-ɪŋ, -d
AM ˈpleɪdʒəˌraɪz, -ɪz,
-ɪŋ, -d

plagiarizer
BR ˈpleɪdʒ(i)əraɪzə(r),
-z
AM ˈpleɪdʒəˌraɪzər,
-z

plagiocephalic
BR ˌpleɪdʒɪəʊsɪˈfalɪk,
ˌpleɪdʒɪəʊkeˈfalɪk
AM ˌpleɪdʒiəsəˈfælɪk

plagioclase
BR ˈpleɪdʒɪəkleɪz,
ˈpleɪdʒɪəkleɪs, -ɪz
AM ˈpleɪdʒiəˌkleɪz,
ˈpleɪdʒiəˌkleɪs, -ɪz

plagioclastic
BR ˌpleɪdʒɪəˈklastɪk
AM ˌpleɪdʒiəˈklæstɪk

plagiostome
BR ˈpleɪdʒɪəstəʊm, -z
AM ˈpleɪdʒiəˌstoʊm, -z

plague
BR pleɪg, -z, -ɪŋ, -d
AM pleɪg, -z, -ɪŋ, -d

plagueily
BR ˈpleɪgɨli
AM ˈpleɪgɨli

plagueiness
BR ˈpleɪgɪnɪs
AM ˈpleɪgɪnɪs

plaguesome
BR ˈpleɪgs(ə)m
AM ˈpleɪgs(ə)m

plaguey
BR ˈpleɪgi
AM ˈpleɪgi

plaguily
BR ˈpleɪgɨli
AM ˈpleɪgɨli

plaguiness
BR ˈpleɪgɪnɪs
AM ˈpleɪgɪnɪs

plaguy
BR ˈpleɪgi
AM ˈpleɪgi

plaice
BR pleɪs
AM pleɪs

plaid
BR plad, -z
AM plæd, -z

Plaid Cymru
BR ˌplʌɪd ˈkʊmri,
+ ˈkʌmri
AM ˌplaɪd ˈkʊmri
WE ˌplaɪd ˈkʌmri

plaided
BR ˈpladɪd
AM ˈplædəd

plain
BR pleɪn, -z, -ə(r), -ɪst
AM pleɪn, -z, -ər, -ɪst

plainchant
BR ˈpleɪntʃɑːnt, -s
AM ˈpleɪnˌtʃænt, -s

plainclothes
BR ˌpleɪnˈkləʊ(ð)z
AM ˈpleɪnˌkloʊ(ð)z

plainly
BR ˈpleɪnli
AM ˈpleɪnli

plainness
BR ˈpleɪnnɪs
AM ˈpleɪ(n)nɪs

plainsman
BR ˈpleɪnzmən
AM ˈpleɪnzm(ə)n

plainsmen
BR ˈpleɪnzmən
AM ˈpleɪnzm(ə)n

plainsong
BR ˈpleɪnsɒŋ
AM ˈpleɪnˌsɑŋ, ˈpleɪnˌsɔŋ

plainspoken
BR ˌpleɪnˈspəʊk(ə)n
AM ˈˌpleɪnˌspoʊkən

plainswoman
BR ˈpleɪnzˌwʊmən
AM ˈpleɪnzˌwʊm(ə)n

plainswomen
BR ˈpleɪnzˌwɪmɪn
AM ˈpleɪnzˌwɪmɪn

plaint
BR pleɪnt, -s
AM pleɪnt, -s

plaintiff
BR ˈpleɪntɪf, -s
AM ˈpleɪn(t)ɪf, -s

plaintive
BR ˈpleɪntɪv
AM ˈpleɪn(t)ɪv

plaintively
BR ˈpleɪntɪvli
AM ˈpleɪn(t)ɪvli

plaintiveness
BR ˈpleɪntɪvnɪs
AM ˈpleɪn(t)ɪvnɪs

Plaistow[1] *place in U.K.*
BR ˈplɑːstəʊ
AM ˈplæstoʊ

Plaistow[2] *surname*
BR ˈplɑːstəʊ, ˈplɑstəʊ, ˈpleɪstəʊ
AM ˈpleɪstoʊ, ˈplæstoʊ

plait
BR plat, -s, -ɪŋ, -ɪd
AM plæ|t, pleɪ|t, -ts, -dɪŋ, -dɪd\-dəd

plan
BR plan, -z, -ɪŋ, -d
AM plæn, -z, -ɪŋ, -d

planar
BR ˈpleɪnə(r)
AM ˈpleɪnər

planarian
BR pləˈnɛːrɪən, -z
AM pləˈnɛrɪən, -z

planchet
BR ˈplan(t)ʃɪt, -s
AM ˈplæn(t)ʃət, -s

planchette
BR plɑːnˈʃɛt, planˈʃɛt, plɒ̃ˈʃɛt, -s
AM plænˈʃɛt, -s
FR plɑ̃ʃɛt

Planck
BR plaŋk
AM plæŋk

plane
BR pleɪn, -z, -ɪŋ, -d
AM pleɪn, -z, -ɪŋ, -d

planeload
BR ˈpleɪnləʊd, -z
AM ˈpleɪnˌloʊd, -z

planemaker
BR ˈpleɪnˌmeɪkə(r), -z
AM ˈpleɪnˌmeɪkər, -z

planemaking
BR ˈpleɪnˌmeɪkɪŋ
AM ˈpleɪnˌmeɪkɪŋ

planer
BR ˈpleɪnə(r), -z
AM ˈpleɪnər, -z

planet
BR ˈplanɪt, -s
AM ˈplænət, -s

planetaria
BR ˌplanɪˈtɛːrɪə(r)
AM ˌplænəˈtɛrɪə

planetarium
BR ˌplanɪˈtɛːrɪəm, -z
AM ˌplænəˈtɛrɪəm, -z

planetary
BR ˈplanɪt(ə)ri
AM ˈplænəˌtɛri

planetesimal
BR ˌplanɪˈtɛsɪml
AM ˌplænəˈtɛsəm(ə)l

planetoid
BR ˈplanɪtɔɪd, -z
AM ˈplænəˌtɔɪd, -z

planetologist
BR ˌplanɪˈtɒlədʒɪst, -s
AM ˌplænəˈtɑlədʒəst, -s

planetology
BR ˌplanɪˈtɒlədʒi
AM ˌplænəˈtɑlədʒi

plangency
BR ˈplan(d)ʒ(ə)nsi
AM ˈplændʒənsi

plangent
BR ˈplan(d)ʒ(ə)nt
AM ˈplændʒ(ə)nt

plangently
BR ˈplan(d)ʒ(ə)ntli
AM ˈplændʒən(t)li

planimeter
BR pləˈnɪmɪtə(r), -z
AM pləˈnɪmədər, -z

planimetric
BR ˌplenɪˈmɛtrɪk
AM ˌpleɪnəˈmɛtrɪk

planimetrical
BR ˌplenɪˈmɛtrɪkl
AM ˌpleɪnəˈmɛtrək(ə)l

planimetry
BR pləˈnɪmɪtri
AM pləˈnɪmətri

planish
BR ˈplan|ɪʃ, -ɪʃɪz, -ɪʃɪŋ, -ɪʃt
AM ˈplænɪʃ, -ɪz, -ɪŋ, -t

planisher
BR ˈplanɪʃə(r), -z
AM ˈplænɪʃər, -z

planisphere
BR ˈplanɪsfɪə(r), -z
AM ˈplænəˌsfɪ(ə)r, -z

planispheric
BR ˌplanɪˈsfɛrɪk
AM ˌplænəˈsfɛrɪk

plank
BR plaŋ|k, -ks, -kɪŋ, -(k)t
AM plæŋ|k, -ks, -kɪŋ, -(k)t

plankton
BR ˈplaŋ(k)tən
AM ˈplæŋkt(ə)n

planktonic
BR plaŋ(k)ˈtɒnɪk
AM plæŋkˈtɑnɪk

planner
BR ˈplanə(r), -z
AM ˈplænər, -z

planoconcave
BR ˌpleɪnəʊˈkɒnkeɪv, ˌpleɪnəʊˈkɒŋkeɪv
AM ˌpleɪnoʊˈkɑnˌkeɪv

planoconvex
BR ˌpleɪnəʊˈkɒnvɛks
AM ˌpleɪnoʊˈkɑnˌvɛks

planographic
BR ˌplanəˈgrafɪk
AM ˌplænəˈgræfɪk

planography
BR pləˈnɒgrəfi
AM pləˈnɑgrəfi

planometer
BR pləˈnɒmɪtə(r), -z
AM pləˈnɑmədər, -z

plant
BR plɑːnt, -s, -ɪŋ, -ɪd
AM plæn|t, -ts, -(t)ɪŋ, -(t)əd

plantable
BR ˈplɑːntəbl
AM ˈplæn(t)əb(ə)l

Plantagenet
BR planˈtadʒɪnɪt, planˈtadʒnɪt, -s
AM plænˈtædʒənət, -s

plantain
BR ˈplantɪn, ˈplanteɪn, -z
AM ˈplænt(ə)n, -z

plantar
BR ˈplantɑː(r)
AM ˈplæn(t)ər

plantation
BR plɑːnˈteɪʃn, -z
AM plænˈteɪʃ(ə)n, -z

planter
BR ˈplɑːntə(r), -z
AM ˈplæn(t)ər, -z
plantigrade
BR ˈplantɪgreɪd, -z
AM ˈplæn(t)əˌgreɪd, -z
Plantin
BR ˈplantɪn
AM ˈplæntn
FR plɑ̃tɛ̃
planting
BR ˈplɑːntɪŋ, -z
AM ˈplæn(t)ɪŋ, -z
plantlet
BR ˈplɑːntlɪt, -s
AM ˈplæn(t)lət, -s
plantlike
BR ˈplɑːntlʌɪk
AM ˈplæntˌlaɪk
plaque
BR plak, plɑːk
AM plæk
plaquette
BR plaˈkɛt, -s
AM plæˈkɛt, -s
plash
BR plaʃ, -ɪz, -ɪŋ, -t
AM plæʃ, -əz, -ɪŋ, -t
plashy
BR ˈplaʃi
AM ˈplæʃi
plasm
BR ˈplazm
AM ˈplæz(ə)m
plasma
BR ˈplazmə(r)
AM ˈplæzmə
plasmacyte
BR ˈplazməsʌɪt, -s
AM ˈplæzməˌsaɪt, -s
plasmagel
BR ˈplazmədʒɛl
AM ˈplæzməˌdʒɛl
plasmagene
BR ˈplazmədʒiːn, -z
AM ˈplæzməˌdʒin, -z
plasmapheresis
BR ˌplazməˈfɛrɪsɪs, ˌplazməfəˈriːsɪs
AM ˌplæzməˈfɛrəsɪs, ˌplæzməfəˈrisɪs

plasmasol
BR ˈplazməsɒl
AM ˈplæzməˌsal, ˈplæzməˌsɔl
plasmatic
BR plazˈmatɪk
AM plæzˈmædɪk
plasmic
BR ˈplazmɪk
AM ˈplæzmɪk
plasmid
BR ˈplazmɪd, -z
AM ˈplæzmɪd, -z
plasmodesma
BR ˌplazməˈdɛzmə(r)
AM ˌplæzməˈdɛzmə
plasmodesmata
BR ˌplazməˈdɛzmətə(r)
AM ˌplæzməˈdɛzmədə
plasmodia
BR plazˈməʊdɪə(r)
AM plæzˈmoʊdɪə
plasmodial
BR plazˈməʊdɪəl
AM plæzˈmoʊdɪəl
plasmodium
BR plazˈməʊdɪəm
AM plæzˈmoʊdɪəm
plasmolyse
BR ˈplazməlʌɪz, -ɪz, -ɪŋ, -t
AM ˈplæzməˌlaɪz, -ɪz, -ɪŋ, -t
plasmolysis
BR plazˈmɒlɪsɪs
AM plæzˈmaləsəs
plasmolyze
BR ˈplazməlʌɪz, -ɪz, -ɪŋ, -d
AM ˈplæzməˌlaɪz, -ɪz, -ɪŋ, -d
Plassey
BR ˈplasi
AM ˈplæsi
plasteel
BR ˈpastiːl
AM ˈplæˌstil
plaster
BR ˈplɑːst|ə(r), -əz, -(ə)rɪŋ, -əd
AM ˈplæst|ər, -ərz, -(ə)rɪŋ, -ərd

plasterboard
BR ˈplɑːstəbɔːd
AM ˈplæstərˌbɔ(ə)rd
plasterer
BR ˈplɑːst(ə)rə(r), -z
AM ˈplæstərər, -z
plasterwork
BR ˈplɑːstəwəːk
AM ˈplæstərˌwərk
plastery
BR ˈplɑːst(ə)ri
AM ˈplæst(ə)ri
plastic
BR ˈplastɪk, -s
AM ˈplæstɪk, -s
plastically
BR ˈplastɪkli
AM ˈplæstək(ə)li
Plasticine
BR ˈplastəsiːn, ˈplɑːstəsiːn
AM ˈplæstəˌsin
plasticisation
BR ˌplastɪsʌɪˈzeɪʃn
AM ˌplæstəˌsaɪˈzeɪʃ(ə)n, ˌplæstəsəˈzeɪʃ(ə)n
plasticise
BR ˈplastɪsʌɪz, -ɪz, -ɪŋ, -d
AM ˈplæstəˌsaɪz, -ɪz, -ɪŋ, -d
plasticiser
BR ˈplastɪsʌɪzə(r)
AM ˈplæstəˌsaɪzər
plasticity
BR plaˈstɪsɪti
AM plæˈstɪsɪdi
plasticization
BR ˌplastɪsʌɪˈzeɪʃn
AM ˌplæstəˌsaɪˈzeɪʃ(ə)n, ˌplæstəsəˈzeɪʃ(ə)n
plasticize
BR ˈplastɪsʌɪz, -ɪz, -ɪŋ, -d
AM ˈplæstəˌsaɪz, -ɪz, -ɪŋ, -d
plasticizer
BR ˈplastɪsʌɪzə(r), -z
AM ˈplæstəˌsaɪzər, -z
plasticky
BR ˈplastɪki
AM ˈplæstɪki

plastid
BR ˈplastɪd, -z
AM ˈplæstəd, -z
plastral
BR ˈplastr(ə)l
AM ˈplæstrəl
plastron
BR ˈplastr(ə)n, -z
AM ˈplæstrən, -z
plat
BR plat, -s
AM plæt, -s
Plataea
BR pləˈtiːə(r)
AM pləˈtiə
platan
BR ˈplat(ə)n, -z
AM ˈplætn, -z
platano
BR ˈplatənəʊ, -z
AM ˈplatn̩oʊ, ˈpladənoʊ, -z
plat du jour
BR ˌplɑː duː ˈʒʊə(r)
AM ˌplɑ də ˈʒʊ(ə)r
plate
BR pleɪt, -s, -ɪŋ, -ɪd
AM pleɪ|t, -ts, -dɪŋ, -dɪd
plateau
BR ˈplatəʊ, plaˈtəʊ, -z
AM plæˈtoʊ, -z
plateaux
BR ˈplatəʊz, plaˈtəʊz
AM plæˈtoʊ
plateful
BR ˈpleɪtfʊl, -z
AM ˈpleɪtˌfʊl, -z
platelayer
BR ˈpleɪtˌleɪə(r), -z
AM ˈpleɪtˌleɪər, -z
plateless
BR ˈpleɪtlɪs
AM ˈpleɪtlɪs
platelet
BR ˈpleɪtlɪt, -s
AM ˈpleɪtlɪt, -s
platen
BR ˈplatn, -z
AM ˈplætn, -z
plater
BR ˈpleɪtə(r), -z
AM ˈpleɪdər, -z

1020

plateresque
BR ˌplatərˈɛsk
AM ˌplædəˈrɛsk

plat-eye
BR ˈplatʌɪ, -z
AM ˈplæt,aɪ, -z

platform
BR ˈplatfɔːm, -z
AM ˈplæt,fɔ(ə)rm, -z

Plath
BR plaθ
AM plæθ

plating
BR ˈpleɪtɪŋ, -z
AM ˈpleɪdɪŋ, -z

platinic
BR pləˈtɪnɪk
AM pləˈtɪnɪk

platinisation
BR ˌplatɪnʌɪˈzeɪʃn, ˌplatn̩ʌɪˈzeɪʃn
AM ˌplætn̩ˌaɪˈzeɪʃ(ə)n, ˌplætn̩əˈzeɪʃ(ə)n

platinise
BR ˈplatɪnʌɪz, ˈplatn̩ʌɪz, -ɪz, -ɪŋ, -d
AM ˈplætn̩ˌaɪz, -ɪz, -ɪŋ, -d

platinization
BR ˌplatɪnʌɪˈzeɪʃn, ˌplatn̩ʌɪˈzeɪʃn
AM ˌplætn̩ˌaɪˈzeɪʃ(ə)n, ˌplætn̩əˈzeɪʃ(ə)n

platinize
BR ˈplatɪnʌɪz, ˈplatn̩ʌɪz, -ɪz, -ɪŋ, -d
AM ˈplætn̩ˌaɪz, -ɪz, -ɪŋ, -d

platinoid
BR ˈplatɪnɔɪd, ˈplatn̩ɔɪd, -z
AM ˈplætn̩ˌɔɪd, -z

platinotype
BR ˈplatɪnəʊtʌɪp, ˈplatn̩əʊtʌɪp, -s
AM ˈplætn̩oʊˌtaɪp, -s

platinum
BR ˈplatɪnəm, ˈplatn̩əm
AM ˈplætn̩əm, ˈplætn(ə)m, ˈplædən(ə)m

platitude
BR ˈplatɪtjuːd, ˈplatɪtʃuːd, -z
AM ˈplædə,t(j)ud, -z

platitudinarian
BR ˌplatɪˌtjuːdɪˈnɛːrɪən, ˌplatɪˌtʃuːdɪˈnɛːrɪən, -z
AM ˌplædə,t(j)udnˈɛrɪən, -z

platitudinise
BR ˌplatɪˈtjuːdɪnʌɪz, ˌplatɪˈtʃuːdɪnʌɪz, -ɪz, -ɪŋ, -d
AM ˌplædə't(j)udnˌaɪz, -ɪz, -ɪŋ, -d

platitudinize
BR ˌplatɪˈtjuːdɪnʌɪz, ˌplatɪˈtʃuːdɪnʌɪz, -ɪz, -ɪŋ, -d
AM ˌplædə't(j)udnˌaɪz, -ɪz, -ɪŋ, -d

platitudinous
BR ˌplatɪˈtjuːdɪnəs, ˌplatɪˈtʃuːdɪnəs
AM ˌplædə't(j)udn̩əs

Plato
BR ˈpleɪtəʊ
AM ˈpleɪdoʊ

Platonic
BR pləˈtɒnɪk
AM pləˈtɑnɪk

platonical
BR pləˈtɒnɪkl
AM pləˈtɑnək(ə)l

Platonically
BR pləˈtɒnɪkli
AM pləˈtɑnək(ə)li

Platonism
BR ˈpleɪtənɪzm
AM ˈpleɪtn̩ˌɪz(ə)m

Platonist
BR ˈpleɪtənɪst, -s
AM ˈpleɪtn̩əst, -s

platoon
BR pləˈtuːn, -z
AM pləˈtun, -z

plats du jour
BR ˌplɑː duː ˈʒʊə(r)
AM ˌplɑ də ˈʒʊ(ə)r

Platt
BR plat
AM plæt

Plattdeutsch
BR ˈplatdɔɪtʃ
AM ˈplæt,dɔɪtʃ

platteland
BR ˈplatəland
AM ˈplædə,lænd

plattelander
BR ˈplat,landə(r), -z
AM ˈplæt,lændər, -z

platter
BR ˈplatə(r), -z
AM ˈplædər, -z

platy
BR ˈpleɪti
AM ˈpleɪdi

platyhelminth
BR ˌplatɪˈhɛlmɪnθ, -s
AM ˌplædɪˈhɛlmənθ, -s

platypus
BR ˈplatɪpʊs, -ɪz
AM ˈplædə,pʊs, ˈplædəpəs, -əz

platyrrhine
BR ˈplatɪrʌɪn, -z
AM ˈplædərən, ˈplædə,raɪn, -z

plaudit
BR ˈplɔːdɪt, -s
AM ˈplɑdət, ˈplɔdət, -s

plausibility
BR ˌplɔːzɪˈbɪlɪti
AM ˌplɑzəˈbɪlɪdi, ˌplɔzəˈbɪlɪdi

plausible
BR ˈplɔːzɪbl
AM ˈplɑzəb(ə)l, ˈplɔzəb(ə)l

plausibly
BR ˈplɔːzɪbli
AM ˈplɑzəbli, ˈplɔzəbli

Plautus
BR ˈplɔːtəs
AM ˈplɑdəs, ˈplɔdəs

play
BR pleɪ, -z, -ɪŋ, -d
AM pleɪ, -z, -ɪŋ, -d

playa
BR ˈplʌɪə(r), -z
AM ˈplaɪə, -z

playability
BR ˌpleɪəˈbɪlɪti
AM ˌpleɪəˈbɪlɪdi

playable
BR ˈpleɪəbl
AM ˈpleɪəb(ə)l

play-act
BR ˈpleɪakt, -s, -ɪŋ, -ɪd
AM ˈpleɪˌæk|(t), -(t)s, -tɪŋ, -təd

play-actor
BR ˈpleɪˌaktə(r), -z
AM ˈpleɪˌæktər, -z

playback
BR ˈpleɪbak, -s
AM ˈpleɪˌbæk, -s

playbill
BR ˈpleɪbɪl, -z
AM ˈpleɪˌbɪl, -z

playbook
BR ˈpleɪbʊk, -s
AM ˈpleɪˌbʊk, -s

playboy
BR ˈpleɪbɔɪ, -z
AM ˈpleɪˌbɔɪ, -z

Play-Doh
BR ˈpleɪdəʊ
AM ˈpleɪˌdoʊ

player
BR ˈpleɪə(r), -z
AM ˈpleɪər, -z

player-piano
BR ˌpleɪəpɪˈanəʊ, -z
AM ˈpleɪərpɪˌænoʊ, -z

Playfair
BR ˈpleɪfɛː(r)
AM ˈpleɪˌfɛ(ə)r

playfellow
BR ˈpleɪˌfɛləʊ, -z
AM ˈpleɪˌfɛloʊ, -z

playful
BR ˈpleɪf(ʊ)l
AM ˈpleɪfəl

playfully
BR ˈpleɪfəli, ˈpleɪfli
AM ˈpleɪfəli

playfulness
BR ˈpleɪf(ʊ)lnəs
AM ˈpleɪfəlnəs

playgirl
BR ˈpleɪgəːl, -z
AM ˈpleɪˌgɜrl, -z

playgoer
BR ˈpleɪˌgəʊə(r), -z
AM ˈpleɪˌgoʊər, -z

playground
BR ˈpleɪgraʊnd, -z
AM ˈpleɪˌgraʊnd, -z

playgroup
BR ˈpleɪgruːp, -s
AM ˈpleɪˌgrup, -s

playhouse
BR ˈpleɪhaʊs, -zɪz
AM ˈpleɪˌhaʊ|s, -zəz

playlet
BR ˈpleɪlɪt, -s
AM ˈpleɪlət, -s

playlist
BR ˈpleɪlɪst, -s
AM ˈpleɪˌlɪst, -s

playmaker
BR ˈpleɪˌmeɪkə(r), -z
AM ˈpleɪˌmeɪkər, -z

playmate
BR ˈpleɪmeɪt, -s
AM ˈpleɪˌmeɪt, -s

playoff
BR ˈpleɪɒf
AM ˈpleɪˌɑf,
ˈpleɪˌɔf

playpen
BR ˈpleɪpɛn, -z
AM ˈpleɪˌpɛn, -z

playroom
BR ˈpleɪruːm,
ˈpleɪrʊm, -z
AM ˈpleɪˌrʊm,
ˈpleɪˌrum, -z

playscape
BR ˈpleɪskeɪp, -s
AM ˈpleɪˌskeɪp, -s

playschool
BR ˈpleɪskuːl, -z
AM ˈpleɪˌskul, -z

playset
BR ˈpleɪsɛt, -s
AM ˈpleɪˌsɛt, -s

playsuit
BR ˈpleɪs(j)uːt, -s
AM ˈpleɪˌsut, -s

Playtex
BR ˈpleɪtɛks
AM ˈpleɪˌtɛks

plaything
BR ˈpleɪθɪŋ, -z
AM ˈpleɪˌθɪŋ, -z

playtime
BR ˈpleɪtʌɪm
AM ˈpleɪˌtaɪm

playwear
BR ˈpleɪwɛː(r)
AM ˈpleɪˌwɛ(ə)r

playwright
BR ˈpleɪrʌɪt, -s
AM ˈpleɪˌraɪt, -s

playwriting
BR ˈpleɪˌrʌɪtɪŋ
AM ˈpleɪˌraɪdɪŋ

plaza
BR ˈplɑːzə(r), -z
AM ˈplæzə,
ˈplɑzə, -z

plc
BR ˌpiːɛlˈsiː, -z
AM ˌpiˌɛlˈsi, -z

plea
BR pliː, -z
AM pli, -z

plea bargain
BR ˈpliː ˌbɑːg|(ɪ)n,
-(ɪ)nz, -ɪnɪŋ\-nɪŋ,
-(ɪ)nd
AM ˈpli ˌbɑrg(ə)n, -z,
-ɪŋ, -d

pleach
BR pliːtʃ, -ɪz, -ɪŋ, -t
AM plitʃ, -ɪz, -ɪŋ, -t

plead
BR pliːd, -z, -ɪŋ, -ɪd
AM plid, -z, -ɪŋ, -ɪd

pleadable
BR ˈpliːdəbl
AM ˈplidəb(ə)l

pleader
BR ˈpliːdə(r), -z
AM ˈplidər, -z

pleading
BR ˈpliːdɪŋ, -z
AM ˈplidɪŋ, -z

pleadingly
BR ˈpliːdɪŋli
AM ˈplidɪŋli

pleasance
BR ˈplɛzns, -ɪz
AM ˈplɛzns, -əz

pleasant
BR ˈplɛznt
AM ˈplɛznt

pleasantly
BR ˈplɛzntli
AM ˈplɛzn(t)li

pleasantness
BR ˈplɛzntnəs
AM ˈplɛzn(t)nəs

pleasantry
BR ˈplɛzntr|i, -ɪz
AM ˈplɛzntri, -z

pleasaunce
BR ˈplɛzns
AM ˈplɛzns

please
BR pliːz, -ɪz, -ɪŋ, -d
AM pliz, -ɪz, -ɪŋ, -d

pleasingly
BR ˈpliːzɪŋli
AM ˈplizɪŋli

pleasurable
BR ˈplɛʒ(ə)rəbl
AM ˈplɛʒ(ə)r(ə)bəl

pleasurableness
BR ˈplɛʒ(ə)rəblnəs
AM ˈplɛʒərbəlnəs,
ˈplɛʒ(ə)rəbəlnəs

pleasurably
BR ˈplɛʒ(ə)rəbli
AM ˈplɛʒərbli,
ˈplɛʒ(ə)rəbli

pleasure
BR ˈplɛʒə(r), -z
AM ˈplɛʒər, -z

pleat
BR pliːt, -s, -ɪŋ,
-ɪd
AM pli|t, -ts, -dɪŋ,
-dɪd

pleb
BR plɛb, -z
AM plɛb, -z

plebby
BR ˈplɛbi
AM ˈplɛbi

plebe
BR pliːb, -z
AM plib, -z

plebeian
BR plɪˈbiːən, -z
AM pləˈbiən, -z

plebeianism
BR plɪˈbiːənɪzm
AM pləˈbiəˌnɪz(ə)m

plebiscitary
BR plɪˈbɪsɪt(ə)ri
AM pləˈbɪsəˌtɛri

plebiscite
BR ˈplɛbɪsɪt,
ˈplɛbɪsʌɪt, -s
AM ˈplɛbəˌsaɪt, -s

plectra
BR ˈplɛktrə(r)
AM ˈplɛktrə

plectron
BR ˈplɛktr(ə)n
AM ˈplɛktr(ə)n

plectrum
BR ˈplɛktrəm, -z
AM ˈplɛktrəm,
-z

pled
BR plɛd
AM plɛd

pledge
BR plɛdʒ, -ɪz,
-ɪŋ, -d
AM plɛdʒ, -əz,
-ɪŋ, -d

pledgeable
BR ˈplɛdʒəbl
AM ˈplɛdʒəb(ə)l

pledgee
BR plɛˈdʒiː, -z
AM plɛˈdʒi, -z

pledger
BR ˈplɛdʒə(r), -z
AM ˈplɛdʒər, -z

pledget
BR ˈplɛdʒɪt, -s
AM ˈplɛdʒət, -s

pledgor
BR ˈplɛdʒə(r), -z
AM ˈplɛdʒər, -z

pleiad
BR ˈplʌɪəd, -z
AM ˈpliəd, -z

Pleiades
BR ˈplʌɪədiːz
AM ˈpliədiz

plein-air
BR ˌpleɪnˈɛː(r)
AM ˌpleɪnˈɛ(ə)r
FR plɛn ɛʁ

plein-airist
BR ˌpleɪnˈɛːrɪst, -s
AM ˌpleɪnˈɛrəst, -s

pleiotropic
BR ˌplʌɪəˈtrəʊpɪk, ˌplʌɪəˈtrɒpɪk
AM ˌplaɪəˈtrɑpɪk, ˌplaɪəˈtroʊpɪk

pleiotropism
BR ˌplʌɪəˈtrəʊpɪzm
AM ˌplaɪəˈtroʊpɪzm

pleiotropy
BR plʌɪˈɒtrəpi
AM ˌplaɪˈɑtrəpi

Pleistocene
BR ˈplʌɪstəsiːn
AM ˈplaɪstəˌsin

plena
BR ˈpliːnə(r)
AM ˈplinə, ˈplɛnə

plenarily
BR ˈpliːn(ə)rɪli
AM pləˈnɛrəli, ˈplɛnər(ə)li

plenary
BR ˈpliːn(ə)r|i, -ɪz
AM ˈplɛnəri, -z

plenipotentiary
BR ˌplɛnɪpəˈtɛnʃ(ə)r|i, -ɪz
AM ˌˈplɛnəpəˈtɛn(t)ʃəri, -z

plenitude
BR ˈplɛnɪtjuːd, ˈplɛnɪtʃuːd
AM ˈplɛnəˌt(j)ud

plenteous
BR ˈplɛntɪəs
AM ˈplɛn(t)iəs

plenteously
BR ˈplɛntɪəsli
AM ˈplɛn(t)iəsli

plenteousness
BR ˈplɛntɪəsnəs
AM ˈplɛn(t)iəsnəs

plentiful
BR ˈplɛntɪf(ʊ)l
AM ˈplɛn(t)əfəl

plentifully
BR ˈplɛntɪfʊli, ˈplɛntɪfl̩i
AM ˈplɛn(t)əfəli

plentifulness
BR ˈplɛntɪf(ʊ)lnəs
AM ˈplɛn(t)əfəlnəs

plenty
BR ˈplɛnti
AM ˈplɛn(t)i

plenum
BR ˈpliːnəm, -z
AM ˈplin(ə)m, ˈplɛn(ə)m, -z

pleochroic
BR ˌpliəˈkrəʊɪk
AM ˌpliəˈkroʊɪk

pleochroism
BR ˌpliəˈkrəʊɪzm
AM ˌpliəˈkroʊˌɪz(ə)m

pleomorphic
BR ˌpliəˈmɔːfɪk
AM ˌpliəˈmɔrfɪk

pleomorphism
BR ˌpliəˈmɔːfɪzm
AM ˌpliəˈmɔrˌfɪz(ə)m

pleonasm
BR ˈpliːənazm, -z
AM ˈpliəˌnæz(ə)m, -z

pleonastic
BR ˌpliəˈnastɪk
AM ˌpliəˈnæstɪk

pleonastically
BR ˌpliəˈnastɪkli
AM ˌpliəˈnæstək(ə)li

plesiosaur
BR ˈpliːzɪəsɔː(r), -z
AM ˈplisiəˌsɔ(ə)r, -z

plesiosauri
BR ˌpliːzɪəˈsɔːrʌɪ
AM ˌplisiəˈsɔˌraɪ

plesiosaurus
BR ˌpliːzɪəˈsɔːrəs, -ɪz
AM ˌplisiəˈsɔrəs, -əz

plessor
BR ˈplɛsə(r), -z
AM ˈplɛsər, -z

plethora
BR ˈplɛθ(ə)rə(r)
AM ˈplɛθərə

plethoric
BR ˈplɛθ(ə)rɪk, plɛˈθɒrɪk, plɪˈθɒrɪk
AM pləˈθɔrɪk, ˈplɛθərɪk

plethorically
BR plɛˈθɒrɪkli, plɪˈθɒrɪkli
AM pləˈθɔrək(ə)li

pleura
BR ˈplʊərə(r), ˈplɔːrə(r)
AM ˈplʊrə

pleural
BR ˈplʊərl̩, ˈplɔːrl̩
AM ˈplʊrəl

pleurisy
BR ˈplʊərəsi, ˈplɔːrəsi
AM ˈplʊrəsi, ˈplurəsi

pleuritic
BR plʊəˈrɪtɪk, plɜˈrɪtɪk
AM plʊˈrɪdɪk, pləˈrɪdɪk, pluˈrɪdɪk

pleurodynia
BR ˌplʊərəˈdɪnɪə(r), ˌplɔːrəˈdɪnɪə(r)
AM ˌplʊrəˈdɪnɪə

pleuron
BR ˈplʊərɒn, ˈplɔːrɒn
AM ˈplʊˌrɑn

pleuropneumonia
BR ˌplʊərəʊnjuːˈməʊnɪə(r), ˌplɔːrəʊnjuːˈməʊnɪə(r)
AM ˌˈplʊrəˌn(j)uˈmoʊnɪə

Pleven
BR ˈplɛvn
AM ˈplɛvən

plew
BR pluː, -z
AM plu, -z

plex
BR plɛks
AM plɛks

plexiform
BR ˈplɛksɪfɔːm
AM ˈplɛksəˌfɔ(ə)rm

Plexiglass
BR ˈplɛksɪɡlɑːs
AM ˈplɛksəˌɡlæs

plexor
BR ˈplɛksə(r), -z
AM ˈplɛksər, -z

plexus
BR ˈplɛksəs, -ɪz
AM ˈplɛksəs, -ɪz

pliability
BR ˌplʌɪəˈbɪlɪti
AM ˌplaɪəˈbɪlɪdi

pliable
BR ˈplʌɪəbl
AM ˈplaɪəb(ə)l

pliableness
BR ˈplʌɪəblnəs
AM ˈplaɪəbəlnəs

pliably
BR ˈplʌɪəbli
AM ˈplaɪəbli

pliancy
BR ˈplʌɪənsi
AM ˈplaɪənsi

pliant
BR ˈplʌɪənt
AM ˈplaɪənt

pliantly
BR ˈplʌɪəntli
AM ˈplaɪən(t)li

pliantness
BR ˈplʌɪəntnəs
AM ˈplaɪən(t)nəs

plicate
BR ˈplʌɪkeɪt
AM ˈplaɪkɪt, ˈplaɪˌkeɪt

plicated
BR plɪˈkeɪtɪd, plʌɪˈkeɪtɪd
AM ˈplaɪkɪdɪd, ˈplaɪˌkeɪdɪd

plication
BR plɪˈkeɪʃn, plʌɪˈkeɪʃn, -z
AM plaɪˈkeɪʃ(ə)n, -z

plié
BR ˈpliːeɪ, -z
AM pliˈeɪ, -z

pliers
BR ˈplʌɪəz
AM ˈplaɪərz

plight
BR plʌɪt, -s, -ɪŋ, -ɪd
AM plaɪ|t, -ts, -dɪŋ, -dɪd

plim
BR plɪm, -z, -ɪŋ, -d
AM plɪm, -z, -ɪŋ, -d

plimsole
BR 'plɪms(əʊ)l, -z
AM 'plɪmˌsəʊl, 'plɪm-ˌsəl, 'plɪms(ə)l, -z

plimsoll
BR 'plɪmsl, -z
AM 'plɪmˌsəʊl, 'plɪm-ˌsəl, 'plɪms(ə)l, -z

pling
BR plɪŋ, -z
AM plɪŋ, -z

plink
BR plɪŋk, -s
AM plɪŋk, -s

Plinlimmon
BR plɪn'lɪmən
AM plɪn'lɪm(ə)n

plinth
BR plɪnθ, -s
AM plɪnθ, -s

Pliny
BR 'plɪni
AM 'plaɪni, 'plɪni

Pliocene
BR 'plaɪə(ʊ)siːn
AM 'plaɪəˌsin

plissé
BR 'pliːseɪ
AM plə'seɪ, pli'seɪ
FR plise

plod
BR plɒd, -z, -ɪŋ, -ɪd
AM plɑd, -z, -ɪŋ, -əd

plodder
BR 'plɒdə(r), -z
AM 'plɑdər, -z

ploddingly
BR 'plɒdɪŋli
AM 'plɑdɪŋli

ploidy
BR 'plɔɪd|i, -ɪz
AM 'plɔɪdi, -z

Plomer
BR 'pluːmə(r), 'pləʊmə(r)
AM 'pluːmər

Plomley
BR 'plʌmli
AM 'pləmli

plonk
BR plɒŋ|k, -ks, -kɪŋ, -(k)t
AM plɑŋ|k, -ks, -kɪŋ, -(k)t

plonker
BR 'plɒŋkə(r), -z
AM 'plɑŋkər, -z

plonko
BR 'plɒŋkəʊ, -z
AM 'plɑŋˌkoʊ, -z

plop
BR plɒp, -s, -ɪŋ, -t
AM plɑp, -s, -ɪŋ, -t

plosion
BR 'pləʊʒn, -z
AM 'ploʊʒ(ə)n, -z

plosive
BR 'pləʊsɪv, -z
AM 'ploʊsɪv, 'ploʊzɪv, -z

plot
BR plɒt, -s, -ɪŋ, -ɪd
AM plɑ|t, -ts, -dɪŋ, -dəd

Plotinus
BR plɒ'tʌməs
AM plə'taməs, plə'taməs, plə'taməs

plotless
BR 'plɒtləs
AM 'plɑtləs

plotlessness
BR 'plɒtləsnəs
AM 'plɑtləsnəs

plotter
BR 'plɒtə(r), -z
AM 'plɑdər, -z

plough
BR plaʊ, -z, -ɪŋ, -d
AM plaʊ, -z, -ɪŋ, -d

ploughable
BR 'plaʊəbl
AM 'plaʊəb(ə)l

ploughboy
BR 'plaʊbɔɪ, -z
AM 'plaʊˌbɔɪ, -z

plougher
BR 'plaʊə(r), -z
AM 'plaʊər, -z

ploughland
BR 'plaʊland
AM 'plaʊˌlænd

ploughman
BR 'plaʊmən
AM 'plaʊm(ə)n

ploughmen
BR 'plaʊmən
AM 'plaʊm(ə)n

ploughshare
BR 'plaʊʃɛː(r), -z
AM 'plaʊˌʃɛ(ə)r, -z

Plouviez
BR 'pluːvieɪ
AM ˌpluvi'eɪ, 'pluvieɪ
FR pluvje

plover
BR 'plʌvə(r), -z
AM 'ploʊvər, 'pləvər, -z

plow
BR plaʊ, -z, -ɪŋ, -d
AM plaʊ, -z, -ɪŋ, -d

plowable
BR 'plaʊəbl
AM 'plaʊəb(ə)l

plowboy
BR 'plaʊbɔɪ, -z
AM 'plaʊˌbɔɪ, -z

Plowden
BR 'plaʊdn
AM 'plaʊdən

plower
BR 'plaʊə(r)
AM 'plaʊər

plowland
BR 'plaʊland
AM 'plaʊˌlænd

plowman
BR 'plaʊmən
AM 'plaʊm(ə)n

plowmen
BR 'plaʊmən
AM 'plaʊm(ə)n

Plowright
BR 'plaʊrʌɪt
AM 'plaʊˌraɪt

plowshare
BR 'plaʊʃɛː(r), -z
AM 'plaʊˌʃɛ(ə)r, -z

ploy
BR plɔɪ, -z
AM plɔɪ, -z

pluck
BR plʌk, -s, -ɪŋ, -t
AM plək, -s, -ɪŋ, -t

plucker
BR 'plʌkə(r), -z
AM 'pləkər, -z

pluckily
BR 'plʌkɪli
AM 'pləkəli

pluckiness
BR 'plʌkɪnɪs
AM 'pləkɪnɪs

pluckless
BR 'plʌkləs
AM 'pləkləs

plucky
BR 'plʌk|i, -ɪə(r), -ɪɪst
AM 'pləki, -ər, -ɪst

plug
BR plʌg, -z, -ɪŋ, -d
AM pləg, -z, -ɪŋ, -d

plug-and-go
BR ˌplʌg(ə)n(d)'gəʊ
AM ˌpləg(ə)n'goʊ

plug-and-play
BR ˌplʌg(ə)n(d)'pleɪ
AM ˌpləg(ə)n'pleɪ

plugger
BR 'plʌgə(r), -z
AM 'pləgər, -z

plughole
BR 'plʌghəʊl, -z
AM 'pləgˌ(h)oʊl, -z

plugola
BR plʌ'gəʊlə(r)
AM plə'goʊlə

plug-ugly
BR ˌplʌg'ʌgli
AM 'pləg'əgli

plum
BR plʌm, -z
AM pl(ə)m, -z

plumage
BR 'pluːm|ɪdʒ, -ɪdʒɪz, -ɪdʒd
AM 'plumɪdʒ, -ɪz, -d

plumassier
BR ˌpluːmə'sɪə(r), -z
AM ˌpluməˈsɪ(ə)r, -z

plumb
BR plʌm, -z, -ɪŋ, -d
AM pl(ə)m, -z, -ɪŋ, -d

plumbaginous
BR plʌm'bædʒɪnəs
AM ˌpləm'bædʒənəs

plumbago
BR plʌmˈbeɪgəʊ
AM ˌpləmˈbeɪgoʊ

plumbate
BR ˈplʌmbeɪt, -s
AM ˈpləmˌbeɪt, -s

plumbeous
BR ˈplʌmbiəs
AM ˈpləmbiəs

plumber
BR ˈplʌmə(r), -z
AM ˈpləmər, -z

plumbic
BR ˈplʌmbɪk
AM ˈpləmbɪk

plumbiferous
BR plʌmˈbɪf(ə)rəs
AM ˌpləmˈbɪfərəs

plumbism
BR ˈplʌmbɪzm
AM ˈpləmˌbɪz(ə)m

plumbless
BR ˈplʌmləs
AM ˈpləmləs

plumbline
BR ˈplʌmlʌɪn, -z
AM ˈpləmˌlaɪn, -z

plumbous
BR ˈplʌmbəs
AM ˈpləmbəs

plumbum
BR ˈplʌmbəm
AM ˈpləmbəm

plume
BR pluːm, -z
AM plum, -z

plumeless
BR ˈpluːmləs
AM ˈplumləs

plumelike
BR ˈpluːmlʌɪk
AM ˈplumˌlaɪk

plumery
BR ˈpluːm(ə)ri
AM ˈpluməri

Plummer
BR ˈplʌmə(r)
AM ˈpləmər

plummet
BR ˈplʌm|ɪt, -ɪts, -ɪtɪŋ, -ɪtɪd
AM ˈpləm|ət, -ts, -dɪŋ, -dəd

plummily
BR ˈplʌmɪli
AM ˈpləməli

plumminess
BR ˈplʌmɪnɪs
AM ˈpləmɪnɪs

plummy
BR ˈplʌm|i, -ɪə(r), -ɪɪst
AM ˈpləmi, -ər, -ɪst

plumose
BR ˈpluːməʊs, pluːˈməʊs
AM ˈpluˌmoʊz, ˈpluˌmoʊs

plump
BR plʌm|p, -(p)s, -pɪŋ, -(p)t, -pə(r), -pɪst
AM pləmp, -s, -ɪŋ, -t, -ər, -əst

plumpish
BR ˈplʌmpɪʃ
AM ˈpləmpɪʃ

plumply
BR ˈplʌmpli
AM ˈpləmpli

plumpness
BR ˈplʌmpnəs
AM ˈpləmpnəs

Plumpton
BR ˈplʌm(p)tən
AM ˈpləm(p)t(ə)n

Plumptre
BR ˈplʌm(p)triː
AM ˈpləm(p)tri

plumpy
BR ˈplʌmpi
AM ˈpləmpi

Plumstead
BR ˈplʌmstɪd, ˈplʌmstɛd
AM ˈpləmˌstɛd

Plumtre
BR ˈplʌmtriː
AM ˈpləmˌtri

plumulaceous
BR ˌpluːmjʉˈleɪʃəs
AM ˌplumjəˈleɪʃəs

plumular
BR ˈpluːmjʉlə(r)
AM ˈplumjələr

plumule
BR ˈpluːmjuːl, -z
AM ˈplumˌjul, -z

plumy
BR ˈpluːm|i, -ɪə(r), -ɪɪst
AM ˈplumi, -ər, -ɪst

plunder
BR ˈplʌnd|ə(r), -əz, -(ə)rɪŋ, -əd
AM ˈplənd|ər, -ərz, -(ə)rɪŋ, -ərd

plunderer
BR ˈplʌnd(ə)rə(r), -z
AM ˈplənd(ə)rər, -z

plundering
BR ˈplʌnd(ə)rɪŋ, -z
AM ˈplənd(ə)rɪŋ, -z

plunderous
BR ˈplʌnd(ə)rəs
AM ˈplənd(ə)rəs

plunge
BR plʌn(d)ʒ, -ɪz, -ɪŋ, -d
AM pləndʒ, -əz, -ɪŋ, -d

plunger
BR ˈplʌn(d)ʒə(r), -z
AM ˈpləndʒər, -z

plunk
BR plʌŋk, -s
AM pləŋk, -s

Plunket
BR ˈplʌŋkɪt
AM ˈpləŋkət

Plunkett
BR ˈplʌŋkɪt
AM ˈpləŋkət

pluot
BR ˈpluːɒt, -s
AM ˈpluˌɑt, -s

pluperfect
BR ˌpluːˈpəːfɪkt, -s
AM ˌpluˈpɜrfək(t), -(t)s

plural
BR ˈplʊərl̩, ˈplɔːrl̩, -z
AM ˈplʊrəl, -z

pluralisation
BR ˌplʊərl̩ʌɪˈzeɪʃn, ˌplɔːrl̩ʌɪˈzeɪʃn
AM ˌplʊrəˌlaɪˈzeɪʃ(ə)n, ˌplʊrələˈzeɪʃ(ə)n

pluralise
BR ˈplʊərl̩ʌɪz, ˈplɔːrl̩ʌɪz, -ɪz, -ɪŋ, -d
AM ˈplʊrəˌlaɪz, -ɪz, -ɪŋ, -d

pluralism
BR ˈplʊərl̩ɪzm, ˈplɔːrl̩ɪzm
AM ˈplʊrəˌlɪz(ə)m

pluralist
BR ˈplʊərl̩ɪst, ˈplɔːrl̩ɪst, -s
AM ˈplʊrələst, -s

pluralistic
BR ˌplʊərəˈlɪstɪk, ˌplʊərl̩ˈɪstɪk, ˌplɔːrəˈlɪstɪk, ˌplɔːrl̩ˈɪstɪk
AM ˌplʊrəˈlɪstɪk

pluralistically
BR ˌplʊərəˈlɪstɪkli, ˌplʊərl̩ˈɪstɪkli, ˌplɔːrəˈlɪstɪkli, ˌplɔːrl̩ˈɪstɪkli
AM ˌplʊrəˈlɪstək(ə)li

plurality
BR plʊəˈralɪti, plɔːˈralɪti, plɭəˈralɪti
AM pləˈrælədi, plʊˈrælədi

pluralization
BR ˌplʊərl̩ʌɪˈzeɪʃn, ˌplɔːrl̩ʌɪˈzeɪʃn
AM ˌplʊrəˌlaɪˈzeɪʃ(ə)n, ˌplʊrələˈzeɪʃ(ə)n

pluralize
BR ˈplʊərl̩ʌɪz, ˈplɔːrl̩ʌɪz, -ɪz, -ɪŋ, -d
AM ˈplʊrəˌlaɪz, -ɪz, -ɪŋ, -d

plurally
BR ˈplʊərl̩i, ˈplɔːrl̩i
AM ˈplʊrəli

pluripotential
BR ˌplʊərɪpəˈtɛnʃl, ˌplɔːrɪpəˈtɛnʃl
AM ˌplʊrəpəˈtɛn(t)ʃ(ə)l

pluripresence
BR ˌplʊərɪˈprɛzns,
ˌplɔːrɪˈprɛzns
AM ˌplʊrəˈprɛzns

plurry
BR ˈplʌri
AM ˈpləri

plus
BR plʌs, -ɪz
AM pləs, -əz

plus ça change
BR ˌpluː sa ˈʃɒ̃ʒ
AM ˌplu sa ˈʃɑ̃ʒ

plus-fours
BR ˌplʌsˈfɔːz
AM ˌpləsˈfɔ(ə)rz

plush
BR plʌʃ, -ə(r), -ɪst
AM pləʃ, -ər, -əst

plushily
BR ˈplʌʃɪli
AM ˈpləʃəli

plushiness
BR ˈplʌʃɪnɪs
AM ˈpləʃɪnɪs

plushly
BR ˈplʌʃli
AM ˈpləʃli

plushness
BR ˈplʌʃnəs
AM ˈpləʃnəs

plushy
BR ˈplʌʃi, -ɪə(r), -ɪɪst
AM ˈpləʃi, -ər, -ɪst

plus-minus
BR ˌplʌsˈmaɪnəs
AM ˈpləsˌmaɪnəs

Plutarch
BR ˈpluːtɑːk
AM ˈpluˌtɑrk

plutarchy
BR ˈpluːtɑːk|i, -ɪz
AM ˈpluˌtɑrki, -z

Pluto
BR ˈpluːtəʊ
AM ˈpludoʊ

plutocracy
BR pluːˈtɒkrəs|i, -ɪz
AM pluˈtɑkrəsi, -z

plutocrat
BR ˈpluːtəkrat, -s
AM ˈpludəˌkræt, -s

plutocratic
BR ˌpluːtəˈkratɪk
AM ˌpludəˈkrædɪk

plutocratically
BR ˌpluːtəˈkratɪkli
AM ˌpludəˈkrædək(ə)li

plutolatry
BR pluːˈtɒlətri
AM pluˈtɑlətri

pluton
BR ˈpluːtɒn, -z
AM ˈpluˌtɑn, -z

Plutonian
BR pluːˈtəʊniən
AM pluˈtoʊniən

Plutonic
BR pluːˈtɒnɪk
AM pluˈtɑnɪk

Plutonism
BR ˈpluːtənɪzm
AM ˈplutnˌɪz(ə)m

plutonium
BR pluːˈtəʊniəm
AM pluˈtoʊniəm

pluvial
BR ˈpluːviəl
AM ˈpluviəl

pluviometer
BR pluːˈvɪɒmɪtə(r), -z
AM ˌpluviˈɑmədər, -z

pluviometric
BR ˌpluːviə(ʊ)ˈmɛtrɪk
AM ˌpluvioʊˈmɛtrɪk

pluviometrical
BR ˌpluːviə(ʊ)ˈmɛtrɪkl
AM ˌpluvioʊˈmɛtrək(ə)l

pluviometrically
BR ˌpluːviə(ʊ)ˈmɛtrɪkli
AM ˌpluvioʊ-
ˈmɛtrək(ə)li

pluvious
BR ˈpluːviəs
AM ˈpluviəs

ply
BR plaɪ, -z, -ɪŋ, -d
AM plaɪ, -z, -ɪŋ, -d

plyboard
BR ˈplaɪbɔːd
AM ˈplaɪˌbɔ(ə)rd

Plymouth
BR ˈplɪməθ
AM ˈplɪməθ

Plynlimon
BR plɪnˈlɪmən
AM plɪnˈlɪm(ə)n

plywood
BR ˈplaɪwʊd
AM ˈplaɪˌwʊd

pneumatic
BR njuːˈmatɪk,
njʉˈmatɪk, -s
AM n(j)uˈmædɪk, -s

pneumatically
BR njuːˈmatɪkli,
njʉˈmatɪkli
AM n(j)uˈmædək(ə)li

pneumaticity
BR ˌnjuːməˈtɪsɪti
AM ˌn(j)uməˈtɪsɪdi

pneumatocyst
BR ˈnjuːmətəsɪst,
njuːˈmatəsɪst,
njʉˈmatəsɪst, -s
AM ˌn(j)uˈmædəˌsɪst, -s

pneumatological
BR ˌnjuːmətəˈlɒdʒɪkl
AM ˌn(j)umədə-
ˈlɑdʒək(ə)l

pneumatology
BR ˌnjuːməˈtɒlədʒi
AM ˌn(j)uməˈtɑlədʒi

pneumatophore
BR ˈnjuːmətəfɔː(r),
njuːˈmatəfɔː(r),
njʉˈmatəfɔː(r),
-z
AM ˌn(j)uˈmædəˌfɔ(ə)r,
-z

pneumococcus
BR ˌnjuːmə(ʊ)ˈkɒkəs
AM ˌn(j)umoʊˈkɑkəs

pneumoconiosis
BR ˌnjuːmə(ʊ)ˌkəʊnɪ-
ˈəʊsɪs
AM ˌn(j)umoʊˌkoʊni-
ˈoʊsəs

pneumocystis
BR ˌnjuːmə(ʊ)ˈsɪstɪs
AM ˌn(j)umoʊˌsɪstɪs

pneumogastric
BR ˌnjuːmə(ʊ)ˈgastrɪk
AM ˌn(j)umoʊ-
ˈgæstrɪk

pneumonectomy
BR ˌnjuːmə(ʊ)-
ˈnɛktəm|i, -ɪz
AM ˌn(j)umoʊ-
ˈnɛktəmi, -z

pneumonia
BR njuːˈməʊnɪə(r),
njʉˈməʊnɪə(r)
AM n(j)uˈmoʊnjə,
nəˈmoʊnjə

pneumonic
BR njuːˈmɒnɪk,
njʉˈmɒnɪk
AM n(j)uˈmɑnɪk

pneumonitis
BR ˌnjuːməˈnʌɪtɪs
AM ˌn(j)uməˈnaɪdɪs

pneumothorax
BR ˌnjuːməʊˈθɔːraks
AM ˌn(j)umoʊˈθɔræks

Pnyx
BR (p)nɪks
AM (p)nɪks

PO
BR ˌpiːˈəʊ, -z
AM ˌpiˈoʊ, -z

po
BR pəʊ
AM poʊ

poach
BR pəʊtʃ, -ɪz, -ɪŋ, -t
AM poʊtʃ, -ɪz, -ɪŋ, -t

poacher
BR ˈpəʊtʃə(r), -z
AM ˈpoʊtʃər, -z

poblano
BR pɒˈblɑːnəʊ, -z
AM pəˈblɑnoʊ, -z

po'boy
BR ˈpəʊ bɔɪ, -z
AM ˈpoʊˌbɔɪ, -z

Pocahontas
BR ˌpɒkəˈhɒntəs
AM ˌpoʊkəˈhɑn(t)əs

pochard
BR ˈpɒtʃəd, ˈpəʊtʃəd,
-z
AM ˈpoʊtʃərd, -z

pochette
BR pɒˈʃɛt, -s
AM poʊˈʃɛt, -s
FR pɔʃɛt

pock
BR pɒk, -s, -ɪŋ, -t
AM pɑk, -s, -ɪŋ, -t
pocket
BR 'pɒk|ɪt, -ɪts, -ɪtɪŋ,
-ɪtɪd
AM 'pɑkə|t, -ts, -dɪŋ,
-dəd
pocketable
BR 'pɒkɪtəbl
AM 'pɑkətəb(ə)l
pocketbook
BR 'pɒkɪtbʊk, -s
AM 'pɑkə(t)ˌbʊk,
-s
pocketful
BR 'pɒkɪtfʊl, -z
AM 'pɑkətˌfʊl, -z
pocketless
BR 'pɒkɪtlɪs
AM 'pɑkətləs
pockety
BR 'pɒkɪti
AM 'pɑkədi
Pocklington
BR 'pɒklɪŋt(ə)n
AM 'pɑklɪŋt(ə)n
pockmark
BR 'pɒkmɑːk, -s,
-ɪŋ, -t
AM 'pɑkˌmɑrk, -s,
-ɪŋ, -t
pocky
BR 'pɒki
AM 'pɑki
poco
BR 'pəʊkəʊ
AM 'poʊkoʊ
IT 'pɔko
Pocock
BR 'pəʊkɒk
AM 'poʊˌkɑk
pococurante
BR ˌpəʊkəʊkjʊ'rant|i,
-iz
AM ˌpoʊkoʊkjə-
'ræn(t)i, -z
pococuranteism
BR ˌpəʊkəʊkjʊ-
'rantiɪzm
AM ˌpoʊkoʊkjə-
'ræn(t)iˌɪz(ə)m

pococurantism
BR ˌpəʊkəʊkjʊ'rantɪzm
AM ˌpoʊkoʊkjə'ræn-
ˌtɪz(ə)m
Pocono
BR 'pəʊkənəʊ, -z
AM 'poʊkəˌnoʊ, -z
pod
BR pɒd, -z
AM pɑd, -z
podagra
BR pɒ'dagrə(r)
AM 'pɑdəgrə,
pə'dægrə
podagral
BR pɒ'dagr(ə)l
AM 'pɑdəgrəl,
pə'dægrə
podagric
BR pɒ'dagrɪk
AM 'pɑdəgrɪk,
pə'dægrɪk
podagrous
BR pɒ'dagrəs
AM 'pɑdəgrəs,
pə'dægrəs
poddy
BR 'pɒd|i, -ɪz
AM 'pɑdi, -z
podestà
BR ˌpəʊdə'stɑː(r)
AM ˌpoʊdə'stɑ
IT pode'sta
podgily
BR 'pɒdʒɪli
AM 'pɑdʒəli
podginess
BR 'pɒdʒɪnɪs
AM 'pɑdʒɪnɪs
podgy
BR 'pɒdʒ|i, -ɪə(r),
-ɪɪst
AM 'pɑdʒi, -ər, -ɪst
podia
BR 'pəʊdɪə(r)
AM 'poʊdɪə
podiatrist
BR pə(ʊ)'dʌɪətrɪst, -s
AM pə'daɪətrəst, -s
podiatry
BR pə(ʊ)'dʌɪətri
AM pə'daɪətri

podium
BR 'pəʊdɪəm, -z
AM 'poʊdɪəm,
-z
podophyllin
BR ˌpɒdə'fɪlɪn
AM ˌpɑdə'fɪlɪn
podsol
BR 'pɒdsɒl,
-z
AM 'pɑdˌsɑl,
'pɑdˌsɔl, -z
RUS pad'zol
podunk
BR 'pəʊdʌŋk, -s
AM 'poʊˌdəŋk, -s
podzol
BR 'pɒdzɒl, -z
AM 'pɑdˌsɑl,
'pɑdˌsɔl, -z
RUS pad'zol
podzolisation
BR ˌpɒdzlʌɪ'zeɪʃn
AM ˌpɑdzəˌlaɪ'zeɪʃ(ə)n,
ˌpɑdzələ'zeɪʃ(ə)n
podzolise
BR 'pɒdzlʌɪz, -ɪz,
-ɪŋ, -d
AM 'pɑdzəˌlaɪz, -ɪz,
-ɪŋ, -d
podzolization
BR ˌpɒdzlʌɪ'zeɪʃn
AM ˌpɑdzəˌlaɪ'zeɪʃ(ə)n,
ˌpɑdzələ'zeɪʃ(ə)n
podzolize
BR 'pɒdzlʌɪz, -ɪz,
-ɪŋ, -d
AM 'pɑdzəˌlaɪz, -ɪz,
-ɪŋ, -d
Poe
BR pəʊ
AM poʊ
poem
BR 'pəʊɪm, -z
AM 'poʊ(ə)m, -z
poesy
BR 'pəʊɪzi
AM 'poʊəsi,
'poʊəzi
poet
BR 'pəʊɪt, -s
AM 'poʊət, -s

poetaster
BR ˌpəʊɪ'tastə(r),
'pəʊɪtastə(r),
ˌpəʊɪ'teɪstə(r),
'pəʊɪteɪstə(r), -z
AM 'poʊəˌtæstər, -z
poetess
BR 'pəʊɪtɪs,
ˌpəʊɪ'tes, -ɪz
AM 'poʊədəs, -əz
poetic
BR pəʊ'etɪk, -s
AM poʊ'edɪk, -s
poetical
BR pəʊ'etɪkl
AM poʊ'edək(ə)l
poetically
BR pəʊ'etɪkli
AM poʊ'edək(ə)li
poeticise
BR pəʊ'etɪsʌɪz, -ɪz,
-ɪŋ, -d
AM poʊ'edəˌsaɪz, -ɪz,
-ɪŋ, -d
poeticize
BR pəʊ'etɪsʌɪz, -ɪz,
-ɪŋ, -d
AM poʊ'edəˌsaɪz, -ɪz,
-ɪŋ, -d
poetise
BR 'pəʊɪtʌɪz, -ɪz,
-ɪŋ, -d
AM 'poʊəˌtaɪz, -ɪz,
-ɪŋ, -d
poetize
BR 'pəʊɪtʌɪz, -ɪz,
-ɪŋ, -d
AM 'poʊəˌtaɪz, -ɪz,
-ɪŋ, -d
Poet Laureate
BR ˌpəʊɪt 'lɔːrɪət,
+ 'lɒrɪət, -s
AM ˌpoʊət 'lɔriɪt, -s
poetry
BR 'pəʊɪtri
AM 'poʊətri
po-faced
BR ˌpəʊ'feɪst
AM 'poʊˌfeɪst
pogey
BR 'pəʊgi
AM 'poʊgi

pogo
BR ˈpəʊgəʊ, -z, -ɪŋ, -d
AM ˈpoʊgoʊ, -z, -ɪŋ, -d

pogrom
BR ˈpɒgrɒm, -z
AM poʊˈgrɒm, -z
RUS paˈgrom

Pogue
BR pəʊg, -z
AM poʊg, -z

poi
BR pɔɪ
AM pɔɪ

poignance
BR ˈpɔɪnjəns
AM ˈpɔɪn(j)əns

poignancy
BR ˈpɔɪnjənsi
AM ˈpɔɪn(j)ənsi

poignant
BR ˈpɔɪnjənt
AM ˈpɔɪn(j)ənt

poignantly
BR ˈpɔɪnjəntli
AM ˈpɔɪn(j)ən(t)li

poikilotherm
BR ˈpɔɪkɪləˌθəːm, -z
AM ˈpɔɪkəloʊˌθɜrm, pɔɪˈkɪləˌθɜrm, -z

poikilothermal
BR ˌpɔɪkɪləˈθəːml
AM ˌpɔɪkəloʊˈθɜrml, pɔɪˌkɪləˈθɜrml

poikilothermia
BR ˌpɔɪkɪləˈθəːmɪə(r)
AM ˌpɔɪkəloʊˈθɜrmɪə, pɔɪˌkɪləˈθɜrmɪə

poikilothermic
BR ˌpɔɪkɪləˈθəːmɪk
AM ˌpɔɪkəloʊˈθɜrmɪk, pɔɪˌkɪləˈθɜrmɪk

poikilothermy
BR ˈpɔɪkɪləˌθəːmi
AM ˈpɔɪkəloʊˌθɜrmi, pɔɪˈkɪləˌθɜrmi

poilu
BR ˈpwɑːluː, ˌpwɑːˈluː, -z
AM pwɑˈlu, -z
FR pwaly

poinciana
BR ˌpɔɪnsɪˈɑːnə(r), -z
AM ˌpɔɪnsiˈɑnə, -z

poind
BR pɔɪnd, pɪnd, -z, -ɪŋ, -ɪd
AM pɪnd, -z, -ɪŋ, -ɪd

Poindexter
BR ˈpɔɪnˌdɛkstə(r)
AM ˈpɔɪnˌdɛkstər

poinsettia
BR pɔɪnˈsɛtɪə(r)
AM pɔɪnˈsɛd(i)ə

point
BR pɔɪnt, -s, -ɪŋ, -ɪd
AM pɔɪn|t, -ts, -(t)ɪŋ, -(t)ɪd

point-and-shoot
BR ˌpɔɪt(ə)n(d)ˈʃuːt
AM ˌpɔɪnt(ə)n(d)ˈʃut

point-blank
BR ˌpɔɪntˈblaŋk
AM ˌpɔɪn(t)ˈblæŋk

point duty
BR ˈpɔɪntˌdjuːti, + ˌdʒuːti
AM ˈpɔɪntˌd(j)udi

pointe
BR pwãt
AM pwant

pointedly
BR ˈpɔɪntɪdli
AM ˈpɔɪn(t)ɪdli

pointedness
BR ˈpɔɪntɪdnɪs
AM ˈpɔɪn(t)ɪdnɪs

pointer
BR ˈpɔɪntə(r), -z
AM ˈpɔɪn(t)ər, -z

pointes
BR pwãt
AM pwant(s)

pointillism
BR ˈpwãtɪjɪzm, ˈpɔɪntɨlɪzm
AM ˈpwan(t)lɪz(ə)m

pointillist
BR ˈpwãtɨjɪst, ˈpɔɪntɨlɪst
AM ˈpwan(t)lɨst

pointillistic
BR ˌpwãtɨˈjɪstɪk, ˌpɔɪntɨˈlɪstɪk
AM ˌpwan(t)lˈɪstɪk

pointless
BR ˈpɔɪntlɪs
AM ˈpɔɪn(t)lɪs

pointlessly
BR ˈpɔɪntlɪsli
AM ˈpɔɪn(t)lɪsli

pointlessness
BR ˈpɔɪntlɪsnɪs
AM ˈpɔɪn(t)lɪsnɪs

Pointon
BR ˈpɔɪntən
AM ˈpɔɪn(t)ən

pointsman
BR ˈpɔɪntsmən
AM ˈpɔɪn(t)sm(ə)n

pointsmen
BR ˈpɔɪntsmən
AM ˈpɔɪn(t)sm(ə)n

point-to-point
BR ˌpɔɪnt(t)əˈpɔɪnt, -s
AM ˌpɔɪn(t)təˈpɔɪnt, -s

pointy
BR ˈpɔɪnt|i, -ɪə(r), -ɪɪst
AM ˈpɔɪn(t)i, -ər, -ɪst

Poirot
BR ˈpwɑːrəʊ
AM pwɑˈroʊ
FR pwaʀo

poise
BR pɔɪz, -ɪz, -ɪŋ, -d
AM pɔɪz, -ɪz, -ɪŋ, -d

poison
BR ˈpɔɪz|n, -nz, -nɪŋ\-nɪŋ, -nd
AM ˈpɔɪzn̩, -z, -ɪŋ, -d

poisoner
BR ˈpɔɪznə(r), ˈpɔɪznə(r), -z
AM ˈpɔɪznər, -z

poisoning
BR ˈpɔɪznɪŋ, ˈpɔɪznɪŋ, -z
AM ˈpɔɪznɪŋ, -z

poisonous
BR ˈpɔɪznəs, ˈpɔɪznəs
AM ˈpɔɪznəs, ˈpɔɪznəs

poisonously
BR ˈpɔɪznəsli, ˈpɔɪznəsli
AM ˈpɔɪznəsli, ˈpɔɪznəsli

poisonousness
BR ˈpɔɪznəsnəs, ˈpɔɪznəsnəs
AM ˈpɔɪznəsnəs, ˈpɔɪznəsnəs

Poisson distribution
BR ˌpwɑːsɒn ˌdɪstrɪˈbjuːʃn̩, ˌpwasɒn +, ˌpwɑːsɒ̃ +, ˌpwasɒ̃ +, -z
AM ˌpwɑˈsan ˌdɪstrəˌbjuʃ(ə)n, -z

Poitier
BR ˈpwɒtɪeɪ, ˈpwɑːtɪeɪ
AM ˌpwadiˈeɪ

Poitiers
BR ˈpwɒtɪeɪ
AM ˌpwadiˈeɪ
FR pwatje

Poitou
BR ˌpwɒˈtuː
AM ˌpwɑˈtu
FR pwatu

poke
BR pəʊk, -s, -ɪŋ, -t
AM poʊk, -s, -ɪŋ, -t

poker
BR ˈpəʊkə(r), -z
AM ˈpoʊkər, -z

pokerwork
BR ˈpəʊkəwəːk
AM ˈpoʊkərˌwɜrk

pokeweed
BR ˈpəʊkwiːd, -z
AM ˈpoʊkˌwid, -z

pokey
BR ˈpəʊk|i, -ɪə(r), -ɪɪst
AM ˈpoʊki, -ər, -ɪst

pokily
BR ˈpəʊkɪli
AM ˈpoʊkəli

pokiness
BR ˈpəʊkɪnɪs
AM ˈpoʊkɪnɪs

poky
BR ˈpəʊk|i, -ɪə(r), -ɪɪst
AM ˈpoʊki, -ər, -ɪst

pol
BR pɒl, -z
AM pɑl, -z

polacca
BR pə(ʊ)ˈlakə(r), -z
AM poʊˈlɑkə, -z
IT poˈlakka

Polack
BR ˈpəʊlak, -s
AM ˈpoʊˌlak, -s

polacre
BR pə(ʊ)ˈlɑːkə(r), -z
AM poʊˈlækər, -z

Polak
BR ˈpəʊlak, -s
AM ˈpoʊˌlak, -s

Poland
BR ˈpəʊlənd
AM ˈpoʊlənd

Polanski
BR pəˈlanski
AM pəˈlænski

polar
BR ˈpəʊlə(r)
AM ˈpoʊlər

polarimeter
BR ˌpəʊləˈrɪmɪtə(r), -z
AM ˌpoʊləˈrɪmədər, -z

polarimetric
BR ˌpəʊlərɪˈmɛtrɪk
AM ˌpoʊlərəˈmɛtrɪk

polarimetry
BR ˌpəʊləˈrɪmɪtri
AM ˌpoʊləˈrɪmɛtri

Polaris
BR pəˈlɑːrɪs
AM pəˈlɛrəs

polarisable
BR ˈpəʊlərʌɪzəbl
AM ˈpoʊləˌraɪzəb(ə)l

polarisation
BR ˌpəʊlərʌɪˈzeɪʃn
AM ˌpoʊləˌraɪˈzeɪʃ(ə)n, ˌpoʊlərəˈzeɪʃ(ə)n

polariscope
BR pəˈlarɪskəʊp, -s
AM poʊˈlɛrəˌskoʊp, pəˈlɛrəˌskoʊp, -s

polariscopic
BR pəˌlarɪˈskɒpɪk
AM poʊˌlɛrəˈskɑpɪk

polarise
BR ˈpəʊlərʌɪz, -ɪz, -ɪŋ, -d
AM ˈpoʊləˌraɪz, -ɪz, -ɪŋ, -d

polariser
BR ˈpəʊlərʌɪzə(r), -z
AM ˈpoʊləˌraɪzər, -z

polarity
BR pə(ʊ)ˈlarɪti
AM poʊˈlɛrədi, pəˈlɛrədi

polarizable
BR ˈpəʊlərʌɪzəbl
AM ˈpoʊləˌraɪzəb(ə)l

polarization
BR ˌpəʊlərʌɪˈzeɪʃn
AM ˌpoʊləˌraɪˈzeɪʃ(ə)n, ˌpoʊlərəˈzeɪʃ(ə)n

polarize
BR ˈpəʊlərʌɪz, -ɪz, -ɪŋ, -d
AM ˈpoʊləˌraɪz, -ɪz, -ɪŋ, -d

polarizer
BR ˈpəʊlərʌɪzə(r), -z
AM ˈpoʊləˌraɪzər, -z

polarly
BR ˈpəʊləli
AM ˈpoʊlərli

polarographic
BR ˌpəʊlərəˈgrafɪk
AM poʊˌlɛrəˈgræfɪk, ˌpoʊlərəˈgræfɪk

polarography
BR ˌpəʊləˈrɒgrəfi
AM ˌpoʊləˈrɑgrəfi

Polaroid
BR ˈpəʊlərɔɪd, -z
AM ˈpoʊləˌrɔɪd, -z

polder
BR ˈpəʊldə(r), ˈpɒldə(r), -z
AM ˈpoʊldər, -z

pole
BR pəʊl, -z, -ɪŋ, -d
AM poʊl, -z, -ɪŋ, -d

poleax
BR ˈpəʊlaks, -ɪz, -ɪŋ, -t
AM ˈpoʊˌlæks, -ɪz, -ɪŋ, -t

pole-axe
BR ˈpəʊlaks, -ɪz, -ɪŋ, -t
AM ˈpoʊˌlæks, -ɪz, -ɪŋ, -t

polecat
BR ˈpəʊlkat, -s
AM ˈpoʊlˌkæt, -s

Polegate
BR ˈpəʊlgeɪt
AM ˈpoʊlˌgeɪt

polemic
BR pəˈlɛmɪk, -s
AM pəˈlɛmɪk, -s

polemical
BR pəˈlɛmɪkl
AM pəˈlɛmək(ə)l

polemically
BR pəˈlɛmɪkli
AM pəˈlɛmək(ə)li

polemicise
BR pəˈlɛmɪsʌɪz, -ɪz, -ɪŋ, -d
AM pəˈlɛməˌsaɪz, -ɪz, -ɪŋ, -d

polemicist
BR pəˈlɛmɪsɪst, -s
AM pəˈlɛməsəst, -s

polemicize
BR pəˈlɛmɪsʌɪz, -ɪz, -ɪŋ, -d
AM pəˈlɛməˌsaɪz, -ɪz, -ɪŋ, -d

polenta
BR pəˈlɛntə(r)
AM poʊˈlɛn(t)ə
IT poˈlɛnta

polestar
BR ˈpəʊlstɑː(r)
AM ˈpoʊlˌstɑr

polevault
BR ˈpəʊlvɔːlt, ˈpəʊlvɒlt, -s, -ɪŋ, -ɪd
AM ˈpoʊlˌvalt, ˈpoʊlˌvɔlt, -s, -ɪŋ, -əd

pole-vaulter
BR ˈpəʊlˌvɔːltə(r), ˈpəʊlˌvɒltə(r), -z
AM ˈpoʊlˌvaltər, ˈpoʊlˌvɔltər, -z

poleward
BR ˈpəʊlwəd, -z
AM ˈpoʊlwərd, -z

police
BR pʉˈliːs, pliːs, -ɪz, -ɪŋ, -t
AM pəˈlis, -ɪz, -ɪŋ, -t

policeman
BR pʉˈliːsmən, ˈpliːsmən
AM pəˈlism(ə)n

policemen
BR pʉˈliːsmən, ˈpliːsmən
AM pəˈlism(ə)n

policewoman
BR pʉˈliːsˌwʊmən, ˈpliːsˌwʊmən
AM pəˈlisˌwʊm(ə)n

policewomen
BR pʉˈliːsˌwɪmɪn, ˈpliːsˌwɪmɪn
AM pəˈlisˌwɪmɪn

policlinic
BR ˌpɒlɪˈklɪnɪk, -s
AM ˌpɑləˈklɪnɪk, -s

policy
BR ˈpɒlɪs|i, -ɪz
AM ˈpɑləsi, -z

policyholder
BR ˈpɒlɪsiˌhəʊldə(r), -z
AM ˈpɑləsiˌhoʊldər, -z

polimorphism
BR ˌpɒlɪˈmɔːfɪzm
AM ˌpɑliˈmɔrˌfɪz(ə)m

polio
BR ˈpəʊlɪəʊ
AM ˈpoʊlioʊ

poliomyelitis
BR ˌpəʊlɪəʊˌmʌɪəˈlʌɪtɪs
AM ˌpoʊlioʊˌmaɪəˈlaɪdɪs

polis *police*
BR ˈpɒlɪs
AM ˈpoʊlis, ˈpoʊləs

Polisario
BR ˌpɒlɪˈsɑːriəʊ
AM ˌpɑləˈsɑrioʊ, ˌpɔləˈsɑrioʊ

Polish *adjective 'of Poland'*
BR ˈpəʊlɪʃ
AM ˈpoʊlɪʃ

polish *noun, verb*
BR ˈpɒl|ɪʃ, -tʃɪz, -tʃɪŋ, -ɪʃt
AM ˈpɑlɪʃ, -ɪz, -ɪŋ, -t

polishable
BR ˈpɒlɪʃəbl
AM ˈpɑləʃəb(ə)l

polisher
BR ˈpɒlɪʃə(r), -z
AM ˈpɑlɪʃər, -z

Politburo
BR ˈpɒlɪtˌbjʊərəʊ, ˈpɒlɪtˌbjɔːrəʊ
AM ˈpoʊlətˌbjʊroʊ, ˈpɑlətˌbjʊroʊ
RUS pəlʲitbʲuˈro

polite
BR pəˈlʌɪt
AM pəˈlaɪt

politely
BR pəˈlʌɪtli
AM pəˈlaɪtli

politeness
BR pəˈlʌɪtnɪs, -ɪz
AM pəˈlaɪtnɪs, -ɪz

politesse
BR ˌpɒlɪˈtɛs
AM ˌpɑləˈtɛs

politic
BR ˈpɒlɪtɪk, -s, -ɪŋ, -t
AM ˈpɑlətɪk, -s, -ɪŋ, -t

political
BR pəˈlɪtɪkl
AM pəˈlɪdɪk(ə)l

politically
BR pəˈlɪtɪkli
AM pəˈlɪdɪk(ə)li

politician
BR ˌpɒlɪˈtɪʃn, -z
AM ˌpɑləˈtɪʃ(ə)n, -z

politicisation
BR pəˌlɪtɪsʌɪˈzeɪʃn
AM pəˌlɪdɪˌsaɪˈzeɪʃ(ə)n, pəˌlɪdɪsɪˈzeɪʃ(ə)n

politicise
BR pəˈlɪtɪsʌɪz, -ɪz, -ɪŋ, -d
AM pəˈlɪdɪˌsaɪz, -ɪz, -ɪŋ, -d

politicization
BR pəˌlɪtɪsʌɪˈzeɪʃn
AM pəˌlɪdɪˌsaɪˈzeɪʃ(ə)n, pəˌlɪdɪsɪˈzeɪʃ(ə)n

politicize
BR pəˈlɪtɪsʌɪz, -ɪz, -ɪŋ, -d
AM pəˈlɪdɪˌsaɪz, -ɪz, -ɪŋ, -d

politicking
BR ˈpɒlɪtɪkɪŋ
AM ˈpɑlətɪkɪŋ

politicly
BR ˈpɒlɪtɪkli
AM ˈpɑləˌtɪkli

politico
BR pəˈlɪtɪkəʊ, -z
AM pəˈlɪdɪkoʊ, -z

polity
BR ˈpɒlɪt|i, -ɪz
AM ˈpɑlədi, -z

polje
BR ˈpɒljə(r), -z
AM ˈpɑljə, -z

Polk
BR pəʊk
AM poʊk

polka
BR ˈpɒlkə(r), -z
AM ˈpoʊ(l)kə, -z

polkadot
BR ˈpɒlkədɒt, -s
AM ˈpoʊkəˌdɑt, -s

poll[1] *vote*
BR pəʊl, -z, -ɪŋ, -d
AM poʊl, -z, -ɪŋ, -d

poll[2] *parrot*
BR pɒl
AM pɑl

pollack
BR ˈpɒlək, -s
AM ˈpɑlək, -s

pollan
BR ˈpɒlən, -z
AM ˈpɑl(ə)n, -z

pollard
BR ˈpɒlɑːd, -z, -ɪŋ, -ɪd
AM ˈpɑlərd, -z, -ɪŋ, -ɪd

pollee
BR pəʊlˈiː, -z
AM poʊˈli, -z

pollen
BR ˈpɒlən, -z
AM ˈpɑl(ə)n, -z

pollenless
BR ˈpɒlənləs
AM ˈpɑlənləs

pollex
BR ˈpɒlɛks, -ɪz
AM ˈpɑˌlɛks, -əz

pollicitation
BR ˌpɒlɪsɪˈteɪʃn
AM pəˌlɪsəˈteɪʃ(ə)n

pollie
BR ˈpɒl|i, -ɪz
AM ˈpɑli, -z

pollinate
BR ˈpɒlɪneɪt, -s, -ɪŋ, -ɪd
AM ˈpɑləˌneɪ|t, -ts, -dɪŋ, -dɪd

pollination
BR ˌpɒlɪˈneɪʃn
AM ˌpɑləˈneɪʃ(ə)n

pollinator
BR ˈpɒlɪneɪtə(r), -z
AM ˈpɑləˌneɪdər, -z

pollinia
BR pəˈlɪnɪə(r)
AM pəˈlɪnɪə

pollinic
BR pəˈlɪnɪk
AM pəˈlɪnɪk

polliniferous
BR ˌpɒlɪˈnɪf(ə)rəs
AM ˌpɑləˈnɪf(ə)rəs

pollinium
BR pəˈlɪnɪəm
AM pəˈlɪnɪəm

Pollitt
BR ˈpɒlɪt
AM ˈpɑlət

polliwog
BR ˈpɒlɪwɒg, -z
AM ˈpɑliˌwɑg, ˈpɑliˌwɔg, -z

pollock
BR ˈpɒlək, -s
AM ˈpɑlək, -s

pollster
BR ˈpəʊlstə(r), -z
AM ˈpoʊlstər, ˈpoʊlztər, -z

pollutant
BR pəˈl(j)uːt(ə)nt, -s
AM pəˈlutnt, -s

pollute
BR pəˈl(j)uːt, -s, -ɪŋ, -ɪd
AM pəˈlut, -ts, -dɪŋ, -dəd

polluter
BR pəˈl(j)uːtə(r), -z
AM pəˈludər, -z

pollution
BR pəˈl(j)uːʃn
AM pəˈluʃ(ə)n

Pollux
BR ˈpɒləks
AM ˈpɑləks

polly
BR ˈpɒl|i, -ɪz
AM ˈpɑli, -z

Pollyanna
BR ˌpɒlɪˈanə(r), -z
AM ˌpɑliˈænə, -z

Pollyannaish
BR ˌpɒlɪˈanə(r)ɪʃ
AM ˌpɑliˈænɪʃ

Pollyannaism
BR ˌpɒlɪˈanə(r)ɪzm
AM ˌpɑliˈænəˌɪz(ə)m

pollywog
BR ˈpɒlɪwɒg, -z
AM ˈpɑliˌwag, ˈpɑliˌwɔg, -z

polo
BR ˈpəʊləʊ
AM ˈpoʊloʊ

polocrosse
BR ˈpəʊləʊkrɒs
AM ˈpoʊloʊˌkrɑs, ˈpoʊloʊˌkrɔs

polonaise
BR ˌpɒləˈneɪz, -ɪz
AM ˌpoʊləˈneɪz, ˌpɑləˈneɪz, -ɪz

polonium
BR pəˈləʊnɪəm
AM pəˈloʊnɪəm

Polonius
BR pəˈləʊnɪəs
AM pəˈloʊnɪəs

polony
BR pəˈləʊn|i, -ɪz
AM pəˈloʊni, -z

Polperro

Polperro
BR pɒlˈperəʊ
AM palˈperoʊ, ˌpɒlˈperoʊ

polpetta
BR pɒlˈpetə(r), -z
AM pɔlˈpedə, palˈpedə

polpette
BR pɒlˈpeti
AM pɔlˈpedi, palˈpedi

poltergeist
BR ˈpɒltəgʌɪst, -s
AM ˈpoʊltərˌgaɪst, -s

poltroon
BR pɒlˈtruːn, -z
AM poʊlˈtrun, palˈtrun, -z

poltroonery
BR pɒlˈtruːn(ə)ri
AM poʊlˈtrunəri, palˈtrunəri

poly
BR ˈpɒl|i, -ɪz
AM ˈpali, -z

polyadelphous
BR ˌpɒliəˈdelfəs
AM ˌpaliəˈdelfəs

polyamide
BR ˌpɒlɪˈamʌɪd, -z
AM ˌpaliˈæmaɪd, -z

polyandrous
BR ˌpɒlɪˈandrəs
AM ˌpaliˈændrəs

polyandry
BR ˈpɒliandri, ˌpɒlɪˈandri
AM ˈpaliˌændri

polyantha
BR ˌpɒlɪˈanθə(r), -z
AM ˌpaliˈænθə, -z

polyanthus
BR ˌpɒlɪˈanθəs, -ɪz
AM ˌpaliˈænθəs, -əz

polyatomic
BR ˌpɒliəˈtɒmɪk
AM ˌpaliəˈtamɪk

polybag
BR ˈpɒlɪbag, -z
AM ˈpaliˌbæg, -z

polybasic
BR ˌpɒlɪˈbeɪsɪk
AM ˌpaliˈbeɪsɪk

Polybius
BR pɒˈlɪbɪəs
AM pəˈlɪbiəs

polycarbonate
BR ˌpɒlɪˈkɑːbn̩eɪt, -s
AM ˌpaliˈkɑrbənət, -s

Polycarp
BR ˈpɒlɪkɑːp
AM ˈpaliˌkɑrp

Polycell
BR ˈpɒlɪsɛl
AM ˈpaliˌsɛl

polychaetan
BR ˌpɒlɪˈkiːtn
AM ˌpaliˈkitn

polychaete
BR ˈpɒlɪkiːt, -s
AM ˈpaliˌkit, -s

polychaetous
BR ˌpɒlɪˈkiːtəs
AM ˌpaliˈkidəs

polychlorinated
BR ˌpɒlɪˈklɔːrɪneɪtɪd, ˌpɒlɪˈklɒrɪneɪtɪd
AM ˌpaliˈklɔrəˌneɪdɪd

polychromatic
BR ˌpɒlɪkrəˈmatɪk
AM ˌpalikroʊˈmædɪk, ˌpalikrəˈmædɪk

polychromatism
BR ˌpɒlɪˈkrəʊmətɪzm
AM ˌpaliˈkroʊməˌtɪz(ə)m

polychrome
BR ˈpɒlɪkrəʊm
AM ˈpaliˌkroʊm

polychromic
BR ˌpɒlɪˈkrəʊmɪk
AM ˌpaliˈkroʊmɪk

polychromic
BR ˌpɒlɪˈkrəʊmɪk
AM ˌpaliˈkroʊmɪk

polychromous
BR ˌpɒlɪˈkrəʊməs
AM ˌpaliˈkroʊməs

polychromy
BR ˈpɒlɪˌkrəʊmi
AM ˈpaliˌkroʊmi

polyclinic
BR ˌpɒlɪˈklɪnɪk, -s
AM ˌpaliˈklɪnɪk, -s

Polyclitus
BR ˌpɒlɪˈklʌɪtəs
AM ˌpaliˈklaɪdɪs

polycotton
BR ˌpɒlɪˈkɒtn
AM ˈˌpaliˌkɑtn

Polycrates
BR pɒˈlɪkrətiːz
AM pəˈlɪkrətiz

polycrystal
BR ˈpɒlɪˌkrɪstl, -z
AM ˈpaliˌkrɪst(ə)l, -z

polycrystalline
BR ˌpɒlɪˈkrɪstl̩ʌɪn
AM ˌpaliˈkrɪstəˌlaɪn, ˌpaliˈkrɪstəl(ə)n

polycyclic
BR ˌpɒlɪˈsʌɪklɪk, -s
AM ˌpaliˈsaɪklɪk, ˌpaliˈsɪklɪk, -s

polycythaemia
BR ˌpɒlɪsʌɪˈθiːmɪə(r)
AM ˌpaliˌsaɪˈθimiə

polycythemia
BR ˌpɒlɪsʌɪˈθiːmɪə(r)
AM ˌpaliˌsaɪˈθimiə

polydactyl
BR ˌpɒlɪˈdakt(ɪ)l, -z
AM ˌpaliˈdæktl, -z

polydaemonism
BR ˌpɒlɪˈdiːmənɪzm
AM ˌpaliˈdiməˌnɪz(ə)m

polydipsia
BR ˌpɒlɪˈdɪpsɪə(r)
AM ˌpaliˈdɪpsiə

polyester
BR ˌpɒlɪˈestə(r)
AM ˌpaliˈestər

polyethene
BR ˌpɒlɪˌeθiːn
AM ˈpaliəˌθin

polyethylene
BR ˌpɒlɪˈeθɪliːn, ˌpɒlɪˈeθl̩iːn
AM ˌpaliˈeθəlin

Polyfilla
BR ˌpɒlɪˌfɪlə(r)
AM ˈpaliˌfɪlə

polyfoam
BR ˈpɒlɪfəʊm
AM ˈpaliˌfoʊm

polyglottic

polygamic
BR ˌpɒlɪˈgamɪk
AM ˌpaliˈgæmɪk

polygamist
BR pɒˈlɪgəmɪst, -s
AM pəˈlɪgəməst, -s

polygamous
BR pɒˈlɪgəməs
AM pəˈlɪgəməs

polygamously
BR pɒˈlɪgəməsli
AM pəˈlɪgəməsli

polygamy
BR pɒˈlɪgəmi
AM pəˈlɪgəmi

polygene
BR ˈpɒlɪdʒiːn, -z
AM ˈpaliˌdʒin, -z

polygenesis
BR ˌpɒlɪˈdʒenɪsɪs
AM ˌpaliˈdʒenəsəs

polygenetic
BR ˌpɒlɪdʒɪˈnetɪk
AM ˌpalidʒəˈnedɪk

polygenic
BR ˌpɒlɪˈdʒenɪk
AM ˌpaliˈdʒenɪk

polygenism
BR pɒˈlɪdʒɪnɪzm, pɒˈlɪdʒnɪzm
AM pəˈlɪdʒəˌnɪz(ə)m

polygenist
BR pɒˈlɪdʒɪnɪst, pɒˈlɪdʒnɪst, -s
AM ˌpəˈlɪdʒənəst, -s

polygeny
BR pɒˈlɪdʒɪni, pɒˈlɪdʒni
AM pəˈlɪdʒəni

polyglossia
BR ˌpɒlɪˈglɒsɪə(r)
AM ˌpaliˈglɔsiə, ˌpaliˈglɑsiə

polyglot
BR ˈpɒlɪglɒt, -s
AM ˈpaliˌglɑt, -s

polyglottal
BR ˌpɒlɪˈglɒtl
AM ˌpaliˈglɑdl

polyglottic
BR ˌpɒlɪˈglɒtɪk
AM ˌpaliˈglɑdɪk

polyglottism
BR ˈpɒlɪɡlɒtɪzm
AM ˌpaliˈɡlɑˌtɪz(ə)m

polygon
BR ˈpɒlɪɡ(ɒ)n, -z
AM ˈpaliˌɡɑn, -z

polygonal
BR pɒˈlɪɡn̩l
AM pəˈlɪɡən(ə)l

polygonum
BR pɒˈlɪɡnəm
AM pəˈlɪɡən(ə)m

polygraph
BR ˈpɒlɪɡrɑːf, -s
AM ˈpaliˌɡræf, -s

polygynous
BR pɒˈlɪdʒɪnəs
AM pəˈlɪdʒɪnəs

polygyny
BR pɒˈlɪdʒɪni
AM pəˈlɪdʒɪni

polyhedra
BR ˌpɒlɪˈhiːdrə(r)
AM ˌpaliˈhidrə

polyhedral
BR ˌpɒlɪˈhiːdr(ə)l
AM ˌpaliˈhidrəl

polyhedric
BR ˌpɒlɪˈhiːdrɪk
AM ˌpaliˈhidrɪk

polyhedron
BR ˌpɒlɪˈhiːdr(ə)n, -z
AM ˌpaliˈhidrən, -z

polyhistor
BR ˌpɒlɪˈhɪstə(r), -z
AM ˌpaliˈhɪstər, -z

Polyhymnia
BR ˌpɒlɪˈhɪmnɪə(r)
AM ˌpaliˈhɪmniə

polymath
BR ˈpɒlɪmaθ, -s
AM ˈpaliˌmæθ, -s

polymathic
BR ˌpɒlɪˈmaθɪk
AM ˌpaliˈmæθɪk

polymathy
BR pɒˈlɪməθi
AM pəˈlɪməθi

polymer
BR ˈpɒlɪmə(r), -z
AM ˈpɑləmər, -z

polymerase
BR ˈpɒlɪməreɪz, pɒˈlɪməreɪz, -ɪz
AM pəˈlɪməˌreɪz, -ɪz

polymeric
BR ˌpɒlɪˈmɛrɪk
AM ˌpaliˈmɛrɪk

polymerisation
BR ˌpɒlɪmərʌɪˈzeɪʃn
AM ˌpɑləmərəˈzeɪʃ(ə)n, ˌpɑləməˌraɪˈzeɪʃ(ə)n, pəˌlɪmərəˈzeɪʃ(ə)n

polymerise
BR ˈpɒlɪmərʌɪz, -ɪz, -ɪŋ, -d
AM ˈpɑləməˌraɪz, pəˈlɪməˌraɪz, -ɪz, -ɪŋ, -d

polymerism
BR ˈpɒlɪmərɪzm
AM pəˈlɪməˌrɪz(ə)m, ˈpɑləməˌrɪz(ə)m

polymerization
BR ˌpɒlɪmərʌɪˈzeɪʃn
AM ˌpɑləmərəˈzeɪʃ(ə)n, ˌpɑləməˌraɪˈzeɪʃ(ə)n, pəˌlɪmərəˈzeɪʃ(ə)n

polymerize
BR ˈpɒlɪmərʌɪz, -ɪz, -ɪŋ, -d
AM ˈpɑləməˌraɪz, pəˈlɪməˌraɪz, -ɪz, -ɪŋ, -d

polymerous
BR pɒˈlɪm(ə)rəs
AM pəˈlɪmərəs

polymorph
BR ˈpɒlɪmɔːf, -s
AM ˈpaliˌmɔ(ə)rf, -s

polymorphic
BR ˌpɒlɪˈmɔːfɪk
AM ˌpaliˈmɔrfɪk

polymorphism
BR ˌpɒlɪˈmɔːfɪzm
AM ˌpaliˈmɔrˌfɪz(ə)m

polymorphous
BR ˌpɒlɪˈmɔːfəs
AM ˌpaliˈmɔrfəs

Polynesia
BR ˌpɒlɪˈniːzjə(r), ˌpɒlɪˈniːʒə(r)
AM ˌpɑləˈniʃə, ˌpɑləˈniʒə

Polynesian
BR ˌpɒlɪˈniːzj(ə)n, ˌpɒlɪˈniːʒ(ə)n, -z
AM ˌpɑləˈniʃ(ə)n, ˌpɑləˈniʒ(ə)n, -z

polyneuritic
BR ˌpɒlɪnjɜˈrɪtɪk, ˌpɒlɪnjʊəˈrɪtɪk
AM ˌˌpɑlən(j)əˈrɪdɪk, ˌˌpɑlən(j)uˈrɪdɪk

polyneuritis
BR ˌpɒlɪnjɜˈrʌɪtɪs, ˌpɒlɪnjʊəˈrʌɪtɪs
AM ˌˌpɑlən(j)əˈraɪdɪs, ˌˌpɑlən(j)uˈraɪdɪs

Polynices
BR ˌpɒlɪˈnʌɪsiːz
AM ˌpaliˈnaɪsiz

polynomial
BR ˌpɒlɪˈnəʊmɪəl, -z
AM ˌpɑləˈnoʊmiəl, ˌpaliˈnoʊmiəl, -z

polynya
BR pə(ʊ)ˈlɪnjə(r)
AM ˌpɑlənˈja

polyopia
BR ˌpɒlɪˈəʊpɪə(r)
AM ˌpaliˈoʊpiə

polyp
BR ˈpɒlɪp, -s
AM ˈpɑləp, -s

polypary
BR ˈpɒlɪp(ə)r|i, -ɪz
AM ˈpɑləˌpɛri, -z

polypeptide
BR ˌpɒlɪˈpɛptʌɪd
AM ˌpaliˈpɛpˌtaɪd

polyphagous
BR pəˈlɪfəɡəs
AM pəˈlɪfəɡəs

polyphase
BR ˈpɒlɪfeɪz, -ɪz
AM ˈpali,feɪz, -ɪz

polyphasic
BR ˌpɒlɪˈfeɪzɪk
AM ˌpaliˈfeɪzɪk

Polyphemus
BR ˌpɒlɪˈfiːməs
AM ˌpaliˈfiməs

polyphone
BR ˈpɒlɪfəʊn, -z
AM ˈpaliˌfoʊn, -z

polyphonic
BR ˌpɒlɪˈfɒnɪk
AM ˌpaləˈfɑnɪk, ˌpaliˈfɑnɪk

polyphonically
BR ˌpɒlɪˈfɒnɪkli
AM ˌpaləˈfɑnək(ə)li, ˌpaliˈfɑnək(ə)li

polyphonous
BR pɒˈlɪfn̩əs
AM pəˈlɪfənəs

polyphony
BR pɒˈlɪfn̩i
AM pəˈlɪfəni

polyphosphate
BR ˌpɒlɪˈfɒsfeɪt, -s
AM ˌpaliˈfɑsfeɪt, -s

polyphyletic
BR ˌpɒlɪfʌɪˈlɛtɪk
AM ˌpalifaɪˈlɛdɪk

polypi
BR ˈpɒlɪpʌɪ
AM ˈpaləˌpaɪ

polyploid
BR ˈpɒlɪplɔɪd, -z
AM ˈpaləˌplɔɪd, -z

polyploidy
BR ˈpɒlɪplɔɪdi
AM ˈpaləplɔɪdi

polypod
BR ˈpɒlɪpɒd
AM ˈpaləˌpɑd

polypody
BR ˈpɒlɪpəʊd|i, -ɪz
AM ˈpaliˌpoʊdi, -z

polypoid
BR ˈpɒlɪpɔɪd
AM ˈpaləˌpɔɪd

polyposis
BR ˌpɒlɪˈpəʊsɪs
AM ˌpaləˈpoʊsɪs

polypous
BR ˈpɒlɪpəs
AM ˈpaləpəs

polypro
BR ˈpɒlɪˌprəʊ
AM ˈpaliˌproʊ

polypropene
BR ˌpɒlɪˈprəʊpiːn, -z
AM ˌpaliˈproʊˌpin, -z

polypropylene
BR ˌpɒliˈprəʊpɪliːn
AM ˌpɑləˈproʊpəˌlin
polyptych
BR ˈpɒlɪptɪk, -s
AM pəˈlɪptɪk,
ˈpɑlɪpˌtɪk, -s
polypus
BR ˈpɒlɪpəs
AM ˈpɑləpəs
polyrhythm
BR ˈpɒliˌrɪð(ə)m, -z
AM ˈpɑliˌrɪðəm, -z
polysaccharide
BR ˌpɒliˈsakərʌɪd, -z
AM ˌpɑliˈsækəˌraɪd, -z
polysemic
BR ˌpɒliˈsiːmɪk
AM ˌpɑliˈsimɪk
polysemous
BR ˌpɒliˈsiːməs
AM ˌpɑləˈsiməs,
ˌpɑliˈsiməs
polysemy
BR pəˈlɪsɪmi,
ˈpɒlɪˌsiːmi
AM pəˈlɪsɪmi
polystyrene
BR ˌpɒliˈstʌɪriːn
AM ˌpɑləˈstaɪˌrin,
ˌpɑliˈstaɪˌrin
polysyllabic
BR ˌpɒlɪsɪˈlabɪk
AM ˌˈpɑləsəˈlæbɪk,
ˌˈpɑlɪsəˈlæbɪk
polysyllabically
BR ˌpɒlɪsɪˈlabɪkli
AM ˌˈpɑləsəˈlæbək(ə)li,
ˌˈpɑlɪsəˈlæbək(ə)li
polysyllable
BR ˈpɒlɪˌsɪləbl, -z
AM ˌpɑləˈsɪləb(ə)l,
ˌpɑliˈsɪləb(ə)l, -z
polysynthetic
BR ˌpɒlɪsɪnˈθɛtɪk
AM ˌpɑliˌsɪnˈθɛdɪk,
ˌpɑləsɪnˈθɛdɪk
polytechnic
BR ˌpɒliˈtɛknɪk, -s
AM ˌpɑləˈtɛknɪk, -s

polytetrafluoroethylene
BR ˌpɒlitɛtrəˌflʊərəʊˈɛθɪliːn, ˌpɒlɪtɛtrəˌflɔːrəʊˈɛθɪliːn
AM ˌˈpɑliˌtɛtrəˌflʊroʊˈɛθəˌlin
polytheism
BR ˈpɒliθɪɪzm, ˈpɒliˌθiːɪzm
AM ˈpɑləθiˌɪz(ə)m, ˌpɑliˈθiɪz(ə)m, ˈpɑliθiˌɪz(ə)m
polytheist
BR ˈpɒliθɪɪst, ˈpɒliˌθiːɪst, -s
AM ˌpɑliˈθiɪst, -s
polytheistic
BR ˌpɒliθɪˈɪstɪk
AM ˌpɑləθiˈɪstɪk, ˌpɑliˌθiˈɪstɪk
polythene
BR ˈpɒliθiːn
AM ˈpɑləθin
polytonal
BR ˌpɒliˈtəʊnl
AM ˌpɑliˈtoʊn(ə)l
polytonality
BR ˌpɒlitə(ʊ)ˈnalɪti
AM ˌpɑliˌtoʊˈnælədi
polyunsaturate
BR ˌpɒliʌnˈsatʃʊreɪt, ˌpɒliʌnˈsatʃʊreɪt, -ɪd
AM ˌpɑliənˈsætʃəˌreɪt, -dɪd
polyunsaturates
BR ˌpɒliʌnˈsatʃʊrəts, ˌpɒliʌnˈsatʃʊrəts
AM ˌpɑliənˈsætʃ(ə)rəts
polyurethane
BR ˌpɒliˈjʊərɪθeɪn, ˌpɒliˈjɔːrɪθeɪn
AM ˌpɑləˈjʊrəˌθeɪn, ˌpɑliˈjʊrəˌθeɪn
polyvalence
BR ˌpɒliˈveɪlns
AM ˌpɑləˈveɪl(ə)ns, ˌpɑliˈveɪl(ə)ns
polyvalent
BR ˌpɒliˈveɪlnt
AM ˌpɑləˈveɪl(ə)nt, ˌpɑliˈveɪl(ə)nt

polyvinyl
BR ˌpɒliˈvʌɪn(ɪ)l
AM ˌpɑləˈvaɪnl, ˌpɑliˈvaɪnl
polyzoan
BR ˌpɒliˈzəʊən, -z
AM ˌpɑliˈzoʊən, -z
Polzeath
BR pɒlˈzɛθ, pɒlˈziːθ
AM ˌpɑlziθ, ˌpɔlziθ
pom
BR pɒm, -z
AM pɑm, -z
pomace
BR ˈpʌmɪs, ˈpɒmɪs, -ɪz
AM ˈpəməs, -ɪz
pomade
BR pəˈmaːd, -z
AM poʊˈmeɪd, pəˈmeɪd, -z
Pomagne
BR pə(ʊ)ˈmeɪn
AM poʊˈmeɪn
pomander
BR ˈpɒmandə(r), ˈpəʊmandə(r), pəˈmandə(r), -z
AM poʊˈmændər, -z
pomatum
BR pə(ʊ)ˈmeɪtəm, -z, -ɪŋ, -d
AM pəˈmeɪdəm, pəˈmɑdəm, pəˈmædəm, -z, -ɪŋ, -d
pombe
BR ˈpɒmbeɪ
AM ˈpɑmˌbeɪ
pome
BR pəʊm, -z
AM poʊm, -z
pomegranate
BR ˈpɒmɪgranɪt, -s
AM ˈpɑməˌgrænət, -s
pomelo
BR ˈpɒmɪləʊ, ˈpʌmɪləʊ, pəˈmɛləʊ, -z
AM ˈpɑməloʊ, -z
Pomerania
BR ˌpɒməˈreɪnɪə(r)
AM ˌpɑməˈreɪnɪə

Pomeranian
BR ˌpɒməˈreɪnɪən, -z
AM ˌpɑməˈreɪnɪən, -z
Pomeroy
BR ˈpɒmərɔɪ, ˈpəʊmərɔɪ
AM ˈpɑməˌrɔɪ
pomfret
BR ˈpɒmfrɪt
AM ˈpɑmfrət
pomiculture
BR ˈpɒmɪˌkʌltʃə(r)
AM ˈpɑməˌkəltʃər
pomiferous
BR pəˈmɪf(ə)rəs
AM pəˈmɪf(ə)rəs
pommel[1] *noun, part of saddle*
BR ˈpʌml, ˈpɒml, -z
AM ˈpɑm(ə)l, -z
pommel[2] *verb*
BR ˈpʌm|l, -lz, -l̩ŋ, -ld
AM ˈpəm|əl, -əlz, -(ə)lɪŋ, -əld
pommie
BR ˈpɒm|i, -ɪz
AM ˈpɑmi, -z
pommy
BR ˈpɒm|i, -ɪz
AM ˈpɑmi, -z
po-mo
BR ˈpəʊməʊ, -z
AM ˈpoʊˌmoʊ, -z
Pomodoro
BR ˌpɒməˈdɔːrəʊ
AM ˌpɑməˈdɔroʊ
pomological
BR ˌpɒməˈlɒdʒɪkl
AM ˌpɑməˈlɑdʒək(ə)l
pomologist
BR pəʊˈmɒlədʒɪst, pɒˈmɒlədʒɪst, -s
AM pəˈmɑlədʒəst, -s
pomology
BR pəʊˈmɒlədʒi, pɒˈmɒlədʒi
AM pəˈmɑlədʒi
Pomona
BR pəˈməʊnə(r)
AM pəˈmoʊnə

pomp
BR pɒmp
AM pɑmp
Pompadour
BR ˌpɒmpəˈdʊə(r), ˈpɒmpədɔː(r)
AM ˌpɑmpəˈdʊ(ə)r, ˌpɑmpəˈdɔ(ə)r
FR pɔ̃paduʀ
pompano
BR ˈpɒmpənəʊ, -z
AM ˈpɑmpəˌnoʊ, -z
Pompeii
BR pɒmˈpeɪ(i)
AM pɑmˈpeɪ(i)
Pompey
BR ˈpɒmpi
AM ˈpɑmpi
Pompidou
BR ˈpɒmpɪduː
AM ˈpɑmpiˌdu, ˈpɑmpəˌdu
FR pɔ̃pidu
pompom
BR ˈpɒmpɒm, -z
AM ˈpɑmˌpɑm, -z
pompon
BR ˈpɒmpɒn, -z
AM ˈpɑmˌpɑn, -z
pomposity
BR pɒmˈpɒsɪti
AM pɑmˈpɑsədi
pompous
BR ˈpɒmpəs
AM ˈpɑmpəs
pompously
BR ˈpɒmpəsli
AM ˈpɑmpəsli
pompousness
BR ˈpɒmpəsnəs
AM ˈpɑmpəsnəs
'pon *upon*
BR pɒn, pən
AM pən, pɑn
ponce
BR pɒns, -ɪz, -ɪŋ, -t
AM pɑns, -əz, -ɪŋ, -t
ponceau
BR ˈpɒnsəʊ, -z
AM pɑnˈsoʊ, -z
FR pɔ̃so

ponceaux
BR ˈpɒnsəʊz
AM pɑnˈsoʊ
FR pɔ̃so
poncey
BR ˈpɒns|i, -ɪə(r), -ɪst
AM ˈpɑnsi, -ər, -ɪst
poncho
BR ˈpɒn(t)ʃəʊ, -z
AM ˈpɑn(t)ʃoʊ, -z
poncy
BR ˈpɒns|i, -ɪə(r), -ɪst
AM ˈpɑnsi, -ər, -ɪst
pond
BR pɒnd, -z
AM pɑnd, -z
pondage
BR ˈpɒndɪdʒ
AM ˈpɑndɪdʒ
ponder
BR ˈpɒnd|ə(r), -əz, -(ə)rɪŋ, -əd
AM ˈpɑnd|ər, -ərz, -(ə)rɪŋ, -ərd
ponderability
BR ˌpɒnd(ə)rəˈbɪlɪti
AM ˌpɑnd(ə)rəˈbɪlɪdi
ponderable
BR ˈpɒnd(ə)rəbl
AM ˈpɑnd(ə)rəb(ə)l
ponderation
BR ˌpɒndəˈreɪʃn
AM ˌpɑndəˈreɪʃ(ə)n
pondering
BR ˈpɒnd(ə)rɪŋ, -z
AM ˈpɑnd(ə)rɪŋ, -z
ponderosa
BR ˌpɒndəˈrəʊzə(r), ˌpɒndəˈrəʊsə(r), -z
AM ˌpɑndəˈroʊsə, -z
ponderosity
BR ˌpɒndəˈrɒsɪti
AM ˌpɑndəˈrɑsədi
ponderous
BR ˈpɒnd(ə)rəs
AM ˈpɑnd(ə)rəs
ponderously
BR ˈpɒnd(ə)rəsli
AM ˈpɑnd(ə)rəsli
ponderousness
BR ˈpɒnd(ə)rəsnəs
AM ˈpɑnd(ə)rəsnəs

Pondicherry
BR ˌpɒndɪˈtʃɛri
AM ˌpɑndəˈtʃɛri
pondweed
BR ˈpɒndwiːd
AM ˈpɑn(d)ˌwid
pone
BR pəʊn
AM poʊn
pong
BR pɒŋ, -z, -ɪŋ, -d
AM pɑŋ, pɔŋ, -z, -ɪŋ, -d
ponga
BR ˈpʌŋə(r), -z
AM ˈpɑŋə, -z
pongal
BR ˈpɒŋgl
AM ˈpɑŋ(g)əl, ˈpɔŋ(g)əl
pongee
BR pɒnˈdʒiː, ˈpɒndʒiː, -z
AM pɑnˈdʒi, ˈpɑndʒi, -z
pongid
BR ˈpɒn(d)ʒɪd, -z
AM ˈpɑndʒəd, -z
pongo
BR ˈpɒŋgəʊ, -z
AM ˈpɑŋgoʊ, ˈpɔŋgoʊ, -z
pongy
BR ˈpɒŋ|i, -ɪə(r), -ɪst
AM ˈpɑŋi, -ər, -ɪst
poniard
BR ˈpɒnjɑːd, -z
AM ˈpɑnjərd, -z
pons
BR pɒnz, -ɪz
AM pɑnz, -əz
pons asinorum
BR ˌpɒnz ˌasɪˈnɔːrəm
AM ˌpɑnz ˌæsnˈɔrəm
Ponsonby
BR ˈpɒns(ə)nbi
AM ˈpɑnsənbi
pons Varolii
BR ˌpɒnz vəˈrəʊliaɪ
AM ˌpɑnz vəˈroʊliˌaɪ
pont
BR pɒnt, -s
AM pɑnt, -s

Pontardawe
BR ˌpɒntəˈdaʊi
AM ˌpɑn(t)ərˈdaʊi
WE ˌpɒntɑrˈdawe
Pontardulais
BR ˌpɒntəˈdɪləs
AM ˌpɑn(t)ərˈdɪləs
WE ˌpɒntɑrˈdɪlaɪs
Pontefract
BR ˈpɒntɪfrakt
AM ˈpɑn(t)əˌfræk(t)
Ponteland
BR pɒnˈtiːlənd
AM pɑnˈtilənd
pontes
BR ˈpɒntiːz
AM ˈpɑnˌtiz
pontes asinorum
BR ˌpɒntiːz ˌasɪˈnɔːrəm
AM ˌpɑnˌtiz ˌæsnˈɔrəm
pontes Varolii
BR ˌpɒntiːz vəˈrəʊliaɪ
AM ˌpɑnˌtiz vəˈroʊliˌaɪ
Pontiac
BR ˈpɒntɪak, -s
AM ˈpɑn(t)iˌæk, -s
Pontianak
BR ˌpɒntiˈɑːnak, ˌpɒntiˈanak
AM ˌpɑn(t)iˈanək
pontifex
BR ˈpɒntɪfɛks
AM ˈpɑn(t)əˌfɛks
pontiff
BR ˈpɒntɪf, -s
AM ˈpɑn(t)əf, -s
pontific
BR pɒnˈtɪfɪk
AM pɑnˈtɪfɪk
pontifical
BR pɒnˈtɪfɪkl, -z
AM pɑnˈtɪfɪk(ə)l, -z
pontificalia
BR pɒnˌtɪfɪˈkeɪlɪə(r)
AM ˌpɑn(t)əfəˈkeɪljə, pɑnˌtɪfəˈkeɪliə, ˌpɑn(t)əfəˈkeɪliə, pɑnˌtɪfəˈkeɪljə
pontifically
BR pɒnˈtɪfɪkli
AM pɑnˈtɪfɪk(ə)li

pontificate[1] *noun*
BR pɒnˈtɪfɪkət, -s
AM pɑnˈtɪfɪkət, -s

pontificate[2] *verb*
BR pɒnˈtɪfɪkeɪt, -s, -ɪŋ, -ɪd
AM pɑnˈtɪfɪˌkeɪ|t, -ts, -dɪŋ, -dɪd

pontification
BR pɒnˌtɪfɪˈkeɪʃn, ˌpɒntɪfɪˈkeɪʃn
AM ˌpɑn(t)əfəˈkeɪʃ(ə)n, ˌpɑnˌtɪfəˈkeɪʃ(ə)n

pontifices
BR pɒnˈtɪfɪsiːz
AM pɑnˈtɪfəˌsiz

Pontin
BR ˈpɒntɪn
AM ˈpɑntn

Pontine Marshes
BR ˌpɒntʌɪn ˈmɑːʃɪz
AM ˈpɑnˌtaɪn ˈmɑrʃəz, ˈpɑnˌtɪn ˈmɑrʃəz

Ponting
BR ˈpɒntɪŋ
AM ˈpɑn(t)ɪŋ

Pontius
BR ˈpɒntɪəs, ˈpɒn(t)ʃəs
AM ˈpɑn(t)ʃəs

pontoon
BR pɒnˈtuːn, -z
AM ˌpɑnˈtun, -z

Pontormo
BR pɒnˈtɔːməʊ
AM pɑnˈtɔrˌmoʊ, pɒnˈtɔrˌmoʊ
IT ponˈtormo

Pontus
BR ˈpɒntəs
AM ˈpɑn(t)əs

Pontypool
BR ˌpɒntɪˈpuːl
AM ˌpɑn(t)iˈpul

Pontypridd
BR ˌpɒntɪˈpriːð
AM ˌpɑn(t)iˈprɪð
WE ˌpɒntʌˈprɪð

pony
BR ˈpəʊn|i, -ɪz
AM ˈpoʊni, -z

ponytail
BR ˈpəʊnɪteɪl, -z
AM ˈpoʊniˌteɪl, -z

Ponzi scheme
BR ˈpɒnzi skiːm, -z
AM ˈpɑnzi ˌskim, -z

ponzu
BR ˈpɒnzuː
AM ˈpɑnzu

poo
BR puː, -z, -ɪŋ, -d
AM pu, -z, -ɪŋ, -d

pooch
BR puːtʃ, -ɪz
AM putʃ, -əz

poodle
BR ˈpuːdl, -z
AM ˈpudəl, -z

poof
BR pʊf, puːf, -s
AM puf, -s

poofter
BR ˈpʊftə(r), ˈpuːftə(r), -z
AM ˈpuftər, -z

poofy
BR ˈpuːf|i, -ɪə(r), -ɪɪst
AM ˈpufi, -ər, -ɪst

pooh
BR p(h)uː, -z, -ɪŋ, -d
AM pu, -z, -ɪŋ, -d

pooh-bah
BR ˌpuːˈbɑː(r), -z
AM ˈpuˌbɑ, -z

pooh-pooh
BR ˌpuːˈpuː, -z, -ɪŋ, -d
AM ˈpuˈpu, -z, -ɪŋ, -d

pooja
BR ˈpuːdʒə(r), -z
AM ˈpudʒə, -z

poojah
BR ˈpuːdʒə(r), -z
AM ˈpudʒə, -z

Pook
BR puːk
AM puk

pooka
BR ˈpuːkə(r), -z
AM ˈpukə, -z

pool
BR puːl, -z, -ɪŋ, -d
AM pul, -z, -ɪŋ, -d

Poole
BR puːl
AM pul

Pooley
BR ˈpuːli
AM ˈpuli

poolroom
BR ˈpuːlruːm, ˈpuːlrʊm, -z
AM ˈpulˌrʊm, ˈpulˌrum, -z

poolside
BR ˈpuːlsʌɪd
AM ˈpulˌsaɪd

poon
BR puːn, -z
AM pun, -z

Poona
BR ˈpuːnə(r)
AM ˈpunə

poop
BR puːp, -s, -t
AM pup, -s, -t

pooper-scooper
BR ˈpuːpəˌskuːpə(r), -z
AM ˈpupərˌskupər, -z

poo-poo
BR ˈpuːˈpuː, -z
AM ˈpuˈpu, -z

poor
BR pɔː(r), pʊə(r), -ə(r), -ɪst
AM pɔ(ə)r, pʊ(ə)r, -ər, -əst

poorboy
BR ˈpɔːbɔɪ, -z
AM ˈpɔrˌbɔɪ, ˈpʊrˌbɔɪ, -z

poorhouse
BR ˈpɔːhaʊ|s, ˈpʊəhaʊ|s, -zɪz
AM ˈpɔrˌ(h)aʊ|s, ˈpʊrˌ(h)aʊ|s, -zəz

poorly
BR ˈpɔːli, ˈpʊəli
AM ˈpɔrli, ˈpʊrli

poorness
BR ˈpɔːnəs, ˈpʊənəs
AM ˈpɔrnəs, ˈpʊrnəs

Pooter
BR ˈpuːtə(r)
AM ˈpudər

Pooterish
BR ˈpuːt(ə)rɪʃ
AM ˈpudərɪʃ

pootle
BR ˈpuːt|l, -lz, -lɪŋ\-lɪŋ, -ld
AM ˈpudəl, -z, -ɪŋ, -d

poove
BR puːv, -z
AM puv, -z

pop
BR pɒp, -s, -ɪŋ, -t
AM pɑp, -s, -ɪŋ, -t

popadom
BR ˈpɒpədəm, -z
AM ˈpɑpədəm, -z

popadum
BR ˈpɒpədəm, -z
AM ˈpɑpədəm, -z

popcorn
BR ˈpɒpkɔːn
AM ˈpɑpˌkɔ(ə)rn

pope
BR pəʊp, -s
AM poʊp, -s

popedom
BR ˈpəʊpdəm
AM ˈpoʊpdəm

popeless
BR ˈpəʊpləs
AM ˈpoʊpləs

Popemobile
BR ˈpəʊpmə(ʊ)biːl, -z
AM ˈpoʊpməˌbil, -z

popery
BR ˈpəʊp(ə)ri
AM ˈpoʊp(ə)ri

Popeye
BR ˈpɒpʌɪ
AM ˈpɑpaɪ

popeyed
BR ˌpɒpˈʌɪd
AM ˈpɑpaɪd

popgun
BR ˈpɒpgʌn, -z
AM ˈpɑpˌgən, -z

Popham
BR ˈpɒpəm
AM ˈpɑpəm

popinjay
BR ˈpɒpɪndʒeɪ, -z
AM ˈpɑpənˌdʒeɪ, -z

popish
BR ˈpəʊpɪʃ
AM ˈpoʊpɪʃ

popishly
BR ˈpəʊpɪʃli
AM ˈpoʊpɪʃli

popishness
BR ˈpəʊpɪʃnɪs
AM ˈpoʊpɪʃnɪs

poplar
BR ˈpɒplə(r), -z
AM ˈpɑplər, -z

poplin
BR ˈpɒplɪn
AM ˈpɑpl(ə)n

popliteal
BR ˌpɒpliˈtiːəl
AM ˈpɑpləˈtiəl

Popocatépetl
BR ˌpɒpəˌkatəˈpɛtl
AM ˌpoʊpəˌkædəˈpɛdl
SP ˌpopokaˈtepetl

popover
BR ˈpɒpˌəʊvə(r), -z
AM ˈpɑpˌoʊvər, -z

poppa
BR ˈpɒpə(r), -z
AM ˈpɑpə, -z

poppadom
BR ˈpɒpədəm, -z
AM ˈpɑpədəm, -z

poppadum
BR ˈpɒpədəm, -z
AM ˈpɑpədəm, -z

popper
BR ˈpɒpə(r), -z
AM ˈpɑpər, -z

poppet
BR ˈpɒpɪt, -s
AM ˈpɑpət, -s

poppied
BR ˈpɒpɪd
AM ˈpɑpid

popple
BR ˈpɒp|l, -lz,
-lɪŋ\-lɪŋ, -ld
AM ˈpɑpəl, -z,
-ɪŋ, -d

Poppleton
BR ˈpɒplt(ə)n
AM ˈpɑpəlt(ə)n

Popplewell
BR ˈpɒplwɛl
AM ˈpɑplˌwɛl

popply
BR ˈpɒpḷi, ˈpɒpli
AM ˈpɑpḷi, ˈpɑpli

poppy
BR ˈpɒp|i, -ɪz
AM ˈpɑpi, -z

poppycock
BR ˈpɒpɪkɒk
AM ˈpɑpiˌkak

Popsicle
BR ˈpɒpsɪkl, -z
AM ˈpɑpˌsɪk(ə)l,
ˈpɑpsək(ə)l, -z

popsie
BR ˈpɒps|i, -ɪz
AM ˈpɑpsi, -z

popsy
BR ˈpɒps|i, -ɪz
AM ˈpɑpsi, -z

Pop Tart
BR ˈpɒp tɑːt, -s
AM ˈpɑp ˌtɑrt, -s

populace
BR ˈpɒpjʉləs
AM ˈpɑpjələs

popular
BR ˈpɒpjʉlə(r)
AM ˈpɑpjələr

popularisation
BR ˌpɒpjʉləraɪˈzeɪʃn, -z
AM ˌpɑpjələˌraɪˈzeɪʃ(ə)n, ˌpɑpjələrəˈzeɪʃ(ə)n, -z

popularise
BR ˈpɒpjʉləraɪz, -ɪz, -ɪŋ, -d
AM ˈpɑpjələˌraɪz, -ɪz, -ɪŋ, -d

populariser
BR ˈpɒpjʉləraɪzə(r), -z
AM ˈpɑpjələˌraɪzər, -z

popularism
BR ˈpɒpjʉlərɪzm
AM ˈpɑpjələˌrɪz(ə)m

popularity
BR ˌpɒpjʉˈlarɪti
AM ˌpɑpjəˈlɛrədi

popularization
BR ˌpɒpjʉləraɪˈzeɪʃn, -z
AM ˌpɑpjələˌraɪˈzeɪʃ(ə)n, ˌpɑpjələrəˈzeɪʃ(ə)n, -z

popularize
BR ˈpɒpjʉləraɪz, -ɪz, -ɪŋ, -d
AM ˈpɑpjələˌraɪz, -ɪz, -ɪŋ, -d

popularizer
BR ˈpɒpjʉləraɪzə(r), -z
AM ˈpɑpjələˌraɪzər, -z

popularly
BR ˈpɒpjʉləli
AM ˈpɑpjələrli

populate
BR ˈpɒpjʉleɪt, -s, -ɪŋ, -ɪd
AM ˈpɑpjəˌleɪ|t, -ts, -dɪŋ, -dɪd

population
BR ˌpɒpjʉˈleɪʃn, -z
AM ˌpɑpjəˈleɪʃ(ə)n, -z

populism
BR ˈpɒpjʉlɪzm
AM ˈpɑpjəˌlɪz(ə)m

populist
BR ˈpɒpjʉlɪst, -s
AM ˈpɑpjələst, -s

populistic
BR ˌpɒpjʉˈlɪstɪk
AM ˌpɑpjəˈlɪstɪk

populous
BR ˈpɒpjʉləs
AM ˈpɑpjələs

populously
BR ˈpɒpjʉləsli
AM ˈpɑpjələsli

populousness
BR ˈpɒpjʉləsnəs
AM ˈpɑpjələsnəs

porbeagle
BR ˈpɔːˌbiːgl, -z
AM ˈpɔrˌbigəl, -z

porcelain
BR ˈpɔːslɪn, ˈpɔːslɪn, ˈpɔːsleɪn, ˈpɔːsleɪn
AM ˈpɔrs(ə)l(ə)n

porcellaneous
BR ˌpɔːsɪˈleɪnɪəs
AM ˌpɔrsəˈleɪnɪəs

porcellanous
BR pɔːˈsɛlənəs
AM ˈpɔrs(ə)lənəs

porch
BR pɔːtʃ, -ɪz, -t
AM pɔrtʃ, -əz, -t

Porchester
BR ˈpɔːtʃɪstə(r)
AM ˈpɔrtʃəstər

porchetta
BR pɔːˈkɛtə(r)
AM pɔrˈkɛtə

porchless
BR ˈpɔːtʃləs
AM ˈpɔrtʃləs

porcine
BR ˈpɔːsʌɪn
AM ˈpɔrˌsin, ˈpɔrsn, ˈpɔrˌsain

porcini
BR pɔːˈtʃiːni:
AM ˌpɔrˈtʃini

porcupine
BR ˈpɔːkjʉpʌɪn, -z
AM ˈpɔrkiˌpain, ˈpɔrkjəˌpain, -z

porcupinish
BR ˈpɔːkjʉpʌɪnɪʃ
AM ˈpɔrkiˌpainɪʃ, ˈpɔrkjəˌpainɪʃ

porcupiny
BR ˈpɔːkjʉpʌɪni
AM ˈpɔrkiˌpaini, ˈpɔrkjəˌpaini

pore
BR pɔː(r), -z, -ɪŋ, -d
AM pɔ(ə)r, -z, -ɪŋ, -d

porgy
BR ˈpɔːg|i, -ɪz
AM ˈpɔrgi, -z

Pori
BR ˈpɔːri
AM ˈpɔri

porifer
BR ˈpɔːrɪfə(r), -z
AM ˈpɔrəfər, -z

poriferan
BR pəˈrɪf(ə)rn, -z
AM pəˈrɪf(ə)rən, -z

porism
BR ˈpɔːrɪzm, ˈpɒrɪzm, -z
AM ˈpɔːˌrɪz(ə)m, -z

porismatic
BR ˌpɔːrɪzˈmatɪk, ˌpɒrɪzˈmatɪk
AM ˌpɔːrəzˈmædɪk

pork
BR pɔːk
AM pɔ(ə)rk

porker
BR ˈpɔːkə(r), -z
AM ˈpɔrkər, -z

porkling
BR ˈpɔːklɪŋ, -z
AM ˈpɔrklɪŋ, -z

porky
BR ˈpɔːk|i, -ɪə(r), -ɪɪst
AM ˈpɔrki, -ər, -ɪst

Porlock
BR ˈpɔːlɒk
AM ˈpɔrˌlɑk

porn
BR pɔːn
AM pɔ(ə)rn

porno
BR ˈpɔːnəʊ
AM ˈpɔrnoʊ

pornographer
BR pɔːˈnɒgrəfə(r), -z
AM pɔrˈnɑgrəfər, -z

pornographic
BR ˌpɔːnəˈgrafɪk
AM ˌpɔrnəˈgræfɪk

pornographically
BR ˌpɔːnəˈgrafɪkli
AM ˌpɔrnəˈgræfək(ə)li

pornography
BR pɔːˈnɒgrəfi
AM pɔrˈnɑgrəfi

poroplastic
BR ˌpɒrəˈplastɪk
AM ˌpɔrəˈplæstɪk

porosis
BR pəˈrəʊsɪs
AM pəˈroʊsəs

porosity
BR pɔːˈrɒsɪti
AM poʊˈrɑsədi, pəˈrɑsədi

porous
BR ˈpɔːrəs
AM ˈpɔrəs

porously
BR ˈpɔːrəsli
AM ˈpɔrəsli

porousness
BR ˈpɔːrəsnəs
AM ˈpɔrəsnəs

porphyria
BR pɔːˈfɪrɪə(r)
AM pɔrˈfɪrɪə

porphyrin
BR ˈpɔːf(ɪ)rɪn, -z
AM ˈpɔrfərɪn, -z

porphyritic
BR ˌpɔːfɪˈrɪtɪk
AM ˌpɔrfəˈrɪdɪk

porphyrogenite
BR ˌpɔːfɪˈrɒdʒɪnʌɪt, -s
AM ˌpɔrfərəˈdʒɛˌnaɪt, ˌpɔrfəˈrɑdʒəˌnaɪt, -s

porphyry
BR ˈpɔːf(ɪ)ri
AM ˈpɔrfəri

porpoise
BR ˈpɔːpəs, -ɪz
AM ˈpɔrpəs, -əz

porrect
BR pəˈrɛkt, -s, -ɪŋ, -ɪd
AM pəˈrɛk|(t), pəˈrɛk|(t), -(t)s, -tɪŋ, -tɪd

porridge
BR ˈpɒrɪdʒ
AM ˈpɔrɪdʒ

porridgy
BR ˈpɒrɪdʒi
AM ˈpɔrɪdʒi

porringer
BR ˈpɒrɪn(d)ʒə(r), -z
AM ˈpɔrəndʒər, -z

Porsche
BR pɔːʃ, ˈpɔːʃə(r), -ɪz
AM ˈpɔrʃ(ə), -əz

Porsena
BR ˈpɔːsɪnə(r), ˈpɔːsnə(r)
AM ˈpɔrsənə

Porson
BR ˈpɔːsn
AM ˈpɔrs(ə)n

port
BR pɔːt, -s, -ɪŋ, -ɪd
AM pɔ(ə)rt, pɔ(ə)rts, ˈpɔrdɪŋ, ˈpɔrdəd

portability
BR ˌpɔːtəˈbɪlɪti
AM ˌpɔrdəˈbɪlɪdi

portable
BR ˈpɔːtəbl
AM ˈpɔrdəb(ə)l

portableness
BR ˈpɔːtəblnəs
AM ˈpɔrdəbəlnəs

portably
BR ˈpɔːtəbli
AM ˈpɔrdəbli

portage
BR ˈpɔːt|ɪdʒ, -ɪdʒɪz, -ɪdʒɪŋ, -ɪdʒd
AM ˈpɔrdɪdʒ, -ɪz, -ɪŋ, -d

Portakabin
BR ˈpɔːtəˌkabɪn, -z
AM ˈpɔrdəˌkæbən, -z

portal
BR ˈpɔːtl, -z
AM ˈpɔrdl, -z

Portaloo
BR ˈpɔːtəluː, -z
AM ˈpɔrdəˌlu, -z

portamenti
BR ˌpɔːtəˈmɛntiː
AM ˌpɔrdəˈmɛn(t)i
IT portaˈmenti

portamento
BR ˌpɔːtəˈmɛntəʊ, -z
AM ˌpɔrdəˈmɛn(t)oʊ, -z
IT portaˈmento

portative
BR ˈpɔːtətɪv
AM ˈpɔrdədɪv

Port-au-Prince
BR ˌpɔːtəʊˈprɪns
AM ˌpɔrdəˈprɪns
FR pɔʁ o pʁɛ̃s

portcullis
BR pɔːtˈkʌlɪs, -ɪz, -t
AM ˌpɔrtˈkələs, -ɪz, -t

Porte
BR ˈpɔːt
AM pɔ(ə)rt

porte-cochère
BR ˌpɔːtkɒˈʃɛː(r), -z
AM ˌpɔrtkoʊˈʃɛ(ə)r, -z

portend
BR pɔːˈtɛnd, -z, -ɪŋ, -ɪd
AM pɔrˈtɛnd, -z, -ɪŋ, -əd

portent
BR ˈpɔːt(ɛ)nt, -s
AM ˈpɔrˌtɛnt, -s

portentous
BR pɔːˈtɛntəs
AM pɔrˈtɛn(t)əs

portentously
BR pɔːˈtɛntəsli
AM pɔrˈtɛn(t)əsli

portentousness
BR pɔːˈtɛntəsnəs
AM pɔrˈtɛn(t)əsnəs

Porteous
BR ˈpɔːtɪəs
AM ˈpɔrdɪəs

porter
BR ˈpɔːtə(r), -z
AM ˈpɔrdər, -z

porterage
BR ˈpɔːt(ə)rɪdʒ
AM ˈpɔrdərədʒ

porterhouse
BR ˈpɔːtəhaʊ|s, -zɪz
AM ˈpɔrdərˌ(h)aʊ|s, -zəz

Porteus
BR ˈpɔːtɪəs
AM ˈpɔrdɪəs

portfire
BR ˈpɔːtˌfʌɪə(r), -z
AM ˈpɔrtˌfaɪ(ə)r, -z

portfolio
BR pɔːtˈfəʊlɪəʊ, -z
AM pɔrtˈfoʊlioʊ, -z

Porth
BR pɔːθ
AM pɔr(ə)θ

Port Harcourt
BR ˌpɔːt ˈhɑːkɔːt
AM ˌpɔrt ˈhɑrˌkɔ(ə)rt

Porthcawl
BR ˌpɔːθˈkɔːl
AM ˌpɔrθˈkɑl, ˌpɔrθˈkɔl

Port Hedland
BR ˌpɔːt ˈhɛdlənd
AM ˈˌpɔ(ə)rt ˈhɛdlənd
Porthmadog
BR ˌpɔːθˈmadɒɡ,
ˌpɔːθˈmadʊɡ
AM ˌpɔrθˈmadəɡ
porthole
BR ˈpɔːthəʊl, -z
AM ˈpɔrtˌ(h)oʊl, -z
Portia
BR ˈpɔːʃə(r)
AM ˈpɔrʃə
portico
BR ˈpɔːtɪkəʊ, -z, -d
AM ˈpɔrdəˌkoʊ,
-z, -d
portière
BR ˌpɔːtɪˈɛː(r), -z
AM ˌpɔrdɪˈɛ(ə)r, -z
FR pɔʀtjɛʀ
portion
BR ˈpɔːʃn̩, -z, -ɪŋ, -d
AM ˈpɔrʃən, -ənz,
-(ə)nɪŋ, -ənd
portionless
BR ˈpɔːʃn̩ləs
AM ˈpɔrʃənləs
Portishead
BR ˈpɔːtɪshɛd
AM ˈpɔrdəsˌ(h)ɛd
Portland
BR ˈpɔːtlənd
AM ˈpɔrtlən(d)
portliness
BR ˈpɔːtlɪnɪs
AM ˈpɔrtlɪnɪs
portly
BR ˈpɔːtlǀi, -ɪə(r),
-ɪɪst
AM ˈpɔrtli, -ər, -ɪst
Portmadoc
BR ˌpɔːtˈmadək
AM ˌpɔrtˈmædək
portmanteau
BR pɔːtˈmantəʊ, -z
AM pɔrtˈmæntoʊ,
ˌpɔrtmænˈtoʊ, -z
portmanteaux
BR pɔːtˈmantəʊz
AM pɔrtˈmæntoʊ,
ˌpɔrtmænˈtoʊ

Portmeirion
BR ˌpɔːtˈmɛrɪən
AM ˌpɔrtˈmɛrɪən
WE pʊrtˈmɛɪrjɒn
Port Moresby
BR ˌpɔːt ˈmɔːzbi
AM ˌpɔrt ˈmɔrzbi
Portnoy
BR ˈpɔːtnɔɪ
AM ˈpɔrtˌnɔɪ
Porto
BR ˈpɔːtəʊ
AM ˈpɔrdoʊ,
ˈpɔrˌtoʊ
Porto Alegre
BR ˌpɔːtəʊ əˈlɛɡrə(r)
AM ˌpɔrdoʊ əˈlɛɡrə
Portobello
BR ˌpɔːtəˈbɛləʊ
AM ˌpɔrdəˈbɛloʊ
Port-of-Spain
BR ˌpɔːtəvˈspeɪn
AM ˌpɔrdə(v)ˈspeɪn
portolan
BR ˈpɔːtl̩ən, -z
AM ˈpɔrdl̩ən, -z
portolano
BR ˌpɔːtəˈlɑːnəʊ,
ˌpɔːtl̩ˈɑːnəʊ, -z
AM ˌpɔrdl̩ˈɑnoʊ, -z
IT portoˈlano
Porton
BR ˈpɔːtn
AM ˈpɔrt(ə)n
Porto Novo
BR ˌpɔːtəʊ ˈnəʊvəʊ
AM ˈpɔrdoʊ ˈnoʊˌvoʊ
Porto Rican
BR ˌpɔːtə ˈriːkən, -z
AM ˌpɔrdə ˈrikən,
-z
Porto Rico
BR ˌpɔːtə ˈriːkəʊ
AM ˌpɔrdə ˈrikoʊ
portrait
BR ˈpɔːtreɪt,
ˈpɔːtrɪt, -s
AM ˈpɔrtrət, -s
portraitist
BR ˈpɔːtrɪtɪst,
ˈpɔːtreɪtɪst, -s
AM ˈpɔrtrədəst, -s

portraiture
BR ˈpɔːtrɪtʃə(r)
AM ˈpɔrtrəˌtʃʊ(ə)r,
ˈpɔrtrəˌt(j)ʊ(ə)r,
ˈpɔrtrətʃər
portray
BR pɔːˈtreɪ, -z, -ɪŋ, -d
AM pɔrˈtreɪ, -z,
-ɪŋ, -d
portrayable
BR pɔːˈtreɪəbl
AM pɔrˈtreɪəb(ə)l
portrayal
BR pɔːˈtreɪəl, -z
AM pɔrˈtreɪ(ə)l, -z
portrayer
BR pɔːˈtreɪə(r), -z
AM pɔrˈtreɪər, -z
Portreath
BR pɔːˈtriːθ
AM pɔrˈtriθ
Portree
BR pɔːˈtriː
AM pɔrˈtri
portreeve
BR ˈpɔːtriːv, -z
AM ˈpɔrtˌriv, -z
Port Said
BR ˌpɔːt ˈsaɪd
AM ˌpɔrt saɪˈid
Portsmouth
BR ˈpɔːtsməθ
AM ˈpɔrtsməθ
Port Stanley
BR ˌpɔːt ˈstanli
AM ˌpɔrt ˈstænli
Port Sudan
BR ˌpɔːt sʊˈdɑːn,
+ sʊˈdan
AM ˌpɔrt suˈdæn
Port Talbot
BR ˌpɔː(t) ˈtɔːlbət,
+ ˈtalbət, + ˈtɒlbət
AM ˌpɔrt ˈtælbət
Portugal
BR ˈpɔːtʃʊɡl,
ˈpɔːtjʊɡl
AM ˈpɔrtʃəɡəl
Portuguese
BR ˌpɔːtʃʊˈɡiːz,
ˌpɔːtjʊˈɡiːz
AM ˈpɔrtʃəˌɡiz

pose
BR pəʊz, -ɪz, -ɪŋ, -d
AM poʊz, -əz, -ɪŋ, -d
Poseidon
BR pɒˈsaɪdn
AM poʊˈsaɪdn,
pəˈsaɪdn
poser
BR ˈpəʊzə(r), -z
AM ˈpoʊzər, -z
poset
BR ˈpəʊsɛt, -s
AM ˈpoʊˌsɛt, -s
poseur
BR pəʊˈzəː(r), -z
AM poʊˈzər, -z
poseuse
BR pəʊˈzəːz
AM poʊˈzəz
FR pozøz
poseuses
BR pəʊˈzəːz
AM poʊˈzʊz
posey
BR ˈpəʊzi
AM ˈpoʊzi
posh
BR pɒʃ, -ə(r), -ɪst
AM pɑʃ, -ər, -əst
poshly
BR ˈpɒʃli
AM ˈpɑʃli
poshness
BR ˈpɒʃnəs
AM ˈpɑʃnəs
posit
BR ˈpɒzǀɪt, -ɪts, -ɪtɪŋ,
-ɪtɪd
AM ˈpɑzəǀt, -ts, -dɪŋ,
-dəd
position
BR pəˈzɪʃn̩, -nz,
-nɪŋ\-nɪŋ, -nd
AM pəˈzɪʃən, -ənz,
-(ə)nɪŋ, -ənd
positional
BR pəˈzɪʃn̩l
AM pəˈzɪʃ(ə)n(ə)l
positionally
BR pəˈzɪʃn̩li,
pəˈzɪʃnəli
AM pəˈzɪʃ(ə)nəli

positioner
BR pəˈzɪʃnə(r),
pəˈzɪʃnə(r), -z
AM pəˈzɪʃ(ə)nər, -z

positive
BR ˈpɒzɪtɪv, -z
AM ˈpɑztɪv, ˈpɑzədɪv, -z

positively
BR ˈpɒzɪtɪvli
AM ˈpɑztɪvli, ˈpɑzədɪvli

positiveness
BR ˈpɒzɪtɪvnɪs
AM ˈpɑztɪvnɪs, ˈpɑzədɪvnɪs

positivism
BR ˈpɒzɪtɪvɪzm
AM ˈpɑzədɪˌvɪz(ə)m

positivist
BR ˈpɒzɪtɪvɪst, -s
AM ˈpɑzədɪˌvɪst, -s

positivistic
BR ˌpɒzɪtɪˈvɪstɪk
AM ˌpɑzədəˈvɪstɪk

positivistically
BR ˌpɒzɪtɪˈvɪstɪkli
AM ˌpɑzədəˈvɪstɪk(ə)li

positivity
BR ˌpɒzɪˈtɪvɪti
AM ˌpɑzəˈtɪvɪdi

positron
BR ˈpɒzɪtrɒn, -z
AM ˈpɑzəˌtrɑn, -z

positronic
BR ˌpɒzɪˈtrɒnɪk
AM ˌpɑzəˈtrɑnɪk

positronium
BR ˌpɒzɪˈtrəʊniəm, -z
AM ˌpɑzəˈtroʊniəm, -z

Posix
BR ˈpɒzɪks
AM ˈpɑzɪks

posole
BR pəˈsəʊleɪ, pəˈzəʊleɪ
AM pəˈsoʊleɪ

posological
BR ˌpɒsəˈlɒdʒɪkl
AM ˌpɑzəˈlɑdʒək(ə)l

posology
BR pə(ʊ)ˈsɒlədʒi
AM pəˈzɑlədʒi

poss.
BR pɒs
AM pɑs

posse
BR ˈpɒs|i, -ɪz
AM ˈpɑsi, -z

posse comitatus
BR ˌpɒsɪ ˌkɒmɨˈtɑːtəs, -ɪz
AM ˌpɑsi ˌkɑməˈtɑdəs, -əz

possess
BR pəˈzɛs, -ɪz, -ɪŋ, -t
AM pəˈzɛs, -əz, -ɪŋ, -t

possession
BR pəˈzɛʃn, -z
AM pəˈzɛʃ(ə)n, -z

possessionless
BR pəˈzɛʃnləs
AM pəˈzɛʃənləs

possessive
BR pəˈzɛsɪv
AM pəˈzɛsɪv

possessively
BR pəˈzɛsɪvli
AM pəˈzɛsɪvli

possessiveness
BR pəˈzɛsɪvnɪs
AM pəˈzɛsɪvnɪs

possessor
BR pəˈzɛsə(r), -z
AM pəˈzɛsər, -z

possessory
BR pəˈzɛs(ə)ri
AM pəˈzɛsəri

posset
BR ˈpɒs|ɪt, -ɪts, -ɪtɪŋ, -ɪtɪd
AM ˈpɑsə|t, -ts, -dɪŋ, -dəd

possibility
BR ˌpɒsɪˈbɪlɪt|i, -ɪz
AM ˌpɑsəˈbɪlɪdi, -z

possible
BR ˈpɒsɪbl
AM ˈpɑsəb(ə)l

possibly
BR ˈpɒsɪbli
AM ˈpɑsəbli

possum
BR ˈpɒsəm, -z
AM ˈpɑs(ə)m, -z

post
BR pəʊst, -s, -ɪŋ, -ɪd
AM poʊst, -s, -ɪŋ, -əd

postage
BR ˈpəʊstɪdʒ
AM ˈpoʊstɪdʒ

postal
BR ˈpəʊstl
AM ˈpoʊst(ə)l

postally
BR ˈpəʊstli
AM ˈpoʊstəli

postbag
BR ˈpəʊs(t)bag, -z
AM ˈpoʊs(t)ˌbæg, -z

postbox
BR ˈpəʊs(t)bɒks, -ɪz
AM ˈpoʊs(t)ˌbɑks, -əz

postbus
BR ˈpəʊs(t)bʌs, -ɪz
AM ˈpoʊs(t)ˌbəs, -əz

postcard
BR ˈpəʊs(t)kɑːd, -z
AM ˈpoʊs(t)ˌkɑrd, -z

post-chaise
BR ˈpəʊs(t)ʃeɪz, -ɪz
AM ˈpoʊs(t)ˌʃeɪz, -ɪz

postcode
BR ˈpəʊs(t)kəʊd, -z
AM ˈpoʊs(t)ˌkoʊd, -z

post-colonial
BR ˌpəʊs(t)kəˈləʊniəl
AM ˌpoʊs(t)kəˈloʊniəl

postdate
BR ˌpəʊs(t)ˈdeɪt, -s, -ɪŋ, -ɪd
AM ˌpoʊs(t)ˈdeɪ|t, -ts, -dɪŋ, -dɪd

postdoc
BR ˌpəʊs(t)ˈdɒk, -s
AM ˌpoʊs(t)ˈdɑk, -s

postdoctoral
BR ˌpəʊs(t)ˈdɒkt(ə)rl̩
AM ˌpoʊs(t)ˈdɑkt(ə)rəl

poster
BR ˈpəʊstə(r), -z
AM ˈpoʊstər, -z

poste restante
BR ˌpəʊst ˈrɛstɒnt
AM ˌpoʊs(t)ˌrɛˈstɑnt

posterior
BR pɒˈstɪəriə(r), -z
AM poʊˈstɪriər, pəˈstɪriər, -z

posteriority
BR pɒˌstɪərɪˈɒrɪti
AM pɑˌstɪriˈɔrədi

posteriorly
BR pɒˈstɪəriəli
AM poʊˈstɪriərli, pəˈstɪriərli

posterity
BR pɒˈstɛrɪti
AM pɑˈstɛrədi

postern
BR ˈpɒst(ə)n, ˈpəʊst(ə)n, -z
AM ˈpɑstərn, ˈpoʊstərn, -z

postface
BR ˈpəʊs(t)feɪs, -ɪz
AM ˈpoʊs(t)ˌfeɪs, -ɪz

post facto
BR ˌpəʊs(t) ˈfaktəʊ
AM ˌpoʊs(t) ˈfæktoʊ

postfix
BR ˌpəʊs(t)ˈfɪks, -ɪz, -ɪŋ, -t
AM ˌpoʊs(t)ˈfɪks, -ɪz, -ɪŋ, -t

Postgate
BR ˈpəʊs(t)geɪt
AM ˈpoʊs(t)ˌgeɪt

postglacial
BR ˌpəʊs(t)ˈgleɪʃl, ˌpəʊs(t)ˈgleɪsiəl
AM ˌpoʊs(t)ˈgleɪʃ(ə)l

postgrad
BR ˌpəʊs(t)ˈgrad, -z
AM ˌpoʊs(t)ˈgræd, -z

postgraduate
BR ˌpəʊs(t)ˈgradʒʊət, ˌpəʊs(t)ˈgradjʊət, -s
AM ˌpoʊs(t)ˈgrædʒəwət, -s

posthaste
BR ˌpəʊstˈheɪst
AM ˌpoʊs(t)ˈheɪst

1039

post hoc
BR ˌpəʊst ˈhɒk
AM ˈˌpoʊs(t) ˈhɑk

posthole
BR ˈpəʊsthəʊl, -z
AM ˈpoʊs(t)ˌ(h)oʊl, -z

posthorn
BR ˈpəʊsthɔːn, -z
AM ˈpoʊs(t)ˌ(h)ɔ(ə)rn, -z

post-human
BR ˌpəʊstˈhjuːmən
AM ˌpoʊs(t)-ˈ(h)jum(ə)n

posthumous
BR ˈpɒstʃʉməs, ˈpɒstjʉməs
AM pɑˈst(j)uməs, ˈpɑstʃəməs

posthumously
BR ˈpɒstʃʉməsli, ˈpɒstjʉməsli
AM pɑˈst(j)uməsli, ˈpɑstʃəməsli

postiche
BR pɒˈstiːʃ, -ɪz
AM ˈpɑˌstiʃ, pɑˈstiʃ, -ɪz

postie
BR ˈpəʊst|i, -ɪz
AM ˈpoʊsti, -z

postil
BR ˈpɒstɪl, -z
AM ˈpɑstl, -z

postilion
BR pɒˈstɪliən, -z
AM poʊˈstɪljən, pəˈstɪljən, -z

postillion
BR pɒˈstɪliən, -z
AM poʊˈstɪljən, pəˈstɪljən, -z

posting
BR ˈpəʊstɪŋ, -z
AM ˈpoʊstɪŋ, -z

Post-it
BR ˈpəʊstɪt, -s
AM ˈpoʊstˌɪt, -s

Postlethwaite
BR ˈpɒslθweɪt
AM ˈpɑsəlˌweɪt

postliminy
BR ˌpəʊs(t)ˈlɪmɪn|i, -ɪz
AM ˌpoʊs(t)ˈlɪmɪni, -z

postlude
BR ˈpəʊs(t)luːd, -z
AM ˈpoʊs(t)ˌlud, -z

postman
BR ˈpəʊs(t)mən
AM ˈpoʊs(t)m(ə)n

postman's knock
BR ˌpəʊs(t)mənz ˈnɒk
AM ˌpoʊs(t)mənz ˈnɑk

postmark
BR ˈpəʊs(t)mɑːk, -s, -ɪŋ, -t
AM ˈpoʊs(t)ˌmɑrk, -s, -ɪŋ, -t

postmaster
BR ˈpəʊs(t)ˌmɑːstə(r), -z
AM ˈpoʊs(t)ˌmæstər, -z

postmen
BR ˈpəʊs(t)mən
AM ˈpoʊs(t)m(ə)n

post meridian
BR ˌpəʊs(t) mɪˈrɪdiən
AM ˌpoʊs(t) məˈrɪdiən

post meridiem
BR ˌpəʊs(t) mɪˈrɪdiəm
AM ˌpoʊs(t) məˈrɪdiəm

postmistress
BR ˈpəʊs(t)ˌmɪstrɪs, -ɪz
AM ˈpoʊs(t)ˌmɪstrɪs, -ɪz

postmodern
BR ˌpəʊs(t)ˈmɒd(ə)n
AM ˈˌpoʊs(t)ˈmɑdərn

postmodernism
BR ˌpəʊs(t)ˈmɒdnɪzm
AM ˌpoʊs(t)ˈmɑdərnˌɪz(ə)m

postmodernist
BR ˌpəʊs(t)ˈmɒdnɪst, -s
AM ˌpoʊs(t)-ˈmɑdərnəst, -s

postmodernity
BR ˌpəʊs(t)mɒˈdɜːnɪti
AM ˌpoʊs(t)moʊ-ˈdɜrnədi, ˌpoʊs(t)mɑˈdɜrnədi, ˌpoʊs(t)məˈdɜrnədi, ˌpoʊs(t)məˈdɜrnədi

postmodify
BR ˌpəʊs(t)ˈmɒdɪfʌɪ, -z, -ɪŋ, -d
AM ˌpoʊs(t)ˈmɑdəˌfaɪ, -z, -ɪŋ, -d

postmortem
BR ˌpəʊs(t)ˈmɔːtəm, -z
AM ˌpoʊs(t)ˈmɔrt(ə)m, -z

postop
BR ˌpəʊstˈɒp
AM ˈpoʊsˌtɑp

postoperative
BR ˌpəʊstˈɒp(ə)rətɪv
AM ˌpoʊsˈtɑpərədɪv

postpaid
BR ˌpəʊs(t)ˈpeɪd
AM ˈˌpoʊs(t)ˈpeɪd

post-partum
BR ˌpəʊs(t)ˈpɑːtəm
AM ˌpoʊs(t)ˈpɑrdəm

postponable
BR pəˈspəʊnəbl, ˌpəʊs(t)ˈpəʊnəbl
AM pəˈspoʊnəb(ə)l, ˌpoʊs(t)ˈpoʊnəb(ə)l

postpone
BR pəˈspəʊn, ˌpəʊs(t)-ˈpəʊn, -z, -ɪŋ, -d
AM pəˈspoʊn, ˌpoʊs(t)-ˈpoʊn, -z, -ɪŋ, -d

postponement
BR pəˈspəʊnm(ə)nt, ˌpəʊs(t)ˈpəʊnm(ə)nt, -s
AM pəˈspoʊnm(ə)nt, ˌpoʊs(t)ˈpoʊnm(ə)nt, -s

postponer
BR pəˈspəʊnə(r), ˌpəʊs(t)ˈpəʊnə(r), -z
AM pəˈspoʊnər, ˌpoʊs(t)ˈpoʊnər, -z

postposition
BR ˌpəʊs(t)pəˈzɪʃn, -z
AM ˌpoʊs(t)pəˈzɪʃ(ə)n, -z

postpositional
BR ˌpəʊs(t)pəˈzɪʃn̩l
AM ˌpoʊs(t)pə-ˈzɪʃ(ə)n(ə)l

postpositive
BR ˌpəʊs(t)ˈpɒzɪtɪv
AM ˌpoʊs(t)ˈpɑzədɪv

postpositively
BR ˌpəʊs(t)ˈpɒzɪtɪvli
AM ˌpoʊs(t)ˈpɑzədɪvli

postprandial
BR ˌpəʊs(t)ˈprandɪəl
AM ˌpoʊs(t)ˈprændiəl

post-pubescent
BR ˌpəʊs(t)pjʊˈbɛsnt
AM ˌpoʊs(t)ˌpju-ˈbɛs(ə)nt

post room
BR ˈpəʊst ruːm, + rʊm, -z
AM ˈpoʊs(t) ˌrum, ˈpoʊs(t) ˌrʊm, -z

postscript
BR ˈpəʊs(t)skrɪpt, -s
AM ˈpoʊs(t)ˌskrɪpt, -s

postulant
BR ˈpɒstjʉlnt, ˈpɒstʃʉlnt, -s
AM ˈpɑstʃəl(ə)nt, -s

postulate¹ *noun*
BR ˈpɒstjʉlət, ˈpɒstʃʉlət, -s
AM ˈpɑstʃələt, -s

postulate² *verb*
BR ˈpɒstjʉleɪt, ˈpɒstʃʉleɪt, -s, -ɪŋ, -ɪd
AM ˈpɑstʃəˌleɪ|t, -ts, -dɪŋ, -dɪd

postulation
BR ˌpɒstjʉˈleɪʃn, ˌpɒstʃʉˈleɪʃn, -z
AM ˌpɑstʃəˈleɪʃ(ə)n, -z

postulator
BR ˈpɒstjʉleɪtə(r), ˈpɒstʃʉleɪtə(r), -z
AM ˈpɑstʃəˌleɪdər, -z

post-up
BR ˈpəʊstʌp, -s
AM ˈpoʊstˌəp, -s

postural
BR ˈpɒstʃʉr|
AM ˈpɑstʃərəl

posture
BR ˈpɒstʃ|ə(r), -əz, -(ə)rɪŋ, -əd
AM ˈpɑstʃər, -z, -ɪŋ, -d

posturer
BR ˈpɒstʃ(ə)rə(r), -z
AM ˈpastʃərər, -z

posturing
BR ˈpɒstʃ(ə)rɪŋ, -z
AM ˈpastʃərɪŋ, -z

postvocalic
BR ˌpəʊs(t)vəˈkalɪk
AM ˌpoʊs(t)voʊˈkælɪk

postwar
BR ˌpəʊs(t)ˈwɔː(r)
AM ˌpoʊs(t)ˈwɔ(ə)r

postwoman
BR ˈpəʊs(t)ˌwʊmən
AM ˈpoʊs(t)ˌwʊm(ə)n

postwomen
BR ˈpəʊs(t)ˌwɪmɪn
AM ˈpoʊs(t)ˌwɪmɪn

posy
BR ˈpəʊz|i, -ɪz
AM ˈpoʊzi, -z

pot
BR pɒt, -s, -ɪŋ, -ɪd
AM pɑ|t, -ts, -dɪŋ, -dəd

potability
BR ˌpəʊtəˈbɪlɪti
AM ˌpoʊdəˈbɪlɨdi

potable
BR ˈpəʊtəbl
AM ˈpoʊdəb(ə)l

potableness
BR ˈpəʊtəblnəs
AM ˈpoʊdəbəlnəs

potage
BR pɒˈtɑːʒ, ˈpɒtɑːʒ, -ɪz
AM poʊˈtɑʒ, -əz

potager
BR ˈpɒtədʒə(r), -z
AM poʊˈtɑʒər, -z
FR pɔtaʒe

potamic
BR pɒˈtamɪk
AM pəˈtæmɪk

potamology
BR ˌpɒtəˈmɒlədʒi
AM ˌpɑdəˈmɑlədʒi

potash
BR ˈpɒtaʃ
AM ˈpɑdˌæʃ

potassic
BR pəˈtasɪk
AM pəˈtæsɪk

potassium
BR pəˈtasiəm
AM poʊˈtæsiəm, pəˈtæsiəm

potation
BR pə(ʊ)ˈteɪʃn, -z
AM poʊˈteɪʃ(ə)n, -z

potato
BR pəˈteɪtəʊ, -z
AM pəˈteɪdoʊ, -z

potatory
BR ˈpəʊtət(ə)ri
AM ˈpoʊdəˌtɔri

pot-au-feu
BR ˌpɒtɔːˈfəː(r), -z
AM ˌpɑdˌoʊˈfə, -z
FR pɔt o fø

potbelly
BR ˈpɒtˌbɛl|i, ˌpɒtˈbɛl|i, -ɪz
AM ˈpɑtˌbɛli, -z

potboiler
BR ˈpɒtˌbɔɪlə(r), -z
AM ˈpɑtˌbɔɪlər, -z

potbound
BR ˈpɒtbaʊnd
AM ˈpɑtˌbaʊnd

potch
BR ˈpɒtʃ, -ɪz
AM ˈpɑtʃ, -əz

poteen
BR pɒˈt(ʃ)iːn
AM poʊˈtin, pɑˈtin

Potemkin
BR pəˈtɛmkɪn
AM pəˈtɛm(p)kən
RUS paˈtʲemkʲin

potence
BR ˈpəʊt(ə)ns
AM ˈpoʊtns

potency
BR ˈpəʊt(ə)nsi
AM ˈpoʊtnsi

potent
BR ˈpəʊt(ə)nt
AM ˈpoʊtnt

potentate
BR ˈpəʊt(ə)nteɪt, -s
AM ˈpoʊtnˌteɪt, -s

potential
BR pəˈtɛnʃl, -z
AM pəˈtɛn(t)ʃ(ə)l, -z

potentiality
BR pəˌtɛnʃɪˈalɪt|i, -ɪz
AM pəˌtɛn(t)ʃiˈælədi, -z

potentially
BR pəˈtɛnʃli
AM pəˈtɛn(t)ʃəli

potentiate
BR pəˈtɛnʃieɪt, -s, -ɪŋ, -ɪd
AM pəˈtɛn(t)ʃieɪt, -ts, -dɪŋ, -dɨd

potentilla
BR ˌpəʊt(ə)nˈtɪlə(r), -z
AM ˌpoʊtnˈtɪlə, -z

potentiometer
BR pəˌtɛnʃɪˈɒmɪtə(r), -z
AM pəˌtɛn(t)ʃiˈɑmədər, -z

potentiometric
BR pəˌtɛnʃɪəˈmɛtrɪk
AM pəˌtɛn(t)ʃiəˈmɛtrɪk

potentiometry
BR pəˌtɛnʃɪˈɒmɪtri
AM pəˌtɛn(t)ʃiˈɑmətri

potentisation
BR ˌpəʊt(ə)ntʌɪˈzeɪʃn
AM ˌpoʊtnˌ(t)aɪˈzeɪʃ(ə)n, ˌpoʊtn(t)əˈzeɪʃ(ə)n

potentise
BR ˌpəʊt(ə)ntʌɪz, -ɪz, -ɪŋ, -d
AM ˈpoʊtnˌtaɪz, -ɪz, -ɪŋ, -d

potentization
BR ˌpəʊt(ə)ntʌɪˈzeɪʃn
AM ˌpoʊtnˌ(t)aɪˈzeɪʃ(ə)n, ˌpoʊtn(t)əˈzeɪʃ(ə)n

potentize
BR ˌpəʊt(ə)ntʌɪz, -ɪz, -ɪŋ, -d
AM ˈpoʊtnˌtaɪz, -ɪz, -ɪŋ, -d

potently
BR ˈpəʊt(ə)ntli
AM ˈpoʊtn(t)li

potful
BR ˈpɒtfʊl, -z
AM ˈpɑtˌfʊl, -z

pothead
BR ˈpɒthɛd, -z
AM ˈpɑt(h)ɛd, -z

potheen
BR pɒˈt(ʃ)iːn
AM poʊˈtin, pɑˈtin

pother
BR ˈpɒð|ə(r), -əz, -(ə)rɪŋ, -əd
AM ˈpɑðər, -z, -ɪŋ, -d

potherb
BR ˈpɒthəːb, -z
AM ˈpɑt(h)ərb, -z

pothole
BR ˈpɒthəʊl, -z, -ɪŋ, -d
AM ˈpɑt(h)oʊl, -z, -ɪŋ, -d

potholer
BR ˈpɒthəʊlə(r), -z
AM ˈpɑt(h)oʊlər, -z

pothook
BR ˈpɒthʊk, -s
AM ˈpɑt(h)ʊk, -s

pothouse
BR ˈpɒthaʊ|s, -zɪz
AM ˈpɑt(h)aʊ|s, -zəz

potiche
BR pɒˈtiːʃ, -ɪz
AM poʊˈtiʃ, -ɪz
FR pɔtiʃ

potion
BR ˈpəʊʃn, -z
AM ˈpoʊʃ(ə)n, -z

Potiphar
BR ˈpɒtɪfɑː(r)
AM ˈpɑdəfər

potlatch
BR ˈpɒtlatʃ, -ɪz
AM ˈpɑtˌlætʃ, -əz

potlatching
BR ˈpɒtˌlatʃɪŋ
AM ˈpɑtˌlætʃɪŋ

Potomac
BR pəˈtəʊmak
AM pəˈtoʊmək

potoroo
BR ˌpəʊtəˈruː, ˌpɒtəˈruː, -z
AM ˌpoʊdəˈru, -z

potpie
BR ˈpɒtpʌɪ
AM ˌpɑtˈpaɪ

potpourri
BR ˌpəʊˈpʊriː, ˌpəʊpəˈriː, -z
AM ˌpoʊpəˈri, -z

potrero
BR pəˈtrɛːrəʊ, -z
AM pəˈtrɛˌroʊ, -z

Potsdam
BR ˈpɒtsdam
AM ˈpɑstˌdæm

potsherd
BR ˈpɒt-ʃəːd, -z
AM ˈpɑtˌʃərd, -z

potshot
BR ˈpɒt-ʃɒt, -s
AM ˈpɑtˌʃɑt, -s

potsticker
BR ˈpɒtˌstɪkə(r), -z
AM ˈpɑtˌstɪkər, -z

potstone
BR ˈpɒtstəʊn
AM ˈpɑtˌstoʊn

pottage
BR ˈpɒtɪdʒ
AM ˈpɑdɪdʒ

potter
BR ˈpɒt|ə(r), -əz, -(ə)rɪŋ, -əd
AM ˈpɑdər, -z, -ɪŋ, -d

potterer
BR ˈpɒt(ə)rə(r), -z
AM ˈpɑdərər, -z

Potteries
BR ˈpɒt(ə)rɪz
AM ˈpɑdərɪz

pottery
BR ˈpɒt(ə)r|i, -ɪz
AM ˈpɑdəri, -z

pottiness
BR ˈpɒtɪnɪs
AM ˈpɑdɪnɪs

pottle
BR ˈpɒtl, -z
AM ˈpɑdəl, -z

potto
BR ˈpɒtəʊ, -z
AM ˈpɑˌdoʊ, -z

Potts
BR pɒts
AM pɑts

potty
BR ˈpɒt|i, -ɪz, -ɪə(r), -ɪɪst
AM ˈpɑdi, -z, -ər, -ɪst

pouch
BR paʊtʃ, -ɪz, -ɪŋ, -t
AM paʊtʃ, -əz, -ɪŋ, -t

pouchy
BR ˈpaʊtʃ|i, -ɪə(r), -ɪɪst
AM ˈpaʊtʃi, -ər, -ɪst

pouf[1] *homosexual*
BR pʊf, puːf, -s
AM puf, -s

pouf[2] *seat, hair*
BR puːf, -s
AM puf, -s

pouffe[1] *homosexual*
BR pʊf, puːf, -s
AM puf, -s

pouffe[2] *seat, hair*
BR puːf, -s
AM puf, -s

Poughkeepsie
BR pəˈkɪpsi
AM pəˈkɪpsi

poulard
BR puːˈlɑːd, -z
AM puˈlɑrd, -z

Poulenc
BR ˈpuːlaŋk
AM puˈlɛŋk
FR pulɛ̃k

Poulson
BR ˈpəʊls(ə)n
AM ˈpoʊls(ə)n, ˈpɔls(ə)n

poult[1] *chicken*
BR pəʊlt, -s
AM poʊlt, -s

poult[2] *fabric*
BR puːlt, pʊlt
AM pu(lt)

poult-de-soie
BR ˌpuːdəˈswɑː(r)
AM ˌpudəˈswɑ

Poulteney
BR ˈpəʊltni
AM ˈpoʊltni

Poulter
BR ˈpəʊltə(r)
AM ˈpoʊltər

poulterer
BR ˈpəʊlt(ə)rə(r), -z
AM ˈpoʊltərər, -z

poultice
BR ˈpəʊltɪs, -ɪz
AM ˈpoʊltəs, -ɪz

Poultney
BR ˈpəʊltni
AM ˈpoʊltni

Poulton
BR ˈpəʊlt(ə)n
AM ˈpoʊlt(ə)n

poultry
BR ˈpəʊltri
AM ˈpoʊltri

poultryman
BR ˈpəʊltrɪmən
AM ˈpoʊltrɪm(ə)n

poultrymen
BR ˈpəʊltrɪmən
AM ˈpoʊltrɪm(ə)n

pounce
BR paʊns, -ɪz, -ɪŋ, -t
AM paʊns, -əz, -ɪŋ, -t

pouncer
BR ˈpaʊnsə(r), -z
AM ˈpaʊnsər, -z

pouncet-box
BR ˈpaʊnsɪtbɒks, -ɪz
AM ˈpaʊnsətˌbɑks, -əz

pound
BR paʊnd, -z, -ɪŋ, -ɪd
AM paʊnd, -z, -ɪŋ, -əd

poundage
BR ˈpaʊnd|ɪdʒ, -ɪdʒɪz
AM ˈpaʊndɪdʒ, -ɪz

poundal
BR ˈpaʊndl, -z
AM ˈpaʊndəl, -z

pounder
BR ˈpaʊndə(r), -z
AM ˈpaʊndər, -z

Pountney
BR ˈpaʊntni
AM ˈpoʊn(t)ni

pour
BR pɔː(r), -z, -ɪŋ, -d
AM pɔ(ə)r, -z, -ɪŋ, -d

pourable
BR ˈpɔːrəbl
AM ˈpɔrəb(ə)l

pourboire
BR ˈpʊəbwɑː(r), ˈpɔːbwɑː(r), -z
AM pʊrˈbwɑr, -z
FR puʀbwaʀ

pourer
BR ˈpɔːrə(r), -z
AM ˈpɔrər, -z

pourparler
BR ˌpʊəˈpɑːleɪ, ˌpɔːˈpɑːleɪ, -z
AM ˌpʊrˌpɑrˈleɪ, -z
FR puʀpaʀle

pousada
BR pə(ʊ)ˈsɑːdə(r), -z
AM poʊˈsɑdə, -z

poussette
BR puːˈsɛt, -s, -ɪŋ, -ɪd
AM puˈsɛ|t, -ts, -dɪŋ, -dɪd
FR pusɛt

Poussin
BR ˈpuːsan, ˈpuːsɑ̃
AM pʊˈsɛn
FR pusɛ̃

pout
BR paʊt, -s, -ɪŋ, -ɪd
AM paʊ|t, -ts, -dɪŋ, -dəd

pouter
BR ˈpaʊtə(r), -z
AM ˈpaʊdər, -z

poutine
BR puːˈtiːn
AM puˈtin

poutingly
BR ˈpaʊtɪŋli
AM ˈpaʊdɪŋli

pouty
BR ˈpaʊt|i, -ɪə(r), -ɪɪst
AM ˈpaʊdi, -ər, -ɪst

poverty
BR ˈpɒvəti
AM ˈpɑvərdi

Povey
BR ˈpəʊvi
AM ˈpoʊvi

pow!
BR paʊ
AM paʊ

powan
BR ˈpəʊən, -z
AM ˈpoʊən, -z

powder
BR ˈpaʊd|ə(r), -əz,
-(ə)rɪŋ, -əd
AM ˈpaʊdər, -z, -ɪŋ, -d

powderiness
BR ˈpaʊd(ə)rɪnɪs
AM ˈpaʊdərɪnɪs

powderpuff
BR ˈpaʊdəpʌf, -s
AM ˈpaʊdərˌpəf, -s

powdery
BR ˈpaʊd(ə)ri
AM ˈpaʊdəri

Powell
BR ˈpaʊ(ə)l, ˈpəʊ(ə)l
AM ˈpaʊəl

power
BR ˈpaʊə(r), -z,
-ɪŋ, -d
AM ˈpaʊ(ə)r, -z, -ɪŋ,
-d

powerboat
BR ˈpaʊəbəʊt, -s
AM ˈpaʊ(ə)rˌboʊt, -s

powerful
BR ˈpaʊəf(ʊ)l
AM ˈpaʊ(ə)rfəl

powerfully
BR ˈpaʊəfʊli, ˈpaʊəfl̩i
AM ˈpaʊ(ə)rfəli

powerfulness
BR ˈpaʊəf(ʊ)lnəs
AM ˈpaʊ(ə)rfəlnəs

powerhouse
BR ˈpaʊəhaʊ|s, -zɪz
AM ˈpaʊ(ə)rˌ(h)aʊ|s,
-zəz

powerless
BR ˈpaʊələs
AM ˈpaʊ(ə)rləs

powerlessly
BR ˈpaʊələsli
AM ˈpaʊ(ə)rləsli

powerlessness
BR ˈpaʊələsnəs
AM ˈpaʊ(ə)rləsnəs

powerlifter
BR ˈpaʊəˌlɪftə(r), -z
AM ˈpaʊ(ə)rˌlɪftər, -z

powerpack
BR ˈpaʊəpak, -s
AM ˈpaʊ(ə)rˌpæk, -s

powerpoint
BR ˈpaʊəpɔɪnt, -s
AM ˈpaʊ(ə)rˌpɔɪnt, -s

Powers
BR ˈpaʊəz
AM ˈpaʊərz

power trip
BR ˈpaʊə trɪp, -s
AM ˈpaʊ(ə)r ˌtrɪp, -s

power walk
BR ˈpaʊə ˌwɔːk, -s,
-ɪŋ, -t
AM ˈpaʊ(ə)r ˌwɔk,
ˈpaʊ(ə)r ˌwɑk, -s,
-ɪŋ, -t

Powhatan
BR paʊˈhatn,
ˈpaʊəˌtan
AM paʊˈhætn

Powis
BR ˈpəʊɪs, ˈpaʊɪs
AM ˈpoʊəs, ˈpaʊɪs

powwow
BR ˈpaʊwaʊ, -z
AM ˈpaʊˌwaʊ, -z

Powys[1] *surname*
BR ˈpəʊɪs, ˈpaʊɪs
AM ˈpoʊəs
WE ˈpoʊɪs

Powys[2] *Welsh county*
BR ˈpaʊɪs
AM ˈpaʊɪs
WE ˈpoʊɪs

pox
BR pɒks
AM pɑks

poxy
BR ˈpɒks|i, -ɪə(r),
-ɪɪst
AM ˈpɑksi, -ər, -ɪst

Poznań
BR ˈpɒznan
AM ˈpoʊznæn,
ˈpɑznæn
POL ˈpɒznanʲ

pozzolana
BR ˌpɒtsəˈlɑːnə(r)
AM ˌpɑtʃəˈlɑnə
IT pottsoˈlana

praam
BR pram, prɑːm, -z
AM præm, -z

practicability
BR ˌpraktɪkəˈbɪlɪti
AM ˌpræktəkəˈbɪlɨdi

practicable
BR ˈpraktɪkəbl
AM ˈpræktəkəb(ə)l

practicableness
BR ˈpraktɪkəblnəs
AM ˈpræktəkəbəlnəs

practicably
BR ˈpraktɪkəbli
AM ˈpræktəkəbli

practical
BR ˈpraktɪkl
AM ˈpræktək(ə)l

practicality
BR ˌpraktɪˈkalɪt|i, -ɪz
AM ˌpræktəˈkælədi, -z

practically[1] *almost*
BR ˈpraktɪkli
AM ˈpræktək(ə)li

practically[2] *in a practical way*
BR ˈpraktɪkli,
ˈpraktɪkl̩i
AM ˈpræktək(ə)li

practicalness
BR ˈpraktɪklnəs
AM ˈpræktəkəlnəs

practice
BR ˈpraktǀɪs, -ɪsɪz
AM ˈpræktəs, -əz

practicer
BR ˈpraktɪsə(r), -z
AM ˈpræktəsər, -z

practicum
BR ˈpraktɪkəm, -z
AM ˈpræktəkəm, -z

practise
BR ˈpraktǀɪs, -ɪsɪz,
-ɪsɪŋ, -ɪst
AM ˈpræktəs, -əz, -ɪŋ, -t

practiser
BR ˈpraktɪsə(r), -z
AM ˈpræktəsər, -z

practitioner
BR prakˈtɪʃnə(r),
prakˈtɪʃnə(r), -z
AM prækˈtɪʃ(ə)nər, -z

prad
BR prad, -z
AM præd, -z

pradhan
BR ˈprʌdɑːn, -z
AM ˈprɑˌdɑn, -z

Prado
BR ˈprɑːdəʊ
AM ˈprɑˌdoʊ

praecipe
BR ˈpriːsɪp|i, -ɪz
AM ˈprisəpi, -z

praecocial
BR prɪˈkəʊʃl
AM priˈkoʊʃ(ə)l

praecox
BR ˈpriːkɒks
AM ˈpriˌkɑks

praedial
BR ˈpriːdɪəl
AM ˈpridiəl

praemunire
BR ˌpriːmjuːˈnɪəri,
ˌpriːmjʉˈnɪəri
AM ˌprimjəˈnaɪri

praenomen
BR ˌpriːˈnəʊmɛn, -z
AM priˈnoʊm(ə)n, -z

praepostor
BR ˌpriːˈpɒstə(r), -z
AM priˈpɑstər, -z

praesidia
BR prɪˈsɪdɪə(r),
prɪˈzɪdɪə(r),
prʌɪˈsɪdɪə(r),
prʌɪˈzɪdɪə(r)
AM prəˈzɪdiə, prəˈsɪdiə

Praesidium
BR prɪˈsɪdɪəm,
prɪˈzɪdɪəm,
prʌɪˈsɪdɪəm,
prʌɪˈzɪdɪəm, -z
AM prəˈzɪdɪəm,
prəˈsɪdɪəm, -z

praetor
BR ˈpriːtə(r), -z
AM ˈpridər, -z

praetoria
BR prɪˈtɔːrɪə(r),
priːˈtɔːrɪə(r),
prʌɪˈtɔːrɪə(r)
AM prəˈtɔriə

praetorian
BR prɪˈtɔːriən,
priːˈtɔːriən,
prʌɪˈtɔːriən
AM prəˈtɔriən
praetorium
BR prɪˈtɔːriəm,
priːˈtɔːriəm,
prʌɪˈtɔːriəm, -z
AM prəˈtɔriəm, -z
praetorship
BR ˈpriːtɔːˌʃɪp, -s
AM ˈprɪdərˌʃɪp, -s
pragmatic
BR pragˈmatɪk, -s
AM præɡˈmædɪk, -s
pragmatical
BR pragˈmatɪkl
AM præɡˈmædək(ə)l
pragmaticality
BR pragˌmatɪˈkalɪti
AM præɡˌmædə-ˈkælədi
pragmatically
BR pragˈmatɪkli
AM præɡˈmædək(ə)li
pragmatise
BR ˈpragmətʌɪz, -ɪz,
-ɪŋ, -d
AM ˈprægməˌtaɪz, -ɪz,
-ɪŋ, -d
pragmatism
BR ˈpragmətɪzm
AM ˈprægməˌtɪz(ə)m
pragmatist
BR ˈpragmətɪst, -s
AM ˈprægmədəst, -s
pragmatistic
BR ˌpragməˈtɪstɪk
AM ˌprægməˈtɪstɪk
pragmatize
BR ˈpragmətʌɪz, -ɪz,
-ɪŋ, -d
AM ˈprægməˌtaɪz, -ɪz,
-ɪŋ, -d
Prague
BR prɑːɡ
AM prɑɡ
Praha
BR ˈprɑːhɑː(r)
AM ˈprɑˌhɑ
CZ ˈprʌhʌ

prahu
BR ˈprɑːhuː, -z
AM ˈprɑˌhu, -z
Praia
BR ˈprʌɪə(r)
AM ˈpraɪə
prairie
BR ˈprɛːr|i, -ɪz
AM ˈprɛri, -z
praise
BR preɪz, -ɪz, -ɪŋ, -d
AM preɪz, -ɪz, -ɪŋ, -d
praiseful
BR ˈpreɪzf(ʊ)l
AM ˈpreɪzfəl
praiser
BR ˈpreɪzə(r), -z
AM ˈpreɪzər, -z
praiseworthily
BR ˈpreɪzˌwəːðɪli
AM ˈpreɪzˌwərðəli
praiseworthiness
BR ˈpreɪzˌwəːðɪnɪs
AM ˈpreɪzˌwərðɪnɨs
praiseworthy
BR ˈpreɪzˌwəːði
AM ˈpreɪzˌwərði
Prakrit
BR ˈprɑːkrɪt, -s
AM ˈprɑˌkrɪt, -s
praline
BR ˈprɑːliːn, ˈpreɪliːn,
-z
AM ˈpreɪˌlin, -z
pralltriller
BR ˈprɑːlˌtrɪlə(r), -z
AM ˈprɑlˌtrɪlər, -z
pram
BR pram, -z
AM præm, -z
prana
BR ˈprɑːnə(r)
AM ˈprɑnə
pranam
BR prɑːˈnɑːm
AM prɑˈnɑm
pranayama
BR ˌprɑːnʌˈjɑːmə(r)
AM ˌprɑnəˈjɑmə
prance
BR prɑːns, -ɪz, -ɪŋ, -t
AM præns, -əz, -ɪŋ, -t

prancer
BR ˈprɑːnsə(r), -z
AM ˈprænsər, -z
prandial
BR ˈprandɪəl
AM ˈprændɪəl
Prandtl
BR ˈprantl
AM ˈprændl
prang
BR praŋ, -z, -ɪŋ, -d
AM præŋ, -z, -ɪŋ, -d
prank
BR praŋk, -s
AM præŋk, -s
prankful
BR ˈpraŋkf(ʊ)l
AM ˈpræŋkfəl
prankish
BR ˈpraŋkɪʃ
AM ˈpræŋkɪʃ
pranksome
BR ˈpraŋks(ə)m
AM ˈpræŋks(ə)m
prankster
BR ˈpraŋkstə(r), -z
AM ˈpræŋkstər, -z
prannet
BR ˈpranɪt, -s
AM ˈprænət, -s
prase
BR preɪz
AM preɪz
praseodymium
BR ˌpreɪzɪə(ʊ)ˈdɪmɪəm
AM ˌpreɪzioʊˈdɪmɪəm
prat
BR prat, -s
AM præt, -s
prate
BR preɪt, -s, -ɪŋ, -ɪd
AM preɪ|t, -ts, -dɪŋ, -dɨd
prater
BR ˈpreɪtə(r), -z
AM ˈpreɪdər, -z
pratfall
BR ˈpratfɔːl, -z
AM ˈprætˌfal,
ˈprætˌfɔl, -z
pratie
BR ˈpreɪt|i, -ɪz
AM ˈpreɪdi, -z

pratincole
BR ˈpratɪŋkəʊl, -z
AM ˈprædɪŋˌkoʊl,
ˈprætnˌkoʊl, -z
pratique
BR praˈtiːk, -s
AM prəˈtik, præˈtik, -s
Pratt
BR prat
AM præt
prattle
BR ˈpratl̩, -lz,
-l̩ɪŋ\-lɪŋ, -ld
AM ˈprædəl, -z, -ɪŋ, -d
prattler
BR ˈpratl̩ə(r),
ˈpratlə(r), -z
AM ˈprædlər, -z
prau
BR prɑːuː, -z
AM praʊ, -z
Pravda
BR ˈprɑːvdə(r)
AM ˈprɑvdə
RUS ˈpravdə
prawn
BR prɔːn, -z
AM prɑn, prɔn, -z
praxes
BR ˈpraksiːz
AM ˈprækˌsiz
praxis
BR ˈpraksɪs
AM ˈpræksəs
Praxiteles
BR prakˈsɪtɪliːz,
prakˈsɪtl̩iːz
AM ˌprækˈsɪdəˌliz
pray
BR preɪ, -z, -ɪŋ, -d
AM preɪ, -z, -ɪŋ, -d
prayer[1] *person praying*
BR ˈpreɪə(r), -z
AM ˈpreɪər, -z
prayer[2] *what is said to God*
BR ˈprɛː(r), -z
AM ˈprɛ(ə)r, -z
prayerbook
BR ˈprɛːbʊk, -s
AM ˈprɛrˌbʊk, -s

prayerful
BR ˈprɛːf(ʊ)l
AM ˈprɛrfəl

prayerfully
BR ˈprɛːfəli, ˈprɛːfl̩i
AM ˈprɛrfəli

prayerfulness
BR ˈprɛːf(ʊ)lnəs
AM ˈprɛrfəlnəs

prayerless
BR ˈprɛːləs
AM ˈprɛrləs

preach
BR priːtʃ, -ɪz, -ɪŋ, -t
AM pritʃ, -ɪz, -ɪŋ, -t

preachable
BR ˈpriːtʃəbl
AM ˈpritʃəb(ə)l

preacher
BR ˈpriːtʃə(r), -z
AM ˈpritʃər, -z

preachify
BR ˈpriːtʃɪfʌɪ, -z, -ɪŋ, -d
AM ˈpritʃəˌfaɪ, -z, -ɪŋ, -d

preachiness
BR ˈpriːtʃɪnɪs
AM ˈpritʃɪnɪs

preaching
BR ˈpriːtʃɪŋ, -z
AM ˈpritʃɪŋ, -z

preachment
BR ˈpriːtʃm(ə)nt, -s
AM ˈpritʃm(ə)nt, -s

preachy
BR ˈpriːtʃi
AM ˈpritʃi

pre-adamite
BR ˌpriːˈadəmʌɪt
AM ˌpriˈædəˌmaɪt

pre-adolescence
BR ˌpriːadəˈlɛsns
AM ˌpriˌædəˈlɛs(ə)ns

pre-adolescent
BR ˌpriːadəˈlɛsnt, -s
AM ˌpriˌædəˈlɛs(ə)nt, -s

preamble
BR ˈpriːambl, prɪˈambl, -z
AM ˈpriˌæmbəl, -z

preambular
BR (ˌ)priːˈambjʊlə(r)
AM ˌpriˈæmbjələr

preamp
BR ˈpriːamp, -s
AM ˈpriˌæmp, -s

preamplified
BR (ˌ)priːˈamplɪfʌɪd
AM ˌpriˈæmpləˌfaɪd

preamplifier
BR (ˌ)priːˈamplɪfʌɪə(r), -z
AM ˌpriˈæmpləˌfaɪər, -z

preamplify
BR (ˌ)priːˈamplɪfʌɪ, -z, -ɪŋ, -d
AM ˌpriˈæmpləˌfaɪ, -z, -ɪŋ, -d

prearrange
BR ˌpriːəˈreɪn(d)ʒ, -ɪz, -ɪŋ, -d
AM ˌpriəˈreɪndʒ, -ɪz, -ɪŋ, -d

prearrangement
BR ˌpriːəˈreɪn(d)ʒm(ə)nt
AM ˌpriəˈreɪndʒm(ə)nt

preatomic
BR ˌpriːəˈtɒmɪk
AM ˌpriəˈtɑmɪk

prebend
BR ˈprɛb(ə)nd, -z
AM ˈprɛbənd, -z

prebendal
BR ˈprɛb(ə)ndl
AM ˈprɛbəndəl

prebendary
BR ˈprɛb(ə)nd(ə)r|i, -ɪz
AM ˈprɛbənˌdɛri, -z

prebendaryship
BR ˈprɛb(ə)nd(ə)rɪʃɪp, -s
AM ˈprɛbənˌdɛriˌʃɪp, -s

preboarding
BR ˌpriːˈbɔːdɪŋ
AM priˈbɔ(ə)rdɪŋ

pre-book
BR ˌpriːˈbʊk, -s, -ɪŋ, -t
AM ˌpriˈbʊk, -s, -ɪŋ, -t

pre-bookable
BR ˌpriːˈbʊkəbl
AM ˌpriˈbʊkəb(ə)l

Precambrian
BR (ˌ)priːˈkambrɪən
AM ˌpriˈkæmbriən

precancerous
BR ˌpriːˈkans(ə)rəs
AM ˌpriˈkæns(ə)rəs

precancerously
BR ˌpriːˈkans(ə)rəsli
AM ˌpriˈkæns(ə)rəsli

precarious
BR prɪˈkɛːrɪəs
AM prəˈkɛriəs

precariously
BR prɪˈkɛːrɪəsli
AM prəˈkɛriəsli

precariousness
BR prɪˈkɛːrɪəsnəs
AM prəˈkɛriəsnəs

precast
BR ˌpriːˈkɑːst
AM ˈpriˈkæst

precative
BR ˈprɛkətɪv, -z
AM ˈprɛkədɪv, -z

precatory
BR ˈprɛkət(ə)ri
AM ˈprɛkəˌtɔri

precaution
BR prɪˈkɔːʃn, -z
AM priˈkɑʃ(ə)n, priˈkɔʃ(ə)n, -z

precautionary
BR prɪˈkɔːʃ(ə)ri
AM priˈkɑʃəˌnɛri, priˈkɔʃəˌnɛri

precede
BR ˌpriːˈsiːd, prɪˈsiːd
AM priˈsid

precedence
BR ˈprɛsɪd(ə)ns
AM ˈprɛsədəns

precedency
BR ˈprɛsɪd(ə)ns|i, -ɪz
AM ˈprɛsədnsi, -z

precedent[1] *adjective*
BR prɪˈsiːd(ə)nt
AM ˈprɛsədənt, priˈsidnt

precedent[2] *noun*
BR ˈprɛsɪd(ə)nt, -s
AM ˈprɛsədnt, -s

precedented
BR ˈprɛsɪdɛntɪd
AM ˈprɛsəˌdɛn(t)əd

precedently
BR ˈprɛsɪd(ə)ntli
AM ˈprɛsəd(ə)n(t)li

precent
BR prɪˈsɛnt, ˌpriːˈsɛnt, -s, -ɪŋ, -ɪd
AM priˈsɛn|t, -ts, -(t)ɪŋ, -(t)əd

precentor
BR prɪˈsɛntə(r), ˌpriːˈsɛntə(r), -z
AM prəˈsɛn(t)ər, -z

precentorship
BR prɪˈsɛntəʃɪp, ˌpriːˈsɛntəʃɪp, -s
AM prəˈsɛn(t)ərˌʃɪp, -s

precentrices
BR prɪˈsɛntrɪsiːz, priːˈsɛntrɪsiz
AM prəˈsɛntrəˌsiz

precentrix
BR prɪˈsɛntrɪks, ˌpriːˈsɛntrɪks, -ɪz
AM prəˈsɛntrɪks, -ɪz

precept
BR ˈpriːsɛpt, -s
AM ˈpriˌsɛpt, -s

preceptive
BR prɪˈsɛptɪv
AM prəˈsɛptɪv

preceptor
BR prɪˈsɛptə(r), -z
AM ˈpriˌsɛptər, -z

preceptorial
BR ˌpriːsɛpˈtɔːrɪəl, prɪˌsɛpˈtɔːrɪəl
AM ˌpriˌsɛpˈtɔriəl

preceptorship
BR prɪˈsɛptəʃɪp, -s
AM ˈpriˌsɛptərˌʃɪp, -s

preceptress
BR prɪˈsɛptrɪs, -ɪz
AM priˈsɛptrəs, -əz

precession
BR prɪˈsɛʃn, -z
AM prəˈsɛʃ(ə)n, -z

precessional
BR prɪˈseʃn̩l
AM prəˈseʃ(ə)n(ə)l

precinct
BR ˈpriːsɪŋ(k)t, -s
AM ˈpriˌsɪŋk(t),
ˈpriˌsɪŋ(k)t, -(t)s

preciosity
BR ˌpreʃɪˈɒsɪti,
ˌpresɪˈɒsɪti
AM ˌpreʃɪˈɑsədi

precious
BR ˈpreʃəs
AM ˈpreʃəs

preciously
BR ˈpreʃəsli
AM ˈpreʃəsli

preciousness
BR ˈpreʃəsnəs
AM ˈpreʃəsnəs

precip
BR ˈpriːsɪp, prɪˈsɪp
AM ˈprisɪp

precipice
BR ˈpresɪpɪs, -ɪz
AM ˈpresəpəs, -əz

precipitability
BR prɪˌsɪpɪtəˈbɪlɪti
AM ˌpresəˌpɪdəˈbɪlɪdi

precipitable
BR prɪˈsɪpɪtəbl
AM prəˈsɪpədəb(ə)l

precipitance
BR prɪˈsɪpɪt(ə)ns
AM priˈsɪpədəns

precipitancy
BR prɪˈsɪpɪt(ə)nsi
AM priˈsɪpədənsi

precipitant
BR prɪˈsɪpɪt(ə)nt
AM priˈsɪpədənt

precipitantly
BR prɪˈsɪpɪt(ə)ntli
AM priˈsɪpədən(t)li

precipitate¹ *adjective*
BR prɪˈsɪpɪtət
AM priˈsɪpədət

precipitate² *verb*
BR prɪˈsɪpɪteɪt, -s,
-ɪŋ, -ɪd
AM priˈsɪpəˌteɪ|t, -ts,
-dɪŋ, -dɪd

precipitately
BR prɪˈsɪpɪtətli
AM priˈsɪpədətli

precipitateness
BR prɪˈsɪpɪtətnəs
AM priˈsɪpədətnəs

precipitation
BR prɪˌsɪpɪˈteɪʃn
AM priˌsɪpəˈteɪʃ(ə)n

precipitator
BR prɪˈsɪpɪteɪtə(r), -z
AM priˈsɪpəˌteɪdər, -z

precipitin
BR prɪˈsɪpɪtɪn
AM prəˈsɪpɪdɪn

precipitous
BR prɪˈsɪpɪtəs
AM priˈsɪpədəs

precipitously
BR prɪˈsɪpɪtəsli
AM priˈsɪpədəsli

precipitousness
BR prɪˈsɪpɪtəsnəs
AM priˈsɪpədəsnəs

precis *singular noun, verb*
BR ˈpreɪsiː, -z, -ɪŋ, -d
AM ˈpreɪsi, -z, -ɪŋ, -d

precise
BR prɪˈsʌɪs
AM priˈsaɪs

precisely
BR prɪˈsʌɪsli
AM priˈsaɪsli

preciseness
BR prɪˈsʌɪsnɪs
AM priˈsaɪsnɪs

precisian
BR prɪˈsɪʒn, -z
AM priˈsɪʒ(ə)n, -z

precisianism
BR prɪˈsɪʒnɪzm
AM priˈsɪʒəˌnɪz(ə)m

precision
BR prɪˈsɪʒn
AM priˈsɪʒ(ə)n

precisionism
BR prɪˈsɪʒnɪzm
AM priˈsɪʒəˌnɪz(ə)m

precisionist
BR prɪˈsɪʒnɪst, -s
AM priˈsɪʒənəst, -s

preclassical
BR ˌpriːˈklasɪkl
AM prəˈklæsək(ə)l

preclinical
BR ˌpriːˈklɪnɪkl
AM prəˈklɪnɪk(ə)l

preclude
BR prɪˈkluːd, -z, -ɪŋ, -ɪd
AM priˈklud, -z, -ɪŋ, -əd

preclusion
BR prɪˈkluːʒn
AM priˈkluʒ(ə)n

preclusive
BR prɪˈkluːsɪv
AM priˈklusɪv

precocial
BR prɪˈkəʊʃl, -z
AM prəˈkoʊʃ(ə)l, -z

precocious
BR prɪˈkəʊʃəs
AM prəˈkoʊʃəs

precociously
BR prɪˈkəʊʃəsli
AM prəˈkoʊʃəsli

precociousness
BR prɪˈkəʊʃəsnəs
AM prəˈkoʊʃəsnəs

precocity
BR prɪˈkɒsɪti
AM prəˈkɑsədi

precognition
BR ˌpriːkɒgˈnɪʃn
AM ˌpriˌkɑgˈnɪʃ(ə)n

precognitive
BR ˌpriːˈkɒgnɪtɪv
AM ˌpriˈkɑgnədɪv

precognizance
BR (ˌ)priːˈkɒgnɪz(ə)ns
AM priˈkɑgnəz(ə)ns

pre-coital
BR ˌpriːˈkəʊɪtl,
ˌpriːˈkɔɪ(ɪ)tl
AM ˌpriˈkoʊədl

pre-coitally
BR ˌpriːˈkəʊɪtli,
ˌpriːˈkɔɪ(ɪ)tli
AM ˌpriˈkoʊədli

pre-Columbian
BR ˌpriːkəˈlʌmbɪən
AM ˌprikəˈləmbiən

precompensation
BR ˌpriːkɒmp(ɛ)nˈseɪʃn
AM ˌpriˌkɑmpənˈseɪʃ(ə)n

preconceive
BR ˌpriːkənˈsiːv, -z, -ɪŋ, -d
AM ˌprikənˈsiv, -z, -ɪŋ, -d

preconception
BR ˌpriːkənˈsepʃn, -z
AM ˌprikənˈsepʃ(ə)n, -z

preconcert
BR ˌpriːkənˈsəːt, -s, -ɪŋ, -ɪd
AM ˌpriˈkɑnsər|t, -ts, -dɪŋ, -dəd

precondition
BR ˌpriːkənˈdɪʃn, -nz, -n̩ɪŋ\-nɪŋ, -nd
AM ˌprikənˈdɪʃ(ə)n, -z, -ɪŋ, -d

preconisation
BR ˌpriːkənʌɪˈzeɪʃn
AM ˌprekəˌnaɪˈzeɪʃ(ə)n, ˌprekənəˈzeɪʃ(ə)n

preconise
BR ˈpriːkənʌɪz, -ɪz, -ɪŋ, -d
AM ˈprekəˌnaɪz, -ɪz, -ɪŋ, -d

preconization
BR ˌpriːkənʌɪˈzeɪʃn
AM ˌprekəˌnaɪˈzeɪʃ(ə)n, ˌprekənəˈzeɪʃ(ə)n

preconize
BR ˈpriːkənʌɪz, -ɪz, -ɪŋ, -d
AM ˈprekəˌnaɪz, -ɪz, -ɪŋ, -d

preconscious
BR ˌpriːˈkɒnʃəs
AM priˈkɑnʃəs

preconsciousness
BR ˌpriːˈkɒnʃəsnəs
AM priˈkɑnʃəsnəs

precook
BR ˌpriːˈkʊk, -s, -ɪŋ, -t
AM ˌpriˈkʊk, -s, -ɪŋ, -t

pre-cool
BR ˌpriːˈkuːl, -z, -ɪŋ, -d
AM ˌpriˈkul, -z, -ɪŋ, -d

precordial
BR ˌpriːˈkɔːdiəl
AM priˈkɔrdiəl

precostal
BR ˌpriːˈkɒstl
AM priˈkoʊst(ə)l

precursive
BR prɪˈkɜːsɪv, ˌpriːˈkɜːsɪv
AM priˈkɜrsɪv

precursor
BR prɪˈkɜːsə(r), ˌpriːˈkɜːsə(r), -z
AM ˈpriˌkɜrsər, -z

precursory
BR prɪˈkɜːs(ə)ri, ˌpriːˈkɜːs(ə)ri
AM priˈkɜrsəri

pre-cut[1] *adjective*
BR ˌpriːˈkʌt
AM ˌpriˈkət

pre-cut[2] *verb*
BR ˌpriːˈkʌt, -s, -ɪŋ
AM ˌpriˈkə|t, -ts, -dɪŋ

predacious
BR prɪˈdeɪʃəs
AM prəˈdeɪʃəs

predaciousness
BR prɪˈdeɪʃəsnəs
AM prəˈdeɪʃəsnəs

predacity
BR prɪˈdasɪti
AM prəˈdæsədi

predate *prey upon*
BR prɪˈdeɪt, -s, -ɪŋ, -ɪd
AM ˈprɛˈdeɪ|t, -ts, -dɪŋ, -dɪd

pre-date *give an earlier date*
BR (ˌ)priːˈdeɪt, -s, -ɪŋ, -ɪd
AM ˈpriˈdeɪ|t, -ts, -dɪŋ, -dɪd

predation
BR prɪˈdeɪʃn
AM prəˈdeɪʃ(ə)n

predator
BR ˈprɛdətə(r), -z
AM ˈprɛdədər, -z

predatorily
BR ˈprɛdət(ə)rɪli
AM ˈprɛdəˌtɔrəli

predatoriness
BR ˈprɛdət(ə)rɪnɨs
AM ˈprɛdəˌtɔrɪnɨs

predatory
BR ˈprɛdət(ə)ri
AM ˈprɛdəˌtɔri

predecease
BR ˌpriːdɪˈsiːs, -ɪz, -ɪŋ, -t
AM ˌpridəˈsis, -ɪz, -ɪŋ, -t

predecessor
BR ˈpriːdɪsɛsə(r), -z
AM ˈprɪdəˌsɛsər, ˈprɛdəˌsɛsər, -z

predella
BR prɪˈdɛlə(r), -z
AM prəˈdɛlə, -z
IT preˈdɛlla

predestinarian
BR ˌpriːdɛstɪˈnɛːriən, -z
AM ˈˌpriˌdɛstəˈnɛriən, -z

predestinate
BR ˌpriːˈdɛstɪneɪt, prɪˈdɛstɪneɪt, -s, -ɪŋ, -ɪd
AM priˈdɛstəˌneɪ|t, -ts, -dɪŋ, -dɪd

predestination
BR priːˌdɛstɪˈneɪʃn, prɪˌdɛstɪˈneɪʃn, ˌpriːdɛstɪˈneɪʃn
AM priˌdɛstəˈneɪʃ(ə)n

predestine
BR ˌpriːˈdɛst|(ɪ)n, prɪˈdɛst|(ɪ)n, -(ɪ)nz, -n̩ɪŋ\-ɪnɪŋ, -(ɪ)nd
AM priˈdɛst(ə)n, -z, -ɪŋ, -d

predeterminable
BR ˌpriːdɪˈtɜːmɪnəbl
AM ˌpridəˈtɜrmənəb(ə)l

predeterminate
BR ˌpriːdɪˈtɜːmɪnət
AM ˌpridəˈtɜrmənət

predetermination
BR ˌpriːdɪˌtɜːmɪˈneɪʃn
AM ˈˌpridəˌtɜrməˈneɪʃ(ə)n

predetermine
BR ˌpriːdɪˈtɜːmɪn, -z, -ɪŋ, -d
AM ˌpridəˈtɜrm(ə)n, -z, -ɪŋ, -d

predial
BR ˌpriːˈdʌɪəl, -z
AM priˈdaɪəl, -z

predicability
BR ˌprɛdɪkəˈbɪlɪti
AM ˌprɛdɪkəˈbɪlɪdi

predicable
BR ˈprɛdɪkəbl
AM ˈprɛdəkəb(ə)l

predicament
BR prɪˈdɪkəm(ə)nt, -s
AM priˈdɪkəm(ə)nt, -s

predicant
BR ˈprɛdɪk(ə)nt, -s
AM ˈprɛdəkənt, -s

predicate[1] *noun*
BR ˈprɛdɪkət, -s
AM ˈprɛdəkət, -s

predicate[2] *verb*
BR ˈprɛdɪkeɪt, -s, -ɪŋ, -ɪd
AM ˈprɛdəˌkeɪ|t, -ts, -dɪŋ, -dɪd

predication
BR ˌprɛdɪˈkeɪʃn, -z
AM ˌprɛdəˈkeɪʃ(ə)n, -z

predicative
BR prɪˈdɪkətɪv, -z
AM ˈprɛdəkədɪv, ˈprɛdəˌkeɪdɪv, -z

predicatively
BR prɪˈdɪkətɪvli
AM ˈprɛdəkədɪvli, ˈprɛdəˌkeɪdɪvli

predicator
BR ˈprɛdɪkeɪtə(r), -z
AM ˈprɛdəˌkeɪdər, -z

predicatory
BR ˈprɛdɪkət(ə)ri
AM ˈprɛdəkəˌtɔri

predict
BR prɪˈdɪkt, -s, -ɪŋ, -ɪd
AM priˈdɪk|(t), -(t)s, -tɪŋ, -tɪd

predictability
BR prɪˌdɪktəˈbɪlɪti
AM priˌdɪktəˈbɪlɪdi

predictable
BR prɪˈdɪktəbl
AM priˈdɪktəb(ə)l

predictably
BR prɪˈdɪktəbli
AM priˈdɪktəbli

prediction
BR prɪˈdɪkʃn, -z
AM priˈdɪkʃ(ə)n, -z

predictive
BR prɪˈdɪktɪv
AM priˈdɪktɪv

predictively
BR prɪˈdɪktɪvli
AM priˈdɪktɪvli

predictor
BR prɪˈdɪktə(r), -z
AM priˈdɪktər, -z

predigest
BR ˌpriːdʌɪˈdʒɛst, -s, -ɪŋ
AM ˌpridəˈdʒɛst, ˌpridaɪˈdʒɛst, -s, -ɪŋ

predigested
BR ˌpriːdʌɪˈdʒɛstɪd
AM ˌpridəˈdʒɛst, ˌpridaɪˈdʒɛstəd

predigestion
BR ˌpriːdʌɪˈdʒɛstʃn
AM ˌpridaɪˈdʒɛʃtʃ(ə)n, ˌpridəˈdʒɛʃtʃ(ə)n, ˌpridəˈdʒɛstʃ(ə)n, ˌpridaɪˈdʒɛstʃ(ə)n

predikant
BR ˌprɛdɪˈkant, -s
AM ˈprɛdəkənt, -s

predilection
BR ˌpriːdɪˈlɛkʃn
AM ˌprɛdəˈlɛkʃ(ə)n, ˌprɪdlˈɛkʃ(ə)n, ˌpridəˈlɛkʃ(ə)n, ˌprɛdlˈɛkʃ(ə)n

predispose
BR ˌpriːdɪˈspəʊz, -ɪz, -ɪŋ, -d
AM ˌpridəˈspoʊz, -əz, -ɪŋ, -d

predisposition
BR ˌpriːdɪspəˈzɪʃn, -z
AM ˈˌpridɪspəˈzɪʃ(ə)n, -z

prednisone
BR ˈprɛdnɪzəʊn
AM ˈprɛdnəˌsoʊn, ˈprɛdnəˌzoʊn

predominance
BR prɪˈdɒmɪnəns
AM prɪˈdɑmənəns

predominant
BR prɪˈdɒmɪnənt
AM prɪˈdɑmənənt

predominantly
BR prɪˈdɒmɪnəntli
AM prɪˈdɑmənən(t)li

predominate
BR prɪˈdɒmɪneɪt, -s, -ɪŋ, -ɪd
AM prɪˈdɑməˌneɪ|t, -ts, -dɪŋ, -dɪd

predominately
BR prɪˈdɒmɪnətli
AM prɪˈdɑmənətli

predomination
BR prɪˌdɒmɪˈneɪʃn
AM priˌdɑməˈneɪʃ(ə)n

predoom
BR ˌpriːˈduːm, -z, -ɪŋ, -d
AM priˈdum, -z, -ɪŋ, -d

predorsal
BR ˌpriːˈdɔːsl
AM priˈdɔrs(ə)l

predynastic
BR ˌpriːdɪˈnæstɪk
AM ˌpridəˈnæstɪk, ˌpriˌdaɪˈnæstɪk

Preece
BR priːs
AM pris

pre-echo
BR ˌpriːˈɛkəʊ, -z, -ɪŋ, -d
AM priˈɛkoʊ, -z, -ɪŋ, -d

pre-eclampsia
BR ˌpriːɪˈklam(p)sɪə(r)
AM ˌpriˌɪˈklæm(p)siə

pre-eclamptic
BR ˌpriːɪˈklam(p)tɪk
AM ˌpriˌɪˈklæm(p)tɪk

Preedy
BR ˈpriːdi
AM ˈpridi

pre-elect
BR ˌpriːɪˈlɛkt, -s, -ɪŋ, -d
AM ˌpriˌiˈlɛk|(t), ˌpriəˈlɛk|(t), -(t)s, -tɪŋ, -əd

pre-election
BR ˌpriːɪˈlɛkʃn, -z
AM ˌpriˌiˈlɛkʃ(ə)n, ˌpriəˈlɛkʃ(ə)n, -z

pre-embryonic
BR ˌpriːɛmbrɪˈɒnɪk
AM ˌpriˌɛmbriˈɑnɪk

preemie
BR ˈpriːmi, -ɪz
AM ˈprimi, -z

preeminence
BR ˌpriːˈɛmɪnəns, prɪˈɛmɪnəns
AM priˈɛmənəns

preeminent
BR ˌpriːˈɛmɪnənt, prɪˈɛmɪnənt
AM priˈɛmənənt

preeminently
BR ˌpriːˈɛmɪnəntli, prɪˈɛmɪnəntli
AM priˈɛmənən(t)li

preempt
BR ˌpriːˈɛm(p)t, prɪˈɛm(p)t, -s, -ɪŋ, -ɪd
AM priˈɛm(p)t, -s, -ɪŋ, -əd

preemption
BR ˌpriːˈɛm(p)ʃn, prɪˈɛm(p)ʃn
AM priˈɛm(p)ʃ(ə)n

preemptive
BR ˌpriːˈɛm(p)tɪv, prɪˈɛm(p)tɪv
AM priˈɛm(p)tɪv

preemptively
BR ˌpriːˈɛm(p)tɪvli, prɪˈɛm(p)tɪvli
AM priˈɛm(p)tɪvli

preemptor
BR ˌpriːˈɛm(p)tə(r), prɪˈɛm(p)tə(r), -z
AM priˈɛm(p)tər, -z

preemptory
BR ˌpriːˈɛm(p)t(ə)r|i, prɪˈɛm(p)t(ə)r|i, -ɪz
AM priˈɛm(p)təri, -z

preen
BR priːn, -z, -ɪŋ, -d
AM prin, -z, -ɪŋ, -d

preener
BR ˈpriːnə(r), -z
AM ˈprinər, -z

pre-engage
BR ˌpriːɪnˈgeɪdʒ, ˌpriːɛnˈgeɪdʒ, ˌpriːɪŋˈgeɪdʒ, ˌpriːɛŋˈgeɪdʒ
AM ˌpriɪnˈgeɪdʒ, -ɪz, -ɪŋ, -d

pre-engagement
BR ˌpriːɪnˈgeɪdʒm(ə)nt, ˌpriːɛnˈgeɪdʒm(ə)nt, ˌpriːɪŋˈgeɪdʒm(ə)nt, ˌpriːɛŋˈgeɪdʒm(ə)nt, -s
AM ˌpriɪnˈgeɪdʒm(ə)nt, -s

pre-establish
BR ˌpriːɪˈstabl|ɪʃ, -ɪʃɪz, -ɪʃɪŋ, -ɪʃt
AM ˌpriˈstæblɪʃ, -ɪz, -ɪŋ, -t

preexist
BR ˌpriːɪgˈzɪst, ˌpriːɛgˈzɪst, -s, -ɪŋ, -ɪd
AM ˌpriɪgˈzɪst, -s, -ɪŋ, -ɪd

preexistence
BR ˌpriːɪgˈzɪst(ə)ns, ˌpriːɛgˈzɪst(ə)ns
AM ˌpriɪgˈzɪst(ə)ns

preexistent
BR ˌpriːɪgˈzɪst(ə)nt, ˌpriːɛgˈzɪst(ə)nt
AM ˌpriɪgˈzɪst(ə)nt

prefab
BR ˈpriːfab, -z
AM ˈpriˌfæb, priˈfæb, -z

prefabricate
BR ˌpriːˈfabrɪkeɪt, -s, -ɪŋ, -ɪd
AM priˈfæbrəˌkeɪ|t, -ts, -dɪŋ, -dɪd

prefabrication
BR ˌpriːfabrɪˈkeɪʃn, prɪˌfabrɪˈkeɪʃn
AM ˌpriˌfæbrəˈkeɪʃ(ə)n

preface
BR ˈprɛfɪs, -ɪz, -ɪŋ, -t
AM ˈprɛfəs, -əz, -ɪŋ, -t

prefaded
BR ˌpriːˈfeɪdɪd
AM ˌpriˈfeɪdɪd

prefatorial
BR ˌprɛfəˈtɔːrɪəl
AM ˌprɛfəˈtɔriəl

prefatory
BR ˈprɛfət(ə)ri
AM ˈprɛfəˌtɔri

prefect
BR ˈpriːfɛkt, -s
AM ˈpriˌfɛk(t), -(t)s

prefectoral
BR prɪˈfɛkt(ə)r|
AM priˈfɛkt(ə)rəl

prefectorial
BR ˌpriːfɛkˈtɔːrɪəl
AM ˌpriˌfɛkˈtɔriəl

prefectural
BR prɪˈfɛktʃ(ə)r|
AM priˈfɛk(t)ʃ(ə)rəl

prefecture
BR ˈpriːfɛktʃ(ʊ)ə(r), -z
AM ˈpriˌfɛktʃər, -z

prefer
BR prɪˈfəː(r), -z, -ɪŋ, -d
AM priˈfər, -z, -ɪŋ, -d

preferability
BR ˌprɛf(ə)rəˈbɪlɪti
AM ˌprɛf(ə)rəˈbɪlɪdi

preferable
BR ˈprɛf(ə)rəbl
AM ˈprɛf(ə)rəb(ə)l

preferably
BR ˈprɛf(ə)rəbli
AM ˈprɛfərbli, ˈprɛf(ə)rəbli

preference
BR ˈprɛf(ə)rn̩s, -ɪz
AM ˈprɛf(ə)rəns, -əz

preferenda
BR ˌprɛfəˈrɛndə(r)
AM ˌprɛfəˈrɛndə

preferendum
BR ˌprɛfəˈrɛndəm, -z
AM ˌprɛfəˈrɛnd(ə)m

preferential
BR ˌprɛfəˈrɛnʃl
AM ˌprɛfəˈrɛn(t)ʃ(ə)l

preferentially
BR ˌprefəˈrenʃli
AM ˌprefəˈren(t)ʃəli
preferment
BR prɪˈfɜːm(ə)nt, -s
AM prɪˈfɜrm(ə)nt, -s
prefiguration
BR ˌpriːfɪɡəˈreɪʃn,
ˌpriːfɪɡjʊˈreɪʃn,
priːˌfɪɡəˈreɪʃn,
priːˌfɪɡjʊˈreɪʃn
AM priˌfɪɡjəˈreɪʃ(ə)n
prefigurative
BR (ˌ)priːˈfɪɡ(ə)rətɪv,
(ˌ)priːˈfɪɡjʊrətɪv
AM prɪˈfɪɡjəˌreɪdɪv,
prɪˈfɪɡjərədɪv
prefigure
BR (ˌ)priːˈfɪɡ|ə(r),
-əz, -(ə)rɪŋ, -əd
AM prɪˈfɪɡjər, -z, -ɪŋ, -d
prefigurement
BR (ˌ)priːˈfɪɡəm(ə)nt
AM prɪˈfɪɡjərm(ə)nt
prefix
BR ˈpriːfɪks, -ɪz, -ɪŋ, -t
AM ˈpriːˌfɪks, -ɪz, -ɪŋ, -t
prefixation
BR ˌpriːfɪkˈseɪʃn
AM ˌprifɪkˈseɪʃ(ə)n
prefixion
BR (ˌ)priːˈfɪkʃn
AM prɪˈfɪkʃ(ə)n
prefixture
BR (ˌ)priːˈfɪkstʃə(r)
AM prɪˈfɪk(st)ʃər
preflight
BR ˌpriːˈflʌɪt, -s, -ɪŋ, -ɪd
AM ˈpriːˌflaɪ|t, -ts, -dɪŋ, -dɪd
preform
BR ˌpriːˈfɔːm, -z, -ɪŋ, -d
AM prɪˈfɔ(ə)rm, -z, -ɪŋ, -d
preformation
BR ˌpriːfɔːˈmeɪʃn
AM ˌpriˌfɔrˈmeɪʃ(ə)n
preformationist
BR ˌpriːfɔːˈmeɪʃnɪst, -s
AM ˌpriˌfɔrˈmeɪʃənəst, -s

preformative
BR ˌpriːˈfɔːmətɪv, -z
AM prɪˈfɔrmədɪv, -z
prefrontal
BR ˌpriːˈfrʌntl
AM prɪˈfrʌn(t)l
preglacial
BR ˌpriːˈɡleɪʃl, ˌpriːˈɡleɪsɪəl
AM prɪˈɡleɪʃ(ə)l
pregnable
BR ˈpreɡnəbl
AM ˈpreɡnəb(ə)l
pregnancy
BR ˈpreɡnəns|i, -ɪz
AM ˈpreɡnənsi, -z
pregnant
BR ˈpreɡnənt
AM ˈpreɡnənt
pregnantly
BR ˈpreɡnəntli
AM ˈpreɡnən(t)li
preheat
BR ˌpriːˈhiːt, -s, -ɪŋ, -ɪd
AM priˈhi|t, -ts, -dɪŋ, -dɪd
prehensile
BR prɪˈhensʌɪl, prɪˈhensʌɪl
AM prɪˈhens(ə)l
prehensility
BR ˌpriːhenˈsɪlɪti
AM ˌpriˌhenˈsɪlɪdi
prehension
BR prɪˈhenʃn
AM prɪˈhen(t)ʃ(ə)n
prehistorian
BR ˌpriːhɪˈstɔːrɪən, -z
AM ˌprihɪˈstɔrɪən, -z
prehistoric
BR ˌpriːhɪˈstɒrɪk
AM ˌprihɪˈstɔrɪk
prehistorically
BR ˌpriːhɪˈstɒrɪkli
AM ˌpri(h)ɪˈstɔrək(ə)li
prehistory
BR ˌpriːˈhɪst(ə)ri
AM priˈhɪstəri

pre-install
BR ˌpriːɪnˈstɔːl, -z, -ɪŋ, -d
AM ˌpriɪnˈstɔl, ˌpriɪnˈstɑl, -z, -ɪŋ, -d
prejudge
BR ˌpriːˈdʒʌdʒ, -ɪz, -ɪŋ, -d
AM priˈdʒədʒ, -əz, -ɪŋ, -d
prejudgement
BR ˌpriːˈdʒʌdʒm(ə)nt, -s
AM priˈdʒədʒm(ə)nt, -s
prejudgment
BR ˌpriːˈdʒʌdʒm(ə)nt, -s
AM priˈdʒədʒm(ə)nt, -s
prejudice
BR ˈpredʒʊd|ɪs, -ɪsɪz, -ɪsɪŋ, -ɪst
AM ˈpredʒədəs, -əz, -ɪŋ, -t
prejudicial
BR ˌpredʒʊˈdɪʃl
AM ˌpredʒəˈdɪʃ(ə)l
prejudicially
BR ˌpredʒʊˈdɪʃli
AM ˌpredʒəˈdɪʃəli
pre-K
BR ˌpriːˈkeɪ, -z
AM ˌpriˈkeɪ, -z
prelacy
BR ˈpreləs|i, -ɪz
AM ˈpreləsi, -z
prelapsarian
BR ˌpriːlapˈsɛːrɪən
AM ˌpriˌlæpˈsɛrɪən
prelate
BR ˈprelət, -s
AM ˈprelət, -s
prelatic
BR prɪˈlatɪk
AM prəˈlædɪk
prelatical
BR prɪˈlatɪkl
AM prəˈlædək(ə)l
prelature
BR ˈprelətʃə(r), -z
AM ˈprelətʃʊ(ə)r, ˈprelətʃər, -z

prelect
BR prɪˈlekt, -s, -ɪŋ, -d
AM prɪˈlek|(t), -(t)s, -tɪŋ, -əd
prelection
BR prɪˈlekʃn, -z
AM prɪˈlekʃ(ə)n, -z
prelector
BR prɪˈlektə(r), -z
AM prɪˈlektər, -z
prelibation
BR ˌpriːlʌɪˈbeɪʃn, -z
AM ˌpriˌlaɪˈbeɪʃ(ə)n, -z
prelim
BR ˈpriːlɪm, prɪˈlɪm, -z
AM ˈpriˌlɪm, -z
preliminarily
BR prɪˈlɪmɪn(ə)rɪli
AM prəˌlɪməˈnɛrəli
preliminary
BR prɪˈlɪmɪn(ə)r|i, -ɪz
AM prɪˈlɪməˌnɛri, -z
preliterate
BR ˌpriːˈlɪt(ə)rət
AM prɪˈlɪdərət
prelude
BR ˈprelju:d, -z
AM ˈpreɪˌlud, ˈprelˌjud, -z
preludial
BR prɪˈl(j)uːdɪəl
AM prəˈl(j)udɪəl
premarital
BR ˌpriːˈmarɪtl
AM prɪˈmɛrədl
premaritally
BR ˌpriːˈmarɪtli
AM prɪˈmɛrədli
premature
BR ˈprematʃʊə(r), ˈprematjʊə(r), ˈprematʃɔː(r), ˈprematjɔː(r), ˌpreməˈtʃɔː(r), ˌpreməˈtjɔː(r)
AM ˈprɪməˌtʃʊ(ə)r, ˈprɪməˌtʃər

prematurely
BR ˈpremətʃuəli,
ˈpremətjuəli,
ˈpremətʃɔːli,
ˈpremətjɔːli,
ˌpreməˈtʃɔːli,
ˌpreməˈtjɔːli
AM ˌpriməˈtʃʊrli,
ˈpriməˌtʃɚrli

prematureness
BR ˈpremətʃuənəs,
ˈpremətjuənəs,
ˈpremətʃɔːnəs,
ˈpremətjɔːnəs,
ˌpreməˈtʃɔːnəs,
ˌpreməˈtjɔːnəs
AM ˌpriməˈtʃʊrnəs,
ˈpriməˌtʃɚrnəs

prematurity
BR ˌpreməˈtʃuərɪti,
ˌpreməˈtjuərɪti,
ˌpreməˈtʃɔːrɪti,
ˌpreməˈtjɔːrɪti
AM ˌpreməˈtʃʊrədi,
ˈpriməˈtʃɚrədi

premaxillary
BR ˌpriːmakˈsɪl(ə)ri
AM priˈmæksəˌleri

premed
BR ˌpriːˈmed, -z
AM ˈpriˈmed, -z

premedical
BR ˌpriːˈmedɪkl
AM priˈmedək(ə)l

premedication
BR ˌpriːmedɪˈkeɪʃn,
prɪˌmedɪˈkeɪʃn
AM ˈpriˌmedəˈkeɪʃ(ə)n

premeditate
BR ˌpriːˈmedɪteɪt,
prɪˈmedɪteɪt, -s,
-ɪŋ, -ɪd
AM priˈmedəˌteɪ|t, -ts,
-dɪŋ, -dɪd

premeditatedly
BR ˌpriːˈmedɪteɪtɪdli,
prɪˈmedɪteɪtɪdli
AM priˈmedəˌteɪdɪdli

premeditation
BR ˌpriːmedɪˈteɪʃn,
prɪˌmedɪˈteɪʃn
AM priˌmedəˈteɪʃ(ə)n

premenstrual
BR ˌpriːˈmenstruəl,
ˌpriːˈmenstrʊəl
AM priˈmenstr(əw)əl,
priˈmenztr(əw)əl

premenstrually
BR ˌpriːˈmenstruəli,
ˌpriːˈmenstrʊəli
AM priˈmenstr(əw)əli,
priˈmenztr(əw)əli

premia
BR ˈpriːmɪə(r)
AM ˈprimɪə

premie
BR ˈpriːm|i, -ɪz
AM ˈprimi, -z

premier
BR ˈpremɪə(r), -z
AM priˈmɪ(ə)r, -z

première
BR ˈpremɪɛː(r), -z,
-ɪŋ, -d
AM priˈmɪ(ə)r, -z,
-ɪŋ, -d

premiership
BR ˈpremɪəʃɪp, -s
AM priˈmɪrˌʃɪp, -s

premillennial
BR ˌpriːmɪˈlenɪəl
AM ˌpriməˈlenɪəl

premillennialism
BR ˌpriːmɪˈlenɪəlɪzm
AM ˌpriməˈlenɪəˌlɪz(ə)m

premillennialist
BR ˌpriːmɪˈlenɪəlɪst,
-s
AM ˌpriməˈlenɪələst,
-s

premise¹ *noun*
BR ˈprem|ɪs, -ɪsɪz
AM ˈpreməs, -əz

premise² *verb*
BR ˈprem|ɪs, prɪˈmaɪz,
ˈpremɪsɪz\prɪˈmaɪzɪz,
ˈpremɪsɪŋ\prɪˈmaɪzɪŋ,
ˈpremɪst\prɪˈmaɪzd,
prɪˈmaɪz
AM ˈpreməs, -əz, -ɪŋ, -t

premises *plural noun*
BR ˈpremɪsɪz
AM ˈpremərsəz

premiss
BR ˈprem|ɪs, -ɪsɪz
AM ˈpreməs, -əz

premium
BR ˈpriːmɪəm, -z
AM ˈprimɪəm, -z

premolar
BR ˌpriːˈməʊlə(r), -z
AM priˈmoʊlər, -z

premonition
BR ˌpreməˈnɪʃn,
ˌpriːməˈnɪʃn, -z
AM ˌpreməˈnɪʃ(ə)n,
ˌpriməˈnɪʃ(ə)n, -z

premonitor
BR prɪˈmɒnɪtə(r), -z
AM priˈmɑnədər, -z

premonitorily
BR prɪˈmɒnɪt(ə)rɪli
AM priˈmɑnəˌtɔrəli

premonitory
BR prɪˈmɒnɪt(ə)ri
AM priˈmɑnəˌtɔri

Premonstratensian
BR ˌpriːmɒnstrə-
ˈtensɪən, -z
AM ˌprimɑnstrə-
ˈtensɪən,
ˌprimɒnstrə-
ˈtensɪən, -z

premorse
BR ˌpriːˈmɔːs
AM priˈmɔ(ə)rs

premotion
BR ˌpriːˈməʊʃn
AM priˈmoʊʃ(ə)n

prenatal
BR ˌpriːˈneɪtl
AM priˈneɪdl

prenatally
BR ˌpriːˈneɪtli
AM priˈneɪdli

Prendergast
BR ˈprendəɡɑːst
AM ˈprendərˌɡæst

prentice
BR ˈprent|ɪs, -ɪsɪz
AM ˈpren(t)əs,
-əz

prenticeship
BR ˈprentɪsʃɪp, -s
AM ˈpren(t)əsˌʃɪp, -s

Prentiss
BR ˈprentɪs
AM ˈpren(t)əs

prenup
BR ˌpriːˈnʌp, -s
AM ˈpriˌnəp, -s

prenuptial
BR ˌpriːˈnʌp(t)ʃl
AM priˈnəpʃ(ə)l

preoccupation
BR prɪˌɒkjʊˈpeɪʃn,
ˌpriːɒkjʊˈpeɪʃn, -z
AM ˌpriˌɑkjəˈpeɪʃ(ə)n,
-z

preoccupy
BR prɪˈɒkjʊpʌɪ,
ˌpriːˈɒkjʊpʌɪ, -z,
-ɪŋ, -d
AM priˈɑkjəˌpaɪ, -z,
-ɪŋ, -d

preocular
BR prɪˈɒkjʊlə(r),
ˌpriːˈɒkjʊlə(r)
AM priˈɑkjələr

preon
BR ˈpriːɒn, -z
AM ˈpriɑn, -z

preop
BR ˌpriːˈɒp, -s
AM ˈpriˌɑp, -s

preoperative
BR ˌpriːˈɒp(ə)rətɪv
AM priˈɑp(ə)rədɪv

preordain
BR ˌpriːɔːˈdeɪn, -z,
-ɪŋ, -d
AM ˌpriɔrˈdeɪn, -z,
-ɪŋ, -d

pre-order
BR ˌpriːˈɔːd|ə(r), -əz,
-(ə)rɪŋ, -əd
AM ˌpriˌɔrdər, -z,
-ɪŋ, -d

pre-owned
BR ˌpriːˈəʊnd
AM ˌpriˈoʊnd

prep
BR prep
AM prep

prepack
BR ˌpriːˈpak, -s, -ɪŋ, -t
AM priˈpæk, -s, -ɪŋ, -t

prepackage
BR ˌpriːˈpæk|ɪdʒ,
-ɪdʒɪz, -ɪdʒɪŋ, -ɪdʒd
AM priˈpækɪdʒ, -ɪz,
-ɪŋ, -d
preparation
BR ˌprɛpəˈreɪʃn, -z
AM ˌprɛpəˈreɪʃ(ə)n, -z
preparative
BR prɪˈparətɪv
AM ˈprɛp(ə)rədɪv,
priˈpɛrədɪv
preparatively
BR prɪˈparətɪvli
AM ˈprɛp(ə)rədɪvli,
priˈpɛrədɪvli
preparatorily
BR prɪˈparət(ə)rɪli
AM priˌpɛrəˈtɔrəli
preparatory
BR prɪˈparət(ə)ri
AM priˈpɛrəˌtɔri
prepare
BR prɪˈpɛː(r), -z, -ɪŋ, -d
AM priˈpɛ(ə)r, -z,
-ɪŋ, -d
preparedness
BR prɪˈpɛːrɪdnɪs
AM prəˈpɛr(ə)dnəs
preparer
BR prɪˈpɛːrə(r)
AM priˈpɛrər
prepay
BR ˌpriːˈpeɪ, -z, -ɪŋ, -d
AM ˌpriˈpeɪ, -z, -ɪŋ, -d
pre-payable
BR ˌpriːˈpeɪəbl
AM ˌpriˈpeɪəb(ə)l
prepayment
BR ˌpriːˈpeɪm(ə)nt, -s
AM priˈpeɪm(ə)nt, -s
prepense
BR prɪˈpɛns
AM priˈpɛns
prepensely
BR prɪˈpɛnsli
AM priˈpɛnsli
pre-plan
BR ˌpriːˈplan, -z,
-ɪŋ, -d
AM priˈplæn, -z,
-ɪŋ, -d

preponderance
BR prɪˈpɒnd(ə)r n̩s
AM prəˈpɑnd(ə)rəns
preponderant
BR prɪˈpɒnd(ə)r n̩t
AM prəˈpɑnd(ə)rənt
preponderantly
BR prɪˈpɒnd(ə)r n̩tli
AM prəˈpɑnd(ə)rən(t)li
preponderate
BR prɪˈpɒndəreɪt, -s,
-ɪŋ, -ɪd
AM prəˈpɑnd(ə)ˌreɪ|t,
-ts, -dɪŋ, -dɪd
prepone
BR ˌpriːˈpəʊn, -z, -ɪŋ, -d
AM ˌpriˈpoʊn, -z,
-ɪŋ, -d
prepose
BR ˌpriːˈpəʊz, -ɪz,
-ɪŋ, -d
AM ˌpriˈpoʊz, -əz,
-ɪŋ, -d
preposition
BR ˌprɛpəˈzɪʃn, -z
AM ˌprɛpəˈzɪʃ(ə)n, -z
pre-position
BR ˌpriːpəˈzɪʃ|n, -nz,
-n̩ɪŋ\-nɪŋ, -nd
AM ˌpripəˈzɪʃ(ə)n, -z,
-ɪŋ, -d
prepositional
BR ˌprɛpəˈzɪʃn̩l
AM ˌprɛpəˈzɪʃ(ə)n(ə)l
prepositionally
BR ˌprɛpəˈzɪʃn̩li,
ˌprɛpəˈzɪʃnəli
AM ˌprɛpəˈzɪʃ(ə)nəli
prepositive
BR (ˌ)priːˈpɒzɪtɪv
AM priˈpɑzədɪv
prepossess
BR ˌpriːpəˈzɛs, -ɪz,
-ɪŋ, -t
AM ˌpripəˈzɛs, -əz,
-ɪŋ, -t
prepossession
BR ˌpriːpəˈzɛʃn, -z
AM ˌpripəˈzɛʃ(ə)n, -z
preposterous
BR prɪˈpɒst(ə)rəs
AM prəˈpɑst(ə)rəs

preposterously
BR prɪˈpɒst(ə)rəsli
AM prəˈpɑst(ə)rəsli
preposterousness
BR prɪˈpɒst(ə)rəsnəs
AM prəˈpɑst(ə)rəsnəs
prepostor
BR prɪˈpɒstə(r), -z
AM prəˈpɑstər, -z
prepotence
BR ˌpriːˈpəʊt(ə)ns
AM priˈpoʊtns
prepotency
BR ˌpriːˈpəʊt(ə)nsi
AM priˈpoʊtnsi
prepotent
BR ˌpriːˈpəʊt(ə)nt
AM ˌpriːˈpoʊtnt
preppie
BR ˈprɛp|i, -ɪz
AM ˈprɛpi, -z
preppy
BR ˈprɛp|i, -ɪz, -ɪə(r),
-ɪɪst
AM ˈprɛpi, -z, -ər,
-ɪst
preprandial
BR ˌpriːˈprandɪəl
AM priˈprændɪəl
pre-preference
BR ˌpriːˈprɛf(ə)r n̩s
AM priˈprɛf(ə)rəns
preprint[1] *noun*
BR ˈpriːprɪnt, -s
AM ˈpriˌprɪnt, -s
preprint[2] *verb*
BR ˌpriːˈprɪnt, -s, -ɪŋ,
-ɪd
AM priˈprɪn|t, -ts,
-(t)ɪŋ, -(t)ɪd
preprocess
BR ˌpriːˈprəʊsɛs, -ɪz,
-ɪŋ, -t
AM priˈprɑsəs, -əz,
-ɪŋ, -t
pre-processor
BR ˌpriːˈprəʊsɛsə(r),
-z
AM priˈprɑsəsər, -z
pre-production
BR ˌpriːprəˈdʌkʃn
AM ˌpriprəˈdəkʃ(ə)n

preprofessional
BR ˌpriːprəˈfɛʃn̩l
AM ˌpriprəˈfɛʃ(ə)n(ə)l
pre-programme
BR ˌpriːˈprəʊgrəm, -z,
-ɪŋ, -d
AM priˈproʊgrəm, -z,
-ɪŋ, -d
pre-pubertal
BR ˌpriːˈpjuːbətl
AM priˈpjubərdl
pre-puberty
BR ˌpriːˈpjuːbəti
AM priˈpjubərdi
prepubescence
BR ˌpriːpjuːˈbɛsns,
ˌpriːpjɚˈbɛsns
AM ˌpripjuˈbɛs(ə)ns
prepubescent
BR ˌpriːpjuːˈbɛsnt,
ˌpriːpjɚˈbɛsnt,
-s
AM ˌpripjuˈbɛs(ə)nt,
-s
pre-publication
BR ˌpriːpʌblɪˈkeɪʃn
AM ˌpriˌpəbləˈkeɪʃ(ə)n
prepuce
BR ˈpriːpjuːs, -ɪz
AM ˈpriˌpjus, -əz
preputial
BR ˌpriːˈpjuːʃl
AM priˈpjuʃ(ə)l
prequel
BR ˈpriːkw(ə)l,
-z
AM ˈprikwəl, -z
Pre-Raphaelism
BR (ˌ)priːˈraf(ɪ)əlɪzm
AM priˈræfiəˌlɪz(ə)m,
priˈrɑfiəˌlɪz(ə)m
Pre-Raphaelite
BR (ˌ)priːˈraf(ɪ)əlʌɪt,
-s
AM priˈræfiəˌlaɪt,
priˈrɑfiəˌlaɪt, -s
Pre-Raphaelitism
BR (ˌ)priːˈraf(ɪ)əlʌɪtɪzm
AM priˈrɑfiəˌlaɪdɪz(ə)m,
priˈræfiəˌlaɪˌtɪz(ə)m,
priˈræfiəˌlaɪdɪz(ə)m,
priˈrɑfiəˌlaɪˌtɪz(ə)m

prerecord
BR ˌpriːrɪˈkɔːd, -z,
-ɪŋ, -ɪd
AM ˌpriːrəˈkɔ(ə)rd, -z,
-ɪŋ, -əd

preregister
BR ˌpriːˈrɛdʒɪst|ə(r),
-əz, -(ə)rɪŋ, -əd
AM ˌpriˈrɛdʒəst|ər,
-ərz, -(ə)rɪŋ, -ərd

preregistration
BR ˌpriːrɛdʒɪˈstreɪʃn
AM ˌpriˌrɛdʒəsˈtreɪʃ(ə)n

prerequisite
BR (ˌ)priːˈrɛkwɪzɪt,
-s
AM priˈrɛkwəzət,
-s

pre-revolutionary
BR ˌpriːrɛvə-
ˈl(j)uːʃn(ə)ri
AM priˌrɛvəˈluʃəˌnɛri

prerogative
BR prɪˈrɒɡətɪv,
-z
AM prəˈrɑɡədɪv,
pəˈrɑɡədɪv, -z

presage
BR ˈprɛs|ɪdʒ, -ɪdʒɪz,
-ɪdʒɪŋ, -ɪdʒd
AM ˈprɛsɪdʒ, prɪˈseɪdʒ,
-ɪz, -ɪŋ, -d

presager
BR ˈprɛsɪdʒə(r),
-z
AM ˈprɛsɪdʒər,
priˈseɪdʒər, -z

presbyopia
BR ˌprɛzbɪˈəʊpɪə(r),
ˌprɛsbɪˈəʊpɪə(r)
AM ˌprɛsbiˈoʊpiə,
ˌprɛzbiˈoʊpiə

presbyopic
BR ˌprɛzbɪˈɒpɪk,
ˌprɛsbɪˈɒpɪk
AM ˌprɛsbiˈɑpɪk,
ˌprɛzbiˈɑpɪk

presbyter
BR ˈprɛzbɪtə(r),
ˈprɛsbɪtə(r), -z
AM ˈprɛsbədər,
ˈprɛzbədər, -z

presbyteral
BR prɛzˈbɪt(ə)r|,
prɛsˈbɪt(ə)r|
AM prɛzˈbɪtrəl,
prɛsˈbɪdərəl,
prɛzˈbɪdərəl,
prɛsˈbɪtrəl

presbyterate
BR prɛzˈbɪt(ə)rət,
prɛsˈbɪt(ə)rət, -s
AM prɛzˈbɪtrət,
prɛsˈbɪdərət,
prɛzˈbɪdərət,
prɛsˈbɪdəˌreɪt,
prɛzˈbɪdəˌreɪt,
prɛsˈbɪtrət, -s

presbyterial
BR ˌprɛzbɪˈtɪərɪəl,
ˌprɛsbɪˈtɪərɪəl
AM ˌprɛsbəˈtɪrɪəl,
ˌprɛzbəˈtɪrɪəl

Presbyterian
BR ˌprɛzbɪˈtɪərɪən,
ˌprɛsbɪˈtɪərɪən, -z
AM ˌprɛsbəˈtɪrɪən,
ˌprɛzbəˈtɪrɪən, -z

Presbyterianism
BR ˌprɛzbɪˈtɪərɪənɪzm,
ˌprɛsbɪˈtɪərɪənɪzm
AM ˌprɛsbəˈtɪrɪə-
ˌnɪz(ə)m, ˌprɛzbə-
ˈtɪrɪəˌnɪz(ə)m

presbytership
BR ˈprɛzbɪtəʃɪp,
ˈprɛsbɪtəʃɪp, -s
AM ˈprɛsbədərˌʃɪp,
ˈprɛzbədərˌʃɪp, -s

presbytery
BR ˈprɛzbɪt(ə)r|i,
ˈprɛsbɪt(ə)r|i,
-ɪz
AM ˈprɛsbəˌtɛri,
ˈprɛzbəˌtɛri, -z

Prescely
BR prɪˈsɛli
AM prəˈsɛli

preschool[1] *adjective*
BR ˌpriːˈskuːl, -ə(r)
AM ˈpriˌskul, -ər

preschool[2] *noun*
BR ˈpriːskuːl, -z
AM ˈpriˌskul, -z

pre-schooler
BR ˈpriːˌskuːlə(r), -z
AM ˈpriˌskulər, -z

prescience
BR ˈprɛsɪəns
AM ˈprɛʃ(i)əns

prescient
BR ˈprɛsɪənt
AM ˈprɛʃ(i)ənt

presciently
BR ˈprɛsɪəntli
AM ˈprɛʃ(i)ən(t)li

prescind
BR prɪˈsɪnd, ˌpriːˈsɪnd,
-z, -ɪŋ, -ɪd
AM priˈsɪnd, -z, -ɪŋ,
-ɪd

Prescot
BR ˈprɛskɒt
AM ˈprɛskət, ˈprɛsˌkɑt

Prescott
BR ˈprɛskɒt
AM ˈprɛskət,
ˈprɛsˌkɑt

prescribe
BR prɪˈskraɪb, -z,
-ɪŋ, -d
AM priˈskraɪb, -z,
-ɪŋ, -d

prescriber
BR prɪˈskraɪbə(r), -z
AM priˈskraɪbər, -z

prescript
BR ˈpriːskrɪpt, -s
AM priˈskrɪpt, ˈpri
ˌskrɪpt, -s

prescription
BR prɪˈskrɪpʃn, -z
AM pərˈskrɪpʃ(ə)n,
priˈskrɪpʃ(ə)n, -z

prescriptive
BR prɪˈskrɪptɪv
AM priˈskrɪptɪv

prescriptively
BR prɪˈskrɪptɪvli
AM priˈskrɪptɪvli

prescriptiveness
BR prɪˈskrɪptɪvnɪs
AM priˈskrɪptɪvnɪs

prescriptivism
BR prɪˈskrɪptɪvɪzm
AM priˈskrɪptəˌvɪz(ə)m

prescriptivist
BR prɪˈskrɪptɪvɪst, -s
AM priˈskrɪptəvəst,
-s

pre-season
BR ˌpriːˈsiːzn
AM priˈsizn

Preseli
BR prɪˈsɛli
AM prəˈsɛli
WE prɛˈseli

presence
BR ˈprɛzns, -ɪz
AM ˈprɛzns, -əz

present[1] *military noun, verb*
BR prɪˈzɛnt, -s,
-ɪŋ, -ɪd
AM priˈzɛn|t, -ts,
-(t)ɪŋ, -(t)əd

present[2] *nonmilitary noun, adjective*
BR ˈprɛznt
AM ˈprɛznt

presentability
BR prɪˌzɛntəˈbɪlɪti
AM priˌzɛn(t)əˈbɪlɪdi

presentable
BR prɪˈzɛntəbl
AM priˈzɛn(t)əb(ə)l

presentableness
BR prɪˈzɛntəblnəs
AM priˈzɛn(t)əbəlnəs

presentably
BR prɪˈzɛntəbli
AM priˈzɛn(t)əbli

presentation
BR ˌprɛznˈteɪʃn, -z
AM ˌpriˌzɛnˈteɪʃ(ə)n,
ˌprɪznˈteɪʃ(ə)n,
ˌprɛznˈteɪʃ(ə)n, -z

presentational
BR ˌprɛznˈteɪʃn̩l
AM ˌpriˌzɛnˈteɪʃ(ə)n(ə)l,
ˌprɪznˈteɪʃ(ə)n(ə)l,
ˌprɛznˈteɪʃ(ə)n(ə)l

presentationally
BR ˌprɛznˈteɪʃn̩li,
ˌprɛznˈteɪʃnəli
AM ˌpriˌzɛnˈteɪʃ(ə)nəli,
ˌprɪznˈteɪʃ(ə)nəli,
ˌprɛznˈteɪʃ(ə)nəli

presentationism
BR ˌpreznˈteɪʃnɪzm
AM priˌzenˈteɪʃəˌnɪz(ə)m, ˌprɪznˈteɪʃəˌnɪz(ə)m, ˌpreznˈteɪʃəˌnɪz(ə)m

presentationist
BR ˌpreznˈteɪʃnɪst, -s
AM ˌpriˌzenˈteɪʃənəst, ˌprɪznˈteɪʃənəst, ˌpreznˈteɪʃənəst, -s

presentative
BR prɪˈzentətɪv
AM priˈzen(t)ədɪv

present-day
BR ˌprezntˈdeɪ
AM ˈprezn(t)ˈdeɪ

presentee
BR ˌpreznˈtiː, -z
AM ˌpreznˈti, -z

presenter
BR prɪˈzentə(r), -z
AM priˈzen(t)ər, -z

presentient
BR prɪˈsenʃ(ɪə)nt, prɪˈsentɪənt
AM priˈsen(t)ʃ(ə)nt

presentiment
BR prɪˈzentɪm(ə)nt, -s
AM priˈzen(t)əm(ə)nt, -s

presently
BR ˈprezntli
AM ˈprezn(t)li

presentment
BR prɪˈzentm(ə)nt, -s
AM priˈzentm(ə)nt, -s

presentness
BR ˈprezntnəs
AM ˈprezn(t)nəs

preservable
BR prɪˈzɜːvəbl
AM priˈzɜrvəb(ə)l

preservation
BR ˌprezəˈveɪʃn
AM ˌprezərˈveɪʃ(ə)n

preservationist
BR ˌprezəˈveɪʃnɪst, -s
AM ˌprezərˈveɪʃənəst, -s

preservative
BR prɪˈzɜːvətɪv, -z
AM priˈzɜrvədɪv, -z

preserve
BR prɪˈzɜːv, -z, -ɪŋ, -d
AM priˈzɜrv, -z, -ɪŋ, -d

preserver
BR prɪˈzɜːvə(r), -z
AM priˈzɜrvər, -z

preset[1] *noun*
BR ˈpriːset, -s
AM ˈpriˌset, -s

preset[2] *verb*
BR ˌpriːˈset, -s, -ɪŋ
AM priˈseˈt, -ts, -dɪŋ

preshrunk
BR ˌpriːˈʃrʌŋk
AM priˈʃrəŋk

preside
BR prɪˈzaɪd, -z, -ɪŋ, -ɪd
AM priˈzaɪd, -z, -ɪŋ, -ɪd

presidency
BR ˈprezɪd(ə)ns|i, -ɪz
AM ˈprezədnsi, ˈprezəˌdensi, ˈprez(ə)dənsi, -z

president
BR ˈprezɪd(ə)nt, -s
AM ˈprezəˌdent, ˈprez(ə)dnt, -s

presidente
BR ˌprezɪˈdenteɪ, -z
AM ˌprezəˈdenˌteɪ, -z

president-elect
BR ˌprezɪd(ə)ntɪˈlekt
AM ˌprezədn(t)əˈlekt, ˌprezəˌden(t)əˈlekt, ˌprez(ə)dən(t)əˈlek(t)

presidential
BR ˌprezɪˈdenʃl
AM ˌprezəˈden(t)ʃ(ə)l

presidentially
BR ˌprezɪˈdenʃli
AM ˌprezəˈden(t)ʃəli

presidents-elect
BR ˌprezɪd(ə)ntsɪˈlekt
AM ˌprezədn(t)səˈlek(t), ˌprezəˌden(t)səˈlek(t), ˌprez(ə)dən(t)səˈlek(t)

presidentship
BR ˈprezɪd(ə)ntʃɪp, -s
AM ˈprezədntˌʃɪp, ˈprezəˌdentˌʃɪp, ˈprez(ə)dəntˌʃɪp, -s

presidiary
BR prɪˈsɪdɪəri, prɪˈzɪdɪəri
AM prəˈsɪdiˌeri

presidio
BR prɪˈsɪdɪəʊ, prɪˈzɪdɪəʊ
AM prəˈsɪdioʊ

Presidium
BR prɪˈsɪdɪəm, prɪˈzɪdɪəm, -z
AM prəˈsɪdiəm, -z

Presley
BR ˈprezli
AM ˈpresli, ˈprezli

presoak[1] *noun*
BR ˈpriːsəʊk, -s
AM ˈpriˌsoʊk, -s

presoak[2] *verb*
BR ˌpriːˈsəʊk, -s, -ɪŋ, -t
AM priˈsoʊk, -s, -ɪŋ, -t

pre-Socratic
BR ˌpriːsəˈkratɪk
AM ˌprisəˈkrædək

press
BR pres, -ɪz, -ɪŋ, -t
AM pres, -əz, -ɪŋ, -t

pressboard
BR ˈpresbɔːd
AM ˈpresˌbɔ(ə)rd

Pressburg
BR ˈpresbɜːg
AM ˈpresˌbɜrg

pressé
BR ˈpreseɪ, -z
AM presˈeɪ, -z

pressgang
BR ˈpresgaŋ, -z, -ɪŋ, -d
AM ˈpresˌgæŋ, -z, -ɪŋ, -d

pressie
BR ˈprez|i, -ɪz
AM ˈprezi, ˈpresi, -z

pressing
BR ˈpresɪŋ, -z
AM ˈpresɪŋ, -z

pressingly
BR ˈpresɪŋli
AM ˈpresɪŋli

pressman
BR ˈpresman
AM ˈpresˌmæn

pressmark
BR ˈpresmɑːk, -s
AM ˈpresˌmɑrk, -s

pressmen
BR ˈpresmen
AM ˈpresm(ə)n

pressroom
BR ˈpresruːm, ˈpresrʊm, -z
AM ˈpresˌrʊm, ˈpresˌrum, -z

pressrun
BR ˈpresrʌn, -z
AM ˈpresˌrən, -z

press-up
BR ˈpresʌp, -s
AM ˈpresəp, -s

pressure
BR ˈpreʃ|ə(r), -əz, -(ə)rɪŋ, -əd
AM ˈpreʃər, -z, -ɪŋ, -d

pressurisation
BR ˌpreʃ(ə)rʌɪˈzeɪʃn
AM ˌpreʃəˌraɪˈzeɪʃ(ə)n, ˌpreʃərəˈzeɪʃ(ə)n

pressurise
BR ˈpreʃərʌɪz, -ɪz, -ɪŋ, -d
AM ˈpreʃəˌraɪz, -ɪz, -ɪŋ, -d

pressurization
BR ˌpreʃ(ə)rʌɪˈzeɪʃn
AM ˌpreʃəˌraɪˈzeɪʃ(ə)n, ˌpreʃərəˈzeɪʃ(ə)n

pressurize
BR ˈpreʃərʌɪz, -ɪz, -ɪŋ, -d
AM ˈpreʃəˌraɪz, -ɪz, -ɪŋ, -d

Prestatyn
BR preˈstatɪn
AM preˈstædən
WE preˈstatɪn

Prestcold
BR ˈpres(t)kəʊld
AM ˈpres(t)ˌkoʊld

Presteigne
BR prɛˈstiːn
AM prɛˈstin
Prestel
BR ˈprɛstɛl
AM ˈprɛsˌtɛl
Prester
BR ˈprɛstə(r)
AM ˈprɛstər
prestidigitation
BR ˌprɛstɪˌdɪdʒɪˈteɪʃn
AM ˌprɛstəˌdɪdʒə-
ˈteɪʃ(ə)n
prestidigitator
BR ˌprɛstɪˈdɪdʒɪteɪtə(r),
-z
AM ˌprɛstəˈdɪdʒə-
ˌteɪdər, -z
prestige
BR prɛˈstiː(d)ʒ
AM prɛˈsti(d)ʒ
prestigeful
BR prɛˈstiː(d)ʒf(ʊ)l
AM prɛˈsti(d)ʒˌfʊl
prestigious
BR prɛˈstɪdʒəs,
prɪˈstɪdʒəs
AM prɛˈstɪdʒ(i)əs
prestigiously
BR prɛˈstɪdʒəsli,
prɪˈstɪdʒəsli
AM prɛˈstɪdʒ(i)əsli
prestigiousness
BR prɛˈstɪdʒəsnəs,
prɪˈstɪdʒəsnəs
AM prɛˈstɪdʒ(i)əsnəs
prestissimo
BR prɛˈstɪsɪməʊ
AM prɛˈstɪsəˌmoʊ
IT prɛˈstissimo
presto
BR ˈprɛstəʊ, -z
AM ˈprɛstoʊ, -z
IT ˈprɛsto
presto changeo
BR ˌprɛsəʊ
ˈtʃeɪn(d)ʒɪəʊ
AM ˌprɛstoʊ
ˈtʃeɪndʒoʊ
Preston
BR ˈprɛst(ə)n
AM ˈprɛst(ə)n

Prestonpans
BR ˌprɛst(ə)nˈpanz
AM ˌprɛstnˈpænz
prestressed
BR ˌpriːˈstrɛst
AM priˈstrɛs(t)
Prestwich
BR ˈprɛstwɪtʃ
AM ˈprɛs(t)ˌwɪtʃ
Prestwick
BR ˈprɛstwɪk
AM ˈprɛs(t)ˌwɪk
presumable
BR prɪˈzjuːməbl
AM prɪˈz(j)uməb(ə)l
presumably
BR prɪˈzjuːməbli
AM prɪˈz(j)uməbli
presume
BR prɪˈzjuːm, -z,
-ɪŋ, -d
AM prɪˈz(j)um, -z,
-ɪŋ, -d
presumedly
BR prɪˈzjuːmɪdli
AM prɪˈz(j)um(ə)dli
presumingly
BR prɪˈzjuːmɪŋli
AM prɪˈz(j)umɪŋli
presumingness
BR prɪˈzjuːmɪŋnɪs
AM prɪˈz(j)umɪŋnɪs
presumption
BR prɪˈzʌm(p)ʃn, -z
AM prɪˈzəm(p)ʃ(ə)n,
-z
presumptive
BR prɪˈzʌm(p)tɪv
AM prɪˈzəm(p)tɪv
presumptively
BR prɪˈzʌm(p)tɪvli
AM prɪˈzəm(p)tɪvli
presumptuous
BR prɪˈzʌm(p)tʃʊəs,
prɪˈzʌm(p)tjʊəs
AM pri-
ˈzəm(p)(t)ʃ(əw)əs
presumptuously
BR prɪˈzʌm(p)tʃʊəsli,
prɪˈzʌm(p)tjʊəsli
AM pri-
ˈzəm(p)(t)ʃ(əw)əsli

presumptuousness
BR prɪˈzʌm(p)tʃʊəsnəs,
prɪˈzʌm(p)tjʊəsnəs
AM pri-
ˈzəm(p)(t)ʃ(əw)əsnəs
presuppose
BR ˌpriːsəˈpəʊz, -ɪz,
-ɪŋ, -d
AM ˌprisəˈpoʊz, -əz,
-ɪŋ, -d
presupposition
BR ˌpriːsʌpəˈzɪʃn, -z
AM ˌpriˌsəpəˈzɪʃ(ə)n,
-z
preta
BR ˈpreɪtə(r), -z
AM ˈpreɪdə, -z
prêt-à-porter
BR ˌprɛtəˈpɔːteɪ
AM ˌprɛdəˈpɔrteɪ
pretax
BR ˌpriːˈtaks, -ɪz,
-ɪŋ, -t
AM ˈpriˈtæks, -əz,
-ɪŋ, -t
preteen
BR ˌpriːˈtiːn, -z
AM ˈpriˈtin, -z
pretence
BR prɪˈtɛns, -ɪz
AM ˈpriˌtɛns, prɪˈtɛns,
-əz
pretend
BR prɪˈtɛnd, -z, -ɪŋ, -ɪd
AM priˈtɛnd, -z, -ɪŋ,
-əd
pretender
BR prɪˈtɛndə(r), -z
AM priˈtɛndər, -z
pretense
BR prɪˈtɛns, -ɪz
AM ˈpriˌtɛns, prɪˈtɛns,
-əz
pretension
BR prɪˈtɛnʃn, -z
AM priˈtɛn(t)ʃ(ə)n, -z
pretentious
BR prɪˈtɛnʃəs
AM priˈtɛn(t)ʃəs
pretentiously
BR prɪˈtɛnʃəsli
AM priˈtɛn(t)ʃəsli

pretentiousness
BR prɪˈtɛnʃəsnəs
AM priˈtɛn(t)ʃəsnəs
preterhuman
BR ˌpriːtəˈhjuːmən
AM ˌprɪdərˈ(h)jum(ə)n,
ˌprɛdərˈ(h)jum(ə)n
preterit
BR ˈprɛt(ə)rɪt, -s
AM ˈprɛdərət, -s
preterite
BR ˈprɛt(ə)rɪt, -s
AM ˈprɛdərət, -s
preterition
BR ˌpriːtəˈrɪʃn, -z
AM ˌprɛdəˈrɪʃ(ə)n, -z
pre-term
BR ˌpriːˈtəːm
AM priˈtərm
pretermission
BR ˌpriːtəˈmɪʃn
AM ˌprɪdərˈmɪʃ(ə)n
pretermit
BR ˌpriːtəˈmɪt, -s, -ɪŋ,
-ɪd
AM priˈtərmə|t, -ts,
-dɪŋ, -dəd
preternatural
BR ˌpriːtəˈnatʃ(ə)rl̩
AM ˌprɪdərˈnætʃ(ə)rəl,
ˌprɛdərˈnætʃ(ə)rəl
preternaturalism
BR ˌpriːtəˈnatʃ(ə)rl̩ɪzm,
-z
AM ˌprɪdərˈnætʃ(ə)rə-
ˌlɪz(ə)m, ˌprɛdər-
ˈnætʃ(ə)rəˌlɪz(ə)m,
-z
preternaturally
BR ˌpriːtəˈnatʃ(ə)rl̩i
AM ˌprɪdərˈnætʃ(ə)rəli,
ˌprɛdərˈnætʃ(ə)rəli
preternaturalness
BR ˌpriːtəˈnatʃ(ə)rl̩nəs
AM ˌprɪdər-
ˈnætʃ(ə)rəlnəs,
ˌprɛdər-
ˈnætʃ(ə)rəlnəs
pretest
BR ˌpriːˈtɛst, -s, -ɪŋ, -ɪd
AM ˈpriˌtɛs|t, -s, -ɪŋ,
-əd

pretext
BR ˈpriːtɛkst, -s
AM ˈpriːˌtɛkst, -s

pretone
BR ˌpriːˈtəʊn, -z
AM priˈtoʊn, -z

pretonic
BR ˌpriːˈtɒnɪk, -s
AM priˈtɑnɪk, -s

pretor
BR ˈpriːtɔː(r), -z
AM ˈpridər, -z

Pretoria
BR prɪˈtɔːriə(r)
AM prəˈtɔriə

pretorian
BR prɪˈtɔːriən, -z
AM prəˈtɔriən, -z

pretorship
BR ˈpriːtɔːʃɪp
AM ˈpridərˌʃɪp

pretreat
BR ˌpriːˈtriːt, -s, -ɪŋ, -ɪd
AM priˈtriːt, -ts, -dɪŋ, -dɪd

pretreatment
BR ˌpriːˈtriːtm(ə)nt, -s
AM priˈtritm(ə)nt, -s

pretrial[1] *adjective*
BR ˌpriːˈtrʌɪəl
AM ˈˌpriˌtraɪəl

pretrial[2] *noun*
BR ˈpriːtrʌɪəl, -z
AM ˈˌpriˌtraɪəl, -z

prettification
BR ˌprɪtɪfɪˈkeɪʃn
AM ˌprɪdəfəˈkeɪʃ(ə)n

prettifier
BR ˈprɪtɪfʌɪə(r), -z
AM ˈprɪdəˌfaɪər, -z

prettify
BR ˈprɪtɪfʌɪ, -z, -ɪŋ, -d
AM ˈprɪdəˌfaɪ, -z, -ɪŋ, -d

prettily
BR ˈprɪtɪli
AM ˈprɪdɪli

prettiness
BR ˈprɪtɪnɪs
AM ˈprɪdɪnɪs

pretty
BR ˈprɪt|i, -iə(r), -iɪst
AM ˈprɪdi, -ər, -ɪst

prettyish
BR ˈprɪtɪɪʃ
AM ˈprɪdiɪʃ

prettyism
BR ˈprɪtɪɪzm
AM ˈprɪdiˌɪz(ə)m

pretty-pretty
BR ˌprɪtɪˈprɪti
AM ˌprɪdiˈprɪdi

pretzel
BR ˈprɛtsl, -z
AM ˈprɛts(ə)l, -z

prevail
BR prɪˈveɪl, -z, -ɪŋ, -d
AM priˈveɪl, -z, -ɪŋ, -d

prevailingly
BR prɪˈveɪlɪŋli
AM priˈveɪlɪŋli

prevalence
BR ˈprɛvl̩ns
AM ˈprɛv(ə)l(ə)ns

prevalent
BR ˈprɛvl̩nt
AM ˈprɛv(ə)l(ə)nt

prevalently
BR ˈprɛvl̩ntli
AM ˈprɛv(ə)lən(t)li

prevaricate
BR prɪˈvarɪkeɪt, -s, -ɪŋ, -ɪd
AM priˈvɛrəˌkeɪ|t, -ts, -dɪŋ, -dɪd

prevarication
BR prɪˌvarɪˈkeɪʃn, -z
AM priˌvɛrəˈkeɪʃ(ə)n, -z

prevaricator
BR prɪˈvarɪkeɪtə(r), -z
AM priˈvɛrəˌkeɪdər, -z

prevenient
BR prɪˈviːnɪənt, (ˌ)priːˈviːnɪənt
AM priˈviniənt

preveniently
BR prɪˈviːnɪəntli, (ˌ)priːˈviːnɪəntli
AM priˈviniən(t)li

prevent
BR prɪˈvɛnt, -s, -ɪŋ, -ɪd
AM priˈvɛn|t, -ts, -(t)ɪŋ, -(t)əd

preventability
BR prɪˌvɛntəˈbɪlɪti
AM priˌvɛn(t)əˈbɪlɪdi

preventable
BR prɪˈvɛntəbl
AM priˈvɛn(t)əb(ə)l

preventative
BR prɪˈvɛntətɪv, -z
AM priˈvɛn(t)ədɪv, -z

preventatively
BR prɪˈvɛntətɪvli
AM priˈvɛn(t)ədɪvli

preventer
BR prɪˈvɛntə(r), -z
AM priˈvɛn(t)ər, -z

prevention
BR prɪˈvɛnʃn
AM priˈvɛn(t)ʃ(ə)n

preventive
BR prɪˈvɛntɪv
AM priˈvɛn(t)ɪv

preventively
BR prɪˈvɛntɪvli
AM priˈvɛn(t)ɪvli

preverbal
BR ˌpriːˈvəːbl
AM ˈpriˈvɜrbəl

preverbally
BR ˌpriːˈvəːbli
AM ˈpriˈvɜrbəli

preview
BR ˈpriːvjuː, -z, -ɪŋ, -d
AM ˈpriˌvju, -z, -ɪŋ, -d

Previn
BR ˈprɛvɪn
AM ˈprɛvən

previous
BR ˈpriːvɪəs
AM ˈpriviəs

previously
BR ˈpriːvɪəsli
AM ˈpriviəsli

previousness
BR ˈpriːvɪəsnəs
AM ˈpriviəsnəs

previse
BR prɪˈvʌɪz, -ɪz, -ɪŋ, -d
AM priˈvaɪz, -ɪz, -ɪŋ, -d

prevision
BR prɪˈvɪʒn
AM priˈvɪʒ(ə)n

previsional
BR prɪˈvɪʒn̩l
AM priˈvɪʒ(ə)n(ə)l

prevocalic
BR ˌpriːvə(ʊ)ˈkalɪk
AM ˌprivoʊˈkælɪk

pre-vocational
BR ˌpriːvə(ʊ)ˈkeɪʃn̩l
AM priˌvoʊˈkeɪʃ(ə)n(ə)l

prevue
BR ˈpriːvjuː, -z
AM ˈpriˌvju, -z

prewar
BR ˌpriːˈwɔː(r)
AM ˈpriˈwɔ(ə)r

pre-wash
BR ˌpriːˈwɒʃ, -ɪz, -ɪŋ, -t
AM ˈpriˈwɑʃ, priˈwɔʃ, -əz, -ɪŋ, -t

prex
BR prɛks, -ɪz
AM prɛks, -əz

prexy
BR ˈprɛks|i, -ɪz
AM ˈprɛksi, -z

prey
BR preɪ, -z, -ɪŋ, -d
AM preɪ, -z, -ɪŋ, -d

preyer
BR ˈpreɪə(r), -z
AM ˈpreɪər, -z

prezzie
BR ˈprɛz|i, -ɪz
AM ˈprɛzi, -z

Priam
BR ˈprʌɪam
AM ˈpraɪəm

priapic
BR prʌɪˈapɪk
AM praɪˈæpɪk

priapism
BR ˈprʌɪəpɪzm
AM ˈpraɪəˌpɪz(ə)m

Priapus
BR prʌɪˈeɪpəs
AM praɪˈeɪpəs

price
BR prʌɪs, -ɪz, -ɪŋ, -t
AM praɪs, -ɪz, -ɪŋ, -t

priceless

priceless
BR ˈprʌɪslɪs
AM ˈpraɪslɪs
pricelessly
BR ˈprʌɪslɪsli
AM ˈpraɪslɪsli
pricelessness
BR ˈprʌɪslɪsnɪs
AM ˈpraɪslɪsnɪs
pricer
BR ˈprʌɪsə(r), -z
AM ˈpraɪsər, -z
pricey
BR ˈprʌɪs|i, -ɪə(r), -ɪɪst
AM ˈpraɪsi, -ər, -ɪst
priciness
BR ˈprɪsɪnɪs
AM ˈprɪsɪnɪs
prick
BR prɪk, -s, -ɪŋ, -t
AM prɪk, -s, -ɪŋ, -t
pricker
BR ˈprɪkə(r), -z
AM ˈprɪkər, -z
pricket
BR ˈprɪkɪt, -s
AM ˈprɪket, -s
prickle
BR ˈprɪk|l, -lz,
-l̩ŋ\-lɪŋ, -ld
AM ˈprɪk|əl, -əlz,
-(ə)lɪŋ, -əld
prickliness
BR ˈprɪklɪnɪs
AM ˈprɪk(ə)linɪs
prickly
BR ˈprɪkl|i, -ɪə(r),
-ɪɪst
AM ˈprɪk(ə)li, -ər, -ɪst
pricy
BR ˈprʌɪs|i, -ɪə(r), -ɪɪst
AM ˈpraɪsi, -ər, -ɪst
pride
BR prʌɪd, -z
AM praɪd, -z
prideful
BR ˈprʌɪdf(ʊ)l
AM ˈpraɪdfəl
pridefully
BR ˈprʌɪdfʊli,
ˈprʌɪdfl̩i
AM ˈpraɪdfəli

prideless
BR ˈprʌɪdlɪs
AM ˈpraɪdlɪs
prie-dieu
BR ˌpriːˈdjəː(r), -z
AM priˈdjə, -z
prie-dieux
BR ˌpriːˈdjəː(r),
ˌpriːˈdjəːz
AM priˈdjə
priest
BR priːst
AM prist
priestcraft
BR ˈpriːs(t)krɑːft
AM ˈpris(t)ˌkræft
priestess
BR ˌpriːˈstɛs,
ˈpriːstɛs, ˈpriːstɪs,
-ɪz
AM ˈprɪstɪs, -əz
priesthole
BR ˈpriːsthəʊl, -z
AM ˈprɪst,(h)oʊl,
-z
priesthood
BR ˈpriːsthʊd
AM ˈprɪst,(h)ʊd
Priestland
BR ˈpriːs(t)lənd
AM ˈpris(t)ˌlænd
priestless
BR ˈpriːs(t)lɪs
AM ˈpris(t)lɪs
Priestley
BR ˈpriːs(t)li
AM ˈpris(t)li
priestlike
BR ˈpriːs(t)lʌɪk
AM ˈpris(t)ˌlaɪk
priestliness
BR ˈpriːs(t)linɪs
AM ˈpris(t)linɪs
priestling
BR ˈpriːs(t)lɪŋ, -z
AM ˈpris(t)lɪŋ, -z
priestly
BR ˈpriːs(t)li
AM ˈpris(t)li
priests-in-charge
BR ˈpriːstsɪnˈtʃɑːdʒ
AM ˈpris(ts)ənˈtʃɑrdʒ

prig
BR prɪg, -z
AM prɪg, -z
priggery
BR ˈprɪg(ə)ri
AM ˈprɪgəri
priggish
BR ˈprɪgɪʃ
AM ˈprɪgɪʃ
priggishly
BR ˈprɪgɪʃli
AM ˈprɪgɪʃli
priggishness
BR ˈprɪgɪʃnɪs
AM ˈprɪgɪʃnɪs
priggism
BR ˈprɪgɪzm
AM ˈprɪˌgɪz(ə)m
prill
BR prɪl, -z,
-ɪŋ, -d
AM prɪl, -z,
-ɪŋ, -d
prim
BR prɪm
AM prɪm
prima ballerina
BR ˌpriːmə
ˌbaləˈriːnə(r), -z
AM ˈprɪməˌbæləˈrinə,
-z
IT ˈprima balleˈrina
primacy
BR ˈprʌɪməsi
AM ˈpraɪməsi
prima donna
BR ˌpriːmə ˈdɒnə(r),
-z
AM ˌpriːmə ˈdɑnə,
ˌprɪmə ˈdɑnə, -z
IT ˈprima ˈdonna
prima donna-ish
BR ˌpriːmə ˈdɒnə(r)ɪʃ
AM ˌpriːmə ˈdɑnəɪʃ,
ˌprɪmə ˈdɑnəɪʃ
primaeval
BR prʌɪˈmiːvl
AM praɪˈmivəl
prima facie
BR ˌprʌɪmə ˈfeɪʃ(i)iː
AM ˌprɪmə ˈfeɪʃə,
ˌprɪmə ˈfeɪʃi(ˌi)

prime

prima inter pares
BR ˌpriːmə(r)
ˌɪntə ˈpɑːriːz,
ˌprʌɪmə(r) +
AM ˈpriːməˌɪntər
ˈpeɪˌriz
primal
BR ˈprʌɪml
AM ˈpraɪm(ə)l
primally
BR ˈprʌɪmli
AM ˈpraɪməli
primarily
BR ˈprʌɪm(ə)rɪli,
ˈprʌɪm(ə)rl̩i,
prʌɪˈmɛrɪli
AM prəˈmɛrəli,
praɪˈmɛrəli
primary
BR ˈprʌɪm(ə)r|i, -ɪz
AM ˈpraɪm(ə)ri,
ˈpraɪˌmɛri, -z
primate[1] *archbishop*
BR ˈprʌɪmeɪt, -s
AM ˈpraɪˌmeɪt,
ˈpraɪmɪt, -s
primate[2] *higher mammal*
BR ˈprʌɪmeɪt, -s
AM ˈpraɪmɪt,
ˈpraɪˌmeɪt, -s
primateship
BR ˈprʌɪmeɪt-ʃɪp, -s
AM ˈpraɪˌmeɪtˌʃɪp,
ˈpraɪmɪtˌʃɪp, -s
primatial
BR prʌɪˈmeɪʃl
AM praɪˈmeɪʃ(ə)l
primatologist
BR ˌprʌɪməˈtɒlədʒɪst, -s
AM ˌpraɪməˈtɑlədʒəst,
-s
primatology
BR ˌprʌɪməˈtɒlədʒi
AM ˌpraɪməˈtɑlədʒi
primavera
BR ˌpriːməˈvɛːrə(r), -z
AM ˌprɪməˈvɛrə, -z
IT primaˈvera
prime
BR prʌɪm, -z, -ɪŋ, -d
AM praɪm, -z, -ɪŋ, -d

primeness
BR ˈpraɪmnɪs
AM ˈpraɪmnɪs

primer
BR ˈpraɪmə(r), -z
AM ˈpraɪmər, -z

primeval
BR praɪˈmiːvl
AM praɪˈmivəl

primevally
BR praɪˈmiːvl̩i
AM praɪˈmivəli

primigravida
BR ˌpraɪmɪˈɡrævɪdə(r), ˌpriːmɪˈɡrævɪdə(r), -z
AM ˌpraɪməˈɡrævədə, -z

primigravidae
BR ˌpraɪmɪˈɡrævɪdiː, ˌpriːmɪˈɡrævɪdiː
AM ˌpraɪməˈɡrævəˌdaɪ, ˌpraɪməˈɡrævədi

primipara
BR praɪˈmɪp(ə)rə(r)
AM praɪˈmɪpərə

primiparae
BR praɪˈmɪp(ə)riː
AM praɪˈmɪpəri

primiparous
BR praɪˈmɪp(ə)rəs
AM praɪˈmɪpərəs

primitive
BR ˈprɪmɪtɪv, -z
AM ˈprɪmədɪv, -z

primitively
BR ˈprɪmɪtɪvli
AM ˈprɪmədɪvli

primitiveness
BR ˈprɪmɪtɪvnɪs
AM ˈprɪmədɪvnɪs

primitivism
BR ˈprɪmɪtɪvɪzm
AM ˈprɪmədəˌvɪz(ə)m

primitivist
BR ˈprɪmɪtɪvɪst, -s
AM ˈprɪmədəvəst, -s

primly
BR ˈprɪmli
AM ˈprɪmli

primness
BR ˈprɪmnɪs
AM ˈprɪmnɪs

primo
BR ˈpriːməʊ, -z
AM ˈprimoʊ, -z
IT ˈprimo

primogenital
BR ˌpraɪmə(ʊ)ˈdʒenɪtl
AM ˌpraɪmoʊˈdʒenədl

primogenitary
BR ˌpraɪmə(ʊ)ˈdʒenɪt(ə)ri
AM ˌpraɪmoʊˈdʒenəˌteri

primogenitor
BR ˌpraɪmə(ʊ)ˈdʒenɪtə(r), -z
AM ˌpraɪmoʊˈdʒenədər, -z

primogeniture
BR ˌpraɪmə(ʊ)ˈdʒenɪtʃə(r)
AM ˌpraɪmoʊˈdʒenəˌtʃʊ(ə)r

primordia
BR praɪˈmɔːdiə(r)
AM praɪˈmɔrdiə

primordial
BR praɪˈmɔːdiəl, -z
AM praɪˈmɔrdiəl, -z

primordiality
BR praɪˌmɔːdiˈalɪti, ˌpraɪmɔːdɪˈalɪti
AM ˌpraɪˌmɔrdiˈælədi

primordially
BR praɪˈmɔːdiəli
AM praɪˈmɔrdiəli

primordium
BR praɪˈmɔːdiəm
AM praɪˈmɔrdiəm

primp
BR prɪm|p, -ps, -pɪŋ, -(p)t
AM prɪmp, -s, -ɪŋ, -t

primrose
BR ˈprɪmrəʊz, -ɪz
AM ˈprɪmˌroʊz, -əz

primula
BR ˈprɪmjʉlə(r), -z
AM ˈprɪmjələ, -z

primum mobile
BR ˌpraɪməm ˈməʊbɪl|i, ˌpriːməm +, + ˈməʊbl̩|i, -ɪz
AM ˌpraɪməm ˈmoʊbəˌli, -z

primus
BR ˈpraɪməs, -ɪz
AM ˈpraɪməs, -əz

primus inter pares
BR ˌpriːməs ˌɪntə ˈpɑːriːz, ˌpraɪməs +
AM ˌpraɪməs ˌɪntər ˈpeɪˌriz

prince
BR prɪns, -ɪz
AM prɪns, -ɪz

princedom
BR ˈprɪnsdəm, -z
AM ˈprɪnsdəm, -z

princelike
BR ˈprɪnslʌɪk
AM ˈprɪnsəˌlaɪk

princeliness
BR ˈprɪnslɪnɪs
AM ˈprɪnslɪnɪs

princeling
BR ˈprɪnslɪŋ, -z
AM ˈprɪnslɪŋ, -z

princely
BR ˈprɪnsl|i, -ɪə(r), -ɪɪst
AM ˈprɪnsli, -ər, -ɪst

princeship
BR ˈprɪnsʃɪp, -s
AM ˈprɪnsˌʃɪp, -s

princess
BR ˌprɪnˈses, ˈprɪnsɪs, ˈprɪnses, -ɪz
AM ˈprɪnˌses, prɪnˈses, ˈprɪnsɪs, -əz

Princeton
BR ˈprɪnstən
AM ˈprɪnst(ə)n

Princetown
BR ˈprɪnstaʊn
AM ˈprɪnsˌtoʊn

principal
BR ˈprɪnsɪpl, -z
AM ˈprɪnsəpəl, -z

principality
BR ˌprɪnsɪˈpalɪt|i, -ɪz
AM ˌprɪnsəˈpælədi, -z

principally
BR ˈprɪnsɪpli, ˈprɪnsɪpli
AM ˈprɪnsəp(ə)li

principalship
BR ˈprɪnsɪplʃɪp, -s
AM ˈprɪnsəpəlˌʃɪp, -s

principate
BR ˈprɪnsɪpət, -s
AM ˈprɪnsəpət, ˈprɪnsəˌpeɪt, -s

Príncipe
BR ˈprɪnsɪpeɪ, ˈprɪnsɪpi
AM ˈprɪn(t)səpi

Principia
BR prɪnˈsɪpiə(r)
AM ˌprɪnˈsɪpiə

principle
BR ˈprɪnsɪpl, -z, -d
AM ˈprɪnsəpəl, -z, -d

Pringle
BR ˈprɪŋɡl
AM ˈprɪŋɡəl

prink
BR prɪŋ|k, -ks, -kɪŋ, -(k)t
AM prɪŋ|k, -ks, -kɪŋ, -(k)t

Prinknash
BR ˈprɪnɪdʒ
AM ˈprɪnədʒ

print
BR prɪnt, -s, -ɪŋ, -ɪd
AM prɪn|t, -ts, -(t)ɪŋ, -(t)ɪd

printability
BR ˌprɪntəˈbɪlɪti
AM ˌprɪn(t)əˈbɪlɪdi

printable
BR ˈprɪntəbl
AM ˈprɪn(t)əb(ə)l

printer
BR ˈprɪntə(r), -z
AM ˈprɪn(t)ər, -z

printery
BR ˈprɪnt(ə)r|i, -ɪz
AM ˈprɪn(t)əri, -z

printhead
BR ˈprɪnthed, -z
AM ˈprɪnt,(h)ed, -z

printing
BR ˈprɪntɪŋ, -z
AM ˈprɪn(t)ɪŋ, -z
printless
BR ˈprɪntlɪs
AM ˈprɪn(t)lɪs
printmaker
BR ˈprɪntˌmeɪkə(r), -z
AM ˈprɪntˌmeɪkər, -z
printmaking
BR ˈprɪntˌmeɪkɪŋ
AM ˈprɪntˌmeɪkɪŋ
print-on-demand
BR ˌprɪntɒndɪˈmɑːnd
AM ˈprɪntɑndəˈmænd
printout
BR ˈprɪntaʊt, -s
AM ˈprɪn(t)ˌaʊt, ˈprɪnˌtaʊt, -s
printwheel
BR ˈprɪntwiːl, -z
AM ˈprɪntˌ(h)wil, -z
printworks
BR ˈprɪntwɜːks
AM ˈprɪntˌwɜrks
prion¹ *bird*
BR ˈprʌɪən, -z
AM ˈpraɪˌɑn, -z
prion² *infectious particle*
BR ˈpriːɒn, -z
AM ˈpriˌɑn, -z
prior
BR ˈprʌɪə(r), -z
AM ˈpraɪ(ə)r, -z
priorate
BR ˈprʌɪərət, -s
AM ˈpraɪərət, -s
prioress
BR ˈprʌɪərɨs, ˌprʌɪəˈrɛs, -ɨz
AM ˈpraɪ(ə)rəs, -əz
prioritisation
BR prʌɪˌɒrɪtʌɪˈzeɪʃn, ˌprʌɪərɨtʌɪˈzeɪʃn
AM ˌpraɪˌɔrəˌtaɪˈzeɪʃ(ə)n, ˌpraɪˌɔrədəˈzeɪʃ(ə)n

prioritise
BR prʌɪˈɒrɪtʌɪz, ˈprʌɪərɨtʌɪz, -ɨz, -ɪŋ, -d
AM ˈpraɪərəˌtaɪz, praɪˈɔrəˌtaɪz, -ɨz, -ɪŋ, -d
prioritization
BR prʌɪˌɒrɪtʌɪˈzeɪʃn, ˌprʌɪərɨtʌɪˈzeɪʃn
AM ˌpraɪˌɔrəˌtaɪˈzeɪʃ(ə)n, ˌpraɪˌɔrədəˈzeɪʃ(ə)n
prioritize
BR prʌɪˈɒrɪtʌɪz, ˈprʌɪərɨtʌɪz, -ɨz, -ɪŋ, -d
AM ˈpraɪərəˌtaɪz, praɪˈɔrəˌtaɪz, -ɨz, -ɪŋ, -d
priority
BR prʌɪˈɒrɪt|i, -ɪz
AM praɪˈɔrədi, -z
priorship
BR ˈprʌɪəʃɪp, -s
AM ˈpraɪərˌʃɪp, -s
priory
BR ˈprʌɪər|i, -ɪz
AM ˈpraɪ(ə)ri, -z
Priscian
BR ˈprɪʃ(ɪə)n
AM ˈprɪʃ(ə)n
Priscilla
BR prɪˈsɪlə(r)
AM prəˈsɪlə
prise
BR prʌɪz, -ɪz, -ɪŋ, -d
AM praɪz, -ɪz, -ɪŋ, -d
prism
BR ˈprɪzm, -z
AM ˈprɪz(ə)m, -z
prismal
BR ˈprɪzml
AM ˈprɪzm(ə)l
prismatic
BR prɪzˈmatɪk
AM prɪzˈmædɪk
prismatically
BR prɪzˈmatɪkli
AM prɪzˈmædək(ə)li
prismoid
BR ˈprɪzmɔɪd, -z
AM ˈprɪzˌmɔɪd, -z

prismoidal
BR prɪzˈmɔɪdl
AM prɪzˈmɔɪd(ə)l
prison
BR ˈprɪzn, -z
AM ˈprɪzn, -z
prisoner
BR ˈprɪznə(r), ˈprɪznə(r), -z
AM ˈprɪznər, ˈprɪznər, -z
prissily
BR ˈprɪsɨli
AM ˈprɪsɪli
prissiness
BR ˈprɪsɪnɨs
AM ˈprɪsɪnɨs
prissy
BR ˈprɪs|i, -ɪə(r), -ɨst
AM ˈprɪsi, -ər, -ɨst
Priština
BR ˈprɪʃtɨnə(r)
AM ˈprɪʃtɨnə
pristine
BR ˈprɪstiːn
AM prɪˈstin, ˈprɪˌstin
Pritchard
BR ˈprɪtʃɑːd
AM ˈprɪtʃərd
Pritchett
BR ˈprɪtʃɪt
AM ˈprɪtʃɨt
prithee
BR ˈprɪði:
AM ˈprɪði
Pritt
BR prɪt
AM prɪt
privacy
BR ˈprɪvəsi, ˈprʌɪvəsi
AM ˈpraɪvəsi
private
BR ˈprʌɪvɨt, -s
AM ˈpraɪvɨt, -s
privateer
BR ˌprʌɪvɨˈtɪə(r), -z, -ɪŋ
AM ˌpraɪvəˈtɪ(ə)r, -z, -ɪŋ
privateering
BR ˌprʌɪvɨˈtɪərɪŋ
AM ˌpraɪvəˈtɪrɪŋ

privateersman
BR ˌprʌɪvɨˈtɪəzmən
AM ˌpraɪvəˈtɪrzm(ə)n
privateersmen
BR ˌprʌɪvɨˈtɪəzmən
AM ˌpraɪvəˈtɪrzm(ə)n
privately
BR ˈprʌɪvɨtli
AM ˈpraɪvɨtli
privation
BR prʌɪˈveɪʃn, -z
AM praɪˈveɪʃ(ə)n, -z
privatisation
BR ˌprʌɪvɨtʌɪˈzeɪʃn, -z
AM ˌpraɪvəˌtaɪˈzeɪʃ(ə)n, ˌpraɪvədəˈzeɪʃ(ə)n, -z
privatise
BR ˈprʌɪvɨtʌɪz, -ɨz, -ɪŋ, -d
AM ˈpraɪvəˌtaɪz, -ɨz, -ɪŋ, -d
privatiser
BR ˈprʌɪvɨtʌɪzə(r), -z
AM ˈpraɪvəˌtaɪzər, -z
privative
BR ˈprʌɪvɨtɪv
AM ˈpraɪvədɪv
privatively
BR ˈprʌɪvɨtɨvli
AM ˈpraɪvədɨvli
privatization
BR ˌprʌɪvɨtʌɪˈzeɪʃn, -z
AM ˌpraɪvəˌtaɪˈzeɪʃ(ə)n, ˌpraɪvədəˈzeɪʃ(ə)n, -z
privatize
BR ˈprʌɪvɨtʌɪz, -ɨz, -ɪŋ, -d
AM ˈpraɪvəˌtaɪz, -ɨz, -ɪŋ, -d
privatizer
BR ˈprʌɪvɨtʌɪzə(r), -z
AM ˈpraɪvəˌtaɪzər, -z
privet
BR ˈprɪvɨt, -s
AM ˈprɪvɨt, -s
privilege
BR ˈprɪv(ɨ)l|ɪdʒ, ˈprɪvl|ɪdʒ, -ɪdʒɪz
AM ˈprɪv(ə)lɪdʒ, -ɨz

privileged
BR ˈprɪv(ɪ)lɪdʒd, ˈprɪvlɪdʒd
AM ˈprɪv(ə)lɪdʒd

privily
BR ˈprɪvɨli
AM ˈprɪvɨli

privity
BR ˈprɪvɪt|i, -ɪz
AM ˈprɪvɨdi, -z

privy
BR ˈprɪv|i, -ɪz
AM ˈprɪvi, -z

prix[1] *singular*
BR priː
AM pri

prix[2] *plural*
BR priː, priːz
AM priz, pri

prix fixe
BR ˌpriː ˈfiks, + ˈfiːks
AM ˌpri ˈfiks

Prix Goncourt
BR ˌpriː gɔ̃ˈkʊə(r), + gɔ̃ˈkɔː(r)
AM ˌpri ˌgɑnˈkʊ(ə)r, ˌpri ˌgɒnˈkʊ(ə)r
FR pʀi gɔ̃kuʀ

prize
BR praɪz, -ɪz, -ɪŋ, -d
AM praɪz, -ɪz, -ɪŋ, -d

prizefight
BR ˈpraɪzfʌɪt, -s
AM ˈpraɪzˌfaɪt, -s

prizefighter
BR ˈpraɪzˌfʌɪtə(r), -z
AM ˈpraɪzˌfaɪdər, -z

prizefighting
BR ˈpraɪzˌfʌɪtɪŋ
AM ˈpraɪzˌfaɪdɪŋ

prizeman
BR ˈpraɪzmən
AM ˈpraɪzm(ə)n

prizemen
BR ˈpraɪzmən
AM ˈpraɪzm(ə)n

prizewinner
BR ˈpraɪzˌwɪnə(r), -z
AM ˈpraɪzˌwɪnər, -z

prizewinning
BR ˈpraɪzˌwɪnɪŋ
AM ˈpraɪzˌwɪnɪŋ

PRO
BR ˌpiːɑːrˈəʊ, -z
AM ˌpiˌɑrˈoʊ, -z

pro
BR prəʊ, -z
AM proʊ, -z

proa
BR ˈprəʊə(r), -z
AM ˈproʊə, -z

proaction
BR (ˌ)prəʊˈakʃn
AM proʊˈækʃ(ə)n

proactive
BR (ˌ)prəʊˈaktɪv
AM proʊˈæktɪv

proactively
BR (ˌ)prəʊˈaktɪvli
AM proʊˈæktɪvli

proactivity
BR ˌprəʊakˈtɪvɨti
AM ˌproʊˌækˈtɪvɨdi

pro-am
BR ˌprəʊˈam, -z
AM ˌproʊˈæm, -z

probabilism
BR ˈprɒbəbɨlɪzm, ˈprɒbəblɪzm
AM ˈprɑbəbəˌlɪz(ə)m

probabilist
BR ˈprɒbəbɨlɪst, ˈprɒbəblɪst, -s
AM ˈprɑbəbələst, -s

probabilistic
BR ˌprɒbəbɨˈlɪstɪk, ˌprɒbəblˈɪstɪk
AM ˌprɑbəbəˈlɪstɪk

probability
BR ˌprɒbəˈbɪlɨt|i, -ɪz
AM ˌprɑbəˈbɪlɨdi, -z

probable
BR ˈprɒbəbl
AM ˈprɑbəb(ə)l

probably
BR ˈprɒbəbli
AM ˈprɑbəbli

proband
BR ˈprəʊband, -z
AM ˈproʊˌbænd, -z

probang
BR ˈprəʊbaŋ, -z
AM ˈproʊˌbæŋ, -z

probate
BR ˈprəʊbeɪt, -s
AM ˈproʊˌbeɪt, -s

probation
BR prəˈbeɪʃn
AM proʊˈbeɪʃ(ə)n

probational
BR prəˈbeɪʃn̩l
AM proʊˈbeɪʃ(ə)n(ə)l

probationary
BR prəˈbeɪʃn(ə)ri
AM proʊˈbeɪʃəˌnɛri

probationer
BR prəˈbeɪʃnə(r), prəˈbeɪʃnə(r), -z
AM proʊˈbeɪʃ(ə)nər, -z

probationership
BR prəˈbeɪʃn̩əʃɪp, prəˈbeɪʃnəʃɪp, -s
AM proʊˈbeɪʃ(ə)nərˌʃɪp, -s

probative
BR ˈprəʊbətɪv
AM ˈproʊbədɪv

probe
BR prəʊb, -z, -ɪŋ, -d
AM proʊb, -z, -ɪŋ, -d

probeable
BR ˈprəʊbəbl
AM ˈproʊbəb(ə)l

prober
BR ˈprəʊbə(r), -z
AM ˈproʊbər, -z

probing
BR ˈprəʊbɪŋ, -z
AM ˈproʊbɪŋ, -z

probingly
BR ˈprəʊbɪŋli
AM ˈproʊbɪŋli

probiotic
BR ˌprəʊbʌɪˈɒtɪk
AM ˌproʊbaɪˈɑdɪk

probit
BR ˈprɒbɪt, -s
AM ˈprɑbət, -s

probity
BR ˈprəʊbɨti
AM ˈproʊbədi

problem
BR ˈprɒbləm, -z
AM ˈprɑbl(ə)m, -z

problematic
BR ˌprɒbləˈmatɪk
AM ˌprɑbləˈmædɪk

problematical
BR ˌprɒbləˈmatɪkl
AM ˌprɑbləˈmædək(ə)l

problematically
BR ˌprɒbləˈmatɪkli
AM ˌprɑbləˈmædək(ə)li

problematisation
BR ˌprɒbləmətʌɪˈzeɪʃn
AM ˌprɑbləməˌtaɪˈzeɪʃ(ə)n, ˌprɑbləmədəˈzeɪʃ(ə)n

problematise
BR ˈprɒbləmətʌɪz, -ɪz, -ɪŋ, -d
AM ˈprɑbləməˌtaɪz, -ɪz, -ɪŋ, -d

problematization
BR ˌprɒbləmətʌɪˈzeɪʃn
AM ˌprɑbləməˌtaɪˈzeɪʃ(ə)n, ˌprɑbləmədəˈzeɪʃ(ə)n

problematize
BR ˈprɒbləmətʌɪz, -ɪz, -ɪŋ, -d
AM ˈprɑbləməˌtaɪz, -ɪz, -ɪŋ, -d

problemo
BR prɒbˈleɪməʊ
AM proʊˈbleɪmoʊ

probosces
BR prəˈbɒsiːz
AM proʊˈbɑsiz

proboscidean
BR ˌprɒbəˈsɪdɪən, -z
AM proʊˌbɑsəˈdiən, ˌproʊbəˈsɪdiən, -z

proboscidian
BR ˌprɒbəˈsɪdɪən, -z
AM proʊˌbɑsəˈdiən, ˌproʊbəˈsɪdiən, -z

proboscidiferous
BR prəˌbɒsɪˈdɪf(ə)rəs
AM proʊˌbɑsəˈdɪf(ə)rəs

proboscidiform
BR ˌprɒbəˈsɪdɪfɔːm
AM ˌproʊbəˈsɪdəˌfɔ(ə)rm

proboscis
BR prəˈbɒs|ɪs, -ɪsɪz
AM proʊˈbɑs|kəs,
proʊˈbɑs|əz,
-ɪsiz\-ɪsiz

Probyn
BR ˈprəʊbɪn
AM ˈproʊbən

procain
BR ˈprəʊkeɪn
AM ˈproʊˌkeɪn

procaine
BR ˈprəʊkeɪn
AM ˈproʊˌkeɪn

procaryote
BR prəʊˈkarɪəʊt,
prəʊˈkarɪɒt, -s
AM proʊˈkɛrioʊt, -s

procaryotic
BR prəʊˌkarɪˈɒtɪk,
ˌprəʊkarɪˈɒtɪk
AM proʊˌkɛriˈɑdɪk

Procea
BR ˈprəʊsɪə(r)
AM ˈproʊsie

procedural
BR prəˈsiːdʒ(ə)r|
AM proʊˈsidʒərəl

procedurally
BR prəˈsiːdʒ(ə)r|i
AM proʊˈsidʒərəli

procedure
BR prəˈsiːdʒə(r), -z
AM proʊˈsidʒər, -z

proceed *verb*
BR prəˈsiːd, -z, -ɪŋ, -ɪd
AM proʊˈsid, -z, -ɪŋ, -ɪd

proceedings
BR prəˈsiːdɪŋz
AM proʊˈsidɪŋz

proceeds *noun*
BR ˈprəʊsiːdz
AM ˈproʊˌsidz

process[1] *noun, verb, treat in a process*
BR ˈprəʊses, -ɪz, -ɪŋ, -t
AM ˈprɑˌses, -əz, -ɪŋ, -t

process[2] *verb, walk in procession*
BR prəˈses, -ɪz, -ɪŋ, -t
AM prəˈses, -əz, -ɪŋ, -t

processable
BR ˈprəʊsɛsəbl
AM ˈprɑsəsəb(ə)l

procession
BR prəˈsɛʃn, -z
AM prəˈsɛʃ(ə)n, -z

processional
BR prəˈsɛʃn̩l, -z
AM prəˈsɛʃ(ə)n(ə)l, -z

processionary
BR prəˈsɛʃn(ə)ri
AM prəˈsɛʃnɛri,
prəˈsɛʃənri

processionist
BR prəˈsɛʃn̩ɪst, -s
AM prəˈsɛʃ(ə)nəst, -s

processor
BR ˈprəʊsɛsə(r), -z
AM ˈprɑˌsɛsər, -z

procès-verbal
BR ˌprɒseɪvəːˈbɑːl, -z
AM ˈˌproʊˌseɪˌvərˈbɑl, -z
FR prɔsɛ vɛrbal

procès-verbaux
BR ˌprɒseɪvəːˈbəʊ
AM ˈˌproʊˌseɪˌvərˈboʊ
FR prɔsɛ vɛrbo

pro-choice
BR ˌprəʊˈtʃɔɪs
AM ˌproʊˈtʃɔɪs

prochronism
BR ˈprəʊkrənɪzm, -z
AM ˈprɑkrəˌnɪz(ə)m,
ˈproʊkrəˌnɪz(ə)m, -z

proclaim
BR prəˈkleɪm, -z, -ɪŋ, -d
AM proʊˈkleɪm, -z, -ɪŋ, -d

proclaimer
BR prəˈkleɪmə(r), -z
AM prəˈkleɪmər, -z

proclamation
BR ˌprɒkləˈmeɪʃn, -z
AM ˌprɑkləˈmeɪʃ(ə)n, -z

proclamatory
BR prə(ʊ)ˈklamət(ə)ri
AM prəˈklæməˌtɔri

procline
BR prə(ʊ)ˈklʌɪn, -z, -ɪŋ, -d
AM proʊˈklaɪn, -z, -ɪŋ, -d

proclitic
BR prə(ʊ)ˈklɪtɪk, -s
AM proʊˈklɪdɪk, -s

proclitically
BR prəˈklɪtɪkli
AM proʊˈklɪdɪk(ə)li

proclivity
BR prəˈklɪvɪt|i, -ɪz
AM proʊˈklɪvɪdi, -z

Procne
BR ˈprɒkni
AM ˈprɑkni

proconsul
BR ˌprəʊˈkɒnsl
AM proʊˈkɑns(ə)l

proconsular
BR ˌprəʊˈkɒnsjʉlə(r)
AM proʊˈkɑns(j)(ə)lər

proconsulate
BR ˌprəʊˈkɒnsjʉlət, -s
AM proʊˈkɑns(j)(ə)lət, -s

proconsulship
BR ˌprəʊˈkɒnslʃɪp, -s
AM proʊˈkɑnsəlˌʃɪp, -s

Procopius
BR prəʊˈkəʊpɪəs
AM proʊˈkoʊpɪəs

procrastinate
BR prə(ʊ)ˈkrastɪneɪt, -s, -ɪŋ, -ɪd
AM proʊˈkræstəˌneɪ|t, -ts, -dɪŋ, -dɪd

procrastination
BR prə(ʊ)ˌkrastɪˈneɪʃn
AM proʊˌkræstəˈneɪʃ(ə)n

procrastinative
BR prə(ʊ)ˈkrastɪnətɪv
AM proʊˈkræstəˌneɪdɪv

procrastinator
BR prə(ʊ)ˈkrastɪneɪtə(r), -z
AM proʊˈkræstəˌneɪdər, -z

procrastinatory
BR prə(ʊ)ˈkrastɪnət(ə)ri
AM proʊˈkræstənəˌtɔri

procreant
BR ˈprəʊkrɪənt
AM ˈproʊkrɪənt

procreate
BR ˈprəʊkrɪeɪt, -s, -ɪŋ, -ɪd
AM ˈproʊkriˌeɪ|t, -ts, -dɪŋ, -dɪd

procreation
BR ˌprəʊkrɪˈeɪʃn
AM ˌproʊkriˈeɪʃ(ə)n

procreative
BR ˈprəʊkrɪeɪtɪv, ˈprəʊkrɪətɪv
AM ˈproʊkriˌeɪdɪv

procreator
BR ˈprəʊkrɪeɪtə(r), -z
AM ˈproʊkriˌeɪdər, -z

Procrustean
BR prə(ʊ)ˈkrʌstɪən
AM proʊˈkrʌstiən

Procrustes
BR prə(ʊ)ˈkrʌstiːz
AM proʊˈkrʌstiz

Procter
BR ˈprɒktə(r)
AM ˈprɑktər

proctological
BR ˌprɒktəˈlɒdʒɪkl
AM ˌprɑktəˈlɑdʒək(ə)l

proctologist
BR prɒkˈtɒlədʒɪst, -s
AM prɑkˈtɑlədʒəst, -s

proctology
BR prɒkˈtɒlədʒi
AM prɑkˈtɑlədʒi

proctor
BR ˈprɒktə(r), -z
AM ˈprɑktər, -z

proctorial
BR prɒkˈtɔːrɪəl
AM prɑkˈtɔriəl

proctorship
BR ˈprɒktəʃɪp, -s
AM ˈprɑktərˌʃɪp, -s

proctoscope
BR ˈprɒktəskəʊp, -s
AM ˈprɑktəˌskoʊp, -s

procumbent
BR prə(ʊ)ˈkʌmb(ə)nt
AM proʊˈkəmbənt

procurable
BR prəˈkjʊərəbl,
prəˈkjɔːrəbl
AM prəˈkjʊrəb(ə)l

procural
BR prəˈkjʊərl̩,
prəˈkjɔːrl̩
AM prəˈkjərəl

procurance
BR prəˈkjʊərn̩s,
prəˈkjɔːrn̩s
AM prəˈkjʊrəns

procuration
BR ˌprɒkjʉˈreɪʃn, -z
AM ˌprakjəˈreɪʃ(ə)n, -z

procurator
BR ˈprɒkjʉreɪtə(r), -z
AM ˈprakjəˌreɪdər, -z

procurator fiscal
BR ˌprɒkjʉreɪtə ˈfɪskl
AM ˌprakjəˌreɪdər ˈfɪskəl

procuratorial
BR ˌprɒkjʉrəˈtɔːriəl
AM ˌprakjərəˈtɔriəl

procurators fiscal
BR ˌprɒkjʉreɪtəz ˈfɪskl
AM ˌprakjəˌreɪdərz ˈfɪskəl

procuratorship
BR ˈprɒkjʉreɪtəʃɪp, -s
AM ˈprakjəreɪdərˌʃɪp, -s

procuratory
BR ˈprɒkjʉrət(ə)ri
AM ˈprakjərəˌtɔri

procure
BR prəˈkjʊə(r),
prəˈkjɔː(r), -z, -ɪŋ, -d
AM proʊˈkjʊ(ə)r, -z, -ɪŋ, -d

procurement
BR prəˈkjʊəm(ə)nt,
prəˈkjɔːm(ə)nt, -s
AM proʊˈkjʊrm(ə)nt, -s

procurer
BR prəˈkjʊərə(r),
prəˈkjɔːrə(r), -z
AM proʊˈkjʊrər, -z

procuress
BR prəˈkjʊərɛs,
prəˈkjʊərɪs,
prəˈkjɔːrɛs,
prəˈkjɔːrɪs, -ɪz
AM proʊˈkjʊrəs, -əz

Procyon
BR ˈprəʊsiən
AM ˈproʊsiən

prod
BR prɒd, -z, -ɪŋ, -ɪd
AM prɑd, -z, -ɪŋ, -əd

prodder
BR ˈprɒdə(r), -z
AM ˈprɑdər, -z

prodigal
BR ˈprɒdɪgl, -z
AM ˈprɑdəgəl, -z

prodigalise
BR ˈprɒdɪgl̩ʌɪz, -ɪz, -ɪŋ, -d
AM ˈprɑdɪgəˌlaɪz, -ɪz, -ɪŋ, -d

prodigality
BR ˌprɒdɪˈgalɪti
AM ˌprɑdəˈgælədi

prodigalize
BR ˈprɒdɪgl̩ʌɪz, -ɪz, -ɪŋ, -d
AM ˈprɑdəgəˌlaɪz, -ɪz, -ɪŋ, -d

prodigally
BR ˈprɒdɪgl̩i
AM ˈprɑdəgəli

prodigalness
BR ˈprɒdɪglnəs
AM ˈprɑdəgəlnəs

prodigious
BR prəˈdɪdʒəs
AM proʊˈdɪdʒəs

prodigiously
BR prəˈdɪdʒəsli
AM proʊˈdɪdʒəsli

prodigiousness
BR prəˈdɪdʒəsnəs
AM proʊˈdɪdʒəsnəs

prodigy
BR ˈprɒdɪdʒ|i, -ɪz
AM ˈprɑdədʒi, -z

prodromal
BR ˈprɒdrəʊml,
prə(ʊ)ˈdrəʊml
AM proʊˈdroʊm(ə)l

prodrome
BR ˈprəʊdrəʊm, -z
AM ˈproʊˌdroʊm, -z

prodromic
BR prə(ʊ)ˈdrɒmɪk
AM proʊˈdrɑmɪk

pro-drop
BR ˌprəʊˈdrɒp
AM ˈproʊˌdrɑp

produce[1] *noun*
BR ˈprɒdjuːs,
ˈprɒdʒuːs
AM ˈproʊˌdus,
ˈprɑˌdus

produce[2] *verb*
BR prəˈdjuːs,
prəˈdʒuːs, -ɪz, -ɪŋ, -t
AM proʊˈd(j)us, -əz, -ɪŋ, -t

producer
BR prəˈdjuːsə(r),
prəˈdʒuːsə(r), -z
AM proʊˈd(j)usər, -z

producibility
BR prəˌdjuːsɪˈbɪlɪti,
prəˌdʒuːsɪˈbɪlɪti
AM proʊˌd(j)usəˈbɪlɪdi

producible
BR prəˈdjuːsɪbl,
prəˈdʒuːsɪbl
AM proʊˈd(j)usəb(ə)l

product
BR ˈprɒdʌkt, -s
AM ˈprɑdək(t), -(t)s

production
BR prəˈdʌkʃn, -z
AM proʊˈdəkʃ(ə)n, -z

productional
BR prəˈdʌkʃn̩l
AM proʊˈdəkʃ(ə)n(ə)l

productive
BR prəˈdʌktɪv
AM proʊˈdəktɪv

productively
BR prəˈdʌktɪvli
AM proʊˈdəktɪvli

productiveness
BR prəˈdʌktɪvnɪs
AM proʊˈdəktɪvnɪs

productivity
BR ˌprɒdʌkˈtɪvɪti
AM ˌproʊˌdəkˈtɪvɪdi, prɑˌdəkˈtɪvɪdi

proem
BR ˈprəʊɛm, -z
AM ˈproʊˌɛm, -z

proemial
BR prəʊˈɛmɪəl
AM proʊˈɛmɪəl

Prof.
BR prɒf, -s
AM prɑf, prɔf, -s

profanation
BR ˌprɒfəˈneɪʃn, -z
AM ˌprɑfəˈneɪʃ(ə)n, -z

profane
BR prəˈfeɪn, -ə(r), -ɪst
AM proʊˈfeɪn, -ər, -ɪst

profanely
BR prəˈfeɪnli
AM proʊˈfeɪnli

profaneness
BR prəˈfeɪnnɪs
AM proʊˈfeɪ(n)nɪs

profaner
BR prəˈfeɪnə(r), -z
AM proʊˈfeɪnər, -z

profanity
BR prəˈfanɪt|i, -ɪz
AM proʊˈfænədi, -z

profess
BR prəˈfɛs, -ɪz, -ɪŋ, -t
AM proʊˈfɛs, -əz, -ɪŋ, -t

professedly
BR prəˈfɛsɪdli
AM proʊˈfɛsədli

profession
BR prəˈfɛʃn, -z
AM proʊˈfɛʃ(ə)n, -z

professional
BR prəˈfɛʃn̩l
AM proʊˈfɛʃ(ə)n(ə)l

professionalisation
BR prəˌfɛʃn̩lʌɪˈzeɪʃn,
prəˌfɛʃnəlʌɪˈzeɪʃn
AM proʊˌfɛʃənləˈzeɪʃ(ə)n, proʊ-ˌfɛʃnələˈzeɪʃ(ə)n,
proʊˌfɛʃn̩lˌaɪ-ˈzeɪʃ(ə)n, proʊ-ˌfɛʃnəˌlaɪˈzeɪʃ(ə)n

professionalise
BR prəˈfɛʃn̩lʌɪz,
prəˈfɛʃnəlʌɪz, -ɪz,
-ɪŋ, -d
AM proʊˈfɛʃn̩lˌaɪz,
proʊˈfɛʃnəˌlaɪz, -ɪz,
-ɪŋ, -d

professionalism
BR prəˈfɛʃn̩lɪzm,
prəˈfɛʃnəlɪzm
AM proʊˈfɛʃənlˌɪz(ə)m,
proʊˈfɛʃnəˌlɪz(ə)m

professionalization
BR prəˌfɛʃn̩lʌɪˈzeɪʃn,
prəˌfɛʃnəlʌɪˈzeɪʃn
AM proʊˌfɛʃənləˈzeɪʃ(ə)n, proʊ-ˌfɛʃnələˈzeɪʃ(ə)n,
proʊˌfɛʃn̩lˌaɪ-ˈzeɪʃ(ə)n, proʊ-ˌfɛʃnəˌlaɪˈzeɪʃ(ə)n

professionalize
BR prəˈfɛʃn̩lʌɪz,
prəˈfɛʃnəlʌɪz, -ɪz,
-ɪŋ, -d
AM proʊˈfɛʃn̩lˌaɪz,
proʊˈfɛʃnəˌlaɪz, -ɪz,
-ɪŋ, -d

professionally
BR prəˈfɛʃn̩li,
prəˈfɛʃnəli
AM proʊˈfɛʃ(ə)nəli

professionless
BR prəˈfɛʃnləs
AM proʊˈfɛʃənləs

professor
BR prəˈfɛsə(r), -z
AM proʊˈfɛsər, -z

professorate
BR prəˈfɛs(ə)rət,
-s
AM proʊˈfɛsərət,
-s

professorial
BR ˌprɒfɪˈsɔːriəl
AM ˌproʊfəˈsɔriəl,
ˌprɑfəˈsɔriəl

professorially
BR ˌprɒfɪˈsɔːriəli
AM ˌproʊfəˈsɔriəli,
ˌprɑfəˈsɔriəli

professoriate
BR ˌprɒfɪˈsɔːriət
AM ˌproʊfəˈsɔriət,
ˌprɑfəˈsɔriət

professorship
BR prəˈfɛsəʃɪp, -s
AM proʊˈfɛsərˌʃɪp, -s

proffer
BR ˈprɒf|ə(r), -əz,
-(ə)rɪŋ, -əd
AM ˈprɑf|ər, -ərz,
-(ə)rɪŋ, -ərd

proficiency
BR prəˈfɪʃnsi
AM proʊˈfɪʃənsi

proficient
BR prəˈfɪʃnt
AM proʊˈfɪʃ(ə)nt

proficiently
BR prəˈfɪʃntli
AM proʊˈfɪʃən(t)li

profile
BR ˈprəʊfʌɪl, -z,
-ɪŋ, -d
AM ˈproʊˌfaɪl, -z,
-ɪŋ, -d

profiler
BR ˈprəʊfʌɪlə(r), -z
AM ˈproʊˌfaɪlər, -z

profilist
BR ˈprəʊfʌɪlɪst, -s
AM ˈproʊˌfaɪlɪst, -s

profit
BR ˈprɒf|ɪt, -ɪts,
-ɪtɪŋ, -ɪtɪd
AM ˈprɑfə|t, -ts,
-dɪŋ, -dəd

profitability
BR ˌprɒfɪtəˈbɪlɪt|i, -ɪz
AM ˌprɑfədəˈbɪlɪdi, -z

profitable
BR ˈprɒfɪtəbl
AM ˈprɑftəb(ə)l,
ˈprɑfədəb(ə)l

profitableness
BR ˈprɒfɪtəblnəs
AM ˈprɑftəbəlnəs,
ˈprɑfədəbəlnəs

profitably
BR ˈprɒfɪtəbli
AM ˈprɑftəbli,
ˈprɑfədəbli

profiteer
BR ˌprɒfɪˈtɪə(r), -z,
-ɪŋ, -d
AM ˌprɑfəˈtɪ(ə)r, -z,
-ɪŋ, -d

profiterole
BR prəˈfɪtərəʊl, -z
AM ˈprɑfɪdəˌroʊl,
ˈprɑfɪdəˌroʊl,
prəˈfɪdəˌroʊl, -z

profitless
BR ˈprɒfɪtlɪs
AM ˈprɑfətləs

profligacy
BR ˈprɒflɪgəsi
AM ˈprɑfləgəsi

profligate
BR ˈprɒflɪgət, -s
AM ˈprɑfləˌgeɪt,
ˈprɑfləgət, -s

profligately
BR ˈprɒflɪgətli
AM ˈprɑfləgətli

profligateness
BR ˈprɒflɪgətnəs
AM ˈprɑfləgətnəs

pro-forma
BR (ˌ)prəʊˈfɔːmə(r)
AM proʊˈfɔrmə

profound
BR prəˈfaʊnd, -ə(r), -ɪst
AM proʊˈfaʊnd, -ər, -əst

profoundly
BR prəˈfaʊndli
AM proʊˈfaʊn(d)li

profoundness
BR prəˈfaʊn(d)nəs
AM proʊˈfaʊn(d)nəs

Profumo
BR prəˈfjuːməʊ
AM prəˈf(j)umoʊ

profundity
BR prəˈfʌndɪt|i, -ɪz
AM proʊˈfəndədi, -z

profuse
BR prəˈfjuːs, -ɪst
AM proʊˈfjus, -əst

profusely
BR prəˈfjuːsli
AM proʊˈfjusli

profuseness
BR prəˈfjuːsnəs
AM proʊˈfjusnəs

profusion
BR prəˈfjuːʒn, -z
AM proʊˈfjuʒ(ə)n, -z

prog
BR prɒg, -z
AM prɑg, -z

progenitive
BR prə(ʊ)ˈdʒɛnɪtɪv
AM proʊˈdʒɛnədɪv

progenitor
BR prə(ʊ)ˈdʒɛnɪtə(r),
-z
AM proʊˈdʒɛnədər, -z

progenitorial
BR ˌprəʊdʒɛnɪˈtɔːriəl,
prə(ʊ)ˌdʒɛnɪˈtɔːriəl
AM proʊˌdʒɛnəˈtɔriəl

progenitorship
BR prə(ʊ)ˈdʒɛnɪtəʃɪp,
-s
AM proʊˈdʒɛnədərˌʃɪp,
-s

progenitress
BR prə(ʊ)ˈdʒɛnɪtrɛs,
prə(ʊ)ˈdʒɛnɪtrɪs,
-ɪz
AM proʊˈdʒɛnətrəs,
-əz

progenitrices
BR prə(ʊ)ˈdʒɛnɪtrɪsiːz
AM proʊˈdʒɛnɪtrɪsiz

progenitrix
BR prə(ʊ)ˈdʒɛnɪtrɪks,
-ɪz
AM proʊˈdʒɛnətrɪks,
-ɪz

progeniture
BR prə(ʊ)ˈdʒɛnɪtʃə(r)
AM proʊˈdʒɛnətʃər,
proʊˈdʒɛnətʃʊ(ə)r

progeny
BR ˈprɒdʒɪn|i, -ɪz
AM ˈprɑdʒəni, -z

progesterone
BR prəˈdʒestərəʊn
AM proʊˈdʒestəˌroʊn
progestogen
BR prəˈdʒestədʒ(ə)n, -z
AM proʊˈdʒestədʒ(ə)n, -z
proggins
BR ˈprɒgɪnz
AM ˈprɑgənz
proglottid
BR prə(ʊ)ˈglɒtɪd, -z
AM ˌproʊˈglɑdɪd, -z
proglottis
BR prəʊˈglɒtɪs, -ɪz
AM proʊˈglɑdəs, -əz
prognathic
BR prɒgˈnaθɪk
AM prɑgˈnæθɪk
prognathism
BR ˈprɒgnəθɪzm
AM ˈprɑgnəˌθɪz(ə)m
prognathous
BR prɒgˈneɪθəs, ˈprɒgnəθəs
AM ˈprɑgnəθəs
prognoses
BR prɒgˈnəʊsiːz
AM prɑgˈnoʊˌsiz
prognosis
BR prɒgˈnəʊsɪs
AM prɑgˈnoʊsəs
prognostic
BR prɒgˈnɒstɪk
AM prɑgˈnɑstɪk
prognosticable
BR prɒgˈnɒstɪkəbl
AM prɑgˈnɑstəkəb(ə)l
prognostically
BR prɒgˈnɒstɪkli
AM prɑgˈnɑstək(ə)li
prognosticate
BR prɒgˈnɒstɪkeɪt, -s, -ɪŋ, -ɪd
AM prɑgˈnɑstəˌkeɪ|t, -ts, -dɪŋ, -dɪd
prognostication
BR prɒgˌnɒstɪˈkeɪʃn, -z
AM prɑgˌnɑstəˈkeɪʃ(ə)n, -z

prognosticative
BR prɒgˈnɒstɪkətɪv
AM prɑgˈnɑstəkədɪv, prɑgˈnɑstəˌkeɪdɪv
prognosticator
BR prɒgˈnɒstɪkeɪtə(r), -z
AM prɑgˈnɑstəˌkeɪdər, -z
prognosticatory
BR prɒgˈnɒstɪkət(ə)ri
AM prɑgˈnɑstəkəˌtɔri
program
BR ˈprəʊgram, -z, -ɪŋ, -d
AM ˈproʊˌgræm, -z, -ɪŋ, -d
programable
BR ˈprəʊgrəməbl, prə(ʊ)ˈgraməbl
AM proʊˈgræməb(ə)l
programmability
BR ˌprəʊgrəməˈbɪlɪti, prə(ʊ)ˌgraməˈbɪlɪti
AM proʊˌgræməˈbɪlɪdi
programmable
BR ˈprəʊgrəməbl, prə(ʊ)ˈgraməbl
AM proʊˈgræməb(ə)l
programmatic
BR ˌprəʊgrəˈmatɪk
AM ˌproʊgrəˈmædɪk
programmatically
BR ˌprəʊgrəˈmatɪkli
AM ˌproʊgrəˈmædək(ə)li
programme
BR ˈprəʊgram, -z, -ɪŋ, -d
AM ˈproʊˌgræm, -z, -ɪŋ, -d
programmer
BR ˈprəʊgramə(r), -z
AM ˈproʊˌgræmər, -z
progress[1] *noun*
BR ˈprəʊgres, -ɪz
AM ˈprɑgrəs, -əz
progress[2] *verb*
BR prə(ʊ)ˈgres, ˈprəʊgres, -ɪz, -ɪŋ, -d
AM proʊˈgres, -əz, -ɪŋ, -d

progression
BR prəˈgreʃn, -z
AM proʊˈgreʃ(ə)n, -z
progressional
BR prəˈgreʃn̩l
AM proʊˈgreʃ(ə)n(ə)l
progressionist
BR prəˈgreʃn̩ɪst, -s
AM prəˈgreʃənəst, -s
progressive
BR prəˈgresɪv, -z
AM proʊˈgresɪv, prəˈgresɪv, -z
progressively
BR prəˈgresɪvli
AM proʊˈgresɪvli, prəˈgresɪvli
progressiveness
BR prəˈgresɪvnɪs
AM proʊˈgresɪvɪs, prəˈgresɪvɪs
progressivism
BR prəˈgresɪvɪzm
AM proʊˈgresəˌvɪz(ə)m, prəˈgresəˌvɪz(ə)m
progressivist
BR prəˈgresɪvɪst, -s
AM proʊˈgresəvəst, prəˈgresəvəst, -s
pro hac vice
BR ˌprəʊ hɑːk ˈvʌɪsi, + hak +, + ˈviːkeɪ
AM ˌproʊ hæk ˈvaɪsi
prohibit
BR prə(ʊ)ˈhɪb|ɪt, -ɪts, -ɪtɪŋ, -ɪtɪd
AM proʊˈhɪb|ɪt, -ts, -dɪŋ, -dɪd
prohibiter
BR prə(ʊ)ˈhɪbɪtə(r), -z
AM proʊˈhɪbɪdər, -z
prohibition
BR ˌprəʊ(h)ɪˈbɪʃn, -z
AM ˌproʊ(h)əˈbɪʃ(ə)n, -z
prohibitionary
BR ˌprəʊ(h)ɪˈbɪʃ(ə)ri
AM ˌproʊ(h)əˈbɪʃəˌnɛri
prohibitionism
BR ˌprəʊ(h)ɪˈbɪʃn̩ɪzm
AM ˌproʊ(h)əˈbɪʃəˌnɪz(ə)m

prohibitionist
BR ˌprəʊ(h)ɪˈbɪʃn̩ɪst, -s
AM ˌproʊ(h)əˈbɪʃ(ə)nəst, -s
prohibitive
BR prə(ʊ)ˈhɪbɪtɪv
AM proʊˈhɪbədɪv
prohibitively
BR prə(ʊ)ˈhɪbɪtɪvli
AM proʊˈhɪbədɪvli
prohibitiveness
BR prə(ʊ)ˈhɪbɪtɪvnɪs
AM proʊˈhɪbədɪvnɪs
prohibitor
BR prə(ʊ)ˈhɪbɪtə(r), -z
AM proʊˈhɪbɪdər, -z
prohibitory
BR prə(ʊ)ˈhɪbɪt(ə)ri
AM proʊˈhɪbɪˌtɔri
project[1] *noun*
BR ˈprɒdʒekt, -s
AM ˈprɑˌdʒek(t), -s
project[2] *verb*
BR prəˈdʒekt, -s, -ɪŋ, -ɪd
AM proʊˈdʒek|(t), -(t)s, -tɪŋ, -təd
projectile
BR prəˈdʒektʌɪl, -z
AM proʊˈdʒektl, proʊˈdʒekˌtaɪl, -z
projection
BR prəˈdʒekʃn, -z
AM proʊˈdʒekʃ(ə)n, -z
projectionist
BR prəˈdʒekʃn̩ɪst, -s
AM proʊˈdʒekʃənəst, -s
projective
BR prəˈdʒektɪv
AM proʊˈdʒektɪv
projectively
BR prəˈdʒektɪvli
AM proʊˈdʒektɪvli
projector
BR prəˈdʒektə(r), -z
AM proʊˈdʒektər, -z
prokaryote
BR prəʊˈkarɪəʊt, prəʊˈkarɪɒt, -s
AM proʊˈkɛrioʊt, -s

prokaryotic
BR ˌprəʊˌkærɪˈɒtɪk,
ˌprəʊkærɪˈɒtɪk
AM ˌproʊˌkeriˈɑdɪk

Prokofiev
BR prəˈkɒfiɛf
AM proʊˈkɑfiˌɛf,
proʊˈkɔfiˌɛf
RUS praˈkofjif

prolactin
BR prəʊˈlæktɪn
AM proʊˈlækt(ə)n

prolapse
BR ˈprəʊlæps, -ɪz, -ɪŋ, t
AM ˈproʊˌlæps, proʊ-
ˈlæps, -əz, -ɪŋ, -t

prolapsus
BR prəʊˈlæpsəs
AM ˈproʊˌlæpsəs,
proʊˈlæpsəs

prolate
BR ˈprəʊleɪt, prə(ʊ)ˈleɪt
AM ˈproʊˌleɪt, proʊˈleɪt

prolately
BR ˈprəʊleɪtli,
prə(ʊ)ˈleɪtli
AM ˈproʊˌleɪtli,
proʊˈleɪtli

prolative
BR ˈprəʊlətɪv,
prə(ʊ)ˈleɪtɪv
AM proʊˈleɪdɪv, ˈproʊ-
ˌleɪdɪv, ˈproʊlədɪv

prole
BR prəʊl, -z
AM proʊl, -z

proleg
BR ˈprəʊlɛg, -z
AM ˈproʊˌlɛg, -z

prolegomena
BR ˌprəʊlɛˈgɒmɪnə(r),
ˌprəʊlɪˈgɒmɪnə(r)
AM ˌproʊləˈgɑmənə

prolegomenary
BR ˌprəʊlɛˈgɒmɪn(ə)ri,
ˌprəʊlɪˈgɒmɪn(ə)ri
AM ˌproʊləˈgɑməˌneri

prolegomenon
BR ˌprəʊlɛˈgɒmɪnən,
ˌprəʊlɪˈgɒmɪnən
AM ˌproʊləˈgɑmənən,
ˌproʊləˈgɑməˌnɑn

prolegomenous
BR ˌprəʊlɛˈgɒmɪnəs,
ˌprəʊlɪˈgɒmɪnəs
AM ˌproʊlə-
ˈgɑmənəs

prolepses
BR prə(ʊ)ˈlɛpsiːz
AM proʊˈlɛpˌsiz

prolepsis
BR prə(ʊ)ˈlɛpsɪs
AM proʊˈlɛpsəs

proleptic
BR prə(ʊ)ˈlɛptɪk
AM proʊˈlɛptɪk

proletarian
BR ˌprəʊlɪˈtɛːriən,
-z
AM ˌproʊləˈtɛriən,
-z

proletarianisation
BR ˌprəʊlɪˌtɛːriənʌɪ-
ˈzeɪʃn
AM ˌproʊləˌtɛriəˌnaɪ-
ˈzeɪʃ(ə)n, ˌproʊlə-
ˌtɛriənəˈzeɪʃ(ə)n

proletarianise
BR ˌprəʊlɪˈtɛːriənʌɪz,
-ɪz, -ɪŋ, -d
AM ˌproʊləˈtɛriəˌnaɪz,
-ɪz, -ɪŋ, -d

proletarianism
BR ˌprəʊlɪˈtɛːriənɪzm
AM ˌproʊləˈtɛriə-
ˌnɪz(ə)m

proletarianization
BR ˌprəʊlɪˌtɛːriənʌɪ-
ˈzeɪʃn
AM ˌproʊləˌtɛriəˌnaɪ-
ˈzeɪʃ(ə)n, ˌproʊlə-
ˌtɛriənəˈzeɪʃ(ə)n

proletarianize
BR ˌprəʊlɪˈtɛːriənʌɪz,
-ɪz, -ɪŋ, -d
AM ˌproʊləˈtɛriə-
ˌnaɪz, -ɪz, -ɪŋ,
-d

proletariat
BR ˌprəʊlɪˈtɛːriət
AM ˌproʊləˈtɛriət

pro-life
BR ˌprəʊˈlʌɪf
AM ˈproʊˈlaɪf

proliferate
BR prəˈlɪfəreɪt, -s,
-ɪŋ, -ɪd
AM proʊˈlɪfəˌreɪ|t, -ts,
-dɪŋ, -dɪd

proliferation
BR prəˌlɪfəˈreɪʃn
AM proʊˌlɪfəˈreɪʃ(ə)n

proliferative
BR prəˈlɪf(ə)rətɪv
AM proʊˈlɪfərədɪv,
proʊˈlɪfəˌreɪdɪv

proliferator
BR prəˈlɪfəreɪtə(r), -z
AM proʊˈlɪfəˌreɪdər, -z

proliferous
BR prəˈlɪf(ə)rəs
AM proʊˈlɪf(ə)rəs

prolific
BR prəˈlɪfɪk
AM proʊˈlɪfɪk

prolificacy
BR prəˈlɪfɪkəsi
AM proʊˈlɪfɪkəsi

prolifically
BR prəˈlɪfɪkli
AM proʊˈlɪfɪk(ə)li

prolificity
BR ˌprəʊlɪˈfɪsɪti
AM ˌproʊləˈfɪsɪdi

prolificness
BR prəˈlɪfɪknɪs
AM proʊˈlɪfɪknɪs

proline
BR ˈprəʊliːn, -z
AM ˈproʊl(ə)n,
ˈproʊˌlin, -z

prolix
BR ˈprəʊlɪks
AM ˈproʊˌlɪks,
proʊˈlɪks

prolixity
BR prəˈlɪksɪti
AM proʊˈlɪksɪdi

prolixly
BR ˈprəʊlɪksli
AM ˈproʊˌlɪksli,
proʊˈlɪksli

prolocutor
BR prəʊˈlɒkjʊtə(r),
-z
AM proʊˈlɑkjədər, -z

prolocutorship
BR prəʊˈlɒkjʊtəʃɪp, -s
AM proʊˈlɑkjədərˌʃɪp,
-s

PROLOG
BR ˈprəʊlɒg
AM ˈproʊˌlɑg,
ˈproʊˌlɔg

prolog
BR ˈprəʊlɒg, -z
AM ˈproʊˌlɑg,
ˈproʊˌlɔg, -z

prologise
BR ˈprəʊləgʌɪz, -ɪz,
-ɪŋ, -d
AM ˈproʊləˌgaɪz, -ɪz,
-ɪŋ, -d

prologize
BR ˈprəʊləgʌɪz, -ɪz,
-ɪŋ, -d
AM ˈproʊləˌgaɪz, -ɪz,
-ɪŋ, -d

prologue
BR ˈprəʊlɒg,
-z
AM ˈproʊˌlɑg,
ˈproʊˌlɔg, -z

prolong
BR prəˈlɒŋ, -z,
-ɪŋ, -d
AM proʊˈlɔŋ,
proʊˈlɑŋ, -z,
-ɪŋ, -d

prolongation
BR ˌprəʊlɒŋˈgeɪʃn,
ˌprɒlɒŋˈgeɪʃn
AM proʊˌlɔŋˈ(g)eɪʃ(ə)n,
proʊˌlɑŋˈ(g)eɪʃ(ə)n

prolonger
BR prəˈlɒŋə(r),
-z
AM proʊˈlɔŋər,
proʊˈlɑŋər, -z

prolusion
BR prəˈl(j)uːʒn
AM proʊˈl(j)uʒ(ə)n

prolusory
BR prəˈl(j)uːz(ə)ri
AM proʊˈl(j)uzəri

prom
BR prɒm, -z
AM prɑm, -z

promenade
BR ˌprɒməˈnɑːd,
ˈprɒmənɑːd, -z,
-ɪŋ, -ɪd
AM ˈˌprɑːməˌnɑd,
ˈˌprɑːməˌneɪd, -z,
-ɪŋ, -əd

promenader
BR ˌprɒməˈnɑːdə(r),
ˈprɒmənɑːdə(r), -z
AM ˈˌprɑːməˌnɑdər,
ˈˌprɑːməˌneɪdər, -z

promethazine
BR prə(ʊ)ˈmɛθəziːn
AM proʊˈmɛθəz(ə)n,
proʊˈmɛθəˌzin

Promethean
BR prəˈmiːθiən
AM proʊˈmiθiən

Prometheus
BR prəˈmiːθiəs
AM proʊˈmiθiəs

promethium
BR prəˈmiːθiəm
AM proʊˈmiθiəm

prominence
BR ˈprɒmɪnəns,
-ɪz
AM ˈprɑmənəns,
-əz

prominency
BR ˈprɒmɪnənsi
AM ˈprɑmənənsi

prominent
BR ˈprɒmɪnənt
AM ˈprɑmənənt

prominenti
BR ˌprɒmɪˈnɛnti(ː)
AM ˌprɑməˈnɛn(t)i

prominently
BR ˈprɒmɪnəntli
AM ˈprɑmənən(t)li

promiscuity
BR ˌprɒmɪˈskjuːɪti
AM ˌproʊˌmɪˈskjuədi,
ˌprɑməˈskjuədi

promiscuous
BR prəˈmɪskjʊəs
AM prəˈmɪskjəwəs

promiscuously
BR prəˈmɪskjʊəsli
AM prəˈmɪskjəwəsli

promiscuousness
BR prəˈmɪskjʊəsnəs
AM prəˈmɪskjəwəsnəs

promise
BR ˈprɒm|ɪs, -ɪsɪz,
-ɪsɪŋ, -ɪst
AM ˈprɑməs, -əz, -ɪŋ, -t

promisee
BR ˌprɒmɪˈsiː, -z
AM ˌprɑməˈsi, -z

promiser
BR ˈprɒmɪsə(r), -z
AM ˈprɑməsər, -z

promisingly
BR ˈprɒmɪsɪŋli
AM ˈprɑməsɪŋli

promisor
BR ˈprɒmɪsə(r), -z
AM ˈprɑməsər, -z

promissory
BR ˈprɒmɪs(ə)ri
AM ˈprɑməˌsɔri

prommer
BR ˈprɒmə(r), -z
AM ˈprɑmər, -z

promo
BR ˈprəʊməʊ, -z
AM ˈproʊˌmoʊ, -z

promontory
BR ˈprɒm(ə)nt(ə)r|i,
-ɪz
AM ˈprɑmənˌtɔri, -z

promotability
BR prəˌməʊtəˈbɪlɪti
AM prəˌmoʊdəˈbɪlɪdi

promotable
BR prəˈməʊtəbl
AM prəˈmoʊdəb(ə)l

promote
BR prəˈməʊt, -s,
-ɪŋ, -ɪd
AM prəˈmoʊ|t, -ts,
-dɪŋ, -dəd

promoter
BR prəˈməʊtə(r), -z
AM prəˈmoʊdər, -z

promotion
BR prəˈməʊʃn, -z
AM prəˈmoʊʃ(ə)n, -z

promotional
BR prəˈməʊʃn̩l
AM prəˈmoʊʃ(ə)n(ə)l

promotive
BR prəˈməʊtɪv
AM prəˈmoʊdɪv

prompt
BR prɒm(p)t, -s, -ɪŋ,
-ɪd, -ə(r), -ɪst
AM prɑm(p)t, -s, -ɪŋ,
-əd, -ər, -əst

prompter
BR ˈprɒm(p)tə(r), -z
AM ˈprɑm(p)tər, -z

prompting
BR ˈprɒm(p)tɪŋ, -z
AM ˈprɑm(p)tɪŋ, -z

promptitude
BR ˈprɒm(p)tɪtjuːd,
ˈprɒm(p)tɪtʃuːd
AM ˈprɑm(p)təˌtud

promptly
BR ˈprɒm(p)tli
AM ˈprɑmp(t)li,
ˈprɑm(p)tli

promptness
BR ˈprɒmp(t)nəs
AM ˈprɑmp(t)nəs

promulgate
BR ˈprɒmlgeɪt, -s, -ɪŋ,
-ɪd
AM ˈprɑməlˌgeɪ|t, -ts,
-dɪŋ, -dɪd

promulgation
BR ˌprɒmlˈgeɪʃn, -z
AM ˌproʊməlˈgeɪʃ(ə)n,
ˌprɑməlˈgeɪʃ(ə)n, -z

promulgator
BR ˈprɒmlgeɪtə(r), -z
AM ˈprɑməlˌgeɪdər, -z

promulge
BR prəˈmʌldʒ, -ɪz,
-ɪŋ, -d
AM proʊˈməldʒ, -əz,
-ɪŋ, -d

pronaoi
BR prəʊˈneɪɔɪ
AM proʊˈneɪˌɔɪ

pronaos
BR prəʊˈneɪɒs
AM proʊˈneɪɑs

pronate
BR ˈprəʊneɪt, -s, -ɪŋ, -ɪd
AM ˈproʊˌneɪ|t, -ts,
-dɪŋ, -dɪd

pronation
BR prəʊˈneɪʃn
AM proʊˈneɪʃ(ə)n

pronator
BR prəʊˈneɪtə(r), -z
AM ˈproʊˌneɪdər, -z

prone
BR prəʊn, -ə(r), -ɪst
AM proʊn, -ər, -əst

pronely
BR ˈprəʊnli
AM ˈproʊnli

proneness
BR ˈprəʊnnəs
AM ˈproʊ(n)nəs

proneur
BR prəʊˈnəː(r), -z
AM proʊˈnər, -z

prong
BR prɒŋ, -z, -d
AM prɑŋ, prɔŋ, -z, -d

pronghorn
BR ˈprɒŋhɔːn, -z
AM ˈprɑŋˌ(h)ɔ(ə)rn,
ˈprɔŋˌ(h)ɔ(ə)rn, -z

pronominal
BR prə(ʊ)ˈnɒmɪnl
AM proʊˈnamən(ə)l

pronominalise
BR prə(ʊ)ˈnɒmɪnl̩ʌɪz,
-ɪz, -ɪŋ, -d
AM proʊˈnamənə
ˌlaɪz, -ɪz, -ɪŋ, -d

pronominalize
BR prə(ʊ)ˈnɒmɪnl̩ʌɪz,
-ɪz, -ɪŋ, -d
AM proʊˈnamənə
ˌlaɪz, -ɪz, -ɪŋ, -d

pronominally
BR prə(ʊ)ˈnɒmɪnl̩i
AM proʊˈnamənəli

pronoun
BR ˈprəʊnaʊn, -z
AM ˈproʊˌnaʊn, -z

pronounce
BR prəˈnaʊns, -ɪz,
-ɪŋ, -t
AM prəˈnaʊns, -əz,
-ɪŋ, -t

pronounceable
BR prəˈnaʊnsəbl
AM prəˈnaʊnsəb(ə)l

pronouncedly
BR prəˈnaʊnsɪdli
AM prəˈnaʊnsədli
pronouncement
BR prəˈnaʊnsm(ə)nt, -s
AM prəˈnaʊnsm(ə)nt, -s
pronouncer
BR prəˈnaʊnsə(r), -z
AM prəˈnaʊnsər, -z
pronto
BR ˈprɒntəʊ
AM ˈprɑn(t)oʊ
pronunciamento
BR prəˌnʌnsɪəˈmentəʊ, prəˌnʌnʃ(i)əˈmentəʊ, -z
AM proʊˌnɑn(t)ʃ(i)əˈmen(t)oʊ, -z
pronunciation
BR prəˌnʌnsiˈeɪʃn, -z
AM prəˌnɑnsiˈeɪʃ(ə)n, -z
proof
BR pruːf, -s, -ɪŋ, -t
AM pruf, -s, -ɪŋ, -t
proofless
BR ˈpruːfləs
AM ˈprufləs
proofmark
BR ˈpruːfmɑːk, -s
AM ˈprufˌmɑrk, -s
proof-plane
BR ˈpruːfpleɪn, -z
AM ˈprufˌpleɪn, -z
proofread[1] *present tense*
BR ˈpruːfriːd, -z, -ɪŋ
AM ˈprufˌrid, -z, -ɪŋ
proofread[2] *past tense*
BR ˈpruːfrɛd
AM ˈprufˌrɛd
proofreader
BR ˈpruːfˌriːdə(r), -z
AM ˈprufˌridər, -z
prop
BR prɒp, -s, -ɪŋ, -t
AM prɑp, -s, -ɪŋ, -t
propaedeutic
BR ˌprəʊpiːˈdjuːtɪk, ˌprəʊpiːˈdʒuːtɪk, -s
AM ˌproʊpiːˈd(j)udɪk, -s

propaedeutical
BR ˌprəʊpiːˈdjuːtɪkl, ˌprəʊpiːˈdʒuːtɪkl
AM ˌproʊpiːˈd(j)udək(ə)l
propaganda
BR ˌprɒpəˈgændə(r)
AM ˌprɑpəˈgændə
propagandise
BR ˌprɒpəˈgændʌɪz, -ɪz, -ɪŋ, -d
AM ˌprɑpəˈgænˌdaɪz, -ɪz, -ɪŋ, -d
propagandism
BR ˌprɒpəˈgændɪzm
AM ˌprɑpəˈgænˌdɪz(ə)m
propagandist
BR ˌprɒpəˈgændɪst, -s
AM ˌprɑpəˈgændəst, -s
propagandistic
BR ˌprɒpəgænˈdɪstɪk
AM ˌprɑpəˌgænˈdɪstɪk
propagandistically
BR ˌprɒpəgænˈdɪstɪkli
AM ˌprɑpəˌgænˈdɪstək(ə)li
propagandize
BR ˌprɒpəˈgændʌɪz, -ɪz, -ɪŋ, -d
AM ˌprɑpəˈgænˌdaɪz, -ɪz, -ɪŋ, -d
propagate
BR ˈprɒpəgeɪt, -s, -ɪŋ, -ɪd
AM ˈprɑpəˌgeɪt, -ts, -dɪŋ, -dɪd
propagation
BR ˌprɒpəˈgeɪʃn
AM ˌprɑpəˈgeɪʃ(ə)n
propagative
BR ˈprɒpəgeɪtɪv
AM ˈprɑpəˌgeɪdɪv
propagatively
BR ˈprɒpəgeɪtɪvli
AM ˈprɑpəˌgeɪdɪvli
propagator
BR ˈprɒpəgeɪtə(r)
AM ˈprɑpəˌgeɪdər, -z
propane
BR ˈprəʊpeɪn
AM ˈproʊˌpeɪn

propanoic acid
BR ˌprəʊpəˈnɔɪk ˈasɪd
AM ˌproʊpəˈnɔɪk ˈæsəd
propanone
BR ˈprəʊpənəʊn
AM ˈproʊpəˌnoʊn
proparoxytone
BR ˌprəʊpəˈrɒksɪtəʊn, -z
AM ˌproʊpəˈrɑksəˌtoʊn, -z
propel
BR prəˈpɛl, -z, -ɪŋ, -d
AM proʊˈpɛl, -z, -ɪŋ, -d
propellant
BR prəˈpɛlnt, -s
AM proʊˈpɛl(ə)nt, -s
propellent
BR prəˈpɛlnt
AM proʊˈpɛl(ə)nt
propeller
BR prəˈpɛlə(r), -z
AM proʊˈpɛlər, -z
propeller-head
BR prəˈpɛləhɛd, -z
AM prəˈpɛlər,(h)ɛd, -z
propene
BR ˈprəʊpiːn
AM ˈproʊˌpin
propensity
BR prəˈpɛnsɪt|i, -ɪz
AM proʊˈpɛnsədi, -z
proper
BR ˈprɒpə(r)
AM ˈprɑpər
properispomena
BR prə(ʊ)ˌpɛrɪˈspɒmɪnə(r)
AM proʊˌpɛriˈspɑmənə, proʊˌpɛriˈspoʊmənə
properispomenon
BR prə(ʊ)ˌpɛrɪˈspɒmɪnɒn
AM proʊˌpɛriˈspɑməˌnɑn, proʊˌpɛriˈspɑmənən, proʊˌpɛriˈspɑmənən, proʊˌpɛriˈspoʊməˌnɑn

properly
BR ˈprɒp(ə)li
AM ˈprɑpərli
properness
BR ˈprɒpənəs
AM ˈprɑpərnəs
propertied
BR ˈprɒpətɪd
AM ˈprɑpərdid
Propertius
BR prə(ʊ)ˈpɜːʃ(i)əs
AM proʊˈpɜrʃ(i)əs
property
BR ˈprɒpət|i, -ɪz
AM ˈprɑpərdi, -z
prophase
BR ˈprəʊfeɪz, -ɪz
AM ˈproʊˌfeɪz, -ɪz
prophecy
BR ˈprɒfɪs|i, -ɪz
AM ˈprɑfəsi, -z
prophesier
BR ˈprɒfɪsʌɪə(r), -z
AM ˈprɑfəˌsaɪ(ə)r, -z
prophesy
BR ˈprɒfɪsʌɪ, -z, -ɪŋ, -d
AM ˈprɑfəˌsaɪ, -z, -ɪŋ, -d
prophet
BR ˈprɒfɪt, -s
AM ˈprɑfət, -s
prophetess
BR ˌprɒfɪˈtɛs, ˈprɒfɪtɪs, -ɪz
AM ˈprɑfədəs, -əz
prophethood
BR ˈprɒfɪthʊd
AM ˈprɑfət,(h)ʊd
prophetic
BR prəˈfɛtɪk
AM proʊˈfɛdɪk
prophetical
BR prəˈfɛtɪkl
AM proʊˈfɛdək(ə)l
prophetically
BR prəˈfɛtɪkli
AM proʊˈfɛdək(ə)li
propheticism
BR prəˈfɛtɪsɪzm, -z
AM proʊˈfɛdəˌsɪz(ə)m, -z

prophetism
BR ˈprɒfɪtɪzm
AM ˈprɑfəˌtɪz(ə)m

prophetship
BR ˈprɒfɪtʃɪp
AM ˈprɑfətˌʃɪp

prophylactic
BR ˌprɒfɪˈlæktɪk, -s
AM ˌproʊfəˈlæktɪk, -s

prophylaxis
BR ˌprɒfɪˈlæksɪs
AM ˌproʊfəˈlæksəs

propinquity
BR prəˈpɪŋkwɪti
AM proʊˈpɪŋkwɨdi

propionate
BR ˈproʊpɪəneɪt, -s
AM ˈproʊpiəˌneɪt, -s

propionic acid
BR ˌproʊpɪanɪk ˈasɪd
AM ˌproʊpiˈænɪk ˌæsəd

propitiate
BR prəˈpɪʃieɪt, -s, -ɪŋ, -ɪd
AM proʊˈpɪʃiˌeɪ|t, -ts, -dɪŋ, -dɪd

propitiation
BR prəˌpɪʃiˈeɪʃn, -z
AM proʊˌpɪʃiˈeɪʃ(ə)n, -z

propitiator
BR prəˈpɪʃieɪtə(r), -z
AM proʊˈpɪʃiˌeɪdər, -z

propitiatorily
BR prəˌpɪʃiəˈtɔːrɪli
AM proʊˌpɪʃiəˈtɔrəli

propitiatory
BR prəˈpɪʃiət(ə)ri
AM proʊˈpɪʃiəˌtɔri

propitious
BR prəˈpɪʃəs
AM proʊˈpɪʃəs

propitiously
BR prəˈpɪʃəsli
AM proʊˈpɪʃəsli

propitiousness
BR prəˈpɪʃəsnəs
AM proʊˈpɪʃəsnəs

propjet
BR ˈprɒpdʒɛt, -s
AM ˈprɑpˌdʒɛt, -s

propofol
BR ˈproʊpəfɒl
AM ˈprɑpəˌfɔl, ˈprɑpəˌfʌl

propolis
BR ˈprɒpəlɪs
AM ˈprɑpələs

proponent
BR prəˈpoʊnənt, -s
AM proʊˈpoʊnənt, -s

Propontis
BR prə(ʊ)ˈpɒntɪs
AM prəˈpɑn(t)əs

proportion
BR prəˈpɔːʃn, -nz, -nɪŋ\-nɪŋ, -nd
AM pərˈpɔrʃən, prəˈpɔrʃən, -ənz, -(ə)nɪŋ, -ənd

proportionable
BR prəˈpɔːʃn̩əbl, prəˈpɔːʃnəbl
AM pərˈpɔrʃənəb(ə)l, prəˈpɔrʃənəb(ə)l

proportionably
BR prəˈpɔːʃn̩əbli, prəˈpɔːʃnəbli
AM pərˈpɔrʃənəbli, prəˈpɔrʃənəbli

proportional
BR prəˈpɔːʃn̩l
AM pərˈpɔrʃ(ə)n(ə)l, prəˈpɔrʃ(ə)n(ə)l

proportionalist
BR prəˈpɔːʃn̩lɪst, prəˈpɔːʃnəlɪst, -s
AM pərˈpɔrʃənləst, prəˈpɔrʃnələst, pərˈpɔrʃnələst, prəˈpɔrʃnələst, -s

proportionality
BR prəˌpɔːʃəˈnælɪti
AM pərˌpɔrʃəˈnælədi, prəˌpɔrʃəˈnælədi

proportionally
BR prəˈpɔːʃn̩li, prəˈpɔːʃnəli
AM pərˈpɔrʃ(ə)nəli, prəˈpɔrʃ(ə)nəli

proportionate
BR prəˈpɔːʃn̩ət, prəˈpɔːʃnət
AM pərˈpɔrʃ(ə)nət, prəˈpɔrʃ(ə)nət

proportionately
BR prəˈpɔːʃn̩ətli, prəˈpɔːʃnətli
AM pərˈpɔrʃ(ə)nətli, prəˈpɔrʃ(ə)nətli

proportionless
BR prəˈpɔːʃnləs
AM pərˈpɔrʃənləs, prəˈpɔrʃənləs

proportionment
BR prəˈpɔːʃnm(ə)nt
AM pərˈpɔrʃənm(ə)nt, prəˈpɔrʃənm(ə)nt

proposal
BR prəˈpoʊzl, -z
AM prəˈpoʊz(ə)l, -z

propose
BR prəˈpoʊz, -ɪz, -ɪŋ, -d
AM prəˈpoʊz, -əz, -ɪŋ, -d

proposer
BR prəˈpoʊzə(r), -z
AM prəˈpoʊzər, -z

proposition
BR ˌprɒpəˈzɪʃn, -nz, -nɪŋ\-nɪŋ, -nd
AM ˌprɑpəˈzɪʃ(ə)n, -z, -ɪŋ, -d

propositional
BR ˌprɒpəˈzɪʃn̩l
AM ˌprɑpəˈzɪʃ(ə)n(ə)l

propositionally
BR ˌprɒpəˈzɪʃn̩li, ˌprɒpəˈzɪʃnəli
AM ˌprɑpəˈzɪʃ(ə)nəli

propound
BR prəˈpaʊnd, -z, -ɪŋ, -ɪd
AM prəˈpaʊnd, -z, -ɪŋ, -əd

propounder
BR prəˈpaʊndə(r), -z
AM prəˈpaʊndər, -z

propraetor
BR proʊˈpriːtə(r), -z
AM proʊˈpridər, -z

proprietary
BR prəˈpraɪət(ə)ri
AM p(r)əˈpraɪəˌtɛri

proprietor
BR prəˈpraɪətə(r), -z
AM p(r)əˈpraɪədər, -z

proprietorial
BR prəˌpraɪəˈtɔːrɪəl
AM p(r)əˌpraɪəˈtɔriəl

proprietorially
BR prəˌpraɪəˈtɔːrɪəli
AM p(r)əˌpraɪəˈtɔriəli

proprietorship
BR prəˈpraɪətəʃɪp, -s
AM p(r)əˈpraɪədərˌʃɪp, -s

proprietress
BR prəˈpraɪətrɪs, -ɪz
AM p(r)əˈpraɪətrəs, -əz

propriety
BR prəˈpraɪəti
AM p(r)əˈpraɪədi

proprioception
BR ˌprə(ʊ)prɪəˈsɛpʃn
AM ˌproʊpriəˈsɛpʃ(ə)n

proprioceptive
BR ˌprə(ʊ)prɪəˈsɛptɪv
AM ˌproʊpriəˈsɛptɪv

pro-proctor
BR proʊˈprɒktə(r), -z
AM proʊˈprɑktər, -z

proptoses
BR prɒpˈtoʊsiːz
AM ˌprɑpˈtoʊˌsiz

proptosis
BR prɒpˈtoʊsɪs
AM ˌprɑpˈtoʊsəs

propulsion
BR prəˈpʌlʃn
AM prəˈpəlʃ(ə)n

propulsive
BR prəˈpʌlsɪv
AM prəˈpəlsɪv

propulsor
BR prəˈpʌlsə(r), -z
AM prəˈpəlsər, -z

propyl
BR ˈproʊp(ɪ)l
AM ˈproʊpəl

propyla
BR ˈprɒpɪlə(r),
ˈprəʊpɪlə(r), -z
AM ˈprɑpələ, -z

propylaea
BR ˌprɒpɪˈliːə(r),
ˌprəʊpɪˈliːə(r)
AM ˌprɑpəˈliə

propylaeum
BR ˌprɒpɪˈliːəm,
ˌprəʊpɪˈliːəm
AM ˌprɑpəˈliəm

propylene
BR ˈprəʊpɪliːn,
ˈprɒpɪliːn
AM ˈproʊpə,lin

propylon
BR ˈprɒpɪlɒn,
ˈprəʊpɪlɒn, -z
AM ˈprɑpə,lɑn, -z

pro rata
BR (ˌ)prəʊ ˈrɑːtə(r)
AM proʊ ˈrɑdə, proʊ
ˈræd, proʊ ˈreɪdə

prorate
BR ˌprəʊˈreɪt, -s, -ɪŋ, -ɪd
AM ˈˌproʊˌreɪ|t, -ts,
-dɪŋ, -dɪd

proration
BR prə(ʊ)ˈreɪʃn
AM proʊˈreɪʃ(ə)n

prorogation
BR ˌprəʊrə(ʊ)ˈgeɪʃn, -z
AM ˌproʊrəˈgeɪʃ(ə)n,
-z

prorogue
BR prə(ʊ)ˈrəʊg, -z,
-ɪŋ, -d
AM proʊˈroʊg, -z, -ɪŋ,
-d

pros *plural of pro*
BR prəʊz
AM proʊz

prosaic
BR prə(ʊ)ˈzeɪɪk
AM proʊˈzeɪɪk

prosaically
BR prə(ʊ)ˈzeɪɪkli
AM proʊˈzeɪɪk(ə)li

prosaicness
BR prə(ʊ)ˈzeɪɪknɪs
AM proʊˈzeɪɪknɪs

prosaism
BR ˈprəʊzeɪɪzm, -z
AM ˈproʊzeɪ,ɪz(ə)m,
-z

prosaist
BR ˈprəʊzeɪɪst, -s
AM ˈproʊzeɪɪst, -s

proscenia
BR prəˈsiːnɪə(r)
AM proʊˈsiniə

proscenium
BR prəˈsiːnɪəm, -z
AM proʊˈsiniəm, -z

prosciutto
BR prəˈʃuːtəʊ
AM proʊˈʃudoʊ
IT proʃˈʃutto

proscribe
BR prə(ʊ)ˈskrʌɪb, -z,
-ɪŋ, -d
AM proʊˈskraɪb, -z,
-ɪŋ, -d

proscription
BR prə(ʊ)ˌskrɪpʃn, -z
AM proʊˈskrɪpʃ(ə)n,
-z

proscriptive
BR prə(ʊ)ˈskrɪptɪv
AM proʊˈskrɪptɪv

prose
BR prəʊz
AM proʊz

Prosecco
BR prɒˈsɛkəʊ
AM proʊˈsɛkoʊ

prosector
BR prə(ʊ)ˈsɛktə(r), -z
AM proʊˈsɛktər, -z

prosecutable
BR ˈprɒsɪkjuːtəbl
AM ˈprɑsəˌkjudəb(ə)l

prosecute
BR ˈprɒsɪkjuːt, -s,
-ɪŋ, -ɪd
AM ˈprɑsəˌkju|t, -ts,
-dɪŋ, -dəd

prosecution
BR ˌprɒsɪˈkjuːʃn, -z
AM ˌprɑsəˈkjuʃ(ə)n, -z

prosecutor
BR ˈprɒsɪkjuːtə(r)
AM ˈprɑsəˌkjudər, -z

prosecutorial
BR ˌprɒsɪkjʉˈtɔːrɪəl
AM ˌˈprɑsəkjəˈtɔriəl

prosecutrices
BR ˌprɒsɪˈkjuːtrɪsiːz
AM ˌprɑsəˈkjutrɪsiz

prosecutrix
BR ˈprɒsɪkjuːtrɪks,
ˌprɒsɪˈkjuːtrɪks, -ɪz
AM ˈprɑsəkjutrɪks, -ɪz

proselyte
BR ˈprɒsɪlʌɪt, -s
AM ˈprɑsəˌlaɪt, -s

proselytise
BR ˈprɒsɪlɪtʌɪz,
ˈprɒsḷɪtʌɪz, -ɪz, -ɪŋ,
-d
AM ˈpras(ə)ləˌtaɪz,
-ɪz, -ɪŋ, -d

proselytiser
BR ˈprɒsɪlɪtʌɪzə(r),
ˈprɒsḷɪtʌɪzə(r), -z
AM ˈpras(ə)ləˌtaɪzər,
-z

proselytism
BR ˈprɒsɪlɪtɪzm,
ˈprɒsḷɪtɪzm
AM ˈpras(ə)ləˌtɪz(ə)m

proselytize
BR ˈprɒsɪlɪtʌɪz,
ˈprɒsḷɪtʌɪz, -ɪz, -ɪŋ,
-d
AM ˈpras(ə)ləˌtaɪz,
-ɪz, -ɪŋ, -d

proselytizer
BR ˈprɒsɪlɪtʌɪzə(r),
ˈprɒsḷɪtʌɪzə(r), -z
AM ˈpras(ə)ləˌtaɪzər, -z

proseminar
BR ˌprəʊˈsɛmɪnɑː(r),
-z
AM ˌproʊˈsɛməˌnɑr, -z

prosencephalon
BR ˌprɒsɛnˈsɛfḷɒn,
ˌprɒsɛnˈkɛfḷɒn
AM ˌprɑsnˈsɛfəˌlɑn

prosenchyma
BR prɒˈsɛŋkɪmə(r)
AM prəˈsɛŋkəmə

prosenchymal
BR prɒˈsɛŋkɪml
AM prəˈsɛŋkəm(ə)l

prosenchymata
BR ˌprɒsɛnˈkɪmətə(r)
AM ˌprɑsnˈkɪmədə

prosenchymatous
BR ˌprɒsɛnˈkɪmətəs
AM ˌprɑsnˈkɪmədəs

proser
BR ˈprəʊzə(r), -z
AM ˈproʊzər, -z

Proserpina
BR prə(ʊ)ˈsəːpɪnə(r)
AM proʊˈsərpənə

Proserpine
BR ˈprɒsəpʌɪn,
AM ˈprasərˌpaɪn,
proʊˈsərpəni

prosify
BR ˈprəʊzɪfʌɪ, -z,
-ɪŋ, -d
AM ˈproʊzəˌfaɪ, -z,
-ɪŋ, -d

prosily
BR ˈprəʊzɪli
AM ˈproʊzəli

prosimian
BR prəʊˈsɪmɪən, -z
AM proʊˈsɪmiən, -z

prosiness
BR ˈprəʊzɪnɪs
AM ˈproʊzɪnɪs

prosodic
BR prə(ʊ)ˈsɒdɪk,
prə(ʊ)ˈzɒdɪk
AM proʊˈzɑdɪk

prosodically
BR prə(ʊ)ˈsɒdɪkli,
prə(ʊ)ˈzɒdɪkli
AM proʊˈzadək(ə)li

prosodist
BR ˈprɒsədɪst,
ˈprɒzədɪst,
ˈprəʊzədɪst, -s
AM ˈprɑsədəst, -s

prosody
BR ˈprɒsədi, ˈprɒzədi,
ˈprəʊzədi
AM ˈprɑsədi

prosopographer
BR ˌprɒsə(ʊ)-
ˈpɒgrəfə(r), -z
AM ˌprɑsəˈpɑgrəfər,
-z

prosopographic
BR ˌprɒsə(ʊ)pəˈgrafɪk
AM ˌprɑsəpəˈgræfɪk

prosopographical
BR ˌprɒsə(ʊ)pəˈgrafɪkl
AM ˌprɑsəpəˈgræfək(ə)l

prosopography
BR ˌprɒsə(ʊ)ˈpɒgrəfi
AM ˌprɑsəˈpɑgrəfi

prosopopoeia
BR ˌprɒsə(ʊ)pəˈpiːə(r)
AM ˌprɑsəpəˈpiə, prəˌsoʊpəˈpiə

prospect[1] *noun*
BR ˈprɒspɛkt, -s
AM ˈprɑˌspɛk(t), -s

prospect[2] *verb*
BR prəˈspɛkt, ˈprɒspɛkt, -s, -ɪŋ, -ɪd
AM ˈprɑˌspɛk|(t), -(t)s, -tɪŋ, -təd

prospective
BR prəˈspɛktɪv
AM prəˈspɛktɪv, prəˈspɛktɪv

prospectively
BR prəˈspɛktɪvli
AM prəˈspɛktɪvli, prəˈspɛktɪvli

prospectiveness
BR prəˈspɛktɪvnɪs
AM prəˈspɛktɪvnɪs, prəˈspɛktɪvnɪs

prospectless
BR ˈprɒspɛk(t)ləs
AM ˈprɑˌspɛk(t)ləs

prospector
BR prəˈspɛktə(r), ˈprɒspɛktə(r), -z
AM ˈprɑˌspɛktə(r), -z

prospectus
BR prəˈspɛktəs, -ɪz
AM prəˈspɛktəs, -əz

prosper
BR ˈprɒsp|ə(r), -əz, -(ə)rɪŋ, -əd
AM ˈprɑsp|ər, -ərz, -(ə)rɪŋ, -ərd

prosperity
BR prɒˈspɛrɪti
AM prəˈspɛrədi

Prospero
BR ˈprɒsp(ə)rəʊ
AM ˈprɑspəroʊ

prosperous
BR ˈprɒsp(ə)rəs
AM ˈprɑsp(ə)rəs

prosperously
BR ˈprɒsp(ə)rəsli
AM ˈprɑsp(ə)rəsli

prosperousness
BR ˈprɒsp(ə)rəsnəs
AM ˈprɑsp(ə)rəsnəs

Prosser
BR ˈprɒsə(r)
AM ˈprɑsər, ˈprɔsər

Prost
BR prɒst
AM prɑst, prɔst
FR pʀɔst

prostaglandin
BR ˌprɒstəˈglandɪn, -z
AM ˌprɑstəˈglændən, -z

prostate
BR ˈprɒsteɪt, -s
AM ˈprɑsˌteɪt, -s

prostatectomy
BR ˌprɒstəˈtɛktəm|i, -ɪz
AM ˌprɑstəˈtɛktəmi, -z

prostatic
BR prɒˈstatɪk
AM prəˈstædɪk

prosthesis
BR (ˌ)prɒsˈθiːsɪs
AM prɑsˈθisɪs

prosthetic
BR (ˌ)prɒsˈθɛtɪk, -s
AM prɑsˈθɛdɪk, -s

prosthetically
BR (ˌ)prɒsˈθɛtɪkli
AM prɑsˈθɛdək(ə)li

prostitute
BR ˈprɒstɪtjuːt, ˈprɒstɪtʃuːt, -s
AM ˈprɑstəˌt(j)ut, -s

prostitution
BR ˌprɒstɪˈtjuːʃn, ˌprɒstɪˈtʃuːʃn
AM ˌprɑstəˈt(j)uʃ(ə)n

prostitutional
BR ˌprɒstɪˈtjuːʃn̩l, ˌprɒstɪˈtʃuːʃn̩l
AM ˌprɑstəˈt(j)uʃ(ə)n(ə)l

prostitutor
BR ˈprɒstɪtjuːtə(r), ˈprɒstɪtʃuːtə(r), -z
AM ˈprɑstəˌt(j)udər, -z

prostrate[1] *adjective*
BR ˈprɒstreɪt
AM ˈprɑˌstreɪt

prostrate[2] *verb*
BR prɒˈstreɪt, -s, -ɪŋ, -ɪd
AM ˈprɑˌstreɪ|t, -ts, -dɪŋ, -dɪd

prostration
BR prɒˈstreɪʃn
AM prɑˈstreɪʃ(ə)n

prostyle
BR ˈprəʊstʌɪl, -z
AM ˈproʊˌstaɪl, -z

prosumer
BR prəʊˈsjuːmə(r), -z
AM proʊˈsumər, -z

prosy
BR ˈprəʊz|i, -ɪə(r), -ɪɪst
AM ˈproʊzi, -ər, -ɪst

protactinium
BR ˌprəʊtakˈtɪniəm
AM ˌproʊˌtækˈtɪniəm

protagonist
BR prə(ʊ)ˈtagn̩ɪst, -s
AM proʊˈtægənəst, -s

Protagoras
BR prə(ʊ)ˈtagərəs
AM proʊˈtægərəs

protamine
BR ˈprəʊtəmiːn, -z
AM ˈproʊdəm(ə)n, ˈproʊdəˌmin, -z

protandrous
BR prə(ʊ)ˈtandrəs
AM ˌproʊˈtændrəs

protanope
BR ˈprəʊtənəʊp, -s
AM ˈproʊdəˌnoʊp, -s

protanopia
BR ˌprəʊtəˈnəʊpɪə(r)
AM ˌproʊdəˈnoʊpiə

protases
BR ˈprɒtəsiːz
AM ˈprɑdəˌsiz

protasis
BR ˈprɒtəsɪs
AM ˈprɑdəsəs

protatic
BR prə(ʊ)ˈtatɪk
AM proʊˈtædɪk

protea
BR ˈprəʊtɪə(r), -z
AM ˈproʊdiə, -z

protean
BR ˈprəʊtɪən, prəʊˈtiːən
AM proʊˈtiən, ˈproʊdiən

protease
BR ˈprəʊtɪeɪz, ˈprəʊtɪeɪs, -ɪz
AM ˈproʊdiˌeɪs, ˈproʊdiˌeɪz, -ɪz

protect
BR prəˈtɛkt, -s, -ɪŋ, -ɪd
AM prəˈtɛk|(t), -(t)s, -tɪŋ, -təd

protectant
BR prəˈtɛkt(ə)nt, -s
AM prəˈtɛktnt, -s

protection
BR prəˈtɛkʃn
AM prəˈtɛkʃ(ə)n

protectionism
BR prəˈtɛkʃn̩ɪzm
AM prəˈtɛkʃəˌnɪz(ə)m

protectionist
BR prəˈtɛkʃn̩ɪst, -s
AM prəˈtɛkʃ(ə)nəst, -s

protective
BR prəˈtɛktɪv
AM prəˈtɛktɪv

protectively
BR prəˈtɛktɪvli
AM prəˈtɛktɪvli

protectiveness
BR prəˈtɛktɪvnɪs
AM prəˈtɛktɪvnɪs

protector
BR prəˈtɛktə(r), -z
AM prəˈtɛktər, -z

protectoral
BR prəˈtɛkt(ə)r|l̩
AM prəˈtɛkt(ə)rəl

protectorate
BR prəˈtekt(ə)rət, -s
AM prəˈtekt(ə)rət, -s

protectorship
BR prəˈtektəʃɪp
AM prəˈtektərˌʃɪp

protectress
BR prə(ʊ)ˈtektres,
prə(ʊ)ˈtektrɪs, -ɪz
AM ˈproʊtektres,
-əz

protégé *masculine*
BR ˈprɒtɪʒeɪ, -z
AM ˈproʊdəˌʒeɪ, -z

protégée *feminine*
BR ˈprɒtɪʒeɪ, -z
AM ˈproʊdəˌʒeɪ, -z

proteiform
BR ˈprəʊtɪɪfɔːm
AM ˈproʊdiəˌfɔ(ə)rm

protein
BR ˈprəʊtiːn, -z
AM ˈproʊˌtin, -z

proteinaceous
BR ˌprəʊtɪˈneɪʃəs
AM ˌproʊdəˈneɪʃəs,
ˌproʊˌtiˈneɪʃəs

proteinic
BR prəʊˈtiːnɪk
AM proʊˈtinɪk

proteinous
BR prəʊˈtiː(ɪ)nəs
AM proʊˈti(ə)nəs

pro tem
BR (ˌ)prəʊ ˈtem
AM ˌproʊ ˈtem

pro tempore
BR (ˌ)prəʊ ˈtemp(ə)reɪ,
+ ˈtemp(ə)ri
AM ˌproʊ ˈtempəˌreɪ

proteolyses
BR ˌprəʊtɪˈɒlisiːz
AM ˌproʊdiˈaləˌsiz

proteolysis
BR ˌprəʊtɪˈɒlɪsɪs
AM ˌproʊdiˈaləsəs

proteolytic
BR ˌprəʊtɪəˈlɪtɪk
AM ˌproʊdiəˈlɪdɪk

proteome
BR ˈprəʊtɪəʊm, -z
AM ˈproʊdiˌoʊm, -z

Proterozoic
BR ˌprəʊt(ə)rəˈzəʊɪk
AM ˌproʊtərəˈzoʊɪk

protest[1] *noun*
BR ˈprəʊtest, -s
AM ˈproʊˌtest, -s

protest[2] *verb*
BR prəˈtest, -s, -ɪŋ, -ɪd
AM proʊˈtest, -s, -ɪŋ, -əd

Protestant
BR ˈprɒtɪst(ə)nt, -s
AM ˈprɑdəst(ə)nt, -s

Protestantise
BR ˈprɒtɪst(ə)ntʌɪz, -ɪz, -ɪŋ, -d
AM ˈprɑdəstənˌtaɪz, -ɪz, -ɪŋ, -d

Protestantism
BR ˈprɒtɪst(ə)ntɪzm
AM ˈprɑdəstənˌtɪz(ə)m

Protestantize
BR ˈprɒtɪst(ə)ntʌɪz, -ɪz, -ɪŋ, -d
AM ˈprɑdəstənˌtaɪz, -ɪz, -ɪŋ, -d

protestation
BR ˌprɒtɪˈsteɪʃn, -z
AM ˌprɑdəˈsteɪʃ(ə)n, -z

protester
BR prəˈtestə(r), -z
AM ˈproʊˌtestər, -z

protestingly
BR prəˈtestɪŋli
AM proʊˈtestɪŋli

protestor
BR prəˈtestə(r), -z
AM ˈproʊˌtestər, -z

Proteus
BR ˈprəʊtiəs
AM ˈproʊdiəs

prothalamia
BR ˌprəʊθəˈleɪmɪə(r)
AM ˌproʊθəˈleɪmɪə

prothalamion
BR ˌprəʊθəˈleɪmɪən
AM ˌproʊθəˈleɪmɪən

prothalamium
BR ˌprəʊθəˈleɪmɪəm
AM ˌproʊθəˈleɪmiəm

prothalli
BR prəʊˈθalʌɪ,
prəʊˈθaliː
AM proʊˈθæˌlaɪ

prothallia
BR prəʊˈθalɪə(r)
AM proʊˈθælɪə,
proʊˈθæljə

prothallium
BR prəʊˈθalɪəm
AM proʊˈθælɪəm

prothallus
BR prəʊˈθaləs
AM proʊˈθæləs

Prothero
BR ˈprɒðərəʊ
AM ˈproʊˌθ(ə)roʊ

Protheroe
BR ˈprɒðərəʊ
AM ˈproʊˌθ(ə)roʊ

protheses
BR ˈprɒθisiːz
AM ˈprɑθəˌsiz

prothesis
BR ˈprɒθɪsɪs
AM ˈprɑθəsəs

prothetic
BR prə(ʊ)ˈθetɪk
AM prəˈθedɪk

prothetically
BR prə(ʊ)ˈθetɪkli
AM prəˈθedək(ə)li

prothonotary
BR ˌprəʊθəˈnəʊt(ə)r|i,
prə(ʊ)ˈθɒnət(ə)r|i, -ɪz
AM ˌproʊθəˈnadəri,
prəˈθanəˌteri, -z

protist
BR ˈprəʊtɪst, -s
AM ˈproʊdəst, -s

protistology
BR ˌprəʊtɪsˈtɒlədʒi
AM ˌproʊdəˈstalədʒi

protium
BR ˈprəʊtiəm
AM ˈproʊʃ(ə)m,
ˈproʊdiəm

protocol
BR ˈprəʊtəkɒl, -z
AM ˈproʊdəˌkal,
ˈproʊdəˌkɔl, -z

protogynous
BR prə(ʊ)ˈtɒdʒɪnəs
AM proʊˈtadʒənəs

protomartyr
BR ˌprəʊtəʊˈmɑːtə(r), -z
AM ˈproʊdoʊˌmardər, -z

proton
BR ˈprəʊtɒn, -z
AM ˈproʊˌtan, -z

protonate
BR ˈprəʊtəneɪt, -s, -ɪŋ, -ɪd
AM ˈproʊdəˌneɪt, -s, -ɪŋ, -ɪd

protonic
BR prəʊˈtɒnɪk
AM proʊˈtanɪk

protonotary
BR ˌprəʊtəˈnəʊt(ə)r|i,
prə(ʊ)ˈtɒnət(ə)r|i, -ɪz
AM ˌproʊdəˈnoʊdəri, -z

protopectin
BR ˌprəʊtə(ʊ)ˈpektɪn, -z
AM ˌproʊdəˈpekt(ə)n, -z

protophyte
BR ˈprəʊtəfʌɪt, -s
AM ˈproʊdəˌfaɪt, -s

protoplasm
BR ˈprəʊtə(ʊ)plazm
AM ˈproʊdəˌplæz(ə)m

protoplasmal
BR ˌprəʊtə(ʊ)ˈplazml
AM ˌproʊdəˈplæzm(ə)l

protoplasmatic
BR ˌprəʊtə(ʊ)plazˈmatɪk
AM ˌproʊdəˌplæzˈmædɪk

protoplasmic
BR ˌprəʊtə(ʊ)ˈplazmɪk
AM ˌproʊdəˈplæzmɪk

protoplast
BR ˈprəʊtə(ʊ)plast, -s
AM ˈproʊdəˌplæst, -s

protoplastic
BR ˌprəʊtə(ʊ)ˈplastɪk
AM ˌproʊdəˈplæstɪk

prototheria
BR ˌprəʊtə(ʊ)ˈθɪərɪə(r)
AM ˌproʊdəˈθɪriə

protothrian
BR ˌprəʊtə(ʊ)ˈθɪərɪən, -z
AM ˌproʊdəˈθɪriən, -z

prototypal
BR ˈprəʊtətʌɪpl, ˌprəʊtə(ʊ)ˈtʌɪpl
AM ˈˌproʊdəˌtaɪpəl

prototype
BR ˈprəʊtətʌɪp, -s, -ɪŋ, -t
AM ˈproʊdəˌtaɪp, -s, -ɪŋ, -t

prototypic
BR ˌprəʊtə(ʊ)ˈtɪpɪk
AM ˌproʊdəˈtɪpɪk

prototypical
BR ˌprəʊtə(ʊ)ˈtɪpɪkl
AM ˌproʊdəˈtɪpək(ə)l

prototypically
BR ˌprəʊtə(ʊ)ˈtɪpɪkli
AM ˌproʊdəˈtɪpɪk(ə)li

protozoa
BR ˌprəʊtə(ʊ)ˈzəʊə(r)
AM ˌproʊdəˈzoʊə

protozoal
BR ˌprəʊtə(ʊ)ˈzəʊəl
AM ˌproʊdəˈzoʊəl

protozoan
BR ˌprəʊtə(ʊ)ˈzəʊən
AM ˌproʊdəˈzoʊən

protozoic
BR ˌprəʊtə(ʊ)ˈzəʊɪk
AM ˌproʊdəˈzoʊɪk

protozoology
BR ˌprəʊtə(ʊ)ˈzuː-ɒlədʒi, ˌprəʊtə(ʊ)zəʊˈɒlədʒi
AM ˈˌproʊdoʊzə-ˈwɑlədʒi, ˈˌproʊdoʊˌzoʊˈwɑlədʒi

protozoon
BR ˌprəʊtə(ʊ)ˈzəʊɒn
AM ˌproʊdəˈzoʊən

protract
BR prəˈtrakt, -s, -ɪŋ, -ɪd
AM proʊˈtræk|(t), -(t)s, -tɪŋ, -təd

protracted
BR prəˈtraktɪd
AM proʊˈtræktəd

protractedly
BR prəˈtraktɪdli
AM proʊˈtræktədli

protractedness
BR prəˈtraktɪdnɪs
AM proʊˈtræktədnəs

protractile
BR prəˈtraktʌɪl
AM proʊˈtrækt(ə)l, proʊˈtrækˌtaɪl

protraction
BR prəˈtrakʃn, -z
AM proʊˈtrækʃ(ə)n, -z

protractor
BR prəˈtraktə(r), -z
AM ˈproʊˌtræktər, -z

protruberance
BR prəˈtruːb(ə)rn̩s, -ɪz
AM proʊˈtrub(ə)rəns, -ɪz

protrude
BR prəˈtruːd, -z, -ɪŋ, -ɪd
AM proʊˈtrud, -z, -ɪŋ, -əd

protrudent
BR prəˈtruːdnt
AM proʊˈtrudnt

protrusible
BR prəˈtruːsɪbl
AM proʊˈtrusəb(ə)l

protrusile
BR prəˈtruːsʌɪl
AM proʊˈtrus(ə)l, proʊˈtruˌsaɪl

protrusion
BR prəˈtruːʒn, -z
AM proʊˈtruʒ(ə)n, -z

protrusive
BR prəˈtruːsɪv
AM proʊˈtrusɪv

protrusively
BR prəˈtruːsɪvli
AM proʊˈtrusɪvli

protrusiveness
BR prəˈtruːsɪvnɪs
AM proʊˈtrusɪvnɪs

protuberance
BR prəˈtjuːb(ə)rn̩s, prəˈtʃuːb(ə)rn̩s, -ɪz
AM proʊ-ˈt(j)ub(ə)rəns, -əz

protuberant
BR prəˈtjuːb(ə)rn̩t, prəˈtʃuːb(ə)rn̩t
AM proʊˈt(j)ub(ə)rənt

protuberantly
BR prəˈtjuːb(ə)rn̩tli, prəˈtʃuːb(ə)rn̩tli
AM proʊ-ˈt(j)ub(ə)rən(t)li

proud
BR praʊd, -ə(r), -ɪst
AM praʊd, -ər, -əst

Proudhon
BR ˈpruːdɒn
AM proʊˈdɔn
FR pʀudɔ̃

proudly
BR ˈpraʊdli
AM ˈpraʊdli

proudness
BR ˈpraʊdnəs
AM ˈpraʊdnəs

Proust
BR pruːst
AM prust
FR pʀust

Prout
BR praʊt
AM praʊt

provability
BR ˌpruːvəˈbɪlɪti
AM ˌpruvəˈbɪlɪdi

provable
BR ˈpruːvəbl
AM ˈpruvəb(ə)l

provableness
BR ˈpruːvəblnəs
AM ˈpruvəbəlnəs

provably
BR ˈpruːvəbli
AM ˈpruvəbli

prove
BR pruːv, -z, -ɪŋ, -d
AM pruv, -z, -ɪŋ, -d

proven
BR ˈpruːvn, ˈprəʊvn
AM ˈpruvən

provenance
BR ˈprɒvɪnəns, ˈprɒvn̩əns, -t
AM ˈprɑvənəns, -t

Provençal
BR ˌprɒvnˈsɑːl
AM ˌprɑvənˈsal, ˌproʊvənˈsal
FR pʀɔvɑ̃sal

Provence
BR prɒˈvɑːns, prɒˈvɒ̃s
AM proʊˈvɑns
FR pʀɔvɑ̃s

provender
BR ˈprɒv(ɪ)ndə(r)
AM ˈprɑvəndər

provenience
BR prəˈviːnɪəns
AM prəˈvɪnj(ə)ns

proverb
BR ˈprɒvəːb, -z
AM ˈprɑˌvərb, -z

pro-verb
BR ˈprəʊvəːb, -z
AM ˈproʊˌvərb, -z

proverbial
BR prəˈvəːbɪəl
AM prəˈvərbiəl

proverbiality
BR prəˌvəːbɪˈalɪti
AM prəˌvərbiˈælədi

proverbially
BR prəˈvəːbɪəli
AM prəˈvərbiəli

Proverbs
BR ˈprɒvəːbz
AM ˈprɑˌvərbz

provide
BR prəˈvʌɪd, -z, -ɪŋ, -ɪd
AM proʊˈvaɪd, -z, -ɪŋ, -ɪd

providence
BR ˈprɒvɪd(ə)ns
AM ˈprɑvədns, ˈprɑvəˌdɛns

provident
BR ˈprɒvɪd(ə)nt
AM ˈprɑvəˌdɛnt, ˈprɑvədnt

providential
BR ˌprɒvɪˈdɛnʃl
AM ˌprɑvəˈdɛn(t)ʃ(ə)l

providentially

providentially
BR ˌprɒvɪˈdenʃli
AM ˌprɑvəˈden(t)ʃəli
providently
BR ˈprɒvɪd(ə)ntli
AM ˈprɑvədn(t)li,
ˈprɑvəˌden(t)li
provider
BR prəˈvaɪdə(r), -z
AM proʊˈvaɪdər, -z
Provimi
BR prəʊˈviːmi
AM proʊˈvimi
province
BR ˈprɒv|ɪns, -ɪnsɪz
AM ˈprɑvəns, -əz
provincial
BR prəˈvɪnʃl, -z
AM proʊˈvɪn(t)ʃ(ə)l, -z
provincialise
BR prəˈvɪnʃlʌɪz, -ɪz,
-ɪŋ, -d
AM proʊˈvɪn(t)ʃəˌlaɪz,
-ɪz, -ɪŋ, -d
provincialism
BR prəˈvɪnʃlɪzm, -z
AM proʊˈvɪn(t)ʃə-
ˌlɪz(ə)m, -z
provincialist
BR prəˈvɪnʃlɪst, -s
AM proʊˈvɪn(t)ʃələst, -s
provinciality
BR prəˌvɪnʃɪˈalɪti
AM proʊˌvɪn(t)ʃi-
ˈælədi
provincialize
BR prəˈvɪnʃlʌɪz, -ɪz,
-ɪŋ, -d
AM proʊˈvɪn(t)ʃəˌlaɪz,
-ɪz, -ɪŋ, -d
provincially
BR prəˈvɪnʃli
AM proʊˈvɪn(t)ʃəli
provision
BR prəˈvɪʒ|n, -nz,
-nɪŋ\-nɪŋ, -nd
AM proʊˈvɪʒ(ə)n, -z,
-ɪŋ, -d
provisional
BR prəˈvɪʒn̩l,
prəˈvɪʒn̩l, -z
AM proʊˈvɪʒ(ə)n(ə)l, -z

provisionality
BR prəˌvɪʒəˈnalɪti
AM proʊˌvɪʒəˈnælədi
provisionally
BR prəˈvɪʒn̩li,
prəˈvɪʒnəli
AM proʊˈvɪʒ(ə)nəli
provisionalness
BR prəˈvɪʒn̩lnəs
AM proʊˈvɪʒənlnəs,
proʊˈvɪʒnəlnəs
provisioner
BR prəˈvɪʒnə(r),
prəˈvɪʒnə(r), -z
AM proʊˈvɪʒənər, -z
provisionless
BR prəˈvɪʒnləs
AM proʊˈvɪʒənləs
provisionment
BR prəˈvɪʒnm(ə)nt
AM proʊˈvɪʒnm(ə)nt
proviso
BR prəˈvaɪzəʊ, -z
AM proʊˈvaɪzoʊ, -z
provisor
BR prəˈvaɪzə(r), -z
AM proʊˈvaɪzər, -z
provisorily
BR prəˈvaɪz(ə)rɪli
AM proʊˈvaɪzərəli
provisory
BR prəˈvaɪz(ə)ri
AM proʊˈvaɪzəri
Provo
BR ˈprəʊvəʊ, -z
AM ˈproʊvoʊ, -z
provocateur
BR prəˌvɒkəˈtəː(r)
AM prəˌvakəˈtər
provocation
BR ˌprɒvəˈkeɪʃn, -z
AM ˌprɑvəˈkeɪʃ(ə)n,
-z
provocative
BR prəˈvɒkətɪv
AM proʊˈvakədɪv
provocatively
BR prəˈvɒkətɪvli
AM proʊˈvakədɪvli
provocativeness
BR prəˈvɒkətɪvnɪs
AM proʊˈvakədɪvnɪs

provokable
BR prəˈvəʊkəbl
AM proʊˈvoʊkəb(ə)l
provoke
BR prəˈvəʊk, -s, -ɪŋ, -t
AM proʊˈvoʊk, -s, -ɪŋ, -t
provoker
BR prəˈvəʊkə(r), -z
AM proʊˈvoʊkər, -z
provokingly
BR prəˈvəʊkɪŋli
AM proʊˈvoʊkɪŋli
provost
BR ˈprɒvɒst, -s
AM ˈproʊvəst,
ˈproʊˌvoʊst, -s
provost-marshall
BR prəˌvəʊˈmaːʃl, -z
AM ˌproʊvoʊˈmarʃ(ə)l,
-z
provostship
BR ˈprɒvɒstʃɪp
AM ˈproʊvəstˌʃɪp,
ˈproʊˌvoʊstˌʃɪp
prow
BR praʊ, -z
AM praʊ, -z
prowess
BR ˈpraʊɪs, ˈpraʊɛs,
ˈpraʊɛs
AM ˈpraʊ(w)əs
prowl
BR praʊl, -z, -ɪŋ, -d
AM ˈpraʊ(wə)l, -z, -ɪŋ,
-d
prowler
BR ˈpraʊlə(r), -z
AM ˈpraʊ(wə)lər, -z
Prowse
BR praʊz, praʊs
AM praʊz
prox.
BR prɒks
AM praks
proxemic
BR prɒkˈsiːmɪk, -s
AM prakˈsimɪk, -s
Proxima Centauri
BR ˌprɒksɪmə
sɛnˈtɔːrʌɪ, + sɛnˈtɔːriː
AM ˌpraksəmə
ˌsɛnˈtɔˌraɪ

proximal
BR ˈprɒksɪml
AM ˈpraksəm(ə)l
proximally
BR ˈprɒksɪməli
AM ˈpraksəməli
proximate
BR ˈprɒksɪmət
AM ˈpraksəmət
proximately
BR ˈprɒksɪmətli
AM ˈpraksəmətli
proximation
BR ˌprɒksɪˈmeɪʃn
AM ˌpraksəˈmeɪʃ(ə)n
proxime accessit
BR ˌprɒksɪmi akˈsɛsɪt,
ˌprɒksɪmeɪ +
AM ˌpraksəmə
ækˈsɛsət
proximity
BR prɒkˈsɪmɪti
AM prakˈsɪmɪdi
proximo
BR ˈprɒksɪməʊ
AM ˈpraksəˌmoʊ
proxy
BR ˈprɒks|i,
-ɪz
AM ˈpraksi, -z
Prozac
BR ˈprəʊzak
AM ˈproʊzæk
Pru
BR ˈpruː
AM ˈpru
prude
BR pruːd, -z
AM prud, -z
prudence
BR ˈpruːd(ə)ns
AM ˈprudns
prudent
BR ˈpruːd(ə)nt
AM ˈprudnt
prudential
BR pruˈdenʃl
AM pruˈden(t)ʃ(ə)l
prudentialism
BR pruˈdenʃlɪzm
AM pruˈden(t)ʃə-
ˌlɪz(ə)m

prudentialist
BR prʊˈdɛnʃˌlɪst, -s
AM pruˈdɛn(t)ʃələst, -s

prudentially
BR prʊˈdɛnʃli
AM pruˈdɛn(t)ʃəli

prudently
BR ˈpruːd(ə)ntli
AM ˈprudn(t)li

prudery
BR ˈpruːd(ə)ri
AM ˈprudəri

Prudhoe *place in UK*
BR ˈprʌdəʊ
AM ˈprədoʊ

Prudhoe Bay
BR ˌpruːdəʊ ˈbeɪ
AM ˌprud(h)oʊ ˈbeɪ

prudish
BR ˈpruːdɪʃ
AM ˈprudɪʃ

prudishly
BR ˈpruːdɪʃli
AM ˈprudɪʃli

prudishness
BR ˈpruːdɪʃnɪs
AM ˈprudɪʃnɪs

Prue
BR pruː
AM pru

Prufrock
BR ˈpruːfrɒk
AM ˈprufˌrɑk

pruinose
BR ˈpruːɪnəʊs
AM ˈpruəˌnoʊz, ˈpruəˌnoʊs

Pruitt
BR ˈpruːɪt
AM ˈpruɪt

prune
BR pruːn, -z, -ɪŋ, -d
AM prun, -z, -ɪŋ, -d

prunella
BR prʊˈnɛlə(r), -z
AM pruˈnɛlə, -z

pruner
BR ˈpruːnə(r), -z
AM ˈprunər, -z

prurience
BR ˈprʊəriəns
AM ˈpruriəns, ˈprʊriəns

pruriency
BR ˈprʊəriənsi
AM ˈpruriənsi, ˈprʊriənsi

prurient
BR ˈprʊəriənt
AM ˈpruriənt, ˈprʊriənt

pruriently
BR ˈprʊəriəntli
AM ˈpruriən(t)li, ˈprʊriən(t)li

pruriginous
BR prʊəˈrɪdʒɪnəs
AM prʊˈrɪdʒənəs

prurigo
BR prʊəˈrʌɪgəʊ
AM prʊˈraɪˌgoʊ

pruritic
BR prʊəˈrɪtɪk
AM prʊˈrɪdɪk

pruritis
BR prʊəˈrʌɪtɪs
AM prʊˈraɪdɪs

prusik
BR ˈprʌsˌɪk, -ɪks, -ɪkɪŋ, -ɪkt
AM ˈprəsɪk, -s, -ɪŋ, -t

Prussia
BR ˈprʌʃə(r)
AM ˈprəʃə

Prussian
BR ˈprʌʃn, -z
AM ˈprəʃ(ə)n, -z

prussic
BR ˈprʌsɪk
AM ˈprəsɪk

pry
BR prʌɪ, -z, -ɪŋ, -d
AM praɪ, -z, -ɪŋ, -d

Pryce
BR prʌɪs
AM praɪs

Pryde
BR prʌɪd
AM praɪd

pryingly
BR ˈprʌɪɪŋli
AM ˈpraɪɪŋli

Prynne
BR prɪn
AM prɪn

prytany
BR ˈprɪtənˌi, -ɪz
AM ˈprɪdəni, -z

Przewalski
BR ˌprəʒɪˈvalski, ˌprəʒɪˈwɒlski
AM ˌprəʒəˈwalski, ˌprəʒəˈwɔlski
RUS pr̝ɪˈvalʲskʲij

psalm
BR sɑːm, -z
AM sɑ(l)m, -z

psalmbook
BR ˈsɑːmbʊk, -s
AM ˈsɑ(l)mˌbʊk, -s

psalmic
BR ˈsɑːmɪk
AM ˈsɑ(l)mɪk

psalmist
BR ˈsɑːmɪst, -s
AM ˈsɑ(l)məst, -s

psalmodic
BR salˈmɒdɪk
AM sɑ(l)ˈmɑdɪk

psalmodise
BR ˈsalmədʌɪz, ˈsɑːmədʌɪz, -ɪz, -ɪŋ, -d
AM ˈsɑ(l)məˌdaɪz, -ɪz, -ɪŋ, -d

psalmodist
BR ˈsalmədɪst, ˈsɑːmədɪst, -s
AM ˈsɑ(l)mədəst, -s

psalmodize
BR ˈsalmədʌɪz, ˈsɑːmədʌɪz, -ɪz, -ɪŋ, -d
AM ˈsɑ(l)məˌdaɪz, -ɪz, -ɪŋ, -d

psalmody
BR ˈsɑːmədi, ˈsalmədi
AM ˈsɑ(l)mədi

psalter
BR ˈsɔːltə(r), ˈsɒltə(r), -z
AM ˈsɑltər, ˈsɔltər, -z

psalteria
BR sɔːlˈtɪəriə(r), sɒlˈtɪəriə(r)
AM sɑlˈtɪriə

psalterium
BR sɔːlˈtɪəriəm, sɒlˈtɪəriəm, -z
AM ˌsalˈtɪriəm, ˌsɔlˈtɪriəm, -z

psaltery
BR ˈsɔːlt(ə)rˌi, ˈsɒlt(ə)rˌi, -ɪz
AM ˈsɑltəri, ˈsɔltəri, -z

psephological
BR ˌsiːfəˈlɒdʒɪkl, ˌsɛfəˈlɒdʒɪkl
AM ˌsifəˈlɑdʒək(ə)l

psephologically
BR ˌsiːfəˈlɒdʒɪkli, ˌsɛfəˈlɒdʒɪkli
AM ˌsifəˈlɑdʒək(ə)li

psephologist
BR sɪˈfɒlədʒɪst, siːˈfɒlədʒɪst, sɛˈfɒlədʒɪst, -s
AM sɪˈfɑlədʒəst, -s

psephology
BR sɪˈfɒlədʒi, siːˈfɒlədʒi, sɛˈfɒlədʒi
AM sɪˈfɑlədʒi

pseud
BR s(j)uːd, -z
AM sud, -z

pseudepigrapha
BR ˌs(j)uːdɪˈpɪgrəfə(r)
AM ˌsudəˈpɪgrəfə

pseudepigraphal
BR ˌs(j)uːdɪˈpɪgrəfl
AM ˌsudəˈpɪgrəfəl

pseudepigraphic
BR ˌs(j)uːdɪpɪˈgræfɪk
AM ˌsudˌɛpəˈgræfɪk

pseudepigraphical
BR ˌs(j)uːdɪpɪˈgræfɪkl
AM ˌsudˌɛpəˈgræfək(ə)l

pseudo
BR ˈs(j)uːdəʊ, -z
AM ˈsudoʊ, -z

pseudocarp
BR ˈs(j)uːdə(ʊ)kɑːp, -s
AM ˈsudoʊˌkɑrp, -s

pseudo-cleft
BR ˌsuːdəʊˈklɛft
AM ˈsudoʊˌklɛft

pseudoephedrine
BR ˌsuːdəʊˈɛfidriːn
AM ˌsudoʊəˈfɛdr(ə)n

pseudograph
BR ˈs(j)uːdə(ʊ)grɑːf, -s
AM ˈsudoʊˌgræf, -s

pseudomorph
BR ˈs(j)uːdə(ʊ)mɔːf, -s
AM ˈsudoʊˌmɔ(ə)rf, -s

pseudomorphic
BR ˌs(j)uːdə(ʊ)ˈmɔːfɪk
AM ˌsudoʊˈmɔrfɪk

pseudomorphism
BR ˌs(j)uːdə(ʊ)ˈmɔːfɪzm
AM ˌsudoʊˈmɔrˌfɪz(ə)m

pseudomorphous
BR ˌs(j)uːdə(ʊ)ˈmɔːfəs
AM ˌsudoʊˈmɔrfəs

pseudonym
BR ˈs(j)uːdənɪm, -z
AM ˈsudn̩ɪm, -z

pseudonymity
BR ˌs(j)uːdəˈnɪmɪti
AM ˌsudəˈnɪmɪdi

pseudonymous
BR ˈs(j)uːˈdɒnɪməs
AM suˈdɑnəməs

pseudonymously
BR ˈs(j)uːˈdɒnɪməsli
AM suˈdɑnəməsli

pseudopod
BR ˈs(j)uːdə(ʊ)pɒd, -z
AM ˈsudəˌpɑd, -z

pseudopodia
BR ˌs(j)uːdə(ʊ)ˈpəʊdiə(r)
AM ˌsudəˈpoʊdiə

pseudopodium
BR ˌs(j)uːdə(ʊ)ˈpəʊdiəm
AM ˌsudəˈpoʊdiəm

pseudo-science
BR ˈs(j)uːdəʊˌsaɪəns, ˌs(j)uːdəʊˈsaɪəns, -ɪz
AM ˈsudoʊˌsaɪəns, -əz

pseudo-scientific
BR ˌs(j)uːdəʊˌsaɪənˈtɪfɪk
AM ˌsudoʊˌsaɪənˈtɪfɪk

pshaw
BR pɸ, (p)ʃɔː(r)
AM (p)ʃɔ

psi
BR (p)sʌɪ
AM (p)saɪ

p.s.i. *pounds per square inch*
BR ˌpiːɛsˈʌɪ
AM ˌpiˌɛsˈaɪ

psilanthropic
BR ˌsʌɪlanˈθrɒpɪk
AM ˌsaɪˌlænˈθrɑpɪk, ˌsaɪlənˈθrɑpɪk

psilanthropism
BR sʌɪˈlanθrəpɪzm
AM saɪˈlænθrəˌpɪz(ə)m

psilanthropist
BR sʌɪˈlanθrəpɪst, -s
AM saɪˈlænθrəpəst, -s

psilocybin
BR ˌsʌɪlə(ʊ)ˈsʌɪbɪn, -z
AM ˌsaɪloʊˈsaɪbɪn, ˌsɪloʊˈsaɪbɪn, -z

psilosis
BR sʌɪˈləʊsɪs
AM saɪˈloʊsəs

Psion
BR ˈsʌɪɒn
AM ˈsaɪˌɑn

psionic
BR sʌɪˈɒnɪk
AM saɪˈɑnɪk

psionically
BR sʌɪˈɒnɪkli
AM saɪˈɑnəkli

psittacine
BR ˈsɪtəsʌɪn
AM ˈsɪdəˌsaɪn

psittacosis
BR ˌsɪtəˈkəʊsɪs
AM ˌsɪdəˈkoʊsəs

psoae
BR ˈsəʊʌɪ
AM ˈsoʊˌaɪ

psoai
BR ˈsəʊiː
AM ˈsoʊˌi

psoas
BR ˈsəʊas, -ɪz
AM ˈsoʊəs, -əz

psoriasis
BR səˈrʌɪəsɪs
AM sɔrˈaɪəsəs, səˈraɪəsəs

psoriatic
BR sɒrɪˈatɪk
AM ˌsɔriˈædɪk

psst
BR pst
AM pst

psych
BR sʌɪk, -s, -ɪŋ, -t
AM saɪk, -s, -ɪŋ, -t

psyche[1] *noun*
BR ˈsʌɪk|i, -ɪz
AM ˈsaɪki, -z

psyche[2] *verb*
BR sʌɪk, -s, -ɪŋ, -t
AM saɪk, -s, -ɪŋ, -t

psychedelia
BR ˌsʌɪkɪˈdiːliə(r)
AM ˌsaɪkəˈdiliə, ˌsaɪkəˈdiljə

psychedelic
BR ˌsʌɪkɪˈdɛlɪk
AM ˌsaɪkəˈdɛlɪk

psychedelically
BR ˌsʌɪkɪˈdɛlɪkli
AM ˌsaɪkəˈdɛlək(ə)li

psychiatric
BR ˌsʌɪkɪˈatrɪk
AM ˌsaɪkiˈætrɪk

psychiatrical
BR ˌsʌɪkɪˈatrɪkl
AM ˌsaɪkiˈætrək(ə)l

psychiatrically
BR ˌsʌɪkɪˈatrɪkli
AM ˌsaɪkiˈætrək(ə)li

psychiatrist
BR sʌɪˈkʌɪətrɪst, -s
AM saɪˈkaɪətrəst, səˈkaɪətrəst, -s

psychiatry
BR sʌɪˈkʌɪətri
AM saɪˈkaɪətri, səˈkaɪətri

psychic
BR ˈsʌɪkɪk, -s
AM ˈsaɪkɪk, -s

psychical
BR ˈsʌɪkɪkl
AM ˈsaɪkɪk(ə)l

psychically
BR ˈsʌɪkɪkli
AM ˈsaɪkɪk(ə)li

psychicism
BR ˈsʌɪkɪsɪzm
AM ˈsaɪkəˌsɪz(ə)m

psychicist
BR ˈsʌɪkɪsɪst, -s
AM ˈsaɪkəsəst, -s

psycho
BR ˈsʌɪkəʊ, -z
AM ˈsaɪkoʊ, -z

psychoactive
BR ˌsʌɪkəʊˈaktɪv
AM ˌsaɪkoʊˈæktɪv

psychoanalyse
BR ˌsʌɪkəʊˈanl̩ʌɪz, -ɪz, -ɪŋ, -d
AM ˌsaɪkoʊˈænəˌlaɪz, -ɪz, -ɪŋ, -d

psychoanalysis
BR ˌsʌɪkəʊəˈnalɪsɪs
AM ˌsaɪkoʊəˈnæləsəs

psychoanalyst
BR ˌsʌɪkəʊˈanl̩ɪst, -s
AM ˌsaɪkoʊˈænələst, -s

psychoanalytic
BR ˌsʌɪkəʊˌanəˈlɪtɪk
AM ˌsaɪkoʊˌænəˈlɪdɪk

psychoanalytical
BR ˌsʌɪkəʊˌanəˈlɪtɪkl
AM ˌsaɪkoʊˌænəˈlɪdɪk(ə)l

psychoanalytically
BR ˌsʌɪkəʊˌanəˈlɪtɪkli
AM ˌsaɪkoʊˌænəˈlɪdɪk(ə)li

psychoanalyze
BR ˌsʌɪkəʊˈanḷʌɪz, -ɪz, -ɪŋ, -d
AM ˌsaɪkoʊˈænəˌlaɪz, -ɪz, -ɪŋ, -d

psychobabble
BR ˈsʌɪkəʊˌbabl
AM ˈsaɪkoʊˌbæbəl

psychobiological
BR ˌsʌɪkəʊˌbʌɪəˈlɒdʒɪkl
AM ˌsaɪkoʊˌbaɪəˈlɑdʒək(ə)l

psychobiologist
BR ˌsʌɪkəʊbʌɪˈɒlədʒɪst, -s
AM ˌsaɪkoʊbaɪˈɑlədʒəst, -s

psychobiology
BR ˌsʌɪkəʊbʌɪˈɒlədʒi
AM ˌsaɪkoʊbaɪˈɑlədʒi

psychodrama
BR ˈsʌɪkə(ʊ)ˌdrɑːmə(r), -z
AM ˈsaɪkoʊˌdrɑmə, -z

psychodynamic
BR ˌsʌɪkə(ʊ)dʌɪˈnamɪk, -s
AM ˌsaɪkoʊdaɪˈnæmɪk, -s

psychodynamically
BR ˌsʌɪkə(ʊ)dʌɪˈnamɪkli
AM ˌsaɪkoʊdaɪˈnæmək(ə)li

psychogenesis
BR ˌsʌɪkəʊˈdʒɛnɪsɪs
AM ˌsaɪkoʊˈdʒɛnəsəs

psychogenic
BR ˌsʌɪkə(ʊ)ˈdʒɛnɪk
AM ˌsaɪkoʊˈdʒɛnɪk

psychograph
BR ˈsʌɪkə(ʊ)grɑːf, -s
AM ˈsaɪkəˌgræf, -s

psychokinesis
BR ˌsʌɪkəʊkɪˈniːsɪs, ˌsʌɪkəʊkʌɪˈniːsɪs
AM ˈsaɪkoʊˌkaɪˈnisɪs, ˈsaɪkoʊkəˈnisɪs

psychokinetic
BR ˌsʌɪkəʊkɪˈnɛtɪk, ˌsʌɪkəʊkʌɪˈnɛtɪk
AM ˈsaɪkoʊkəˈnɛdɪk

psycholinguist
BR ˌsʌɪkəʊˈlɪŋgwɪst, -s
AM ˌsaɪkoʊˈlɪŋgwɪst, -s

psycholinguistic
BR ˌsʌɪkəʊlɪŋˈgwɪstɪk, -s
AM ˌsaɪkoʊˌlɪŋˈgwɪstɪk, -s

psychological
BR ˌsʌɪkəˈlɒdʒɪkl
AM ˌsaɪkəˈlɑdʒək(ə)l

psychologically
BR ˌsʌɪkəˈlɒdʒɪkli
AM ˌsaɪkəˈlɑdʒək(ə)li

psychologise
BR sʌɪˈkɒlədʒʌɪz, -ɪz, -ɪŋ, -d
AM saɪˈkɑləˌdʒaɪz, -ɪz, -ɪŋ, -d

psychologist
BR sʌɪˈkɒlədʒɪst, -s
AM saɪˈkɑlədʒəst, -s

psychologize
BR sʌɪˈkɒlədʒʌɪz, -ɪz, -ɪŋ, -d
AM saɪˈkɑləˌdʒaɪz, -ɪz, -ɪŋ, -d

psychology
BR sʌɪˈkɒlədʒi
AM saɪˈkɑlədʒi

psychometric
BR ˌsʌɪkəˈmɛtrɪk, -s
AM ˌsaɪkəˈmɛtrɪk, -s

psychometrically
BR ˌsʌɪkəˈmɛtrɪkli
AM ˌsaɪkəˈmɛtrək(ə)li

psychometrist
BR sʌɪˈkɒmɪtrɪst, -s
AM saɪˈkɑmətrəst, -s

psychometry
BR sʌɪˈkɒmɪtri
AM saɪˈkɑmətri

psychomotor
BR ˌsʌɪkəʊˈməʊtə(r)
AM ˌsaɪkoʊˈmoʊdər

psychoneuroses
BR ˌsʌɪkəʊnjʉˈrəʊsiːz, ˌsʌɪkəʊnjɔːˈrəʊsiːz
AM ˈsaɪkoʊˌn(j)əˈroʊsiz, ˈsaɪkoʊˌn(j)uˈroʊˌsiz

psychoneurosis
BR ˌsʌɪkəʊnjʉˈrəʊsɪs, ˌsʌɪkəʊnjɔːˈrəʊsɪs
AM ˈsaɪkoʊˌn(j)əˈroʊsəs, ˈsaɪkoʊˌn(j)uˈroʊsəs

psychoneurotic
BR ˌsʌɪkəʊnjʉˈrɒtɪk, ˌsʌɪkəʊnjɔːˈrɒtɪk
AM ˈsaɪkoʊˌn(j)əˈrɑdɪk, ˈsaɪkoʊˌn(j)uˈrɑdɪk

psychopath
BR ˈsʌɪkəpaθ, -s
AM ˈsaɪkəˌpæθ, -s

psychopathic
BR ˌsʌɪkəˈpaθɪk
AM ˌsaɪkəˈpæθɪk

psychopathically
BR ˌsʌɪkəˈpaθɪkli
AM ˌsaɪkəˈpæθək(ə)li

psychopathological
BR ˌsʌɪkə(ʊ)ˌpaθəˈlɒdʒɪkl
AM ˈsaɪkəpæθəˈlɑdʒək(ə)l

psychopathology
BR ˌsʌɪkəʊpəˈθɒlədʒi
AM ˌsaɪkoʊpəˈθɑlədʒi

psychopathy
BR sʌɪˈkɒpəθi
AM saɪˈkɑpəθi

psychopharmacology
BR ˌsʌɪkəʊˌfɑːməˈkɒlədʒi
AM ˌsaɪkoʊˌfɑrməˈkɑlədʒi

psychophysical
BR ˌsʌɪkəʊˈfɪzɪkl
AM ˌsaɪkəˈfɪzɪk(ə)l

psychophysics
BR ˌsʌɪkəʊˈfɪzɪks
AM ˌsaɪkəˈfɪzɪks

psychophysiological
BR ˌsʌɪkəʊˌfɪzɪəˈlɒdʒɪkl
AM ˌsaɪkəˌfɪzɪəˈlɑdʒək(ə)l

psychophysiology
BR ˌsʌɪkəʊˌfɪzɪˈɒlədʒi
AM ˌsaɪkoʊˌfɪzɪˈɑlədʒi

psychoses
BR sʌɪˈkəʊsiːz
AM saɪˈkoʊˌsiz

psychosexual
BR ˌsʌɪkəʊˈsɛkʃʊəl, ˌsʌɪkəʊˈsɛkʃ(ʉ)l, ˌsʌɪkəʊˈsɛksjʊ(ə)l
AM ˌsaɪkoʊˈsɛkʃ(əw)əl

psychosexually
BR ˌsʌɪkəʊˈsɛkʃʊəli, ˌsʌɪkəʊˈsɛkʃʉli, ˌsʌɪkəʊˈsɛkʃli, ˌsʌɪkəʊˈsɛksjʊ(ə)li
AM ˌsaɪkoʊˈsɛkʃ(əw)əli

psychosis
BR sʌɪˈkəʊsɪs
AM saɪˈkoʊsəs

psychosocial
BR ˌsʌɪkəʊˈsəʊʃl
AM ˌsaɪkoʊˈsoʊʃ(ə)l

psychosocially
BR ˌsʌɪkəʊˈsəʊʃli
AM ˌsaɪkəˈsoʊʃəli

psychosomatic
BR ˌsʌɪkə(ʊ)səˈmatɪk
AM ˈsaɪkoʊsəˈmædɪk

psychosomatically
BR ˌsʌɪkə(ʊ)səˈmatɪkli
AM ˌsaɪkoʊsəˈmædək(ə)li

psychosurgery
BR ˌsʌɪkəʊˈsəːdʒ(ə)ri
AM ˌsaɪkoʊˈsərdʒəri

psychosurgical
BR ˌsʌɪkəʊˈsəːdʒɪkl
AM ˌsaɪkəˈsərdʒək(ə)l

psychotherapeutic
BR ˌsʌɪkəʊˌθɛrəˈpjuːtɪk
AM ˈsaɪkəˌθɛrəˈpjudɪk

psychotherapist
BR ˌsʌɪkə(ʊ)ˈθɛrəpɪst, -s
AM ˌsaɪkoʊˈθɛrəpəst, -s

psychotherapy
BR ˌsʌɪkə(ʊ)ˈθɛrəpi
AM ˌsaɪkoʊˈθɛrəpi

psychotic
BR sʌɪˈkɒtɪk, -s
AM saɪˈkɑdɪk, -s

psychotically
BR sʌɪˈkɒtɪkli
AM saɪˈkɑdək(ə)li

psychotropic
BR ˌsʌɪkə(ʊ)ˈtrɒpɪk,
ˌsʌɪkə(ʊ)ˈtrəʊpɪk
AM ˌsaɪkəˈtrɑpɪk

psychrometer
BR sʌɪˈkrɒmɪtə(r), -z
AM saɪˈkrɑmədər, -z

psylla
BR ˈsɪlə(r)
AM ˈsɪlə

psyllid
BR ˈsɪlɪd
AM ˈsɪlɪd

psyllium
BR ˈsɪlɪəm
AM ˈsɪlɪəm

ptarmigan
BR ˈtɑːmɪg(ə)n, -z
AM ˈtɑrməgən, -z

pteranodon
BR təˈranədɒn, -z
AM təˈrænəˌdɑn, -z

pteridological
BR ˌtɛrɪdəˈlɒdʒɪkl
AM ˌtɛrədəˈlɑdʒək(ə)l

pteridologist
BR ˌtɛrɪˈdɒlədʒɪst, -s
AM ˌtɛrəˈdɑlədʒəst, -s

pteridology
BR ˌtɛrɪˈdɒlədʒi
AM ˌtɛrəˈdɑlədʒi

pteridophyte
BR tɪˈrɪdəfʌɪt, -s
AM ˈtɛrədəˌfaɪt, təˈrɪdəˌfaɪt, -s

pterodactyl
BR ˌtɛrəˈdakt(ɪ)l, -z
AM ˌtɛrəˈdækt(ə)l, -z

pteropod
BR ˈtɛrəpɒd, -z
AM ˈtɛrəˌpɑd, -z

pterosaur
BR ˈtɛrəsɔː(r), -z
AM ˈtɛrəˌsɔ(ə)r, -z

pteroylglutamic acid
BR ˌtɛrəʊɪlgluːˌtamɪkˈasɪd
AM ˌtɛrəwəlˌgluːˈtæmɪkˈæsəd

pterygoid process
BR ˈtɛrɪɡɔɪd ˌprəʊsɛs, -ɪz
AM ˈtɛrəˌɡɔɪd ˌprəʊˌsɛs, ˈtɛrəˌɡɔɪd ˌprɑˌsɛs, -əz

ptisan
BR tɪˈzan, -z
AM ˈtɪzn, təˈzæn, -z

Ptolemaic
BR ˌtɒləˈmeɪɪk
AM ˌtɑləˈmeɪɪk

Ptolemy
BR ˈtɒləmi
AM ˈtɑləmi

ptomain
BR ˈtəʊmeɪn, tə(ʊ)ˈmeɪn
AM ˈtoʊˌmeɪn

ptomaine
BR ˈtəʊmeɪn, tə(ʊ)ˈmeɪn
AM ˈtoʊˌmeɪn

ptosed
BR təʊzd
AM toʊzd

ptosis
BR ˈtəʊsɪs
AM ˈtoʊsəs

ptotic
BR ˈtəʊtɪk
AM ˈtoʊdɪk

ptui
BR p(ə)ˈtuːi
AM p(ə)ˈtui

ptyalin
BR ˈtʌɪəlɪn
AM ˈtaɪəl(ə)n

pub
BR pʌb, -z
AM pəb, -z

pubcrawl
BR ˈpʌbkrɔːl, -z, -ɪŋ, -d
AM ˈpəbˌkrɑl, ˈpəbˌkrɔl, -z, -ɪŋ, -d

pubertal
BR ˈpjuːbətl
AM ˈpjubərdəl

puberty
BR ˈpjuːbəti
AM ˈpjubərdi

pubes
BR ˈpjuːbiːz
AM ˈpjubiz

pubescence
BR pjʊˈbɛsns
AM pjuˈbɛs(ə)ns

pubescent
BR pjʊˈbɛsnt
AM pjuˈbɛs(ə)nt

pubic
BR ˈpjuːbɪk
AM ˈpjubɪk

pubis
BR ˈpjuːbɪs
AM ˈpjubəs

public
BR ˈpʌblɪk
AM ˈpəblɪk

publically
BR ˈpʌblɪkli
AM ˈpəblək(ə)li

publican
BR ˈpʌblɪk(ə)n, -z
AM ˈpəbləkən, -z

publication
BR ˌpʌblɪˈkeɪʃn, -z
AM ˌpəbləˈkeɪʃ(ə)n, -z

publicise
BR ˈpʌblɪsʌɪz, -ɪz, -ɪŋ, -d
AM ˈpəbləˌsaɪz, -ɪz, -ɪŋ, -d

publicism
BR ˈpʌblɪsɪzm
AM ˈpəbləˌsɪz(ə)m

publicist
BR ˈpʌblɪsɪst, -s
AM ˈpəbləsəst, -s

publicistic
BR ˌpʌblɪˈsɪstɪk
AM ˌpəbləˈsɪstɪk

publicity
BR pʌbˈlɪsɪti
AM pəˈblɪsɪdi

publicize
BR ˈpʌblɪsʌɪz, -ɪz, -ɪŋ, -d
AM ˈpəbləˌsaɪz, -ɪz, -ɪŋ, -d

publicly
BR ˈpʌblɪkli
AM ˈpəblɪk(ə)li

publish
BR ˈpʌbl|ɪʃ, -ɪʃɪz, -ɪʃɪŋ, -ɪʃt
AM ˈpəblɪʃ, -ɪz, -ɪŋ, -t

publishable
BR ˈpʌblɪʃəbl
AM ˈpəblɪʃəb(ə)l

publisher
BR ˈpʌblɪʃə(r), -z
AM ˈpəblɪʃər, -z

Publius
BR ˈpʌblɪəs
AM ˈpʊblɪəs, ˈpəblɪəs

Puccini
BR pʊˈtʃiːni
AM pʊˈtʃini
IT putˈtʃini

puccoon
BR pʌˈkuːn, -z
AM pəˈkun, -z

puce
BR pjuːs
AM pjus

puck
BR pʌk, -s
AM pək, -s

pucka
BR ˈpʌkə(r)
AM ˈpəkə

pucker
BR ˈpʌk|ə(r), -əz, -(ə)rɪŋ, -əd
AM ˈpəkər, -z, -ɪŋ, -d

puckery
BR ˈpʌk(ə)ri
AM ˈpəkəri

Puckett
BR ˈpʌkɪt
AM ˈpəkət

puckish
BR ˈpʌkɪʃ
AM ˈpəkɪʃ

puckishly
BR ˈpʌkɪʃli
AM ˈpəkɪʃli

puckishness
BR ˈpʌkɪʃnɪs
AM ˈpəkɪʃnɪs

pucklike
BR ˈpʌklʌɪk
AM ˈpəkˌlaɪk

pud
BR pʊd, -z
AM pʊd, pəd, -z
pudding
BR ˈpʊdɪŋ, -z
AM ˈpʊdɪŋ, -z
puddingy
BR ˈpʊdɪŋi
AM ˈpʊdɪŋ(g)i
puddle
BR ˈpʌd|l, -lz,
 -lɪŋ\-lɪŋ, -ld
AM ˈpəd|əl, -əlz,
 -(ə)lɪŋ, -əld
puddler
BR ˈpʌdlə(r),
 ˈpʌdlə(r), -z
AM ˈpəd(ə)lər, -z
puddly
BR ˈpʌdl̩i, ˈpʌdli
AM ˈpədli
puddock
BR ˈpʌdək, -s
AM ˈpədək, -s
pudency
BR ˈpjuːdnsi
AM ˈpjudnsi
pudenda
BR pjʊˈdendə(r)
AM pjuˈdendə
pudendal
BR pjʊˈdendl
AM pjuˈdendəl
pudendum
BR pjʊˈdendəm
AM pjuˈdendəm
pudeur
BR pjuːˈdəː(r)
AM pjuˈdər
pudge
BR pʌdʒ, -ɪz
AM pədʒ, -əz
pudgily
BR ˈpʌdʒɨli
AM ˈpədʒəli
pudginess
BR ˈpʌdʒɪnɨs
AM ˈpədʒɪnɨs
pudgy
BR ˈpʌdʒ|i, -iə(r),
 -ɨst
AM ˈpədʒi, -ər, -ɨst

pudic
BR ˈpjuːdɪk
AM ˈpjudɪk
Pudsey
BR ˈpʌdzi, ˈpʌdsi
AM ˈpədsi, ˈpədzi
pudu
BR ˈpuːduː, -z
AM ˈpudu, -z
Puebla
BR ˈpwɛblə(r),
 ˈpweɪblə(r)
AM ˈpwɛblə
pueblo
BR ˈpwɛbləʊ,
 ˈpweɪbləʊ, -z
AM ˈpwɛbloʊ, -z
puerile
BR ˈpjʊərʌɪl, ˈpjɔːrʌɪl
AM ˈpjuˌraɪl,
 ˈpjurəl
puerilely
BR ˈpjʊərʌɪl(l)i,
 ˈpjɔːrʌɪl(l)i
AM ˈpjuˌraɪli, ˈpjurəli
puerility
BR pjʊəˈrɪlɨt|i,
 pjɔːˈrɪlɨt|i, -ɪz
AM ˌpjuˈrɪlɨdi, -z
puerperal
BR pjuːˈəːp(ə)r|
AM pjuˈərp(ə)rəl
Puerto Rican
BR ˌpwəːtə(ʊ)
 ˈriːk(ə)n,
 ˌpwɛːtə(ʊ) +,
 ˌpɔːtə(ʊ) +, -z
AM ˌpwɛrdə ˈrɪkən,
 ˌpɔrdə ˈrɪkən, -z
Puerto Rico
BR ˌpwɛːtə(ʊ) ˈriːkəʊ,
 ˌpwɛːtə(ʊ) +,
 ˌpɔːtə(ʊ) +
AM ˌpwɛrdə ˈrɪkoʊ,
 ˌpɔrdə ˈrɪkoʊ
puff
BR pʌf, -s, -ɪŋ, -t
AM pəf, -s, -ɪŋ, -t
puffball
BR ˈpʌfbɔːl, -z
AM ˈpəfˌbɑl,
 ˈpəfˌbɔl, -z

puffer
BR ˈpʌfə(r), -z
AM ˈpəfər, -z
puffery
BR ˈpʌf(ə)ri
AM ˈpəfəri
puffily
BR ˈpʌfɪli
AM ˈpəfəli
puffin
BR ˈpʌfɪn, -z
AM ˈpəfən, -z
puffiness
BR ˈpʌfɪnɨs
AM ˈpəfɪnɨs
puff-puff
BR ˈpʌfpʌf, -s
AM ˈpəfˈpəf, -s
puffy
BR ˈpʌf|i, -iə(r),
 -ɪst
AM ˈpəfi, -ər, -ɪst
pug
BR pʌg, -z
AM pəg, -z
pugaree
BR ˈpʌg(ə)r|i, -ɪz
AM ˈpəg(ə)ri, -z
Puget Sound
BR ˌpjuːdʒɪt ˈsaʊnd
AM ˌpjudʒət ˈsaʊnd
puggaree
BR ˈpʌg(ə)r|i, -ɪz
AM ˈpəg(ə)ri, -z
puggish
BR ˈpʌgɪʃ
AM ˈpəgɪʃ
puggy
BR ˈpʌgi
AM ˈpəgi
Pugh
BR pjuː
AM pju
Pughe
BR pjuː
AM pju
pugilism
BR ˈpjuːdʒɨlɪzm
AM ˈpjudʒəˌlɪz(ə)m
pugilist
BR ˈpjuːdʒɨlɪst, -s
AM ˈpjudʒələst, -s

pugilistic
BR ˌpjuːdʒɪˈlɪstɪk
AM ˌpjudʒəˈlɪstɪk
Pugin
BR ˈpjuːdʒɪn
AM ˈpjudʒ(ə)n
pugnacious
BR pʌgˈneɪʃəs
AM pəgˈneɪʃəs
pugnaciously
BR pʌgˈneɪʃəsli
AM pəgˈneɪʃəsli
pugnaciousness
BR pʌgˈneɪʃəsnəs
AM pəgˈneɪʃəsnəs
pugnacity
BR pʌgˈnasɨti
AM ˌpəgˈnæsədi
Pugwash
BR ˈpʌgwɒʃ
AM ˈpəgˌwɑʃ,
 ˈpəgˌwɔʃ
puisne
BR ˈpjuːni
AM ˈpjuni
puissance[1] *general use*
BR ˈpjuːɪsns, ˈpwɪsns
AM ˈpjuəs(ə)ns,
 pjuˈɪs(ə)ns,
 ˈpwɪs(ə)ns
puissance[2] *show-jumping*
BR ˈpwiːsns, ˈpwiːsɒ̃s
AM ˌpwiˈsɑns,
 ˈpwɪs(ə)ns
puissant
BR ˈpjuːɪsnt, ˈpwɪsnt
AM ˈpjuəsnt, pjuˈɪsnt,
 ˈpwɪsnt
puissantly
BR ˈpjuːɪsntli,
 ˈpwɪsntli
AM ˈpjuəsn(t)li,
 pjuˈɪsn(t)li,
 ˈpwɪsn(t)li
puja
BR ˈpuːdʒə(r), -z
AM ˈpudʒə, -z
puke
BR pjuːk, -s, -ɪŋ, -t
AM pjuk, -s, -ɪŋ, -t

pukeko
BR ˈpuːkɛkəʊ, -z
AM puˈkeɪˌkoʊ, -z
pukey
BR ˈpjuːki
AM ˈpjuki
pukka
BR ˈpʌkə(r)
AM ˈpəkə
pukkah
BR ˈpʌkə(r)
AM ˈpəkə
puku
BR ˈpuːkuː, ɒ
AM ˈpuˌku, -z
pul
BR puːl, -z
AM pul, -z
pula
BR ˈpʊlə(r), -z
AM ˈpʊlə, -z
pulao
BR pəˈlaʊ, -z
AM pəˈlaʊ, -z
Pulaski
BR pəˈlaski
AM pəˈlæski
Pulborough
BR ˈpʊlb(ə)rə(r)
AM ˈpʊlbərə
pulchritude
BR ˈpʌlkrɪtjuːd, ˈpʌlkrɪtʃuːd
AM ˈpəlkrəˌt(j)ud
pulchritudinous
BR ˌpʌlkrɪˈtjuːdɪnəs, ˌpʌlkrɪˈtʃuːdɪnəs
AM ˌpəlkrəˈt(j)udn̩əs
pule
BR pjuːl, -z, -ɪŋ, -d
AM pjul, -z, -ɪŋ, -d
puli
BR ˈpuːli
AM ˈpuli
Pulitzer
BR ˈpʊlɪtsə(r), ˈpjuːlɪtsə(r)
AM ˈpjulətsər, ˈpʊlətsər
pull
BR pʊl, -z, -ɪŋ, -d
AM pʊl, -z, -ɪŋ, -d

pullback
BR ˈpʊlbak, -s
AM ˈpʊlˌbæk, -s
pulldown
BR ˈpʊldaʊn
AM ˈpʊlˌdaʊn
Pullen
BR ˈpʊlɪn
AM ˈpʊl(ə)n
puller
BR ˈpʊlə(r), -z
AM ˈpʊlər, -z
pullet
BR ˈpʊlɪt, -s
AM ˈpʊlət, -s
pulley
BR ˈpʊl|i, -ɪz
AM ˈpʊli, -z
Pullman
BR ˈpʊlmən, -z
AM ˈpʊlm(ə)n, -z
pullout
BR ˈpʊlaʊt, -s
AM ˈpʊlˌaʊt, -s
pullover
BR ˈpʊlˌəʊvə(r), -z
AM ˈpʊlˌoʊvər, -z
pullthrough
BR ˈpʊlθruː, -z
AM ˈpʊlˌθru, -z
pullulant
BR ˈpʌljʉlnt
AM ˈpəljəl(ə)nt
pullulate
BR ˈpʌljʉleɪt, -s, -ɪŋ, -ɪd
AM ˈpəljəˌleɪ|t, -ts, -dɪŋ, -dɪd
pullulation
BR ˌpʌljʉˈleɪʃn, -z
AM ˌpəljəˈleɪʃ(ə)n, -z
pull-up
BR ˈpʊlʌp, -s
AM ˈpʊləp, -s
Pulman
BR ˈpʊlmən
AM ˈpʊlm(ə)n
pulmonaria
BR ˌpʌlməˈnɛːriə(r)
AM ˌpəlməˈnɛriə

pulmonary
BR ˈpʌlmən(ə)ri, ˈpʊlmən(ə)ri
AM ˈpəlməˌnɛri
pulmonate
BR ˈpʌlmənət, ˈpʊlmənət
AM ˈpəlmənət, ˈpəlməˌneɪt
pulmonic
BR pʌlˈmɒnɪk, pʊlˈmɒnɪk
AM pəlˈmɑnɪk
pulmonically
BR pʌlˈmɒnɪkli, pʊlˈmɒnɪkli
AM pəlˈmɑnək(ə)li
pulp
BR pʌlp, -s, -ɪŋ, -t
AM pəlp, -s, -ɪŋ, -t
pulper
BR ˈpʌlpə(r), -z
AM ˈpəlpər, -z
pulpiness
BR ˈpʌlpɪnɪs
AM ˈpəlpɪnɪs
pulpit
BR ˈpʊlpɪt, -s
AM ˈpʊlpət, ˈpəlpət, -s
pulpiteer
BR ˌpʊlpɪˈtɪə(r), -z, -ɪŋ, -d
AM ˌpəlpəˈtɪ(ə)r, ˌpʊlpəˈtɪ(ə)r, -z, -ɪŋ, -d
pulpless
BR ˈpʌlpləs
AM ˈpəlpləs
pulpous
BR ˈpʌlpəs
AM ˈpəlpəs
pulpwood
BR ˈpʌlpwʊd
AM ˈpəlpˌwʊd
pulpy
BR ˈpʌlp|i, -ɪə(r), -ɪɪst
AM ˈpəlpi, -ər, -ɪst
pulque
BR ˈpʊlki, ˈpʊlkeɪ
AM ˈpʊlki, ˈpʊlkeɪ

pulsar
BR ˈpʌlsɑː(r), -z
AM ˈpəlˌsɑr, -z
pulsate
BR pʌlˈseɪt, -s, -ɪŋ, -ɪd
AM ˈpəlˌseɪ|t, -ts, -dɪŋ, -dɪd
pulsatile
BR ˈpʌlsətʌɪl
AM ˈpəlsəˌtaɪl, ˈpəlsədl
pulsatilla
BR ˌpʌlsəˈtɪlə(r), -z
AM ˌpəlsəˈtɪlə, -z
pulsation
BR pʌlˈseɪʃn, -z
AM ˌpəlˈseɪʃ(ə)n, -z
pulsative
BR ˈpʌlsətɪv
AM ˈpəlsədɪv
pulsator
BR pʌlˈseɪtə(r), -z
AM ˈpəlˌseɪdər, -z
pulsatory
BR pʌlˈseɪt(ə)ri
AM ˈpəlsəˌtɔri
pulse
BR pʌls, -ɪz
AM pəls, -əz
pulseless
BR ˈpʌlsləs
AM ˈpəlsləs
pulsimeter
BR pʌlˈsɪmɪtə(r), -z
AM pəlˈsɪmədər, -z
Pulsometer
BR pʌlˈsɒmɪtə(r), -z
AM pəlˈsɑmədər, -z
pultrude
BR pʊlˈtruːd, pʌlˈtruːd, -z, -ɪŋ, -ɪd
AM pəlˈtrud, -z, -ɪŋ, -ɪd
pulverisable
BR ˈpʌlvərʌɪzəbl
AM ˈpəlvəˌraɪzəb(ə)l
pulverisation
BR ˌpʌlv(ə)rʌɪˈzeɪʃn
AM ˌpəlvəˌraɪˈzeɪʃ(ə)n, ˌpəlvərəˈzeɪʃ(ə)n

pulverisator
BR ˈpʌlv(ə)rʌɪzeɪtə(r), -z
AM ˈpəlvə‚raɪ‚zeɪdər, ˈpəlvərə‚zeɪdər, -z

pulverise
BR ˈpʌlvərʌɪz, -ɪz, -ɪŋ, -d
AM ˈpəlvə‚raɪz, -ɪz, -ɪŋ, -d

pulveriser
BR ˈpʌlvərʌɪzə(r), -z
AM ˈpəlvə‚raɪzər, -z

pulverizable
BR ˈpʌlvərʌɪzəbl
AM ˈpəlvə‚raɪzəb(ə)l

pulverization
BR ˌpʌlv(ə)rʌɪˈzeɪʃn
AM ˌpəlvə‚raɪˈzeɪʃ(ə)n, ˌpəlvərəˈzeɪʃ(ə)n

pulverizator
BR ˈpʌlv(ə)rʌɪzeɪtə(r), -z
AM ˈpəlvə‚raɪ‚zeɪdər, ˈpəlvərə‚zeɪdər, -z

pulverize
BR ˈpʌlvərʌɪz, -ɪz, -ɪŋ, -d
AM ˈpəlvə‚raɪz, -ɪz, -ɪŋ, -d

pulverizer
BR ˈpʌlvərʌɪzə(r), -z
AM ˈpəlvə‚raɪzər, -z

pulverulent
BR pʌlˈvɛr(j)ʉlnt
AM pəlˈvɜrjəl(ə)nt

pulvinate
BR ˈpʌlvɪneɪt, -s, -ɪŋ, -ɪd
AM ˈpəlvə‚neɪ|t, -ts, -dɪŋ, -dɪd

puma
BR ˈpjuːmə(r), -z
AM ˈpjumə, -z

pumice
BR ˈpʌmɪs
AM ˈpəməs

pumiceous
BR pjuːˈmɪʃəs
AM pjuˈmɪʃəs

pummel
BR ˈpʌm|l, -lz, -lɪŋ, -ld
AM ˈpəm|əl, -əlz, -(ə)lɪŋ, -əld

pump
BR pʌm|p, -ps, -pɪŋ, -(p)t
AM pəmp, -s, -ɪŋ, -t

pumpernickel
BR ˈpʌmpə‚nɪkl, ˈpʊmpə‚nɪkl
AM ˈpəmpər‚nɪk(ə)l

Pumphrey
BR ˈpʌmfri
AM ˈpəmfri

pumpkin
BR ˈpʌm(p)kɪn, -z
AM ˈpəm(p)kən, -z

pumpkinseed
BR ˈpʌm(p)kɪnsiːd, -z
AM ˈpəm(p)kən‚sid, -z

pump-prime
BR ˈpʌmp‚prʌɪm, -z, -ɪŋ, -d
AM ˈpəm(p)‚praɪm, -z, -ɪŋ, -d

pun
BR pʌn, -z, -ɪŋ, -d
AM pən, -z, -ɪŋ, -d

puna
BR ˈpuːnə(r), -z
AM ˈpunə, -z

punch
BR pʌn(t)ʃ, -ɪz, -ɪŋ, -t
AM pən(t)ʃ, -əz, -ɪŋ, -t

Punch and Judy
BR ˌpʌn(t)ʃ (ə)n(d) ˈdʒuːdi
AM ˈpən(t)ʃ ən ˈdʒudi

punchbag
BR ˈpʌn(t)ʃ‚bag, -z
AM ˈpən(t)ʃ‚bæg, -z

punchball
BR ˈpʌn(t)ʃbɔːl, -z
AM ˈpəntʃ‚bɑl, ˈpəntʃ‚bɔl, -z

punchbowl
BR ˈpʌn(t)ʃbəʊl, -z
AM ˈpən(t)ʃ‚boʊl, -z

punchcard
BR ˈpʌn(t)ʃkɑːd, -z
AM ˈpən(t)ʃ‚kɑrd, -z

punchdrunk
BR ˈpʌn(t)ʃdrʌŋk, ˌpʌn(t)ʃˈdrʌŋk
AM ˈpən(t)ʃ‚drəŋk

puncheon
BR ˈpʌn(t)ʃ(ə)n, -z
AM ˈpən(t)ʃ(ə)n, -z

puncher
BR ˈpʌn(t)ʃə(r), -z
AM ˈpən(t)ʃər, -z

punchily
BR ˈpʌn(t)ʃɪli
AM ˈpən(t)ʃəli

Punchinello
BR ˌpʌn(t)ʃɪˈnɛləʊ, -z
AM ˌpən(t)ʃəˈnɛloʊ, -z

punchiness
BR ˈpʌn(t)ʃɪnɪs
AM ˈpən(t)ʃinɪs

punchline
BR ˈpʌn(t)ʃlʌɪn, -z
AM ˈpən(t)ʃ‚laɪn, -z

punch-out
BR ˈpʌn(t)ʃaʊt, -s
AM ˈpən(t)ʃ‚aʊt, -s

punchup
BR ˈpʌn(t)ʃʌp, -s
AM ˈpən(t)ʃ‚əp, -s

punchy
BR ˈpʌn(t)ʃ|i, -ɪə(r), -ɪɪst
AM ˈpən(t)ʃ|i, -ər, -ɪst

puncta
BR ˈpʌŋ(k)tə(r)
AM ˈpəŋ(k)tə

punctate
BR ˈpʌŋ(k)teɪt
AM ˈpəŋ(k)‚teɪt

punctation
BR ˌpʌŋ(k)ˈteɪʃn
AM ˌpəŋ(k)ˈteɪʃ(ə)n

punctilio
BR ˌpʌŋ(k)ˈtɪlɪəʊ
AM ˌpəŋ(k)ˈtɪlioʊ

punctilious
BR ˌpʌŋ(k)ˈtɪlɪəs
AM ˌpəŋ(k)ˈtɪliəs

punctiliously
BR ˌpʌŋ(k)ˈtɪlɪəsli
AM ˌpəŋ(k)ˈtɪliəsli

punctiliousness
BR ˌpʌŋ(k)ˈtɪlɪəsnəs
AM ˌpəŋ(k)ˈtɪliəsnəs

punctual
BR ˈpʌŋ(k)tʃʊəl, ˈpʌŋ(k)tʃ(ʉ)l, ˈpʌŋ(k)tjʊəl, ˈpʌŋ(k)tjʉl
AM ˈpəŋ(k)tʃ(əw)əl

punctuality
BR ˌpʌŋ(k)tʃʊˈalɪti, ˌpʌŋ(k)tjʊˈalɪti
AM ˌpəŋ(k)tʃəˈwælədi

punctually
BR ˈpʌŋ(k)tʃʊəli, ˈpʌŋ(k)tʃʉli, ˈpʌŋ(k)tʃli, ˈpʌŋ(k)tjʊəli, ˈpʌŋ(k)tjʉli
AM ˈpəŋ(k)tʃ(əw)əli

punctuate
BR ˈpʌŋ(k)tʃʊeɪt, ˈpʌŋ(k)tjʊeɪt, -s, -ɪŋ, -ɪd
AM ˈpəŋ(k)tʃə‚weɪ|t, -ts, -dɪŋ, -dɪd

punctuation
BR ˌpʌŋ(k)tʃʊˈeɪʃn, ˌpʌŋ(k)tjʊˈeɪʃn
AM ˌpəŋ(k)tʃəˈweɪʃ(ə)n

punctum
BR ˈpʌŋ(k)təm
AM ˈpəŋ(k)t(ə)m

puncture
BR ˈpʌŋ(k)tʃə(r), -əz, -(ə)rɪŋ, -əd
AM ˈpəŋ(k)t(ʃ)ər, -z, -ɪŋ, -d

pundit
BR ˈpʌndɪt, -s
AM ˈpəndət, -s

punditry
BR ˈpʌndɪtri
AM ˈpəndətri

pungency
BR ˈpʌn(d)ʒ(ə)nsi
AM ˈpəndʒənsi

pungent
BR ˈpʌn(d)ʒ(ə)nt
AM ˈpəndʒ(ə)nt

pungently
BR ˈpʌn(d)ʒ(ə)ntli
AM ˈpəndʒən(t)li

Punic
BR ˈpjuːnɪk
AM ˈpjunɪk

punily
BR ˈpjuːnɪli
AM ˈpjunəli

puniness
BR ˈpjuːnɪnɪs
AM ˈpjunɪnɪs

punish
BR ˈpʌn|ɪʃ, -ɪʃɪz,
-ɪʃɪŋ, -ɪʃt
AM ˈpənɪʃ, -ɪz,
-ɪŋ, -t

punishable
BR ˈpʌnɪʃəbl
AM ˈpənɪʃəb(ə)l

punisher
BR ˈpʌnɪʃə(r), -z
AM ˈpənɪʃər, -z

punishingly
BR ˈpʌnɪʃɪŋli
AM ˈpənɪʃɪŋli

punishment
BR ˈpʌnɪʃm(ə)nt, -s
AM ˈpənɪʃm(ə)nt, -s

punitive
BR ˈpjuːnɪtɪv
AM ˈpjunədɪv

punitively
BR ˈpjuːnɪtɪvli
AM ˈpjunədɪvli

punitiveness
BR ˈpjuːnɪtɪvnɪs
AM ˈpjunədɪvnɪs

punitory
BR ˈpjuːnɪt(ə)ri
AM ˈpjunəˌtɔri

Punjab
BR pʌnˈdʒɑːb,
ˈpʌndʒɑːb,
pʊnˈdʒɑːb,
ˈpʊndʒɑːb
AM ˈpənˌdʒɑb

Punjabi
BR pʌnˈdʒɑːbi,
pʊnˈdʒɑːbi
AM pənˈdʒɑbi

punk
BR pʌŋk, -s
AM pəŋk, -s

punka
BR ˈpʌŋkə(r), -z
AM ˈpəŋkə, -z

punkah
BR ˈpʌŋkə(r), -z
AM ˈpəŋkə, -z

punkah-wallah
BR ˈpʌŋkəˌwɒlə(r), -z
AM ˈpəŋkəˈwɑlə,
ˈpəŋkəˈwɔlə, -z

punkish
BR ˈpʌŋkɪʃ
AM ˈpəŋkɪʃ

punky
BR ˈpʌŋk|i, -ɪə(r), -ɪɪst
AM ˈpəŋki, -ər, -ɪst

punner
BR ˈpʌnə(r), -z
AM ˈpənər, -z

punnet
BR ˈpʌnɪt, -s
AM ˈpənət, -s

punningly
BR ˈpʌnɪŋli
AM ˈpənɪŋli

punster
BR ˈpʌnstə(r), -z
AM ˈpənstər, -z

punt[1] *gambling, kicking, boating*
BR pʌnt, -s, -ɪŋ, -ɪd
AM pən|t, -ts, -(t)ɪŋ,
-(t)əd

punt[2] *Irish pound*
BR pʊnt, -s
AM pʊnt, -s

Punta Arenas
BR ˌpʊntə(r) əˈreɪnəs
AM ˌpʊn(tə) əˈreɪnəs

punter
BR ˈpʌntə(r), -z
AM ˈpən(t)ər, -z

puny
BR ˈpjuːn|i, -ɪə(r),
-ɪɪst
AM ˈpjuni, -ər, -ɪst

pup
BR pʌp, -s
AM pəp, -s

pupa
BR ˈpjuːpə(r), -z
AM ˈpjupə, -z

pupae
BR ˈpjuːpiː
AM ˈpjuˌpaɪ, ˈpjupeɪ,
ˈpjupi

pupal
BR ˈpjuːpl
AM ˈpjupəl

pupate
BR pjuːˈpeɪt, -s,
-ɪŋ, -ɪd
AM ˈpjuˌpeɪ|t, -ts,
-dɪŋ, -dɪd

pupation
BR pjuːˈpeɪʃn
AM ˌpjuˈpeɪʃ(ə)n

pupil
BR ˈpjuːpl, -z
AM ˈpjupəl, -z

pupilage
BR ˈpjuːpɪl|ɪdʒ,
ˈpjuːpl|ɪdʒ,
-ɪdʒɪz
AM ˈpjupəlɪdʒ, -ɪz

pupilar
BR ˈpjuːpɪlə(r),
ˈpjuːplə(r)
AM ˈpjupələr

pupilarity
BR ˌpjuːpɪˈlarɪti
AM ˌpjupəˈlɛrədi

pupilary
BR ˈpjuːpɪl(ə)ri,
ˈpjuːpl(ə)ri
AM ˈpjupəˌlɛri

pupillage
BR ˈpjuːpɪlɪdʒ,
ˈpjuːplɪdʒ
AM ˈpjupəlɪdʒ

pupillar
BR ˈpjuːpɪlə(r),
ˈpjuːplə(r)
AM ˈpjupələr

pupillarity
BR ˌpjuːpɪˈlarɪti
AM ˌpjupəˈlɛrədi

pupillary
BR ˈpjuːpɪl(ə)ri,
ˈpjuːpl(ə)ri
AM ˈpjupəˌlɛri

pupiparous
BR pjuːˈpɪp(ə)rəs
AM pjuˈpɪpərəs

puppet
BR ˈpʌpɪt, -s
AM ˈpəpət, -s

puppeteer
BR ˌpʌpɪˈtɪə(r), -z
AM ˌpəpəˈtɪ(ə)r, -z

puppeteering
BR ˌpʌpɪˈtɪərɪŋ
AM ˈpəpəˌtɪrɪŋ

puppetry
BR ˈpʌpɪtri
AM ˈpəpətri

puppy
BR ˈpʌp|i, -ɪz
AM ˈpəpi, -z

puppyhood
BR ˈpʌpɪhʊd
AM ˈpəpiˌhʊd

puppyish
BR ˈpʌpiːɪʃ
AM ˈpəpiɪʃ

Purana
BR pʊˈrɑːnə(r), -z
AM pʊˈrɑnə, -z

Puranic
BR pʊˈrɑnɪk
AM pʊˈrɑnɪk

Purbeck
BR ˈpəːbɛk
AM ˈpərˌbɛk

purblind
BR ˈpəːblaɪnd
AM ˈpərˌblaɪnd

purblindness
BR ˈpəːblaɪn(d)nɪs
AM ˈpərˌblaɪn(d)nɪs

Purcell
BR ˈpəːsl, pəːˈsɛl
AM pərˈsɛl

purchasable
BR ˈpəːtʃɪsəbl
AM ˈpərtʃəsəb(ə)l

purchase
BR ˈpəːtʃɪs, -ɪz, -ɪŋ, -t
AM ˈpərtʃəs, -əz,
-ɪŋ, -t

purchaseable
BR ˈpəːtʃɪsəbl
AM ˈpərtʃəsəb(ə)l

purchaser
BR ˈpəːtʃɪsə(r), -z
AM ˈpərtʃəsər, -z

purda
BR ˈpəːdɑː(r)
AM ˈpɝdə

purdah
BR ˈpəːdɑː(r)
AM ˈpɝdə

Purdie
BR ˈpəːdi
AM ˈpɝdi

Purdon
BR ˈpəːdn
AM ˈpɝdən

Purdue
BR ˈpəːdjuː
AM pɝˈd(j)u

Purdy
BR ˈpəːdi
AM ˈpɝdi

pure
BR pjʊə(r), pjɔː(r), -ə(r), -ɪst
AM pjʊ(ə)r, -ər, -əst

pureblood
BR ˈpjʊəblʌd, ˈpjɔːblʌd
AM ˈpjʊrˌblʌd

pureblooded
BR ˌpjʊəˈblʌdɪd, ˌpjɔːˈblʌdɪd
AM ˌˈpjʊrˌblʌdəd

purebred[1] *adjective*
BR ˌpjʊəˈbred, ˌpjɔːˈbred
AM ˌˈpjʊrˌbred

purebred[2] *noun*
BR ˈpjʊəbred, ˈpjɔːbred, -z
AM ˈpjʊrˌbred, -z

purée
BR ˈpjʊəreɪ, ˈpjɔːreɪ, -z
AM pjəˈreɪ, pjʊˈreɪ, -z

purely
BR ˈpjʊəli, ˈpjɔːli
AM ˈpjʊrli

pureness
BR ˈpjʊənəs, ˈpjɔːnəs
AM ˈpjʊrnəs

purfle
BR ˈpəːfl̩, -lz, -l̩ɪŋ\-lɪŋ, -ld
AM ˈpɝfəl, -z, -ɪŋ, -d

Purfleet
BR ˈpəːfliːt
AM ˈpɝˌflit

purgation
BR pəːˈɡeɪʃn
AM ˌpɝˈɡeɪʃ(ə)n

purgative
BR ˈpəːɡətɪv, -z
AM ˈpɝɡədɪv, -z

purgatorial
BR ˌpəːɡəˈtɔːriəl
AM ˌpɝɡəˈtɔriəl

purgatory
BR ˈpəːɡət(ə)ri
AM ˈpɝɡəˌtɔri

purge
BR pəːdʒ, -ɪz, -ɪŋ, -d
AM pɝdʒ, -əz, -ɪŋ, -d

purger
BR ˈpəːdʒə(r), -z
AM ˈpɝdʒər, -z

purification
BR ˌpjʊərɪfɪˈkeɪʃn, ˌpjɔːrɪfɪˈkeɪʃn
AM ˌpjʊrəfəˈkeɪʃ(ə)n

purificator
BR ˈpjʊərɪfɪkeɪtə(r), ˈpjɔːrɪfɪkeɪtə(r), -z
AM ˈpjʊrəfəˌkeɪdər, -z

purificatory
BR ˌpjʊərɪfɪˈkeɪt(ə)ri, ˌpjɔːrɪfɪˈkeɪt(ə)ri
AM pjuˈrɪfəkəˌtɔri

purifier
BR ˈpjʊərɪfʌɪə(r), ˈpjɔːrɪfʌɪə(r), -z
AM ˈpjʊrəˌfaɪər, -z

purify
BR ˈpjʊərɪfʌɪ, ˈpjɔːrɪfʌɪ, -z, -ɪŋ, -d
AM ˈpjʊrəˌfaɪ, -z, -ɪŋ, -d

Purim
BR ˈp(j)ʊərɪm, pʊˈriːm
AM ˈpʊrəm, pʊˈrɪm, ˈpʊrəm

purine
BR ˈp(j)ʊəriːn, ˈpjɔːriːn, -z
AM ˈpjʊrən, ˈpjʊˌrin, -z

purism
BR ˈpjʊərɪzm, ˈpjɔːrɪzm
AM ˈpjʊˌrɪz(ə)m

purist
BR ˈpjʊərɪst, ˈpjɔːrɪst, -s
AM ˈpjʊrəst, -s

puristic
BR pjʊəˈrɪstɪk, pjɔːˈrɪstɪk
AM pjəˈrɪstɪk, pjʊˈrɪstɪk

puritan
BR ˈpjʊərɪt(ə)n, ˈpjɔːrɪt(ə)n, -z
AM ˈpjʊrədən, ˈpjʊrətn̩, -z

puritanic
BR ˌpjʊərɪˈtanɪk, ˌpjɔːrɪˈtanɪk
AM ˌpjʊrəˈtænɪk

puritanical
BR ˌpjʊərɪˈtanɪkl, ˌpjɔːrɪˈtanɪkl
AM ˌpjʊrəˈtænək(ə)l

puritanically
BR ˌpjʊərɪˈtanɪkli, ˌpjɔːrɪˈtanɪkli
AM ˌpjʊrəˈtænək(ə)li

puritanism
BR ˈpjʊərɪtn̩ɪzm, ˈpjɔːrɪtn̩ɪzm
AM ˈpjʊrətdəˌnɪz(ə)m, ˈpjʊrətn̩ˌɪz(ə)m

purity
BR ˈpjʊərɪti, ˈpjɔːrɪti
AM ˈpjʊrədi

purl
BR pəːl, -z, -ɪŋ, -d
AM pɝl, -z, -ɪŋ, -d

purler
BR ˈpəːlə(r), -z
AM ˈpɝlər, -z

Purley
BR ˈpəːli
AM ˈpɝli

purlieu
BR ˈpəːljuː, -z
AM ˈpɝl(j)u, -z

purlieus
BR ˈpəːljuːz
AM ˈpɝl(j)u

purlin
BR ˈpəːlɪn, -z
AM ˈpɝl(ə)n, -z

purline
BR ˈpəːlɪn, -z
AM ˈpɝl(ə)n, -z

purloin
BR pəːˈlɔɪn, -z, -ɪŋ, -d
AM pərˈlɔɪn, -z, -ɪŋ, -d

purloiner
BR pəːˈlɔɪnə(r), -z
AM pərˈlɔɪnər, -z

Purnell
BR pəːˈnɛl
AM pərˈnɛl

purple
BR ˈpəːpl
AM ˈpɝpəl

purpleness
BR ˈpəːplnəs
AM ˈpɝpəlnəs

purplish
BR ˈpəːplɪʃ, ˈpəːpl̩ɪʃ
AM ˈpɝp(ə)lɪʃ

purply
BR ˈpəːpl̩i, ˈpəːpli
AM ˈpɝp(ə)li

purport[1] *noun*
BR ˈpəːpɔːt
AM ˈpɝˌpɔ(ə)rt

purport[2] *verb*
BR pə(ː)ˈpɔːt, -s, -ɪŋ, -ɪd
AM pərˈpɔ(ə)rt, -ˈpɔ(ə)rts, -ˈpɔrdɪŋ, -ˈpɔrdəd

purportedly
BR pə(ː)ˈpɔːtɪdli
AM pərˈpɔrdədli

purpose
BR ˈpəːpəs, -ɪz, -ɪŋ, -t
AM ˈpɝpəs, -əz, -ɪŋ, -t

purposeful
BR ˈpəːpəsf(ʊ)l
AM ˈpɝpəsfəl

purposefully
BR ˈpəːpəsfʊli, ˈpəːpəsfˌli
AM ˈpɝpəsfəli

purposefulness
BR ˈpəːpəsf(ʊ)lnəs
AM ˈpɝpəsfəlnəs

purposeless
BR ˈpəːpəsləs
AM ˈpɝːpəsləs

purposelessly
BR ˈpəːpəsləsli
AM ˈpɝːpəsləsli

purposelessness
BR ˈpəːpəsləsnəs
AM ˈpɝːpəsləsnəs

purposely
BR ˈpəːpəsli
AM ˈpɝːpəsli

purposive
BR ˈpəːpəsɪv
AM ˈpɝːpəsɪv

purposively
BR ˈpəːpəsɪvli
AM ˈpɝːpəsɪvli

purposiveness
BR ˈpəːpəsɪvnɪs
AM ˈpɝːpəsɪvnɪs

purpura
BR ˈpəːpjʊərə(r)
AM ˈpɝːp(j)ərə

purpure
BR ˈpəːpjʊə(r)
AM ˈpɝːp(j)ər

purpuric
BR pəːˈpjʊərɪk, pəːˈpjɔːrɪk
AM pɝːˈp(j)ʊrɪk

purpurin
BR ˈpəːpjʊrɪn
AM ˈpɝːp(j)ərən

purr
BR pəː(r), -z, -ɪŋ, -d
AM pɝː, -z, -ɪŋ, -d

purse
BR pəːs, -ɪz, -ɪŋ, -t
AM pɝːs, -əz, -ɪŋ, -t

purseful
BR ˈpəːsfʊl, -z
AM ˈpɝːsfəl, -z

purser
BR ˈpəːsə(r), -z
AM ˈpɝːsər, -z

pursership
BR ˈpəːsəʃɪp
AM ˈpɝːsərˌʃɪp

purse-seine
BR ˈpəːsseɪn, -z
AM ˈpɝː(s)ˌseɪn, -z

purse-seiner
BR ˈpəːsˌseɪnə(r), -z
AM ˈpɝː(s)ˌseɪnər, -z

purse-strings
BR ˈpəːsstrɪŋz
AM ˈpɝː(s)ˌstrɪŋz

pursiness
BR ˈpəːsɪnɪs
AM ˈpɝːsɪnɪs

purslane
BR ˈpəːslɪn, ˈpəːsleɪn
AM ˈpɝːˌsleɪn, ˈpɝːsl(ə)n

pursuable
BR pəˈsjuːəbl
AM pərˈs(j)uəb(ə)l

pursuance
BR pəˈsjuːəns
AM pərˈs(j)uəns

pursuant
BR pəˈsjuːənt
AM pərˈs(j)uənt

pursuantly
BR pəˈsjuːəntli
AM pərˈs(j)uən(t)li

pursue
BR pəˈsjuː, -z, -ɪŋ, -d
AM pərˈs(j)u, -z, -ɪŋ, -d

pursuer
BR pəˈsjuːə(r), -z
AM pərˈs(j)uər, -z

pursuit
BR pəˈsjuːt, -s
AM pərˈs(j)ut, -s

pursuivant
BR ˈpəːs(w)ɪvnt, -s
AM ˈpɝːs(w)ivənt, ˈpɝːs(w)əvənt, -s

pursy
BR ˈpəːsi
AM ˈpɝːsi

purulence
BR ˈpjʊər(j)ʊlns
AM ˈpjʊr(j)əl(ə)ns

purulency
BR ˈpjʊər(j)ʊlnsi
AM ˈpjʊr(j)ələnsi

purulent
BR ˈpjʊər(j)ʊlnt
AM ˈpjʊr(j)əl(ə)nt

purulently
BR ˈpjʊər(j)ʊlntli
AM ˈpjʊr(j)ələnli

Purves
BR ˈpəːvɪs
AM ˈpɝːvəs

purvey
BR pə(ː)ˈveɪ, -z, -ɪŋ, -d
AM pərˈveɪ, -z, -ɪŋ, -d

purveyance
BR pə(ː)ˈveɪəns
AM pərˈveɪəns

purveyor
BR pə(ː)ˈveɪə(r), -z
AM pərˈveɪər, -z

purview
BR ˈpəːvjuː, -z
AM ˈpɝːˌvju, -z

Purvis
BR ˈpəːvɪs
AM ˈpɝːvəs

pus
BR pʌs
AM pəs

Pusan
BR ˌpuːˈsan
AM ˌpuˈsæn, ˌpuˈsɑn

Pusey
BR ˈpjuːzi
AM ˈpjuzi

push
BR pʊʃ, -ɪz, -ɪŋ, -t
AM pʊʃ, -əz, -ɪŋ, -t

push-back
BR ˈpʊʃbak, -s
AM ˈpʊʃˌbæk, -s

pushbike
BR ˈpʊʃbʌɪk, -s
AM ˈpʊʃˌbaɪk, -s

pushbroom
BR ˈpʊʃbruːm, ˈpʊʃbrʊm, -z
AM ˈpʊʃˌbrum, ˈpʊʃˌbrʊm, -z

pushbutton
BR ˈpʊʃbʌtn, -z
AM ˈpʊʃˌbətn, -z

pushcart
BR ˈpʊʃkaːt, -s
AM ˈpʊʃˌkɑrt, -s

push-chain
BR ˈpʊʃtʃeɪn, -z
AM ˈpʊʃˌtʃeɪn, -z

pushchair
BR ˈpʊʃtʃɛː(r), -z
AM ˈpʊʃˌtʃɛ(ə)r, -z

pushdown
BR ˈpʊʃdaʊn, -z
AM ˈpʊʃˌdaʊn, -z

pusher
BR ˈpʊʃə(r), -z
AM ˈpʊʃər, -z

pushful
BR ˈpʊʃf(ʊ)l
AM ˈpʊʃfəl

pushfully
BR ˈpʊʃfʊli, ˈpʊʃfli
AM ˈpʊʃfəli

pushfulnes
BR ˈpʊʃf(ʊ)lnəs
AM ˈpʊʃfəlnəs

pushily
BR ˈpʊʃɪli
AM ˈpʊʃəli

pushiness
BR ˈpʊʃɪnɪs
AM ˈpʊʃɪnɪs

pushingly
BR ˈpʊʃɪŋli
AM ˈpʊʃɪŋli

Pushkin
BR ˈpʊʃkɪn
AM ˈpʊʃkɪn
RUS ˈpuʃkʲin

pushover
BR ˈpʊʃˌəʊvə(r), -z
AM ˈpʊʃˌoʊvər, -z

pushpin
BR ˈpʊʃpɪn, -z
AM ˈpʊʃˌpɪn, -z

push-pull
BR ˌpʊʃˈpʊl
AM ˈpʊʃˈpʊl

pushrod
BR ˈpʊʃrɒd, -z
AM ˈpʊʃˌrɑd, -z

pushstart
BR ˈpʊʃstɑːt, -s, -ɪŋ, -ɪd
AM ˈpʊʃˌstɑr|t, -ts, -dɪŋ, -dəd

Pushto
BR ˈpʊʃtəʊ
AM ˈpəʃtoʊ

Pushtu
BR ˈpʊʃtuː
AM ˈpəʃtu

pushy
BR ˈpʊʃ|i, -ɪə(r),
-ɪst
AM ˈpʊʃi, -ər,
-ɪst

pusillanimity
BR ˌpjuːsɪləˈnɪmɪti,
ˌpjuːsləˈnɪmɪti,
ˌpjuːzɪləˈnɪmɪti,
ˌpjuːzləˈnɪmɪti
AM ˌpjusələˈnɪmɪdi

pusillanimous
BR ˌpjuːsɪˈlanɪməs,
ˌpjuːzɪˈlanɪməs
AM ˌpjusəˈlænəməs

pusillanimously
BR ˌpjuːsɪˈlanɪməsli,
ˌpjuːzɪˈlanɪməsli
AM ˌpjusəˈlænəməsli

pusillanimousness
BR ˌpjuːsɪˈlanɪməsnəs,
ˌpjuːzɪˈlanɪməsnəs
AM ˌpjusəˈlænəməsnəs

puss
BR pʊs, -ɪz
AM pʊs, -əz

pussy
BR ˈpʊs|i, -ɪz
AM ˈpʊsi, -z

pussycat
BR ˈpʊsɪkat, -s
AM ˈpʊsiˌkæt, -s

pussyfoot
BR ˈpʊsɪfʊt, -s, -ɪŋ,
-ɪd
AM ˈpʊsiˌfʊ|t, -ts,
-dɪŋ, -dəd

pussyfooter
BR ˈpʊsɪˌfʊtə(r),
-z
AM ˈpʊsiˌfʊdər, -z

pustulant
BR ˈpʌstjʊlnt,
ˈpʌstʃʊlnt
AM ˈpəstjəl(ə)nt,
ˈpəstʃəl(ə)nt

pustular
BR ˈpʌstjʊlə(r),
ˈpʌstʃʊlə(r)
AM pəˈstjələr,
ˈpəstʃələr

pustulate
BR ˈpʌstjʊleɪt,
ˈpʌstʃʊleɪt, -s,
-ɪŋ, -d
AM ˈpəstjəˌleɪ|t,
ˈpəstʃəˌleɪ|t, -ts,
-dɪŋ, -dɪd

pustulation
BR ˌpʌsjʊˈleɪʃn,
ˈpʌstʃʊˈleɪʃn
AM ˌpəstjəˈleɪʃ(ə)n,
ˌpəstʃəˈleɪʃ(ə)n

pustule
BR ˈpʌstjuːl,
ˈpʌstʃuːl, -z
AM pəˈstjul,
ˈpəstʃ(ə)l, -z

pustulous
BR ˈpʌstjʊləs,
ˈpʌstʃʊləs
AM pəˈstjələs,
ˈpəstʃələs

put
BR pʊt, -s, -ɪŋ
AM pʊ|t, -ts,
-dɪŋ

putative
BR ˈpjuːtətɪv
AM ˈpjudədɪv

putatively
BR ˈpjuːtətɪvli
AM ˈpjudədɪvli

putdown
BR ˈpʊtdaʊn, -z
AM ˈpʊtˌdaʊn, -z

putlock
BR ˈpʊtlɒk, -s
AM ˈpʊtˌlɑk, -s

putlog
BR ˈpʊtlɒg, -z
AM ˈpʊtˌlɑg, -z

Putnam
BR ˈpʌtnəm
AM ˈpətn(ə)m

Putney
BR ˈpʌtni
AM ˈpətni

put-put
BR ˌpʌtˈpʌt, -s, -ɪŋ, -ɪd
AM ˈpətˈpə|t, -ts, -dɪŋ,
-dəd

putrefacient
BR ˌpjuːtrɪˈfeɪʃnt
AM ˌpjutrəˈfeɪʃ(ə)nt

putrefaction
BR ˌpjuːtrɪˈfakʃn
AM ˌpjutrəˈfækʃ(ə)n

putrefactive
BR ˌpjuːtrɪˈfaktɪv
AM ˌpjutrəˈfæktɪv

putrefy
BR ˈpjuːtrɪfʌɪ, -z,
-ɪŋ, -d
AM ˈpjutrəˌfaɪ, -z,
-ɪŋ, -d

putrescence
BR pjuːˈtrɛsns
AM pjuˈtrɛs(ə)ns

putrescent
BR pjuːˈtrɛsnt
AM pjuˈtrɛs(ə)nt

putrescible
BR pjuːˈtrɛsɪbl
AM pjuˈtrɛsəb(ə)l

putrid
BR ˈpjuːtrɪd
AM ˈpjutrɪd

putridity
BR pjuːˈtrɪdɪti
AM pjuˈtrɪdɪdi

putridly
BR ˈpjuːtrɪdli
AM ˈpjutrɪdli

putridness
BR ˈpjuːtrɪdnɪs
AM ˈpjutrɪdnɪs

putsch
BR pʊtʃ, -ɪz
AM pʊtʃ, -əz

putt
BR pʌt, -s, -ɪŋ, -ɪd
AM pə|t, -ts, -dɪŋ,
-dəd

puttanesca
BR ˌpʊtəˈnɛskə(r)
AM ˌpʊdəˈnɛskə

puttee
BR ˈpʌtiː, pʌˈtiː, -z
AM ˌpəˈti, -z

Puttenham
BR ˈpʌtnəm
AM ˈpətnəm

putter[1] noun,
someone who puts
BR ˈpʊtə(r), -z
AM ˈpʊdər, -z

putter[2] noun,
someone who putts
BR ˈpʌtə(r), -z
AM ˈpədər, -z

putter[3] verb
BR ˈpʌt|ə(r), -əz,
-(ə)rɪŋ, -əd
AM ˈpədər, -z,
-ɪŋ, -d

putti
BR ˈpʊtiː
AM ˈpudi
IT ˈputti

putting-green
BR ˈpʌtɪŋgriːn, -z
AM ˈpədɪŋˌgrin, -z

Puttnam
BR ˈpʌtnəm
AM ˈpətn(ə)m

putto
BR ˈpʊtəʊ
AM ˈpudoʊ
IT ˈputto

putt-putt
BR ˌpʌtˈpʌt, -s
AM ˈpətˌpət, -s

putt-putt
BR ˌpʌtˈpʌt, -s, -ɪŋ,
-ɪd
AM ˈpətˈpə|t, -ts, -dɪŋ,
-dəd

putty
BR ˈpʌt|i, -ɪz, -ɪɪŋ,
-ɪd
AM ˈpədi, -z,
-ɪŋ, -d

putu
BR ˈpuːtuː
AM ˈpudu

putz
BR pʊts, pʌts, -ɪz
AM pəts, -əz

puy
BR pwiː, -z
AM ˈpwi, -z

puzzle — pyridoxine

puzzle
BR ˈpʌz|l, -lz, -l̩ɪŋ
\-lɪŋ, -ld
AM ˈpəz|əl, -əlz,
-(ə)lɪŋ, -əld

puzzlement
BR ˈpʌzlm(ə)nt, -s
AM ˈpəzlm(ə)nt, -s

puzzler
BR ˈpʌzlə(r),
ˈpʌzl̩ə(r), -z
AM ˈpəz(ə)lər, -z

puzzling
BR ˈpʌzlɪŋ, ˈpʌzl̩ɪŋ
AM ˈpəz(ə)lɪŋ

puzzlingly
BR ˈpʌzlɪŋli, ˈpʌzl̩ɪŋli
AM ˈpəz(ə)lɪŋli

puzzolana
BR ˌpʊtsəˈlɑːnə(r)
AM ˌpʊtsəˈlɑnə

Pwllheli
BR pʊˈɬeli,
pʊˈθeli
AM pʊˈθeli
WE pʊˈðeli

pya
BR pjɑː(r), -z
AM pjɑ, piˈɑ, -z

pyaemia
BR pʌɪˈiːmiə(r)
AM paɪˈimiə

pyaemic
BR pʌɪˈiːmɪk
AM paɪˈimɪk

pycnic
BR ˈpɪknɪk, -s
AM ˈpɪkˌnɪk, -s

Pye
BR pʌɪ
AM paɪ

pye-dog
BR ˈpʌɪdɒg, -z
AM ˈpaɪˌdɑg,
ˈpaɪˌdɒg, -z

pyelitis
BR ˌpʌɪəˈlʌɪtɪs
AM ˌpaɪəˈlaɪdɪs

pyelogram
BR ˈpʌɪələ(ʊ)gram, -z
AM paɪˈɛləˌgræm,
ˈpaɪəloʊˌgræm, -z

pyelonephritis
BR ˌpʌɪələʊnɪˈfrʌɪtɪs
AM ˌpaɪloʊnəˈfraɪdəs

pyemia
BR pʌɪˈiːmiə(r)
AM paɪˈimiə

pyemic
BR pʌɪˈiːmɪk
AM paɪˈimɪk

pygmaean
BR pɪgˈmiːən
AM pɪgˈmiən,
ˈpɪgmiən

Pygmalion
BR pɪgˈmeɪliən
AM pɪgˈmeɪliən

pygmean
BR pɪgˈmiːən
AM pɪgˈmiən,
ˈpɪgmiən

pygmy
BR ˈpɪgm|i, -ɪz
AM ˈpɪgmi, -z

pyjama
BR pəˈdʒɑːmə(r),
-z
AM pəˈdʒɑmə, -z

pyknic
BR ˈpɪknɪk, -s
AM ˈpɪkˌnɪk, -s

Pyle
BR pʌɪ
AM paɪ

pylon
BR ˈpʌɪlɒn, -z
AM ˈpaɪˌlɑn, -z

pylori
BR pʌɪˈlɔːrʌɪ
AM paɪˈlɔˌraɪ

pyloric
BR pʌɪˈlɒrɪk
AM paɪˈlɔrɪk

pylorus
BR pʌɪˈlɔːrəs
AM paɪˈlɔrəs

Pylos
BR ˈpʌɪlɒs
AM ˈpaɪlɑs,
ˈpaɪlɔs

Pym
BR pɪm
AM pɪm

Pymm
BR pɪm
AM pɪm

pyoid
BR ˈpʌɪɔɪd
AM ˈpaɪˌɔɪd

Pyongyang
BR ˌpjɒŋˈjaŋ
AM ˈpjɑŋˌjæŋ,
ˈpjɔŋˈjæŋ

pyorrhea
BR ˌpʌɪəˈriːə(r)
AM ˌpaɪəˈriə

pyorrhoea
BR ˌpʌɪəˈriːə(r)
AM ˌpaɪəˈriə

pyosis
BR pʌɪˈəʊsɪs
AM paɪˈoʊsəs

pyracantha
BR ˌpʌɪrəˈkanθə(r), -z
AM ˌpaɪrəˈkænθə, -z

Pyrah
BR ˈpʌɪrə(r)
AM ˈpaɪrə

pyralid
BR pʌɪˈralɪd,
pʌɪˈreɪlɪd, -z
AM ˈpɪrəˌlɪd, -z

pyramid
BR ˈpɪrəmɪd, -z
AM ˈpɪrəˌmɪd, -z

pyramidal
BR pɪˈramɪdl
AM ˌpɪrəˈmɪd(ə)l,
pəˈræməd(ə)l

pyramidally
BR pɪˈramɪdli
AM pəˈræmədli,
ˌpɪrəˈmɪdli

pyramidic
BR ˌpɪrəˈmɪdɪk
AM ˌpɪrəˈmɪdɪk

pyramidically
BR ˌpɪrəˈmɪdɪkli
AM ˌpɪrəˈmɪdɪk(ə)li

Pyramus
BR ˈpɪrəməs
AM ˈpɪrəməs

pyre
BR ˈpʌɪə(r), -z
AM ˈpaɪ(ə)r, -z

Pyrenean
BR ˌpɪrəˈniːən, -z
AM ˌpɪrəˈniən, -z

Pyrenees
BR ˌpɪrəˈniːz
AM ˈpɪrəˌniz

pyrethrin
BR pʌɪˈriːθrɪn
AM paɪˈrɛθrən,
paɪˈriθrən

pyrethroid
BR pʌɪˈriːθrɔɪd,
AM paɪˈriˌθrɔɪd, -z

pyrethrum
BR pʌɪˈriːθrəm
AM paɪˈrɛθrəm,
paɪˈriθrəm

pyretic
BR pʌɪˈrɛtɪk, pɪˈrɛtɪk
AM paɪˈrɛdɪk

Pyrex
BR ˈpʌɪrɛks
AM ˈpaɪˌrɛks

pyrexia
BR pʌɪˈrɛksiə(r)
AM paɪˈrɛksiə

pyrexial
BR pʌɪˈrɛksiəl
AM paɪˈrɛksiəl

pyrexic
BR pʌɪˈrɛksɪk
AM paɪˈrɛksɪk

pyrexical
BR pʌɪˈrɛksɪkl
AM paɪˈrɛksɪk(ə)l

pyrheliometer
BR pəːˌhiːlɪˈɒmɪtə(r),
-z
AM ˌpaɪ(ə)rˌhiliˈɑmədər, ˈpɪrˌhiliˈɑmədər, -z

pyridine
BR ˈpɪrɪdiːn
AM ˈpɪrədn, ˈpɪrəˌdin

pyridoxal
BR ˌpɪrɪˈdɒksl
AM ˌpɪrɪˈdɑks(ə)l

pyridoxine
BR ˌpɪrɪˈdɒksiːn,
ˌpɪrɪˈdɒksɪn
AM ˌpɪrəˈdɑks(ə)n,
ˌpɪrəˈdɑksɪn

pyrimidine
BR paɪˈrɪmɪdiːn,
pɪˈrɪmɪdiːn, -z
AM paɪˈrɪməˌdin,
paɪˈrɪmədn,
pəˈrɪməˌdin, -z

pyrite
BR ˈpaɪraɪt
AM ˈpaɪˌraɪt

pyrites
BR paɪˈraɪtiːz,
pɪˈraɪtiːz
AM paɪˈraɪdiz,
pəˈraɪdiz

pyritic
BR paɪˈrɪtɪk
AM pəˈrɪdɪk,
paɪˈrɪdɪk

pyritiferous
BR ˌpaɪraɪˈtɪf(ə)rəs,
ˌpaɪrɪˈtɪf(ə)rəs
AM ˈˌpaɪˌraɪdˈɪf(ə)rəs

pyritise
BR ˈpaɪraɪtaɪz,
ˈpaɪrɪtaɪz, -ɪz, -ɪŋ,
-d
AM ˈpaɪˌraɪdˌaɪz, -ɪz,
-ɪŋ, -d

pyritize
BR ˈpaɪraɪtaɪz,
ˈpaɪrɪtaɪz, -ɪz, -ɪŋ,
-d
AM ˈpaɪˌraɪdˌaɪz, -ɪz,
-ɪŋ, -d

pyritous
BR ˈpaɪrɪtəs, paɪˈraɪtəs
AM paɪˈraɪdəs,
pəˈraɪdəs

pyro
BR ˈpaɪrəʊ
AM ˈpaɪˌroʊ

pyroclast
BR ˈpaɪrə(ʊ)klɑːst, -s
AM ˈpaɪroʊˌklæst, -s

pyroclastic
BR ˌpaɪrə(ʊ)ˈklæstɪk,
-s
AM ˌpaɪroʊˈklæstɪk, -s

pyroelectric
BR ˌpaɪrəʊɪˈlektrɪk
AM ˌˌpaɪroʊɪˈlektrɪk,
ˈˌpaɪroʊəˈlektrɪk

pyroelectricity
BR ˌpaɪrəʊɪˌlekˈtrɪsɪti,
ˌpaɪrəʊˌelekˈtrɪsɪti,
ˌpaɪrəʊˌɪlekˈtrɪsɪti,
ˌpaɪrəʊˌiːlekˈtrɪsɪti
AM ˈˌpaɪroʊɪˌlekˈtrɪsɪdi,
ˈˌpaɪroʊəˌlekˈtrɪsɪdi

pyrogallic acid
BR ˌpaɪrə(ʊ)galɪk ˈasɪd
AM ˌpaɪroʊˈgælɪk
ˈæsəd

pyrogallol
BR ˌpaɪrə(ʊ)ˈgalɒl
AM ˌpaɪroʊˈgæˌlɑl,
ˌpaɪroʊˈgæˌlɔl

pyrogenic
BR ˌpaɪrə(ʊ)ˈdʒenɪk
AM ˌpaɪroʊˈdʒenɪk

pyrogenous
BR paɪˈrɒdʒɪnəs
AM paɪˈrɑdʒənəs

pyrography
BR paɪˈrɒgrəfi
AM paɪˈrɑgrəfi

pyrolatry
BR paɪˈrɒlətri
AM paɪˈrɑlətri

pyroligneous
BR ˌpaɪrəˈlɪgnɪəs
AM ˌpaɪrəˈlɪgnɪəs

pyrolyse
BR ˈpaɪrəlaɪz, -ɪz,
-ɪŋ, -t
AM ˈpaɪrəˌlaɪz, -ɪz,
-ɪŋ, -t

pyrolysis
BR paɪˈrɒlɪsɪs
AM paɪˈrɑləsəs

pyrolytic
BR ˌpaɪrəˈlɪtɪk
AM ˌpaɪrəˈlɪdɪk

pyrolyze
BR ˈpaɪrəlaɪz, -ɪz,
-ɪŋ, -d
AM ˈpaɪrəˌlaɪz, -ɪz,
-ɪŋ, -d

pyromancy
BR ˈpaɪrə(ʊ)ˌmansi
AM ˈpaɪroʊˌmænsi

pyromania
BR ˌpaɪrə(ʊ)ˈmeɪnɪə(r)
AM ˌpaɪroʊˈmeɪnɪə

pyromaniac
BR ˌpaɪrə(ʊ)ˈmeɪnɪak,
-s
AM ˌpaɪroʊˈmeɪnɪˌæk,
-s

pyrometer
BR paɪˈrɒmɪtə(r), -z
AM paɪˈrɑmədər, -z

pyrometric
BR ˌpaɪrə(ʊ)ˈmetrɪk
AM ˌpaɪroʊˈmetrɪk

pyrometrically
BR ˌpaɪrə(ʊ)ˈmetrɪkli
AM ˌpaɪroʊˈmetrək(ə)li

pyrometry
BR paɪˈrɒmɪtri
AM paɪˈrɑmətri

pyrope
BR ˈpaɪrəʊp, -s
AM ˈpaɪˌroʊp, -s

pyrophoric
BR ˌpaɪrə(ʊ)ˈfɒrɪk
AM ˌpaɪroʊˈfɔrɪk

pyrosis
BR paɪˈrəʊsɪs
AM paɪˈroʊsəs

pyrotechnic
BR ˌpaɪrə(ʊ)ˈteknɪk, -s
AM ˌpaɪroʊˈteknɪk,
-s

pyrotechnical
BR ˌpaɪrə(ʊ)ˈteknɪkl
AM ˌpaɪroʊˈteknək(ə)l

pyrotechnically
BR ˌpaɪrə(ʊ)ˈteknɪkli
AM ˌpaɪroʊˈteknək(ə)li

pyrotechnist
BR ˌpaɪrə(ʊ)ˈteknɪst,
-s
AM ˌpaɪroʊˈteknəst, -s

pyrotechny
BR ˌpaɪrə(ʊ)ˌtekni
AM ˌpaɪroʊˌtekni

pyroxene
BR paɪˈrɒksiːn, -z
AM pəˈrɑkˌsin,
paɪˈrɑkˌsin, -z

pyroxylin
BR paɪˈrɒksɪlɪn,
paɪˈrɒksl̩ɪn
AM pəˈrɑksəl(ə)n,
paɪˈrɑksəl(ə)n

Pyrrha
BR ˈpɪrə(r)
AM ˈpɪrə

Pyrrhic
BR ˈpɪrɪk, -s
AM ˈpɪrɪk,
-s

Pyrrho
BR ˈpɪrəʊ
AM ˈpɪroʊ

Pyrrhonian
BR pɪˈrəʊnɪən
AM pəˈroʊnɪən

Pyrrhonic
BR pɪˈrɒnɪk
AM pəˈrɑnɪk

Pyrrhonism
BR ˈpɪrənɪzm
AM ˈpɪrənɪz(ə)m

Pyrrhonist
BR ˈpɪrənɪst, -s
AM ˈpɪrənəst,
-s

Pyrrhus
BR ˈpɪrəs
AM ˈpɪrəs

pyruvate
BR paɪˈruːveɪt
AM pəˈruˌveɪt,
paɪˈruˌveɪt

pyruvic acid
BR paɪˌruːvɪk ˈasɪd
AM pəˈruvɪk ˈæsəd,
paɪˈruvɪk ˈæsəd

pysanka
BR pɪˈsaŋkə(r)
AM pəˈsaŋkə

pysanky
BR pɪˈsaŋki
AM pəˈsaŋki

Pythagoras
BR paɪˈθag(ə)rəs
AM pəˈθægərəs,
paɪˈθægərəs

Pythagorean
BR ˌpaɪθagəˈriːən,
paɪˌθagəˈriːən
AM paɪˌθægəˈriən,
pəˌθægəˈriən

Pythia
BR ˈpɪθɪə(r)
AM ˈpɪθɪə

Pythian
BR ˈpɪθiən
AM ˈpɪθiən
Pythias
BR ˈpɪθiəs
AM ˈpɪθiəs
python
BR ˈpaɪθn, -z
AM ˈpaɪθən, ˈpaɪˌθɑn, -z
Pythonesque
BR ˌpaɪθəˈnɛsk
AM ˌpaɪθəˈnɛsk
pythonic
BR paɪˈθɒnɪk
AM paɪˈθɑnɪk
pyuria
BR pʌɪˈjʊərɪə(r)
AM paɪˈjʊriə
pyx
BR pɪks, -ɪz
AM pɪks, -ɪz
pyxides
BR ˈpɪksɪdiːz
AM ˈpɪksɪˌdiz
pyxidia
BR pɪkˈsɪdɪə(r)
AM pɪkˈsɪdɪə
pyxidium
BR pɪkˈsɪdɪəm
AM pɪkˈsɪdɪəm
pyxie
BR ˈpɪks|i, -ɪz
AM ˈpɪksi, -z
pyxis
BR ˈpɪksɪs
AM ˈpɪksɪs
pzazz
BR pəˈzaz
AM pəˈzæz

Q

q
BR kjuː, -z
AM kju, -z
QALY
BR ˈkwɒli
AM ˈkwɑli
Qantas
BR ˈkwɒntəs
AM ˈkwɑn(t)əs

Qatar
BR ˈkatɑː(r),
ˈgatɑː(r),
ˈkʌtɑː(r),
ˈgʌtɑː(r),
kəˈtɑː(r)
AM kəˈtɑr,
ˈkɑˌtɑr
Qatari
BR kaˈtɑːr|i, gaˈtɑːr|i,
kʌˈtɑːr|i, gʌˈtɑːr|i,
kəˈtɑːr|i, -ɪz
AM kəˈtɑri, kɑˈtɑri, -z
Qattara
BR kaˈtɑːrə(r),
kʌˈtɑːrə(r),
kəˈtɑːrə(r)
AM kəˈtɑrə, kɑˈtɑrə
Q-boat
BR ˈkjuːbəʊt, -s
AM ˈkjuˌboʊt, -s
Q.C.
BR ˌkjuːˈsiː, -z
AM ˌkjuˈsi, -z
QED
BR ˌkjuːiːˈdiː
AM ˌkjuˌiˈdi
Q fever
BR ˈkjuː ˌfiːvə(r)
AM ˈkju ˌfivər
qibla
BR ˈkɪblə(r)
AM ˈkɪblə
qigong
BR tʃiːˈgɒŋ, tʃiːˈkʊŋ
AM tʃiˈgɑŋ,
tʃiˈkən
Qin
BR tʃɪn
AM tʃɪn
Qing
BR tʃɪŋ
AM tʃɪŋ
Qinghai
BR ˌtʃɪŋˈhʌɪ
AM ˈtʃɪŋˈhaɪ
Q-ship
BR ˈkjuːʃɪp, -s
AM ˈkjuˌʃɪp, -s
q.t.
BR ˌkjuːˈtiː
AM ˌkjuˈti

Q-tip
BR ˈkjuːtɪp
AM ˈkjuˌtɪp
qua
BR kweɪ, kwɑː(r)
AM kweɪ, kwɑ
Quaalude
BR ˈkweɪluːd, -z
AM ˈkweɪˌlud, -z
quack
BR kwak, -s, -ɪŋ, -t
AM kwæk, -s, -ɪŋ, -t
quackery
BR ˈkwak(ə)ri
AM ˈkwækəri
quackish
BR ˈkwakɪʃ
AM ˈkwækɪʃ
quad
BR kwɒd, -z
AM kwɑd, -z
quadragenarian
BR ˌkwɒdrədʒɪ-
ˈnɛːrɪən, -z
AM ˌkwɑdrədʒə-
ˈnɛriən, -z
Quadragesima
BR ˌkwɒdrəˈdʒɛsɪmə(r)
AM ˌkwɑdrəˈdʒɛsəmə
quadragesimal
BR ˌkwɒdrəˈdʒɛsɪml
AM ˌkwɑdrə-
ˈdʒɛsəm(ə)l
quadrangle
BR ˈkwɒdraŋgl, -z
AM ˈkwɑˌdræŋgəl, -z
quadrangular
BR kwɒˈdraŋgjʊlə(r)
AM kwɑˈdræŋgjələr
quadrant
BR ˈkwɒdrnt, -s
AM ˈkwɑdrənt, -s
quadrantal
BR kwɒˈdrantl
AM kwɑˈdræn(t)l
quadraphonic
BR ˌkwɒdrəˈfɒnɪk, -s
AM ˌkwɑdrəˈfɑnɪk, -s
quadraphonically
BR ˌkwɒdrəˈfɒnɪkli
AM ˌkwɑdrəˈfɑnək(ə)li

quadraphony
BR kwɒˈdrɒfn̩i,
ˈkwɒdrəˌfɒni
AM kwɑˈdrɑfəni
quadrat
BR ˈkwɒdrat, -s
AM ˈkwɑdrət,
ˈkwɑdræt, -s
quadrate[1] noun,
adjective
BR ˈkwɒdreɪt, -s
AM ˈkwɑdrət,
ˈkwɑdˌreɪt, -s
quadrate[2] verb
BR kwɒˈdreɪt, -s, -ɪŋ,
-ɪd
AM ˈkwɑdˌreɪ|t, -ts,
-dɪŋ, -dɪd
quadratic
BR kwɒˈdratɪk, -s
AM kwɑˈdrædɪk,
-s
quadrature
BR ˈkwɒdrətʃə(r)
AM ˈkwɑdrətʃʊ(ə)r,
ˈkwɑdrətʃər
quadrennia
BR kwɒˈdrɛnɪə(r)
AM kwɑˈdrɛnɪə
quadrennial
BR kwɒˈdrɛnɪəl
AM kwɑˈdrɛnɪəl
quadrennially
BR kwɒˈdrɛnɪəli
AM kwɑˈdrɛnɪəli
quadrennium
BR kwɒˈdrɛnɪəm
AM kwɑˈdrɛnɪəm
quadric
BR ˈkwɒdrɪk
AM ˈkwɑdrɪk
quadriceps
BR ˈkwɒdrɪsɛps
AM ˈkwɑdrəˌsɛps
quadrifid
BR ˈkwɒdrɪfɪd
AM ˈkwɑdrəˌfɪd
quadriga
BR kwɒˈdriːgə(r),
kwɒˈdrʌɪgə(r),
-z
AM kwɑˈdraɪgə, -z

quadrilateral

quadrilateral
BR ˌkwɒdrɪˈlat(ə)r|l, -z
AM ˌkwadrəˈlætrəl,
 ˌkwadrəˈlædərəl, -z
quadrilingual
BR ˌkwɒdrɪˈlɪŋgw(ə)l
AM ˌkwadrəˈlɪŋgwəl
quadrille
BR kwɒˈdrɪl, -z
AM k(w)əˈdrɪl,
 kwaˈdrɪl, -z
quadrillion
BR kwɒˈdrɪljən, -z
AM kwaˈdrɪljən, -z
quadrinomial
BR ˌkwɒdrɪˈnəʊmɪəl,
 -z
AM ˌkwadrəˈnoʊmɪəl,
 -z
quadripartite
BR ˌkwɒdrɪˈpɑːtʌɪt
AM ˌkwadrəˈpɑrtaɪt
quadriplegia
BR ˌkwɒdrɪ-
 ˈpliːdʒ(ɪ)ə(r)
AM ˌkwadrəˈpliː(d)ʒə
quadriplegic
BR ˌkwɒdrɪˈpliːdʒɪk,
 -s
AM ˌkwadrəˈplidʒɪk, -s
quadrireme
BR ˈkwɒdrɪriːm, -z
AM ˈkwadrəˌrim, -z
quadrisyllabic
BR ˌkwɒdrɪsɪˈlabɪk
AM ˌˈkwadrəsəˈlæbɪk
quadrisyllable
BR ˈkwɒdrɪˌsɪləbl, -z
AM ˌkwadrəˈsɪləb(ə)l,
 -z
quadrivalent
BR ˌkwɒdrɪˈveɪlṇt
AM ˌkwadrəˈveɪl(ə)nt
quadrivia
BR kwɒˈdrɪvɪə(r)
AM kwaˈdrɪvɪə
quadrivium
BR kwɒˈdrɪvɪəm
AM kwaˈdrɪvɪəm
quadroon
BR kwɒˈdruːn, -z
AM kwaˈdrun, -z

quadrophonic
BR ˌkwɒdrəˈfɒnɪk, -s
AM ˌkwadrəˈfanɪk, -s
quadrophonically
BR ˌkwɒdrəˈfɒnɪkli
AM ˌkwadrəˈfanək(ə)li
quadrophony
BR kwɒˈdrɒfn̩i
AM kwaˈdrafəni
quadrumanous
BR kwɒˈdruːmənəs
AM kwaˈdrumənəs
quadruped
BR ˈkwɒdrʉped, -z
AM ˈkwadrəˌped, -z
quadrupedal
BR kwɒˈdruːpɪdl,
 ˌkwɒdrʉˈpiːdl,
 ˌkwɒdrʉˈpedl
AM kwaˈdrupəd(ə)l,
 ˈˌkwadrəˈpedəl
quadruple
BR ˈkwɒdrʉp|l,
 kwɒˈdruːp|l, -lz,
 -|ɪŋ\-lɪŋ, -ld
AM kwaˈdrəp|əl,
 kwaˈdrup|əl, -əlz,
 -(ə)lɪŋ, -əld
quadruplet
BR ˈkwɒdrʉplɪt,
 kwɒˈdruːplɪt, -s
AM kwaˈdruplət,
 kwaˈdrəplət, -s
quadruplicate[1] noun,
 adjective
BR kwɒˈdruːplɪkət,
 -s
AM kwaˈdrupləkət,
 -s
quadruplicate[2] verb
BR kwɒˈdruːplɪkeɪt,
 -s, -ɪŋ, -ɪd
AM kwaˈdrupləˌkeɪ|t,
 -ts, -dɪŋ, -dɪd
quadruplication
BR kwɒˌdruːplɪˈkeɪʃn,
 -z
AM kwaˌdruplə-
 ˈkeɪʃ(ə)n, -z
quadruplicity
BR ˌkwɒdrʉˈplɪsɪti
AM ˌkwadrəˈplɪsɪdi

quadruply
BR ˈkwɒdrʉpli,
 kwɒˈduːpli
AM kwaˈdrəp(ə)li,
 kwaˈdrup(ə)li
quadrupole
BR ˈkwɒdrʉpəʊl, -z
AM ˈkwadrəˌpoʊl, -z
quaere
BR ˈkwɪər|i, -ɪz,
 -ɪŋ, -ɪd
AM ˈkwɪri, -z,
 -ɪŋ, -d
quaestor
BR ˈkwiːstɔː(r),
 ˈkwʌɪstɔː(r), -z
AM ˈkwɛstər, -z
quaestorial
BR kwiːˈstɔːrɪəl,
 kwʌɪˈstɔːrɪəl
AM kwɛˈstorɪəl
quaestorship
BR ˈkwiːstəʃɪp,
 ˈkwʌɪstəʃɪp, -s
AM ˈkwɛstərʃɪp, -s
quaff
BR kwɒf, -s, -ɪŋ, -t
AM kwaf, -s,
 -ɪŋ, -t
quaffable
BR ˈkwɒfəbl
AM ˈkwafəb(ə)l
quaffer
BR ˈkwɒfə(r), -z
AM ˈkwafər, -z
quag
BR kwag, kwɒg, -z
AM kwag, kwæg, -z
quagga
BR ˈkwagə(r), -z
AM ˈkwægə, -z
quaggy
BR ˈkwag|i, ˈkwɒg|i,
 -ɪə(r), -ɪɪst
AM ˈkwægi, -ər, -ɪst
Quaglino's
BR kwagˈliːnəʊz
AM kwagˈlinoʊz
quagmare
BR ˈkwagmʌɪə(r),
 ˈkwɒgmʌɪə(r)
AM ˈkwægˌmaɪ(ə)r, -z

quahaug
BR ˈkwɔːhɒg,
 ˈkwɑːhɒg,
 k(w)əˈhɔːg, -z
AM ˈkwaˌhag,
 ˈkwɔˌhɔg, -z
quahog
BR ˈkwɔːhɒg,
 ˈkwɑːhɒg,
 k(w)əˈhɔːg, -z
AM ˈkwaˌhag,
 ˈkwɔˌhɔg, -z
quaich
BR kweɪx, kweɪk,
 -ɪz
AM kweɪk, -ɪz
Quaid
BR kweɪd
AM kweɪd
Quai d'Orsay
BR ˌkeɪ dɔːˈseɪ
AM ˈˌki dɔrˈseɪ
FR kɛ dɔrsɛ
quail
BR kweɪl, -z, -ɪŋ, -d
AM kweɪl, -z, -ɪŋ, -d
quailery
BR ˈkweɪl(ə)r|i, -ɪz
AM ˈkweɪləri, -z
quaint
BR kweɪnt, -ə(r), -ɪst
AM kweɪn|t, -(t)ər,
 -(t)ɪst
quaintly
BR ˈkweɪntli
AM ˈkweɪn(t)li
quaintness
BR ˈkweɪntnɪs
AM ˈkweɪn(t)nɪs
quake
BR kweɪk, -s, -ɪŋ, -t
AM kweɪk, -s, -ɪŋ, -t
Quaker
BR ˈkweɪkə(r), -z
AM ˈkweɪkər, -z
Quakerish
BR ˈkweɪk(ə)rɪʃ
AM ˈkweɪkərɪʃ
Quakerism
BR ˈkweɪk(ə)rɪzm, -z
AM ˈkweɪkəˌrɪz(ə)m,
 -z

Quakerly
BR ˈkweɪkəli
AM ˈkweɪkərli

quakily
BR ˈkweɪkɪli
AM ˈkweɪkɪli

quakiness
BR ˈkweɪkɪnɪs
AM ˈkweɪkɪnɪs

quaky
BR ˈkweɪk|i, -ɪə(r), -ɪɪst
AM ˈkweɪki, -ər, -ɪst

Qualcast
BR ˈkwɒlkɑːst
AM ˈkwɒlˌkæst, ˈkwɑlˌkæst

qualifiable
BR ˈkwɒlɪfʌɪəbl
AM ˌkwɔːləˈfaɪəb(ə)l, ˌkwɑləˈfaɪəb(ə)l

qualification
BR ˌkwɒlɪfɪˈkeɪʃn, -z
AM ˌkwɔːləfəˈkeɪʃ(ə)n, ˌkwɑləfəˈkeɪʃ(ə)n, -z

qualificatory
BR ˈkwɒlɪfɪkət(ə)ri, ˌkwɒlɪfɪˈkeɪt(ə)ri
AM ˈkwɔːləfəkəˌtɔri, ˈkwɑləfəkəˌtɔri

qualifier
BR ˈkwɒlɪfʌɪə(r), -z
AM ˈkwɔːləˌfaɪər, ˈkwɑləˌfaɪər, -z

qualify
BR ˈkwɒlɪfʌɪ, -z, -ɪŋ, -d
AM ˈkwɔːləˌfaɪ, ˈkwɑləˌfaɪ, -z, -ɪŋ, -d

qualitative
BR ˈkwɒlɪtətɪv, ˈkwɒlɪteɪtɪv
AM ˌˈkwɔːləˌteɪdɪv, ˌˈkwɑləˌteɪdɪv

qualitatively
BR ˈkwɒlɪtətɪvli, ˈkwɒlɪteɪtɪvli
AM ˌˈkwɔːləˌteɪdɪvli, ˌˈkwɑləˌteɪdɪvli

quality
BR ˈkwɒlɪt|i, -ɪz
AM ˈkwɑlədi, ˈkwɔlədi, -z

qualm
BR kwɑːm, -z
AM kwɔ(l)m, kwɑ(l)m, -z

qualmish
BR ˈkwɑːmɪʃ
AM ˈkwɔ(l)mɪʃ, ˈkwɑ(l)mɪʃ

quamash
BR kwəˈmaʃ, ˈkwɒməʃ, -ɪz
AM ˈkwɔˌmæʃ, ˈkwɑˌmæʃ, kwəˈmæʃ

quandary
BR ˈkwɒnd(ə)r|i, -ɪz
AM ˈkwand(ə)ri, -z

quango
BR ˈkwaŋɡəʊ, -z
AM ˈkwæŋɡoʊ, -z

quant
BR kwɒnt, -s, -ɪŋ, -ɪd
AM ˈkwan|t, -ts, -(d)ɪŋ, -(d)əd

quanta
BR ˈkwɒntə(r)
AM ˈkwan(t)ə

quantal
BR ˈkwɒntl
AM ˈkwan(t)əl

quantally
BR ˈkwɒntli
AM ˈkwan(t)li

Quantel
BR ˌkwɒnˈtɛl, ˈkwɒntɛl
AM ˈkwanˌtɛl, ˌkwanˈtɛl

quantic
BR ˈkwɒntɪk
AM ˈkwan(t)ɪk

quantifiability
BR ˌkwɒntɪˌfʌɪəˈbɪlɪti
AM ˌkwan(t)əˌfaɪə-ˈbɪlɪdi

quantifiable
BR ˈkwɒntɪfʌɪəbl
AM ˈkwan(t)əˌfaɪəb(ə)l

quantification
BR ˌkwɒntɪfɪˈkeɪʃn
AM ˌkwan(t)əfə-ˈkeɪʃ(ə)n

quantifier
BR ˈkwɒntɪfʌɪə(r), -z
AM ˈkwan(t)əˌfaɪər, -z

quantify
BR ˈkwɒntɪfʌɪ, -z, -ɪŋ, -d
AM ˈkwan(t)əˌfaɪ, -z, -ɪŋ, -d

quantisation
BR ˌkwɒntʌɪˈzeɪʃn, -z
AM ˌkwanˌtaɪˈzeɪʃ(ə)n, ˌkwan(t)əˈzeɪʃ(ə)n, -z

quantise
BR ˈkwɒntʌɪz, -ɪz, -ɪŋ, -d
AM ˈkwanˌtaɪz, -ɪz, -ɪŋ, -d

quantitative
BR ˈkwɒntɪteɪtɪv
AM ˌˈkwan(t)əˌteɪdɪv

quantitatively
BR ˈkwɒntɪteɪtɪvli
AM ˌˈkwan(t)əˌteɪdɪvli'

quantitive
BR ˈkwɒntɪtɪv
AM ˈkwan(t)ədɪv

quantitively
BR ˈkwɒntɪtɪvli
AM ˈkwan(t)ədɪvli

quantity
BR ˈkwɒntɪt|i, -ɪz
AM ˈkwan(t)ədi, -z

quantization
BR ˌkwɒntʌɪˈzeɪʃn, -z
AM ˌkwanˌtaɪˈzeɪʃ(ə)n, ˌkwan(t)əˈzeɪʃ(ə)n, -z

quantize
BR ˈkwɒntʌɪz, -ɪz, -ɪŋ, -d
AM ˈkwanˌtaɪz, -ɪz, -ɪŋ, -d

Quantock
BR ˈkwɒntɒk, -s
AM ˈkwan(t)ək, -s

quantum
BR ˈkwɒntəm
AM ˈkwan(t)əm

quaquaversal
BR ˌkweɪkwəˈvəːsl
AM ˌkweɪkwəˈvərs(ə)l

quarantine
BR ˈkwɒrəntiːn, -z, -ɪŋ, -d
AM ˈkwɔrənˌtin, -z, -ɪŋ, -d

quark[1] *subatomic particle*
BR kwɑːk, -s
AM kwɑrk, -s

quark[2] *soft cheese*
BR kwɑːk
AM kwɑrk

Quarndon
BR ˈk(w)ɔːndən
AM ˈkwɔrndən

quarrel
BR ˈkwɒrl̩, -z, -ɪŋ, -d
AM ˈkwɔrəl, -z, -ɪŋ, -d

quarreler
BR ˈkwɒrlə(r), -z
AM ˈkwɔr(ə)lər, -z

quarreller
BR ˈkwɒrlə(r), -z
AM ˈkwɔr(ə)lər, -z

quarrelsome
BR ˈkwɒrl̩s(ə)m
AM ˈkwɔr(ə)ls(ə)m

quarrelsomely
BR ˈkwɒrl̩s(ə)mli
AM ˈkwɔr(ə)lsəmli

quarrelsomeness
BR ˈkwɒrl̩s(ə)mnəs
AM ˈkwɔr(ə)lsəmnəs

quarrian
BR ˈkwɒrɪən, -z
AM ˈkwɔriən, -z

quarry
BR ˈkwɒr|i, -ɪz, -ɪɪŋ, -ɪd
AM ˈkwɔri, -z, -ɪn, -d

quarryman
BR ˈkwɒrɪmən
AM ˈkwɔrim(ə)n

quarrymen
BR ˈkwɒrɪmən
AM ˈkwɔrim(ə)n

quart
BR kwɔːt, -s
AM kwɔ(ə)rt, -s

quartan
BR ˈkwɔːtn
AM ˈkwɔrtn

quartation
BR kwɔːˈteɪʃn, -z
AM kwɔrˈteɪʃ(ə)n, -z

quarte
BR ˈkɑːt
AM ˈkɑrt
FR kaʀt

quarter
BR ˈkwɔːt|ə(r), -əz, -(ə)rɪŋ, -əd
AM ˈkwɔrdər, -z, -ɪŋ, -d

quarterage
BR ˈkwɔːt(ə)r|ɪdʒ, -ɪdʒɪz
AM ˈkwɔrdərɪdʒ, -ɪz

quarterback
BR ˈkwɔːtəbak, -s
AM ˈkwɔrdərˌbæk, -s

quarterdeck
BR ˈkwɔːtədɛk, -s
AM ˈkwɔrdərˌdɛk, -s

quarterfinal
BR ˈkwɔːtəˌfʌɪnl, ˌkwɔːtəˈfʌɪnl, -z
AM ˌkwɔrdərˌfaɪn(ə)l, -z

quarter-hour
BR ˌkwɔːtərˈaʊə(r), -z
AM ˌkwɔrdərˈaʊər, -z

quartering
BR ˈkwɔːt(ə)rɪŋ, -z
AM ˈkwɔrdərɪŋ, -z

quarterlight
BR ˈkwɔːtəlʌɪt, -s
AM ˈkwɔrdərˌlaɪt, -s

quarter-line
BR ˈkwɔːtəlʌɪn, -z
AM ˈkwɔrdərˌlaɪn, -z

quarterly
BR ˈkwɔːtəli
AM ˈkwɔrdərli

Quartermaine
BR ˈkwɔːtəmeɪn
AM ˈkwɔrdərˌmeɪn

Quarterman
BR ˈkwɔːtəmən
AM ˈkwɔrdərm(ə)n

quartermaster
BR ˈkwɔːtəˌmɑːstə(r), -z
AM ˈkwɔrdərˌmæstər, -z

Quartermaster General
BR ˌkwɔːtəmɑːstə ˈdʒɛn(ə)rl̩, -z
AM ˌkwɔrdərˌmæstər ˈdʒɛn(ə)rəl, -z

quartern
BR ˈkwɔːt(ə)n, -z
AM ˈkwɔrdərn, -z

quarterstaff
BR ˈkwɔːtəstɑːf, -s
AM ˈkwɔrdərˌstæf, -s

quartet
BR kwɔːˈtɛt, -s
AM kwɔrˈtɛt, -s

quartette
BR kwɔːˈtɛt, -s
AM kwɔrˈtɛt, -s

quartic
BR ˈkwɔːtɪk, -s
AM ˈkwɔrdɪk, -s

quartile
BR ˈkwɔːtʌɪl, -z
AM ˈkwɔrdl̩, ˈkwɔrˌtaɪl, -z

4to *quarto*
BR ˈkwɔːtəʊ
AM ˈkwɔrtoʊ, ˈkwɔrdoʊ

quarto
BR ˈkwɔːtəʊ, -z
AM ˈkwɔrdoʊ, -z

quartz
BR kwɔːts
AM kwɔrts

quartzite
BR ˈkwɔːtsʌɪt
AM ˈkwɔrtˌsaɪt

quasar
BR ˈkweɪzɑː(r), -z
AM ˈkweɪˌzɑr, -z

quash
BR kwɒʃ, -ɪz, -ɪŋ, -t
AM kwɑʃ, kwɔʃ, -əz, -ɪŋ, -t

quasi
BR ˈkweɪzʌɪ, ˈkwɑːzi
AM ˈkweɪˌzaɪ, ˈkwɑzi

Quasimodo
BR ˌkwɒzɪˈməʊdəʊ, ˌkwɑːzɪˈməʊdəʊ, ˌkwazɪˈməʊdəʊ
AM ˌkwɑzɪˈmoʊˌdoʊ
IT kwaˈzimodo

quassia
BR ˈkwɒʃ(ɪ)ə(r), ˈkwɑʃ(ɪ)ə(r), ˈkwasɪə(r), -z
AM ˈkwɑsiə, ˈkwɑʃ(i)ə, -z

quatercentenary
BR ˌkwatəsənˈtiːn(ə)r|i, ˌkwatəsənˈtɛn(ə)r|i, ˌkwɒtəsənˈtiːn(ə)r|i, ˌkwɒtəsənˈtɛn(ə)r|i, -ɪz
AM ˌkwadərˈsɛntn̩ˌɛri, ˌkwadərsɛnˈtɛnəri, -z

Quatermass
BR ˈkweɪtəmas
AM ˈkweɪdərˌmæs

quaternary
BR kwəˈtəːn(ə)r|i, -ɪz
AM ˈkwadərˌnɛri, -z

quaternion
BR kwəˈtəːnɪən, -z
AM kwɑˈtɛrniən, kwəˈtɛrniən, -z

quaternity
BR kwəˈtəːnɪt|i, -ɪz
AM kwɑˈtɛrnədi, -z

quatorzain
BR ˈkatəzeɪn, -z
AM ˈkædərˌzeɪn, kəˈtɔrz(ə)n, kəˈtɔrˌzeɪn, -z

quatorze
BR kəˈtɔːz, -ɪz
AM kəˈtɔ(ə)rz, -əz
FR katɔʀz

quatrain
BR ˈkwɒtreɪn, -z
AM ˈkwɑˌtreɪn, -z

quatrefoil
BR ˈkatrəfɔɪl, -z
AM ˈkætrəˌfɔɪl, ˈkædərˌfɔɪl, -z

quatrillion
BR kwɒˈtrɪljən, -z
AM kwɑˈtrɪljən, -z

Quattro
BR ˈkwɒtrəʊ, ˈkwatrəʊ, -z
AM ˈkwɑtroʊ, -z
IT ˈkwattro

quattrocentist
BR ˌkwatrə(ʊ)ˈtʃɛntɪst, ˌkwɒtrə(ʊ)ˈtʃɛntɪst, -s
AM ˌkwɑˌtroʊ-ˈ(t)ʃɛn(t)əst, -s

quattrocento
BR ˌkwatrə(ʊ)ˈtʃɛntəʊ, ˌkwɒtrə(ʊ)ˈtʃɛntəʊ
AM ˌkwɑˌtroʊˈ(t)ʃɛntoʊ
IT kwattroˈtʃɛnto

quaver
BR ˈkweɪv|ə(r), -əz, -(ə)rɪŋ, -əd
AM ˈkweɪv|ər, -ərz, -(ə)rɪŋ, -ərd

quaveriness
BR ˈkweɪv(ə)rɪnɪs
AM ˈkweɪv(ə)rɪnɪs

quaveringly
BR ˈkweɪv(ə)rɪŋli
AM ˈkweɪv(ə)rɪŋli

quavery
BR ˈkweɪv(ə)ri
AM ˈkweɪv(ə)ri

quay
BR kiː, -z
AM ki, -z

quayage
BR ˈkiː|ɪdʒ, -ɪdʒɪz
AM ˈkiɪdʒ, -ɪz

Quayle
BR kweɪl
AM kweɪl

quayside
BR ˈkiːsʌɪd
AM ˈkiˌsaɪd

qubit
BR ˈkjuːbɪt, -s
AM ˈkjubət, -s

quean
BR kwiːn, -z
AM kwin, -z

queasily
BR ˈkwiːzɪli
AM ˈkwizɬli

queasiness
BR ˈkwiːzɪnɪs
AM ˈkwizɪnɪs

queasy
BR ˈkwiːzi
AM ˈkwizi

Québec
BR kwɪˈbɛk
AM keɪˈbɛk, k(w)əˈbɛk
FR kebɛk

Quebecer
BR kwɪˈbɛkə(r), -z
AM keɪˈbɛkər, k(w)əˈbɛkər, -z

Quebecker
BR kwɪˈbɛkə(r), -z
AM keɪˈbɛkər, k(w)əˈbɛkər, -z

Québecois
BR ˌkeɪbɛˈkwɑː(r)
AM ˌkeɪbɛˈkwɑ
FR kebekwa

quebracho
BR keɪˈbrɑːtʃəʊ, kɪˈbrɑːtʃəʊ, -z
AM kəˈbrɑtʃoʊ, keɪˈbrɑtʃoʊ, -z

Quechua
BR ˈkɛtʃwə(r)
AM ˈkɛtʃwə

Quechuan
BR ˈkɛtʃwən, -z
AM ˈkɛtʃwən, -z

queen
BR kwiːn, -z, -ɪŋ, -d
AM kwin, -z, -ɪŋ, -d

Queenborough
BR ˈkwiːnb(ə)rə(r)
AM ˈkwinˌbərə

queendom
BR ˈkwiːndəm, -z
AM ˈkwindəm, -z

queenhood
BR ˈkwiːnhʊd, -z
AM ˈkwinˌ(h)ʊd, -z

queenie
BR ˈkwiːn|i, -ɪz
AM ˈkwini, -z

queenless
BR ˈkwiːnlɪs
AM ˈkwinləs

queenlike
BR ˈkwiːnlʌɪk
AM ˈkwinˌlaɪk

queenliness
BR ˈkwiːnlɪnɪs
AM ˈkwinlɪnɪs

queenly
BR ˈkwlːnl|i, -ɪə(r), -ɪɪst
AM ˈkwinli, -ər, -ɪst

Queens
BR kwiːnz
AM kwinz

Queensberry
BR ˌkwiːnzb(ə)ri
AM ˈkwinzˌbɛri

Queensferry
BR ˈkwiːnzˌfɛri
AM ˈkwinzˌfɛri

queenship
BR ˈkwiːnʃɪp
AM ˈkwinˌʃɪp

queen-size
BR ˈkwiːnsʌɪz
AM ˈkwinˌsaɪz

Queensland
BR ˈkwiːnzland
AM ˈkwinzˌlænd, ˈkwinzlənd

Queenslander
BR ˈkwiːnslandə(r), -z
AM ˈkwinzˌlændər, ˈkwinzləndər, -z

Queenstown
BR ˈkwiːnztaʊn
AM ˈkwinzˌtaʊn

Queensway
BR ˈkwiːnzweɪ
AM ˈkwinzˌweɪ

queer
BR kwɪə(r), -z, -ɪŋ, -d, -ə(r), -ɪst
AM kwɪ(ə)r, -z, -ɪŋ, -d, -ər, -ɪst

queerish
BR ˈkwɪərɪʃ
AM ˈkwɪrɪʃ

queerly
BR ˈkwɪəli
AM ˈkwɪrli

queerness
BR ˈkwɪənəs
AM ˈkwɪrnəs

quelia
BR ˈkwiːlɪə(r), -z
AM ˈkwiliə, -z

quell
BR kwɛl, -z, -ɪŋ, -d
AM kwɛl, -z, -ɪŋ, -d

queller
BR ˈkwɛlə(r), -z
AM ˈkwɛlər, -z

Quemoy
BR kɪˈmɔɪ
AM kiˈmɔɪ

quench
BR kwɛn(t)ʃ, -ɪz, -ɪŋ, -t
AM kwɛn(t)ʃ, -ɪz, -ɪŋ, -t

quenchable
BR ˈkwɛn(t)ʃəbl
AM ˈkwɛn(t)ʃəb(ə)l

quenchant
BR ˈkwɛn(t)ʃ(ə)nt
AM ˈkwɛn(t)ʃ(ə)nt

quencher
BR ˈkwɛn(t)ʃə(r), -z
AM ˈkwɛn(t)ʃər, -z

quenchless
BR ˈkwɛn(t)ʃləs
AM ˈkwɛn(t)ʃləs

quenelle
BR kəˈnɛl, -z
AM kəˈnɛl, -z
FR kənɛl

Quentin
BR ˈkwɛntɪn
AM ˈkwɛntn

Quercia
BR ˈkwəːʃə(r)
AM ˈkwərʃə

querist
BR ˈkwɪərɪst, -s
AM ˈkwɛrəst, ˈkwɪrəst, -s

quern
BR kwəːn, -z
AM kwərn, -z

querulous
BR ˈkwɛr(j)ʉləs
AM ˈkwɛr(j)ələs

querulously
BR ˈkwɛr(j)ʉləsli
AM ˈkwɛrələsli

querulousness
BR ˈkwɛr(j)ʉləsnəs
AM ˈkwɛrələsnəs

query
BR ˈkwɪər|i, -ɪz, -ɪɪŋ, -ɪd
AM ˈkwʊri, ˈkwɪɪi, -z, -ɪŋ, -d

quest
BR kwɛst, -s, -ɪŋ, -ɪd
AM kwɛst, -s, -ɪŋ, -ɪd

Quested
BR ˈkwɛstɪd
AM ˈkwɛstəd

quester
BR ˈkwɛstə(r), -z
AM ˈkwɛstər, -z

questingly
BR ˈkwɛstɪŋli
AM ˈkwɛstɪŋli

question
BR ˈkwɛstʃn̩, -z, -ɪŋ, -d
AM ˈkwɛʃtʃən, ˈkwɛstʃən, -ənz, -(ə)nɪŋ, -ənd

questionability
BR ˌkwɛstʃn̩əˈbɪlɪti
AM ˌkwɛʃtʃənəˈbɪlɪdi, ˌkwɛstʃənəˈbɪlɪdi

questionable
BR ˈkwɛstʃn̩əbl
AM ˈkwɛʃtʃənəb(ə)l, ˈkwɛstʃənəb(ə)l

questionableness
BR ˈkwɛstʃn̩əblnəs
AM ˈkwɛstʃənəbəlnəs

questionably
BR ˈkwɛstʃn̩əbli
AM ˈkwɛstʃənəbli

questionary
BR ˈkwɛstʃ(n̩ə)r|i, -ɪz
AM ˈkwɛstʃənɛri, -z

questioner
BR ˈkwɛstʃn̩ə(r), -z
AM ˈkwɛstʃənər, -z

questioningly
BR ˈkwɛstʃnɪŋli
AM ˈkwɛstʃənɪŋli

questionless
BR ˈkwɛstʃ(ə)nləs
AM ˈkwɛstʃənləs, ˈkwɛstʃnl

questionnaire
BR ˌk(w)ɛstʃəˈnɛː(r), -z
AM ˌkwɛʃtʃəˈnɛ(ə)r, ˌkwɛstʃəˈnɛ(ə)r, -z

questor
BR ˈkwɛstə(r), ˈkwɛstɔː(r), ˈkwiːstə(r), -z
AM ˈkwɛstər, -z

Quetta
BR ˈkwɛtə(r)
AM ˈkwɛdə

quetzal
BR ˈk(w)ɛtsl, kɛtˈsal, -z
AM kɛtˈsal, -z

Quetzalcóatl
BR ˈkɛtslkəʊˈatl
AM ˌkɛtzəlkoʊˈatl

queue
BR kjuː, -z, -ɪŋ, -d
AM kju, -z, -ɪŋ, -d

Quezon
BR ˈkeɪzɒn, ˈkeɪsɒn
AM ˈkeɪzɑn

quibble
BR ˈkwɪb|l, -lz, -l̩ɪŋ\-lɪŋ, -ld
AM ˈkwɪb|(ə)l, -əlz, -(ə)lɪŋ, -əld

quibbler
BR ˈkwɪbl̩ə(r), ˈkwɪblə(r), -z
AM ˈkwɪb(ə)lər, -z

quibblingly
BR ˈkwɪblɪŋli, ˈkwɪblɪŋli
AM ˈkwɪb(ə)lɪŋli

quiche
BR kiːʃ, -ɪz
AM kiʃ, -ɪz

Quichua
BR ˈkɪtʃwə(r)
AM ˈkɪtʃwə

quick
BR kwɪk, -ə(r), -ɪst
AM kwɪk, -ər, -ɪst

quicken
BR ˈkwɪk|(ə)n, -(ə)nz, -ənɪŋ\-n̩ɪŋ, -(ə)nd
AM ˈkwɪk|ən, -ənz, -(ə)nɪŋ, -ənd

quickie
BR ˈkwɪk|i, -ɪz
AM ˈkwɪki, -z

quicklime
BR ˈkwɪklʌɪm
AM ˈkwɪkˌlaɪm

quickly
BR ˈkwɪkli
AM ˈkwɪkli

quickness
BR ˈkwɪknɪs
AM ˈkwɪknəs

quicksand
BR ˈkwɪksand, -z
AM ˈkwɪkˌsænd, -z

quickset
BR ˌkwɪkˈsɛt
AM ˈkwɪkˌsɛt

quicksilver
BR ˈkwɪkˌsɪlvə(r)
AM ˈkwɪkˌsɪlvər

quickstep
BR ˈkwɪkstɛp, -s
AM ˈkwɪkˌstɛp, -s

quickthorn
BR ˈkwɪkθɔːn, -z
AM ˈkwɪkˌθɔ(ə)rn, -z

quick-witted
BR ˌkwɪkˈwɪtɪd
AM ˌkwɪkˈwɪdɪd

quick-wittedness
BR ˌkwɪkˈwɪtɪdnɪs
AM ˌkwɪkˈwɪdɪdnɪs

quid
BR kwɪd, -z
AM kwɪd, -z

quiddity
BR ˈkwɪdɪt|i, -ɪz
AM ˈkwɪdɪdi, -z

quidnunc
BR ˈkwɪdnʌŋk, -s
AM ˈkwɪdˈnəŋk, -s

quid pro quo
BR ˌkwɪd prəʊ ˈkwəʊ, -z
AM ˌkwɪd ˌproʊ ˈkwoʊ, -z

quiescence
BR kwɪˈɛsns, kwʌɪˈɛsns
AM kwiˈɛs(ə)ns, kwaɪˈɛs(ə)ns

quiescency
BR kwɪˈɛsnsi, kwʌɪˈɛsnsi
AM kwiˈɛsənsi, ˌkwaɪˈɛsənsi

quiescent
BR kwɪˈɛsnt, kwʌɪˈɛsnt
AM kwiˈɛs(ə)nt, kwaɪˈɛs(ə)nt

quiescently
BR kwɪˈɛsntli, kwʌɪˈɛsntli
AM kwiˈɛsn(t)li, ˌkwaɪˈɛsn(t)li

quiet
BR ˈkwʌɪət, -s, -ɪŋ, -ɪd, -ə(r), -ɪst
AM ˈkwaɪə|t, -ts, -dɪŋ, -dəd, -dər, -dəst

quieten
BR ˈkwʌɪət|n, -nz, -n̩ɪŋ\-nɪŋ, -nd
AM ˈkwaɪətn, -z, -ɪŋ, -d

quietism
BR ˈkwʌɪtɪzm
AM ˈkwaɪəˌtɪz(ə)m

quietist
BR ˈkwʌɪtɪst, -s
AM ˈkwaɪədəst, -s

quietistic
BR ˌkwʌɪˈtɪstɪk
AM ˌkwaɪəˈtɪstɪk

quietly
BR ˈkwʌɪətli
AM ˈkwaɪətli

quietness
BR ˈkwʌɪətnəs
AM ˈkwaɪətnəs

quietude
BR ˈkwʌɪtjuːd, ˈkwʌɪtʃuːd
AM ˈkwaɪəˌt(j)ud

quietus
BR kwʌɪˈiːtəs, kwʌɪˈeɪtəs, kwɪˈeɪtəs
AM ˈkwaɪədəs

quiff
BR kwɪf, -s
AM kwɪf, -s

Quigley
BR ˈkwɪgli
AM ˈkwɪgli

quill
BR kwɪl, -z
AM kwɪl, -z

quill-coverts
BR ˈkwɪlˌkʌvəts
AM ˈkwɪlˌkəvərts

Quiller-Couch
BR ˌkwɪləˈkuːtʃ
AM ˌkwɪlərˈkaʊtʃ

quilling
BR ˈkwɪlɪŋ
AM ˈkwɪlɪŋ

Quilp
BR kwɪlp
AM kwɪlp

quilt
BR kwɪlt, -s, -ɪŋ, -ɪd
AM kwɪlt, -s, -ɪŋ, -ɪd

quilter
BR ˈkwɪltə(r), -z
AM ˈkwɪltər, -z

quim
BR kwɪm, -z
AM kwɪm, -z

quin
BR kwɪn, -z
AM kwɪn, -z

quinacrine
BR ˈkwɪnəkriːn, ˈkwɪnəkrɪn
AM ˈkwɪnəˌkrɪn

quinary
BR ˈkwʌɪn(ə)ri
AM ˈkwaɪˌnɛri

quinate
BR ˈkwʌɪneɪt
AM ˈkwaɪˌneɪt

quince
BR kwɪns, -ɪz
AM kwɪns, -ɪz
quincentenary
BR ˌkwɪnsɛnˈtiːn(ə)r|i,
ˌkwɪnsɛnˈtɛn(ə)r|i,
-ɪz
AM ˌkwɪnˌsɛnˈtɛnəri,
-z
quincentennial
BR ˌkwɪnsɛnˈtɛnɪəl
AM ˌkwɪnˌsɛnˈtɛnɪəl
Quincey
BR ˈkwɪnsi
AM ˈkwɪnsi
quincuncial
BR kwɪnˈkʌnʃl,
kwɪŋˈkʌnʃl
AM ˌkwɪnˈkənʃl
quincuncially
BR kwɪnˈkʌnʃli,
kwɪŋˈkʌnʃli
AM ˌkwɪnˈkənʃəli
quincunx
BR ˈkwɪnkʌŋks,
ˈkwɪŋkʌŋks, -ɪz
AM ˈkwɪnˌkəŋ(k)s, -ɪz
quinella
BR kwɪˈnɛlə(r), -z
AM kwɪˈnɛlə, -z
quingentenary
BR ˌkwɪn(d)ʒ(ə)n-
ˈtiːn(ə)r|i,
ˌkwɪn(d)ʒ(ə)n-
ˈtɛn(ə)r|i, -ɪz
AM ˌkwɪnˌgɛnˈtɛnəri,
-z
quinine
BR ˈkwɪniːn, kwɪˈniːn
AM ˈkwaɪˌnaɪn
Quink
BR kwɪŋk
AM kwɪŋk
Quinlan
BR ˈkwɪnlən
AM ˈkwɪnl(ə)n
Quinn
BR kwɪn
AM kwɪn
quinol
BR ˈkwɪnɒl
AM ˈkwɪnɑl, ˈkwɪnɔl

quinoline
BR ˈkwɪnl̩iːn,
ˈkwɪnl̩ɪn, -z
AM ˈkwɪnəlɪn, -z
quinone
BR ˈkwɪnəʊn, -z
AM ˈkwɪnoʊn, -z
quinquagenarian
BR ˈkwɪŋkwədʒɪ-
ˈnɛːrɪən, -z
AM ˌkwɪŋkwəˌdʒə-
ˈnɛrɪən, -z
quinquagenary
BR kwɪŋˈkwadʒɪn(ə)r|i,
kwɪnˈkwadʒɪn(ə)r|i,
-ɪz
AM ˌkwɪŋ-
ˈkwædʒənɛri, -z
Quinquagesima
BR ˌkwɪŋkwə-
ˈdʒɛsɪmə(r)
AM ˌkwɪŋkwə-
ˈdʒɛsəmə
quinquelateral
BR ˌkwɪŋkwɪˈlat(ə)r|
AM ˌkwɪŋkwəˈlædərəl
quinquennia
BR kwɪŋˈkwɛnɪə(r),
kwɪnˈkwɛnɪə(r)
AM kwɪŋˈkwɛnɪə
quinquennial
BR kwɪŋˈkwɛnɪəl,
kwɪnˈkwɛnɪəl
AM kwɪŋˈkwɛnɪəl
quinquennially
BR kwɪŋˈkwɛnɪəli,
kwɪnˈkwɛnɪəli
AM ˈkwɪŋkwɛnɪəli
quinquennium
BR kwɪŋˈkwɛnɪəm,
kwɪnˈkwɛnɪəm, -z
AM kwɪŋˈkwɛnɪəm, -z
quinquereme
BR ˈkwɪŋkwɪriːm, -z
AM ˈkwɪŋkwəˌrim,
-z
quinquevalent
BR ˌkwɪŋkwɪˈveɪl̩nt
AM ˌkwɪŋkwəˈveɪl(ə)nt
quinsied
BR ˈkwɪnzɪd
AM ˈkwɪnzɪd

quinsy
BR ˈkwɪnzi
AM ˈkwɪnzi
quint
BR k(w)ɪnt, -s
AM kwɪnt, -s
quinta
BR ˈk(w)ɪntə(r), -z
AM ˈkwɪn(t)ə, -z
quintain
BR ˈkwɪntɪn, -z
AM ˈkwɪntn, -z
quintal
BR ˈkwɪntl, -z
AM ˈkwɪn(t)l, -z
quintan
BR ˈkwɪntən, -z
AM ˈkwɪntn, -z
quinte
BR kãt
AM kwɪnt
FR kɛ̃t
quintessence
BR kwɪnˈtɛsns
AM kwɪnˈtɛs(ə)ns
quintessential
BR ˌkwɪntɪˈsɛnʃl
AM ˌkwɪn(t)əˈsɛn(t)ʃ(ə)l
quintessentially
BR ˌkwɪntɪˈsɛnʃli
AM ˌkwɪn(t)əˈsɛn(t)ʃəli
quintet
BR kwɪnˈtɛt, -s
AM kwɪnˈtɛt, -s
quintile
BR ˈkwɪnt(ɪ)l,
ˈkwɪntʌɪl, -z
AM ˈkwɪntl,
ˈkwɪnˌtaɪl, -z
Quintilian
BR kwɪnˈtɪlɪən
AM kwɪnˈtɪliən,
kwɪnˈtɪljən
quintillion
BR kwɪnˈtɪljən
AM kwɪnˈtɪljən
quintillionth
BR kwɪnˈtɪljənθ
AM kwɪnˈtɪljənθ
Quintin
BR ˈkwɪntɪn
AM ˈkwɪntn

Quinton
BR ˈkwɪntən
AM ˈkwɪn(t)ən
quintuple
BR ˈkwɪntjʊp|l,
ˈkwɪntʃʊp|l,
kwɪnˈtjuːp|l,
kwɪnˈtʃuːp|l, -lz
-lɪŋ, -ld
AM kwɪnˈtəp|əl,
kwɪnˈt(j)up|əl, -əlz,
-(ə)lɪŋ, -əld
quintuplet
BR ˈkwɪntjʊplɪt,
ˈkwɪntʃʊplɪt,
kwɪnˈtjuːplɪt,
kwɪnˈtʃuːplɪt, -s
AM kwɪnˈt(j)uplət,
kwɪnˈtəplət, -s
quintuplicate
BR kwɪnˈtjuːplɪkeɪt,
kwɪnˈtʃuːplɪkeɪt, -s,
-ɪŋ, -ɪd
AM kwɪnˈt(j)uplə|keɪ|t,
kwɪnˈtəpləˌkeɪ|t, -ts,
-dɪŋ, -dɪd
quintuplication
BR kwɪnˌtjuːplɪˈkeɪʃn,
kwɪnˌtʃuːplɪˈkeɪʃn, -z
AM kwɪnˌt(j)uplə-
ˈkeɪʃ(ə)n, kwɪn-
ˌtəpləˈkeɪʃ(ə)n, -z
quintuply
BR ˈkwɪntjʊpli,
ˈkwɪntʃʊpli
AM kwɪnˈt(j)up(ə)li
Quintus
BR ˈkwɪntəs
AM ˈkwɪn(t)əs
quip
BR kwɪp, -s, -ɪŋ, -t
AM kwɪp, -s, -ɪŋ, -t
quipster
BR ˈkwɪpstə(r), -z
AM ˈkwɪpstər, -z
quipu
BR ˈkiːpuː,
ˈkwɪpuː, -z
AM ˈkwɪpu, ˈkipu, -z
quire
BR ˈkwʌɪə(r), -z
AM kwaɪ(ə)r, -z

Quirinus
BR ˈkwɪˈrʌɪnəs
AM kwəˈraɪnəs
quirk
BR kwəːk, -s
AM kwɚk, -s
Quirke
BR kwəːk
AM kwɚk
quirkily
BR ˈkwəːkɪli
AM ˈkwɚkəli
quirkiness
BR ˈkwəːkɪnɪs
AM ˈkwɚkɪnɪs
quirkish
BR ˈkwəːkɪʃ
AM ˈkwɚkɪʃ
quirky
BR ˈkwəːk|i, -ɪə(r), -ɪɪst
AM ˈkwɚki, -ɚ, -ɪst
quirt
BR kwəːt, -s
AM kwɚt, -s
quisling
BR ˈkwɪzlɪŋ, -z
AM ˈkwɪzlɪŋ, -z
quislingite
BR ˈkwɪzlɪŋʌɪt, -s
AM ˈkwɪzlɪŋˌaɪt, -s
quit
BR kwɪt, -s, -ɪŋ, -ɪd
AM kwɪ|t, -ts, -dɪŋ, -dɪd
quitch
BR kwɪtʃ
AM kwɪtʃ
quitclaim
BR ˈkwɪtkleɪm, -z, -ɪŋ, -d
AM ˈkwɪt̬ˌkleɪm, -z, -ɪŋ, -d
quite
BR kwʌɪt
AM kwaɪt
Quito
BR ˈkiːtəʊ
AM ˈkidoʊ
quitrent
BR ˈkwɪtrɛnt, -s
AM ˈkwɪtˌrɛnt, -s
quittance
BR ˈkwɪt(ə)ns, -ɪz
AM ˈkwɪtns, -ɪz
quitter
BR ˈkwɪtə(r), -z
AM ˈkwɪdər, -z
quiver
BR ˈkwɪv|ə(r), -əz, -(ə)rɪŋ, -əd
AM ˈkwɪv|ər, -ərz, -(ə)rɪŋ, -ərd
quiverful
BR ˈkwɪvəːfʊl, -z
AM ˈkwɪvərˌfʊl, -z
quivering
BR ˈkwɪv(ə)rɪŋ, -z
AM ˈkwɪvərɪŋ, -z
quiveringly
BR ˈkwɪv(ə)rɪŋli
AM ˈkwɪvərɪŋli
quivery
BR ˈkwɪv(ə)ri
AM ˈkwɪv(ə)ri
qui vive
BR ˌkiː ˈviːv
AM ˌki ˈviv
FR ki viv
Quixote
BR ˈkwɪksəʊt, kɪˈhəʊti
AM kiˈhoʊˌteɪ, kiˈ(h)oʊdi
quixotic
BR kwɪkˈsɒtɪk
AM kwɪkˈsɑdɪk
quixotically
BR kwɪkˈsɒtɪkli
AM kwɪkˈsadək(ə)li
quixotise
BR ˈkwɪksətʌɪz, -ɪz, -ɪŋ, -d
AM ˈkwɪksəˌtaɪz, -ɪz, -ɪŋ, -d
quixotism
BR ˈkwɪksətɪzm
AM ˈkwɪksəˌtɪz(ə)m
quixotize
BR ˈkwɪksətʌɪz, -ɪz, -ɪŋ, -d
AM ˈkwɪksəˌtaɪz, -ɪz, -ɪŋ, -d

quixotry
BR ˈkwɪksɒtri
AM ˈkwɪksətri
quiz
BR kwɪz, -ɪz, -ɪŋ, -d
AM kwɪz, -ɪz, -ɪŋ, -d
quizmaster
BR ˈkwɪzˌmaːstə(r), -z
AM ˈkwɪzˌmæstər, -z
quizshow
BR ˈkwɪzʃəʊ, -z
AM ˈkwɪzˌʃoʊ, -z
quizzer
BR ˈkwɪzə(r), -z
AM ˈkwɪzər, -z
quizzical
BR ˈkwɪzɪkl
AM ˈkwɪzək(ə)l
quizzicality
BR ˌkwɪzɪˈkalɪti
AM ˌkwɪzɪˈkælədi
quizzically
BR ˈkwɪzɪkli
AM ˈkwɪzək(ə)li
quizzicalness
BR ˈkwɪzɪklnəs
AM ˈkwɪzɪkəlnəs
Qum
BR ˈkʊm
AM ˈkʊm
Qumran
BR kʊmˈraːn
AM kʊmˈræn
quod
BR kwɒd, -z, -ɪŋ, -ɪd
AM kwad, -z, -ɪŋ, -ɪd
quodlibet
BR ˈkwɒdlɪbɛt, -s
AM ˈkwadləˌbɛt, -s
quodlibetarian
BR ˌkwɒdlɪbɪˈtɛːrɪən, -z
AM ˌkwadləbəˈtɛrɪən, -z
quodlibetical
BR ˌkwɒdlɪˈbɛtɪkl
AM ˌkwadləˈbɛdək(ə)l
quodlibetically
BR ˌkwɒdlɪˈbɛtɪkli
AM ˌkwadləˈbɛdək(ə)li
quoin
BR k(w)ɔɪn, -z, -ɪŋ, -d
AM k(w)ɔɪn, -z, -ɪŋ, -d

quoit
BR k(w)ɔɪt, -s
AM kweɪt, k(w)ɔɪt, -s
quokka
BR ˈkwɒkə(r), -z
AM ˈkwakə, -z
quondam
BR ˈkwɒndam
AM ˈkwanˌdæm, ˈkwanˌdam, ˈkwandəm
Quonset
BR ˈkwɒnsɪt, -s
AM ˈkwansət, ˈkwɔnsət, -s
quorate
BR ˈkwɔːreɪt
AM ˈkwɑˌreɪt, ˈkwɔˌreɪt
Quorn
BR ˈkwɔːn
AM ˈkwɔ(ə)rn
quorum
BR ˈkwɔːrəm, -z
AM ˈkwɔrəm, -z
Quosh
BR kwɒʃ
AM kwɑʃ, kwɔʃ
quota
BR ˈkwəʊtə(r), -z
AM ˈkwoʊdə, -z
quotability
BR ˌkwəʊtəˈbɪlɪti
AM ˌkwoʊdəˈbɪlɪdi
quotable
BR ˈkwəʊtəbl
AM ˈkwoʊdəb(ə)l
quotation
BR kwə(ʊ)ˈteɪʃn, -z
AM kwoʊˈteɪʃ(ə)n, -z
quotative
BR ˈkwəʊtətɪv
AM ˈkwoʊdədɪv
quote
BR kwəʊt, -s, -ɪŋ, -ɪd
AM kwoʊ|t, -ts, -dɪŋ, -dəd
quoth
BR kwəʊθ
AM kwoʊθ

quotha
BR ˈkwəʊθə(r)
AM ˈkwoʊθə

quotidian
BR kwɒˈtɪdiən
AM kwoʊˈtɪdiən

quotient
BR ˈkwəʊʃnt, -s
AM ˈkwoʊʃ(ə)nt, -s

Quran
BR kɔːˈrɑːn
AM kəˈræn, kɔːˈræn

Quranic
BR kɔːˈrænɪk
AM kəˈrænɪk, kɔːˈrænɪk

q.v.
BR ˌkjuːˈviː
AM ˌkjuːˈvi

Qwaqwa
BR ˈkwɑːkwə(r)
AM ˈkwɑkwə

QWERTY
BR ˈkwəːti
AM ˈkwərdi

R

r
BR ɑː(r), -z
AM ɑr, -z

Raasey
BR ˈrɑːseɪ
AM ˈrɑseɪ

Rabat
BR rəˈbæt, rəˈbɑːt
AM rəˈbɑt
FR ʀaba

Rabaul
BR rəˈbaʊl
AM rɑˈbaʊl

rabbet
BR ˈræb|ɪt, -ɪts, -ɪtɪŋ, -ɪtɪd
AM ˈræbə|t, -ts, -dɪŋ, -dəd

rabbi
BR ræbʌɪ, -z
AM ˈræˌbaɪ, -z

Rabbie
BR ˈræbi
AM ˈrɑbi

rabbin
BR ˈræbɪn, -z
AM ˈræbən, -z

rabbinate
BR ˈræbɪneɪt, -s
AM ˈræbənət, ˈræbəˌneɪt, -s

rabbinic
BR rəˈbɪnɪk
AM rəˈbɪnɪk

rabbinical
BR rəˈbɪnɪkl
AM rəˈbɪnək(ə)l

rabbinically
BR rəˈbɪnɪkli
AM rəˈbɪnək(ə)li

rabbinism
BR ˈræbɪnɪzm
AM ˈræbəˌnɪz(ə)m

rabbinist
BR ˈræbɪnɪst, -s
AM ˈræbənəst, -s

rabbit
BR ˈræb|ɪt, -ɪts, -ɪtɪŋ, -ɪtɪd
AM ˈræbə|t, -ts, -dɪŋ, -dəd

rabbity
BR ˈræbɪti
AM ˈræbədi

rabble
BR ˈræbl, -z
AM ˈræbəl, -z

rabble-rouser
BR ˈræblˌraʊzə(r), -z
AM ˈræbəlˌraʊzər, -z

Rabelais
BR ˈræbəleɪ
AM ˌræbəˈleɪ, ˈræbəˌleɪ
FR ʀablɛ

Rabelaisian
BR ˌræbəˈleɪziən, ˌræbəˈleɪʒn
AM ˌræbəˈleɪʒ(ə)n, ˌræbəˈleɪziən

rabi
BR ˈræbiː, ˈrʌbiː
AM ˈrɑbi

rabid
BR ˈræbɪd, ˈreɪbɪd
AM ˈræbəd

rabidity
BR rəˈbɪdɪti
AM rəˈbɪdɪdi

rabidly
BR ˈræbɪdli, ˈreɪbɪdli
AM ˈræbədli

rabidness
BR ˈræbɪdnɪs, ˈreɪbɪdnɪs
AM ˈræbədnəs

rabies
BR ˈreɪbiːz, ˈreɪbɪz
AM ˈreɪbiz

Rabin
BR rɑˈbiːn
AM rɑˈbin

Rabindranath
BR rəˈbɪndrənɑːθ
AM rəˈbɪndrənəθ

Rabinowitz
BR rəˈbɪnəwɪts, rəˈbɪnəvɪts
AM rəˈbɪnəˌwɪts

raccoon
BR rɑˈkuːn, -z
AM rəˈkun, ræˈkun, -z

race
BR reɪs, -ɪz, -ɪŋ, -t
AM reɪs, -ɪz, -ɪŋ, -t

racecard
BR ˈreɪskɑːd, -z
AM ˈreɪsˌkɑrd, -z

racecourse
BR ˈreɪskɔːs, -ɪz
AM ˈreɪsˌkɔ(ə)rs, -əz

racegoer
BR ˈreɪsˌɡəʊə(r), -z
AM ˈreɪsˌɡoʊər, -z

racegoing
BR ˈreɪsˌɡəʊɪŋ
AM ˈreɪsˌɡoʊɪŋ

racehorse
BR ˈreɪshɔːs, -ɪz
AM ˈreɪsˌ(h)ɔ(ə)rs, -əz

racemate
BR ˈreɪsmeɪt, -s
AM ˈreɪsˌmeɪt, -s

raceme
BR rəˈsiːm, rɑˈsiːm, -z
AM rəˈsim, reɪˈsim, -z

racemic
BR rɑˈsiːmɪk
AM rəˈsimɪk, reɪˈsimɪk

racemise
BR ˈræsɪmʌɪz, -ɪz, -ɪŋ, -d
AM reɪˈsiˌmaɪz, rəˈsiˌmaɪz, ˈræsəˌmaɪz, -ɪz, -ɪŋ, -d

racemize
BR ˈræsɪmʌɪz, -ɪz, -ɪŋ, -d
AM reɪˈsiˌmaɪz, rəˈsiˌmaɪz, ˈræsəˌmaɪz, -ɪz, -ɪŋ, -d

racemose
BR ˈræsɪməʊs
AM ˈræsəˌmoʊz, ˈræsəˌmoʊs

racer
BR ˈreɪsə(r), -z
AM ˈreɪsər, -z

racetrack
BR ˈreɪstræk, -s
AM ˈreɪsˌtræk, -s

raceway
BR ˈreɪsweɪ, -z
AM ˈreɪsˌweɪ, -z

Rachael
BR ˈreɪtʃl
AM ˈreɪtʃ(ə)l

Rachel
BR ˈreɪtʃl
AM ˈreɪtʃ(ə)l

rachel
BR rəˈʃɛl
AM rəˈʃɛl

rachidial
BR rəˈkɪdiəl
AM rəˈkɪdiəl

rachis
BR ˈreɪkɪs
AM ˈreɪkɪs

rachitic
BR rɑˈkɪtɪk
AM rəˈkɪdɪk

rachitis
BR rəˈkʌɪtɪs
AM rəˈkaɪdɪs
Rachmaninov
BR rakˈmanɪnɒf
AM rɑkˈmɑnənəf,
rɑkˈmɑnənɔf
RUS raxˈmanʲinəf
Rachmanism
BR ˈrakmənɪzm
AM ˈrɑkmə،nɪz(ə)m
racial
BR ˈreɪʃl
AM ˈreɪʃ(ə)l
racialism
BR ˈreɪʃlɪzm
AM ˈreɪʃə،lɪz(ə)m
racialist
BR ˈreɪʃlɪst, -s
AM ˈreɪʃələst, -s
racially
BR ˈreɪʃli
AM ˈreɪʃəli
racily
BR ˈreɪsɪli
AM ˈreɪsɪli
Racine
BR rəˈsiːn
AM rəˈsin
FR Rasin
raciness
BR ˈreɪsɪnɪs
AM ˈreɪsɪnɪs
racism
BR ˈreɪsɪzm
AM ˈreɪ،sɪz(ə)m
racist
BR ˈreɪsɪst, -s
AM ˈreɪsɪst, -s
rack
BR rak, -s,
-ɪŋ, -t
AM ræk, -s,
-ɪŋ, -t
rack-and-pinion
BR ،rak(ə)n(d)ˈpɪnjən
AM ˈ،rækənˈpɪnjən
racket
BR ˈrak|ɪt, -ɪts, -ɪtɪŋ,
-ɪtɪd
AM ˈrækə|t, -ts, -dɪŋ,
-dəd

racketball
BR ˈrakɪtbɔːl
AM ˈrækət،bal,
ˈrækət،bɔl
racketeer
BR ،rakɪˈtɪə(r), -z, -ɪŋ
AM ،rækəˈtɪ(ə)r, -z, -ɪŋ
rackety
BR ˈrakɪti
AM ˈrækədi
Rackham
BR ˈrakəm
AM ˈrækəm
raclette
BR raˈklɛt, -s
AM rəˈklɛt, -s
racon
BR ˈreɪkɒn, -z
AM ˈreɪkən,
ˈreɪ،kɑn, -z
raconteur
BR ،rakɒnˈtɜː(r), -z
AM ،rɑ،kɑnˈtɜr, -z
raconteuse
BR ،rakɒnˈtɜːz
AM ،rɑ،kɑnˈtɜz
racoon
BR rəˈkuːn, -z
AM rəˈkun, ræˈkun, -z
racquet
BR ˈrakɪt, -s
AM ˈrækət, -s
racquetball
BR ˈrakɪtbɔːl
AM ˈrækət،bal,
ˈrækət،bɔl
racy
BR ˈreɪs|i, -ɪə(r),
-ɪɪst
AM ˈreɪsi, -ər, -ɪst
rad
BR rad, -z
AM ræd, -z
RADA
BR ˈrɑːdə(r)
AM ˈrɑdə
radar
BR ˈreɪdɑː(r)
AM ˈreɪ،dɑr
Radcliff
BR ˈradklɪf
AM ˈræd،klɪf

Radcliffe
BR ˈradklɪf
AM ˈræd،klɪf
Radclyffe
BR ˈradklɪf
AM ˈræd،klɪf
raddle
BR ˈrad|l, -lz,
-l̩ɪŋ\-lɪŋ, -ld
AM ˈræd|əl, -əlz,
-(ə)lɪŋ, -əld
Radetsky
BR rəˈdɛtski
AM rəˈdɛtski
Radford
BR ˈradfəd
AM ˈrædfərd
radial
BR ˈreɪdɪəl
AM ˈreɪdɪəl
radially
BR ˈreɪdɪəli
AM ˈreɪdɪəli
radian
BR ˈreɪdɪən, -z
AM ˈreɪdɪən, -z
radiance
BR ˈreɪdɪəns
AM ˈreɪdɪəns
radiancy
BR ˈreɪdɪəns|i, -ɪz
AM ˈreɪdɪənsi, -z
radiant
BR ˈreɪdɪənt
AM ˈreɪdɪənt
radiantly
BR ˈreɪdɪəntli
AM ˈreɪdɪən(t)li
radiate
BR ˈreɪdɪeɪt, -s,
-ɪŋ, -ɪd
AM ˈreɪdi،eɪ|t, -ts,
-dɪŋ, -dɪd
radiately
BR ˈreɪdɪeɪtli
AM ˈreɪdɪɪtli
radiation
BR ˈreɪdɪˈeɪʃn, -z
AM ،reɪdiˈeɪʃ(ə)n, -z
radiational
BR ،reɪdɪˈeɪʃn̩l
AM ،reɪdɪˈeɪʃ(ə)n(ə)l

radiationally
BR ،reɪdɪˈeɪʃn̩li,
،reɪdɪˈeɪʃnəli
AM ،reɪdiˈeɪʃ(ə)nəli
radiative
BR ˈreɪdɪətɪv
AM ˈreɪdi،eɪdɪv,
ˈreɪdiədɪv
radiator
BR ˈreɪdɪeɪtə(r), -z
AM ˈreɪdi،eɪdər, -z
radical
BR ˈradɪkl, -z
AM ˈrædək(ə)l, -z
radicalisation
BR ،radɪklʌɪˈzeɪʃn
AM ،rædəkə،laɪ-
ˈzeɪʃ(ə)n, ،rædəkələ-
ˈzeɪʃ(ə)n
radicalise
BR ˈradɪkl̩ʌɪz, -ɪz, -ɪŋ, -d
AM ˈrædəkl̩،aɪz,
ˈrædəkə،laɪz, -ɪz,
-ɪŋ, -d
radicalism
BR ˈradɪkl̩ɪzm
AM ˈrædəkə،lɪz(ə)m
radicalization
BR ،radɪklʌɪˈzeɪʃn
AM ،rædəkə،laɪ-
ˈzeɪʃ(ə)n, ،rædəkələ-
ˈzeɪʃ(ə)n
radicalize
BR ˈradɪkl̩ʌɪz, -ɪz, -ɪŋ, -d
AM ˈrædəkl̩،aɪz,
ˈrædəkə،laɪz, -ɪz,
-ɪŋ, -d
radically
BR ˈradɪkli
AM ˈrædək(ə)li
radicalness
BR ˈradɪkl̩nəs
AM ˈrædəkəlnəs
radicchio
BR raˈdiːkɪəʊ
AM rəˈdikioʊ,
ræˈdɪkioʊ
IT raˈdikkjo
Radice
BR rəˈdiːtʃi
AM rəˈdɪtʃi
IT raˈditʃe

radices
BR ˈradɪsiːz, ˈreɪdɪsiːz
AM ˈreɪdəˌsiz, ˈrædəˌsiz

radicle
BR ˈradɪkl, -z
AM ˈrædək(ə)l, -z

radicular
BR raˈdɪkjʊlə(r)
AM rəˈdɪkjələr

radii
BR ˈreɪdɪʌɪ
AM ˈreɪdiˌaɪ

radio
BR ˈreɪdɪəʊ, -z, -ɪŋ, -d
AM ˈreɪdioʊ, -z, -ɪŋ, -d

radioactive
BR ˌreɪdɪəʊˈaktɪv
AM ˈˌreɪdioʊˈæktɪv

radioactively
BR ˌreɪdɪəʊˈaktɪvli
AM ˈˌreɪdioʊˈæktɪvli

radioactivity
BR ˌreɪdɪəʊakˈtɪvɪti
AM ˌreɪdioʊækˈtɪvɪdi

radio-assay
BR ˌreɪdɪəʊəˈseɪ, ˌreɪdɪəʊˈaseɪ, -z, -ɪŋ, -d
AM ˈˌreɪdioʊˈæˌseɪ, -z, -ɪŋ, -d

radiobiological
BR ˌreɪdɪəʊˌbʌɪəˈlɒdʒɪkl
AM ˈˌreɪdioʊˌbaɪəˈlɑdʒək(ə)l

radiobiologically
BR ˌreɪdɪəʊˌbʌɪəˈlɒdʒɪkli
AM ˈˌreɪdioʊˌbaɪəˈlɑdʒək(ə)li

radiobiologist
BR ˌreɪdɪəʊbʌɪˈɒlədʒɪst, -s
AM ˈˌreɪdioʊˌbaɪˈɑlədʒəst, -s

radiobiology
BR ˌreɪdɪəʊbʌɪˈɒlədʒi
AM ˈˌreɪdioʊˌbaɪˈalədʒi

radiocarbon
BR ˌreɪdɪəʊˈkɑːb(ə)n
AM ˈˌreɪdioʊˈkɑrbən

radiochemical
BR ˌreɪdɪəʊˈkɛmɪkl
AM ˈˌreɪdioʊˈkɛmək(ə)l

radiochemist
BR ˌreɪdɪəʊˈkɛmɪst, -s
AM ˈˌreɪdioʊˈkɛməst, -s

radiochemistry
BR ˌreɪdɪəʊˈkɛmɪstri
AM ˈˌreɪdioʊˈkɛmɪstri

radiogenic
BR ˌreɪdɪəʊˈdʒɛnɪk
AM ˈˌreɪdioʊˈdʒɛnɪk

radiogenically
BR ˌreɪdɪəʊˈdʒɛnɪkli
AM ˈˌreɪdioʊˈdʒɛnək(ə)li

radio-goniometer
BR ˌreɪdɪəʊˌgəʊnɪˈɒmɪtə(r), -z
AM ˈˌreɪdioʊˌgoʊniˈamədər, -z

radiogram
BR ˈreɪdɪə(ʊ)gram, -z
AM ˈreɪdioʊˌgræm, ˈreɪdiəˌgræm, -z

radiograph
BR ˈreɪdɪə(ʊ)grɑːf, -s
AM ˈreɪdioʊˌgræf, ˈreɪdiəˌgræf, -s

radiographer
BR ˌreɪdɪˈɒgrəfə(r), -z
AM ˌreɪdiˈɑgrəfər, -z

radiographic
BR ˌreɪdɪəˈgrafɪk
AM ˈˌreɪdioʊˈgræfɪk, ˈˌreɪdiəˈgræfɪk

radiographically
BR ˌreɪdɪəˈgrafɪkli
AM ˈˌreɪdioʊˈgræfək(ə)li, ˈˌreɪdiəˈgræfək(ə)li

radiography
BR ˌreɪdɪˈɒgrəfi
AM ˌreɪdiˈɑgrəfi

radioimmunology
BR ˌreɪdɪəʊˌɪmjʊˈnɒlədʒi
AM ˈˌreɪdioʊˌɪmjəˈnɑlədʒi

radioisotope
BR ˌreɪdɪəʊˈʌɪsətəʊp, -s
AM ˈˌreɪdioʊˈaɪsəˌtoʊp, -s

radioisotopic
BR ˌreɪdɪəʊˌʌɪsəˈtɒpɪk
AM ˈˌreɪdioʊˌaɪsəˈtɑpɪk

radioisotopically
BR ˌreɪdɪəʊˌʌɪsəˈtɒpɪkli
AM ˈˌreɪdioʊˌaɪsəˈtɑpək(ə)li

radiolaria
BR ˌreɪdɪə(ʊ)ˈlɛːrɪə(r)
AM ˌreɪdɪəˈlɛriə

radiolarian
BR ˌreɪdɪə(ʊ)ˈlɛːrɪən, -z
AM ˈˌreɪdioʊˈlɛriən, ˈˌreɪdiəˈlɛriən, -z

radiolocation
BR ˌreɪdɪəʊlə(ʊ)ˈkeɪʃn
AM ˈˌreɪdioʊˌloʊˈkeɪʃ(ə)n

radiologic
BR ˌreɪdɪəˈlɒdʒɪk
AM ˈˌreɪdiəˈlɑdʒɪk

radiological
BR ˌreɪdɪəˈlɒdʒɪkl
AM ˈˌreɪdiəˈlɑdʒək(ə)l

radiologist
BR ˌreɪdɪˈɒlədʒɪst, -s
AM ˌreɪdiˈɑlədʒəst, -s

radiology
BR ˌreɪdɪˈɒlədʒi
AM ˌreɪdiˈɑlədʒi

radiometer
BR ˌreɪdɪˈɒmɪtə(r), -z
AM ˌreɪdiˈɑmədər, -z

radiometric
BR ˌreɪdɪəˈmɛtrɪk
AM ˈˌreɪdiəˈmɛtrɪk

radiometry
BR ˌreɪdɪˈɒmɪtri
AM ˌreɪdiˈɑmətri

radionics
BR ˌreɪdɪˈɒnɪks
AM ˌreɪdiˈanɪks

radionuclide
BR ˌreɪdɪəʊˈnjuːklʌɪd, -z
AM ˈˌreɪdioʊˈn(j)uˌklaɪd, -z

radio-opaque
BR ˌreɪdɪəʊə(ʊ)ˈpeɪk
AM ˈˌreɪdioʊˌoʊˈpeɪk

radiopacity
BR ˌreɪdɪəʊə(ʊ)ˈpasɪti
AM ˈˌreɪdioʊˌoʊˈpæsədi

radiopaging
BR ˈreɪdɪəʊˌpeɪdʒɪŋ
AM ˈˌreɪdioʊˈpeɪdʒɪŋ

radiopaque
BR ˌreɪdɪə(ʊ)ˈpeɪk
AM ˌreɪdioʊˈpeɪk

radiophonic
BR ˌreɪdɪə(ʊ)ˈfɒnɪk
AM ˌreɪdiəˈfɑnɪk

radioscopic
BR ˌreɪdɪə(ʊ)ˈskɒpɪk
AM ˌreɪdiəˈskɑpɪk

radioscopy
BR ˌreɪdɪˈɒskəpi
AM ˌreɪdiˈaskəpi

radiosonde
BR ˈreɪdɪə(ʊ)sɒnd, -z
AM ˈreɪdioʊˌsand, -z

radiotelegraphy
BR ˌreɪdɪəʊtɪˈlɛgrəfi
AM ˈˌreɪdioʊtəˈlɛgrəfi

radiotelephone
BR ˌreɪdɪəʊˈtɛlɪfəʊn, -z
AM ˈˌreɪdioʊˈtɛləˌfoʊn, -z

radio-telephonic
BR ˌreɪdɪəʊˌtɛlɪˈfɒnɪk
AM ˈˌreɪdioʊˌtɛləˈfɑnɪk

radio-telephony
BR ˌreɪdɪəʊtɪˈlɛfn̩i
AM ˈˌreɪdioʊtəˈlɛfəni

radiotelex
BR ˌreɪdɪəʊˈtɛlɛks, -ɪz
AM ˌreɪdioʊˈtɛˌlɛks, -əz

radiotherapeutic
BR ˌreɪdɪəʊˌθɛrəˈpjuːtɪk
AM ˈˌreɪdioʊˌθɛrəˈpjudɪk

radiotherapist
BR ˌreɪdɪəʊˈθɛrəpɪst, -s
AM ˈˌreɪdioʊˈθɛrəpəst, -s

radiotherapy
BR ˌreɪdiəʊˈθerəpi
AM ˌreɪdioʊˈθerəpi
radish
BR ˈræd|ɪʃ, -ɪʃiz
AM ˈrædɪʃ, -ɪz
radium
BR ˈreɪdiəm
AM ˈreɪdiəm
radius
BR ˈreɪdiəs, -t
AM ˈreɪdiəs, -t
radix
BR ˈræd|ɪks, ˈreɪd|ɪks, -ɪksɪz
AM ˈreɪdɪks, ˈrædɪks, -ɪz
Radlett
BR ˈrædlɪt
AM ˈrædlət
Radley
BR ˈrædli
AM ˈrædli
Radner
BR ˈrædnə(r)
AM ˈrædnər
Radnor
BR ˈrædnə(r)
AM ˈrædnər
Radnorshire
BR ˈrædnəʃ(i)ə(r)
AM ˈrædnərʃi(ə)r
radome
BR ˈreɪdəʊm, -z
AM ˈreɪˌdoʊm, -z
radon
BR ˈreɪdɒn
AM ˈreɪˌdɑn
Radox
BR ˈreɪdɒks
AM ˈreɪˌdɑks
radula
BR ˈrædjʊlə(r), ˈrædʒʊlə(r)
AM ˈrædʒələ
radulae
BR ˈrædjʊliː, ˈrædʒʊliː
AM ˈrædʒəˌlaɪ, ˈrædʒəli
radular
BR ˈrædjʊlə(r), ˈrædʒʊlə(r)
AM ˈrædʒələr

Rae
BR reɪ
AM reɪ
Raeburn
BR ˈreɪbəːn
AM ˈreɪˌbɚn
Rael-Brook
BR ˈreɪlbrʊk, ˌreɪlˈbrʊk
AM ˈreɪlˌbrʊk
Raelene
BR ˈreɪliːn
AM reɪˈlin, ˈreɪlin
RAF
BR ˌɑːreɪˈef, ræf
AM ˌɑˌreɪˈef
Rafe
BR reɪf
AM reɪf
Rafferty
BR ˈræfəti
AM ˈræfərdi
Raffi
BR ˈræfi
AM ˈræfi
raffia
BR ˈræfiə(r)
AM ˈræfiə
raffinate
BR ˈræfɪneɪt, -s
AM ˈræfəˌneɪt, -s
raffinose
BR ˈræfɪnəʊz, ˈræfɪnəʊs
AM ˈræfəˌnoʊz, ˈræfəˌnoʊs
raffish
BR ˈræfɪʃ
AM ˈræfɪʃ
raffishly
BR ˈræfɪʃli
AM ˈræfɪʃli
raffishness
BR ˈræfɪʃnɪs
AM ˈræfɪʃnɪs
raffle
BR ˈræf|l, -lz, -lɪŋ\-lɪŋ, -ld
AM ˈræf|əl, -əlz, -(ə)lɪŋ, -əld
Raffles
BR ˈræflz
AM ˈræfəlz

rafflesia
BR rəˈfliːʒɪə(r), rəˈfliːzɪə(r)
AM rəˈfliʒiə, rəˈfliʒ(i)ə
Rafsanjani
BR ˌræfsanˈdʒɑːni
AM ˌræfsanˈdʒɑni
raft
BR rɑːft, -s, -ɪŋ, -ɪd
AM ræft, -s, -ɪŋ, -əd
rafter
BR ˈrɑːftə(r), -z, -d
AM ˈræftər, -z, -d
raftsman
BR ˈrɑːf(t)smən
AM ˈræf(t)sm(ə)n
raftsmen
BR ˈrɑːf(t)smən
AM ˈræf(t)sm(ə)n
rag
BR ræg, -z, -ɪŋ, -d
AM ræg, -z, -ɪŋ, -d
raga
BR ˈrɑːgə(r), -z
AM ˈrɑgə, -z
ragamuffin
BR ˈrægəˌmʌfɪn, -z
AM ˈrægəˌməfən, -z
rag-and-bone
BR ˌræg(ə)n(d)ˈbəʊn
AM ˌrægənˈboʊn
ragbag
BR ˈragbag, -z
AM ˈrægˌbæg, -z
Ragdoll
BR ˈragdɒl, -z
AM ˈrægˌdɑl, -z
rag doll
BR ˌrag ˈdɒl, -z
AM ˈræg ˌdɑl, -z
rage
BR reɪdʒ, -ɪz, -ɪŋ, -d
AM reɪdʒ, -ɪz, -ɪŋ, -d
ragee
BR ˈrɑːgiː
AM ˈrægi
ragged
BR ˈrægɪd, -ɪst
AM ˈrægəd, -əst
raggedly
BR ˈrægɪdli
AM ˈrægədli

raggedness
BR ˈrægɪdnɪs
AM ˈrægədnəs
raggedy
BR ˈrægɪdi
AM ˈrægədi
raggee
BR ˈrɑːgiː
AM ˈrægi
raggle
BR ˈrægl, -z
AM ˈrægəl, -z
raggle-taggle
BR ˈræglˌtagl, ˈragl,tagl
AM ˈrægəlˈtægəl
raglan
BR ˈræglən
AM ˈrægl(ə)n
ragman
BR ˈrægman
AM ˈrægm(ə)n, ˈrægˌmæn
ragmen
BR ˈrægmen
AM ˈrægm(ə)n, ˈrægˌmen
Ragnarök
BR ˈrægnərɒk, ˈragnərəːk
AM ˈrɑgnəˌrɑk, ˈrɑgnəˌrɔk
ragout
BR ˈraguː, raˈguː, -z
AM ræˈgu, -z
ragstone
BR ˈragstəʊn
AM ˈrægˌstoʊn
rags-to-riches
BR ˌragztəˈrɪtʃɪz
AM ˌrægztəˈrɪtʃɪz
ragtag
BR ˈragtag
AM ˈrægˌtæg
ragtime
BR ˈragtʌɪm
AM ˈrægˌtaɪm
ragtop
BR ˈragtɒp, -s
AM ˈrægˌtɑp, -s
raguly
BR ˈragjʊli
AM ˈrægjəli

ragweed
BR ˈragwiːd, -z
AM ˈræɡˌwɪd, -z

ragworm
BR ˈragwəːm, -z
AM ˈræɡˌwɚrm, -z

ragwort
BR ˈragwəːt, -s
AM ˈræɡˌwɔ(ə)rt,
ˈræɡwɚrt, -s

rah
BR rɑː(r), -z
AM rɑ, -z

Rahman
BR ˈrɑːmən
AM ˈrɑm(ə)n

rah-rah
BR ˈrɑːrɑː(r), -z
AM ˈrɑrɑ, -z

rai
BR rʌɪ
AM rʌɪ

raid
BR reɪd, -z, -ɪŋ, -ɪd
AM reɪd, -z, -ɪŋ, -ɪd

raider
BR ˈreɪdə(r), -z
AM ˈreɪdɚ, -z

Raikes
BR reɪks
AM reɪks

rail
BR reɪl, -z, -ɪŋ, -d
AM reɪl, -z, -ɪŋ, -d

railage
BR ˈreɪlɪdʒ
AM ˈreɪlɪdʒ

railcar
BR ˈreɪlkɑː(r), -z
AM ˈreɪlˌkɑr, -z

railcard
BR ˈreɪlkɑːd, -z
AM ˈreɪlˌkɑrd, -z

railer
BR ˈreɪlə(r), -z
AM ˈreɪlɚ, -z

rail fence
BR ˈreɪl fɛns, ˌreɪl ˈfɛns, -ɪz
AM ˈreɪl ˌfɛns, -əz

railhead
BR ˈreɪlhɛd, -z
AM ˈreɪl,(h)ɛd, -z

railing
BR ˈreɪlɪŋ, -z
AM ˈreɪlɪŋ, -z

raillery
BR ˈreɪlər|i, -ɪz
AM ˈreɪləri, -z

railless
BR ˈreɪ(l)lɪs
AM ˈreɪ(l)lɪs

railman
BR ˈreɪlmən
AM ˈreɪlm(ə)n

railmen
BR ˈreɪlmən
AM ˈreɪlm(ə)n

railroad
BR ˈreɪlrəʊd, -z, -ɪŋ, -ɪd
AM ˈreɪlˌroʊd, -z, -ɪŋ, -əd

railway
BR ˈreɪlweɪ, -z
AM ˈreɪlˌweɪ, -z

railwayman
BR ˈreɪlweɪmən
AM ˈreɪlˌweɪm(ə)n

railwaymen
BR ˈreɪlweɪmən
AM ˈreɪlˌweɪm(ə)n

raiment
BR ˈreɪm(ə)nt
AM ˈreɪm(ə)nt

rain
BR reɪn, -z, -ɪŋ, -d
AM reɪn, -z, -ɪŋ, -d

Raina
BR rʌɪˈiːnə(r), ˈreɪnə(r)
AM ˈreɪnə
RUS rɑˈinə

rainbird
BR ˈreɪnbəːd, -z
AM ˈreɪnˌbɚrd, -z

rainbow
BR ˈreɪnbəʊ, -z
AM ˈreɪnˌboʊ, -z

raincoat
BR ˈreɪnkəʊt, -s
AM ˈreɪnˌkoʊt, -s

raindrop
BR ˈreɪndrɒp, -s
AM ˈreɪnˌdrɑp, -s

Raine
BR reɪn
AM reɪn

rainfall
BR ˈreɪnfɔːl
AM ˈreɪnˌfɑl, ˈreɪnˌfɔl

Rainford
BR ˈreɪnfəd
AM ˈreɪnfɚd

rainforest
BR ˈreɪnˌfɒrɪst, -s
AM ˈreɪnˌfɔrəst, -s

raingauge
BR ˈreɪnɡeɪdʒ, -ɪz
AM ˈreɪnˌɡeɪdʒ, -ɪz

Rainhill
BR ˌreɪnˈhɪl
AM ˌreɪnˈhɪl

Rainier[1] *mountain*
BR ˈreɪnɪə(r), rəˈnɪə(r)
AM rəˈnɪ(ə)r, ˈreɪnɪɚ

Rainier[2] *prince of Monaco*
BR ˈreɪnɪeɪ
AM ˈreɪnɪɚ
FR ʀɛnje

rainily
BR ˈreɪnɪli
AM ˈreɪnɪli

raininess
BR ˈreɪnɪnɪs
AM ˈreɪnɪnɪs

rainless
BR ˈreɪnlɪs
AM ˈreɪnlɪs

rainmaker
BR ˈreɪnˌmeɪkə(r), -z
AM ˈreɪnˌmeɪkɚ, -z

rainmaking
BR ˈreɪnˌmeɪkɪŋ
AM ˈreɪnˌmeɪkɪŋ

rainproof
BR ˈreɪnpruːf, -s, -ɪŋ, -t
AM ˈreɪnˌpruf, -s, -ɪŋ, -t

rainstorm
BR ˈreɪnstɔːm, -z
AM ˈreɪnˌstɔ(ə)rm, -z

rainswept
BR ˈreɪnswɛpt
AM ˈreɪnˌswɛpt

rainwater
BR ˈreɪnˌwɔːtə(r)
AM ˈreɪnˌwɑdɚ, ˈreɪnˌwɔdɚ

rainwear
BR ˈreɪnwɛː(r)
AM ˈreɪnˌwɛ(ə)r

rainy
BR ˈreɪn|i, -ɪə(r), -ɪɪst
AM ˈreɪni, -ɚ, -ɪst

Raisa
BR rʌɪˈiːsə(r), rɑːˈiːsə(r)
AM rɑˈisə
RUS rɑˈisə

raisable
BR ˈreɪzəbl
AM ˈreɪzəb(ə)l

raise
BR reɪz, -ɪz, -ɪŋ, -d
AM reɪz, -ɪz, -ɪŋ, -d

raisin
BR ˈreɪzn, -z
AM ˈreɪzn, -z

raisiny
BR ˈreɪzn̩i, ˈreɪzɪni
AM ˈreɪzn̩i

Raison
BR ˈreɪzn
AM ˈreɪzn

raison d'être
BR ˌreɪzɒ̃ ˈdɛtr(ər), ˌreɪz(ɒ)n +
AM ˌreɪˌzɔn ˈdɛtrə

raisons d'être
BR ˌreɪzɒ̃ ˈdɛtr(ər), ˌreɪz(ɒ)n +
AM ˌreɪˌzɔn(z) ˈdɛtrə

Raistrick
BR ˈreɪstrɪk
AM ˈreɪstrɪk

raj
BR rɑː(d)ʒ
AM rɑdʒ

raja
BR ˈrɑːdʒə(r), -z
AM ˈrɑ(d)ʒə, -z

rajah
BR ˈrɑːdʒə(r), -z
AM ˈrɑ(d)ʒə, -z
rajaship
BR ˈrɑːdʒəʃɪp, -s
AM ˈrɑ(d)ʒəˌʃɪp, -s
Rajasthan
BR ˌrɑːdʒəˈstɑːn
AM ˌrɑdʒəˈstan
Rajasthani
BR ˌrɑːdʒəˈstɑːn|i,
-ɪz
AM ˌrɑdʒəˈstani, -z
Rajneesh
BR ˌrɑːdʒˈniːʃ
AM ˌrɑdʒˈniʃ
Rajpoot
BR ˈrɑːdʒʊt
AM ˈrɑdʒˌpʊt
Rajput
BR ˈrɑːdʒʊt
AM ˈrɑdʒˌpʊt
Rajputana
BR ˌrɑːdʒʊˈtɑːnə(r)
AM ˌrɑdʒəˈtɑnə
Rajshahi
BR ˌrɑːdʒˈʃɑːhi
AM ˌrɑdʒˈʃɑˌ(h)i
rake
BR reɪk, -s, -ɪŋ, -t
AM reɪk, -s, -ɪŋ, -t
raker
BR ˈreɪkə(r), -z
AM ˈreɪkər, -z
raki
BR ˈrɑːki, ˈrɑki, rəˈkiː
AM ˈrɑki, ˈreɪki
rakish
BR ˈreɪkɪʃ
AM ˈreɪkɪʃ
rakishly
BR ˈreɪkɪʃli
AM ˈreɪkɪʃli
rakishness
BR ˈreɪkɪʃnɪs
AM ˈreɪkɪʃnɪs
raku
BR ˈrɑːkuː
AM ˈrɑˌku
rale
BR rɑːl, rɑl, -z
AM ræl, rɑl, -z

Ralegh
BR ˈrɑli, ˈrɑːli, ˈrɔːli
AM ˈrɑli
Raleigh
BR ˈrɑli, ˈrɑːli, ˈrɔːli
AM ˈrɑli
Ralf
BR ralf, reɪf
AM rælf
rallentando
BR ˌralnˈtandəʊ, -z
AM ˌrælənˈtændoʊ,
ˌrɑlənˈtandoʊ, -z
IT rallenˈtando
rallier
BR ˈralɪə(r), -z
AM ˈræliər, -z
ralline
BR ˈralʌɪn
AM ˈræˌlaɪn
rally
BR ˈral|i, -ɪz, -ɪŋ, -ɪd
AM ˈræli, -z, -ɪŋ, -d
rallycross
BR ˈralɪkrɒs
AM ˈræliˌkrɑs,
ˈræliˌkrɔs
Ralph
BR ralf, reɪf
AM rælf
ram
BR ram, -z, -ɪŋ, -d
AM ræm, -z, -ɪŋ, -d
Rama
BR ˈrɑːmə(r)
AM ˈrɑmə
Ramadan
BR ˈramədan,
ˌraməˈdan,
ˌraməˈdɑːn
AM ˌˈrɑməˌdan
Ramadhan
BR ˈramədan,
ˌraməˈdan,
ˌraməˈdɑːn
AM ˌˈrɑməˌdan
Ramakrishna
BR ˌrɑːməˈkrɪʃnə(r)
AM ˌrɑməˈkrɪʃnə
ramal
BR ˈreɪml
AM ˈreɪm(ə)l

Raman effect
BR ˈrɑːmən ɪˌfɛkt
AM ˈrɑm(ə)n ɪˌfɛk(t),
ˈrɑm(ə)n əˌfɛk(t)
Ramayana
BR rəˈmɑːjənə(r)
AM ˌrɑməˈjɑnə
Rambert
BR ˈrɒmbɛː(r),
ˈrɒ̃bɛː(r)
AM ˈram,bɛ(ə)r
FR rɑ̃bɛʁ
ramble
BR ˈramb|l, -lz, -l̩ŋ
\-lɪŋ, -ld
AM ˈræmb|əl, -əlz,
-(ə)lɪŋ, -əld
rambler
BR ˈramblə(r),
ˈrambl̩ə(r), -z
AM ˈræmb(ə)lər, -z
rambling
BR ˈramblɪŋ, ˈrambl̩ɪŋ,
-z
AM ˈræmb(ə)lɪŋ, -z
ramblingly
BR ˈramblɪŋli,
ˈrambl̩ɪŋli
AM ˈræmb(ə)lɪŋli
Rambo
BR ˈrambəʊ
AM ˈræmboʊ
rambunctious
BR ramˈbʌŋ(k)ʃəs
AM ræmˈbəŋ(k)ʃəs
rambunctiously
BR ramˈbʌŋ(k)ʃəsli
AM ræmˈbəŋ(k)ʃəsli
rambunctiousness
BR ramˈbʌŋ(k)ʃəsnəs
AM ræmˈbəŋ(k)ʃəsnəs
rambutan
BR ramˈbuːtn, -z
AM ræmˈbutn, -z
Rameau
BR ˈrɑːməʊ,
ˈraməʊ
AM rɑˈmoʊ
FR ʁamo
ramee
BR ˈram|i, -ɪz
AM ˈreɪmi, ˈræmi, -z

ramekin
BR ˈram(ɪ)kɪn, -z
AM ˈræməkən, -z
ramen
BR ˈrɑːmɛn
AM ˈrɑˌmɛn
Rameses
BR ˈram(ɪ)siːz
AM ˈræm(ə)ˌsiz
rami
BR ˈreɪmʌɪ, ˈreɪmiː
AM ˈreɪˌmaɪ
ramie
BR ˈram|i, -ɪz
AM ˈreɪmi, ˈrami, -z
ramification
BR ˌramɪfɪˈkeɪʃn, -z
AM ˌræməfəˈkeɪʃ(ə)n,
-z
ramify
BR ˈramɪfʌɪ, -z, -ɪŋ, -d
AM ˈræməˌfaɪ, -z,
-ɪŋ, -d
Ramillies
BR ˈramɪliːz, ˈramḷiːz
AM ˈræməˌliz
FR ʁamiji
ramin
BR rɑˈmiːn, -z
AM ræˈmin, -z
Ramírez
BR rɑˈmɪərɛz
AM rəˈmɪ(ə)rɛz
SP rraˈmireθ, rɑˈmires
ramjet
BR ˈramdʒɛt, -s
AM ˈræmˌdʒɛt, -s
rammer
BR ˈramə(r), -z
AM ˈræmər, -z
rammy
BR ˈram|i, -ɪz
AM ˈræmi, -z
Ramón
BR rɑˈmɒn
AM rəˈmoʊn
Ramona
BR rəˈməʊnə(r)
AM rəˈmoʊnə
Ramos
BR ˈramɒs
AM ˈrɑmoʊs

ramose
BR ˈraməʊs,
ˈreɪməʊs
AM ˈræˌmoʊz,
ˈræˌmoʊs

ramp
BR ram|p, -ps,
-pɪŋ, -(p)t
AM ræmp, -s, -ɪŋ, -t

rampage[1] *noun*
BR ˈrampeɪdʒ, -ɪz
AM ˈræmˌpeɪdʒ, -ɪz

rampage[2] *verb*
BR ramˈpeɪdʒ,
ˈrampeɪdʒ, -ɪz,
-ɪŋ, -d
AM ˈræmˌpeɪdʒ, -ɪz,
-ɪŋ, -d

rampageous
BR ramˈpeɪdʒəs
AM ˌræmˈpeɪdʒəs

rampageously
BR ramˈpeɪdʒəsli
AM ˌræmˈpeɪdʒəsli

rampageousness
BR ramˈpeɪdʒəsnəs
AM ˌræmˈpeɪdʒəsnəs

rampager
BR ramˈpeɪdʒə(r),
ˈramˌpeɪdʒə(r), -z
AM ˈræmˌpeɪdʒər, -z

rampancy
BR ˈramp(ə)nsi
AM ˈræmpənsi

rampant
BR ˈramp(ə)nt
AM ˈræmpənt

rampantly
BR ˈramp(ə)ntli
AM ˈræmpən(t)li

rampart
BR ˈrampɑːt, -s
AM ˈræmˌpɑrt, -s

rampion
BR ˈrampɪən, -z
AM ˈræmpiən, -z

Rampton
BR ˈram(p)tən
AM ˈræm(p)t(ə)n

Rampur
BR ˈrampʊə(r)
AM ˈræmˌpʊ(ə)r

ram-raid
BR ˈramreɪd, -z, -ɪŋ, -ɪd
AM ˈræmˌreɪd, -z,
-ɪŋ, -ɪd

ramrod
BR ˈramrɒd, -z
AM ˈræmˌrɑd, -z

Ramsaran
BR ˈrɑːms(ə)rn̩
AM ˈræmsərən

Ramsay
BR ˈramzi
AM ˈræmzi

Ramsbotham
BR ˈramzˌbɒtəm,
ˈramzˌbɒθəm
AM ˈræmzˌbɑdəm

Ramsbottom
BR ˈramzˌbɒtəm
AM ˈræmzˌbɑdəm

Ramsden
BR ˈramzd(ə)n
AM ˈræmzdən

Ramsey
BR ˈramzi
AM ˈræmzi

Ramsgate
BR ˈramzgeɪt
AM ˈræmzˌgeɪt

ramshackle
BR ˈramˌʃakl
AM ˈræmˌʃækəl

ramson
BR ˈramz(ə)n,
ˈrams(ə)n, -z
AM ˈræm(p)s(ə)n,
ˈræmzn, -z

ramus
BR ˈreɪməs
AM ˈreɪməs

ran
BR ran
AM ræn

rance
BR rans
AM ræns

ranch
BR rɑːn(t)ʃ, -ɪz, -ɪŋ, -t
AM ræn(t)ʃ, -əz, -ɪŋ, -t

rancher
BR ˈrɑːn(t)ʃə(r), -z
AM ˈræn(t)ʃər, -z

ranchero
BR rɑːnˈtʃɛːrəʊ, -z
AM rænˈtʃɛroʊ, -z

Ranchi
BR ˈrɑːn(t)ʃi,
ˈran(t)ʃi
AM ˈræn(t)ʃi

rancho
BR ˈrɑːn(t)ʃəʊ, -z
AM ˈræn(t)ʃoʊ, -z

rancid
BR ˈransɪd
AM ˈrænsəd

rancidity
BR ranˈsɪdɪti
AM rænˈsɪdɪdi

rancidness
BR ˈransɪdnɪs
AM ˈrænsədnəs

rancor
BR ˈraŋkə(r)
AM ˈræŋkər

rancorous
BR ˈraŋk(ə)rəs
AM ˈræŋk(ə)rəs

rancorously
BR ˈraŋk(ə)rəsli
AM ˈræŋk(ə)rəsli

rancour
BR ˈraŋkə(r)
AM ˈræŋkər

rand
BR ran|d, rɑːn|t,
ran|t, rɒn|t,
-dz\-ts
AM rænd, -s

Randal
BR ˈrandl
AM ˈrændəl

Randall
BR ˈrandl
AM ˈrændl

randan
BR ˌranˈdan, -z
AM rænˈdæn,
ˈrænˌdæn, -z

R and B
BR ˌɑːr n̩(d) ˈbiː
AM ˌɑr ən ˈbi

R and D
BR ˌɑːr n̩(d) ˈdiː
AM ˌɑr ən ˈdi

Randers
BR ˈrandəz
AM ˈrændərz

randily
BR ˈrandɪli
AM ˈrændɪli

randiness
BR ˈrandɪnɪs
AM ˈrændɪnɪs

Randolf
BR ˈrandɒlf
AM ˈrænˌdɑlf,
ˈrænˌdɔlf

Randolph
BR ˈrandɒlf
AM ˈrænˌdɑlf,
ˈrænˌdɔlf

random
BR ˈrandəm
AM ˈrændəm

randomisation
BR ˌrandəmʌɪˈzeɪʃn
AM ˌrændəˌmaɪ-
ˈzeɪʃ(ə)n,
ˌrændəməˈzeɪʃ(ə)n

randomise
BR ˈrandəmʌɪz, -ɪz,
-ɪŋ, -d
AM ˈrændəˌmaɪz, -ɪz,
-ɪŋ, -d

randomization
BR ˌrandəmʌɪˈzeɪʃn
AM ˌrændəˌmaɪ-
ˈzeɪʃ(ə)n,
ˌrændəməˈzeɪʃ(ə)n

randomize
BR ˈrandəmʌɪz, -ɪz,
-ɪŋ, -d
AM ˈrændəˌmaɪz, -ɪz,
-ɪŋ, -d

randomly
BR ˈrandəmli
AM ˈrændəmli

randomness
BR ˈrandəmnəs
AM ˈrændəmnəs

Randstad
BR ˈrandstat
AM ˈrænd(d)ˌstæt

randy
BR ˈrand|i, -ɪə(r), -ɪst
AM ˈrændi, -ər, -ɪst

ranee
BR ˈrɑːniː, ˌrɑːˈniː, -z
AM rɑˈni, ˈrɑni, -z
Ranelagh
BR ˈranɪlə(r), ˈranlə(r)
AM ˈrænələ
rang
BR raŋ
AM ræŋ
ranga
BR ˈraŋə(r), -z
AM ˈræŋə, -z
rangatira
BR ˌraŋəˈtɪərə(r), -z
AM ˌræŋəˈtɪ(ə)rə, -z
range
BR reɪn(d)ʒ, -ɪz, -ɪŋ, -d
AM reɪndʒ, -ɪz, -ɪŋ, -d
rangé
BR rɒ̃ˈʒeɪ
AM rɑnˈʒeɪ
FR rɑ̃ʒe
rangefinder
BR ˈreɪn(d)ʒˌfʌɪndə(r), -z
AM ˈreɪndʒˌfaɪndər, -z
rangeland
BR ˈreɪn(d)ʒland, -z
AM ˈreɪndʒˌlænd, -z
ranger
BR ˈreɪn(d)ʒə(r), -z
AM ˈreɪndʒər, -z
rangership
BR ˈreɪn(d)ʒəʃɪp, -s
AM ˈreɪndʒərˌʃɪp, -s
ranginess
BR ˈreɪn(d)ʒɪnɨs
AM ˈreɪndʒɪnɨs
Rangoon
BR raŋˈguːn
AM ræŋˈgun
rangy
BR ˈreɪn(d)ʒ|i, -ɪə(r), -ɪɨst
AM ˈreɪndʒi, -ər, -ɪst
rani
BR ˈrɑːniː, ˌrɑːˈniː, -z
AM rɑˈni, ˈrɑni, -z
Ranjit Singh
BR ˌran(d)ʒɪt ˈsɪŋ
AM ˌrændʒət ˈsɪŋ

Ranjitsinhji
BR ˌran(d)ʒɪtˈsɪn(d)ʒi
AM ˌrændʒətˌsɪndʒi
rank
BR raŋ|k, -ks, -kɪŋ, -(k)t, -kə(r), -kɪst
AM ræŋ|k, -ks, -kɪŋ, -(k)t, -kər, -kəst
rank-and-file
BR ˌraŋk(ə)n(d)ˈfʌɪl
AM ˌˈræŋkənˈfaɪl
ranker
BR ˈraŋkə(r), -z
AM ˈræŋkər, -z
Rankin
BR ˈraŋkɪn
AM ˈræŋkən
ranking
BR ˈraŋkɪŋ, -z
AM ˈræŋkɪŋ, -z
rankle
BR ˈraŋk|l, -lz, -lɪŋ\-lɪŋ, -ld
AM ˈræŋk|əl, -əlz, -(ə)lɪŋ, -əld
rankly
BR ˈraŋkli
AM ˈræŋkli
rankness
BR ˈraŋknəs
AM ˈræŋknəs
Rannoch
BR ˈranəx, ˈranək
AM ˈrænək
ransack
BR ˈransak, -s, -ɪŋ, -t
AM ˈrænˌsæk, -s, -ɪŋ, -t
ransacker
BR ˈransakə(r), -z
AM ˈrænˌsækər, -z
ransom
BR ˈrans|(ə)m, -(ə)mz, -əmɪŋ\-mɪŋ, -(ə)md
AM ˈræns(ə)m, -z, -ɪŋ, -d
Ransome
BR ˈrans(ə)m
AM ˈræns(ə)m
ransomer
BR ˈransmə(r), -z
AM ˈrænsəmər, -z

rant
BR rant, -s, -ɪŋ, -ɪd
AM ræn|t, -ts, -(t)ɪŋ, -(t)əd
ranter
BR ˈrantə(r), -z
AM ˈræn(t)ər, -z
ranting
BR ˈrantɪŋ, -z
AM ˈræn(t)ɪŋ, -z
rantingly
BR ˈrantɪŋli
AM ˈræn(t)ɪŋli
rantipole
BR ˈrantɪpəʊl, -z, -ɪŋ, -d
AM ˈræn(t)iˌpoʊl, -z, -ɪŋ, -d
Ranulf
BR ˈranʌlf
AM ˈrænəlf
Ranulph
BR ˈranʌlf
AM ˈrænəlf
ranunculaceous
BR rəˌnʌŋkjʊˈleɪʃəs
AM rəˌnəŋkjəˈleɪʃəs
ranunculi
BR rəˈnʌŋkjʊlʌɪ, rəˈnʌŋkjʊliː
AM rəˈnəŋkjəˌlaɪ
ranunculus
BR rəˈnʌŋkjʊləs, -ɪz
AM rəˈnəŋkjələs, -əz
Raoul
BR raʊˈuːl, rɑːˈuːl
AM rɑˈul
rap
BR rap, -s, -ɪŋ, -t
AM ræp, -s, -ɪŋ, -t
rapacious
BR rəˈpeɪʃəs
AM rəˈpeɪʃəs
rapaciously
BR rəˈpeɪʃəsli
AM rəˈpeɪʃəsli
rapaciousness
BR rəˈpeɪʃəsnəs
AM rəˈpeɪʃəsnəs
rapacity
BR rəˈpasɨti
AM rəˈpæsədi

rape
BR reɪp, -s, -ɪŋ, -t
AM reɪp, -s, -ɪŋ, -t
raper
BR ˈreɪpə(r), -z
AM ˈreɪpər, -z
rapeseed
BR ˈreɪpsiːd
AM ˈreɪpˌsid
Raphael[1] *Italian artist*
BR ˈrafeɪ(ə)l, ˈrafʌɪɛl
AM ˌrɑfaɪˈɛl
Raphael[2]
BR ˈrafeɪ(ə)l
AM ˈreɪfiəl, ˌræfiˈɛl, ˌræfaɪˈɛl, ˈræfiəl
raphia
BR ˈrafiə(r), -z
AM ˈræfiə, ˈreɪfiə, -z
raphide
BR ˈreɪfʌɪd, -z
AM ˈreɪˌfid, ˈreɪfɪd, -z
rapid
BR ˈrap|ɪd, -ɪdz, -ɪdɪst
AM ˈræpəd, -z, -ɪst
rapid-fire
BR ˌrapɪdˈfʌɪə(r)
AM ˈræpədˈfaɪ(ə)r
rapidity
BR rəˈpɪdɪti
AM ræˈpɪdɪdi, rəˈpɪdɪdi
rapidly
BR ˈrapɪdli
AM ˈræpədli
rapidness
BR ˈrapɪdnɪs
AM ˈræpədnəs
rapier
BR ˈreɪpɪə(r), -z
AM ˈreɪpiər, -z
rapine
BR ˈrapʌɪn, ˈrapɪn
AM ˈræˌpaɪn, ˈreɪˌpaɪn, ˈræpən
rapist
BR ˈreɪpɪst, -s
AM ˈreɪpɪst, -s
Rappahannock
BR ˌrapəˈhanək
AM ˌræpəˈhænək

rapparee
BR ˌræpəˈriː, -z
AM ˌræpəˈri, -z

rappee
BR ræˈpiː
AM ræˈpi

rappel
BR ræˈpɛl, -z, -ɪŋ, -d
AM rəˈpɛl, -z, -ɪŋ, -d

rapper
BR ˈræpə(r), -z
AM ˈræpər, -z

rapport
BR ræˈpɔː(r)
AM rəˈpɔ(ə)r, ræˈpɔ(ə)r

rapporteur
BR ˌræpɔːˈtɜː(r), -z
AM ˌræˌpɔrˈtɜr, -z

rapprochement
BR ræˈprɒʃmɒ̃, -z
AM ˌrɑˌprɔʃˈmɑnt, ˌræˌprɔʃˈmɑnt, -z

rapscallion
BR ræpˈskæliən, -z
AM ræpˈskæliən, ræpˈskæljən, -z

rapt
BR rapt
AM ræp(t)

raptly
BR ˈræptli
AM ˈræp(t)li

raptness
BR ˈræp(t)nəs
AM ˈræp(t)nəs

raptor
BR ˈræptə(r), -z
AM ˈræptər, -z

raptorial
BR ræpˈtɔːriəl
AM ræpˈtɔriəl

rapture
BR ˈræptʃə(r), -z, -d
AM ˈræp(t)ʃər, -z, -d

rapturous
BR ˈræptʃ(ə)rəs
AM ˈræp(t)ʃərəs

rapturously
BR ˈræptʃ(ə)rəsli
AM ˈræp(t)ʃərəsli

rapturousness
BR ˈræptʃ(ə)rəsnəs
AM ˈræp(t)ʃərəsnəs

Rapunzel
BR rəˈpʌnzl
AM rəˈpənz(ə)l

Raquel
BR ræˈkɛl
AM ˌræˈkɛl, rəˈkɛl

rara avis
BR ˌrɑːrə ˈeɪvɪs, ˌreɪrə +, + ˈɑːvɪs, + ˈævɪs
AM ˌrɑrə ˈeɪvɪs

rare
BR rɛː(r), -ə(r), -ɪst
AM re(ə)r, -ər, -əst

rarebit
BR ˈreːbɪt, ˈrabɪt, -s
AM ˈrɛrbət, -s

raree-show
BR ˈreːrɪʃəʊ, -z
AM ˈrɛriˌʃoʊ, -z

rarefaction
BR ˌreːrɪˈfakʃn
AM ˌrɛrəˈfækʃ(ə)n

rarefactive
BR ˌreːrɪˈfaktɪv
AM ˌrɛrəˈfæktɪv

rarefication
BR ˌreːrɪfɪˈkeɪʃn
AM ˌrɛrəfəˈkeɪʃ(ə)n

rarefy
BR ˈreːrɪfʌɪ, -z, -ɪŋ, -d
AM ˈrɛrəˌfaɪ, -z, -ɪŋ, -d

rarely
BR ˈreːli
AM ˈrɛrli

rareness
BR ˈreːnəs
AM ˈrɛrnəs

rarify
BR ˈreːrɪfʌɪ, -z, -ɪŋ, -d
AM ˈrɛrəˌfaɪ, -z, -ɪŋ, -d

raring
BR ˈreːrɪŋ
AM ˈrɛrɪŋ

rarity
BR ˈreːrɪt|i, -ɪz
AM ˈrɛrədi, -z

Rarotonga
BR ˌrɛːrəˈtɒŋgə(r), ˌrarəˈtɒŋgə(r)
AM ˌrɛrəˈtɑngə, ˌrɛrəˈtɔngə

Rarotongan
BR ˌrɛːrəˈtɒŋg(ə)n, ˌrarəˈtɒŋg(ə)n, -z
AM ˌrɛrəˈtɑngən, ˌrɛrəˈtɔngən, -z

rasam
BR ˈrʌʃʌm
AM ˈrʊʃʊm

rascal
BR ˈrɑːskl, -z
AM ˈræskəl, -z

rascaldom
BR ˈrɑːskldəm
AM ˈræskəldəm

rascalism
BR ˈrɑːsklɪzm
AM ˈræskəˌlɪz(ə)m

rascality
BR rasˈkalɪt|i, -ɪz
AMræsˈkælədi, -z

rascally
BR ˈrɑːskli
AM ˈræsk(ə)li

rascette
BR raˈsɛt, -s
AM rəˈsɛt, -s

raschel
BR ˈraʃl, -z
AM rɑˈʃɛl, -z

rase
BR reɪz, -ɪz, -ɪŋ, -d
AM reɪz, -ɪz, -ɪŋ, -d

rash
BR raʃ, -ə(r), -ɪst
AM ræʃ, -ə(r), -ɪst

rasher
BR ˈraʃə(r), -z
AM ˈræʃər, -z

Rashid
BR raˈʃiːd
AM rəˈʃid

rashly
BR ˈraʃli
AM ˈræʃli

rashness
BR ˈraʃnəs
AM ˈræʃnəs

Rasmussen
BR ˈrazmʊsn, ˈrasmʊsn
AM ˈræsməs(ə)n, ˈræsˌmʊs(ə)n
DAN ˈkɑsmʊsən

rasp
BR rɑːsp, -s, -ɪŋ, -t
AM ræsp, -s, -ɪŋ, -t

raspatory
BR ˈrɑːspət(ə)r|i, -ɪz
AM ˈræspəˌtɔri, -z

raspberry
BR ˈrɑːzb(ə)r|i, -ɪz
AM ˈræzˌbɛri, -z

rasper
BR ˈrɑːspə(r), -z
AM ˈræspər, -z

raspingly
BR ˈrɑːspɪŋli
AM ˈræspɪŋli

Rasputin
BR raˈspjuːtɪn
AM ræˈspjutn
RUS rasˈputʲin

raspy
BR ˈrɑːspi
AM ˈræspi

rassclaat
BR ˈrɑːsklɑːt, -s
AM ˈrɑsˌklɑt, -s

Rasta
BR ˈrastə(r), -z
AM ˈræstə, -z

Rastafari
BR ˌrastəˈfɑːr|i, -ɪz
AM ˌræstəˈfɛri, -z

Rastafarian
BR ˌrastəˈfɛːrɪən, ˌrastəˈfɑːrɪən, -z
AM ˌræstəˈfɛriən, -z

Rastafarianism
BR ˌrastəˈfɛːrɪənɪzm, ˌrastəˈfɑːrɪənɪzm
AM ˌræstəˈfɛriəˌnɪz(ə)m

raster
BR ˈrastə(r), -z
AM ˈræstər, -z

rasterisation
BR ˌrast(ə)rʌɪˈzeɪʃn
AM ˌræstəˌraɪˈzeɪʃ(ə)n, ˌræstərəˈzeɪʃ(ə)n

rasterise
BR ˈrast(ə)rʌɪz, -ɪz, -ɪŋ, -d
AM ˈræstəˌraɪz, -ɪz, -ɪŋ, -d

rasteriser
BR ˈrast(ə)rʌɪzə(r), -z
AM ˈræstəˌraɪzər, -z

rasterization
BR ˌrast(ə)rʌɪˈzeɪʃn
AM ˌræstəˌraɪˈzeɪʃ(ə)n, ˌræstərəˈzeɪʃ(ə)n

rasterize
BR ˈrast(ə)rʌɪz, -ɪz, -ɪŋ, -d
AM ˈræstəˌraɪz, -ɪz, -ɪŋ, -d

rasterizer
BR ˈrast(ə)rʌɪzə(r), -z
AM ˈræstəˌraɪzər, -z

Rastrick
BR ˈrastrɪk
AM ˈræstrɪk

Rastus
BR ˈrastəs
AM ˈræstəs

rat
BR rat, -s, -ɪŋ, -ɪd
AM ræ|t, -ts, -dɪŋ, -dəd

rata[1] in pro rata
BR ˈrɑːtə(r)
AM ˈrɑdə, ˈrædə

rata[2] tree
BR ˈrɑːtə(r), -z
AM ˈrɑdə, -z

ratability
BR ˌreɪtəˈbɪlɪti
AM ˌreɪdəˈbɪlɪdi

ratable
BR ˈreɪtəbl
AM ˈreɪdəb(ə)l

ratably
BR ˈreɪtəbli
AM ˈreɪdəbli

ratafia
BR ˌratəˈfɪə(r), ˌratəˈfiːə(r), -z
AM ˌrædəˈfɪə, -z

ratan
BR raˈtan, -z
AM rəˈtæn, ræˈtæn, -z

rataplan
BR ˌratəˈplan, -z, -ɪŋ, -d
AM ˈrɑdəˌplæn, -z, -ɪŋ, -d

rat-arsed
BR ˌratˈɑːst, ˈrɑtɑːst
AM ˈrædˌɑrst

rat-a-tat
BR ˌratəˈtat, -s
AM ˈrædəˈtæt, -s

rat-a-tat-tat
BR ˌratətatˈtat
AM ˌrædəˌtæ(t)ˈtæt

ratatouille
BR ˌratəˈtwiː, -z
AM ˌrædəˈtui, -z

ratbag
BR ˈratbag, -z
AM ˈrætˌbæg, -z

ratcatcher
BR ˈratˌkatʃə(r), -z
AM ˈrætˌkɛtʃər, -z

ratch
BR ratʃ, -ɪz
AM rætʃ, -əz

ratchet
BR ˈratʃɪt, -s
AM ˈrætʃət, -s

Ratcliff
BR ˈratklɪf
AM ˈrætˌklɪf

Ratcliffe
BR ˈratklɪf
AM ˈrætˌklɪf

rate
BR reɪt, -s, -ɪŋ, -ɪd
AM reɪ|t, -ts, -dɪŋ, -dɪd

rateability
BR ˌreɪtəˈbɪlɪti
AM ˌreɪdəˈbɪlɪdi

rateable
BR ˈreɪtəbl
AM ˈreɪdəb(ə)l

rateably
BR ˈreɪtəbli
AM ˈreɪdɪbli

ratecap
BR ˈreɪtkap, -s, -ɪŋ, -t
AM ˈreɪtˌkæp, -s, -ɪŋ, -t

ratel
BR ˈreɪtl, ˈrɑːtl, -z
AM ˈrɑdl, ˈreɪdl, -z

ratepayer
BR ˈreɪtˌpeɪə(r), -z
AM ˈreɪtˌpeɪər, -z

ratfink
BR ˈratfɪŋk, -s
AM ˈrætˌfɪŋk, -s

Rathbone
BR ˈraθbəʊn
AM ˈræθˌboʊn

rathe
BR reɪð
AM ræθ, reɪð

rather
BR ˈrɑːðə(r)
AM ˈræðər

rathe-ripe
BR ˈreɪðrʌɪp, -s
AM ˈreɪðˌraɪp, -s

Rathlin
BR ˈraθlɪn
AM ˈræθl(ə)n

rathole
BR ˈrathəʊl, -z
AM ˈrætˌ(h)oʊl, -z

rathskeller
BR ˈrɑːtˌskɛlə(r), -z
AM ˈrætˌskɛlər, ˈrɑtˌskɛlər, -z

ratifiable
BR ˈratɪfʌɪəbl
AM ˈrædəˌfaɪəb(ə)l

ratification
BR ˌratɪfɪˈkeɪʃn, -z
AM ˌrædəfəˈkeɪʃ(ə)n, -z

ratifier
BR ˈratɪfʌɪə(r), -z
AM ˈrædəˌfaɪər, -z

ratify
BR ˈratɪfʌɪ, -z, -ɪŋ, -d
AM ˈrædəˌfaɪ, -z, -ɪŋ, -d

rating
BR ˈreɪtɪŋ, -z
AM ˈreɪdɪŋ, -z

ratio
BR ˈreɪʃɪəʊ, -z
AM ˈreɪʃ(i)oʊ, -z

ratiocinate
BR ˌratɪˈɒsɪneɪt, ˌraʃɪˈɒsɪneɪt, -s, -ɪŋ, -ɪd
AM ˌræʃiˈoʊsnˌeɪ|t, ˌreɪdiˈoʊsnˌeɪ|t, -ts, -dɪŋ, -dɪd

ratiocination
BR ˌratɪˌɒsɪˈneɪʃn, ˌraʃɪˌɒsɪˈneɪʃn, -z
AM ˌræʃiˌoʊsnˈeɪʃ(ə)n, -z

ratiocinative
BR ˌratɪˈɒsɪnətɪv, ˌraʃɪˈɒsɪnətɪv
AM ˌræʃiˈoʊsəˌneɪdɪv

ratiocinator
BR ˌratɪˈɒsɪneɪtə(r), ˌraʃɪˈɒsɪneɪtə(r), -z
AM ˌræʃiˈoʊsəˌneɪdər, -z

ration
BR ˈraʃn, -nz, -nɪŋ\-nɪŋ, -nd
AM ˈreɪʃ]ən, ˈræʃ]ən, -ənz, -(ə)nɪŋ, -ənd

rational
BR ˈraʃn̩l
AM ˈræʃ(ə)n(ə)l

rationale
BR ˌraʃəˈnɑːl, ˌraʃəˈnal, -z
AM ˌræʃəˈnæl, -z

rationalisation
BR ˌraʃn̩ʌɪˈzeɪʃn, ˌraʃnəlʌɪˈzeɪʃn
AM ˌræʃnələˈzeɪʃ(ə)n, ˌræʃnlˌaɪˈzeɪʃ(ə)n, ˌræʃnəˌlaɪˈzeɪʃ(ə)n, ˌræʃənləˈzeɪʃ(ə)n

rationalise
BR ˈraʃn̩ʌɪz, ˈraʃnəlʌɪz, -ɪz, -ɪŋ, -d
AM ˈræʃnəˌlaɪz, ˈræʃnlˌaɪz, -ɪz, -ɪŋ, -d

rationaliser
BR ˈraʃn̩ʌɪzə(r), ˈraʃnəlʌɪzə(r), -z
AM ˈræʃnəˌlaɪzər, ˈræʃnlˌaɪzər, -z

rationalism
BR ˈraʃn̩ɪzm,
ˈraʃnəlɪzm
AM ˈræʃnəˌlɪz(ə)m,
ˈræʃənlˌɪz(ə)m

rationalist
BR ˈraʃn̩ɪst,
ˈraʃnəlɪst, -s
AM ˈræʃnələst,
ˈræʃənləst, -s

rationalistic
BR ˌraʃn̩ˈɪstɪk,
ˌraʃnəˈlɪstɪk
AM ˌræʃnəˈlɪstɪk,
ˌræʃənlˈɪstɪk

rationalistically
BR ˌraʃn̩ˈɪstɪkli,
ˌraʃnəˈlɪstɪkli
AM ˌræʃnəˈlɪstək(ə)li,
ˌræʃənlˈɪstək(ə)li

rationality
BR ˌraʃəˈnalɪti
AM ˌræʃəˈnælədi

rationalization
BR ˌraʃn̩ʌɪˈzeɪʃn,
ˌraʃnəlʌɪˈzeɪʃn
AM ˌræʃnələˈzeɪʃ(ə)n,
ˌræʃənlˌaɪˈzeɪʃ(ə)n,
ˌræʃnəˌlaɪˈzeɪʃ(ə)n,
ˌræʃənləˈzeɪʃ(ə)n

rationalize
BR ˈraʃn̩ʌɪz,
ˈraʃnəlʌɪz, -ɪz,
-ɪŋ, -d
AM ˈræʃnəˌlaɪz,
ˈræʃənlˌaɪz, -ɪz,
-ɪŋ, -d

rationalizer
BR ˈraʃn̩ʌɪzə(r),
ˈraʃnəlʌɪzə(r), -z
AM ˈræʃnəˌlaɪzər,
ˈræʃənlˌaɪzər,
-z

rationally
BR ˈraʃn̩li, ˈraʃnəli
AM ˈræʃ(ə)nəli

ratite
BR ˈratʌɪt, -s
AM ˈræˌtaɪt, -s

ratlin
BR ˈratlɪn, -z
AM ˈrætl(ə)n, -z

ratline
BR ˈratlɪn, -z
AM ˈrætl(ə)n, -z

Ratner
BR ˈratnə(r)
AM ˈrætnər

ratoon
BR raˈtuːn, -z, -ɪŋ, -d
AM rəˈtun, -z,
-ɪŋ, -d

ratrace
BR ˈratreɪs
AM ˈrætˌreɪs

ratsbane
BR ˈratsbeɪn, -z
AM ˈrætsˌbeɪn, -z

Ratskeller
BR ˈratˌskɛlə(r), -z
AM ˈrætˌskɛlər,
ˈratˌskɛlər, -z

rat's-tail
BR ˈratsteɪl
AM ˈrætsˌteɪl

rattan
BR raˈtan, -z
AM rəˈtæn,
ræˈtæn, -z

rat-tat
BR ˌratˈtat
AM ˌrætˈtæt

Rattenbury
BR ˈratnb(ə)ri
AM ˈrætnˌbɛri

ratter
BR ˈratə(r), -z
AM ˈrædər, -z

Rattigan
BR ˈratɪg(ə)n
AM ˈrædəgən

rattily
BR ˈratɪli
AM ˈrædəli

rattiness
BR ˈratɪnɪs
AM ˈrædɪnɪs

rattle
BR ˈrat|l, -lz,
-lɪŋ\-lɪŋ, -ld
AM ˈrædəl, -z, -ɪŋ, -d

rattlebox
BR ˈratlbɒks, -ɪz
AM ˈrædlˌbɑks, -əz

rattler
BR ˈratlə(r), ˈratlə(r), -z
AM ˈrætlər, ˈrædlər, -z

rattlesnake
BR ˈratlsneɪk, -s
AM ˈrædlˌsneɪk, -s

rattletrap
BR ˈratltrap, -s
AM ˈrædlˌtræp, -s

rattling
BR ˈratlɪŋ, ˈratlɪŋ, -z
AM ˈrædlɪŋ, -z

rattly
BR ˈratli, ˈratli
AM ˈrædli

Rattray
BR ˈratri, ˈratreɪ
AM ˈrætreɪ

ratty
BR ˈrat|i, -ɪə(r), -ɪɪst
AM ˈrædi, -ər, -ɪst

raucous
BR ˈrɔːkəs
AM ˈrɑkəs, ˈrɔkəs

raucously
BR ˈrɔːkəsli
AM ˈrɑkəsli, ˈrɔkəsli

raucousness
BR ˈrɔːkəsnəs
AM ˈrɑkəsnəs,
ˈrɔkəsnəs

raunch
BR rɔːn(t)ʃ
AM rɑn(t)ʃ, rɔn(t)ʃ

raunchily
BR ˈrɔːn(t)ʃɪli
AM ˈrɑn(t)ʃəli,
ˈrɔn(t)ʃəli

raunchiness
BR ˈrɔːn(t)ʃɪnɪs
AM ˈrɑn(t)ʃɪnɪs,
ˈrɔn(t)ʃɪnɪs

raunchy
BR ˈrɔːn(t)ʃ|i,
-ɪə(r), -ɪɪst
AM ˈrɑn(t)ʃi, ˈrɔn(t)ʃi,
-ər, -ɪst

ravage
BR ˈrav|ɪdʒ, -ɪdʒɪz,
-ɪdʒɪŋ, -ɪdʒd
AM ˈrævɪdʒ, -ɪz,
-ɪŋ, -d

ravager
BR ˈravɪdʒə(r), -z
AM ˈrævɪdʒər, -z

rave
BR reɪv, -z, -ɪŋ, -d
AM reɪv, -z,
-ɪŋ, -d

Ravel
BR rəˈvɛl
AM rəˈvɛl
FR Ravel

ravel
BR ˈrav|l, -lz,
-lɪŋ\-(ə)lɪŋ, -ld
AM ˈræv|əl, -əlz,
-(ə)lɪŋ, -əld

ravelin
BR ˈravlɪn,
ˈravlɪn, -z
AM ˈrævl(ə)n, -z

raven[1] *noun,*
adjective
BR ˈreɪvn, -z
AM ˈreɪvən, -z

raven[2] *verb*
BR ˈrav|n, -nz,
-nɪŋ\-nɪŋ, -nd
AM ˈræv|ən, -ənz,
-(ə)nɪŋ, -ənd

Ravenglass
BR ˈreɪvŋglɑːs,
ˈreɪvŋglɑːs
AM ˈreɪvənˌglæs

Ravenna
BR rəˈvɛnə(r)
AM rəˈvɛnə
IT raˈvenna

ravenous
BR ˈravnəs
AM ˈræv(ə)nəs

ravenously
BR ˈravnəsli
AM ˈræv(ə)nəsli

ravenousness
BR ˈravnəsnəs
AM ˈræv(ə)nəsnəs

raver
BR ˈreɪvə(r), -z
AM ˈreɪvər, -z

rave-up
BR ˈreɪvʌp, -s
AM ˈreɪvˌəp, -s

ravin
BR ˈravɪn, -z
AM ˈrævən, -z
ravine[1] *plunder*
BR ˈravɪn, -z
AM ˈrævən, -z
ravine[2] *valley*
BR rəˈviːn, -z, -d
AM rəˈvin, -z, -d
raving
BR ˈreɪvɪŋ, -z
AM ˈreɪvɪŋ, -z
ravingly
BR ˈreɪvɪŋli
AM ˈreɪvɪŋli
ravioli
BR ˌravɪˈəʊli
AM ˌræviˈoʊli
IT ravɪˈɔli
ravish
BR ˈrav|ɪʃ, -ɪʃɪz, -ɪʃɪŋ, -ɪʃt
AM ˈrævɪʃ, -ɪz, -ɪŋ, -t
ravisher
BR ˈravɪʃə(r), -z
AM ˈrævɪʃər, -z
ravishing
BR ˈravɪʃɪŋ
AM ˈrævɪʃɪŋ
ravishingly
BR ˈravɪʃɪŋli
AM ˈrævɪʃɪŋli
ravishment
BR ˈravɪʃm(ə)nt
AM ˈrævɪʃm(ə)nt
raw
BR rɔː(r), -ə(r), -ɪst
AM rɑ, rɔ, -ər, -əst
Rawalpindi
BR ˌrɔːlˈpɪndi, ˌrɔːw(ə)lˈpɪndi, ˌrɑːw(ə)lˈpɪndi
AM ˌrɑw(ə)lˈpɪndi
Rawdon
BR ˈrɔːdn
AM ˈrɑdən, ˈrɔdən
rawhide
BR ˈrɔːhʌɪd, -z
AM ˈrɑˌ(h)aɪd, ˈrɔˌ(h)aɪd, -z

Rawle
BR rɔːl
AM rɑl, rɔl
Rawlings
BR ˈrɔːlɪŋz
AM ˈrɑlɪŋz, ˈrɔlɪŋz
Rawlins
BR ˈrɔːlɪnz
AM ˈrɑlɪnz, ˈrɔlɪnz
Rawlinson
BR ˈrɔːlɪns(ə)n
AM ˈrɑlɪns(ə)n, ˈrɔlɪns(ə)n
Rawlplug
BR ˈrɔːlplʌg, -z
AM ˈrɑlˌpləg, ˈrɔlˌpləg, -z
Rawls
BR rɔːlz
AM rɑlz, rɔlz
rawly
BR ˈrɔːli
AM ˈrɑli, ˈrɔli
rawness
BR ˈrɔːnəs
AM ˈrɑnəs, ˈrɔnəs
Rawson
BR ˈrɔːsn
AM ˈrɑs(ə)n, ˈrɔs(ə)n
Rawtenstall
BR ˈrɒtnstɔːl, ˈrɔːtnstɔːl
AM ˈrɑtnˌstal, ˈrɔtnˌstɔl
ray
BR reɪ, -z
AM reɪ, -z
rayah
BR ˈrʌɪə(r), -z
AM ˈraɪə, -z
Rayburn
BR ˈreɪbəːn
AM ˈreɪˌbɜrn
Rayleen
BR ˈreɪliːn
AM ˈreɪlin
Rayleigh
BR ˈreɪli
AM ˈreɪli
rayless
BR ˈreɪlɪs
AM ˈreɪləs

raylet
BR ˈreɪlɪt, -s
AM ˈreɪlət, -s
Raymond
BR ˈreɪmənd
AM ˈreɪmən(d)
Rayner
BR ˈreɪnə(r)
AM ˈreɪnər
Raynes
BR reɪnz
AM reɪnz
rayon
BR ˈreɪɒn
AM ˈreɪˌɑn
raze
BR reɪz, -ɪz, -ɪŋ, -d
AM reɪz, -ɪz, -ɪŋ, -d
razoo
BR rɑːˈzʊ, ˈrɑːzʊ, -z
AM rəˈzu, -z
razoo
BR rəˈzuː, -z, -ɪŋ, -d
AM rəˈzu, -z, -ɪŋ, -d
razor
BR ˈreɪz|ə(r), -əz, -(ə)rɪŋ, -əd
AM ˈreɪzər, -z, -ɪŋ, -d
razorback
BR ˈreɪzəbak, -s
AM ˈreɪzərˌbæk, -s
razorbill
BR ˈreɪzəbɪl, -z
AM ˈreɪzərˌbɪl, -z
razorblade
BR ˈreɪzəbleɪd, -z
AM ˈreɪzərˌbleɪd, -z
razorshell
BR ˈreɪzəʃɛl, -z
AM ˈreɪzərˌʃɛl, -z
razz
BR raz, -ɪz, -ɪŋ, -d
AM ræz, -ɪz, -ɪŋ, -d
razzamatazz
BR ˈraz(ə)mətaz, ˌraz(ə)məˈtaz
AM ˈræz(ə)məˌtæz
razzamattazz
BR ˈraz(ə)mətaz, ˌraz(ə)məˈtaz
AM ˈræz(ə)məˌtæz

razzia
BR ˈrazɪə(r), -z
AM ˈræziə, -z
razzle
BR razl
AM ˈræz(ə)l
razzle-dazzle
BR ˈrazlˌdazl, ˌrazlˈdazl
AM ˌræzəlˈdæz(ə)l
razzmatazz
BR ˈrazmətaz, ˌrazməˈtaz
AM ˈræz(ə)məˌtæz
razzmattazz
BR ˈrazmətaz, ˌrazməˈtaz
AM ˈræzməˌtæz
re[1] *preposition*
BR reɪ, riː
AM ri, reɪ
re[2] *Tonic Solfa*
BR reɪ
AM reɪ
Rea
BR reɪ, riː, ˈriːə(r)
AM ˈri(ə)
reabsorb
BR ˌriːəbˈzɔːb, ˌriːəbˈsɔːb, -z, -ɪŋ, -d
AM ˌriəbˈzɔ(ə)rb, ˌriəbˈsɔ(ə)rb, -z, -ɪŋ, -d
reabsorption
BR ˌriːəbˈzɔːpʃn, ˌriːəbˈsɔːpʃn, -z
AM ˌriəbˈzɔrpʃ(ə)n, ˌriəbˈsɔrpʃ(ə)n, -z
reaccept
BR ˌriːəkˈsɛpt, -s, -ɪŋ, -d
AM ˌriəkˈsɛpt, -s, -ɪŋ, -d
reacceptance
BR ˌriːəkˈsɛpt(ə)ns, -ɪz
AM ˌriəkˈsɛptns, -əz
reaccustom
BR ˌriːəˈkʌstəm, -z, -ɪŋ, -d
AM ˌriəˈkəst(ə)m, -z, -ɪŋ, -d

reach
BR riːtʃ, -ɪz, -ɪŋ, -t
AM ritʃ, -ɪz, -ɪŋ, -t
reachable
BR ˈriːtʃəbl
AM ˈritʃəb(ə)l
reacher
BR ˈriːtʃə(r), -z
AM ˈritʃər, -z
reacquaint
BR ˌriːəˈkweɪnt, -s,
-ɪŋ, -ɪd
AM ˌriəˈkweɪn|t, -ts,
-(t)ɪŋ, (t)ɪd
reacquaintance
BR ˌriːəˈkweɪnt(ə)ns,
-ɪz
AM ˌriəˈkweɪn(t)ns,
-əz
reacquire
BR ˌriːəˈkwʌɪə(r), -z,
-ɪŋ, -d
AM ˌriəˈkwaɪ(ə)r, -z,
-ɪŋ, -d
reacquisition
BR ˌriːakwɪˈzɪʃn, -z
AM riˌækwəˈzɪʃ(ə)n,
-z
react
BR riˈakt, -s, -ɪŋ, -ɪd
AM riˈæk|(t), -(t)s,
-tɪŋ, -təd
reactance
BR riˈakt(ə)ns, -ɪz
AM riˈæktns, -əz
reactant
BR riˈakt(ə)nt, -s
AM riˈæktnt, -s
reaction
BR riˈakʃn, -z
AM riˈækʃ(ə)n, -z
reactionary
BR riˈakʃn(ə)r|i, -ɪz
AM riˈækʃəˌneri, -z
reactionist
BR riˈakʃnɪst, -s
AM riˈækʃənəst, -s
reactivate
BR riˈaktɪveɪt, -s, -ɪŋ,
-ɪd
AM riˈæktəˌveɪ|t, -ts,
-dɪŋ, -dɪd

reactivation
BR rɪˌaktɪˈveɪʃn
AM riˌæktəˈveɪʃ(ə)n
reactive
BR rɪˈaktɪv
AM riˈæktɪv
reactively
BR rɪˈaktɪvli
AM riˈæktɪvli
reactivity
BR ˌriːakˈtɪvɪt|i, -ɪz
AM ˌriˌækˈtɪvɪdi, -z
reactor
BR rɪˈaktə(r), -z
AM riˈæktər, -z
Read
BR riːd
AM rid
read[1] *present tense*
BR riːd, -z, -ɪŋ
AM rid, -z, -ɪŋ
read[2] *past tense*
BR rɛd
AM rɛd
readability
BR ˌriːdəˈbɪlɪti
AM ˌridəˈbɪlɪdi
readable
BR ˈriːdəbl
AM ˈridəb(ə)l
readableness
BR ˈriːdəblnəs
AM ˈridəbəlnəs
readably
BR ˈriːdəbli
AM ˈridəbli
readapt
BR ˌriːəˈdapt, -s, -ɪŋ,
-d
AM ˌriəˈdæpt, -s, -ɪŋ,
-d
readaptation
BR ˌriːadapˈteɪʃn, -z
AM riˌædəpˈteɪʃ(ə)n,
-z
readdress
BR ˌriːəˈdrɛs, -ɪz,
-ɪŋ, -t
AM ˌriəˈdrɛs, -ɪz, -ɪŋ, -t
Reade
BR riːd
AM rid

reader
BR ˈriːdə(r), -z
AM ˈridər, -z
readership
BR ˈriːdəʃɪp, -s
AM ˈridərˌʃɪp, -s
readily
BR ˈrɛdɪli
AM ˈrɛdəli
read-in
BR ˈriːdɪn, -z
AM ˈridˌɪn, -z
readiness
BR ˈrɛdɪnɪs
AM ˈrɛdinɪs
Reading *UK town*
BR ˈrɛdɪŋ
AM ˈrɛdɪŋ
reading
BR ˈriːdɪŋ, -z
AM ˈridɪŋ, -z
readjust
BR ˌriːəˈdʒʌst, -s,
-ɪŋ, -ɪd
AM ˌriəˈdʒəst, -s,
-ɪŋ, -ɪd
readjustment
BR ˌriːəˈdʒʌs(t)m(ə)nt,
-s
AM ˌriəˈdʒəs(t)m(ə)nt,
-s
Readman
BR ˈrɛdmən
AM ˈrɛdm(ə)n
readmission
BR ˌriːədˈmɪʃn, -z
AM ˌriədˈmɪʃ(ə)n,
-z
readmit
BR ˌriːədˈmɪt, -s, -ɪŋ,
-ɪd
AM ˌriədˈmɪ|t, -ts,
-dɪŋ, -dɪd
readmittance
BR ˌriːədˈmɪt(ə)ns
AM ˌriədˈmɪtns
read-only memory
BR ˌriːdəʊnlɪ
ˈmɛm(ə)r|i,
-ɪz
AM ˈridˌoʊnli
ˈmɛm(ə)ri, -z

readopt
BR ˌriːəˈdɒpt, -s,
-ɪŋ, -d
AM ˌriəˈdɑpt, -s, -ɪŋ,
-d
readoption
BR ˌriːəˈdɒpʃn, -z
AM ˌriəˈdɑpʃ(ə)n, -z
readout
BR ˈriːdaʊt, -s
AM ˈriˌdaʊt, -s
readthrough
BR ˈriːdθruː, -z
AM ˈridˌθru, -z
re-advertise
BR rɪˈadvətʌɪz, -ɪz,
-ɪŋ, -d
AM riˈædvərˌtaɪz, -ɪz,
-ɪŋ, -d
re-advertisement
BR ˌriːədˈvəːtɪsm(ə)nt,
ˌriːədˈvəːtɪzm(ə)nt,
-s
AM riˈædvər-
ˌtaɪzm(ə)nt, -s
read-write
BR ˌriːdˈrʌɪt
AM ˈridˈraɪt
ready
BR ˈrɛd|i, -ɪə(r), -ɪɪst
AM ˈrɛdi, -ər, -ɪst
ready-to-serve
BR ˌrɛdɪtəˈsəːv
AM ˌrɛdidəˈsərv
ready-to-wear
BR ˌrɛdɪtəˈwɛː(r)
AM ˌrɛdidəˈwɛ(ə)r
reaffirm
BR ˌriːəˈfəːm, -z,
-ɪŋ, -d
AM ˌriəˈfərm, -z,
-ɪŋ, -d
reaffirmation
BR ˌriːafəˈmeɪʃn,
rɪˌafəˈmeɪʃn, -z
AM ˌriˌæfərˈmeɪʃ(ə)n,
-z
reafforest
BR ˌriːəˈfɒrɪst, -s,
-ɪŋ, -ɪd
AM ˌriəˈfɔrəst, -s,
-ɪŋ, -əd

reafforestation
BR ˌriːəˌfɒrɪˈsteɪʃn
AM ˈˌriəˌfɔrəsˈteɪʃ(ə)n

Reagan
BR ˈreɪg(ə)n
AM ˈreɪgən

reagency
BR rɪˈeɪdʒ(ə)ns|i, -ɪz
AM riˈeɪdʒənsi, -z

reagent
BR rɪˈeɪdʒ(ə)nt, -s
AM riˈeɪdʒ(ə)nt, -s

real[1] *adjective*
BR rɪəl
AM ri(ə)l

real[2] *money*
BR reɪˈaːl, -z
AM riˈal, reɪˈal, -z

realgar
BR rɪˈalgɑː(r), -z
AM riˈælˌgɑr, riˈælgər, -z

realign
BR ˌriːəˈlʌɪn, -z, -ɪŋ, -d
AM ˌriəˈlaɪn, -z, -ɪŋ, -d

realignment
BR ˌriːəˈlʌɪnm(ə)nt, -s
AM ˌriəˈlaɪnm(ə)nt, -s

realisability
BR ˌriːəlʌɪzəˈbɪlɪt|i, -ɪz
AM ˌriəlaɪzəˈbɪlɪdi, -z

realisable
BR ˈrɪəlʌɪzəbl
AM ˌriəˈlaɪzəb(ə)l

realisation
BR ˌrɪəlʌɪˈzeɪʃn, ˌrɪəlɪ-ˈzeɪʃn, -z
AM ˌri(ə)ləˈzeɪʃ(ə)n, -z

realise
BR ˈrɪəlʌɪz, -ɪz, -ɪŋ, -d
AM ˈri(ə)ˌlaɪz, -ɪz, -ɪŋ, -d

realiser
BR ˈrɪəlʌɪzə(r), -z
AM ˈri(ə)ˌlaɪzər, -z

realism
BR ˈrɪəlɪzm
AM ˈriəˌlɪz(ə)m

realist
BR ˈrɪəlɪst, -s
AM ˈriələst, -s

realistic
BR ˌrɪəˈlɪstɪk
AM ˌriəˈlɪstɪk

realistically
BR ˌrɪəˈlɪstɪkli
AM ˌriəˈlɪstɪk(ə)li

reality
BR rɪˈalɪt|i, -ɪz
AM riˈælədi, -z

realizability
BR ˌrɪəlʌɪzəˈbɪlɪt|i, -ɪz
AM ˌriəlaɪzəˈbɪlɪdi, -z

realizable
BR ˈrɪəlʌɪzəbl
AM ˌriəˈlaɪzəb(ə)l

realization
BR ˌrɪəlʌɪˈzeɪʃn, ˌrɪəlɪˈzeɪʃn, -z
AM ˌri(ə)ləˈzeɪʃ(ə)n, -z

realize
BR ˈrɪəlʌɪz, -ɪz, -ɪŋ, -d
AM ˈri(ə)ˌlaɪz, -ɪz, -ɪŋ, -d

realizer
BR ˈrɪəlʌɪzə(r), -z
AM ˈri(ə)ˌlaɪzər, -z

reallocate
BR ˌriːˈaləkeɪt, -s, -ɪŋ, -ɪd
AM riˈæləˌkeɪ|t, -ts, -dɪŋ, -dəd

reallocation
BR ˌriːaləˈkeɪʃn, rɪˌaləˈkeɪʃn
AM ˈˌriˌæləˈkeɪʃ(ə)n

reallot
BR ˌriːəˈlɒt, -s, -ɪŋ, -ɪd
AM ˌriəˈlɑ|t, -ts, -dɪŋ, -dəd

reallotment
BR ˌriːəˈlɒtm(ə)nt, -s
AM ˌriəˈlɑtm(ə)nt, -s

really
BR ˈrɪəli, ˈriːli
AM ˈri(ə)li

realm
BR rɛlm, -z
AM rɛlm, -z

realness
BR ˈrɪəlnəs
AM ˈri(ə)lnəs

Realpolitik
BR reɪˈɑːlpɒlɪˌtiːk
AM reɪˈalˌpɑlɪˌtik, reɪˈalˌpoʊlɪˌtik

realtor
BR ˈrɪəltɔː(r), -z
AM ˈri(ə)lˌtɔ(ə)r, ˈri(ə)ltər, -z

realty
BR ˈrɪəlti
AM ˈri(ə)lti

ream
BR riːm, -z
AM rim, -z

reamer
BR ˈriːmə(r), -z
AM ˈrimər, -z

reanalyse
BR (ˌ)riːˈanlˌʌɪz, -ɪz, -ɪŋ, -d
AM riˈænəˌlaɪz, riˈænlˌaɪz, -ɪz, -ɪŋ, -d

reanalyses
BR ˌriːəˈnalɪsiːz
AM ˌriəˈnæləsiz

reanalysis
BR ˌriːəˈnalɪsɪs
AM ˌriəˈnæləsɪs

reanalyze
BR (ˌ)riːˈanlˌʌɪz, -ɪz, -ɪŋ, -d
AM riˈænəˌlaɪz, riˈænlˌaɪz, -ɪz, -ɪŋ, -d

reanimate
BR (ˌ)riːˈanɪmeɪt, -s, -ɪŋ, -ɪd
AM riˈænəˌmeɪ|t, -ts, -dɪŋ, -dɪd

reanimation
BR ˌriːanɪˈmeɪʃn, riːˌanɪˈmeɪʃn
AM ˌriˌænəˈmeɪʃ(ə)n

reap
BR riːp, -s, -ɪŋ, -t
AM rip, -s, -ɪŋ, -t

reaper
BR ˈriːpə(r), -z
AM ˈripər, -z

reappear
BR ˌriːəˈpɪə(r), -z, -ɪŋ, -d
AM ˌriəˈpɪ(ə)r, -z, -ɪŋ, -d

reappearance
BR ˌriːəˈpɪərn̩s, -ɪz
AM ˌriəˈpɪrəns, -əz

reapplication
BR ˌriːaplɪˈkeɪʃn, -z
AM ˈˌriˌæpləˈkeɪʃ(ə)n, -z

reapply
BR ˌriːəˈplʌɪ, -z, -ɪŋ, -d
AM ˌriəˈplaɪ, -z, -ɪŋ, -d

reappoint
BR ˌriːəˈpɔɪnt, -s, -ɪŋ, -ɪd
AM ˌriəˈpɔɪn|t, -ts, -(t)ɪŋ, -(t)ɪd

reappointment
BR ˌriːəˈpɔɪntm(ə)nt, -s
AM ˌriəˈpɔɪntm(ə)nt, -s

reapportion
BR ˌriːəˈpɔːʃn, -z, -ɪŋ, -d
AM ˌriəˈpɔrʃ(ə)n, -z, -ɪŋ, -d

reapportionment
BR ˌriːəˈpɔːʃnm(ə)nt, -s
AM ˌriəˈpɔrʃənm(ə)nt, -s

reappraisal
BR ˌriːəˈpreɪzl, -z
AM ˌriəˈpreɪz(ə)l, -z

reappraise
BR ˌriːəˈpreɪz, -ɪz, -ɪŋ, -d
AM ˌriəˈpreɪz, -ɪz, -ɪŋ, -d

reappropriation
BR ˌriːəˌprəʊprɪˈeɪʃn
AM ˌriəˌproʊpriˈeɪʃ(ə)n, -s

rear
BR rɪə(r), -z, -ɪŋ, -d
AM rɪ(ə)r, -z, -ɪŋ, -d

Reardon
BR ˈrɪəd(ə)n
AM ˈrɪrdən
rearer
BR ˈrɪərə(r), -z
AM ˈrɪrər, -z
rearm
BR ˌriːˈɑːm, rɪˈɑːm,
-z, -ɪŋ, -d
AM riˈɑrm, -z, -ɪŋ, -d
rearmament
BR ˌriːˈɑːməm(ə)nt,
rɪˈɑːməm(ə)nt
AM riˈɑrməm(ə)nt
rearmost
BR ˈrɪəməʊst
AM ˈrɪrˌmoʊst
rearrange
BR ˌriːəˈreɪn(d)ʒ, -ɪz,
-ɪŋ, -d
AM ˌriəˈreɪndʒ, -ɪz,
-ɪŋ, -d
rearrangement
BR ˌriːə-
ˈreɪn(d)ʒm(ə)nt, -s
AM ˌriəˈreɪndʒm(ə)nt,
-s
rearrest
BR ˌriːəˈrest, -s, -ɪŋ,
-ɪd
AM ˌriəˈrest, -s, -ɪŋ, -əd
rearview
BR ˌrɪəˈvjuː
AM ˈˌrɪrˌvju
rearward
BR ˈrɪəwəd
AM ˈrɪrwərd
rear-wheel drive
BR ˌrɪəwiːl ˈdraɪv
AM ˈrɪrˌ(h)wil ˈˌdraɪv
reascend
BR ˌriːəˈsend, -z, -ɪŋ,
-ɪd
AM ˌriəˈsend, -z, -ɪŋ,
-əd
reascension
BR ˌriːəˈsenʃn, -z
AM ˌriəˈsen(t)ʃ(ə)n, -z
reason
BR ˈriːz|n, -nz,
-n̩ɪŋ\-nɪŋ, -nd
AM ˈrizn̩, -z, -ɪŋ, -d

reasonable
BR ˈriːzn̩əbl, ˈriːznəbl
AM ˈriznəb(ə)l,
ˈriznəb(ə)l
reasonableness
BR ˈriːzn̩əblnəs,
ˈriːznəblnəs
AM ˈriznəbəlnəs,
ˈriznəbəlnəs
reasonably
BR ˈriːzn̩əbli,
ˈriːznəbli
AM ˈriznəbli,
ˈriznəbli
reasoner
BR ˈriːzn̩ə(r),
ˈriːznə(r), -z
AM ˈriznər, ˈriznər, -z
reasoning
BR ˈriːzn̩ɪŋ, ˈriːznɪŋ,
-z
AM ˈriznɪŋ, ˈriznɪŋ, -z
reasonless
BR ˈriːznləs
AM ˈriznləs
reassemble
BR ˌriːəˈsemb|l, -lz,
-lɪŋ\-lɪŋ, -ld
AM ˌriəˈsembəl, -z,
-ɪŋ, -d
reassembly
BR ˌriːəˈsembl|i, -ɪz
AM ˌriəˈsembli, -z
reassert
BR ˌriːəˈsɜːt, -s,
-ɪŋ, -ɪd
AM ˌriəˈsɜr|t, -ts, -dɪŋ,
-dəd
reassertion
BR ˌriːəˈsɜːʃn
AM ˌriəˈsɜrʃ(ə)n
reassess
BR ˌriːəˈses, -ɪz, -ɪŋ, -t
AM ˌriəˈses, -əz, -ɪŋ, -t
reassessment
BR ˌriːəˈsesm(ə)nt, -s
AM ˌriəˈsesm(ə)nt, -s
reassign
BR ˌriːəˈsaɪn, -z,
-ɪŋ, -d
AM ˌriəˈsaɪn, -z,
-ɪŋ, -d

reassignment
BR ˌriːəˈsaɪnm(ə)nt, -s
AM ˌriəˈsaɪnm(ə)nt, -s
reassume
BR ˌriːəˈsjuːm, -z,
-ɪŋ, -d
AM ˌriəˈs(j)um, -z,
-ɪŋ, -d
reassumption
BR ˌriːəˈsʌm(p)ʃn, -z
AM ˌriəˈsəm(p)ʃ(ə)n,
-z
reassurance
BR ˌriːəˈʃʊərns,
ˌriːəˈʃɔːrns
AM ˌriəˈʃʊrəns
reassure
BR ˌriːəˈʃʊə(r),
ˌriːəˈʃɔː(r), -z,
-ɪŋ, -d
AM ˌriəˈʃʊ(ə)r, -z, -ɪŋ,
-d
reassurer
BR ˌriːəˈʃʊərə(r),
ˌriːəˈʃɔːrə(r), -z
AM ˌriəˈʃʊrər, -z
reassuring
BR ˌriːəˈʃʊərɪŋ,
ˌriːəˈʃɔːrɪŋ
AM ˌriəˈʃʊrɪŋ
reassuringly
BR ˌriːəˈʃʊərɪŋli,
ˌriːəˈʃɔːrɪŋli
AM ˌriəˈʃʊrɪŋli
reattach
BR ˌriːəˈtatʃ, -ɪz, -ɪŋ, -t
AM ˌriəˈtætʃ, -əz, -ɪŋ, -t
reattachment
BR ˌriːəˈtatʃm(ə)nt, -s
AM ˌriəˈtætʃm(ə)nt, -s
reattain
BR ˌriːəˈteɪn, -z,
-ɪŋ, -d
AM ˌriəˈteɪn, -z, -ɪŋ, -d
reattainment
BR ˌriːəˈteɪnm(ə)nt, -s
AM ˌriəˈteɪnm(ə)nt, -s
reattempt
BR ˌriːəˈtem(p)t, -s,
-ɪŋ, -ɪd
AM ˌriəˈtem(p)t, -s,
-ɪŋ, -əd

reave
BR riːv, -z, -ɪŋ, -d
AM riv, -z, -ɪŋ, -d
reawaken
BR ˌriːəˈweɪk|(ə)n,
-(ə)nz, -(ə)nɪŋ\-n̩ɪŋ,
-(ə)nd
AM ˌriəˈweɪk|ən, -ənz,
-(ə)nɪŋ, -ənd
Reay
BR reɪ
AM reɪ
reb
BR reb, -z
AM reb, -z
rebadge
BR ˌriːˈbadʒ, -ɪz,
-ɪŋ, -d
AM ˌriˈbædʒ, -ɪz,
-ɪŋ, -d
rebalance
BR ˌriːˈbaln̩s, -ɪz,
-ɪŋ, -d
AM riˈbæl(ə)ns, -əz,
-ɪŋ, -t
rebalance
BR ˌriːˈbaln̩s, -ɪz,
-ɪŋ, -t
AM riˈbæləns, -əz,
-ɪŋ, -t
rebaptise
BR ˌriːbapˈtaɪz, -ɪz,
-ɪŋ, -d
AM ˌriˈbæpˌtaɪz,
rəˈbæpˌtaɪz, -ɪz,
-ɪŋ, -d
rebaptize
BR ˌriːbapˈtaɪz, -ɪz,
-ɪŋ, -d
AM ˌriˈbæpˌtaɪz,
rəˈbæpˌtaɪz, -ɪz,
-ɪŋ, -d
rebar *noun*
BR ˈriːbɑː(r)
AM ˈribɑr
rebarbative
BR rɪˈbɑːbətɪv
AM rəˈbɑrbədɪv
rebase
BR ˌriːˈbeɪs, -ɪz,
-ɪŋ, -t
AM riˈbeɪs, -ɪz, -ɪŋ, -t

rebatable
BR ˈriːbeɪtəbl
AM ˈriˌbeɪdəb(ə)l

rebate[1] *finance*
BR ˈriːbeɪt, -s
AM ˈriˌbeɪt, -s

rebate[2] *joint*
BR ˈriːbeɪt, ˈræbɪt, -s, -ɪŋ, -ɪd
AM ˈriˌbeɪ|t, ˈræbɪt, -ts, -dɪŋ, -dɪd

rebater
BR ˈriːbeɪtə(r), -z
AM ˈriˌbeɪdər, -z

rebbe
BR ˈrɛbə(r), -z
AM ˈrɛbə, -z

rebbetzin
BR ˈrɛbɪtsɪn, -z
AM ˈrɛbətsɪn, -z

rebec
BR ˈriːbɛk, -s
AM ˈriˌbɛk, ˈrɛbək, -s

Rebecca
BR rɪˈbɛkə(r)
AM rəˈbɛkə

rebeck
BR ˈriːbɛk, -s
AM ˈriˌbɛk, ˈrɛbək, -s

rebel[1] *noun*
BR ˈrɛbl, -z
AM ˈrɛbəl, -z

rebel[2] *verb*
BR rɪˈbɛl, -z, -ɪŋ, -d
AM rəˈbɛl, -z, -ɪŋ, -d

rebellion
BR rɪˈbɛljən, -z
AM rɪˈbɛljən, -z

rebellious
BR rɪˈbɛljəs
AM rɪˈbɛljəs

rebelliously
BR rɪˈbɛljəsli
AM rɪˈbɛljəsli

rebelliousness
BR rɪˈbɛljəsnəs
AM rɪˈbɛljəsnəs

rebid[1] *noun*
BR ˈriːbɪd, -z
AM ˈriˌbɪd, -z

rebid[2] *verb*
BR ˌriːˈbɪd, -z, -ɪŋ
AM ˌriˈbɪd, -z, -ɪŋ

rebind
BR ˌriːˈbaɪnd, -z, -ɪŋ
AM ˌriˈbaɪnd, -z, -ɪŋ

rebirth
BR ˌriːˈbɜːθ, ˈriːbɜːθ, -s
AM riˈbɜrθ, -s

rebirther
BR ˌriːˈbɜːθə(r), ˈriːbɜːθə(r), -z
AM riˈbɜrθər, -z

rebirthing
BR ˌriːˈbɜːθɪŋ, ˈriːbɜːθɪŋ, -z
AM riˈbɜrθɪŋ, -z

reboot
BR ˌriːˈbuːt, -s, -ɪŋ, -ɪd
AM ˌriˈbu|t, -ts, -dɪŋ, -dəd

rebore
BR ˌriːˈbɔː(r), -z, -ɪŋ, -d
AM ˌriˈbɔ(ə)r, -z, -ɪŋ, -d

reborn
BR ˌriːˈbɔːn
AM riˈbɔ(ə)rn

rebound[1] *adjective*
BR ˌriːˈbaʊnd
AM ˈriˌbaʊnd

rebound[2] *noun*
BR ˈriːbaʊnd
AM ˈriˌbaʊnd

rebound[3] *past tense of rebind*
BR ˌriːˈbaʊnd
AM ˌriˈbaʊnd

rebound[4] *verb, of basketball*
BR rɪˈbaʊnd, -z, -ɪŋ, -ɪd
AM ˈriˌbaʊnd, -z, -ɪŋ, -əd

rebounder
BR rɪˈbaʊndə(r), -z
AM ˈriˌbaʊndər, -z

rebozo
BR rɪˈbəʊzəʊ, -z
AM rəˈboʊzoʊ, -z

rebrand
BR ˌriːˈbrand, -z, -ɪŋ, -ɪd
AM riˈbrænd, -z, -ɪŋ, -əd

rebroadcast
BR ˌriːˈbrɔːdkɑːst, -s, -ɪŋ
AM ˌriˈbrɑdˌkæst, ˈriˈbrɑdˌkæst, -s, -ɪŋ

rebuff
BR rɪˈbʌf, -s, -ɪŋ, -t
AM riˈbəf, -s, -ɪŋ, -t

rebuild[1] *noun*
BR ˈriːbɪld, -z
AM ˈriˌbɪld, -z

rebuild[2] *verb*
BR (ˌ)riːˈbɪld, -z, -ɪŋ
AM riˈbɪld, -z, -ɪŋ

rebuilder
BR (ˌ)riːˈbɪldə(r), -z
AM riˈbɪldər, -z

rebuilding
BR (ˌ)riːˈbɪldɪŋ, -z
AM riˈbɪldɪŋ, -z

rebuilt
BR (ˌ)riːˈbɪlt
AM ˈriˈbɪlt, riˈbɪlt

rebuke
BR rɪˈbjuːk, -s, -ɪŋ, -t
AM riˈbjuk, -s, -ɪŋ, -t

rebuker
BR rɪˈbjuːkə(r), -z
AM riˈbjukər, -z

rebukingly
BR rɪˈbjuːkɪŋli
AM riˈbjukɪŋli

reburial
BR ˌriːˈbɛrɪəl, -z
AM riˈbɛrɪəl, -z

rebury
BR ˌriːˈbɛr|i, -ɪz, -ɪɪŋ, -ɪd
AM ˌriˈbɛri, -z, -ɪŋ, -d

rebus
BR ˈriːbəs, -ɪz
AM ˈribəs, -əz

rebut
BR rɪˈbʌt, -s, -ɪŋ, -ɪd
AM riˈbə|t, -ts, -dɪŋ, -dəd

rebutment
BR rɪˈbʌtm(ə)nt, -s
AM riˈbətm(ə)nt, -s

rebuttable
BR rɪˈbʌtəbl
AM riˈbədəb(ə)l

rebuttal
BR rɪˈbʌtl, -z
AM riˈbədl, -z

rebutter
BR rɪˈbʌtə(r), -z
AM riˈbədər, -z

rec
BR rɛk
AM rɛk

recalcitrance
BR rɪˈkalsɪtr̩ns
AM riˈkælsətrəns

recalcitrant
BR rɪˈkalsɪtr̩nt, -s
AM riˈkælsətrənt, -s

recalcitrantly
BR rɪˈkalsɪtr̩ntli
AM riˈkælsətrən(t)li

recalculate
BR ˌriːˈkalkjəleɪt, -s, -ɪŋ, -ɪd
AM riˈkælkjəˌleɪ|t, -ts, -dɪŋ, -dɪd

recalculation
BR ˌriːkalkjəˈleɪʃn, -z
AM riˌkælkjəˈleɪʃ(ə)n, -z

recalesce
BR ˌriːkəˈlɛs, -ɪz, -ɪŋ, -t
AM ˌrikəˈlɛs, -əz, -ɪŋ, -t

recalescence
BR ˌriːkəˈlɛsns
AM ˌrikəˈlɛsns

recall[1] *noun, something called back for correction*
BR ˈriːkɔːl, -z
AM ˈriˌkɑl, ˈriˌkɔl, -z

recall[2] *noun, something remembered*
BR rɪˈkɔːl, ˈriːkɔːl
AM riˈkɑl, ˈriˌkɑl, riˈkɔl, ˈriˌkɔl

recall³ *verb*
BR rɪˈkɔːl, -z, -ɪŋ, -d
AM riˈkɔl, riˈkɑl, -z, -ɪŋ, -d

recallable
BR rɪˈkɔːləbl
AM riˈkɔləb(ə)l, riˈkɑləb(ə)l

recant
BR rɪˈkant, -s, -ɪŋ, -ɪd
AM riˈkæn|t, -ts, -(t)ɪŋ, -(t)əd

recantation
BR ˌriːkanˈteɪʃn, -z
AM ˌriˌkænˈteɪʃ(ə)n, -z

recanter
BR rɪˈkantə(r), -z
AM riˈkæn(t)ər, -z

recap¹ *noun*
BR ˈriːkap, -s
AM ˈriˌkæp, -s

recap² *verb*
BR ˌriːˈkap, ˈriːkap, -s, -ɪŋ, -t
AM riˈkæp, -s, -ɪŋ, -t

recapitalisation
BR (ˌ)riːˌkapɪtlʌɪˈzeɪʃn
AM riˌkæpədləˈzeɪʃ(ə)n, riˌkæpədlˌaɪˈzeɪʃ(ə)n, riˌkæpədələˈzeɪʃ(ə)n, riˌkæpədəˌlaɪˈzeɪʃ(ə)n

recapitalise
BR (ˌ)riːˈkapɪtlʌɪz, -ɪz, -ɪŋ, -d
AM riˈkæpədlˌaɪz, riˈkæpədəˌlaɪz, -ɪz, -ɪŋ, -d

recapitalization
BR (ˌ)riːˌkapɪtlʌɪˈzeɪʃn
AM riˌkæpədləˈzeɪʃ(ə)n, riˌkæpədlˌaɪˈzeɪʃ(ə)n, riˌkæpədələˈzeɪʃ(ə)n, riˌkæpədəˌlaɪˈzeɪʃ(ə)n

recapitalize
BR (ˌ)riːˈkapɪtlʌɪz, -ɪz, -ɪŋ, -d
AM riˈkæpədlˌaɪz, riˈkæpədəˌlaɪz, -ɪŋ, -d

recapitulate
BR ˌriːkəˈpɪtʃʊleɪt, ˌriːkəˈpɪtjʊleɪt, -s, -ɪŋ, -ɪd
AM ˌrikəˈpɪtʃəˌleɪ|t, -ts, -dɪŋ, -dɪd

recapitulation
BR ˌriːkəˌpɪtʃʊˈleɪʃn, ˌriːkəˌpɪtjʊˈleɪʃn, -z
AM ˌrikəˌpɪtʃəˈleɪʃ(ə)n, -z

recapitulative
BR ˌriːkəˈpɪtʃʊlətɪv, ˌriːkəˈpɪtjʊlətɪv
AM ˌrikəˈpɪtʃəˌleɪdɪv, ˌrikəˈpɪtʃələdɪv

recapitulatory
BR ˌriːkəˈpɪtʃʊlət(ə)ri, ˌriːkəˈpɪtjʊlət(ə)ri
AM ˌrikəˈpɪtʃələˌtɔri

recapture
BR (ˌ)riːˈkaptʃə(r), -əz, -(ə)rɪŋ, -əd
AM riˈkæptʃər, -ərz, -(ə)rɪŋ, -ərd

recast
BR ˌriːˈkɑːst, -s, -ɪŋ
AM riˈkæst, -s, -ɪŋ

recce
BR ˈrɛk|i, -ɪz, -ɪŋ, -ɪd
AM ˈrɛki, -z, -ɪŋ, -d

recede
BR rɪˈsiːd, -z, -ɪŋ, -ɪd
AM riˈsid, -z, -ɪŋ, -ɪd

re-cede
BR ˌriːˈsiːd, -z, -ɪŋ, -ɪd
AM ˌriˈsid, -z, -ɪŋ, -ɪd

receipt
BR rɪˈsiːt, -s, -ɪŋ, -ɪd
AM riˈsi|t, -ts, -dɪŋ, -dɪd

receivable
BR rɪˈsiːvəbl
AM riˈsivəb(ə)l

receive
BR rɪˈsiːv, -z, -ɪŋ, -d
AM riˈsiv, -z, -ɪŋ, -d

receiver
BR rɪˈsiːvə(r), -z
AM riˈsivər, -z

receivership
BR rɪˈsiːvəʃɪp, -s
AM riˈsivərˌʃɪp, -s

recency
BR ˈriːsnsi
AM ˈrisənsi

recension
BR rɪˈsɛnʃn, -z
AM riˈsɛnʃ(ə)n, -z

recent
BR ˈriːsnt
AM ˈris(ə)nt

recently
BR ˈriːsntli
AM ˈrisn(t)li

recentness
BR ˈriːsntnəs
AM ˈrisn(t)nɪs

recep
BR rɪˈsɛp, -s
AM ˈriˌsɛp, -s

receptacle
BR rɪˈsɛptəkl, -z
AM riˈsɛptək(ə)l, -z

reception
BR rɪˈsɛpʃn, -z
AM riˈsɛpʃ(ə)n, -z

receptionist
BR rɪˈsɛpʃnɪst, -s
AM riˈsɛpʃənəst, -s

receptive
BR rɪˈsɛptɪv
AM riˈsɛptɪv

receptively
BR rɪˈsɛptɪvli
AM riˈsɛptɪvli

receptiveness
BR rɪˈsɛptɪvnɪs
AM riˈsɛptɪvnɪs

receptivity
BR ˌriːsɛpˈtɪvɪti
AM ˌriˌsɛpˈtɪvɪdi

receptor
BR rɪˈsɛptə(r), -z
AM riˈsɛptər, -z

recess¹ *noun*
BR ˈrɪsɛs, ˈriːsɛs, -ɪz
AM ˈrisɛs, ˈriˌsɛs, -əz

recess² *verb*
BR rɪˈsɛs, -ɪz, -ɪŋ, -t
AM riˈsɛs, ˈriˌsɛs, -əz, -ɪŋ, -t

recession
BR rɪˈsɛʃn, -z
AM riˈsɛʃ(ə)n, -z

recessional
BR rɪˈsɛʃn̩l, -z
AM riˈsɛʃ(ə)n(ə)l, -z

recessionary
BR rɪˈsɛʃn̩(ə)ri
AM riˈsɛʃəˌnɛri

recessive
BR rɪˈsɛsɪv
AM riˈsɛsɪv

recessively
BR rɪˈsɛsɪvli
AM riˈsɛsɪvli

recessiveness
BR rɪˈsɛsɪvnɪs
AM riˈsɛsɪvnɪs

Rechabite
BR ˈrɛkəbʌɪt, -s
AM ˈrɛkəˌbaɪt, -s

recharge
BR ˌriːˈtʃɑːdʒ, -ɪz, -ɪŋ, -d
AM riˈtʃɑrdʒ, -əz, -ɪŋ, -d

rechargeable
BR ˌriːˈtʃɑːdʒəbl
AM riˈtʃɑrdʒəb(ə)l

recharger
BR ˌriːˈtʃɑːdʒə(r), -z
AM riˈtʃɑrdʒər, -z

réchauffé
BR reɪˈʃəʊfeɪ, -z
AM ˌreɪˌʃoʊˈfeɪ, -z
FR ʀeʃofe

recheck
BR ˌriːˈtʃɛk, -s, -ɪŋ, -t
AM riˈtʃɛk, -s, -ɪŋ, -t

recherché
BR rəˈʃɛːʃeɪ
AM rəˌʃɛrˈʃeɪ
FR ʀəʃɛʀʃe

rechristen
BR ˌriːˈkrɪs|n, -nz, -n̩ɪŋ\-nɪŋ, -nd
AM riˈkrɪsn, -z, -ɪŋ, -d

recidivism
BR rɪˈsɪdɪvɪzm
AM riˈsɪdəˌvɪz(ə)m

recidivist
BR rɪˈsɪdɪvɪst, -s
AM riˈsɪdəvəst, -s

recidivistic
BR rɪˌsɪdɪˈvɪstɪk
AM riˌsɪdəˈvɪstɪk

Recife
BR rɛˈsiːfeɪ
AM rɛˈsifeɪ
B PORT xeˈsifi
L PORT Kəˈsifə

recipe
BR ˈrɛsɪp|i, -ɪz
AM ˈrɛsə,pi, -z

recipiency
BR rɪˈsɪpiənsi
AM riˈsɪpiənsi

recipient
BR rɪˈsɪpiənt, -s
AM riˈsɪpiənt, -s

reciprocal
BR rɪˈsɪprəkl, -z
AM riˈsɪprək(ə)l, -z

reciprocality
BR rɪˌsɪprəˈkalɪt|i, -ɪz
AM riˌsɪprəˈkælədi, -z

reciprocally
BR rɪˈsɪprəkl̩i
AM riˈsɪprək(ə)li

reciprocalness
BR rɪˈsɪprəklnəs
AM riˈsɪprəkəlnəs

reciprocate
BR rɪˈsɪprəkeɪt, -s, -ɪŋ, -ɪd
AM riˈsɪprə,keɪ|t, -ts, -dɪŋ, -dɪd

reciprocation
BR rɪˌsɪprəˈkeɪʃn
AM riˌsɪprəˈkeɪʃ(ə)n

reciprocator
BR rɪˈsɪprəkeɪtə(r), -z
AM riˈsɪprə,keɪdər, -z

reciprocity
BR ˌrɛsɪˈprɒsɪti
AM ˌrɛsəˈprɑsədi

recirculate
BR ˌriːˈsɜːkjʊleɪt, -s, -ɪŋ, -ɪd
AM riˈsɜrkjə,leɪ|t, -ts, -dɪŋ, -dɪd

recirculation
BR riːˌsɜːkjʊˈleɪʃn, -z
AM riˌsɜrkjəˈleɪʃ(ə)n, -z

recision
BR rɪˈsɪʒn, -z
AM riˈsɪʒ(ə)n, -z

recital
BR rɪˈsʌɪtl, -z
AM riˈsaɪdl, -z

recitalist
BR rɪˈsʌɪtl̩ɪst, -s
AM riˈsaɪdl̩əst, -s

recitation
BR ˌrɛsɪˈteɪʃn, -z
AM ˌrɛsəˈteɪʃ(ə)n, -z

recitative
BR ˌrɛsɪtəˈtiːv, -z
AM ˌrɛsədəˈtiv, -z

recite
BR rɪˈsʌɪt, -s, -ɪŋ, -ɪd
AM riˈsaɪ|t, -ts, -dɪŋ, -dɪd

reciter
BR rɪˈsʌɪtə(r), -z
AM riˈsaɪdər, -z

reck
BR rɛk, -s, -ɪŋ, -t
AM rɛk, -s, -ɪŋ, -t

reckless
BR ˈrɛkləs
AM ˈrɛkləs

recklessly
BR ˈrɛkləsli
AM ˈrɛkləsli

recklessness
BR ˈrɛkləsnəs
AM ˈrɛkləsnəs

reckon
BR ˈrɛk|(ə)n, -(ə)nz, -(ə)nɪŋ\-n̩ɪŋ, -(ə)nd
AM ˈrɛk|ən, -ənz, -(ə)nɪŋ, -ənd

reckoner
BR ˈrɛk(ə)nə(r), ˈrɛkn̩ə(r), -z
AM ˈrɛk(ə)nər, -z

reckoning
BR ˈrɛk(ə)nɪŋ, ˈrɛkn̩ɪŋ, -z
AM ˈrɛk(ə)nɪŋ, -z

reclaim
BR rɪˈkleɪm, ˌriːˈkleɪm, -z, -ɪŋ, -d
AM riˈkleɪm, -z, -ɪŋ, -d

reclaimable
BR rɪˈkleɪməbl, ˌriːˈkleɪməbl
AM riˈkleɪməb(ə)l

reclaimer
BR rɪˈkleɪmə(r), ˌriːˈkleɪmə(r), -z
AM riˈkleɪmər, -z

reclamation
BR ˌrɛkləˈmeɪʃn
AM ˌrɛkləˈmeɪʃ(ə)n

reclassification
BR riːˌklasɪfɪˈkeɪʃn, -z
AM riˌklæsəfəˈkeɪʃ(ə)n, -z

reclassify
BR ˌriːˈklasɪfʌɪ, -z, -ɪŋ, -d
AM riˈklæsə,faɪ, -z, -ɪŋ, -d

reclinable
BR rɪˈklʌɪməbl
AM riˈklaɪnəb(ə)l

reclinate
BR ˈrɛklɪneɪt
AM ˈrɛklənət, ˈrɛklə,neɪt

recline
BR rɪˈklʌɪn, -z, -ɪŋ, -d
AM riˈklaɪn, -z, -ɪŋ, -d

recliner
BR rɪˈklʌɪnə(r), -z
AM riˈklaɪnər, -z

reclosable
BR ˌriːˈkləʊzəbl
AM riˈkloʊzəb(ə)l

reclothe
BR ˌriːˈkləʊð, -z, -ɪŋ, -d
AM ˌriˈkloʊ|ð, -(ð)z, -ðɪŋ, -ðd

recluse
BR rɪˈkluːs, -ɪz
AM riˈklus, ˈrɛˌkluz, riˈkluz, ˈrɛˌklus, -əz

reclusion
BR rɪˈkluːʒn
AM riˈkluʒ(ə)n

reclusive
BR rɪˈkluːsɪv
AM rəˈkluzɪv, rəˈklusɪv

reclusiveness
BR rɪˈkluːsɪvnɪs
AM rəˈkluzɪvnɪs, rəˈklusɪvnɪs

recode
BR ˌriːˈkəʊd, -z, -ɪŋ, -ɪd
AM ˌriˈkoʊd, -z, -ɪŋ, -əd

recognisability
BR ˌrɛkəɡˌnʌɪzəˈbɪlɪti
AM ˌrɛkə(ɡ)ˌnaɪzəˈbɪlɪdi

recognisable
BR ˈrɛkəɡnʌɪzəbl, ˌrɛkəɡˈnʌɪzəbl
AM ˌrɛkə(ɡ)ˈnaɪzəb(ə)l

recognisably
BR ˈrɛkəɡnʌɪzəbli, ˌrɛkəɡˈnʌɪzəbli
AM ˌrɛkə(ɡ)ˈnaɪzəbli

recognisance
BR rɪˈkɒɡnɪzns, -ɪz
AM riˈkɑɡnəz(ə)ns, -əz

recognisant
BR rɪˈkɒɡnɪznt
AM riˈkɑɡnəznt

recognise
BR ˈrɛkəɡnʌɪz, -ɪz, -ɪŋ, -d
AM ˈrɛkə(ɡ)ˌnaɪz, -ɪz, -ɪŋ, -d

recogniser
BR ˈrɛkəɡnʌɪzə(r), -z
AM ˈrɛkə(ɡ)ˌnaɪzər, -z

recognition
BR ˌrɛkəɡˈnɪʃn
AM ˌrɛkəɡˈnɪʃ(ə)n

recognitory
BR rɪˈkɒɡnɪt(ə)ri
AM riˈkɑɡnə,tɔri

recognizability
BR ˌrɛkəɡˌnʌɪzəˈbɪlɪti
AM ˌrɛkə(ɡ)ˌnaɪzəˈbɪlɪdi

recognizable
BR ˈrɛkəɡnʌɪzəbl, ˌrɛkəɡˈnʌɪzəbl
AM ˌrɛkə(ɡ)ˈnaɪzəb(ə)l

recognizably
BR ˈrɛkəɡnʌɪzəbli, ˌrɛkəɡˈnʌɪzəbli
AM ˌrɛkə(ɡ)ˈnaɪzəbli

recognizance
BR rɪˈkɒgnɪzns, -ɪz
AM riˈkagnəzns, -əz
recognizant
BR rɪˈkɒgnɪznt
AM riˈkagnəznt
recognize
BR ˈrɛkəgnʌɪz, -ɪz, -ɪŋ, -d
AM ˈrɛkə(g)ˌnaɪz, -ɪz, -ɪŋ, -d
recognizer
BR ˈrɛkəgnʌɪzə(r), -z
AM ˈrɛkə(g)ˌnaɪzər, -z
recoil[1] *noun*
BR ˈriːkɔɪl, -z
AM ˈriˌkɔɪl, -z
recoil[2] *verb*
BR rɪˈkɔɪl, -z, -ɪŋ, -d
AM riˈkɔɪl, -z, -ɪŋ, -d
recoilless
BR rɪˈkɔɪlɪs, ˈriːkɔɪlɪs
AM riˈkɔɪlɪs
recoin
BR ˌriːˈkɔɪn, -z, -ɪŋ, -d
AM ˌriˈkɔɪn, -z, -ɪŋ, -d
recollect[1] *collect again*
BR ˌriːkəˈlɛkt, -s, -ɪŋ, -ɪd
AM ˌrikəˈlɛk|(t), -(t)s, -tɪŋ, -təd
recollect[2] *remember*
BR ˌrɛkəˈlɛkt, -s, -ɪŋ, -ɪd
AM ˌrɛkəˈlɛk|(t), -(t)s, -tɪŋ, -təd
recollection
BR ˌrɛkəˈlɛkʃn, -z
AM ˌrɛkəˈlɛkʃ(ə)n, -z
recollective
BR ˌrɛkəˈlɛktɪv
AM ˌrɛkəˈlɛktɪv
recolonisation
BR (ˌ)riːˌkɒlənʌɪˈzeɪʃn, -z
AM riˌkalǝˌnaɪˈzeɪʃ(ə)n, riˌkalənəˈzeɪʃ(ə)n, -z

recolonise
BR (ˌ)riːˈkɒlənʌɪz, -ɪz, -ɪŋ, -d
AM ˌriˈkaləˌnaɪz, -ɪz, -ɪŋ, -d
recolonization
BR (ˌ)riːˌkɒlənʌɪˈzeɪʃn, -z
AM riˌkaləˌnaɪˈzeɪʃ(ə)n, riˌkalənəˈzeɪʃ(ə)n, -z
recolonize
BR (ˌ)riːˈkɒlənʌɪz, -ɪz, -ɪŋ, -d
AM ˌriˈkaləˌnaɪz, -ɪz, -ɪŋ, -d
recolor
BR ˌriːˈkʌlə(r), -z, -ɪŋ, -d
AM ˌriˈkələr, -z, -ɪŋ, -d
recolour
BR ˌriːˈkʌlə(r), -z, -ɪŋ, -d
AM ˌriˈkələr, -z, -ɪŋ, -d
recombinant
BR (ˌ)riːˈkɒmbɪnənt, rɪˈkɒmbɪnənt, -s
AM riˈkambənənt, -s
recombination
BR ˌriːkɒmbɪˈneɪʃn, -z
AM ˌriˌkəmbəˈneɪʃ(ə)n, -z
recombine
BR ˌriːkəmˈbʌɪn, -z, -ɪŋ, -d
AM ˌrikəmˈbaɪn, -z, -ɪŋ, -d
recommence
BR ˌriːkəˈmɛns, ˌrɛkəˈmɛns, -ɪz, -ɪŋ, -t
AM ˌrikəˈmɛns, -əz, -ɪŋ, -t
recommencement
BR ˌriːkəˈmɛnsm(ə)nt, ˌrɛkəˈmɛnsm(ə)nt, -s
AM ˌrikəˈmɛnsm(ə)nt, -s
recommend
BR ˌrɛkəˈmɛnd, -z, -ɪŋ, -ɪd
AM ˌrɛkəˈmɛnd, -z, -ɪŋ, -əd

recommendable
BR ˌrɛkəˈmɛndəbl
AM ˌrɛkəˈmɛndəb(ə)l
recommendation
BR ˌrɛkəm(ɛ)nˈdeɪʃn, -z
AM ˌrɛkəˌmɛnˈdeɪʃ(ə)n, ˌrɛkəmənˈdeɪʃ(ə)n, -z
recommendatory
BR ˌrɛkəˈmɛndət(ə)ri
AM ˌrɛkəˈmɛndəˌtɔri
recommender
BR ˌrɛkəˈmɛndə(r), -z
AM ˌrɛkəˈmɛndər, -z
recommission
BR ˌriːkəˈmɪʃn, -nz, -ṇɪŋ\-nɪŋ, -nd
AM ˌrikəˈmɪʃ(ə)n, -z, -ɪŋ, -d
recommit
BR ˌriːkəˈmɪt, -s, -ɪŋ, -ɪd
AM ˌrikəˈmɪ|t, -ts, -dɪŋ, -dɪd
recommitment
BR ˌriːkəˈmɪtm(ə)nt, -s
AM ˌrikəˈmɪtm(ə)nt, -s
recommittal
BR ˌriːkəˈmɪtl, -z
AM ˌrikəˈmɪdl, -z
recompense
BR ˈrɛkəmpɛns, -ɪz, -ɪŋ, -t
AM ˈrɛkəmˌpɛns, -əz, -ɪŋ, -t
recompose
BR ˌriːkəmˈpəʊz, -ɪz, -ɪŋ, -d
AM ˌrikəmˈpoʊz, -əz, -ɪŋ, -d
reconcilability
BR ˌrɛk(ə)nˌsʌɪləˈbɪlɪti
AM ˈrɛkənˌsaɪləˈbɪlɪdi
reconcilable
BR ˈrɛk(ə)nsʌɪləbl, ˌrɛk(ə)nˈsʌɪləbl
AM ˌrɛkənˈsaɪləb(ə)l
reconcilably
BR ˈrɛk(ə)nsʌɪləbli, ˌrɛk(ə)nˈsʌɪləbli
AM ˌrɛkənˈsaɪləbli

reconcile
BR ˈrɛk(ə)nsʌɪl, -z, -ɪŋ, -d
AM ˈrɛkənˌsaɪl, -z, -ɪŋ, -d
reconcilement
BR ˈrɛk(ə)nsʌɪlm(ə)nt, -s
AM ˈrɛkənˌsaɪlm(ə)nt, -s
reconciler
BR ˈrɛk(ə)nsʌɪlə(r), ʊ
AM ˈrɛkənˌsaɪlər, -z
reconciliation
BR ˌrɛk(ə)nsɪlɪˈeɪʃn, -z
AM ˌrɛkənˌsɪliˈeɪʃ(ə)n, -z
reconciliatory
BR ˌrɛk(ə)nˈsɪlɪət(ə)ri
AM ˌrɛkənˈsɪliəˌtɔri
recondite
BR ˈrɛk(ə)ndʌɪt, rɪˈkɒndʌɪt
AM riˈkanˌdaɪt, ˈrɛkənˌdaɪt
reconditely
BR ˈrɛk(ə)ndʌɪtli, rɪˈkɒndʌɪtli
AM riˈkanˌdaɪtli, ˈrɛkənˌdaɪtli
reconditeness
BR ˈrɛk(ə)ndʌɪtnɪs, rɪˈkɒndʌɪtnɪs
AM riˈkanˌdaɪtnɪs, ˈrɛkənˌdaɪtnɪs
recondition
BR ˌriːkənˈdɪʃn, -nz, -ṇɪŋ\-nɪŋ, -nd
AM ˌrikənˈdɪʃ(ə)n, -ənz, -(ə)nɪŋ, -ənd
reconditioner
BR ˌriːkənˈdɪʃnə(r), ˌriːkənˈdɪʃnə(r), -z
AM ˌrikənˈdɪʃ(ə)nər, -z
reconduct
BR ˌriːkənˈdʌkt, -s, -ɪŋ, -ɪd
AM ˌrikənˈdəkˌ|(t), -(t)s, -tɪŋ, -təd

reconfiguration
BR ˌriːkənˌfɪgəˈreɪʃn,
ˌriːkənˌfɪgjəˈreɪʃn,
-z
AM ˈˌrikənˌfɪg(j)əˈreɪʃ(ə)n, -z

reconfigure
BR ˌriːkənˈfɪgə(r), -z, -ɪŋ, -d
AM ˌrikənˈfɪgjər, -z, -ɪŋ, -d

reconfirm
BR ˌriːkənˈfɜːm, -z, -ɪŋ, -d
AM ˌrikənˈfɜrm, -z, -ɪŋ, -d

reconfirmation
BR ˌriːkɒnfəˈmeɪʃn, -z
AM ˌriˌkɑnfərˈmeɪʃ(ə)n, -z

reconnaissance
BR rɪˈkɒnɪsns, -ɪz
AM rɪˈkɑnəs(ə)ns, -ɪz

reconnect
BR ˌriːkəˈnɛkt, -s, -ɪŋ, -ɪd
AM ˌrikəˈnɛk|(t), -(t)s, -tɪŋ, -təd

reconnection
BR ˌriːkəˈnɛkʃn, -z
AM ˌrikəˈnɛkʃ(ə)n, -z

reconnoiter
BR ˌrɛkəˈnɔɪt|ə(r), -əz, -(ə)rɪŋ, -əd
AM ˌrɛkəˈnɔɪ|dər, ˌrɛkəˈnɔɪ|dər, -dərz, -dərɪŋ\-trɪŋ, -dərd

reconnoitre
BR ˌrɛkəˈnɔɪt|ə(r), -əz, -(ə)rɪŋ, -əd
AM ˌrɛkəˈnɔɪ|dər, ˌrɛkəˈnɔɪ|dər, -dərz, -dərɪŋ\-trɪŋ, -dərd

reconquer
BR ˌriːˈkɒŋk|ə(r), -əz, -(ə)rɪŋ, -əd
AM riˈkɑŋk|ər, -ərz, -(ə)rɪŋ, -ərd

reconquest
BR ˌriːˈkɒŋkwɛst, -s
AM riˈkɑŋkwəst, -s

reconsecrate
BR ˌriːˈkɒnsɪkreɪt, -s, -ɪŋ, -ɪd
AM ˌriˈkɑnsɛˌkreɪ|t, -ts, -dɪŋ, -dɪd

reconsecration
BR ˌriːkɒnsɪˈkreɪʃn
AM ˈˌriˌkɑnsəˈkreɪʃ(ə)n

reconsider
BR ˌriːkənˈsɪd|ə(r), -əz, -(ə)rɪŋ, -əd
AM ˌrikənˈsɪdər, -z, -ɪŋ, -d

reconsideration
BR ˌriːkənˌsɪdəˈreɪʃn
AM ˈˌrikənˌsɪdəˈreɪʃ(ə)n

reconsign
BR ˌriːkənˈsʌɪn, -z, -ɪŋ, -d
AM ˌrikənˈsaɪn, -z, -ɪŋ, -d

reconsignment
BR ˌriːkənˈsʌɪnm(ə)nt, -s
AM ˌrikənˈsaɪnm(ə)nt, -s

reconsolidate
BR ˌriːkənˈsɒlɪdeɪt, -s, -ɪŋ, -ɪd
AM ˌrikənˈsɑləˌdeɪ|t, -ts, -dɪŋ, -dɪd

reconsolidation
BR ˌriːkənˌsɒlɪˈdeɪʃn, -z
AM ˈˌrikənˌsɑləˈdeɪʃ(ə)n, -z

reconstitute
BR ˌriːˈkɒnstɪtjuːt, ˌriːˈkɒnstɪtʃuːt, -s, -ɪŋ, -ɪd
AM riˈkɑnstəˌt(j)u|t, -ts, -dɪŋ, -dəd

reconstitution
BR ˌriːkɒnstɪˈtjuːʃn, ˌriːkɒnstɪˈtʃuːʃn
AM ˈˌriˌkɑnstəˈt(j)uʃ(ə)n

reconstruct
BR ˌriːkənˈstrʌkt, -s, -ɪŋ, -ɪd
AM ˌrikənˈstrək|(t), -(t)s, -tɪŋ, -təd

reconstructable
BR ˌriːkənˈstrʌktəbl
AM ˌrikənˈstrəktəb(ə)l

reconstruction
BR ˌriːkənˈstrʌkʃn, -z
AM ˌrikənˈstrəkʃ(ə)n, -z

reconstructive
BR ˌriːkənˈstrʌktɪv
AM ˌrikənˈstrəktɪv

reconstructor
BR ˌriːkənˈstrʌktə(r), -z
AM ˌrikənˈstrəktər, -z

reconvene
BR ˌriːkənˈviːn, -z, -ɪŋ, -d
AM ˌrikənˈvin, -z, -ɪŋ, -d

reconversion
BR ˌriːkənˈvɜːʃn, -z
AM ˌrikənˈvɜrʒ(ə)n, -z

reconvert
BR ˌriːkənˈvɜːt, -s, -ɪŋ, -ɪd
AM ˌrikənˈvər|t, -ts, -dɪŋ, -dəd

record[1] *noun*
BR ˈrɛkɔːd, -z
AM ˈrɛkərd, -z

record[2] *verb*
BR rɪˈkɔːd, -z, -ɪŋ, -ɪd
AM rɪˈkɔ(ə)rd, -z, -ɪŋ, -əd

recordable
BR rɪˈkɔːdəbl
AM rɪˈkɔrdəb(ə)l

recorder
BR rɪˈkɔːdə(r), -z
AM rɪˈkɔrdər, -z

recordership
BR rɪˈkɔːdəʃɪp, -s
AM rɪˈkɔrdərˌʃɪp, -s

recording
BR rɪˈkɔːdɪŋ, -z
AM rɪˈkɔrdɪŋ, -z

recordist
BR rɪˈkɔːdɪst, -s
AM rɪˈkɔrdəst, -s

record-player
BR ˈrɛkɔːdˌpleɪə(r), -z
AM ˈrɛkərdˌpleɪər, -z

recount[1] *noun*
BR ˈriːkaʊnt, -s
AM ˈriˌkaʊnt, -s

recount[2] *verb, count again*
BR ˌriːˈkaʊnt, -s, -ɪŋ, -ɪd
AM rəˈkaʊn|t, ˌriˈkaʊn|t, -ts, -(t)ɪŋ, -(t)əd

recount[3] *verb, tell*
BR rɪˈkaʊnt, -s, -ɪŋ, -ɪd
AM rɪˈkaʊn|t, -ts, -(t)ɪŋ, -(t)əd

recoup
BR rɪˈkuːp, -s, -ɪŋ, -t
AM rɪˈkup, -s, -ɪŋ, -t

recoupable
BR rɪˈkuːpəbl
AM rɪˈkupəb(ə)l

recoupment
BR rɪˈkuːpm(ə)nt, -s
AM rɪˈkupm(ə)nt, -s

recourse
BR rɪˈkɔːs
AM rɪˈkɔ(ə)rs, ˈriˌkɔ(ə)rs

recover[1] *cover again*
BR ˌriːˈkʌv|ə(r), -əz, -(ə)rɪŋ, -əd
AM riˈkəv|ər, -ərz, -(ə)rɪŋ, -ərd

recover[2] *regain*
BR rɪˈkʌv|ə(r), -əz, -(ə)rɪŋ, -əd
AM rɪˈkəv|ər, -ərz, -(ə)rɪŋ, -ərd

recoverability
BR rɪˌkʌv(ə)rəˈbɪlɪt|i, -ɪz
AM ˈˌriˌkəv(ə)rəˈbɪlɪdi, -z

recoverable
BR rɪˈkʌv(ə)rəbl
AM rɪˈkəv(ə)rəb(ə)l

recoverer
BR rɪˈkʌv(ə)rə(r), -z
AM rɪˈkəv(ə)rər, -z

recovery
BR rɪˈkʌv(ə)r|i, -ɪz
AM rɪˈkəv(ə)ri, -z

recreancy
BR ˈrɛkrɪənsi
AM ˈrɛkrɪənsi
recreant
BR ˈrɛkrɪənt, -s
AM ˈrɛkrɪənt, -s
recreantly
BR ˈrɛkrɪəntli
AM ˈrɛkrɪən(t)li
recreate[1] *create again*
BR ˌriːkriˈeɪt, -s, -ɪŋ, -ɪd
AM ˌrikriˈeɪ|t, -ts, -dɪŋ, -dɪd
recreate[2] *refresh, enliven*
BR ˈrɛkrieɪt, -s, -ɪŋ, -ɪd
AM ˈrɛkriˌeɪ|t, -ts, -dɪŋ, -dɪd
recreation[1] *creating again*
BR ˌriːkrɪˈeɪʃn, -z
AM ˌrikriˈeɪʃ(ə)n, -z
recreation[2] *exercise, refreshment*
BR ˌrɛkriˈeɪʃn, -z
AM ˌrɛkriˈeɪʃ(ə)n, -z
recreational
BR ˌrɛkriˈeɪʃn̩l
AM ˌrɛkriˈeɪʃ(ə)n(ə)l
recreationally
BR ˌrɛkriˈeɪʃn̩li, ˌrɛkrɪˈeɪʃnəli
AM ˌrɛkriˈeɪʃ(ə)nəli
recreative
BR ˈrɛkrɪeɪtɪv, ˈrɛkrɪətɪv
AM ˌrɛkriˈeɪdɪv
recriminate
BR rɪˈkrɪmɪneɪt, -s, -ɪŋ, -ɪd
AM riˈkrɪməˌneɪ|t, -ts, -dɪŋ, -dɪd
recrimination
BR rɪˌkrɪmɪˈneɪʃn, -z
AM riˌkrɪməˈneɪʃ(ə)n, -z
recriminative
BR rɪˈkrɪmɪnətɪv
AM riˈkrɪmənədɪv, riˈkrɪməˌneɪdɪv

recriminatory
BR rɪˈkrɪmɪnət(ə)ri
AM riˈkrɪmənəˌtɔri
recross
BR ˌriːˈkrɒs, -ɪz, -ɪŋ, -t
AM ˌriˈkrɑs, ˌriˈkrɔs, -əz, -ɪŋ, -t
recrudesce
BR ˌriːkruːˈdɛs, ˌrɛkruːˈdɛs, -ɪz, -ɪŋ, -t
AM ˌrikruˈdɛs, -ɪz, -ɪŋ, -t
recrudescence
BR ˌriːkruːˈdɛsns, ˌrɛkruːˈdɛsns
AM ˌrikruˈdɛs(ə)ns
recrudescent
BR ˌriːkruːˈdɛsnt, ˌrɛkruːˈdɛsnt
AM ˌrikruˈdɛs(ə)nt
recruit
BR rɪˈkruːt, -s, -ɪŋ, -ɪd
AM riˈkru|t, -ts, -dɪŋ, -dəd
recruitable
BR rɪˈkruːtəbl
AM riˈkrudəb(ə)l
recruital
BR rɪˈkruːtl, -z
AM riˈkrudl, -z
recruiter
BR rɪˈkruːtə(r), -z
AM riˈkrudər, -z
recruitment
BR rɪˈkruːtm(ə)nt
AM riˈkrutm(ə)nt
recrystallisation
BR ˌriːˌkrɪstl̩ʌɪˈzeɪʃn
AM ˈˌriˌkrɪstəˌlaɪˈzeɪʃ(ə)n, ˈˌriˌkrɪstələˈzeɪʃ(ə)n
recrystallise
BR ˌriːˈkrɪstl̩ʌɪz, -ɪz, -ɪŋ, -d
AM ˌriˈkrɪstəˌlaɪz, -ɪz, -ɪŋ, -d
recrystallization
BR ˌriːˌkrɪstl̩ʌɪˈzeɪʃn, -z
AM ˈˌriˌkrɪstəˌlaɪˈzeɪʃ(ə)n, ˈˌriˌkrɪstələˈzeɪʃ(ə)n, -z

recrystallize
BR ˌriːˈkrɪstl̩ʌɪz, -ɪz, -ɪŋ, -d
AM ˌriˈkrɪstəˌlaɪz, -ɪz, -ɪŋ, -d
recta
BR ˈrɛktə(r)
AM ˈrɛktə
rectal
BR ˈrɛktl
AM ˈrɛkt(ə)l
rectally
BR ˈrɛktli
AM ˈrɛkt(ə)li
rectangle
BR ˈrɛktaŋgl
AM ˈrɛkˌtæŋgəl
rectangular
BR rɛkˈtaŋgjʊlə(r)
AM rɛkˈtæŋgjələr
rectangularity
BR rɛkˌtaŋgjʊˈlarɪti
AM rɛkˌtæŋgjəˈlɛrədi
rectangularly
BR rɛkˈtaŋgjʊləli
AM rɛkˈtæŋgjələrli
recti
BR ˈrɛktʌɪ
AM ˈrɛkˌtaɪ
rectifiable
BR ˈrɛktɪfʌɪəbl
AM ˈrɛktəˌfaɪəb(ə)l
rectification
BR ˌrɛktɪfɪˈkeɪʃn, -z
AM ˌrɛktəfəˈkeɪʃ(ə)n, -z
rectifier
BR ˈrɛktɪfʌɪə(r), -z
AM ˈrɛktəˌfaɪər, -z
rectify
BR ˈrɛktɪfʌɪ, -z, -ɪŋ, -d
AM ˈrɛktəˌfaɪ, -z, -ɪŋ, -d
rectilineal
BR ˌrɛktɪˈlɪniəl
AM ˌrɛktəˈlɪniəl
rectilinear
BR ˌrɛktɪˈlɪnɪə(r)
AM ˌrɛktəˈlɪniər
rectilinearity
BR ˌrɛktɪˌlɪniˈarɪti
AM ˌrɛktəˌlɪniˈɛrədi

rectilinearly
BR ˌrɛktɪˈlɪnɪəli
AM ˌrɛktəˈlɪniərli
rectitude
BR ˈrɛktɪtjuːd, ˈrɛktɪtʃuːd
AM ˈrɛktəˌt(j)ud
recto
BR ˈrɛktəʊ
AM ˈrɛktoʊ
rector
BR ˈrɛktə(r), -z
AM ˈrɛktər, z
rectoral
BR ˈrɛkt(ə)rl̩
AM ˈrɛkt(ə)rəl
rectorate
BR ˈrɛkt(ə)rət, -s
AM ˈrɛkt(ə)rət, -s
rectorial
BR rɛkˈtɔːriəl
AM rɛkˈtɔriəl
rectorship
BR ˈrɛktəʃɪp, -s
AM ˈrɛktərˌʃɪp, -s
rectory
BR ˈrɛkt(ə)r|i, -ɪz
AM ˈrɛkt(ə)ri, -z
rectrices
BR ˈrɛktrɪsiːz
AM ˈrɛktrəˌsiz
rectrix
BR ˈrɛktrɪks, -ɪz
AM ˈrɛkˌtrɪks, -ɪz
rectum
BR ˈrɛktəm, -z
AM ˈrɛkt(ə)m, -z
rectus
BR ˈrɛktəs
AM ˈrɛktəs
recumbence
BR rɪˈkʌmb(ə)ns
AM riˈkəmbəns
recumbency
BR rɪˈkʌmb(ə)nsi
AM riˈkəmbənsi
recumbent
BR rɪˈkʌmb(ə)nt
AM riˈkəmbənt
recumbently
BR rɪˈkʌmb(ə)ntli
AM riˈkəmbən(t)li

recuperable
BR rɪˈk(j)u:p(ə)rəbl
AM riˈkupərəb(ə)l

recuperate
BR rɪˈk(j)u:pəreɪt, -s, -ɪŋ, -ɪd
AM riˈkupəˌreɪ|t, -ts, -dɪŋ, -dɪd

recuperation
BR rɪˌk(j)u:pəˈreɪʃn
AM riˌkupəˈreɪʃ(ə)n

recuperative
BR rɪˈk(j)u:p(ə)rətɪv
AM riˈkupəˌreɪdɪv, riˈkup(ə)rədɪv

recuperator
BR rɪˈk(j)u:pəreɪtə(r), -z
AM riˈkupəˌreɪdər, -z

recur
BR rɪˈkə:(r), -z, -ɪŋ, -d
AM riˈkər, -z, -ɪŋ, -d

recurrence
BR rɪˈkʌrn̩s, -ɪz
AM riˈkərəns, -əz

recurrent
BR rɪˈkʌrn̩t
AM riˈkərənt

recurrently
BR rɪˈkʌrn̩tli
AM riˈkərən(t)li

recursion
BR rɪˈkə:ʃn, rɪˈkə:ʒn, -z
AM rəˈkərʒ(ə)n, -z

recursive
BR rɪˈkə:sɪv, -z
AM riˈkərsɪv, -z

recursively
BR rɪˈkə:sɪvli
AM riˈkərsɪvli

recurvate
BR rɪˈkə:veɪt
AM riˈkərˌveɪt, riˈkərvət

recurvature
BR rɪˈkə:vətʃə(r), -z
AM riˈkərvətʃʊ(ə)r, riˈkərvətʃər, -z

recurve
BR ˌri:ˈkə:v, -z, -ɪŋ, -d
AM riˈkərv, -z, -ɪŋ, -d

recusance
BR ˈrɛkjʊzns
AM rəˈkjuzns

recusancy
BR ˈrɛkjʊznsi
AM rəˈkjuznsi

recusant
BR ˈrɛkjʊznt, -s
AM rəˈkjuznt, -s

recyclable
BR ˌri:ˈsʌɪkləbl
AM riˈsaɪkləb(ə)l

recycle
BR ˌri:ˈsʌɪk|l, -lz, -lɪŋ, -ld
AM riˈsaɪk|əl, -əlz, -(ə)lɪŋ, -əld

recycler
BR ˌri:ˈsʌɪklə(r), -z
AM riˈsaɪklər, -z

red
BR rɛd, -z, -ə(r), -ɪst
AM rɛd, -z, -ər, -əst

redact
BR rɪˈdakt, -s, -ɪŋ, -ɪd
AM riˈdæk|(t), -(t)s, -tɪŋ, -təd

redaction
BR rɪˈdakʃn, -z
AM riˈdækʃ(ə)n, -z

redactional
BR rɪˈdakʃn̩l
AM riˈdækʃ(ə)n(ə)l

redactor
BR rɪˈdaktə(r), -z
AM riˈdæktər, -z

redan
BR rɪˈdan, -z
AM rəˈdæn, -z

redback
BR ˈrɛdbak, -s
AM ˈrɛdˌbæk, -s

red bark
BR ˌrɛd ˈbɑːk
AM ˌrɛd ˈbɑrk

red-blooded
BR ˌrɛdˈblʌdɪd
AM ˌrɛdˈblədəd

red-bloodedness
BR ˌrɛdˈblʌdɪdnɪs
AM ˌrɛdˈblədədnəs

redbreast
BR ˈrɛdbrɛst, -s
AM ˈrɛdˌbrɛst, -s

redbrick *adjective*
BR ˈrɛdbrɪk, ˌrɛdˈbrɪk
AM ˈrɛdˈbrɪk

Redbridge
BR ˈrɛdbrɪdʒ
AM ˈrɛdˌbrɪdʒ

redbud
BR ˈrɛdbʌd, -z
AM ˈrɛdˌbəd, -z

redcap
BR ˈrɛdkap, -s
AM ˈrɛdˌkæp, -s

Redcar
BR ˈrɛdkɑː(r)
AM ˈrɛdˌkɑr, ˈrɛdkər

redcoat
BR ˈrɛdkəʊt, -s
AM ˈrɛdˌkoʊt, -s

redcurrant
BR ˌrɛdˈkʌrn̩t, -s
AM ˌrɛdˈkərənt, -s

redd
BR rɛd, -z, -ɪŋ, -ɪd
AM rɛd ˈ, -z, -ɪŋ, -əd

Reddaway
BR ˈrɛdəweɪ
AM ˈrɛdəˌweɪ

redden
BR ˈrɛdn̩, -z, -ɪŋ, -d
AM ˈrɛdən, -z, -ɪŋ, -d

reddish
BR ˈrɛdɪʃ
AM ˈrɛdɪʃ

reddishness
BR ˈrɛdɪʃnɪs
AM ˈrɛdɪʃnɪs

Redditch
BR ˈrɛdɪtʃ
AM ˈrɛdɪtʃ

reddle
BR ˈrɛdl
AM ˈrɛdəl

red-dog
BR ˈrɛddɒg
AM ˈrɛdˌdɑg, ˈrɛdˌdɔg

reddy
BR ˈrɛdi
AM ˈrɛdi

rede
BR ri:d, -z, -ɪŋ, -ɪd
AM rid, -z, -ɪŋ, -ɪd

redecorate
BR (ˌ)ri:ˈdɛkəreɪt, -s, -ɪŋ, -ɪd
AM riˈdɛkəˌreɪ|t, -ts, -dɪŋ, -dɪd

redecoration
BR ˌri:dɛkəˈreɪʃn, ri:ˌdɛkəˈreɪʃn
AM ˈˌri:ˌdɛkəˈreɪʃ(ə)n

rededicate
BR (ˌ)ri:ˈdɛdɪkeɪt, -s, -ɪŋ, -ɪd
AM ˌriˈdɛdəˌkeɪ|t, -ts, -dɪŋ, -dɪd

rededication
BR ˌri:dɛdɪˈkeɪʃn, ri:ˌdɛdɪˈkeɪʃn
AM ˌriˌdɛdəˈkeɪʃ(ə)n

redeem
BR rɪˈdi:m, -z, -ɪŋ, -d
AM riˈdim, -z, -ɪŋ, -d

redeemable
BR rɪˈdi:məbl
AM riˈdiməb(ə)l

redeemer
BR rɪˈdi:mə(r), -z
AM riˈdimər, -z

redefine
BR ˌri:dɪˈfʌɪn, -z, -ɪŋ, -d
AM ˌridəˈfaɪn, -z, -ɪŋ, -d

redefinition
BR ˌri:dɛfɪˈnɪʃn, -z
AM ˈˌriˌdɛfəˈnɪʃ(ə)n, -z

redemption
BR rɪˈdɛm(p)ʃn, -z
AM riˈdɛm(p)ʃ(ə)n, -z

redemptive
BR rɪˈdɛm(p)tɪv
AM riˈdɛm(p)tɪv

Redemptorist
BR rɪˈdɛm(p)t(ə)rɪst, -s
AM riˈdɛm(p)tərəst, -s

redeploy
BR ˌri:dɪˈplɔɪ, -z, -ɪŋ, -d
AM ˌridəˈplɔɪ, -z, -ɪŋ, -d

redeployment
BR ˌriːdɪˈplɔɪm(ə)nt, -s
AM ˌriːdəˈplɔɪm(ə)nt, -s

redescend
BR ˌriːdɪˈsend, -z, -ɪŋ, -ɪd
AM ˌriːdəˈsend, -z, -ɪŋ, -əd

Redesdale
BR ˈriːdzdeɪl
AM ˈriːdzˌdeɪl

redesign
BR ˌriːdɪˈzaɪn, -z, -ɪŋ, -d
AM ˌriːdəˈzaɪn, -z, -ɪŋ, -d

redesignate
BR ˌriːˈdezɪgneɪt, -s, -ɪŋ, -ɪd
AM ˌriːˈdezəgˌneɪt, -ts, -dɪŋ, -dɪd

redesignation
BR ˌriːdezɪgˈneɪʃn
AM ˌriːdezəgˈneɪʃ(ə)n

redetermination
BR ˌriːdɪˌtɜːmɪˈneɪʃn, -z
AM ˌriːdəˌtɜːməˈneɪʃ(ə)n, -z

redetermine
BR ˌriːdɪˈtɜːmɪn, -z, -ɪŋ, -d
AM ˌriːdəˈtɜːm(ə)n, -z, -ɪŋ, -d

redevelop
BR ˌriːdɪˈveləp, -s, -ɪŋ, -t
AM ˌriːdəˈveləp, -s, -ɪŋ, -t

redeveloper
BR ˌriːdɪˈveləpə(r), -z
AM ˌriːdəˈveləpər, -z

redevelopment
BR ˌriːdɪˈveləpm(ə)nt, -s
AM ˌriːdəˈveləpm(ə)nt, -s

red-eye
BR ˈredaɪ
AM ˈredˌaɪ

red-faced
BR ˌredˈfeɪst
AM ˈredˈfeɪst

Redfearn
BR ˈredfɜːn
AM ˈredˌfɜrn

Redfern
BR ˈredfɜːn
AM ˈredˌfɜrn

redfish
BR ˈredfɪʃ, -ɪz
AM ˈredˌfɪʃ, -ɪz

Redford
BR ˈredfəd
AM ˈredfərd

Redgrave
BR ˈredgreɪv
AM ˈredˌgreɪv

redhanded
BR ˌredˈhandɪd
AM ˈredˈhændəd

redhead
BR ˈredhed, -z
AM ˈredˌ(h)ed, -z

Redhill
BR ˌredˈhɪl
AM ˈredˌ(h)ɪl

redial
BR ˌriːˈdaɪ(ə)l, -z, -ɪŋ, -d
AM riˈdaɪəl, -z, -ɪŋ, -d

redid
BR ˌriːˈdɪd
AM riˈdɪd

rediffuse
BR ˌriːdɪˈfjuːz, -ɪz, -ɪŋ, -d
AM ˌriːdəˈfjuz, -əz, -ɪŋ, -d

rediffusion
BR ˌriːdɪˈfjuːʒn
AM ˌriːdəˈfjuʒ(ə)n

redingote
BR ˈredɪŋgəʊt, -s
AM ˈredɪŋˌgoʊt, -s

redintegrate
BR rɪˈdɪntɪgreɪt, -s, -ɪŋ, -ɪd
AM riˈdɪn(t)əˌgreɪt, -ts, -dɪŋ, -dɪd

redintegration
BR rɪˌdɪntɪˈgreɪʃn, -z
AM riˌdɪn(t)əˈgreɪʃ(ə)n, -z

redintegrative
BR rɪˈdɪntɪˌgreɪtɪv
AM riˈdɪn(t)əˌgreɪdɪv

redirect
BR ˌriːdɪˈrekt, ˌriːdaɪ-ˈrekt, -s, -ɪŋ, -ɪd
AM ˌriˌdaɪˈrek|(t), ˌriːdəˈrek|(t), -(t)s, -tɪŋ, -təd

redirection
BR ˌriːdɪˈrekʃn, ˌriːdaɪˈrekʃn
AM ˌriˌdaɪˈrekʃ(ə)n, ˌriːdəˈrekʃ(ə)n

rediscover
BR ˌriːdɪˈskʌv|ə(r), -əz, -(ə)rɪŋ, -əd
AM ˌriːdəˈskəv|ər, -ərz, -(ə)rɪŋ, -ərd

rediscoverer
BR ˌriːdɪˈskʌv(ə)rə(r), -z
AM ˌriːdəˈskəv(ə)rər, -z

rediscovery
BR ˌriːdɪˈskʌv(ə)ri
AM ˌriːdəˈskəv(ə)ri

redissolution
BR ˌriːdɪsəˈl(j)uːʃn, -z
AM ˌriˌdɪsəˈluʃ(ə)n, -z

redissolve
BR ˌriːdɪˈzɒlv, -z, -ɪŋ, -d
AM ˌriːdəˈzɑlv, ˌriːdəˈzɔlv, -z, -ɪŋ, -d

redistribute
BR ˌriːdɪˈstrɪbjuːt, riːˈdɪstrɪbjuːt, -s, -ɪŋ, -ɪd
AM ˌriːdəˈstrɪbjuˌt, -ts, -dɪŋ, -dəd

redistribution
BR ˌriːdɪstrɪˈbjuːʃn
AM ˌriːdəstrəˈbjuʃ(ə)n

redistributive
BR ˌriːdɪˈstrɪbjuːtɪv, riːˈdɪstrɪbjuːtɪv
AM ˌriːdəˈstrɪbjədɪv

redivide
BR ˌriːdɪˈvaɪd, -z, -ɪŋ, -ɪd
AM ˌriːdəˈvaɪd, -z, -ɪŋ, -ɪd

redivision
BR ˌriːdɪˈvɪʒn, -z
AM ˌriːdəˈvɪʒ(ə)n, -z

redivivus
BR ˌredɪˈvaɪvəs, ˌredɪˈviːvəs
AM ˌredəˈvɪvəs, ˌredəˈvaɪvəs

redleg
BR ˈredleg, -z
AM ˈredˌleg, -z

redline
BR ˈredlaɪn, -z
AM ˈredˌlaɪn, -z

redly
BR ˈredli
AM ˈredli

Redmond
BR ˈredmənd
AM ˈredmən(d)

redneck
BR ˈrednek, -s
AM ˈredˌnek, -s

redness
BR ˈrednəs
AM ˈrednəs

redo
BR ˌriːˈduː, -ɪŋ
AM riˈdu, -ɪŋ

redoes
BR ˌriːˈdʌz
AM riˈdəz

redolence
BR ˈredl̩ns
AM ˈredl̩əns

redolent
BR ˈredl̩nt
AM ˈredl̩ənt

redolently
BR ˈredl̩ntli
AM ˈredl̩ən(t)li

redone
BR ˌriːˈdʌn
AM riˈdən

redouble
BR ˌriːˈdʌb|l, rɪˈdʌb|l, -lz, -lɪŋ\-lɪŋ, -ld
AM riˈdəb|(ə)l, -əlz, -(ə)lɪŋ, -əld

redoubt
BR rɪˈdaʊt, -s
AM riˈdaʊt, -s

redoubtable
BR rɪˈdaʊtəbl
AM riˈdaʊdəb(ə)l

redoubtably
BR rɪˈdaʊtəbli
AM riˈdaʊdəbli

redound
BR rɪˈdaʊnd, -z, -ɪŋ, -ɪd
AM riˈdaʊnd, -z, -ɪŋ, -ɪd

redox
BR ˈriːdɒks
AM ˈriˌdɑks

redpoll
BR ˈredpəʊl, ˈredpɒl, -z
AM ˈredˌpoʊl, -z

redraft
BR ˌriːˈdrɑːft, -s, -ɪŋ, -ɪd
AM riˈdræft, -s, -ɪŋ, -ɪd

redraw
BR ˌriːˈdrɔː(r), -z, -ɪŋ
AM riˈdrɔ, -z, -ɪŋ

redrawn
BR ˌriːˈdrɔːn
AM riˈdrɑn, riˈdrɔn

redress[1] *correct, amend*
BR rɪˈdres, -ɪz, -ɪŋ, -t
AM riˈdres, -əz, -ɪŋ, -t

redress[2] *dress again*
BR ˌriːˈdres, -ɪz, -ɪŋ, -t
AM riˈdres, -əz, -ɪŋ, -t

redressable
BR rɪˈdresəbl
AM riˈdresəb(ə)l

redressal
BR rɪˈdresl, -z
AM riˈdres(ə)l, -z

redresser
BR rɪˈdresə(r), -z
AM riˈdresər, -z

redressment
BR rɪˈdresm(ə)nt, -s
AM riˈdresm(ə)nt, -s

redrew
BR ˌriːˈdruː
AM riˈdru

Redruth
BR ˌredˈruːθ, ˈredruːθ
AM ˌredˈruθ

redshank
BR ˈredʃæŋk, -s
AM ˈredˌʃæŋk, -s

redshirt
BR ˈredʃɜːt, -s
AM ˈredˌʃɜrt, -s

redskin
BR ˈredskɪn, -z
AM ˈredˌskɪn, -z

redstart
BR ˈredstɑːt, -s
AM ˈredˌstɑrt, -s

reduce
BR rɪˈdjuːs, rɪˈdʒuːs, -ɪz, -ɪŋ, -t
AM riˈd(j)us, -əz, -ɪŋ, -t

reducer
BR rɪˈdjuːsə(r), rɪˈdʒuːsə(r), -z
AM riˈd(j)usər, -z

reducibility
BR rɪˌdjuːsɪˈbɪlɪti, rɪˌdʒuːsɪˈbɪlɪti
AM riˌd(j)usəˈbɪlɪdi

reducible
BR rɪˈdjuːsɪbl, rɪˈdʒuːsɪbl
AM riˈd(j)usəb(ə)l

reductio ad absurdum
BR rɪˌdʌktiəʊ ad abˈsɜːdəm
AM riˌdəkʃioʊ æd əbˈsɜrdəm, riˈdəktioʊ æd əbˈsɜrdəm

reduction
BR rɪˈdʌkʃn, -z
AM riˈdəkʃ(ə)n, -z

reductionism
BR rɪˈdʌkʃnɪzm
AM riˈdəkʃəˌnɪz(ə)m

reductionist
BR rɪˈdʌkʃnɪst, -s
AM riˈdəkʃənəst, -s

reductionistic
BR rɪˌdʌkʃəˈnɪstɪk
AM riˌdəkʃəˈnɪstɪk

reductive
BR rɪˈdʌktɪv
AM riˈdəktɪv

redundance
BR rɪˈdʌnd(ə)ns
AM riˈdənd(ə)ns

redundancy
BR rɪˈdʌnd(ə)ns|i, -ɪz
AM riˈdənd(ə)nsi, -z

redundant
BR rɪˈdʌnd(ə)nt
AM riˈdənd(ə)nt

redundantly
BR rɪˈdʌnd(ə)ntli
AM riˈdənd(ə)n(t)li

reduplicate
BR rɪˈdjuːplɪkeɪt, ˌriːˈdjuːplɪkeɪt, rɪˈdʒuːplɪkeɪt, ˌriːˈdʒuːplɪkeɪt, -s, -ɪŋ, -ɪd
AM riˈd(j)upləˌkeɪt, -ts, -dɪŋ, -dɪd

reduplication
BR rɪˌdjuːplɪˈkeɪʃn, rɪˌdʒuːplɪˈkeɪʃn
AM rəˌd(j)upləˈkeɪʃ(ə)n, ˌriˌd(j)upləˈkeɪʃ(ə)n

reduplicative
BR rɪˈdjuːplɪkətɪv, rɪˈdʒuːplɪkətɪv
AM riˈd(j)upləˌkeɪdɪv

redux
BR ˈriːdʌks
AM ˈriˌdəks

Redvers
BR ˈredvəz
AM ˈredvərz

redwing
BR ˈredwɪŋ, -z
AM ˈredˌwɪŋ, -z

redwood
BR ˈredwʊd, -z
AM ˈredˌwʊd, -z

redye
BR ˌriːˈdaɪ, -z, -ɪŋ, -d
AM riˈdaɪ, -z, -ɪŋ, -d

reebok
BR ˈriːbɒk, -s
AM ˈriˌbɑk, -s

Reece
BR riːs
AM ris

re-echo
BR ˌriːˈekəʊ, rɪˈekəʊ, -z, -ɪŋ, -d
AM riˈekoʊ, -z, -ɪŋ, -d

reed
BR riːd, -z
AM rid, -z

reed-bed
BR ˈriːdbed, -z
AM ˈridˌbed, -z

reedbuck
BR ˈriːdbʌk, -s
AM ˈridˌbək, -s

reeded
BR ˈriːdɪd
AM ˈridɪd

reedification
BR rɪˌedɪfɪˈkeɪʃn
AM riˌedəfəˈkeɪʃ(ə)n

reedify
BR ˌriːˈedɪfaɪ, -z, -ɪŋ, -d
AM riˈedəˌfaɪ, -z, -ɪŋ, -d

reedily
BR ˈriːdɪli
AM ˈridɪli

reediness
BR ˈriːdɪnɪs
AM ˈridɪnɪs

reeding
BR ˈriːdɪŋ, -z
AM ˈridɪŋ, -z

re-edit
BR ˌriːˈedɪt, rɪˈedɪt, -ɪts, -ɪtɪŋ, -ɪtɪd
AM riˈedət, -ts, -dɪŋ, -dəd

re-edition
BR ˌriːɪˈdɪʃn, -z
AM ˌriˌɛˈdɪʃ(ə)n, -z

reedling
BR ˈriːdlɪŋ, -z
AM ˈridlɪŋ, -z

re-educate
BR ˌriːˈedjʊkeɪt,
rɪˈedjʊkeɪt,
ˌriːˈedʒʊkeɪt,
rɪˈedʒʊkeɪt, -s,
-ɪŋ, -ɪd
AM riˈedʒəˌkeɪ|t, -ts,
-dɪŋ, -dɪd

re-education
BR ˌriːedjʊˈkeɪʃn,
rɪˌedjʊˈkeɪʃn,
ˌriːedʒʊˈkeɪʃn,
rɪˌedʒʊˈkeɪʃn
AM riˌedʒəˈkeɪʃ(ə)n

reed-warbler
BR ˈriːdˌwɔːblə(r), -z
AM ˈridˌwɔrblər, -z

reedy
BR ˈriːd|i, -ɪə(r), -ɪɪst
AM ˈridi, -ər, -ɪst

reef
BR riːf, -s, -ɪŋ, -t
AM rif, -s, -ɪŋ, -t

reefer
BR ˈriːfə(r), -z
AM ˈrifər, -z

reefpoint
BR ˈriːfˌpɔɪnt, -s
AM ˈrifˌpɔɪnt, -s

reek
BR riːk, -s, -ɪŋ, -t
AM rik, -s, -ɪŋ, -t

reeky
BR ˈriːk|i, -ɪə(r), -ɪɪst
AM ˈriki, -ər, -ɪst

reel
BR riːl, -z, -ɪŋ, -d
AM ril, -z, -ɪŋ, -d

re-elect
BR ˌriːɪˈlekt, -s, -ɪŋ,
-ɪd
AM ˌriəˈlek|(t), -(t)s,
-tɪŋ, -təd

re-election
BR ˌriːɪˈlekʃn, -z
AM ˌriəˈlekʃ(ə)n, -z

reeler
BR ˈriːlə(r), -z
AM ˈrilər, -z

re-eligible
BR ˌriːˈelɪdʒɪbl
AM riˈelədʒəb(ə)l

re-embark
BR ˌriːɪmˈbɑːk, -s,
-ɪŋ, -t
AM ˌriˌemˈbɑrk,
ˌriəmˈbɑrk, -s, -ɪŋ, -t

re-embarkation
BR ˌriːembɑːˈkeɪʃn, -z
AM ˌriˌembɑrˈkeɪʃ(ə)n,
-z

re-emerge
BR ˌriːɪˈmɜːdʒ, -ɪz,
-ɪŋ, -d
AM ˌriˌiˈmɜrdʒ,
ˌriəˈmɜrdʒ, -əz,
-ɪŋ, -d

re-emergence
BR ˌriːɪˈmɜːdʒ(ə)ns,
-ɪz
AM ˌriˌiˈmɜrdʒ(ə)ns,
ˌriəˈmɜrdʒ(ə)ns, -əz

re-emergent
BR ˌriːɪˈmɜːdʒ(ə)nt
AM ˌriˌiˈmɜrdʒ(ə)nt,
ˌriəˈmɜrdʒ(ə)nt

re-emphases
BR (ˌ)riːˈemfəsiːz
AM riˈemfəsiz

re-emphasis
BR (ˌ)riːˈemfəsɪs
AM riˈemfəsəs

re-emphasise
BR (ˌ)riːˈemfəsʌɪz,
-ɪz, -ɪŋ, -d
AM riˈemfəˌsaɪz, -ɪz,
-ɪŋ, -d

re-emphasize
BR (ˌ)riːˈemfəsʌɪz,
-ɪz, -ɪŋ, -d
AM riˈemfəˌsaɪz, -ɪz,
-ɪŋ, -d

re-employ
BR ˌriːɪmˈplɔɪ,
ˌriːemˈplɔɪ, -z,
-ɪŋ, -d
AM ˌriˌemˈplɔɪ,
ˌriəmˈplɔɪ, -z,
-ɪŋ, -d

re-employment
BR ˌriːɪmˈplɔɪm(ə)nt,
ˌriːemˈplɔɪm(ə)nt, -s
AM ˌriˌemˈplɔɪm(ə)nt,
ˌriəmˈplɔɪm(ə)nt, -s

re-enact
BR ˌriːɪˈnakt, -s, -ɪŋ,
-ɪd
AM ˌriəˈnæk|(t), -(t)s,
-tɪŋ, -təd

re-enactment
BR ˌriːɪˈnak(t)m(ə)nt, -s
AM ˌriəˈnæk(t)m(ə)nt,
-s

re-enforce
BR ˌriːɪnˈfɔːs, -ɪz, -ɪŋ, -t
AM ˌriənˈfɔ(ə)rs, -əz,
-ɪŋ, -t

re-enforcement
BR ˌriːɪnˈfɔːsm(ə)nt
AM ˌriənˈfɔrsm(ə)nt

re-engage
BR ˌriːɪnˈgeɪdʒ, ˌriːen-
ˈgeɪdʒ, ˌriːɪŋˈgeɪdʒ,
ˌriːeŋˈgeɪdʒ, -ɪz, -ɪŋ,
-d
AM ˌriənˈgeɪdʒ, -ɪz,
-ɪŋ, -d

re-engagement
BR ˌriːɪnˈgeɪdʒm(ə)nt,
ˌriːenˈgeɪdʒm(ə)nt,
ˌriːɪŋˈgeɪdʒm(ə)nt,
ˌriːeŋˈgeɪdʒm(ə)nt,
-s
AM ˌriənˈgeɪdʒm(ə)nt,
-s

re-engineer
BR ˌriːen(d)ʒɪˈnɪə(r),
-z, -ɪŋ, -d
AM ˌriˌendʒəˈnɪ(ə)r, -z,
-ɪŋ, -d

re-enlist
BR ˌriːɪnˈlɪst, -s, -ɪŋ, -ɪd
AM ˌriənˈlɪst, -s, -ɪŋ,
-ɪd

re-enlister
BR ˌriːɪnˈlɪstə(r), -z
AM ˌriənˈlɪstər, -z

re-enlistment
BR ˌriːɪnˈlɪs(t)m(ə)nt, -s
AM ˌriənˈlɪs(t)m(ə)nt, -s

re-enter
BR ˌriːˈent|ə(r),
rɪˈent|ə(r), -əz,
-(ə)rɪŋ, -əd
AM riˈen(t)|ər, -ərz,
-(ə)rɪŋ, -ərd

re-entrance
BR ˌriːˈentrn̩s,
rɪˈentrn̩s, -ɪz
AM riˈentrəns, -əz

re-entrant
BR ˌriːˈentrn̩t,
rɪˈentrn̩t, -s
AM riˈentrənt, -s

re-entry
BR ˌriːˈentr|i,
rɪˈentr|i, -ɪz
AM riˈentri, -z

re-equip
BR ˌriːɪˈkwɪp, -s,
-ɪŋ, -t
AM ˌriəˈkwɪp, -s,
-ɪŋ, -t

re-erect
BR ˌriːɪˈrekt, -s,
-ɪŋ, -d
AM ˌriəˈrek|(t), -(t)s,
-tɪŋ, -təd

re-erection
BR ˌriːɪˈrekʃn
AM ˌriəˈrekʃ(ə)n

Rees
BR riːs
AM ris

Reese
BR riːs
AM ris

re-establish
BR ˌriːɪˈstabl|ɪʃ, -ɪʃɪz,
-ɪʃɪŋ, -ɪʃt
AM ˌriesˈtæblɪʃ,
ˌriəsˈtæblɪʃ, -ɪz,
-ɪŋ, -t

re-establishment
BR ˌriːɪˈstablɪʃm(ə)nt,
-s
AM ˌriesˈtæblɪʃm(ə)nt,
ˌriəsˈtæblɪʃm(ə)nt,
-s

re-evaluate
BR ˌriːɪˈvaljʊeɪt, -s,
-ɪŋ, -ɪd
AM ˌriəˈvæljəˌweɪ|t,
-ts, -dɪŋ, -dɪd

re-evaluation
BR ˌriːɪˌvaljʊˈeɪʃn, -z
AM ˌriəˌvæljəˈweɪʃ(ə)n,
-z

reeve
BR riːv, -z
AM riv, -z
Reeves
BR riːvz
AM rivz
re-examination
BR ˌriːɪɡˌzæmɪˈneɪʃn, -z
AM ˈˌriˌɛɡˌzæmə-
ˈneɪʃ(ə)n, ˈˌriːɡ-
ˌzæməˈneɪʃ(ə)n, -z
re-examine
BR ˌriːɪɡˈzæm|ɪn, -ɪnz,
-ɪnɪŋ, -ɪnd
AM ˌriɛɡˈzæm(ə)n,
ˌriːɡˈzæm(ə)n, -z,
-ɪŋ, -d
re-export
BR ˌriːˈɛkspɔːt,
rɪˈɛkspɔːt, -s,
-ɪŋ, -ɪd
AM ˌriːˈɛks|pɔ(ə)rt,
-pɔ(ə)rts, -pɔrdɪŋ,
-pɔrdəd
re-exportation
BR ˌriːɛkspɔːˈteɪʃn, -z
AM ˈˌriˌɛkspɔrˈteɪʃ(ə)n,
-z
re-exporter
BR ˌriːˈɛkspɔːtə(r),
rɪˈɛkspɔːtə(r), -z
AM ˌriˈɛkspɔrdər, -z
ref
BR rɛf, -s
AM rɛf, -s
reface
BR (ˌ)riːˈfeɪs, -ɪz, -ɪŋ, -t
AM riˈfeɪs, -ɪz, -ɪŋ, -t
refashion
BR (ˌ)riːˈfæʃ|n, -nz,
–nɪŋ\-nɪŋ, -nd
AM riˈfæʃən, -ənz,
-(ə)nɪŋ, -ənd
refection
BR rɪˈfɛkʃn
AM riˈfɛkʃ(ə)n
refectory
BR rɪˈfɛkt(ə)r|i, -ɪz
AM riˈfɛkt(ə)ri, -z
refer
BR rɪˈfəː(r), -z, -ɪŋ, -d
AM riˈfər, -z, -ɪŋ, -d

referable
BR rɪˈfəːrəbl, ˈrɛf(ə)rəbl
AM riˈfərəb(ə)l,
ˈrɛf(ə)rəb(ə)l
referee
BR ˌrɛfəˈriː, -z
AM ˌrɛfəˈri, -z
reference
BR ˈrɛf(ə)r̩ns, -ɪz
AM ˈrɛf(ə)rəns, -əz
referenda
BR ˌrɛfəˈrɛndə(r)
AM ˌrɛfəˈrɛndə
referendum
BR ˌrɛfəˈrɛndəm, -z
AM ˌrɛfəˈrɛndəm, -z
referent
BR ˈrɛf(ə)r̩nt, -s
AM ˈrɛf(ə)rənt, -s
referential
BR ˌrɛfəˈrɛnʃl
AM ˌrɛfəˈrɛn(t)ʃ(ə)l
referentiality
BR ˌrɛfəˌrɛnʃɪˈælɪti
AM ˌrɛfəˌrɛn(t)ʃiˈælədi
referentially
BR ˌrɛfəˈrɛnʃli
AM ˌrɛfəˈrɛn(t)ʃəli
referral
BR rɪˈfəːr̩l, -z
AM riˈfərəl, -z
referrer
BR rɪˈfəːrə(r), -z
AM riˈfərər, -z
refill[1] *noun*
BR ˈriːfɪl, -z
AM ˈriˌfɪl, -z
refill[2] *verb*
BR ˌriːˈfɪl, -z, -ɪŋ, -d
AM riˈfɪl, -z, -ɪŋ, -d
refillable
BR ˌriːˈfɪləbl
AM riˈfɪləb(ə)l
refinable
BR rɪˈfaɪnəbl
AM riˈfaɪnəb(ə)l
refinance
BR ˌriːfʌɪˈnans, ˌriːfɪ-
ˈnans, ˌriːˈfʌɪnans,
-ɪz, -ɪŋ, -d
AM riˈfaɪˌnæns, ˌrifə-
ˈnæns, -əz, -ɪŋ, -d

refine
BR rɪˈfʌɪn, -z, -ɪŋ, -d
AM riˈfaɪn, -z, -ɪŋ, -d
refinement
BR rɪˈfʌɪnm(ə)nt, -s
AM riˈfaɪnm(ə)nt, -s
refiner
BR rɪˈfʌɪnə(r), -z
AM riˈfaɪnər, -z
refinery
BR rɪˈfʌɪn(ə)r|i, -ɪz
AM riˈfaɪn(ə)ri, -z
refinish
BR ˌriːˈfɪn|ɪʃ, -ɪʃɪz,
-ɪʃɪŋ, -ɪʃt
AM riˈfɪnɪʃ, -ɪz,
-ɪŋ, -t
refit[1] *noun*
BR ˈriːfɪt, -s
AM ˈriˌfɪt, -s
refit[2] *verb*
BR ˌriːˈfɪt, -s, -ɪŋ, -ɪd
AM riˈfɪ|t, -ts, -dɪŋ,
-dɪd
refitment
BR ˌriːˈfɪtm(ə)nt, -s
AM riˈfɪtm(ə)nt, -s
reflag
BR ˌriːˈflag, -z, -ɪŋ, -d
AM riˈflæg, -z, -ɪŋ, -d
reflate
BR ˌriːˈfleɪt, rɪˈfleɪt, -s,
-ɪŋ, -ɪd
AM riˈfleɪ|t, -ts, -dɪŋ,
-dɪd
reflation
BR ˌriːˈfleɪʃn, rɪˈfleɪʃn
AM riˈfleɪʃ(ə)n
reflationary
BR ˌriːˈfleɪʃn(ə)ri,
rɪˈfleɪʃn(ə)ri
AM riˈfleɪʃəˌnɛri
reflect
BR rɪˈflɛkt, -s, -ɪŋ, -ɪd
AM riˈflɛk|(t), -(t)s,
-tɪŋ, -təd
reflectance
BR rɪˈflɛkt(ə)ns, -ɪz
AM riˈflɛkt(ə)ns, -əz
reflection
BR rɪˈflɛkʃn, -z
AM riˈflɛkʃ(ə)n, -z

reflectional
BR rɪˈflɛkʃn̩l
AM riˈflɛkʃ(ə)n(ə)l
reflective
BR rɪˈflɛktɪv
AM riˈflɛktɪv
reflectively
BR rɪˈflɛktɪvli
AM riˈflɛktɪvli
reflectiveness
BR rɪˈflɛktɪvnɪs
AM riˈflɛktɪvnɪs
reflectivity
BR ˌriːflɛkˈtɪvɪti,
rɪˌflɛkˈtɪvɪt|i, -ɪz
AM ˌriflɛkˈtɪvɪdi, -z
reflector
BR rɪˈflɛktə(r), -z
AM riˈflɛktər, -z
reflet
BR rɪˈfleɪ
AM riˈfleɪ, -z
FR rəflɛ
reflex
BR ˈriːflɛks, -ɪz, -t
AM ˌriˌflɛks, -əz, -t
reflexibility
BR ˌriːflɛksɪˈbɪlɪti,
rɪˌflɛksɪˈbɪlɪti
AM ˌriflɛksəˈbɪlɪdi
reflexible
BR rɪˈflɛksɪbl
AM riˈflɛksəb(ə)l
reflexion
BR rɪˈflɛkʃn, -z
AM riˈflɛkʃ(ə)n, -z
reflexive
BR rɪˈflɛksɪv, -z
AM riˈflɛksɪv, -z
reflexively
BR rɪˈflɛksɪvli
AM riˈflɛksɪvli
reflexiveness
BR rɪˈflɛksɪvnɪs
AM riˈflɛksɪvnɪs
reflexivity
BR ˌriːflɛkˈsɪvɪti
AM ˌriflɛkˈsɪvɪdi
reflexologist
BR ˌriːflɛkˈsɒlədʒɪst, -s
AM ˌriflɛkˈsɑlədʒəst,
-s

reflexology
BR ˌriːflɛkˈsɒlədʒi
AM ˌriflɛkˈsɑlədʒi

refloat
BR ˌriːˈfləʊt, -s, -ɪŋ, -ɪd
AM riˈfloʊ|t, -ts, -dɪŋ, -dəd

refluence
BR ˈrɛfluəns, -ɪz
AM ˈrɛˌfluəns, -əz

refluent
BR ˈrɛfluənt
AM ˈrɛˌfluənt

reflux
BR ˈriːflʌks, -ɪz
AM ˈriˌfləks, -əz

refocus
BR ˌriːˈfəʊkəs, -ɪz, -ɪŋ, -t
AM riˈfoʊkəs, -əz, -ɪŋ, -t

refold
BR ˌriːˈfəʊld, -z, -ɪŋ, -ɪd
AM riˈfoʊld, -z, -ɪŋ, -əd

reforest
BR (ˌ)riːˈfɒrɪst, -s, -ɪŋ, -ɪd
AM riˈfɔrəst, -s, -ɪŋ, -ɪd

reforestation
BR ˌriːfɒrɪˈsteɪʃn, riːˌfɒrɪˈsteɪʃn
AM riˌfɔrəˈsteɪʃ(ə)n

reforge
BR ˌriːˈfɔːdʒ, -ɪz, -ɪŋ, -d
AM riˈfɔrdʒ, -əz, -ɪŋ, -d

reform¹ *correct, make better*
BR rɪˈfɔːm, -z, -ɪŋ, -d
AM riˈfɔ(ə)rm, -z, -ɪŋ, -d

reform² *form again*
BR ˌriːˈfɔːm, -z, -ɪŋ, -d
AM riˈfɔ(ə)rm, -z, -ɪŋ, -d

reformable
BR rɪˈfɔːməbl
AM riˈfɔrməb(ə)l

reformat
BR ˌriːˈfɔːmat, -s, -ɪŋ, -ɪd
AM riˈfɔrˌmæ|t, -ts, -dɪŋ, -dəd

reformation
BR ˌrɛfəˈmeɪʃn, -z
AM ˌrɛfərˈmeɪʃ(ə)n, -z

re-formation
BR ˌriːfɔːˈmeɪʃn, -z
AM ˌriˌfɔrˈmeɪʃ(ə)n, -z

reformational
BR ˌrɛfəˈmeɪʃn̩l
AM ˌrɛfərˈmeɪʃ(ə)n(ə)l

reformative
BR rɪˈfɔːmətɪv
AM riˈfɔrmədɪv

reformatory
BR rɪˈfɔːmət(ə)r|i, -ɪz
AM riˈfɔrməˌtɔri, -z

reformer
BR rɪˈfɔːmə(r), -z
AM riˈfɔrmər, -z

reformism
BR rɪˈfɔːmɪzm
AM riˈfɔrˌmɪz(ə)m

reformist
BR rɪˈfɔːmɪst
AM riˈfɔrməst

reformulate
BR ˌriːˈfɔːmjʉleɪt, -s, -ɪŋ, -ɪd
AM riˈfɔrmjəˌleɪ|t, -ts, -dɪŋ, -dɪd

reformulation
BR ˌriːfɔːmjʉˈleɪʃn, -z
AM riˌfɔrmjəˈleɪʃ(ə)n, -z

refract
BR rɪˈfrakt, -s, -ɪŋ, -ɪd
AM riˈfræk|(t), -(t)s, -tɪŋ, -təd

refraction
BR rɪˈfrakʃn
AM riˈfrækʃ(ə)n

refractive
BR rɪˈfraktɪv
AM riˈfræktɪv

refractometer
BR ˌriːfrakˈtɒmɪtə(r), rɪˌfrakˈtɒmɪtə(r), -z
AM riˌfrækˈtɑmədər, -z

refractometric
BR rɪˌfrakˈtɒmetrɪk
AM riˌfræktəˈmɛtrɪk

refractometry
BR ˌriːfrakˈtɒmɪtri, rɪˌfrakˈtɒmɪtri
AM riˌfrækˈtɑmətri

refractor
BR rɪˈfraktə(r), -z
AM riˈfræktər, -z

refractorily
BR rɪˈfrakt(ə)rɪli
AM riˈfrækˌtɔrəli

refractoriness
BR rɪˈfrakt(ə)rɪnɪs
AM riˈfrækˌtɔrinəs

refractory
BR rɪˈfrakt(ə)ri
AM riˈfrækˌtɔri

refrain
BR rɪˈfreɪn, -z, -ɪŋ, -d
AM riˈfreɪn, -z, -ɪŋ, -d

refrainment
BR rɪˈfreɪnm(ə)nt, -s
AM riˈfreɪnm(ə)nt, -s

refrangibility
BR rɪˌfran(d)ʒɪˈbɪlɪti
AM riˌfrændʒəˈbɪlɪdi

refrangible
BR rɪˈfran(d)ʒɪbl
AM riˈfrandʒəb(ə)l

refreeze
BR ˌriːˈfriːz, -ɪz, -ɪŋ
AM riˈfriz, -ɪz, -ɪŋ

refresh
BR rɪˈfrɛʃ, -ɪz, -ɪŋ, -d
AM riˈfrɛʃ, -əz, -ɪŋ, -t

refresher
BR rɪˈfrɛʃə(r), -z
AM riˈfrɛʃər, -z

refreshingly
BR rɪˈfrɛʃɪŋli
AM riˈfrɛʃɪŋli

refreshment
BR rɪˈfrɛʃm(ə)nt, -s
AM riˈfrɛʃm(ə)nt, -s

refried
BR ˌriːˈfrʌɪd
AM ˈˌriˈfraɪd

refrigerant
BR rɪˈfrɪdʒ(ə)r̩nt, -s
AM riˈfrɪdʒ(ə)rənt, -s

refrigerate
BR rɪˈfrɪdʒəreɪt, -s, -ɪŋ, -ɪd
AM riˈfrɪdʒəˌreɪ|t, -ts, -dɪŋ, -dɪd

refrigeration
BR rɪˌfrɪdʒəˈreɪʃn
AM riˌfrɪdʒəˈreɪʃ(ə)n

refrigerative
BR rɪˈfrɪdʒ(ə)rətɪv
AM riˈfrɪdʒərədɪv

refrigerator
BR rɪˈfrɪdʒəreɪtə(r), -z
AM riˈfrɪdʒəˌreɪdər, -z

refrigeratory
BR rɪˈfrɪdʒ(ə)rət(ə)ri
AM riˈfrɪdʒ(ə)rəˌtɔri

refringent
BR rɪˈfrɪn(d)ʒ(ə)nt
AM riˈfrɪndʒ(ə)nt

refroze
BR ˌriːˈfrəʊz
AM riˈfroʊz

refrozen
BR ˌriːˈfrəʊzn
AM ˌriˈfroʊz(ə)n, rəˈfroʊz(ə)n

reft
BR rɛft
AM rɛft

refuel
BR ˌriːˈfjuːəl, -z, -ɪŋ, -d
AM riˈfju(ə)l, -z, -ɪŋ, -d

refuge
BR ˈrɛfjuːdʒ, -ɪz
AM ˈrɛfjudʒ, -ɪz

refugee
BR ˌrɛfjʉˈdʒiː, ˌrɛfjuːˈdʒiː, -z
AM ˈˌrɛfjəˌdʒi, -z

refulgence
BR rɪˈfʌldʒ(ə)ns
AM riˈfəldʒ(ə)ns

refulgent
BR rɪˈfʌldʒ(ə)nt
AM riˈfəldʒ(ə)nt
refulgently
BR rɪˈfʌldʒ(ə)ntli
AM riˈfəldʒən(t)li
re-fund
BR ˌriːˈfʌnd, ˈriːfʌnd, -z, -ɪŋ, -ɪd
AM riˈfənd, -z, -ɪŋ, -əd
refund[1] *noun*
BR ˈriːfʌnd, -z
AM ˈriˌfənd, -z
refund[2] *verb*
BR (ˌ)riːˈfʌnd, rɪˈfʌnd, ˈriːfʌnd, -z, -ɪŋ, -ɪd
AM riˈfənd, -z, -ɪŋ, -əd
refundable
BR (ˌ)riːˈfʌndəbl, rɪˈfʌndəbl, ˈriːfʌndəbl
AM riˈfəndəb(ə)l
refunder
BR (ˌ)riːˈfʌndə(r), rɪˈfʌndə(r), ˈriːfʌndə(r), -z
AM ˈriˌfəndər, -z
refundment
BR (ˌ)riːˈfʌndm(ə)nt, rɪˈfʌndm(ə)nt, ˈriːfʌndm(ə)nt, -s
AM riˈfən(d)m(ə)nt, -s
refurbish
BR (ˌ)riːˈfɜːb|ɪʃ, -ɪʃɪz, -ɪʃɪŋ, -ɪʃt
AM riˈfɜrbɪʃ, -ɪz, -ɪŋ, -t
refurbishment
BR (ˌ)riːˈfɜːbɪʃm(ə)nt, -s
AM riˈfɜrbɪʃm(ə)nt, -s
refurnish
BR (ˌ)riːˈfɜːn|ɪʃ, -ɪʃɪz, -ɪʃɪŋ, -ɪʃt
AM riˈfɜrnɪʃ, -ɪz, -ɪŋ, -t
refusable
BR rɪˈfjuːzəbl
AM riˈfjuzəb(ə)l
refusal
BR rɪˈfjuːzl, -z
AM riˈfjuz(ə)l, -z

refuse[1] *noun*
BR ˈrɛfjuːs
AM ˈrɛˌfjuz
refuse[2] *verb*
BR rɪˈfjuːz, -ɪz, -ɪŋ, -d
AM riˈfjuz, -əz, -ɪŋ, -d
refusenik
BR rɪˈfjuːznɪk, -s
AM riˈfjuznɪk, -s
refuser
BR rɪˈfjuːzə(r), -z
AM riˈfjuzər, -z
refutability
BR rɪˌfjuːtəˈbɪlɪti, ˌrɛfjʊtəˈbɪlɪti
AM riˌfjudəˈbɪlɪdi, ˌrɛfjədəˈbɪlɪdi
refutable
BR rɪˈfjuːtəbl, ˈrɛfjʊtəbl
AM riˈfjudəb(ə)l, ˈrɛfjədəb(ə)l
refutal
BR rɪˈfjuːtl, -z
AM riˈfjudl, -z
refutation
BR ˌrɛfjʊˈteɪʃn, -z
AM ˌrɛfjəˈteɪʃ(ə)n, -z
refute
BR rɪˈfjuːt, -s, -ɪŋ, -ɪd
AM riˈfjut, -ts, -dɪŋ, -dəd
refuter
BR rɪˈfjuːtə(r), -z
AM riˈfjudər, -z
reg
BR rɛdʒ
AM rɛdʒ
regain
BR rɪˈgeɪn, ˌriːˈgeɪn, -z, -ɪŋ, -d
AM riˈgeɪn, -z, -ɪŋ, -d
regal
BR ˈriːgl
AM ˈrigəl
regale
BR rɪˈgeɪl, -z, -ɪŋ, -d
AM riˈgeɪl, -z, -ɪŋ, -d
regalement
BR rɪˈgeɪlm(ə)nt, -s
AM riˈgeɪlm(ə)nt, -s

regalia
BR rɪˈgeɪliə(r)
AM rəˈgeɪliə, rəˈgeɪljə
regalism
BR ˈriːglɪzm
AM ˈrigəˌlɪz(ə)m
regality
BR riːˈgalɪt|i, -ɪz
AM riˈgælədi, -z
regally
BR ˈriːgli
AM ˈrigəli
Regan
BR ˈriːg(ə)n, ˈreɪg(ə)n
AM ˈreɪgən, ˈrigən
regard
BR rɪˈgɑːd, -z, -ɪŋ, -ɪd
AM riˈgard, -z, -ɪŋ, -əd
regardant
BR rɪˈgɑːd(ə)nt
AM riˈgardnt
regardful
BR rɪˈgɑːdf(ʊ)l
AM riˈgardfəl
regardfully
BR rɪˈgɑːdfʊli, rɪˈgɑːdfli
AM riˈgardfəli
regardfulness
BR rɪˈgɑːdf(ʊ)lnəs
AM riˈgardfəlnəs
regardless
BR rɪˈgɑːdləs
AM riˈgardləs
regardlessly
BR rɪˈgɑːdləsli
AM riˈgardləsli
regardlessness
BR rɪˈgɑːdləsnəs
AM riˈgardləsnəs
regather
BR ˌriːˈgæð|ə(r), -əz, -(ə)rɪŋ, -əd
AM riˈgæð|ər, -ərz, -(ə)rɪŋ, -ərd
regatta
BR rɪˈgatə(r), -z
AM rəˈgadə, rəˈgædə, -z

regelate
BR ˌriːdʒɪˈleɪt, -s, -ɪŋ, -ɪd
AM ˌriˈdʒəˌleɪ|t, -ts, -dɪŋ, -dɪd
regelation
BR ˌriːdʒɪˈleɪʃn, -z
AM ˌridʒəˈleɪʃ(ə)n, -z
regency
BR ˈriːdʒ(ə)ns|i, -ɪz
AM ˈridʒənsi, -z
regenerate[1] *adjective*
BR rɪˈdʒɛn(ə)rət
AM riˈdʒɛn(ə)rət
regenerate[2] *verb*
BR rɪˈdʒɛnəreɪt, ˌriːˈdʒɛnəreɪt, -s, -ɪŋ, -ɪd
AM riˈdʒɛnəˌreɪ|t, -ts, -dɪŋ, -dɪd
regeneration
BR rɪˌdʒɛnəˈreɪʃn, ˌriːdʒɛnəˈreɪʃn
AM riˌdʒɛnəˈreɪʃ(ə)n
regenerative
BR rɪˈdʒɛn(ə)rətɪv
AM riˈdʒɛnərədɪv
regeneratively
BR rɪˈdʒɛn(ə)rətɪvli
AM riˈdʒɛnərədɪvli
regenerator
BR rɪˈdʒɛnəreɪtə(r), ˌriːˈdʒɛnəreɪtə(r), -z
AM riˈdʒɛnəˌreɪdər, -z
regeneses
BR ˌriːˈdʒɛnɪsiːz
AM riˈdʒɛnəˌsiz
regenesis
BR ˌriːˈdʒɛnɪsɪs
AM riˈdʒɛnəsəs
regent
BR ˈriːdʒ(ə)nt, -s
AM ˈridʒ(ə)nt, -s
regentship
BR ˈriːdʒ(ə)ntʃɪp, -s
AM ˈridʒəntˌʃɪp, -s
regerminate
BR ˌriːˈdʒɜːmɪneɪt, -s, -ɪŋ, -ɪd
AM riˈdʒɜrməˌneɪ|t, -ts, -dɪŋ, -dɪd

regermination
BR ˌriːdʒəːmɪˈneɪʃn, -z
AM ˌriˌdʒɜːməˈneɪʃ(ə)n, -z

regex
BR ˈrɛɡɛks
AM ˈrɛɡɛks

reggae
BR ˈrɛɡeɪ
AM ˈrɛɡeɪ

reggiano
BR ˌrɛdʒ(i)ˈɑːnəʊ
AM ˌrɛdʒ(i)ˈɑnoʊ

regicidal
BR ˌrɛdʒɪˈsʌɪdl
AM ˌrɛdʒəˈsaɪd(ə)l

regicide
BR ˈrɛdʒɪsʌɪd, -z
AM ˈrɛdʒəˌsaɪd, -z

regift *verb*
BR ˌriːˈɡɪft, -s, -ɪŋ, -ɪd
AM riˈɡɪft, -s, -ɪŋ, -əd

regild
BR ˌriːˈɡɪld, -z, -ɪŋ, -ɪd
AM riˈɡɪld, -z, -ɪŋ, -ɪd

regilt
BR ˌriːˈɡɪlt
AM riˈɡɪlt

régime
BR reɪˈʒiːm, rɛˈʒiːm, -z
AM rəˈʒim, reɪˈʒim, -z

regimen
BR ˈrɛʒɪmɛn, -z
AM ˈrɛdʒəˌmɛn, ˈrɛdʒəm(ə)n, -z

regiment[1] *noun*
BR ˈrɛdʒɪm(ə)nt, -s
AM ˈrɛdʒəm(ə)nt, -s

regiment[2] *verb*
BR ˈrɛdʒɪment, -s, -ɪŋ, -ɪd
AM ˈrɛdʒəˌmen|t, -ts, -(t)ɪŋ, -(t)əd

regimental
BR ˌrɛdʒɪˈmɛntl, -z
AM ˌrɛdʒəˈmɛn(t)l, -z

regimentally
BR ˌrɛdʒɪˈmɛntli
AM ˌrɛdʒəˈmən(t)li

regimentation
BR ˌrɛdʒɪm(ɛ)nˈteɪʃn
AM ˌrɛdʒəˌmɛnˈteɪʃ(ə)n, ˌrɛdʒəmənˈteɪʃ(ə)n

Regina
BR rɪˈdʒʌɪnə(r)
AM rəˈdʒinə

Reginald
BR ˈrɛdʒɪnld
AM ˈrɛdʒənld

region
BR ˈriːdʒ(ə)n, -z
AM ˈriːdʒ(ə)n, -z

regional
BR ˈriːdʒn̩l
AM ˈriːdʒ(ə)n(ə)l

regionalisation
BR ˌriːdʒn̩lʌɪˈzeɪʃn, ˌriːdʒnəlʌɪˈzeɪʃn
AM ˌriːdʒnələˈzeɪʃ(ə)n, ˌriːdʒnlˌaɪˈzeɪʃ(ə)n, ˌriːdʒnəˌlaɪˈzeɪʃ(ə)n, ˌriːdʒənl̩əˈzeɪʃ(ə)n

regionalise
BR ˈriːdʒn̩lʌɪz, ˈriːdʒnəlʌɪz, -ɪz, -ɪŋ, -d
AM ˈriːdʒnəˌlaɪz, ˈriːdʒnlˌaɪz, -ɪz, -ɪŋ, -d

regionalism
BR ˈriːdʒn̩lɪzm, ˈriːdʒnəlɪzm
AM ˈriːdʒnəˌlɪs(ə)m, ˈriːdʒənlˌɪs(ə)m

regionalist
BR ˈriːdʒn̩lɪst, ˈriːdʒnəlɪst, -s
AM ˈriːdʒnələst, ˈriːdʒənləst, -s

regionalization
BR ˌriːdʒn̩lʌɪˈzeɪʃn, ˌriːdʒnəlʌɪˈzeɪʃn
AM ˌriːdʒnələˈzeɪʃ(ə)n, ˌriːdʒnlˌaɪˈzeɪʃ(ə)n, ˌriːdʒnəˌlaɪˈzeɪʃ(ə)n, ˌriːdʒənl̩əˈzeɪʃ(ə)n

regionalize
BR ˈriːdʒn̩lʌɪz, ˈriːdʒnəlʌɪz, -ɪz, -ɪŋ, -d
AM ˈriːdʒnəˌlaɪz, ˈriːdʒnlˌaɪz, -ɪz, -ɪŋ, -d

regionally
BR ˈriːdʒn̩li, ˈriːdʒnəli
AM ˈriːdʒ(ə)nəli

Regis
BR ˈriːdʒɪs
AM ˈriːdʒɪs

régisseur
BR ˌreɪʒɪˈsəː(r), -z
AM ˌreɪdʒɪˈsər, -z
FR ʀeʒisœʀ

register
BR ˈrɛdʒɪst|ə(r), -əz, -(ə)rɪŋ, -əd
AM ˈrɛdʒəst|ər, -ərz, -(ə)rɪŋ, -ərd

registrable
BR ˈrɛdʒɪstrəbl
AM ˈrɛdʒəstrəb(ə)l

registrant
BR ˈrɛdʒɪstrn̩t, -s
AM ˈrɛdʒəstrənt, -s

registrar
BR ˌrɛdʒɪˈstrɑː(r), ˈrɛdʒɪstrɑː(r), -z
AM ˈrɛdʒəˌstrɑr, -z

Registrar General
BR ˌrɛdʒɪstrɑːˈdʒɛn(ə)rl̩, -z
AM ˌrɛdʒəˌstrɑrˈdʒɛn(ə)rəl, -z

registrarship
BR ˌrɛdʒɪˈstrɑːʃɪp, ˈrɛdʒɪstrɑːʃɪp, -s
AM ˈrɛdʒəˌstrɑrˌʃɪp, -s

registrary
BR ˈrɛdʒɪstrər|i, -ɪz
AM ˈrɛdʒəˌstrɛri, -z

registration
BR ˌrɛdʒɪˈstreɪʃn, -z
AM ˌrɛdʒəˈstreɪʃ(ə)n, -z

registry
BR ˈrɛdʒɪstr|i, -ɪz
AM ˈrɛdʒəstri, -z

Regius
BR ˈriːdʒ(ɪ)əs
AM ˈriːdʒ(i)əs

reglaze
BR ˌriːˈɡleɪz, -ɪz, -ɪŋ, -d
AM riˈɡleɪz, -ɪz, -ɪŋ, -d

reglet
BR ˈrɛɡlɪt, -s
AM ˈrɛɡlət, -s

regnal
BR ˈrɛɡnl
AM ˈrɛɡn(ə)l

regnant
BR ˈrɛɡnənt
AM ˈrɛɡnənt

rego
BR ˈrɛdʒəʊ
AM ˈrɛdʒoʊ

regolith
BR ˈrɛɡəlɪθ, -s
AM ˈrɛɡəˌlɪθ, -s

regorge
BR ˌriːˈɡɔːdʒ, -ɪz, -ɪŋ, -d
AM riˈɡɔrdʒ, -əz, -ɪŋ, -d

regrade
BR ˌriːˈɡreɪd, -z, -ɪŋ, -ɪd
AM riˈɡreɪd, -z, -ɪŋ, -ɪd

regrate
BR ˌriːˈɡreɪt, -s, -ɪŋ, -ɪd
AM riˈɡreɪ|t, -ts, -dɪŋ, -dɪd

regreen
BR ˌriːˈɡriːn, -z, -ɪŋ, -d
AM riˈɡrin, -z, -ɪŋ, -d

regress[1] *noun*
BR ˈriːɡrɛs
AM ˈriˌɡrɛs

regress[2] *verb*
BR rɪˈɡrɛs, ˌriːˈɡrɛs, -ɪz, -ɪŋ, -t
AM riˈɡrɛs, -əz, -ɪŋ, -t

regression
BR rɪˈɡrɛʃn, ˌriːˈɡrɛʃn, -z
AM riˈɡrɛʃ(ə)n, -z

regressive
BR rɪˈgresɪv,
ˌriːˈgresɪv
AM riˈgresɪv

regressively
BR rɪˈgresɪvli,
ˌriːˈgresɪvli
AM riˈgresɪvli

regressiveness
BR rɪˈgresɪvnɪs,
ˌriːˈgresɪvnɪs
AM riˈgresɪvnɪs

regret
BR rɪˈgret, -s, -ɪŋ, -ɪd
AM rɪˈgre|t, -ts, -dɪŋ,
-dəd

regretful
BR rɪˈgretf(ʊ)l
AM rɪˈgretfəl

regretfully
BR rɪˈgretfʊli,
rɪˈgretfˌli
AM rɪˈgretfəli

regretfulness
BR rɪˈgretf(ʊ)lnəs
AM rɪˈgretfəlnəs

regrettable
BR rɪˈgretəbl
AM rɪˈgredəb(ə)l

regrettably
BR rɪˈgretəbli
AM rɪˈgredəbli

regrew
BR ˌriːˈgruː
AM riˈgru

regroup
BR ˌriːˈgruːp, -s,
-ɪŋ, -t
AM riˈgrup, -s, -ɪŋ, -t

regroupment
BR ˌriːˈgruːpm(ə)nt,
-s
AM riˈgrupm(ə)nt, -s

regrow
BR ˌriːˈgrəʊ, -z, -ɪŋ
AM riˈgroʊ, -z, -ɪŋ

regrown
BR ˌriːˈgrəʊn
AM riˈgroʊn

regrowth
BR ˌriːˈgrəʊθ, -s
AM riˈgroʊθ, -s

regulable
BR ˈregjʊləbl
AM ˈregjələb(ə)l

regular
BR ˈregjʊlə(r), -z
AM ˈreg(j)ələr, -z

regularisation
BR ˌregjʊlərʌɪˈzeɪʃn
AM ˌregjələˌraɪˈzeɪʃ(ə)n,
ˌregjələrəˈzeɪʃ(ə)n

regularise
BR ˈregjʊlərʌɪz, -ɪz,
-ɪŋ, -d
AM ˈregjələˌraɪz, -ɪz,
-ɪŋ, -d

regularity
BR ˌregjʊˈlarɪti
AM ˌregjəˈlerədi

regularization
BR ˌregjʊlərʌɪˈzeɪʃn
AM ˌregjələˌraɪˈzeɪʃ(ə)n,
ˌregjələrəˈzeɪʃ(ə)n

regularize
BR ˈregjʊlərʌɪz, -ɪz,
-ɪŋ, -d
AM ˈregjələˌraɪz, -ɪz,
-ɪŋ, -d

regularly
BR ˈregjʊləli
AM ˈreg(j)ələrli

regulate
BR ˈregjʊleɪt, -s, -ɪŋ,
-ɪd
AM ˈregjəˌleɪ|t, -ts,
-dɪŋ, -dɪd

regulation
BR ˌregjʊˈleɪʃn, -z
AM ˌreg(j)əˈleɪʃ(ə)n, -z

regulative
BR ˈregjʊlətɪv
AM ˈregjəˌleɪdɪv,
ˈregjələdɪv

regulator
BR ˈregjʊleɪtə(r), -z
AM ˈregjəˌleɪdər, -z

regulatory
BR ˈregjʊlət(ə)ri,
ˈregjʊˌleɪt(ə)ri
AM ˈregjələˌtɔri

reguli
BR ˈregjʊlʌɪ, ˈregjʊliː
AM ˈregjəˌlaɪ

reguline
BR ˈregjʊlʌɪn
AM ˈregjəˌlaɪn,
ˈregjəl(ə)n

regulo
BR ˈregjʊləʊ, -z
AM ˈregjəloʊ, -z

regulus
BR ˈregjʊləs, -ɪz
AM ˈregjələs, -əz

regurgitate
BR rɪˈgəːdʒɪteɪt,
ˌriːˈgəːdʒɪteɪt, -s,
-ɪŋ, -ɪd
AM riˈgərdʒəˌteɪ|t, -ts,
-dɪŋ, -dɪd

regurgitation
BR rɪˌgəːdʒɪˈteɪʃn,
ˌriːgəːdʒɪˈteɪʃn
AM riˌgərdʒəˈteɪʃ(ə)n

rehab
BR ˈriːhab
AM ˈriˌhæb

rehabilitate
BR ˌriː(h)əˈbɪlɪteɪt, -s,
-ɪŋ, -ɪd
AM ˌri(h)əˈbɪləˌteɪ|t,
-ts, -dɪŋ, -dɪd

rehabilitation
BR ˌriː(h)əˌbɪlɪˈteɪʃn
AM ˌri(h)əˌbɪliˈteɪʃ(ə)n

rehabilitative
BR ˌriː(h)əˈbɪlɪtətɪv
AM ˌri(h)əˈbɪləˌteɪdɪv

rehandle
BR ˌriːˈhand|l, -lz,
-l|ɪŋ\-lɪŋ, -ld
AM riˈhæn(d)əl, -z,
-ɪŋ, -d

rehang
BR (ˌ)riːˈhaŋ, -z, -ɪŋ
AM riˈhæŋ, -z, -ɪŋ

rehash¹ *noun*
BR ˈriːhaʃ, -ɪz
AM ˈriˌhæʃ, -ɪz

rehash² *verb*
BR (ˌ)riːˈhaʃ, -ɪz,
-ɪŋ, -t
AM riˈhæʃ, -ɪz, -ɪŋ, -t

rehear
BR ˌriːˈhɪə(r), -z, -ɪŋ
AM riˈhɪ(ə)r, -z, -ɪŋ

reheard
BR ˌriːˈhəːd
AM riˈhərd

rehearsal
BR rɪˈhəːsl, -z
AM riˈhərs(ə)l, -z

rehearse
BR rɪˈhəːs, -ɪz, -ɪŋ, -t
AM riˈhərs, -əz, -ɪŋ, -t

rehearser
BR rɪˈhəːsə(r), -z
AM rɪˈhərsər,
rəˈhərsər, -z

reheat
BR ˌriːˈhiːt, -s, -ɪŋ, -ɪd
AM riˈhi|t, -ts, -dɪŋ,
-dɪd

reheater
BR ˌriːˈhiːtə(r), -z
AM riˈhidər, -z

reheel
BR ˌriːˈhiːl, -z,
-ɪŋ, -d
AM riˈhil, -z, -ɪŋ, -d

Rehnquist
BR ˈrenkwɪst
AM ˈrenˌkwɪst
SW reːnˈkvɪst

Rehoboam
BR ˌriː(h)əˈbəʊəm, -z
AM ˌri(h)əˈboʊəm, -z

rehome
BR ˌriːˈhəʊm, -z,
-ɪŋ, -d
AM riˈhoʊm, -z,
-ɪŋ, -d

rehouse
BR ˌriːˈhaʊz, -ɪz,
-ɪŋ, -d
AM riˈhaʊz, -əz,
-ɪŋ, -d

rehung
BR (ˌ)riːˈhʌŋ
AM riˈhən

rehydratable
BR ˌriːhʌɪˈdreɪtəbl
AM riˈhaɪˌdreɪdəb(ə)l

rehydrate
BR ˌriːhʌɪˈdreɪt, -s,
-ɪŋ, -ɪd
AM riˈhaɪˌdreɪ|t, -ts,
-dɪŋ, -dɪd

rehydration
BR ˌriːhaɪˈdreɪʃn
AM ˌriˌhaɪˈdreɪʃ(ə)n
Reich
BR rʌɪx, rʌɪk
AM raɪk
Reichstag
BR ˈrʌɪxstɑːg, ˈrʌɪʃstɑːg, ˈrʌɪkstɑːg
AM ˈraɪkˌstæg
Reid
BR riːd
AM riːd
reification
BR ˌreɪɪfɪˈkeɪʃn, ˌriːɪfɪˈkeɪʃn
AM ˌriəfəˈkeɪʃ(ə)n, ˌreɪəfəˈkeɪʃ(ə)n
reificatory
BR ˌreɪɪfɪˈkeɪt(ə)ri, ˌriːɪfɪˈkeɪt(ə)ri
AM riˈɪfəkəˌtɔri, reɪˈɪfəkəˌtɔri
reify
BR ˈreɪɪfʌɪ, ˈriːɪfʌɪ, -z, -ɪŋ, -d
AM ˈriəˌfaɪ, -z, -ɪŋ, -d
Reigate
BR ˈrʌɪgeɪt
AM ˈraɪˌgeɪt
reign
BR reɪn, -z, -ɪŋ, -d
AM reɪn, -z, -ɪŋ, -d
reignite
BR ˌriːɡˈnʌɪt, -s, -ɪŋ, -ɪd
AM ˌriɡˈnaɪt, -ts, -dɪŋ, -dɪd
Reilly
BR ˈrʌɪli
AM ˈraɪli
reimbursable
BR ˌriːɪmˈbəːsəbl
AM ˌriɪmˈbərsəb(ə)l
reimburse
BR ˌriːɪmˈbəːs, -ɪz, -ɪŋ, -t
AM ˌriɪmˈbərs, -əz, -ɪŋ, -t

reimbursement
BR ˌriːɪmˈbəːsm(ə)nt, -s
AM ˌriɪmˈbərsm(ə)nt, -s
reimburser
BR ˌriːɪmˈbəːsə(r), -z
AM ˌriɪmˈbərsər, -z
reimport
BR ˌriːɪmˈpɔːt, -s, -ɪŋ, -ɪd
AM riɪmˈ|pɔ(ə)rt, riˈɪmˌ|pɔ(ə)rt, -pɔ(ə)rts, -pɔrdɪŋ, -pɔrdəd
reimportation
BR ˌriːɪmpɔːˈteɪʃn
AM ˈˌriˌɪmpərˈteɪʃ(ə)n
reimpose
BR ˌriːɪmˈpəʊz, -ɪz, -ɪŋ, -d
AM ˌriɪmˈpoʊz, -əz, -ɪŋ, -d
reimposition
BR ˌriːɪmpəˈzɪʃn
AM ˈˌriˌɪmpəˈzɪʃ(ə)n
Reims
BR riːmz
AM rimz
FR r̃ɛs
rein
BR reɪn, -z, -ɪŋ, -d
AM reɪn, -z, -ɪŋ, -d
reincarnate[1] *adjective*
BR ˌriːɪnˈkɑːnət, ˌriːɪŋˈkɑːnət
AM ˌriɪŋˈkɑrˌnət, ˌriɪmˈkɑrnət
reincarnate[2] *verb*
BR ˌriːɪnˈkɑːneɪt, ˌriːɪŋˈkɑːneɪt, -s, -ɪŋ, -ɪd
AM ˌriɪŋˈkɑrˌneɪ|t, riɪmˈkɑrˌneɪ|t, -ts, -dɪŋ, -dɪd
reincarnation
BR ˌriːɪnkɑːˈneɪʃn, ˌriːɪŋkɑːˈneɪʃn, -z
AM ˈˌriɪŋˌkɑrˈneɪʃ(ə)n, ˈˌriɪmˌkɑrˈneɪʃ(ə)n, -z

reincorporate
BR ˌriːɪnˈkɔːpəreɪt, ˌriːɪŋˈkɔːpəreɪt, -s, -ɪŋ, -ɪd
AM ˌriɪnˈkɔrpəreɪt, ˌriɪnˈkɔrpəˌreɪ|t, -ts, -dɪŋ, -dɪd
reincorporation
BR ˌriːɪnˌkɔːpəˈreɪʃn, ˌriːɪŋˌkɔːpəˈreɪʃn
AM ˈˌriɪnˌkɔrpəˈreɪʃ(ə)n, ˈˌriɪnˌkɔrpəˈreɪʃ(ə)n
reindeer
BR ˈreɪndɪə(r), -z
AM ˈreɪnˌdɪ(ə)r, -z
reinfect
BR ˌriːɪnˈfɛkt, -s, -ɪŋ, -ɪd
AM ˌriɪnˈfɛk|(t), -(t)s, -tɪŋ, -təd
reinfection
BR ˌriːɪnˈfɛkʃn, -z
AM ˌriɪnˈfɛkʃ(ə)n, -z
reinforce
BR ˌriːɪnˈfɔːs, -ɪz, -ɪŋ, -t
AM ˌriɪnˈfɔ(ə)rs, -əz, -ɪŋ, -t
reinforcement
BR ˌriːɪnˈfɔːsm(ə)nt, -s
AM ˌriɪnˈfɔrsm(ə)nt, -s
reinforcer
BR ˌriːɪnˈfɔːsə(r), -z
AM ˌriɪnˈfɔrsər, -z
Reinhardt
BR ˈrʌɪnhɑːt
AM ˈraɪnˌ(h)ɑrt
reinject
BR ˌriːɪnˈdʒɛkt, -s, -ɪŋ, -ɪd
AM ˌriɪnˈdʒɛk|(t), -(t)s, -tɪŋ, -təd
reinless
BR ˈreɪnlɪs
AM ˈreɪnlɪs
reinsert
BR ˌriːɪnˈsəːt, -s, -ɪŋ, -ɪd
AM ˌriɪnˈsər|t, -ts, -dɪŋ, -dəd
reinsertion
BR ˌriːɪnˈsəːʃn, -z
AM ˌriɪnˈsərʃ(ə)n, -z

reinspect
BR ˌriːɪnˈspɛkt, -s, -ɪŋ, -ɪd
AM ˌriːɪnˈspɛk|(t), ˌriɪnzˈpɛk|(t), -(t)s, -tɪŋ, -təd
reinstal
BR ˌriːɪnˈstɔːl, -z, -ɪŋ, -d
AM ˌriɪnˈstɔl, ˌriɪnzˈtɔl, ˌriɪnˈstɑl, ˌriɪnzˈtɑl, -z, -ɪŋ, -d
reinstall
BR ˌriːɪnˈstɔːl, -z, -ɪŋ, -d
AM ˌriɪnˈstɔl, ˌriɪnzˈtɔl, ˌriɪnˈstɑl, ˌriɪnzˈtɑl, -z, -ɪŋ, -d
reinstate
BR ˌriːɪnˈsteɪt, -s, -ɪŋ, -ɪd
AM ˌriɪnˈsteɪ|t, -ts, -dɪŋ, -dɪd
reinstatement
BR ˌriːɪnˈsteɪtm(ə)nt, -s
AM ˌriɪnˈsteɪtm(ə)nt, -s
reinstitute
BR ˌriːˈɪnstɪtjuːt, ˌriːˈɪnstɪtʃuːt, -s, -ɪŋ, -d
AM ˌriˈɪnstəˌt(j)ult, -ts, -dɪŋ, -dɪd
reinstitution
BR ˌriːɪnstɪˈtjuːʃn, ˌriːɪnstɪˈtʃuːʃn
AM ˈˌriˌɪnstəˈt(j)uʃ(ə)n
reinsurance
BR ˌriːɪnˈʃʊərns, ˌriːɪnˈʃɔːrns
AM ˌriɪnˈʃʊrəns
reinsure
BR ˌriːɪnˈʃʊə(r), ˌriːɪnˈʃɔː(r), -z, -ɪŋ, -d
AM ˌriɪnˈʃʊ(ə)r, -z, -ɪŋ, -d
reinsurer
BR ˌriːɪnˈʃʊərə(r), ˌriːɪnˈʃɔːrə(r), -z
AM ˌriɪnˈʃʊrər, -z

reintegrate
BR ˌriːˈɪntɪgreɪt, -s, -ɪŋ, -ɪd
AM ˌriˈɪn(t)əˌgreɪ|t, -ts, -dɪŋ, -dɨd

reintegration
BR ˌriːɪntɪˈgreɪʃn
AM ˈˌriˌɪn(t)əˈgreɪʃ(ə)n

reinter
BR ˌriːɪnˈtəː(r), -z, -ɪŋ, -d
AM ˌriɨnˈtər, -z, -ɪŋ, -d

reinterment
BR ˌriːɪnˈtəːm(ə)nt, -s
AM ˌriɨnˈtərm(ə)nt, -s

reinterpret
BR ˌriːɪnˈtəːprɪt, -s, -ɪŋ, -ɪd
AM ˌriɨnˈtərprə|t, -ts, -dɪŋ, -dəd

reinterpretation
BR ˌriːɪnˌtəːprɪˈteɪʃn, -z
AM ˈˌriˌɪnˌtərprə-ˈteɪʃ(ə)n, -z

reintroduce
BR ˌriːɪntrəˈdjuːs, ˌriːɪntrəˈdʒuːs, -ɪz, -ɪŋ, -t
AM ˈˌriɨntrəˈd(j)us, -ɪz, -ɪŋ, -t

reintroduction
BR ˌriːɪntrəˈdʌkʃn
AM ˈˌriɨntrəˈdəkʃ(ə)n

reinvent
BR ˌriːɪnˈvent, -s, -ɪŋ, -ɪd
AM ˌriɨnˈven|t, -ts, -(t)ɪŋ, -(t)əd

reinvention
BR ˌriːɪnˈvenʃn
AM ˌriɨnˈvenʃ(ə)n

reinvest
BR ˌriːɪnˈvest, -s, -ɪŋ, -ɪd
AM ˌriɨnˈvest, -s, -ɪŋ, -ɪd

reinvestigate
BR ˌriːɪnˈvestɪgeɪt, -s, -ɪŋ, -d
AM ˌriɨnˈvestəˌgeɪ|t, -ts, -dɪŋ, -dɨd

reinvestigation
BR ˌriːɪnˌvestɪˈgeɪʃn, -z
AM ˈˌriɨnˌvestəˈgeɪʃ(ə)n, -z

reinvestment
BR ˌriːɪnˈves(t)m(ə)nt, -s
AM ˌriɨnˈvestm(ə)nt, -s

reinvigorate
BR ˌriːɪnˈvɪgəreɪt, -s, -ɪŋ, -ɪd
AM ˌriɨnˈvɪgəˌreɪ|t, -ts, -dɪŋ, -dɨd

reinvigoration
BR ˌriːɪnˌvɪgəˈreɪʃn
AM ˈˌriɨnˌvɪgəˈreɪʃ(ə)n

reissue
BR ˌriːˈɪʃ(j)uː, ˌriːˈɪsjuː, -z, -ɪŋ, -d
AM riˈɪʃu, -z, -ɪŋ, -d

reiterate
BR rɪˈɪtəreɪt, ˌriːˈɪtəreɪt, -s, -ɪŋ, -ɪd
AM riˈɪdəˌreɪ|t, -ts, -dɪŋ, -dɨd

reiteration
BR rɪˌɪtəˈreɪʃn, ˌriːˌɪtəˈreɪʃn
AM riˌɪdəˈreɪʃ(ə)n

reiterative
BR rɪˈɪt(ə)rətɪv, ˌriːˈɪt(ə)rətɪv
AM riˈɪdərədɪv, riˈɪdəˌreɪdɪv

Reith
BR riːθ
AM riθ

reive
BR riːv, -z, -ɪŋ, -d
AM riv, -z, -ɪŋ, -d

reiver
BR ˈriːvə(r), -z
AM ˈrivər, -z

reject[1] *noun*
BR ˈriːdʒekt, -s
AM ˈriˌdʒek(t), -s

reject[2] *verb*
BR rɪˈdʒekt, -s, -ɪŋ, -ɪd
AM rɪˈdʒek|(t), -(t)s, -tɪŋ, -təd

rejectable
BR rɪˈdʒektəbl
AM rɪˈdʒektəb(ə)l

rejectamenta
BR rɪˌdʒektəˈmentə(r)
AM rɪˌdʒektəˈmen(t)ə

rejecter
BR rɪˈdʒektə(r), -z
AM rɪˈdʒektər, -z

rejection
BR rɪˈdʒekʃn, -z
AM rɪˈdʒekʃ(ə)n, -z

rejectionist
BR rɪˈdʒekʃn̩ɪst, -s
AM rɪˈdʒekʃənəst, rɪˈdʒekʃn̩əst, -s

rejective
BR rɪˈdʒektɪv
AM rɪˈdʒektɪv

rejector
BR rɪˈdʒektə(r), -z
AM rɪˈdʒektər, -z

rejig
BR ˌriːˈdʒɪg, -z, -ɪŋ, -d
AM riˈdʒɪg, -z, -ɪŋ, -d

rejoice
BR rɪˈdʒɔɪs, -ɪz, -ɪŋ, -t
AM rɪˈdʒɔɪs, -ɪz, -ɪŋ, -t

rejoicer
BR rɪˈdʒɔɪsə(r), -z
AM rɪˈdʒɔɪsər, -z

rejoicing
BR rɪˈdʒɔɪsɪŋ, -z
AM rɪˈdʒɔɪsɪŋ, -z

rejoicingly
BR rɪˈdʒɔɪsɪŋli
AM rɪˈdʒɔɪsɪŋli

rejoin[1] *answer*
BR rɪˈdʒɔɪn, -z, -ɪŋ, -d
AM rɪˈdʒɔɪn, -z, -ɪŋ, -d

rejoin[2] *join again*
BR ˌriːˈdʒɔɪn, -z, -ɪŋ, -d
AM riˈdʒɔɪn, -z, -ɪŋ, -d

rejoinder
BR rɪˈdʒɔɪndə(r), -z
AM rɪˈdʒɔɪndər, -z

rejuvenate
BR rɪˈdʒuːvɪneɪt, -s, -ɪŋ, -ɪd
AM rɪˈdʒuvəˌneɪ|t, -ts, -dɪŋ, -dɨd

rejuvenation
BR rɪˌdʒuːvɪˈneɪʃn
AM rɪˌdʒuvəˈneɪʃ(ə)n

rejuvenator
BR rɪˈdʒuːvɪneɪtə(r), -z
AM rɪˈdʒuvəˌneɪdər, -z

rejuvenesce
BR ˌriːdʒuːvɪˈnes, rɪˌdʒuːvɪˈnes, -ɪz, -ɪŋ, -t
AM riˌdʒuvəˈnes, -əz, -ɪŋ, -t

rejuvenescence
BR ˌriːdʒuːvɪˈnesns, rɪˌdʒuːvɪˈnesns
AM riˌdʒuvəˈnes(ə)ns

rejuvenescent
BR ˌriːdʒuːvɪˈnesnt, rɪˌdʒuːvɪˈnesnt
AM riˌdʒuvəˈnes(ə)nt

rekey
BR ˌriːˈkiː, -z, -ɪŋ, -d
AM ˈˌriˈki, -z, -ɪŋ, -d

rekindle
BR (ˌ)riːˈkɪnd|l, -lz, -l̩ɪŋ\-lɪŋ, -ld
AM riˈkɪn|dəl, -dəlz, -(d)(ə)lɪŋ, -dəld

relabel
BR (ˌ)riːˈleɪb|l, -lz, -l̩ɪŋ\-lɪŋ, -ld
AM riˈleɪb(ə)l, -z, -ɪŋ, -d

relapse[1] *noun*
BR rɪˈlaps, ˈriːlaps, -ɪz
AM ˈriˌlæps, -əz

relapse[2] *verb*
BR rɪˈlaps, -ɪz, -ɪŋ, -t
AM rɪˈlæps, ˈriˌlæps, -əz, -ɪŋ, -t

relapser
BR rɪˈlapsə(r), -z
AM rɪˈlæpsər, ˈriˌlæpsər, -z

relatable
BR rɪˈleɪtəbl
AM rɪˈleɪdəb(ə)l

relate
BR rɪˈleɪt, -s, -ɪŋ, -ɪd
AM rɪˈleɪ|t, -ts, -dɪŋ, -dɨd

relatedness
BR rɪˈleɪtɪdnɪs
AM riˈleɪdɪdnɪs
relater
BR rɪˈleɪtə(r), -z
AM riˈleɪdər, -z
relation
BR rɪˈleɪʃn, -z
AM riˈleɪʃ(ə)n, -z
relational
BR rɪˈleɪʃn̩l
AM riˈleɪʃ(ə)n(ə)l
relationally
BR rɪˈleɪʃn̩li,
rɪˈleɪʃnəli
AM riˈleɪʃ(ə)nəli
relationism
BR rɪˈleɪʃn̩ɪzm
AM riˈleɪʃə,nɪz(ə)m
relationist
BR rɪˈleɪʃn̩ɪst, -s
AM riˈleɪʃənəst, -s
relationship
BR rɪˈleɪʃn̩ʃɪp, -s
AM riˈleɪʃənˌʃɪp, -s
relatival
BR ˌreləˈtaɪvl
AM ˌreləˈtaɪvəl
relative
BR ˈrelətɪv, -z
AM ˈreləd̬ɪv, -z
relatively
BR ˈrelətɪvli
AM ˈreləd̬ɪvli
relativeness
BR ˈrelətɪvnɪs
AM ˈreləd̬ɪvnɪs
relativisation
BR ˌrelətɪvaɪˈzeɪʃn
AM ˌreləd̬əˌvaɪˈzeɪʃ(ə)n,
ˌreləd̬əvəˈzeɪʃ(ə)n
relativise
BR ˈrelətɪvaɪz, -ɪz,
-ɪŋ, -d
AM ˈreləd̬əˌvaɪz, -ɪz,
-ɪŋ, -d
relativism
BR ˈrelətɪvɪzm
AM ˈreləd̬əˌvɪz(ə)m
relativist
BR ˈrelətɪvɪst, -s
AM ˈreləd̬əvəst, -s

relativistic
BR ˌrelətɪˈvɪstɪk
AM ˌreləd̬əˈvɪstɪk
relativistically
BR ˌrelətɪˈvɪstɪkli
AM ˌreləd̬əˈvɪstək(ə)li
relativity
BR ˌreləˈtɪvɪti
AM ˌreləˈtɪvɪd̬i
relativization
BR ˌrelətɪvaɪˈzeɪʃn
AM ˌreləd̬əˌvaɪ-
ˈzeɪʃ(ə)n,
ˌreləd̬əvəˈzeɪʃ(ə)n
relativize
BR ˈrelətɪvaɪz, -ɪz,
-ɪŋ, -d
AM ˈreləd̬əˌvaɪz, -ɪz,
-ɪŋ, -d
relator
BR rɪˈleɪtə(r), -z
AM riˈleɪdər, -z
relaunch[1] *noun*
BR ˈriːlɔːn(t)ʃ, -ɪz
AM riˈlɑn(t)ʃ,
riˈlɔn(t)ʃ, -əz
relaunch[2] *verb*
BR ˌriːˈlɔːn(t)ʃ, -ɪz,
-ɪŋ, -t
AM riˈlɑn(t)ʃ,
riˈlɔn(t)ʃ, -əz, -ɪŋ, -t
relax
BR rɪˈlæks, -ɪz, -ɪŋ, -t
AM riˈlæks, -əz, -ɪŋ, -t
relaxant
BR rɪˈlæksnt, -s
AM rəˈlæks(ə)nt, -s
relaxation
BR ˌriːlækˈseɪʃn, -z
AM riˌlækˈseɪʃ(ə)n, -z
relaxedly
BR rɪˈlæksɪdli
AM riˈlæksədli
relaxedness
BR rɪˈlæksɪdnɪs
AM riˈlæksədnəs
relaxer
BR rɪˈlæksə(r), -z
AM riˈlæksər, -z
relay[1] *noun*
BR ˈriːleɪ, -z
AM ˈriːˌleɪ, -z

relay[2] *verb, broadcast*
BR ˈriːleɪ, -z, -ɪŋ, -d
AM ˈriˌleɪ, riˈleɪ, -z,
-ɪŋ, -d
relay[3] *verb, lay again*
BR ˌriːˈleɪ, -z, -ɪŋ, -d
AM riˈleɪ, -z, -ɪŋ, -d
relearn
BR ˌriːˈlɜːn, -z,
-ɪŋ, -d
AM riˈlɜrn, -z, -ɪŋ, -d
releasable
BR rɪˈliːsəbl
AM riˈlisəb(ə)l
release[1] *noun 'new lease'*
BR ˌriːˈliːs, -ɪz
AM riˈlis, -z
release[2] *noun, verb, freedom/free*
BR rɪˈliːs, -ɪz, -ɪŋ, -t
AM riˈlis, -ɪz, -ɪŋ, -t
releasee
BR rɪˌliːˈsiː, -z
AM riˌliˈsi, -z
releaser
BR rɪˈliːsə(r), -z
AM riˈlisər, -z
releasor
BR rɪˈliːsə(r), -z
AM riˈlisər, -z
relegable
BR ˈrelɪgəbl
AM ˈreləgəb(ə)l
relegate
BR ˈrelɪgeɪt, -s, -ɪŋ,
-ɪd
AM ˈreləˌgeɪt, -ts,
-dɪŋ, -dɪd
relegation
BR ˌrelɪˈgeɪʃn
AM ˌreləˈgeɪʃ(ə)n
relent
BR rɪˈlent, -s, -ɪŋ, -ɪd
AM riˈlent, -ts, -(t)ɪŋ,
-(t)əd
relentless
BR rɪˈlentləs
AM riˈlen(t)ləs
relentlessly
BR rɪˈlentləsli
AM riˈlen(t)ləsli

relentlessness
BR rɪˈlentləsnəs
AM riˈlen(t)ləsnəs
relet
BR ˌriːˈlet, -s, -ɪŋ
AM riˈlet, -ts,
-dɪŋ
relevance
BR ˈrelɪvns
AM ˈreləvəns
relevancy
BR ˈrelɪvnsi
AM ˈreləvənsi
relevant
BR ˈrelɪvnt
AM ˈreləvənt
relevantly
BR ˈrelɪvntli
AM ˈreləvən(t)li
relevé
BR ˌreləˈveɪ, -z
AM ˌreləˈveɪ, -z
reliability
BR rɪˌlaɪəˈbɪlɪti
AM riˌlaɪəˈbɪlɪd̬i
reliable
BR rɪˈlaɪəbl
AM riˈlaɪəb(ə)l
reliableness
BR rɪˈlaɪəblnəs
AM riˈlaɪəbəlnəs
reliably
BR rɪˈlaɪəbli
AM riˈlaɪəbli
reliance
BR rɪˈlaɪəns
AM riˈlaɪəns
reliant
BR rɪˈlaɪənt
AM riˈlaɪənt
relic
BR ˈrelɪk, -s
AM ˈrelɪk, -s
relict
BR ˈrelɪkt, -s
AM ˈrelɪk|(t), -(t)s
relief
BR rɪˈliːf, -s
AM riˈlif, -s
relievable
BR rɪˈliːvəbl
AM riˈlivəb(ə)l

relieve
BR rɪˈliːv, -z, -ɪŋ, -d
AM riˈliv, -z, -ɪŋ, -d

reliever
BR rɪˈliːvə(r), -z
AM riˈlivər, -z

relievo
BR rɪˈliːvəʊ, ˌrɛlɪˈeɪvəʊ, -z
AM riˈlivoʊ, -z

relight
BR ˌriːˈlaɪt, -s, -ɪŋ, -ɪd
AM riˈlaɪt, -ts, -dɪŋ, -dɪd

religion
BR rɪˈlɪdʒ(ə)n, -z
AM riˈlɪdʒ(ə)n, -z

religioner
BR rɪˈlɪdʒnə(r), rɪˈlɪdʒnə(r), -z
AM riˈlɪdʒənər, -z

religionism
BR rɪˈlɪdʒn̩ɪzm
AM riˈlɪdʒəˌnɪz(ə)m

religionist
BR rɪˈlɪdʒn̩ɪst, -s
AM riˈlɪdʒənəst, -s

religionless
BR rɪˈlɪdʒn̩ləs
AM riˈlɪdʒənləs

religiose
BR rɪˈlɪdʒɪəʊs
AM rəˈlɪdʒiˌoʊs

religiosity
BR rɪˌlɪdʒɪˈɒsɪti
AM rəˌlɪdʒiˈɑsədi

religious
BR rɪˈlɪdʒəs
AM riˈlɪdʒəs

religiously
BR rɪˈlɪdʒəsli
AM riˈlɪdʒəsli

religiousness
BR rɪˈlɪdʒəsnəs
AM riˈlɪdʒəsnəs

reline
BR ˌriːˈlaɪn, -z, -ɪŋ, -d
AM riˈlaɪn, -z, -ɪŋ, -d

relinquish
BR rɪˈlɪŋkwɪʃ, -ɪʃɪz, -ɪʃɪŋ, -ɪʃt
AM riˈlɪŋkwɪʃ, -ɪz, -ɪŋ, -t

relinquishment
BR rɪˈlɪŋkwɪʃ(ə)nt, -s
AM riˈlɪŋkwɪʃm(ə)nt, -s

reliquary
BR ˈrɛlɪkwər|i, -ɪz
AM ˈrɛləˌkwɛri, -z

reliquiae
BR rɪˈlɪkwiː
AM rəˈlɪkwiˌaɪ, rəˈlɪkwiˌi

relish
BR ˈrɛl|ɪʃ, -ɪʃɪz, -ɪʃɪŋ, -ɪʃt
AM ˈrɛlɪʃ, -ɪz, -ɪŋ, -t

relishable
BR ˈrɛlɪʃəbl
AM ˈrɛləʃəb(ə)l

relit
BR ˌriːˈlɪt
AM riˈlɪt

relive
BR ˌriːˈlɪv, -z, -ɪŋ, -d
AM riˈlɪv, -z, -ɪŋ, -d

reload
BR ˌriːˈləʊd, -z, -ɪŋ, -ɪd
AM riˈloʊd, -z, -ɪŋ, -əd

relocate
BR ˌriːlə(ʊ)ˈkeɪt, -s, -ɪŋ, -ɪd
AM ˌriloʊˈkeɪt, riˈloʊˌkeɪ|t, -ts, -dɪŋ, -dɪd

relocation
BR ˌriːlə(ʊ)ˈkeɪʃn
AM ˌriloʊˈkeɪʃ(ə)n

re-look
BR ˌriːˈlʊk, -s, -ɪŋ, -t
AM ˈrilʊk, -s, -ɪŋ, -t

relucent
BR ˌriːˈluːs(ə)nt
AM riˈlus(ə)nt

reluctance
BR rɪˈlʌkt(ə)ns
AM riˈləkt(ə)ns

reluctant
BR rɪˈlʌkt(ə)nt
AM riˈləktnt

reluctantly
BR rɪˈlʌkt(ə)ntli
AM riˈləktən(t)li

rely
BR rɪˈlʌɪ, -z, -ɪŋ, -d
AM riˈlaɪ, -z, -ɪŋ, -d

REM
BR ˌɑːriːˈɛm
AM ˌɑrˌiˈɛm

rem
BR rɛm, -z
AM rɛm, -z

remade
BR ˌriːˈmeɪd
AM riˈmeɪd

remailer
BR riːˈmeɪlə(r), -z
AM riˈmeɪlər, -z

remain
BR rɪˈmeɪn, -z, -ɪŋ, -d
AM riˈmeɪn, -z, -ɪŋ, -d

remainder
BR rɪˈmeɪnd|ə(r), -əz, -(ə)rɪŋ, -əd
AM riˈmeɪnd|ər, -ərz, -(ə)rɪŋ, -ərd

remake[1] noun
BR ˈriːmeɪk, -s
AM ˈriˌmeɪk, -s

remake[2] verb
BR ˌriːˈmeɪk, -s, -ɪŋ
AM riˈmeɪk, -s, -ɪŋ

reman
BR ˌriːˈman, -z, -ɪŋ, -d
AM riˈmæn, -z, -ɪŋ, -d

remand
BR rɪˈmɑːnd, -z, -ɪŋ, -ɪd
AM riˈmænd, -z, -ɪŋ, -əd

remanence
BR ˈrɛmənəns, -ɪz
AM ˈrɛmənəns, -əz

remanent
BR ˈrɛmənənt
AM ˈrɛmənənt

remark[1] comment, notice
BR rɪˈmɑːk, -s, -ɪŋ, -t
AM riˈmɑrk, -s, -ɪŋ, -t

remark[2] mark again
BR ˌriːˈmɑːk, -s, -ɪŋ, -t
AM riˈmɑrk, -s, -ɪŋ, -t

remarkable
BR rɪˈmɑːkəbl
AM riˈmɑrkəb(ə)l

remarkableness
BR rɪˈmɑːkəblnəs
AM riˈmɑrkəbəlnəs

remarkably
BR rɪˈmɑːkəbli
AM riˈmɑrkəbli

remarriage
BR ˌriːˈmar|ɪdʒ, -ɪdʒɪz
AM riˈmɛrɪdʒ, -ɪz

remarry
BR ˌriːˈmar|i, -ɪz, -ɪɪŋ, -ɪd
AM riˈmɛri, -z, -ɪŋ, -d

remaster
BR ˌriːˈmɑːst|ə(r), -əz, -(ə)rɪŋ, -əd
AM riˈmæstər, -z, -ɪŋ, -d

rematch[1] noun
BR ˈriːmatʃ, -ɪz
AM ˈriˌmætʃ, -əz

rematch[2] verb
BR ˌriːˈmatʃ, -ɪz, -ɪŋ, -t
AM riˈmætʃ, -əz, -ɪŋ, -t

Rembrandt
BR ˈrɛmbrant, -s
AM ˈrɛmˌbrænt, -s
DU ˈrɛmbrant

REME
BR ˈriːmi
AM ˈrimi

remeasure
BR ˌriːˈmɛʒ|ə(r), -əz, -(ə)rɪŋ, -əd
AM riˈmɛʒər, -z, -ɪŋ, -d

remeasurement
BR ˌriːˈmɛʒəm(ə)nt, -s
AM riˈmɛʒərm(ə)nt, -s

remediable
BR rɪˈmiːdɪəbl
AM riˈmidiəb(ə)l

remedial
BR rɪˈmiːdɪəl
AM riˈmidiəl

remedially
BR rɪˈmiːdɪəli
AM riˈmidiəli

remediless
BR ˈrɛmɪdɪlɪs
AM ˈrɛmədɪlɪs
remedy
BR ˈrɛmɪd|i, -ɪz, -ɪŋ, -ɪd
AM ˈrɛmədi, -z, -ɪŋ, -d
remember
BR rɪˈmɛmb|ə(r), -əz, -(ə)rɪŋ, -əd
AM rɪˈmɛmb|ər, -ərz, -(ə)rɪŋ, -ərd
rememberable
BR rɪˈmɛmb(ə)rəbl
AM rɪˈmɛmb(ə)rəb(ə)l
rememberer
BR rɪˈmɛmb(ə)rə(r), -z
AM rɪˈmɛmb(ə)rər, -z
remembrance
BR rɪˈmɛmbrn̩s, -ɪz
AM rɪˈmɛmbrəns, -əz
remembrancer
BR rɪˈmɛmbrn̩sə(r), -z
AM rɪˈmɛmbrənsər, -z
remex
BR ˈriːmɛks, -ɪz
AM ˈriˌmɛks, -əz
remind
BR rɪˈmaɪnd, -z, -ɪŋ, -ɪd
AM rɪˈmaɪnd, -z, -ɪŋ, -ɪd
reminder
BR rɪˈmaɪndə(r), -z
AM rɪˈmaɪndər, -z
remindful
BR rɪˈmaɪn(d)f(ʊ)l
AM rɪˈmaɪn(d)fəl
Remington
BR ˈrɛmɪŋt(ə)n
AM ˈrɛmɪŋt(ə)n
reminisce
BR ˌrɛmɪˈnɪs, -ɪz, -ɪŋ, -t
AM ˌrɛməˈnɪs, -ɪz, -ɪŋ, -t
reminiscence
BR ˌrɛmɪˈnɪsn̩s, -ɪz
AM ˌrɛməˈnɪs(ə)ns, -ɪz
reminiscent
BR ˌrɛmɪˈnɪsnt
AM ˌrɛməˈnɪs(ə)nt

reminiscential
BR ˌrɛmɪnɪˈsɛnʃl
AM ˌrɛmənəˈsɛn(t)ʃ(ə)l
reminiscently
BR ˌrɛmɪˈnɪsntli
AM ˌrɛməˈnɪsn(t)li
reminiscer
BR ˌrɛmɪˈnɪsə(r), -z
AM ˌrɛməˈnɪsər, -z
remint
BR ˌriːˈmɪnt, -s, -ɪŋ, -ɪd
AM riˈmɪn|t, -ts, -(t)ɪŋ, -(t)ɪd
remise
BR rɪˈmaɪz, -ɪz, -ɪŋ, -d
AM rɪˈmaɪz, -ɪz, -ɪŋ, -d
remiss
BR rɪˈmɪs
AM rɪˈmɪs
remissible
BR rɪˈmɪsɪbl
AM rɪˈmɪsɪb(ə)l
remission
BR rɪˈmɪʃn, -z
AM rɪˈmɪʃ(ə)n, -z
remissive
BR rɪˈmɪsɪv
AM rɪˈmɪsɪv
remissly
BR rɪˈmɪsli
AM rɪˈmɪsli
remissness
BR rɪˈmɪsnɪs
AM rɪˈmɪsnɪs
remit¹ *noun*
BR ˈriːmɪt, -s
AM ˈriːmɪt, ˈriˌmɪt, -s
remit² *verb*
BR rɪˈmɪt, -s, -ɪŋ, -ɪd
AM rɪˈmɪ|t, -ts, -dɪŋ, -dɪd
remittable
BR rɪˈmɪtəbl
AM rɪˈmɪdəb(ə)l
remittal
BR rɪˈmɪtl, -z
AM rɪˈmɪdl, -z
remittance
BR rɪˈmɪt(ə)ns, -ɪz
AM rɪˈmɪtns, -ɪz

remittee
BR rɪˌmɪˈtiː, -z
AM riˌmɪˈti, -z
remittent
BR rɪˈmɪt(ə)nt
AM rɪˈmɪtnt
remitter
BR rɪˈmɪtə(r), -z
AM rɪˈmɪdər, -z
remix
BR ˌriːˈmɪks, -ɪz, -ɪŋ, -t
AM riˈmɪks, -əz, -ɪŋ, t
remixer
BR ˌriːˈmɪksə(r), -z
AM riˈmɪksər, -z
remnant
BR ˈrɛmnənt, -s
AM ˈrɛmnənt, -s
remodel
BR (ˌ)riːˈmɒd|l, -lz, -lɪŋ\-lɪŋ, -ld
AM riˈmad|əl, -əlz, -(ə)lɪŋ, -əld
remodification
BR ˌriːmɒdɪfɪˈkeɪʃn, -z
AM ˌˌriˌmadəfəˈkeɪʃ(ə)n, -z
remodify
BR ˌriːˈmɒdɪfaɪ, -z, -ɪŋ, -d
AM riˈmadəˌfaɪ, -z, -ɪŋ, -d
remold¹ *noun*
BR ˈriːməʊld, -z
AM ˈriˌmoʊld, -z
remold² *verb*
BR ˌriːˈməʊld, -z, -ɪŋ, -ɪd
AM riˈmoʊld, -z, -ɪŋ, -əd
remonetisation
BR ˌriːmʌnɪtaɪˈzeɪʃn
AM riˌmanəˌtaɪˈzeɪʃ(ə)n, riˌmanədəˈzeɪʃ(ə)n
remonetise
BR ˌriːˈmʌnɪtaɪz, -ɪz, -ɪŋ, -d
AM riˈmanəˌtaɪz, -ɪz, -ɪŋ, -d

remonetization
BR ˌriːmʌnɪtaɪˈzeɪʃn
AM riˌmanəˌtaɪˈzeɪʃ(ə)n, riˌmanədəˈzeɪʃ(ə)n
remonetize
BR ˌriːˈmʌnɪtaɪz, -ɪz, -ɪŋ, -d
AM riˈmanəˌtaɪz, -ɪz, -ɪŋ, -d
remonstrance
BR rɪˈmɒnstrn̩s, -ɪz
AM rɪˈmanstrəns, -əz
remonstrant
BR rɪˈmɒnstrnt
AM rɪˈmanstrənt
remonstrantly
BR rɪˈmɒnstrn̩tli
AM rɪˈmanstrən(t)li
remonstrate
BR ˈrɛmənstreɪt, -s, -ɪŋ, -ɪd
AM riˈmanˌstreɪ|t, ˈrɛmənˌstreɪ|t, -ts, -dɪŋ, -dɪd
remonstration
BR ˌrɛmənˈstreɪʃn, -z
AM riˌmanˈstreɪʃ(ə)n, ˌrɛmənˈstreɪʃ(ə)n, -z
remonstrative
BR rɪˈmɒnstrətɪv
AM riˈmanstrədɪv, ˈrɛmənˌstreɪdɪv
remonstrator
BR ˈrɛmənstreɪtə(r), -z
AM riˈmanˌstreɪdər, ˈrɛmənˌstreɪdər, -z
remontant
BR rɪˈmɒnt(ə)nt, -s
AM rɪˈmantnt, -s
remora
BR ˈrɛm(ə)rə(r), rɪˈmɔːrə(r), -z
AM ˈrɛmərə, -z
remorse
BR rɪˈmɔːs
AM rɪˈmɔ(ə)rs
remorseful
BR rɪˈmɔːsf(ʊ)l
AM rɪˈmɔrsfəl

remorsefully
BR rɪˈmɔːsfʊli, rɪˈmɔːsfli
AM riˈmɔrsfəli

remorsefulness
BR rɪˈmɔːsf(ʊ)lnəs
AM riˈmɔrsfəlnəs

remorseless
BR rɪˈmɔːsləs
AM riˈmɔrsləs

remorselessly
BR rɪˈmɔːsləsli
AM riˈmɔrsləsli

remorselessness
BR rɪˈmɔːsləsnəs
AM riˈmɔrsləsnəs

remortgage
BR ˌriːˈmɔːg|ɪdʒ, -ɪdʒɪz, -ɪdʒɪŋ, -ɪdʒd
AM riˈmɔrgɪdʒ, -ɪz, -ɪŋ, -d

remote
BR rɪˈməʊt, -ə(r), -ɪst
AM riˈmoʊ|t, -dər, -dəst

remotely
BR rɪˈməʊtli
AM riˈmoʊtli

remoteness
BR rɪˈməʊtnəs
AM riˈmoʊtnəs

remould[1] *noun*
BR ˈriːməʊld, -z
AM ˈriˌmoʊld, -z

remould[2] *verb*
BR ˌriːˈməʊld, -z, -ɪŋ, -ɪd
AM riˈmoʊld, -z, -ɪŋ, -əd

remount[1] *noun*
BR ˈriːmaʊnt, -s
AM ˈriˌmaʊnt, -s

remount[2] *verb*
BR ˌriːˈmaʊnt, -s, -ɪŋ, -ɪd
AM riˈmaʊn|t, -ts, -(t)ɪŋ, -(t)əd

removability
BR rɪˌmuːvəˈbɪlɪti
AM riˌmuvəˈbɪlɪdi

removable
BR rɪˈmuːvəbl
AM riˈmuvəb(ə)l

removal
BR rɪˈmuːvl, -z
AM riˈmuvəl, -z

remove
BR rɪˈmuːv, -z, -ɪŋ, -d
AM riˈmuv, -z, -ɪŋ, -d

removeable
BR rɪˈmuːvəbl
AM riˈmuvəb(ə)l

remover
BR rɪˈmuːvə(r), -z
AM riˈmuvər, -z

Remploy
BR ˈrɛmplɔɪ
AM ˈrɛmplɔɪ

remunerate
BR rɪˈmjuːnəreɪt, -s, -ɪŋ, -ɪd
AM riˈmjunəˌreɪ|t, -ts, -dɪŋ, -dɪd

remuneration
BR rɪˌmjuːnəˈreɪʃn
AM riˌmjunəˈreɪʃ(ə)n

remunerative
BR rɪˈmjuːn(ə)rətɪv
AM riˈmjun(ə)rədɪv, riˈmjunəˌreɪdɪv

remuneratory
BR rɪˈmjuːn(ə)rət(ə)ri
AM riˈmjun(ə)rəˌtɔri

Remus
BR ˈriːməs
AM ˈriməs

Renaissance
BR rɪˈneɪs(ɑː)ns, -ɪz
AM ˌrɛnəˈsɑns, -əz

renal
BR ˈriːnl
AM ˈrin(ə)l

rename
BR (ˌ)riːˈneɪm, -z, -ɪŋ, -d
AM riˈneɪm, -z, -ɪŋ, -d

renascence
BR rɪˈnasns, rɪˈneɪsns, -ɪz
AM riˈneɪs(ə)ns, riˈnæsns, -əz

renascent
BR rɪˈnasnt, rɪˈneɪsnt
AM riˈneɪs(ə)nt, riˈnæs(ə)nt

Renata
BR rɪˈnɑːtə(r)
AM rəˈnɑdə

renationalisation
BR ˌriːnaʃn̩lʌɪˈzeɪʃn, ˌriːnaʃnəlʌɪˈzeɪʃn
AM ˌriˌnæʃnələˈzeɪʃ(ə)n, ˌriˌnæʃənlˌaɪˈzeɪʃ(ə)n, ˌriˌnæʃnəˌlaɪˈzeɪʃ(ə)n, ˈriˌnæʃənləˈzeɪʃ(ə)n

renationalise
BR ˌriːˈnaʃn̩lʌɪz, ˌriːˈnaʃnəlʌɪz, -ɪz, -ɪŋ, -d
AM ˈriˈnæʃnəˌlaɪz, ˈriˈnæʃənlˌaɪz, -ɪz, -ɪŋ, -d

renationalization
BR ˌriːnaʃn̩lʌɪˈzeɪʃn, ˌriːnaʃnəlʌɪˈzeɪʃn
AM ˌriˌnæʃnələˈzeɪʃ(ə)n, ˌriˌnæʃənlˌaɪˈzeɪʃ(ə)n, ˌriˌnæʃnəˌlaɪˈzeɪʃ(ə)n, ˌriˌnæʃənləˈzeɪʃ(ə)n

renationalize
BR ˌriːˈnaʃn̩lʌɪz, ˌriːˈnaʃnəlʌɪz, -ɪz, -ɪŋ, -d
AM ˌriˈnæʃnəˌlaɪz, ˈriˈnæʃənlˌaɪz, -ɪz, -ɪŋ, -d

Renault
BR ˈrɛnəʊ, -z
AM rəˈnɔl|t, rəˈnɑlt, rəˈnoʊ, -z\-ts
FR ʁəno

rencontre
BR rɛnˈkɒntə(r), -z
AM rɛnˈkɑn(t)ər, -z
FR ʁɑ̃kɔ̃tʁ

rencounter
BR rɛnˈkaʊnt|ə(r), -əz, -(ə)rɪŋ, -əd
AM rɛnˈkaʊn(t)ər, -z, -ɪŋ, -d

rend
BR rɛnd, -z, -ɪŋ
AM rɛnd, -z, -ɪŋ

Rendall
BR ˈrɛndl
AM ˈrɛndəl

Rendell
BR ˈrɛndl
AM ˈrɛndəl

render
BR ˈrɛnd|ə(r), -əz, -(ə)rɪŋ, -əd
AM ˈrɛnd|ər, -ərz, -(ə)rɪŋ, -ərd

renderer
BR ˈrɛnd(ə)rə(r), -z
AM ˈrɛndərər, -z

rendering
BR ˈrɛnd(ə)rɪŋ, -z
AM ˈrɛnd(ə)rɪŋ, -z

render-set
BR ˈrɛndəsɛt, -s, -ɪŋ
AM ˈrɛndərˌsɛ|t, -ts, -dɪŋ

rendezvous
BR ˈrɒndɪvuː, ˈrɒndeɪvuː, -z, -ɪŋ, -d
AM ˈrɑndeɪˌvu, ˈrɑndəˌvu, -z, -ɪŋ, -d

rendition
BR rɛnˈdɪʃn, -z
AM rɛnˈdɪʃ(ə)n, -z

rendzina
BR rɛn(d)ˈziːnə(r)
AM rɛn(d)ˈzinə

René
BR ˈrɛneɪ, ˈrəneɪ, rəˈneɪ
AM rəˈneɪ

Renée
BR ˈrɛneɪ, ˈrəneɪ, rəˈneɪ, ˈriːni
AM rəˈneɪ

renegade
BR ˈrɛnɪgeɪd, -z
AM ˈrɛnəˌgeɪd, -z

renegado
BR ˌrɛnɪˈgɑːdəʊ, -z
AM ˌrɛnəˈgɑˌdoʊ, -z

renege
BR rɪˈniːg, rɪˈneɪg, -z,
-ɪŋ, -d
AM riˈneg, -z, -ɪŋ, -d
reneger
BR rɪˈniːgə(r),
rɪˈneɪgə(r), -z
AM riˈnegər, -z
renegotiable
BR ˌriːnɪˈgəʊʃ(i)əbl
AM ˌrinəˈgoʊʃ(i)əb(ə)l
renegotiate
BR ˌriːnɪˈgəʊʃieɪt,
ˌriːnɪˈgəʊsieɪt, -s,
-ɪŋ, -ɪd
AM ˌrinəˈgoʊʃi,eɪt,
-ts, -dɪŋ, -dɪd
renegotiation
BR ˌriːnɪˌgəʊʃiˈeɪʃn,
ˌriːnɪˌgəʊsiˈeɪʃn, -z
AM ˌrinəˌgoʊsiˈeɪʃ(ə)n,
ˌrinəˌgoʊʃiˈeɪʃ(ə)n, -z
renegue
BR rɪˈniːg, rɪˈneɪg, -z,
-ɪŋ, -d
AM riˈneg, -z, -ɪŋ, -d
reneguer
BR rɪˈniːgə(r),
rɪˈneɪgə(r), -z
AM riˈnegər, -z
renew
BR rɪˈnjuː, -z, -ɪŋ, -d
AM riˈn(j)u, -z, -ɪŋ, -d
renewability
BR rɪˌnjuːəˈbɪlɪti
AM riˌn(j)uəˈbɪlɪdi
renewable
BR rɪˈnjuːəbl
AM riˈn(j)uəb(ə)l
renewal
BR rɪˈnjuːəl, -z
AM riˈn(j)uəl, -z
renewer
BR rɪˈnjuːə(r), -z
AM riˈn(j)uər, -z
Renfrew
BR ˈrenfruː
AM ˈrenfru
reniform
BR ˈrenɪfɔːm
AM ˈreɪnəˌfɔ(ə)rm,
ˈrenəˌfɔ(ə)rm

renitence
BR ˈrenɪt(ə)ns
AM ˈrenətns
renitency
BR ˈrenɪt(ə)nsi
AM ˈrenətnsi
renitent
BR ˈrenɪt(ə)nt
AM ˈrenətnt
renminbi
BR ˈrenmɪnbi
AM ˈrenmɪnbi
Rennes
BR ren
AM ren(s)
FR ʀɛn
rennet
BR ˈrenɪt
AM ˈrenət
Rennie
BR ˈreni
AM ˈreni
rennin
BR ˈrenɪn
AM ˈrenən
reno
BR ˈrenəʊ, -z
AM ˈrenoʊ, -z
Reno
BR ˈriːnəʊ
AM ˈrinoʊ
Renoir
BR ˈrenwɑː(r),
rəˈnwɑː(r), -z
AM rəˈnwɑr,
ˈrenˌwɑr, -z
FR ʀənwaʀ
renominate
BR ˌriːˈnɒmɪneɪt, -s,
-ɪŋ, -ɪd
AM riˈnɑməˌneɪ|t, -ts,
-dɪŋ, -dɪd
renomination
BR ˌriːnɒmɪˈneɪʃn, -z
AM ˌriˌnɑməˈneɪʃ(ə)
n, -z
renounce
BR rɪˈnaʊns, -ɪz, -ɪŋ, -t
AM riˈnaʊns, -əz, -ɪŋ, -t
renounceable
BR rɪˈnaʊnsəbl
AM riˈnaʊnsəb(ə)l

renouncement
BR rɪˈnaʊnsm(ə)nt, -s
AM riˈnaʊnsm(ə)nt, -s
renouncer
BR rɪˈnaʊnsə(r), -z
AM riˈnaʊnsər, -z
renovate
BR ˈrenəveɪt, -s, -ɪŋ,
-ɪd
AM ˈrenəˌveɪ|t, -ts,
-dɪŋ, -dɪd
renovation
BR ˌrenəˈveɪʃn, -z
AM ˌrenəˈveɪʃ(ə)n, -z
renovative
BR ˈrenəveɪtɪv
AM ˈrenəˌveɪdɪv
renovator
BR ˈrenəveɪtə(r), -z
AM ˈrenəˌveɪdər, -z
renown
BR rɪˈnaʊn, -d
AM riˈnaʊn, -d
Renshaw
BR ˈrenʃɔː(r)
AM ˈrenˌʃɔ
rent
BR rent, -s, -ɪŋ, -ɪd
AM ren|t, -ts, -(t)ɪŋ,
-(t)əd
rentability
BR ˌrentəˈbɪlɪti
AM ˌren(t)əˈbɪlɪdi
rentable
BR ˈrentəbl
AM ˈren(t)əb(ə)l
rent-a-car
BR ˈrentəkɑː(r)
AM ˈren(t)əˌkɑr
rental
BR ˈrentl, -z
AM ˈren(t)l, -z
rentboy
BR ˈrentbɔɪ, -z
AM ˈrentˌbɔɪ, -z
renter
BR ˈrentə(r), -z
AM ˈren(t)ər, -z
rentier
BR ˈrɒntieɪ, -z
AM ˌrɑnˈtjeɪ, -z
FR ʀɑ̃tje

Rentokil
BR ˈrentə(ʊ)kɪl
AM ˈren(t)əˌkɪl
Renton
BR ˈrentən
AM ˈren(t)ən
renumber
BR ˌriːˈnʌmb|ə(r), -əz,
-(ə)rɪŋ, -əd
AM riˈnəmbər, -z, -ɪŋ,
-d
renunciant
BR rɪˈnʌnsiənt, -s
AM riˈnənsiənt, -s
renunciation
BR rɪˌnʌnsiˈeɪʃn, -z
AM riˌnənsiˈeɪʃ(ə)n, -z
renunciative
BR rɪˈnʌnsiətɪv
AM riˈnənsiədɪv,
riˈnənsiˌeɪdɪv
renunciatory
BR rɪˈnʌnsiət(ə)ri
AM riˈnənsiəˌtɔri
renvoi
BR ˈrɒnvwɑː(r), -z
AM renˈvɔɪ, -z
FR ʀɑ̃vwa
Renwick
BR ˈren(w)ɪk
AM ˈrenwɪk
reoccupation
BR ˌriːɒkjəˈpeɪʃn,
riˌɒkjəˈpeɪʃn, -z
AM ˈriˌɑkjəˈpeɪʃ(ə)n,
-z
reoccupy
BR ˌriːˈɒkjəpʌɪ,
rɪˈɒkjəpʌɪ, -z, -ɪŋ, -d
AM riˈɑkjəˌpaɪ, -z,
-ɪŋ, -d
reoccur
BR ˌriːəˈkɜː(r), -z,
-ɪŋ, -d
AM ˌriəˈkər, -z, -ɪŋ, -d
reoccurrence
BR ˌriːəˈkʌrns, -ɪz
AM ˌriəˈkərəns, -əz
reoffend
BR ˌriːəˈfend, -z, -ɪŋ, -ɪd
AM ˌriəˈfend, -z, -ɪŋ,
-əd

reopen
BR ˌriːˈəʊp|(ə)n,
rɪˈəʊp|(ə)n, -(ə)nz,
-(ə)nɪŋ\-nɪŋ, -nd
AM riˈoʊpən, -ənz,
-(ə)nɪŋ, -(ə)nd

reopening
BR ˌriːˈəʊp(ə)nɪŋ,
rɪˈəʊp(ə)nɪŋ,
ˌriːˈəʊpnɪŋ,
rɪˈəʊpnɪŋ, -z
AM riˈoʊp(ə)nɪŋ, -z

reorder
BR ˌriːˈɔːd|ə(r),
rɪˈɔːdə(r), -əz,
-(ə)rɪŋ, -əd
AM riˈɔrdər, -z,
-ɪŋ, -d

reorganisation
BR rɪˌɔːgənʌɪˈzeɪʃn,
ˌriːɔːgənʌɪˈzeɪʃn
AM ˈˌriˌɔrgəˌnaɪ-
ˈzeɪʃ(ə)n,
ˈˌriˌɔrgənəˈzeɪʃ(ə)n

reorganise
BR rɪˈɔːgənʌɪz,
ˌriːˈɔːgənʌɪz, -ɪz,
-ɪŋ, -d
AM riˈɔrgəˌnaɪz, -ɪz,
-ɪŋ, -d

reorganiser
BR rɪˈɔːgənʌɪzə(r),
ˌriːˈɔːgənʌɪzə(r),
-z
AM riˈɔrgəˌnaɪzər,
-z

reorganization
BR rɪˌɔːgənʌɪˈzeɪʃn,
ˌriːɔːgənʌɪˈzeɪʃn
AM ˈˌriˌɔrgəˌnaɪ-
ˈzeɪʃ(ə)n,
ˈˌriˌɔrgənəˈzeɪʃ(ə)n

reorganize
BR rɪˈɔːgənʌɪz,
ˌriːˈɔːgənʌɪz, -ɪz,
-ɪŋ, -d
AM riˈɔrgəˌnaɪz, -ɪz,
-ɪŋ, -d

reorganizer
BR rɪˈɔːgənʌɪzə(r),
ˌriːˈɔːgənʌɪzə(r), -z
AM riˈɔrgəˌnaɪzər, -z

reorient
BR rɪˈɔːrɪɛnt, rɪˈɒrɪɛnt,
ˌriːˈɔːrɪɛnt,
ˌriːˈɒrɪɛnt, -s,
-ɪŋ, -ɪd
AM riˈɔriən|t, -ts,
-(t)ɪŋ, -(t)əd

reorientate
BR rɪˈɔːrɪənteɪt,
ˌriːˈɔːrɪənteɪt,
rɪˈɒrɪənteɪt,
ˌriːˈɒrɪənteɪt, -s,
-ɪŋ, -ɪd
AM riˈɔriənˌteɪ|t, -ts,
-dɪŋ, -dɪd

reorientation
BR rɪˌɔːrɪənˈteɪʃn,
ˌriːɔːrɪənˈteɪʃn,
rɪˌɒrɪənˈteɪʃn,
ˌriːɒrɪənˈteɪʃn
AM ˈˌriˌɔriənˈteɪʃ(ə)n

rep
BR rɛp, -s
AM rɛp, -s

repack
BR ˌriːˈpak, -s, -ɪŋ, -t
AM riˈpæk, -s, -ɪŋ, -t

repackage
BR ˌriːˈpak|ɪdʒ, -ɪdʒɪz,
-ɪdʒɪŋ, -ɪdʒd
AM riˈpækɪdʒ, -ɪz, -ɪŋ,
-d

repaginate
BR ˌriːˈpadʒɪneɪt, -s,
-ɪŋ, -ɪd
AM riˈpædʒəˌneɪ|t, -ts,
-dɪŋ, -dɪd

repagination
BR ˌriːpadʒɪˈneɪʃn,
riːˌpadʒɪˈneɪʃn, -z
AM riˌpædʒəˈneɪʃ(ə)n,
-z

repaid[1] *paid again*
BR ˌriːˈpeɪd
AM riˈpeɪd

repaid[2] *paid back*
BR rɪˈpeɪd, (ˌ)riːˈpeɪd
AM riˈpeɪd

repaint
BR ˌriːˈpeɪnt, -s, -ɪŋ, -ɪd
AM riˈpeɪn|t, -ts,
-(t)ɪŋ, -(t)ɪd

repair
BR rɪˈpɛː(r), -z, -ɪŋ, -d
AM rɪˈpɛ(ə)r, -z, -ɪŋ,
-d

repairable
BR rɪˈpɛːrəbl
AM rɪˈpɛrəb(ə)l

repairer
BR rɪˈpɛːrə(r), -z
AM rɪˈpɛrər, -z

repairman
BR rɪˈpɛːˌman
AM rɪˈpɛrˌmæn

repairmen
BR rɪˈpɛːˌmɛn
AM rɪˈpɛrˌmɛn

repand
BR rɪˈpand
AM rɪˈpænd

repaper
BR ˌriːˈpeɪp|ə(r), -əz,
-(ə)rɪŋ, -əd
AM riˈpeɪpər, -z, -ɪŋ,
-d

reparability
BR ˌrɛp(ə)rəˈbɪlɪti
AM ˌrɛp(ə)rəˈbɪlɪdi

reparable
BR ˈrɛp(ə)rəbl
AM ˈrɛp(ə)rəb(ə)l

reparably
BR ˈrɛp(ə)rəbli
AM ˈrɛp(ə)rəbli

reparation
BR ˌrɛpəˈreɪʃn, -z
AM ˌrɛpəˈreɪʃ(ə)n, -z

reparative
BR rɪˈparətɪv,
ˈrɛp(ə)rətɪv
AM rɪˈpɛrədɪv

repartee
BR ˌrɛpɑːˈtiː
AM ˌrɛpərˈti,
ˌrɛˌpɑrˈti

repartition
BR ˌriːpɑːˈtɪʃn, -z,
-ɪŋ, -d
AM ˌriˌpɑrˈtɪʃ(ə)n, -z,
-ɪŋ, -d

repass
BR ˌriːˈpɑːs, -ɪz, -ɪŋ, -t
AM riˈpæs, -əz, -ɪŋ, -t

repast
BR rɪˈpɑːst, -s
AM rɪˈpæst, -s

repat *noun,*
repatriate
BR ˈriːpat, -s
AM ˈriˌpæt, -s

repatriate
BR ˌriːˈpatrɪeɪt,
rɪˈpatrɪeɪt, -s, -ɪŋ, -ɪd
AM riˈpætriˌeɪ|t,
riˈpeɪtriˌeɪ|t, -ts,
-dɪŋ, -dɪd

repatriation
BR ˌriːpatrɪˈeɪʃn,
rɪˌpatrɪˈeɪʃn, -z
AM riˌpætriˈeɪʃ(ə)n,
riˌpeɪtriˈeɪʃ(ə)n, -z

repay[1] *pay again*
BR ˌriːˈpeɪ, -z, -ɪŋ, -d
AM riˈpeɪ, -z, -ɪŋ, -d

repay[2] *pay back*
BR rɪˈpeɪ, (ˌ)riːˈpeɪ, -z,
-ɪŋ, -d
AM rɪˈpeɪ, -z, -ɪŋ, -d

repayable
BR rɪˈpeɪəbl,
(ˌ)riːˈpeɪəbl
AM rɪˈpeɪəb(ə)l

repayment
BR rɪˈpeɪm(ə)nt,
(ˌ)riːˈpeɪm(ə)nt, -s
AM rɪˈpeɪm(ə)nt, -s

repeal
BR rɪˈpiːl, -z, -ɪŋ, -d
AM rɪˈpil, -z, -ɪŋ, -d

repealable
BR rɪˈpiːləbl
AM rɪˈpiləb(ə)l

repeat
BR rɪˈpiːt, -s, -ɪŋ, -ɪd
AM rɪˈpi|t, -ts, -dɪŋ,
-dɪd

repeatability
BR rɪˌpiːtəˈbɪlɪti
AM rɪˌpidəˈbɪlɪdi

repeatable
BR rɪˈpiːtəbl
AM rɪˈpidəb(ə)l

repeatedly
BR rɪˈpiːtɪdli
AM rɪˈpidɪdli

repeater
BR rɪˈpiːtə(r), -z
AM riˈpidər, -z
repêchage
BR ˈrepɪʃɑːʒ,
ˌrepɪˈʃɑːʒ, -ɪz
AM ˌrepəˈʃɑʒ, -əz
FR ʀ(ə)pɛʃaʒ
repel
BR rɪˈpel, -z, -ɪŋ, -d
AM riˈpel, -z, -ɪŋ, -d
repellence
BR rɪˈpelns
AM riˈpel(ə)ns
repellency
BR rɪˈpelnsi
AM riˈpelənsi
repellent
BR rɪˈpelnt
AM riˈpel(ə)nt
repellently
BR rɪˈpelntli
AM riˈpelən(t)li
repeller
BR rɪˈpelə(r), -z
AM riˈpelər, -z
repent
BR rɪˈpent, -s, -ɪŋ, -ɪd
AM riˈpen|t, -ts, -(t)ɪŋ, -(t)əd
repentance
BR rɪˈpent(ə)ns, -ɪz
AM riˈpentns, -əz
repentant
BR rɪˈpent(ə)nt
AM riˈpen(t)nt
repentantly
BR rɪˈpent(ə)ntli
AM riˈpentn(t)li
repenter
BR rɪˈpentə(r), -z
AM riˈpen(t)ər, -z
repeople
BR ˌriːˈpiːp|l, -lz,
-lɪŋ\-lɪŋ, -ld
AM riˈpip|əl, -əlz,
-(ə)lɪŋ, -əld
repercussion
BR ˌriːpəˈkʌʃn, -z
AM ˌrepərˈkəʃ(ə)n,
ˌripərˈkəʃ(ə)n, -z

repercussive
BR ˌriːpəˈkʌsɪv
AM ˌrepərˈkəsɪv,
ˌripərˈkəsɪv
repertoire
BR ˈrepətwɑː(r), -z
AM ˈrepə(r)ˌtwɑr, -z
repertory
BR ˈrepət(ə)r|i, -ɪz
AM ˈrepə(r)ˌtɔri, -z
repetend
BR ˈrepɪtend,
ˌrepɪˈtend, -z
AM ˈrepəˌtend, -z
répétiteur
BR rɪˌpetɪˈtəː(r), -z
AM rəˌpediˈtər, -z
FR ʀepetitœʀ
repetition
BR ˌrepɪˈtɪʃn, -z
AM ˌrepəˈtɪʃ(ə)n, -z
repetitional
BR ˌrepɪˈtɪʃn̩l
AM ˌrepəˈtɪʃ(ə)n(ə)l
repetitionary
BR ˌrepəˈtɪʃn̩(ə)ri
AM ˌrepəˈtɪʃn̩ˌneri
repetitious
BR ˌrepɪˈtɪʃəs
AM ˌrepəˈtɪʃəs
repetitiously
BR ˌrepɪˈtɪʃəsli
AM ˌrepəˈtɪʃəsli
repetitiousness
BR ˌrepɪˈtɪʃəsnəs
AM ˌrepəˈtɪʃəsnəs
repetitive
BR rɪˈpetɪtɪv
AM riˈpedədɪv
repetitively
BR rɪˈpetɪtɪvli
AM riˈpedədɪvli
repetitiveness
BR rɪˈpetɪtɪvnɪs
AM riˈpedədɪvnɪs
rephrase
BR ˌriːˈfreɪz, -ɪz, -ɪŋ, -d
AM riˈfreɪz, -ɪz, -ɪŋ, -d
repine
BR rɪˈpaɪn, -z, -ɪŋ, -d
AM riˈpaɪn, -z, -ɪŋ, -d

repique
BR rɪˈpiːk, -s, -ɪŋ, -t
AM riˈpik, -s, -ɪŋ, -t
replace
BR rɪˈpleɪs, (ˌ)riːˈpleɪs,
-ɪz, -ɪŋ, -t
AM riˈpleɪs, -ɪz, -ɪŋ, -t
replaceable
BR rɪˈpleɪsəbl,
(ˌ)riːˈpleɪsəbl
AM riˈpleɪsəb(ə)l
replacement
BR rɪˈpleɪsm(ə)nt,
(ˌ)riːˈpleɪsm(ə)nt, -s
AM riˈpleɪsm(ə)nt, -s
replacer
BR rɪˈpleɪsə(r),
(ˌ)riːˈpleɪsə(r), -z
AM riˈpleɪsər, -z
replan
BR ˌriːˈplan, -z, -ɪŋ, -d
AM riˈplæn, -z, -ɪŋ, -d
replant
BR ˌriːˈplɑːnt, -s, -ɪŋ, -ɪd
AM riˈplæn|t, -ts, -(t)ɪŋ, -(t)əd
replay[1] noun
BR ˈriːpleɪ, -z
AM ˈriˌpleɪ, -z
replay[2] verb
BR ˌriːˈpleɪ, -z, -ɪŋ, -d
AM riˈpleɪ, -z, -ɪŋ, -d
replenish
BR rɪˈplenɪʃ, -ɪʃɪz, -ɪʃɪŋ, -ɪʃt
AM riˈplenɪʃ, -ɪz, -ɪŋ, -t
replenisher
BR rɪˈplenɪʃə(r), -z
AM riˈplenɪʃər, -z
replenishment
BR rɪˈplenɪʃm(ə)nt, -s
AM riˈplenɪʃm(ə)nt, -s
replete
BR rɪˈpliːt
AM riˈplit
repleteness
BR rɪˈpliːtnɪs
AM riˈplitnɪs
repletion
BR rɪˈpliːʃn
AM riˈpliʃ(ə)n

replevin
BR rɪˈplevɪn
AM riˈplevən
replevy
BR rɪˈplev|i, -ɪz, -ɪɪŋ, -ɪd
AM riˈplevi, -z, -ɪŋ, -d
replica
BR ˈreplɪkə(r), -z
AM ˈrepləkə, -z
replicability
BR ˌreplɪkəˈbɪlɪti
AM ˌrepləkəˈbɪlɪdi
replicable
BR ˈreplɪkəbl
AM ˈrepləkəb(ə)l
replicate
BR ˈreplɪkeɪt, -s, -ɪŋ, -ɪd
AM ˈrepləˌkeɪ|t, -ts, -dɪŋ, -dɪd
replication
BR ˌreplɪˈkeɪʃn
AM ˌrepləˈkeɪʃ(ə)n
replicative
BR ˈreplɪkətɪv
AM ˈrepləkədɪv,
ˈrepləˌkeɪdɪv
replicator
BR ˈreplɪkeɪtə(r), -z
AM ˈrepləˌkeɪdər, -z
replier
BR rɪˈplaɪə(r), -z
AM riˈplaɪər, -z
reply
BR rɪˈplaɪ, -z, -ɪŋ, -d
AM riˈplaɪ, -z, -ɪŋ, -d
reply-paid
BR rɪˌplaɪˈpeɪd
AM riˌplaɪˈpeɪd
repmobile
BR ˈrepmə(ʊ)biːl, -z
AM ˈrepmoʊˌbil, -z
repo
BR ˈriːpəʊ, -z
AM ˈriˌpoʊ, -z
repoint
BR ˌriːˈpɔɪnt, -s, -ɪŋ, -ɪd
AM riˈpɔɪn|t, -ts, -(t)ɪŋ, -(t)ɪd

repolish
BR ˌriːˈpɒl|ɪʃ, -ɪʃɪz,
-ɪʃɪŋ, -ɪʃt
AM riːˈpɑːlɪʃ, -ɪz, -ɪŋ, -t

repopulate
BR ˌriːˈpɒpjʊleɪt, -s,
-ɪŋ, -ɪd
AM riːˈpɑːpjəˌleɪ|t, -ts,
-dɪŋ, -dɪd

repopulation
BR ˌriːˌpɒpjʊˈleɪʃn,
riːˌpɒpjʊˈleɪʃn
AM ˈˌriːˌpɑːpjəˈleɪʃ(ə)n

report
BR rɪˈpɔːt, -s, -ɪŋ, -ɪd
AM rɪˈpɔ(ə)rt,
-ˈpɔ(ə)rts, -ˈpɔrdɪŋ,
-ˈpɔrdəd

reportable
BR rɪˈpɔːtəbl
AM rɪˈpɔrdəb(ə)l

reportage
BR ˌrepɔːˈtɑː(d)ʒ,
rɪˈpɔːtɪdʒ
AM rɪˈpɔrdɪdʒ

reportedly
BR rɪˈpɔːtɪdli
AM rɪˈpɔrdədli

reporter
BR rɪˈpɔːtə(r), -z
AM rɪˈpɔrdər, -z

reportorial
BR ˌrepɔːˈtɔːriəl,
ˌriːpɔːˈtɔːriəl
AM ˌrepərˈtɔriəl

reportorially
BR ˌrepɔːˈtɔːriəli,
ˌriːpɔːˈtɔːriəli
AM ˌrepərˈtɔriəli

reposado
BR ˌrepɒˈsɑːdəʊ
AM ˌrepəˈsɑdoʊ

reposal
BR rɪˈpəʊzl, -z
AM rɪˈpoʊz(ə)l, -z

repose
BR rɪˈpəʊz, -ɪz,
-ɪŋ, -d
AM rɪˈpoʊz, -əz, -ɪŋ, -d

reposeful
BR rɪˈpəʊzf(ʊ)l
AM rɪˈpoʊzfəl

reposefully
BR rɪˈpəʊzfəli,
rɪˈpəʊzfl̩i
AM riˈpoʊzfəli

reposefulness
BR rɪˈpəʊzf(ʊ)lnəs
AM riˈpoʊzfəlnəs

reposition
BR ˌriːpəˈzɪʃ|n, -nz,
-nɪŋ\-nɪŋ, -nd
AM ˌripəˈzɪʃ|ən, -ənz,
-(ə)nɪŋ, -ənd

repository
BR rɪˈpɒzɪt(ə)r|i, -ɪz
AM rɪˈpɑzəˌtɔri, -z

repossess
BR ˌriːpəˈzes, -ɪz, -ɪŋ, -t
AM ˌripəˈzes, -ɪz,
-ɪŋ, -t

repossession
BR ˌriːpəˈzeʃn, -z
AM ˌripəˈzeʃ(ə)n, -z

repossessor
BR ˌriːpəˈzesə(r), -z
AM ˌripəˈzesər, -z

repost
BR ˌriːˈpəʊst, -s,
-ɪŋ, -ɪd
AM riˈpoʊst, -s, -ɪŋ,
-əd

repot
BR ˌriːˈpɒt, -s, -ɪŋ, -ɪd
AM riˈpɑ|t, -ts, -dɪŋ,
-dəd

repoussé
BR rɪˈpuːseɪ
AM rəˌpuˈseɪ
FR R(ə)puse

repp
BR rep, -s, -t
AM rep, -s, -t

reprehend
BR ˌreprɪˈhend, -z, -ɪŋ,
-ɪd
AM ˌreprəˈhend, -z,
-ɪŋ, -ed

reprehensibility
BR ˌreprɪˌhensɪˈbɪlɪti
AM ˌreprəˌhensəˈbɪlɪdi

reprehensible
BR ˌreprɪˈhensɪbl
AM ˌreprəˈhensəb(ə)l

reprehensibly
BR ˌreprɪˈhensɪbli
AM ˌreprəˈhensəbli

reprehension
BR ˌreprɪˈhenʃn
AM ˌreprəˈhenʃ(ə)n

represent
BR ˌreprɪˈzent, -s,
-ɪŋ, -ɪd
AM ˌreprəˈzen|t, -ts,
-(t)ɪŋ, -(t)əd

re-present
BR ˌriːprɪˈzent, -s,
-ɪŋ, -ɪd
AM ˌripərˈzen|t, -ts,
-(t)ɪŋ, -(t)ɪd

representability
BR ˌreprɪˌzentəˈbɪlɪti
AM ˌreprəˌzen(t)əˈbɪlɪdi

representable
BR ˌreprɪˈzentəbl
AM ˌreprəˈzen(t)əb(ə)l

representation
BR ˌreprɪz(e)nˈteɪʃn, -z
AM ˌreprəzənˈteɪʃ(ə)n,
ˌreprəˌzenˈteɪʃ(ə)n, -z

re-presentation
BR ˌriːˌprez(e)nˈteɪʃn
AM ˈˌriˌpriˌzenˈteɪʃ(ə)n,
ˈˌriˌprezenˈteɪʃ(ə)n

representational
BR ˌreprɪz(e)n-
ˈteɪʃn̩l
AM ˌreprəzən-
ˈteɪʃ(ə)n(ə)l, ˌreprə-
ˌzenˈteɪʃ(ə)n(ə)l

representationalism
BR ˌreprɪz(e)n-
ˈteɪʃn̩lɪzm,
ˌreprɪz(e)n-
ˈteɪʃnəlɪzm
AM ˌreprəzənˈteɪʃənl-
ˌɪz(ə)m, ˌreprəˌzen-
ˈteɪʃnəˌlɪz(ə)m,
ˌreprəzənˈteɪʃnə-
ˌlɪz(ə)m, ˌreprəˌzen-
ˈteɪʃnl̩ˌɪz(ə)m

representationalist
BR ˌreprɪz(e)n-
ˈteɪʃn̩lɪst, ˌreprɪz(e)n-
ˈteɪʃnəlɪst, -s
AM ˌreprəzənˈteɪʃənləst,
ˌreprəˌzenˈteɪʃnələst,
ˌreprəzənˈteɪʃnələst,
ˌreprəˌzenˈteɪʃənləst,
-s

representationism
BR ˌreprɪz(e)n-
ˈteɪʃnɪzm
AM ˌreprəzənˈteɪʃə-
ˌnɪz(ə)m, ˌreprəˌzen-
ˈteɪʃəˌnɪz(ə)m

representationist
BR ˌreprɪz(e)nˈteɪʃn̩ɪst,
-s
AM ˌreprəzənˈteɪʃənəst,
ˌreprəˌzenˈteɪʃənəst,
-s

representative
BR ˌreprɪˈzentətɪv, -z
AM ˌreprəˈzen(t)ədɪv,
-z

representatively
BR ˌreprɪˈzentətɪvli
AM ˌreprəˈzen(t)ədɪvli

representativeness
BR ˌreprɪˈzentətɪvnɪs
AM ˌreprəˈzen(t)ədɪvnɪs

repress
BR rɪˈpres, -ɪz, -ɪŋ, -t
AM rɪˈpres, -əz, -ɪŋ, -t

represser
BR rɪˈpresə(r), -z
AM rɪˈpresər, -z

repressible
BR rɪˈpresɪbl
AM rɪˈpresəb(ə)l

repression
BR rɪˈpreʃn, -z
AM rɪˈpreʃ(ə)n, -z

repressive
BR rɪˈpresɪv
AM rɪˈpresɪv

repressively
BR rɪˈpresɪvli
AM rɪˈpresɪvli

repressiveness
BR rɪˈpresɪvnɪs
AM rɪˈpresɪvnɪs

repressor
BR rɪˈpresə(r), -z
AM riˈpresər, -z

repressurisation
BR ˌriːpreʃ(ə)rʌɪˈzeɪʃn
AM ˈriˌpreʃəˌraɪ-
ˈzeɪʃ(ə)n, ˈriˌpreʃərə-
ˈzeɪʃ(ə)n

repressurise
BR ˌriːˈpreʃərʌɪz, -ɪz,
-ɪŋ, -d
AM riˈpreʃəˌraɪz, -ɪz,
-ɪŋ, -d

repressurization
BR ˌriːpreʃ(ə)rʌɪˈzeɪʃn
AM ˈriˌpreʃəˌraɪ-
ˈzeɪʃ(ə)n, ˈriˌpreʃərə-
ˈzeɪʃ(ə)n

repressurize
BR ˌriːˈpreʃərʌɪz, -ɪz,
-ɪŋ, -d
AM riˈpreʃəˌraɪz, -ɪz,
-ɪŋ, -d

reprice
BR ˌriːˈprʌɪs, -ɪz,
-ɪŋ, -t
AM riˈpraɪs, -ɪz, -ɪŋ, -t

reprieve
BR rɪˈpriːv, -z, -ɪŋ, -d
AM riˈpriv, -z, -ɪŋ, -d

reprimand
BR ˈreprɪmɑːnd, -z,
-ɪŋ, -ɪd
AM ˈreprəˌmænd, -z,
-ɪŋ, -əd

reprint[1] *noun*
BR ˈriːprɪnt, -s
AM ˈriˌprɪnt, -s

reprint[2] *verb*
BR ˌriːˈprɪnt, -s, -ɪŋ,
-ɪd
AM riˈprɪn|t, -ts, -(t)ɪŋ,
-(t)ɪd

reprinter
BR ˌriːˈprɪntə(r), -
AM riˈprɪn(t)ər, -z

reprinting
BR ˌriːˈprɪntɪŋ, -z
AM riˈprɪn(t)ɪŋ, -z

reprisal
BR rɪˈprʌɪzl, -z
AM riˈpraɪz(ə)l, -z

reprise
BR rɪˈpriːz, -ɪz
AM riˈpraɪz, -ɪz

repro
BR ˈriːprəʊ, -z
AM ˈriˌproʊ, -z

reproach
BR rɪˈprəʊtʃ, -ɪz, -ɪŋ, -t
AM riˈproʊtʃ, -əz, -ɪŋ, -t

reproachable
BR rɪˈprəʊtʃəbl
AM riˈproʊtʃəb(ə)l

reproacher
BR rɪˈprəʊtʃə(r), -z
AM riˈproʊtʃər, -z

reproachful
BR rɪˈprəʊtʃf(ʊ)l
AM riˈproʊtʃfəl

reproachfully
BR rɪˈprəʊtʃfʊli,
rɪˈpəʊtʃfli
AM riˈproʊtʃfəli

reproachfulness
BR rɪˈprəʊtʃf(ʊ)lnəs
AM riˈproʊtʃfəlnəs

reproachingly
BR rɪˈprəʊtʃɪŋli
AM riˈproʊtʃɪŋli

reprobate
BR ˈreprəbeɪt, -s,
-ɪŋ, -ɪd
AM ˈreprəˌbeɪ|t, -ts,
-dɪŋ, -dɪd

reprobation
BR ˌreprəˈbeɪʃn
AM ˌreprəˈbeɪʃ(ə)n

reprocess
BR ˌriːˈprəʊses, -ɪz,
-ɪŋ, -t
AM riˈprɑˌses, -əz,
-ɪŋ, -t

reproduce
BR ˌriːprəˈdjuːs,
ˌriːprəˈdʒuːs, -ɪz,
-ɪŋ, -t
AM ˌriprəˈdʒus, ˌriprə-
ˈd(j)us, -əz, -ɪŋ, -t

reproducer
BR ˌriːprəˈdjuːsə(r),
ˌriːprəˈdʒuːsə(r), -z
AM ˌriprəˈdʒusər,
ˌriprəˈd(j)usər, -z

reproducibility
BR ˌriːprəˌdjuːsɪˈbɪlɪti,
ˌriːprəˌdʒuːsɪˈbɪlɪti
AM ˈriprəˌdʒusə-
ˈbɪlɪdi, ˈriprə-
ˌd(j)usəˈbɪlɪdi

reproducible
BR ˌriːprəˈdjuːsɪbl,
ˌriːprəˈdʒuːsɪbl
AM ˌriprəˈdʒusəb(ə)l,
ˌriprəˈd(j)usəb(ə)l

reproducibly
BR ˌriːprəˈdjuːsɪbli,
ˌriːprəˈdʒuːsɪbli
AM ˌriprəˈdʒusəbli,
ˌriprəˈd(j)usəbli

reproduction
BR ˌriːprəˈdʌkʃn, -z
AM ˌriprəˈdəkʃ(ə)n,
-z

reproductive
BR ˌriːprəˈdʌktɪv
AM ˌriprəˈdəktɪv

reproductively
BR ˌriːprəˈdʌktɪvli
AM ˌriprəˈdəktɪvli

reproductiveness
BR ˌriːprəˈdʌktɪvnɪs
AM ˌriprəˈdəktɪvnɪs

reprogram
BR ˌriːˈprəʊgram, -z,
-ɪŋ, -d
AM riˈproʊˌgræm, -z,
-ɪŋ, -d

reprogrammable
BR ˌriːˈprəʊgraməbl
AM riˈproʊgraməb(ə)l,
riˌproʊˈgræməb(ə)l

reprographer
BR rɪˈprɒgrəfə(r),
-z
AM riˈprɑgrəfər, -z

reprographic
BR ˌriːprəˈgrafɪk,
ˌreprəˈgrafɪk, -s
AM ˌriprəˈgræfɪk,
ˌreprəˈgræfɪk, -s

reprographically
BR ˌriːprəˈgrafɪkli,
ˌreprəˈgrafɪkli
AM ˌriprəˈgræfək(ə)li,
ˌreprəˈgræfək(ə)li

reprography
BR rɪˈprɒgrəfi
AM riˈprɑgrəfi

reproof[1] *noun*
BR rɪˈpruːf, -s
AM riˈpruf, -s

reproof[2] *verb*
BR ˌriːˈpruːf, -s, -ɪŋ, -t
AM riˈpruf, -s, -ɪŋ, -t

reprovable
BR rɪˈpruːvəbl
AM riˈpruvəb(ə)l

reproval
BR rɪˈpruːvl, -z
AM riˈpruvəl, -z

reprove
BR rɪˈpruːv, -z, -ɪŋ, -d
AM riˈpruv, -z, -ɪŋ, -d

reprover
BR rɪˈpruːvə(r), -z
AM riˈpruvər, -z

reproving
BR rɪˈpruːvɪŋ
AM riˈpruvɪŋ

reprovingly
BR rɪˈpruːvɪŋli
AM riˈpruvɪŋli

reptant
BR ˈrept(ə)nt
AM ˈreptnt

reptile
BR ˈreptʌɪl, -z
AM ˈrepˌtaɪl, ˈreptl, -z

reptilian
BR repˈtɪliən, -z
AM repˈtɪliən,
repˈtɪljən, -z

Repton
BR ˈrept(ə)n
AM ˈrept(ə)n

republic
BR rɪˈpʌblɪk, -s
AM riˈpəblɪk, -s

republican
BR rɪˈpʌblɪk(ə)n, -z
AM riˈpəbləkən, -z

republicanism
BR rɪˈpʌblɪkˌnɪzm
AM riˈpəbləkəˌnɪz(ə)m

republication
BR ˌriːpʌblɪˈkeɪʃn, -z
AM riˌpəbləˈkeɪʃ(ə)n, -z

republish
BR ˌriːˈpʌblǁɪʃ, -ɪʃiz,
-ɪʃɪŋ, -ɪʃt
AM riˈpəblɪʃ, -ɪz, -ɪŋ, -t
repudiable
BR rɪˈpjuːdiəbl
AM riˈpjudiəb(ə)l
repudiate
BR rɪˈpjuːdieɪt, -s, -ɪŋ,
-ɪd
AM riˈpjudiˌeɪ|t, -ts,
-dɪŋ, -dɪd
repudiation
BR rɪˌpjuːdiˈeɪʃn
AM riˌpjudiˈeɪʃ(ə)n
repudiator
BR rɪˈpjuːdieɪtə(r), -z
AM riˈpjudiˌeɪdər, -z
repugnance
BR rɪˈpʌgnəns
AM riˈpəgnəns
repugnant
BR rɪˈpʌgnənt
AM riˈpəgnənt
repugnantly
BR rɪˈpʌgnəntli
AM riˈpəgnən(t)li
repulse
BR rɪˈpʌls, -ɪz, -ɪŋ, -t
AM riˈpəls, -əz, -ɪŋ, -t
repulsion
BR rɪˈpʌlʃn
AM riˈpəlʃ(ə)n
repulsive
BR rɪˈpʌlsɪv
AM riˈpəlsɪv
repulsively
BR rɪˈpʌlsɪvli
AM riˈpəlsɪvli
repulsiveness
BR rɪˈpʌlsɪvnɪs
AM riˈpəlsɪvnɪs
repurchase
BR ˌriːˈpəːtʃɪs, -ɪz,
-ɪŋ, -t
AM riˈpərtʃəs, -əz,
-ɪŋ, -t
repurification
BR ˌriːpjʊərɪfɪˈkeɪʃn,
ˌriːpjɔːrɪfɪˈkeɪʃn, -z
AM riˌpjʊrəfəˈkeɪʃ(ə)n,
-z

repurify
BR ˌriːˈpjʊərɪfʌɪ,
ˌriːˈpjɔːrɪfʌɪ, -z, -ɪŋ,
-d
AM riˈpjʊrəˌfaɪ, -z,
-ɪŋ, -d
reputability
BR ˌrɛpjʊtəˈbɪlɪti
AM ˌrɛpjədəˈbɪlɪdi
reputable
BR ˈrɛpjʊtəbl
AM ˈrɛpjədəb(ə)l
reputably
BR ˈrɛpjʊtəbli
AM ˈrɛpjədəbli
reputation
BR ˌrɛpjʊˈteɪʃn, -z
AM ˌrɛpjəˈteɪʃ(ə)n, -z
repute
BR rɪˈpjuːt
AM riˈpjut
reputed
BR rɪˈpjuːtɪd
AM riˈpjudəd
reputedly
BR rɪˈpjuːtɪdli
AM riˈpjudədli
request
BR rɪˈkwɛst, -s, -ɪŋ, -ɪd
AM riˈkwɛst, -s, -ɪŋ,
-əd
requester
BR rɪˈkwɛstə(r), -z
AM riˈkwɛstər, -z
requicken
BR ˌriːˈkwɪk|(ə)n,
-(ə)nz, -ənɪŋ\-n̩ɪŋ,
-(ə)nd
AM riˈkwɪk|ən, -ənz,
-(ə)nɪŋ, -ənd
requiem
BR ˈrɛkwɪɛm, -z
AM ˈreɪkwiəm,
ˈrɛkwiəm, -z
requiescat
BR ˌrɛkwɪˈɛskat, -s
AM ˌrɛkwiˈɛsˌkɑt, -s
require
BR rɪˈkwʌɪə(r), -z, -ɪŋ,
-d
AM riˈkwaɪ(ə)r, -z,
-ɪŋ, -d

requirement
BR rɪˈkwʌɪəm(ə)nt, -s
AM riˈkwaɪ(ə)rm(ə)nt,
-s
requirer
BR rɪˈkwʌɪərə(r), -z
AM riˈkwaɪ(ə)rər, -z
requisite
BR ˈrɛkwɪzɪt, -s
AM ˈrɛkwəzət, -s
requisitely
BR ˈrɛkwɪzɪtli
AM ˈrɛkwəzətli
requisiteness
BR ˈrɛkwɪzɪtnɪs
AM ˈrɛkwəzətnəs
requisition
BR ˌrɛkwɪˈzɪʃn, -z,
-ɪŋ, -d
AM ˌrɛkwəˈzɪʃən,
-ənz, -(ə)nɪŋ, -ənd
requisitioner
BR ˌrɛkwɪˈzɪʃn̩ə(r), -z
AM ˌrɛkwəˈzɪʃ(ə)nər,
-z
requisitionist
BR ˌrɛkwɪˈzɪʃn̩ɪst, -s
AM ˌrɛkwəˈzɪʃ(ə)nəst,
-s
requital
BR rɪˈkwʌɪtl
AM riˈkwaɪdl
requite
BR rɪˈkwʌɪt, -s, -ɪŋ, -ɪd
AM riˈkwaɪ|t, -ts, -dɪŋ,
-dɪd
reran
BR (ˌ)riːˈran
AM riˈræn
rerate
BR ˌriːˈreɪt, -s, -ɪŋ, -ɪd
AM riˈreɪ|t, -ts, -dɪŋ,
-dɪd
re-read[1] *present tense*
BR (ˌ)riːˈriːd, -z, -ɪŋ
AM riˈrid, -z, -ɪŋ
re-read[2] *past tense*
BR (ˌ)riːˈrɛd
AM riˈrɛd
re-readable
BR (ˌ)riːˈriːdəbl
AM riˈridəb(ə)l

re-record
BR ˌriːrɪˈkɔːd, -z,
-ɪŋ, -ɪd
AM ˌrirəˈkɔ(ə)rd, -z,
-ɪŋ, -əd
reredos
BR ˈrɪədɒs, -ɪz
AM ˈrɪrəˌdɑs,
ˈrɛrəˌdɑs, -əz
re-regulate
BR ˌriːˈrɛgjʊleɪt, -s,
-ɪŋ, -ɪd
AM riˈrɛgjəˌleɪ|t, -ts,
-dɪŋ, -dəd
re-release
BR ˌriːrɪˈliːs, -ɪz, -ɪŋ, -t
AM ˌrirəˈlis, -ɪz, -ɪŋ, -t
re-roof
BR ˌriːˈruːf, ˌriːˈrʊf,
-s, -ɪŋ, -t
AM riˈrʊf, riˈruf, -s,
-ɪŋ, -t
re-route
BR ˌriːˈruːt, -s, -ɪŋ, -ɪd
AM riˈru|t, riˈraʊ|t, -ts,
-dɪŋ, -dəd
rerun *noun*
BR ˈriːrʌn, -z
AM ˈriˌrən, -z
re-run *verb*
BR (ˌ)riːˈrʌn, -z, -ɪŋ
AM riˈrən, -z, -ɪŋ
res
BR reɪz, riːz
AM reɪs
resalable
BR ˌriːˈseɪləbl
AM riˈseɪləb(ə)l
resale
BR ˈriːseɪl, -z
AM ˈriˌseɪl, -z
resaleable
BR ˌriːˈseɪləbl
AM riˈseɪləb(ə)l
resample
BR ˌriːˈsɑːmp|l, -lz,
-lɪŋ\-l̩ŋ, -ld
AM riˈsæmp(ə)l, -z,
-ɪŋ, -d
resat
BR ˌriːˈsat
AM riˈsæt

reschedule
BR ˌriːˈʃɛdjʊl,
ˌriːˈʃɛdjuːl,
ˌriːˈʃɛdʒʊl,
ˌriːˈskɛdjʊl,
ˌriːˈskɛdjuːl,
ˌriːˈskɛdʒʊld, -z,
-ɪŋ, -d
AM riˈskɛdʒ(ə)l, -z,
-ɪŋ, -d

rescind
BR rɪˈsɪnd, -z, -ɪŋ, -ɪd
AM riˈsɪnd, -z, -ɪŋ, -ɪd

rescindable
BR rɪˈsɪndəbl
AM riˈsɪndəb(ə)l

rescindment
BR rɪˈsɪn(d)m(ə)nt, -s
AM riˈsɪn(d)m(ə)nt, -s

rescission
BR rɪˈsɪʒn
AM riˈsɪʒ(ə)n

rescript
BR ˈriːskrɪpt, -s
AM ˈriˌskrɪpt, -s

rescuable
BR ˈrɛskjʊəbl
AM ˈrɛskjəwəb(ə)l,
ˈrɛskjuəb(ə)l

rescue
BR ˈrɛskjuː, -z, -ɪŋ, -d
AM ˈrɛskj|u, -uz, -uɪŋ
\-əwɪŋ, -ud

rescuer
BR ˈrɛskjuːə(r), -z
AM ˈrɛskjəwər,
ˈrɛskjuər, -z

reseal
BR ˌriːˈsiːl, -z, -ɪŋ, -d
AM riˈsil, -z, -ɪŋ, -d

resealable
BR ˌriːˈsiːləbl
AM riˈsiləb(ə)l

research[1] *noun*
BR rɪˈsɜːtʃ, ˈriːsɜːtʃ,
-ɪz
AM riˈsɜrtʃ, ˈriˌsɜrtʃ,
-əz

research[2] *verb*
BR rɪˈsɜːtʃ, -ɪz, -ɪŋ, -t
AM riˈsɜrtʃ, ˈriˌsɜrtʃ,
-əz, -ɪŋ, -t

researchable
BR rɪˈsɜːtʃəbl
AM riˈsɜrtʃəb(ə)l,
ˈriˌsɜrtʃəb(ə)l

researcher
BR rɪˈsɜːtʃə(r),
ˈriːsɜːtʃə(r), -z
AM riˈsɜrtʃər, ˈri
ˌsɜrtʃər, -z

reseat
BR ˌriːˈsiːt, -s, -ɪŋ, -ɪd
AM riˈsi|t, -ts, -dɪŋ, -dɪd

resect
BR rɪˈsɛkt, -s, -ɪŋ, -ɪd
AM riˈsɛk|(t), -(t)s,
-tɪŋ, -təd

resection
BR rɪˈsɛkʃn, -z
AM riˈsɛkʃ(ə)n, -z

resectional
BR rɪˈsɛkʃn̩l
AM riˈsɛkʃ(ə)n(ə)l

resectionist
BR rɪˈsɛkʃn̩ɪst, -s
AM riˈsɛkʃənəst, -s

reseda
BR ˈrɛsɪdə(r),
rɪˈsiːdə(r), -z
AM rəˈsidə, -z

reseed
BR ˌriːˈsiːd, -z, -ɪŋ, -ɪd
AM riˈsid, -z, -ɪŋ, -ɪd

reselect
BR ˌriːsɪˈlɛkt, -s, -ɪŋ,
-ɪd
AM ˌrisəˈlɛk|(t), -(t)s,
-tɪŋ, -təd

reselection
BR ˌriːsɪˈlɛkʃn, -z
AM ˌrisəˈlɛkʃ(ə)n, -z

resell
BR ˌriːˈsɛl, -z, -ɪŋ
AM riˈsɛl, -z, -ɪŋ

reseller
BR ˌriːˈsɛlə(r), -z
AM riˈsɛlər, -z

resemblance
BR rɪˈzɛmblns, -ɪz
AM riˈzɛmbl(ə)ns, -əz

resemblant
BR rɪˈzɛmblnt
AM riˈzɛmbl(ə)nt

resemble
BR rɪˈzɛmb|l, -lz,
-lɪŋ\-lɪŋ, -ld
AM riˈzɛmb|əl, -əlz,
-(ə)lɪŋ, -əld

resembler
BR rɪˈzɛmblə(r), -z
AM riˈzɛmblər, -z

resent
BR rɪˈzɛnt, -s, -ɪŋ, -ɪd
AM riˈzɛn|t, -ts, -(t)ɪŋ,
-(t)əd

resentful
BR rɪˈzɛntf(ʊ)l
AM riˈzɛntfəl

resentfully
BR rɪˈzɛntfʊli,
rɪˈzɛntfli
AM riˈzɛntfəli

resentfulness
BR rɪˈzɛntf(ʊ)lnəs
AM riˈzɛntfəlnəs

resentment
BR rɪˈzɛntm(ə)nt, -s
AM riˈzɛntm(ə)nt, -s

reserpine
BR ˈrɛsəpiːn, ˈrɛsəpɪn,
rɪˈsəːpiːn
AM riˈsɜrpən,
riˈsɜrˌpin, ˈrɛsərˌpin,
ˈrɛsərpən

reservable
BR rɪˈzɜːvəbl
AM riˈzɜrvəb(ə)l

reservation
BR ˌrɛzəˈveɪʃn, -z
AM ˌrɛzərˈveɪʃ(ə)n, -z

reserve
BR rɪˈzɜːv, -z, -ɪŋ, -d
AM riˈzɜrv, -z, -ɪŋ, -d

re-serve
BR ˌriːˈsɜːv, -z, -ɪŋ, -d
AM riˈsɜrv, -z, -ɪŋ, -d

reservedly
BR rɪˈzɜːvɪdli
AM riˈzɜrvədli

reservedness
BR rɪˈzɜːvɪdnɪs
AM riˈzɜrvədnəs

reserver
BR rɪˈzɜːvə(r), -z
AM riˈzɜrvər, -z

reservist
BR rɪˈzɜːvɪst, -s
AM riˈzɜrvəst, -s

reservoir
BR ˈrɛzəvwɑː(r), -z
AM ˈrɛzə(r)ˌvwɑr, -z

reset
BR ˌriːˈsɛt, -s, -ɪŋ
AM riˈsɛ|t, -ts, -dɪŋ

resettability
BR ˌriːsɛtəˈbɪlɪti,
rɪˌsɛtəˈbɪlɪti
AM ˌriˌsɛtəˈbɪlɪdi

resettable
BR ˌriːˈsɛtəbl
AM riˈsɛdəb(ə)l

resettle
BR (ˌ)riːˈsɛt|l, -lz,
-lɪŋ\-lɪŋ, -ld
AM riˈsɛdəl, -z, -ɪŋ, -d

resettlement
BR (ˌ)riːˈsɛtlm(ə)nt
AM riˈsɛdlm(ə)nt

reshape
BR ˌriːˈʃeɪp, -s, -ɪŋ, -t
AM riˈʃeɪp, -s, -ɪŋ, -t

reship
BR ˌriːˈʃɪp, -s, -ɪŋ, -t
AM riˈʃɪp, -s, -ɪŋ, -t

reshuffle[1] *noun*
BR ˈriːʃʌfl, -z
AM riˈʃəfəl, -z

reshuffle[2] *verb*
BR ˌriːˈʃʌf|l, -lz,
-lɪŋ\-lɪŋ, -ld
AM riˈʃəf|əl, -əlz,
-(ə)lɪŋ, -əld

reside
BR rɪˈzaɪd, -z, -ɪŋ, -ɪd
AM riˈzaɪd, -z, -ɪŋ, -ɪd

residence
BR ˈrɛzɪd(ə)ns, -ɪz
AM ˈrɛz(ə)d(ə)ns, -əz

residency
BR ˈrɛzɪd(ə)ns|i, -ɪz
AM ˈrɛz(ə)d(ə)nsi, -z

resident
BR ˈrɛzɪd(ə)nt, -s
AM ˈrɛz(ə)d(ə)nt, -s

residential
BR ˌrɛzɪˈdɛnʃl
AM ˌrɛzəˈdɛn(t)ʃ(ə)l

residentially
BR ˌrezɪˈdenʃli
AM ˌrezəˈden(t)ʃəli

residentiary
BR ˌrezɪˈdenʃ(ə)r|i, -ɪz
AM rezɪˈden(t)ʃiˌeri,
rezɪˈden(t)ʃəri,
rezɪˈden(t)ʃiˌeri, -z

residentship
BR ˈrezɪd(ə)ntʃɪp, -s
AM ˈrezədntˌʃɪp,
ˈrez(ə)dəntˌʃɪp, -s

residua
BR rɪˈzɪdjʊə(r),
rɪˈzɪdʒʊə(r)
AM riˈsɪdʒ(ə)wə

residual
BR rɪˈzɪdjəl, rɪˈzɪdjʊəl,
rɪˈzɪdʒ(ʉ)l,
rɪˈzɪdʒʊəl, -z
AM riˈsɪdʒ(ə)wəl,
riˈsɪdʒ(ə)l, -z

residually
BR rɪˈzɪdjʉli,
rɪˈzɪdjʊəli,
rɪˈzɪdʒʉli, rɪˈzɪdʒli,
rɪˈzɪdʒʊəli
AM riˈsɪdʒ(ə)wəli,
riˈsɪdʒəli

residuary
BR rɪˈzɪdjʉri,
rɪˈzɪdjʊəri,
rɪˈzɪdʒ(ʉ)ri,
rɪˈzɪdʒʊəri
AM riˈsɪdʒəˌweri

residue
BR ˈrezɪdjuː,
ˈrezɪdʒuː, -z
AM ˈrezəˌd(j)u, -z

residuum
BR rɪˈzɪdjʊəm,
rɪˈzɪdʒʊəm
AM riˈsɪdʒ(ə)wəm

resign[1] *give up*
BR rɪˈzaɪn, -z, -ɪŋ, -d
AM riˈzaɪn, -z, -ɪŋ, -d

resign[2] *sign again*
BR ˌriːˈsaɪn, -z, -ɪŋ, -d
AM riˈsaɪn, -z, -ɪŋ, -d

resignal
BR ˌriːˈsɪgnl, -z, -ɪŋ, -d
AM riˈsɪgn(ə)l, -z, -ɪŋ, -d

resignation
BR ˌrezɪgˈneɪʃn, -z
AM ˌrezəgˈneɪʃ(ə)n, -z

resigned
BR rɪˈzaɪnd
AM riˈzaɪnd

resignedly
BR rɪˈzaɪnɪdli
AM riˈzaɪnədli

resignedness
BR rɪˈzaɪnɪdnɪs
AM riˈzaɪnədnəs

resigner
BR rɪˈzaɪnə(r), -z
AM riˈzaɪnər, -z

resile
BR rɪˈzaɪl, -z,
-ɪŋ, -d
AM riˈzaɪl, -z, -ɪŋ, -d

resilience
BR rɪˈzɪliəns
AM rəˈzɪlj(ə)ns,
rəˈzɪliəns

resiliency
BR rɪˈzɪliənsi
AM rəˈzɪljənsi,
rəˈzɪliənsi

resilient
BR rɪˈzɪliənt
AM rəˈzɪlj(ə)nt,
rəˈzɪliənt

resiliently
BR rɪˈzɪliəntli
AM rəˈzɪljən(t)li,
rəˈzɪliən(t)li

re-silver
BR ˌriːˈsɪlv|ə(r), -əz,
-(ə)rɪŋ, -əd
AM riˈsɪlvər, -z,
-ɪŋ, -d

resin
BR ˈrezɪn, -z
AM ˈrez(ə)n, -z

resinate
BR ˈrezɪneɪt, ˈrezn̩eɪt,
-s, -ɪŋ, -ɪd
AM ˈrezəˌneɪ|t, -ts,
-dɪŋ, -dɪd

resiniferous
BR ˌrezɪˈnɪf(ə)rəs,
ˌrezn̩ˈɪf(ə)rəs
AM ˌrezəˈnɪf(ə)rəs

resinification
BR ˌrezɪnɪfɪˈkeɪʃn,
ˌrezn̩ɪfɪˈkeɪʃn
AM ˌrezənəfəˈkeɪʃ(ə)n

resiniform
BR ˈrezɪnɪfɔːm,
ˈrezn̩ɪfɔːm
AM ˈrezənəˌfɔ(ə)rm

resinify
BR ˈrezɪnɪfʌɪ,
ˈrezn̩ɪfʌɪ, -z, -ɪŋ, -d
AM ˈrezənəˌfaɪ, -z,
-ɪŋ, -d

resinoid
BR ˈrezɪnɔɪd, ˈrezn̩ɔɪd,
-z
AM ˈrezəˌnɔɪd, -z

resinous
BR ˈrezɪnəs, ˈrezn̩əs
AM ˈrezənəs

resist
BR rɪˈzɪst, -s, -ɪŋ, -ɪd
AM riˈzɪst, -s, -ɪŋ, -ɪd

resistance
BR rɪˈzɪst(ə)ns, -ɪz
AM riˈzɪst(ə)ns, -əz

resistant
BR rɪˈzɪst(ə)nt
AM riˈzɪst(ə)nt

resister
BR rɪˈzɪstə(r), -z
AM riˈzɪstər, -z

resistibility
BR rɪˌzɪstɪˈbɪlɪti
AM riˌzɪstəˈbɪlɪdi

resistible
BR rɪˈzɪstɪbl
AM riˈzɪstəb(ə)l

resistibly
BR rɪˈzɪstɪbli
AM riˈzɪstəbli

resistive
BR rɪˈzɪstɪv
AM riˈzɪstɪv

resistivity
BR ˌriːzɪˈstɪvɪti,
ˌrezɪˈstɪvɪti,
rɪˌzɪsˈtɪvɪti
AM riˌzɪsˈtɪvɪdi

resistless
BR rɪˈzɪs(t)lɪs
AM riˈzɪs(t)lɪs

resistlessly
BR rɪˈzɪs(t)lɪsli
AM riˈzɪs(t)lɪsli

resistor
BR rɪˈzɪstə(r), -z
AM riˈzɪstər, -z

resit[1] *noun*
BR ˈriːsɪt, -s
AM ˈriˌsɪt, -s

resit[2] *verb*
BR ˌriːˈsɪt, -s, -ɪŋ
AM riˈsɪ|t, -ts, -dɪŋ

resite
BR ˌriːˈsʌɪt, -s, -ɪŋ, -ɪd
AM riˈsaɪ|t, -ts, -dɪŋ,
-dɪd

resize
BR ˌriːˈsʌɪz, -ɪz, -ɪŋ, -d
AM riˈsaɪz, -ɪz, -ɪŋ, -d

resold
BR ˌriːˈsəʊld
AM riˈsoʊld

resole
BR ˌriːˈsəʊl, -z, -ɪŋ, -d
AM riˈsoʊl, -z, -ɪŋ, -d

resoluble
BR ˌriːˈsɒljəbl
AM riˈzɑljəb(ə)l

resolute
BR ˈrezəl(j)uːt
AM ˈrezəˌl(j)ut

resolutely
BR ˈrezəl(j)uːtli
AM ˈrezəˌl(j)utli

resoluteness
BR ˈrezəl(j)uːtnəs
AM ˈrezəˌl(j)utnəs

resolution
BR ˌrezəˈl(j)uːʃn, -z
AM ˌrezəˈluʃ(ə)n, -z

resolutive
BR ˈrezəl(j)uːtɪv
AM ˈrezəˌludɪv,
rəˈzɑljədɪv

resolvability
BR rɪˌzɒlvəˈbɪlɪti
AM riˌzɔlvəˈbɪlɪdi,
riˌzɑlvəˈbɪlɪdi

resolvable
BR rɪˈzɒlvəbl
AM riˈzɔlvəb(ə)l,
riˈzɑlvəb(ə)l

resolve
BR rɪˈzɒlv, -z, -ɪŋ, -d
AM riˈzɑlv, riˈzɔlv, -z, -ɪŋ, -d

resolvedly
BR rɪˈzɒlvɪdli
AM riˈzɑlvədli, riˈzɔlvədli

resolvedness
BR rɪˈzɒlvɪdnɪs
AM riˈzɑlvədnəs, riˈzɔlvədnəs

Resolven
BR rɪˈzɒlvn
AM rəˈzalvən, rəˈzɔlvən

resolvent
BR rɪˈzɒlv(ə)nt, -s
AM riˈzɑlvənt, riˈzɔlvənt, -s

resolver
BR rɪˈzɒlvə(r), -z
AM riˈzɑlvər, riˈzɔlvər, -z

resonance
BR ˈrezn̩əns, -ɪz
AM ˈrezn̩əns, ˈrezənəns, -əz

resonant
BR ˈrezn̩ənt
AM ˈrezn̩ənt, ˈrezənənt

resonantly
BR ˈrezn̩əntli
AM ˈrezn̩ən(t)li, ˈrezənən(t)li

resonate
BR ˈrezneɪt, -s, -ɪŋ, -ɪd
AM ˈrezn̩ˌeɪt, -ts, -dɪŋ, -dɪd

resonator
BR ˈrezneɪtə(r), -z
AM ˈrezn̩ˌeɪdər, -z

resorb
BR rɪˈsɔːb, rɪˈzɔːb, -z, -ɪŋ, -d
AM riˈsɔ(ə)rb, riˈzɔ(ə)rb, -z, -ɪŋ, -d

resorbence
BR rɪˈsɔːb(ə)ns, rɪˈzɔːb(ə)ns
AM riˈsɔrbəns, riˈzɔrbəns

resorbent
BR rɪˈsɔːb(ə)nt, rɪˈzɔːb(ə)nt
AM riˈsɔrbənt, riˈzɔrbənt

resorcin
BR rɪˈzɔːsɪn
AM riˈzɔrs(ə)n

resorcinol
BR rɪˈzɔːsɪnɒl
AM riˈzɔrsəˌnɑl

resorption
BR rɪˈsɔːpʃn, rɪˈzɔːpʃn
AM riˈsɔrpʃ(ə)n, riˈzɔrpʃ(ə)n

resorptive
BR rɪˈsɔːptɪv, rɪˈzɔːptɪv
AM riˈsɔrptɪv, riˈzɔrptɪv

resort[1] *noun, verb, make use of, visit*
BR rɪˈzɔːt, -s, -ɪŋ, -ɪd
AM riˈzɔ(ə)rt, ˈzɔ(ə)rts, -ˈzɔrdɪŋ, -ˈzɔrdəd

resort[2] *verb, sort again*
BR ˌriːˈsɔːt, -s, -ɪŋ, -ɪd
AM riˈsɔ(ə)rt, -ˈsɔ(ə)rts, -ˈsɔrdɪŋ, -ˈsɔrdəd

resorter
BR rɪˈzɔːtə(r), -z
AM riˈzɔrdər, -z

resound
BR rɪˈzaʊnd, -z, -ɪŋ, -ɪd
AM riˈzaʊnd, -z, -ɪŋ, -əd

resoundingly
BR rɪˈzaʊndɪŋli
AM riˈzaʊndɪŋli

resource
BR rɪˈzɔːs, rɪˈsɔːs, -ɪz
AM riˈsɔ(ə)rs, ˈriˌsɔ(ə)rs, -əz

resourceful
BR rɪˈzɔːsf(ʊ)l, rɪˈsɔːsf(ʊ)l
AM riˈsɔrsfəl

resourcefully
BR rɪˈzɔːsfʊli, rɪˈzɔːsfli, rɪˈsɔːsfʊli, rɪˈsɔːsfli
AM riˈsɔrsfəli

resourcefulness
BR rɪˈzɔːsf(ʊ)lnəs, rɪˈsɔːsf(ʊ)lnəs
AM riˈsɔrsfəlsnəs

resourceless
BR rɪˈzɔːsləs, rɪˈsɔːsləs
AM riˈsɔrsləs, ˈriˌsɔrsləs

resourcelessness
BR rɪˈzɔːsləsnəs, rɪˈsɔːsləsnəs
AM riˈsɔrsləsnəs, ˈriˌsɔrsləsnəs

respect
BR rɪˈspekt, -s, -ɪŋ, -ɪd
AM riˈspek|(t), -(t)s, -tɪŋ, -təd

respectability
BR rɪˌspektəˈbɪlɪti
AM riˌspektəˈbɪlɪdi

respectable
BR rɪˈspektəbl
AM riˈspektəb(ə)l

respectableness
BR rɪˈspektəblnəs
AM riˈspektəbəlnəs

respectably
BR rɪˈspektəbli
AM riˈspektəbli

respecter
BR rɪˈspektə(r), -z
AM riˈspektər, -z

respectful
BR rɪˈspek(t)f(ʊ)l
AM riˈspek(t)fəl

respectfully
BR rɪˈspek(t)fʊli, rɪˈspek(t)fli
AM riˈspek(t)fəli

respectfulness
BR rɪˈspek(t)f(ʊ)lnəs
AM riˈspek(t)fəlnəs

respective
BR rɪˈspektɪv
AM riˈspektɪv

respectively
BR rɪˈspektɪvli
AM riˈspektɪvli

respell
BR ˌriːˈspel, -z, -ɪŋ, -d
AM riˈspel, -z, -ɪŋ, -d

Respighi
BR rɪˈspiːgi, reˈspiːgi
AM rəˈspigi
IT reˈspigi

respirable
BR ˈresp(ɪ)rəbl
AM ˈrɑspərəb(ə)l

respirate
BR ˈrespɪreɪt, -s, -ɪŋ, -ɪd
AM ˈrespəˌreɪ|t, -ts, -dɪŋ, -dɪd

respiration
BR ˌrespɪˈreɪʃn
AM ˌrespəˈreɪʃ(ə)n

respirator
BR ˈrespɪreɪtə(r), -z
AM ˌrespəˈreɪdər, -z

respiratory
BR ˈrespɪrət(ə)ri, rɪˈspɪrət(ə)ri, rɪˈspʌɪ(ə)rət(ə)ri
AM rəˈspaɪrəˌtɔri, ˈresp(ə)rəˌtɔri

respire
BR rɪˈspʌɪə(r), -z, -ɪŋ, -d
AM riˈspaɪ(ə)r, -z, -ɪŋ, -d

respite
BR ˈrespʌɪt, ˈrespɪt, -s, -ɪŋ, -ɪd
AM ˈrespə|t, -ts, -dɪŋ, -dəd

resplendence
BR rɪˈsplend(ə)ns
AM riˈsplend(ə)ns

resplendency
BR rɪˈsplend(ə)nsi
AM riˈsplend(ə)nsi

resplendent
BR rɪˈsplend(ə)nt
AM riˈsplendənt

resplendently
BR rɪˈsplend(ə)ntli
AM riˈsplendən(t)li

respond
BR rɪˈspɒnd, -z, -ɪŋ, -ɪd
AM riˈspɑnd, -z, -ɪŋ, -əd
respondence
BR rɪˈspɒnd(ə)ns, -ɪz
AM riˈspɑnd(ə)ns, -əz
respondency
BR rɪˈspɒnd(ə)nsi
AM riˈspɑnd(ə)nsi
respondent
BR rɪˈspɒnd(ə)nt, -s
AM riˈspɑndənt, -s
responder
BR rɪˈspɒndə(r), -z
AM riˈspɑndər, -z
response
BR rɪˈspɒns, -ɪz
AM riˈspɑns, -əz
responsibility
BR rɪˌspɒnsɪˈbɪlɪt|i, -ɪz
AM riˌspɑnsəˈbɪlɪdi, -z
responsible
BR rɪˈspɒnsɪbl
AM riˈspɑnsəb(ə)l
responsibleness
BR rɪˈspɒnsɪblnəs
AM riˈspɑnsəbəlnəs
responsibly
BR rɪˈspɒnsɪbli
AM riˈspɑnsəbli
responsive
BR rɪˈspɒnsɪv
AM riˈspɑnsɪv
responsively
BR rɪˈspɒnsɪvli
AM riˈspɑnsɪvli
responsiveness
BR rɪˈspɒnsɪvnɪs
AM riˈspɑnsɪvnɪs
responsory
BR rɪˈspɒns(ə)r|i, -ɪz
AM riˈspɑnsəri, -z
respray[1] noun
BR ˈriːspreɪ, -z
AM ˈriˌspreɪ, -z
respray[2] verb
BR ˌriːˈspreɪ, -z, -ɪŋ, -d
AM riˈspreɪ, -z, -ɪŋ, -d

res publica
BR (ˌ)reɪz ˈpʊblɪkə(r), + ˈpʌblɪkə(r)
AM ˌreɪs ˈpʊbləkə
rest
BR rest, -s, -ɪŋ, -ɪd
AM rest, -s, -ɪŋ, -əd
restage
BR ˌriːˈsteɪdʒ, -ɪz, -ɪŋ, -d
AM riˈsteɪdʒ, -ɪz, -ɪŋ, -d
restart[1] noun
BR ˈriːstɑːt, -s
AM ˈriˌstɑrt, -s
restart[2] verb
BR ˌriːˈstɑːt, -s, -ɪŋ, -ɪd
AM riˈstɑr|t, -ts, -dɪŋ, -dəd
restate
BR ˌriːˈsteɪt, -s, -ɪŋ, -ɪd
AM riˈsteɪ|t, -ts, -dɪŋ, -dɪd
restatement
BR ˌriːˈsteɪtm(ə)nt, -s
AM riˈsteɪtm(ə)nt, -s
restaurant
BR ˈrest(ʃ)(ə)rɑːnt, ˈrest(ʃ)(ə)rɒnt, ˈrest(ʃ)(ə)rɲt, ˈrest(ʃ)(ə)rɒ̃, -s
AM ˈrestəˌrɑnt, ˈreˌstrɑnt, ˈrest(ə)rənt, -s
restauranteur
BR ˌrest(ʃ)ərɑːnˈtɜː(r), ˌrest(ʃ)ərɒnˈtɜː(r), ˌrest(ʃ)(ə)rɲˈtɜː(r), ˌrest(ʃ)ərɒ̃ˈtɜː(r), -z
AM ˈrestəˌrɑnˌtɜr, ˈrestərənˌtɜr, -z
restaurateur
BR ˌrest(ə)rəˈtɜː(r), -z
AM ˈrestəˌrɑˌtɜr, ˈrestərəˌtɜr, -z
restful
BR ˈrest(f)ʊl
AM ˈrest(f)əl
restfully
BR ˈrest(f)ʊli, ˈrest(f)ˌli
AM ˈrest(f)əli

restfulness
BR ˈrest(f)ʊlnəs
AM ˈrest(f)əlnəs
resthouse
BR ˈresthaʊ|s, -zɪz
AM ˈrest,(h)aʊ|s, -zəz
resting-place
BR ˈrestɪŋpleɪs, -ɪz
AM ˈrestɪŋˌpleɪs, -ɪz
restitution
BR ˌrestɪˈtjuːʃn, ˌrestɪˈtʃuːʃn
AM ˌrestəˈt(j)uʃ(ə)n
restitutive
BR ˈrestɪtjuːtɪv, ˈrestɪtʃuːtɪv
AM ˈrestəˌt(j)utɪv
restive
BR ˈrestɪv
AM ˈrestɪv
restively
BR ˈrestɪvli
AM ˈrestɪvli
restiveness
BR ˈrestɪvnɪs
AM ˈrestɪvnɪs
restless
BR ˈres(t)ləs
AM ˈres(t)ləs
restlessly
BR ˈres(t)ləsli
AM ˈres(t)ləsli
restlessness
BR ˈres(t)ləsnəs
AM ˈres(t)ləsnəs
resto
BR ˈrestəʊ, -z
AM ˈrestoʊ, -z
restock
BR ˌriːˈstɒk, -s, -ɪŋ, -t
AM riˈstɑk, -s, -ɪŋ, -t
restorable
BR rɪˈstɔːrəbl
AM riˈstɔrəb(ə)l
restoration
BR ˌrestəˈreɪʃn, -z
AM ˌrestəˈreɪʃ(ə)n, -z
restorationism
BR ˌrestəˈreɪʃnɪzm
AM ˌrestəˈreɪʃəˌnɪz(ə)m

restorationist
BR ˌrestəˈreɪʃnɪst, -s
AM ˌrestəˈreɪʃənəst, -s
restorative
BR rɪˈstɒrətɪv, rɪˈstɔːrətɪv, -z
AM rəˈstɔrədɪv, -z
restoratively
BR rɪˈstɒrətɪvli, rɪˈstɔːrətɪvli
AM rəˈstɔrədɪvli
restore
BR rɪˈstɔː(r), -z, -ɪŋ, -d
AM riˈstɔr, -z, -ɪŋ, -d
restorer
BR rɪˈstɔːrə(r), -z
AM riˈstɔrər, -z
restrain[1] hold back
BR rɪˈstreɪn, -z, -ɪŋ, -d
AM riˈstreɪn, -z, -ɪŋ, -d
restrain[2] strain again
BR ˌriːˈstreɪn, -z, -ɪŋ, -d
AM riˈstreɪn, -z, -ɪŋ, -d
restrainable
BR rɪˈstreɪnəbl
AM riˈstreɪnəb(ə)l
restrainedly
BR rɪˈstreɪnɪdli
AM riˈstreɪnɪdli
restrainer
BR rɪˈstreɪnə(r), -z
AM riˈstreɪnər, -z
restraint
BR rɪˈstreɪnt, -s
AM riˈstreɪnt, -s
restrict
BR rɪˈstrɪkt, -s, -ɪŋ, -ɪd
AM riˈstrɪk|(t), -(t)s, -tɪŋ, -tɪd
restrictedly
BR rɪˈstrɪktɪdli
AM riˈstrɪktɪdli
restrictedness
BR rɪˈstrɪktɪdnɪs
AM riˈstrɪktɪdnɪs
restriction
BR rɪˈstrɪkʃn, -z
AM riˈstrɪkʃ(ə)n, -z
restrictionist
BR rɪˈstrɪkʃnɪst, -s
AM riˈstrɪkʃənəst, -s

restrictive
BR rɪˈstrɪktɪv
AM riˈstrɪktɪv
restrictively
BR rɪˈstrɪktɪvli
AM riˈstrɪktɪvli
restrictiveness
BR rɪˈstrɪktɪvnɪs
AM riˈstrɪktɪvnɪs
restring
BR ˌriːˈstrɪŋ, -z, -ɪŋ
AM riˈstrɪŋ, -z, -ɪŋ
restroom
BR ˈrestruːm,
ˈrestrʊm, -z
AM ˈres(t)ˌrʊm,
ˈres(t)ˌrum, -z
restructure
BR ˌriːˈstrʌktʃə(r),
-əz, -(ə)rɪŋ, -əd
AM riˈstrʌk(t)ʃər, -z,
-ɪŋ, -d
restructuring
BR ˌriːˈstrʌktʃ(ə)rɪŋ, -z
AM riˈstrʌk(t)ʃərɪŋ, -z
restrung
BR ˌriːˈstrʌŋ
AM riˈstrʌŋ
restudy
BR ˌriːˈstʌd|i, -ɪz, -ɪŋ,
-ɪd
AM riˈstədi, -z, -ɪŋ, -d
restyle
BR ˌriːˈstʌɪl, -z, -ɪŋ, -d
AM riˈstaɪl, -z, -ɪŋ, -d
resubmit
BR ˌriːsəbˈmɪt, -s, -ɪŋ,
-ɪd
AM ˌrisəbˈmɪ|t, -ts,
-dɪŋ, -dɪd
result
BR rɪˈzʌlt, -s, -ɪŋ, -ɪd
AM riˈzəlt, -s, -ɪŋ, -əd
resultant
BR rɪˈzʌlt(ə)nt
AM riˈzəltnt
resultful
BR rɪˈzʌltf(ʊ)l
AM riˈzəltfəl
resultless
BR rɪˈzʌltləs
AM riˈzəltləs

resumable
BR rɪˈzjuːməbl
AM riˈz(j)uməb(ə)l
résumé
BR ˈrezjʊmeɪ,
ˈreɪzjʊmeɪ,
rɪˈzjuːmeɪ, -z
AM ˈrezəˌmeɪ, -z
resume[1] *noun*
BR ˈrezjʊmeɪ,
ˈreɪzjʊmeɪ,
rɪˈzjuːmeɪ, -z
AM ˈrezəˌmeɪ, -z
resume[2] *verb*
BR rɪˈzjuːm, -z, -ɪŋ, -d
AM riˈz(j)um, -z, -ɪŋ,
-d
resumption
BR rɪˈzʊm(p)ʃn, -z
AM riˈzəm(p)ʃ(ə)n, -z
resumptive
BR rɪˈzʊm(p)tɪv
AM riˈzəm(p)tɪv
resupinate
BR ˌriːˈsjuːpɪnət
AM riˈs(j)upənət,
riˈs(j)upəˌneɪt
resupply
BR ˌriːsəˈplʌɪ, -z,
-ɪŋ, -d
AM ˌrisəˈplaɪ, -z,
-ɪŋ, -d
resurface
BR ˌriːˈsəːfɪs, -ɪz, -ɪŋ, -t
AM riˈsərfəs, -əz,
-ɪŋ, -t
resurgence
BR rɪˈsəːdʒ(ə)ns
AM riˈsərdʒ(ə)ns
resurgent
BR rɪˈsəːdʒ(ə)nt
AM riˈsərdʒ(ə)nt
resurrect
BR ˌrezəˈrekt, -s,
-ɪŋ, -ɪd
AM ˌrezəˈrek|(t),
ˌrezəˈrek|(t), -(t)s,
-tɪŋ, -təd
resurrection
BR ˌrezəˈrekʃn, -z
AM ˌrezəˈrekʃ(ə)n,
ˌrezəˈrekʃ(ə)n, -z

resurrectional
BR ˌrezəˈrekʃn̩l
AM ˌrezəˈrekʃ(ə)n(ə)l
resurvey
BR ˌriːsəˈveɪ, ˌriːˈsəːveɪ,
-z, -ɪŋ, -d
AM riˌsərˈveɪ,
riˈsərˌveɪ, -z, -ɪŋ, -d
resuscitate
BR rɪˈsʌsɪteɪt, -s, -ɪŋ,
-ɪd
AM riˈsəsəˌteɪ|t, -ts,
-dɪŋ, -dɪd
resuscitation
BR rɪˌsʌsɪˈteɪʃn
AM riˌsəsəˈteɪʃ(ə)n
resuscitative
BR rɪˈsʌsɪtətɪv
AM riˈsəsəˌteɪdɪv
resuscitator
BR rɪˈsʌsɪteɪtə(r), -z
AM riˈsəsəˌteɪdər, -z
ret
BR ret, -s, -ɪŋ, -ɪd
AM re|t, -ts, -dɪŋ, -dəd
retable
BR rɪˈteɪbl, -z
AM riˈteɪb(ə)l, -z
retail[1] *selling*
BR ˈriːteɪl, -z, -ɪŋ, -d
AM ˈriˌteɪl, -z, -ɪŋ, -d
retail[2] *tell*
BR rɪˈteɪl, -z, -ɪŋ, -d
AM riˈteɪl, -z, -ɪŋ, -d
retailer[1] *seller*
BR ˈriːteɪlə(r), -z
AM ˈriˌteɪlər, -z
retailer[2] *teller*
BR rɪˈteɪlə(r), -z
AM riˈteɪlər, -z
retain
BR rɪˈteɪn, -z, -ɪŋ, -d
AM riˈteɪn, -z, -ɪŋ, -d
retainability
BR rɪˌteɪnəˈbɪlɪti
AM riˌteɪnəˈbɪlɪdi
retainable
BR rɪˈteɪnəbl
AM riˈteɪnəb(ə)l
retainer
BR rɪˈteɪnə(r), -z
AM riˈteɪnər, -z

retainment
BR rɪˈteɪnm(ə)nt, -s
AM riˈteɪnm(ə)nt, -s
retake[1] *noun*
BR ˈriːteɪk, -s
AM ˈriˌteɪk, -s
retake[2] *verb*
BR (ˌ)riːˈteɪk, -s, -ɪŋ
AM riˈteɪk, -s, -ɪŋ
retaken
BR (ˌ)riːˈteɪk(ə)n
AM riˈteɪkən
retaliate
BR rɪˈtælieɪt, -s, -ɪŋ, -ɪd
AM riˈtæliˌeɪ|t, -ts,
-dɪŋ, -dɪd
retaliation
BR rɪˌtaliˈeɪʃn
AM riˌtæliˈeɪʃ(ə)n
retaliative
BR rɪˈtaliətɪv
AM riˈtæliədɪv
retaliator
BR rɪˈtalieɪtə(r), -z
AM riˈtæliˌeɪdər, -z
retaliatory
BR rɪˈtaliət(ə)ri
AM riˈtæliəˌtɔri, ri
ˈtæljəˌtɔri
retard[1] *noun,*
impaired person
BR ˈriːtɑːd, -z
AM ˈritɑrd, -z
retard[2] *verb, noun,*
slowdown
BR rɪˈtɑːd, -z, -ɪŋ, -ɪd
AM riˈtɑrd, -z, -ɪŋ, -əd
retardant
BR rɪˈtɑːd(ə)nt, -s
AM riˈtɑrdənt, -s
retardate
BR rɪˈtɑːdeɪt, -s
AM riˈtɑrˌdeɪt, -s
retardation
BR ˌriːtɑːˈdeɪʃn
AM ˌriˌtɑrˈdeɪʃ(ə)n
retardative
BR rɪˈtɑːdətɪv
AM riˈtɑrdədɪv
retardatory
BR rɪˈtɑːdət(ə)ri
AM riˈtɑrdəˌtɔri

retarded
BR rɪˈtɑːdɪd
AM riˈtɑrdəd
retarder
BR rɪˈtɑːdə(r), -z
AM riˈtɑrdər, -z
retardment
BR rɪˈtɑːdm(ə)nt, -s
AM riˈtɑrdm(ə)nt, -s
retaught
BR ˌriːˈtɔːt
AM riˈtɑt, riˈtɔt
retch
BR retʃ, -ɪz, -ɪŋ, -t
AM retʃ, -əz, -ɪŋ, -t
retcon
BR ˈretkɒn, -z, -ɪŋ, -d
AM ˈretˌkɑn, -z, -ɪŋ, -d
rete
BR ˈriːti
AM ˈridi
reteach
BR ˌriːˈtiːtʃ, -ɪz, -ɪŋ
AM riˈtitʃ, -ɪz, -ɪŋ
retell
BR ˌriːˈtel, -z, -ɪŋ
AM riˈtel, -z, -ɪŋ
retention
BR rɪˈtenʃn
AM riˈtenʃ(ə)n
retentive
BR rɪˈtentɪv
AM riˈten(t)ɪv
retentively
BR rɪˈtentɪvli
AM riˈten(t)ɪvli
retentiveness
BR rɪˈtentɪvnɪs
AM riˈten(t)ɪvnɪs
retest[1] *noun*
BR ˈriːtest, -s
AM ˈriˌtest, -s
retest[2] *verb*
BR ˌriːˈtest, -s, -ɪŋ, -ɪd
AM riˈtest, -s, -ɪŋ, -əd
retexture
BR ˌriːˈtekstʃʃə(r), -əz, -(ə)rɪŋ, -əd
AM riˈtek(st)ʃər, -z, -ɪŋ, -d

Retford
BR ˈretfəd
AM ˈretfərd
rethink[1] *noun*
BR ˈriːθɪŋk, -s
AM ˈriˌθɪŋk, -s
rethink[2] *verb*
BR ˌriːˈθɪŋk, -s, -ɪŋ
AM riˈθɪŋk, -s, -ɪŋ
rethought
BR ˌriːˈθɔːt
AM riˈθɑt, riˈθɔt
retia
BR ˈriːʃ(i)ə(r), ˈriːtiə(r)
AM ˈridiə, ˈriʃ(i)ə
retiarii
BR ˌretɪˈɑːriiː, ˌretɪˈɑːriaɪ, ˌretɪˈeːriː, ˌretɪˈeːriaɪ
AM ˌriʃiˈeriaɪ
retiarius
BR ˌretɪˈɑːriəs, ˌretɪˈeːriəs
AM ˌriʃiˈeriəs
retiary
BR ˈriːʃɪər|i, -ɪz
AM ˈriʃiˌeri, -z
reticence
BR ˈretɪsns
AM ˈredəs(ə)ns
reticent
BR ˈretɪsnt
AM ˈredəs(ə)nt
reticently
BR ˈretɪsntli
AM ˈredəsən(t)li
reticle
BR ˈretɪkl, -z
AM ˈredək(ə)l, -z
reticula
BR rɪˈtɪkjʊlə(r)
AM rəˈtɪkjələ
reticular
BR rɪˈtɪkjʊlə(r)
AM rəˈtɪkjələr
reticulate[1] *adjective*
BR rɪˈtɪkjʊlət
AM rɪˈtɪkjəlat, rɪˈtɪkjəˌleɪt

reticulate[2] *verb*
BR rɪˈtɪkjʊleɪt, -s, -ɪŋ, -ɪd
AM rɪˈtɪkjəˈleɪ|t, -ts, -dɪŋ, -dɪd
reticulately
BR rɪˈtɪkjʊlətli
AM rɪˈtɪkjəlatli, rɪˈtɪkjəˌleɪtli
reticulation
BR rɪˌtɪkjʊˈleɪʃn
AM rɪˌtɪkjəˈleɪʃ(ə)n
reticule
BR ˈretɪkjuːl, -z
AM ˈredəˌkjul, -z
reticulocyte
BR rɪˈtɪkjʊləsaɪt, -s
AM rəˈtɪkjələˌsaɪt, -s
reticulose
BR rɪˈtɪkjʊləʊs
AM rəˈtɪkjəˌloʊz, rəˈtɪkjəˌloʊs
reticulum
BR rɪˈtɪkjʊləm
AM rəˈtɪkjəl(ə)m
retie
BR ˌriːˈtaɪ, -z, -ɪŋ, -d
AM riˈtaɪ, -z, -ɪŋ, -d
retiform
BR ˈretɪfɔːm
AM ˈredəˌfɔ(ə)rm
retina
BR ˈretɪnə(r), -z
AM ˈretn̩ə, -z
Retin-A
BR ˌretɪnˈeɪ
AM ˌretn̩ˈeɪ
retinae
BR ˈretɪniː
AM ˈretn̩ˌaɪ, ˈretn̩ˌi
retinal
BR ˈretɪnl
AM ˈretn̩l
retinitis
BR ˌretɪˈnaɪtɪs
AM ˌretn̩ˈaɪdɪs
retinitis pigmentosa
BR ˌretɪˌnaɪtɪs ˌpɪɡmenˈtəʊzə(r)
AM ˌretn̩ˈaɪdɪs ˌpɪɡmənˈtoʊzə

retinoid
BR ˈretɪnɔɪd, -z
AM ˈretn̩ˌɔɪd, -z
retinol
BR ˈretɪnɒl
AM ˈretn̩al
retinopathy
BR ˌretɪˈnɒpəθi
AM ˌretn̩ˈɑpəθi
retinue
BR ˈretɪnjuː, -z
AM ˈretn̩ˌ(j)u, -z
retiracy
BR rɪˈtaɪərəsi
AM rəˈtaɪ(ə)rəsi
retiral
BR rɪˈtaɪərl̩, -z
AM rəˈtaɪrəl, -z
retire
BR rɪˈtaɪə(r), -z, -ɪŋ, -d
AM riˈtaɪ(ə)r, -z, -ɪŋ, -d
retiredness
BR rɪˈtaɪədnəs
AM riˈtaɪrdnəs
retiree
BR ˌriːtaɪəˈriː, -z
AM riˌtaɪˈri, -z
retirement
BR rɪˈtaɪəm(ə)nt, -s
AM riˈtaɪrm(ə)nt, -s
retirer
BR rɪˈtaɪərə(r), -z
AM riˈtaɪrər, -z
retiring
BR rɪˈtaɪərɪŋ
AM riˈtaɪrɪŋ
retiringly
BR rɪˈtaɪərɪŋli
AM riˈtaɪrɪŋli
retitle
BR ˌriːˈtaɪt|l, -lz, -lɪŋ\-lɪŋ, -ld
AM riˈtaɪd(ə)l, -z, -ɪŋ, -d
retold
BR ˌriːˈtəʊld
AM riˈtoʊld
retook
BR (ˌ)riːˈtʊk
AM riˈtʊk

retool
BR ˌriːˈtuːl, -z, -ɪŋ, -d
AM riˈtul, -z, -ɪŋ, -d

retort
BR rɪˈtɔːt, -s, -ɪŋ, -ɪd
AM riˈ|tɔ(ə)rt,
-ˈtɔ(ə)rts, -ˈtɔrdɪŋ,
-ˈtɔrdəd

retortion
BR rɪˈtɔːʃn, -z
AM riˈtɔrʃ(ə)n, -z

retouch
BR ˌriːˈtʌtʃ, -ɪz, -ɪŋ, -t
AM rɪˈtətʃ, -əz, -ɪŋ, -t

retoucher
BR ˌriːˈtʌtʃə(r), -z
AM riˈtətʃər, -z

retrace
BR ˌriːˈtreɪs, rɪˈtreɪs,
-ɪz, -ɪŋ, -t
AM riˈtreɪs, -ɪz, -ɪŋ, -t

retract
BR rɪˈtrakt, -s, -ɪŋ, -ɪd
AM riˈtræk|(t), -(t)s,
-tɪŋ, -təd

retractable
BR rɪˈtraktəbl
AM riˈtræktəb(ə)l

retractation
BR ˌriːtrakˈteɪʃn
AM ˌriˌtrækˈteɪʃ(ə)n

retractible
BR rɪˈtraktəbl
AM riˈtræktəb(ə)l

retractile
BR rɪˈtraktʌɪl
AM rəˈtræktl

retractility
BR rɪˌtrakˈtɪlɪti
AM riˌtrækˈtɪlɪdi

retraction
BR rɪˈtrakʃn, -z
AM riˈtrækʃ(ə)n, -z

retractive
BR rɪˈtraktɪv
AM riˈtræktɪv

retractor
BR rɪˈtraktə(r), -z
AM riˈtræktər, -z

retrain
BR ˌriːˈtreɪn, -z, -ɪŋ, -d
AM riˈtreɪn, -z, -ɪŋ, -d

retral
BR ˈriːtr(ə)l
AM ˈritrəl

retranslate
BR ˌriːtransˈleɪt,
ˌriːtranzˈleɪt, -s,
-ɪŋ, -ɪd
AM ˌriˌtrænzˈleɪ|t,
ˌriˈtrænzˌleɪ|t, -ts,
-dɪŋ, -dɪd

retranslation
BR ˌriːtransˈleɪʃn,
ˌriːtranzˈleɪʃn, -z
AM ˌriˌtrænzˈleɪʃ(ə)n,
-z

retransmission
BR ˌriːtranzˈmɪʃn,
ˌriːtransˈmɪʃn, -z
AM ˌriˌtrænˈsmɪʃ(ə)n,
-z

retransmit
BR ˌriːtranzˈmɪt,
ˌriːtransˈmɪt, -s, -ɪŋ,
-ɪd
AM ˌriˌtrænˈsmɪ|t, -ts,
-dɪŋ, -dɪd

retread[1] *noun*
BR ˈriːtrɛd, -z
AM ˈriˌtrɛd, -z

retread[2] *verb*
BR ˌriːˈtrɛd, -z, -ɪŋ
AM riˈtrɛd, -z, -ɪŋ

retreat
BR rɪˈtriːt, -s, -ɪŋ, -ɪd
AM riˈtri|t, -ts, -dɪŋ,
-dɪd

retrench
BR rɪˈtren(t)ʃ, -ɪz,
-ɪŋ, -t
AM riˈtren(t)ʃ, -əz,
-ɪŋ, -t

retrenchment
BR rɪˈtren(t)ʃm(ə)nt, -s
AM riˈtren(t)ʃm(ə)nt,
-z

retrial
BR ˌriːˈtrʌɪəl,
ˈriːtrʌɪəl, -z
AM ˈˌriˈˌtraɪəl, -z

retribution
BR ˌretrɪˈbjuːʃn
AM ˌretrəˈbjuʃ(ə)n

retributive
BR rɪˈtrɪbjʊtɪv
AM riˈtrɪbjədɪv

retributively
BR rɪˈtrɪbjʊtɪvli
AM riˈtrɪbjədɪvli

retributory
BR rɪˈtrɪbjʊt(ə)ri
AM riˈtrɪbjəˌtɔri

retrievable
BR rɪˈtriːvəbl
AM riˈtrivəb(ə)l

retrievableness
BR rɪˈtriːvəblnəs
AM riˈtrivəbəlnəs

retrievably
BR rɪˈtriːvəbli
AM riˈtrivəbli

retrieval
BR rɪˈtriːvl
AM riˈtrivəl

retrieve
BR rɪˈtriːv, -z, -ɪŋ, -d
AM riˈtriv, -z, -ɪŋ, -d

retriever
BR rɪˈtriːvə(r), -z
AM riˈtrivər, -z

retrim
BR ˌriːˈtrɪm, -z, -ɪŋ, -d
AM riˈtrɪm, -z,
-ɪŋ, -d

retro
BR ˈretrəʊ, -z
AM ˈretroʊ, -z

retroact
BR ˌretroʊˈakt, -s,
-ɪŋ, -ɪd
AM ˌretroʊˈæk|(t),
-(t)s, -tɪŋ, -təd

retroaction
BR ˌretroʊˈakʃn, -z
AM ˌretroʊˈækʃ(ə)n,
-z

retroactive
BR ˌretroʊˈaktɪv
AM ˌretroʊˈæktɪv

retroactively
BR ˌretroʊˈaktɪvli
AM ˌretroʊˈæktɪvli

retroactivity
BR ˌretroʊakˈtɪvɪti
AM ˌˌretroʊˌækˈtɪvɪdi

retrocede
BR ˌretrə(ʊ)ˈsiːd, -z,
-ɪŋ, -ɪd
AM ˌretrəˈsid, -z, -ɪŋ,
-ɪd

retrocedence
BR ˌretrə(ʊ)ˈsiːd(ə)ns
AM ˌretroʊˈsidns

retrocedent
BR ˌretrə(ʊ)ˈsiːd(ə)nt
AM ˌretroʊˈsidnt

retrocession
BR ˌretrə(ʊ)ˈseʃn, -z
AM ˌretrəˈseʃ(ə)n, -z

retrocessive
BR ˌretrə(ʊ)ˈsesɪv
AM ˌretroʊˈsesɪv

retrochoir
BR ˈretrəʊˌkwʌɪə(r),
-z
AM ˈretroʊˌkwaɪ(ə)r,
-z

retrod
BR ˌriːˈtrɒd
AM riˈtrɑd

retrodden
BR ˌriːˈtrɒdn
AM riˈtrɑdən

retrofit
BR ˌretrəʊˈfɪt, -s, -ɪŋ,
-ɪd
AM ˌretroʊˈfɪ|t, -ts,
-dɪŋ, -dɪd

retroflection
BR ˌretrə(ʊ)ˈflekʃn
AM ˌretrəˈflekʃ(ə)n

retroflex
BR ˈretrə(ʊ)fleks, -t
AM ˈretrəˌfleks, -t

retroflexion
BR ˌretrə(ʊ)ˈflekʃn
AM ˌretrəˈflekʃ(ə)n

retrogradation
BR ˌretrəʊgrəˈdeɪʃn, -z
AM ˌretroʊgreɪ-
ˈdeɪʃ(ə)n, -z

retrograde
BR ˈretrə(ʊ)greɪd
AM ˈretrəˌgreɪd

retrogradely
BR ˈretrə(ʊ)greɪdli
AM ˈretrəˌgreɪdli

retrogress
BR ˌretrə(ʊ)ˈgres, -ɪz, -ɪŋ, -t
AM ˌretrəˈgres, -əz, -ɪŋ, -t

retrogression
BR ˌretrə(ʊ)ˈgreʃn
AM ˌretrəˈgreʃ(ə)n

retrogressive
BR ˌretrə(ʊ)ˈgresɪv
AM ˌretrəˈgresɪv

retrogressively
BR ˌretrə(ʊ)ˈgresɪvli
AM ˌretrəˈgresɪvli

retroject
BR ˈretrə(ʊ)dʒekt, -s, -ɪŋ, -ɪd
AM ˈretrəˌdʒek|(t), -(t)s, -tɪŋ, -təd

retro-rocket
BR ˈretrəʊˌrɒkɪt, -s
AM ˈretroʊˌrɑkət, -s

retrorse
BR rɪˈtrɔːs
AM rəˈtrɔ(ə)rs

retrorsely
BR rɪˈtrɔːsli
AM rəˈtrɔrsli

retrospect
BR ˈretrəspekt, -s
AM ˈretrəˌspek(t), -s

retrospection
BR ˌretrə(ʊ)ˈspekʃn
AM ˌretrəˈspekʃ(ə)n

retrospective
BR ˌretrə(ʊ)ˈspektɪv
AM ˌretrəˈspektɪv

retrospectively
BR ˌretrə(ʊ)ˈspektɪvli
AM ˌretrəˈspektɪvli

retrosternal
BR ˌretrəʊˈstɜːnl
AM ˌretroʊˈstɜrn(ə)l

retroussé
BR rɪˈtruːseɪ
AM ˌretrəˈseɪ

retroversion
BR ˌretrə(ʊ)ˈvɜːʃn
AM ˌretrəˈvɜrʒ(ə)n

retrovert[1] *noun*
BR ˈretrəvɜːt, -s
AM ˈretrəˌvɜrt, -s

retrovert[2] *verb*
BR ˌretrə(ʊ)ˈvɜːt, -s, -ɪŋ, -ɪd
AM ˌretrəˈvɜr|t, -ts, -dɪŋ, -dəd

Retrovir
BR ˈretrə(ʊ)vɪə(r)
AM ˈretroʊˌvɪ(ə)r

retrovirus
BR ˈretrəʊˌvʌɪrəs, -ɪz
AM ˈretroʊˌvaɪrəs, -ɪz

retry
BR riːˈtrʌɪ, -z, -ɪŋ, -d
AM riˈtraɪ, -z, -ɪŋ, -d

retsina
BR retˈsiːnə(r), ˈretsɪnə(r)
AM ˈretsənə

Rett
BR ret
AM ret

rettery
BR ˈret(ə)r|i, -ɪz
AM ˈredəri, -z

retune
BR ˌriːˈtjuːn, ˌriːˈtʃuːn, -z, -ɪŋ, -d
AM riˈt(j)un, -z, -ɪŋ, -d

returf
BR ˌriːˈtɜːf, -s, -ɪŋ, -t
AM riˈtɜrf, -s, -ɪŋ, -t

return
BR rɪˈtɜːn, -z, -ɪŋ, -d
AM riˈtɜrn, -z, -ɪŋ, -d

returnable
BR rɪˈtɜːnəbl
AM riˈtɜrnəb(ə)l

returnee
BR rɪˌtɜːˈniː, ˌriːtɜːˈniː, -z
AM riˌtɜrˈni, -z

returner
BR rɪˈtɜːnə(r), -z
AM riˈtɜrnər, -z

returning officer
BR rɪˈtɜːnɪŋ ˌɒfɪsə(r), -z
AM rəˌtɜrnɪŋ ˈɑfəsər, rəˌtɜrnɪŋ ˈɔfəsər, -z

returnless
BR rɪˈtɜːnləs
AM riˈtɜrnləs

retuse
BR rɪˈtjuːs, rɪˈtʃuːs
AM rəˈt(j)uz

retweet
BR ˌriːˈtwiːt, -s, -ɪŋ, -ɪd
AM riˈtwi|t, -ts, -dɪŋ, -dəd

retying
BR ˌriːˈtʌɪɪŋ
AM riˈtaɪɪŋ

retype
BR ˌriːˈtʌɪp, -s, -ɪŋ, -t
AM riˈtaɪp, -s, -ɪŋ, -t

Reuben
BR ˈruːb(ɪ)n
AM ˈrubən

reunification
BR ˌriːˌjuːnɪfɪˈkeɪʃn, rɪˌjuːnɪfɪˈkeɪʃn
AM ˌˌriˌjunəfəˈkeɪʃ(ə)n

reunify
BR (ˌ)riːˈjuːnɪfʌɪ, -z, -ɪŋ, -d
AM riˈjunəˌfaɪ, -z, -ɪŋ, -d

Réunion
BR riːˈjuːnɪən
AM riˈjunjən
FR ʁeynjɔ̃

reunion
BR (ˌ)riːˈjuːnɪən, -z
AM riˈjunjən, -z

reunite
BR ˌriːjəˈnʌɪt, ˌriːjuːˈnʌɪt, -s, -ɪŋ, -ɪd
AM ˌrijuˈnaɪ|t, -ts, -dɪŋ, -dɪd

reupholster
BR ˌriːʌpˈhəʊlst|ə(r), -əz, -(ə)rɪŋ, -əd
AM ˌriˌəpˈ(h)oʊlstər, -z, -ɪŋ, -d

reupholstery
BR ˌriːʌpˈhəʊlst(ə)ri
AM ˌriˌəpˈ(h)oʊlstəri

reurge
BR ˌriːˈɜːdʒ, -ɪz, -ɪŋ, -d
AM riˈɜrdʒ, -əz, -ɪŋ, -d

reusable
BR ˌriːˈjuːzəbl
AM riˈjuzəb(ə)l

re-use[1] *noun*
BR ˌriːˈjuːs
AM riˈjus

re-use[2] *verb*
BR ˌriːˈjuːz, -ɪz, -ɪŋ, -d
AM riˈjuz, -əz, -ɪŋ, -d

reuseable
BR ˌriːˈjuːzəbl
AM riˈjuzəb(ə)l

Reuter
BR ˈrɔɪtə(r), -z
AM ˈrɔɪdər, -z

reutilisation
BR ˌriːjuːtɪlʌɪˈzeɪʃn, ˌriːjuːtlʌɪˈzeɪʃn, rɪˌjuːtɪlʌɪˈzeɪʃn, rɪˌjuːtlʌɪˈzeɪʃn

reutilise
BR ˌriːˈjuːtɪlʌɪz, ˌriːˈjuːtlʌɪz, rɪˈjuːtɪlʌɪz, rɪˈjuːtlʌɪz, -ɪz, -ɪŋ, -d
AM riˈjudlˌaɪz, -ɪz, -ɪŋ, -d

reutilization
BR ˌriːjuːtɪlʌɪˈzeɪʃn, ˌriːjuːtlʌɪˈzeɪʃn, rɪˌjuːtɪlʌɪˈzeɪʃn, rɪˌjuːtlʌɪˈzeɪʃn
AM ˌˌriˌjudlaɪˈzeɪʃ(ə)n, ˌˌriˌjudləˈzeɪʃ(ə)n

reutilize
BR ˌriːˈjuːtɪlʌɪz, rɪˈjuːtɪlʌɪz, rɪˈjuːtlʌɪz, rɪˈjuːtlʌɪz, -ɪz, -ɪŋ, -d
AM riˈjudlˌaɪz, -ɪz, -ɪŋ, -d

Rev.
BR rev, ˈrev(ə)rnd
AM ˌrev(ə)rənd, ˈrevərnd

rev
BR rev, -z, -ɪŋ, -d
AM rev, -z, -ɪŋ, -d

revaccinate
BR ˌriːˈvaksɪneɪt, -s, -ɪŋ, -ɪd
AM riˈvæksəˌneɪ|t, -ts, -dɪŋ, -dɪd

revaccination
BR ˌriːvæksɪˈneɪʃn, -z
AM ˈˌriˌvæksəˈneɪʃ(ə)n, -z

revalorisation
BR ˌriːvælərʌɪˈzeɪʃn, -z
AM ˈˌriˌvæləˌraɪ-ˈzeɪʃ(ə)n, ˈˌriˌvælərəˈzeɪʃ(ə)n, -z

revalorise
BR ˌriːˈvælərʌɪz, -ɪz, -ɪŋ, -d
AM riˈvæləˌraɪz, -ɪz, -ɪŋ, -d

revalorization
BR ˌriːvælərʌɪˈzeɪʃn, -z
AM ˈˌriˌvæləˌraɪ-ˈzeɪʃ(ə)n, ˈˌriˌvælərəˈzeɪʃ(ə)n, -z

revalorize
BR ˌriːˈvælərʌɪz, -ɪz, -ɪŋ, -d
AM riˈvæləˌraɪz, -ɪz, -ɪŋ, -d

revaluation
BR ˌriːvæljʊˈeɪʃn, -z
AM ˌriˌvæljəˈweɪʃ(ə)n, -z

revalue
BR ˌriːˈvæljuː, -uːz, -ʊɪŋ, -uːd
AM riˈvæljˌu, -uz, -əwɪŋ, -ud

revamp
BR (ˌ)riːˈvæmp, -ps, -pɪŋ, -(p)t
AM riˈvæmp, -s, -ɪŋ, -t

revanchism
BR rɪˈvan(t)ʃɪzm
AM rəˈvan(t)ʃˌɪz(ə)m

revanchist
BR rɪˈvan(t)ʃɪst, -s
AM rəˈvan(t)ʃəst, -s

revarnish
BR ˌriːˈvɑːnˌɪʃ, -ɪʃɪz, -ɪʃɪŋ, -ɪʃt
AM riˈvɑrnɪʃ, -ɪz, -ɪŋ, -t

revcounter
BR ˈrevˌkaʊntə(r), -z
AM ˈrevˌkaʊn(t)ər, -z

reveal
BR rɪˈviːl, -z, -ɪŋ, -d
AM riˈvil, -z, -ɪŋ, -d

revealable
BR rɪˈviːləbl
AM riˈviləb(ə)l

revealer
BR rɪˈviːlə(r), -z
AM riˈvilər, -z

revealing
BR rɪˈviːlɪŋ
AM riˈvilɪŋ

revealingly
BR rɪˈviːlɪŋli
AM riˈvilɪŋli

reveille
BR rɪˈvali, -ɪz
AM ˈrevəli, -z

revel
BR ˈrevǀl, -lz, -ǀɪŋ\-lɪŋ, -ld
AM ˈrevǀəl, -əlz, -(ə)lɪŋ, -əld

revelation
BR ˌrevəˈleɪʃn, -z
AM ˌrevəˈleɪʃ(ə)n, -z

revelational
BR ˌrevəˈleɪʃn̩l
AM ˌrevəˈleɪʃ(ə)n(ə)l

revelationist
BR ˌrevəˈleɪʃn̩ɪst, -s
AM ˌrevəˈleɪʃənəst, -z

revelatory
BR ˌrevəˈleɪt(ə)ri, ˈrevl̩ət(ə)ri
AM rəˈvelətˌɔri

reveler
BR ˈrevlə(r), -z
AM ˈrev(ə)lər, -z

reveller
BR ˈrevlə(r), -z
AM ˈrev(ə)lər, -z

revelry
BR ˈrevlrǀi, -ɪz
AM ˈrevəlri, -z

revenant
BR ˈrevɪnənt, -s
AM ˈˌrevəˌnant, ˈrevənənt, -z

revendication
BR rɪˌvendɪˈkeɪʃn, -z
AM rəˌvendəˈkeɪʃ(ə)n, -z

revenge
BR rɪˈven(d)ʒ, -ɪz, -ɪŋ, -d
AM riˈvendʒ, -əz, -ɪŋ, -d

revengeful
BR rɪˈven(d)ʒf(ʊ)l
AM riˈvendʒfəl

revengefully
BR rɪˈven(d)ʒfʊli, rɪˈven(d)ʒfl̩i
AM riˈvendʒfəli

revengefulness
BR rɪˈven(d)ʒf(ʊ)lnəs
AM riˈvendʒfəlnəs

revenger
BR rɪˈven(d)ʒə(r), -z
AM riˈvendʒər, -z

revenue
BR ˈrevɪnjuː, -z
AM ˈrevəˌn(j)u, -z

reverb *reverberation*
BR rɪˈvɜːb, -z
AM rəˈvɜrb, -z

reverberant
BR rɪˈvɜːb(ə)r̩nt
AM riˈvɜrb(ə)rənt

reverberantly
BR rɪˈvɜːb(ə)r̩ntli
AM riˈvɜrb(ə)rən(t)li

reverberate
BR rɪˈvɜːbəreɪt, -s, -ɪŋ, -ɪd
AM riˈvɜrbəˌreɪǀt, -ts, -dɪŋ, -dɪd

reverberation
BR rɪˌvɜːbəˈreɪʃn, -z
AM riˌvɜrbəˈreɪʃ(ə)n, -z

reverberative
BR rɪˈvɜːb(ə)rətɪv
AM riˈvɜrbərədɪv, riˈvɜrbəˌreɪdɪv

reverberator
BR rɪˈvɜːbəreɪtə(r), -z
AM riˈvɜrbəˌreɪdər, -z

reverberatory
BR rɪˈvɜːb(ə)rət(ə)ri, rɪˈvɜːbəreɪt(ə)ri
AM riˈvɜrb(ə)rəˌtɔri

revere
BR rɪˈvɪə(r), -z, -ɪŋ, -d
AM riˈvɪ(ə)r, -z, -ɪŋ, -d

reverence
BR ˈrev(ə)rn̩s, -ɪz, -ɪŋ, -t
AM ˈrev(ə)rəns, ˈrevərns, -əz, -ɪŋ, -t

reverend
BR ˈrev(ə)rn̩d, -z
AM ˈrev(ə)rənd, ˈrevərnd, -z

reverent
BR ˈrev(ə)rn̩t
AM ˈrev(ə)rənt

reverential
BR ˌrevəˈrenʃl
AM ˌrevəˈren(t)ʃ(ə)l

reverentially
BR ˌrevəˈrenʃli
AM ˌrevəˈren(t)ʃəli

reverently
BR ˈrevər̩ntli
AM ˈrev(ə)rən(t)li, ˈrevərn(t)li

reverie
BR ˈrev(ə)rǀi, -ɪz
AM ˈrev(ə)ri, -z

revers[1] *singular*
BR rɪˈvɪə(r)
AM riˈvɪ(ə)r, riˈvɛ(ə)r

revers[2] *plural*
BR rɪˈvɪəz
AM riˈvɪ(ə)rz, riˈvɛ(ə)rz

reversal
BR rɪˈvɜːsl, -z
AM riˈvɜrs(ə)l, -z

reverse[1] *noun*
BR rɪˈvɜːs
AM ˈrivərs, rəˈvərs

reverse[2] *noun, contrasted with obverse*
BR ˈriːvɜːs
AM riˈvɜrs

reverse[3] *verb, adjective*
BR rɪˈvɜːs, -ɪz, -ɪŋ, -t
AM riˈvɜrs, -əz, -ɪŋ, -t

reversely
BR rɪˈvɜːsli
AM riˈvɜrsli

reverser
BR rɪˈvɜːsə(r), -z
AM riˈvɝsər, -z
reversibility
BR rɪˌvɜːsəˈbɪlɪti
AM riˌvɝsəˈbɪlɪdi
reversible
BR rɪˈvɜːsɪbl
AM riˈvɝsəb(ə)l
reversibleness
BR rɪˈvɜːsɪblnəs
AM riˈvɝsəbəlnəs
reversibly
BR rɪˈvɜːsɪbli
AM riˈvɝsəbli
reversion
BR rɪˈvɜːʃn, -z
AM riˈvɝʒ(ə)n,
riˈvɝʃ(ə)n, -z
reversional
BR rɪˈvɜːʃn̩
AM riˈvɝʒ(ə)n(ə)l,
riˈvɝʃ(ə)n(ə)l
reversionary
BR rɪˈvɜːʃn(ə)ri
AM riˈvɝʒəˌneri,
riˈvɝʃəˌneri
reversioner
BR rɪˈvɜːʃn̩ə(r), -z
AM riˈvɝʒənər,
riˈvɝʃənər, -z
revert
BR rɪˈvɜːt, -s, -ɪŋ, -ɪd
AM riˈvɝt, -ts, -dɪŋ,
-dəd
reverter
BR rɪˈvɜːtə(r), -z
AM riˈvɝdər, -z
revertible
BR rɪˈvɜːtɪbl
AM riˈvɝdəb(ə)l
revet
BR rɪˈvɛt, -s, -ɪŋ, -ɪd
AM riˈvɛt, -ts, -dɪŋ,
-dəd
revetment
BR rɪˈvɛtm(ə)nt, -s
AM riˈvɛtm(ə)nt, -s
revictual
BR ˌriːˈvɪt|l, -lz, -l̩ɪŋ
\-lɪŋ, -ld
AM riˈvɪdl, -z, -ɪŋ, -d
Revie
BR ˈriːvi
AM ˈrivi
review
BR rɪˈvjuː, -z, -ɪŋ, -d
AM riˈvju, -z, -ɪŋ, -d
reviewable
BR rɪˈvjuːəbl
AM riˈvjuəb(ə)l
reviewal
BR rɪˈvjuːəl, -z
AM riˈvjuəl, -z
reviewer
BR rɪˈvjuːə(r), -z
AM riˈvjuər, -z
revile
BR rɪˈvaɪl, -z, -ɪŋ, -d
AM riˈvaɪl, -z, -ɪŋ, -d
revilement
BR rɪˈvaɪlm(ə)nt, -s
AM riˈvaɪlm(ə)nt, -z
reviler
BR rɪˈvaɪlə(r), -z
AM riˈvaɪlər, -z
reviling
BR rɪˈvaɪlɪŋ, -z
AM riˈvaɪlɪŋ, -z
revisable
BR rɪˈvaɪzəbl
AM riˈvaɪzəb(ə)l
revisal
BR rɪˈvaɪzl, -z
AM riˈvaɪz(ə)l, -z
revise
BR rɪˈvaɪz, -ɪz,
-ɪŋ, -d
AM riˈvaɪz, -ɪz, -ɪŋ, -d
Revised Standard Version
BR rɪˌvaɪzd ˈstændəd
ˌvɜːʃn, + ˌvɜːʒn
AM riˌvaɪzd ˈstændərd
ˌvɝʒ(ə)n
reviser
BR rɪˈvaɪzə(r), -z
AM riˈvaɪzər, -z
revision
BR rɪˈvɪʒn, -z
AM riˈvɪʒ(ə)n, -z
revisionary
BR rɪˈvɪʒn̩(ə)ri
AM riˈvɪʒəˌneri
revisionism
BR rɪˈvɪʒn̩ɪzm
AM riˈvɪʒəˌnɪz(ə)m
revisionist
BR rɪˈvɪʒn̩ɪst, -s
AM riˈvɪʒ(ə)nəst, -s
revisit
BR ˌriːˈvɪz|ɪt, -ɪts,
-ɪtɪŋ, -ɪtɪd
AM riˈvɪsɪ|t, -s, -ɪŋ,
-ɪd
revisory
BR rɪˈvaɪz(ə)ri
AM riˈvaɪzəri
revitalisation
BR ˌriːvaɪtl̩aɪˈzeɪʃn,
riːˌvaɪtl̩aɪˈzeɪʃn
AM riˌvaɪdl̩ˌaɪˈzeɪʃ(ə)n,
riˌvaɪdləˈzeɪʃ(ə)n
revitalise
BR (ˌ)riːˈvaɪtl̩aɪz, -ɪz,
-ɪŋ, -d
AM riˈvaɪdəˌlaɪz, -ɪz,
-ɪŋ, -d
revitalization
BR ˌriːvaɪtl̩aɪˈzeɪʃn,
riːˌvaɪtl̩aɪˈzeɪʃn
AM riˌvaɪdl̩ˌaɪˈzeɪʃ(ə)n,
riˌvaɪdləˈzeɪʃ(ə)n
revitalize
BR (ˌ)riːˈvaɪtl̩aɪz, -ɪz,
-ɪŋ, -d
AM riˈvaɪdəˌlaɪz, -ɪz,
-ɪŋ, -d
revivable
BR rɪˈvaɪvəbl
AM riˈvaɪvəb(ə)l
revival
BR rɪˈvaɪvl, -z
AM riˈvaɪvəl, -z
revivalism
BR rɪˈvaɪvl̩ɪzm
AM riˈvaɪvəˌlɪz(ə)m
revivalist
BR rɪˈvaɪvl̩ɪst, -s
AM riˈvaɪv(ə)ləst,
-s
revivalistic
BR rɪˌvaɪvl̩ˈɪstɪk,
rɪˌvaɪvəˈlɪstɪk
AM ˌriˌvaɪvəˈlɪstɪk,
ˌrəˌvaɪvəˈlɪstɪk
revive
BR rɪˈvaɪv, -z, -ɪŋ, -d
AM riˈvaɪv, -z, -ɪŋ, -d
reviver
BR rɪˈvaɪvə(r), -z
AM riˈvaɪvər, -z
revivification
BR ˌriːvɪvɪfɪˈkeɪʃn,
riːˌvɪvɪfɪˈkeɪʃn
AM ˌriˌvɪvəfəˈkeɪʃ(ə)n
revivify
BR (ˌ)riːˈvɪvɪfʌɪ, -z,
-ɪŋ, -d
AM riˈvɪvəˌfaɪ, -z, -ɪŋ,
-d
reviviscence
BR ˌrɛvɪˈvɪsns
AM ˌrɛvəˈvɪs(ə)ns
reviviscent
BR ˌrɛvɪˈvɪsnt
AM ˌrɛvəˈvɪs(ə)nt
Revlon
BR ˈrɛvlɒn
AM ˈrɛvˌlɑn
revocability
BR ˌrɛvəkəˈbɪlɪti
AM riˌvoʊkəˈbɪlɪdi,
ˌrɛvəkəˈbɪlɪdi
revocable
BR ˈrɛvəkəbl
AM riˈvoʊkəb(ə)l,
ˈrɛvəkəb(ə)l
revocation
BR ˌrɛvəˈkeɪʃn, -z
AM riˌvoʊˈkeɪʃ(ə)n,
ˌrɛvəˈkeɪʃ(ə)n, -z
revocatory
BR ˈrɛvəkət(ə)ri
AM riˈvoʊkəˌtɔri,
ˈrɛvəkəˌtɔri
revoke
BR rɪˈvoʊk, -s, -ɪŋ, -t
AM riˈvoʊk, -s, -ɪŋ, -t
revoker
BR rɪˈvoʊkə(r), -z
AM riˈvoʊkər, -z
revolt
BR rɪˈvoʊlt, -s, -ɪŋ, -ɪd
AM riˈvoʊlt, -s, -ɪŋ, -əd
revolting
BR rɪˈvoʊltɪŋ
AM riˈvoʊltɪŋ

revoltingly
BR rɪˈvəʊltɪŋli
AM riˈvoʊltɪŋli
revolute *adjective*
BR ˈrevəl(j)uːt
AM ˈrevəˌl(j)ut
revolution
BR ˌrevəˈl(j)uːʃn, -z
AM ˌrevəˈluʃ(ə)n, -z
revolutionary
BR ˌrevəˈl(j)uːʃn(ə)r|i,
-iz
AM ˌrevəˈluʃəˌneri,
-z
revolutionise
BR ˌrevəˈl(j)uːʃn̩aɪz,
-ɪz, -ɪŋ, -d
AM ˌrevəˈluʃəˌnaɪz,
-ɪz, -ɪŋ, -d
revolutionism
BR ˌrevəˈl(j)uːʃn̩ɪzm
AM ˌrevəˈluʃəˌnɪz(ə)m
revolutionist
BR ˌrevəˈl(j)uːʃn̩ɪst, -s
AM ˌrevəˈluʃənəst, -s
revolutionize
BR ˌrevəˈl(j)uːʃn̩aɪz,
-ɪz, -ɪŋ, -d
AM ˌrevəˈluʃəˌnaɪz,
-ɪz, -ɪŋ, -d
revolvable
BR rɪˈvɒlvəbl
AM rɪˈvɒlvəb(ə)l,
rɪˈvɑlvəb(ə)l
revolve
BR rɪˈvɒlv, -z,
-ɪŋ, -d
AM rɪˈvɒlv, rɪˈvɑlv, -z,
-ɪŋ, -d
revolver
BR rɪˈvɒlvə(r), -z
AM rɪˈvɒlvər,
rɪˈvɑlvər, -z
revue
BR rɪˈvjuː, -z
AM rɪˈvju, -z
revulsion
BR rɪˈvʌlʃn
AM rɪˈvəlʃ(ə)n
revulsive
BR rɪˈvʌlsɪv
AM rɪˈvəlsɪv

reward
BR rɪˈwɔːd, -z, -ɪŋ, -ɪd
AM rɪˈwɔ(ə)rd, -z, -ɪŋ,
-əd
rewardingly
BR rɪˈwɔːdɪŋli
AM rɪˈwɔrdɪŋli
rewardless
BR rɪˈwɔːdləs
AM rɪˈwɔrdləs
rewarewa
BR ˌreɪwəˈreɪwə(r), -z
AM ˈreɪwəˈreɪwə, -z
rewash
BR ˌriːˈwɒʃ, -ɪz, -ɪŋ, -t
AM rɪˈwɑʃ, rɪˈwɔʃ, -əz,
-ɪŋ, -t
reweigh
BR ˌriːˈweɪ, -z, -ɪŋ, -d
AM rɪˈweɪ, -z, -ɪŋ, -d
rewind[1] *noun*
BR ˈriːwaɪnd, -z
AM ˈriˌwaɪnd, -z
rewind[2] *verb*
BR (ˌ)riːˈwaɪnd, -z, -ɪŋ
AM rɪˈwaɪnd, -z, -ɪŋ
rewinder
BR (ˌ)riːˈwaɪndə(r), -z
AM rɪˈwaɪndər, -z
rewirable
BR ˌriːˈwaɪərəbl
AM rɪˈwaɪrəb(ə)l
rewire
BR ˌriːˈwaɪə(r), -z,
-ɪŋ, -d
AM rɪˈwaɪ(ə)r, -z, -ɪŋ,
-d
reword
BR ˌriːˈwɜːd, -z, -ɪŋ,
-ɪd
AM rɪˈwɔ(ə)rd, -z, -ɪŋ,
-əd
rework
BR ˌriːˈwɜːk, -s,
-ɪŋ, -t
AM rɪˈwɜrk, -s, -ɪŋ, -t
reworking
BR ˌriːˈwɜːkɪŋ, -z
AM rɪˈwɜrkɪŋ, -z
rewound
BR (ˌ)riːˈwaʊnd
AM rɪˈwaʊnd

rewrap
BR ˌriːˈræp, -s, -ɪŋ, -t
AM rɪˈræp, -s, -ɪŋ, -t
rewrite
BR ˌriːˈrʌɪt, -s, -ɪŋ
AM rɪˈraɪ|t, -ts, -dɪŋ
rewritten
BR ˌriːˈrɪtn
AM rɪˈrɪtn
rewrote
BR ˌriːˈrəʊt
AM rɪˈroʊt
Rex
BR reks
AM reks
Rexine
BR ˈreksiːn
AM ˈreks(ə)n, ˈrekˌsin
Rey
BR reɪ
AM reɪ
Reyes
BR rʌɪz, reɪz
AM ˈreɪəs
SP ˈrrejes
Reykjavik
BR ˈrekjəvɪk,
ˈreɪkjəvɪk
AM ˈreɪkjəˌvɪk
Reynard
BR ˈreɪnɑːd, ˈrenəd, -z
AM ˈreˌnɑrd, ˈreɪnərd,
ˈrenərd, reɪˈnɑrd, -z
Reynolds
BR ˈrenldz
AM ˈrenəl(d)z
Rh
BR ˌɑːrˈeɪtʃ
AM ˌɑrˈeɪtʃ
rhabdomancy
BR ˈræbdəˌmansi
AM ˈræbdəˌmænsi
Rhadamanthine
BR ˌradəˈmanθʌɪn
AM ˌrædəˈmænˌθaɪn,
ˌrædəˌmænˌθin
Rhadamanthus
BR ˌradəˈmanθəs
AM ˌrædəˈmænθəs
Rhaetian
BR ˈriːʃn, ˈriːʃiən, -z
AM ˈreɪʃ(i)ən, -z

Rhaetic
BR ˈriːtɪk, -s
AM ˈreɪdɪk, -z
Rhaeto-Romance
BR ˌriːtəʊrə(ʊ)ˈmans,
-ɪz
AM ˈˌridoʊˌroʊˈmæns,
-əz
Rhaeto-Romanic
BR ˌriːtəʊrə(ʊ)ˈmanɪk,
-s
AM ˈˌridoʊˌroʊˈmænɪk,
-z
rhapsode
BR ˈrapsəʊd, -z
AM ˈræpˌsoʊd, -z
rhapsodic
BR rapˈsɒdɪk
AM (h)ræpˈsɑdɪk
rhapsodical
BR rapˈsɒdɪkl
AM (h)ræpˈsɑdək(ə)l
rhapsodically
BR rapˈsɒdɪkli
AM (h)ræpˈsɑdək(ə)li
rhapsodise
BR ˈrapsədʌɪz, -ɪz,
-ɪŋ, -d
AM ˈ(h)ræpsəˌdaɪz,
-ɪz, -ɪŋ, -d
rhapsodist
BR ˈrapsədɪst, -s
AM ˈ(h)ræpsədəst,
-z
rhapsodize
BR ˈrapsədʌɪz, -ɪz,
-ɪŋ, -d
AM ˈ(h)ræpsəˌdaɪz,
-ɪz, -ɪŋ, -d
rhapsody
BR ˈrapsəd|i, -ɪz
AM ˈ(h)ræpsədi,
-z
rhatany
BR ˈratən|i, -ɪz
AM ˈrætni
Rhayader
BR ˈrʌɪədə(r)
AM ˈraɪədər
rhea
BR rɪə(r), ˈriːə(r), -z
AM ˈriə, -z

rhebok
BR ˈriːbɒk, -s
AM ˈriˌbɑk, -s

Rheims
BR riːmz
AM rimz
FR r̃ɛs

Rhein
BR rʌɪn
AM rain

rheme
BR riːm, -z
AM rim, -z

Rhemish
BR ˈriːmɪʃ
AM ˈrimɪʃ

Rhenish
BR ˈrɛnɪʃ
AM ˈrɛnɪʃ

rhenium
BR ˈriːnɪəm
AM ˈriniəm

rheological
BR ˌriəˈlɒdʒɪkl
AM ˌriəˈlɑdʒək(ə)l

rheologist
BR riːˈɒlədʒɪst, -s
AM riˈɑlədʒəst, -z

rheology
BR riːˈɒlədʒi
AM riˈɑlədʒi

rheostat
BR ˈriːəstat, -s
AM ˈriəˌstæt, -s

rheostatic
BR ˌriːə(ʊ)ˈstatɪk
AM ˌriəˈstædɪk

rheotropic
BR ˌriːə(ʊ)ˈtrɒpɪk, ˌriːə(ʊ)ˈtrəʊpɪk
AM ˌriəˈtrɑpɪk

rheotropism
BR ˌriːə(ʊ)ˈtrəʊpɪzm
AM ˌriəˈtrɑˌpɪz(ə)m

rhesus
BR ˈriːsəs, -ɪz
AM ˈrisəs, -əz

rhesus-negative
BR ˌriːsəsˈnɛɡətɪv
AM ˌrisəsˈnɛɡədɪv

rhesus-positive
BR ˌriːsəsˈpɒzɪtɪv
AM ˌrisəsˈpɑzədɪv

rhetor
BR ˈriːtə(r)
AM ˈrɛdər

rhetoric
BR ˈrɛtərɪk
AM ˈrɛdərɪk

rhetorical
BR rɪˈtɒrɪkl
AM rəˈtɔrək(ə)l

rhetorically
BR rɪˈtɒrɪkli
AM rəˈtɔrək(ə)li

rhetorician
BR ˌrɛtəˈrɪʃn, -z
AM ˌrɛdəˈrɪʃ(ə)n, -z

Rhett
BR rɛt
AM rɛt

rheum
BR ruːm
AM (h)rum

rheumatic
BR ruːˈmatɪk, -s
AM ruˈmædɪk, -s

rheumatically
BR ruːˈmatɪkli
AM ruˈmædək(ə)li

rheumatic fever
BR ruːˌmatɪk ˈfiːvə(r)
AM ruˌmædɪk ˈfivər

rheumaticky
BR ruːˈmatɪki
AM rəˈmædəki, ruˈmædəki

rheumatism
BR ˈruːmətɪzm
AM ˈruməˌtɪz(ə)m

rheumatoid
BR ˈruːmətɔɪd
AM ˈruməˌtɔɪd

rheumatological
BR ˌruːmətəˈlɒdʒɪkl
AM ˌruːmədəˈlɑdʒək(ə)l

rheumatologist
BR ˌruːməˈtɒlədʒɪst, -s
AM ˌruməˈtɑlədʒəst, -s

rheumatology
BR ˌruːməˈtɒlədʒi
AM ˌruməˈtɑlədʒi

rheumy
BR ˈruːmi
AM ˈrumi

Rhiannon
BR rɪˈanɒn
AM riˈænən
WE riˈanɒn

rhinal
BR ˈrʌɪnl
AM ˈraɪn(ə)l

Rhine
BR rʌɪn
AM rain

Rhineland
BR ˈrʌɪnland
AM ˈraɪnˌlænd

Rhineland-Palatinate
BR ˌrʌɪnlandpəˈlatɪnət
AM ˌraɪnˌlændpəˈlætn̩eɪt, ˌraɪnˌlændpəˈlætn̩ət

rhinestone
BR ˈrʌɪnstəʊn, -z
AM ˈraɪnˌstoʊn, -z

rhinitis
BR rʌɪˈnʌɪtɪs
AM raɪˈnaɪdɪs

rhino
BR ˈrʌɪnəʊ, -z
AM ˈraɪnoʊ, -z

rhinoceros
BR rʌɪˈnɒs(ə)rəs, -ɪz
AM raɪˈnɑs(ə)rəs, -ɪz

rhinocerotic
BR ˌrʌɪˌnɒsəˈrɒtɪk
AM ˌraɪnəsəˈrɑdɪk, raɪˌnɑsəˈrɑdɪk

rhinopharyngeal
BR ˌrʌɪnəʊfəˈrɪn(d)ʒ(ɪə)l
AM ˌraɪnoʊfəˈrɪn(d)ʒ(i)əl

rhinoplastic
BR ˌrʌɪnə(ʊ)ˈplastɪk
AM ˌraɪnoʊˈplæstɪk

rhinoplasty
BR ˈrʌɪnə(ʊ)ˌplasti
AM ˈraɪnoʊˌplæsti

rhinoscope
BR ˈrʌɪnəskəʊp, -s
AM ˈraɪnəˌskoʊp, -z

rhizocarp
BR ˈrʌɪzəʊkɑːp, -s
AM ˈraɪzoʊˌkɑrp, -z

rhizoid
BR ˈrʌɪzɔɪd
AM ˈraɪˌzɔɪd

rhizome
BR ˈrʌɪzəʊm, -z
AM ˈraɪˌzoʊm, -z

rhizopod
BR ˈrʌɪzə(ʊ)pɒd, -z
AM ˈraɪzəˌpɑd, -z

rho
BR rəʊ
AM roʊ

Rhoda
BR ˈrəʊdə(r)
AM ˈroʊdə

rhodamine
BR ˈrəʊdəmiːn, -z
AM ˈroʊdəm(ə)n, ˈroʊdəˌmin, -z

Rhode Island
BR ˌrəʊd ˈʌɪlənd
AM ˌroʊˈdaɪlənd

Rhodes
BR rəʊdz
AM roʊdz

Rhodesia
BR rə(ʊ)ˈdiːʃə(r), rə(ʊ)ˈdiːʒə(r)
AM roʊˈdiʒə

Rhodesian
BR rə(ʊ)ˈdiːʃn, rə(ʊ)ˈdiːʒn, -z
AM roʊˈdiʒ(ə)n, -z

Rhodian
BR ˈrəʊdɪən, -z
AM ˈroʊdiən, -z

rhodium
BR ˈrəʊdɪəm
AM ˈroʊdiəm

rhodochrosite
BR ˌrəʊdəˈkrəʊsʌɪt
AM roʊˈdɑkrəˌsaɪt, ˌroʊdəˈkroʊˌsaɪt

rhododendron
BR ˌrəʊdəˈdɛndr(ə)n, -z
AM ˌroʊdəˈdɛndrən, -z

Rhodope
BR ˈrɒdəpi, rɒˈdəʊpi
AM ˈrɑdəpi
Rhodophyta
BR ˌrəʊdə(ʊ)ˈfʌɪtə(r)
AM ˌroʊdoʊˈfaɪdə
rhodopsin
BR rə(ʊ)ˈdɒpsɪn
AM roʊˈdɑps(ə)n
rhodora
BR rə(ʊ)ˈdɔːrə(r), -z
AM rəˈdɔrə, -z
Rhodri
BR ˈrɒdri
AM ˈrɑdri
WE ˈrɒdri
rhomb
BR rɒm(b), -z
AM rɑm(b), -z
rhombi
BR ˈrɒmbʌɪ
AM ˈrɑmˌbaɪ
rhombic
BR ˈrɒmbɪk
AM ˈrɑmbɪk
rhombohedra
BR ˌrɒmbəˈhiːdrə(r)
AM ˌrɑmboʊˈhidrə
rhombohedral
BR ˌrɒmbəˈhiːdr(ə)l
AM ˌrɑmboʊˈhidrəl
rhombohedron
BR ˌrɒmbəˈhiːdrən, -z
AM ˌrɑmboʊˈhiˌdrɑn, ˌrɑmboʊˈhidrən, -z
rhomboid
BR ˈrɒmbɔɪd, -z
AM ˈrɑmˌbɔɪd, -z
rhomboidal
BR rɒmˈbɔɪdl
AM rɑmˈbɔɪd(ə)l
rhomboidally
BR rɒmˈbɔɪd‿li
AM rɑmˈbɔɪd(ə)li
rhomboidei
BR rɒmˈbɔɪdɪʌɪ
AM rɑmˈbɔɪdɪˌi
rhomboideus
BR rɒmˈbɔɪdɪəs
AM rɑmˈbɔɪdɪəs

rhombus
BR ˈrɒmbəs, -ɪz
AM ˈrɑmbəs, -əz
rhona
BR ˈrəʊnə(r)
AM ˈroʊnə
Rhondda
BR ˈrɒnðə(r), ˈrɒndə(r)
AM ˈrɑndə
WE ˈrɒnða
Rhône
BR rəʊn
AM roʊn
FR ʀon
Rhoose
BR ruːs
AM rus
Rhos
BR rəʊs
AM roʊs
WE rɒs
Rhossili
BR rɒˈsɪli
AM rəˈsɪli
WE rɒˈsɪli
rhotic
BR ˈrəʊtɪk, -s
AM ˈroʊdɪk, -s
rhoticity
BR rə(ʊ)ˈtɪsɪti
AM roʊˈtɪsɨdi
rhubarb
BR ˈruːbɑːb
AM ˈruˌbɑrb
Rhuddlan
BR ˈrɪðlən, ˈrʌðlən
AM ˈrɪðl(ə)n
WE ˈrɪðlan
Rhum
BR rʌm
AM rʌm
rhumb
BR rʌm, -z
AM rəm, -z
rhumba
BR ˈrʌmbə(r), -z, -ɪŋ, -d
AM ˈrəmbə, -z, -ɪŋ, -d
rhumb-line
BR ˈrʌmlʌɪn, -z
AM ˈrəmˌlaɪn, -z

Rhydderch
BR ˈrʌðəx, ˈrʌðək
AM ˈrəðək
WE ˈrʌðerx
Rhydding
BR ˈrɪdɪŋ
AM ˈrɪdɪŋ
Rhyl
BR rɪl
AM rɪl
WE rɪl
rhyme
BR rʌɪm, -z, -ɪŋ, -d
AM raɪm, -z, -ɪŋ, -d
rhymeless
BR ˈrʌɪmlɪs
AM ˈraɪmlɪs
rhymer
BR ˈrʌɪmə(r), -z
AM ˈraɪmər, -z
rhymester
BR ˈrʌɪmstə(r), -z
AM ˈraɪmstər, -z
rhymist
BR ˈrʌɪmɪst, -s
AM ˈraɪmɪst, -z
Rhymney
BR ˈrʌmni
AM ˈrəmni
WE ˈrʌmni
rhyolite
BR ˈrʌɪəlʌɪt, -s
AM ˈraɪəˌlaɪt, -s
Rhys
BR riːs
AM rɪs
WE rɪs
rhythm
BR ˈrɪð(ə)m, -z
AM ˈrɪðəm, -z
rhythm-and-blues
BR ˌrɪðm̩(ə)n(d)ˈbluːz
AM ˌrɪðəmənˈbluz
rhythmic
BR ˈrɪðmɪk
AM ˈrɪðmɪk
rhythmical
BR ˈrɪðmɪkl
AM ˈrɪðmɪk(ə)l
rhythmically
BR ˈrɪðmɪkli
AM ˈrɪðmɪk(ə)li

rhythmicity
BR ˌrɪðˈmɪsɪti
AM ˌrɪðˈmɪsɨdi
rhythmist
BR ˈrɪðmɪst, -s
AM ˈrɪðmɪst, -z
rhythmless
BR ˈrɪð(ə)mləs
AM ˈrɪðəmləs
ria
BR ˈriːə(r), -z
AM ˈriə, -z
riad
BR riːˈad, -z
AM riˈɑd, -z
rial
BR riˈɑːl, ˈriːɑːl, -z
AM riˈ(j)al, -z
rialto
BR rɪˈaltəʊ, -z
AM riˈælˌtoʊ, -z
rib
BR rɪb, -z, -ɪŋ, -d
AM rɪb, -z, -ɪŋ, -d
ribald
BR ˈrɪb(ɔː)ld
AM ˈrɪˌbɔld, ˈraɪˌbɔld, ˈrɪˌbald, ˈraɪˌbald, ˈrɪbəld
ribaldry
BR ˈrɪbldri
AM ˈrɪˌbɔldri, ˈraɪˌbɔldri, ˈrɪˌbaldri, ˈraɪˌbaldri, ˈrɪbəldri
riband
BR ˈrɪb(ə)nd, -z
AM ˈrɪbən(d), -z
Ribbentrop
BR ˈrɪbntrɒp
AM ˈrɪb(ə)nˌtrɑp
ribber
BR ˈrɪbə(r), -z
AM ˈrɪbər, -z
ribbie
BR ˈrɪb|i, -ɪz
AM ˈrɪbi, -z
ribbing
BR ˈrɪbɪŋ, -z
AM ˈrɪbɪŋ, -z
Ribble
BR ˈrɪbl
AM ˈrɪb(ə)l

ribbon
BR ˈrɪb(ə)n, -z, -d
AM ˈrɪbən, -z, -d

ribbonfish
BR ˈrɪb(ə)nfɪʃ
AM ˈrɪbənˌfɪʃ

ribcage
BR ˈrɪbkeɪdʒ, -ɪz
AM ˈrɪbˌkeɪdʒ, -ɪz

Ribena
BR rʌɪˈbiːnə(r)
AM raɪˈbinə

ribless
BR ˈrɪblɪs
AM ˈrɪblɪs

riboflavin
BR ˌrʌɪbə(ʊ)ˈfleɪvɪn
AM ˈraɪbəˌfleɪvɪn

riboflavine
BR ˌrʌɪbə(ʊ)ˈfleɪviːn
AM ˈraɪbəˌfleɪvin

ribollita
BR ˌriːbə(ʊ)ˈliːtə(r)
AM ˌriboʊˈlidə

ribonucleic
BR ˌrʌɪbə(ʊ)njuːˈkleɪɪk
AM ˌraɪboʊn(j)uˈkliːk

ribose
BR ˈrʌɪbəʊz, ˈrʌɪbəʊs, -ɪz
AM ˈraɪˌboʊs, ˈraɪˌboʊz, -əz

ribosomal
BR ˌrʌɪbə(ʊ)ˈsəʊml
AM raɪˈbəsəm(ə)l

ribosome
BR ˈrʌɪbəsəʊm, -z
AM ˈraɪbəˌsoʊm, -z

ribwort
BR ˈrɪbwəːt, -s
AM ˈrɪbˌwɔ(ə)rt, ˈrɪbwərt, -z

Ricardo
BR rɪˈkɑːdəʊ
AM rəˈkɑrdoʊ

rice
BR rʌɪs
AM raɪs

ricer
BR ˈrʌɪsə(r), -z
AM ˈraɪsər, -z

ricercar
BR ˌriːtʃəˈkɑː(r), ˈriːtʃəkɑː(r), -z
AM ˌritʃərˈkɑr, -z

ricercare
BR ˌriːtʃəˈkɑːr|eɪ, ˌriːtʃəˈkɑːr|i, ˈriːtʃəkɑːr|eɪ, ˈriːtʃəkɑːr|i, -eɪz\-ɪz
AM ˌritʃərˈkɑˌreɪ, -z

rich
BR rɪtʃ, -ɪz, -ə(r), -ɪst
AM rɪtʃ, -ɪz, -ə(r), -ɪst

Richard
BR ˈrɪtʃəd
AM ˈrɪtʃərd

Richards
BR ˈrɪtʃədz
AM ˈrɪtʃərdz

Richardson
BR ˈrɪtʃəds(ə)n
AM ˈrɪtʃərds(ə)n

Richelieu
BR ˈriːʃ(ə)ljəː(r), ˈrɪʃ(ə)ljəː(r)
AM rɪʃəlˈju, ˈrɪʃəl(j)u
FR Riʃəljø

richen
BR ˈrɪtʃ(ə)n, -(ə)nz, -(ə)nɪŋ\-nɪŋ, -(ə)nd
AM ˈrɪtʃ(ə)n, -z, -ɪŋ, -d

Richie
BR ˈrɪtʃi
AM ˈrɪtʃi

richly
BR ˈrɪtʃli
AM ˈrɪtʃli

Richmal
BR ˈrɪtʃml
AM ˈrɪtʃm(ə)l

Richmond
BR ˈrɪtʃm(ə)nd
AM ˈrɪtʃmən(d)

richness
BR ˈrɪtʃnɪs
AM ˈrɪtʃnɪs

Richter
BR ˈrɪktə(r)
AM ˈrɪktər

ricin
BR ˈrʌɪsɪn, ˈrɪsɪn
AM ˈrɪs(ə)n, ˈraɪs(ə)n

rick
BR rɪk, -s
AM rɪk, -s

Rickard
BR ˈrɪkɑːd
AM ˈrɪkərd

Rickards
BR ˈrɪkɑːdz
AM ˈrɪkərdz

Rickenbacker
BR ˈrɪk(ə)nbakə(r)
AM ˈrɪkənˌbækər

ricketily
BR ˈrɪkɪtɪli
AM ˈrɪkɪdɪli

ricketiness
BR ˈrɪkɪtɪnɪs
AM ˈrɪkɪdɪnɪs

rickets
BR ˈrɪkɪts
AM ˈrɪkɪts

Rickett
BR ˈrɪkɪt
AM ˈrɪkɪt

Ricketts
BR ˈrɪkɪts
AM ˈrɪkɪts

rickettsia
BR rɪˈkɛtsɪə(r), -z
AM rəˈkɛtsɪə, -z

rickettsiae
BR rɪˈkɛtsiː
AM rəˈkɛtsiˌaɪ, rəˈkɛtsiˌi

rickettsial
BR rɪˈkɛtsɪəl
AM rəˈkɛtsɪəl

rickety
BR ˈrɪkɪt|i, -ɪə(r), -ɪɪst
AM ˈrɪkɪdi, -ər, -ɪst

rickey
BR ˈrɪk|i, -ɪz
AM ˈrɪki, -z

Rickmansworth
BR ˈrɪkmənzwəːθ
AM ˈrɪkmənzˌwərθ

Rickover
BR ˈrɪkəʊvə(r)
AM ˈrɪkˌoʊvər

rickrack
BR ˈrɪkrak
AM ˈrɪkˌræk

Ricks
BR rɪks
AM ˈrɪks

ricksha
BR ˈrɪkʃɔː(r), -z
AM ˈrɪkˌʃɑ, ˈrɪkˌʃɔ, -z

rickshaw
BR ˈrɪkʃɔː(r), -z
AM ˈrɪkˌʃɑ, ˈrɪkˌʃɔ, -z

Ricky
BR ˈrɪki
AM ˈrɪki

RICO
BR ˈriːkəʊ
AM ˈrikoʊ

ricochet
BR ˈrɪkəʃeɪ, ˈrɪkəʃɛt, -eɪz\-ɛts, -eɪɪŋ\-ɛtɪŋ, -eɪd\-ɛtɪd
AM ˈrɪkəˌʃeɪ, -z, -ɪŋ, -d

Ricoh
BR ˈriːkəʊ
AM ˈrikoʊ

ricotta
BR rɪˈkɒtə(r)
AM rəˈkɑdə
IT riˈkotta

ricrac
BR ˈrɪkrak, -s
AM ˈrɪkˌræk, -z

rictal
BR ˈrɪktl
AM ˈrɪktl

rictus
BR ˈrɪktəs
AM ˈrɪktəs

rid
BR rɪd, -z, -ɪŋ
AM rɪd, -z, -ɪŋ

ridable
BR ˈrʌɪdəbl
AM ˈraɪdəb(ə)l

riddance
BR ˈrɪd(ə)ns
AM ˈrɪdns

Riddell
BR rɪˈdɛl, ˈrɪdl
AM rəˈdɛl, ˈrɪd(ə)l

ridden
BR ˈrɪdn
AM ˈrɪdən

Ridding
BR ˈrɪdɪŋ
AM ˈrɪdɪŋ
riddle
BR ˈrɪd|l, -lz, -lɪŋ\-l̩ŋ, -ld
AM ˈrɪd|əl, -əlz, -(ə)lɪŋ, -əld
riddler
BR ˈrɪdlə(r), ˈrɪdl̩ə(r), -z
AM ˈrɪd(ə)lər, -z
riddlingly
BR ˈrɪdl̩ɪŋli, ˈrɪdlɪŋli
AM ˈrɪd(ə)lɪŋli
ride
BR rʌɪd, -z, -ɪŋ
AM raɪd, -z, -ɪŋ
rideable
BR ˈrʌɪdəbl
AM ˈraɪdəb(ə)l
Rideout
BR ˈrʌɪdaʊt
AM ˈraɪˌdaʊt
rider
BR ˈrʌɪdə(r), -z
AM ˈraɪdər, -z
riderless
BR ˈrʌɪdələs
AM ˈraɪdərləs
ridge
BR rɪdʒ, -ɪz, -ɪŋ, -d
AM rɪdʒ, -ɪz, -ɪŋ, -d
ridgel
BR ˈrɪdʒl, -z
AM ˈrɪdʒ(ə)l, -z
ridgepole
BR ˈrɪdʒpəʊl, -z
AM ˈrɪdʒˌpoʊl, -z
ridgeway
BR ˈrɪdʒweɪ, -z
AM ˈrɪdʒˌweɪ, -z
Ridgway
BR ˈrɪdʒweɪ
AM ˈrɪdʒˌweɪ
ridgy
BR ˈrɪdʒ|i, -ɪə(r), -ɪɪst
AM ˈrɪdʒi, -ər, -ɪst
ridicule
BR ˈrɪdɪkjuːl, -z, -ɪŋ, -d
AM ˈrɪdɪˌkjul, -z, -ɪŋ, -d

ridiculous
BR rɪˈdɪkjʉləs
AM rəˈdɪkjələs
ridiculously
BR rɪˈdɪkjʉləsli
AM rəˈdɪkjələsli
ridiculousness
BR rɪˈdɪkjʉləsnəs
AM rəˈdɪkjələsnəs
riding
BR ˈrʌɪdɪŋ, -z
AM ˈraɪdɪŋ, -z
Ridley
BR ˈrɪdli
AM ˈrɪdli
Riemann
BR ˈriːmən
AM ˈrim(ə)n
Riesling
BR ˈriːzlɪŋ, ˈriːslɪŋ
AM ˈrisˌlɪŋ, ˈrizlɪŋ
Rievaulx
BR ˈriːvəʊ, ˈrɪvəz
AM ˈrivoʊ, riˈvoʊ
Rif
BR rɪf
AM rɪf
rifampicin
BR rɪˈfampɪsɪn
AM rəˈfæmpəsɪn
rifampin
BR rɪˈfampɪn
AM rəˈfæmpɪn
rife
BR rʌɪf
AM raɪf
rifeness
BR ˈrʌɪfnɪs
AM ˈraɪfnɪs
riff
BR rɪf, -s
AM rɪf, -s
riffle
BR ˈrɪf|l, -lz, -lɪŋ\-lɪŋ, -ld
AM ˈrɪf|əl, -əlz, -(ə)lɪŋ, -əld
riffraff
BR ˈrɪfraf
AM ˈrɪˌfræf

Rifkind
BR ˈrɪfkɪnd
AM ˈrɪfkɪnd
rifle
BR ˈrʌɪf|l, -lz, -lɪŋ \-lɪŋ, -ld
AM ˈraɪf|əl, -əlz, -(ə)lɪŋ, -əld
rifleman
BR ˈrʌɪflmən
AM ˈraɪfəlm(ə)n
riflemen
BR ˈrʌɪflmən
AM ˈraɪfəlm(ə)n
riflescope
BR ˈrʌɪflskəʊp, -s
AM ˈraɪflˌskoʊp, -z
rifling
BR ˈrʌɪflɪŋ, ˈrʌɪflɪŋ, -z
AM ˈraɪf(ə)lɪŋ, -z
rift
BR rɪft, -s
AM rɪft, -s
riftless
BR ˈrɪftlɪs
AM ˈrɪf(t)lɪs
rifty
BR ˈrɪft|i, -ɪə(r), -ɪɪst
AM ˈrɪfti, -ər, -ɪst
rig
BR rɪg, -z, -ɪŋ, -d
AM rɪg, -z, -ɪŋ, -d
Riga
BR ˈriːgə(r)
AM ˈrigə
RUS ˈrʲigə
rigadoon
BR ˌrɪgəˈduːn, -z
AM ˌrɪgəˈdun, -z
rigamarole
BR ˈrɪg(ə)mərəʊl, -z
AM ˈrɪg(ə)məˌroʊl, -z
rigatoni
BR ˌrɪgəˈtəʊni
AM ˌrɪgəˈtoʊni
Rigby
BR ˈrɪgbi
AM ˈrɪgbi
Rigel
BR ˈrʌɪgl, ˈrʌɪdʒl
AM ˈraɪdʒ(ə)l

Rigg
BR rɪg
AM rɪg
rigger
BR ˈrɪgə(r), -z
AM ˈrɪgər, -z
rigging
BR ˈrɪgɪŋ, -z
AM ˈrɪgɪŋ, -z
Riggs
BR rɪgz
AM rɪgz
right
BR rʌɪt, -s, -ɪŋ, -ɪd
AM raɪ|t, -ts, -dɪŋ, -dɪd
rightable
BR ˈrʌɪtəbl
AM ˈraɪdəb(ə)l
rightabout
BR ˌrʌɪtəˈbaʊt
AM ˈraɪdəˌbaʊt
rightangle
BR ˈrʌɪtˌangl, -z, -d
AM ˌraɪˈtæŋgəl, -z, -d
right-back
BR ˈrʌɪtbak, ˌrʌɪtˈbak, -s
AM ˈraɪtˌbæk, -z
right-brained
BR ˌrʌɪtˈbreɪnd
AM ˈraɪtˌbreɪnd
righten
BR ˈrʌɪt|n, -nz, -nɪŋ\-nɪŋ, -nd
AM ˈraɪtn, -z, -ɪŋ, -d
righteous
BR ˈrʌɪtʃəs
AM ˈraɪtʃəs
righteously
BR ˈrʌɪtʃəsli
AM ˈraɪtʃəsli
righteousness
BR ˈrʌɪtʃəsnəs
AM ˈraɪtʃəsnəs
righter
BR ˈrʌɪtə(r), -z
AM ˈraɪdər, -z
rightful
BR ˈrʌɪtf(ʊ)l
AM ˈraɪtfəl
rightfully
BR ˈrʌɪtfəli, ˈrʌɪtfl̩i
AM ˈraɪtfəli

rightfulness
BR ˈrʌɪtf(ʊ)lnəs
AM ˈraɪtfəlnəs

righthand
BR ˌrʌɪtˈhand
AM ˈraɪdænd, ˌraɪtˈhænd

right-handed
BR ˌrʌɪtˈhandɪd
AM ˈraɪdæn(d)əd, ˌraɪtˈhæn(d)əd

right-handedly
BR ˌrʌɪtˈhandɪdli
AM ˈraɪdæn(d)ədli, ˌraɪtˈhæn(d)ədli

right-handedness
BR ˌrʌɪtˈhandɪdnɪs
AM ˈraɪdæn(d)ədnəs, ˌraɪtˈhæn(d)ədnəs

right-hander
BR ˌrʌɪtˈhandə(r)
AM ˈraɪdændər, ˌraɪtˈhændər

rightho
BR ˌrʌɪtˈ(h)əʊ
AM ˌraɪtˈ(h)oʊ

rightish
BR ˈrʌɪtɪʃ
AM ˈraɪdɪʃ

rightism
BR ˈrʌɪtɪzm
AM ˈraɪˌtɪz(ə)m

rightist
BR ˈrʌɪtɪst, -s
AM ˈraɪdɪst, -s

rightless
BR ˈrʌɪtlɪs
AM ˈraɪtlɪs

rightlessness
BR ˈrʌɪtlɪsnɪs
AM ˈraɪtlɪsnɪs

rightly
BR ˈrʌɪtli
AM ˈraɪtli

rightmost
BR ˈrʌɪtməʊst
AM ˈraɪtˌmoʊst

rightness
BR ˈrʌɪtnɪs
AM ˈraɪtnəs

righto
BR ˌrʌɪtˈəʊ
AM ˌraɪˈdoʊ

rightward
BR ˈrʌɪtwəd, -z
AM ˈraɪtwərd, -z

rigid
BR ˈrɪdʒɪd
AM ˈrɪdʒɪd

rigidify
BR rɪˈdʒɪdɪfʌɪ, -z, -ɪŋ, -d
AM rəˈdʒɪdəˌfaɪ, -z, -ɪŋ, -d

rigidity
BR rɪˈdʒɪdɪti
AM rəˈdʒɪdɪdi

rigidly
BR ˈrɪdʒɪdli
AM ˈrɪdʒɪdli

rigidness
BR ˈrɪdʒɪdnɪs
AM ˈrɪdʒɪdnɪs

rigmarole
BR ˈrɪgmərəʊl, -z
AM ˈrɪg(ə)məˌroʊl, -z

rigolet
BR ˌrɪgəˈlɛt, -s
AM ˌrɪgəˈlɛt, -s

rigor[1] *shivering*
BR ˈrʌɪgɔː(r), ˈrɪgə(r)
AM ˈrɪgər

rigor[2]
BR ˈrɪgə(r), -z
AM ˈrɪgər, -z

rigorism
BR ˈrɪg(ə)rɪzm
AM ˈrɪgəˌrɪz(ə)m

rigor mortis
BR ˌrɪgə ˈmɔːtɪs
AM ˌrɪgər ˈmɔrdəs

rigorous
BR ˈrɪg(ə)rəs
AM ˈrɪg(ə)rəs

rigorously
BR ˈrɪg(ə)rəsli
AM ˈrɪg(ə)rəsli

rigorousness
BR ˈrɪg(ə)rəsnəs
AM ˈrɪg(ə)rəsnəs

rigour
BR ˈrɪgə(r), -z
AM ˈrɪgər, -z

Rigsby
BR ˈrɪgzbi
AM ˈrɪgzbi

Rigveda
BR ˌrɪgˈveɪdə(r)
AM ˌrɪgˈveɪdə

Rijeka
BR rɪˈjɛkə(r)
AM rɪˈjɛkə

Rijksmuseum
BR ˈrʌɪksmjuːˌziːəm
AM ˈraɪksˌmuziəm
DU ˈrɛiksmyzeəm

rikishi
BR ˈrɪkɪʃi, -ɪz
AM ˈrɪkɪʃi, -z

Rikki
BR ˈrɪki
AM ˈrɪki

Rikki-Tiki-Tavi
BR ˌrɪkɪˌtɪkɪˈtɑːvi, ˌrɪkɪˌtɪkɪˈteɪvi
AM ˌrɪkiˌtɪkiˈtævi

rile
BR rʌɪl, -z, -ɪŋ, -d
AM raɪl, -z, -ɪŋ, -d

Riley
BR ˈrʌɪli
AM ˈraɪli

rilievo
BR rɪˈljeɪvəʊ, -z
AM riˈli(eɪ)voʊ, -z
IT riˈljɛvo

Rilke
BR ˈrɪlkə(r)
AM ˈrɪlkə

rill
BR rɪl, -z
AM rɪl, -z

rille
BR rɪl, -z
AM ˈrɪlə, -z

rillettes
BR ˈriːjɛt
AM riˈjɛt(s)

rim
BR rɪm, -z, -d
AM rɪm, -z, -d

Rimbaud
BR ˈrambəʊ
AM ræmˈboʊ
FR ʀɛ̃bo

rime
BR rʌɪm
AM raɪm

rimester
BR ˈrʌɪmstə(r), -z
AM ˈraɪmstər, -z

rimfire
BR ˈrɪmfʌɪə(r)
AM ˈrɪmˌfaɪ(ə)r

Rimini
BR ˈrɪmɪni
AM ˈrɪmɨni
IT ˈrimini

rimless
BR ˈrɪmlɪs
AM ˈrɪmlɪs

Rimmer
BR ˈrɪmə(r)
AM ˈrɪmər

Rimmon
BR ˈrɪmən
AM ˈrɪm(ə)n

rimose
BR ˈrʌɪməʊs
AM raɪˈmoʊz, raɪˈmoʊs

rimous
BR ˈrʌɪməs
AM ˈraɪməs

rimrock
BR ˈrɪmrɒk, -s
AM ˈrɪmˌrɑk, -s

Rimsky-Korsakov
BR ˌrɪmskɪˈkɔːsəkɒf
AM ˈrɪmskiˈkɔrsəˌkɑf, ˈrɪmskiˈkɔrsəˌkɔf
RUS ˈrʲimskʲij ˈkorsəkəf

rimu
BR ˈriːmuː, -z
AM ˈrɪmu, -z

rimy
BR ˈrʌɪm|i, -ɪə(r), -ɪst
AM ˈraɪmi, -ər, -ɪst

rincon
BR rɪŋˈkɒn, rɪŋˈkəʊn, -z
AM rɪŋˈkɑn, rɪŋˈkoʊn, -z

rind
BR rʌɪnd, -z
AM raɪnd, -z

rinderpest
BR ˈrɪndəpɛst
AM ˈrɪndərˌpɛst
rindless
BR ˈrʌɪndlɪs
AM ˈraɪn(d)lɪs
ring
BR rɪŋ, -z, -ɪŋ, -d
AM rɪŋ, -z, -ɪŋ, -d
ringbark
BR ˈrɪŋbɑːk, -s, -ɪŋ, -t
AM ˈrɪŋˌbɑrk, -s, -ɪŋ, -t
ringbinder
BR ˌrɪŋˈbʌɪndə(r),
ˈrɪŋˌbʌɪndə(r), -z
AM ˈrɪŋˌbaɪndər, -z
ringbolt
BR ˈrɪŋbəʊlt, -s
AM ˈrɪŋˌboʊlt, -z
ring-dove
BR ˈrɪŋdʌv, -z
AM ˈrɪŋˌdəv, -z
ringent
BR ˈrɪn(d)ʒ(ə)nt
AM ˈrɪndʒ(ə)nt
ringer
BR ˈrɪŋə(r), -z
AM ˈrɪŋər, -z
ring-fence
BR ˈrɪŋfɛns, ˌrɪŋˈfɛns,
-ɪz, -ɪŋ, -t
AM ˈrɪŋˌfɛns, -əz,
-ɪŋ, -t
ringhals
BR ˈrɪŋhals, -ɪz
AM ˈrɪŋˌ(h)ælz, -əz
ringingly
BR ˈrɪŋɪŋli
AM ˈrɪŋɪŋli
ringleader
BR ˈrɪŋˌliːdə(r), -z
AM ˈrɪŋˌlidər, -z
ringless
BR ˈrɪŋlɪs
AM ˈrɪŋlɪs
ringlet
BR ˈrɪŋlɪt, -s
AM ˈrɪŋlɪt, -s
ringleted
BR ˈrɪŋlɪtɪd
AM ˈrɪŋlɪdɪd

ringletted
BR ˈrɪŋlɪtɪd
AM ˈrɪŋlɪdɪd
ringlety
BR ˈrɪŋlɪti
AM ˈrɪŋlɪdi
ringmaster
BR ˈrɪŋˌmɑːstə(r), -z
AM ˈrɪŋˌmæstər, -z
ringpull
BR ˈrɪŋpʊl, -z
AM ˈrɪŋˌpʊl, -z
ringside
BR ˈrɪŋsʌɪd
AM ˈrɪŋˌsaɪd
ringsider
BR ˈrɪŋsʌɪdə(r), -z
AM ˈrɪŋˌsaɪdər, -z
ringster
BR ˈrɪŋstə(r), -z
AM ˈrɪŋstər, -z
ringtail
BR ˈrɪŋteɪl, -z
AM ˈrɪŋˌteɪl, -z
Ringwood
BR ˈrɪŋwʊd
AM ˈrɪŋˌwʊd
ringworm
BR ˈrɪŋwəːm
AM ˈrɪŋˌwərm
rink
BR rɪŋk, -s
AM rɪŋk, -s
rinkhals
BR ˈrɪŋ(k)hals, -ɪz
AM ˈrɪŋ(k)ˌ(h)ælz,
-əz
rinky-dink
BR ˈrɪŋkɪdɪŋk
AM ˈrɪŋkiˌdɪŋk
rinse
BR rɪns, -ɪz, -ɪŋ, -t
AM rɪns, -əz, -ɪŋ, -t
rinser
BR ˈrɪnsə(r), -z
AM ˈrɪnsər, -z
Rintoul
BR rɪnˈtuːl, ˈrɪntuːl
AM ˈrɪnˌtul, rɪnˈtul
Rio
BR ˈriːəʊ
AM ˈrioʊ

Rio de Janeiro
BR ˌriːəʊ də
(d)ʒəˈnɪərəʊ
AM ˈrioʊ ˌdi
(d)ʒəˈnɛroʊ, ˈrioʊ
ˌdeɪ (d)ʒəˈnɛroʊ
B PORT ˌxiu de
ʒɐˈnejru
L PORT ˌKiu də
ʒɐˈnajru
Río de la Plata
BR ˌriːəʊ də lə
ˈplɑːtə(ʳ), + ˈplatə(r)
AM ˈrioʊ ˌdeɪ lə
ˈplɑdə
Río de Oro
BR ˌriːəʊ dɪ ˈɔːrəʊ
AM ˈrioʊ di ˈɔˌroʊ
Río Grande
BR ˌriːəʊ ˈgrand(i)
AM ˌˈrioʊ ˈgrænd
Rioja
BR rɪˈəʊkə(r),
rɪˈɒkə(r), rɪˈəʊxə(r),
rɪˈɒxə(r)
Ringwood
BR ˈrɪŋwʊd
AM riˈoʊhɑ
SP rrjoxɑ
Río Muni
BR ˌriːəʊ ˈm(j)uːni
AM ˈrioʊ ˈm(j)uni
Riordan
BR ˈrɪəd(ə)n
AM ˈrɪ(ə)rdən
Ríos
BR ˈriːəʊs
AM ˈrioʊs
riot
BR ˈrʌɪət, -s, -ɪŋ, -ɪd
AM ˈraɪə|t, -ts, -dɪŋ,
-dəd
rioter
BR ˈrʌɪətə(r), -z
AM ˈraɪədər, -z
riotless
BR ˈrɪətləs
AM ˈraɪətləs
riotous
BR ˈrʌɪətəs
AM ˈraɪədəs
riotously
BR ˈrʌɪətəsli
AM ˈraɪədəsli

riotousness
BR ˈrʌɪətəsnəs
AM ˈraɪədəsnəs
RIP
BR ˌɑːrʌɪˈpiː
AM ˌɑrˌaɪˈpi
rip
BR rɪp, -s, -ɪŋ, -t
AM rɪp, -s, -ɪŋ, -t
riparian
BR rʌɪˈpɛːriən,
rɪˈpɛːriən
AM raɪˈpɛriən,
rəˈpɛriən
ripcord
BR ˈrɪpkɔːd, -z
AM ˈrɪpˌkɔ(ə)rd, -z
ripe
BR rʌɪp, -ə(r), -ɪst
AM raɪp, -ər, -ɪst
ripely
BR ˈrʌɪpli
AM ˈraɪpli
ripen
BR ˈrʌɪp|(ə)n, -(ə)nz,
-(ə)nɪŋ\-nɪŋ, -nd
AM ˈraɪp|ən, -ənz,
-(ə)nɪŋ, -ənd
ripeness
BR ˈrʌɪpnɪs
AM ˈraɪpnɪs
ripieno
BR ˌrɪpɪˈeɪnəʊ, -z
AM rəpˈjemoʊ, -z
IT riˈpjeno
Ripley
BR ˈrɪpli
AM ˈrɪpli
rip-off
BR ˈrɪpɒf, -s
AM ˈrɪpˌɑf, ˈrɪpˌɔf, -s
Ripon
BR ˈrɪp(ə)n
AM ˈrɪpən
ripost
BR rɪˈpɒst, -s, -ɪŋ, -ɪd
AM riˈpoʊst, -s, -ɪŋ,
-əd
riposte
BR rɪˈpɒst, -s, -ɪŋ, -ɪd
AM riˈpoʊst, -s, -ɪŋ,
-əd

ripper
BR ˈrɪpə(r), -z
AM ˈrɪpər, -z
ripple
BR ˈrɪp|l, -lz,
-lɪŋ\-lɪŋ, -ld
AM ˈrɪp|əl, -əlz,
-(ə)lɪŋ, -əld
ripplet
BR ˈrɪplɪt, -s
AM ˈrɪplɪt, -z
ripply
BR ˈrɪpl̩i, ˈrɪpli
AM ˈrɪp(ə)li
Rippon
BR ˈrɪp(ə)n
AM ˈrɪpən
riprap
BR ˈrɪprap, -s,
-ɪŋ, -t
AM ˈrɪpˌræp, -s,
-ɪŋ, -t
riproaring
BR ˌrɪpˈrɔːrɪŋ
AM ˈrɪpˈrɔrɪŋ
riproaringly
BR ˌrɪpˈrɔːrɪŋli
AM ˈrɪpˈrɔrɪŋli
ripsaw
BR ˈrɪpsɔː(r), -z
AM ˈrɪpˌsɑ, ˈrɪpˌsɔ, -z
ripsnorter
BR ˈrɪpˌsnɔːtə(r), -z
AM ˈrɪpˈsnɔrdər, -z
ripsnorting
BR ˈrɪpˌsnɔːtɪŋ
AM ˈrɪpˈsnɔrdɪŋ
ripsnortingly
BR ˈrɪpˌsnɔːtɪŋli
AM ˈrɪpˈsnɔrdɪŋli
ripstaver
BR ˈrɪpˌsteɪvə(r), -z
AM ˈrɪpˌsteɪvər, -z
ripstop
BR ˈrɪpstɒp, -s
AM ˈrɪpˌstɑp, -s
riptide
BR ˈrɪptʌɪd, -z
AM ˈrɪpˌtaɪd, -z
Ripuarian
BR ˌrɪpjʊˈɛːrɪən, -z
AM ˌrɪp(j)əˈwɛrɪən, -z

Rip van Winkle
BR ˌrɪp van ˈwɪŋkl
AM ˈˌrɪp ˌvæn ˈwɪŋkəl
Risborough
BR ˈrɪzb(ə)rə(r)
AM ˈrɪzˌbərə
RISC
BR rɪsk
AM rɪsk
Risca
BR ˈrɪskə(r)
AM ˈrɪskə
rise
BR rʌɪz, -ɪz, -ɪŋ
AM raɪz, -ɪz, -ɪŋ
risen
BR ˈrɪzn
AM ˈrɪzn
riser
BR ˈrʌɪzə(r), -z
AM ˈraɪzər, -z
rishi
BR ˈrɪʃ|i, -ɪz
AM ˈrɪʃi, -z
risibility
BR ˌrɪzɪˈbɪlɪti, ˌrʌɪzɪˈbɪlɪti
AM ˌrɪzəˈbɪlɪdi
risible
BR ˈrɪzɪbl, ˈrʌɪzɪbl
AM ˈrɪzəb(ə)l
risibly
BR ˈrɪzɪbli, ˈrʌɪzɪbli
AM ˈrɪzəbli
rising
BR ˈrʌɪzɪŋ, -z
AM ˈraɪzɪŋ, -z
risk
BR rɪsk, -s, -ɪŋ, -t
AM rɪsk, -s, -ɪŋ, -t
riskily
BR ˈrɪskɪli
AM ˈrɪskɪli
riskiness
BR ˈrɪskɪnɪs
AM ˈrɪskɪnɪs
risky
BR ˈrɪsk|i, -ɪə(r), -ɪɪst
AM ˈrɪski, -ər, -ɪst

Risorgimento
BR rɪˌsɔːdʒɪˈmentəʊ
AM riˌsɔrdʒəˈmɛnˌ(t)oʊ
IT risordʒiˈmento
risotto
BR rɪˈzɒtəʊ, -z
AM rəˈsɔdoʊ, rəˈzɑdoʊ, rəˈsɑdoʊ, rəˈzɔdoʊ, -z
IT riˈsɔtto
risqué
BR ˈrɪskeɪ, rɪˈskeɪ
AM rɪˈskeɪ, rəˈskeɪ
rissole
BR ˈrɪsəʊl, -z
AM ˈrɪˌsoʊl, rəˈsoʊl, -z
ristretto
BR rɪˈstretəʊ
AM rəˈstrɛdoʊ
rit.
BR rɪt
AM rɪt
Rita
BR ˈriːtə(r)
AM ˈridə
Ritalin
BR ˈrɪtəlɪn
AM ˈrɪdəlɪn
ritardando
BR ˌrɪtɑːˈdandəʊ, -z
AM riˌtɑrˈdɑnˌdoʊ, -z
IT ritarˈdando
Ritchie
BR ˈrɪtʃi
AM ˈrɪtʃi
rite
BR rʌɪt, -s
AM raɪt, -s
riteless
BR ˈrʌɪtlɪs
AM ˈraɪtlɪs
ritenuti
BR ˌrɪtəˈn(j)uːti:
AM ˌridəˈnudi
IT riteˈnuti
ritenuto
BR ˌrɪtəˈn(j)uːtəʊ, -z
AM ˌridəˈnudoʊ, -z
IT riteˈnuto

ritornelli
BR ˌrɪtɔːˈnɛliː
AM ˌrɪdərˈnɛli
IT ritorˈnɛlli
ritornello
BR ˌrɪtɔːˈnɛləʊ, -z
AM ˌrɪdərˈnɛloʊ, -z
IT ritorˈnɛllo
Ritson
BR ˈrɪts(ə)n
AM ˈrɪts(ə)n
Ritter
BR ˈrɪtə(r)
AM ˈrɪdər
ritual
BR ˈrɪtʃʊəl, ˈrɪtʃ(ʉ)l, ˈrɪtjʊəl, ˈrɪtjʉl, -z
AM ˈrɪtʃ(əw)əl, -z
ritualisation
BR ˌrɪtʃʊəlʌɪˈzeɪʃn, ˌrɪtʃʉlʌɪˈzeɪʃn, ˌrɪtʃl̩ʌɪˈzeɪʃn, ˌrɪtjʊəlʌɪˈzeɪʃn, ˌrɪtjʉlʌɪˈzeɪʃn
AM ˌrɪtʃ(əw)əˌlaɪˈzeɪʃ(ə)n, ˌrɪtʃ(əw)ələˈzeɪʃ(ə)n
ritualise
BR ˈrɪtʃʊəlʌɪz, ˈrɪtʃʉlʌɪz, ˈrɪtʃl̩ʌɪz, ˈrɪtjʊəlʌɪz, ˈrɪtjʉlʌɪz, -ɪz, -ɪŋ, -d
AM ˈrɪtʃ(əw)əˌlaɪz, -ɪz, -ɪŋ, -d
ritualism
BR ˈrɪtʃʊəlɪzm, ˈrɪtʃʉlɪzm, ˈrɪtʃl̩ɪzm, ˈrɪtjʊəlɪzm, ˈrɪtjʉlɪzm
AM ˈrɪtʃ(əw)əˌlɪz(ə)m
ritualistic
BR ˌrɪtʃʊəˈlɪstɪk, ˌrɪtʃʉˈlɪstɪk, ˌrɪtʃl̩ˈɪstɪk, ˌrɪtjʊəˈlɪstɪk, ˌrɪtjʉˈlɪstɪk
AM ˌrɪtʃ(əw)əˈlɪstɪk

ritualistically
BR rɪtʃʊəˈlɪstɪkli,
ˌrɪtʃɨˈlɪstɪkli,
ˌrɪtʃlˈɪstɪkli,
ˌrɪtjʊəˈlɪstɪk,
ˌrɪtjɨˈlɪstɪkli
AM ˌrɪtʃ(əw)əˈlɪstək(ə)li

ritualization
BR ˌrɪtʃʊəlaɪˈzeɪʃn,
ˌrɪtʃɨlaɪˈzeɪʃn,
ˌrɪtʃlaɪˈzeɪʃn,
ˌrɪtjʊəlaɪˈzeɪʃn,
ˌrɪtjɨlaɪˈzeɪʃn
AM ˌrɪtʃ(əw)əˌlaɪˈzeɪʃ(ə)n,
ˌrɪtʃ(əw)ələˈzeɪʃ(ə)n

ritualize
BR ˈrɪtʃʊəlaɪz,
ˈrɪtʃɨlaɪz, ˈrɪtʃlaɪz,
ˈrɪtjʊəlaɪz,
ˈrɪtjɨlaɪz, -ɪz, -ɪŋ, -d
AM ˈrɪtʃ(əw)əˌlaɪz,
-ɪz, -ɪŋ, -d

ritually
BR ˈrɪtʃʊəli, ˈrɪtʃɨli,
ˈrɪtʃli, ˈrɪtjʊəli,
ˈrɪtjɨli
AM ˈrɪtʃ(əw)əli

Ritz
BR rɪts
AM rɪts

ritzily
BR ˈrɪtsɪli
AM ˈrɪtsɪli

ritziness
BR ˈrɪtsɪnɨs
AM ˈrɪtsɪnɨs

ritzy
BR ˈrɪtsǀi, -ɪə(r), -ɨst
AM ˈrɪtsi, -ər, -ɨst

rival
BR ˈraɪvǀl, -lz, -lɪŋ, -ld
AM ˈraɪvǀəl, -əlz, -(ə)lɪŋ, -əld

rivalry
BR ˈraɪvlrǀi, -ɪz
AM ˈraɪvəlri, -z

rive
BR raɪv, -z, -ɪŋ, -d
AM raɪv, -z, -ɪŋ, -d

Rivelin
BR ˈrɪvlɪn, ˈrɪvlɪn
AM ˈrɪvəl(ə)n

riven
BR ˈrɪvn
AM ˈrɪvən

river¹ *one who rives*
BR ˈraɪvə(r), -z
AM ˈraɪvər, -z

river² *water*
BR ˈrɪvə(r), -z, -d
AM ˈrɪvər, -z, -d

Rivera
BR rɪˈveːrə(r)
AM rəˈverə

riverain
BR ˈrɪvəreɪn, -z
AM ˈrɪvəˌreɪn, -z

riverbank
BR ˈrɪvəbæŋk, -s
AM ˈrɪvərˌbæŋk, -s

riverbed
BR ˈrɪvəbɛd, -z
AM ˈrɪvərˌbɛd, -z

riverboat
BR ˈrɪvəbəʊt, -s
AM ˈrɪvərˌboʊt, -s

riverfront
BR ˈrɪvəfrʌnt, -s
AM ˈrɪvərˌfrʌnt, -s

Riverina
BR ˌrɪvəˈriːnə(r)
AM ˌrɪvəˈrinə

riverine
BR ˈrɪvəraɪn
AM ˈrɪvərən, ˈrɪvəˌraɪn

riverless
BR ˈrɪvələs
AM ˈrɪvərləs

Rivers
BR ˈrɪvəz
AM ˈrɪvərz

riverside
BR ˈrɪvəsaɪd
AM ˈrɪvərˌsaɪd

rivet
BR ˈrɪvǀɪt, -ɪts, -ɪtɪŋ, -ɪtɨd
AM ˈrɪvɨt, -ts, -dɪŋ, -dɨd

riveter
BR ˈrɪvɪtə(r), -z
AM ˈrɪvɨdər, -z

Riviera
BR ˌrɪvɪˈɛːrə(r)
AM rɪˈvjɛrə, ˌrɪviˈɛrə
IT riˈvjɛra

rivière
BR ˌrɪvɪˈɛː(r), -ɪz
AM rɪˈvjeɪ, ˌrɪviˈɛ(ə)r, -z
FR ʀivjɛʀ

rivulet
BR ˈrɪvjɨlɪt, ˈrɪvjɨlɛt, -s
AM ˈrɪv(j)ələt, -s

Rix
BR rɪks
AM rɪks

Riyadh
BR rɪˈjad, ˈriːad, rɪˈjɑːd
AM rɪˈjɑd

riyal
BR rɪˈɑːl, rɪˈal, ˈriːɑːl, ˈriːal, -z
AM rɪˈ(j)ɑl, rɪˈ(j)ɔl, -z

Rizla
BR ˈrɪzlə(r)
AM ˈrɪzlər

roach
BR rəʊtʃ, -ɪz
AM roʊtʃ, -əz

road
BR rəʊd, -z
AM roʊd, -z

roadability
BR ˌrəʊdəˈbɪlɨti
AM ˌroʊdəˈbɪlɨdi

roadbed
BR ˈrəʊdbɛd, -z
AM ˈroʊdˌbɛd, -z

roadblock
BR ˈrəʊdblɒk, -s
AM ˈroʊdˌblɑk, -s

roadhog
BR ˈrəʊdhɒg, -z
AM ˈroʊd(h)ɑg, ˈroʊd(h)ɔg, -z

roadholding
BR ˈrəʊdˌhəʊldɪŋ
AM ˈroʊd(h)oʊldɪŋ

roadhouse
BR ˈrəʊdhaʊǀs, -zɨz
AM ˈroʊd(h)aʊǀs, -zəz

roadie
BR ˈrəʊdǀi, -ɪz
AM ˈroʊdi, -z

roadkill
BR ˈrəʊdkɪl
AM ˈroʊdˌkɪl

roadless
BR ˈrəʊdləs
AM ˈroʊdləs

roadliner
BR ˈrəʊdˌlaɪnə(r), -z
AM ˈroʊdˌlaɪnər, -z

roadman
BR ˈrəʊdman
AM ˈroʊdm(ə)n, ˈroʊdˌmæn

roadmen
BR ˈrəʊdmɛn
AM ˈroʊdm(ə)n, ˈroʊdˌmɛn

roadroller
BR ˈrəʊdˌrəʊlə(r), -z
AM ˈroʊdˌroʊlər, -z

roadrunner
BR ˈrəʊdˌrʌnə(r), -z
AM ˈroʊdˌrʌnər, -z

roadshow
BR ˈrəʊdʃəʊ, -z
AM ˈroʊdˌʃoʊ, -z

roadside
BR ˈrəʊdsaɪd
AM ˈroʊdˌsaɪd

roadstead
BR ˈrəʊdstɛd, -z
AM ˈroʊdˌstɛd, -z

roadster
BR ˈrəʊdstə(r), -z
AM ˈroʊdstər, -z

roadtest
BR ˈrəʊdtɛst, -s, -ɪŋ, -ɨd
AM ˈroʊdˌtɛst, -s, -ɪŋ, -əd

road-trip
BR ˈrəʊdtrɪp, -s
AM ˈroʊdˌtrɪp, -s

roadway
BR ˈrəʊdweɪ, -z
AM ˈroʊdˌweɪ, -z

roadwork
BR ˈrəʊdwəːk, -s
AM ˈroʊdˌwərk, -s

roadworthiness
BR ˈrəʊdˌwɜːðɪnɪs
AM ˈroʊdˌwɜrðɪnɪs
roadworthy
BR ˈrəʊdˌwɜːði
AM ˈroʊdˌwɜrði
Roald
BR ˈrəʊəld
AM ˈroʊəld
NO ˈruːal
roam
BR rəʊm, -z, -ɪŋ, -d
AM roʊm, -z, -ɪŋ, -d
roamer
BR ˈrəʊmə(r), -z
AM ˈroʊmər, -z
roan
BR rəʊn, -z
AM roʊn, -z
Roanoke
BR ˈrəʊənəʊk
AM ˈroʊəˌnoʊk
roar
BR rɔː(r), -z, -ɪŋ, -d
AM rɔ(ə)r, -z, -ɪŋ, -d
roarer
BR ˈrɔːrə(r), -z
AM ˈrɔrər, -z
roaring
BR ˈrɔːrɪŋ, -z
AM ˈrɔrɪŋ, -z
roaringly
BR ˈrɔːrɪŋli
AM ˈrɔrɪŋli
roast
BR rəʊst, -s, -ɪŋ, -ɪd
AM roʊst, -s, -ɪŋ, -əd
roaster
BR ˈrəʊstə(r), -z
AM ˈroʊstər, -z
roasting
BR ˈrəʊstɪŋ, -z
AM ˈroʊstɪŋ, -z
Roath
BR rəʊθ
AM roʊθ
rob
BR rɒb, -z, -ɪŋ, -d
AM rab, -z, -ɪŋ, -d
Robb
BR rɒb
AM rab

Robben Island
BR ˌrɒb(ɪ)n ˈʌɪlənd
AM ˌrabən ˈaɪlənd
robber
BR ˈrɒbə(r), -z
AM ˈrabər, -z
robbery
BR ˈrɒb(ə)r|i, -ɪz
AM ˈrab(ə)ri, -z
Robbia *della Robbia*
BR ˈrɒbɪə(r)
AM ˈroʊbɪə
Robbie
BR ˈrɒbi
AM ˈrabi
Robbins
BR ˈrɒbɪnz
AM ˈrabənz
robe
BR rəʊb, -z, -ɪŋ, -d
AM roʊb, -z, -ɪŋ, -d
Robens
BR ˈrəʊb(ɪ)nz
AM ˈroʊbənz
Roberson
BR ˈrəʊbəs(ə)n
AM ˈroʊbərs(ə)n
Robert
BR ˈrɒbət
AM ˈrabərt
Roberta
BR rə(ʊ)ˈbɜːtə(r), rɒˈbɜːtə(r)
AM rəˈbɜrdə
Roberts
BR ˈrɒbəts
AM ˈrabərts
Robertson
BR ˈrɒbəts(ə)n
AM ˈrabərts(ə)n
Robeson
BR ˈrəʊbs(ə)n
AM ˈroʊb(ə)s(ə)n
Robespierre
BR ˈrəʊbzpɪɛː(r), ˈrəʊbzpɪə(r)
AM ˈroʊbzˌpɪ(ə)r
FR ʁɔbɛspjɛʁ
Robey
BR ˈrəʊbi
AM ˈroʊbi

robin
BR ˈrɒbɪn, -z
AM ˈrabən, -z
Robina
BR rə(ʊ)ˈbiːnə(r), rɒˈbiːnə(r)
AM rəˈbinə
Robin Goodfellow
BR ˌrɒbɪn ˈɡʊdˌfɛləʊ
AM ˌrabən ˈɡʊdˌfɛloʊ
Robin Hood
BR ˌrɒbɪn ˈhʊd
AM ˌrabən ˌ(h)ʊd
robinia
BR rə(ʊ)ˈbɪnɪə(r), rɒˈbɪnɪə(r), -z
AM roʊˈbɪnɪə, -z
Robins
BR ˈrɒbɪnz, ˈrəʊbɪnz
AM ˈrabənz
Robinson
BR ˈrɒbɪns(ə)n
AM ˈrabəns(ə)n
Robinson Crusoe
BR ˌrɒbɪns(ə)n ˈkruːsəʊ
AM ˌrabəns(ə)n ˈkruˌsoʊ
roborant
BR ˈrəʊb(ə)rn̩t, ˈrɒb(ə)rn̩t, -s
AM ˈroʊbərənt, ˈrabərənt, -z
robot
BR ˈrəʊbɒt, -s
AM ˈroʊbət, ˈroʊˌbat, -s
robotic
BR rə(ʊ)ˈbɒtɪk, -s
AM roʊˈbadɪk, -s
robotically
BR rə(ʊ)ˈbɒtɪkli
AM roʊˈbadək(ə)li
robotisation
BR ˌrəʊbətʌɪˈzeɪʃn
AM ˌroʊbəˌtaɪˈzeɪʃ(ə)n, ˌroʊbədəˈzeɪʃ(ə)n
robotise
BR ˈrəʊbətʌɪz, -ɪz, -ɪŋ, -d
AM ˈroʊbəˌtaɪz, -ɪz, -ɪŋ, -d

robotization
BR ˌrəʊbətʌɪˈzeɪʃn
AM ˌroʊbəˌtaɪˈzeɪʃ(ə)n, ˌroʊbədəˈzeɪʃ(ə)n
robotize
BR ˈrəʊbətʌɪz, -ɪz, -ɪŋ, -d
AM ˈroʊbəˌtaɪz, -ɪz, -ɪŋ, -d
Rob Roy
BR ˌrɒb ˈrɔɪ
AM ˌrab ˈrɔɪ
Robsart
BR ˈrɒbsɑːt
AM ˈrabˌsɑrt
Robson
BR ˈrɒbs(ə)n
AM ˈrabs(ə)n
robust
BR rə(ʊ)ˈbʌst, ˈrəʊbʌst
AM roʊˈbəst, ˈroʊbəst
robustious
BR rə(ʊ)ˈbʌstɪəs, rə(ʊ)ˈbʌstʃəs
AM rəˈbəstʃəs, roʊˈbəstʃəs
robustly
BR rə(ʊ)ˈbʌstli, ˈrəʊbʌstli
AM ˈroʊˌbəs(t)li, roʊˈbəs(t)li
robustness
BR rə(ʊ)ˈbʌs(t)nəs, ˈrəʊbʌs(t)nəs
AM ˈroʊˌbəs(t)nəs, roʊˈbəs(t)nəs
Roby
BR ˈrəʊbi
AM ˈroʊbi
roc
BR rɒk, -s
AM rak, -s
rocaille
BR rə(ʊ)ˈkʌɪ
AM roʊˈkaɪ
FR ʁɔkaj
rocambole
BR ˈrɒk(ə)mbəʊl, -z
AM ˈrakəmˌboʊl, -z

Rocco
BR ˈrɒkəʊ
AM ˈrakoʊ
IT ˈrɔkko

Rochdale
BR ˈrɒtʃdeɪl
AM ˈratʃˌdeɪl

Roche
BR rəʊ(t)ʃ, rɒʃ
AM roʊʃ
FR Rɔʃ

Rochelle
BR rɒˈʃɛl
AM rəˈʃɛl

roche moutonnée
BR ˌrɒʃ muːˈtɒneɪ, -z
AM ˈˌrɔʃ ˌmutnˈeɪ, -z
FR Rɔʃ mutɔne

Rochester
BR ˈrɒtʃɪstə(r)
AM ˈratˌʃəstər

rochet
BR ˈrɒtʃɪt, -s
AM ˈratʃət, -s

Rochford
BR ˈrɒtʃfəd
AM ˈratʃfə(r)d

rock
BR rɒk, -s, -ɪŋ, -t
AM rak, -s, -ɪŋ, -t

rockabilly
BR ˈrɒkəˌbɪli
AM ˈrakəˌbɪli

Rockall
BR ˈrɒkɔːl
AM ˈrakˌal, ˈrakˌɔl

rock and roll
BR ˌrɒk (ə)n(d) ˈrəʊl
AM ˈˌrak ən ˈroʊl

rock and roller
BR ˌrɒk (ə)n(d) ˈrəʊlə(r), -z
AM ˈˌrak ən ˈroʊlər, -z

rock-bed
BR ˈrɒkbɛd, -z
AM ˈrakˌbɛd, -z

rock-bottom
BR ˌrɒkˈbɒtəm
AM ˈrakˈbadəm

rockbound
BR ˈrɒkbaʊnd
AM ˈrakˌbaʊnd

rockburst
BR ˈrɒkbɜːst, -s
AM ˈrakˌbərst, -z

rock-cake
BR ˈrɒkkeɪk, -s
AM ˈra(k)ˌkeɪk, -z

rock-candy
BR ˌrɒkˈkandi
AM ˌra(k)ˈkændi

Rockefeller
BR ˈrɒkəˌfɛlə(r)
AM ˈrakəˌfɛlər

rocker
BR ˈrɒkə(r), -z
AM ˈrakər, -z

rockery
BR ˈrɒk(ə)r|i, -ɪz
AM ˈrakəri, -z

rocket
BR ˈrɒk|ɪt, -ɪts, -ɪtɪŋ, -ɪtɪd
AM ˈrakə|t, -ts, -dɪŋ, -dəd

rocketeer
BR ˌrɒkɪˈtɪə(r), -z
AM ˌrakəˈtɪ(ə)r, -z

rocketry
BR ˈrɒkɪtri
AM ˈrakətri

rocketship
BR ˈrɒkɪtʃɪp, -s
AM ˈrakətˌʃɪp, -s

rockfall
BR ˈrɒkfɔːl, -z
AM ˈrakˌfal, ˈrakˌfɔl, -z

rockfish
BR ˈrɒkfɪʃ
AM ˈrakˌfɪʃ

Rockhampton
BR rɒkˈham(p)tən
AM rakˈhæm(p)t(ə)n

rockhopper
BR ˈrɒkˌhɒpə(r), -z
AM ˈrakˌ(h)apər, -z

Rockies
BR ˈrɒkɪz
AM ˈrakɪz

rockily
BR ˈrɒkɪli
AM ˈrakəli

rockiness
BR ˈrɒkɪnɪs
AM ˈrakɪnɪs

rockless
BR ˈrɒkləs
AM ˈrakləs

rocklet
BR ˈrɒklɪt, -s
AM ˈraklət, -z

rocklike
BR ˈrɒklʌɪk
AM ˈrakˌlaɪk

rockling
BR ˈrɒklɪŋ, -z
AM ˈraklɪŋ, -z

Rockne
BR ˈrɒkni
AM ˈrakni

rock 'n roll
BR ˌrɒk (ə)n ˈrəʊl
AM ˈˌrak ən ˈroʊl

rock 'n roller
BR ˌrɒk (ə)n ˈrəʊlə(r)
AM ˈˌrak ən ˈroʊlər

Rockwell
BR ˈrɒkw(ɛ)l
AM ˈrakˌwɛl

rock-wool
BR ˈrɒkwʊl
AM ˈrakˌwʊl

rocky
BR ˈrɒk|i, -ɪə(r), -ɪɪst
AM ˈraki, -ər, -ɪst

Rocky Mountains
BR ˌrɒkɪ ˈmaʊntɪnz
AM ˌraki ˈmaʊn(tə)nz

rococo
BR rəˈkəʊkəʊ
AM roʊˈkoʊkoʊ, ˈroʊkəˌkoʊ, rəˈkoʊkoʊ

rod
BR rɒd, -z
AM rad, -z

Roddenberry
BR ˈrɒdnb(ə)ri
AM ˈradnˌbɛri

Roddick
BR ˈrɒdɪk
AM ˈradək

Roddy
BR ˈrɒdi
AM ˈradi

rode
BR rəʊd
AM roʊd

rodent
BR ˈrəʊdnt, -s
AM ˈroʊdnt, -s

rodential
BR rə(ʊ)ˈdɛnʃl
AM roʊˈdɛn(t)ʃ(ə)l

rodenticide
BR rə(ʊ)ˈdɛntɪsʌɪd, -z
AM roʊˈdɛn(t)əˌsaɪd, -z

rodeo
BR ˈrəʊdɪəʊ, rə(ʊ)ˈdeɪəʊ, -z
AM roʊˈdeɪoʊ, ˈroʊdiˌoʊ, -z

Roderick
BR ˈrɒd(ə)rɪk
AM ˈrad(ə)rɪk

Rodger
BR ˈrɒdʒə(r)
AM ˈradʒər

Rodgers
BR ˈrɒdʒəz
AM ˈradʒərz

rodham
BR ˈrɒdəm, -z
AM ˈradəm, -z

Rodin
BR ˈrəʊdan, ˈrəʊdã
AM roʊˈdæn
FR Rɔdɛ̃

rodizio
BR rə(ʊ)ˈdiːzɪəʊ, -z
AM roʊˈdizioʊ, -z

rodless
BR ˈrɒdləs
AM ˈradləs

rodlet
BR ˈrɒdlɪt, -s
AM ˈradlət, -z

rodlike
BR ˈrɒdlʌɪk
AM ˈradˌlaɪk

Rodney
BR ˈrɒdni
AM ˈradni

rodomontade
BR ˌrɒdəmɒnˈtɑːd, ˌrɒdəmɒnˈteɪd, -z
AM ˈˌrɑdəˌmænˈteɪd, ˈˌrɑdəmənˈtɑd, ˈˌrɑdəˌmænˈtɑd, ˈˌrɑdəmənˈteɪd, -z

Rodrigues
BR rɒˈdriːgɛz
AM ˌrɑdˈriˌgɛz, ˌrɑdˈrigəs

Rodriguez
BR rɒˈdriːgɛz
AM ˌrɑdˈriˌgɛz, ˌrɑdˈrigəs

Rodriquez
BR rɒˈdriːkɛz
AM ˌrɑdˈriˌk(w)ɛz, ˌrɑdˈrik(w)əs

roe
BR rəʊ, -z, -d
AM roʊ, -z, -d

roebuck
BR ˈrəʊbʌk, -s
AM ˈroʊˌbək, -s

Roedean
BR ˈrəʊdiːn
AM ˈroʊˌdin

roe-deer
BR ˈrəʊdɪə(r)
AM ˈroʊˌdɪ(ə)r

Roehampton
BR rəʊˈham(p)tən, ˈrəʊham(p)tən
AM ˈroʊˌ(h)æm(p)t(ə)n, ˌroʊˈhæm(p)t(ə)n

roentgen
BR ˈrʌntjən, ˈrəːntjən, ˈrɒntjən, ˈrʌntgən, ˈrəːntgən, ˈrɒntgən
AM ˈrɛntdʒ(ə)n, ˈrɛntgən

roentgenium
BR rʌntˈgɪnɪəm, rʌntˈdʒɪnɪəm
AM rɛntˈgɛnɪəm, rɛntˈdʒɛnɪəm

roentgenography
BR ˌrʌntjəˈnɒgrəfi, ˌrəːntjəˈnɒgrəfi, ˌrɒntjəˈnɒgrəfi, ˌrʌntgəˈnɒgrəfi, ˌrəːntgəˈnɒgrəfi, ˌrɒntgəˈnɒgrəfi
AM ˌrɛntdʒəˈnɑgrəfi, ˌrɛntgəˈnɑgrəfi

roentgenology
BR ˌrʌntjəˈnɒlədʒi, ˌrəːntjəˈnɒlədʒi, ˌrɒntjəˈnɒlədʒi, ˌrʌntgəˈnɒlədʒi, ˌrəːntgəˈnɒlədʒi, ˌrɒntgəˈnɒlədʒi
AM ˌrɛntdʒəˈnɑlədʒi, ˌrɛntgəˈnɑlədʒi

Roffey
BR ˈrɒfi
AM ˈrɑfi, ˈrɔfi

Rogaine
BR ˈrəʊgeɪn
AM ˈroʊgeɪn

rogation
BR rə(ʊ)ˈgeɪʃn, -z
AM roʊˈgeɪʃ(ə)n, -z

rogational
BR rə(ʊ)ˈgeɪʃṇl
AM roʊˈgeɪʃ(ə)n(ə)l

Rogationtide
BR rə(ʊ)ˈgeɪʃntʌɪd
AM roʊˈgeɪʃənˌtaɪd

roger
BR ˈrɒdʒ|ə(r), -əz, -(ə)rɪŋ, -əd
AM ˈrɑdʒər, -z, -ɪŋ, -d

Rogers
BR ˈrɒdʒəz
AM ˈrɑdʒərz

Roget
BR ˈrɒʒeɪ
AM ˌroʊˈʒeɪ

rogue
BR rəʊg, -z
AM roʊg, -z

roguery
BR ˈrəʊg(ə)r|i, -ɪz
AM ˈroʊgəri, -z

roguish
BR ˈrəʊgɪʃ
AM ˈroʊgɪʃ

roguishly
BR ˈrəʊgɪʃli
AM ˈroʊgɪʃli

roguishness
BR ˈrəʊgɪʃnɪs
AM ˈroʊgɪʃnɪs

Rohan
BR ˈrəʊən
AM ˈroʊən, ˈroʊˌhæn

roil
BR rɔɪl, -z, -ɪŋ, -d
AM rɔɪl, -z, -ɪŋ, -d

roister
BR ˈrɔɪst|ə(r), -əz, -(ə)rɪŋ, -əd
AM ˈrɔɪst|ər, -ərz, -(ə)rɪŋ, -ərd

roisterer
BR ˈrɔɪst(ə)rə(r), -z
AM ˈrɔɪst(ə)rər, -z

roistering
BR ˈrɔɪst(ə)rɪŋ, -z
AM ˈrɔɪst(ə)rɪŋ, -z

roisterous
BR ˈrɔɪst(ə)rəs
AM ˈrɔɪst(ə)rəs

Rojas
BR ˈrəʊhas
AM ˈroʊˌhas

Rokeby
BR ˈrəʊkbi
AM ˈroʊkbi

Roker
BR ˈrəʊkə(r)
AM ˈroʊkər

Roland
BR ˈrəʊlənd
AM ˈroʊlən(d)

rôle
BR rəʊl, -z
AM roʊl, -z

role-play
BR ˈrəʊlpleɪ, -z
AM ˈroʊlˌpleɪ, -z

Rolex
BR ˈrəʊlɛks
AM ˈroʊˌlɛks

Rolf
BR rɒlf
AM ralf, rɔlf

Rolfe
BR rɒlf
AM ralf, rɔlf

roll
BR rəʊl, -z, -ɪŋ, -d
AM roʊl, -z, -ɪŋ, -d

rollable
BR ˈrəʊləbl
AM ˈroʊləb(ə)l

rollaway
BR ˈrəʊləweɪ, -z
AM ˈroʊləˌweɪ, -z

rollback
BR ˈrəʊlbak, -s
AM ˈroʊlˌbæk, -s

rollbar
BR ˈrəʊlbɑː(r), -z
AM ˈroʊlˌbɑr, -z

rollcall
BR ˈrəʊlkɔːl, -z
AM ˈroʊlˌkal, ˈroʊlˌkɔl, -z

Rollei
BR ˈrəʊlʌɪ
AM ˈroʊlaɪ

roller
BR ˈrəʊlə(r), -z
AM ˈroʊlər, -z

rollerball
BR ˈrəʊləbɔːl, -z
AM ˈroʊlərˌbal, ˈroʊlərˌbɔl, -z

rollerblade
BR ˈrəʊləbleɪd, -z, -ɪŋ, -ɪd
AM ˈroʊlərˌbleɪd, -z, -ɪŋ, -ɪd

rollerblader
BR ˈrəʊləˌbleɪdə(r), -z
AM ˈroʊlərˌbleɪdər, -z

rollick
BR ˈrɒl|ɪk, -ɪks, -ɪkɪŋ, -ɪkt
AM ˈralɪk, -s, -ɪŋ, -t

rollickingly
BR ˈrɒlɪkɪŋli
AM ˈralɪkɪŋli

rollie
BR ˈrəʊl|i, -ɪz
AM ˈroʊli, -z

Rollins
BR ˈrɒlɪnz
AM ˈrɑlənz

rollmop
BR ˈrəʊlmɒp, -s
AM ˈroʊlˌmɑp, -s

Rollo
BR ˈrɒləʊ
AM ˈrɑloʊ

roll-on
BR ˈrəʊlɒn, -z
AM ˈroʊlˌɑn, -z

roll-on roll-off
BR ˌrəʊlɒn ˌrəʊlˈɒf
AM ˌroʊlˌɑn ˌroʊlˈɑf

Rolls
BR rəʊlz
AM roʊlz

Rolls-Royce
BR ˌrəʊlzˈrɔɪs, -ɪz
AM ˌˈroʊlzˈrɔɪs, -ɪz

rolltop
BR ˌrəʊlˈtɒp, -s
AM ˈroʊlˌtɑp, -s

Rolo
BR ˈrəʊləʊ, -z
AM ˈroʊloʊ, -z

Rolodex
BR ˈrəʊlədɛks
AM ˈroʊləˌdɛks

roly-poly
BR ˌrəʊliˈpəʊlli, -ɪz
AM ˌroʊliˈpoʊli, -z

ROM
BR rɒm
AM rɑm

Rom
BR rɒm, rəʊm, -z
AM roʊm, -z

Roma
BR ˈrəʊmə(r)
AM ˈroʊmə
IT ˈroma

Romaic
BR rə(ʊ)ˈmeɪɪk
AM roʊˈmeɪɪk

romaine
BR rə(ʊ)ˈmeɪn
AM roʊˈmeɪn

romaji
BR ˈrəʊmədʒi
AM ˈroʊmədʒi

Roman
BR ˈrəʊmən, -z
AM ˈroʊm(ə)n, -z

roman-à-clef
BR ˌrəʊmɑːnɑːˈkleɪ,
rə(ʊ)ˌmɑːnɑːˈkleɪ, -z
AM ˌˈroʊˌmanəˈkleɪ, -z

Roman Catholic
BR ˌrəʊmən ˈkæθlɪk,
ˌrəʊmən ˈkæθlɪk, -s
AM ˌˈroʊm(ə)n ˈkæθ(ə)lɪk, -s

Roman Catholicism
BR ˌrəʊmən kəˈθɒlɪsɪzm
AM ˌˈroʊm(ə)n kəˈθɑləˌsɪz(ə)m

Romance *noun, language*
BR rə(ʊ)ˈmans
AM ˈroʊˌmæns, roʊˈmæns

romance[1] *noun, love, fantasy*
BR rə(ʊ)ˈmans, ˈrəʊmans, -ɪz
AM ˈroʊˌmæns, roʊˈmæns, -əz

romance[2] *verb*
BR rə(ʊ)ˈmans, ˈrəʊmans, -ɪz, -ɪŋ, -t
AM ˈroʊˌmæns, roʊˈmæns, -əz, -ɪŋ, -t

romancer
BR rə(ʊ)ˈmansə(r), ˈrəʊmansə(r), -z
AM ˈroʊˌmænsər, roʊˈmænsər, -z

Romanesque
BR ˌrəʊməˈnɛsk
AM ˌroʊməˈnɛsk

roman-fleuve
BR ˌrəʊmɑːnˈflɜːv, rə(ʊ)ˌmɑːnˈflɜːv, -z
AM ˌˈroʊˌmanˈflɜv, -z
FR rɔmɑ̃ flœv

Romania
BR ruːˈmeɪniə(r), rʊˈmeɪniə(r)
AM ruˈmeɪniə, roʊˈmeɪniə

Romanian
BR ruːˈmeɪniən, rʊˈmeɪniən, -z
AM ruˈmeɪniən, roʊˈmeɪniən, -z

Romanic
BR rə(ʊ)ˈmanɪk
AM roʊˈmænɪk

romanisation
BR ˌrəʊmənʌɪˈzeɪʃn
AM ˌroʊməˌnaɪˈzeɪʃ(ə)n, ˌroʊmənəˈzeɪʃ(ə)n

romanise
BR ˈrəʊmənʌɪz, -ɪz, -ɪŋ, -d
AM ˈroʊməˌnaɪz, -ɪz, -ɪŋ, -d

Romanish
BR ˈrəʊmənɪʃ
AM ˈroʊmənɪʃ

Romanism
BR ˈrəʊmənɪzm
AM ˈroʊməˌnɪz(ə)m

Romanist
BR ˈrəʊmənɪst, -s
AM ˈroʊmənəst, -s

romanization
BR ˌrəʊmənʌɪˈzeɪʃn
AM ˌroʊməˌnaɪˈzeɪʃ(ə)n, ˌroʊmənəˈzeɪʃ(ə)n

romanize
BR ˈrəʊmənʌɪz, -ɪz, -ɪŋ, -d
AM ˈroʊməˌnaɪz, -ɪz, -ɪŋ, -d

Romano
BR rə(ʊ)ˈmɑːnəʊ, ˈrəʊmənəʊ, -z
AM roʊˈmɑnoʊ, -z

Romano-
BR rə(ʊ)ˈmɑːnəʊ, ˈrəʊmənəʊ
AM roʊˈmɑnoʊ

Romano-British
BR rə(ʊ)ˌmɑːnəʊˈbrɪtɪʃ, ˌrəʊmənəʊˈbrɪtɪʃ
AM roʊˌmɑnoʊˈbrɪdɪʃ

Romanov
BR ˈrəʊmənɒf, ˈrəʊmənɒv
AM ˈroʊməˌnɑf, ˈroʊməˌnɑv, ˈroʊməˌnaf, ˈroʊməˌnɑv
RUS rɑˈmanəf

romans-à-clef
BR ˌrəʊmɑːnɑːˈkleɪ, rə(ʊ)ˌmɑːnɑːˈkleɪ
AM ˌˈroʊˌmanəˈkleɪ

Romansh
BR rə(ʊ)ˈmanʃ
AM roʊˈmæn(t)ʃ, roʊˈman(t)ʃ

romantic
BR rə(ʊ)ˈmantɪk, -s
AM roʊˈmæn(t)ɪk, -s

romantical
BR rə(ʊ)ˈmantɪkl
AM roʊˈmæn(t)ək(ə)l

romantically
BR rə(ʊ)ˈmantɪkli
AM roʊˈmæn(t)ək(ə)li

romanticisation
BR rə(ʊ)ˌmantɪsʌɪˈzeɪʃn
AM roʊˌmæn(t)əˌsaɪˈzeɪʃ(ə)n, roʊˌmæn(t)əsəˈzeɪʃ(ə)n

romanticise
BR rə(ʊ)ˈmantɪsʌɪz, -ɪz, -ɪŋ, -d
AM roʊˈmæn(t)əˌsaɪz, -ɪz, -ɪŋ, -d

romanticism
BR rə(ʊ)ˈmantɪsɪzm
AM roʊˈmæn(t)əˌsɪz(ə)m

romanticist
BR rə(ʊ)ˈmantɪsɪst, -s
AM roʊˈmæn(t)əsəst, -s

romanticization
BR rə(ʊ)ˌmantɪsʌɪˈzeɪʃn
AM roʊˌmæn(t)əˌsaɪˈzeɪʃ(ə)n, roʊˌmæn(t)əsəˈzeɪʃ(ə)n

romanticize
BR rə(ʊ)ˈmantɪsʌɪz, -ɪz, -ɪŋ, -d
AM roʊˈmæn(t)əˌsaɪz, -ɪz, -ɪŋ, -d

Romany
BR ˈrəʊmən|i, -ɪz
AM ˈraməni,
ˈroʊməni, -z
Romberg
BR ˈrɒmbəːg
AM ˈram,bərg
Rome
BR rəʊm
AM roʊm
Romeo
BR ˈrəʊmiəʊ, -z
AM ˈroʊmioʊ, -z
IT roˈmɛo
romer
BR ˈrəʊmə(r), -z
AM ˈroʊmər, -z
Romero
BR rɒˈmɛːrəʊ
AM roʊˈmɛroʊ,
rəˈmɛroʊ
romesco
BR rə(ʊ)ˈmɛskəʊ
AM roʊˈmɛskoʊ
Romish
BR ˈrəʊmɪʃ
AM ˈroʊmɪʃ
Rommel
BR ˈrɒml
AM ˈram(ə)l
Romney
BR ˈrɒmni
AM ˈramni
romneya
BR ˈrɒmniə(r), -z
AM ˈramniə, -z
romp
BR rɒm|p, -ps, -pɪŋ,
-(p)t
AM ramp, -s, -ɪŋ, -t
romper
BR ˈrɒmpə(r), -z
AM ˈrampər, -z
rompingly
BR ˈrɒmpɪŋli
AM ˈrampɪŋli
rompy
BR ˈrɒmp|i, -iə(r), -ɪɪst
AM ˈrampi, -ər, -ɪst
Romsey
BR ˈrɒmzi
AM ˈramzi

Romulus
BR ˈrɒmjʊləs
AM ˈramjələs
Ron
BR rɒn
AM ran
rona
BR ˈrəʊnə(r)
AM ˈroʊnə
Ronald
BR ˈrɒnld
AM ˈranəl(d)
Ronaldsay
BR ˈrɒnl(d)seɪ
AM ˈranəl(d),seɪ
Ronaldsway
BR ˈrɒnl(d)zweɪ
AM ˈranəl(d),zweɪ
Ronan
BR ˈrəʊnən
AM ˈroʊnən
Roncesvalles
BR ˈrõsəvɑːl,
ˈrõsəval
AM ,ransəˈval(z),
,rɒnsəˈval(z)
rondavel
BR rɒnˈdɑːvl,
-z
AM ˈrandə,vɛl,
-z
ronde
BR rɒnd, -z
AM rand, -z
FR rõd
rondeau
BR ˈrɒndəʊ, -z
AM ,ranˈdoʊ,
-z
FR rõdo
rondeaux
BR ˈrɒndəʊ(z)
AM ,ranˈdoʊ
FR rõdo
rondel
BR ˈrɒndl, -z
AM ,ranˈdɛl,
ˈrandəl, -z
rondo
BR ˈrɒndəʊ,
-z
AM ˈran,doʊ, -z

Rondônia
BR rɒnˈdəʊnɪə(r)
AM ranˈdoʊnɪə,
rɒnˈdoʊnɪə
B PORT xõdoˈnja
L PORT Kõˈdonja
rone
BR ˈrəʊn, -z
AM ˈroʊn, -z
roneo
BR ˈrəʊnɪəʊ, -z, -ɪŋ, -d
AM ˈroʊnioʊ, -z, -ɪŋ, -d
ronggeng
BR ˈrɒŋgɛŋ, -z
AM ˈraŋgɛŋ, ˈrɒŋgɛŋ, -z
ronin
BR ˈrəʊnɪn, -z
AM ˈroʊnən, -z
Ronnie
BR ˈrɒni
AM ˈrani
Ronsard
BR rɒnˈsɑː(r)
AM ranˈsar, rɒnˈsar
FR rõsar
Ronson
BR ˈrɒns(ə)n
AM ˈrans(ə)n
röntgen
BR ˈrʌntjən, ˈrəːntjən,
ˈrɒntjən, ˈrʌntgən,
ˈrəːntgən, ˈrɒntgən
AM ˈrɛntdʒ(ə)n,
ˈrɛntgən
röntgenography
BR ,rʌntjəˈnɒgrəfi,
,rəːntjəˈnɒgrəfi,
,rɒntjəˈnɒgrəfi,
,rʌntgəˈnɒgrəfi,
,rəːntgəˈnɒgrəfi,
,rɒntgəˈnɒgrəfi
AM ,rɛntdʒəˈnagrəfi,
,rɛntgəˈnagrəfi
röntgenology
BR ,rʌntjəˈnɒlədʒi,
,rəːntjəˈnɒlədʒi,
,rɒntjəˈnɒlədʒi,
,rʌntgəˈnɒlədʒi,
,rəːntgəˈnɒlədʒi,
,rɒntgəˈnɒlədʒi
AM ,rɛntdʒəˈnalədʒi,
,rɛntgəˈnalədʒi

roo
BR ruː, -z
AM ru, -z
rood
BR ruːd, -z
AM rud, -z
roodscreen
BR ˈruːdskriːn, -z
AM ˈrud,skrin, -z
roof
BR ruːf, rʊf,
ruːfs\ruːvz\rʊfs,
ˈruːfɪŋ\ˈruːvɪŋ\ˈrʊfɪŋ,
ruːft\ruːvd\rʊft
AM rʊf, ruf, -s, -ɪŋ, -t
roofage
BR ˈruːf|ɪdʒ, -ɪdʒɪz
AM ˈrʊfɪdʒ, ˈrufɪdʒ,
-ɪz
roofer
BR ˈruːfə(r), ˈrʊfə(r),
-z
AM ˈrʊfər, ˈrufər, -z
roofing
BR ˈruːfɪŋ, ˈruːvɪŋ,
ˈrʊfɪŋ
AM ˈrʊfɪŋ, ˈrufɪŋ
roofless
BR ˈruːfləs, ˈrʊfləs
AM ˈrʊfləs, ˈrufləs
roofline
BR ˈruːflʌɪn, ˈrʊflʌɪn,
-z
AM ˈrʊf,laɪn, ˈruf,laɪn,
-z
roofscape
BR ˈruːfskeɪp,
ˈrʊfskeɪp, -s
AM ˈrʊf,skeɪp,
ˈruf,skeɪp, -z
rooftop
BR ˈruːftɒp, ˈrʊftɒp,
-s
AM ˈrʊf,tap, ˈruf,tap,
-s
rooftree
BR ˈruːftriː,
ˈrʊftriː, -z
AM ˈrʊf,tri, ˈruf,tri, -z
rooibos
BR ˈrɔɪbɒs, -ɪz
AM ˈrɔɪbas, -əz

rooinek
BR ˈrɔɪnɛk, -s
AM ˈrɔɪnɛk, -s
rook
BR rʊk, -s, -ɪŋ, -t
AM rʊk, -s, -ɪŋ, -t
Rooke
BR rʊk
AM rʊk
rookery
BR ˈrʊk(ə)r|i, -ɪz
AM ˈrʊkəri, -z
rookie
BR ˈrʊk|i, -ɪz
AM ˈrʊki, -z
rooklet
BR ˈrʊklɪt, -s
AM ˈrʊklət, -s
rookling
BR ˈrʊklɪŋ, -z
AM ˈrʊklɪŋ, -z
rooky
BR ˈrʊk|i, -ɪz
AM ˈrʊki, -z
room
BR ruːm, rʊm, -z
AM rʊm, rum, -z
Roome
BR ruːm
AM rʊm, rum
roomer
BR ˈruːmə(r),
ˈrʊmə(r), -z
AM ˈrʊmər, ˈrumər, -z
roomette
BR ruːˈmɛt, rʊˈmɛt, -s
AM rʊˈmɛt, ruˈmɛt, -s
roomful
BR ˈruːmfʊl,
ˈrʊmfʊl, -z
AM ˈrʊmˌfʊl,
ˈrumˌfʊl, -z
roomie
BR ˈruːm|i, ˈrʊm|i,
-ɪz
AM ˈrʊmi, ˈrumi, -z
roomily
BR ˈruːmɪli, ˈrʊmɪli
AM ˈrʊməli, ˈruməli
roominess
BR ˈruːmɪnɪs, ˈrʊmɪnɪs
AM ˈrʊmɪnɪs, ˈrumɪnɪs

roommate
BR ˈruːmmeɪt,
ˈrʊmmeɪt, -s
AM ˈrʊ(m)ˌmeɪt,
ˈru(m)ˌmeɪt, -s
roomy
BR ˈruːm|i, ˈrʊm|i,
-ɪə(r), -ɪst
AM ˈrʊmi, ˈrumi,
-ər, -ɪst
Rooney
BR ˈruːni
AM ˈruni
Roosevelt
BR ˈrəʊzəvɛlt,
ˈruːzəvɛlt
AM ˈrʊzəˌvɛlt
roost
BR ruːst, -s, -ɪŋ, -ɪd
AM rust, -s, -ɪŋ, -əd
rooster
BR ˈruːstə(r), -z
AM ˈrustər, -z
root
BR ruːt, -s, -ɪŋ, -ɪd
AM rʊ|t, ru|t, -ts, -dɪŋ,
-dəd
rootage
BR ˈruːt|ɪdʒ, -ɪdʒɪz
AM ˈrʊdɪdʒ, ˈrudɪdʒ, -ɪz
rootbeer
BR ˈruːtbɪə(r)
AM ˈrʊtˌbɪ(ə)r,
ˈrutˌbɪ(ə)r
rootedness
BR ˈruːtɪdnɪs
AM ˈrʊdədnəs,
ˈrudədnəs
rooter
BR ˈruːtə(r), -z
AM ˈrʊdər, ˈrudər, -z
Rootes
BR ˈruːts
AM rʊts, ruts
rootle
BR ˈruːt|l, -lz,
-lɪŋ\-lɪŋ, -ld
AM ˈrʊdəl, ˈrudəl, -z,
-ɪŋ, -d
rootless
BR ˈruːtləs
AM ˈrʊtləs, ˈrutləs

rootlessness
BR ˈruːtləsnəs
AM ˈrʊtləsnəs,
ˈrutləsnəs
rootlet
BR ˈruːtlɪt, -s
AM ˈrʊtlət, ˈrutlət, -z
rootlike
BR ˈruːtlʌɪk
AM ˈrʊtˌlaɪk, ˈrutˌlaɪk
root-mean-square
BR ˌruːtˌmiːnˈskwɛː(r),
-z
AM ˈrʊtˌminˈskwɛ(ə)r,
ˌrutˌminˈskwɛ(ə)r, -z
rootstock
BR ˈruːtstɒk, -s
AM ˈrʊtˌstɑk,
ˈrutˌstɑk, -s
rootsy
BR ˈruːts|i, -ɪə(r), -ɪst
AM ˈrʊtsi, ˈrutsi, -ər,
-ɪst
rooty
BR ˈruːt|i, -ɪə(r), -ɪst
AM ˈrʊdi, ˈrudi, -ər,
-ɪst
rooves
BR ˈruːvz
AM ˈruvz
rope
BR rəʊp, -s, -ɪŋ, -t
AM roʊp, -s, -ɪŋ, -t
ropeable
BR ˈrəʊpəbl
AM ˈroʊpəb(ə)l
ropedancer
BR ˈrəʊpˌdɑːnsə(r), -z
AM ˈroʊpˌdænsər, -z
ropemanship
BR ˈrəʊpmənʃɪp
AM ˈroʊpmənˌʃɪp
Roper
BR ˈrəʊpə(r)
AM ˈroʊpər
ropewalk
BR ˈrəʊpwɔːk, -s
AM ˈroʊpˌwɑk,
ˈroʊpˌwɔk, -s
ropeway
BR ˈrəʊpweɪ, -z
AM ˈroʊpˌweɪ, -z

ropey
BR ˈrəʊp|i, -ɪə(r), -ɪst
AM ˈroʊpi, -ər, -ɪst
ropily
BR ˈrəʊpɪli
AM ˈroʊpəli
ropiness
BR ˈrəʊpɪnɪs
AM ˈroʊpɪnɪs
roping
BR ˈrəʊpɪŋ, -z
AM ˈroʊpɪŋ, -z
ropy
BR ˈrəʊp|i, -ɪə(r), -ɪst
AM ˈroʊpi, -ər, -ɪst
roque
BR rəʊk
AM roʊk
Roquefort
BR ˈrɒkfɔː(r), -z
AM ˈroʊkfərt, -s
FR ʀɔkfɔʀ
roquelaure
BR ˈrɒk(ə)lɔː(r), -z
AM ˈroʊkəˌlɔ(ə)r,
ˈrɔkəˌlɔ(ə)r, -z
roquet
BR ˈrəʊk|i, ˈrəʊk|eɪ,
-ɪz\-eɪz, -ɪɪŋ\-eɪɪŋ,
-ɪd\-eɪd
AM roʊˈkeɪ, -z,
-ɪŋ, -d
Roraima
BR rɒˈrʌɪmə(r)
AM rɔˈraɪmə
Rorke
BR rɔːk
AM rɔ(ə)rk
ro-ro
BR ˈrəʊrəʊ, -z
AM ˈroʊˌroʊ, -z
rorqual
BR ˈrɔːkw(ə)l, -z
AM ˈrɔrkwəl, -z
Rorschach test
BR ˈrɔːʃɑːk tɛst,
ˈrɔːʃak +, -s
AM ˈrɔrˌʒɑk ˌtɛst,
ˈrɔrˌʃɑk ˌtɛst, -s
rort
BR rɔːt, -s
AM rɔ(ə)rt, -s

rorting
BR ˈrɔːtɪŋ
AM ˈrɔrdɪŋ

rorty
BR ˈrɔːt|i, -ɪə(r), -ɪst
AM ˈrɔrdi, -ər, -ɪst

Rory
BR ˈrɔːri
AM ˈrɔri

Ros
BR rɒz
AM rɑz

Rosa
BR ˈrəʊzə(r)
AM ˈroʊzə

rosace
BR ˈrəʊzeɪs, -ɪz
AM ˈroʊzɑs, ˈroʊzeɪs, -əs

rosaceous
BR rə(ʊ)ˈzeɪʃəs
AM roʊˈzeɪʃəs

rosado
BR rə(ʊ)ˈzɑːdəʊ, -z
AM roʊˈzɑdoʊ, -z

Rosaleen
BR ˈrɒzəliːn, ˈrəʊzəliːn
AM ˈroʊzəˌlin

Rosalie
BR ˈrəʊzəli
AM ˈroʊzəli

Rosalind
BR ˈrɒzəlɪnd
AM ˈrɑz(ə)lən(d), ˈroʊz(ə)lən(d)

rosaline
BR ˈrəʊzəliːn, -z
AM ˈroʊz(ə)l(ə)n, ˈroʊzəˌlin, -z

Rosalyn
BR ˈrɒzəlɪn
AM ˈrɑz(ə)l(ə)n, ˈroʊz(ə)l(ə)n

Rosamond
BR ˈrɒzəmʌnd
AM ˈroʊzəmən(d)

Rosamund
BR ˈrɒzəmʌnd
AM ˈroʊzəmən(d)

rosaniline
BR rə(ʊ)ˈzænɪliːn, rə(ʊ)ˈzænl̩iːn, rə(ʊ)ˈzænɪlʌɪn, rə(ʊ)ˈzænl̩ʌɪn, rə(ʊ)ˈzænɪlɪn, rə(ʊ)ˈzænl̩ɪn
AM roʊˈzænəl(ə)n, roʊˈzænəˌlaɪn

Rosanna
BR rə(ʊ)ˈzænə(r)
AM roʊˈzænə

Rosanne
BR rə(ʊ)ˈzan
AM roʊˈzæn

rosaria
BR rə(ʊ)ˈzɛrɪə(r)
AM roʊˈzɛriə

rosarian
BR rə(ʊ)ˈzɛrɪən, -z
AM roʊˈzɛriən, -z

Rosario
BR rə(ʊ)ˈzɑːrɪəʊ
AM roʊˈsɑrioʊ

rosarium
BR rə(ʊ)ˈzɛrɪəm
AM roʊˈzɛriəm

rosary
BR ˈrəʊz(ə)r|i, -ɪz
AM ˈroʊz(ə)ri, -z

Roscian
BR ˈrɒsɪən, ˈrɒʃ(ɪə)n
AM ˈrɑʃ(i)ən

Roscius
BR ˈrɒsɪəs, ˈrɒʃɪəs
AM ˈrɑʃɪəs, ˈrɑsɪəs

roscoe
BR ˈrɒskəʊ, -z
AM ˈrɑskoʊ, -z

Roscommon
BR rɒsˈkɒmən
AM rɑsˈkɑm(ə)n

rose
BR rəʊz, -ɪz
AM roʊz, -əz

rosé
BR ˈrəʊzeɪ
AM roʊˈzeɪ

Roseanne
BR rə(ʊ)ˈzan
AM roʊˈzæn

roseate
BR ˈrəʊzɪət, ˈrəʊzɪeɪt
AM ˈroʊziˌeɪt, ˈroʊziɪt

rosebay
BR ˈrəʊzbeɪ
AM ˈroʊzˌbeɪ

Rosebery
BR ˈrəʊzb(ə)ri
AM ˈroʊzˌbɛri

rose bowl
BR ˈrəʊz bəʊl, -z
AM ˈroʊz ˌboʊl, -z

rosebud
BR ˈrəʊzbʌd, -z
AM ˈroʊzˌbəd, -z

rosebush
BR ˈrəʊzbʊʃ, -ɪz
AM ˈroʊzˌbʊʃ, -əz

rose-chafer
BR ˈrəʊzˌtʃeɪfə(r), -z
AM ˈroʊzˌtʃeɪfər, -z

rosehip
BR ˈrəʊzhɪp, -s
AM ˈroʊzˌ(h)ɪp, -s

roseless
BR ˈrəʊzləs
AM ˈroʊzləs

roselike
BR ˈrəʊzlʌɪk
AM ˈroʊzˌlaɪk

rosella
BR rə(ʊ)ˈzɛlə(r)
AM roʊˈzɛlə

rosemaling
BR ˈrəʊzəˌmɑːlɪŋ, ˈrəʊzəˌmɔːlɪŋ, ˈrəʊsəˌmɑːlɪŋ, ˈrəʊsəˌmɔːlɪŋ
AM ˈroʊzəˌmɑlɪŋ

rosemary
BR ˈrəʊzm(ə)r|i, -ɪz
AM ˈroʊzˌmɛri, -z

Rosen
BR ˈrəʊzn
AM ˈroʊzn

Rosenberg
BR ˈrəʊznbɜːg
AM ˈroʊzənˌbɜrg

Rosencrantz
BR ˈrəʊznkran(t)s
AM ˈroʊzənˌkræn(t)s

Rosenthal
BR ˈrəʊzntɑːl, ˈrəʊznθɔːl
AM ˈroʊzənˌθɑl, ˈroʊzənˌθɔl

Rosenwald
BR ˈrəʊznwɔːld
AM ˈroʊzənˌwald
GER ˈroːzn̩valt

roseola
BR rə(ʊ)ˈziːələ(r), ˌrəʊzɪˈəʊlə(r), -z
AM roʊˈziələ, ˌroʊziˈoʊlə, -z

roseolar
BR rə(ʊ)ˈziːələ(r), ˌrəʊzɪˈəʊlə(r)
AM roʊˈziələr, ˌroʊziˈoʊlər

roseolous
BR rə(ʊ)ˈziːələs, ˌrəʊzɪˈəʊləs
AM roʊˈziələs, ˌroʊziˈoʊləs

rosery
BR ˈrəʊz(ə)r|i, -ɪz
AM ˈroʊzəri, -z

Rosetta Stone
BR rə(ʊ)ˈzɛtə stəʊn
AM roʊˈzɛdə ˌstoʊn

rosette
BR rə(ʊ)ˈzɛt, -s
AM roʊˈzɛt, -s

rosetted
BR rə(ʊ)ˈzɛtɪd
AM roʊˈzɛdəd

Rosewall
BR ˈrəʊzwɔːl
AM ˈroʊzˌwal, ˈroʊzˌwɔl

rosewater
BR ˈrəʊzˌwɔːtə(r)
AM ˈroʊzˌwadər, ˈroʊzˌwɔdər

rosewood
BR ˈrəʊzwʊd
AM ˈroʊzˌwʊd

Rosh Hashana
BR ˌrɒʃ həˈʃɑːnə(r)
AM ˌrɑʃ(h)əˈʃɑnə, ˌrɔʃ(h)əˈʃɑnə

Rosh Hashanah
BR ˌrɒʃ həˈʃɑːnə(r)
AM ˌrɑʃ(h)əˈʃɑnə,
ˌrɔʃ(h)əˈʃɑnə
Rosicrucian
BR ˌrəʊzɪˈkruːʃn, -z
AM ˌrɑzəˈkruʃ(ə)n,
ˌroʊzəˈkruʃ(ə)n, -z
Rosicrucianism
BR ˌrəʊzɪˈkruːʃnɪzm
AM ˌrɑzəˈkruʃə-
ˌnɪz(ə)m, ˌroʊzə-
ˈkruʃəˌnɪz(ə)m
Rosie
BR ˈrəʊzi
AM ˈroʊzi
rosily
BR ˈrəʊzɪli
AM ˈroʊzəli
rosin
BR ˈrɒzɪn
AM ˈrɑzn
rosiness
BR ˈrəʊzɪnɪs
AM ˈroʊzɪnɪs
rosiny
BR ˈrɒzɪni, ˈrɒzn̩i
AM ˈrɑzn̩i
Roskilde
BR ˈrɒskɪld
AM ˈrɑsˌkɪld(ə)
DAN ˈKʌsˌkilə
Roslea
BR (ˌ)rɒsˈleɪ
AM rɑsˈleɪ,
rɔsˈleɪ
rosoglio
BR rə(ʊ)ˈzəʊliəʊ,
rɒˈzəʊliəʊ, -z
AM rəˈzoʊlioʊ,
roʊˈzoʊlioʊ, -z
rosolio
BR rə(ʊ)ˈzəʊliəʊ,
rɒˈzəʊliəʊ, -z
AM rəˈzoʊlioʊ,
roʊˈzoʊlioʊ, -z
ROSPA, RoSPA
BR ˈrɒspə(r)
AM ˈrɑspə
Ross
BR rɒs
AM rɑs, rɔs

Rossellini
BR ˌrɒsəˈliːni
AM ˌrɑsəˈlini,
ˌrɔsəˈlini
IT rosselˈlini
Rossendale
BR ˈrɒsndeɪl
AM ˈrɑsənˌdeɪl,
ˈrɔsənˌdeɪl
Rosser
BR ˈrɒsə(r)
AM ˈrɑsər, ˈrɔsər
Rossetti
BR rɒˈzeti
AM ˌroʊˈzedi,
rəˈzedi
Rossi
BR ˈrɒsi
AM ˈrɑsi, ˈrɔsi
IT ˈrossi
Rossini
BR rɒˈsiːni
AM rəˈsini
IT rosˈsini
Rossiter
BR ˈrɒsɪtə(r)
AM ˈrɑsədər,
ˈrɔsədər
Rosslare
BR ˌrɒsˈleː(r)
AM ˌrɑsˈlɛ(ə)r
Rosslyn
BR ˈrɒslɪn
AM ˈrɑsl(ə)n, ˈrɔsl(ə)n
Ross-on-Wye
BR ˌrɒsɒnˈwaɪ
AM ˌrɑsˌɑnˈwaɪ,
ˌrɔsˌɑnˈwaɪ
roster
BR ˈrɒst|ə(r), -əz,
-(ə)rɪŋ, -əd
AM ˈrɑst|ər, ˈrɔst|ər,
-ərz, -(ə)rɪŋ, -ərd
Rostock
BR ˈrɒstɒk
AM ˈrɑstɑk
rostra
BR ˈrɒstrə(r)
AM ˈrɑstrə, ˈrɔstrə
rostral
BR ˈrɒstr(ə)l
AM ˈrɑstrəl, ˈrɔstrəl

rostrally
BR ˈrɒstrəli, ˈrɒstrl̩i
AM ˈrɑstrəli, ˈrɔstrəli
rostrate
BR ˈrɒstreɪt
AM ˈrɑsˌtreɪt, ˈrɔsˌtreɪt
rostrated
BR rɒˈstreɪtɪd
AM ˈrɑsˌtreɪdɪd,
ˈrɔsˌtreɪdɪd
Rostrevor
BR (ˌ)rɒsˈtrɛvə(r)
AM rɑsˈtrɛvər,
rɔsˈtrɛvər
rostriferous
BR rɒˈstrɪf(ə)rəs
AM rɑsˈtrɪf(ə)rəs,
rɔsˈtrɪf(ə)rəs
rostriform
BR ˈrɒstrɪfɔːm
AM ˈrɑstrəˌfɔ(ə)rm,
ˈrɔstrəˌfɔ(ə)rm
Rostropovich
BR ˌrɒstrəˈpəʊvɪtʃ
AM ˌrɑstrəˈpoʊvɪtʃ,
ˌrɔstrəˈpoʊvɪtʃ
RUS rəstraˈpovʲitʃ
rostrum
BR ˈrɒstrəm, -z
AM ˈrɑstrəm,
ˈrɔstrəm, -z
Roswell
BR ˈrɒzwɛl
AM ˈrɑzˌwɛl
rosy
BR ˈrəʊz|i, -ɪə(r), -ɪɪst
AM ˈroʊzi, -ər, -ɪst
Rosyth
BR rɒˈsʌɪθ
AM rəˈsaɪθ
rot
BR rɒt, -s, -ɪŋ, -ɪd
AM rɑ|t, -ts, -dɪŋ, -dəd
rota
BR ˈrəʊtə(r), -z, -d
AM ˈroʊdə, -z, -d
Rotarian
BR rə(ʊ)ˈtɛːrɪən, -z
AM roʊˈtɛrɪən, -z
rotary
BR ˈrəʊt(ə)r|i, -ɪz
AM ˈroʊdəri, -z

rotatable
BR rə(ʊ)ˈteɪtəbl
AM roʊˈteɪdəb(ə)l,
ˈroʊˌteɪdəb(ə)l
rotate
BR rə(ʊ)ˈteɪt, -s, -ɪŋ,
-ɪd
AM ˈroʊˌteɪ|t, -ts, -dɪŋ,
-dɪd
rotation
BR rə(ʊ)ˈteɪʃn, -z
AM roʊˈteɪʃ(ə)n, -z
rotational
BR rə(ʊ)ˈteɪʃn̩l
AM roʊˈteɪʃ(ə)n(ə)l
rotationally
BR rə(ʊ)ˈteɪʃn̩li,
rə(ʊ)ˈteɪʃnəli
AM roʊˈteɪʃ(ə)nəli
rotative
BR rə(ʊ)ˈteɪtɪv,
ˈrəʊtətɪv
AM roʊˈteɪdɪv,
ˈroʊdədɪv
rotatively
BR rə(ʊ)ˈteɪtɪvli,
ˈrəʊtətɪvli
AM roʊˈteɪdɪvli,
ˈroʊdədɪvli
rotator
BR rə(ʊ)ˈteɪtə(r), -z
AM ˈroʊˌteɪdər, -z
rotatory
BR rə(ʊ)ˈteɪt(ə)ri,
ˈrəʊtət(ə)ri
AM ˈroʊdəˌtɔri
rotavate
BR ˈrəʊtəveɪt, -s, -ɪŋ, -ɪd
AM ˈroʊdəˌveɪ|t, -ts,
-dɪŋ, -dɪd
Rotavator
BR ˈrəʊtəveɪtə(r), -z
AM ˈroʊdəˌveɪdər, -z
rotavirus
BR ˈrəʊtəˌvʌɪrəs, -ɪz
AM ˈroʊdəˌvaɪrəs, -əz
rote
BR rəʊt
AM roʊt
rotelle
BR rəʊˈtɛleɪ
AM roʊˈtɛl(eɪ)

rotenone
BR ˈrəʊtɪnəʊn
AM ˈroʊtn̩ˌoʊn

rotgut
BR ˈrɒtɡʌt
AM ˈrɑtˌɡət

Roth
BR rɒθ, rəʊθ
AM rɑθ, rɔθ

Rothamsted
BR ˈrɒθ(ə)mstɛd
AM ˈrɑθəmˌstɛd

Rother
BR ˈrɒðə(r)
AM ˈrɑðər

Rotherham
BR ˈrɒð(ə)rəm
AM ˈrɑðərəm

Rotherhithe
BR ˈrɒðəhʌɪð
AM ˈrɑðər,(h)aɪð

Rothermere
BR ˈrɒðəmɪə(r)
AM ˈrɑðərˌmɪ(ə)r

Rothesay
BR ˈrɒθsi, ˈrɒθseɪ
AM ˈrɑθsi

Rothko
BR ˈrɒθkəʊ
AM ˈrɑθkoʊ, ˈrɔθkoʊ

Rothman
BR ˈrɒθmən
AM ˈrɑθm(ə)n

Rothschild
BR ˈrɒθ(s)tʃʌɪld
AM ˈrɑθˌtʃaɪld, ˈrɔθˌtʃaɪld

Rothwell
BR ˈrɒθw(ɛ)l
AM ˈrɑθˌwɛl

roti
BR ˈrəʊt|i, -ɪz
AM ˈroʊdi, -z

rotifer
BR ˈrəʊtɪfə(r), -z
AM ˈroʊdəfər, -z

Rotifera
BR rəʊˈtɪf(ə)rə(r)
AM roʊˈtɪfərə

rotini
BR rəʊˈtiːni
AM roʊˈtini

rotisserie
BR rə(ʊ)ˈtɪs(ə)r|i, -ɪz
AM roʊˈtɪsəri, -z

rotogravure
BR ˌrəʊtə(ʊ)ɡrəˈvjʊə(r)
AM ˌroʊdəɡrəˈvjʊ(ə)r

rotor
BR ˈrəʊtə(r), -z
AM ˈroʊdər, -z

rotorscope
BR ˈrəʊtəskəʊp, -s, -ɪŋ, -t
AM ˈroʊdərˌskoʊp, -s, -ɪŋ, -t

Rotorua
BR ˌrəʊtəˈruːə(r)
AM ˌroʊdəˈruə

rotoscope
BR ˈrəʊtəskəʊp, -s, -ɪŋ, -t
AM ˈroʊdəˌskoʊp, ɪŋ, -s, -t

rototill
BR ˈrəʊtə(ʊ)tɪl, -z, -ɪŋ, -d
AM ˈroʊdəˌtɪl, -z, -ɪŋ, -d

rotovate
BR ˈrəʊtəveɪt, -s, -ɪŋ, -ɪd
AM ˈroʊdəˌveɪ|t, -ts, -dɪŋ, -dəd

Rotovator
BR ˈrəʊtəveɪtə(r), -z
AM ˈroʊdəˌveɪdər, -z

rot-proof
BR ˈrɒtpruːf
AM ˈrɑtˌpruf

rotten
BR ˈrɒtn̩, -ɪst
AM ˈrɑtn̩, -ɪst

rottenly
BR ˈrɒtnli
AM ˈrɑtnli

rottenness
BR ˈrɒtnnəs
AM ˈrɑt(n)nəs

rotter
BR ˈrɒtə(r), -z
AM ˈrɑdər, -z

Rotterdam
BR ˈrɒtədam
AM ˈrɑdərˌdæm

Rottingdean
BR ˈrɒtɪŋdiːn, ˌrɒtɪŋˈdiːn
AM ˈrɑdɪŋˌdin

Rottweiler
BR ˈrɒtˌwʌɪlə(r), -z
AM ˈrɑtˌwaɪlər, -z

rotund
BR rə(ʊ)ˈtʌnd
AM roʊˈtənd

rotunda
BR rə(ʊ)ˈtʌndə(r), -z
AM roʊˈtəndə, -z

rotundity
BR rə(ʊ)ˈtʌndɪti
AM roʊˈtəndədi

rotundly
BR rə(ʊ)ˈtʌndli
AM roʊˈtən(d)li

rotundness
BR rə(ʊ)ˈtʌn(d)nəs
AM roʊˈtən(d)nəs

Rouault
BR ˌruːˈəʊ
AM ruˈoʊ
FR RWO, RUO

rouble
BR ˈruːbl, -z
AM ˈrubəl, -z

roucou
BR ˌruːˈkuː, -z
AM ˈruˌku, -z

roué
BR ˈruːeɪ, -z
AM ruˈeɪ, -z

Rouen
BR ˈruːɒ̃
AM ˈrwɑn
FR RWɑ̃, RUɑ̃

rouge
BR ruːʒ, -ɪz, -ɪŋ, -d
AM ruʒ, -əz, -ɪŋ, -d

rouge-et-noir
BR ˌruːʒeɪˈnwɑː(r)
AM ˌruʒeɪˈnwɑr

rough
BR rʌf, -s, -ɪŋ, -t, -ə(r), -ɪst
AM rəf, -s, -ɪŋ, -t, -ər, -əst

roughage
BR ˈrʌfɪdʒ
AM ˈrəfɪdʒ

rough-and-ready
BR ˌrʌf(ə)n(d)ˈrɛdi
AM ˌrəfənˈrɛdi

rough-and-tumble
BR ˌrʌf(ə)n(d)ˈtʌmbl
AM ˌrəfənˈtəmbəl

roughcast
BR ˈrʌfkɑːst
AM ˈrəfˌkæst

rough-cut adjective
BR ˌrʌfˈˈkʌt, ˈrʌfkʌt, -s, -ɪŋ
AM ˈrəfˌkə|t

rough-cut verb
BR ˌrʌfˈkʌt
AM ˈrəfˌkə|t, -ts, -dɪŋ

roughen
BR ˈrʌfn̩, -z, -ɪŋ, -d
AM ˈrəfən, -z, -ɪŋ, -d

roughhouse
BR ˈrʌfhaʊ|s, -zɪz, -sɪŋ\-zɪŋ, -st\-zd
AM ˈrəfˌ(h)aʊ|s, -zəz, -zɪŋ, -zd

roughie
BR ˈrʌf|i, -ɪz
AM ˈrəfi, -z

rough-in
BR ˈrʌfɪn, -z
AM ˈrəfˌɪn, -z

roughish
BR ˈrʌfɪʃ
AM ˈrəfɪʃ

roughly
BR ˈrʌfli
AM ˈrəfli

roughneck
BR ˈrʌknɛk, -s
AM ˈrəfˌnɛk, -s

roughness
BR ˈrʌfnəs
AM ˈrəfnəs

roughrider
BR ˈrʌfˌrʌɪdə(r), -z
AM ˈrəfˌraɪdər, -z

roughshod
BR ˈrʌfʃɒd
AM ˈrəfˌʃɑd

Rough Tor
BR ˌraʊ ˈtɔː(r)
AM ˌraʊ ˈtɔ(ə)r
roughy
BR ˈrʌf|i, -ɪz
AM ˈrəfi, -z
rouille
BR ˈruːi
AM ˈrui
roulade
BR ruˈlɑːd, -z
AM ˌruˈlɑd, -z
rouleau
BR ˈruːləʊ,
ruˈləʊ, -z
AM ruˈloʊ, -z
rouleaux
BR ˈruːləʊz,
ruˈləʊz
AM ruˈloʊ
roulement
BR ˈruːlmɒ̃
AM ˈrulmən(t)
roulette
BR ruːˈlet, ruˈlet
AM ruˈlet
Roumania
BR ruːˈmeɪniə(r),
rʊˈmeɪniə(r)
AM ruˈmeɪniə,
roʊˈmeɪniə
Roumanian
BR ruːˈmeɪniən,
rʊˈmeɪniən, -z
AM ruˈmeɪniən,
roʊˈmeɪniən, -z
Roumelia
BR ruːˈmiːliə(r),
rʊˈmiːliə(r)
AM ruˈmiliə,
ruˈmiljə
round
BR raʊnd, -z, -ɪŋ, -ɪd,
-ə(r), -ɪst
AM raʊnd, -z, -ɪŋ, -əd,
-ər, -əst
roundabout
BR ˈraʊndəbaʊt, -s
AM ˈraʊndəˌbaʊt, -s
round-arm
BR ˈraʊndɑːm
AM ˈraʊnˌdɑrm

roundel
BR ˈraʊndl, -z
AM roʊnˈdɛl,
ˈraʊndəl, -z
roundelay
BR ˈraʊndɪleɪ, -z
AM ˈrɑndəˌleɪ,
ˈraʊndəˌleɪ, -z
rounder
BR ˈraʊndə(r), -z
AM ˈraʊndər, -z
Roundhay
BR ˈraʊnd(h)eɪ
AM ˈraʊnd(h)eɪ
Roundhead
BR ˈraʊndhed, -z
AM ˈraʊndˌ(h)ed, -z
roundhouse
BR ˈraʊndhaʊ|s, -zɪz
AM ˈraʊndˌ(h)aʊ|s,
-zəz
roundish
BR ˈraʊndɪʃ
AM ˈraʊndɪʃ
roundly
BR ˈraʊndli
AM ˈraʊn(d)li
roundness
BR ˈraʊn(d)nəs
AM ˈraʊn(d)nəs
round robin
BR ˌraʊnd ˈrɒbɪn, -z
AM ˌˈraʊn(d) ˌrɑbən,
-z
round-shouldered
BR ˌraʊn(d)ˈʃəʊldəd
AM ˈraʊn(d)ˌʃoʊldərd
roundsman
BR ˈraʊn(d)zmən
AM ˈraʊn(d)zm(ə)n
roundsmen
BR ˈraʊn(d)zmən
AM ˈraʊn(d)zm(ə)n
roundup
BR ˈraʊndʌp, -s
AM ˈraʊndˌəp, -s
roundworm
BR ˈraʊn(d)wɜːm, -z
AM ˈraʊn(d)ˌwɜrm, -z
Rountree
BR ˈraʊntriː
AM ˈraʊnˌtri

roup
BR ruːp
AM rup
roupy
BR ˈruːpi
AM ˈrupi
Rourke
BR rɔːk
AM rɔ(ə)rk
Rous
BR raʊs
AM raʊz, raʊs
rousable
BR ˈraʊzəbl
AM ˈraʊzəb(ə)l
Rouse
BR raʊs
AM raʊz, raʊs
rouse
BR raʊz, -ɪz, -ɪŋ, -d
AM raʊz, -əz,
-ɪŋ, -d
rouseabout
BR ˈraʊzəbaʊt, -s
AM ˈraʊzəˌbaʊt, -z
rouser
BR ˈraʊzə(r), -z
AM ˈraʊzər, -z
rousingly
BR ˈraʊzɪŋli
AM ˈraʊzɪŋli
Rousse
BR ruːs
AM rus
Rousseau
BR ˈruːsəʊ
AM ruˈsoʊ
FR ʀuso
Roussillon
BR ˈruːsɪjɒ̃
AM ˌrusiˈjɒn
FR ʀusijɔ̃
roust
BR raʊst, -s
AM raʊst, -s
roustabout
BR ˈraʊstəbaʊt, -s
AM ˈraʊstəˌbaʊt, -s
rout
BR raʊt, -s, -ɪŋ, -ɪd
AM raʊ|t, -ts, -dɪŋ,
-dəd

route
BR ruː|t, -s, -ɪŋ, -ɪd
AM raʊ|t, ru|t, -ts,
-dɪŋ, -dəd
router
BR ˈruːtə(r), -z
AM ˈraʊdər, -z
Routh
BR raʊθ
AM raʊθ
routine
BR ruːˈtiːn, rʊˈtiːn, -z
AM ruˈtin, -z
routinely
BR ruːˈtiːnli, rʊˈtiːnli
AM ruˈtinli
routinisation
BR ruːˌtiːnʌɪˈzeɪʃn,
rʊˌtiːnʌɪˈzeɪʃn
AM ˌrutnˌʌɪˈzeɪʃ(ə)n,
ˌrutnəˈzeɪʃ(ə)n
routinise
BR ruːˈtiːnʌɪz,
rʊˈtiːnʌɪz, -ɪz,
-ɪŋ, -d
AM ˈrutnˌʌɪz, -ɪz, -ɪŋ,
-d
routinism
BR ruːˈtiːnɪzm,
rʊˈtiːnɪzm
AM ˈrutnˌɪz(ə)m
routinist
BR ruːˈtiːnɪst,
rʊˈtiːnɪst, -s
AM ˈrutnəst, -s
routinization
BR ruːˌtiːnʌɪˈzeɪʃn,
rʊˌtiːnʌɪˈzeɪʃn
AM ˌrutnˌʌɪˈzeɪʃ(ə)n,
ˌrutnəˈzeɪʃ(ə)n
routinize
BR ruːˈtiːnʌɪz,
rʊˈtiːnʌɪz, -ɪz,
-ɪŋ, -d
AM ˈrutnˌʌɪz, -ɪz,
-ɪŋ, -d
Routledge
BR ˈraʊtlɪdʒ, ˈrʌtlɪdʒ
AM ˈraʊtlɪdʒ
roux[1] *singular*
BR ruː
AM ru

roux² *plural*
BR ruːz
AM ru(z)
rove
BR rəʊv, -z, -ɪŋ, -d
AM roʊv, -z, -ɪŋ, -d
rover
BR ˈrəʊvə(r), -z
AM ˈroʊvər, -z
row¹ *noise, argument*
BR raʊ, -z, -ɪŋ, -d
AM raʊ, -z, -ɪŋ, -d
row² *noun, things in a line; verb propel a boat with oars*
BR rəʊ, -z, -ɪŋ, -d
AM roʊ, -z, -ɪŋ, -d
Rowallan
BR rəʊˈalən
AM roʊˈæl(ə)n
rowan
BR ˈrəʊən, ˈraʊən, -z
AM ˈroʊən, ˈraʊən, -z
rowboat
BR ˈrəʊbəʊt, -s
AM ˈroʊˌboʊt, -s
Rowbotham
BR ˈrəʊˌbɒtəm
AM ˈroʊˌbɑdəm
Rowbottom
BR ˈrəʊˌbɒtəm
AM ˈroʊˌbɑdəm
rowdily
BR ˈraʊdɪli
AM ˈraʊdəli
rowdiness
BR ˈraʊdɪnɪs
AM ˈraʊdɪnɪs
rowdy
BR ˈraʊd|i, -ɪə(r), -ɪst
AM ˈraʊdi, -ər, -ɪst
rowdyism
BR ˈraʊdiɪzm
AM ˈraʊdiˌɪz(ə)m
Rowe
BR rəʊ
AM roʊ
rowel
BR ˈraʊ(ə)l, -z
AM ˈraʊ(ə)l, -z

rowen
BR ˈraʊən
AM ˈroʊən, ˈraʊən
Rowena
BR rəʊˈiːnə(r)
AM roʊˈinə
Rowenta
BR rəʊˈɛntə(r)
AM roʊˈɛn(t)ə
rower
BR ˈrəʊə(r), -z
AM ˈroʊər, -z
rowhouse
BR ˈrəʊhaʊ|s, -zɪz
AM ˈroʊˌhaʊ|s, -zəz
Rowland
BR ˈrəʊlənd
AM ˈroʊlən(d)
Rowlands
BR ˈrəʊlən(d)z
AM ˈroʊlən(d)s
Rowlandson
BR ˈrəʊlən(d)s(ə)n
AM ˈroʊlən(d)s(ə)n
Rowley
BR ˈrəʊli
AM ˈroʊli
rowlock
BR ˈrɒlək, ˈraʊlɒk, -s
AM ˈroʊˌlɑk, -s
Rowntree
BR ˈraʊntriː
AM ˈraʊnˌtri
Rowse
BR raʊs
AM raʊz
Rowton
BR ˈraʊtn
AM ˈraʊtn
Roxana
BR rɒkˈsɑːnə(r)
AM rɑkˈsænə
Roxanna
BR rɒkˈsanə(r)
AM rɑkˈsænə
Roxanne
BR rɒkˈsan
AM rɑkˈsæn
Roxburgh
BR ˈrɒksb(ə)rə(r)
AM ˈrɑkˌbərə

Roxy
BR ˈrɒksi
AM ˈrɑksi
Roy
BR rɔɪ
AM rɔɪ
royal
BR ˈrɔɪəl, -z
AM ˈrɔɪ(ə)l, -z
royalism
BR ˈrɔɪəlɪzm
AM ˈrɔɪəlɪz(ə)m
royalist
BR ˈrɔɪəlɪst, -s
AM ˈrɔɪələst, -s
royalistic
BR ˌrɔɪəˈlɪstɪk
AM ˌrɔɪəˈlɪstɪk
royally
BR ˈrɔɪəli
AM ˈrɔɪəli
royalty
BR ˈrɔɪəlt|i, -ɪz
AM ˈrɔɪ(ə)lti, -z
Royce
BR rɔɪs
AM rɔɪs
Royle
BR rɔɪl
AM rɔɪl
Royston
BR ˈrɔɪst(ə)n
AM ˈrɔɪst(ə)n
Roz
BR rɒz
AM rɑz
rozzer
BR ˈrɒzə(r), -z
AM ˈrazər, -z
Ruabon
BR ruˈab(ə)n
AM ruˈabəb
WE ruˈabɒn
Ruanda
BR ruˈandə(r)
AM ruˈandə
Ruandan
BR ruˈandən, -z
AM ruˈandən, -z

Ruaridh
BR ˈruəri, ˈrɔːri
AM ˈruəri
IR ˈruəriː
rub
BR rʌb, -z, -ɪŋ, -d
AM rəb, -z, -ɪŋ, -d
rub-a-dub
BR ˈrʌbəˌdʌb, ˌrʌbəˈdʌb, -z, -ɪŋ, -d
AM ˈrəbəˈdəb, -z, -ɪŋ, -d
rub-a-dub-dub
BR ˌrʌbədʌbˈdʌb
AM ˌrəbəˈdəbˈdəb
Rubáiyát
BR ˈruːbʌɪ(j)at, ruːˈbʌɪ(j)at
AM ˈruˌbaɪ(j)at, ˈrubiˌ(j)at
rubato
BR ruˈbaːtəʊ, -z
AM ruˈbadoʊ, -z
IT ruˈbato
rubber
BR ˈrʌbə(r), -z
AM ˈrəbər, -z
rubberiness
BR ˈrʌb(ə)rɪnɪs
AM ˈrəbərinɪs
rubberise
BR ˈrʌbərʌɪz, -ɪz, -ɪŋ, -d
AM ˈrəbəˌraɪz, -ɪz, -ɪŋ, -d
rubberize
BR ˈrʌbərʌɪz, -ɪz, -ɪŋ, -d
AM ˈrəbəˌraɪz, -ɪz, -ɪŋ, -d
rubberneck
BR ˈrʌbənɛk, -s, -ɪŋ, -t
AM ˈrəbərˌnɛk, -s, -ɪŋ, -t
rubbery
BR ˈrʌb(ə)ri
AM ˈrəbəri
rubbing
BR ˈrʌbɪŋ, -z
AM ˈrəbɪŋ, -z
rubbish
BR ˈrʌb|ɪʃ, -ɪʃɪz, -ɪʃɪŋ, -ɪʃt
AM ˈrəbɪʃ, -ɪʃɪz, -ɪʃɪŋ, -ɪʃt

rubbishy
BR ˈrʌbɪʃi
AM ˈrəbəʃi

rubbity
BR ˌrʌbɪt|i,
-ɪz
AM ˌrəbədi, -z

rubble
BR ˈrʌbl
AM ˈrəb(ə)l

rubblework
BR ˈrʌblwɜːk
AM ˈrəbəlˌwərk

rubbly
BR ˈrʌbl̩i
AM ˈrəb(ə)li

Rubbra
BR ˈrʌbrə(r)
AM ˈrəbrə

rubdown
BR ˈrʌbdaʊn, -z
AM ˈrəbˌdaʊn, -z

rube
BR ruːb, -z
AM rub, -z

rubefacient
BR ˌruːbɪˈfeɪʃnt, -s
AM ˌrubəˈfeɪʃent, -s

rubefaction
BR ˌruːbɪˈfakʃn
AM ˌrubəˈfækʃ(ə)n

rubefy
BR ˈruːbɪfʌɪ, -z,
-ɪŋ, -d
AM ˈrubəˌfaɪ, -z,
-ɪŋ, -d

rubella
BR ruːˈbɛlə(r),
rʉˈbɛlə(r)
AM ruˈbɛlə

rubellite
BR ˈruːbɪɬʌɪt, -s
AM ˈrubəˌlaɪt, -s

Ruben
BR ˈruːb(ɨ)n
AM ˈrubən

rubenesque
BR ˌruːbɪˈnɛsk
AM ˌrubəˈnɛsk

Rubens
BR ˈruːb(ɨ)nz
AM ˈrubɛnz

rubeola
BR rʊˈbiːələ(r),
ˌruːbɪˈəʊlə(r)
AM ˌrubiˈoʊlə

Rubery
BR ˈruːb(ə)ri
AM ˈrubəri

Rubicon
BR ˈruːbɪk(ɒ)n
AM ˈrubəˌkɑn

rubicund
BR ˈruːbɪk(ʌ)nd
AM ˈrubəkənd

rubicundity
BR ˌruːbɪˈkʌndɨti
AM ˌrubəˈkəndədi

rubidium
BR ruːˈbɪdɪəm,
rʉˈbɪdɪəm
AM ruˈbɪdɪəm

rubify
BR ˈruːbɪfʌɪ, -z, -ɪŋ, -d
AM ˈrubəˌfaɪ, -z,
-ɪŋ, -d

rubiginous
BR ruːˈbɪdʒɪnəs,
rʉˈbɪdʒɪnəs
AM ˌruˈbɪdʒɨnɨs

Rubik
BR ˈruːbɪk
AM ˈrubɪk

Rubin
BR ˈruːbɪn
AM ˈrubən

Rubinstein
BR ˈruːb(ɨ)nstʌɪn
AM ˈrubənˌstaɪn,
ˈrubənˌstin

ruble
BR ˈruːbl, -z
AM ˈrubəl, -z

rubric
BR ˈruːbrɪk, -s
AM ˈruˌbrɪk, -s

rubrical
BR ˈrʌbrɪkl
AM ˈrubrək(ə)l

rubricate
BR ˈruːbrɪkeɪt, -s,
-ɪŋ, -ɨd
AM ˈrubrəˌkeɪ|t, -ts,
-dɪŋ, -dɨd

rubrication
BR ˌruːbrɨˈkeɪʃn
AM ˌrubrəˈkeɪʃ(ə)n

rubricator
BR ˈrʌbrɪkeɪtə(r), -z
AM ˈrubrəˌkeɪdər, -z

rubrician
BR ruːˈbrɪʃn, -z
AM ruˈbrɪʃ(ə)n, -z

rubricism
BR ˈruːbrɪsɪzm
AM ˈrubrəˌsɪz(ə)m

rubricist
BR ˈruːbrɪsɪst, -s
AM ˈrubrəsəst, -s

ruby
BR ˈruːb|i, -ɪz
AM ˈrubi, -z

ruche
BR ruːʃ, -ɪz, -ɪŋ, -t
AM ruʃ, -ɪz, -ɪŋ, -t

ruck
BR rʌk, -s, -ɪŋ, -t
AM rək, -s, -ɪŋ, -t

ruckle
BR ˈrʌkl̩, -z,
-ɪŋ, -d
AM ˈrək(ə)l, -z,
-ɪŋ, -d

rucksack
BR ˈrʌksak, -s
AM ˈrʊkˌsæk,
ˈrəkˌsæk, -s

ruckus
BR ˈrʌkəs, -ɪz
AM ˈrəkəs, -ɪz

rucola
BR ˈruːkələ(r)
AM ˈrukələ

ruction
BR ˈrʌkʃn, -z
AM ˈrəkʃ(ə)n, -z

rudaceous
BR rʉˈdeɪʃəs
AM ˈrudeɪʃəs

rudbeckia
BR rʌdˈbɛkɪə(r),
ˌruːdˈbɛkɪə(r), -z
AM ˌrudˈbɛkɪə, -z

rudd
BR rʌd, -z
AM rəd, -z

rudder
BR ˈrʌdə(r), -z
AM ˈrədər, -z

rudderless
BR ˈrʌdələs
AM ˈrədərləs

Ruddigore
BR ˈrʌdɪgɔː(r)
AM ˈrʊdəˌgɔ(ə)r

ruddily
BR ˈrʌdɨli
AM ˈrədəli

ruddiness
BR ˈrʌdɪnɪs
AM ˈrədɪnɨs

ruddle
BR ˈrʌd|l, -lz, -l̩ŋ\-lɪŋ,
-ld
AM ˈrəd|əl, -əlz,
-(ə)lɪŋ, -əld

ruddock
BR ˈrʌdək, -s
AM ˈrədək, -s

ruddy
BR ˈrʌd|i, -ɪə(r),
-ɨst
AM ˈrədi, -ər, -ɨst

rude
BR ruːd, -ə(r),
-ɨst
AM rud, -ər, -əst

rudely
BR ˈruːdli
AM ˈrudli

rudeness
BR ˈruːdnəs
AM ˈrudnəs

ruderal
BR ˈruːd(ə)r|, -z
AM ˈrudərəl, -z

rudery
BR ˈruːdər|i, -ɪz
AM ˈrudəri, -z

Rudge
BR rʌdʒ
AM rədʒ

Rudi
BR ˈruːdi
AM ˈrudi

rudiment
BR ˈruːdɪm(ə)nt, -s
AM ˈrudəm(ə)nt, -s

rudimental
BR ˌruːdɪˈmentl
AM ˌruːdəˈmen(t)l

rudimentarily
BR ˌruːdɪˈment(ə)rɪli
AM ˌruːdəmənˈterəli

rudimentariness
BR ˌruːdɪˈment(ə)rɪnɪs
AM ˌruːdəˈmen(t)ərinɪs

rudimentary
BR ˌruːdɪˈment(ə)ri
AM ˌruːdəˈmen(t)əri

rudish
BR ˈruːdɪʃ
AM ˈruːdɪʃ

Rudolf
BR ˈruːdɒlf
AM ˈruːdɑlf, ˈruːdɔlf

Rudolph
BR ˈruːdɒlf
AM ˈruːdɑlf, ˈruːdɔlf

Rudy
BR ˈruːdi
AM ˈruːdi

Rudyard
BR ˈrʌdjɑːd, ˈrʌdʒɑːd
AM ˈrədjərd

rue
BR ruː, -z, -ɪŋ, -d
AM ruː, -z, -ɪŋ, -d

rueful
BR ˈruːf(ʊ)l
AM ˈruːfəl

ruefully
BR ˈruːfʊli, ˈruːfl̩i
AM ˈruːfəli

ruefulness
BR ˈruːf(ʊ)lnəs
AM ˈruːfəlnəs

rufescence
BR ruːˈfesns
AM ruːˈfes(ə)ns

rufescent
BR ruːˈfesnt
AM ruːˈfes(ə)nt

ruff
BR rʌf, -s, -ɪŋ, -t
AM rəf, -s, -ɪŋ, -t

ruffian
BR ˈrʌfiən, -z
AM ˈrəfiən, -z

ruffianism
BR ˈrʌfiənɪzm
AM ˈrəfiənɪz(ə)m

ruffianly
BR ˈrʌfiənli
AM ˈrəfiənli

ruffle
BR ˈrʌf|l, -lz, -l̩ɪŋ\-lɪŋ, -ld
AM ˈrəf|əl, -əlz, -(ə)lɪŋ, -əld

rufflike
BR ˈrʌflʌɪk
AM ˈrəfˌlaɪk

Rufford
BR ˈrʌfəd
AM ˈrəfərd

rufous
BR ˈruːfəs
AM ˈrufəs

Rufus
BR ˈruːfəs
AM ˈrufəs

rug
BR rʌg, -z
AM rəg, -z

Rugbeian
BR rʌgˈbiːən, -z
AM rəgbiən, -z

rugby
BR ˈrʌgbi
AM ˈrəgbi

rugelach
BR ˈrʊgələx, ˈruːgələx
AM ˈrugələ(x)

Rugeley
BR ˈruːdʒli
AM ˈrudʒli

Rügen
BR ˈruːdʒ(ə)n
AM ˈrudʒen
GER ˈrʏgn̩

rugged
BR ˈrʌgɪd
AM ˈrəgəd

ruggedly
BR ˈrʌgɪdli
AM ˈrəgədli

ruggedness
BR ˈrʌgɪdnɪs
AM ˈrəgədnəs

rugger
BR ˈrʌgə(r)
AM ˈrəgər

rugola
BR ˈruːgələ(r)
AM ˈrugələ

rugosa
BR ruːˈgəʊzə(r), -z
AM ruˈgoʊzə, -z

rugose
BR ˈruːgəʊs, ˈruːgəʊz, rʊˈgəʊs
AM ˈrugoʊs, ˈrugoʊz

rugosely
BR ˈruːgəʊsli, ˈruːgəʊzli, rʊˈgəʊsli
AM ruˈgoʊsli, ruˈgoʊzli

rugosity
BR ruːˈgɒsɪti, rʊˈgɒsɪti
AM ruˈgɑsədi

Ruhr
BR rʊə(r)
AM ˈrʊ(ə)r

ruin
BR ˈruː|ɪn, -ɪnz, -ɪnɪŋ, -ɪnd
AM ˈru‚ɪn, ˈruən, -z, -ɪŋ, -d

ruination
BR ˌruːɪˈneɪʃn
AM ˌruəˈneɪʃ(ə)n

ruinous
BR ˈruːɪnəs
AM ˈruənəs

ruinously
BR ˈruːɪnəsli
AM ˈruənəsli

ruinousness
BR ˈruːɪnəsnəs
AM ˈruənəsnəs

Ruislip
BR ˈrʌɪslɪp
AM ˈraɪsləp

Ruiz
BR ruːˈiːz
AM ruˈiz
SP ˈrrwiθ, ˈrrwis

rule
BR ruːl, -z, -ɪŋ, -d
AM rul, -z, -ɪŋ, -d

rulebook
BR ˈruːlbʊk, -s
AM ˈrulˌbʊk, -s

ruleless
BR ˈruːl(l)əs
AM ˈru(l)ləs

ruler
BR ˈruːlə(r), -z
AM ˈrulər, -z

rulership
BR ˈruːləʃɪp, -s
AM ˈrulərˌʃɪp, -s

ruling
BR ˈruːlɪŋ, -z
AM ˈrulɪŋ, -z

rum
BR rʌm, -ə(r), -ɪst
AM rəm, -ər, -əst

Rumania
BR ruːˈmeɪniə(r), rʊˈmeɪnɪə(r)
AM ruˈmeɪniə, roʊˈmeɪniə

Rumanian
BR ruːˈmeɪniən, rʊˈmeɪniən
AM ruˈmeɪniən, roʊˈmeɪniən

Rumansh
BR rʊˈmænʃ, rʊˈmɑːnʃ
AM ruˈmænʃ, roʊˈmænʃ

rumba
BR ˈrʌmbə(r), -z
AM ˈrəmbə, -z

rum baba
BR ˌrʌm ˈbɑːbə(r), -z
AM ˌrəm ˈbɑbə, -z

Rumbelow
BR ˈrʌmbɪləʊ
AM ˈrəmbəˌloʊ

rumble
BR ˈrʌmb|l, -lz, -l̩ɪŋ\-lɪŋ, -ld
AM ˈrəmb|əl, -əlz, -(ə)lɪŋ, -əld

rumbler
BR ˈrʌmbl̩ə(r), ˈrʌmblə(r), -z
AM ˈrəmb(ə)lər, -z

rumbling
BR ˈrʌmblɪŋ,
ˈrʌmblɪŋ, -z
AM ˈrəmb(ə)lɪŋ, -z
Rumbold
BR ˈrʌmbəʊld
AM ˈrəmˌboʊld
rumbustious
BR rʌmˈbʌstʃəs,
rʌmˈbʌstɪəs
AM ˌrəmˈbəstʃəs
rumbustiously
BR rʌmˈbʌstʃəsli,
rʌmˈbʌstɪəsli
AM rəmˈbəsdɪəsli,
rəmˈbəstʃəsli
rumbustiousness
BR rʌmˈbʌstʃəsnəs,
rʌmˈbʌstɪəsnəs
AM rəmˈbəsdɪəsnəs,
rəmˈbəstʃəsnəs
Rumelia
BR rʊˈmiːlɪə(r)
AM ruˈmiliə, ruˈmiljə
rumen
BR ˈruːmen, ˈruːmɪn, -z
AM ˈrum(ə)n, -z
Rumi
BR ˈruːmi
AM ˈrumi
rumina
BR ˈruːmɪnə(r)
AM ˈrumənə
ruminant
BR ˈruːmɪnənt, -s
AM ˈrumənənt, -s
ruminate
BR ˈruːmɪneɪt, -s,
-ɪŋ, -ɪd
AM ˈruməˌneɪ|t, -ts,
-dɪŋ, -dəd
rumination
BR ˌruːmɪˈneɪʃn, -z
AM ˌruməˈneɪʃ(ə)n, -z
ruminative
BR ˈruːmɪnətɪv
AM ˈrumənədɪv,
ˈruməˌneɪdɪv
ruminatively
BR ˈruːmɪnətɪvli
AM ˈrumənəˌdɪvli,
ˈruməˌneɪdɪvli

ruminator
BR ˈruːmɪneɪtə(r), -z
AM ˈruməˌneɪdər, -z
rumly
BR ˈrʌmli
AM ˈrəmli
rummage
BR ˈrʌm|ɪdʒ, -ɪdʒɪz,
-ɪdʒɪŋ, -ɪdʒd
AM ˈrəmədʒ, -əz,
-ɪŋ, -d
rummager
BR ˈrʌmɪdʒə(r), -z
AM ˈrəmədʒər, -z
rummer
BR ˈrʌmə(r), -z
AM ˈrəmər, -z
rummily
BR ˈrʌmɪli
AM ˈrəməli
rumminess
BR ˈrʌmɪnɪs
AM ˈrəmɪnɪs
rummy
BR ˈrʌm|i, -ɪə(r), -ɪst
AM ˈrəmi, -ər, -ɪst
rumness
BR ˈrʌmnəs
AM ˈrəmnəs
rumor
BR ˈruːmə(r), -z, -d
AM ˈrumər, -z, -d
rumour
BR ˈruːmə(r), -z, -d
AM ˈrumər, -z, -d
rump
BR ˈrʌmp, -s
AM ˈrəmp, -s
Rumpelstiltskin
BR ˌrʌmplˈstɪltskɪn
AM ˌrəmplˈstɪl(t)skɪn
rumple
BR ˈrʌmp|l, -lz,
-lɪŋ\-lɪŋ, -ld
AM ˈrəmp|əl, -əlz,
-(ə)lɪŋ, -əld
rumpless
BR ˈrʌmpləs
AM ˈrəmpləs
rumply
BR ˈrʌmpli
AM ˈrəmp(ə)li

Rumpole
BR ˈrʌmpəʊl
AM ˈrəmˌpoʊl
rumpus
BR ˈrʌmpəs, -ɪz
AM ˈrəmpəs, -ɪz
rumpy
BR ˈrʌmp|i, -ɪz
AM ˈrəmpi, -z
rumpy-pumpy
BR ˌrʌmpɪˈpʌmpi
AM ˈrəmpɪˈpəmpi
rumrunner
BR ˈrʌmˌrʌnə(r), -z
AM ˈrəmˌrənər, -z
run
BR rʌn, -z, -ɪŋ
AM rən, -z, -ɪŋ
runabout
BR ˈrʌnəbaʊt, -s
AM ˈrənəˌbaʊt, -s
runagate
BR ˈrʌnəɡeɪt, -s
AM ˈrənəˌɡeɪt, -s
run-and-shoot
BR ˌrʌnən(d)ˈʃuːt
AM ˌrən(ə)n(d)ˈʃut
runaround
BR ˈrʌnəraʊnd
AM ˈrənəˌraʊnd
runaway
BR ˈrʌnəweɪ, -z
AM ˈrənəˌweɪ, -z
runback
BR ˈrʌnbak, -s
AM ˈrənˌbæk, -s
runcible
BR ˈrʌnsɪbl
AM ˈrənsəb(ə)l
Runcie
BR ˈrʌnsi
AM ˈrənsi
Runciman
BR ˈrʌnsɪmən
AM ˈrənsəm(ə)n
runcinate
BR ˈrʌnsɪnət
AM ˈrənsəˌneɪt
Runcorn
BR ˈrʌnkɔːn,
ˈrʌŋkɔːn
AM ˈrənˌkɔ(ə)rn

rundale
BR ˈrʌndeɪl, -z
AM ˈrənˌdeɪl, -z
Rundle
BR ˈrʌndl
AM ˈrənd(ə)l
rundown *noun*
BR ˈrʌndaʊn, -z
AM ˈrənˌdaʊn, -z
run-down *adjective*
BR ˌrʌnˈdaʊn
AM ˌrənˈdaʊn
rune
BR ruːn, -z
AM run, -z
rung
BR rʌŋ, -z, -d
AM rəŋ, -z, -d
rungless
BR ˈrʌŋləs
AM ˈrəŋləs
runic
BR ˈruːnɪk
AM ˈrunɪk
run-in
BR ˈrʌnɪn, -z
AM ˈrənˌɪn, -z
runlet
BR ˈrʌnlɪt, -s
AM ˈrənlət, -s
runnable
BR ˈrʌnəbl
AM ˈrənəb(ə)l
runnel
BR ˈrʌnl, -z
AM ˈrən(ə)l, -z
runner
BR ˈrʌnə(r), -z
AM ˈrənər, -z
runniness
BR ˈrʌnɪnɪs
AM ˈrənɪnɪs
runningboard
BR ˈrʌnɪŋbɔːd, -z
AM ˈrənɪŋˌbɔ(ə)rd, -z
runny
BR ˈrʌn|i, -ɪə(r),
-ɪst
AM ˈrəni, -ər, -ɪst
Runnymede
BR ˈrʌnɪmiːd
AM ˈrəniˌmid

runt
BR rʌnt, -s
AM rənt, -s
runthrough
BR ˈrʌnθruː, -z
AM ˈrən,θru, -z
runty
BR ˈrʌnti
AM ˈrən(t)i
runup
BR ˈrʌnʌp, -s
AM ˈrən,əp, -s
runway
BR ˈrʌnweɪ, -z
AM ˈrən,weɪ, -z
Runyon
BR ˈrʌnjən
AM ˈrənjən
rupee
BR ˌruːˈpiː, ruˈpiː, -z
AM ˈrupi, ruˈpi, -z
Rupert
BR ˈruːpət
AM ˈrupərt
rupiah
BR ruˈpiːə(r), -z
AM ruˈpiə, -z
rupturable
BR ˈrʌptʃ(ə)rəbl
AM ˈrəp(t)ʃərəb(ə)l
rupture
BR ˈrʌptʃə(r), -əz, -(ə)rɪŋ, -əd
AM ˈrəp(t)ʃər, -ərz, -(ə)rɪŋ, -ərd
rural
BR ˈrʊərl̩
AM ˈrʊrəl
ruralisation
BR ˌrʊərl̩ʌɪˈzeɪʃn
AM ˌrʊrə,laɪˈzeɪʃ(ə)n, ˌrʊrələˈzeɪʃ(ə)n
ruralise
BR ˈrʊərl̩ʌɪz, -ɪz, -ɪŋ, -d
AM ˈrʊrə,laɪz, -ɪz, -ɪŋ, -d
ruralism
BR ˈrʊərl̩ɪzm
AM ˈrʊrə,lɪz(ə)m
ruralist
BR ˈrʊərl̩ɪst, -s
AM ˈrʊrələst, -s

rurality
BR rʊˈralɪt|i, -ɪz
AM ˌrʊˈrælədi, -z
ruralization
BR ˌrʊərl̩ʌɪˈzeɪʃn
AM ˌrʊrə,laɪˈzeɪʃ(ə)n, ˌrʊrələˈzeɪʃ(ə)n
ruralize
BR ˈrʊərl̩ʌɪz, -ɪz, -ɪŋ, -d
AM ˈrʊrə,laɪz, -ɪz, -ɪŋ, -d
rurally
BR ˈrʊərli
AM ˈrʊrəli
ruridecanal
BR ˌrʊərɪdɪˈkeɪnl, ˌrʊərɪˈdɛkn̩l
AM ˌrʊrəˈdɛkən(ə)l
Rurik
BR ˈrʊərɪk
AM ˈrʊrɪk
RUS ˈrʲurʲik
Ruritania
BR ˌrʊərɨˈteɪnɪə(r)
AM ˌrʊrəˈteɪnɪə
Ruritanian
BR ˌrʊərɨˈteɪnɪən, -z
AM ˌrʊrəˈteɪnɪən, -z
rusa
BR ˈruːsə(r), -z
AM ˈrusə, -z
ruse
BR ruːz, -ɪz
AM rus, ruz, -ɪz
rush
BR rʌʃ, -ɪz, -ɪŋ, -t
AM rəʃ, -ɪz, -ɪŋ, -t
Rushdie
BR ˈrʊʃdi, ˈrʌʃdi
AM ˈrəʃdi
rushee
BR rʌˈʃiː, -z
AM rəˈʃi, -z
rusher
BR ˈrʌʃə(r), -z
AM ˈrəʃər, -z
rush-hour
BR ˈrʌʃaʊə(r), -z
AM ˈrəʃ,aʊ(ə)r, -z
rushingly
BR ˈrʌʃɪŋli
AM ˈrəʃɪŋli

rushlight
BR ˈrʌʃlʌɪt, -s
AM ˈrəʃ,laɪt, -s
rushlike
BR ˈrʌʃlʌɪk
AM ˈrəʃ,laɪk
Rushmore
BR ˈrʌʃmɔː(r)
AM ˈrəʃmɔ(ə)r
Rusholme
BR ˈrʌʃhəʊm
AM ˈrəʃ,(h)oʊm
Rushton
BR ˈrʌʃt(ə)n
AM ˈrəʃt(ə)n
Rushworth
BR ˈrʌʃwəː(ː)θ
AM ˈrəʃˌwərθ
rushy
BR ˈrʌʃ|i, -ɪə(r), -ɪɪst
AM ˈrəʃi, -ər, -ɪst
rusk
BR rʌsk, -s
AM rəsk, -s
Ruski
BR ˈrʌsk|i, -ɪz
AM ˈrʊski, ˈrəski, -z
Ruskin
BR ˈrʌskɪn
AM ˈrəskən
Rusky
BR ˈrʌsk|i, -ɪz
AM ˈrʊski, ˈrəski, -z
Russ
BR rʌs
AM rəs
russe
BR ruːs
AM rus
FR RYS
Russell
BR ˈrʌsl
AM ˈrəsɛl
russet
BR ˈrʌsɪt, -s
AM ˈrəsət, -s
russety
BR ˈrʌsɨti
AM ˈrəsədi
Russia
BR ˈrʌʃə(r)
AM ˈrəʃə

Russian
BR ˈrʌʃn, -z
AM ˈrəʃ(ə)n, -z
Russianisation
BR ˌrʌʃn̩ʌɪˈzeɪʃn
AM ˌrəʃə,naɪˈzeɪʃ(ə)n, ˌrəʃənəˈzeɪʃ(ə)n
Russianise
BR ˈrʌʃn̩ʌɪz, -ɪz, -ɪŋ, -d
AM ˈrəʃə,naɪz, -ɪz, -ɪŋ, -d
Russianization
BR ˌrʌʃn̩ʌɪˈzeɪʃn
AM ˌrəʃə,naɪˈzeɪʃ(ə)n, ˌrəʃənəˈzeɪʃ(ə)n
Russianize
BR ˈrʌʃn̩ʌɪz, -ɪz, -ɪŋ, -d
AM ˈrəʃə,naɪz, -ɪz, -ɪŋ, -d
Russianness
BR ˈrʌʃn̩nəs
AM ˈrəʃə(n)nəs
Russification
BR ˌrʌsɪfɨˈkeɪʃn
AM ˌrəsəfəˈkeɪʃ(ə)n
Russify
BR ˈrʌsɪfʌɪ, -z, -ɪŋ, -d
AM ˈrəsə,faɪ, -z, -ɪŋ, -d
Russki
BR ˈrʌsk|i, -ɪz
AM ˈrʊski, ˈrəski, -z
Russky
BR ˈrʌsk|i, -ɪz
AM ˈrʊski, ˈrəski, -z
Russo
BR ˈrʌsəʊ
AM ˈrʊsoʊ, ˈrəsoʊ
Russo-
BR ˈrʌsəʊ
AM ˈrəsoʊ
Russophile
BR ˈrʌsə(ʊ)fʌɪl, -z
AM ˈrəsə,faɪl, -z
Russophobe
BR ˈrʌsə(ʊ)fəʊb, -z
AM ˈrəsə,foʊb, -z
Russophobia
BR ˌrʌsəʊˈfəʊbɪə(r)
AM ˌrəsəˈfoʊbɪə

rust
BR rʌst, -s, -ɪŋ, -ɪd
AM rəst, -s, -ɪŋ, -ɪd

rust-belt
BR ˈrʌs(t)bɛlt
AM ˈrəs(t)ˌbɛlt

rustbucket
BR ˈrʌs(t)ˌbʌkɪt, -s
AM ˈrəs(t)ˌbəkət, -s

rustic
BR ˈrʌstɪk, -s
AM ˈrəstɪk, -s

rustically
BR ˈrʌstɪkli
AM ˈrəstək(ə)li

rusticate
BR ˈrʌstɪkeɪt, -s, -ɪŋ, -ɪd
AM ˈrəstəˌkeɪ|t, -ts, -dɪŋ, -dɪd

rustication
BR ˌrʌstɪˈkeɪʃn
AM ˌrəstəˈkeɪʃ(ə)n

rusticity
BR rʌˈstɪsɪti
AM rəˈstɪsɪdi

rustily
BR ˈrʌstɪli
AM ˈrəstəli

rustiness
BR ˈrʌstɪnɪs
AM ˈrəstɪnɪs

rustle
BR ˈrʌs|l, -lz, -|ɪŋ\-lɪŋ, -ld
AM ˈrəs|əl, -əlz, -(ə)lɪŋ, -əld

rustler
BR ˈrʌslə(r), -z
AM ˈrəslər, -z

rustless
BR ˈrʌstləs
AM ˈrəs(t)ləs

rustling
BR ˈrʌslɪŋ, ˈrʌslɪŋ, -z
AM ˈrəs(t)lɪŋ, -z

rustproof
BR ˈrʌs(t)pruːf, -s, -ɪŋ, -t
AM ˈrəs(t)ˌpruf, -s, -ɪŋ, -t

rustre
BR ˈrʌstə(r), -z
AM ˈrəstər, -z

rusty
BR ˈrʌst|i, -ɪə(r), -ɪɪst
AM ˈrəsti, -ər, -ɪst

rut
BR rʌt, -s, -ɪŋ, -ɪd
AM rə|t, -ts, -dɪŋ, -dəd

rutabaga
BR ˌruːtəˈbeɪɡə(r), ˈruːtəˌbeɪɡə(r), -z
AM ˈrudəˌbeɪɡə, -z

Rutgers
BR ˈrʌtɡəz
AM ˈrətɡərz

ruth
BR ruːθ
AM ruθ

Ruthenia
BR ruˈθiːnɪə(r)
AM ruˈθiniə

ruthenium
BR ruˈθiːnɪəm
AM ruˈθiniəm

Rutherford
BR ˈrʌðəfəd
AM ˈrəðərfərd

rutherfordium
BR ˌrʌðəˈfɔːdɪəm
AM ˌrəðərˈfɔrdiəm

ruthful
BR ˈruːθf(ʊ)l
AM ˈruθfəl

ruthfully
BR ˈruːθfʊli, ˈruːθfl̩i
AM ˈruθfəli

ruthfulness
BR ˈruːθf(ʊ)lnəs
AM ˈruθfəlnəs

ruthless
BR ˈruːθləs
AM ˈruθləs

ruthlessly
BR ˈruːθləsli
AM ˈruθləsli

ruthlessness
BR ˈruːθləsnəs
AM ˈruθləsnəs

Ruthven
BR ˈrɪvn, ˈrʌθv(ə)n, ˈruːθv(ə)n
AM ˈruθvən

rutile
BR ˈruːtʌɪl, -z
AM ˈruˌtaɪl, ˈruˌtil, -z

rutin
BR ˈruːtɪn
AM ˈrudɪn

Rutland
BR ˈrʌtlənd
AM ˈrətlənd

Rutledge
BR ˈrʌtlɪdʒ
AM ˈrətlədʒ

ruttish
BR ˈrʌtɪʃ
AM ˈrədɪʃ

rutty
BR ˈrʌti
AM ˈrədi

Ruwenzori
BR ˌruːənˈzɔːri
AM ˌruwənˈzɔri

R-value
BR ˈɑːˌvaljuː
AM ˈɑrˌvælju

Rwanda
BR rʊˈandə(r)
AM rəˈwandə, rʊˈandə

Rwandan
BR rʊˈandən, -z
AM rəˈwandən, rʊˈandən, -z

Rwandese
BR rʊˌanˈdiːz
AM rəˌwanˈdiz, ruˌɑnˈdiz

Rx
BR ˌɑːrˈɛks
AM ˈɑrˌɛks

Ryan
BR ˈrʌɪən
AM ˈraɪən

Rycroft
BR ˈrʌɪkrɒft
AM ˈraɪˌkraft, ˈraɪˌkrɔft

Rydal
BR ˈrʌɪdl
AM ˈraɪd(ə)l

Ryde
BR rʌɪd
AM raɪd

Ryder
BR ˈrʌɪdə(r)
AM ˈraɪdər

rye
BR rʌɪ
AM raɪ

ryegrass
BR ˈrʌɪɡrɑːs
AM ˈraɪˌɡræs

Ryland
BR ˈrʌɪlənd
AM ˈraɪlən(d)

Rylands
BR ˈrʌɪlən(d)z
AM ˈraɪlən(d)z

Ryle
BR ˈrʌɪl
AM ˈraɪl

Ryles
BR ˈrʌɪlz
AM ˈraɪlz

Ryman
BR ˈrʌɪmən
AM ˈraɪm(ə)n

ryokan
BR rɪˈəʊkan, -z
AM riˈoʊkən, -z

ryot
BR ˈrʌɪət, -s
AM ˈraɪət, -s

Ryton
BR ˈrʌɪtn
AM ˈraɪtn

ryu
BR rɪˈuː, -z
AM riˈu, -z

Ryvita
BR (ˌ)rʌɪˈviːtə(r)
AM raɪˈvidə

S

s
BR ɛs, -ɪz
AM ɛs, -əz

Saab
BR sɑːb, -z
AM sab, -z

Saadi
BR ˈsɑːdi
AM ˈsadi

Saar
BR sɑː(r)
AM sɑr

Saarbrücken
BR ˈsɑːˌbrʊk(ə)n
AM ˈsɑrˌbrʊkən
GER ˌzaːɐ̯ˈbrʏkn̩

Saarinen
BR ˈsɑːrɪnən
AM ˈsɑrənən

Saarland
BR ˈsɑːlænd
AM ˈsɑrˌlænd

Saba
BR ˈsɑːbə(r)
AM ˈsɑbə

sabadilla
BR ˌsabəˈdɪlə(r)
AM ˌsæbəˈdɪlə

Sabaean
BR səˈbiːən, -z
AM ˈsɑbiən, səˈbiən, -z

Sabah
BR ˈsɑːbə(r)
AM ˈsɑbə

Sabaism
BR ˈsɑːbə(r)ɪzm
AM ˈsɑbəˌɪz(ə)m

Sabaoth
BR ˈsabeɪɒθ, səˈbeɪɒθ
AM ˈsæbeɪˌɑθ

Sabatier
BR səˈbatɪeɪ
AM səˌbadiˈeɪ

sabayon
BR ˈsabʌɪjɒ̃
AM sabaɪˈɒn
FR sabajɔ̃

sabbatarian
BR ˌsabəˈtɛːrɪən, -z
AM ˌsæbəˈtɛrɪən, -z

sabbatarianism
BR ˌsabəˈtɛːrɪənɪzm
AM ˌsæbəˈtɛrɪəˌnɪz(ə)m

sabbath
BR ˈsabəθ, -s
AM ˈsæbəθ, -s

sabbatical
BR səˈbatɪkl, -z
AM səˈbædək(ə)l, -z

sabbatically
BR səˈbatɪkli
AM səˈbædək(ə)li

sabbatisation
BR ˌsabətʌɪˈzeɪʃn
AM ˌsæbəˌtaɪˈzeɪʃ(ə)n, ˌsæbədəˈzeɪʃ(ə)n

sabbatise
BR ˈsabətʌɪz, -ɪz, -ɪŋ, -d
AM ˈsæbəˌtaɪz, -ɪz, -ɪŋ, -d

sabbatization
BR ˌsabətʌɪˈzeɪʃn
AM ˌsæbəˌtaɪˈzeɪʃ(ə)n, ˌsæbədəˈzeɪʃ(ə)n

sabbatize
BR ˈsabətʌɪz, -ɪz, -ɪŋ, -d
AM ˈsæbəˌtaɪz, -ɪz, -ɪŋ, -d

Sabellian
BR səˈbɛlɪən, -z
AM səˈbɛliən, səˈbɛljən, -z

saber
BR ˈseɪb|ə(r), -əz, -(ə)rɪŋ, -əd
AM ˈseɪb|ər, -ərz, -(ə)rɪŋ, -ərd

sabertooth
BR ˈseɪbətuːθ
AM ˈseɪbərˌtuθ

Sabian
BR ˈseɪbɪən, -z
AM ˈseɪbiən, -z

sabicu
BR ˌsabɪˈkuː, -z
AM ˈsæbəˌku, -z

Sabin
BR ˈseɪbɪn, ˈsabɪn
AM ˈseɪbən

Sabina
BR səˈbiːnə(r)
AM səˈbiːnə

Sabine[1] *people*
BR ˈsabʌɪn, -z
AM ˈseɪˌbin, ˈseɪˌbaɪn, -z

Sabine[2] *surname*
BR ˈsabʌɪn, ˈseɪbʌɪn, ˈseɪbɪn
AM ˈseɪˌbin, ˈseɪbən

Sabine[3] *U.S. river and lake*
BR səˈbiːn
AM səˈbin

sabir
BR səˈbɪə(r)
AM səˈbɪ(ə)r

sable
BR ˈseɪbl, -z, -d
AM ˈseɪb(ə)l, -z, -d

sably
BR ˈseɪbli
AM ˈseɪb(ə)li

sabot
BR ˈsabəʊ, -z, -d
AM ˈsæˈbou, -z, -d
FR sabo

sabotage
BR ˈsabətɑː(d)ʒ, -ɪz, -ɪŋ, -d
AM ˈsæbəˌtɑʒ, -əz, -ɪŋ, -d

saboteur
BR ˌsabəˈtəː(r), -z
AM ˌsæbəˈtər, -z

sabra
BR ˈsɑːbrə(r), ˈsabrə(r), -z
AM ˈsɑbrə, -z

sabre
BR ˈseɪb|ə(r), -əz, -(ə)rɪŋ, -əd
AM ˈseɪb|ər, -ərz, -(ə)rɪŋ, -ərd

sabretache
BR ˈseɪbətaʃ, -ɪz
AM ˈseɪbərˌtæʃ, -əz

sabretooth
BR ˈseɪbətuːθ
AM ˈseɪbərˌtuθ

sabreur
BR səˈbrəː(r), -z
AM saˈbrər, səˈbrər, -z

Sabrina
BR səˈbriːnə(r)
AM səˈbrinə

sac
BR sak, -s
AM sæk, -s

saccade
BR saˈkɑːd, -z
AM sæˈkɑd, səˈkɑd, -z

saccadic
BR səˈkadɪk
AM sæˈkædɪk, səˈkædɪk

saccate
BR ˈsakeɪt
AM ˈsæˌkeɪt

saccharide
BR ˈsakərʌɪd, -z
AM ˈsækəˌraɪd, -z

saccharimeter
BR ˌsakəˈrɪmɪtə(r), -z
AM ˌsækəˈrɪmədər, -z

saccharimetry
BR ˌsakəˈrɪmɪtri
AM ˌsækəˈrɪmətri

saccharin
BR ˈsak(ə)rɪn, ˈsakəriːn, -z
AM ˈsæk(ə)rən, -z

saccharine
BR ˈsak(ə)rɪn, ˈsakəriːn, -z
AM ˈsæk(ə)rən, -z

saccharogenic
BR ˌsak(ə)rə(ʊ)ˈdʒɛnɪk
AM ˌsækəroʊˈdʒɛnɪk

saccharometer
BR ˌsakəˈrɒmɪtə(r), -z
AM ˌsækəˈrɑmədər, -z

saccharometry
BR ˌsakəˈrɒmɪtri
AM ˌsækəˈrɑmətri

saccharose
BR ˈsakərəʊz, ˈsakərəʊs
AM ˈsækəˌroʊz, ˈsækəˌroʊs

sacciform
BR ˈsaksɪfɔːm
AM ˈsæk(s)əˌfɔ(ə)rm

saccular
BR ˈsakjʊlə(r)
AM ˈsækjələr

sacculate
BR ˈsakjʊleɪt, -ɪd
AM ˈsækjəˌleɪ|t, -dɪd

sacculation
BR ˌsakjʊˈleɪʃn, -z
AM ˌsækjəˈleɪʃ(ə)n, -z

saccule
BR ˈsakjuːl, -z
AM ˈsæˌkjul, -z

sacerdotage
BR ˌsakəˈdəʊtɪdʒ
AM ˌsækərˈdoʊdɪdʒ, ˌsæsərˈdoʊdɪdʒ

sacerdotal
BR ˌsakəˈdəʊtl
AM ˌsækərˈdoʊdl, ˌsæsərˈdoʊdl

sacerdotalism
BR ˌsakəˈdəʊtlɪzm
AM ˌsækərˈdoʊdlˌɪz(ə)m, ˌsæsərˈdoʊdlˌɪz(ə)m

sacerdotalist
BR ˌsakəˈdəʊtlɪst, -s
AM ˌsækərˈdoʊdləst, ˌsæsərˈdoʊdləst, -s

sacerdotally
BR ˌsakəˈdəʊtli
AM ˌsækərˈdoʊdli, ˌsæsərˈdoʊdli

Sacha
BR ˈsaʃə(r)
AM ˈsætʃə, ˈsaʃə

sachem
BR ˈseɪtʃəm, -z
AM ˈseɪtʃ(ə)m, -z

Sachertorte
BR ˈzakəˌtɔːtə(r)
AM ˈsækərˌtɔ(ə)rt, ˈsɑkərˌtɔ(ə)rt

Sachertorten
BR ˈzakəˌtɔːt(ə)n
AM ˈsækərˌtɔ(ə)rtn, ˈsɑkərˌtɔ(ə)rtn

sachet
BR ˈsaʃeɪ, -z
AM sæˈʃeɪ, -z

Sacheverell
BR səˈʃɛvr(ə)l
AM səˌʃɛvəˈrel

Sachs
BR saks
AM sæks

Sachsen
BR ˈsaks(ə)n
AM ˈsæks(ə)n

sack
BR sak, -s, -ɪŋ, -t
AM sæk, -s, -ɪŋ, -t

sackable
BR ˈsakəbl
AM ˈsækəb(ə)l

sackbut
BR ˈsakbʌt, -s
AM ˈsækˌbət, -s

sackcloth
BR ˈsakklɒθ
AM ˈsækˌclɑθ, ˈsækˌclɔθ

sacker
BR ˈsakə(r), -z
AM ˈsækər, -z

sackful
BR ˈsakfʊl, -z
AM ˈsækˌfʊl, -z

sacking
BR ˈsakɪŋ, -z
AM ˈsækɪŋ, -z

sackless
BR ˈsakləs
AM ˈsækləs

sacklike
BR ˈsaklʌɪk
AM ˈsækˌlaɪk

Sackville
BR ˈsakvɪl
AM ˈsækˌvɪl

sacra
BR ˈseɪkrə(r), ˈsakrə(r)
AM ˈseɪkrə, ˈsækrə

sacral
BR ˈseɪkr(ə)l, ˈsakr(ə)l
AM ˈseɪkrəl, ˈsækrəl

sacrament
BR ˈsakrəm(ə)nt, -s
AM ˈsækrəm(ə)nt, -s

sacramental
BR ˌsakrəˈmentl
AM ˌsækrəˈmen(t)l

sacramentalism
BR ˌsakrəˈmentlɪzm
AM ˌsækrəˈmen(t)lˌɪz(ə)m

sacramentalist
BR ˌsakrəˈmentlɪst, -s
AM ˌsækrəˈmen(t)ləst, -s

sacramentality
BR ˌsakrəm(ɛ)nˈtalɪti
AM ˌsækrəˌmenˈtælədi, ˌsækrəmənˈtælədi

sacramentally
BR ˌsakrəˈmentli
AM ˌsækrəˈmen(t)li

sacramentarian
BR ˌsakrəm(ɛ)nˈtɛːrɪən, -z
AM ˌsækrəˌmenˈterɪən, ˌsækrəmənˈterɪən, -z

Sacramento
BR ˌsakrəˈmentəʊ
AM ˌsækrəˈmen(t)oʊ

sacraria
BR səˈkrɛːrɪə(r)
AM səˈkrerɪə

sacrarium
BR səˈkrɛːrɪəm
AM səˈkrerɪəm

sacred
BR ˈseɪkrɪd
AM ˈseɪkrɪd

sacredly
BR ˈseɪkrɪdli
AM ˈseɪkrɪdli

sacredness
BR ˈseɪkrɪdnɪs
AM ˈseɪkrɪdnɪs

sacrementality
BR ˌsakrəm(ɛ)nˈtalɪti
AM ˌsækrəˌmenˈtælədi, ˌsækrəmənˈtælədi

sacrifice
BR ˈsakrɪfʌɪs, -ɪz, -ɪŋ, -t
AM ˈsækrəˌfaɪs, -ɪz, -ɪŋ, -t

sacrificial
BR ˌsakrɪˈfɪʃl
AM ˌsækrəˈfɪʃ(ə)l

sacrificially
BR ˌsakrɪˈfɪʃli
AM ˌsækrəˈfɪʃəli

sacrilege
BR ˈsakrɪlɪdʒ
AM ˈsækrəlɪdʒ

sacrilegious
BR ˌsakrɪˈlɪdʒəs
AM ˌsækrəˈlɪdʒəs

sacrilegiously
BR ˌsakrɪˈlɪdʒəsli
AM ˌsækrəˈlɪdʒəsli

sacriligious
BR ˌsakrɪˈlɪdʒəs
AM ˌsækrəˈlɪdʒəs

sacriligiously
BR ˌsakrɪˈlɪdʒəsli
AM ˌsækrəˈlɪdʒəsli

sacring
BR ˈseɪkrɪŋ
AM ˈseɪkrɪŋ

sacrist
BR ˈseɪkrɪst, ˈsakrɪst, -s
AM ˈsækrəst, ˈseɪkrəst, -s

sacristan
BR ˈsakrɪst(ə)n, -z
AM ˈsækrəst(ə)n, -z

sacristy
BR ˈsakrɪst|i, -ɪz
AM ˈsækrəsti, -z

sacroiliac
BR ˌsakrəʊˈɪlɪak, ˌseɪkrəʊˈɪlɪak
AM ˌsækroʊˈɪliˌæk

sacrosanct
BR ˈsakrə(ʊ)saŋ(k)t
AM ˈsækrəˌsæŋ(k)t, ˈsækroʊˌsæŋk(t), ˈsækrəˌsæŋk(t), ˈsækroʊˌsæŋ(k)t

sacrosanctity
BR ˌsakrəˈsaŋ(k)tɪti
AM ˌsækroʊˈsæŋ(k)tədi

sacrum
BR ˈseɪkrəm, ˈsakrəm, -z
AM ˈseɪkrəm, ˈsækrəm, -z

sad
BR sad, -ə(r), -ɪst
AM sæd, -ər, -əst

Sadat
BR səˈdat
AM səˈdɑt

sadden
BR ˈsadn, -z, -ɪŋ, -d
AM ˈsædən, -z, -ɪŋ, -d

saddie
BR ˈsadǀi, -ɪz
AM ˈsædi, -z

saddish
BR ˈsadɪʃ
AM ˈsædɪʃ

saddle
BR ˈsadǀl, -lz, -l̩ŋ\-lɪŋ, -ld
AM ˈsædǀəl, -əlz, -(ə)lɪŋ, -əld

saddleback
BR ˈsadlbak, -s, -t
AM ˈsædlˌbæk, -s, -t

saddlebag
BR ˈsadlbag, -z
AM ˈsædlˌbæg, -z

saddle bow
BR ˈsadəl bəʊ, -z
AM ˈsædəl ˌboʊ, -z

saddlecloth
BR ˈsadlklɒǀθ, -θs\-ðz
AM ˈsædlˌklɑǀθ, ˈsædl-ˌklɔǀθ, -θs\-ðz

saddleless
BR ˈsadlləs
AM ˈsædlləs

saddler
BR ˈsadlə(r), -z
AM ˈsæd(ə)lər, -z

saddlery
BR ˈsadləri
AM ˈsædləri, ˈsædəlri

Saducean
BR ˌsadjʉˈsiːən, ˌsadʒʉˈsiːən
AM ˌsædjəˈsiən, ˌsædʒəˈsiən

Saducee
BR ˈsadjʉsiː, ˈsadʒʉsiː, -z
AM ˈsædjəˌsi, ˈsædʒəˌsi, -z

Saduceeism
BR ˈsadjʉsiːˌɪzm, ˈsadʒʉsiːɪzm
AM ˈsædjəˌsiˌɪz(ə)m, ˈsædʒəˌsiˌɪz(ə)m

Sade *writer*
BR sɑːd
AM sɑd

sadhu
BR ˈsɑːduː, -z
AM ˈsɑˌdu, -z

Sadie
BR ˈseɪdi
AM ˈseɪdi

sad-iron
BR ˈsadˌʌɪən, -z
AM ˈsædˌaɪ(ə)rn, -z

sadism
BR ˈseɪdɪzm
AM ˈseɪˌdɪz(ə)m

sadist
BR ˈseɪdɪst, -s
AM ˈseɪdɪst, -s

sadistic
BR səˈdɪstɪk
AM səˈdɪstɪk

sadistically
BR səˈdɪstɪkli
AM səˈdɪstək(ə)li

Sadler
BR ˈsadlə(r)
AM ˈsæd(ə)lər

sadly
BR ˈsadli
AM ˈsædli

sadness
BR ˈsadnəs, -ɪz
AM ˈsædnəs, -əz

sadomasochism
BR ˌseɪdəʊˈmasəkɪzm
AM ˌseɪdoʊˈmæsəˌkɪz(ə)m, ˌsædoʊˈmæsəˌkɪz(ə)m

sadomasochist
BR ˌseɪdəʊˈmasəkɪst, -s
AM ˌseɪdoʊˈmæsəkəst, ˌsædoʊˈmæsəkəst, -s

sadomasochistic
BR ˌseɪdəʊˌmasəˈkɪstɪk
AM ˌseɪdoʊˌmæsəˈkɪstɪk, ˌsædoʊˌmæsəˈkɪstɪk

s.a.e.
BR ˌɛseɪˈiː, -z
AM ˌɛsˌeɪˈi, -z

saeter
BR ˈseɪtə(r), ˈsɛtə(r), -z
AM ˈseɪdər, ˈsɛdər, -z

safari
BR səˈfɑːrǀi, -ɪz
AM səˈfɑri, -z

safe
BR seɪf, -ə(r), -ɪst
AM seɪf, -ər, -ɪst

safebreaker
BR ˈseɪfˌbreɪkə(r), -z
AM ˈseɪfˌbreɪkər, -z

safe-conduct
BR ˌseɪfˈkɒndʌkt, -s
AM ˌseɪfˈkɑndəkǀ(t), -(t)s

safecracker
BR ˈseɪfˌkrakə(r), -z
AM ˈseɪfˌkrækər, -z

safeguard
BR ˈseɪfgɑːd, -z, -ɪŋ, -ɪd
AM ˈseɪfˌgɑrd, -z, -ɪŋ, -əd

safekeeping
BR ˌseɪfˈkiːpɪŋ
AM ˌseɪfˌkipɪŋ

safely
BR ˈseɪfli
AM ˈseɪfli

safeness
BR ˈseɪfnɪs
AM ˈseɪfnɪs

safety
BR ˈseɪfti
AM ˈseɪfti

safety-first
BR ˌseɪftɪˈfɜːst
AM ˌseɪftiˈfɜrst

safetyman
BR ˈseɪftɪman
AM ˈseɪftiˌmæn

safetymen
BR ˈseɪftɪmɛn
AM ˈseɪftiˌmɛn

Safeway
BR ˈseɪfweɪ
AM ˈseɪfˌweɪ

safflower
BR ˈsaflaʊə(r), -z
AM ˈsæfˌlaʊər, -z

saffron
BR ˈsafrən
AM ˈsæfrən

saffrony
BR ˈsafrəni
AM ˈsæfrəni

safranin
BR ˈsafrənɪn, ˈsafrəniːn, -z
AM ˈsæfrənən, ˈsæfrəˌnin, -z

safranine
BR ˈsafrəniːn, -z
AM ˈsæfrənən, ˈsæfrəˌnin, -z

sag
BR sag, -z, -ɪŋ, -d
AM sæg, -z, -ɪŋ, -d

saga
BR ˈsɑːgə(r), -z
AM ˈsɑgə, -z

sagacious
BR səˈgeɪʃəs
AM səˈgeɪʃəs

sagaciously
BR səˈgeɪʃəsli
AM səˈgeɪʃəsli

sagaciousness
BR səˈgeɪʃəsnəs
AM səˈgeɪʃəsnəs

sagacity
BR səˈgasɪti
AM səˈgæsədi

sagamore
BR ˈsagəmɔː(r), -z
AM ˈsægəˌmɔ(ə)r, -z

Sagan
BR ˈsagan
AM ˈseɪgən
FR sagɑ̃

Sagar
BR ˈseɪgə(r)
AM ˈseɪgər

sage
BR seɪdʒ, -ɪz
AM seɪdʒ, -ɪz

sagebrush
BR ˈseɪdʒbrʌʃ
AM ˈseɪdʒˌbrəʃ

sagely
BR ˈseɪdʒli
AM ˈseɪdʒli

sageness
BR ˈseɪdʒnɪs
AM ˈseɪdʒnɪs
Sager
BR ˈseɪgə(r)
AM ˈseɪgər
sageship
BR ˈseɪdʒʃɪp, -s
AM ˈseɪdʒˌʃɪp, -s
saggar
BR ˈsagə(r), -z
AM ˈsægər, -z
saggy
BR ˈsag|i, -ɪə(r),
 -ɪɪst
AM ˈsægi, -ər,
 -ɪst
Saginaw
BR ˈsagɪnɔː(r)
AM ˈsægəˌnɑ,
 ˈsægəˌnɔ
sagitta
BR səˈdʒɪtə(r),
 səˈgɪtə(r),
 ˈsadʒɪtə(r), -z
AM ˈsædʒədə,
 səˈdʒɪdə, -z
sagittal
BR ˈsadʒɪtl
AM ˈsædʒədl
Sagittarian
BR ˌsadʒɪˈtɛːrɪən, -z
AM ˌsædʒəˈtɛrɪən, -z
Sagittarius
BR ˌsadʒɪˈtɛːrɪəs
AM ˌsædʒəˈtɛrɪəs
sagittate
BR ˈsadʒɪteɪt
AM ˈsædʒəˌteɪt
sago
BR ˈseɪgəʊ
AM ˈseɪgoʊ
saguaro
BR səˈgwɑːrəʊ,
AM səˈ(g)wɑroʊ, -z
sagy
BR ˈseɪdʒi
AM ˈseɪdʒi
Sahara
BR səˈhɑːrə(r)
AM səˈhɑrə,
 səˈhɛrə

Saharan
BR səˈhɑːrən, -z
AM səˈhɑrən,
 səˈhɛrən, -z
Sahel
BR sɑːˈhɛl
AM səˈhɛl
Sahelian
BR sɑːˈhiːlɪən
AM səˈhiliən
sahib
BR sɑːb, ˈsɑː(h)ɪb, -z
AM ˈsɑ(h)ɪb, ɛ
sahuaro
BR səˈwɑːrəʊ, -z
AM səˈ(h)wɑroʊ, -z
Said
BR sʌɪd
AM sɑɪid
said
BR sɛd
AM sɛd
Saida
BR ˈsʌɪdə(r)
AM ˈsaɪdə
saiga
BR ˈsʌɪgə(r),
 ˈseɪgə(r), -z
AM ˈsaɪgə, -z
Saigon
BR sʌɪˈgɒn
AM saɪˈgɑn
sail
BR seɪl, -z, -ɪŋ, -d
AM seɪl, -z,
 -ɪŋ, -d
sailable
BR ˈseɪləbl
AM ˈseɪləb(ə)l
sailbag
BR ˈseɪlbag, -z
AM ˈseɪlˌbæg, -z
sailboard
BR ˈseɪlbɔːd, -z
AM ˈseɪlˌbɔ(ə)rd, -z
sailboarder
BR ˈseɪlbɔːdə(r), -z
AM ˈseɪlˌbɔrdər, -z
sailboarding
BR ˈseɪlbɔːdɪŋ
AM ˈseɪlˌbɔrdɪŋ

sailboat
BR ˈseɪlbəʊt, -s
AM ˈseɪlˌboʊt, -s
sailcloth
BR ˈseɪlklɒθ
AM ˈseɪlˌklɑθ,
 ˈseɪlˌklɔθ
sailer
BR ˈseɪlə(r), -z
AM ˈseɪlər, -z
sailfish
BR ˈseɪlfɪʃ
AM ˈseɪlˌfɪʃ
sail-fluke
BR ˈseɪlfluːk, -s
AM ˈseɪlˌfluk, -s
sailing
BR ˈseɪlɪŋ, -z
AM ˈseɪlɪŋ, -z
sailless
BR ˈseɪlɪs
AM ˈseɪ(l)lɪs
sailmaker
BR ˈseɪlˌmeɪkə(r), -z
AM ˈseɪlˌmeɪkər, -z
sailor
BR ˈseɪlə(r), -z
AM ˈseɪlər, -z
sailoring
BR ˈseɪlərɪŋ
AM ˈseɪlərɪŋ
sailorless
BR ˈseɪlələs
AM ˈseɪlərləs
sailorly
BR ˈseɪləli
AM ˈseɪlərli
sailplane
BR ˈseɪlpleɪn, -z
AM ˈseɪlˌpleɪn, -z
sainfoin
BR ˈsanfɔɪn, ˈseɪnfɔɪn
AM ˈseɪnˌfɔɪn
Sainsbury
BR ˈseɪnzb(ə)ri
AM ˈseɪnzˌbɛri
saint
BR seɪnt, -s
AM seɪnt, -s
saintdom
BR ˈseɪntdəm, -z
AM ˈseɪntdəm, -z

sainted
BR ˈseɪntɪd
AM ˈseɪn(t)ɪd
Saint Elmo's fire
BR snt ˌɛlməʊz ˈfʌɪə(r),
AM ˌseɪn(t) ˈɛlmoʊz ˈfaɪ(ə)r
Saint-Étienne
BR ˌsãteˈtjɛn
AM sɛn(t)ˌeɪˈtjɛn
sainthood
BR ˈseɪnthʊd
AM ˈseɪn(t)ˌ(h)ʊd
saintlike
BR ˈseɪntlʌɪk
AM ˈseɪntˌlaɪk
saintliness
BR ˈseɪntlɪnɪs
AM ˈseɪntlɪnɪs
saintling
BR ˈseɪntlɪŋ, -z
AM ˈseɪntlɪŋ, -z
saintly
BR ˈseɪntl|i, -ɪə(r), -ɪɪst
AM ˈseɪn(t)li, -ər, -ɪst
Saint-Malo
BR s(ə)ntˈmɑːləʊ
AM ˌsɑnməˈloʊ
FR sɛ̃malo
Saint-Moritz
BR ˌsanməˈrɪts,
 s(ə)ntˈmɒrɪts
AM seɪn(t)məˈrɪts
saintpaulia
BR ˌseɪntˈpɔːlɪə(r), -z
AM ˌseɪntˈpɑljə,
 ˌseɪntˈpɑliə,
 ˌseɪntˈpɑljə, -z
Saint-Saëns
BR ˌsãˈsɒ̃(s), ˌsãˈsɒ̃z
AM ˌsænˈsɑn(z)
saintship
BR ˈseɪntʃɪp, -s
AM ˈseɪntˌʃɪp, -s
Saint-Tropez
BR ˌsãtrɒˈpeɪ
AM ˌsɑntrəˈpeɪ
Saipan
BR ˌsʌɪˈpan
AM ˈsaɪˌpæn

Saisho
BR ˈseɪʃəʊ
AM ˌseɪˌʃoʊ

saith
BR sɛθ
AM ˈseɪɪθ, sɛθ

saithe
BR seɪθ, seɪð
AM seɪð

Sajama
BR səˈhɑːmə(r)
AM səˈhɑmə
SP saˈxama

Sakai
BR ˈsɑːkʌɪ
AM ˈsɑkˌaɪ

sake
BR seɪk, -s
AM seɪk, -s

saké
BR ˈsɑːki, ˈsɑkeɪ
AM ˈsɑki

saker
BR ˈseɪkə(r), -z
AM ˈseɪkər, -z

sakeret
BR ˈseɪkərɪt, -s
AM ˈseɪkərət, -s

Sakhalin
BR ˈsɑkəliːn, ˈsɑkəlɪn, ˌsɑkəˈliːn, ˌsɑkəˈlɪn
AM ˈsækəˌlin
RUS səxɐˈlʲin

Sakharov
BR ˈsɑkərɒf, ˈsɑkərɒv
AM ˈsækəˌraf, ˈsækəˌrɑv, ˈsækəˌrɔv

saki
BR ˈsɑːk|i, -ɪz
AM ˈsɑki, -z

Sakta
BR ˈʃɑːktə(r), -z
AM ˈʃɑktə, -z

Sakti
BR ˈʃɑkti
AM ˈʃɑkti

Saktism
BR ˈʃɑːktɪzm
AM ˈʃɑkˌtɪz(ə)m

sal
BR sɑl
AM sæl

salaam
BR səˈlɑːm, -z, -ɪŋ, -d
AM səˈlɑm, -z, -ɪŋ, -d

salability
BR ˌseɪləˈbɪlɪti
AM ˌseɪləˈbɪlɪdi

salable
BR ˈseɪləbl
AM ˈseɪləb(ə)l

salacious
BR səˈleɪʃəs
AM səˈleɪʃəs

salaciously
BR səˈleɪʃəsli
AM səˈleɪʃəsli

salaciousness
BR səˈleɪʃəsnəs
AM səˈleɪʃəsnəs

salacity
BR səˈlasɪti
AM səˈlæsədi

salad
BR ˈsaləd, -z
AM ˈsæləd, -z

salade
BR səˈlɑːd, -z
AM səˈlɑd, -z
FR salad

Saladin
BR ˈsalədɪn
AM ˈsælədn

Salamanca
BR ˌsaləˈmaŋkə(r)
AM ˌsæləˈmæŋkə

salamander
BR ˈsaləmandə(r), -z
AM ˈsæləˌmændər, -z

salamandrian
BR ˌsaləˈmandrɪən
AM ˌsæləˈmændrɪən

salamandrine
BR ˌsaləˈmandrʌɪn, ˌsaləˈmandrɪn
AM ˌsæləˈmændrən

salamandroid
BR ˌsaləˈmandrɔɪd, -z
AM ˌsæləˈmænˌdrɔɪd, -z

salami
BR səˈlɑːmi
AM səˈlɑmi

Salamis
BR ˈsaləmɪs
AM ˈsaləməs

sal ammoniac
BR ˌsal əˈməʊnɪak
AM ˌsæl əˈmoʊniˌæk

Salang
BR saˈlaŋ
AM sɑˈlɑŋ

salangane
BR ˈsaləŋgeɪn, -z
AM ˈsælənˌgeɪn, ˈsælənˌgæn, -z

salariat
BR səˈlɛːrɪət
AM səˈlɛriˌæt, səˈlɛriət

salary
BR ˈsal(ə)r|i, -ɪz, -ɪd
AM ˈsæl(ə)ri, -z, -d

salaryman
BR ˈsal(ə)rɪmən
AM ˈsæl(ə)riˌmæn

salarymen
BR ˈsal(ə)rɪmən
AM ˈsæl(ə)rim(ə)n

salat
BR saˈlɑːt
AM sɑˈlɑt

Salazar
BR ˌsaləˈzɑː(r)
AM ˌsæləˌzɑr

salbutamol
BR salˈbjuːtəmɒl
AM sælˈbjutəmɑl, sælˈbjutəmɔl

salchow
BR ˈsalkəʊ, -z
AM ˈsɑlkoʊ, -z

Salcombe
BR ˈsɔːlkəm, ˈsɒlkəm
AM ˈsɑlkəm, ˈsɔlkəm

sale
BR seɪl, -z
AM seɪl, -z

saleability
BR ˌseɪləˈbɪlɪti
AM ˌseɪləˈbɪlɪdi

saleable
BR ˈseɪləbl
AM ˈseɪləb(ə)l

Salem
BR ˈseɪləm
AM ˈseɪl(ə)m

salep
BR ˈsalɛp
AM səˈlɛp, ˈsæləp

saleratus
BR ˌsaləˈreɪtəs
AM ˌsæləˈreɪdəs

Salerno
BR səˈləːnəʊ
AM səˈlɛrnoʊ, səˈlərnoʊ

saleroom
BR ˈseɪlruːm, ˈseɪlrʊm, -z
AM ˈseɪlˌrʊm, ˈseɪlˌrum, -z

salesclerk
BR ˈseɪlzklɑːk, -s
AM ˈseɪlzˌklərk, -s

salesgirl
BR ˈseɪlzgəːl, -z
AM ˈseɪlzˌgərl, -z

Salesian
BR səˈliːzɪən, səˈliːʒn, -z
AM səˈliʒ(ə)n, -z

saleslady
BR ˈseɪlzˌleɪd|i, -ɪz
AM ˈseɪlzˌleɪdi, -z

salesman
BR ˈseɪlzmən
AM ˈseɪlzm(ə)n

salesmanship
BR ˈseɪlzmənʃɪp
AM ˈseɪlzmənˌʃɪp

salesmen
BR ˈseɪlzmən
AM ˈseɪlzm(ə)n

salesperson
BR ˈseɪlzˌpəːsn
AM ˈseɪlzˌpərs(ə)n

salesroom
BR ˈseɪlzruːm, ˈseɪlzrʊm, -z
AM ˈseɪlzˌrʊm, ˈseɪlzˌrum, -z

saleswoman
BR ˈseɪlzˌwʊmən
AM ˈseɪlzˌwʊm(ə)n

saleswomen
BR ˈseɪlzˌwɪmɪn
AM ˈseɪlzˌwɪmɪn
Salford
BR ˈsɔːlfəd, ˈsɒlfəd
AM ˈsælfərd, ˈsɑlfərd, ˈsɒlfərd
Salian
BR ˈseɪliən, -z
AM ˈseɪliən, ˈseɪljən, -z
Salic
BR ˈsalɪk, ˈseɪlɪk
AM ˈsælɪk, ˈseɪlɪk
salicet
BR ˈsalɪset, -s
AM ˈsæləˌset, -s
salicin
BR ˈsalɪsɪn
AM ˈsæləs(ə)n
salicine
BR ˈsalɪsiːn, ˈsalɪsɪn
AM ˈsæləs(ə)n, ˈsæləˌsin
salicional
BR səˈlɪʃn̩l, -z
AM səˈlɪʃ(ə)n(ə)l, -z
salicylate
BR səˈlɪsɪleɪt, -s
AM səˈlɪsələt, səˈlɪsəˌleɪt, -s
salicylic
BR ˌsalɪˈsɪlɪk
AM ˌsæləˈsɪlɪk
salicylic acid
BR ˌsaləsɪlɪk ˈasɪd
AM ˌsæləˌsɪlɪk ˈæsəd
salience
BR ˈseɪliəns
AM ˈseɪliəns, ˈseɪlj(ə)ns
saliency
BR ˈseɪliənsi
AM ˈseɪliənsi, ˈseɪljənsi
salient
BR ˈseɪliənt, -s
AM ˈseɪliənt, ˈseɪlj(ə)nt, -s
salientian
BR ˌseɪlɪˈɛnʃn, -z
AM ˌseɪliˈɛn(t)ʃ(ə)n, -z

saliently
BR ˈseɪliəntli
AM ˈseɪliən(t)li, ˈseɪljən(t)li
Salieri
BR ˌsalɪˈɛːri
AM ˌsɑliˈɛri
saliferous
BR səˈlɪf(ə)rəs
AM səˈlɪf(ə)rəs
salify
BR ˈsalɪfʌɪ, -z, -ɪŋ, -d
AM ˈsæləˌfaɪ, -z, -ɪŋ, -d
Salina
BR səˈlʌɪnə(r)
AM səˈlinə
salina
BR səˈlʌɪnə(r), -z
AM səˈlaɪnə, səˈlinə, -z
Salinas
BR səˈliːnəs
AM səˈlinəs
saline
BR ˈseɪlʌɪn
AM ˈseɪˌlin
Salinger
BR ˈsalɪn(d)ʒə(r)
AM ˈsæləndʒər
salinisation
BR ˌsalɪnʌɪˈzeɪʃn
AM ˌsæləˌnaɪˈzeɪʃ(ə)n, ˌsælənəˈzeɪʃ(ə)n
salinity
BR səˈlɪnɪti
AM səˈlɪnɪdi, seɪˈlɪnɪdi
salinization
BR ˌsalɪnʌɪˈzeɪʃn
AM ˌsæləˌnaɪˈzeɪʃ(ə)n, ˌsælənəˈzeɪʃ(ə)n
salinometer
BR ˌsalɪˈnɒmɪtə(r), -z
AM ˌsæləˈnɑmədər, -z
Salisbury
BR ˈsɔːlzb(ə)ri, ˈsɒlzb(ə)ri
AM ˈsɒlzb(ə)ri, ˈsɑlzˌbɛri, ˈsɒlzb(ə)ri, ˈsɔlzˌbɛri
Salish
BR ˈseɪlɪʃ
AM ˈseɪlɪʃ

saliva
BR səˈlʌɪvə(r)
AM səˈlaɪvə
salivary
BR səˈlʌɪv(ə)ri
AM ˈsæləˌvɛri
salivate
BR ˈsalɪveɪt, -s, -ɪŋ, -ɪd
AM ˈsæləˌveɪ|t, -ts, -dɪŋ, -dɪd
salivation
BR ˌsalɪˈveɪʃn
AM ˌsæləˈveɪʃ(ə)n
Salkeld
BR ˈsɔːlkɛld, ˈsɒlkɛld
AM ˈsɑlˌkɛld, ˈsɒlˌkɛld
Salk vaccine
BR ˈsɔːlk ˌvaksiːn
AM ˌsɑk vækˈsin, ˌsɔk vækˈsin
sallee
BR ˈsalli, -ɪz
AM ˈsæli, -z
sallenders
BR ˈsalɪndəz
AM ˈsæləndərz
sallet
BR ˈsalɪt, -s
AM ˈsælət, -s
Sallis
BR ˈsalɪs
AM ˈsæləs
sallow
BR ˈsaləʊ, -z, -d
AM ˈsæloʊ, -z, -d
sallowish
BR ˈsaləʊʃ
AM ˈsæləwɪʃ
sallowness
BR ˈsaləʊnəs
AM ˈsæloʊnəs
sallowy
BR ˈsaləʊi
AM ˈsæləwi
Sallust
BR ˈsaləst
AM ˈsæləst
sally
BR ˈsal|i, -ɪz, -ɪŋ, -ɪd
AM ˈsæli, -z, -ɪŋ, -d

Sally Lunn
BR ˌsalɪ ˈlʌn, -z
AM ˌsæli ˈl(ə)n, -z
sallyport
BR ˈsalɪpɔːt, -s
AM ˈsæliˌpɔ(ə)rt, -s
salmagundi
BR ˌsalməˈɡʌnd|i, -ɪz
AM ˌsælməˈɡəndi, -z
salmanazar
BR ˌsalməˈneɪzə(r), -z
AM ˌsælməˈnɑzər, ˌsælməˈnæzər, -z
salmis
BR ˈsalm|i, -ɪz
AM ˈsælmi, -z
FR salmi
salmon
BR ˈsamən
AM ˈsæ(l)m(ə)n
salmonella
BR ˌsalməˈnɛlə(r)
AM ˌsælməˈnɛlə
salmonellosis
BR ˌsalmənɛˈləʊsɪs
AM ˌsælmənɛˈloʊsəs
salmonid
BR ˈsamənɪd, -z
AM ˈsæ(l)məˌnɪd, ˈsæ(l)mənəd, -z
salmonoid
BR ˈsamənɔɪd, -z
AM ˈsæ(l)məˌnɔɪd, -z
salmony
BR ˈsaməni
AM ˈsæ(l)məni
Salome
BR səˈləʊmi
AM səˈloʊmi, ˌsaləˈmeɪ
salon
BR ˈsalɒ̃, ˈsalɒn, -z
AM səˈlɑn, -z
Salonica
BR səˈlɒnɪkə(r)
AM səˈlɑnəkə, səˈlɔnəkə
saloon
BR səˈluːn, -z
AM səˈlun, -z
Salop
BR ˈsaləp
AM ˈsæləp

salopette
BR ˌsalə'pɛt, 'salәpɛt, -s
AM ˌsælə'pɛt, -s

Salopian
BR sə'ləʊpɪən, -z
AM sə'loʊpɪən, -z

salpiglossis
BR ˌsalpɪ'glɒsɪs
AM ˌsælpə'glɑsəs, ˌsælpə'glasəs

salpingectomy
BR ˌsalpɪn'dʒɛktəm|i, -ɪz
AM ˌsælpən'dʒɛktəmi, -z

salpingitis
BR ˌsalpɪn'dʒʌɪtɪs
AM ˌsælpən'dʒaɪdɪs

salsa
BR 'salsə(r)
AM 'salsə

salsify
BR 'salsɪfi
AM 'sælsə,faɪ, 'sælsəfi

salt
BR sɔːlt, sɒlt, -s, -ɪŋ, -ɪd
AM salt, sɔlt, -s, -ɪŋ, -əd

Saltaire
BR sɔː'lˈtɛː(r), sɒl'tɛː(r)
AM sal'tɛ(ə)r, sɔl'tɛ(ə)r

salt-and-pepper
BR ˌsɔːlt(ə)n(d)-'pɛpə(r), ˌsɒlt(ə)n(d)'pɛpə(r)
AM 'saltn̩ˌpɛpər, 'sɔltn̩ˌpɛpər

saltarelli
BR ˌsaltə'rɛliː, ˌsɔːltə'rɛliː, ˌsɒltə'rɛliː
AM ˌsaltə'rɛli, ˌsæltə'rɛli, ˌsɔltə'rɛli
IT salta'rɛlli

saltarello
BR ˌsaltə'rɛləʊ, ˌsɔːltə'rɛləʊ, ˌsɒltə'rɛləʊ, -z
AM ˌsaltə'rɛˌloʊ, ˌsæltə'rɛˌloʊ, ˌsɔltə'rɛˌloʊ, -z
IT salta'rɛllo

Saltash
BR 'sɔːltaʃ, 'sɒltaʃ
AM 'salˌtæʃ, 'sɔlˌtæʃ

saltation
BR sal'teɪʃn, sɔː'lˈteɪʃn, sɒl'teɪʃn, -z
AM ˌsal'teɪʃ(ə)n, ˌsɔl'teɪʃ(ə)n, -z

saltatorial
BR ˌsaltə'tɔːrɪəl, ˌsɔːltə'tɔːrɪəl, ˌsɒltə'tɔːrɪəl
AM ˌsaltə'tɔrɪəl, ˌsæltə'tɔrɪəl, ˌsɔltə'tɔrɪəl

saltatory
BR 'saltət(ə)ri, 'sɔːltət(ə)ri, 'sɒltət(ə)ri
AM 'saltəˌtɔri, 'sæltəˌtɔri, 'sɔltəˌtɔri

saltbox
BR 'sɔːltbɒks, 'sɒltbɒks, -ɪz
AM 'saltˌbɑks, 'sɔltˌbɑks, -əz

Saltburn
BR 'sɔːltbəːn, 'sɒltbəːn
AM 'saltˌbərn, 'sɔltˌbərn

saltbush
BR 'sɔːltbʊʃ, 'sɒltbʊʃ, -ɪz
AM 'saltˌbʊʃ, 'sɔltˌbʊʃ, -əz

saltcellar
BR 'sɔːltˌsɛlə(r), 'sɒltˌsɛlə(r), -z
AM 'saltˌsɛlər, 'sɔltˌsɛlər, -z

salter
BR 'sɔːltə(r), 'sɒltə(r), -z
AM 'saltər, 'sɔltər, -z

saltern
BR 'sɔːltən, 'sɒltən, -z
AM 'saltərn, 'sɔltərn, -z

Salterton
BR 'sɔːltət(ə)n, 'sɒltət(ə)n
AM 'saltərt(ə)n, 'sɔltərt(ə)n

Salthouse
BR 'sɔːlthaʊs, 'sɒlthaʊs
AM 'salt,(h)aʊs, 'sɔlt,(h)aʊs

saltigrade
BR 'saltɪgreɪd, 'sɔːltɪgreɪd, 'sɒltɪgreɪd, -z
AM 'saltəˌgreɪd, 'sɔltəˌgreɪd, -z

saltimbocca
BR ˌsaltɪm'bɒkə(r)
AM ˌsaltəm'boʊkə, ˌsɔltəm'boʊkə

saltine
BR sɔː'lˈtiːn, sɒl'tiːn, -z
AM sal'tin, sɔl'tin, -z

saltiness
BR 'sɔːltɪnɨs, 'sɒltɪnɨs
AM 'saltinɨs, 'sɔltinɨs

salting
BR 'sɔːltɪŋ, 'sɒltɪŋ, -z
AM 'saltɪŋ, 'sɔltɪŋ, -z

saltire
BR 'sɔːltʌɪə(r), 'sɒltʌɪə(r), -z
AM 'salˌtaɪ(ə)r, 'sɔlˌtaɪ(ə)r, 'sælˌtaɪ(ə)r, -z

saltirewise
BR 'sɔːltʌɪəwʌɪz, 'sɒltʌɪəwʌɪz
AM 'salˌtaɪ(ə)rˌwaɪz, 'sælˌtaɪ(ə)rˌwaɪz, 'sɔlˌtaɪ(ə)rˌwaɪz

saltish
BR 'sɔːltɪʃ, 'sɒltɪʃ
AM 'saltɪʃ, 'sɔltɪʃ

Salt Lake City
BR ˌsɔːlt leɪk 'sɪti, ˌsɒlt +
AM ˌsal(t) ˌleɪk 'sɪdi, ˌsɔl(t) ˌleɪk 'sɪdi

saltless
BR 'sɔːltləs, 'sɒltləs
AM 'saltləs, 'sɔltləs

Saltley
BR 'sɔːltli, 'sɒltli
AM 'saltli, 'sɔltli

saltlick
BR 'sɔːltlɪk, 'sɒltlɪk, -s
AM 'saltˌlɪk, 'sɔltˌlɪk, -s

saltly
BR 'sɔːltli, 'sɒltli
AM 'saltli, 'sɔltli

Saltmarsh
BR 'sɔːltmaːʃ, 'sɒltmaːʃ
AM 'saltˌmarʃ, 'sɔltˌmarʃ

saltness
BR 'sɔːltnəs, 'sɒltnəs
AM 'saltnəs, 'sɔltnəs

saltpan
BR 'sɔːltpan, 'sɒltpan, -z
AM 'saltˌpæn, 'sɔltˌpæn, -z

saltpeter
BR ˌsɔːlt'piːtə(r), ˌsɒlt'piːtə(r)
AM ˌsalt'pidər, ˌsɔlt'pidər

saltpetre
BR ˌsɔːlt'piːtə(r), ˌsɒlt'piːtə(r)
AM ˌsalt'pidər, ˌsɔlt'pidər

saltshaker
BR 'sɔːltˌʃeɪkə(r), 'sɒltˌʃeɪkə(r), -z
AM 'saltˌʃeɪkər, 'sɔltˌʃeɪkər, -z

saltus
BR 'saltəs, -ɪz
AM 'sɔltəs, 'saltəs, 'sæltəs, -əz

saltwater
BR 'sɔːltˌwɔːtə(r), 'sɒltˌwɔːtə(r)
AM 'saltˌwadər, 'sɔltˌwɔdər

saltwort
BR 'sɔːltwəːt, 'sɒltwəːt, -s
AM 'saltˌwɔ(ə)rt, 'saltwərt, 'sɔltˌwɔ(ə)rt, 'sɔltwərt, -s

salty
BR ˈsɔːlt|i, ˈsɒlt|i,
-iə(r), -ɪst
AM ˈsɑlti, ˈsɔlti, -ər,
-ɪst

salubrious
BR səˈl(j)uːbriəs
AM səˈlubriəs

salubriously
BR səˈl(j)uːbriəsli
AM səˈlubriəsli

salubriousness
BR səˈl(j)uːbriəsnəs
AM səˈlubriəsnəs

salubrity
BR səˈl(j)uːbrɪti
AM səˈlubrədi

saluki
BR səˈluːk|i, -ɪz
AM səˈluki, -z

salutarily
BR ˈsaljʊtrɪli
AM ˌsæljəˈterəli

salutary
BR ˈsaljʊt(ə)ri
AM ˈsæljəˌteri

salutation
BR ˌsaljʊˈteɪʃn, -z
AM ˌsæljəˈteɪʃ(ə)n,
-z

salutational
BR ˌsaljʊˈteɪʃn̩l
AM ˌsæljəˈteɪʃ(ə)n(ə)l

salutatorian
BR səˌl(j)uːtəˈtɔːriən,
-z
AM ˌsælədəˈtɔriən,
səˌludəˈtɔriən, -z

salutatory
BR səˈl(j)uːtət(ə)ri
AM səˈludəˌtɔri

salute
BR səˈl(j)uːt, -s,
-ɪŋ, -ɪd
AM səˈlu|t, -ts, -dɪŋ,
-dəd

saluter
BR səˈl(j)uːtə(r), -z
AM səˈludər, -z

salvable
BR ˈsalvəbl
AM ˈsælvəb(ə)l

Salvador
BR ˈsalvədɔː(r),
ˌsalvəˈdɔː(r)
AM ˈsælvəˌdɔ(ə)r

Salvadoran
BR ˌsalvəˈdɔːrən, -z
AM ˌsælvəˈdɔrən, -z

Salvadorean
BR ˌsalvəˈdɔːriən, -z
AM ˌsælvəˈdɔriən, -z

Salvadorian
BR ˌsalvəˈdɔːriən, -z
AM ˌsælvəˈdɔriən, -z

salvage
BR ˈsalv|ɪdʒ, -ɪdʒɪz,
-ɪdʒɪŋ, -ɪdʒd
AM ˈsælvɪdʒ, -ɪz, -ɪŋ,
-d

salvageable
BR ˈsalvɪdʒəbl
AM ˈsælvədʒəb(ə)l

salvager
BR ˈsalvɪdʒə(r), -z
AM ˈsælvədʒər, -z

Salvarsam
BR ˈsalvəsan
AM ˈsælvərˌsæn

salvation
BR salˈveɪʃn, -z
AM sælˈveɪʃ(ə)n, -z

Salvation Army
BR salˌveɪʃn ˈɑːmi
AM salˌveɪʃ(ə)n ˈɑrmi

salvationism
BR salˈveɪʃnɪzm
AM sælˈveɪʃ(ə)ˌnɪz(ə)m

salvationist
BR salˈveɪʃnɪst, -s
AM sælˈveɪʃ(ə)nəst, -s

salve
BR salv, -z, -ɪŋ, -d
AM ˈsæ(l)v, -z,
-ɪŋ, -d

salver
BR ˈsalvə(r), -z
AM ˈsælvər, -z

Salvesen
BR ˈsalvɪs(ə)n
AM ˈsælvəs(ə)n

Salveson
BR ˈsalvɪs(ə)n
AM ˈsælvəs(ə)n

salvia
BR ˈsalviə(r), -z
AM ˈsælviə, -z

salvo
BR ˈsalvəʊ, -z
AM ˈsælˌvoʊ, -z

sal volatile
BR ˌsal vəˈlatəli
AM ˌsæl vəˈladḷi

salvor
BR ˈsalvə(r), -z
AM ˈsælvər, -z

Salyut
BR salˈjuːt, -s
AM ˈsælˌjut, -s

Salzburg
BR ˈsaltsbəːg,
ˈsɔːltsbəːg,
ˈsɒltsbəːg
AM ˈsalzˌbərg,
ˈsɔltsˌbərg,
ˈsaltsˌbərg,
ˈsɔlzˌbərg

Sam
BR sam
AM sæm

samadhi
BR səˈmɑːdi
AM səˈmɑdi

Samantha
BR səˈmanθə(r)
AM səˈmænθə

Samar
BR ˈsɑːmə(r)
AM ˈsɑˌmɑr,
səˈmɑr

Samara
BR səˈmɑːrə(r)
AM səˈmɑrə

samara
BR səˈmɑːrə(r),
-z
AM səˈmɛrə,
ˈsæmərə, -z

Samaria
BR səˈmɛːriə(r)
AM səˈmɛriə

Samaritan
BR səˈmarɪt(ə)n,
-z
AM səˈmɛrədən,
səˈmɛrətn, -z

Samaritanism
BR səˈmarɪtənɪzm,
səˈmarɪtn̩ɪzm
AM səˈmɛrədəˌnɪz(ə)m,
səˈmɛrətnˌɪz(ə)m

samarium
BR səˈmɛːriəm,
-z
AM səˈmɛriəm, -z

Samarkand
BR ˌsamɑːˈkand,
ˈsaməkand
AM ˌsæmɑrˈkænd,
ˈsæmərˌkænd
RUS səmarˈkant

Samarra
BR səˈmɑːrə(r)
AM səˈmɑrə

Sama-Veda
BR ˌsɑːməˈveɪdə(r)
AM ˈsɑməˌveɪdə

samba
BR ˈsambə(r),
-z
AM ˈsɑmbə, -z

sambar
BR ˈsɑːmbə(r),
ˈsambə(r), -z
AM ˈsæmbər,
ˈsɑmbər, -z

sambhar
BR ˈsɑːmbə(r),
ˈsambə(r), -z
AM ˈsæmbər,
ˈsɑmbər, -z

sambo
BR ˈsambəʊ, -z
AM ˈsæmboʊ, -z

sambur
BR ˈsɑːmbə(r),
ˈsambə(r), -z
AM ˈsæmbər,
ˈsɑmbər, -z

same
BR seɪm
AM seɪm

same-day
BR ˌseɪmˈdeɪ
AM ˈseɪmˈdeɪ

samel
BR ˈsam(ə)l
AM ˈsæm(ə)l

sameness
BR ˈseɪmnɪs
AM ˈseɪmnɪs

same-sex
BR ˌseɪmˈsɛks
AM ˈseɪmˈsɛks

samey
BR ˈseɪmi
AM ˈseɪmi

sameyness
BR ˈseɪmɪnɪs
AM ˈseɪmɪnɪs

samfu
BR ˈsamfuː, -z
AM ˈsæm͵fu, -z

Samhain
BR ˈsaʊɪn,
ˈsawɪn, -z
AM ˈsaʊən, -z
IR ˈsəunʲ

Samian
BR ˈseɪmɪən, -z
AM ˈseɪmiən, -z

samisen
BR ˈsamɪsɛn, -z
AM ˈsæmə͵sɛn, -z

samite
BR ˈsamʌɪt,
ˈseɪmʌɪt, -s
AM ˈseɪ͵maɪt,
ˈsæ͵maɪt, -s

samizdat
BR ˈsamɪzdat,
ˌsamɪzˈdat
AM ˌsɑmɪzˈdæt
RUS səmʲizˈdat

Samlesbury
BR ˈsamzb(ə)ri,
ˈsɑːmzb(ə)ri
AM ˈsæmz͵bɛri

samlet
BR ˈsamlɪt, -s
AM ˈsæmlət, -s

Sammy
BR ˈsami
AM ˈsæmi

Samnite
BR ˈsamnʌɪt, -s
AM ˈsæm͵naɪt, -s

Samoa
BR səˈməʊə(r)
AM səˈmoʊə

Samoan
BR səˈməʊən, -z
AM səˈmoʊən, -z

Sámos
BR ˈseɪmɒs, ˈsamɒs
AM ˈseɪ͵mɑs, ˈseɪ͵mɔs

samosa
BR səˈməʊsə(r),
səˈmuːsə(r), -z
AM səˈmoʊsə, -z

Samothrace
BR ˈsamə(ʊ)θreɪs
AM ˈsæmə͵θreɪs

samovar
BR ˈsaməvɑː(r),
ˌsaməˈvɑː(r), -z
AM ˈsæmə͵vɑr, -z
RUS səmaˈvar

samoyed
BR ˌsamɔɪˈɛd,
səˈmɔɪɛd, -z
AM ˈsæmɔɪ͵jɛd,
ˈsæmə͵jɛd, -z
RUS səmaˈjet

Samoyedic
BR ˌsamɔɪˈɛdɪk,
ˌsaməˈjɛdɪk
AM ˌsæməˈjɛdɪk

samp
BR samp
AM sæmp

sampan
BR ˈsampan, -z
AM ˈsæm͵pæn, -z

samphire
BR ˈsamfʌɪə(r)
AM ˈsæm͵faɪ(ə)r

sample
BR ˈsɑːmp|l, -lz,
-l̩ɪŋ\-lɪŋ, -ld
AM ˈsæmp|əl, -əlz,
-(ə)lɪŋ, -əld

sampler
BR ˈsɑːmplə(r), -z
AM ˈsæmp(ə)lər, -z

sampling
BR ˈsɑːmplɪŋ,
ˈsɑːmpl̩ɪŋ, -z
AM ˈsæmp(ə)lɪŋ, -z

Sampson
BR ˈsam(p)s(ə)n
AM ˈsæm(p)s(ə)n

samsara
BR səmˈsɑːrə(r)
AM səmˈsɑrə

samsaric
BR samˈsarɪk
AM sæmˈsɛrɪk

samskara
BR səmˈskɑːrə(r), -z
AM sæmˈskɑrə, -z

Samson
BR ˈsams(ə)n
AM ˈsæms(ə)n

Samsung
BR ˈsamsʌŋ,
ˈsamsʊŋ
AM ˈsæm͵sʌŋ

Samuel
BR ˈsamjʊəl,
ˈsamjʊl
AM ˈsæmjə(w)l

Samuels
BR ˈsamjʊəlz,
ˈsamjʊlz
AM ˈsæmj(u)əlz

samurai
BR ˈsam(j)ʊrʌɪ, -z
AM ˈsæmə͵raɪ, -z

san *sanatorium*
BR san, -z
AM sæn, -z

Sana'a
BR sɑːˈnɑː(r)
AM sɑˈnɑ

San Andreas
BR ˌsan anˈdreɪəs
AM ˌsæn ͵ænˈdreɪəz

San Antonio
BR ˌsan anˈtəʊnɪəʊ
AM ˌsæn ͵ænˈtoʊnioʊ,
ˌsæn ənˈtoʊnioʊ

sanataria
BR ˌsanəˈtɛːrɪə(r)
AM ˌsænəˈtɛriə

sanatarium
BR ˌsanəˈtɛːrɪəm, -z
AM ˌsænəˈtɛriəm, -z

sanative
BR ˈsanətɪv
AM ˈsænədɪv

Sanatogen
BR səˈnatədʒ(ɛ)n
AM səˈnædədʒ(ə)n

sanatoria
BR ˌsanəˈtɔːrɪə(r)
AM ˌsænəˈtɔriə

sanatorium
BR ˌsanəˈtɔːrɪəm, -z
AM ˌsænəˈtɔriəm, -z

sanatory
BR ˈsanət(ə)ri
AM ˈsænə͵tɔri

sanbenito
BR ˌsanbəˈniːtəʊ, -z
AM ˌsænbəˈnidoʊ, -z

San Bernardino
BR ˌsan ͵bəːnəˈdiːnəʊ
AM ˌsæn bərnəˈdinoʊ

Sánchez
BR ˈsantʃɛz
AM ˈsæn(t)ʃɛz

Sancho
BR ˈsan(t)ʃəʊ
AM ˈsɑn(t)ʃoʊ

San Clemente
BR ˌsan klɪˈmɛnti
AM ˌsæn kləˈmɛn(t)i

sancta
BR ˈsaŋ(k)tə(r)
AM ˈsæŋ(k)tə

sancta sanctorum
BR ˌsaŋ(k)tə
saŋ(k)ˈtɔːrəm
AM ˈ͵sæŋ(k)tə
ˌsæŋ(k)ˈtɔrəm

sanctification
BR ˌsaŋ(k)tɪfɪˈkeɪʃn
AM ˌsæŋ(k)təfəˈkeɪʃ(ə)n

sanctifier
BR ˈsaŋ(k)tɪfʌɪə(r), -z
AM ˈsæŋ(k)tə͵faɪər, -z

sanctify
BR ˈsaŋ(k)tɪfʌɪ, -z, -ɪŋ, -d
AM ˈsæŋ(k)tə͵faɪ, -z, -ɪŋ, -d

sanctimonious
BR ˌsaŋ(k)tɪˈməʊnɪəs
AM ˌsæŋ(k)təˈmoʊniəs

sanctimoniously
BR ˌsaŋ(k)tɪˈməʊnɪəsli
AM ˌsæŋ(k)təˈmoʊniəsli

sanctimoniousness
BR ˌsaŋ(k)tɪ-ˈməʊniəsnəs
AM ˌsæŋ(k)tə-ˈmoʊniəsnəs

sanctimony
BR ˈsaŋ(k)tɪməʊni
AM ˈsæŋ(k)təˌmoʊni

sanction
BR ˈsaŋ(k)ʃn̩, -z, -ɪŋ, -d
AM ˈsæŋ(k)ʃən, -ənz, -(ə)nɪŋ, -ənd

sanctionable
BR ˈsaŋ(k)ʃn̩əbl
AM ˈsæŋ(k)ʃənəb(ə)l

sanctitude
BR ˈsaŋ(k)tɪtjuːd, ˈsaŋ(k)tɪtʃuːd
AM ˈsæŋ(k)təˌt(j)ud

sanctity
BR ˈsaŋ(k)tɪt|i, -ɪz
AM ˈsæŋ(k)tədi, -z

sanctuary
BR ˈsaŋ(k)tʃʊər|i, ˈsaŋ(k)tʃɜr|i, ˈsaŋ(k)tjʊər|i, ˈsaŋ(k)tjɜr|i, -ɪz
AM ˈsæŋk(t)ʃəˌwɛri, -z

sanctum
BR ˈsaŋ(k)təm, -z
AM ˈsæŋ(k)t(ə)m, -z

sanctum sanctorum
BR ˌsaŋ(k)təm saŋ(k)ˈtɔːrəm, -z
AM ˌˈsæŋ(k)t(ə)m ˌsæŋ(k)ˈtɔrəm, -z

Sanctus
BR ˈsaŋ(k)təs, -ɪz
AM ˈsæŋ(k)təs, -əz

sand
BR sand, -z, -ɪŋ, -ɪd
AM sænd, -z, -ɪŋ, -əd

Sand *George, French writer*
BR sɒ̃
AM sɑn
FR sɑ̃d

sandal
BR ˈsandl, -z
AM ˈsændəl, -z

sandalwood
BR ˈsandlwʊd
AM ˈsændlˌwʊd

sandarac
BR ˈsandərak, -s
AM ˈsændəˌræk, -s

sandarach
BR ˈsandərak, -s
AM ˈsændəˌræk, -s

Sandbach
BR ˈsan(d)batʃ
AM ˈsæn(d)ˌbak

sandbag
BR ˈsan(d)bag, -z, -ɪŋ, -d
AM ˈsæn(d)ˌbæg, -z, -ɪŋ, -d

sandbagger
BR ˈsan(d)bagə(r), -z
AM ˈsæn(d)ˌbægər, -z

sandbank
BR ˈsan(d)baŋk, -s
AM ˈsæn(d)ˌbæŋk, -s

sandbar
BR ˈsan(d)bɑː(r), -z
AM ˈsæn(d)ˌbɑr, -z

sand-bath
BR ˈsan(d)|bɑːθ
AM ˈsæn(d)ˌbæθ, -s, -ðz

sandblast
BR ˈsan(d)blɑːst, -s, -ɪŋ, -ɪd
AM ˈsæn(d)ˌblæst, -s, -ɪŋ, -əd

sandblaster
BR ˈsan(d)ˌblɑːstə(r), -z
AM ˈsæn(d)ˌblæstər, -z

sandbox
BR ˈsan(d)bɒks, -ɪz
AM ˈsæn(d)ˌbɑks, -əz

sandboy
BR ˈsan(d)bɔɪ, -z
AM ˈsæn(d)ˌbɔɪ, -z

Sandburg
BR ˈsan(d)bɜːg
AM ˈsæn(d)ˌbɜrg

sandcastle
BR ˈsan(d)ˌkɑːsl, -z
AM ˈsæn(d)ˌkæs(ə)l, -z

sander
BR ˈsandə(r), -z
AM ˈsændər, -z

sanderling
BR ˈsandəlɪŋ, -z
AM ˈsændərlɪŋ, -z

sanders
BR ˈsandəz, -ɪz
AM ˈsændərz, -əz

Sanderson
BR ˈsɑːndəs(ə)n
AM ˈsændərs(ə)n

Sanderstead
BR ˈsɑːndəsted, ˈsɑːndəstɪd
AM ˈsændərˌsted

Sandes
BR ˈsandz
AM ˈsæn(d)z

sandfly
BR ˈsan(d)flʌɪ, -z
AM ˈsæn(d)ˌflaɪ, -z

Sandford
BR ˈsan(d)fəd
AM ˈsæn(d)fərd

Sandgate
BR ˈsan(d)geɪt
AM ˈsæn(d)ˌgeɪt

sandglass
BR ˈsan(d)glɑːs, -ɪz
AM ˈsæn(d)ˌglæs, -əz

sandgrouse
BR ˈsan(d)graʊs
AM ˈsæn(d)ˌgraʊs

sandhi
BR ˈsandi, ˈsandhiː
AM ˈsɑndi, ˈsændi

sandhog
BR ˈsandhɒg, -z
AM ˈsæn(d)ˌ(h)ɑg, ˈsæn(d)ˌ(h)ɔg, -z

Sandhurst
BR ˈsandhɜːst
AM ˈsæn(d)ˌ(h)ɜrst

San Diego
BR ˌsan dɪˈeɪgəʊ
AM ˌsæn diˈeɪgoʊ

sandiness
BR ˈsandɪnɪs
AM ˈsændɪnɪs

Sandinista
BR ˌsandɪˈnɪstə(r), -z
AM ˌsændəˈnɪstə, -z

sandiver
BR ˈsandɪvə(r)
AM ˈsændəvər

sandlike
BR ˈsan(d)lʌɪk
AM ˈsæn(d)ˌlaɪk

sandlot
BR ˈsan(d)lɒt, -s
AM ˈsæn(d)ˌlɑt, -s

sandman
BR ˈsan(d)man
AM ˈsæn(d)ˌmæn

Sandoval
BR ˈsandəval
AM ˈsændəˌval

Sandown
BR ˈsandaʊn
AM ˈsænˌdaʊn

Sandoz
BR ˈsandɒz
AM ˈsændoʊz

sandpaper
BR ˈsan(d)ˌpeɪp|ə(r), -əz, -(ə)rɪŋ, -əd
AM ˈsæn(d)ˌpeɪp|ər, -ərz, -(ə)rɪŋ, -ərd

sandpiper
BR ˈsan(d)ˌpʌɪpə(r), -z
AM ˈsæn(d)ˌpaɪpər, -z

sandpit
BR ˈsan(d)pɪt, -s
AM ˈsæn(d)ˌpɪt, -s

Sandra
BR ˈsandrə(r), ˈsɑːndrə(r)
AM ˈsændrə

Sandringham
BR ˈsandrɪŋəm
AM ˈsændrɪŋəm

Sands
BR sandz
AM ˈsæn(d)z

sandshoe
BR ˈsan(d)ʃuː, -z
AM ˈsæn(d)ˌʃu, -z

sandsoap
BR ˈsan(d)səʊp, -s
AM ˈsæn(d)ˌsoʊp, -s

sandstock
BR ˈsan(d)stɒk, -s
AM ˈsæn(d)ˌstɑk, -s
sandstone
BR ˈsan(d)stəʊn
AM ˈsæn(d)ˌstoʊn
sandstorm
BR ˈsan(d)stɔːm, -z
AM ˈsæn(d)ˌstɔ(ə)rm, -z
Sandwich *town*
BR ˈsan(d)wɪtʃ, ˈsan(d)wɪdʒ
AM ˈsænˌ(d)wɪtʃ
sandwich
BR ˈsan(d)wɪdʒ, ˈsamwɪdʒ, ˈsan(d)wɪtʃ, ˈsamwɪtʃ, -ɪz, -ɪŋ, -d, -ɪz, -ɪŋ, -t
AM ˈsænˌ(d)wɪ|tʃ, -tʃɪz\-dʒɪz, -tʃɪŋ \-dʒɪŋ, -tʃt
sandwich-board
BR ˈsan(d)wɪdʒbɔːd, ˈsamwɪdʒ, ˈsan(d)wɪtʃbɔːd, ˈsamwɪtʃbɔːd, -z
AM ˈsænˌ(d)wɪtʃ-ˌbɔ(ə)rd, -z
sandwich-man
BR ˈsan(d)wɪdʒman, ˈsamwɪdʒman, ˈsan(d)wɪtʃman, ˈsamwɪtʃman
AM ˈsænˌ(d)wɪdʒˌmæn
sandwich-men
BR ˈsan(d)wɪdʒmɛn, ˈsamwɪdʒmɛn, ˈsan(d)wɪtʃmɛn, ˈsamwɪtʃmɛn
AM ˈsænˌ(d)wɪdʒˌmɛn
sandwort
BR ˈsan(d)wɔːt, -s
AM ˈsæn(d)ˌwɔ(ə)rt, ˈsæn(d)wərt, -s
sandy
BR ˈsand|i, -iə(r), -ɪɪst
AM ˈsændi, -ər, -ɪst
sandyish
BR ˈsandɪɪʃ
AM ˈsændɪɪʃ

Sandys
BR sandz
AM ˈsæn(d)z
sane
BR seɪn, -ə(r), -ɪst
AM seɪn, -ər, -ɪst
sanely
BR ˈseɪnli
AM ˈseɪnli
saneness
BR ˈseɪnnɪs
AM ˈseɪ(n)nɪs
San Fernando
BR ˌsan fəˈnandəʊ
AM ˌsæn fərˈnændoʊ
Sanford
BR ˈsanfəd
AM ˈsænfərd
sanforise
BR ˈsanfərʌɪz, -ɪz, -ɪŋ, -d
AM ˈsænfəˌraɪz, -ɪz, -ɪŋ, -d
sanforize
BR ˈsanfərʌɪz, -ɪz, -ɪŋ, -d
AM ˈsænfəˌraɪz, -ɪz, -ɪŋ, -d
San Francisco
BR ˌsan fr(ə)nˈsɪskəʊ
AM ˌsæn ˌfrænˈsɪskoʊ, ˌsæn frənˈsɪskoʊ
sang
BR saŋ
AM sæŋ
sanga
BR ˈsaŋə(r), -z
AM ˈsæŋə, -z
sangar
BR ˈsaŋə(r), -z
AM ˈsæŋər, -z
sangaree
BR ˌsaŋəˈriː
AM ˌsæŋəˈri
sang-de-bœuf
BR ˌsandəˈbəːf
AM ˌsændəˈbəf
FR sɑ̃ d(ə) bœf
Sanger
BR ˈsaŋə(r)
AM ˈsæŋ(g)ər

sang-froid
BR ˌsɒŋˈfrwɑː(r), ˌsɑːŋˈfrwɑː(r), ˌsaŋˈfrwɑː(r)
AM sɑŋˈf(r)wɑ, sæŋˈf(r)wɑ
sangha
BR ˈsʌŋə(r), ˈsaŋə(r), -z
AM ˈsaŋ(g)ə, -z
Sango
BR ˈsaŋgəʊ, ˈsɑːŋgəʊ
AM ˈsaŋˌgoʊ
sangrail *Grail*
BR saŋˈgreɪl
AM sæŋˈgreɪl
sangría
BR sanˈgriːə(r), ˈsaŋgrɪə(r)
AM sæŋˈgriə
Sangster
BR ˈsaŋstə(r)
AM ˈsæŋstər
sanguification
BR ˌsaŋgwɪfɪˈkeɪʃn
AM ˌsæŋgwəfə-ˈkeɪʃ(ə)n
sanguinarily
BR ˈsaŋgwɪn(ə)rɪli
AM ˈsæŋgwəˌnɛrəli
sanguinariness
BR ˈsaŋgwɪn(ə)rɪnɪs
AM ˈsæŋgwəˌnɛrɪnɪs
sanguinary
BR ˈsaŋgwɪn(ə)ri
AM ˈsæŋgwəˌnɛri
sanguine
BR ˈsaŋgwɪn
AM ˈsæŋgwən
sanguinely
BR ˈsaŋgwɪnli
AM ˈsæŋgwənli
sanguineness
BR ˈsaŋgwɪnnɪs
AM ˈsæŋgwə(n)nɪs
sanguineous
BR saŋˈgwɪnɪəs
AM sæŋˈgwɪnɪəs
sanguinity
BR saŋˈgwɪnɪti
AM sæŋˈgwɪnɪdi

Sanhedrim
BR sanˈhɛdrɪm, sanˈhiːdrɪm, ˈsanɪdrɪm
AM sɑnˈhidrɪm, sænˈhɛdrəm, sɑnˈhɛdrəm, sænˈhidrɪm
Sanhedrin
BR sanˈhɛdrɪn, sanˈhiːdrɪn, ˈsanɪdrɪn
AM sɑnˈhidrɪn, sænˈhɛdrən, sɑnˈhɛdrən, sænˈhidrɪn
sanicle
BR ˈsanɪkl, -z
AM ˈsænəkl, -z
sanidine
BR ˈsanɪdiːn
AM ˈsænəˌdin
sanies
BR ˈseɪniiːz
AM ˈseɪniˌiz
sanify
BR ˈsanɪfʌɪ, -z, -ɪŋ, -d
AM ˈsænəˌfaɪ, -z, -ɪŋ, -d
sanious
BR ˈseɪnɪəs
AM ˈseɪnɪəs
sanitaria
BR ˌsanɪˈtɛːrɪə(r)
AM ˌsænəˈtɛriə
sanitarian
BR ˌsanɪˈtɛːrɪən, -z
AM ˌsænəˈtɛrɪən, -z
sanitarily
BR ˈsanɪtrɪli
AM ˈsænəˌtɛrəli
sanitariness
BR ˈsanɪtrɪnɪs
AM ˈsænəˌtɛrɪnɪs
sanitarium
BR ˌsanɪˈtɛːrɪəm, -z
AM ˌsænəˈtɛrɪəm, -z
sanitary
BR ˈsanɪt(ə)ri
AM ˈsænəˌtɛri

sanitate
BR ˈsænɪteɪt, -s, -ɪŋ, -ɪd
AM ˈsænəˌteɪ|t, -ts, -dɪŋ, -dɪd

sanitation
BR ˌsænɪˈteɪʃn
AM ˌsænəˈteɪʃ(ə)n

sanitationist
BR ˌsænɪˈteɪʃnɪst, -s
AM ˌsænəˈteɪʃənəst, -s

sanitisation
BR ˌsænɪtʌɪˈzeɪʃn
AM ˌsænəˌtaɪˈzeɪʃ(ə)n, ˌsænədəˈzeɪʃ(ə)n

sanitise
BR ˈsænɪtʌɪz, -ɪz, -ɪŋ, -d
AM ˈsænəˌtaɪz, -ɪz, -ɪŋ, -d

sanitiser
BR ˈsænɪtʌɪzə(r), -z
AM ˈsænəˌtaɪzər, -z

sanitization
BR ˌsænɪtʌɪˈzeɪʃn
AM ˌsænəˌtaɪˈzeɪʃ(ə)n, ˌsænədəˈzeɪʃ(ə)n

sanitize
BR ˈsænɪtʌɪz, -ɪz, -ɪŋ, -d
AM ˈsænəˌtaɪz, -ɪz, -ɪŋ, -d

sanitizer
BR ˈsænɪtʌɪzə(r), -z
AM ˈsænəˌtaɪzər, -z

sanitoria
BR ˌsænɪˈtɔːrɪə(r)
AM ˌsænəˈtɔːriə

sanitorium
BR ˌsænɪˈtɔːriəm, -z
AM ˌsænəˈtɔːriəm, -z

sanity
BR ˈsænɪti
AM ˈsænədi

San Jacinto
BR ˌsæn dʒəˈsɪntəʊ
AM ˌsæn dʒəˈsɪn(t)oʊ
SP ˌsaŋ xaˈθinto, ˌsaŋ xaˈsinto

San José
BR ˌsæn hə(ʊ)ˈzeɪ
AM ˌsæn (h)oʊˈzeɪ

San Juan
BR ˌsæn ˈ(h)wɑːn
AM ˌsæn ˈ(h)wɑn

sank
BR sæŋk
AM sæŋk

Sankey
BR ˈsæŋki
AM ˈsæŋki

San Marino
BR ˌsæn məˈriːnəʊ
AM ˌsæn məˈrinoʊ

sannyasi
BR sənˈjɑːsi
AM sənˈjɑsi

sanpro *sanitary protection*
BR ˈsænprəʊ
AM ˈsænˌproʊ

San Quentin
BR ˌsæn ˈkwɛntɪn
AM ˌsæn ˈkwɛntn

sans
BR sænz
AM sænz

San Salvador
BR ˌsæn ˈsælvədɔː(r)
AM ˌsæn ˈsælvəˌdɔ(ə)r
SP ˌsan ˌsalβaˈðor

sans-culotte
BR ˌsæn(z)kjʉˈlɒt, -s
AM ˌsæn(z)kjəˈlɑt, -s

sans-culottism
BR ˌsæn(z)kjʉˈlɒtɪzm
AM ˌsæn(z)kjəˈlɑ-ˌtɪz(ə)m

sanserif
BR ˌsæn(z)ˈsɛrɪf
AM ˌsænˈsɛrəf

Sanskrit
BR ˈsænskrɪt
AM ˈsænˌskrɪt

Sanskritic
BR sænˈskrɪtɪk
AM sænˈskrɪdɪk

Sanskritist
BR ˈsænskrɪtɪst, -s
AM ˈsænskrətəst, -s

Sansom
BR ˈsæns(ə)m
AM ˈsæns(ə)m

Sanson
BR ˈsænsn
AM ˈsæns(ə)n

Sansovino
BR ˌsænsəˈviːnəʊ
AM ˌsænsəˈvinoʊ

sans serif
BR ˌsæn(z) ˈsɛrɪf
AM ˌsæn(z) ˈsɛrəf

Santa
BR ˈsæntə(r), -z
AM ˈsæn(t)ə, -z

Santa Ana
BR ˌsæntə(r) ˈanə(r)
AM ˌsæn(t)ə ˈænə

Santa Catarina
BR ˌsæntə ˌkætəˈriːnə(r)
AM ˌsæn(t)ə ˌkædəˈrinə

Santa Claus
BR ˌsæntə ˈklɔːz, ˌsæntə klɔːz, -ɪz
AM ˈsæn(t)ə ˌklɑz, ˌsæn(t)ə ˌklɔz, -əz

Santa Cruz
BR ˌsæntə ˈkruːz
AM ˌsæn(t)ə ˈkruz

Santa Fé
BR ˌsæntə ˈfeɪ
AM ˌsæn(t)ə ˈfeɪ

Santander
BR ˌsæntænˈdɛː(r), sænˈtændə(r)
AM ˌsɑnˌtɑnˌdɛ(ə)r

Santayana
BR ˌsæntəˈjɑːnə(r)
AM ˌsæntəˈjɑnɑ

Santiago
BR ˌsæntiˈɑːgəʊ
AM ˌsæn(t)iˈɑgoʊ

Santiago de Compostela
BR ˌsæntiˈɑːgəʊ də ˌkɒmpəˈstɛlə(r)
AM ˌsæn(t)iˈɑgoʊ də ˌkɑmpəˈstɛlɑ

Santo Domingo
BR ˌsæntəʊ dəˈmɪŋgəʊ
AM ˌsæn(t)oʊ dəˈmɪŋgoʊ

santolina
BR ˌsæntəˈliːnə(r), -z
AM ˌsæn(t)əˈlinə, -z

santonica
BR sænˈtɒnɪkə(r), -z
AM sænˈtɑnəkə, -z

santonin
BR ˈsæntənɪn
AM ˈsæntnən

Santoríni
BR ˌsæntəˈriːni
AM ˌsæn(t)əˈrini

Santos
BR ˈsæntɒs
AM ˈsæntoʊs

sanyasi
BR sənˈjɑːsi
AM sənˈjɑːsi

Sanyo
BR ˈsænjəʊ
AM ˈsænjoʊ

São Paulo
BR ˌsaʊ(m) ˈpaʊləʊ
AM ˌsaʊ(m) ˈpaʊloʊ

São Tomé
BR ˌsaʊ(n) təʊˈmeɪ
AM ˌsaʊ toʊˈmeɪ

sap
BR sap, -s, -ɪŋ, -t
AM sæp, -s, -ɪŋ, -t

sapajou
BR ˈsapədʒuː, -z
AM ˈsæpəˈ(d)ʒu, ˈsæpəˌ(d)ʒu, -z

sapan
BR ˈsapan
AM ˈsæˌpæn, səˈpæn

sapanwood
BR ˈsapanwʊd
AM ˈsæˌpænˌwʊd, səˈpænˌwʊd

sapele
BR səˈpiːli
AM səˈpili

sapful
BR ˈsapf(ʉ)l
AM ˈsæpfəl

saphenous
BR səˈfiːnəs
AM səˈfinəs

sapid
BR ˈsapɪd
AM ˈsæpəd

sapidity
BR səˈpɪdɪti
AM səˈpɪdɪdi

sapience
BR ˈseɪpiəns
AM ˈsæpiəns, ˈseɪpiəns

sapiens
BR ˈsapiɛnz
AM ˈsæpiəns, ˈseɪpiəns

sapient
BR ˈseɪpiənt
AM ˈsæpiəntli, ˈseɪpiənt

sapiential
BR ˌseɪpiˈɛnʃl
AM ˌsæpiˈɛn(t)ʃ(ə)l, ˌseɪpiˈɛn(t)ʃ(ə)l

sapiently
BR ˈseɪpiəntli
AM ˈsæpiən(t)li, ˈseɪpiən(t)li

Sapir
BR səˈpɪə(r), ˈseɪpɪə(r)
AM səˈpɪ(ə)r

sapless
BR ˈsapləs
AM ˈsæpləs

sapling
BR ˈsaplɪŋ, -z
AM ˈsæplɪŋ, -z

sapodilla
BR ˌsapəˈdɪlə(r), -z
AM ˌsæpəˈdɪlə, -z

saponaceous
BR ˌsapəˈneɪʃəs
AM ˌsæpəˈneɪʃəs

saponifiable
BR səˈpɒnɪfʌɪəbl
AM səˈpɑnəˌfaɪəb(ə)l

saponification
BR səˌpɒnɪfɪˈkeɪʃn
AM səˌpɑnəfəˈkeɪʃ(ə)n

saponify
BR səˈpɒnɪfʌɪ, -z, -ɪŋ, -d
AM səˈpɑnəˌfaɪ, -z, -ɪŋ, -d

saponin
BR ˈsapənɪn, -z
AM ˈsæpənən, -z

sapor
BR ˈseɪpɔː(r), -z
AM ˈseɪpər, -z

sappanwood
BR ˈsapənwʊd
AM ˈsæˌpænˌwʊd, səˈpænˌwʊd

sapper
BR ˈsapə(r), -z
AM ˈsæpər, -z

Sapphic
BR ˈsafɪk, -s
AM ˈsæfɪk, -s

sapphire
BR ˈsafʌɪə(r), -z
AM ˈsæˌfaɪ(ə)r, -z

sapphirine
BR ˈsafɪrʌɪn, ˈsafɪrɪn, -z
AM ˈsæfəˌrin, ˈsæfəˌraɪn, ˈsæfərən, -z

Sapphism
BR ˈsafɪzm
AM ˈsæˌfɪz(ə)m

Sappho
BR ˈsafəʊ
AM ˈsæfoʊ

sappily
BR ˈsapɪli
AM ˈsæpɪli

sappiness
BR ˈsapɪnɪs
AM ˈsæpɪnɪs

Sapporo
BR səˈpɔːrəʊ
AM səˈpɔroʊ

sappy
BR ˈsapi
AM ˈsæpi

saprogenic
BR ˌsaprə(ʊ)ˈdʒɛnɪk
AM ˌsæproʊˈdʒɛnɪk

saprophagous
BR səˈprɒfəɡəs
AM səˈprɑfəɡəs

saprophile
BR ˈsaprə(ʊ)fʌɪl, -z
AM ˈsæprəˌfaɪl, -z

saprophilous
BR səˈprɒfɪləs
AM səˈprɑfələs

saprophyte
BR ˈsaprə(ʊ)fʌɪt, -s
AM ˈsæprəˌfaɪt, -s

saprophytic
BR ˌsaprəˈfɪtɪk
AM ˌsæprəˈfɪdɪk

sapsucker
BR ˈsapˌsʌkə(r), -z
AM ˈsæpˌsəkər, -z

sapwood
BR ˈsapwʊd
AM ˈsæpˌwʊd

Sara
BR ˈsɛːrə(r)
AM ˈsɛrə

saraband
BR ˈsarəband, -z
AM ˈsɛrəˌbænd, -z

sarabande
BR ˈsarəband, -z
AM ˈsɛrəˌbænd, -z

Saracen
BR ˈsarəsn, -z
AM ˈsɛrəs(ə)n, -z

Saracenic
BR ˌsarəˈsɛnɪk
AM ˌsɛrəˈsɛnɪk

Saragossa
BR ˌsarəˈɡɒsə(r)
AM ˌsɛrəˈɡɑsə, ˌsɛrəˈɡɔsə

Sarah
BR ˈsɛːrə(r)
AM ˈsɛrə

Sarajevo
BR ˌsarəˈjeɪvəʊ
AM ˌsɑrəˈjeɪvoʊ

saran
BR səˈran
AM səˈræn

sarangi
BR sɑːˈrʌŋɡli, səˈrʌŋɡli, -ɪz
AM səˈræŋɡi, səˈrɑŋɡi, -z

Saransk
BR səˈransk
AM səˈrɑnsk

Saranwrap
BR səˈranrap
AM səˈrænˌræp

sarape
BR sɛˈrɑːp|eɪ, səˈrɑːp|i, -eɪz\-ɪz
AM səˈrɑpeɪ, səˈrɑpi, -z

Saratoga
BR ˌsarəˈtəʊɡə(r)
AM ˌsɛrəˈtoʊɡə

Sarawak
BR səˈrɑːwak
AM səˈrɑwæk

sarcasm
BR ˈsɑːkazm
AM ˈsɑrˌkæz(ə)m

sarcastic
BR sɑːˈkastɪk
AM sɑrˈkæstɪk

sarcastically
BR sɑːˈkastɪkli
AM sɑrˈkæstək(ə)li

sarcelle
BR sɑːˈsɛl, -z
AM sɑrˈsɛl, -z

sarcenet
BR ˈsɑːsnɪt
AM ˈsɑrsnət

sarcoma
BR sɑːˈkəʊmə(r), -z
AM sɑrˈkoʊmə, -z

sarcomata
BR sɑːˈkəʊmətə(r)
AM sɑrˈkoʊmədə

sarcomatosis
BR sɑːˌkəʊməˈtəʊsɪs
AM sɑrˌkoʊməˈtoʊsəs

sarcomatous
BR sɑːˈkəʊmətəs
AM sɑrˈkoʊmədəs

sarcophagi
BR sɑːˈkɒfəɡʌɪ, sɑːˈkɒfədʒʌɪ
AM sɑrˈkɑfəˌdʒaɪ, sɑrˈkɑfəˌɡaɪ

sarcophagus
BR sɑːˈkɒfəɡəs, -ɪz
AM sɑrˈkɑfəɡəs, -əz

sarcoplasm
BR ˈsɑːkəplazm
AM ˈsɑrkəˌplæz(ə)m

sarcoptic
BR sɑːˈkɒptɪk
AM sɑrˈkɑptɪk

sarcous
BR ˈsɑːkəs
AM ˈsɑrkəs

sard
BR sɑːd, -z
AM sɑrd, -z

Sardanapalian
BR ˌsɑːdənəˈpeɪliən
AM ˌsɑrdn̩əˈpeɪljən,
ˌsɑrdn̩əˈpɑliən,
ˌsɑrdn̩əˈpɑljən,
ˌsɑrdn̩əˈpeɪliən

Sardanapalus
BR ˌsɑːdəˈnɑpl̩əs,
ˌsɑːdn̩ˈɑpl̩əs
AM ˌsɑrdn̩ˈɑpələs

Sardegna
BR sɑːˈdɛnjə(r)
AM sɑrˈdɛnjə

sardelle
BR sɑːˈdɛl, -z
AM sɑrˈdɛl(ə), -z

sardine[1] *fish*
BR sɑːˈdiːn, -z
AM sɑrˈdin, -z

sardine[2] *stone*
BR ˈsɑːdʌɪn
AM ˈsɑrdn̩,
ˈsɑrˌdaɪn

Sardinia
BR sɑːˈdɪniə(r)
AM sɑrˈdɪniə

Sardinian
BR sɑːˈdɪniən, -z
AM sɑrˈdɪniən, -z

Sardis
BR ˈsɑːdɪs
AM ˈsɑrdəs

sardius
BR ˈsɑːdiəs, -ɪz
AM ˈsɑrdiəs,
-əz

sardonic
BR sɑːˈdɒnɪk
AM sɑrˈdɑnɪk

sardonically
BR sɑːˈdɒnɪkli
AM sɑrˈdɑnək(ə)li

sardonicism
BR sɑːˈdɒnɪsɪzm, -z
AM sɑrˈdɑnəˌsɪz(ə)m,
-z

sardonyx
BR ˈsɑːdənɪks,
sɑːˈdɒnɪks, -ɪz
AM sɑrˈdɑnɪks, -ɪz

saree
BR ˈsɑːr|i, -ɪz
AM ˈsɑri, -z

Sargant
BR ˈsɑːdʒ(ə)nt
AM ˈsɑrdʒ(ə)nt

Sargasso
BR sɑːˈɡasəʊ
AM sɑrˈɡæsoʊ

sarge
BR sɑːdʒ
AM sɑrdʒ

Sargent
BR ˈsɑːdʒnt
AM ˈsɑrdʒ(ə)nt

Sargodha
BR sɑːˈɡəʊdə(r)
AM sɑrˈɡoʊdə

Sargon
BR ˈsɑːɡɒn
AM ˈsɑrˌɡɑn,
ˈsɑrˌɡɔn

sari
BR ˈsɑːr|i, -ɪz
AM ˈsɑri, -z

sarify *frighten*
BR ˈskɛrɪfʌɪ, -z,
-ɪŋ, -d
AM ˈskɛrəfaɪ, -z,
-ɪŋ, -d

sarin
BR ˈsɑːriːn, ˈsɑrɪn
AM sɑˈrin

sark
BR sɑːk, -s
AM sɑrk, -s

sarkily
BR ˈsɑːkɪli
AM ˈsɑrkəli

sarkiness
BR ˈsɑːkɪnɪs
AM ˈsɑrkɪnɪs

sarking
BR ˈsɑːkɪŋ
AM ˈsɑrkɪŋ

sarky
BR ˈsɑːk|i, -ɪə(r), -ɪɪst
AM ˈsɑrki, -ər, -ɪst

Sarmatia
BR sɑːˈmeɪʃ(i)ə(r)
AM sɑrˈmeɪʃ(i)ə

Sarmatian
BR sɑːˈmeɪʃn, -z
AM sɑrˈmeɪʃ(ə)n, -z

sarmentose
BR ˈsɑːm(ə)ntəʊs,
ˌsɑːm(ə)nˈtəʊs,
ˈsɑːm(ə)ntəʊz,
ˌsɑːm(ə)nˈtəʊz
AM ˈsɑrmənˌtoʊz,
sɑrˈmɛnˌtoʊs,
ˈsɑrmənˌtoʊs,
sɑrˈmɛnˌtoʊz

sarmentous
BR sɑːˈmɛntəs
AM sɑrˈmɛn(t)əs

sarnie *sandwich*
BR ˈsɑːn|i, -ɪz
AM ˈsɑrni, -z

sarod
BR səˈrəʊd, -z
AM səˈroʊd, -z

sarong
BR səˈrɒŋ, -z
AM səˈrɑŋ,
səˈrɔŋ, -z

Saronic
BR səˈrɒnɪk
AM səˈrɑnɪk

Saros
BR ˈsɛrɒs
AM ˈsɛrɑs, ˈsɛrɔs

Saroyan
BR səˈrɔɪən
AM səˈrɔɪən

sarracenia
BR ˌsærəˈsiːniə(r)
AM ˌsɛrəˈsiniə

Sarre
BR sɑː(r)
AM sɑr

sarrusophone
BR səˈruːzəfəʊn, -z
AM səˈrəsəˌfoʊn,
səˈruzəˌfoʊn, -z

sarsaparilla
BR ˌsɑːs(ə)pəˈrɪlə(r),
ˌsæs(ə)pəˈrɪlə(r), -z
AM ˌsæspəˈrɪlə,
ˌsɑrs(ə)pəˈrɪlə, -z

sarsen
BR ˈsɑːsn, -z
AM ˈsɑrs(ə)n, -z

sarsenet
BR ˈsɑːsnɪt,
ˈsɑːsn̩ɪt
AM ˈsɑrsn̩ət

Sarson
BR ˈsɑːsn
AM ˈsɑrs(ə)n

Sarto
BR ˈsɑːtəʊ
AM ˈsɑrˌtoʊ

sartorial
BR sɑːˈtɔːriəl
AM sɑrˈtɔriəl

sartorially
BR sɑːˈtɔːriəli
AM sɑrˈtɔriəli

sartorii
BR sɑːˈtɔːrɪʌɪ
AM sɑrˈtɔriˌaɪ

sartorius
BR sɑːˈtɔːriəs
AM sɑrˈtɔriəs

Sartre
BR ˈsɑːtrə(r)
AM ˈsɑrtr(ə)

Sartrean
BR ˈsɑːtriən, -z
AM ˈsɑrtriən, -z

Sarum
BR ˈsɛrəm
AM ˈsɛrəm

SAS[1] *computer program*
BR sas
AM sæs

SAS[2] *military unit, airline*
BR ˌɛseɪˈɛs
AM ˌɛsˌeɪˈɛs

sash
BR saʃ, -ɪz, -t
AM sæʃ, -əz, -t

Sasha
BR ˈsaʃə(r)
AM ˈsɑʃə

sashay
BR ˈsaʃeɪ, -z,
-ɪŋ, -d
AM sæˈʃeɪ, -z, -ɪŋ, -d

sashimi
BR ˈsaʃɨmi
AM sɑˈʃimi

sasin
BR ˈsasɪn, -z
AM ˈsæsn, ˈseɪsn, -z

sasine
BR ˈseɪsɪn, -z
AM ˈseɪsn, -z

Saskatchewan
BR səˈskatʃʊən
AM sæˈskætʃəwən, səˈskætʃəwən

Saskatoon
BR ˌsaskəˈtuːn
AM ˌsæskəˈtun

Saskia
BR ˈsaskɪə(r)
AM ˈsæskɪə

sasquatch
BR ˈsaskwatʃ, ˈsaskwɒtʃ
AM ˈsæsˌkwatʃ, ˈsæsˌkwætʃ

sass
BR sas, -ɪz, -ɪŋ, -t
AM sæs, -əz, -ɪŋ, -t

sassaby
BR ˈsasəb|i, -ɪz
AM ˈsæsəbi, -z

sassafras
BR ˈsasəfras, -ɪz
AM ˈsæs(ə)ˌfræs, -əz

Sassanian
BR saˈseɪnɪən, -z
AM səˈseɪnɪən, səˈsænɪən, -z

Sassanid
BR ˈsasənɪd, -z
AM səˈsænəd, ˈsæsənəd, -z

Sassenach
BR ˈsasənax, ˈsasənak, -s
AM ˈsæsəˌnæk, -s

sassily
BR ˈsasɨli
AM ˈsæsəli

sassiness
BR ˈsasɪnɨs
AM ˈsæsinɨs

Sassoon
BR səˈsuːn
AM ˌsæˌteɪˈsun, səˈsun

sassy
BR ˈsas|i, -ɪə(r), -ɨst
AM ˈsæsi, -ər, -ɨst

sastrugi
BR saˈstruːgi
AM sæˈstrugi, ˈzæstrəgi, ˈsæstrəgi, səˈstrugi
RUS zaˈstrugʲi

SAT
BR ˌɛseɪˈtiː
AM ˌɛsˌeɪˈti

sat
BR sat
AM sæt

Satan
BR ˈseɪtn
AM ˈseɪtn

satang
BR saˈtaŋ, -z
AM səˈtɑŋ, -z

satanic
BR səˈtanɪk
AM seɪˈtænɪk, səˈtænɪk

satanically
BR səˈtanɪkli
AM seɪˈtænək(ə)li, səˈtænək(ə)li

satanise
BR ˈseɪtn̩ʌɪz, -ɪz, -ɪŋ, -d
AM ˈseɪtn̩ˌaɪz, -ɪz, -ɪŋ, -d

satanism
BR ˈseɪtn̩ɪzm
AM ˈseɪtn̩ˌɪz(ə)m

satanist
BR ˈseɪtn̩ɪst, -s
AM ˈseɪtn̩əst, -s

satanize
BR ˈseɪtn̩ʌɪz, -ɪz, -ɪŋ, -d
AM ˈseɪtn̩ˌaɪz, -ɪz, -ɪŋ, -d

satanology
BR ˌseɪtn̩ˈɒlədʒi
AM ˌseɪtn̩ˈɑlədʒi

satay
BR ˈsateɪ, -z
AM ˌsæˌteɪ, -z

satchel
BR ˈsatʃl, -z
AM ˈsætʃ(ə)l, -z

satcom
BR ˈsatkɒm
AM ˈsætkɑm

sate
BR seɪt, -s, -ɪŋ, -ɪd
AM seɪ|t, -ts, -dɪŋ, -dɨd

saté
BR ˈsateɪ, -z
AM ˌsæˌteɪ, -z

sateen
BR saˈtiːn, -z
AM səˈtin, sæˈtin, -z

sateless
BR ˈseɪtlɨs
AM ˈseɪtlɨs

satellite
BR ˈsatəlʌɪt, ˈsatlʌɪt, -s
AM ˈsædlˌaɪt, -s

satellitic
BR ˌsatəˈlɪtɪk, ˌsatlˈɪtɪk
AM ˌsædlˈɪdɪk

satellitism
BR ˈsatəlʌɪtɪzm, ˈsatlʌɪtɪzm
AM ˈsædlˌaɪˌtɪz(ə)m

satem
BR ˈsɑːtəm, ˈsatəm, ˈseɪtəm
AM ˈsɑdəm

sati
BR sʌˈtiː, ˈsʌtiː, -z
AM səˌti, ˌsəˈti, -z

satiable
BR ˈseɪʃəbl
AM ˈseɪʃəb(ə)l

satiate[1] *adjective*
BR ˈseɪʃɪət
AM ˈseɪʃiət

satiate[2] *verb*
BR ˈseɪʃɪeɪt, -s, -ɪŋ, -ɪd
AM ˈseɪʃiˌeɪ|t, -ts, -dɪŋ, -dɨd

satiation
BR ˌseɪʃɪˈeɪʃn
AM ˌseɪʃiˈeɪʃ(ə)n

Satie
BR ˈsati
AM sɑˈti

satiety
BR səˈtʌɪɪti
AM səˈtaɪədi

satin
BR ˈsatɪn, -z
AM ˈsætn, -z

satinet
BR ˌsatɪˈnɛt, -s
AM ˌsætn̩ˈɛt, -s

satinette
BR ˌsatɪˈnɛt
AM ˌsætn̩ˈɛt

satinflower
BR ˈsatɪnˌflaʊə(r)
AM ˈsætn̩ˌflaʊ(ə)r

satinised
BR ˈsatɪnʌɪzd
AM ˈsætn̩ˌaɪzd

satinized
BR ˈsatɪnʌɪzd
AM ˈsætn̩ˌaɪzd

satinwood
BR ˈsatɪnwʊd
AM ˈsætn̩ˌwʊd

satiny
BR ˈsatɪni
AM ˈsætn̩i

satire
BR ˈsatʌɪə(r), -z
AM ˈsæˌtaɪ(ə)r, -z

satiric
BR səˈtɪrɪk
AM səˈtɪrɪk

satirical
BR səˈtɪrɪkl
AM səˈtɪrək(ə)l

satirically
BR səˈtɪrɪkli
AM səˈtɪrək(ə)li

satirisation
BR ˌsatɪrʌɪˈzeɪʃn
AM ˌsædəˌraɪˈzeɪʃ(ə)n, ˌsædərəˈzeɪʃ(ə)n

satirise
BR ˈsatɪrʌɪz, -ɪz, -ɪŋ, -d
AM ˈsædəˌraɪz, -ɪz, -ɪŋ, -d

satirist
BR ˈsatɪrɪst, -s
AM ˈsædərəst, -s
satirization
BR ˌsatɪrʌɪˈzeɪʃn
AM ˌsædə.raɪˈzeɪʃ(ə)n, ˌsædərəˈzeɪʃ(ə)n
satirize
BR ˈsatɪrʌɪz, -ɪz, -ɪŋ, -d
AM ˈsædə.raɪz, -ɪz, -ɪŋ, -d
satisfaction
BR ˌsatɪsˈfakʃn
AM ˌsædəˈsfækʃ(ə)n
satisfactorily
BR ˌsatɪsˈfakt(ə)rɪli
AM ˌsædəˈsfæktərəli
satisfactoriness
BR ˌsatɪsˈfakt(ə)rɪnɪs
AM ˌsædəˈsfæktərɪnɪs
satisfactory
BR ˌsatɪsˈfakt(ə)ri
AM ˌsædəˈsfæktəri
satisfiability
BR ˌsatɪsfʌɪəˈbɪlɪti
AM ˌsædə.sfaɪəˈbɪlɪdi
satisfiable
BR ˈsatɪsfʌɪəbl
AM ˈsædə.sfaɪəb(ə)l
satisfiedly
BR ˈsatɪsfʌɪdli
AM ˈsædə.sfaɪ(ə)dli
satisfy
BR ˈsatɪsfʌɪ, -z, -ɪŋ, -d
AM ˈsædə.sfaɪ, -z, -ɪŋ, -d
satisfyingly
BR ˈsatɪsfʌɪɪŋli
AM ˈsædə.sfaɪɪŋli
satnav *satellite navigation*
BR ˈsatnav
AM ˈsæt.næv
satori
BR səˈtɔːri
AM səˈtɔri
satranji
BR ʃəˈtran(d)ʒ|i, -ɪz
AM səˈtrandʒi, -z

satrap
BR ˈsatrap, -s
AM ˈsæˌtræp, ˈseɪˌtræp, -s
satrapy
BR ˈsatrəp|i, -ɪz
AM ˈsætrəpi, ˈseɪtrəpi, -z
satsuma
BR satˈsuːmə(r), -z
AM ˈsætsəmə, sætˈsumə, -z
Satterfield
BR ˈsatəfiːld
AM ˈsædərˌfild
Satterthwaite
BR ˈsatəθweɪt
AM ˈsædərˌθweɪt
saturable
BR ˈsatʃ(ə)rəbl, ˈsatjʊrəbl
AM ˈsætʃər(ə)bəl
saturant
BR ˈsatʃ(ə)r̩nt, ˈsatjɜr̩nt, -s
AM ˈsætʃərənt, -s
saturate
BR ˈsatʃəreɪt, ˈsatjʊreɪt, -s, -ɪŋ, -ɪd
AM ˈsætʃəˌreɪ|t, -ts, -dɪŋ, -dɪd
saturation
BR ˌsatʃəˈreɪʃn, ˌsatjʊˈreɪʃn
AM ˌsætʃəˈreɪʃ(ə)n
Saturday
BR ˈsatəd|eɪ, ˈsatəd|i, -eɪz\-ɪz
AM ˈsædərdi, ˈsædərˌdeɪ, -z
Saturn
BR ˈsat(ə)n
AM ˈsædərn
saturnalia
BR ˌsatəˈneɪlɪə(r)
AM ˌsædərˈneɪliə, ˌsædərˈneɪljə
saturnalian
BR ˌsatəˈneɪlɪən
AM ˌsædərˈneɪliən, ˌsædərˈneɪljən

Saturnian
BR səˈtəːnɪən
AM səˈtərnɪən
saturnic
BR səˈtəːnɪk
AM səˈtərnɪk
saturniid
BR səˈtəːnɪɪd, -z
AM səˈtərnɪɪd, -z
saturnine
BR ˈsatənʌɪn
AM ˈsædərˌnin, ˈsædərˌnain
saturnism
BR ˈsatənɪzm
AM ˈsædərˌnɪz(ə)m
satyagraha
BR sʌˈtjaːgrəhaː(r)
AM ˈsətjəˌgra(h)ə, səˈtjagrəhə
satyr
BR ˈsatə(r), -z
AM ˈseɪdər, ˈsædər, -z
satyriasis
BR ˌsatɪˈrʌɪəsɪs
AM ˌseɪdəˈraɪəsəs, ˌsædəˈraɪəsəs
satyric
BR səˈtɪrɪk
AM seɪˈtɪrɪk, səˈtɪrɪk
satyrid
BR ˈsatɪrɪd, -z
AM ˈseɪdərəd, ˈsædərəd, -z
sauce
BR sɔːs, -ɪz
AM sɑs, sɔs, -əz
sauceboat
BR ˈsɔːsbəʊt, -s
AM ˈsɑsˌboʊt, ˈsɔsˌboʊt, -s
saucebox
BR ˈsɔːsbɒks, -ɪz
AM ˈsɑsˌbɑks, ˈsɔsˌbɑks, -əz
sauceless
BR ˈsɔːsləs
AM ˈsɑsləs, ˈsɔsləs
saucepan
BR ˈsɔːspən, -z
AM ˈsɑsˌpæn, ˈsɔsˌpæn, -z

saucepanful
BR ˈsɔːspənfʊl, -z
AM ˈsɑsˌpænˌfʊl, ˈsɔsˌpænˌfʊl, -z
saucepot
BR ˈsɔːspɒt, -s
AM ˈsɑsˌpɑt, ˈsɔsˌpɑt, -s
saucer
BR ˈsɔːsə(r), -z
AM ˈsɑsər, ˈsɔsər, -z
saucerful
BR ˈsɔːsəfʊl, -z
AM ˈsɑsərˌfʊl, ˈsɔsərˌfʊl, -z
saucerless
BR ˈsɔːsələs
AM ˈsɑsərləs, ˈsɔsərləs
Sauchiehall
BR ˌsɒxɪˈhɔːl, ˌsɒxɪˈhɔːl
AM ˌsɑkiˈhɑl, ˌsɑkiˈhɔl
saucily
BR ˈsɔːsɪli
AM ˈsɑseli, ˈsɔseli
sauciness
BR ˈsɔːsɪnɪs
AM ˈsɑsɪnɪs, ˈsɔsɪnɪs
saucy
BR ˈsɔːs|i, -ɪə(r), -ɪɪst
AM ˈsɑsi, ˈsɔsi, -ər, -ɪst
Saud
BR saʊd
AM saʊd
Saudi
BR ˈsaʊd|i, -ɪz
AM ˈsɔdi, ˈsɑdi, ˈsaʊdi, -z
Saudi Arabia
BR ˌsaʊdɪ əˈreɪbɪə(r)
AM ˈsɔdi əˈreɪbiə, ˈsɑdi əˈreɪbiə, ˈsaʊdi əˈreɪbiə
Saudi Arabian
BR ˌsaʊdɪ əˈreɪbɪən, -z
AM ˈsɔdi əˈreɪbiən, ˈsɑdi əˈreɪbiən, ˈsaʊdi əˈreɪbiən, -z

sauerbraten
BR ˈsaʊəˌbraːtn
AM ˈsaʊ(ə)rˌbrɑtn

sauerkraut
BR ˈsaʊəkraʊt
AM ˈsaʊ(ə)rˌkraʊt

sauger
BR ˈsɔːgə(r), -z
AM ˈsɑgər, ˈsɔgər, -z

Saul
BR sɔːl
AM sɑl, sɔl

sault[1] *a leap*
BR saʊ
AM saʊ

sault[2] *fast water, waterfall*
BR saʊ, suː, -z
AM su, -z

Saumur
BR ˈsəʊmjʊə(r), -z
AM ˈsɑmər, ˈsɔmər, -z

sauna
BR ˈsɔːnə(r), ˈsaʊnə(r), -z
AM ˈsɑnə, ˈsaʊnə, ˈsɔnə, -z

Saunders
BR ˈsɔːndəz
AM ˈsɑndərz

Saundersfoot
BR ˈsɔːndəzfʊt
AM ˈsɑndərzˌfʊt, ˈsɔndərzˌfʊt

saunter
BR ˈsɔːnt|ə(r), -əz, -(ə)rɪŋ, -əd
AM ˈsɑn|(t)ər, ˈsɔn|(t)ər, -(t)ərz, -(t)ərɪŋ\-trɪŋ, -(t)ərd

saunterer
BR ˈsɔːnt(ə)rə(r), -z
AM ˈsɑntrər, ˈsɑn(t)ərər, ˈsɔntrər, ˈsɔn(t)ərər, -z

saurian
BR ˈsɔːrɪən, -z
AM ˈsɔrɪən, -z

saurischian
BR sɔːˈrɪskɪən, -z
AM sɔˈrɪskɪən, -z

sauropod
BR ˈsɔːrəpɒd, -z
AM ˈsɔrəˌpɑd, -z

saury
BR ˈsɔːr|i, -ɪz
AM ˈsɔri, -z

sausage
BR ˈsɒs|ɪdʒ, -ɪdʒɪz
AM ˈsɑsɪdʒ, ˈsɔsɪdʒ, -ɪz

Saussure
BR sə(ʊ)ˈs(j)ʊə(r)
AM soʊˈʃʊ(ə)r, soʊˈsʊ(ə)r
FR sosyʁ

sauté
BR ˈsəʊteɪ, -z, -ɪŋ, -d
AM soʊˈteɪ, sɔˈteɪ, -z, -ɪŋ, -d

Sauterne
BR səʊˈtɜːn, -z
AM sɔˈtɜrn, soʊˈtɜrn, -z

Sauternes
BR səʊˈtɜːn, -z
AM sɔˈtɜrn, soʊˈtɜrn, -z

sauve qui peut
BR ˌsəʊv kɪ ˈpɜː(r)
AM ˌsoʊv ˌki ˈpɜ

Sauveterrian
BR ˌsəʊvəˈtɛːrɪən, -z
AM ˌsoʊvəˈtɛrɪən, -z

Sauvignon
BR ˈsəʊviːnjɒn, ˈsəʊvɪnjɒn, ˈsəʊviːnjɔ̃, ˈsəʊvɪnjɔ̃, -z
AM ˌsoʊvəˈnjɑn, ˌsoʊvəˈnjɔn, -z

savable
BR ˈseɪvəbl
AM ˈseɪvəb(ə)l

savage
BR ˈsæv|ɪdʒ, -ɪdʒɪz, -ɪdʒɪŋ, -ɪdʒd
AM ˈsævɪdʒ, -ɪz, -ɪŋ, -d

savagedom
BR ˈsavɪdʒdəm
AM ˈsævɪdʒdəm

savagely
BR ˈsavɪdʒli
AM ˈsævɪdʒli

savageness
BR ˈsavɪdʒnɪs
AM ˈsævɪdʒnɪs

savagery
BR ˈsavɪdʒ(ə)ri
AM ˈsævədʒ(ə)ri

savanna
BR səˈvanə(r), -z
AM səˈvænə, -z

savannah
BR səˈvanə(r), -z
AM səˈvænə, -z

savant
BR ˈsavnt, -s
AM səˈvɑnt, səˈvænt, sæˈvɑn(t), -s

savante
BR ˈsavnt, -s
AM səˈvɑnt, səˈvænt, sæˈvɑn(t), -s

savarin
BR ˈsavərɪn, -z
AM ˈsævərən, -z

savate
BR səˈvɑːt
AM səˈvæt

save
BR seɪv, -z, -ɪŋ, -d
AM seɪv, -z, -ɪŋ, -d

saveloy
BR ˈsavəlɔɪ, -z
AM ˈsævəˌlɔɪ, -z

saver
BR ˈseɪvə(r), -z
AM ˈseɪvər, -z

Savernake
BR ˈsavənak
AM ˈsævərˌnæk

Savery
BR ˈseɪv(ə)ri
AM ˈseɪv(ə)ri

Savile
BR ˈsav(ɪ)l
AM ˈsævəl, səˈvɪl

savin
BR ˈsavɪn, -z
AM ˈsævɪn, -z

savine
BR ˈsavɪn, -z
AM ˈsæven, -z

saving
BR ˈseɪvɪŋ, -z
AM ˈseɪvɪŋ, -z

savior
BR ˈseɪvjə(r), -z
AM ˈseɪvjər, -z

saviour
BR ˈseɪvjə(r), -z
AM ˈseɪvjər, -z

Savlon
BR ˈsavlɒn
AM ˈsæv(ə)lɑn

savoir faire
BR ˌsavwɑː ˈfɛː(r)
AM ˌsævˌwɑr ˈfɛ(ə)r

savoir vivre
BR ˌsavwɑː ˈviːvrə(r)
AM ˌsævˌwɑr ˈvivrə

Savonarola
BR ˌsavn̩əˈrəʊlə(r)
AM ˌsævənəˈroʊlə, ˌsævənəˈrɔlə

Savonlinna
BR ˌsav(ə)nˈlɪnə(r)
AM ˌsævənˈlɪnə

Savonnerie
BR ˈsavɒnr|i, -ɪz
AM ˈsævənri, -z

savor
BR ˈseɪv|ə(r), -əz, -(ə)rɪŋ, -əd
AM ˈseɪv|ər, -ərz, -(ə)rɪŋ, -ərd

savorily
BR ˈseɪv(ə)rɪli
AM ˈseɪv(ə)rəli

savoriness
BR ˈseɪv(ə)rɪnɪs
AM ˈseɪv(ə)rɪnɪs

savorless
BR ˈseɪvələs
AM ˈseɪvərləs

savory
BR ˈseɪv(ə)r|i, -ɪz
AM ˈseɪv(ə)ri, -z

savour
BR ˈseɪv|ə(r), -əz,
-(ə)rɪŋ, -əd
AM ˈseɪv|ər, -ərz,
-(ə)rɪŋ, -ərd
savourily
BR ˈseɪv(ə)rɪli
AM ˈseɪv(ə)rəli
savouriness
BR ˈseɪv(ə)rɪnɪs
AM ˈseɪv(ə)rɪnɪs
savourless
BR ˈseɪvələs
AM ˈseɪvərləs
savoury
BR ˈseɪv(ə)r|i, -ɪz
AM ˈseɪv(ə)ri, -z
savoy
BR səˈvɔɪ
AM səˈvɔɪ, ˈsæˌvɔɪ
Savoyard
BR səˈvɔɪɑːd,
ˌsavɔɪˈɑːd, -z
AM ˌsæˌvɔɪˈ(j)ɑrd,
səˈvɔɪərd, -z
savvy
BR ˈsavi
AM ˈsævi
saw
BR sɔː(r), -z, -ɪŋ, -d
AM sɑ, sɔ, -z, -ɪŋ, -d
sawbench
BR ˈsɔːben(t)ʃ, -ɪz
AM ˈsɑˌbentʃ,
ˈsɔˌbentʃ, -əz
sawbill
BR ˈsɔːbɪl, -z
AM ˈsɑˌbɪl, ˈsɔˌbɪl, -z
sawbones
BR ˈsɔːbəʊnz
AM ˈsɑˌboʊnz,
ˈsɔˌboʊnz
Sawbridgeworth
BR ˈsɔːbrɪdʒwə(ː)θ
AM ˈsɑbrɪdʒˌwərθ,
ˈsɔbrɪdʒˌwərθ
sawbuck
BR ˈsɔːbʌk, -s
AM ˈsɑˌbək, ˈsɔˌbək, -s
sawcut
BR ˈsɔːkʌt, -s
AM ˈsɑˌkət, ˈsɔˌkət, -s

sawdust
BR ˈsɔːdʌst
AM ˈsɑˌdəst, ˈsɔˌdəst
sawfish
BR ˈsɔːfɪʃ
AM ˈsɑˌfɪʃ, ˈsɔˌfɪʃ
sawfly
BR ˈsɔːflaɪ, -z
AM ˈsɑˌflaɪ, ˈsɔˌflaɪ, -z
sawgrass
BR ˈsɔːɡrɑːs, -ɪz
AM ˈsɑˌɡræs, ˈsɔˌɡræs,
-əz
sawhorse
BR ˈsɔːhɔːs, -ɪz
AM ˈsɑˌhɔ(ə)rs,
ˈsɔˌhɔ(ə)rs, -əz
sawlike
BR ˈsɔːlaɪk
AM ˈsɑˌlaɪk, ˈsɔˌlaɪk
sawmill
BR ˈsɔːmɪl, -z
AM ˈsɑˌmɪl, ˈsɔˌmɪl, -z
sawn
BR sɔːn
AM sɑn, sɔn
sawpit
BR ˈsɔːpɪt, -s
AM ˈsɑˌpɪt, ˈsɔˌpɪt, -s
sawtooth
BR ˈsɔːtuːθ, ˈsɔːtʊθ
AM ˈsɑˌtuθ, ˈsɔˌtuθ
sawtoothed
BR ˌsɔːˈtuːθt, ˌsɔːˈtʊθt
AM ˈsɑˌtuθt, ˈsɔˌtuθt
sawyer
BR ˈsɔːjə(r), ˈsɔɪə(r), -z
AM ˈsɔɪər, ˈsɔjər, -z
sax
BR saks, -ɪz
AM sæks, -əz
Saxa
BR ˈsaksə(r)
AM ˈsæksə
saxatile
BR ˈsaksətaɪl,
ˈsaksətɪl
AM ˈsæksədl,
ˈsæksəˌtaɪl
saxboard
BR ˈsaksbɔːd, -z
AM ˈsæksˌbɔ(ə)rd, -z

Saxby
BR ˈsaksbi
AM ˈsæksbi
saxe
BR saks, -ɪz
AM sæks, -əz
Saxe-Coburg-Gotha
BR saksˌkəʊbəːɡ-
ˈɡəʊtə(r)
AM ˌsæksˈkoʊbərɡ-
ˈɡoʊθə
saxhorn
BR ˈsakshɔːn, -z
AM ˈsæks(h)ɔ(ə)rn, -z
saxicoline
BR sakˈsɪklaɪn
AM sækˈsɪkəl(ə)n,
sækˈsɪkəˌlaɪn
saxicolous
BR sakˈsɪkləs
AM sækˈsɪkələs
saxifrage
BR ˈsaksɪfreɪ(d)ʒ, -ɪz
AM ˈsæksəˌfreɪ(d)ʒ, -ɪz
saxist
BR ˈsaksɪst, -s
AM ˈsæksəst, -s
Saxmundham
BR saksˈmʌndəm
AM sæksˈməndəm
Saxo
BR ˈsaksəʊ
AM ˈsæksoʊ
Saxon
BR ˈsaksn, -z
AM ˈsæks(ə)n, -z
Saxondom
BR ˈsaksndəm
AM ˈsæksəndəm
Saxone
BR ˌsakˈsəʊn,
ˈsaksəʊn
AM ˈsækˌsoʊn,
ˌsækˈsoʊn
Saxonise
BR ˈsaksnˌaɪz,
-ɪŋ, -d
AM ˈsæksəˌnaɪz, -ɪz,
-ɪŋ, -d
Saxonism
BR ˈsaksnɪzm
AM ˈsæksəˌnɪz(ə)m

Saxonist
BR ˈsaksnɪst, -s
AM ˈsæksənəst, -s
Saxonize
BR ˈsaksnˌaɪz, -ɪz, -ɪŋ, -d
AM ˈsæksəˌnaɪz, -ɪz,
-ɪŋ, -d
saxony
BR ˈsaksn|i, -ɪz
AM ˈsæksəni, -z
saxophone
BR ˈsaksəfəʊn, -z
AM ˈsæksəˌfoʊn, -z
saxophonic
BR ˌsaksəˈfɒnɪk
AM ˌsæksəˈfɑnɪk
saxophonist
BR sakˈsɒfnɪst, -s
AM ˈsæksəˌfoʊnəst, -s
Saxton
BR ˈsakst(ə)n
AM ˈsækst(ə)n
say
BR seɪ, -ɪŋ
AM seɪ, -ɪŋ
sayable
BR ˈseɪəbl
AM ˈseɪəb(ə)l
Sayce
BR seɪs
AM seɪs
sayer
BR ˈseɪə(r), -z
AM ˈseɪər, -z
Sayers
BR ˈseɪəz
AM ˈseɪərz
saying
BR ˈseɪɪŋ, -z
AM ˈseɪɪŋ, -z
says
BR sɛz
AM sɛz
say-so
BR ˈseɪsəʊ
AM ˈseɪˌsoʊ
S-bend
BR ˈɛsbend, -z
AM ˈɛsˌbend, -z
scab
BR skab, -z, -ɪŋ, -d
AM skæb, -z, -ɪŋ, -d

scabbard
BR ˈskabəd, -z
AM ˈskæbərd, -z
scabbard-fish
BR ˈskabədfɪʃ, -ɪz
AM ˈskæbərd‚fɪʃ, -ɪz
scabbiness
BR ˈskabɪnɪs
AM ˈskæbinɪs
scabby
BR ˈskabi
AM ˈskæbi
scabies
BR ˈskeɪbɪz, ˈskeɪbiːz
AM ˈskeɪbiz
scabious
BR ˈskeɪbiəs, -ɪz
AM ˈskeɪbiəs, -əz
scablike
BR ˈskablʌɪk
AM ˈskæb‚laɪk
scabrous
BR ˈskeɪbrəs, ˈskabrəs
AM ˈskæbrəs
scabrously
BR ˈskeɪbrəsli, ˈskabrəsli
AM ˈskæbrəsli
scabrousness
BR ˈskeɪbrəsnəs, ˈskabrəsnəs
AM ˈskæbrəsnəs
scad
BR skad, -z
AM skæd, -z
Scafell
BR skɔːˈfɛl
AM skɑˈfɛl, skɑˈfɛl, ˈskæfəl
scaffold
BR ˈskaf(əʊ)ld, -z
AM ˈskæ‚foʊld, ˈskæfəld, -z
scaffolder
BR ˈskafldə(r), -z
AM ˈskæ‚foʊldər, ˈskæfəldər, -z
scaffolding
BR ˈskafldɪŋ, -z
AM ˈskæ‚foʊldɪŋ, ˈskæfəldɪŋ, -z

scagliola
BR skalˈjəʊlə(r)
AM skælˈjoʊlə
IT skaʎˈʎɔla
scalability
BR ˌskeɪləˈbɪlɪti
AM ˌskeɪləˈbɪlɪdi
scalable
BR ˈskeɪləbl
AM ˈskeɪləb(ə)l
scalar
BR ˈskeɪlə(r), -z
AM ˈskeɪlər, -z
scalariform
BR skəˈlarɪfɔːm
AM skəˈlɛrə‚fɔ(ə)rm
scalawag
BR ˈskalɪwag, -z
AM ˈskæli‚wæg, ˈskælə‚wæg, -z
scald
BR skɔːld, -z, -ɪŋ, -ɪd
AM skɑld, skɔld, -z, -ɪŋ, -əd
scalder
BR ˈskɔːldə(r), -z
AM ˈskɑldər, ˈskɔldər, -z
scale
BR skeɪl, -z, -ɪŋ, -d
AM skeɪl, -z, -ɪŋ, -d
scaleless
BR ˈskeɪllɪs
AM ˈskeɪ(l)lɪs
scalelike
BR ˈskeɪllʌɪk
AM ˈskeɪl‚laɪk
scale-moss
BR ˈskeɪlmɒs, -ɪz
AM ˈskeɪl‚mɑs, ˈskeɪl‚mɔs, -əz
scalene
BR ˈskeɪliːn
AM ˈskeɪ‚lin
scaleni
BR skeɪˈliːnʌɪ
AM skeɪˈli‚naɪ
scalenus
BR skeɪˈliːnəs
AM skeɪˈlinəs

scaler
BR ˈskeɪlə(r), -z
AM ˈskeɪlər, -z
Scalextric
BR skəˈlɛkstrɪk
AM skəˈlɛkstrɪk
Scaliger
BR ˈskalɪdʒə(r)
AM ˈskælədʒər
scaliness
BR ˈskeɪlɪnɪs
AM ˈskeɪlinɪs
scallawag
BR ˈskalɪwag, -z
AM ˈskæli‚wæg, ˈskælə‚wæg, -z
scallion
BR ˈskalɪən, -z
AM ˈskælien, ˈskæljən, -z
scallop
BR ˈskɒləp, ˈskaləp, -s, -ɪŋ, -t
AM ˈskæləp, ˈskɑləp, -s, -ɪŋ, -t
scalloper
BR ˈskɒləpə(r), ˈskaləpə(r), -z
AM ˈskæləpər, ˈskɑləpər, -z
scallywag
BR ˈskalɪwag, -z
AM ˈskæli‚wæg, ˈskælə‚wæg, -z
scaloppine
BR ˌskalə(ʊ)ˈpiːn|i, -ɪz
AM ˌskæləˈpini, -z
IT skalopˈpine
scalp
BR skalp, -s, -ɪŋ, -t
AM skælp, -s, -ɪŋ, -t
scalpel
BR ˈskalpl, -z
AM ˈskælpəl, -z
scalper
BR ˈskalpə(r), -z
AM ˈskælpər, -z
scalpless
BR ˈskalpləs
AM ˈskælpləs

scalpriform
BR ˈskalprɪfɔːm
AM ˈskælprə‚fɔ(ə)rm
scaly
BR ˈskeɪl|i, -ɪə(r), -ɪɪst
AM ˈskeɪli, -ər, -ɪst
scam
BR skam, -z, -ɪŋ, -d
AM skæm, -z, -ɪŋ, -d
Scammell
BR ˈskaml
AM ˈskæm(ə)l
scammony
BR ˈskamən|i, -ɪz
AM ˈskæməni, -z
scamp
BR skamp, -s
AM skæmp, -s
scamper
BR ˈskamp|ə(r), -əz, -(ə)rɪŋ, -əd
AM ˈskæmp|ər, -ərz, -(ə)rɪŋ, -ərd
scampi
BR ˈskampi
AM ˈskæmpi
IT ˈskampi
scampish
BR ˈskampɪʃ
AM ˈskæmpɪʃ
scan
BR skan, -z, -ɪŋ, -d
AM skæn, -z, -ɪŋ, -d
scandal
BR ˈskandl, -z
AM ˈskændəl, -z
scandalise
BR ˈskandlʌɪz, -ɪz, -ɪŋ, -d
AM ˈskændl‚aɪz, -ɪz, -ɪŋ, -d
scandalize
BR ˈskandlʌɪz, -ɪz, -ɪŋ, -d
AM ˈskændl‚aɪz, -ɪz, -ɪŋ, -d
scandalmonger
BR ˈskandl‚mʌŋgə(r), -z
AM ˈskændl‚məŋgər, ˈskændl‚mɑŋgər, -z

scandalous
BR ˈskandl̩əs
AM ˈskændl̩əs

scandalously
BR ˈskandl̩əsli
AM ˈskændl̩əsli

scandalousness
BR ˈskandl̩əsnəs
AM ˈskændl̩əsnəs

scandent
BR ˈskandənt
AM ˈskændnt

Scanderbeg
BR ˈskandəbeg
AM ˈskændə,bɜrg

Scandia
BR ˈskandɪə(r)
AM ˈskændɪə

Scandinavia
BR ˌskandɪˈneɪvɪə(r)
AM ˌskændəˈneɪvɪə

Scandinavian
BR ˌskandɪˈneɪvɪən, -z
AM ˌskændəˈneɪvɪən, -z

scandium
BR ˈskandɪəm
AM ˈskændɪəm

Scanlon
BR ˈskanlən
AM ˈskænl(ə)n

scannable
BR ˈskanəbl
AM ˈskænəb(ə)l

scanner
BR ˈskanə(r), -z
AM ˈskænər, -z

scansion
BR ˈskanʃn
AM ˈskænʃ(ə)n

scansorial
BR skanˈsɔːrɪəl
AM skænˈsɔrɪəl

scant
BR skant
AM skænt

scanties
BR ˈskantɪz
AM ˈskæn(t)iz

scantily
BR ˈskantɪli
AM ˈskæn(t)əli

scantiness
BR ˈskantɪnɪs
AM ˈskæn(t)inɪs

scantling
BR ˈskantlɪŋ, -z
AM ˈskæn(t)lɪŋ, -z

scantly
BR ˈskantli
AM ˈskæn(t)li

scantness
BR ˈskantnəs
AM ˈskæn(t)nəs

scanty
BR ˈskant|i, -ɪz, -ɪə(r),
-ɪɪst
AM ˈskæn(t)i, -z, -ər,
-ɪst

Scapa Flow
BR ˌskɑːpə ˈfləʊ,
ˌskapə +
AM ˌskæpə ˈfloʊ

scape
BR skeɪp, -s
AM skeɪp, -s

scapegoat
BR ˈskeɪpgəʊt, -s
AM ˈskeɪp,goʊt, -s

scapegoater
BR ˈskeɪpgəʊtə(r), -z
AM ˈskeɪp,goʊdər, -z

scapegrace
BR ˈskeɪpgreɪs, -ɪz
AM ˈskeɪp,greɪs, -ɪz

scaphoid
BR ˈskafɔɪd, -z
AM ˈskæˌfɔɪd, -z

scapula
BR ˈskapjʊlə(r), -z
AM ˈskæpjələ, -z

scapulae
BR ˈskapjʊliː
AM ˈskæpjə,laɪ,
ˈskæpjə,li

scapular
BR ˈskapjʊlə(r)
AM ˈskæpjələr

scapulary
BR ˈskapjʊlər|i, -ɪz
AM ˈskæpjə,leri, -z

scar
BR skɑː(r), -z, -ɪŋ, -d
AM skɑr, -z, -ɪŋ, -d

scarab
BR ˈskarəb, -z
AM ˈskɛrəb, -z

scarabaei
BR ˌskarəˈbiːʌɪ
AM ˌskɛrəˈbi,aɪ

scarabaeid
BR ˌskarəˈbiːɪd, -z
AM ˌskɛrəˈbiɪd, -z

scarabaeus
BR ˌskarəˈbiːəs
AM ˌskɛrəˈbiəs

scaramouch
BR ˈskarəmuːʃ, -ɪz
AM ˈskɛrə,mu(t)ʃ, -əz

scaramouche
BR ˈskarəmuːʃ, -ɪz
AM ˈskɛrə,mu(t)ʃ, -əz

Scarborough
BR ˈskɑːb(ə)rə(r)
AM ˈskɑrb(ə)rə

scarce
BR skɛːs, -ə(r), -ɪst
AM skɛ(ə)rs, -ər, -əst

scarcely
BR ˈskɛːsli
AM ˈskɛrsli

scarceness
BR ˈskɛːsnəs
AM ˈskɛrsnəs

scarcity
BR ˈskɛːsɪt|i, -ɪz
AM ˈskɛrsədi, -z

scare
BR skɛː(r), -z, -ɪŋ, -d
AM skɛ(ə)r, -z,
-ɪŋ, -d

scarecrow
BR ˈskɛːkrəʊ, -z
AM ˈskɛr,kraʊ, -z

scaredy-cat
BR ˈskɛːdɪkat, -s
AM ˈskɛrdi,kæt, -s

scaremonger
BR ˈskɛːˌmʌŋgə(r), -z
AM ˈskɛr,məŋgər,
ˈskɛr,maŋgər, -z

scaremongering
BR ˈskɛːˌmʌŋg(ə)rɪŋ,
-z
AM ˈskɛr,məŋg(ə)rɪŋ,
ˈskɛr,maŋg(ə)rɪŋ, -z

scarer
BR ˈskɛːrə(r), -z
AM ˈskɛrər, -z

scarf
BR skɑːf, -t
AM skɑrf, -t

Scarfe
BR skɑːf
AM skɑrf

Scargill
BR ˈskɑːgɪl
AM ˈskɑrˌgɪl

scarification
BR ˌskarɪfɪˈkeɪʃn,
ˌskɛːrɪfɪˈkeɪʃn
AM ˌskɛrəfəˈkeɪʃ(ə)n

scarificator
BR ˈskarɪfɪkeɪtə(r),
ˈskɛːrɪfɪkeɪtə(r), -z
AM ˈskɛrəfəˌkeɪdər, -z

scarifier
BR ˈskarɪfʌɪə(r),
ˈskɛːrɪfʌɪə(r), -z
AM ˈskɛrəˌfaɪər, -z

scarify[1] *cut*
BR ˈskarɪfʌɪ,
ˈskɛːrɪfʌɪ, -z, -ɪŋ, -d
AM ˈskɛrəˌfaɪ, -z,
-ɪŋ, -d

scarify[2] *frighten*
BR ˈskɛːrɪfʌɪ, -z,
-ɪŋ, -d
AM ˈskɛrəˌfaɪ, -z,
-ɪŋ, -d

scarily
BR ˈskɛːrɪli
AM ˈskɛrəli

scariness
BR ˈskɛːrɪnɪs
AM ˈskɛrinɪs

scarious
BR ˈskɛːrɪəs
AM ˈskɛriəs

Scarisbrick
BR ˈskɛːzbrɪk
AM ˈskɛrz,brɪk

scarlatina
BR ˌskɑːləˈtiːnə(r)
AM ˌskɑrləˈtinə

Scarlatti
BR skɑːˈlati
AM skɑrˈlɑdi

scarless
BR ˈskaːləs
AM ˈskɑrləs
scarlet
BR ˈskaːlɪt
AM ˈskɑrlət
Scarlett
BR ˈskaːlɪt
AM ˈskɑrlət
Scarman
BR ˈskaːmən
AM ˈskɑrm(ə)n
scaroid
BR ˈskarɔɪd, ˈskɛːrɔɪd, -z
AM ˈskɛˌrɔɪd, -z
scarp
BR skaːp, -s
AM skɑrp, -s
scarper
BR ˈskaːp|ə(r), -əz, -(ə)rɪŋ, -əd
AM ˈskɑrpər, -z, -ɪŋ, -d
Scart
BR skaːt
AM skɑrt
scarus
BR ˈskɛːrəs, -ɪz
AM ˈskɛrəs, -əz
scarves
BR skaːvz
AM skɑrvz
scary
BR ˈskɛːr|i, -ɪə(r), -ɪɪst
AM ˈskɛri, -ər, -ɪst
Scase
BR skeɪs
AM skeɪs
scat
BR skat, -s, -ɪŋ, -ɪd
AM skæ|t, -ts, -dɪŋ, -dəd
scathe
BR skeɪð, -z, -ɪŋ, -d
AM skeɪð, -z, -ɪŋ, -d
scatheless
BR ˈskeɪðlɪs
AM ˈskeɪðlɪs
scathing
BR ˈskeɪðɪŋ
AM ˈskeɪðɪŋ

scathingly
BR ˈskeɪðɪŋli
AM ˈskeɪðɪŋli
scatological
BR ˌskatəˈlɒdʒɪkl
AM ˌskædlˈɑdʒək(ə)l
scatologist
BR skaˈtɒlədʒɪst, -s
AM skæˈtɑlədʒəst, skəˈtɑlədʒəst, -s
scatology
BR skaˈtɒlədʒi
AM skæˈtɑlədʒi, skəˈtɑlədʒi
scatophagous
BR skaˈtɒfəgəs
AM skæˈtɑfəgəs, skəˈtɑfəgəs
scatter
BR ˈskat|ə(r), -əz, -(ə)rɪŋ, -əd
AM ˈskæd|ər, -ərz, -(ə)rɪŋ, -ərd
scatterbrain
BR ˈskatəbreɪn, -z, -d
AM ˈskædərˌbreɪn, -z, -d
scatterer
BR ˈskat(ə)rə(r), -z
AM ˈskædərər, -z
scattergram
BR ˈskatəgram, -z
AM ˈskædərˌgræm, -z
scattergun
BR ˈskatəgʌn, -z
AM ˈskædərˌgʌn, -z
scatterplot
BR ˈskatəplɒt, -s
AM ˈskædərˌplɑt, -s
scattershot
BR ˈskatəʃɒt, -s
AM ˈskædərˌʃɑt, -s
scattily
BR ˈskatɪli
AM ˈskædəli
scattiness
BR ˈskatɪnɪs
AM ˈskædinɪs
scatty
BR ˈskat|i, -ɪə(r), -ɪɪst
AM ˈskædi, -ər, -ɪst

scaup
BR skɔːp, -s
AM skɑp, skɔp, -s
scauper
BR ˈskɔːpə(r), -z
AM ˈskɑpər, ˈskɔpər, -z
scaur
BR ˈskɔː(r)
AM ˈskɑr
scavenge
BR ˈskav(ɨ)n(d)ʒ, -ɪz, -ɪŋ, -d
AM ˈskævəndʒ, -əz, -ɪŋ, -d
scavenger
BR ˈskav(ɨ)n(d)ʒə(r), -z
AM ˈskævəndʒər, -z
scavengery
BR ˈskav(ɨ)n(d)ʒ(ə)ri
AM ˈskævəndʒ(ə)ri
scazon
BR ˈskeɪzn, ˈskazn, -z
AM ˈskeɪz(ə)n, -z
scean dhu
BR ˌskiːən ˈduː, -z
AM ˌskiən ˈdu, -z
scena
BR ˈʃeɪnə(r), -z
AM ˈʃeɪnə, -z
IT ˈʃɛna
scenario
BR sɪˈnɑːrɪəʊ, sɪˈnɛːrɪəʊ, -z
AM səˈnɛrioʊ, -z
scenarist
BR sɪˈnɑːrɪst, ˈsiːn(ə)rɪst, -s
AM səˈnɛrəst, -s
scend
BR sɛnd, -z, -ɪŋ, -ɪd
AM sɛnd, -z, -ɪŋ, -əd
scene
BR siːn, -z
AM sin, -z
scenery
BR ˈsiːn(ə)ri
AM ˈsin(ə)ri
sceneshifter
BR ˈsiːnˌʃɪftə(r), -z
AM ˈsinˌʃɪftər, -z

scenester
BR ˈsiːnstə(r), -z
AM ˈsinstər, -z
scenic
BR ˈsiːnɪk
AM ˈsinɪk
scenically
BR ˈsiːnɪkli
AM ˈsinɪk(ə)li
scent
BR sɛnt, -s, -ɪŋ, -ɪd
AM sɛn|t, -ts, -(t)ɪŋ, -(t)əd
scentless
BR ˈsɛntləs
AM ˈsɛn(t)ləs
scepsis
BR ˈskɛpsɪs
AM ˈskɛpsəs
scepter
BR ˈsɛptə(r), -z, -d
AM ˈsɛptər, -z, -d
sceptic
BR ˈskɛptɪk, -s
AM ˈskɛptɪk, -s
sceptical
BR ˈskɛptɪkl
AM ˈskɛptək(ə)l
sceptically
BR ˈskɛptɪkli
AM ˈskɛptək(ə)li
scepticism
BR ˈskɛptɪsɪzm
AM ˈskɛptəˌsɪz(ə)m
sceptre
BR ˈsɛptə(r), -z, -d
AM ˈsɛptər, -z, -d
Schadenfreude
BR ˈʃaːdnˌfrɔɪdə(r)
AM ˈʃɑdənˌfrɔɪdə
Schaefer
BR ˈʃeɪfə(r)
AM ˈʃeɪfər
Schaeffer
BR ˈʃeɪfə(r)
AM ˈʃeɪfər
Schafer
BR ˈʃeɪfə(r)
AM ˈʃeɪfər
Schapiro
BR ʃəˈpɪərəʊ
AM ʃəˈpɪroʊ

schappe
BR ʃap, 'ʃapə(r), -s
AM 'ʃɑpə, -s

schedule
BR 'ʃedjʉl, 'ʃedjuːl,
'ʃedʒʉl, 'skedjʉl,
'skedjuːl, 'skedʒʉl,
-z, -ɪŋ, -d
AM 'skedʒ(ə)l, -z,
-ɪŋ, -d

scheduler
BR 'ʃedjʉlə(r),
'ʃedjuːlə(r),
'ʃedʒʉlə(r),
'skedjʉlə(r),
'skedjuːlə(r),
'skedʒʉlə(r), -z
AM 'skedʒələr, -z

Scheele
BR 'ʃeɪlə(r)
AM 'ʃeɪlə

scheelite
BR 'ʃiːlʌɪt, -s
AM 'ʃeɪˌlaɪt, -s

Scheherazade
BR ʃəˌherə'zɑːdə(r)
AM ʃəˌherə'zɑd

Schelde
BR 'ʃeldə, skeld
AM skeld, 'ʃeldə

Scheldt
BR ʃelt, skelt
AM skelt, ʃelt

Schelling
BR 'ʃelɪŋ
AM 'ʃelɪŋ

schema
BR 'skiːmə(r), -z
AM 'skimə, -z

schemata
BR 'skiːmətə(r)
AM 'skimədə

schematic
BR skiː'matɪk,
skɪ'matɪk
AM skiː'mædɪk,
skə'mædɪk

schematically
BR skiː'matɪkli,
skɪ'matɪkli
AM skiː'mædək(ə)li,
skə'mædək(ə)li

schematisation
BR ˌskiːmətʌɪ'zeɪʃn,
-z
AM ˌskimətaɪ'zeɪʃ(ə)n,
ˌskimədə'zeɪʃ(ə)n, -z

schematise
BR 'skiːmətʌɪz, -ɪz,
-ɪŋ, -d
AM 'skiməˌtaɪz, -ɪz,
-ɪŋ, -d

schematism
BR 'skiːmətɪzm, -z
AM 'skiməˌtɪz(ə)m, -z

schematization
BR ˌskiːmətʌɪ'zeɪʃn,
-z
AM ˌskimətaɪ'zeɪʃ(ə)n,
ˌskimədə'zeɪʃ(ə)n, -z

schematize
BR 'skiːmətʌɪz, -ɪz,
-ɪŋ, -d
AM 'skiməˌtaɪz, -ɪz,
-ɪŋ, -d

scheme
BR skiːm, -z, -ɪŋ, -d
AM skim, -z,
-ɪŋ, -d

schemer
BR 'skiːmə(r), -z
AM 'skimər, -z

scheming
BR 'skiːmɪŋ, -z
AM 'skimɪŋ, -z

schemingly
BR 'skiːmɪŋli
AM 'skimɪŋli

schemozzle
BR ʃɪ'mɒzl, -z
AM ʃə'mɑzl, -z

Schenectady
BR skɪ'nektədi
AM skə'nektədi

scherzando
BR skeː't'sandəʊ,
skəːt'sandəʊ, -z
AM skərt'sandoʊ, -z
IT sker'tsando

scherzo
BR 'skeːtsəʊ,
'skəːtsəʊ, -z
AM 'skertsoʊ, -z
IT 'skertso

Schiaparelli
BR ˌʃapə'reli
AM ˌʃapə'reli
IT skjapa'relli

Schick
BR ʃɪk
AM ʃɪk

Schiedam
BR skɪ'dam
AM ski'dæm
DU 'sxiːdɑm

Schiele
BR 'ʃiːlə(r)
AM 'ʃilə

Schiller
BR 'ʃɪlə(r)
AM 'ʃɪlər

Schilling
BR 'ʃɪlɪŋ, -z
AM 'ʃɪlɪŋ, -z

schipperke
BR 'skɪpək|i, 'ʃɪpək|i,
-ɪz
AM 'skɪpərki, -z

schism
BR 's(k)ɪzm, -z
AM 'ʃɪz(ə)m,
's(k)ɪz(ə)m, -z

schismatic
BR s(k)ɪz'matɪk,
-s
AM s(k)ɪz'mædɪk,
-s

schismatical
BR s(k)ɪz'matɪkl
AM s(k)ɪz'mædək(ə)l

schismatically
BR s(k)ɪz'matɪkli
AM s(k)ɪz'mædək(ə)li

schismatise
BR 's(k)ɪzmətʌɪz, -ɪz,
-ɪŋ, -d
AM 's(k)ɪzməˌtaɪz, -ɪz,
-ɪŋ, -d

schismatize
BR 's(k)ɪzmətʌɪz, -ɪz,
-ɪŋ, -d
AM 's(k)ɪzməˌtaɪz, -ɪz,
-ɪŋ, -d

schist
BR ʃɪst, -s
AM ʃɪst, -s

schistose
BR 'ʃɪstəʊs
AM 'ʃɪstoʊz, 'ʃɪstoʊs

schistosome
BR 'ʃɪstəsəʊm, -z
AM 'ʃɪstəˌsoʊm, -z

schistosomiases
BR ˌʃɪstə(ʊ)sə-
'mʌɪəsiːz
AM 'ˌʃɪstoʊsə'maɪəˌsiz

schistosomiasis
BR ˌʃɪstə(ʊ)sə'mʌɪəsɪs
AM 'ˌʃɪstoʊsə'maɪəsəs

schizanthus
BR skɪ'zanθəs, -ɪz
AM skə'zænθəs, -əz

schizo
BR 'skɪtsəʊ, -z
AM 'skɪtsoʊ, -z

schizocarp
BR 'skɪtsə(ʊ)kɑːp, -s
AM 'skɪtsoʊˌkɑrp, -s

schizocarpic
BR ˌskɪtsə(ʊ)'kɑːpɪk
AM ˌskɪtsə'kɑrpɪk

schizocarpous
BR ˌskɪtsə(ʊ)'kɑːpəs
AM ˌskɪtsə'kɑrpəs

schizogenous
BR skɪt'sɒdʒɪnəs
AM skɪt'sɑdʒənəs

schizogeny
BR skɪt'sɒdʒəni
AM skɪt'sɑdʒəni

schizoid
BR 'skɪtsɔɪd
AM 'skɪtˌsɔɪd

schizomycete
BR ˌskɪtsə(ʊ)'mʌɪsiːt,
-s
AM ˌskɪtsoʊ'maɪˌsit, -s

schizont
BR 'skɪzɒnt, -s
AM 'skɪzɑnt, -s

schizophrenia
BR ˌskɪtsə'friːnɪə(r)
AM ˌskɪtsə'friniə,
ˌskɪtsə'freniə

schizophrenic
BR ˌskɪtsə'frenɪk, -s
AM ˌskɪtsə'frinɪk,
ˌskɪtsə'frenɪk, -s

schizostylis
BR ˌskɪtsə(ʊ)ˈstaɪlɪs
AM ˌskɪtsoʊˈstaɪlɪs

schizothymia
BR ˌskɪtsə(ʊ)ˈθaɪmiə(r)
AM ˌskɪtsoʊˈθaɪmiə

schizothymic
BR ˌskɪtsə(ʊ)ˈθaɪmɪk
AM ˌskɪtsoʊˈθaɪmɪk

schizotype
BR ˈskɪtsə(ʊ)taɪp, -s
AM ˈskɪtsəˌtaɪp, -s

Schlegel
BR ˈʃleɪgl
AM ˈʃleɪgəl

Schleicher
BR ˈʃlʌɪkə(r), ˈʃlʌɪxə(r)
AM ˈʃlaɪkər

schlemiel
BR ʃləˈmiːl, -z
AM ʃləˈmi(ə)l, -z

schlepp
BR ʃlɛp, -s, -ɪŋ, -t
AM ʃlɛp, -s, -ɪŋ, -t

Schlesinger
BR ˈʃlɛsɪn(d)ʒə(r)
AM ˈʃlɛsɪŋər, ˈʃlɛsɪndʒər

Schleswig
BR ˈʃlɛzvɪg, ˈʃlɛsvɪg, ˈʃlɛzwɪg
AM ˈʃlɛzwɪg

Schliemann
BR ˈʃliːmən
AM ˈʃliman

schlieren
BR ˈʃliərn̩, -z
AM ˈʃlirən, -z

schlock
BR ʃlɒk, -s
AM ʃlak, -s

schlocky
BR ˈʃlɒki
AM ˈʃlaki

schmaltz
BR ʃmɔːlts
AM ʃmalts, ʃmɔlts

schmaltzy
BR ˈʃmɔːtls|i, -iə(r), -ɪɪst
AM ˈʃmaltsi, ˈʃmɔltsi, -ər, -ɪst

schmalz
BR ʃmɔːlts
AM ʃmalts, ʃmɔlts

schmalzy
BR ˈʃmɔːtls|i, -iə(r), -ɪɪst
AM ˈʃmaltsi, ˈʃmɔltsi, -ər, -ɪst

Schmidt
BR ʃmɪt
AM ʃmɪt

Schmitt
BR ʃmɪt
AM ʃmɪt

schmo
BR ʃməʊ, -z
AM ʃmoʊ, -z

schmoe
BR ʃməʊ, -z
AM ʃmoʊ, -z

schmooze
BR ʃmuːz, -ɪz, -ɪŋ, -d
AM ʃmuz, -əz, -ɪŋ, -d

schmuck
BR ʃmʌk, -s
AM ʃmək, -s

schnapps
BR ʃnaps
AM ʃnaps

schnauzer
BR ˈʃnaʊtsə(r), ˈʃnaʊzə(r), -z
AM ˈʃnaʊzər, -z

Schneider
BR ˈʃnʌɪdə(r)
AM ˈʃnaɪdər, ˈsnaɪdər

schnitzel
BR ˈʃnɪtsl, -z
AM ˈʃnɪts(ə)l, -z

schnook
BR ʃnʊk, -s
AM ʃnʊk, -s

schnorkel
BR ˈʃnɔːk|l, ˈsnɔːk|l, -lz, -l̩ŋ\-lɪŋ, -ld
AM ˈsnɔrk|əl, ˈʃnɔrk|əl, -əlz, -(ə)lɪŋ, -əld

schnorrer
BR ˈʃnɒrə(r), ˈʃnɔːrə(r), -z
AM ˈʃnɔrər, -z

schnozz
BR ʃnɒz, -ɪz
AM ʃnaz, -əz

schnozzle
BR ˈʃnɒzl, -z
AM ˈʃnaz(ə)l, -z

Schoenberg
BR ˈʃəːnbəːg
AM ˈʃoʊnbərg, ˈʃənbərg

Schofield
BR ˈskəʊfiːld
AM ˈskoʊˌfild

scholar
BR ˈskɒlə(r), -z
AM ˈskalər, -z

scholarliness
BR ˈskɒləlɪnɪs
AM ˈskalərlɪnɪs

scholarly
BR ˈskɒləli
AM ˈskalərli

scholarship
BR ˈskɒləʃɪp, -s
AM ˈskalərˌʃɪp, -s

scholastic
BR skəˈlastɪk
AM skəˈlæstɪk

scholastically
BR skəˈlastɪkli
AM skəˈlæstək(ə)li

scholasticism
BR skəˈlastɪsɪzm
AM skəˈlæstəˌsɪz(ə)m

Scholefield
BR ˈskəʊfiːld
AM ˈskoʊ(l)ˌfild

Scholes
BR skəʊlz
AM skoʊlz

Scholfield
BR ˈskəʊ(l)fiːld
AM ˈskoʊ(l)ˌfild

scholia
BR ˈskəʊliə(r)
AM ˈskoʊliə, ˈskoʊljə

scholiast
BR ˈskəʊliast, -s
AM ˈskoʊliˌæst, -s

scholiastic
BR ˌskəʊlɪˈastɪk
AM ˌskoʊliˈæstɪk

scholium
BR ˈskəʊliəm, -z
AM ˈskoʊliəm, -z

Scholl
BR ʃɒl, ʃəʊl
AM ʃɔl, ʃal, ʃoʊl

Schönberg
BR ˈʃəːnbəːg
AM ˈʃoʊnbərg, ˈʃənbərg

Schonfield
BR ˈskɒnfiːld
AM ˈskanˌfild

school
BR skuːl, -z, -ɪŋ, -d
AM skul, -z, -ɪŋ, -d

schoolable
BR ˈskuːləbl
AM ˈskuləb(ə)l

school-age
BR ˈskuːleɪdʒ, ˌskuːlˈeɪdʒ
AM ˈskulˌeɪdʒ

schoolbook
BR ˈskuːlbʊk, -s
AM ˈskulˌbʊk, -s

schoolboy
BR ˈskuːlbɔɪ, -z
AM ˈskulˌbɔɪ, -z

schoolbus
BR ˌskuːlˈbʌs, ˈskuːlbʌs, -ɪz
AM ˈskulˌbəs, -əz

schoolchild
BR ˈskuːltʃʌɪld
AM ˈskulˌtʃaɪld

schoolchildren
BR ˈskuːltʃɪldr(ə)n
AM ˈskulˌtʃɪldrən

schooldays
BR ˈskuːldeɪz
AM ˈskulˌdeɪz

schoolfellow
BR ˈskuːlfɛləʊ, -z
AM ˈskulˌfɛloʊ, -z

schoolgirl
BR ˈskuːlgəːl, -z
AM ˈskulˌgərl, -z

schoolhouse
BR ˈskuːlhaʊs, -zɪz
AM ˈskul(h)aʊs, -zəz

schoolie
BR ˈskuːl|i, -ɪz
AM ˈskuli, -z

schooling
BR ˈskuːlɪŋ
AM ˈskulɪŋ

schoolkid
BR ˈskuːlkɪd, -z
AM ˈskulˌkɪd, -z

schoolman
BR ˈskuːlmən
AM ˈskulˌmæn, ˈskulm(ə)n

schoolmarm
BR ˈskuːlmɑːm, -z
AM ˈskulˌmɑ(r)m, -z

schoolmarmish
BR ˈskuːlmɑːmɪʃ
AM ˈskulˌmɑ(r)mɪʃ

schoolmaster
BR ˈskuːlˌmɑːstə(r), -z
AM ˈskulˌmæstər, -z

schoolmastering
BR ˈskuːlˌmɑːst(ə)rɪŋ
AM ˈskulˌmæst(ə)rɪŋ

schoolmasterly
BR ˈskuːlˌmɑːstəli
AM ˈskulˌmæstərli

schoolmate
BR ˈskuːlmeɪt, -s
AM ˈskulˌmeɪt, -s

schoolmen
BR ˈskuːlmɛn
AM ˈskulˌmɛn, ˈskulm(ə)n

schoolmistress
BR ˈskuːlˌmɪstrɪs, -ɪz
AM ˈskulˌmɪstrɪs, -ɪz

schoolmistressy
BR ˈskuːlˌmɪstrɪsi
AM ˈskulˌmɪstrɪsi

schoolroom
BR ˈskuːlruːm, ˈskuːlrʊm, -z
AM ˈskulˌrʊm, ˈskulˌrum, -z

schoolteacher
BR ˈskuːlˌtiːtʃə(r), -z
AM ˈskulˌtitʃər, -z

schoolteaching
BR ˈskuːlˌtiːtʃɪŋ
AM ˈskulˌtitʃɪŋ

schooltime
BR ˈskuːltaɪm
AM ˈskulˌtaɪm

schoolwork
BR ˈskuːlwɜːk
AM ˈskulˌwɜrk

schoolyard
BR ˈskuːljɑːd, -z
AM ˈskulˌjɑrd, -z

schooner
BR ˈskuːnə(r), -z
AM ˈskunər, -z

Schopenhauer
BR ˈʃəʊp(ə)nhaʊə(r), ˈʃɒp(ə)nhaʊə(r)
AM ˈʃoʊpən,(h)aʊər

schorl
BR ʃɔːl
AM ʃɔrl

schottische
BR ʃɒˈtiːʃ, -ɪz
AM ˈʃɑdɪʃ, -ɪʃɪz

Schreiber
BR ˈʃraɪbə(r)
AM ˈʃraɪbər

Schroder
BR ˈʃrəʊdə(r)
AM ˈʃroʊdər

Schrödinger
BR ˈʃrɜːdɪŋə(r), ˈʃrəʊdɪŋə(r)
AM ˈʃroʊdɪŋ(g)ər, ˈʃreɪdɪŋ(g)ər

Schroeder
BR ˈʃrəʊdə(r), ˈʃrɜːdə(r)
AM ˈʃreɪdər, ˈʃroʊdər

schtick
BR ʃtɪk
AM ʃtɪk

schtuck
BR ʃtʊk
AM ʃtʊk

Schubert
BR ˈʃuːbət
AM ˈʃubərt

Schubertian
BR ʃuːˈbɜːtiən, -z
AM ʃuˈbɜrdiən, -z

Schultz
BR ʃʊlts
AM ʃʊlts

Schulz
BR ʃʊlts
AM ʃʊlts

Schumacher
BR ˈʃuːˌmakə(r)
AM ˈʃuˌmakər

Schumann
BR ˈʃuːmən
AM ˈʃuˌmɑn, ˈʃum(ə)n

schuss
BR ʃʊs, ʃuːs, -ɪz, -ɪŋ, -t
AM ʃʊs, ʃus, -əz, -ɪŋ, -t

Schütz
BR ʃuːts
AM ʃʊts

Schuyler
BR ˈskʌɪlə(r)
AM ˈskaɪlər

schwa
BR ʃwɑː(r), ʃvɑː(r), -z
AM ʃwɑ, -z

Schwann
BR ʃwɒn, ʃvan
AM ʃwɑn

Schwartz
BR ʃwɔːts
AM ʃwɔ(ə)rts

Schwarz
BR ʃwɔːts
AM ʃwɔ(ə)rts

Schwarzkopf
BR ˈʃvɑːtskɒ(p)f, ˈʃwɑːtskɒ(p)f, ˈʃwɔːtskɒ(p)f
AM ˈʃwɔ(ə)rtsˌkɔ(p)f

Schwarzwald
BR ˈʃvɑːtsvald
AM ˈʃwɔ(ə)rtsˌwald

Schweitzer
BR ˈʃwʌɪtsə(r), ˈʃvʌɪtsə(r)
AM ˈʃwaɪtsər

Schweppes
BR ʃwɛps
AM ʃwɛps

Schyler
BR ˈskʌɪlə(r)
AM ˈskaɪlər

sciagram
BR ˈsʌɪəgram, -z
AM ˈsaɪəˌgræm, -z

sciagraph
BR ˈsʌɪəgrɑːf, -s, -ɪŋ, -t
AM ˈsaɪəˌgræf, -s, -ɪŋ, -t

sciagraphic
BR ˌsʌɪəˈgrafɪk
AM ˌsaɪəˈgræfɪk

sciagraphy
BR sʌɪˈagrəfi
AM saɪˈægrəfi

sciamachy
BR sʌɪˈaməki
AM saɪˈæməki

sciatic
BR sʌɪˈatɪk
AM saɪˈædɪk

sciatica
BR sʌɪˈatɪkə(r)
AM saɪˈædəkə

sciatically
BR sʌɪˈatɪkli
AM saɪˈædək(ə)li

science
BR ˈsʌɪəns, -ɪz
AM ˈsaɪəns, -əz

scienter *adverb*
BR sʌɪˈɛntə(r)
AM saɪˈɛn(t)ər

sciential
BR sʌɪˈɛnʃl, -z
AM saɪˈɛn(t)ʃ(ə)l, -z

scientific
BR ˌsʌɪənˈtɪfɪk
AM ˌsaɪənˈtɪfɪk

scientifically
BR ˌsʌɪənˈtɪfɪkli
AM ˌsaɪənˈtɪfɪk(ə)li

scientism
BR ˈsʌɪəntɪzm
AM ˈsaɪənˌtɪz(ə)m

scientist
BR ˈsʌɪəntɪst, -s
AM ˈsaɪən(t)əst, -s

scientistic
BR ˌsʌɪənˈtɪstɪk
AM ˌsaɪənˈtɪstɪk

Scientologist
BR ˌsʌɪənˈtɒlədʒɪst, -s
AM ˌsaɪənˈtɑlədʒəst, -s

Scientology
BR ˌsaɪənˈtɒlədʒi
AM ˌsaɪənˈtɑlədʒi
sci-fi
BR ˈsaɪfʌɪ
AM ˈsaɪˌfaɪ
scilicet
BR ˈsɪlɪsɛt, ˈsʌɪlɪsɛt, ˈskiːlɪkɛt
AM ˈskɪləˌkɛt, ˈsɪləˌsɛt
scilla
BR ˈsɪlə(r), -z
AM ˈsɪlə, -z
Scillies
BR ˈsɪliz
AM ˈsɪliz
Scillonian
BR sɨˈləʊniən, -z
AM səˈloʊniən, -z
Scilly
BR ˈsɪli
AM ˈsɪli
scimitar
BR ˈsɪmɪtə(r), -z
AM ˈsɪməˌtɑr, ˈsɪmədər, -z
scintigram
BR ˈsɪntɪɡram, -z
AM ˈsɪn(t)əˌɡræm, -z
scintigraphy
BR sɪnˈtɪɡrəfi
AM sɪnˈtɪɡrəfi
scintilla
BR s(ɪ)nˈtɪlə(r), -z
AM sɪnˈtɪlə, -z
scintillant *adjective*
BR ˈsɪntɪl(ə)nt
AM ˈsɪn(t)l(ə)nt
scintillate
BR ˈsɪntɪleɪt, -s, -ɪŋ, -ɨd
AM ˈsɪn(t)lˌeɪ|t, -ts, -dɪŋ, -dɨd
scintillatingly
BR ˈsɪntɪleɪtɪŋli
AM ˈsɪn(t)lˌeɪdɪŋli
scintillation
BR ˌsɪntɪˈleɪʃn
AM ˌsɪn(t)lˈeɪʃ(ə)n
scintiscan
BR ˈsɪntɪskan, -z
AM ˈsɪn(t)əˌskæn, -z

sciolism
BR ˈsaɪəlɪzm
AM ˈsaɪəˌlɪz(ə)m
sciolist
BR ˈsaɪəlɪst, -s
AM ˈsaɪələst, -s
sciolistic
BR ˌsaɪəˈlɪstɪk
AM ˌsaɪəˈlɪstɪk
scion
BR ˈsaɪən, -z
AM ˈsaɪən, -z
Scipio
BR ˈs(k)ɪpɪəʊ
AM ˌs(k)ɪpioʊ
scire facias
BR ˌsʌɪrɪ ˈfeɪʃɪas
AM ˌsaɪri ˈfeɪʃ(i)əs
scirocco
BR sɪˈrɒkəʊ, -z
AM ʃəˈrɑkoʊ, səˈrɑkoʊ, -z
IT ʃiˈrɔkko
scirrhi
BR ˈsɪrʌɪ
AM ˈskɪˌri, ˈs(k)ɪˌraɪ
scirrhoid
BR ˈsɪrɔɪd
AM ˈs(k)ɪˌrɔɪd
scirrhosity
BR sɪˈrɒsɪti
AM s(k)ɪˈrɑsədi
scirrhous
BR ˈsɪrəs
AM ˈs(k)ɪrəs
scirrhus
BR ˈsɪrəs
AM ˈs(k)ɪrəs
scissel
BR ˈskɪsl
AM ˈsɪz(ə)l, ˈsɪs(ə)l
scissile
BR ˈsɪsʌɪl, ˈsɪs(ɪ)l
AM ˈsɪˌsaɪl, ˈsɪs(ə)l
scission
BR ˈsɪʒn, ˈsɪʃn, -z
AM ˈsɪʃ(ə)n, ˈsɪʒ(ə)n, -z
scissor
BR ˈsɪz|ə(r), -əz, -(ə)rɪŋ, -əd
AM ˈsɪz|ər, -ərz, -(ə)rɪŋ, -ərd

scissorwise
BR ˈsɪzəwʌɪz
AM ˈsɪzərˌwaɪz
sciurine
BR ˈsʌɪjɜrʌɪn, ˈsaɪjɜrɪn
AM ˈsaɪ(j)ərən, ˈsaɪ(j)əˌrin
sciuroid
BR ˈsʌɪjɜrɔɪd
AM ˈsaɪ(j)əˌrɔɪd
sclera
BR ˈsklɪərə(r)
AM ˈsklɛrə
scleral
BR ˈsklɪərl̩
AM ˈsklɛrəl
sclerenchyma
BR sklɪəˈrɛŋkɪmə(r), sklɪˈrɛŋkɪmə(r), -z
AM skləˈrɛŋkəmə, -z
sclerenchymata
BR sklɪəˈrɛŋkɪmətə(r), sklɪˈrɛŋkɪmətə(r)
AM skləˌrɛŋkəˈmɑdə
sclerite
BR ˈsklɪərʌɪt, ˈsklɛrʌɪt
AM ˈsklɛˌraɪt, ˈskliˌraɪt
scleritis
BR sklɪəˈrʌɪtɪs, sklɪˈrʌɪtɪs
AM skləˈraɪdɪs
scleroderma
BR ˌsklɪərə(ʊ)ˈdəːmə(r), ˌsklɛrəˈdəːmə(r)
AM ˌsklɛrəˈdərmə
scleroid
BR ˈsklɪərɔɪd, ˈsklɛrɔɪd
AM ˈsklɛˌrɔɪd
scleroma
BR sklɪˈrəʊmə(r)
AM skləˈroʊmə
scleromata
BR sklɪˈrəʊmətə(r)
AM skləˈroʊmədə
sclerometer
BR sklɪˈrɒmɪtə(r), -z
AM skləˈrɑmədər, -z

sclerophyll
BR ˈsklɪərə(ʊ)fɪl, ˈsklɛrə(ʊ)fɪl, -z
AM ˈsklɛrəˌfɪl, -z
sclerophyllous
BR sklɪˈrɒfɪləs
AM skləˈrɑfələs
scleroprotein
BR ˌsklɪərə(ʊ)ˈprəʊtiːn, ˌsklɛrə(ʊ)ˈprəʊtiːn, -z
AM ˌsklɛroʊˈproʊˌtin, -z
sclerosed
BR ˈsklɪərəʊzd, ˈsklɛrəʊzd
AM ˈsklɛˌroʊzd
scleroses
BR sklɪˈrəʊsiːz
AM skləˈroʊˌsiz
sclerosis
BR sklɪˈrəʊsɪs
AM skləˈroʊsəz
sclerotherapy
BR ˌsklɪərəʊˈθɛrəpi, ˌsklɛrəʊˈθɛrəpi
AM ˌsklɛrəˈθɛrəpi
sclerotic
BR sklɪˈrɒtɪk
AM skləˈrɑdɪk
sclerotin
BR ˈsklɪərətɪn, ˈsklɛrətɪn
AM ˈsklɛrətɪn
sclerotised
BR ˈsklɪərətʌɪzd, ˈsklɛrətʌɪzd
AM ˈsklɛrəˌtaɪzd
sclerotitis
BR ˌsklɪərə(ʊ)ˈtʌɪtɪs, ˌsklɛrə(ʊ)ˈtʌɪtɪs
AM ˌsklɛrəˈtaɪdɪs
sclerotium
BR sklɪˈrəʊtɪəm
AM skləˈroʊtiəm
sclerotized
BR ˈsklɪərətʌɪzd, ˈsklɛrətʌɪzd
AM ˈsklɛrəˌtaɪzd
sclerotomy
BR sklɪˈrɒtəm|i, -ɪz
AM skləˈrɑdəmi, -z

sclerous
BR ˈsklɪərəs, ˈsklɛrəs
AM ˈsklɛrəs

Scobie
BR ˈskəʊbi
AM ˈskoʊbi

Scoby
BR ˈskəʊbi
AM ˈskoʊbi

scoff
BR skɒf, -s, -ɪŋ, -t
AM skɑf, skɔf, -s, -ɪŋ, -t

scoffer
BR ˈskɒfə(r), -z
AM ˈskɑfər, ˈskɔfər, -z

scoffingly
BR ˈskɒfɪŋli
AM ˈskɑfɪŋli, ˈskɔfɪŋli

Scofield
BR ˈskəʊfiːld
AM ˈskoʊˌfild

scold
BR skəʊld, -z, -ɪŋ, -ɪd
AM skoʊld, -z, -ɪŋ, -əd

scolder
BR ˈskəʊldə(r), -z
AM ˈskoʊldər, -z

scolding
BR ˈskəʊldɪŋ, -z
AM ˈskoʊldɪŋ, -z

scolex
BR ˈskəʊlɛks, -ɪz
AM ˈskoʊˌlɛks, -əz

scolices
BR ˈskəʊlɪsiːz
AM ˈskoʊləsiz

scoliosis
BR ˌskɒliˈəʊsɪs
AM ˌskoʊliˈoʊsəs

scoliotic
BR ˌskɒliˈɒtɪk
AM ˌskoʊliˈɑdɪk

scollop
BR ˈskɒləp, -s, -ɪŋ, -t
AM ˈskæləp, ˈskɑləp, -s, -ɪŋ, -t

scolopendria
BR ˌskɒləˈpɛndrɪə(r)
AM ˌskɑləˈpɛndriə

scolopendrium
BR ˌskɒləˈpɛndrɪəm
AM ˌskɑləˈpɛndriəm

scomber
BR ˈskɒmbə(r), -z
AM ˈskɑmbər, -z

scombrid
BR ˈskɒmbrɪd, -z
AM ˈskɑmbrəd, -z

scombroid
BR ˈskɒmbrɔɪd, -z
AM ˈskɑmˌbrɔɪd, -z

sconce
BR skɒns, -ɪz
AM skɑns, -əz

Scone *place in Scotland*
BR skuːn
AM skoʊn, skun

scone
BR skɒn, skəʊn, -z
AM skoʊn, -z

scoop
BR skuːp, -s, -ɪŋ, -t
AM skup, -s, -ɪŋ, -t

scooper
BR ˈskuːpə(r), -z
AM ˈskupər, -z

scoopful
BR ˈskuːpfʊl, -z
AM ˈskupˌfʊl, -z

scoot
BR skuːt, -s, -ɪŋ, -ɪd
AM skuǀt, -ts, -dɪŋ, -dəd

scooter
BR ˈskuːt|ə(r), -əz, -(ə)rɪŋ, -əd
AM ˈskudər, -z, -ɪŋ, -d

scooterist
BR ˈskuːt(ə)rɪst, -s
AM ˈskudərəst, -s

scopa
BR ˈskəʊpə(r)
AM ˈskoʊpə

scopae
BR ˈskəʊpiː
AM ˈskoʊpi

scope
BR skəʊp, -s
AM skoʊp, -s

scopolamine
BR skəˈpɒləmiːn, skəˈpɒləmɪn
AM skəˈpɑləˌmin

scopula
BR ˈskɒpjʊlə(r)
AM ˈskɑpjələ

scopulae
BR ˈskɒpjʊliː
AM ˈskɑpjəli

Scopus
BR ˈskəʊpəs
AM ˈskoʊpəs

scorbutic
BR skɔːˈbjuːtɪk
AM skɔrˈbjudɪk

scorbutically
BR skɔːˈbjuːtɪkli
AM skɔrˈbjudək(ə)li

scorch
BR skɔːtʃ, -ɪz, -ɪŋ, -t
AM skɔrtʃ, -əz, -ɪŋ, -t

scorcher
BR ˈskɔːtʃə(r), -z
AM ˈskɔrtʃər, -z

scorchingly
BR ˈskɔːtʃɪŋli
AM ˈskɔrtʃɪŋli

scordatura
BR ˌskɔːdəˈtjʊərə(r), ˌskɔːdəˈtʃʊərə(r)
AM ˌskɔrdəˈt(j)ʊrə

score
BR skɔː(r), -z, -ɪŋ, -d
AM skɔ(ə)r, -z, -ɪŋ, -d

scoreboard
BR ˈskɔːbɔːd, -z
AM ˈskɔrˌbɔ(ə)rd, -z

scorebook
BR ˈskɔːbʊk, -s
AM ˈskɔrˌbʊk, -s

scorecard
BR ˈskɔːkɑːd, -z
AM ˈskɔrˌkɑrd, -z

scoreine
BR ˈskɔːriːn, -z
AM ˈskɔrin, -z

scorekeeper
BR ˈskɔːˌkiːpə(r), -z
AM ˈskɔrˌkipər, -z

scoreless
BR ˈskɔːləs
AM ˈskɔrləs

scorer
BR ˈskɔːrə(r), -z
AM ˈskɔrər, -z

score sheet
BR ˈskɔː ˌʃiːt, -s
AM ˈskɔr ˌʃit, -s

scoria
BR ˈskɔːrɪə(r)
AM ˈskɔriə

scoriaceous
BR ˌskɔːrɪˈeɪʃəs
AM ˌskɔriˈeɪʃəs

scoriae
BR ˈskɔːriː
AM ˈskɔrii, ˈskɔriaɪ

scorification
BR ˌskɔːrɪfɪˈkeɪʃn
AM ˌskɔrəfəˈkeɪʃ(ə)n

scorifier
BR ˈskɔːrɪfʌɪə(r)
AM ˈskɔrəˌfaɪər

scorify
BR ˈskɔːrɪfʌɪ, -z, -ɪŋ, -d
AM ˈskɔrəˌfaɪ, -z, -ɪŋ, -d

scoring
BR ˈskɔːrɪŋ
AM ˈskɔrɪŋ

scorn
BR skɔːn, -z, -ɪŋ, -d
AM skɔ(ə)rn, -z, -ɪŋ, -d

scorner
BR ˈskɔːnə(r), -z
AM ˈskɔrnər, -z

scornful
BR ˈskɔːnf(ʊ)l
AM ˈskɔrnfəl

scornfully
BR ˈskɔːnfʊli, ˈskɔːnfl̩i
AM ˈskɔrnfəli

scornfulness
BR ˈskɔːnf(ʊ)lnəs
AM ˈskɔrnfəlnəs

scorp
BR skɔːp, -s
AM skɔ(ə)rp, -s

scorper
BR ˈskɔːpə(r), -z
AM ˈskɔrpər, -z

Scorpian
BR ˈskɔːpiən, -z
AM ˈskɔrpiən, -z

Scorpio
BR ˈskɔːpiəʊ, -z
AM ˈskɔrpioʊ, -z

scorpioid
BR ˈskɔːpiɔɪd, -z
AM ˈskɔrpiˌɔɪd, -z

scorpion
BR ˈskɔːpiən, -z
AM ˈskɔrpiən, -z

Scorpius
BR ˈskɔːpiəs
AM ˈskɔrpiəs

scorzonera
BR ˌskɔːtsəˈnɪərə(r)
AM ˌskɔrzəˈnɪrə

Scot
BR skɒt, -s
AM skɑt, -s

scotch
BR skɒtʃ, -ɪz, -ɪŋ, -t
AM skɑtʃ, -əz, -ɪŋ, -t

Scotchgard
BR ˈskɒtʃɡɑːd
AM ˈskɑtʃˌɡɑrd

Scotchman
BR ˈskɒtʃmən
AM ˈskɑtʃm(ə)n

Scotchmen
BR ˈskɒtʃmən
AM ˈskɑtʃm(ə)n

Scotchwoman
BR ˈskɒtʃˌwʊmən
AM ˈskɑtʃˌwʊm(ə)n

Scotchwomen
BR ˈskɒtʃˌwɪmɪn
AM ˈskɑtʃˌwɪmɪn

scoter
BR ˈskəʊtə(r), -z
AM ˈskoʊdər, -z

scot-free
BR ˌskɒtˈfriː
AM ˌskɑtˈfri

Scotia
BR ˈskəʊʃə(r)
AM ˈskoʊʃə

Scoticise
BR ˈskɒtɪsʌɪz, -ɪz, -ɪŋ, -d
AM ˈskɑdəˌsaɪz, -ɪz, -ɪŋ, -d

Scoticism
BR ˈskɒtɪsɪzm, -z
AM ˈskɑdəˌsɪz(ə)m, -z

Scoticize
BR ˈskɒtɪsʌɪz, -ɪz, -ɪŋ, -d
AM ˈskɑdəˌsaɪz, -ɪz, -ɪŋ, -d

Scotism
BR ˈskɒtɪzm, -z
AM ˈskɑˌtɪz(ə)m, -z

Scotist
BR ˈskɒtɪst, -s
AM ˈskɑdəst, -s

Scotland
BR ˈskɒtlənd
AM ˈskɑtlən(d)

scotoma
BR skəˈtəʊmə(r), -z
AM skəˈtoʊmə, -z

scotomata
BR skəˈtəʊmətə(r)
AM skəˈtoʊmədə

Scots
BR skɒts
AM skɑts

Scotsman
BR ˈskɒtsmən
AM ˈskɑtsm(ə)n

Scotsmen
BR ˈskɒtsmən
AM ˈskɑtsm(ə)n

Scotswoman
BR ˈskɒtsˌwʊmən
AM ˈskɑtsˌwʊm(ə)n

Scotswomen
BR ˈskɒtsˌwɪmɪn
AM ˈskɑtsˌwɪmɪn

Scott
BR skɒt
AM skɑt

Scotticise
BR ˈskɒtɪsʌɪz, -ɪz, -ɪŋ, -d
AM ˈskɑdəˌsaɪz, -ɪz, -ɪŋ, -d

Scotticism
BR ˈskɒtɪsɪzm, -z
AM ˈskɑdəˌsɪz(ə)m, -z

Scotticize
BR ˈskɒtɪsʌɪz, -ɪz, -ɪŋ, -d
AM ˈskɑdəˌsaɪz, -ɪz, -ɪŋ, -d

Scottie
BR ˈskɒtǀi, -ɪz
AM ˈskɑdi, -z

Scottish
BR ˈskɒtɪʃ
AM ˈskɑdɪʃ

Scottishness
BR ˈskɒtɪʃnɪs
AM ˈskɑdɪʃnɪs

Scotty
BR ˈskɒtǀi, -ɪz
AM ˈskɑdi, -z

scoundrel
BR ˈskaʊndr̩, -z
AM ˈskaʊndrəl, -z

scoundreldom
BR ˈskaʊndr̩d(ə)m
AM ˈskaʊndrəldəm

scoundrelism
BR ˈskaʊndr̩ɪzm
AM ˈskaʊndrəˌlɪz(ə)m

scoundrelly
BR ˈskaʊndr̩i
AM ˈskaʊndrəli

scour
BR skaʊə(r), -z, -ɪŋ, -d
AM skaʊ(ə)r, -z, -ɪŋ, -d

scourer
BR ˈskaʊərə(r), -z
AM ˈskaʊ(ə)rər, -z

Scourfield
BR ˈskaʊəfiːld
AM ˈskaʊ(ə)rˌfild

scourge
BR skɜːdʒ, -ɪz, -ɪŋ, -d
AM skɜrdʒ, -əz, -ɪŋ, -d

scourger
BR ˈskɜːdʒə(r), -z
AM ˈskɜrdʒər, -z

scourings
BR ˈskaʊərɪŋz
AM ˈskaʊ(ə)rɪŋz

Scouser
BR ˈskaʊsə(r), -z
AM ˈskaʊsər, -z

Scout
BR skaʊt, -s
AM skaʊt, -s

scout
BR skaʊt, -s, -ɪŋ, -ɪd
AM skaʊǀt, -ts, -dɪŋ, -dəd

scouter
BR ˈskaʊtə(r), -z
AM ˈskaʊdər, -z

Scoutmaster
BR ˈskaʊtˌmɑːstə(r), -z
AM ˈskaʊtˌmæstər, -z

scow
BR skaʊ, -z
AM skaʊ, -z

scowl
BR skaʊl, -z, -ɪŋ, -d
AM skaʊl, -z, -ɪŋ, -d

scowler
BR ˈskaʊlə(r), -z
AM ˈskaʊlər, -z

scrabble
BR ˈskrabǀl̩, -lz, -l̩ŋ\-lɪŋ, -ld
AM ˈskræbǀəl, -əlz, -(ə)lɪŋ, -əld

scrag
BR skræɡ, -z, -ɪŋ, -d
AM skræɡ, -z, -ɪŋ, -d

scrag-end
BR ˌskræɡˈɛnd, -z
AM ˌskræɡˈɛnd, -z

scraggily
BR ˈskræɡɪli
AM ˈskræɡəli

scragginess
BR ˈskræɡɪnɪs
AM ˈskræɡɪnɪs

scraggly
BR ˈskræɡli, ˈskræɡl̩i
AM ˈskræɡ(ə)li

scraggy
BR ˈskræɡǀi, -iə(r), -ɪɪst
AM ˈskræɡi, -ər, -ɪst

scram
BR skræm, -z, -ɪŋ, -d
AM skræm, -z, -ɪŋ, -d

scramble
BR ˈskræmb|l, -lz,
-lɪŋ\-lɪŋ, -ld
AM ˈskræmb|əl, -əlz,
-(ə)lɪŋ, -əld
scrambler
BR ˈskræmblə(r), -z
AM ˈskræmb(ə)lər, -z
scramjet
BR ˈskræmdʒet, -s
AM ˈskræmdʒet, -s
scran
BR skræn
AM skræn
Scranton
BR ˈskræntən
AM ˈskræn(t)ən
scrap
BR skræp, -s, -ɪŋ, -t
AM skræp, -s, -ɪŋ, -t
scrapbook
BR ˈskræpbʊk, -s
AM ˈskræp‚bʊk, -s
scrape
BR skreɪp, -s, -ɪŋ, -t
AM skreɪp, -s,
-ɪŋ, -t
scraper
BR ˈskreɪpə(r), -z
AM ˈskreɪpər, -z
scraperboard
BR ˈskreɪpəbɔːd, -z
AM ˈscreɪpər‚bɔ(ə)rd,
-z
scrapheap
BR ˈskræphiːp, -s
AM ˈskræp‚(h)ip, -s
scrapie
BR ˈskreɪpi
AM ˈskreɪpi
scraping
BR ˈskreɪpɪŋ, -z
AM ˈskreɪpɪŋ, -z
scrapper
BR ˈskræpə(r), -z
AM ˈskræpər, -z
scrappily
BR ˈskræpɪli
AM ˈskræpəli
scrappiness
BR ˈskræpɪnɪs
AM ˈskræpɪnɪs

scrapple
BR ˈskræpl
AM ˈskræpəl
scrappy
BR ˈskræp|i, -iə(r), -ɪst
AM ˈskræpi, -ər, -ɪst
scrapyard
BR ˈskræpjɑːd, -z
AM ˈskræp‚jɑrd, -z
scratch
BR skrætʃ, -ɪz, -ɪŋ, -t
AM skrætʃ, -əz, -ɪŋ, -t
scratchboard
BR ˈskrætʃbɔːd, -z
AM ˈskrætʃ‚bɔ(ə)rd, -z
scratcher
BR ˈskrætʃə(r), -z
AM ˈskrætʃər, -z
scratchily
BR ˈskrætʃɪli
AM ˈskrætʃəli
scratchiness
BR ˈskrætʃɪnɪs
AM ˈskrætʃɪnɪs
scratchings
BR ˈskrætʃɪŋz
AM ˈskrætʃɪŋz
scratchpad
BR ˈskrætʃpæd, -z
AM ˈskrætʃ‚pæd, -z
Scratchwood
BR ˈskrætʃwʊd
AM ˈskrætʃ‚wʊd
scratchy
BR ˈskrætʃ|i, -iə(r),
-ɪst
AM ˈskrætʃi, -ər, -ɪst
scrawl
BR skrɔːl, -z, -ɪŋ, -d
AM skrɑl, skrɔl, -z,
-ɪŋ, -d
scrawly
BR ˈskrɔːli
AM ˈskrɑli, ˈskrɔli
scrawniness
BR ˈskrɔːnɪnɪs
AM ˈskrɑnɪnɪs,
ˈskrɔnɪnɪs
scrawny
BR ˈskrɔːn|i, -iə(r), -ɪst
AM ˈskrɑni, ˈskrɔni,
-ər, -ɪst

scream
BR skriːm, -z, -ɪŋ, -d
AM skrim, -z, -ɪŋ, -d
screamer
BR ˈskriːmə(r), -z
AM ˈskrimər, -z
screamingly
BR ˈskriːmɪŋli
AM ˈskrimɪŋli
scree
BR skriː, -z
AM skri, -z
screech
BR skriːtʃ, -ɪz, -ɪŋ, -t
AM skritʃ, -ɪz, -ɪŋ, -t
screecher
BR ˈskriːtʃə(r), -z
AM ˈskritʃər, -z
screechy
BR ˈskriːtʃ|i, -iə(r),
-ɪst
AM ˈskritʃi, -ər,
-ɪst
screed
BR skriːd, -z
AM skrid, -z
screen
BR skriːn, -z, -ɪŋ, -d
AM skrin, -z, -ɪŋ, -d
screenable
BR ˈskriːnəbl
AM ˈskrinəb(ə)l
screencap
BR ˈskriːnkap, -s
AM ˈskrin‚kæp, -s
screener
BR ˈskriːnə(r), -z
AM ˈskrinər, -z
screening
BR ˈskriːnɪŋ, -z
AM ˈskrinɪŋ, -z
screenplay
BR ˈskriːnpleɪ, -z
AM ˈskrin‚pleɪ, -z
screen-print
BR ˈskriːnprɪnt, -s,
-ɪŋ, -ɪd
AM ˈskrin‚prɪn|t, -ts,
-(t)ɪŋ, -(t)ɪd
screenwriter
BR ˈskriːn‚rʌɪtə(r), -z
AM ˈskrin‚raɪdər, -z

screenwriting
BR ˈskriːn‚rʌɪtɪŋ
AM ˈskrin‚raɪdɪŋ
screw
BR skruː, -z, -ɪŋ, -d
AM skru, -z, -ɪŋ, -d
screwable
BR ˈskruːəbl
AM ˈskruəb(ə)l
screwball
BR ˈskruːbɔːl, -z
AM ˈskru‚bɑl,
ˈskru‚bɔl, -z
screwdriver
BR ˈskruː‚drʌɪvə(r), -z
AM ˈskru‚draɪvər, -z
screwer
BR ˈskruːə(r), -z
AM ˈskru(ə)r, -z
screwiness
BR ˈskruːɪnɪs
AM ˈskruinɪs
screwtop *noun*
BR ˈskruːtɒp,
‚skruːˈtɒp, -s
AM ˈskru‚tɑp, -s
screw-top *adjective*
BR ‚skruːˈtɒp
AM ˈskru‚tɑp
screwup
BR ˈskruːʌp, -s
AM ˈskru‚əp, -s
screwworm
BR ˈskruːwəːm, -z
AM ˈskru‚wərm, -z
screwy
BR ˈskruː|i, -iə(r),
-ɪst
AM ˈskrui, -ər, -ɪst
Scriabin
BR skrɪˈabɪn, skrɪ
ˈɑːbɪn
AM skriˈabən
RUS ˈskrʲabʲin
scribal
BR ˈskrʌɪbl
AM ˈskraɪb(ə)l
scribble
BR ˈskrɪb|l, -lz,
-lɪŋ\-lɪŋ, -ld
AM ˈskrɪb|(ə)l, -əlz,
-(ə)lɪŋ, -əld

scribbler
BR ˈskrɪbl̩ə(r), ˈskrɪblə(r), -z
AM ˈskrɪb(ə)lər, -z

scribbling
BR ˈskrɪbl̩ɪŋ, ˈskrɪblɪŋ, -z
AM ˈskrɪb(ə)lɪŋ, -z

scribbling-pad
BR ˈskrɪbl̩ɪŋpad, ˈskrɪblɪŋpad, -z
AM ˈskrɪblɪŋˌpæd, -z

scribbly
BR ˈskrɪbl̩i, ˈskrɪbli
AM ˈskrɪbli

scribe
BR skrʌɪb, -z, -ɪŋ, -d
AM skraɪb, -z, -ɪŋ, -d

scriber
BR ˈskrʌɪbə(r), -z
AM ˈskraɪbər, -z

scrim
BR skrɪm, -z
AM skrɪm, -z

Scrimgeour
BR ˈskrɪmdʒə(r)
AM ˈskrɪndʒər

Scrimger
BR ˈskrɪmdʒə(r)
AM ˈskrɪndʒər

scrimmage
BR ˈskrɪm|ɪdʒ, -ɪdʒɪz
AM ˈskrɪmɪdʒ, -ɪz

scrimmager
BR ˈskrɪmɪdʒə(r), -z
AM ˈskrɪmədʒər, -z

scrimp
BR skrɪm|p, -ps, -pɪŋ, -(p)t
AM skrɪm|p, -ps, -pɪŋ, -(p)t

scrimpy
BR ˈskrɪmp|i, -ɪə(r), -ɪɪst
AM ˈskrɪmpi, -ər, -ɪst

scrimshank
BR ˈskrɪmʃaŋ|k, -ks, -kɪŋ, -(k)t
AM ˈskrɪmˌʃæŋ|k, -ks, -kɪŋ, -(k)t

scrimshanker
BR ˈskrɪmʃaŋkə(r), -z
AM ˈskrɪmˌʃæŋkər, -z

scrimshaw
BR ˈskrɪmʃɔː(r), -z, -ɪŋ, -d
AM ˈskrɪmˌʃɑ, ˈskrɪmˌʃɔ, -z, -ɪŋ, -d

scrip
BR skrɪp, -s
AM skrɪp, -s

scripsit
BR ˈskrɪpsɪt
AM ˈskrɪpsɪt

script
BR skrɪp|t, -(t)s, -tɪŋ, -tɪd
AM skrɪp|(t), -(t)s, -tɪŋ, -tɪd

scriptoria
BR skrɪpˈtɔːriə(r)
AM ˌskrɪpˈtɔriə

scriptorial
BR skrɪpˈtɔːriəl
AM ˌskrɪpˈtɔriəl

scriptorium
BR skrɪpˈtɔːriəm, -z
AM ˌskrɪpˈtɔriəm, -z

scriptory
BR ˈskrɪpt(ə)r|i, -ɪz
AM ˈskrɪptəri, -z

scriptural
BR ˈskrɪptʃ(ə)r|
AM ˈskrɪp(t)ʃ(ə)rəl

scripturalism
BR ˈskrɪptʃ(ə)rlɪzm
AM ˈskrɪp(t)ʃ(ə)rəˌlɪz(ə)m

scripturalist
BR ˈskrɪptʃ(ə)rlɪst, -s
AM ˈskrɪp(t)ʃ(ə)rələst, -s

scripturally
BR ˈskrɪptʃ(ə)rli
AM ˈskrɪp(t)ʃ(ə)rəli

scripture
BR ˈskrɪptʃ(ə)r, -z
AM ˈskrɪp(t)ʃər, -z

Scriptures
BR ˈskrɪptʃəz
AM ˈskrɪp(t)ʃərz

scriptwriter
BR ˈskrɪp(t)ˌrʌɪtə(r), -z
AM ˈskrɪp(t)ˌraɪdər, -z

scriptwriting
BR ˈskrɪp(t)ˌrʌɪtɪŋ
AM ˈskrɪp(t)ˌraɪdɪŋ

scrivener
BR ˈskrɪvnə(r), ˈskrɪvn̩ə(r), -z
AM ˈskrɪv(ə)nər, -z

scrobiculate
BR skrə(ʊ)ˈbɪkjʊleɪt
AM skroʊˈbɪkjələt, skroʊˈbɪkjəˌleɪt

scrod
BR skrɒd, -z
AM skrɑd, -z

scrofula
BR ˈskrɒfjʊlə(r)
AM ˈskrɑfjələ, ˈskrɔfjələ

scrofulous
BR ˈskrɒfjʊləs
AM ˈskrɑfjələs, ˈskrɔfjələs

scrofulously
BR ˈskrɒfjʊləsli
AM ˈskrɑfjələsli, ˈskrɔfjələsli

scrofulousness
BR ˈskrɒfjʊləsnəs
AM ˈskrɑfjələsnəs, ˈskrɔfjələsnəs

scroll
BR skrəʊl, -z, -ɪŋ, -d
AM skroʊl, -z, -ɪŋ, -d

scroller
BR ˈskrəʊlə(r), -z
AM ˈskroʊlər, -z

scrollwork
BR ˈskrəʊlwɜːk
AM ˈskroʊlˌwɜrk

scrooge
BR skruːdʒ, -ɪz
AM skrudʒ, -əz

scrota
BR ˈskrəʊtə(r)
AM ˈskroʊdə

scrotal
BR ˈskrəʊtl̩
AM ˈskroʊdl̩

scrotitis
BR skrəʊˈtʌɪtɪs
AM skroʊˌtaɪdɪs

scrotocele
BR ˈskrəʊtəsiːl, -z
AM ˈskroʊdəˌsil, -z

scrotum
BR ˈskrəʊtəm, -z
AM ˈskroʊdəm, -z

scrounge
BR skraʊn(d)ʒ, -ɪz, -ɪŋ, -d
AM skraʊndʒ, -əz, -ɪŋ, -d

scrounger
BR ˈskraʊn(d)ʒə(r), -z
AM ˈskraʊndʒər, -z

scrub
BR skrʌb, -z, -ɪŋ, -d
AM skrəb, -z, -ɪŋ, -d

scrubber
BR ˈskrʌbə(r), -z
AM ˈskrəbər, -z

scrubbily
BR ˈskrʌbɪli
AM ˈskrəbəli

scrubby
BR ˈskrʌb|i, -ɪə(r), -ɪɪst
AM ˈskrəbi, -ər, -ɪst

scrubland
BR ˈskrʌbland, -z
AM ˈskrəbˌlænd, -z

scrubwoman
BR ˈskrʌbˌwʊmən
AM ˈskrəbˌwʊm(ə)n

scrubwomen
BR ˈskrʌbˌwɪmɪn
AM ˈskrəbˌwɪmɪn

scruff
BR skrʌf, -s
AM skrəf, -s

scruffily
BR ˈskrʌfɪli
AM ˈskrəfəli

scruffiness
BR ˈskrʌfɪnɪs
AM ˈskrəfɪnɪs

scruffy
BR ˈskrʌf|i, -ɪə(r), -ɪɪst
AM ˈskrəfi, -ər, -ɪst

scrum
BR skrʌm, -z, -ɪŋ, -d
AM skrʌm, -z, -ɪŋ, -d
scrum-half
BR ˌskrʌmˈhɑːf, -s
AM ˈskrʌmˌ(h)æf, -s
scrummage
BR ˈskrʌm|ɪdʒ, -ɪdʒɪz,
 -ɪdʒɪŋ, -ɪdʒd
AM ˈskrʌmɪdʒ, -ɪz,
 -ɪŋ, -d
scrummager
BR ˈskrʌmɪdʒə(r), -z
AM ˈskrʌmədʒər, -z
scrummy
BR ˈskrʌm|i, -ɪə(r),
 -ɪɪst
AM ˈskrʌmi, -ər, -ɪst
scrump
BR skrʌm|p, -ps,
 -pɪŋ, -(p)t
AM skrʌm|p, -(p)s,
 -pɪŋ, -(p)t
scrumple
BR ˈskrʌmp|l̩, -lz,
 -l̩ɪŋ\-lɪŋ, -ld
AM ˈskrʌmpəl, -z,
 -ɪŋ, -d
scrumptious
BR ˈskrʌm(p)ʃəs
AM ˈskrʌm(p)ʃəs
scrumptiously
BR ˈskrʌm(p)ʃəsli
AM ˈskrʌm(p)ʃəsli
scrumptiousness
BR ˈskrʌm(p)ʃəsnəs
AM ˈskrʌm(p)ʃəsnəs
scrumpy
BR ˈskrʌmpi
AM ˈskrʌmpi
scrunch
BR skrʌn(t)ʃ, -ɪz, -ɪŋ, -t
AM skrʌn(t)ʃ, -əz,
 -ɪŋ, -t
scruple
BR ˈskruːp|l̩, -lz,
 -l̩ɪŋ\-lɪŋ, -ld
AM ˈskruːp|əl, -əlz,
 -(ə)lɪŋ, -əld
scrupulosity
BR ˌskruːpjʉˈlɒsɪti
AM ˌskruːpjəˈlɑːsədi

scrupulous
BR ˈskruːpjʉləs
AM ˈskruːpjələs
scrupulously
BR ˈskruːpjʉləsli
AM ˈskruːpjələsli
scrupulousness
BR ˈskruːpjʉləsnəs
AM ˈskruːpjələsnəs
scrutable
BR ˈskruːtəbl̩
AM ˈskruːdəb(ə)l
scrutator
BR skruːˈteɪtə(r), -z
AM ˈskruːˌteɪdər, -z
scrutineer
BR ˌskruːtɪˈnɪə(r),
 ˌskruːtn̩ˈɪə(r), -z
AM ˌskruːtn̩ˈɪ(ə)r, -z
scrutinisation
BR ˌskruːtɪnʌɪˈzeɪʃn,
 ˌskruːtn̩ʌɪˈzeɪʃn
AM ˌskruːtn̩ˌʌɪˈzeɪʃ(ə)n,
 ˌskruːtn̩əˈzeɪʃ(ə)n
scrutinise
BR ˈskruːtɪnʌɪz,
 ˈskruːtn̩ʌɪz, -ɪz, -ɪŋ,
 -d
AM ˈskruːtn̩ˌʌɪz, -ɪz,
 -ɪŋ, -d
scrutiniser
BR ˈskruːtɪnʌɪzə(r),
 ˈskruːtn̩ʌɪzə(r), -z
AM ˈskruːtn̩ˌʌɪzər, -z
scrutinization
BR ˌskruːtɪnʌɪˈzeɪʃn,
 ˌskruːtn̩ʌɪˈzeɪʃn
AM ˌskruːtn̩ˌʌɪˈzeɪʃ(ə)n,
 ˌskruːtn̩əˈzeɪʃ(ə)n
scrutinize
BR ˈskruːtɪnʌɪz,
 ˈskruːtn̩ʌɪz, -ɪz, -ɪŋ, -d
AM ˈskruːtn̩ˌʌɪz, -ɪz,
 -ɪŋ, -d
scrutinizer
BR ˈskruːtɪnʌɪzə(r),
 ˈskruːtn̩ʌɪzə(r), -z
AM ˈskruːtn̩ˌʌɪzər, -z
scrutiny
BR ˈskruːtɪn|i,
 ˈskruːtn̩|i, -ɪz
AM ˈskruːtn̩i, -z

Scruton
BR ˈskruːtn̩
AM ˈskruːtn̩
scry
BR skrʌɪ, -z, -ɪŋ, -d
AM skrʌɪ, -z, -ɪŋ, -d
scryer
BR ˈskrʌɪə(r), -z
AM ˈskrʌɪər, -z
SCSI
BR ˈskʌzi
AM ˈskʌzi
scuba
BR ˈsk(j)uːbə(r), -z
AM ˈskuːbə, -z
scuba-dive
BR ˈsk(j)uːbədʌɪv, -z,
 -ɪŋ, -d
AM ˈskuːbəˌdaɪv, -z,
 -ɪŋ, -d
scud
BR skʌd, -z, -ɪŋ, -ɪd
AM skəd, -z, -ɪŋ, -əd
Scudamore
BR ˈsk(j)uːdəmɔː(r)
AM ˈsk(j)udəˌmɔ(ə)r
scuff
BR skʌf, -s, -ɪŋ, -t
AM skəf, -s, -ɪŋ, -t
scuffle
BR ˈskʌf|l̩, -lz,
 -l̩ɪŋ\-lɪŋ, -ld
AM ˈskəf|əl, -əlz,
 -(ə)lɪŋ, -əld
scuffmark
BR ˈskʌfmɑːk, -s
AM ˈskəfˌmɑrk, -s
sculduggery
BR skʌlˈdʌg(ə)ri
AM skəlˈdəgəri
scull
BR skʌl, -z, -ɪŋ, -d
AM skəl, -z, -ɪŋ, -d
sculler
BR ˈskʌlə(r), -z
AM ˈskələr, -z
scullery
BR ˈskʌl(ə)r|i, -ɪz
AM ˈskəl(ə)ri, -z
scullerymaid
BR ˈskʌl(ə)rɪmeɪd, -z
AM ˈskəl(ə)riˌmeɪd, -z

Sculley
BR ˈskʌli
AM ˈskəli
scullion
BR ˈskʌlɪən, -z
AM ˈskəliən, ˈskəljən,
 -z
Scully
BR ˈskʌli
AM ˈskəli
sculp
BR skʌlp, -s, -ɪŋ, -t
AM skəlp, -s, -ɪŋ, -t
sculpin
BR ˈskʌlpɪn, -z
AM ˈskəlpən, -z
sculpt
BR skʌlpt, -s, -ɪŋ, -ɪd
AM skəlpt, -s, -ɪŋ, -əd
sculptor
BR ˈskʌlptə(r), -z
AM ˈskəlptər, -z
sculptress
BR ˈskʌlptrɪs, -ɪz
AM ˈskəlptrəs, -əz
sculptural
BR ˈskʌlptʃ(ə)rl̩
AM ˈskəlp(t)ʃ(ə)rəl
sculpturally
BR ˈskʌlptʃ(ə)rli
AM ˈskəlp(t)ʃ(ə)rəli
sculpture
BR ˈskʌlptʃə(r), -z,
 -ɪŋ, -d
AM ˈskəlp(t)ʃər, -z,
 -ɪŋ, -d
sculpturesque
BR ˌskʌlptʃəˈrɛsk
AM ˌskəlp(t)ʃəˈrɛsk
scum
BR skʌm, -z, -ɪŋ, -d
AM skəm, -z, -ɪŋ, -d
scumbag
BR ˈskʌmbag, -z
AM ˈskəmˌbæg, -z
scumble
BR ˈskʌmbl̩, -z, -ɪŋ, -d
AM ˈskəmbəl, -z,
 -ɪŋ, -d
scummy
BR ˈskʌmi
AM ˈskəmi

scuncheon
BR ˈskʌn(t)ʃ(ə)n, -z
AM ˈskən(t)ʃ(ə)n, -z

scunge
BR ˈskʌn(d)ʒ, -ɪz
AM ˈskəndʒ, -əz

scungy
BR ˈskʌn(d)ʒ|i, -ɪə(r), -ɪɪst
AM ˈskəndʒi, -ər, -ɪst

scunner
BR ˈskʌn|ə(r), -əz, -(ə)rɪŋ, -əd
AM ˈskənər, -z, -ɪŋ, -d

Scunthorpe
BR ˈskʌnθɔːp
AM ˈskənˌθɔ(ə)rp

scup
BR skʌp
AM skəp

scupper
BR ˈskʌp|ə(r), -əz, -(ə)rɪŋ, -əd
AM ˈskəpər, -z, -ɪŋ, -d

scurf
BR skɜːf
AM skɜrf

scurfiness
BR ˈskɜːfɪnɪs
AM ˈskɜrfɪnɪs

scurfy
BR ˈskɜːfi
AM ˈskɜrfi

scurrility
BR skʌˈrɪlɪti
AM skəˈrɪlɪdi

scurrilous
BR ˈskʌrɪləs
AM ˈskɜrələs

scurrilously
BR ˈskʌrɪləsli
AM ˈskɜrələsli

scurrilousness
BR ˈskʌrɪləsnəs
AM ˈskɜrələsnəs

scurry
BR ˈskʌr|i, -ɪz, -ɪɪŋ, -ɪd
AM ˈskɜri, -z, -ɪŋ, -d

scurvied
BR ˈskɜːvɪd
AM ˈskɜrvɪd

scurvily
BR ˈskɜːvɪli
AM ˈskɜrvəli

scurviness
BR ˈskɜːvɪnɪs
AM ˈskɜrvɪnɪs

scurvy
BR ˈskɜːv|i, -ɪə(r), -ɪɪst
AM ˈskɜrvi, -ər, -ɪst

'scuse
BR skjuːz
AM skjuz

scut
BR skʌt, -s
AM skət, -s

scuta
BR ˈskjuːtə(r)
AM ˈsk(j)udə

scutage
BR ˈskjuːt|ɪdʒ, -ɪdʒɪz
AM ˈsk(j)udɪdʒ, -ɪz

scutal
BR ˈskjuːtl
AM ˈsk(j)udl

Scutari
BR skʊˈtɑːri, ˈskuːt(ə)ri
AM skuˈtɑri

scutate
BR ˈskjuːteɪt
AM ˈsk(j)uˌteɪt

scutch
BR skʌtʃ, -ɪz, -ɪŋ, -t
AM skətʃ, -əz, -ɪŋ, -t

scutcheon
BR ˈskʌtʃ(ə)n, -z
AM ˈskətʃ(ə)n, -z

scutcher
BR ˈskʌtʃə(r), -z
AM ˈskətʃər, -z

scute
BR skjuːt, -s
AM sk(j)ut, -s

scutella
BR skjuːˈtɛlə(r)
AM sk(j)uˈtɛlə

scutellate
BR ˈskjuːtɪleɪt
AM ˈsk(j)udlˌeɪt, sk(j)uˈtɛlət

scutellation
BR ˌskjuːtɪˈleɪʃn, -z
AM ˌsk(j)udlˈeɪʃ(ə)n, -z

scutellum
BR skjuːˈtɛləm
AM sk(j)uˈtɛl(ə)m

scutiform
BR ˈskjuːtɪfɔːm
AM ˈsk(j)udəˌfɔ(ə)rm

scutter
BR ˈskʌt|ə(r), -əz, -(ə)rɪŋ, -əd
AM ˈskədər, -z, -ɪŋ, -d

scuttle
BR ˈskʌt|l, -lz, -lɪŋ\-lɪŋ, -ld
AM ˈskəd(ə)l, -z, -ɪŋ, -d

scuttlebutt
BR ˈskʌtlbʌt, -s
AM ˈskədlˌbət, -s

scutum
BR ˈskjuːtəm, -z
AM ˈsk(j)udəm, -z

scuzzy
BR ˈskʌz|i, -ɪə(r), -ɪɪst
AM ˈskəzi, -ər, -ɪst

Scylla and Charybdis
BR ˌsɪlə(r) n̩(d) kəˈrɪbdɪs
AM ˈsɪl(ə) ən tʃəˈrɪbdɪs, ˈsɪl(ə) ən kəˈrɪbdɪs

scyphi
BR ˈsʌɪfʌɪ
AM ˈsaɪˌfaɪ

scyphiform
BR ˈsʌɪfɪfɔːm
AM ˈsaɪfəˌfɔ(ə)rm

scyphose
BR ˈsʌɪfəʊs
AM ˈsaɪˌfoʊz, ˈsaɪˌfoʊs

scyphozoan
BR ˌsʌɪfəˈzəʊən, -z
AM ˌsaɪfəˈzoʊən, -z

scyphus
BR ˈsʌɪfəs
AM ˈsaɪfəs

scythe
BR saɪð, -z, -ɪŋ, -d
AM saɪð, -z, -ɪŋ, -d

Scythia
BR ˈsɪðɪə(r)
AM ˈsɪθɪə

Scythian
BR ˈsɪðɪən
AM ˈsɪθɪən

'sdeath
BR zdɛθ
AM zdɛθ

sea
BR siː, -z
AM si, -z

seabag
BR ˈsiːbag, -z
AM ˈsiˌbæg, -z

seabed
BR ˈsiːbɛd
AM ˈsiˌbɛd

seabird
BR ˈsiːbɜːd, -z
AM ˈsiˌbɜrd, -z

seaboard
BR ˈsiːbɔːd
AM ˈsiˌbɔ(ə)rd

sea-boat
BR ˈsiːbəʊt, -s
AM ˈsiˌboʊt, -s

seaboot
BR ˈsiːbuːt, -s
AM ˈsiˌbut, -s

seaborne
BR ˈsiːbɔːn
AM ˈsiˌbɔ(ə)rn

seacoast
BR ˈsiːkəʊst, -s
AM ˈsiˌkoʊst, -s

seacock
BR ˈsiːkɒk, -s
AM ˈsiˌkɑk, -s

seadog
BR ˈsiːdɒg, -z
AM ˈsiˌdɑg, ˈsiˌdɔg, -z

Sea Dyak
BR ˈsiː ˌdʌɪak
AM ˈsi ˌdaɪˌæk

seafarer
BR ˈsiːˌfɛːrə(r), -z
AM ˈsiˌfɛrər, -z

seafaring
BR ˈsiːˌfɛːrɪŋ
AM ˈsiˌfɛrɪŋ

sea floor
BR ˈsiː flɔː(r), ˌsiː ˈflɔː(r), -z
AM ˈsiˌflɔ(ə)r, -z

seafood
BR ˈsiːfuːd
AM ˈsiˌfud

Seaford
BR ˈsiːfəd
AM ˈsifərd

Seaforth
BR ˈsiːfɔːθ
AM ˈsiˌfɔ(ə)rθ

seafront
BR ˈsiːfrʌnt, -s
AM ˈsiˌfrʌnt, -s

Seaga
BR sɪˈɑːgə(r)
AM siˈɑgə

seagoing
BR ˈsiːˌgəʊɪŋ
AM ˈsiˌgoʊɪŋ

seagull
BR ˈsiːgʌl, -z
AM ˈsiˌgəl, -z

seahorse
BR ˈsiːhɔːs, -ɪz
AM ˈsiˌhɔ(ə)rs, -əz

seakale
BR ˈsiːkeɪl
AM ˈsiˌkeɪl

seal
BR siːl, -z, -ɪŋ, -d
AM siː(ə)l, -z, -ɪŋ, -d

sealable
BR ˈsiːləbl
AM ˈsiləb(ə)l

sealant
BR ˈsiːlnt, -s
AM ˈsil(ə)nt, -s

Seale
BR siːl
AM siː(ə)l

sealed-beam
BR ˌsiːldˈbiːm
AM ˈsil(d)ˌbim

sealer
BR ˈsiːlə(r), -z
AM ˈsilər, -z

sealery
BR ˈsiːl(ə)r|i, -ɪz
AM ˈsiləri, -z

Sealey
BR ˈsiːli
AM ˈsili

Sealink
BR ˈsiːlɪŋk
AM ˈsiˌlɪŋk

sealpoint
BR ˈsiːlpɔɪnt, -s
AM ˈsi(ə)lˌpɔɪnt, -s

sealskin
BR ˈsiːlskɪn, -z
AM ˈsi(ə)lˌskɪn, -z

sealstone
BR ˈsiːlstəʊn, -z
AM ˈsi(ə)lˌstoʊn, -z

Sealyham
BR ˈsiːlɪəm, -z
AM ˈsiliəm, -z

seam
BR siːm, -z, -ɪŋ, -d
AM sim, -z, -ɪŋ, -d

seaman
BR ˈsiːmən
AM ˈsim(ə)n

seamanlike
BR ˈsiːmənlʌɪk
AM ˈsimənˌlaɪk

seamanly
BR ˈsiːmənli
AM ˈsimənli

seamanship
BR ˈsiːmənʃɪp
AM ˈsimənˌʃɪp

seamark
BR ˈsiːmɑːk, -s
AM ˈsiˌmɑrk, -s

Seamas
BR ˈʃeɪməs
AM ˈʃeɪməs

seamen
BR ˈsiːmən
AM ˈsim(ə)n

seamer
BR ˈsiːmə(r), -z
AM ˈsimər, -z

seamew
BR ˈsiːmjuː, -z
AM ˈsiˌmju, -z

seaminess
BR ˈsiːmɪnɪs
AM ˈsimɪnɪs

seamless
BR ˈsiːmlɪs
AM ˈsimlɪs

seamlessly
BR ˈsiːmlɪsli
AM ˈsimlɪsli

seamlessness
BR ˈsiːmlɪsnɪs
AM ˈsimlɪsnɪs

seamstress
BR ˈsiːmstrɪs, -ɪz
AM ˈsimstrɪs, -əz

Seamus
BR ˈʃeɪməs
AM ˈʃeɪməs

seamy
BR ˈsiːm|i, -ɪə(r), -ɪɪst
AM ˈsimi, -ər, -ɪst

Sean
BR ʃɔːn
AM ʃɑn, ʃɔn

Seanad
BR ˈʃanəd
AM ˈʃænəd

séance
BR ˈseɪɒ̃s, ˈseɪɑːns, -ɪz
AM ˈseɪˌɑns, -əz

seaplane
BR ˈsiːpleɪn, -z
AM ˈsiˌpleɪn, -z

seaport
BR ˈsiːpɔːt, -s
AM ˈsiˌpɔ(ə)rt, -s

seaquake
BR ˈsiːkweɪk, -s
AM ˈsiˌkweɪk, -s

sear
BR sɪə(r), -z, -ɪŋ, -d
AM sɪ(ə)r, -z, -ɪŋ, -d

search
BR səːtʃ, -ɪz, -ɪŋ, -t
AM sərtʃ, -əz, -ɪŋ, -t

searchable
BR ˈsəːtʃəbl
AM ˈsərtʃəb(ə)l

searcher
BR ˈsəːtʃə(r), -z
AM ˈsərtʃər, -z

searchingly
BR ˈsəːtʃɪŋli
AM ˈsərtʃɪŋli

searchless
BR ˈsəːtʃləs
AM ˈsərtʃləs

searchlight
BR ˈsəːtʃlʌɪt, -s
AM ˈsərtʃˌlaɪt, -s

searingly
BR ˈsɪərɪŋli
AM ˈsɪrɪŋli

Searle
BR səːl
AM sərl

Sears
BR sɪəz
AM sɪ(ə)rz

Seascale
BR ˈsiːskeɪl
AM ˈsiˌskeɪl

seascape
BR ˈsiːskeɪp, -s
AM ˈsiˌskeɪp, -s

seashell
BR ˈsiːʃɛl, -z
AM ˈsiˌʃɛl, -z

seashore
BR ˈsiːʃɔː(r)
AM ˈsiˌʃɔ(ə)r

seasick
BR ˈsiːsɪk
AM ˈsiˌsɪk

seasickness
BR ˈsiːsɪknɪs
AM ˈsiˌsɪknɪs

seaside
BR ˈsiːsʌɪd
AM ˈsiˌsaɪd

season
BR ˈsiːz|n, -nz, -n̩ɪŋ\-nɪŋ, -nd
AM ˈsizn̩, -z, -ɪŋ, -d

seasonable
BR ˈsiːznəbl, ˈsiːznəbl
AM ˈsiznəb(ə)l, ˈsiznəb(ə)l

seasonableness
BR ˈsiːznəblnəs, ˈsiːznəblnəs
AM ˈsiznəbəlnəs, ˈsiznəbəlnəs

seasonably
BR ˈsiːznəbli, ˈsiːznəbli
AM ˈsiznəbli, ˈsiznəbli

seasonal
BR ˈsiːznl̩, ˈsiːznl̩
AM ˈsiz(ə)n(ə)l
seasonality
BR ˌsiːzəˈnalɪti
AM ˌsizəˈnælədi
seasonally
BR ˈsiːznl̩i, ˈsiːznəli
AM ˈsiz(ə)nəli
seasoner
BR ˈsiːznə(r),
ˈsiːznə(r), -z
AM ˈsiznər, -z
seasoning
BR ˈsiːzn̩ɪŋ,
ˈsiːznɪŋ, -z
AM ˈsiznɪŋ, ˈsizn̩ɪŋ, -z
seasonless
BR ˈsiːznləs
AM ˈsiznlɪs
seat
BR siːt, -s, -ɪŋ, -ɪd
AM siː|t, -ts, -dɪŋ, -dɪd
seatbelt
BR ˈsiːtbɛlt, -s
AM ˈsitˌbɛlt, -s
seatless
BR ˈsiːtlɪs
AM ˈsitlɪs
seatmate
BR ˈsiːtmeɪt, -s
AM ˈsitˌmeɪt, -s
SEATO
BR ˈsiːtəʊ
AM ˈsidoʊ
Seaton
BR ˈsiːtn
AM ˈsitn
seatrein
BR ˈsiːtreɪn, -z
AM ˈsiˌtreɪn, -z
Seattle
BR sɪˈatl
AM siˈædəl
seawall
BR ˌsiːˈwɔːl, ˈsiːwɔːl, -z
AM ˈsiˌwɑl, ˈsiˌwɔl, -z
seaward
BR ˈsiːwəd, -z
AM ˈsiwərd, -z

seawater
BR ˈsiːˌwɔːtə(r)
AM ˈsiˌwɑdər, ˈsiˌwɔdər
seaway
BR ˈsiːweɪ, -z
AM ˈsiˌweɪ, -z
seaweed
BR ˈsiːwiːd
AM ˈsiˌwid
seaworthiness
BR ˈsiːˌwɜːðinɪs
AM ˈsiˌwɜrðinɪs
seaworthy
BR ˈsiːˌwɜːði
AM ˈsiˌwɜrði
Seb
BR sɛb
AM sɛb
sebaceous
BR sɪˈbeɪʃəs
AM səˈbeɪʃəs
Sebastian
BR sɪˈbastɪən
AM səˈbæstʃ(ə)n
Sebastopol
BR sɪˈbastəp(ɒ)l
AM səˈbæstəˌpoʊl
Sebat
BR sɪˈbat, ˈsiːbat
AM səˈbæt
sebesten
BR sɪˈbɛst(ə)n, -z
AM səˈbɛst(ə)n, -z
seborrhea
BR ˌsɛbəˈriːə(r)
AM ˌsɛbəˈriə
seborrheic
BR ˌsɛbəˈriːɪk
AM ˌsɛbəˈriɪk
seborrhoea
BR ˌsɛbəˈriːə(r)
AM ˌsɛbəˈriə
seborrhoeic
BR ˌsɛbəˈriːɪk
AM ˌsɛbəˈriɪk
Sebring
BR ˈsiːbrɪŋ
AM ˈsibrɪŋ
sebum
BR ˈsiːbəm
AM ˈsibəm

sec
BR sɛk, -s
AM sɛk, -s
FR sɛk
secant
BR ˈsiːk(ə)nt, -s
AM ˈsikənt, ˈsiˌkænt, -s
secateurs
BR ˌsɛkəˈtɜːz, ˈsɛkətəːz
AM ˈsɛkəˌtɜrz
secco
BR ˈsɛkəʊ
AM ˈsɛkoʊ
IT ˈsekko
secede
BR sɪˈsiːd, -z, -ɪŋ, -ɪd
AM siˈsid, səˈsid, -z, -ɪŋ, -ɪd
seceder
BR sɪˈsiːdə(r), -z
AM siˈsidər, səˈsidər, -z
secession
BR sɪˈsɛʃn, -z
AM səˈsɛʃ(ə)n, -z
secessional
BR sɪˈsɛʃn̩l
AM səˈsɛʃ(ə)n(ə)l
secessionism
BR sɪˈsɛʃnɪzm
AM səˈsɛʃəˌnɪz(ə)m
secessionist
BR sɪˈsɛʃnɪst, -s
AM səˈsɛʃənəst, -s
Secker
BR ˈsɛkə(r)
AM ˈsɛkər
seclude
BR sɪˈkluːd, -z, -ɪŋ, -ɪd
AM səˈklud, -z, -ɪŋ, -əd
seclusion
BR sɪˈkluːʒn
AM səˈkluʒ(ə)n
seclusionist
BR sɪˈkluːʒnɪst, -s
AM səˈkluʒənəst, -s
seclusive
BR sɪˈkluːsɪv
AM səˈklusɪv

Secombe
BR ˈsiːkəm
AM ˈsikəm
second[1] *number, time, support*
BR ˈsɛk(ə)nd, -z, -ɪŋ, -ɪd
AM ˈsɛkənd, -z, -ɪŋ, -əd
second[2] *verb, move to special duties*
BR sɪˈkɒnd, -z, -ɪŋ, -ɪd
AM ˈsɛkənd, səˈkɑnd, -z, -ɪŋ, -əd
secondarily
BR ˈsɛk(ə)nd(ə)rɪli
AM ˌsɛkənˈdɛrəli
secondariness
BR ˈsɛk(ə)nd(ə)rɪnɪs
AM ˈsɛkənˌdɛrɪnɪs
secondary
BR ˈsɛk(ə)nd(ə)r|i, -ɪz
AM ˈsɛkənˌdɛri, -z
seconde
BR səˈkɒd, -z
AM səˈkɑnd, -z
FR səɡɔ̃d
secondee
BR ˌsɛk(ə)nˈdiː, -z
AM ˌsɛkənˈdi, -z
seconder
BR ˈsɛk(ə)ndə(r), -z
AM ˈsɛkəndər, -z
second hand[1] *clock dial*
BR ˌsɛk(ə)nd ˈhand
AM ˈsɛkən(d) ˌ(h)ænd
second hand[2] *used*
BR ˌsɛk(ə)nd ˈhand
AM ˌˌsɛkən(d) ˈhænd
secondi
BR sɪˈkɒndiː, sɛˈkɒndiː
AM səˈkɑndi
IT seˈkondi
secondly
BR ˈsɛk(ə)ndli
AM ˈsɛkən(d)li
secondment
BR sɪˈkɒn(d)m(ə)nt, -s
AM ˈsɛkən(d)m(ə)nt, səˈkɑn(d)m(ə)nt, -s

secondo
BR sɪˈkɒndəʊ,
seˈkɒndəʊ
AM səˈkɑːndoʊ,
səˈkændoʊ
IT seˈkondo

secrecy
BR ˈsiːkrɪsi
AM ˈsiːkrəsi

secret
BR ˈsiːkrɪt, -s
AM ˈsiːkrɪt, -s

secretaire
BR ˌsekrɪˈtɛː(r), -z
AM ˌsekrəˈtɛ(ə)r, -z

secretarial
BR ˌsekrɪˈtɛːriəl
AM ˌsekrəˈteriəl

secretariat
BR ˌsekrɪˈtɛːriat, -s
AM ˌsekrəˈteriət, -s

secretary
BR ˈsekrɪt(ɛ)r|i, -ɪz
AM ˈsekrəˌteri, -z

secretary-general
BR ˌsekrɪt(ɛ)rɪ-
ˈdʒen(ə)r|, -z
AM ˈˌsekrəˌteri-
ˈdʒen(ə)rəl, -z

secretaryship
BR ˈsekrɪt(ɛ)rɪʃɪp, -s
AM ˈsekrəˌteriˌʃɪp, -s

secrete
BR sɪˈkriːt, -s, -ɪŋ, -ɪd
AM siˈkriːt, səˈkriːt,
-ts, -dɪŋ, -dɪd

secretion
BR sɪˈkriːʃn, -z
AM siˈkrɪʃ(ə)n,
səˈkrɪʃ(ə)n, -z

secretive
BR ˈsiːkrɪtɪv
AM ˈsiːkrɪdɪv

secretively
BR ˈsiːkrɪtɪvli
AM ˈsiːkrɪdɪvli

secretiveness
BR ˈsiːkrɪtɪvnɪs
AM ˈsiːkrɪdɪvnɪs

secretly
BR ˈsiːkrɪtli
AM ˈsiːkrɪtli

secretor
BR sɪˈkriːtə(r), -z
AM siˈkridər,
səˈkridər, -z

secretory
BR sɪˈkriːt(ə)ri
AM ˈsikrəˌtɔri,
səˈkridəri

sect
BR sekt, -s
AM sek|(t), -(t)s

sectarian
BR sekˈtɛːriən, -z
AM sekˈteriən, -z

sectarianise
BR sekˈtɛːriənʌɪz, -ɪz,
-ɪŋ, -d
AM sekˈteriəˌnaɪz, -ɪz,
-ɪŋ, -d

sectarianism
BR sekˈtɛːriənɪzm
AM sekˈteriəˌnɪz(ə)m

sectarianize
BR sekˈtɛːriənʌɪz, -ɪz,
-ɪŋ, -d
AM sekˈteriəˌnaɪz, -ɪz,
-ɪŋ, -d

sectary
BR ˈsekt(ə)r|i, -ɪz
AM ˈsektəri, -z

section
BR ˈsekʃn, -z
AM ˈsekʃ(ə)n, -z

sectional
BR ˈsekʃn̩l
AM ˈsekʃ(ə)n(ə)l

sectionalise
BR ˈsekʃn̩ʌɪz,
ˈsekʃnəlʌɪz, -ɪz, -ɪŋ, -d
AM ˈsekʃnəˌlaɪz,
ˈsekʃənlˌaɪz, -ɪz,
-ɪŋ, -d

sectionalism
BR ˈsekʃn̩lɪzm,
ˈsekʃnəlɪzm
AM ˈsekʃnəˌlɪz(ə)m,
ˈsekʃənlˌɪz(ə)m

sectionalist
BR ˈsekʃn̩lɪst,
ˈsekʃnəlɪst, -s
AM ˈsekʃnələst,
ˈsekʃənləst, -s

sectionalize
BR ˈsekʃn̩ʌɪz,
ˈsekʃnəlʌɪz, -ɪz,
-ɪŋ, -d
AM ˈsekʃnəˌlaɪz,
ˈsekʃnl̩ˌaɪz, -ɪz,
-ɪŋ, -d

sectionally
BR ˈsekʃn̩li, ˈsekʃnəli
AM ˈsekʃ(ə)nəli

sector
BR ˈsektə(r), -z
AM ˈsektər, -z

sectoral
BR ˈsekt(ə)r|
AM ˈsektərəl

sectorial
BR sekˈtɔːriəl
AM sekˈtɔriəl

secular
BR ˈsekjʊlə(r)
AM ˈsekjələr

secularisation
BR ˌsekjʊlərʌɪˈzeɪʃn
AM ˌsekjələˌraɪˈzeɪʃ(ə)n,
ˌsekjələrəˈzeɪʃ(ə)n

secularise
BR ˈsekjʊlərʌɪz, -ɪz,
-ɪŋ, -d
AM ˈsekjələˌraɪz, -ɪz,
-ɪŋ, -d

secularism
BR ˈsekjʊlərɪzm
AM ˈsekjələˌrɪz(ə)m

secularist
BR ˈsekjʊlərɪst, -s
AM ˈsekjələrəst, -s

secularity
BR ˌsekjʊˈlarɪti
AM ˌsekjəˈlerədi

secularization
BR ˌsekjʊlərʌɪˈzeɪʃn
AM ˌsekjələˌraɪˈzeɪʃ(ə)n,
ˌsekjələrəˈzeɪʃ(ə)n

secularize
BR ˈsekjʊlərʌɪz, -ɪz,
-ɪŋ, -d
AM ˌsekjələˌraɪz, -ɪz,
-ɪŋ, -d

secularly
BR ˈsekjʊləli
AM ˈsekjələrli

secund
BR sɪˈkʌnd
AM səˈkənd,
ˈsiˌkənd

Secunderabad
BR sɪˈkʌnd(ə)rəbad
AM səˈkənd(ə)rəˌbæd,
səˈkənd(ə)rəˌbɑd

secundly
BR sɪˈkʌndli
AM səˈkən(d)li,
ˈsiˌkən(d)li

securable
BR sɪˈkjʊərəbl,
sɪˈkjɔːrəbl
AM səˈkjʊrəb(ə)l

secure
BR sɪˈkjʊə(r),
sɪˈkjɔː(r), -z, -ɪŋ, -d,
-ə(r), -ɪst
AM səˈkjʊ(ə)r, -z, -ɪŋ,
-d, -ər, -əst

securely
BR sɪˈkjʊəli,
sɪˈkjɔːli
AM səˈkjʊrli

securement
BR sɪˈkjʊəm(ə)nt,
sɪˈkjɔːm(ə)nt, -s
AM səˈkjʊrm(ə)nt, -s

Securicor
BR sɪˈkjʊərɪkɔː(r),
sɪˈkjɔːrɪkɔː(r)
AM səˈk(j)ʊrəˌkɔ(ə)r

securitisation
BR sɪˌkjʊərɪtʌɪˈzeɪʃn,
sɪˌkjɔːrɪtʌɪˈzeɪʃn
AM səˌkjʊrəˌtaɪ-
ˈzeɪʃ(ə)n,
səˌkjʊrədəˈzeɪʃ(ə)n

securitise
BR sɪˈkjʊərɪtʌɪz,
sɪˈkjɔːrɪtʌɪz, -ɪz,
-ɪŋ, -d
AM səˈkjʊrəˌtaɪz, -ɪz,
-ɪŋ, -d

securitization
BR sɪˌkjʊərɪtʌɪˈzeɪʃn,
sɪˌkjɔːrɪtʌɪˈzeɪʃn
AM səˌkjʊrəˌtaɪ-
ˈzeɪʃ(ə)n,
səˌkjʊrədəˈzeɪʃ(ə)n

securitize
BR sɪˈkjʊərɪtʌɪz,
sɪˈkjɔːrɪtʌɪz, -ɪz,
-ɪŋ, -d
AM səˈkjʊrəˌtaɪz, -ɪz,
-ɪŋ, -d

security
BR sɪˈkjʊərɪti,
sɪˈkjɔːrɪt|i, -ɪz
AM səˈkjʊrədi,
-z

sedan
BR sɪˈdan, -z
AM səˈdæn, -z

sedate
BR sɪˈdeɪt, -s,
-ɪŋ, -ɪd
AM səˈdeɪ|t, -ts, -dɪŋ,
-dɪd

sedately
BR sɪˈdeɪtli
AM səˈdeɪtli

sedateness
BR sɪˈdeɪtnɪs
AM səˈdeɪtnɪs

sedation
BR sɪˈdeɪʃn
AM səˈdeɪʃ(ə)n

sedative
BR ˈsɛdətɪv, -z
AM ˈsɛdədɪv, -z

Sedburgh
BR ˈsɛdb(ə)rə(r),
ˈsɛdbə(r),
ˈsɛdbəːg
AM ˈsɛdˌbərg,
ˈsɛdˌbərə

Seddon
BR ˈsɛdn
AM ˈsɛdən

sedentarily
BR ˈsɛd(ə)nt(ə)rɪli
AM ˈsɛdnˌtɛrəli

sedentariness
BR ˈsɛd(ə)ntrɪnɪs
AM ˈsɛdnˌtɛrɪnɪs

sedentary
BR ˈsɛd(ə)nt(ə)ri
AM ˈsɛdnˌtɛri

Seder
BR ˈseɪdə(r)
AM ˈseɪdər

sederunt
BR sɪˈdɪərənt,
sɪˈdɛːrənt, -s
AM səˈdɪrənt, -s

sedge
BR sɛdʒ, -ɪz
AM sɛdʒ, -əz

Sedgefield
BR ˈsɛdʒfiːld
AM ˈsɛdʒˌfild

Sedgemoor
BR ˈsɛdʒmɔː(r)
AM ˈsɛdʒˌmɔ(ə)r

Sedgewick
BR ˈsɛdʒwɪk
AM ˈsɛdʒˌwɪk

Sedgwick
BR ˈsɛdʒwɪk
AM ˈsɛdʒˌwɪk

sedgy
BR ˈsɛdʒi
AM ˈsɛdʒi

sedile
BR sɪˈdʌɪli
AM səˈdaɪli

sedilia
BR sɪˈdɪlɪə(r),
sɪˈdiːlɪə(r),
sɪˈdʌɪlɪə(r)
AM səˈdɪliə, səˈdɪljə

sediment
BR ˈsɛdɪm(ə)nt, -s
AM ˈsɛdəm(ə)nt, -s

sedimentary
BR ˌsɛdɪˈmɛnt(ə)ri
AM ˌsɛdəˈmɛn(t)əri

sedimentation
BR ˌsɛdɪm(ə)nˈteɪʃn, -z
AM ˌsɛdəmənˈteɪʃ(ə)n,
-z

sedition
BR sɪˈdɪʃn
AM səˈdɪʃ(ə)n

seditionary
BR sɪˈdɪʃn(ə)r|i, -ɪz
AM səˈdɪʃəˌnɛri, -z

seditionist
BR sɪˈdɪʃnɪst, -s
AM səˈdɪʃənəst, -s

seditious
BR sɪˈdɪʃəs
AM səˈdɪʃəs

seditiously
BR sɪˈdɪʃəsli
AM səˈdɪʃəsli

seditiousness
BR sɪˈdɪʃəsnəs
AM səˈdɪʃəsnəs

seduce
BR sɪˈdjuːs, sɪˈdʒuːs,
-ɪz, -ɪŋ, -t
AM səˈd(j)us, -z, -ɪŋ, -t

seducer
BR sɪˈdjuːsə(r),
sɪˈdʒuːsə(r), -z
AM səˈd(j)usər, -z

seducible
BR sɪˈdjuːsɪbl,
sɪˈdʒuːsɪbl
AM səˈd(j)usəb(ə)l

seduction
BR sɪˈdʌkʃn, -z
AM səˈdəkʃ(ə)n, -z

seductive
BR sɪˈdʌktɪv
AM səˈdəktɪv

seductively
BR sɪˈdʌktɪvli
AM səˈdəktɪvli

seductiveness
BR sɪˈdʌktɪvnɪs
AM səˈdəktɪvnɪs

seductress
BR sɪˈdʌktrɪs, -ɪz
AM səˈdəktrəs, -əz

sedulity
BR sɪˈdjuːlɪti,
sɪˈdʒuːlɪti
AM səˈdʒulədi

sedulous
BR ˈsɛdjʉləs,
ˈsɛdʒʉləs
AM ˈsɛdʒələs

sedulously
BR ˈsɛdjʉləsli,
ˈsɛdʒʉləsli
AM ˈsɛdʒələsli

sedulousness
BR ˈsɛdjʉləsnəs,
ˈsɛdʒʉləsnəs
AM ˈsɛdʒələsnəs

sedum
BR ˈsiːdəm, -z
AM ˈsidəm, -z

see
BR siː, -z, -ɪŋ
AM si, -z, -ɪŋ

seeable
BR ˈsiːəbl
AM ˈsiəb(ə)l

seed
BR siːd, -z, -ɪŋ, -ɪd
AM sid, -z, -ɪŋ, -ɪd

seedbed
BR ˈsiːdbɛd, -z
AM ˈsidˌbɛd, -z

seedcake
BR ˈsiːdkeɪk, -s
AM ˈsidˌkeɪk, -s

seedcorn
BR ˈsiːdkɔːn
AM ˈsidˌkɔ(ə)rn

seeder
BR ˈsiːdə(r), -z
AM ˈsidər, -z

seedily
BR ˈsiːdɪli
AM ˈsidɪli

seediness
BR ˈsiːdɪnɪs
AM ˈsidɪnɪs

seedless
BR ˈsiːdlɪs
AM ˈsidlɪs

seedling
BR ˈsiːdlɪŋ, -z
AM ˈsidlɪŋ, -z

seedsman
BR ˈsiːdzmən
AM ˈsidzm(ə)n

seedsmen
BR ˈsiːdzmən
AM ˈsidzm(ə)n

seedy
BR ˈsiːd|i, -ɪə(r), -ɪɪst
AM ˈsidi, -ər, -ɪst

Seeger
BR ˈsiːgə(r)
AM ˈsigər

seeing-eye dog
BR ˌsiːɪŋˈʌɪ dɒg, -z
AM ˌsiɪŋˈaɪ ˌdɑg,
ˌsiɪŋˈaɪ ˌdɔg, -z

seek
BR siːk, -s, -ɪŋ
AM sik, -s, -ɪŋ

seeker
BR ˈsiːkə(r), -z
AM ˈsikər, -z

seel
BR siːl, -z, -ɪŋ, -d
AM si(ə)l, -z, -ɪŋ, -d

Seeley
BR ˈsiːli
AM ˈsili

Seely
BR ˈsiːli
AM ˈsili

seem
BR siːm, -z, -ɪŋ, -d
AM sim, -z, -ɪŋ, -d

seemingly
BR ˈsiːmɪŋli
AM ˈsimɪŋli

seemliness
BR ˈsiːmlɪnɪs
AM ˈsimlinɪs

seemly
BR ˈsiːml|i, -ɪə(r),
-ɪɪst
AM ˈsimli, -ər, -ɪst

seen
BR siːn
AM sin

seep
BR siːp, -s, -ɪŋ, -t
AM sip, -s, -ɪŋ, -t

seepage
BR ˈsiːp|ɪdʒ, -ɪdʒɪz
AM ˈsipɪdʒ, -ɪz

seer[1] *prophet*
BR sɪə(r), ˈsiːə(r), -z
AM sɪ(ə)r, -z

seer[2] *someone who sees*
BR ˈsiːə(r), sɪə(r), -z
AM sɪ(ə)r, ˈsɪər, -z

seersucker
BR ˈsɪə.sʌkə(r)
AM ˈsɪr.səkər

seesaw
BR ˈsiːsɔː(r), -z,
-ɪŋ, -d
AM ˈsi.sɑ, ˈsi.sɔ, -z,
-ɪŋ, -d

seethe
BR siːð, -z, -ɪŋ, -d
AM sið, -z, -ɪŋ, -d

seethingly
BR ˈsiːðɪŋli
AM ˈsiðɪŋli

see-through
BR ˈsiːθruː
AM ˈsi.θru

Seféris
BR ˈsɛf(ə)rɪs
AM ˈsɛf(ə)rəs
GR seˈferiːs

Segal
BR ˈsiːgl
AM ˈsigəl

segment[1] *noun*
BR ˈsɛgm(ə)nt, -s
AM ˈsɛgm(ə)nt, -s

segment[2] *verb*
BR sɛgˈment, -s,
-ɪŋ, -ɪd
AM ˌsɛgˈmen|t,
ˈsɛgˌmen|t, -ts,
-(t)ɪŋ, -(t)əd

segmental
BR sɛgˈmentl
AM sɛgˈmen(t)l

segmentalisation
BR sɛgˌmentlʌɪˈzeɪʃn
AM sɛgˌmen(t)l.ʌɪˈzeɪʃ(ə)n,
sɛgˌmen(t)ləˈzeɪʃ(ə)n

segmentalise
BR sɛgˈmentlʌɪz, -ɪz,
-ɪŋ, -d
AM sɛgˈmen(t)l.ʌɪz,
-ɪz, -ɪŋ, -d

segmentalization
BR sɛgˌmentlʌɪˈzeɪʃn
AM sɛgˌmen(t)l.ʌɪˈzeɪʃ(ə)n,
sɛgˌmen(t)ləˈzeɪʃ(ə)n

segmentalize
BR sɛgˈmentlʌɪz, -ɪz,
-ɪŋ, -d
AM sɛgˈmen(t)l.ʌɪz,
-ɪz, -ɪŋ, -d

segmentally
BR sɛgˈmentli
AM sɛgˈmen(t)li

segmentary
BR ˈsɛgmənt(ə)ri
AM ˈsɛgmənˌtɛri

segmentation
BR ˌsɛgmenˈteɪʃn
AM ˌsɛgˌmenˈteɪʃ(ə)n,
ˌsɛgmənˈteɪʃ(ə)n

sego
BR ˈsiːgəʊ, -z
AM ˈsigoʊ, -z

Segovia
BR sɪˈgəʊviə(r)
AM səˈgoʊviə

Segrave
BR ˈsiːgreɪv
AM ˈɒi.greɪv

segregable
BR ˈsɛgrɪgəbl
AM ˈsɛgrəgəb(ə)l

segregate
BR ˈsɛgrɪgeɪt, -s, -ɪŋ,
-ɪd
AM ˈsɛgrəˌgeɪ|t, -ts,
-dɪŋ, -dɪd

segregation
BR ˌsɛgrɪˈgeɪʃn
AM ˌsɛgrəˈgeɪʃ(ə)n

segregational
BR ˌsɛgrɪˈgeɪʃn̩l
AM ˌsɛgrəˈgeɪʃ(ə)n(ə)l

segregationist
BR ˌsɛgrɪˈgeɪʃn̩ɪst, -s
AM ˌsɛgrəˈgeɪʃənəst,
-s

segregative
BR ˈsɛgrɪgeɪtɪv
AM ˈsɛgrəˌgeɪdɪv

segue
BR ˈsɛgweɪ, ˈsɛgw|eɪ,
ˈsɛgw|i, ˈseɪgw|i,
-eɪz\-ɪz, -eɪɪŋ\-ɪɪŋ,
-eɪd\-ɪd
AM ˈseɪˌgweɪ,
ˈsɛˌgweɪ, -z,
-ɪŋ, -d

seguidilla
BR ˌsɛgɪˈdiː(l)jə(r), -z
AM ˌsɛgiˈdi(j)ə, -z

Sehnsucht
BR ˈzeɪnzʊkt,
ˈzeɪnzʊxt
AM ˈseɪnˌzʊkt

sei
BR seɪ
AM seɪ

seicentist
BR seɪˈtʃentɪst, -s
AM seɪˈ(t)ʃen(t)əst, -s

seicento
BR seɪˈtʃentəʊ
AM seɪˈ(t)ʃen(t)oʊ
IT seiˈtʃento

seicentoist
BR seɪˈtʃentəʊɪst, -s
AM seɪˈ(t)ʃen(t)əwəst,
-s

seiche
BR seɪʃ, -ɪz
AM seɪ(t)ʃ, -ɪz
FR sɛʃ

seif
BR siːf, seɪf, -s
AM sif, seɪf, -s

Seifert
BR ˈsiːfət
AM ˈsaɪfərt, ˈsifərt
GER ˈzaɪfɛt

Seigel
BR ˈsiːgl
AM ˈsigəl

seigneur
BR sɛˈnjəː(r),
seɪˈnjəː(r),
ˈseɪnjə(r), -z
AM sɛnˈjər, seɪnˈjər, -z

seigneurial
BR sɛˈnjʊərɪəl,
seɪˈnjʊərɪəl,
sɛˈnjəːrɪəl,
seɪˈnjəːrɪəl
AM seɪnˈjərɪəl,
sɛnˈjərɪəl, sɛnˈjərɪəl,
seɪnˈjʊrɪəl

seigneury
BR ˈseɪnjər|i, -ɪz
AM ˈseɪnjəri, -z

seignior
BR ˈseɪnjə(r), -z
AM seɪnˈjər, -z

seigniorage
BR ˈseɪnjər|ɪdʒ, -ɪdʒɪz
AM ˈseɪnjərɪdʒ, -ɪz

seigniorial
BR sɛˈnjɔːrɪəl,
seɪˈnjɔːrɪəl
AM seɪnˈjərɪəl,
seɪnˈjʊrɪəl

seigniory
BR ˈseɪnjərǀi, -ɪz
AM ˈseɪnjəri, -z
seignorage
BR ˈseɪnjərǀɪdʒ, -ɪdʒɪz
AM seɪnˈjərɪdʒ, -ɪz
seine
BR seɪn, -z
AM seɪn, -z
Seine
BR seɪn
AM seɪn, sɛn
FR sɛn
seiner
BR ˈseɪnə(r), -z
AM ˈseɪnər, -z
seise
BR siːz, -d
AM siz, -d
seisin
BR ˈsiːzɪn, -z
AM ˈsizn, -z
seismal
BR ˈsʌɪzml
AM ˈsaɪzm(ə)l
seismic
BR ˈsʌɪzmɪk
AM ˈsaɪzmɪk
seismical
BR ˈsʌɪzmɪkl
AM ˈsaɪzmək(ə)l
seismically
BR ˈsʌɪzmɪkli
AM ˈsaɪzmək(ə)li
seismicity
BR sʌɪzˈmɪsɪti
AM saɪzˈmɪsɪdi
seismogram
BR ˈsʌɪzməgram, -z
AM ˈsaɪzməˌgræm, -z
seismograph
BR ˈsʌɪzməgrɑːf, -s
AM ˈsaɪzməˌgræf, -s
seismographer
BR sʌɪzˈmɒgrəfə(r), -z
AM saɪzˈmɑgrəfər, -z
seismographic
BR ˌsʌɪzməˈgrafɪk
AM ˌsaɪzməˈgræfɪk
seismographical
BR ˌsʌɪzməˈgrafɪkl
AM ˌsaɪzməˈgræfək(ə)l

seismographically
BR ˌsʌɪzməˈgrafɪkli
AM ˌsaɪzməˈgræfək(ə)li
seismography
BR sʌɪzˈmɒgrəfi
AM saɪzˈmɑgrəfi
seismological
BR ˌsʌɪzməˈlɒdʒɪkl
AM ˌsaɪzməˈlɑdʒək(ə)l
seismologically
BR ˌsʌɪzmˈlɒdʒɪkli
AM ˌsaɪzməˈlɑdʒək(ə)li
seismologist
BR sʌɪzˈmɒlədʒɪst, -s
AM saɪzˈmɑlədʒəst, -s
seismology
BR sʌɪzˈmɒlədʒi
AM saɪzˈmɑlədʒi
seismometer
BR sʌɪzˈmɒmɪtə(r), -z
AM saɪzˈmɑmədər, -z
seismometric
BR ˌsʌɪzməˈmɛtrɪk
AM ˌsaɪzməˈmɛtrɪk
seismometrical
BR ˌsʌɪzməˈmɛtrɪkl
AM ˌsaɪzməˈmɛtrək(ə)l
seismometry
BR sʌɪzˈmɒmɪtri
AM saɪzˈmɑmətri
seismoscope
BR ˈsʌɪzməskəʊp, -s
AM ˈsaɪzməˌskoʊp, -s
seismoscopic
BR ˌsʌɪzməˈskɒpɪk
AM ˌsaɪzməˈskɑpɪk
seizable
BR ˈsiːzəbl
AM ˈsizəb(ə)l
seize
BR siːz, -ɪz, -ɪŋ, -d
AM siz, -ɪz, -ɪŋ, -d
seizer
BR ˈsiːzə(r), -z
AM ˈsizər, -z
seizin
BR ˈsiːzɪn, -z
AM ˈsizn, -z
seizure
BR ˈsiːʒə(r), -z
AM ˈsiʒər, -z

sejant
BR ˈsiːdʒ(ə)nt
AM ˈsidʒ(ə)nt
Sejanus
BR sɪˈdʒeɪnəs
AM səˈdʒeɪnəs
selachian
BR sɪˈleɪkɪən, -z
AM səˈleɪkiən, -z
seladang
BR sɪˈlɑːdaŋ, -z
AM səˈlɑˌdaŋ, -z
Selborne
BR ˈsɛlbɔːn
AM ˈsɛlˌbɔ(ə)rn
Selbourne
BR ˈsɛlbɔːn
AM ˈsɛlˌbɔ(ə)rn
Selby
BR ˈsɛlbi
AM ˈsɛlbi
seldom
BR ˈsɛldəm
AM ˈsɛldəm
select
BR sɪˈlɛkt, -s, -ɪŋ, -ɪd
AM səˈlɛkǀ(t), -(t)s, -tɪŋ, -təd
selectable
BR sɪˈlɛktəbl
AM səˈlɛktəb(ə)l
selectee
BR sɪˌlɛkˈtiː, -z
AM səˌlɛkˈti, -z
selection
BR sɪˈlɛkʃn, -z
AM səˈlɛkʃ(ə)n, -z
selectional
BR sɪˈlɛkʃn̩l
AM səˈlɛkʃ(ə)n(ə)l
selectionally
BR sɪˈlɛkʃn̩li, sɪˈlɛkʃnəli
AM səˈlɛkʃ(ə)nəli
selective
BR sɪˈlɛktɪv
AM səˈlɛktɪv
selectively
BR sɪˈlɛktɪvli
AM səˈlɛktɪvli

selectiveness
BR sɪˈlɛktɪvnɪs
AM səˈlɛktɪvnɪs
selectivity
BR sɪˌlɛkˈtɪvɪti, ˌsɪlɛkˈtɪvɪti, ˌsiːlɛkˈtɪvɪti, ˌsɛlɛkˈtɪvɪti
AM səˌlɛkˈtɪvɪdi
selectman
BR sɪˈlɛk(t)man
AM səˈlɛk(t)m(ə)n
selectmen
BR sɪˈlɛk(t)mɛn
AM səˈlɛk(t)m(ə)n
selectness
BR sɪˈlɛk(t)nəs
AM səˈlɛk(t)nəs
selector
BR sɪˈlɛktə(r), -z
AM səˈlɛktər, -z
Selena
BR sɪˈliːnə(r)
AM səˈlinə
selenate
BR ˈsɛlɪneɪt, -s
AM ˈsɛləˌneɪt, -s
Selene
BR sɪˈliːni
AM səˈlini
selenic
BR sɪˈliːnɪk, sɪˈlɛnɪk
AM səˈlinɪk, səˈlɛnɪk
selenide
BR ˈsɛlɪnʌɪd, -z
AM ˈsɛlənəd, ˈsɛləˌnaɪd, -z
selenious
BR sɪˈliːnɪəs
AM səˈliniəs
selenite
BR ˈsɛlɪnʌɪt
AM ˈsɛləˌnaɪt
selenitic
BR ˌsɛlɪˈnɪtɪk
AM ˌsɛləˈnɪdɪk
selenium
BR sɪˈliːnɪəm
AM səˈliniəm
selenocentric
BR sɪˌliːnə(ʊ)ˈsɛntrɪk
AM səˌlinoʊˈsɛntrɪk

selenodont
BR sɪˈliːnə(ʊ)dɒnt, -s
AM səˈlinədənt,
  səˈlinəˌdɑnt, -s
selenographer
BR ˌselɪˈnɒgrəfə(r), -z
AM ˌseləˈnɑgrəfər, -z
selenographic
BR ˌselɪnəˈgrafɪk
AM ˌselənəˈgræfɪk
selenography
BR ˌselɪˈnɒgrəfi
AM ˌseləˈnɑgrəfi
selenologist
BR ˌselɪˈnɒlədʒɪst, -s
AM ˌseləˈnɑlədʒəst, -s
selenology
BR ˌselɪˈnɒlədʒi
AM ˌseləˈnɑlədʒi
Seleucid
BR sɪˈl(j)uːsɪd, -z
AM səˈl(j)usəd, -z
self
BR self
AM self
self-abandon
BR ˌselfəˈbænd(ə)n, -d
AM ˌselfəˈbændən, -d
self-abandonment
BR ˌselfə-
  ˈband(ə)nm(ə)nt
AM ˌselfə-
  ˈbændənm(ə)nt
self-abasement
BR ˌselfəˈbeɪsm(ə)nt
AM ˌselfəˈbeɪsm(ə)nt
self-abhorrence
BR ˌselfəbˈhɒrn̩s,
  ˌselfəˈbɒrn̩s
AM ˌselfəbˈhɔrəns
self-abnegation
BR ˌselfabnɪˈgeɪʃn
AM ˈˌself͵æbnəˈgeɪʃ(ə)n
self-absorbed
BR ˌselfəbˈzɔːbd
AM ˌselfəbˈzɔ(ə)rbd
self-absorption
BR ˌselfəbˈzɔːpʃn
AM ˌselfəbˈzɔrpʃ(ə)n
self-abuse
BR ˌselfəˈbjuːs
AM ˌselfəˈbjus

self-accusation
BR ˌselfakjəˈzeɪʃn
AM ˈˌselfˌækjəˈzeɪʃ(ə)n
self-accusatory
BR ˌselfəˈkjuːzət(ə)ri
AM ˈselfəˈkjuzəˌtɔri
self-acting
BR ˌselfˈaktɪŋ
AM ˌselfˈæktɪŋ
self-action
BR ˌselfˈakʃn
AM ˌselfˈækʃ(ə)n
self-activity
BR ˌselfakˈtɪvɪti
AM ˌselfəkˈtɪvɪdi
self-addressed
BR ˌselfəˈdrest
AM ˌselfəˈdrest
self-adhesive
BR ˌselfədˈhiːsɪv,
  ˌselfədˈhiːzɪv
AM ˌselfədˈhisɪv,
  ˌselfədˈhizɪv
self-adjusting
BR ˌselfəˈdʒʌstɪŋ
AM ˌselfəˈdʒəstɪŋ
self-adjustment
BR ˌselfəˈdʒʌs(t)m(ə)nt
AM ˌselfəˈdʒəs(t)m(ə)nt
self-admiration
BR ˌselfadmɪˈreɪʃn
AM ˈˌselfˌædməˈreɪʃ(ə)n
self-advancement
BR ˌselfədˈvɑːnsm(ə)nt
AM ˌselfədˈvænsm(ə)nt
self-advertisement
BR ˌselfədˈvəːtɪsm(ə)nt,
  ˌselfədˈvəːtɪzm(ə)nt
AM ˈselfˈædvər-
  ˌtaɪzm(ə)nt
self-advertiser
BR ˌselfˈadvətʌɪzə(r),
  -z
AM ˌselfˈædvərˌtaɪzər,
  -z
self-affirmation
BR ˌselfafəˈmeɪʃn
AM ˈˌselfˌæfərˈmeɪʃ(ə)n
self-aggrandisement
BR ˌselfəˈgrandɪzm(ə)nt
AM ˌselfəˈgræn-
  ˌdaɪzm(ə)nt

self-aggrandising
BR ˌselfəˈgrandʌɪzɪŋ
AM ˌselfəˈgrænˌdaɪzɪŋ
self-aggrandizement
BR ˌselfəˈgrandɪzm(ə)nt
AM ˌselfəˈgræn-
  ˌdaɪzm(ə)nt
self-aggrandizing
BR ˌselfəˈgrandʌɪzɪŋ
AM ˌselfəˈgræn-
  ˌdaɪzɪŋ
self-analysing
BR ˌselfˈanl̩ʌɪzɪŋ
AM ˌselfˈænəˌlaɪzɪŋ
self-analysis
BR ˌselfəˈnalɪsɪs
AM ˌselfəˈnæləsəs
self-appointed
BR ˌselfəˈpɔɪntɪd
AM ˌselfəˈpɔɪn(t)ɪd
self-appreciation
BR ˌselfəˌpriːʃɪˈeɪʃn,
  ˌselfəˌpriːsɪˈeɪʃn
AM ˈˌselfəˌprisiˈeɪʃ(ə)n,
  ˈselfəˌpriʃiˈeɪʃ(ə)n
self-approbation
BR ˌselfaprəˈbeɪʃn
AM ˈˌselfˌæprə-
  ˈbeɪʃ(ə)n
self-approval
BR ˌselfəˈpruːvl
AM ˌselfəˈpruvəl
self-assembly
BR ˌselfəˈsembli
AM ˌselfəˈsembli
self-asserting
BR ˌselfəˈsəːtɪŋ
AM ˌselfəˈsərdɪŋ
self-assertion
BR ˌselfəˈsəːʃn
AM ˌselfəˈsərʃ(ə)n
self-assertive
BR ˌselfəˈsəːtɪv
AM ˌselfəˈsərdɪv
self-assertiveness
BR ˌselfəˈsəːtɪvnɪs
AM ˌselfə-
  ˈsərdɪvnɪs
self-assurance
BR ˌselfəˈʃʊərn̩s,
  ˌselfəˈʃɔːrn̩s
AM ˌselfəˈʃʊrəns

self-assured
BR ˌselfəˈʃʊəd,
  ˌselfəˈʃɔːd
AM ˌselfəˈʃʊ(ə)rd
self-assuredly
BR ˌselfəˈʃʊədli,
  ˌselfəˈʃɔːdli
AM ˌselfəˈʃʊr(ə)dli
self-aware
BR ˌselfəˈwɛː(r)
AM ˌselfəˈwe(ə)r
self-awareness
BR ˌselfəˈwɛːnəs
AM ˌselfəˈwernəs
self-begotten
BR ˌselfbɪˈgɒtn
AM ˌselfbəˈgɑtn
self-betrayal
BR ˌselfbɪˈtreɪəl
AM ˌselfbəˈtreɪəl
self-binder
BR ˌselfˈbʌɪndə(r),
  -z
AM ˌselfˈbaɪndər, -z
self-born
BR ˌselfˈbɔːn
AM ˌselfˈbɔ(ə)rn
self-catering
BR ˌselfˈkeɪt(ə)rɪŋ
AM ˌselfˈkeɪtrɪŋ,
  ˌselfˈkeɪdərɪŋ
self-censorship
BR ˌselfˈsensəʃɪp
AM ˌselfˈsensərˌʃɪp
self-centered
BR ˌselfˈsentəd
AM ˌselfˈsen(t)ərd
self-centeredly
BR ˌselfˈsentədli
AM ˌselfˈsen(t)ərdli
self-centeredness
BR ˌselfˈsentədnəs
AM ˌselfˈsen(t)ərdnəs
self-centred
BR ˌselfˈsentəd
AM ˌselfˈsen(t)ərd
self-centredly
BR ˌselfˈsentədli
AM ˌselfˈsen(t)ərdli
self-centredness
BR ˌselfˈsentədnəs
AM ˌselfˈsen(t)ərdnəs

self-certification
BR ˌselfˌsəːtɪfɪˈkeɪʃn
AM ˈˌselfˌsɚdəfə-ˈkeɪʃ(ə)n

self-certify
BR ˌselfˈsəːtɪfʌɪ, -z, -ɪŋ, -d
AM ˌselfˈsɚdəˌfaɪ, -z, -ɪŋ, -d

self-cleaning
BR ˌselfˈkliːnɪŋ
AM ˌselfˈklinɪŋ

self-closing
BR ˌselfˈkləʊzɪŋ
AM ˌselfˈkloʊzɪŋ

self-cocking
BR ˌselfˈkɒkɪŋ
AM ˌselfˈkɑkɪŋ

self-collected
BR ˌselfkəˈlektɪd
AM ˌselfkəˈlektəd

self-colored
BR ˌselfˈkʌləd
AM ˌselfˈkələrd

self-coloured
BR ˌselfˈkʌləd
AM ˌselfˈkələrd

self-command
BR ˌselfkəˈmɑːnd
AM ˌselfkəˈmænd

self-communion
BR ˌselfkəˈmjuːnɪən
AM ˌselfkəˈmjuniən

self-conceit
BR ˌselfkənˈsiːt, -ɪd
AM ˌselfkənˈsit, -ɪd

self-condemnation
BR ˌselfˌkɒndemˈneɪʃn
AM ˈˌselfˌkɑnˌdem-ˈneɪʃ(ə)n

self-condemned
BR ˌselfkənˈdemd
AM ˌselfkənˈdemd

self-confessed
BR ˌselfkənˈfest
AM ˌselfkənˈfest

self-confidence
BR ˌselfˈkɒnfɪd(ə)ns
AM ˌselfˈkɑnfədns

self-confident
BR ˌselfˈkɒnfɪd(ə)nt
AM ˌselfˈkɑnfədnt

self-confidently
BR ˌselfˈkɒnfɪd(ə)ntli
AM ˌselfˈkɑnfəd(ə)n(t)li

self-congratulation
BR ˌselfkənˌgratʃʊ-ˈleɪʃn, ˌselfkən-ˌgratʃʊˈleɪʃn, ˌselfkənˌgratjʊ-ˈleɪʃn, ˌselfkən-ˌgratjʊˈleɪʃn
AM ˈˌselfkənˌgrætʃə-ˈleɪʃ(ə)n

self-congratulatory
BR ˌselfkənˌgratʃʊ-ˈleɪt(ə)ri, ˌselfkən-ˌgratʃʊˈleɪt(ə)ri, ˌselfkənˌgratjʊ-ˈleɪt(ə)ri, ˌselfkən-ˌgratjʊˈleɪt(ə)ri, ˌselfkənˈgratʃʊlətri, ˌselfkənˈgratʃʊlətri, ˌselfkənˈgratjʊlətri, ˌselfkənˈgratjʊlətri
AM ˌselfkən-ˈgrætʃ(ə)ləˌtɔri

self-conquest
BR ˌselfˈkɒŋkwest
AM ˌselfˈkɑnkwəst

self-conscious
BR ˌselfˈkɒnʃəs
AM ˌselfˈkɑnʃəs

self-consciously
BR ˌselfˈkɒnʃəsli
AM ˌselfˈkɑnʃəsli

self-consciousness
BR ˌselfˈkɒnʃəsnəs
AM ˌselfˈkɑnʃəsnəs

self-consistency
BR ˌselfkənˈsɪst(ə)nsi
AM ˌselfkənˈsɪstənsi

self-consistent
BR ˌselfkənˈsɪst(ə)nt
AM ˌselfkən-ˈsɪst(ə)nt

self-constituted
BR ˌselfˈkɒnstɪtjuːtɪd, ˌselfˈkɒnstɪtʃuːtɪd
AM ˌselfˈkɑnstə-ˌt(j)udəd

self-contained
BR ˌselfkənˈteɪnd
AM ˌselfkənˈteɪnd

self-containment
BR ˌselfkənˈteɪm(ə)nt
AM ˌselfkənˈteɪm(ə)nt

self-contempt
BR ˌselfkənˈtem(p)t
AM ˌselfkənˈtem(p)t

self-contemptuous
BR ˌselfkən-ˈtem(p)tjʊəs, ˌselfkən-ˈtem(p)tʃʊəs
AM ˌselfkən-ˈtem(pt)ʃ(əw)əs

self-content
BR ˌselfkənˈtent
AM ˌselfkənˈtent

self-contented
BR ˌselfkənˈtentɪd
AM ˌselfkənˈten(t)əd

self-contradiction
BR ˌselfkɒntrəˈdɪkʃn, -z
AM ˈˌselfˌkɑntrə-ˈdɪkʃ(ə)n, -z

self-contradictory
BR ˌselfkɒntrəˈdɪkt(ə)ri
AM ˈˌselfˌkɑntrə-ˈdɪkt(ə)ri

self-control
BR ˌselfkənˈtrəʊl
AM ˌselfkənˈtroʊl

self-controlled
BR ˌselfkənˈtrəʊld
AM ˌselfkənˈtroʊld

self-convicted
BR ˌselfkənˈvɪktɪd
AM ˌselfkənˈvɪktɪd

self-correcting
BR ˌselfkəˈrektɪŋ
AM ˌselfkəˈrektɪŋ

self-created
BR ˌselfkrɪˈeɪtɪd
AM ˌselfkrɪˈeɪdɪd

self-creation
BR ˌselfkrɪˈeɪʃn
AM ˌselfkrɪˈeɪʃ(ə)n

self-critical
BR ˌselfˈkrɪtɪkl
AM ˌselfˈkrɪdək(ə)l

self-criticism
BR ˌselfˈkrɪtɪsɪzm
AM ˌselfˈkrɪdəˌsɪz(ə)m

self-deceit
BR ˌselfdɪˈsiːt
AM ˌselfdəˈsit

self-deceiver
BR ˌselfdɪˈsiːvə(r), -z
AM ˌselfdəˈsivər, -z

self-deceiving
BR ˌselfdɪˈsiːvɪŋ
AM ˌselfdəˈsivɪŋ

self-deception
BR ˌselfdɪˈsepʃn
AM ˌselfdəˈsepʃ(ə)n

self-deceptive
BR ˌselfdɪˈseptɪv
AM ˌselfdəˈseptɪv

self-defeating
BR ˌselfdɪˈfiːtɪŋ
AM ˌselfdəˈfidɪŋ

self-defence
BR ˌselfdɪˈfens
AM ˌselfdiˈfens, ˌselfdəˈfens

self-defense
BR ˌselfdɪˈfens
AM ˌselfdiˈfens, ˌselfdəˈfens

self-defensive
BR ˌselfdɪˈfensɪv
AM ˌselfdiˈfensɪv, ˌselfdəˈfensɪv

self-delight
BR ˌselfdɪˈlʌɪt
AM ˌselfdiˈlaɪt, ˌselfdəˈlaɪt

self-delusion
BR ˌselfdɪˈl(j)uːʒn, -z
AM ˌselfdəˈluʒ(ə)n, -z

self-denial
BR ˌselfdɪˈnʌɪəl
AM ˌselfdiˈnaɪəl, ˌselfdəˈnaɪəl

self-denying
BR ˌselfdɪˈnʌɪɪŋ
AM ˌselfdiˈnaɪɪŋ, ˌselfdəˈnaɪɪŋ

self-dependence
BR ˌselfdɪˈpend(ə)ns
AM ˌselfdiˈpendns, ˌselfdəˈpendns

self-dependent
BR ˌsɛlfdɪˈpɛnd(ə)nt
AM ˌsɛlfdiˈpɛndnt,
ˌsɛlfdəˈpɛndnt

self-deprecating
BR ˌsɛlfˈdɛprɪkeɪtɪŋ
AM ˌsɛlfˈdɛprəˌkeɪdɪŋ

self-deprecatingly
BR ˌsɛlfˈdɛprɪkeɪtɪŋli
AM ˌsɛlfˈdɛprə-
ˌkeɪdɪŋli

self-deprecation
BR ˌsɛlfdɛprɪˈkeɪʃn
AM ˈˌsɛlfˌdɛprəˈkeɪʃ(ə)n

self-despair
BR ˌsɛlfdɪˈspɛː(r)
AM ˌsɛlfdiˈspɛ(ə)r,
ˌsɛlfdəˈspɛ(ə)r

self-destroying
BR ˌsɛlfdɪˈstrɔɪɪŋ
AM ˌsɛlfdiˈstrɔɪɪŋ,
ˌsɛlfdəˈstrɔɪɪŋ

self-destruct
BR ˌsɛlfdɪˈstrʌkt, -s,
-ɪŋ, -ɪd
AM ˌsɛlfdiˈstrək|(t),
ˌsɛlfdəˈstrək|(t),
-(t)s, -tɪŋ,
-təd

self-destruction
BR ˌsɛlfdɪˈstrʌkʃn
AM ˌsɛlfdiˈstrəkʃ(ə)n,
ˌsɛlfdəˈstrəkʃ(ə)n,
ˌsɛlfdiˈstrəkʃ(ə)n,
ˌsɛlfdəˈstrəkʃ(ə)n

self-destructive
BR ˌsɛlfdɪˈstrʌktɪv
AM ˌsɛlfdiˈstrəktɪv,
ˌsɛlfdəˈstrəktɪv,
ˌsɛlfdiˈstrəktɪv,
ˌsɛlfdəˈstrəktɪv

self-destructively
BR ˌsɛlfdɪˈstrʌktɪvli
AM ˌsɛlfdiˈstrəktɪvli,
ˌsɛlfdəˈstrəktɪvli,
ˌsɛlfdiˈstrəktɪvli,
ˌsɛlfdəˈstrəktɪvli

self-determination
BR ˌsɛlfdɪˌtəːmɪˈneɪʃn
AM ˈˌsɛlfdiˌtərmə-
ˈneɪʃ(ə)n, ˌsɛlfdə-
ˌtərməˈneɪʃ(ə)n

self-discipline
BR ˌsɛlfˈdɪsɪplɪn, -d
AM ˌsɛlfˈdɪsəpl(ə)n, -d

self-discovery
BR ˌsɛlfdɪˈskʌv(ə)ri
AM ˌsɛlfdəˈskəv(ə)ri

self-disgust
BR ˌsɛlfdɪsˈɡʌst,
ˌsɛlfdɪzˈɡʌst
AM ˌsɛlfdəˈzɡəst,
ˌsɛlfdɪsˈɡəst

self-doubt
BR ˌsɛlfˈdaʊt
AM ˌsɛlfˈdaʊt

self-drive
BR ˌsɛlfˈdrʌɪv
AM ˌsɛlfˈdraɪv

self-educated
BR ˌsɛlfˈɛdjʉkeɪtɪd,
ˌsɛlfˈɛdʒʉkeɪtɪd
AM ˌsɛlfˈɛdʒəˌkeɪdɪd

self-education
BR ˌsɛlfɛdjʉˈkeɪʃn,
ˌsɛlfɛdʒʉˈkeɪʃn
AM ˈˌsɛlfˌɛdʒə-
ˈkeɪʃ(ə)n

self-effacement
BR ˌsɛlfɪˈfeɪsm(ə)nt
AM ˌsɛlfəˈfeɪsm(ə)nt

self-effacing
BR ˌsɛlfɪˈfeɪsɪŋ
AM ˌsɛlfəˈfeɪsɪŋ

self-effacingly
BR ˌsɛlfɪˈfeɪsɪŋli
AM ˌsɛlfəˈfeɪsɪŋli

self-elective
BR ˌsɛlfɪˈlɛktɪv
AM ˌsɛlfəˈlɛktɪv

self-employed
BR ˌsɛlfɪmˈplɔɪd,
ˌsɛlfɛmˈplɔɪd
AM ˌsɛlfəmˈplɔɪd

self-employment
BR ˌsɛlfɪmˈplɔɪm(ə)nt,
ˌsɛlfɛmˈplɔɪm(ə)nt
AM ˌsɛlfəmˈplɔɪm(ə)nt

self-esteem
BR ˌsɛlfɪˈstiːm
AM ˌsɛlfəˈstim

self-evidence
BR ˌsɛlfˈɛvɪd(ə)ns
AM ˌsɛlfˈɛvədns

self-evident
BR ˌsɛlfˈɛvɪd(ə)nt
AM ˌsɛlfˈɛvədnt

self-evidently
BR ˌsɛlfˈɛvɪd(ə)ntli
AM ˌsɛlfˈɛvədən(t)li

self-examination
BR ˌsɛlfɪɡˌzamɪ-
ˈneɪʃn,
ˌsɛlfɛɡˌzamɪˈneɪʃn
AM ˈˌsɛlfɛɡˌzæmə-
ˈneɪʃ(ə)n, ˌsɛlfɪɡ-
ˌzæməˈneɪʃ(ə)n

self-executing
BR ˌsɛlfˈɛksɪkjuːtɪŋ
AM ˌsɛlfˈɛksə-
ˌkjudɪŋ

self-existent
BR ˌsɛlfɪɡˈzɪst(ə)nt,
ˌsɛlfɛɡˈzɪst(ə)nt
AM ˌsɛlfɛɡˈzɪst(ə)nt,
ˌsɛlfɪɡˈzɪst(ə)nt

self-explanatory
BR ˌsɛlfɪkˈsplanət(ə)ri,
ˌsɛlfɛkˈsplanət(ə)ri
AM ˌsɛlfəkˈsplænəˌtɔri,
ˌsɛlfɛkˈsplænə-
ˌtɔri

self-expression
BR ˌsɛlfɪkˈsprɛʃn,
ˌsɛlfɛkˈsprɛʃn
AM ˌsɛlfəkˈsprɛʃ(ə)n,
ˌsɛlfɛkˈsprɛʃ(ə)n

self-expressive
BR ˌsɛlfɪkˈsprɛsɪv,
ˌsɛlfɛkˈsprɛsɪv
AM ˌsɛlfəkˈsprɛsɪv,
ˌsɛlfɛkˈsprɛsɪv

self-faced
BR ˌsɛlfˈfeɪst
AM ˌsɛlfˈfeɪst

self-feeder
BR ˌsɛlfˈfiːdə(r),
-z
AM ˌsɛlfˈfidər,
-z

self-feeding
BR ˌsɛlfˈfiːdɪŋ
AM ˌsɛlfˈfidɪŋ

self-fertile
BR ˌsɛlfˈfəːtʌɪl
AM ˌsɛlfˈfərdl

self-fertilisation
BR ˌsɛl(f)fəːtɪlʌɪˈzeɪʃn,
ˌsɛl(f)fəːtlʌɪˈzeɪʃn
AM ˈˌsɛl(f)ˌfərdlˌaɪ-
ˈzeɪʃ(ə)n,
ˌsɛl(f)ˌfərdləˈzeɪʃ(ə)n

self-fertilised
BR ˌsɛl(f)ˈfəːtɪlʌɪzd,
ˌsɛl(f)ˈfəːtlʌɪzd
AM ˌsɛl(f)ˈfərdlˌaɪzd

self-fertilising
BR ˌsɛl(f)ˈfəːtɪlʌɪzɪŋ,
ˌsɛl(f)ˈfəːtlʌɪzɪŋ
AM ˌsɛl(f)ˈfərdlˌaɪzɪŋ

self-fertility
BR ˌsɛl(f)fə(ː)ˈtɪlɪti
AM ˌsɛl(f)fərˈtɪlɪdi

self-fertilization
BR ˌsɛl(f)fəːtɪlʌɪˈzeɪʃn,
ˌsɛl(f)fəːtlʌɪˈzeɪʃn
AM ˈˌsɛl(f)ˌfərdlˌaɪ-
ˈzeɪʃ(ə)n,
ˌsɛl(f)ˌfərdləˈzeɪʃ(ə)n

self-fertilized
BR ˌsɛl(f)ˈfəːtɪlʌɪzd,
ˌsɛl(f)ˈfəːtlʌɪzd
AM ˌsɛl(f)ˈfərdlˌaɪzd

self-fertilizing
BR ˌsɛl(f)ˈfəːtɪlʌɪzɪŋ,
ˌsɛl(f)ˈfəːtlʌɪzɪŋ
AM ˌsɛl(f)ˈfərdlˌaɪzɪŋ

self-finance
BR ˌsɛl(f)ˈfʌɪnans,
ˌsɛl(f)fʌɪˈnans,
ˌsɛl(f)fɪˈnans, -ɪz,
-ɪŋ, -t
AM ˌsɛl(f)fɪˈnæns,
ˌsɛl(f)ˈfaɪˌnæns, -əz,
-ɪŋ, -t

self-flattering
BR ˌsɛl(f)ˈflat(ə)rɪŋ
AM ˌsɛl(f)ˈflædərɪŋ

self-flattery
BR ˌsɛl(f)ˈflat(ə)ri
AM ˌsɛl(f)ˈflædəri

self-forgetful
BR ˌsɛl(f)fəˈɡɛtf(ʊ)l
AM ˌsɛl(f)fərˈɡɛtfəl

self-forgetfulness
BR ˌsɛl(f)fə-
ˈɡɛtf(ʊ)lnəs
AM ˌsɛl(f)fərˈɡɛtfəlnəs

self-fulfilling
BR ˌsɛl(f)fʊlˈfɪlɪŋ
AM ˌsɛlf(f)ə(l)ˈfɪlɪŋ

self-fulfillment
BR ˌsɛl(f)fʊlˈfɪlm(ə)nt
AM ˌsɛlf(f)ə(l)ˈfɪlm(ə)nt

self-fulfilment
BR ˌsɛl(f)fʊlˈfɪlm(ə)nt
AM ˌsɛlf(f)ə(l)ˈfɪlm(ə)nt

self-generating
BR ˌsɛlfˈdʒɛnəreɪtɪŋ
AM ˌsɛlfˈdʒɛnəˌreɪdɪŋ

self-glorification
BR ˌsɛlfˌglɔːrɪfɪˈkeɪʃn
AM ˌsɛlfˌglɔrəfəˈkeɪʃ(ə)n

self-governed
BR ˌsɛlfˈgʌvnd
AM ˌsɛlfˈgʌvərnd

self-governing
BR ˌsɛlfˈgʌvn̩ɪŋ
AM ˌsɛlfˈgʌvərnɪŋ

self-government
BR ˌsɛlfˈgʌvnm(ə)nt, ˌsɛlfˈgʌvəm(ə)nt
AM sɛlfˈgəvə(r)m(ə)nt, sɛlfˈgəvər(n)m(ə)nt

self-gratification
BR ˌsɛlfˌgratɪfɪˈkeɪʃn
AM ˌsɛlfˌgrædəfəˈkeɪʃ(ə)n

self-gratifying
BR ˌsɛlfˈgratɪfʌɪɪŋ
AM ˌsɛlfˈgrædəˌfaɪɪŋ

self-hate
BR ˌsɛlfˈheɪt
AM ˌsɛlfˈheɪt

self-hatred
BR ˌsɛlfˈheɪtrɪd
AM ˌsɛlfˈheɪtrəd

self-heal
BR ˌsɛlfˈhiːl, -z
AM ˌsɛlfˈhil, -z

self-help
BR ˌsɛlfˈhɛlp
AM ˌsɛlfˈhɛlp

selfhood
BR ˈsɛlfhʊd
AM ˈsɛlfˌ(h)ʊd

selfie
BR ˈsɛlf|i, -ɪz
AM ˈsɛlfi, -z

self-image
BR ˌsɛlfˈɪm|ɪdʒ, -ɪdʒɪz
AM ˌsɛlfˈɪmɪdʒ, -ɪz

self-immolating
BR ˌsɛlfˈɪməleɪtɪŋ
AM ˌsɛlfˈɪməˌleɪdɪŋ

self-immolation
BR ˌsɛlfɪməˈleɪʃn
AM ˌsɛlfˌɪməˈleɪʃ(ə)n

self-importance
BR ˌsɛlfɪmˈpɔːt(ə)ns
AM ˌsɛlfəmˈpɔrtns

self-important
BR ˌsɛlfɪmˈpɔːt(ə)nt
AM ˌsɛlfəmˈpɔrtnt

self-importantly
BR ˌsɛlfɪmˈpɔːt(ə)ntli
AM ˌsɛlfəmˈpɔrtn(t)li

self-imposed
BR ˌsɛlfɪmˈpəʊzd
AM ˌsɛlfəmˈpoʊzd

self-improvement
BR ˌsɛlfɪmˈpruːvm(ə)nt
AM ˌsɛlfəmˈpruvm(ə)nt

self-induced
BR ˌsɛlfɪnˈdjuːst, ˌsɛlfɪnˈdʒuːst
AM ˌsɛlfənˈd(j)ust

self-inductance
BR ˌsɛlfɪnˈdʌkt(ə)ns
AM ˌsɛlfənˈdəktns

self-induction
BR ˌsɛlfɪnˈdʌkʃn
AM ˌsɛlfənˈdəkʃ(ə)n

self-inductive
BR ˌsɛlfɪnˈdʌktɪv
AM ˌsɛlfənˈdəktɪv

self-indulgence
BR ˌsɛlfɪnˈdʌldʒ(ə)ns
AM ˌsɛlfənˈdəldʒ(ə)ns

self-indulgent
BR ˌsɛlfɪnˈdʌldʒ(ə)nt
AM ˌsɛlfənˈdəldʒ(ə)nt

self-indulgently
BR ˌsɛlfɪnˈdʌldʒ(ə)ntli
AM ˌsɛlfənˈdəldʒən(t)li

self-inflicted
BR ˌsɛlfɪnˈflɪktɪd
AM ˌsɛlfənˈflɪktɪd

self-insurance
BR ˌsɛlfɪnˈʃʊərn̩s, ˌsɛlfɪnˈʃɔːrn̩s
AM ˌsɛlfənˈʃʊrəns

self-insured
BR ˌsɛlfɪnˈʃʊəd, ˌsɛlfɪnˈʃɔːd
AM ˌsɛlfənˈʃʊ(ə)rd

self-interest
BR ˌsɛlfˈɪntrɪst, ˌsɛlfˈɪnt(ə)rɛst
AM sɛlfˈɪntrəst, sɛlfˈɪn(t)ərəst

self-interested
BR ˌsɛlfˈɪntrɪstɪd, ˌsɛlfˈɪnt(ə)rɛstɪd
AM sɛlfˈɪntrəstəd, sɛlfˈɪn(t)ərəstəd

self-involvement
BR ˌsɛlfɪnˈvɒlvm(ə)nt
AM ˌsɛlfənˈvalvm(ə)nt, ˌsɛlfənˈvɔlvm(ə)nt

selfish
BR ˈsɛlfɪʃ
AM ˈsɛlfɪʃ

selfishly
BR ˈsɛlfɪʃli
AM ˈsɛlfɪʃli

selfishness
BR ˈsɛlfɪʃnɪs
AM ˈsɛlfɪʃnɪs

self-justification
BR ˌsɛlfˌdʒʌstɪfɪˈkeɪʃn
AM ˌsɛlfˌdʒəstəfəˈkeɪʃ(ə)n

self-justifying
BR ˌsɛlfˈdʒʌstɪfʌɪɪŋ
AM ˌsɛlfˈdʒəstəˌfaɪɪŋ

self-knowledge
BR ˌsɛlfˈnɒlɪdʒ
AM ˌsɛlfˈnɑlɪdʒ

selfless
BR ˈsɛlfləs
AM ˈsɛlfləs

selflessly
BR ˈsɛlfləsli
AM ˈsɛlfləsli

selflessness
BR ˈsɛlfləsnəs
AM ˈsɛlfləsnəs

self-loader
BR ˌsɛlfˈləʊdə(r), -z
AM ˌsɛlfˈloʊdər, -z

self-loading
BR ˌsɛlfˈləʊdɪŋ
AM ˌsɛlfˈloʊdɪŋ

self-locking
BR ˌsɛlfˈlɒkɪŋ
AM ˌsɛlfˈlɑkɪŋ

self-love
BR ˌsɛlfˈlʌv
AM ˌsɛlfˈləv

self-made
BR ˌsɛlfˈmeɪd
AM ˌsɛlfˈmeɪd

self-mastery
BR ˌsɛlfˈmɑːst(ə)ri
AM ˌsɛlfˈmæst(ə)ri

selfmate
BR ˌsɛlfˈmeɪt, -s
AM ˌsɛlfˈmeɪt, -s

self-mocking
BR ˌsɛlfˈmɒkɪŋ
AM ˌsɛlfˈmɑkɪŋ

self-motion
BR ˌsɛlfˈməʊʃn
AM ˌsɛlfˈmoʊʃ(ə)n

self-motivated
BR ˌsɛlfˈməʊtɪveɪtɪd
AM ˌsɛlfˈmoʊdəˌveɪdɪd

self-motivation
BR ˌsɛlfməʊtɪˈveɪʃn
AM ˌsɛlfˌmoʊdəˈveɪʃ(ə)n

self-moving
BR ˌsɛlfˈmuːvɪŋ
AM ˌsɛlfˈmuvɪŋ

self-murder
BR ˌsɛlfˈməːdə(r)
AM ˌsɛlfˈmərdər

self-murderer
BR ˌsɛlfˈməːd(ə)rə(r), -z
AM ˌsɛlfˈmərd(ə)rər, -z

self-mutilation
BR ˌsɛlfmjuːtɪˈleɪʃn, -z
AM ˌsɛlfˌmjudəˈleɪʃ(ə)n, -z

self-neglect
BR ˌsɛlfnɪˈglɛkt
AM ˌsɛlfnəˈglɛk(t)

selfness
BR ˈsɛlfnəs
AM ˈsɛlfnəs
self-obsessed
BR ˌsɛlfəbˈsɛst
AM ˈsɛlfəbˈsɛst
self-opinion
BR ˌsɛlfəˈpɪnjən
AM ˌsɛlfəˈpɪnjən
self-opinionated
BR ˌsɛlfəˈpɪnjəneɪtɪd
AM ˌsɛlfəˈpɪnjəˌneɪdɪd
self-parody
BR ˌsɛlfˈparədi
AM ˌsɛlfˈpɛrədi
self-perpetuating
BR ˌsɛlfpəˈpɛtʃʊeɪtɪŋ, ˌsɛlfpəˈpɛtjʊeɪtɪŋ
AM ˌsɛlfpərˈpɛtʃəˌweɪdɪŋ
self-perpetuation
BR ˌsɛlfpəˌpɛtʃʊˈeɪʃn, ˌsɛlfpəˌpɛtjʊˈeɪʃn
AM ˈsɛlfpərˌpɛtʃəˈweɪʃ(ə)n
self-pity
BR ˌsɛlfˈpɪti
AM ˌsɛlfˈpɪdi
self-pitying
BR ˌsɛlfˈpɪtɪŋ
AM ˌsɛlfˈpɪdiɪŋ
self-pityingly
BR ˌsɛlfˈpɪtɪŋli
AM ˌsɛlfˈpɪdiŋli
self-pollinated
BR ˌsɛlfˈpɒlɪneɪtɪd
AM ˌsɛlfˈpɑləˌneɪdɪd
self-pollinating
BR ˌsɛlfˈpɒlɪneɪtɪŋ
AM ˌsɛlfˈpɑləˌneɪdɪŋ
self-pollination
BR ˌsɛlfpɒlɪˈneɪʃn
AM ˈsɛlfˌpɑləˈneɪʃ(ə)n
self-pollinator
BR ˌsɛlfˈpɒlɪneɪtə(r), -z
AM ˌsɛlfˈpɑləˌneɪdər, -z
self-portrait
BR ˌsɛlfˈpɔːtreɪt, ˌsɛlfˈpɔːtrɪt, -s
AM ˌsɛlfˈpɔrtrət, -s

self-possessed
BR ˌsɛlfpəˈzɛst
AM ˌsɛlfpəˈzɛst
self-possession
BR ˌsɛlfpəˈzɛʃn
AM ˌsɛlfpəˈzɛʃ(ə)n
self-praise
BR ˌsɛlfˈpreɪz
AM ˌsɛlfˈpreɪz
self-preservation
BR ˌsɛlfprɛzəˈveɪʃn
AM ˈsɛlfˌprɛzərˈveɪʃ(ə)n
self-proclaimed
BR ˌsɛlfprəˈkleɪmd
AM ˌsɛlfprəˈkleɪmd
self-propagating
BR ˌsɛlfˈprɒpəgeɪtɪŋ
AM ˌsɛlfˈprɑpəˌgeɪdɪŋ
self-propelled
BR ˌsɛlfprəˈpɛld
AM ˌsɛlfprəˈpɛld
self-propelling
BR ˌsɛlfprəˈpɛlɪŋ
AM ˌsɛlfprəˈpɛlɪŋ
self-protection
BR ˌsɛlfprəˈtɛkʃn
AM ˌsɛlfprəˈtɛkʃ(ə)n
self-protective
BR ˌsɛlfprəˈtɛktɪv
AM ˌsɛlfprəˈtɛktɪv
self-raising
BR ˌsɛlfˈreɪzɪŋ
AM ˌsɛlfˈreɪzɪŋ
self-realisation
BR ˌsɛlfˌrɪəlaɪˈzeɪʃn
AM ˈsɛlfˌriəˌlaɪˈzeɪʃ(ə)n, ˈsɛlfˌri(ə)ləˈzeɪʃ(ə)n
self-realization
BR ˌsɛlfˌrɪəlaɪˈzeɪʃn
AM ˈsɛlfˌriəˌlaɪˈzeɪʃ(ə)n, ˈsɛlfˌri(ə)ləˈzeɪʃ(ə)n
self-recording
BR ˌsɛlfrɪˈkɔːdɪŋ
AM ˌsɛlfrəˈkɔrdɪŋ
self-regard
BR ˌsɛlfrɪˈgɑːd
AM ˌsɛlfrəˈgɑrd

self-regarding
BR ˌsɛlfrɪˈgɑːdɪŋ
AM ˌsɛlfrəˈgɑrdɪŋ
self-registering
BR ˌsɛlfˈrɛdʒɪst(ə)rɪŋ
AM ˌsɛlfˈrɛdʒəst(ə)rɪŋ
self-regulating
BR ˌsɛlfˈrɛgjʊleɪtɪŋ
AM ˌsɛlfˈrɛgjəˌleɪdɪŋ
self-regulation
BR ˌsɛlfrɛgjʊˈleɪʃn
AM ˈsɛlfˌrɛgjəˈleɪʃ(ə)n
self-regulatory
BR ˌsɛlfˈrɛgjʊlət(ə)ri
AM ˌsɛlfˈrɛgjələˌtɔri
self-reliance
BR ˌsɛlfrɪˈlʌɪəns
AM ˌsɛlfriˈlaɪəns, ˌsɛlfrəˈlaɪəns
self-reliant
BR ˌsɛlfrɪˈlʌɪənt
AM ˌsɛlfriˈlaɪənt, ˌsɛlfrəˈlaɪənt
self-reliantly
BR ˌsɛlfrɪˈlʌɪəntli
AM ˌsɛlfriˈlaɪən(t)li, ˌsɛlfrəˈlaɪən(t)li
self-renewal
BR ˌsɛlfrɪˈnjʊəl
AM ˌsɛlfriˈnjʊəl, ˌsɛlfrəˈnjʊəl
self-renunciation
BR ˌsɛlfrɪˌnʌnsɪˈeɪʃn
AM ˈsɛlfriˌnənsiˈeɪʃ(ə)n, ˈsɛlfrəˌnənsiˈeɪʃ(ə)n
self-reproach
BR ˌsɛlfrɪˈprəʊtʃ
AM ˌsɛlfriˈproʊtʃ, ˌsɛlfrəˈproʊtʃ
self-reproachful
BR ˌsɛlfrɪˈprəʊtʃf(ʊ)l
AM ˌsɛlfriˈproʊtʃfəl, ˌsɛlfrəˈproʊtʃfəl
self-respect
BR ˌsɛlfrɪˈspɛkt
AM ˌsɛlfriˈspɛk(t), ˌsɛlfrəˈspɛk(t)
self-respecting
BR ˌsɛlfrɪˈspɛktɪŋ
AM ˌsɛlfriˈspɛktɪŋ, ˌsɛlfrəˈspɛktɪŋ

self-restrained
BR ˌsɛlfrɪˈstreɪnd
AM ˌsɛlfriˈstreɪnd, ˌsɛlfrəˈstreɪnd
self-restraint
BR ˌsɛlfrɪˈstreɪnt
AM ˌsɛlfriˈstreɪnt, ˌsɛlfrəˈstreɪnt
self-revealing
BR ˌsɛlfrɪˈviːlɪŋ
AM ˌsɛlfrəˈvilɪŋ
self-revelation
BR ˌsɛlfrɛvəˈleɪʃn
AM ˈsɛlfˌrɛvəˈleɪʃ(ə)n
Selfridge
BR ˈsɛlfrɪdʒ
AM ˈsɛlfrɪdʒ
self-righteous
BR ˌsɛlfˈrʌɪtʃəs
AM ˌsɛlfˈraɪtʃəs
self-righteously
BR ˌsɛlfˈrʌɪtʃəsli
AM ˌsɛlfˈraɪtʃəsli
self-righteousness
BR ˌsɛlfˈrʌɪtʃəsnəs
AM ˌsɛlfˈraɪtʃəsnəs
self-righting
BR ˌsɛlfˈrʌɪtɪŋ
AM ˌsɛlfˈraɪdɪŋ
self-rising
BR ˌsɛlfˈrʌɪzɪŋ
AM ˌsɛlfˈraɪzɪŋ
self-rule
BR ˌsɛlfˈruːl
AM ˌsɛlfˈrul
self-sacrifice
BR ˌsɛlfˈsakrɪfʌɪs
AM ˌsɛlfˈsækrəˌfaɪs
self-sacrificing
BR ˌsɛlfˈsakrɪfʌɪsɪŋ
AM ˈsɛlfˈsækrəˌfaɪsɪŋ
selfsame
BR ˈsɛlfseɪm, ˌsɛlfˈseɪm
AM ˌsɛlfˈseɪm
self-satisfaction
BR ˌsɛlfsatɪsˈfakʃn
AM ˈsɛlfˌsædəsˈfækʃ(ə)n
self-satisfied
BR ˌsɛlfˈsatɪsfʌɪd
AM ˌsɛlfˈsædəsˌfaɪd

self-satisfiedly
BR ˌsɛlfˈsatɪsfʌɪdli
AM ˌsɛlfˈsædə-ˌsfaɪ(ə)dli

self-sealing
BR ˌsɛlfˈsiːlɪŋ
AM ˌsɛlfˈsilɪŋ

self-seed
BR ˌsɛlfˈsiːd, -z, -ɪŋ, -ɪd
AM ˌsɛlfˈsid, -z, -ɪŋ, -ɪd

self-seeker
BR ˌsɛlfˈsiːkə(r), -z
AM ˌˈsɛlfˈsikər, -z

self-seeking
BR ˌsɛlfˈsiːkɪŋ
AM ˌsɛlfˈsikɪŋ

self-selecting
BR ˌsɛlfsɪˈlɛktɪŋ
AM ˌsɛlfsəˈlɛktɪŋ

self-selection
BR ˌsɛlfsɪˈlɛkʃn
AM ˌsɛlfsəˈlɛkʃ(ə)n

self-service
BR ˌsɛlfˈsəːvɪs
AM ˈsɛlfˈsərvəs

self-serving
BR ˌsɛlfˈsəːvɪŋ
AM ˌsɛlfˈsərvɪŋ

self-slaughter
BR ˌsɛlfˈslɔːtə(r)
AM ˌsɛlfˈslɑdər, ˌsɛlfˈslɔdər

self-sown
BR ˌsɛlfˈsəʊn
AM ˌsɛlfˈsoʊn

self-starter
BR ˌsɛlfˈstɑːtə(r), -z
AM ˌsɛlfˈstɑrdər, -z

self-sterile
BR ˌsɛlfˈstɛrʌɪl
AM ˌsɛlfˈstɛrəl

self-sterility
BR ˌsɛlfstəˈrɪlɪti
AM ˌsɛlfstəˈrɪlɪdi

self-styled
BR ˌsɛlfˈstʌɪld
AM ˌsɛlfˈstaɪld

self-sufficiency
BR ˌsɛlfsəˈfɪʃnsi
AM ˌsɛlfsəˈfɪʃənsi

self-sufficient
BR ˌsɛlfsəˈfɪʃnt
AM ˌsɛlfsəˈfɪʃ(ə)nt

self-sufficiently
BR ˌsɛlfsəˈfɪʃntli
AM ˌsɛlfsəˈfɪʃən(t)li

self-sufficing
BR ˌsɛlfsəˈfʌɪsɪŋ
AM ˌsɛlfsəˈfaɪsɪŋ

self-suggestion
BR ˌsɛlfsəˈdʒɛstʃn
AM ˌsɛlfsəˈdʒɛstʃ(ə)n, ˌsɛlfsəˈdʒɛʃtʃ(ə)n

self-support
BR ˌsɛlfsəˈpɔːt
AM ˌsɛlfsəˈpɔ(ə)rt

self-supporting
BR ˌsɛlfsəˈpɔːtɪŋ
AM ˌsɛlfsəˈpɔrdɪŋ

self-surrender
BR ˌsɛlfsəˈrɛndə(r)
AM ˌsɛlfsəˈrɛndər

self-sustained
BR ˌsɛlfsəˈsteɪnd
AM ˌsɛlfsəsˈteɪnd

self-sustaining
BR ˌsɛlfsəˈsteɪnɪŋ
AM ˌsɛlfsəsˈteɪnɪŋ

self-tapping
BR ˌsɛlfˈtapɪŋ
AM ˌsɛlfˈtæpɪŋ

self-taught
BR ˌsɛlfˈtɔːt
AM ˌsɛlfˈtɑt, ˌsɛlfˈtɔt

self-torture
BR ˌsɛlfˈtɔːtʃə(r)
AM ˌsɛlfˈtɔrtʃər

self-understanding
BR ˌsɛlfʌndəˈstandɪŋ
AM ˌˈsɛlfˌəndərˈstændɪŋ

self-will
BR ˌsɛlfˈwɪl
AM ˌsɛlfˈwɪl

self-willed
BR ˌsɛlfˈwɪld
AM ˌsɛlfˈwɪld

self-winding
BR ˌsɛlfˈwʌɪndɪŋ
AM ˌsɛlfˈwaɪndɪŋ

self-worth
BR ˌsɛlfˈwəːθ
AM ˌsɛlfˈwərθ

Seligman
BR ˈsɛlɪgmən
AM ˈsilɪgm(ə)n, ˈsɛlɪgm(ə)n
GER ˈzeːlɪçman

Seligmann
BR ˈsɛlɪgmən
AM ˈsilɪgm(ə)n, ˈsɛlɪgm(ə)n
GER ˈzeːlɪçman

Selima
BR sɪˈliːmə(r)
AM səˈlimə

Selina
BR sɪˈliːnə(r)
AM səˈlinə

Seljuk
BR sɛlˈdʒuːk, ˈsɛldʒuːk, -s
AM sɛlˌdʒuk, sɛlˈdʒuk, -s

Seljukian
BR sɛlˈdʒuːkɪən, -z
AM sɛlˈdʒukiən, -z

Selkirk
BR ˈsɛlkəːk
AM ˈsɛlˌkərk

sell
BR sɛl, -z, -ɪŋ
AM sɛl, -z, -ɪŋ

sellable
BR ˈsɛləbl
AM ˈsɛləb(ə)l

Sellafield
BR ˈsɛləfiːld
AM ˈsɛləˌfild

Sellar
BR ˈsɛlə(r)
AM ˈsɛlər

Sellars
BR ˈsɛləz
AM ˈsɛlərz

sell-by date
BR ˈsɛlbʌɪ deɪt, -s
AM ˈsɛlˌbaɪ ˌdeɪt, -s

seller
BR ˈsɛlə(r), -z
AM ˈsɛlər, -z

Sellers
BR ˈsɛləz
AM ˈsɛlərz

Sellick
BR ˈsɛlɪk
AM ˈsɛlək

sellotape
BR ˈsɛlə(ʊ)teɪp, -s, -ɪŋ, -t
AM ˈsɛləˌteɪp, -s, -ɪŋ, -t

sellout
BR ˈsɛlaʊt, -s
AM ˈsɛlˌaʊt, -s

Selma
BR ˈsɛlmə(r)
AM ˈsɛlmə

Selous
BR səˈluː
AM səˈlu

Selsey
BR ˈsɛlsi
AM ˈsɛlsi

seltzer
BR ˈsɛltsə(r)
AM ˈsɛltsər

selvage
BR ˈsɛlv|ɪdʒ, -ɪdʒɪz
AM ˈsɛlvɪdʒ, -ɪz

Selvas
BR ˈsɛlvəs
AM ˈsɛlvəs

selvedge
BR ˈsɛlv|ɪdʒ, -ɪdʒɪz
AM ˈsɛlvɪdʒ, -ɪz

selves
BR sɛlvz
AM sɛlvz

Selwyn
BR ˈsɛlwɪn
AM ˈsɛlwən

Selznick
BR ˈsɛlznɪk
AM ˈsɛlznɪk

SEM
BR sɛm
AM sɛm

semanteme
BR sɪˈmantiːm, -z
AM səˈmænˌtim, -z

semantic
BR sɪˈmantɪk, -s
AM səˈmæn(t)ɪk, -s

semantically
BR sɪˈmantɪkli
AM səˈmæn(t)ək(ə)li

semantician
BR sɪˌmanˈtɪʃn, -z
AM səˌmænˈtɪʃn, -z
semanticise
BR sɪˈmantɪsʌɪz, -ɪz,
-ɪŋ, -d
AM səˈmæn(t)əˌsaɪz,
-ɪz, -ɪŋ, -d
semanticism
BR sɪˈmantɪsɪzm
AM səˈmæn(t)əˌsɪz(ə)m
semanticist
BR sɪˈmantɪsɪst,
-s
AM səˈmæn(t)əsəst,
-s
semanticize
BR sɪˈmantɪsʌɪz, -ɪz,
-ɪŋ, -d
AM səˈmæn(t)əˌsaɪz,
-ɪz, -ɪŋ, -d
semaphore
BR ˈsɛməfɔː(r), -z,
-ɪŋ, -d
AM ˈsɛməˌfɔ(ə)r, -z,
-ɪŋ, -d
semaphoric
BR ˌsɛməˈfɒrɪk
AM ˌsɛməˈfɔrɪk
semaphorically
BR ˌsɛməˈfɒrɪkli
AM ˌsɛməˈfɔrək(ə)li
Semarang
BR sɪˈmɑːraŋ
AM səˈmɑˌraŋ
semasiological
BR sɪˌmeɪzɪəˈlɒdʒɪkl,
sɪˌmeɪsɪəˈlɒdʒɪkl
AM səˌmeɪzɪə-
ˈlɑdʒək(ə)l,
səˌmeɪsɪəˈlɑdʒək(ə)l
semasiology
BR sɪˌmeɪzɪˈɒlədʒi,
sɪˌmeɪsɪˈɒlədʒi
AM səˌmeɪziˈɑlədʒi,
səˌmeɪsiˈɑlədʒi
sematic
BR sɪˈmatɪk
AM səˈmædɪk
semblable
BR ˈsɛmbləbl, -z
AM ˈsɛmbləb(ə)l, -z

semblance
BR ˈsɛmbl(ə)ns, -ɪz
AM ˈsɛmbl(ə)ns, -əz
semé *masculine*
BR ˈsɛmi, ˈsɛmeɪ
AM ˈsɛˌmeɪ, səˈmeɪ
FR səme
semée *feminine*
BR ˈsɛmi, ˈsɛmeɪ
AM ˈsɛˌmeɪ, səˈmeɪ
FR səme
semeiology
BR ˌsɛmɪˈɒlədʒi,
ˌsiːmɪˈɒlədʒi
AM ˌsɛˌmiˈalədʒi,
ˌsiˌmiˈalədʒi
semeiotics
BR ˈsɛmɪˌɒtɪks,
ˈsiːmɪˌɒtɪks
AM ˌsiˌmiˈadɪks,
ˌsɛˌmiˈadɪks
Semele
BR ˈsɛmɪli, ˈsɛmli
AM ˈsɛməli
sememe
BR ˈsiːmiːm, -z
AM ˈsɛˌmim, -z
semen
BR ˈsiːmən
AM ˈsim(ə)n
Semer Water
BR ˈsɛmə ˌwɔːtə(r)
AM ˈsɛmər ˌwɑdər,
ˈsɛmər ˌwɔdər
semester
BR sɪˈmɛstə(r), -z
AM səˈmɛstər, -z
semi
BR ˈsɛm|i, -ɪz
AM ˈsɛmi, ˈsɛˌmaɪ, -z
semiaquatic
BR ˌsɛmɪəˈkwatɪk
AM ˌsɛmɪəˈkwɑdɪk,
ˌsɛˌmaɪəˈkwɑdɪk
semiautomatic
BR ˌsɛmɪˌɔːtəˈmatɪk,
-s
AM ˌsɛmɪˌɒdəˈmædɪk,
ˌsɛˌmaɪˌadəˈmædɪk,
ˈsɛmiˌadəˈmædɪk,
ˌsɛˌmaɪˌɒdəˈmædɪk,
-s

semibreve
BR ˈsɛmɪbriːv, -z
AM ˈsɛˌmaɪˌbriv,
ˈsɛmiˌbriv, -z
semicircle
BR ˈsɛmɪˌsəːkl, -z
AM ˈsɛmiˌsərkəl,
ˈsɛˌmaɪˌsərkəl, -z
semicircular
BR ˌsɛmɪˈsəːkjʉlə(r)
AM ˌsɛˌmaɪˈsərkjələr,
ˌsɛmiˈsərkjələr
semicolon
BR ˈsɛmɪˌkəʊlɒn,
ˈsɛmiˌkəʊlɒn, -z
AM ˈsɛmaɪˌkoʊl(ə)n,
ˈsɛmiˌkoʊl(ə)n, -z
semiconducting
BR ˌsɛmɪkənˈdʌktɪŋ
AM ˌsɛˌmaɪkənˌdəktɪŋ,
ˈsɛmɪkənˌdəktɪŋ
semiconductor
BR ˈsɛmɪkənˌdʌktə(r),
-z
AM ˌsɛˌmaɪkənˌdəktər,
ˈsɛmɪkənˌdəktər, -z
semi-conscious
BR ˌsɛmɪˈkɒnʃəs
AM ˌsɛmiˈkɑnʃəs,
ˌsɛˌmaɪˈkɑnʃəs
semicylinder
BR ˈsɛmɪˌsɪlɪndə(r), -z
AM ˈsɛˌmaɪˌsɪləndər,
ˈsɛmiˌsɪləndər, -z
semicylindrical
BR ˌsɛmɪsɪˈlɪndrɪkl
AM ˌsɛˌmaɪsə-
ˈlɪndrɪk(ə)l,
ˌsɛmisəˈlɪndrɪk(ə)l
semidemisemiquaver
BR ˌsɛmɪˌdɛmɪˈsɛmɪ-
ˌkweɪvə(r), -z
AM ˌsɛmiˌdɛmiˈsɛmi-
ˌkweɪvər,
ˌsɛˌmaɪˌdɛmiˈsɛmaɪ-
ˌkweɪvər, -z
semidetached
BR ˌsɛmɪdɪˈtatʃt
AM ˌsɛmidiˈtætʃt,
ˌsɛˌmaɪdəˈtætʃt,
ˌsɛˌmaɪdiˈtætʃt,
ˌsɛmidəˈtætʃt

semidiameter
BR ˌsɛmɪdʌɪˈamɪtə(r),
-z
AM ˈsɛmaɪˌdaɪ-
ˈæmədər, ˈsɛmiˌdaɪ-
ˈæmədər, -z
semifinal
BR ˌsɛmɪˈfʌɪnl,
ˈsɛmɪfʌɪnl, -z
AM ˌsɛmiˈfaɪn(ə)l,
ˌsɛˌmaɪˈfaɪn(ə)l,
-z
semifinalist
BR ˌsɛmɪˈfʌɪnl̩ɪst, -s
AM ˌsɛmiˈfaɪnləst,
ˌsɛˌmaɪˈfaɪnləst, -s
semigloss
BR ˈsɛmɪɡlɒs, -ɪz
AM ˌsɛˌmaɪˌɡlɔs,
ˈsɛmiˌɡlɑs,
ˌsɛˌmaɪˌɡlɑs,
ˈsɛmiˌɡlɔs, -əz
Semillon
BR ˈsɛmijɒ̃, ˈsɛmɪlɒn,
-z
AM ˈsɛmɪlˌjan, -z
seminal
BR ˈsɛmɪnl
AM ˈsɛmən(ə)l
seminally
BR ˈsɛmɪn̩li
AM ˈsɛm(ə)nəli
seminar
BR ˈsɛmɪnɑː(r), -z
AM ˈsɛməˌnɑr, -z
seminarian
BR ˌsɛmɪˈnɛːrɪən, -z
AM ˌsɛməˈnɛrɪən,
-z
seminarist
BR ˈsɛmɪn(ə)rɪst, -s
AM ˈsɛmənərəst,
ˈsɛməˌnɛrəst, -s
seminary
BR ˈsɛmɪn(ə)r|i, -ɪz
AM ˈsɛməˌnɛri, -z
seminiferous
BR ˌsɛmɪˈnɪf(ə)rəs
AM ˌsɛməˈnɪf(ə)rəs
Seminole
BR ˈsɛmɪnəʊl, -z
AM ˈsɛməˌnoʊl, -z

semiological
BR ˌsemɪəˈlɒdʒɪkl,
ˌsiːmɪəˈlɒdʒɪkl
AM ˌseˌmiəˈlɑdʒək(ə)l,
ˌsiˌmiəˈlɑdʒək(ə)l

semiologist
BR ˌsemɪˈɒlədʒɪst,
ˌsiːmɪˈɒlədʒɪst, -s
AM ˌseˌmiˈɑlədʒəst,
ˌsiˌmiˈɑlədʒəst,
-s

semiology
BR ˌsemɪˈɒlədʒi,
ˌsiːmɪˈɒlədʒi
AM ˌsemiˈɑlədʒi,
ˌsiˌmiˈɑlədʒi

semiotic
BR ˌsemɪˈɒtɪk,
ˌsiːmɪˈɒtɪk, -s
AM ˌsimiˈɑdɪk,
ˌsemiˈɑdɪk, -s

semiotical
BR ˌsemɪˈɒtɪkl,
ˌsiːmɪˈɒtɪkl
AM ˌsimiˈɑdək(ə)l,
ˌsemiˈɑdək(ə)l

semiotically
BR ˌsemɪˈɒtɪkli,
ˌsiːmɪˈɒtɪkli
AM ˌsimiˈɑdəkəli,
ˌsemiˈɑdək(ə)li

semiotician
BR ˌsemɪəˈtɪʃn,
ˌsiːmɪəˈtɪʃn, -z
AM ˌˌsimiəˈtɪʃ(ə)n,
ˌsemiəˈtɪʃ(ə)n, -z

semipalmated
BR ˌsemɪˈpalmeɪtɪd
AM ˌseˌmaɪˈpɑ(l)-
ˌmeɪdɨd, ˌsemiˈpæl-
ˌmeɪdɨd, ˌsemiˈpɑ(l)-
ˌmeɪdɨd, ˌseˌmaɪˈpæl-
ˌmeɪdɨd

semipermeable
BR ˌsemɪˈpɜːmɪəbl
AM ˌseˌmaɪ-
ˈpɜrmiəb(ə)l,
ˌsemiˈpɜrmiəb(ə)l

semiprecious
BR ˌsemɪˈpreʃəs
AM ˌsemiˈpreʃəs,
ˌseˌmaɪˈpreʃəs

semiprivate
BR ˌsemɪˈprʌɪvɪt
AM ˌseˌmaɪˈpraɪvət,
ˌsemiˈpraɪvət

semi-professional
BR ˌsemɪprəˈfeʃn̩l, -z
AM ˌˌsemiprə-
ˈfeʃ(ə)n(ə)l,
ˌˌseˌmaɪprə-
ˈfeʃ(ə)n(ə)l, -z

semiquaver
BR ˈsemɪˌkweɪvə(r),
-z
AM ˌsemiˈkweɪvər,
ˌseˌmaɪˈkweɪvər, -z

Semiramis
BR seˈmɪrəmɪs,
sɪˈmɪrəmɪs
AM səˈmɪrəməs,
seˈmɪrəməs

semiretired
BR ˌsemɪrɪˈtʌɪəd
AM ˌˌseˌmaɪrəˈtaɪ(ə)rd,
ˌˌsemirəˈtaɪ(ə)rd

semisoft
BR ˌsemɪˈsɒft
AM ˌseˌmaɪˈsɔft,
ˌsemiˈsɑft,
ˌseˌmaɪˈsɑft,
ˌsemiˈsɔft

semisweet
BR ˌsemɪˈswiːt
AM ˌseˌmaɪˈswit,
ˌsemiˈswit

Semite
BR ˈsiːmʌɪt, ˈsemʌɪt, -s
AM ˈseˌmaɪt, -s

Semitic
BR sɪˈmɪtɪk
AM səˈmɪdɪk

Semitisation
BR ˌsemɪtʌɪˈzeɪʃn
AM ˌseməˌtaɪˈzeɪʃ(ə)n,
ˌsemədəˈzeɪʃ(ə)n

Semitise
BR ˈsemɪtʌɪz, -ɪz,
-ɪŋ, -d
AM ˈseməˌtaɪz, -ɪz,
-ɪŋ, -d

Semitism
BR ˈsemɪtɪzm
AM ˈseməˌtɪz(ə)m

Semitist
BR ˈsemɪtɪst, -s
AM ˈsemədəst, -s

Semitization
BR ˌsemɪtʌɪˈzeɪʃn
AM ˌseməˌtaɪˈzeɪʃ(ə)n,
ˌsemədəˈzeɪʃ(ə)n

Semitize
BR ˈsemɪtʌɪz, -ɪz,
-ɪŋ, -d
AM ˈseməˌtaɪz, -ɪz,
-ɪŋ, -d

semitone
BR ˈsemɪtəʊn, -z
AM ˈseˌmaɪˌtoʊn,
ˈsemiˌtoʊn, -z

semitrailer
BR ˈsemɪˌtreɪlə(r), -z
AM ˌsemiˈtreɪlər,
ˌseˌmaɪˈtreɪlər, -z

semitropical
BR ˌsemɪˈtrɒpɪkl
AM ˌseˌmaɪˈtrɑpək(ə)l,
ˌsemiˈtrɑpək(ə)l

semi-tropics
BR ˌsemɪˈtrɒpɪks
AM ˌseˌmaɪˈtrɑpɪks,
ˌsemiˈtrɑpɪks

semivowel
BR ˈsemɪˌvaʊəl,
ˈsemɪvaʊl, -z
AM ˈseˌmaɪˌvaʊ(ə)l,
ˈsemiˌvaʊ(ə)l,
-z

semmit
BR ˈsemɪt, -s
AM ˈsemət, -s

semolina
BR ˌseməˈliːnə(r)
AM ˌseməˈlinə

Semper
BR ˈsempə(r)
AM ˈsempər

sempervivum
BR ˌsempəˈvʌɪvəm
AM ˌsempərˈvaɪvəm

sempiternal
BR ˌsempɪˈtɜːnl
AM ˌsempəˈtɜrn(ə)l

sempiternally
BR ˌsempɪˈtɜːnli
AM ˌsempəˈtɜrnəli

sempiternity
BR ˌsempɪˈtɜːnɪti
AM ˌsempəˈtɜrnədi

Semple
BR ˈsempl
AM ˈsempəl

semplice
BR ˈsemplɪtʃi,
ˈsemplɪtʃeɪ
AM ˈsempləˌtʃeɪ
IT ˈsemplitʃe

sempre
BR ˈsempreɪ
AM ˈsemˌpreɪ
IT ˈsempre

sempstress
BR ˈsem(p)strɪs, -ɪz
AM ˈsem(p)strəs, -əz

Semtex
BR ˈsemteks
AM ˈsemˌteks

senarii
BR sɪˈnɛːrɪʌɪ
AM siˈnɛriˌaɪ,
səˈnɛriˌaɪ

senarius
BR sɪˈnɛːrɪəs
AM siˈnɛriəs, səˈnɛriəs

senary
BR ˈsiːn(ə)ri, ˈsen(ə)ri
AM ˈsenəri, ˈsɪnəri

senate
BR ˈsenɪt, -s
AM ˈsenət, -s

senator
BR ˈsenɪtə(r), -z
AM ˈsenədər, -z

senatorial
BR ˌsenɪˈtɔːrɪəl
AM ˌsenəˈtɔriəl

senatorially
BR ˌsenɪˈtɔːrɪəli
AM ˌsenəˈtɔriəli

senatorship
BR ˈsenɪtəʃɪp, -s
AM ˈsenədərˌʃɪp, -s

send
BR send, -z, -ɪŋ
AM send, -z, -ɪŋ

sendable
BR ˈsendəbl
AM ˈsendəb(ə)l

Sendai
BR ˈsendʌɪ
AM ˈsenˌdaɪ
sendal
BR ˈsendl, -z
AM ˈsendəl, -z
sender
BR ˈsendə(r), -z
AM ˈsendər, -z
sending-off
BR ˌsendɪŋˈɒf, -s
AM ˌsendɪŋˈɑf,
ˌsendɪŋˈɔf, -s
Seneca
BR ˈsenɪkə(r)
AM ˈsenəkə
senecio
BR sɪˈniːsɪəʊ,
sɪˈniːʃɪəʊ, -z
AM sɪˈniʃioʊ,
sɪˈnisioʊ, -z
Senegal
BR ˌsenɪˈɡɔːl
AM ˈˌsenəˌɡɑl,
ˈˌsenəˌɡɔl
Senegalese
BR ˌsenɪɡəˈliːz
AM ˌsenəɡəˈliz
senesce
BR sɪˈnes, -ɪz, -ɪŋ, -t
AM səˈnes, -əz, -ɪŋ, -t
senescence
BR sɪˈnesns
AM səˈnes(ə)ns
senescent
BR sɪˈnesnt
AM səˈnes(ə)nt
seneschal
BR ˈsenɪʃl, -z
AM ˈsenəˌʃɑl,
ˈsenəʃ(ə)l, -z
Senghenydd
BR seŋˈhenɪð
AM seŋˈhenɪð
Senhor
BR seˈnjɔː(r), -z
AM sinˈjɔ(ə)r,
seɪnˈjɔ(ə)r, -z
Senhora
BR seˈnjɔːrə(r), -z
AM sinˈjɔrə,
seɪnˈjɔrə, -z

Senhores
BR seˈnjɔːreɪz
AM sinˈjɔreɪs,
seɪnˈjɔreɪs
Senhorita
BR ˌsenjɔːˈriːtə(r), -z
AM ˌsenjəˈrɪdə,
ˌseɪnjəˈrɪdə, -z
senile
BR ˈsiːnʌɪl
AM ˈsiˌnaɪl
senility
BR sɪˈnɪlɪti
AM seˈnɪlɨdi, səˈnɪlɨdi
senior
BR ˈsiːnɪə(r), -z
AM ˈsiniər, ˈsinjər, -z
seniority
BR ˌsiːnɪˈɒrɪti
AM sinˈjɔrədi
seniti
BR ˈsenɨti
AM səˈnɪdi
Senlac
BR ˈsenlak
AM ˈsenlæk
senna
BR ˈsenə(r)
AM ˈsenə
Sennacherib
BR sɪˈnakərɪb, seˈnakərɪb
AM səˈnækəˌrɪb
sennet
BR ˈsenɪt
AM ˈsenət
Sennett
BR ˈsenɪt
AM ˈsenət
sennight
BR ˈsenʌɪt, -s
AM ˈsenaɪt, -s
sennit
BR ˈsenɪt
AM ˈsenət
señor
BR seˈnjɔː(r), -z
AM sinˈjɔ(ə)r,
seɪnˈjɔ(ə)r, -z
señora
BR seˈnjɔːrə(r), -z
AM sinˈjɔrə, seɪnˈjɔrə, -z

señores
BR seˈnjɔːreɪz
AM sinˈjɔreɪs,
seɪnˈjɔreɪs
señorita
BR ˌsenjɔːˈriːtə(r), -z
AM ˌsenjəˈrɪdə,
ˌseɪnjəˈrɪdə, -z
sensa
BR ˈsensə(r)
AM ˈsensə
sensate
BR ˈsenseɪt
AM ˈsenˌseɪt
sensation
BR s(ɛ)nˈseɪʃn, -z
AM sənˈseɪʃ(ə)n,
senˈseɪʃ(ə)n, -z
sensational
BR s(ɛ)nˈseɪʃnl
AM sənˈseɪʃ(ə)n(ə)l,
senˈseɪʃ(ə)n(ə)l
sensationalise
BR s(ɛ)nˈseɪʃnlʌɪz,
s(ɛ)nˈseɪʃnəlʌɪz, -ɪz, -ɪŋ, -d
AM sənˈseɪʃənl̩ˌaɪz,
senˈseɪʃnəˌlaɪz,
sənˈseɪʃnəˌlaɪz,
senˈseɪʃənlˌaɪz, -ɨz, -ɪŋ, -d
sensationalism
BR s(ɛ)nˈseɪʃnlɪzm,
s(ɛ)nˈseɪʃnəlɪzm
AM sənˈseɪʃənlˌɪz(ə)m,
senˈseɪʃnəˌlɪz(ə)m,
sənˈseɪʃnəˌlɪz(ə)m,
senˈseɪʃənlˌɪz(ə)m
sensationalist
BR s(ɛ)nˈseɪʃnlɪst,
s(ɛ)nˈseɪʃnəlɪst, -s
AM sənˈseɪʃənləst,
senˈseɪʃnələst,
sənˈseɪʃnələst,
senˈseɪʃənləst, -s
sensationalistic
BR s(ɛ)nˌseɪʃnlˈɪstɪk,
s(ɛ)nˌseɪʃnəˈlɪstɪk
AM sənˌseɪʃənlˈɪstɪk,
senˌseɪʃnəˈlɪstɪk,
sənˌseɪʃnəˈlɪstɪk,
senˌseɪʃənlˈɪstɪk

sensationalize
BR s(ɛ)nˈseɪʃnlʌɪz,
s(ɛ)nˈseɪʃnəlʌɪz, -ɪz,
-ɪŋ, -d
AM sənˈseɪʃənlˌaɪz,
senˈseɪʃnəˌlaɪz,
sənˈseɪʃnəˌlaɪz,
senˈseɪʃənlˌaɪz, -ɨz,
-ɪŋ, -d
sensationally
BR s(ɛ)nˈseɪʃnli,
s(ɛ)nˈseɪʃnəli
AM sənˈseɪʃ(ə)nəli,
senˈseɪʃ(ə)nəli
sense
BR sens, -ɪz, -ɪŋ, -t
AM sens, -əz, -ɪŋ, -t
senseless
BR ˈsensləs
AM ˈsensləs
senselessly
BR ˈsensləsli
AM ˈsensləsli
senselessness
BR ˈsensləsnəs
AM ˈsensləsnəs
sense-organ
BR ˈsensˌɔːɡ(ə)n, -z
AM ˈsensˌɔrɡən, -z
sensibility
BR ˌsensɪˈbɪlɪt|i, -ɪz
AM ˌsensəˈbɪlɨdi, -z
sensible
BR ˈsensɪbl
AM ˈsensəb(ə)l
sensibleness
BR ˈsensɪblnəs
AM ˈsensəbəlnəs
sensibly
BR ˈsensɪbli
AM ˈsensəbli
sensitisation
BR ˌsensɪtʌɪˈzeɪʃn
AM ˌsensəˌtaɪˈzeɪʃ(ə)n,
ˌsensədəˈzeɪʃ(ə)n
sensitise
BR ˈsensɪtʌɪz, -ɪz, -ɪŋ, -d
AM ˈsensəˌtaɪz, -ɪz,
-ɪŋ, -d
sensitiser
BR ˈsensɪtʌɪzə(r), -z
AM ˈsensəˌtaɪzər, -z

sensitive
BR ˈsensɪtɪv
AM ˈsensədɪv

sensitively
BR ˈsensɪtɪvli
AM ˈsensədɪvli

sensitiveness
BR ˈsensɪtɪvnɪs
AM ˈsensədɪvnɪs

sensitivity
BR ˌsensɪˈtɪvɪti
AM ˌsensəˈtɪvɪdi

sensitization
BR ˌsensɪtaɪˈzeɪʃn
AM ˌsensəˌtaɪˈzeɪʃ(ə)n, ˌsensədəˈzeɪʃ(ə)n

sensitize
BR ˈsensɪtaɪz, -ɪz, -ɪŋ, -d
AM ˈsensəˌtaɪz, -ɪz, -ɪŋ, -d

sensitizer
BR ˈsensɪtaɪzə(r), -z
AM ˈsensəˌtaɪzər, -z

sensitometer
BR ˌsensɪˈtɒmɪtə(r), -z
AM ˌsensəˈtɑmədər, -z

Sensodyne
BR ˈsensə(ʊ)daɪn
AM ˈsensəˌdaɪn

sensor
BR ˈsensə(r), -z
AM ˈsensər, -z

sensoria
BR senˈsɔːriə(r)
AM senˈsɔriə

sensorial
BR senˈsɔːriəl
AM senˈsɔriəl

sensorially
BR senˈsɔːriəli
AM senˈsɔriəli

sensorily
BR ˈsens(ə)rɪli
AM senˈsɔrəli, ˈsensərəli

sensorium
BR senˈsɔːriəm, -z
AM senˈsɔriəm, -z

sensory
BR ˈsens(ə)ri
AM ˈsensəri

sensual
BR ˈsensjʊəl, ˈsensjʉl, ˈsenʃʊəl, ˈsenʃ(ʉ)l
AM ˈsen(t)ʃ(əw)əl

sensualise
BR ˈsensjʊəlaɪz, ˈsensjʉlaɪz, ˈsenʃʊəlaɪz, ˈsenʃʉlaɪz, ˈsenʃlaɪz, -ɪz, -ɪŋ, -d
AM ˈsen(t)ʃ(əw)əˌlaɪz, -ɪz, -ɪŋ, -d

sensualism
BR ˈsensjʊəlɪzm, ˈsensjʉlɪzm, ˈsenʃʊəlɪzm, ˈsenʃʉlɪzm, ˈsenʃlɪzm
AM ˈsen(t)ʃ(əw)əˌlɪz(ə)m

sensualist
BR ˈsensjʊəlɪst, ˈsensjʉlɪst, ˈsenʃʊəlɪst, ˈsenʃʉlɪst, ˈsenʃlɪst, -s
AM ˈsen(t)ʃ(əw)ələst, -s

sensuality
BR ˌsensjʊˈalɪti, ˌsenʃʊˈalɪti
AM ˌsen(t)ʃəˈwælədi

sensualize
BR ˈsensjʊəlaɪz, ˈsensjʉlaɪz, ˈsenʃʊəlaɪz, ˈsenʃʉlaɪz, ˈsenʃlaɪz, -ɪz, -ɪŋ, -d
AM ˈsen(t)ʃ(əw)əˌlaɪz, -ɪz, -ɪŋ, -d

sensually
BR ˈsensjʊəli, ˈsensjʉli, ˈsenʃʊəli, ˈsenʃʉli, ˈsenʃli
AM ˈsen(t)ʃ(əw)əli

sensualness
BR ˈsensjʊəlnəs, ˈsensjʉlnəs, ˈsenʃʊəlnəs, ˈsenʃ(ʉ)lnəs
AM ˈsen(t)ʃ(əw)əlnəs

sensum
BR ˈsensəm
AM ˈsens(ə)m

sensuous
BR ˈsensjʊəs, ˈsenʃʊəs
AM ˈsen(t)ʃəwəs

sensuously
BR ˈsensjʊəs, ˈsenʃʊəsli
AM ˈsen(t)ʃəwəsli

sensuousness
BR ˈsensjʊəsnəs, ˈsenʃʊəsnəs
AM ˈsen(t)ʃəwəsnəs

sensu stricto
BR ˌsensuː ˈstrɪktəʊ
AM ˌsensu ˈstrɪktoʊ

sent
BR sent
AM sent

sente
BR ˈsent|i, -ɪz
AM ˈsenˌti, -z

sentence
BR ˈsent(ə)ns, -ɪz, -ɪŋ, -t
AM ˈsen(t)əns, ˈsentns, -əz, -ɪŋ, -t

sentential
BR senˈtenʃl
AM senˈten(t)ʃ(ə)l

sententious
BR senˈtenʃəs
AM senˈten(t)ʃəs

sententiously
BR senˈtenʃəsli
AM senˈten(t)ʃəsli

sententiousness
BR senˈtenʃəsnəs
AM senˈten(t)ʃəsnəs

sentience
BR ˈsenʃ(ɪə)ns, ˈsentɪəns
AM ˈsen(t)ʃ(i)əns

sentiency
BR ˈsenʃ(ɪə)nsi, ˈsentɪənsi
AM ˈsen(t)ʃ(i)ənsi

sentient
BR ˈsenʃ(ɪə)nt, ˈsentɪənt
AM ˈsen(t)ʃ(i)ənt

sentiently
BR ˈsenʃ(ɪə)ntli, ˈsentɪəntli
AM ˈsen(t)ʃ(i)ən(t)li

sentiment
BR ˈsentɪm(ə)nt, -s
AM ˈsen(t)əm(ə)nt, -s

sentimental
BR ˌsentɪˈmentl
AM ˌsen(t)əˈmen(t)l

sentimentalisation
BR ˌsentɪmentlaɪˈzeɪʃn, sentɪˌmentlaɪˈzeɪʃn
AM ˌsen(t)əˌmen(t)lˌaɪˈzeɪʃ(ə)n, ˌsen(t)əˌmen(t)ləˈzeɪʃ(ə)n

sentimentalise
BR ˌsentɪˈmentlaɪz, -ɪz, -ɪŋ, -d
AM ˌsen(t)əˈmen(t)lˌaɪz, -ɪz, -ɪŋ, -d

sentimentalism
BR ˌsentɪˈmentlɪzm
AM ˌsen(t)əˈmen(t)lˌɪz(ə)m

sentimentalist
BR ˌsentɪˈmentlɪst, -s
AM ˌsen(t)əˈmen(t)ləst, -s

sentimentality
BR ˌsentɪm(ɛ)nˈtalɪti
AM ˌsen(t)əmənˈtælədi, ˌsen(t)əˌmenˈtælədi

sentimentalization
BR ˌsentɪmentlaɪˈzeɪʃn, sentɪˌmentlaɪˈzeɪʃn
AM ˌsen(t)əˌmen(t)lˌaɪˈzeɪʃ(ə)n, ˌsen(t)əˌmen(t)ləˈzeɪʃ(ə)n

sentimentalize
BR ˌsentɪˈmentlaɪz, -ɪz, -ɪŋ, -d
AM ˌsen(t)əˈmen(t)lˌaɪz, -ɪz, -ɪŋ, -d

sentimentally
BR ˌsentɪˈmentli
AM ˌsen(t)əˈmen(t)li

sentinel
BR ˈsentɪnl, -z
AM ˈsentn(ə)l, ˈsentn̩əl, -z

sentry
BR ˈsentr|i, -ɪz
AM ˈsentri, -z
Senussi
BR seˈnuːsi, sɪˈnuːsi
AM səˈnusi
Seonaid
BR ʃəˈneɪd
AM ʃəˈneɪd
Seoul
BR səʊl
AM soʊl
sepal
BR ˈsepl, ˈsiːpl, -z
AM ˈsepəl, ˈsipəl, -z
separability
BR ˌsep(ə)rəˈbɪlɪti
AM ˌsep(ə)rəˈbɪlɪdi
separable
BR ˈsep(ə)rəbl
AM ˈsep(ə)rəb(ə)l
separableness
BR ˈsep(ə)rəblnəs
AM ˈsep(ə)rəbəlnəs
separably
BR ˈsep(ə)rəbli
AM ˈsep(ə)rəbli
separate[1] *adjective*
BR ˈsep(ə)rət
AM ˈsep(ə)rət
separate[2] *verb*
BR ˈsepəreɪt, -s, -ɪŋ, -ɪd
AM ˈsepəˌreɪ|t, -ts, -dɪŋ, -dɪd
separately
BR ˈsep(ə)rətli
AM ˈsep(ə)rətli
separateness
BR ˈsep(ə)rətnəs
AM ˈsep(ə)rətnəs
separation
BR ˌsepəˈreɪʃn, -z
AM ˌsepəˈreɪʃ(ə)n, -z
separatism
BR ˈsep(ə)rətɪzm
AM ˈsep(ə)rəˌtɪz(ə)m
separatist
BR ˈsep(ə)rətɪst, -s
AM ˈsep(ə)rədəst, -s
separative
BR ˈsep(ə)rətɪv
AM ˈsep(ə)rədɪv

separator
BR ˈsepəreɪtə(r), -z
AM ˈsepəˌreɪdər, -z
separatory
BR ˈsep(ə)rət(ə)ri
AM ˈsep(ə)rəˌtɔri
Sephardi
BR sɪˈfɑːdi, seˈfɑːdi
AM səˈfɑrdi
Sephardic
BR sɪˈfɑːdɪk, seˈfɑːdɪk
AM səˈfɑrdɪk
Sephardim
BR sɪˈfɑːdɪm, seˈfɑːdɪm
AM səˌfɑrˈdim, səˈfɑrdəm
sepia
BR ˈsiːpɪə(r)
AM ˈsipiə
sepoy
BR ˈsiːpɔɪ, -z
AM ˈsiˌpɔɪ, -z
seppuku
BR seˈpuːkuː
AM səˈpuˌku, ˈsepuˌku
sepses
BR ˈsepsiːz
AM ˈsepˌsiz
sepsis
BR ˈsepsɪs
AM ˈsepsəs
sept
BR sept, -s
AM sept, -s
septa
BR ˈseptə(r)
AM ˈseptə
septal
BR ˈseptl
AM ˈseptl
septate
BR ˈsepteɪt
AM ˈsepˌteɪt
septation
BR sepˈteɪʃn
AM sepˈteɪʃ(ə)n

septcentenary
BR ˌsep(t)senˈtiːn(ə)r|i, ˌsep(t)senˈten(ə)r|i, septˈsentɪn(ə)r|i, -ɪz
AM ˌsep(t)ˈsentnˌeri, ˌsep(t)ˌsenˈtenəri, -z
September
BR sepˈtembə(r), -z
AM səpˈtembər, sepˈtembər, -z
septenarii
BR ˌseptɪˈneːrɪaɪ
AM ˌseptəˈneriˌaɪ
septenarius
BR ˌseptɪˈneːrɪəs
AM ˌseptəˈneriəs
septenary
BR sepˈtiːn(ə)r|i, sepˈten(ə)r|i, ˈseptɪn(ə)r|i, -ɪz
AM ˈseptəˌneri, sepˈten(ə)ri, -z
septenate
BR sepˈteneɪt, sepˈtiːneɪt
AM ˈseptəˌneɪt, sepˈtɛˌneɪt
septennia
BR sepˈtenɪə(r)
AM sepˈtenjə, sepˈteniə
septennial
BR sepˈtenɪəl
AM sepˈteniəl, sepˈtenj(ə)l
septennium
BR sepˈtenɪəm
AM sepˈtenj(ə)m, sepˈteniəm
septet
BR sepˈtet, -s
AM sepˈtet, -s
septfoil
BR ˈsep(t)fɔɪl, -z
AM ˈsep(t)ˌfɔɪl, -z
septic
BR ˈseptɪk
AM ˈseptɪk
septicaemia
BR ˌseptɪˈsiːmɪə(r)
AM ˌseptəˈsimiə

septicaemic
BR ˌseptɪˈsiːmɪk
AM ˌseptəˈsimɪk
septically
BR ˈseptɪkli
AM ˈseptək(ə)li
septicemia
BR ˌseptɪˈsiːmɪə(r)
AM ˌseptəˈsimiə
septicemic
BR ˌseptɪˈsiːmɪk
AM ˌseptəˈsimɪk
septicity
BR sepˈtɪsɪti
AM sepˈtɪsɪdi
septilateral
BR ˌseptɪˈlæt(ə)rl
AM ˌseptəˈlætrəl, ˌseptəˈlædərəl
septillion
BR sepˈtɪljən
AM sepˈtɪljən
septimal
BR ˈseptɪml
AM ˈseptəm(ə)l
septime
BR ˈseptiːm, -z
AM ˈsepˌtim, ˈsept(ə)m, -z
Septimus
BR ˌseptɪməs
AM ˈseptəməs
septivalent
BR ˌseptɪˈveɪlnt
AM ˌseptəˈveɪl(ə)nt
septuagenarian
BR ˌseptjʊədʒɪˈneːrɪən, ˌseptʃ(ʊ)ədʒɪˈneːrɪən, -z
AM ˌseptʃəˌwædʒəˈneriən, ˌseptʃə(wə)dʒəˈneriən, -z
septuagenary
BR ˌseptjʊəˈdʒiːn(ə)ri, ˌseptjʊəˈdʒen(ə)ri, ˌseptʃʊəˈdʒiːn(ə)ri, ˌseptʃʊəˈdʒen(ə)r|i, -ɪz
AM ˌseptʃə(wə)dʒəˌneri, ˌseptʃə(wə)ˈdʒenəri, -z

Septuagesima
BR ˌseptjʊəˈdʒɛsɪmə(r), ˌseptʃʊəˈdʒɛsɪmə(r)
AM ˌsɛp(t)ʃəwəˈdʒɛsəmə

Septuagint
BR ˈseptjʊədʒɪnt, ˈseptʃʊədʒɪnt
AM ˈsɛp(t)ʃəwəˌdʒɪnt

septum
BR ˈsɛptəm, -z
AM ˈsɛpt(ə)m, -z

septuple
BR ˈsɛptjʊpl, ˈseptʃʊpl, sɛpˈtjuːpl, sɛpˈtʃuːpl
AM sɛpˈt(j)upəl, ˈsɛptəpəl

septuplet
BR ˈseptjʊplɪt, ˈseptʃʊplɪt, sɛpˈtjuːplɪt, sɛpˈtʃuːplɪt, -s
AM sɛpˈt(j)uplət, sɛpˈtəplət, -s

sepulcher
BR ˈsɛplkə(r), -z
AM ˈsɛpəlkər, -z

sepulchral
BR sɪˈpʌlkr(ə)l
AM sɛˈpəlkrəl, səˈpəlkrəl

sepulchrally
BR sɪˈpʌlkrəli
AM sɛˈpəlkrəli, səˈpəlkrəli

sepulchre
BR ˈsɛplkə(r), -z
AM ˈsɛpəlkər, -z

sepulture
BR ˈsɛpltʃə(r), ˈsɛpltjʊə(r), -z
AM ˈsɛpəltʃʊ(ə)r, ˈsɛpəltʃər, -s

Sepulveda
BR sɪˈpʌlvɪdə(r), sɪˈpʊlvɪdə(r)
AM səˈpəlvədə

sequacious
BR sɪˈkweɪʃəs
AM sɪˈkweɪʃəs, səˈkweɪʃəs

sequaciously
BR sɪˈkweɪʃəsli
AM sɪˈkweɪʃəsli, səˈkweɪʃəsli

sequacity
BR sɪˈkwasɪti
AM sɪˈkwæsədi, səˈkwæsədi

sequel
BR ˈsiːkw(ə)l, -z
AM ˈsikwəl, -z

sequela
BR sɪˈkwiːlə(r), sɪˈkwɛlə(r)
AM sɪˈkwɛlə

sequelae
BR sɪˈkwiːliː, sɪˈkwɛliː
AM sɪˈkwɛˌlaɪ, sɪˈkwɛli

sequence
BR ˈsiːkw(ə)ns, -ɪz
AM ˈsiˌkwɛns, ˈsikwəns, -əz

sequencer
BR ˈsiːkw(ə)nsə(r), -z
AM ˈsiˌkwɛnsər, ˈsikwənsər, -z

sequent
BR ˈsiːkw(ə)nt
AM ˈsiˌkwɛnt, ˈsikwənt

sequential
BR sɪˈkwɛnʃl
AM sɪˈkwɛn(t)ʃ(ə)l, səˈkwɛn(t)ʃ(ə)l

sequentiality
BR sɪˌkwɛnʃiˈalɪti
AM sɪˌkwɛn(t)ʃiˈælədi, səˌkwɛn(t)ʃiˈælədi

sequentially
BR sɪˈkwɛnʃli
AM sɪˈkwɛn(t)ʃəli, səˈkwɛn(t)ʃəli

sequently
BR ˈsiːkw(ə)ntli
AM ˈsiˌkwɛn(t)li, ˈsikwən(t)li

sequester
BR sɪˈkwɛst|ə(r), -əz, -(ə)rɪŋ, -əd
AM sɪˈkwɛstər, səˈkwɛstər, -z, -ɪŋ, -d

sequestra
BR sɪˈkwɛstrə(r)
AM sɪˈkwɛstrə, səˈkwɛstrə

sequestrable
BR sɪˈkwɛstrəbl
AM sɪˈkwɛstrəb(ə)l, səˈkwɛstrəb(ə)l

sequestral
BR sɪˈkwɛstr(ə)l
AM sɪˈkwɛstrəl, səˈkwɛstrəl

sequestrate
BR ˈsiːkwɛstreɪt, -s, -ɪŋ, -ɪd
AM ˈsɛkwəˌstreɪ|t, səˈkwɛsˌtreɪ|t, ˈsikwəˌstreɪ|t, -ts, -dɪŋ, -dɪd

sequestration
BR ˌsiːkwɛˈstreɪʃn, -z
AM ˌsɛkwəˈstreɪʃ(ə)n, ˌsikwəˈstreɪʃ(ə)n, -z

sequestrator
BR ˈsiːkwɛstreɪtə(r), -z
AM ˈsɛkwəˌstreɪdər, səˈkwɛsˌtreɪdər, ˈsikwəˌstreɪdər, -z

sequestrotomy
BR ˌsiːkwɛˈstrɒtəm|i, -ɪz
AM ˌsɛkwəˈstrɑdəmi, ˌsikwəˈstrɑdəmi, -z

sequestrum
BR sɪˈkwɛstrəm
AM sɪˈkwɛstrəm, səˈkwɛstrəm

sequin
BR ˈsiːkwɪn, -z, -d
AM ˈsikwɪn, -z, -d

sequitur
BR ˈsɛkwɪtə(r)
AM ˈsɛkwədər

sequoia
BR sɪˈkwɔɪə(r), -z
AM səˈkɔɪə, -z

sera
BR ˈsɪərə(r)
AM ˈsɪrə

serac
BR ˈsɛrak, -s
AM səˈræk, -s

seraglio
BR sɪˈrɑːlɪəʊ, -z
AM səˈrɑljoʊ, -z

serai
BR sɪˈrʌɪ, -z
AM səˈraɪ, -z

serang
BR səˈraŋ, -z
AM səˈræŋ, -z

serape
BR sɪˈrɑːp|i, -ɪz
AM səˈrɑpi, -z

seraph
BR ˈsɛrəf, -s
AM ˈsɛrəf, -s

seraphic
BR sɪˈrafɪk
AM səˈræfɪk

seraphical
BR sɪˈrafɪkl
AM səˈræfək(ə)l

seraphically
BR sɪˈrafɪkli
AM səˈræfək(ə)li

seraphim
BR ˈsɛrəfɪm
AM ˈsɛrəˌfɪm

Seraphina
BR ˌsɛrəˈfiːnə(r)
AM ˌsɛrəˈfinə

Serapis
BR ˈsɛrəpɪs, sɪˈreɪpɪs
AM səˈreɪpɪs

Serb
BR səːb, -z
AM sərb, -z

Serbia
BR ˈsəːbɪə(r)
AM ˈsərbiə

Serbian
BR ˈsəːbɪən, -z
AM ˈsərbiən, -z

Serbo-Croat
BR ˌsəːbəʊˈkrəʊat, -s
AM ˌsərboʊˈkroʊat, -s

Serbo-Croatian
BR ˌsəːbəʊkrəʊˈeɪʃn
AM ˈˌsɔrboʊˌkroʊ-
ˈeɪʃ(ə)n
Serbonian
BR səːˈbəʊniən
AM sərˈboʊniən
SERC *Science and Engineering Research Council*
BR ˌesiːɑːˈsiː
AM ˌes,iˌɑrˈsi
sere
BR sɪə(r)
AM sɪ(ə)r
serein
BR səˈran, səˈrã
AM səˈrɛn
FR s(ə)Rɛ̃
Seremban
BR ˈserəmban
AM ˈserəmˌbæn
Serena
BR sɪˈriːnə(r)
AM səˈrinə
serenade
BR ˌserəˈneɪd, -z,
-ɪŋ, -ɪd
AM ˌserəˈneɪd, -z,
-ɪŋ, -ɪd
serenader
BR ˌserəˈneɪdə(r), -z
AM ˌserəˈneɪdər, -z
serenata
BR ˌserəˈnaːtə(r), -z
AM ˌserəˈnɑdə, -z
IT sereˈnata
serendipitous
BR ˌserṇˈdɪpɪtəs
AM ˌserənˈdɪpədəs
serendipitously
BR ˌserṇˈdɪpɪtəsli
AM ˌserənˈdɪpədəsli
serendipity
BR ˌserṇˈdɪpɪti
AM ˌserənˈdɪpɪdi
serene
BR sɪˈriːn
AM səˈrin
serenely
BR sɪˈriːnli
AM səˈrinli

sereneness
BR sɪˈriːnnɪs
AM səˈri(n)nɪs
Serengeti
BR ˌserṇˈɡeti
AM ˌserənˈɡedi
serenity
BR sɪˈrenɪti
AM səˈrenədi
serf
BR səːf, -s
AM sɜrf, -s
serfage
BR ˈsəːfɪdʒ
AM ˈsɜrfɪdʒ
serfdom
BR ˈsəːfdəm
AM ˈsɜrfdəm
serfhood
BR ˈsəːfhʊd
AM ˈsɜrf,(h)ʊd
serge
BR səːdʒ, -ɪz
AM sɜrdʒ, -əz
sergeancy
BR ˈsɑːdʒ(ə)ns|i, -ɪz
AM ˈsɑrdʒənsi, -z
sergeant
BR ˈsɑːdʒ(ə)nt, -s
AM ˈsɑrdʒ(ə)nt, -s
sergeant-major
BR ˌsɑːdʒ(ə)nt-
ˈmeɪdʒə(r), -z
AM ˈˌsɑrdʒənt-
ˈmeɪdʒər, -z
sergeantship
BR ˈsɑːdʒ(ə)ntʃɪp, -s
AM ˈsɑrdʒəntˌʃɪp, -s
Sergei
BR ˈseːɡeɪ, sɜːˈɡeɪ
AM sɛrˈɡeɪ, ˈsɛrˌɡeɪ
RUS sʲirˈɡʲej
Sergio
BR ˈsəːdʒɪəʊ
AM ˈsɜrdʒioʊ
Sergius
BR ˈsəːdʒɪəs
AM ˈsɜrdʒiəs
serial
BR ˈsɪərɪəl, -z
AM ˈsɪriəl, -z

serialisation
BR ˌsɪərɪəlʌɪˈzeɪʃn, -z
AM ˌsɪriəˌlaɪˈzeɪʃ(ə)n,
ˌsɪriələˈzeɪʃ(ə)n, -z
serialise
BR ˈsɪərɪəlʌɪz, -ɪz,
-ɪŋ, -d
AM ˈsɪriəˌlaɪz, -ɪz,
-ɪŋ, -d
serialism
BR ˈsɪərɪəlɪzm
AM ˈsɪriəˌlɪz(ə)m
serialist
BR ˈsɪərɪəlɪst, -s
AM ˈsɪriələst, -s
seriality
BR ˌsɪərɪˈalɪti
AM ˌsɪriˈælədi
serialization
BR ˌsɪərɪəlʌɪˈzeɪʃn, -z
AM ˌsɪriəˌlaɪˈzeɪʃ(ə)n,
ˌsɪriələˈzeɪʃ(ə)n, -z
serialize
BR ˈsɪərɪəlʌɪz, -ɪz,
-ɪŋ, -d
AM ˈsɪriəˌlaɪz, -ɪz,
-ɪŋ, -d
serially
BR ˈsɪərɪəli
AM ˈsɪriəli
seriate[1] *adjective*
BR ˈsɪərɪət
AM ˈsɪriət
seriate[2] *verb*
BR ˈsɪərɪeɪt, -s, -ɪŋ, -ɪd
AM ˈsɪriˌeɪ|t, -ts, -dɪŋ,
-dɪd
seriatim
BR ˌsɪərɪˈeɪtɪm,
ˌserɪˈeɪtɪm, ˌsɪərɪ-
ˈɑːtɪm, ˌserɪˈɑːtɪm
AM ˌsɪriˈædəm,
ˌsɪriˈeɪdɪm
seriation
BR ˌsɪərɪˈeɪʃn, -z
AM ˌsɪriˈeɪʃ(ə)n, -z
Seric
BR ˈserɪk
AM ˈserɪk, ˈsɪrɪk
sericeous
BR sɪˈrɪʃəs
AM səˈrɪʃəs

sericultural
BR ˌsɪərɪˈkʌltʃ(ə)rḷ,
ˌserɪˈkʌltʃ(ə)rḷ
AM ˌserəˈkəltʃ(ə)rəl
sericulture
BR ˈsɪərɪˌkʌltʃə(r),
ˈserɪˌkʌltʃə(r)
AM ˈserəˌkəltʃər
sericulturist
BR ˌsɪərɪˈkʌltʃ(ə)rɪst,
ˌserɪˈkʌltʃ(ə)rɪst, -s
AM ˌserəˈkəltʃ(ə)rəst,
-s
seriema
BR ˌserɪˈiːmə(r), -z
AM ˌseriˈeɪmə,
ˌseriˈemə, -z
series
BR ˈsɪərɪz
AM ˈsɪriz
serif
BR ˈserɪf, -s, -t
AM ˈserəf, -s, -t
serigraph
BR ˈserɪɡrɑːf, -s
AM ˈserəˌɡræf, -s
serigrapher
BR sɪˈrɪɡrəfə(r), -z
AM səˈrɪɡrəfər, -z
serigraphy
BR sɪˈrɪɡrəfi
AM səˈrɪɡrəfi
serin
BR ˈserɪn, -z
AM ˈserən, -z
serine
BR ˈsɪəriːn, ˈsɪərɪn,
ˈseriːn, ˈserɪn
AM ˈserən, ˈsɛˌrin
serinette
BR ˌserɪˈnet, -s
AM ˌserəˈnɛt, -s
seringa
BR sɪˈrɪŋɡə(r), -z
AM səˈrɪŋɡə, -z
Seringapatam
BR sɪˌrɪŋɡəpəˈtɑːm,
sɪˌrɪŋɡəpəˈtam
AM səˌrɪŋɡəpəˈtam
serio-comic
BR ˌsɪərɪəʊˈkɒmɪk
AM ˌsɪrioʊˈkɑmɪk

serio-comically
BR ˌsɪəriəʊˈkɒmɪkli
AM ˌsɪrioʊˈkɑmək(ə)li

serious
BR ˈsɪəriəs
AM ˈsɪriəs

seriously
BR ˈsɪəriəsli
AM ˈsɪriəsli

seriousness
BR ˈsɪəriəsnəs
AM ˈsɪriəsnəs

serjeant
BR ˈsɑːdʒ(ə)nt, -s
AM ˈsɑrdʒ(ə)nt, -s

serjeantship
BR ˈsɑːdʒ(ə)ntʃɪp, -s
AM ˈsɑrdʒəntˌʃɪp, -s

Serkin
BR ˈsɜːkɪn
AM ˈsɜrkən

Serle
BR sɜːl
AM sɜrl

sermon
BR ˈsɜːmən, -z
AM ˈsɜrm(ə)n, -z

sermonette
BR ˌsɜːməˈnet, -s
AM ˌsɜrməˈnet, -s

sermonise
BR ˈsɜːmənʌɪz, -ɪz, -ɪŋ, -d
AM ˈsɜrməˌnaɪz, -ɪz, -ɪŋ, -d

sermoniser
BR ˈsɜːmənʌɪzə(r), -z
AM ˈsɜrməˌnaɪzər, -z

sermonize
BR ˈsɜːmənʌɪz, -ɪz, -ɪŋ, -d
AM ˈsɜrməˌnaɪz, -ɪz, -ɪŋ, -d

sermonizer
BR ˈsɜːmənʌɪzə(r), -z
AM ˈsɜrməˌnaɪzər, -z

seroconvert
BR ˌsɪərəʊkənˈvɜːt, -s, -ɪŋ, -ɪd
AM ˌsɪrəkənˈvɜrt, -ts, -dɪŋ, -dəd

serological
BR ˌsɪərəˈlɒdʒɪkl
AM ˌserəˈlɑdʒək(ə)l, ˌsɪrəˈlɑdʒək(ə)l

serologist
BR sɪəˈrɒlədʒɪst, sɪˈrɒlədʒɪst, -s
AM sɪˈrɑlədʒəst, -s

serology
BR sɪəˈrɒlədʒi, sɪˈrɒlədʒi
AM sɪˈrɑlədʒi

seronegative
BR ˌsɪərəʊˈnegətɪv
AM ˌseroʊˈnegədɪv, ˌsɪroʊˈnegədɪv

seropositive
BR ˌsɪərəʊˈpɒzɪtɪv
AM ˌseroʊˈpɑzədɪv, ˌsɪroʊˈpɑzədɪv

serosa
BR sɪˈrəʊsə(r)
AM səˈroʊzə, səˈroʊsə

serosity
BR sɪəˈrɒsɪti
AM səˈrɑsədi

Serota
BR sɪˈrəʊtə(r)
AM səˈroʊdə

serotine
BR ˈserə(ʊ)tʌɪn, -z
AM ˈserəˌtaɪn, ˈserəˌtin, ˈserətn, -z

serotonin
BR ˌserə(ʊ)ˈtəʊnɪn, -z
AM ˌsɪrəˈtoʊnən, ˌserəˈtoʊnən, -z

serotype
BR ˈsɪərə(ʊ)tʌɪp, ˈserə(ʊ)tʌɪp, -s
AM ˈserəˌtaɪp, ˈsɪrəˌtaɪp, -s

serous
BR ˈsɪərəs
AM ˈsɪrəs

serow
BR ˈserəʊ, -z
AM səˈroʊ, -z

Serpell
BR ˈsɜːpl
AM ˈsɜrpəl

Serpens
BR ˈsɜːpenz, ˈsɜːp(ə)nz
AM ˈsɜrpəns

serpent
BR ˈsɜːp(ə)nt, -s
AM ˈsɜrpənt, -s

serpentiform
BR sɜːˈpentɪfɔːm
AM sərˈpen(t)əˌfɔ(ə)rm

serpentine
BR ˈsɜːp(ə)ntʌɪn
AM ˈsɜrpənˌtaɪn, ˈsɜrpənˌtin

serpiginous
BR sɜːˈpɪdʒɪnəs
AM sərˈpɪdʒənəs

SERPS
BR sɜːps
AM sɜrps

serpula
BR ˈsɜːpjʊlə(r)
AM ˈsɜrpjələ

serpulae
BR ˈsɜːpjʊliː
AM ˈsɜrpjəˌlaɪ, ˈsɜrpjəli

serra
BR ˈserə(r)
AM ˈserə

serradella
BR ˌserəˈdelə(r), -z
AM ˌserəˈdelə, -z

serradilla
BR ˌserəˈdɪlə(r), -z
AM ˌserəˈdɪlə, -z

serrae
BR ˈseriː
AM ˈseˌraɪ, ˈseri

serran
BR ˈserən, -z
AM ˈserən, -z

serranid
BR ˈserənɪd, -z
AM ˈserənəd, -z

serrate[1] *adjective*
BR ˈsereɪt
AM ˈserət, ˈseˌreɪt

serrate[2] *verb*
BR sɪˈreɪt, -s, -ɪŋ, -ɪd
AM səˈreɪt, ˈseˌreɪt, -ts, -dɪŋ, -dɪd

serration
BR sɪˈreɪʃn, -z
AM seˈreɪʃ(ə)n, -z

serried
BR ˈserɪd
AM ˈserɪd

serrulate
BR ˈserjʊleɪt
AM ˈser(j)əleɪt, ˈser(j)ələt

serrulation
BR ˌserjʊˈleɪʃn, -z
AM ˌser(j)əˈleɪʃ(ə)n, -z

serum
BR ˈsɪərəm, -z
AM ˈsɪrəm, -z

serval
BR ˈsɜːvl, -z
AM sərˈvæl, ˈsɜrvəl, -z

servant
BR ˈsɜːvnt, -s
AM ˈsɜrvənt, -s

serve
BR sɜːv, -z, -ɪŋ, -d
AM sɜrv, -z, -ɪŋ, -d

server
BR ˈsɜːvə(r), -z
AM ˈsɜrvər, -z

servery
BR ˈsɜːv(ə)r|i, -ɪz
AM ˈsɜrvəri, -z

Servian
BR ˈsɜːvɪən
AM ˈsɜrvɪən

service
BR ˈsɜːv|ɪs, -ɪsɪz, -ɪsɪŋ, -ɪst
AM ˈsɜrvəs, -əz, -ɪŋ, -t

serviceability
BR ˌsɜːvɪsəˈbɪlɪti
AM ˌsɜrvəsəˈbɪlɪdi

serviceable
BR ˈsɜːvɪsəbl
AM ˈsɜrvəsəb(ə)l

serviceableness
BR ˈsɜːvɪsəblnəs
AM ˈsɜrvəsəbəlnəs

serviceably
BR ˈsɜːvɪsəbli
AM ˈsɜrvəsəbli

serviceberry
BR ˈsɜːvɪsˌberǀi, -ɪz
AM ˈsɜrvəsˌberi, -z
serviceman
BR ˈsɜːvɪsmən
AM ˈsɜrvəsm(ə)n, ˈsɜrvəsˌmæn
servicemen
BR ˈsɜːvɪsmən
AM ˈsɜrvəsm(ə)n, ˈsɜrvəsˌmen
servicewoman
BR ˈsɜːvɪsˌwʊmən
AM ˈsɜrvəsˌwʊm(ə)n
servicewomen
BR ˈsɜːvɪsˌwɪmɪn
AM ˈsɜrvəsˌwɪmɪn
serviette
BR ˌsɜːviˈet, -s
AM ˌsɜrviˈet, -s
servile
BR ˈsɜːvaɪl
AM ˈsɜrˌvaɪl, ˈsɜrvəl
servilely
BR ˈsɜːvaɪlli
AM ˈsɜrˌvaɪli, ˈsɜrvəli
servility
BR səˈvɪlɪti
AM sərˈvɪlɪdi
serving
BR ˈsɜːvɪŋ, -z
AM ˈsɜrvɪŋ, -z
Servis
BR ˈsɜːvɪs
AM ˈsɜrvəs
Servite
BR ˈsɜːvaɪt, -s
AM ˈsɜrˌvaɪt, -s
servitor
BR ˈsɜːvɪtə(r), -z
AM ˈsɜrvəˌtɔ(ə)r, ˈsɜrvədər, -z
servitorship
BR ˈsɜːvɪtəʃɪp, -s
AM ˈsɜrvəˌtɔrˌʃɪp, ˈsɜrvədərˌʃɪp, -s
servitude
BR ˈsɜːvɪtjuːd, ˈsəːvɪtʃuːd
AM ˈsɜrvəˌt(j)ud

servo
BR ˈsɜːvəʊ, -z
AM ˈsɜrvoʊ, -z
sesame
BR ˈsesəmi
AM ˈsesəmi
sesamoid
BR ˈsesəmɔɪd
AM ˈsesəˌmɔɪd
sesamum
BR ˈsesəməm
AM ˈsesəməm
Sesotho
BR sɪˈsəʊtəʊ, seˈsəʊtəʊ
AM səˈsadoʊ, səˈsɔdoʊ
sesquicentenary
BR ˌseskwɪsenˈtiːn(ə)rǀi, ˌseskwɪsenˈten(ə)rǀi, -ɪz
AM ˌseskwəsenˈtenəri, -z
sesquicentennial
BR ˌseskwɪsenˈteniəl
AM ˌseskwəsənˈteniəl, ˌseskwəsenˈteniəl
sesquipedalian
BR ˌseskwɪpɪˈdeɪliən
AM ˌseskwəpəˈdeɪliən, ˌseskwəpəˈdeɪljən
sesquiplicate
BR ˈseskwɪplɪkeɪt, ˈseskwɪplɪkət
AM ˈseskwəˌplɪkɪt, ˈseskwəˌplɪkeɪt
sess
BR ses
AM ses
sessile
BR ˈsesaɪl
AM ˈseˌsaɪl, ˈses(ə)l
session
BR ˈseʃn, -z
AM ˈseʃ(ə)n, -z
sessional
BR ˈseʃnl̩, -z
AM ˈseʃ(ə)n(ə)l, -z

sesterce
BR ˈsestǀɜːs, -əːsɪz \-əsɪz\-əsiːz
AM ˈsestərs, -əz
sestertia
BR seˈstɜːtiə(r), seˈstəːʃ(ɪ)ə(r)
AM səˈstɜrʃ(i)ə, sɜˈstɜrʃ(i)ə
sestertii
BR seˈstɜːtiʌi, seˈstəːʃʌi
AM səˈstɜrʃiˌaɪ, seˈstɜrʃiˌaɪ
sestertium
BR seˈstɜːtiəm, seˈstəːʃ(ɪ)əm
AM səˈstɜrʃ(i)əm, seˈstɜrʃ(i)əm
sestertius
BR seˈstɜːtiəs, seˈstəːʃ(ɪ)əs
AM səˈstɜrʃ(i)əs, sɜˈstɜrʃ(i)əs
sestet
BR sesˈtet, -s
AM sesˈtet, -s
sestina
BR seˈstiːnə(r), -z
AM ˈsestənə, seˈstinə, -z
set
BR set, -s, -ɪŋ
AM seǀt, -ts, -dɪŋ
seta
BR ˈsiːtə(r)
AM ˈsidə
setaceous
BR sɪˈteɪʃəs
AM səˈteɪʃəs
setae
BR ˈsiːtiː
AM ˈsiˌtaɪ, ˈsidi
setaside
BR ˈsetəsʌɪd, -z
AM ˈsedəˌsaɪd, -z
setback
BR ˈsetbak, -s
AM ˈsetˌbæk, -s
Seth
BR seθ
AM seθ

SETI
BR ˈseti
AM ˈsedi
setiferous
BR sɪˈtɪf(ə)rəs
AM səˈtɪf(ə)rəs
setigerous
BR sɪˈtɪdʒ(ə)rəs
AM səˈtɪdʒ(ə)rəs
seton
BR ˈsiːtn, -z
AM ˈsitn, -z
setose
BR ˈsiːtəʊs, ˈsiːtəʊz
AM ˈsiˌtoʊz, ˈsiˌtoʊs
set-piece
BR ˌsetˈpiːs
AM ˈsetˌpis
setscrew
BR ˈsetskruː, -z
AM ˈsetˌskru, -z
setsquare
BR ˈsetskweː(r), -z
AM ˈsetˌskwe(ə)r, -z
Setswana
BR setˈswɑːnə(r)
AM setˈswɑnə
sett
BR set, -s
AM set, -s
settee
BR seˈtiː, -z
AM seˈti, -z
setter
BR ˈsetə(r), -z
AM ˈsedər, -z
setterwort
BR ˈsetəwəːt
AM ˈsedərˌwɔ(ə)rt, ˈsedərwərt
setting
BR ˈsetɪŋ, -z
AM ˈsedɪŋ, -z
settle
BR ˈsetǀl, -lz, -lɪŋ\-lɪŋ, -ld
AM ˈseǀdəl, -dlz, -dlɪŋ\-tlɪŋ, -dld
settleable
BR ˈsetləbl, ˈsetləbl̩
AM ˈsetləb(ə)l, ˈsedl̩əb(ə)l

settlement
BR ˈsetlm(ə)nt, -s
AM ˈsedlm(ə)nt, -s
settler
BR ˈsetlə(r), ˈsetlə(r), -z
AM ˈsetlər, ˈsedlər, -z
settlor
BR ˈsetlə(r), ˈsetlə(r), -z
AM ˈsetlər, ˈsedlər, -z
set-to
BR ˌsetˈtuː, ˈsettuː, -z
AM ˈsetˌtu, -z
setup
BR ˈsetʌp, -s
AM ˈsedˌəp, -s
setwall
BR ˈsetw(ə)l, -z
AM ˈsetˌwɑl, ˈsetˌwɔl, -z
Seurat
BR ˈsɜːrɑː(r)
AM sɜːˈrɑː
Sevastopol
BR seˈvastəpɒl
AM səˈvastəˌpɒl, seˈvastəˌpoʊl, səˈvastəˌpoʊl, seˈvastəˌpɔl
RUS sʲivaˈstopəlʲ
seven
BR ˈsevn, -z
AM ˈsevən, -z
sevenfold
BR ˈsevnfəʊld
AM ˈsevənˌfoʊld
Sevenoaks
BR ˈsevn̩əʊks
AM ˈsevənˌoʊks
seventeen
BR ˌsevnˈtiːn
AM ˌˈsevənˌtin
seventeenth
BR ˌsevnˈtiːnθ
AM ˌˈsevənˌtinθ
seventh
BR ˈsevnθ, -s
AM ˈsevənθ, -s
seventhly
BR ˈsevnθli
AM ˈsevənθli

seventieth
BR ˈsevntɪɪθ, -s
AM ˈsevən(t)iəθ, -s
seventy
BR ˈsevnt|i, -ɪz
AM ˈsevən(t)i, -z
seventyfold
BR ˈsevntɪfəʊld
AM ˈsevən(t)iˌfoʊld
Seven Up
BR ˌsevn ˈʌp, -s
AM ˌsevən ˈəp, -s
sever
BR ˈsev|ə(r), -əz, -(ə)rɪŋ, -əd
AM ˈsev|ər, -ərz, -(ə)rɪŋ, -ərd
severable
BR ˈsev(ə)rəbl
AM ˈsev(ə)rəb(ə)l
several
BR ˈsev(ə)rəl, ˈsev(ə)r!
AM ˈsev(ə)rəl
severally
BR ˈsev(ə)r!i
AM ˈsev(ə)rəli
severalty
BR ˈsev(ə)r!t|i, -ɪz
AM ˈsev(ə)rəlti, -z
severance
BR ˈsev(ə)rn̩s
AM ˈsevərəns, ˈsev(ə)rəns
severe
BR sɪˈvɪə(r), -ə(r), -ɪst
AM səˈvɪ(ə)r, -ər, -est
severely
BR sɪˈvɪəli
AM səˈvɪrli
severity
BR sɪˈverɪt|i, -ɪz
AM səˈverədi, -z
Severn
BR ˈsevn
AM ˈsevərn
Severus
BR sɪˈvɪərəs
AM səˈvɪrəs
severy
BR ˈsev(ə)r|i, -ɪz
AM ˈsev(ə)ri, -z

seviche
BR seˈviːtʃeɪ
AM səˈvitʃeɪ
Seville
BR sɪˈvɪl, ˈsev(ɪ)l
AM səˈvɪl
Sèvres
BR ˈsevrə(r), ˈseɪvrə(r)
AM ˈsevrə
sew
BR səʊ, -z, -ɪŋ, -d
AM soʊ, -z, -ɪŋ, -d
sewage
BR ˈs(j)uːɪdʒ
AM ˈsuɪdʒ
Sewall
BR ˈs(j)uːəl
AM ˈsuəl
Seward
BR ˈsiːwəd, ˈsjuːəd
AM ˈsuərd
Sewell
BR ˈs(j)uːəl
AM ˈsuəl
sewellel
BR sɪˈwelət, -z
AM səˈwelət, -z
sewen
BR ˈsjuːɪn, -z
AM ˈsuən, -z
sewer¹ *person who sews*
BR ˈsəʊə(r), -z
AM ˈsoʊər, -z
sewer² *pipe for sewage, servant*
BR ˈs(j)uːə(r), -z
AM ˈsʊ(ə)r, ˈsuər, -z
sewerage
BR ˈs(j)uːərɪdʒ
AM ˈsuərɪdʒ
sewin
BR ˈsjuːɪn, -z
AM ˈsuən, -z
sewn
BR səʊn
AM soʊn
sex
BR seks, -ɪz, -ɪŋ, -t
AM seks, -əz, -ɪŋ, -t

sexagenarian
BR ˌseksədʒɪˈneːriən, -z
AM ˌseksədʒəˈneriən, -z
sexagenary
BR sekˈsadʒɪn(ə)r|i, sekˈsadʒn̩(ə)r|i, -ɪz
AM sekˈsædʒəˌneri, -z
Sexagesima
BR ˌseksəˈdʒesɪmə(r)
AM ˌseksəˈdʒesəmə
sexagesimal
BR ˌseksəˈdʒesɪml, -z
AM ˌseksəˈdʒesəm(ə)l, -z
sexagesimally
BR ˌseksəˈdʒesɪmli
AM ˌseksəˈdʒesəməli
sexangular
BR sekˈsaŋgjələ(r)
AM sekˈsæŋgjələr
sexcentenary
BR ˌseksenˈtiːn(ə)r|i, ˌseksenˈten(ə)r|i, -ɪz
AM ˌsek(s)ˈsentn̩ˌeri, ˌseksenˈtenəri, -z
sexennial
BR sekˈseniəl
AM seˈkseniəl
sexer
BR ˈseksə(r), -z
AM ˈseksər, -z
sexfoil
BR ˈseksfɔɪl, -z
AM ˈseksˌfɔɪl, -z
sexily
BR ˈseksɪli
AM ˈseksəli
sexiness
BR ˈseksɪnɪs
AM ˈseksɪnɪs
sexism
BR ˈseksɪzm
AM ˈsekˌsɪz(ə)m
sexist
BR ˈseksɪst, -s
AM ˈseksəst, -s
sexisyllabic
BR ˌseksɪsɪˈlabɪk
AM ˌˈseksəsəˈlæbɪk

sexisyllable
BR ˈseksɪˌsɪləbl,
ˌseksɪˈsɪləbl, -z
AM ˌseksəˈsɪləb(ə)l, -z

sexivalent
BR ˌseksɪˈveɪlnt
AM ˈseksəˌveɪl(ə)nt

sexless
BR ˈsekslək
AM ˈsekslək

sexlessly
BR ˈsekləsli
AM ˈsekləsli

sexlessness
BR ˈsekləsnəs
AM ˈsekləsnəs

sexological
BR ˌseksəˈlɒdʒɪkl
AM ˌseksəˈlɑdʒək(ə)l

sexologist
BR sekˈsɒlədʒɪst, -s
AM sekˈsɑlədʒəst, -s

sexology
BR sekˈsɒlədʒi
AM sekˈsɑlədʒi

sexpartite
BR seksˈpɑːtʌɪt
AM seksˈpɑrˌtaɪt

sexploitation
BR ˌseksplɔɪˈteɪʃn
AM ˌseksplɔɪˈteɪʃ(ə)n

sexpot
BR ˈsekspɒt, -s
AM ˈseksˌpɑt, -s

sexstarved
BR ˈsek(s)stɑːvd
AM ˈsek(s)ˌstɑrvd

sext
BR sekst
AM sekst

sext
BR sekst, -s, -ɪŋ, -ɪd
AM sekst|t, -ts, -dɪŋ, -dəd

sextain
BR ˈseksteɪn, -z
AM ˈsekˌsteɪn, -z

Sextans
BR ˈsekst(ə)nz
AM ˈsekstənz

sextant
BR ˈsekst(ə)nt, -s
AM ˈsekst(ə)nt, -s

sextet
BR (ˌ)sekˈstet,
(ˌ)seksˈtet, -s
AM sekˈstet, -s

sextile
BR ˈsekstʌɪl
AM ˈsekˌstaɪl

sextillion
BR sekˈstɪljən, -z
AM sekˈstɪljən, -z

sextillionth
BR sekˈstɪljənθ, -s
AM sekˈstɪljənθ, -s

sexto
BR ˈsekstəʊ, -z
AM ˈsekˌstoʊ, -z

sextodecimo
BR ˌsekstəʊˈdesɪməʊ, -z
AM ˌsekstəˈdesəˌmoʊ, -z

sexton
BR ˈsekst(ə)n, -z
AM ˈsekst(ə)n, -z

sextuple
BR ˈsekstjʊpl,
ˈsekstʊpl
AM ˌseksˈtəpəl,
sekˈst(j)upəl

sextuplet
BR seksˈtjuːplɪt,
seksˈtʃuːplɪt,
ˈsekstjʊplɪt,
ˈsekstʊplɪt, -s
AM sekˈstəplət, -s

sextuply
BR ˈsekstjʊpli,
ˈsekstʊpli
AM ˌseksˈtəpli,
sekˈst(j)upli

sexual
BR ˈsekʃʊəl, ˈsekʃ(ʊ)l,
ˈseksjʊ(ə)l
AM ˈsekʃ(əw)əl

sexualise
BR ˈsekʃʊəlʌɪz,
ˈsekʃʊlʌɪz,
ˈsekʃlʌɪz,
ˈseksjʊ(ə)lʌɪz,
-ɪz, -ɪŋ, -d
AM ˈsekʃ(əw)əˌlaɪz,
-ɪz, -ɪŋ, -d

sexualist
BR ˈsekʃʊəlɪst,
ˈsekʃʊlɪst, ˈsekʃlɪst,
ˈseksjʊ(ə)lɪst, -s
AM ˈsekʃ(əw)ələst, -s

sexuality
BR ˌsekʃʊˈalɪti,
ˌseksjʊˈalɪti
AM ˌsekʃəˈwælədi

sexualize
BR ˈsekʃʊəlʌɪz,
ˈsekʃʊlʌɪz,
ˈsekʃlʌɪz,
ˈseksjʊ(ə)lʌɪz, -ɪz,
-ɪŋ, -d
AM ˈsekʃ(əw)əˌlaɪz,
-ɪz, -ɪŋ, -d

sexually
BR ˈsekʃʊəli, ˈsekʃʊli,
ˈsekʃli, ˈseksjʊ(ə)li
AM ˈsekʃ(əw)əli

sexvalent
BR (ˌ)seksˈveɪlnt
AM ˌseksˈveɪl(ə)nt

sexy
BR ˈseksi, -ɪə(r),
-ɪɪst
AM ˈseksi, -ər, -ɪst

Seychelles
BR seɪˈʃelz
AM seɪˈʃelz

Seychellois
BR ˌseɪʃelˈwɑː(r)
AM ˌseɪʃelˈwɑ

Seychelloise
BR ˌseɪʃelˈwɑːz
AM ˌseɪʃelˈwɑ(z)

Seyfert
BR ˈsiːfət, ˈsʌɪfət
AM ˈsaɪfərt, ˈsifərt

Seymour
BR ˈsiːmɔː(r)
AM ˈsiˌmɔ(ə)r

sez
BR sez
AM sez

Sfax
BR sfaks
AM sfæks

sforzandi
BR sfɔːtˈsandiː
AM sfɔrtˈsandi

sforzando
BR sfɔːtˈsandəʊ, -z
AM sfɔrtˈsandoʊ, -z
IT sforˈtsando

sforzato
BR sfɔːtˈsatəʊ
AM sfɔrtˈsadoʊ
IT sforˈtsato

sfumati
BR sfuːˈmɑːtiː
AM sfuˈmɑdi
IT sfuˈmati

sfumato
BR sfuːˈmɑːtəʊ
AM sfuˈmɑdoʊ
IT sfuˈmato

sgraffiti
BR sgrɑˈfiːtiː
AM skrɑˈfidi,
zgrɑˈfidi
IT zgrafˈfiti

sgraffito
BR sgrɑˈfiːtəʊ
AM skrɑˈfidoʊ,
zgrɑˈfidoʊ
IT zgrafˈfito

Sgurr
BR skʊə(r)
AM sgʊ(ə)r

sh!
BR ʃ
AM ʃ

Shaba
BR ˈʃɑːbə(r)
AM ˈʃɑbə

shabbat
BR ʃaˈbat, -s
AM ʃəˈbat, -s

shabbily
BR ˈʃabɪli
AM ˈʃæbəli

shabbiness
BR ˈʃabɪnɪs
AM ˈʃæbɪnɪs

shabbos
BR ˈʃabəs, -ɪz
AM ˈʃabəs, -əz

shabby
BR ˈʃab|i, -ɪə(r),
-ɪɪst
AM ˈʃæbi, -ər,
-ɪst

shabbyish
BR ˈʃæbiɪʃ
AM ˈʃæbiɪʃ

shabrack
BR ˈʃæbræk, -s
AM ˈʃæˌbræk, -s

shack
BR ʃæk, -s, -ɪŋ, -t
AM ʃæk, -s, -ɪŋ, -t

shackle
BR ˈʃæk|l, -lz, -l̩ɪŋ\-lɪŋ, -ld
AM ˈʃæk|əl, -əlz, -(ə)lɪŋ, -əld

Shackleton
BR ˈʃæklt(ə)n
AM ˈʃækəlt(ə)n

shad
BR ʃæd
AM ʃæd

Shadbolt
BR ˈʃædbəʊlt
AM ˈʃædˌboʊlt

shadbush
BR ˈʃædbʊʃ, -ɪz
AM ˈʃædˌbʊʃ, -əz

shaddock
BR ˈʃædək, -s
AM ˈʃædək, -s

shade
BR ʃeɪd, -z, -ɪŋ, -ɪd
AM ʃeɪd, -z, -ɪŋ, -ɪd

shadeless
BR ˈʃeɪdlɪs
AM ˈʃeɪdlɪs

shadily
BR ˈʃeɪdɪli
AM ˈʃeɪdɪli

shadiness
BR ˈʃeɪdɪnɪs
AM ˈʃeɪdɪnɪs

shading
BR ˈʃeɪdɪŋ, -z
AM ˈʃeɪdɪŋ, -z

shadoof
BR ʃæˈduːf, -s
AM ʃæˈduf, ʃæˈduf, ʃəˈduf, -s

shadow
BR ˈʃædəʊ, -z, -ɪŋ, -d
AM ˈʃædˌoʊ, -oʊz, -əwɪŋ, -oʊd

shadowbox
BR ˈʃædə(ʊ)bɒks, -ɪz, -ɪŋ, -t
AM ˈʃædoʊˌbɑks, ˈʃædəˌbɑks, -əz, -ɪŋ, -t

shadower
BR ˈʃædəʊə(r), -z
AM ˈʃædəwər, -z

shadowgraph
BR ˈʃædəʊgrɑːf, -s
AM ˈʃædoʊˌgræf, -s

shadowiness
BR ˈʃædəʊɪnɪs
AM ˈʃædəwinɪs

shadowless
BR ˈʃædəʊləs
AM ˈʃædoʊləs

shadowy
BR ˈʃædəʊi
AM ˈʃædəwi

Shadrach
BR ˈʃædrak, ˈʃeɪdrak
AM ˈʃædˌræk

Shadwell
BR ˈʃædw(ɛ)l
AM ˈʃædˌwɛl

shady
BR ˈʃeɪd|i, -ɪə(r), -ɪɪst
AM ˈʃeɪdi, -ər, -ɪst

SHAEF
BR ʃeɪf
AM ʃeɪf

Shaeffer
BR ˈʃeɪfə(r)
AM ˈʃeɪfər

Shafer
BR ˈʃeɪfə(r)
AM ˈʃeɪfər

Shaffer
BR ˈʃæfə(r)
AM ˈʃæfər

shaft
BR ʃɑːft, -s, -ɪŋ, -ɪd
AM ʃæft, -s, -ɪŋ, -əd

Shaftesbury
BR ˈʃɑːf(t)sb(ə)ri
AM ˈʃæf(t)sb(ə)ri, ˈʃæf(t)sˌbɛri

Shafto
BR ˈʃɑːftəʊ, ˈʃæftəʊ
AM ˈʃæfˌtoʊ

Shaftoe
BR ˈʃɑːftəʊ, ˈʃæftəʊ
AM ˈʃæfˌtoʊ

shag
BR ʃæg, -z, -ɪŋ, -d
AM ʃæg, -z, -ɪŋ, -d

shagbark
BR ˈʃægbɑːk, -s
AM ˈʃægˌbɑrk, -s

shagger
BR ˈʃægə(r), -z
AM ˈʃægər, -z

shaggily
BR ˈʃægɪli
AM ˈʃægəli

shagginess
BR ˈʃægɪnɪs
AM ˈʃægɪnɪs

shaggy
BR ˈʃæg|i, -ɪə(r), -ɪst
AM ˈʃægi, -ər, -ɪst

shaggy-dog
BR ˌʃægɪˈdɒg
AM ˌʃægiˈdɑg

shagreen
BR ʃəˈgriːn
AM ʃəˈgrin, ʃæˈgrin

shah
BR ʃɑː(r), -z
AM ʃɑ, -z

shahdom
BR ˈʃɑːdəm, -z
AM ˈʃɑdəm, -z

shaikh
BR ʃeɪk, ʃiːk, -s
AM ʃeɪk, ʃik, -s

Shaka
BR ˈʃɑːkə(r)
AM ˈʃækə, ˈʃɑkə

shake
BR ʃeɪk, -s, -ɪŋ
AM ʃeɪk, -s, -ɪŋ

shakeable
BR ˈʃeɪkəbl
AM ˈʃeɪkəb(ə)l

shakedown
BR ˈʃeɪkdaʊn, -z
AM ˈʃeɪkˌdaʊn, -z

shaken
BR ˈʃeɪk(ə)n
AM ˈʃeɪkən

shaker
BR ˈʃeɪkə(r), -z
AM ˈʃeɪkər, -z

Shakeress
BR ˈʃeɪkərɛs, ˈʃeɪk(ə)rɪs, ˌʃeɪkərˈɛs, -ɪz
AM ˈʃeɪk(ə)rəs, -əz

Shakerism
BR ˈʃeɪk(ə)rɪzm
AM ˈʃeɪk(ə)ˌrɪz(ə)m

Shakeshaft
BR ˈʃeɪkʃɑːft
AM ˈʃeɪkˌʃæft

Shakespeare
BR ˈʃeɪkspɪə(r)
AM ˈʃeɪkˌspɪ(ə)r

Shakespearean
BR ʃeɪkˈspɪərɪən, -z
AM ʃeɪkˈspɪriən, -z

Shakespeareana
BR ʃeɪkˌspɪərɪˈɑːnə(r), ˌʃeɪkspɪərɪˈɑːnə(r)
AM ʃeɪkˌspɪriˈɑnə

Shakespearian
BR ʃeɪkˈspɪərɪən, -z
AM ʃeɪkˈspɪriən, -z

Shakespeariana
BR ʃeɪkˌspɪərɪˈɑːnə(r), ˌʃeɪkspɪərɪˈɑːnə(r)
AM ʃeɪkˌspɪriˈɑnə

shakeup
BR ˈʃeɪkʌp, -s
AM ˈʃeɪkˌəp, -s

shakily
BR ˈʃeɪkɪli
AM ˈʃeɪkɪli

shakiness
BR ˈʃeɪkɪnɪs
AM ˈʃeɪkɪnɪs

shako
BR ˈʃeɪkəʊ, ˈʃækəʊ, -z
AM ˈʃeɪkoʊ, ˈʃækoʊ, -z

shakuhachi
BR ˌʃɑkuːˈhɑːtʃi, ˌʃɑkʊˈhɑtʃi, -ɪz
AM ˌʃɑkuˈhɑtʃi, -z

shaky
BR ˈʃeɪk|i, -ɪə(r), -ɪɪst
AM ˈʃeɪki, -ər, -ɪst

1225

Shaldon
BR ˈʃɔːld(ə)n,
ˈʃɒld(ə)n, ˈʃald(ə)n
AM ˈʃældən, ˈʃɑldən,
ˈʃɔldən

shale
BR ʃeɪl
AM ʃeɪl

shaley
BR ˈʃeɪli
AM ˈʃeɪli

shaliness
BR ˈʃeɪlinɪs
AM ˈʃeɪlinɪs

shall[1] *strong form*
BR ʃal
AM ʃæl

shall[2] *weak form*
BR ʃ(ə)l
AM ʃ(ə)l

shalloon
BR ʃəˈluːn, -z
AM ʃəˈlun, -z

shallop
BR ˈʃaləp, -s
AM ˈʃæləp, -s

shallot
BR ʃəˈlɒt, -s
AM ˈʃælət, ʃəˈlɑt, -s

shallow
BR ˈʃaləʊ, -z, -ə(r),
-ɪst
AM ˈʃæl|oʊ, -oʊz,
-əwər, -əwəst

shallowly
BR ˈʃaləʊli
AM ˈʃæloʊli

shallowness
BR ˈʃaləʊnəs
AM ˈʃæloʊnəs

Shalmaneser
BR ˌʃalməˈniːzə(r)
AM ˌʃælməˈnizər

shalom
BR ʃaˈlɒm, ʃaˈləʊm
AM ʃaˈloʊm, ʃəˈloʊm

shalt[1] *strong form*
BR ʃalt
AM ʃælt

shalt[2] *weak form*
BR ʃ(ə)lt
AM ʃəlt

shalwar
BR ˈʃʌlvɑː(r), -z
AM ˈʃʌl,wɑr, -z

shaly
BR ˈʃeɪl|i, -ɪə(r),
-ɪɪst
AM ˈʃeɪli, -ər, -ɪst

sham
BR ʃam, -z, -ɪŋ, -d
AM ʃæm, -z,
-ɪŋ, -d

shaman
BR ˈʃɑːmən, ˈʃamən,
ˈʃeɪmən, -z
AM ˈʃeɪm(ə)n,
ˈʃɑm(ə)n, -z

shamanic
BR ʃeɪˈmanɪk
AM ʃeɪˈmænɪk,
ʃəˈmænɪk

shamanism
BR ˈʃɑːmənɪzm,
ˈʃamənɪzm,
ˈʃeɪmənɪzm
AM ˈʃeɪməˌnɪz(ə)m,
ˈʃɑməˌnɪz(ə)m

shamanist
BR ˈʃɑːmənɪst,
ˈʃamənɪst,
ˈʃeɪmənɪst, -s
AM ˈʃeɪmənəst,
ˈʃɑmənəst, -s

shamanistic
BR ˌʃɑːməˈnɪstɪk,
ˌʃaməˈnɪstɪk,
ˌʃeɪməˈnɪstɪk
AM ˌʃeɪməˈnɪstɪk,
ˌʃɑməˈnɪstɪk

shamateur
BR ˈʃamət(ʃ)ə(r),
ˌʃaməˈtɜː(r), -z
AM ˈʃæməˌtər,
ˈʃæməˌtər,
ˈʃæməˈt(j)ʊ(ə)r,
ˈʃæmədər, -z

shamateurish
BR ˈʃamət(ə)rɪʃ,
ˈʃamətʃ(ə)rɪʃ,
ˌʃaməˈtɜːrɪʃ
AM ˌʃæməˈt(j)ʊrɪʃ,
ˌʃæməˈtʃʊrɪʃ,
ˌʃæməˈtərɪʃ

shamateurishly
BR ˈʃamət(ə)rɪʃli,
ˈʃamətʃ(ə)rɪʃli,
ˌʃaməˈtɜːrɪʃli
AM ˌʃæməˈt(j)ʊrɪʃli,
ˌʃæməˈtʃʊrɪʃli,
ˌʃæməˈtərɪʃli

shamateurishness
BR ˈʃamət(ə)rɪʃnɪs,
ˈʃamətʃ(ə)rɪʃnɪs,
ˌʃaməˈtɜːrɪʃnɪs
AM ˌʃæməˈt(j)ʊrɪʃnɪs,
ˌʃæməˈtʃʊrɪʃnɪs,
ˌʃæməˈtərɪʃnɪs

shamateurism
BR ˈʃamət(ə)rɪzm,
ˈʃamətʃ(ə)rɪzm,
ˌʃaməˈtɜːrɪzm
AM ˌʃæməˌt(j)ʊ-
ˌrɪz(ə)m,
ˈʃæməˌtʃʊˌrɪz(ə)m,
ˈʃæmədəˌrɪz(ə)m

shamble
BR ˈʃamb|l, -lz,
-lɪŋ\-lɪŋ, -ld
AM ˈʃæmbəl, -lz,
-(ə)lɪŋ, -əld

shambolic
BR ʃamˈbɒlɪk
AM ˌʃæmˈbɑlɪk

shambolically
BR ʃamˈbɒlɪkli
AM ˌʃæmˈbɑlək(ə)li

shame
BR ʃeɪm, -z, -ɪŋ, -d
AM ʃeɪm, -z, -ɪŋ, -d

shamefaced
BR ˌʃeɪmˈfeɪst
AM ˈʃeɪmˌfeɪst

shamefacedly
BR ˌʃeɪmˈfeɪstli,
ˌʃeɪmˈfeɪsɪdli
AM ˈˌʃeɪmˌfeɪs(t)li,
ˈˌʃeɪmˈfeɪsɪdli

shamefacedness
BR ˌʃeɪmˈfeɪstnɪs,
ˌʃeɪmˈfeɪsɪdnɪs
AM ˈˌʃeɪmˌfeɪs(t)nɪs,
ˈˌʃeɪmˈfeɪsɪdnɪs

shameful
BR ˈʃeɪmf(ʊ)l
AM ˈʃeɪmfəl

shamefully
BR ˈʃeɪmfʊli, ˈʃeɪmfli
AM ˈʃeɪmfəli

shamefulness
BR ˈʃeɪmf(ʊ)lnəs
AM ˈʃeɪmfəlnəs

shameless
BR ˈʃeɪmlɪs
AM ˈʃeɪmlɪs

shamelessly
BR ˈʃeɪmlɪsli
AM ˈʃeɪmlɪsli

shamelessness
BR ˈʃeɪmlɪsnɪs
AM ˈʃeɪmlɪsnɪs

shamingly
BR ˈʃeɪmɪŋli
AM ˈʃeɪmɪŋli

Shamir
BR ʃəˈmɪə(r)
AM ʃəˈmɪ(ə)r

shammer
BR ˈʃamə(r), -z
AM ˈʃæmər, -z

shammy
BR ˈʃam|i, -ɪz
AM ˈʃæmi, -z

shampoo
BR ʃamˈpuː, -z, -ɪŋ, -d
AM ʃæmˈpu, -z, -ɪŋ, -d

shamrock
BR ˈʃamrɒk, -s
AM ˈʃæmˌrɑk, -s

Shamu
BR ʃaˈmuː
AM ʃaˈmu, ʃæˈmu

shamus
BR ˈʃeɪməs, -ɪz
AM ˈʃeɪməs, -əz

Shan[1] *forename*
BR ʃɑːn
AM ʃæn

Shan[2] *people, language*
BR ʃɑːn, ʃan
AM ʃæn

Shandean
BR ˈʃandɪən, -z
AM ˈʃændɪən, -z

shandrydan
BR ˈʃandrɪdan, -z
AM ˈʃændriˌdæn, -z

shandy
BR ˈʃænd|i, -ɪz
AM ˈʃændi, -z
shandygaff
BR ˈʃændɪgaf, -s
AM ˈʃændiˌgæf, -s
Shane
BR ʃeɪn
AM ʃeɪn
Shang
BR ʃaŋ
AM ʃæŋ
shanghai
BR ˌʃaŋˈhʌɪ, -z, -ɪŋ, -d
AM ˌʃæŋˌhaɪ, -z, -ɪŋ, -d
Shangri-La
BR ˌʃaŋgrɪˈlɑː(r), -z
AM ˌʃæŋgriˈlɑ, -z
shank
BR ʃaŋ|k, -ks, -(k)t
AM ʃæŋ|k, -ks, -kɪŋ, -(k)t
Shankar
BR ˈʃaŋkɑː(r)
AM ˈʃæŋˌkɑr
Shankill
BR ˈʃaŋkɪl
AM ˈʃæŋkəl
Shanklin
BR ˈʃaŋklɪn
AM ˈʃæŋkl(ə)n
Shankly
BR ˈʃaŋkli
AM ˈʃæŋkli
Shanks
BR ʃaŋks
AM ʃæŋks
Shannon
BR ˈʃanən
AM ˈʃænən
shanny
BR ˈʃan|i, -ɪz
AM ˈʃæni, -z
Shansi
BR ˈʃanˈsiː
AM ˈʃænˈʃi
shan't
BR ʃɑːnt
AM ʃænt
shantung
BR ˌʃanˈtʌŋ
AM ʃænˈtəŋ

shanty
BR ˈʃant|i, -ɪz
AM ˈʃæn(t)i, -z
shantyman
BR ˈʃantɪman
AM ˈʃæn(t)iˌmæn
shantymen
BR ˈʃantɪmɛn
AM ˈʃæn(t)iˌmɛn
shantytown
BR ˈʃantɪtaʊn, -z
AM ˈʃæn(t)iˌtaʊn, -z
Shanxi
BR ˈʃanˈsiː
AM ˈʃænˈʃi
shap
BR ʃap
AM ʃæp
shapable
BR ˈʃeɪpəbl
AM ˈʃeɪpəb(ə)l
SHAPE
BR ʃeɪp
AM ʃeɪp
shape
BR ʃeɪp, -s, -ɪŋ, -t
AM ʃeɪp, -s, -ɪŋ, -t
shapeable
BR ˈʃeɪpəbl
AM ˈʃeɪpəb(ə)l
shapechanger
BR ˈʃeɪpˌtʃeɪn(d)ʒə(r), -z
AM ˈʃeɪpˌtʃeɪndʒər, -z
shapechanging
BR ˈʃeɪpˌtʃeɪn(d)ʒɪŋ
AM ˈʃeɪpˌtʃeɪndʒɪŋ
shapeless
BR ˈʃeɪplɪs
AM ˈʃeɪplɪs
shapelessly
BR ˈʃeɪplɪsli
AM ˈʃeɪplɪsli
shapelessness
BR ˈʃeɪplɪsnɪs
AM ˈʃeɪplɪsnɪs
shapeliness
BR ˈʃeɪplɪnɪs
AM ˈʃeɪplɪnɪs
shapely
BR ˈʃeɪpl|i, -ɪə(r), -ɪɪst
AM ˈʃeɪpli, -ər, -ɪst

shaper
BR ˈʃeɪpə(r), -z
AM ˈʃeɪpər, -z
shaping
BR ˈʃeɪpɪŋ, -z
AM ˈʃeɪpɪŋ, -z
Shapiro
BR ʃəˈpɪərəʊ
AM ʃəˈpɪroʊ
shard
BR ʃɑːd, -z
AM ʃɑrd, -z
share
BR ʃɛː(r), -z, -ɪŋ, -d
AM ˈʃɛ(ə)r, -z, -ɪŋ, -d
shareable
BR ˈʃɛːrəbl
AM ˈʃɛrəb(ə)l
sharecrop
BR ˈʃɛːkrɒp, -s, -ɪŋ, -t
AM ˈʃɛrˌkrɑp, -s, -ɪŋ, -t
sharecropper
BR ˈʃɛːˌkrɒpə(r), -z
AM ˈʃɛrˌkrɑpər, -z
share-farmer
BR ˈʃɛːˌfɑːmə(r), -z
AM ˈʃɛrˌfɑrmər, -z
shareholder
BR ˈʃɛːˌhəʊldə(r), -z
AM ˈʃɛrˌ(h)oʊldər, -z
shareholding
BR ˈʃɛːˌhəʊldɪŋ, -z
AM ˈʃɛrˌ(h)oʊldɪŋ, -z
share-out
BR ˈʃɛːraʊt, -s
AM ˈʃɛrˌaʊt, -s
sharer
BR ˈʃɛːrə(r), -z
AM ˈʃɛrər, -z
shareware
BR ˈʃɛːwɛː(r)
AM ˈʃɛrˌwɛ(ə)r
sharia
BR ʃɑːˈriːə(r)
AM ʃəˈriə
shariah
BR ʃɑːˈriːə(r)
AM ʃəˈriə
Sharif
BR ʃəˈriːf
AM ʃəˈrif

Sharjah
BR ˈʃɑː(d)ʒɑː(r), ˈʃɑː(d)ʒə(r)
AM ˈʃɑr(d)ʒə
shark
BR ʃɑːk, -s
AM ʃɑrk, -s
sharkskin
BR ˈʃɑːkskɪn
AM ˈʃɑrkˌskɪn
Sharman
BR ˈʃɑːmən
AM ˈʃɑrm(ə)n
Sharon[1] *personal name*
BR ˈʃarn̩
AM ˈʃɛrən
Sharon[2] *placename*
BR ˈʃɛːrn̩, ˈʃɑːrn̩, ˈʃarn̩
AM ˈʃɛrən
sharon fruit
BR ˈʃɛːrn̩ fruːt, ˈʃɑːrn̩ +, ˈʃarn̩ +, -s
AM ˈʃɛrən ˌfrut, -s
sharp
BR ʃɑːp, -s, -ə(r), -ɪst
AM ʃɑrp, -s, -ər, -əst
Sharpe
BR ʃɑːp
AM ʃɑrp
shar-pei
BR ˌʃɑːˈpeɪ, -z
AM ˌʃɑrˈpeɪ, -z
sharpen
BR ˈʃɑːp|(ə)n, -(ə)nz, -(ə)nɪŋ\-n̩ɪŋ, -(ə)nd
AM ˈʃɑrp|ən, -ənz, -(ə)nɪŋ, -ənd
sharpener
BR ˈʃɑːp(ə)nə(r), ˈʃɑːpn̩ə(r), -z
AM ˈʃɑrp(ə)nər, -z
sharpening
BR ˈʃɑːp(ə)nɪŋ, ˈʃɑːpn̩ɪŋ,
AM ˈʃɑrp(ə)nɪŋ, -z
sharper
BR ˈʃɑːpə(r), -z
AM ˈʃɑrpər, -z
Sharpeville
BR ˈʃɑːpvɪl
AM ˈʃɑrpˌvɪl, ˈʃɑrpvəl

sharpie
BR ˈʃɑːp|i, -ɪz
AM ˈʃɑrpi, -z

sharpish
BR ˈʃɑːpɪʃ
AM ˈʃɑrpɪʃ

Sharples
BR ˈʃɑːplz
AM ˈʃɑrpəlz

sharply
BR ˈʃɑːpli
AM ˈʃɑrpli

sharpness
BR ˈʃɑːpnəs
AM ˈʃɑrpnəs

sharpshooter
BR ˈʃɑːpˌʃuːtə(r), -z
AM ˈʃɑrpˌʃudər, -z

sharpshooting
BR ˈʃɑːpˌʃuːtɪŋ
AM ˈʃɑrpˌʃudɪŋ

sharpy
BR ˈʃɑːp|i, -ɪz
AM ˈʃɑrpi, -z

Sharron
BR ˈʃarn̩
AM ˈʃɛrən

Sharwood
BR ˈʃɑːwʊd
AM ˈʃɑrˌwʊd

shashlik
BR ˈʃaʃlɪk, ˈʃɑːʃlɪk, -s
AM ʃaʃˈlɪk, ˈʃaʃˌlɪk, -s
RUS ʃaʃˈlɪk

Shasta
BR ˈʃastə(r), -z
AM ˈʃæstə, -z

Shastra
BR ˈʃɑːstrə(r), ˈʃastrə(r)
AM ˈʃastrə

shat
BR ʃat
AM ʃæt

Shatner
BR ˈʃatnə(r)
AM ˈʃætnər

Shatt al-Arab
BR ˌʃat alˈarəb
AM ˈˌʃad ˌalˈɛrəb, ˈˌʃæd ˌælˈɛrəb

shatter
BR ˈʃat|ə(r), -əz, -(ə)rɪŋ, -əd
AM ˈʃædər, -z, -ɪŋ, -d

shatterer
BR ˈʃat(ə)rə(r), -z
AM ˈʃædərər, -z

shatteringly
BR ˈʃat(ə)rɪŋli
AM ˈʃædərɪŋli

shatterproof
BR ˈʃatəpruːf
AM ˈʃædərˌpruf

Shaughnessy
BR ˈʃɔːnəsi
AM ˈʃɑnəsi, ˈʃɔnəsi

Shaun
BR ʃɔːn
AM ʃɑn, ʃɔn

shave
BR ʃeɪv, -z, -ɪŋ, -d
AM ʃeɪv, -z, -ɪŋ, -d

shaveling
BR ˈʃeɪvlɪŋ, -z
AM ˈʃeɪvlɪŋ, -z

shaven
BR ˈʃeɪvn
AM ˈʃeɪvən

shaver
BR ˈʃeɪvə(r), -z
AM ˈʃeɪvər, -z

shavetail
BR ˈʃeɪvteɪl, -z
AM ˈʃeɪvˌteɪl, -z

Shavian
BR ˈʃeɪviən
AM ˈʃeɪvjən, ˈʃeɪviən

shaving
BR ˈʃeɪvɪŋ, -z
AM ˈʃeɪvɪŋ, -z

Shavuot
BR ʃəˈvuːəs, ˌʃɑːvʊˈɒt
AM ʃəˈvuˌoʊθ, ʃəˈvuˌoʊt

Shavuoth
BR ʃəˈvuːəs, ˌʃɑːvʊˈɒt
AM ʃəˈvuˌoʊθ, ʃəˈvuˌoʊt

shaw
BR ʃɔː(r), -z
AM ʃɑ, ʃɔ, -z

Shawcross
BR ˈʃɔːkrɒs
AM ˈʃɑˌkrɑs, ˈʃɔˌkrɔs

shawl
BR ʃɔːl, -z, -d
AM ʃɑl, ʃɔl, -z, -d

shawm
BR ʃɔːm, -z
AM ʃɑm, ʃɔm, -z

Shawnee
BR ʃɔːˈniː, -z
AM ʃɑˈni, ʃɔˈni, -z

shay
BR ʃeɪ, -z
AM ʃeɪ, -z

shchi
BR ˈʃtʃiː
AM ˈʃtʃi
RUS ʃtʃi

she[1] *strong form*
BR ʃiː
AM ʃi

she[2] *weak form*
BR ʃɪ
AM ʃɪ

shea
BR ʃiː, -z
AM ʃeɪ, ʃi, -z

sheading
BR ˈʃiːdɪŋ, -z
AM ˈʃidɪŋ, -z

sheaf
BR ʃiːf
AM ʃif

shealing
BR ˈʃiːlɪŋ, -z
AM ˈʃilɪŋ, -z

shear
BR ʃɪə(r), -z, -ɪŋ, -d
AM ʃi(ə)r, -z, -ɪŋ, -d

shearbill
BR ˈʃɪəbɪl, -z
AM ˈʃɪrˌbɪl, -z

Sheard
BR ʃɪəd, ʃəːd, ʃɛːd
AM ʃi(ə)rd

shearer
BR ˈʃɪərə(r), -z
AM ˈʃɪrər, -z

shearing
BR ˈʃɪərɪŋ, -z
AM ˈʃɪrɪŋ, -z

shearling
BR ˈʃɪəlɪŋ, -z
AM ˈʃɪrlɪŋ, -z

Shearman
BR ˈʃɪəmən
AM ˈʃɪrm(ə)n

shearpin
BR ˈʃɪəpɪn, -z
AM ˈʃɪrˌpɪn, -z

sheartail
BR ˈʃɪəteɪl, -z
AM ˈʃɪrˌteɪl, -z

shearwater
BR ˈʃɪəˌwɔːtə(r), -z
AM ˈʃɪrˌwɑdər, ˈʃɪrˌwɔdər, -z

sheatfish
BR ˈʃiːtfɪʃ, -ɪz
AM ˈʃitˌfɪʃ, -ɪz

sheath
BR ʃiː|θ, -ðz\-θs
AM ʃi|θ, -ðz\-θs

sheathe
BR ʃiːð, -z, -ɪŋ, -d
AM ʃið, -z, -ɪŋ, -d

sheathing
BR ˈʃiːðɪŋ, -z
AM ˈʃiðɪŋ, -z

sheathless
BR ˈʃiːθlɪs
AM ˈʃiθlɪs

sheave
BR ʃiːv, -z, -ɪŋ, -d
AM ʃiv, -z, -ɪŋ, -d

Sheba
BR ˈʃiːbə(r)
AM ˈʃibə

shebang
BR ʃɪˈbaŋ
AM ʃəˈbæŋ

Shebat
BR ˈʃiːbat
AM ʃəˈbat

shebeen
BR ʃɪˈbiːn, -z
AM ʃəˈbin, -z

she-cat
BR ˈʃiːkat, -s
AM ˈʃiˌkæt, -s

Shechinah
BR ʃɛˈkʌɪnə(r),
ʃɪˈkʌɪnə(r)
AM ʃəˈkaɪnə, ʃɛˈkaɪnə

shed
BR ʃɛd, -z, -ɪŋ
AM ʃɛd, -z, -ɪŋ

she'd
BR ʃiːd, ʃɪd
AM ʃɪd, ʃid

shedder
BR ˈʃɛdə(r), -z
AM ˈʃɛdər, -z

she-devil
BR ˈʃiːˌdɛvl, -z
AM ˈʃiˌdɛvəl, -z

shedhand
BR ˈʃɛdhand, -z
AM ˈʃɛdˌ(h)ænd, -z

Sheehan
BR ˈʃiːhən
AM ˈʃiən

Sheehy
BR ˈʃiː(h)i
AM ˈʃi(h)i

Sheelagh
BR ˈʃiːlə(r)
AM ˈʃilə

sheela-na-gig
BR ˈʃiːlənəˌɡɪɡ, -z
AM ˈʃilənəˌɡɪɡ, -z

sheen
BR ʃiːn
AM ʃin

Sheena
BR ˈʃiːnə(r)
AM ˈʃinə

Sheene
BR ʃiːn
AM ʃin

sheeny
BR ˈʃiːn|i, -ɪə(r), -ɪɪst
AM ˈʃini, -ər, -ɪst

sheep
BR ʃiːp
AM ʃip

sheepdip
BR ˈʃiːpdɪp
AM ˈʃipˌdɪp

sheepdog
BR ˈʃiːpdɒɡ, -z
AM ˈʃipˌdɑɡ, ˈʃipˌdɔɡ, -z

sheepfold
BR ˈʃiːpfəʊld, -z
AM ˈʃipˌfoʊld, -z

sheepish
BR ˈʃiːpɪʃ
AM ˈʃipɪʃ

sheepishly
BR ˈʃiːpɪʃli
AM ˈʃipɪʃli

sheepishness
BR ˈʃiːpɪʃnɪs
AM ˈʃipɪʃnɪs

sheeplike
BR ˈʃiːplʌɪk
AM ˈʃipˌlaɪk

sheepmeat
BR ˈʃiːpmiːt
AM ˈʃipˌmit

sheeprun
BR ˈʃiːprʌn, -z
AM ˈʃipˌrən, -z

sheep's-bit
BR ˈʃiːpsbɪt, -s
AM ˈʃipsˌbɪt, -s

sheepshank
BR ˈʃiːpʃaŋk, -s
AM ˈʃipˌʃæŋk, -s

sheepskin
BR ˈʃiːpskɪn, -z
AM ˈʃipˌskɪn, -z

sheepwalk
BR ˈʃiːpwɔːk, -s
AM ˈʃipˌwak, ˈʃipˌwɔk, -s

sheer
BR ʃɪə(r), -z, -ɪŋ, -d
AM ʃɪ(ə)r, -z, -ɪŋ, -d

sheerlegs
BR ˈʃɪəlɛɡz
AM ˈʃɪrˌlɛɡz

sheerly
BR ˈʃɪəli
AM ˈʃɪrli

sheerness
BR ˈʃɪənəs
AM ˈʃɪrnəs

sheet
BR ʃiːt, -s, -ɪŋ, -ɪd
AM ʃi|t, -ts, -dɪŋ, -dɪd

sheetfed
BR ˌʃiːtˈfɛd
AM ˈʃitˌfɛd

sheetfeeder
BR ˈʃiːtˌfiːdə(r), -z
AM ˈʃitˌfidər, -z

Sheetrock
BR ˈʃiːtˌrɒk
AM ˈʃitˌrak

Sheffield
BR ˈʃɛfiːld
AM ˈʃɛfild

sheik
BR ʃeɪk, ʃiːk, -s
AM ʃeɪk, ʃik, -s

sheikdom
BR ˈʃeɪkdəm, ˈʃiːkdəm, -z
AM ˈʃeɪkdəm, ˈʃikdəm, -z

sheikh
BR ʃeɪk, ʃiːk, -s
AM ʃeɪk, ʃik, -s

sheikhdom
BR ˈʃeɪkdəm, ˈʃiːkdəm, -z
AM ˈʃeɪkdəm, ˈʃikdəm, -z

sheila
BR ˈʃiːlə(r), -z
AM ˈʃilə, -z

shekel
BR ˈʃɛkl, -z
AM ˈʃɛkəl, -z

Shekinah
BR ʃɛˈkʌɪnə(r),
ʃɪˈkʌɪnə(r)
AM ʃəˈkaɪnə,
ʃɛˈkaɪnə

Shelagh
BR ˈʃiːlə(r)
AM ˈʃilə

Shelburne
BR ˈʃɛlbəːn, ˈʃɛlb(ə)n
AM ˈʃɛlbərn

Sheldon
BR ˈʃɛld(ə)n
AM ˈʃɛldən

Sheldonian
BR ʃɛlˈdəʊnɪən
AM ʃɛlˈdoʊnɪən

sheldrake
BR ˈʃɛldreɪk, -s
AM ˈʃɛlˌdreɪk, -s

shelduck
BR ˈʃɛldʌk, -s
AM ˈʃɛlˌdək, -s

shelf
BR ʃɛlf
AM ʃɛlf

shelfful
BR ˈʃɛlffʊl, -z
AM ˈʃɛl(f)ˌfʊl, -z

shelf-life
BR ˈʃɛlflʌɪf
AM ˈʃɛlfˌlaɪf

shell
BR ʃɛl, -z, -ɪŋ, -d
AM ʃɛl, -z, -ɪŋ, -d

she'll *strong form*
BR ʃiːl
AM ʃil

she'll[2] *weak form*
BR ʃɪl
AM ʃɪl

shellac
BR ʃəˈlak, ˈʃɛlak, -s, -ɪŋ, -t
AM ʃəˈlæk, -s, -ɪŋ, -t

shellback
BR ˈʃɛlbak, -s
AM ˈʃɛlˌbæk, -s

shell-bit
BR ˈʃɛlbɪt, -s
AM ˈʃɛlˌbɪt, -s

Shelley
BR ˈʃɛli
AM ˈʃɛli

shellfire
BR ˈʃɛlˌfʌɪə(r)
AM ˈʃɛlˌfaɪ(ə)r

shellfish
BR ˈʃɛlfɪʃ
AM ˈʃɛlˌfɪʃ

shell-less
BR ˈʃɛlləs
AM ˈʃɛ(l)ləs

Shell-Mex
BR ˌʃɛlˈmɛks
AM ˌˈʃɛlˈmɛks

shellproof
BR ˈʃɛlpruːf
AM ˈʃɛlˌpruf

shellshock
BR ˈʃɛlʃɒk
AM ˈʃɛlˌʃɑk

shelly
BR ˈʃeli
AM ˈʃeli

Shelta
BR ˈʃeltə(r)
AM ˈʃeltə

shelter
BR ˈʃelt|ə(r), -əz,
-(ə)rɪŋ, -əd
AM ˈʃelt|ər, -ərz,
-(ə)rɪŋ, -ərd

shelterer
BR ˈʃelt(ə)rə(r), -z
AM ˈʃeltərər, -z

shelterless
BR ˈʃeltələs
AM ˈʃeltərləs

sheltie
BR ˈʃelt|i, -ɪz
AM ˈʃelti, -z

Shelton
BR ˈʃelt(ə)n
AM ˈʃelt(ə)n

shelty
BR ˈʃelt|i, -ɪz
AM ˈʃelti, -z

shelve
BR ʃelv, -z, -ɪŋ, -d
AM ʃelv, -z,
-ɪŋ, -d

shelver
BR ˈʃelvə(r), -z
AM ˈʃelvər, -z

shelves
BR ʃelvz
AM ʃelvz

Shem
BR ʃem
AM ʃem

Shema
BR ˈʃeɪmə(r),
ʃeˈmɑː(r), -z
AM ʃəˈmɑ, -z

shemozzle
BR ʃɪˈmɒzl, -z
AM ʃəˈmɑz(ə)l, -z

Shena
BR ˈʃiːnə(r)
AM ˈʃeɪnə, ˈʃinə

Shenandoah
BR ˌʃenənˈdəʊə(r)
AM ˌʃenənˈdoʊə

shenanigan
BR ʃɪˈnanɪg(ə)n, -z
AM ʃəˈnænəgən, -z

Shenfield
BR ˈʃenfiːld
AM ˈʃenˌfild

Shensi
BR ʃenˈsiː
AM ʃenˈʃi

Shenyang
BR ʃenˈjaŋ
AM ʃenˈjæŋ

Shenzhen
BR ʃenˈʒen
AM ʃenˈʒen

Sheol
BR ˈʃiːəʊl, ˈʃiːɒl
AM ˈʃiˌoʊl, ˈʃiˌɑl, ˈʃiˌɔl

Shepard
BR ˈʃepəd
AM ˈʃepərd

shepherd
BR ˈʃepəd, -z, -ɪŋ, -ɪd
AM ˈʃepərd, -z, -ɪŋ, -əd

shepherdess
BR ˈʃepədes, ˈʃepədɪs,
ˌʃepəˈdes, -ɪz
AM ˈʃepərdəs, -əz

Sheppard
BR ˈʃepəd
AM ˈʃepərd

Sheppey
BR ˈʃepi
AM ˈʃepi

Shepshed
BR ˈʃepʃed
AM ˈʃepst(ə)n

Shepton
BR ˈʃept(ə)n
AM ˈʃeptn

Shepton Mallet
BR ˌʃept(ə)n ˈmalɪt
AM ˌʃeptn ˈmælət

Sher
BR ʃəː(r), ʃeː(r)
AM ʃər

sherardise
BR ˈʃerədʌɪz, -ɪz,
-ɪŋ, -d
AM ˈʃerərˌdaɪz,
ʃəˈrɑrˌdaɪz, -ɪz,
-ɪŋ, -d

sherardize
BR ˈʃerədʌɪz, -ɪz,
-ɪŋ, -d
AM ˈʃerərˌdaɪz,
ʃəˈrɑrˌdaɪz, -ɪz,
-ɪŋ, -d

Sheraton
BR ˈʃerət(ə)n
AM ˈʃerətn

sherbet
BR ˈʃəːbət
AM ˈʃərbə(r)t

Sherborne
BR ˈʃəːb(ɔː)n
AM ˈʃərˌbɔ(ə)rn

Sherbourne
BR ˈʃəːb(ɔː)n
AM ˈʃərˌbɔ(ə)rn

Sherbrooke
BR ˈʃəːbrʊk
AM ˈʃərˌbrʊk

sherd
BR ʃəːd, -z
AM ʃərd, -z

Shere
BR ʃɪə(r)
AM ʃɪ(ə)r

shereef
BR ʃəˈriːf, -s
AM ʃəˈrif, -s

sheria
BR ʃəˈriːə(r)
AM ʃəˈriə

Sheridan
BR ˈʃerɪdn
AM ˈʃerədən

sherif
BR ʃəˈriːf, -s
AM ʃəˈrif, -s

sheriff
BR ˈʃerɪf, -s
AM ˈʃerəf, -s

sheriffalty
BR ˈʃerɪflt|i, -ɪz
AM ˈʃerəfəlti, -z

sheriffdom
BR ˈʃerɪfdəm, -z
AM ˈʃerəfdəm, -z

sheriffhood
BR ˈʃerɪfhʊd, -z
AM ˈʃerəfˌ(h)ʊd, -z

sheriffship
BR ˈʃerɪfʃɪp, -s
AM ˈʃerəfˌʃɪp, -s

Sheringham
BR ˈʃerɪŋəm
AM ˈʃerɪŋəm

sherlock
BR ˈʃəːlɒk, -s
AM ˈʃərˌlɑk, -s

Sherman
BR ˈʃəːmən
AM ˈʃərm(ə)n

sherpa
BR ˈʃəːpə(r), -z
AM ˈʃərpə, -z

Sherrin
BR ˈʃerɪn
AM ˈʃerən

Sherrington
BR ˈʃerɪŋt(ə)n
AM ˈʃerɪŋt(ə)n

sherry
BR ˈʃer|i, -ɪz
AM ˈʃeri, -z

Sherwood
BR ˈʃəːwʊd
AM ˈʃərˌwʊd

Sheryl
BR ˈʃerɪl, ˈʃerl̩
AM ˈʃerəl

she's[1] *strong form*
BR ʃiːz
AM ʃiz

she's[2] *weak form*
BR ʃɪz
AM ʃɪz

Shetland
BR ˈʃetlənd, -z
AM ˈʃetlənd, -z

Shetlander
BR ˈʃetləndə(r), -z
AM ˈʃetləndər, -z

sheva
BR ʃəˈvɑː(r), -z
AM ʃəˈvɑ, -z

Shevardnadze
BR ˌʃevədˈnɑːdzə(r)
AM ˌʃevərdˈnɑdzə
RUS ʃivardˈnadzʲi

Shevat
BR ˈʃiːvat
AM ʃəˈvɑt

shew
BR ʃəʊ, -z, -ɪŋ, -d
AM ʃoʊ, -z, -ɪŋ, -d

shewbread
BR ˈʃəʊbrɛd
AM ˈʃoʊˌbrɛd

shewn
BR ʃəʊn
AM ʃoʊn

she-wolf
BR ˈʃiːwʊlf
AM ˈʃiˌwʊlf

she-wolves
BR ˈʃiːwʊlvz
AM ˈʃiˌwʊlvz

Shia
BR ˈʃiːə(r), -z
AM ˈʃiə, -z

Shi'a
BR ˈʃiːə(r), -z
AM ˈʃiə, -z

Shiah
BR ˈʃiːə(r), -z
AM ˈʃiə, -z

shiatsu
BR ʃiˈɑːtsuː, ʃiˈatsuː
AM ʃiˈatˌsu

shibboleth
BR ˈʃɪbəlɛθ, -s
AM ˈʃɪbələθ, -s

shicer
BR ˈʃʌɪsə(r), -z
AM ˈʃaɪsər, -z

shicker
BR ˈʃɪk|ə(r), -əz, -(ə)rɪŋ, -əd
AM ˈʃɪkər, -z, -ɪŋ, -d

shicksa
BR ˈʃɪksə(r), -z
AM ˈʃɪksə, -z

shied
BR ʃʌɪd
AM ʃaɪd

shield
BR ʃiːld, -z, -ɪŋ, -ɪd
AM ʃild, -z, -ɪŋ, -ɪd

shieldbug
BR ˈʃiːldbʌɡ
AM ˈʃil(d)ˌbəɡ

shieldless
BR ˈʃiːldlɪs
AM ˈʃi(ld)lɪs

Shields
BR ʃiːldz
AM ʃi(ə)l(d)z

shieling
BR ˈʃiːlɪŋ, -z
AM ˈʃilɪŋ, -z

shift
BR ʃɪft, -s, -ɪŋ, -ɪd
AM ʃɪft, -s, -ɪŋ, -ɪd

shiftable
BR ˈʃɪftəbl
AM ˈʃɪftəb(ə)l

shifter
BR ˈʃɪftə(r), -z
AM ˈʃɪftər, -z

shiftily
BR ˈʃɪftɪli
AM ˈʃɪftɪli

shiftiness
BR ˈʃɪftɪnɪs
AM ˈʃɪftɪnɪs

shiftless
BR ˈʃɪftlɪs
AM ˈʃɪf(t)lɪs

shiftlessly
BR ˈʃɪftlɪsli
AM ˈʃɪf(t)lɪsli

shiftlessness
BR ˈʃɪftlɪsnɪs
AM ˈʃɪf(t)lɪsnɪs

shifty
BR ˈʃɪft|i, -ɪə(r), -ɪɪst
AM ˈʃɪfti, -ər, -ɪɪst

shigella
BR ʃɪˈɡɛlə(r), -z
AM ʃəˈɡɛlə, -z

shiglet
BR ˈʃɪɡlɪt
AM ˈʃɪɡlɪt

shih-tzu
BR ˌʃiːˈtsuː, -z
AM ˈʃiˌtsu, -z

Shiism
BR ˈʃiːɪzm
AM ˈʃiɪz(ə)m

Shi'ism
BR ˈʃiːɪzm
AM ˈʃiɪz(ə)m

Shi'ite
BR ˈʃiːʌɪt, -s
AM ˈʃiˌaɪt, -s

Shiite
BR ˈʃiːʌɪt, -s
AM ˈʃiˌaɪt, -s

shikar
BR ʃɪˈkɑː(r), -z, -ɪŋ, -d
AM ʃəˈkɑr, -z, -ɪŋ, -d

shikara
BR ʃɪˈkɑːrə(r), -z
AM ʃəˈkɑrə, -z

shikari
BR ʃɪˈkɑːr|i, -ɪz
AM ʃəˈkɑri, -z

Shikoku
BR ʃɪˈkəʊkuː
AM ʃəˈkɑˌku, ʃəˈkoʊˌku

shiksa
BR ˈʃɪksə(r), -z
AM ˈʃɪksə, -z

shill
BR ʃɪl, -z
AM ʃɪl, -z

shillelagh
BR ʃɪˈleɪl|ə(r), ʃɪˈleɪl|i, -ɪz
AM ʃəˈleɪli, -z

shilling
BR ˈʃɪlɪŋ, -z
AM ˈʃɪlɪŋ, -z

shillingsworth
BR ˈʃɪlɪŋzwəːθ, -s
AM ˈʃɪlɪŋzˌwərθ, -s

Shillong
BR ʃɪˈlɒŋ
AM ʃəˈlɑŋ, ʃəˈlɔŋ

Shilluk
BR ʃɪˈlʊk
AM ʃəˈlʊk

shilly-shallier
BR ˈʃɪliˌʃalɪə(r), -z
AM ˈʃɪliˌʃæliər, -z

shilly-shally
BR ˈʃɪliˌʃal|i, -ɪz, -ɪɪŋ, -ɪd
AM ˈʃɪliˌʃæli, -z, -ɪŋ, -d

shilly-shallyer
BR ˈʃɪliˌʃalɪə(r), -z
AM ˈʃɪliˌʃæliər, -z

Shiloh
BR ˈʃʌɪləʊ
AM ˈʃaɪloʊ

Shilton
BR ˈʃɪlt(ə)n
AM ˈʃɪlt(ə)n

shim
BR ʃɪm, -z
AM ʃɪm, -z

shimmer
BR ˈʃɪm|ə(r), -əz, -(ə)rɪŋ, -əd
AM ˈʃɪm|ər, -ərz, -(ə)rɪŋ, -ərd

shimmeringly
BR ˈʃɪm(ə)rɪŋli
AM ˈʃɪm(ə)rɪŋli

shimmery
BR ˈʃɪm(ə)ri
AM ˈʃɪm(ə)ri

shimmy
BR ˈʃɪm|i, -ɪz, -ɪɪŋ, -ɪd
AM ˈʃɪmi, -z, -ɪŋ, -d

shin
BR ʃɪn, -z, -ɪŋ, -d
AM ʃɪn, -z, -ɪŋ, -d

shinbone
BR ˈʃɪnbəʊn, -z
AM ˈʃɪnˌboʊn, -z

shindig
BR ˈʃɪndɪɡ, -z
AM ˈʃɪnˌdɪɡ, -z

shindy
BR ˈʃɪnd|i, -ɪz
AM ˈʃɪndi, -z

shine
BR ʃʌɪn, -z, -ɪŋ, -d
AM ʃaɪn, -z, -ɪŋ, -d

shiner
BR ˈʃʌɪnə(r), -z
AM ˈʃaɪnər, -z

shingle
BR ˈʃɪŋɡl, -z
AM ˈʃɪŋɡəl, -z

shingly
BR ˈʃɪŋɡli
AM ˈʃɪŋɡ(ə)li

shinily
BR ˈʃʌɪnɪli
AM ˈʃaɪnɪli

shininess
BR ˈʃʌɪnɪnɪs
AM ˈʃaɪnɪnɪs

shiningly
BR ˈʃaɪnɪŋli
AM ˈʃaɪnɪŋli

shinny
BR ˈʃɪn|i, -ɪz, -ɪŋ, -ɪd
AM ˈʃɪni, -z, -ɪŋ, -d

shinsplints
BR ˈʃɪnsplɪnts
AM ˈʃɪnˌsplɪnts

Shinto
BR ˈʃɪntəʊ
AM ˈʃɪn(t)oʊ

Shintoism
BR ˈʃɪntəʊɪzm
AM ˈʃɪn(t)oʊ-
ˌ(w)ɪz(ə)m

Shintoist
BR ˈʃɪntəʊɪst, -s
AM ˈʃɪn(t)oʊ(w)əst, -s

shinty
BR ˈʃɪnti
AM ˈʃɪn(t)i

Shinwell
BR ˈʃɪnw(ɛ)l
AM ˈʃɪnˌwɛl

shiny
BR ˈʃaɪn|i, -ɪə(r), -ɪɪst
AM ˈʃaɪni, -ər, -ɪst

ship
BR ʃɪp, -s, -ɪŋ, -t
AM ʃɪp, -s, -ɪŋ, -t

shipboard
BR ˈʃɪpbɔːd
AM ˈʃɪpˌbɔ(ə)rd

shipbroker
BR ˈʃɪpˌbrəʊkə(r), -z
AM ˈʃɪpˌbroʊkər, -z

shipbuilder
BR ˈʃɪpˌbɪldə(r), -z
AM ˈʃɪpˌbɪldər, -z

shipbuilding
BR ˈʃɪpˌbɪldɪŋ
AM ˈʃɪpˌbɪldɪŋ

shiplap
BR ˈʃɪplap, -s, -ɪŋ, -t
AM ˈʃɪpˌlæp, -s, -ɪŋ, -t

shipless
BR ˈʃɪplɪs
AM ˈʃɪplɪs

Shipley
BR ˈʃɪpli
AM ˈʃɪpli

shipload
BR ˈʃɪpləʊd, -z
AM ˈʃɪpˌloʊd, -z

Shipman
BR ˈʃɪpmən
AM ˈʃɪpm(ə)n

shipmaster
BR ˈʃɪpˌmɑːstə(r), -z
AM ˈʃɪpˌmæstər, -z

shipmate
BR ˈʃɪpmeɪt, -s
AM ˈʃɪpˌmeɪt, -s

shipment
BR ˈʃɪpm(ə)nt, -s
AM ˈʃɪpm(ə)nt, -s

shipowner
BR ˈʃɪpˌəʊnə(r), -z
AM ˈʃɪpˌoʊnər, -z

shippable
BR ˈʃɪpəbl
AM ˈʃɪpəb(ə)l

Shippam
BR ˈʃɪpəm
AM ˈʃɪpəm

shipper
BR ˈʃɪpə(r), -z
AM ˈʃɪpər, -z

ship-rigged
BR ˌʃɪpˈrɪgd
AM ˈʃɪpˌrɪgd

shipshape
BR ˈʃɪpʃeɪp,
ˌʃɪpˈʃeɪp
AM ˈʃɪpˌʃeɪp

Shipston
BR ˈʃɪpst(ə)n
AM ˈʃɪpst(ə)n

Shipton
BR ˈʃɪpt(ə)n
AM ˈʃɪpt(ə)n

ship-to-shore
BR ˌʃɪptəˈʃɔː(r)
AM ˌʃɪptəˈʃɔ(ə)r

shipway
BR ˈʃɪpweɪ, -z
AM ˈʃɪpˌweɪ, -z

shipworm
BR ˈʃɪpwəːm, -z
AM ˈʃɪpˌwɜrm, -z

shipwreck
BR ˈʃɪprɛk, -s, -ɪŋ, -t
AM ˈʃɪpˌrɛk, -s, -ɪŋ, -t

shipwright
BR ˈʃɪprʌɪt, -s
AM ˈʃɪpˌraɪt, -s

shipyard
BR ˈʃɪpjɑːd, -z
AM ˈʃɪpˌjɑrd, -z

shiralee
BR ˈʃɪrəliː, -z
AM ˈʃɪrəli, -z

Shiraz
BR ˈʃɪəraz, ʃɪˈraz, -ɪz
AM ʃ(ɪ)əˈrɑz, -əz

shire
BR ˈʃʌɪə(r), -z
AM ˈʃaɪ(ə)r, -z

-shire *county suffix*
BR ʃ(ɪ)ə(r)
AM ʃər, ˌʃaɪ(ə)r, ˌʃɪ(ə)r

shire-horse
BR ˈʃʌɪəhɔːs, -ɪz
AM ˈʃaɪ(ə)rˌ(h)ɔ(ə)rs,
-əz

shirk
BR ʃəːk, -s, -ɪŋ, -t
AM ʃɜrk, -s, -ɪŋ, -t

shirker
BR ˈʃəːkə(r), -z
AM ˈʃɜrkər, -z

Shirley
BR ˈʃəːli
AM ˈʃɜrli

shirr
BR ʃəː(r), -z, -ɪŋ, -d
AM ʃər, -z, -ɪŋ, -d

shirt
BR ʃəːt, -s, -ɪd
AM ʃər|t, -ts, -dəd

shirtdress
BR ˈʃəːtdrɛs, -ɪz
AM ˈʃərtˌdrɛs, -əz

shirtfront
BR ˈʃəːtfrʌnt, -s
AM ˈʃərtˌfrənt, -s

shirtily
BR ˈʃəːtɪli
AM ˈʃərdəli

shirtiness
BR ˈʃəːtɪnɪs
AM ˈʃərdinɪs

shirting
BR ˈʃəːtɪŋ, -z
AM ˈʃərdɪŋ, -z

shirtless
BR ˈʃəːtləs
AM ˈʃərtləs

shirtsleeve
BR ˈʃəːtsliːv, -z, -d
AM ˈʃərtˌsliv, -z, -d

shirttail
BR ˈʃəːtteɪl, -z
AM ˈʃər(t)ˌteɪl, -z

shirtwaist
BR ˈʃəːtweɪst, -s
AM ˈʃərtˌweɪst, -s

shirtwaister
BR ˈʃəːtˌweɪstə(r),
ˌʃəːtˈweɪstə(r), -z
AM ˈʃərtˌweɪstər, -z

shirty
BR ˈʃəːt|i, -ɪə(r), -ɪɪst
AM ˈʃərdi, -ər, -ɪst

shish kebab
BR ˈʃɪʃ kɪˌbab,
ˌʃɪʃ kɪˈbab, -z
AM ˈʃɪʃ kəˌbɑb, -z

shit
BR ʃɪt, -s, -ɪŋ, -ɪd
AM ʃɪ|t, -ts, -dɪŋ,
-dəd

shitbag
BR ˈʃɪtbag, -z
AM ˈʃɪtˌbæg, -z

shit creek
BR ˌʃɪt ˈkriːk
AM ˌˈʃɪt ˈkrɪk

shite
BR ʃʌɪt
AM ʃaɪt

shithouse
BR ˈʃɪthaʊ|s, -zɪz
AM ˈʃɪtˌ(h)aʊ|s,
-zəz

shitless
BR ˈʃɪtlɪs
AM ˈʃɪtlɪs

shit-scared
BR ˌʃɪtˈskɛːd
AM ˌʃɪtˈskɛ(ə)rd

shittim
BR ˈʃɪtɪm
AM ˈʃɪdəm

shitty
BR ˈʃɪt|i, -ɪə(r), -ɪɪst
AM ˈʃɪdi, -ər, -ɪst

shiv
BR ʃɪv, -z
AM ʃɪv, -z

Shiva
BR ˈʃiːvə(r)
AM ˈʃivə

shivaree
BR ˌʃɪvəˈriː, -z
AM ˌʃɪvəˈri, -z

shiver
BR ˈʃɪv|ə(r), -əz,
-(ə)rɪŋ, -əd
AM ˈʃɪv|ər, -ərz,
-(ə)rɪŋ, -ərd

shiverer
BR ˈʃɪv(ə)rə(r), -z
AM ˈʃɪv(ə)rər, -z

shiveringly
BR ˈʃɪv(ə)rɪŋli
AM ˈʃɪv(ə)rɪŋli

shivery
BR ˈʃɪv(ə)ri
AM ˈʃɪv(ə)ri

shivoo
BR ʃɪˈvuː, -z
AM ʃəˈvu, -z

shlemiel
BR ʃlɪˈmiəl, -z
AM ʃləˈmi(ə)l, -z

shlep
BR ʃlɛp
AM ʃlɛp

Shloer
BR ʃlɜː(r)
AM ʃlɔː(ə)r, ʃlɜr

shmear
BR ʃmɪə(r)
AM ʃmɪ(ə)r

shmuck
BR ʃmʌk
AM ʃmʌk

shoal
BR ʃəʊl, -z,
-ɪŋ, -d
AM ʃoʊl, -z,
-ɪŋ, -d

shoaly
BR ˈʃəʊli
AM ˈʃoʊli

shoat
BR ʃəʊt, -s
AM ʃoʊt, -s

shochet
BR ˈʃɒkɛt, ˈʃɒxɛt, -s
AM ˈʃakət, -s

shock
BR ʃɒk, -s, -ɪŋ, -t
AM ʃak, -s, -ɪŋ, -t

shockability
BR ˌʃɒkəˈbɪlɪti
AM ˌʃakəˈbɪlɪdi

shockable
BR ˈʃɒkəbl
AM ˈʃakəb(ə)l

shocker
BR ˈʃɒkə(r), -z
AM ˈʃakər, -z

shocking
BR ˈʃɒkɪŋ
AM ˈʃakɪŋ

shockingly
BR ˈʃɒkɪŋli
AM ˈʃakɪŋli

shockingness
BR ˈʃɒkɪŋnɪs
AM ˈʃakɪŋnɪs

shockproof
BR ˈʃɒkpruːf
AM ˈʃak,pruf

shod
BR ʃɒd
AM ʃad

shoddily
BR ˈʃɒdɪli
AM ˈʃadəli

shoddiness
BR ˈʃɒdɪnɪs
AM ˈʃadɪnɪs

shoddy
BR ˈʃɒd|i, -ɪə(r),
-ɪst
AM ˈʃadi, -ər, -ɪst

shoe
BR ʃuː, -z, -ɪŋ, -d
AM ʃu, -z, -ɪŋ, -d

shoebill
BR ˈʃuːbɪl, -z
AM ˈʃu,bɪl, -z

shoeblack
BR ˈʃuːblak, -s
AM ˈʃu,blæk, -s

shoebox
BR ˈʃuːbɒks, -ɪz
AM ˈʃu,baks, -əz

Shoeburyness
BR ˌʃuːb(ə)rɪˈnɛs
AM ˌʃubəriˈnɛs

shoehorn
BR ˈʃuːhɔːn, -z,
-ɪŋ, -d
AM ˈʃu,hɔ(ə)rn, -z,
-ɪŋ, -d

shoelace
BR ˈʃuːleɪs, -ɪz
AM ˈʃu,leɪs, -ɪz

shoeleather
BR ˈʃuːˌlɛðə(r)
AM ˈʃu,lɛðər

shoeless
BR ˈʃuːləs
AM ˈʃuləs

shoemaker
BR ˈʃuːˌmeɪkə(r), -z
AM ˈʃu,meɪkər, -z

shoemaking
BR ˈʃuːˌmeɪkɪŋ
AM ˈʃu,meɪkɪŋ

shoepolish
BR ˈʃuːˌpɒlɪʃ
AM ˈʃu,palɪʃ

shoeshine
BR ˈʃuːʃʌɪn
AM ˈʃu,ʃaɪn

shoestring
BR ˈʃuːstrɪŋ
AM ˈʃu,strɪŋ

shoetree
BR ˈʃuːtriː, -z
AM ˈʃu,tri, -z

shofar
BR ˈʃəʊfə(r)
AM ˈʃoʊfar

shofroth
BR ˈʃəʊfrɒt
AM ʃoʊˈfraθ, ʃoʊˈfrɔθ

shogun
BR ˈʃəʊg(ʌ)n, -z
AM ˈʃoʊgən, -z

shogunate
BR ˈʃəʊgneɪt, -s
AM ˈʃoʊgə,neɪt, ˈʃoʊgənət, -s

shojo
BR ˈʃəʊdʒəʊ
AM ˈʃoʊdʒoʊ

Sholokhov
BR ˈʃɒləkɒf
AM ˈʃɔləˌkɔf, ˈʃaləˌkav, ˈʃaləˌkaf, ˈʃɔləˌkɔv
RUS ˈʃoləxəf

Sholto
BR ˈʃɒltəʊ
AM ˈʃaltoʊ, ˈʃɔltoʊ

Shona[1] *African people and language*
BR ˈʃɒnə(r), ˈʃəʊnə(r)
AM ˈʃoʊnə

Shona[2] *forename*
BR ˈʃəʊnə(r)
AM ˈʃɔnə, ˈʃanə, ˈʃoʊnə

shone
BR ʃɒn
AM ʃoʊn

shonen
BR ˈʃəʊnɛn
AM ˈʃoʊnɛn

shonky
BR ˈʃɒŋk|i, -ɪə(r), -ɪst
AM ˈʃaŋki, ˈʃɔŋki, -ər, -ɪst

shoo
BR ʃuː, -z, -ɪŋ, -d
AM ʃu, -z, -ɪŋ, -d

shoofly
BR ˈʃuːflʌɪ, -z
AM ˈʃu,flaɪ, -z

shoo-in
BR ˈʃuːɪn, -z
AM ˈʃu,ɪn, -z

shook
BR ʃʊk
AM ʃʊk

shoot
BR ʃuːt, -s, -ɪŋ
AM ʃuːt, -ts, -dɪŋ

shootable
BR ˈʃuːtəbl
AM ˈʃudəb(ə)l

shoot'em up
BR ˈʃuːtəm ʌp, -s
AM ˈʃudə,m əp, -s

shooter
BR ˈʃuːtə(r), -z
AM ˈʃudər, -z

shooting
BR ˈʃuːtɪŋ, -z
AM ˈʃudɪŋ, -z

shoot-out
BR ˈʃuːtaʊt, -s
AM ˈʃuˌdaʊt, -s

shoot-up
BR ˈʃuːtʌp, -s
AM ˈʃudəp, -s

shop
BR ʃɒp, -s, -ɪŋ, -t
AM ˈʃɑp, -s, -ɪŋ, -t

shopaholic
BR ˌʃɒpəˈhɒlɪk, -s
AM ˌʃɑpəˈhɑlɪk, -s

shop-bought
BR ˌʃɒpˈbɔːt
AM ˈʃɑpˌbɑt, ˈʃɑpˌbɔt

shopfitter
BR ˈʃɒpˌfɪtə(r), -z
AM ˈʃɑpˌfɪdər, -z

shopfitting
BR ˈʃɒpˌfɪtɪŋ
AM ˈʃɑpˌfɪdɪŋ

shop-floor
BR ˌʃɒpˈflɔː(r), ˈʃɒpflɔː(r), -z
AM ˈʃɑpˌflɔ(ə)r, -z

shopfront
BR ˈʃɒpfrʌnt, -s
AM ˈʃɑpˌfrənt, -s

shopgirl
BR ˈʃɒpɡɜːl, -z
AM ˈʃɑpˌɡɜrl, -z

shopkeeper
BR ˈʃɒpˌkiːpə(r), -z
AM ˈʃɑpˌkipər, -z

shopkeeping
BR ˈʃɒpˌkiːpɪŋ
AM ˈʃɑpˌkipɪŋ

shopless
BR ˈʃɒpləs
AM ˈʃɑpləs

shoplift
BR ˈʃɒplɪft, -s, -ɪŋ, -ɪd
AM ˈʃɑpˌlɪft, -s, -ɪŋ, -ɪd

shoplifter
BR ˈʃɒpˌlɪftə(r), -z
AM ˈʃɑpˌlɪftər, -z

shopman
BR ˈʃɒpmən
AM ˈʃɑpm(ə)n

shopmen
BR ˈʃɒpmən
AM ˈʃɑpm(ə)n

shopper
BR ˈʃɒpə(r), -z
AM ˈʃɑpər, -z

shoppy
BR ˈʃɒpi
AM ˈʃɑpi

shopsoiled
BR ˈʃɒpsɔɪld, ˌʃɒpˈsɔɪld
AM ˈʃɑpˌsɔɪld

shoptalk
BR ˈʃɒptɔːk, -s
AM ˈʃɑpˌtɑk, ˈʃɑpˌtɔk, -s

shopwalker
BR ˈʃɒpˌwɔːkə(r), -z
AM ˈʃɑpˌwɑkər, ˈʃɑpˌwɔkər, -z

shopworker
BR ˈʃɒpˌwɜːkə(r), -z
AM ˈʃɑpˌwɜrkər, -z

shopworn
BR ˈʃɒpwɔːn
AM ˈʃɑpˌwɔ(ə)rn

shoran
BR ˈʃɔːran, ˈʃɒran
AM ˈʃɔˌræn

shore
BR ʃɔː(r), -z, -ɪŋ, -d
AM ʃɔ(ə)r, -z, -ɪŋ, -d

shore-based
BR ˌʃɔːˈbeɪst, ˈʃɔːbeɪst
AM ˈʃɔrˌbeɪst

shorebird
BR ˈʃɔːbɜːd, -z
AM ˈʃɔrˌbɜrd, -z

Shoreditch
BR ˈʃɔːdɪtʃ
AM ˈʃɔrˌdɪtʃ

shorefront
BR ˈʃɔːfrʌnt, -s
AM ˈʃɔrˌfrənt, -s

Shoreham
BR ˈʃɔːrəm
AM ˈʃɔrəm

shoreless
BR ˈʃɔːləs
AM ˈʃɔrləs

shoreline
BR ˈʃɔːlaɪn, -z
AM ˈʃɔrˌlaɪn, -z

shoreward
BR ˈʃɔːwəd, -z
AM ˈʃɔrwərd, -z

shoreweed
BR ˈʃɔːwiːd, -z
AM ˈʃɔrˌwid, -z

shoring
BR ˈʃɔːrɪŋ
AM ˈʃɔrɪŋ

shorn
BR ʃɔːn
AM ʃɔ(ə)rn

short
BR ʃɔːt, -s, -ɪŋ, -ɪd, -ə(r), -ɪst
AM ʃɔ(ə)rt, ʃɔ(ə)rts, ˈʃɔrdɪŋ, ˈʃɔrdəd, ˈʃɔrdər, ˈʃɔrdəst

shortage
BR ˈʃɔːtɪdʒ, -ɪdʒɪz
AM ˈʃɔrdɪdʒ, -ɪz

short-arm
BR ˈʃɔːtɑːm, ˌʃɔːtˈɑːm
AM ˈʃɔrdˌɑrm

shortbread
BR ˈʃɔːtbred
AM ˈʃɔrtˌbred

shortcake
BR ˈʃɔːtkeɪk
AM ˈʃɔrtˌkeɪk

short-change
BR ˌʃɔːtˈtʃeɪn(d)ʒ, -ɪz, -ɪŋ, -d
AM ˌʃɔrtˈtʃeɪndʒ, -ɪz, -ɪŋ, -d

short-circuit
BR ˌʃɔːtˈsɜːkɪt, -ɪts, -ɪtɪŋ, -ɪtɪd
AM ˌʃɔrtˈsɜrkəlt, -ts, -dɪŋ, -dəd

shortcoming
BR ˈʃɔːtˌkʌmɪŋ, ˌʃɔːtˈkʌmɪŋ, -z
AM ˈʃɔrtˌkəmɪŋ, -z

shortcrust
BR ˈʃɔːtkrʌst
AM ˈʃɔrtˌkrəst

shortcut
BR ˌʃɔːtˈkʌt, ˈʃɔːtkʌt, -s
AM ˈʃɔrtˌkət, -s

short-dated
BR ˌʃɔːtˈdeɪtɪd
AM ˌʃɔrtˈdeɪdɪd

short-eared owl
BR ˌʃɔːtɪəd ˈaʊl, -z
AM ˌʃɔrˌdɪ(ə)rd ˈaʊl, -z

shorten
BR ˈʃɔːt|n, nɛ, -nɪŋ\-nɪŋ, -nd
AM ˈʃɔrt(ə)n, -z, -ɪŋ, -d

Shorter
BR ˈʃɔːtə(r)
AM ˈʃɔrdər

shortfall
BR ˈʃɔːtfɔːl, -z
AM ˈʃɔrtˌfɑl, ˈʃɔrtˌfɔl, -z

shorthair
BR ˈʃɔːtheə(r), -z
AM ˈʃɔrt(h)ɛ(ə)r, -z

short-haired
BR ˌʃɔːtˈheəd
AM ˌʃɔrtˈhɛ(ə)rd

shorthand
BR ˈʃɔːthænd
AM ˈʃɔrt(h)ænd

shorthanded
BR ˌʃɔːtˈhændɪd
AM ˌʃɔrtˈhæn(d)əd

shorthaul
BR ˈʃɔːthɔːl, ˌʃɔːtˈhɔːl
AM ˈʃɔrt(h)ɑl, ˈʃɔrt(h)ɔl

short-head
BR ˌʃɔːtˈhed, -z, -ɪŋ, -ɪd
AM ˌʃɔrt(h)ɛd, -z, -ɪŋ, -əd

shorthold
BR ˈʃɔːthəʊld
AM ˈʃɔrt(h)oʊld

shorthorn
BR ˈʃɔːthɔːn, -z
AM ˈʃɔrt(h)ɔ(ə)rn, -z

shortie
BR ˈʃɔːt|i, -ɪz
AM ˈʃɔrdi, -z

shortish
BR ˈʃɔːtɪʃ
AM ˈʃɔrdɪʃ

shortlist
BR ˈʃɔːtlɪst, -s, -ɪŋ, -ɪd
AM ˈʃɔrtˌlɪst, -s, -ɪŋ, -ɪd

shortly
BR ˈʃɔːtli
AM ˈʃɔrtli

shortness
BR ˈʃɔːtnəs
AM ˈʃɔrtnəs

short-order
BR ˌʃɔːtˈɔːdə(r)
AM ˌʃɔrˈdɔrdər

shortsighted
BR ˌʃɔːtˈsaɪtɪd
AM ˌʃɔrtˈsaɪdɪd

shortsightedly
BR ˌʃɔːtˈsaɪtɪdli
AM ˌʃɔrtˈsaɪdɪdli

shortsightedness
BR ˌʃɔːtˈsaɪtɪdnɪs
AM ˌʃɔrtˈsaɪdɪdnɪs

shortstay
BR ˌʃɔːtˈsteɪ
AM ˌʃɔrtˈsteɪ

shortstop
BR ˈʃɔːtstɒp, -s
AM ˈʃɔrtˌstɑp, -s

shortwave
BR ˌʃɔːtˈweɪv, ˈʃɔːtweɪv
AM ˌʃɔrtˈweɪv

shortweight
BR ˌʃɔːtˈweɪt
AM ˈʃɔrtˌweɪt

shorty
BR ˈʃɔːt|i, -ɪz
AM ˈʃɔrdi, -z

Shoshone
BR ʃə(ʊ)ˈʃəʊn|i, -ɪz
AM ʃəˈʃoʊni, ʃoʊˈʃoʊni, -z

Shoshonean
BR ʃə(ʊ)ˈʃəʊniən
AM ʃəˈʃoʊniən, ʃoʊˈʃoʊniən

Shostakovich
BR ˌʃɒstəˈkəʊvɪtʃ
AM ˌʃɑstəˈkoʊvɪtʃ, ˌʃɔstəˈkoʊvɪtʃ

shot
BR ʃɒt, -s
AM ʃɑt, -s

shotgun
BR ˈʃɒtgʌn, -z
AM ˈʃɑtˌgən, -z

shotproof
BR ˈʃɒtpruːf
AM ˈʃɑtˌpruf

shotten
BR ˈʃɒtn
AM ˈʃɑtn

should[1] *strong form*
BR ʃʊd
AM ʃʊd

should[2] *weak form*
BR ʃəd
AM ʃəd

shoulder
BR ˈʃəʊld|ə(r), -əz, -(ə)rɪŋ, -əd
AM ˈʃoʊldər, -z, -ɪŋ, -d

shouldn't
BR ˈʃʊdnt
AM ˈʃʊdnt

shout
BR ʃaʊt, -s, -ɪŋ, -ɪd
AM ʃaʊ|t, -ts, -dɪŋ, -dəd

shouter
BR ˈʃaʊtə(r), -z
AM ˈʃaʊdər, -z

shove
BR ʃʌv, -z, -ɪŋ, -d
AM ʃəv, -z, -ɪŋ, -d

shove-halfpenny
BR ˌʃʌvˈheɪpni
AM ˌʃəvˈheɪp(ə)ni

shove-ha'penny
BR ˌʃʌvˈheɪpni
AM ˌʃəvˈheɪp(ə)ni

shovel
BR ˈʃʌv|l, -lz, -lɪŋ\-lɪŋ, -ld
AM ˈʃəv|əl, -əlz, -(ə)lɪŋ, -əldz

shovelboard
BR ˈʃʌvlbɔːd
AM ˈʃəvəlˌbɔ(ə)rd

shoveler
BR ˈʃʌvlə(r), ˈʃʌvlə(r), -z
AM ˈʃəv(ə)lər, -z

shovelful
BR ˈʃʌvlfʊl, -z
AM ˈʃəvəlˌfʊl, -z

shovelhead
BR ˈʃʌvlhɛd, -z
AM ˈʃəvəl,(h)ɛd, -z

shoveller
BR ˈʃʌvlə(r), ˈʃʌvlə(r), -z
AM ˈʃəv(ə)lər, -z

show
BR ʃəʊ, -z, -ɪŋ, -d
AM ʃoʊ, -z, -ɪŋ, -d

show-and-tell
BR ˌʃəʊ n(d) ˈtɛl
AM ˌʃoʊ ən ˈtɛl

showband
BR ˈʃəʊband, -z
AM ˈʃoʊˌbænd, -z

showbiz
BR ˈʃəʊbɪz
AM ˈʃoʊˌbɪz

showboat
BR ˈʃəʊbəʊt, -s
AM ˈʃoʊˌboʊt, -s

showcard
BR ˈʃəʊkɑːd, -z
AM ˈʃoʊˌkɑrd, -z

showcase
BR ˈʃəʊkeɪs, -ɪz
AM ˈʃoʊˌkeɪs, -ɪz

showdown
BR ˈʃəʊdaʊn, -z
AM ˈʃoʊˌdaʊn, -z

shower[1] *person who shows*
BR ˈʃəʊə(r), -z
AM ˈʃoʊ(ə)r, -z

shower[2] *rain, bathe*
BR ˈʃaʊə(r), -z, -ɪŋ, -d
AM ˈʃaʊ(ə)r, -z, -ɪŋ, -d

showerproof
BR ˈʃaʊəpruːf, -t
AM ˈʃaʊ(ə)rˌpruf, -t

showery
BR ˈʃaʊ(ə)ri
AM ˈʃaʊ(ə)ri

showgirl
BR ˈʃəʊgəːl, -z
AM ˈʃoʊˌgərl, -z

showground
BR ˈʃəʊgraʊnd, -z
AM ˈʃoʊˌgraʊnd, -z

showily
BR ˈʃəʊɪli
AM ˈʃoʊəli

showiness
BR ˈʃəʊɪnɪs
AM ˈʃoʊɪnɪs

showing
BR ˈʃəʊɪŋ, -z
AM ˈʃoʊɪŋ, -z

showjump
BR ˈʃəʊdʒʌm|p, -ps, -pɪŋ, -(p)t
AM ˈʃoʊˌdʒəmp, -s, -ɪŋ, -t

showjumper
BR ˈʃəʊˌdʒʌmpə(r), -z
AM ˈʃoʊˌdʒəmpər, -z

showjumping
BR ˈʃəʊˌdʒʌmpɪŋ
AM ˈʃoʊˌdʒəmpɪŋ

showman
BR ˈʃəʊmən
AM ˈʃoʊm(ə)n

showmanship
BR ˈʃəʊmənʃɪp
AM ˈʃoʊmənˌʃɪp

showmen
BR ˈʃəʊmən
AM ˈʃoʊm(ə)n

shown
BR ʃəʊn
AM ʃoʊn

show-off
BR ˈʃəʊɒf, -s
AM ˈʃoʊˌɑf, ˈʃoʊˌɔf, -s

showpiece
BR ˈʃəʊpiːs, -ɪz
AM ˈʃoʊˌpis, -ɪz

showplace
BR ˈʃəʊpleɪs, -ɪz
AM ˈʃoʊˌpleɪs, -ɪz

showroom
BR ˈʃəʊruːm, ˈʃəʊrʊm, -z
AM ˈʃoʊˌrʊm, ˈʃoʊˌrum, -z

showstopper
BR ˈʃəʊˌstɒpə(r), -z
AM ˈʃoʊˌstɑpər, -z

showstopping
BR ˈʃəʊˌstɒpɪŋ
AM ˈʃoʊˌstɑpɪŋ
showtime
BR ˈʃəʊtʌɪm
AM ˈʃoʊˌtaɪm
showy
BR ˈʃəʊ|i, -iə(r),
-ɪɪst
AM ˈʃoʊi, -ər, -ɪst
shoyu
BR ˈʃəʊjuː
AM ˈʃoʊju
shrank
BR ʃraŋk
AM ʃræŋk
shrapnel
BR ˈʃrapnl
AM ˈʃræpn(ə)l
shred
BR ʃrɛd, -z, -ɪŋ, -ɪd
AM ʃrɛd, -z, -ɪŋ,
-əd
shredder
BR ˈʃrɛdə(r), -z
AM ˈʃrɛdər, -z
Shreveport
BR ˈʃriːvpɔːt
AM ˈʃrivˌpɔ(ə)rt
shrew
BR ʃruː, -z
AM ʃru, -z
shrewd
BR ʃruːd, -ə(r),
-ɪst
AM ʃrud, -ər,
-əst
shrewdly
BR ˈʃruːdli
AM ˈʃrudli
shrewdness
BR ˈʃruːdnəs
AM ˈʃrudnəs
shrewish
BR ˈʃruːɪʃ
AM ˈʃruɪʃ
shrewishly
BR ˈʃruːɪʃli
AM ˈʃruɪʃli
shrewishness
BR ˈʃruːɪʃnɪs
AM ˈʃruɪʃnɪs

Shrewsbury
BR ˈʃrəʊzb(ə)ri,
ˈʃruːzb(ə)ri
AM ˈʃruzb(ə)ri,
ˈʃruzˌbɛri
shriek
BR ʃriːk, -s, -ɪŋ, -t
AM ʃrik, -s, -ɪŋ, -t
shrieker
BR ˈʃriːkə(r), -z
AM ˈʃrikər, -z
shrieval
BR ˈʃriːvl
AM ˈʃrivəl
shrievalty
BR ˈʃriːvlt|i, -ɪz
AM ˈʃrivəlti, -z
shrift
BR ʃrɪft
AM ʃrɪft
shrike
BR ʃrʌɪk, -s
AM ʃraɪk, -s
shrill
BR ʃrɪl, -z, -ɪŋ, -d,
-ə(r), -ɪst
AM ʃrɪl, -z, -ɪŋ, -d, -ər,
-ɪst
shrillness
BR ˈʃrɪlnɪs
AM ˈʃrɪlnɪs
shrilly
BR ˈʃrɪ(l)li
AM ˈʃrɪ(l)li
shrimp
BR ʃrɪmp, -s, -ɪŋ
AM ʃrɪmp, -s, -ɪŋ
shrimper
BR ˈʃrɪmpə(r), -z
AM ˈʃrɪmpər, -z
Shrimpton
BR ˈʃrɪm(p)t(ə)n
AM ˈʃrɪm(p)t(ə)n
shrine
BR ʃrʌɪn, -z
AM ʃraɪn, -z
Shriner
BR ˈʃrʌɪnə(r)
AM ˈʃraɪnər
shrink
BR ʃrɪŋk, -s, -ɪŋ
AM ʃrɪŋk, -s, -ɪŋ

shrinkable
BR ˈʃrɪŋkəbl
AM ˈʃrɪŋkəb(ə)l
shrinkage
BR ˈʃrɪŋkɪdʒ
AM ˈʃrɪŋkɪdʒ
shrinker
BR ˈʃrɪŋkə(r), -z
AM ˈʃrɪŋkər, -z
shrinking
BR ˈʃrɪŋkɪŋ
AM ˈʃrɪŋkɪŋ
shrinkingly
BR ˈʃrɪŋkɪŋli
AM ˈʃrɪŋkɪŋli
shrinkpack
BR ˈʃrɪŋkpak
AM ˈʃrɪŋkˌpæk
shrinkproof
BR ˈʃrɪŋkpruːf
AM ˈʃrɪŋkˌpruf
shrive
BR ʃrʌɪv, -z, -ɪŋ
AM ʃraɪv, -z, -ɪŋ
shrivel
BR ˈʃrɪv|l, -lz, -lɪŋ\-lɪŋ,
-ld
AM ˈʃrɪv|əl, -əlz,
-(ə)lɪŋ, -əld
shriven
BR ˈʃrɪvn
AM ˈʃrɪvən
Shrivenham
BR ˈʃrɪvnəm
AM ˈʃrɪvən(ə)m
Shropshire
BR ˈʃrɒpʃ(ɪ)ə(r)
AM ˈʃrɑpˌʃi(ə)r
shroud
BR ʃraʊd, -z, -ɪŋ,
-ɪd
AM ʃraʊd, -z, -ɪŋ,
-əd
shroudless
BR ˈʃraʊdləs
AM ˈʃrɑdləs
shrove
BR ʃrəʊv
AM ʃroʊv
Shrovetide
BR ˈʃrəʊvtʌɪd
AM ˈʃroʊvˌtaɪd

shrub
BR ʃrʌb, -z
AM ʃrəb, -z
shrubbery
BR ˈʃrʌb(ə)r|i, -ɪz
AM ˈʃrəb(ə)ri, -z
shrubbiness
BR ˈʃrʌbɪnɪs
AM ˈʃrəbɪnɪs
shrubby
BR ˈʃrʌb|i, -iə(r), -ɪɪst
AM ˈʃrəbi, -ər, -ɪst
shrug
BR ʃrʌg, -z, -ɪŋ, -d
AM ʃrəg, -z, -ɪŋ, -d
shrunk
BR ʃrʌŋk
AM ʃrəŋk
shrunken
BR ˈʃrʌŋk(ə)n
AM ˈʃrəŋkən
shtick
BR ʃtɪk, -s
AM ʃtɪk, -s
shtuck
BR ʃtʊk
AM ʃtʊk
shuck
BR ʃʌk, -s, -ɪŋ, -t
AM ʃək, -s, -ɪŋ, -t
Shuckburgh
BR ˈʃʌkb(ə)rə(r)
AM ˈʃəkˌbərə
shucker
BR ˈʃʌkə(r), -z
AM ˈʃəkər, -z
shudder
BR ˈʃʌd|ə(r), -əz,
-(ə)rɪŋ, -əd
AM ˈʃədər, -z,
-ɪŋ, -d
shudderingly
BR ˈʃʌd(ə)rɪŋli
AM ˈʃəd(ə)rɪŋli
shuddery
BR ˈʃʌd(ə)ri
AM ˈʃəd(ə)ri
shuffle
BR ˈʃʌf|l, -lz,
-lɪŋ\-lɪŋ, -ld
AM ˈʃəfˌəl, -əlz,
-(ə)lɪŋ, -əld

shuffleboard
BR ˈʃʌflbɔːd, -z
AM ˈʃəfəlˌbɔ(ə)rd, -z

Shufflebottom
BR ˈʃʌflˌbɒtəm
AM ˈʃəfəlˌbɑdəm

shuffler
BR ˈʃʌflə(r), ˈʃʌflə(r), -z
AM ˈʃʌf(ə)lər, -z

Shufflewick
BR ˈʃʌflwɪk
AM ˈʃəfəlˌwɪk

shuffling
BR ˈʃʌflɪŋ, ˈʃʌflɪŋ, -z
AM ˈʃʌf(ə)lɪŋ, -z

shufti
BR ˈʃʊftǀi, -ɪz
AM ˈʃʊfti, -z

shufty
BR ˈʃʊftǀi, -ɪz
AM ˈʃʊfti, -z

shul
BR ʃuːl, ʃʊl, -z
AM ʃʊl, ʃul, -z

Shula
BR ˈʃuːlə(r)
AM ˈʃulə

shuln
BR ʃuːln, ʃʊln
AM ʃʊln, ʃuln

Shumen
BR ˈʃuːmɛn
AM ˈʃuˌmɛn

shun
BR ʃʌn, -z, -ɪŋ, -d
AM ʃ(ə)n, -z, -ɪŋ, -d

shunt
BR ʃʌnt, -s, -ɪŋ, -ɪd
AM ʃənǀt, -ts, -(t)ɪŋ, -(t)əd

shunter
BR ˈʃʌntə(r), -z
AM ˈʃən(t)ər, -z

shush
BR ʃʌʃ, ʃʊʃ
AM ʃəʃ, ʃʊʃ

Shuster
BR ˈʃʊstə(r), ˈʃuːstə(r)
AM ˈʃustər

shut
BR ʃʌt, -s, -ɪŋ
AM ʃəǀt, -ts, -ɪŋ

shutdown
BR ˈʃʌtdaʊn, -z
AM ˈʃətˌdaʊn, -z

Shute
BR ʃuːt
AM ʃut

Shuter
BR ˈʃuːtə(r)
AM ˈʃudər

shut-eye
BR ˈʃʌtʌɪ
AM ˈʃədˌaɪ

shut-in
BR ˈʃʌtɪn, -z
AM ˈʃədˌɪn, -z

shut-off
BR ˈʃʌtɒf, -s
AM ˈʃədˌɑf, ˈʃədˌɔf, -s

shut-out
BR ˈʃʌtaʊt, -s
AM ˈʃədˌaʊt, -s

shutter
BR ˈʃʌtǀə(r), -əz, -(ə)rɪŋ, -əd
AM ˈʃəǀdər, -dərz, -dərɪŋ\-trɪŋ, -dərd

shutterbug
BR ˈʃʌtəbʌg, -z
AM ˈʃədərˌbəg, -z

shutterless
BR ˈʃʌtələs
AM ˈʃədərləs

shuttle
BR ˈʃʌtǀl̩, -lz, -lɪŋ\-lɪŋ, -ld
AM ˈʃəd(ə)l, -z, -ɪŋ, -d

shuttlecock
BR ˈʃʌtlkɒk, -s
AM ˈʃədlˌkak, -s

Shuttleworth
BR ˈʃʌtlwə(ː)θ
AM ˈʃədəlˌwərθ

Shuy
BR ʃʌɪ
AM ʃaɪ

shwa
BR ʃwɑː(r), ʃvɑː(r), -z
AM ʃvɑ, ʃwɑ, -z

shy
BR ʃʌɪ, -z, -ɪŋ, -d, -ə(r), -ɪst
AM ʃaɪ, -z, -ɪŋ, -d, -ər, -ɪst

shyer
BR ˈʃʌɪə(r), -z
AM ˈʃaɪər, -z

Shylock
BR ˈʃʌɪlɒk
AM ˈʃaɪˌlak

shyly
BR ˈʃʌɪli
AM ˈʃaɪli

shyness
BR ˈʃʌɪnɪs
AM ˈʃaɪnɪs

shyster
BR ˈʃʌɪstə(r), -z
AM ˈʃaɪstər, -z

si
BR siː
AM si

sial
BR sʌɪəl
AM ˈsaɪəl

sialagogue
BR sʌɪˈaləgɒg, -z
AM saɪˈæləˌgag, -z

sialogogue
BR sʌɪˈaləgɒg, -z
AM saɪˈæləˌgag, -z

Siam
BR sʌɪˈam
AM saɪˈæm

siamang
BR ˈsiːəmaŋ, ˈsʌɪəmaŋ, -z
AM ˈsiəˌmaŋ, -z

Siamese
BR ˌsʌɪəˈmiːz
AM ˌsaɪəˈmiz

Siân
BR ʃɑːn
AM ʃɑn

sib
BR sɪb, -z
AM sɪb, -z

Sibelius
BR sɪˈbeɪliəs
AM səˈbeɪliəs

Siberia
BR saɪˈbɪərɪə(r)
AM saɪˈbɪriə

Siberian
BR saɪˈbɪərɪən, -z
AM saɪˈbɪriən, -z

sibilance
BR ˈsɪbɪln̩s, ˈsɪbln̩s
AM ˈsɪbəl(ə)ns

sibilancy
BR ˈsɪbɪln̩si, ˈsɪbln̩si
AM ˈsɪbələnsi

sibilant
BR ˈsɪbɪln̩t, ˈsɪbln̩t, -s
AM ˈsɪbəl(ə)nt, -s

sibilate
BR ˈsɪbɪleɪt, -s, -ɪŋ, -ɪd
AM ˈsɪbəˌleɪǀt, -ts, -dɪŋ, -dɪd

sibilation
BR ˌsɪbɪˈleɪʃn̩, -z
AM ˌsɪbəˈleɪʃ(ə)n, -z

Sibley
BR ˈsɪbli
AM ˈsɪbli

sibling
BR ˈsɪblɪŋ, -z
AM ˈsɪblɪŋ, -z

sibship
BR ˈsɪbʃɪp, -s
AM ˈsɪbˌʃɪp, -s

sibyl
BR ˈsɪb(ɪ)l, -z
AM ˈsɪbɪl, -z

sibylline
BR ˈsɪbɪl̩ʌɪn
AM ˈsɪbəˌlin, ˈsɪbəˌlaɪn

sic
BR sɪk
AM sɪk

siccative
BR ˈsɪkətɪv, -z
AM ˈsɪkədɪv, -z

sice
BR sʌɪs, -ɪz
AM saɪz, saɪs, -ɪz

Sichuan
BR ˌsɪtʃˈwɑːn
AM ˈsɪˌtʃwɑn

Sicilia
BR sɪˈsɪlɪə(r)
AM səˈsɪliə, səˈsɪljə
IT siˈtʃilja

Sicilian
BR sɪˈsɪlɪən, -z
AM səˈsɪlɪən, səˈsɪljən, -z

siciliana
BR sɪˌsɪlɪˈɑːnə(r), -z
AM səˌsiliˈɑnə, -z
IT sitʃiˈljana

siciliano
BR sɪˌsɪlɪˈɑːnəʊ, -z
AM səˌsiliˈɑˌnoʊ, -z
IT sitʃiˈljano

Sicily
BR ˈsɪsɪli, ˈsɪsḷi
AM ˈsɪsɪli

sick
BR sɪk, -ə(r), -ɪst
AM sɪk, -ər, -ɪst

sickbay
BR ˈsɪkbeɪ, -z
AM ˈsɪkˌbeɪ, -z

sickbed
BR ˈsɪkbɛd, -z
AM ˈsɪkˌbɛd, -z

sicken
BR ˈsɪk|(ə)n, -nz,
-(ə)nɪŋ\-ṇɪŋ, -nd
AM ˈsɪk|ən, -ənz,
-(ə)nɪŋ, -ənd

sickener
BR ˈsɪknə(r),
ˈsɪknə(r), -z
AM ˈsɪk(ə)nər, -z

sickeningly
BR ˈsɪknɪŋli, ˈsɪknɪŋli
AM ˈsɪk(ə)nɪŋli

Sickert
BR ˈsɪkət
AM ˈsɪkərt

sickie
BR ˈsɪk|i, -ɪz
AM ˈsɪki, -z

sickish
BR ˈsɪkɪʃ
AM ˈsɪkɪʃ

sickle
BR ˈsɪkl, -z
AM ˈsɪk(ə)l, -z

sickliness
BR ˈsɪklɪnɪs
AM ˈsɪklɪnɪs

sicklist
BR ˈsɪklɪst, -s
AM ˈsɪkˌlɪst, -s

sickly
BR ˈsɪkl|i, -ɪə(r), -ɪɪst
AM ˈsɪkli, -ər, -ɪst

sickness
BR ˈsɪknɪs
AM ˈsɪknɪs

sicko
BR ˈsɪkəʊ, -z
AM ˈsɪkoʊ, -z

sickroom
BR ˈsɪkruːm,
ˈsɪkrʊm, -z
AM ˈsɪkˌrʊm,
ˈsɪkˌrum, -z

Sid
BR sɪd
AM sɪd

sidalcea
BR sɪˈdalsɪə(r), -z
AM səˈdælʃiə,
saɪˈdælʃiə, -z

Sidcup
BR ˈsɪdkʌp
AM ˈsɪdˌkəp

Siddall
BR ˈsɪdɔːl
AM ˈsɪdal, ˈsɪdɔl

Siddeley
BR ˈsɪdli
AM ˈsɪd(ə)li

Siddons
BR ˈsɪdnz
AM ˈsɪdnz

side
BR sʌɪd, -z, -ɪŋ, -ɪd
AM saɪd, -z, -ɪŋ,
-ɪd

sidearm
BR ˈsʌɪdɑːm, -z
AM ˈsaɪdˌɑrm, -z

sideband
BR ˈsʌɪdband, -z
AM ˈsaɪdˌbænd, -z

sidebar
BR ˈsʌɪdbɑː(r), -z
AM ˈsaɪdˌbɑr, -z

sideboard
BR ˈsʌɪdbɔːd, -z
AM ˈsaɪdˌbɔ(ə)rd, -z

Sidebotham
BR ˈsʌɪdˌbɒtəm,
ˈsʌɪdˌbəʊθ(ə)m,
ˌsɪdɪbəˈtɑːm
AM ˈsaɪdˌbɑdəm

Sidebottom
BR ˈsʌɪdˌbɒtəm,
ˌsɪdɪbəˈtɑːm
AM ˈsaɪdˌbɑdəm

sideburn
BR ˈsʌɪdbɜːn, -z
AM ˈsaɪdˌbɜrn, -z

sidecar
BR ˈsʌɪdkɑː(r), -z
AM ˈsaɪdˌkɑr, -z

sidedish
BR ˈsʌɪddɪʃ, -ɪz
AM ˈsaɪ(d)ˌdɪʃ, -ɪz

sidedness
BR ˈsʌɪdɪdnɪs
AM ˈsaɪdɪdnɪs

sidehill
BR ˈsʌɪdhɪl, -z
AM ˈsaɪd(h)ɪl, -z

sidekick
BR ˈsʌɪdkɪk, -s
AM ˈsaɪdˌkɪk, -s

sidelamp
BR ˈsʌɪdlamp, -s
AM ˈsaɪdˌlæmp, -s

sideless
BR ˈsʌɪdlɪs
AM ˈsaɪdlɪs

sidelight
BR ˈsʌɪdlʌɪt, -s
AM ˈsaɪdˌlaɪt, -s

sideline
BR ˈsʌɪdlʌɪn, -z
AM ˈsaɪdˌlaɪn, -z

sidelong
BR ˈsʌɪdlɒŋ
AM ˈsaɪdˌlɑŋ,
ˈsaɪdˌlɔŋ

sideman
BR ˈsʌɪdman
AM ˈsaɪdˌmæn

sidemen
BR ˈsʌɪdmɛn
AM ˈsaɪdˌmɛn

side-on
BR ˌsʌɪdˈɒn
AM ˌsaɪdˈɑn

sidepiece
BR ˈsʌɪdpiːs, -ɪz
AM ˈsaɪdˌpis, -ɪz

sidereal
BR sʌɪˈdɪərɪəl
AM saɪˈdɪriəl

siderite
BR ˈsʌɪdərʌɪt
AM ˈsɪdəˌraɪt

siderostat
BR ˈsɪd(ə)rə(ʊ)stat, -s
AM ˈsɪdərəˌstæt, -s

sidesaddle
BR ˈsʌɪdˌsadl, -z
AM ˈsaɪdˌsædəl, -z

sideshow
BR ˈsʌɪdʃəʊ, -z
AM ˈsaɪdˌʃoʊ, -z

sideslip
BR ˈsʌɪdslɪp, -s, -ɪŋ, -t
AM ˈsaɪdˌslɪp, -s, -ɪŋ, -t

sidesman
BR ˈsʌɪdzmən
AM ˈsaɪdzm(ə)n

sidesmen
BR ˈsʌɪdzmən
AM ˈsaɪdzm(ə)n

sidesplitting
BR ˈsʌɪdˌsplɪtɪŋ
AM ˈsaɪdˌsplɪdɪŋ

sidestep
BR ˈsʌɪdstɛp, -s, -ɪŋ, -t
AM ˈsaɪdˌstɛp, -s,
-ɪŋ, -t

sidestepper
BR ˈsʌɪdˌstɛpə(r), -z
AM ˈsaɪdˌstɛpər, -z

sidestroke
BR ˈsʌɪdstrəʊk
AM ˈsaɪdˌstroʊk

sideswipe
BR ˈsʌɪdswʌɪp, -s,
-ɪŋ, -t
AM ˈsaɪdˌswaɪp, -s,
-ɪŋ, -t

sidetrack
BR ˈsʌɪdtrak, -s, -ɪŋ, -t
AM ˈsaɪ(d)ˌtræk, -s,
-ɪŋ, -t

sidewalk
BR ˈsʌɪdwɔːk, -s
AM ˈsaɪdˌwɑk,
ˈsaɪdˌwɔk, -s

sideward
BR ˈsʌɪdwəd, -z
AM saɪdwərd, -z

sideways
BR ˈsʌɪdweɪz
AM ˈsaɪdˌweɪz

sidewinder
BR ˈsʌɪdˌwʌɪndə(r), -z
AM ˈsaɪdˌwaɪndər, -z

sidewise
BR ˈsʌɪdwʌɪz
AM ˈsaɪdˌwaɪz

Sidgewick
BR ˈsɪdʒwɪk
AM ˈsɪdʒˌwɪk

siding
BR ˈsʌɪdɪŋ, -z
AM ˈsaɪdɪŋ, -z

sidle
BR ˈsʌɪd|l, -lz, -lɪŋ\-lɪŋ, -ld
AM ˈsaɪd|əl, -əlz, -(ə)lɪŋ, -əld

Sidmouth
BR ˈsɪdməθ
AM ˈsɪdməθ

Sidney
BR ˈsɪdni
AM ˈsɪdni

Sidon
BR ˈsʌɪdn
AM ˈsaɪdn

Sidra
BR ˈsɪdrə(r)
AM ˈsɪdrə

SIDS
BR sɪdz
AM sɪdz

siege
BR siː(d)ʒ, -ɪz
AM si(d)ʒ, -ɪz

Siegel
BR ˈsiːgl
AM ˈsigəl

Siegfried
BR ˈsiːgfriːd
AM ˈsigˌfrid

Sieg Heil
BR ˌsiːg ˈhʌɪl, ˌziːg +
AM ˌzig ˈhaɪl, ˌsig ˈhaɪl

Siemens
BR ˈsiːmənz
AM ˈsimənz

Siena
BR sɪˈɛnə(r)
AM siˈɛnə

Sienese
BR ˌsiːəˈniːz
AM ˌsiəˈniz

sienna
BR sɪˈɛnə(r), -z
AM siˈɛnə, -z

sierra
BR sɪˈɛrə(r), -z
AM siˈɛrə, -z

Sierra Leone
BR siˌɛrə lɪˈəʊn(i)
AM siˌɛrəliˈoʊn

Sierra Leonian
BR siˌɛrə lɪˈəʊniən, -z
AM siˌɛrə liˈoʊniən, -z

Sierra Madre
BR siˌɛrə ˈmadreɪ
AM siˌɛrə ˈmɑˌdreɪ

Sierra Nevada
BR siˌɛrə nɪˈvɑːdə(r)
AM siˌɛrə nəˈvædə, siˌɛrə nəˈvɑdə

siesta
BR sɪˈɛstə(r), -z
AM siˈɛstə, -z

sieve
BR sɪv, -z, -ɪŋ, -d
AM sɪv, sɪv, -z, -ɪŋ, -d

sievelike
BR ˈsɪvlʌɪk
AM ˈsɪvˌlaɪk, ˈsɪvˌlaɪk

sievert
BR ˈsiːvət, -s
AM ˈsivərt, ˈsɪvərt, -s

sifaka
BR sɪˈfakə(r), -z
AM səˈfækə, -z

siffleur
BR siːˈfləː(r), -z
AM siˈflər, -z

siffleuse
BR siːˈfləːz, -ɪz
AM siˈfləz, -əz

sift
BR sɪft, -s, -ɪŋ, -ɪd
AM sɪft, -s, -ɪŋ, -ɪd

Sifta
BR ˈsɪftə(r)
AM ˈsɪftə

sifter
BR ˈsɪftə(r), -z
AM ˈsɪftər, -z

Sigal
BR ˈsiːgl
AM ˈsigəl

sigh
BR sʌɪ, -z, -ɪŋ, -d
AM saɪ, -z, -ɪŋ, -d

sight
BR sʌɪt, -s, -ɪŋ, -ɪd
AM saɪ|t, -ts, -dɪŋ, -dɪd

sighter
BR ˈsʌɪtə(r), -z
AM ˈsaɪdər, -z

sighting
BR ˈsʌɪtɪŋ, -z
AM ˈsaɪdɪŋ, -z

sightless
BR ˈsʌɪtlɪs
AM ˈsaɪtlɪs

sightlessly
BR ˈsʌɪtlɪsli
AM ˈsaɪtlɪsli

sightlessness
BR ˈsʌɪtlɪsnɪs
AM ˈsaɪtlɪsnɪs

sightline
BR ˈsʌɪtlʌɪn, -z
AM ˈsaɪtˌlaɪn, -z

sightliness
BR ˈsʌɪtlɪnɪs
AM ˈsaɪtlinɪs

sightly
BR ˈsʌɪtli
AM ˈsaɪtli

sight-read[1] *present tense*
BR ˈsʌɪtriːd, -z, -ɪŋ
AM ˈsaɪtˌrid, -z, -ɪŋ

sight-read[2] *past tense*
BR ˈsʌɪtrɛd
AM ˈsaɪtˌrɛd

sight-reader
BR ˈsʌɪtˌriːdə(r), -z
AM ˈsaɪtˌridər, -z

sight-sang
BR ˈsʌɪtsaŋ
AM ˈsaɪtˌsæŋ

sightsaw
BR ˈsʌɪtsɔː(r)
AM ˈsaɪtˌsɔ

sightscreen
BR ˈsʌɪtskriːn, -z
AM ˈsaɪtˌskrin, -z

sightsee
BR ˈsʌɪtsiː, -z, -ɪŋ
AM ˈsaɪtˌsi, -z, -ɪŋ

sightseeing
BR ˈsʌɪtˌsiːɪŋ
AM ˈsaɪtˌsiɪŋ

sightseer
BR ˈsʌɪtˌsiːə(r), -z
AM ˈsaɪtˌsɪ(ə)r, -z

sight-sing
BR ˈsʌɪtsɪŋ, -z
AM ˈsaɪtˌsɪŋ, -z

sight-singing
BR ˈsʌɪtˌsɪŋɪŋ
AM ˈsaɪtˌsɪŋɪŋ

sightworthy
BR ˈsʌɪtˌwəːði
AM ˈsaɪtˌwərði

sigil
BR ˈsɪdʒ(ɪ)l, -z
AM ˈsɪdʒɪl, -z

sigillate
BR ˈsɪdʒɪleɪt
AM ˈsɪdʒəˌleɪt

Sigismond
BR ˈsɪgɪzmənd, ˈsɪgɪsmənd
AM ˈsɪgɪsmənd

Sigismund
BR ˈsɪgɪzmənd, ˈsɪgɪsmənd
AM ˈsɪgɪsmənd

sigla
BR ˈsɪglə(r)
AM ˈsɪglə

siglum
BR ˈsɪgləm
AM ˈsɪgl(ə)m

sigma
BR ˈsɪgmə(r), -z
AM ˈsɪgmə, -z
sigmate
BR ˈsɪgmeɪt
AM ˈsɪgˌmeɪt
sigmatic
BR sɪgˈmatɪk
AM sɪgˈmædɪk
sigmoid
BR ˈsɪgmɔɪd
AM ˈsɪgˌmɔɪd
sigmoidoscope
BR sɪgˈmɔɪdəskəʊp
AM sɪgˈmɔɪdəˌskoʊp
sigmoidoscopic
BR sɪgˌmɔɪdəˈskɒpɪk
AM sɪgˌmɔɪdəˈskɑpɪk
sigmoidoscopy
BR ˌsɪgmɔɪˈdɒskəpi
AM ˌsɪgmɔɪˈdɑskəpi
Sigmund
BR ˈsɪgmənd
AM ˈsɪgmənd
sign
BR sʌɪn, -z, -ɪŋ, -d
AM saɪn, -z, -ɪŋ, -d
signable
BR ˈsʌɪnəbl
AM ˈsaɪəb(ə)l
signal
BR ˈsɪgn|l, -lz, -l̩ɪŋ, -ld
AM ˈsɪgn(ə)l, -z, -ɪŋ, -d
signalise
BR ˈsɪgnl̩ʌɪz, -ɪz, -ɪŋ, -d
AM ˈsɪgnəˌlaɪz, -ɪz, -ɪŋ, -d
signalize
BR ˈsɪgnl̩ʌɪz, -ɪz, -ɪŋ, -d
AM ˈsɪgnəˌlaɪz, -ɪz, -ɪŋ, -d
signaller
BR ˈsɪgnlə(r), -z
AM ˈsɪgnələr, -z
signally
BR ˈsɪgnl̩i
AM ˈsɪgnəli
signalman
BR ˈsɪgnlmən
AM ˈsɪgnəlm(ə)n

signalmen
BR ˈsɪgnlmən
AM ˈsɪgnəlm(ə)n
signary
BR ˈsɪgnər|i, -ɪz
AM ˈsɪgnəri, -z
signatory
BR ˈsɪgnət(ə)r|i, -ɪz
AM ˈsɪgnəˌtɔri, -z
signature
BR ˈsɪgnətʃə(r), -z
AM ˈsɪgnətʃʊ(ə)r‖ -z, ˈsɪgnətʃər
signboard
BR ˈsʌɪnbɔːd, -z
AM ˈsaɪnˌbɔ(ə)rd, -z
signer
BR ˈsʌɪnə(r), -z
AM ˈsaɪnər, -z
signet
BR ˈsɪgnɪt, -s
AM ˈsɪgnɪt, -s
significance
BR sɪgˈnɪfɪk(ə)ns
AM sɪgˈnɪfɪkəns
significancy
BR sɪgˈnɪfɪk(ə)ns|i, -ɪz
AM sɪgˈnɪfɪkənsi, -z
significant
BR sɪgˈnɪfɪk(ə)nt
AM sɪgˈnɪfɪkənt
significantly
BR sɪgˈnɪfɪk(ə)ntli
AM sɪgˈnɪfɪkən(t)li
signification
BR ˌsɪgnɪfɪˈkeɪʃn
AM ˌsɪgnəfəˈkeɪʃ(ə)n
significative
BR sɪgˈnɪfɪkətɪv
AM sɪgˈnɪfɪkədɪv
signified
BR ˈsɪgnɪfʌɪd, -z
AM ˈsɪgnəˌfaɪd, -z
signifier
BR ˈsɪgnɪfʌɪə(r), -z
AM ˈsɪgnəˌfaɪ(ə)r, -z
signify
BR ˈsɪgnɪfʌɪ, -z, -ɪŋ, -d
AM ˈsɪgnəˌfaɪ, -z, -ɪŋ, -d
signing
BR ˈsʌɪnɪŋ, -z
AM ˈsaɪnɪŋ, -z

signor
BR siːnˈjɔː(r), ˈsiːnjɔː(r), -z
AM sinˈjɔ(ə)r, -z
IT siˈˈor
signora
BR siːnˈjɔːrə(r), -z
AM sinˈjɔrə, -z
IT siˈˈora
signorina
BR ˌsiːnjɔːˈriːnə(r), ˌsiːnjəˈriːnə(r), -z
AM ˌsinjəˈrinə, -z
IT siˈˈoˈrina
signory
BR ˈsiːnjəri
AM ˈsinjeri
signpost
BR ˈsʌɪnpəʊst, -s, -ɪd
AM ˈsaɪnˌpoʊst, -s, -əd
signwriter
BR ˈsʌɪnˌrʌɪtə(r), -z
AM ˈsaɪnˌraɪdər, -z
signwriting
BR ˈsʌɪnˌrʌɪtɪŋ
AM ˈsaɪnˌraɪdɪŋ
Sigurd
BR ˈsɪgəːd
AM ˈsɪgərd
Sihanouk
BR ˈsɪənʊk
AM ˈsɪənʊk
Sihanoukville
BR ˈsɪənʊkvɪl
AM ˈsɪənʊkˌvɪl
sika
BR ˈsiːkə(r), -z
AM ˈsikə, -z
Sikh
BR siːk, -s
AM sik, -s
Sikhism
BR ˈsiːkɪzm
AM ˈsiˌkɪz(ə)m
Sikkim
BR ˈsɪkɪm
AM ˈsɪkɪm
Sikkimese
BR ˌsɪkɪˈmiːz
AM ˌsɪkɪˈmiz

Sikorsky
BR sɪˈkɔːski
AM səˈkɔrski
silage
BR ˈsʌɪlɪdʒ
AM ˈsaɪlɪdʒ
silane
BR ˈsʌɪleɪn
AM ˈsaɪleɪn
Silas
BR ˈsʌɪləs
AM ˈsaɪləs
Silchester
BR ˈsɪltʃɪstə(r), ˈsɪltʃɛstə(r)
AM ˈsɪlˌtʃɛstər
Silcox
BR ˈsɪlkɒks
AM ˈsɪlˌkɑks
sild
BR sɪld, -z
AM sɪld, -z
silence
BR ˈsʌɪln̩s, -ɪz, -ɪŋ, -t
AM ˈsaɪl(ə)ns, -əz, -ɪŋ, -t
silencer
BR ˈsʌɪln̩sə(r), -z
AM ˈsaɪlənsər, -z
sileni
BR sʌɪˈliːnʌɪ
AM saɪˈliˌnaɪ
silent
BR ˈsʌɪln̩t
AM ˈsaɪl(ə)nt
silently
BR ˈsʌɪln̩tli
AM ˈsaɪlən(t)li
silenus
BR sʌɪˈliːnəs
AM saɪˈlinəs
Silesia
BR sʌɪˈliːzɪə(r), sʌɪˈliːʒə(r), sʌɪˈliːʃə(r)
AM saɪˈliʃə, səˈliʒə, səˈliʃə, saɪˈliʒə
Silesian
BR sʌɪˈliːzɪən, sʌɪˈliːʒn, sʌɪˈliːʃn, -z
AM saɪˈliʃ(ə)n, səˈliʒ(ə)n, səˈliʃ(ə)n, saɪˈliʒ(ə)n, -z

silex
BR ˈsaɪlɛks
AM ˈsaɪˌlɛks

silhouette
BR ˌsɪloʊˈɛt, -s, -ɪŋ, -ɪd
AM ˌsɪləˈwɛ|t, -ts, -dɪŋ, -dəd

silica
BR ˈsɪlɪkə(r)
AM ˈsɪlɪkə

silicate
BR ˈsɪlɪkeɪt, -s
AM ˈsɪlɪkɪt, ˈsɪləˌkeɪt, -s

siliceous
BR sɪˈlɪʃəs
AM səˈlɪʃəs

silicic
BR sɪˈlɪsɪk
AM səˈlɪsɪk

silicide
BR ˈsɪlɪsaɪd
AM ˈsɪlɪsaɪd

siliciferous
BR ˌsɪlɪˈsɪf(ə)rəs
AM ˌsɪləˈsɪf(ə)rəs

silicification
BR sɪˌlɪsɪfɪˈkeɪʃn
AM ˌsɪləsəfəˈkeɪʃ(ə)n

silicify
BR sɪˈlɪsɪfaɪ, -z, -ɪŋ, -d
AM səˈlɪsəˌfaɪ, -z, -ɪŋ, -d

silicon
BR ˈsɪlɪk(ə)n
AM ˈsɪlɪkən, ˈsɪləˌkɑn

silicone
BR ˈsɪlɪkəʊn
AM ˈsɪləˌkoʊn

Silicon Valley
BR ˌsɪlɪk(ə)n ˈvali
AM ˌsɪlɪkən ˈvæli, ˌsɪləˌkɑn ˈvæli

silicosis
BR ˌsɪlɪˈkəʊsɪs
AM ˌsɪləˈkoʊsəs

silicotic
BR ˌsɪlɪˈkɒtɪk
AM ˌsɪləˈkɑdɪk

siliqua
BR ˈsɪlɪkwə(r)
AM ˈsɪləkwə

siliquae
BR ˈsɪlɪkwiː, ˈsɪlɪkwaɪ
AM ˈsɪləˌkwaɪ, ˈsɪləkwi

silique
BR sɪˈliːk, -s
AM ˈsɪlɪk, səˈlik, -s

siliquose
BR ˈsɪlɪkwəʊs
AM ˈsɪləˌkwoʊz, ˈsɪləˌkwoʊs

siliquous
BR ˈsɪlɪkwəs
AM ˈsɪləkwəs

silk
BR sɪlk, -s
AM sɪlk, -s

silken
BR ˈsɪlk(ə)n
AM ˈsɪlkən

silkily
BR ˈsɪlkɪli
AM ˈsɪlkɪli

Silkin
BR ˈsɪlkɪn
AM ˈsɪlkən

silkiness
BR ˈsɪlkɪnɪs
AM ˈsɪlkɪnɪs

silklike
BR ˈsɪlklaɪk
AM ˈsɪlkˌlaɪk

silkscreen
BR ˈsɪlkskriːn, -z, -ɪŋ, -d
AM ˈsɪlkˌskrin, -z, -ɪŋ, -d

silkworm
BR ˈsɪlkwəːm, -z
AM ˈsɪlkˌwɚm, -z

silky
BR ˈsɪlk|i, -ɪə(r), -ɪɪst
AM ˈsɪlki, -ɚ, -ɪst

sill
BR sɪl, -z
AM sɪl, -z

sillabub
BR ˈsɪləbʌb, -z
AM ˈsɪləˌbəb, -z

Sillars
BR ˈsɪləz
AM ˈsɪlɚz

siller
BR ˈsɪlə(r)
AM ˈsɪlɚ

sillily
BR ˈsɪlɪli
AM ˈsɪlɪli

sillimanite
BR ˈsɪlɪmənʌɪt, -s
AM ˈsɪləməˌnaɪt, -s

silliness
BR ˈsɪlɪnɪs
AM ˈsɪlɪnɪs

Sillitoe
BR ˈsɪlɪtəʊ
AM ˈsɪlɪˌtoʊ

Silloth
BR ˈsɪləθ
AM ˈsɪləθ

Sills
BR sɪlz
AM sɪlz

silly
BR ˈsɪl|i, -ɪə(r), -ɪɪst
AM ˈsɪli, -ɚ, -ɪst

silo
BR ˈsaɪləʊ, -z
AM ˈsaɪloʊ, -z

Siloam
BR saɪˈləʊəm, sɪˈləʊəm
AM ˈsaɪl(ə)m, ˌsaɪˈloʊəm

Silsoe
BR ˈsɪlsəʊ
AM ˈsɪlˌsoʊ

silt
BR sɪlt, -s, -ɪŋ, -ɪd
AM sɪlt, -s, -ɪŋ, -ɪd

siltation
BR sɪlˈteɪʃn
AM sɪlˈteɪʃ(ə)n

siltstone
BR ˈsɪltstəʊn, -z
AM ˈsɪltˌstoʊn, -z

silty
BR ˈsɪlti
AM ˈsɪlti

Silures
BR saɪˈl(j)ʊəriːz, saɪˈljɔːriːz
AM saɪˈlʊriz

Silurian
BR saɪˈl(j)ʊəriən, saɪˈljɔːriən
AM saɪˈlʊriən, səˈlʊriən

Silva
BR ˈsɪlvə(r), -z
AM ˈsɪlvə, -z

silvan
BR ˈsɪlv(ə)n
AM ˈsɪlvən

Silvanus
BR sɪlˈveɪnəs
AM sɪlˈveɪnəs

silver
BR ˈsɪlv|ə(r), -əz, -(ə)rɪŋ, -əd
AM ˈsɪlv|ɚ, -ɚz, -(ə)rɪŋ, -ɚd

silver birch
BR ˌsɪlvə ˈbəːtʃ, -ɪz
AM ˌsɪlvɚ ˈbɚtʃ, -əz

silverfish
BR ˈsɪlvəfɪʃ, -ɪz
AM ˈsɪlvɚˌfɪʃ, -ɪz

silveriness
BR ˈsɪlv(ə)rɪnɪs
AM ˈsɪlv(ə)rinɪs

Silverman
BR ˈsɪlvəmən
AM ˈsɪlvɚm(ə)n

silvern
BR ˈsɪlv(ə)n
AM ˈsɪlvɚn

silver-plate
BR ˌsɪlvəˈpleɪt, -s, -ɪŋ, -ɪd
AM ˈˌsɪlvɚˌpleɪ|t, -ts, -dɪŋ, -dɪd

silverside
BR ˈsɪlvəsʌɪd, -z
AM ˈsɪlvɚˌsaɪd, -z

silversmith
BR ˈsɪlvəsmɪθ, -s
AM ˈsɪlvɚˌsmɪθ, -s

silversmithing
BR ˈsɪlvəˌsmɪθɪŋ
AM ˈsɪlvɚˌsmɪðɪŋ

Silverstone
BR ˈsɪlvəstəʊn, ˈsɪlvəstən
AM ˈsɪlvɚˌstoʊn

silverware
BR ˈsɪlvəwɛː(r)
AM ˈsɪlvərˌwɛ(ə)r
silverweed
BR ˈsɪlvəwiːd, -z
AM ˈsɪlvərˌwid, -z
silvery
BR ˈsɪlv(ə)ri
AM ˈsɪlv(ə)ri
Silvester
BR ˈsɪlvɛstə(r),
ˈsɪlvɪstə(r),
s(ɪ)lˈvɛstə(r)
AM sɪlˈvɛstər
silvicultural
BR ˌsɪlvɪˈkʌltʃ(ə)r!
AM ˌsɪlvəˈkəltʃ(ə)rəl
silviculture
BR ˈsɪlvɪˌkʌltʃə(r)
AM ˈsɪlvəˌkəltʃər
silviculturist
BR ˌsɪlvɪˈkʌltʃ(ə)rɪst, -s
AM ˌsɪlvəˈkəltʃ(ə)rəst, -s
Silvie
BR ˈsɪlvi
AM ˈsɪlvi
Silvikrin
BR ˈsɪlvɪkrɪn
AM ˈsɪlvɪˌkrɪn
Sim
BR sɪm
AM sɪm
sima
BR ˈsaɪmə(r)
AM ˈsaɪmə
simazine
BR ˈsaɪməziːn
AM ˈsaɪməˌzin
Simca
BR ˈsɪmkə(r), -z
AM ˈsɪmkə, -z
simcha
BR ˈsɪmtʃə(r),
ˈsɪmxə(r), -z
AM ˈsɪmkə, -z
Simcox
BR ˈsɪmkɒks
AM ˈsɪmˌkaks
Simenon
BR ˈsiːmənɒ̃, ˈsiːmənɒn
AM ˌsiməˈnɑn,
ˌsiməˈnɒn

Simeon
BR ˈsɪmiən
AM ˈsɪmiən
Simes
BR sʌɪmz
AM saɪmz
simian
BR ˈsɪmiən, -z
AM ˈsɪmiən, -z
similar
BR ˈsɪm(ɨ)lə(r)
AM ˈsɪm(ə)lər
similarity
BR ˌsɪmɪˈlarɨtˌi, -ɪz
AM ˌsɪməˈlɛrədi, -z
similarly
BR ˈsɪm(ɨ)ləli
AM ˈsɪm(ə)lərli
simile
BR ˈsɪmɨli, -ɪz
AM ˈsɪmɨli, -z
similitude
BR sɨˈmɪlɨtjuːd,
sɨˈmɪlɨtʃuːd, -z
AM sɨˈmɪləˌt(j)ud, -z
Simla
BR ˈsɪmlə(r)
AM ˈsɪmlə
Simm
BR sɪm
AM sɪm
simmer
BR ˈsɪm|ə(r), -əz, -(ə)rɪŋ, -əd
AM ˈsɪm|ər, -ərz, -(ə)rɪŋ, -ərd
Simmonds
BR ˈsɪmən(d)z
AM ˈsɪmənz
Simmons
BR ˈsɪmənz
AM ˈsɪmənz
Simms
BR sɪmz
AM sɪmz
simnel
BR ˈsɪmnl
AM ˈsɪmn(ə)l
simoleon
BR sɨˈməʊliən
AM səˈmoʊliən

Simon
BR ˈsaɪmən
AM ˈsaɪm(ə)n
Simonds
BR ˈsɪmən(d)z,
ˌsʌɪmən(d)z
AM ˈsaɪmənz, ˈsɪmənz
Simone
BR sɨˈməʊn
AM siˈmoʊn,
səˈmoʊn
simoniac
BR sɪˈməʊniak, -s
AM səˈmoʊniˌæk, -s
simoniacal
BR ˌsɪməˈnʌɪəkl
AM ˌsaɪməˈnaɪək(ə)l
simoniacally
BR ˌsɪməˈnʌɪəkli
AM ˌsaɪməˈnaɪək(ə)li
Simonides
BR sʌɪˈmɒnɨdiːz
AM saɪˈmɑnəˌdiz
simonize
BR ˈsʌɪmənʌɪz, -ɨz, -ɪŋ, -d
AM ˈsaɪməˌnaɪz, -ɨz, -ɪŋ, -d
simon-pure
BR ˌsʌɪmənˈpjʊə(r),
ˌsʌɪmənˈpjɔː(r)
AM ˈsaɪmənˌpjʊ(ə)r
Simons
BR ˈsʌɪmənz
AM ˈsaɪmənz
simony
BR ˈsʌɪməni, ˈsɪməni
AM ˈsɪməni, ˈsaɪməni
simoom
BR sɨˈmuːm, -z
AM səˈmum, -z
simoon
BR sɨˈmuːn, -z
AM səˈmun, -z
simp
BR sɪmp, -s
AM sɪmp, -s
simpatico
BR sɪmˈpatɨkəʊ, -z
AM sɪmˈpædəˌkoʊ, -z
IT simˈpatiko

simper
BR ˈsɪmp|ə(r), -əz,
-(ə)rɪŋ, -əd
AM ˈsɪmp|ər, -ərz,
-(ə)rɪŋ, -ərd
simperingly
BR ˈsɪmp(ə)rɪŋli
AM ˈsɪmp(ə)rɪŋli
Simpkin
BR ˈsɪm(p)kɪn
AM ˈsɪmkɨn
Simpkins
BR ˈsɪm(p)kɪnz
AM ˈsɪmkɨnz
Simpkinson
BR ˈsɪm(p)kɪns(ə)n
AM ˈsɪmkɨns(ə)n
simple
BR ˈsɪmpl, -z,
-ə(r), -ɨst
AM ˈsɪmp|əl, -əlz,
-(ə)lər, -(ə)ləst
simple-hearted
BR ˌsɪmplˈhɑːtɨd
AM ˌsɪmpəlˈhɑrdəd
simple-minded
BR ˌsɪmplˈmʌɪndɨd
AM ˌsɪmpəlˈmaɪndɨd
simple-mindedly
BR ˌsɪmplˈmʌɪndɨdli
AM ˌsɪmpəlˈmaɪndɨdli
simple-mindedness
BR ˌsɪmplˈmʌɪndɨdnɨs
AM ˌsɪmpəlˈmaɪndɨdnɨs
simpleness
BR ˈsɪmplnəs
AM ˈsɪmpəlnəs
simpleton
BR ˈsɪmplt(ə)n, -z
AM ˈsɪmpəlt(ə)n, -z
simplex
BR ˈsɪmplɛks
AM ˈsɪmˌplɛks
simplicity
BR sɪmˈplɪsɨti
AM sɪmˈplɪsɨdi
simplification
BR ˌsɪmplɨfɨˈkeɪʃn, -z
AM ˌsɪmpləfəˈkeɪʃ(ə)n, -z

simplify
BR ˈsɪmplɪfʌɪ, -z, -ɪŋ, -d
AM ˈsɪmpləˌfaɪ, -z, -ɪŋ, -d

simplism
BR ˈsɪmplɪzm
AM ˈsɪmˌplɪz(ə)m

simplistic
BR sɪmˈplɪstɪk
AM sɪmˈplɪstɪk

simplistically
BR sɪmˈplɪstɪkli
AM sɪmˈplɪstək(ə)li

Simplon
BR ˈsɪmplɒn
AM ˈsɪmˌplɑn, ˈsɪmˌplɔn

Simplot
BR ˈsɪmplɒt
AM ˈsɪmˌplɑt

simply
BR ˈsɪmpli
AM ˈsɪmpli

Simpson
BR ˈsɪm(p)sn
AM ˈsɪm(p)s(ə)n

Sims
BR sɪmz
AM sɪmz

Simson
BR ˈsɪmsn
AM ˈsɪms(ə)n

simulacra
BR ˌsɪmjʊˈleɪkrə(r)
AM ˌsɪmjəˈlækrə, ˌsɪmjəˈleɪkrə

simulacrum
BR ˌsɪmjʊˈleɪkrəm
AM ˌsɪmjəˈlækrəm, ˌsɪmjəˈleɪkrəm

simulate
BR ˈsɪmjʊleɪt, -s, -ɪŋ, -ɪd
AM ˈsɪmjəˌleɪ|t, -ts, -dɪŋ, -dɪd

simulation
BR ˌsɪmjʊˈleɪʃn, -z
AM ˌsɪmjəˈleɪʃ(ə)n, -z

simulative
BR ˈsɪmjʊlətɪv
AM ˈsɪmjəˌleɪdɪv, ˈsɪmjələdɪv

simulator
BR ˈsɪmjʊleɪtə(r), -z
AM ˈsɪmjəˌleɪdər, -z

simulcast
BR ˈsɪmlkɑːst, -s
AM ˈsaɪməlˌkæst, -s

simultaneity
BR ˌsɪmltəˈneɪɪti, ˌsɪmltəˈniːɪti
AM ˌsaɪməltəˈniɪdi

simultaneous
BR ˌsɪmlˈteɪnɪəs
AM ˌsaɪməlˈteɪnɪəs

simultaneously
BR ˌsɪmlˈteɪnɪəsli
AM ˌsaɪməlˈteɪnɪəsli

simultaneousness
BR ˌsɪmlˈteɪnɪəsnəs
AM ˌsaɪməlˈteɪnɪəsnəs

simurg
BR sɪˈmɜːg, -z
AM siˈmɜrg, -z

sin
BR sɪn, -z, -ɪŋ, -d
AM sɪn, -z, -ɪŋ, -d

Sinai
BR ˈsʌɪn(ɪ)ʌɪ
AM ˈsaɪˌnaɪ

Sinaitic
BR ˌsʌɪneɪˈɪtɪk, ˌsʌɪnɪˈɪtɪk
AM ˌsɪnəˈɪdɪk

Sinanthropus
BR sɪˈnanθrəpəs
AM səˈnænθrəpəs, sɪnˈænθrəpəs

sinapism
BR ˈsɪnəpɪzm, -z
AM ˈsɪnəˌpɪz(ə)m, -z

Sinatra
BR sɪˈnɑːtrə(r)
AM səˈnɑtrə

Sinbad
BR ˈsɪnbad
AM ˈsɪnˌbæd

sin-bin
BR ˈsɪnbɪn, -z
AM ˈsɪnˌbɪn, -z

since
BR sɪns
AM sɪns

sincere
BR s(ɪ)nˈsɪə(r), -ə(r), -ɪst
AM sɪnˈsɪ(ə)r, -ər, -ɪst

sincerely
BR s(ɪ)nˈsɪəli
AM sɪnˈsɪrli

sincereness
BR s(ɪ)nˈsɪənəs
AM sɪnˈsɪrnəs

sincerity
BR s(ɪ)nˈsɛrɪti
AM sɪnˈsɛrədi

sincipital
BR s(ɪ)nˈsɪpɪtl
AM sɪnˈsɪpɪdl

sinciput
BR ˈsɪnsɪpʌt, -s
AM ˈsɪnsəpət, -s

Sinclair
BR ˈsɪŋklɛː(r), ˈsɪnklɛː(r), sɪŋˈklɛː(r), sɪnˈklɛː(r)
AM sɪŋˈklɛ(ə)r, sɪnˈklɛ(ə)r

Sind
BR sɪnd
AM sɪnd

Sindebele
BR ˌsɪndəˈbiːli, ˌsɪndəˈbeɪli
AM ˌsɪndəˈbili

Sindh
BR sɪnd
AM sɪnd

Sindhi
BR ˈsɪnd|i, -ɪz
AM ˈsɪndi, -z

Sindi
BR ˈsɪnd|i, -ɪz
AM ˈsɪndi, -z

sindonology
BR ˌsɪndəˈnɒlədʒi
AM ˌsɪndəˈnɑlədʒi

Sindy
BR ˈsɪndi
AM ˈsɪndi

sine *trigonometry*
BR sʌɪn, -z
AM saɪn, -z

Sinéad
BR ʃɪˈneɪd
AM ʃəˈneɪd

sinecure
BR ˈsɪnɪkjʊə(r), ˈsʌɪnɪkjʊə(r), ˈsɪnɪkjɔː(r), ˈsʌɪnɪkjɔː(r), -z
AM ˈsɪnəˌkjʊ(ə)r, -z

sinecurism
BR ˈsɪnɪkjʊərɪzm, ˈsʌɪnɪkjʊərɪzm, ˈsɪnɪkjɔːrɪzm, ˈsʌɪnɪkjɔːrɪzm
AM ˈsɪnəˌkjʊˌrɪz(ə)m

sinecurist
BR ˈsɪnɪkjʊərɪst, ˈsʌɪnɪkjʊərɪst, ˈsɪnɪkjɔːrɪst, ˈsʌɪnɪkjɔːrɪst, -s
AM ˈsɪnəˌkjʊrəst, -s

sine die
BR ˌsaɪni ˈdʌiː, ˌsɪni +, + diːeɪ
AM ˌsɪnə ˈdiə

sine qua non
BR ˌsɪni kwɑː ˈnɒn, ˌsʌɪni +, + kweɪ +, + ˈnəʊn
AM ˌsɪnə ˌkwɑ ˈnɑn, ˌsɪnə ˌkwɑ ˈnoʊn

sinew
BR ˈsɪnjuː, -z
AM ˈsɪnju, -z

sinewless
BR ˈsɪnjuːləs
AM ˈsɪnjuləs

sinewy
BR ˈsɪnjuːi
AM ˈsɪn(j)əwi

sinfonia
BR sɪnˈfəʊnɪə(r), ˌsɪnfəˈniːə(r), -z
AM ˌsɪnˈfoʊnɪə, ˌsɪnfəˈniə, -z
IT sinfoˈnia

sinfonietta
BR ˌsɪnfəʊnɪˈɛtə(r), ˌsɪnfɒnɪˈɛtə(r), -z
AM ˌsɪnfoʊnˈjɛdə, ˌsɪnfənˈjɛdə, -z
IT sinfoniˈetta

sinful
BR ˈsɪnf(ʊ)l
AM ˈsɪnfəl

sinfully
BR ˈsɪnfʊli, ˈsɪnfl̩i
AM ˈsɪnfəli

sinfulness
BR ˈsɪnf(ʊ)lnəs
AM ˈsɪnfəlnəs

sing
BR sɪŋ, -z, -ɪŋ
AM sɪŋ, -z, -ɪŋ

singable
BR ˈsɪŋəbl
AM ˈsɪŋəb(ə)l

singalong
BR ˈsɪŋəlɒŋ
AM ˈsɪŋəˌlɑŋ, ˈsɪŋəˌlɔŋ

Singapore
BR ˌsɪŋ(g)əˈpɔː(r)
AM ˈsɪŋəˌpɔ(ə)r

Singaporean
BR ˌsɪŋ(g)əˈpɔːriən, -z
AM ˌsɪŋəˈpɔriən, -z

singe
BR sɪn(d)ʒ, -ɪz, -ɪŋ, -d
AM sɪndʒ, -ɪz, -ɪŋ, -d

singer
BR ˈsɪŋə(r), -z
AM ˈsɪŋər, -z

singer-songwriter
BR ˌsɪŋəˈsɒŋrʌɪtə(r), -z
AM ˈˌsɪŋərˌsɑŋˌraɪdər, ˈˌsɪŋərˌsɔŋˌraɪdər, -z

Singh
BR sɪŋ
AM sɪŋ

Singhalese
BR ˌsɪŋəˈliːz, ˌsɪŋ(h)əˈliːz
AM ˌsɪŋ(h)əˈliz, ˌsɪŋəˈliz

singingly
BR ˈsɪŋɪŋli
AM ˈsɪŋɪŋli

single
BR ˈsɪŋgl̩, -lz, -lɪŋ\-lɪŋ, -ld
AM ˈsɪŋgəl, -əlz, -(ə)lɪŋ, -əld

single-lens reflex
BR ˌsɪŋgllenz ˈriːflɛks, -ɪz
AM ˈˌsɪŋgə(l)ˌlɛnz ˈriˌflɛks, -əz

single-minded
BR ˌsɪŋglˈmʌɪndɪd
AM ˌsɪŋgəlˈmaɪndɪd

single-mindedly
BR ˌsɪŋglˈmʌɪndɪdli
AM ˌsɪŋgəlˈmaɪndɪdli

single-mindedness
BR ˌsɪŋglˈmʌɪndɪdnɪs
AM ˌsɪŋgəlˈmaɪndɪdnɪs

singleness
BR ˈsɪŋglnəs
AM ˈsɪŋgəlnəs

singlestick
BR ˈsɪŋglstɪk, -s
AM ˈsɪŋgəlˌstɪk, -s

singlet
BR ˈsɪŋglɪt, -s
AM ˈsɪŋglɪt, -s

singleton
BR ˈsɪŋglt(ə)n, -z
AM ˈsɪŋgəlt(ə)n, -z

singletree
BR ˈsɪŋgltriː, -z
AM ˈsɪŋgəlˌtri, -z

singly
BR ˈsɪŋgli
AM ˈsɪŋgli

singsong
BR ˈsɪŋsɒŋ, -z
AM ˈsɪŋˌsɑŋ, ˈsɪŋˌsɔŋ, -z

singular
BR ˈsɪŋgjʊlə(r), -z
AM ˈsɪŋgjələr, -z

singularisation
BR ˌsɪŋgjʊlərʌɪˈzeɪʃn
AM ˌsɪŋgjələˌraɪ-ˈzeɪʃ(ə)n, ˌsɪŋgjəˌlerəˈzeɪʃ(ə)n, ˌsɪŋgjələrəˈzeɪʃ(ə)n

singularise
BR ˈsɪŋgjʊlərʌɪz, -ɪz, -ɪŋ, -d
AM ˈsɪŋgjələˌraɪz, -ɪz, -ɪŋ, -d

singularity
BR ˌsɪŋgjʊˈlarɪt|i, -ɪz
AM ˌsɪŋgjəˈlɛrədi, -z

singularization
BR ˌsɪŋgjʊlərʌɪˈzeɪʃn
AM ˌsɪŋgjələˌraɪ-ˈzeɪʃ(ə)n, ˌsɪŋgjəˌlerəˈzeɪʃ(ə)n, ˌsɪŋgjələrəˈzeɪʃ(ə)n

singularize
BR ˈsɪŋgjʊlərʌɪz, -ɪz, -ɪŋ, -d
AM ˈsɪŋgjələˌraɪz, -ɪz, -ɪŋ, -d

singularly
BR ˈsɪŋgjʊləli
AM ˈsɪŋgjələrli

sinh *hyperbolic sine*
BR ʃʌɪn, sɪn(t)ʃ, ˌsʌɪnˈeɪtʃ
AM ˌsaɪnˈeɪtʃ, ˈsaɪn

Sinhala
BR sɪnˈhɑːlə(r)
AM sɪnˈhɑlə

Sinhalese
BR ˌsɪn(h)əˈliːz, ˌsɪŋəˈliːz, ˌsɪŋ(h)əˈliːz
AM ˌsɪn(h)əˈliz, ˌsɪŋəˈliz

sinister
BR ˈsɪnɪstə(r)
AM ˈsɪnɪstər

sinisterly
BR ˈsɪnɪstəli
AM ˈsɪnɪstərli

sinisterness
BR ˈsɪnɪstənəs
AM ˈsɪnɪstərnəs

sinistral
BR ˈsɪnɪstr(ə)l
AM səˈnɪstrəl, ˈsɪnɪstrəl

sinistrality
BR ˌsɪnɪˈstralɪti
AM ˌsɪnəˈstrælədi

sinistrally
BR ˈsɪnɪstrəli, ˈsɪnɪstrl̩i
AM səˈnɪstrəli, ˈsɪnɪstrəli

sinistrorse
BR ˈsɪnɪstrɔːs
AM ˈsɪnəˌstrɔ(ə)rs

sinistrorsely
BR ˈsɪnɪstrɔːsli
AM ˈsɪnəˌstrɔrsli

Sinitic
BR saɪˈnɪtɪk, sɪˈnɪtɪk
AM səˈnɪdɪk

sink
BR sɪŋk, -s, -ɪŋ
AM sɪŋk, -s, -ɪŋ

sinkable
BR ˈsɪŋkəbl
AM ˈsɪŋkəb(ə)l

sinkage
BR ˈsɪŋk|ɪdʒ, -ɪdʒɪz
AM ˈsɪŋkɪdʒ, -ɪz

sinker
BR ˈsɪŋkə(r), -z
AM ˈsɪŋkər, -z

sinkhole
BR ˈsɪŋkhəʊl, -z
AM ˈsɪŋkˌ(h)oʊl, -z

Sinkiang
BR ˈsɪŋˈkjaŋ
AM ˈsɪŋˈkjæŋ

sinking
BR ˈsɪŋkɪŋ, -z
AM ˈsɪŋkɪŋ, -z

sinless
BR ˈsɪnlɪs
AM ˈsɪnlɪs

sinlessly
BR ˈsɪnlɪsli
AM ˈsɪnlɪsli

sinlessness
BR ˈsɪnlɪsnɪs
AM ˈsɪnlɪsnɪs

sinner
BR ˈsɪnə(r), -z
AM ˈsɪnər, -z

sinnet
BR ˈsɪnɪt, -s
AM ˈsɪnɪt, -s

Sinn Fein
BR ˌʃɪn ˈfeɪn
AM ˌʃɪn ˈfeɪn
IR ˌsʲiːnʲ ˈfʲeːnʲ

Sinn Feiner
BR ˌʃɪn ˈfeɪnə(r), -z
AM ˌʃɪn ˈfeɪnər, -z

Sinnott
BR ˈsɪnət
AM ˈsɪnət

Sino-
BR ˈsaɪnəʊ
AM ˈsaɪnoʊ

Sino-British
BR ˌsaɪnəʊˈbrɪtɪʃ
AM ˌˈsaɪnoʊˈbrɪdɪʃ

Sino-Japanese
BR ˌsaɪnəʊˌdʒəpəˈniːz
AM ˌˈsaɪnoʊˌdʒæpəˈniz

sinological
BR ˌsaɪnəˈlɒdʒɪkl, ˌsɪnəˈlɒdʒɪkl
AM ˌsaɪnəˈlɑdʒək(ə)l, ˌsaɪnəˈlɑdʒək(ə)l

Sinologist
BR saɪˈnɒlədʒɪst, sɪˈnɒlədʒɪst, -s
AM saɪˈnɑlədʒəst, -s

Sinologue
BR ˈsaɪnəlɒg, ˈsɪnəlɒg, -z
AM ˌsaɪnəˈlɑg, ˌsaɪnəˈlɔg, -z

Sinology
BR saɪˈnɒlədʒi, sɪˈnɒlədʒi
AM saɪˈnɑlədʒi

Sinomania
BR ˌsaɪnə(ʊ)ˈmeɪniə(r)
AM ˌsaɪnəˈmeɪniə

Sinophile
BR ˈsaɪnəfʌɪl, -z
AM ˈsaɪnəˌfaɪl, -z

Sinophobe
BR ˈsaɪnəfəʊb, -z
AM ˈsaɪnəˌfoʊb, -z

Sinophobia
BR ˌsaɪnə(ʊ)ˈfəʊbiə(r)
AM ˌsaɪnəˈfoʊbiə

sinopia
BR sɪˈnəʊpiə(r)
AM səˈnoʊpiə

Sino-Soviet
BR ˌsaɪnəʊˈsəʊviət
AM ˌˈsaɪnoʊˈsoʊviət

Sino-Tibetan
BR ˌsaɪnəʊtɪˈbɛtn, -z
AM ˌˈsaɪnoʊˌtəˈbɛtn, -z

sinter
BR ˈsɪntə(r), -z
AM ˈsɪn(t)ər, -z

Sintra
BR ˈsɪntrə(r)
AM ˈsɪntrə

sinuate
BR ˈsɪnjʊeɪt
AM ˈsɪnjəweɪt

sinuosity
BR ˌsɪnjʊˈɒsɪt|i, -ɪz
AM ˌsɪnjəˈwɑsədi, -z

sinuous
BR ˈsɪnjʊəs
AM ˈsɪnjəwəs

sinuously
BR ˈsɪnjʊəsli
AM ˈsɪnjəwəsli

sinuousness
BR ˈsɪnjʊəsnəs
AM ˈsɪnjəwəsnəs

sinus
BR ˈsaɪnəs, -ɪz
AM ˈsaɪnəs, -əz

sinusitis
BR ˌsaɪnəˈsaɪtɪs
AM ˌsaɪnəˈsaɪdɪs

sinusoid
BR ˈsaɪnəsɔɪd, -z
AM ˈsaɪnəˌsɔɪd, -z

sinusoidal
BR ˌsaɪnəˈsɔɪdl
AM ˌsaɪnəˈsɔɪd(ə)l

sinusoidally
BR ˌsaɪnəˈsɔɪdli
AM ˌsaɪnəˈsɔɪd(ə)li

Siobhan
BR ʃɪˈvɔːn
AM ʃəˈvɑn

Sion
BR ˈsaɪən
AM ˈsaɪən

Sioned
BR ˈʃɒnɪd
AM ˈʃɑnɪd

Siouan
BR ˈsuːən
AM ˈsuən

Sioux
BR suː
AM su

sip
BR sɪp, -s, -ɪŋ, -t
AM sɪp, -s, -ɪŋ, -t

sipe
BR saɪp, -s, -ɪŋ, -t
AM saɪp, -s, -ɪŋ, -t

siphon
BR ˈsaɪfn̩, -z, -ɪŋ, -d
AM ˈsaɪf|ən, -ənz, -(ə)nɪŋ, -ənd

siphonage
BR ˈsaɪfnɪdʒ
AM ˈsaɪfənɪdʒ

siphonal
BR ˈsaɪfn̩
AM ˈsaɪfən(ə)l

siphonic
BR saɪˈfɒnɪk
AM saɪˈfɑnɪk

siphonophore
BR saɪˈfɒnə(ʊ)fɔː(r), -z
AM saɪˈfɑnəˌfɔ(ə)r, -z

siphuncle
BR ˈsaɪˌfʌŋkl, -z
AM ˈsaɪˌfəŋkəl, -z

sipper
BR ˈsɪpə(r), -z
AM ˈsɪpər, -z

sippet
BR ˈsɪpɪt, -s
AM ˈsɪpɪt, -s

sir[1] *strong form*
BR səː(r), -z
AM sɜr, -z

sir[2] *weak form*
BR sə(r)
AM sɜr

sircar
BR ˈsəˈkɑː(r), -z
AM ˈsɜrˌkɑr, -z

sirdar
BR ˈsəˈdɑː(r), -z
AM ˈsɜrˌdɑr, -z

sire
BR ˈsaɪə(r), -z, -ɪŋ, -d
AM ˈsaɪ(ə)r, -z, -ɪŋ, -d

siren
BR ˈsaɪrn̩, -z
AM ˈsaɪrən, -z

sirenian
BR saɪˈriːniən, -z
AM saɪˈriniən, -z

sirgang
BR ˈsəːgaŋ, -z
AM ˈsɜrˌgæŋ, -z

Sirhowy
BR səːˈhaʊi
AM sɜrˈhaʊi

Sirius
BR ˈsɪriəs
AM ˈsɪriəs

sirloin
BR ˈsəːlɔɪn, -z
AM ˈsɜrˌlɔɪn, -z

sirocco
BR sɪˈrɒkəʊ, -z
AM səˈrɑkoʊ, -z

sirrah
BR ˈsɪrə(r)
AM ˈsɪrə

sirree
BR səˈriː
AM səˈri

Sirte
BR ˈsəːti
AM ˈsɜrdi

sirup
BR ˈsɪrəp
AM ˈsɜrəp, ˈsɪrəp

sis
BR sɪs
AM sɪs

sisal
BR ˈsaɪsl, ˈsaɪzl
AM ˈsaɪz(ə)l, ˈsaɪs(ə)l

siskin
BR ˈsɪskɪn, -z
AM ˈsɪskɪn, -z

Sisley
BR ˈsɪzli
AM ˈsɪsli

Sissie
BR ˈsɪsi
AM ˈsɪsi

sissified
BR ˈsɪsɪfʌɪd
AM ˈsɪsəˌfaɪd

sissiness
BR ˈsɪsinɪs
AM ˈsɪsinɪs
Sissons
BR ˈsɪsnz
AM ˈsɪsənz
sissoo
BR ˈsɪsuː, -z
AM ˈsɪˌsu, -z
sissy
BR ˈsɪs|i, -ɪz
AM ˈsɪsi, -z
sissyish
BR ˈsɪsiɪʃ
AM ˈsɪsiɪʃ
sister
BR ˈsɪstə(r), -z
AM ˈsɪstər, -z
sisterhood
BR ˈsɪstəhʊd, -z
AM ˈsɪstərˌ(h)ʊd, -z
sister-in-law
BR ˈsɪst(ə)rɪnˌlɔː(r), -z
AM ˈsɪstərənˌlɑ, ˈsɪstərənˌlɔ, -z
sisterless
BR ˈsɪstələs
AM ˈsɪstərləs
sisterliness
BR ˈsɪstəlɪnɪs
AM ˈsɪstərlɪnɪs
sisterly
BR ˈsɪstəli
AM ˈsɪstərli
sisters-in-law
BR ˈsɪstəzɪnˌlɔː(r)
AM ˈsɪstərzənˌlɑ, ˈsɪstərzənˌlɔ
Sistine
BR ˈsɪstiːn
AM ˈsɪˌstin
sistra
BR ˈsɪstrə(r)
AM ˈsɪstrə
sistroid
BR ˈsɪstrɔɪd
AM ˈsɪstrɔɪd
sistrum
BR ˈsɪstrəm, -z
AM ˈsɪstrəm, -z

Sisyphean
BR ˌsɪsɪˈfiːən
AM ˌsɪsəˈfiən
Sisyphian
BR ˌsɪsɪˈfiːən
AM ˌsɪsəˈfiən
Sisyphus
BR ˈsɪsɪfəs
AM ˈsɪsɪfəs
sit
BR sɪt, -s, -ɪŋ
AM sɪ|t, -ts, -dɪŋ
Sita
BR ˈsiːtə(r)
AM ˈsidə
sitar
BR ˈsɪtɑː(r), sɪˈtɑː(r), -z
AM ˈsɪˌtɑr, səˈtɑr, -z
sitarist
BR ˈsɪtɑːrɪst, sɪˈtɑːrɪst, -s
AM səˈtɑrəst, ˈsɪˌtɑrəst, -s
sitatunga
BR ˌsɪtəˈtʊŋgə(r)
AM ˌsɪdəˈtʊŋgə
sitcom
BR ˈsɪtkɒm, -z
AM ˈsɪtˌkɑm, -z
sitdown
BR ˈsɪtdaʊn, ˌsɪtˈdaʊn, -z
AM ˈsɪtˌdaʊn, -z
site
BR sʌɪt, -s, -ɪŋ, -ɪd
AM saɪ|t, -ts, -dɪŋ, -dɪd
sit-fast
BR ˈsɪtfɑːst, -s
AM ˈsɪtˌfæst, -s
sit-in
BR ˈsɪtɪn, -z
AM ˈsɪdˌɪn, -z
Sitka
BR ˈsɪtkə(r), -z
AM ˈsɪtkə, -z
sitophobia
BR ˌsʌɪtəˈfəʊbɪə(r)
AM ˌsaɪdəˈfoʊbiə, ˌsaɪdəˈfoʊbiə
sitrep
BR ˈsɪtrɛp, -s
AM ˈsɪtˌrɛp, -s

sitringee
BR sɪˈtrɪn(d)ʒiː, -z
AM səˈtrɪŋgi, -z
sits vac
BR ˌsɪts ˈvak
AM ˌsɪts ˈvæk
Sittang
BR ˈsɪtaŋ
AM ˈsɪˌtæŋ
sitter
BR ˈsɪtə(r), -z
AM ˈsɪdər, -z
sitter-in
BR ˌsɪtərˈɪn
AM ˌsɪdərˈɪn
sitters-in
BR ˌsɪtəzˈɪn
AM ˌsɪdərzˈɪn
sitting
BR ˈsɪtɪŋ, -z
AM ˈsɪdɪŋ, -z
Sittingbourne
BR ˈsɪtɪŋbɔːn
AM ˈsɪdɪŋˌbɔ(ə)rn
Sitting Bull
BR ˌsɪtɪŋ ˈbʊl
AM ˌsɪdɪŋ ˌbʊl
situ
BR ˈsɪtjuː, ˈsɪtʃuː
AM ˈsɪˌt(j)u
situate[1] *adjective*
BR ˈsɪtjʊət, ˈsɪtjʊeɪt, ˈsɪtʃʊət, ˈsɪtʃʊeɪt
AM ˈsɪtʃəwət, ˈsɪtʃəˌweɪt
situate[2] *verb*
BR ˈsɪtjʊeɪt, ˈsɪtʃʊeɪt, -s, -ɪŋ, -ɪd
AM ˈsɪtʃəˌweɪ|t, -ts, -dɪŋ, -dɪd
situation
BR ˌsɪtjʊˈeɪʃn, ˌsɪtʃʊˈeɪʃn, -z
AM ˌsɪtʃəˈweɪʃ(ə)n, -z
situational
BR ˌsɪtjʊˈeɪʃnl̩, ˌsɪtʃʊˈeɪʃnl̩
AM ˌsɪtʃəˈweɪʃ(ə)n(ə)l

situationally
BR ˌsɪtjʊˈeɪʃnl̩i, ˌsɪtjʊˈeɪʃnəli, ˌsɪtʃʊˈeɪʃnl̩i, ˌsɪtʃʊˈeɪʃnəli
AM ˌsɪtʃəˈweɪʃ(ə)nəli
situationism
BR ˌsɪtjʊˈeɪʃnɪzm, ˌsɪtʃʊˈeɪʃnɪzm
AM ˌsɪtʃəˈweɪʃəˌnɪz(ə)m
situationist
BR ˌsɪtjʊˈeɪʃnɪst, ˌsɪtʃʊˈeɪʃnɪst, -s
AM ˌsɪtʃəˈweɪʃənəst, -s
sit-up
BR ˈsɪtʌp, -s
AM ˈsɪdəp, -s
sit-upon
BR ˈsɪtəpɒn, -z
AM ˈsɪdəpɑn, -z
Sitwell
BR ˈsɪtw(ɛ)l
AM ˈsɪtˌwɛl
sitz
BR sɪts
AM sɪts
sitz-bath
BR ˈsɪtsˌbɑːθ
AM ˈsɪtsˌbæθ, -s, -ðz
Sitzkrieg
BR ˈsɪtskriːg, -z
AM ˈsɪtsˌkrig, -z
sitzmark
BR ˈsɪtsmɑːk, -s
AM ˈsɪtsˌmɑrk, -s
Siva
BR ˈʃiːvə(r), ˈsiːvə(r)
AM ˈʃivə, ˈsivə
Sivaism
BR ˈʃiːvə(r)ɪzm, ˈsiːvə(r)ɪzm
AM ˈʃivəˌɪz(ə)m, ˈsivəˌɪz(ə)m
Sivaite
BR ˈʃiːvə(r)ʌɪt, ˈsiːvə(r)ʌɪt, -s
AM ˈʃivəˌaɪt, ˈsivəˌaɪt, -s
Sivan
BR ˈʃiːvn, ˈsiːvn
AM ˈʃivən, ˈsivən

Siwash
BR ˈsʌɪwɒʃ
AM ˈsaɪˌwɑʃ, ˈsaɪˌwɔʃ

six
BR sɪks, -ɪz
AM sɪks, -ɪz

sixain
BR ˈsɪkseɪn, -z
AM ˈsɪkˌseɪn, -z

sixer
BR ˈsɪksə(r), -z
AM ˈsɪksər, -z

sixfold
BR ˈsɪksfəʊld
AM ˌsɪksˈfoʊld

six-footer
BR ˌsɪksˈfʊtə(r), -z
AM ˌsɪksˈfʊdər, -z

sixgun
BR ˈsɪksɡʌn, -z
AM ˈsɪksˌɡən, -z

sixpence
BR ˈsɪksp(ə)ns
AM ˈsɪkspəns, ˈsɪksˌpɛns

sixpenny
BR ˈsɪkspəni
AM ˈsɪkspəni, ˈsɪksˌpɛni

six-shooter
BR ˈsɪkˌʃuːtə(r), -z
AM ˈsɪk(s)ˌʃudər, -z

sixte
BR sɪkst, -s
AM sɪkst, -s

sixteen
BR ˌsɪksˈtiːn
AM ˌsɪkˈstin

sixteenmo
BR ˌsɪksˈtiːnməʊ
AM ˌsɪksˈtinˌmoʊ

sixteenth
BR ˌsɪksˈtiːnθ, -s
AM ˌsɪkˈstinθ, -s

sixth
BR sɪksθ, -s
AM sɪksθ, -s

sixth-former
BR ˈsɪksθˌfɔːmə(r), -z
AM ˈsɪksθˌfɔrmər, -z

sixthly
BR ˈsɪksθli
AM ˈsɪksθli

sixtieth
BR ˈsɪkstiɨθ, -s
AM ˈsɪkstiɨθ, -s

Sixtine
BR ˈsɪkstiːn, ˈsɪkstʌɪn
AM ˈsɪksˌtin

Sixtus
BR ˈsɪkstəs
AM ˈsɪkstəs

sixty
BR ˈsɪkst|i, -ɪz
AM ˈsɪksti, -z

sixtyfold
BR ˈsɪkstɪfəʊld
AM ˌsɪkstiˈfoʊld

sixty-fourmo
BR ˌsɪkstɪˈfɔːməʊ, -z
AM ˌsɪkstiˈfɔrˌmoʊ, -z

sizable
BR ˈsʌɪzəbl
AM ˈsaɪzəb(ə)l

sizar
BR ˈsʌɪzə(r), -z
AM ˈsaɪzər, -z

sizarship
BR ˈsʌɪzəʃɪp, -s
AM ˈsaɪzərˌʃɪp, -s

size
BR sʌɪz, -ɪz, -ɪŋ, -d
AM saɪz, -ɪz, -ɪŋ, -d

sizeable
BR ˈsʌɪzəbl
AM ˈsaɪzəb(ə)l

sizeably
BR ˈsʌɪzəbli
AM ˈsɪzəbli

sizer
BR ˈsʌɪzə(r), -z
AM ˈsaɪzər, -z

Sizewell
BR ˈsʌɪzw(ɛ)l
AM ˈsaɪzˌwɛl

sizy
BR ˈsʌɪzi
AM ˈsaɪzi

sizzle
BR ˈsɪz|l, -lz, -lɪŋ\-lɪŋ, -ld
AM ˈsɪz|əl, -əlz, -(ə)lɪŋ, -əld

sizzler
BR ˈsɪzlə(r), ˈsɪzlə(r), -z
AM ˈsɪz(ə)lər, -z

sjambok
BR ˈʃambɒk, -s, -ɪŋ, -t
AM ˈʃæmˌbak, ˈʃæmbək, ʃæmˈbak, -s, -ɪŋ, -t

ska
BR skɑː(r)
AM skɑ

Skagerrak
BR ˈskaɡərak
AM ˈskæɡəˌræk

Skagway
BR ˈskaɡweɪ
AM ˈskæɡˌweɪ

skald
BR skɔːld, skald, -z
AM skɑld, skɔld, -z

skaldic
BR ˈskɔːldɪk, ˈskaldɪk
AM ˈskɑldɪk, ˈskɔldɪk

Skanda
BR ˈskandə(r)
AM ˈskændə

Skara Brae
BR ˌskarə ˈbreɪ
AM ˌskɛrə ˈbreɪ

skarn
BR skɑːn
AM skɑrn

skat
BR skat
AM skæt

skate
BR skeɪt, -s, -ɪŋ, -ɪd
AM skeɪ|t, -ts, -dɪŋ, -dɨd

skateboard
BR ˈskeɪtbɔːd, -z, -ɪŋ
AM ˈskeɪtˌbɔ(ə)rd, -z, -ɪŋ

skateboarder
BR ˈskeɪtˌbɔːdə(r), -z
AM ˈskeɪtˌbɔrdər, -z

skatepark
BR ˈskeɪtpɑːk, -s
AM ˈskeɪtˌpɑrk, -s

skater
BR ˈskeɪtə(r), -z
AM ˈskeɪdər, -z

skating-rink
BR ˈskeɪtɪŋrɪŋk, -s
AM ˈskeɪdɪŋˌrɪŋk, -s

skean
BR ˈskiː(ə)n, -z
AM ˈski(ə)n, -z

skean dhu
BR ˌskiː(ə)n ˈduː, -z
AM ˌski(ə)n ˈðu, -z

Skeat
BR skiːt
AM skit

sked
BR skɛd, -z, -ɪŋ, -ɨd
AM skɛd, -z, -ɪŋ, -əd

skedaddle
BR skɪˈdad|l, -lz, -lɪŋ\-lɪŋ, -ld
AM skəˈdæd|əl, -əlz, -(ə)lɪŋ, -əld

skeet
BR skiːt
AM skit

skeeter
BR ˈskiːtə(r), -z, -ɪŋ, -d
AM ˈskidər, -z, -ɪŋ, -d

Skeffington
BR ˈskɛfɪŋt(ə)n
AM ˈskɛfɪŋt(ə)n

skeg
BR skɛɡ, -z
AM skɛɡ, -z

Skegness
BR ˌskɛɡˈnɛs
AM ˌskɛɡˈnɛs

skein
BR skeɪn, -z
AM skeɪn, -z

skeletal
BR ˈskɛlɪtl, skɪˈliːtl
AM ˈskɛlədl

skeletally
BR ˈskɛlɪtl̩i, skɪˈliːtl̩i
AM ˈskɛlədl̩i

skeleton
BR ˈskelɪtn, -z
AM ˈskelətn, -z

skeletonise
BR ˈskelɪtn̩ʌɪz, -ɪz, -ɪŋ, -d
AM ˈskelətn̩ˌaɪz, -ɪz, -ɪŋ, -d

skeletonize
BR ˈskelɪtn̩ʌɪz, -ɪz, -ɪŋ, -d
AM ˈskelətn̩ˌaɪz, -ɪz, -ɪŋ, -d

Skelmersdale
BR ˈskelməzdeɪl
AM ˈskelmɚzˌdeɪl

Skelton
BR ˈskelt(ə)n
AM ˈskelt(ə)n

skep
BR skep, -s
AM skep, -s

skepsis
BR ˈskepsɪs
AM ˈskepsəs

skeptic
BR ˈskeptɪk
AM ˈskeptɪk

skeptical
BR ˈskeptɪkl
AM ˈskeptək(ə)l

skeptically
BR ˈskeptɪkli
AM ˈskeptək(ə)li

skepticism
BR ˈskeptɪsɪzm
AM ˈskeptəˌsɪz(ə)m

skerrick
BR ˈskerɪk, -s
AM ˈskerɪk, -s

skerry
BR ˈsker|i, -ɪz
AM ˈskeri, -z

sketch
BR sketʃ, -ɪz, -ɪŋ, -t
AM sketʃ, -əz, -ɪŋ, -t

sketchbook
BR ˈsketʃbʊk, -s
AM ˈsketʃbʊk, -s

sketcher
BR ˈsketʃə(r), -z
AM ˈsketʃɚ, -z

sketchily
BR ˈsketʃɪli
AM ˈsketʃəli

sketchiness
BR ˈsketʃɪnɪs
AM ˈsketʃɪnɪs

Sketchley
BR ˈsketʃli
AM ˈsketʃli

sketchpad
BR ˈsketʃpad, -z
AM ˈsketʃˌpæd, -z

sketchy
BR ˈsketʃ|i, -ɪə(r), -ɪst
AM ˈsketʃi, -ɚ, -ɪst

skeuomorph
BR ˈskjuːə(ʊ)mɔːf, -s
AM ˈskjuəˌmɔ(ə)rf, -s

skeuomorphic
BR ˌskjuːəˈmɔːfɪk
AM ˌskjuəˈmɔrfɪk

skew
BR skjuː, -z, -ɪŋ, -d
AM skju, -z, -ɪŋ, -d

skewback
BR ˈskjuːbak, -s
AM ˈskjuˌbæk, -s

skewbald
BR ˈskjuːbɔːld, -z
AM ˈsjuˌbɑld, ˈsjuˌbɔld, -z

Skewen
BR ˈskjuːɪn
AM ˈskjuən

skewer
BR ˈskjuːə(r), -z, -ɪŋ, -d
AM ˈskjʊ(ə)r, ˈskju(w)ɚ, -z, -ɪŋ, -d

skewness
BR ˈskjuːnəs
AM ˈskjunəs

skew-whiff
BR ˌskjuːˈwɪf
AM ˈskjuˌwɪf

ski
BR skiː, -z, -ɪŋ, -d
AM ski, -z, -ɪŋ, -d

skiable
BR ˈskiːəbl
AM ˈskiəb(ə)l

skiagram
BR ˈskʌɪəgram, -z
AM ˈskaɪəˌgræm, -z

skiagraph
BR ˈskʌɪəgrɑːf, -s
AM ˈskaɪəˌgræf, -s

skiagraphy
BR skʌɪˈagrəfi
AM skaɪˈɑgrəfi

skiamachy
BR skʌɪˈaməki
AM skaɪˈæməki

skibob
BR ˈskiːbɒb, -z
AM ˈskiˌbɑb, -z

ski-bobber
BR ˈskiːˌbɒbə(r), -z
AM ˈskiˌbɑbɚ, -z

skiboot
BR ˈskiːbuːt, -s
AM ˈskiˌbut, -s

skid
BR skɪd, -z, -ɪŋ, -ɪd
AM skɪd, -z, -ɪŋ, -ɪd

Skiddaw
BR ˈskɪdɔː(r)
AM skəˈdɔ, ˈskɪdɑ, skəˈdɑ, ˈskɪdɔ

skiddoo
BR skɪˈduː, -z
AM skəˈdu, -z

skidlid
BR ˈskɪdlɪd, -z
AM ˈskɪdˌlɪd, -z

skidmark
BR ˈskɪdmɑːk, -s
AM ˈskɪdˌmɑrk, -s

skidoo
BR skɪˈduː, -z
AM skəˈdu, -z

skidpan
BR ˈskɪdpan, -z
AM ˈskɪdˌpæn, -z

skidproof
BR ˈskɪdpruːf
AM ˈskɪdˌpruf

skid row
BR ˌskɪd ˈrəʊ
AM ˌskɪd ˈroʊ

skier
BR ˈskiːə(r), -z
AM ˈskiɚ, -z

skiff
BR skɪf, -s
AM skɪf, -s

skiffle
BR ˈskɪfl
AM ˈskɪfəl

ski-jorer
BR ˈskiːdʒɔːrə(r), ˌskiːˈdʒɔːrə(r), -z
AM ˈskiˌdʒɔrɚ, ˈskiˌdʒɔrɚ, -z

ski-joring
BR ˈskiːdʒɔːrɪŋ, ˌskiːˈdʒɔːrɪŋ
AM ˌskiˈdʒɔrɪŋ, ˈskiˌdʒɔrɪŋ

ski-jump
BR ˈskiːdʒʌmp, -s
AM ˈskiˌdʒəmp, -s

skilful
BR ˈskɪlf(ʊ)l
AM ˈskɪlfəl

skilfully
BR ˈskɪlfəli, ˈskɪlfli
AM ˈskɪlf(ə)li

skilfulness
BR ˈskɪlf(ʊ)lnəs
AM ˈskɪlfəlnəs

skilift
BR ˈskiːlɪft, -s
AM ˈskiˌlɪft, -s

skill
BR skɪl, -z, -d
AM skɪl, -z, -d

skillet
BR ˈskɪlɪt, -s
AM ˈskɪlɪt, -s

skillful
BR ˈskɪlf(ʊ)l
AM ˈskɪlfəl

skillfully
BR ˈskɪlfəli, ˈskɪlfli
AM ˈskɪlfəli

skillfulness
BR ˈskɪlf(ʊ)lnəs
AM ˈskɪlfəlnəs

skill-less
BR ˈskɪlɪs
AM ˈskɪ(l)ləs

skilly
BR ˈskɪl|i, -ɪz
AM ˈskɪli, -z

skim
BR skɪm, -z, -ɪŋ, -d
AM skɪm, -z, -ɪŋ, -d
skimmer
BR ˈskɪmə(r), -z
AM ˈskɪmər, -z
skimmia
BR ˈskɪmɪə(r), -z
AM ˈskɪmiə, -z
skimp
BR skɪm|p, -ps,
-pɪŋ, -(p)t
AM skɪmp, -s, -ɪŋ, -t
skimpily
BR ˈskɪmpɪli
AM ˈskɪmpɪli
skimpiness
BR ˈskɪmpɪnɪs
AM ˈskɪmpɪnɪs
skimpy
BR ˈskɪmp|i, -ɪə(r), -ɪɪst
AM ˈskɪmpi, -ər, -ɪst
skin
BR skɪn, -z, -ɪŋ, -d
AM skɪn, -z, -ɪŋ, -d
skincare
BR ˈskɪnkɛː(r)
AM ˈskɪnˌkɛ(ə)r
skin-deep
BR ˌskɪnˈdiːp
AM ˌskɪnˈdip
skin-dive
BR ˈskɪndʌɪv, -z, -ɪŋ
AM ˈskɪnˌdaɪv, -z, -ɪŋ
skinflick
BR ˈskɪnflɪk, -s
AM ˈskɪnˌflɪk, -s
skinflint
BR ˈskɪnflɪnt, -s
AM ˈskɪnˌflɪnt, -s
skinful
BR ˈskɪnfʊl, -z
AM ˈskɪnˌfʊl, -z
skinhead
BR ˈskɪnhɛd, -z
AM ˈskɪn,(h)ɛd, -z
skink
BR skɪŋk, -s
AM skɪŋk, -s
skinless
BR ˈskɪnlɪs
AM ˈskɪnlɪs

skinlike
BR ˈskɪnlʌɪk
AM ˈskɪnˌlaɪk
skinner
BR ˈskɪnə(r), -z
AM ˈskɪnər, -z
Skinnerian
BR skɪˈnɪərɪən
AM skɪˈnɛriən
Skinnerism
BR ˈskɪnərɪzm
AM ˈskɪnəˌrɪz(ə)m
skinniness
BR ˈskɪnɪnɪs
AM ˈskɪnɪnɪs
skinny
BR ˈskɪn|i, -ɪə(r), -ɪɪst
AM ˈskɪni, -ər, -ɪst
skinny-dip
BR ˈskɪnɪdɪp, -s, -ɪŋ, -t
AM ˈskɪniˌdɪp, -s, -ɪŋ, -t
skint
BR skɪnt
AM skɪnt
skintight
BR ˌskɪnˈtʌɪt
AM ˈskɪnˈtaɪt
skip
BR skɪp, -s, -ɪŋ, -t
AM skɪp, -s, -ɪŋ, -t
skipjack
BR ˈskɪpdʒak, -s
AM ˈskɪpˌdʒæk, -s
ski-plane
BR ˈskiːpleɪn, -z
AM ˈskiˌpleɪn, -z
skipper
BR ˈskɪp|ə(r), -əz,
-(ə)rɪŋ, -əd
AM ˈskɪpər, -z, -ɪŋ, -d
skippet
BR ˈskɪpɪt, -s
AM ˈskɪpɪt, -s
skipping-rope
BR ˈskɪpɪŋrəʊp, -s
AM ˈskɪpɪŋˌroʊp, -s
Skipton
BR ˈskɪpt(ə)n
AM ˈskɪpt(ə)n
skirl
BR skəːl, -z, -ɪŋ, -d
AM skərl, -z, -ɪŋ, -d

skirmish
BR ˈskəːm|ɪʃ, -ɪʃɪz,
-ɪʃɪŋ, -ɪʃt
AM ˈskərmɪʃ, -ɪz, -ɪŋ, -t
skirmisher
BR ˈskəːmɪʃə(r), -z
AM ˈskərmɪʃər, -z
skirr
BR skəː(r), -z, -ɪŋ, -d
AM skər, -z, -ɪŋ, -d
skirret
BR ˈskɪrɪt, -s
AM ˈskərət, -s
skirt
BR skəːt, -s, -ɪŋ, -ɪd
AM skər|t, -ts, -dɪŋ, -dəd
skirting
BR ˈskəːtɪŋ, -z
AM ˈskərdɪŋ, -z
skirtless
BR ˈskəːtləs
AM ˈskərtləs
skit
BR skɪt, -s
AM skɪt, -s
skite
BR skʌɪt, -s, -ɪŋ, -ɪd
AM skaɪ|t, -ts, -dɪŋ, -dɪd
skitter
BR ˈskɪt|ə(r), -əz, -(ə)rɪŋ, -əd
AM ˈskɪdər, -z, -ɪŋ, -d
skittery
BR ˈskɪt(ə)ri
AM ˈskɪdəri
skittish
BR ˈskɪtɪʃ
AM ˈskɪdɪʃ
skittishly
BR ˈskɪtɪʃli
AM ˈskɪdɪʃli
skittishness
BR ˈskɪtɪʃnɪs
AM ˈskɪdɪʃnɪs
skittle
BR ˈskɪt|l, -lz, -l̩ɪŋ\-lɪŋ, -ld
AM ˈskɪd(ə)l, -z, -ɪŋ, -d

skive
BR skʌɪv, -z, -ɪŋ, -d
AM skaɪv, -z, -ɪŋ, -d
skiver
BR ˈskʌɪvə(r), -z
AM ˈskaɪvər, -z
Skivvies
BR ˈskɪvɪz
AM ˈskɪvɪz
skivvy
BR ˈskɪv|i, -ɪz, -ɪɪŋ, -ɪd
AM ˈskɪvi, -z, -ɪɪŋ, -d
skiwear
BR ˈskiːwɛː(r)
AM ˈskiˌwɛ(ə)r
skoal
BR skəʊl
AM skoʊ(ə)l
Skoda
BR ˈskəʊdə(r), -z
AM ˈskoʊdə, -z
Skokholm
BR ˈskɒkhəʊm, ˈskəʊkəm
AM ˈskoʊkəm, ˈskɑk,(h)oʊm
skol
BR skɒl, skəʊl
AM skoʊl
skookum
BR ˈskuːkəm
AM ˈskukəm
Skryabin
BR skrɪˈabɪn, skrɪˈɑːbɪn
AM skriˈɑbən
RUS ˈskrʲabʲin
skua
BR ˈskjuːə(r), -z
AM ˈskjuə, -z
Skues
BR skjuːz
AM skjuz
skulduggery
BR skʌlˈdʌg(ə)ri
AM ˌskəlˈdəg(ə)ri
skulk
BR skʌlk, -s, -ɪŋ, -t
AM skəlk, -s, -ɪŋ, -t
skulker
BR ˈskʌlkə(r), -z
AM ˈskəlkər, -z

skull
BR skʌl, -z
AM skəl, -z

skullcap
BR ˈskʌlkap, -s
AM ˈskəlˌkæp, -s

skullduggery
BR skʌlˈdʌg(ə)ri
AM ˌskəlˈdəg(ə)ri

skunk
BR skʌŋk, -s
AM skəŋk, -s

sky
BR skʌɪ, -z, -ɪŋ, -d
AM skaɪ, -z, -ɪŋ, -d

skycap
BR ˈskʌɪkap, -s
AM ˈskaɪˌkæp, -s

skydive
BR ˈskʌɪdʌɪv
AM ˈskaɪˌdaɪv

skydiver
BR ˈskɪˌdʌɪvə(r), -z
AM ˈskaɪˌdaɪvər, -z

skydiving
BR ˈskɪˌdʌɪvɪŋ
AM ˈskaɪˌdaɪvɪŋ

Skye
BR ˈskʌɪ
AM ˈskaɪ

skyer
BR ˈskʌɪə(r), -z
AM ˈskaɪər, -z

skyey
BR ˈskʌɪi
AM ˈskaɪi

sky-high
BR ˌskʌɪˈhʌɪ
AM ˈskaɪˈhaɪ

skyhook
BR ˈskʌɪhʊk, -s
AM ˈskaɪˌhʊk, -s

skyjack
BR ˈskʌɪdʒak, -s, -ɪŋ, -t
AM ˈskaɪˌdʒæk, -s, -ɪŋ, -t

skyjacker
BR ˈskʌɪdʒakə(r), -z
AM ˈskaɪˌdʒækər, -z

Skylab
BR ˈskʌɪlab
AM ˈskaɪˌlæb

skylark
BR ˈskʌɪlɑːk, -s, -ɪŋ, -t
AM ˈskaɪˌlɑrk, -s, -ɪŋ, -t

skyless
BR ˈskʌɪlɨs
AM ˈskaɪləs

skylight
BR ˈskʌɪlʌɪt, -s
AM ˈskaɪˌlaɪt, -s

skyline
BR ˈskʌɪlʌɪn, -z
AM ˈskaɪˌlaɪn, -z

Skype
BR skʌɪp, -s, -ɪŋ, -t
AM skaɪp, -s, -ɪŋ, -t

skyrocket
BR ˈskʌɪˌrɒk|ɪt, -ɪts, -ɪtɪŋ, -ɪtɪd
AM ˈskaɪˌrɑkɛ|t, -ts, -dɪŋ, -dɨd

skysail
BR ˈskʌɪseɪl, -z
AM ˈskaɪˌseɪl, -z

skyscape
BR ˈskʌɪskeɪp, -s
AM ˈskaɪˌskeɪp, -s

skyscraper
BR ˈskʌɪˌskreɪpə(r), -z
AM ˈskaɪˌskreɪpər, -z

skywalk
BR ˈskʌɪwɔːk, -s, -ɪŋ, -t
AM ˈskaɪˌwɑk, ˈskaɪˌwɔk, -s, -ɪŋ, -t

skyward
BR ˈskʌɪwəd, -z
AM ˈskaɪwərd, -z

skywatch
BR ˈskʌɪwɒtʃ, -ɪz
AM ˈskaɪˌwɑtʃ, -əz

skyway
BR ˈskʌɪweɪ, -z
AM ˈskaɪˌweɪ, -z

skywriting
BR ˈskʌɪˌrʌɪtɪŋ
AM ˈskaɪˌraɪdɪŋ

slab
BR slab, -z
AM slæb, -z

slab-sided
BR ˌslabˈsʌɪdɨd
AM ˈslæbˌsaɪdɨd

slack
BR slak, -s, -ɪŋ, -t, -ɪst
AM slæk, -s, -ɪŋ, -t

slacken
BR ˈslak|(ə)n, -(ə)nz, -(ə)nɪŋ\-n̩ɪŋ, -(ə)nd
AM ˈslæk|ən, -ənz, -(ə)nɪŋ, -ənd

slacker
BR ˈslakə(r), -z
AM ˈslækər, -z

slackly
BR ˈslakli
AM ˈslækli

slackness
BR ˈslaknəs
AM ˈslæknəs

Slade
BR sleɪd
AM sleɪd

slag
BR slag, -z
AM slæg, -z

slaggy
BR ˈslag|i, -ɪə(r), -ɪɪst
AM ˈslægi, -ər, -ɪst

slagheap
BR ˈslaghiːp, -s
AM ˈslægˌ(h)ip, -s

slain
BR sleɪn
AM sleɪn

slàinte
BR ˈslɑːn(d)ʒə(r), ˈslɑːntʃə(r)
AM ˈslɑn(d)ʒə
IR ˈslɑːnjtjə

Slaithwaite
BR ˈslaθweɪt, ˈslaʊɪt
AM ˈslæθˌweɪt

slake
BR sleɪk, -s, -ɪŋ, -t
AM sleɪk, -s, -ɪŋ, -t

slalom
BR ˈslɑːləm, -z
AM ˈslɑl(ə)m, -z

slam
BR slam, -z, -ɪŋ, -d
AM slæm, -z, -ɪŋ, -d

slambang
BR ˌslamˈbaŋ
AM ˈslæmˈbæŋg

slammer
BR ˈslamə(r), -z
AM ˈslæmər, -z

slander
BR ˈslɑːnd|ə(r), -əz, -(ə)rɪŋ, -əd
AM ˈslænd|ər, -ərz, -(ə)rɪŋ, -ərd

slanderer
BR ˈslɑːnd(ə)rə(r), -z
AM ˈslænd(ə)rər, -z

slanderous
BR ˈslɑːnd(ə)rəs
AM ˈslænd(ə)rəs

slanderously
BR ˈslɑːnd(ə)rəsli
AM ˈslænd(ə)rəsli

slanderousness
BR ˈslɑːnd(ə)rəsnəs
AM ˈslænd(ə)rəsnəs

slang
BR slaŋ, -z, -ɪŋ, -d
AM slæŋ, -z, -ɪŋ, -d

slangily
BR ˈslaŋɨli
AM ˈslæŋɡəli

slanginess
BR ˈslaŋɪnɨs
AM ˈslæŋɡɪnɨs

slangy
BR ˈslaŋ|i, -ɪə(r), -ɪɪst
AM ˈslæŋɡi, -ər, -ɪst

slant
BR slɑːnt, -s, -ɪŋ, -ɪd
AM slæn|t, -ts, -(t)ɪŋ, -(t)əd

slantways
BR ˈslɑːntweɪz
AM ˈslæntˌweɪz

slantwise
BR ˈslɑːntwʌɪz
AM ˈslæntˌwaɪz

slap
BR slap, -s, -ɪŋ, -t
AM slæp, -s, -ɪŋ, -t

slap-bang
BR ˌslapˈbaŋ, ˈslapbaŋ
AM ˈslæpˈbæŋ

slapdash
BR ˈslapdaʃ
AM ˈslæpˌdæʃ

slaphappy
BR ˌslapˈhapi
AM ˈslæpˌ(h)æpi

slapjack
BR ˈslapdʒak, -s
AM ˈslæpˌdʒæk, -s

slapshot
BR ˈslapʃɒt, -s
AM ˈslæpˌʃɑt, -s

slapstick
BR ˈslapstɪk
AM ˈslæpˌstɪk

slap-up
BR ˈslapʌp, ˌslapˈʌp
AM ˈslæpəp

slash
BR slaʃ, -ɪz, -ɪŋ, -t
AM slæʃ, -əz, -ɪŋ, -t

slash-and-burn
BR ˌslaʃ(ə)n(d)ˈbəːn
AM ˌˈslæʃˌənˈbɚn

slasher
BR ˈslaʃə(r), -z
AM ˈslæʃɚ, -z

slat
BR slat, -s
AM slæt, -s

slate
BR sleɪt, -s, -ɪŋ, -ɪd
AM sleɪ|t, -ts, -dɪŋ, -dɪd

slater
BR ˈsleɪtə(r), -z
AM ˈsleɪdɚ, -z

slather
BR ˈslað|ə(r), -əz, -(ə)rɪŋ, -əd
AM ˈslæð|ɚ, -ɚz, -(ə)rɪŋ, -ɚd

slating
BR ˈsleɪtɪŋ, -z
AM ˈsleɪdɪŋ, -z

slattern
BR ˈslat(ə:)n, -z
AM ˈslædɚn, -z

slatternliness
BR ˈslatnlɪnɪs
AM ˈslædɚnlinɪs

slatternly
BR ˈslatnli
AM ˈslædɚnli

Slattery
BR ˈslat(ə)ri
AM ˈslædəri

slaty
BR ˈsleɪti
AM ˈsleɪdi

slaughter
BR ˈslɔːt|ə(r), -əz, -(ə)rɪŋ, -əd
AM ˈslɑ|dɚ, ˈslɔ|dɚ, -dɚz, -ərɪŋ\-trɪŋ, -dɚd

slaughterer
BR ˈslɔːt(ə)rə(r), -z
AM ˈslɑdərɚ, ˈslɔdərɚ, -z

slaughterhouse
BR ˈslɔːtəhaʊs, -zɪz
AM ˈslɑdɚˌ(h)aʊs, ˈslɔdɚˌ(h)aʊs, -zəz

slaughterous
BR ˈslɔːt(ə)rəs
AM ˈslɑtərəs, ˈslɔtərəs

Slav
BR slɑːv, -z
AM slɑv, -z

slave
BR sleɪv, -z, -ɪŋ, -d
AM sleɪv, -z, -ɪŋ, -d

slave-driver
BR ˈsleɪvˌdrʌɪvə(r), -z
AM ˈsleɪvˌdraɪvɚ, -z

slaveholder
BR ˈsleɪvˌhəʊldə(r), -z
AM ˈsleɪvˌ(h)oʊldɚ, -z

slaver[1] *noun 'slave-trader'*
BR ˈsleɪvə(r), -z
AM ˈsleɪvɚ, -z

slaver[2] *verb 'drool'*
BR ˈslav|ə(r), ˈsleɪv|ə(r), -əz, -(ə)rɪŋ, -əd
AM ˈsleɪv|ɚ, ˈslæv|ɚ, -ɚz, -(ə)rɪŋ, -ɚd

slavery
BR ˈsleɪv(ə)ri
AM ˈsleɪv(ə)ri

slavey
BR ˈsleɪvi
AM ˈsleɪvi

Slavic
BR ˈslɑːvɪk
AM ˈslɑvɪk

slavish
BR ˈsleɪvɪʃ
AM ˈsleɪvɪʃ

slavishly
BR ˈsleɪvɪʃli
AM ˈsleɪvɪʃli

slavishness
BR ˈsleɪvɪʃnɪs
AM ˈsleɪvɪʃnɪs

Slavism
BR ˈslɑːvɪzm
AM ˈslɑvɪz(ə)m

Slavonia
BR sləˈvəʊnɪə(r)
AM sləˈvoʊnɪə

Slavonian
BR sləˈvəʊnɪən, -z
AM sləˈvoʊnɪən, -z

Slavonic
BR sləˈvɒnɪk
AM sləˈvɑnɪk

Slavophile
BR ˈslɑːvəʊfʌɪl, -z
AM ˈslɑvəˌfaɪl, -z

Slavophobe
BR ˈslɑːvəʊfəʊb, -z
AM ˈslɑvəˌfoʊb, -z

slaw
BR slɔː(r)
AM slɔ

slay
BR sleɪ, -z, -ɪŋ, -d
AM sleɪ, -z, -ɪŋ, -d

slayer
BR ˈsleɪə(r), -z
AM ˈsleɪɚ, -z

slaying
BR ˈsleɪɪŋ, -z
AM ˈsleɪɪŋ, -z

Slazenger
BR ˈslaz(ɨ)n(d)ʒə(r)
AM ˈsleɪzɪŋɚ, ˈsleɪzɪndʒɚ

Sleaford
BR ˈsliːfəd
AM ˈslifɚd

sleaze
BR sliːz
AM sliz

sleazily
BR ˈsliːzɨli
AM ˈslizɨli

sleaziness
BR ˈsliːzɪnɪs
AM ˈslizɪnɪs

sleazoid
BR ˈsliːzɔɪd, -z
AM ˈslizɔɪd, -z

sleazy
BR ˈsliːz|i, -ɪə(r), -ɪɪst
AM ˈslizi, -ɚ, -ɪst

sled
BR slɛd, -z, -ɪŋ, -ɪd
AM slɛd, -z, -ɪŋ, -ɪd

sledge
BR slɛdʒ, -ɪz, -ɪŋ, -d
AM slɛdʒ, -ɪz, -ɪŋ, -d

sledgehammer
BR ˈslɛdʒˌhamə(r), -z
AM ˈslɛdʒˌ(h)æmɚ, -z

sleek
BR sliːk, -ə(r), -ɪst
AM slik, -ɚ, -ɪst

sleekly
BR ˈsliːkli
AM ˈslikli

sleekness
BR ˈsliːknɪs
AM ˈsliknəs

sleeky
BR ˈsliːki
AM ˈsliki

sleep
BR sliːp, -s, -ɪŋ
AM slip, -s, -ɪŋ

Sleepeezee
BR ˌsliːpˈiːzi, ˈsliːpˌiːzi
AM ˈslipˌizi

sleeper
BR ˈsliːpə(r), -z
AM ˈslipɚ, -z

sleepily
BR ˈsliːpɨli
AM ˈslipɨli

sleepiness
BR ˈsliːpɪnɪs
AM ˈslipɪnɪs

sleepless
BR ˈsliːpləs
AM ˈslipləs

sleeplessly
BR ˈsliːplɪsli
AM ˈsliplɪsli
sleeplessness
BR ˈsliːplɪsnɪs
AM ˈsliplɪsnɪs
sleepwalk
BR ˈsliːpwɔːk, -s,
-ɪŋ, -t
AM ˈslipˌwɑk, ˈslip-
ˌwɔk, -s, -ɪŋ, -t
sleepwalker
BR ˈsliːpˌwɔːkə(r), -z
AM ˈslipˌwɑkər,
ˈslipˌwɔkər, -z
sleepwalking
BR ˈsliːpˌwɔːkɪŋ
AM ˈslipˌwɑkɪŋ,
ˈslipˌwɔkɪŋ
sleepwear
BR ˈsliːpwɛː(r)
AM ˈslipˌwɛ(ə)r
sleepy
BR ˈsliːp|i, -iə(r), -ɪɪst
AM ˈslipi, -ər, -ɪst
sleepyhead
BR ˈsliːpihɛd, -z
AM ˈslipiˌhɛd, -z
sleet
BR sliːt, -s, -ɪŋ, -ɪd
AM sli|t, -ts, -dɪŋ, -dɪd
sleetiness
BR ˈsliːtɪnɪs
AM ˈslidɪnɪs
sleety
BR ˈsliːti
AM ˈslidi
sleeve
BR sliːv, -z, -d
AM sliv, -z, -d
sleeveless
BR ˈsliːvlɪs
AM ˈslivlɪs
sleeving
BR ˈsliːvɪŋ, -z
AM ˈslivɪŋ, -z
sleigh
BR sleɪ, -z, -ɪŋ, -d
AM sleɪ, -z, -ɪŋ, -d
sleight
BR slʌɪt
AM slaɪt

slender
BR ˈslɛnd|ə(r),
-(ə)rə(r), -(ə)rɪst
AM ˈslɛndər, -ər, -əst
slenderise
BR ˈslɛndərʌɪz, -ɪz,
-ɪŋ, -d
AM ˈslɛndəˌraɪz, -ɪz,
-ɪŋ, -d
slenderize
BR ˈslɛndərʌɪz, -ɪz,
-ɪŋ, -d
AM ˈslɛndəˌraɪz, -ɪz,
-ɪŋ, -d
slenderly
BR ˈslɛndəli
AM ˈslɛndərli
slenderness
BR ˈslɛndənəs
AM ˈslɛndərnəs
slept
BR slɛpt
AM slɛpt
Slessor
BR ˈslɛsə(r)
AM ˈslɛsər
sleuth
BR sl(j)uːθ, -s, -ɪŋ, -t
AM sluːθ, -s, -ɪŋ, -t
sleuthhound
BR ˈsl(j)uːθhaʊnd, -z
AM ˈsluːθˌ(h)aʊnd, -z
slew
BR sluː, -z, -ɪŋ, -d
AM slu, -z, -ɪŋ, -d
sley
BR sleɪ, -z
AM sleɪ, -z
slice
BR slʌɪs, -ɪz, -ɪŋ, -t
AM slaɪs, -ɪz, -ɪŋ, -t
sliceable
BR ˈslʌɪsəbl
AM ˈslaɪsəb(ə)l
slicer
BR ˈslʌɪsə(r), -z
AM ˈslaɪsər, -z
slick
BR slɪk, -s, -ɪŋ, -t,
-ə(r), -ɪst
AM slɪk, -s, -ɪŋ, -t,
-ər, -ɪst

slicker
BR ˈslɪkə(r), -z
AM ˈslɪkər, -z
slickly
BR ˈslɪkli
AM ˈslɪkli
slickness
BR ˈslɪknɪs
AM ˈslɪknəs
slid
BR slɪd
AM slɪd
slidable
BR ˈslʌɪdəbl
AM ˈslɪdəb(ə)l
slidably
BR ˈslʌɪdəbli
AM ˈslɪdəbli
slide
BR slʌɪd, -z, -ɪŋ
AM slaɪd, -z, -ɪŋ
slider
BR ˈslʌɪdə(r), -z
AM ˈslaɪdər, -z
slideway
BR ˈslʌɪdweɪ, -z
AM ˈslaɪdˌweɪ, -z
slight
BR slʌɪt, -s, -ɪŋ, -ɪd,
-ə(r), -ɪst
AM slaɪ|t, -ts,
-dɪŋ, -dɪd, -dər,
-dɪst, -tli,
-tnɪs
slightingly
BR ˈslʌɪtɪŋli
AM ˈslaɪdɪŋli
slightish
BR ˈslʌɪtɪʃ
AM ˈslaɪdɪʃ
slightly
BR ˈslʌɪtli
AM ˈslaɪtli
slightness
BR ˈslʌɪtnɪs
AM ˈslaɪtnəs
Sligo
BR ˈslʌɪgəʊ
AM ˈslaɪgoʊ
slily
BR ˈslʌɪli
AM ˈslaɪli

slim
BR slɪm, -z, -ɪŋ, -d
AM slɪm, -z, -ɪŋ, -d
slime
BR slʌɪm
AM slaɪm
slimily
BR ˈslʌɪmɪli
AM ˈslaɪmɪli
sliminess
BR ˈslʌɪmɪnɪs
AM ˈslaɪmɪnɪs
slim-jim
BR ˌslɪmˈdʒɪm, -z
AM ˈslɪmˌdʒɪm, -z
slimline
BR ˈslɪmlʌɪn
AM ˈslɪmˌlaɪn
slimly
BR ˈslɪmli
AM ˈslɪmli
slimmer
BR ˈslɪmə(r), -z
AM ˈslɪmər, -z
slimmish
BR ˈslɪmɪʃ
AM ˈslɪmɪʃ
slimness
BR ˈslɪmnɪs
AM ˈslɪmnəs
slimy
BR ˈslʌɪm|i, -iə(r),
-ɪɪst
AM ˈslaɪmi, -ər, -ɪst
sling
BR slɪŋ, -z, -ɪŋ
AM slɪŋ, -z, -ɪŋ
slingback
BR ˈslɪŋbak, -s
AM ˈslɪŋˌbæk, -s
slinger
BR ˈslɪŋə(r), -z
AM ˈslɪŋər, -z
slingshot
BR ˈslɪŋʃɒt, -s
AM ˈslɪŋˌʃɑt, -s
slink
BR slɪŋk, -s, -ɪŋ
AM slɪŋk, -s, -ɪŋ
slinkily
BR ˈslɪŋkɪli
AM ˈslɪŋkɪli

slinkiness
BR ˈslɪŋkɪnɪs
AM ˈslɪŋkinɪs

slinkweed
BR ˈslɪŋkwiːd
AM ˈslɪŋkˌwid

slinky
BR ˈslɪŋk|i, -ɪə(r), -ɪɪst
AM ˈslɪŋki, -ər, -ɪst

slip
BR slɪp, -s, -ɪŋ, -t
AM slɪp, -s, -ɪŋ, -t

slipcase
BR ˈslɪpkeɪs, -ɪz
AM ˈslɪpˌkeɪs, -ɪz

slipcover
BR ˈslɪpˌkʌvə(r), -z
AM ˈslɪpˌkəvər, -z

slipknot
BR ˈslɪpnɒt, -s
AM ˈslɪpˌnɑt, -s

slipover
BR ˈslɪpˌəʊvə(r), -z
AM ˈslɪpˌoʊvər, -z

slippage
BR ˈslɪp|ɪdʒ, -ɪdʒɪz
AM ˈslɪpɪdʒ, -ɪz

slipper
BR ˈslɪpə(r), -z
AM ˈslɪpər, -z

slipperily
BR ˈslɪp(ə)rɪli
AM ˈslɪp(ə)rəli

slipperiness
BR ˈslɪp(ə)rɪnɪs
AM ˈslɪp(ə)rɪnɪs

slipperwort
BR ˈslɪpəwɜːt, -s
AM ˈslɪpərˌwɔ(ə)rt, ˈslɪpərwərt, -s

slippery
BR ˈslɪp(ə)r|i, -ɪə(r), -ɪɪst
AM ˈslɪp(ə)ri, -ər, -ɪst

slippiness
BR ˈslɪpɪnɪs
AM ˈslɪpɪnɪs

slippy
BR ˈslɪp|i, -ɪə(r), -ɪɪst
AM ˈslɪpi, -ər, -ɪst

slipshod
BR ˈslɪpʃɒd
AM ˈslɪpˌʃɑd

slipstitch
BR ˈslɪpstɪtʃ, -ɪz, -ɪŋ, -t
AM ˈslɪpˌstɪtʃ, -ɪz, -ɪŋ, -t

slipstream
BR ˈslɪpstriːm, -z, -ɪŋ, -d
AM ˈslɪpˌstrim, -z, -ɪŋ, -d

slip-ware
BR ˈslɪpwɛː(r), -z
AM ˈslɪpˌwɛ(ə)r, -z

slipway
BR ˈslɪpweɪ, -z
AM ˈslɪpˌweɪ, -z

slit
BR slɪt, -s, -ɪŋ, -ɪd
AM slɪ|t, -ts, -dɪŋ, -t

slither
BR ˈslɪð|ə(r), -əz, -(ə)rɪŋ, -əd
AM ˈslɪð|ər, -ərz, -(ə)rɪŋ, -ərd

slithery
BR ˈslɪð(ə)ri
AM ˈslɪð(ə)ri

slitter
BR ˈslɪtə(r), -z
AM ˈslɪdər, -z

slitty
BR ˌslɪt|i, -ɪə(r), -ɪɪst
AM ˈslɪdi, -ər, -ɪst

sliver
BR ˈslɪv|ə(r), ˈslʌɪv|ə(r), -əz, -(ə)rɪŋ, -əd
AM ˈslaɪvər, ˈslɪvər, -z, -ɪŋ, -d

slivovitz
BR ˈslɪvəvɪts
AM ˈslɪvəˌvɪts

Sloan
BR sləʊn
AM sloʊn

Sloane
BR sləʊn, -z
AM sloʊn, -z

Sloaney
BR ˈsləʊni
AM ˈsloʊni

slob
BR slɒb, -z
AM slɑb, -z

slobber
BR ˈslɒb|ə(r), -əz, -(ə)rɪŋ, -əd
AM ˈslɑb|ər, -ərz, -(ə)rɪŋ, -ərd

slobberiness
BR ˈslɒb(ə)rɪnɪs
AM ˈslɑb(ə)rɪnɪs

slobbery
BR ˈslɒb(ə)ri
AM ˈslɑb(ə)ri

slobbish
BR ˈslɒbɪʃ
AM ˈslɑbɪʃ

Slocombe
BR ˈsləʊkəm
AM ˈsloʊkəm

Slocum
BR ˈsləʊkəm
AM ˈsloʊkəm

sloe
BR sləʊ, -z
AM sloʊ, -z

sloe-eyed
BR ˌsləʊˈʌɪd
AM ˈsloʊˌaɪd

slog
BR slɒg, -z, -ɪŋ, -d
AM slɑg, -z, -ɪŋ, -d

slogan
BR ˈsləʊg(ə)n, -z
AM ˈsloʊgən, -z

slogger
BR ˈslɒgə(r), -z
AM ˈslɑgər, -z

sloid
BR ˈslɔɪd, -z
AM ˈslɔɪd, -z

Sloman
BR ˈsləʊmən
AM ˈsloʊm(ə)n

slo-mo
BR ˈsləʊməʊ
AM ˈsloʊˈmoʊ

sloop
BR sluːp, -s
AM slup, -s

sloosh
BR sluːʃ, -ɪz, -ɪŋ, -t
AM sluʃ, -əz, -ɪŋ, -t

sloot
BR sluːt, -s
AM slut, -s

slop
BR slɒp, -s, -ɪŋ, -t
AM slɑp, -s, -ɪŋ, -t

slope
BR sləʊp, -s, -ɪŋ, -t
AM sloʊp, -s, -ɪŋ, -t

slopewise
BR ˈsləʊpwʌɪz
AM ˈsloʊpˌwaɪz

sloppily
BR ˈslɒpɪli
AM ˈslɑpəli

sloppiness
BR ˈslɒpɪnɪs
AM ˈslɑpɪnɪs

sloppy
BR ˈslɒp|i, -ɪə(r), -ɪɪst
AM ˈslɑpi, -ər, -ɪst

slosh
BR slɒʃ, -ɪz, -ɪŋ, -t
AM slɑʃ, -ɪz, -ɪŋ, -t

sloshy
BR ˈslɒʃ|i, -ɪə(r), -ɪɪst
AM ˈslɑʃi, -ər, -ɪst

slot
BR slɒt, -s, -ɪŋ, -ɪd
AM slɑ|t, -ts, -dɪŋ, -dəd

slotback
BR ˈslɒtbak, -s
AM ˈslɑtˌbæk, -s

slot car
BR ˈslɒt kɑː(r), -z
AM ˈslɑt ˌkɑr, -z

sloth
BR sləʊθ, -s
AM sloʊθ, slɑθ, slɔθ, -s

slothful
BR ˈsləʊθf(ʊ)l
AM ˈsloʊθfəl, ˈslɑθfəl, ˈslɔθfəl

slothfully
BR ˈsləʊθfəli, ˈsləʊθfli
AM ˈslɑθfəl, ˈsloʊθfəl, ˈslɔθfəli

slothfulness
BR ˈslɒθf(ʊ)lnəs
AM ˈslɑːθfəlnəs,
ˈsloʊθfəlnəs,
ˈslɔːθfəlnəs

slouch
BR slaʊtʃ, -ɪz, -ɪŋ, -t
AM slaʊtʃ, -ɪz, -ɪŋ, -t

slouchy
BR ˈslaʊtʃ|i, -ɪə(r),
-ɪst
AM ˈslaʊtʃi, -ər,
-ɪst

Slough
BR ˈslaʊ
AM ˈslaʊ

slough[1] *noun, wet place*
BR slaʊ, -z
AM slaʊ, sluː, -z

slough[2] *verb, shed skin of snake, etc.*
BR slʌf, -s, -ɪŋ, -t
AM sləf, -s, -ɪŋ, -t

sloughy
BR ˈslʌf|i, -ɪə(r),
-ɪst
AM ˈsləfi, -ər, -ɪst

Slovak
BR ˈsləʊvak, -s
AM ˈsloʊˌvæk,
ˈsloʊˌvɑk, -s

Slovakia
BR slə(ʊ)ˈvakɪə(r),
slə(ʊ)ˈvɑːkɪə(r)
AM sloʊˈvɑkɪə

sloven
BR ˈslʌvn, -z
AM ˈsləvən, -z

Slovene
BR ˈsləʊviːn, -z
AM ˈsloʊˌvin, -z

Slovenia
BR slə(ʊ)ˈviːnɪə(r)
AM sloʊˈviniə

Slovenian
BR slə(ʊ)ˈviːnɪən, -z
AM sloʊˈviniən, -z

slovenliness
BR ˈslʌvnlɪnɪs
AM ˈslavənlɪnɪs,
ˈsləvənlɪnɪs

slovenly
BR ˈslʌvnli
AM ˈslavənli,
ˈsləvənli

slovenry
BR ˈslʌvnri
AM ˈslavənri,
ˈsləvənri

slow
BR sləʊ, -z, -ɪŋ, -d,
-ə(r), -ɪst
AM sloʊ, -z, -ɪŋ, -d,
-ər, -oʊt

slowcoach
BR ˈsləʊkəʊtʃ, -ɪz
AM ˈsloʊˌkoʊtʃ, -ɪz

slowdown
BR ˈsləʊdaʊn, -z
AM ˈsloʊˌdaʊn, -z

slowish
BR ˈsləʊɪʃ
AM ˈsloʊɪʃ

slowly
BR ˈsləʊli
AM ˈsloʊli

slowness
BR ˈsləʊnəs
AM ˈsloʊnəs

slowpoke
BR ˈsləʊpəʊk, -s
AM ˈsloʊˌpoʊk, -s

slowworm
BR ˈsləʊwəːm, -z
AM ˈsloʊˌwərm, -z

slub
BR slʌb, -z, -ɪŋ, -d
AM sləb, -z, -ɪŋ, -d

sludge
BR slʌdʒ
AM slədʒ

sludgy
BR ˈslʌdʒi
AM ˈslədʒi

slue
BR sluː, -z, -ɪŋ, -d
AM sluː, -z, -ɪŋ, -d

sluff
BR slʌf, -s, -ɪŋ, -t
AM sləf, -s, -ɪŋ, -t

slug
BR slʌg, -z, -ɪŋ, -d
AM sləg, -z, -ɪŋ, -d

slugabed
BR ˈslʌgəbɛd, -z
AM ˈsləgəˌbɛd, -z

slugfest
BR ˈslʌgfɛst, -s
AM ˈsləgˌfɛst, -s

sluggard
BR ˈslʌgəd, -z
AM ˈsləgərd, -z

sluggardliness
BR ˈslʌgədlɪnɪs
AM ˈsləgərdlɪnɪs

sluggardly
BR ˈslʌgədli
AM ˈsləgərdli

slugger
BR ˈslʌgə(r), -z
AM ˈsləgər, -z

sluggish
BR ˈslʌgɪʃ
AM ˈsləgɪʃ

sluggishly
BR ˈslʌgɪʃli
AM ˈsləgɪʃli

sluggishness
BR ˈslʌgɪʃnɪs
AM ˈsləgɪʃnɪs

sluice
BR sluːs, -ɪz, -ɪŋ, -t
AM slus, -ɪz, -ɪŋ, -t

sluicegate
BR ˈsluːsgeɪt, -s
AM ˈslusˌgeɪt, -s

sluiceway
BR ˈsluːsweɪ, -z
AM ˈslusˌweɪ, -z

sluit
BR ˈsluːɪt, -s
AM ˈsluɪt, -s

slum
BR slʌm, -z,
-ɪŋ, -d
AM sl(ə)m, -z,
-ɪŋ, -d

slumber
BR ˈslʌmb|ə(r), -əz,
-(ə)rɪŋ, -əd
AM ˈsləmb|ər, -ərz,
-(ə)rɪŋ, -ərd

slumberer
BR ˈslʌmb(ə)rə(r), -z
AM ˈsləmbərər, -z

slumberous
BR ˈslʌmb(ə)rəs
AM ˈsləmbərəs

slumbrous
BR ˈslʌmbrəs
AM ˈsləmbrəs

slumgullion
BR slʌmˈgʌljən
AM ˌsləmˈgəljən,
ˌsləmˈgalien

slumlord
BR ˈslʌmlɔːd, -z
AM ˈsləmˌlɔ(ə)rd, -z

slumminess
BR ˈslʌmɪnɪs
AM ˈsləmɪnɪs

slummock
BR ˈslʌmək, -s
AM ˈsləmək, -s

slummy
BR ˈslʌm|i, -ɪə(r),
-ɪst
AM ˈsləmi, -ər, -ɪst

slump
BR slʌm|p, -ps, -pɪŋ,
-(p)t
AM sləmp, -s, -ɪŋ, -t

slung
BR slʌŋ
AM sləŋ

slunk
BR slʌŋk
AM sləŋk

slur
BR sləː(r), -z, -ɪŋ, -d
AM slər, -z, -ɪŋ, -d

slurp
BR sləːp, -s, -ɪŋ, -t
AM slərp, -s, -ɪŋ, -t

slurry
BR ˈslʌri
AM ˈsləri

slush
BR slʌʃ
AM sləʃ

slushiness
BR ˈslʌʃɪnɪs
AM ˈsləʃɪnɪs

slushy
BR ˈslʌʃ|i, -ɪə(r),
-ɪst
AM ˈsləʃi, -ər, -ɪst

slut
BR slʌt, -s
AM slət, -s
sluttish
BR ˈslʌtɪʃ
AM ˈslədɪʃ
sluttishly
BR ˈslʌtɪʃli
AM ˈslədɪʃli
sluttishness
BR ˈslʌtɪʃnɪs
AM ˈslədɪʃnɪs
sly
BR slʌɪ, -ə(r), -ɪst
AM slaɪ, -ər, -ɪst
slyboots
BR ˈslʌɪbuːts
AM ˈslaɪˌbuts
slyly
BR ˈslʌɪli
AM ˈslaɪli
slyness
BR ˈslʌɪnɪs
AM ˈslaɪnɪs
slype
BR slʌɪp, -s
AM slaɪp, -s
smack
BR smak, -s, -ɪŋ, -t
AM smæk, -s, -ɪŋ, -t
smacker
BR ˈsmakə(r), -z
AM ˈsmækər, -z
smackeroo
BR ˌsmakəˈruː, -z
AM ˌsmækəˈru, -z
Smail
BR smeɪl
AM smeɪl
Smails
BR smeɪlz
AM smeɪlz
Smale
BR smeɪl
AM smeɪl
Smales
BR smeɪlz
AM smeɪlz

small
BR smɔːl, -z, -ə(r), -ɪst
AM smɑl, smɔl, -z, -ər, -əst
smallage
BR ˈsmɔːlɪdʒ
AM ˈsmɑlɪdʒ, ˈsmɔlɪdʒ
Smalley
BR ˈsmɔːli
AM ˈsmɑli, ˈsmɔli
smallgoods
BR ˈsmɔːlɡʊdz
AM ˈsmɑlˌɡʊdz, ˈsmɔlˌɡʊdz
smallholder
BR ˈsmɔːlˌhəʊldə(r), -z
AM ˈsmɑlˌ(h)oʊldər, ˈsmɔlˌ(h)oʊldər, -z
smallholding
BR ˈsmɔːlˌhəʊldɪŋ, -z
AM ˈsmɑlˌ(h)oʊldɪŋ, ˈsmɔlˌ(h)oʊldɪŋ, -z
smallish
BR ˈsmɔːlɪʃ
AM ˈsmɑlɪʃ, ˈsmɔlɪʃ
small-minded
BR ˌsmɔːlˈmʌɪndɪd
AM ˌsmɑlˈmaɪndɪd, ˌsmɔlˈmaɪndɪd
small-mindedly
BR ˌsmɔːlˈmʌɪndɪdli
AM ˌsmɑlˈmaɪndɪdli, ˌsmɔlˈmaɪndɪdli
small-mindedness
BR ˌsmɔːlˈmʌɪndɪdnɪs
AM ˌsmɑlˈmaɪndɪdnɪs, ˌsmɔlˈmaɪndɪdnɪs
smallness
BR ˈsmɔːlnəs
AM ˈsmɑlnəs, ˈsmɔlnəs
Smallpiece
BR ˈsmɔːlpiːs
AM ˈsmɑlˌpis, ˈsmɔlˌpis
smallpox
BR ˈsmɔːlpɒks
AM ˈsmɑlˌpaks, ˈsmɔlˌpaks

smalltalk
BR ˈsmɔːltɔːk
AM ˈsmɑlˌtak, ˈsmɔlˌtɔk
smallwares
BR ˈsmɔːlwɛːz
AM ˈsmɑlˌwɛ(ə)rz, ˈsmɔlˌwɛ(ə)rz
Smallwood
BR ˈsmɔːlwʊd
AM ˈsmɑlˌwʊd, ˈsmɔlˌwʊd
smalt
BR smɔːlt, smɒlt
AM smalt, smɔlt
smarm
BR smɑːm, -z, -ɪŋ, -d
AM smɑrm, -z, -ɪŋ, -d
smarmily
BR ˈsmɑːmɪli
AM ˈsmɑrməli
smarminess
BR ˈsmɑːmɪnɪs
AM ˈsmɑrmɪnɪs
smarmy
BR ˈsmɑːmi, -ə(r), -ɪst
AM ˈsmɑrmi, -ər, -ɪst
smart
BR smɑːt, -s, -ɪŋ, -ɪd, -ə(r), -ɪst
AM smɑr|t, -ts, -dɪŋ, -dəd, -dər, -dəst, -tli, -tnəs
smart alec
BR ˈsmɑːt ˌalɪk, -s
AM ˈsmɑrd ˌælək, -s
smart aleck
BR ˈsmɑːt ˌalɪk, -s
AM ˈsmɑrd ˌælək, -s
smart-alecky
BR ˈsmɑːtˌalɪki
AM ˈsmɑrdˌæləki
smart alick
BR ˈsmɑːt ˌalɪk, -s
AM ˈsmɑrd ˌælək, -s
smart-arse
BR ˈsmɑːtɑːs, -ɪz
AM ˈsmɑrdˌɑrs, ˈsmɑrdˌæs, -ɪz
smart-ass
BR ˈsmɑːtɑːs, -ɪz
AM ˈsmɑrdˌæs, -ɪz

smarten
BR ˈsmɑːtn̩, -z, -ɪŋ, -d
AM ˈsmɑrt|n, -nz, -n̩ɪŋ\-nɪŋ, -nd
Smartie
BR ˈsmɑːt|i, -ɪz
AM ˈsmɑrdi, -z
smartingly
BR ˈsmɑːtɪŋli
AM ˈsmɑrdɪŋli
smartish
BR ˈsmɑːtɪʃ
AM ˈsmɑrdɪʃ
smartly
BR ˈsmɑːtli
AM ˈsmɑrtli
smartness
BR ˈsmɑːtnəs
AM ˈsmɑrtnəs
smartweed
BR ˈsmɑːtwiːd
AM ˈsmɑrtˌwid
smarty
BR ˈsmɑːt|i, -ɪz
AM ˈsmɑrdi, -z
smarty-boots
BR ˈsmɑːtɪbuːts
AM ˈsmɑrdiˌbuts
smarty-pants
BR ˈsmɑːtɪpants
AM ˈsmɑrdiˌpæn(t)s
smash
BR smaʃ, -ɪz, -ɪŋ, -t
AM smæʃ, -əz, -ɪŋ, -t
smash-and-grab
BR ˌsmaʃ(ə)n(d)ˈɡrab
AM ˌsmæʃənˈɡræb
smasher
BR ˈsmaʃə(r), -z
AM ˈsmæʃər, -z
smashingly
BR ˈsmaʃɪŋli
AM ˈsmæʃɪŋli
smash-mouth
BR ˈsmaʃmaʊθ
AM ˈsmæʃˌmaʊθ
smatter
BR ˈsmatə(r), -z
AM ˈsmædər, -z
smatterer
BR ˈsmat(ə)rə(r), -z
AM ˈsmædərər, -z

smattering
BR ˈsmat(ə)rɪŋ, -z
AM ˈsmædərɪŋ, -z

smear
BR smɪə(r), -z, -ɪŋ, -d
AM smɪ(ə)r, -z, -ɪŋ, -d

smearer
BR ˈsmɪərə(r), -z
AM ˈsmɪrər, -z

smeariness
BR ˈsmɪərɪnɪs
AM ˈsmɪrɪnɪs

smeary
BR ˈsmɪəri
AM ˈsmɪri

smectic
BR ˈsmɛktɪk, -s
AM ˈsmɛktɪk, -s

Smedley
BR ˈsmɛdli
AM ˈsmɛdli

smegma
BR ˈsmɛgmə(r)
AM ˈsmɛgmə

smegmatic
BR smɛgˈmatɪk
AM ˌsmɛgˈmædɪk

smell
BR smɛl, -z, -ɪŋ
AM smɛl, -z, -ɪŋ

smellable
BR ˈsmɛləbl
AM ˈsmɛləb(ə)l

smeller
BR ˈsmɛlə(r), -z
AM ˈsmɛlər, -z

smelliness
BR ˈsmɛlɪnɪs
AM ˈsmɛlɪnɪs

smell-less
BR ˈsmɛlləs
AM ˈsmɛ(l)ləs

smelly
BR ˈsmɛl|i, -ɪə(r),
-ɪɪst
AM ˈsmɛli, -ər, -ɪst

smelt
BR smɛlt, -s, -ɪŋ, -ɪd
AM smɛlt, -s, -ɪŋ, -əd

smelter
BR ˈsmɛltə(r), -z
AM ˈsmɛltər, -z

smeltery
BR ˈsmɛlt(ə)r|i, -ɪz
AM ˈsmɛlt(ə)ri, -z

Smersh
BR ˈsməːʃ
AM ˈsmərʃ

Smetana
BR ˈsmɛtənə(r),
ˈsmɛtnə(r)
AM ˈsmɛtnə

Smethurst
BR ˈsmɛθ(h)əːst
AM ˈsmɛθ(h)ərəst

Smethwick
BR ˈsmɛðɪk
AM ˈsmɛðɪk

smew
BR smjuː, -z
AM smju, -z

smidgen
BR ˈsmɪdʒ(ɨ)n, -z
AM ˈsmɪdʒɨn, -z

smidgeon
BR ˈsmɪdʒ(ɨ)n, -z
AM ˈsmɪdʒɨn, -z

smidgin
BR ˈsmɪdʒ(ɨ)n, -z
AM ˈsmɪdʒɨn, -z

Smike
BR smʌɪk
AM smaɪk

smilax
BR ˈsmʌɪlaks
AM ˈsmaɪˌlæks

smile
BR smʌɪl, -z, -ɪŋ, -d
AM smaɪl, -z, -ɪŋ, -d

smileless
BR ˈsmʌɪllɪs
AM ˈsmaɪ(l)ləs

smiler
BR ˈsmʌɪlə(r), -z
AM ˈsmaɪlər, -z

Smiles
BR smʌɪlz
AM smaɪlz

smiley
BR ˈsmʌɪli
AM ˈsmaɪli

smilingly
BR ˈsmʌɪlɪŋli
AM ˈsmaɪlɪŋli

Smily
BR ˈsmʌɪli
AM ˈsmaɪli

smirch
BR sməːtʃ, -ɪz, -ɪŋ, -t
AM smərtʃ, -ɪz, -ɪŋ, -t

smirk
BR sməːk, -s, -ɪŋ, -t
AM smərk, -s, -ɪŋ, -t

smirker
BR ˈsməːkə(r), -z
AM ˈsmərkər, -z

smirkily
BR ˈsməːkɪli
AM ˈsmərkəli

smirkingly
BR ˈsməːkɪŋli
AM ˈsmərkɪŋli

smirky
BR ˈsməːki
AM ˈsmərki

smit
BR smɪt
AM smɪt

smite
BR smʌɪt, -s, -ɪŋ
AM smaɪ|t, -ts, -dɪŋ

smiter
BR ˈsmʌɪtə(r), -z
AM ˈsmaɪdər, -z

smith
BR smɪθ, -s
AM smɪθ, -s

smithereens
BR ˌsmɪðəˈriːnz
AM ˌsmɪðəˈrɪnz

Smithers
BR ˈsmɪðəz
AM ˈsmɪðərz

smithery
BR ˈsmɪθ(ə)r|i, -ɪz
AM ˈsmɪð(ə)ri, -z

Smithfield
BR ˈsmɪθfiːld
AM ˈsmɪθˌfild

Smithson
BR ˈsmɪθs(ə)n
AM ˈsmɪθs(ə)n

Smithsonian
BR smɪθˈsəʊnɪən
AM ˌsmɪðˈsoʊnɪən, ˌsmɪθˈsoʊnɪən

smithy
BR ˈsmɪð|i, ˈsmɪθ|i, -ɪz
AM ˈsmɪθi, -z

smitten
BR ˈsmɪtn
AM ˈsmɪtn

smock
BR smɒk, -s, -ɪŋ, -t
AM smɑk, -s, -ɪŋ, -t

smog
BR smɒg
AM smɑg, smɔg

smoggy
BR ˈsmɒg|i, -ɪə(r),
-ɪɪst
AM ˈsmɑgi, ˈsmɔgi, -ər, -ɪst

smokable
BR ˈsməʊkəbl
AM ˈsmoʊkəb(ə)l

smoke
BR sməʊk, -s, -ɪŋ, -t
AM smoʊk, -s, -ɪŋ, -t

smoke-free
BR ˌsməʊkˈfriː
AM ˈsmoʊkˈfri

smoke-ho
BR ˈsməʊkhəʊ, -z
AM ˈsmoʊkˈhoʊ, -z

smokehouse
BR ˈsməʊkhaʊ|s, -zɪz
AM ˈsmoʊkˌ(h)aʊ|s, -zəz

smokeless
BR ˈsməʊkləs
AM ˈsmoʊkləs

smoker
BR ˈsməʊkə(r), -z
AM ˈsmoʊkər, -z

smokescreen
BR ˈsməʊkskriːn, -z
AM ˈsmoʊkˌskrin, -z

smokestack
BR ˈsməʊkstak, -s
AM ˈsmoʊkˌstæk, -s

smokily
BR ˈsməʊkɪli
AM ˈsmoʊkəli

smokiness
BR ˈsməʊkɪnɪs
AM ˈsmoʊkɪnɪs

smoko
BR ˈsməʊkəʊ, -z
AM ˈsmoʊkoʊ, -z

smoky
BR ˈsməʊk|i, -iə(r), -ɪst
AM ˈsmoʊki, -ər, -ɪst

smolder
BR ˈsməʊld|ə(r), -əz, -(ə)rɪŋ, -əd
AM ˈsmoʊldər, -z, -ɪŋ, -d

smolderingly
BR ˈsməʊld(ə)rɪŋli
AM ˈsmoʊld(ə)rɪŋli

smoleable
BR ˈsməʊləbl
AM ˈsmoʊləb(ə)l

Smolensk
BR smə(ʊ)ˈlɛnsk
AM smoʊˈlɛnsk

Smollett
BR ˈsmɒlɪt
AM ˈsmɑlət

smolt
BR sməʊlt, -s
AM smoʊlt, -s

smooch
BR smuːtʃ, -ɪz, -ɪŋ, -t
AM smutʃ, -ɪz, -ɪŋ, -t

smoocher
BR ˈsmuːtʃə(r), -z
AM ˈsmutʃər, -z

smoochy
BR ˈsmuːtʃi
AM ˈsmutʃi

smoodge
BR ˈsmuːdʒ, -ɪz, -ɪŋ, -d
AM ˈsmʊdʒ, -əz, -ɪŋ, -d

smooth
BR smuːð, -z, -ɪŋ, -d, -ə(r), -ɪst
AM smuð, -z, -ɪŋ, -d, -ər, -əst

smoothable
BR ˈsmuːðəbl
AM ˈsmuðəb(ə)l

smooth-bore
BR ˌsmuːðˈbɔː(r), -z
AM ˈsmuðˌbɔ(ə)r, -z

smoothe
BR smuːð, -z, -ɪŋ, -d
AM smuð, -z, -ɪŋ, -d

smoother
BR ˈsmuːðə(r), -z
AM ˈsmuðər, -z

smooth-faced
BR ˌsmuːðˈfeɪst
AM ˈsmuðˌfeɪst

smoothie
BR ˈsmuːð|i, -ɪz
AM ˈsmuði, -z

smoothish
BR ˈsmuːðɪʃ
AM ˈsmuðɪʃ

smoothly
BR ˈsmuːðli
AM ˈsmuðli

smoothness
BR ˈsmuːðnəs
AM ˈsmuðnəs

smooth-talk
BR ˈsmuːðtɔːk, -s, -ɪŋ, -t
AM ˈsmuðˌtɑk, ˈsmuðˌtɔk, -s, -ɪŋ, -t

smooth-tongued
BR ˌsmuːðˈtʌŋd
AM ˈsmuðˌtəŋd

smoothy
BR ˈsmuːð|i, -ɪz
AM ˈsmuði, -z

smorgasbord
BR ˈsmɔːgəsbɔːd, ˈsmɔːgəzbɔːd, -z
AM ˈsmɔrgəsˌbɔ(ə)rd, -z

smorzando
BR smɔːˈtsændəʊ, -z
AM smɔrˈtsɑndoʊ, -z
IT zmorˈtsando

smote
BR sməʊt
AM smoʊt

smother
BR ˈsmʌð|ə(r), -əz, -(ə)rɪŋ, -əd
AM ˈsmʌð|ər, -ərz, -(ə)rɪŋ, -ərd

smothery
BR ˈsmʌð(ə)ri
AM ˈsmʌðəri

smoulder
BR ˈsməʊld|ə(r), -əz, -(ə)rɪŋ, -əd
AM ˈsmoʊldər, -z, -ɪŋ, -d

smoulderingly
BR ˈsməʊld(ə)rɪŋli
AM ˈsmoʊld(ə)rɪŋli

smriti
BR ˈsmrɪti
AM ˈsmrɪdi

smudge
BR smʌdʒ, -ɪz, -ɪŋ, -d
AM smədʒ, -ɪz, -ɪŋ, -d

smudgeless
BR ˈsmʌdʒləs
AM ˈsmədʒləs

smudgepot
BR ˈsmʌdʒpɒt, -s
AM ˈsmədʒˌpɑt, -s

smudgily
BR ˈsmʌdʒɪli
AM ˈsmədʒəli

smudginess
BR ˈsmʌdʒɪnɪs
AM ˈsmədʒɪnɪs

smudgy
BR ˈsmʌdʒ|i, -iə(r), -ɪst
AM ˈsmədʒi, -ər, -ɪst

smug
BR smʌg
AM sməg

smuggle
BR ˈsmʌg|l, -lz, -l̩ɪŋ\-lɪŋ, -ld
AM ˈsməg|əl, -əlz, -(ə)lɪŋ, -əld

smuggler
BR ˈsmʌglə(r), ˈsmʌgl̩ə(r), -z
AM ˈsməg(ə)lər, -z

smugly
BR ˈsmʌgli
AM ˈsməgli

smugness
BR ˈsmʌgnəs
AM ˈsməgnəs

smurf
BR smɜːf, -s
AM smərf, -s

smut
BR smʌt, -s
AM smət, -s

Smuts
BR smʌts
AM sməts

smuttily
BR ˈsmʌtɪli
AM ˈsmədəli

smuttiness
BR ˈsmʌtɪnɪs
AM ˈsmədɪnɪs

smutty
BR ˈsmʌt|i, -iə(r), -ɪst
AM ˈsmədi, -ər, -ɪst

Smyrna
BR ˈsmɜːnə(r)
AM ˈsmɪrnə

Smyth
BR smɪθ, smaɪθ, smaɪð
AM smɪθ

Smythe
BR smaɪð, smaɪθ
AM smaɪð, smaɪθ

snack
BR snak, -s, -ɪŋ, -t
AM snæk, -s, -ɪŋ, -t

Snaefell
BR ˌsneɪˈfɛl
AM ˈsneɪˌfɛl

snaffle
BR ˈsnaf|l, -lz, -l̩ɪŋ\-lɪŋ, -ld
AM ˈsnæf|əl, -əlz, -(ə)lɪŋ, -əld

snafu
BR snaˈfuː, -z, -ɪŋ, -d
AM snæˈfu, -z, -ɪŋ, -d

snag
BR snag, -z, -ɪŋ, -d
AM snæg, -z, -ɪŋ, -d

Snagge
BR snag
AM snæg

snaggletooth
BR ˈsnagltuːθ
AM ˈsnægəlˌtuθ

snaggle-toothed
BR ˌsnaglˈtuːθt
AM ˈsnægəlˌtuθt

snaggy
BR ˈsnagi
AM ˈsnægi

snail
BR sneɪl, -z
AM sneɪl, -z

Snaith
BR sneɪθ
AM sneɪθ

snake
BR sneɪk, -s, -ɪŋ, -t
AM sneɪk, -s, -ɪŋ, -t

snakebite
BR ˈsneɪkbʌɪt, -s
AM ˈsneɪkˌbaɪt, -s

snake-charmer
BR ˈsneɪkˌtʃɑːmə(r), -z
AM ˈsneɪkˌtʃɑrmər, -z

snakelike
BR ˈsneɪklʌɪk
AM ˈsneɪkˌlaɪk

snakeroot
BR ˈsneɪkruːt, -s
AM ˈsnækˌrut, -s

snakeskin
BR ˈsneɪkskɪn
AM ˈsneɪkˌskɪn

snakily
BR ˈsneɪkɪli
AM ˈsneɪkɪli

snakiness
BR ˈsneɪkɪnɪs
AM ˈsneɪkinɪs

snaky
BR ˈsneɪki
AM ˈsneɪki

snap
BR snap, -s, -ɪŋ, -t
AM snæp, -s, -ɪŋ, -t

snapdragon
BR ˈsnapˌdrag(ə)n, -z
AM ˈsnæpˌdrægən, -z

Snape
BR sneɪp
AM sneɪp

snappable
BR ˈsnapəbl
AM ˈsnæpəb(ə)l

snapper
BR ˈsnapə(r), -z
AM ˈsnæpər, -z

snappily
BR ˈsnapɪli
AM ˈsnæpəli

snappiness
BR ˈsnapɪnɪs
AM ˈsnæpinɪs

snappingly
BR ˈsnapɪŋli
AM ˈsnæpɪŋli

snappish
BR ˈsnapɪʃ
AM ˈsnæpɪʃ

snappishly
BR ˈsnapɪʃli
AM ˈsnæpɪʃli

snappishness
BR ˈsnapɪʃnɪs
AM ˈsnæpɪʃnɪs

snappy
BR ˈsnap|i, -ɪə(r), -ɪɪst
AM ˈsnæpi, -ər, -ɪst

snapshot
BR ˈsnapʃɒt, -s
AM ˈsnæpˌʃɑt, -s

snare
BR snɛː(r), -z, -ɪŋ, -d
AM snɛ(ə)r, -z, -ɪŋ, -d

snarer
BR ˈsnɛːrə(r), -z
AM ˈsnɛrər, -z

snark
BR snɑːk, -s
AM snɑrk, -s

snarl
BR snɑːl, -z, -ɪŋ, -d
AM snɑrl, -z, -ɪŋ, -d

snarler
BR ˈsnɑːlə(r), -z
AM ˈsnɑrlər, -z

snarlingly
BR ˈsnɑːlɪŋli
AM ˈsnɑrlɪŋli

snarl-up
BR ˈsnɑːlʌp, -s
AM ˈsnɑrlˌəp, -s

snarly
BR ˈsnɑːl|i, -ɪə(r), -ɪɪst
AM ˈsnɑrli, -ər, -ɪst

snatch
BR snatʃ, -ɪz, -ɪŋ, -t
AM snætʃ, -əz, -ɪŋ, -t

snatcher
BR ˈsnatʃə(r), -z
AM ˈsnætʃər, -z

snatchily
BR ˈsnatʃɪli
AM ˈsnætʃəli

snatchy
BR ˈsnatʃ|i, -ɪə(r), -ɪɪst
AM ˈsnætʃi, -ər, -ɪst

snavel
BR ˈsnav|l, -lz,
-lɪŋ\-lɪŋ, -ld
AM ˈsnævəl, -z, -ɪŋ, -d

snazzily
BR ˈsnazɪli
AM ˈsnæzəli

snazziness
BR ˈsnazɪnɪs
AM ˈsnæzinɪs

snazzy
BR ˈsnaz|i, -ɪə(r), -ɪɪst
AM ˈsnæzi, -ər, -ɪst

sneak
BR sniːk, -s, -ɪŋ, -t
AM snik, -s, -ɪŋ, -t

sneaker
BR ˈsniːkə(r), -z
AM ˈsnikər, -z

sneakily
BR ˈsniːkɪli
AM ˈsnikəli

sneakiness
BR ˈsniːkinɪs
AM ˈsnikinɪs

sneakingly
BR ˈsniːkɪŋli
AM ˈsnikɪŋli

sneak-thief
BR ˈsniːkθiːf
AM ˈsnikˌθif

sneak-thieves
BR ˈsniːkθiːvz
AM ˈsnikˌθivz

sneaky
BR ˈsniːk|i, -ɪə(r), -ɪɪst
AM ˈsniki, -ər, -ɪst

sneck
BR snɛk, -s, -ɪŋ, -t
AM snɛk, -s, -ɪŋ, -t

Sneddon
BR ˈsnɛdn
AM ˈsnɛdn

Sneek
BR sniːk
AM snik

sneer
BR snɪə(r), -z, -ɪŋ, -d
AM snɪ(ə)r, -z, -ɪŋ, -d

sneerer
BR ˈsnɪərə(r), -z
AM ˈsnɪrər, -z

sneeringly
BR ˈsnɪərɪŋli
AM ˈsnɪrɪŋli

sneeze
BR sniːz, -ɪz, -ɪŋ, -d
AM sniz, -ɪz, -ɪŋ, -d

sneezer
BR ˈsniːzə(r), -z
AM ˈsnizər, -z

sneezeweed
BR ˈsniːzwiːd, -z
AM ˈsnizˌwid, -z

sneezewort
BR ˈsniːzwəːt
AM ˈsnizˌwɔ(ə)rt,
ˈsnizwərt

sneezy
BR ˈsniːzi
AM ˈsnizi

Snelgrove
BR ˈsnɛlɡrəʊv
AM ˈsnɛlˌɡroʊv

Snell
BR snɛl
AM snɛl

Snellgrove
BR ˈsnɛlɡrəʊv
AM ˈsnɛlˌɡroʊv

snib
BR snɪb, -z, -ɪŋ, -d
AM snɪb, -z, -ɪŋ, -d

snick
BR snɪk, -s, -ɪŋ, -t
AM snɪk, -s, -ɪŋ, -t

snicker
BR ˈsnɪk|ə(r), -əz,
-(ə)rɪŋ, -əd
AM ˈsnɪk|ər, -ərz,
-(ə)rɪŋ, -ərd

snickeringly
BR ˈsnɪk(ə)rɪŋli
AM ˈsnɪk(ə)rɪŋli

Snickers
BR ˈsnɪkəz
AM ˈsnɪkərz

snicket
BR ˈsnɪkɪt, -s
AM ˈsnɪkɪt, -s

snide
BR snaɪd
AM snaɪd

snidely
BR snaɪdli
AM snaɪdli

snideness
BR snaɪdnɪs
AM snaɪdnɪs

Snider
BR ˈsnaɪdə(r)
AM ˈsnaɪdər

sniff
BR snɪf, -s, -ɪŋ, -t
AM snɪf, -s, -ɪŋ, -t

sniffable
BR ˈsnɪfəbl
AM ˈsnɪfəb(ə)l

sniffer
BR ˈsnɪfə(r), -z
AM ˈsnɪfər, -z

sniffily
BR ˈsnɪfɪli
AM ˈsnɪfəli

sniffiness
BR ˈsnɪfɪnɪs
AM ˈsnɪfɪnɪs

sniffingly
BR ˈsnɪfɪŋli
AM ˈsnɪfɪŋli

sniffle
BR ˈsnɪf|l, -lz, -lɪŋ\-lɪŋ, -ld
AM ˈsnɪf|əl, -əlz, -(ə)lɪŋ, -əld

sniffler
BR ˈsnɪflə(r), ˈsnɪfl̩ə(r), -z
AM ˈsnɪf(ə)lər, -z

sniffly
BR ˈsnɪfli, ˈsnɪfl̩i
AM ˈsnɪf(ə)li

sniffy
BR ˈsnɪf|i, -ɪə(r), -ɪɪst
AM ˈsnɪfi, -ər, -ɪst

snifter
BR ˈsnɪftə(r), -z
AM ˈsnɪftər, -z

snig
BR snɪg, -z, -ɪŋ, -d
AM snɪg, -z, -ɪŋ, -d

snigger
BR ˈsnɪg|ə(r), -əz, -(ə)rɪŋ, -əd
AM ˈsnɪg|ər, -ərz, -(ə)rɪŋ, -ərd

sniggerer
BR ˈsnɪg(ə)rə(r), -z
AM ˈsnɪg(ə)rər, -z

sniggeringly
BR ˈsnɪg(ə)rɪŋli
AM ˈsnɪg(ə)rɪŋli

sniggle
BR ˈsnɪg|l, -lz, -lɪŋ\-lɪŋ, -ld
AM ˈsnɪg|əl, -əlz, -(ə)lɪŋ, -əld

snip
BR snɪp, -s, -ɪŋ, -t
AM snɪp, -s, -ɪŋ, -t

snipe
BR snaɪp, -s, -ɪŋ, -t
AM snaɪp, -s, -ɪŋ, -t

sniper
BR ˈsnaɪpə(r), -z
AM ˈsnaɪpər, -z

snipper
BR ˈsnɪpə(r), -z
AM ˈsnɪpər, -z

snippet
BR ˈsnɪpɪt, -s
AM ˈsnɪpɪt, -s

snippety
BR ˈsnɪpɪti
AM ˈsnɪpɪdi

snippily
BR ˈsnɪpɪli
AM ˈsnɪpɪli

snippiness
BR ˈsnɪpɪnɪs
AM ˈsnɪpɪnɪs

snipping
BR ˈsnɪpɪŋ, -z
AM ˈsnɪpɪŋ, -z

snippy
BR ˈsnɪp|i, -ɪə(r), -ɪɪst
AM ˈsnɪpi, -ər, -ɪst

snit
BR snɪt, -s
AM snɪt, -s

snitch
BR snɪtʃ, -ɪz, -ɪŋ, -t
AM snɪtʃ, -ɪz, -ɪŋ, -t

snitcher
BR ˈsnɪtʃə(r), -z
AM ˈsnɪtʃər, -z

snivel
BR ˈsnɪv|l, -lz, -l̩ɪŋ\-(ə)lɪŋ, -ld
AM ˈsnɪv|əl, -əlz, -(ə)lɪŋ, -əld

sniveller
BR ˈsnɪvl̩ə(r), -z
AM ˈsnɪv(ə)lər, -z

snivellingly
BR ˈsnɪvl̩ɪŋli, ˈsnɪv(ə)lɪŋli
AM ˈsnɪv(ə)lɪŋli

snob
BR snɒb, -z
AM snɑb, -z

snobbery
BR ˈsnɒb(ə)ri
AM ˈsnɑb(ə)ri

snobbish
BR ˈsnɒbɪʃ
AM ˈsnɑbɪʃ

snobbishly
BR ˈsnɒbɪʃli
AM ˈsnɑbɪʃli

snobbishness
BR ˈsnɒbɪʃnɪs
AM ˈsnɑbɪʃnɪs

snobby
BR ˈsnɒb|i, -ɪə(r), -ɪɪst
AM ˈsnɑbi, -ər, -ɪst

SNOBOL
BR ˈsnəʊbɒl
AM ˈsnoʊˌbɑl, ˈsnoʊˌbɔl

Sno-Cat
BR ˈsnəʊkæt, -s
AM ˈsnoʊˌkæt, -s

Snodgrass
BR ˈsnɒdgrɑːs
AM ˈsnɑdˌgræs

snoek
BR snuːk
AM snuk

snog
BR snɒg, -z, -ɪŋ, -d
AM snɑg, -z, -ɪŋ, -d

snood
BR snuːd, -z
AM snud, -z

snook
BR snuːk, -s
AM snʊk, snuk, -s

snooker
BR ˈsnuːk|ə(r), -əz, -(ə)rɪŋ, -əd
AM ˈsnʊkər, -z, -ɪŋ, -d

snoop
BR snuːp, -s, -ɪŋ, -t
AM snup, -s, -ɪŋ, -t

snooper
BR ˈsnuːpə(r), -z
AM ˈsnupər, -z

snooperscope
BR ˈsnuːpəskəʊp, -s
AM ˈsnupərˌskoʊp, -s

snoopy
BR ˈsnuːpi
AM ˈsnupi

snoot
BR snuːt, -s
AM snut, -s

snootily
BR ˈsnuːtɪli
AM ˈsnudəli

snootiness
BR ˈsnuːtɪnɪs
AM ˈsnudɪnɪs

snooty
BR ˈsnuːt|i, -ɪə(r), -ɪɪst
AM ˈsnudi, -ər, -ɪst

snooze
BR snuːz, -ɪz, -ɪŋ, -d
AM snuz, -ɪz, -ɪŋ, -d

snoozer
BR ˈsnuːzə(r), -z
AM ˈsnuzər, -z

snoozy
BR ˈsnuːz|i, -ɪə(r), -ɪɪst
AM ˈsnuzi, -ər, -ɪst

snore
BR snɔː(r), -z, -ɪŋ, -d
AM snɔ(ə)r, -z, -ɪŋ, -d

snorer
BR ˈsnɔːrə(r), -z
AM ˈsnɔrər, -z

snoringly
BR ˈsnɔːrɪŋli
AM ˈsnɔrɪŋli

snorkel
BR ˈsnɔːk|l, -lz,
 -|ɪŋ\-lɪŋ, -ld
AM ˈsnɔrk|əl, -əlz,
 -(ə)lɪŋ, -əld

snorkeler
BR ˈsnɔːklə(r),
 ˈsnɔːklə(r), -z
AM ˈsnɔrk(ə)lər, -z

snorkeller
BR ˈsnɔːklə(r),
 ˈsnɔːklə(r), -z
AM ˈsnɔrk(ə)lər, -z

Snorri
BR ˈsnɒri
AM ˈsnɔri

snort
BR snɔːt, -s, -ɪŋ, -ɪd
AM snɔ(ə)rt, snɔ(ə)rts,
 ˈsnɔrdɪŋ, ˈsnɔrdəd

snorter
BR ˈsnɔːtə(r), -z
AM ˈsnɔrdər, -z

snot
BR snɒt
AM snɑt

snottily
BR ˈsnɒtɪli
AM ˈsnɑdəli

snottiness
BR ˈsnɒtɪnɪs
AM ˈsnɑdɪnɪs

snotty
BR ˈsnɒt|i, -ɪə(r),
 -ɪst
AM ˈsnɑdi, -ər, -ɪst

snotty-nosed
BR ˌsnɒtɪˈnəʊzd
AM ˈsnɑdiˌnoʊzd

snout
BR snaʊt, -s, -ɪd
AM snaʊ|t, -ts,
 -dəd

snoutlike
BR ˈsnaʊtlʌɪk
AM ˈsnaʊtˌlaɪk

snouty
BR ˈsnaʊti
AM ˈsnaʊdi

snow
BR snəʊ, -z, -ɪŋ, -d
AM snoʊ, -z, -ɪŋ, -d

snowball
BR ˈsnəʊbɔːl, -z, -ɪŋ,
 -d
AM ˈsnoʊˌbɑl, ˈsnoʊ-
 ˌbɔl, -z, -ɪŋ, -d

snowbank
BR ˈsnəʊbaŋk, -s
AM ˈsnoʊˌbæŋk, -s

snowbelt
BR ˈsnəʊbɛlt
AM ˈsnoʊˌbɛlt

snowberry
BR ˈsnəʊb(ə)r|i,
 ˈsnəʊˌbɛr|i, -ɪz
AM ˈsnoʊˌbɛri, -z

snowbird
BR ˈsnəʊbəːd, -z
AM ˈsnoʊˌbərd, -z

snowblind
BR ˈsnəʊblʌɪnd
AM ˈsnoʊˌblaɪnd

snow-blindness
BR ˈsnəʊˌblʌɪn(d)nɪs
AM ˈsnoʊˌblaɪn(d)nɪs

snowblower
BR ˈsnəʊˌbləʊə(r), -z
AM ˈsnoʊˌbloʊər, -z

snowboard
BR ˈsnəʊbɔːd, -z
AM ˈsnoʊˌbɔ(ə)rd, -z

snowboarder
BR ˈsnəʊbɔːdə(r), -z
AM ˈsnoʊˌbɔrdər, -z

snowboarding
BR ˈsnəʊbɔːdɪŋ
AM ˈsnoʊˌbɔrdɪŋ

snowboot
BR ˈsnəʊbuːt, -s
AM ˈsnoʊˌbut, -s

snowbound
BR ˈsnəʊbaʊnd
AM ˈsnoʊˌbaʊnd

snow-broth
BR ˈsnəʊbrɒθ
AM ˈsnoʊˌbrɑθ,
 ˈsnoʊˌbrɔθ

snowcap
BR ˈsnəʊkap, -s
AM ˈsnoʊˌkæp, -s

snow-capped
BR ˈsnəʊkapt
AM ˈsnoʊˌkæpt

Snowcem
BR ˈsnəʊsɛm
AM ˈsnoʊs(ə)m

snowclad
BR ˈsnəʊklad
AM ˈsnoʊˌklæd

snowcone
BR ˈsnəʊkəʊn,
 -z
AM ˈsnoʊˌkoʊn,
 -z

Snowden
BR ˈsnəʊdn
AM ˈsnoʊdn

Snowdon
BR ˈsnəʊdn
AM ˈsnoʊdn

Snowdonia
BR snə(ʊ)ˈdəʊnɪə(r)
AM snoʊˈdoʊnjə,
 snoʊˈdoʊnɪə

snowdrift
BR ˈsnəʊdrɪft, -s
AM ˈsnoʊˌdrɪft, -s

snowdrop
BR ˈsnəʊdrɒp, -s
AM ˈsnoʊˌdrɑp, -s

snowfall
BR ˈsnəʊfɔːl, -z
AM ˈsnoʊˌfɑl,
 ˈsnoʊˌfɔl, -z

snowfield
BR ˈsnəʊfiːld, -z
AM ˈsnoʊˌfild, -z

snowflake
BR ˈsnəʊfleɪk, -s
AM ˈsnoʊˌfleɪk, -s

snowily
BR ˈsnəʊɪli
AM ˈsnoʊəli

snowiness
BR ˈsnəʊɪnɪs
AM ˈsnoʊɪnɪs

snowless
BR ˈsnəʊləs
AM ˈsnoʊləs

snowlike
BR ˈsnəʊlʌɪk
AM ˈsnoʊˌlaɪk

snowline
BR ˈsnəʊlʌɪn, -z
AM ˈsnoʊˌlaɪn, -z

snowmaking
BR ˈsnəʊˌmeɪkɪŋ
AM ˈsnoʊˌmeɪkɪŋ

snowman
BR ˈsnəʊman
AM ˈsnoʊˌmæn

snowmen
BR ˈsnəʊmɛn
AM ˈsnoʊˌmɛn

snowmobile
BR ˈsnəʊmə(ʊ)biːl, -z
AM ˈsnoʊmoʊˌbil,
 ˈsnoʊməˌbil, -z

snowplough
BR ˈsnəʊplaʊ, -z
AM ˈsnoʊˌplaʊ, -z

snowplow
BR ˈsnəʊplaʊ, -z
AM ˈsnoʊˌplaʊ, -z

snowscape
BR ˈsnəʊskeɪp, -s
AM ˈsnoʊˌskeɪp, -s

snowshoe
BR ˈsnəʊʃuː, -z
AM ˈsnoʊˌʃu, -z

snowshoer
BR ˈsnəʊˌʃuːə(r), -z
AM ˈsnoʊˌʃuər, -z

snowstorm
BR ˈsnəʊstɔːm, -z
AM ˈsnoʊˌstɔ(ə)rm, -z

snowsuit
BR ˈsnəʊs(j)uːt, -s
AM ˈsnoʊˌs(j)ut, -s

Snow White
BR ˌsnəʊ ˈwʌɪt
AM ˌsnoʊ ˈ(h)waɪt

snowy
BR ˈsnəʊi
AM ˈsnoʊi

snub
BR snʌb, -z, -ɪŋ, -d
AM snəb, -z, -ɪŋ, -d

snubber
BR ˈsnʌbə(r), -z
AM ˈsnəbər, -z

snubbingly
BR ˈsnʌbɪŋli
AM ˈsnəbɪŋli

snub-nosed
BR ˌsnʌbˈnəʊzd
AM ˈsnəbˌnoʊzd

snuck
BR ˈsnʌk
AM ˈsnək

snuff
BR snʌf, -s, -ɪŋ, -t
AM snəf, -s, -ɪŋ, -t

snuffbox
BR ˈsnʌfbɒks, -ɪz
AM ˈsnəfˌbaks, -əz

snuffer
BR ˈsnʌfə(r), -z
AM ˈsnəfər, -z

snuffle
BR ˈsnʌf|l, -lz,
-l̩ɪŋ\-lɪŋ, -ld
AM ˈsnəf|əl, -əlz,
-(ə)lɪŋ, -əld

snuffler
BR ˈsnʌflə(r),
ˈsnʌflə(r), -z
AM ˈsnəf(ə)lər, -z

snuffly
BR ˈsnʌfli, ˈsnʌfli
AM ˈsnəf(ə)li

snuffy
BR ˈsnʌfi
AM ˈsnəfi

snug
BR snʌg, -z, -ə(r),
-ɪst
AM snəg, -z, -ər,
-əst

snuggery
BR ˈsnʌg(ə)r|i, -ɪz
AM ˈsnəg(ə)ri, -z

snuggle
BR ˈsnʌg|l, -lz,
-l̩ɪŋ\-lɪŋ, -ld
AM ˈsnəg|əl, -əlz,
-(ə)lɪŋ, -əld

snuggly
BR ˈsnʌgli, ˈsnʌgli
AM ˈsnəgli

snugly
BR ˈsnʌgli
AM ˈsnəgli

snugness
BR ˈsnʌgnəs
AM ˈsnəgnəs

Snyder
BR ˈsnʌɪdə(r)
AM ˈsnaɪdər

so
BR səʊ
AM soʊ

soak
BR səʊk, -s, -ɪŋ, -t
AM soʊk, -s, -ɪŋ, -t

soakage
BR ˈsəʊkɪdʒ
AM ˈsoʊkɪdʒ

soakaway
BR ˈsəʊkəweɪ, -z
AM ˈsoʊkəˌweɪ, -z

soaker
BR ˈsəʊkə(r), -z
AM ˈsoʊkər, -z

soaking
BR ˈsəʊkɪŋ, -z
AM ˈsoʊkɪŋ, -z

Soames
BR səʊmz
AM soʊmz

so-and-so
BR ˈsəʊənsəʊ, -z
AM ˈsoʊənˌsoʊ, -z

Soane
BR səʊn
AM soʊn

soap
BR səʊp, -s, -ɪŋ, -t
AM soʊp, -s, -ɪŋ, -t

soapbark
BR ˈsəʊpbɑːk, -s
AM ˈsoʊpˌbɑrk, -s

soapberry
BR ˈsəʊpˌber|i, -ɪz
AM ˈsoʊpˌberi, -z

soapbox
BR ˈsəʊpbɒks, -ɪz
AM ˈsoʊpˌbaks, -əz

soapily
BR ˈsəʊpɪli
AM ˈsoʊpəli

soapiness
BR ˈsəʊpɪnɪs
AM ˈsoʊpɪnɪs

soapless
BR ˈsəʊpləs
AM ˈsoʊpləs

soaplike
BR ˈsəʊplʌɪk
AM ˈsoʊpˌlaɪk

soapstone
BR ˈsəʊpstəʊn, -z
AM ˈsoʊpˌstoʊn, -z

soapsuds
BR ˈsəʊpsʌdz
AM ˈsoʊpˌsədz

soapwort
BR ˈsəʊpwɜːt, -s
AM ˈsoʊpˌwɔ(ə)rt,
ˈsoʊpwərt, -s

soapy
BR ˈsəʊp|i, -ɪə(r),
-ɪɪst
AM ˈsoʊpi, -ər,
-ɪst

soar
BR sɔː(r), -z,
-ɪŋ, -d
AM sɔ(ə)r, -z,
-ɪŋ, -d

soarer
BR ˈsɔːrə(r), -z
AM ˈsɔrər, -z

soaringly
BR ˈsɔːrɪŋli
AM ˈsɔrɪŋli

SOAS
BR ˈsəʊas,
ˈsəʊaz
AM ˈsoʊæs

Soay
BR ˈsəʊeɪ
AM ˈsoʊeɪ

SOB
BR ˌesəʊˈbiː, -z
AM ˌˈɛˌsoʊˈbi, -z

sob
BR sɒb, -z, -ɪŋ, -d
AM sab, -z,
-ɪŋ, -d

sobber
BR ˈsɒbə(r), -z
AM ˈsabər, -z

sobbingly
BR ˈsɒbɪŋli
AM ˈsabɪŋli

Sobell
BR ˈsəʊbel
AM ˈsoʊbəl

sober
BR ˈsəʊb|ə(r), -əz,
-(ə)rɪŋ, -əd,
-(ə)rə(r), -(ə)rɪst
AM ˈsoʊb|ər, -ərz,
-(ə)rɪŋ, -ərd, -ərər,
-ərəst

soberingly
BR ˈsəʊb(ə)rɪŋli
AM ˈsoʊb(ə)rɪŋli

soberly
BR ˈsəʊbəli
AM ˈsoʊbərli

Sobers
BR ˈsəʊbəz
AM ˈsoʊbərz

Sobranie
BR sə(ʊ)ˈbrɑːni
AM soʊˈbrɑni

sobriety
BR sə(ʊ)ˈbrʌɪti
AM soʊˈbraɪədi,
səˈbraɪədi

sobriquet
BR ˈsəʊbrɪkeɪ, -z
AM ˌsoʊbrəˈket,
-s

soca
BR ˈsəʊkə(r)
AM ˈsoʊkə

socage
BR ˈsɒkɪdʒ
AM ˈsakɪdʒ

so-called
BR ˌsəʊˈkɔːld
AM ˈsoʊˌkald,
ˈsoʊˌkɔld

soccage
BR ˈsɒkɪdʒ
AM ˈsakɪdʒ

soccer
BR ˈsɒkə(r)
AM ˈsakər

sociability
BR ˌsəʊʃəˈbɪlɪti
AM ˌsoʊʃəˈbɪlɪdi

sociable
BR ˈsəʊʃəbl
AM ˈsoʊʃəb(ə)l

sociableness
BR ˈsəʊʃəblnəs
AM ˈsoʊʃəbəlnəs

sociably
BR ˈsəʊʃəbli
AM ˈsoʊʃəbli
social
BR ˈsəʊʃl
AM ˈsoʊʃ(ə)l
socialisation
BR ˌsəʊʃlaɪˈzeɪʃn
AM ˌsoʊʃəˌlaɪˈzeɪʃ(ə)n, ˌsoʊʃələˈzeɪʃ(ə)n
socialise
BR ˈsəʊʃlaɪz, -ɪz, -ɪŋ, -d
AM ˈsoʊʃəˌlaɪz, -ɪz, -ɪŋ, -d
socialism
BR ˈsəʊʃlɪzm
AM ˈsoʊʃəˌlɪz(ə)m
socialist
BR ˈsəʊʃlɪst, -s
AM ˈsoʊʃələst, -s
socialistic
BR ˌsəʊʃəˈlɪstɪk, ˌsəʊʃlˈɪstɪk
AM ˌsoʊʃəˈlɪstɪk
socialistically
BR ˌsəʊʃəˈlɪstɪkli, ˌsəʊʃlˈɪstɪkli
AM ˌsoʊʃəˈlɪstək(ə)li
socialite
BR ˈsəʊʃlaɪt, -s
AM ˈsoʊʃəˌlaɪt, -s
sociality
BR ˌsəʊʃiˈalɪti
AM ˌsoʊʃiˈælədi
socialization
BR ˌsəʊʃlaɪˈzeɪʃn
AM ˌsoʊʃəˌlaɪˈzeɪʃ(ə)n, ˌsoʊʃələˈzeɪʃ(ə)n
socialize
BR ˈsəʊʃlaɪz, -ɪz, -ɪŋ, -d
AM ˈsoʊʃəˌlaɪz, -ɪz, -ɪŋ, -d
socially
BR ˈsəʊʃli
AM ˈsoʊʃəli
social science
BR ˌsəʊʃl ˈsaɪəns, -ɪz
AM ˌsoʊʃ(ə)l ˈsaɪəns, -ɪz

social security
BR ˌsəʊʃl sɪˈkjʊərɪti, + sɪˈkjɔːrɪti
AM ˌsoʊʃ(ə)l səˈkjʊrədi
social service
BR ˌsəʊʃl ˈsɜːvǀɪs, -ɪsɪz
AM ˌsoʊʃ(ə)l ˈsɜrvəs, -ɪz
social studies
BR ˌsəʊʃl ˈstʌdɪz
AM ˈsoʊʃ(ə)l ˌstədɪz
social work
BR ˌsəʊʃl ˈwɜːk
AM ˈsoʊʃ(ə)l ˌwɜrk
societal
BR səˈsaɪətl
AM səˈsaɪədl
societally
BR səˈsaɪətli
AM səˈsaɪədli
society
BR səˈsaɪətǀi, -ɪz
AM səˈsaɪədi, -z
Socinian
BR sə(ʊ)ˈsɪniən, -z
AM soʊˈsɪniən, -z
Socinus
BR sə(ʊ)ˈsaɪnəs
AM soʊˈsaɪnəs
sociobiological
BR ˌsəʊʃ(i)əʊˌbʌɪəˈlɒdʒɪkl, ˌsəʊsɪəʊˌbʌɪəˈlɒdʒɪkl
AM ˌˈsoʊʃ(i)oʊˌbaɪəˈlɑdʒək(ə)l, ˌsoʊsioʊˌbaɪəˈlɑdʒək(ə)l
sociobiologically
BR ˌsəʊʃ(i)əʊˌbʌɪəˈlɒdʒɪkli, ˌsəʊsɪəʊˌbʌɪəˈlɒdʒɪkli
AM ˌˈsoʊʃ(i)oʊˌbaɪəˈlɑdʒək(ə)li, ˌsoʊsioʊˌbaɪəˈlɑdʒək(ə)li
sociobiologist
BR ˌsəʊʃ(i)əʊbʌɪˈɒlədʒɪst, ˌsəʊsɪəʊbʌɪˈɒlədʒɪst, -s
AM ˌˈsoʊʃ(i)oʊbaɪˈɑlədʒəst, ˌsoʊsioʊbaɪˈɑlədʒəst, -s

sociobiology
BR ˌsəʊʃ(i)əʊbʌɪˈɒlədʒi, ˌsəʊsɪəʊbʌɪˈɒlədʒi
AM ˌsoʊʃ(i)oʊbaɪˈɑlədʒi, ˌsoʊsioʊbaɪˈɑlədʒi
socio-cultural
BR ˌsəʊʃ(i)əʊˈkʌltʃ(ə)rl, ˌsəʊsɪəʊˈkʌltʃ(ə)rl
AM ˌsoʊʃ(i)oʊˈkəltʃ(ə)rəl, ˌsoʊsioʊˈkəltʃ(ə)rəl
socioculturally
BR ˌsəʊʃ(i)əʊˈkʌltʃ(ə)rli, ˌsəʊsɪəʊˈkʌltʃ(ə)rli
AM ˌsoʊʃ(i)oʊˈkəltʃ(ə)rəli, ˌsoʊsioʊˈkəltʃ(ə)rəli
socio-economic
BR ˌsəʊʃ(i)əʊˌiːkəˈnɒmɪk, ˌsəʊsɪəʊˌiːkəˈnɒmɪk, ˌsəʊʃ(i)əʊˌɛkəˈnɒmɪk, ˌsəʊsɪəʊˌɛkəˈnɒmɪk, -s
AM ˌsoʊʃ(i)oʊˌikəˈnamɪk, ˌsoʊsioʊˌɛkəˈnamɪk, ˌsoʊʃ(i)oʊˌɛkəˈnamɪk, ˌsoʊsioʊˌikəˈnamɪk, -s
socio-economically
BR ˌsəʊʃ(i)əʊˌiːkəˈnɒmɪkli, ˌsəʊsɪəʊˌiːkəˈnɒmɪkli, ˌsəʊʃ(i)əʊˌɛkəˈnɒmɪkli, ˌsəʊsɪəʊˌɛkəˈnɒmɪkli
AM ˌsoʊʃ(i)oʊˌikəˈnamək(ə)li, ˌsoʊsioʊˌɛkəˈnamək(ə)li, ˌsoʊʃ(i)oʊˌɛkəˈnamək(ə)li, ˌsoʊsioʊˌikəˈnamək(ə)li

sociolinguist
BR ˌsəʊʃ(i)əʊˈlɪŋgwɪst, ˌsəʊsɪəʊˈlɪŋgwɪst, -s
AM ˌˈsoʊʃ(i)oʊˈlɪŋgwɪst, ˌsoʊsioʊˈlɪŋgwɪst, -s
sociolinguistic
BR ˌsəʊʃ(i)əʊlɪŋˈgwɪstɪk, ˌsəʊsɪəʊlɪŋˈgwɪstɪk, -s
AM ˌˈsoʊʃ(i)oʊˌlɪŋˈgwɪstɪk, ˌsoʊsioʊˌlɪŋˈgwɪstɪk, -s
sociolinguistically
BR ˌsəʊʃ(i)əʊlɪŋˈgwɪstɪkli, ˌsəʊsɪəʊlɪŋˈgwɪstɪkli
AM ˌsoʊʃ(i)oʊlɪŋˈgwɪstək(ə)li, ˌsoʊsioʊlɪŋˈgwɪstək(ə)li
sociological
BR ˌsəʊʃ(i)əˈlɒdʒɪkl, ˌsəʊsɪəˈlɒdʒɪkl
AM ˌˈsoʊʃ(i)əˈlɑdʒək(ə)l, ˌsoʊsiəˈlɑdʒək(ə)l
sociologically
BR ˌsəʊʃ(i)əˈlɒdʒɪkli, ˌsəʊsɪəˈlɒdʒɪkli
AM ˌˈsoʊʃ(i)əˈlɑdʒəkəli, ˌsoʊsiəˈlɑdʒəkəli
sociologist
BR ˌsəʊʃiˈɒlədʒɪst, ˌsəʊsɪˈɒlədʒɪst, -s
AM ˌsoʊʃ(i)ˈɑlədʒəst, ˌsoʊsiˈɑlədʒəst, -s
sociology
BR ˌsəʊʃiˈɒlədʒi, ˌsəʊsɪˈɒlədʒi
AM ˌsoʊʃ(i)ˈɑlədʒi, ˌsoʊsiˈɑlədʒi
sociometric
BR ˌsəʊʃ(i)ə(ʊ)ˈmɛtrɪk, ˌsəʊsɪə(ʊ)ˈmɛtrɪk
AM ˌˈsoʊʃ(i)oʊˈmɛtrɪk, ˌsoʊsioʊˈmɛtrɪk

sociometrically
BR ˌsəʊʃ(i)ə(ʊ)ˈmetrɪkli, ˌsəʊsɪə(ʊ)ˈmetrɪkli
AM ˈˌsoʊʃ(i)oʊˈmetrək(ə)li, ˈˌsoʊsioʊˈmetrək(ə)li

sociometrist
BR ˌsəʊʃiˈɒmɪtrɪst, ˌsəʊsɪˈɒmɪtrɪst, -s
AM ˈˌsoʊʃiˈɑmətrəst, ˈˌsoʊsiˈɑmətrəst, -s

sociometry
BR ˌsəʊʃiˈɒmɪtri, ˌsəʊsɪˈɒmɪtri
AM ˌsoʊʃiˈɑmətri, ˌsoʊsiˈɑmətri

sociopath
BR ˈsəʊʃ(i)ə(ʊ)pæθ, ˈsəʊsɪə(ʊ)pæθ, -s
AM ˈsoʊʃ(i)əˌpæθ, ˈsoʊsiəˌpæθ, -s

sociopathic
BR ˌsəʊʃ(i)ə(ʊ)ˈpæθɪk, ˌsəʊsɪə(ʊ)ˈpæθɪk
AM ˌsoʊʃ(i)əˈpæθɪk, ˌsoʊsiəˈpæθɪk

sociopathology
BR ˌsəʊʃ(i)əʊpəˈθɒlədʒi, ˌsəʊsɪəʊpəˈθɒlədʒi
AM ˈˌsoʊʃ(i)oʊpəˈθɑlədʒi, ˈˌsoʊsioʊpəˈθɑlədʒi

socio-political
BR ˌsəʊʃ(i)əʊpəˈlɪtɪkl, ˌsəʊsɪəʊpəˈlɪtɪkl
AM ˈˌsoʊʃ(i)oʊpəˈlɪdək(ə)l, ˈˌsoʊsioʊpəˈlɪdək(ə)l

sock
BR sɒk, -s, -ɪŋ, -t
AM sak, -s, -ɪŋ, -t

socket
BR ˈsɒkɪt, -s
AM ˈsakət, -s

sockeye
BR ˈsɒkʌɪ, -z
AM ˈsakˌaɪ, -z

sockless
BR ˈsɒkləs
AM ˈsakləs

socko
BR ˈsɒkəʊ, -z
AM ˈsakoʊ, -z

socle
BR ˈsəʊkl, ˈsɒkl, -z
AM ˈsakəl, -z

SOCO
BR ˈsɒkəʊ
AM ˈsaˌkoʊ

Socotra
BR səˈkəʊtrə(r)
AM səˈkoʊtrə

Socrates
BR ˈsɒkrətiːz
AM ˈsakrəˌtiz

Socratic
BR səˈkratɪk
AM səˈkrædɪk

Socratically
BR səˈkratɪkli
AM səˈkrædək(ə)li

sod
BR sɒd, -z, -ɪŋ
AM sad, -z, -ɪŋ

soda
BR ˈsəʊdə(r), -z
AM ˈsoʊdə, -z

sodalite
BR ˈsəʊdəlʌɪt
AM ˈsoʊdəlaɪt

sodality
BR sə(ʊ)ˈdalɪtǀi, -ɪz
AM soʊˈdælədi, -z

sodbuster
BR ˈsɒdˌbʌstə(r), -z
AM ˈsadˌbəstər, -z

sodden
BR ˈsɒdn
AM ˈsadən

soddenly
BR ˈsɒdnli
AM ˈsadnli

soddenness
BR ˈsɒdnnəs
AM ˈsad(n)nəs

Soddy
BR ˈsɒdi
AM ˈsadi

sodic
BR ˈsəʊdɪk
AM ˈsadɪk

sodium
BR ˈsəʊdɪəm
AM ˈsoʊdɪəm

sodium bicarb
BR ˌsəʊdɪəm ˈbaɪkɑːb
AM ˌsoʊdɪəm ˈbaɪˌkɑrb

sodium bicarbonate
BR ˌsəʊdɪəm ˌbaɪˈkɑːbnət
AM ˌsoʊdɪəm ˌbaɪˈkɑrbənət, ˌsoʊdɪəm ˌbaɪˈkɑrbəˌneɪt

sodium carbonate
BR ˌsəʊdɪəm ˈkɑːbnət
AM ˌsoʊdɪəm ˈkɑrbəˌneɪt

sodium chloride
BR ˌsəʊdɪəm ˈklɔːrʌɪd
AM ˌsoʊdɪəm ˈklɔˌraɪd

sodium hydroxide
BR ˌsəʊdɪəm hʌɪˈdrɒksʌɪd
AM ˌsoʊdɪəm haɪˈdrakˌsaɪd

sodium nitrate
BR ˌsəʊdɪəm ˈnʌɪtreɪt
AM ˌsoʊdɪəm ˈnaɪˌtreɪt

Sodom
BR ˈsɒdəm
AM ˈsadəm

sodomise
BR ˈsɒdəmʌɪz, -ɪz, -ɪŋ, -d
AM ˈsadəˌmaɪz, -ɪz, -ɪŋ, -d

sodomite
BR ˈsɒdəmʌɪt, -s
AM ˈsadəˌmaɪt, -s

sodomize
BR ˈsɒdəmʌɪz, -ɪz, -ɪŋ, -d
AM ˈsadəˌmaɪz, -ɪz, -ɪŋ, -d

sodomy
BR ˈsɒdəmi
AM ˈsadəmi

Sodor
BR ˈsəʊdɔː(r)
AM ˈsoʊˌdɔ(ə)r

soever
BR səʊˈɛvə(r)
AM soʊˈɛvər, səˈwɛvər

sofa
BR ˈsəʊfə(r), -z
AM ˈsoʊfə, -z

sofabed
BR ˈsəʊfəbɛd, -z
AM ˈsoʊfəˌbɛd, -z

Sofar
BR ˈsəʊfɑː(r)
AM ˈsoʊˌfɑr

soffit
BR ˈsɒfɪt, -s
AM ˈsafət, -s

Sofia
BR ˈsəʊfɪə(r), sə(ʊ)ˈfiːə(r)
AM ˈsoʊfɪə, soʊˈfiə

soft
BR sɒft, -ə(r), -ɪst
AM saft, sɔft, -ər, -əst

softa
BR ˈsɒftə(r), -z
AM ˈsaftə, ˈsɔftə, -z

softback
BR ˈsɒf(t)bak, -s
AM ˈsaf(t)ˌbæk, ˈsɔf(t)ˌbæk, -s

softball
BR ˈsɒf(t)bɔːl
AM ˈsaf(t)ˌbal, ˈsɔf(t)ˌbɔl

softbound
BR ˌsɒf(t)ˈbaʊnd
AM ˈsaf(t)ˌbaʊnd, ˈsɔf(t)ˌbaʊnd

softcore
BR ˌsɒf(t)ˈkɔː(r)
AM ˈsaf(t)ˌkɔ(ə)r, ˈsɔf(t)ˌkɔ(ə)r

softcover
BR ˌsɒf(t)ˈkʌvə(r)
AM ˈsaf(t)ˌkəvər, ˈsɔf(t)ˌkəvər

soft-drink
BR ˌsɒf(t)ˈdrɪŋk, -s
AM ˈsaf(t)ˌdrɪŋk, ˈsɔf(t)ˌdrɪŋk, -s

soften
BR 'sɒf|n, -nz,
-nɪŋ\-nɪŋ, -nd
AM 'saf|ən, 'sɒf|ən,
-ənz, -(ə)nɪŋ, -ənd
softener
BR 'sɒfnə(r),
'sɒfnə(r), -z
AM 'saf(ə)nər,
'sɒf(ə)nər, -z
softie
BR 'sɒft|i, -ɪz
AM 'safti, 'sɒfti, -z
softish
BR 'sɒftɪʃ
AM 'saftɪʃ, 'sɒftɪʃ
softly
BR 'sɒftli
AM 'saf(t)li, 'sɒf(t)li
softly-softly *adjective*
BR 'sɒftlɪ'sɒftli
AM 'saf(t)li'saf(t)li,
'sɒf(t)li'sɒf(t)li
softness
BR 'sɒf(t)nəs
AM 'saf(t)nəs,
'sɒf(t)nəs
software
BR 'sɒf(t)wɛː(r)
AM 'saf(t),wɛ(ə)r,
'sɒf(t),wɛ(ə)r
softwood
BR 'sɒf(t)wʊd
AM 'saf(t),wʊd,
'sɒf(t),wʊd
softy
BR 'sɒft|i, -ɪz
AM 'safti, 'sɒfti, -z
SOGAT
BR 'səʊgat
AM 'soʊ,gæt
soggily
BR 'sɒgɪli
AM 'sagəli
sogginess
BR 'sɒgɪnɪs
AM 'sagɪnɪs
soggy
BR 'sɒg|i, -ɪə(r),
-ɪɪst
AM 'sagi, -ər,
-ɪst

soh
BR səʊ, -z
AM soʊ, -z
Soho
BR 'səʊhəʊ, ˌsəʊ'həʊ
AM 'soʊˌhoʊ
soi-disant
BR ˌswaː'diːzɒ̃,
ˌswaːdiː'zɒ̃
AM ˌswadi'zan(t)
soigné
BR 'swaːnjeɪ
AM swɒn'jeɪ
soignée
BR 'swaːnjeɪ
AM swan'jeɪ
soil
BR sɔɪl, -z, -ɪŋ, -d
AM sɔɪl, -z, -ɪŋ, -d
soil-less
BR 'sɔɪllɪs
AM 'sɔɪ(l)lɪs
soilpipe
BR 'sɔɪlpʌɪp, -s
AM 'sɔɪlˌpaɪp, -s
soily
BR 'sɔɪli
AM 'sɔɪli
soirée
BR 'swaːreɪ, -z
AM swa'reɪ, -z
soixante-neuf
BR ˌswasɒ̃'nəːf
AM ˌswaˌsan'nəf
sojourn
BR 'sɒdʒ|(ə)n,
'sʌdʒ|(ə)n,
'sɒdʒ|əːn,
'sʌdʒ|əːn, -(ə)nz,
-nɪŋ\-ənɪŋ, -(ə)nd
AM 'soʊˌdʒɜrn, -z,
-ɪŋ, -d
sojourner
BR 'sɒdʒnə(r),
'sɒdʒənə(r),
'sʌdʒnə(r),
'sʌdʒənə(r), -z
AM 'soʊˌdʒɜrnər,
-z
soke
BR səʊk, -s
AM soʊk, -s

sol
BR sɒl, -z
AM sal, sɒl, -z
sola
BR 'səʊlə(r)
AM 'soʊlə
solace
BR 'sɒlɪs, -ɪz, -ɪŋ, -t
AM 'saləs, -əz, -ɪŋ, -t
solan
BR 'səʊlən, -z
AM 'soʊl(ə)n, -z
solanaceous
BR ˌsɒlə'neɪʃəs
AM ˌsalə'neɪʃəs
solander
BR sə'landə(r), -z
AM sə'lændər, -z
solar
BR 'səʊlə(r)
AM 'soʊlər
solaria
BR sə'lɛːriə(r)
AM soʊ'lɛriə, sə'lɛriə
solarisation
BR ˌsəʊlərʌɪ'zeɪʃn
AM ˌsoʊləˌraɪ'zeɪʃ(ə)n,
ˌsoʊlərə'zeɪʃ(ə)n
solarise
BR 'səʊlərʌɪz, -ɪz, -ɪŋ,
-d
AM 'soʊləˌraɪz, -ɪz,
-ɪŋ, -d
solarism
BR 'səʊlərɪzm
AM 'soʊləˌrɪz(ə)m
solarist
BR 'səʊlərɪst, -s
AM 'soʊlərəst, -s
solarium
BR sə'lɛːriəm, -z
AM soʊ'lɛriəm,
sə'lɛriəm, -z
solarization
BR ˌsəʊlərʌɪ'zeɪʃn
AM ˌsoʊləˌraɪ'zeɪʃ(ə)n,
ˌsoʊlərə'zeɪʃ(ə)n
solarize
BR 'səʊlərʌɪz, -ɪz,
-ɪŋ, -d
AM 'soʊləˌraɪz, -ɪz,
-ɪŋ, -d

solar plexus
BR ˌsəʊlə 'plɛksəs, -ɪz
AM ˌsoʊlər 'plɛksəs,
-əz
solar system
BR 'səʊlə ˌsɪstɪm, -z
AM 'soʊlər ˌsɪst(ə)m,
-z
SOLAS
BR 'səʊləs
AM 'soʊləs
solatia
BR sə(ʊ)'leɪʃ(i)ə(r)
AM sə'leɪʃiə
solatium
BR sə(ʊ)'leɪʃ(i)əm,
-z
AM sə'leɪʃ(i)əm, -z
sold
BR səʊld
AM soʊld
soldanella
BR ˌsɒldə'nɛlə(r), -z
AM ˌsoʊldə'nɛlə,
ˌsaldə'nɛlə, -z
solder
BR 'sɒld|ə(r),
'səʊld|ə(r), -əz,
-(ə)rɪŋ, -əd
AM 'sadər, -z, -ɪŋ, -d
solderable
BR 'sɒld(ə)rəbl,
'səʊld(ə)rəbl
AM 'sadərəb(ə)l
solderer
BR 'sɒld(ə)rə(r),
'səʊld(ə)rə(r), -z
AM 'sad(ə)rər, -z
soldier
BR 'səʊldʒ|ə(r), -əz,
-(ə)rɪŋ, -əd
AM 'soʊldʒ|ər, -ərz,
-(ə)rɪŋ, -ərd
soldierly
BR 'səʊldʒəli
AM 'soʊldʒərli
soldiership
BR 'səʊldʒəʃɪp
AM 'soʊldʒərˌʃɪp
soldiery
BR 'səʊldʒ(ə)ri
AM 'soʊldʒ(ə)ri

sole
BR səʊl, -z, -ɪŋ, -d
AM soʊl, -z, -ɪŋ, -d
solecism
BR ˈsɒlɪsɪzm
AM ˈsoʊləˌsɪz(ə)m, ˈsɑləˌsɪz(ə)m
solecist
BR ˈsɒlɪsɪst, -s
AM ˈsoʊləsəst, ˈsɑləsəst, -s
solecistic
BR ˌsɒlɪˈsɪstɪk
AM ˌsoʊləˈsɪstɪk, ˌsɑləˈsɪstɪk
Soledad
BR ˈsɒlɪdad
AM ˈsoʊləˌdæd
SP soleˈðað
solely
BR ˈsəʊ(l)li
AM ˈsoʊ(l)li
solemn
BR ˈsɒləm
AM ˈsɑl(ə)m
solemnisation
BR ˌsɒləmnaɪˈzeɪʃn, -z
AM ˌsɑləmˌnaɪˈzeɪʃ(ə)n, ˌsɑləmnəˈzeɪʃ(ə)n, -z
solemnise
BR ˈsɒləmnaɪz, -ɪz, -ɪŋ, -d
AM ˈsɑləmˌnaɪz, -ɪz, -ɪŋ, -d
solemnity
BR səˈlemnɪti
AM səˈlemnədi, -z
solemnization
BR ˌsɒləmnaɪˈzeɪʃn, -z
AM ˌsɑləmˌnaɪˈzeɪʃ(ə)n, ˌsɑləmnəˈzeɪʃ(ə)n, -z
solemnize
BR ˈsɒləmnaɪz, -ɪz, -ɪŋ, -d
AM ˈsɑləmˌnaɪz, -ɪz, -ɪŋ, -d
solemnly
BR ˈsɒləmli
AM ˈsɑləmli
solemnness
BR ˈsɒləmnəs
AM ˈsɑləmnəs

solen
BR ˈsəʊlən, -z
AM ˈsoʊˌlen, ˈsoʊl(ə)n, -z
solenodon
BR səˈlenədən, səˈliːnədən, -z
AM soʊˈlenəˌdɑn, soʊˈliːnəˌdɑn, -z
solenoid
BR ˈsəʊlənɔɪd, -z
AM ˈsɑləˌnɔɪd, -z
solenoidal
BR ˌsəʊləˈnɔɪdl
AM ˌsɑləˈnɔɪd(ə)l
Solent
BR ˈsəʊlnt
AM ˈsoʊl(ə)nt
soleplate
BR ˈsəʊlpleɪt, -s
AM ˈsoʊlˌpleɪt, -s
sol-fa
BR ˌsɒlˈfɑː(r)
AM ˌsoʊlˈfɑ
solfatara
BR ˌsɒlfəˈtɑːrə(r), -z
AM ˌsoʊlfəˈtɛrə, ˌsɑlfəˈtɛrə, -z
IT solfaˈtara
solfeggi
BR sɒlˈfedʒiː
AM sɑlˈfedʒi
IT solˈfeddʒi
solfeggio
BR sɒlˈfedʒɪəʊ, -z
AM sɑlˈfedʒioʊ, -z
IT solˈfeddʒo
soli
BR ˈsəʊli
AM ˈsoʊli
solicit
BR səˈlɪs|ɪt, -ɪts, -ɪtɪŋ, -ɪtɪd
AM səˈlɪs|t, -ts, -dɪŋ, -dɪd
solicitation
BR səˌlɪsɪˈteɪʃn
AM səˌlɪsəˈteɪʃ(ə)n
solicitor
BR səˈlɪsɪtə(r), -z
AM səˈlɪsədər, -z

Solicitor-General
BR səˌlɪsɪtəˈdʒen(ə)rl
AM səˌlɪsɪdərˈdʒen(ə)rəl
Solicitors-General
BR səˌlɪsɪtəzˈdʒen(ə)rl
AM səˌlɪsɪdərzˈdʒen(ə)rəl
solicitous
BR səˈlɪsɪtəs
AM səˈlɪsədəs
solicitously
BR səˈlɪsɪtəsli
AM səˈlɪsədəsli
solicitousness
BR səˈlɪsɪtəsnəs
AM səˈlɪsədəsnəs
solicitude
BR səˈlɪsɪtjuːd, səˈlɪsɪtʃuːd
AM səˈlɪsəˌt(j)ud
solid
BR ˈsɒlɪd, -z
AM ˈsɑləd, -z
solidago
BR ˌsɒlɪˈdeɪgəʊ
AM ˌsɑləˈdeɪgoʊ
solidarity
BR ˌsɒlɪˈdarɪti
AM ˌsɑləˈdɛrədi
solidi
BR ˈsɒlɪdaɪ, ˈsɒlɪdiː
AM ˈsɑləˌdaɪ
solidifiable
BR səˈlɪdɪfʌɪəbl
AM səˈlɪdəˌfaɪəb(ə)l
solidification
BR səˌlɪdɪfɪˈkeɪʃn
AM səˌlɪdəfəˈkeɪʃ(ə)n
solidifier
BR səˈlɪdɪfʌɪə(r), -z
AM səˈlɪdəˌfaɪər, -z
solidify
BR səˈlɪdɪfʌɪ, -z, -ɪŋ, -d
AM səˈlɪdəˌfaɪ, -z, -ɪŋ, -d
solidity
BR səˈlɪdɪti
AM səˈlɪdɪdi
solidly
BR ˈsɒlɪdli
AM ˈsɑlədli

solidness
BR ˈsɒlɪdnɪs
AM ˈsɑlədnɪs
solidungulate
BR ˌsɒlɪˈdʌŋgjʊlət, -s
AM ˌsɑləˈdəŋgjəˌleɪt, ˌsɑləˈdəŋgjələt, -s
solidus
BR ˈsɒlɪdəs
AM ˈsɑlədəs
solifidian
BR ˌsɒlɪˈfɪdɪən, -z
AM ˌsɑləˈfɪdiən, -z
solifluction
BR ˌsɒlɪˈflʌkʃn
AM ˌsɑləˈflʌkʃ(ə)n
Solihull
BR ˌsəʊlɪˈhʌl, ˌsɒlɪˈhʌl
AM ˌsoʊləˈhəl, ˌsɑləˈhəl
soliloquise
BR səˈlɪləkwʌɪz, -ɪz, -ɪŋ, -d
AM səˈlɪləˌkwaɪz, -ɪz, -ɪŋ, -d
soliloquist
BR səˈlɪləkwɪst, -s
AM səˈlɪləkwəst, -s
soliloquize
BR səˈlɪləkwʌɪz, -ɪz, -ɪŋ, -d
AM səˈlɪləˌkwaɪz, -ɪz, -ɪŋ, -d
soliloquy
BR səˈlɪləkw|i, -ɪz
AM səˈlɪləkwi, -z
soliped
BR ˈsɒlɪped, -z
AM ˈsɑləˌped, -z
solipsism
BR ˈsɒlɪpsɪzm, -z
AM ˈsɑləpˌsɪz(ə)m, səˈlɪpˌsɪz(ə)m, ˈsoʊləpˌsɪz(ə)m, -z
solipsist
BR ˈsɒlɪpsɪst, -s
AM ˈsɑləpsəst, səˈlɪpsɪst, ˈsoʊləpsəst, -s
solipsistic
BR ˌsɒlɪpˈsɪstɪk
AM ˌsɑləpˈsɪstɪk, ˌsoʊləpˈsɪstɪk

solipsistically
BR ˌsɒlɪpˈsɪstɪkli
AM ˌsɑləpˈsɪstək(ə)li, ˌsoʊləpˈsɪstək(ə)li

solitaire
BR ˌsɒlɪˈtɛː(r), ˈsɒlɪtɛː(r)
AM ˈsɑləˌtɛ(ə)r

solitarily
BR ˈsɒlɪt(ə)rɪli
AM ˈsɑləˌtɛrəli

solitariness
BR ˈsɒlɪt(ə)rɪnɪs
AM ˈsɑləˌtɛrinɪs

solitary
BR ˈsɒlɪt(ə)r|i, -iz
AM ˈsɑləˌtɛri, -z

solitude
BR ˈsɒlɪtjuːd, ˈsɒlɪtʃuːd
AM ˈsɑləˌt(j)ud

solleret
BR ˌsɒləˈrɛt, -s
AM ˌsɑləˈrɛt, -s

solmizate
BR ˈsɒlmɪzeɪt, -s, -ɪŋ, -ɪd
AM ˈsɑlməˌzeɪ|t, -ts, -dɪŋ, -dɪd

solmization
BR ˌsɒlmɪˈzeɪʃn
AM ˌsɑlməˈzeɪʃ(ə)n

solo
BR ˈsəʊləʊ, -z, -ɪŋ, -d
AM ˈsoʊˌl|oʊ, -oʊz, -əwɪŋ\-oʊɪŋ, -oʊd
IT ˈsolo

soloist
BR ˈsəʊləʊɪst, -s
AM ˈsoʊləwəst, -s

Solomon
BR ˈsɒləmən
AM ˈsɑləm(ə)n

Solomonic
BR ˌsɒləˈmɒnɪk
AM ˌsɑləˈmɑnɪk

Solon
BR ˈsəʊlɒn
AM ˈsoʊl(ə)n

solstice
BR ˈsɒlstɪs, -ɪz
AM ˈsɑlstəs, ˈsoʊlstəs, -əz

solstitial
BR sɒlˈstɪʃl
AM soʊlˈstɪʃ(ə)l, sɑlˈstɪʃ(ə)l

Solti
BR ˈʃɒlti
AM ˈʃoʊlti

solubilisation
BR ˌsɒljʊbɪlaɪˈzeɪʃn, ˌsɒljʊblaɪˈzeɪʃn
AM ˌsaljəbəˌlaɪˈzeɪʃ(ə)n, ˌsɑljəbələˈzeɪʃ(ə)n

solubilise
BR ˈsɒljʊbɪlaɪz, ˈsɒljʊblaɪz, -ɪz, -ɪŋ, -d
AM ˈsaljəbəˌlaɪz, -ɪz, -ɪŋ, -d

solubility
BR ˌsɒljʊˈbɪlɪti
AM ˌsaljəˈbɪlɪdi

solubilization
BR ˌsɒljʊbɪlaɪˈzeɪʃn, ˌsɒljʊblaɪˈzeɪʃn
AM ˌsaljəbəˌlaɪˈzeɪʃ(ə)n, ˌsaljəbələˈzeɪʃ(ə)n

solubilize
BR ˈsɒljʊbɪlaɪz, ˈsɒljʊblaɪz, -ɪz, -ɪŋ, -d
AM ˈsaljəbəˌlaɪz, -ɪz, -ɪŋ, -d

soluble
BR ˈsɒljʊbl
AM ˈsaljəb(ə)l

solus
BR ˈsəʊləs
AM ˈsoʊləs

solute
BR ˈsɒljuːt, -s
AM ˈsalˌjut, -s

solution
BR səˈl(j)uːʃn, -z
AM səˈluʃ(ə)n, -z

Solutrean
BR səˈl(j)uːtriən, -z
AM səˈlutriən, -z

solvability
BR ˌsɒlvəˈbɪlɪti
AM ˌsalvəˈbɪlɪdi

solvable
BR ˈsɒlvəbl
AM ˈsalvəb(ə)l

solvate
BR ˈsɒlveɪt, -s, -ɪŋ, -ɪd
AM ˈsalˌveɪ|t, -ts, -dɪŋ, -dɪd

solvation
BR sɒlˈveɪʃn, -z
AM salˈveɪʃ(ə)n, -z

Solvay
BR ˈsɒlveɪ
AM ˈsɑlveɪ, ˈsoʊlveɪ

solve
BR ˈsɒlv, -z, -ɪŋ, -d
AM salv, -z, -ɪŋ, -d

solvency
BR ˈsɒlv(ə)nsi
AM ˈsalvənsi

solvent
BR ˈsɒlv(ə)nt, -s
AM ˈsalvənt, -s

solver
BR ˈsɒlvə(r), -z
AM ˈsalvər, -z

Solway Firth
BR ˌsɒlweɪ ˈfəːθ
AM ˌsalweɪ ˈfərθ, ˌsolweɪ ˈfərθ

Solzhenitsyn
BR ˌsɒlʒɪˈnɪtsɪn
AM ˌsoʊlʒəˈnɪts(ə)n

soma
BR ˈsəʊmə(r)
AM ˈsoʊmə

Somali
BR səˈmaːl|i, -iz
AM soʊˈmali, səˈmali, -z

Somalia
BR səˈmaːlɪə(r)
AM soʊˈmaljə, səˈmaliə, soʊˈmaliə, səˈmaljə

Somalian
BR səˈmaːliən, -z
AM soʊˈmaljən, səˈmaliən, soʊˈmaliən, səˈmaljən, -z

Somaliland
BR səˈmaːlɪland
AM soʊˈmaliˌlænd, səˈmaliˌlænd

somatic
BR səˈmatɪk
AM səˈmædɪk

somatically
BR səˈmatɪkli
AM səˈmædək(ə)li

somatogenic
BR ˌsəʊmətə(ʊ)ˈdʒɛnɪk, səˌmatə(ʊ)ˈdʒɛnɪk
AM səˌmædəˈdʒɛnɪk

somatology
BR ˌsəʊməˈtɒlədʒi
AM ˌsoʊməˈtalədʒi

somatotonic
BR ˌsəʊmətə(ʊ)ˈtɒnɪk, səˌmatə(ʊ)ˈtɒnɪk
AM səˌmædəˈtanɪk

somatotrophin
BR ˌsəʊmətə(ʊ)-ˈtrə(ʊ)fɪn, sə-ˌmatə(ʊ)ˈtrəʊfɪn, -z
AM səˌmædəˈtroʊfən, -z

somatotropin
BR ˌsəʊmətə(ʊ)-ˈtrə(ʊ)pɪn, sə-ˌmatə(ʊ)ˈtrəʊpɪn, -z
AM səˌmædəˈtroʊpən, -z

somatotype
BR ˈsəʊmətə(ʊ)tʌɪp, səˈmatə(ʊ)tʌɪp, -s
AM səˈmædəˌtaɪp, -s

somber
BR ˈsɒmbə(r)
AM ˈsambər

somberly
BR ˈsɒmbəli
AM ˈsambərli

somberness
BR ˈsɒmbənəs
AM ˈsambərnəs

sombre
BR ˈsɒmbə(r)
AM ˈsambər

sombrely
BR ˈsɒmbəli
AM ˈsambərli

sombreness
BR ˈsɒmbənəs
AM ˈsɑmbərnəs
sombrero
BR sɒmˈbrɛːrəʊ, -z
AM sɑmˈbrɛroʊ,
səmˈbrɛroʊ, -z
sombrous
BR ˈsɒmbrəs
AM ˈsɑmbrəs
some[1] *strong form*
BR sʌm
AM s(ə)m
some[2] *weak form*
BR s(ə)m
AM s(ə)m
somebody
BR ˈsʌmbəd|i,
ˈsʌmˌbɒd|i, -ɪz
AM ˈsəmbədi,
ˈsəmˌbɑdi, -z
someday
BR ˈsʌmdeɪ
AM ˈsəmˌdeɪ
somehow
BR ˈsʌmhaʊ
AM ˈsəmˌ(h)aʊ
someone
BR ˈsʌmwʌn
AM ˈsəmˌwən
someplace
BR ˈsʌmpleɪs
AM ˈsəmˌpleɪs
Somerfield
BR ˈsʌməfiːld
AM ˈsəmərˌfild
Somers
BR ˈsʌməz
AM ˈsəmərz
somersault
BR ˈsʌməsɔːlt,
ˈsʌməsɒlt, -s,
-ɪŋ, -ɪd
AM ˈsəmərˌsɔlt,
ˈsəmərˌsɒlt, -s,
-ɪŋ, -ɪd
Somerset
BR ˈsʌməset
AM ˈsəmərˌset
Somerville
BR ˈsʌməvɪl
AM ˈsəmərˌvɪl

something
BR ˈsʌmθɪŋ
AM ˈsəmˌθɪŋ
sometime
BR ˈsʌmtʌɪm, -z
AM ˈsəmˌtaɪm, -z
someway
BR ˈsʌmweɪ
AM ˈsəmˌweɪ
somewhat
BR ˈsʌmwɒt
AM ˈsəmˌ(h)wat
somewhen
BR ˈsʌmwɛn
AM ˈsəmˌ(h)wɛn
somewhere
BR ˈsʌmwɛː(r)
AM ˈsəmˌ(h)wɛ(ə)r
somite
BR ˈsəʊmʌɪt, -s
AM ˈsoʊˌmaɪt, -s
somitic
BR sə(ʊ)ˈmɪtɪk
AM soʊˈmɪdɪk
Somme
BR sɒm
AM sɑm, sɔm
sommelier
BR sɒˈmɛlɪə(r),
sɒˈmɛlɪeɪ,
sʌˈmɛlɪə(r),
sʌˈmɛlɪeɪ, ˌsʌmlˈjeɪ,
-z
AM ˌsəməlˈjeɪ, -z
somnambulant
BR sɒmˈnæmbjəlnt, -s
AM samˈnæmbjəl(ə)nt,
-s
somnambulantly
BR sɒmˈnæmbjəlntli
AM sam-
ˈnæmbjələn(t)li
somnambulism
BR sɒmˈnæmbjəlɪzm
AM samˈnæmbjə-
ˌlɪz(ə)m
somnambulist
BR sɒmˈnæmbjəlɪst, -s
AM samˈnæmbjələst, -s
somnambulistic
BR sɒmˌnæmbjəˈlɪstɪk
AM samˌnæmbjəˈlɪstɪk

somnambulistically
BR sɒmˌnæmbjəˈlɪstɪkli
AM samˌnæmbjə-
ˈlɪstɪk(ə)li
somniferous
BR sɒmˈnɪf(ə)rəs
AM samˈnɪf(ə)rəs
somnolence
BR ˈsɒmnəlns
AM ˈsamnəl(ə)ns
somnolency
BR ˈsɒmnəlnsi
AM ˈsamnələnsi
somnolent
BR ˈsɒmnəlnt
AM ˈsamnəl(ə)nt
somnolently
BR ˈsɒmnəlntli
AM ˈsamnələn(t)li
Somoza
BR səˈməʊzə(r)
AM səˈmoʊzə
son
BR sʌn, -z
AM s(ə)n, -z
sonagram
BR ˈsəʊnəgram,
ˈsɒnəgram,
-z
AM ˈsanəˌgræm,
ˈsoʊnəˌgræm, -z
sonagraph
BR ˈsəʊnəgrɑːf,
ˈsɒnəgrɑːf, -s
AM ˈsanəˌgræf,
ˈsoʊnəˌgræf,
-s
sonancy
BR ˈsəʊnənsi
AM ˈsoʊnənsi
sonant
BR ˈsəʊnənt, -s
AM ˈsoʊnənt,
-s
sonar
BR ˈsəʊnɑː(r), -z
AM ˈsoʊˌnɑr, -z
sonata
BR səˈnɑːtə(r),
snˈɑːtə(r), -z
AM səˈnɑdə, -z
IT soˈnata

sonatina
BR ˌsɒnəˈtiːnə(r), -z
AM ˌsɑnəˈtinə, -z
IT sonaˈtina
sonde
BR sɒnd, -z
AM sɑnd, -z
Sondheim
BR ˈsɒndhʌɪm
AM ˈsɑndˌ(h)aɪm
sone
BR səʊn, -z
AM soʊn, -z
son et lumière
BR ˌsɒn eɪ ˈluːmɪɛː(r), -z
AM ˌsɔn eɪ ˌlumˈjɛ(ə)r,
-z
song
BR sɒŋ, -z
AM sɑŋ, sɔŋ, -z
songbird
BR ˈsɒŋbɜːd, -z
AM ˈsɑŋˌbərd,
ˈsɔŋˌbərd, -z
songbook
BR ˈsɒŋbʊk, -s
AM ˈsɑŋˌbʊk,
ˈsɔŋˌbʊk, -s
songfest
BR ˈsɒŋfɛst, -s
AM ˈsɑŋˌfɛst,
ˈsɔŋˌfɛst, -s
songful
BR ˈsɒŋf(ʊ)l
AM ˈsɑŋfəl, ˈsɔŋfəl
songfully
BR ˈsɒŋfəli, ˈsɒŋfli
AM ˈsɑŋfəli, ˈsɔŋfəli
songless
BR ˈsɒŋləs
AM ˈsɑŋləs, ˈsɔŋləs
songsmith
BR ˈsɒŋsmɪθ
AM ˈsɑŋˌsmɪθ,
ˈsɔŋˌsmɪθ
songster
BR ˈsɒŋstə(r), -z
AM ˈsɑŋstər, ˈsɔŋstər, -z
songstress
BR ˈsɒŋstrɪs, -ɪz
AM ˈsɑŋstrəs,
ˈsɔŋstrəs, -əz

songthrush
BR ˈsɒŋθrʌʃ, -ɪz
AM ˈsɑːŋˌθrəʃ,
ˈsɔːŋˌθrəʃ, -əz

songwriter
BR ˈsɒŋˌraɪtə(r), -z
AM ˈsɑːŋˌraɪdər,
ˈsɔːŋˌraɪdər, -z

songwriting
BR ˈsɒŋˌraɪtɪŋ
AM ˈsɑːŋˌraɪdɪŋ,
ˈsɔːŋˌraɪdɪŋ

Sonia
BR ˈsɒniə(r), ˈsɒnjə(r)
AM ˈsoʊnjə, ˈsɑnjə

sonic
BR ˈsɒnɪk
AM ˈsɑnɪk

sonically
BR ˈsɒnɪkli
AM ˈsɑnək(ə)li

son-in-law
BR ˈsʌnɪnlɔː(r), -z
AM ˈsənənˌlɑ,
ˈsənənˌlɔ, -z

Sonja
BR ˈsɒniə(r), ˈsɒnjə(r)
AM ˈsɑndʒə, ˈsɑnjə

sonless
BR ˈsʌnləs
AM ˈsənləs

sonnet
BR ˈsɒnɪt, -s
AM ˈsɑnət, -s

sonneteer
BR ˌsɒnɪˈtɪə(r), -z
AM ˌsɑnəˈtɪ(ə)r, -z

Sonning
BR ˈsʌnɪŋ, ˈsɒnɪŋ
AM ˈsɑnɪŋ

sonny
BR ˈsʌn|i, -ɪz
AM ˈsəni, -z

sonobuoy
BR ˈsəʊnəbɔɪ,
ˈsɒnəbɔɪ, -z
AM ˈsoʊnəˌbɔɪ,
ˈsɑnəˌbui, ˈsɑnəˌbɔɪ,
ˈsoʊnəˌbui, -z

son-of-a-bitch
BR ˌsʌnəvəˈbɪtʃ
AM ˈˌsənəvəˌbɪtʃ

son-of-a-gun
BR ˌsʌnəvəˈɡʌn
AM ˈˌsənəvəˌɡən

sonogram
BR ˈsəʊnəɡræm,
ˈsɒnəɡræm, -z
AM ˈsɑnəˌɡræm,
ˈsoʊnəˌɡræm, -z

sonograph
BR ˈsəʊnəɡrɑːf,
ˈsɒnəɡrɑːf, -s
AM ˈsɑnəˌɡræf,
ˈsoʊnəˌɡræf, -s

sonometer
BR səˈnɒmɪtə(r), -z
AM səˈnɑmədər, -z

Sonora
BR səˈnɔːrə(r)
AM səˈnɔrə

sonorant
BR ˈsɒn(ə)rənt
AM səˈnɔrənt,
ˈsɑnərənt

sonority
BR səˈnɒrɪti
AM səˈnɔrədi

sonorous
BR ˈsɒn(ə)rəs
AM ˈsɑnərəs

sonorously
BR ˈsɒn(ə)rəsli
AM ˈsɑnərəsli

sonorousness
BR ˈsɒn(ə)rəsnəs
AM ˈsɑnərəsnəs

sonship
BR ˈsʌnʃɪp
AM ˈsənˌʃɪp

sonsie
BR ˈsɒns|i, -ɪə(r),
-ɪst
AM ˈsənzi, -ər, -ɪst

sons-in-law
BR ˈsʌnzɪnlɔː(r)
AM ˈsənzənˌlɑ,
ˈsənzənˌlɔ

sons-of-bitches
BR ˌsʌnzəvˈbɪtʃɪz
AM ˌsənzə(v)ˈbɪtʃɪz

sons-of-guns
BR ˌsʌnzəvˈɡʌnz
AM ˌsənzə(v)ˈɡənz

sonsy
BR ˈsɒns|i, -ɪə(r), -ɪst
AM ˈsənzi, -ər, -ɪst

Sontag
BR ˈsɒntaɡ
AM ˈsɑnˌtæɡ

Sonya
BR ˈsɒniə(r), ˈsɒnjə(r)
AM ˈsoʊnjə, ˈsɑnjə

sool
BR ˈsuːl, -z, -ɪŋ, -d
AM ˈsul, -z, -ɪŋ, -d

sooler
BR ˈsuːlə(r), -z
AM ˈsulər, -z

soon
BR suːn, -ə(r),
-ɪst
AM sun, -ər, -əst

soonish
BR ˈsuːnɪʃ
AM ˈsunɪʃ

soot
BR sʊt
AM sʊt

sooterkin
BR ˈsuːtəkɪn, -z
AM ˈsʊdərkən, -z

sooth
BR suːθ
AM suθ

soothe
BR suːð, -z, -ɪŋ, -d
AM suð, -z, -ɪŋ, -d

soother
BR ˈsuːðə(r), -z
AM ˈsuðər, -z

soothingly
BR ˈsuːðɪŋli
AM ˈsuðɪŋli

soothsaid
BR ˈsuːθsɛd
AM ˈsuθˌsɛd

soothsay
BR ˈsuːθseɪ, -z, -ɪŋ
AM ˈsuθˌseɪ, -z, -ɪŋ

soothsayer
BR ˈsuːθˌseɪə(r), -z
AM ˈsuθˌseɪər, -z

sootily
BR ˈsʊtɪli
AM ˈsʊdəli

sootiness
BR ˈsʊtɪnɪs
AM ˈsʊdɪnɪs

sooty
BR ˈsʊt|i, -ɪə(r), -ɪst
AM ˈsʊdi, -ər, -ɪst

sop
BR sɒp, -s, -ɪŋ, -t
AM sɑp, -s, -ɪŋ, -t

Soper
BR ˈsəʊpə(r)
AM ˈsoʊpər

Sophia
BR sə(ʊ)ˈfaɪə(r),
sə(ʊ)ˈfiːə(r)
AM ˈsoʊfiə, soʊˈfiə

Sophie
BR ˈsəʊfi
AM ˈsoʊfi

sophism
BR ˈsɒfɪzm
AM ˈsoʊˌfɪz(ə)m,
ˈsɑˌfɪz(ə)m

sophist
BR ˈsɒfɪst, -s
AM ˈsoʊfəst, ˈsɑfəst,
-s

sophister
BR ˈsɒfɪstə(r), -z
AM ˈsɑfəstər, -z

sophistic
BR səˈfɪstɪk
AM səˈfɪstɪk

sophistical
BR səˈfɪstɪkl
AM səˈfɪstək(ə)l

sophistically
BR səˈfɪstɪkli
AM səˈfɪstək(ə)li

sophisticate[1] noun
BR səˈfɪstɪkeɪt,
səˈfɪstɪkət, -s
AM səˈfɪstəkət,
səˈfɪstəˌkeɪt, -s

sophisticate[2] verb
BR səˈfɪstɪkeɪt, -s,
-ɪŋ, -ɪd
AM səˈfɪstəˌkeɪ|t, -ts,
-dɪŋ, -dɪd

sophisticatedly
BR səˈfɪstɪkeɪtɪdli
AM səˈfɪstəˌkeɪdɪdli

sophistication
BR səˌfɪstɪˈkeɪʃn
AM səˌfɪstəˈkeɪʃ(ə)n

sophistry
BR ˈsɒfɪstri
AM ˈsoʊfəstri, ˈsɑfəstri

Sophoclean
BR ˌsɒfəˈkliːən
AM ˌsɑfəˈkliən

Sophocles
BR ˈsɒfəkliːz
AM ˈsɑfəˌkliz

sophomore
BR ˈsɒfəmɔː(r), -z
AM ˈsɑf(ə)ˌmɔ(ə)r, ˈsɔf(ə)ˌmɔ(ə)r, -z

sophomoric
BR ˌsɒfəˈmɒrɪk
AM ˌsɑf(ə)ˈmɔrɪk, ˌsɔf(ə)ˈmɔrɪk

Sophy
BR ˈsəʊf|i, -ɪz
AM ˈsoʊfi, -z

soporiferous
BR ˌsɒpəˈrɪf(ə)rəs
AM ˌsɑpəˈrɪf(ə)rəs

soporific
BR ˌsɒpəˈrɪfɪk
AM ˌsɑpəˈrɪfɪk

soporifically
BR ˌsɒpəˈrɪfɪkli
AM ˌsɑpəˈrɪfək(ə)li

soppily
BR ˈsɒpɪli
AM ˈsɑpəli

soppiness
BR ˈsɒpɪnɪs
AM ˈsɑpɪnɪs

sopping
BR ˈsɒpɪŋ
AM ˈsɑpɪŋ

soppy
BR ˈsɒp|i, -ɪə(r), -ɪɪst
AM ˈsɑpi, -ər, -ɪst

sopranino
BR ˌsɒprəˈniːnəʊ, -z
AM ˌsɑprəˈniˌnoʊ, -z
IT sopraˈnino

sopranist
BR səˈprɑːnɪst, -s
AM səˈprɑnəst, səˈprænəst, -s

soprano
BR səˈprɑːnəʊ, -z
AM səˈprɑnoʊ, səˈprænoʊ, -z
IT soˈprano

Sopwith
BR ˈsɒpwɪθ
AM ˈsɑpˌwɪθ

sora
BR ˈsɔːrə(r), ˈsəʊrə(r), -z
AM ˈsɔrə, -z

Soraya
BR səˈraɪə(r)
AM səˈraɪə

sorb
BR sɔːb, -z
AM sɔ(ə)rb, -z

sorbefacient
BR ˌsɔːbɪˈfeɪʃ(ə)nt, -s
AM ˌsɔrbəˈfeɪʃ(ə)nt, -s

sorbet
BR ˈsɔːbeɪ, ˈsɔːbɪt, -s
AM ˈsɔrbət, -s

Sorbian
BR ˈsɔːbɪən, -z
AM ˈsɔrbɪən, -z

sorbic
BR ˈsɔːbɪk
AM ˈsɔrbɪk

sorbitol
BR ˈsɔːbɪtɒl
AM ˈsɔrbəˌtal, ˈsɔrbəˌtɔl

sorbo
BR ˈsɔːbəʊ
AM ˈsɔrˌboʊ

Sorbonne
BR sɔːˈbɒn
AM sɔrˈbən

sorbose
BR ˈsɔːbəʊz, ˈsɔːbəʊs
AM ˈsɔrˌboʊs

sorcerer
BR ˈsɔːs(ə)rə(r), -z
AM ˈsɔrs(ə)rər, -z

sorceress
BR ˈsɔːs(ə)rɪs, ˈsɔːs(ə)rɛs, -ɪz
AM ˈsɔrs(ə)rəs, -əz

sorcerous
BR ˈsɔːs(ə)rəs
AM ˈsɔrs(ə)rəs

sorcery
BR ˈsɔːs(ə)ri
AM ˈsɔrs(ə)ri

sordid
BR ˈsɔːdɪd
AM ˈsɔrdəd

sordidly
BR ˈsɔːdɪdli
AM ˈsɔrdədli

sordidness
BR ˈsɔːdɪdnɪs
AM ˈsɔrdədnɪs

sordini
BR sɔːˈdiːniː
AM sɔrˈdini
IT sorˈdini

sordino
BR sɔːˈdiːnəʊ
AM sɔrˈdinoʊ
IT sorˈdino

sordor
BR ˈsɔːdə(r), -z
AM ˈsɔrˌdɔ(ə)r, ˈsɔrdər, -z

sore
BR sɔː(r), -z, -ə(r), -ɪst
AM sɔ(ə)r, -z, -ər, -əst

sorehead
BR ˈsɔːhɛd, -z
AM ˈsɔrˌ(h)ɛd, -z

sorel
BR ˈsɒrl̩, -z
AM ˈsɔrəl, -z

sorely
BR ˈsɔːli
AM ˈsɔrli

soreness
BR ˈsɔːnəs
AM ˈsɔrnəs

Sōrensen
BR ˈsɒrɪn̩s(ə)n
AM ˈsɔrəns(ə)n
DAN ˈsœɐˌsən
NO ˈsəːrensen

sorghum
BR ˈsɔːɡəm
AM ˈsɔrɡəm

sori
BR ˈsɔːrʌɪ
AM ˈsɔˌraɪ

sorites
BR səˈraɪtiːz
AM səˈraɪdiz

soritical
BR səˈrɪtɪkl
AM səˈrɪdɪkl

Soroptimist
BR səˈrɒptɪmɪst, -s
AM səˈrɑptəməst, -s

sororicidal
BR səˌrɒrɪˈsʌɪdl
AM səˌrɔrəˈsaɪd(ə)l

sororicide
BR səˈrɒrɪsʌɪd, -z
AM səˈrɔrəˌsaɪd, -z

sorority
BR səˈrɒrɪt|i, -ɪz
AM səˈrɔrədi, -z

soroses
BR səˈrəʊsiːz
AM səˈrooˌsiz

sorosis
BR səˈrəʊsɪs
AM səˈroʊsəs

sorption
BR ˈsɔːpʃn
AM ˈsɔrpʃ(ə)n

sorrel
BR ˈsɒrl̩, -z
AM ˈsɔrəl, -z

Sorrell
BR ˈsɒrl̩
AM ˈsɔrəl

Sorrento
BR səˈrɛntəʊ
AM səˈrɛn(t)oʊ

sorrily
BR ˈsɒrɪli
AM ˈsɑrəli, ˈsɔrəli

sorriness
BR ˈsɒrɪnɪs
AM ˈsɑrɪnɪs, ˈsɔrɪnɪs

sorrow
BR ˈsɒrəʊ, -z, -ɪŋ, -d
AM ˈsɑroʊ, ˈsɔroʊ, -z, -ɪŋ, -d

sorrower
BR ˈsɒrəʊə(r), -z
AM ˈsɑroʊər, ˈsɔroʊər, -z

sorrowful
BR ˈsɒrə(ʊ)f(ʊ)l
AM ˈsɑrəfəl, ˈsɔrəfəl

sorrowfully
BR ˈsɒrə(ʊ)fʊli, ˈsɒrə(ʊ)fˌli
AM ˈsɑrəf(ə)li, ˈsɔrəf(ə)li

sorrowfulness
BR ˈsɒrə(ʊ)f(ʊ)lnəs
AM ˈsɑrəfəlnəs, ˈsɔrəfəlnəs

sorry
BR ˈsɒr|i, -iə(r), -ɪɪst
AM ˈsɑri, ˈsɔri, -ər, -ɪst

sort
BR sɔːt, -s, -ɪŋ, -ɪd
AM sɔ(ə)rt, sɔ(ə)rts, ˈsɔrdɪŋ, ˈsɔrdəd

sorta
BR ˈsɔːtə(r)
AM ˈsɔrdə

sortable
BR ˈsɔːtəbl
AM ˈsɔrdəb(ə)l

sortal
BR ˈsɔːtl, -z
AM ˈsɔrdl, -z

sorter
BR ˈsɔːtə(r), -z
AM ˈsɔrdər, -z

sortie
BR ˈsɔːt|i, -iz
AM ˌsɔrˈti, ˈsɔrdi, -z

sortilege
BR ˈsɔːtɪlɪdʒ
AM ˈsɔrdlɪdʒ

sortition
BR sɔːˈtɪʃn, -z
AM sɔrˈtɪʃ(ə)n, -z

sorus
BR ˈsɔːrəs
AM ˈsɔrəs

SOS
BR ˌesəʊˈes, -ɪz
AM ˌesˌoʊˈes, -əz

so-so
BR ˈsəʊsəʊ, ˌsəʊˈsəʊ
AM ˈsoʊˈsoʊ

sostenuto
BR ˌsɒstɪˈn(j)uːtəʊ
AM ˌsɑstəˈnudoʊ, ˌsɑstəˈnudoʊ
IT sosteˈnuto

sot
BR sɒt, -s
AM sɑt, -s

soteriological
BR sə(ʊ)ˌtɪərɪəˈlɒdʒɪkl
AM soʊˌtɪriəˈlɑdʒək(ə)l

soteriology
BR sə(ʊ)ˌtɪərɪˈɒlədʒi
AM soʊˌtɪriˈɑlədʒi

Sotheby
BR ˈsʌðəb|i, -ɪz
AM ˈsəðəbi, -z

Sothic
BR ˈsəʊθɪk, ˈsɒθɪk
AM ˈsɑθɪk, ˈsoʊθɪk

Sotho
BR ˈsuːtuː, ˈsəʊtəʊ, -z
AM ˈsoʊθoʊ, ˈsoʊdoʊ, -z

Soto
BR ˈsəʊtəʊ
AM ˈsoʊdoʊ

sottish
BR ˈsɒtɪʃ
AM ˈsɑdɪʃ

sottishly
BR ˈsɒtɪʃli
AM ˈsɑdɪʃli

sottishness
BR ˈsɒtɪʃnɪs
AM ˈsɑdɪʃnɪs

sotto voce
BR ˌsɒtəʊ ˈvəʊtʃi
AM ˌsoʊdoʊ ˈvoʊtʃi, ˌsɑdoʊ ˈvoʊtʃi
IT ˈsotto ˈvotʃe

sou
BR suː, -z
AM su, -z

soubrette
BR suːˈbret, sʊˈbret, -s
AM suˈbret, -s

soubriquet
BR ˈsuːbrɪkeɪ, -z
AM ˌsoʊbrəˈket, -s

souchong
BR ˌsuːˈ(t)ʃɒŋ, -z
AM ˈˌsuˈtʃɑŋ, ˈˌsuˈtʃɔŋ, -z

soufflé¹ *food*
BR ˈsuːfleɪ, -z
AM suˈfleɪ, -z

souffle² *sound*
BR ˈsuːfl, -z
AM ˈsufəl, -z

Soufrière
BR ˌsuːfrɪˈɛː(r)
AM ˌsufriˈ(j)e(ə)r

sough
BR sau, sʌf, sauz\sʌfs, sauɪŋ\sʌfɪŋ, saud\sʌft
AM sau, səf, səfs\sauz, səfɪŋ\sauɪŋ, səft\saud

sought
BR sɔːt
AM sɑt, sɔt

sought-after
BR ˈsɔːtˌɑːftə(r)
AM ˈsɑdˌæftər, ˈsɔdˌæftər

souk
BR suːk, -s
AM suk, -s

soukous
BR ˈsuːkuːs
AM ˈsukəs

soul
BR səʊl, -z
AM soʊl, -z

Soulbury
BR ˈsəʊlb(ə)ri
AM ˈsoʊlˌberi

soulful
BR ˈsəʊlf(ʊ)l
AM ˈsoʊlfəl

soulfully
BR ˈsəʊlfʊli, ˈsəʊlfˌli
AM ˈsoʊlfəli

soulfulness
BR ˈsəʊlf(ʊ)lnəs
AM ˈsoʊlfəlnəs

soulless
BR ˈsəʊlləs
AM ˈsoʊ(l)ləs

soullessly
BR ˈsəʊlləsli
AM ˈsoʊ(l)ləsli

soullessness
BR ˈsəʊlləsnəs
AM ˈsoʊ(l)ləsnəs

soulmate
BR ˈsəʊlmeɪt, -s
AM ˈsoʊlˌmeɪt, -s

soulster
BR ˈsəʊlstə(r), -z
AM ˈsoʊlstər, -z

sound
BR saund, -z, -ɪŋ, -ɪd, -ə(r), -ɪst
AM saund, -z, -ɪŋ, -əd, -ər, -əst

soundalike
BR ˈsaundəlʌɪk, -s
AM ˈsaundəˌlaɪk, -s

soundbite
BR ˈsaʊn(d)bʌɪt, -s
AM ˈsaʊn(d)ˌbaɪt, -s

soundboard
BR ˈsaʊn(d)bɔːd, -z
AM ˈsaʊn(d)ˌbɔ(ə)rd, -z

soundbox
BR ˈsaʊn(d)bɒks, -ɪz
AM ˈsaʊn(d)ˌbɑks, -əz

soundcheck
BR ˈsaʊn(d)tʃɛk, -s
AM ˈsaʊn(d)ˌtʃɛk, -s

sounder
BR ˈsaʊndə(r), -z
AM ˈsaʊndər, -z

soundhole
BR ˈsaʊndhəʊl, -z
AM ˈsaʊn(d)ˌ(h)oʊl, -z

sounding
BR ˈsaʊndɪŋ, -z
AM ˈsaʊndɪŋ, -z

soundless
BR ˈsaʊndləs
AM ˈsaʊn(d)ləs

soundlessly
BR ˈsaʊndləsli
AM ˈsaʊn(d)ləsli

soundlessness
BR ˈsaʊndləsnəs
AM ˈsaʊn(d)ləsnəs

soundly
BR ˈsaʊndli
AM ˈsaʊn(d)li

soundness
BR ˈsaʊn(d)nəs
AM ˈsaʊn(d)nəs

soundproof
BR ˈsaʊn(d)pruːf, -s, -ɪŋ, -t
AM ˈsaʊn(d)ˌpruːf, -s, -ɪŋ, -t

soundstage
BR ˈsaʊn(d)steɪdʒ, -ɪz
AM ˈsaʊn(d)ˌsteɪdʒ, -ɪz

soundtrack
BR ˈsaʊn(d)trak, -s
AM ˈsaʊn(d)ˌtræk, -s

Souness
BR ˈsuːnɪs
AM ˈsunəs

soup
BR suːp, -s, -ɪŋ, -t
AM sup, -s, -ɪŋ, -t

soupcon
BR ˈsuːpsɒ̃, ˈsuːpsɒn, -z
AM supˈsɑn, supˈsɔn, -z

soupçon
BR ˈsuːpsɒ̃, ˈsuːpsɒn, -z
AM supˈsɑn, supˈsɔn, -z

souped-up
BR ˌsuːptˈʌp
AM ˌsupˈtəp

soupily
BR ˈsuːpɪli
AM ˈsupəli

soupiness
BR ˈsuːpɪnɪs
AM ˈsupɪnɪs

soupspoon
BR ˈsuːpspuːn, -z
AM ˈsupˌspun, -z

soupy
BR ˈsuːp|i, -ɪə(r), -ɪɪst
AM ˈsupi, -ər, -ɪst

sour
BR ˈsaʊə(r), -z, -ɪŋ, -d, -ə(r), -ɪst
AM ˈsaʊər, -z, -ɪŋ, -d, -ər, -əst

source
BR sɔːs, -ɪz
AM sɔ(ə)rs, -əz

sourcebook
BR ˈsɔːsbʊk, -s
AM ˈsɔrsˌbʊk, -s

sourdough
BR ˈsaʊədəʊ
AM ˈsaʊərˌdoʊ

sour grapes
BR ˌsaʊə ˈɡreɪps
AM ˌsaʊər ˈɡreɪps

sourish
BR ˈsaʊərɪʃ
AM ˈsaʊərɪʃ

sourly
BR ˈsaʊəli
AM ˈsaʊərli

sourness
BR ˈsaʊənəs
AM ˈsaʊərnəs

sourpuss
BR ˈsaʊəpʊs, -ɪz
AM ˈsaʊərˌpʊs, -əz

soursop
BR ˈsaʊəsɒp, -s
AM ˈsaʊərˌsɑp, -s

Sousa
BR ˈsuːzə(r)
AM ˈsuzə

sousaphone
BR ˈsuːzəfəʊn, -z
AM ˈsuzəˌfoʊn, -z

sousaphonist
BR ˈsuːzəfəʊnɪst, -s
AM ˈsuzəˌfoʊnəst, -s

souse
BR saʊs, -ɪz, -ɪŋ, -t
AM saʊs, -əz, -ɪŋ, -t

souslik
BR ˈsuːslɪk, -s
AM ˈsuslɪk, -s
RUS ˈsuslʲik

Sousse
BR suːs
AM sus

sous vide
BR suː ˈviːd
AM su ˈvid

soutache
BR suːˈtaʃ, -ɪz
AM suˈtaʃ, -əz

soutane
BR suːˈtɑːn, suːˈtan, -z
AM suˈtɑn, -z

souteneur
BR ˌsuːtəˈnɜː(r), -z
AM ˌsutnˈər, ˌsudəˈnər, -z

souter
BR ˈsuːtə(r), -z
AM ˈsudər, -z

souterrain
BR ˈsuːtəreɪn, -z
AM ˌsutəˈreɪn, -z

south
BR saʊθ
AM saʊθ

South Africa
BR ˌsaʊθ ˈafrɪkə(r)
AM ˌsaʊθ ˈæfrəkə

South African
BR ˌsaʊθ ˈafrɪk(ə)n, -z
AM ˌsaʊθ ˈæfrəkən, -z

Southall[1] *place in UK*
BR ˈsaʊθɔːl
AM ˈsaʊθɑl, ˈsaʊθɔl

Southall[2] *surname*
BR ˈsʌð(ɔː)l
AM ˈsəθəl

Southam
BR ˈsaʊð(ə)m
AM ˈsaʊθəm

South America
BR ˌsaʊθ əˈmɛrɪkə(r)
AM ˌsaʊθ əˈmɛrəkə

South American
BR ˌsaʊθ əˈmɛrɪk(ə)n, -z
AM ˌsaʊθ əˈmɛrəkən, -z

Southampton
BR ˌsaʊθˈham(p)tən, saʊˈθam(p)tən
AM ˌsaʊθˈ(h)æm(p)t(ə)n

southbound
BR ˈsaʊθbaʊnd
AM ˈsaʊθˌbaʊnd

South Carolina
BR ˌsaʊθ ˌkarəˈlʌɪnə(r)
AM ˌsaʊθ ˌkɛrəˈlaɪnə

South China Sea
BR ˌsaʊθ ˌtʃʌɪnə ˈsiː
AM ˌsaʊθ ˌtʃaɪnə ˈsi

South Dakota
BR ˌsaʊθ dəˈkəʊtə(r)
AM ˌsaʊθdəˈkoʊdə

Southdown
BR ˈsaʊθdaʊn, -z
AM ˈsaʊθˌdaʊn, -z

southeast
BR ˌsaʊθˈiːst
AM ˌsaʊθˈist

southeaster
BR ˌsaʊθˈiːstə(r), -z
AM ˌsaʊθˈistər, -z

southeasterly
BR ˌsaʊθˈiːstəl|i, -ɪz
AM ˌsaʊθˈistərli, -z

southeastern
BR ˌsaʊθˈiːst(ə)n
AM ˌsaʊθˈistərn

south-easterner
BR ˌsaʊθˈiːstnə(r), -z
AM ˌsaʊθˈistərnər, -z

southeastward
BR ˌsaʊθˈiːstwəd, -z
AM ˌsaʊθˈis(t)wərd, -z

Southend
BR ˌsaʊθˈɛnd
AM ˌsaʊθˈɛnd

souther
BR ˈsaʊθə(r), -z
AM ˈsaʊðər, -z

southerliness
BR ˈsʌðəlinɪs
AM ˈsəðərlinɪs

southerly
BR ˈsʌðəli
AM ˈsəðərli

southern
BR ˈsʌðn
AM ˈsəðərn

Southerndown
BR ˌsʌðnˈdaʊn
AM ˈsəðərnˌdaʊn

southerner
BR ˈsʌðnə(r), -z
AM ˈsəðərnər, -z

southernmost
BR ˈsʌðnməʊst
AM ˈsəðərnˌməʊst

southernwood
BR ˈsʌðnwʊd, -z
AM ˈsəðərnˌwʊd, -z

Southey
BR ˈsaʊði, ˈsʌði
AM ˈsəði, ˈsaʊði

southing
BR ˈsaʊðɪŋ, ˈsaʊθɪŋ, -z
AM ˈsaʊðɪŋ, -z

southland
BR ˈsaʊθland
AM ˈsaʊθˌlænd

southpaw
BR ˈsaʊθpɔː(r), -z
AM ˈsaʊθˌpɑ, ˈsaʊθˌpɔ, -z

south-southeast[1]
BR ˌsaʊθsaʊθˈiːst
AM ˌsaʊθˌsaʊθˈist

south-southeast[2] *nautical use*
BR ˌsaʊsaʊˈiːst
AM ˌsaʊˌsaʊˈist

south-southwest[1]
BR ˌsaʊθsaʊθˈwest
AM ˌsaʊθˌsaʊθˈwest

south-southwest[2] *nautical use*
BR ˌsaʊsaʊˈwest
AM ˌsaʊˌsaʊˈwest

South Utsire
BR ˌsaʊθ ʊtˈsɪərə(r)
AM ˌsaʊθ ʊtˈsɪ(ə)r

southward
BR ˈsaʊθwəd, -z
AM ˈsaʊθwərd, -z

southwardly
BR ˈsaʊθwədli
AM ˈsaʊθwərdli

Southwark
BR ˈsʌðək
AM ˈsaʊθˌwərk, ˈsəðərk

Southwell
BR ˈsʌðl, ˈsaʊθw(ɛ)l
AM ˈsaʊθˌwɛl

southwest
BR ˌsaʊθˈwest
AM ˌsaʊθˈwest

southwester[1]
BR ˌsaʊθˈwestə(r), -z
AM ˌsaʊθˈwestər, -z

southwester[2] *nautical use*
BR ˌsaʊˈwestə(r), -z
AM ˌsaʊˈwestər, -z

southwesterly[1]
BR ˌsaʊθˈwestəlli, -ɪz
AM ˌsaʊθˈwestərli, -z

southwesterly[2] *nautical use*
BR ˌsaʊˈwestəlli, -ɪz
AM ˌsaʊˈwestərli, -z

southwestern
BR ˌsaʊθˈwest(ə)n
AM ˌsaʊθˈwestərn

southwesterner
BR ˌsaʊθˈwestn̩ə(r), -z
AM ˌsaʊθˈwestərnər, -z

southwestward
BR ˌsaʊθˈwestwəd, -z
AM ˌsaʊθˈwes(t)wərd, -z

Southwold
BR ˈsaʊðwəʊld
AM ˈsaʊθˌwoʊld

Souttar
BR ˈsuːtə(r)
AM ˈsudər

Soutter
BR ˈsuːtə(r)
AM ˈsudər

souvenir
BR ˌsuːvəˈnɪə(r), -z
AM ˌsuvəˈnɪ(ə)r, -z

souvlaki
BR suːˈvlɑːki
AM suˈvlaki
GR suːˈvlɑːkiː

souvlakia
BR suːˈvlɑːkɪə(r)
AM suˈvlakiə
GR suːˈvlɑːkiːɑ

sou'wester
BR ˌsaʊˈwestə(r), -z
AM ˌsaʊˈwestər, -z

sovereign
BR ˈsɒvr(ɪ)n, -z
AM ˈsɑvərn, ˈsʌv(ə)rən, -z

sovereignly
BR ˈsɒvr(ɪ)nli
AM ˈsɑvərnli, ˈsʌv(ə)rənli

sovereignty
BR ˈsɒvr(ɪ)nti
AM ˈsɑvərn(t)i, ˈsʌv(ə)rən(t)i

soviet
BR ˈsəʊvɪət, ˈsɒvɪət, -s
AM ˈsoʊviˌet, ˈsoʊviət, -s
RUS saˈvʲet

Sovietisation
BR ˌsəʊvɪətʌɪˈzeɪʃn, ˌsɒvɪətʌɪˈzeɪʃn
AM ˌsoʊviəˌtaɪˈzeɪʃ(ə)n, ˌsoʊviədəˈzeɪʃ(ə)n

Sovietise
BR ˈsəʊvɪətʌɪz, ˈsɒvɪətʌɪz, -ɪz, -ɪŋ, -d
AM ˈsoʊviˌtaɪz, -ɪz, -ɪŋ, -d

Sovietization
BR ˌsəʊvɪətʌɪˈzeɪʃn, ˌsɒvɪətʌɪˈzeɪʃn
AM ˌsoʊviəˌtaɪˈzeɪʃ(ə)n, ˌsoʊviədəˈzeɪʃ(ə)n

Sovietize
BR ˈsəʊvɪətʌɪz, ˈsɒvɪətʌɪz, -ɪz, -ɪŋ, -d
AM ˈsoʊviˌtaɪz, -ɪz, -ɪŋ, -d

sovietologist
BR ˌsəʊvɪəˈtɒlədʒɪst, ˌsɒvɪəˈtɒlədʒɪst, -s
AM ˌsoʊviəˈtɑlədʒəst, -s

Soviet Union
BR ˌsəʊvɪət ˈjuːnɪən, ˌsɒvɪət +
AM ˌsoʊviet ˈjunjən, ˌsoʊviət ˈjunjən

sow[1] *noun*
BR saʊ, -z
AM saʊ, -z

sow[2] *verb*
BR səʊ, -z, -ɪŋ, -d
AM soʊ, -z, -ɪŋ, -d

sowback
BR ˈsaʊbak, -s
AM ˈsaʊˌbæk, -s

sowbelly
BR ˈsaʊˌbɛlli, -ɪz
AM ˈsaʊˌbeli, -z

sowbread
BR ˈsaʊbred, -z
AM ˈsaʊˌbred, -z

sower
BR ˈsəʊə(r), -z
AM ˈsoʊər, -z

Sowerby
BR ˈsaʊəbi
AM ˈsaʊərbi

Sowetan
BR səˈwetən, -z
AM səˈwetn, -z

Soweto
BR səˈwetəʊ
AM səˈwedoʊ

sowing
BR ˈsəʊɪŋ, -z
AM ˈsoʊɪŋ, -z

sown
BR səʊn
AM soʊn

sowthistle
BR ˈsaʊˌθɪsl, -z
AM ˈsaʊˌθɪs(ə)l, -z

sox
BR sɒks
AM sɑks

soy
BR sɔɪ
AM sɔɪ

soya
BR ˈsɔɪə(r)
AM ˈsɔɪ(ə)

soybean
BR ˈsɔɪbiːn, -z
AM ˈsɔɪˌbin, -z

Soyinka
BR ʃɔɪˈɪŋkə(r)
AM sɔɪˈɪŋkə

Soyuz
BR ˈsɔɪjʊz
AM ˈsɔɪˌjuz, ˈsɑˌjuz
RUS saˈjus

sozzled
BR ˈsɒzld
AM ˈsɑzəld

spa
BR spɑː(r), -z
AM spɑ, -z

space
BR speɪs, -ɪz, -ɪŋ, -t
AM speɪs, -ɪz, -ɪŋ, -t

space-age
BR ˈspeɪseɪdʒ
AM ˈspeɪsˌeɪdʒ

spacecraft
BR ˈspeɪskrɑːft
AM ˈspeɪsˌkræf(t)

spaced-out
BR ˌspeɪstˈaʊt
AM ˈspeɪsˈtaʊt

spaceflight
BR ˈspeɪsflʌɪt, -s
AM ˈspeɪsˌflaɪt, -s

spacelab
BR ˈspeɪslab, -z
AM ˈspeɪsˌlæb, -z

spaceman
BR ˈspeɪsman
AM ˈspeɪsm(ə)n, ˈspeɪsˌmæn

spacemen
BR ˈspeɪsmɛn
AM ˈspeɪsm(ə)n, ˈspeɪsˌmɛn

spacer
BR ˈspeɪsə(r), -z
AM ˈspeɪsər, -z

spaceship
BR ˈspeɪsʃɪp, -s
AM ˈspeɪ(s)ˌʃɪp, -s

spaceshot
BR ˈspeɪsʃɒt, -s
AM ˈspeɪ(s)ˌʃɑt, -s

spacesuit
BR ˈspeɪss(j)uːt, -s
AM ˈspeɪ(s)ˌsut, -s

spacewalk
BR ˈspeɪswɔːk, -s
AM ˈspeɪsˌwɑk, ˈspeɪsˌwɔk, -s

spaceward
BR ˈspeɪswəd
AM ˈspeɪswərd

spacewoman
BR ˈspeɪsˌwʊmən
AM ˈspeɪsˌwʊm(ə)n

spacewomen
BR ˈspeɪsˌwɪmɪn
AM ˈspeɪsˌwɪmɪn

spacey
BR ˈspeɪs|i, -ɪə(r), -ɪɪst
AM ˈspeɪsi, -ər, -ɪst

spacial
BR ˈspeɪʃl
AM ˈspeɪʃ(ə)l

spacing
BR ˈspeɪsɪŋ, -z
AM ˈspeɪsɪŋ, -z

spacious
BR ˈspeɪʃəs
AM ˈspeɪʃəs

spaciously
BR ˈspeɪʃəsli
AM ˈspeɪʃəsli

spaciousness
BR ˈspeɪʃəsnəs
AM ˈspeɪʃəsnəs

spacy
BR ˈspeɪs|i, -ɪə(r), -ɪɪst
AM ˈspeɪsi, -ər, -ɪst

spade
BR speɪd, -z, -ɪŋ, -ɪd
AM speɪd, -z, -ɪŋ, -ɪd

spadeful
BR ˈspeɪdfʊl, -z
AM ˈspeɪdˌfʊl, -z

spadework
BR ˈspeɪdwəːk
AM ˈspeɪdˌwərk

spadiceous
BR speɪˈdɪʃəs
AM spəˈdɪʃəs, speɪˈdɪʃəs

spadicose
BR ˈspeɪdɪkəʊs
AM ˈspeɪdəˌkoʊz, ˈspeɪdəˌkoʊs

spadille
BR spəˈdɪl, -z
AM spəˈdɪl, -z

spadix
BR ˈspeɪdɪks, -ɪz
AM ˈspeɪdɪks, -ɪz

spado
BR ˈspadəʊ, -z
AM ˈspædoʊ, -z

spae
BR speɪ, -z, -ɪŋ, -d
AM speɪ, -z, -ɪŋ, -d

spaewife
BR ˈspeɪwʌɪf
AM ˈspeɪˌwaɪf

spaewives
BR ˈspeɪwʌɪvz
AM ˈspeɪˌwaɪvz

spaghetti
BR spəˈgɛti
AM spəˈgɛdi
IT spaˈgetti

spaghettini
BR ˌspagɛˈtiːni
AM ˌspægəˈtini

spahi
BR ˈspɑːhiː, -z
AM ˈspɑ(h)i, -z

Spain
BR speɪn
AM speɪn

spake
BR speɪk
AM speɪk

Spalding
BR ˈspɔːldɪŋ
AM ˈspɑldɪŋ, ˈspɔldɪŋ

spall
BR spɔːl, -z, -ɪŋ, -d
AM spɑl, spɔl, -z, -ɪŋ, -d

spallation
BR spɔːˈleɪʃn, -z
AM spɑˈleɪʃ(ə)n, spɔˈleɪʃ(ə)n, -z

spalpeen
BR ˈspalpiːn, -z
AM ˈspalˌpin, ˈspɔlˌpin, -z

Spam
BR spam
AM spæm

span
BR span, -z, -ɪŋ, -d
AM spæn, -z, -ɪŋ, -d

spanakopita
BR ˌspanəˈkɒpɪtə(r)
AM ˌspænəˈkɑpədə, ˌspænəˈkɔpədə

Spandau
BR ˈspandaʊ, ˈʃpandaʊ
AM ˈspændaʊ

spandrel
BR ˈspandr(ə)l, -z
AM ˈspændrəl, -z

spang
BR spaŋ
AM spæŋ

spangle
BR ˈspaŋg|l, -lz, -lɪŋ\-lɪŋ, -ld
AM ˈspæŋgəl, -əlz, -(ə)lɪŋ, -əld

Spanglish
BR ˈspaŋglɪʃ
AM ˈspæŋglɪʃ

spangly
BR ˈspaŋgl|i, ˈspaŋgl|i, -ɪə(r), -ɪɪst
AM ˈspæŋ(ə)li, -ər, -ɪst

Spaniard
BR ˈspanjəd, -z
AM ˈspænjərd, -z

spaniel
BR ˈspanjəl, -z
AM ˈspænj(ə)l, -z

Spanier
BR ˈspanjə(r), ˈspanjeɪ
AM ˈspænjər

Spanish
BR ˈspanɪʃ
AM ˈspænɪʃ

Spanish-American
BR ˌspanɪʃəˈmɛrɪk(ə)n
AM ˌspænɪʃəˈmɛrəkən

Spanishness
BR ˈspanɪʃnɪs
AM ˈspænɪʃnɪs

spank
BR spaŋ|k, -ks, -kɪŋ, -(k)t
AM spæŋ|k, -ks, -kɪŋ, -(k)t

spanker
BR ˈspaŋkə(r), -z
AM ˈspæŋkər, -z

spanking
BR ˈspaŋkɪŋ, -z
AM ˈspæŋkɪŋ, -z

spanner
BR ˈspanə(r), -z
AM ˈspænər, -z

Spansule
BR ˈspansjuːl, -z
AM ˈspænˌs(j)ul, -z

spar
BR spɑː(r), -z, -ɪŋ, -d
AM spɑr, -z, -ɪŋ, -d

sparable
BR ˈsparəbl, -z
AM ˈspɑrəb(ə)l, -z

sparaxes
BR spəˈraksiːz
AM spəˈræksiz

sparaxis
BR spəˈraksɪs
AM spəˈræksəs

spare
BR spɛː(r), -z, -ɪŋ, -d, -ə(r), -ɪst
AM spɛ(ə)r, -z, -ɪŋ, -d, -ər, -əst

sparely
BR ˈspɛːli
AM ˈspɛrli

spareness
BR ˈspɛːnəs
AM ˈspɛrnəs

spare part
BR ˌspɛː ˈpɑːt, -s
AM ˌspɛr ˈpɑrt, -s

sparer
BR ˈspɛːrə(r), -z
AM ˈspɛrər, -z

sparerib
BR ˈspɛːrɪb, -z
AM ˈspɛrˌrɪb, -z

spare-time
BR ˌspɛːˈtʌɪm
AM ˌspɛrˈtaɪm

sparge
BR spɑːdʒ, -ɪz, -ɪŋ, -d
AM spɑrdʒ, -əz, -ɪŋ, -d

sparger
BR ˈspɑːdʒə(r), -z
AM ˈspɑrdʒər, -z

sparid
BR ˈsparɪd, ˈspeɪrɪd, -z
AM ˈspɛrəd, -z

sparing
BR ˈspɛːrɪŋ
AM ˈspɛrɪŋ

sparingly
BR ˈspɛːrɪŋli
AM ˈspɛrɪŋli

sparingness
BR ˈspɛːrɪŋnɪs
AM ˈspɛrɪŋnɪs

spark
BR spɑːk, -s, -ɪŋ, -t
AM spɑrk, -s, -ɪŋ, -t

Sparke
BR spɑːk
AM spɑrk

sparkish
BR ˈspɑːkɪʃ
AM ˈspɑrkɪʃ

sparkle
BR ˈspɑːk|l, -lz, -lɪŋ\-lɪŋ, -d
AM ˈspɑrk|əl, -əlz, -(ə)lɪŋ, -əld

sparkler
BR ˈspɑːklə(r), -z
AM ˈspɑrk(ə)lər, -z

sparkless
BR ˈspɑːkləs
AM ˈspɑrkləs

sparklet
BR ˈspɑːklɪt, -s
AM ˈspɑrklət, -s

sparklingly
BR ˈspɑːklɪŋli
AM ˈspɑrk(ə)lɪŋli

sparkly
BR ˈspɑːkli
AM ˈspɑrk(ə)li

Sparks
BR spɑːks
AM spɑrks

sparky
BR ˈspɑːk|i, -ɪz
AM ˈspɑrki, -z

sparling
BR ˈspɑːlɪŋ
AM ˈspɑrlɪŋ

sparoid
BR ˈsparɔɪd, -z
AM ˈspɛˌrɔɪd, -z

sparrow
BR ˈsparəʊ, -z
AM ˈspɛroʊ, -z

sparrowhawk
BR ˈsparə(ʊ)hɔːk, -s
AM ˈspɛroʊˌhɑk, ˈspɛroʊˌhɔk, -s

sparry
BR ˈspɑːri
AM ˈspɑri

sparse
BR spɑːs
AM spɑrs

sparsely
BR ˈspɑːsli
AM ˈspɑrsli

sparseness
BR ˈspɑːsnəs
AM ˈspɑrsnəs

sparsity
BR ˈspɑːsɪti
AM ˈspɑrsədi

Sparta
BR ˈspɑːtə(r)
AM ˈspɑrdə

Spartacist
BR ˈspɑːtəsɪst, -s
AM ˈspɑrdəsəst, -s

Spartacus
BR ˈspɑːtəkəs
AM ˈspɑrdəkəs

spartan
BR ˈspɑːtn, -z
AM ˈspɑrtn, -z

spasm
BR ˈspazm, -z
AM ˈspæz(ə)m, -z

spasmodic
BR spazˈmɒdɪk
AM spæzˈmɑdɪk

spasmodically
BR spazˈmɒdɪkli
AM spæzˈmɑdək(ə)li

spastic
BR ˈspastɪk, -s
AM ˈspæstɪk, -s

spastically
BR ˈspastɪkli
AM ˈspæstək(ə)li

spasticity
BR spaˈstɪsɪti
AM spæˈstɪsɪdi

spat
BR spat, -s
AM spæt, -s

spatchcock
BR ˈspatʃkɒk, -s, -ɪŋ, -t
AM ˈspætʃˌkɑk, -s, -ɪŋ, -t

spate
BR speɪt, -s
AM speɪt, -s

spathaceous
BR spəˈθeɪʃəs
AM spəˈθeɪʃəs

spathe
BR speɪð, -z
AM speɪð, -z

spathic
BR ˈspaθɪk
AM ˈspæθɪk

spathose
BR ˈspaθəʊs
AM ˈspeɪˌθoʊz, ˈspeɪˌθoʊs

spatial
BR ˈspeɪʃl
AM ˈspeɪʃ(ə)l

spatialise
BR ˈspeɪʃlʌɪz, -ɪz, -ɪŋ, -d
AM ˈspeɪʃəˌlaɪz, -ɪz, -ɪŋ, -d

spatiality
BR ˌspeɪʃiˈalɪti
AM ˌspeɪʃiˈælədi

spatialize
BR ˈspeɪʃlʌɪz, -ɪz, -ɪŋ, -d
AM ˈspeɪʃəˌlaɪz, -ɪz, -ɪŋ, -d

spatially
BR ˈspeɪʃli
AM ˈspeɪʃəli

spatio-temporal
BR ˌspeɪʃ(i)əʊˈtemp(ə)rḷ
AM ˌˌspeɪʃ(i)oʊ-
ˈtemp(ə)rəl

spatio-temporally
BR ˌspeɪʃ-
(i)əʊˈtemp(ə)rḷi
AM ˌˌspeɪʃ(i)oʊ-
ˈtemp(ə)rəli

Spätlese
BR ˈʃpetˌleɪzə(r), -z
AM ˈʃpeɪtˌleɪzə, -z

Spätlesen
BR ˈʃpetˌleɪzn
AM ˈʃpeɪtˌleɪzn

spatter
BR ˈspat|ə(r), -əz,
-(ə)rɪŋ, -əd
AM ˈspæd|ər, -ərz,
-(ə)rɪŋ, -ərd

spatterdash
BR ˈspatədaʃ, -ɪz
AM ˈspædərˌdæʃ, -əz

spatula
BR ˈspatjʊlə(r),
ˈspatʃʊlə(r), -z
AM ˈspætʃələ, -z

spatulae
BR ˈspatjʊliː,
ˈspatʃʊliː
AM ˈspætʃəˌlaɪ,
ˈspætʃəli

spatulate
BR ˈspatjʊlət,
ˈspatʃʊlət
AM ˈspætʃələt

Spätzle
BR ˈʃpetsləˌ(r), ˈʃpetsl
AM ˈʃpetsl

spavin
BR ˈspav(ɪ)n, -d
AM ˈspævən, -d

spawn
BR spɔːn, -z, -ɪŋ, -d
AM spɑn, spɔn, -z,
-ɪŋ, -d

spawner
BR ˈspɔːnə(r), -z
AM ˈspɑnər, ˈspɔnər, -z

spawning
BR ˈspɔːnɪŋ, -z
AM ˈspɑnɪŋ, ˈspɔnɪŋ, -z

spay
BR speɪ, -z, -ɪŋ, -d
AM speɪ, -z, -ɪŋ, -d

Speaight
BR speɪt
AM speɪt

speak
BR spiːk, -s, -ɪŋ
AM spik, -s, -ɪŋ

speakable
BR ˈspiːkəbl
AM ˈspikəb(ə)l

speakeasy
BR ˈspiːkˌiːz|i, -ɪz
AM ˈspikˌizi, -z

speaker
BR ˈspiːkə(r), -z
AM ˈspikər, -z

speakerphone
BR ˈspiːkəfəʊn
AM ˈspikərˌfoʊn

speakership
BR ˈspiːkəʃɪp, -s
AM ˈspikərˌʃɪp, -s

speaking clock
BR ˌspiːkɪŋ ˈklɒk, -s
AM ˌspikɪŋ ˈklɑk, -s

spear
BR spɪə(r), -z, -ɪŋ, -d
AM spɪ(ə)r, -z, -ɪŋ, -d

spearfish
BR ˈspɪəfɪʃ, -ɪz
AM ˈspɪrˌfɪʃ, -ɪz

speargun
BR ˈspɪəgʌn, -z
AM ˈspɪrˌgʌn, -z

spearhead
BR ˈspɪəhed, -z, -ɪŋ, -ɪd
AM ˈspɪrˌ(h)ed, -z, -ɪŋ, -əd

spearman
BR ˈspɪəmən
AM ˈspɪrm(ə)n

spearmen
BR ˈspɪəmən
AM ˈspɪrm(ə)n

spearmint
BR ˈspɪəmɪnt
AM ˈspɪrˌmɪnt

Spears
BR spɪəz
AM spɪ(ə)rz

spearwort
BR ˈspɪəwɜːt, -s
AM ˈspɪrˌwɔ(ə)rt,
ˈspɪrwərt, -s

spec
BR spek, -s
AM spek, -s

special
BR ˈspeʃl, -z
AM ˈspeʃ(ə)l, -z

specialisation
BR ˌspeʃlaɪˈzeɪʃn, -z
AM ˌspeʃəˌlaɪˈzeɪʃ(ə)n,
ˌspeʃələˈzeɪʃ(ə)n, -z

specialise
BR ˈspeʃlaɪz, -ɪz, -ɪŋ, -d
AM ˈspeʃəˌlaɪz, -ɪz,
-ɪŋ, -d

specialism
BR ˈspeʃlɪzm
AM ˈspeʃəˌlɪz(ə)m

specialist
BR ˈspeʃlɪst, -s
AM ˈspeʃ(ə)ləst, -s

specialistic
BR ˌspeʃəˈlɪstɪk,
ˌspeʃlˈɪstɪk
AM ˌspeʃəˈlɪstɪk

speciality
BR ˌspeʃiˈalɪt|i, -ɪz
AM ˌspeʃiˈælədi, -z

specialization
BR ˌspeʃlaɪˈzeɪʃn, -z
AM ˌspeʃəˌlaɪˈzeɪʃ(ə)n,
ˌspeʃələˈzeɪʃ(ə)n, -z

specialize
BR ˈspeʃlaɪz, -ɪz, -ɪŋ, -d
AM ˈspeʃəˌlaɪz, -ɪz,
-ɪŋ, -d

specially
BR ˈspeʃ(ə)li, ˈspeʃḷi
AM ˈspeʃəli

specialness
BR ˈspeʃlnəs
AM ˈspeʃəlnəs

specialty
BR ˈspeʃlt|i, -ɪz
AM ˈspeʃəlti, -z

speciation
BR ˌspiːʃiˈeɪʃn, -z
AM ˌspisiˈeɪʃ(ə)n,
ˌspiʃiˈeɪʃ(ə)n, -z

specie
BR ˈspiːʃi(ː)
AM ˈspisi, ˈspiʃi

species
BR ˈspiːʃiz, ˈspiːʃiːz,
ˈspiːsɪz, ˈspiːsiːz
AM ˈspisiz, ˈspiʃiz

speciesism
BR ˈspiːʃizɪzm,
ˈspiːsɪzɪzm
AM ˈspisiˌzɪz(ə)m,
ˈspiʃiˌzɪz(ə)m

speciesist
BR ˈspiːʃizɪst,
ˈspiːsɪzɪst, -s
AM ˈspisizɪst,
ˈspiʃizɪst, -s

specifiable
BR ˈspesɪfʌɪəbl
AM ˌspesəˈfaɪəb(ə)l

specific
BR spɪˈsɪfɪk, -s
AM spəˈsɪfɪk, -s

specifically
BR spɪˈsɪfɪkli
AM spəˈsɪfək(ə)li

specification
BR ˌspesɪfɪˈkeɪʃn, -z
AM ˌspesəfəˈkeɪʃ(ə)n,
-z

specificity
BR ˌspesɪˈfɪsɪti
AM ˌspesəˈfɪsɪdi

specificness
BR spɪˈsɪfɪknɪs
AM spəˈsɪfɪknɪs

specifier
BR ˈspesɪfʌɪə(r), -z
AM ˈspesəˌfaɪər, -z

specify
BR ˈspesɪfʌɪ, -z,
-ɪŋ, -d
AM ˈspesəˌfaɪ, -z, -ɪŋ, -d

specimen
BR ˈspesɪmɪn, -z
AM ˈspesəm(ə)n, -z

speciological
BR ˌspiːʃiəˈlɒdʒɪkl,
ˌspiːsɪəˈlɒdʒɪkl
AM ˌspisiəˈlɑdʒək(ə)l,
ˌspiʃiəˈlɑdʒək(ə)l

speciology
BR ˌspiːʃɪˈɒlədʒi,
ˌspiːsɪˈɒlədʒi
AM ˌspɪsiəˈɑlədʒi,
ˌspɪʃiˈɑlədʒi
speciosity
BR ˌspiːʃɪˈɒsɪti,
ˌspiːsɪˈɒsɪti
AM ˌspɪsiəˈɑsədi,
ˌspɪʃiˈɑsədi
specious
BR ˈspiːʃəs
AM ˈspiʃəs
speciously
BR ˈspiːʃəsli
AM ˈspiʃəsli
speciousness
BR ˈspiːʃəsnəs
AM ˈspiʃəsnəs
speck
BR spɛk, -s
AM spɛk, -s
speckle
BR ˈspɛk|l, -lz,
-lɪŋ\-lɪŋ, -d
AM ˈspɛkəl, -z, -ɪŋ, -d
speckless
BR ˈspɛkləs
AM ˈspɛkləs
specs
BR ˈspɛks
AM ˈspɛks
spectacle
BR ˈspɛktəkl, -z, -ld
AM ˈspɛktək(ə)l, -z, -ld
spectacular
BR spɛkˈtakjʊlə(r), -z
AM spɛkˈtækjələr, -z
spectacularly
BR spɛkˈtakjʊləli
AM spɛkˈtækjələrli
spectate
BR spɛkˈteɪt, -s, -ɪŋ, -ɪd
AM spɛkˈteɪ|t, -ts, -dɪŋ, -dɪd
spectator
BR spɛkˈteɪtə(r), -z
AM ˈspɛkˌteɪdər, -z
spectatorial
BR ˌspɛktəˈtɔːriəl
AM ˌspɛktəˈtɔriəl

specter
BR ˈspɛktə(r), -z
AM ˈspɛktər, -z
Spector
BR ˈspɛktə(r)
AM ˈspɛktər
spectra
BR ˈspɛktrə(r)
AM ˈspɛktrə
spectral
BR ˈspɛktr(ə)l
AM ˈspɛktrəl
spectrally
BR ˈspɛktrɪ̩i
AM ˈspɛktrəli
spectre
BR ˈspɛktə(r), -z
AM ˈspɛktər, -z
spectrochemistry
BR ˌspɛktrə(ʊ)-
ˈkɛmɪstri
AM ˌspɛktroʊ-
ˈkɛmɛstri
spectrogram
BR ˈspɛktrə(ʊ)gram, -z
AM ˈspɛktrəˌgræm, -z
spectrograph
BR ˈspɛktrə(ʊ)grɑːf, -s
AM ˈspɛktrəˌgræf, -s
spectrographic
BR ˌspɛktrəˈgrafɪk
AM ˌspɛktrəˈgræfɪk
spectrographically
BR ˌspɛktrəˈgrafɪkli
AM ˌspɛktrəˈgræfək(ə)li
spectrography
BR spɛkˈtrɒgrəfi
AM spɛkˈtrɑgrəfi
spectroheliograph
BR ˌspɛktrəʊ-
ˈhiːliəgrɑːf, -s
AM ˌspɛktroʊˈhiliə-
ˌgræf, -s
spectrohelioscope
BR ˌspɛktrəʊ-
ˈhiːliəskəʊp, -s
AM ˌspɛktroʊˈhiliə-
ˌskoʊp, -s
spectrometer
BR spɛkˈtrɒmɪtə(r), -z
AM spɛkˈtrɑmədər, -z

spectrometric
BR ˌspɛktrəˈmɛtrɪk
AM ˌspɛktrəˈmɛtrɪk
spectrometry
BR spɛkˈtrɒmɪtri
AM spɛkˈtrɑmətri
spectrophotometer
BR ˌspɛktrə(ʊ)fə-
ˈtɒmɪtə(r), -z
AM ˌspɛktroʊfə-
ˈtɑmədər, -z
spectrophotometric
BR ˌspɛktrə(ʊ)ˌfəʊtə-
ˈmɛtrɪk
AM ˌspɛktrəˌfoʊdə-
ˈmɛtrɪk
spectrophotometry
BR ˌspɛktrə(ʊ)fə-
ˈtɒmɪtri
AM ˌspɛktroʊfə-
ˈtɑmətri
spectroscope
BR ˈspɛktrəskəʊp, -s
AM ˈspɛktrəˌskoʊp, -s
spectroscopic
BR ˌspɛktrəˈskɒpɪk
AM ˌspɛktrəˈskɑpɪk
spectroscopical
BR ˌspɛktrəˈskɒpɪkl
AM ˌspɛktrə-
ˈskɑpək(ə)l
spectroscopist
BR spɛkˈtrɒskəpɪst, -s
AM spɛkˈtrɑskəpəst, -s
spectroscopy
BR spɛkˈtrɒskəpi
AM spɛkˈtrɑskəpi
spectrum
BR ˈspɛktrəm, -z
AM ˈspɛktrəm, -z
specula
BR ˈspɛkjʊlə(r)
AM ˈspɑkjələ
specular
BR ˈspɛkjʊlə(r)
AM ˈspɛkjələr
speculate
BR ˈspɛkjʊleɪt, -s, -ɪŋ, -ɪd
AM ˈspɛk(j)əˌleɪ|t, -ts, -dɪŋ, -dɪd

speculation
BR ˌspɛkjʊˈleɪʃn, -z
AM ˌspɛkjəˈleɪʃ(ə)n, -z
speculative
BR ˈspɛkjʊlətɪv
AM ˈspɛkjəˌleɪdɪv,
ˈspɛkjələdɪv
speculatively
BR ˈspɛkjʊlətɪvli
AM ˈspɛkjələdɪvli,
ˈspɛkjəˌleɪdɪvli
speculativeness
BR ˈspɛkjʊlətɪvnɪs
AM ˈspɛkjələdɪvnɪŋ,
ˈspɛkjəˌleɪdɪvnɪs
speculator
BR ˈspɛkjʊleɪtə(r), -z
AM ˈspɛkjəˌleɪdər, -z
speculum
BR ˈspɛkjʊləm
AM ˈspɑkjəl(ə)m
sped
BR spɛd
AM spɛd
speech
BR spiːtʃ, -ɪz
AM spitʃ, -ɪz
speechful
BR ˈspiːtʃf(ʊ)l
AM ˈspitʃˌfʊl
speechification
BR ˌspiːtʃɪfɪˈkeɪʃn, -z
AM ˌspitʃəfəˈkeɪʃ(ə)n, -z
speechifier
BR ˈspiːtʃʌɪə(r), -z
AM ˈspitʃəˌfaɪər, -z
speechify
BR ˈspiːtʃʌɪ, -z, -ɪŋ, -d
AM ˈspitʃəˌfaɪ, -z, -ɪŋ, -d
speechless
BR ˈspiːtʃlɪs
AM ˈspitʃlɪs
speechlessly
BR ˈspiːtʃlɪsli
AM ˈspitʃlɪsli
speechlessness
BR ˈspiːtʃlɪsnɪs
AM ˈspitʃlɪsnɪs

speed
BR spiːd, -z, -ɪŋ, -ɪd
AM spid, -z, -ɪŋ, -ɪd
speedball
BR ˈspiːdbɔːl
AM ˈspidˌbɑl, ˈspidˌbɔl
speedboat
BR ˈspiːdbəʊt, -s
AM ˈspidˌboʊt, -s
speeder
BR ˈspiːdə(r), -z
AM ˈspidər, -z
speedily
BR ˈspiːdɨli
AM ˈspidɨli
speediness
BR ˈspiːdɪnɪs
AM ˈspidɪnɪs
speedo
BR ˈspiːdəʊ, -z
AM ˈspidoʊ, -z
speedometer
BR spiːˈdɒmɪtə(r), spɪˈdɒmɪtə(r), -z
AM spəˈdɑmədər, -z
speedster
BR ˈspiːdstə(r), -z
AM ˈspidstər, -z
speedway
BR ˈspiːdweɪ, -z
AM ˈspidˌweɪ, -z
speedwell
BR ˈspiːdwɛl
AM ˈspidˌwɛl
speedy
BR ˈspiːd|i, -ɪə(r), -ɪɪst
AM ˈspidi, -ər, -ɪst
Speight
BR speɪt
AM speɪt
Speir
BR spɪə(r)
AM spɪ(ə)r
speiss
BR spʌɪs
AM spaɪs
Speke
BR spiːk
AM spik
speleological
BR ˌspiːlɪəˈlɒdʒɨkl
AM ˌspiliəˈlɑdʒək(ə)l

speleologist
BR ˌspiːlɪˈɒlədʒɪst, -s
AM ˌspiliˈɑlədʒəst, -s
speleology
BR ˌspiːlɪˈɒlədʒi
AM ˌspiliˈɑlədʒi
spell
BR spɛl, -z, -ɪŋ, -d
AM spɛl, -z, -ɪŋ, -d
spellable
BR ˈspɛləbl
AM ˈspɛləb(ə)l
spellbind
BR ˈspɛlbʌɪnd, -z, -ɪŋ
AM ˈspɛlˌbaɪnd, -z, -ɪŋ
spellbinder
BR ˈspɛlˌbʌɪndə(r), -z
AM ˈspɛlˌbaɪndər, -z
spellbindingly
BR ˈspɛlˌbʌɪndɪŋli
AM ˈspɛlˌbaɪndɪŋli
spellbound
BR ˈspɛlbaʊnd
AM ˈspɛlˌbaʊnd
speller
BR ˈspɛlə(r), -z
AM ˈspɛlər, -z
spellican
BR ˈspɛlɪk(ə)n, -z
AM ˈspɛləkən, -z
spelling
BR ˈspɛlɪŋ, -z
AM ˈspɛlɪŋ, -z
Spellman
BR ˈspɛlmən
AM ˈspɛlm(ə)n
spelt
BR spɛlt
AM spɛlt
spelter
BR ˈspɛltə(r)
AM ˈspɛltər
spelunker
BR spɪˈlʌŋkə(r), -z
AM spiˈləŋkər, spəˈləŋkər, -z
spelunking
BR spɪˈlʌŋkɪŋ
AM spiˈləŋkɪŋ, spəˈləŋkɪŋ

Spen
BR spɛn
AM spɛn
Spenborough
BR ˈspɛnb(ə)rə(r)
AM ˈspɛnˌbərə
spence
BR spɛns, -ɪz
AM spɛns, -əz
spencer
BR ˈspɛnsə(r), -z
AM ˈspɛnsər, -z
spend
BR spɛnd, -z, -ɪŋ
AM spɛnd, -z, -ɪŋ
spendable
BR ˈspɛndəbl
AM ˈspɛndəb(ə)l
spender
BR ˈspɛndə(r), -z
AM ˈspɛndər, -z
spendthrift
BR ˈspɛn(d)θrɪft, -s
AM ˈspɛn(d)ˌθrɪft, -s
Spens
BR spɛnz
AM spɛnz
Spenser
BR ˈspɛnsə(r)
AM ˈspɛnsər
Spenserian
BR spɛnˈsɪərɪən
AM spɛnˈsɛrɪən, spɛnˈsɪrɪən
spent
BR spɛnt
AM spɛnt
sperm
BR spəːm, -z
AM spərm, -z
spermaceti
BR ˌspəːməˈsɛti, ˌspəːməˈsiːti
AM ˌspərməˈsɛdi
spermacetic
BR ˌspəːməˈsɛtɪk, ˌspəːməˈsiːtɪk
AM ˌspərməˈsɛdɪk
spermary
BR ˈspəːm(ə)r|i, -ɪz
AM ˈspərməri, -z

spermatheca
BR ˌspəːməˈθiːkə(r)
AM ˌspərməˈθikə
spermathecae
BR ˌspəːməˈθiːkiː
AM ˌspərməˈθikaɪ, ˌspərməˈθiki
spermatic
BR spəːˈmatɪk
AM spərˈmædɪk
spermatid
BR ˈspəːmətɪd, -z
AM ˈspərməˌtɪd, -z
spermatidal
BR ˌspəːməˈtʌɪdl
AM ˌspərməˈtaɪd(ə)l
spermatoblast
BR ˈspəːmətə(ʊ)blɑːst, spəːˈmatə(ʊ)blɑːst, -s
AM spərˈmædəˌblæst, -s
spermatocyte
BR ˈspəːmətə(ʊ)sʌɪt, spəːˈmatə(ʊ)sʌɪt, -s
AM spərˈmædəˌsaɪt, -s
spermatogenesis
BR ˌspəːmətə(ʊ)ˈdʒɛnɪsɪs
AM ˌspərmədəˈdʒɛnəsəs
spermatogenetic
BR ˌspəːmətəʊdʒɪˈnɛtɪk
AM ˌspərmədədʒəˈnɛdɪk
spermatogonia
BR ˌspəːmətəˈɡəʊnɪə(r)
AM spərˌmædəˈɡoʊnɪə
spermatogonium
BR ˌspəːmətəˈɡəʊnɪəm
AM spərˌmædəˈɡoʊnɪəm
spermatophore
BR ˈspəːmətə(ʊ)fɔː(r), spəːˈmatəfɔː(r), -z
AM spərˈmædəˌfɔ(ə)r, -z
spermatophoric
BR ˌspəːmətəˈfɒrɪk
AM ˌspərmədəˈfɔrɪk

spermatophyte
BR ˈspəːmətə(ʊ)fʌɪt,
spəːˈmatəfʌɪt, -s
AM spərˈmædəˌfaɪt, -s
spermatozoa
BR ˌspəːmətəˈzəʊə(r)
AM spərˌmædəˈzoʊə,
ˌspərmədəˈzoʊə
spermatozoal
BR ˌspəːmətəˈzəʊəl
AM spərˌmædəˈzoʊəl,
ˌspərmədəˈzoʊəl
spermatozoan
BR ˌspəːmətəˈzəʊən
AM spərˌmædəˈzoʊən,
ˌspərmədəˈzoʊən
spermatozoic
BR ˌspəːmətəˈzəʊɪk
AM spərˌmædəˈzoʊɪk,
ˌspərmədəˈzoʊɪk
spermatozoid
BR ˌspəːmətəˈzəʊɪd, -z
AM spərˌmædəˈzoʊəd,
ˌspərmədəˈzoʊəd, -z
spermatozoon
BR ˌspəːmətəˈzəʊɒn
AM spərˌmædəˈzoʊən,
ˌspərmədəˈzoʊən
spermicidal
BR ˌspəːmɪˈsʌɪdl
AM ˌspərməˈsaɪd(ə)l
spermicide
BR ˈspəːmɪsʌɪd, -z
AM ˈspərməˌsaɪd, -z
spermidine
BR ˈspəːmɪdiːn
AM ˈspərməˌdin
spermine
BR ˈspəːmiːn
AM ˈspərmin
spermoblast
BR ˈspəːməblɑːst, -s
AM ˈspərməˌblæst, -s
spermocyte
BR ˈspəːməsʌɪt, -s
AM ˈspərməˌsaɪt, -s
spermogenesis
BR ˌspəːməˈdʒɛnɪsɪs
AM ˌspərməˈdʒɛnəsəs
spermogonia
BR ˌspəːməˈgəʊnɪə(r)
AM ˌspərməˈgoʊniə

spermogonium
BR ˌspəːməˈgəʊnɪəm
AM ˌspərməˈgoʊniəm
spermophore
BR ˈspəːməfɔː(r), -z
AM ˈspərməˌfɔ(ə)r, -z
spermophyte
BR ˈspəːməfʌɪt, -s
AM ˈspərməˌfaɪt, -s
spermozoa
BR ˌspəːməˈzəʊə(r)
AM ˌspərməˈzoʊə
spermozoid
BR ˈspəːməzɔɪd, -z
AM ˈspərməˌzɔɪd, -z
spermozoon
BR ˌspəːməˈzəʊɒn
AM ˌspərməˈzoʊən
sperm whale
BR ˈspəːm weɪl, -z
AM ˈspərm ˌweɪl, -z
spessartine
BR ˈspɛsətiːn
AM ˈspɛsərˌtin
spew
BR spjuː, -z, -ɪŋ, -d
AM spju, -z, -ɪŋ, -d
spewer
BR ˈspjuːə(r), -z
AM ˈspjuər, -z
Spey
BR speɪ
AM speɪ
sphagnum
BR ˈsfagnəm,
ˈspagnəm
AM ˈsfægn(ə)m
sphalerite
BR ˈsfalərʌɪt, -s
AM ˈsfæləˌraɪt, -s
sphene
BR sfiːn
AM sfin
sphenoid
BR ˈsfiːnɔɪd, -z
AM ˈsfiˌnɔɪd, -z
sphenoidal
BR sfiˈnɔɪdl
AM sfiˈnɔɪd(ə)l
spheral
BR ˈsfɪərl̩
AM ˈsfɪrəl

sphere
BR sfɪə(r), -z
AM sfi(ə)r, -z
spheric
BR ˈsfɛrɪk, ˈsfɪərɪk, -s
AM ˈsfɛrɪk, ˈsfɪrɪk, -s
spherical
BR ˈsfɛrɪkl
AM ˈsfɛrək(ə)l,
ˈsfɪrək(ə)l
spherically
BR ˈsfɛrɪkli
AM ˈsfɛrək(ə)li,
ˈsfɪrək(ə)li
sphericity
BR sfɪˈrɪsɪti, sfɛˈrɪsɪti
AM sfəˈrɪsɪdi
spheroid
BR ˈsfɪərɔɪd,
ˈsfɛrɔɪd, -z
AM ˈsfɛˌrɔɪd,
ˈsfɪˌrɔɪd, -z
spheroidal
BR sfɪˈrɔɪdl
AM sfəˈrɔɪd(ə)l,
sfɪˈrɔɪd(ə)l
spheroidicity
BR ˌsfɪərɔɪˈdɪsɪti,
ˌsfɛrɔɪˈdɪsɪti
AM ˌsfɛrɔɪˈdɪsɪdi,
ˌsfɪrɔɪˈdɪsɪdi
spherometer
BR ˌsfɪəˈrɒmɪtə(r), -z
AM sfəˈrɑmədər, -z
spherular
BR ˈsfɛr(j)ʊlə(r)
AM ˈsfɛr(j)ulər,
ˈsfɪr(j)ulər
spherule
BR ˈsfɛr(j)uːl, -z
AM ˈsfɛrul, ˈsfɪrul, -z
spherulite
BR ˈsfɛr(j)ʊlʌɪt, -s
AM ˈsfɛr(j)əˌlaɪt,
ˈsfɪr(j)əˌlaɪt, -s
spherulitic
BR ˌsfɛr(j)ʊˈlɪtɪk
AM ˌsfɛr(j)əˈlɪdɪk,
ˌsfɪr(j)əˈlɪdɪk
sphincter
BR ˈsfɪŋ(k)tə(r), -z, -d
AM ˈsfɪŋ(k)tər, -z, -d

sphincteral
BR ˈsfɪŋ(k)t(ə)rl̩
AM ˈsfɪŋ(k)t(ə)rəl
sphincterial
BR ˌsfɪŋ(k)ˈtɪərɪəl
AM ˌsfɪŋ(k)ˈtɪriəl
sphincteric
BR ˌsfɪŋ(k)ˈtɛrɪk
AM ˌsfɪŋ(k)ˈtɛrɪk
sphingid
BR ˈsfɪn(d)ʒɪd,
ˈsfɪŋɡɪd, -z
AM ˈsfɪŋɡɪd,
ˈsfɪndʒɪd, -z
sphingomyelin
BR ˌsfɪŋɡə(ʊ)ˈmʌɪəlɪn
AM ˌsfɪŋɡoʊˈmaɪəlɪn
sphingosine
BR ˈsfɪŋɡə(ʊ)sʌɪn
AM ˈsfɪŋɡoʊˌsaɪn,
ˈsfɪŋɡoʊˌsin
sphinx
BR sfɪŋks, -ɪz
AM sfɪŋks, -ɪz
sphragistics
BR sfrəˈdʒɪstɪks
AM sfrəˈdʒɪstɪks
sphygmogram
BR ˈsfɪɡməɡram,
-z
AM ˈsfɪɡməˌɡræm,
-z
sphygmograph
BR ˈsfɪɡməɡrɑːf,
-s
AM ˈsfɪɡməˌɡræf,
-s
sphygmographic
BR ˌsfɪɡməˈɡrafɪk
AM ˌsfɪɡməˈɡræfɪk
sphygmographically
BR ˌsfɪɡməˈɡrafɪkli
AM ˌsfɪɡməˈɡræfək(ə)li
sphygmography
BR sfɪɡˈmɒɡrəfi
AM sfɪɡˈmɑɡrəfi
sphygmological
BR ˌsfɪɡməˈlɒdʒɪkl
AM ˌsfɪɡməˈlɑdʒək(ə)l
sphygmology
BR sfɪɡˈmɒlədʒi
AM sfɪɡˈmɑlədʒi

sphygmomanometer
BR ˌsfɪgməʊ-
ˈnɒmɪtə(r), -z
AM ˌsfɪgmoʊmə-
ˈnɑmədər, -z

sphygmomanometric
BR ˌsfɪgməʊˌmanə-
ˈmetrɪk
AM ˌsfɪgmoʊˌmɑnə-
ˈmetrɪk

spic
BR spɪk, -s
AM spɪk, -s

spica
BR ˈspʌɪkə(r), -z
AM ˈspaɪkə, -z

spicate
BR ˈspʌɪkeɪt
AM ˈspaɪˌkeɪt

spicated
BR spɪˈkeɪtɪd,
spʌɪˈkeɪtɪd
AM ˈspaɪˌkeɪdɪd

spiccato
BR spɪˈkɑːtəʊ, -z
AM spəˈkɑdoʊ, -z
IT spikˈkato

spice
BR spʌɪs, -ɪz, -ɪŋ, -t
AM spaɪs, -ɪz, -ɪŋ, -t

spiceberry
BR ˈspʌɪsˌberǀi, -ɪz
AM ˈspaɪsˌberi, -z

spicebush
BR ˈspʌɪsbʊʃ, -ɪz
AM ˈspaɪsˌbʊʃ, -əz

spicery
BR ˈspʌɪs(ə)rǀi,
-ɪz
AM ˈspaɪs(ə)ri, -z

spicey
BR ˈspʌɪsi
AM ˈspaɪsi

spicily
BR ˈspʌɪsɪli
AM ˈspaɪsɪli

spiciness
BR ˈspʌɪsɪnɪs
AM ˈspaɪsɪnɪs

spick
BR spɪk, -s
AM spɪk, -s

spick-and-span
BR ˌspɪk(ə)n(d)ˈspan
AM ˌspɪkənˈspæn

spicknel
BR ˈspɪknl, -z
AM ˈspɪkn(ə)l, -z

spicular
BR ˈspɪkjʉlə(r)
AM ˈspɪkjələr

spiculate
BR ˈspɪkjʉlət
AM ˈspɪkjəˌleɪt,
ˈspɪkjələt

spicule
BR ˈspɪkjuːl,
ˈspʌɪkjuːl, -z
AM ˈspɪˌkjul, -z

spicy
BR ˈspʌɪsǀi, -ɪə(r),
-ɪɪst
AM ˈspaɪsi, -ər, -ɪst

spider
BR ˈspʌɪdə(r), -z
AM ˈspaɪdər, -z

spiderish
BR ˈspʌɪd(ə)rɪʃ
AM ˈspaɪdərɪʃ

spiderman
BR ˈspʌɪdəman
AM ˈspaɪdərˌmæn

spidermen
BR ˈspʌɪdəmen
AM ˈspaɪdərˌmen

spiderwort
BR ˈspʌɪdəwəːt, -s
AM ˈspʌɪdərˌwɔ(ə)rt,
ˈspʌɪdərwɔrt, -s

spidery
BR ˈspʌɪd(ə)ri
AM ˈspaɪdəri

Spiegal
BR ˈspiːgl, ˈʃpiːgl
AM ˈspigəl

spiegeleisen
BR ˈspiːglˌʌɪzn
AM ˈspigəˌlaɪs(ə)n

Spiegl
BR ˈspiːgl, ˈʃpiːgl
AM ˈspigəl

spiel
BR ʃpiːl, spiːl, -z
AM ʃpi(ə)l, spi(ə)l, -z

Spielberg
BR ˈspiːlbəːg
AM ˈspilˌbɜrg

spieler
BR ˈʃpiːlə(r),
ˈspiːlə(r), -z
AM ˈʃpi(ə)lər,
ˈspi(ə)lər, -z

spiffily
BR ˈspɪfɪli
AM ˈspɪfɪli

spiffiness
BR ˈspɪfɪnɪs
AM ˈspɪfɪnɪs

spiffing
BR ˈspɪfɪŋ
AM ˈspɪfɪŋ

spifflicate
BR ˈspɪflɪkeɪt, -s,
-ɪŋ, -ɪd
AM ˈspɪf(ə)ləˌkeɪt, -ts,
-dɪŋ, -dɪd

spifflication
BR ˌspɪflɪˈkeɪʃn
AM ˌspɪf(ə)ləˈkeɪʃ(ə)n

spiffy
BR ˈspɪfǀi, -ɪə(r),
-ɪɪst
AM ˈspɪfi, -ər, -ɪst

spiflicate
BR ˈspɪflɪkeɪt, -s, -ɪŋ,
-ɪd
AM ˈspɪf(ə)ləˌkeɪt, -ts,
-dɪŋ, -dɪd

spiflication
BR ˌspɪflɪˈkeɪʃn
AM ˌspɪf(ə)ləˈkeɪʃ(ə)n

spignel
BR ˈspɪgnl, -z
AM ˈspɪgn(ə)l, -z

spigot
BR ˈspɪgət, -s
AM ˈspɪgət, -s

spik
BR spɪk, -s
AM spɪk, -s

spike
BR spʌɪk, -s, -ɪŋ, -t
AM spaɪk, -s, -ɪŋ, -t

spikelet
BR ˈspʌɪklɪt, -s
AM ˈspaɪklɪt, -s

spikenard
BR ˈspʌɪknɑːd
AM ˈspaɪkˌnɑrd

spikily
BR ˈspʌɪkɪli
AM ˈspaɪkɪli

spikiness
BR ˈspʌɪkɪnɪs
AM ˈspaɪkɪnɪs

spiky
BR ˈspʌɪkǀi, -ɪə(r),
-ɪɪst
AM ˈspaɪki, -ər, -ɪst

spile
BR spʌɪl, -z, -ɪŋ, -d
AM spaɪl, -z, -ɪŋ, -d

spill
BR spɪl, -z, -ɪŋ, -d
AM spɪl, -z, -ɪŋ, -d

spillage
BR ˈspɪlǀɪdʒ, -ɪdʒɪz
AM ˈspɪlɪdʒ, -ɪz

Spillane
BR spɪˈleɪn
AM spəˈleɪn

spiller
BR ˈspɪlə(r), -z
AM ˈspɪlər, -z

spillikin
BR ˈspɪlɪkɪn, -z
AM ˈspɪləkɪn, -z

spillover
BR ˈspɪlˌəʊvə(r), -z
AM ˈspɪlˌoʊvər, -z

spillway
BR ˈspɪlweɪ, -z
AM ˈspɪlˌweɪ, -z

Spilsbury
BR ˈspɪlzb(ə)ri
AM ˈspɪlzˌberi

spilt
BR spɪlt
AM spɪlt

spilth
BR spɪlθ, -s
AM spɪlθ, -s

spin
BR spɪn, -z, -ɪŋ
AM spɪn, -z, -ɪŋ

spina bifida
BR ˌspʌɪnə ˈbɪfɪdə(r)
AM ˌspaɪnə ˈbɪfədə

spinaceous
BR spɪˈneɪʃəs
AM spɪˈneɪʃəs, spəˈneɪʃəs
spinach
BR ˈspɪnɪdʒ, ˈspɪnɪtʃ
AM ˈspɪnɪtʃ
spinachy
BR ˈspɪnɪdʒi, ˈspɪnɪtʃi
AM ˈspɪnɪtʃi
spinal
BR ˈspaɪnl
AM ˈspaɪn(ə)l
spinally
BR ˈspaɪnḷi
AM ˈspaɪnəli
spindle
BR ˈspɪndl, -z
AM ˈspɪndəl, -z
spindleshanks
BR ˈspɪndlʃæŋks
AM ˈspɪndlˌʃæŋks
spindly
BR ˈspɪndli
AM ˈspɪn(d)li
spin-drier
BR ˌspɪnˈdrʌɪə(r), ˈspɪnˌdrʌɪə(r), -z
AM ˈspɪnˌdraɪər, -z
spindrift
BR ˈspɪndrɪft
AM ˈspɪnˌdrɪft
spin-dry
BR ˌspɪnˈdrʌɪ, -z, -ɪŋ, -d
AM ˈspɪnˌdraɪ, -z, -ɪŋ, -d
spine
BR spʌɪn, -z, -d
AM spaɪn, -z, -d
spinel
BR spɪˈnɛl, -z
AM spəˈnɛl, -z
spineless
BR ˈspʌɪnlɪs
AM ˈspaɪnlɪs
spinelessly
BR ˈspʌɪnlɪsli
AM ˈspaɪnlɪsli
spinelessness
BR ˈspʌɪnlɪsnɪs
AM ˈspaɪnlɪsnɪs

spinet
BR spɪˈnɛt, ˈspɪnɪt, -s
AM ˈspɪnɨt, -s
spinifex
BR ˈspɪnɪfɛks
AM ˈspɪnəˌfɛks
spininess
BR ˈspʌɪnɪnɪs
AM ˈspaɪnɪnɪs
Spink
BR spɪŋk
AM spɪŋk
Spinks
BR spɪŋks
AM spɪŋks
spinnaker
BR ˈspɪnəkə(r), -z
AM ˈspɪnəkər, -z
spinner
BR ˈspɪnə(r), -z
AM ˈspɪnər, -z
spinneret
BR ˌspɪnəˈrɛt, -s
AM ˌspɪnəˈrɛt, -s
spinney
BR ˈspɪn|i, -ɪz
AM ˈspɪni, -z
spin-off
BR ˈspɪnɒf, -s
AM ˈspɪnˌɑf, ˈspɪnˌɔf, -s
spinose
BR ˈspʌɪnəʊs
AM ˈspaɪˌnoʊz, ˈspaɪˌnoʊs
spinous
BR ˈspʌɪnəs
AM ˈspaɪnəs
spin-out
BR ˈspɪnaʊt, -s
AM ˈspɪnˌaʊt, -s
Spinoza
BR spɪˈnəʊzə(r)
AM spəˈnoʊzə
Spinozism
BR spɪˈnəʊzɪzm
AM spəˈnoʊˌzɪz(ə)m
Spinozist
BR spɪˈnəʊzɪst, -s
AM spəˈnoʊzəst, -s
Spinozistic
BR ˌspɪnəˈzɪstɪk
AM ˌspɪnəˈzɪstɪk

spinster
BR ˈspɪnstə(r), -z
AM ˈspɪnstər, -z
spinsterhood
BR ˈspɪnstəhʊd
AM ˈspɪnstər(h)ʊd
spinsterish
BR ˈspɪnst(ə)rɪʃ
AM ˈspɪnst(ə)rɪʃ
spinsterishness
BR ˈspɪnst(ə)rɪʃnɪs
AM ˈspɪnst(ə)rɪʃnɪs
spinthariscope
BR spɪnˈθarɪskəʊp, -s
AM spɪnˈθɛrəˌskoʊp, -s
spinule
BR ˈspɪnjuːl, -z
AM ˈspɪnˌjul, ˈspaɪˌnjul, -z
spinulose
BR ˈspɪnjʊləʊs
AM ˈspɪnjəˌloʊs, ˈspaɪnjəˌloʊz, ˈspɪnjəˌloʊz, ˈspaɪnjəˌloʊs
spinulous
BR ˈspʌɪnjʊləs
AM ˈspɪnjələs, ˈspaɪnjələs
spiny
BR ˈspʌɪni
AM ˈspaɪni
Spion Kop
BR ˌspʌɪən ˈkɒp
AM ˌspaɪən ˈkɑp
spiracle
BR ˈspʌɪrəkl, -z
AM ˈspɪrək(ə)l, ˈspaɪrək(ə)l, -z
spiracula
BR spʌɪˈrakjʊlə(r)
AM spaɪˈrækjələ, spəˈrækjələ
spiracular
BR spʌɪˈrakjʊlə(r)
AM spaɪˈrækjələr, spəˈrækjələr
spiraculum
BR spʌɪˈrakjʊləm
AM spaɪˈrækjəl(ə)m, spəˈrækjəl(ə)m

spiraea
BR spʌɪˈriːə(r), -z
AM spaɪˈriə, -z
spiral
BR ˈspʌɪrḷ, -z, -ɪŋ, -d
AM ˈspaɪrəl, -z, -ɪŋ, -d
spirality
BR spʌɪˈralɨti
AM ˌspaɪˈrælədi
spirally
BR ˈspʌɪrḷi
AM ˈspaɪrəli
spirant
BR ˈspʌɪrnt, -s
AM ˈspaɪrənt, -s
spire
BR ˈspʌɪə(r), -z, -d
AM ˈspaɪ(ə)r, -z, -d
spirea
BR spʌɪˈriːə(r)
AM spaɪˈriə
spirilla
BR spʌɪˈrɪlə(r)
AM spaɪˈrɪlə
spirillum
BR spʌɪˈrɪləm
AM spaɪˈrɪl(ə)m
spirit
BR ˈspɪr|ɪt, -ɪts, -ɪtɪŋ, -ɪtɪd
AM ˈspɪrɨ|t, -ts, -dɪŋ, -dɨd
spiritedly
BR ˈspɪrɪtɪdli
AM ˈspɪrɨdɨdli
spiritedness
BR ˈspɪrɪtɪdnɪs
AM ˈspɪrɨdɨdnɨs
spiritism
BR ˈspɪrɪtɪzm
AM ˈspɪrəˌtɪz(ə)m
spiritist
BR ˈspɪrɪtɪst, -s
AM ˈspɪrədəst, -s
spiritless
BR ˈspɪrɪtlɪs
AM ˈspɪrɨtlɨs
spiritlessly
BR ˈspɪrɪtlɪsli
AM ˈspɪrɨtlɨsli
spiritlessness
BR ˈspɪrɪtlɪsnɪs
AM ˈspɪrɨtlɨsnɨs

spiritous
BR ˈspɪrɪtəs
AM ˈspɪrɪdəs

spiritual
BR ˈspɪrɪtʃʊəl, ˈspɪrɪtʃ(ʊ)l, ˈspɪrɪtjʊəl, ˈspɪrɪtjʊl
AM ˈspɪrɪtʃ(əw)əl

spiritualisation
BR ˌspɪrɪtʃʊlaɪˈzeɪʃn, ˌspɪrɪtʃlʌɪˈzeɪʃn, ˌspɪrɪtjʊlʌɪˈzeɪʃn
AM ˌspɪrɪtʃ(əw)əˌlaɪˈzeɪʃ(ə)n, ˌspɪrɪtʃ(əw)ələˈzeɪʃ(ə)n

spiritualise
BR ˈspɪrɪtʃʊlʌɪz, ˈspɪrɪtʃlʌɪz, ˈspɪrɪtjʊlʌɪz, -ɪz, -ɪŋ, -d
AM ˈspɪrɪtʃ(əw)əˌlaɪz, -ɪz, -ɪŋ, -d

spiritualism
BR ˈspɪrɪtʃʊlɪzm, ˈspɪrɪtʃlɪzm, ˈspɪrɪtjʊlɪzm
AM ˈspɪrɪtʃ(əw)əˌlɪz(ə)m

spiritualist
BR ˈspɪrɪtʃʊlɪst, ˈspɪrɪtʃlɪst, ˈspɪrɪtjʊlɪst, -s
AM ˈspɪrɪtʃ(əw)ələst, -s

spiritualistic
BR ˌspɪrɪtʃʊˈlɪstɪk, ˌspɪrɪtʃlˈɪstɪk, ˌspɪrɪtjʊˈlɪstɪk
AM ˌspɪrɪtʃ(əw)əˈlɪstɪk

spirituality
BR ˌspɪrɪtʃʊˈalɪti, ˌspɪrɪtjʊˈalɪti
AM ˌspɪrɪtʃ(ə)ˈwælədi

spiritualization
BR ˌspɪrɪtʃʊlʌɪˈzeɪʃn, ˌspɪrɪtʃlʌɪˈzeɪʃn, ˌspɪrɪtjʊlʌɪˈzeɪʃn
AM ˌspɪrɪtʃ(əw)əˌlaɪˈzeɪʃ(ə)n, ˌspɪrɪtʃ(əw)ələˈzeɪʃ(ə)n

spiritualize
BR ˈspɪrɪtʃʊlʌɪz, ˈspɪrɪtʃlʌɪz, ˈspɪrɪtjʊlʌɪz, -ɪz, -ɪŋ, -d
AM ˈspɪrɪtʃ(əw)əˌlaɪz, -ɪz, -ɪŋ, -d

spiritually
BR ˈspɪrɪtʃʊəli, ˈspɪrɪtʃʊli, ˈspɪrɪtʃli, ˈspɪrɪtjʊəli, ˈspɪrɪtjʊli
AM ˈspɪrɪtʃ(əw)əli

spiritualness
BR ˈspɪrɪtʃʊəlnəs, ˈspɪrɪtʃ(ʊ)lnəs, ˈspɪrɪtjʊəlnəs, ˈspɪrɪtjʊlnəs
AM ˈspɪrɪtʃ(əw)əlnəs

spirituel
BR ˌspɪrɪtʃʊˈɛl, ˌspɪrɪtjʊˈɛl
AM ˌspɪrətʃəˈwɛl

spirituelle
BR ˌspɪrɪtʃʊˈɛl, ˌspɪrɪtjʊˈɛl
AM ˌspɪrətʃəˈwɛl

spirituous
BR ˈspɪrɪtʃʊəs, ˈspɪrɪtjʊəs
AM ˈspɪrɪtʃ(əw)əs

spirituousness
BR ˈspɪrɪtʃʊəsnəs, ˈspɪrɪtjʊəsnəs
AM ˈspɪrɪtʃ(əw)əsnəs

spirketing
BR ˈspɜːkɪtɪŋ
AM ˈspɝkədɪŋ

spirochaete
BR ˈspʌɪrəkiːt, -s
AM ˈspaɪrəˌkit, -s

spirochete
BR ˈspʌɪrəkiːt, -s
AM ˈspaɪrəˌkit, -s

spirograph
BR ˈspʌɪrəgrɑːf, -s
AM ˈspaɪrəˌgræf, -s

spirographic
BR ˌspʌɪrəˈgrafɪk
AM ˌspaɪrəˈgræfɪk

spirographically
BR ˌspʌɪrəˈgrafɪkli
AM ˌspaɪrəˈgræfək(ə)li

spirogyra
BR ˌspʌɪrəˈdʒʌɪrə(r)
AM ˌspaɪrəˈdʒaɪrə

spirometer
BR spʌɪˈrɒmɪtə(r), -z
AM spaɪˈrɑmədər, -z

spirt
BR spɜːt, -s, -ɪŋ, -ɪd
AM spɚ|t, -ts, -dɪŋ, -dəd

spiry
BR ˈspʌɪ(ə)ri
AM ˈspaɪri

spit
BR spɪt, -s, -ɪŋ, -ɪd
AM spɪ|t, -ts, -dɪŋ, -dɪd

Spitalfields
BR ˈspɪtlfiːldz
AM ˈspɪdəlˌfildz

spit-and-polish
BR ˌspɪt(ə)n(d)ˈpɒlɪʃ
AM ˌspɪdənˈpɑlɪʃ

spitball
BR ˈspɪtbɔːl, -z
AM ˈspɪtˌbɑl, ˈspɪtˌbɔl, -z

spitballer
BR ˈspɪtˌbɔːlə(r), -z
AM ˈspɪtˌbɑlər, ˈspɪtˌbɔlər, -z

spitchcock
BR ˈspɪtʃkɒk, -s, -ɪŋ, -t
AM ˈspɪtʃˌkɑk, -s, -ɪŋ, -t

spite
BR spʌɪt, -s, -ɪŋ, -ɪd
AM spaɪ|t, -ts, -dɪŋ, -dɪd

spiteful
BR ˈspʌɪtf(ʊ)l
AM ˈspaɪtfəl

spitefully
BR ˈspʌɪtfʊli, ˈspʌɪtfli
AM ˈspaɪtf(ə)li

spitefulness
BR ˈspʌɪtf(ʊ)lnəs
AM ˈspaɪtfəlnəs

spitfire
BR ˈspɪtˌfʌɪə(r), -z
AM ˈspɪtˌfaɪ(ə)r, -z

Spithead
BR ˌspɪtˈhɛd
AM ˌspɪtˈhɛd

Spitsbergen
BR ˈspɪtsˌbəːgən
AM ˈspɪtsˌbɚgən

spitter
BR ˈspɪtə(r), -z
AM ˈspɪdər, -z

spittle
BR ˈspɪtl
AM ˈspɪd(ə)l

spittly
BR ˈspɪtl̩i
AM ˈspɪdli

spittoon
BR spɪˈtuːn, -z
AM spɪˈtun, -z

spitty
BR ˈspɪti
AM ˈspɪdi

spitz
BR spɪts, -ɪz
AM spɪts, -ɪz

spiv
BR spɪv, -z
AM spɪv, -z

spivish
BR ˈspɪvɪʃ
AM ˈspɪvɪʃ

spivvery
BR ˈspɪv(ə)ri
AM ˈspɪv(ə)ri

spivvish
BR ˈspɪvɪʃ
AM ˈspɪvɪʃ

spivvy
BR ˈspɪvi
AM ˈspɪvi

splake
BR ˈspleɪk, -s
AM ˈspleɪk, -s

splanchnic
BR ˈsplaŋknɪk
AM ˈsplæŋknɪk

splanchnology
BR ˌsplaŋkˈnɒlədʒi
AM ˌsplæŋkˈnɑlədʒi

splanchnotomy
BR ˌsplaŋkˈnɒtəm|i, -ɪz
AM ˌsplæŋkˈnɑdəmi, -z

splash
BR splaʃ, -ɪz, -ɪŋ, -t
AM splæʃ, -əz, -ɪŋ, -t

splashback
BR ˈsplaʃbak, -s
AM ˈsplæʃˌbæk, -s

splashboard
BR ˈsplaʃbɔːd, -z
AM ˈsplæʃˌbɔ(ə)rd, -z

splashdown
BR ˈsplaʃdaʊn, -z
AM ˈsplæʃˌdaʊn, -z

splashily
BR ˈsplaʃɪli
AM ˈsplæʃəli

splashiness
BR ˈsplaʃɪnɪs
AM ˈsplæʃɪnɪs

splashy
BR ˈsplaʃi
AM ˈsplæʃi

splat
BR splat, -s
AM splæt, -s

splatter
BR ˈsplat|ə(r), -əz, -(ə)rɪŋ, -əd
AM ˈsplædər, -z, -ɪŋ, -d

splay
BR spleɪ, -z, -ɪŋ, -d
AM spleɪ, -z, -ɪŋ, -d

splay-feet
BR ˌspleɪˈfiːt
AM ˈspleɪˌfit

splay-foot
BR ˌspleɪˈfʊt
AM ˈspleɪˌfʊt

splay-footed
BR ˌspleɪˈfʊtɪd
AM ˈspleɪˌfʊdəd

spleen
BR spliːn, -z
AM splin, -z

spleenful
BR ˈspliːnf(ʊ)l
AM ˈsplinfəl

spleenwort
BR ˈspliːnwəːt, -s
AM ˈsplinˌwɔ(ə)rt, ˈsplinwərt, -s

spleeny
BR ˈspliːn|i, -ɪə(r), -ɪst
AM ˈsplini, -ər, -ɪst

splendent
BR ˈsplend(ə)nt
AM ˈsplɛndənt

splendid
BR ˈsplendɪd
AM ˈsplɛndəd

splendidly
BR ˈsplendɪdli
AM ˈsplɛndədli

splendidness
BR ˈsplendɪdnɪs
AM ˈsplɛndədnəs

splendiferous
BR splenˈdɪf(ə)rəs
AM splɛnˈdɪf(ə)rəs

splendiferously
BR splenˈdɪf(ə)rəsli
AM splɛnˈdɪf(ə)rəsli

splendiferousness
BR splenˈdɪf(ə)rəsnəs
AM splɛnˈdɪf(ə)rəsnəs

splendor
BR ˈsplendə(r), -z
AM ˈsplɛndər, -z

splendour
BR ˈsplendə(r), -z
AM ˈsplɛndər, -z

splenectomy
BR spliːˈnektəm|i, splɪˈnektəm|i, -ɪz
AM spləˈnɛktəmi, -z

splenetic
BR splɪˈnetɪk
AM spləˈnɛdɪk

splenetically
BR splɪˈnetɪkli
AM spləˈnɛdək(ə)li

splenial
BR ˈspliːniəl
AM ˈspliniəl

splenic
BR ˈspliːnɪk, ˈsplenɪk
AM ˈsplɛnɪk, ˈsplinɪk

splenii
BR ˈspliːnɪaɪ
AM ˈspliniˌaɪ

splenitis
BR spliːˈnaɪtɪs, splɪˈnaɪtɪs
AM spliˈnaɪdɪs

splenius
BR ˈspliːnɪəs
AM ˈspliniəs

splenoid
BR ˈspliːnɔɪd, ˈsplenɔɪd
AM ˈsplɛˌnɔɪd, ˈspliˌnɔɪd

splenology
BR spliːˈnɒlədʒi, splɪˈnɒlədʒi
AM spləˈnɑlədʒi, spliˈnɑlədʒi

splenomegaly
BR ˌspliːnə(ʊ)ˈmeɡl|i, -ɪz
AM ˌsplɛnəˈmɛɡəli, ˌsplinəˈmɛɡəli, -z

splenotomy
BR spliːˈnɒtəm|i, splɪˈnɒtəm|i, -ɪz
AM spləˈnɑdəmi, spliˈnɑdəmi, -z

splice
BR splaɪs, -ɪz, -ɪŋ, -t
AM splaɪs, -ɪz, -ɪŋ, -t

splicer
BR ˈsplaɪsə(r), -z
AM ˈsplaɪsər, -z

splif
BR splɪf, -s
AM splɪf, -s

spliff
BR splɪf, -s
AM splɪf, -s

spline
BR splaɪn, -z
AM splaɪn, -z

splint
BR splɪnt, -s, -ɪŋ, -ɪd
AM splɪn|t, -ts, -(t)ɪŋ, -(t)əd

splint-bone
BR ˈsplɪntbəʊn, -z
AM ˈsplɪntˌboʊn, -z

splint-coal
BR ˈsplɪntkəʊl, -z
AM ˈsplɪntˌkoʊl, -z

splinter
BR ˈsplɪnt|ə(r), -əz, -(ə)rɪŋ, -əd
AM ˈsplɪn(t)ər, -z, -ɪŋ, -d

splintery
BR ˈsplɪnt(ə)ri
AM ˈsplɪn(t)əri

split
BR splɪt, -s, -ɪŋ, -ɪd
AM splɪ|t, -ts, -dɪŋ, -dɪd

split-level
BR ˌsplɪtˈlevl
AM ˈsplɪtˌlɛvəl

split-second
BR ˌsplɪtˈsek(ə)nd
AM ˈsplɪtˈsɛkənd

splitter
BR ˈsplɪtə(r), -z
AM ˈsplɪ(d)ər, -z

split-up
BR ˈsplɪtʌp, -s
AM ˈsplɪdˌəp, -s

splodge
BR splɒdʒ, -ɪz
AM splɑdʒ, -əz

splodginess
BR ˈsplɒdʒɪnɪs
AM ˈsplɑdʒɪnɪs

splodgy
BR ˈsplɒdʒ|i, -ɪə(r), -ɪst
AM ˈsplɑdʒi, -ər, -ɪst

sploosh
BR ˈspluːʃ, -ɪz, -ɪŋ, -t
AM ˈspluʃ, -əz, -ɪŋ, -t

splosh
BR splɒʃ, -ɪz, -ɪŋ, -t
AM splɑʃ, -əz, -ɪŋ, -t

splotch
BR splɒtʃ, -ɪz
AM splɑtʃ, -əz

splotchiness
BR ˈsplɒtʃɪnɪs
AM ˈsplɑtʃɪnɪs

splotchy
BR ˈsplɒtʃ|i, -ɪə(r), -ɪst
AM ˈsplɑtʃi, -ər, -ɪst

Splott
BR splɒt
AM splɑt

splurge
BR splɜːdʒ, -ɪz, -ɪŋ, -d
AM splɜ˞dʒ, -əz, -ɪŋ, -d

splutter
BR ˈsplʌt|ə(r), -əz, -(ə)rɪŋ, -əd
AM ˈsplʌdə˞, -z, -ɪŋ, -d

splutterer
BR ˈsplʌt(ə)rə(r), -z
AM ˈsplʌdərə˞, -z

splutteringly
BR ˈsplʌt(ə)rɪŋli
AM ˈsplʌdərɪŋli

spluttery
BR ˈsplʌt(ə)ri
AM ˈsplʌdəri

Spock
BR spɒk
AM spɑk

Spode
BR spəʊd
AM spoʊd

spodosol
BR ˈspɒdəsɒl
AM ˈspɑdəˌsɑl, ˈspɑdəˌsɔl

spodumene
BR ˈspɒdjʊmiːn
AM ˈspɑdjəˌmin

Spofforth
BR ˈspɒfəθ
AM ˈspɑfə˞θ

spoil
BR spɔɪl, -z, -ɪŋ, -d
AM spɔɪl, -z, -ɪŋ, -d

spoilage
BR ˈspɔɪlɪdʒ
AM ˈspɔɪlɪdʒ

spoiler
BR ˈspɔɪlə(r), -z
AM ˈspɔɪlə˞, -z

spoilsman
BR ˈspɔɪlzmən
AM ˈspɔɪlzm(ə)n

spoilsmen
BR ˈspɔɪlzmən
AM ˈspɔɪlzm(ə)n

spoilsport
BR ˈspɔɪlspɔːt, -s
AM ˈspɔɪlˌspɔ(ə)rt, -s

spoilt
BR spɔɪlt
AM spɔɪlt

Spokane
BR spəʊˈkan
AM spoʊˈkæn

spoke
BR spəʊk, -s
AM spoʊk, -s

spoke-bone
BR ˈspəʊkbəʊn, -z
AM ˈspoʊkˌboʊn, -z

spoken
BR ˈspəʊk(ə)n
AM ˈspoʊkən

spokeshave
BR ˈspəʊkʃeɪv, -z
AM ˈspoʊkˌʃeɪv, -z

spokesman
BR ˈspəʊksmən
AM ˈspoʊksm(ə)n

spokesmen
BR ˈspəʊksmən
AM ˈspoʊksm(ə)n

spokesperson
BR ˈspəʊksˌpɜːsn, -z
AM ˈspoʊksˌpɜ˞s(ə)n, -z

spokeswoman
BR ˈspəʊksˌwʊmən
AM ˈspoʊksˌwʊm(ə)n

spokeswomen
BR ˈspəʊksˌwɪmɪn
AM ˈspoʊksˌwɪmɪn

spokewise
BR ˈspəʊkwʌɪz
AM ˈspoʊkˌwaɪz

spoliation
BR ˌspəʊliˈeɪʃn
AM ˌspoʊliˈeɪʃ(ə)n

spoliator
BR ˈspəʊlieɪtə(r), -z
AM ˈspoʊliˌeɪdə˞, -z

spoliatory
BR ˈspəʊliət(ə)ri
AM ˈspoʊliəˌtɔri

spondaic
BR spɒnˈdeɪɪk
AM spɑnˈdeɪɪk

spondee
BR ˈspɒndiː, -z
AM ˈspɑndi, -z

Spondon
BR ˈspɒndən
AM ˈspɑndən

spondulicks
BR spɒnˈd(j)uːlɪks
AM spɑnˈd(j)ulɪks

spondylitis
BR ˌspɒndɨˈlʌɪtɪs
AM ˌspɑndəˈlaɪdɨs

Spong
BR spɒŋ
AM spɑŋ

sponge
BR spʌn(d)ʒ, -ɪz, -ɪŋ, -d
AM spəndʒ, -əz, -ɪŋ, -d

spongeable
BR ˈspʌn(d)ʒəbl
AM ˈspəndʒəb(ə)l

spongelike
BR ˈspʌn(d)ʒlʌɪk
AM ˈspəndʒˌlaɪk

sponger
BR ˈspʌn(d)ʒə(r), -z
AM ˈspəndʒə˞, -z

spongiform
BR ˈspʌn(d)ʒɪfɔːm
AM ˈspəndʒəˌfɔ(ə)rm

spongily
BR ˈspʌn(d)ʒɨli
AM ˈspəndʒəli

sponginess
BR ˈspʌn(d)ʒɪnɪs
AM ˈspəndʒɪnɪs

spongy
BR ˈspʌn(d)ʒ|i, -ɪə(r), -ɪɪst
AM ˈspəndʒi, -ə˞, -ɪst

sponsion
BR ˈspɒnʃn
AM ˈspɑnʃ(ə)n

sponson
BR ˈspɒnsn, -z
AM ˈspɑns(ə)n, -z

sponsor
BR ˈspɒns|ə(r), -əz, -(ə)rɪŋ, -əd
AM ˈspɑn(t)sə˞, -z, -ɪŋ, -d

sponsorial
BR spɒnˈsɔːrɪəl
AM ˌspɑnˈsɔriəl

sponsorship
BR ˈspɒnsəʃɪp
AM ˈspɑn(t)sə˞ˌʃɪp

spontaneity
BR ˌspɒntəˈneɪti, ˌspɒntəˈniːti
AM ˌspɑn(t)əˈniɪdi

spontaneous
BR spɒnˈteɪnɪəs
AM spɑnˈteɪnɪəs

spontaneously
BR spɒnˈteɪnɪəsli
AM spɑnˈteɪnɪəsli

spontaneousness
BR spɒnˈteɪnɪəsnəs
AM spɑnˈteɪnɪəsnəs

spontoon
BR spɒnˈtuːn, -z
AM ˌspɑnˈtun, -z

spoof
BR spuːf, -s, -ɪŋ, -t
AM spuf, -s, -ɪŋ, -t

spoofer
BR ˈspuːfə(r), -z
AM ˈspufə˞, -z

spoofery
BR ˈspuːf(ə)ri
AM ˈspufəri

spook
BR spuːk, -s, -ɪŋ, -t
AM spuk, -s, -ɪŋ, -t

spookily
BR ˈspuːkɨli
AM ˈspʊkəli

spookiness
BR ˈspuːkɪnɪs
AM ˈspʊkɪnɪs

spooky
BR ˈspuːk|i, -ɪə(r), -ɪɪst
AM ˈspʊki, -ə˞, -ɪst

spool
BR spuːl, -z, -ɪŋ, -d
AM spul, -z, -ɪŋ, -d

spoon
BR spuːn, -z, -ɪŋ, -d
AM spun, -z, -ɪŋ, -d

spoonbeak
BR ˈspuːnbiːk, -s
AM ˈspunˌbik, -s

spoonbill
BR ˈspuːnbɪl, -z
AM ˈspuːn,bɪl, -z
spoon-bread
BR ˈspuːnbrɛd, -z
AM ˈspuːn,brɛd, -z
spooner
BR ˈspuːnə(r), -z
AM ˈspuːnər, -z
spoonerism
BR ˈspuːnərɪzm, -z
AM ˈspuːnə,rɪz(ə)m, -z
spoonfed
BR ˈspuːnfɛd
AM ˈspuːn,fɛd
spoonfeed
BR ˈspuːnfiːd, -z, -ɪŋ
AM ˈspuːn,fid, -z, -ɪŋ
spoonful
BR ˈspuːnfʊl, -z
AM ˈspuːn,fʊl, -z
spoonily
BR ˈspuːnɪli
AM ˈspuːnəli
spooniness
BR ˈspuːnɪnɪs
AM ˈspuːnɪnɪs
spoonsful
BR ˈspuːnzfʊl
AM ˈspuːnz,fʊl
spoony
BR ˈspuːn|i, -ɪə(r), -ɪst
AM ˈspuːni, -ər, -ɪst
spoor
BR spʊə(r), spɔː(r), -z
AM spɔː(ə)r, spʊ(ə)r, -z
spoorer
BR ˈspʊərə(r), ˈspɔːrə(r), -z
AM ˈspɔːrər, ˈspʊərər, -z
Sporades
BR ˈspɒrədiːz, spəˈrɑːdiːz
AM ˈspɔːrə,diz
sporadic
BR spəˈrædɪk
AM spəˈrædɪk
sporadically
BR spəˈrædɪkli
AM spəˈrædək(ə)li

sporangia
BR spəˈran(d)ʒɪə(r)
AM spoʊˈrændʒɪə, spəˈrændʒɪə
sporangial
BR spəˈran(d)ʒɪəl
AM spoʊˈrændʒɪəl, spəˈrændʒɪəl
sporangium
BR spəˈran(d)ʒɪəm
AM spoʊˈrændʒɪəm, spəˈrændʒɪəm
spore
BR spɔː(r), -z
AM spɔː(ə)r, -z
sporogenesis
BR ˌspɒrə(ʊ)ˈdʒɛnɪsɪs
AM ˌspɔːroʊˈdʒɛnəsəs
sporogenous
BR spəˈrɒdʒɪnəs
AM spoʊˈrɑdʒənəs, spəˈrɑdʒənəs
sporophore
BR ˈspɒrəfɔː(r), ˈspɔːrəfɔː(r), -z
AM ˈspɔːrə,fɔ(ə)r, -z
sporophyte
BR ˈspɒrə(ʊ)fʌɪt, ˈspɔːrə(ʊ)fʌɪt, -s
AM ˈspɔːrə,faɪt, -s
sporophytic
BR ˌspɒrə(ʊ)ˈfɪtɪk, ˌspɔːrə(ʊ)ˈfɪtɪk
AM ˌspɔːrəˈfɪdɪk
sporophytically
BR ˌspɒrə(ʊ)ˈfɪtɪkli, ˌspɔːrə(ʊ)ˈfɪtɪkli
AM ˌspɔːrəˈfɪdɪk(ə)li
sporozoite
BR ˌspɒrə(ʊ)ˈzəʊʌɪt, ˌspɔːrə(ʊ)ˈzəʊʌɪt, -s
AM ˌspɔːrəˈzoʊ,aɪt, -s
sporran
BR ˈspɒrn̩, -z
AM ˈspɑrən, -z
sport
BR spɔːt, -s, -ɪŋ, -ɪd
AM spɔ(ə)rt, spɔ(ə)rts, ˈspɔːrdɪŋ, ˈspɔːrdəd
sporter
BR ˈspɔːtə(r), -z
AM ˈspɔːrdər, -z

sportif
BR spɔːˈtiːf
AM spɔrˈtif
sportily
BR ˈspɔːtɪli
AM ˈspɔːrdəli
sportiness
BR ˈspɔːtɪnɪs
AM ˈspɔːrdɪnɪs
sportingly
BR ˈspɔːtɪŋli
AM ˈspɔːrdɪŋli
sportive
BR ˈspɔːtɪv
AM ˈspɔːrdɪv
sportively
BR ˈspɔːtɪvli
AM ˈspɔːrdɪvli
sportiveness
BR ˈspɔːtɪvnɪs
AM ˈspɔːrdɪvnɪs
sportscast
BR ˈspɔːtskɑːst, -s, -ɪŋ
AM ˈspɔːrts,kæst, -s, -ɪŋ
sportscaster
BR ˈspɔːts,kɑːstə(r), -z
AM ˈspɔːrts,kæstər, -z
sportshirt
BR ˈspɔːtʃəːt, -s
AM ˈspɔːrt,ʃərt, -s
sportsman
BR ˈspɔːtsmən
AM ˈspɔːrtsm(ə)n
sportsmanlike
BR ˈspɔːtsmənlʌɪk
AM ˈspɔːrtsmən,laɪk
sportsmanly
BR ˈspɔːtsmənli
AM ˈspɔːrtsmənli
sportsmanship
BR ˈspɔːtsmənʃɪp
AM ˈspɔːrtsmən,ʃɪp
sportsmen
BR ˈspɔːtsmən
AM ˈspɔːrtsm(ə)n
sportspeople
BR ˈspɔːts,piːpl
AM ˈspɔːrts,pipəl
sportsperson
BR ˈspɔːts,pəːsn, -z
AM ˈspɔːrts,pərs(ə)n, -z

sportsplex
BR ˈspɔːtsplɛks, -ɪz
AM ˈspɔː(ə)rts,plɛks, -əz
sportswear
BR ˈspɔːtswɛː(r)
AM ˈspɔːrts,wɛ(ə)r
sportswoman
BR ˈspɔːts,wʊmən
AM ˈspɔːrts,wʊm(ə)n
sportswomen
BR ˈspɔːts,wɪmɪn
AM ˈspɔːrts,wɪmɨn
sportswriter
BR ˈspɔːts,rʌɪtə(r), -z
AM ˈspɔːrts,raɪdər, -z
sporty
BR ˈspɔːti
AM ˈspɔːrdi
sporular
BR ˈspɒrjʉlə(r)
AM ˈspɔrjələr
sporule
BR ˈspɒr(j)uːl, -z
AM ˈspɔr,jul, -z
spot
BR spɒt, -s, -ɪŋ, -ɪd
AM spɑ|t, -ts, -dɪŋ, -dəd
spot-check
BR ˌspɒtˈtʃɛk, -s, -ɪŋ, -t
AM ˈspɑt,tʃɛk, -s, -ɪŋ, -t
spotlamp
BR ˈspɒtlamp, -s
AM ˈspɑt,læmp, -s
spotless
BR ˈspɒtləs
AM ˈspɑtləs
spotlessly
BR ˈspɒtləsli
AM ˈspɑtləsli
spotlessness
BR ˈspɒtləsnəs
AM ˈspɑtləsnəs
spotlight
BR ˈspɒtlʌɪt, -s, -ɪŋ, -ɪd
AM ˈspɑt,laɪ|t, -ts, -dɪŋ, -dɨd

spot-on
BR ˌspɒtˈɒn
AM ˈˌspɑdˈɑn

spottedness
BR ˈspɒtɪdnɪs
AM ˈspɑdədnəs

spotter
BR ˈspɒtə(r), -z
AM ˈspɑdər, -z

spottily
BR ˈspɒtɪli
AM ˈspɑdəli

spottiness
BR ˈspɒtɪnɪs
AM ˈspɑdɪnɪs

Spottiswoode
BR ˈspɒt(ɪ)swʊd, ˈspɒtɪzwʊd
AM ˈspɑdəsˌwʊd, ˈspɑtsˌwʊd

spotty
BR ˈspɒt|i, -ɪə(r), -ɪɪst
AM ˈspɑdi, -ər, -ɪst

spotweld
BR ˈspɒtweld, -z, -ɪŋ, -ɪd
AM ˈspɑtˌweld, -z, -ɪŋ, -əd

spotwelder
BR ˈspɒtˌweldə(r), -z
AM ˈspɑtˌweldər, -z

spousal
BR ˈspaʊzl, -z
AM ˈspaʊz(ə)l, -z

spouse
BR spaʊs, spaʊz, -ɪz
AM spaʊs, -əz

spout
BR spaʊt, -s, -ɪŋ, -ɪd
AM spaʊ|t, -ts, -dɪŋ, -dəd

spouter
BR ˈspaʊtə(r), -z
AM ˈspaʊdər, -z

spoutless
BR ˈspaʊtləs
AM ˈspaʊtləs

Sprachgefühl
BR ˈʃprɑːxɡɛfuːl, ˈʃpraxɡefuːl
AM ˈʃprɑkɡəˌf(j)ul

sprag
BR sprag, -z
AM spræɡ, -z

Spragge
BR sprag
AM spræɡ

Sprague
BR spreɪɡ
AM spreɪɡ

sprain
BR spreɪn, -z, -ɪŋ, -d
AM spreɪn, -z, -ɪŋ, -d

spraing
BR spreɪŋ
AM spreɪŋ

spraint
BR spreɪnt, -s
AM spreɪnt, -s

sprang
BR spraŋ
AM spræŋ

sprat
BR sprat, -s, -ɪŋ
AM spræ|t, -ts, -dɪŋ

Spratly Islands
BR ˈspratlɪ ˌʌɪlən(d)z
AM ˈsprætli ˌaɪlən(d)z

Spratt
BR sprat
AM spræt

spratter
BR ˈspratə(r), -z
AM ˈsprædər, -z

sprauncy
BR ˈsprɔːns|i, -ɪə(r), -ɪɪst
AM ˈsprɑnsi, ˈsprɔnsi, -ər, -ɪst

sprawl
BR sprɔːl, -z, -ɪŋ, -d
AM sprɑl, sprɔl, -z, -ɪŋ, -d

sprawler
BR ˈsprɔːlə(r), -z
AM ˈsprɑlər, ˈsprɔlər, -z

sprawlingly
BR ˈsprɔːlɪŋli
AM ˈsprɑlɪŋli, ˈsprɔlɪŋli

spray
BR spreɪ, -z, -ɪŋ, -d
AM spreɪ, -z, -ɪŋ, -d

sprayable
BR ˈspreɪəbl
AM ˈspreɪəb(ə)l

spray-dry
BR ˈspreɪdrʌɪ, -z, -ɪŋ, -d
AM ˈspreɪˌdraɪ, -z, -ɪŋ, -d

sprayer
BR ˈspreɪə(r), -z
AM ˈspreɪər, -z

sprayey
BR ˈspreɪi
AM ˈspreɪi

spray-paint
BR ˈspreɪpeɪnt, -s, -ɪŋ, -ɪd
AM ˈspreɪˌpeɪn|t, -ts, -(t)ɪŋ, -(t)ɪd

spread
BR spred, -z, -ɪŋ
AM spred, -z, -ɪŋ

spreadable
BR ˈspredəbl
AM ˈspredəb(ə)l

spread-eagle
BR ˌspredˈiːɡ|l, ˈsprediːɡ|l, -lz, -]ɪŋ \-lɪŋ, -ld
AM ˈˌspredˈiɡ|əl, -əlz, -(ə)lɪŋ, -əld

spreader
BR ˈspredə(r), -z
AM ˈspredər, -z

spreadsheet
BR ˈspredʃiːt, -s
AM ˈspredˌʃit, -s

spree
BR spriː, -z
AM spri, -z

sprig
BR sprɪɡ, -z
AM sprɪɡ, -z

spriggy
BR ˈsprɪɡ|i, -ɪə(r), -ɪɪst
AM ˈsprɪɡi, -ər, -ɪst

sprightliness
BR ˈsprʌɪtlɪnɪs
AM ˈspraɪtlɪnɪs

sprightly
BR ˈsprʌɪtl|i, -ɪə(r), -ɪɪst
AM ˈspraɪtli, -ər, -ɪst

sprigtail
BR ˈsprɪɡteɪl, -z
AM ˈsprɪɡˌteɪl, -z

spring
BR sprɪŋ, -z, -ɪŋ
AM sprɪŋ, -z, -ɪŋ

spring balance
BR ˌsprɪŋ ˈbalns, -ɪz
AM ˈsprɪŋ ˌbæl(ə)ns, -əz

springboard
BR ˈsprɪŋbɔːd, -z
AM ˈsprɪŋˌbɔ(ə)rd, -z

springbok
BR ˈsprɪŋbɒk, -s
AM ˈsprɪŋˌbɑk, -s

spring-clean[1] *noun*
BR ˈsprɪŋkliːn, -z
AM ˈsprɪŋˌklin, -z

spring-clean[2] *verb*
BR ˌsprɪŋˈkliːn, ˈsprɪŋkliːn, -z, -ɪŋ, -d
AM ˈsprɪŋˈklin, -z, -ɪŋ, -d

spring-cleaning
BR ˌsprɪŋˈkliːnɪŋ, ˈsprɪŋkliːnɪŋ
AM ˈˌsprɪŋˈklinɪŋ

springe
BR sprɪn(d)ʒ, -ɪz
AM sprɪndʒ, -ɪz

springer
BR ˈsprɪŋə(r), -z
AM ˈsprɪŋər, -z

Springfield
BR ˈsprɪŋfiːld
AM ˈsprɪŋˌfild

springform
BR ˈsprɪŋfɔːm, -z
AM ˈsprɪŋˌfɔ(ə)rm, -z

springhouse
BR ˈsprɪŋhaʊ|s, -zɪz
AM ˈsprɪŋˌ(h)aʊ|s, -zəz

springily
BR ˈsprɪŋɪli
AM ˈsprɪŋɪli

springiness
BR ˈsprɪŋɪnɪs
AM ˈsprɪŋɪnɪs

springless
BR ˈsprɪŋlɪs
AM ˈsprɪŋlɪs
springlet
BR ˈsprɪŋlɪt, -s
AM ˈsprɪŋlɪt, -s
springlike
BR ˈsprɪŋlʌɪk
AM ˈsprɪŋˌlaɪk
spring-loaded
BR ˌsprɪŋˈləʊdɪd
AM ˌsprɪŋˈloʊdəd
Springs
BR sprɪŋz
AM sprɪŋz
Springsteen
BR ˈsprɪŋstiːn
AM ˈsprɪŋˌstin
springtail
BR ˈsprɪŋteɪl, -z
AM ˈsprɪŋˌteɪl, -z
springtide *season of Spring*
BR ˈsprɪŋtʌɪd, -z
AM ˈsprɪŋˌtaɪd, -z
springtime
BR ˈsprɪŋtʌɪm
AM ˈsprɪŋˌtaɪm
springwater
BR ˈsprɪŋˌwɔːtə(r)
AM ˈsprɪŋˌwɑdər, ˈsprɪŋˌwɔdər
springy
BR ˈsprɪŋ|i, -ɪə(r), -ɪɪst
AM ˈsprɪŋ|i, -ər, -ɪst
sprinkle
BR ˈsprɪŋk|l, -lz, -l̩ŋ\-lɪŋ, -ld
AM ˈsprɪŋkəl, -lz, -(ə)lɪŋ, -əld
sprinkler
BR ˈsprɪŋklə(r), ˈsprɪŋkl̩ə(r), -z
AM ˈsprɪŋk(ə)lər, -z
sprinkling
BR ˈsprɪŋklɪŋ, ˈsprɪŋkl̩ɪŋ, -z
AM ˈsprɪŋk(ə)lɪŋ, -z
sprint
BR sprɪnt, -s, -ɪŋ, -ɪd
AM sprɪn|t, -ts, -(t)ɪŋ, -(t)ɪd

sprinter
BR ˈsprɪntə(r), -z
AM ˈsprɪn(t)ər, -z
sprit
BR sprɪt, -s
AM sprɪt, -s
sprite
BR sprʌɪt, -s
AM spraɪt, -s
spritely
BR ˈsprʌɪtli
AM ˈspraɪtli
spritsail
BR ˈsprɪtsə(ɪ)l,
AM ˈsprɪtˌseɪl, ˈsprɪts(ə)l, -z
spritz
BR sprɪts, -ɪz, -ɪŋ, -t
AM ˈsprɪts, -ɪz, -ɪŋ, -d
spritzer
BR ˈsprɪtsə(r), -z
AM ˈsprɪtsər, -z
sprocket
BR ˈsprɒkɪt, -s
AM ˈsprɑkət, -s
sprog
BR sprɒg, -z
AM sprɑg, -z
Sproughton
BR ˈsprɔːtn
AM ˈsprɑtn, ˈsprɔtn
Sproule
BR sprəʊl, spruːl
AM sprul
sprout
BR spraʊt, -s, -ɪŋ, -ɪd
AM spraʊ|t, -ts, -dɪŋ, -dəd
spruce
BR spruːs, -ɪz, -ə(r), -ɪst
AM sprus, -əz, -ər, -əst
sprucely
BR ˈspruːsli
AM ˈsprusli
spruceness
BR ˈspruːsnəs
AM ˈsprusnəs
sprucer
BR ˈspruːsə(r), -z
AM ˈsprusər, -z

sprue
BR spruː, -z
AM spru, -z
spruik
BR spruːk, -s, -ɪŋ, -t
AM spruk, -s, -ɪŋ, -t
spruiker
BR ˈspruːkə(r), -z
AM ˈsprukər, -z
spruit
BR spreɪt, -s
AM spreɪt, sprut, -s
AFK sprœɪt
sprung
BR sprʌŋ
AM sprəŋ
spry
BR sprʌɪ, -ə(r), -ɪst
AM spraɪ, -ər, -ɪst
spryly
BR ˈsprʌɪli
AM ˈspraɪli
spryness
BR ˈsprʌɪnɪs
AM ˈspraɪnɪs
spud
BR spʌd, -z
AM spəd, -z
spue
BR spjuː, -z, -ɪŋ, -d
AM spju, -z, -ɪŋ, -d
spumante
BR sp(j)ʊˈmant|i, -ɪz
AM sp(j)əˈmɑn(t)i, sp(j)uˈmɑn(t)i, -z
IT spuˈmante
spume
BR spjuːm
AM spjum
spumoni
BR sp(j)ʊˈməʊni
AM spəˈmoʊni, spuˈmoʊni
IT spuˈmone
spumous
BR ˈspjuːməs
AM ˈspjuməs
spumy
BR ˈspjuːm|i, -ɪə(r), -ɪɪst
AM ˈspjumi, -ər, -ɪst

spun
BR spʌn
AM spən
spunk
BR spʌŋk
AM spəŋk
spunkily
BR ˈspʌŋkɪli
AM ˈspəŋkəli
spunkiness
BR ˈspʌŋkɪnɪs
AM ˈspəŋkɪnɪs
spunky
BR ˈspʌŋk|i, -ɪə(r), -ɪɪst
AM ˈspəŋki, -ər, -ɪst
spur
BR spəː(r), -z, -ɪŋ, -d
AM spər, -z, -ɪŋ, -d
spurge
BR spəːdʒ, -ɪz
AM spərdʒ, -əz
Spurgeon
BR ˈspəːdʒ(ə)n
AM ˈspərdʒ(ə)n
spurious
BR ˈspjʊərɪəs, ˈspjɔːrɪəs
AM ˈspjurɪəs, ˈsp(j)ʊrɪəs
spuriously
BR ˈspjʊərɪəsli, ˈspjɔːrɪəsli
AM ˈspjurɪəsli, ˈsp(j)ʊrɪəsli
spuriousness
BR ˈspjʊərɪəsnəs, ˈspjɔːrɪəsnəs
AM ˈspjurɪəsnəs, ˈsp(j)ʊrɪəsnəs
spurless
BR ˈspəːləs
AM ˈspərləs
Spurling
BR ˈspəːlɪŋ
AM ˈspərlɪŋ
spurn
BR spəːn, -z, -ɪŋ, -d
AM spərn, -z, -ɪŋ, -d
spurner
BR ˈspəːnə(r), -z
AM ˈspərnər, -z

spur-of-the-moment
BR ˌspəːrə(v)ðə-ˈməʊm(ə)nt
AM ˈˌspərə(v)ðə-ˈmoʊm(ə)nt

Spurrell
BR ˈspʌrḷ
AM ˈspərəl

spurrey
BR ˈspʌr|i, -ɪz
AM ˈspəri, -z

spurrier
BR ˈspʌrɪə(r), ˈspəːrɪə(r), -z
AM ˈspəriər, -z

spurry
BR ˈspəːr|i, -ɪz
AM ˈspəri, -z

spurt
BR spəːt, -s, -ɪŋ, -ɪd
AM spər|t, -ts, -dɪŋ, -dəd

spurwort
BR ˈspəːwəːt, -s
AM ˈspərˌwɔ(ə)rt, ˈspərwərt, -s

sputa
BR ˈspjuːtə(r)
AM ˈspjudə

sputnik
BR ˈspʊtnɪk, ˈspʌtnɪk, -s
AM ˈspətnɪk, ˈspʊtnɪk, -s
RUS ˈsputnʲik

sputter
BR ˈspʌt|ə(r), -əz, -(ə)rɪŋ, -əd
AM ˈspə|dər, -dərz, -dərɪŋ\-trɪŋ, -dərd

sputterer
BR ˈspʌt(ə)rə(r), -z
AM ˈspədərər, -z

sputum
BR ˈspjuːtəm
AM ˈspjudəm

spy
BR spʌɪ, -z, -ɪŋ, -d
AM spaɪ, -z, -ɪŋ, -d

spycatcher
BR ˈspʌɪˌkatʃə(r), -z
AM ˈspaɪˌkɛtʃər, -z

spyglass
BR ˈspʌɪglɑːs, -ɪz
AM ˈspaɪˌglæs, -əz

spyhole
BR ˈspʌɪhəʊl, -z
AM ˈspaɪˌhoʊl, -z

spymaster
BR ˈspʌɪˌmɑːstə(r), -z
AM ˈspaɪˌmæstər, -z

Sqezy
BR ˈskwiːzi
AM ˈskwizi

squab
BR skwɒb, -z
AM skwɑb, -z

squabble
BR ˈskwɒb|l̩, -lz, -l̩ɪŋ\-lɪŋ, -ld
AM ˈskwɑbəl, -lz, -(ə)lɪŋ, -əld

squabbler
BR ˈskwɒblə(r), ˈskwɒblə(r), -z
AM ˈskwɑb(ə)lər, -z

squabby
BR ˈskwɒbi
AM ˈskwɑbi

squab-chick
BR ˈskwɒbtʃɪk, -s
AM ˈskwɑbˌtʃɪk, -s

squacco
BR ˈskwakəʊ, -z
AM ˈskwakoʊ, -z
IT ˈskwakko

squad
BR skwɒd, -z
AM skwɑd, -z

squaddie
BR ˈskwɒd|i, -ɪz
AM ˈskwɑdi, -z

squaddy
BR ˈskwɒd|i, -ɪz
AM ˈskwɑdi, -z

squadron
BR ˈskwɒdr(ə)n, -z
AM ˈskwɑdrən, -z

squail
BR skweɪl, -z
AM skweɪl, -z

squalid
BR ˈskwɒlɪd
AM ˈskwɑlɨd, ˈskwɔlɨd

squalidity
BR skwɒˈlɪdɨti
AM ˌskwɑˈlɪdɨdi, ˌskwɔˈlɪdɨdi

squalidly
BR ˈskwɒlɨdli
AM ˈskwɑlɨdli, ˈskwɔlɨdli

squalidness
BR ˈskwɒlɨdnɨs
AM ˈskwɑlɨdnɨs, ˈskwɔlɨdnɨs

squall
BR skwɔːl, -z, -ɪŋ, -d
AM skwɑl, skwɔl, -z, -ɪŋ, -d

squally
BR ˈskwɔːli
AM ˈskwɑli, ˈskwɔli

squaloid
BR ˈskweɪlɔɪd, -z
AM ˈskweɪˌlɔɪd, -z

squalor
BR ˈskwɒlə(r)
AM ˈskwɑlər, ˈskwɔlər

squama
BR ˈskweɪmə(r)
AM ˈskweɪmə

squamae
BR ˈskweɪmiː
AM ˈskweɪˌmaɪ, ˈskweɪmi

squamate
BR ˈskweɪmət
AM ˈskweɪˌmeɪt

Squamish
BR ˈskwɑːm|ɪʃ, -ɪʃɪz
AM ˈskwɑmɪʃ, -əz

squamose
BR ˈskweɪməʊs
AM ˈskweɪˌmoʊz, ˈskweɪˌmoʊs

squamous
BR ˈskweɪməs
AM ˈskweɪməs

squamously
BR ˈskweɪməsli
AM ˈskweɪməsli

squamousness
BR ˈskweɪməsnəs
AM ˈskweɪməsnəs

squamule
BR ˈskwamjuːl, ˈskweɪmjuːl, -z
AM ˈskwɑˌmjul, ˈskweɪˌmjul, ˈskwæˌmjul, -z

squander
BR ˈskwɒnd|ə(r), -əz, -(ə)rɪŋ, -əd
AM ˈskwand|ər, -ərz, -(ə)rɪŋ, -ərd

squanderer
BR ˈskwɒnd(ə)rə(r), -z
AM ˈskwand(ə)rər, -z

square
BR skwɛː(r), -z, -ɪŋ, -d, -ə(r), -ɪst
AM skwɛ(ə)r, -z, -ɪŋ, -d, -ər, -əst

square-bashing
BR ˈskwɛːˌbaʃɪŋ
AM ˈskwɛrˌbæʃɪŋ

square-built
BR ˌskwɛːˈbɪlt
AM ˌskwɛrˈbɪlt

squaredance
BR ˈskwɛːdɑːns, -ɪz, -ɪŋ
AM ˈskwɛrˌdæns, -əz, -ɪŋ

square deal
BR ˌskwɛːˈdiːl
AM ˌskwɛrˈdil, -z

square-eyed
BR ˌskwɛːrˈʌɪd
AM ˈskwɛrˌaɪd

squarely
BR ˈskwɛːli
AM ˈskwɛrli

squareness
BR ˈskwɛːnəs
AM ˈskwɛrnəs

squarer
BR ˈskwɛːrə(r), -z
AM ˈskwɛrər, -z

square-rigged
BR ˌskwɛːˈrɪgd
AM ˌskwɛrˈrɪgd

square-rigger
BR ˌskwɛːˈrɪgə(r), -z
AM ˌskwɛrˈrɪgər, -z

square root
BR ˌskwɛːˈruːt, -s
AM ˌskwɛrˈrut, -s

Squarial
BR ˈskwɛːriəl, -z
AM ˈskwɛriəl, -z

squarish
BR ˈskwɛːrɪʃ
AM ˈskwɛrɪʃ

squarrose
BR ˈskwɒrəʊs, skwɒ-ˈrəʊs, ˈskwarəʊs, skwaˈrəʊs
AM ˈskwɑːroʊz, ˈskwɑˌroʊs

squash
BR skwɒʃ, -ɪz, -ɪŋ, -t
AM skwɑʃ, skwɔʃ, -əz, -ɪŋ, -t

squashily
BR ˈskwɒʃɪli
AM ˈskwɑʃəli, ˈskwɔʃəli

squashiness
BR ˈskwɒʃɪnɪs
AM ˈskwɑʃɪnɪs, ˈskwɔʃɪnɪs

squashy
BR ˈskwɒʃ|i, -ɪə(r), -ɪɪst
AM ˈskwɑʃi, ˈskwɔʃi, -ər, -ɪst

squat
BR skwɒt, -s, -ɪŋ, -ɪd
AM skwɑ|t, -ts, -dɪŋ, -dəd

squatly
BR ˈskwɒtli
AM ˈskwɑtli

squatness
BR ˈskwɒtnəs
AM ˈskwɑtnəs

squatter
BR ˈskwɒtə(r), -z
AM ˈskwɑdər, -z

squaw
BR skwɔː(r), -z
AM skwɑ, skwɔ, -z

squawk
BR skwɔːk, -s, -ɪŋ, -t
AM skwɑk, skwɔk, -s, -ɪŋ, -t

squawker
BR ˈskwɔːkə(r), -z
AM ˈskwɑkər, ˈskwɔkər, -z

squeak
BR skwiːk, -s, -ɪŋ, -t
AM skwik, -s, -ɪŋ, -t

squeaker
BR ˈskwiːkə(r), -z
AM ˈskwikər, -z

squeakily
BR ˈskwiːkɪli
AM ˈskwikɪli

squeakiness
BR ˈskwiːkɪnɪs
AM ˈskwikɪnɪs

squeaky
BR ˈskwiːk|i, -ɪə(r), -ɪɪst
AM ˈskwiki, -ər, -ɪst

squeal
BR skwiːl, -z, -ɪŋ, -d
AM skwil, -z, -ɪŋ, -d

squealer
BR ˈskwiːlə(r), -z
AM ˈskwilər, -z

squeamish
BR ˈskwiːmɪʃ
AM ˈskwimɪʃ

squeamishly
BR ˈskwiːmɪʃli
AM ˈskwimɪʃli

squeamishness
BR ˈskwiːmɪʃnɪs
AM ˈskwimɪʃnɪs

squeegee
BR ˈskwiːdʒiː, -z, -ɪŋ, -d
AM ˈskwiˌdʒi, -z, -ɪŋ, -d

Squeers
BR skwɪəz
AM skwɪ(ə)rz

squeezable
BR ˈskwiːzəbl
AM ˈskwizəb(ə)l

squeeze
BR skwiːz, -ɪz, -ɪŋ, -d
AM skwiz, -ɪz, -ɪŋ, -d

squeezebox
BR ˈskwiːzbɒks, -ɪz
AM ˈskwizˌbɑks, -əz

squeezer
BR ˈskwiːzə(r), -z
AM ˈskwizər, -z

squelch
BR skwɛltʃ, -ɪz, -ɪŋ, -t
AM skwɛltʃ, -əz, -ɪŋ, -t

squelcher
BR ˈskwɛltʃə(r), -z
AM ˈskwɛltʃər, -z

squelchiness
BR ˈskwɛltʃɪnɪs
AM ˈskwɛltʃɪnɪs

squelchy
BR ˈskwɛltʃ|i, -ɪə(r), -ɪɪst
AM ˈskwɛltʃi, -ər, -ɪst

squib
BR skwɪb, -z
AM skwɪb, -z

squid
BR skwɪd, -z
AM skwɪd, -z

squidginess
BR ˈskwɪdʒɪnɪs
AM ˈskwɪdʒɪnɪs

squidgy
BR ˈskwɪdʒ|i, -ɪə(r), -ɪɪst
AM ˈskwɪdʒi, -ər, -ɪst

squiffed
BR ˈskwɪft
AM ˈskwɪft

squiffy
BR ˈskwɪf|i, -ɪə(r), -ɪɪst
AM ˈskwɪfi, -ər, -ɪst

squiggle
BR ˈskwɪg|l, -lz, -l̩ɪŋ\-lɪŋ, -ld
AM ˈskwɪg|əl, -əlz, -(ə)lɪŋ, -əld

squiggly
BR ˈskwɪgl̩i, ˈskwɪgli
AM ˈskwɪg(ə)li

squill
BR ˈskwɪl, -z
AM ˈskwɪl, -z

squillion
BR ˈskwɪljən, -z
AM ˈskwɪliən, ˈskwɪljən, -z

squinancywort
BR ˈskwɪnənsɪˌwəːt
AM ˈskwɪnɪnsiˌwɔ(ə)rt, ˈskwɪnɪnsiˌwərt

squinch
BR skwɪn(t)ʃ, -ɪz
AM skwɪn(t)ʃ, -ɪz

squint
BR skwɪnt, -s, -ɪŋ, -ɪd
AM skwɪn|t, -ts, -(t)ɪŋ, -(t)ɪd

squinter
BR ˈskwɪntə(r), -z
AM ˈskwɪn(t)ər, -z

squinty
BR ˈskwɪnti
AM ˈskwɪn(t)i

squirarchy
BR ˈskwʌɪərɑːk|i, -ɪz
AM ˈskwaɪ(ə)ˌrɑrki, -z

squire
BR ˈskwʌɪə(r), -z, -ˈɪŋ, -d
AM ˈskwaɪ(ə)r, -z, -ˈɪŋ, -d

squirearch
BR ˈskwʌɪərɑːk, -ɪz
AM ˈskwaɪ(ə)ˌrɑrk, -əz

squirearchical
BR ˌskwʌɪəˈrɑːkɪkl
AM ˌskwaɪ(ə)-ˈrɑrkək(ə)l

squirearchy
BR ˈskwʌɪərɑːk|i, -ɪz
AM ˈskwaɪ(ə)ˌrɑrki, -z

squiredom
BR ˈskwʌɪədəm, -z
AM ˈskwaɪ(ə)dəm, -z

squireen
BR ˌskwʌɪəˈriːn, -z
AM skwaɪˈrin, -z

squirehood
BR ˈskwʌɪəhʊd, -z
AM ˈskwaɪ(ə)rˌ(h)ʊd, -z

squirelet
BR ˈskwʌɪəlɪt, -s
AM ˈskwaɪ(ə)rlət, -s

squireling
BR ˈskwʌɪəlɪŋ, -z
AM ˈskwaɪ(ə)rlɪŋ, -z

squirely
BR ˈskwʌɪəli
AM ˈskwaɪ(ə)rli
squireship
BR ˈskwʌɪəʃɪp, -s
AM ˈskwaɪ(ə)r͵ʃɪp, -s
squirl
BR skwəːl, -z
AM skwərl, -z
squirm
BR skwəːm, -z, -ɪŋ, -d
AM skwərm, -z, -ɪŋ, -d
squirmer
BR ˈskwəːmə(r), -z
AM ˈskwərmər, -z
squirmy
BR ˈskwəːmi
AM ˈskwərmi
squirrel
BR ˈskwɪrl̩, -z
AM ˈskwərəl, -z
squirrelly
BR ˈskwɪrl̩i
AM ˈskwər(ə)li
squirt
BR skwəːt, -s, -ɪŋ, -ɪd
AM skwərǀt, -ts, -dɪŋ, -dəd
squirter
BR ˈskwəːtə(r), -z
AM ˈskwərdər, -z
squish
BR skwɪʃ, -ɪz, -ɪŋ, -t
AM skwɪʃ, -ɪz, -ɪŋ, -t
squishiness
BR ˈskwɪʃɪnɪs
AM ˈskwɪʃɪnɪs
squishy
BR ˈskwɪʃǀi, -ɪə(r), -ɪɪst
AM ˈskwɪʃi, -ər, -ɪst
squit
BR skwɪt, -s
AM skwɪt, -s
squitch
BR skwɪtʃ, -ɪz
AM skwɪtʃ, -ɪz
squitters
BR ˈskwɪtəz
AM ˈskwɪdərz
squiz
BR skwɪz
AM skwɪz

squoze
BR skwəʊz, -d
AM skwoʊz, -d
Sri Lanka
BR ͵srɨ ˈlaŋkə(r), ͵sriː +, ͵ʃrɨ +, ͵ʃriː +
AM ͵ˈsri ˈlæŋkə
Sri Lankan
BR ͵srɨ ˈlaŋkən, ͵sriː +, ͵ʃrɨ +, ͵ʃriː +, -z
AM ͵ˈsri ˈlæŋkən, -z
Srinagar
BR srɨˈnʌgə(r), sriːˈnʌgə(r), ʃrɨˈnʌgə(r), ʃriːˈnʌgə(r)
AM sriˈnəgər, sriˈnɑgər
sriracha
BR siːˈrɑːtʃɑː(r)
AM səˈrɑtʃɑ, ˈsi͵rɑtʃɑ
srubbiness
BR ˈskrʌbɪnɪs
AM ˈskrəbɪnɪs
SSD
BR ͵ɛsɛsˈdiː
AM ͵ɛs͵ɛsˈdi
ssh
BR ʃ
AM ʃ
St. *street*
BR striːt
AM strit
St *saint*
BR s(ə)nt, seɪnt
AM s(ə)n(t), seɪn(t)
stab
BR stab, -z, -ɪŋ, -d
AM stæb, -z, -ɪŋ, -d
stabber
BR ˈstabə(r), -z
AM ˈstæbər, -z
stabbing
BR ˈstabɪŋ, -z
AM ˈstæbɪŋ, -z
stabile
BR ˈsteɪbʌɪl, -z
AM ˈsteɪ͵bil, -z

stabilisation
BR ͵steɪbɨlʌɪˈzeɪʃn, ͵steɪblʌɪˈzeɪʃn
AM ͵steɪbə͵laɪˈzeɪʃ(ə)n, ͵steɪbələˈzeɪʃ(ə)n
stabilise
BR ˈsteɪbɨlʌɪz, ˈsteɪblʌɪz, -ɪz, -ɪŋ, -d
AM ˈsteɪbə͵laɪz, -ɪz, -ɪŋ, -d
stabiliser
BR ˈsteɪbɨlʌɪzə(r), ˈsteɪblʌɪzə(r), -z
AM ˈsteɪbə͵laɪzər, -z
stability
BR stəˈbɪlɨti
AM stəˈbɪlɨdi
stabilization
BR ͵steɪbɨlʌɪˈzeɪʃn, ͵steɪblʌɪˈzeɪʃn
AM ͵steɪbə͵laɪˈzeɪʃ(ə)n, ͵steɪbələˈzeɪʃ(ə)n
stabilize
BR ˈsteɪbɨlʌɪz, ˈsteɪblʌɪz, -ɪz, -ɪŋ, -d
AM ˈsteɪbə͵laɪz, -ɪz, -ɪŋ, -d
stabilizer
BR ˈsteɪbɨlʌɪzə(r), ˈsteɪblʌɪzə(r), -z
AM ˈsteɪbə͵laɪzər, -z
stable
BR steɪbǀl, -lz, -lɪŋǀ-lɪŋ, -ld, -lə(r)ǀ-lə(r), -lɪstǀ-lɪst
AM ˈsteɪbǀ(ə)l, -əlz, -(ə)lɪŋ, -əld, -(ə)lər, -(ə)ləst
stableful
BR ˈsteɪblfʊl, -z
AM ˈsteɪbəl͵fʊl, -z
stableman
BR ˈsteɪblman
AM ˈsteɪbəl͵mæn
stablemate
BR ˈsteɪblmeɪt, -s
AM ˈsteɪbəl͵meɪt, -s
stablemen
BR ˈsteɪblmɛn
AM ˈsteɪbəl͵mɛn

stableness
BR ˈsteɪblnəs
AM ˈsteɪbəlnəs
stablish
BR ˈstablǀɪʃ, -ɪʃɪz, -ɪʃɪŋ, -ɪʃt
AM ˈstæblɪʃ, -ɪz, -ɪŋ, -t
stably
BR ˈsteɪbli, ˈsteɪblɨ
AM ˈsteɪb(ə)li
staccato
BR stəˈkɑːtəʊ
AM stəˈkɑdoʊ
IT stakˈkato
Stacey
BR ˈsteɪsi
AM ˈsteɪsi
stack
BR stak, -s, -ɪŋ, -t
AM stæk, -s, -ɪŋ, -t
stackable
BR ˈstakəbl
AM ˈstækəb(ə)l
stacker
BR ˈstakə(r), -z
AM ˈstækər, -z
Stackhouse
BR ˈstakhaʊs
AM ˈstæk͵(h)aʊs
stacte
BR ˈstaktiː, -z
AM ˈstækti, -z
Stacy
BR ˈsteɪsi
AM ˈsteɪsi
staddle
BR ˈstadl, -z
AM ˈstædəl, -z
stadia
BR ˈsteɪdɪə(r)
AM ˈsteɪdɪə
stadium
BR ˈsteɪdɪəm, -z
AM ˈsteɪdɪəm, -z
stadtholder
BR ˈstad͵həʊldə(r), -z
AM ˈstæd͵(h)oʊldər, -z
stadtholdership
BR ˈstad͵həʊldəʃɪp, -s
AM ˈstæd͵(h)oʊldər͵ʃɪp, -s

staff
BR staːf, -s, -ɪŋ, -t
AM stæf, -s, -ɪŋ, -t
Staffa
BR ˈstafə(r)
AM ˈstæfə
staffage
BR ˈstaːfɪdʒ
AM ˈstæfɪdʒ
staffer
BR ˈstaːfə(r), -z
AM ˈstæfər, -z
Stafford
BR ˈstafəd
AM ˈstæfərd
Staffordshire
BR ˈstafədʃ(ɪ)ə(r)
AM ˈstæfərd̩ʃi(ə)r
staffroom
BR ˈstaːfruːm,
ˈstaːfrʊm, -z
AM ˈstæfˌrʊm,
ˈstæfˌrum, -z
Staffs. *Staffordshire*
BR stafs
AM stæfs
stag
BR stag, -z
AM stæg, -z
stage
BR steɪdʒ, -ɪz, -ɪŋ, -d
AM steɪdʒ, -ɪz, -ɪŋ, -d
stageability
BR ˌsteɪdʒəˈbɪlɪti
AM ˌsteɪdʒəˈbɪlɪdi
stageable
BR ˈsteɪdʒəbl
AM ˈsteɪdʒəb(ə)l
stagecoach
BR ˈsteɪdʒkəʊtʃ, -ɪz
AM ˈsteɪdʒˌkoʊtʃ, -əz
stagecraft
BR ˈsteɪdʒkraːft
AM ˈsteɪdʒˌkræft
stagehand
BR ˈsteɪdʒhand, -z
AM ˈsteɪdʒˌ(h)ænd, -z

stage-manage
BR ˌsteɪdʒˈman|ɪdʒ,
ˈsteɪdʒˌman|ɪdʒ,
-ɪdʒɪz, -ɪdʒɪŋ, -ɪdʒd
AM ˈsteɪdʒˌmænɪdʒ,
-ɪz, -ɪŋ, -d
stager
BR ˈsteɪdʒə(r), -z
AM ˈsteɪdʒər, -z
stagestruck
BR ˈsteɪdʒstrʌk
AM ˈsteɪdʒˌstrək
stage whisper
BR ˌsteɪdʒ ˈwɪspə(r), -z
AM ˈsteɪdʒ ˌ(h)wɪspər, -z
stagey
BR ˈsteɪdʒi
AM ˈsteɪdʒi
stagflation
BR ˌstagˈfleɪʃn
AM ˌstægˈfleɪʃ(ə)n
Stagg
BR stag
AM stæg
stagger
BR ˈstag|ə(r), -əz, -(ə)rɪŋ, -əd
AM ˈstæg|ər, -ərz, -(ə)rɪŋ, -ərd
staggerer
BR ˈstag(ə)rə(r), -z
AM ˈstæg(ə)rər, -z
staggeringly
BR ˈstag(ə)rɪŋli
AM ˈstæg(ə)rɪŋli
staghound
BR ˈstaghaʊnd, -z
AM ˈstægˌ(h)aʊnd, -z
stagily
BR ˈsteɪdʒɪli
AM ˈsteɪdʒɪli
staginess
BR ˈsteɪdʒɪnɪs
AM ˈsteɪdʒɪnɪs
staging
BR ˈsteɪdʒɪŋ
AM ˈsteɪdʒɪŋ
stagnancy
BR ˈstagnənsi
AM ˈstægnənsi

stagnant
BR ˈstagnənt
AM ˈstægnənt
stagnantly
BR ˈstagnəntli
AM ˈstægnən(t)li
stagnate
BR stagˈneɪt, -s, -ɪŋ, -ɪd
AM ˈstægˌneɪ|t, -ts, -dɪŋ, -dɪd
stagnation
BR stagˈneɪʃn
AM stægˈneɪʃ(ə)n
stagnicolous
BR stagˈnɪkl̩əs
AM stægˈnɪkələs
stagy
BR ˈsteɪdʒ|i, -ɪə(r), -ɪɪst
AM ˈsteɪdʒi, -ər, -ɪst
staid
BR steɪd
AM steɪd
staidly
BR ˈsteɪdli
AM ˈsteɪdli
staidness
BR ˈsteɪdnɪs
AM ˈsteɪdnɪs
stain
BR steɪn, -z, -ɪŋ, -d
AM steɪn, -z, -ɪŋ, -d
stainable
BR ˈsteɪnəbl
AM ˈsteɪnəb(ə)l
stained-glass
BR ˌsteɪndˈglaːs
AM ˌsteɪn(d)ˈglæs
stainer
BR ˈsteɪnə(r), -z
AM ˈsteɪnər, -z
Staines
BR steɪnz
AM steɪnz
Stainforth
BR ˈsteɪnfɔːθ
AM ˈsteɪnˌfɔ(ə)rθ
stainless
BR ˈsteɪnlɪs
AM ˈsteɪnlɪs

stainlessly
BR ˈsteɪnlɪsli
AM ˈsteɪnlɪsli
stainlessness
BR ˈsteɪnlɪsnɪs
AM ˈsteɪnlɪsnɪs
Stainton
BR ˈsteɪntən
AM ˈsteɪn(tə)n
stair
BR stɛː(r), -z
AM stɛ(ə)r, -z
staircase
BR ˈstɛːkeɪs, -ɪz
AM ˈstɛrˌkeɪs, -ɪz
stairhead
BR ˈstɛːhɛd, -z
AM ˈstɛrˌ(h)ɛd, -z
stairlift
BR ˈstɛːlɪft, -s
AM ˈstɛrˌlɪft, -s
stairway
BR ˈstɛːweɪ, -z
AM ˈstɛrˌweɪ, -z
stairwell
BR ˈstɛːwɛl, -z
AM ˈstɛrˌwɛl, -z
staithe
BR steɪð, -z
AM steɪð, -z
stake
BR steɪk, -s, -ɪŋ, -t
AM steɪk, -s, -ɪŋ, -t
stakeboat
BR ˈsteɪkbəʊt, -s
AM ˈsteɪkˌboʊt, -s
stakebuilding
BR ˈsteɪkˌbɪldɪŋ
AM ˈsteɪkˌbɪldɪŋ
stakeholder
BR ˈsteɪkˌhəʊldə(r), -z
AM ˈsteɪkˌ(h)oʊldər, -z
stakeout
BR ˈsteɪkaʊt, -s
AM ˈsteɪkˌaʊt, -s
staker
BR ˈsteɪkə(r), -z
AM ˈsteɪkər, -z
Stakhanovism
BR stəˈkanəvɪzm
AM stəˈkanəˌvɪz(ə)m

Stakhanovist
BR stəˈkanəvɪst, -s
AM stəˈkanəvəst, -s
Stakhanovite
BR stəˈkanəvʌɪt, -s
AM stəˈkanəˌvaɪt, -s
stalactic
BR stəˈlaktɪk
AM stəˈlæktɪk
stalactiform
BR stəˈlaktɪfɔːm
AM stəˈlæktəˌfɔ(ə)rm
stalactite
BR ˈstaləktʌɪt, -s
AM stəˈlækˌtaɪt, -s
stalactitic
BR ˌstaləkˈtɪtɪk
AM ˌstæləkˈtɪdɪk
Stalag
BR ˈstalag, -z
AM ˈstɑˌlag, -z
stalagmite
BR ˈstaləgmʌɪt, -s
AM stəˈlægˌmaɪt, -s
stalagmitic
BR ˌstaləgˈmɪtɪk
AM ˌstæləgˈmɪdɪk
St Albans
BR s(ə)nt ˈɔːlb(ə)nz, + ˈɒlb(ə)nz
AM seɪn(t) ˈalbənz, seɪn(t) ˈɔlbənz
stale
BR steɪl, -ə(r), -ɪst
AM steɪl, -ər, -ɪst
stalely
BR ˈsteɪ(l)li
AM ˈsteɪ(l)li
stalemate
BR ˈsteɪlmeɪt, -s, -ɪŋ, -ɪd
AM ˈsteɪlˌmeɪ|t, -ts, -dɪŋ, -dɪd
staleness
BR ˈsteɪlnɪs
AM ˈsteɪlnɪs
Stalin
BR ˈstɑːlɪn
AM ˈstɑl(ə)n

Stalingrad
BR ˈstɑːlɪngrad
AM ˈstɑlənˌgrɑd, ˈstɑlənˌgræd
RUS stəlʲinˈgrat
Stalinism
BR ˈstɑːlɪnɪzm
AM ˈstɑləˌnɪz(ə)m
Stalinist
BR ˈstɑːlɪnɪst, -s
AM ˈstɑlənəst, -s
stalk
BR stɔːk, -s, -ɪŋ, -t
AM stak, stɔk, -s, -ɪŋ, -t
stalker
BR ˈstɔːkə(r), -z
AM ˈstakər, ˈstɔkər, -z
stalk-eyed
BR ˌstɔːkˈʌɪd
AM ˈstakˌaɪd, ˈstɔkˌaɪd
stalkless
BR ˈstɔːkləs
AM ˈstakləs, ˈstɔkləs
stalklet
BR ˈstɔːklɪt, -s
AM ˈstaklət, ˈstɔklət, -s
stalklike
BR ˈstɔːklʌɪk
AM ˈstakˌlaɪk, ˈstɔkˌlaɪk
stalky
BR ˈstɔːki
AM ˈstaki, ˈstɔki
stall
BR stɔːl, -z, -ɪŋ, -d
AM stal, stɔl, -z, -ɪŋ, -d
stallage
BR ˈstɔːl|ɪdʒ, -ɪdʒɪz
AM ˈstalɪdʒ, ˈstɔlɪdʒ, -ɪz
stallholder
BR ˈstɔːlˌhəʊldə(r), -z
AM ˈstalˌ(h)oʊldər, ˈstɔlˌ(h)oʊldər, -z
stallion
BR ˈstaljən, -z
AM ˈstæljən, -z
Stallybrass
BR ˈstalɪbrɑːs
AM ˈstæliˌbræs

stalwart
BR ˈstɔːlwət, ˈstɒlwət, -s
AM ˈstalwərt, ˈstɔlwərt, -s
stalwartly
BR ˈstɔːlwətli, ˈstɒlwətli
AM ˈstalwərtli, ˈstɔlwərtli
stalwartness
BR ˈstɔːlwətnəs, ˈstɒlwətnəs
AM ˈstalwərtnəs, ˈstɔlwərtnəs
Stalybridge
BR ˈsteɪlɪbrɪdʒ
AM ˈsteɪliˌbrɪdʒ
Stamboul
BR stamˈbuːl
AM stæmˈbul
stamen
BR ˈsteɪmɛn, -z
AM ˈsteɪmɪn, -z
stamina
BR ˈstamɪnə(r)
AM ˈstæmənə
staminal
BR ˈstamɪnl
AM ˈstæmən(ə)l
staminate
BR ˈstamɪnət
AM ˈstæməˌneɪt
staminiferous
BR ˌstamɪˈnɪf(ə)rəs
AM ˌstæməˈnɪf(ə)rəs
stammer
BR ˈstam|ə(r), -əz, -(ə)rɪŋ, -əd
AM ˈstæm|ər, -ərz, -(ə)rɪŋ, -ərd
stammerer
BR ˈstam(ə)rə(r), -z
AM ˈstæm(ə)rər, -z
stammeringly
BR ˈstam(ə)rɪŋli
AM ˈstæm(ə)rɪŋli
stamp
BR stam|p, -ps, -pɪŋ, -(p)t
AM stæmp, -s, -ɪŋ, -t

stampede
BR stamˈpiːd, -z, -ɪŋ, -ɪd
AM stæmˈpid, -z, -ɪŋ, -ɪd
stampeder
BR stamˈpiːdə(r), -z
AM stæmˈpidər, -z
stamper
BR ˈstampə(r), -z
AM ˈstæmpər, -z
Stanbury
BR ˈstanb(ə)ri
AM ˈstænˌbɛri
stance
BR stɑːns, -ɪz
AM stæns, -əz
stanch
BR stɑːn(t)ʃ, -ɪz, -ɪŋ, -t
AM stɑn(t)ʃ, stɔn(t)ʃ, -əz, -ɪŋ, -t
stanchion
BR ˈstɑnʃn, -z
AM ˈstæn(t)ʃ(ə)n, -z
stand
BR stand, -z, -ɪŋ
AM stænd, -z, -ɪŋ
stand-alone
BR ˈstandələʊn
AM ˈstændəˌloʊn
standard
BR ˈstandəd, -z
AM ˈstændərd, -z
Standardbred
BR ˈstandədbrɛd, -z
AM ˈstændərdˌbrɛd, -z
standardisable
BR ˈstandədʌɪzəbl
AM ˈstændərˌdaɪzəb(ə)l
standardisation
BR ˌstandədʌɪˈzeɪʃn
AM ˌstændərˌdaɪˈzeɪʃ(ə)n, ˌstændərdəˈzeɪʃ(ə)n
standardise
BR ˈstandədʌɪz, -ɪz, -ɪŋ, -d
AM ˈstændərˌdaɪz, -ɪz, -ɪŋ, -d

standardiser
BR ˈstændədʌɪzə(r), -z
AM ˈstændərˌdaɪzər, -z

standardizable
BR ˈstændədʌɪzəbl
AM ˈstændərˌdaɪzəb(ə)l

standardization
BR ˌstændədʌɪˈzeɪʃn
AM ˌstændərˌdaɪ-ˈzeɪʃ(ə)n, ˌstændərdəˈzeɪʃ(ə)n

standardize
BR ˈstændədʌɪz, -ɪz, -ɪŋ, -d
AM ˈstændərˌdaɪz, -ɪz, -ɪŋ, -d

standardizer
BR ˈstændədʌɪzə(r), -z
AM ˈstændərˌdaɪzər, -z

standby
BR ˈstæn(d)bʌɪ, -z
AM ˈstæn(d)ˌbaɪ, -z

standee
BR stænˈdiː, -z
AM stænˈdi, -z

stander
BR ˈstændə(r), -z
AM ˈstændər, -z

stand-in
BR ˈstændɪn, -z
AM ˈstændˌɪn, -z

standing
BR ˈstændɪŋ, -z
AM ˈstændɪŋ, -z

Standish
BR ˈstændɪʃ
AM ˈstændɪʃ

stand-off
BR ˈstændɒf, -s
AM ˈstændˌɑf, ˈstændˌɔf, -s

standoffish
BR ˌstændˈɒfɪʃ
AM ˌstændˈɑfɪʃ, ˌstændˈɔfɪʃ

standoffishly
BR ˌstændˈɒfɪʃli
AM ˌstændˈɑfɪʃli, ˌstændˈɔfɪʃli

standoffishness
BR ˌstændˈɒfɪʃnɪs
AM ˌstændˈɑfɪʃnɪs, ˌstændˈɔfɪʃnɪs

standout
BR ˈstændaʊt, -s
AM ˈstændˌaʊt, -s

standpipe
BR ˈstæn(d)pʌɪp, -s
AM ˈstæn(d)ˌpaɪp, -s

standpoint
BR ˈstæn(d)pɔɪnt, -s
AM ˈstæn(d)ˌpɔɪnt, -s

St Andrews
BR s(ə)nt ˈændruːz
AM seɪn(t) ˈændruz

standstill
BR ˈstæn(d)stɪl, -z
AM ˈstæn(d)ˌstɪl, -z

stand-to
BR ˈstæn(d)tuː, ˌstæn(d)ˈtuː
AM ˌstæn(d)ˈtu

Stanford
BR ˈstænfəd
AM ˈstænfərd

Stanhope
BR ˈstænəp, ˈstænhəʊp
AM ˈstænəp, ˈstænˌ(h)oʊp

Stanislas
BR ˈstænɪslas, ˈstænɪslɑːs
AM ˈstænəˌslɑs

Stanislaus
BR ˈstænɪslaʊs, ˈstænɪslɔːs
AM ˈstænəˌslɑs

Stanislavsky
BR ˌstænɪˈslavski
AM ˌstænəˈslɑfski

stank
BR staŋk
AM stæŋk

Stanley
BR ˈstanli
AM ˈstænli

Stanleyville
BR ˈstanlɪvɪl
AM ˈstænliˌvɪl

Stanmore
BR ˈstanmɔː(r)
AM ˈstænˌmɔ(ə)r

Stannard
BR ˈstanəd
AM ˈstænərd

stannary
BR ˈstan(ə)r|i, -ɪz
AM ˈstænəri, -z

stannate
BR ˈstaneɪt
AM ˈstæˌneɪt

stannic
BR ˈstanɪk
AM ˈstænɪk

stannite
BR ˈstanʌɪt, -s
AM ˈstæˌnaɪt, -s

stannous
BR ˈstanəs
AM ˈstænəs

Stansfield
BR ˈstanzfiːld, ˈstansfiːld
AM ˈstænzˌfild

Stansgate
BR ˈstanzgeɪt
AM ˈstænzˌgeɪt

Stansted
BR ˈstanstɛd, ˈstanstɪd
AM ˈstænˌstɛd, ˈstænstəd

Stanton
BR ˈstantən
AM ˈstæn(t)ən

Stanway
BR ˈstanweɪ
AM ˈstænˌweɪ

Stanwell
BR ˈstanwɛl
AM ˈstænˌwɛl

Stanwick
BR ˈstan(w)ɪk
AM ˈstænˌwɪk

stanza
BR ˈstanzə(r), -z, -d
AM ˈstænzə, -z, -d

stanzaic
BR stanˈzeɪɪk
AM stænˈzeɪɪk

stapedes
BR stəˈpiːdiːz
AM stəˈpiˌdiz

stapelia
BR stəˈpiːlɪə(r), -z
AM stəˈpiliə, stəˈpiljə, -z

stapes
BR ˈsteɪpiːz
AM ˈsteɪˌpiz

staphylococcal
BR ˌstaf(ə)ləˈkɒkl, ˌstafl̩ˈkɒkl
AM ˌstæf(ə)ləˈkɑkəl

staphylococcus
BR ˌstaf(ə)ləˈkɒkəs, ˌstafl̩ˈkɒkəs
AM ˌstæf(ə)ləˈkɑkəs

staple
BR ˈsteɪp|l, -lz, -lɪŋ\-lɪŋ, -ld
AM ˈsteɪp|əl, -əlz, -(ə)lɪŋ, -əld

Stapleford[1] *place in UK*
BR ˈstaplfəd
AM ˈstæpəlfərd

Stapleford[2] *surname*
BR ˈsteɪplfəd
AM ˈsteɪpəlfərd

Staplehurst
BR ˈsteɪplhəːst
AM ˈsteɪpəlˌ(h)ərst

stapler
BR ˈsteɪpl̩ə(r), ˈsteɪplə(r), -z
AM ˈsteɪp(ə)lər, -z

Stapleton
BR ˈsteɪplt(ə)n
AM ˈsteɪpəlt(ə)n

star
BR stɑː(r), -z, -ɪŋ, -d
AM stɑr, -z, -ɪŋ, -d

Stara Zagora
BR ˌstɑːrə zəˈgɔːrə(r)
AM ˌstɑrə zəˈgɔrə

starboard
BR ˈstɑːbɔːd
AM ˈstɑrˌbɔ(ə)rd, ˈstɑrbərd

starburst
BR ˈstɑːbɜːst, -s
AM ˈstɑrˌbɜrst, -s
starch
BR stɑːtʃ, -ɪz, -ɪŋ, -t
AM stɑrtʃ, -əz, -ɪŋ, -t
starcher
BR ˈstɑːtʃə(r), -z
AM ˈstɑrtʃər, -z
starchily
BR ˈstɑːtʃɪli
AM ˈstɑrtʃəli
starchiness
BR ˈstɑːtʃɪnɪs
AM ˈstɑrtʃɪnɪs
starch-reduced
BR ˌstɑːtʃrɪˈdjuːst,
ˌstɑːtʃrɪˈdʒuːst
AM ˈstɑrtʃriˌd(j)ust,
ˈstɑrtʃrəˌd(j)ust
starchy
BR ˈstɑːtʃi, -ɪə(r), -ɪɪst
AM ˈstɑrtʃi, -ər, -ɪst
star-crossed
BR ˈstɑːkrɒst, ˌstɑːˈkrɒst
AM ˈstɑrˌkrɑst, ˈstɑrˌkrɔst
stardom
BR ˈstɑːdəm
AM ˈstɑrdəm
stardust
BR ˈstɑːdʌst
AM ˈstɑrˌdəst
stare
BR steə(r), -z, -ɪŋ, -d
AM ste(ə)r, -z, -ɪŋ, -d
starer
BR ˈsteːrə(r), -z
AM ˈstɛrər, -z
starfish
BR ˈstɑːfɪʃ, -ɪz
AM ˈstɑrˌfɪʃ, -ɪz
stargaze
BR ˈstɑːɡeɪz, -ɪz, -ɪŋ, -d
AM ˈstɑrˌɡeɪz, -ɪz, -ɪŋ, -d
stargazer
BR ˈstɑːˌɡeɪzə(r), -z
AM ˈstɑrˌɡeɪzər, -z

stargazing
BR ˈstɑːˌɡeɪzɪŋ
AM ˈstɑrˌɡeɪzɪŋ
stark
BR stɑːk, -ə(r), -ɪst
AM stɑrk, -ər, -əst
starkers
BR ˈstɑːkəz
AM ˈstɑrkərz
Starkey
BR ˈstɑːki
AM ˈstɑrki
Starkie
BR ˈstɑːki
AM ˈstɑrki
starkly
BR ˈstɑːkli
AM ˈstɑrkli
starkness
BR ˈstɑːknəs
AM ˈstɑrknəs
starless
BR ˈstɑːləs
AM ˈstɑrləs
starlet
BR ˈstɑːlɪt, -s
AM ˈstɑrlət, -s
starlight
BR ˈstɑːlʌɪt
AM ˈstɑrˌlaɪt
starlike
BR ˈstɑːlʌɪk
AM ˈstɑrˌlaɪk
starling
BR ˈstɑːlɪŋ, -z
AM ˈstɑrlɪŋ, -z
starlit
BR ˈstɑːlɪt
AM ˈstɑrˌlɪt
Starr
BR stɑː(r)
AM stɑr
starrily
BR ˈstɑːrɪli
AM ˈstɑrəli
starriness
BR ˈstɑːrɪnɪs
AM ˈstɑrɪnɪs
starry
BR ˈstɑːri
AM ˈstɑri

starry-eyed
BR ˌstɑːrɪˈʌɪd
AM ˈstɑriˌaɪd
Stars and Bars
BR ˌstɑːz (ə)n(d) ˈbɑːz
AM ˈˌstɑrz ən ˈbɑrz
Stars and Stripes
BR ˌstɑːz (ə)n(d) ˈstrʌɪps
AM ˈˌstɑrz ən ˈstraɪps
starship
BR ˈstɑːʃɪp, -s
AM ˈstɑrˌʃɪp, -s
START
BR stɑːt
AM stɑrt
start
BR stɑːt, -s, -ɪŋ, -ɪd
AM stɑr|t, -ts, -dɪŋ, -dəd
starter
BR ˈstɑːtə(r), -z
AM ˈstɑrdər, -z
startle
BR ˈstɑːt|l, -lz, -l̩ŋ\-lɪŋ, -ld
AM ˈstɑrdəl, -z, -ɪŋ, -d
startler
BR ˈstɑːtlə(r), ˈstɑːtlə(r), -z
AM ˈstɑrdlər, -z
startlingly
BR ˈstɑːtlɪŋli, ˈstɑːtl̩ŋli
AM ˈstɑrdl̩ŋli
start-up
BR ˈstɑːtʌp, -s
AM ˈstɑrdəp, -s
star turn
BR ˌstɑːˈtɜːn, -z
AM ˈstɑr ˌtɜrn, -z
starvation
BR stɑːˈveɪʃn
AM stɑrˈveɪʃ(ə)n
starve
BR stɑːv, -z, -ɪŋ, -d
AM stɑrv, -z, -ɪŋ, -d
starveling
BR ˈstɑːvlɪŋ, -z
AM ˈstɑrvlɪŋ, -z

starwort
BR ˈstɑːwɜːt, -s
AM ˈstɑrˌwɔ(ə)rt, ˈstɑrwərt, -s
stases
BR ˈsteɪsiːz
AM ˈsteɪˌsiz
stash
BR stæʃ, -ɪz, -ɪŋ, -t
AM stæʃ, -əz, -ɪŋ, -t
Stasi
BR ˈstɑːzi
AM ˈstɑzi
stasis
BR ˈsteɪsɪs
AM ˈsteɪsɪs
stat
BR stat, -s
AM stæt, -s
statable
BR ˈsteɪtəbl
AM ˈsteɪdəb(ə)l
statal
BR ˈsteɪtl
AM ˈsteɪdl
state
BR steɪt, -s, -ɪŋ, -ɪd
AM steɪ|t, -ts, -dɪŋ, -dɪd
statecraft
BR ˈsteɪtkrɑːft
AM ˈsteɪtˌkræft
statedly
BR ˈsteɪtɪdli
AM ˈsteɪdɪdli
statehood
BR ˈsteɪthʊd
AM ˈsteɪtˌ(h)ʊd
statehouse
BR ˈsteɪthaʊ|s, -zɪz
AM ˈsteɪtˌ(h)aʊ|s, -zəz
stateless
BR ˈsteɪtlɪs
AM ˈsteɪtlɪs
statelessness
BR ˈsteɪtlɪsnɪs
AM ˈsteɪtlɪsnɪs
statelet
BR ˈsteɪtlɪt, -s
AM ˈsteɪtlɪt, -s
stateliness
BR ˈsteɪtlɪnɪs
AM ˈsteɪtlɪnɪs

stately
BR ˈsteɪtl|i, -ɪə(r),
-ɪɪst
AM ˈsteɪtli, -ər, -ɪst
statement
BR ˈsteɪtm(ə)nt, -s
AM ˈsteɪtm(ə)nt, -s
Staten Island
BR ˌstatn ˈʌɪlənd
AM ˈˌstætn ˈaɪlənd
state-of-the-art
BR ˌsteɪtə(v)ðɪˈɑːt
AM ˈˌsteɪdə(v)ðəˈɑrt,
ˌsteɪdə(v)ðɪˈɑrt
stater
BR ˈsteɪtə(r), -z
AM ˈsteɪdər, -z
stateroom
BR ˈsteɪtruːm,
ˈsteɪtrʊm, -z
AM ˈsteɪtˌrʊm,
ˈsteɪtˌrum, -z
state-run
BR ˌsteɪtˈrʌn
AM ˈsteɪtˌrən
stateside
BR ˈsteɪtsʌɪd
AM ˈsteɪtˌsaɪd
statesman
BR ˈsteɪtsmən
AM ˈsteɪtsm(ə)n
statesmanlike
BR ˈsteɪtsmənlʌɪk
AM ˈsteɪtsmənˌlaɪk
statesmanly
BR ˈsteɪtsmənli
AM ˈsteɪtsmənli
statesmanship
BR ˈsteɪtsmənʃɪp
AM ˈsteɪtsmənˌʃɪp
statesmen
BR ˈsteɪtsmən
AM ˈsteɪtsm(ə)n
statesperson
BR ˈsteɪtsˌpəːsn, -z
AM ˈsteɪtsˌpərs(ə)n, -z
stateswoman
BR ˈsteɪtsˌwʊmən
AM ˈsteɪtsˌwʊm(ə)n
stateswomen
BR ˈsteɪtsˌwɪmɪn
AM ˈsteɪtsˌwɪmɪn

statewide
BR ˌsteɪtˈwʌɪd
AM ˈsteɪtˌwaɪd
Statham
BR ˈsteɪθ(ə)m,
ˈsteɪð(ə)m
AM ˈstæðəm, ˈsteɪðəm
static
BR ˈstatɪk, -s
AM ˈstædɪk, -s
statical
BR ˈstatɪkl
AM ˈstædək(ə)l
statically
BR ˈstatɪkli
AM ˈstædək(ə)li
statice
BR ˈstatɪs|i, -ɪz
AM ˈstædəsi, -z
station
BR ˈsteɪʃn, -nz
-n̩ŋ\-nɪŋ, -nd
AM ˈsteɪʃ(ə)n, -z, -ɪŋ,
-d
stationariness
BR ˈsteɪʃn̩(ə)rɪnɪs,
ˈsteɪʃnərɪnɪs
AM ˈsteɪʃəˌnɛrɪnɪs
stationary
BR ˈsteɪʃn̩(ə)ri,
ˈsteɪʃnəri
AM ˈsteɪʃəˌnɛri
stationer
BR ˈsteɪʃnə(r),
ˈsteɪʃnə(r), -z
AM ˈsteɪʃ(ə)nər, -z
stationery
BR ˈsteɪʃn̩(ə)ri,
ˈsteɪʃnəri
AM ˈsteɪʃəˌnɛri
station-keeping
BR ˈsteɪʃnˌkiːpɪŋ
AM ˈsteɪʃənˌkipɪŋ
statism
BR ˈsteɪtɪzm
AM ˈsteɪdɪz(ə)m
statist
BR ˈsteɪtɪst, -s
AM ˈsteɪdɪst, -s
statistic
BR stəˈtɪstɪk, -s
AM stəˈtɪstɪk, -s

statistical
BR stəˈtɪstɪkl
AM stəˈtɪstək(ə)l
statistically
BR stəˈtɪstɪkli
AM stəˈtɪstək(ə)li
statistician
BR ˌstatɪˈstɪʃn, -z
AM ˌstædəˈstɪʃ(ə)n, -z
Statius
BR ˈsteɪʃ(ɪ)əs, ˈsteɪtɪəs
AM ˈsteɪʃ(i)əs
stative
BR ˈsteɪtɪv
AM ˈsteɪdɪv
stator
BR ˈsteɪtə(r), -z
AM ˈsteɪdər, -z
statoscope
BR ˈstatəskəʊp, -s
AM ˈstædəˌskoʊp, -s
stats
BR stats
AM stæts
statuary
BR ˈstatʃʊəri, ˈstatʃɛri,
ˈstatjʊəri, ˈstatjɛri
AM ˈstætʃəˌwɛri
statue
BR ˈstatʃuː,
ˈstatjuː, -z, -d
AM ˈstætʃu, -z, -d
statuesque
BR ˌstatʃʊˈɛsk,
ˌstatjʊˈɛsk
AM ˌstætʃəˈwɛsk
statuesquely
BR ˌstatʃʊˈɛskli,
ˌstatjʊˈɛskli
AM ˌstætʃəˈwɛskli
statuesqueness
BR ˌstatʃʊˈɛsknəs,
ˌstatjʊˈɛsknəs
AM ˌstætʃəˈwɛsknəs
statuette
BR ˌstatʃʊˈɛt,
ˌstatjʊˈɛt, -s
AM ˌstætʃəˈwɛt, -s
stature
BR ˈstatʃə(r),
ˈstatjə(r), -d
AM ˈstætʃər, -d

status
BR ˈsteɪtəs, -ɪz
AM ˈstædəs, ˈsteɪdəs,
-əz
status quo
BR ˌsteɪtəs ˈkwəʊ
AM ˌstædəs ˈkwoʊ,
ˌsteɪdəs ˈkwoʊ
statutable
BR ˈstatʃuːtəbl,
ˈstatjuːtəbl
AM ˈstætʃədəb(ə)l,
ˈstætʃudəb(ə)l
statutably
BR ˈstatʃuːtəbli,
ˈstatjuːtəbli
AM ˈstætʃədəbli,
ˈstætʃudəbli
statute
BR ˈstatʃuːt, ˈstatjuːt,
-s
AM ˈstætʃut, -s
statute-barred
BR ˌstatʃuːtˈbɑːd,
ˌstatjuːtˈbɑːd
AM ˌstætʃutˈbɑrd
statutorily
BR ˈstatʃɛtrɪli,
ˈstatjɛtrɪli
AM ˌstætʃəˈtɔrəli
statutory
BR statʃɛt(ə)ri,
statjɛt(ə)ri
AM ˈstætʃəˌtɔri
staunch
BR stɔːn(t)ʃ, -ɪz, -ɪŋ,
-t, -ə(r), -ɪst
AM stɑn(t)ʃ, stɔn(t)ʃ,
-əz, -ɪŋ, -t, -ər, -əst
staunchly
BR ˈstɔːn(t)ʃli
AM ˈstɑn(t)ʃli,
ˈstɔn(t)ʃli
staunchness
BR ˈstɔːn(t)ʃnəs
AM ˈstɑn(t)ʃnəs,
ˈstɔn(t)ʃnəs
Staunton[1] *place in UK*
BR ˈstɔːnt(ə)n
AM ˈstɑn(t)ən,
ˈstɔn(t)ən

Staunton² *place in USA*
BR ˈstɑːnt(ə)n
AM ˈstæn(t)ən

staurolite
BR ˈstɔːrəlʌɪt
AM ˈstɔːrəˌlaɪt

stauroscope
BR ˈstɔːrəskəʊp, -s
AM ˈstɔːrəˌskoʊp, -s

stauroscopic
BR ˌstɔːrəˈskɒpɪk
AM ˌstɔːrəˈskɑpɪk

stauroscopically
BR ˌstɔːrəˈskɒpɪkli
AM ˌstɔːrəˈskɑpək(ə)li

Stavanger
BR stəˈvaŋə(r)
AM stəˈvæŋər
NO stavˈaŋer

stave
BR steɪv, -z, -ɪŋ, -d
AM steɪv, -z, -ɪŋ, -d

stavesacre
BR ˈsteɪvzˌeɪkə(r), -z
AM ˈsteɪvzˌeɪkər, -z

stay
BR steɪ, -z, -ɪŋ, -d
AM steɪ, -z, -ɪŋ, -d

stay-at-home
BR ˈsteɪəthəʊm, -z
AM ˈsteɪətˌ(h)oʊm, -z

staycation
BR steɪˈkeɪʃn, -z, -ɪŋ, -d
AM ˌsteɪˈkeɪʃ(ə)n, -z, -ɪŋ, -d

stayer
BR ˈsteɪə(r), -z
AM ˈsteɪər, -z

staysail
BR ˈsteɪs(eɪ)l, -z
AM ˈsteɪˌseɪl, ˈsteɪs(ə)l, -z

St Bernard
BR s(ə)nt ˈbəːnəd, -z
AM seɪn(t) bərˈnɑrd, -z

stead
BR stɛd
AM stɛd

steadfast
BR ˈstɛdfɑːst
AM ˈstɛdˌfæst

steadfastly
BR ˈstɛdfɑːstli
AM ˈstɛdˌfæs(t)li

steadfastness
BR ˈstɛdfɑːs(t)nəs
AM ˈstɛdˌfæs(t)nəs

steadier
BR ˈstɛdɪə(r), -z
AM ˈstɛdiər, -z

steadily
BR ˈstɛdɪli
AM ˈstɛdəli

steadiness
BR ˈstɛdɪnɪs
AM ˈstɛdinɪs

steading
BR ˈstɛdɪŋ, -z
AM ˈstɛdɪŋ, -z

Steadman
BR ˈstɛdmən
AM ˈstɛdm(ə)n

steady
BR ˈstɛd|i, -ɪz, -ɪɪŋ, -ɪd, -ɪə(r), -ɪɪst
AM ˈstɛdi, -z, -ɪŋ, -d, -ər, -ɪst

steak
BR steɪk, -s, -ɪŋ
AM steɪk, -s, -ɪŋ

steakhouse
BR ˈsteɪkhaʊ|s, -zɪz
AM ˈsteɪkˌ(h)aʊ|s, -zəz

steal
BR stiːl, -z, -ɪŋ
AM stil, -z, -ɪŋ

stealer
BR ˈstiːlə(r), -z
AM ˈstilər, -z

stealth
BR stɛlθ
AM stɛlθ

stealthily
BR ˈstɛlθɪli
AM ˈstɛlθəli

stealthiness
BR ˈstɛlθɪnɪs
AM ˈstɛlθinɪs

stealthy
BR ˈstɛlθ|i, -ɪə(r), -ɪɪst
AM ˈstɛlθi, -ər, -ɪst

steam
BR stiːm, -z, -ɪŋ, -d
AM stim, -z, -ɪŋ, -d

steamboat
BR ˈstiːmbəʊt, -s
AM ˈstimˌboʊt, -s

steamer
BR ˈstiːmə(r), -z
AM ˈstimər, -z

steamfitter
BR ˈstiːmˌfɪtə(r), -z
AM ˈstimˌfɪdər, -z

steamily
BR ˈstiːmɪli
AM ˈstimɪli

steaminess
BR ˈstiːmɪnɪs
AM ˈstimɪnɪs

steaming
BR ˈstiːmɪŋ, -z
AM ˈstimɪŋ, -z

steamroller
BR ˈstiːmˌrəʊlə(r), -z, -ɪŋ, -d
AM ˈstimˌroʊlər, -z, -ɪŋ, -d

steamship
BR ˈstiːmʃɪp, -s
AM ˈstimˌʃɪp, -s

steamshovel
BR ˈstiːmˌʃʌvl
AM ˈstimˌʃəvəl

steamy
BR ˈstiːm|i, -ɪə(r), -ɪɪst
AM ˈstimi, -ər, -ɪst

stearate
BR ˈstɪəreɪt, -s
AM ˈstɪ(ə)ˌreɪt, -s

stearic
BR stɪˈarɪk
AM stiˈɛrɪk

stearin
BR ˈstɪərɪn
AM ˈstɪrɪn

Stearn
BR stəːn
AM stərn

Stearne
BR stəːn
AM stərn

steatite
BR ˈstɪətʌɪt, -s
AM ˈstɪəˌtaɪt, -s

steatitic
BR ˌstɪəˈtɪtɪk
AM ˌstɪəˈtɪdɪk

steatopygia
BR ˌstɪətə(ʊ)ˈpɪdʒɪə(r), ˌstɪətə(ʊ)ˈpʌɪdʒɪə(r)
AM ˌstiədəˈpaɪdʒiə, ˌstiədəˈpɪɡiə, ˌstiədəˈpaɪɡiə, ˌstiədəˈpɪdʒiə

steatopygous
BR ˌstɪətə(ʊ)ˈpʌɪɡəs, ˌstɪəˈtɒpɪɡəs
AM ˌstiəˈtɑpəɡəs, ˌstiədəˈpaɪɡəs

steatorrhoea
BR ˌstiːətəˈriːə(r)
AM ˌstiədəˈriə

steatosis
BR ˌstɪəˈtəʊsɪs
AM ˌstiəˈtoʊsɪs

Stechford
BR ˈstɛtʃfəd
AM ˈstɛtʃfərd

stedfast
BR ˈstɛdfɑːst
AM ˈstɛdˌfæst

stedfastly
BR ˈstɛdfɑːstli
AM ˈstɛdˌfæs(t)li

stedfastness
BR ˈstɛdfɑːs(t)nəs
AM ˈstɛdˌfæs(t)nəs

Stedman
BR ˈstɛdmən
AM ˈstɛdm(ə)n

steed
BR stiːd, -z
AM stid, -z

steel
BR stiːl, -z, -ɪŋ, -d
AM stil, -z, -ɪŋ, -d

Steele
BR stiːl
AM stil

steelhead
BR ˈstiːlhɛd, -z
AM ˈstiːl,(h)ɛd, -z

steeliness
BR ˈstiːlɪnɪs
AM ˈstiːlɪnɪs

steelwork
BR ˈstiːlwɜːk, -s
AM ˈstiːl,wɜrk, -s

steelworker
BR ˈstiːl,wɜːkə(r), -z
AM ˈstiːl,wɜrkər, -z

steelworks
BR ˈstiːlwɜːks
AM ˈstiːl,wɜrks

steely
BR ˈstiːl|i, -iə(r), -ɪɪst
AM ˈstiːli, -ər, -ɪst

steelyard
BR ˈstɪljəd, ˈstiːljɑːd, -z
AM ˈstiːl,jɑrd, -z

Steen
BR stiːn
AM steɪn, stin

steenbok
BR ˈstiːnbɒk, -s
AM ˈstin,bɑk, -s

steenkirk
BR ˈstiːnkɜːk, -s
AM ˈstin,kɜrk, -s

steep
BR stiːp, -s, -ɪŋ, -t,
-ə(r), -ɪst
AM stip, -s, -ɪŋ, -t, -ər,
-ɪst

steepen
BR ˈstiːp|(ə)n, -(ə)nz,
-(ə)nɪŋ\-nɪŋ, -(ə)nd
AM ˈstip|ən, -ənz,
-(ə)nɪŋ, -ənd

steepish
BR ˈstiːpɪʃ
AM ˈstipɪʃ

steeple
BR ˈstiːpl, -z, -d
AM ˈstipəl, -z, -d

steeplechase
BR ˈstiːpltʃeɪs, -ɪz
AM ˈstipəl,tʃeɪs, -ɪz

steeplechaser
BR ˈstiːpl,tʃeɪsə(r), -z
AM ˈstipəl,tʃeɪsər, -z

steeplechasing
BR ˈstiːpl,tʃeɪsɪŋ
AM ˈstipəl,tʃeɪsɪŋ

steeplejack
BR ˈstiːpldʒak, -s
AM ˈstipəl,dʒæk, -s

steeply
BR ˈstiːpli
AM ˈstipli

steepness
BR ˈstiːpnɪs
AM ˈstipnɪs

steer
BR stɪə(r), -z, -ɪŋ, -d
AM stɪ(ə)r, -z, -ɪŋ, -d

steerable
BR ˈstɪərəbl
AM ˈstɪrəb(ə)l

steerage
BR ˈstɪərɪdʒ
AM ˈstɪrɪdʒ

steerageway
BR ˈstɪərɪdʒweɪ
AM ˈstɪrɪdʒ,weɪ

steerer
BR ˈstɪərə(r), -z
AM ˈstɪrər, -z

steersman
BR ˈstɪəzmən
AM ˈstɪrzm(ə)n

steersmen
BR ˈstɪəzmən
AM ˈstɪrzm(ə)n

steeve
BR stiːv, -z, -ɪŋ, -d
AM stiv, -z, -ɪŋ, -d

Stefanie
BR ˈstɛfn̩i
AM ˈstɛfəni

stegosaur
BR ˈstɛgəsɔː(r), -z
AM ˈstɛgə,sɔ(ə)r, -z

stegosaurus
BR ˌstɛgəˈsɔːrəs, -ɪz
AM ˌstɛgəˈsɔrəs, -əz

Steichen
BR ˈstaɪk(ə)n
AM ˈstaɪkən
GER ˈʃtaɪçn̩

Steiermark
BR ˈʃtaɪəmɑːk
AM ˈʃtaɪər,mɑrk

Steiger
BR ˈstaɪgə(r)
AM ˈstaɪgər

stein
BR staɪn, -z
AM staɪn, -z

Steinbeck
BR ˈstaɪnbɛk
AM ˈstaɪn,bɛk

Steinberg
BR ˈstaɪnbɜːg
AM ˈstaɪn,bɜrg

steinbock
BR ˈstaɪnbɒk, -s
AM ˈstaɪn,bɑk, -s

steinbok
BR ˈstaɪnbʊk, -s
AM ˈstaɪn,bɑk, -s

Steiner
BR ˈstaɪnə(r)
AM ˈstaɪnər

Steinway
BR ˈstaɪnweɪ, -z
AM ˈstaɪn,weɪ, -z

stela
BR ˈstiːlə(r)
AM ˈstilə

stelae
BR ˈstiːliː
AM ˈstiːˌlaɪ, ˈstili

stelar
BR ˈstiːlə(r)
AM ˈstilər

stele
BR stiːl, ˈstiːli
AM ˈstili, stil

Stella
BR ˈstɛlə(r)
AM ˈstɛlə

stellar
BR ˈstɛlə(r)
AM ˈstɛlər

stellate
BR ˈstɛleɪt
AM ˈstɛˌleɪt, ˈstɛlət

stellated
BR ˈstɛleɪtɪd
AM ˈstɛˌleɪdɪd, ˈstɛlədəd

stelliform
BR ˈstɛlɪfɔːm
AM ˈstɛlə,fɔ(ə)rm

stellini
BR stɛˈliːniː, stɪˈliːniː
AM stɛˈlini, stəˈlini
IT stelˈlini

stellular
BR ˈstɛljʊlə(r)
AM ˈstɛljələr

stem
BR stɛm, -z, -ɪŋ, -d
AM stɛm, -z, -ɪŋ, -d

stemless
BR ˈstɛmləs
AM ˈstɛmləs

stemlet
BR ˈstɛmlɪt, -s
AM ˈstɛmlət, -s

stemlike
BR ˈstɛmlʌɪk
AM ˈstɛm,laɪk

stemma
BR ˈstɛmə(r), -z
AM ˈstɛmə, -z

stemple
BR ˈstɛmpl, -z
AM ˈstɛmpəl, -z

stemware
BR ˈstɛmwɛː(r)
AM ˈstɛm,wɛ(ə)r

stench
BR stɛn(t)ʃ, -ɪz, -ɪŋ, -t
AM stɛn(t)ʃ, -əz, -ɪŋ, -t

stencil
BR ˈstɛns|l, -lz,
-lɪŋ\-lɪŋ, -ld
AM ˈstɛns|əl, -əlz,
-(ə)lɪŋ, -əld

Stendhal
BR ˈstɒndɑːl, stɛnˈdɑːl
AM stɛnˈdɑl

Sten gun
BR ˈstɛn gʌn, -z
AM ˈstɛn ˌgən, -z

steno *stenographer*
BR ˈstɛnəʊ, -z
AM ˈstɛnoʊ, -z

stenograph
BR ˈstɛnəgrɑːf, -s
AM ˈstɛnəˌgræf, -s

stenographer
BR stɪˈnɒgrəfə(r),
stɛˈnɒgrəfə(r), -z
AM stəˈnɑgrəfər, -z

1296

stenographic
BR ˌstenəˈgræfɪk
AM ˌstenəˈgræfɪk

stenography
BR stɪˈnɒgrəfi, steˈnɒgrəfi
AM stəˈnɑgrəfi

stenoses
BR stɪˈnəʊsiːz, steˈnəʊsiːz
AM stəˈnoʊsiz

stenosis
BR stɪˈnəʊsɪs, steˈnəʊsɪs
AM stəˈnoʊsəs

stenotic
BR stɪˈnɒtɪk, steˈnɒtɪk
AM stəˈnɑdɪk

stenotype
BR ˈstenətʌɪp, -s
AM ˈstenəˌtaɪp, -s

stenotypist
BR ˈstenəˌtʌɪpɪst, -s
AM ˈstenəˌtaɪpɪst, -s

stent
BR stent
AM stent

stentor
BR ˈstentɔː(r), -z
AM ˈsten(t)ər, ˈstenˌtɔ(ə)r, -z

stentorian
BR stenˈtɔːriən
AM stenˈtɔriən

step
BR step, -s, -ɪŋ, -t
AM step, -s, -ɪŋ, -t

stepbrother
BR ˈstepˌbrʌðə(r), -z
AM ˈstepˌbrəðər, -z

step-by-step
BR ˌstepbʌɪˈstep
AM ˌstepbaɪˈstep

stepchild
BR ˈsteptʃʌɪld
AM ˈstepˌtʃaɪld

stepchildren
BR ˈstepˌtʃɪldr(ə)n
AM ˈstepˌtʃɪldrən

stepdad
BR ˈstepdad, -z
AM ˈstepˌdæd, -z

stepdaughter
BR ˈstepˌdɔːtə(r), -z
AM ˈstepˌdadər, ˈstepˌdɔdər, -z

step-down
BR ˈstepdaʊn, -z
AM ˈstepˌdaʊn, -z

stepfamily
BR ˈstepˌfam(ɪ)l‖i, ˈstepˌfaml‖i, -ɪz
AM ˈstepˌfæm(ə)li, -z

stepfather
BR ˈstepˌfɑːðə(r), -z
AM ˈstepˌfɑðər, -z

Stephanie
BR ˈstefn̩i
AM ˈstefəni

stephanotis
BR ˌstefəˈnəʊtɪs
AM ˌstefəˈnoʊdəs

Stephen
BR ˈstiːvn
AM ˈstefən, ˈstivən

Stephens
BR ˈstiːvnz
AM ˈstivənz

Stephenson
BR ˈstiːvns(ə)n
AM ˈstivəns(ə)n

stepladder
BR ˈstepˌladə(r), -z
AM ˈstepˌlædər, -z

steplike
BR ˈsteplʌɪk
AM ˈstepˌlaɪk

stepmother
BR ˈstepˌmʌðə(r), -z
AM ˈstepˌməðər, -z

Stepney
BR ˈstepni
AM ˈstepni

step-parent
BR ˈstepˌpeːrn̩t, -s
AM ˈstepˌperənt, -s

steppe
BR step, -s
AM step, -s
RUS stʲepʲ

stepping-stone
BR ˈstepɪŋstəʊn, -z
AM ˈstepɪŋˌstoʊn, -z

stepsister
BR ˈstepˌsɪstə(r), -z
AM ˈstepˌsɪstər, -z

stepson
BR ˈstepsʌn, -z
AM ˈstepˌs(ə)n, -z

stepstool
BR ˈstepstuːl, -z
AM ˈstepˌstul, -z

Steptoe
BR ˈsteptəʊ
AM ˈstepˌtoʊ

stepwise
BR ˈstepwʌɪz
AM ˈstepˌwaɪz

Steradent
BR ˈsterədent
AM ˈsterədnt

steradian
BR stəˈreɪdɪən, -z
AM stəˈreɪdiən, -z

stercoraceous
BR ˌstəːkəˈreɪʃəs
AM ˌstərkəˈreɪʃəs

stercoral
BR stəˈkɔːrl̩
AM stərˈkɔrəl

stere
BR stɪə(r), -z
AM stɪ(ə)r, -z

stereo
BR ˈsterɪəʊ, -z
AM ˈsterioʊ, -z

stereobate
BR ˈsterɪə(ʊ)beɪt, -s
AM ˈsterɪəˌbeɪt, -s

stereochemistry
BR ˌsterɪəʊˈkemɪstri
AM ˌsteriəˈkeməstri

stereograph
BR ˈsterɪə(ʊ)grɑːf, -s
AM ˈsterɪəˌgræf, -s

stereography
BR ˌsterɪˈɒgrəfi
AM ˌsteriˈɑgræfi

stereoisomer
BR ˌsterɪəʊˈʌɪsəmə(r), -z
AM ˈsterioʊˌaɪsəmər, -z

stereometry
BR ˌsterɪˈɒmɪtri
AM ˌsteriˈamətri

stereophonic
BR ˌsterɪə(ʊ)ˈfɒnɪk
AM ˈsterɪəˈfɑnɪk

stereophonically
BR ˌsterɪəˈfɒnɪkli
AM ˈsterɪəˈfɑnək(ə)li

stereophony
BR ˌsterɪˈɒfni
AM ˌsteriˈafəni

stereopsis
BR ˌsterɪˈɒpsɪs
AM ˌsteriˈɑpsəs

stereoptic
BR ˌsterɪˈɒptɪk, -s
AM ˌsterɪˈɑptɪk, -s

stereopticon
BR ˌsterɪˈɒptɪkɒn, -z
AM ˌsterɪˈɑptəˌkɑn, -z

stereoscope
BR ˈsterɪəskəʊp, -s
AM ˈsterɪəˌskoʊp, -s

stereoscopic
BR ˌsterɪəˈskɒpɪk
AM ˈsterɪəˈskɑpɪk

stereoscopically
BR ˌsterɪəˈskɒpɪkli
AM ˈsterɪəˈskapək(ə)li

stereoscopy
BR ˌsterɪˈɒskəpi
AM ˌsteriˈaskəpi

stereospecific
BR ˌsterɪəʊspɪˈsɪfɪk
AM ˈsterɪəspəˈsɪfɪk

stereospecifically
BR ˌsterɪəʊspɪˈsɪfɪkli
AM ˈsterɪəspəˈsɪfɪk(ə)li

stereospecificity
BR ˌsterɪəʊˌspesɪˈfɪsɪti
AM ˈsterɪəˌspesəˈfɪsɪdi

stereotactic
BR ˌsterɪə(ʊ)ˈtaktɪk
AM ˌsterɪəˈtæktɪk

stereotaxic
BR ˌsterɪə(ʊ)ˈtaksɪk
AM ˌsterɪəˈtæksɪk

stereotaxis
BR ˌsterɪə(ʊ)ˈtaksɪs
AM ˌsterɪəˈtæksəs

stereotaxy
BR ˈsterɪəˌtaksi
AM ˈsterɪəˈtæksi

stereotype
BR ˈsterɪətʌɪp, -s, -ɪŋ, -t
AM ˈsteriəˌtaɪp, -s, -ɪŋ, -t

stereotypic
BR ˌsterɪə(ʊ)ˈtɪpɪk
AM ˌsteriəˈtɪpɪk

stereotypical
BR ˌsterɪə(ʊ)ˈtɪpɪkl
AM ˌsteriəˈtɪpɪk(ə)l

stereotypically
BR ˌsterɪə(ʊ)ˈtɪpɪkli
AM ˌsteriəˈtɪpɪk(ə)li

stereotypy
BR ˈsterɪəˌtʌɪpi
AM ˈsteriəˌtaɪpi

Stergene
BR ˈstəːdʒiːn
AM ˈstɜrˌdʒin

steric
BR ˈsterɪk, ˈstɪərɪk
AM ˈstɪrɪk

sterile
BR ˈsterʌɪl
AM ˈsterəl

sterilely
BR ˈsterʌɪlli
AM ˈsterə(l)li

sterilisable
BR ˈsterɪlʌɪzəbl
AM ˈsterəˌlaɪzəb(ə)l

sterilisation
BR ˌsterɪlʌɪˈzeɪʃn, ˌsterlʌɪˈzeɪʃn
AM ˌsterəˌlaɪˈzeɪʃ(ə)n, ˌsterələˈzeɪʃ(ə)n

sterilise
BR ˈsterɪlʌɪz, -ɪz, -ɪŋ, -d
AM ˈsterəˌlaɪz, -ɪz, -ɪŋ, -d

steriliser
BR ˈsterɪlʌɪzə(r), -z
AM ˈsterəˌlaɪzər, -z

sterility
BR stəˈrɪlɪti
AM steˈrɪlɪdi, stəˈrɪlɪdi

sterilizable
BR ˈsterɪlʌɪzəbl
AM ˈsterəˌlaɪzəb(ə)l

sterilization
BR ˌsterɪlʌɪˈzeɪʃn, ˌsterlʌɪˈzeɪʃn, -z
AM ˌsterəˌlaɪˈzeɪʃ(ə)n, ˌsterələˈzeɪʃ(ə)n, -z

sterilize
BR ˈsterɪlʌɪz, -ɪz, -ɪŋ, -d
AM ˈsterəˌlaɪz, -ɪz, -ɪŋ, -d

sterilizer
BR ˈsterɪlʌɪzə(r), -z
AM ˈsterəˌlaɪzər, -z

sterlet
BR ˈstəːlɪt, -s
AM ˈstɜrlət, -s

sterling
BR ˈstəːlɪŋ
AM ˈstɜrlɪŋ

sterlingness
BR ˈstəːlɪŋnɪs
AM ˈstɜrlɪŋnɪs

stern
BR stəːn, -z, -ə(r), -ɪst
AM stɜrn, -z, -ər, -əst

sterna
BR ˈstəːnə(r)
AM ˈstɜrnə

sternal
BR ˈstəːnl
AM ˈstɜrn(ə)l

Sterne
BR stəːn
AM stɜrn

sternly
BR ˈstəːnli
AM ˈstɜrnli

sternmost
BR ˈstəːnməʊst
AM ˈstɜrnˌmoʊst

sternness
BR ˈstəːnnəs
AM ˈstɜr(n)nəs

Sterno
BR ˈstəːnəʊ
AM ˈstɜrnoʊ

sternpost
BR ˈstəːnpəʊst, -s
AM ˈstɜrnˌpoʊst, -s

sternum
BR ˈstəːnəm, -z
AM ˈstɜrn(ə)m, -z

sternutation
BR ˌstəːnjəˈteɪʃn, -z
AM ˌstɜrnjəˈteɪʃ(ə)n, -z

sternutator
BR ˈstəːnjʊteɪtə(r), -z
AM ˈstɜrnjəˌteɪdər, -z

sternutatory
BR stəːˈnjuːtət(ə)ri, ˌstəːnjʊˈteɪt(ə)ri
AM stərˈnjudəˌtɔri

sternward
BR ˈstəːnwəd, -z
AM ˈstɜrnwərd, -z

sternway
BR ˈstəːnweɪ
AM ˈstɜrnˌweɪ

stern-wheeler
BR ˌstəːnˈwiːlə(r), ˈstəːnˌwiːlə(r), -z
AM ˈstɜrnˌ(h)wilər, -z

steroid
BR ˈsterɔɪd, ˈstɪərɔɪd, -z
AM ˈstɪˌrɔɪd, ˈsteˌrɔɪd, -z

steroidal
BR ˈsterɔɪdl, ˈstɪərɔɪdl
AM stɪˈrɔɪd(ə)l, steˈrɔɪd(ə)l

stertor
BR ˈstəːtə(r)
AM ˈstɜrdər

stertorous
BR ˈstəːt(ə)rəs
AM ˈstɜrdərəs

stertorously
BR ˈstəːt(ə)rəsli
AM ˈstɜrdərəsli

stertorousness
BR ˈstəːt(ə)rəsnəs
AM ˈstɜrdərəsnəs

stet
BR stet
AM stet

stethoscope
BR ˈsteθəskəʊp, -s
AM ˈsteθəˌskoʊp, -s

stethoscopic
BR ˌsteθəˈskɒpɪk
AM ˌsteθəˈskapɪk

stethoscopical
BR ˌsteθəˈskɒpɪkl
AM ˌsteθəˈskapək(ə)l

stethoscopically
BR ˌsteθəˈskɒpɪkli
AM ˌsteθəˈskapək(ə)li

stethoscopist
BR steˈθɒskəpɪst, -s
AM ˈʃteθəˌskoʊpəst, steˈθaskəpəst, -s

stethoscopy
BR steˈθɒskəpi
AM ˈʃteθəˌskoʊpi, steˈθaskəpi

Stetson
BR ˈstetsn, -z
AM ˈstets(ə)n, -z

Steuart
BR ˈstjuːət, ˈstʃuːət
AM ˈst(j)uərt

Steuben
BR ˈst(j)uːb(ə)n
AM ˈst(j)ubən
GER ˈʃtɔybn̩

Stevas
BR ˈstiːvəs
AM ˈstivəs

Steve
BR stiːv
AM stiv

stevedore
BR ˈstiːvɪdɔː(r), -z, -ɪŋ
AM ˈstivəˌdɔ(ə)r, -z, -ɪŋ

Steven
BR ˈstiːvn
AM ˈstivən

Stevenage
BR ˈstiːv(ə)nɪdʒ, ˈstiːvnɪdʒ
AM ˈstivənɪdʒ

stevengraph
BR ˈstiːvngrɑːf, -s
AM ˈstivənˌgræf, -s

Stevens
BR ˈstiːvnz
AM ˈstivənz

Stevenson
BR ˈstiːvns(ə)n
AM ˈstivəns(ə)n

stew
BR stjuː, stʃuː, -z, -ɪŋ, -d
AM st(j)u, -z, -ɪŋ, -d

steward
BR ˈstjuːəd, ˈstʃuːəd, -z, -ɪŋ, -ɪd
AM ˈst(j)uərd, -z, -ɪŋ, -əd

stewardess
BR ˈstjuːədɪs, ˌstjuːəˈdes, ˈstʃuːədɪs, ˌstʃuːəˈdes, -ɪz
AM ˈst(j)uərdəs, -əz

stewardship
BR ˈstjuːədʃɪp, ˈstʃuːədʃɪp, -s
AM ˈst(j)uərdˌʃɪp, -s

Stewart
BR ˈstjuːət, ˈstʃuːət
AM ˈst(j)uərt

stewpan
BR ˈstjuːpan, ˈstʃuːpan, -z
AM ˈst(j)uˌpæn, -z

stewpot
BR ˈstjuːpɒt, ˈstʃuːpɒt, -s
AM ˈst(j)uˌpɑt, -s

Steyning
BR ˈstenɪŋ
AM ˈstenɪŋ

stg.
BR ˈstəːlɪŋ
AM ˈstɜrlɪŋ

St George
BR s(ə)nt ˈdʒɔːdʒ
AM seɪn(t) ˈdʒɔrdʒ

St Gotthard
BR s(ə)n(t) ˈgɒtɑːd
AM seɪn(t) ˈgɑdərd, seɪn(t) ˈgɔdərd

St Helena *island*
BR ˌsent ɪˈliːnə(r), ˌs(ə)nt +, + həˈliːnə(r)
AM seɪn(t) həˈlinə

St Helens
BR s(ə)nt ˈhelənz
AM seɪn(t) ˈhelənz

St Helier
BR s(ə)nt ˈhelɪə(r)
AM seɪn(t) ˈhelɪər

sthenia
BR ˈsθenɪə(r)
AM ˈsθenɪə

sthenic
BR ˈsθenɪk
AM ˈsθenɪk

stichomythia
BR ˌstɪkəˈmɪθɪə(r), -z
AM ˌstɪkəˈmɪθɪə, -z

stick
BR stɪk, -s, -ɪŋ
AM stɪk, -s, -ɪŋ

stickability
BR ˌstɪkəˈbɪlɪti
AM ˌstɪkəˈbɪlɪdi

stickball
BR ˈstɪkbɔːl
AM ˈstɪkˌbɑl, ˈstɪkˌbɔl

sticker
BR ˈstɪkə(r), -z
AM ˈstɪkər, -z

stickily
BR ˈstɪkɪli
AM ˈstɪkɪli

stickiness
BR ˈstɪkɪnɪs
AM ˈstɪkɪnɪs

stick-in-the-mud
BR ˈstɪkɪnðəˌmʌd, -z
AM ˈstɪkɪnðəˌməd, -z

stickjaw
BR ˈstɪkdʒɔː(r), -z
AM ˈstɪkˌdʒɑ, ˈstɪkˌdʒɔ, -z

stickleback
BR ˈstɪklbak, -s
AM ˈstɪkəlˌbæk, -s

stickler
BR ˈstɪklə(r), -z
AM ˈstɪk(ə)lər, -z

stickless
BR ˈstɪklɪs
AM ˈstɪklɪs

sticklike
BR ˈstɪklʌɪk
AM ˈstɪkˌlaɪk

stickpin
BR ˈstɪkpɪn, -z
AM ˈstɪkˌpɪn, -z

stickshift
BR ˈstɪkʃɪft, -s
AM ˈstɪkˌʃɪft, -s

stick-to-it-ive
BR ˌstɪkˈtuːɪtɪv
AM ˌstɪkˈtuədɪv

stick-to-it-iveness
BR ˌstɪkˈtuːɪtɪvnɪs
AM ˌstɪkˈtuədɪvnɪs

stickum
BR ˈstɪkəm, -z
AM ˈstɪkəm, -z

stick-up
BR ˈstɪkʌp, -s
AM ˈstɪkəp, -s

stickweed
BR ˈstɪkwiːd, -z
AM ˈstɪkˌwid, -z

sticky
BR ˈstɪkˌi, -ɪə(r), -ɪɪst
AM ˈstɪki, -ər, -ɪst

stickybeak
BR ˈstɪkɪbiːk, -s, -ɪŋ, -t
AM ˈstɪkiˌbik, -s, -ɪŋ, -t

Stieglitz
BR ˈstiːglɪtz
AM ˈstiglɪtz

stifado
BR stɪˈfɑːdəʊ
AM stəˈfɑdoʊ

stiff
BR stɪf, -s, -ə(r), -ɪst
AM stɪf, -s, -ər, -əst

stiffen
BR ˈstɪfn, -nz, -n̩ɪŋ\-nɪŋ, -nd
AM ˈstɪfən, -ənz, -(ə)nɪŋ, -ənd

stiffener
BR ˈstɪfnə(r), ˈstɪfnə(r), -z
AM ˈstɪf(ə)nər, -z

stiffening
BR ˈstɪfn̩ɪŋ, ˈstɪfnɪŋ, -z
AM ˈstɪf(ə)nɪŋ, -z

stiffish
BR ˈstɪfɪʃ
AM ˈstɪfɪʃ

Stiffkey
BR ˈstɪfkiː, ˈst(j)uːki
AM ˈstɪfki

stiffly
BR ˈstɪfli
AM ˈstɪfli

stiffness
BR ˈstɪfnɪs
AM ˈstɪfnɪs

stiffy
BR ˈstɪfˌi, -ɪz
AM ˈstɪfi, -z

stifle
BR ˈstʌɪfˌl, -lz, -lɪŋ\-lɪŋ, -ld
AM ˈstaɪfˌəl, -əlz, -(ə)lɪŋ, -əld

stifler
BR ˈstʌɪflə(r), ˈstʌɪfˌlə(r), -z
AM ˈstaɪf(ə)lər, -z

stiflingly
BR ˈstʌɪflɪŋli, ˈstʌɪfˌlɪŋli
AM ˈstaɪf(ə)lɪŋli

stigma
BR ˈstɪgmə(r)
AM ˈstɪgmə

stigmata
BR ˈstɪgmətə(r), stɪgˈmɑːtə(r)
AM ˈstɪgmədə, stɪgˈmɑdə

stigmatic
BR stɪgˈmatɪk, -s
AM stɪgˈmædɪk, -s

stigmatically
BR stɪgˈmatɪkli
AM stɪgˈmædək(ə)li

stigmatisation
BR ˌstɪgmətʌɪˈzeɪʃn
AM ˌstɪgməˌtaɪˈzeɪʃ(ə)n, ˌstɪgmədəˈzeɪʃ(ə)n

stigmatise
BR ˈstɪgmətʌɪz, -ɪz, -ɪŋ, -d
AM ˈstɪgməˌtaɪz, -ɪz, -ɪŋ, -d

stigmatist
BR ˈstɪgmətɪst, -s
AM ˈstɪgmədəst, -s

stigmatization
BR ˌstɪgmətʌɪˈzeɪʃn
AM ˌstɪgməˌtaɪˈzeɪʃ(ə)n, ˌstɪgmədəˈzeɪʃ(ə)n

stigmatize
BR ˈstɪgmətʌɪz, -ɪz,
-ɪŋ, -d
AM ˈstɪgməˌtaɪz, -ɪz,
-ɪŋ, -d

stilb
BR stɪlb, -z
AM stɪlb, -z

stilbene
BR ˈstɪlbiːn
AM ˈstɪlˌbin

stilbestrol
BR stɪlˈbiːstr(ɒ)l,
stɪlˈbɛstr(ɒ)l
AM stɪlˈbɛsˌtral,
stɪlˈbɛsˌtrɔl

stilbite
BR ˈstɪlbʌɪt
AM ˈstɪlˌbaɪt

stilboestrol
BR stɪlˈbiːstr(ɒ)l,
stɪlˈbɛstr(ɒ)l
AM stɪlˈbɛsˌtral,
stɪlˈbɛsˌtrɔl

stile
BR stʌɪl, -z
AM staɪl, -z

Stiles
BR stʌɪlz
AM staɪlz

stiletto
BR stɪˈlɛtəʊ,
-z
AM stəˈlɛdoʊ,
-z

Stilgoe
BR ˈstɪlgəʊ
AM ˈstɪlgoʊ

stili
BR ˈstʌɪlʌɪ
AM ˈstaɪˌlaɪ

Stilicho
BR ˈstɪlɪkəʊ
AM ˈstɪlɪkoʊ

still
BR stɪl, -z, -ɪŋ, -d,
-ə(r), -ɪst
AM stɪl, -z, -ɪŋ, -d,
-ər, -ɪst

stillage
BR ˈstɪlǀɪdʒ, -ɪdʒɪz
AM ˈstɪlɪdʒ, -ɪz

stillbirth
BR ˈstɪlbəːθ,
ˌstɪlˈbəːθ, -s
AM ˈstɪlˌbərθ, -s

stillborn
BR ˈstɪlbɔːn,
ˌstɪlˈbɔːn
AM ˈstɪlˌbɔ(ə)rn

stillicide
BR ˈstɪlɪsʌɪd, -z
AM ˈstɪlɪˌsaɪd, -z

still-life
BR ˌstɪlˈlʌɪf
AM ˈstʌlˌlaɪf

stillness
BR ˈstɪlnɪs, -ɪz
AM ˈstɪlnɪs, -ɪz

stillroom
BR ˈstɪlruːm,
ˈstɪlrʊm, -z
AM ˈstɪlˌrum,
ˈstɪlˌrum, -z

Stillson
BR ˈstɪls(ə)n, -z
AM ˈstɪls(ə)n, -z

stilly[1] *adjective*
BR ˈstɪli
AM ˈstɪli

stilly[2] *adverb*
BR ˈstɪlli
AM ˈstɪlli

stilt
BR stɪlt, -s
AM stɪlt, -s

stilted
BR ˈstɪltɪd
AM ˈstɪltɪd

stiltedly
BR ˈstɪltɪdli
AM ˈstɪltɪdli

stiltedness
BR ˈstɪltɪdnɪs
AM ˈstɪltɪdnɪs

stiltless
BR ˈstɪltlɪs
AM ˈstɪltlɪs

Stilton
BR ˈstɪlt(ə)n
AM ˈstɪlt(ə)n

stilus
BR ˈstʌɪləs, -ɪz
AM ˈstaɪləs, -əz

Stimson
BR ˈstɪms(ə)n
AM ˈstɪms(ə)n

stimulant
BR ˈstɪmjʊlnt, -s
AM ˈstɪmjəl(ə)nt, -s

stimulate
BR ˈstɪmjʊleɪt, -s,
-ɪŋ, -ɪd
AM ˈstɪmjəˌleɪ|t, -ts,
-dɪŋ, -dɪd

stimulatingly
BR ˈstɪmjʊleɪtɪŋli
AM ˈstɪmjəˌleɪdɪŋli

stimulation
BR ˌstɪmjʊˈleɪʃn, -z
AM ˌstɪmjəˈleɪʃ(ə)n, -z

stimulative
BR ˈstɪmjʊlətɪv, -z
AM ˈstɪmjələdɪv,
ˈstɪmjəˌleɪdɪv, -z

stimulator
BR ˈstɪmjʊleɪtə(r), -z
AM ˈstɪmjəˌleɪdər, -z

stimulatory
BR ˈstɪmjʊlət(ə)ri
AM ˈstɪmjələˌtɔri

stimuli
BR ˈstɪmjʊlʌɪ,
ˈstɪmjʊliː
AM ˈstɪmjəˌlaɪ

stimulus
BR ˈstɪmjʊləs
AM ˈstɪmjələs

stimy
BR ˈstʌɪm|i, -ɪz,
-ɪŋ, -ɪd
AM ˈstaɪmi, -z,
-ɪŋ, -d

sting
BR stɪŋ, -z, -ɪŋ
AM stɪŋ, -z, -ɪŋ

stingaree
BR ˌstɪŋgəˈriː,
ˈstɪŋgəriː, -z
AM ˌstɪŋəˈri, -z

stinger
BR ˈstɪŋə(r), -z
AM ˈstɪŋər, -z

stingily
BR ˈstɪn(d)ʒɪli
AM ˈstɪndʒɪli

stinginess
BR ˈstɪn(d)ʒɪnɪs
AM ˈstɪndʒɪnɪs

stingingly
BR ˈstɪŋɪŋli
AM ˈstɪŋɪŋli

stingless
BR ˈstɪŋlɪs
AM ˈstɪŋlɪs

stinglike
BR ˈstɪŋlʌɪk
AM ˈstɪŋˌlaɪk

stingray
BR ˈstɪŋreɪ, -z
AM ˈstɪŋˌreɪ, -z

stingy[1] *miserly*
BR ˈstɪn(d)ʒǀi, -ɪə(r),
-ɪɪst
AM ˈstɪndʒi, -ər, -ɪst

stingy[2] *with a sting*
BR ˈstɪŋi
AM ˈstɪŋi

stink
BR stɪŋk, -s, -ɪŋ
AM stɪŋk, -s, -ɪŋ

stinkard
BR ˈstɪŋkəd, -z
AM ˈstɪŋkərd, -z

stinkbomb
BR ˈstɪŋkbɒm, -z
AM ˈstɪŋkˌbɑm, -z

stinker
BR ˈstɪŋkə(r), -z
AM ˈstɪŋkər, -z

stinkhorn
BR ˈstɪŋkhɔːn, -z
AM ˈstɪŋkˌ(h)ɔ(ə)rn, -z

stinkingly
BR ˈstɪŋkɪŋli
AM ˈstɪŋkɪŋli

stinko
BR ˈstɪŋkəʊ
AM ˈstɪŋkoʊ

stinkpot
BR ˈstɪŋkpɒt, -s
AM ˈstɪŋkˌpɑt, -s

stinkweed
BR ˈstɪŋkwiːd, -z
AM ˈstɪŋkˌwid, -z

stinkwood
BR ˈstɪŋkwʊd, -z
AM ˈstɪŋkˌwʊd, -z

stinky
BR ˈstɪŋk|i, -ɪə(r), -ɪɪst
AM ˈstɪŋki, -ər, -ɪst

stint
BR stɪnt, -s, -ɪŋ, -ɪd
AM stɪn|t, -ts, -(t)ɪŋ, -(t)ɨd

stinter
BR ˈstɪntə(r), -z
AM ˈstɪn(t)ər, -z

stintless
BR ˈstɪntlɪs
AM ˈstɪn(t)lɪs

stipe
BR staɪp, -s
AM staɪp, -s

stipel
BR ˈstaɪpl, -z
AM ˈstaɪpəl, -z

stipellate
BR stɪˈpɛlət, -s
AM stəˈpɛlət, ˈstaɪpəˌleɪt, staɪˈpɛlət, -s

stipend
BR ˈstaɪpend, -z
AM ˈstaɪpənd, ˈstaɪˌpend, -z

stipendiary
BR staɪˈpendjər|i, -ɪz
AM staɪˈpendiˌɛri, -z

stipes
BR ˈstaɪpiːz
AM ˈstaɪˌpiz

stipiform
BR ˈstaɪpɪfɔːm
AM ˈstaɪpəˌfɔ(ə)rm

stipitate
BR ˈstɪpɨtət
AM ˈstɪpəˌteɪt

stipitiform
BR ˈstɪpɨtɪfɔːm
AM ˈstɪpədəˌfɔ(ə)rm

stipple
BR ˈstɪp|l, -lz, -l̩ɪŋ\-lɪŋ, -ld
AM ˈstɪp|əl, -əlz, -(ə)lɪŋ, -əld

stippler
BR ˈstɪplə(r), ˈstɪplə(r), -z
AM ˈstɪp(ə)lər, -z

stipular
BR ˈstɪpjʉlə(r)
AM ˈstɪpjələr

stipulate
BR ˈstɪpjʉleɪt, -s, -ɪŋ, -ɪd
AM ˈstɪpjəˌleɪ|t, -ts, -dɪŋ, -dɨd

stipulation
BR ˌstɪpjʉˈleɪʃn, -z
AM ˌstɪpjəˈleɪʃ(ə)n, -z

stipulator
BR ˈstɪpjʉleɪtə(r), -z
AM ˈstɪpjəˌleɪdər, -z

stipulatory
BR ˈstɪpjʉlət(ə)ri, ˌstɪpjʉˈleɪt(ə)ri
AM ˈstɪpjələˌtɔri

stipule
BR ˈstɪpjuːl, -z
AM ˈstɪpjul, -z

stir
BR stɜː(r), -z, -ɪŋ, -d
AM stɜr, -z, -ɪŋ, -d

stir-crazy
BR ˈstɜːˌkreɪzi, ˌstɜːˈkreɪzi
AM ˈstɜrˌkreɪzi

stir-fry
BR ˈstɜːfraɪ, ˌstɜːˈfraɪ, -z, -ɪŋ, -d
AM ˈstɜrˌfraɪ, -z, -ɪŋ, -d

stirk
BR ˈstɜːk, -s
AM ˈstɜrk, -s

stirless
BR ˈstɜːləs
AM ˈstɜrləs

Stirling
BR ˈstɜːlɪŋ
AM ˈstɜrlɪŋ

stirpes
BR ˈstɜːpiːz
AM ˈstɜrˌpiz

stirpiculture
BR ˈstɜːpɪˌkʌltʃə(r)
AM ˈstɜrpəˌkəltʃər

stirps
BR ˈstɜːps
AM ˈstɜrps

stirrer
BR ˈstɜːrə(r), -z
AM ˈstɜrər, -z

stirring
BR ˈstɜːrɪŋ, -z
AM ˈstɜrɪŋ, -z

stirringly
BR ˈstɜːrɪŋli
AM ˈstɜrɪŋli

stirrup
BR ˈstɪrəp, -s
AM ˈstɪrəp, -s

stishovite
BR ˈstɪʃəvʌɪt
AM ˈstɪʃəˌvaɪt

stitch
BR stɪtʃ, -ɪz, -ɪŋ, -t
AM stɪtʃ, -ɪz, -ɪŋ, -t

stitcher
BR ˈstɪtʃə(r), -z
AM ˈstɪtʃər, -z

stitchery
BR ˈstɪtʃ(ə)ri
AM ˈstɪtʃəri

stitchless
BR ˈstɪtʃlɪs
AM ˈstɪtʃlɪs

stitch-up
BR ˈstɪtʃʌp, -s
AM ˈstɪtʃəp, -s

stitchwork
BR ˈstɪtʃwɜːk
AM ˈstɪtʃˌwɜrk

stitchwort
BR ˈstɪtʃwɜːt, -s
AM ˈstɪtʃˌwɔ(ə)rt, ˈstɪtʃwərt, -s

stiver
BR ˈstaɪvə(r), -z
AM ˈstaɪvər, -z

Stivichall
BR ˈstaɪtʃl, ˈstaɪtʃɔːl
AM ˈstaɪtʃ(ə)l

St John
BR s(ə)nt ˈdʒɒn
AM seɪn(t) ˈdʒɑn

St John's
BR s(ə)nt ˈdʒɒnz
AM seɪn(t) ˈdʒɑnz

St Kilda
BR s(ə)nt ˈkɪldə(r)
AM seɪn(t) ˈkɪldə

St Kitts
BR s(ə)nt ˈkɪts
AM seɪn(t) ˈkɪts

St Kitts-Nevis
BR s(ə)nt ˌkɪtsˈniːvɪs
AM seɪn(t) ˈkɪtsˈnivɪs

St Lawrence
BR s(ə)nt ˈlɒrn̩s
AM seɪn(t) ˈlɔrəns

St Leger
BR s(ə)nt ˈlɛdʒə(r)
AM seɪn(t) ˈlɛdʒər

St Louis[1]
BR s(ə)nt ˈluːi
AM seɪn(t) ˈlui(s)

St Louis[2] *US city*
BR s(ə)nt ˈluːɪs
AM ˌseɪn(t)ˈluəs

St Lucia
BR s(ə)nt ˈluːʃ(i)ə(r), + ˈluːsɪə(r)
AM ˌseɪmtˈluˈsiə, ˌsən(t)ˈluʃə, ˌsən(t)ˌluˈsiə, ˌseɪmtˈluʃə

stoa
BR ˈstəʊə(r)
AM ˈstoʊə

stoat
BR stəʊt, -s
AM stoʊt, -s

stob
BR stɒb, -z
AM stɑb, -z

stochastic
BR stɒˈkastɪk
AM stəˈkæstɪk

stochastically
BR stɒˈkastɪkli
AM stəˈkæstək(ə)li

stock
BR stɒk, -s, -ɪŋ, -t
AM stɑk, -s, -ɪŋ, -t

stockade
BR stɒˈkeɪd, -z, -ɪŋ, -ɪd
AM stɑˈkeɪd, -z, -ɪŋ, -ɪd

stockbreeder
BR ˈstɒkˌbriːdə(r), -z
AM ˈstɑkˌbridər, -z

stockbreeding
BR ˈstɒkˌbriːdɪŋ
AM ˈstɑkˌbridɪŋ

Stockbridge
BR ˈstɒkbrɪdʒ
AM ˈstakˌbrɪdʒ
stockbroker
BR ˈstɒkˌbrəʊkə(r), -z
AM ˈstakˌbroʊkər, -z
stockbrokerage
BR ˈstɒkˌbrəʊk(ə)rɪdʒ
AM ˈstakˌbroʊk(ə)rɪdʒ
stockbroking
BR ˈstɒkˌbrəʊkɪŋ
AM ˈstakˌbroʊkɪŋ
stockcar
BR ˈstɒkkɑː(r), -z
AM ˈsta(k)ˌkɑr, -z
Stockdale
BR ˈstɒkdeɪl
AM ˈstakˌdeɪl
stocker
BR ˈstɒkə(r), -z
AM ˈstakər, -z
stock exchange
BR ˈstɒk ɪksˌtʃeɪn(d)ʒ, -ɪz
AM ˈstak əksˌtʃeɪndʒ, -ɪz
stockfish
BR ˈstɒkfɪʃ
AM ˈstakˌfɪʃ
Stockhausen
BR ˈstɒkˌhaʊzn, ˈʃtɒkˌhaʊzn
AM ˈstakˌ(h)aʊzn
stockholder
BR ˈstɒkˌhəʊldə(r), -z
AM ˈstakˌ(h)oʊldər, -z
stockholding
BR ˈstɒkˌhəʊldɪŋ, -z
AM ˈstakˌ(h)oʊldɪŋ, -z
Stockholm
BR ˈstɒkhəʊm
AM ˈstakˌ(h)oʊ(l)m
stockily
BR ˈstɒkɪli
AM ˈstakəli
stockiness
BR ˈstɒkɪnɪs
AM ˈstakɪnɪs
stockinet
BR ˌstɒkɪˈnet
AM ˌstakəˈnet

stockinette
BR ˌstɒkɪˈnet
AM ˌstakəˈnet
stocking
BR ˈstɒkɪŋ, -z, -d
AM ˈstakɪŋ, -z, -d
stockingless
BR ˈstɒkɪŋlɪs
AM ˈstakɪŋlɪs
stock-in-trade
BR ˌstɒkɪnˈtreɪd
AM ˌstakənˈtreɪd
stockist
BR ˈstɒkɪst, -s
AM ˈstakəst, -s
stockjobber
BR ˈstɒkˌdʒɒbə(r), -z
AM ˈstakˌdʒɑbər, -z
stockjobbing
BR ˈstɒkˌdʒɒbɪŋ
AM ˈstakˌdʒɑbɪŋ
stockless
BR ˈstɒkləs
AM ˈstakləs
stocklist
BR ˈstɒklɪst, -s
AM ˈstakˌlɪst, -s
stockman
BR ˈstɒkmən
AM ˈstakˌmæn, ˈstakm(ə)n
stockmen
BR ˈstɒkmən
AM ˈstakˌmen, ˈstakm(ə)n
stockout
BR ˈstɒkaʊt, -s
AM ˈstakˌaʊt, -s
stockpile
BR ˈstɒkpaɪl, -z, -ɪŋ, -d
AM ˈstakˌpaɪl, -z, -ɪŋ, -d
stockpiler
BR ˈstɒkˌpaɪlə(r), -z
AM ˈstakˌpaɪlər, -z
Stockport
BR ˈstɒkpɔːt
AM ˈstakˌpɔ(ə)rt
stockpot
BR ˈstɒkpɒt, -s
AM ˈstakˌpɑt, -s

stockroom
BR ˈstɒkruːm, ˈstɒkrʊm, -z
AM ˈstakˌrʊm, ˈstakˌrum, -z
Stocks
BR stɒks
AM staks
Stocksbridge
BR ˈstɒksbrɪdʒ
AM ˈstaksˌbrɪdʒ
stock-still
BR ˌstɒkˈstɪl
AM ˌstɑkˈstɪl
stocktake
BR ˈstɒkteɪk, -s
AM ˈstakˌteɪk, -s
stocktaking
BR ˈstɒkˌteɪkɪŋ
AM ˈstakˌteɪkɪŋ
Stockton
BR ˈstɒktən
AM ˈstakt(ə)n
Stockton-on-Tees
BR ˌstɒktənɒnˈtiːz
AM ˌstaktənənˈtiz
Stockwell
BR ˈstɒkw(e)l
AM ˈstakˌwel
Stockwood
BR ˈstɒkwʊd
AM ˈstakˌwʊd
stocky
BR ˈstɒk|i, -ɪə(r), -ɪɪst
AM ˈstaki, -ər, -ɪst
stockyard
BR ˈstɒkjɑːd, -z
AM ˈstakˌjɑrd, -z
Stoddard
BR ˈstɒdɑːd
AM ˈstadərd
Stoddart
BR ˈstɒdɑːt
AM ˈstadərt
stodge
BR stɒdʒ
AM stadʒ
stodgily
BR ˈstɒdʒɪli
AM ˈstadʒəli

stodginess
BR ˈstɒdʒɪnɪs
AM ˈstadʒɪnɪs
stodgy
BR ˈstɒdʒ|i, -ɪə(r), -ɪɪst
AM ˈstadʒi, -ər, -ɪst
stoep
BR stuːp, -s
AM stup, -s
stogey
BR ˈstəʊg|i, -ɪz
AM ˈstoʊgi, -z
stogie
BR ˈstəʊg|i, -ɪz
AM ˈstoʊgi, -z
Stogumber
BR stə(ʊ)ˈgʌmbə(r), ˈstɒgəmbə(r)
AM stəˈgəmbər
Stogursey
BR stə(ʊ)ˈgəːzi
AM stəˈgərzi
stogy
BR ˈstəʊg|i, -ɪz
AM ˈstoʊgi, -z
Stoic
BR ˈstəʊɪk, -s
AM ˈstoʊɪk, -s
stoical
BR ˈstəʊɪkl
AM ˈstoʊək(ə)l
stoically
BR ˈstəʊɪkli
AM ˈstoʊək(ə)li
stoichiometric
BR ˌstɔɪkɪəˈmetrɪk
AM ˌstɔɪkioʊˈmetrɪk
stoichiometrical
BR ˌstɔɪkɪəˈmetrɪkl
AM ˌstɔɪkioʊˈmetrək(ə)l
stoichiometrically
BR ˌstɔɪkɪəˈmetrɪkli
AM ˌstɔɪkioʊˈmetrək(ə)li
stoichiometry
BR ˌstɔɪkɪˈɒmɪtri
AM ˌstɔɪkiˈɑmətri
Stoicism
BR ˈstəʊɪsɪzm
AM ˈstoʊəˌsɪz(ə)m

stoke
BR stəʊk, -s, -ɪŋ, -t
AM stoʊk, -s, -ɪŋ, -t

stokehold
BR ˈstəʊkhəʊld, -z
AM ˈstoʊkˌ(h)oʊld, -z

stokehole
BR ˈstəʊkhəʊl, -z
AM ˈstoʊkˌ(h)oʊl, -z

Stoke-on-Trent
BR ˌstəʊkɒnˈtrɛnt
AM ˌstoʊkənˈtrɛnt

Stoker
BR ˈstəʊkə(r)
AM ˈstoʊkər

stoker
BR ˈstəʊkə(r), -z
AM ˈstoʊkər, -z

stokes
BR stəʊks
AM stoʊks

Stokowski
BR stəˈkɒfski
AM stəˈkaʊski

STOL
BR stɒl, ˈɛstɒl
AM stal, stɔl

stola
BR ˈstəʊlə(r), -z
AM ˈstoʊlə, -z

stolae
BR ˈstəʊliː
AM ˈstoʊˌlaɪ, ˈstoʊli

stole
BR stəʊl, -z
AM stoʊl, -z

stolen
BR ˈstəʊlən
AM ˈstoʊl(ə)n

stolid
BR ˈstɒlɪd
AM ˈstaləd

stolidity
BR stɒˈlɪdɪti
AM stəˈlɪdɪdi

stolidly
BR ˈstɒlɪdli
AM ˈstalədli

stolidness
BR ˈstɒlɪdnɪs
AM ˈstalədnəs

Stollen
BR ˈstɒlən, ˈʃtɒlən, -z
AM ˈstəl(ə)n, ˈʃtəl(ə)n, -z

stolon
BR ˈstəʊlɒn, -z
AM ˈstoʊl(ə)n, -z

stolonate
BR ˈstəʊləneɪt
AM ˈstoʊləˌneɪt, ˈstoʊlənət

stoloniferous
BR ˌstəʊləˈnɪf(ə)rəs
AM ˌstoʊləˈnɪf(ə)rəs

stoma
BR ˈstəʊmə(r), -z
AM ˈstoʊmə, -z

stomach
BR ˈstʌmək, -s, -ɪŋ, -t
AM ˈstəmək, -s, -ɪŋ, -t

stomachache
BR ˈstʌmək,eɪk, -s
AM ˈstəmək,eɪk, -s

stomacher
BR ˈstʌməkə(r), -z
AM ˈstəməkər, -z

stomachful
BR ˈstʌməkfʊl, -z
AM ˈstəməkˌfʊl, -z

stomachic
BR stəˈmakɪk
AM stəˈmækɪk

stomachless
BR ˈstɒməkləs
AM ˈstəməkləs

stomal
BR ˈstəʊml
AM ˈstoʊm(ə)l

stomata
BR ˈstəʊmətə(r), stəˈmɑːtə(r)
AM ˌstoʊˈmɑdə, ˈstoʊmədə

stomatal
BR ˈstəʊmətl, ˈstɒmətl
AM ˈstamədl, ˈstoʊmədl

stomatitis
BR ˌstəʊməˈtʌɪtɪs
AM ˌstoʊməˈtaɪdɪs

stomatological
BR ˌstəʊmətəˈlɒdʒɪkl
AM ˌstoʊmədəˈlɑdʒək(ə)l

stomatologist
BR ˌstəʊməˈtɒlədʒɪst, -s
AM ˌstoʊməˈtɑlədʒəst, -s

stomatology
BR ˌstəʊməˈtɒlədʒi
AM ˌstoʊməˈtɑlədʒi

stomp
BR stɒm|p, -ps, -pɪŋ, -(p)t
AM stamp, stɔmp, -s, -ɪŋ, -t

stomper
BR ˈstɒmpə(r), -z
AM ˈstampər, ˈstɔmpər, -z

stone
BR stəʊn, -z, -ɪŋ, -d
AM stoʊn, -z, -ɪŋ, -d

Stonebridge
BR ˈstəʊnbrɪdʒ
AM ˈstoʊnˌbrɪdʒ

stonechat
BR ˈstəʊntʃat, -s
AM ˈstoʊnˌtʃæt, -s

stonecrop
BR ˈstəʊnkrɒp, -s
AM ˈstoʊnəˌkrɑp, -s

stonecutter
BR ˈstəʊnˌkʌtə(r), -z
AM ˈstoʊnˌkədər, -z

stonefish
BR ˈstəʊnfɪʃ, -ɪz
AM ˈstoʊnˌfɪʃ, -ɪz

stonefly
BR ˈstəʊnflʌɪ, -z
AM ˈstoʊnˌflaɪ, -z

stoneground
BR ˌstəʊnˈgraʊnd
AM ˌstoʊnˈgraʊn(d)

stonehatch
BR ˈstəʊnhatʃ, -ɪz
AM ˈstoʊnˌ(h)ætʃ, -əz

Stonehaven
BR ˌstəʊnˈheɪvn
AM ˌstoʊnˌ(h)eɪvən

Stonehenge
BR ˌstəʊnˈhɛn(d)ʒ
AM ˈstoʊnˌ(h)ɛndʒ

Stonehouse
BR ˈstəʊnhaʊs
AM ˈstoʊnˌ(h)aʊs

Stoneleigh
BR ˈstəʊnli
AM ˈstoʊnli

stoneless
BR ˈstəʊnləs
AM ˈstoʊnləs

stonemason
BR ˈstəʊnˌmeɪsn, -z
AM ˈstoʊnˌmeɪs(ə)n, -z

stonemasonry
BR ˈstəʊnˌmeɪsnri
AM ˈstoʊnˌmeɪsnri

stone-pit
BR ˈstəʊnpɪt, -s
AM ˈstoʊnˌpɪt, -s

stoner
BR ˈstəʊnə(r), -z
AM ˈstoʊnər, -z

stonewall
BR ˌstəʊnˈwɔːl, ˈstəʊnwɔːl, -z, -ɪŋ, -d
AM ˈstoʊnˌwɑl, ˈstoʊnˌwɔl, -z, -ɪŋ, -d

stonewaller
BR ˌstəʊnˈwɔːlə(r), ˈstəʊnˌwɔːlə(r), -z
AM ˈstoʊnˌwɑlər, ˈstoʊnˌwɔlər, -z

stoneware
BR ˈstəʊnwɛː(r)
AM ˈstoʊnˌwɛ(ə)r

stonewashed
BR ˈstəʊnwɒʃt
AM ˈstoʊnˌwɑʃt, ˈstoʊnˌwɔʃt

stoneweed
BR ˈstəʊnwiːd, -z
AM ˈstoʊnˌwid, -z

stonework
BR ˈstəʊnwəːk
AM ˈstoʊnˌwərk

stoneworker
BR ˈstəʊnˌwəːkə(r), -z
AM ˈstoʊnˌwərkər, -z

stonewort
BR ˈstəʊnwɜːt, -s
AM ˈstoʊnˌwɔ(ə)rt,
ˈstoʊnwərt, -s

stonily
BR ˈstəʊnɪli
AM ˈstoʊnəli

stoniness
BR ˈstəʊnɪnɪs
AM ˈstoʊnɪnɪs

stonker
BR ˈstɒŋk|ə(r), -əz,
-(ə)rɪŋ, -əd
AM ˈstɑːŋkər, ˈstɔːŋkər,
-z, -ɪŋ, -d

stonking
BR ˈstɒŋkɪŋ
AM ˈstɑːŋkɪŋ, ˈstɔːŋkɪŋ

Stonor
BR stəʊnə(r)
AM ˈstoʊnər

stony
BR ˈstəʊn|i, -iə(r), -iɪst
AM ˈstoʊni, -ər, -ɪst

stony-broke
BR ˌstəʊnɪˈbrəʊk
AM ˈstoʊniˌbroʊk

stony-hearted
BR ˌstəʊnɪˈhɑːtɪd
AM ˈstoʊniˌhɑrdəd

stood
BR stʊd
AM stʊd

stooge
BR stuːdʒ, -ɪz, -ɪŋ, -d
AM studʒ, -əz,
-ɪŋ, -d

stook
BR stuːk, stʊk, -s, -ɪŋ, -t
AM stuk, stʊk, -s, -ɪŋ, -t

stool
BR stuːl, -z
AM stul, -z

stoolball
BR ˈstuːlbɔːl
AM ˈstulˌbɑl, ˈstulˌbɔl

stoolie
BR ˈstuːl|i, -ɪz
AM ˈstuli, -z

stoolpigeon
BR ˈstuːlˌpɪdʒ(ɪ)n, -z
AM ˈstulˌpɪdʒɪn, -z

stoop
BR stuːp, -s, -ɪŋ, -t
AM stup, -s, -ɪŋ, -t

stop
BR stɒp, -s, -ɪŋ, -t
AM stɑp, -s, -ɪŋ, -t

stop-and-go
BR ˌstɒp(ə)n(d)ˈgəʊ
AM ˌstɑpənˈgoʊ

stopbank
BR ˈstɒpbæŋk, -s
AM ˈstɑpˌbæŋk, -s

stopcock
BR ˈstɒpkɒk, -s
AM ˈstɑpˌkɑk, -s

stope
BR stəʊp, -s
AM stoʊp, -s

Stopes
BR stəʊps
AM stoʊps

stopgap
BR ˈstɒpgæp, -s
AM ˈstɑpˌgæp, -s

stop-go
BR ˌstɒpˈgəʊ
AM ˌstɑpˈgoʊ

stopless
BR ˈstɒpləs
AM ˈstɑpləs

stoplight
BR ˈstɒplʌɪt, -s
AM ˈstɑpˌlaɪt, -s

stopoff
BR ˈstɒpɒf, -s
AM ˈstɑpˌɑf, ˈstɑpˌɔf, -s

stopover
BR ˈstɒpˌəʊvə(r), -z
AM ˈstɑpˌoʊvər, -z

stoppable
BR ˈstɒpəbl
AM ˈstɑpəb(ə)l

stoppage
BR ˈstɒp|ɪdʒ, -ɪdʒɪz
AM ˈstɑpɪdʒ, -ɪz

Stoppard
BR ˈstɒpɑːd
AM ˈstɑˌpɑrd, ˈstɑpərd

stopper
BR ˈstɒp|ə(r), -əz,
-(ə)rɪŋ, -əd
AM ˈstɑpər, -z, -ɪŋ, -d

stopping
BR ˈstɒpɪŋ, -z
AM ˈstɑpɪŋ, -z

stopple
BR ˈstɒp|l, -lz,
-lɪŋ\-lɪŋ, -ld
AM ˈstɑp|əl, -əlz,
-(ə)lɪŋ, -əld

stop press
BR ˌstɒp ˈpres
AM ˌstɑp ˈpres

stop-start
BR ˌstɒpˈstɑːt
AM ˌstɑpˈstɑrt

stopwatch
BR ˈstɒpwɒtʃ, -ɪz
AM ˈstɑpˌwɑtʃ, -əz

storable
BR ˈstɔːrəbl
AM ˈstɔrəb(ə)l

storage
BR ˈstɔːrɪdʒ
AM ˈstɔrɪdʒ

storax
BR ˈstɔːræks, -ɪz
AM ˈstɔˌræks, -əz

store
BR stɔː(r), -z, -ɪŋ, -d
AM stɔ(ə)r, -z, -ɪŋ, -d

storefront
BR ˈstɔːfrʌnt, -s
AM ˈstɔrˌfrənt, -s

storehouse
BR ˈstɔːhaʊ|s, -zɪz
AM ˈstɔrˌ(h)aʊ|s, -zəz

storekeeper
BR ˈstɔːˌkiːpə(r), -z
AM ˈstɔrˌkipər, -z

storeman
BR ˈstɔːmən
AM ˈstɔrm(ə)n

storemen
BR ˈstɔːmən
AM ˈstɔrm(ə)n

storer
BR ˈstɔːrə(r), -z
AM ˈstɔrər, -z

storeroom
BR ˈstɔːruːm,
ˈstɔːrʊm, -z
AM ˈstɔrˌrʊm,
ˈstɔrˌrum, -z

storey
BR ˈstɔːr|i, -ɪz, -ɪd
AM ˈstɔri, -z, -d

storiated
BR ˈstɔːrɪeɪtɪd
AM ˈstɔriˌeɪdɪd

storiation
BR ˌstɔːrɪˈeɪʃn, -z
AM ˌstɔriˈeɪʃ(ə)n, -z

storied
BR ˈstɔːrɪd
AM ˈstɔrɪd

stork
BR stɔːk, -s
AM stɔ(ə)rk, -s

storksbill
BR ˈstɔːksbɪl, -z
AM ˈstɔrksˌbɪl, -z

storm
BR stɔːm, -z, -ɪŋ, -d
AM stɔ(ə)rm, -z, -ɪŋ, -d

stormbound
BR ˈstɔːmbaʊnd
AM ˈstɔrmˌbaʊnd

stormdoor
BR ˈstɔːmdɔː(r), -z
AM ˈstɔrmˌdɔ(ə)r, -z

stormer
BR ˈstɔːmə(r), -z
AM ˈstɔrmər, -z

stormily
BR ˈstɔːmɪli
AM ˈstɔrməli

storminess
BR ˈstɔːmɪnɪs
AM ˈstɔrmɪnɪs

stormless
BR ˈstɔːmləs
AM ˈstɔrmləs

Stormont
BR ˈstɔːm(ɒ)nt
AM ˈstɔrˌmɑnt

stormproof
BR ˈstɔːmpruːf
AM ˈstɔrmˌpruf

storm-tossed
BR ˈstɔːmtɒst
AM ˈstɔrmˌtɑst,
ˈstɔrmˌtɔst

stormy
BR ˈstɔːm|i, -iə(r), -iɪst
AM ˈstɔrmi, -ər, -ɪst

stormy petrel
BR ˌstɔːmɪ ˈpetr(ə)l, -z
AM ˈˌstɔrmi ˈpetrəl, -z

Stornoway
BR ˈstɔːnəweɪ
AM ˈstɔrnəˌweɪ

Storr
BR stɔː(r)
AM stɔ(ə)r

Storrs
BR stɔːz
AM stɔrz

Stortford
BR ˈstɔː(t)fəd
AM ˈstɔr(t)fərd

story
BR ˈstɔːr|i, -ɪz
AM ˈstɔri, -z

storyboard
BR ˈstɔːrɪbɔːd, -z
AM ˈstɔriˌbɔ(ə)rd, -z

storybook
BR ˈstɔːrɪbʊk, -s
AM ˈstɔriˌbʊk, -s

storyline
BR ˈstɔːrɪlʌɪn, -z
AM ˈstɔriˌlaɪn, -z

storyteller
BR ˈstɔːrɪˌtelə(r), -z
AM ˈstɔriˌtelər, -z

storytelling
BR ˈstɔːrɪˌtelɪŋ
AM ˈstɔriˌtelɪŋ

stot
BR stɒt, -s, -ɪŋ, -ɪd
AM stɑ|t, -ts, -dɪŋ, -dəd

stotinka
BR stɒˈtɪŋkə(r)
AM stɑˈtɪŋkə, stəˈtɪŋkə

stotinki
BR stɒˈtɪŋki
AM stɑˈtɪŋki, stəˈtɪŋki

stotious
BR ˈstəʊʃəs
AM ˈstoʊʃəs

Stott
BR stɒt
AM stɑt

Stoughton
BR ˈstəʊtn, ˈstaʊtn, ˈstɔːtn
AM ˈstɑtn, ˈstɔtn

stoup
BR stuːp, -s
AM stup, -s

Stour[1] *East Anglia UK*
BR stʊə(r)
AM stʊ(ə)r

Stour[2] *Warwickshire UK*
BR ˈstaʊə(r)
AM staʊ(ə)r

Stour[3]
BR ˈstaʊə(r)
AM staʊ(ə)r, stʊər

Stourbridge
BR ˈstaʊəbrɪdʒ
AM ˈstaʊrˌbrɪdʒ

Stourport
BR ˈstaʊəpɔːt
AM ˈstaʊrˌpɔ(ə)rt

Stourton
BR ˈstɜːtn
AM ˈstaʊrt(ə)n

stoush
BR staʊʃ, -ɪz, -ɪŋ, -t
AM staʊʃ, -əz, -ɪŋ, -t

stout
BR staʊt, -s, -ə(r), -ɪst
AM staʊ|t, -ts, -dər, -dəst

stoutish
BR ˈstaʊtɪʃ
AM ˈstaʊdɪʃ

stoutly
BR ˈstaʊtli
AM ˈstaʊtli

stoutness
BR ˈstaʊtnəs
AM ˈstaʊtnəs

stove
BR stəʊv, -z
AM stoʊv, -z

stovepipe
BR ˈstəʊvpʌɪp, -s
AM ˈstoʊvˌpaɪp, -s

stove-pipe hat
BR ˌstəʊvpʌɪp ˈhat, -s
AM ˈˌstoʊvˌpaɪp ˈhæt, -s

stow
BR stəʊ, -z, -ɪŋ, -d
AM stoʊ, -z, -ɪŋ, -d

stowage
BR ˈstəʊɪdʒ
AM ˈstoʊɪdʒ

stowaway
BR ˈstəʊəweɪ, -z
AM ˈstoʊəˌweɪ, -z

Stowe
BR stəʊ
AM stoʊ

Stowmarket
BR ˈstəʊˌmɑːkɪt
AM ˈstoʊˌmɑrkət

Stow-on-the-Wold
BR ˌstəʊɒnðəˈwəʊld
AM ˌstoʊɑnðəˈwoʊld

St Peter Port
BR s(ə)nt ˈpiːtə pɔːt
AM seɪn(t) ˈpidər ˌpɔ(ə)rt

St Petersburg
BR s(ə)nt ˈpiːtəzbɜːg
AM seɪn(t) ˈpidərzˌbɜrg

Strabane
BR strəˈban
AM ˌstrəˈbæn

strabismal
BR strəˈbɪzml
AM strəˈbɪzm(ə)l

strabismic
BR strəˈbɪzmɪk
AM strəˈbɪzmɪk

strabismus
BR strəˈbɪzməs
AM strəˈbɪzməs

Strabo
BR ˈstreɪbəʊ
AM ˈstreɪboʊ

Strachan[1] *traditional*
BR strɔːn
AM strɑn, strɔn

Strachan[2]
BR ˈstrak(ə)n, ˈstrax(ə)n
AM ˈstrækən, ˈstreɪkən

Strachey
BR ˈstreɪtʃi
AM ˈstreɪtʃi

Strad
BR strad, -z
AM stræd, -z

Stradbroke
BR ˈstradbrʊk
AM ˈstrædˌbrʊk

straddle
BR ˈstrad|l, -lz, -l̩ɪŋ\-lɪŋ, -ld
AM ˈstræd|əl, -əlz, -(ə)lɪŋ, -əld

straddler
BR ˈstradlə(r), ˈstradlə(r), -z
AM ˈstræd(ə)lər, -z

Stradivari
BR ˌstradɪˈvɑːri
AM ˌstrædəˈvɑri

Stradivarius
BR ˌstradɪˈvɛːrɪəs, ˌstradɪˈvɑːrɪəs, -ɪz
AM ˌstrædəˈvɛriəs, -əz

Stradling
BR ˈstradlɪŋ
AM ˈstrædlɪŋ

strafe
BR strɑːf, streɪf, -s, -ɪŋ, -t
AM streɪf, -s, -ɪŋ, -t

Strafford
BR ˈstrafəd
AM ˈstræfərd

strafing
BR ˈstrɑːfɪŋ, ˈstreɪfɪŋ, -z
AM ˈstreɪfɪŋ, -z

straggle
BR ˈstrag|l, -lz, -l̩ɪŋ\-lɪŋ, -ld
AM ˈstræg|əl, -əlz, -(ə)lɪŋ, -əld

straggler
BR ˈstraglə(r), ˈstraglə(r), -z
AM ˈstræg(ə)lər, -z

straggly
BR ˈstrag|li, ˈstragl|i, -ɪə(r), -ɪɪst
AM ˈstræg(ə)li, -ər, -ɪst

straight
BR streɪt, -s, -ə(r), -ɪst
AM streɪ|t, -ts, -dər, -dəst

straightaway¹ *adverb*
BR ˌstreɪtəˈweɪ
AM ˌstreɪdəˈweɪ
straightaway² *noun*
BR ˈstreɪtəweɪ, -z
AM ˈstreɪdəˌweɪ,
-z
straightedge
BR ˈstreɪtɛdʒ, -ɪz
AM ˈstreɪdˌɛdʒ,
-ɪz
straight-eight
BR ˌstreɪtˈeɪt, -s
AM ˌstreɪdˈeɪt, -s
straighten
BR ˈstreɪt|n, -nz,
-n̩ɪŋ\-nɪŋ, -nd
AM ˈstreɪt|n, -nz,
-n̩ɪŋ, -nd
straightener
BR ˌstreɪtn̩ə(r),
ˌstreɪtnə(r), -z
AM ˌstreɪtn̩ər, -z
straightforward
BR ˌstreɪtˈfɔːwəd
AM ˌstreɪtˈfɔrwərd
straightforwardly
BR ˌstreɪtˈfɔːwədli
AM ˌstreɪtˈfɔrwərdli
straightforwardness
BR ˌstreɪtˈfɔːwədnəs
AM ˌstreɪtˈfɔrwərdnəs
straightish
BR ˈstreɪtɪʃ
AM ˈstreɪdɪʃ
straightjacket
BR ˈstreɪtˌdʒæk|ɪt, -s,
-ɪtɪŋ, -ɪtɪd
AM ˈstreɪtˌdʒækə|t, -ts,
-dɪŋ, -dəd
straightlaced
BR ˌstreɪtˈleɪst
AM ˌstreɪtˈleɪst
straightly
BR ˈstreɪtli
AM ˈstreɪtli
straightness
BR ˈstreɪtnɪs
AM ˈstreɪtnɪs
straight-out
BR ˌstreɪtˈaʊt
AM ˌstreɪdˈaʊt

straight-up
BR ˌstreɪtˈʌp
AM ˌstreɪdˈəp
straightway
BR ˌstreɪtˈweɪ
AM ˈstreɪtˌweɪ
strain
BR streɪn, -z, -ɪŋ, -d
AM streɪn, -z, -ɪŋ, -d
strainable
BR ˈstreɪnəbl
AM ˈstreɪnəb(ə)l
strainer
BR ˈstreɪnə(r), -z
AM ˈstreɪnər, -z
strait
BR streɪt, -s
AM streɪt, -s
straiten
BR ˈstreɪt|n, -nz,
-n̩ɪŋ\-nɪŋ, -nd
AM ˈstreɪt|n, -nz, -n̩ɪŋ,
-nd
straitjacket
BR ˈstreɪtˌdʒak|ɪt, -ɪts,
-ɪtɪŋ, -ɪtɪd
AM ˈstreɪtˌdʒækə|t, -ts,
-dɪŋ, -dəd
straitlaced
BR ˌstreɪtˈleɪst
AM ˌstreɪtˈleɪst
straitly
BR ˈstreɪtli
AM ˈstreɪtli
straitness
BR ˈstreɪtnɪs
AM ˈstreɪtnɪs
strake
BR streɪk, -s
AM streɪk, -s
stramonium
BR strəˈməʊniəm
AM strəˈmoʊniəm
strand
BR strand, -z, -ɪŋ, -ɪd
AM strænd, -z, -ɪŋ, -əd
stranding
BR ˈstrandɪŋ, -z
AM ˈstrændɪŋ, -z
Strang
BR straŋ
AM stræŋ

strange
BR streɪn(d)ʒ, -ə(r),
-ɪst
AM streɪndʒ, -ər,
-ɪst
strangely
BR ˈstreɪn(d)ʒli
AM ˈstreɪndʒli
strangeness
BR ˈstreɪn(d)ʒnɪs
AM ˈstreɪndʒnɪs
stranger
BR ˈstreɪn(d)ʒə(r), -z
AM ˈstreɪndʒər, -z
Strangeways
BR ˈstreɪn(d)ʒweɪz
AM ˈstreɪndʒˌweɪz
Strangford
BR ˈstraŋfəd
AM ˈstræŋfərd
strangle
BR ˈstraŋg|l, -lz,
-lɪŋ\-lɪŋ, -ld
AM ˈstræŋg|əl, -əlz,
-(ə)lɪŋ, -əld
stranglehold
BR ˈstraŋglhəʊld, -z
AM ˈstræŋgəlˌ(h)oʊld,
-z
strangler
BR ˈstraŋglə(r), -z
AM ˈstræŋg(ə)lər, -z
strangling
BR ˈstraŋglɪŋ,
ˈstraŋglɪŋ, -z
AM ˈstræŋg(ə)lɪŋ, -z
strangulate
BR ˈstraŋgjʊleɪt, -s,
-ɪŋ, -ɪd
AM ˈstræŋgjəˌleɪ|t, -ts,
-dɪŋ, -dɪd
strangulation
BR ˌstraŋgjʊˈleɪʃn, -z
AM ˌstræŋgjəˈleɪʃ(ə)n,
-z
strangurious
BR ˌstraŋˈgjʊəriəs,
ˌstraŋˈgjɔːriəs
AM ˌstræŋˈgjʊriəs
strangury
BR ˈstraŋgjʊr|i, -ɪz
AM ˈstræŋgjəri, -z

Stranraer
BR stranˈrɑː(r)
AM strænˈrɑr
strap
BR strap, -s, -ɪŋ, -t
AM stræp, -s, -ɪŋ, -t
strap-hang
BR ˈstraphaŋ, -z,
-ɪŋ
AM ˈstræpˌ(h)æŋ, -z,
-ɪŋ
straphanger
BR ˈstrapˌhaŋə(r), -z
AM ˈstræpˌ(h)æŋər, -z
straphanging
BR ˈstrapˌhaŋɪŋ
AM ˈstræpˌ(h)æŋɪŋ
strap-hung
BR ˈstraphʌŋ
AM ˈstræpˌ(h)ʌŋ
strapless
BR ˈstrapləs
AM ˈstræpləs
strapline
BR ˈstraplʌɪn, -z
AM ˈstræpˌlaɪn, -z
strappado
BR strəˈpɑːdəʊ,
strəˈpeɪdəʊ, -z
AM strəˈpɑˌdoʊ,
strəˈpeɪdoʊ, -z
strapper
BR ˈstrapə(r), -z
AM ˈstræpər, -z
strappy
BR ˈstrapi
AM ˈstræpi
Strasberg
BR ˈstrasbəːg
AM ˈstrasˌbərg,
ˈstræsˌbərg
Strasbourg
BR ˈstrazbəːg
AM ˈstrazˌbərg,
ˈstrasˌbərg
strass
BR stras
AM stræs
strata
BR ˈstrɑːtə(r)
AM ˈstrɑdə,
ˈstrædə, ˈstreɪdə

stratagem
BR ˈstratədʒɛm, -z
AM ˈstrædə,dʒ(ə)m, -z

stratal
BR ˈstrɑːtl, ˈstreɪtl
AM ˈstrɑdl, ˈstrædl, ˈstreɪdl

strategic
BR strəˈtiːdʒɪk, -s
AM strəˈtidʒɪk, -s

strategical
BR strəˈtiːdʒɪkl
AM strəˈtidʒɪk(ə)l

strategically
BR strəˈtiːdʒɪkli
AM strəˈtidʒɪk(ə)li

strategist
BR ˈstratɪdʒɪst, -s
AM ˈstrædədʒəst, -s

strategy
BR ˈstratɪdʒ|i, -ɪz
AM ˈstrædədʒi, -z

Stratford-on-Avon
BR ˌstratfədɒnˈeɪvn
AM ˌstrætfərdˌanˈeɪvɑn

Stratford-upon-Avon
BR ˌstratfədəpɒnˈeɪvn
AM ˈstrætfərdə-ˌpɑnˈeɪvɑn

strath
BR strɑθ, -s
AM stræθ, -s

Strathclyde
BR strɑθˈklʌɪd
AM stræθˈklaɪd

Strathleven
BR strɑθˈliːvn
AM stræθˈlivən

Strathmore
BR strɑθˈmɔː(r)
AM stræθˈmɔ(ə)r

strathspey
BR strɑθˈspeɪ, -z
AM stræθˈspeɪ, -z

strati
BR ˈstreɪtʌɪ
AM ˈstreɪdˌaɪ

straticulate
BR strəˈtɪkjʊlət
AM strəˈtɪkjə,leɪt, strəˈtɪkjələt

stratification
BR ˌstratɪfɪˈkeɪʃn, -z
AM ˌstrædəfəˈkeɪʃ(ə)n, -z

stratificational
BR ˌstratɪfɪˈkeɪʃn̩l
AM ˌstrædəfə-ˈkeɪʃ(ə)n(ə)l

stratify
BR ˈstratɪfʌɪ, -z, -ɪŋ, -d
AM ˈstrædəˌfaɪ, -z, -ɪŋ, -d

stratigraphic
BR ˌstratɪˈgrafɪk
AM ˌstrædəˈgræfɪk

stratigraphical
BR ˌstratɪˈgrafɪkl
AM ˌstrædəˈgræfək(ə)l

stratigraphy
BR strəˈtɪgrəfi
AM strəˈtɪgrəfi

stratocirrus
BR ˌstratə(ʊ)ˈsɪrəs, ˌstreɪtə(ʊ)ˈsɪrəs, -ɪz
AM ˌstreɪdoʊˈsɪrəs, ˌstrædoʊˈsɪrəs, -əz

stratocracy
BR strəˈtɒkrəs|i, -ɪz
AM strəˈtɑkrəsi, -z

stratocumuli
BR ˌstratə(ʊ)-ˈkjuːmjʊlʌɪ, ˌstreɪtə(ʊ)-ˈkjuːmjʊlʌɪ
AM ˌstreɪdoʊˈkjumjə-ˌlaɪ, ˌstrædoʊ-ˈkjumjəˌlaɪ

stratocumulus
BR ˌstratə(ʊ)-ˈkjuːmjʊləs, ˌstreɪtə(ʊ)-ˈkjuːmjʊləs
AM ˌstreɪdoʊ-ˈkjumjələs, ˌstrædoʊˈkjumjələs

stratopause
BR ˈstratə(ʊ)pɔːz
AM ˈstrædəˌpɑz, ˈstrædəˌpɔz

stratosphere
BR ˈstratəsfɪə(r)
AM ˈstrædəˌsfɪ(ə)r

stratospheric
BR ˌstratəˈsfɛrɪk
AM ˌstrædəˈsfɪrɪk

stratum
BR ˈstrɑːtəm, ˈstreɪtəm
AM ˈstrɑdəm, ˈstrædəm, ˈstreɪdəm

stratus
BR ˈstrɑːtəs, ˈstreɪtəs
AM ˈstrɑdəs, ˈstrædəs, ˈstreɪdəs

Strauss
BR straʊs
AM straʊs

Stravinsky
BR strəˈvɪnski
AM strəˈvɪnski

straw
BR strɔː(r), -z
AM strɑ, strɔ, -z

strawberry
BR ˈstrɔːb(ə)r|i, -ɪz
AM ˈstrɔbəri, ˈstrɑˌbɛri, ˈstrɑbəri, ˈstrɔˌbɛri, -z

strawboard
BR ˈstrɔːbɔːd
AM ˈstrɑˌbɔ(ə)rd, ˈstrɔˌbɔ(ə)rd

strawboss
BR ˈstrɔːbɒs, -ɪz
AM ˈstrɑˌbɑs, ˈstrɔˌbɑs, -əz

strawman
BR ˈstrɔːman
AM ˈstrɑˌmæn, ˌstrɔˈmæn

strawmen
BR ˈstrɔːmen
AM ˈstrɑˌmɛn, ˌstrɔˈmɛn

strawy
BR ˈstrɔː(r)i
AM ˈstraɪ, ˈstrɔi

stray
BR streɪ, -z, -ɪŋ, -d
AM streɪ, -z, -ɪŋ, -d

strayer
BR ˈstreɪə(r), -z
AM ˈstreɪər, -z

streak
BR striːk, -s, -ɪŋ, -t
AM strik, -s, -ɪŋ, -t

streaker
BR ˈstriːkə(r), -z
AM ˈstrikər, -z

streakily
BR ˈstriːkɪli
AM ˈstrikɪli

streakiness
BR ˈstriːkɪnɪs
AM ˈstrikɪnɪs

streaky
BR ˈstriːk|i, -ɪə(r), -ɪɪst
AM ˈstriki, -ər, -ɪst

stream
BR striːm, -z, -ɪŋ, -d
AM strim, -z, -ɪŋ, -d

streambed
BR ˈstriːmbɛd, -z
AM ˈstrimˌbɛd, -z

streamer
BR ˈstriːmə(r), -z
AM ˈstrimər, -z

streamless
BR ˈstriːmlɪs
AM ˈstrimlɪs

streamlet
BR ˈstriːmlɪt, -s
AM ˈstrimlət, -s

streamline
BR ˈstriːmlʌɪn, -z, -ɪŋ, -d
AM ˈstrimˌlaɪn, -z, -ɪŋ, -d

Streatfield
BR ˈstrɛtfiːld
AM ˈstrɛtˌfild

Streatham
BR ˈstrɛtəm
AM ˈstrɛdəm

Streatley
BR ˈstriːtli
AM ˈstritli

Streep
BR striːp
AM strip

street
BR striːt, -s, -ɪd
AM stri|t, -ts, -dɪd

streetcar
BR ˈstriːtkɑː(r), -z
AM ˈstritˌkɑr, -z
street-cred
BR ˌstriːtˈkrɛd,
ˈstriːtkrɛd
AM ˈstritˌkrɛd
Streeter
BR ˈstriːtə(r)
AM ˈstridər
streetlight
BR ˈstriːtlʌɪt, -s
AM ˈstritˌlaɪt, -s
streetwalker
BR ˈstriːtˌwɔːkə(r), -z
AM ˈstritˌwakər, ˈstritˌwɔkər, -z
streetwalking
BR ˈstriːtˌwɔːkɪŋ
AM ˈstritˌwakɪŋ, ˈstritˌwɔkɪŋ
streetward
BR ˈstriːtwəd
AM ˈstritwərd
streetwise
BR ˈstriːtwʌɪz
AM ˈstritˌwaɪz
Streisand
BR ˈstrʌɪsand
AM ˈstraɪˌsæn(d)
strelitzia
BR strəˈlɪtsɪə(r), -z
AM strəˈlɪtsɪə, -z
strength
BR strɛŋ(k)θ, -s
AM strɛnθ, strɛŋ(k)θ, -s
strengthen
BR ˈstrɛŋ(k)θ|n, -nz, -n̩\-nɪn, -nd
AM ˈstrɛŋ(k)θ|ən, -ənz, -(ə)nɪŋ, -ənd
strengthener
BR ˈstrɛŋ(k)θnə(r), ˈstrɛŋ(k)θnə(r), -z
AM ˈstrɛŋ(k)θ(ə)nər, -z
strengthless
BR ˈstrɛŋ(k)θləs
AM ˈstrɛnθləs, ˈstrɛŋ(k)θləs

strenuous
BR ˈstrɛnjʊəs
AM ˈstrɛnjəwəs
strenuously
BR ˈstrɛnjʊəsli
AM ˈstrɛnjəwəsli
strenuousness
BR ˈstrɛnjʊəsnəs
AM ˈstrɛnjəwəsnəs
strep
BR strɛp
AM strɛp
streptocarpi
BR ˌstrɛptə(ʊ)ˈkɑɪpʌɪ
AM ˌstrɛptəˈkɑrˌpaɪ
streptocarpus
BR ˌstrɛptə(ʊ)ˈkɑːpəs
AM ˌstrɛptəˈkɑrpəs
streptococcal
BR ˌstrɛptəˈkɒkl
AM ˌstrɛptəˈkɑkəl
streptococci
BR ˌstrɛptəˈkɒkʌɪ
AM ˌstrɛptəˈkɑˌkaɪ
streptococcus
BR ˌstrɛptəˈkɒkəs
AM ˌstrɛptəˈkɑkəs
streptomycin
BR ˌstrɛptəˈmʌɪsɪn
AM ˌstrɛptəˈmaɪ(ə)sn̩
stress
BR strɛs, -ɪz, -ɪŋ, -t
AM strɛs, -əz, -ɪŋ, -t
stressful
BR ˈstrɛsf(ʊ)l
AM ˈstrɛsfəl
stressfully
BR ˈstrɛsfʊli, ˈstrɛsfˌli
AM ˈstrɛsfəli
stressfulness
BR ˈstrɛsf(ʊ)lnəs
AM ˈstrɛsfəlnəs
stressless
BR ˈstrɛsləs
AM ˈstrɛsləs
stretch
BR strɛtʃ, -ɪz, -ɪŋ, -t
AM strɛtʃ, -əz, -ɪŋ, -t
stretchability
BR ˌstrɛtʃəˈbɪlɪti
AM ˌstrɛtʃəˈbɪlɪdi

stretchable
BR ˈstrɛtʃəbl
AM ˈstrɛtʃəb(ə)l
stretcher
BR ˈstrɛtʃə(r), -z
AM ˈstrɛtʃər, -z
stretchiness
BR ˈstrɛtʃɪnɪs
AM ˈstrɛtʃɪnɪs
stretchy
BR ˈstrɛtʃi, -ɪə(r), -ɪst
AM ˈstrɛtʃi, -ər, -ɪst
Stretford
BR ˈstrɛtfəd
AM ˈstrɛtfərd
stretto
BR ˈstrɛtəʊ
AM ˈstrɛdoʊ
IT ˈstretto
Stretton
BR ˈstrɛtn
AM ˈstrɛtn
streusel
BR ˈstrɔɪzl, ˈstruːzl, -z
AM ˈstruz(ə)l, ˈstrus(ə)l, -z
Strevens
BR ˈstrɛvnz
AM ˈstrɛvənz
strew
BR struː, -z, -ɪŋ, -d, -n
AM stru, -z, -ɪŋ, -d, -n
strewer
BR ˈstruːə(r), -z
AM ˈstruər, -z
strewth
BR struːθ
AM struθ
stria
BR ˈstrʌɪə(r)
AM ˈstraɪə
striae
BR ˈstrʌɪiː
AM ˈstraɪˌaɪ, ˈstraɪˌi
striate
BR ˈstrʌɪeɪt, -s, -ɪŋ, -d
AM ˈstraɪˌeɪ|t, -ts, -dɪŋ, -dɪd
striated *adjective*
BR strʌɪˈeɪtɪd
AM ˈstraɪˌeɪdɪd

striation
BR strʌɪˈeɪʃn, -z
AM straɪˈeɪʃ(ə)n, -z
striature
BR ˈstrʌɪətʃə(r)
AM ˈstraɪətʃər, ˈstraɪətʃʊ(ə)r
strick
BR strɪk
AM strɪk
stricken
BR ˈstrɪk(ə)n
AM ˈstrɪkən
Strickland
BR ˈstrɪklənd
AM ˈstrɪklənd
strickle
BR ˈstrɪk|l, -lz, -lɪŋ\-lɪŋ, -ld
AM ˈstrɪk|əl, -əlz, -(ə)lɪŋ, -əld
strict
BR strɪkt, -ə(r), -ɪst
AM ˈstrɪk|(t), -ər, -ɪst
strictly
BR ˈstrɪk(t)li
AM ˈstrɪk(t)li
strictness
BR ˈstrɪk(t)nəs
AM ˈstrɪk(t)nəs
stricture
BR ˈstrɪktʃə(r), -z
AM ˈstrɪk(t)ʃər, -z
strictured
BR ˈstrɪktʃəd
AM ˈstrɪk(t)ʃərd
stridden
BR ˈstrɪdn
AM ˈstrɪdən
stride
BR strʌɪd, -z, -ɪŋ
AM straɪd, -z, -ɪŋ
stridence
BR ˈstrʌɪd(ə)ns
AM ˈstraɪdns
stridency
BR ˈstrʌɪd(ə)nsi
AM ˈstraɪdnsi
strident
BR ˈstrʌɪd(ə)nt
AM ˈstraɪdnt

stridently
BR ˈstrʌɪd(ə)ntli
AM ˈstraɪdn(t)li

strider
BR ˈstrʌɪdə(r), -z
AM ˈstraɪdər, -z

stridor
BR ˈstrʌɪdə(r), -z
AM ˈstraɪdər, -z

stridulant
BR ˈstrɪdjʉlnt, ˈstrɪdʒʉlnt
AM ˈstrɪdʒəl(ə)nt

stridulate
BR ˈstrɪdjʉleɪt, ˈstrɪdʒʉleɪt, -s, -ɪŋ, -ɪd
AM ˈstrɪdʒəˌleɪ|t, -ts, -dɪŋ, -dɪd

stridulation
BR ˌstrɪdjʉˈleɪʃn, ˌstrɪdʒʉˈleɪʃn, -z
AM ˌstrɪdʒəˈleɪʃ(ə)n, -z

strife
BR strʌɪf
AM straɪf

strigil
BR ˈstrɪdʒ(ɨ)l, -z
AM ˈstrɪdʒ(ə)l, -z

strigose
BR ˈstrʌɪgəʊs
AM ˈstraɪˌgoʊz, ˈstraɪˌgoʊs

strikable
BR ˈstrʌɪkəbl
AM ˈstraɪkəb(ə)l

strike
BR strʌɪk, -s, -ɪŋ
AM straɪk, -s, -ɪŋ

strikebound
BR ˈstrʌɪkbaʊnd
AM ˈstraɪkˌbaʊnd

strikebreaker
BR ˈstrʌɪkˌbreɪkə(r), -z
AM ˈstraɪkˌbreɪkər, -z

strikebreaking
BR ˈstrʌɪkˌbreɪkɪŋ
AM ˈstraɪkˌbreɪkɪŋ

strikeout
BR ˈstrʌɪkaʊt, -s
AM ˈstraɪkˌaʊt, -s

strikeover
BR ˈstrʌɪkˌəʊvə(r), -z
AM ˈstraɪkˌoʊvər, -z

striker
BR ˈstrʌɪkə(r), -z
AM ˈstraɪkər, -z

strike-slip fault
BR ˈstrʌɪkslɪp ˌfɔːlt, + ˌfɒlt, -s
AM ˈstraɪkˌslɪp ˌfɑlt, ˈstraɪkˌslɪp ˌfɔlt, -s

strikingly
BR ˈstrʌɪkɪŋli
AM ˈstraɪkɪŋli

strikingness
BR ˈstrʌɪkɪŋnɪs
AM ˈstraɪkɪŋnɪs

strimmer
BR ˈstrɪmə(r), -z
AM ˈstrɪmər, -z

Strindberg
BR ˈstrɪn(d)bəːg
AM ˈstrɪn(d)ˌbərg
SW strɪndˈbɛrj

Strine
BR strʌɪn
AM straɪn

string
BR strɪŋ, -z, -ɪŋ
AM strɪŋ, -z, -ɪŋ

stringboard
BR ˈstrɪŋbɔːd, -z
AM ˈstrɪŋˌbɔ(ə)rd, -z

stringency
BR ˈstrɪn(d)ʒ(ə)nsi
AM ˈstrɪndʒənsi

stringendo
BR strɪnˈdʒɛndəʊ, -z
AM strɪnˈdʒɛndoʊ, -z
IT strinˈdʒɛndo

stringent
BR ˈstrɪn(d)ʒ(ə)nt
AM ˈstrɪndʒ(ə)nt

stringently
BR ˈstrɪn(d)ʒ(ə)ntli
AM ˈstrɪndʒən(t)li

stringer
BR ˈstrɪŋə(r), -z
AM ˈstrɪŋər, -z

stringhalt
BR ˈstrɪŋhɔːlt, ˈstrɪŋhɒlt, -s
AM ˈstrɪŋˌ(h)ɑlt, ˈstrɪŋˌ(h)ɔlt, -s

stringily
BR ˈstrɪŋɪli
AM ˈstrɪŋɪli

stringiness
BR ˈstrɪŋɪnɪs
AM ˈstrɪŋɪnɪs

stringless
BR ˈstrɪŋlɪs
AM ˈstrɪŋlɪs

stringlike
BR ˈstrɪŋlʌɪk
AM ˈstrɪŋˌlaɪk

stringy
BR ˈstrɪŋ|i, -iə(r), -ɪɪst
AM ˈstrɪŋi, -ər, -ɪst

stringy-bark
BR ˈstrɪŋɪbɑːk, -s
AM ˈstrɪŋiˌbɑrk, -s

strip
BR strɪp, -s, -ɪŋ, -t
AM strɪp, -s, -ɪŋ, -t

stripe
BR strʌɪp, -s, -ɪŋ, -t
AM straɪp, -s, -ɪŋ, -t

stripling
BR ˈstrɪplɪŋ, -z
AM ˈstrɪplɪŋ, -z

stripper
BR ˈstrɪpə(r), -z
AM ˈstrɪpər, -z

stripperama
BR ˌstrɪpəˈrɑːmə(r)
AM ˌstrɪpəˈrɑmə

striptease
BR ˈstrɪptiːz, ˌstrɪpˈtiːz
AM ˌstrɪpˈtiz

stripteaser
BR ˈstrɪpˌtiːzə(r), ˌstrɪpˈtiːzə(r), -z
AM ˌstrɪpˈtizər, -z

stripy
BR ˈstrʌɪp|i, -iə(r), -ɪɪst
AM ˈstraɪpi, -ər, -ɪst

strive
BR strʌɪv, -z, -ɪŋ, -d
AM straɪv, -z, -ɪŋ, -d

striver
BR ˈstrʌɪvə(r), -z
AM ˈstraɪvər, -z

strobe
BR strəʊb, -z
AM stroʊb, -z

strobila
BR strəˈbʌɪlə(r)
AM strəˈbaɪlə

strobilae
BR strəˈbʌɪlʌɪ, strəˈbʌɪliː
AM strəˈbaɪˌlaɪ, strəˈbaɪli

strobile
BR ˈstrəʊbʌɪl, -z
AM ˈstroʊbəl, -z

strobili
BR ˈstrəʊbɪlʌɪ
AM ˈstroʊbəˌlaɪ

strobilus
BR ˈstrəʊbɪləs
AM ˈstroʊbələs

stroboscope
BR ˈstrəʊbəskəʊp, -s
AM ˈstroʊbəˌskoʊp, -s

stroboscopic
BR ˌstrəʊbəˈskɒpɪk
AM ˌstroʊbəˈskɑpɪk

stroboscopical
BR ˌstrəʊbəˈskɒpɪkl
AM ˌstroʊbəˈskɑpək(ə)l

stroboscopically
BR ˌstrəʊbəˈskɒpɪkli
AM ˌstroʊbəˈskɑpək(ə)li

strode
BR strəʊd
AM stroʊd

Stroganoff
BR ˈstrɒgənɒf, -s
AM ˈstroʊgəˌnɔf, -s

stroke
BR strəʊk, -s, -ɪŋ, -t
AM stroʊk, -s, -ɪŋ, -t

strokeplay
BR ˈstrəʊkpleɪ
AM ˈstroʊkˌpleɪ

stroll
BR strəʊl, -z, -ɪŋ, -d
AM stroʊl, -z, -ɪŋ, -d

stroller
BR ˈstrəʊlə(r), -z
AM ˈstroʊlər, -z

stroma
BR ˈstrəʊmə(r)
AM ˈstroʊmə

stromata
BR ˈstrəʊmətə(r)
AM ˈstroʊmədə

stromatic
BR strə(ʊ)ˈmatɪk
AM stroʊˈmædɪk

stromatolite
BR strə(ʊ)ˈmatəlʌɪt, -s
AM stroʊˈmædəˌlaɪt, -s

Stromboli
BR ˈstrɒmbl̩i
AM ˈstrɑmbəli

Stromness
BR ˈstrɒmnɛs, ˈstrʌmnɛs
AM ˈstramˌnɛs

strong
BR strɒŋ, -gə(r), -gɪst
AM straŋ, strɔŋ, -gər, -gəst

strongbox
BR ˈstrɒŋbɒks, -ɪz
AM ˈstraŋˌbaks, ˈstrɔŋˌbaks, -əz

stronghold
BR ˈstrɒŋhəʊld, -z
AM ˈstraŋˌ(h)oʊld, ˈstrɔŋˌ(h)oʊld, -z

strongish
BR ˈstrɒŋɪʃ
AM ˈstraŋɪʃ, ˈstrɔŋɪʃ

strongly
BR ˈstrɒŋli
AM ˈstraŋli, ˈstrɔŋli

strongman
BR ˈstrɒŋman
AM ˈstraŋˌmæn, ˈstrɔŋˌmæn

strongmen
BR ˈstrɒŋmɛn
AM ˈstraŋˌmɛn, ˈstrɔŋˌmɛn

strongpoint
BR ˈstrɒŋpɔɪnt, -s
AM ˈstraŋˌpɔɪnt, ˈstrɔŋˌpɔɪnt, -s

strongroom
BR ˈstrɒŋruːm, ˈstrɒŋrʊm, -z
AM ˈstrɔŋˌrʊm, ˈstraŋˌrum, ˈstraŋˌrʊm, ˈstrɔŋˌrum, -z

strongyle
BR ˈstrɒndʒ(ɪ)l, -z
AM ˈstrɒndʒ(ə)l, -z

strontia
BR ˈstrɒntɪə(r), ˈstrɒnʃ(ɪ)ə(r)
AM ˈstrɑntɪə, ˈstrɑnʃɪə

strontium
BR ˈstrɒntɪəm, ˈstrɒnʃ(ɪ)əm
AM ˈstrɑntɪəm, ˈstran(t)ʃɪəm

Strood
BR struːd
AM strud

strop
BR strɒp, -s, -ɪŋ, -t
AM strap, -s, -ɪŋ, -t

strophanthin
BR strə(ʊ)ˈfanθɪn, strɒˈfanθɪn
AM stroʊˈfænθən

strophe
BR ˈstrəʊf|i, ˈstrɒf|i, -ɪz
AM ˈstroʊfi, -z

strophic
BR ˈstrɒfɪk, ˈstrəʊfɪk
AM ˈstrafɪk, ˈstroʊfɪk

stroppily
BR ˈstrɒpɪli
AM ˈstrapəli

stroppiness
BR ˈstrɒpɪnɪs
AM ˈstrapɪnɪs

stroppy
BR ˈstrɒp|i, -ɪə(r), -ɪɪst
AM ˈstrapi, -ər, -ɪst

Stroud
BR straʊd
AM straʊd

strove
BR strəʊv
AM stroʊv

strow
BR strəʊ, -z, -ɪŋ, -d
AM stroʊ, -z, -ɪŋ, -d

strown
BR strəʊn
AM stroʊn

struck
BR strʌk
AM strək

structural
BR ˈstrʌktʃ(ə)rl̩
AM ˈstrək(t)ʃ(ə)rəl

structuralism
BR ˈstrʌktʃ(ə)rˌlɪzm
AM ˈstrək(t)ʃ(ə)rəˌlɪz(ə)m

structuralist
BR ˈstrʌktʃ(ə)rl̩ɪst, -s
AM ˈstrək(t)ʃ(ə)rələst, -s

structurally
BR ˈstrʌktʃ(ə)rli
AM ˈstrək(t)ʃ(ə)rəli

structure
BR ˈstrʌktʃ|ə(r), -əz, -(ə)rɪŋ, -əd
AM ˈstrək(t)ʃər, -z, -ɪŋ, -d

structureless
BR ˈstrʌktʃələs
AM ˈstrək(t)ʃərləs

strudel
BR ˈstruːdl, -z
AM ˈstrudəl, -z

struggle
BR ˈstrʌg|l, -lz, -lɪŋ\-lɪŋ, -ld
AM ˈstrəg|əl, -əlz, -(ə)lɪŋ, -əld

struggler
BR ˈstrʌglə(r), ˈstrʌglə(r), -z
AM ˈstrəg(ə)lər, -z

strum
BR strʌm, -z, -ɪŋ, -d
AM strəm, -z, -ɪŋ, -d

struma
BR ˈstruːmə(r)
AM ˈstrumə

strumae
BR ˈstruːmiː
AM ˈstruˌmaɪ, ˈstrumi

Strumble
BR ˈstrʌmbl̩
AM ˈstrəmbəl

strummer
BR ˈstrʌmə(r), -z
AM ˈstrəmər, -z

strumose
BR ˈstruːməʊs
AM ˈstruˌmoʊz, ˈstruˌmoʊs

strumous
BR ˈstruːməs
AM ˈstruməs

strumpet
BR ˈstrʌmpɪt, -s
AM ˈstrəmpət, -s

strung
BR strʌŋ
AM strəŋ

strut
BR strʌt, -s, -ɪŋ, -ɪd
AM strə|t, -ts, -dɪŋ, -dəd

'struth
BR struːθ
AM struθ

struthious
BR ˈstruːθɪəs
AM ˈstruðɪəs, ˈstruθɪəs

Strutt
BR strʌt
AM strət

strutter
BR ˈstrʌtə(r), -z
AM ˈstrədər, -z

struttingly
BR ˈstrʌtɪŋli
AM ˈstrədɪŋli

Struwwelpeter
BR ˌstruːəlˈpiːtə(r), ˈstruːəlˌpiːtə(r)
AM ˈstruəlˌpidər

strychnic
BR ˈstrɪknɪk
AM ˈstrɪknɪk

strychnine
BR ˈstrɪkniːn
AM ˈstrɪkˌnin, ˈstrɪkˌnaɪn

strychninism
BR ˈstrɪknɪnɪzm
AM ˈstrɪknəˌnɪz(ə)m

1310

strychnism
BR ˈstrɪknɪzm
AM ˈstrɪkˌnɪz(ə)m
St Thomas
BR s(ə)nt ˈtɒməs
AM seɪn(t) ˈtɑməs
Stuart
BR ˈstjuːət, ˈstʃuːət, -s
AM ˈst(j)uərt, -s
stub
BR stʌb, -z, -ɪŋ, -d
AM stəb, -z, -ɪŋ, -d
stubbily
BR ˈstʌbɪli
AM ˈstəbəli
stubbiness
BR ˈstʌbɪnɪs
AM ˈstəbɪnɪs
stubble
BR ˈstʌbl̩, -d
AM ˈstəb(ə)l, -d
stubbly
BR ˈstʌbl̩i
AM ˈstəb(ə)li
stubborn
BR ˈstʌbən, -ə(r), -ɪst
AM ˈstəbərn, -ər, -əst
stubbornly
BR ˈstʌb(ə)nli
AM ˈstəbərnli
stubbornness
BR ˈstʌb(ə)nnəs
AM ˈstəbər(n)nəs
Stubbs
BR stʌbz
AM stəbz
stubby
BR ˈstʌb|i, -ɪə(r), -ɪɪst
AM ˈstəbi, -ər, -ɪst
stucco
BR ˈstʌkəʊ
AM ˈstəkoʊ
IT ˈstukko
stuccowork
BR ˈstʌkəʊwɜːk
AM ˈstəkoʊˌwɜrk
stuck
BR stʌk
AM stək
stuck-up
BR ˌstʌkˈʌp
AM ˌstəkˈəp

stud
BR stʌd, -z, -ɪŋ, -ɪd
AM stəd, -z, -ɪŋ, -əd
studbook
BR ˈstʌdbʊk, -s
AM ˈstədˌbʊk, -s
studding-sail[1]
BR ˈstʌdɪŋseɪl, -z
AM ˈstədɪŋˌseɪl, -z
studding-sail[2]
nautical use
BR ˈstʌnsl, -z
AM ˈstəns(ə)l, -z
Studebaker
BR ˈst(j)uːdəˌbeɪkə(r)
AM ˈstudəˌbeɪkər
student
BR ˈstjuːdnt, ˈstʃuːdnt, -s
AM ˈst(j)udnt, -s
studentship
BR ˈstjuːdntʃɪp, ˈstʃuːdntʃɪp, -s
AM ˈst(j)udntˌʃɪp, -s
studiedly
BR ˈstʌdɪdli
AM ˈstədidli
studiedness
BR ˈstʌdɪdnɪs
AM ˈstədidnɪs
studio
BR ˈstjuːdɪəʊ, ˈstʃuːdɪəʊ, -z
AM ˈst(j)udioʊ, -z
studious
BR ˈstjuːdɪəs, ˈstʃuːdɪəs
AM ˈst(j)udɪəs
studiously
BR ˈstjuːdɪəs, ˈstʃuːdɪəsli
AM ˈst(j)udɪəsli
studiousness
BR ˈstjuːdɪəsnəs, ˈstʃuːdɪəsnəs
AM ˈst(j)udɪəsnəs
Studland
BR ˈstʌdlənd
AM ˈstədlənd
Studley
BR ˈstʌdli
AM ˈstədli

study
BR ˈstʌd|i, -ɪz, -ɪɪŋ, -ɪd
AM ˈstədi, -z, -ɪŋ, -d
stuff
BR stʌf, -s, -ɪŋ, -t
AM stəf, -s, -ɪŋ, -t
stuffer
BR ˈstʌfə(r), -z
AM ˈstəfər, -z
stuffily
BR ˈstʌfɪli
AM ˈstəfəli
stuffiness
BR ˈstʌfɪnɪs
AM ˈstəfɪnɪs
stuffing
BR ˈstʌfɪŋ, -z
AM ˈstəfɪŋ, -z
stuffy
BR ˈstʌf|i, -ɪə(r), -ɪɪst
AM ˈstəfi, -ər, -ɪst
Stuka
BR ˈstuːkə(r), ˈʃtuːkə(r), -z
AM ˈʃtukə, ˈstukə, -z
stultification
BR ˌstʌltɪfɪˈkeɪʃn
AM ˌstəltəfəˈkeɪʃ(ə)n
stultifier
BR ˈstʌltɪfʌɪə(r), -z
AM ˈstəltəˌfaɪər, -z
stultify
BR ˈstʌltɪfʌɪ, -z, -ɪŋ, -d
AM ˈstəltəˌfaɪ, -z, -ɪŋ, -d
stum[1] *silent*
BR ʃtʊm
AM ʃtʊm
stum[2]
BR stʌm, -z, -ɪŋ, -d
AM st(ə)m, -z, -ɪŋ, -d
stumble
BR ˈstʌmb|l, -lz, -l̩ɪŋ\-lɪŋ, -ld
AM ˈstəmbəl, -lz, -(ə)lɪŋ, -əld
stumblebum
BR ˈstʌmblbʌm, -z
AM ˈstəmbəlˌbəm, -z

stumbler
BR ˈstʌmblə(r), -z
AM ˈstəmb(ə)lər, -z
stumblingly
BR ˈstʌmblɪŋli
AM ˈstəmb(ə)lɪŋli
stumer
BR ˈstjuːmə(r), ˈstʃuːmə(r), -z
AM ˈst(j)umər, -z
stumm *silent*
BR ʃtʊm
AM ʃtʊm
stump
BR stʌm|p, -ps, -pɪŋ, -(p)t
AM stəm|p, -ps, -pɪŋ, -(p)t
stumper
BR ˈstʌmpə(r), -z
AM ˈstəmpər, -z
stumpily
BR ˈstʌmpɪli
AM ˈstəmpəli
stumpiness
BR ˈstʌmpɪnɪs
AM ˈstəmpɪnɪs
stumpy
BR ˈstʌmp|i, -ɪə(r), -ɪɪst
AM ˈstəmpi, -ər, -ɪst
stun
BR stʌn, -z, -ɪŋ, -d
AM st(ə)n, -z, -ɪŋ, -d
stung
BR stʌŋ
AM stəŋ
stunk
BR stʌŋk
AM stəŋk
stunner
BR ˈstʌnə(r), -z
AM ˈstənər, -z
stunningly
BR ˈstʌnɪŋli
AM ˈstənɪŋli
stunsail
BR ˈstʌnsl, -z
AM ˈstəns(ə)l, -z
stunt
BR stʌnt, -s, -ɪŋ, -ɪd
AM stən|t, -ts, -(t)ɪŋ, -(t)əd

stuntedness
BR ˈstʌntɪdnɪs
AM ˈstən(t)ədnəs

stunter
BR ˈstʌntə(r), -z
AM ˈstən(t)ər, -z

stuntman
BR ˈstʌntman
AM ˈstənt‚mæn

stuntmen
BR ˈstʌntmen
AM ˈstənt‚men

stupa
BR ˈstuːpə(r), -z
AM ˈst(j)upə, -z

stupe
BR stjuːp, -s, -ɪŋ, -t
AM st(j)up, -s, -ɪŋ, -t

stupefacient
BR ˌstjuːpɪˈfeɪʃnt,
ˌstʃuːpɪˈfeɪʃnt, -s
AM ˌst(j)upəˈfeɪʃ(ə)nt, -s

stupefaction
BR ˌstjuːpɪˈfækʃn,
ˌstʃuːpɪˈfækʃn
AM ˌst(j)upəˈfækʃ(ə)n

stupefactive
BR ˌstjuːpɪˈfaktɪv,
ˌstʃuːpɪˈfaktɪv
AM ˌst(j)upəˈfæktɪv

stupefier
BR ˈstjuːpɪfʌɪə(r),
ˈstʃuːpɪfʌɪə(r), -z
AM ˈst(j)upəˌfaɪər, -z

stupefy
BR ˈstjuːpɪfʌɪ,
ˈstʃuːpɪfʌɪ, -z, -ɪŋ, -d
AM ˈst(j)upəˌfaɪ, -z, -ɪŋ, -d

stupefyingly
BR ˈstjuːpɪfʌɪɪŋli,
ˈstʃuːpɪfʌɪɪŋli
AM ˈst(j)upəˌfaɪɪŋli

stupendous
BR stjuːˈpendəs,
stʃuːˈpendəs,
stjɜˈpendəs,
stʃɜˈpendəs
AM st(j)uˈpendəs

stupendously
BR stjuːˈpendəsli,
stʃuːˈpendəsli,
stjɜˈpendəsli,
stʃɜˈpendəsli
AM st(j)uˈpendəsli

stupendousness
BR stjuːˈpendəsnəs,
stʃuːˈpendəsnəs,
stjɜˈpendəsnəs,
stʃɜˈpendəsnəs
AM st(j)uˈpendəsnəs

stupid
BR ˈstjuːpɪd, ˈstʃuːpɪd
AM ˈst(j)upəd

stupidity
BR stjuːˈpɪdɪt|i,
stʃuːˈpɪdɪt|i,
stjɜˈpɪdɪt|i,
stʃɜˈpɪdɪt|i, -ɪz
AM st(j)uˈpɪdɪdi, -z

stupidly
BR ˈstjuːpɪdli,
ˈstʃuːpɪdli
AM ˈst(j)upədli

stupor
BR ˈstjuːpə(r),
ˈstʃuːpə(r), -z
AM ˈst(j)upər, -z

stuporous
BR ˈstjuːp(ə)rəs,
ˈstʃuːp(ə)rəs
AM ˈst(j)upərəs

sturdied
BR ˈstəːdɪd
AM ˈstərdid

sturdily
BR ˈstəːdɪli
AM ˈstərdəli

sturdiness
BR ˈstəːdɪnɪs
AM ˈstərdinɪs

sturdy
BR ˈstəːd|i, -ɪə(r), -ɪst
AM ˈstərdi, -ər, -ɪst

sturgeon
BR ˈstəːdʒ(ə)n, -z
AM ˈstərdʒ(ə)n, -z

Sturmabteilung
BR ˈʃtʊəmabˌtʌɪlʊŋ
AM ˈʃtʊrməbˌtaɪlʊŋ

Sturminster
BR ˈstəːˌmɪnstə(r)
AM ˈstərˌmɪnstər

Sturm und Drang
BR ˌʃtʊəm ʊnt ˈdraŋ
AM ˈʃtʊrm ʊn(d) ˈdræŋ

Sturt
BR stəːt
AM stərt

Sturtevant
BR ˈstəːtɪv(ə)nt
AM ˈstərdəvənt

Sturtivant
BR ˈstəːtɪv(ə)nt
AM ˈstərdəvənt

Stuttaford
BR ˈstʌtəfəd
AM ˈstədəfərd

stutter
BR ˈstʌt|ə(r), -əz,
-(ə)rɪŋ, -əd
AM ˈstədər, -z, -ɪŋ, -d

stutterer
BR ˈstʌt(ə)rə(r), -z
AM ˈstədərər, -z

stutteringly
BR ˈstʌt(ə)rɪŋli
AM ˈstədərɪŋli

Stuttgart
BR ˈstʊtgaːt, ˈʃtʊtgaːt
AM ˈstət‚gart,
ˈʃtʊt‚gart, ˈʃtət‚gart,
ˈstʊt‚gart

Stuyvesant
BR ˈstʌɪvɪs(ə)nt
AM ˈstɔɪvəs(ə)nt,
ˈstaɪvəs(ə)nt

St Valentine
BR s(ə)nt ˈvalntʌɪn
AM ˌseɪn(t) ˈvælənˌtaɪn

St Vincent
BR s(ə)nt ˈvɪns(ə)nt
AM ˌseɪn(t) ˈvɪns(ə)nt

St Vitus
BR s(ə)nt ˈvʌɪtəs, -ɪz
AM ˌsən(t) ˈvaɪdəs,
ˌseɪnt ˈvaɪdəs, -əz

sty
BR stʌɪ, -z
AM staɪ, -z

stye
BR stʌɪ, -z
AM staɪ, -z

Stygian
BR ˈstɪdʒɪən
AM ˈstɪdʒ(i)ən

style
BR stʌɪl, -z, -ɪŋ, -d
AM staɪl, -z, -ɪŋ, -d

stylebook
BR ˈstʌɪlbʊk, -s
AM ˈstaɪlˌbʊk, -s

styleless
BR ˈstʌɪllɪs
AM ˈstaɪ(l)lɪs

stylelessness
BR ˈstʌɪllɪsnɪs
AM ˈstaɪ(l)lɪsnɪs

styler
BR ˈstʌɪlə(r), -z
AM ˈstaɪlər, -z

Styles
BR stʌɪlz
AM staɪlz

stylet
BR ˈstʌɪlɪt, -s
AM ˈstaɪlət,
ˌstaɪˈlet, -s

styli
BR ˈstʌɪlʌɪ
AM ˈstaɪˌlaɪ

stylisation
BR ˌstʌɪlʌɪˈzeɪʃn
AM ˌstaɪˌlaɪˈzeɪʃ(ə)n,
ˌstaɪləˈzeɪʃ(ə)n

stylise
BR ˈstʌɪlʌɪz, -ɪz,
-ɪŋ, -d
AM ˈstaɪˌlaɪz, -ɪz,
-ɪŋ, -d

stylish
BR ˈstʌɪlɪʃ
AM ˈstaɪlɪʃ

stylishly
BR ˈstʌɪlɪʃli
AM ˈstaɪlɪʃli

stylishness
BR ˈstʌɪlɪʃnɪs
AM ˈstaɪlɪʃnɪs

stylist
BR ˈstʌɪlɪst, -s
AM ˈstaɪlɪst, -s

stylistic
BR stʌɪˈlɪstɪk, -s
AM staɪˈlɪstɪk, -s

stylistically
BR stʌɪˈlɪstɪkli
AM staɪˈlɪstɪk(ə)li

stylite
BR ˈstʌɪlʌɪt, -s
AM ˈstaɪˌlaɪt, -s

Stylites
BR stʌɪˈlʌɪtiːz
AM staɪˈlaɪdiz

stylization
BR ˌstʌɪlʌɪˈzeɪʃn
AM ˌstaɪˌlaɪˈzeɪʃ(ə)n, ˌstaɪləˈzeɪʃ(ə)n

stylize
BR ˈstʌɪlʌɪz, -ɪz, -ɪŋ, -d
AM ˈstaɪˌlaɪz, -ɪz, -ɪŋ, -d

stylo
BR ˈstʌɪləʊ, -z
AM ˈstaɪloʊ, -z

stylobate
BR ˈstʌɪləbeɪt, -s
AM ˈstaɪləˌbeɪt, -s

stylograph
BR ˈstʌɪləgrɑːf, -s
AM ˈstaɪləˌgræf, -s

stylographic
BR ˌstʌɪləˈgrafɪk
AM ˌstaɪləˈgræfɪk

styloid
BR ˈstʌɪlɔɪd, -z
AM ˈstaɪˌlɔɪd, -z

stylus
BR ˈstʌɪləs, -ɪz
AM ˈstaɪləs, -əz

stymie
BR ˈstʌɪm|i, -ɪz, -ɪɪŋ, -ɪd
AM ˈstaɪmi, -z, -ɪŋ, -d

stymy
BR ˈstʌɪm|i, -ɪz, -ɪɪŋ, -ɪd
AM ˈstaɪmi, -z, -ɪŋ, -d

styptic
BR ˈstɪptɪk
AM ˈstɪptɪk

styrax
BR ˈstʌɪraks
AM ˈstaɪˌræks

styrene
BR ˈstʌɪriːn
AM ˈstaɪˌrin

Styria
BR ˈstɪrɪə(r)
AM ˈstɪrɪə

Styrofoam
BR ˈstʌɪrə(ʊ)fəʊm
AM ˈstaɪrəˌfoʊm

Styron
BR ˈstʌɪrɒn
AM ˈstaɪrən

Styx
BR stɪks
AM stɪks

Su
BR suː
AM su

suability
BR ˌs(j)uːəˈbɪlɪti
AM ˌsuəˈbɪlɪdi

suable
BR ˈs(j)uːəbl
AM ˈsuəb(ə)l

suasion
BR ˈsweɪʒn
AM ˈsweɪʒ(ə)n

suasive
BR ˈsweɪsɪv, ˈsweɪzɪv
AM ˈsweɪzɪv

suave
BR swɑːv, -ə(r), -ɪst
AM swɑv, -ər, -əst

suavely
BR ˈswɑːvli
AM ˈsuɑvli

suaveness
BR ˈswɑːvnəs
AM ˈsuɑvnəs

suavity
BR ˈswɑːvɪti
AM ˈswɑvədi

sub
BR sʌb, -z, -ɪŋ, -d
AM səb, -z, -ɪŋ, -d

subabdominal
BR ˌsʌbəbˈdɒmɪnl
AM ˌsəbəbˈdɑmən(ə)l

subacid
BR ˌsʌbˈasɪd
AM ˌsəbˈæsəd

subacidity
BR ˌsʌbəˈsɪdɪti
AM ˌsəbəˈsɪdɪdi

subacute
BR ˌsʌbəˈkjuːt
AM ˌsəbəˈkjut

subacutely
BR ˌsʌbəˈkjuːtli
AM ˌsəbəˈkjutli

subagency
BR ˌsʌbˈeɪdʒ(ə)ns|i, -ɪz
AM ˌsəbˈeɪdʒənsi, -z

subagent
BR ˌsʌbˈeɪdʒ(ə)nt, -s
AM ˌsəbˈeɪdʒ(ə)nt, -s

subahdar
BR ˌsʌbəˈdɑː(r), ˌsuːbəˈdɑː(r), -z
AM ˌsəbəˈdɑr, -z

subalpine
BR ˌsʌbˈalpʌɪn
AM ˌsəbˈælˌpaɪn

subaltern
BR ˈsʌblt(ə)n, -z
AM səˈbɑltərn, səˈbɔltərn, -z

subantarctic
BR ˌsʌbanˈtɑːktɪk
AM ˌsəbənˈtɑrktɪk

subaqua
BR ˌsʌbˈakwə(r)
AM ˌsəbˈakwə

subaquatic
BR ˌsʌbəˈkwatɪk
AM ˌsəbəˈkwɑdɪk

subaqueous
BR ˌsʌbˈeɪkwɪəs, ˌsʌbˈakwɪəs
AM ˌsəbˈækwɪəs, ˌsəbˈeɪkwɪəs

subarctic
BR ˌsʌbˈɑːktɪk
AM ˌsəbˈɑr(k)tɪk

Subaru
BR ˈsuːbəruː, sʉˈbɑːruː, -z
AM ˈsubəˌru, -z

subastral
BR ˌsʌbˈastr(ə)l
AM ˌsəbˈæstrəl

subatomic
BR ˌsʌbəˈtɒmɪk
AM ˌsəbəˈtɑmɪk

subaudition
BR ˌsʌbɔːˈdɪʃn
AM ˌsəbəˈdɪʃ(ə)n, ˌsəbɔˈdɪʃ(ə)n

subaxillary
BR ˌsʌbakˈsɪl(ə)ri
AM ˌsəbˈæksəˌlɛri

sub-basement
BR ˌsʌbˈbeɪsm(ə)nt, -s
AM ˈsəbˌbeɪsm(ə)nt, -s

sub-branch
BR ˈsʌbbrɑːn(t)ʃ, -ɪz
AM ˈsəbˌbræn(t)ʃ, -əz, -ɪŋ, -t

sub-breed
BR ˈsʌbbriːd, -z
AM ˈsəbˌbrid, -z

Subbuteo
BR səˈb(j)uːtɪəʊ
AM səˈb(j)udioʊ

subcategorisation
BR ˌsʌbkatɪgərʌɪˈzeɪʃn, -z
AM ˌsəbˌkædəgəˌraɪˈzeɪʃ(ə)n, ˌsəbˌkædəg(ə)rəˈzeɪʃ(ə)n, -z

subcategorise
BR ˌsʌbˈkatɪgərʌɪz, -ɪz, -ɪŋ, -d
AM ˌsəbˈkædəgəˌraɪz, ˌsəbˈkædəgəˌraɪz, -ɪz, -ɪŋ, -d

subcategorization
BR ˌsʌbkatɪgərʌɪˈzeɪʃn, -z
AM ˌsəbˌkædəgəˌraɪˈzeɪʃ(ə)n, ˌsəbˌkædəg(ə)rəˈzeɪʃ(ə)n, -z

subcategorize
BR ˌsʌbˈkatɪgərʌɪz, -ɪz, -ɪŋ, -d
AM ˌsəbˈkædəgəˌraɪz, ˌsəbˈkædəgəˌraɪz, -ɪz, -ɪŋ, -d

subcategory
BR ˈsʌbˌkatɪg(ə)r|i, -ɪz
AM ˈsəbˌkædəˌgɔri, -z

subcaudal
BR ˌsʌbˈkɔːdl̩
AM ˌsəbˈkɑdəl,
ˌsəbˈkɔdəl

subclass
BR ˈsʌbklɑːs, -ɪz
AM ˈsəbˌklæs, -əz

subclassification
BR ˌsʌbklɑsɪfɪˈkeɪʃn
AM ˈˌsəbˌklæsəfə-
ˈkeɪʃ(ə)n

sub-clause
BR ˈsʌbklɔːz, -ɪz
AM ˈsəbˌklɑz,
ˈsəbˌklɔz, -əz

subclavian
BR ˌsʌbˈkleɪviən
AM ˌsəbˈkleɪviən

subclinical
BR ˌsʌbˈklɪnɪkl̩
AM ˌsəbˈklɪnɪk(ə)l

subcommissioner
BR ˌsʌbkəˈmɪʃnə(r),
ˌsʌbkəˈmɪʃnə(r), -z
AM ˌsəbkəˈmɪʃ(ə)nər, -z

subcommittee
BR ˈsʌbkəˌmɪt|i, -ɪz
AM ˈsəbkəˌmɪdi, -z

subcompact
BR ˌsʌbˈkɒmpækt, -s
AM ˌsəbˈkɑmˌpæk(t), -(t)s

subconical
BR ˌsʌbˈkɒnɪkl̩
AM ˌsəbˈkɑnək(ə)l

subconscious
BR ˌsʌbˈkɒnʃəs, səbˈkɒnʃəs
AM səbˈkɑnʃəs

subconsciously
BR ˌsʌbˈkɒnʃəsli, səbˈkɒnʃəsli
AM səbˈkɑnʃəsli

subconsciousness
BR ˌsʌbˈkɒnʃəsnəs, səbˈkɒnʃəsnəs
AM səbˈkɑnʃəsnəs

subcontinent
BR ˌsʌbˈkɒntɪnənt, ˈsʌbˌkɒntɪnənt, -s
AM ˌsəbˈkɑntn̩ənt, -s

subcontinental
BR ˌsʌbkɒntɪˈnentl
AM ˌsəbˌkɑn(t)əˈnen(t)l

subcontract
BR ˌsʌbkənˈtrækt, ˈsʌbkəntrækt, -s, -ɪŋ, -ɪd
AM ˈˌsəbˈkɑnˌtræk|(t), -(t)s, -tɪŋ, -təd

subcontractor
BR ˌsʌbkənˌtræktə(r), -z
AM ˈˌsəbˈkɑnˌtræktər, -z

subcontrary
BR ˌsʌbˈkɒntrər|i, -ɪz
AM ˌsəbˈkɑntrəri, -z

subcordate
BR ˌsʌbˈkɔːdeɪt
AM ˌsəbˈkɔrdeɪt

subcortical
BR ˌsʌbˈkɔːtɪkl
AM ˌsəbˈkɔrdək(ə)l

subcostal
BR ˌsʌbˈkɒstl
AM ˌsəbˈkɑstl, ˌsəbˈkɔstl

subcranial
BR ˌsʌbˈkreɪniəl
AM ˌsəbˈkreɪniəl

subcritical
BR ˌsʌbˈkrɪtɪkl
AM ˌsəbˈkrɪdɪk(ə)l

subcultural
BR ˌsʌbˈkʌltʃ(ə)rl̩
AM ˈˌsəbˈkʌltʃ(ə)rəl

subculture
BR ˈsʌbˌkʌltʃə(r), -z
AM ˈsəbˌkʌltʃər, -z

subcutaneous
BR ˌsʌbkjuːˈteɪniəs
AM ˌsəbkjuˈteɪniəs

subcutaneously
BR ˌsʌbkjuːˈteɪniəsli
AM ˌsəbkjuˈteɪniəsli

subcuticular
BR ˌsʌbkjuːˈtɪkjʊlə(r)
AM ˌsəbkjəˈtɪkjələr

subdeacon
BR ˌsʌbˈdiːk(ə)n, ˈsʌbdiːk(ə)n, -z
AM ˈˌsəbˈdikən, -z

subdean
BR ˌsʌbˈdiːn, ˈsʌbdiːn, -z
AM ˈˌsəbˈdin, -z

subdeanery
BR ˌsʌbˈdiːn(ə)r|i, ˈsʌbˌdiːn(ə)r|i, -ɪz
AM ˌsəbˈdinəri, -z

subdecanal
BR ˌsʌbˈdekənl
AM ˌsəbˈdekən(ə)l

subdeliria
BR ˌsʌbdɪˈlɪriə(r), ˌsʌbdɪˈlɪərɪə(r)
AM ˌsəbdiˈlɪriə, ˌsəbdəˈlɪriə

subdelirious
BR ˌsʌbdɪˈlɪriəs, ˌsʌbdɪˈlɪərɪəs
AM ˌsəbdiˈlɪriəs, ˌsəbdəˈlɪriəs

subdelirium
BR ˌsʌbdɪˈlɪriəm, ˌsʌbdɪˈlɪərɪəm
AM ˌsəbdiˈlɪriəm, ˌsəbdəˈlɪriəm

subdiaconate
BR ˌsʌbdaɪˈækn̩eɪt, -s
AM ˌsəbdiˈækənət, ˌsəbdaɪˈækənət, -s

subdirectory
BR ˌsʌbdɪˈrekt(ə)r|i, ˌsʌbdaɪˈrekt(ə)r|i, -ɪz
AM ˌsəbdəˌrekt(ə)ri, -z

subdivide
BR ˌsʌbdɪˈvaɪd, ˈsʌbdɪvaɪd, -z, -ɪŋ, -ɪd
AM ˈˌsəbdəˈvaɪd, -z, -ɪŋ, -ɪd

subdivision
BR ˌsʌbdɪˈvɪʒn, ˈsʌbdɪˈvɪʒn, -z
AM ˈsəbdəˌvɪʒ(ə)n, -z

subdomain
BR ˈsʌbdə(ʊ)meɪn, -z
AM ˈsəbdoʊˌmeɪn, -z

subdominant
BR ˌsʌbˈdɒmɪnənt, -s
AM ˌsəbˈdɑmənənt, -s

subduable
BR səbˈdjuːəbl, səbˈdʒuːəbl
AM səbˈd(j)uəb(ə)l

subdual
BR səbˈdjuːəl, səbˈdʒuːəl, -z
AM səbˈd(j)uəl, -z

subduct
BR səbˈdʌkt, ˌsʌbˈdʌkt, -s, -ɪŋ, -d
AM səbˈdək|(t), -(t)s, -tɪŋ, -təd

subduction
BR səbˈdʌkʃn, ˌsʌbˈdʌkʃn
AM səbˈdəkʃ(ə)n

subdue
BR səbˈdjuː, səbˈdʒuː, -z, -ɪŋ, -d
AM səbˈd(j)u, -z, -ɪŋ, -d

subdural
BR ˌsʌbˈdjʊərl̩, ˌsʌbˈdjɔːrl̩, ˌsʌbˈdʒʊərl̩, ˌsʌbˈdʒɔːrl̩
AM ˌsəbˈd(j)ʊrəl

subedit
BR ˌsʌbˈed|ɪt, ˈsʌbˌed|ɪt, -s, -ɪtɪŋ, -ɪtɪd
AM ˌsəbˈedə|t, -ts, -dɪŋ, -dəd

subeditor
BR ˌsʌbˈedɪtə(r), ˈsʌbˌedɪtə(r), -z
AM ˌsəbˈedədər, -z

sub-editorial
BR ˌsʌbedɪˈtɔːriəl
AM ˌsəbˌedəˈtɔriəl

subeditorship
BR ˌsʌbˈedɪtəʃɪp, -s
AM ˌsəbˈedədərˌʃɪp, -s

suberect
BR ˌsʌbɪˈrekt
AM ˌsubəˈrek(t)

subereous
BR s(j)uːˈbɪəriəs
AM suˈbɪriəs

suberic
BR s(j)uːˈberɪk
AM suˈberɪk

suberose
BR ˈs(j)uːb(ə)rəʊs
AM ˈsubəˌroʊz, ˈsubəˌroʊs

subfamily
BR ˈsʌbˌfam(ɪ)l|i, ˈsʌbˌfaml|i, -ɪz
AM ˈsəbˌfæm(ə)li, -z

subfloor
BR ˈsʌbflɔː(r), -z
AM ˈsəbˌflɔ(ə)r, -z

subform
BR ˈsʌbfɔːm, -z
AM ˈsəbˌfɔ(ə)rm, -z

sub-frame
BR ˈsʌbfreɪm, -z
AM ˈsəbˌfreɪm, -z

subfusc
BR ˈsʌbfʌsk
AM ˈsəbˌfəsk

subgenera
BR ˈsʌbˌdʒɛn(ə)rə(r)
AM ˈsəbˌdʒɛnərə

subgeneric
BR ˌsʌbdʒɪˈnɛrɪk
AM ˌsəbdʒəˈnɛrɪk

subgenus
BR ˈsʌbˌdʒiːnəs
AM ˈsəbˌdʒinəs

subglacial
BR ˌsʌbˈɡleɪʃl
AM ˌsəbˈɡleɪʃ(ə)l

subgroup
BR ˈsʌbɡruːp, -s
AM ˈsəbˌɡrup, -s

subhead
BR ˈsʌbhɛd, -z
AM ˈsəbˌ(h)ɛd, -z

subheading
BR ˈsʌbˌhɛdɪŋ, -z
AM ˈsəbˌ(h)ɛdɪŋ, -z

subhuman
BR ˌsʌbˈhjuːmən, -z
AM ˌsəbˈ(h)jum(ə)n, -z

subjacent
BR ˌsʌbˈdʒeɪs(ə)nt, səbˈdʒeɪs(ə)nt
AM ˌsəbˈdʒeɪsnt

subject[1] *noun*
BR ˈsʌbdʒɪkt, ˈsʌbdʒɛkt, -s
AM ˈsəbdʒək(t), -s

subject[2] *verb*
BR səbˈdʒɛkt, -s, -ɪŋ, -ɪd
AM səbˈdʒɛk|(t), -(t)s, -tɪŋ, -təd

subjection
BR səbˈdʒɛkʃn
AM səbˈdʒɛkʃ(ə)n

subjective
BR səbˈdʒɛktɪv, ˌsʌbˈdʒɛktɪv
AM səbˈdʒɛktɪv

subjectively
BR səbˈdʒɛktɪvli, ˌsʌbˈdʒɛktɪvli
AM səbˈdʒɛktɪvli

subjectiveness
BR səbˈdʒɛktɪvnɪs, ˌsʌbˈdʒɛktɪvnɪs
AM səbˈdʒɛktɪvnɪs

subjectivism
BR səbˈdʒɛktɪvɪzm, ˌsʌbˈdʒɛktɪvɪzm
AM səbˈdʒɛktəˌvɪz(ə)m

subjectivist
BR səbˈdʒɛktɪvɪst, ˌsʌbˈdʒɛktɪvɪst, -s
AM səbˈdʒɛktəvəst, -s

subjectivity
BR ˌsʌbdʒɛkˈtɪvɪti, ˌsʌbdʒɪkˈtɪvɪti
AM ˌsəbˌdʒɛkˈtɪvɪdi

subjectless
BR ˌsʌbdʒɪk(t)ləs, ˈsʌbdʒɛk(t)ləs
AM ˈsəbdʒək(t)ləs

subjoin
BR ˌsʌbˈdʒɔɪn, səbˈdʒɔɪn, -z, -ɪŋ, -d
AM ˌsəbˈdʒɔɪn, -z, -ɪŋ, -d

subjoint
BR ˈsʌbdʒɔɪnt, -s
AM ˈsəbˌdʒɔɪnt, -s

sub judice
BR ˌsʌb ˈdʒuːdɪsiː, səb +
AM ˌsəb ˈdʒudəˌsi, ˌsəb ˈjudəˌkeɪ

subjugable
BR ˈsʌbdʒʊɡəbl
AM ˈsəbdʒəɡəb(ə)l

subjugate
BR ˈsʌbdʒʊɡeɪt, -s, -ɪŋ, -ɪd
AM ˈsəbdʒəˌɡeɪ|t, -ts, -dɪŋ, -dɪd

subjugation
BR ˌsʌbdʒʊˈɡeɪʃn
AM ˌsəbdʒəˈɡeɪʃ(ə)n

subjugator
BR ˈsʌbdʒʊɡeɪtə(r), -z
AM ˈsəbdʒəˌɡeɪdər, -z

subjunctive
BR səbˈdʒʌŋ(k)tɪv, -z
AM səbˈdʒəŋ(k)tɪv, -z

subjunctively
BR səbˈdʒʌŋ(k)tɪvli
AM səbˈdʒəŋ(k)tɪvli

subkingdom
BR ˈsʌbˌkɪŋdəm, -z
AM ˈsəbˌkɪŋdəm, -z

sublapsarian
BR ˌsʌblapˈsɛːrɪən, -z
AM ˌsəblæpˈsɛrɪən, -z

sublease[1] *noun*
BR ˈsʌbliːs, -ɪz
AM ˈsəbˌlis, -ɪz

sublease[2] *verb*
BR ˌsʌbˈliːs, -ɪz, -ɪŋ, -t
AM səbˈlis, -ɪz, -ɪŋ, -t

sub-lessee
BR ˌsʌblɛˈsiː, -z
AM ˌsəbˌlɛˈsi, -z

sub-lessor
BR ˈsʌbˌlɛsə(r), ˌsʌbˈlɛsə(r), -z
AM ˌsəbˈlɛsər, -z

sublet
BR ˌsʌbˈlɛt, -s, -ɪŋ
AM ˌsəbˈlɛ|t, -ts, -dɪŋ

sub-librarian
BR ˌsʌblaɪˈbrɛːrɪən, -z
AM ˌsəbˌlaɪˈbrɛrɪən, -z

sub-licence
BR ˈsʌbˌlaɪsns, -ɪz
AM ˈsəbˌlaɪs(ə)ns, -əz

sub-license
BR ˌsʌbˈlaɪsns, -ɪz, -ɪŋ, -t
AM ˌsəbˈlaɪsns, -əz, -ɪŋ, -t

sub-licensee
BR ˌsʌblʌɪsnˈsiː, -z
AM ˌsəbˌlaɪsnˈsi, -z

sub-licensor
BR ˌsʌbˈlʌɪsnsə(r), -z
AM ˌsəbˈlaɪsnsər, -z

sublieutenant
BR ˌsʌblɛfˈtɛnənt, -s
AM ˌsəbˌluˈtɛnənt, -s

sublimate
BR ˈsʌblɪmeɪt, -s, -ɪŋ, -ɪd
AM ˈsəbləˌmeɪ|t, -ts, -dɪŋ, -dɪd

sublimation
BR ˌsʌblɪˈmeɪʃn
AM ˌsəbləˈmeɪʃ(ə)n

sublime
BR səˈblʌɪm, -ə(r), -ɪst
AM səˈblaɪm, -ər, -ɪst

sublimely
BR səˈblʌɪmli
AM səˈblaɪmli

Sublime Porte
BR səˌblʌɪm ˈpɔːt
AM səˈˌblaɪm ˈpɔ(ə)rt

subliminal
BR ˌsʌbˈlɪmɪnl, səˈblɪmɪnl
AM səˈblɪmən(ə)l

subliminally
BR ˌsʌbˈlɪmɪnl̩i, səˈblɪmɪnl̩i
AM səˈblɪmənəli

sublimity
BR səˈblɪmɪti
AM səˈblɪmɪdi

sublingual
BR ˌsʌbˈlɪŋɡw(ə)l
AM ˌsəbˈlɪŋɡwəl

sublittoral
BR ˌsʌbˈlɪt(ə)r]
AM ˌsəbˈlɪdərəl

sublunary
BR ˌsʌbˈluːn(ə)ri
AM ˌsəbˈlunəri

subluxation
BR ˌsʌblʌkˈseɪʃn, -z
AM ˌsəbˌləkˈseɪʃ(ə)n, -z

submachine gun
BR ˌsʌbməˈʃiːn ɡʌn, -z
AM ˌsəbməˈʃin ˌɡən, -z

subman
BR ˈsʌbmæn
AM ˈsəbˌmæn
submarginal
BR ˌsʌbˈmɑːdʒɪnl
AM ˌsəbˈmɑrdʒən(ə)l
submarine
BR ˌsʌbməˈriːn, ˈsʌbməriːn, -z
AM ˈˌsəbməˌrin, -z
submariner
BR ˌsʌbˈmærɪnə(r), -z
AM səbˈmɛrənər, -z
submaster
BR ˈsʌbˌmɑːstə(r), -z
AM ˈsəbˌmæstər, -z
submaxillary
BR ˌsʌbˈmæksɪl(ə)ri, ˌsʌbmækˈsɪl(ə)ri
AM ˌsəbˈmæksəˌlɛri
submediant
BR ˌsʌbˈmiːdiənt, -s
AM ˌsəbˈmidiənt, -s
submen
BR ˈsʌbmɛn
AM ˈsəbˌmɛn
submental
BR ˌsʌbˈmɛntl
AM ˌsəbˈmɛn(t)l
submerge
BR səbˈmɜːdʒ, -ɪz, -ɪŋ, -d
AM səbˈmɜrdʒ, -əz, -ɪŋ, -d
submergence
BR səbˈmɜːdʒ(ə)ns
AM səbˈmɜrdʒ(ə)ns
submergible
BR səbˈmɜːdʒɪbl
AM səbˈmɜrdʒəb(ə)l
submerse
BR səbˈmɜːs, -ɪz, -ɪŋ, -t
AM səbˈmɜrs, -əz, -ɪŋ, -t
submersible
BR səbˈmɜːsɪbl, -z
AM səbˈmɜrsəb(ə)l, -z
submersion
BR səbˈmɜːʃn, səbˈmɜːʒn, -z
AM səbˈmɜrʃ(ə)n, səbˈmɜrʒ(ə)n, -z

submicroscopic
BR ˌsʌbmʌɪkrəˈskɒpɪk
AM ˈˌsəbˌmaɪkrəˈskɑpɪk
subminiature
BR ˌsʌbˈmɪnɪtʃə(r)
AM ˌsəbˈmɪn(i)ətʃər, ˌsəbˈmɪn(i)əˌtʃʊ(ə)r
submission
BR səbˈmɪʃn, -z
AM səbˈmɪʃ(ə)n, -z
submissive
BR səbˈmɪsɪv
AM səbˈmɪsɪv
submissively
BR səbˈmɪsɪvli
AM səbˈmɪsɪvli
submissiveness
BR səbˈmɪsɪvnɪs
AM səbˈmɪsɪvnɪs
submit
BR səbˈmɪt, -s, -ɪŋ, -ɪd
AM səbˈmɪ|t, -ts, -ɪŋ, -d̬ɪd
submittal
BR səbˈmɪtl, -z
AM səbˈmɪdl, -z
submitter
BR sʌbˈmɪtə(r), -z
AM səbˈmɪdər, -z
submultiple
BR ˌsʌbˈmʌltɪpl, -z
AM ˌsəbˈmʌltəpəl, -z
subnet
BR ˈsʌbnɛt, -s
AM ˈsəbˌnɛt, -s
subnormal
BR ˌsʌbˈnɔːml
AM ˌsəbˈnɔrm(ə)l
subnormality
BR ˌsʌbnɔːˈmælɪti
AM ˌsəbˌnɔrˈmælədi
sub-nuclear
BR ˌsʌbˈnjuːkliə(r)
AM ˌsəbˈn(j)ukliər
subocular
BR ˌsʌbˈɒkjələ(r)
AM ˌsəbˈɑkjələr
suborbital
BR ˌsʌbˈɔːbɪtl
AM ˌsəbˈɔrbədl

suborder
BR ˈsʌbˌɔːdə(r), -z
AM ˈsəbˌɔrdər, -z
subordinal
BR ˌsʌbˈɔːdɪnl
AM ˌsəbˈɔrdən(ə)l
subordinary
BR ˌsʌbˈɔːdɪn(ə)r|i, ˌsʌbˈɔːdn̩(ə)r|i, -ɪz
AM ˌsəbˈɔrdnˌɛri, -z
subordinate[1] noun, adjective
BR səˈbɔːdɪnət, səˈbɔːdn̩ət, -s
AM səˈbɔrdnət, -s
subordinate[2] verb
BR səˈbɔːdɪneɪt, -s, -ɪŋ, -ɪd
AM səˈbɔrdnˌeɪ|t, -ts, -d̬ɪŋ, -d̬ɪd
subordinately
BR səˈbɔːdɪnətli, səˈbɔːdn̩ətli
AM səˈbɔrdn̩ətli
subordination
BR səˌbɔːdɪˈneɪʃn
AM səˌbɔrdnˈeɪʃ(ə)n
subordinative
BR səˈbɔːdɪnətɪv, səˈbɔːdn̩ətɪv
AM səˈbɔrdnədɪv
suborn
BR səˈbɔːn, -z, -ɪŋ, -d
AM səˈbɔ(ə)rn, -z, -ɪŋ, -d
subornation
BR ˌsʌbɔːˈneɪʃn
AM ˌsəbɔrˈneɪʃ(ə)n
suborner
BR səˈbɔːnə(r), -z
AM səˈbɔrnər, -z
suboxide
BR ˌsʌbˈɒksaɪd, -z
AM ˌsəbˈɑkˌsaɪd, -z
subpar
BR ˌsʌbˈpɑː(r)
AM ˌsəbˈpɑr
sub-paragraph
BR ˈsʌbˌpærəɡrɑːf, ˌsʌbˈpærəɡrɑːf, -s
AM ˈˌsəbˈpɛrəˌɡræf, -s

subphyla
BR ˈsʌbˌfʌɪlə(r)
AM ˈsəbˌfaɪlə
subphylum
BR ˈsʌbˌfʌɪləm
AM ˈsəbˌfaɪl(ə)m
subplot
BR ˈsʌbplɒt, -s
AM ˈsəbˌplɑt, -s
subpoena
BR sə(b)ˈpiːnə(r), -z, -ɪŋ, -d
AM səˈpinə, -z, -ɪŋ, -d
subprior
BR ˌsʌbˈprʌɪə(r), -z
AM ˌsəbˈpraɪər, -z
subprocess
BR ˈsʌbˌprəʊsɛs, -ɪz
AM ˈsəbˌprɑsəs, -əz
subprogram
BR ˈsʌbˌprəʊɡræm, -z
AM ˈsəbˌproʊɡrəm, -z
subregion
BR ˈsʌbˌriːdʒ(ə)n, -z
AM ˈsəbˌridʒ(ə)n, -z
subregional
BR ˌsʌbˈriːdʒn̩l
AM ˌsəbˈridʒ(ə)n(ə)l
subreption
BR səˈbrɛpʃn, -z
AM səˈbrɛpʃ(ə)n, -z
subrogate
BR ˈsʌbrəɡeɪt, -s, -ɪŋ, -ɪd
AM ˈsəbrəˌɡeɪ|t, -ts, -d̬ɪŋ, -d̬ɪd
subrogation
BR ˌsʌbrəˈɡeɪʃn
AM ˌsəbrəˈɡeɪʃ(ə)n
sub rosa
BR ˌsʌb ˈrəʊzə(r)
AM ˌsəb ˈroʊzə
subroutine
BR ˈsʌbruːtiːn, ˈsʌbruːˌtiːn, -z
AM ˈsəbruˌtin, -z
sub-Saharan
BR ˌsʌbsəˈhɑːrn̩
AM ˌsəbsəˈhɛrən
subscribe
BR səbˈskrʌɪb, -z, -ɪŋ, -d
AM səbˈskraɪb, -z, -ɪŋ, -d

subscriber
BR səbˈskrʌɪbə(r), -z
AM səbˈskraɪbər, -z

subscript
BR ˈsʌbskrɪpt, -s
AM ˈsəbˌskrɪpt, -s

subscription
BR səbˈskrɪpʃn, -z
AM səbˈskrɪpʃ(ə)n, -z

subsection
BR ˈsʌbˌsɛkʃn, -z
AM ˈsəbˌsɛkʃ(ə)n, -z

sub-sector
BR ˈsʌbˌsɛktə(r), -z
AM ˈsəbˌsɛktər, -z

subsellia
BR səbˈsɛlɪə(r)
AM ˌsəbˈsɛlɪə,
ˌsəbˈsɛljə

subsellium
BR səbˈsɛlɪəm
AM ˌsəbˈsɛlɪəm

subsequence
BR ˈsʌbsɪkw(ə)ns
AM ˈsəbsəkwəns

sub-sequence
BR ˈsʌbˌsiːkw(ə)ns, -ɪz
AM ˈsəbˌsikwəns, -əz

subsequent
BR ˈsʌbsɪkw(ə)nt
AM ˈsəbsəkwənt

subsequently
BR ˈsʌbsɪkw(ə)ntli
AM ˈsəbsəkwən(t)li

subserve
BR səbˈsəːv, -z, -ɪŋ, -d
AM səbˈsɜrv, -z, -ɪŋ, -d

subservience
BR səbˈsəːvɪəns
AM səbˈsɜrvɪəns

subserviency
BR səbˈsəːvɪənsi
AM səbˈsɜrvɪənsi

subservient
BR səbˈsəːvɪənt
AM səbˈsɜrvɪənt

subserviently
BR səbˈsəːvɪəntli
AM səbˈsɜrvɪən(t)li

subset
BR ˈsʌbsɛt, -s
AM ˈsəbˌsɛt, -s

subshrub
BR ˈsʌbʃrʌb, -z
AM ˈsəbˌʃrəb, -z

subside
BR səbˈsʌɪd, -z, -ɪŋ, -ɪd
AM səbˈsaɪd, -z, -ɪŋ, -ɪd

subsidence
BR səbˈsʌɪd(ə)ns, ˈsʌbsɪd(ə)ns, -ɪz
AM ˈsəbsədns, səbˈsaɪdns, -ɪz

subsidiarily
BR səbˈsɪdɪərɪli
AM səbˌsɪdɪˈɛrəli

subsidiariness
BR səbˈsɪdɪərɪnɪs
AM səbˈsɪdɪˌɛrɪnɪs

subsidiarity
BR səbˌsɪdɪˈarɪti
AM səbˌsɪdɪˈɛrədi

subsidiary
BR səbˈsɪdɪər|i, -ɪz
AM səbˈsɪdɪˌɛri, -z

subsidisation
BR ˌsʌbsɪdʌɪˈzeɪʃn
AM ˌsəbsəˌdaɪˈzeɪʃ(ə)n, ˌsəbsədəˈzeɪʃ(ə)n

subsidise
BR ˈsʌbsɪdʌɪz, -ɪz, -ɪŋ, -d
AM ˈsəbsəˌdaɪz, -ɪz, -ɪŋ, -d

subsidiser
BR ˈsʌbsɪdʌɪzə(r)
AM ˈsəbsəˌdaɪzər

subsidization
BR ˌsʌbsɪdʌɪˈzeɪʃn
AM ˌsəbsəˌdaɪˈzeɪʃ(ə)n, ˌsəbsədəˈzeɪʃ(ə)n

subsidize
BR ˈsʌbsɪdʌɪz, -ɪz, -ɪŋ, -d
AM ˈsəbsəˌdaɪz, -ɪz, -ɪŋ, -d

subsidizer
BR ˈsʌbsɪdʌɪzə(r), -z
AM ˈsəbsəˌdaɪzər, -z

subsidy
BR ˈsʌbsɪd|i, -ɪz
AM ˈsəbsədi, -z

subsist
BR səbˈsɪst, -s, -ɪŋ, -ɪd
AM səbˈsɪst, -s, -ɪŋ, -ɪd

subsistence
BR səbˈsɪst(ə)ns
AM səbˈsɪst(ə)ns

subsistent
BR səbˈsɪst(ə)nt
AM səbˈsɪst(ə)nt

subsoil
BR ˈsʌbsɔɪl, -z
AM ˈsəbˌsɔɪl, -z

subsonic
BR ˌsʌbˈsɒnɪk
AM səbˈsɑnɪk

subsonically
BR ˌsʌbˈsɒnɪkli
AM səbˈsɑnək(ə)li

subspecies
BR ˈsʌbˌspiːʃɪz, ˈsʌbˌspiːʃiːz, ˈsʌbˌspiːsɪz, ˈsʌbˌspiːsiːz
AM ˈsəbˌspisɪz, ˈsəbˌspiʃiz

subspecific
BR ˌsʌbspɪˈsɪfɪk
AM ˌsəbspəˈsɪfɪk

substance
BR ˈsʌbst(ə)ns, -ɪz
AM ˈsəbst(ə)ns, -əz

substandard
BR ˌsʌbˈstandəd
AM ˌsəbˈstændərd

substantial
BR səbˈstanʃl, səbˈstɑːnʃl
AM ˌsəbˈstæn(t)ʃ(ə)l

substantialise
BR səbˈstanʃlʌɪz, səbˈstɑːnʃlʌɪz, -ɪz, -ɪŋ, -d
AM ˌsəbˈstæn(t)ʃəˌlaɪz, -ɪz, -ɪŋ, -d

substantialism
BR səbˈstanʃlɪzm, səbˈstɑːnʃlɪzm
AM ˌsəbˈstæn(t)ʃəˌlɪz(ə)m

substantialist
BR ˌsʌbˈstanʃlɪst, ˌsʌbˈstɑːnʃlɪst, -s
AM ˌsəbˈstæn(t)ʃələst, -s

substantiality
BR səbˌstanʃɪˈalɪti, səbˌstɑːnʃɪˈalɪti
AM səbˌstæn(t)ʃiˈælədi

substantialize
BR səbˈstanʃlʌɪz, səbˈstɑːnʃlʌɪz, -ɪz, -ɪŋ, -d
AM ˌsəbˈstæn(t)ʃəˌlaɪz, -ɪz, -ɪŋ, -d

substantially
BR səbˈstanʃli, səbˈstɑːnʃli
AM ˌsəbˈstæn(t)ʃəli

substantialness
BR səbˈstanʃlnəs, səbˈstɑːnʃlnəs
AM ˌsəbˈstæn(t)ʃəlnəs

substantiate
BR səbˈstanʃɪeɪt, səbˈstansɪeɪt, səbˈstɑːnʃɪeɪt, səbˈstɑːnsɪeɪt, -s, -ɪŋ, -ɪd
AM səbˈstæn(t)ʃiˌeɪ|t, -ts, -dɪŋ, -dɪd

substantiation
BR səbˌstanʃɪˈeɪʃn, səbˌstansɪˈeɪʃn, səbˌstɑːnʃɪˈeɪʃn, səbˌstɑːnsɪˈeɪʃn
AM səbˌstæn(t)ʃiˈeɪʃ(ə)n

substantival
BR ˌsʌbst(ə)nˈtʌɪvl
AM ˌsəbstənˈtaɪvəl

substantive[1] *noun*
BR ˈsʌbst(ə)ntɪv, səbˈstantɪv, -z
AM ˈsəbstən(t)ɪv, -z

substantive[2] *adjective*
BR səbˈstantɪv, ˈsʌbst(ə)ntɪv
AM səbˈstæn(t)ɪv, ˈsəbstən(t)ɪv

substantively
BR səbˈstantɪvli, ˈsʌbst(ə)ntɪvli
AM səbˈstæn(t)ɪvli, ˈsəbstən(t)ɪvli

substantiveness
BR səbˈstantɪvnɪs, ˈsʌbst(ə)ntɪvnɪs
AM səbˈstæn(t)ɪvnɪs, ˈsəbstən(t)ɪvnɪs

substation
BR ˈsʌbˌsteɪʃn, -z
AM ˈsəbˌsteɪʃ(ə)n, -z

substituent
BR səbˈstɪtjuənt, səbˈstɪtʃuənt, -s
AM ˌsəbˈstɪtʃ(əw)ənt, -s

substitutability
BR ˌsʌbstɪtjuːtəˈbɪlɪti, ˌsʌbstɪtʃuːtəˈbɪlɪti
AM ˌsəbstəˌt(j)udəˈbɪlɪdi

substitutable
BR ˈsʌbstɪtjuːtəbl, ˈsʌbstɪtʃuːtəbl
AM ˈsəbstəˌt(j)udəb(ə)l

substitute
BR ˈsʌbstɪtjuːt, ˈsʌbstɪtʃuːt, -s, -ɪŋ, -ɪd
AM ˈsəbstəˌt(j)u|t, -ts, -dɪŋ, -dəd

substitution
BR ˌsʌbstɪˈtjuːʃn, ˌsʌbstɪˈtʃuːʃn, -z
AM ˌsəbstəˈt(j)uʃ(ə)n, -z

substitutional
BR ˌsʌbstɪˈtjuːʃn̩l, ˌsʌbstɪˈtʃuːʃn̩l
AM ˌsəbstəˈt(j)uʃ(ə)n(ə)l

substitutionary
BR ˌsʌbstɪˈtjuːʃn(ə)ri, ˌsʌbstɪˈtʃuːʃn(ə)ri
AM ˌsəbstəˈt(j)uʃəˌnɛri

substitutive
BR ˈsʌbstɪtjuːtɪv, ˈsʌbstɪtʃuːtɪv
AM ˈsəbstəˌt(j)udɪv

substrata
BR ˈsʌbˌstrɑːtə(r), ˈsʌbˌstreɪtə(r), ˌsʌbˈstrɑːtə(r), ˌsʌbˈstreɪtə(r)
AM ˈsəbˌstrɑdə, ˈsəbˌstrædə, ˈsəbˌstreɪdə

substrate
BR ˈsʌbstreɪt, -s
AM ˈsəbˌstreɪt, -s

substratum
BR ˈsʌbˌstrɑːtəm, ˈsʌbˌstreɪtəm, ˌsʌbˈstrɑːtəm, ˌsʌbˈstreɪtəm
AM ˈsəbˌstrɑdəm, ˈsəbˌstrædəm, ˈsəbˌstreɪdəm

substructural
BR ˌsʌbˈstrʌktʃ(ə)r̩l
AM ˌsəbˈstrək(t)ʃ(ə)rəl

substructure
BR ˈsʌbˌstrʌktʃə(r), -z
AM ˈsəbˌstrək(t)ʃər, -z

subsumable
BR səbˈsjuːməbl
AM səbˈs(j)uməb(ə)l

subsume
BR səbˈsjuːm, -z, -ɪŋ, -d
AM səbˈs(j)um, -z, -ɪŋ, -d

subsumption
BR səbˈsʌm(p)ʃn, -z
AM səbˈsəmpʃ(ə)n, -z

subsurface
BR ˈsʌbˌsəːfɪs, -ɪz
AM ˈsəbˌsɜrfəs, -əz

subsystem
BR ˈsʌbˌsɪstɪm, -z
AM ˈsəbˌsɪst(ə)m, -z

subtenancy
BR ˌsʌbˈtɛnəns|i, ˈsʌbˌtɛnəns|i, -ɪz
AM ˌsəbˈtɛnənsi, -z

subtenant
BR ˌsʌbˈtɛnənt, ˈsʌbˌtɛnənt, -s
AM ˌsəbˈtɛnənt, -s

subtend
BR səbˈtɛnd, -z, -ɪŋ, -ɪd
AM səbˈtɛnd, -z, -ɪŋ, -əd

subterfuge
BR ˈsʌbtəfjuː(d)ʒ, -ɪz
AM ˈsəbtərˌfjudʒ, -əz

subterminal
BR ˌsʌbˈtəːmɪnl
AM ˌsəbˈtɜrmən(ə)l

subterranean
BR ˌsʌbtəˈreɪnɪən
AM ˌsəbtəˈreɪnlən

subterraneously
BR ˌsʌbtəˈreɪnɪəsli
AM ˌsəbtəˈreɪnɪəsli

subtext
BR ˈsʌbtɛkst, -s
AM ˈsəbˌtɛkst, -s

subtilisation
BR ˌsʌtlʌɪˈzeɪʃn
AM ˌsədlˌaɪˈzeɪʃ(ə)n, ˌsədləˈzeɪʃ(ə)n

subtilise
BR ˈsʌtlʌɪz, -ɪz, -ɪŋ, -d
AM ˈsədlˌaɪz, -ɪz, -ɪŋ, -d

subtilization
BR ˌsʌtlʌɪˈzeɪʃn
AM ˌsədlˌaɪˈzeɪʃ(ə)n, ˌsədləˈzeɪʃ(ə)n

subtilize
BR ˈsʌtlʌɪz, -ɪz, -ɪŋ, -d
AM ˈsədlˌaɪz, -ɪz, -ɪŋ, -d

subtitle
BR ˈsʌbˌtʌɪtl, -z, -d
AM ˈsəbˌtaɪd(ə)l, -z, -d

subtle
BR ˈsʌt|l, -lə(r)\-lə(r), -lɪst\-lɪst
AM ˈsəd(ə)l, -ər, -əst

subtleness
BR ˈsʌtlnəs
AM ˈsədlnəs

subtlety
BR ˈsʌtlt|i, -ɪz
AM ˈsədlti, ˈsədldi, -z

subtly
BR ˈsʌtli, ˈsʌtli
AM ˈsədli

subtonic
BR ˌsʌbˈtɒnɪk, -s
AM ˌsəbˈtɑnɪk, -s

subtopia
BR ˌsʌbˈtəʊpɪə(r), -z
AM ˌsəbˈtoʊpɪə, -z

subtopian
BR ˌsʌbˈtəʊpɪən
AM ˌsəbˈtoʊpɪən

subtotal
BR ˈsʌbˌtəʊtl, ˌsʌbˈtəʊtl, -z
AM ˈsubˌtoʊdl, -z

subtract
BR səbˈtrakt, -s, -ɪŋ, -ɪd
AM səbˈtræk|(t), -(t)s, -tɪŋ, -təd

subtracter
BR səbˈtraktə(r), -z
AM səbˈtræktər, -z

subtraction
BR səbˈtrakʃn, -z
AM səbˈtrækʃ(ə)n, -z

subtractive
BR səbˈtraktɪv
AM səbˈtræktɪv

subtractor
BR səbˈtraktə(r), -z
AM səbˈtræktər, -z

subtrahend
BR ˈsʌbtrəhɛnd, -z
AM ˈsəbtrəˌhɛnd, -z

subtropical
BR ˌsʌbˈtrɒpɪkl
AM ˌsəbˈtrɑpək(ə)l

subtropics
BR ˈsʌbˌtrɒpɪks, ˌsʌbˈtrɒpɪks
AM ˌsəbˈtrɑpɪks

subtype
BR ˈsʌbtʌɪp, -s
AM ˈsəbˌtaɪp, -s

subulate
BR ˈsʌbjʉleɪt
AM ˈsəbjələt, ˈsəbjəˌleɪt

sub-unit
BR ˈsʌbˌjuːnɪt, -s
AM ˈsəbˌjunət, -s

suburb
BR ˈsʌbəːb, -z
AM ˈsəbərb, -z

suburban
BR səˈbɜːb(ə)n
AM səˈbɜrbən
suburbanisation
BR sə,bɜːbn̩ʌɪˈzeɪʃn
AM sə,bɜrbə,naɪ-
ˈzeɪʃ(ə)n,
sə,bɜrbənəˈzeɪʃ(ə)n
suburbanise
BR səˈbɜːbn̩ʌɪz, -ɪz,
-ɪŋ, -d
AM səˈbɜrbə,naɪz, -ɪz,
-ɪŋ, -d
suburbanite
BR səˈbɜːbn̩ʌɪt, -s
AM səˈbɜrbə,naɪt, -s
suburbanization
BR sə,bɜːbn̩ʌɪˈzeɪʃn
AM sə,bɜrbə,naɪ-
ˈzeɪʃ(ə)n,
sə,bɜrbənəˈzeɪʃ(ə)n
suburbanize
BR səˈbɜːbn̩ʌɪz, -ɪz,
-ɪŋ, -d
AM səˈbɜrbə,naɪz, -ɪz,
-ɪŋ, -d
suburbia
BR səˈbɜːbɪə(r)
AM səˈbɜrbiə
subvariety
BR ˈsʌbvə,rʌɪɪt|i, -ɪz
AM ˈsəbvə,raɪədi, -z
subvention
BR səbˈvɛnʃn, -z
AM səbˈvɛn(t)ʃ(ə)n, -z
subversion
BR səbˈvɜːʃn, -z
AM səbˈvɜrʃ(ə)n,
səbˈvɜrʒ(ə)n, -z
subversive
BR səbˈvɜːsɪv, -z
AM səbˈvɜrsɪv, -z
subversively
BR səbˈvɜːsɪvli
AM səbˈvɜrsɪvli
subversiveness
BR səbˈvɜːsɪvnɪs
AM səbˈvɜrsɪvnɪs
subvert
BR səbˈvɜːt, -s, -ɪŋ, -ɪd
AM səbˈvɜr|t, -ts, -dɪŋ,
-dəd

subverter
BR səbˈvɜːtə(r), -z
AM səbˈvɜrdər, -z
subway
BR ˈsʌbweɪ, -z
AM ˈsəb,weɪ, -z
sub-zero
BR ˌsʌbˈzɪərəʊ
AM ˌsəbˈziroʊ,
ˌsəbˈzɪroʊ
succedanea
BR ˌsʌksɪˈdeɪnɪə(r)
AM ˌsəksəˈdeɪnɪə
succedaneous
BR ˌsʌksɪˈdeɪnɪəs
AM ˌsəksəˈdeɪnɪəs
succedaneum
BR ˌsʌksɪˈdeɪnɪəm
AM ˌsəksəˈdeɪnɪəm
succeed
BR səkˈsiːd, -z, -ɪŋ, -ɪd
AM səkˈsid, -z, -ɪŋ,
-ɪd
succeeder
BR səkˈsiːdə(r), -z
AM səkˈsidər, -z
succentor
BR səkˈsɛntə(r), -z
AM səkˈsɛn(t)ər, -z
succentorship
BR səkˈsɛntəʃɪp, -s
AM səkˈsɛn(t)ərˌʃɪp,
-s
succès de scandale
BR sək,seɪ də ˌskɒ̃ˈdɑːl
AM sək,seɪ də ˌskanˈdal
success
BR səkˈsɛs, -ɪz
AM səkˈsɛs, -əz
successful
BR səkˈsɛsf(ʊ)l
AM səkˈsɛsfəl
successfully
BR səkˈsɛsfʊli,
səkˈsɛsfli
AM səkˈsɛsfəli
successfulness
BR səkˈsɛsf(ʊ)lnəs
AM səkˈsɛsfəlnəs
succession
BR səkˈsɛʃn, -z
AM səkˈsɛʃ(ə)n, -z

successional
BR səkˈsɛʃn̩l
AM səkˈsɛʃ(ə)n(ə)l
successive
BR səkˈsɛsɪv
AM səkˈsɛsɪv
successively
BR səkˈsɛsɪvli
AM səkˈsɛsɪvli
successiveness
BR səkˈsɛsɪvnɪs
AM səkˈsɛsɪvnɪs
successor
BR səkˈsɛsə(r), -z
AM səkˈsɛsər, -z
succinate
BR ˈsʌksɪneɪt
AM ˈsəksəˌneɪt
succinct
BR səkˈsɪŋ(k)t
AM sə(k)ˈsɪŋk(t),
sə(k)ˈsɪŋ(k)t
succinctly
BR səkˈsɪŋ(k)tli,
səkˈsɪŋk(t)li
AM sə(k)ˈsɪŋk(t)li,
sə(k)ˈsɪŋ(k)tli
succinctness
BR səkˈsɪŋ(k)tnɪs,
səkˈsɪŋk(t)nɪs
AM sə(k)ˈsɪŋk(t)nɪs,
sə(k)ˈsɪŋ(k)tnɪs
succinic
BR sʌkˈsɪnɪk
AM səkˈsɪnɪk
succor
BR ˈsʌk|ə(r), -əz,
-(ə)rɪŋ, -əd
AM ˈsəkər, -z,
-ɪŋ, -d
succorless
BR ˈsʌkələs
AM ˈsəkərləs
succory
BR ˈsʌk(ə)r|i, -ɪz
AM ˈsəkəri, -z
succotash
BR ˈsʌkətaʃ
AM ˈsəkəˌtæʃ
Succoth
BR sʊˈkəʊt, ˈsʌkəθ
AM ˌˈsuˌkoʊt

succour
BR ˈsʌk|ə(r), -əz,
-(ə)rɪŋ, -əd
AM ˈsəkər, -z, -ɪŋ, -d
succourless
BR ˈsʌkələs
AM ˈsəkərləs
succuba
BR ˈsʌkjʊbə(r)
AM ˈsəkjəbə
succubae
BR ˈsʌkjʊbiː,
ˈsʌkjʊbʌɪ
AM ˈsəkjəˌbaɪ,
ˈsəkjəbi
succubi
BR ˈsʌkjʊbʌɪ
AM ˈsəkjəˌbaɪ
succubus
BR ˈsʌkjʊbəs
AM ˈsəkjəbəs
succulence
BR ˈsʌkjʊlns
AM ˈsəkjəl(ə)ns
succulent
BR ˈsʌkjʊlnt
AM ˈsəkjəl(ə)nt
succulently
BR ˈsʌkjʊlntli
AM ˈsəkjələn(t)li
succumb
BR səˈkʌm, -z, -ɪŋ, -d
AM səˈkəm, -z, -ɪŋ, -d
succursal
BR səˈkɜːsl
AM səˈkɜrs(ə)l
succuss
BR ˈsʌkəs, -ɪz, -ɪŋ, -t
AM ˈsəkəs, -əz,
-ɪŋ, -t
succussion
BR səˈkʌʃn, -z
AM səˈkəʃ(ə)n, -z
such[1] *strong form*
BR sʌtʃ
AM sətʃ
such[2] *weak form*
BR sətʃ
AM sətʃ
such-and-such
BR ˈsʌtʃ(ə)n(d)sʌtʃ
AM ˈsətʃənˌsətʃ

Suchard
BR ˈsuːʃɑː(d)
AM suˈʃɑrd

Suchet
BR ˈsuːʃeɪ
AM suˈʃeɪ

suchlike
BR ˈsʌtʃlʌɪk
AM ˈsətʃˌlaɪk

suck
BR sʌk, -s, -ɪŋ, -t
AM sək, -s, -ɪŋ, -t

sucker
BR ˈsʌkə(r), -z, -d
AM ˈsəkər, -z, -d

suckle
BR ˈsʌk|l, -lz, -lɪŋ\-lɪŋ, -ld
AM ˈsək|əl, -əlz, -(ə)lɪŋ, -əld

suckler
BR ˈsʌklə(r), -z
AM ˈsək(ə)lər, -z

Suckling
BR ˈsʌklɪŋ
AM ˈsəklɪŋ

suckling noun
BR ˈsʌklɪŋ, -z
AM ˈsək(ə)lɪŋ, -z

sucre
BR ˈsuːkreɪ, -z
AM ˈsuˌkreɪ, -z

sucrose
BR ˈs(j)uːkrəʊz, ˈs(j)uːkrəʊs
AM ˈsuˌkroʊz, ˈsuˌkroʊs

suction
BR ˈsʌkʃn
AM ˈsəkʃ(ə)n

suctorial
BR sʌkˈtɔːriəl
AM səkˈtɔriəl

suctorian
BR sʌkˈtɔːriən, -z
AM səkˈtɔriən, -z

Sudan
BR suˈdɑːn, suˈdan
AM suˈdæn

Sudanese
BR ˌsuːdəˈniːz
AM ˌsudəˈniz

sudaria
BR s(j)uːˈdɛːrɪə(r)
AM suˈdɛrɪə

sudarium
BR s(j)uːˈdɛːrɪəm
AM suˈdɛrɪəm

sudatoria
BR ˌs(j)uːdəˈtɔːrɪə(r)
AM ˌsudəˈtɔrɪə

sudatorium
BR ˌs(j)uːdəˈtɔːrɪəm
AM ˌsudəˈtɔrɪəm

sudatory
BR ˈs(j)uːdət(ə)r|i, -ɪz
AM ˈsudəˌtɔri, -z

Sudbury
BR ˈsʌdb(ə)ri
AM ˈsədbəri, ˈsədˌbɛri

sudd
BR sʌd, -z
AM səd, -z

Suddaby
BR ˈsʌdəbi
AM ˈsədəbi

sudden
BR ˈsʌdn
AM ˈsədən

suddenly
BR ˈsʌdnli
AM ˈsədnli

suddenness
BR ˈsʌdnnəs
AM ˈsəd(n)nəs

Sudetenland
BR suˈdeɪtnland
AM suˈdeɪtnˌlænd

sudoriferous
BR ˌs(j)uːdəˈrɪf(ə)rəs
AM ˌsudəˈrɪf(ə)rəs

sudorific
BR ˌs(j)uːdəˈrɪfɪk, -s
AM ˌsudəˈrɪfɪk, -s

Sudra
BR ˈsuːdrə(r), -z
AM ˈsudrə, -z

suds
BR sʌdz
AM sədz

sudsy
BR ˈsʌdzi
AM ˈsədzi

sue
BR s(j)uː, -z, -ɪŋ, -d
AM su, -z, -ɪŋ, -d

suède
BR sweɪd
AM sweɪd

suer
BR ˈs(j)uːə(r), -z
AM ˈsuər, -z

suet
BR ˈs(j)uːɪt
AM ˈsuət

Suetonius
BR s(j)uːˈtəʊnɪəs
AM suəˈtoʊnɪəs

suety
BR ˈs(j)uːɪti
AM ˈsuədi

Suez
BR ˈs(j)uːɪz
AM ˈsuˌɛz, suˈɛz

suffer
BR ˈsʌf|ə(r), -əz, -(ə)rɪŋ, -əd
AM ˈsəf|ər, -ərz, -(ə)rɪŋ, -ərd

sufferable
BR ˈsʌf(ə)rəbl
AM ˈsəf(ə)rəb(ə)l

sufferance
BR ˈsʌf(ə)rn̩s
AM ˈsəf(ə)rəns

sufferer
BR ˈsʌf(ə)rə(r), -z
AM ˈsəf(ə)rər, -z

suffering
BR ˈsʌf(ə)rɪŋ, -z
AM ˈsəf(ə)rɪŋ, -z

suffice
BR səˈfʌɪs, -ɪz, -ɪŋ, -t
AM səˈfaɪs, -ɪz, -ɪŋ, -t

sufficiency
BR səˈfɪʃnsi
AM səˈfɪʃənsi

sufficient
BR səˈfɪʃnt
AM səˈfɪʃ(ə)nt

sufficiently
BR səˈfɪʃntli
AM səˈfɪʃən(t)li

suffix[1] noun
BR ˈsʌf|ɪks, -ɪksɪz, -ɪksɪŋ, -ɪkst
AM ˈsəfɪks, -ɪz, -ɪŋ, -t

suffix[2] verb
BR ˈsʌfɪks, səˈfɪks, ˈsʌfɪksɪz, səˈfɪksɪz, ˈsʌfɪksɪŋ, səˈfɪksɪŋ, ˈsʌfɪkst, səˈfɪkst
AM səˈfɪks, ˈsəfɪks, -ɪz, -ɪŋ, -d

suffixation
BR ˌsʌfɪkˈseɪʃn
AM ˌsəfəkˈseɪʃ(ə)n

suffocate
BR ˈsʌfəkeɪt, -s, -ɪŋ, -ɪd
AM ˈsəfəˌkeɪ|t, -ts, -dɪŋ, -dɪd

suffocating
BR ˈsʌfəkeɪtɪŋ
AM ˈsəfəˌkeɪdɪŋ

suffocatingly
BR ˈsʌfəkeɪtɪŋli
AM ˈsəfəˌkeɪdɪŋli

suffocation
BR ˌsʌfəˈkeɪʃn
AM ˌsəfəˈkeɪʃ(ə)n

Suffolk
BR ˈsʌfək
AM ˈsəfək

suffragan
BR ˈsʌfrəg(ə)n, -z
AM ˈsəfrəgən, -z

suffraganship
BR ˈsʌfrəg(ə)nʃɪp, -s
AM ˈsəfrəgənˌʃɪp, -s

suffrage
BR ˈsʌfr|ɪdʒ, -ɪdʒɪz
AM ˈsəfrɪdʒ, -ɪz

suffragette
BR ˌsʌfrəˈdʒet, -s
AM ˌsəfrəˈdʒɛt, -s

suffragism
BR ˈsʌfrədʒɪzm
AM ˈsəfrəˌdʒɪz(ə)m

suffragist
BR ˈsʌfrədʒɪst, -s
AM ˈsəfrədʒəst, -s

suffuse
BR səˈfjuːz, -ɪz, -ɪŋ, -d
AM səˈfjuz, -əz, -ɪŋ, -d

suffusion
BR səˈfjuːʒn, -z
AM səˈfjuʒ(ə)n, -z

Sufi
BR ˈsuːf|i, -iz
AM ˈsufi, -z

Sufic
BR ˈsuːfɪk
AM ˈsufɪk

Sufism
BR ˈsuːfɪzm
AM ˈsuˌfɪz(ə)m

sugar
BR ˈʃʊɡ|ə(r), -əz,
-(ə)rɪŋ, -əd
AM ˈʃʊɡər, -z,
-ɪŋ, -d

sugarbeet
BR ˈʃʊɡəbiːt
AM ˈʃʊɡərˌbit

sugarbush
BR ˈʃʊɡəbʊʃ, -ɪz
AM ˈʃʊɡərˌbʊʃ, -əz

sugarcane
BR ˈʃʊɡəkeɪn
AM ˈʃʊɡərˌkeɪn

sugarcoated
BR ˌʃʊɡəˈkəʊtɪd
AM ˈʃʊɡərˌkoʊdəd

sugarhouse
BR ˈʃʊɡəhaʊs, -ɪz
AM ˈʃʊɡərˌ(h)aʊs, -əz

sugariness
BR ˈʃʊɡ(ə)rɪnɪs
AM ˈʃʊɡərɪnɪs

sugarless
BR ˈʃʊɡələs
AM ˈʃʊɡərləs

sugarloaf
BR ˈʃʊɡələʊf
AM ˈʃʊɡərˌloʊf

sugarloaves
BR ˈʃʊɡələʊvz
AM ˈʃʊɡərˌloʊvz

sugarplum
BR ˈʃʊɡəplʌm, -z
AM ˈʃʊɡərˌpl(ə)m, -z

sugary
BR ˈʃʊɡ(ə)ri
AM ˈʃʊɡəri

suggest
BR səˈdʒest, -s, -ɪŋ, -ɪd
AM sə(ɡ)ˈdʒest, -s, -ɪŋ, -əd

suggester
BR səˈdʒestə(r), -z
AM sə(ɡ)ˈdʒestər, -z

suggestibility
BR səˌdʒestɪˈbɪlɪti
AM sə(ɡ)ˌdʒestəˈbɪlɪdi

suggestible
BR səˈdʒestɪbl
AM sə(ɡ)ˈdʒestəb(ə)l

suggestion
BR səˈdʒestʃn, -z
AM sə(ɡ)ˈdʒeʃtʃ(ə)n,
sə(ɡ)ˈdʒestʃ(ə)n, -z

suggestive
BR səˈdʒestɪv
AM sə(ɡ)ˈdʒestɪv

suggestively
BR səˈdʒestɪvli
AM sə(ɡ)ˈdʒestɪvli

suggestiveness
BR səˈdʒestɪvnɪs
AM sə(ɡ)ˈdʒestɪvnɪs

Sui
BR sweɪ
AM ˈsweɪ

suicidal
BR ˌs(j)uːɪˈsʌɪdl
AM ˌsuəˈsaɪd(ə)l

suicidally
BR ˌs(j)uːɪˈsʌɪdl̩i
AM ˌsuəˈsaɪdl̩i

suicide
BR ˈs(j)uːɪsʌɪd, -z
AM ˈsuəˌsaɪd, -z

sui generis
BR ˌs(j)uːʌɪ ˈdʒen(ə)rɪs,
ˌs(j)uːiː +,
+ ˈɡen(ə)rɪs
AM ˌsuˌaɪ ˈdʒenərəs,
ˌsui ˈdʒenərəs

sui juris
BR ˌs(j)uːʌɪ ˈdʒʊərɪs,
ˌs(j)uːiː +, + ˈjʊərɪs
AM ˌsui ˈjurəs,
ˌsuˌaɪ ˈdʒʊrəs

suint
BR swɪnt, ˈs(j)uːɪnt
AM swɪnt, ˈsuənt

suit
BR s(j)uːt, -s, -ɪŋ, -ɪd
AM suǀt, -ts, -dɪŋ, -dəd

suitability
BR ˌs(j)uːtəˈbɪlɪti
AM ˌsudəˈbɪlɪdi

suitable
BR ˈs(j)uːtəbl
AM ˈsudəb(ə)l

suitableness
BR ˈs(j)uːtəblnəs
AM ˈsudəbəlnəs

suitably
BR ˈs(j)uːtəbli
AM ˈsudəbli

suitcase
BR ˈs(j)uːtkeɪs, -ɪz
AM ˈsutˌkeɪs, -ɪz

suitcaseful
BR ˈs(j)uːtkeɪsfʊl, -z
AM ˈsuɪtˌkeɪsˌfʊl, -z

suite
BR swiːt, -s
AM swit, -s

suiting
BR ˈs(j)uːtɪŋ, -z
AM ˈsudɪŋ, -z

suitor
BR ˈs(j)uːtə(r), -z
AM ˈsudər, -z

suk
BR suːk, -s
AM suk, -s

Sukarno
BR suːˈkɑːnəʊ
AM suˈkɑrnoʊ

Sukey
BR ˈsuːki
AM ˈsuki

Sukhotai
BR ˌsʊkəˈtʌɪ
AM ˌsʊkəˈtaɪ

Sukie
BR ˈsuːki
AM ˈsuki

sukiyaki
BR ˌsuːkɪˈjɑːki,
ˌsʊkɪˈjɑːki,
ˌsuːkɪˈjaki,
ˌsʊkɪˈjaki
AM ˌsʊkɪˈjaki

Sukkur
BR ˈsʊkə(r)
AM ˈsʊkər

Sulawesi
BR ˌsuːləˈweɪsi
AM ˌsuləˈweɪsi

sulcate
BR ˈsʌlkeɪt
AM ˈsəlˌkeɪt

sulci
BR ˈsʌlsʌɪ,
ˈsʌlkʌɪ, ˈsʌlsiː,
ˈsʌlkiː
AM ˈsəlˌsaɪ

sulcus
BR ˈsʌlkəs
AM ˈsəlkəs

Suleiman
BR sʊˈleɪmən
AM ˈsuleɪˌmɑn,
sʊˈleɪm(ə)n

sulfa
BR ˈsʌlfə(r)
AM ˈsəlfə

sulfadimidine
BR ˌsʌlfəˈdʌɪmɪdiːn
AM ˌsəlfəˈdaɪməˌdin

sulfa drug
BR ˈsʌlfə drʌɡ, -z
AM ˈsəlfə ˌdrəɡ, -z

sulfamate
BR ˈsʌlfəmeɪt
AM ˈsəlfəˌmeɪt

sulfanilamide
BR ˌsʌlfəˈnɪləmʌɪd, -z
AM ˌsəlfəˈnɪləˌmaɪd, -z

sulfate
BR ˈsʌlfeɪt, -s
AM ˈsəlˌfeɪt, -s

sulfide
BR ˈsʌlfʌɪd, -z
AM ˈsəlˌfaɪd, -z

sulfite
BR ˈsʌlfʌɪt, -s
AM ˈsəlˌfaɪt, -s

sulfonamide
BR sʌlˈfɒnəmʌɪd, -z
AM səlˈfɑnəˌmaɪd, -z

sulfonate
BR ˈsʌlfəneɪt
AM ˈsəlfəˌneɪt

sulfonation
BR ˌsʌlfəˈneɪʃn
AM ˌsəlfəˈneɪʃ(ə)n
sulfone
BR ˈsʌlfəʊn,
-z
AM ˈsəlˌfoʊn,
-z
sulfonic
BR sʌlˈfɒnɪk
AM səlˈfɑnɪk
sulfur
BR ˈsʌlfə(r)
AM ˈsəlfər
sulfurate
BR ˈsʌlfjʊreɪt
AM ˈsəlf(j)əˌreɪt
sulfuration
BR ˌsʌlfjʊˈreɪʃn
AM ˌsəlf(j)əˈreɪʃ(ə)n
sulfurator
BR ˈsʌlfjʊreɪtə(r)
AM ˈsəlf(j)əˌreɪdər
sulfureous
BR sʌlˈfjʊərɪəs,
sʌlˈfjɔːrɪəs
AM səlˈf(j)ərɪəs
sulfuretted
BR ˌsʌlfjʊˈretɪd,
ˈsʌlfjʊretɪd
AM ˌsəlf(j)əˈredəd
sulfuric
BR sʌlˈfjʊərɪk,
ˈsʌlˈfjɔːrɪk
AM ˌsəlˈfjʊrɪk
sulfurisation
BR ˌsʌlfjʊraɪˈzeɪʃn
AM ˌsəlf(j)əˌraɪ-
ˈzeɪʃ(ə)n,
ˌsəlf(j)ərəˈzeɪʃ(ə)n
sulfurise
BR ˈsʌlfjʊraɪz
AM ˈsəlf(j)əˌraɪz
sulfurization
BR ˌsʌlfjʊraɪ-
ˈzeɪʃn
AM ˌsəlf(j)əˌraɪ-
ˈzeɪʃ(ə)n,
ˌsəlf(j)ərəˈzeɪʃ(ə)n
sulfurize
BR ˈsʌlfjʊraɪz
AM ˈsəlf(j)əˌraɪz

sulfurous
BR ˈsʌlf(ə)rəs,
ˈsʌlfjʊrəs
AM ˈsəlfərəs
sulfury
BR ˈsʌlf(ə)ri,
ˈsʌlfjʊri
AM ˈsəlfəri
Sulgrave
BR ˈsʌlgreɪv
AM ˈsəlˌgreɪv
sulk
BR sʌlk, -s, -ɪŋ, -t
AM səlk, -s, -ɪŋ, -t
sulker
BR ˈsʌlkə(r), -z
AM ˈsəlkər, -z
sulkily
BR ˈsʌlkɪli
AM ˈsəlkəli
sulkiness
BR ˈsʌlkɪnɪs
AM ˈsəlkɪnɪs
sulky
BR ˈsʌlk|i, -ɪə(r), -ɪɪst
AM ˈsəlki, -ər, -ɪst
Sulla
BR ˈsʌlə(r), ˈsʊlə(r)
AM ˈsʊlə
sullage
BR ˈsʌlɪdʒ
AM ˈsəlɪdʒ
sullen
BR ˈsʌlən, -ɪst
AM ˈsəl(ə)n, -ɪst
sullenly
BR ˈsʌlənli
AM ˈsələnli
sullenness
BR ˈsʌlənnəs
AM ˈsələ(n)nəs
Sullivan
BR ˈsʌlɪvn
AM ˈsələvən
Sullom Voe
BR ˌsʌləm ˈvəʊ,
ˌsuːləm +
AM ˌsəl(ə)m ˈvoʊ
sully
BR ˈsʌl|i, -ɪz, -ɪɪŋ,
-ɪd
AM ˈsəli, -z, -ɪŋ, -d

sulpha
BR ˈsʌlfə(r)
AM ˈsəlfə
sulphadimidine
BR ˌsʌlfəˈdʌɪmɪdiːn
AM ˌsəlfəˈdaɪməˌdin
sulphamate
BR ˈsʌlfameɪt
AM ˈsəlfəˌmeɪt
sulphanilamide
BR ˌsʌlfəˈnɪləmʌɪd, -z
AM ˌsəlfəˈnɪləˌmaɪd, -z
sulphate
BR ˈsʌlfeɪt, -s
AM ˈsəlˌfeɪt, -s
sulphide
BR ˈsʌlfʌɪd, -z
AM ˈsəlˌfaɪd, -z
sulphite
BR ˈsʌlfʌɪt, -s
AM ˈsəlˌfaɪt, -s
sulphonamide
BR sʌlˈfɒnəmʌɪd, -z
AM səlˈfɑnəˌmaɪd, -z
sulphonate
BR ˈsʌlfəneɪt
AM ˈsəlfəˌneɪt
sulphonation
BR ˌsʌlfəˈneɪʃn
AM ˌsəlfəˈneɪʃ(ə)n
sulphone
BR ˈsʌlfəʊn, -z
AM ˈsəlˌfoʊn, -z
sulphonic
BR sʌlˈfɒnɪk
AM səlˈfɑnɪk
sulphur
BR ˈsʌlfə(r)
AM ˈsəlfər
sulphurate
BR ˈsʌlfjʊreɪt
AM ˈsəlf(j)əˌreɪt
sulphuration
BR ˌsʌlfjʊˈreɪʃn
AM ˌsəlf(j)əˈreɪʃ(ə)n
sulphurator
BR ˈsʌlfjʊreɪtə(r)
AM ˈsəlf(j)əˌreɪdər
sulphureous
BR sʌlˈfjʊərɪəs,
sʌlˈfjɔːrɪəs
AM səlˈf(j)ərɪəs

sulphuretted
BR ˌsʌlfjʊˈretɪd,
ˈsʌlfjʊretɪd
AM ˌsəlf(j)əˈredəd
sulphuric
BR sʌlˈfjʊərɪk,
sʌlˈfjɔːrɪk
AM ˌsəlˈfjʊrɪk
sulphurisation
BR ˌsʌlfjʊraɪˈzeɪʃn
AM ˌsəlf(j)əˌraɪ-
ˈzeɪʃ(ə)n,
ˌsəlf(j)ərəˈzeɪʃ(ə)n
sulphurise
BR ˈsʌlfjʊraɪz, -ɪz,
-ɪŋ, -d
AM ˈsəlf(j)əˌraɪz, -ɪz,
-ɪŋ, -d
sulphurization
BR ˌsʌlfjʊraɪˈzeɪʃn
AM ˌsəlf(j)əˌraɪ-
ˈzeɪʃ(ə)n,
ˌsəlf(j)ərəˈzeɪʃ(ə)n
sulphurize
BR ˈsʌlfjʊraɪz, -ɪz,
-ɪŋ, -d
AM ˈsəlf(j)əˌraɪz, -ɪz,
-ɪŋ, -d
sulphurous
BR ˈsʌlf(ə)rəs,
ˈsʌlfjʊrəs
AM ˈsəlfərəs
sulphury
BR ˈsʌlf(ə)ri,
ˈsʌlfjʊri
AM ˈsəlfəri
sultan
BR ˈsʌlt(ə)n, -z
AM ˈsəltn̩, -z
sultana
BR s(ə)lˈtɑːnə(r),
ˌsʌlˈtɑːnə(r), -z
AM səlˈtɑnə,
ˌsəlˈtænə, -z
sultanate
BR ˈsʌltnət,
ˈsʌltneɪt, -s
AM ˈsəltn̩ˌeɪt,
ˈsəltn̩ət, -s
sultrily
BR ˈsʌltrɪli
AM ˈsəltrəli

sultriness
BR ˈsʌltrɪnɪs
AM ˈsəltrɪnɪs
sultry
BR ˈsʌltr|i, -ɪə(r), -ɪɪst
AM ˈsəltri, -ər, -ɪst
sulu
BR ˈsuːluː, -z
AM ˈsulu, -z
sum
BR sʌm, -z, -ɪŋ, -d
AM s(ə)m, -z, -ɪŋ, -d
sumac
BR ˈs(j)uːmak, ˈʃuːmak, -s
AM ˈʃuˌmæk, ˈsuˌmæk, -s
sumach
BR ˈs(j)uːmak, ˈʃuːmak, -s
AM ˈʃuˌmæk, ˈsuˌmæk, -s
Sumatra
BR sʊˈmɑːtrə(r)
AM səˈmɑtrə
Sumatran
BR sʊˈmɑːtr(ə)n, -z
AM səˈmɑtrən, -z
Sumburgh
BR ˈsʌmb(ə)rə(r)
AM ˈsəmˌbərə
Sumer
BR ˈsuːmə(r)
AM ˈsumər
Sumerian
BR s(j)ʊˈmɪərɪən, s(j)ʊˈmɛːrɪən, -z
AM suˈmɛrɪən, səˈmɛrɪən, -z
Sumitomo
BR ˌsuːmɪˈtəʊməʊ
AM ˌsuməˈtoʊmoʊ
summa
BR ˈsʌmə(r), ˈsʊmə(r)
AM ˈsʊmə, ˈsumə, ˈsəmə

summa cum laude
BR ˌsʌmə kʌm ˈlaʊdeɪ, ˌsʊmə kʊm +
AM ˌsumə ˌkum ˈlaʊdi, ˌsʊmə ˌkʊm ˈlaʊdi, ˌsʊmə ˌkʊm ˈlaʊdə, ˌsumə ˌkum ˈlaʊdə
summarily
BR ˈsʌm(ə)rɪli
AM ˈsəmərəli, səˈmɛrəli
summariness
BR ˈsʌm(ə)rɪnɪs
AM ˈsəmərɪnɪs, səˈmɛrɪnɪs
summarisable
BR ˈsʌmərʌɪzəbl
AM ˈsəməˌraɪzəb(ə)l
summarisation
BR ˌsʌmərʌɪˈzeɪʃn
AM ˌsəməˌraɪˈzeɪʃ(ə)n, ˌsəmərəˈzeɪʃ(ə)n
summarise
BR ˈsʌmərʌɪz, -ɪz, -ɪŋ, -d
AM ˈsəməˌraɪz, -ɪz, -ɪŋ, -d
summariser
BR ˈsʌmərʌɪzə(r), -z
AM ˈsəməˌraɪzər, -z
summarist
BR ˈsʌmərɪst, -s
AM ˈsəmərəst, -s
summarizable
BR ˈsʌmərʌɪzəbl
AM ˈsəməˌraɪzəb(ə)l
summarization
BR ˌsʌmərʌɪˈzeɪʃn
AM ˌsəməˌraɪˈzeɪʃ(ə)n, ˌsəmərəˈzeɪʃ(ə)n
summarize
BR ˈsʌmərʌɪz, -ɪz, -ɪŋ, -d
AM ˈsəməˌraɪz, -ɪz, -ɪŋ, -d
summarizer
BR ˈsʌmərʌɪzə(r), -z
AM ˈsəməˌraɪzər, -z
summary
BR ˈsʌm(ə)r|i, -ɪz
AM ˈsəməri, -z
summation
BR sʌˈmeɪʃn, -z
AM səˈmeɪʃ(ə)n, -z

summational
BR səˈmeɪʃn̩l
AM səˈmeɪʃ(ə)n(ə)l
summer
BR ˈsʌmə(r), -z
AM ˈsəmər, -z
Summerfield
BR ˈsʌməfiːld
AM ˈsəmərˌfild
Summerhayes
BR ˈsʌməheɪz
AM ˈsəmərˌ(h)eɪz
Summerhill
BR ˈsʌməhɪl
AM ˈsəmərˌ(h)ɪl
summerhouse
BR ˈsʌməhaʊ|s, -zɪz
AM ˈsəmərˌ(h)aʊ|s, -zəz
summerise
BR ˈsʌmərʌɪz, -ɪz, -ɪŋ, -d
AM ˈsəməˌraɪz, -ɪz, -ɪŋ, -d
summerize
BR ˈsʌmərʌɪz, -ɪz, -ɪŋ, -d
AM ˈsəməˌraɪz, -ɪz, -ɪŋ, -d
summerless
BR ˈsʌmələs
AM ˈsəmərləs
summerly
BR ˈsʌməli
AM ˈsəmərli
Summers
BR ˈsʌməz
AM ˈsəmərz
summersault
BR ˈsʌməsɔːlt, ˈsʌməsɒlt, -s, -ɪŋ, -ɪd
AM ˈsəmərˌsɑlt, ˈsəmərˌsɔlt, -ts, -dɪŋ, -dəd
summertime
BR ˈsʌmətʌɪm
AM ˈsəmərˌtaɪm
summer-weight
BR ˈsʌməweɪt
AM ˈsəmərˌweɪt

summery
BR ˈsʌm(ə)ri
AM ˈsəməri
summings-up
BR ˌsʌmɪŋzˈʌp
AM ˌsəmɪŋzˈəp
summing-up
BR ˌsʌmɪŋˈʌp
AM ˌsəmɪŋˈəp
summit
BR ˈsʌmɪt, -s
AM ˈsəmət, -s
summiteer
BR ˌsʌmɪˈtɪə(r), -z
AM ˈsəməˌtɪ(ə)r, -z
summitless
BR ˈsʌmɪtlɪs
AM ˈsəmətləs
summitry
BR ˈsʌmɪtri
AM ˈsəmətri
summon
BR ˈsʌmən, -z, -ɪŋ, -d
AM ˈsəm(ə)n, -z, -ɪŋ, -d
summonable
BR ˈsʌmənəbl
AM ˈsəmənəb(ə)l
summoner
BR ˈsʌmənə(r), -z
AM ˈsəmənər, -z
summons
BR ˈsʌmənz, -ɪz, -ɪŋ, -d
AM ˈsəmənz, -ɪz, -ɪŋ, -d
summum bonum
BR ˌsʌməm ˈbəʊnəm, ˌsʊməm +, + ˈbɒnəm
AM ˈsuməm ˈboʊn(ə)m, ˈsʊməm ˈboʊn(ə)m
Sumner
BR ˈsʌmnə(r)
AM ˈsəmnər
sumo
BR ˈsuːməʊ
AM ˈsumoʊ
sump
BR sʌmp, -s
AM səmp, -s

sumpter
BR ˈsʌm(p)tə(r), -z
AM ˈsəm(p)tər, -z

sumptuary
BR ˈsʌm(p)tʃʊəri,
ˈsʌmtʃʊri,
ˈsʌm(p)tjʊəri,
ˈsʌm(p)tjʊri
AM ˈsəm(p)(t)ʃəˌweri

sumptuosity
BR ˌsʌm(p)tʃʊˈɒsɪti,
ˌsʌm(p)tjʊˈɒsɪti
AM ˌsəm(p)(t)ʃə-
ˈwɑsədi

sumptuous
BR ˈsʌm(p)tʃʊəs,
ˈsʌm(p)tjʊəs
AM ˈsəm(p)(t)ʃ(əw)əs

sumptuously
BR ˈsʌm(p)tʃʊəsli,
ˈsʌm(p)tjʊəsli
AM ˈsəm(p)(t)ʃ(əw)əsli

sumptuousness
BR ˈsʌm(p)tʃʊəsnəs,
ˈsʌm(p)tjʊəsnəs
AM
ˈsəm(p)(t)ʃ(əw)əsnəs

Sumter
BR ˈsʌmtə(r)
AM ˈsəmtər

sun
BR sʌn, -z, -ɪŋ, -d
AM s(ə)n, -z, -ɪŋ, -d

sun-baked
BR ˈsʌnbeɪkt
AM ˈsənˌbeɪkt

sunbathe
BR ˈsʌnbeɪð, -z, -ɪŋ, -d
AM ˈsənˌbeɪð, -z, -ɪŋ, -d

sunbather
BR ˈsʌnbeɪðə(r), -z
AM ˈsənˌbeɪðər, -z

sunbeam
BR ˈsʌnbiːm, -z
AM ˈsənˌbim, -z

sunbed
BR ˈsʌnbɛd, -z
AM ˈsənˌbɛd, -z

Sunbelt
BR ˈsʌnbɛlt
AM ˈsənˌbɛlt

sunbird
BR ˈsʌnbɜːd, -z
AM ˈsənˌbɜrd, -z

sunblind
BR ˈsʌnblaɪnd, -z
AM ˈsənˌblaɪnd, -z

sunblock
BR ˈsʌnblɒk, -s
AM ˈsənˌblɑk, -s

sunbonnet
BR ˈsʌnˌbɒnɪt, -s
AM ˈsənˌbɑnət, -s

sunbow
BR ˈsʌnbəʊ, -z
AM ˈsənˌboʊ, -z

sunburn
BR ˈsʌnbɜːn, -d
AM ˈsənˌbɜrn, -d

sunburnt
BR ˈsʌnbɜːnt
AM ˈsənˌbɜrnt

sunburst
BR ˈsʌnbɜːst, -s
AM ˈsənˌbɜrst, -s

Sunbury
BR ˈsʌnb(ə)ri
AM ˈsənbəri, ˈsənˌbɛri

sunchoke
BR ˈsʌntʃəʊk, -s
AM ˈsənˌtʃoʊk, -s

Sun City
BR ˌsʌn ˈsɪti
AM ˌs(ə)n ˈsɪdi

Sunda
BR ˈsʌndə(r), ˈsʊndə(r)
AM ˈsəndə

sundae
BR ˈsʌndǀeɪ, ˈsʌndǀi,
-eɪz\-ɪz
AM ˈsənˌdeɪ, -z

Sundanese
BR ˌsʌndəˈniːz
AM ˌsəndəˈniz

Sunday
BR ˈsʌndǀeɪ, ˈsʌndǀi,
-eɪz\-ɪz
AM ˈsəndi, ˈsənˌdeɪ, -z

Sunday best
BR ˌsʌndeɪ ˈbɛst,
ˌsʌndi +
AM ˌsəndi ˈbɛst,
ˌsənˌdeɪ ˈbɛst

Sunday school
BR ˈsʌndeɪ ˌskuːl,
ˈsʌndi +, -z
AM ˈsəndi ˌskul,
ˈsənˌdeɪ ˌskul, -z

sundeck
BR ˈsʌndɛk, -s
AM ˈsənˌdɛk, -s

sunder
BR ˈsʌndǀə(r), -əz,
-(ə)rɪŋ, -əd
AM ˈsəndǀər, -ərz,
-(ə)rɪŋ, -ərd

Sunderland
BR ˈsʌndələnd
AM ˈsəndərlənd

sundew
BR ˈsʌndjuː, -z
AM ˈsənˌd(j)u, -z

sundial
BR ˈsʌnˌdʌɪəl, -z
AM ˈsənˌdaɪəl, -z

sundown
BR ˈsʌndaʊn
AM ˈsənˌdaʊn

sundowner
BR ˈsʌnˌdaʊnə(r), -z
AM ˈsənˌdaʊnər, -z

sundrenched
BR ˈsʌndrɛn(t)ʃt
AM ˈsənˌdrɛn(t)ʃt

sundress
BR ˈsʌndrɛs, -ɪz
AM ˈsənˌdrɛs, -əz

sun-dried
BR ˈsʌndrʌɪd,
ˌsʌnˈdrʌɪd
AM ˈsənˌdraɪd

sundriesman
BR ˈsʌndrɪzmən
AM ˈsəndrɪzˌmæn

sundriesmen
BR ˈsʌndrɪzmən
AM ˈsəndrɪzˌmɛn

sundry noun,
adjective ʻvariousʼ
BR ˈsʌndrǀi, -ɪz
AM ˈsəndri, -z

sunfast
BR ˈsʌnfɑːst
AM ˈsənˌfæst

sunfish
BR ˈsʌnfɪʃ, -ɪz
AM ˈsənˌfɪʃ, -ɪz

sunflower
BR ˈsʌnˌflaʊə(r), -z
AM ˈsənˌflaʊər, -z

sung
BR sʌŋ
AM səŋ

sunglasses
BR ˈsʌnˌglɑːsɪz
AM ˈsənˌglæsəz

sun-god
BR ˈsʌngɒd, -z
AM ˈsənˌgɑd, -z

sunhat
BR ˈsʌnhat, -s
AM ˈsənˌ(h)æt, -s

sunk
BR sʌŋk
AM səŋk

sunken
BR ˈsʌŋk(ə)n
AM ˈsəŋkən

Sunkist
BR ˈsʌnkɪst
AM ˈsənˌkɪst

sunlamp
BR ˈsʌnlamp, -s
AM ˈsənˌlæmp, -s

sunless
BR ˈsʌnləs
AM ˈsənləs

sunlessness
BR ˈsʌnləsnəs
AM ˈsənələsnəs

sunlight
BR ˈsʌnlʌɪt
AM ˈsənˌlaɪt

sunlike
BR ˈsʌnlʌɪk
AM ˈsənˌlaɪk

sunlit
BR ˈsʌnlɪt
AM ˈsənˌlɪt

sunlounger
BR ˈsʌnˌlaʊn(d)ʒə(r), -z
AM ˈsənˌlaʊndʒər, -z

sun-lover
BR ˈsʌnˌlʌvə(r), -z
AM ˈsənˌləvər, -z

sunn
BR sʌn
AM s(ə)n
Sunna
BR ˈsʊnə(r), ˈsʌnə(r)
AM ˈsʊnə, ˈsənə
Sunni
BR ˈsʊn|i, ˈsʌn|i, -ɪz
AM ˈsʊni, -z
sunnily
BR ˈsʌnɪli
AM ˈsənəli
sunniness
BR ˈsʌnɪnɪs
AM ˈsənɪnɪs
Sunningdale
BR ˈsʌnɪŋdeɪl
AM ˈsənɪŋˌdeɪl
Sunnite
BR ˈsʊnʌɪt, ˈsʌnʌɪt, -s
AM ˈsəˌnaɪt, -s
sunny
BR ˈsʌn|i, -ɪə(r), -ɪɪst
AM ˈsəni, -ər, -ɪst
sunproof
BR ˈsʌnpruːf
AM ˈsənˌpruf
sunray
BR ˈsʌnreɪ, -z
AM ˈsənˌreɪ, -z
sunrise
BR ˈsʌnrʌɪz, -ɪz
AM ˈsənˌraɪz, -ɪz
sunroof
BR ˈsʌnruːf, ˈsʌnrʊf, -s
AM ˈsənˌruf, -s
sunroom
BR ˈsʌnruːm, ˈsʌnrʊm, -z
AM ˈsənˌrum, ˈsənˌrʊm, -z
sunscreen
BR ˈsʌnskriːn
AM ˈsənˌskrin
sunset
BR ˈsʌnsɛt, -s
AM ˈsənˌsɛt, -s
sunshade
BR ˈsʌnʃeɪd, -z
AM ˈsənˌʃeɪd, -z

sunshine
BR ˈsʌnʃʌɪn
AM ˈsənˌʃaɪn
sunshiny
BR ˈsʌnʃʌɪni
AM ˈsənˌʃaɪni
sunspot
BR ˈsʌnspɒt, -s
AM ˈsənˌspɑt, -s
sunstar
BR ˈsʌnstɑː(r), -z
AM ˈsənˌstɑr, -z
sunstone
BR ˈsʌnstəʊn, -z
AM ˈsənˌstoʊn, -z
sunstroke
BR ˈsʌnstrəʊk
AM ˈsənˌstroʊk
sunstruck
BR ˈsʌnstrʌk
AM ˈsənˌstrʌk
sunsuit
BR ˈsʌns(j)uːt, -s
AM ˈsənˌsut, -s
suntan
BR ˈsʌntan, -z, -d
AM ˈsənˌtæn, -z, -d
Suntory
BR sʌnˈtɔːri, ˈsʌntɔːri
AM sənˈtɔri
suntrap
BR ˈsʌntrap, -s
AM ˈsənˌtræp, -s
sunup
BR ˈsʌnʌp, -s
AM ˈsənˌəp, -s
sunward
BR ˈsʌnwəd, -z
AM ˈsənwərd, -z
Sun Yat-sen
BR ˌsʊn jatˈsɛn
AM ˈsʊn ˌjætˈsɛn
sup
BR sʌp, -s, -ɪŋ, -t
AM səp, -s, -ɪŋ, -t
super
BR ˈs(j)uːpə(r)
AM ˈsupər
superable
BR ˈs(j)uːp(ə)rəbl
AM ˈsup(ə)rəb(ə)l

superableness
BR ˈs(j)uːp(ə)rəblnəs
AM ˈsup(ə)rəbəlnəs
superabound
BR ˌs(j)uːp(ə)rəˈbaʊnd, -z, -ɪŋ, -ɪd
AM ˌsupərəˈbaʊnd, -z, -ɪŋ, -əd
superabundance
BR ˌs(j)uːp(ə)rəˈbʌnd(ə)ns
AM ˌsupərəˈbəndns
superabundant
BR ˌs(j)uːp(ə)rəˈbʌnd(ə)nt
AM ˌsupərəˈbəndnt
superabundantly
BR ˌs(j)uːp(ə)rəˈbʌnd(ə)ntli
AM ˌsupərəˈbəndən(t)li
superadd
BR ˌs(j)uːpərˈad, -z, -ɪŋ, -ɪd
AM ˌsupərˈæd, -z, -ɪŋ, -əd
superaddition
BR ˌs(j)uːpərəˈdɪʃn, -z
AM ˌsupərəˈdɪʃ(ə)n, -z
superaltar
BR ˈs(j)uːpərˌɔːltə(r), ˈs(j)uːpərˌɒltə(r), -z
AM ˌsupərˈɔltər, ˌsupərˈɑltər, -z
superannuable
BR ˌs(j)uːpərˈanjʊəbl
AM ˌsupərˈænjəwəb(ə)l
superannuate
BR ˌs(j)uːpərˈanjʊeɪt, -s, -ɪŋ, -ɪd
AM ˌsupərˈænjəˌweɪ|t, -ts, -dɪŋ, -dɪd
superannuation
BR ˌs(j)uːpərˌanjʊˈeɪʃn
AM ˌsupərˌænjəˈweɪʃ(ə)n
superaqueous
BR ˌs(j)uːpərˈakwɪəs, ˌs(j)uːpərˈeɪkwɪəs
AM ˌsupərˈækwɪəs, ˌsupərˈeɪkwɪəs, ˌsupərˈɑkwɪəs

superb
BR s(j)uːˈpəːb, s(j)ɜˈpəːb
AM səˈpərb, suˈpərb
superbly
BR s(j)uːˈpəːbli, s(j)ɜˈpəːbli
AM səˈpərbli, suˈpərbli
superbness
BR s(j)uːˈpəːbnəs, s(j)ɜˈpəːbnəs
AM səˈpərbnəs, suˈpərbnəs
Super Bowl
BR ˈs(j)uːpə bəʊl, -z
AM ˈsupər ˌboʊl, -z
supercalender
BR ˌs(j)uːpəˈkalɪnd|ə(r), -əz, -(ə)rɪŋ, -əd
AM ˌsupərˈkæləndər, -z, -ɪŋ, -əd
supercargo
BR ˈs(j)uːpəˌkɑːgəʊ, -z
AM ˈsupərˌkɑrgoʊ, -z
supercelestial
BR ˌs(j)uːpəsɪˈlɛstɪəl
AM ˌsupərsəˈlɛstɪəl, ˌsupərsəˈlɛstʃ(ə)l
supercharge
BR ˈs(j)uːpətʃɑːdʒ, -ɪz, -ɪŋ, -d
AM ˈsupərˌtʃɑrdʒ, -əz, -ɪŋ, -d
supercharger
BR ˈs(j)uːpəˌtʃɑːdʒə(r), -z
AM ˈsupərˌtʃɑrdʒər, -z
superciliary
BR ˌs(j)uːpəˈsɪlɪəri
AM ˌsupərˈsɪlɪəri
supercilious
BR ˌs(j)uːpəˈsɪlɪəs
AM ˌsupərˈsɪlɪəs
superciliously
BR ˌs(j)uːpəˈsɪlɪəsli
AM ˌsupərˈsɪlɪəsli
superciliousness
BR ˌs(j)uːpəˈsɪlɪəsnəs
AM ˌsupərˈsɪlɪəsnəs

superclass
BR ˈs(j)uːpəklɑːs, -ɪz
AM ˈsupərˌklæs, -əz

supercolumnar
BR ˌs(j)uːpəkəˈlʌmnə(r)
AM ˌsupərkəˈləmnər

supercolumniation
BR ˌs(j)uːpəkəˌlʌmniˈeɪʃn
AM ˌsupərkəˌləmniˈeɪʃ(ə)n

supercomputer
BR ˈs(j)uːpəkəmˌpjuːtə(r), -z
AM ˈsupərkəmˌpjudər, -z

supercomputing
BR ˈs(j)uːpəkəmˌpjuːtɪŋ
AM ˈsupərkəmˌpjudɪŋ

superconducting
BR ˌs(j)uːpəkənˈdʌktɪŋ
AM ˌsupərkənˈdəktɪŋ

superconductive
BR ˌs(j)uːpəkənˈdʌktɪv
AM ˌsupərkənˈdəktɪv

superconductivity
BR ˌs(j)uːpəˌkɒndʌkˈtɪvɪti
AM ˌsupərˌkandəkˈtɪvɪdi

superconductor
BR ˈs(j)uːpəkənˌdʌktə(r), -z
AM ˈsupərkənˌdəktər, -z

superconscious
BR ˌs(j)uːpəˈkɒnʃəs
AM ˌsupərˈkanʃəs

superconsciously
BR ˌs(j)uːpəˈkɒnʃəsli
AM ˌsupərˈkanʃəsli

superconsciousness
BR ˌs(j)uːpəˈkɒnʃəsnəs
AM ˌsupərˈkanʃəsnəs

supercontinent
BR ˈs(j)uːpəˌkɒntɪnənt, -s
AM ˈsupərˌkantṇənt, -s

supercool
BR ˌs(j)uːpəˈkuːl, ˈs(j)uːpəkuːl, -z, -ɪŋ, -d
AM ˌsupərˈkul, -z, -ɪŋ, -d

supercritical
BR ˌs(j)uːpəˈkrɪtɪkl
AM ˌsupərˈkrɪdɪk(ə)l

superduper
BR ˌs(j)uːpəˈduːpə(r)
AM ˈsupərˈdupər

superego
BR ˈs(j)uːpərˌiːgəʊ, -z
AM ˌsupərˈiɡoʊ, -z

superelevation
BR ˌs(j)uːpərˌelɪˈveɪʃn, -z
AM ˌsupərˌeləˈveɪʃ(ə)n, -z

supereminence
BR ˌs(j)uːpərˈemɪnəns, -ɪz
AM ˌsupərˈemənəns, -əz

supereminent
BR ˌs(j)uːpərˈemɪnənt
AM ˌsupərˈemənənt

supereminently
BR ˌs(j)uːpərˈemɪnəntli
AM ˌsupərˈemənən(t)li

supererogation
BR ˌs(j)uːpərˌerəˈgeɪʃn
AM ˌsupərˌerəˈgeɪʃ(ə)n

supererogatory
BR ˌs(j)uːpərɪˈrɒgət(ə)ri
AM ˌsupərəˈrɑgəˌtɔri

superexcellence
BR ˌs(j)uːpərˈekslɪns
AM ˌsuperˈeksəl(ə)ns

superexcellent
BR ˌs(j)uːpərˈekslṇt
AM ˌsuperˈeks(ə)l(ə)nt

superexcellently
BR ˌs(j)uːpərˈekslṇtli
AM ˌsuperˈeks(ə)lən(t)li

superfamily
BR ˈs(j)uːpəˌfam(ɪ)lˌi, ˈs(j)uːpəˌfamḷi, -ɪz
AM ˈsupərˌfæm(ə)li, -z

superfatted
BR ˌs(j)uːpəˈfatɪd
AM ˌsupərˈfædəd

superfecta
BR ˌs(j)uːpəˈfektə(r)
AM ˌsupərˈfektə

superfecundation
BR ˌs(j)uːpəˌfek(ʌ)nˈdeɪʃn, ˌs(j)uːpəˌfiːk(ʌ)nˈdeɪʃn, -z
AM ˌsupərˌfekənˈdeɪʃ(ə)n, -z

superfetation
BR ˌs(j)uːpəfiːˈteɪʃn, -z
AM ˌsupərˌfɪˈteɪʃ(ə)n, -z

superficial
BR ˌs(j)uːpəˈfɪʃl
AM ˌsupərˈfɪʃ(ə)l

superficiality
BR ˌs(j)uːpəˌfɪʃiˈalɪtˌi, -ɪz
AM ˌsupərˌfɪʃiˈælədi, -z

superficially
BR ˌs(j)uːpəˈfɪʃli
AM ˌsupərˈfɪʃəli

superficialness
BR ˌs(j)uːpəˈfɪʃlnəs
AM ˌsupərˈfɪʃəlnəs

superficies
BR ˌs(j)uːpəˈfɪʃ(ɪ)iːz
AM ˌsupərˈfɪʃiz

superfine
BR ˈs(j)uːpəfʌɪn, ˌs(j)uːpəˈfʌɪn
AM ˌsupərˈfaɪn

superfluid
BR ˌs(j)uːpəˈfluːɪd, -z
AM ˈsupərˌflu(w)əd, -z

superfluidity
BR ˌs(j)uːpəfluːˈɪdɪti
AM ˌsupərˌfluˈɪdɪdi

superfluity
BR ˌs(j)uːpəˈfluːɪtˌi, -ɪz
AM ˌsupərˈfluədi, -z

superfluous
BR s(j)uːˈpəːfluəs, s(j)ʊˈpəːfluəs
AM suˈpərfləwəs

superfluously
BR s(j)uːˈpəːfluəsli, s(j)ʊˈpəːfluəsli
AM suˈpərfləwəsli

superfluousness
BR s(j)uːˈpəːfluəsnəs, s(j)ʊˈpəːfluəsnəs
AM suˈpərfləwəsnəs

supergiant
BR ˈs(j)uːpəˌdʒʌɪənt, -s
AM ˈsupərˌdʒaɪənt, -s

superglue
BR ˈs(j)uːpəgluː, -z, -ɪŋ, -d
AM ˈsupərˌglu, -z, -ɪŋ, -d

supergrass
BR ˈs(j)uːpəgrɑːs, -ɪz
AM ˈsupərˌgræs, -əz

supergun
BR ˈs(j)uːpəgʌn, -z
AM ˈsupərˌgən, -z

superheat
BR ˌs(j)uːpəˈhiːt, -s, -ɪŋ, -ɪd
AM ˌsupərˈhiːt, -ts, -dɪŋ, -dɪd

superheater
BR ˈs(j)uːpəˌhiːtə(r), -z
AM ˈsupərˌhidər, -z

superhero
BR ˈs(j)uːpəˌhɪərəʊ, -z
AM ˈsupərˌ(h)ɪroʊ, -z

superhet
BR ˈs(j)uːpəhet, -s
AM ˈsupərˌ(h)et, -s

superheterodyne
BR ˌs(j)uːpəˈhet(ə)rədʌɪn, -z
AM ˌsupərˈhedərəˌdaɪn, -z

superhighway
BR ˈs(j)uːpəˌhʌɪweɪ, -z
AM ˈsupərˌhaɪˌweɪ, -z

superhuman
BR ˌs(j)uːpəˈhjuːmən
AM ˌsupərˈ(h)jum(ə)n

superhumanly
BR ˌs(j)uːpəˈhjuːmənli
AM ˌsupərˈ(h)jumənli

superhumeral
BR ˌs(j)uːpəˈhjuːm(ə)rḷ, -z
AM ˌsupərˈ(h)jumərəl, -z

superimpose
BR ˌs(j)u:p(ə)rɪmˈpəʊz, -ɪz, -ɪŋ, -d
AM ˌsup(ə)rəmˈpoʊz, -əz, -ɪŋ, -d

superimposition
BR ˌs(j)u:pərˌɪmpəˈzɪʃn, -z
AM ˈˌsup(ə)rɪmpəˈzɪʃ(ə)n, -z

superincumbent
BR ˌs(j)u:p(ə)rɪnˈkʌmb(ə)nt
AM ˈˌsup(ə)rɪŋˈkəmbənt, ˈˌsup(ə)rɪnˈkəmbənt

superinduce
BR ˌs(j)u:p(ə)rɪnˈdju:s, ˌs(j)u:p(ə)rɪnˈdʒu:s, -ɪz, -ɪŋ, -t
AM ˈˌsup(ə)rɪnˈd(j)us, -əz, -ɪŋ, -t

superintend
BR ˌs(j)u:p(ə)rɪnˈtend, -z, -ɪŋ, -ɪd
AM ˈˌsup(ə)r(ə)nˈtend, -z, -ɪŋ, -əd

superintendence
BR ˌs(j)u:p(ə)rɪnˈtend(ə)ns
AM ˈˌsup(ə)r(ə)nˈtendəns

superintendency
BR ˌs(j)u:p(ə)rɪnˈtend(ə)nsi
AM ˈˌsup(ə)r(ə)nˈtendnsi

superintendent
BR ˌs(j)u:p(ə)rɪnˈtend(ə)nt, -s
AM ˈˌsup(ə)rɪnˈtendənt, -s

superior
BR s(j)u:ˈpɪərɪə(r), s(j)ʊˈpɪərɪə(r), -z
AM səˈpɪriər, -z

superioress
BR s(j)u:ˈpɪərɪərɪs, s(j)ʊˈpɪərɪərɪs, -ɪz
AM səˈpɪriəˌres, -əz

superiority
BR s(j)u:ˌpɪərɪˈɒrɪti, s(j)ʊˌpɪərɪˈɒrɪti
AM səˌpɪriˈɔrədi

superiorly
BR s(j)u:ˈpɪərɪəli, s(j)ʊˈpɪərɪəli
AM səˈpɪriərli

superjacent
BR ˌs(j)u:pəˈdʒeɪs(ə)nt
AM ˌsupərˈdʒeɪs(ə)nt

superlative
BR s(j)u:ˈpə:lətɪv, s(j)ʊˈpə:lətɪv, -z
AM səˈpɜːrlədɪv, -z

superlatively
BR s(j)u:ˈpə:lətɪvli, s(j)ʊˈpə:lətɪvli
AM səˈpɜːrlədɪvli

superlativeness
BR s(j)u:ˈpə:lətɪvnɪs, s(j)ʊˈpə:lətɪvnɪs
AM səˈpɜːrlədɪvnɪs

superluminal
BR ˌs(j)u:pəˈl(j)u:mɪnl
AM ˌsupərˈlumən(ə)l

superlunary
BR ˌs(j)u:pəˈlu:n(ə)ri
AM ˌsupərˈlunəri

Superman
BR ˈs(j)u:pəmæn
AM ˈsupərˌmæn

supermarket
BR ˈs(j)u:pəˌmɑ:kɪt, -s
AM ˈsupərˌmɑrkət, -s

supermen
BR ˈs(j)u:pəmen
AM ˈsupərˌmen

supermini
BR ˈs(j)u:pəˌmɪn‖i, -ɪz
AM ˈsupərˌmɪni, -z

supermodel
BR ˌs(j)u:pəˈmɒdl, -z
AM ˈsupərˌmɑdəl, -z

supermundane
BR ˌs(j)u:pəmʌnˈdeɪn
AM ˈˌsupərˌmənˈdeɪn

supernacular
BR ˌs(j)u:pəˈnækjʊlə(r)
AM ˌsupərˈnækjələr

supernaculum
BR ˌs(j)u:pəˈnakjʊləm
AM ˌsupərˈnækjəl(ə)m

supernal
BR s(j)u:ˈpə:nl, s(j)ʊˈpə:nl
AM səˈpɜːrn(ə)l

supernally
BR s(j)u:ˈpə:nl̩i, s(j)ʊˈpə:nl̩i
AM səˈpɜːrnəli

supernatant
BR ˌs(j)u:pəˈneɪt(ə)nt, -s
AM ˌsupərˈneɪtnt, -s

supernatural
BR ˌs(j)u:pəˈnatʃ(ə)r‖
AM ˌsupərˈnætʃ(ə)rəl

supernaturalise
BR ˌs(j)u:pəˈnatʃ(ə)r‖ʌɪz, -ɪz, -ɪŋ, -d
AM ˌsupərˈnætʃ(ə)rəˌlaɪz, -ɪz, -ɪŋ, -d

supernaturalism
BR ˌs(j)u:pəˈnatʃ(ə)r‖ɪzm
AM ˌsupərˈnætʃ(ə)rəˌlɪz(ə)m

supernaturalist
BR ˌs(j)u:pəˈnatʃ(ə)r‖ɪst, -s
AM ˌsupərˈnætʃ(ə)rələst, -s

supernaturalize
BR ˌs(j)u:pəˈnatʃ(ə)r‖ʌɪz, -ɪz, -ɪŋ, -d
AM ˌsupərˈnætʃ(ə)rəˌlaɪz, -ɪz, -ɪŋ, -d

supernaturally
BR ˌs(j)u:pəˈnatʃ(ə)r‖i
AM ˌsupərˈnætʃ(ə)rəli

supernaturalness
BR ˌs(j)u:pəˈnatʃ(ə)r‖nəs
AM ˌsupərˈnætʃ(ə)rəlnəs

supernormal
BR ˌs(j)u:pəˈnɔ:ml
AM ˌsupərˈnɔrm(ə)l

supernormality
BR ˌs(j)u:pənɔ:ˈmalɪti
AM ˌsupərˌnɔrˈmælədi

supernova
BR ˈs(j)u:pəˌnəʊvə(r), ˌs(j)u:pəˈnəʊvə(r), -z
AM ˈsupərˌnoʊvə, -z

supernovae
BR ˈs(j)u:pəˌnəʊvi:, ˌs(j)u:pəˈnəʊvi:
AM ˈsupərˌnoʊˌvi

supernumerary
BR ˌs(j)u:pəˈnju:mər(ər)‖i, -ɪz
AM ˌsupərˈn(j)uməˌreri, -z

superorder
BR ˈs(j)u:pərˌɔ:də(r), -z
AM ˈsupərˌɔrdər, -z

superordinal
BR ˌs(j)u:pərˈɔ:dɪnl, ˌs(j)u:pərˈɔ:dn̩l
AM ˌsupərˈɔrdn̩l

superordinate
BR ˌs(j)u:pərˈɔ:dɪnət, ˌs(j)u:pərˈɔ:dn̩ət, -s
AM ˌsupərˈɔrd(ə)nət, -s

superphosphate
BR ˈs(j)u:pəˌfɒsfeɪt, -s
AM ˈsupərˌfɑsˌfeɪt, -s

superphysical
BR ˌs(j)u:pəˈfɪzɪkl
AM ˌsupərˈfɪzɪk(ə)l

superpose
BR ˌs(j)u:pəˈpəʊz, -ɪz, -ɪŋ, -d
AM ˌsupərˈpoʊz, -əz, -ɪŋ, -d

superposition
BR ˌs(j)u:pəpəˈzɪʃn, -z
AM ˈˌsupərpəˈzɪʃ(ə)n, -z

superpower
BR ˈs(j)u:pəˌpaʊə(r), -z
AM ˈsupərˌpaʊər, -z

supersaturate
BR ˌs(j)u:pəˈsatʃʊreɪt, ˌs(j)u:pəˈsatjʊreɪt, -s, -ɪŋ, -ɪd
AM ˌsupərˈsætʃəˌreɪ‖t, -ts, -dɪŋ, -dɪd

supersaturation
BR ˌs(j)uːpəˌsatʃʊˈreɪʃn,
ˌs(j)uːpəˌsatjʊˈreɪʃn
AM ˈˌsupərˌsætʃə-
ˈreɪʃ(ə)n

superscribe
BR ˌs(j)uːpəˈskrʌɪb,
ˈs(j)uːpəskrʌɪb, -z,
-ɪŋ, -d
AM ˈˌsupərˌskraɪb, -z,
-ɪŋ, -d

superscript
BR ˈs(j)uːpəskrɪpt, -s
AM ˈsupərˌskrɪpt, -s

superscription
BR ˌs(j)uːpəˈskrɪpʃn, -z
AM ˌsupərˈskrɪpʃ(ə)n, -z

supersede
BR ˌs(j)uːpəˈsiːd, -z,
-ɪŋ, -ɪd
AM ˌsupərˈsid, -z, -ɪŋ,
-ɪd

supersedence
BR ˌs(j)uːpəˈsiːd(ə)ns
AM ˌsupərˈsidns

supersedure
BR ˌs(j)uːpəˈsiːdʒə(r)
AM ˌsupərˈsidʒər

supersession
BR ˌs(j)uːpəˈsɛʃn
AM ˌsupərˈsɛʃ(ə)n

supersonic
BR ˌs(j)uːpəˈsɒnɪk, -s
AM ˌsupərˈsɑnɪk, -s

supersonically
BR ˌs(j)uːpəˈsɒnɪkli
AM ˌsupərˈsɑnək(ə)li

superstar
BR ˈs(j)uːpəstɑː(r), -z
AM ˈsupərˌstɑr, -z

superstardom
BR ˈs(j)uːpəstɑːdəm
AM ˈsupərˌstɑrdəm

superstate
BR ˈs(j)uːpəsteɪt, -s
AM ˈsupərˌsteɪt, -s

superstition
BR ˌs(j)uːpəˈstɪʃn, -z
AM ˌsupərˈstɪʃ(ə)n, -z

superstitious
BR ˌs(j)uːpəˈstɪʃəs
AM ˌsupərˈstɪʃəs

superstitiously
BR ˌs(j)uːpəˈstɪʃəsli
AM ˌsupərˈstɪʃəsli

superstitiousness
BR ˌs(j)uːpəˈstɪʃəsnəs
AM ˌsupərˈstɪʃəsnəs

superstore
BR ˈs(j)uːpəstɔː(r), -z
AM ˈsupərˌstɔ(ə)r, -z

superstrata
BR ˈs(j)uːpəˌstrɑːtə(r),
ˈs(j)uːpəˌstreɪtə(r)
AM ˈsupərˌstrædə,
ˈsupərˌstrɑdə,
ˈsupərˌstreɪdə

superstrate
BR ˈs(j)uːpəstreɪt, -s
AM ˈsupərˌstreɪt, -s

superstratum
BR ˈs(j)uːpəˌstrɑːtəm,
ˈs(j)uːpəˌstreɪtəm
AM ˈsupərˌstrædəm,
ˈsupərˌstrɑdəm,
ˈsupərˌstreɪdəm

superstructural
BR ˌs(j)uːpəˈstrʌktʃ(ə)rl̩
AM ˌsupər-
ˈstrək(t)ʃ(ə)rəl

superstructure
BR ˈs(j)uːpəˌstrʌktʃə(r),
-z
AM ˈsupərˌstrək(t)ʃər, -z

supersubtle
BR ˌs(j)uːpəˈsʌtl
AM ˌsupərˈsəd(ə)l

supersubtlety
BR ˌs(j)uːpəˈsʌtlt|i, -ɪz
AM ˌsupərˈsədlti, -z

supertanker
BR ˈs(j)uːpəˌtaŋkə(r),
-z
AM ˈsupərˌtæŋkər, -z

supertax
BR ˈs(j)uːpətaks, -ɪz
AM ˈsupərˌtæks, -əz

supertemporal
BR ˌs(j)uːpəˈtɛmp(ə)rl̩
AM ˌsupərˈtɛmp(ə)rəl

superterrene
BR ˌs(j)uːpəˈtɛriːn,
ˌs(j)uːpətəˈriːn
AM ˌsupərtəˈrin

superterrestrial
BR ˌs(j)uːpətɪˈrɛstrɪəl
AM ˌˈsupərtəˈrɛstrɪəl

supertitle
BR ˈs(j)uːpəˌtʌɪtl, -z
AM ˈsupərˌtaɪd(ə)l, -z

supertonic
BR ˈs(j)uːpəˌtɒnɪk, -s
AM ˈsupərˌtɑnɪk, -s

supervene
BR ˌs(j)uːpəˈviːn, -z,
-ɪŋ, -d
AM ˌsupərˈvin, -z, -ɪŋ, -d

supervenient
BR ˌs(j)uːpəˈviːnɪənt
AM ˌsupərˈvinj(ə)nt,
ˌsupərˈvinɪənt

supervention
BR ˌs(j)uːpəˈvɛnʃn
AM ˌsupərˈvɛn(t)ʃ(ə)n

supervise
BR ˈs(j)uːpəvʌɪz, -ɪz,
-ɪŋ, -d
AM ˈsupərˌvaɪz, -ɪz,
-ɪŋ, -d

supervision
BR ˌs(j)uːpəˈvɪʒn
AM ˌsupərˈvɪʒ(ə)n

supervisor
BR ˈsuːpəvʌɪzə(r), -z
AM ˈsupərˌvaɪzər, -z

supervisory
BR ˌs(j)uːpəˈvʌɪz(ə)ri,
ˈs(j)uːpəvʌɪz(ə)ri
AM ˌsupərˈvaɪzəri

superwoman
BR ˈs(j)uːpəˌwʊmən
AM ˈsupərˌwʊm(ə)n

superwomen
BR ˈs(j)uːpəˌwɪmɪn
AM ˈsupərˌwɪmɪn

supinate
BR ˈs(j)uːpɪneɪt, -s,
-ɪŋ, -ɪd
AM ˈsupəˌneɪ|t, -ts,
-dɪŋ, -dɪd

supination
BR ˌs(j)uːpɪˈneɪʃn, -z
AM ˌsupəˈneɪʃ(ə)n, -z

supinator
BR ˈs(j)uːpɪneɪtə(r), -z
AM ˈsupəˌneɪdər, -z

supine
BR ˈs(j)uːpʌɪn
AM ˈsuˌpaɪn

supinely
BR ˈs(j)uːpʌɪnli
AM ˈsuˌpaɪnli

supineness
BR ˈs(j)uːpʌɪnnɪs
AM ˈsuˌpaɪ(n)nɪs

supper
BR ˈsʌpə(r), -z
AM ˈsəpər, -z

supperless
BR ˈsʌpələs
AM ˈsəpərləs

suppertime
BR ˈsʌpətʌɪm, -z
AM ˈsəpərˌtaɪm, -z

supplant
BR səˈplɑːnt, -s, -ɪŋ,
-ɪd
AM səˈplæn|t, -ts,
-(t)ɪŋ, -(t)əd

supplanter
BR səˈplɑːntə(r), -z
AM səˈplæn(t)ər, -z

supple
BR ˈsʌpl
AM ˈsəpəl

supplejack
BR ˈsʌpldʒak, -s
AM ˈsəpəlˌɛdʒæk,
-s

supplely
BR ˈsʌpl(l)i,
ˈsʌpli
AM ˈsəp(ə)li

supplement[1] *noun*
BR ˈsʌplɪm(ə)nt, -s
AM ˈsəpləm(ə)nt, -s

supplement[2] *verb*
BR ˈsʌplɪmɛnt, -s,
-ɪŋ, -ɪd
AM ˈsəpləmən|t,
ˈsəpləˌmɛn|t, -ts,
-(t)ɪŋ, -(t)əd

supplemental
BR ˌsʌplɪˈmɛntl
AM ˌsəpləˈmɛn(t)l

supplementally
BR ˌsʌplɪˈmɛntli
AM ˌsəpləˈmɛn(t)li

supplementarily
BR ˌsʌplɪˈment(ə)rɪli,
ˌsʌplɪˈment(ə)rɪli
AM ˌsəpləˌmenˈterəli

supplementary
BR ˌsʌplɪˈment(ə)r|i, -ɪz
AM ˌsəpləˈmen(t)əri, -z

supplementation
BR ˌsʌplɪm(ɛ)nˈteɪʃn
AM ˌsəpləˌmenˈteɪʃ(ə)n

suppleness
BR ˈsʌplnəs
AM ˈsəpəlnəs

suppletion
BR səˈpliːʃn
AM səˈpliʃ(ə)n

suppletive
BR səˈpliːtɪv,
ˈsʌplɪtɪv, -z
AM ˈsəplədɪv,
səˈplidɪv, -z

suppliant
BR ˈsʌpliənt, -s
AM ˈsəpliənt, -s

suppliantly
BR ˈsʌpliəntli
AM ˈsəpliən(t)li

supplicant
BR ˈsʌplɪk(ə)nt, -s
AM ˈsəpləkənt, -s

supplicate
BR ˈsʌplɪkeɪt, -s, -ɪŋ, -ɪd
AM ˈsəpləˌkeɪ|t, -ts,
-dɪŋ, -dɪd

supplication
BR ˌsʌplɪˈkeɪʃn, -z
AM ˌsəpləˈkeɪʃ(ə)n, -z

supplicatory
BR ˈsʌplɪkət(ə)ri,
ˌsʌplɪˈkeɪt(ə)ri
AM ˈsəpləkəˌtɔri

supplier
BR səˈplʌɪə(r), -z
AM səˈplaɪər, -z

supply
BR səˈplʌɪ, -z, -ɪŋ, -d
AM səˈplaɪ, -z, -ɪŋ, -d

support
BR səˈpɔːt, -s, -ɪŋ, -ɪd
AM səˈpɔ(ə)rt,
-ˈpɔ(ə)rts, -ˈpɔrdɪŋ,
-ˈpɔrdəd

supportability
BR səˌpɔːtəˈbɪlɪti
AM səˌpɔrdəˈbɪlɪdi

supportable
BR səˈpɔːtəbl
AM səˈpɔrdəb(ə)l

supportably
BR səˈpɔːtəbli
AM səˈpɔrdəbli

supporter
BR səˈpɔːtə(r), -z
AM səˈpɔrdər, -z

supportingly
BR səˈpɔːtɪŋli
AM səˈpɔrdɪŋli

supportive
BR səˈpɔːtɪv
AM səˈpɔrdɪv

supportively
BR səˈpɔːtɪvli
AM səˈpɔrdɪvli

supportiveness
BR səˈpɔːtɪvnɪs
AM səˈpɔrdɪvnɪs

supportless
BR səˈpɔːtləs
AM səˈpɔrtləs

supposable
BR səˈpəʊzəbl
AM səˈpoʊzəb(ə)l

suppose
BR səˈpəʊz, -ɪz, -ɪŋ, -d
AM səˈpoʊz, -əz, -ɪŋ, -d

supposedly
BR səˈpəʊzɪdli
AM səˈpoʊzədli

supposition
BR ˌsʌpəˈzɪʃn, -z
AM ˌsəpəˈzɪʃ(ə)n, -z

suppositional
BR ˌsʌpəˈzɪʃn̩
AM ˌsəpəˈzɪʃ(ə)n(ə)l

suppositionally
BR ˌsʌpəˈzɪʃn̩li,
ˌsʌpəˈzɪʃnəli
AM ˌsəpəˈzɪʃ(ə)nəli

suppositious
BR ˌsʌpəˈzɪʃəs
AM ˌsəpəˈzɪʃəs

suppositiously
BR ˌsʌpəˈzɪʃəsli
AM ˌsəpəˈzɪʃəsli

suppositiousness
BR ˌsʌpəˈzɪʃəsnəs
AM ˌsəpəˈzɪʃəsnəs

supposititious
BR səˌpɒzɪˈtɪʃəs
AM səˌpɑzəˈtɪʃəs

supposititiously
BR səˌpɒzɪˈtɪʃəsli
AM səˌpɑzəˈtɪʃəsli

supposititiousness
BR səˌpɒzɪˈtɪʃəsnəs
AM səˌpɑzəˈtɪʃəsnəs

suppository
BR səˈpɒzɪt(ə)r|i, -ɪz
AM səˈpɑzəˌtori, -z

suppress
BR səˈpres, -ɪz, -ɪŋ, -t
AM səˈpres, -əz, -ɪŋ, -t

suppressant
BR səˈpresnt, -s
AM səˈpres(ə)nt, -s

suppressible
BR səˈpresɪbl
AM səˈpresəb(ə)l

suppression
BR səˈpreʃn
AM səˈpreʃ(ə)n

suppressive
BR səˈpresɪv
AM səˈpresɪv

suppressor
BR səˈpresə(r), -z
AM səˈpresər, -z

suppurate
BR ˈsʌpjʊreɪt, -s, -ɪŋ, -ɪd
AM ˈsəpjəˌreɪ|t, -ts,
-dɪŋ, -dɪd

suppuration
BR ˌsʌpjʊˈreɪʃn
AM ˌsəpjəˈreɪʃ(ə)n

suppurative
BR ˈsʌpjʊrətɪv
AM ˈsəp(jə)rədɪv,
ˈsəpjəˌreɪdɪv

supra
BR ˈs(j)uːprə(r)
AM ˈsuprə

supralapsarian
BR ˌs(j)uːprəlapˈsɛːriən, -z
AM ˌsuprəˌlæpˈseriən,
-z

supramaxillary
BR ˌs(j)uːprəmakˈsɪl(ə)ri
AM ˌsuprəˈmæksəˌleri

supramundane
BR ˌs(j)uːprəˈmʌndeɪn
AM ˈˌsuprəˌmənˈdeɪn

supranational
BR ˌs(j)uːprəˈnaʃn̩l
AM ˌsuprəˈnæʃ(ə)n(ə)l

supranationalism
BR ˌs(j)uːprəˈnaʃn̩lɪzm,
ˌs(j)uːprəˈnaʃnəlɪzm
AM ˌsuprəˈnæʃnəlɪz(ə)m,
ˌsuprəˈnæʃənl̩ˌɪz(ə)m

supranationality
BR ˌs(j)uːprəˌnaʃ(ə)ˈnalɪti
AM ˈˌsuprəˌnæʃəˈnælədi

supraorbital
BR ˌs(j)uːprə(r)ˈɔːbɪtl
AM ˌsuprəˈɔrbədl

suprarenal
BR ˌs(j)uːprəˈriːnl
AM ˌsuprəˈrin(ə)l

suprasegmental
BR ˌs(j)uːprəsegˈmentl
AM ˌsuprəˌsegˈmen(t)l

supremacism
BR s(j)ɚˈpreməsɪzm,
s(j)uːˈpreməsɪzm
AM suˈpreməˌsɪz(ə)m,
səˈpreməˌsɪz(ə)m

supremacist
BR s(j)ɚˈpreməsɪst,
s(j)uːˈpreməsɪst,
-s
AM suˈpreməsəst,
səˈpreməsəst, -s

supremacy
BR s(j)ɚˈpreməsi,
s(j)uːˈpreməsi
AM suˈpreməsi,
səˈpreməsi

suprematism
BR s(j)ɚˈprematɪzm,
s(j)uːˈprematɪzm
AM suˈpreməˌtɪz(ə)m,
səˈpreməˌtɪz(ə)m

supreme
BR s(j)ʉˈpriːm,
s(j)uːˈpriːm
AM suˈprim, səˈprim
suprême
BR s(j)uːˈprɛm, -z
AM sʊˈprɛm, -z
supremely
BR s(j)ʉˈpriːmli,
s(j)uːˈpriːmli
AM suˈprimli,
səˈprimli
supremeness
BR s(j)ʉˈpriːmnɪs,
s(j)uːˈpriːmnɪs
AM suˈprimnɪs,
səˈprimnɪs
supremo
BR s(j)ʉˈpriːməʊ,
s(j)uːˈpriːməʊ, -z
AM suˈprimoʊ,
səˈprimoʊ, -z
sura
BR ˈsʊərə(r), -z
AM ˈsʊrə, -z
Surabaya
BR ˌsʊərəˈbʌɪə(r)
AM ˌsʊrəˈbaɪə
surah
BR ˈsʊərə(r), -z
AM ˈsʊrə, -z
surahi
BR sʉˈrɑːh|i, -ɪz
AM səˈrɑhi, -z
sural
BR ˈs(j)ʊərl̩
AM ˈsʊrəl
Surat
BR sʊˈrat, ˈs(j)ʊərat
AM ˈsʊˌræt
Surbiton
BR ˈsɜːbɪt(ə)n
AM ˈsɜrbətn
surcease
BR səːˈsiːs, -ɪz, -ɪŋ, -t
AM ˌsɜrˈsis, -ɪz,
-ɪŋ, -t
surcharge
BR ˈsɜːtʃɑːdʒ, -ɪz,
-ɪŋ, -d
AM ˈsɜrˌtʃɑrdʒ, -əz,
-ɪŋ, -d

surcingle
BR ˈsəːˌsɪŋgl, -z
AM ˈsərˌsɪŋgəl, -z
surcoat
BR ˈsəːkəʊt, -s
AM ˈsərˌkoʊt, -s
surculose
BR ˈsəːkjʉləʊs
AM ˈsərkjəˌloʊz,
ˈsərkjəˌloʊs
surd
BR səːd, -z
AM sərd, -z
surdity
BR ˈsəːdɪti
AM ˈsərdədi
sure
BR ʃʊə(r), ʃɔː(r), -ə(r),
-ɪst
AM ʃʊ(ə)r, -ər,
-əst
sure-enough
BR ˌʃʊənˈnʌf, ˌʃɔːnˈnʌf
AM ˌʃʊr(ə)ˈnəf
surefire
BR ˈʃʊəˌfʌɪə(r),
ˈʃɔːˌfʌɪə(r)
AM ˈʃʊrˌfaɪ(ə)r
surefooted
BR ˌʃʊəˈfʊtɪd,
ˌʃɔːˈfʊtɪd
AM ˌʃʊrˈfʊdəd
surefootedly
BR ˌʃʊəˈfʊtɪdli,
ˌʃɔːˈfʊtɪdli
AM ˌʃʊrˈfʊdədli
surefootedness
BR ˌʃɔːˈfʊtɪdnɪs,
ˌʃʊəˈfʊtɪdnɪs
AM ˌʃʊrˈfʊdədnəs
surehanded
BR ˌʃʊəˈhandɪd,
ˌʃɔːˈhandɪd
AM ˈˌʃʊrˌhæn(d)əd
surehandedly
BR ˌʃʊəˈhandɪdli,
ˌʃɔːˈhandɪdli
AM ˈˌʃʊrˌhæn(d)ədli
surehandedness
BR ˌʃʊəˈhandɪdnɪs,
ˌʃɔːˈhandɪdnɪs
AM ˈˌʃʊrˌhæn(d)ədnəs

surely
BR ˈʃʊəli, ˈʃɔːli
AM ˈʃʊrli
sureness
BR ˈʃʊənəs, ˈʃɔːnəs
AM ˈʃʊrnəs
surety
BR ˈʃʊərɪt|i, ˈʃɔːrɪt|i,
-ɪz
AM ˈʃʊrədi, -z
suretyship
BR ˈʃʊərɪtɪʃɪp,
ˈʃɔːrɪtɪʃɪp
AM ˈʃʊrədiˌʃɪp
surf
BR səːf, -s, -ɪŋ, -t
AM sərf, -s, -ɪŋ, -t
surface
BR ˈsəːfɪs, -ɪz, -ɪŋ, -t
AM ˈsərfəs, -əz, -ɪŋ, -t
surfacer
BR ˈsəːfɪsə(r), -z
AM ˈsərfəsər, -z
surface-to-air
BR ˌsəːfɪstʊˈɛː(r)
AM ˈˌsərfəstəˈɛ(ə)r
surface-to-surface
BR ˌsəːfɪstəˈsəːfɪs
AM ˈˌsərfəstəˈsərfəs
surfactant
BR səːˈfakt(ə)nt
AM sərˈfækt(ə)nt
surfbird
BR ˈsəːfbəːd, -z
AM ˈsərfˌbərd, -z
surfboard
BR ˈsəːfbɔːd, -z
AM ˈsərfˌbɔ(ə)rd, -z
surfboat
BR ˈsəːfbəʊt, -s
AM ˈsərfˌboʊt, -s
surfeit
BR ˈsəːfɪt, -s, -ɪŋ,
-ɪd
AM ˈsərfəlt, -ts, -dɪŋ,
-dəd
surfer
BR ˈsəːfə(r), -z
AM ˈsərfər, -z
surficial
BR səːˈfɪʃl̩
AM sərˈfɪʃ(ə)l

surficially
BR səːˈfɪʃli
AM sərˈfɪʃəli
surfy
BR ˈsəːf|i, -ɪə(r),
-ɪst
AM ˈsərfi, -ər, -ɪst
surge
BR səːdʒ, -ɪz, -ɪŋ, -d
AM sərdʒ, -əz, -ɪŋ, -d
surgeon
BR ˈsəːdʒ(ə)n, -z
AM ˈsərdʒ(ə)n, -z
surgery
BR ˈsəːdʒ(ə)r|i, -ɪz
AM ˈsərdʒ(ə)ri, -z
surgical
BR ˈsəːdʒɪkl
AM ˈsərdʒək(ə)l
surgically
BR ˈsəːdʒɪkli
AM ˈsərdʒək(ə)li
suricate
BR ˈs(j)ʊərɪkeɪt, -s
AM ˈʃʊrəˌkeɪt, -s
Surinam
BR ˈs(j)ʊərɪnam
AM ˈsʊrəˌnam,
ˈsʊrəˌnæm
Suriname
BR ˈs(j)ʊərɪnam
AM ˈsʊrəˌnam,
ˈsʊrəˌnæm
DU ˌsyriˈnɑːmə
Surinamer
BR ˌs(j)ʊərɪˈnaːmə(r),
-z
AM ˈsʊrəˌnamər,
ˈsʊrəˌnæmər, -z
Surinamese
BR ˌs(j)ʊərɪnəˈmiːz
AM ˌsʊrənəˈmiz
surlily
BR ˈsəːlɪli
AM ˈsərləli
surliness
BR ˈsəːlɪnɪs
AM ˈsərlɪnɪs
surly
BR ˈsəːl|i, -ɪə(r),
-ɪst
AM ˈsərli, -ər, -ɪst

surmise[1] *noun*
BR səˈmʌɪz, ˈsəːmʌɪz, -ɪz
AM ˈsərˌmaɪz, sərˈmaɪz, -ɪz

surmise[2] *verb*
BR səˈmʌɪz, -ɪz, -ɪŋ, -d
AM sərˈmaɪz, -ɪz, -ɪŋ, -d

surmount
BR səˈmaʊnt, -s, -ɪŋ, -ɪd
AM sərˈmaʊn|t, -ts, -(t)ɪŋ, -(t)əd

surmountable
BR səˈmaʊntəbl
AM sərˈmaʊn(t)əb(ə)l

surmullet
BR səːˈmʌlɪt
AM sərˈmələt

surname
BR ˈsəːneɪm, -z, -d
AM ˈsərˌneɪm, -z, -d

surpass
BR səˈpɑːs, -ɪz, -ɪŋ, -t
AM sərˈpæs, -əz, -ɪŋ, -t

surpassable
BR səˈpɑːsəbl
AM sərˈpæsəb(ə)l

surpassing
BR səˈpɑːsɪŋ
AM sərˈpæsɪŋ

surpassingly
BR səˈpɑːsɪŋli
AM sərˈpæsɪŋli

surplice
BR ˈsəːplɪs, -ɪz, -t
AM ˈsərpləs, -əz, -t

surplus
BR ˈsəːpləs, -ɪz
AM ˈsərpləs, -əz

surplusage
BR ˈsəːpləsɪdʒ
AM ˈsərpləsɪdʒ

surprise
BR səˈprʌɪz, -ɪz, -ɪŋ, -d
AM sə(r)ˈpraɪz, -ɪz, -ɪŋ, -d

surprisedly
BR səˈprʌɪz(ɪ)dli
AM sə(r)ˈpraɪz(ɪ)dli

surprising
BR səˈprʌɪzɪŋ
AM sə(r)ˈpraɪzɪŋ

surprisingly
BR səˈprʌɪzɪŋli
AM sə(r)ˈpraɪzɪŋli

surprisingness
BR səˈprʌɪzɪŋnɪs
AM sə(r)ˈpraɪzɪŋnɪs

surra
BR ˈsʊərə(r), ˈsʌrə(r)
AM ˈsərə, ˈsʊrə

surreal
BR səˈrɪəl
AM səˈriəl

surrealism
BR səˈrɪəlɪzm
AM səˈriəˌlɪz(ə)m

surrealist
BR səˈrɪəlɪst, -s
AM səˈriəlɪst, -s

surrealistic
BR səˌrɪəˈlɪstɪk
AM ˌsəriəˈlɪstɪk, səˌriəˈlɪstɪk

surrealistically
BR səˌrɪəˈlɪstɪkli
AM səˌriəˈlɪstɪk(ə)li

surreality
BR ˌsʌrɪˈalɪti
AM ˌsəriˈælədi

surreally
BR səˈrɪəli
AM səˈriəli

surrebuttal
BR ˌsʌrɪˈbʌtl, -z
AM ˌsərəˈbətl, -z

surrebutter
BR ˌsʌrɪˈbʌtə(r), -z
AM ˌsərəˈbədər, -z

surrejoinder
BR ˌsʌrɪˈdʒɔɪndə(r), -z
AM ˌsərəˈdʒɔɪndər, -z

surrender
BR səˈrend|ə(r), -əz, -(ə)rɪŋ, -əd
AM səˈrend|ər, -ərz, -(ə)rɪŋ, -ərd

surreptitious
BR ˌsʌrɪpˈtɪʃəs
AM ˌsərəpˈtɪʃəs

surreptitiously
BR ˌsʌrɪpˈtɪʃəsli
AM ˌsərəpˈtɪʃəsli

surreptitiousness
BR ˌsʌrɪpˈtɪʃəsnəs
AM ˌsərəptɪʃəsnəs

surrey
BR ˈsʌr|i, -ɪz
AM ˈsəri, -z

Surridge
BR ˈsʌrɪdʒ
AM ˈsərɪdʒ

surrogacy
BR ˈsʌrəgəs|i, -ɪz
AM ˈsərəgəsi, -z

surrogate
BR ˈsʌrəgeɪt, -s
AM ˈsərəˌgeɪt, ˈsərəgət, -s

surrogateship
BR ˈsʌrəgeɪtʃɪp, ˈsʌrəgətʃɪp, -s
AM ˈsərəˌgeɪtˌʃɪp, ˈsərəgətˌʃɪp, -s

surround
BR səˈraʊnd, -z, -ɪŋ, -ɪd
AM səˈraʊnd, -z, -ɪŋ, -əd

surrounding
BR səˈraʊndɪŋ, -z
AM səˈraʊndɪŋ, -z

surtax
BR ˈsəːtaks, -ɪz
AM ˈsərˌtæks, -əz

Surtees
BR ˈsəːtiːz
AM ˈsərtiz

surtitle
BR ˈsəːˌtʌɪtl, -z
AM sərˈtaɪd(ə)l, -z

surtout
BR ˈsəːtuː, -z
AM ˈsərˈtu(t), -z

Surtsey
BR ˈsəːtsi
AM ˈsərtsi

surveillance
BR sə(ː)ˈveɪlns
AM sərˈveɪl(ə)ns

survey[1] *noun*
BR ˈsəːveɪ, -z
AM ˈsərˌveɪ, -z

survey[2] *verb*
BR səˈveɪ, ˈsəːveɪ, -z, -ɪŋ, -d
AM sərˈveɪ, -z, -ɪŋ, -d

surveyor
BR səˈveɪə(r), -z
AM sərˈveɪər, -z

surveyorship
BR səˈveɪəʃɪp, -s
AM sərˈveɪərˌʃɪp, -s

survivability
BR səˌvʌɪvəˈbɪlɪti
AM sərˌvaɪvəˈbɪlɪdi

survivable
BR səˈvʌɪvəbl
AM sərˈvaɪvəb(ə)l

survival
BR səˈvʌɪvl, -z
AM sərˈvaɪvəl, -z

survivalism
BR səˈvʌɪvlɪzm
AM sərˈvaɪvəˌlɪz(ə)m

survivalist
BR səˈvʌɪvl̩ɪst, -s
AM sərˈvaɪvələst, -s

survive
BR səˈvʌɪv, -z, -ɪŋ, -d
AM sərˈvaɪv, -z, -ɪŋ, -d

survivor
BR səˈvʌɪvə(r), -z
AM sərˈvaɪvər, -z

survivorship
BR səˈvʌɪvəʃɪp
AM sərˈvaɪvərˌʃɪp

Surya
BR ˈsʊərɪə(r)
AM ˈsʊriə

sus
BR sʌs, -ɪz, -ɪŋ, -t
AM səs, -əz, -ɪŋ, -t

Susa
BR ˈsuːzə(r), ˈsuːsə(r)
AM ˈsusə, ˈsuzə

Susan
BR ˈsuːzn
AM ˈsuzn

Susanna
BR suˈzanə(r)
AM suˈzænə

Susannah
BR sʊˈzanə(r)
AM suˈzænə

Susanne
BR sʊˈzan
AM suˈzæn

susceptibility
BR sə₁septɪˈbɪlɪti
AM sə₁septəˈbɪlɪdi

susceptible
BR səˈseptɪbl
AM səˈseptəb(ə)l

susceptibly
BR səˈseptɪbli
AM səˈseptəbli

susceptive
BR səˈseptɪv
AM səˈseptɪv

sushi
BR ˈsuːʃi
AM ˈsuʃi

Susie
BR ˈsuːzi
AM ˈsuzi

suslik
BR ˈsʊslɪk, ˈsʌslɪk, -s
AM ˈsəs₁lɪk, -s
RUS ˈsuslʲik

suspect¹ *noun*
BR ˈsʌspekt, -s
AM ˈsəs₁pek(t), -s

suspect² *verb*
BR səˈspekt, -s, -ɪŋ, -ɪd
AM səˈspek|(t), -(t)s, -tɪŋ, -təd

suspend
BR səˈspend, -z, -ɪŋ, -ɪd
AM səˈspend, -z, -ɪŋ, -əd

suspender
BR səˈspendə(r), -z
AM səˈspendər, -z

suspense
BR səˈspens
AM səˈspens

suspenseful
BR səˈspensf(ʊ)l
AM səˈspensfəl

suspensible
BR səˈspensɪbl
AM səˈspensəb(ə)l

suspension
BR səˈspenʃn, -z
AM səˈspen(t)ʃ(ə)n, -z

suspensive
BR səˈspensɪv
AM səˈspensɪv

suspensively
BR səˈspensɪvli
AM səˈspensɪvli

suspensiveness
BR səˈspensɪvnɪs
AM səˈspensɪvnɪs

suspensory
BR səˈspens(ə)ri
AM səˈspensəri

suspicion
BR səˈspɪʃn, -z
AM səˈspɪʃ(ə)n, -z

suspicious
BR səˈspɪʃəs
AM səˈspɪʃəs

suspiciously
BR səˈspɪʃəsli
AM səˈspɪʃəsli

suspiciousness
BR səˈspɪʃəsnəs
AM səˈspɪʃəsnəs

suspiration
BR ˌsʌspɪˈreɪʃn, -z
AM ˌsəspəˈreɪʃ(ə)n, -z

suspire
BR səˈspʌɪə(r), -z, -ɪŋ, -d
AM səˈspaɪ(ə)r, -z, -ɪŋ, -d

Susquehanna
BR ˌsʌskwɪˈhanə(r)
AM ˌsəskwəˈhænə

suss
BR sʌs, -ɪz, -ɪŋ, -t
AM səs, -əz, -ɪŋ, -t

Sussex
BR ˈsʌsɪks
AM ˈsəsəks

sustain
BR səˈsteɪn, -z, -ɪŋ, -d
AM səˈsteɪn, -z, -ɪŋ, -d

sustainability
BR sə₁steɪnəˈbɪlɪti
AM sə₁steɪnəˈbɪlɪdi

sustainable
BR səˈsteɪnəbl
AM səˈsteɪnəb(ə)l

sustainably
BR səˈsteɪnəbli
AM səˈsteɪnəbli

sustainedly
BR səˈsteɪnɪdli
AM səˈsteɪnɪdli

sustainer
BR səˈsteɪnə(r), -z
AM səˈsteɪnər, -z

sustainment
BR səˈsteɪnm(ə)nt
AM səˈsteɪnm(ə)nt

sustenance
BR ˈsʌstɪnəns
AM ˈsəstənəns

sustentation
BR ˌsʌst(ɛ)nˈteɪʃn
AM ˌsəst(ə)nˈteɪʃ(ə)n

susurration
BR ˌs(j)uːsʌˈreɪʃn, -z
AM ˌsʊsəˈreɪʃ(ə)n, -z

susurrus
BR s(j)uːˈsʌrəs
AM sʊˈsərəs

Sutch
BR sʌtʃ
AM sətʃ

Sutcliff
BR ˈsʌtklɪf
AM ˈsət₁klɪf

Sutcliffe
BR ˈsʌtklɪf
AM ˈsət₁klɪf

Sutherland
BR ˈsʌðələnd
AM ˈsədərlən(d)

Sutlej
BR ˈsʌtlɪdʒ
AM ˈsətlɪdʒ

sutler
BR ˈsʌtlə(r), -z
AM ˈsətlər, -z

sutra
BR ˈsuːtrə(r), -z
AM ˈsutrə, -z

Sutro
BR ˈsuːtrəʊ
AM ˈsutroʊ

suttee
BR sʌˈtiː, ˈsʌtiː, -z
AM suˈti, səˈti, -z

Sutter
BR ˈsʌtə(r)
AM ˈsədər

Sutton
BR ˈsʌtn
AM ˈsətn

Sutton Coldfield
BR ˌsʌtn ˈkəʊl(d)fiːld
AM ˌsətn ˈkoʊl(d)₁fild

Sutton Hoo
BR ˌsʌtn ˈhuː
AM ˌsətn ˈhu

sutural
BR ˈsuːtʃ(ə)r!
AM ˈsutʃərəl

suture
BR ˈsuːtʃə(r), -z
AM ˈsutʃər, -z

Suva
BR ˈsuːvə(r)
AM ˈsuvə

Suwannee
BR sʊˈwɒni, ˈswɒni
AM səˈwɑni, ˈswɑni

Suzanna
BR sʊˈzanə(r)
AM suˈzænə

Suzanne
BR sʊˈzan
AM suˈzæn

suzerain
BR ˈsuːzəreɪn, ˈsuːz(ə)rn̩, -z
AM ˈsuzəˌreɪn, ˈsuzərən, -z

suzerainty
BR ˈsuːzəreɪnt|i, ˈsuːz(ə)rn̩t|i, -ɪz
AM ˈsuzəˌreɪnti, ˈsuzərənti, -z

Suzette
BR sʊˈzet
AM səˈzet, suˈzet

Suzie
BR ˈsuːzi
AM ˈsuzi

Suzuki
BR sʊˈzuːk|i, -ɪz
AM səˈzuki, -z

Suzy
BR ˈsuːzi
AM ˈsuzi

Svalbard
BR ˈsvalbɑːd
AM ˈsvalˌbɑrd

svarabhakti
BR ˌsvarəˈbaktiː,
ˌsvaːrəˈbaktiː,
ˌsvʌrəˈbʌktiː
AM ˌsfarəˈbakti

svelte
BR svɛlt
AM sfɛlt, svɛlt

Svengali
BR svɛnˈgɑːl|i,
sfɛnˈgɑːl|i, -ɪz
AM sfɛnˈgɑli,
svɛnˈgɑli, -z

Sverdlovsk
BR ˌsvɛːdˈlɒfsk,
ˌsvɛːdˈlɒvsk
AM ˌsvɜrdˈlafsk,
ˌsvɜrdˈlɔfsk

swab
BR swɒb, -z,
-ɪŋ, -d
AM swɑb, -z,
-ɪŋ, -d

swabbie
BR ˈswɒb|i, -ɪz
AM ˈswɑbi, -z

swabby
BR ˈswɒb|i, -ɪz
AM ˈswɑbi, -z

Swabia
BR ˈsweɪbɪə(r)
AM ˈsweɪbɪə

Swabian
BR ˈsweɪbɪən, -z
AM ˈsweɪbɪən, -z

swaddie
BR ˈswɒd|i, -ɪz
AM ˈswɑdi, -z

swaddle
BR ˈswɒd|l, -lz,
-|ɪŋ\-lɪŋ, -ld
AM ˈswɑd|əl, -əlz,
-(ə)lɪŋ, -əld

swaddy
BR ˈswɒd|i, -ɪz
AM ˈswɑdi, -z

Swadeshi
BR swəˈdeɪʃi
AM swəˈdeɪʃi

Swadlincote
BR ˈswɒdlɪnkəʊt
AM ˈswɑdlɪnˌkoʊt

Swaffer
BR ˈswɒfə(r)
AM ˈswɑfər

Swaffham
BR ˈswɒf(ə)m
AM ˈswɑfəm

swag
BR swag
AM swæg

swage
BR sweɪdʒ, -ɪz
AM sw|ɛdʒ, sw|eɪdʒ,
-eɪdʒɪz\-ɛdʒəz

Swaggart
BR ˈswagət
AM ˈswægərt

swagger
BR ˈswag|ə(r), -əz,
-(ə)rɪŋ, -əd
AM ˈswæg|ər, -ərz,
-(ə)rɪŋ, -ərd

swaggerer
BR ˈswag(ə)rə(r),
-z
AM ˈswæg(ə)rər, -z

swaggeringly
BR ˈswag(ə)rɪŋli
AM ˈswæg(ə)rɪŋli

swaggie
BR ˈswag|i, -ɪz
AM ˈswægi, -z

swagman
BR ˈswagmən
AM ˈswægˌmæn

swagmen
BR ˈswagmɛn
AM ˈswægˌmɛn

Swahili
BR swɑːˈhiːli
AM swɑˈhili

swain
BR sweɪn; -z
AM sweɪn, -z

Swainson
BR ˈsweɪns(ə)n
AM ˈsweɪns(ə)n

swale
BR sweɪl, -z
AM sweɪl, -z

Swaledale
BR ˈsweɪldeɪl
AM ˈsweɪlˌdeɪl

Swales
BR sweɪlz
AM sweɪlz

swallow
BR ˈswɒləʊ, -z, -ɪŋ, -d
AM ˈswɑl|oʊ, -oʊz,
-əwɪŋ\-oʊɪŋ, -oʊd

swallowable
BR ˈswɒləʊəbl
AM ˈswɑləwəb(ə)l

swallow-dive
BR ˈswɒlə(ʊ)dʌɪv, -z,
-ɪŋ, -d
AM ˈswɑloʊˌdaɪv, -z,
-ɪŋ, -d

swallower
BR ˈswɒləʊə(r), -z
AM ˈswɑləwər, -z

swallow-hole
BR ˈswɒləʊhəʊl, -z
AM ˈswɑloʊˌhoʊl, -z

swallowtail
BR ˈswɒlə(ʊ)teɪl, -z,
-d
AM ˈswɑloʊˌteɪl, -z,
-d

swam
BR swam
AM swæm

swami
BR ˈswɑːm|i, -ɪz
AM ˈswɑmi, -z

swamp
BR swɒm|p, -ps,
-pɪŋ, -(p)t
AM swɑmp, -s, -ɪŋ, -t

swampiness
BR ˈswɒmpɪnɪs
AM ˈswɑmpɪnɪs

swampland
BR ˈswɒmpland, -z
AM ˈswɑmpˌlænd, -z

swampy
BR ˈswɒmp|i, -ɪə(r),
-ɪɪst
AM ˈswɑmpi, -ər, -ɪst

swan
BR swɒn, -z, -ɪŋ, -d
AM swɑn, -z, -ɪŋ, -d

Swanage
BR ˈswɒnɪdʒ
AM ˈswɑnɪdʒ

swandive
BR ˈswɒndʌɪv, -z
AM ˈswɑnˌdaɪv, -z

Swanee
BR ˈswɒni
AM ˈswɑni

swank
BR swaŋ|k, -ks, -kɪŋ,
-(k)t
AM swæŋ|k, -ks, -kɪŋ,
-(k)t

swankily
BR ˈswaŋkɪli
AM ˈswæŋkəli

swankiness
BR ˈswaŋkɪnɪs
AM ˈswæŋkɪnɪs

swankpot
BR ˈswaŋkpɒt, -s
AM ˈswæŋkˌpat, -s

swanky
BR ˈswaŋk|i, -ɪə(r),
-ɪɪst
AM ˈswæŋki,
-ər, -ɪst

Swanley
BR ˈswɒnli
AM ˈswɑnli

swanlike
BR ˈswɒnlʌɪk
AM ˈswɑnˌlaɪk

Swann
BR swɒn
AM swɑn

swan-neck
BR ˈswɒnnɛk, -s
AM ˈswɑ(n)ˌnɛk, -s

swannery
BR ˈswɒn(ə)r|i, -ɪz
AM ˈswɑnəri, -z

Swanscombe
BR ˈswɒnzkəm
AM ˈswɑnzkəm

swansdown
BR ˈswɒnzdaʊn
AM ˈswɑnzˌdaʊn

Swansea
BR ˈswɒnzi
AM ˈswɑnzi, ˈswɔnzi

Swanson
BR ˈswɒnsn
AM ˈswans(ə)n

swansong
BR ˈswɒnsɒŋ, -z
AM ˈswɑnˌsɑŋ,
ˈswɑnˌsɔŋ, -z

Swanton
BR ˈswɒntən
AM ˈswɑn(t)ən

swan-upping
BR ˌswɒnˈʌpɪŋ,
ˈswɒnˌʌpɪŋ
AM ˈswɑnˌʌpɪŋ

swap
BR swɒp, -s, -ɪŋ, -t
AM swɑp, -s, -ɪŋ, -t

SWAPO
BR ˈswɑːpəʊ
AM ˈswɑˌpoʊ

swapper
BR ˈswɒpə(r), -z
AM ˈswɑpər, -z

Swaraj
BR swəˈrɑːdʒ
AM swəˈrɑdʒ

Swarajist
BR swəˈrɑːdʒɪst, -s
AM swəˈrɑdʒəst, -s

Swarbrick
BR ˈswɔːbrɪk
AM ˈswɑrˌbrɪk

sward
BR swɔːd, -z, -ɪd
AM swɔ(ə)rd, -z, -əd

sware
BR ˈswɛː(r)
AM ˈswɛ(ə)r

swarf
BR swɔːf
AM swɔ(ə)rf

Swarfega
BR swɔːˈfiːgə(r)
AM swɑrˈfigə

swarm
BR swɔːm, -z, -ɪŋ, -d
AM swɔ(ə)rm, -z, -ɪŋ, -d

swart
BR swɔːt
AM swɔ(ə)rt

swarthily
BR ˈswɔːðɪli
AM ˈswɔrðəli

swarthiness
BR ˈswɔːðɪnɪs
AM ˈswɔrðɪnɪs

swarthy
BR ˈswɔːð|i, -ɪə(r), -ɪɪst
AM ˈswɔrði, -ər, -ɪst

Swartz
BR swɔːts
AM swɔ(ə)rts

swash
BR swɒʃ, -ɪz, -ɪŋ, -t
AM swɑʃ, swɔʃ, -əz, -ɪŋ, -t

swashbuckler
BR ˈswɒʃˌbʌklə(r), -z
AM ˈswɑʃˌbək(ə)lər,
ˈswɔʃˌbək(ə)lər, -z

swashbuckling
BR ˈswɒʃˌbʌklɪŋ
AM ˈswɑʃˌbək(ə)lɪŋ,
ˈswɔʃˌbək(ə)lɪŋ

swastika
BR ˈswɒstɪkə(r), -z
AM ˈswɑstəkə, -z

swat
BR swɒt, -s, -ɪŋ, -ɪd
AM swɑ|t, -ts, -dɪŋ, -dəd

swatch
BR swɒtʃ, -ɪz
AM swɑtʃ, -əz

swath
BR swɒθ, swɔːθ, -s
AM swɑθ, -s

swathe
BR sweɪð, -z, -ɪŋ, -d
AM sweɪð, -z, -ɪŋ, -d

SWAT team
BR ˈswɒt tiːm, -z
AM ˈswɑ(t) ˌtim, -z

swatter
BR ˈswɒtə(r), -z
AM ˈswɑdər, -z

sway
BR sweɪ, -z, -ɪŋ, -d
AM sweɪ, -z, -ɪŋ, -d

Swazi
BR ˈswɑːz|i, -ɪz
AM ˈswɑzi, -z

Swaziland
BR ˈswɑːzɪland
AM ˈswɑziˌlænd

swear
BR swɛː(r), -z, -ɪŋ
AM swɛ(ə)r, -z, -ɪŋ

swearer
BR ˈswɛːrə(r), -z
AM ˈswɛrər, -z

swearword
BR ˈswɛːwəːd, -z
AM ˈswɛrˌwərd, -z

sweat
BR swɛt, -s, -ɪŋ, -ɪd
AM swɛ|t, -ts, -dɪŋ, -dəd

sweatband
BR ˈswɛtband, -z
AM ˈswɛtˌbænd, -z

sweatbox
BR ˈswɛtbɒks, -ɪz
AM ˈswɛtˌbɑks, -əz

sweater
BR ˈswɛtə(r), -z
AM ˈswɛdər, -z

sweatily
BR ˈswɛtɪli
AM ˈswɛdəli

sweatiness
BR ˈswɛtɪnɪs
AM ˈswɛdɪnɪs

sweatpants
BR ˈswɛtpants
AM ˈswɛtˌpæn(t)s

sweatshirt
BR ˈswɛtʃəːt, -s
AM ˈswɛtˌʃərt, -s

sweatshop
BR ˈswɛtʃɒp, -s
AM ˈswɛtˌʃɑp, -s

sweatsuit
BR ˈswɛtsuːt, -s
AM ˈswɛtˌsut, -s

sweaty
BR ˈswɛt|i, -ɪə(r), -ɪɪst
AM ˈswɛdi, -ər, -ɪst

Swede
BR swiːd, -z
AM swid, -z

Sweden
BR ˈswiːdn
AM ˈswidən

Swedenborg
BR ˈswiːdnbɔːg
AM ˈswidnˌbɔrg
SW ˈsveːdɛnbɒrj

Swedenborgian
BR ˌswiːdnˈbɔːgɪən,
ˌswiːdnˈbɔːdʒɪən
AM ˌswidənˈbɔrgɪən

Swedish
BR ˈswiːdɪʃ
AM ˈswidɪʃ

Sweeney
BR ˈswiːni
AM ˈɒwini

sweep
BR swiːp, -s, -ɪŋ
AM swip, -z, -ɪŋ

sweepback
BR ˈswiːpbak, -s
AM ˈswipˌbæk, -s

sweeper
BR ˈswiːpə(r), -z
AM ˈswipər, -z

sweeping
BR ˈswiːpɪŋ, -z
AM ˈswipɪŋ, -z

sweepingly
BR ˈswiːpɪŋli
AM ˈswipɪŋli

sweepingness
BR ˈswiːpɪŋnɪs
AM ˈswipɪŋnɪs

sweepstake
BR ˈswiːpsteɪk, -s
AM ˈswipˌsteɪk, -s

sweet
BR swiːt, -s, -ə(r), -ɪst
AM swi|t, -ts, -dər, -dɪst

sweet-and-sour
BR ˌswiːt(ə)n(d)-ˈsaʊə(r)
AM ˈswidənˌsaʊ(ə)r

sweetbread
BR ˈswiːtbrɛd, -z
AM ˈswitˌbrɛd, -z

sweetbriar
BR ˈswiːtˌbrʌɪə(r), -z
AM ˈswitˌbraɪər, -z

sweetbrier
BR ˈswiːtˌbrʌɪə(r), -z
AM ˈswitˌbraɪər, -z

sweetcorn
BR ˈswiːtkɔːn
AM ˈswitˌkɔ(ə)rn
sweeten
BR ˈswiːt|n̩, -nz,
 -n̩ɪŋ\-nɪŋ, -nd
AM ˈswitn̩, -z,
 -ɪŋ, -d
sweetener
BR ˈswiːtnə(r),
 ˈswiːtn̩ə(r), -z
AM ˈswitn̩ər, ˈswitnər,
 -z
sweetening
BR ˈswiːtnɪŋ,
 ˈswiːtn̩ɪŋ, -z
AM ˈswitnɪŋ, ˈswitn̩ɪŋ,
 -z
Sweetex
BR ˈswiːtɛkst
AM ˈswiˌtɛks
sweetheart
BR ˈswiːtɑːt, -s
AM ˈswitˌ(h)ɑrt, -s
sweetie
BR ˈswiːt|i, -ɪz
AM ˈswidi, -z
sweetie-pie
BR ˈswiːtɪpʌɪ, -z
AM ˈswidiˌpaɪ, -z
sweeting
BR ˈswiːtɪŋ, -z
AM ˈswidɪŋ, -z
sweetish
BR ˈswiːtɪʃ
AM ˈswidɪʃ
sweetly
BR ˈswiːtli
AM ˈswitli
sweetmeal
BR ˈswiːtmiːl
AM ˈswitˌmil
sweetmeat
BR ˈswiːtmiːt,
 -s
AM ˈswitˌmit, -s
sweetness
BR ˈswiːtnɪs
AM ˈswitnɪs
sweetshop
BR ˈswiːtʃɒp, -s
AM ˈswitˌʃɑp, -s

sweetsop
BR ˈswiːtsɒp, -s
AM ˈswitˌsɑp, -s
sweet-talk
BR ˈswiːttɔːk, -s,
 -ɪŋ, -t
AM ˈswi(t)ˌtɑk,
 ˈswi(t)ˌtɔk, -s, -ɪŋ, -t
sweety
BR ˈswiːt|i, -ɪz
AM ˈswidi, -z
swell
BR swɛl, -z, -ɪŋ, -d
AM swɛl, -z, -ɪŋ, -d
swelling
BR ˈswɛlɪŋ, -z
AM ˈswɛlɪŋ, -z
swellish
BR ˈswɛlɪʃ
AM ˈswɛlɪʃ
swelter
BR ˈswɛlt|ə(r), -əz,
 -(ə)rɪŋ, -əd
AM ˈswɛlt|ər, -ərz,
 -(ə)rɪŋ, -ərd
swelteringly
BR ˈswɛlt(ə)rɪŋli
AM ˈswɛlt(ə)rɪŋli
Swenson
BR ˈswɛns(ə)n
AM ˈswɛns(ə)n
swept
BR swɛpt
AM swɛpt
swerve
BR swəːv, -z, -ɪŋ, -d
AM swɜrv, -z, -ɪŋ, -d
swerveless
BR ˈswəːvləs
AM ˈswɜrvləs
swerver
BR ˈswəːvə(r), -z
AM ˈswɜrvər, -z
swift
BR swɪft, -s, -ə(r), -ɪst
AM swɪft, -s, -ər, -ɪst
swiftie
BR ˈswɪft|i, -ɪz
AM ˈswɪfti, -z
swiftlet
BR ˈswɪftlɪt, -s
AM ˈswɪf(t)lət, -s

swiftly
BR ˈswɪftli
AM ˈswɪf(t)li
swiftness
BR ˈswɪf(t)nɪs
AM ˈswɪf(t)nɪs
swig
BR swɪg, -z, -ɪŋ, -d
AM swɪg, -z, -ɪŋ, -d
swigger
BR ˈswɪgə(r), -z
AM ˈswɪgər, -z
swill
BR swɪl, -z, -ɪŋ, -d
AM swɪl, -z, -ɪŋ, -d
swiller
BR ˈswɪlə(r), -z
AM ˈswɪlər, -z
swim
BR swɪm, -z, -ɪŋ
AM swɪm, -z, -ɪŋ
swimmable
BR ˈswɪməbl
AM ˈswɪməb(ə)l
swimmer
BR ˈswɪmə(r), -z
AM ˈswɪmər, -z
swimmeret
BR ˌswɪməˈrɛt, -s
AM ˌswɪməˈrɛt, -s
swimmingly
BR ˈswɪmɪŋli
AM ˈswɪmɪŋli
swimsuit
BR ˈswɪms(j)uːt, -s,
 -ɪd
AM ˈswɪmˌsut, -ts,
 -dəd
swimwear
BR ˈswɪmwɛː(r)
AM ˈswɪmˌwɛ(ə)r
Swinburne
BR ˈswɪnbəːn
AM ˈswɪnˌbɜrn
swindle
BR ˈswɪnd|l, -lz,
 -l̩ɪŋ\-lɪŋ, -ld
AM ˈswɪn|dəl, -dəlz,
 -(d)(ə)lɪŋ, -dəld
swindler
BR ˈswɪndlə(r), -z
AM ˈswɪn(d)lər, -z

Swindon
BR ˈswɪndən
AM ˈswɪndən
swine
BR swʌɪn
AM swaɪn
swineherd
BR ˈswʌɪnhəːd, -z
AM ˈswaɪnˌ(h)ərd, -z
swinery
BR ˈswʌɪn(ə)r|i, -ɪz
AM ˈswaɪnəri, -z
swing
BR swɪŋ, -z, -ɪŋ
AM swɪŋ, -z, -ɪŋ
swingbin
BR ˈswɪŋbɪn, -z
AM ˈswɪŋˌbɪn, -z
swingboat
BR ˈswɪŋbəʊt, -s
AM ˈswɪŋˌboʊt, -s
swinge
BR swɪn(d)ʒ, -ɪz, -ɪŋ,
 -d
AM swɪndʒ, -ɪz, -ɪŋ, -d
swingeingly
BR ˈswɪn(d)ʒɪŋli
AM ˈswɪndʒɪŋli
swinger
BR ˈswɪŋə(r), -z
AM ˈswɪŋər, -z
swingingly
BR ˈswɪŋɪŋli
AM ˈswɪŋɪŋli
swingle
BR ˈswɪŋg|l, -lz,
 -lɪŋ\-lɪŋ, -ld
AM ˈswɪŋg|əl, -əlz,
 -(ə)lɪŋ, -əld
Swingler
BR ˈswɪŋglə(r)
AM ˈswɪŋ(g)lər
swingletree
BR ˈswɪŋgltriː, -z
AM ˈswɪŋglˌtri, -z
swingometer
BR swɪŋˈɒmɪtə(r), -z
AM swɪŋˈ(g)ɑmədər,
 -z
swingy
BR ˈswɪŋ|i, -iə(r), -iɪst
AM ˈswɪŋi, -ər, -ɪst

swinish
BR ˈswaɪnɪʃ
AM ˈswaɪnɪʃ
swinishly
BR ˈswaɪnɪʃli
AM ˈswaɪnɪʃli
swinishness
BR ˈswaɪnɪʃnɪs
AM ˈswaɪnɪʃnɪs
Swinnerton
BR ˈswɪnət(ə)n
AM ˈswɪnərt(ə)n
Swinton
BR ˈswɪntən
AM ˈswɪn(t)ən
swipe
BR swaɪp, -s, -ɪŋ, -t
AM swaɪp, -s, -ɪŋ, -t
swiper
BR ˈswaɪpə(r), -z
AM ˈswaɪpər, -z
swipple
BR ˈswɪpl, -z
AM ˈswɪpəl, -z
swirl
BR swəːl, -z, -ɪŋ, -d
AM swɜrl, -z, -ɪŋ, -d
swirly
BR ˈswəːlǀi, -ɪə(r), -ɪɪst
AM ˈswɜrli, -ər, -ɪst
swish
BR swɪʃ, -ɪz, -ɪŋ, -t, -ə(r), -ɪst
AM swɪʃ, -ɪz, -ɪŋ, -t, -ər, -ɪst
swishily
BR ˈswɪʃɪli
AM ˈswɪʃɪli
swishiness
BR ˈswɪʃɪnɪs
AM ˈswɪʃɪnɪs
swishy
BR ˈswɪʃi, -ɪə(r), -ɪɪst
AM ˈswɪʃi, -ər, -ɪst
Swiss
BR swɪs
AM swɪs
Swissair
BR ˈswɪsɛː(r)
AM ˈswɪsˈɛ(ə)r

switch
BR swɪtʃ, -ɪz, -ɪŋ, -t
AM swɪtʃ, -ɪz, -ɪŋ, -t
switchable
BR ˈswɪtʃəbl
AM ˈswɪtʃəb(ə)l
switchback
BR ˈswɪtʃbak, -s
AM ˈswɪtʃˌbæk, -s
switchblade
BR ˈswɪtʃbleɪd, -z
AM ˈswɪtʃˌbleɪd, -z
switchboard
BR ˈswɪtʃbɔːd, -z
AM ˈswɪtʃˌbɔ(ə)rd, -z
switcher
BR ˈswɪtʃə(r), -z
AM ˈswɪtʃər, -z
switcheroo
BR ˌswɪtʃəˈruː, -z
AM ˌswɪtʃəˈru, -z
switchgear
BR ˈswɪtʃɡɪə(r)
AM ˈswɪtʃˌɡɪ(ə)r
switchman
BR ˈswɪtʃmən
AM ˈswɪtʃm(ə)n
switchmen
BR ˈswɪtʃmən
AM ˈswɪtʃm(ə)n
switch-over
BR ˈswɪtʃˌəʊvə(r), -z
AM ˈswɪtʃˌoʊvər, -z
switchyard
BR ˈswɪtʃjɑːd, -z
AM ˈswɪtʃˌjɑrd, -z
swither
BR ˈswɪðǀə(r), -əz, -(ə)rɪŋ, -əd
AM ˈswɪðər, -z, -ɪŋ, -d
Swithin
BR ˈswɪð(ɪ)n
AM ˈswɪðɪn
Swithun
BR ˈswɪðn
AM ˈswɪðɪn
Switzerland
BR ˈswɪtsələnd
AM ˈswɪtsərlənd
swive
BR swaɪv, -z, -ɪŋ, -d
AM swaɪv, -z, -ɪŋ, -d

swivel
BR ˈswɪvǀl, -lz, -lɪŋ\-lɪŋ, -ld
AM ˈswɪvǀəl, -əlz, -(ə)lɪŋ, -əld
swiz
BR swɪz, -ɪz
AM swɪz, -ɪz
swizz
BR swɪz, -ɪz
AM swɪz, -ɪz
swizzle
BR ˈswɪzǀl, -lz, -lɪŋ\-lɪŋ, -ld
AM ˈswɪzǀəl, -əlz, -(ə)lɪŋ, -əld
swob
BR swɒb, -z, -ɪŋ, -d
AM swɑb, -z, -ɪŋ, -d
swollen
BR ˈswəʊlən
AM ˈswoʊl(ə)n
swoon
BR swuːn, -z, -ɪŋ, -d
AM swun, -z, -ɪŋ, -d
swoop
BR swuːp, -s, -ɪŋ, -t
AM swup, -s, -ɪŋ, -t
swoosh
BR swuːʃ, swʊʃ, -ɪz, -ɪŋ, -t
AM swʊʃ, -əz, -ɪŋ, -t
swop
BR swɒp, -s, -ɪŋ, -t
AM swɑp, -s, -ɪŋ, -t
sword
BR sɔːd, -z
AM sɔ(ə)rd, -z
swordbearer
BR ˈsɔːdˌbɛːrə(r), -z
AM ˈsɔrdˌbɛrər, -z
swordbelt
BR ˈsɔːdbɛlt, -s
AM ˈsɔrdˌbɛlt, -s
swordbill
BR ˈsɔːdbɪl, -z
AM ˈsɔrdˌbɪl, -z
swordfish
BR ˈsɔːdfɪʃ, -ɪz
AM ˈsɔrdˌfɪʃ, -ɪz

swordlike
BR ˈsɔːdlʌɪk
AM ˈsɔrdˌlaɪk
swordplay
BR ˈsɔːdpleɪ
AM ˈsɔrdˌpleɪ
swordsman
BR ˈsɔːdzmən
AM ˈsɔrdzm(ə)n
swordsmanship
BR ˈsɔːdzmənʃɪp
AM ˈsɔrdzmənˌʃɪp
swordsmen
BR ˈsɔːdzmən
AM ˈsɔrdzm(ə)n
swordstick
BR ˈsɔːdstɪk, -s
AM ˈsɔrdˌstɪk, -s
swordtail
BR ˈsɔːdteɪl, -z
AM ˈsɔrdˌteɪl, -z
swore
BR swɔː(r)
AM swɔ(ə)r
sworn
BR swɔːn
AM swɔ(ə)rn
swot
BR swɒt, -s, -ɪŋ, -ɪd
AM swɑt, -ts, -dɪŋ, -dəd
swotter
BR ˈswɒtə(r), -z
AM ˈswɑdər, -z
swum
BR swʌm
AM swəm
swung
BR swʌŋ
AM swəŋ
swy
BR swaɪ, -z
AM swaɪ, -z
sybarite
BR ˈsɪbərʌɪt, -s
AM ˈsɪbəˌraɪt, -s
sybaritic
BR ˌsɪbəˈrɪtɪk
AM ˌsɪbəˈrɪdɪk
sybaritical
BR ˌsɪbəˈrɪtɪkl
AM ˌsɪbəˈrɪdək(ə)l

sybaritically
BR ˌsɪbəˈrɪtɪkli
AM ˌsɪbəˈrɪdək(ə)li

sybaritism
BR ˈsɪbərʌɪtɪzm
AM ˈsɪbəˌraɪˌtɪz(ə)m

sybil
BR ˈsɪb(ɨ)l, -z
AM ˈsɪbɨl, -z

sycamine
BR ˈsɪkəmɪn,
ˈsɪkəmʌɪn, -z
AM ˈsɪkəˌmaɪn,
ˈsɪkəm(ə)n, -z

syce
BR sʌɪs, -ɪz
AM saɪs, -ɪz

sycomore
BR ˈsɪkəmɔː(r), -z
AM ˈsɪkəˌmɔ(ə)r, -z

syconia
BR sʌɪˈkəʊniə(r)
AM saɪˈkoʊniə

syconium
BR sʌɪˈkəʊniəm
AM saɪˈkoʊniəm

sycophancy
BR ˈsɪkəf(ə)ns|i, -ɪz
AM ˈsɪkəˌfænsi,
ˈsɪkəfənsi, -z

sycophant
BR ˈsɪkəf(a)nt, -s
AM ˈsɪkəˌfænt,
ˈsɪkəfənt, -s

sycophantic
BR ˌsɪkəˈfantɪk
AM ˌsɪkəˈfæn(t)ɪk

sycophantically
BR ˌsɪkəˈfantɪkli
AM ˌsɪkəˈfæn(t)ək(ə)li

sycoses
BR sʌɪˈkəʊsiːz
AM saɪˈkoʊˌsiz

sycosis
BR sʌɪˈkəʊsɪs
AM saɪˈkoʊsəs

Sydney
BR ˈsɪdni
AM ˈsɪdni

Sydneysider
BR ˈsɪdnɪˌsʌɪdə(r), -z
AM ˈsɪdniˌsaɪdər, -z

syenite
BR ˈsʌɪənʌɪt, -s
AM ˈsaɪəˌnaɪt, -s

syenitic
BR ˌsʌɪəˈnɪtɪk
AM ˌsaɪəˈnɪdɪk

Sykes
BR sʌɪks
AM saɪks

syllabary
BR ˈsɪləb(ə)r|i, -ɪz
AM ˈsɪləˌbɛri, -z

syllabi
BR ˈsɪləbʌɪ
AM ˈsɪləˌbaɪ

syllabic
BR sɪˈlabɪk
AM səˈlæbɪk

syllabically
BR sɪˈlabɪkli
AM səˈlæbək(ə)li

syllabication
BR sɪˌlabɪˈkeɪʃn
AM səˌlæbəˈkeɪʃ(ə)n

syllabicity
BR ˌsɪləˈbɪsɪti
AM ˌsɪləˈbɪsɪdi

syllabification
BR sɪˌlabɪfɪˈkeɪʃn
AM səˌlæbəfəˈkeɪʃ(ə)n

syllabify
BR sɪˈlabɪfʌɪ, -z,
-ɪŋ, -d
AM səˈlæbəˌfaɪ, -z,
-ɪŋ, -d

syllabise
BR ˈsɪləbʌɪz, -ɪz, -ɪŋ, -d
AM ˈsɪləˌbaɪz, -ɪz, -ɪŋ, -d

syllabize
BR ˈsɪləbʌɪz, -ɪz, -ɪŋ, -d
AM ˈsɪləˌbaɪz, -ɪz, -ɪŋ, -d

syllable
BR ˈsɪləbl, -z
AM ˈsɪləb(ə)l, -z

syllabub
BR ˈsɪləbʌb, -z
AM ˈsɪləˌbəb, -z

syllabus
BR ˈsɪləbəs, -ɪz
AM ˈsɪləbəs, -əz

syllepses
BR sɪˈlɛpsiːz
AM səˈlɛpsiz

syllepsis
BR sɪˈlɛpsɪs
AM səˈlɛpsəs

sylleptic
BR sɪˈlɛptɪk
AM səˈlɛptɪk

sylleptically
BR sɪˈlɛptɪkli
AM səˈlɛptək(ə)li

syllogise
BR ˈsɪlədʒʌɪz, -ɪz,
-ɪŋ, -d
AM ˈsɪləˌdʒaɪz, -ɪz,
-ɪŋ, -d

syllogism
BR ˈsɪləˌdʒɪzm, -z
AM ˈsɪləˌdʒɪz(ə)m, -z

syllogistic
BR ˌsɪləˈdɪstɪk
AM ˌsɪləˈdʒɪstɪk

syllogistically
BR ˌsɪləˈdʒɪstɪkli
AM ˌsɪləˈdʒɪstək(ə)li

syllogize
BR ˈsɪlədʒʌɪz, -ɪz,
-ɪŋ, -d
AM ˈsɪləˌdʒaɪz, -ɪz,
-ɪŋ, -d

sylph
BR sɪlf, -s
AM sɪlf, -s

Sylphides
BR sɪlˈfiːd
AM sɪlˈfid

sylphlike
BR ˈsɪlflʌɪk
AM ˈsɪlfˌlaɪk

sylva
BR ˈsɪlvə(r), -z
AM ˈsɪlvə, -z

sylvae
BR ˈsɪlviː
AM ˈsɪlˌvaɪ, ˈsɪlvi

sylvan
BR ˈsɪlv(ə)n
AM ˈsɪlvən

sylvatic
BR s(ɪ)lˈvatɪk
AM sɪlˈvædɪk

Sylvester
BR ˈsɪlvɛstə(r),
ˈsɪlvɪstə(r),
s(ɪ)lˈvɛstə(r)
AM sɪlˈvɛstər

Sylvia
BR ˈsɪlvɪə(r)
AM ˈsɪlviə

sylviculture
BR ˈsɪlvɪˌkʌltʃə(r)
AM ˈsɪlvəˌkəltʃər

Sylvie
BR ˈsɪlvi
AM ˈsɪlvi

sylvine
BR ˈsɪlviːn
AM ˈsɪlvin

sylvite
BR ˈsɪlvʌɪt
AM ˈsɪlvaɪt

symbiont
BR ˈsɪmbʌɪɒnt,
ˈsɪmbɪɒnt, -s
AM ˈsɪmbiˌɑnt,
ˈsɪmbaɪˌɑnt,
-s

symbioses
BR ˌsɪmbʌɪˈəʊsiːz,
ˌsɪmbɪˈəʊsiːz
AM ˌsɪmbiˈoʊˌsis,
ˌsɪmbaɪˈoʊˌsis

symbiosis
BR ˌsɪmbʌɪˈəʊsɪs,
ˌsɪmbɪˈəʊsɪs
AM ˌsɪmbiˈoʊsəs,
ˌsɪmbaɪˈoʊsəs

symbiotic
BR ˌsɪmbʌɪˈɒtɪk,
ˌsɪmbɪˈɒtɪk
AM ˌsɪnbiˈɑdɪk,
ˌsɪmbaɪˈɑdɪk

symbiotically
BR ˌsɪmbʌɪˈɒtɪkli,
ˌsɪmbɪˈɒtɪkli
AM ˌsɪmbiˈɑdək(ə)li,
ˌsɪmbaɪˈɑdək(ə)li

symbol
BR ˈsɪmbl, -z
AM ˈsɪmbəl, -z

symbolic
BR sɪmˈbɒlɪk, -s
AM sɪmˈbɑlɪk, -s

symbolical
BR sɪmˈbɒlɪkl
AM sɪmˈbɑlək(ə)l
symbolically
BR sɪmˈbɒlɪkli
AM sɪmˈbɑlək(ə)li
symbolisation
BR ˌsɪmblʌɪˈzeɪʃn
AM ˌsɪmbəˌlaɪˈzeɪʃ(ə)n,
ˌsɪmbələˈzeɪʃ(ə)n
symbolise
BR ˈsɪmblʌɪz, -ɪz, -ɪŋ, -d
AM ˈsɪmbəˌlaɪz, -ɪz,
-ɪŋ, -d
symbolism
BR ˈsɪmblɪzm
AM ˈsɪmbəˌlɪz(ə)m
symbolist
BR ˈsɪmblɪst, -s
AM ˈsɪmbələst, -s
symbolistic
BR ˌsɪmbəˈlɪstɪk,
ˌsɪmblˈɪstɪk
AM ˌsɪmbəˈlɪstɪk
symbolization
BR ˌsɪmblʌɪˈzeɪʃn
AM ˌsɪmbəˌlaɪˈzeɪʃ(ə)n,
ˌsɪmbələˈzeɪʃ(ə)n
symbolize
BR ˈsɪmblʌɪz, -ɪz, -d
AM ˈsɪmbəˌlaɪz, -ɪz,
-ɪŋ, -d
symbology
BR sɪmˈbɒlədʒi
AM sɪmˈbɑlədʒi
symbolology
BR ˌsɪmbəˈlɒlədʒi,
ˌsɪmblˈɒlədʒi
AM ˌsɪmbəˈlɑlədʒi
Symes
BR sʌɪmz
AM saɪmz
Symington
BR ˈsɪmɪŋt(ə)n,
ˈsʌɪmɪŋt(ə)n
AM ˈsaɪmɪŋt(ə)n
symmetric
BR sɪˈmɛtrɪk
AM səˈmɛtrɪk
symmetrical
BR sɪˈmɛtrɪkl
AM səˈmɛtrək(ə)l

symmetrically
BR sɪˈmɛtrɪkli
AM səˈmɛtrək(ə)li
symmetricalness
BR sɪˈmɛtrɪklnəs
AM səˈmɛtrəkəlnəs
symmetrise
BR ˈsɪmətrʌɪz, -ɪz,
-ɪŋ, -d
AM ˈsɪməˌtraɪz, -ɪz,
-ɪŋ, -d
symmetrize
BR ˈsɪmətrʌɪz, -ɪz,
-ɪŋ, -d
AM ˈsɪməˌtraɪz, -ɪz,
-ɪŋ, -d
symmetrophobia
BR ˌsɪmətrəˈfəʊbɪə(r)
AM ˌsɪmətrəˈfoʊbɪə
symmetry
BR ˈsɪmɪtri
AM ˈsɪmətri
Symon
BR ˈsʌɪmən
AM ˈsaɪm(ə)n
Symonds
BR ˈsɪm(ə)n(d)z,
ˈsʌɪmən(d)z
AM ˈsaɪmənz
Symonds Yat
BR ˈsɪm(ə)n(d)z ˈjat
AM ˌsaɪmənz ˈjæt
Symons
BR ˈsɪm(ə)nz,
ˈsʌɪm(ə)nz
AM ˈsaɪmənz
sympathectomy
BR ˌsɪmpəˈθɛktəm|i,
-ɪz
AM ˌsɪmpəˈθɛktəmi,
-z
sympathetic
BR ˌsɪmpəˈθɛtɪk
AM ˌsɪmpəˈθɛdɪk
sympathetically
BR ˌsɪmpəˈθɛtɪkli
AM ˌsɪmpəˈθɛdək(ə)li
sympathise
BR ˈsɪmpəθʌɪz, -ɪz,
-ɪŋ, -d
AM ˈsɪmpəˌθaɪz, -ɪz,
-ɪŋ, -d

sympathiser
BR ˈsɪmpəθʌɪzə(r),
-z
AM ˈsɪmpəˌθaɪzər, -z
sympathize
BR ˈsɪmpəθʌɪz, -ɪz,
-ɪŋ, -d
AM ˈsɪmpəˌθaɪz, -ɪz,
-ɪŋ, -d
sympathizer
BR ˈsɪmpəθʌɪzə(r),
-z
AM ˈsɪmpəˌθaɪzər, -z
sympathy
BR ˈsɪmpəθ|i, -ɪz
AM ˈsɪmpəθi, -z
sympatric
BR sɪmˈpatrɪk
AM sɪmˈpætrɪk
sympetalous
BR sɪmˈpɛtl̩əs
AM sɪmˈpɛdl̩əs
symphonic
BR sɪmˈfɒnɪk
AM sɪmˈfɑnɪk
symphonically
BR sɪmˈfɒnɪkli
AM sɪmˈfɑnək(ə)li
symphonious
BR sɪmˈfəʊnɪəs
AM sɪmˈfoʊnɪəs
symphonist
BR ˈsɪmfn̩ɪst, -s
AM ˈsɪmfənəst, -s
symphony
BR ˈsɪmfn̩|i, -ɪz
AM ˈsɪmfəni, -z
symphyllous
BR sɪmˈfɪləs
AM sɪm(p)ˈfɪləs
symphyseal
BR sɪmˈfɪzɪəl
AM sɪmˈfɪzɪəl
symphyses
BR ˈsɪmfɪsiːz
AM ˈsɪmfəˌsiz
symphysial
BR sɪmˈfɪzɪəl
AM sɪmˈfɪzɪəl
symphysis
BR ˈsɪmfɪsɪs
AM ˈsɪm(p)fəsəs

symplasm
BR ˈsɪmplazm
AM ˈsɪmˌplæzm
symplast
BR ˈsɪmplast, -s
AM ˈsɪmˌplæst, -s
sympodia
BR sɪmˈpəʊdɪə(r)
AM sɪmˈpoʊdɪə
sympodial
BR sɪmˈpəʊdɪəl
AM sɪmˈpoʊdɪəl
sympodially
BR sɪmˈpəʊdɪəll
AM sɪmˈpoʊdɪəli
sympodium
BR sɪmˈpəʊdɪəm
AM sɪmˈpoʊdɪəm
symposia
BR sɪmˈpəʊzɪə(r)
AM sɪmˈpoʊzɪə
symposiac
BR sɪmˈpəʊzɪak, -s
AM sɪmˈpoʊziˌæk, -s
symposial
BR sɪmˈpəʊzɪəl
AM sɪmˈpoʊzɪəl
symposiarch
BR sɪmˈpəʊzɪɑːk, -s
AM sɪmˈpoʊziˌɑrk, -s
symposiast
BR sɪmˈpəʊzɪast, -s
AM sɪmˈpoʊzɪəst, -s
symposium
BR sɪmˈpəʊzɪəm, -z
AM sɪmˈpoʊzɪəm, -z
symptom
BR ˈsɪm(p)təm, -z
AM ˈsɪm(p)t(ə)m, -z
symptomatic
BR ˌsɪm(p)təˈmatɪk
AM ˌsɪm(p)təˈmædɪk
symptomatically
BR ˌsɪm(p)təˈmatɪkli
AM ˌsɪm(p)tə-
ˈmædək(ə)li
symptomatology
BR ˌsɪm(p)təməˈtɒlədʒi
AM ˌsɪm(p)təməˈtɑlədʒi
symptomless
BR ˈsɪm(p)təmləs
AM ˈsɪm(p)təmləs

synaereses
BR sɪˈnɪərəsiːz
AM sɪˈnɪrəˌsiz, səˈnɛrəˌsiz

synaeresis
BR sɪˈnɪərəsɪs
AM səˈnɪrəsəs, səˈnɛrəsəs

synaesthesia
BR ˌsɪnɪsˈθiːziə(r), ˌsɪnɪsˈθiːʒə(r)
AM ˌsɪnɪsˈθiziə, ˌsɪnɪsˈθiʒ(i)ə

synaesthetic
BR ˌsɪnɪsˈθɛtɪk
AM ˌsɪnɪsˈθɛdɪk

synagogal
BR ˌsɪnəˈɡɒɡl
AM ˌsɪnəˈɡɑɡəl

synagogical
BR ˌsɪnəˈɡɒdʒɪkl, ˌsɪnəˈɡɒɡɪkl
AM ˌsɪnəˈɡɑdʒək(ə)l

synagogue
BR ˈsɪnəɡɒɡ, -z
AM ˈsɪnəˌɡɑɡ, -z

synallagmatic
BR ˌsɪnəlaɡˈmatɪk
AM ˌsɪnəlæɡˈmædɪk

synantherous
BR sɪˈnanθ(ə)rəs
AM səˈnænθərəs

synanthous
BR sɪˈnanθəs
AM səˈnænθəs

synapse
BR ˈsʌɪnaps, ˈsɪnaps, -ɪz
AM ˈsɪnˌæps, -əz

synapses
BR sɪˈnapsiːz
AM səˈnæpˌsiz

synapsis
BR sɪˈnapsɪs
AM səˈnæpsəs

synaptic
BR sɪˈnaptɪk
AM səˈnæptɪk

synaptically
BR sɪˈnaptɪkli
AM səˈnæptək(ə)li

synarchy
BR ˈsɪnɑːki
AM ˈsɪnərki

synarthroses
BR ˌsɪnɑːˈθrəʊsiːz
AM ˌsɪnɑrˈθroʊˌsiz

synarthrosis
BR ˌsɪnɑːˈθrəʊsɪs
AM ˌsɪnɑrˈθroʊsəs

sync
BR sɪŋ|k, -ks, -kɪŋ, -(k)t
AM sɪŋk, -s, -ɪŋ, -t

syncarp
BR ˈsɪŋkɑːp, -s
AM ˈsɪnˌkɑrp, -s

syncarpous
BR sɪnˈkɑːpəs
AM sɪnˈkɑrpəs

synch
BR sɪŋ|k, -ks, -kɪŋ, -(k)t
AM sɪŋk, -s, -ɪŋ, -t

synchondroses
BR ˌsɪŋkɒnˈdrəʊsiːz
AM ˌsɪŋkənˈdroʊˌsiz

synchondrosis
BR ˌsɪŋkɒnˈdrəʊsɪs
AM ˌsɪŋkənˈdroʊsəs

synchro
BR ˈsɪŋkrəʊ
AM ˈsɪnkroʊ, ˈsɪŋkroʊ

synchrocyclotron
BR ˌsɪŋkrəʊˈsʌɪklətrɒn, -z
AM ˌsɪkrəˈsaɪkləˌtrɑn, ˌsɪŋkrəˈsaɪkləˌtrɑn, -z

synchroflash
BR ˈsɪŋkrəflaʃ, -ɪz
AM ˈsɪnkroʊˌflæʃ, ˈsɪŋkroʊˌflæʃ, -əz

synchromesh
BR ˈsɪŋkrəmɛʃ
AM ˈsɪnkroʊˌmɛʃ, ˈsɪŋkroʊˌmɛʃ

synchronic
BR sɪnˈkrɒnɪk, sɪŋˈkrɒnɪk
AM sɪnˈkrɑnɪk, sɪŋˈkrɑnɪk

synchronically
BR sɪnˈkrɒnɪkli, sɪŋˈkrɒnɪkli
AM sɪnˈkrɑnək(ə)li, sɪŋˈkrɑnək(ə)li

synchronicity
BR ˌsɪŋkrəˈnɪsɪti
AM ˌsɪnkrəˈnɪsɪdi, ˌsɪŋkrəˈnɪsɪdi

synchronisation
BR ˌsɪŋkrənʌɪˈzeɪʃn
AM ˌsɪŋkrəˌnaɪˈzeɪʃ(ə)n, ˌsɪnkrənəˈzeɪʃ(ə)n, ˌsɪnkrəˌnaɪˈzeɪʃ(ə)n, ˌsɪŋkrənəˈzeɪʃ(ə)n

synchronise
BR ˈsɪŋkrənʌɪz, -ɪz, -ɪŋ, -d
AM ˈsɪnkrəˌnaɪz, ˈsɪŋkrəˌnaɪz, -ɪz, -ɪŋ, -d

synchroniser
BR ˈsɪŋkrənʌɪzə(r)
AM ˈsɪnkrəˌnaɪzər, ˈsɪŋkrəˌnaɪzər

synchronism
BR ˈsɪŋkrənɪzm
AM ˈsɪnkrəˌnɪz(ə)m, ˈsɪŋkrəˌnɪz(ə)m

synchronistic
BR ˌsɪŋkrəˈnɪstɪk
AM ˌsɪnkrəˈnɪstɪk, ˌsɪŋkrəˈnɪstɪk

synchronistically
BR ˌsɪŋkrəˈnɪstɪkli
AM ˌsɪnkrəˈnɪstɪk(ə)li, ˌsɪŋkrəˈnɪstɪk(ə)li

synchronization
BR ˌsɪŋkrənʌɪˈzeɪʃn
AM ˌsɪŋkrəˌnaɪˈzeɪʃ(ə)n, ˌsɪnkrənəˈzeɪʃ(ə)n, ˌsɪnkrəˌnaɪˈzeɪʃ(ə)n, ˌsɪŋkrənəˈzeɪʃ(ə)n

synchronize
BR ˈsɪŋkrənʌɪz, -ɪz, -ɪŋ, -d
AM ˈsɪnkrəˌnaɪz, ˈsɪŋkrəˌnaɪz, -ɪz, -ɪŋ, -d

synchronizer
BR ˈsɪŋkrənʌɪzə(r), -z
AM ˈsɪnkrəˌnaɪzər, ˈsɪŋkrəˌnaɪzər, -z

synchronous
BR ˈsɪŋkrənəs
AM ˈsɪnkrənəs, ˈsɪŋkrənəs

synchronously
BR ˈsɪŋkrənəsli
AM ˈsɪnkrənəsli, ˈsɪŋkrənəsli

synchronousness
BR ˈsɪŋkrənəsnəs
AM ˈsɪnkrənəsnəs, ˈsɪŋkrənəsnəs

synchrony
BR ˈsɪŋkrəni
AM ˈsɪnkrəni, ˈsɪŋkrəni

synchrotron
BR ˈsɪŋkrətrɒn, -z
AM ˈsɪnkrəˌtrɑn, ˈsɪŋkrəˌtrɑn, -z

synclinal
BR sɪnˈklʌɪnl, sɪŋˈklʌɪnl
AM ˌsɪŋˈklaɪn(ə)l

syncline
BR ˈsɪŋklʌɪn, -z
AM ˈsɪnˌklaɪn, -z

syncopal
BR ˈsɪŋkəpl
AM ˈsɪŋkəpəl

syncopate
BR ˈsɪŋkəpeɪt, -s, -ɪŋ, -ɪd
AM ˈsɪŋkəˌpeɪ|t, -ts, -dɪŋ, -dɪd

syncopation
BR ˌsɪŋkəˈpeɪʃn
AM ˌsɪŋkəˈpeɪʃ(ə)n

syncopator
BR ˈsɪŋkəpeɪtə(r), -z
AM ˈsɪŋkəˌpeɪdər, -z

syncope
BR ˈsɪŋkəpi
AM ˈsɪŋkəpi

syncretic
BR sɪnˈkrɛtɪk, sɪŋˈkrɛtɪk
AM sɪnˈkrɛdɪk, sɪŋˈkrɛdɪk

syncretise
BR ˈsɪŋkrɪtʌɪz, -ɪz, -ɪŋ, -d
AM ˈsɪnkrəˌtaɪz,
ˈsɪŋkrəˌtaɪz, -ɪz,
-ɪŋ, -d

syncretism
BR ˈsɪŋkrɪtɪzm
AM ˈsɪnkrəˌtɪz(ə)m,
ˈsɪŋkrəˌtɪz(ə)m

syncretist
BR ˈsɪŋkrɪtɪst, -s
AM ˈsɪnkrədəst,
ˈsɪŋkrədəst, -s

syncretistic
BR ˌsɪŋkrɪˈtɪstɪk
AM ˌsɪnkrəˈtɪstɪk,
ˌsɪŋkrəˈtɪstɪk

syncretize
BR ˈsɪŋkrɪtʌɪz, -ɪz, -ɪŋ, -d
AM ˈsɪnkrəˌtaɪz,
ˈsɪŋkrəˌtaɪz, -ɪz,
-ɪŋ, -d

syncytia
BR sɪnˈsɪtɪə(r)
AM sɪnˈsɪʃə

syncytial
BR sɪnˈsɪʃl
AM sɪnˈsɪʃ(ə)l

syncytium
BR sɪnˈsɪtɪəm
AM sɪnˈsɪʃ(ə)m

syndactyl
BR sɪnˈdakt(ɪ)l
AM sɪnˈdæktl

syndactylism
BR sɪnˈdaktɪlɪzm,
sɪnˈdaktl̩ɪzm
AM sɪnˈdæktlˌɪz(ə)m

syndactylous
BR sɪnˈdaktɪləs,
sɪnˈdaktl̩əs
AM sɪnˈdæktələs

syndactyly
BR sɪnˈdaktɪli,
sɪnˈdaktl̩i
AM sɪnˈdæktəli

syndeses
BR ˈsɪndɪsiːz
AM ˈsɪndəˌsiz

syndesis
BR ˈsɪndɪsɪs
AM ˈsɪndəsəs

syndesmoses
BR ˌsɪndɛzˈməʊsiːz
AM ˌsɪnˌdɛzˈmoʊˌsiz

syndesmosis
BR ˌsɪndɛzˈməʊsɪs
AM ˌsɪnˌdɛzˈmoʊsəs

syndetic
BR sɪnˈdɛtɪk
AM sɪnˈdɛdɪk

syndic
BR ˈsɪndɪk, -s
AM ˈsɪndɪk, -s

syndical
BR ˈsɪndɪkl
AM ˈsɪndɪk(ə)l

syndicalism
BR ˈsɪndɪkl̩ɪzm
AM ˈsɪndəkəˌlɪz(ə)m

syndicalist
BR ˈsɪndɪkl̩ɪst, -s
AM ˈsɪndəkələst, -s

syndicate[1] *noun*
BR ˈsɪndɪkət, -s
AM ˈsɪndɪkɨt, -s

syndicate[2] *verb*
BR ˈsɪndɪkeɪt, -s,
-ɪŋ, -ɪd
AM ˈsɪndəˌkeɪ|t, -ts,
-dɪŋ, -dɨd

syndication
BR ˌsɪndɨˈkeɪʃn
AM ˌsɪndəˈkeɪʃ(ə)n

syndrome
BR ˈsɪndrəʊm,
-z
AM ˈsɪnˌdroʊm,
-z

syndromic
BR sɪnˈdrɒmɪk
AM sɪnˈdrɑmɪk

syne
BR sʌɪn
AM saɪn

synecdoche
BR sɪˈnɛkdəki
AM səˈnɛkdəki

synecdochic
BR sɪˈnɛkdəkɪk
AM səˈnɛkdəkɨk

synecious
BR sɪˈniːʃəs
AM səˈniʃəs

synecological
BR ˌsɪniːkəˈlɒdʒɪkl,
ˌsɪnɛkəˈlɒdʒɪkl
AM ˌsɪnˌikəˈladʒək(ə)l,
ˌsɪnˌɛkəˈladʒək(ə)l

synecologist
BR ˌsɪnɨˈkɒlədʒɪst, -s
AM ˌsɪnɛˈkalədʒəst,
ˌsɪniˈkalədʒəst, -s

synecology
BR ˌsɪnɨˈkɒlədʒi
AM ˌsɪnɛˈkalədʒi,
ˌsɪniˈkalədʒi

synereses
BR sɪˈnɪərəsiːz
AM sɪˈnɪrəˌsiz,
səˈnɛrəˌsiz

syneresis
BR sɪˈnɪərəsɪs
AM səˈnɪrəsəs,
səˈnɛrəsəs

synergetic
BR ˌsɪnəˈdʒɛtɪk
AM ˌsɪnərˈdʒɛdɨk

synergic
BR sɪˈnəːdʒɪk
AM səˈnərdʒɨk

synergism
BR ˈsɪnədʒɪzm
AM ˈsɪnərˌdʒɪz(ə)m

synergist
BR ˈsɪnədʒɪst,
-s
AM ˈsɪnərdʒəst,
-s

synergistic
BR ˌsɪnəˈdʒɪstɪk
AM ˌsɪnərˈdʒɪstɨk

synergistically
BR ˌsɪnəˈdʒɪstɨkli
AM ˌsɪnərˈdʒɪstək(ə)li

synergy
BR ˈsɪnədʒi
AM ˈsɪnərdʒi

synesis
BR ˈsɪnɨsɪs
AM ˈsɪnəsəs

synesthesia
BR ˌsɪnɨsˈθiːzɪə(r),
ˌsɪnɨsˈθiːʒə(r)
AM ˌsɪnɨsˈθiːzɪə,
ˌsɪnɨsˈθiːʒ(i)ə

syngamous
BR ˈsɪŋgəməs
AM ˈsɪŋgəməs

syngamy
BR ˈsɪŋgəmi
AM ˈsɪŋgəmi

Synge
BR sɪŋ
AM sɪŋ

syngenesis
BR sɪnˈdʒɛnɪsɪs
AM sɪnˈdʒɛnəsəs

syngnathous
BR ˈsɪŋnəθəs
AM ˈsɪŋnəθəs

synizeses
BR ˌsɪnɨˈziːsiːz
AM ˌsɪnəˈziˌsiz

synizesis
BR ˌsɪnɨˈziːsɪs
AM ˌsɪnəˈzɪsɨs

synod
BR ˈsɪnɒd, -z
AM ˈsɪnəd, -z

synodal
BR ˈsɪnədl
AM ˈsɪnəd(ə)l

synodic
BR sɪˈnɒdɪk
AM səˈnɑdɨk

synodical
BR sɪˈnɒdɪkl
AM səˈnadək(ə)l

synodically
BR sɪˈnɒdɨkli
AM səˈnadək(ə)li

synoecious
BR sɪˈniːʃəs
AM səˈniʃəs

synonym
BR ˈsɪnənɪm, -z
AM ˈsɪnəˌnɪm,
-z

synonymic
BR ˌsɪnəˈnɪmɪk
AM ˌsɪnəˈnɪmɨk

synonymity
BR ˌsɪnəˈnɪmɨti
AM ˌsɪnəˈnɪmɨdi

synonymous
BR sɪˈnɒnɨməs
AM səˈnɑnɨməs

synonymously
BR sɪˈnɒnɨməsli
AM səˈnɑnəməsli

synonymousness
BR sɪˈnɒnɨməsnəs
AM səˈnɑnəməsnəs

synonymy
BR sɪˈnɒnɨmi
AM səˈnɑnəmi

synopses
BR sɪˈnɒpsiːz
AM səˈnɑpˌsiz

synopsis
BR sɪˈnɒpsɪs
AM səˈnɑpsəs

synopsise
BR sɪˈnɒpsʌɪz, -ɨz, -ɪŋ, -d
AM səˈnɑpˌsaɪz, -ɨz, -ɪŋ, -d

synopsize
BR sɪˈnɒpsʌɪz, -ɨz, -ɪŋ, -d
AM səˈnɑpˌsaɪz, -ɨz, -ɪŋ, -d

synoptic
BR sɪˈnɒptɪk, -s
AM səˈnɑptɪk, -s

synoptical
BR sɪˈnɒptɨkl
AM səˈnɑptək(ə)l

synoptically
BR sɪˈnɒptɨkli
AM səˈnɑptək(ə)li

synoptist
BR sɪˈnɒptɪst, -s
AM səˈnɑptəst, -s

synostoses
BR ˌsɪnɒˈstəʊsiːz
AM ˌsɪnəˈstoʊsiz

synostosis
BR ˌsɪnɒˈstəʊsɪs
AM ˌsɪˌnɑˈstoʊsəs

synovia
BR sʌɪˈnəʊviə(r), sɪˈnəʊviə(r)
AM səˈnoʊviə

synovial
BR sʌɪˈnəʊviəl, sɪˈnəʊviəl
AM səˈnoʊviəl

synovitis
BR ˌsʌɪnə(ʊ)ˈvʌɪtɨs, ˌsɪnəˈvʌɪtɨs
AM ˌsɪnəˈvaɪdɨs

syntactic
BR sɪnˈtaktɪk
AM sɪnˈtæktɪk

syntactical
BR sɪnˈtaktɨkl
AM sɪnˈtæktək(ə)l

syntactically
BR sɪnˈtaktɨkli
AM sɪnˈtæktək(ə)li

syntagm
BR ˈsɪntam, -z
AM ˈsɪnˌtæm, -z

syntagma
BR sɪnˈtagmə(r)
AM sɪnˈtægmə

syntagmata
BR sɪnˈtagmətə(r)
AM sɪnˈtægmədə

syntagmatic
BR ˌsɪntagˈmatɪk
AM ˌsɪnˌtægˈmædɪk

syntagmatically
BR ˌsɪntagˈmatɨkli
AM ˌsɪnˌtægˈmædək(ə)li

syntagmic
BR sɪnˈtagmɪk
AM ˌsɪnˈtægmɪk

syntax
BR ˈsɪntaks
AM ˈsɪnˌtæks

syntheses
BR ˈsɪnθɨsiːz
AM ˈsɪnθəˌsiz

synthesis
BR ˈsɪnθɨsɪs
AM ˈsɪnθəsəs

synthesise
BR ˈsɪnθɨsʌɪz, -ɨz, -ɪŋ, -d
AM ˈsɪnθəˌsaɪz, -ɨz, -ɪŋ, -d

synthesiser
BR ˈsɪnθɨsʌɪzə(r), -z
AM ˈsɪnθəˌsaɪzər, -z

synthesist
BR ˈsɪnθɨsɪst, -s
AM ˈsɪnθəsəst, -s

synthesize
BR ˈsɪnθɨsʌɪz, -ɨz, -ɪŋ, -d
AM ˈsɪnθəˌsaɪz, -ɨz, -ɪŋ, -d

synthesizer
BR ˈsɪnθɨsʌɪzə(r), -z
AM ˈsɪnθəˌsaɪzər, -z

synthetic
BR sɪnˈθɛtɪk, -s
AM sɪnˈθɛdɪk, -s

synthetical
BR sɪnˈθɛtɪkl
AM sɪnˈθɛdək(ə)l

synthetically
BR sɪnˈθɛtɨkli
AM sɪnˈθɛdək(ə)li

synthetise
BR ˈsɪnθɨtʌɪz, -ɨz, -ɪŋ, -d
AM ˈsɪnθəˌtaɪz, -ɨz, -ɪŋ, -d

synthetize
BR ˈsɪnθɨtʌɪz, -ɨz, -ɪŋ, -d
AM ˈsɪnθəˌtaɪz, -ɨz, -ɪŋ, -d

syntype
BR ˈsɪntʌɪp, -s
AM ˈsɪnˌtaɪp, -s

Syon
BR ˈsʌɪən
AM ˈsaɪən

syphilis
BR ˈsɪfɨlɨs, ˈsɪfḷɨs
AM ˈsɪfələs, ˈsɪf(ə)lɨs

syphilise
BR ˈsɪfɨlʌɪz, ˈsɪfḷʌɪz, -ɨz, -ɪŋ, -d
AM ˈsɪf(ə)ˌlaɪz, -ɨz, -ɪŋ, -d

syphilitic
BR ˌsɪfɨˈlɪtɪk
AM ˌsɪf(ə)ˈlɪdɪk

syphilize
BR ˈsɪfɨlʌɪz, ˈsɪfḷʌɪz, -ɨz, -ɪŋ, -d
AM ˈsɪf(ə)ˌlaɪz, -ɨz, -ɪŋ, -d

syphiloid
BR ˈsɪfɨlɔɪd, ˈsɪfˌlɔɪd
AM ˈsɪf(ə)ˌlɔɪd

syphon
BR ˈsʌɪfn̩, -z, -ɪŋ, -d
AM ˈsaɪf|ən, -ənz, -(ə)nɪŋ, -ənd

Syracuse[1] *New York*
BR ˈsɪrəkjuːs, ˈsɪrəkjuːz
AM ˈsɪrəˌkjuz

Syracuse[2] *Sicily*
BR ˈsʌɪrəkjuːz, ˈsʌɪrəkjuːs
AM ˈsɪrəˌkjuz, ˈsɪrəˌkjus

syren
BR ˈsʌɪrn̩, -z
AM ˈsaɪrən, -z

syrette
BR sɨˈrɛt, -s
AM səˈrɛt, -s

Syria
BR ˈsɪriə(r)
AM ˈsɪriə

Syriac
BR ˈsɪriak
AM ˈsɪriˌæk

Syrian
BR ˈsɪriən, -z
AM ˈsɪriən, -z

syringa
BR sɨˈrɪŋgə(r), -z
AM səˈrɪŋgə, -z

syringe
BR sɨˈrɪn(d)ʒ, -ɨz, -ɪŋ, -d
AM ˈsɪrɪndʒ, səˈrɪndʒ, -ɨz, -ɪŋ, -d

syringeal
BR sɨˈrɪn(d)ʒɪəl
AM səˈrɪndʒiəl

syrinx
BR ˈsɪrɪŋks, -ɨz
AM ˈsɪrɪŋks, -ɨz

Syro-Phoenician
BR ˌsʌɪrəʊfɨˈnɪʃn̩, ˌsʌɪrəʊfɨˈniːʃn̩, -z
AM ˌsɪroʊfəˈnɪʃ(ə)n, ˌsaɪroʊfəˈnɪʃ(ə)n, -z

syrphid
BR ˈsəːfɪd, -z
AM ˈsərfəd, -z

syrup
BR ˈsɪrəp, -s
AM ˈsɪrəp, -s

syrupy
BR ˈsɪrəpi
AM ˈsɪrəpi

syssarcoses
BR ˌsɪsɑːˈkəʊsiːz
AM ˌsɪsɑrˈkoʊˌsiz

syssarcosis
BR ˌsɪsɑːˈkəʊsɪs
AM ˌsɪsɑrˈkoʊsəs

systaltic
BR sɪˈstaltɪk
AM səˈstæltɪk,
sə'staltɪk, səˈstɒltɪk

system
BR ˈsɪstɪm, -z
AM ˈsɪstɪm, -z

systematic
BR ˌsɪstɪˈmatɪk, -s
AM ˌsɪstəˈmædɪk, -s

systematically
BR ˌsɪstɪˈmatɪkli
AM ˌsɪstəˈmædək(ə)li

systematisation
BR ˌsɪstɪmətʌɪˈzeɪʃn
AM ˌsɪstəməˌtaɪ-
ˈzeɪʃ(ə)n,
ˌsɪstəmədəˈzeɪʃ(ə)n

systematise
BR ˈsɪstɪmətʌɪz, -ɪz,
-ɪŋ, -d
AM ˈsɪstəməˌtaɪz, -ɪz,
-ɪŋ, -d

systematiser
BR ˈsɪstɪmətʌɪzə(r)
AM ˈsɪstəməˌtaɪzər

systematism
BR ˈsɪstɪmətɪzm
AM ˈsɪstəməˌtɪz(ə)m

systematist
BR ˈsɪstɪmətɪst, -s
AM ˈsɪstəmədəst, -s

systematization
BR ˌsɪstɪmətʌɪˈzeɪʃn
AM ˌsɪstəməˌtaɪ-
ˈzeɪʃ(ə)n,
ˌsɪstəmədəˈzeɪʃ(ə)n

systematize
BR ˈsɪstɪmətʌɪz, -ɪz,
-ɪŋ, -d
AM ˈsɪstəməˌtaɪz, -ɪz,
-ɪŋ, -d

systematizer
BR ˈsɪstɪmətʌɪzə(r), -z
AM ˈsɪstəməˌtaɪzər, -z

systemic
BR sɪˈstiːmɪk, sɪ
ˈstɛmɪk, -s
AM səˈstɛmɪk, -s

systemically
BR sɪˈstiːmɪkli,
sɪˈstɛmɪkli
AM səˈstɛmək(ə)li

systemisation
BR ˌsɪstɪmʌɪˈzeɪʃn
AM ˌsɪstəˌmaɪˈzeɪʃ(ə)n,
ˌsɪstəməˈzeɪʃ(ə)n

systemise
BR ˈsɪstɪmʌɪz, -ɪz, -ɪŋ,
-d
AM ˈsɪstəˌmaɪz, -ɪz,
-ɪŋ, -d

systemiser
BR ˈsɪstɪmʌɪzə(r), -z
AM ˈsɪstəˌmaɪzər, -z

systemization
BR ˌsɪstɪmʌɪˈzeɪʃn
AM ˌsɪstəˌmaɪˈzeɪʃ(ə)n,
ˌsɪstəməˈzeɪʃ(ə)n

systemize
BR ˈsɪstɪmʌɪz, -ɪz, -ɪŋ, -d
AM ˈsɪstəˌmaɪz, -ɪz,
-ɪŋ, -d

systemizer
BR ˈsɪstɪmʌɪzə(r), -z
AM ˈsɪstəˌmaɪzər, -z

systemless
BR ˈsɪstɪmlɪs
AM ˈsɪstɪmlɪs

systole
BR ˈsɪstəli
AM ˈsɪstəli

systolic
BR sɪˈstɒlɪk
AM səˈstɑlɪk

Syston
BR ˈsʌɪst(ə)n
AM ˈsaɪst(ə)n

syzygy
BR ˈsɪzɪdʒ|i, -ɪz
AM ˈsɪzɪdʒi, -z

Szechuan
BR ˌsɛ(t)ʃˈwɑːn
AM ˈˌsɛ(t)ʃˈwɑn

Szechwan
BR ˌsɛ(t)ʃˈwɑːn
AM ˈˌsɛ(t)ʃˈwɑn

Szeged
BR ˈsɛgɛd
AM ˈsɛgˌɛd

T

't *it*
BR t
AM t

t
BR tiː, -z
AM ti, -z

TA
BR ˌtiːˈeɪ, -z
AM ˌtiˈeɪ, -z

ta
BR tɑː(r)
AM tɑ

Taal
BR tɑːl
AM tɑl

tab
BR tab, -z
AM tæb, -z

tabard
BR ˈtabɑːd, -z
AM ˈtæbərd, -z

tabaret
BR ˈtabərɪt, -s
AM ˈtæbərət, -s

Tabasco
BR təˈbaskəʊ
AM təˈbæskoʊ

tabby
BR ˈtab|i, -ɪz
AM ˈtæbi, -z

tabernacle
BR ˈtabənakl, -z, -d
AM ˈtæbərˌnækəl, -z, -d

tabes
BR ˈteɪbiːz
AM ˈteɪˌbiz

tabetic
BR təˈbɛtɪk
AM təˈbɛdɪk

tabinet
BR ˈtabɪnɪt, -s
AM ˈtæbəˌnɛt, -s

Tabitha
BR ˈtabɪθə(r)
AM ˈtæbəθə

tabla
BR ˈtablə(r), -z
AM ˈtæblə, -z

tablature
BR ˈtablətʃə(r), -z
AM ˈtæblətʃʊ(ə)r,
ˈtæblətʃər, -z

table
BR ˈteɪb|l, -lz,
-|ɪŋ\ɨlɪŋ, ɨld
AM ˈteɪb|(ə)l, -əlz,
-(ə)lɪŋ, -əld

tableau
BR ˈtabləʊ
AM ˌtɑˈbloʊ, ˌtæˈbloʊ

tableau vivant
BR ˌtabləʊ ˈviːvɒ̃, -z
AM ˌtɑˈbloʊ vɪˈvɑnt,
-s

tableaux
BR ˈtabləʊz
AM ˌtɑˈbloʊz,
ˌtæˈbloʊz

tableaux vivants
BR ˌtabləʊ ˈviːvɒ̃(z)
AM ˌtɑˈbloʊ vɪˈvɑnts

tablecloth
BR ˈteɪblklɒ|θ, -θs\-ðz
AM ˈteɪbəlˌklɑ|θ,
ˈteɪbəlˌklɔ|θ, -θs\-ðz

table d'hôte
BR ˌtɑːbl ˈdəʊt
AM ˌtɑbəl ˈdoʊt

tableful
BR ˈteɪblfʊl, -z
AM ˈteɪbəlˌfʊl, -z

table lamp
BR ˈteɪbl lamp, -s
AM ˈteɪb(ə)l ˌ(l)æmp,
-s

tableland
BR ˈteɪblland
AM ˈteɪbəlˌ(l)ænd

Table Mountain
BR ˌteɪbl ˈmaʊntɪn
AM ˌteɪb(ə)l ˈmaʊntn

tables d'hôte
BR ˌtɑːbl ˈdəʊt
AM ˌtɑbəl(z) ˈdoʊt

tablespoon
BR ˈteɪblspuːn, -z
AM ˈteɪbəlˌspun, -z

tablespoonful
BR ˈteɪblˌspuːnfʊl, -z
AM ˈteɪbəlˌspunˌfʊl, -z

tablespoonsful
BR ˈteɪblˌspuːnzfʊl
AM ˈteɪbəlˌspunzˌfʊl

tablet
BR ˈtablɪt, -s
AM ˈtæblət, -s

tabletop
BR ˈteɪblˌtɒp, -s
AM ˈteɪbəlˌtɑp, -s

tableware
BR ˈteɪblwɛː(r)
AM ˈteɪbəlˌwɛ(ə)r

tablier
BR ˈtablɪeɪ, -z
AM tablɪˈeɪ, -z

tabloid
BR ˈtablɔɪd, -z
AM ˈtæbˌlɔɪd, -z

taboo
BR təˈbuː, -z, -ɪŋ, -d
AM təˈbu, -z, -ɪŋ, -d

tabor
BR ˈteɪbɔː(r), -z
AM ˈteɪbər, -z

taboret
BR ˈtabərɪt,
ˈtabəreɪ, -s
AM ˈtæbərət,
ˌtæbəˈrɛt, -s

tabouret
BR ˈtabərɪt, ˈtabəreɪ, -s
AM ˈtæbərət,
ˌtæbəˈrɛt, -s

Tabriz
BR təˈbriːz
AM təˈbriz

tabu
BR təˈbuː, -z
AM təˈbu, -z

tabula
BR ˈtabjʉlə(r)
AM ˈtæbjələ

tabulae
BR ˈtabjʉliː
AM ˈtæbjəˌlaɪ,
ˈtæbjəli

tabular
BR ˈtabjʉlə(r)
AM ˈtæbjələr

tabula rasa
BR ˌtabjʉləˈrɑːzə(r)
AM ˌtɑb(j)ʊləˈrɑzə

tabularly
BR ˈtabjʉləli
AM ˈtæbjələrli

tabulate
BR ˈtabjʉleɪt, -s, -ɪŋ, -ɪd
AM ˈtæbjəˌleɪ|t, -ts, -dɪŋ, -dɪd

tabulation
BR ˌtabjʉˈleɪʃn, -z
AM ˌtæbjəˈleɪʃ(ə)n, -z

tabulator
BR ˈtabjʉleɪtə(r), -z
AM ˈtæbjəˌleɪdər, -z

tabun
BR ˈtɑːbʊn
AM ˈtɑbʊn

tacamahac
BR ˈtak(ə)məhak, -s
AM ˈtæk(ə)məˌhæk, -s

tacet
BR ˈtasɪt, ˈteɪsɪt, -s
AM ˈtɑˌkɛt, ˈteɪsət, -s

tach
BR tak, -s
AM tæk, -s

tachism
BR ˈtaʃɪzm
AM ˈtæˌʃɪz(ə)m

tachistoscope
BR taˈkɪstəskəʊp, -s
AM təˈkɪstəˌskoʊp, -s

tachistoscopic
BR taˌkɪstəˈskɒpɪk
AM təˌkɪstəˈskɑpɪk

tacho *tachometer*
BR ˈtakəʊ, -z
AM ˈtækoʊ, -z

tachograph
BR ˈtakəgrɑːf, -s
AM ˈtækəˌgræf, -s

tachometer
BR taˈkɒmɪtə(r), -z
AM təˈkɑmədər,
tæˈkɑmədər, -z

tachycardia
BR ˌtakɪˈkɑːdɪə(r)
AM ˌtækəˈkɑrdiə

tachygrapher
BR taˈkɪgrəfə(r), -z
AM təˈkɪgrəfər,
tæˈkɪgrəfər, -z

tachygraphic
BR ˌtakɪˈgrafɪk
AM ˌtækəˈgræfɪk

tachygraphical
BR ˌtakɪˈgrafɪkl
AM ˌtækəˈgræfək(ə)l

tachygraphy
BR taˈkɪgrəfi
AM təˈkɪgrəfi,
tæˈkɪgrəfi

tachymeter
BR taˈkɪmɪtə(r), -z
AM təˈkɪmədər,
tæˈkɪmədər, -z

tachymetry
BR taˈkɪmɪtri
AM təˈkɪmətri,
tæˈkɪmətri

tachyon
BR ˈtakɪɒn
AM ˈtækiˌɑn

tacit
BR ˈtasɪt
AM ˈtæsət

Tacitean
BR ˌtasɪˈtiːən, təˈsɪtɪən
AM təˈsɪdiən, ˌtæsəˈtiən

tacitly
BR ˈtasɪtli
AM ˈtæsətli

tacitness
BR ˈtasɪtnɪs
AM ˈtæsətnɪs

taciturn
BR ˈtasɪtəːn
AM ˈtæsəˌtɚn

taciturnity
BR ˌtasɪˈtəːnɪti
AM ˌtæsəˈtɚnədi

taciturnly
BR ˈtasɪtəːnli
AM ˈtæsəˌtɚnli

Tacitus
BR ˈtasɪtəs
AM ˈtæsədəs

tack
BR tak, -s, -ɪŋ, -t
AM tæk, -s, -ɪŋ, -t

tackboard
BR ˈtakbɔːd, -z
AM ˈtækˌbɔ(ə)rd, -z

tacker
BR ˈtakə(r), -z
AM ˈtækər, -z

tackily
BR ˈtakɪli
AM ˈtækəli

tackiness
BR ˈtakɪnɪs
AM ˈtækinɪs

tackle
BR ˈtak|l, -lz, -l̩ɪŋ\-lɪŋ, -ld
AM ˈtækˌəl, -əlz, -(ə)lɪŋ, -əld

tackler
BR ˈtaklə(r) ˈtakl̩ə(r), -z
AM ˈtæk(ə)lər, -z

tacky
BR ˈtak|i, -ɪə(r), -ɪɪst
AM ˈtæki, -ər, -ɪst

taco
BR ˈtakəʊ, ˈtɑːkəʊ, -z
AM ˈtɑkoʊ, -z

Tacoma
BR təˈkəʊmə(r)
AM təˈkoʊmə

taconite
BR ˈtakənʌɪt, -s
AM ˈtækəˌnaɪt, -s

tact
BR takt
AM tæk(t)

tactful
BR ˈtaktf(ʊ)l
AM ˈtæk(t)fəl

tactfully
BR ˈtaktfʊli, ˈtaktfl̩i
AM ˈtæk(t)fəli

tactfulness
BR ˈtaktf(ʊ)lnəs
AM ˈtæk(t)fəlnəs

tactic
BR ˈtaktɪk, -s
AM ˈtæktɪk, -s

tactical

BR ˈtæktɪkl
AM ˈtæktək(ə)l

tactically

BR ˈtæktɪkli
AM ˈtæktək(ə)li

tactician

BR tækˈtɪʃn, -z
AM tækˈtɪʃ(ə)n, -z

tactile

BR ˈtæktʌɪl
AM ˈtæk,taɪl,
ˈtæktl

tactility

BR tækˈtɪlɪti
AM tækˈtɪlɪdi

tactless

BR ˈtæktləs
AM ˈtæk(t)ləs

tactlessly

BR ˈtæktləsli
AM ˈtæk(t)ləsli

tactlessness

BR ˈtæktləsnəs
AM ˈtæk(t)ləsnəs

tactual

BR ˈtæktʃʊəl, ˈtæktʃ(ʉ)l,
ˈtæktjʊəl, ˈtæktjʉl
AM ˈtæk(t)ʃ(əw)əl

tactually

BR ˈtæktʃʊəli,
ˈtæktʃʉli,
ˈtæktʃli,
ˈtæktjʊəli,
ˈtæktjʉli
AM ˈtæk(t)ʃ(əw)əli

tad

BR tad, -z
AM tæd, -z

Tadcaster

BR ˈtad,kastə(r),
ˈtadkəstə(r),
ˈtad,kɑːstə(r)
AM ˈtæd,kæstər

Tadema

BR ˈtadɪmə(r)
AM ˈtɑdəmə

Tadjik

BR ˈtɑːdʒɪk,
tɑːˈdʒiːk, -s
AM tɑˈdʒɪk, -s
RUS tadˈʒɪk

Tadjikistan

BR tə,dʒiːkɪˈstɑːn
AM təˈdʒikəˌstæn
RUS tədʒɪkˈstan

tadpole

BR ˈtadpəʊl, -z
AM ˈtæd,poʊl, -z

Tadzhik

BR ˈtɑːdʒɪk, tɑːˈdʒiːk,
-s
AM tɑˈdʒɪk, -s
RUS tadˈʒɪk

Tadzhikistan

BR tə,dʒiːkɪˈstɑːn
AM təˈdʒikəˌstæn
RUS tədʒɪkʲiˈstan

tae kwon do

BR ˌtʌɪ ˌkwɒn ˈdəʊ
AM ˌˈtaɪ ˌkwɑn ˈdoʊ

ta'en

BR teɪn
AM teɪn

taenia

BR ˈtiːnɪə(r)
AM ˈtiniə

taeniae

BR ˈtiːniː
AM ˈtini,aɪ, ˈtini,i

taenioid

BR ˈtiːnɪɔɪd
AM ˈtini,ɔɪd

Taff

BR taf, -s
AM tæf, -s

taffeta

BR ˈtafɪtə(r)
AM ˈtæfədə

taffrail

BR ˈtafreɪl, ˈtafr(ɨ)l, -z
AM ˈtæˌfreɪl, ˈtæfrəl, -z

taffy

BR ˈtaf|i, -ɪz
AM ˈtæfi, -z

tafia

BR ˈtafɪə(r), -z
AM ˈtæfiə, -z

Taft

BR taft
AM tæft

tag

BR tag, -z, -ɪŋ, -d
AM tæg, -z, -ɪŋ, -d

Tagalog

BR təˈgɑːlɒg, təˈgalɒg
AM ˈtægəˌlɔg,
ˈtægəˌlɑg,
təˈgɑləg

tagalong

BR ˈtagəlɒŋ, -z
AM ˈtægəˌlɔŋ,
ˈtægəˌlɑŋ, -z

Taganrog

BR ˈtagənrɒg
AM ˈtægənˌrɑg,
ˈtægənˌrɔg
RUS təganˈrok

tag end

BR ˈtag ɛnd, -z
AM ˈtæg ˌɛnd, -z

tagetes

BR ˈtadʒɪtiːz,
təˈdʒiːtiːz
AM təˈdʒɛdiz,
ˈtædʒəˌtiz

Taggart

BR ˈtagət
AM ˈtægərt

tagliatelle

BR ˌtaljəˈtɛli
AM ˌtæljəˈtɛl
IT taʎˈʎaˈtelle

tagmeme

BR ˈtagmiːm, -z
AM ˈtægˌmim, -z

tagmemics

BR tagˈmiːmɪks
AM tægˈmɪmɪks

Tagore

BR təˈgɔː(r)
AM təˈgɔ(ə)r

Tagus

BR ˈteɪgəs
AM ˈteɪgəs

Tahiti

BR tɑːˈhiːti
AM tɑˈhidi,
təˈhidi

Tahitian

BR tɑːˈhiːʃn, -z
AM tɑˈhiʃ(ə)n,
təˈhiʃ(ə)n, -z

Tahoe

BR ˈtɑːhəʊ
AM ˈtɑˌhoʊ

tahr

BR tɑː(r), -z
AM tɑr, -z

tahsil

BR tɑːˈsiːl, -z
AM tɑˈsi(ə)l, -z

tahsildar

BR ˌtɑːsiːlˈdɑː(r), -z
AM ˌtɑsilˈdɑr, -z

Tai

BR tʌɪ
AM taɪ

Tai'an

BR ˌtʌɪˈɑːn
AM ˈtaɪˈɑn

tai chi

BR ˌtʌɪ ˈtʃiː
AM ˌtaɪ ˈtʃi

t'ai chi

BR ˌtʌɪ ˈtʃiː
AM ˌtaɪ ˈtʃi

t'ai chi ch'uan

BR ˌtʌɪ ˌtʃiː ˈtʃwɑːn
AM ˌtaɪ ˌtʃi ˈtʃwɑn

Taichung

BR ˌtʌɪˈtʃʊŋ
AM ˈtaɪˈtʃʊŋ

taig

BR teɪg, -z
AM teɪg, -z

taiga

BR ˈtʌɪgɑː(r), -z
AM taɪˈgɑ,
ˈtaɪgə, -z
RUS tajˈga

tail

BR teɪl, -z, -ɪŋ, -d
AM teɪl, -z,
-ɪŋ, -d

tailback

BR ˈteɪlbak, -s
AM ˈtaɪlˌbæk, -s

tailboard

BR ˈteɪlbɔːd, -z
AM ˈteɪlˌbɔ(ə)rd, -z

tailbone

BR ˈteɪlbəʊn, -z
AM ˈtaɪlˌboʊn, -z

tailcoat

BR ˈteɪlkəʊt,
ˌteɪlˈkəʊt, -s
AM ˈteɪlˌkoʊt, -s

tail-end
BR ˌteɪlˈɛnd, -z
AM ˌteɪlˈɛnd, -z
tail-ender
BR ˌteɪlˈɛndə(r), -z
AM ˌteɪlˈɛndər, -z
tailgate
BR ˈteɪlgeɪt, -s, -ɪŋ, -ɪd
AM ˈteɪlˌgeɪ|t, -ts, -dɪŋ, -dɪd
tailgater
BR ˈteɪlgeɪtə(r), -z
AM ˈteɪlˌgeɪdər, -z
tailie
BR ˈteɪl|i, -ɪz
AM ˈteɪli, -z
tailing
BR ˈteɪlɪŋ, -z
AM ˈteɪlɪŋ, -z
tail lamp
BR ˈteɪl lamp, -s
AM ˈteɪl ˌ(l)æmp, -s
Tailleferre
BR ˌtʌɪˈfɛː(r), ˈtʌɪfɛː(r)
AM ˌtaɪəˈfɛ(ə)r
tailless
BR ˈteɪlləs
AM ˈteɪ(l)ləs
taillight
BR ˈteɪllʌɪt, -s
AM ˈteɪlˌ(l)aɪt, -s
tailor
BR ˈteɪlə(r), -z
AM ˈteɪlər, -z
tailoress
BR ˌteɪləˈrɛs, -ɪz
AM ˈteɪlərəs, -əz
tailor-made
BR ˌteɪləˈmeɪd
AM ˌteɪlərˈmeɪd
tailpiece
BR ˈteɪlpiːs, -ɪz
AM ˈteɪlˌpis, -ɪz
tailpipe
BR ˈteɪlpʌɪp, -s
AM ˈteɪlˌpaɪp, -s
tailplane
BR ˈteɪlpleɪn, -z
AM ˈteɪlˌpleɪn, -z

tailspin
BR ˈteɪlspɪn, -z
AM ˈteɪlˌspɪn, -z
tailstock
BR ˈteɪlstɒk, -s
AM ˈteɪlˌstɑk, -s
tailwheel
BR ˈteɪlwiːl, -z
AM ˈteɪlˌ(h)wil, -z
tailwind
BR ˈteɪlwɪnd, -z
AM ˈteɪlˌwɪnd, -z
Taimyr
BR ˌtʌɪˈmɪə(r)
AM taɪˈmɪ(ə)r
Tainan
BR ˌtʌɪˈnan
AM ˌtaɪˈnæn
taint
BR teɪnt, -s, -ɪŋ, -ɪd
AM teɪn|t, -ts, -(t)ɪŋ, -(t)ɪd
taintless
BR ˈteɪntləs
AM ˈteɪn(t)ləs
taipan
BR ˈtʌɪpan, -z
AM ˈtaɪˌpæn, -z
Taipei
BR ˌtʌɪˈpeɪ
AM ˌtaɪˈpeɪ
Taiping
BR ˌtʌɪˈpɪŋ
AM ˌtaɪˈpɪŋ
Tait
BR teɪt
AM teɪt
Taiwan
BR ˌtʌɪˈwaːn, ˌtʌɪˈwɒn
AM ˌtaɪˈwɑn
Taiwanese
BR ˌtʌɪwəˈniːz
AM ˌtaɪˌwɑˈniz
taj
BR tɑː(d)ʒ, -ɪz
AM tɑ(d)ʒ, -əz
Tajik
BR ˈtɑːdʒɪk, tɑːˈdʒiːk, -s
AM tɑˈdʒɪk, -s
RUS tadˈʒɪk

Tajikistan
BR təˌdʒiːkɪˈstaːn
AM təˈdʒikəˌstæn
RUS tədʒɪkˈʲiˈstan
Taj Mahal
BR ˌtɑː(d)ʒ məˈhaːl
AM ˌˌtɑ(d)ʒ məˈhɑl
Tajo
BR ˈtɑːhəʊ
AM ˈtɑhoʊ
taka
BR ˈtɑːkɑː(r)
AM ˈtɑkə
takable
BR ˈteɪkəbl
AM ˈteɪkəb(ə)l
takahe
BR ˈtɑːkəh|i, -ɪz
AM təˈkaɪ, -z
take
BR teɪk, -s, -ɪŋ
AM teɪk, -s, -ɪŋ
takeaway
BR ˈteɪkəweɪ, -z
AM ˈteɪkəˌweɪ, -z
takedown
BR ˈteɪkdaʊn, -z
AM ˈteɪkˌdaʊn, -z
take-home
BR ˈteɪkhəʊm, -z
AM ˈteɪkˌ(h)oʊm, -z
take-in
BR ˈteɪkɪn, -z
AM ˈteɪkˌɪn, -z
taken
BR ˈteɪk(ə)n
AM ˈteɪkən
takeoff
BR ˈteɪkɒf, -s
AM ˈteɪkˌɑf, ˈteɪkˌɔf, -s
takeout
BR ˈteɪkaʊt, -s
AM ˈteɪkˌaʊt, -s
takeover
BR ˈteɪkˌəʊvə(r), -z
AM ˈteɪkˌoʊvər, -z
taker
BR ˈteɪkə(r), -z
AM ˈteɪkər, -z
takeup
BR ˈteɪkʌp, -s
AM ˈteɪkˌəp, -s

taking
BR ˈteɪkɪŋ, -z
AM ˈteɪkɪŋ, -z
takingly
BR ˈteɪkɪŋli
AM ˈteɪkɪŋli
takingness
BR ˈteɪkɪŋnɪs
AM ˈtækɪŋnɪs
Taklimakan
BR ˌtaklɪməˈkaːn
AM ˌtakləməˈkan
tala
BR ˈtɑːlə(r), -z
AM ˈtɑːlə, -z
talapoin
BR ˈtaləpɔɪn, -z
AM ˈtæləˌpwɑn, ˈtæləˌpɔɪn, -z
talaria
BR təˈlɛːrɪə(r)
AM təˈlɛriə
Talbot
BR ˈtɔːlbət, ˈtɒlbət, -s
AM ˈtɔlbət, ˈtɑlbət, ˈtælbət, -s
talbot
BR ˈtɔːlbət, ˈtɒlbət, -s
AM ˈtɔlbət, ˈtɑlbət, ˈtælbət, -s
talc
BR talk
AM tælk
talcose
BR ˈtalkəʊs, ˈtalkəʊz
AM ˈtælˌkoʊz, ˈtælˌkoʊs
talcous
BR ˈtalkəs
AM ˈtælkəs
talcum
BR ˈtalkəm
AM ˈtælkəm
talcy
BR ˈtalki
AM ˈtælki
tale
BR teɪl
AM teɪl
talebearer
BR ˈteɪlˌbɛːrə(r), -z
AM ˈteɪlˌbɛrər, -z

talebearing
BR ˈteɪlˌbeːrɪŋ
AM ˈteɪlˌberɪŋ
talent
BR ˈtalnt, -s, -ɪd
AM ˈtæl(ə)nt, -s, -əd
talentless
BR ˈtalntləs
AM ˈtælən(t)ləs
tales[1] *people chosen for a jury*
BR ˈteɪliːz
AM ˈteɪˌllz
tales[2] *plural of tale*
BR teɪlz
AM teɪlz
talesman
BR ˈteɪlzmən
AM ˈteɪlzm(ə)n
talesmen
BR ˈteɪlzmən
AM ˈteɪlzm(ə)n
taleteller
BR ˈteɪlˌtelə(r), -z
AM ˈteɪlˌtelər, -z
Talgarth
BR ˈtalgɑːθ
AM ˈtælˌgɑrθ
tali
BR ˈteɪlʌɪ
AM ˈteɪˌlaɪ
talion
BR ˈtalɪən, -z
AM ˈtælɪən, -z
talipes
BR ˈtalɪpiːz
AM ˈtæləˌpiz
talipot
BR ˈtalɪpɒt, -s
AM ˈtæləˌpɑt, -s
talisman
BR ˈtalɪzmən, -z
AM ˈtæləzm(ə)n, ˈtæləsm(ə)n, -z
talismanic
BR ˌtalɪzˈmanɪk
AM ˌtæləzˈmænɪk
talk
BR tɔːk, -s, -ɪŋ, -t
AM tɑk, tɔk, -s, -ɪŋ, -t

talkathon
BR ˈtɔːkəθɒn, -z
AM ˈtɑkəˌθɑn, ˈtɔkəˌθɑn, -z
talkative
BR ˈtɔːkətɪv
AM ˈtɑkədɪv, ˈtɔkədɪv
talkatively
BR ˈtɔːkətɪvli
AM ˈtɑkədɪvli, ˈtɔkədɪvli
talkativeness
BR ˈtɔːkətɪvnɪs
AM ˈtɑkədɪvnɪs, ˈtɔkədɪvnɪs
talkback
BR ˈtɔːkbak, -s
AM ˈtɑkˌbæk, ˈtɔkˌbæk, -s
talker
BR ˈtɔːkə(r), -z
AM ˈtɑkər, ˈtɔkər, -z
talkfest
BR ˈtɔːkfɛst, -s
AM ˈtɑkˌfɛst, ˈtɔkˌfɛst, -s
talkie
BR ˈtɔːk|i, -ɪz
AM ˈtɑki, ˈtɔki, -z
tall
BR tɔːl, -ə(r), -ɪst
AM tɑl, tɔl, -ər, -əst
tallage
BR ˈtal|ɪdʒ, -ɪdʒɪz
AM ˈtælədʒ, -ɪz
Tallahassee
BR ˌtaləˈhasi
AM ˌtæləˈhæsi
tallboy
BR ˈtɔːlbɔɪ, -z
AM ˈtɑlˌbɔɪ, ˈtɔlˌbɔɪ, -z
Talley
BR ˈtali
AM ˈtæli
Talleyrand
BR ˈtalɪrand
AM ˈtæliˌrænd
FR talɛrɑ̃
Tallin
BR ˈtalɪn, taˈliːn
AM ˈtæl(ə)n

Tallinn
BR ˈtalɪn, taˈliːn
AM ˈtæl(ə)n
Tallis
BR ˈtalɪs
AM ˈtæləs
tallish
BR ˈtɔːlɪʃ
AM ˈtɑlɪʃ, ˈtɔlɪʃ
tallith
BR ˈtalɪθ, ˈtɑːlɪθ, ˈtalɪs, ˈtɑːlɪs
AM ˈtaləθ, ˈtaləs
tallness
BR ˈtɔːlnəs
AM ˈtɑlnəs, ˈtɔlnəs
tallow
BR ˈtaləʊ
AM ˈtæloʊ
tallowish
BR ˈtaləʊɪʃ
AM ˈtæləwɪʃ
tallowy
BR ˈtaləʊi
AM ˈtæləwi
Tallulah
BR təˈluːlə(r)
AM təˈlulə
tally
BR ˈtal|i, -ɪz, -ɪŋ, -ɪd
AM ˈtæli, -z, -ɪŋ, -d
tally-ho
BR ˌtalɪˈhəʊ, -z
AM ˌtæliˈhoʊ, -z
tallyman
BR ˈtalɪman
AM ˈtæliˌmæn
tallymen
BR ˈtalɪmɛn
AM ˈtæliˌmɛn
Talmud
BR ˈtalmʊd, ˈtalmʌd
AM ˈtælməd, ˈtɑlˌmʊd
Talmudic
BR talˈmʊdɪk, talˈmʌdɪk
AM tælˈmʊdɪk, talˈm(j)udɪk, talˈmʊdɪk, tælˈm(j)udɪk

Talmudical
BR talˈmʊdɪkl, talˈmʌdɪkl
AM tælˈmʊdək(ə)l, talˈm(j)udək(ə)l, talˈmʊdək(ə)l, tælˈm(j)udək(ə)l
Talmudist
BR ˈtalmʊdɪst, ˈtalmʌdɪst, -s
AM ˈtælmədəst, ˈtalˌmʊdəst, -s
talon
BR ˈtalən, -z, -d
AM ˈtæl(ə)n, -z, -d
talus
BR ˈteɪləs
AM ˈteɪləs
Tal-y-bont
BR ˌtalɪˈbɒnt
AM ˌtæliˈbɑnt
Talybont
BR ˌtalɪˈbɒnt
AM ˌtæliˈbɑnt
WE ˌtalʌˈbɒnt
Tal-y-llyn
BR ˌtalɪˈlɪn, ˌtalɪˈlɪn
AM ˌtæliˈlɪn
WE ˌtalʌˈðɪn
TAM
BR tam
AM tæm
tam
BR tam, -z
AM tæm, -z
tamable
BR ˈteɪməbl
AM ˈteɪməb(ə)l
tamale
BR təˈmɑːl|i, -ɪz
AM təˈmɑli, -z
tamandua
BR təˈmand(j)ʊə(r), təˈmandʒʊə(r), ˌtamənˈd(j)uːə(r), -z
AM təˈmændʒəwə, təˈmændəwə, -z
tamanoir
BR ˈtamənwɑː(r), -z
AM ˈtæmənˌwɑr, -z

Tamar
BR ˈteɪmɑː(r)
AM ˈteɪmɑr

Tamara
BR təˈmɑːrə(r), ˈtam(ə)rə(r)
AM ˈtæmərə, təˈmɛrə

tamarack
BR ˈtamərak, -s
AM ˈtæm(ə)ˌræk, -s

tamari
BR təˈmɑːri
AM təˈmɑri

tamarillo
BR ˌtaməˈrɪləʊ, -z
AM ˌtæməˈrɪloʊ, -z

tamarin
BR ˈtam(ə)rɪn, -z
AM ˈtæməˌrɪn, ˈtæm(ə)rən, -z

tamarind
BR ˈtam(ə)rɪnd, -z
AM ˈtæməˌrɪnd, ˈtæm(ə)rənd, -z

tamarisk
BR ˈtam(ə)rɪsk, -s
AM ˈtæməˌrɪsk, ˈtæm(ə)rəsk, -s

tambala
BR tamˈbɑːlə(r), -z
AM tamˈbɑlə, -z

tamber
BR ˈtambə(r), -z
AM ˈtæmbər, -z

Tambo
BR ˈtambəʊ
AM ˈtæmboʊ

tambour
BR ˈtambʊə(r), ˈtambɔː(r), -z
AM ˈtæmˌbʊ(ə)r, -z

tamboura
BR tamˈbʊərə(r), tamˈbɔːrə(r), -z
AM tæmˈbʊrə, -z

tambourin
BR ˈtambərɪn, -z
AM ˌtæmbəˈrin, -z

tambourine
BR ˌtambəˈriːn, -z
AM ˌtæmbəˈrin, -z

tambourinist
BR ˌtambəˈriːnɪst, -s
AM ˌtæmbəˈrinɪst, -s

Tamburlaine
BR ˈtambəːleɪn
AM ˈtæmbərˌleɪn

tame
BR teɪm, -z, -ɪŋ, -d
AM teɪm, -z, -ɪŋ, -d

tameability
BR ˌteɪməˈbɪlɪti
AM ˌteɪməˈbɪlɪdi

tameable
BR ˈteɪməbl
AM ˈteɪməb(ə)l

tameableness
BR ˈteɪməblnəs
AM ˈteɪməbəlnəs

tamely
BR ˈteɪmli
AM ˈteɪmli

tameness
BR ˈteɪmnɪs
AM ˈteɪmnəs

tamer
BR ˈteɪmə(r), -z
AM ˈteɪmər, -z

Tamerlane
BR ˈtaməleɪn
AM ˈtæmərˌleɪn

Tamil
BR ˈtam(ɪ)l, -z
AM ˈtæm(ə)l, -z

Tamilian
BR təˈmɪliən
AM təˈmɪliən, təˈmɪljən

Tamil Nadu
BR ˌtam(ɪ)l ˈnɑːduː
AM ˌtæm(ə)l ˈnɑdu

Tamla Motown
BR ˌtamlə ˈməʊtaʊn
AM ˈtæmlə ˈmoʊˌtaʊn

Tammany
BR ˈtaməni
AM ˈtæməni

Tammie
BR ˈtami
AM ˈtæmi

tammy
BR ˈtam|i, -ɪz
AM ˈtæmi, -z

tam-o'-shanter
BR ˌtaməˈʃantə(r), -z
AM ˌtæməˌʃæn(t)ər, -z

tamp
BR tam|p, -ps, -pɪŋ, -(p)t
AM tæm|p, -ps, -pɪŋ, -(p)t

Tampa
BR ˈtampə(r)
AM ˈtæmpə

tampan
BR ˈtampan, -z
AM ˈtæmˌpæn, -z

tamper
BR ˈtamp|ə(r), -əz, -(ə)rɪŋ, -əd
AM ˈtæmp|ər, -ərz, -(ə)rɪŋ, -ərd

Tampere
BR ˈtampərə(r)
AM ˈtæmpərə

tamperer
BR ˈtamp(ə)rə(r), -z
AM ˈtæmp(ə)rər, -z

tampering
BR ˈtamp(ə)rɪŋ, -z
AM ˈtæmp(ə)rɪŋ, -z

tamper-proof
BR ˈtampəpruːf
AM ˈtæmpərˌpruf

Tampico
BR tamˈpiːkəʊ
AM tæmˈpiːˌkoʊ

tampion
BR ˈtampɪən, -z
AM ˈtæmpiən, -z

tampon
BR ˈtampɒn, -z
AM ˈtæmˌpɑn, -z

tamponade
BR ˌtampəˌneɪd, -z
AM ˌtæmpəˈneɪd, -z

tamponage
BR ˈtampənɪdʒ
AM ˈtæmpənɪdʒ

tam-tam
BR ˈtamtam, -z
AM ˈtæmˈtæm, -z

Tamworth
BR ˈtamwəθ, -s
AM ˈtæmˌwərθ, -s

tan
BR tan, -z, -ɪŋ, -d
AM tæn, -z, -ɪŋ, -d

tanager
BR ˈtanədʒə(r), -z
AM ˈtænədʒər, -z

Tanagra
BR ˈtanəgrə(r), -z
AM ˈtænəgrə, -z

Tánaiste
BR ˈtɔːnɪʃt(ʃ)ə(r), ˈtɑːnɪʃt(ʃ)ə(r)
AM ˈtɑnɪʃt(ʃ)ə
IR ˈtɑːnəsʲtʲə

Tananarive
BR ˌtanənəˈriːv
AM ˌtænənəˈriv

tanbark
BR ˈtanbɑːk, -s
AM ˈtænˌbɑrk, -s

Tancred
BR ˈtaŋkrɪd, ˈtaŋkrɛd
AM ˈtæŋkrəd

tandem
BR ˈtandəm, -z
AM ˈtændəm, -z

tandoor
BR ˈtandʊə(r), tanˈdʊə(r), ˈtandɔː(r), tanˈdɔː(r), -z
AM tænˈdʊ(ə)r, -z

tandoori
BR tanˈdʊər|i, tanˈdɔːr|i, -ɪz
AM tænˈdʊri, -z

Tandy
BR ˈtandi
AM ˈtændi

tang
BR taŋ, -z
AM tæŋ, -z

tanga
BR ˈtaŋgə(r), -z
AM ˈtæŋgə, -z

Tanganyika
BR ˌtaŋgənˈjiːkə(r)
AM ˌtæŋgəˈnikə

Tanganyikan
BR ˌtaŋgənˈjiːkən, -z
AM ˌtæŋgəˈnikən, -z

tangelo
BR ˈtan(d)ʒələʊ, -z
AM ˈtændʒəˌloʊ, -z
tangency
BR ˈtan(d)ʒ(ə)ns|i, -iz
AM ˈtændʒənsi, -z
tangent
BR ˈtan(d)ʒ(ə)nt, -s
AM ˈtændʒ(ə)nt, -s
tangential
BR tanˈdʒen(t)ʃl
AM tænˈdʒen(t)ʃ(ə)l
tangentially
BR tanˈdʒen(t)ʃli
AM tænˈdʒen(t)ʃəli
tangerine
BR ˌtan(d)ʒəˈriːn, -z
AM ˌtændʒəˈrin, -z
tanghin
BR ˈtaŋgɪn, -z
AM ˈtæŋgən, -z
tangibility
BR ˌtandʒɪˈbɪlɪti
AM ˌtændʒəˈbɪlɪdi
tangible
BR ˈtandʒɪbl
AM ˈtændʒəb(ə)l
tangibleness
BR ˈtandʒɪblnəs
AM ˈtændʒəbəlnəs
tangibly
BR ˈtan(d)ʒɪbli
AM ˈtændʒəbli
Tangier
BR tanˈdʒɪə(r)
AM tænˈdʒɪ(ə)r
Tangiers
BR tanˈdʒɪəz
AM tænˈdʒɪ(ə)rz
tanginess
BR ˈtaŋɪnɪs
AM ˈtæŋɪnɪs
tangle
BR ˈtaŋg|l, -lz, -lɪŋ\-lŋ, -ld
AM ˈtæŋg|əl, -əlz, -(ə)lɪŋ, -əld
Tanglewood
BR ˈtaŋglwʊd
AM ˈtæŋgəlˌwʊd

tangly
BR ˈtaŋl|i, -ɪə(r), -ɪɪst
AM ˈtæŋg(ə)li, ˈtæŋli, -ər, -ɪst
Tangmere
BR ˈtaŋmɪə(r)
AM ˈtæŋˌmɪ(ə)r
tango
BR ˈtaŋgəʊ, -z, -ɪŋ, -d
AM ˈtæŋgoʊ, -z, -ɪŋ, -d
tangram
BR ˈtaŋgram, -z
AM ˈtæŋˌgræm, ˈtæŋˌgræm, -z
tangy
BR ˈtaŋ|i, -ɪə(r), -ɪɪst
AM ˈtæŋi, -ər, -ɪst
tanh
BR θæn, tanʃ, ˌtanˈeɪtʃ
AM ˈtænʃ, ˌtænˈeɪtʃ, θæn
Tania
BR ˈtɑːnɪə(r), ˈtanɪə(r)
AM ˈtɑnɪə, ˈtænɪə
tanist
BR ˈtanɪst, -s
AM ˈθɒnəst, ˈθɑnəst, ˈtænəst, -s
tanistry
BR ˈtanɪstri
AM ˈθɒnəstri, ˈθɑnəstri, ˈtænəstri
tank
BR taŋ|k, -ks, -kɪŋ, -(k)t
AM tæŋ|k, -ks, -kɪŋ, -(k)t
tanka
BR ˈtaŋkə(r), ˈtɑːŋkə(r), -z
AM ˈtɑŋkə, -z
tankage
BR ˈtaŋk|ɪdʒ, -ɪdʒɪz
AM ˈtæŋkɪdʒ, -ɪz
tankard
BR ˈtaŋkəd, -z
AM ˈtæŋkərd, -z
tanker
BR ˈtaŋk|ə(r), -əz, -(ə)rɪŋ, -əd
AM ˈtæŋkər, -z, -ɪŋ, -d

tankful
BR ˈtaŋkfʊl, -z
AM ˈtæŋkˌfʊl, -z
tankless
BR ˈtaŋkləs
AM ˈtæŋkləs
tanksuit
BR ˈtaŋks(j)uːt, -s
AM ˈtæŋkˌsut, -s
tanktop
BR ˈtaŋktɒp, -s
AM ˈtæŋkˌtɑp, -s
tannable
BR ˈtanəbl
AM ˈtænəb(ə)l
tannage
BR ˈtan|ɪdʒ, -ɪdʒɪz
AM ˈtænɪdʒ, -ɪz
tannate
BR ˈtaneɪt, -s
AM ˈtæˌneɪt, -s
tanner
BR ˈtanə(r), -z
AM ˈtænər, -z
tannery
BR ˈtan(ə)r|i, -ɪz
AM ˈtænəri, -z
Tannhäuser
BR ˈtanˌhɔɪzə(r)
AM ˈtænˌhɔɪzər
tannic
BR ˈtanɪk
AM ˈtænɪk
tannic acid
BR ˌtanɪk ˈasɪd
AM ˌtænɪk ˈæsəd
tannin
BR ˈtanɪn
AM ˈtænən
tannish
BR ˈtanɪʃ
AM ˈtænɪʃ
tannoy
BR ˈtanɔɪ, -z
AM ˈtæˌnɔɪ, -z
Tanqueray
BR ˈtaŋkəreɪ, ˈtaŋk(ə)ri
AM ˈtæŋkəˌreɪ
tanrec
BR ˈtanrɛk, -s
AM ˈtænrɛk, -s

Tansey
BR ˈtanzi
AM ˈtænzi
tansy
BR ˈtanz|i, -ɪz
AM ˈtænzi, -z
tantalic
BR tanˈtalɪk
AM tænˈtælɪk
tantalisation
BR ˌtantḷʌɪˈzeɪʃn
AM ˌtæn(t)ḷˌaɪˈzeɪʃ(ə)n, ˌtæn(t)ləˈzeɪʃ(ə)n
tantalise
BR ˈtantḷʌɪz, -ɪz, -ɪŋ, -d
AM ˈtæn(t)ḷˌaɪz, -ɪz, -ɪŋ, -d
tantaliser
BR ˈtantḷʌɪzə(r), -z
AM ˈtæn(t)ḷˌaɪzər, -z
tantalisingly
BR ˈtantḷʌɪzɪŋli
AM ˈtæn(t)ḷˌaɪzɪŋli
tantalite
BR ˈtantḷʌɪt
AM ˈtæn(t)ḷˌaɪt
tantalization
BR ˌtantḷʌɪˈzeɪʃn
AM ˌtæn(t)ḷˌaɪˈzeɪʃ(ə)n, ˌtæn(t)ləˈzeɪʃ(ə)n
tantalize
BR ˈtantḷʌɪz, -ɪz, -ɪŋ, -d
AM ˈtæn(t)ḷˌaɪz, -ɪz, -ɪŋ, -d
tantalizer
BR ˈtantḷʌɪzə(r), -z
AM ˈtæn(t)ḷˌaɪzər, -z
tantalizingly
BR ˈtantḷʌɪzɪŋli
AM ˈtæn(t)ḷˌaɪzɪŋli
tantalous
BR ˈtantḷəs
AM ˈtæn(t)ḷəs
tantalum
BR ˈtantḷəm
AM ˈtæn(t)ḷəm
tantalus
BR ˈtantḷəs, -ɪz
AM ˈtæn(t)ḷəs, -əz

tantamount
BR ˈtæntəmaʊnt
AM ˈtæn(t)əˌmaʊnt

tantivy
BR tænˈtɪv|i, -ɪz
AM tænˈtɪvi, -z

tant mieux
BR ˌtɒ̃ ˈmjəː(r)
AM ˌtɑn ˈmjə

tant pis
BR ˌtɒ̃ ˈpiː
AM ˌtɑn ˈpi

tantra
BR ˈtæntrə(r), -z
AM ˈtæntrə, -z

tantric
BR ˈtæntrɪk
AM ˈtæntrɪk

tantrism
BR ˈtæntrɪzm
AM ˈtænˌtrɪz(ə)m

tantrist
BR ˈtæntrɪst, -s
AM ˈtæntrəst, -s

tantrum
BR ˈtæntrəm, -z
AM ˈtæntrəm, -z

Tanya
BR ˈtɑːnjə(r), ˈtænjə(r)
AM ˈtænjə, ˈtɑnjə

Tanzania
BR ˌtænzəˈniːə(r)
AM ˌtænzəˈniə

Tanzanian
BR ˌtænzəˈniːən, -z
AM ˌtænzəˈniən, -z

Tao
BR taʊ, ˈtɑːəʊ, -z
AM ˈtaʊ, -z

Taoiseach
BR ˈtiːʃək, ˈtiːʃəx
AM ˈtiʃək

Taoism
BR ˈtaʊɪzm, ˈtɑːəʊɪzm
AM ˈtaʊˌɪz(ə)m

Taoist
BR ˈtaʊɪst, ˈtɑːəʊɪst, -s
AM ˈtaʊəst, -s

Taoistic
BR taʊˈɪstɪk, ˌtɑːəʊˈɪstɪk
AM taʊˈɪstɪk

Taormina
BR ˌtaʊəˈmiːnə(r)
AM ˌtaʊrˈminə

Taos
BR taʊs
AM ˈtɑˌoʊs

tap
BR tæp, -s, -ɪŋ, -t
AM tæp, -s, -ɪŋ, -t

tapa
BR ˈtæpə(r), ˈtɑːpə(r), -z
AM ˈtɑpə, -z

tap-dance
BR ˈtæpdɑːns, -ɪz, -ɪŋ, -t
AM ˈtæpˌdæns, -əz, -ɪŋ, -t

tap-dancer
BR ˈtæpˌdɑːnsə(r), -z
AM ˈtæpˌdænsər, -z

tape
BR teɪp, -s, -ɪŋ, -t
AM teɪp, -s, -ɪŋ, -t

tapeable
BR ˈteɪpəbl
AM ˈteɪpəb(ə)l

tapeless
BR ˈteɪplɪs
AM ˈteɪplɪs

tapelike
BR ˈteɪplʌɪk
AM ˈteɪpˌlaɪk

taper
BR ˈteɪp|ə(r), -əz, -(ə)rɪŋ, -əd
AM ˈteɪp|ər, -ərz, -(ə)rɪŋ, -ərd

taperecord
BR ˈteɪprɪˌkɔːd, -z, -ɪŋ, -ɪd
AM ˈteɪprəˌkɔ(ə)rd, -z, -ɪŋ, -əd

tapestry
BR ˈtæpɪstr|i, -ɪz, -ɪd
AM ˈtæpəstri, -d

tapeta
BR təˈpiːtə(r)
AM təˈpidə

tapetum
BR təˈpiːtəm, -z
AM təˈpidəm, -z

tapeworm
BR ˈteɪpwəːm, -z
AM ˈteɪpˌwɜrm, -z

tapioca
BR ˌtæpɪˈəʊkə(r)
AM ˌtæpiˈoʊkə

tapir
BR ˈteɪp(ɪ)ə(r), -z
AM ˈteɪpər, -z

tapiroid
BR ˈteɪp(ɪ)ərɔɪd, -z
AM ˈteɪpəˌrɔɪd, -z

tapis
BR ˈtæpi(ː)
AM tɑˈpi, ˈtɑpi

tapless
BR ˈtæpləs
AM ˈtæpləs

Taplin
BR ˈtæplɪn
AM ˈtæpl(ə)n

Taplow
BR ˈtæpləʊ
AM ˈtæpˌloʊ

tapotement
BR təˈpəʊtm(ə)nt
AM təˈpoʊtm(ə)nt

Tapp
BR tæp
AM tæp

tappable
BR ˈtæpəbl
AM ˈtæpəb(ə)l

tapper
BR ˈtæpə(r), -z
AM ˈtæpər, -z

tappet
BR ˈtæpɪt, -s
AM ˈtæpət, -s

tapping
BR ˈtæpɪŋ, -z
AM ˈtæpɪŋ, -z

taproom
BR ˈtæpruːm, ˈtæprʊm, -z
AM ˈtæpˌrʊm, ˈtæpˌrum, -z

taproot
BR ˈtæpruːt, -s
AM ˈtæpˌrut, -s

Tapsell
BR ˈtæpsl
AM ˈtæps(ə)l

tapster
BR ˈtæpstə(r), -z
AM ˈtæpstər, -z

tap-tap
BR ˌtæpˈtæp, -s
AM ˈtæpˌtæp, -s

tapu *taboo*
BR ˈtɑːpuː, -z, -ɪŋ, -d
AM ˈtɑˌpu, -z, -ɪŋ, -d

tap water
BR ˈtæp ˌwɔːtə(r)
AM ˈtæp ˌwɔdər, ˈtæp ˌwɑdər

taqueria
BR ˌtɑːkəˈriːə(r), -z
AM ˌtɑkəˈriə, -z

taquito
BR tæˈkiːtəʊ, -z
AM tɑˈkidoʊ, -z

tar
BR tɑː(r), -z, -ɪŋ, -d
AM tɑr, -z, -ɪŋ, -d

Tara[1] *house in US*
BR ˈtærə(r)
AM ˈtɛrə

Tara[2] *Ireland*
BR ˈtɑːrə(r)
AM ˈtɑrə

taradiddle
BR ˌtærəˌdɪdl, ˌtærəˈdɪdl, -z
AM ˌtɛrəˌdɪd(ə)l, -z

tarakihi
BR ˌtærəˈkiːhi, ˌtærəˈkiː, ˌtærəˈkiːhɪz\ˌtærəˈkiːz
AM ˌtɛrəˈkihi, -z

taramasalata
BR ˌtærəməsəˈlɑːtə(r), təˌræməsəˈlɑːtə(r)
AM ˈtɛrəməsəˈlɑdə

taramosalata
BR ˌtærəməsəˈlɑːtə(r), təˌræməsəˈlɑːtə(r)
AM ˈtɛrəməsəˈlɑdə

Taranaki
BR ˌtærəˈnɑːki, ˌtærəˈnɑːki
AM ˌtɛrəˈnɑki

tarantass
BR ˌtærn̩ˈtæs, -ɪz
AM ˌtærənˈtæs,
-əz
RUS təranˈtas
tarantella
BR ˌtærn̩ˈtelə(r), -z
AM ˌterənˈtelə, -z
IT taranˈtella
tarantism
BR ˈtærn̩tɪzm
AM ˈterənˌtɪz(ə)m
tarantula
BR təˈræntjʊlə(r),
təˈræntʃʊlə(r),
təˈræntʃlə(r), -z
AM təˈræn(t)ʃələ, -z
taraxacum
BR təˈræksəkəm, -z
AM təˈræksəkəm,
-z
Tarbert
BR ˈtɑːbət
AM ˈtɑrbərt
Tarbet
BR ˈtɑːbɪt
AM ˈtɑrbət
tarboosh
BR tɑːˈbuːʃ, -ɪz
AM tɑrˈbʊʃ, tɑrˈbuʃ,
-əz
tarbrush
BR ˈtɑːbrʌʃ, -ɪz
AM ˈtɑrˌbrəʃ, -əz
Tarbuck
BR ˈtɑːbʌk
AM ˈtɑrˌbək
Tardenoisian
BR ˌtɑːdɪˈnɔɪziən
AM ˌtɑrdəˈnɔɪziən
tardigrade
BR ˈtɑːdɪgreɪd, -z
AM ˈtɑrdəˌgreɪd, -z
tardily
BR ˈtɑːdɪli
AM ˈtɑrdəli
tardiness
BR ˈtɑːdɪnɪs
AM ˈtɑrdɪnɪs
Tardis
BR ˈtɑːdɪs
AM ˈtɑrdəs

tardive dyskinesia
BR ˌtɑːdɪv
ˌdɪskɪˈniːziə(r)
AM ˌtɑrdɪv ˌdɪskɪˈniːʒə,
ˌtɑrdɪv ˌdɪskɪˈniːziə
tardy
BR ˈtɑːd|i, -iə(r), -ɪɪst
AM ˈtɑrdi, -ər, -ɪst
tare
BR teː(r), -z
AM te(ə)r, -z
target
BR ˈtɑːg|ɪt, -ɪts, -ɪtɪŋ,
-ɪtɪd
AM ˈtɑrgə|t, -ts, -dɪŋ,
-dəd
targetable
BR ˈtɑːgɪtəbl
AM ˈtɑrgədəb(ə)l
Targum
BR ˈtɑːgəm, tɑːˈguːm,
-z
AM ˈtɑrˌgum,
ˈtɑrˌgʊm, -z
Targumist
BR ˈtɑːgʊmɪst, -s
AM ˈtɑrˌgumɪst,
ˈtɑrˌgʊmɪst, -s
Tarheel
BR ˈtɑːhiːl, -z
AM ˈtɑrˌ(h)il, -z
tariff
BR ˈtærɪf, -s
AM ˈterəf, -s
Tariq
BR ˈtærɪk
AM ˈtɑrək
Tarka
BR ˈtɑːkə(r)
AM ˈtɑrkə
tarlatan
BR ˈtɑːlətn, -z
AM ˈtɑrlətn, -z
Tarleton
BR ˈtɑːlt(ə)n
AM ˈtɑrletn, ˈtɑrlt(ə)n
Tarmac
BR ˈtɑːmæk
AM ˈtɑrˌmæk
tarmacadam
BR ˌtɑːməˌkædəm
AM ˌtɑrməˌkædəm

tarn
BR tɑːn, -z
AM tɑrn, -z
tarnation *interjection*
BR tɑːˈneɪʃn
AM tɑrˈneɪʃ(ə)n
tarnish
BR ˈtɑːn|ɪʃ, -ɪʃɪz, -ɪʃɪŋ,
-ɪʃt
AM ˈtɑrnɪʃ, -ɪz, -ɪŋ, -t
tarnishable
BR ˈtɑːnɪʃəbl
AM ˈtɑrnəʃəb(ə)l
taro
BR ˈtærəʊ, -z
AM ˈteroʊ, -z
tarot
BR ˈtærəʊ
AM ˈteroʊ
tarp
BR tɑːp, -s
AM tɑrp, -s
tarpan
BR ˈtɑːpæn, -z
AM ˈtɑrˌpæn, -z
tarpaulin
BR tɑːˈpɔːlɪn, -z
AM ˈtɑrpəl(ə)n,
tɑrˈpæl(ə)n,
tɑrˈpɔl(ə)n, -z
Tarpeia
BR tɑːˈpiːə(r)
AM tɑrˈpiə
Tarpeian
BR tɑːˈpiːən
AM tɑrˈpeɪən
tarpon
BR ˈtɑːp(ə)n, -z
AM ˈtɑrpən, -z
Tarporley
BR ˈtɑːpli
AM ˈtɑrpərli
Tarquin
BR ˈtɑːkwɪn
AM ˈtɑrkwən
tarradiddle
BR ˈtærəˌdɪdl,
ˌtærəˈdɪdl, -z
AM ˈˌterəˈdɪd(ə)l, -z
tarragon
BR ˈtærəg(ə)n
AM ˈterəgən, ˈterəˌgɑn

Tarragona
BR ˌtærəˈgɒnə(r)
AM ˌterəˈgoʊnə
Tarrasa
BR təˈrɑːsə(r)
AM təˈrɑsə
tarrier
BR ˈtæriə(r), -z
AM ˈteriər, -z
tarriness
BR ˈtɑːrɪnɪs
AM ˈtɑrɪnɪs
tarry[1] *covered with tar*
BR ˈtɑːr|i, -iə(r), -ɪɪst
AM ˈtɑri, -ər, -ɪst
tarry[2] *wait*
BR ˈtær|i, -ɪz, -ɪɪŋ, -ɪd
AM ˈteri, -z, -ɪŋ, -d
tarsal
BR ˈtɑːsl, -z
AM ˈtɑrs(ə)l, -z
Tarshish
BR ˈtɑːʃɪʃ
AM ˈtɑrʃɪʃ
tarsi
BR ˈtɑːsʌɪ
AM ˈtɑrˌsaɪ
tarsia
BR ˈtɑːsiə(r)
AM ˈtɑrsiə
tarsier
BR ˈtɑːsɪə(r), -z
AM ˈtɑrsiər, -z
Tarski
BR ˈtɑːski
AM ˈtɑrski
tarsus
BR ˈtɑːsəs
AM ˈtɑrsəs
tart
BR tɑːt, -s, -ɪŋ,
-ɪd
AM ˈtɑr|t, -ts, -dɪŋ,
-dəd
tartan
BR ˈtɑːt(ə)n, -z
AM ˈtɑrtn, -z
tartar[1] *deposit on teeth, etc.*
BR ˈtɑːtɑː(r)
AM ˈtɑrdər

tartar² *person*
BR ˈtɑːtə(r), -z
AM ˈtɑrdər, -z

tartare
BR tɑːˈtɑː(r)
AM tɑ(r)ˈtɑr

tartaric
BR tɑːˈtærɪk
AM tɑrˈtɛrɪk

tartaric acid
BR tɑːˌtærɪk ˈæsɪd
AM tɑrˌtɛrɪk ˈæsəd

tartarise
BR ˈtɑːtərʌɪz, -ɪz, -ɪŋ, -d
AM ˈtɑrdəˌraɪz, -ɪz, -ɪŋ, -d

tartarize
BR ˈtɑːtərʌɪz, -ɪz, -ɪŋ, -d
AM ˈtɑrdəˌraɪz, -ɪz, -ɪŋ, -d

tartar sauce
BR ˌtɑːtɑː ˈsɔːs
AM ˈtɑrdər ˌsɑs, ˈtɑrdər ˌsɔs

Tartarus
BR ˈtɑːt(ə)rəs
AM ˈtɑrdərəs

Tartary
BR ˈtɑːt(ə)ri
AM ˈtɑrdəri

tartily
BR ˈtɑːtɪli
AM ˈtɑrdəli

tartiness
BR ˈtɑːtɪnɪs
AM ˈtɑrdɪnɪs

tartlet
BR ˈtɑːtlɪt, -s
AM ˈtɑrtlət, -s

tartly
BR ˈtɑːtli
AM ˈtɑrtli

tartness
BR ˈtɑːtnəs
AM ˈtɑrtnəs

tartrate
BR ˈtɑːtreɪt, -s
AM ˈtɑrˌtreɪt, -s

tartrazine
BR ˈtɑːtrəziːn
AM ˈtɑrtrəz(ə)n, ˈtɑrtrəˌzin

Tartuffe
BR (ˌ)tɑːˈtuːf
AM ˌtɑrˈtuf

tarty
BR ˈtɑːt|i, -ɪə(r), -ɪɪst
AM ˈtɑrdi, -ər, -ɪst

Tarzan
BR ˈtɑːzn
AM ˈtɑrz(ə)n, ˈtɑrˌzæn

Tashkent
BR ˌtɑʃˈkɛnt
AM ˌtæʃˈkɛnt
RUS tɑʃˈkʲent

task
BR tɑːsk, -s, -ɪŋ, -t
AM tæsk, -s, -ɪŋ, -t

Tasker
BR ˈtɑːskə(r), ˈtɑːskə(r)
AM ˈtæskər

taskmaster
BR ˈtɑːskˌmɑːstə(r), -z
AM ˈtæskˌmæstər, -z

taskmistress
BR ˈtɑːskˌmɪstrɪs, -ɪz
AM ˈtæskˌmɪstrɪs, -ɪz

Tasman
BR ˈtazmən
AM ˈtæzm(ə)n

Tasmania
BR tazˈmeɪnɪə(r)
AM tæzˈmeɪnɪə, ˌtæzˈmeɪnjə

Tasmanian
BR tazˈmeɪnɪən, -z
AM tæzˈmeɪnɪən, tæzˈmeɪnjən, -z

tass
BR tas, -ɪz
AM tæs, -əz
RUS tas

tassa
BR ˈtasə(r)
AM ˈtɑsə

tassel
BR ˈtasl, -z, -d
AM ˈtæs(ə)l, -z, -d

tassie
BR ˈtas|i, -ɪz
AM ˈtæsi, -z

Tasso
BR ˈtasəʊ
AM ˈtæsoʊ

taste
BR teɪst, -s, -ɪŋ, -ɪd
AM teɪst, -s, -ɪŋ, -ɪd

tasteable
BR ˈteɪstəbl
AM ˈteɪstəb(ə)l

taste bud
BR ˈteɪs(t) bʌd, -z
AM ˈteɪs(t) ˌbəd, -z

tasteful
BR ˈteɪs(t)f(ʊ)l
AM ˈteɪs(t)fəl

tastefully
BR ˈteɪs(t)fʊli, ˈteɪs(t)fl̩i
AM ˈteɪs(t)fəli

tastefulness
BR ˈteɪs(t)f(ʊ)lnəs
AM ˈteɪs(t)fəlnəs

tasteless
BR ˈteɪs(t)lɪs
AM ˈteɪs(t)lɪs

tastelessly
BR ˈteɪs(t)lɪsli
AM ˈteɪs(t)lɪsli

tastelessness
BR ˈteɪs(t)lɪsnɪs
AM ˈteɪs(t)lɪsnɪs

taster
BR ˈteɪstə(r), -z
AM ˈteɪstər, -z

tastily
BR ˈteɪstɪli
AM ˈteɪstɪli

tastiness
BR ˈteɪstɪnɪs
AM ˈteɪstɪnɪs

tasting
BR ˈteɪstɪŋ, -z
AM ˈteɪstɪŋ, -z

tasty
BR ˈteɪst|i, -ɪə(r), -ɪɪst
AM ˈteɪsti, -ər, -ɪst

tat
BR tat, -s, -ɪŋ, -ɪd
AM tæ|t, -ts, -dɪŋ, -dəd

tata
BR tɑˈtɑː(r)
AM tɑˈtɑ

tatami
BR tɑˈtɑːm|i, tɑːˈtɑːm|i, -ɪz
AM tɑˈtɑmi, -z

Tatar
BR ˈtɑːtə(r), -z
AM ˈtɑdər, -z

Tatarstan
BR ˌtɑːtəˈstɑːn
AM ˈtɑdərˌstæn

Tatchell
BR ˈtatʃl
AM ˈtætʃ(ə)l

Tate
BR teɪt
AM teɪt

tater *potato*
BR ˈteɪtə(r), -z
AM ˈteɪdər, -z

Tatham
BR ˈteɪθ(ə)m, ˈteɪð(ə)m, ˈtatəm
AM ˈtædəm

Tati
BR ˈtati
AM tɑˈti

Tatiana
BR ˌtatɪˈɑːnə(r)
AM ˌtɑdiˈɑnə

tatler
BR ˈtatlə(r), -z
AM ˈtætlər, ˈtædl̩ər, -z

tatou
BR ˈtatuː, -z
AM təˈtu, -z

Tatra
BR ˈtɑːtrə(r), ˈtatrə(r)
AM ˈtætrə

Tatras
BR ˈtɑːtrəs, ˈtatrəs
AM ˈtætrəz

tatter
BR ˈtatə(r), -z, -d
AM ˈtædər, -z, -d

tatterdemalion
BR ˌtatədɪˈmeɪlɪən, -z
AM ˌtædərdiˈmeɪljən, ˌtædərdəˈmeɪljən, -z

tattersall¹
BR ˈtatəs(ɔː)l, -z
AM ˈtædərˌsɑl, ˈtædərˌsɔl, -z

tattersall²
BR ˈtatəs(ɔː)l, -z
AM ˈtædərˌsal,
 ˈtædərˌsɔl, -z
tattery
BR ˈtat(ə)ri
AM ˈtædəri
tattie *potato*
BR ˈtat|i, -ɪz
AM ˈtædi, -z
tattily
BR ˈtatɪli
AM ˈtædəli
tattiness
BR ˈtatɪnɪs
AM ˈtædɪnɪs
tattle
BR ˈtat|l, -lz, -l̩ɪŋ\-lɪŋ,
 -ld
AM ˈtædəl, -z, -ɪŋ, -d
tattler
BR ˈtatlə(r), ˈtatlə(r),
 -z
AM ˈtætlər, ˈtædlər, -z
tattletale
BR ˈtatlteɪl, -z
AM ˈtædlˌteɪl, -z
Tatton
BR ˈtatn
AM ˈtætn
tattoo
BR taˈtuː, -z, -ɪŋ, -d
AM tæˈtu, -z, -ɪŋ, -d
tattooer
BR taˈtuːə(r), -z
AM tæˈtuər, -z
tattooist
BR taˈtuːɪst, -s
AM tæˈtuəst, -s
tatty
BR ˈtat|i, -ɪə(r),
 -ɪɪst
AM ˈtædi, -ər, -ɪst
Tatum
BR ˈteɪtəm
AM ˈteɪdəm
tau
BR tɔː(r), taʊ
AM tɔ, taʊ
taught
BR tɔːt
AM tɑt, tɔt

taunt
BR tɔːnt, -s, -ɪŋ, -ɪd
AM tɑn|t, tɔn|t, -ts,
 -(t)ɪŋ, -(t)əd
taunter
BR ˈtɔːntə(r), -z
AM ˈtɑn(t)ər,
 ˈtɔn(t)ər, -z
tauntingly
BR ˈtɔːntɪŋli
AM ˈtɑn(t)ɪŋli,
 ˈtɔn(t)ɪŋli
Taunton
BR ˈtɔːntən
AM ˈtɑn(t)ən,
 ˈtɔn(t)ən
Taunus
BR ˈtɔːnəs, ˈtaʊnəs
AM ˈtaʊnəs, ˈtɔnəs
taupe
BR təʊp
AM toʊp
Taupo
BR ˈtaʊpəʊ
AM ˈtaʊpoʊ
taupy
BR ˈtəʊpi
AM ˈtoʊpi
Tauranga
BR taʊˈraŋə(r)
AM taʊˈraŋə
Taurean
BR ˈtɔːrɪən, tɔːˈriːən,
 -z
AM təˈriən, ˈtɔriən, -z
taurine¹ *amido-
 ethylsulphonic acid*
BR ˈtɔːriːn
AM ˈtɔˌrin
taurine² *bovine*
BR ˈtɔːrʌɪn
AM ˈtɔˌraɪn
tauromachy
BR tɔːˈrɒmək|i, -ɪz
AM tɔˈrɑməki, -z
Taurus
BR ˈtɔːrəs
AM ˈtɔrəs
taut
BR tɔːt, -ə(r), -ɪst
AM tɑ|t, tɔ|t, -dər,
 -dəst

tauten
BR ˈtɔːtn̩, -z,
 -ɪŋ, -d
AM ˈtɑtn, ˈtɔtn, -z,
 -ɪŋ, -d
tautly
BR ˈtɔːtli
AM ˈtɑtli, ˈtɔtli
tautness
BR ˈtɔːtnəs
AM ˈtɑtnəs,
 ˈtɔtnəs
tautochrone
BR ˈtɔːtəlʊrəʊn, ɒ
AM ˈtɑdəˌkroʊn,
 ˈtɔdəˌkroʊn, -z
tautog
BR tɔːˈtɒg, -z
AM tɑˈtɑg, tɔˈtɔg, -z
tautologic
BR ˌtɔːtəˈlɒdʒɪk
AM ˌtɑdlˈadʒɪk,
 ˌtɔdlˈadʒɪk
tautological
BR ˌtɔːtəˈlɒdʒɪkl
AM ˌtɑdlˈadʒək(ə)l,
 ˌtɔdlˈadʒək(ə)l
tautologically
BR ˌtɔːtəˈlɒdʒɪkli
AM ˌtɑdlˈadʒək(ə)li,
 ˌtɔdlˈadʒək(ə)li
tautologise
BR tɔːˈtɒlədʒʌɪz, -ɪz,
 -ɪŋ, -d
AM tɑˈtaləˌdʒaɪz,
 tɔˈtaləˌdʒaɪz, -ɪz,
 -ɪŋ, -d
tautologist
BR tɔːˈtɒlədʒɪst,
 -s
AM tɑˈtalədʒəst,
 tɔˈtalədʒəst, -s
tautologize
BR tɔːˈtɒlədʒʌɪz, -ɪz,
 -ɪŋ, -d
AM tɑˈtaləˌdʒaɪz,
 tɔˈtaləˌdʒaɪz, -ɪz,
 -ɪŋ, -d
tautologous
BR tɔːˈtɒləgəs
AM tɑˈtaləgəs,
 tɔˈtaləgəs

tautology
BR tɔːˈtɒlədʒ|i, -ɪz
AM tɑˈtalədʒi,
 tɔˈtalədʒi, -z
tautomer
BR ˈtɔːtəmə(r), -z
AM ˈtadəmər,
 ˈtɔdəmər, -z
tautomeric
BR ˌtɔːtəˈmɛrɪk
AM ˌtadəˈmɛrɪk,
 ˌtɔdəˈmɛrɪk
tautomerism
BR tɔɪˈtɒmərɪzm
AM tɑˈtaməˌrɪz(ə)m,
 tɔˈtaməˌrɪz(ə)m
tautophony
BR tɔːˈtɒfn|i, -ɪz
AM tɑˈtafəni,
 tɔˈtafəni, -z
Tavare
BR ˈtavəreɪ
AM ˈtævəˌreɪ, ˌtævəˈreɪ
Tavaré
BR ˈtavəreɪ
AM ˈtævəˌreɪ,
 ˌtævəˈreɪ
tavern
BR ˈtavn, -z
AM ˈtævərn, -z
taverna
BR təˈvɜːnə(r), -z
AM təˈvɜrnə, -z
GR taˈverna
Taverner
BR ˈtavn̩ə(r)
AM ˈtævərnər
Taverners
BR ˈtavn̩əz
AM ˈtævərnərz
Tavistock
BR ˈtavɪstɒk
AM ˈtævəˌstak
taw
BR tɔː(r), -z, -ɪŋ, -d
AM tɑ, tɔ, -z, -ɪŋ, -d
tawa
BR ˈtaːwə(r)
AM ˈtawə
tawdrily
BR ˈtɔːdrɪli
AM ˈtɑdrəli, ˈtɔdrəli

tawdriness
BR ˈtɔːdrɪnɪs
AM ˈtɑdrɪnɪs, ˈtɔdrɪnɪs
tawdry
BR ˈtɔːdr|i, -ɪə(r), -ɪɪst
AM ˈtɑdri, ˈtɔdri, -ər, -ɪst
Tawe *river*
BR ˈtaʊi
AM ˈtaʊi
tawer
BR ˈtɔːə(r), -z
AM ˈtɔ(ə)r, -z
tawniness
BR ˈtɔːnɪnɪs
AM ˈtɑnɪnɪs, ˈtɔnɪnɪs
tawny
BR ˈtɔːn|i, -ɪə(r), -ɪɪst
AM ˈtɑni, ˈtɔni, -ər, -ɪst
taws
BR tɔːz, -ɪz
AM tɑz, tɔz, -ɪz
tawse
BR tɔːz, -ɪz
AM tɑz, tɔz, -ɪz
tax
BR taks, -ɪz, -ɪŋ, -t
AM tæks, -əz, -ɪŋ, -t
taxa
BR ˈtaksə(r)
AM ˈtæksə
taxability
BR ˌtaksəˈbɪlɪti
AM ˌtæksəˈbɪlɪdi
taxable
BR ˈtaksəbl
AM ˈtæksəb(ə)l
taxation
BR takˈseɪʃn
AM tækˈseɪʃ(ə)n
tax-deductible
BR ˌtaksdɪˈdʌktɪbl
AM ˌtæksdəˈdəktəb(ə)l
tax-efficient
BR ˌtaksɪˈfɪʃnt
AM ˌtæksəˈfɪʃ(ə)nt
taxer
BR ˈtaksə(r), -z
AM ˈtæksər, -z
taxes *plural of taxis*
BR ˈtaksiːz
AM ˈtækˌsiz

taxi
BR ˈtaks|i, -ɪz, -ɪɪŋ, -ɪd
AM ˈtæksi, -z, -ɪŋ, -d
taxicab
BR ˈtaksɪkab, -z
AM ˈtæksiˌkæb, -z
taxidermal
BR ˌtaksɪˈdəːml
AM ˌtæksəˈdərml
taxidermic
BR ˌtaksɪˈdəːmɪk
AM ˌtæksəˈdərmɪk
taxidermist
BR ˈtaksɪdəˌmɪst, takˈsɪdəmɪst, -s
AM ˈtæksəˌdərməst, -s
taxidermy
BR ˈtaksɪdəˌmi, takˈsɪdəmi
AM ˈtæksəˌdərmi
taximeter
BR ˈtaksɪˌmiːtə(r), -z
AM ˈtæksiˌmidər, -z
taxingly
BR ˈtaksɪŋli
AM ˈtæksɪŋli
taxis *reflex*
BR ˈtaksɪs
AM ˈtæksəs
taxiway
BR ˈtaksɪweɪ, -z
AM ˈtæksiˌweɪ, -z
taxless
BR ˈtakslɪs
AM ˈtækslɪs
taxman
BR ˈtaksman
AM ˈtæksˌmæn
taxmen
BR ˈtaksmɛn
AM ˈtæksˌmɛn
taxol
BR ˈtaksɒl
AM ˈtæksɑl, ˈtæksɔl
taxon
BR ˈtaksɒn
AM ˈtækˌsɑn
taxonomic
BR ˌtaksəˈnɒmɪk
AM ˌtæksəˈnɑmɪk

taxonomical
BR ˌtaksəˈnɒmɪkl
AM ˌtæksəˈnɑmək(ə)l
taxonomically
BR ˌtaksəˈnɒmɪkli
AM ˌtæksəˈnɑmək(ə)li
taxonomist
BR takˈsɒnəmɪst, -s
AM tækˈsɑnəməst, -s
taxonomy
BR takˈsɒnəm|i, -ɪz
AM tækˈsɑnəmi, -z
taxpayer
BR ˈtaksˌpeɪə(r), -z
AM ˈtæksˌpeɪər, -z
taxpaying
BR ˈtaksˌpeɪɪŋ
AM ˈtæksˌpeɪɪŋ
Tay
BR teɪ
AM teɪ
tayberry
BR ˈteɪb(ə)r|i, -ɪz
AM ˈteɪbəri, ˈteɪˌbɛri, -z
Tayler
BR ˈteɪlə(r)
AM ˈteɪlər
Taylor
BR ˈteɪlə(r)
AM ˈteɪlər
tayra
BR ˈtʌɪrə(r), -z
AM ˈtaɪrə, -z
Tay-Sachs
BR ˌteɪˈsaks
AM ˌteɪˈsæks
Tayside
BR ˈteɪsʌɪd
AM ˈteɪˌsaɪd
tazza
BR ˈtɑːtsə(r), -z
AM ˈtɑtsə, -z
Tbilisi
BR ˌtɪbɪˈliːsi
AM ˌtəbəˈlisi
RUS tbʲiˈlʲisʲi
Tblisi
BR ˌtɪbɪˈliːsi
AM ˌtəbəˈlisi
RUS tbʲiˈlʲisʲi

Tchad
BR tʃad
AM tʃæd
Tchadian
BR tʃadiən, -z
AM tʃædiən, -z
Tchaikovsky
BR tʃʌɪˈkɒfski, tʃʌɪˈkɒvzki
AM tʃaɪˈkafski, tʃaɪˈkaʊski, tʃaɪˈkɔfski
TD
BR ˌtiːˈdiː, -z
AM ˈtiˌdi, -z
te
BR tiː
AM ti
tea
BR tiː, -z
AM ti, -z
teabag
BR ˈtiːbag, -z
AM ˈtiˌbæg, -z
teaball
BR ˈtiːbɔːl, -z
AM ˈtiˌbɑl, ˈtiˌbɔl, -z
teabread
BR ˈtiːbrɛd
AM ˈtiˌbrɛd
teacake
BR ˈtiːkeɪk, -s
AM ˈtiˌkeɪk, -s
teach
BR tiːtʃ, -ɪz, -ɪŋ
AM titʃ, -əz, -ɪŋ
teachability
BR ˌtiːtʃəˈbɪlɪti
AM ˌtitʃəˈbɪlɪdi
teachable
BR ˈtiːtʃəbl
AM ˈtitʃəb(ə)l
teachableness
BR ˈtiːtʃəblnəs
AM ˈtitʃəbəlnəs
teacher
BR ˈtiːtʃə(r), -z
AM ˈtitʃər, -z
teacherly
BR ˈtiːtʃəli
AM ˈtitʃərli

teach-in
BR ˈtiːtʃɪn, -z
AM ˈtitʃˌɪn, -z
teaching
BR ˈtiːtʃɪŋ, -z
AM ˈtitʃɪŋ, -z
teacup
BR ˈtiːkʌp, -s
AM ˈtiˌkəp, -s
teacupful
BR ˈtiːkʌpfʊl, -z
AM ˈtiˌkəpˌfʊl, -z
teacupsful
BR ˈtiːkʌpsfʊl
AM ˈtiˌkəpsˌfʊl
teagarden
BR ˈtiːˌgɑːdn, -z
AM ˈtiˌgɑrdən, -z
teahouse
BR ˈtiːhaʊ|s, -zɪz
AM ˈtiˌhaʊ|s, -zəz
teak
BR tiːk
AM tik
teakettle
BR ˈtiːˌketl, -z
AM ˈtiˌkɛdəl, -z
teal
BR tiːl
AM til
tealeaf
BR ˈtiːliːf
AM ˈtiˌlif
tealeaves
BR ˈtiːliːvz
AM ˈtiˌlivz
team
BR tiːm, -z, -ɪŋ, -d
AM tim, -z, -ɪŋ, -d
teammate
BR ˈtiːmmeɪt, -s
AM ˈti(m)ˌmeɪt, -s
teamster
BR ˈtiːmstə(r), -z
AM ˈtimstər, -z
team-teaching
BR ˈtiːmˌtiːtʃɪŋ, ˌtiːmˈtiːtʃɪŋ
AM ˌtimˈtitʃɪŋ
teamwork
BR ˈtiːmwɜːk
AM ˈtimˌwərk

teapot
BR ˈtiːpɒt, -s
AM ˈtiˌpɑt, -s
teapoy
BR ˈtiːpɔɪ, -z
AM ˈtiˌpɔɪ, -z
tear¹ *crying*
BR tɪə(r), -z
AM tɪ(ə)r, -z
tear² *rip*
BR tɛː(r), -z, -ɪŋ
AM tɛ(ə)r, -z, -ɪŋ
tearable
BR ˈtɛːrəbl
AM ˈtɛrəb(ə)l
tearaway
BR ˈtɛːrəweɪ, -z
AM ˈtɛrəˌweɪ, -z
teardrop
BR ˈtɪədrɒp, -s
AM ˈtɪrˌdrɑp, -s
tearer
BR ˈtɛːrə(r), -z
AM ˈtɛrər, -z
tearful
BR ˈtɪəf(ʊ)l
AM ˈtɪrfəl
tearfully
BR ˈtɪəfʊli, ˈtɪəfˌli
AM ˈtɪrfəli
tearfulness
BR ˈtɪəf(ʊ)lnəs
AM ˈtɪrfəlnəs
teargas
BR ˈtɪəgas, -ɪz, -ɪŋ, -d
AM ˈtɪrˌgæs, -əz, -ɪŋ, -d
tearjerker
BR ˈtɪəˌdʒɜːkə(r), -z
AM ˈtɪrˌdʒɜrkər, -z
tear-jerking
BR ˈtɪəˌdʒɜːkɪŋ
AM ˈtɪrˌdʒɜrkɪŋ
tearless
BR ˈtɪələs
AM ˈtɪrləs
tearlessly
BR ˈtɪələsli
AM ˈtɪrləsli
tearlessness
BR ˈtɪələsnəs
AM ˈtɪrləsnəs

tearlike
BR ˈtɪəlʌɪk
AM ˈtɪrˌlaɪk
tear-off
BR ˈtɛːrɒf
AM ˈtɛrˌɑf, ˈtɛrˌɔf
tearoom
BR ˈtiːruːm, ˈtiːrʊm, -z
AM ˈtiˌrʊm, ˈtiˌrum, -z
tearstained
BR ˈtɪəsteɪnd
AM ˈtɪrˌsteɪnd
teary
BR ˈtɪəri
AM ˈtɪri
Teasdale
BR ˈtiːzdeɪl
AM ˈtizˌdeɪl
tease
BR tiːz, -ɪz, -ɪŋ, -d
AM tiz, -ɪz, -ɪŋ, -d
teasel
BR ˈtiːz|l, -lz, -lɪŋ\-lɪŋ, -ld
AM ˈtizəl, -əlz, -(ə)lɪŋ, -əld
teaseler
BR ˈtiːzlə(r), ˈtiːzlə(r), -z
AM ˈtiz(ə)lər, -z
teaser
BR ˈtiːzə(r), -z
AM ˈtizər, -z
teaset
BR ˈtiːset, -s
AM ˈtiˌsɛt, -s
teashop
BR ˈtiːʃɒp, -s
AM ˈtiˌʃɑp, -s
teasingly
BR ˈtiːzɪŋli
AM ˈtizɪŋli
Teasmade
BR ˈtiːzmeɪd
AM ˈtizˌmeɪd
teaspoon
BR ˈtiːspuːn, -z
AM ˈtiˌspun, -z
teaspoonful
BR ˈtiːspuːnfʊl, -z
AM ˈtiˌspunˌfʊl, -z

teaspoonsful
BR ˈtiːspuːnzfʊl
AM ˈtiˌspunzˌfʊl
teat
BR tiːt, -s
AM tit, -s
tea table
BR ˈtiːˌteɪbl, -z
AM ˈtiˌteɪb(ə)l, -z
teatime
BR ˈtiːtʌɪm
AM ˈtiˌtaɪm
teazel
BR ˈtiːz|l, -lz, -l̩ŋ\-lɪŋ, -ld
AM ˈtizəl, -əlz, -(ə)lɪŋ, -əld
teazle
BR ˈtiːz|l, -lz, -l̩ŋ\-lɪŋ, -ld
AM ˈtizəl, -əlz, -(ə)lɪŋ, -əld
Tebay
BR ˈtiːbeɪ
AM ˈtibeɪ
Tebbit
BR ˈtɛbɪt
AM ˈtɛbət
Tebbitt
BR ˈtɛbɪt
AM ˈtɛbət
tec
BR tɛk, -s
AM tɛk, -s
tech
BR tɛk
AM tɛk
techie
BR ˈtɛk|i, -ɪz
AM ˈtɛki, -z
techily
BR ˈtɛtʃɪli
AM ˈtɛtʃəli
techiness
BR ˈtɛtʃɪnɪs
AM ˈtɛkɪnɪs, ˈtɛtʃɪnɪs
technetium
BR tɛkˈniːʃ(ɪ)əm
AM tɛkˈnɪʃ(i)əm
technic
BR ˈtɛknɪk, -s
AM ˈtɛknɪk, -s

technical
BR ˈteknɪkl, -z
AM ˈteknək(ə)l, -z

technicality
BR ˌteknɪˈkælɪt|i, -ɪz
AM ˌteknəˈkælədi, -z

technically
BR ˈteknɪkli
AM ˈteknək(ə)li

technicalness
BR ˈteknɪklnəs
AM ˈteknəkəlnəs

technician
BR tekˈnɪʃn, -z
AM tekˈnɪʃ(ə)n, -z

technicist
BR ˈteknɪsɪst, -s
AM ˈteknəsəst, -s

technicolor
BR ˈteknɪˌkʌlə(r), -d
AM ˈteknəˌkələr, -d

technicolour
BR ˈteknɪˌkʌlə(r)
AM ˈteknəˌkələr

technique
BR tekˈniːk, -s
AM tekˈnik, -s

techno
BR ˈteknəʊ
AM ˈteknoʊ

technobabble
BR ˈteknə(ʊ)ˌbabl
AM ˈteknoʊˌbæbəl

technocracy
BR tekˈnɒkrəs|i, -ɪz
AM tekˈnɑkrəsi, -z

technocrat
BR ˈteknəkrat, -s
AM ˈteknəˌkræt, -s

technocratic
BR ˌteknəˈkratɪk
AM ˌteknəˈkrætɪk

technocratically
BR ˌteknəˈkratɪkli
AM ˌteknəˈkrædək(ə)li

technological
BR ˌteknəˈlɒdʒɪkl
AM ˌteknəˈlɑdʒək(ə)l

technologically
BR ˌteknəˈlɒdʒɪkli
AM ˌteknəˈlɑdʒək(ə)li

technologist
BR tekˈnɒlədʒɪst, -s
AM tekˈnɑlədʒəst, -s

technology
BR tekˈnɒlədʒ|i, -ɪz
AM tekˈnɑlədʒi, -z

technophile
BR ˈteknə(ʊ)fʌɪl, -z
AM ˈteknəˌfaɪl, -z

technophobe
BR ˈteknə(ʊ)fəʊb, -z
AM ˈteknəˌfoʊb, -z

technophobia
BR ˌteknə(ʊ)ˈfəʊbɪə(r)
AM ˌteknəˈfoʊbiə

technophobic
BR ˌteknə(ʊ)ˈfəʊbɪk
AM ˌteknəˈfoʊbɪk

technospeak
BR ˈteknə(ʊ)spiːk
AM ˈteknəˌspik

techy
BR ˈtetʃ|i, -ɪə(r), -ɪɪst
AM ˈteki, ˈtetʃi, -ər, -ɪst

Teck
BR tek
AM tek

tectonic
BR tekˈtɒnɪk, -s
AM tekˈtɑnɪk, -s

tectonically
BR tekˈtɒnɪkli
AM tekˈtɑnək(ə)li

tectorial
BR tekˈtɔːrɪəl
AM tekˈtɔrɪəl

tectrices
BR ˈtektrɪsiːz
AM ˈtektrəˌsiz

tectrix
BR ˈtektrɪks, -ɪz
AM ˈtekˌtrɪks, -ɪz

Tecumseh
BR tɪˈkʌmsə(r)
AM təˈkəmsə

Tecwyn
BR ˈtekwɪn
AM ˈtekwən

ted
BR ted, -z, -ɪŋ, -ɪd
AM ted, -z, -ɪŋ, -əd

tedder
BR ˈtedə(r), -z
AM ˈtedər, -z

Teddington
BR ˈtedɪŋt(ə)n
AM ˈtedɪŋt(ə)n

teddy
BR ˈted|i, -ɪz
AM ˈtedi, -z

Te Deum
BR ˌtiː ˈdiːəm, ˌteɪ ˈdeɪəm, -z
AM ti ˈdeɪəm, teɪ ˈdeɪəm, -z

tedious
BR ˈtiːdɪəs
AM ˈtidɪəs

tediously
BR ˈtiːdɪəsli
AM ˈtidɪəsli

tediousness
BR ˈtiːdɪəsnəs
AM ˈtidɪəsnəs

tedium
BR ˈtiːdɪəm
AM ˈtidɪəm

tee
BR tiː, -z, -ɪŋ, -d
AM ti, -z, -ɪŋ, -d

tee-hee
BR ˌtiːˈhiː, -z, -ɪŋ, -d
AM ˌtiˈhi, -z, -ɪŋ, -d

teem
BR tiːm, -z, -ɪŋ, -d
AM tim, -z, -ɪŋ, -d

teen
BR tiːn, -z
AM tin, -z

teenage
BR ˈtiːneɪdʒ, -d
AM ˈtiˌneɪdʒ, -d

teenager
BR ˈtiːnˌeɪdʒə(r), -z
AM ˈtiˌneɪdʒər, -z

teensy
BR ˈtiːnz|i, -ɪɪst
AM ˈtinsi, -ɪst

teensy-weensy
BR ˌtiːnzɪˈwiːnzi
AM ˈtinsiˈwinsi

teeny
BR ˈtiːn|i, -ɪɪst
AM ˈtini, -ɪst

teenybopper
BR ˈtiːnɪˌbɒpə(r), -z
AM ˈtiniˌbɑpər, -z

teeny-weeny
BR ˌtiːnɪˈwiːni
AM ˈtiniˈwini

teepee
BR ˈtiːpiː, -z
AM ˈtiˌpi, -z

Tees
BR tiːz
AM tiz

Teesdale
BR ˈtiːzdeɪl
AM ˈtizˌdeɪl

teeshirt
BR ˈtiːʃəːt, -s
AM ˈtiˌʃərt, -s

tee-square
BR ˈtiːskwɛː(r), -z
AM ˈtiˌskwɛ(ə)r, -z

Teesside
BR ˈtiː(z)sʌɪd
AM ˈti(z)ˌsaɪd

teeter
BR ˈtiːt|ə(r), -əz, -(ə)rɪŋ, -əd
AM ˈtidər, -z, -ɪŋ, -d

teeterboard
BR ˈtiːtəbɔːd, -z
AM ˈtidərˌbɔ(ə)rd, -z

teeter-tatter
BR ˈtiːtəˌtatə(r), -z
AM ˈtidərˌtadər, -z

teeter-totter
BR ˈtiːtəˌtɒtə(r), -z
AM ˈtidərˌtadər, -z

teeth
BR tiːθ
AM tiθ

teethe
BR tiːð, -z, -ɪŋ, -d
AM tið, -z, -ɪŋ, -d

teething ring
BR ˈtiːðɪŋ ˌrɪŋ, -z
AM ˈtiðɪŋ ˌrɪŋ, -z

teetotal
BR ˌtiːˈtəʊtl
AM ˈtiˌtoʊdl

teetotaler
BR ˌtiːˈtəʊtlə(r),
ˌtiːˈtəʊtl̩ə(r), -z
AM ˈtiˌtoʊdl̩ər, -z

teetotalism
BR ˌtiːˈtəʊtlɪzm
AM ˈtiˌtoʊdl̩ˌɪz(ə)m

teetotaller
BR ˌtiːˈtəʊtlə(r),
ˌtiːˈtəʊtl̩ə(r), -z
AM ˈtiˌtoʊdl̩ər, -z

teetotally
BR ˌtiːˈtəʊtli,
ˌtiːˈtəʊtl̩i
AM ˈtiˌtoʊdl̩i

teetotum
BR tiːˈtəʊtəm,
-z
AM tiˈtoʊdəm, -z

teff
BR tɛf, -s
AM tɛf, -s

TEFL
BR ˈtɛfl
AM ˈtɛfəl

Teflon
BR ˈtɛflɒn
AM ˈtɛfˌlɑn

teg
BR tɛg, -z
AM tɛg, -z

Tegucigalpa
BR ˌtɛgʊsɪˈgalpə(r),
tɪˌguːsɪˈgalpə(r)
AM təˌgusəˈgælpə

tegular
BR ˈtɛgjʉlə(r)
AM ˈtɛgjələr

tegularly
BR ˈtɛgjʉləli
AM ˈtɛgjələrli

tegument
BR ˈtɛgjʉm(ə)nt,
-s
AM ˈtɛgjəm(ə)nt,
-s

tegumental
BR ˌtɛgjʉˈmɛntl
AM ˌtɛgjəˈmɛn(t)l

tegumentary
BR ˌtɛgjʉˈmɛnt(ə)ri
AM ˌtɛgjəˈmɛn(t)əri

Teheran
BR ˌteɪ(ə)ˈrɑːn,
ˌtɛ(ə)ˈrɑːn,
ˌteɪ(ə)ˈran, ˌtɛ(ə)ˈran
AM ˌtɛ(ə)ˈran,
ˌtɛ(ə)ˈræn

Tehran
BR ˌteɪ(ə)ˈrɑːn,
ˌtɛ(ə)ˈrɑːn,
ˌteɪ(ə)ˈran, ˌtɛ(ə)ˈran
AM ˌtɛ(ə)ˈran,
ˌtɛ(ə)ˈræn

Teign
BR tiːn, tɪn
AM tin

Teignmouth
BR ˈtɪnməθ,
ˈtiːnməθ
AM ˈtinməθ

Teilhard de Chardin
BR ˌteɪɑː də ˈʃɑːdã,
+ ˈʃɑːdan
AM tɛˌjard də ʃarˈdɛn

Te Kanawa
BR ˌteɪ ˈkɑːnəwə(r)
AM ˌteɪ ˈkɑnəwə

teknonymous
BR tɛkˈnɒnɪməs
AM tɛkˈnɑnəməs

teknonymy
BR tɛkˈnɒnɪmi
AM tɛkˈnɑnəmi

tektite
BR ˈtɛktʌɪt, -s
AM ˈtɛkˌtaɪt, -s

telaesthesia
BR ˌtɛlɪsˈθiːzɪə(r),
ˌtɛlɪsˈθiːʒə(r)
AM ˌtɛləsˈθiziə,
ˌtɛləsˈθiʒ(i)ə

telaesthetic
BR ˌtɛləsˈθɛtɪk
AM ˌtɛləsˈθɛdɪk

telamon
BR ˈtɛləmɒn, -z
AM ˈtɛləˌmɑn, -z

Tel Aviv
BR ˌtɛl əˈviːv
AM ˌtɛl əˈviv

tele
BR ˈtɛlli, -ɪz
AM ˈtɛli, -z

tele-ad
BR ˈtɛlɪad, -z
AM ˈtɛliˌæd, -z

telebanking
BR ˈtɛlɪˌbaŋkɪŋ
AM ˈtɛləˌbæŋkɪŋ

telecamera
BR ˈtɛlɪˌkam(ə)rə(r), -z
AM ˈtɛləˌkæm(ə)rə, -z

telecast
BR ˈtɛlɪkɑːst, -s, -ɪŋ,
-ɪd
AM ˈtɛləˌkæst, -s, -ɪŋ,
-əd

telecaster
BR ˈtɛlɪˌkɑːstə(r), -z
AM ˈtɛləˌkæstər, -z

telecine
BR ˈtɛlɪˌsɪni
AM ˈtɛləˌsɪni

Telecom
BR ˈtɛlɪkɒm
AM ˈtɛləˌkɑm

telecomms
BR ˈtɛlɪkɒmz
AM ˈtɛləˌkɑmz

telecommunication
BR ˌtɛlɪkəˌmjuːnɪ-
ˈkeɪʃn, -z
AM ˌtɛləkəˌmjunə-
ˈkeɪʃ(ə)n, -z

telecommute
BR ˌtɛlɪkəˈmjuːt, -s,
-ɪŋ, -ɪd
AM ˌtɛləkəˈmjuːt, -ts,
-dɪŋ, -dɪd

telecommuter
BR ˌtɛlɪkəˌmjuːtə(r),
-z
AM ˌtɛləkəˌmjudər, -z

telecoms
BR ˈtɛlɪkɒmz
AM ˈtɛləˌkɑmz

teleconference
BR ˌtɛlɪˈkɒnf(ə)rn̩s,
ˈtɛlɪˌkɒnf(ə)rn̩s, -ɪz
AM ˈtɛləˌkɑnf(ə)rəns,
-əz

teleconferencing
BR ˌtɛlɪˈkɒnf(ə)rn̩sɪŋ,
ˈtɛlɪˌkɒnf(ə)rn̩sɪŋ
AM ˈtɛləˌkɑnf(ə)rənsɪŋ

telecottage
BR ˈtɛlɪˌkɒtǀɪdʒ, -ɪdʒɪz,
-ɪdʒɪŋ, -ɪdʒd
AM ˈtɛləˌkɑdɪdʒ, -ɪz,
-ɪŋ

telecourse
BR ˈtɛlɪkɔːs, -ɪz
AM ˈtɛləˌkɔ(ə)rs, -əz

teledu[1] *stinking badger*
BR ˈtɛlɪduː, -z
AM ˈtɛləˌdu, -z

teledu[2] *Welsh television*
BR tɪˈlɛdi
AM təˈlɛdi
WE teˈlɛdi

tele-evangelism
BR ˌtɛlɪˈvan(d)ʒlɪzm
AM ˌtɛliˈvændʒə-
ˌlɪz(ə)m

tele-evangelist
BR ˌtɛlɪˈvan(d)ʒlɪst, -s
AM ˌtɛliˈvændʒələst,
-s

telefacsimile
BR ˌtɛlɪfakˈsɪmɪǀli,
ˌtɛlɪfakˈsɪml̩ǀi, -ɪz
AM ˌˌtɛləˌfækˈsɪməli,
-z

Telefax
BR ˈtɛlɪfaks, -ɪz,
-ɪŋ, -t
AM ˈtɛləˌfæks, -əz,
-ɪŋ, -t

telefilm
BR ˈtɛlɪfɪlm, -z
AM ˈtɛləˌfɪlm, -z

telegenic
BR ˌtɛlɪˈdʒɛnɪk
AM ˌtɛləˈdʒɛnɪk

telegonic
BR ˌtɛlɪˈgɒnɪk
AM ˌtɛləˈgɑnɪk

telegony
BR tɪˈlɛgn̩i
AM təˈlɛgəni

telegram
BR ˈtɛlɪgram, -z,
-ɪŋ, -d
AM ˈtɛləˌgræm, -z,
-ɪŋ, -d

telegraph
BR ˈtelɪɡrɑːf, -s, -ɪŋ, -t
AM ˈtelə,ɡræf, -s, -ɪŋ, -t

telegrapher
BR tɪˈleɡrəfə(r), -z
AM ˈtelə,ɡræfər, təˈleɡrəfər, -z

telegraphese
BR ˌtelɪɡrəˈfiːz
AM ˌteləɡræˈfiːz

telegraphic
BR ˌtelɪˈɡræfɪk
AM ˌteləˈɡræfɪk

telegraphically
BR ˌtelɪˈɡræfɪkli
AM ˌteləˈɡræfək(ə)li

telegraphist
BR tɪˈleɡrəfɪst, -s
AM ˈtelə,ɡræfəst, təˈleɡrəfəst, -s

telegraphy
BR tɪˈleɡrəfi
AM təˈleɡrəfi

Telegu
BR ˈtelɪɡuː, -z
AM ˈtelə,ɡu, -z

telekinesis
BR ˌtelɪkaɪˈniːsɪs, ˌtelɪkɪˈniːsɪs
AM ˌteləkəˈnisɪs, ˌteləˈkɪnəsəs

telekinetic
BR ˌtelɪkaɪˈnetɪk, ˌtelɪkɪˈnetɪk
AM ˌteləkəˈnedɪk

Telemachus
BR tɪˈleməkəs
AM təˈleməkəs

Telemann
BR ˈteɪləman, ˈteləman
AM ˈtelə,man

telemark
BR ˈtelɪmɑːk, -s
AM ˈtelə,mark, -s

telemarketer
BR ˌtelɪˈmɑːkɪtə(r), -z
AM ˌteləˈmarkədər, -z

telemarketing
BR ˌtelɪˌmɑːkɪtɪŋ
AM ˌteləˌmarkədɪŋ

telemessage
BR ˈtelɪˌmesɪdʒ, -ɪdʒɪz
AM ˈteləˌmesɪdʒ, -ɪz

telemeter
BR tɪˈlemɪt|ə(r), ˈtelɪˌmiːt|ə(r), -əz, -(ə)rɪŋ, -əd
AM ˈteləˌmidər, -z, -ɪŋ, -d

telemetric
BR ˌtelɪˈmetrɪk
AM ˌteləˈmetrɪk

telemetry
BR tɪˈlemɪtri
AM təˈlemətri

teleologic
BR ˌtiːliəˈlɒdʒɪk, ˌteliəˈlɒdʒɪk
AM ˌteliəˈlɑdʒɪk, ˌtiliəˈlɑdʒɪk

teleological
BR ˌtiːliəˈlɒdʒɪkl, ˌteliəˈlɒdʒɪkl
AM ˌteliəˈlɑdʒək(ə)l, ˌtiliəˈlɑdʒək(ə)l

teleologically
BR ˌtiːliəˈlɒdʒɪkli, ˌteliəˈlɒdʒɪkli
AM ˌteliəˈlɑdʒək(ə)li, ˌtiliəˈlɑdʒək(ə)li

teleologism
BR ˌtiːlɪˈɒlədʒɪzm, ˌtelɪˈɒlədʒɪzm
AM ˌteliˈɑləˌdʒɪz(ə)m, ˌtiliˈɑləˌdʒɪz(ə)m

teleologist
BR ˌtiːlɪˈɒlədʒɪst, ˌtelɪˈɒlədʒɪst, -s
AM ˌteliˈɑlədʒəst, ˌtiliˈɑlədʒəst, -s

teleology
BR ˌtiːlɪˈɒlədʒi, ˌtelɪˈɒlədʒi
AM ˌteliəˈɑlədʒi, ˌtiliəˈɑlədʒi

teleost
BR ˌtiːlɪɒst, ˈtelɪɒst, -s
AM ˈteliˌɑst, ˈtiliˌɑst, -s

telepath
BR ˈtelɪpæθ, -s
AM ˈteləpæθ, -ðz\-θs

telepathic
BR ˌtelɪˈpæθɪk
AM ˌteləˈpæθɪk

telepathically
BR ˌtelɪˈpæθɪkli
AM ˌteləˈpæθək(ə)li

telepathise
BR tɪˈlepəθaɪz, -ɪz, -ɪŋ, -d
AM təˈlepəˌθaɪz, -ɪz, -ɪŋ, -d

telepathist
BR tɪˈlepəθɪst, -s
AM təˈlepəθəst, -s

telepathize
BR tɪˈlepəˌθaɪz, -ɪz, -ɪŋ, -d
AM təˈlepəˌθaɪz, -ɪz, -ɪŋ, -d

telepathy
BR tɪˈlepəθi
AM təˈlepəθi

téléphérique
BR ˌtelɪfəˈriːk, -s
AM ˌteləfəˈrik, -s
FR teleferik

telephone
BR ˈtelɪfəʊn, -z, -ɪŋ, -d
AM ˈteləˌfoʊn, -z, -ɪŋ, -d

telephonic
BR ˌtelɪˈfɒnɪk
AM ˌteləˈfɑnɪk

telephonically
BR ˌtelɪˈfɒnɪkli
AM ˌteləˈfɑnək(ə)li

telephonist
BR tɪˈlefn̩ɪst, -s
AM təˈlefn̩əst, ˈteləˌfoʊnəst, -s

telephony
BR tɪˈlefn̩i
AM ˈteləˌfoʊni, təˈlefəni

telephoto
BR ˌtelɪˈfəʊtəʊ
AM ˌteləˈfoʊdoʊ

telephotograph
BR ˌtelɪˈfəʊtəɡrɑːf, -s
AM ˌteləˈfoʊdəˌɡræf, -s

telephotographic
BR ˌtelɪˌfəʊtəˈɡræfɪk
AM ˌteləˌfoʊdəˈɡræfɪk

telephotographically
BR ˌtelɪˌfəʊtəˈɡræfɪkli
AM ˌteləˌfoʊdəˈɡræfək(ə)li

telephotography
BR ˌtelɪfəˈtɒɡrəfi
AM ˌteləfəˈtɑɡrəfi

teleplay
BR ˈtelɪpleɪ, -z
AM ˈteləˌpleɪ, -z

telepoint
BR ˈtelɪpɔɪnt, -s
AM ˈteləˌpɔɪnt, -s

teleport
BR ˈtelɪpɔːt, -s, -ɪŋ, -ɪd
AM ˈteləˈpɔ(ə)rt, -ˈpɔ(ə)rts, -ˈpɔrdɪŋ, -ˈpɔrdəd

teleportation
BR ˌtelɪpɔːˈteɪʃn, -z
AM ˌteləˌpɔrˈteɪʃ(ə)n, -z

teleprinter
BR ˈtelɪˌprɪntə(r), -z
AM ˈteləˌprɪn(t)ər, -z

teleprompt
BR ˈtelɪprɒm(p)t, -s
AM ˈteləˌprɑm(p)t, -s

teleprompter
BR ˈtelɪprɒm(p)tə(r), -z
AM ˈteləˌprɑm(p)tər, -z

telerecord[1] *noun*
BR ˈtelɪˌrekɔːd, -z
AM ˈteləˌrekərd, -z

telerecord[2] *verb*
BR ˈtelɪrɪˌkɔːd, ˌtelɪrɪˈkɔːd, -z, -ɪŋ, -ɪd
AM ˌteləˈrəˈkɔ(ə)rd, -z, -ɪŋ, -ɪd

telerecording *noun*
BR ˈtelɪrɪˌkɔːdɪŋ, -z
AM ˌteləˈrəˈkɔrdɪŋ, -z

telergy
BR ˈteləˌdʒi
AM ˈtelərdʒi

telesales
BR ˈtelɪseɪlz
AM ˈteləˌseɪlz

telescope
BR ˈtelɪskəʊp, -s
AM ˈtelə,skoʊp, -s

telescopic
BR ˌtelɪˈskɒpɪk
AM ˌteləˈskɑpɪk

telescopically
BR ˌtelɪˈskɒpɪkli
AM ˌteləˈskɑpək(ə)li

teleshopping
BR ˈtelɪˌʃɒpɪŋ
AM ˈteləˌʃɑpɪŋ

telesoftware
BR ˈtelɪˌsɒftweː(r)
AM ˌteləˈsɑf(t)ˌwe(ə)r,
ˌteləˈsɔf(t)ˌwe(ə)r

telesthesia
BR ˌtelɪsˈθiːzɪə(r),
ˌtelɪsˈθiːʒə(r)
AM ˌteləsθizɪə,
ˌtelɪsˈθiʒ(i)ə

telesthetic
BR ˌtelɪsˈθetɪk
AM ˌteləsˈθedɪk

Teletex
BR ˈtelɪteks
AM ˈteləˌteks

teletext
BR ˈtelɪtekst
AM ˈteləˌtekst

telethon
BR ˈtelɪθɒn, -z
AM ˈteləˌθɑn, -z

teletype
BR ˈtelɪtʌɪp, -s, -ɪŋ, -t
AM ˈteləˌtaɪp, -s, -ɪŋ, -t

teletypewriter
BR ˌtelɪˈtʌɪprʌɪtə(r), -z
AM ˌteləˈtaɪpˌraɪdər, -z

televangelism
BR ˌtelɪˈvan(d)ʒlɪzm
AM ˌteləˈvændʒə-
ˌlɪz(ə)m

televangelist
BR ˌtelɪˈvan(d)ʒlɪst, -s
AM ˌteləˈvændʒələst,
-s

teleview
BR ˈtelɪvjuː, -z, -ɪŋ, -d
AM ˈteləˌvju, -z,
-ɪŋ, -d

televiewer
BR ˈtelɪˌvjuːə(r), -z
AM ˈteləˌvjuər, -z

televisable
BR ˌtelɪˈvʌɪzəbl
AM ˌteləˈvaɪzəb(ə)l

televise
BR ˈtelɪvʌɪz, -ɪz, -ɪŋ,
-d
AM ˈteləˌvaɪz, -ɪz, -ɪŋ,
-d

television
BR ˈtelɪˌvɪʒn,
ˌtelɪˈvɪʒn, -z
AM ˈteləˌvɪʒ(ə)n, -z

televisor
BR ˈtelɪvʌɪzə(r), -z
AM ˈteləˌvaɪzər, -z

televisual
BR ˌtelɪˈvɪʒʊ(ə)l,
ˌtelɪˈvɪzjʊ(ə)l,
ˌtelɪˈvɪʒ(ʊ)l,
ˌtelɪˈvɪzj(ʊ)l
AM ˌteləˈvɪʒ(əw)əl

televisually
BR ˌtelɪˈvɪʒ(j)ʊəli,
ˌtelɪˈvɪʒ(j)ʊli,
ˌtelɪˈvɪzjʊəli,
ˌtelɪˈvɪzjʊli
AM ˌteləˈvɪʒ(əw)əli

telework
BR ˈtelɪwɜːk, -s, -ɪŋ, -t
AM ˈteləˌwərk, -s, -ɪŋ,
-t

teleworker
BR ˈtelɪˌwɜːkə(r), -z
AM ˈteləˌwərkər, -z

Telex
BR ˈteleks, -ɪz, -ɪŋ, -t
AM ˈteleks, -əz, -ɪŋ, -t

telfer
BR ˈtelfə(r), -z
AM ˈtelfər, -z

Telford
BR ˈtelfəd
AM ˈtelfərd

tell
BR tel, -z, -ɪŋ
AM tel, -z, -ɪŋ

tellable
BR ˈteləbl
AM ˈteləb(ə)l

teller
BR ˈtelə(r), -z
AM ˈtelər, -z

tellership
BR ˈteləʃɪp, -s
AM ˈtelərˌʃɪp, -s

telling
BR ˈtelɪŋ, -z
AM ˈtelɪŋ, -z

tellingly
BR ˈtelɪŋli
AM ˈtelɪŋli

telling-off
BR ˌtelɪŋˈɒf
AM ˌtelɪŋˈɑf, ˌtelɪŋˈɔf

tellings-off
BR ˌtelɪŋzˈɒf
AM ˌtelɪŋzˈɑf,
ˌtelɪŋzˈɔf

telltale
BR ˈtelteɪl, -z
AM ˈtelˌteɪl, -z

tellurate
BR ˈteljʊreɪt, -s
AM ˈteljəˌreɪt, -s

tellurian
BR teˈljʊərɪən,
tɪˈljʊərɪən,
teˈljɔːrɪən,
tɪˈljɔːrɪən, -z
AM təˈl(j)ʊrɪən, -z

telluric
BR teˈljʊərɪk,
tɪˈljʊərɪk,
teˈljɔːrɪk,
tɪˈljɔːrɪk
AM təˈl(j)ʊrɪk

telluride
BR ˈteljʊrʌɪd
AM ˈteljəˌraɪd

tellurite
BR ˈteljʊrʌɪt, -s
AM ˈteljəˌraɪt, -s

tellurium
BR teˈljʊərɪəm,
tɪˈljʊərɪəm,
teˈljɔːrɪəm,
tɪˈljɔːrɪəm
AM təˈl(j)ʊrɪəm

tellurous
BR ˈteljʊrəs
AM ˈteljərəs

telly
BR ˈtelli, -ɪz
AM ˈteli, -z

telnet
BR ˈtelnet, -s, -ɪŋ, -ɪd
AM ˈtelneǀt, -ts, -dɪŋ,
-dɪd

teloi
BR ˈtelɔɪ
AM ˈtelɔɪ

telomere
BR ˈtiːləmɪə(r),
ˈteləmɪə(r)
AM ˈtɪləmɪ(ə)r,
ˈteləmɪ(ə)r

telos
BR ˈtelɒs
AM ˈtelas, ˈtelɔs

telpher
BR ˈtelfə(r), -z
AM ˈtelfər, -z

telpherage
BR ˈtelf(ə)rɪdʒ
AM ˈtelfərɪdʒ

telson
BR ˈtelsn, -z
AM ˈtels(ə)n, -z

Telstar
BR ˈtelstaː(r)
AM ˈtelˌstɑr

Telugu
BR ˈteləguː, -z
AM ˈteləˌgu, -z

temblor
BR temˈblɔː(r), -z
AM temˈblo(ə)r,
ˈtemblər, -z

temerarious
BR ˌteməˈreːrɪəs
AM ˌteməˈrerɪəs

temerity
BR tɪˈmerɪti
AM təˈmerədi

Temne
BR ˈtemnǀiː,
ˈtɪmnǀiː, -ɪz
AM ˈtɪmni, ˈtemni, -z

temp
BR temǀp, -ps,
-pɪŋ, -(p)t
AM temǀp, -ps,
-pɪŋ, -(p)t

temper
BR ˈtemp|ə(r), -əz,
-(ə)rɪŋ, -əd
AM ˈtemp|ər, -ərz,
-(ə)rɪŋ, -ərd

tempera
BR ˈtemp(ə)rə(r)
AM ˈtempərə
IT ˈtempera

temperable
BR ˈtemp(ə)rəbl
AM ˈtemp(ə)rəb(ə)l

temperament
BR ˈtemprəm(ə)nt, -s
AM ˈtemp(ə)rəm(ə)nt, -s

temperamental
BR ˌtemprəˈmentl
AM ˌtemp(ə)rəˈmen(t)l

temperamentally
BR ˌtemprəˈmentli
AM ˌtemp(ə)rəˈmen(t)li

temperance
BR ˈtemp(ə)rn̩s
AM ˈtemp(ə)rəns

temperate
BR ˈtemp(ə)rət
AM ˈtemp(ə)rət

temperately
BR ˈtemp(ə)rətli
AM ˈtemp(ə)rətli

temperateness
BR ˈtemp(ə)rətnəs
AM ˈtemp(ə)rətnəs

temperative
BR ˈtemp(ə)rətɪv
AM ˈtemp(ə)rədɪv

temperature
BR ˈtemprɨtʃə(r), -z
AM ˈtemp(ə)rəˌtʃʊ(ə)r, ˈtempə(rə)tʃər, -z

temperedly
BR ˈtempədli
AM ˈtempərdli

temperer
BR ˈtemp(ə)rə(r), -z
AM ˈtemp(ə)rər, -z

Temperley
BR ˈtempəli
AM ˈtempərli

tempersome
BR ˈtempəs(ə)m
AM ˈtempərs(ə)m

Temperton
BR ˈtempət(ə)n
AM ˈtempərt(ə)n

tempest
BR ˈtempɪst, -s
AM ˈtempəst, -s

tempestuous
BR temˈpestʃʊəs, temˈpestjʊəs
AM temˈpestʃ(əw)əs

tempestuously
BR temˈpestʃʊəsli, temˈpestjʊəsli
AM temˈpestʃ(əw)əsli

tempestuousness
BR temˈpestʃʊəsnəs, temˈpestjʊəsnəs
AM temˈpestʃ(əw)əsnəs

tempi
BR ˈtempiː
AM ˈtempi
IT ˈtempi

Templar
BR ˈtemplə(r), -z
AM ˈtemplər, -z

template
BR ˈtempleɪt, ˈtemplɪt, -s
AM ˈtemplət, ˈtemˌpleɪt, -s

temple
BR ˈtempl, -z
AM ˈtempəl, -z

templet
BR ˈtemplɪt, -s
AM ˈtemplət, -s

Templeton
BR ˈtemplt(ə)n
AM ˈtemplt(ə)n

tempo
BR ˈtempəʊ, -z
AM ˈtempoʊ, -z
IT ˈtempo

tempora
BR ˈtemp(ə)rə(r)
AM ˈtempərə

temporal
BR ˈtemp(ə)rl̩
AM ˈtemp(ə)rəl

temporality
BR ˌtempəˈralɪti
AM ˌtempəˈrælədi

temporally
BR ˈtemp(ə)rli
AM ˈtemp(ə)rəli

temporarily
BR ˈtemp(ə)r(ər)ɪli
AM ˈtempəˌrerəli

temporariness
BR ˈtemp(ə)r(ər)ɪnɪs
AM ˈtempəˌrerɪnɪs

temporary
BR ˈtemp(ə)r(ər)|i, -ɪz
AM ˈtempəˌreri, -z

temporisation
BR ˌtemp(ə)rʌɪˈzeɪʃn
AM ˌtempəˌraɪˈzeɪʃ(ə)n, ˌtempərəˈzeɪʃ(ə)n

temporise
BR ˈtempərʌɪz, -ɪz, -ɪŋ, -d
AM ˈtempəˌraɪz, -ɪz, -ɪŋ, -d

temporiser
BR ˈtempərʌɪzə(r), -z
AM ˈtempəˌraɪzər, -z

temporization
BR ˌtemp(ə)rʌɪˈzeɪʃn
AM ˌtempəˌraɪˈzeɪʃ(ə)n, ˌtempərəˈzeɪʃ(ə)n

temporize
BR ˈtempərʌɪz, -ɪz, -ɪŋ, -d
AM ˈtempəˌraɪz, -ɪz, -ɪŋ, -d

temporizer
BR ˈtempərʌɪzə(r), -z
AM ˈtempəˌraɪzər, -z

tempt
BR tem(p)t, -s, -ɪŋ, -ɪd
AM tem(p)t, -s, -ɪŋ, -əd

temptability
BR ˌtem(p)təˈbɪlɪti
AM ˌtem(p)təˈbɪlɪdi

temptable
BR ˈtem(p)təbl
AM ˈtem(p)təb(ə)l

temptation
BR tem(p)ˈteɪʃn, -z
AM tem(p)ˈteɪʃ(ə)n, -z

tempter
BR ˈtem(p)tə(r), -z
AM ˈtem(p)tər, -z

tempting
BR ˈtem(p)tɪŋ
AM ˈtem(p)tɪŋ

temptingly
BR ˈtem(p)tɪŋli
AM ˈtem(p)tɪŋli

temptress
BR ˈtem(p)trɪs, -ɪz
AM ˈtem(p)trəs, -əz

tempura
BR temˈpʊərə(r), ˈtemp(ə)rə(r)
AM ˈtempərə, temˈpʊrə

ten
BR ten, -z
AM ten, -z

tenability
BR ˌtenəˈbɪlɪti
AM ˌtenəˈbɪlɪdi

tenable
BR tenəbl
AM ˈtenəb(ə)l

tenableness
BR ˈtenəblnəs
AM ˈtenəbəlnəs

tenace
BR ˈteneɪs, ˈtenɪs, teˈneɪs, -ɪz
AM ˈten|əs, ˈteˌn|eɪs, -eɪsɪz\-əsəz

tenacious
BR tɪˈneɪʃəs
AM təˈneɪʃəs

tenaciously
BR tɪˈneɪʃəsli
AM təˈneɪʃəsli

tenaciousness
BR tɪˈneɪʃəsnəs
AM təˈneɪʃəsnəs

tenacity
BR tɪˈnasɪti
AM təˈnæsədi

tenacula
BR tɪˈnakjʊlə(r)
AM təˈnækjələ

tenaculum
BR tɪˈnakjʊləm
AM təˈnækjəl(ə)m

tenancy
BR ˈtenəns|i, -ɪz
AM ˈtenənsi, -z
tenant
BR ˈtenənt, -s
AM ˈtenənt, -s
tenantable
BR ˈtenəntəbl
AM ˈtenən(t)əb(ə)l
tenantless
BR ˈtenəntləs
AM ˈtenən(t)ləs
tenantry
BR ˈtenəntri
AM ˈtenəntri
Tenbury
BR ˈtenb(ə)ri
AM ˈten,beri
Tenby
BR ˈtenbi
AM ˈtenbi
tench
BR ten(t)ʃ, -ɪz
AM ten(t)ʃ, -əz
tend
BR tend, -z, -ɪŋ, -ɪd
AM tend, -z, -ɪŋ, -əd
tendance
BR ˈtend(ə)ns
AM ˈtendəns
tendencious
BR tenˈdenʃəs
AM tenˈdenʃəs
tendenciously
BR tenˈdenʃəsli
AM tenˈdenʃəsli
tendenciousness
BR tenˈdenʃəsnəs
AM tenˈdenʃəsnəs
tendency
BR ˈtendəns|i, -ɪz
AM ˈtendnsi, -z
tendentious
BR tenˈdenʃəs
AM tenˈdenʃəs
tendentiously
BR tenˈdenʃəsli
AM tenˈdenʃəsli
tendentiousness
BR tenˈdenʃəsnəs
AM tenˈdenʃəsnəs

tender
BR ˈtend|ə(r), -əz,
-(ə)rɪŋ, -əd,
-(ə)rə(r), -(ə)rɪst
AM ˈtend|ər, -ərz,
-(ə)rɪŋ, -ərd, -ər,
-əst
tenderer
BR ˈtend(ə)rə(r), -z
AM ˈtend(ə)rər, -z
tender-eyed
BR ˌtendərˈaɪd
AM ˈtendərˌaɪd
tenderfoot
BR ˈtendəfʊt, -s
AM ˈtendərˌfʊt, -s
tenderhearted
BR ˌtendəˈhɑːtɪd
AM ˌtendərˈhɑːdəd
tenderheartedly
BR ˌtendəˈhɑːtɪdli
AM ˌtendərˈhɑːdədli
tenderheartedness
BR ˌtendəˈhɑːtɪdnɪs
AM ˌtendər-
ˌhɑːdədnəs
tenderise
BR ˈtendəraɪz, -ɪz,
-ɪŋ, -d
AM ˈtendəˌraɪz, -ɪz,
-ɪŋ, -d
tenderiser
BR ˈtendəraɪzə(r)
AM ˈtendəˌraɪzər
tenderize
BR ˈtendəraɪz, -ɪz,
-ɪŋ, -d
AM ˈtendəˌraɪz, -ɪz,
-ɪŋ, -d
tenderizer
BR ˈtendəraɪzə(r),
-z
AM ˈtendəˌraɪzər, -z
tenderloin
BR ˈtendəlɔɪn, -z
AM ˈtendərˌlɔɪn, -z
tenderly
BR ˈtendəli
AM ˈtendərli
tenderness
BR ˈtendənəs
AM ˈtendərnəs

tendinitis
BR ˌtendəˈnaɪtɪs
AM ˌtendəˈnaɪdɪs
tendinous
BR ˈtendɪnəs
AM ˈtendənəs
tendon
BR ˈtendən, -z
AM ˈtendən, -z
tendonitis
BR ˌtendəˈnaɪtɪs
AM ˌtendəˈnaɪdɪs
tendresse
BR tɒˈdres
AM tenˈdres
tendril
BR ˈtendr(ɪ)l, -z
AM ˈtendrəl, -z
tenebrae
BR ˈtenɪbriː, ˈtenɪbreɪ
AM ˈtenəbri,
ˈtenəˌbraɪ, ˈtenəˌbreɪ
tenebrous
BR ˈtenɪbrəs
AM ˈtenəbrəs
Tenedos
BR ˈtenɪdɒs
AM ˈtenədas,
ˈtenədɔs
tenement
BR ˈtenɪm(ə)nt, -s
AM ˈtenəm(ə)nt, -s
tenemental
BR ˌtenɪˈmentl
AM ˌtenəˈmen(t)l
tenementary
BR ˌtenɪˈment(ə)ri
AM ˌtenəˈmen(t)əri
Tenerife
BR ˌtenəˈriːf
AM ˌtenəˈrɪf
SP teneˈrife
tenesmus
BR tɪˈnezməs
AM təˈnezməs,
təˈnezməs
tenet
BR ˈtenɪt, -s
AM ˈtenət, -s
tenfold
BR ˈtenfəʊld
AM ˈtenˌfoʊld

ten-gallon hat
BR ˌtenˌgalən ˈhat, -s
AM ˈtenˌgæl(ə)n ˈhæt,
-s
Teng Hsiao-p'ing
BR ˌteŋ sɪaʊˈpɪŋ,
+ ʃaʊˈpɪŋ
AM ˈteŋ ˌsɪaʊˈpɪŋ
tenia
BR ˈtiːnɪə(r)
AM ˈtiniə
Teniers
BR ˈtenɪəz
AM ˈtenɪərz
tenioid
BR ˈtiːnɪɔɪd
AM ˈtiniˌɔɪd
Tenison
BR ˈtenɪs(ə)n
AM ˈtenəs(ə)n
Tenko
BR ˈteŋkəʊ
AM ˈteŋkoʊ
Tennant
BR ˈtenənt
AM ˈtenənt
tenné
BR ˈteni, -z
AM ˈteni, -z
tenner
BR ˈtenə(r), -z
AM ˈtenər, -z
Tennessean
BR ˌtenɪˈsiːən, -z
AM ˌtenəˈsiən,
-z
Tennessee
BR ˌtenɪˈsiː
AM ˌtenəˈsi
Tennesseean
BR ˌtenɪˈsiːən, -z
AM ˌtenəˈsiən,
-z
Tenniel
BR ˈtenɪəl
AM ˈtenɪəl
tennis
BR ˈtenɪs
AM ˈtenəs
Tennison
BR ˈtenɪs(ə)n
AM ˈtenəs(ə)n

tenno
BR ˈtenəʊ, -z
AM ˈtenoʊ, -z

tenny
BR ˈten|i, -ɪz
AM ˈteni, -z

Tennyson
BR ˈtenɪs(ə)n
AM ˈtenəs(ə)n

Tennysonian
BR ˌtenɪˈsəʊniən
AM ˌtenəˈsoʊniən

Tenochtitlán
BR ˌtenɒtʃtɪˈtlɑːn
AM təˌnɑtʃtəˈtlɑn

tenon
BR ˈtenən, -z
AM ˈtenən, -z

tenoner
BR ˈtenənə(r), -z
AM ˈtenənər, -z

tenon-saw
BR ˈtenənsɔː(r), -z
AM ˈtenənˌsɑ, ˈtenənˌsɔ, -z

tenor
BR ˈtenə(r), -z
AM ˈtenər, -z

tenorist
BR ˈtenərɪst, -s
AM ˈtenərəst, -s

tenosynovitis
BR ˌtenəʊˌsʌɪnəˈvʌɪtɪs
AM ˌtenoʊˌsaɪnəˈvaɪdɪs

tenotomy
BR tɪˈnɒtəm|i, -ɪz
AM təˈnɑdəmi, -z

tenour
BR ˈtenə(r)
AM ˈtenər

tenpence
BR ˈtenp(ə)ns, -ɪz
AM ˈtenpəns, -əz

tenpenny
BR ˈtenpən|i, -ɪz
AM ˈtenˌpeni, -z

tenpin
BR ˈtenpɪn, -z
AM ˈtenˌpɪn, -z

tenpin bowling
BR ˌtenpɪn ˈbəʊlɪŋ
AM ˈtenˌpɪn ˈboʊlɪŋ

tenrec
BR ˈtenrɛk, -s
AM ˈtenˌrek, -s

tense
BR tens, -ɪz, -ə(r), -ɪst
AM tens, -əz, -ər, -əst

tenseless
BR ˈtensləs
AM ˈtensləs

tensely
BR ˈtensli
AM ˈtensli

tenseness
BR ˈtensnəs
AM ˈtensnəs

tensile
BR ˈtensʌɪl
AM ˈtenˌsaɪl, ˈtens(ə)l

tensility
BR tenˈsɪlɪti
AM tenˈsɪlɪdi

tensimeter
BR tenˈsɪmɪtə(r), -z
AM tenˈsɪmɪdər, -z

tension
BR ˈtenʃn, -z
AM ˈtenʃ(ə)n, -z

tensional
BR ˈtenʃn̩l
AM ˈtenʃ(ə)n(ə)l

tensionally
BR ˈtenʃn̩li, ˈtenʃnəli
AM ˈtenʃ(ə)nəli

tensioner
BR ˈtenʃnə(r), -z
AM ˈtenʃənər, -z

tensionless
BR ˈtenʃnləs
AM ˈtenʃənləs

tensity
BR ˈtensɪti
AM ˈtensədi

tenson
BR ˈtensn, -z
AM ˈtens(ə)n, -z

tensor
BR ˈtensə(r), -z
AM ˈtenˌsɔ(ə)r, ˈtensər, -z

tensorial
BR tenˈsɔːriəl
AM tenˈsɔriəl

tent
BR tent, -s, -ɪŋ, -ɪd
AM ten|t, -ts, -(t)ɪŋ, -(t)əd

tentacle
BR ˈtentəkl, -z, -d
AM ˈten(t)ək(ə)l, -z, -d

tentacular
BR tenˈtakjʉlə(r)
AM tenˈtækjələr

tentaculate
BR tenˈtakjʉlət
AM tenˈtækjələt

tentage
BR ˈtentɪdʒ
AM ˈten(t)ɪdʒ

tentative
BR ˈtentətɪv, -z
AM ˈten(t)ədɪv, -z

tentatively
BR ˈtentətɪvli
AM ˈten(t)ədɪvli

tentativeness
BR ˈtentətɪvnɪs
AM ˈten(t)ədɪvnɪs

tenter
BR ˈtentə(r), -z
AM ˈten(t)ər, -z

Tenterden
BR ˈtentədn
AM ˈten(t)ərdən

tenterhook
BR ˈtentəhʊk, -s
AM ˈten(t)ərˌ(h)ʊk, -s

tenth
BR tenθ, -s
AM tenθ, -s

tenthly
BR ˈtenθli
AM ˈtenθli

tenth-rate
BR ˌtenθˈreɪt
AM ˈˌtenθˌreɪt

tenuis
BR ˈtenjʊɪs, -ɪz
AM ˈtenjəwəs, -əz

tenuity
BR tɪˈnjuːɪti, teˈnjuːɪti
AM tɛˈn(j)uədi

tenuous
BR ˈtenjʊəs
AM ˈtenjəwəs

tenuously
BR ˈtenjʊəsli
AM ˈtenjəwəsli

tenuousness
BR ˈtenjʊəsnəs
AM ˈtenjəwəsnəs

tenure
BR ˈtenjə(r), -d
AM ˈtenjər, -d

tenurial
BR tɛˈnjʊəriəl, tɪˈnjʊəriəl, tɛˈnjɔːriəl, tɪˈnjɔːriəl
AM tɛˈnjʊriəl

tenurially
BR tɛˈnjʊəriəli, tɪˈnjʊəriəli, tɛˈnjɔːriəli, tɪˈnjɔːriəli
AM tɛˈnjʊriəli

tenuto
BR tɛˈnjuːtəʊ, tɪˈnjuːtəʊ, -z
AM ˈtenudoʊ, -z
IT teˈnuto

Tenzing Norgay
BR ˌtenzɪŋ ˈnɔːɡeɪ
AM ˌtenzɪŋ ˈnɔrˌɡeɪ

tenzon
BR ˈtenzn, -z
AM ˈtenz(ə)n, -z

teocalli
BR ˌtiːə(ʊ)ˈkal|i, -ɪz
AM ˌtioʊˈkɑli, -z

tepee
BR ˈtiːpiː, -z
AM ˈtiˌpi, -z

tephra
BR ˈtefrə(r), -z
AM ˈtefrə, -z

tepid
BR ˈtepɪd
AM ˈtepəd

tepidaria
BR ˌtepɪˈdɛːriə(r)
AM ˌtepəˈdɛriə

tepidarium
BR ˌtepɪˈdɛːriəm
AM ˌtepəˈdɛriəm

tepidity
BR tɛˈpɪdɪti, tɪˈpɪdɪti
AM təˈpɪdɪdi

tepidly
BR ˈtepɪdli
AM ˈtepədli
tepidness
BR ˈtepɪdnɪs
AM ˈtepədnəs
tequila
BR tɪˈkiːlə(r)
AM təˈkilə
terabyte
BR ˈterəbʌɪt, -s
AM ˈterəˌbaɪt, -s
teraflop
BR ˈterəflɒp, -s
AM ˈterəˌflɑp, -s
terai
BR təˈrʌɪ, -z
AM təˈraɪ, -z
terameter
BR ˈterəˌmiːtə(r), -z
AM ˈterəˌmidər, -z
terametre
BR ˈterəˌmiːtə(r), -z
AM ˈterəˌmidər, -z
teraph
BR ˈterəf, -s
AM ˈterəf, -s
teraphim
BR ˈterəfɪm
AM ˈterəfɪm
teratogen
BR teˈrætədʒ(ə)n, tɪˈrætədʒ(ə)n, ˈterətədʒ(ə)n, -z
AM ˈterədədʒ(ə)n, teˈrædədʒ(ə)n, -z
teratogenic
BR teˌratə(ʊ)ˈdʒenɪk, tɪˌratə(ʊ)ˈdʒenɪk, ˌterətə(ʊ)ˈdʒenɪk
AM ˌterəˌtoʊˈdʒenɪk, ˈterədəˈdʒenɪk
teratogeny
BR ˌterəˈtɒdʒɪni
AM ˌterəˈtɑdʒəni
teratological
BR ˌterətəˈlɒdʒɪkl
AM ˌterədəˈlɑdʒək(ə)l
teratologist
BR ˌterəˈtɒlədʒɪst, -s
AM ˌterəˈtɑlədʒəst, -s

teratology
BR ˌterəˈtɒlədʒi
AM ˌterəˈtɑlədʒi
teratoma
BR ˌterəˈtəʊmə(r), -z
AM ˌterəˈtoʊmə, -z
teratomata
BR ˌterəˈtəʊmətə(r)
AM ˌterəˈtoʊmədə
terawatt
BR ˈterəwɒt, -s
AM ˈterəˌwɑt, -s
terbium
BR ˈtəːbiəm
AM ˈtɜrbiəm
terce
BR ˈtəːs, -ɪz
AM ˈtɜrs, -əz
tercel
BR ˈtəːsl, -z
AM ˈtɜrs(ə)l, -z
tercentenary
BR ˌtəːs(ɛ)nˈtiːn(ə)r|i, ˌtəːs(ɛ)nˈten(ə)r|i, -ɪz
AM ˌtɜrˈsentnˌeri, ˌtɜrsənˈtenəri, -z
tercentennial
BR ˌtəːs(ɛ)nˈteniəl, -z
AM ˌtɜrˌsenˈteniəl, ˌtɜrsənˈteniəl, -z
tercet
BR ˈtəːsɪt, -s
AM ˈtɜrsət, -s
terebinth
BR ˈterɪbɪnθ, -s
AM ˈterəˌbɪnθ, -s
terebinthine
BR ˌterɪˈbɪnθʌɪn
AM ˌterəˈbɪnθən
terebra
BR ˈterɪbrə(r), tɪˈriːbrə(r)
AM təˈribrə, ˈterəbrə
terebrae
BR ˈterɪbriː, tɪˈriːbriː, ˈterɪbreɪ, tɪˈriːbreɪ
AM təˈribri, təˈriˌbraɪ, ˈterəˌbraɪ, ˈterəbri
terebrant
BR ˈterɪbrnt, tɪˈriːbrnt, -s
AM təˈribrənt, ˈterəˌbrænt, -s

teredo
BR tɪˈriːdəʊ
tɛˈriːdəʊ, -z
AM tɛˈridoʊ, -z
Terence
BR ˈterns
AM ˈterəns
Teresa
BR tɪˈriːzə(r), tɪˈreɪzə(r), tɪˈriːsə(r), tɪˈreɪsə(r)
AM təˈreɪsə, təˈrizə, təˈreɪzə, təˈrisə
Terese
BR tɪˈriːz, tɪˈriːs, tɪˈreɪz, teˈreɪz
AM təˈreɪsə, təˈrizə, təˈreɪzə, təˈrisə
Teresina
BR ˌterɪˈziːnə(r), ˌterɪˈsiːnə(r)
AM ˌterəˈzinə, ˌterəˈsinə
terete
BR təˈriːt
AM ˈteˌrit
tergal
BR ˈtəːgl
AM ˈtɜrgəl
tergiversate
BR ˈtəːdʒɪvəseɪt, ˈtəːdʒɪˌvəːseɪt, -s, -ɪŋ, -ɪd
AM ˌtɜrdʒəˈvərˌseɪt, ˈtɜrdʒəvərˌseɪt, -ts, -ɪŋ, -ɪd
tergiversation
BR ˌtəːdʒɪvəˈseɪʃn
AM ˌtɜrdʒəvərˈseɪʃ(ə)n
tergiversator
BR ˈtəːdʒɪvəˌseɪtə(r), -z
AM ˌtɜrdʒəˈvərˌseɪdər, ˈtɜrdʒəvərˌseɪdər, -z
teriyaki
BR ˌterɪˈjaːki, ˌterɪˈjaki
AM ˌteriˈjaki
term
BR təːm, -z, -ɪŋ, -d
AM tɜrm, -z, -ɪŋ, -d
termagant
BR ˈtəːməg(ə)nt, -s
AM ˈtɜrməgənt, -s

terminable
BR ˈtəːmɪnəbl
AM ˈtɜrmənəb(ə)l
terminableness
BR ˈtəːmɪnəblnəs
AM ˈtɜrmənəbəlnəs
terminal
BR ˈtəːmɪnl, -z
AM ˈtɜrmən(ə)l, -z
terminally
BR ˈtəːmɪnli
AM ˈtɜrmənəli
terminate
BR ˈtəːmɪneɪt, -s, -ɪŋ, -ɪd
AM ˈtɜrməˌneɪ|t, -ts, -dɪŋ, -dɪd
termination
BR ˌtəːmɪˈneɪʃn, -z
AM ˌtɜrməˈneɪʃ(ə)n, -z
terminational
BR ˌtəːmɪˈneɪʃnl̩
AM ˌtɜrməˈneɪʃ(ə)n(ə)l
terminator
BR ˈtəːmɪneɪtə(r), -z
AM ˈtɜrməˌneɪdər, -z
termini
BR ˈtəːmɪnʌɪ
AM ˈtɜrməni, ˈtɜrməˌnaɪ
terminism
BR ˈtəːmɪnɪzm
AM ˈtɜrməˌnɪz(ə)m
terminist
BR ˈtəːmɪnɪst, -s
AM ˈtɜrmənəst, -s
terminological
BR ˌtəːmɪnəˈlɒdʒɪkl
AM ˌtɜrmənəˈlɑdʒək(ə)l
terminologically
BR ˌtəːmɪnəˈlɒdʒɪkli
AM ˌtɜrmənəˈlɑdʒək(ə)li
terminologist
BR ˌtəːmɪˈnɒlədʒɪst, -s
AM ˌtɜrməˈnɑlədʒəst, -s
terminology
BR ˌtəːmɪˈnɒlədʒ|i, -ɪz
AM ˌtɜrməˈnɑlədʒi, -z

terminus
BR ˈtɜːmɪnəs, -ɪz
AM ˈtɝmənəs, -əz

termitaria
BR ˌtɜːmɪˈtɛːriə(r)
AM ˌtɝməˈtɛriə

termitarium
BR ˌtɜːmɪˈtɛːriəm
AM ˌtɝməˈtɛriəm

termitary
BR ˈtɜːmɪt(ə)r|i, -ɪz
AM ˈtɝməˌtɛri, -z

termite
BR ˈtɜːmʌɪt, -s
AM ˈtɝˌmaɪt, -s

termless
BR ˈtɜːmləs
AM ˈtɝmləs

termly
BR ˈtɜːmli
AM ˈtɝmli

termor
BR ˈtɜːmə(r), -z
AM ˈtɝmər, -z

tern
BR tɜːn, -z
AM tɝn, -z

ternary
BR ˈtɜːn(ə)r|i, -ɪz
AM ˈtɝnəri, -z

ternate
BR ˈtɜːnət, ˈtɜːneɪt
AM ˈtɝnət, ˈtɝneɪt

ternately
BR ˈtɜːnətli, ˈtɜːneɪtli
AM ˈtɝnətli, ˈtɝneɪtli

terne
BR tɜːn
AM tɝn

terne-plate
BR ˈtɜːnpleɪt
AM ˈtɝnˌpleɪt

terpene
BR ˈtɜːpiːn, -z
AM ˈtɝˌpin, -z

Terpsichore
BR tɜːˈpsɪk(ə)ri
AM ˌtɝpˈsɪkəri

Terpsichorean
BR ˌtɜːpsɪkəˈriːən, ˌtɜːpsɪˈkɔːriən
AM ˌtɝpsəkəˈriən, ˌtɝpˌsɪkəˈriən

terra
BR ˈtɛrə(r)
AM ˈtɛrə

terra alba
BR ˈtɛrə(r) ˈalbə(r)
AM ˌtɛrə ˈælbə

terrace
BR ˈtɛrɪs, -ɪz, -ɪŋ, -t
AM ˈtɛrəs, -əz, -ɪŋ, -t

terracotta
BR ˌtɛrəˈkɒtə(r)
AM ˌtɛrəˈkɑdə

Terra del Fuego
BR ˌtɛrə dɛl fʊˈeɪgəʊ
AM ˌtɛrə dɛl fʊˈeɪgoʊ

terra firma
BR ˌtɛrə ˈfɜːmə(r)
AM ˌtɛrə ˈfɝmə

terrain
BR tɪˈreɪn, tɛˈreɪn, -z
AM tɛˈreɪn, -z

terra incognita
BR ˌtɛrə(r) ˌɪŋkɒgˈniːtə(r), + ɪŋˈkɒgnɪtə(r)
AM ˌtɛrə ənˈkɑgnədə, ˌtɛrə ˌɪnˌkɑgˈnidə

terramara
BR ˌtɛrəˈmɑːrə(r)
AM ˌtɛrəˈmɑrə
IT terraˈmara

terramare
BR ˌtɛrəˈmɑːr|i, -ɪz
AM ˌtɛrəˈmɑri, -z

Terramycin
BR ˌtɛrəˈmʌɪsɪn
AM ˌtɛrəˈmaɪsɪn

terrane
BR tɛˈreɪn, -z
AM təˈreɪn, -z

terrapin
BR ˈtɛrəpɪn, -z
AM ˈtɛrəˌpɪn, -z

terraria
BR tɛˈrɛːriə(r), tɪˈrɛːriə(r)
AM təˈrɛriə

terrarium
BR tɛˈrɛːriəm, tɪˈrɛːriəm
AM təˈrɛriəm

terra sigillata
BR ˌtɛrə ˌsɪdʒɪˈleɪtə(r)
AM ˈtɛrə ˌsɪdʒəˈlɑdə

terrazzo
BR tɛˈratsəʊ, tɪˈratsəʊ
AM təˈratsoʊ, təˈrɑzoʊ
IT terˈrattso

Terre Haute
BR ˌtɛrə ˈhəʊt
AM ˌtɛrə ˈhət

Terrell
BR ˈtɛrl̩
AM təˈrɛl, ˈtɛrəl

terrene
BR tɛˈriːn, tɛˈriːn
AM tɛˌrin, təˈrin

terreplein
BR ˈtɛːpleɪn, -z
AM ˈtɛrəˌpleɪn, -z

terrestrial
BR tɪˈrɛstriəl, tɛˈrɛstriəl, -z
AM təˈrɛstriəl, -z

terrestrially
BR tɪˈrɛstriəli, tɛˈrɛstriəli
AM təˈrɛstriəli

terret
BR ˈtɛrɪt, -s
AM ˈtɛrət, -s

terre-verte
BR ˌtɛːˈvɛːt
AM ˌtɛrˈvɝt

terrible
BR ˈtɛrɪbl̩
AM ˈtɛrəb(ə)l

terribleness
BR ˈtɛrɪblnəs
AM ˈtɛrəbəlnəs

terribly
BR ˈtɛrɪbli
AM ˈtɛrəbli

terricolous
BR tɛˈrɪkləs
AM tɛˈrɪkələs

terrier
BR ˈtɛriə(r), -z
AM ˈtɛriər, -z

terrific
BR təˈrɪfɪk
AM təˈrɪfɪk

terrifically
BR təˈrɪfɪkli
AM təˈrɪfɪk(ə)li

terrifier
BR ˈtɛrɪfʌɪə(r), -z
AM ˈtɛrəˌfaɪər, -z

terrify
BR ˈtɛrɪfʌɪ, -z, -ɪŋ, -d
AM ˈtɛrəˌfaɪ, -z, -ɪŋ, -d

terrifyingly
BR ˈtɛrɪfʌɪɪŋli
AM ˈtɛrəˌfaɪɪŋli

terrigenous
BR tɛˈrɪdʒɪnəs
AM tɛˈrɪdʒənəs

terrine
BR tɛˈriːn, ˈtɛriːn, -z
AM tɛˌrin, -z

territ
BR ˈtɛrɪt, -s
AM ˈtɛrət, -s

territorial
BR ˌtɛrɪˈtɔːriəl, -z
AM ˌtɛrəˈtɔriəl, -z

territorialisation
BR ˌtɛrɪˌtɔːriəlʌɪˈzeɪʃn
AM ˌtɛrəˌtɔriəˌlaɪˈzeɪʃ(ə)n, ˌtɛrəˌtɔriələˈzeɪʃ(ə)n

territorialise
BR ˌtɛrɪˈtɔːriəlʌɪz, -ɪz, -ɪŋ, -d
AM ˌtɛrəˈtɔriəˌlaɪz, -ɪz, -ɪŋ, -d

territorialism
BR ˌtɛrɪˈtɔːriəlɪzm
AM ˌtɛrəˈtɔriəˌlɪz(ə)m

territoriality
BR ˌtɛrɪˌtɔːrɪˈalɪti
AM ˌtɛrəˌtɔriˈælədi

territorialization
BR ˌtɛrɪˌtɔːriəlʌɪˈzeɪʃn
AM ˌtɛrəˌtɔriəˌlaɪˈzeɪʃ(ə)n, ˌtɛrəˌtɔriələˈzeɪʃ(ə)n

territorialize
BR ˌterɪˈtɔːriəlʌɪz, -ɪz, -ɪŋ, -d
AM ˌterəˈtɔːriəˌlaɪz, -ɪz, -ɪŋ, -d

territorially
BR ˌterɪˈtɔːriəli
AM ˌterəˈtɔːriəli

territory
BR ˈterɪt(ə)r|i, -ɪz
AM ˈterəˌtɔri, -z

terror
BR ˈterə(r), -z
AM ˈterər, -z

terrorisation
BR ˌterərʌɪˈzeɪʃn
AM ˌterəˌraɪˈzeɪʃ(ə)n, ˌterərəˈzeɪʃ(ə)n

terrorise
BR ˈterərʌɪz, -ɪz, -ɪŋ, -d
AM ˈterəˌraɪz, -ɪz, -ɪŋ, -d

terroriser
BR ˈterərʌɪzə(r), -z
AM ˈterəˌraɪzər, -z

terrorism
BR ˈterərɪzm
AM ˈterəˌrɪz(ə)m

terrorist
BR ˈterərɪst, -s
AM ˈterərəst, -s

terroristic
BR ˌterəˈrɪstɪk
AM ˌterəˈrɪstɪk

terroristically
BR ˌterəˈrɪstɪkli
AM ˌterəˈrɪstɪk(ə)li

terrorization
BR ˌterərʌɪˈzeɪʃn
AM ˌterəˌraɪˈzeɪʃ(ə)n, ˌterərəˈzeɪʃ(ə)n

terrorize
BR ˈterərʌɪz, -ɪz, -ɪŋ, -d
AM ˈterəˌraɪz, -ɪz, -ɪŋ, -d

terrorizer
BR ˈterərʌɪzə(r), -z
AM ˈterəˌraɪzər, -z

terry
BR ˈteri
AM ˈteri

terse
BR təːs, -ə(r), -ɪst
AM tərs, -ər, -əst

tersely
BR ˈtəːsli
AM ˈtərsli

terseness
BR ˈtəːsnəs
AM ˈtərsnəs

tertian
BR ˈtəːʃn
AM ˈtərʃ(ə)n

tertiary
BR ˈtəːʃ(ə)ri
AM ˈtərʃəri, ˈtərʃiˌeri

tertium quid
BR ˌtəːʃiəm ˈkwɪd, ˌtəːtɪəm +
AM ˌtərdiəm ˈkwɪd, ˌtərʃ(i)əm ˈkwɪd

Tertius
BR ˈtəːʃ(ɪ)əs
AM ˈtərʃ(i)əs

Tertullian
BR təˈtʌliən
AM tərˈtəliən, tərˈtəljən

tervalent
BR (ˌ)təːˈveɪlnt
AM tərˈveɪl(ə)nt

terylene
BR ˈterɪliːn
AM ˈterəˌlin

terza rima
BR ˌtəːtsə ˈriːmə(r), ˌteːtsə +
AM ˌtərtsə ˈrimə
IT ˈtertsa ˈrima

terzetti
BR tɛːtˈseti, təːtˈseti
AM tərˈtsedi
IT terˈtsetti

terzetto
BR tɛːtˈsetəʊ, təːtˈsetəʊ, -z
AM tərˈtsedoʊ, -z
IT terˈtsetto

Tesco
BR ˈteskəʊ
AM ˈteskoʊ

TESL
BR ˈtesl
AM ˈtes(ə)l

tesla
BR ˈteslə(r), -z
AM ˈteslə, -z

TESOL
BR ˈtesɒl
AM ˈtiˌsɒl, ˈtɛˌsɑl, ˈtiˌsɑl, ˈtɛˌsɔl

Tess
BR tes
AM tes

TESSA
BR ˈtesə(r)
AM ˈtesə

tessellate
BR ˈtesɪleɪt, -s, -ɪŋ, -ɪd
AM ˈtesəˌleɪ|t, -ts, -dɪŋ, -dɪd

tessellation
BR ˌtesɪˈleɪʃn, -z
AM ˌtesəˈleɪʃ(ə)n, -z

tessera
BR ˈtes(ə)rə(r)
AM ˈtesərə

tesserae
BR ˈtes(ə)riː
AM ˈtesəri, ˈtesəˌraɪ

tesseral
BR ˈtes(ə)rl̩
AM ˈtesərəl

tessitura
BR ˌtesɪˈt(j)ʊərə(r), -z
AM ˌtesəˈtʊrə, -z
IT tessiˈtura

test
BR test, -s, -ɪŋ, -ɪd
AM test, -s, -ɪŋ, -əd

testa
BR ˈtestə(r)
AM ˈtestə

testability
BR ˌtestəˈbɪlɪti
AM ˌtestəˈbɪlɪdi

testable
BR ˈtestəbl
AM ˈtestəb(ə)l

testaceous
BR tɛˈsteɪʃəs
AM tɛˈsteɪʃəs

testacy
BR ˈtestəs|i, -ɪz
AM ˈtestəsi, -z

testae
BR ˈtestiː
AM ˈtesˌtaɪ, ˈtesti

testament
BR ˈtestəm(ə)nt, -s
AM ˈtestəm(ə)nt, -s

testamental
BR ˌtestəˈmentl
AM ˌtestəˈmen(t)l

testamentarily
BR ˌtestəˈment(ə)rɪli
AM ˌtestəˈmen(t)ərəli

testamentary
BR ˌtestəˈment(ə)ri
AM ˌtestəˈmen(t)əri

testamur
BR tɛˈsteɪmə(r), -z
AM tɛˈsteɪmər, -z

testate
BR ˈtesteɪt
AM ˈtestət, ˈtɛˌsteɪt

testation
BR tɛˈsteɪʃn, -z
AM tɛˈsteɪʃ(ə)n, -z

testator
BR tɛˈsteɪtə(r), -z
AM ˈtɛˌsteɪdər, -z

testatrices
BR tɛˈsteɪtrɪsiːz
AM ˌtestəˈtraɪˌsiz, tɛˈsteɪtrəˌsiz

testatrix
BR tɛˈsteɪtrɪks, -ɪz
AM tɛˈsteɪˌtrɪks, ˈtɛˌsteɪˌtrɪks, -ɪz

Test-Ban Treaty
BR ˈtes(t)ban ˌtriːti
AM ˈtes(t)ˌbæn ˌtridi

testee
BR tesˈtiː, -z
AM tesˈti, -z

testentry
BR ˈtestntr|i, -ɪz
AM ˈtestəntri, -z

tester
BR ˈtestə(r), -z
AM ˈtestər, -z

testes

testes
BR ˈtestiːz
AM ˈtesˌtiz

testicle
BR ˈtestɪkl, -z
AM ˈtestək(ə)l, -z

testicular
BR teˈstɪkjʊlə(r)
AM teˈstɪkjələr

testiculate
BR teˈstɪkjʊlət
AM teˈstɪkjəˌleɪt, teˈstɪkjələt

testification
BR ˌtestɪfɪˈkeɪʃn, -z
AM ˌtestəfəˈkeɪʃ(ə)n, -z

testifier
BR ˈtestɪfʌɪə(r), -z
AM ˈtestəˌfaɪər, -z

testify
BR ˈtestɪfʌɪ, -z, -ɪŋ, -d
AM ˈtestəˌfaɪ, -z, -ɪŋ, -d

testily
BR ˈtestɪli
AM ˈtestəli

testimonial
BR ˌtestɪˈməʊnɪəl, -z
AM ˌtestəˈmoʊnɪəl, -z

testimony
BR ˈtestɪmən|i, -ɪz
AM ˈtestəˌmoʊni, -z

testiness
BR ˈtestɪnɪs
AM ˈtestɪnɪs

testis
BR ˈtestɪs
AM ˈtestəs

testosterone
BR teˈstɒstərəʊn
AM teˈstɑstəˌroʊn

testudinal
BR teˈst(j)uːdɪnl̩, teˈstʃuːdɪnl̩
AM teˈst(j)udn̩l̩

testudines
BR teˈst(j)uːdɪniːz, teˈstʃuːdɪniːz
AM teˈst(j)udn̩ˌiz

testudo
BR teˈst(j)uːdəʊ, teˈstʃuːdəʊ, -z
AM teˈstudoʊ, -z

testy
BR ˈtest|i, -ɪə(r), -ɪɪst
AM ˈtesti, -ər, -ɪst

tetanic
BR tɪˈtanɪk, teˈtanɪk
AM teˈtænɪk

tetanically
BR tɪˈtanɪkli, teˈtanɪkli
AM teˈtænək(ə)li

tetanise
BR ˈtetn̩ʌɪz, -ɪz, -ɪŋ, -d
AM ˈtetn̩ˌaɪz, -ɪz, -ɪŋ, -d

tetanize
BR ˈtetn̩ʌɪz, -ɪz, -ɪŋ, -d
AM ˈtetn̩ˌaɪz, -ɪz, -ɪŋ, -d

tetanoid
BR ˈtetn̩ɔɪd
AM ˈtetn̩ˌɔɪd

tetanus
BR ˈtetn̩əs
AM ˈtetn̩əs, ˈtetn̩əs

tetany
BR ˈtetn̩i
AM ˈtetn̩i, ˈtetn̩i

Tetbury
BR ˈtetb(ə)ri
AM ˈtetˌberi

tetchily
BR ˈtetʃɪli
AM ˈtetʃəli

tetchiness
BR ˈtetʃɪnɪs
AM ˈtetʃɪnɪs

tetchy
BR ˈtetʃ|i, -ɪə(r), -ɪɪst
AM ˈtetʃi, -ər, -ɪst

tête-à-tête
BR ˌteɪtɑːˈteɪt, ˌteɪtɑːˈtet, -s
AM ˌtedəˈtet, -s

tête-bêche
BR ˌtetˈbeʃ, ˌteɪtˈbeʃ
AM ˌtetˈbeʃ

tether
BR ˈteð|ə(r), -əz, -(ə)rɪŋ, -əd
AM ˈteð|ər, -ərz, -(ə)rɪŋ, -ərd

Tethys
BR ˈtiːθɪs, ˈteθɪs
AM ˈteθəs

Tetley
BR ˈtetli
AM ˈtetli

Teton
BR ˈtiːtɒn, -z
AM ˈtiˌtɑn, -z

tetra
BR ˈtetrə(r)
AM ˈtetrə

tetrachloride
BR ˌtetrəˈklɔːrʌɪd
AM ˌtetrəˈklɔˌraɪd

tetrachloroethylene
BR ˌtetrəˌklɔːrəʊˈeθliːn, ˌtetrəˌklɔːrəʊˈeθliːn
AM ˈtetrəˌklɔroʊˈeθəˌlin

tetrachord
BR ˈtetrəkɔːd, -z
AM ˈtetrəˌkɔ(ə)rd, -z

tetracyclic
BR ˌtetrəˈsʌɪklɪk
AM ˌtetrəˈsaɪklɪk

tetracycline
BR ˌtetrəˈsʌɪkliːn, ˌtetrəˈsʌɪklɪn, -z
AM ˌtetrəˈsaɪˌklin, -z

tetrad
BR ˈtetrad, -z
AM ˈteˌtræd, -z

tetradactyl
BR ˌtetrəˈdakt(ɪ)l, -z
AM ˌtetrəˈdæktl̩, -z

tetradactylous
BR ˌtetrəˈdaktɪləs
AM ˌtetrəˈdæktələs

tetraethyl
BR ˌtetrə(r)ˈeθ(ɪ)l, ˌtetrə(r)ˈeθʌɪl, ˌtetrə(r)ˈiːθʌɪl
AM ˌtetrəˈeθəl

tetragon
BR ˈtetrəɡ(ɒ)n, -z
AM ˈtetrəˌɡɑn, -z

tetragonal
BR teˈtraɡn̩l, tɪˈtraɡnl
AM teˈtræɡən(ə)l

tetragonally
BR teˈtraɡn̩li, teˈtraɡnəli, tɪˈtraɡn̩li, tɪˈtraɡnəli
AM teˈtræɡənəli

tetragram
BR ˈtetrəɡram, -z
AM ˈtetrəˌɡræm, -z

tetragrammaton
BR ˌtetrəˈɡramət(ɒ)n
AM ˌtetrəˈɡræməˌtɑn

tetragynous
BR teˈtradʒɪnəs, tɪˈtradʒɪnəs
AM teˈtrædʒənəs

tetrahedra
BR ˌtetrəˈhiːdrə(r)
AM ˌtetrəˈhidrə

tetrahedral
BR ˌtetrəˈhiːdr(ə)l
AM ˌtetrəˈhidrəl

tetrahedron
BR ˌtetrəˈhiːdr(ə)n, -z
AM ˌtetrəˈhidrən, -z

tetralogy
BR teˈtralədʒ|i, tɪˈtralədʒ|i, -ɪz
AM teˈtrɑlədʒi, -z

tetramerous
BR teˈtram(ə)rəs, tɪˈtram(ə)rəs
AM teˈtræmərəs

tetrameter
BR teˈtramɪtə(r), tɪˈtramɪtə(r), -z
AM teˈtræmədər, -z

tetramorph
BR ˈtetrəmɔːf, -s
AM ˈtetrəˌmɔ(ə)rf, -s

tetrandrous
BR teˈtrandrəs, tɪˈtrandrəs
AM teˈtrændrəs

tetraplegia
BR ˌtetrəˈpliːdʒ(ɪ)ə(r)
AM ˌtetrəˈpli(d)ʒ(i)ə

tetraplegic
BR ˌtetrəˈpliːdʒɪk, -s
AM ˌtetrəˈplidʒɪk, -s

tetraploid
BR ˈtetrəplɔɪd, -z
AM ˈtetrəˌplɔɪd, -z

tetrapod
BR ˈtetrəpɒd, -z
AM ˈtetrəˌpɑd, -z
tetrapodous
BR teˈtrapədəs,
tɪˈtrapədəs
AM teˈtræpədəs
tetrapterous
BR teˈtrapt(ə)rəs,
tɪˈtrapt(ə)rəs
AM teˈtræptərəs
tetrarch
BR ˈtetrɑːk, -s
AM ˈteˌtrɑɹk, -s
tetrarchate
BR ˈtetrɑːkeɪt, -s
AM ˈteˌtrɑɹˌkeɪt, -s
tetrarchical
BR teˈtrɑːkɪkl,
tɪˈtrɑːkɪkl
AM teˈtrɑɹkək(ə)l
tetrarchy
BR ˈtetrɑːkli, -ɪz
AM ˈteˌtrɑɹki, -z
tetrastich
BR ˈtetrəstɪk, -s
AM ˈtetrəˌstɪk, -s
tetrastyle
BR ˈtetrəstʌɪl, -z
AM ˈtetrəˌstaɪl,
-z
tetrasyllabic
BR ˌtetrəsɪˈlabɪk
AM ˌtetrəsəˈlæbɪk
tetrasyllable
BR ˈtetrəˌsɪləbl,
ˌtetrəˈsɪləbl, -z
AM ˌtetrəˈsɪləb(ə)l, -z
tetrathlon
BR teˈtraθlɒn, tɪ
ˈtraθlɒn, -z
AM teˈtræθˌlɑn, -z
tetratomic
BR ˌtetrəˈtɒmɪk
AM ˌtetrəˈtɑmɪk
tetravalent
BR ˌtetrəˈveɪlnt
AM ˌtetrəˈveɪl(ə)nt
Tetrazzini
BR ˌtetrəˈziːni
AM ˌtetrəˈzini
IT tetratˈtsini

tetrode
BR ˈtetrəʊd, -z
AM ˈteˌtroʊd, -z
tetrodotoxin
BR ˌtetrə(ʊ)də(ʊ)-
ˈtɒksɪn
AM ˌtetroʊdoʊˈtaksin
tetroxide
BR teˈtrɒksʌɪd,
tɪˈtrɒksʌɪd
AM teˈtrɑkˌsaɪd
tetter
BR ˈtetə(r)
AM ˈtedər
Teuton
BR ˈtjuːt(ə)n,
ˈtʃuːt(ə)n, -z
AM ˈt(j)uˌtɑn,
ˈt(j)utn, -z
Teutonic
BR tjuːˈtɒnɪk,
tʃuːˈtɒnɪk
AM t(j)uˈtɑnɪk
Teutonicism
BR tjuːˈtɒnɪsɪzm,
tʃuːˈtɒnɪsɪzm
AM t(j)uˈtɑnəˌsɪz(ə)m
Tevet
BR ˈtevet
AM ˈteɪˌveθ, teɪˈvet
Teviot
BR ˈtiːvɪət, ˈtevɪət
AM ˈtevɪət
Tewkesbury
BR ˈtjuːksb(ə)ri,
ˈtʃuːksb(ə)ri
AM ˈt(j)uksˌberi
Tex
BR teks
AM teks
Texan
BR ˈteksn, -z
AM ˈteks(ə)n, -z
Texas
BR ˈteksəs
AM ˈteksəs
Texel
BR ˈteksl
AM ˈteks(ə)l
Tex-Mex
BR ˌteksˈmeks
AM ˌteksˈmeks

text
BR tekst, -s, -ɪŋ,
-ɪd
AM tekst, -s
textbook
BR ˈteks(t)bʊk, -s
AM ˈteks(t)ˌbʊk, -s
textbookish
BR ˈteks(t)bʊkɪʃ
AM ˈteks(t)ˌbʊkɪʃ
textile
BR ˈtekstʌɪl, -z
AM ˈtekˌstaɪl, -z
textless
BR ˈteks(t)ləs
AM ˈteks(t)ləs
textual
BR ˈtekstʃʊəl,
ˈtekstʃ(ʊ)l,
ˈtekstjʊəl,
ˈtekstjʊl
AM ˈtek(st)ʃ(əw)əl
textualism
BR ˈtekstʃʊəlɪzm,
ˈtekstʃʊlɪzm,
ˈtekstʃlɪzm,
ˈtekstjʊəlɪzm,
ˈtekstjʊlɪzm
AM ˈtek(st)ʃ(əw)ə-
ˌlɪz(ə)m
textualist
BR ˈtekstʃʊəlɪst,
ˈtekstʃʊlɪst,
ˈtekstʃlɪst,
ˈtekstjʊəlɪst,
ˈtekstjʊlɪst
AM ˈtek(st)ʃ(əw)ələst
textuality
BR ˌtekstʃʊˈalɪti,
ˌtekstjʊˈalɪti
AM ˌtek(st)ʃəˈwælədi
textually
BR ˈtekstʃʊəli,
ˈtekstʃʊli, ˈtekstʃli,
ˈtekstjʊəli, ˈtekstjʊli
AM ˈtek(st)ʃ(əw)əli
textural
BR ˈtekstʃ(ə)rl̩
AM ˈtek(st)ʃərəl
texturally
BR ˈtekstʃ(ə)rl̩i
AM ˈtek(st)ʃərəli

texture
BR ˈtekstʃə(r), -z, -d
AM ˈtek(st)ʃər,
-z, -d
textureless
BR ˈtekstʃələs
AM ˈtek(st)ʃərləs
texturise
BR ˈtekstʃərʌɪz, -ɪz,
-ɪŋ, -d
AM ˈtek(st)ʃəˌraɪz, -ɪz,
-ɪŋ, -d
texturize
BR ˈtekstʃərʌɪz, -ɪz,
-ɪŋ, -d
AM ˈtek(st)ʃəˌraɪz, -ɪz,
-ɪŋ, -d
TGIF
BR ˌtiːdʒiːʌɪˈef
AM ˌtiˌdʒiˌaɪˈef
Thackeray
BR ˈθak(ə)ri,
ˈθak(ə)reɪ
AM ˈθæk(ə)ri
Thaddeus
BR ˈθadɪəs
AM ˈθædiəs
Thai
BR tʌɪ, -z
AM taɪ, -z
Thailand
BR ˈtʌɪland
AM ˈtaɪˌlænd
Thailander
BR ˈtʌɪlandə(r), -z
AM ˈtaɪləndər,
ˈtaɪˌlændər, -z
thalamic
BR θəˈlamɪk
AM θəˈlæmɪk
thalamus
BR ˈθaləməs
AM ˈθæləməs
thalassaemia
BR ˌθaləˈsiːmɪə(r)
AM ˌθæləˈsimiə
thalassemia
BR ˌθaləˈsiːmɪə(r)
AM ˌθæləˈsimiə
thalassic
BR θəˈlasɪk
AM θəˈlæsɪk

thalassotherapy
BR θəˌlasəʊˈθɛrəpi
AM ˌθæləˌsoʊˈθɛrəpi

thaler
BR ˈtɑːlə(r), -z
AM ˈtɑlər, -z

Thales
BR ˈθeɪliːz
AM ˈθeɪˌliz

Thalia
BR θeɪliə(r), θəˈlʌɪə(r)
AM ˈθeɪliə, ˈθeɪljə

thalidomide
BR θəˈlɪdəmʌɪd
AM θəˈlɪdəˌmaɪd

thalli
BR ˈθalʌɪ, ˈθaliː
AM ˈθæli

thallic
BR ˈθalɪk
AM ˈθælɪk

thallium
BR ˈθalɪəm
AM ˈθælɪəm

thalloid
BR ˈθalɔɪd
AM ˈθæˌlɔɪd

thallophyte
BR ˈθaləfʌɪt, -s
AM ˈθæləˌfaɪt, -s

thallous
BR ˈθaləs
AM ˈθæləs

thallus
BR ˈθaləs
AM ˈθæləs

thalweg
BR ˈtɑːlvɛɡ, ˈθɑːlvɛɡ, -z
AM ˈtælˌvɛɡ, -z

Thame
BR teɪm
AM θeɪm, teɪm

Thames[1] *in Connecticut*
BR teɪmz, θeɪmz
AM θeɪmz, teɪmz

Thames[2] *in England, Canada, New Zealand*
BR tɛmz
AM tɛmz

Thammuz
BR ˈtamʊz
AM ˈtamʊz

than[1] *strong form*
BR ðan
AM ðæn

than[2] *weak form*
BR ð(ə)n
AM ðən

thanage
BR ˈθeɪnɪdʒ
AM ˈθeɪnɪdʒ

thanatology
BR ˌθanəˈtɒlədʒi
AM ˌθænəˈtɑlədʒi

thane
BR θeɪn, -z
AM θeɪn, -z

thanedom
BR ˈθeɪndəm, -z
AM ˈθeɪndəm, -z

thaneship
BR ˈθeɪnʃɪp, -s
AM ˈθeɪnˌʃɪp, -s

Thanet
BR ˈθanɪt
AM ˈθænət

thank
BR θaŋ|k, -ks, -kɪŋ, -(k)t
AM θæŋ|k, -ks, -kɪŋ, -(k)t

thankful
BR ˈθaŋkf(ʊ)l
AM ˈθæŋkfəl

thankfully
BR ˈθaŋkfʊli, ˈθaŋkfl̩i
AM ˈθæŋkfəli

thankfulness
BR ˈθaŋkf(ʊ)lnəs
AM ˈθæŋkfəlnəs

thankless
BR ˈθaŋkləs
AM ˈθæŋkləs

thanklessly
BR ˈθaŋkləsli
AM ˈθæŋkləsli

thanklessness
BR ˈθaŋkləsnəs
AM ˈθæŋkləsnəs

thank-offering
BR ˈθaŋkˌɒf(ə)rɪŋ, -z
AM ˈθæŋkˌɑfərɪŋ, ˈθæŋkˌɔfərɪŋ, -z

thanksgiving
BR ˌθaŋksˈɡɪvɪŋ, ˈθaŋksˌɡɪvɪŋ, -z
AM ˌθæŋksˈɡɪvɪŋ, -z

thank you
BR ˈθaŋk juː
AM ˈθæŋk ˌju

thar
BR tɑː(r), -z
AM tɑr, -z

that[1] *demonstrative pronoun, adverb, determiner*
BR ðat
AM ðæt

that[2] *relative pronoun, conjunction-strong form*
BR ðat
AM ðæt

that[3] *relative pronoun, conjunction-weak form*
BR ðət
AM ðət

thatch
BR θatʃ, -ɪz, -ɪŋ, -t
AM θætʃ, -əz, -ɪŋ, -t

thatcher
BR ˈθatʃə(r), -z
AM ˈθætʃər, -z

Thatcherism
BR ˈθatʃ(ə)rɪzm
AM ˈθætʃəˌrɪz(ə)m

Thatcherite
BR ˈθatʃərʌɪt, -s
AM ˈθætʃəˌraɪt, -s

thaumatology
BR ˌθɔːməˈtɒlədʒi
AM ˌθɑməˈtɑlədʒi, ˌθɔməˈtɑlədʒi

thaumatrope
BR ˈθɔːmətrəʊp, -s
AM ˈθɑməˌtroʊp, ˈθɔməˌtroʊp, -s

thaumaturge
BR ˈθɔːmətəːdʒ, -ɪz
AM ˈθɑməˌtərdʒ, ˈθɔməˌtərdʒ, -əz

thaumaturgic
BR ˌθɔːməˈtəːdʒɪk
AM ˌθɑməˈtərdʒɪk, ˌθɔməˈtərdʒɪk

thaumaturgical
BR ˌθɔːməˈtəːdʒɪkl
AM ˌθɑməˈtərdʒək(ə)l, ˌθɔməˈtərdʒək(ə)l

thaumaturgist
BR ˈθɔːmətəːdʒɪst, -s
AM ˈθɑməˌtərdʒəst, ˈθɔməˌtərdʒəst, -s

thaumaturgy
BR ˈθɔːmətəːdʒi
AM ˈθɑməˌtərdʒi, ˈθɔməˌtərdʒi

thaw
BR θɔː(r), -z, -ɪŋ, -d
AM θɑ, θɔ, -z, -ɪŋ, -d

thawless
BR ˈθɔːləs
AM ˈθɑləs, ˈθɔləs

THC
BR ˌtiːeɪtʃˈsiː
AM ˌtiˌeɪtʃˈsi

the[1] *strong form*
BR ðiː
AM ði

the[2] *weak form before consonants*
BR ðə
AM ð(ə)

the[3] *weak form before vowels*
BR ðɪ, ðiː
AM ði

Thea
BR ˈθiːə(r)
AM ˈθiə

theandric
BR θiːˈandrɪk
AM θiˈændrɪk

theanthropic
BR ˌθiːənˈθrɒpɪk
AM ˌθiənˈθrɑpɪk

thearchy
BR ˈθiːɑːk|i, -ɪz
AM ˈθiˌɑrki, -z

theater
BR ˈθɪətə(r), -z
AM ˈθiədər, -z
theatergoer
BR ˈθɪətəˌɡəʊə(r), -z
AM ˈθiədərˌɡoʊər, -z
theatergoing
BR ˈθɪətəˌɡəʊɪŋ
AM ˈθiədərˌɡoʊɪŋ
theater-in-the-round
BR ˌθɪət(ə)rɪnðəˈraʊnd
AM ˌθiədərənðəˈraʊnd
theatre
BR ˈθɪətə(r), -z
AM ˈθiədər, -z
theatregoer
BR ˈθɪətəˌɡəʊə(r), -z
AM ˈθiədərˌɡoʊər, -z
theatregoing
BR ˈθɪətəˌɡəʊɪŋ
AM ˈθiədərˌɡoʊɪŋ
theatre-in-the-round
BR ˌθɪət(ə)rɪnðəˈraʊnd
AM ˌθiədərənðəˈraʊnd
theatric
BR θɪˈatrɪk, -s
AM θiˈætrɪk, -s
theatrical
BR θɪˈatrɪkl, -z
AM θiˈætrək(ə)l, -z
theatricalisation
BR θɪˌatrɪklʌɪˈzeɪʃn
AM θiˌætrəkəˌlaɪ-
 ˈzeɪʃ(ə)n,
 θiˌætrəkələˈzeɪʃ(ə)n
theatricalise
BR θɪˈatrɪklʌɪz, -ɪz,
 -ɪŋ, -d
AM θiˈætrəkəˌlaɪz, -ɪz,
 -ɪŋ, -d
theatricalism
BR θɪˈatrɪklɪzm
AM θiˈætrəkəˌlɪz(ə)m
theatricality
BR θɪˌatrɪˈkalɪti
AM θiˌætrəˈkælədi
theatricalization
BR θɪˌatrɪklʌɪˈzeɪʃn
AM θiˌætrəkəˌlaɪ-
 ˈzeɪʃ(ə)n,
 θiˌætrəkələˈzeɪʃ(ə)n

theatricalize
BR θɪˈatrɪklʌɪz, -ɪz,
 -ɪŋ, -d
AM θiˈætrəkəˌlaɪz, -ɪz,
 -ɪŋ, -d
theatrically
BR θɪˈatrɪkli
AM θiˈætrək(ə)li
Theban
BR ˈθiːbn, -z
AM ˈθibən, -z
thebe
BR ˈθeɪbeɪ
AM ˈtɛbɛ
Thebes
BR θiːbz
AM θibz
theca
BR ˈθiːkə(r)
AM ˈθikə
thecae
BR ˈθiːsiː, ˈθiːkiː
AM ˈθiki, ˈθiˌsaɪ,
 ˈθiˌkaɪ, ˈθiˌsi
thecate
BR ˈθiːkeɪt
AM ˈθiˌkeɪt
thé dansant
BR ˌteɪ ˌdɒ̃ˈsɒ̃, -z
AM ˌteɪ ˌdɑnˈsɑn,
 -z
thee
BR ðiː
AM ði
theft
BR θɛft, -s
AM θɛft, -s
thegn
BR θeɪn, -z
AM θeɪn, -z
theine
BR ˈθiːiːn, ˈθiːɪn
AM ˈθiɪn, ˈθiˌin
their¹ *strong form*
BR ðɛː(r)
AM ðɛ(ə)r
their² *weak form*
BR ðə(r)
AM ðər
theirs
BR ðɛːz
AM ðɛ(ə)rz

theirselves
BR ðɛːˈsɛlvz
AM ðɛrˈsɛlvz
theism
BR ˈθiːɪzm
AM ˈθiˌɪz(ə)m
theist
BR ˈθiːɪst, -s
AM ˈθiɪst, -s
theistic
BR θiːˈɪstɪk
AM θiˈɪstɪk
theistical
BR θiːˈɪstɪkl
AM θiˈɪstɪk(ə)l
theistically
BR θiːˈɪstɪkli
AM θiˈɪstək(ə)li
Thelma
BR ˈθɛlmə(r)
AM ˈθɛlmə
Thelwall
BR ˈθɛlwɔːl
AM ˈθɛlˌwɑl, ˈθɛlˌwɔl
Thelwell
BR ˈθɛlw(ɛ)l
AM ˈθɛlˌwɛl
them¹ *strong form*
BR ðɛm
AM ðɛm
them² *weak form*
BR ð(ə)m
AM ðəm
thematic
BR θiːˈmatɪk,
 θɪˈmatɪk, -s
AM θəˈmædɪk, -s
thematically
BR θiːˈmatɪkli,
 θɪˈmatɪkli
AM θəˈmædək(ə)li
theme
BR θiːm, -z
AM θim, -z
Themistocles
BR θɪˈmɪstəkliːz,
 θɛˈmɪstəkliːz
AM θəˈmɪstəˌkliz
themself
BR ð(ə)mˈsɛlf
AM ðɛmˈsɛlf,
 ðəmˈsɛlf

themselves
BR ð(ə)mˈsɛlvz
AM ðɛmˈsɛlvz,
 ðəmˈsɛlvz
then
BR ðɛn
AM ðɛn
thenar
BR ˈθiːnɑː(r), -z
AM ˈθiˌnɑr, -z
thence
BR ðɛns
AM ðɛns
thenceforth
BR ˌðɛnsˈfɔːθ
AM ˌðɛnsˈfɔ(ə)rθ
thenceforward
BR ˌðɛnsˈfɔːwəd
AM ˌðɛnsˈfɔrwərd
Theo
BR ˈθiːəʊ
AM ˈθioʊ
Theobald
BR ˈθɪəbɔːld
AM θiəˈbɑld, θiəˈbɔld
theobromine
BR ˌθɪə(ʊ)ˈbrəʊmiːn,
 ˌθɪə(ʊ)ˈbrəʊmɪn
AM ˌθiəˈbroʊm(ə)n,
 ˌθiəˈbroʊˌmin
theocentric
BR ˌθiːə(ʊ)ˈsɛntrɪk
AM ˌθioʊˈsɛntrɪk
theocentrism
BR ˌθiːə(ʊ)ˈsɛntrɪzm
AM ˌθioʊˈsɛnˌtrɪz(ə)m
theocracy
BR θɪˈɒkrəsǀi, -ɪz
AM θiˈɑkrəsi, -z
theocrasy
BR ˈθiːəˌkreɪsi,
 θɪˈɒkrəsi
AM θiˈɑkrəsi
theocrat
BR ˈθɪəkrat, -s
AM ˈθiəˌkræt, -s
theocratic
BR ˌθɪəˈkratɪk
AM ˌθiəˈkrædɪk
theocratically
BR ˌθɪəˈkratɪkli
AM ˌθiəˈkrædək(ə)li

Theocritus
BR θɪˈɒkrɪtəs
AM θiˈakrədəs

theodicean
BR θɪˌɒdɪˈsiːən
AM θiˌadəˈsiən

theodicy
BR θɪˈɒdɪsi
AM θiˈadəsi

theodolite
BR θɪˈɒdlʌɪt, -s
AM θiˈadəˌlaɪt, -s

theodolitic
BR θɪˌɒdəˈlɪtɪk, θɪˌɒdl̩ˈɪtɪk
AM θiˌadəˈlɪdɪk

Theodora
BR ˌθiːəˈdɔːrə(r)
AM θiəˈdɔrə

Theodorákis
BR ˌθiːədəˈrɑːkɪs, ˌθiːədəˈrakɪs
AM ˌθiədəˈrakəs

Theodore
BR ˈθiːədɔː(r)
AM ˈθiəˌdɔ(ə)r

Theodoric
BR θɪˈɒd(ə)rɪk
AM ˌθiˈadərɪk

Theodosius
BR ˌθiːəˈdəʊsɪəs
AM θiəˈdoʊʃ(i)əs

theogonist
BR θɪˈɒgnɪst, -s
AM θiˈagənəst, -s

theogony
BR θɪˈɒgn̩i, -ɪz
AM θiˈagəni, -z

theologian
BR ˌθiːəˈləʊdʒ(ɪə)n, -z
AM θiəˈloʊdʒ(ə)n, -z

theological
BR ˌθiːəˈlɒdʒɪkl
AM θiəˈladʒək(ə)l

theologically
BR ˌθiːəˈlɒdʒɪkli
AM θiəˈladʒək(ə)li

theologise
BR θɪˈɒlədʒʌɪz, -ɪz, -ɪŋ, -d
AM θiˈaləˌdʒaɪz, -ɪz, -ɪŋ, -d

theologist
BR θɪˈɒlədʒɪst, -s
AM θiˈalədʒəst, -s

theologize
BR θɪˈɒlədʒʌɪz, -ɪz, -ɪŋ, -d
AM θiˈaləˌdʒaɪz, -ɪz, -ɪŋ, -d

theology
BR θɪˈɒlədʒi
AM θiˈalədʒi

theomachy
BR θɪˈɒməkǀi, -ɪz
AM θiˈaməki, -z

theomania
BR ˈθɪə(ʊ)ˌmeɪnɪə(r)
AM ˌθiəˈmeɪnɪə

theophany
BR θɪˈɒfn̩ǀi, -ɪz
AM θiˈafəni, -z

Theophilus
BR θɪˈɒfɪləs, θɪˈɒfl̩əs
AM θiˈafələs

theophoric
BR ˌθiːəˈfɒrɪk
AM θiəˈfɔrɪk

Theophrastus
BR ˌθiːəˈfrastəs
AM θiəˈfræstəs

theophylline
BR ˌθiːəˈfɪliːn, ˌθiːəˈfɪlɪn
AM θiəˈfɪlɪn, θiˈafəl(ə)n

theorbist
BR θɪˈɔːbɪst, -s
AM θiˈɔrbəst, -s

theorbo
BR θɪˈɔːbəʊ, -z
AM θiˈɔrboʊ, -z

theorem
BR ˈθɪərəm, -z
AM ˈθɪrəm, ˈθiərəm, -z

theorematic
BR ˌθɪərəˈmatɪk
AM ˌθɪrəˈmædɪk, ˌθiərəˈmædɪk

theoretic
BR ˌθɪəˈrɛtɪk
AM θiəˈrɛdɪk

theoretical
BR ˌθɪəˈrɛtɪkl
AM θiəˈrɛdək(ə)l

theoretically
BR ˌθɪəˈrɛtɪkli
AM θiəˈrɛdək(ə)li

theoretician
BR ˈθɪərəˌtɪʃn, -z
AM ˌθɪrəˈtɪʃ(ə)n, ˌθiərəˈtɪʃ(ə)n, -z

theorisation
BR ˌθɪərʌɪˈzeɪʃn
AM ˌθiəˌraɪˈzeɪʃ(ə)n, ˌθɪrəˈzeɪʃ(ə)n, ˌθɪˌraɪˈzeɪʃ(ə)n, ˌθiərəˈzeɪʃ(ə)n

theorise
BR ˈθɪərʌɪz, -ɪz, -ɪŋ, -d
AM ˈθɪˌraɪz, ˈθiəˌraɪz, -ɪz, -ɪŋ, -d

theoriser
BR ˈθɪərʌɪzə(r)
AM ˈθɪˌraɪzər, ˈθiəˌraɪzər

theorist
BR ˈθɪərɪst, -s
AM ˈθɪrɪst, ˈθiərɪst, -s

theorization
BR ˌθɪərʌɪˈzeɪʃn
AM ˌθiəˌraɪˈzeɪʃ(ə)n, ˌθɪrəˈzeɪʃ(ə)n, ˌθɪˌraɪˈzeɪʃ(ə)n, ˌθiərəˈzeɪʃ(ə)n

theorize
BR ˈθɪərʌɪz, -ɪz, -ɪŋ, -d
AM ˈθɪˌraɪz, ˈθiəˌraɪz, -ɪz, -ɪŋ, -d

theorizer
BR ˈθɪərʌɪzə(r), -z
AM ˈθɪˌraɪzər, ˈθiəˌraɪzər, -z

theory
BR ˈθɪərǀi, -ɪz
AM ˈθɪri, ˈθiəri, -z

theosoph
BR ˈθɪəsɒf, -s
AM ˈθiəˌsaf, -s

theosopher
BR θɪˈɒsəfə(r), -z
AM θiˈasəfər, -z

theosophic
BR ˌθɪəˈsɒfɪk
AM ˌθiəˈsafɪk

theosophical
BR ˌθɪəˈsɒfɪkl
AM ˌθiəˈsafək(ə)l

theosophically
BR ˌθɪəˈsɒfɪkli
AM ˌθiəˈsafək(ə)li

theosophise
BR θɪˈɒsəfʌɪz, -ɪz, -ɪŋ, -d
AM θiˈasəˌfaɪz, -ɪz, -ɪŋ, -d

theosophism
BR θɪˈɒsəfɪzm
AM θiˈasəˌfɪz(ə)m

theosophist
BR θɪˈɒsəfɪst, -s
AM θiˈasəfəst, -s

theosophize
BR θɪˈɒsəfʌɪz, -ɪz, -ɪŋ, -d
AM θiˈasəˌfaɪz, -ɪz, -ɪŋ, -d

theosophy
BR θɪˈɒsəfi
AM θiˈasəfi

Thera
BR ˈθɪərə(r)
AM ˈθɪrə

therabouts
BR ˌðɛrəˈbaʊts, ˈðɛːrəbaʊts
AM ˌðɛrəˈbaʊts, ˈðɛrəˌbaʊts

Theran
BR ˈθɪərən
AM ˈθɪrən

therapeutic
BR ˌθɛrəˈpjuːtɪk, -s
AM ˌθɛrəˈpjudɪk, -s

therapeutical
BR ˌθɛrəˈpjuːtɪkl
AM ˌθɛrəˈpjudək(ə)l

therapeutically
BR ˌθɛrəˈpjuːtɪkli
AM ˌθɛrəˈpjudək(ə)li

therapeutist
BR ˌθɛrəˈpjuːtɪst, -s
AM ˌθɛrəˈpjudəst, -s

therapist
BR ˈθerəpɪst, -s
AM ˈθerəpəst, -s

therapsid
BR θeˈrapsɪd,
θɪˈrapsɪd, -z
AM θəˈræpsɪd, -z

therapy
BR ˈθerəp|i, -ɪz
AM ˈθerəpi, -z

Theravada
BR ˌθerəˈvɑːdə(r)
AM ˌθerəˈvɑdə

there[1] *strong form*
BR ðɛː(r)
AM ðɛ(ə)r

there[2] *weak form*
BR ðə(r)
AM ðər

thereabout
BR ˌðɛːrəˈbaʊt,
ˈðɛːrəbaʊt, -s
AM ˌðɛrəˈbaʊt,
ˈðɛrəˌbaʊt, -s

thereafter
BR ˌðɛːrˈɑːftə(r)
AM ðɛˈræftər

thereanent
BR ˌðɛːrəˈnɛnt
AM ˌðɛrəˈnɛnt

thereat
BR ˌðɛːrˈat
AM ðɛˈræt

thereby
BR ˌðɛːˈbʌɪ,
ˈðɛːbʌɪ
AM ðɛrˈbaɪ

therefor *for that*
BR ˌðɛːˈfɔː(r)
AM ˌðɛrˈfɔ(ə)r

therefore
BR ˈðɛːfɔː(r)
AM ˈðɛrˌfɔ(ə)r

therefrom
BR ˌðɛːˈfrɒm
AM ðɛrˈfrɑm

therein
BR ˌðɛːrˈɪn
AM ðɛˈrɪn

thereinafter
BR ˌðɛːrɪnˈɑːftə(r)
AM ˌðɛrənˈæftər

thereinbefore
BR ˌðɛːrɪnbɪˈfɔː(r)
AM ˌðɛrənbəˈfɔ(ə)r

thereinto
BR ˌðɛːrˈɪntuː
AM ˌðɛˈrɪn,tu

theremin
BR ˈθerəmɪn, -z
AM ˈθerəm(ə)n, -z

thereof
BR ˌðɛːrˈɒv
AM ðɛˈrɑv

thereon
BR ˌðɛːrˈɒn
AM ðɛˈrɑn

thereout
BR ˌðɛːrˈaʊt
AM ðɛˈraʊt

Theresa
BR təˈriːzə(r), təˈriːsə(r)
AM təˈreɪsə, təˈrizə,
təˈreɪzə, təˈrisə

therethrough
BR ˌðɛːˈθruː
AM ðɛrˈθru

thereto
BR ˌðɛːˈtuː
AM ðɛrˈtu

theretofore
BR ˌðɛːtəˈfɔː(r)
AM ˌðɛrdəˈfɔ(ə)r

thereunder
BR ˌðɛːrˈʌndə(r)
AM ðɛˈrəndər

thereunto
BR ˌðɛːrˈʌntuː,
ˌðɛːrʌnˈtuː
AM ðɛˌrənˈtu

thereupon
BR ˌðɛːrəˈpɒn,
ˈðɛːrəpɒn
AM ˌðɛrəˌpɑn

therewith
BR ˌðɛːˈwɪð
AM ðɛrˈwɪð

therewithal
BR ˈðɛːwɪðɔːl,
ˌðɛːwɪðˈɔːl
AM ˈðɛrwəˌðɔl,
ˈðɛrwəˌðal,
ˈðɛrwəˌθɔl

theriac
BR ˈθɪərɪak, -s
AM ˈθɪriˌæk, -s

therianthropic
BR ˌθɪərɪanˈθrɒpɪk
AM ˌθɪriˌænˈθrapɪk,
ˌθɪriənˈθrapɪk

theriomorphic
BR ˌθɪərɪə(ʊ)ˈmɔːfɪk
AM ˌθɪriəˈmɔrfɪk

therm
BR θəːm, -z
AM θərm, -z

thermae
BR ˈθəːmiː
AM ˈðərˌmaɪ, ˈðərmi

thermal
BR ˈθəːml, -z
AM ˈθərm(ə)l, -z

thermalisation
BR ˌθəːml̩ʌɪˈzeɪʃn
AM ˌθərmə.laɪˈzeɪʃ(ə)n,
ˌθərmələˈzeɪʃ(ə)n

thermalise
BR ˈθəːml̩ʌɪz, -ɪz,
-ɪŋ, -d
AM ˈθərməˌlaɪz, -ɪz,
-ɪŋ, -d

thermalization
BR ˌθəːml̩ʌɪˈzeɪʃn
AM ˌθərmə.laɪˈzeɪʃ(ə)n,
ˌθərmələˈzeɪʃ(ə)n

thermalize
BR ˈθəːml̩ʌɪz, -ɪz, -ɪŋ,
-d
AM ˈθərməˌlaɪz, -ɪz,
-ɪŋ, -d

thermally
BR ˈθəːmli
AM ˈθərməli

thermic
BR ˈθəːmɪk
AM ˈθərmɪk

thermically
BR ˈθəːmɪkli
AM ˈθərmək(ə)li

thermidor
BR ˈθəːmɪdɔː(r)
AM ˈðərməˌdɔ(ə)r

thermion
BR ˈθəːmɪɒn, -z
AM ˈθərmˌaɪən, -z

thermionic
BR ˌθəːmɪˈɒnɪk, -s
AM ˌθərmiˈɑnɪk,
-s

thermistor
BR θəːˈmɪstə(r),
ˈθəːmɪstə(r)
AM ˌθərˈmɪstər,
ˈθərˌmɪstər

thermit
BR ˈθəːmɪt
AM ˈθərmət

thermite
BR ˈθəːmʌɪt, -s
AM ˈθərˌmaɪt, -s

thermochemical
BR ˌθəːməʊˈkɛmɪkl
AM ˌθərmoʊ-
ˈkɛmək(ə)l

thermochemistry
BR ˌθəːməʊˈkɛmɪstri
AM ˌθərmoʊˈkɛməstri

thermocline
BR ˈθəːmə(ʊ)klʌɪn
AM ˈθərməˌklaɪn

thermocouple
BR ˈθəːmə(ʊ)ˌkʌpl
AM ˈθərməˌkəpəl

thermodynamic
BR ˌθəːmə(ʊ)dʌɪ-
ˈnamɪk, -s
AM ˈθərmoʊˌdaɪ-
ˈnæmɪk, -s

thermodynamical
BR ˌθəːmə(ʊ)dʌɪ-
ˈnamɪkl
AM ˈθərmoʊˌdaɪ-
ˈnæmək(ə)l

thermodynamically
BR ˌθəːmə(ʊ)dʌɪ-
ˈnamɪkli
AM ˈθərmoʊˌdaɪ-
ˈnæmək(ə)li

thermodynamicist
BR ˌθəːmə(ʊ)dʌɪ-
ˈnamɪsɪst, -s
AM ˈθərmoʊˌdaɪ-
ˈnæməsəst, -s

thermoelectric
BR ˌθəːməʊɪˈlɛktrɪk
AM ˈθərmoʊˌiˈlɛktrɪk,
ˈθərmoʊəˈlɛktrɪk

thermoelectrically
BR ˌθəːməʊɪˈlεktrɪkli
AM ˌθɜrmoʊˌi-ˈlεktrək(ə)li, ˌθɜrmoʊəˈlεktrək(ə)li

thermoelectricity
BR ˌθəːməʊɪˌlεkˈtrɪsɪti, ˌθəːməʊˌεlεkˈtrɪsɪti, ˌθəːməʊˌɪlεkˈtrɪsɪti, ˌθəːməʊˌiːlεkˈtrɪsɪti
AM ˌθɜrmoʊˌiˌlεkˈtrɪsɪdi, ˌθɜrmoʊəˌlεkˈtrɪsɪdi

thermogenesis
BR ˌθəːmə(ʊ)ˈdʒεnɪsɪs
AM ˌθɜrməˈdʒεnəsəs

thermogram
BR ˈθəːməgram, -z
AM ˈθɜrməˌgræm, -z

thermograph
BR ˈθəːməgrɑːf, -s
AM ˈθɜrməˌgræf, -s

thermographic
BR ˌθəːmə(ʊ)ˈgrafɪk
AM ˌθɜrməˈgræfɪk

thermography
BR θəːˈmɒgrəfi
AM θərˈmɑgrəfi

thermohaline
BR ˌθəːmə(ʊ)ˈheɪlʌɪn, ˌθəːmə(ʊ)ˈheɪliːn
AM ˌθɜrməˈheɪlaɪn, ˌθɜrməˈheɪlin

thermokarst
BR ˈθəːmə(ʊ)kɑːst
AM ˈθɜrməˌkɑrst

thermolabile
BR ˌθəːməʊˈleɪbʌɪl
AM ˌθɜrməˈleɪb(ə)l, ˌθɜrməˈleɪˌbaɪl

thermoluminescence
BR ˌθəːməʊˌluːmɪˈnεsns
AM ˌθɜrmoʊˌluməˈnεs(ə)ns

thermoluminescent
BR ˌθəːməʊˌluːmɪˈnεsnt
AM ˌθɜrmoʊˌluməˈnεs(ə)nt

thermolysis
BR θəːˈmɒlɪsɪs
AM θərˈmɑləsəs

thermolytic
BR ˌθəːməˈlɪtɪk
AM ˌθɜrməˈlɪdɪk

thermometer
BR θəˈmɒmɪtə(r), -z
AM θərˈmɑmədər, -z

thermometric
BR ˌθəːməˈmεtrɪk
AM ˌθɜrməˈmεtrɪk

thermometrical
BR ˌθəːməˈmεtrɪkl
AM ˌθɜrməˈmεtrək(ə)l

thermometrically
BR ˌθəːməˈmεtrɪkli
AM ˌθɜrməˈmεtrək(ə)li

thermometry
BR θəˈmɒmɪtri
AM θərˈmɑmətri

thermonuclear
BR ˌθəːməʊˈnjuːklɪə(r)
AM ˌθɜrmoʊˈn(j)uklɪ(ə)r

thermophile
BR ˈθəːməfʌɪl, -z
AM ˈθɜrməˌfaɪl, -z

thermophilic
BR ˌθəːməˈfɪlɪk
AM ˌθɜrməˈfɪlɪk

thermopile
BR ˈθəːməpʌɪl, -z
AM ˈθɜrməˌpaɪl, -z

thermoplastic
BR ˌθəːməʊˈplastɪk, -s
AM ˌθɜrmoʊˈplæstɪk, -s

Thermopylae
BR θəˈmɒpɪliː, θəˈmɒpl̩iː
AM θərˈmɑpəˌli

Thermos
BR ˈθəːməs, -ɪz
AM ˈθɜrməs, -əz

thermoset
BR ˈθəːmə(ʊ)sεt
AM ˈθɜrmoʊˌsεt

thermosetting
BR ˈθəːməʊˌsεtɪŋ
AM ˈθɜrmoʊˌsεdɪŋ

thermosphere
BR ˈθəːməsfɪə(r)
AM ˈθɜrməˌsfɪ(ə)r

thermostable
BR ˌθəːməʊˈsteɪbl
AM ˈðɜrmoʊˌsteɪb(ə)l

thermostat
BR ˈθəːməstat, -s
AM ˈθɜrməˌstæt, -s

thermostatic
BR ˌθəːmə(ʊ)ˈstatɪk
AM ˌθɜrməˈstædɪk

thermostatically
BR ˌθəːmə(ʊ)ˈstatɪkli
AM ˌθɜrməˈstædək(ə)li

thermotactic
BR ˌθəːmə(ʊ)ˈtaktɪk
AM ˌθɜrməˈtæktɪk

thermotaxic
BR ˌθəːmə(ʊ)ˈtaksɪk
AM ˌθɜrməˈtæksɪk

thermotaxis
BR ˌθəːmə(ʊ)ˈtaksɪs
AM ˌθɜrməˈtæksəs

thermotropic
BR ˌθəːməˈtrɒpɪk, ˌθəːməˈtrəʊpɪk
AM ˌθɜrməˈtrɑpɪk

thermotropism
BR ˌθəːmə(ʊ)ˈtrəʊpɪzm
AM ˌθɜrməˈtrɑˌpɪz(ə)m

theropod
BR ˈθɪərəpɒd, -z
AM ˈθɪrəˌpɑd, -z

Theroux
BR θəˈruː
AM θəˈru

thesauri
BR θɪˈsɔːrʌɪ
AM θəˈsɔˌraɪ

thesaurus
BR θɪˈsɔːrəs, -ɪz
AM θəˈsɔrəs, -əz

these
BR ðiːz
AM ðiz

theses
BR ˈθiːsiːz
AM ˈθiˌsiz

Theseus
BR ˈθiːsɪəs, ˈθiːsjuːs
AM ˈθisɪəs

thesis[1] *dissertation*
BR ˈθiːsɪs
AM ˈθisɪs

thesis[2] *rhythm*
BR ˈθεsɪs
AM ˈθεsəs, ˈθisɪs

thesp
BR θεsp, -s
AM θεsp, -s

thespian
BR ˈθεspɪən, -z
AM ˈθεspɪən, -z

Thespis
BR ˈθεspɪs
AM ˈθεspəs

Thessalian
BR θεˈseɪlɪən, θɪˈseɪlɪən, -z
AM θεˈseɪlɪən, θεˈseɪljən, -z

Thessalonian
BR ˌθεsəˈləʊnɪən, -z
AM ˌθεsəˈloʊnɪən, -z

Thessalonica
BR ˌθεsəˈlɒnɪkə(r)
AM ˌθεsəˈlɑnəkə

Thessaloníki
BR ˌθεsələˈniːki
AM ˌθεsələˈniki

Thessaly
BR ˈθεsəli
AM ˈθεsəli

theta
BR ˈθiːtə(r), -z
AM ˈθidə, ˈθeɪdə, -z

thetic
BR ˈθεtɪk
AM ˈθεdɪk

Thetis
BR ˈθεtɪs, ˈθiːtɪs
AM ˈθεdəs, ˈθidəs

theurgic
BR θɪˈəːdʒɪk
AM θiˈərdʒɪk

theurgical
BR θɪˈəːdʒɪkl
AM θiˈərdʒək(ə)l

theurgist
BR ˈθiːədʒɪst, -s
AM ˈθiərdʒəst, -s

theurgy
BR ˈθiːədʒi
AM ˈθiərdʒi

thew
BR θjuː, -z
AM θ(j)u, -z

they[1] *strong form*
BR ðeɪ
AM ðeɪ

they[2] *weak form*
BR ðeɪ
AM ðɛ, ðeɪ

they'd
BR ðeɪd
AM ðeɪd

they'll
BR ðeɪl
AM ðeɪl

they're
BR ðɛː(r)
AM ðɛ(ə)r, ˈðeɪ(ə)r

they've
BR ðeɪv
AM ðeɪv

thiamin
BR ˈθʌɪəmɪn
AM ˈθaɪəˌmɪn, ˈθaɪəm(ə)n

thiamine
BR ˈθʌɪəmiːn, ˈθʌɪəmɪn
AM ˈθaɪəˌmɪn, ˈθaɪəm(ə)n

thiazide
BR ˈθʌɪəzʌɪd, -z
AM ˈθaɪəˌzaɪd, -z

thiazole
BR ˈθʌɪeɪzəʊl
AM ˈθaɪəˌzoʊl

thick
BR θɪk, -ə(r), -ɪst
AM θɪk, -ər, -ɪst

thick and thin
BR ˌθɪk (ə)n(d) ˈθɪn
AM ˈθɪk ən ˈθɪn

thicken
BR ˈθɪk|(ə)n, -(ə)nz, -(ə)nɪŋ\-nɪŋ, -(ə)nd
AM ˈθɪk|ən, -ənz, -(ə)nɪŋ, -ənd

thickener
BR ˈθɪk(ə)nə(r), ˈθɪknə(r), -z
AM ˈθɪk(ə)nər, -z

thickening
BR ˈθɪk(ə)nɪŋ, ˈθɪknɪŋ, -z
AM ˈθɪk(ə)nɪŋ, -z

thicket
BR ˈθɪkɪt, -s
AM ˈθɪkɪt, -s

thickhead
BR ˈθɪkhɛd, -z
AM ˈθɪkˌ(h)ɛd, -z

thickheaded
BR ˌθɪkˈhɛdɪd
AM ˌθɪkˌhɛdəd

thickheadedness
BR ˌθɪkˈhɛdɪdnɪs
AM ˈˌθɪkˌhɛdədnəs

thickie
BR ˈθɪk|i, -ɪz
AM ˈθɪki, -z

thickish
BR ˈθɪkɪʃ
AM ˈθɪkɪʃ

thickly
BR ˈθɪkli
AM ˈθɪkli

thicknee
BR ˈθɪkniː, -z
AM ˈθɪkˌni, -z

thickness
BR ˈθɪknɪs, -ɪz, -ɪŋ, -t
AM ˈθɪknɪs, -ɪz, -ɪŋ, -t

thicknesser
BR ˈθɪknɪsə(r), -z
AM ˈθɪknɪsər, -z

thicko
BR ˈθɪkəʊ, -z
AM ˈθɪkoʊ, -z

thickset
BR ˌθɪkˈsɛt
AM ˈθɪkˌsɛt

thick-skinned
BR ˌθɪkˈskɪnd
AM ˈθɪkˌskɪnd

thick-skulled
BR ˌθɪkˈskʌld
AM ˈθɪkˌskəld

thick-witted
BR ˌθɪkˈwɪtɪd
AM ˈθɪkˌwɪdɪd

thief
BR θiːf
AM θif

thieve
BR θiːv, -z, -ɪŋ, -d
AM θiv, -z, -ɪŋ, -d

thievery
BR ˈθiːv(ə)ri
AM ˈθiv(ə)ri

thieves
BR θiːvz
AM θivz

thievish
BR ˈθiːvɪʃ
AM ˈθivɪʃ

thievishly
BR ˈθiːvɪʃli
AM ˈθivɪʃli

thievishness
BR ˈθiːvɪʃnɪs
AM ˈθivɪʃnɪs

thigh
BR θʌɪ, -z
AM θaɪ, -z

thighbone
BR ˈθʌɪbəʊn, -z
AM ˈθaɪˌboʊn, -z

thill
BR θɪl, -z
AM θɪl, -z

thiller
BR ˈθɪlə(r), -z
AM ˈθɪlər, -z

thimble
BR ˈθɪmbl, -z
AM ˈθɪmbəl, -z

thimbleful
BR ˈθɪmblfʊl, -z
AM ˈθɪmbəlˌfʊl, -z

thimblerig
BR ˈθɪmblrɪg, -z, -ɪŋ, -d
AM ˈθɪmbəlˌrɪg, -z, -ɪŋ, -d

thimblerigger
BR ˈθɪmblˌrɪgə(r), -z
AM ˈθɪmbəlˌrɪgər, -z

thimerosal
BR θʌɪˈmɛrəsal
AM θaɪˈmɛrəˌsæl

thin
BR θɪn, -z, -ɪŋ, -d, -ə(r), -ɪst
AM θɪn, -z, -ɪŋ, -d, -ər, -ɪst

thine
BR ðʌɪn
AM ðaɪn

thing
BR θɪŋ, -z
AM θɪŋ, -z

thingamabob
BR ˈθɪŋəmɪbɒb, -z
AM ˈθɪŋəm(ə)ˌbab, -z

thingamajig
BR ˈθɪŋəmɪdʒɪg, -z
AM ˈθɪŋəməˌdʒɪg, -z

thingambob
BR ˈθɪŋəmbɒb, -z
AM ˈθɪŋəmˌbab, -z

thingamy
BR ˈθɪŋəm|i, -ɪz
AM ˈθɪŋəmi, -z

thingum
BR ˈθɪŋəm, -z
AM ˈθɪŋəm, -z

thingumabob
BR ˈθɪŋəmɪbɒb, -z
AM ˈθɪŋəməˌbab, -z

thingumajig
BR ˈθɪŋəmɪdʒɪg, -z
AM ˈθɪŋəməˌdʒɪg, -z

thingummy
BR ˈθɪŋəm|i, -ɪz
AM ˈθɪŋəmi, -z

thingy
BR ˈθɪŋ|i, -ɪz
AM ˈθɪŋi, -z

think
BR θɪŋk, -s, -ɪŋ
AM θɪŋk, -s, -ɪŋ

thinkable
BR ˈθɪŋkəbl
AM ˈθɪŋkəb(ə)l

thinker
BR ˈθɪŋkə(r), -z
AM ˈθɪŋkər, -z

think-tank
BR ˈθɪŋktæŋk, -s
AM ˈθɪŋkˌtæŋk, -s

thinly
BR ˈθɪnli
AM ˈθɪnli

thinner
BR ˈθɪnə(r), -z
AM ˈθɪnər, -z

thinness
BR ˈθɪnnɪs
AM ˈθɪ(n)nɪs

thinning
BR ˈθɪnɪŋ, -z
AM ˈθɪnɪŋ, -z

thinnish
BR ˈθɪnɪʃ
AM ˈθɪnɪʃ

thin-skinned
BR ˌθɪnˈskɪnd
AM ˈθɪnˌskɪnd

thio
BR ˈθʌɪəʊ
AM ˈθaɪoʊ

thiocyanate
BR ˌθʌɪəʊˈsʌɪəneɪt, -s
AM ˌθaɪəˈsaɪəneɪt, -s

thiol
BR ˈθʌɪɒl
AM ˈθaɪˌɑl, ˈθaɪˌɔl

thionate
BR ˈθʌɪəneɪt
AM ˈθaɪəˌneɪt

thionyl
BR ˈθʌɪənɪl
AM ˈθaɪənɪl

thiopentone
BR ˌθʌɪə(ʊ)ˈpɛntəʊn
AM ˌθaɪəˈpɛntoʊn

thiosulphate
BR ˌθɪə(ʊ)ˈsʌlfeɪt
AM ˌθaɪəˌsəlˌfeɪt

thiourea
BR ˌθʌɪəʊjɚˈriːə(r)
AM ˌˈθaɪoʊjəˈriə

Thira
BR ˈθɪərə(r)
AM ˈθɪrə

third
BR θəːd, -z
AM θərd, -z

thirdhand
BR ˌθəːdˈhand
AM ˌθərdˈhænd

thirdly
BR ˈθəːdli
AM ˈθərdli

Thirlmere
BR ˈθəːlmɪə(r)
AM ˈθərlˌmɪ(ə)r

Thirsk
BR θəːsk
AM θərsk

thirst
BR θəːst, -s, -ɪŋ, -ɪd
AM θərst, -s, -ɪŋ, -əd

thirstily
BR ˈθəːstɪli
AM ˈθərstəli

thirstiness
BR ˈθəːstɪnɪs
AM ˈθərstɪnɪs

thirstless
BR ˈθəːstləs
AM ˈθərs(t)ləs

thirsty
BR ˈθəːst|i, -ɪə(r), -ɪɪst
AM ˈθərsti, -ər, -ɪst

thirteen
BR ˌθəːˈtiːn
AM ˈˌθərˌtin

thirteenth
BR ˌθəːˈtiːnθ, -s
AM ˈˌθərˌtinθ, -s

thirtieth
BR ˈθəːtɪɪθ, -s
AM ˈθərdiɪθ, -s

thirty
BR ˈθəːt|i, -ɪz
AM ˈθərdi, -z

thirtyfold
BR ˈθəːtɪfəʊld
AM ˈθərdiˌfoʊld

thirtysomething
BR ˈθəːtɪˌsʌmθɪŋ, -z
AM ˈθərdiˌsəmθɪŋ, -z

thirty-twomo
BR ˌθəːtɪˈtuːməʊ
AM ˌθərdiˈtuˌmoʊ

this[1] *strong form*
BR ðɪs
AM ðɪs

this[2] *weak form*
BR ðɪs
AM ðəs

Thisbe
BR ˈθɪzbi
AM ˈθɪzbi

thistle
BR ˈθɪsl, -z
AM ˈθɪs(ə)l, -z

thistledown
BR ˈθɪsldaʊn
AM ˈθɪsəlˌdaʊn

thistly
BR ˈθɪsḷi, ˈθɪsli
AM ˈθɪs(ə)li

thither
BR ˈðɪðə(r)
AM ˈðɪðər

thitherto
BR ˌðɪðəˈtuː
AM ˌðɪðərˈtu

thitherward
BR ˈðɪðəwəd, -z
AM ˈðɪðərwərd, -z

thixotropic
BR ˌθɪksəˈtrɒpɪk, ˌθɪksəˈtrəʊpɪk
AM ˌθɪksəˈtrɑpɪk

thixotropy
BR θɪkˈsɒtrəpi
AM θɪkˈsɑtrəpi

tho'
BR ðəʊ
AM ðoʊ

thole
BR θəʊl, -z
AM θoʊl, -z

tholepin
BR ˈθəʊlpɪn, -z
AM ˈθoʊlˌpɪn, -z

tholi
BR ˈθəʊlʌɪ
AM ˈθoʊˌlaɪ

tholoi
BR ˈθəʊlɔɪ
AM ˈθoʊˌlɔɪ

tholos
BR ˈθəʊlɒs, ˈθɒlɒs
AM ˈθoʊˌlɑs, ˈθoʊˌlɔs

tholus
BR ˈθəʊləs
AM ˈθoʊləs

Thom
BR θɒm
AM tɑm

Thomas
BR ˈtɒməs
AM ˈtɑməs

Thomasina
BR ˌtɒməˈsiːnə(r)
AM ˌtɑməˈsinə

Thomism
BR ˈtəʊmɪzm
AM ˈtoʊˌmɪz(ə)m

Thomist
BR ˈtəʊmɪst, -s
AM ˈtoʊməst, -s

Thomistic
BR təˈmɪstɪk
AM təˈmɪstɪk

Thomistical
BR təˈmɪstɪkl
AM təˈmɪstək(ə)l

Thompson
BR ˈtɒm(p)sn
AM ˈtɑm(p)s(ə)n

Thomson
BR ˈtɒmsn
AM ˈtɑms(ə)n

thong
BR θɒŋ, -z
AM θɑŋ, θɔŋ, -z

Thor
BR θɔː(r)
AM θɔ(ə)r

Thora
BR ˈθɔːrə(r)
AM ˈθɔrə

thoracal
BR ˈθɔːrəkl
AM ˈθɔrək(ə)l

thoraces
BR ˈθɔːrəsiːz, θɔːˈreɪsiːz
AM ˈθɔrəˌsiz

thoracic
BR θɔːˈræsɪk
AM θɔˈræsɪk, θəˈræsɪk

thorax
BR ˈθɔːraks, -ɪz
AM ˈθɔˌræks, -ɪz

Thorazine
BR ˈθɔːrəziːn
AM ˈθɔrəˌzin

Thorburn
BR ˈθɔːbəːn
AM ˈθɔr،bərn

Thoreau
BR ˈθɔːrəʊ, θɔːˈrəʊ
AM θɔˈroʊ, θəˈroʊ

thoria
BR ˈθɔːriə(r)
AM ˈθɔriə

thorite
BR ˈθɔːrʌɪt
AM ˈθɔ،raɪt

thorium
BR ˈθɔːriəm
AM ˈθɔriəm

thorn
BR θɔːn, -z
AM θɔ(ə)rn, -z

Thornaby
BR ˈθɔːnəbi
AM ˈθɔrnəbi

thornback
BR ˈθɔːnbak, -s
AM ˈθɔrn،bæk, -s

thornbill
BR ˈθɔːnbɪl, -z
AM ˈθɔrn،bɪl, -z

Thorndike
BR ˈθɔːndʌɪk
AM ˈθɔrn،daɪk

Thorne
BR θɔːn
AM θɔ(ə)rn

Thorner
BR ˈθɔːnə(r)
AM ˈθɔrnər

Thorneycroft
BR ˈθɔːnɪkrɒft
AM ˈθɔrni،krɔft

Thornhill
BR ˈθɔːnhɪl
AM ˈθɔrn،(h)ɪl

thornily
BR ˈθɔːnɪli
AM ˈθɔrnəli

thorniness
BR ˈθɔːnɪnɪs
AM ˈθɔrnɪnɪs

thornless
BR ˈθɔːnləs
AM ˈθɔrnləs

Thornley
BR ˈθɔːnli
AM ˈθɔrnli

thornproof
BR ˈθɔːnpruːf
AM ˈθɔrn،pruf

thorntail
BR ˈθɔːnteɪl, -z
AM ˈθɔrn،teɪl, -z

Thornton
BR ˈθɔːntən
AM ˈθɔrn(t)n

thorny
BR ˈθɔːnli, -ɪə(r), -ɪst
AM ˈθɔrni, -ər, -ɪst

Thorogood
BR ˈθʌrəɡʊd
AM ˈθərə،ɡʊd

thorough
BR ˈθʌrə(r)
AM ˈθəroʊ, ˈθərə

thoroughbred
BR ˈθʌrəbrɛd, -z
AM ˈθərə،brɛd, -z

thoroughfare
BR ˈθʌrəfɛː(r), -z
AM ˈθərə،fɛ(ə)r, -z

thoroughgoing
BR ˌθʌrəˈɡəʊɪŋ
AM ˈθərə،ɡoʊɪŋ

thoroughly
BR ˈθʌrəli
AM ˈθəroʊli, ˈθərəli

thoroughness
BR ˈθʌrənəs
AM ˈθəroʊnəs, ˈθərənəs

thorough-wax
BR ˈθʌrəwaks
AM ˈθərə،wæks

thorow-wax
BR ˈθʌrəwaks
AM ˈθərə،wæks

Thorp
BR θɔːp
AM θɔ(ə)rp

Thorpe
BR θɔːp
AM θɔ(ə)rp

those
BR ðəʊz
AM ðoʊz

Thoth
BR θəʊθ, təʊt, θɒθ
AM toʊt, θɑθ, θɔθ

thou
BR ðaʊ
AM ðaʊ

though
BR ðəʊ
AM ðoʊ

thought
BR θɔːt, -s
AM θɑt, θɔt, -s

thoughtful
BR ˈθɔːtf(ʊ)l
AM ˈθɑtfəl, ˈθɔtfəl

thoughtfully
BR ˈθɔːtfʊli, ˈθɔːtfli
AM ˈθɑtfəli, ˈθɔtfəli

thoughtfulness
BR ˈθɔːtf(ʊ)lnəs
AM ˈθɑtfəlnəs, ˈθɔtfəlnəs

thoughtless
BR ˈθɔːtləs
AM ˈθɑtləs, ˈθɔtləs

thoughtlessly
BR ˈθɔːtləsli
AM ˈθɑtləsli, ˈθɔtləsli

thoughtlessness
BR ˈθɔːtləsnəs
AM ˈθɑtləsnəs, ˈθɔtləsnəs

thought-provoking
BR ˈθɔːtprə،vəʊkɪŋ
AM ˈθɑtprə،voʊkɪŋ, ˈθɔtprə،voʊkɪŋ

thousand
BR ˈθaʊzn|d, -(d)z
AM ˈθaʊzn(d), -z

thousandfold
BR ˈθaʊzn(d)fəʊld
AM ˈθaʊzn(d)،foʊld

thousandth
BR ˈθaʊzn(t)θ, -s
AM ˈθaʊzn(t)θ, -s

Thrace
BR ˈθreɪs
AM ˈθreɪs

Thracian
BR ˈθreɪʃn, -z
AM ˈθreɪʃ(ə)n, -z

thraldom
BR ˈθrɔːldəm
AM ˈθrɑldəm, ˈθrɔldəm

thrall
BR θrɔːl
AM ˈθrɑl, ˈθrɔl

thralldom
BR ˈθrɔːldəm
AM ˈθrɑldəm, ˈθrɔldəm

thrang
BR θraŋ
AM θræŋ

thrash
BR θraʃ, -ɪz, -ɪŋ, -t
AM θræʃ, -əz, -ɪŋ, -t

thrasher
BR ˈθraʃə(r), -z
AM ˈθræʃər, -z

thrashing
BR ˈθraʃɪŋ, -z
AM ˈθræʃɪŋ, -z

thrasonical
BR θrəˈsɒnɪkl
AM θreɪˈsɑnək(ə)l

thrasonically
BR θrəˈsɒnɪkli
AM θreɪˈsɑnək(ə)li

thrawn
BR θrɔːn
AM θrɑn, θrɔn

thread
BR θrɛd, -z, -ɪŋ, -ɪd
AM θrɛd, -z, -ɪŋ, -əd

threadbare
BR ˈθrɛdbɛː(r)
AM ˈθrɛd،bɛ(ə)r

threader
BR ˈθrɛdə(r), -z
AM ˈθrɛdər, -z

threadfin
BR ˈθrɛdfɪn, -z
AM ˈθrɛd،fɪn, -z

threadfish
BR ˈθrɛdfɪʃ, -ɪz
AM ˈθrɛd،fɪʃ, -ɪz

threadlike
BR ˈθrɛdlʌɪk
AM ˈθrɛd،laɪk

Threadneedle BR ˌθrɛdˈniːdl, ˈθrɛdˌniːdl AM ˈθrɛdˌnidəl

threadworm BR ˈθrɛdwɜːm, -z AM ˈθrɛdˌwɜrm, -z

thready BR ˈθrɛd|i, -iə(r), -ɪst AM ˈθrɛdi, -ər, -ɪst

threat BR θrɛt, -s AM θrɛt, -s

threaten BR ˈθrɛt|n, -nz, -n̩ɪŋ\-nɪŋ, -nd AM ˈθrɛt|n, -nz, -n̩ɪŋ, -nd

threatener BR ˈθrɛtnə(r), ˈθrɛtn̩ə(r), -z AM ˈθrɛtnər, ˈθrɛtn̩ər, -z

threateningly BR ˈθrɛtn̩ɪŋli, ˈθrɛtnɪŋli AM ˈθrɛtn̩ɪŋli, ˈθrɛtnɪŋli

three BR θriː, -z AM θri, -z

three-bagger BR ˌθriːˈbagə(r), -z AM ˌθriˈbægər, -z

three-base hit BR ˌθriːbeɪs ˈhɪt, -s AM ˌθriˌbeɪs ˈhɪt, -s

three-card trick BR ˌθriːkɑːd ˈtrɪk, -s AM ˌθriˌkɑrd ˈtrɪk, -s

three-cornered BR ˌθriːˈkɔːnəd AM ˌθriˈkɔrnərd

three-D BR ˌθriːˈdiː AM ˌθriˈdi

three-decker BR ˌθriːˈdɛkə(r), -z AM ˌθriˌdɛkər, -z

three-dimensional BR ˌθriːdʌɪˈmɛnʃn̩l, ˌθriːdɪˈmɛnʃn̩l AM ˌθriˌdaɪˈmɛn(t)ʃ(ə)n(ə)l, ˌθridəˈmɛn(t)ʃ(ə)n(ə)l

threefold BR ˈθriːfəʊld, ˌθriːˈfəʊld AM ˌˌθriˈfoʊld

three-handed BR ˌθriːˈhandɪd AM ˌθriˈhændəd

three-legged BR ˌθriːˈlɛgɪd AM ˌθriˌlɛgəd

threeness BR ˈθriːnɪs AM ˈθrinɪs

threepence BR ˈθrɛp(ə)ns, -ɪz AM ˌθriˌpɛns, ˈθrɛpəns, -əz

threepenny BR ˈθrɛp(ə)ni, ˈθrɛpn̩i AM ˌθriˌpɛni

three-ply¹ *adjective* BR ˌθriːˈplʌɪ, ˌθriːˈplaɪ AM ˈθriˌplaɪ

three-ply² *noun* BR ˈθriːplʌɪ AM ˈθriˌplaɪ

three-point BR ˌθriːˈpɔɪnt AM ˌθriˌpɔɪnt

three-pointer BR ˌθriːˈpɔɪntə(r), -z AM ˌθriˈpɔɪn(t)ər, -z

three-point landing BR ˌθriːpɔɪnt ˈlandɪŋ, -z AM ˌθriˌpɔɪnt ˈlændɪŋ, -z

three-point turn BR ˌθriːpɔɪn(t) ˈtɜːn, -z AM ˌθriˌpɔɪn(t) ˈtɜrn, -z

three-quarter BR ˌθriːˈkwɔːtə(r), -z AM ˌθriˌkwɔ(r)dər, -z

three R's BR ˌθriː ˈɑːz AM ˌθri ˈɑrz

threescore BR ˌθriːˈskɔː(r), -z AM ˈθriˈskɔ(ə)r, -z

threesome BR ˈθriːs(ə)m, -z AM ˈθris(ə)m, -z

three-way BR ˌθriːˈweɪ AM ˈθriˌweɪ

three-wheeler BR ˌθriːˈwiːlə(r), -z AM ˌθriˈ(h)wilər, -z

Threlfall BR ˈθrɛlfɔːl AM ˈθrɛlˌfɑl, ˈθrɛlˌfɔl

Threlkeld BR ˈθrɛlkɛld AM ˈθrɛlˌkɛl(d)

thremmatology BR ˌθrɛməˈtɒlədʒi AM ˌθrɛməˈtɑlədʒi

threnode BR ˈθrɛnəʊd, ˈθriːnəʊd, -z AM ˈθrɛˌnoʊd, ˈθriˌnoʊd, -z

threnodial BR θrɪˈnəʊdɪəl AM θrəˈnoʊdɪəl

threnodic BR θrɪˈnɒdɪk AM θrəˈnɑdɪk

threnodist BR ˈθrɛnədɪst, ˈθriːnədɪst, -s AM ˈθrɛnədəst, -s

threnody BR ˈθrɛnəd|i, ˈθriːnəd|i, -ɪz AM ˈθrɛnədi, -z

threonine BR ˈθrɪəniːn AM ˈθriənən, ˈθriəˌnin

thresh BR θrɛʃ, -ɪz, -ɪŋ, -t AM θrɛʃ, -əz, -ɪŋ, -t

thresher BR ˈθrɛʃə(r), -z AM ˈθrɛʃər, -z

threshold BR ˈθrɛʃ(h)əʊld, -z AM ˈθrɛʃ,(h)oʊld, -z

threw BR θruː AM θru

thrice BR θrʌɪs AM θraɪs

thrift BR θrɪft, -s AM θrɪft, -s

thriftily BR ˈθrɪftɪli AM ˈθrɪftɪli

thriftiness BR ˈθrɪftɪnɪs AM ˈθrɪftɪnɪs

thriftless BR ˈθrɪftlɪs AM ˈθrɪf(t)lɪs

thriftlessly BR ˈθrɪf(t)lɪsli AM ˈθrɪf(t)lɪsli

thriftlessness BR ˈθrɪftlɪsnɪs AM ˈθrɪf(t)lɪsnɪs

thrifty BR ˈθrɪft|i, -iə(r), -ɪst AM ˈθrɪfti, -ər, -ɪst

thrill BR θrɪl, -z, -ɪŋ, -d AM θrɪl, -z, -ɪŋ, -d

thriller BR ˈθrɪlə(r), -z AM ˈθrɪlər, -z

thrillingly BR ˈθrɪlɪŋli AM ˈθrɪlɪŋli

thrips BR θrɪps AM θrɪps

thrive BR θrʌɪv, -z, -ɪŋ, -d AM θraɪv, -z, -ɪŋ, -d

thriven BR ˈθrɪvn AM ˈθrɪvən

thro BR θruː AM θru

thro'
BR θruː
AM θru

throat
BR θrəʊt, -s
AM θroʊt, -s

throatily
BR ˈθrəʊtɪli
AM ˈθroʊdəli

throatiness
BR ˈθrəʊtɪnɪs
AM ˈθroʊdɪnɪs

throaty
BR ˈθrəʊt|i, -ɪə(r), -ɪɪst
AM ˈθroʊdi, -ər, -ɪst

throb
BR θrɒb, -z, -ɪŋ, -d
AM θrɑb, -z, -ɪŋ, -d

throe
BR θrəʊ, -z
AM θroʊ, -z

Throgmorton
BR ˈθrɒgmɔːtn, θrɒgˈmɔːtn
AM ˈθrɑgˌmɔrtn

thrombi
BR ˈθrɒmbaɪ
AM ˈθrɑmˌbaɪ

thrombin
BR ˈθrɒmbɪn, -z
AM ˈθrɑmbən, -z

thrombocyte
BR ˈθrɒmbəsaɪt, -s
AM ˈθrɑmbəˌsaɪt, -s

thrombolysis
BR θrɒmˈbɒlɪsɪs
AM ˌθrɑmbəˈlaɪsɪs

thrombose
BR ˈθrɒmbəʊz, ˈθrɒmbəʊs, θrɒmˈbəʊz, θrɒmˈbəʊs, -ɪz, -ɪŋ, -d
AM ˈθrɑmˌboʊz, ˈθrɑmˌboʊs, -əz, -ɪŋ, -d

thromboses
BR θrɒmˈbəʊsiːz
AM θrɑmˈboʊˌsiz

thrombosis
BR θrɒmˈbəʊsɪs
AM θrɑmˈboʊsəs

thrombotic
BR θrɒmˈbɒtɪk
AM ˌθrɑmˈbɑdɪk

thrombus
BR ˈθrɒmbəs
AM ˈθrɑmbəs

throne
BR θrəʊn, -z, -ɪŋ, -d
AM θroʊn, -z, -ɪŋ, -d

throneless
BR ˈθrəʊnləs
AM ˈθroʊnləs

throng
BR θrɒŋ, -z, -ɪŋ, -d
AM θrɑŋ, θrɔŋ, -z, -ɪŋ, -d

throstle
BR ˈθrɒsl, -z
AM ˈθrɑs(ə)l, ˈθrɔs(ə)l, -z

throttle
BR ˈθrɒt|l, -lz, -l̩ɪŋ\-lɪŋ, -ld
AM ˈθrɑdəl, -z, -ɪŋ, -d

throttlehold
BR ˈθrɒtlhəʊld
AM ˈθrɑdlˌ(h)oʊld

throttler
BR ˈθrɒtlə(r), ˈθrɒtlə(r), -z
AM ˈθrɑtlər, ˈθrɑdlər, -z

through
BR θruː
AM θru

throughout
BR θruːˈaʊt, θrʊˈaʊt
AM θruˈaʊt

throughput
BR ˈθruːpʊt
AM ˈθruˌpʊt

throughway
BR ˈθruːweɪ, -z
AM ˈθruˌweɪ, -z

throve
BR θrəʊv
AM θroʊv

throw
BR θrəʊ, -z, -ɪŋ
AM θroʊ, -z, -ɪŋ

throwable
BR ˈθrəʊəbl
AM ˈθroʊəb(ə)l

throwaway
BR ˈθrəʊəweɪ
AM ˈθroʊəˌweɪ

throwback
BR ˈθrəʊbak, -s
AM ˈθroʊˌbæk, -s

thrower
BR ˈθrəʊə(r), -z
AM ˈθroʊər, -z

throw-in
BR ˈθrəʊɪn, -z
AM ˈθroʊˌɪn, -z

thrown
BR θrəʊn
AM θroʊn

throw-off
BR ˈθrəʊɒf, -s
AM ˈθroʊˌɑf, ˈθroʊˌɔf, -s

throw-out
BR ˈθrəʊaʊt, -s
AM ˈθroʊˌaʊt, -s

throwster
BR ˈθrəʊstə(r), -z
AM ˈθroʊstər, -z

thru
BR θruː
AM θru

thrum
BR θrʌm, -z, -ɪŋ, -d
AM θrəm, -z, -ɪŋ, -d

thrummer
BR ˈθrʌmə(r), -z
AM ˈθrəmər, -z

thrummy
BR ˈθrʌm|i, -ɪə(r), -ɪɪst
AM ˈθrəmi, -ər, -ɪst

thrush
BR θrʌʃ, -ɪz
AM θrəʃ, -əz

thrust
BR θrʌst, -s, -ɪŋ
AM θrəst, -s, -ɪŋ

thruster
BR ˈθrʌstə(r), -z
AM ˈθrəstər, -z

thrutch
BR θrʌtʃ, -ɪz
AM θrətʃ, -əz

thruway
BR ˈθruːweɪ, -z
AM ˈθruˌweɪ, -z

Thucydides
BR θjuːˈsɪdɪdiːz
AM θuˈsɪdɪˌdiz

thud
BR θʌd, -z, -ɪŋ, -ɪd
AM θəd, -z, -ɪŋ, -əd

thuddingly
BR ˈθʌdɪŋli
AM ˈθədɪŋli

thug
BR θʌg, -z
AM θəg, -z

thuggee
BR θʌˈgiː, ˈθʌgiː
AM ˈθəgi

thuggery
BR ˈθʌg(ə)ri
AM ˈθəgəri

thuggish
BR ˈθʌgɪʃ
AM ˈθəgɪʃ

thuggishly
BR ˈθʌgɪʃli
AM ˈθəgɪʃli

thuggishness
BR ˈθʌgɪʃnɪs
AM ˈθəgɪʃnɪs

thuggism
BR ˈθʌgɪzm
AM ˈθəˌgɪz(ə)m

thuja
BR ˈθ(j)uːjə(r), ˈθ(j)uːdʒə(r), -z
AM ˈθujə, -z

Thule[1] *in classical geography*
BR θjuːl, ˈθ(j)uːli
AM θul, ˈtul(ə)

Thule[2] *in Greenland*
BR ˈtuːli, ˈtuːlə(r)
AM ˈtuˌli

thulium
BR ˈθjuːlɪəm
AM ˈθ(j)uliəm

thumb
BR θʌm, -z, -ɪŋ, -d
AM θəm, -z, -ɪŋ, -d

thumbless
BR ˈθʌmləs
AM ˈθəmləs

thumbnail
BR ˈθʌmneɪl
AM ˈθəmˌneɪl

thumbprint
BR ˈθʌmprɪnt, -s
AM ˈθəmˌprɪnt, -s

thumbscrew
BR ˈθʌmskruː, -z
AM ˈθəmˌskru, -z

thumbs-down
BR ˌθʌmzˈdaʊn
AM ˌθəmzˈdaʊn

thumbstall
BR ˈθʌmstɔːl, -z
AM ˈθəmˌstɑl, ˈθəmˌstɔl, -z

thumbs-up
BR ˌθʌmzˈʌp
AM ˌθəmzˈəp

thumbtack
BR ˈθʌmtak, -s
AM ˈθəmˌtæk, -s

thump
BR θʌm|p, -ps, -pɪŋ, -(p)t
AM θəm|p, -ps, -pɪŋ, -(p)t

thumper
BR ˈθʌmpə(r), -z
AM ˈθəmpər, -z

thunder
BR ˈθʌnd|ə(r), -əz, -(ə)rɪŋ, -əd
AM ˈθənd|ər, -ərz, -(ə)rɪŋ, -ərd

thunderball
BR ˈθʌndəbɔːl, -z
AM ˈθəndərˌbɑl, ˈθəndərˌbɔl, -z

Thunder Bay
BR ˌθʌndəˈbeɪ
AM ˌθəndərˈbeɪ

thunderbird
BR ˈθʌndəbɜːd, -z
AM ˈθəndərˌbɜrd, -z

thunderbolt
BR ˈθʌndəbəʊlt, -s
AM ˈθəndərˌboʊlt, -s

thunderbox
BR ˈθʌndəbɒks, -ɪz
AM ˈθəndərˌbɑks, -əz

thunderbug
BR ˈθʌndəbʌg, -z
AM ˈθəndərˌbəg, -z

thunderclap
BR ˈθʌndəklap, -s
AM ˈθəndərˌklæp, -s

thundercloud
BR ˈθʌndəklaʊd, -z
AM ˈθəndərˌklaʊd, -z

thunderer
BR ˈθʌnd(ə)rə(r), -z
AM ˈθənd(ə)rər, -z

thunderflash
BR ˈθʌndəflaʃ, -ɪz
AM ˈθəndərˌflæʃ, -əz

thunderfly
BR ˈθʌndəflʌɪ, -z
AM ˈθəndərˌflaɪ, -z

thunderhead
BR ˈθʌndəhɛd, -z
AM ˈθəndərˌ(h)ɛd, -z

thunderiness
BR ˈθʌnd(ə)rɪnɪs
AM ˈθənd(ə)rɪnɪs

thundering
BR ˈθʌnd(ə)rɪŋ, -z
AM ˈθənd(ə)rɪŋ, -z

thunderingly
BR ˈθʌnd(ə)rɪŋli
AM ˈθənd(ə)rɪŋli

thunderless
BR ˈθʌndələs
AM ˈθəndərləs

thunderous
BR ˈθʌnd(ə)rəs
AM ˈθənd(ə)rəs

thunderously
BR ˈθʌnd(ə)rəsli
AM ˈθənd(ə)rəsli

thunderousness
BR ˈθʌnd(ə)rəsnəs
AM ˈθənd(ə)rəsnəs

thundershower
BR ˈθʌndəˌʃaʊə(r), -z
AM ˈθəndərˌʃaʊər, -z

thunderstorm
BR ˈθʌndəstɔːm, -z
AM ˈθəndərˌstɔ(ə)rm, -z

thunderstruck
BR ˈθʌndəstrʌk
AM ˈθəndərˌstrək

thundery
BR ˈθʌnd(ə)ri
AM ˈθənd(ə)ri

thunk
BR θʌŋ|k, -ks, -kɪŋ, -(k)t
AM θəŋk, -s, -ɪŋ, -t

Thurber
BR ˈθɜːbə(r)
AM ˈθɜrbər

Thurgau
BR ˈtʊəgaʊ
AM ˈtʊrˌgaʊ

thurible
BR ˈθjʊərɪbl, ˈθjɔːrɪbl, -z
AM ˈθɜrəb(ə)l, ˈθ(j)ʊrəb(ə)l, -z

thurifer
BR ˈθjʊərɪfə(r), ˈθjɔːrɪfə(r), -z
AM ˈθɜrəfər, ˈθ(j)ʊrəfər, -z

thuriferous
BR θjɜˈrɪf(ə)rəs
AM θəˈrɪf(ə)rəs, θ(j)ʊˈrɪf(ə)rəs

thurification
BR ˌθjʊərɪfɪˈkeɪʃn, ˌθjɔːrɪfɪˈkeɪʃn
AM ˌθ(j)ʊrəfəˈkeɪʃ(ə)n

Thuringia
BR θ(j)ʊˈrɪn(d)ʒɪə(r)
AM θʊˈrɪndʒ(i)ə

Thuringian
BR θ(j)ʊˈrɪn(d)ʒɪən, -z
AM θ(j)ʊˈrɪndʒ(i)ən, -z

Thurrock
BR ˈθʌrək
AM ˈθɜrək

Thursday
BR ˈθɜːzd|eɪ, ˈθɜːzd|i, -eɪz\-ɪz
AM ˈθɜrzdi, ˈθɜrzˌdeɪ, -z

Thurso
BR ˈθɜːsəʊ
AM ˈθɜrsoʊ

Thurston
BR ˈθɜːst(ə)n
AM ˈθɜrst(ə)n

thus
BR ðʌs
AM ðəs

thusly
BR ˈðʌsli
AM ˈðəsli

thuya
BR ˈθuːjə(r), -z
AM ˈθujə, -z

thwack
BR θwak, -s, -ɪŋ, -t
AM θwæk, -s, -ɪŋ, -t

Thwaite
BR θweɪt
AM θweɪt

thwart
BR θwɔːt, -s, -ɪŋ, -ɪd
AM θwɔ(ə)r|t, -ts, -dɪŋ, -dəd

thy
BR ðʌɪ
AM ðaɪ

Thyestean
BR θʌɪˈɛstɪən
AM θaɪˈɛstiən

Thyestes
BR θʌɪˈɛstiːz
AM θaɪˈɛstiz

thylacine
BR ˈθʌɪləsʌɪn, ˈθʌɪləsiːn, ˈθʌɪləsɪn, -z
AM ˈθaɪləs(ə)n, ˈθaɪləˌsaɪn, -z

thyme
BR tʌɪm
AM taɪm

thymi
BR ˈθʌɪmʌɪ
AM ˈθaɪˌmaɪ

thymine
BR ˈθʌɪmiːn
AM ˈθaɪəm(ə)n, ˈθaɪˌmin

thymol
BR ˈθʌɪmɒl
AM ˈθaɪˌmɑl, ˈθaɪˌmɔl

thymus
BR ˈθʌɪməs, -ɪz
AM ˈθaɪməs, -ɪz

thymy
BR ˈtaɪmi
AM ˈtaɪmi

thyratron
BR ˈθaɪrətrɒn, -z
AM ˈθaɪrəˌtrɑn, -z

thyristor
BR θaɪˈrɪstə(r), -z
AM θaɪˈrɪstər, -z

thyroid
BR ˈθaɪrɔɪd, -z
AM ˈθaɪˌrɔɪd, -z

thyrotoxicosis
BR ˌθaɪrəʊˌtɒksɪˈkəʊsɪs
AM ˌθaɪrəˌtɑksə-
ˈkoʊsəs

thyrotropin
BR ˌθaɪrə(ʊ)ˈtrəʊpɪn
AM ˌθaɪrəˈtroʊpɪn

thyroxine
BR θaɪˈrɒksiːn
AM θaɪˈrɑkˌsin, θaɪˈraks(ə)n

thyrsi
BR ˈθəːsaɪ
AM ˈθərˌsaɪ

thyrsus
BR ˈθəːsəs
AM ˈθərsəs

Thysanoptera
BR ˌθaɪsəˈnɒpt(ə)rə(r)
AM ˌθaɪsəˈnɑptərə

thysanopteran
BR ˌθaɪsəˈnɒpt(ə)rn, -z
AM ˌθaɪsəˈnɑptərən, -z

thysanopterous
BR ˌθaɪsəˈnɒpt(ə)rəs
AM ˌθaɪsəˈnɑptərəs

Thysanura
BR ˌθaɪsəˈn(j)ʊərə(r)
AM ˌθaɪsəˈn(j)ʊrə

thysanuran
BR ˌθaɪsəˈn(j)ʊərən, -z
AM ˌθaɪsəˈn(j)ʊrən, -z

thysanurous
BR ˌθaɪsəˈn(j)ʊərəs
AM ˌθaɪsəˈn(j)ʊrəs

thyself
BR ðaɪˈself
AM ðaɪˈself

Thyssen
BR ˈtiːsn
AM ˈtis(ə)n

ti
BR tiː
AM ti

Tia Maria
BR ˌtiːə məˈriːə(r), -z
AM ˌtiə məˈriə, -z

Tiananmen Square
BR tɪˌanənmən ˈskwɛː(r)
AM tiˈenə(n)ˌmɛn ˈskwɛ(ə)r

tiara
BR tɪˈɑːrə(r), -z, -d
AM tiˈɑrə, tiˈɛrə, -z, -d

Tibbett
BR ˈtɪbɪt
AM ˈtɪbət

Tibbitts
BR ˈtɪbɪts
AM ˈtɪbəts

Tibbs
BR tɪbz
AM tɪbs

Tiber
BR ˈtaɪbə(r)
AM ˈtaɪbər

Tiberias
BR taɪˈbɪərɪəs
AM taɪˈbɪriəs

Tiberius
BR taɪˈbɪərɪəs
AM taɪˈbɪriəs

Tibesti
BR tɪˈbesti
AM təˈbesti

Tibet
BR tɪˈbet
AM təˈbet

Tibetan
BR tɪˈbetn, -z
AM təˈbetn, -z

tibia
BR ˈtɪbɪə(r), -z
AM ˈtɪbiə, -z

tibiae
BR ˈtɪbiiː
AM ˈtɪbiˌaɪ, ˈtɪbiˌi

tibial
BR ˈtɪbɪəl
AM ˈtɪbiəl

tibiotarsi
BR ˌtɪbɪəʊˈtɑːsaɪ
AM ˌtɪbioʊˈtɑrˌsaɪ

tibiotarsus
BR ˌtɪbɪəʊˈtɑːsəs
AM ˌtɪbioʊˈtɑrsəs

Tibullus
BR tɪˈbʊləs
AM tɪˈbʊləs

tic
BR tɪk, -s
AM tɪk, -s

tice
BR taɪs, -ɪz, -ɪŋ, -t
AM taɪs, -ɪz, -ɪŋ, -t

Tichborne
BR ˈtɪtʃbɔːn
AM ˈtɪtʃˌbɔ(ə)rn

Ticino
BR tɪˈtʃiːnəʊ
AM tɪˈtʃiˌnoʊ

tick
BR tɪk, -s, -ɪŋ, -t
AM tɪk, -s, -ɪŋ, -t

tick-bird
BR ˈtɪkbəːd, -z
AM ˈtɪkˌbərd, -z

ticker
BR ˈtɪkə(r), -z
AM ˈtɪkər, -z

tickertape
BR ˈtɪkəteɪp, -s
AM ˈtɪkərˌteɪp, -s

ticket
BR ˈtɪk|ɪt, -ɪts, -ɪtɪŋ, -ɪtɪd
AM ˈtɪk|t, -ts, -dɪŋ, -dɪd

ticketless
BR ˈtɪkɪtlɪs
AM ˈtɪkɪtlɪs

ticket-of-leave man
BR ˌtɪkɪtəvˈliːv man
AM ˌtɪkɪdə(v)ˈliv ˌmæn

ticket-of-leave men
BR ˌtɪkɪtəvˈliːv mɛn
AM ˌtɪkɪdə(v)ˈliv ˌmɛn

tickety-boo
BR ˌtɪkɪtɪˈbuː
AM ˌtɪkɪdiˈbu

ticking
BR ˈtɪkɪŋ, -z
AM ˈtɪkɪŋ, -z

tickle
BR ˈtɪk|l, -lz, -lɪŋ\-lɪŋ, -ld
AM ˈtɪk|əl, -əlz, -(ə)lɪŋ, -əld

tickler
BR ˈtɪklə(r), ˈtɪklə(r),
AM ˈtɪk(ə)lər, -z

tickless
BR ˈtɪklɪs
AM ˈtɪklɪs

ticklish
BR ˈtɪklɪʃ, ˈtɪklɪʃ
AM ˈtɪk(ə)lɪʃ

ticklishly
BR ˈtɪklɪʃli, ˈtɪklɪʃli
AM ˈtɪk(ə)lɪʃli

ticklishness
BR ˈtɪklɪʃnɪs, ˈtɪklɪʃnɪs
AM ˈtɪk(ə)lɪʃnɪs

tickly
BR ˈtɪkli, ˈtɪkli
AM ˈtɪk(ə)li

tickover
BR ˈtɪkˌəʊvə(r)
AM ˈtɪkˌoʊvər

tick-tack
BR ˈtɪktak, -s
AM ˈtɪkˌtæk, -s

tick-tack-toe
BR ˌtɪktakˈtəʊ
AM ˌtɪkˌtækˈtoʊ

tick-tock
BR ˈtɪktɒk, ˌtɪkˈtɒk, -s
AM ˈtɪkˌtak, -s

ticky-tacky
BR ˈtɪkɪˌtaki
AM ˈtɪkiˌtæki

Ticonderoga
BR ˌtaɪkɒndəˈrəʊgə(r), taɪˌkɒndəˈrəʊgə(r)
AM ˌtaɪˌkɑndəˈroʊgə

tic-tac
BR ˈtɪktak
AM ˈtɪkˌtæk

tic-tac-toe
 BR ˌtɪktakˈtəʊ
 AM ˌtɪkˌtækˈtoʊ
tidal
 BR ˈtaɪdl
 AM ˈtaɪd(ə)l
tidally
 BR ˈtaɪdl̩i
 AM ˈtaɪdli
tidbit
 BR ˈtɪdbɪt, -s
 AM ˈtɪdˌbɪt, -s
tiddledywink
 BR ˈtɪdldɪˌwɪŋk, -s
 AM ˈtɪdl(d)iˌwɪŋk, -s
tiddler
 BR ˈtɪdl̩ə(r), ˈtɪdlə(r), -z
 AM ˈtɪd(ə)lər, -z
Tiddles
 BR ˈtɪdlz
 AM ˈtɪdəlz
tiddlewink
 BR ˈtɪdlɪwɪŋk, ˈtɪdl̩ɪwɪŋk, -s
 AM ˈtɪdl̩iˌwɪŋk, ˈtɪdliˌwɪŋk, -s
tiddly
 BR ˈtɪdl̩|i, ˈtɪdl|i, -ɪə(r), -ɪɪst
 AM ˈtɪdl̩i, ˈtɪdli, -ər, -ɪst
tiddlywink
 BR ˈtɪdlɪwɪŋk, ˈtɪdl̩ɪwɪŋk, -s
 AM ˈtɪdl̩iˌwɪŋk, ˈtɪdliˌwɪŋk, -s
tide
 BR taɪd, -z, -ɪŋ, -ɪd
 AM taɪd, -z, -ɪŋ, -ɪd
tideland
 BR ˈtaɪdland, -z
 AM ˈtaɪdˌlænd, -z
tideless
 BR ˈtaɪdlɪs
 AM ˈtaɪdlɪs
tideline
 BR ˈtaɪdlaɪn, -z
 AM ˈtaɪdˌlaɪn, -z
tidemark
 BR ˈtaɪdmɑːk, -s
 AM ˈtaɪdˌmɑrk, -s

Tidenham
 BR ˈtɪdnəm
 AM ˈtɪd(ə)n(ə)m
Tideswell
 BR ˈtaɪdzwɛl
 AM ˈtaɪdzˌwɛl
tidewaiter
 BR ˈtaɪdˌweɪtə(r), -z
 AM ˈtaɪdˌweɪdər, -z
tidewater
 BR ˈtaɪdˌwɔːtə(r)
 AM ˈtaɪdˌwɑdər, ˈtaɪdˌwɔdər
tidewave
 BR ˈtaɪdweɪv, -z
 AM ˈtaɪdˌweɪv, -z
tideway
 BR ˈtaɪdweɪ, -z
 AM ˈtaɪdˌweɪ, -z
tidily
 BR ˈtaɪdɪli
 AM ˈtaɪdɪli
tidiness
 BR ˈtaɪdɪnɪs
 AM ˈtaɪdɪnɪs
tidings
 BR ˈtaɪdɪŋz
 AM ˈtaɪdɪŋz
Tidmarsh
 BR ˈtɪdmɑːʃ
 AM ˈtɪdˌmɑrʃ
tidy
 BR ˈtaɪd|i, -ɪz, -ɪɪŋ, -ɪd, -ɪə(r), -ɪɪst
 AM ˈtaɪdi, -z, -ɪŋ, -d, -ər, -ɪst
tie
 BR taɪ, -z, -ɪŋ, -d
 AM taɪ, -z, -ɪŋ, -d
tieback
 BR ˈtaɪbak, -s
 AM ˈtaɪˌbæk, -s
tiebreak
 BR ˈtaɪbreɪk, -s
 AM ˈtaɪˌbreɪk, -s
tie-breaker
 BR ˈtaɪˌbreɪkə(r), -z
 AM ˈtaɪˌbreɪkər, -z
tie-breaking
 BR ˈtaɪˌbreɪkɪŋ
 AM ˈtaɪˌbreɪkɪŋ

tie-dye
 BR ˈtaɪdaɪ, -z, -ɪŋ, -d
 AM ˈtaɪˌdaɪ, -z, -ɪŋ, -d
tieless
 BR ˈtaɪlɪs
 AM ˈtaɪlɪs
Tientsin
 BR ˌtjɛnˈ(t)sɪn
 AM tiˈɛn(t)ˈsɪn
tiepin
 BR ˈtaɪpɪn, -z
 AM ˈtaɪˌpɪn, -z
Tiepolo
 BR tiˈɛpləʊ
 AM tiˈɛpəˌloʊ
tier[1] *a person who ties*
 BR ˈtaɪə(r), -z
 AM ˈtaɪər, -z
tier[2] *layer, level*
 BR ˈtɪə(r), -z, -d
 AM ˈtɪ(ə)r, -z, -d
tierce
 BR tɪəs, -t
 AM tɪ(ə)rs, -t
tiercel
 BR ˈtɪəsl, ˈtɜːsl, -z
 AM ˈtɪ(ə)rs(ə)l, -z
tiercet
 BR ˈtɪəsɪt, ˈtɜːsɪt, -s
 AM ˈtɪrsət, -s
Tierney
 BR ˈtɪəni
 AM ˈtɪrni
Tierra del Fuego
 BR tɪˌɛrə dɛl ˈfweɪgəʊ, + f(j)ʊˈeɪgəʊ
 AM ˈtiərə dɛl fʊˈeɪgoʊ
tiff
 BR tɪf, -s
 AM tɪf, -s
tiffany
 BR ˈtɪfn̩i
 AM ˈtɪfəni
tiffin
 BR ˈtɪfɪn
 AM ˈtɪfɪn
Tiflis
 BR ˈtɪflɪs
 AM təˈflis, ˈtɪflɪs
 RUS tʲifˈlʲis

tig
 BR tɪg, -z, -ɪŋ, -d
 AM tɪg, -z, -ɪŋ, -d
tiger
 BR ˈtaɪgə(r), -z
 AM ˈtaɪgər, -z
tigerish
 BR ˈtaɪg(ə)rɪʃ
 AM ˈtaɪg(ə)rɪʃ
tigerishly
 BR ˈtaɪg(ə)rɪʃli
 AM ˈtaɪg(ə)rɪʃli
tiger moth
 BR ˈtaɪgə mɒθ, ˌtaɪgə ˈmɒθ, -s
 AM ˈtaɪgər ˌmɑθ, ˈtaɪgər ˌmɔθ, -s
Tigers
 BR ˈtaɪgəz
 AM ˈtaɪgərz
tiger's-eye
 BR ˈtaɪgəzaɪ
 AM ˈtaɪgərzˌaɪ
tigerskin
 BR ˈtaɪgəskɪn, -z
 AM ˈtaɪgərˌskɪn, -z
Tighe
 BR taɪ
 AM taɪ
tight
 BR taɪt, -s, -ə(r), -ɪst
 AM taɪ|t, -ts, -dər, -dɪst
tighten
 BR ˈtaɪt|n̩, -nz, -n̩ɪŋ\-nɪŋ, -nd
 AM ˈtaɪtn, -z, -ɪŋ, -d
tightener
 BR ˈtaɪtnə(r), ˈtaɪtn̩ə(r), -z
 AM ˌtaɪtnər, ˌtaɪtn̩ər, -z
tight-fisted
 BR ˌtaɪtˈfɪstɪd
 AM ˌtaɪtˌfɪstɪd
tight-fistedly
 BR ˌtaɪtˈfɪstɪdli
 AM ˌtaɪtˈfɪstɪdli
tight-fistedness
 BR ˌtaɪtˈfɪstɪdnɪs
 AM ˌtaɪtˈfɪstɪdnɪs
tightly
 BR ˈtaɪtli
 AM ˈtaɪtli

tightness
BR ˈtaɪtnɪs
AM ˈtaɪtnɪs

tightrope
BR ˈtaɪtrəʊp, -s
AM ˈtaɪtˌroʊp,
-s

tightwad
BR ˈtaɪtwɒd, -z
AM ˈtaɪtˌwɑd, -z

Tiglath-pileser
BR ˌtɪɡlaθpʌɪˈliːzə(r),
ˌtɪɡlaθpɪˈliːzə(r)
AM ˌtɪɡlæθpəˈlizɚ

tiglic
BR ˈtɪɡlɪk
AM ˈtɪɡlɪk

tigon
BR ˈtaɪɡ(ɒ)n, -z
AM ˈtaɪɡən, -z

Tigray
BR ˈtɪɡreɪ
AM təˈɡreɪ

Tigrayan
BR tɪˈɡreɪən, -z
AM təˈɡreɪən, -z

Tigre
BR ˈtɪɡreɪ
AM ˈtɪɡreɪ

Tigrean
BR tɪˈɡreɪən, -z
AM təˈɡreɪən,
-z

tigress
BR ˈtaɪɡrɪs,
ˈtaɪɡrɛs, -ɪz
AM ˈtaɪɡrɪs, -ɪz

Tigrinya
BR tɪˈɡrɪnjə(r),
tɪˈɡriːnjə(r)
AM təˈɡrɪnjə

Tigris
BR ˈtaɪɡrɪs
AM ˈtaɪɡrɪs

Tijuana
BR ˌtiəˈwɑːnə(r),
tɪˈwɑːnə(r)
AM ˌtiəˈwɑnə
SP tiˈxwana

tike
BR tʌɪk, -s
AM taɪk, -s

tiki
BR ˈtiːk|i, -ɪz
AM ˈtiki, -z

tikka
BR ˈtiːkə(r), ˈtɪkə(r)
AM ˈtɪkə

til
BR tɪl
AM tɪl

'til
BR tɪl
AM tɪl

tilapia
BR tɪˈlapɪə(r),
tɪˈleɪpɪə(r), -z
AM təˈlɑpiə, -z

Tilburg
BR ˈtɪlbɜːɡ
AM ˈtɪlˌbɜrɡ

tilbury
BR ˈtɪlb(ə)r|i, -ɪz
AM ˈtɪlˌbɛri, -z

Tilda
BR ˈtɪldə(r)
AM ˈtɪldə

tilde
BR ˈtɪld|ə(r), ˈtɪld|i, -ɪz
AM ˈtɪldə, -z

Tilden
BR ˈtɪld(ə)n
AM ˈtɪldən

tile
BR tʌɪl, -z, -ɪŋ, -d
AM taɪl, -z, -ɪŋ, -d

Tilehurst
BR ˈtʌɪlhɜːst
AM ˈtaɪlˌ(h)ɜrst

tiler
BR ˈtʌɪlə(r), -z
AM ˈtaɪlər, -z

tiling
BR ˈtʌɪlɪŋ, -z
AM ˈtaɪlɪŋ, -z

till
BR tɪl, -z, -ɪŋ, -d
AM tɪl, -z, -ɪŋ, -d

tillable
BR ˈtɪləbl
AM ˈtɪləb(ə)l

tillage
BR ˈtɪlɪdʒ
AM ˈtɪlɪdʒ

tiller
BR ˈtɪlə(r), -z, -ɪŋ, -d
AM ˈtɪlər, -z, -ɪŋ, -d

Tilley
BR ˈtɪli
AM ˈtɪli

Tilley lamp
BR ˈtɪli lamp, -s
AM ˈtɪli ˌlæmp, -s

Tillich
BR ˈtɪlɪk
AM ˈtɪlɪk

Tilly
BR ˈtɪli
AM ˈtɪli

Tilsit
BR ˈtɪlsɪt, ˈtɪlzɪt
AM ˈtɪlzɪt, ˈtɪlsɪt

tilt
BR tɪlt, -s, -ɪŋ, -ɪd
AM tɪlt, -s, -ɪŋ, -ɪd

tilter
BR ˈtɪltə(r), -z
AM ˈtɪltər, -z

tilth
BR tɪlθ
AM tɪlθ

tilt-hammer
BR ˈtɪltˌhamə(r), -z
AM ˈtɪltˌ(h)æmər, -z

tiltyard
BR ˈtɪltjɑːd, -z
AM ˈtɪltˌjɑrd, -z

Tim
BR tɪm
AM tɪm

Timaru
BR ˈtɪməruː
AM ˈtɪməˌru

timbal
BR ˈtɪmbl, -z
AM ˈtɪmbəl, -z

timbale
BR tamˈbɑːl, ˈtɪmbl,
-z
AM ˌtɪmˈbɑl, ˈtɪmbəl,
-z

timber
BR ˈtɪmb|ə(r), -əz,
-(ə)rɪŋ, -əd
AM ˈtɪmb|ər, -ərz,
-(ə)rɪŋ, -ərd

timberjack
BR ˈtɪmbədjak, -s
AM ˈtɪmbərˌjæk, -s

Timberlake
BR ˈtɪmbəleɪk
AM ˈtɪmbərˌeɪk

timberland
BR ˈtɪmbəland, -z
AM ˈtɪmbərˌlænd, -z

timberline
BR ˈtɪmbəlʌɪn
AM ˈtɪmbərˌlaɪn

timberwork
BR ˈtɪmbəwək
AM ˈtɪmbərˌwɜrk

timbre
BR ˈtambə(r),
ˈtɪmbə(r)
AM ˈtæmbər

timbrel
BR ˈtɪmbr(ə)l, -z
AM ˈtɪmbrəl, -z

Timbuctoo
BR ˌtɪmbʌkˈtuː
AM ˌtɪmbəkˈtu

Timbuktu
BR ˌtɪmbʌkˈtuː
AM ˌtɪmbəkˈtu

time
BR tʌɪm, -z, -ɪŋ, -d
AM taɪm, -z,
-ɪŋ, -d

time-code
BR ˈtʌɪmkəʊd, -z,
-ɪŋ, -ɪd
AM ˈtaɪmˌkoʊd, -z,
-ɪŋ, -əd

time-expired
BR ˌtʌɪmɪkˈspʌɪəd,
ˌtʌɪmɛkˈspʌɪəd,
ˈtʌɪmɪkˌspʌɪəd,
ˈtʌɪmɛkˌspʌɪəd
AM ˌtaɪməkˌspaɪ(ə)rd

timekeeper
BR ˈtʌɪmˌkiːpə(r), -z
AM ˈtaɪmˌkipər, -z

timekeeping
BR ˈtʌɪmˌkiːpɪŋ
AM ˈtaɪmˌkipɪŋ

timeless
BR ˈtʌɪmlɪs
AM ˈtaɪmlɪs

timelessly
BR ˈtaɪmləsli
AM ˈtaɪmləsli

timelessness
BR ˈtaɪmləsnɪs
AM ˈtaɪmləsnɪs

timeliness
BR ˈtaɪmlinɪs
AM ˈtaɪmlinɪs

timely
BR ˈtaɪml|i, -iə(r), -ɪst
AM ˈtaɪmli, -ər, -ɪst

timeous
BR ˈtaɪməs
AM ˈtaɪməs

timeously
BR ˈtaɪməsli
AM ˈtaɪməsli

time-out
BR ˌtaɪmˈaʊt, -s
AM ˌtaɪmˈaʊt, -s

timepiece
BR ˈtaɪmpiːs, -ɪz
AM ˈtaɪmˌpis, -ɪz

timer
BR ˈtaɪmə(r), -z
AM ˈtaɪmər, -z

Times
BR taɪmz
AM taɪmz

timesaving
BR ˈtaɪmˌseɪvɪŋ
AM ˈtaɪmˌseɪvɪŋ

timescale
BR ˈtaɪmskeɪl, -z
AM ˈtaɪmˌskeɪl, -z

timeserver
BR ˈtaɪmˌsɜː(r), -z
AM ˈtaɪmˌsɜrvər, -z

timeserving
BR ˈtaɪmˌsɜːvɪŋ
AM ˈtaɪmˌsɜrvɪŋ

timeshare
BR ˈtaɪmʃɛː(r), -z
AM ˈtaɪmˌʃɛ(ə)r, -z

time-sharing
BR ˈtaɪmˌʃɛːrɪŋ
AM ˈtaɪmˌʃɛrɪŋ

timesheet
BR ˈtaɪmʃiːt, -s
AM ˈtaɪmˌʃit, -s

timetable
BR ˈtaɪmˌteɪb|l, -lz, -l̩ŋ\-lɪŋ, -ld
AM ˈtaɪmˌteɪb|(ə)l, -əlz, -(ə)lɪŋ, -əld

time-warp
BR ˈtaɪmwɔːp
AM ˈtaɪmˌwɔ(ə)rp

timework
BR ˈtaɪmwɜːk
AM ˈtaɪmˌwɜrk

timeworker
BR ˈtaɪmˌwɜːkə(r), -z
AM ˈtaɪmˌwɜrkər, -z

timeworn
BR ˈtaɪmwɔːn
AM ˈtaɪmˌwɔ(ə)rn

Timex
BR ˈtaɪmɛks
AM ˈtaɪˌmɛks

timid
BR ˈtɪmɪd
AM ˈtɪmɪd

timidity
BR tɪˈmɪdɪti
AM təˈmɪdɪdi

timidly
BR ˈtɪmɪdli
AM ˈtɪmɪdli

timidness
BR ˈtɪmɪdnɪs
AM ˈtɪmɪdnɪs

timing
BR ˈtaɪmɪŋ, -z
AM ˈtaɪmɪŋ, -z

Timişoara
BR ˌtɪmɪˈʃwɑːrə(r)
AM ˌtɪmɪˈʃwɑrə

Timms
BR tɪmz
AM tɪmz

Timmy
BR ˈtɪmi
AM ˈtɪmi

timocracy
BR tɪˈmɒkrəs|i, -ɪz
AM təˈmɑkrəsi, -z

timocratic
BR ˌtɪməˈkrætɪk
AM ˌtɪməˈkrædɪk

Timon
BR ˈtaɪmɒn
AM ˈtaɪm(ə)n

Timor
BR ˈtiːmɔː(r)
AM ˈtiˌmɔ(ə)r

Timorese
BR ˌtɪməˈriːz
AM ˌtɪməˈriz

timorous
BR ˈtɪm(ə)rəs
AM ˈtɪm(ə)rəs

timorously
BR ˈtɪm(ə)rəsli
AM ˈtɪm(ə)rəsli

timorousness
BR ˈtɪm(ə)rəsnəs
AM ˈtɪm(ə)rəsnəs

Timotei
BR ˈtɪmətei
AM ˈtɪməˌtei

timothy
BR ˈtɪməθi
AM ˈtɪməθi

timpani
BR ˈtɪmpəni
AM ˈtɪmpəni

timpanist
BR ˈtɪmpənɪst, -s
AM ˈtɪmpənəst, -s

Timpson
BR ˈtɪm(p)sn
AM ˈtɪm(p)s(ə)n

tin
BR tɪn, -z, -ɪŋ, -d
AM tɪn, -z, -ɪŋ, -d

tinamou
BR ˈtɪnəmuː, -z
AM ˈtɪnəˌmu, -z

tinctorial
BR tɪŋ(k)ˈtɔːriəl
AM tɪŋ(k)ˈtɔriəl

tincture
BR ˈtɪŋ(k)tʃə(r), -əz, -(ə)rɪŋ, -əd
AM ˈtɪŋ(k)|(t)ʃər, -(t)ʃərz, -tʃərɪŋ\-ʃ(ə)rɪŋ, -(t)ʃərd

tindal
BR ˈtɪndl, -z
AM ˈtɪndəl, -z

Tindale
BR ˈtɪnd(eɪ)l
AM ˈtɪnˌdeɪl

Tindall
BR ˈtɪnd(ɔː)l
AM ˈtɪndəl

Tindell
BR ˈtɪnd(ɛ)l
AM ˈtɪndəl

tinder
BR ˈtɪndə(r)
AM ˈtɪndər

tinderbox
BR ˈtɪndəbɒks, -ɪz
AM ˈtɪndərˌbɑks, -əz

tindery
BR ˈtɪnd(ə)ri
AM ˈtɪndəri

tine
BR taɪn, -z, -d
AM ˈtaɪn, -z, -d

tinea
BR ˈtɪnɪə(r)
AM ˈtɪniə

tinfoil
BR ˈtɪnfɔɪl
AM ˈtɪnˌfɔɪl

ting
BR tɪŋ, -z, -ɪŋ, -d
AM tɪŋ, -z, -ɪŋ, -d

tinge
BR tɪn(d)ʒ, -ɪz, -ɪŋ, -d
AM tɪndʒ, -ɪz, -ɪŋ, -d

tingle
BR ˈtɪŋg|l, -lz, -l̩ŋ\-lɪŋ, -ld
AM ˈtɪŋg|əl, -əlz, -(ə)lɪŋ, -əld

tingly
BR ˈtɪŋl|i, ˈtɪŋg|li, -iə(r), -ɪst
AM ˈtɪŋg(ə)li, -ər, -ɪst

Tingwall
BR ˈtɪŋw(ɔː)l
AM ˈtɪŋˌwɑl, ˈtɪŋˌwɔl

tinhorn
BR ˈtɪnhɔːn, -z
AM ˈtɪnˌ(h)ɔ(ə)rn, -z

tinily
BR ˈtaɪnɪli
AM ˈtaɪnɪli

tininess
BR ˈtʌɪnɪs
AM ˈtaɪnɪs

tinker
BR ˈtɪŋk|ə(r), -əz,
-(ə)rɪŋ, -əd
AM ˈtɪŋk|ər, -ərz,
-(ə)rɪŋ, -ərd

tinkerer
BR ˈtɪŋk(ə)rə(r), -z
AM ˈtɪŋk(ə)rər, -z

tinkering
BR ˈtɪŋk(ə)rɪŋ, -z
AM ˈtɪŋk(ə)rɪŋ, -z

tinkle
BR ˈtɪŋk|l, -lz,
-lɪŋ\-lɪ̩ŋ, -ld
AM ˈtɪŋk|əl, -əlz,
-(ə)lɪŋ, -əld

tinkling
BR ˈtɪŋklɪŋ, ˈtɪŋkl̩ɪŋ, -z
AM ˈtɪŋk(ə)lɪŋ, -z

tinkly
BR ˈtɪŋkli, ˈtɪŋkl̩i
AM ˈtɪŋk(ə)li

tinner
BR ˈtɪnə(r), -z
AM ˈtɪnər, -z

tinnily
BR ˈtɪnɪli
AM ˈtɪnɪli

tinniness
BR ˈtɪnɪnɪs
AM ˈtɪnɪnɪs

tinnitus
BR ˈtɪnɪtəs, tɪˈnʌɪtəs
AM ˈtɪnədəs

tinny
BR ˈtɪn|i, -ɪə(r), -ɪst
AM ˈtɪni, -ər, -ɪst

Tin Pan Alley
BR ˌtɪn pan ˈali
AM ˌtɪn ˌpæn ˈæli

tinpot
BR ˈtɪnpɒt
AM ˈtɪnˌpɑt

tinsel
BR ˈtɪnsl, -d
AM ˈtɪns(ə)l, -d

tinselly
BR ˈtɪnsli
AM ˈtɪnsəli

Tinseltown
BR ˈtɪnsltaʊn
AM ˈtɪnsəlˌtoʊn

Tinsley
BR ˈtɪnzli
AM ˈtɪnzli

tinsmith
BR ˈtɪnsmɪθ, -s
AM ˈtɪnˌsmɪθ, -s

tinsnips
BR ˈtɪnsnɪps
AM ˈtɪnˌsnɪps

tinstone
BR ˈtɪnstəʊn
AM ˈtɪnˌstoʊn

tint
BR ˈtɪnt, -s, -ɪŋ,
-ɪd
AM ˈtɪn|t, -ts, -(t)ɪŋ,
-(t)əd

tintack
BR ˈtɪntak, -s
AM ˈtɪnˌtæk, -s

Tintagel
BR tɪnˈtadʒl
AM tɪnˈtædʒ(ə)l

tinter
BR ˈtɪntə(r), -z
AM ˈtɪn(t)ər, -z

Tintern
BR ˈtɪntən
AM ˈtɪn(t)ərn

tintinnabula
BR ˌtɪntɪˈnabjʉlə(r)
AM ˌtɪn(t)əˈnæbjələ

tintinnabular
BR ˌtɪntɪˈnabjʉlə(r)
AM ˌtɪn(t)əˈnæbjələr

tintinnabulary
BR ˌtɪntɪˈnabjʉləri
AM ˌtɪn(t)əˈnæbjəˌlɛri

tintinnabulation
BR ˌtɪntɪˌnabjʉˈleɪʃn, -z
AM ˌtɪn(t)əˌnæbjəˈleɪʃ(ə)n, -z

tintinnabulous
BR ˌtɪntɪˈnabjʉləs
AM ˌtɪn(t)əˈnæbjələs

tintinnabulum
BR ˌtɪntɪˈnabjʉləm
AM ˌtɪn(t)əˈnæbjəl(ə)m

Tintoretto
BR ˌtɪntəˈrɛtəʊ, -z
AM ˌtɪn(t)əˈrɛdoʊ, -z

tintype
BR ˈtɪntʌɪp
AM ˈtɪnˌtaɪp

tinware
BR ˈtɪnwɛː(r), -z
AM ˈtɪnˌwɛ(ə)r, -z

tiny
BR ˈtʌɪn|i, -ɪə(r), -ɪst
AM ˈtaɪni, -ər, -ɪst

Tio Pepe
BR ˌtiːəʊ ˈpɛpi,
+ ˈpɛpeɪ
AM ˌtioʊ ˈpɛpɛ

tip
BR tɪp, -s, -ɪŋ, -t
AM tɪp, -s, -ɪŋ, -t

tip-and-run
BR ˌtɪp(ə)n(d)ˈrʌn
AM ˌtɪpənˈrən

tip-cart
BR ˈtɪpkɑːt, -s
AM ˈtɪpˌkɑrt, -s

tipcat
BR ˈtɪpkat
AM ˈtɪpˌkæt

tipless
BR ˈtɪplɪs
AM ˈtɪplɪs

tipper
BR ˈtɪpə(r), -z
AM ˈtɪpər, -z

Tipperary
BR ˌtɪpəˈrɛːri
AM ˌtɪpəˈrɛri

tippet
BR ˈtɪpɪt, -s
AM ˈtɪpɪt, -s

Tippett
BR ˈtɪpɪt
AM ˈtɪpɪt

Tipp-Ex
BR ˈtɪpɛks, -ɪz, -ɪŋ, -t
AM ˈtɪˌpɛks, -əz, -ɪŋ, -t

tipple
BR ˈtɪp|l, -lz, -lɪŋ\-lɪ̩ŋ, -ld
AM ˈtɪp|əl, -əlz, -(ə)lɪŋ, -əld

tippler
BR ˈtɪpl|ə(r), ˈtɪplə(r), -z
AM ˈtɪp(ə)lər, -z

tippy
BR ˈtɪp|i, -ɪə(r), -ɪst
AM ˈtɪpi, -ər, -ɪst

tipsily
BR ˈtɪpsɪli
AM ˈtɪpsɪli

tipsiness
BR ˈtɪpsɪnɪs
AM ˈtɪpsɪnɪs

tipstaff
BR ˈtɪpstɑːf, -s
AM ˈtɪpˌstæf, -s

tipstaves
BR ˈtɪpsteɪvz
AM ˈtɪpˌsteɪvz

tipster
BR ˈtɪpstə(r), -z
AM ˈtɪpstər, -z

tipsy
BR ˈtɪps|i, -ɪə(r), -ɪst
AM ˈtɪpsi, -ər, -ɪst

tipsy-cake
BR ˈtɪpsɪkeɪk, -s
AM ˈtɪpsiˌkeɪk, -s

tiptoe
BR ˈtɪptəʊ, -z, -ɪŋ, -d
AM ˈtɪpˌtoʊ, -z, -ɪŋ, -d

tiptop
BR ˌtɪpˈtɒp
AM ˈtɪpˈtɑp

tirade
BR tʌɪˈreɪd, tɪˈreɪd, -z
AM ˌtaɪˈreɪd, ˈtaɪˌreɪd, -z

tirailleur
BR ˌtɪrʌɪˈəː(r), -z
AM ˌtɪraɪˈ(j)ər, -z

tiramisu
BR ˌtɪrəmɪˈsuː
AM ˌtɪrəməˈsu

Tirana
BR tɪˈrɑːnə(r)
AM tɪˈrɑnə

Tiranë
BR tɪˈrɑːnə(r)
AM tɪˈrɑnə

tire
BR ˈtaɪə(r), -z, -ɪŋ, -d
AM ˈtaɪ(ə)r, -z, -ɪŋ, -d

tiredly
BR ˈtaɪədli
AM ˈtaɪ(ə)rdli

tiredness
BR ˈtaɪədnəs
AM ˈtaɪ(ə)rdnəs

Tiree
BR taɪˈriː
AM taɪˈri

tire gauge
BR ˈtaɪə ˌɡeɪdʒ
AM ˈtaɪ(ə)r ˌɡeɪdʒ

tireless
BR ˈtaɪələs
AM ˈtaɪ(ə)rləs

tirelessly
BR ˈtaɪələsli
AM ˈtaɪ(ə)rləsli

tirelessness
BR ˈtaɪələsnəs
AM ˈtaɪ(ə)rləsnəs

Tiresias
BR taɪˈriːsiəs
AM tɪˈrisiəs

tiresome
BR ˈtaɪəs(ə)m
AM ˈtaɪ(ə)rs(ə)m

tiresomely
BR ˈtaɪəs(ə)mli
AM ˈtaɪ(ə)rsəmli

tiresomeness
BR ˈtaɪəs(ə)mnəs
AM ˈtaɪ(ə)rsəmnəs

tiro
BR ˈtaɪrəʊ, -z
AM ˈtaɪroʊ, -z

Tirol
BR tɪˈrəʊl, ˈtɪrl̩
AM ˈtɪˌroʊl, təˈroʊl

Tirpitz
BR ˈtəːpɪts
AM ˈtɜrpɪts

'tis
BR tɪz
AM tɪz

tisane
BR tɪˈzan, tiːˈzan, -z
AM təˈzæn, -z

Tishri
BR ˈtɪʃriː
AM ˈtɪʃri

Tisiphone
BR tɪˈsɪfn̩i, taɪˈsɪfn̩i
AM tɪˈsɪfəni

Tissot
BR ˈtiːsəʊ
AM təˈsoʊ

tissue
BR ˈtɪʃuː, ˈtɪsjuː, -z
AM ˈtɪʃu, -z

tit
BR tɪt, -s
AM tɪt, -s

titan
BR ˈtaɪtn̩, -z
AM ˈtaɪtn̩, -z

titanate
BR ˈtaɪtn̩eɪt
AM ˈtaɪtn̩ˌeɪt

Titaness
BR ˈtaɪtn̩ɪs, ˌtaɪtn̩ˈɛs, -ɪz
AM ˈtaɪtn̩ɪs, -ɪz

Titania
BR tɪˈtɑːniə(r), tɪˈteɪniə(r)
AM təˈtɑniə, taɪˈteɪniə

titanic
BR taɪˈtanɪk
AM taɪˈtænɪk

titanically
BR taɪˈtanɪkli
AM taɪˈtænək(ə)li

titanium
BR taɪˈteɪniəm, tɪˈteɪniəm
AM təˈteɪniəm, taɪˈteɪniəm

titbit
BR ˈtɪtbɪt, -s
AM ˈtɪtˌbɪt, -s

titch
BR tɪtʃ, -ɪz
AM tɪtʃ, -ɪz

titchiness
BR ˈtɪtʃɪnɪs
AM ˈtɪtʃɪnɪs

titchy
BR ˈtɪtʃ|i, -iə(r), -ɪɪst
AM ˈtɪtʃ|i, -ər, -ɪst

titer
BR ˈtaɪtə(r), -z
AM ˈtaɪdər, -z

titfer
BR ˈtɪtfə(r), -z
AM ˈtɪtfər, -z

tit-for-tat
BR ˌtɪtfəˈtat
AM ˌtɪtfərˈtæt

tithable
BR ˈtaɪðəbl
AM ˈtaɪðəb(ə)l

tithe
BR taɪð, -z, -ɪŋ, -d
AM taɪð, -z, -ɪŋ, -d

tithing
BR ˈtaɪðɪŋ, -z
AM ˈtaɪðɪŋ, -z

Tithonus
BR tɪˈθəʊnəs, taɪˈθəʊnəs
AM taɪˈθoʊnəs

titi[1] *bird*
BR ˈtiːtiː, -z
AM ˈtiˌti, -z

titi[2] *monkey*
BR ˈtiːtiː, tɪˈtiː, -z
AM təˈti, ˈtiˌti, -z

titi[3] *tree*
BR ˈtiːtiː, ˈtaɪtaɪ, -z
AM ˈtaɪˌtaɪ, ˈtiˌti, -z

Titian
BR ˈtɪʃn, -z
AM ˈtɪʃ(ə)n, -z

Titicaca
BR ˌtɪtɪˈkɑːkɑː(r)
AM ˌtɪdiˈkɑkə

titillate
BR ˈtɪtɪleɪt, -s, -ɪŋ, -ɪd
AM ˈtɪdəˌleɪ|t, -ts, -dɪŋ, -dɪd

titillatingly
BR ˈtɪtɪleɪtɪŋli
AM ˈtɪdəˌleɪdɪŋli

titillation
BR ˌtɪtɪˈleɪʃn, -z
AM ˌtɪdəˈleɪʃ(ə)n, -z

titivate
BR ˈtɪtɪveɪt, -s, -ɪŋ, -ɪd
AM ˈtɪdəˌveɪ|t, -ts, -dɪŋ, -dɪd

titivation
BR ˌtɪtɪˈveɪʃn, -z
AM ˌtɪdəˈveɪʃ(ə)n, -z

titlark
BR ˈtɪtlɑːk, -s
AM ˈtɪtˌlɑrk, -s

title
BR ˈtaɪtl, -z, -d
AM ˈtaɪd(ə)l, -z, -d

titleholder
BR ˈtaɪtlˌhəʊldə(r), -z
AM ˈtaɪdlˌ(h)oʊldər, -z

titling
BR ˈtaɪtl̩ɪŋ, -z
AM ˈtaɪdlɪŋ, -z

Titmarsh
BR ˈtɪtmɑːʃ
AM ˈtɪtˌmɑrʃ

titmice
BR ˈtɪtmaɪs
AM ˈtɪtˌmaɪs

titmouse
BR ˈtɪtmaʊs
AM ˈtɪtˌmaʊs

Titmus
BR ˈtɪtməs
AM ˈtɪtməs

Tito
BR ˈtiːtəʊ
AM ˈtidoʊ

Titograd
BR ˈtiːtə(ʊ)ɡrad
AM ˈtidoʊˌɡræd

Titoism
BR ˈtiːtəʊɪzm
AM ˈtidəˌwɪz(ə)m, ˈtidoʊˌɪz(ə)m

Titoist
BR ˈtiːtəʊɪst, -s
AM ˈtidəwəst, ˈtidoʊəst, -s

titrant
BR ˈtaɪtrn̩t, -s
AM ˈtaɪtrənt, -s

titratable
BR taɪˈtreɪtəbl, ˈtaɪtreɪtəbl
AM ˈtaɪˌtreɪdəbl

titrate
BR tʌɪˈtreɪt, ˈtʌɪtreɪt,
-s, -ɪŋ, -ɪd
AM ˈtaɪˌtreɪ|t, -ts, -dɪŋ,
-dɪd

titration
BR tʌɪˈtreɪʃn, -z
AM ˌtaɪˈtreɪʃ(ə)n, -z

titre
BR ˈtʌɪtə(r), -z
AM ˈtaɪdər, -z

titter
BR ˈtɪt|ə(r), -əz,
-(ə)rɪŋ, -əd
AM ˈtɪdər, -z, -ɪŋ, -d

titterer
BR ˈtɪt(ə)rə(r), -z
AM ˈtɪdərər, -z

titteringly
BR ˈtɪt(ə)rɪŋli
AM ˈtɪdərɪŋli

tittivate
BR ˈtɪtɪveɪt, -s, -ɪŋ,
-ɪd
AM ˈtɪdəˌveɪ|t, -ts,
-dɪŋ, -dɪd

tittle
BR ˈtɪtl, -z
AM ˈtɪd(ə)l, -z

tittlebat
BR ˈtɪtlbat, -s
AM ˈtɪdlˌbæt, -s

tittle-tattle
BR ˈtɪtlˌtatl
AM ˈtɪdəlˌtædəl

tittup
BR ˈtɪtəp, -s, -ɪŋ, -t
AM ˈtɪdəp, -s, -ɪŋ, -t

tittuppy
BR ˈtɪtəpi
AM ˈtɪdəpi

titty
BR ˈtɪt|i, -ɪz
AM ˈtɪdi, -z

titubation
BR ˌtɪtjʊˈbeɪʃn,
ˌtɪtʃʊˈbeɪʃn
AM ˌtɪtʃəˈbeɪʃ(ə)n

titular
BR ˈtɪtʃʊlə(r),
ˈtɪtjʊlə(r)
AM ˈtɪtʃələr

titularly
BR ˈtɪtʃʊləli, ˈtɪtjʊləli
AM ˈtɪtʃələrli

Titus
BR ˈtʌɪtəs
AM ˈtaɪdəs

Tiverton
BR ˈtɪvət(ə)n
AM ˈtɪvərt(ə)n

Tivoli
BR ˈtɪvəli
AM ˈtɪvəli

tiz
BR tɪz
AM tɪz

Tizard
BR ˈtɪzɑːd
AM ˈtɪzərd

Tizer
BR ˈtʌɪzə(r)
AM ˈtaɪzər

tizz
BR tɪz
AM tɪz

tizzy
BR ˈtɪz|i, -ɪz
AM ˈtɪzi, -z

T-joint
BR ˈtiːdʒɔɪnt, -s
AM ˈtiˌdʒɔɪnt, -s

T-junction
BR ˈtiːˌdʒʌŋ(k)ʃn, -z
AM ˈtiˌdʒʌŋ(k)ʃ(ə)n, -z

TKO
BR ˌtiːkeɪˈəʊ
AM ˌtiˌkeɪˈoʊ

Tlaxcala
BR tlɑːsˈkɑːlə(r)
AM tlɑˈskɑlə

Tlemcen
BR tlɛmˈsɛn
AM tlɛmˈsɛn

Tlingit
BR ˈtlɪŋgɪt, ˈtlɪŋkɪt,
ˈklɪŋkɪt, -s
AM ˈtlɪŋ(g)ɪt, -s

tmesis
BR ˈtmiːsɪs, təˈmiːsɪs
AM təˈmisɪs

TNT
BR ˌtiːɛnˈtiː
AM ˌtiˌɛnˈti

to¹ *adverb*
BR tuː
AM tu

to² *preposition, strong form*
BR tuː
AM tu

to³ *preposition, weak form*
BR tʊ
AM tə

toad
BR təʊd, -z
AM toʊd, -z

toadfish
BR ˈtəʊdfɪʃ, -ɪz
AM ˈtoʊdˌfɪʃ, -ɪz

toadflax
BR ˈtəʊdflaks
AM ˈtoʊdˌflæks

toad-in-the-hole
BR ˌtəʊdɪnðəˈhəʊl
AM ˌtoʊdənðəˈhoʊl

toadish
BR ˈtəʊdɪʃ
AM ˈtoʊdɪʃ

toadlet
BR ˈtəʊdlɪt, -s
AM ˈtoʊdlət, -s

toadlike
BR ˈtəʊdlʌɪk
AM ˈtoʊdˌlaɪk

toadstone
BR ˈtəʊdstəʊn, -z
AM ˈtoʊdˌstoʊn, -z

toadstool
BR ˈtəʊdstuːl, -z
AM ˈtoʊdˌstul, -z

toady
BR ˈtəʊd|i, -ɪz, -ɪɪŋ,
-ɪd
AM ˈtoʊdi, -z,
-ɪŋ, -d

toadyish
BR ˈtəʊdɪɪʃ
AM ˈtoʊdiɪʃ

toadyism
BR ˈtəʊdiɪzm
AM ˈtoʊdiˌɪz(ə)m

to-and-fro
BR ˌtuːn(d)ˈfrəʊ
AM ˌtuənˈfroʊ

toast
BR təʊst, -s, -ɪŋ, -ɪd
AM toʊst, -s, -ɪŋ, -əd

toaster
BR ˈtəʊstə(r), -z
AM ˈtoʊstər, -z

toastie
BR ˈtəʊst|i, -ɪz
AM ˈtoʊsti, -z

toastmaster
BR ˈtəʊs(t)ˌmɑːstə(r),
-z
AM ˈtoʊs(t)ˌmæstər, z

toastmistress
BR ˈtəʊs(t)ˌmɪstrɪs, -ɪz
AM ˈtoʊs(t)ˌmɪstrɪs,
-ɪz

toastrack
BR ˈtəʊstrak, -s
AM ˈtoʊs(t)ˌræk, -s

toasty
BR ˈtəʊsti
AM ˈtoʊsti

tobacco
BR təˈbakəʊ, -z
AM təˈbækoʊ, -z

tobacconist
BR təˈbaknɪst, -s
AM təˈbækənəst, -s

Tobagan
BR təˈbeɪg(ə)n, -z
AM təˈbeɪgən, -z

Tobago
BR təˈbeɪgəʊ
AM təˈbeɪgoʊ

Tobagonian
BR ˌtəʊbəˈgəʊnɪən,
-z
AM ˌtoʊbəˈgoʊnɪən,
-z

Tobermory
BR ˌtəʊbəˈmɔːri
AM ˌtoʊbəˈmori

Tobias
BR təˈbʌɪəs
AM təˈbaɪəs

Tobin
BR ˈtəʊbɪn
AM ˈtoʊbən

Tobit
BR ˈtəʊbɪt
AM ˈtoʊbət

Toblerone
BR ˌtəʊbləʊˈrəʊn, ˈtəʊblərəʊn
AM ˌtoʊbləˈroʊn

toboggan
BR təˈbɒg|(ə)n, -(ə)nz, -ənɪŋ\-n̩ɪŋ, -(ə)nd
AM təˈbagən, -z, -ɪŋ, -d

tobogganer
BR təˈbɒgn̩ə(r), -z
AM təˈbagənər, -z

tobogganist
BR təˈbɒgn̩ɪst, -s
AM təˈbagənəst, -s

Tobruk
BR təˈbrʊk
AM təˈbrʊk

toby
BR ˈtəʊb|i, -ɪz
AM ˈtoʊbi, -z

toccata
BR təˈkɑːtə(r), -z
AM təˈkɑdə, -z
IT tokˈkata

Toc H
BR ˌtɒk ˈeɪtʃ
AM ˌtɑk ˈeɪtʃ

Tocharian
BR tɒˈkɛːrɪən, tɒˈkɑːrɪən, -z
AM toʊˈkɛrɪən, -z

tocher
BR ˈtɒxə(r), ˈtɒkə(r), -z
AM ˈtɑkər, -z

tocopherol
BR tɒˈkɒfərɒl, -z
AM təˈkɑfəˌroʊl, təˈkɑfəˌrɔl, -z

Tocqueville
BR ˈtɒkvɪl, ˈtəʊkvɪl
AM ˈtoʊkˌvɪl

tocsin
BR ˈtɒksɪn, -z
AM ˈtɑks(ə)n, -z

tod
BR tɒd
AM tɑd

today
BR təˈdeɪ
AM təˈdeɪ

Todd
BR tɒd
AM tɑd

toddle
BR ˈtɒd|l, -lz, -l̩ɪŋ\-lɪŋ, -ld
AM ˈtɑd|əl, -əlz, -(ə)lɪŋ, -əld

toddler
BR ˈtɒdlə(r), ˈtɒdlə(r), -z
AM ˈtɑdl̩ər, ˈtɑd(ə)lər, -z

toddlerhood
BR ˈtɒdləhʊd, ˈtɒdləhʊd
AM ˈtɑdlərˌ(h)ʊd

toddy
BR ˈtɒdi
AM ˈtɑdi

todger
BR ˈtɒdʒə(r), -z
AM ˈtɑdʒər, -z

Todhunter
BR ˈtɒdˌhʌntə(r)
AM ˈtɑdˌ(h)ən(t)ər

Todmorden
BR ˈtɒdmədn
AM ˈtɑdˌmɔrdən

to-do
BR təˈduː
AM təˈdu

tody
BR ˈtəʊd|i, -ɪz
AM ˈtoʊdi, -z

toe
BR təʊ, -z, -ɪŋ, -d
AM toʊ, -z, -ɪŋ, -d

toea
BR ˈtɔɪə(r), -z
AM ˈtɔɪə, -z

toecap
BR ˈtəʊkap, -s
AM ˈtoʊˌkæp, -s

toehold
BR ˈtəʊhəʊld, -z
AM ˈtoʊˌhoʊld, -z

toeless
BR ˈtəʊləs
AM ˈtoʊləs

toenail
BR ˈtəʊneɪl, -z
AM ˈtoʊˌneɪl, -z

toey
BR ˈtəʊi
AM ˈtoʊi

toff
BR tɒf, -s
AM tɑf, -s

toffee
BR ˈtɒf|i, -ɪz
AM ˈtɑfi, ˈtɔfi, -z

toffeeish
BR ˈtɒfiɪʃ
AM ˈtɑfiɪʃ, ˈtɔfiɪʃ

toffee-nosed
BR ˈtɒfɪnəʊzd, ˌtɒfɪˈnəʊzd
AM ˈtɑfiˌnoʊzd, ˈtɔfiˌnoʊzd

toft
BR tɒft, -s
AM tɑft, tɔft, -s

tofu
BR ˈtəʊfuː
AM ˌtoʊˈfu

tog
BR tɒg, -z, -ɪŋ, -d
AM tag, -z, -ɪŋ, -d

toga
BR ˈtəʊgə(r), -z, -d
AM ˈtoʊgə, -z, -d

together
BR təˈgeðə(r)
AM təˈgeðər

togetherness
BR təˈgeðənəs
AM təˈgeðərnəs

toggery
BR ˈtɒg(ə)ri
AM ˈtɑgəri

toggle
BR ˈtɒgl, -z
AM ˈtɑgəl, -z

to-go
BR təˈgəʊ
AM təˈgoʊ

Togo
BR ˈtəʊgəʊ
AM ˈtoʊgoʊ

Togolese
BR ˌtəʊgəˈliːz
AM ˌtoʊgəˈliz, ˌtoʊgoʊˈliz

toil
BR tɔɪl, -z, -ɪŋ, -d
AM tɔɪl, -z, -ɪŋ, -d

toile
BR twɑːl
AM twɑl
FR twal

toiler
BR ˈtɔɪlə(r), -z
AM ˈtɔɪlər, -z

toilet
BR ˈtɔɪlɪt, -s
AM ˈtɔɪlɪt, -s

toiletry
BR ˈtɔɪlɪtr|i, -ɪz
AM ˈtɔɪlətri, -z

toilette
BR twɑːˈlɛt, -s
AM twɑˈlɛt, -s

toilsome
BR ˈtɔɪls(ə)m
AM ˈtɔɪls(ə)m

toilsomely
BR ˈtɔɪls(ə)mli
AM ˈtɔɪlsəmli

toilsomeness
BR ˈtɔɪls(ə)mnəs
AM ˈtɔɪlsəmnəs

toilworn
BR ˈtɔɪlwɔːn
AM ˈtɔɪlˌwɔ(ə)rn

toing and froing
BR ˌtuːɪŋ (ə)n(d) ˈfrəʊɪŋ, -z
AM ˌtuɪŋ ən ˈfroʊɪŋ, -z

toings and froings
BR ˌtuːɪŋz (ə)n(d) ˈfrəʊɪŋz
AM ˌtuɪŋz ən ˈfroʊɪŋz

Tojo
BR ˈtəʊdʒəʊ
AM ˈtoʊˌdʒoʊ

tokamak
BR ˈtəʊkəmak, -s
AM ˈtoʊkəˌmæk, -s

tokay
BR tə(ʊ)ˈkeɪ, ˈtəʊkeɪ, tɒˈkeɪ, ˈtɒkeɪ, -z
AM toʊˈkeɪ, -z

toke
BR təʊk
AM toʊk

Tokelau
BR ˈtəʊkələʊ, ˈtɒkələʊ
AM ˈtoʊkəˌlaʊ

token
BR ˈtəʊk(ə)n, -z
AM ˈtoʊkən, -z

tokenism
BR ˈtəʊkn̩ɪzm
AM ˈtoʊkəˌnɪz(ə)m

tokenist
BR ˈtəʊkn̩ɪst
AM ˈtoʊkənəst

tokenistic
BR ˌtəʊkəˈnɪstɪk, ˌtəʊknˈɪstɪk
AM ˌtoʊkəˈnɪstɪk

Tokharian
BR tɒˈkɑːrɪən, tɒˈkɛːrɪən
AM toʊˈkɛrɪən

Toklas
BR ˈtəʊkləs
AM ˈtoʊkləs

Tok Pisin
BR ˌtɒk ˈpɪsɪn
AM ˌtɑk ˈpɪsɪn

Tokugawa
BR ˌtəʊkʊˈgɑːwə(r)
AM ˌtoʊkuˈgawə

Tokyo
BR ˈtəʊkɪəʊ
AM ˈtoʊkiˌoʊ

tola
BR ˈtəʊlə(r), -z
AM ˈtoʊlə, -z

tolbooth
BR ˈtəʊlbuː|ð, ˈtɒlbuː|ð, ˈtəʊlbuː|θ, ˈtɒlbuː|θ, -ðz\-θs
AM ˈtoʊlˌbu|θ, -θs\-ðz

tolbutamide
BR tɒlˈbjuːtəmʌɪd
AM talˈbjudəˌmaɪd

told
BR təʊld
AM toʊld

Toledo¹ *place in Spain*
BR təˈleɪdəʊ
AM təˈleɪdoʊ

Toledo² *place in US*
BR təˈliːdəʊ
AM təˈlidoʊ

tolerability
BR ˌtɒl(ə)rəˈbɪlɪti
AM ˌtal(ə)rəˈbɪlɪdi

tolerable
BR ˈtɒl(ə)rəbl
AM ˈtalərbəl, ˈtal(ə)rəb(ə)l

tolerableness
BR ˈtɒl(ə)rəblnəs
AM ˈtalərbəlnəs, ˈtal(ə)rəbəlnəs

tolerably
BR ˈtɒl(ə)rəbli
AM ˈtalərbli, ˈtal(ə)rəbli

tolerance
BR ˈtɒl(ə)rn̩s
AM ˈtal(ə)rəns

tolerant
BR ˈtɒl(ə)rn̩t
AM ˈtal(ə)rənt

tolerantly
BR ˈtɒl(ə)rn̩tli
AM ˈtal(ə)rən(t)li

tolerate
BR ˈtɒləreɪt, -s, -ɪŋ, -ɪd
AM ˈtaləˌreɪ|t, -ts, -dɪŋ, -dɪd

toleration
BR ˌtɒləˈreɪʃn
AM ˌtaləˈreɪʃ(ə)n

tolerator
BR ˈtɒləreɪtə(r), -z
AM ˈtaləˌreɪdər, -z

Tolima
BR tɒˈliːmə(r)
AM təˈlimə

Tolkien
BR ˈtɒlkiːn
AM ˈtoʊlˌkin

toll
BR təʊl, tɒl, -z, -ɪŋ, -d
AM toʊl, -z, -ɪŋ, -d

tollbooth
BR ˈtəʊlbuː|ð, ˈtɒlbuː|ð, ˈtəʊlbuː|θ, ˈtɒlbuː|θ, -ðz\-θs
AM ˈtoʊlˌbu|θ, -θs\-ðz

tollbridge
BR ˈtəʊlbrɪdʒ, ˈtɒlbrɪdʒ, -ɪz
AM ˈtoʊlˌbrɪdʒ, -ɪz

Tolley
BR ˈtɒli
AM ˈtali

tollgate
BR ˈtəʊlgeɪt, -s
AM ˈtoʊlˌgeɪt, -s

tollhouse
BR ˈtəʊlhaʊ|s, -zɪz
AM ˈtoʊl(h)aʊ|ə, -zəz

tollroad
BR ˈtəʊlrəʊd, -z
AM ˈtoʊlˌroʊd, -z

Tollund
BR ˈtɒlənd
AM ˈtalənd

tollway
BR ˈtəʊlweɪ, -z
AM ˈtoʊlˌweɪ, -z

Tolpuddle
BR ˈtɒlˌpʌdl
AM ˈtalˌpəd(ə)l

Tolstoy
BR ˈtɒlstɔɪ
AM ˈtoʊlzˌtɔɪ

Toltec
BR ˈtɒltɛk, -s
AM ˈtalˌtɛk, ˈtɒlˌtɛk, -s

Toltecan
BR tɒlˈtɛk(ə)n, -z
AM talˈtɛkən, tɒl ˈtɛkən, -z

tolu
BR tɒˈluː, ˈtəʊluː
AM toʊˈlu, təˈlu

toluene
BR ˈtɒljuːn
AM ˈtaljuˌin

toluic
BR tɒˈljuːɪk
AM ˈtaljəwɪk, təˈluɪk

toluol
BR ˈtɒljʊɒl
AM ˈtaljəˌwal, ˈtaljəwɒl

tom
BR tɒm, -z
AM tam, -z

tomahawk
BR ˈtɒməhɔːk, -s
AM ˈtaməˌhak, ˈtaməˌhɔk, -s

tomalley
BR ˈtɒmal|i, -ɪz
AM ˈtamˌæli, -z

tomatillo
BR ˌtɒməˈtɪl(j)əʊ, -z
AM ˌtoʊməˈti(j)oʊ, -z

tomato
BR təˈmɑːtəʊ, -z
AM təˈmeɪdoʊ, -z

tomatoey
BR təˈmɑːtəʊi
AM təˈmeɪdoʊi

tomb
BR tuːm, -z
AM tum, -z

tombac
BR ˈtɒmbak
AM ˈtamˌbæk

tombak
BR ˈtɒmbak
AM ˈtamˌbæk

Tombaugh
BR ˈtɒmbɔː(r)
AM ˈtambɑ, ˈtambɔ

tombola
BR tɒmˈbəʊlə(r)
AM ˈtambələ

tombolo
BR tɒmˈbəʊləʊ, -z
AM tamˈboʊloʊ, -z

Tombouctou
BR ˌtɒmbʌkˈtuː
AM ˌtambəkˈtu

tomboy
BR ˈtɒmbɔɪ, -z
AM ˈtamˌbɔɪ, -z

tomboyish
BR ˈtɒmbɔɪʃ
AM ˈtamˌbɔɪʃ

tomboyishness
BR ˈtɒmbɔɪʃnɪs
AM ˈtamˌbɔɪʃnɪs

Tombs
BR tuːmz
AM tumz

tombstone
BR ˈtuːmstəʊn, -z
AM ˈtumˌstoʊn, -z

tomcat
BR ˈtɒmkat, -s
AM ˈtɑmˌkæt, -s

tome
BR təʊm, -z
AM toʊm, -z

tomenta
BR tə(ʊ)ˈmentə(r)
AM toʊˈmen(t)ə

tomentose
BR təˈmentəʊs, ˈtəʊm(ə)ntəʊs
AM ˈtoʊmənˌtoʊs, toʊˈmentoʊs

tomentous
BR təˈmentəs, ˈtəʊm(ə)ntəs
AM ˈtoʊmən(t)əs, toʊˈmen(t)əs

tomentum
BR tə(ʊ)ˈmentəm
AM toʊˈmen(t)əm

tomfool
BR ˌtɒmˈfuːl, -z
AM ˈtɑmˈful, -z

tomfoolery
BR (ˌ)tɒmˈfuːl(ə)ri
AM tɑmˈful(ə)ri

Tomintoul
BR ˌtɒmɪnˈtaʊl, ˌtɒmɪnˈtuːl
AM ˌtɑmənˈtul, ˌtɑmənˈtaʊl

Tomlin
BR ˈtɒmlɪn
AM ˈtɑml(ə)n

Tomlinson
BR ˈtɒmlɪns(ə)n
AM ˈtɑmləns(ə)n

tommy
BR ˈtɒm|i, -ɪz
AM ˈtɑmi, -z

tommyrot
BR ˈtɒmɪrɒt, ˌtɒmɪˈrɒt
AM ˈtɑmiˌrɑt

tomogram
BR ˈtəʊməgram, ˈtɒməgram, -z
AM ˈtoʊməˌgræm, -z

tomograph
BR ˈtəʊməgrɑːf, ˈtɒməgrɑːf, -s
AM ˈtoʊməˌgræf, -s

tomographic
BR ˌtəʊməˈgrafɪk, ˌtɒməˈgrafɪk
AM ˌtoʊməˈgræfɪk

tomography
BR tə(ʊ)ˈmɒgrəfi
AM toʊˈmɑgrəfi

Tomor
BR ˈtəʊmə(r)
AM ˈtoʊmər
ALB toˈmor

tomorrow
BR tɵˈmɒrəʊ
AM təˈmɔroʊ, təˈmɑroʊ

tompion
BR ˈtɒmpɪən, -z
AM ˈtɑmpiən, -z

Tompkins
BR ˈtɒm(p)kɪnz
AM ˈtɑm(p)kənz

Tompkinson
BR ˈtɒm(p)kɪns(ə)n
AM ˈtɑm(p)kəns(ə)n

tompot
BR ˈtɒmpɒt, -s
AM ˈtɑmˌpɑt, -s

Toms
BR tɒmz
AM tɑmz

Tomsk
BR tɒmsk
AM tɑmsk

tomtit
BR ˈtɒmtɪt, ˌtɒmˈtɪt, -s
AM tɑmˈtɪt, -s

tomtom
BR ˈtɒmtɒm, -z
AM ˈtɑmˌtɑm, -z

ton[1] *fashion*
BR tɒ̃, -z
AM tɑn, tɔn, -z
FR tɔ̃

ton[2] *weight*
BR tʌn, -z
AM t(ə)n, -z

tonal
BR ˈtəʊnl
AM ˈtoʊn(ə)l

tonality
BR tə(ʊ)ˈnalɪt|i, -ɪz
AM təˈnælədi, toʊˈnælədi, -z

tonally
BR ˈtəʊnli
AM ˈtoʊnəli

Tonbridge
BR ˈtʌnbrɪdʒ
AM ˈtənˌbrɪdʒ

tondi
BR ˈtɒndi
AM ˈtɑndi
IT ˈtondi

tondo
BR ˈtɒndəʊ
AM ˈtɑndoʊ
IT ˈtondo

tone
BR təʊn, -z, -ɪŋ, -d
AM toʊn, -z, -ɪŋ, -d

tonearm
BR ˈtəʊnɑːm, -z
AM ˈtoʊnˌɑrm, -z

toneburst
BR ˈtəʊnbəːst, -s
AM ˈtoʊnˌbərst, -s

tone-deaf
BR ˌtəʊnˈdɛf
AM ˈtoʊnˌdɛf

toneless
BR ˈtəʊnləs
AM ˈtoʊnləs

tonelessly
BR ˈtəʊnləsli
AM ˈtoʊnləsli

tonelessness
BR ˈtəʊnləsnəs
AM ˈtoʊnləsnəs

toneme
BR ˈtəʊniːm, -z
AM ˈtoʊˌnim, -z

tonemic
BR tə(ʊ)ˈniːmɪk, -s
AM toʊˈnimɪk, -s

tonemically
BR tə(ʊ)ˈniːmɪkli
AM toʊˈnimək(ə)li

tonepad
BR ˈtəʊnpad, -z
AM ˈtoʊnˌpæd, -z

toner
BR ˈtəʊnə(r), -z
AM ˈtoʊnər, -z

tone-row
BR ˈtəʊnrəʊ, -z
AM ˈtoʊnˌroʊ, -z

tonetic
BR tə(ʊ)ˈnɛtɪk, -s
AM toʊˈnɛdɪk, -s

tonetically
BR tə(ʊ)ˈnɛtɪkli
AM toʊˈnɛdək(ə)li

tong
BR tɒŋ, -z
AM tɑŋ, tɔŋ, -z

tonga
BR ˈtɒŋ(g)ə(r), -z
AM ˈtɑŋgə, -z

Tongan
BR ˈtɒŋ(g)ən, -z
AM ˈtɑŋgən, -z

Tongariro
BR ˌtɒŋ(g)əˈriːrəʊ
AM ˌtɑŋgəˈriroʊ

Tonge[1] *placename*
BR tɒŋ
AM tɑŋ, tɔŋ

Tonge[2] *surname*
BR tɒŋ, tʌŋ, tɒn(d)ʒ
AM tɔŋ, tɑŋ, təŋ

tongkang
BR ˌtɒŋˈkaŋ, -z
AM ˌtɑŋˈkæŋ, ˌtɔŋˈkæŋ, -z

tongue
BR tʌŋ, -z, -ɪŋ, -d
AM təŋ, -z, -ɪŋ, -d

tongue-and-groove
BR ˌtʌŋ(ə)n(d)ˈgruːv
AM ˌtəŋənˈgruv

tongue-in-cheek
BR ˌtʌŋɪnˈtʃiːk
AM ˌtəŋənˈtʃik

tongue-lashing
BR ˈtʌŋˌlaʃɪŋ, -z
AM ˈtəŋˌlæʃɪŋ, -z

tongueless
BR ˈtʌŋləs
AM ˈtəŋləs

tongue-tie
BR ˈtʌŋtʌɪ, -z, -d
AM ˈtəŋˌtaɪ, -z, -d
tonguing
BR ˈtʌŋɪŋ
AM ˈtəŋɪŋ
Toni
BR ˈtəʊni
AM ˈtoʊni
Tonia
BR ˈtəʊnɪə(r)
AM ˈtɑnjə
tonic
BR ˈtɒnɪk, -s
AM ˈtɑnɪk, -s
tonically
BR ˈtɒnɪkli
AM ˈtɑnək(ə)li
tonicity
BR tə(ʊ)ˈnɪsɪt|i, -ɪz
AM toʊˈnɪsɪdi, -z
tonic sol-fa
BR ˌtɒnɪk sɒlˈfɑː(r),
+ ˈsɒlfɑː(r)
AM ˌtɑnɪk ˌsɔ(l)ˈfɑ
tonify
BR ˈtəʊnɪfʌɪ, -z,
-ɪŋ, -d
AM ˈtoʊnəfaɪ, -z,
-ɪŋ, -d
tonight
BR təˈnʌɪt
AM təˈnaɪt
tonish
BR ˈtəʊnɪʃ
AM ˈtoʊnɪʃ
Tonkin[1] *surname*
BR ˈtɒŋkɪn
AM ˈtɑŋkən
Tonkin[2] *Vietnam*
BR ˌtɒnˈkɪn, ˌtɒŋˈkɪn
AM ˌˈtɑŋˈkɪn, ˌˈtɑnˈkɪn
Tonks
BR tɒŋks
AM tɑŋks, tɔŋks
ton-mile
BR ˈtʌnmʌɪl, ˌtʌn
ˈmʌɪl, -z
AM ˈtən,maɪl, -z
tonnage
BR ˈtʌn|ɪdʒ, -ɪdʒɪz
AM ˈtənɪdʒ, -ɪz

tonne
BR tʌn, -z
AM t(ə)n, -z
tonneau
BR ˈtɒnəʊ, -z
AM ˈtɑnəʊ, təˈnoʊ, -z
tonneaux
BR ˈtɒnəʊ(z)
AM ˈtɑnoʊ, təˈnoʊ
tonometer
BR tə(ʊ)ˈnɒmɪtə(r), -z
AM toʊˈnɑmədər, -z
tonsil
BR ˈtɒnsl, -z
AM ˈtɑns(ə)l, -z
tonsilitis
BR ˌtɒnsɪˈlʌɪtɪs,
ˌtɒnslˈʌɪtɪs
AM ˌtɑnsəˈlaɪdɪs
tonsillar
BR ˈtɒnsɪlə(r),
ˈtɒnslə(r)
AM ˈtɑnsələr
tonsillectomy
BR ˌtɒnsɪˈlɛktəm|i,
ˌtɒnslˈɛktəm|i, -ɪz
AM ˌtɑnsəˈlɛktəmi, -z
tonsillitis
BR ˌtɒnsɪˈlʌɪtɪs, ˌtɒnsl
ˈʌɪtɪs
AM ˌtɑnsəˈlaɪdɪs
tonsorial
BR tɒnˈsɔːriəl
AM tɑnˈsɔriəl
tonsure
BR ˈtɒnʃə(r),
ˈtɒnsj(ʊ)ə(r), -z, -d
AM ˈtɑn(t)ʃər, -z, -d
tontine
BR ˈtɒntiːn, ˈtɒntʌɪn,
tɒnˈtiːn
AM ˈtɑnˌtin
Tonto
BR ˈtɒntəʊ
AM ˈtɑn(t)oʊ, ˈtɔn(t)oʊ
Tonton Macoute
BR ˌtɒntɒn mɑˈkuːt, -s
AM ˌtɑnˌtɑn məˈkut,
ˌtɔnˌtɔn məˈkut, -s
ton-up
BR ˈtʌnʌp, -s
AM ˈtənəp, -s

tonus
BR ˈtəʊnəs
AM ˈtoʊnəs
tony
BR ˈtəʊn|i, -ɪz
AM ˈtoʊni, -z
Tonypandy
BR ˌtɒnɪˈpandi
AM ˌtɑniˈpændi,
ˌtɔniˈpændi
Tonyrefail
BR ˌtɒnɪˈrɛvʌɪl
AM ˌtɑniˈrɛvaɪl,
ˌtɔniˈrɛvaɪl
WE ˌtɒnʌˈrevaɪl
too
BR tuː
AM tu
toodle-oo
BR ˌtuːdlˈuː
AM ˌtudəlˈu
toodle-pip
BR ˌtuːdlˈpɪp
AM ˌtudəlˈpɪp
Toogood
BR ˈtuːgʊd
AM ˈtuˌgʊd
took
BR tʊk
AM tʊk
tool
BR tuːl, -z, -ɪŋ, -d
AM tul, -z, -ɪŋ, -d
toolbox
BR ˈtuːlbɒks, -ɪz
AM ˈtulˌbɑks,
-əz
toolchest
BR ˈtuːltʃɛst, -s
AM ˈtulˌtʃɛst, -s
tooler
BR ˈtuːlə(r), -z
AM ˈtulər, -z
toolkit
BR ˈtuːlkɪt, -s
AM ˈtulˌkɪt, -s
toolmaker
BR ˈtuːlˌmeɪkə(r), -z
AM ˈtulˌmeɪkər, -z
toolmaking
BR ˈtuːlˌmeɪkɪŋ
AM ˈtulˌmeɪkɪŋ

toolroom
BR ˈtuːlruːm,
ˈtuːlrʊm, -z
AM ˈtulˌrʊm,
ˈtulˌrum, -z
toolshed
BR ˈtuːlʃɛd, -z
AM ˈtulˌʃɛd, -z
Toombs
BR tuːmz
AM tumz
toot
BR tuːt, ə, ɪŋ,
-ɪd
AM tu|t, -ts, -dɪŋ,
-dəd
Tootal
BR ˈtuːtl
AM ˈtudl
tooter
BR ˈtuːtə(r), -z
AM ˈtudər, -z
tooth
BR tuːθ, -s, -ɪŋ, -t
AM tuθ, -s, -ɪŋ, -t
toothache
BR ˈtuːθeɪk, -s
AM ˈtuθˌeɪk, -s
tooth-billed
BR ˌtuːθˈbɪld
AM ˈtuθˌbɪld
toothbrush
BR ˈtuːθbrʌʃ, -ɪz
AM ˈtuθˌbrəʃ, -əz
toothcomb
BR ˈtuːθkəʊm, -z
AM ˈtuθˌkoʊm, -z
tooth-glass
BR ˈtuːθglɑːs, -ɪz
AM ˈtuθˌglæs, -əz
toothily
BR ˈtuːθɪli
AM ˈtuθəli
toothiness
BR ˈtuːθɪnɪs
AM ˈtuθɪnɪs
toothless
BR ˈtuːθləs
AM ˈtuθləs
toothlike
BR ˈtuːθlʌɪk
AM ˈtuθˌlaɪk

toothpaste
BR ˈtuːθpeɪst
AM ˈtuθˌpeɪst

toothpick
BR ˈtuːθpɪk, -s
AM ˈtuθˌpɪk, -s

toothsome
BR ˈtuːθs(ə)m
AM ˈtuθs(ə)m

toothsomely
BR ˈtuːθs(ə)mli
AM ˈtuθsəmli

toothsomeness
BR ˈtuːθs(ə)mnəs
AM ˈtuθsəmnəs

toothwort
BR ˈtuːθwəːt, -s
AM ˈtuθˌwɔː(ə)rt, ˈtuθwərt, -s

toothy
BR ˈtuːθ|i, -iə(r), -ɪst
AM ˈtuθi, -ər, -ɪst

Tooting
BR ˈtuːtɪŋ
AM ˈtudɪŋ

tootle
BR ˈtuːt|l, -lz, -lɪŋ\-lɪŋ, -ld
AM ˈtudəl, -z, -ɪŋ, -d

tootler
BR ˈtuːtlə(r), ˈtuːtlə(r), -z
AM ˈtudlər, -z

too-too
BR ˈtuːtuː, ˌtuːˈtuː
AM ˈtuˌtu

tootsie
BR ˈtʊts|i, -ɪz
AM ˈtʊtsi, -z

tootsy
BR ˈtʊts|i, -ɪz
AM ˈtʊtsi, -z

Toowoomba
BR təˈwʊmbə(r)
AM təˈwʊmbə

top
BR tɒp, -s, -ɪŋ, -t
AM tɑp, -s, -ɪŋ, -t

topaz
BR ˈtəʊpaz, -ɪz
AM ˈtoʊˌpæz, -əz

topazolite
BR tə(ʊ)ˈpeɪzəlʌɪt
AM toʊˈpæzəˌlaɪt

topboot
BR ˈtɒpbuːt, -s
AM ˈtɑpˌbut, -s

topcoat
BR ˈtɒpkəʊt, -s
AM ˈtɑpˌkoʊt, -s

top-dress *verb*
BR ˌtɒpˈdrɛs, -ɪz, -ɪŋ, -t
AM ˈtɑpˌdrɛs, -əz, -ɪŋ, -t

tope
BR təʊp, -s
AM toʊp, -s

topee
BR ˈtəʊpiː, -z
AM ˈtoʊpi, -z

Topeka
BR təˈpiːkə(r)
AM təˈpikə

toper
BR ˈtəʊpə(r), -z
AM ˈtoʊpər, -z

topgallant
BR ˌtɒpˈgalnt, təˈgalnt, -s
AM ˈtɑpˌgæl(ə)nt, təˈgæl(ə)nt, tɑpˈgæl(ə)nt, -s

Topham
BR ˈtɒp(ə)m
AM ˈtɑpəm

top-hamper
BR ˈtɒpˌhampə(r)
AM ˈtɑpˌ(h)æmpər

top-hatted
BR ˌtɒpˈhatɪd
AM ˈtɑpˌhædəd

top-heavily
BR ˌtɒpˈhɛvɪli
AM ˈtɑpˌ(h)ɛvəli

top-heaviness
BR ˌtɒpˈhɛvɪnɪs
AM ˈtɑpˌ(h)ɛvinɪs

top-heavy
BR ˌtɒpˈhɛvi
AM ˈtɑpˌ(h)ɛvi

Tophet
BR ˈtəʊfit
AM ˈtoʊfət

tophi
BR ˈtəʊfʌɪ
AM ˈtoʊˌfaɪ

tophus
BR ˈtəʊfəs
AM ˈtoʊfəs

topi
BR ˈtəʊpiː, -z
AM ˈtoʊpi, -z

topiarian
BR ˌtəʊpɪˈɛːrɪən, -z
AM ˌtoʊpiˈɛriən, -z

topiarist
BR ˈtəʊpɪərɪst, -s
AM ˈtoʊpiərəst, -s

topiary
BR ˈtəʊpɪəri
AM ˈtoʊpiˌɛri

topic
BR ˈtɒpɪk
AM ˈtɑpɪk

topical
BR ˈtɒpɪkl
AM ˈtɑpək(ə)l

topicality
BR ˌtɒpɪˈkalɪti
AM ˌtɑpəˈkælədi

topicalization
BR ˌtɒpɪklʌɪˈzeɪʃn
AM ˌtɑpəkəˌlaɪˈzeɪʃ(ə)n, ˌtɑpəkələˈzeɪʃ(ə)n

topicalize
BR ˈtɒpɪklʌɪz, -ɪz, -ɪŋ, -d
AM ˈtɑpəkəˌlaɪz, -ɪz, -ɪŋ, -d

topically
BR ˈtɒpɪkli, ˈtɒpɪkli
AM ˈtɑpək(ə)li

topknot
BR ˈtɒpnɒt, -s
AM ˈtɑpˌnɑt, -s

Toplady
BR ˈtɒpˌleɪdi
AM ˈtɑpˌleɪdi

topless
BR ˈtɒpləs
AM ˈtɑpləs

toplessness
BR ˈtɒpləsnəs
AM ˈtɑpləsnəs

toplofty
BR ˌtɒpˈlɒfti
AM ˈtɑpˌlɑfti, ˈtɑpˌlɔfti

topman
BR ˈtɒpman
AM ˈtɑpˌmæn

topmast
BR ˈtɒpmaːst, -s
AM ˈtɑpˌmæst, -s

topmen
BR ˈtɒpmɛn
AM ˈtɑpˌmɛn

topmost
BR ˈtɒpməʊst
AM ˈtɑpˌmoʊst

topnotch
BR ˌtɒpˈnɒtʃ
AM ˈtɑpˈnɑtʃ

top-notcher
BR ˌtɒpˈnɒtʃ(r), -z
AM ˈtɑpˈnɑtʃər, -z

topo
BR ˈtɒpəʊ, -z
AM ˈtɑpoʊ, -z

topographer
BR tɒˈpɒgrəfə(r), -z
AM təˈpɑgrəfər, -z

topographic
BR ˌtɒpəˈgrafɪk
AM ˌtɑpəˈgræfɪk

topographical
BR ˌtɒpəˈgrafɪkl
AM ˌtɑpəˈgræfək(ə)l

topographically
BR ˌtɒpəˈgrafɪkli
AM ˌtɑpəˈgræfək(ə)li

topography
BR tɒˈpɒgrəfi
AM təˈpɑgrəfi

topoi
BR ˈtɒpɔɪ
AM ˈtoʊˌpɔɪ

topological
BR ˌtɒpəˈlɒdʒɪkl
AM ˌtɑpəˈlɑdʒək(ə)l

topologically
BR ˌtɒpəˈlɒdʒɪkli
AM ˌtɑpəˈlɑdʒək(ə)li

topologist
BR tɒˈpɒlədʒɪst, -s
AM təˈpɑlədʒəst, -s

topology
BR tɒˈpɒlədʒi
AM təˈpalədʒi
Topolsky
BR təˈpɒlski
AM təˈpalski,
təˈpɔlski
toponym
BR ˈtɒpənɪm, -z
AM ˈtapəˌnɪm, -z
toponymic
BR ˌtɒpəˈnɪmɪk
AM ˌtapəˈnɪmɪk
toponymy
BR tɒˈpɒnəmi
AM təˈpanəmi
topos
BR ˈtɒpɒs
AM ˈtoʊˌpoʊs
topper
BR ˈtɒpə(r), -z
AM ˈtapər, -z
topping
BR ˈtɒpɪŋ, -z
AM ˈtapɪŋ, -z
topple
BR ˈtɒp|l, -lz,
 -lɪŋ\-lŋ, -ld
AM ˈtap|əl, -əlz,
 -(ə)lɪŋ, -əld
topsail
BR ˈtɒps(eɪ)l, -z
AM ˈtapˌseɪl, ˈtaps(ə)l,
 -z
topside
BR ˈtɒpsʌɪd
AM ˈtapˌsaɪd
topslice
BR ˈtɒpslʌɪs
AM ˈtapˌslaɪs
top-slicing
BR ˈtɒpˌslʌɪsɪŋ
AM ˈtapˌslaɪsɪŋ
topsoil
BR ˈtɒpsɔɪl
AM ˈtapˌsɔɪl
topspin
BR ˈtɒpspɪn
AM ˈtapˌspɪn
topstitch
BR ˈtɒpstɪtʃ, -ɪz, -ɪŋ, -t
AM ˈtapˌstɪtʃ, -ɪz, -ɪŋ, -t

Topsy
BR ˈtɒpsi
AM ˈtapsi
topsy-turvily
BR ˌtɒpsɪˈtəːvɨli
AM ˌtapsiˈtɜrvəli
topsy-turviness
BR ˌtɒpsɪˈtəːvɪnɪs
AM ˌtapsiˈtɜrvɪnɪs
topsy-turvy
BR ˌtɒpsɪˈtəːvi
AM ˌtapsiˈtɜrvi
top-up
BR ˈtɒpʌp, -s
AM ˈtapəp, -s
toque
BR təʊk, -s
AM toʊk, -s
toquilla
BR tə(ʊ)ˈkiː(j)ə(r),
 -z
AM toʊˈki(j)ə, -z
tor
BR tɔː(r), -z
AM tɔ(ə)r, -z
Torah
BR ˈtɔːrə(r),
 ˈtəʊrə(r),
 ˌtɔːˈraː(r)
AM ˈtɔrə, ˈtoʊrə
Torbay
BR ˌtɔːˈbeɪ
AM ˌtɔrˈbeɪ
torc
BR tɔːk, -s
AM tɔ(ə)rk, -s
torch
BR tɔːtʃ, -ɪz, -ɪŋ, -t
AM tɔrtʃ, -əz,
 -ɪŋ, -t
torch-bearer
BR ˈtɔːtʃˌbɛːrə(r), -z
AM ˈtɔrtʃˌbɛrər, -z
torchère
BR tɔːˈʃɛː(r), -z
AM tɔrˈʃɛ(ə)r, -z
torchlight
BR ˈtɔːtʃlʌɪt
AM ˈtɔrtʃˌlaɪt
torchlit
BR ˈtɔːtʃlɪt
AM ˈtɔrtʃlɪt

torchon
BR ˈtɔːʃ(ɒ)n, -z
AM ˈtɔrˌʃan, -z
FR tɔʀʃɔ̃
Tordoff
BR ˈtɔːdɒf
AM ˈtɔrˌdaf, ˈtɔrˌdɔf
tore
BR tɔː(r)
AM tɔ(ə)r
toreador
BR ˈtɒrɪədɔː(r), -z
AM ˈtɔriəˌdɔ(ə)r, -z
torero
BR təˈrɛːrəʊ, -z
AM təˈrɛroʊ, -z
toreutic
BR təˈruːtɪk, -s
AM təˈrudɪk, -s
Torfaen
BR tɔːˈvʌɪn
AM ˌtɔrˈvaɪn
torgoch
BR ˈtɔːgɒx, ˈtɔːgɒk, -s
AM ˈtɔrˌgoʊk,
 ˈtɔrˌgak, -s
WE tɔrˈgɒx
tori
BR ˈtɔːrʌɪ
AM ˈtoʊˌraɪ, ˈtɔˌraɪ
toric
BR ˈtɒrɪk, ˈtɔːrɪk
AM ˈtɔrɪk
torii
BR ˈtɔːriː
AM ˈtɔriˌi
Torino
BR tɒˈriːnəʊ
AM təˈrinoʊ
torment[1] *noun*
BR ˈtɔːm(ɛ)nt, -s
AM ˈtɔrˌmɛnt, -s
torment[2] *verb*
BR tɔːˈmɛnt, -s, -ɪŋ, -ɪd
AM tɔrˈmɛn|t, -ts,
 -(t)ɪŋ, -(t)əd
tormentedly
BR tɔːˈmɛntɪdli
AM tɔrˈmɛn(t)ədli
tormentil
BR ˈtɔːm(ə)ntɪl, -z
AM ˈtɔrmənˌtɪl, -z

tormentingly
BR tɔːˈmɛntɪŋli
AM tɔrˈmɛn(t)ɪŋli
tormentor
BR tɔːˈmɛntə(r), -z
AM tɔrˈmɛn(t)ər, -z
torn
BR tɔːn
AM tɔ(ə)rn
tornadic
BR tɔːˈnadɪk
AM tɔrˈnædɪk,
 tɔrˈnɑrdɪk
tornado
BR tɔːˈneɪdəʊ, -z
AM tɔrˈneɪdoʊ, -z
Tornio
BR ˈtɔːnɪəʊ
AM ˈtɔrnioʊ
toroid
BR ˈtɔːrɔɪd, -z
AM ˈtɔrˌɔɪd, -z
toroidal
BR tɔːˈrɔɪdl
AM ˌtɔrˈɔɪd(ə)l
toroidally
BR tɔːˈrɔɪdl̩i
AM ˌtɔrˈɔɪd(ə)li
Toronto
BR təˈrɒntəʊ
AM təˈrɒn(t)oʊ,
 təˈran(t)oʊ
torose
BR ˈtɒrəʊs, ˈtɔːrəʊs
AM ˈtɔrˌoʊz, ˈtɔrˌoʊs
torpedo
BR tɔːˈpiːdəʊ, -z, -ɪŋ,
 -d
AM tɔrˈpidoʊ, -z, -ɪŋ,
 -d
torpefy
BR ˈtɔːpɨfʌɪ, -z, -ɪŋ, -d
AM ˈtɔrpəˌfaɪ, -z, -ɪŋ, -d
torpid
BR ˈtɔːpɪd
AM ˈtɔrpəd
torpidity
BR tɔːˈpɪdɪti
AM tɔrˈpɪdɨdi
torpidly
BR ˈtɔːpɪdli
AM ˈtɔrpədli

torpidness
BR ˈtɔːpɪdnɪs
AM ˈtɔrpədnəs

torpor
BR ˈtɔːpə(r)
AM ˈtɔrpər

torporific
BR ˌtɔːpəˈrɪfɪk
AM ˌtɔrpəˈrɪfɪk

torquate
BR ˈtɔːkweɪt
AM ˈtɔrˌkweɪt

Torquay
BR ˌtɔːˈkiː
AM tɔrˈki

torque
BR tɔːk, -s, -ɪŋ, -t
AM tɔ(ə)rk, -s, -ɪŋ, -t

Torquemada
BR ˌtɔːkwɪˈmɑːdə(r)
AM ˌtɔrkəˈmɑdə
SP ˌtorkeˈmaðɑ

torr
BR tɔː(r), -z
AM tɔ(ə)r, -z

Torrance
BR ˈtɒrn̩s
AM ˈtɔrəns

torrefaction
BR ˌtɒrɪˈfækʃn̩
AM ˌtɔrəˈfækʃ(ə)n

torrefy
BR ˈtɒrɪfʌɪ, -z, -ɪŋ, -d
AM ˈtɔrəˌfaɪ, -z, -ɪŋ, -d

Torremolinos
BR ˌtɒrɪməˈliːnɒs
AM ˌtɔrəməˈlinəs

torrent
BR ˈtɒrn̩t, -s
AM ˈtɔrənt, -s

torrential
BR təˈrenʃl
AM təˈren(t)ʃ(ə)l, tɔˈren(t)ʃ(ə)l

torrentially
BR təˈrenʃli
AM təˈren(t)ʃəli, tɔˈren(t)ʃəli

Torres
BR ˈtɒrɪs, ˈtɒrɪz, ˈtɔːrɪs, ˈtɔːrɪz
AM ˈtɔrˌɛz, ˈtɔrəs

Torrez
BR ˈtɒrɪs, ˈtɒrɪz, ˈtɔːrɪs, ˈtɔːrɪz
AM ˈtɔrəs, ˈtɔrˌɛz

Torricelli
BR ˌtɒrɪˈtʃɛli
AM ˌtɔrəˈtʃɛli

torrid
BR ˈtɒrɪd
AM ˈtɔrəd

torridity
BR təˈrɪdɪti
AM təˈrɪdɪdi

torridly
BR ˈtɒrɪdli
AM ˈtɔrədli

torridness
BR ˈtɒrɪdnɪs
AM ˈtɔrɪdnɪs

torse
BR tɔːs, -ɪz
AM tɔ(ə)rs, -əz

torsel
BR ˈtɔːsl, -z
AM ˈtɔrs(ə)l, -z

Tórshavn
BR ˈtɔːzˌhɑːvn
AM ˈtɔrsˌhæv(ə)n
DAN ˈtoʌˈsˌhawn

torsion
BR ˈtɔːʃn
AM ˈtɔrʃ(ə)n

torsional
BR ˈtɔːʃn̩l
AM ˈtɔrʃ(ə)n(ə)l

torsionally
BR ˈtɔːʃn̩li, ˈtɔːʃnəli
AM ˈtɔrʃ(ə)nəli

torsionless
BR ˈtɔːʃnləs
AM ˈtɔrʃənləs

torsk
BR tɔːsk, -s
AM tɔ(ə)rsk, -s

torso
BR ˈtɔːsəʊ, -z
AM ˈtɔrsoʊ, -z

tort
BR tɔːt, -s
AM tɔ(ə)rt, -s

torte
BR tɔːtə(r), tɔːt
AM tɔ(ə)rt, -s

Tortelier
BR tɔːˈtɛlieɪ
AM tɔrˌtɛliˈeɪ
FR tɔʁtəlje

tortellini
BR ˌtɔːtɪˈliːni, ˌtɔːtlˈiːni
AM ˌtɔrdlˈini
IT tortelˈlini

tortelloni
BR ˌtɔːtɪˈləʊni, ˌtɔːtlˈəʊni
AM ˌtɔrdlˈoʊni
IT tortelˈloni

torten
BR ˈtɔːtn
AM ˈtɔrt(ə)n

tortfeasor
BR ˈtɔːtfiːzə(r), ˌtɔːtˈfiːzə(r), -z
AM ˌtɔrtˈfiˌzɔ(ə)r, ˈtɔrtˌfizər, -z

torticollis
BR ˌtɔːtɪˈkɒlɪs
AM ˌtɔrdəˈkɑləs

tortilla
BR tɔːˈtiːjə(r), -z
AM tɔrˈti(j)ə, -z

tortious
BR ˈtɔːʃəs
AM ˈtɔrʃəs

tortiously
BR ˈtɔːʃəsli
AM ˈtɔrʃəsli

tortoise
BR ˈtɔːtəs, ˈtɔːtɔɪs, ˈtɔːtɔɪz, -ɪz
AM ˈtɔrdəs, -əz

tortoise-like
BR ˈtɔːtəslʌɪk, ˈtɔːtɔɪslʌɪk, ˈtɔːtɔɪzlʌɪk
AM ˈtɔrdəsˌlaɪk

tortoiseshell
BR ˈtɔːtəsʃɛl
AM ˈtɔrdə(s)ˌʃɛl

Tortola
BR tɔːˈtəʊlə(r)
AM tɔrˈtoʊlə

tortrices
BR ˈtɔːtrɪsiːz
AM ˈtɔrtrəˌsiz

tortrix
BR ˈtɔːtrɪks, -ɪz
AM ˈtɔrtrɪks, -ɪz

tortuosity
BR ˌtɔːtʃʊˈɒsɪti, ˌtɔːtjʊˈɒsɪti
AM ˌtɔrtʃəˈwɑsədi

tortuous
BR ˈtɔːtʃʊəs, ˈtɔːtjʊəs
AM ˈtɔrtʃ(əw)əs

tortuously
BR ˈtɔːtʃʊəsli, ˈtɔːtjʊəsli
AM ˈtɔrtʃ(əw)əsli

tortuousness
BR ˈtɔːtʃʊəsnəs, ˈtɔːtjʊəsnəs
AM ˈtɔrtʃ(əw)əsnəs

torturable
BR ˈtɔːtʃ(ə)rəbl
AM ˈtɔrtʃ(ə)rəb(ə)l

torture
BR ˈtɔːtʃə(r), -əz, -(ə)rɪŋ, -əd
AM ˈtɔrtʃər, -ərz, -(ə)rɪŋ, -ərd

torturer
BR ˈtɔːtʃ(ə)rə(r), -z
AM ˈtɔrtʃ(ə)rər, -z

torturous
BR ˈtɔːtʃ(ə)rəs
AM ˈtɔrtʃ(ə)rəs

torturously
BR ˈtɔːtʃ(ə)rəsli
AM ˈtɔrtʃ(ə)rəsli

torula
BR ˈtɒruːlə(r), ˈtɒrjələ(r)
AM ˈtɔr(j)ələ

torulae
BR ˈtɒruːliː, ˈtɒrjəliː
AM ˈtɔr(j)əˌlaɪ, ˈtɔr(j)əli

torus
BR ˈtɔːrəs, -ɪz
AM ˈtɔrəs, -əz

Torvill
BR ˈtɔːvɪl
AM ˈtɔrˌvɪl

Tory
BR ˈtɔːr|i, -ɪz
AM ˈtɔri, -z

Toryism
BR ˈtɔːriɪzm
AM ˈtɔri,ɪz(ə)m

Toscana
BR tɒˈskɑːnə(r)
AM tɑˈskɑnə, tɔˈskɑnə

Toscanini
BR ˌtɒskəˈniːni
AM ˌtɑskəˈnini, ˌtɔskəˈnini

tosh
BR tɒʃ
AM tɑʃ

Toshack
BR ˈtɒʃak
AM ˈtɑˌʃæk, ˈtɔˌʃæk

Tosk
BR tɒsk, -s
AM tɑsk, -s

toss
BR tɒs, -ɪz, -ɪŋ, -t
AM tɑs, tɔs, -ɪz, -ɪŋ, -t

tosser
BR ˈtɒsə(r), -z
AM ˈtɑsər, ˈtɔsər, -z

tosspot
BR ˈtɒspɒt, -s
AM ˈtɑsˌpɑt, ˈtɔsˌpɑt, -s

toss-up
BR ˈtɒsʌp, -s
AM ˈtɑsəp, ˈtɔsəp, -s

tostada
BR tɒˈstɑːdə(r), -z
AM toʊˈstɑdə, təˈstɑdə, -z

tostado
BR tɒˈstɑːdəʊ, -z
AM toʊˈstɑdoʊ, təˈstɑdoʊ, -z

tostone
BR tɒˈstəʊnaɪ, -z
AM ˌtoʊˈstoʊneɪ, -z

tot
BR tɒt, -s, -ɪŋ, -ɪd
AM tɑ|t, -ts, -dɪŋ, -dəd

total
BR ˈtəʊt|l, -lz, -lɪŋ\-lɪŋ, -ld
AM ˈtoʊdl, -z, -ɪŋ, -d

totalisation
BR ˌtəʊtlʌɪˈzeɪʃn
AM ˌtoʊdlˌaɪˈzeɪʃ(ə)n, ˌtoʊdləˈzeɪʃ(ə)n

totalisator
BR ˈtəʊtlʌɪˌzeɪtə(r), -z
AM ˈtoʊdləˌzeɪdər, -z

totalise
BR ˈtəʊtlʌɪz, -ɪz, -ɪŋ, -d
AM ˈtoʊdlˌaɪz, -ɪz, -ɪŋ, -d

totaliser
BR ˈtəʊtlʌɪzə(r), -z
AM ˈtoʊdlˌaɪzər, -z

totalitarian
BR ˌtəʊtalɪˈtɛːrɪən, tə(ʊ)ˌtalɪˈtɛːrɪən
AM toʊˌtælə'tɛrɪən

totalitarianism
BR ˌtəʊtalɪˈtɛːrɪənɪzm, tə(ʊ)ˌtalɪˈtɛːrɪənɪzm
AM toʊˌtælə'tɛrɪə-ˌnɪz(ə)m

totality
BR tə(ʊ)ˈtalɪti
AM toʊˈtælədi

totalization
BR ˌtəʊtlʌɪˈzeɪʃn
AM ˌtoʊdlˌaɪˈzeɪʃ(ə)n, ˌtoʊdləˈzeɪʃ(ə)n

totalizator
BR ˈtəʊtlʌɪˌzeɪtə(r), -z
AM ˈtoʊdləˌzeɪdər, -z

totalize
BR ˈtəʊtlʌɪz, -ɪz, -ɪŋ, -d
AM ˈtoʊdlˌaɪz, -ɪz, -ɪŋ, -d

totalizer
BR ˈtəʊtlʌɪzə(r), -z
AM ˈtoʊdlˌaɪzər, -z

totally
BR ˈtəʊtli
AM ˈtoʊdli, ˈtoʊdli

totaquine
BR ˈtəʊtəkwiːn
AM ˈtoʊdəˌkwin

tote
BR təʊt, -s, -ɪŋ, -ɪd
AM toʊ|t, -ts, -dɪŋ, -dəd

totem
BR ˈtəʊtəm, -z
AM ˈtoʊdəm, -z

totemic
BR tə(ʊ)ˈtɛmɪk
AM toʊˈtɛmɪk

totemism
BR ˈtəʊtəmɪzm
AM ˈtoʊdəˌmɪz(ə)m

totemist
BR ˈtəʊtəmɪst, -s
AM ˈtoʊdəməst, -s

totemistic
BR ˌtəʊtəˈmɪstɪk
AM ˌtoʊdəˈmɪstɪk

toter
BR ˈtəʊtə(r), -z
AM ˈtoʊdər, -z

t'other
BR ˈtʌðə(r)
AM ˈtəðər

totipotent
BR təʊˈtɪpət(ə)nt
AM ˌtoʊdəˈpoʊtnt

Totnes
BR ˈtɒtnɪs
AM ˈtɑtnəs, ˈtɒtnəs

toto
BR ˈtəʊtəʊ
AM ˈtoʊˌtoʊ, ˈtoʊdoʊ

Tottenham
BR ˈtɒtnəm, ˈtɒtnəm
AM ˈtɑtn̩(ə)m, ˈtɑtn̩əm

totter
BR ˈtɒt|ə(r), -əz, -(ə)rɪŋ, -əd
AM ˈtɑdər, -z, -ɪŋ, -d

totterer
BR ˈtɒt(ə)rə(r), -z
AM ˈtɑdərər, -z

tottery
BR ˈtɒt(ə)ri
AM ˈtɑdəri

tottings-up
BR ˌtɒtɪŋzˈʌp
AM ˌtɑdɪŋzˈəp

totting-up
BR ˌtɒtɪŋˈʌp
AM ˌtɑdɪŋˈəp

totty
BR ˈtɒti
AM ˈtɑdi

toucan
BR ˈtuːkan, -z
AM ˈtuˌkɑn, ˈtuˌkæn, -z

touch
BR tʌtʃ, -ɪz, -ɪŋ, -t
AM tətʃ, -ɪz, -ɪŋ, -t

touchable
BR ˈtʌtʃəbl
AM ˈtətʃəb(ə)l

touch-and-go
BR ˌtʌtʃ(ə)n(d)ˈgəʊ
AM ˌtətʃənˈgoʊ

touchback
BR ˈtʌtʃbak, -s
AM ˈtətʃˌbæk, -s

touchdown
BR ˈtʌtʃdaʊn, -z
AM ˈtətʃˌdaʊn, -z

touché
BR ˈtuːʃeɪ, tuːˈʃeɪ
AM tuˈʃeɪ

toucher
BR ˈtʌtʃə(r), -z
AM ˈtətʃər, -z

touchily
BR ˈtʌtʃɪli
AM ˈtətʃəli

touchiness
BR ˈtʌtʃɪnɪs
AM ˈtətʃinɪs

touchingly
BR ˈtʌtʃɪŋli
AM ˈtətʃɪŋli

touchingness
BR ˈtʌtʃɪŋnɪs
AM ˈtətʃɪŋnɪs

touch-in-goal
BR ˈtʌtʃɪngəʊl, -z
AM ˈtʌtʃənˌgoʊl, -z

touchline
BR ˈtʌtʃlʌɪn, -z
AM ˈtətʃˌlaɪn, -z

touch-me-not
BR ˈtʌtʃmɪnɒt, -s
AM ˈtətʃmiˌnɑt, -s

touchpad
BR ˈtʌtʃpad, -z
AM ˈtətʃˌpæd, -z

touchpaper
BR ˈtʌtʃˌpeɪpə(r)
AM ˈtətʃˌpeɪpər

touchstone
BR ˈtʌtʃstəʊn, -z
AM ˈtətʃˌstoʊn, -z
touchwood
BR ˈtʌtʃwʊd
AM ˈtətʃˌwʊd
touchy
BR ˈtʌtʃi, -iə(r),
-ɪst
AM ˈtətʃi, -ər,
-ɪst
tough
BR tʌf, -s, -ɪŋ, -t,
-ə(r), -ɪst
AM təf, -s, -ɪŋ, -t, -ər,
-əst
Tough[1] *Scottish place and surname*
BR tuːx
AM tuk
Tough[2] *surname, except Scottish*
BR tʌf
AM təf
toughen
BR ˈtʌf|n, -nz,
-n̩ɪŋ\-nɪŋ, -nd
AM ˈtəf|ən, -ənz,
-(ə)nɪŋ, -ənd
toughener
BR ˈtʌfn̩ə(r), ˈtʌfnə(r),
-z
AM ˈtəf(ə)nər,
-z
toughie
BR ˈtʌf|i, -ɪz
AM ˈtəfi, -z
toughish
BR ˈtʌfɪʃ
AM ˈtəfɪʃ
toughly
BR ˈtʌfli
AM ˈtəfli
tough-minded
BR ˌtʌfˈmaɪndɪd
AM ˈˌtəfˈmaɪndɪd
tough-mindedness
BR ˌtʌfˈmaɪndɪdnɪs
AM ˈˌtəfˌmaɪndɪdnɪs
toughness
BR ˈtʌfnəs
AM ˈtəfnəs

Toulon
BR tuːˈlɔ̃
AM tuˈlɑn, tuˈlɔn
FR tulɔ̃
Toulouse
BR tuːˈluːz, tʉˈluːz
AM tuˈluz
Toulouse-Lautrec
BR tʉˌluːzlə(ʊ)ˈtrɛk,
ˌtuːluːzlə(ʊ)ˈtrɛk
AM tʊˌlusˌləˈtrɛk
toupée
BR ˈtuːpeɪ, -z
AM tuˈpeɪ, -z
tour
BR ˈtʊə(r), tɔː(r), -z,
-ɪŋ, -d
AM ˈtʊ(ə)r, -z, -ɪŋ, -d
touraco
BR ˈtʊərəkəʊ, -z
AM ˈtʊrəˌkoʊ, -z
tour de force
BR ˌtʊə də ˈfɔːs, ˌtɔː +
AM ˌtʊr də ˈfɔ(ə)rs
tourer
BR ˈtʊərə(r), ˈtɔːrə(r),
-z
AM ˈtʊrər, -z
touring car
BR ˈtʊərɪŋ kɑː(r),
ˈtɔːrɪŋ +, -z
AM ˈtʊrɪŋ ˌkɑr, -z
tourism
BR ˈtʊərɪzm,
ˈtɔːrɪzm
AM ˈtərɪz(ə)m
tourist
BR ˈtʊərɪst, ˈtɔːrɪst, -s,
-ɪd
AM ˈtərəst, -s, -əd
touristic
BR tʊəˈrɪstɪk,
tɔːˈrɪstɪk
AM təˈrɪstɪk
touristically
BR tʊəˈrɪstɪkli,
tɔːˈrɪstɪkli
AM təˈrɪstɪk(ə)li
touristy
BR ˈtʊərɪsti,
ˈtɔːrɪsti
AM ˈtərəsti

tourmaline
BR ˈtɔːməliːn,
ˈtʊəməliːn, -z
AM ˈtʊrməˌlin,
ˈtʊrməl(ə)n, -z
Tournai
BR tʊəˈneɪ
AM tʊrˈneɪ
tournament
BR ˈtʊənəm(ə)nt,
ˈtɔːnəm(ə)nt,
ˈtəːnəm(ə)nt, -s
AM ˈtərnəm(ə)nt, -s
tournedos
BR ˈtʊənədəʊ,
ˈtɔːnədəʊ,
ˈtəːnədəʊ, -z
AM ˈtʊrnəˌdoʊ, -z
FR turnədo
tourney
BR ˈtʊən|i, ˈtɔːn|i,
ˈtəːn|i, -ɪz
AM ˈtərni, -z
tourniquet
BR ˈtʊənɪkeɪ, ˈtɔːnɪkeɪ,
ˈtəːnɪkeɪ, -z
AM ˈtərnəkət, -s
Tours
BR tʊə(r), tʊəz
AM ˈtʊ(ə)r(z)
tours de force
BR ˌtʊə(z) də ˈfɔːs,
ˌtɔː(z) +
AM ˌtʊrz də ˈfɔ(ə)rs
tousle
BR ˈtaʊz|l, -lz, -lɪŋ, -ld
AM ˈtaʊz|əl, -əlz,
-(ə)lɪŋ, -əld
tousle-haired
BR ˌtaʊzlˈhɛːd
AM ˈtaʊzəlˌhɛ(ə)rd
tous-les-mois
BR ˌtuːleɪˈmwɑː(r), -z
AM ˌtuləˈmwɑ, -z
tout
BR taʊt, -s, -ɪŋ, -ɪd
AM taʊ|t, -ts, -dɪŋ,
-dəd
tout court
BR ˌtuː ˈkɔː(r)
AM ˌtu ˈkɔ(ə)r
FR tu kur

tout de suite
BR ˌtuː də ˈswiːt,
ˌtuːt ˈswiːt
AM ˌtut ˈswit
tout ensemble
BR ˌtuːt ɒnˈsɒmbl,
+ ð'sɒ̃bl
AM ˌtut ɑnˈsɑmbəl
touter
BR ˈtaʊtə(r), -z
AM ˈtaʊdər, -z
tovarich
BR tɒˈvɑːrɪʃ, -ɪz
AM təˈvɑrɪ(t)ʃ, -ɪz
RUS raˈvarʲitʃ
tovarish
BR tɒˈvɑːrɪʃ, -ɪz
AM təˈvɑrɪʃ, -ɪz
RUS raˈvarʲitʃ
Tovey
BR ˈtəʊvi, ˈtʌvi
AM ˈtoʊvi
tow
BR təʊ, -z, -ɪŋ, -d
AM toʊ, -z, -ɪŋ, -d
towable
BR ˈtəʊəbl
AM ˈtoʊəb(ə)l
towage
BR ˈtəʊɪdʒ
AM ˈtoʊɪdʒ
toward
BR təˈwɔːd, -z
AM t(ə)ˈwɔ(ə)rd,
twɔ(ə)rd, ˈtɔ(ə)rd,
-z
towardness
BR təˈwɔːdnəs
AM t(ə)ˈwɔrdnəs,
ˈtɔrdnəs
towbar
BR ˈtəʊbɑː(r), -z
AM ˈtoʊˌbɑr, -z
towboat
BR ˈtəʊbəʊt, -s
AM ˈtoʊˌboʊt, -s
Towcester
BR ˈtəʊstə(r)
AM ˈtoʊstər
towel
BR ˈtaʊ(ə)l, -z, -ɪŋ, -d
AM ˈtaʊ(ə)l, -z, -ɪŋ, -d

toweling
BR ˈtaʊ(ə)lɪŋ, -z
AM ˈtaʊ(ə)lɪŋ, -z
towelling
BR ˈtaʊ(ə)lɪŋ, -z
AM ˈtaʊ(ə)lɪŋ, -z
tower[1] *noun 'something that tows'*
BR ˈtəʊə(r), -z
AM ˈtoʊər, -z
tower[2] *noun 'type of building', verb*
BR ˈtaʊə(r), -z, -ɪŋ, -d
AM ˈtaʊ(ə)r, -z, -ɪŋ, -d
Towers
BR ˈtaʊəz
AM ˈtaʊərz
towery
BR ˈtaʊəri
AM ˈtaʊəri
towhead
BR ˈtəʊhed, -z
AM ˈtoʊˌhed, -z
tow-headed
BR ˌtəʊˈhedɪd
AM ˈtoʊˌ(h)edəd
towhee
BR ˈtəʊhiː
AM ˈtoʊˌhi
towline
BR ˈtəʊlʌɪn, -z
AM ˈtoʊˌlaɪn, -z
town
BR taʊn, -z
AM taʊn, -z
town clerk
BR ˌtaʊn ˈklɑːk, -s
AM ˌtaʊn ˈklɚrk, -s
town crier
BR ˌtaʊn ˈkrʌɪə(r), -z
AM ˌtaʊn ˈkraɪər, -z
Towne
BR taʊn
AM taʊn
townee
BR ˈtaʊn|i, -ɪz
AM taʊˈni, -z
Townes
BR taʊnz
AM taʊnz

town hall
BR ˌtaʊn ˈhɔːl, -z
AM ˌtaʊn ˈhɑl,
 ˌtaʊn ˈhɔl, -z
townhouse
BR ˈtaʊnhaʊ|s, -zɪz
AM ˈtaʊnˌ(h)aʊ|s, -zəz
townie
BR ˈtaʊn|i, -ɪz
AM ˈtaʊni, -z
townish
BR ˈtaʊnɪʃ
AM ˈtaʊnɪʃ
townless
BR ˈtaʊnləs
AM ˈtaʊnləs
townlet
BR ˈtaʊnlɪt, -s
AM ˈtaʊnlət, -s
Townley
BR ˈtaʊnli
AM ˈtaʊnli
town-major
BR ˌtaʊnˌmeɪdʒə(r), -z
AM ˌtaʊnˌmeɪdʒər, -z
townscape
BR ˈtaʊnskeɪp, -s
AM ˈtaʊnˌskeɪp, -s
Townsend
BR ˈtaʊnzend
AM ˈtaʊnzˌend
townsfolk
BR ˈtaʊnzfəʊk
AM ˈtaʊnzˌfoʊk
Townshend
BR ˈtaʊnzend
AM ˈtaʊnzˌend
township
BR ˈtaʊnʃɪp, -s
AM ˈtaʊnˌʃɪp, -s
townsman
BR ˈtaʊnzmən
AM ˈtaʊnzm(ə)n
townsmen
BR ˈtaʊnzmən
AM ˈtaʊnzm(ə)n
townspeople
BR ˈtaʊnzˌpiːpl
AM ˈtaʊnzˌpipəl
Townsville
BR ˈtaʊnzvɪl
AM ˈtaʊnzˌvɪl

townswoman
BR ˈtaʊnzˌwʊmən
AM ˈtaʊnzˌwʊm(ə)n
townswomen
BR ˈtaʊnzˌwɪmɪn
AM ˈtaʊnzˌwɪmɪn
Townswomen's Guild
BR ˌtaʊnzwɪmɪnz ˈgɪld
AM ˈtaʊnzˌwɪmɪnz ˌgɪld
townward
BR ˈtaʊnwəd, -z
AM ˈtaʊnwərd, -z
towny
BR ˈtaʊn|i, -ɪz
AM ˈtaʊni, -z
towpath
BR ˈtəʊpɑː|θ, -ðz
AM ˈtoʊˌpæ|θ,
 -ðz\-θs
towplane
BR ˈtəʊpleɪn, -z
AM ˈtoʊˌpleɪn, -z
towrope
BR ˈtəʊrəʊp, -s
AM ˈtoʊˌroʊp, -s
Towy
BR ˈtaʊi
AM ˈtaʊi
towy
BR ˈtəʊi
AM ˈtoʊi
Towyn
BR ˈtaʊɪn
AM ˈtaʊən
toxaemia
BR tɒkˈsiːmɪə(r)
AM tɑkˈsimɪə
toxaemic
BR tɒkˈsiːmɪk
AM tɑkˈsimɪk
toxaphene
BR ˈtɒksəfiːn
AM ˈtɑksəˌfin
toxemia
BR tɒkˈsiːmɪə(r)
AM tɑkˈsimɪə
toxemic
BR tɒkˈsiːmɪk
AM tɑkˈsimɪk
toxic
BR ˈtɒksɪk
AM ˈtɑksɪk

toxically
BR ˈtɒksɪkli
AM ˈtɑksək(ə)li
toxicant
BR ˈtɒksɪk(ə)nt, -s
AM ˈtɑksəkənt, -s
toxicity
BR tɒkˈsɪsɪti
AM tɑkˈsɪsədi
toxicological
BR ˌtɒksɪkəˈlɒdʒɪkl
AM ˌˌtɑksəkə-
 ˈlɑdʒək(ə)l
toxicologist
BR ˌtɒksɪˈkɒlədʒɪst, -s
AM ˌtɑksəˈkɑlədʒəst,
 -s
toxicology
BR ˌtɒksɪˈkɒlədʒi
AM ˌtɑksəˈkɑlədʒi
toxicomania
BR ˌtɒksɪkəˈmeɪnɪə(r)
AM ˌtɑksəkoʊˈmeɪnɪə
toxigenic
BR ˌtɒksɪˈdʒenɪk
AM ˌtɑksəˈdʒenɪk
toxigenicity
BR ˌtɒksɪdʒəˈnɪsɪti
AM ˌtaksədʒəˈnɪsɪdi
toxin
BR ˈtɒksɪn, -z
AM ˈtɑks(ə)n, -z
toxocara
BR ˌtɒksəˈkɑːrə(r), -z
AM ˌtɑksəˈkɛrə, -z
toxocariasis
BR ˌtɒksəkəˈrʌɪəsɪs
AM ˌˌtɑksəkəˈraɪəsəs
toxophilite
BR tɒkˈsɒfɪlʌɪt,
 tɒkˈsɒfḻʌɪt, -s
AM tɑkˈsɑfəˌlaɪt, -s
toxophily
BR tɒkˈsɒfɪli,
 tɒkˈsɒfḻi
AM tɑkˈsɑfəli
toxoplasmosis
BR ˌtɒksəʊplæzˈməʊsɪs
AM ˌtɑksəˌplæzˈmoʊsɪs
Toxteth
BR ˈtɒkstɛθ, ˈtɒkstɪθ
AM ˈtɑkstəθ

toy
BR tɔɪ, -z, -ɪŋ, -d
AM tɔɪ, -z, -ɪŋ, -d

Toyah
BR ˈtɔɪə(r)
AM ˈtɔɪə

toyboy
BR ˈtɔɪbɔɪ, -z
AM ˈtɔɪˌbɔɪ, -z

toylike
BR ˈtɔɪlʌɪk
AM ˈtɔɪˌlaɪk

toymaker
BR ˈtɔɪˌmeɪkə(r), -z
AM ˈtɔɪˌmeɪkər, -z

Toynbee
BR ˈtɔɪnbi
AM ˈtɔɪnbi

Toyota
BR tɔɪˈəʊtə(r), -z
AM tɔɪˈoʊdə, -z

toyshop
BR ˈtɔɪʃɒp, -s
AM ˈtɔɪˌʃɑp, -s

toystore
BR ˈtɔɪstɔː(r), -z
AM ˈtɔɪˌstɔ(ə)r, -z

toytown
BR ˈtɔɪtaʊn
AM ˈtɔɪˌtaʊn

Tozer
BR ˈtəʊzə(r)
AM ˈtoʊzər

T-piece
BR ˈtiːpiːs, -ɪz
AM ˈtiˌpis, -ɪz

trabeate
BR ˈtreɪbɪeɪt
AM ˈtreɪbiɪt, ˈtreɪbiˌeɪt

trabeation
BR ˌtreɪbiˈeɪʃn
AM ˌtreɪbiˈeɪʃ(ə)n

trabecula
BR trəˈbɛkjʊlə(r), -z
AM trəˈbɛkjələ, -z

trabeculae
BR trəˈbɛkjʊliː
AM trəˈbɛkjəˌlaɪ, trəˈbɛkjəli

trabecular
BR trəˈbɛkjʊlə(r)
AM trəˈbɛkjələr

trabeculate
BR trəˈbɛkjʊlət
AM trəˈbɛkjələt

tracasserie
BR trəˈkas(ə)r|i, -ɪz
AM trəˌkasəˈri, -z

trace
BR treɪs, -ɪz, -ɪŋ, -t
AM treɪs, -z, -ɪŋ, -t

traceability
BR ˌtreɪsəˈbɪlɪti
AM ˌtreɪsəˈbɪlɪdi

traceable
BR ˈtreɪsəbl
AM ˈtreɪsəb(ə)l

traceableness
BR ˈtreɪsəblnəs
AM ˈtreɪsəbəlnəs

trace-horse
BR ˈtreɪshɔːs, -ɪz
AM ˈtreɪsˌ(h)ɔ(ə)rs, -əz

traceless
BR ˈtreɪslɪs
AM ˈtreɪslɪs

tracer
BR ˈtreɪsə(r), -z
AM ˈtreɪsər, -z

traceried
BR ˈtreɪs(ə)rɪd
AM ˈtreɪs(ə)rid

tracery
BR ˈtreɪs(ə)r|i, -ɪz
AM ˈtreɪs(ə)ri, -z

Tracey
BR ˈtreɪsi
AM ˈtreɪsi

trachea
BR trəˈkiːə(r), ˈtreɪkɪə(r), -z
AM ˈtreɪkiə, -z

tracheae
BR trəˈkiːiː, ˈtreɪkiː
AM ˈtreɪkiˌaɪ, ˈtreɪkiˌi

tracheal
BR ˈtreɪkɪəl, trəˈkiːəl
AM trəˈkiəl

tracheate
BR ˈtreɪkɪeɪt, trəˈkiːeɪt
AM ˈtreɪkiˌeɪt, ˈtreɪkiɪt

tracheostomy
BR ˌtrakɪˈɒstəm|i, -ɪz
AM ˌtreɪkiˈastəmi, -z

tracheotomy
BR ˌtrakɪˈɒtəm|i, -ɪz
AM ˌtreɪkiˈɑdəmi, -z

trachoma
BR trəˈkəʊmə(r)
AM trəˈkoʊmə

trachomatous
BR trəˈkəʊmətəs
AM trəˈkoʊmədəs

trachyte
BR ˈtreɪkʌɪt, ˈtrakʌɪt, -s
AM ˈtræˌkaɪt, ˈtreɪˌkaɪt, -s

trachytic
BR trəˈkɪtɪk
AM trəˈkɪdɪk

tracing
BR ˈtreɪsɪŋ, -z
AM ˈtreɪsɪŋ, -z

track
BR trak, -s, -ɪŋ, -t
AM træk, -s, -ɪŋ, -t

trackage
BR ˈtrakɪdʒ
AM ˈtrækɪdʒ

track-and-field
BR ˌtrak(ə)n(d)ˈfiːld
AM ˌtrækənˈfild

trackbed
BR ˈtrakbɛd, -z
AM ˈtrækˌbɛd, -z

tracker
BR ˈtrakə(r), -z
AM ˈtrækər, -z

tracking
BR ˈtrakɪŋ, -z
AM ˈtrækɪŋ, -z

tracklayer
BR ˈtrakˌleɪə(r), -z
AM ˈtrækˌleɪər, -z

tracklaying
BR ˈtrakˌleɪɪŋ
AM ˈtrækˌleɪɪŋ

tracklement
BR ˈtraklm(ə)nt, -s
AM ˈtrækəlm(ə)nt, -s

trackless
BR ˈtrakləs
AM ˈtrækləs

tracklessness
BR ˈtrakləsnəs
AM ˈtrækləsnəs

trackman
BR ˈtrakman
AM ˈtrækˌmæn, ˈtrækm(ə)n

trackmen
BR ˈtrakmɛn
AM ˈtrækˌmɛn, ˈtrækm(ə)n

trackside
BR ˈtraksʌɪd
AM ˈtrækˌsaɪd

tracksuit
BR ˈtraks(j)uːt, -s, -ɪd
AM ˈtrækˌsu|t, -ts, -dəd

trackway
BR ˈtrakweɪ, -z
AM ˈtrækˌweɪ, -z

tract
BR trakt, -s
AM træk|(t), -(t)s

tractability
BR ˌtraktəˈbɪlɪti
AM ˌtræktəˈbɪlɪdi

tractable
BR ˈtraktəbl
AM ˈtræktəb(ə)l

tractableness
BR ˈtraktəblnəs
AM ˈtræktəbəlnəs

tractably
BR ˈtraktəbli
AM ˈtræktəbli

Tractarian
BR trakˈtɛːrɪən, -z
AM trækˈtɛriən, -z

tractarian
BR trakˈtɛːrɪən, -z
AM trækˈtɛriən, -z

Tractarianism
BR trakˈtɛːrɪənɪzm
AM trækˈtɛriəˌnɪz(ə)m

tractate
BR ˈtrakteɪt, -s
AM ˈtrækˌteɪt, -s

traction
BR ˈtrakʃn
AM ˈtrækʃ(ə)n

tractional
BR ˈtrakʃn̩l
AM ˈtrækʃ(ə)n(ə)l

tractive
BR ˈtræktɪv
AM ˈtræktɪv

tractor
BR ˈtræktə(r), -z
AM ˈtræktər, -z

tractorfeed
BR ˈtræktəfiːd
AM ˈtræktərˌfid

Tracy
BR ˈtreɪsi
AM ˈtreɪsi

trad
BR træd
AM træd

tradable
BR ˈtreɪdəbl
AM ˈtreɪdəb(ə)l

trade
BR treɪd, -z, -ɪŋ, -ɪd
AM treɪd, -z, -ɪŋ, -ɪd

tradeable
BR ˈtreɪdəbl
AM ˈtreɪdəb(ə)l

trademark
BR ˈtreɪdmɑːk, -s
AM ˈtreɪdˌmɑrk, -s

trader
BR ˈtreɪdə(r), -z
AM ˈtreɪdər, -z

tradescantia
BR ˌtrædɪˈskæntiə(r)
AM ˌtrædəˈskæn(t)iə, ˌtrædəˈskæn(t)ʃ(i)ə

tradesman
BR ˈtreɪdzmən
AM ˈtreɪdzm(ə)n

tradesmen
BR ˈtreɪdzmən
AM ˈtreɪdzm(ə)n

tradespeople
BR ˈtreɪdzˌpiːpl
AM ˈtreɪdzˌpipəl

trades union
BR ˌtreɪdz ˈjuːniən, -z
AM ˈtreɪdz ˌjunjən, -z

trades unionism
BR ˌtreɪdz ˈjuːniənɪzm
AM ˈtreɪdz ˌjunjəˌnɪz(ə)m

trades unionist
BR ˌtreɪdz ˈjuːniənɪst, -s
AM ˈtreɪdz ˌjunjənəst, -s

trade union
BR ˌtreɪd ˈjuːniən, -z
AM ˈtreɪd ˌjunjən, -z

trade unionism
BR ˌtreɪd ˈjuːniənɪzm
AM ˈtreɪd ˈjunjəˌnɪz(ə)m

trade unionist
BR ˌtreɪd ˈjuːniənɪst, -s
AM ˈtreɪd ˌjunjənəst, -s

trade-weighted
BR ˈtreɪdˌweɪtɪd
AM ˈtreɪdˌweɪdɪd

tradewind
BR ˈtreɪdwɪnd, -z
AM ˈtreɪdˌwɪnd, -z

tradition
BR trəˈdɪʃn, -z
AM trəˈdɪʃ(ə)n, -z

traditional
BR trəˈdɪʃn̩l
AM trəˈdɪʃ(ə)n(ə)l

traditionalism
BR trəˈdɪʃn̩ˌlɪzm, trəˈdɪʃnəlɪzm
AM trəˈdɪʃnəˌlɪz(ə)m, trəˈdɪʃnlˌɪz(ə)m

traditionalist
BR trəˈdɪʃn̩list, trəˈdɪʃnəlɪst, -s
AM trəˈdɪʃnələst, trəˈdɪʃnlə̩st, -s

traditionalistic
BR trəˌdɪʃn̩lˈɪstɪk, trəˌdɪʃnəˈlɪstɪk
AM trəˌdɪʃnəˈlɪstɪk, trəˌdɪʃnlˈɪstɪk

traditionally
BR trəˈdɪʃn̩li, trəˈdɪʃnəli
AM trəˈdɪʃ(ə)nəli

traditionary
BR trəˈdɪʃn(ə)ri
AM trəˈdɪʃəˌneri

traditionist
BR trəˈdɪʃn̩ist, -s
AM trəˈdɪʃənəst, -s

traditionless
BR trəˈdɪʃnləs
AM trəˈdɪʃənləs

traditor
BR ˈtrædɪtə(r), -z
AM ˈtrædədər, -z

traditores
BR ˌtrædɪˈtɔːriːz
AM ˌtrædəˈtɔˌriz

traduce
BR trəˈdjuːs, trəˈdʒuːs, -ɪz, -ɪŋ, -t
AM trəˈd(j)us, -əz, -ɪŋ, -t

traducement
BR trəˈdjuːsm(ə)nt, trəˈdʒuːsm(ə)nt
AM trəˈd(j)usm(ə)nt

traducer
BR trəˈdjuːsə(r), trəˈdʒuːsə(r), -z
AM trəˈd(j)usər, -z

traducian
BR trəˈdjuːsiən, trəˈdjuːʃn, trəˈdʒuːsiən, trəˈdʒuːʃn, -z
AM trəˈd(j)uʃ(ə)n, -z

traducianism
BR trəˈdjuːsiənɪzm, trəˈdjuːʃnɪzm, trəˈdʒuːsiənɪzm, trəˈdʒuːʃnɪzm
AM trəˈd(j)uʃəˌnɪz(ə)m

traducianist
BR trəˈdjuːsiənɪst, trəˈdjuːʃnɪst, trəˈdʒuːsiənɪst, trəˈdʒuːʃnɪst, -s
AM trəˈd(j)uʃənəst, -s

Trafalgar
BR trəˈfælɡə(r), ˌtræflˈɡɑː(r)
AM trəˈfɔlɡər, trəˈfɑlɡər, trəˈfælɡər

traffic
BR ˈtræf|ɪk, -ɪks, -ɪkɪŋ, -ɪkt
AM ˈtræfɪk, -s, -ɪŋ, -t

trafficator
BR ˈtræfɪkeɪtə(r), -z
AM ˈtræfəˌkeɪdər, -z

trafficker
BR ˈtræfɪkə(r), -z
AM ˈtræfɪkər, -z

trafficless
BR ˈtræfɪklɪs
AM ˈtræfɪkləs

Trafford
BR ˈtræfəd
AM ˈtræfərd

tragacanth
BR ˈtræɡəkænθ
AM ˈtræɡəˌkænθ

tragedian
BR trəˈdʒiːdiən, -z
AM trəˈdʒidiən, -z

tragedienne
BR trəˌdʒiːdiˈen, -z
AM trəˌdʒidiˈɛn, -z

tragedy
BR ˈtrædʒɪd|i, -ɪz
AM ˈtrædʒədi, -z

tragi
BR ˈtreɪɡʌɪ, ˈtreɪdʒʌɪ
AM ˈtreɪdʒaɪ, ˈtreɪɡaɪ

tragic
BR ˈtrædʒɪk
AM ˈtrædʒɪk

tragical
BR ˈtrædʒɪkl
AM ˈtrædʒək(ə)l

tragically
BR ˈtrædʒɪkli
AM ˈtrædʒək(ə)li

tragicomedy
BR ˌtrædʒɪˈkɒmɪd|i, -ɪz
AM ˌtrædʒəˈkɑmədi, -z

tragicomic
BR ˌtrædʒɪˈkɒmɪk
AM ˌtrædʒəˈkɑmɪk

tragicomical
BR ˌtrædʒɪˈkɒmɪkl
AM ˌtrædʒəˈkɑmək(ə)l

tragicomically
BR ˌtrædʒɪˈkɒmɪkli
AM ˌtrædʒəˈkɑmək(ə)li

tragopan
BR ˈtræɡəpan, -z
AM ˈtræɡəˌpæn, -z

tragus
BR ˈtreɪɡəs
AM ˈtreɪɡəs

Traherne
BR trəˈhəːn
AM trəˈhɜrn

trahison des clercs
BR ˌtrɑːiˌzɒ̃ deɪ ˈklɛː(r)
AM treɪˌzɑn deɪ ˈklɜrk

trail
BR treɪl, -z, -ɪŋ, -d
AM treɪl, -z, -ɪŋ, -d

trailblazer
BR ˈtreɪlˌbleɪzə(r), -z
AM ˈtreɪlˌbleɪzər, -z

trailblazing
BR ˈtreɪlˌbleɪzɪŋ
AM ˈtreɪlˌbleɪzɪŋ

trailer
BR ˈtreɪlə(r), -z, -ɪŋ, -d
AM ˈtreɪlər, -z, -ɪŋ, -d

train
BR treɪn, -z, -ɪŋ, -d
AM treɪn, -z, -ɪŋ, -d

trainability
BR ˌtreɪnəˈbɪlɪti
AM ˌtreɪnəˈbɪlɪdi

trainable
BR ˈtreɪnəbl
AM ˈtreɪnəb(ə)l

trainband
BR ˈtreɪnband, -z
AM ˈtreɪnˌbænd, -z

trainee
BR ˌtreɪˈniː, -z
AM ˌtreɪˈni, -z

traineeship
BR ˌtreɪˈniːʃɪp, -s
AM ˌtreɪˈniˌʃɪp, -s

trainer
BR ˈtreɪnə(r), -z
AM ˈtreɪnər, -z

trainless
BR ˈtreɪnlɪs
AM ˈtreɪnlɪs

trainload
BR ˈtreɪnləʊd, -z
AM ˈtreɪnˌloʊd, -z

trainman
BR ˈtreɪnman
AM ˈtreɪnˌmæn

trainmen
BR ˈtreɪnmɛn
AM ˈtreɪnˌmɛn

train-mile
BR ˈtreɪnmʌɪl, -z
AM ˈtreɪnˌmaɪl, -z

trainsick
BR ˈtreɪnsɪk
AM ˈtreɪnˌsɪk

trainsickness
BR ˈtreɪnˌsɪknɪs
AM ˈtreɪnˌsɪknɪs

traipse
BR treɪps, -ɪz, -ɪŋ, -t
AM treɪps, -ɪz, -ɪŋ, -t

trait
BR treɪ|(t), -z\-ts
AM treɪt, -s

traitor
BR ˈtreɪtə(r), -z
AM ˈtreɪdər, -z

traitorous
BR ˈtreɪt(ə)rəs
AM ˈtreɪtrəs, ˈtreɪdərəs

traitorously
BR ˈtreɪt(ə)rəsli
AM ˈtreɪtrəsli, ˈtreɪdərəsli

traitorousness
BR ˈtreɪt(ə)rəsnəs
AM ˈtreɪtrəsnəs, ˈtreɪdərəsnəs

traitress
BR ˈtreɪtrɪs, -ɪz
AM ˈtreɪtrɪs, ˈtreɪdərəs, -ɪz

Trajan
BR ˈtreɪdʒ(ə)n
AM ˈtreɪdʒ(ə)n

trajectory
BR trəˈdʒɛkt(ə)r|i, -ɪz
AM trəˈdʒɛkt(ə)ri, -z

tra-la
BR trɑːˈlɑː(r)
AM trɑˈlɑ, trəˈlɑ

Tralee
BR trəˈliː
AM trəˈli

tram
BR tram, -z
AM træm, -z

tramcar
BR ˈtramkɑː(r), -z
AM ˈtræmˌkɑr, -z

Traminer
BR trəˈmiːnə(r)
AM trəˈminər

tramline
BR ˈtramlʌɪn, -z
AM ˈtræmˌlaɪn, -z

trammel
BR ˈtram|l, -lz, -l̩ɪŋ, -ld
AM ˈtræm|əl, -əlz, -(ə)lɪŋ, -əld

trammie
BR ˈtram|i, -ɪz
AM ˈtræmi, -z

tramontana
BR ˌtramɒnˈtɑːnə(r), -z
AM ˌtrɑmənˈtɑnə, -z
IT tramonˈtana

tramontane
BR trəˈmɒnteɪn, -z
AM trəˈmɑnˌteɪn, -z

tramp
BR tram|p, -ps, -pɪŋ, -(p)t
AM træmp, -s, -ɪŋ, -t

tramper
BR ˈtrampə(r), -z
AM ˈtræmpər, -z

trampish
BR ˈtrampɪʃ
AM ˈtræmpɪʃ

trample
BR ˈtramp|l, -lz, -l̩ɪŋ\-lɪŋ, -ld
AM ˈtræmp|əl, -əlz, -(ə)lɪŋ, -əld

trampler
BR ˈtramplə(r), ˈtrampl̩ə(r), -z
AM ˈtræmp(ə)lər, -z

trampoline
BR ˈtrampəliːn, ˌtrampəˈliːn, -z, -ɪŋ
AM ˈtræmpəˌlin, -z, -ɪŋ

trampolinist
BR ˈtrampəliːnɪst, ˌtrampəˈliːnɪst, -s
AM ˈtræmpəˌlinɪst, -s

tramway
BR ˈtramweɪ, -z
AM ˈtræmˌweɪ, -z

trance
BR trɑːns, -ɪz
AM træns, -əz

tranche
BR trɑːn(t)ʃ, -ɪz
AM træn(t)ʃ, -əz

Tranmere
BR ˈtranmɪə(r)
AM ˈtrænˌmɪ(ə)r

tranny
BR ˈtran|i, -ɪz
AM ˈtræni, -z

tranquil
BR ˈtraŋkw(ɨ)l
AM ˈtræŋkwəl, ˈtræŋkwəl

tranquilisation
BR ˌtraŋkwɨlʌɪˈzeɪʃn
AM ˌtræŋkwələˈzeɪʃ(ə)n, ˌtræŋkwəˌlaɪˈzeɪʃ(ə)n, ˌtræŋkwəˌlaɪˈzeɪʃ(ə)n, ˌtræŋkwələˈzeɪʃ(ə)n

tranquilise
BR ˈtraŋkwɨlʌɪz, -ɪz, -ɪŋ, -d
AM ˈtræŋkwəˌlaɪz, ˈtræŋkwəˌlaɪz, -ɪz, -ɪŋ, -d

tranquiliser
BR ˈtraŋkwɨlʌɪzə(r), -z
AM ˈtræŋkwəˌlaɪzər, ˈtræŋkwəˌlaɪzər, -z

tranquility
BR traŋˈkwɨlɨti
AM trænˈkwɨlɨdi, trænˈkwɨlɨdi

tranquilization
BR ˌtraŋkwɨlʌɪˈzeɪʃn
AM ˌtræŋkwələˈzeɪʃ(ə)n, ˌtræŋkwəˌlaɪˈzeɪʃ(ə)n, ˌtræŋkwəˌlaɪˈzeɪʃ(ə)n, ˌtræŋkwələˈzeɪʃ(ə)n

tranquilize
BR ˈtraŋkwɨlʌɪz, -ɪz, -ɪŋ, -d
AM ˈtræŋkwəˌlaɪz, ˈtræŋkwəˌlaɪz, -ɪz, -ɪŋ, -d

tranquilizer
BR ˈtraŋkwɪlʌɪzə(r),
-z
AM ˈtræŋkwəˌlaɪzər,
ˈtræŋkwəˌlaɪzər,
-z

tranquillisation
BR ˌtraŋkwɪlʌɪˈzeɪʃn
AM ˌtræŋkwələ-
ˈzeɪʃ(ə)n, ˌtræŋkwə-
ˌlaɪˈzeɪʃ(ə)n,
ˌtræŋkwəˌlaɪ-
ˈzeɪʃ(ə)n,
ˌtræŋkwələˈzeɪʃ(ə)n

tranquillise
BR ˈtraŋkwɪlʌɪz, -ɪz,
-ɪŋ, -d
AM ˈtræŋkwəˌlaɪz,
ˈtræŋkwəˌlaɪz, -ɪz,
-ɪŋ, -d

tranquilliser
BR ˈtraŋkwɪlʌɪzə(r), -z
AM ˈtræŋkwəˌlaɪzər,
ˈtræŋkwəˌlaɪzər, -z

tranquillity
BR traŋˈkwɪlɪti
AM trænˈkwɪlədi,
træŋˈkwɪlədi

tranquillization
BR ˌtraŋkwɪlʌɪˈzeɪʃn
AM ˌtræŋkwələ-
ˈzeɪʃ(ə)n, ˌtræŋkwə-
ˌlaɪˈzeɪʃ(ə)n,
ˌtræŋkwəˌlaɪ-
ˈzeɪʃ(ə)n,
ˌtræŋkwələˈzeɪʃ(ə)n

tranquillize
BR ˈtraŋkwɪlʌɪz, -ɪz,
-ɪŋ, -d
AM ˈtræŋkwəˌlaɪz,
ˈtræŋkwəˌlaɪz, -ɪz,
-ɪŋ, -d

tranquillizer
BR ˈtraŋkwɪlʌɪzə(r),
-z
AM ˈtræŋkwəˌlaɪzər,
ˈtræŋkwəˌlaɪzər, -z

tranquilly
BR ˈtraŋkwɪli,
ˈtraŋkwḷi
AM ˈtræŋkwəli,
ˈtræŋkwəli

transact
BR tranˈzakt, -s, -ɪŋ,
-ɪd
AM træn(t)ˈsæk|(t),
trænˈzæk|(t), -(t)s,
-tɪŋ, -təd

transaction
BR tranˈzakʃn, -z
AM træn(t)ˈsækʃ(ə)n,
trænˈzækʃ(ə)n,
-z

transactional
BR tranˈzakʃn̩l
AM træn(t)-
ˈsækʃ(ə)n(ə)l,
trænˈzækʃ(ə)n(ə)l

transactionally
BR tranˈzakʃn̩li,
tranˈzakʃnəli
AM træn(t)ˈsækʃ(ə)nəli,
trænˈzækʃ(ə)nəli

transactor
BR tranˈzaktə(r), -z
AM ˌtræn(t)ˈsæktər,
ˌtrænˈzæktər, -z

transalpine
BR (ˌ)tranzˈalpʌɪn
AM ˌtræn(t)ˈsælpaɪn,
ˌtrænˈzælpaɪn

transatlantic
BR ˌtranzətˈlantɪk
AM ˌtræn(t)sətˈlæn(t)ɪk,
ˌtrænzətˈlæn(t)ɪk

transaxle
BR ˈtranzˌaksl, -z
AM ˈtrænzˌæks(ə)l,
-z

Transcaucasia
BR ˌtranzkɔːˈkeɪzɪə(r),
ˌtranzkɔːˈkeɪʒə(r)
AM ˌtræn(t)sˌkɔˈkeɪʒə,
ˌtrænzˌkɑˈkeɪʒə,
ˌtræn(t)sˌkɑˈkeɪʒə,
ˌtrænzˌkɔˈkeɪʒə

Transcaucasian
BR ˌtranzkɔːˈkeɪzɪən,
ˌtranzkɔːˈkeɪʒ(ə)n
AM ˌtræn(t)sˌkɔ-
ˈkeɪʒ(ə)n, ˌtrænzˌkɑ-
ˈkeɪʒ(ə)n, ˌtræn(t)s-
ˌkɑˈkeɪʒ(ə)n, ˌtrænz-
ˌkɔˈkeɪʒ(ə)n

transceiver
BR tranˈsiːvə(r),
-z
AM træn(t)ˈsivər,
trænzˈsivər,
-z

transcend
BR tranˈsɛnd, -z,
-ɪŋ, -ɪd
AM træn(t)ˈsɛnd, -z,
-ɪŋ, -ɪd

transcendence
BR tranˈsɛnd(ə)ns
AM træn(t)ˈsɛndəns

transcendency
BR tranˈsɛnd(ə)nsi
AM træn(t)-
ˈsɛndnsi

transcendent
BR tranˈsɛnd(ə)nt
AM træn(t)-
ˈsɛndənt

transcendental
BR ˌtrans(ɛ)nˈdɛntl
AM ˌtræn(t)snˈdɛn(t)l,
ˌtrænˌ(t)sɛnˈdɛn(t)l

transcendentalise
BR ˌtrans(ɛ)nˈdɛntlʌɪz,
-ɪz, -ɪŋ, -d
AM ˌtræn(t)snˈdɛn(t)l-
ˌaɪz, ˌtrænˌ(t)sɛn-
ˈdɛn(t)lˌaɪz, -ɪz, -ɪŋ,
-d

transcendentalism
BR ˌtrans(ɛ)nˈdɛntlɪzm
AM ˌtræn(t)snˈdɛn(t)l-
ˌɪz(ə)m, ˌtræn(t)-
ˌsɛnˈdɛn(t)lˌɪz(ə)m

transcendentalist
BR ˌtrans(ɛ)nˈdɛntlɪst,
-s
AM ˌtræn(t)sn-
ˈdɛn(t)ləst, ˌtræn(t)-
ˌsɛnˈdɛn(t)ləst,
-s

transcendentalize
BR ˌtrans(ɛ)nˈdɛntlʌɪz,
-ɪz, -ɪŋ, -d
AM ˌtræn(t)snˈdɛn(t)l-
ˌaɪz, ˌtrænˌ(t)sɛn-
ˈdɛn(t)lˌaɪz, -ɪz,
-ɪŋ, -d

transcendentally
BR ˌtrans(ɛ)nˈdɛntli
AM ˌtræn(t)snˈdɛn(t)li,
ˌtrænˌ(t)sɛnˈdɛn(t)li

transcendently
BR tranˈsɛnd(ə)ntli
AM træn(t)ˈsɛndən(t)li

transcode
BR ˌtranzˈkəʊd, -z,
-ɪŋ, -ɪd
AM ˌtræn(t)sˈkoʊd,
ˌtrænzˈkoʊd, -z,
-ɪŋ, -əd

transcontinental
BR ˌtranzkɒntɪˈnɛntl
AM ˈˌtræn(t)sˌkɑntn-
ˈˌɛn(t)l, ˈˌtrænz-
ˌkɑntnˈɛn(t)l

transcontinentally
BR ˌtranzkɒntɪˈnɛntli
AM ˈˌtræn(t)sˌkɑntn-
ˈˌɛn(t)li, ˈˌtrænz-
ˌkɑntnˈɛn(t)li

transcribe
BR tranˈskrʌɪb, -z,
-ɪŋ, -d
AM træn(t)ˈskraɪb, -z,
-ɪŋ, -d

transcriber
BR tranˈskrʌɪbə(r), -z
AM træn(t)ˈskraɪbər,
-z

transcript
BR ˈtranskrɪpt, -s
AM ˈtræn(t)ˌskrɪpt,
ˈtrænzˌkrɪpt, -s

transcription
BR tranˈskrɪpʃn, -z
AM træn(t)ˈskrɪpʃ(ə)n,
-z

transcriptional
BR tranˈskrɪpʃn̩l
AM træn(t)-
ˈskrɪpʃ(ə)n(ə)l

transcriptive
BR tranˈskrɪptɪv
AM ˈtræn(t)ˌskrɪptɪv,
ˈtrænzˌkrɪptɪv

transcutaneous
BR ˌtranzkjʉˈteɪnɪəs
AM ˌtrænzkjuˈteɪnɪəs,
ˌtræn(t)skjuˈteɪnɪəs

transduce
BR tranz'djuːs, tranz-'dʒuːs, -ɪz, -ɪŋ, -t
AM trænz'd(j)us, -əz, -ɪŋ, -t

transducer
BR tranz'djuːsə(r), tranz'dʒuːsə(r), -z
AM trænz'd(j)usər, -z

transduction
BR ˌtranz'dʌkʃn
AM ˌtræn(t)s'dəkʃ(ə)n, ˌtrænz'dəkʃ(ə)n

transect
BR tran'sɛkt, -s, -ɪŋ, -ɪd
AM træn(t)'sɛk|(t), -(t)s, -tɪŋ, -təd

transection
BR tran'sɛkʃn, -z
AM træn(t)'sɛkʃ(ə)n, -z

transept
BR 'transɛpt, -s
AM 'træn(t)ˌsɛpt, -s

transeptal
BR tran'sɛptl
AM 'træn(t)ˌsɛptl

transexual
BR tran(s)'sɛkʃʊəl, tran(s)'sɛkʃ(ʊ)l, tran(s)'sɛksjʊ(ə)l, -z
AM ˌtræn(t)'sɛkʃ(əw)əl, -z

transexualism
BR ˌtran(s)'sɛkʃʊəlɪzm, ˌtran(s)'sɛkʃʊlɪzm, ˌtran(s)'sɛkʃlɪzm, ˌtran(s)'sɛksjʊ(ə)lɪzm
AM ˌtræn(t)'sɛkʃ(əw)ə-ˌlɪz(ə)m

transfer[1] *noun*
BR 'transfəː(r), 'tranzfəː(r), -z
AM 'træn(t)sfər, -z

transfer[2] *verb*
BR trans'fəː(r), 'transfəː(r), -z, -ɪŋ, -d
AM 'træn(t)sfər, træn(t)s'fər, -z, -ɪŋ, -d

transferability
BR transˌfəːrə'bɪlɪti, ˌtransf(ə)rə'bɪlɪti
AM ˌtræn(t)sfərə'bɪlɪdi

transferable
BR trans'fəːrəbl, 'transf(ə)rəbl
AM 'træn(t)sfərəb(ə)l, træn(t)s'fərəb(ə)l

transfer-book
BR 'transfəːbʊk, -s
AM 'træn(t)sfərˌbʊk, -s

transferee
BR ˌtransfəː'riː, -z
AM ˌtræn(t)sfə'ri, -z

transference
BR 'transf(ə)rns, -ɪz
AM 'træn(t)sfərəns, 'træn(t)sfrəns, træn(t)s'fərəns, -ɪz

transferor
BR trans'fəːrə(r), -z
AM 'træn(t)sfərər, træn(t)s'fərər, -z

transfer-paper
BR 'transfəːˌpeɪpə(r), -z
AM 'træn(t)sfərˌpeɪpər, -z

transferral
BR trans'fəːrl, -z
AM 'træn(t)sfərəl, træn(t)s'fərəl, -z

transferrer
BR trans'fəːrə(r), 'transfəːrə(r), -z
AM 'træn(t)sfərər, træn(t)s'fərər, -z

transferrin
BR trans'fɛrɪn
AM træn(t)s'fɛrən

transfer RNA
BR ˌtransfəːr ˌɑːrɛn'eɪ
AM ˌtræn(t)sfər ˌɑrˌɛn'eɪ

transfiguration
BR ˌtransfɪgə'reɪʃn, transˌfɪgə'reɪʃn, -z
AM ˌtræn(t)sˌfɪgjə'reɪʃ(ə)n, -z

transfigure
BR trans'fɪgə(r), -z, -ɪŋ, -d
AM træn(t)s'fɪgər, -z, -ɪŋ, -d

transfinite
BR trans'fʌmʌɪt
AM træn(t)s'faɪˌnaɪt

transfix
BR trans'fɪks, -ɪz, -ɪŋ, -t
AM træn(t)s'fɪks, -ɪz, -ɪŋ, -t

transfixion
BR trans'fɪkʃn
AM træn(t)s'fɪkʃ(ə)n

transform
BR trans'fɔːm, -z, -ɪŋ, -d
AM træn(t)s'fɔ(ə)rm, -z, -ɪŋ, -d

transformable
BR trans'fɔːməbl
AM træn(t)s'fɔrməb(ə)l

transformation
BR ˌtransfə'meɪʃn, -z
AM ˌtræn(t)sfər'meɪʃ(ə)n, -z

transformational
BR ˌtransfə'meɪʃn̩l
AM ˌtræn(t)sfər'meɪʃ(ə)n(ə)l

transformationally
BR ˌtransfə'meɪʃn̩li, ˌtransfə'meɪʃnəli
AM ˌtræn(t)sfər'meɪʃ(ə)nəli

transformative
BR trans'fɔːmətɪv
AM træn(t)s'fɔrmədɪv

transformer
BR trans'fɔːmə(r), -z
AM træn(t)s'fɔrmər, -z

transfuse
BR trans'fjuːz, -ɪz, -ɪŋ, -d
AM træn(t)s'fjuz, -ɪz, -ɪŋ, -d

transfusion
BR trans'fjuːʒn, -z
AM træn(t)s'fjuʒ(ə)n, -z

transgenic
BR tranz'dʒɛnɪk
AM trænz'dʒɛnɪk

transgress
BR tranz'grɛs, -ɪz, -ɪŋ, -t
AM trænz'grɛs, -əz, -ɪŋ, -t

transgression
BR tranz'grɛʃn, -z
AM trænz'grɛʃ(ə)n, -z

transgressional
BR tranz'grɛʃn̩l
AM trænz'grɛʃ(ə)n(ə)l

transgressive
BR tranz'grɛsɪv
AM trænz'grɛsɪv

transgressor
BR tranz'grɛsə(r), -z
AM trænz'grɛsər, -z

tranship
BR trans'ʃɪp, -s, -ɪŋ, -t
AM ˌtræn(s)'ʃɪp, -s, -ɪŋ, -t

transhipment
BR trans'ʃɪpm(ə)nt, -s
AM ˌtræn(s)'ʃɪpm(ə)nt, -s

transhumance
BR trans'hjuːməns
AM trænz'(h)jum(ə)ns

transience
BR 'tranzɪəns
AM 'trænʒ(ə)ns, 'træn(t)ʃ(ə)ns

transiency
BR 'tranzɪənsi
AM 'trænʒənsi, 'træn(t)ʃənsi

transient
BR 'tranzɪənt, -s
AM 'trænʒ(ə)nt, 'træn(t)ʃ(ə)nt, -s

transiently
BR 'tranzɪəntli
AM 'trænʒən(t)li, 'træn(t)ʃən(t)li

transientness
BR 'tranzɪəntnəs
AM 'trænʒən(t)nəs, 'træn(t)ʃən(t)nəs

transilluminate
BR ˌtranzɪˈl(j)uːmɪneɪt,
-s, -ɪŋ, -ɪd
AM ˌtræn(t)səˈluːmə-
ˌneɪ|t, ˌtrænzəˈluːmə-
ˌneɪ|t, -ts, -dɪŋ, -dɪd

transillumination
BR ˌtranzɪˌl(j)uːmɪ-
ˈneɪʃn
AM ˌtræn(t)səˌluːmə-
ˈneɪʃ(ə)n, ˌtrænzə-
ˌluːməˈneɪʃ(ə)n

transire
BR tranˈzʌɪə(r),
tranˈzʌɪri
AM trænˈzaɪri

transires
BR tranˈzʌɪəz,
tranˈzʌɪriz
AM trænˈzaɪriz

transistor
BR tranˈzɪstə(r), -z
AM trænˈzɪstər, -z

transistorisation
BR tranˌzɪstərʌɪˈzeɪʃn
AM trænˌzɪstəˌraɪ-
ˈzeɪʃ(ə)n,
trænˌzɪstərəˈzeɪʃ(ə)n

transistorise
BR tranˈzɪstərʌɪz, -ɪz,
-ɪŋ, -d
AM trænˈzɪstəˌraɪz,
-ɪz, -ɪŋ, -d

transistorization
BR tranˌzɪstərʌɪˈzeɪʃn
AM trænˌzɪstəˌraɪ-
ˈzeɪʃ(ə)n,
trænˌzɪstərəˈzeɪʃ(ə)n

transistorize
BR tranˈzɪstərʌɪz, -ɪz,
-ɪŋ, -d
AM trænˈzɪstəˌraɪz,
-ɪz, -ɪŋ, -d

transit
BR ˈtransɪt, -s
AM ˈtrænzət, -s

transition
BR tranˈzɪʃn, -z
AM trænˈzɪʃ(ə)n, -z

transitional
BR tranˈzɪʃn̩
AM trænˈzɪʃ(ə)n(ə)l

transitionally
BR tranˈzɪʃn̩li,
tranˈzɪʃnəli
AM trænˈzɪʃ(ə)nəli

transitionary
BR tranˈzɪʃn(ə)ri,
tranˈzɪʃnəri
AM trænˈzɪʃəˌnɛri

transitive
BR ˈtransɪtɪv
AM ˈtræn(t)sədɪv,
ˈtrænzədɪv

transitively
BR ˈtransɪtɪvli
AM ˈtræn(t)sədɪvli,
ˈtrænzədɪvli

transitiveness
BR ˈtransɪtɪvnɪs
AM ˈtræn(t)sədɪvnɪs,
ˈtrænzədɪvnɪs

transitivity
BR ˌtransɪˈtɪvɪti
AM ˌtræn(t)səˈtɪvɪdi,
ˌtrænzəˈtɪvɪdi

transitorily
BR ˈtransɪt(ə)rɪli
AM ˈtræn(t)səˌtɔrəli,
ˈtrænzəˌtɔrəli

transitoriness
BR ˈtransɪt(ə)rɪnɪs
AM ˈtræn(t)səˌtɔrɪnɪs,
ˈtrænzəˌtɔrɪnɪs

transitory
BR ˈtransɪt(ə)ri
AM ˈtræn(t)səˌtɔri,
ˈtrænzəˌtɔri

Transjordan
BR (ˌ)tranzˈdʒɔːdn
AM trænzˈdʒɔrdən

Transjordanian
BR ˌtranzdʒɔːˈdeɪnɪən,
-z
AM ˌtrænzˌdʒɔr-
ˈdeɪnɪən, -z

Transkei
BR (ˌ)tranzˈkʌɪ
AM træn(t)ˈskaɪ

translatability
BR transˌleɪtəˈbɪlɪti
AM ˌtræn(t)sˌleɪdə-
ˈbɪlɪdi,
ˌtrænzˌleɪdəˈbɪlɪdi

translatable
BR transˈleɪtəbl
AM trænzˈleɪdəb(ə)l

translate
BR transˈleɪt, -s, -ɪŋ,
-ɪd
AM trænzˈleɪ|t, -ts,
-dɪŋ, -dɪd

translation
BR transˈleɪʃn, -z
AM trænzˈleɪʃ(ə)n, -z

translational
BR transˈleɪʃn̩
AM trænzˈleɪʃ(ə)n(ə)l

translationally
BR transˈleɪʃn̩li,
transˈleɪʃnəli
AM trænzˈleɪʃ(ə)nəli

translator
BR transˈleɪtə(r), -z
AM ˈtræn(t)sˌleɪdər,
ˈtrænzˌleɪdər, -z

transliterate
BR transˈlɪtəreɪt, -s,
-ɪŋ, -ɪd
AM trænzˈlɪdəˌreɪ|t,
-ts, -dɪŋ, -dɪd

transliteration
BR transˌlɪtəˈreɪʃn,
ˌtranslɪtəˈreɪʃn, -z
AM trænzˌlɪdəˈreɪʃ(ə)n,
-z

transliterator
BR transˈlɪtəreɪtə(r), -z
AM trænzˈlɪdəˌreɪdər,
-z

translocate
BR ˌtranslə(ʊ)ˈkeɪt, -s,
-ɪŋ, -ɪd
AM trænzˈloʊˌkeɪ|t,
-ts, -dɪŋ, -dɪd

translocation
BR ˌtranslə(ʊ)ˈkeɪʃn,
-z
AM trænzˌloʊˈkeɪʃ(ə)n,
-z

translucence
BR transˈluːsns
AM trænzˈlus(ə)ns

translucency
BR transˈluːsnsi
AM trænzˈlusənsi

translucent
BR transˈluːsnt
AM trænzˈlus(ə)nt

translucently
BR transˈluːsntli
AM trænzˈlusn(t)li

translunar
BR transˈluːnə(r)
AM ˌtræn(t)sˈlunər,
ˌtrænzˈlunər

translunary
BR transˈluːn(ə)ri
AM trænzˈlunəri

transmarine
BR ˌtranzməˈriːn
AM ˌtræn(t)sməˈrin,
ˌtrænzməˈrin

transmigrant
BR tranzˈmʌɪgrənt, -s
AM trænzˈmaɪgrənt, -s

transmigrate
BR ˌtranzmʌɪˈgreɪt, -s,
-ɪŋ, -ɪd
AM trænzˈmaɪˌgreɪ|t,
-ts, -dɪŋ, -dɪd

transmigration
BR ˌtranzmʌɪˈgreɪʃn, -z
AM ˌtræn(t)sˌmaɪ-
ˈgreɪʃ(ə)n, ˌtrænz-
ˌmaɪˈgreɪʃ(ə)n, -z

transmigrator
BR ˌtranzmʌɪˈgreɪtə(r),
-z
AM trænzˈmaɪˌgreɪdər,
-z

transmigratory
BR tranzˈmʌɪgrət(ə)ri,
ˌtranzmʌɪˈgreɪt(ə)ri
AM trænzˈmaɪgrəˌtɔri

transmissibility
BR tranzˌmɪsɪˈbɪlɪti,
ˌtranzmɪsɪˈbɪlɪti
AM trænzˌmɪsəˈbɪlɪdi

transmissible
BR tranzˈmɪsɪbl
AM trænzˈmɪsəb(ə)l

transmission
BR tranzˈmɪʃn, -z
AM trænzˈmɪʃ(ə)n, -z

transmissive
BR tranzˈmɪsɪv
AM trænzˈmɪsɪv

transmit
BR tranzˈmɪt, -s, -ɪŋ, -ɪd
AM trænzˈmɪ|t, -ts, -dɪŋ, -dɪd
transmittable
BR tranzˈmɪtəbl
AM trænzˈmɪdəb(ə)l
transmittal
BR tranzˈmɪtl, -z
AM trænzˈmɪdl, -z
transmitter
BR tranzˈmɪtə(r), -z
AM trænzˈmɪdər, -z
transmogrification
BR tranz‚mɒgrɪfɪˈkeɪʃn, ‚tranzmɒgrɪfɪˈkeɪʃn
AM trænz‚mɑgrəfəˈkeɪʃ(ə)n
transmogrify
BR tranzˈmɒgrɪfʌɪ, -z, -ɪŋ, -d
AM trænzˈmɑgrəˌfaɪ, -z, -ɪŋ, -d
transmontane
BR tranzˈmɒnteɪn
AM trænzˈmɑnˌteɪn
transmutability
BR tranz‚mjuːtəˈbɪlɪti, ‚tranzmjuːtəˈbɪlɪti
AM trænz‚mjudəˈbɪlɪdi
transmutable
BR tranzˈmjuːtəbl
AM trænzˈmjudəb(ə)l
transmutation
BR ‚tranzmjuːˈteɪʃn, ‚tranzmjɜˈteɪʃn, -z
AM ‚træn(t)smjuːˈteɪʃ(ə)n, ‚trænzmjuːˈteɪʃ(ə)n, -z
transmutational
BR ‚tranzmjuːˈteɪʃn̩l, ‚tranzmjɜˈteɪʃn̩l
AM ‚træn(t)smjuːˈteɪʃ(ə)n(ə)l, ‚trænzmjuːˈteɪʃ(ə)n(ə)l
transmutationist
BR ‚tranzmjuːˈteɪʃn̩ɪst, ‚tranzmjɜˈteɪʃn̩ɪst, -s
AM ‚træn(t)smjuːˈteɪʃənəst, ‚trænzmjuːˈteɪʃənəst, -s

transmutative
BR tranzˈmjuːtətɪv
AM trænzˈmjudədɪv
transmute
BR tranzˈmjuːt, -s, -ɪŋ, -ɪd
AM trænzˈmjuːl|t, -ts, -dɪŋ, -dəd
transmuter
BR tranzˈmjuːtə(r), -z
AM trænzˈmjudər, -z
transnational
BR tranzˈnaʃn̩l, -z
AM trænzˈnæʃ(ə)n(ə)l, -z
transoceanic
BR ‚tranzəʊʃɪˈanɪk, ‚tranzəʊsɪˈanɪk
AM ‚trænzoʊʃiˈænɪk
transom
BR trans(ə)m, -z, -d
AM ˈtræn(t)s(ə)m, -z, -d
transonic
BR tranˈsɒnɪk
AM træn(t)ˈsɑnɪk
transpacific
BR ‚transpəˈsɪfɪk
AM ‚træn(t)spəˈsɪfɪk
transpadane
BR ˈtranspədeɪn
AM træn(t)sˈpeɪˌdeɪn, ˈtræn(t)spəˌdeɪn
transparence
BR tranˈspar̩ns, tranˈspɛːrns
AM træn(t)ˈspɛrəns
transparency
BR tranˈspar̩ns|i, tranˈspɛːrns|i, -ɪz
AM træn(t)ˈspɛrənsi, -ɪz
transparent
BR tranˈspar̩nt, tranˈspɛːrnt
AM træn(t)ˈspɛrənt
transparently
BR tranˈspar̩ntli, tranˈspɛːrntli
AM træn(t)ˈspɛrən(t)li
transparentness
BR tranˈspar̩ntnəs, tranˈspɛːrntnəs
AM træn(t)ˈspɛrən(t)nəs

trans-Pennine
BR tranzˈpɛnʌɪn
AM træn(t)sˈpɛˌnaɪn
transpersonal
BR tranzˈpəːsn̩l
AM træn(t)sˈpərs(ə)n(ə)l
transpierce
BR tranzˈpɪəs, -ɪz, -ɪŋ, -t
AM træn(t)sˈpɪ(ə)rs, -əz, -ɪŋ, -t
transpirable
BR tranˈspʌɪərəbl
AM træn(t)ˈspaɪərbəl, træn(t)ˈspaɪ(ə)rəb(ə)l
transpiration
BR ‚transpɪˈreɪʃn
AM ‚træn(t)spəˈreɪʃ(ə)n
transpiratory
BR tranˈspʌɪrət(ə)ri
AM træn(t)ˈspaɪrəˌtɔri
transpire
BR tranˈspʌɪə(r), -z, -ɪŋ, -d
AM træn(t)ˈspaɪ(ə)r, -z, -ɪŋ, -d
transplant[1] *noun*
BR ˈtransplɑːnt, -s
AM ˈtræn(t)sˌplænt, -s
transplant[2] *verb*
BR transˈplɑːnt, -s, -ɪŋ, -ɪd
AM træn(t)sˈplæn|t, -ts, -(t)ɪŋ, -(t)əd
transplantable
BR transˈplɑːntəbl
AM træn(t)sˈplæn(t)əb(ə)l
transplantation
BR ‚transplɑːnˈteɪʃn, -z
AM ‚træn(t)sˌplænˈteɪʃ(ə)n, -z
transplanter
BR transˈplɑːntə(r), -z
AM træn(t)sˈplæn(t)ər, -z
transponder
BR tranˈspɒndə(r), -z
AM træn(t)ˈspɑndər, -z

transpontine
BR tranzˈpɒntʌɪn
AM træn(t)ˈspɑnˌtaɪn
transport[1] *noun*
BR ˈtranspɔːt, -s
AM ˈtræn(t)sˌpɔ(ə)rt, -s
transport[2] *verb*
BR tranˈspɔːt, -s, -ɪŋ, -ɪd
AM træn(t)s|ˈpɔ(ə)rt, -ˈpɔ(ə)rts, -ˈpɔrdɪŋ, -ˈpɔrdəd
transportability
BR tran‚spɔːtəˈbɪlɪti, ‚transpɔːtəˈbɪlɪti
AM ‚træn(t)sˌpɔrdəˈbɪlɪdi
transportable
BR tranˈspɔːtəbl
AM træn(t)sˈpɔrdəb(ə)l
transportation
BR ‚transpɔːˈteɪʃn
AM ‚træn(t)spərˈteɪʃ(ə)n
transporter
BR tranˈspɔːtə(r), -z
AM træn(t)sˈpɔrdər, -z
transposable
BR tranˈspəʊzəbl
AM træn(t)ˈspoʊzəb(ə)l
transposal
BR tranˈspəʊzl
AM træn(t)ˈspoʊz(ə)l
transpose
BR tranˈspəʊz, -ɪz, -ɪŋ, -d
AM træn(t)ˈspoʊz, -ɪz, -ɪŋ, -d
transposer
BR tranˈspəʊzə(r), -z
AM træn(t)ˈspoʊzər, -z
transposition
BR ‚transpəˈzɪʃn, -z
AM ‚træn(t)spəˈzɪʃ(ə)n, -z
transpositional
BR ‚transpəˈzɪʃn̩l
AM ‚træn(t)spəˈzɪʃ(ə)n(ə)l
transpositive
BR transˈpɒzɪtɪv
AM træn(t)ˈspɑzədɪv

transputer
BR trən'spjuːtə(r), -z
AM træn(t)'spjudər, -z

transsexual
BR tran(s)'sekʃʊəl,
tran(s)'sekʃ(ʊ)l,
tran(s)'seksjʊ(ə)l, -z
AM træn(t)(s)-
'sekʃ(əw)əl, -z

transsexualism
BR tran(s)'sekʃʊəlɪzm,
tran(s)'sekʃʊlɪzm,
tran(s)'sekʃlɪzm,
tran(s)-
'seksjʊ(ə)lɪzm
AM træn(t)(s)-
'sekʃ(əw)ə,lɪz(ə)m

transship
BR tran(s)'ʃɪp, -s,
-ɪŋ, -t
AM træn(t)(s)'ʃɪp, -s,
-ɪŋ, -t

transshipment
BR tran(s)'ʃɪpm(ə)nt,
-s
AM træn(t)(s)-
'ʃɪpm(ə)nt, -s

trans-Siberian
BR ˌtranzsʌɪ'bɪərɪən
AM ˌtræn(t)(s)ˌsaɪ-
'bɪriən

trans-sonic
BR tran(s)'sɒnɪk
AM træn(t)(s)ˌsɑnɪk

transubstantiate
BR ˌtransəb'stanʃɪeɪt,
ˌtransəb'stansɪeɪt,
-s, -ɪŋ, -d
AM ˌtræn(t)səb-
'stæn(t)ʃiˌeɪt, -ts,
-dɪŋ, -dɪd

transubstantiation
BR ˌtransəbˌstanʃi'eɪʃn,
ˌtransəbˌstansi'eɪʃn
AM ˌtræn(t)səb-
ˌstæn(t)ʃi'eɪʃ(ə)n

transudation
BR ˌtransjʊ'deɪʃn
AM ˌtræn(t)sə'deɪʃ(ə)n

transudatory
BR tran(s)'sjuːdət(ə)ri
AM træn(t)(s)'sudəˌtɔri

transude
BR tran'sjuːd, -z,
-ɪŋ, -ɪd
AM træn(t)'s(j)ud, -z,
-ɪŋ, -əd

transuranic
BR ˌtranzjʊ'ranɪk
AM ˌtræn(t)sjʊ'rænɪk

Transvaal
BR 'tranzvɑːl,
(ˌ)tranz'vɑːl
AM trænz'vɑl

Transvaaler
BR 'tranzvɑːlə(r),
(ˌ)tranz'vɑːlə(r), -z
AM trænz'vɑlər, -z

transversal
BR tranz'vəːsl, -z
AM trænz'vərs(ə)l,
-z

transversality
BR ˌtranzvə'salɪti
AM ˌtræn(t)svər'sælədi,
ˌtrænzvər'sælədi

transversally
BR (ˌ)tranz'vəːsli
AM trænz'vərsəli

transverse
BR (ˌ)tranz'vəːs
AM trænz'vərs

transversely
BR (ˌ)tranz'vəːsli
AM trænz'vərsli

transvest
BR tranz'vest, -s, -ɪŋ,
-ɪd
AM trænz'vest, -s, -ɪŋ,
-əd

transvestism
BR tranz'vestɪzm
AM trænz'vesˌtɪz(ə)m

transvestist
BR tranz'vestɪst, -s
AM trænz'vestəst,
-s

transvestite
BR tranz'vestʌɪt, -s
AM trænz'vesˌtaɪt, -s

Transworld
BR ˌtranz'wəːld
AM ˌtræn(t)s'wərld,
ˌtrænz'wərld

Transylvania
BR ˌtrans(ɪ)l'veɪnɪə(r)
AM ˌtræn(t)səl'veɪnjə,
ˌtræn(t)səl'veɪniə

Transylvanian
BR ˌtrans(ɪ)l'veɪnɪən,
-z
AM ˌtræn(t)səl'veɪnjən,
ˌtræn(t)səl'veɪniən, -z

tranter
BR 'trantə(r), -z
AM 'træn(t)ər, -z

trap
BR trap, -s, -ɪŋ, -t
AM træp, -s, -ɪŋ, -t

trap-ball
BR 'trapbɔːl
AM 'træpˌbal, 'træpˌbɔl

trapdoor
BR ˌtrap'dɔː(r),
'trapdɔː(r), -z
AM 'træpˌdɔ(ə)r, -z

trapes
BR treɪps, -ɪz, -ɪŋ, -t
AM treɪps, -ɪz, -ɪŋ, -t

trapeze
BR trə'piːz, -ɪz
AM ˌtræ'piz, trə'piz, -ɪz

trapezia
BR trə'piːzɪə(r)
AM trə'piziə

trapezium
BR trə'piːzɪəm, -z
AM trə'piziəm, -z

trapezoid
BR trə'piːzɔɪd, -z
AM 'træpəˌzɔɪd, -z

trapezoidal
BR ˌtrapɪ'zɔɪdl
AM ˌtræpə'zɔɪd(ə)l

traplike
BR 'traplʌɪk
AM 'træpˌlaɪk

trappean
BR 'trapɪən
AM 'træpiən

trapper
BR 'trapə(r), -z
AM 'træpər, -z

trappings
BR 'trapɪŋz
AM 'træpɪŋz

Trappist
BR 'trapɪst, -s
AM 'træpəst, -s

Trappistine
BR 'trapɪstiːn
AM 'træpəˌstin

trapse
BR treɪps, -ɪz, -ɪŋ, -t
AM treɪps, -ɪz, -ɪŋ, -t

trapshooter
BR 'trapˌʃuːtə(r), -z
AM 'træpˌʃudər, -z

trapshooting
BR 'trapˌʃuːtɪŋ
AM 'træpˌʃudɪŋ

trash
BR traʃ, -ɪz, -ɪŋ, -t
AM træʃ, -əz, -ɪŋ, -t

trashcan
BR 'traʃkan, -z
AM 'træʃˌkæn, -z

trashery
BR 'traʃ(ə)r|i, -ɪz
AM 'træʃəri, -z

trashily
BR 'traʃɪli
AM 'træʃəli

trashiness
BR 'traʃɪnɪs
AM 'træʃinɪs

trashman
BR 'traʃman
AM 'træʃˌmæn

trashmen
BR 'traʃmɛn
AM 'træʃˌmɛn

trashy
BR 'traʃ|i, -ɪə(r),
-ɪɪst
AM 'træʃi, -ər, -ɪst

Trás-os-Montes
BR ˌtrɑːsəz'mɒnteɪz
AM ˌtrɑsəz'mɑnˌteɪz
B PORT ˌtrɑsos'montʃis
L PORT ˌtrɑzuʒ'mõtəʃ

trass
BR trɑs
AM træs

trattoria
BR ˌtratə'riːə(r), -z
AM ˌtrɑdə'riə, -z
IT tratto'ria

trauma
BR ˈtrɔːmə(r),
ˈtraʊmə(r), -z
AM ˈtrɑmə, ˈtrɔmə, -z

traumata
BR ˈtrɔːmətə(r),
ˈtraʊmətə(r)
AM ˈtrɑmədə,
ˈtrɔmədə

traumatic
BR trɔːˈmætɪk,
traʊˈmætɪk
AM trəˈmædɪk,
trɑˈmædɪk,
trɔˈmædɪk

traumatically
BR trɔːˈmætɪkli,
traʊˈmætɪkli
AM trəˈmædək(ə)li,
trɔˈmædək(ə)li

traumatisation
BR ˌtrɔːmətaɪˈzeɪʃn,
ˌtraʊmətaɪˈzeɪʃn
AM ˌtrɑməˌtaɪˈzeɪʃ(ə)n,
ˌtrɑmədəˈzeɪʃ(ə)n,
ˌtrɔməˌtaɪˈzeɪʃ(ə)n,
ˌtrɔmədəˈzeɪʃ(ə)n

traumatise
BR ˈtrɔːmətaɪz,
ˈtraʊmətaɪz, -ɪz,
-ɪŋ, -d
AM ˈtrɑməˌtaɪz, ˈtrɔmə-
ˌtaɪz, -ɪz, -ɪŋ, -d

traumatism
BR ˈtrɔːmətɪzm,
ˈtraʊmətɪzm
AM ˈtrɑməˌtɪz(ə)m,
ˈtrɔməˌtɪz(ə)m

traumatization
BR ˌtrɔːmətaɪˈzeɪʃn,
ˌtraʊmətaɪˈzeɪʃn
AM ˌtrɑməˌtaɪˈzeɪʃ(ə)n,
ˌtrɑmədəˈzeɪʃ(ə)n,
ˌtrɑməˌtaɪˈzeɪʃ(ə)n,
ˌtrɔmədəˈzeɪʃ(ə)n

traumatize
BR ˈtrɔːmətaɪz,
ˈtraʊmətaɪz, -ɪz,
-ɪŋ, -d
AM ˈtrɑməˌtaɪz,
ˈtrɔməˌtaɪz, -ɪz,
-ɪŋ, -d

travail
BR ˈtraveɪl, -z,
-ɪŋ, -d
AM træˌveɪl,
trəˈveɪ(ə)l, -z,
-ɪŋ, -d

travel
BR ˈtravl̩, -z,
-l̩ɪŋ\-lɪŋ, -ld
AM ˈtrævl̩, -əlz,
-(ə)lɪŋ, -əld

traveler
BR ˈtravl̩ə(r),
ˈtravlə(r), -z
AM ˈtræv(ə)lər, -z

traveller
BR ˈtravl̩ə(r),
ˈtravlə(r), -z
AM ˈtræv(ə)lər, -z

Travelodge
BR ˈtravəlɒdʒ
AM ˈtrævəˌlɑdʒ

travelog
BR ˈtravəlɒg, -z
AM ˈtrævəˌlag,
ˈtrævəˌlɔg, -z

travelogue
BR ˈtravəlɒg, -z
AM ˈtrævəˌlag,
ˈtrævəˌlɔg, -z

Travers
BR ˈtravəz
AM ˈtrævərz

traversable
BR ˈtravəsəbl,
trəˈvɜːsəbl
AM trəˈvɜrsəb(ə)l

traversal
BR trəˈvɜːsl
AM trəˈvɜrs(ə)l

traverse
BR ˈtravəs, trəˈvɜːs,
-ɪz, -ɪŋ, -t
AM trəˈvɜrs, -əz,
-ɪŋ, -t

traverser
BR ˈtravəsə(r),
trəˈvɜːsə(r), -z
AM trəˈvɜrsər, -z

travertine
BR ˈtravəˌtiːn, -z
AM ˈtrævərˌtin, -z

travesty
BR ˈtravɪst|i, -ɪz, -ɪɪŋ,
-ɪd
AM ˈtrævəsti, -z, -ɪŋ, -d

Traviata
BR ˌtravɪˈɑːtə(r)
AM ˌtrɑviˈɑdə

Travis
BR ˈtravɪs
AM ˈtrævəs

travois[1] *singular*
BR trəˈvɔɪ, ˈtravɔɪ
AM trəˈvɔɪ, trəvˈwɑ,
ˈtræˌvɔɪ

travois[2] *plural*
BR trəˈvɔɪz, ˈtravɔɪz
AM trəˈvɔɪ(z),
trəvˈwɑ(z),
ˈtræˌvɔɪ(z)

trawl
BR trɔːl, -z, -ɪŋ, -d
AM trɑl, trɔl, -z, -ɪŋ, -d

trawler
BR ˈtrɔːlə(r), -z
AM ˈtrɑlər, ˈtrɔlər, -z

trawlerman
BR ˈtrɔːləmən
AM ˈtrɑlərm(ə)n,
ˈtrɔlərm(ə)n

trawlermen
BR ˈtrɔːləmən
AM ˈtrɑlərm(ə)n,
ˈtrɔlərm(ə)n

Trawsfynydd
BR ˌtraʊsˈvʌnɪð,
ˌtraʊzˈvʌnɪð
AM ˌtraʊsˈvənəθ

tray
BR treɪ, -z
AM treɪ, -z

trayful
BR ˈtreɪfʊl, -z
AM ˈtreɪˌfʊl, -z

treacherous
BR ˈtretʃ(ə)rəs
AM ˈtretʃ(ə)rəs

treacherously
BR ˈtretʃ(ə)rəsli
AM ˈtretʃ(ə)rəsli

treacherousness
BR ˈtretʃ(ə)rəsnəs
AM ˈtretʃ(ə)rəsnəs

treachery
BR ˈtretʃ(ə)r|i, -ɪz
AM ˈtretʃ(ə)ri, -z

treacle
BR ˈtriːkl
AM ˈtrikəl

treacliness
BR ˈtriːkl̩ɪnɪs,
ˈtriːklɪnɪs
AM ˈtrik(ə)lɪnɪs

treacly
BR ˈtriːkl̩i, ˈtriːkli
AM ˈtrik(ə)li

Treacy
BR ˈtriːsi
AM ˈtrisi

tread
BR tred, -z, -ɪŋ,
-ɪd
AM tred, -z, -ɪŋ,
-əd

treader
BR ˈtredə(r), -z
AM ˈtredər, -z

treadle
BR ˈtredl, -z
AM ˈtredəl, -z

treadmill
BR ˈtredmɪl, -z
AM ˈtredˌmɪl, -z

treadwheel
BR ˈtredwiːl, -z
AM ˈtredˌ(h)wil,
-z

treason
BR ˈtriːzn, -z
AM ˈtrizn, -z

treasonable
BR ˈtriːzn̩əbl,
ˈtriːznəbl
AM ˈtrizn̩əb(ə)l

treasonableness
BR ˈtriːzn̩əblnəs,
ˈtriːznəblnəs
AM ˈtrizn̩əbəlnəs

treasonably
BR ˈtriːzn̩əbli,
ˈtriːznəbli
AM ˈtriz(ə)nəbli

treasonous
BR ˈtriːzn̩əs
AM ˈtrizn̩əs

treasure
BR ˈtreʒ|ə(r), -əz,
-(ə)rɪŋ, -əd
AM ˈtreʒ|ər, -ərz,
-(ə)rɪŋ, -ərd
treasurehouse
BR ˈtreʒəhaʊ|s,
-zɪz
AM ˈtreʒər͵(h)aʊ|s,
-zəz
treasurer
BR ˈtreʒ(ə)rə(r), -z
AM ˈtreʒ(ə)rər, -z
treasurership
BR ˈtreʒ(ə)rəʃɪp, -s
AM ˈtreʒ(ə)rərˌʃɪp, -s
treasury
BR ˈtreʒ(ə)r|i, -ɪz
AM ˈtreʒ(ə)ri, -z
treat
BR triːt, -s, -ɪŋ, -ɪd
AM tri|t, -ts, -dɪŋ,
-dɪd
treatable
BR ˈtriːtəbl
AM ˈtriːdəb(ə)l
treater
BR ˈtriːtə(r), -z
AM ˈtriːdər, -z
treatise
BR ˈtriːtɪz, ˈtriːtɪs, -ɪz
AM ˈtriːdɪs, -ɪz
treatment
BR ˈtriːtm(ə)nt, -s
AM ˈtriːtm(ə)nt, -s
treaty
BR ˈtriːt|i, -ɪz
AM ˈtriːdi, -z
Trebizond
BR ˈtrebɪzɒnd
AM ˈtrebɪˌzɑnd
treble
BR ˈtreb|l, -lz,
-lɪŋ\-lɪŋ, -ld
AM ˈtreb|əl, -əlz,
-(ə)lɪŋ, -əld
treble chance
BR ˌtrebl ˈtʃɑːns
AM ˌtrebəl ˈtʃæns
treble clef
BR ˌtrebl ˈklef, -s
AM ˈtrebəl ˌklef, -s

Treblinka
BR trɪˈblɪŋkə(r),
treˈblɪŋkə(r)
AM treˈblɪŋkə,
trəˈblɪŋkə
trebly
BR ˈtrebli
AM ˈtrebli
Trebor
BR ˈtriːbɔː(r)
AM ˈtrɪbɔə(r)
trebuchet
BR ˈtreb(j)ʊʃet, -s
AM ˌtreb(j)əˈʃet, -s
trecentist
BR treɪˈtʃentɪst, -s
AM treɪˈ(t)ʃen(t)əst,
-s
trecento
BR treɪˈtʃentəʊ
AM treɪˈ(t)ʃen(t)oʊ
IT treˈtʃento
Tredegar
BR trɪˈdiːgə(r)
AM trəˈdigər
tree
BR triː, -z, -ɪŋ, -d
AM tri, -z, -ɪŋ, -d
treecreeper
BR ˈtriːˌkriːpə(r), -z
AM ˈtriˌkripər, -z
treehouse
BR ˈtriːhaʊ|s, -zɪz
AM ˈtriˌhaʊ|s, -zəz
treeless
BR ˈtriːlɪs
AM ˈtrilɪs
treelessness
BR ˈtriːlɪsnɪs
AM ˈtrilɪsnɪs
treeline
BR ˈtriːlʌɪn
AM ˈtriˌlaɪn
treen
BR triːn
AM trin
treenail
BR ˈtriːneɪl, ˈtrenl, -z
AM ˈtrenl, ˈtriˌneɪl, -z
treetop
BR ˈtriːtɒp, -s
AM ˈtriˌtɑp, -s

trefa
BR ˈtreɪfə(r)
AM ˈtreɪfə
Trefgarne
BR ˈtrevgɑːn,
ˈtrefgɑːn
AM ˈtrefˌgɑrn
trefoil
BR ˈtrefɔɪl, ˈtriːfɔɪl,
trɪˈfɔɪl, -z, -d
AM ˈtreˌfɔɪl, ˈtriˌfɔɪl,
-z, -d
Trefusis
BR trɪˈfjuːsɪs
AM trəˈfjusəs
Tregaron
BR trɪˈgarn
AM trəˈgerən
trehalose
BR ˈtriːhələʊs,
trɪˈhɑːləʊs
AM ˈtri(h)əˌloʊs
trek
BR trek, -s, -ɪŋ, -t
AM trek, -s, -ɪŋ, -t
trekker
BR ˈtrekə(r), -z
AM ˈtrekər, -z
Trelawney
BR trɪˈlɔːni
AM trəˈlɑni, trəˈlɔni
trellis
BR ˈtrelɪs, -ɪz, -t
AM ˈtreləs, -əz, -t
trellis-work
BR ˈtrelɪswɜːk, -s
AM ˈtreləsˌwɝk, -s
Tremain
BR trɪˈmeɪn
AM trəˈmeɪn
trematode
BR ˈtremətəʊd,
ˈtriːmətəʊd, -z
AM ˈtrimə͵toʊd,
ˈtremə͵toʊd, -z
tremble
BR ˈtrembl, -z, -ɪŋ, -d
AM ˈtrembəl, -əlz,
-(ə)lɪŋ, -əld
trembler
BR ˈtremblə(r), -z
AM ˈtremb(ə)lər, -z

trembling
BR ˈtremblɪŋ, -z
AM ˈtremb(ə)lɪŋ, -z
tremblingly
BR ˈtremblɪŋli
AM ˈtremb(ə)lɪŋli
trembly
BR ˈtrembli
AM ˈtremb(ə)li
tremendous
BR trɪˈmendəs
AM triˈmendəs,
trəˈmendəs
tremendously
BR trɪˈmendəsli
AM triˈmendəsli,
trəˈmendəsli
tremendousness
BR trɪˈmendəsnəs
AM triˈmendəsnəs,
trəˈmendəsnəs
Tremlett
BR ˈtremlɪt
AM ˈtremlət
tremolo
BR ˈtremləʊ, -z
AM ˈtreməˌloʊ, -z
tremor
BR ˈtremə(r), -z
AM ˈtremər, -z
tremulant
BR ˈtremjʊlnt
AM ˈtremjəl(ə)nt
tremulous
BR ˈtremjʊləs
AM ˈtremjələs
tremulously
BR ˈtremjʊləsli
AM ˈtremjələsli
tremulousness
BR ˈtremjʊləsnəs
AM ˈtremjələsnəs
trenail
BR ˈtriːneɪl, ˈtrenl,
-z
AM ˈtrenl, ˈtriˌneɪl, -z
trench
BR tren(t)ʃ, -ɪz
AM tren(t)ʃ, -əz
trenchancy
BR ˈtren(t)ʃnsi
AM ˈtren(t)ʃənsi

trenchant
BR ˈtrɛ(t)ʃnt
AM ˈtrɛn(t)ʃ(ə)nt
trenchantly
BR ˈtrɛ(t)ʃntli
AM ˈtrɛn(t)ʃən(t)li
Trenchard
BR ˈtrɛn(t)ʃɑːd
AM ˈtrɛn(t)ʃərd
trencher
BR ˈtrɛn(t)ʃə(r), -z
AM ˈtrɛn(t)ʃər, -z
trencherman
BR ˈtrɛn(t)ʃəmən
AM ˈtrɛn(t)ʃərm(ə)n
trenchermen
BR ˈtrɛn(t)ʃəmən
AM ˈtrɛn(t)ʃərm(ə)n
trend
BR trɛnd, -z, -ɪŋ, -ɪd
AM trɛnd, -z, -ɪŋ, -əd
trendily
BR ˈtrɛndɪli
AM ˈtrɛndəli
trendiness
BR ˈtrɛndɪnɪs
AM ˈtrɛndɪnɪs
trendsetter
BR ˈtrɛndˌsɛtə(r), -z
AM ˈtrɛn(d)ˌsɛdər, -z
trendsetting
BR ˈtrɛndˌsɛtɪŋ
AM ˈtrɛn(d)ˌsɛdɪŋ
trendy
BR ˈtrɛnd|i, -ɪz, -ɪə(r), -ɪɪst
AM ˈtrɛndi, -z, -ər, -ɪst
Trent
BR trɛnt
AM trɛnt
trental
BR ˈtrɛntl, -z
AM ˈtrɛn(t)l, -z
trente-et-quarante
BR ˌtrɒ̃teɪkaˈrɒ̃t
AM ˌtrɑn(t)əkəˈrɑnt
Trentham
BR ˈtrɛntəm
AM ˈtrɛn(t)əm
Trentino-Alto
BR trɛnˌtiːnəʊˈaltəʊ
AM trɛnˌtinoʊˈɑltoʊ

Trento
BR ˈtrɛntəʊ
AM ˈtrɛn(t)oʊ
Trenton
BR ˈtrɛnt(ə)n
AM ˈtrɛnt(ə)n
Treorchy
BR trɪˈɔːki
AM triˈɔrki
trepan
BR trɪˈpan, -z, -ɪŋ, -d
AM triˈpæn, trəˈpæn, -z, -ɪŋ, -d
trepanation
BR ˌtrɛpəˈneɪʃn, -z
AM ˌtrɛpəˈneɪʃ(ə)n, -z
trepang
BR trɪˈpaŋ, -z
AM triˈpæŋ, trəˈpæŋ, -z
trephination
BR ˌtrɛfɪˈneɪʃn
AM ˌtrɛfəˈneɪʃ(ə)n
trephine
BR trɪˈfiːn, trɪˈfʌɪn, -z, -ɪŋ, -d
AM ˌtriˌfaɪn, -z, -ɪŋ, -d
trepidation
BR ˌtrɛpɪˈdeɪʃn
AM ˌtrɛpəˈdeɪʃ(ə)n
treponemata
BR ˌtrɛpəˈniːmətə(r)
AM ˌtrɛpəˈnimədə
treponeme
BR ˈtriːpəniːm, -z
AM ˈtrɛpənim, -z
treponima
BR ˌtrɛpəˈniːmə(r)
AM ˌtrɛpəˈnimə
Tresillian
BR trɪˈsɪliən
AM trəˈsɪliən, trəˈsɪljən
trespass
BR ˈtrɛspəs, -ɪz, -ɪŋ, -t
AM ˈtrɛˌspæs, ˈtrɛspəs, -əz, -ɪŋ, -t
trespasser
BR ˈtrɛspəsə(r), -z
AM ˈtrɛspəsər, ˈtrɛˌspæsər, -z

tress
BR trɛs, -ɪz
AM trɛs, -əz
tressure
BR ˈtrɛʃə(r), ˈtrɛs(j)ʊə(r), -z
AM ˈtrɛʃər, -z
tressy
BR ˈtrɛsi
AM ˈtrɛsi
trestle
BR ˈtrɛsl, -z
AM ˈtrɛs(ə)l, -z
tret
BR trɛt, -s
AM trɛt, -s
Tretchikoff
BR ˈtrɛtʃɪkɒf
AM ˈtrɛtʃəˌkɑf, ˈtrɛtʃəˌkɔf
Trethowan
BR trɪˈθaʊən, trɪˈθaʊən
AM trəˈθaʊən, trəˈθoʊən
Tretyakov
BR ˈtrɛtjəkɒv
AM ˈtrɛtjəˌkɑv, ˈtrɛtjəˌkɔv
RUS trʲitʲjiˈkof
trevally
BR trɪˈval|i, -ɪz
AM trəˈvæli, -z
Trevelyan
BR trɪˈvɛliən, trɪˈvɪliən
AM trəˈvɛliən, trəˈvɛljən
Trevethick
BR trɪˈvɛθɪk
AM trəˈvɛθɪk
Trevino
BR trɪˈviːnəʊ
AM trəˈvinoʊ
Trevithick
BR trɪˈvɪθɪk
AM ˈtrəˈvɪθɪk
Trevor
BR ˈtrɛvə(r)
AM ˈtrɛvər
trews
BR truːz
AM truz

trey
BR treɪ, -z
AM treɪ, -z
triable
BR ˈtrʌɪəbl
AM ˈtraɪəb(ə)l
triacetate
BR trʌɪˈasɪteɪt, -s
AM traɪˈæsəˌteɪt, -s
triacid
BR trʌɪˈasɪd, -z
AM traɪˈæsəd, -z
triad
BR ˈtrʌɪad, -z
AM ˈtraɪˌæd, -z
triadelphous
BR ˌtrʌɪəˈdɛlfəs
AM ˌtraɪəˈdɛlfəs
triadic
BR trʌɪˈadɪk
AM traɪˈædɪk
triadically
BR trʌɪˈadɪkli
AM traɪˈædək(ə)li
triage
BR ˈtriːɑːʒ, ˈtrʌɪɑːʒ, ˈtriːɪdʒ, ˈtrʌɪɪdʒ
AM ˈtriɑʒ
trial
BR ˈtrʌɪəl, -z, -ɪŋ, -d
AM ˈtraɪ(ə)l, -z, -ɪŋ, -d
trial and error
BR ˌtrʌɪ(ə)l (ə)n(d) ˈɛrə(r)
AM ˌtraɪ(ə)l ən ˈɛrər
trialist
BR ˈtrʌɪəlɪst, -s
AM ˈtraɪələst, -s
triallist
BR ˈtrʌɪəlɪst, -s
AM ˈtraɪələst, -s
trial marriage
BR ˌtrʌɪəl ˈmar|ɪdʒ, -ɪdʒɪz
AM ˌtraɪ(ə)l ˈmɛrɪdʒ, -ɪz
trial run
BR ˌtrʌɪəl ˈrʌn, -z
AM ˌtraɪ(ə)l ˈrən, -z
triandrous
BR trʌɪˈandrəs
AM traɪˈændrəs

triangle
BR ˈtrʌɪaŋgl, -z
AM ˈtraɪˌæŋgəl, -z

triangular
BR trʌɪˈaŋgjʉlə(r)
AM traɪˈæŋgjələr

triangularity
BR trʌɪˌaŋgjʉˈlarɪti
AM traɪˌæŋgjəˈlerədi

triangularly
BR trʌɪˈaŋgjʉləli
AM traɪˈæŋgjələrli

triangulate[1] *adjective*
BR trʌɪˈaŋgjʉlət
AM traɪˈæŋgjələt

triangulate[2] *verb*
BR trʌɪˈaŋgjʉleɪt, -s, -ɪŋ, -ɪd
AM traɪˈæŋgjəˌleɪ|t, -ts, -dɪŋ, -dɪd

triangulately
BR trʌɪˈaŋgjʉlətli
AM traɪˈæŋgjələtli

triangulation
BR trʌɪˌaŋgjʉˈleɪʃn, ˌtrʌɪaŋgjʉˈleɪʃn
AM ˌtraɪˌæŋgjəˈleɪʃ(ə)n

Trianon
BR ˈtrɪənɒn
AM ˈtriəˌnɑn

triantelope
BR trʌɪˈantɪləʊp, -s
AM traɪˈæn(t)əˌloʊp, -s

Trias
BR ˈtrʌɪas
AM ˈtraɪəs

Triassic
BR trʌɪˈasɪk
AM traɪˈæsɪk

triathlete
BR trʌɪˈaθliːt, -s
AM traɪˈæθ(ə)ˌlit, -s

triathlon
BR trʌɪˈaθlɒn, -z
AM traɪˈæθ(ə)ˌlɑn, traɪˈæθ(ə)l(ə)n, -z

triatomic
BR ˌtrʌɪəˈtɒmɪk
AM ˌtraɪəˈtɑmɪk

triaxial
BR trʌɪˈaksɪəl
AM traɪˈæksɪəl

tribade
BR ˈtrɪbəd, -z
AM trəˈbɑd, ˈtraɪbəd, -z

tribadism
BR ˈtrɪbədɪzm
AM ˈtrɪbəˌdɪz(ə)m

tribal
BR ˈtrʌɪbl
AM ˈtraɪb(ə)l

tribalism
BR ˈtrʌɪblɪzm
AM ˈtraɪbəˌlɪz(ə)m

tribalist
BR ˈtrʌɪblɪst, -s
AM ˈtraɪbələst, -s

tribalistic
BR ˌtrʌɪbəˈlɪstɪk, ˌtrʌɪblˈɪstɪk
AM ˌtraɪbəˈlɪstɪk

tribally
BR ˈtrʌɪbli
AM ˈtrɪbəli

tribasic
BR trʌɪˈbeɪsɪk
AM traɪˈbeɪsɪk

tribe
BR trʌɪb, -z
AM traɪb, -z

tribesman
BR ˈtrʌɪbzmən
AM ˈtraɪbzm(ə)n

tribesmen
BR ˈtrʌɪbzmən
AM ˈtraɪbzm(ə)n

tribespeople
BR ˈtrʌɪbzˌpiːpl
AM ˈtraɪbzˌpipəl

tribeswoman
BR ˈtrʌɪbzˌwʊmən
AM ˈtraɪbzˌwʊm(ə)n

tribeswomen
BR ˈtrʌɪbzˌwɪmɪn
AM ˈtraɪbzˌwɪmɪn

triblet
BR ˈtrɪblɪt, -s
AM ˈtrɪblɪt, -s

triboelectricity
BR ˌtrʌɪbəʊˌlɛkˈtrɪsɪti, ˌtrʌɪbəʊˌɛlɛkˈtrɪsɪti, ˌtrʌɪbəʊˌɪlɛkˈtrɪsɪti, ˌtrʌɪbəʊˌiːlɛkˈtrɪsɪti
AM ˌtraɪboʊˌɪlɛkˈtrɪsɪdi, ˌtraɪboʊələkˈtrɪsɪdi

tribologist
BR trʌɪˈbɒlədʒɪst, -s
AM traɪˈbɑlədʒəst, -s

tribology
BR trʌɪˈbɒlədʒi
AM traɪˈbɑlədʒi

triboluminescence
BR ˌtrʌɪbəʊˌl(j)uːmɪˈnɛsns
AM ˌtraɪboʊˌluməˈnɛs(ə)ns

triboluminescent
BR ˌtrʌɪbəʊˌl(j)uːmɪˈnɛsnt
AM ˌtraɪboʊˌluməˈnɛs(ə)nt

tribometer
BR trʌɪˈbɒmɪtə(r), -z
AM traɪˈbɑmədər, -z

tribrach
BR ˈtrʌɪbrak, ˈtrɪbrak, -s

tribrachic
BR trʌɪˈbrakɪk, trɪˈbrakɪk
AM traɪˈbrækɪk

tribulation
BR ˌtrɪbjʉˈleɪʃn
AM ˌtrɪbjəˈleɪʃ(ə)n

tribunal
BR trʌɪˈbjuːnl, -z
AM trəˈbjun(ə)l, traɪˈbjun(ə)l, -z

tribunate
BR ˈtrɪbjʉnət, ˈtrɪbjʉneɪt, -s
AM ˈtrɪbjəˌneɪt, ˈtrɪbjənət, -s

tribune
BR ˈtrɪbjuːn, -z
AM ˈtrɪbjun, -z

tribuneship
BR ˈtrɪbjuːnˌʃɪp, -s
AM ˈtrɪbjunˌʃɪp, -s

tribunicial
BR ˌtrɪbjʉˈnɪʃl
AM ˌtrɪbjəˈnɪʃ(ə)l

tribunician
BR ˌtrɪbjʉˈnɪʃn, -z
AM ˌtrɪbjəˈnɪʃ(ə)n, -z

tribunitial
BR ˌtrɪbjʉˈnɪʃl
AM ˌtrɪbjəˈnɪʃ(ə)l

tributarily
BR ˈtrɪbjʉt(ə)rɪli
AM ˌtrɪbjəˈtɛrəli

tributariness
BR ˈtrɪbjʉt(ə)rɪnɪs
AM ˈtrɪbjəˌtɛrɪnɪs

tributary
BR ˈtrɪbjʉt(ə)r|i, -ɪz
AM ˈtrɪbjəˌtɛri, -z

tribute
BR ˈtrɪbjuːt, -s
AM ˈtrɪbjut, -s

tricameral
BR (ˌ)trʌɪˈkam(ə)rl̩
AM ˌtraɪˈkæm(ə)rəl

tricar
BR ˈtrʌɪkɑː(r), -z
AM ˈtraɪˌkɑr, -z

trice
BR trʌɪs
AM traɪs

Tricel
BR ˈtrʌɪsɛl
AM ˈtraɪˌsɛl

tricentenary
BR ˌtrʌɪsɛnˈtiːn(ə)r|i, ˌtrʌɪsɛnˈtɛn(ə)r|i, trʌɪˈsɛntɪn(ə)r|i, -ɪz
AM ˌtraɪˌsɛnˈtɛnəri, traɪˈsɛn(t)əˌnɛri, -z

triceps
BR ˈtrʌɪsɛps, -ɪz
AM ˈtraɪˌsɛps, -ɪz

triceratops
BR trʌɪˈsɛrətɒps
AM traɪˈsɛrəˌtɑps

trichiasis
BR trɪˈkʌɪəsɪs, ˌtrɪkɪˈeɪsɪs
AM trəˈkaɪəsəs

trichina
BR trɪˈkaɪnə(r),
trɪˈkiːnə(r), -z
AM trəˈkinə, trəˈkaɪnə,
-z
trichinae
BR trɪˈkaɪniː, trɪˈkiːniː
AM trəˈkini, trəˈkaɪni
Trichinopoly
BR ˌtrɪtʃɪˈnɒpl̩i
AM ˌtrɪkəˈnɑpəli
trichinosis
BR ˌtrɪkɪˈnəʊsɪs
AM ˌtrɪkəˈnoʊsəs
trichinous
BR ˈtrɪkɪnəs
AM ˈtrɪkənəs
trichloride
BR traɪˈklɔːraɪd, -z
AM traɪˈklɔːraɪd, -z
trichloroethane
BR ˌtraɪklɔːrəʊˈiːθeɪn,
traɪˌklɔːrəʊˈiːθeɪn
AM ˌˌtraɪˌklɔroʊˈɛˌθeɪn
trichogenous
BR trɪˈkɒdʒɪnəs
AM trəˈkɑdʒənəs
trichological
BR ˌtrɪkəˈlɒdʒɪkl
AM ˌtrɪkəˈlɑdʒək(ə)l
trichologist
BR trɪˈkɒlədʒɪst, -s
AM trəˈkɑlədʒəst, -s
trichology
BR trɪˈkɒlədʒi
AM trəˈkɑlədʒi
trichome
BR ˈtraɪkəʊm,
ˈtrɪkəʊm, -z
AM ˈtrɪˌkoʊm,
ˈtraɪˌkoʊm, -z
trichomonad
BR ˌtrɪkə(ʊ)ˈmɒnad, -z
AM ˌtrɪkəˈmoʊˌnæd,
ˌtrɪkəˈmɑˌnæd, -z
trichomoniasis
BR ˌtrɪkə(ʊ)mə(ʊ)-
ˈnaɪəsɪs
AM ˌtrɪkəməˈnaɪəsəs
trichopathic
BR ˌtrɪkə(ʊ)ˈpæθɪk
AM ˌtrɪkəˈpæθɪk

trichopathy
BR trɪˈkɒpəθi
AM trəˈkɑpəθi
Trichoptera
BR traɪˈkɒpt(ə)rə(r)
AM traɪˈkɑptərə
trichopteran
BR traɪˈkɒpt(ə)rn̩,
-z
AM trəˈkɑptərən, -z
trichopterous
BR traɪˈkɒpt(ə)rəs
AM trəˈkɑpt(ə)rəs
trichord
BR ˈtraɪkɔːd, -z
AM ˈtraɪˌkɔ(ə)rd, -z
trichotomic
BR ˌtraɪkəˈtɒmɪk,
ˌtrɪkəˈtɒmɪk
AM ˌtrɪkəˈtɑmɪk
trichotomise
BR traɪˈkɒtəmaɪz,
trɪˈkɒtəmaɪz, -ɪz,
-ɪŋ, -d
AM ˌtraɪˈkɑdəˌmaɪz,
trəˈkɑdəˌmaɪz, -ɪz,
-ɪŋ, -d
trichotomize
BR traɪˈkɒtəmaɪz,
trɪˈkɒtəmaɪz, -ɪz,
-ɪŋ, -d
AM ˌtraɪˈkɑdəˌmaɪz,
trəˈkɑdəˌmaɪz, -ɪz,
-ɪŋ, -d
trichotomous
BR traɪˈkɒtəməs,
trɪˈkɒtəməs
AM ˌtraɪˈkɑdəməs,
trəˈkɑdəməs
trichotomy
BR traɪˈkɒtəmi,
trɪˈkɒtəmi
AM traɪˈkɑdəmi
trichroic
BR traɪˈkrəʊɪk
AM traɪˈkroʊɪk
trichroism
BR ˈtraɪkrəʊɪzm
AM ˈtraɪkrəˌwɪz(ə)m
trichromatic
BR ˌtraɪkrə(ʊ)ˈmatɪk
AM ˌtraɪˌkroʊˈmædɪk

trichromatism
BR traɪˈkrəʊmətɪzm
AM ˌtraɪˈkroʊmə-
ˌtɪz(ə)m
Tricia
BR ˈtrɪʃə(r)
AM ˈtrɪʃə
tri-city
BR ˌtraɪˈsɪti, ˈtraɪˌsɪti
AM ˈˌtraɪˌsɪdi
Tricity
BR ˈtrɪsɪti
AM ˈtraɪˌsɪdi
trick
BR trɪk, -s, -ɪŋ, -t
AM trɪk, -s, -ɪŋ, -t
tricker
BR ˈtrɪkə(r), -z
AM ˈtrɪkər, -z
trickery
BR ˈtrɪk(ə)ri
AM ˈtrɪk(ə)ri
trickily
BR ˈtrɪkɪli
AM ˈtrɪkəli
trickiness
BR ˈtrɪkɪnɪs
AM ˈtrɪkɪnɪs
trickish
BR ˈtrɪkɪʃ
AM ˈtrɪkɪʃ
trickle
BR ˈtrɪk|l, -lz, -l̩ɪŋ\-lɪŋ,
-ld
AM ˈtrɪk|əl, -əlz,
-(ə)lɪŋ, -əld
trickler
BR ˈtrɪkl̩ə(r), ˈtrɪklə(r),
-z
AM ˈtrɪk(ə)lər, -z
trickless
BR ˈtrɪklɪs
AM ˈtrɪklɪs
trickly
BR ˈtrɪkl̩i, ˈtrɪkli
AM ˈtrɪk(ə)li
trick-or-treat
BR ˌtrɪkɔːˈtriːt
AM ˌtrɪkərˈtrit
tricksily
BR ˈtrɪksɪli
AM ˈtrɪksəli

tricksiness
BR ˈtrɪksɪnɪs
AM ˈtrɪksɪnɪs
trickster
BR ˈtrɪkstə(r), -z
AM ˈtrɪkstər, -z
tricksy
BR ˈtrɪks|i, -ɪə(r), -ɪɪst
AM ˈtrɪksi, -ər, -ɪst
tricky
BR ˈtrɪk|i, -ɪə(r), -ɪɪst
AM ˈtrɪki, -ər, -ɪst
triclinia
BR traɪˈklɪnɪə(r),
trɪˈklɪnɪə(r)
AM traɪˈklɪnɪə
triclinic
BR traɪˈklɪnɪk
AM traɪˈklɪnɪk
triclinium
BR traɪˈklɪnɪəm,
trɪˈklɪnɪəm
AM traɪˈklɪnɪəm
tricolor
BR ˈtrɪkələ(r), ˈtrɪkl̩ə(r),
ˈtraɪˌkʌlə(r), -z
AM ˈtraɪˌkələr, -z
tricolored
BR ˈtraɪˌkʌləd,
ˌtraɪˈkʌləd
AM ˈtraɪˌkələrd
tricolour
BR ˈtrɪkələ(r), ˈtrɪkl̩ə(r),
ˈtraɪˌkʌlə(r), -z
AM ˈtraɪˌkələr, -z
tricoloured
BR ˈtraɪˌkʌləd,
ˌtraɪˈkʌləd
AM ˈtraɪˌkələrd
tricorn
BR ˈtraɪkɔːn, -z
AM ˈtraɪˌkɔ(ə)rn, -z
tricorne
BR ˈtraɪkɔːn, -z
AM ˈtraɪˌkɔ(ə)rn, -z
tricot
BR ˈtrɪkəʊ, ˈtriːkəʊ, -z
AM ˈtrikoʊ, -z
tricotyledonous
BR ˌtraɪkɒtɪˈliːdn̩əs,
ˌtraɪkɒtl̩ˈiːdn̩əs
AM ˌˌtraɪˌkɑdəˈlidn̩əs

tricrotic
BR trʌɪˈkrɒtɪk
AM traɪˈkrɑdɪk
tricuspid
BR trʌɪˈkʌspɪd
AM traɪˈkəspəd
tricycle
BR ˈtrʌɪsɪkl, -z
AM ˈtraɪˌsɪk(ə)l,
ˈtraɪsɪk(ə)l,
-z
tricyclic
BR ˌtrʌɪˈsʌɪklɪk,
ˌtrʌɪˈsɪklɪk
AM ˌtraɪˈsɪklɪk,
ˌtraɪˈsaɪklɪk
tricyclist
BR ˈtrʌɪsɪklɪst,
-s
AM ˈtraɪˌsɪklɪst,
ˈtraɪsɪklɪst, -s
tridactyl
BR trʌɪˈdakt(ɪ)l
AM traɪˈdæktl
tridactylous
BR trʌɪˈdaktɪləs,
trʌɪˈdaktləs
AM traɪˈdæktələs
trident
BR ˈtrʌɪd(ə)nt, -s
AM ˈtraɪdnt, -s
tridentate
BR trʌɪˈdenteɪt
AM traɪˈdenˌteɪt
Tridentine
BR trʌɪˈdentʌɪn,
trɪˈdentʌɪn
AM traɪˈdenˌtaɪn,
traɪˈdenˌtin
tridigitate
BR trʌɪˈdɪdʒɪteɪt
AM traɪˈdɪdʒəˌteɪt
tridimensional
BR ˌtrʌɪdɪˈmenʃn̩l,
ˌtrʌɪdʌɪˈmenʃn̩l
AM ˌtraɪdə-
ˈmen(t)ʃ(ə)n(ə)l
triduum
BR ˈtrɪdjʊəm,
ˈtrʌɪdjʊəm
AM ˈtrɪdʒəwəm,
ˈtrɪdjəwəm

tridymite
BR ˈtrɪdɪmʌɪt, -s
AM ˈtrɪdəˌmaɪt, -s
tried
BR ˈtrʌɪd
AM ˈtraɪd
triene
BR ˈtrʌɪiːn, -z
AM ˈtraɪin, -z
triennia
BR trʌɪˈenɪə(r)
AM traɪˈenɪə
triennial
BR trʌɪˈenɪəl
AM traɪˈenɪəl
triennially
BR trʌɪˈenɪəli
AM traɪˈenɪəli
triennium
BR trʌɪˈenɪəm, -z
AM traɪˈenɪəm, -z
Trier
BR ˈtrɪə(r)
AM ˈtrɪ(ə)r
trier
BR ˈtrʌɪə(r), -z
AM ˈtraɪər, -z
trierarchy
BR ˈtrʌɪərɑːk|i,
-ɪz
AM ˈtraɪəˌrɑrki, -z
Trieste
BR trɪˈest
AM triˈest
IT triˈeste
trifacial
BR trʌɪˈfeɪʃl
AM traɪˈfeɪʃ(ə)l
trifecta
BR trʌɪˈfektə(r)
AM traɪˈfektə
triffid
BR ˈtrɪfɪd, -z
AM ˈtrɪfɪd, -z
trifid
BR ˈtrʌɪfɪd
AM ˈtrɪfɪd
trifle
BR ˈtrʌɪf|l, -lz,
-lɪŋ\-lɪŋ, -ld
AM ˈtraɪf|əl, -əlz,
-(ə)lɪŋ, -əld

trifler
BR ˈtrʌɪflə(r),
ˈtrʌɪflə(r), -z
AM ˈtraɪf(ə)lər, -z
triflingly
BR ˈtrʌɪflɪŋli,
ˈtrʌɪflɪŋli
AM ˈtraɪf(ə)lɪŋli
triflingness
BR ˈtrʌɪflɪŋnɪs,
ˈtrʌɪflɪŋnɪs
AM ˈtraɪf(ə)lɪŋnɪs
trifocal
BR trʌɪˈfəʊkl, -z
AM ˈtraɪˌfoʊkəl, -z
trifoliate
BR trʌɪˈfəʊlɪət
AM traɪˈfoʊliˌeɪt,
traɪˈfoʊlɪət
triforia
BR trʌɪˈfɔːrɪə(r)
AM traɪˈfɔrɪə
triforium
BR trʌɪˈfɔːrɪəm, -z
AM traɪˈfɔrɪəm, -z
triform
BR ˈtrʌɪfɔːm
AM ˈtraɪˌfɔ(ə)rm
trifurcate
BR ˈtrʌɪfəkeɪt, -s,
-ɪŋ, -ɪd
AM ˈtraɪfərˌkeɪ|t, -ts,
-dɪŋ, -dɪd
trig
BR trɪg, -z
AM trɪg, -z
trigamist
BR ˈtrɪgəmɪst, -s
AM ˈtrɪgəməst,
-s
trigamous
BR ˈtrɪgəməs
AM ˈtrɪgəməs
trigamy
BR ˈtrɪgəmi
AM ˈtrɪgəmi
trigeminal
BR trʌɪˈdʒemɪnl
AM traɪˈdʒemən(ə)l
trigemini
BR trʌɪˈdʒemɪnʌɪ
AM traɪˈdʒeməˌnaɪ

trigeminus
BR trʌɪˈdʒemɪnəs
AM traɪˈdʒemənəs
trigger
BR ˈtrɪg|ə(r), -əz,
-(ə)rɪŋ, -əd
AM ˈtrɪgər, -z,
-ɪŋ, -d
triggerfish
BR ˈtrɪgəfɪʃ
AM ˈtrɪgərˌfɪʃ
triglyceride
BR trʌɪˈglɪsərʌɪd, -z
AM traɪˈglɪsəˌraɪd, -z
triglyph
BR ˈtrʌɪglɪf, -s
AM ˈtraɪˌglɪf, -s
triglyphic
BR trʌɪˈglɪfɪk
AM traɪˈglɪfɪk
triglyphical
BR trʌɪˈglɪfɪkl
AM traɪˈglɪfɪk(ə)l
trigon
BR ˈtrʌɪg(ɒ)n, -z
AM ˈtraɪˌgɑn, -z
trigonal
BR ˈtrɪgn̩l
AM ˈtrɪgən(ə)l
trigonally
BR ˈtrɪgn̩li
AM ˈtrɪgənəli
trigoneutic
BR ˌtrʌɪgəˈnjuːtɪk
AM ˌtraɪgəˈn(j)udɪk
trigonometric
BR ˌtrɪgnəˈmetrɪk
AM ˌtrɪgənəˈmetrɪk
trigonometrical
BR ˌtrɪgnəˈmetrɪkl
AM ˌtrɪgənə-
ˈmetrək(ə)l
trigonometrically
BR ˌtrɪgnəˈmetrɪkli
AM ˌtrɪgənə-
ˈmetrək(ə)li
trigonometry
BR ˌtrɪgəˈnɒmɪtri
AM ˌtrɪgəˈnɑmətri
trigram
BR ˈtrʌɪgram, -z
AM ˈtraɪˌgræm, -z

trigraph
BR ˈtrʌɪgrɑːf, -s
AM ˈtraɪˌgræf, -s

trigynous
BR ˈtrɪdʒɪnəs
AM ˈtrɪdʒɪnəs

trihedra
BR trʌɪˈhiːdrə(r), trʌɪˈhɛdrə(r)
AM traɪˈhidrə

trihedral
BR trʌɪˈhiːdr(ə)l, trʌɪˈhɛdr(ə)l
AM traɪˈhidrəl

trihedron
BR trʌɪˈhiːdrən, trʌɪˈhɛdrən, -z
AM traɪˈhidrən, -z

trihydric
BR trʌɪˈhʌɪdrɪk
AM traɪˈhaɪdrɪk

trijet
BR ˈtrʌɪdʒɛt, -s
AM ˈtraɪˌdʒɛt, -s

trike
BR trʌɪk, -s
AM traɪk, -s

trilabiate
BR trʌɪˈleɪbɪət
AM traɪˈleɪbiˌeɪt

trilaminar
BR trʌɪˈlamɪnə(r)
AM traɪˈlæmənər

trilateral
BR trʌɪˈlat(ə)rl̩
AM traɪˈlætrəl, traɪˈlædərəl

trilaterally
BR trʌɪˈlat(ə)rl̩i
AM traɪˈlætrəli, traɪˈlædərəli

trilateralness
BR trʌɪˈlat(ə)rl̩nəs
AM traɪˈlætrəlnəs, traɪˈlædərəlnəs

trilby
BR ˈtrɪlb|i, -ɪz, -d
AM ˈtrɪlbi, -z, -d

trilemma
BR trʌɪˈlɛmə(r), -z
AM traɪˈlɛmə, -z

trilinear
BR trʌɪˈlɪnɪə(r)
AM traɪˈlɪni(ə)r

trilingual
BR trʌɪˈlɪŋgw(ə)l
AM traɪˈlɪŋgwəl

trilingualism
BR trʌɪˈlɪŋgwlɪzm
AM traɪˈlɪŋgwəˌlɪz(ə)m

triliteral
BR trʌɪˈlɪt(ə)rl̩
AM traɪˈlɪtrəl, traɪˈlɪdərəl

trilith
BR ˈtrʌɪlɪθ, -s
AM ˈtraɪˌlɪθ, -s

trilithic
BR trʌɪˈlɪθɪk
AM traɪˈlɪθɪk

trilithon
BR ˈtrɪlɪθɒn, -z
AM ˈtrɪləˌθɑn, -z

trill
BR trɪl, -z, -ɪŋ, -d
AM trɪl, -z, -ɪŋ, -d

Trilling
BR ˈtrɪlɪŋ
AM ˈtrɪlɪŋ

trillion
BR ˈtrɪljən, -z
AM ˈtrɪljən, -z

trillionth
BR ˈtrɪljənθ
AM ˈtrɪljənθ

trillium
BR ˈtrɪliəm
AM ˈtrɪliəm

trilobate
BR trʌɪˈləʊbeɪt
AM ˈtraɪləˌbeɪt

trilobite
BR ˈtrʌɪlə(ʊ)bʌɪt, ˈtrɪlə(ʊ)bʌɪt, -s
AM ˈtrɪləˌbaɪt, ˈtraɪləˌbaɪt, -s

trilocular
BR trʌɪˈlɒkjʊlə(r)
AM traɪˈlɑkjələr

trilogy
BR ˈtrɪlədʒ|i, -ɪz
AM ˈtrɪlədʒi, -z

trim
BR trɪm, -z, -ɪŋ, -d
AM trɪm, -z, -ɪŋ, -d

trimaran
BR ˈtrʌɪmərən, -z
AM ˈtraɪməˌræn, -z

Trimble
BR ˈtrɪmbl
AM ˈtrɪmbəl

trimer
BR ˈtrʌɪmə(r), -z
AM ˈtraɪmər, -z

trimeric
BR trʌɪˈmɛrɪk
AM traɪˈmɛrɪk

trimerous
BR ˈtrɪm(ə)rəs
AM ˈtrɪmərəs

trimester
BR trʌɪˈmɛstə(r), ˈtrʌɪmɛstə(r), -z
AM ˈtraɪˌmɛstər, -z

trimestral
BR trʌɪˈmɛstr(ə)l
AM traɪˈmɛstrəl

trimeter
BR ˈtrɪmɪtə(r), ˈtrʌɪˌmiːtə(r), -z
AM ˈtrɪmədər, -z

trimetric
BR trʌɪˈmɛtrɪk
AM traɪˈmɛtrɪk

trimetrical
BR trʌɪˈmɛtrɪkl
AM traɪˈmɛtrək(ə)l

trimly
BR ˈtrɪmli
AM ˈtrɪmli

trimmer
BR ˈtrɪmə(r), -z
AM ˈtrɪmər, -z

trimming
BR ˈtrɪmɪŋ, -z
AM ˈtrɪmɪŋ, -z

trimness
BR ˈtrɪmnɪs
AM ˈtrɪmnɪs

trimorphic
BR trʌɪˈmɔːfɪk
AM traɪˈmɔrfɪk

trimorphism
BR trʌɪˈmɔːfɪzm
AM traɪˈmɔrˌfɪz(ə)m

trimorphous
BR trʌɪˈmɔːfəs
AM traɪˈmɔrfəs

Trimurti
BR trɪˈmʊəti
AM triˈmʊrdi

trinal
BR ˈtrʌɪnl
AM ˈtraɪn(ə)l

Trincomalee
BR ˌtrɪŋkəməˈliː
AM ˌtrɪŋkəməˈli

trine
BR trʌɪn, -z
AM traɪn, -z

Tring
BR trɪŋ
AM trɪŋ

Trini
BR ˈtriːn|i, -ɪz
AM ˈtrini, -z

Trinian's
BR ˈtrɪniənz
AM ˈtrɪniənz

Trinidad
BR ˈtrɪnɪdad
AM ˈtrɪnəˌdæd

Trinidad and Tobago
BR ˈtrɪnɪdad (ə)n(d) təˈbeɪgəʊ
AM ˈtrɪnədæd ən təˈbeɪgoʊ

Trinidadian
BR ˌtrɪnɪˈdadiən, -z
AM ˌtrɪnəˈdeɪdiən, ˌtrɪnəˈdædiən, -z

Trinitarian
BR ˌtrɪnɪˈtɛːriən, -z
AM ˌtrɪnəˈtɛriən, -z

Trinitarianism
BR ˌtrɪnɪˈtɛːriənɪzm
AM ˌtrɪnəˈtɛriəˌnɪz(ə)m

trinitrotoluene
BR ˌtrʌɪˌnʌɪtrəʊˈtɒljuiːn
AM traɪˌnaɪtroʊˈtɑljəˌwin

trinitrotoluol
BR ˌtrʌɪˌnʌɪtrəʊˈtɒljʊɒl
AM traɪˌnaɪtrouˈtaljə-
ˌwɔl, traɪˌnaɪtroʊ-
ˈtaljəˌwɔl

trinity
BR ˈtrɪnɪt|i, -ɪz
AM ˈtrɪnɪdi, -z

trinket
BR ˈtrɪŋkɪt, -s
AM ˈtrɪŋkɪt, -s

trinketry
BR ˈtrɪŋkɪtri
AM ˈtrɪŋkɪtri

trinomial
BR trʌɪˈnəʊmɪəl
AM traɪˈnoʊmɪəl

trinomialism
BR trʌɪˈnəʊmɪəlɪzm
AM traɪˈnoʊmɪəˌlɪz(ə)m

trio
BR ˈtriːəʊ, -z
AM ˈtrioʊ, -z

triode
BR ˈtrʌɪəʊd, -z
AM ˈtraɪˌoʊd, -z

trioecious
BR trʌɪˈiːʃəs
AM traɪˈiʃəs

triolet
BR ˈtriːə(ʊ)lɛt,
ˈtrʌɪə(ʊ)lɛt, ˈtriːə(ʊ)-
lɪt, ˈtrʌɪə(ʊ)lɪt, -s
AM ˈtriələt, -s

trioxide
BR trʌɪˈɒksʌɪd, -z
AM traɪˈakˌsaɪd, -z

trip
BR trɪp, -s, -ɪŋ, -t
AM trɪp, -s, -ɪŋ, -t

tripartite
BR trʌɪˈpɑːtʌɪt
AM traɪˈpɑrˌtaɪt

tripartitely
BR trʌɪˈpɑːtʌɪtli
AM traɪˈpɑrˌtaɪtli

tripartition
BR ˌtrʌɪpɑːˈtɪʃn
AM ˌtraɪpɑrˈtɪʃ(ə)n

tripe
BR trʌɪp
AM traɪp

tripetalous
BR trʌɪˈpɛtl̩əs
AM traɪˈpɛdləs

triphibious
BR trʌɪˈfɪbɪəs
AM traɪˈfɪbɪəs

triphosphate
BR trʌɪˈfɒsfeɪt, -s
AM traɪˈfɑsˌfeɪt, -s

triphthong
BR ˈtrɪfθɒŋ, ˈtrɪpθɒŋ, -z
AM ˈtrɪpˌθɑŋ, ˈtrɪfˌθɑŋ, ˈtrɪpˌθɔŋ, ˈtrɪfˌθɔŋ, -z

triphthongal
BR ˌtrɪfˈθɒŋgl, ˌtrɪpˈθɒŋgl
AM trɪpˈθɑŋ(g)əl, trɪfˈθɑŋ(g)əl, trɪpˈθɔŋ(g)əl, trɪfˈθɔŋ(g)əl

triphyllous
BR trʌɪˈfɪləs
AM traɪˈfɪləs

tripinnate
BR trʌɪˈpɪneɪt, trʌɪˈpɪnɪt
AM traɪˈpɪnɪt, traɪˈpɪˌneɪt

Tripitaka
BR trɪˈpɪtəkə(r), ˌtrɪpɪˈtɑːkə(r)
AM ˌtrɪpɪˈtɑkə

triplane
BR ˈtrʌɪpleɪn, -z
AM ˈtraɪˌpleɪn, -z

triple
BR ˈtrɪp|l, -lz, -l̩ŋ\-lɪŋ, -ld
AM ˈtrɪp|əl, -əlz, -(ə)lɪŋ, -əld

triple crown
BR ˌtrɪpl ˈkraʊn, -z
AM ˌtrɪpəl ˈkraʊn, -z

triple-header
BR ˌtrɪplˈhɛdə(r), -z
AM ˌtrɪpəlˈhɛdər, -z

triplet
BR ˈtrɪplɪt, -s
AM ˈtrɪplɪt, -s

triplex
BR ˈtrɪplɛks
AM ˈtrɪˌplɛks

triplicate[1] *noun, adjective*
BR ˈtrɪplɪkət
AM ˈtrɪpləkət

triplicate[2] *verb*
BR ˈtrɪplɪkeɪt, -s, -ɪŋ, -ɪd
AM ˈtrɪpləˌkeɪ|t, -ts, -dɪŋ, -dɪd

triplication
BR ˌtrɪplɪˈkeɪʃn, -z
AM ˌtrɪpləˈkeɪʃ(ə)n, -z

triplicity
BR trɪˈplɪsɪt|i, -ɪz
AM trɪˈplɪsɪdi, -z

triploid
BR ˈtrɪplɔɪd, -z
AM ˈtrɪplɔɪd, -z

triploidy
BR ˈtrɪplɔɪdi
AM ˈtrɪˌplɔɪdi

triply
BR ˈtrɪpli
AM ˈtrɪp(ə)li

tripmeter
BR ˈtrɪpˌmiːtə(r), -z
AM ˈtrɪpˌmidər, -z

tripod
BR ˈtrʌɪpɒd, -z
AM ˈtraɪˌpɑd, -z

tripodal
BR ˈtrɪpədl
AM traɪˈpoʊdəl

tripoli
BR ˈtrɪpl̩|i, -ɪz
AM ˈtrɪpəli, -z

Tripolis
BR ˈtrɪplɪs
AM ˈtrɪp(ə)ləs

Tripolitania
BR ˌtrɪpl̩ɪˈteɪnɪə(r), trɪˌpɒlɪˈteɪnɪə(r)
AM ˌtrɪpələˈteɪnɪə

Tripolitanian
BR ˌtrɪpl̩ɪˈteɪnɪən, trɪˌpɒlɪˈteɪnɪən, -z
AM ˌtrɪpələˈteɪnɪən, -z

tripos
BR ˈtrʌɪpɒs, -ɪz
AM ˈtraɪˌpɑs, -əz

Tripp
BR trɪp
AM trɪp

tripper
BR ˈtrɪpə(r), -z
AM ˈtrɪpər, -z

trippingly
BR ˈtrɪpɪŋli
AM ˈtrɪpɪŋli

trippy
BR ˈtrɪpi
AM ˈtrɪpi

triptych
BR ˈtrɪptɪk, -s
AM ˈtrɪptɪk, -s

triptyque
BR trɪpˈtiːk, -s
AM ˈtrɪptɪk, trɪpˈtik, -s

Tripura
BR ˈtrɪp(ʊ)rə(r)
AM ˈtrɪpʊrə

tripwire
BR ˈtrɪpˌwʌɪə(r), -z
AM ˈtrɪpˌwaɪ(ə)r, -z

triquetra
BR trʌɪˈkwiːtrə(r), trʌɪˈkwɛtrə(r), -z
AM traɪˈkwɛtrə, traɪˈkwitrə, -z

triquetrae
BR trʌɪˈkwiːtriː, trʌɪˈkwɛtriː
AM traɪˈkwɛtri, traɪˈkwɪtˌraɪ, traɪˈkwɛtˌraɪ, traɪˈkwitri

triquetral
BR trʌɪˈkwiːtr(ə)l, trʌɪˈkwɛtr(ə)l
AM traɪˈkwɛtrəl, traɪˈkwitrəl

triquetrous
BR trʌɪˈkwiːtrəs, trʌɪˈkwɛtrəs
AM traɪˈkwɛtrəs, traɪˈkwitrəs

trireme
BR ˈtrʌɪriːm, -z
AM ˈtraɪˌrim, -z

trisaccharide
BR trʌɪˈsakərʌɪd, -z
AM traɪˈsækəˌraɪd, -z

Trisagion
BR trɪˈsagɪən,
trɪˈseɪgɪən, -z
AM triˈsægɪən, -z
trisect
BR trʌɪˈsɛkt, -s, -ɪŋ,
-ɪd
AM traɪˈsɛk|(t), -(t)s,
-tɪŋ, -təd
trisection
BR trʌɪˈsɛkʃn, -z
AM traɪˈsɛkʃ(ə)n, -z
trisector
BR trʌɪˈsɛktə(r), -z
AM traɪˈsɛktər, -z
Trish
BR trɪʃ
AM trɪʃ
Trisha
BR ˈtrɪʃə(r)
AM ˈtrɪʃə
trishaw
BR ˈtrʌɪʃɔː(r), -z
AM ˈtraɪˌʃɑ, ˈtraɪˌʃɔ, -z
triskelion
BR trɪˈskɛlɪən,
trʌɪˈskɛlɪən, -z
AM trəˈskɛlɪən,
traɪˈskɛliˌɑn,
trəˈskɛliˌɑn,
traɪˈskɛlɪən, -z
trismus
BR ˈtrɪzməs, -ɪz
AM ˈtrɪzməs, -ɪz
trisomy
BR ˈtrɪsəmi
AM ˈtrɪsɪmi
Tristan
BR ˈtrɪst(ə)n
AM ˈtrɪst(ə)n,
ˈtrɪsˌtɑn
Tristan da Cunha
BR ˌtrɪst(ə)n də
ˈkuːn(j)ə(r)
AM ˌtrɪst(ə)n də
ˈkun(j)ə
Tri-Star
BR ˈtrʌɪstɑː(r)
AM ˈtraɪˌstɑr
triste
BR triːst
AM trist

tristesse
BR triːˈstɛs
AM triˈstɛs
tristichous
BR ˈtrɪstɪkəs
AM ˈtrɪstəkəs
tristigmatic
BR ˌtrʌɪstɪgˈmatɪk
AM ˌtrɪstɪgˈmædɪk
Tristram
BR ˈtrɪstrəm
AM ˈtrɪstrəm
tristylous
BR trʌɪˈstʌɪləs
AM traɪˈstaɪləs
trisulcate
BR trʌɪˈsʌlkeɪt
AM traɪˈsəlˌkeɪt
trisyllabic
BR ˌtrʌɪsɪˈlabɪk
AM ˌtraɪsəˈlæbɪk
trisyllabically
BR ˌtrʌɪsɪˈlabɪkli
AM ˌtraɪsəˈlæbək(ə)li
trisyllable
BR trʌɪˈsɪləbl,
ˈtrʌɪˌsɪləbl, -z
AM traɪˈsɪləb(ə)l, -z
tritagonist
BR trʌɪˈtagnɪst, -s
AM traɪˈtægənəst, -s
tritanope
BR ˈtrɪtənəʊp, -s
AM ˈtrɪtnˌoʊp, -s
tritanopia
BR ˌtrɪtəˈnəʊpɪə(r)
AM ˌtrɪtnˈoʊpɪə
trite
BR trʌɪt, -ə(r),
-ɪst
AM traɪ|t, -dər,
-dəst
tritely
BR ˈtrʌɪtli
AM ˈtraɪtli
triteness
BR ˈtrʌɪtnɪs
AM ˈtraɪtnəs
triternate
BR trʌɪˈtəːneɪt
AM traɪˈtərnət,
traɪˈtərneɪt

tritheism
BR ˈtrʌɪθiːɪzm,
trʌɪˈθiːɪzm
AM traɪˈθiˌɪz(ə)m
tritheist
BR ˈtrʌɪθiːɪst,
trʌɪˈθiːɪst, -s
AM traɪˈθiɪst, -s
tritiate
BR ˈtrɪtɪeɪt, -s, -ɪŋ,
-ɪd
AM ˈtrɪʃiˌeɪ|t, ˈtrɪdiˌeɪ|t,
-ts, -dɪŋ, -dɪd
tritiation
BR ˌtrɪtɪˈeɪʃn
AM ˌtrɪʃiˈeɪʃ(ə)n
triticale
BR ˌtrɪtɪˈkeɪli
AM ˌtrɪdɪˈkeɪli
tritium
BR ˈtrɪtɪəm
AM ˈtrɪdiəm
triton
BR ˈtrʌɪt(ə)n, -z
AM ˈtraɪtn, -z
tritone
BR ˈtrʌɪtəʊn, -z
AM ˈtraɪˌtoʊn, -z
triturable
BR ˈtrɪtjɜrəbl,
ˈtrɪtʃ(ɵ)rəbl
AM ˈtrɪtʃərəb(ə)l
triturate
BR ˈtrɪtjɜreɪt,
ˈtrɪtʃɜreɪt, -s, -ɪŋ,
-ɪd
AM ˈtrɪtʃəˌreɪ|t, -ts,
-dɪŋ, -dɪd
trituration
BR ˌtrɪtjɜˈreɪʃn,
ˌtrɪtʃɵˈreɪʃn
AM ˌtrɪtʃəˈreɪʃ(ə)n
triturator
BR ˈtrɪtjɜreɪtə(r),
ˈtrɪtʃɵreɪtə(r), -z
AM ˈtrɪtʃəˌreɪdər, -z
triumph
BR ˈtrʌɪʌmf, -s, -ɪŋ, -t
AM ˈtraɪəmf, -s, -ɪŋ, -t
triumphal
BR trʌɪˈʌmfl
AM traɪˈəmfəl

triumphalism
BR trʌɪˈʌmfˌlɪzm
AM traɪˈəmfəˌlɪz(ə)m
triumphalist
BR trʌɪˈʌmfˌlɪst
AM traɪˈəmfələst
triumphally
BR trʌɪˈʌmfˌli
AM traɪˈəmfəli
triumphant
BR trʌɪˈʌmf(ə)nt
AM traɪˈəmfənt
triumphantly
BR trʌɪˈʌmf(ə)ntli
AM traɪˈəmfən(t)li
triumvir
BR trʌɪˈʌmvə(r),
ˈtrʌɪəmvə(r), -z
AM traɪˈəmvər, -z
triumviral
BR trʌɪˈʌmvɪrl
AM traɪˈəmvərəl
triumvirate
BR trʌɪˈʌmvɪrət, -s
AM traɪˈəmvəˌreɪt,
traɪˈəmvərət, -s
triune
BR ˈtrʌɪjuːn
AM ˈtraɪˌ(j)un
triunity
BR trʌɪˈjuːnɪ|ti, -ɪz
AM traɪˈjunədi, -z
trivalency
BR (ˌ)trʌɪˈveɪlṇs|i,
-ɪz
AM traɪˈveɪlənsi, -z
trivalent
BR (ˌ)trʌɪˈveɪlṇt
AM trʌɪˈveɪl(ə)nt
trivet
BR ˈtrɪvɪt, -s
AM ˈtrɪvɪt, -s
trivia
BR ˈtrɪvɪə(r)
AM ˈtrɪviə
trivial
BR ˈtrɪvɪəl
AM ˈtrɪviəl
trivialisation
BR ˌtrɪvɪəlʌɪˈzeɪʃn
AM ˌtrɪviəˌlaɪˈzeɪʃ(ə)n,
ˌtrɪviələˈzeɪʃ(ə)n

trivialise
BR ˈtrɪviəlʌɪz, -ɪz,
-ɪŋ, -d
AM ˈtrɪviəˌlaɪz, -ɪz,
-ɪŋ, -d

triviality
BR ˌtrɪvɪˈalɪt|i, -ɪz
AM ˌtrɪviˈælədi,
-z

trivialization
BR ˌtrɪviəlʌɪˈzeɪʃn
AM ˌtrɪviəˌlaɪˈzeɪʃ(ə)n,
ˌtrɪviələˈzeɪʃ(ə)n

trivialize
BR ˈtrɪviəlʌɪz, -ɪz,
-ɪŋ, -d
AM ˈtrɪviəˌlaɪz, -ɪz,
-ɪŋ, -d

trivially
BR ˈtrɪviəli
AM ˈtrɪviəli

trivialness
BR ˈtrɪviəlnəs
AM ˈtrɪviəlnəs

trivium
BR ˈtrɪviəm
AM ˈtrɪviəm

tri-weekly
BR (ˌ)trʌɪˈwiːkli
AM traɪˈwikli

Trixie
BR ˈtrɪksi
AM ˈtrɪksi

Troad
BR trəʊd
AM troʊd

Troas
BR ˈtrəʊas
AM ˈtroʊəs

Trobriand
BR ˈtrəʊbriand
AM ˈtroʊˌbriand

Trocadero
BR ˌtrɒkəˈdɪərəʊ,
ˌtrɒkəˈdɛːrəʊ
AM ˌtrɑkəˈdɛroʊ

trocar
BR ˈtrəʊkɑː(r), -z
AM ˈtroʊˌkɑr, -z

trochaic
BR trə(ʊ)ˈkeɪɪk
AM troʊˈkeɪɪk

trochal
BR ˈtrəʊkl
AM ˈtroʊkəl

trochanter
BR trə(ʊ)ˈkantə(r), -z
AM troʊˈkæn(t)ər, -z

troche
BR trəʊʃ, -z
AM ˈtroʊˌki, -z

trochee
BR ˈtrəʊkiː, -z
AM ˈtroʊˌki, -z

trochi
BR ˈtrəʊkʌɪ, ˈtrɒkʌɪ
AM ˈtroʊˌkaɪ

trochlea
BR ˈtrɒklɪə(r)
AM ˈtrɑkliə

trochleae
BR ˈtrɒkliː
AM ˈtrɑkliˌaɪ, ˈtrɑkliˌi

trochlear
BR ˈtrɒklɪə(r)
AM ˈtrɑkliər

trochoid
BR ˈtrəʊkɔɪd, -z
AM ˈtroʊˌkɔɪd, -z

trochoidal
BR trə(ʊ)ˈkɔɪdl
AM troʊˈkɔɪd(ə)l

trochus
BR ˈtrəʊkəs, ˈtrɒkəs, -ɪz
AM ˈtroʊkəs, -əz

troctolite
BR ˈtrɒktəlʌɪt
AM ˈtrɑktəˌlaɪt

trod
BR trɒd
AM trɑd

trodden
BR ˈtrɒdn
AM ˈtrɑdən

trog
BR trɒg, -z
AM trɑg, -z

troglodyte *cave-dweller*
BR ˈtrɒglədʌɪt, -s
AM ˈtrɑgləˌdaɪt, -s

troglodytes *wren*
BR ˌtrɒgləˈdʌɪtiːz
AM ˌtrɑgləˈdaɪˌtiz

troglodytic
BR ˌtrɒgləˈdɪtɪk
AM ˌtrɑgləˈdɪdɪk

troglodytical
BR ˌtrɒgləˈdɪtɪkl
AM ˌtrɑgləˈdɪdɪk(ə)l

troglodytism
BR ˈtrɒglədʌɪtɪzm
AM ˈtrɑgləˌdaɪˌtɪz(ə)m,
ˈtrɑgləˌdaɪˌtɪz(ə)m

trogon
BR ˈtrəʊgɒn, -z
AM ˈtroʊˌgɑn, -z

troika
BR ˈtrɔɪkə(r), -z
AM ˈtrɔɪkə, -z
RUS ˈtrojkə

troilism
BR ˈtrɔɪlɪzm
AM ˈtrɔɪˌlɪz(ə)m

Troilus
BR ˈtrɔɪləs
AM ˈtrɔɪləs

Trojan
BR ˈtrəʊdʒ(ə)n, -z
AM ˈtroʊdʒ(ə)n, -z

Trojan horse
BR ˌtrəʊdʒ(ə)n ˈhɔːs, -ɪz
AM ˌtroʊdʒ(ə)n ˈhɔ(ə)rs, -əz

troll¹ *noun*
BR trɒl, trəʊl, -z
AM troʊl, -z

troll² *verb*
BR trəʊl, trɒl, -z,
-ɪŋ, -d
AM troʊl, -z, -ɪŋ, -d

troller
BR ˈtrəʊlə(r),
ˈtrɒlə(r), -z
AM ˈtroʊlər, -z

trolley
BR ˈtrɒl|i, -ɪz
AM ˈtrɑli, -z

trolleybus
BR ˈtrɒlibʌs, -ɪz
AM ˈtrɑliˌbəs,
-əz

trollop
BR ˈtrɒləp, -s
AM ˈtrɑləp, -s

Trollope
BR ˈtrɒləp
AM ˈtrɑləp

trollopish
BR ˈtrɒləpɪʃ
AM ˈtrɑləpɪʃ

trollopy
BR ˈtrɒləpi
AM ˈtrɑləpi

Tromans
BR ˈtrəʊmənz
AM ˈtroʊmənz

trombone
BR trɒmˈbəʊn, -z
AM trəmˈboʊn,
tramˈboʊn, -z

trombonist
BR trɒmˈbəʊnɪst, -s
AM trəmˈboʊnəst,
tramˈboʊnəst, -s

trommel
BR ˈtrɒml, -z
AM ˈtrɑm(ə)l, -z

tromometer
BR trəˈmɒmɪtə(r), -z
AM trəˈmɑmədər, -z

tromometric
BR ˌtrɒməˈmɛtrɪk
AM ˌtrɑməˈmɛtrɪk

tromp
BR trɒm|p, -ps,
-pɪŋ, -(p)t
AM tramp, -s,
-ɪŋ, -t

trompe
BR trɒmp, -s
AM tramp, -s

trompe l'œil
BR ˌtrɒ̃ˈplɔɪ,
ˌtrɒmˈplɔɪ
AM ˌtrɔmˈplɔɪ

trona
BR ˈtrəʊnə(r)
AM ˈtroʊnə

tronc
BR trɒŋk, -s
AM trɑŋk, -s

Trondheim
BR ˈtrɒn(d)hʌɪm
AM ˈtrɑn(d)ˌ(h)aɪm
NO ˈtrunheim,
ˈtronheim

Troon
BR truːn
AM trun

troop
BR truːp, -s, -ɪŋ, -t
AM trup, -s, -ɪŋ, -t

trooper
BR ˈtruːpə(r), -z
AM ˈtrupər, -z

troopship
BR ˈtruːpʃɪp, -s
AM ˈtrupˌʃɪp, -s

tropaeola
BR trə(ʊ)ˈpiːələ(r)
AM troʊˈpiələ

tropaeolum
BR trə(ʊ)ˈpiːələm, -z
AM troʊˈpiəl(ə)m, -z

trope
BR trəʊp, -s
AM troʊp, -s

trophic
BR ˈtrɒfɪk, ˈtrəʊfɪk
AM ˈtroʊfɪk

trophied
BR ˈtrəʊfɪd
AM ˈtroʊfɪd

trophoblast
BR ˈtrɒfə(ʊ)blɑːst, -s
AM ˈtrɑfəˌblæst, -s

trophoneuroses
BR ˌtrɒfəʊnjəˈrəʊsiːz, ˌtrɒfəʊnjɔːˈrəʊsiːz
AM ˌˈtrɑfən(j)əˈroʊsiz, ˈtrɑfəˌn(j)uˈroʊsiz

trophoneurosis
BR ˌtrɒfəʊnjəˈrəʊsɪs, ˌtrɒfəʊnjɔːˈrəʊsɪs
AM ˌˈtrɑfən(j)əˈroʊsəz, ˈtrɑfəˌn(j)uˈroʊsəs

trophy
BR ˈtrəʊf|i, -ɪz
AM ˈtroʊfi, -z

tropic
BR ˈtrɒpɪk, -s
AM ˈtrɑpɪk, -s

tropical
BR ˈtrɒpɪkl, -z
AM ˈtrɑpək(ə)l, -z

tropically
BR ˈtrɒpɪkli
AM ˈtrɑpək(ə)li

tropism
BR ˈtrəʊpɪzm
AM ˈtroʊˌpɪz(ə)m

tropological
BR ˌtrɒpəˈlɒdʒɪkl
AM ˌtrɑpəˈlɑdʒək(ə)l

tropology
BR trəˈpɒlədʒi
AM trəˈpɑlədʒi

tropopause
BR ˈtrɒpəpɔːz
AM ˈtrɑpəˌpɑz, ˈtrɑpəˌpɔz

troposphere
BR ˈtrɒpəsfɪə(r)
AM ˈtrɑpəˌsfɪ(ə)r

tropospheric
BR ˌtrɒpəˈsfɛrɪk
AM ˌtrɑpəˈsfɛrɪk

troppo
BR ˈtrɒpəʊ
AM ˈtrɑpoʊ
IT ˈtrɒppo

Trossachs
BR ˈtrɒsəks
AM ˈtrɑsəks

trot
BR trɒt, -s, -ɪŋ, -ɪd
AM trɑ|t, -ts, -dɪŋ, -dəd

troth
BR trəʊθ, trɒθ
AM troʊθ, trɑθ, trɔθ

Trotsky
BR ˈtrɒtski
AM ˈtrɑtski

Trotskyism
BR ˈtrɒtskiɪzm
AM ˈtrɑtskiˌɪz(ə)m

Trotskyist
BR ˈtrɒtskiɪst, -s
AM ˈtrɑtskiɪst, -s

Trotskyite
BR ˈtrɒtskiʌɪt, -s
AM ˈtrɑtskiˌaɪt, -s

trotter
BR ˈtrɒtə(r), -z
AM ˈtrɑdər, -z

trotting race
BR ˈtrɒtɪŋ ˌreɪs, -ɪz
AM ˈtrɑdɪŋ ˌreɪs, -ɪz

trottoir
BR ˈtrɒtwɑː(r), -z
AM trɑˈtwar, -z

trotyl
BR ˈtrəʊtɪl, ˈtrəʊtʌɪl
AM ˈtroʊdl

troubadour
BR ˈtruːbədɔː(r), ˈtruːbədʊə(r), -z
AM ˈtrubəˌdu(ə)r, ˈtrubəˌdo(ə)r, -z

trouble
BR ˈtrʌb|l, -lz, -lɪŋ\-lɪŋ, -ld
AM ˈtrʌb|(ə)l, -əlz, -(ə)lɪŋ, -əld

troublemaker
BR ˈtrʌblˌmeɪkə(r), -z
AM ˈtrʌbəlˌmeɪkər, -z

trouble-making
BR ˈtrʌblˌmeɪkɪŋ
AM ˈtrʌbəlˌmeɪkɪŋ

troubler
BR ˈtrʌblə(r), -z
AM ˈtrʌb(ə)lər, -z

troubleshoot
BR ˈtrʌblʃuːt, -s, -ɪŋ
AM ˈtrʌbəlˌʃut, -ts, -dɪŋ

troubleshooter
BR ˈtrʌblˌʃuːtə(r), -z
AM ˈtrʌbəlˌʃudər, -z

troubleshot
BR ˈtrʌblʃɒt
AM ˈtrʌbəlˌʃɑt

troublesome
BR ˈtrʌbls(ə)m
AM ˈtrʌbəls(ə)m

troublesomely
BR ˈtrʌbls(ə)mli
AM ˈtrʌbəlsəmli

troublesomeness
BR ˈtrʌbls(ə)mnəs
AM ˈtrʌbəlsəmnəs

troublous
BR ˈtrʌbləs
AM ˈtrʌbləs

trough
BR trɒf, -s
AM trɑf, trɔf, -s

trounce
BR traʊns, -ɪz, -ɪŋ, -t
AM traʊns, -əz, -ɪŋ, -t

trouncer
BR ˈtraʊnsə(r), -z
AM ˈtraʊnsər, -z

troupe
BR truːp, -s
AM trup, -s

trouper
BR ˈtruːpə(r), -z
AM ˈtrupər, -z

trouser
BR ˈtraʊzə(r), -z, -d
AM ˈtraʊzər, -z, -d

trouserless
BR ˈtraʊzələs
AM ˈtraʊzərləs

trousseau
BR ˈtruːsəʊ, -z
AM ˌtruˈsoʊ, ˈtruˌsoʊ, -z

trousseaux
BR ˈtruːsəʊ(z)
AM ˌtruˈsoʊ, ˈtruˌsoʊ

trout
BR traʊt
AM traʊt

troutlet
BR ˈtraʊtlɪt, -s
AM ˈtraʊtlət, -s

troutling
BR ˈtraʊtlɪŋ, -z
AM ˈtraʊtlɪŋ, -z

trouty
BR ˈtraʊti
AM ˈtraʊdi

trouvaille
BR truːˈvʌɪ\truːˈvʌɪz
AM truˈvaɪ, -z

trouvère
BR truːˈvɛː(r)\truːˈvɛːz
AM truˈvɛ(ə)r, -z

trove
BR trəʊv
AM troʊv

trover
BR ˈtrəʊvə(r), -z
AM ˈtroʊvər, -z

trow
BR trəʊ, traʊ
AM troʊ

Trowbridge
BR ˈtrəʊbrɪdʒ
AM ˈtroʊˌbrɪdʒ

trowel
BR ˈtraʊ(ə)l, -z, -ɪŋ, -d
AM ˈtraʊ(ə)l, -z, -ɪŋ, -d
Trowell
BR ˈtraʊ(ə)l, ˈtrəʊ(ə)l
AM ˈtroʊəl, ˈtraʊəl
troy
BR trɔɪ
AM trɔɪ
truancy
BR ˈtruːənsi
AM ˈtruənsi
truant
BR ˈtruːənt, -s, -ɪŋ, -ɪd
AM ˈtruənt, -s, -ɪŋ, -əd
Trubetskoy
BR trʊˈbɛtskɔɪ, ˌtruːbɛtˈskɔɪ
AM trəˈbɛtˌskɔɪ
RUS trubʲiˈtskoj
Trubshaw
BR ˈtrʌbʃɔː(r)
AM ˈtrəbˌʃɔ
truce
BR truːs, -ɪz
AM trus, -əz
truceless
BR ˈtruːsləs
AM ˈtrusləs
trucial
BR ˈtruːʃl
AM ˈtruʃ(ə)l
Trucial States
BR ˌtruːʃl ˈsteɪts
AM ˈtruʃ(ə)l ˌsteɪts
truck
BR trʌk, -s, -ɪŋ, -t
AM trək, -s, -ɪŋ, -t
truckage
BR ˈtrʌkɪdʒ
AM ˈtrəkɪdʒ
trucker
BR ˈtrʌkə(r), -z
AM ˈtrəkər, -z
truckie
BR ˈtrʌk|i, -ɪz
AM ˈtrək|i, -z
truckle
BR ˈtrʌk|l, -lz, -l̩ɪŋ \-lɪŋ, -ld
AM ˈtrək|əl, -əlz, -(ə)lɪŋ, -əld

truckler
BR ˈtrʌklə(r), ˈtrʌklə(r), -z
AM ˈtrək(ə)lər, -z
truckload
BR ˈtrʌkləʊd, -z
AM ˈtrəkˌloʊd, -z
truculence
BR ˈtrʌkjʊln̩s
AM ˈtrəkjəl(ə)ns
truculency
BR ˈtrʌkjʊln̩si
AM ˈtrəkjələnsi
truculent
BR ˈtrʌkjʊln̩t
AM ˈtrəkjəl(ə)nt
truculently
BR ˈtrʌkjʊln̩tli
AM ˈtrəkjələn(t)li
Trudeau
BR ˈtruːdəʊ
AM truˈdoʊ
trudge
BR trʌdʒ, -ɪz, -ɪŋ, -d
AM trədʒ, -əz, -ɪŋ, -d
trudgen
BR ˈtrʌdʒ(ə)n
AM ˈtrədʒ(ə)n
trudger
BR ˈtrʌdʒə(r), -z
AM ˈtrədʒər, -z
Trudgill
BR ˈtrʌdgɪl
AM ˈtrədˌgɪl
Trudi
BR ˈtruːdi
AM ˈtrudi
Trudy
BR ˈtruːdi
AM ˈtrudi
true
BR truː, -z, -ɪŋ, -d, -ə(r), -ɪst
AM tru, -z, -ɪŋ, -d, -ər, -əst
true-blue
BR ˌtruːˈbluː, -z
AM ˈtruˈblu, -z
trueish
BR ˈtruːɪʃ
AM ˈtruɪʃ

true-life
BR ˌtruːˈlʌɪf
AM truˈlaɪf
truelove
BR ˈtruːlʌv, ˌtruːˈlʌv, -z
AM ˈtruˌləv, -z
Trueman
BR ˈtruːmən
AM ˈtrum(ə)n
trueness
BR ˈtruːnəs
AM ˈtrunəs
Truffaut
BR ˈtrʊfəʊ, ˌtruːˈfəʊ
AM ˈtrufoʊ, trʊˈfoʊ
truffle
BR ˈtrʌfl, -z
AM ˈtrəfəl, -z
trug
BR trʌg, -z
AM trəg, -z
truism
BR ˈtruːɪzm, -z
AM ˈtruˌɪz(ə)m, -z
truistic
BR truːˈɪstɪk
AM truˈɪstɪk
Trujillo
BR truːˈhiːjəʊ
AM truˈhijoʊ
Truk
BR trʌk
AM ˈtrək
trull
BR trʌl, -z
AM trəl, -z
truly
BR ˈtruːli
AM ˈtruli
Truman
BR ˈtruːmən
AM ˈtrum(ə)n
Trumbull
BR ˈtrʌmbl
AM ˈtrəmbəl
trumeau
BR truːˈməʊ, -z
AM truˈmoʊ, -z
trumeaux
BR truːˈməʊ(z)
AM truˈmoʊ

trump
BR trʌmp, -ps, -pɪŋ, -(p)t
AM trəmp, -(p)s, -pɪŋ, -(p)t
trumped-up
BR ˌtrʌm(p)tˈʌp
AM ˈtrəm(p)tˈəp
trumpery
BR ˈtrʌmp(ə)r|i, -ɪz
AM ˈtrəmp(ə)ri, -z
trumpet
BR ˈtrʌmp|ɪt, -ɪts, -ɪtɪŋ, -ɪtɪd
AM ˈtrəmpə|t, -ts, -dɪŋ, -dəd
trumpeter
BR ˈtrʌmpɪtə(r), -z
AM ˈtrəmpədər, -z
trumpeting
BR ˈtrʌmpɪtɪŋ, -z
AM ˈtrəmpədɪŋ, -z
trumpetless
BR ˈtrʌmpɪtlɪs
AM ˈtrəmpətləs
truncal
BR ˈtrʌŋkl
AM ˈtrəŋkəl
truncate
BR trʌŋˈkeɪt, -s, -ɪŋ, -ɪd
AM ˈtrəŋˌkeɪ|t, -ts, -dɪŋ, -dɪd
truncately
BR trʌŋˈkeɪtli
AM ˈtrəŋˌkeɪtli
truncation
BR trʌŋˈkeɪʃn, -z
AM ˌtrəŋˈkeɪʃ(ə)n, -z
truncheon
BR ˈtrʌn(t)ʃ(ə)n, -z
AM ˈtrən(t)ʃ(ə)n, -z
trundle
BR ˈtrʌnd|l, -lz, -lɪŋ\-lɪŋ, -ld
AM ˈtrən|dəl, -dəlz, -(d)(ə)lɪŋ, -dəld
trunk
BR trʌŋk, -s
AM trəŋk, -s
trunkful
BR ˈtrʌŋkfʊl, -z
AM ˈtrəŋkˌfʊl, -z

trunking
BR ˈtrʌŋkɪŋ, -z
AM ˈtrəŋkɪŋ, -z
trunkless
BR ˈtrʌŋkləs
AM ˈtrəŋkləs
trunklike
BR ˈtrʌŋklʌɪk
AM ˈtrəŋkˌlaɪk
trunnel
BR ˈtrʌnl, -z, -d
AM ˈtrən(ə)l, -z, -d
trunnion
BR ˈtrʌnjən, -z
AM ˈtrənjən, -z
Truro
BR ˈtruərəʊ
AM ˈtrʊˌroʊ
Truscott
BR ˈtrʌskɒt
AM ˈtrəsˌkɑt
truss
BR trʌs, -ɪz, -ɪŋ, -t
AM trəs, -əz, -ɪŋ, -t
trusser
BR ˈtrʌsə(r), -z
AM ˈtrəsər, -z
trust
BR trʌst, -s, -ɪŋ, -ɪd
AM trəst, -s, -ɪŋ, -əd
trustable
BR ˈtrʌstəbl
AM ˈtrəstəb(ə)l
trustbuster
BR ˈtrʌs(t)ˌbʌstə(r), -z
AM ˈtrəs(t)ˌbəstər, -z
trustbusting
BR ˈtrʌs(t)ˌbʌstɪŋ
AM ˈtrəs(t)ˌbəstɪŋ
trustee
BR trʌˈstiː, trʌsˈtiː, -z
AM trəˈsti, -z
trusteeship
BR trʌˈstiːʃɪp, trʌsˈtiːʃɪp, -s
AM trəˈstiˌʃɪp, -s
truster
BR ˈtrʌstə(r), -z
AM ˈtrəstər, -z
trustful
BR ˈtrʌs(t)f(ʊ)l
AM ˈtrəs(t)fəl

trustfully
BR ˈtrʌs(t)fʊli, ˈtrʌs(t)fli
AM ˈtrəs(t)fəli
trustfulness
BR ˈtrʌstf(ʊ)lnəs
AM ˈtrəs(t)fəlnəs
trustie
BR ˈtrʌst|i, -ɪz
AM ˈtrəsti, -z
trustily
BR ˈtrʌstɪli
AM ˈtrəstəli
trustiness
BR ˈtrʌstɪnɪs
AM ˈtrəstinɪs
trusting
BR ˈtrʌstɪŋ
AM ˈtrəstɪŋ
trustingly
BR ˈtrʌstɪŋli
AM ˈtrəstɪŋli
trustingness
BR ˈtrʌstɪŋnɪs
AM ˈtrəstɪŋnɪs
trustworthily
BR ˈtrʌs(t)ˌwəːðɪli
AM ˈtrəs(t)ˌwərðəli
trustworthiness
BR ˈtrʌs(t)ˌwəːðɪnɪs
AM ˈtrəs(t)ˌwərðinɪs
trustworthy
BR ˈtrʌs(t)ˌwəːði
AM ˈtrəs(t)ˌwərði
trusty
BR ˈtrʌst|i, -ɪz, -ɪə(r), -ɪɪst
AM ˈtrəsti, -z, -ər, -ɪst
truth
BR truː|θ, -ðz\-θs
AM tru|θ, -ðz\-θs
truthful
BR ˈtruːθf(ʊ)l
AM ˈtruθfəl
truthfully
BR ˈtruːθfʊli, ˈtruːθfli
AM ˈtruθfəli
truthfulness
BR ˈtruːθf(ʊ)lnəs
AM ˈtruθfəlnəs

truthless
BR ˈtruːθləs
AM ˈtruθləs
try
BR trʌɪ, -z, -ɪŋ, -d
AM traɪ, -z, -ɪŋ, -d
Tryfan
BR ˈtrɪvn
AM ˈtrɪvən
WE ˈtrʌvan
tryingly
BR ˈtrʌɪɪŋli
AM ˈtraɪɪŋli
trypanosome
BR ˈtrɪpn̩səʊm, trɪˈpanəsəʊm, -z
AM ˈtrɪpənəˌsoʊm, trəˈpænəˌsoʊm, -z
trypanosomiasis
BR ˌtrɪpn̩ə(ʊ)səˈmʌɪəsɪs, trɪˌpanə(ʊ)səˈmʌɪəsɪs
AM trəˌpænəsoʊˈmaɪəsɪs
trypsin
BR ˈtrɪpsɪn
AM ˈtrɪpsɪn
trypsinogen
BR trɪpˈsɪnədʒ(ə)n
AM trɪpˈsɪnəˌdʒɛn, trɪpˈsɪnədʒ(ə)n
tryptic
BR ˈtrɪptɪk
AM ˈtrɪptɪk
tryptophan
BR ˈtrɪptəfan
AM ˈtrɪptəˌfæn
trysail
BR ˈtrʌɪs(eɪ)l, -z
AM ˈtraɪˌseɪl, ˈtraɪs(ə)l, -z
tryst
BR trɪst, -s, -ɪŋ, -ɪd
AM trɪst, -s, -ɪŋ, -ɪd
tryster
BR ˈtrɪstə(r), -z
AM ˈtrɪstər, -z
tsar
BR zɑː(r), tsɑː(r), -z
AM tsɑr, zɑr, -z
RUS tsarʲ

tsardom
BR ˈzɑːdəm, ˈtsɑːdəm, -z
AM ˈtsɑrdəm, ˈzɑrdəm, -z
tsarevich
BR ˈzɑːrəvɪtʃ, ˈtsɑːrəvɪtʃ, -ɪz
AM ˈtsɑrəˌvɪtʃ, ˈzɑrəˌvɪtʃ, -ɪz
RUS tsaˈrʲevʲitʃ
tsarevitch
BR ˈzɑːrəvɪtʃ, ˈtsɑːrəvɪtʃ, -ɪz
AM ˈtsɑrəˌvɪtʃ, ˈzɑrəˌvɪtʃ, -ɪz
RUS tsaˈrʲevʲitʃ
tsarevna
BR zɑːˈrɛvnə(r), tsɑːˈrɛvnə(r), ˈzɑːrəvnə(r), ˈtsɑːrəvnə(r), -z
AM ˈtsɑrəvnə, ˈzɑrəvnə, -z
RUS tsaˈrʲevnə
tsarina
BR zɑːˈriːnə(r), tsɑːˈriːnə(r), -z
AM tsɑˈrinə, zɑˈrinə, -z
tsarism
BR ˈzɑːrɪzm, ˈtsɑːrɪzm
AM ˈtsɑˌrɪz(ə)m, ˈzɑˌrɪz(ə)m
tsarist
BR ˈzɑːrɪst, ˈtsɑːrɪst, -s
AM ˈtsɑrəst, ˈzɑrəst, -s
tsessebi
BR ˈ(t)sɛsəb|i, tsɛˈseɪb|i, -ɪz
AM (t)sɛˈseɪbi, ˈ(t)sɛsəbi, -z
tsetse
BR ˈt(s)ɛtsi
AM ˈ(t)sɛtsi, ˈ(t)sitsi
T-shirt
BR ˈtiːʃəːt, -s
AM ˈtiˌʃərt, -s
Tsinan
BR ˌtsiˈnan
AM ˌtsiˈnæn

Tsinghai
BR ˌtsɪŋˈhʌɪ
AM ˈˌtsɪŋˈhaɪ

Tsitsikamma
BR ˌ(t)sɪtsɪˈkamə(r)
AM ˈˌ(t)sɪtsiˈkamə

tsk
BR ǀ
AM ǀ

T-square
BR ˈtiːskwɛː(r), -z
AM ˈtiˌskwɛ(ə)r, -z

tsunami
BR (t)ʊuˈnɑːm|i, -ɪz
AM (t)suˈnɑmi, -z

Tsushima
BR (t)ʊˈʃiːmə(r)
AM (t)sʊˈʃimə

Tswana
BR ˈtswɑːnə(r)
AM ˈtswɑnə

TT
BR ˌtiːˈtiː, -z
AM ˌtiˈti, -z

t-test
BR ˈtiːtɛst, -s
AM ˈtiˌtɛst, -s

Tuareg
BR ˈtwɑːrɛg, -z
AM ˈtwɑˌrɛg, -z

tuatara
BR ˌtuːəˈtɑːrə(r), -z
AM ˌtuəˈtɑrə, -z

tub
BR tʌb, -z
AM təb, -z

tuba
BR ˈtjuːbə(r),
ˈtʃuːbə(r), -z
AM ˈt(j)ubə, -z

tubal
BR ˈtjuːbl, ˈtʃuːbl
AM ˈt(j)ubəl

tubbable
BR ˈtʌbəbl
AM ˈtəbəb(ə)l

tubbiness
BR ˈtʌbɪnɪs
AM ˈtəbɪnɪs

tubbish
BR ˈtʌbɪʃ
AM ˈtəbɪʃ

tubby
BR ˈtʌb|i, -ɪə(r),
-ɪɪst
AM ˈtəbi, -ər, -ɪst

tubbyish
BR ˈtʌbɪɪʃ
AM ˈtəbiɪʃ

tube
BR tjuːb, tʃuːb, -z
AM t(j)ub, -z

tubectomy
BR tjʊˈbɛktəm|i,
tʃʊˈbɛktəm|i, -ɪz
AM t(ʃ)uˈbɛktəmi, -z

tubeless
BR ˈtjuːbləs,
ˈtʃuːbləs
AM ˈt(j)ubləs

tubelike
BR ˈtjuːblʌɪk,
ˈtʃuːblʌɪk
AM ˈt(j)ubˌlaɪk

tuber
BR ˈtjuːbə(r),
ˈtʃuːbə(r), -z
AM ˈt(j)ubər, -z

tubercle
BR ˈtjuːbəkl,
ˈtʃuːbəkl, -z
AM ˈt(j)ubərkəl, -z

tubercular
BR t(j)ɵˈbəːkjʊlə(r),
tʃɵˈbəːkjʊlə(r)
AM t(j)uˈbərkjələr,
təˈbərkjələr

tuberculate
BR t(j)ɵˈbəːkjʊlət,
tʃɵˈbəːkjʊlət
AM t(j)uˈbərkjəˌleɪt,
təˈbərkjələt,
t(j)uˈbərkjələt,
təˈbərkjəˌleɪt

tuberculation
BR t(j)ɵˌbəːkjʊˈleɪʃn,
tʃɵˌbəːkjʊˈleɪʃn
AM t(j)uˌbərkjəˈleɪʃ(ə)n,
təˌbərkjəˈleɪʃ(ə)n

tuberculin
BR t(j)ɵˈbəːkjʊlɪn,
tʃɵˈbəːkjʊlɪn
AM t(j)uˈbərkjəl(ə)n,
təˈbərkjəl(ə)n

tuberculin-tested
BR t(j)ɵˌbəːkjʊlɪnˈtɛstɪd,
tʃɵˌbəːkjʊlɪnˈtɛstɪd
AM t(j)uˈbərkjələnˌtɛstəd,
təˈbərkjələnˌtɛstəd

tuberculosis
BR t(j)ɵˌbəːkjɵˈləʊsɪs,
tʃɵˌbəːkjɵˈləʊsɪs
AM t(j)uˌbərkjəˈloʊsəs,
təˌbərkjəˈloʊsəs

tuberculous
BR t(j)ɵˈbəːkjʊləs,
tʃɵˈbəːkjʊləs
AM t(j)uˈbərkjələs,
təˈbərkjələs

tuberose
BR ˈtjuːbərəʊz,
ˈtʃuːbərəʊz, -ɪz
AM ˈt(j)ubəˌroʊz,
ˈt(j)ubəˌroʊs, -əz

tuberosity
BR ˌtjuːbəˈrɒsɪti,
ˌtʃuːbəˈrɒsɪti
AM ˌt(j)ubəˈrɑsədi

tuberous
BR ˈtjuːb(ə)rəs,
ˈtʃuːb(ə)rəs
AM ˈt(j)ubərəs

tube worm
BR ˈtjuːb wəːm,
ˈtʃuːb +, -z
AM ˈt(j)ub ˌwərm, -z

tubful
BR ˈtʌbfʊl, -z
AM ˈtəbˌfʊl, -z

tubicolous
BR tjɵˈbɪkələs,
tʃɵˈbɪkələs
AM t(j)uˈbɪkələs

tubicorn
BR ˈtjuːbɪkɔːn,
ˈtʃuːbɪkɔːn, -z
AM ˈt(j)ubəˌkɔ(ə)rm, -z

tubifex
BR ˈtjuːbɪfɛks,
ˈtʃuːbɪfɛks
AM ˈt(j)ubəˌfɛks

tubiform
BR ˈtjuːbɪfɔːm,
ˈtʃuːbɪfɔːm
AM ˈt(j)ubəˌfɔ(ə)rm

tubilingual
BR ˌtjuːbɪˈlɪŋgw(ə)l,
ˌtʃuːbɪˈlɪŋgw(ə)l
AM tubɪˈlɪŋgwəl

tubing
BR ˈtjuːbɪŋ, ˈtʃuːbɪŋ
AM ˈt(j)ubɪŋ

Tubman
BR ˈtʌbmən
AM ˈtəbm(ə)n

tub-sized
BR ˈtʌbsʌɪzd
AM ˈtəbˌsaɪzd

tubular
BR ˈtjuːbjʊlə(r),
ˈtʃuːbjʊlə(r)
AM ˈt(j)ubjələr

tubule
BR ˈtjuːbjuːl,
ˈtʃuːbjuːl, -z
AM ˈt(j)uˌbjul, -z

tubulous
BR ˈtjuːbjʊləs,
ˈtʃuːbjʊləs
AM ˈt(j)ubjələs

tuck
BR tʌk, -s, -ɪŋ, -t
AM tək, -s, -ɪŋ, -t

tuckahoe
BR ˈtʌkəhəʊ, -z
AM ˈtəkəˌhoʊ, -z

tuckbox
BR ˈtʌkbɒks,
-ɪz
AM ˈtəkˌbɑks,
-əz

tucker
BR ˈtʌkə(r), -z, -d
AM ˈtəkər, -z, -d

tuckerbag
BR ˈtʌkəbag, -z
AM ˈtəkərˌbag, -z

tucket
BR ˈtʌkɪt, -s
AM ˈtəkət, -s

tuckpoint
BR ˈtʌkpɔɪnt, -s
AM ˈtəkˌpɔɪnt, -s

tuckshop
BR ˈtʌkʃɒp, -s
AM ˈtəkˌʃɑp, -s

Tucson
BR ˈtuːsɒn
AM ˈtuˌsɑn

Tudor
BR ˈtjuːdə(r), ˈtʃuːdə(r)
AM ˈt(j)udər

Tudorbethan
BR ˌtjuːdəˈbiːθn, ˌtʃuːdəˈbiːθn
AM ˌt(j)udərˈbiθən

Tudoresque
BR ˌtjuːdərˈesk, ˌtʃuːdərˈesk
AM ˌt(j)udəˈresk

Tuesday
BR ˈtjuːzd|eɪ, ˈtʃuːzd|eɪ, ˈtjuːzd|i, ˈtʃuːzd|i, -eɪz\-ɪz
AM ˈt(j)uzdi, ˈt(j)uzˌdeɪ, -z

tufa
BR ˈtjuːfə(r), ˈtʃuːfə(r)
AM ˈt(j)ufə

tufaceous
BR tjʊˈfeɪʃəs, tʃʊˈfeɪʃəs
AM t(j)uˈfeɪʃəs

tuff
BR tʌf
AM təf

tuffaceous
BR tʌˈfeɪʃəs
AM təˈfeɪʃəs

tuffet
BR ˈtʌfɪt, -s
AM ˈtəfət, -s

Tuffnell
BR ˈtʌfnl
AM ˈtəfˌnel, ˈtəfn(ə)l

Tufnell
BR ˈtʌfnl
AM ˈtəfˌnel, ˈtəfn(ə)l

tuft
BR tʌft, -s, -ɨd
AM təft, -s, -əd

tuftiness
BR ˈtʌftɪnɨs
AM ˈtəftɪnɨs

tufty
BR ˈtʌfti
AM ˈtəfti

tug
BR tʌg, -z, -ɪŋ, -d
AM təg, -z, -ɪŋ, -d

tugboat
BR ˈtʌgbəʊt, -s
AM ˈtəgˌboʊt, -s

Tugendhat
BR ˈtuːg(ə)nhɑːt
AM ˈtugənˌ(h)æt

tugger
BR ˈtʌgə(r), -z
AM ˈtəgər, -z

tug-of-love
BR ˌtʌgəvˈlʌv
AM ˌtəgə(v)ˈləv

tug-of-war
BR ˌtʌgə(v)ˈwɔː(r), -z
AM ˌtəgə(v)ˈwɔ(ə)r, -z

tugrik
BR ˈtuːgriːk, -s
AM ˈtuˌgrik, -s

tui
BR ˈtuː|i, -ɪz
AM ˈtui, -z

Tuileries
BR ˈtwiːləri, ˈtwiːlərɪz
AM ˈtwiləri(z)

tuition
BR tjuːˈɪʃn, tʃuːˈɪʃn
AM t(j)uˈɪʃ(ə)n

tuitional
BR tjuːˈɪʃn̩l, tʃuːˈɪʃn̩l
AM t(j)uˈɪʃ(ə)n(ə)l

tuitionary
BR tjuːˈɪʃn̩(ə)ri, tʃuːˈɪʃn̩(ə)ri
AM t(j)uˈɪʃəˌneri

Tula
BR ˈtuːlə(r)
AM ˈtulə
RUS ˈtulə

tularaemia
BR ˌt(j)uːləˈriːmɪə(r)
AM ˌt(j)uləˈrimiə

tularaemic
BR ˌt(j)uːləˈriːmɪk
AM ˌt(j)uləˈrimɪk

tularemia
BR ˌt(j)uːləˈriːmɪə(r)
AM ˌt(j)uləˈrimiə

tularemic
BR ˌt(j)uːləˈriːmɪk
AM ˌt(j)uləˈrimɪk

tulchan
BR ˈtʌlk(ə)n, ˈtʌlx(ə)n, -z
AM ˈtəlkən, -z

tulip
BR ˈtjuːlɪp, ˈtʃuːlɪp, -s
AM ˈt(j)uləp, -s

tulipwood
BR ˈtjuːlɪpwʊd, ˈtʃuːlɪpwʊd, -z
AM ˈt(j)uləpˌwʊd, -z

Tull
BR tʌl
AM t(ə)l

Tullamore
BR ˈtʌləmɔː(r)
AM ˈtələˌmɔ(ə)r

tulle
BR tjuːl, tʃuːl
AM tul

Tulloch
BR ˈtʌləx, ˈtʌlək
AM ˈtələk

Tully
BR ˈtʌli
AM ˈtəli

Tulsa
BR ˈtʌlsə(r)
AM ˈtəlsə

Tulse Hill
BR ˌtʌls ˈhɪl
AM ˌtəls ˈhɪl

tum
BR tʌm, -z
AM t(ə)m, -z

tumble
BR ˈtʌmb|l, -lz, -l̩ɪŋ\-lɪŋ, -ld
AM ˈtəmb|əl, -əlz, -(ə)lɪŋ, -əld

tumbledown
BR ˈtʌmbldaʊn
AM ˈtəmbəlˌdaʊn

tumble-drier
BR ˌtʌmblˈdraɪə(r), -z
AM ˈtəmbəlˌdraɪər, -z

tumble-dry
BR ˌtʌmblˈdraɪ, -z, -ɪŋ, -d
AM ˈtəmbəlˌdraɪ, -z, -ɪŋ, -d

tumble-dryer
BR ˌtʌmblˈdraɪə(r), -z
AM ˈtəmbəlˌdraɪər, -z

tumbler
BR ˈtʌmblə(r), -z
AM ˈtəmb(ə)lər, -z

tumblerful
BR ˈtʌmbləfʊl, -z
AM ˈtəmblərˌfʊl, -z

tumbleweed
BR ˈtʌmblwiːd, -z
AM ˈtəmbəlˌwid, -z

tumbrel
BR ˈtʌmbr(ɪ)l, -z
AM ˈtəmbrəl, -z

tumbril
BR ˈtʌmbr(ɪ)l, -z
AM ˈtəmbrəl, -z

tumefacient
BR ˌtjuːmɪˈfeɪʃ(ə)nt, ˌtʃuːmɪˈfeɪʃ(ə)nt
AM ˌt(j)uməˈfeɪʃ(ə)nt

tumefaction
BR ˌtjuːmɪˈfakʃn, ˌtʃuːmɪˈfakʃn
AM ˌt(j)uməˈfækʃ(ə)n

tumefy
BR ˈtjuːmɪfʌɪ, ˈtʃuːmɪfʌɪ, -z, -ɪŋ, -d
AM ˈt(j)uməˌfaɪ, -z, -ɪŋ, -d

tumescence
BR tjuːˈmesns, tjɜˈmesns, tʃuːˈmesns, tʃɜˈmesns
AM t(j)uˈmes(ə)ns

tumescent
BR tjuːˈmesnt, tjɜˈmesnt, tʃuːˈmesnt, tʃɜˈmesnt
AM t(j)uˈmes(ə)nt

tumescently
BR tjuːˈmɛsntli,
tjʊˈmɛsntli,
tʃuːˈmɛsntli,
tʃʊˈmɛsntli
AM t(j)uˈmɛsn(t)li

tumid
BR tjuːmɪd, tʃuːmɪd
AM ˈt(j)umǝd

tumidity
BR tjuːˈmɪdɪti,
tjʊˈmɪdɪti,
tʃuːˈmɪdɪti,
tʃʊˈmɪdɪti
AM t(j)uˈmɪdɪdi

tumidly
BR tjuːmɪdli,
tʃuːmɪdli
AM ˈt(j)umǝdli

tumidness
BR tjuːmɪdnɪs,
tʃuːmɪdnɪs
AM ˈt(j)umǝdnǝs

tummy
BR tʌm|i, -ɪz
AM ˈtǝmi, -z

tumor
BR ˈtjuːmǝ(r),
ˈtʃuːmǝ(r), -z, -ǝs
AM ˈt(j)umǝr, -z, -ǝs

tumorous
BR ˈtjuːm(ǝ)rǝs,
ˈtʃuːm(ǝ)rǝs
AM ˈt(j)umǝrǝs

tumour
BR ˈtjuːmǝ(r),
ˈtʃuːmǝ(r), -z, -ǝs
AM ˈt(j)umǝr, -z, -ǝs

tump
BR tʌmp, -s
AM tǝmp, -s

tumtum
BR ˈtʌmtʌm, -z
AM ˈtǝm‚t(ǝ)m, -z

tumular
BR ˈtjuːmjʊlǝ(r),
ˈtʃuːmjʊlǝ(r)
AM ˈt(j)umjǝlǝr

tumuli
BR ˈtjuːmjʊlaɪ,
ˈtʃuːmjʊlaɪ
AM ˈt(j)umjǝ‚laɪ

tumult
BR ˈtjuːmʌlt,
ˈtʃuːmʌlt, -s
AM ˈt(j)u‚mǝlt, -s

tumultuary
BR tjʊˈmʌltjʊǝri,
tʃʊˈmʌltʃʊǝri
AM ˈt(j)umǝl‚tʃʊɛri

tumultuous
BR tjʊˈmʌltjʊǝs,
tʃʊˈmʌltʃʊǝs
AM tǝˈmǝltʃ(ǝw)ǝs,
t(j)uˈmǝltʃ(ǝw)ǝs

tumultuously
BR tjʊˈmʌltjʊǝsli,
tʃʊˈmʌltʃʊǝsli
AM tǝˈmǝltʃ(ǝw)ǝsli,
t(j)uˈmǝltʃ(ǝw)ǝsli

tumultuousness
BR tjʊˈmʌltjʊǝsnǝs,
tʃʊˈmʌltʃʊǝsnǝs
AM tǝˈmǝltʃ(ǝw)ǝsnǝs,
t(j)uˈmǝltʃ(ǝw)ǝsnǝs

tumulus
BR ˈtjuːmjʊlǝs,
ˈtʃuːmjʊlǝs, -ɪz
AM ˈt(j)umjǝlǝs,
-ǝz

tun
BR tʌn, -z
AM t(ǝ)n, -z

tuna
BR ˈtjuːnǝ(r),
ˈtʃuːnǝ(r), -z
AM ˈtunǝ, -z

tunable
BR ˈtjuːnǝbl, ˈtʃuːnǝbl
AM ˈt(j)unǝb(ǝ)l

Tunbridge Wells
BR ‚tʌnbrɪdʒ ˈwɛlz
AM ‚ˈtǝm‚brɪdʒ ˈwɛlz,
‚ˈtǝn‚brɪdʒ ˈwɛlz

tundish
BR ˈtʌndɪʃ, -ɪz
AM ˈtǝn‚dɪʃ, -ɪz

tundra
BR ˈtʌndrǝ(r)
AM ˈtǝndrǝ

tune
BR tjuːn, tʃuːn, -z,
-ɪŋ, -d
AM t(j)un, -z, -ɪŋ, -d

tuneable
BR ˈtjuːnǝbl,
ˈtʃuːnǝbl
AM ˈt(j)unǝb(ǝ)l

tuneful
BR ˈtjuːnf(ʊ)l,
ˈtʃuːnf(ʊ)l
AM ˈt(j)unfǝl

tunefully
BR ˈtjuːnfʊli, ˈtjuːnfl̩i,
ˈtʃuːnfʊli, ˈtʃuːnfl̩i
AM ˈt(j)unfǝli

tunefulness
BR ˈtjuːnf(ʊ)lnǝs,
ˈtʃuːnf(ʊ)lnǝs
AM ˈt(j)unfǝlnǝs

tuneless
BR ˈtjuːnlǝs,
ˈtʃuːnlǝs
AM ˈt(j)unlǝs

tunelessly
BR ˈtjuːnlǝsli,
ˈtʃuːnlǝsli
AM ˈt(j)unlǝsli

tunelessness
BR ˈtjuːnlǝsnǝs,
ˈtʃuːnlǝsnǝs
AM ˈt(j)unlǝsnǝs

tuner
BR ˈtjuːnǝ(r),
ˈtʃuːnǝ(r), -z
AM ˈt(j)unǝr, -z

tung
BR tʌŋ, -z
AM tǝŋ, -z

tungstate
BR ˈtʌŋsteɪt, -s
AM ˈtǝŋ‚steɪt, -s

tungsten
BR ˈtʌŋstn
AM ˈtǝŋst(ǝ)n

tungstic
BR ˈtʌŋstɪk
AM ˈtǝŋstɪk

tungstite
BR ˈtʌŋstaɪt
AM ˈtǝŋstaɪt

Tungus
BR tʊŋˈgʊs,
tʊŋˈguːz, -ɪz
AM tʊŋˈgʊs,
ˈtǝŋgǝs, -ǝz

Tungusic
BR tʊŋˈgʊsɪk,
tʊŋˈguːzɪk
AM tʊŋˈgʊsɪk,
tǝŋˈgʊsɪk

tunic
BR ˈtjuːnɪk,
ˈtʃuːnɪk, -s
AM ˈt(j)unɪk, -s

tunica
BR ˈtjuːnɪkǝ(r),
ˈtʃuːnɪkǝ(r)
AM ˈt(j)unǝkǝ

tunicae
BR ˈtjuːnɪkiː,
ˈtʃuːnɪkiː
AM ˈt(j)unǝ‚kaɪ,
ˈt(j)unǝsi,
ˈt(j)unǝ‚saɪ,
ˈt(j)unǝki

tunicate
BR ˈtjuːnɪkeɪt,
ˈtʃuːnɪkeɪt, -s, -ɪŋ,
-ɪd
AM ˈt(j)unǝ‚keɪ|t, -ts,
-dɪŋ, -dɪd

tunicle
BR ˈtjuːnɪkl, ˈtʃuːnɪkl,
-z
AM ˈt(j)unǝk(ǝ)l, -z

tuning
BR ˈtjuːnɪŋ, ˈtʃuːnɪŋ,
-z
AM ˈt(j)unɪŋ, -z

Tunis
BR ˈtjuːnɪs, ˈtʃuːnɪs
AM ˈtunǝs

Tunisia
BR tjʊˈnɪziǝ(r),
tʃʊˈnɪziǝ(r)
AM tuˈniʒǝ

Tunisian
BR tjʊˈnɪziǝn,
tʃʊˈnɪziǝn, -z
AM tuˈniʒ(ǝ)n, -z

tunnel
BR ˈtʌn|l, -lz, -lɪŋ,
-ld
AM ˈtǝn(ǝ)l, -z, -ɪŋ, -d

tunneler
BR ˈtʌnlǝ(r), -z
AM ˈtǝnlǝr, -z

tunneller
BR ˈtʌnl̩ə(r), -z
AM ˈtənl̩ər, -z
tunnel vision
BR ˌtʌnl ˈvɪʒn
AM ˈtən(ə)l ˌvɪʒn
Tunney
BR ˈtʌni
AM ˈtəni
Tunnicliff
BR ˈtʌnɪklɪf
AM ˈtənəˌklɪf
Tunnicliffe
BR ˈtʌnɪklɪf
AM ˈtənəˌklɪf
tunny
BR ˈtʌn|i, -ɪz
AM ˈtəni, -z
Tuohy
BR ˈtuːi
AM ˈtui
tup
BR tʌp, -s, -ɪŋ, -t
AM təp, -s, -ɪŋ, -t
Tupamaro
BR ˌt(j)uːpəˈmɑːrəʊ,
ˌt(j)uːpəˈmarəʊ,
-z
AM ˌtupəˈmɑˌroʊ, -z
tupelo
BR ˈtjuːpələʊ,
ˈtʃuːpələʊ, -z
AM ˈt(j)upəˌloʊ, -z
Tupi
BR ˈtuːp|i, -ɪz
AM ˈtu,pi, -z
tuppence
BR ˈtʌp(ə)ns
AM ˈtəpəns
tuppenny
BR ˈtʌpni, ˈtʌpn̩i
AM ˈtəpəni
tuppenny-ha'penny
BR ˈtʌpnɪˈheɪpni,
ˈtʌpn̩ɪˈheɪpn̩i
AM ˈtəpəniˈheɪpəni
Tupperware
BR ˈtʌpəwɛː(r)
AM ˈtəpərˌwɛ(ə)r
tuque
BR ˈtjuːk, tʃuːk, -s
AM ˈt(j)uk, -s

tu quoque
BR ˌt(j)uː ˈkwəʊkw|i,
-ɪz
AM ˈt(j)u ˈkwoʊkwi,
-z
turaco
BR ˈtʊərəkəʊ, -z
AM ˈt(j)ʊrəˌkoʊ, -z
Turandot
BR ˈt(j)ʊərn̩dɒt
AM ˈt(j)ʊrənˌdoʊ
Turanian
BR tjʊˈreɪniən,
tʃʊˈreɪniən, -z
AM təˈreɪniən,
t(j)ʊˈreɪniən, -z
turban
BR ˈtəːb(ə)n, -z, -d
AM ˈtərbən, -z, -d
turbary
BR ˈtəːb(ə)r|i,
-ɪz
AM ˈtərb(ə)ri, -z
turbellarian
BR ˌtəːbəˈlɛːriən, -z
AM ˌtərbəˈlɛriən, -z
turbid
BR ˈtəːbɪd
AM ˈtərbəd
turbidity
BR təːˈbɪdɪti
AM tərˈbɪdɪdi
turbidly
BR ˈtəːbɪdli
AM ˈtərbədli
turbidness
BR ˈtəːbɪdnɪs
AM ˈtərbɪdnɪs
turbinado
BR ˌtəːbɪˈnɑːdəʊ
AM ˌtərbəˈnɑdoʊ
turbinal
BR ˈtəːbɪnl, ˈtəːbn̩l
AM ˈtərbən(ə)l
turbinate
BR ˈtəːbɪnət,
ˈtəːbn̩ət, ˈtəːbɪneɪt
AM ˈtərbəˌneɪt,
ˈtərbənət
turbination
BR ˌtəːbɪˈneɪʃn
AM ˌtərbəˈneɪʃ(ə)n

turbine
BR ˈtəːbaɪn, ˈtəːbɪn, -z
AM ˈtərˌbaɪn, ˈtərbən,
-z
turbit
BR ˈtəːbɪt, -s
AM ˈtərbət, -s
turbo
BR ˈtəːbəʊ, -z
AM ˈtərboʊ, -z
turbocharge
BR ˈtəːbə(ʊ)tʃɑːdʒ,
-ɪz, -ɪŋ, -d
AM ˈtərboʊˌtʃɑrdʒ,
-əz, -ɪŋ, -d
turbocharger
BR ˈtəːbə(ʊ)ˌtʃɑːdʒə(r),
-z
AM ˈtərboʊˌtʃɑrdʒər,
-z
turbocharging
BR ˈtəːbə(ʊ)ˌtʃɑːdʒɪŋ
AM ˈtərboʊˌtʃɑrdʒɪŋ
turbo-diesel
BR ˌtəːbəʊˈdiːzl, -z
AM ˈtərboʊˌdiz(ə)l, -z
turbofan
BR ˈtəːbəʊfan, -z
AM ˈtərboʊˌfæn, -z
turbojet
BR ˈtəːbəʊdʒɛt, -s
AM ˈtərboʊˌdʒɛt, -s
turboprop
BR ˈtəːbəʊprɒp, -s
AM ˈtərboʊˌprɑp, -s
turboshaft
BR ˈtəːbəʊʃɑːft, -s
AM ˈtərboʊˌʃæft, -s
turbosupercharger
BR ˌtəːbəʊˈsuːpə-
ˌtʃɑːdʒə(r), -z
AM ˈtərboʊˈsupər-
ˌtʃɑrdʒər, -z
turbot
BR ˈtəːbət, -s
AM ˈtərbət, -s
turbulence
BR ˈtəːbjʊlns
AM ˈtərbjəl(ə)ns
turbulent
BR ˈtəːbjʊlnt
AM ˈtərbjəl(ə)nt

turbulently
BR ˈtəːbjʊlntli
AM ˈtərbjələn(t)li
Turco
BR ˈtəːkəʊ, -z
AM ˈtərkoʊ, -z
Turcoman
BR ˈtəːkəman,
ˈtəːkəmɑːn, -z
AM ˈtərkəm(ə)n, -z
Turcophile
BR ˈtəːkə(ʊ)fʌɪl, -z
AM ˈtərkəˌfaɪl, -z
Turcophobe
BR ˈtəːkə(ʊ)fəʊb, -z
AM ˈtərkəˌfoʊb, -z
turd
BR təːd, -z
AM tərd, -z
turdoid
BR ˈtəːdɔɪd
AM ˈtərˌdɔɪd
tureen
BR t(j)ʊˈriːn,
tʃʊˈriːn, -z
AM t(j)ʊˈrin,
təˈrin, -z
turf
BR təːf, -s, -ɪŋ, -t
AM tərf, -s, -ɪŋ, -t
turfman
BR ˈtəːfmən
AM ˈtərfm(ə)n
turfmen
BR ˈtəːfmən
AM ˈtərfm(ə)n
turfy
BR ˈtəːfi
AM ˈtərfi
Turgenev
BR tʊəˈgeɪnjɛf,
təːˈgeɪnjɛf
AM tʊrˈgeɪˌnjɛf
turgescence
BR təːˈdʒɛsns
AM ˌtərˈdʒɛs(ə)ns
turgescent
BR təːˈdʒɛsnt
AM tərˈdʒɛs(ə)nt
turgid
BR ˈtəːdʒɪd
AM ˈtərdʒəd

turgidescence
BR ˌtəːdʒɪˈdɛsns
AM ˌtərdʒəˈdɛs(ə)ns

turgidescent
BR ˌtəːdʒɪˈdɛsnt
AM ˌtərdʒəˈdɛs(ə)nt

turgidity
BR təːˈdʒɪdɪti
AM tərˈdʒɪdɪdi

turgidly
BR ˈtəːdʒɪdli
AM ˈtərdʒədli

turgidness
BR ˈtəːdʒɪdnɪs
AM ˈtərdʒɪdnɪs

turgor
BR ˈtəːɡə(r)
AM ˈtərɡər

Turin
BR tjʊəˈrɪn, tjʊəˈrɪn, tʃʊəˈrɪn, tʃʊəˈrɪn
AM ˈt(j)ʊrən

Turing
BR ˈtjʊərɪŋ, ˈtʃʊərɪŋ
AM ˈt(j)ʊrɪŋ

turion
BR ˈt(j)ʊərɪən, ˈtʃʊərɪən, -z
AM ˈt(j)ʊriˌɑn, ˈt(j)ʊriən, -z

Turk
BR təːk, -s
AM tərk, -s

Turkana
BR təːˈkɑːnə(r)
AM tərˈkɑnə

Turkestan
BR ˌtəːkɪˈstɑːn
AM ˈtərkəˌstæn
RUS turkʲiˈstan

turkey
BR ˈtəːk|i, -ɪz
AM ˈtərki, -z

turkeycock
BR ˈtəːkiˌkɒk, -s
AM ˈtərkiˌkɑk, -s

Turki
BR ˈtəːk|i, -ɪz
AM ˈtərki, -z

Turkic
BR ˈtəːkɪk
AM ˈtərkɪk

Turkish
BR ˈtəːkɪʃ
AM ˈtərkɪʃ

Turkistan
BR ˌtəːkɪˈstɑːn
AM ˈtərkəˌstæn
RUS turkʲiˈstan

Turkmenistan
BR təːkˌmɛnɨˈstɑːn
AM tərkˈmɛnəˌstæn
RUS turkmʲinʲiˈstan

Turkoman
BR ˈtəːkəman, ˈtəːkəmɑːn, -z
AM ˈtərkəm(ə)n, -z

Turks and Caicos Islands
BR ˌtəːks (ə)n(d) ˈkeɪkɒs ˌʌɪlən(d)z
AM ˈtərks ən ˈkeɪkəs ˌaɪlən(d)z

Turku
BR ˈtʊəkuː
AM ˈtʊrˌku

turmeric
BR ˈtəːm(ə)rɪk
AM ˈtərmərɪk

turmoil
BR ˈtəːmɔɪl, -z
AM ˈtərˌmɔɪl, -z

turn
BR təːn, -z, -ɪŋ, -d
AM tərn, -z, -ɪŋ, -d

turnabout
BR ˈtəːnəbaʊt, -s
AM ˈtərnəˌbaʊt, -s

turnaround
BR ˈtəːnəraʊnd, -z
AM ˈtərnəˌraʊnd, -z

turnback
BR ˈtəːnbak, -s
AM ˈtərnˌbæk, -s

Turnberry
BR ˈtəːnb(ə)ri
AM ˈtərnˌbɛri

turnbuckle
BR ˈtəːnˌbʌkl, -z
AM ˈtərnˌbək(ə)l, -z

Turnbull
BR ˈtəːnbʊl
AM ˈtərnbəl

turncoat
BR ˈtəːnkəʊt, -s
AM ˈtərnˌkoʊt, -s

turncock
BR ˈtəːnkɒk, -s
AM ˈtərnˌkɑk, -s

turndown
BR ˈtəːndaʊn, -z
AM ˈtərnˌdaʊn, -z

turner
BR ˈtəːnə(r), -z
AM ˈtərnər, -z

turnery
BR ˈtəːn(ə)r|i, -ɪz
AM ˈtərnəri, -z

turning
BR ˈtəːnɪŋ, -z
AM ˈtərnɪŋ, -z

turnip
BR ˈtəːnɪp, -s
AM ˈtərnəp, -s

turnipy
BR ˈtəːnɪpi
AM ˈtərnəpi

turnkey
BR ˈtəːnkiː, -z
AM ˈtərnˌki, -z

turnout
BR ˈtəːnaʊt, -s
AM ˈtərnˌaʊt, -s

turnover
BR ˈtəːnˌəʊvə(r), -z
AM ˈtərnˌoʊvər, -z

turnpike
BR ˈtəːnpʌɪk, -s
AM ˈtərnˌpaɪk, -s

turnround
BR ˈtəːnraʊnd, -z
AM ˈtərnˌraʊnd, -z

turnsick
BR ˈtəːnsɪk
AM ˈtərnˌsɪk

turnside
BR ˈtəːnsʌɪd
AM ˈtərnˌsaɪd

turnsole
BR ˈtəːnsəʊl, -z
AM ˈtərnˌsoʊl, -z

turnspike
BR ˈtəːnspʌɪk, -s
AM ˈtərnˌspaɪk, -s

turnspit
BR ˈtəːnspɪt, -s
AM ˈtərnˌspɪt, -s

turnstile
BR ˈtəːnstʌɪl, -z
AM ˈtərnˌstaɪl, -z

turnstone
BR ˈtəːnstəʊn, -z
AM ˈtərnˌstoʊn, -z

turntable
BR ˈtəːnˌteɪbl, -z
AM ˈtərnˌteɪb(ə)l, -z

turnup
BR ˈtəːnʌp, -s
AM ˈtərnˌəp, -s

turpentine
BR ˈtəːp(ɨ)ntʌɪn
AM ˈtərpənˌtaɪn

turpeth
BR ˈtəːpəθ, -s
AM ˈtərpəθ, -s

Turpin
BR ˈtəːpɪn
AM ˈtərpən

turpitude
BR ˈtəːpɪtjuːd, ˈtəːpɪtʃuːd
AM ˈtərpəˌt(j)ud

turps
BR təːps
AM tərps

turquoise
BR ˈtəːkwɔɪz, ˈtəːkwɑːz
AM ˈtərˌk(w)ɔɪz

turret
BR ˈtʌrɪt, -s, -ɪd
AM ˈtərə|t, -ts, -dəd

turtle
BR ˈtəːtl, -z
AM ˈtərdəl, -z

turtledove
BR ˈtəːtldʌv, -z
AM ˈtərdlˌdəv, -z

turtleneck
BR ˈtəːtlnɛk, -s
AM ˈtərdlˌnɛk, -s

turtleshell
BR ˈtəːtlʃɛl
AM ˈtərdlˌʃɛl

Turton
BR ˈtəːtn
AM ˈtɝtn
turves
BR təːvz
AM tɝvz
Turvey
BR ˈtəːvi
AM ˈtɝvi
Tuscan
BR ˈtʌsk(ə)n, -z
AM ˈtəskən, -z
Tuscany
BR ˈtʌskəni
AM ˈtəskəni
Tuscarora
BR ˌtʌskəˈrɔːrə(r)
AM ˌtəskəˈrɔrə
tush
BR tʌʃ, -ɪz
AM tʊʃ, təʃ, -əz
tusk
BR tʌsk, -s, -t
AM təsk, -s, -t
tusker
BR ˈtʌskə(r), -z
AM ˈtəskər, -z
tusky
BR ˈtʌski
AM ˈtəski
tussah
BR ˈtʌsə(r)
AM ˈtəsə
Tussaud's
BR tʊˈsɔːdz, tʊˈsəʊdz,
ˈtuːsɔːdz,
ˈtuːsəʊdz
AM tʊˈsoʊz
tusser
BR ˈtʌsə(r)
AM ˈtəsər
tussive
BR ˈtʌsɪv
AM ˈtəsɪv
tussle
BR tʌs|l, -lz, -l̩ɪŋ\-lŋ,
-ld
AM ˈtəs|əl, -əlz,
-(ə)l̩ɪŋ, -əld
tussock
BR ˈtʌsək, -s
AM ˈtəsək, -s

tussocky
BR ˈtʌsəki
AM ˈtəsəki
tussore
BR ˈtʌsɔː(r)
AM təˌsɔ(ə)r
tut[1] *interjection*
BR ǀ, tʌt
AM tət
tut[2] *noun, verb*
BR tʌt, -s, -ɪŋ, -ɪd
AM tə|t, -ts, -dɪŋ, -dəd
Tutankhamen
BR ˌtuːt(ə)nˈkɑːmən,
ˌtuːtəŋˈkɑːmən
AM ˌtətnˈkɑm(ə)n,
ˌtuˌtænˈkɑm(ə)n
Tutankhamun
BR ˌtuːt(ə)nˈkɑːmən,
ˌtuːtəŋˈkɑːmən,
ˌtuːtəŋkəˈmuːn
AM ˌtətnˈkɑm(ə)n,
ˌtuˌtænˈkɑm(ə)n
tutee
BR ˌtjuːˈtiː, ˌtʃuːˈtiː, -z
AM t(j)uˈti, -z
tutelage
BR ˈtjuːtɪlɪdʒ,
ˈtjuːtl̩ɪdʒ, ˈtʃuːtɪlɪdʒ,
ˈtʃuːtl̩ɪdʒ
AM ˈt(j)udl̩ɪdʒ
tutelar
BR ˈtjuːtɪlə(r),
ˈtjuːtl̩ə(r),
ˈtʃuːtɪlə(r),
ˈtʃuːtl̩ə(r)
AM ˈt(j)udlər
tutelary
BR ˈtjuːtɪləri, ˈtjuːtl̩əri,
ˈtʃuːtɪləri, ˈtʃuːtl̩əri
AM ˈt(j)udl̩ˌɛri
tutenag
BR ˈtuːtɪnag
AM ˈtudəˌnæg
Tutin
BR ˈtjuːtɪn, ˈtʃuːtɪn
AM ˈt(j)udən
tutor
BR ˈtjuːt|ə(r),
ˈtʃuːt|ə(r), -əz,
-(ə)rɪŋ, -əd
AM ˈt(j)udər, -z, -ɪŋ, -d

tutorage
BR ˈtjuːt(ə)rɪdʒ,
ˈtʃuːt(ə)rɪdʒ
AM ˈt(j)udərɪdʒ
tutoress
BR ˈtjuːt(ə)rɪs,
ˈtʃuːt(ə)rɪs, -ɪz
AM ˈt(j)udəˌrɛs,
ˈt(j)udərəs, -əz
tutorial
BR tjuːˈtɔːriəl,
tjʉˈtɔːriəl,
tʃuːˈtɔːriəl,
tʃʉˈtɔːriəl, -z
AM t(j)uˈtɔriəl, -z
tutorially
BR tjuːˈtɔːriəli,
tjʉˈtɔːriəli,
tʃuːˈtɔːriəli,
tʃʉˈtɔːriəli
AM t(j)uˈtɔriəli
tutorship
BR ˈtjuːtəʃɪp,
ˈtʃuːtəʃɪp, -s
AM ˈt(j)udərˌʃɪp, -s
tutsan
BR ˈtʌtsən, -z
AM ˈtəts(ə)n, -z
Tutsi
BR ˈtʊtsi, ˈtuːtsi
AM ˈtutsi
tutti
BR ˈtʊti, ˈtuːti
AM ˈtudi
tutti-frutti
BR ˌtuːtɪˈfruːt|i,
-ɪz
AM ˈtudiˈfrudi, -z
IT ˈtuttiˈfrutti
Tuttle
BR ˈtʌtl
AM ˈtəd(ə)l
tut-tut
BR ˌtʌtˈtʌt, -s, -ɪŋ, -ɪd
AM ˌtətˈtə|t, -ts, -dɪŋ,
-dəd
tutty
BR ˈtʌti
AM ˈtədi
tutu
BR ˈtuːtuː, -z
AM ˈtuˌtu, -z

Tuva
BR ˈtuːvə(r)
AM ˈtuvə
RUS tuˈva
Tuvalu
BR tʊˈvɑːluː
AM təˈvɑlu
Tuvaluan
BR tʊˈvɑːlʊən, -z
AM təˈvɑləwən,
təˈvɑluən, -z
tu-whit tu-whoo
BR tʊˌwɪt tʊˈwuː, -z
AM tuˈ(h)wɪt təˈ(h)wu, -z
tux
BR tʌks, -ɪz
AM təks, -ɪz
tuxedo
BR tʌkˈsiːdəʊ, -z
AM təkˈsidoʊ, -z
tuyère
BR tuːˈjɛː(r),
twiːˈjɛː(r), -z
AM twiˈjɛ(ə)r,
tuˈjɛ(ə)r, -z
Twa
BR twɑː(r), -z
AM twɑ, -z
twaddle
BR ˈtwɒdl
AM ˈtwɑdəl
twaddler
BR ˈtwɒdl̩ə(r), -z
AM ˈtwɑd(ə)lər, -z
twaddly
BR ˈtwɒdl̩i
AM ˈtwɑdli, ˈtwɑdl̩i
twain
BR tweɪn
AM tweɪn
twang
BR twaŋ, -z, -ɪŋ, -d
AM twæŋ, -z, -ɪŋ, -d
twangle
BR ˈtwaŋg|l, -lz,
-l̩ɪŋ\-lŋ, -ld
AM ˈtwæŋg|əl, -əlz,
-(ə)l̩ɪŋ, -əld
twangy
BR ˈtwaŋi
AM ˈtwæŋi

Twankey
BR ˈtwaŋki
AM ˈtwæŋki

Twanky
BR ˈtwaŋki
AM ˈtwæŋki

'twas
BR twɒz, twəz
AM twəz

twat
BR twɒt, twat, -s
AM twɑt, -s

twayblade
BR ˈtwoɪbleɪd, -z
AM ˈtweɪˌbleɪd, -z

tweak
BR twiːk, -s, -ɪŋ, -t
AM twik, -s, -ɪŋ, -t

twee
BR twiː
AM twi

tweed
BR twiːd, -z
AM twid, -z

Tweeddale
BR ˈtwiːddeɪl
AM ˈtwi(d)ˌdeɪl

tweedily
BR ˈtwiːdɪli
AM ˈtwidɪli

tweediness
BR ˈtwiːdɪnɪs
AM ˈtwidɪnɪs

Tweedledee
BR ˌtwiːdlˈdiː
AM ˌtwidlˈdi

Tweedledum
BR ˌtwiːdlˈdʌm
AM ˌtwidlˈdəm

Tweedsmuir
BR ˈtwiːdzmjʊə(r), ˈtwiːdzmjɔː(r)
AM ˈtwidzˌmjʊ(ə)r

tweedy
BR ˈtwiːdi
AM ˈtwidi

tweely
BR ˈtwiːli
AM ˈtwili

'tween
BR twiːn
AM twin

'tween-decks
BR ˈtwiːndɛks
AM ˈtwinˌdɛks

tweeness
BR ˈtwiːnɪs
AM ˈtwinɪs

tweeny
BR ˈtwiːn|i, -ɪz
AM ˈtwini, -z

tweet
BR twiːt, -s, -ɪŋ, -ɪd
AM twi|t, -ts, -dɪŋ, -dɪd

tweeter
BR ˈtwiːtə(r), -z
AM ˈtwidər, -z

tweezer
BR ˈtwiːzə(r), -z, -ɪŋ, -d
AM ˈtwizər, -z, -ɪŋ, -d

twelfth
BR twɛlfθ, -s
AM twɛlf(θ), -s

Twelfth Day
BR ˌtwɛlfθ ˈdeɪ
AM ˌtwɛlf(θ) ˈdeɪ

twelfthly
BR ˈtwɛlfθli
AM ˈtwɛlθli, ˈtwɛlf(θ)li

Twelfth Night
BR ˌtwɛlfθ ˈnʌɪt
AM ˌtwɛlf(θ) ˈnaɪt

twelve
BR twɛlv
AM twɛlv

twelvefold
BR ˈtwɛlvfəʊld
AM ˈtwɛl(v)ˌfoʊld

twelvemo
BR ˈtwɛlvməʊ
AM ˈtwɛlvˌmoʊ

twelvemonth
BR ˈtwɛlvmʌnθ, -s
AM ˈtwɛlvˌmənθ, -s

twentieth
BR ˈtwɛntɪɪθ, -s
AM ˈtwɛn(t)iɪθ, -s

twenty
BR ˈtwɛnt|i, -ɪz
AM ˈtwɛn(t)i, -z

twenty-first
BR ˌtwɛntɪˈfɜːst, -s
AM ˌtwɛn(t)iˈfɜrst, -s

twentyfold
BR ˈtwɛntɪfəʊld
AM ˈˌtwɛn(t)iˈfoʊld

twenty-fourmo
BR ˌtwɛntɪˈfɔːməʊ
AM ˌtwɛn(t)iˈfɔrˌmoʊ

twentysomething
BR ˈtwɛntɪˌsʌmθɪŋ, -z
AM ˈtwɛn(t)iˌsəmθɪŋ, -z

twenty-twenty
BR ˌtwɛntɪˈtwɛnti
AM ˈtwɛn(t)iˈtwɛn(t)i

'twere[1] *strong form*
BR twəː(r)
AM twər

'twere[2] *weak form*
BR twə(r)
AM twər

twerk
BR twəːk, -s, -ɪŋ, -t
AM twərk, -s, -ɪŋ, -d

twerp
BR twəːp, -s
AM twərp, -s

Twi
BR twiː, -z
AM twi, -z

twibill
BR ˈtwʌɪbɪl, -z
AM ˈtwaɪb(ə)l, ˈtwaɪˌbɪl, -z

twice
BR twʌɪs
AM twaɪs

twicer
BR ˈtwʌɪsə(r), -z
AM ˈtwaɪsər, -z

Twickenham
BR ˈtwɪknəm
AM ˈtwɪkən(ə)m

twiddle
BR ˈtwɪd|l, -lz, -l̩ŋ\-lɪŋ, -ld
AM ˈtwɪd|əl, -əlz, -(ə)lɪŋ, -əld

twiddler
BR ˈtwɪdlə(r), ˈtwɪdlə(r), -z
AM ˈtwɪd(ə)lər, -z

twiddly
BR ˈtwɪdl̩i, ˈtwɪdli
AM ˈtwɪdl̩i, ˈtwɪdli

twig
BR twɪg, -z, -ɪŋ, -d
AM twɪg, -z, -ɪŋ, -d

twiggy
BR ˈtwɪgi
AM ˈtwɪgi

twilight
BR ˈtwʌɪlʌɪt
AM ˈtwaɪˌlaɪt

twilit
BR ˈtwʌɪlɪt
AM ˈtwaɪˌlɪt

twill
BR twɪl, -d
AM twɪl, -d

'twill
BR twɪl
AM twɪl

twin
BR twɪn, -z, -ɪŋ, -d
AM twɪn, -z, -ɪŋ, -d

twine
BR twʌɪn, -z, -ɪŋ, -d
AM twaɪn, -z, -ɪŋ, -d

twiner
BR ˈtwʌɪnə(r), -z
AM ˈtwaɪnər, -z

twinge
BR twɪn(d)ʒ, -ɪz, -ɪŋ, -d
AM twɪndʒ, -ɪz, -ɪŋ, -d

twi-night
BR ˈtwʌɪnʌɪt
AM ˈtwaɪˈnaɪt

Twining
BR ˈtwʌɪnɪŋ
AM ˈtwaɪnɪŋ

twink
BR twɪŋk, -s
AM twɪŋk, -s

twinkle
BR ˈtwɪŋk|l, -lz, -l̩ŋ\-lɪŋ, -ld
AM ˈtwɪŋk|əl, -əlz, -(ə)lɪŋ, -əld

twinkler
BR ˈtwɪŋklə(r), ˈtwɪŋklə(r), -z
AM ˈtwɪŋk(ə)lər, -z

twinkly
BR ˈtwɪŋkli, ˈtwɪŋkl̩i
AM ˈtwɪŋk(ə)li

twinning
BR ˈtwɪnɪŋ, -z
AM ˈtwɪnɪŋ, -z

twin-screw
BR ˌtwɪnˈskruː
AM ˈtwɪnˈskru

twinset
BR ˈtwɪnsɛt, -s
AM ˈtwɪnˌsɛt, -s

twin-size
BR ˈtwɪnsʌɪz
AM ˈtwɪnˌsaɪz

twintub
BR ˈtwɪntʌb, -z
AM ˈtwɪnˌtəb, -z

twirl
BR twəːl, -z, -ɪŋ, -d
AM twɜrl, -z, -ɪŋ, -d

twirler
BR ˈtwəːlə(r), -z
AM ˈtwɜrlər, -z

twirly
BR ˈtwəːli
AM ˈtwɜrli

twirp
BR twəːp, -s
AM twɜrp, -s

twist
BR twɪst, -s, -ɪŋ, -ɪd
AM twɪst, -s, -ɪŋ, -ɪd

twistable
BR ˈtwɪstəbl
AM ˈtwɪstəb(ə)l

twister
BR ˈtwɪstə(r), -z
AM ˈtwɪstər, -z

twistily
BR ˈtwɪstɪli
AM ˈtwɪstɪli

twistiness
BR ˈtwɪstɪnɪs
AM ˈtwɪstɪnɪs

twisting
BR ˈtwɪstɪŋ, -z
AM ˈtwɪstɪŋ, -z

twisty
BR ˈtwɪst|i, -ɪə(r), -ɪɪst
AM ˈtwɪsti, -ər, -ɪst

twit
BR twɪt, -s, -ɪŋ, -ɪd
AM twɪ|t, -ts, -dɪŋ, -dɪd

twitch
BR twɪtʃ, -ɪz, -ɪŋ, -t
AM twɪtʃ, -ɪz, -ɪŋ, -t

twitcher
BR ˈtwɪtʃə(r), -z
AM ˈtwɪtʃər, -z

twitchily
BR ˈtwɪtʃɪli
AM ˈtwɪtʃɪli

twitchiness
BR ˈtwɪtʃɪnɪs
AM ˈtwɪtʃɪnɪs

twitchy
BR ˈtwɪtʃ|i, -ɪə(r), -ɪɪst
AM ˈtwɪtʃi, -ər, -ɪst

twite
BR twʌɪt, -s
AM twaɪt, -s

twitter
BR ˈtwɪt|ə(r), -əz, -(ə)rɪŋ, -əd
AM ˈtwɪdər, -z, -ɪŋ, -d

twitterati
BR ˌtwɪtərˈɑːti
AM ˌtwɪdəˈrɑdi

twitterer
BR ˈtwɪt(ə)rə(r), -z
AM ˈtwɪd(ə)rər, -z

twittery
BR ˈtwɪt(ə)ri
AM ˈtwɪdəri

twittish
BR ˈtwɪtɪʃ
AM ˈtwɪdɪʃ

'twixt
BR twɪkst
AM twɪkst

twizzle
BR ˈtwɪz|l, -lz, -l̩ɪŋ\-lɪŋ, -ld
AM ˈtwɪz|əl, -əlz, -(ə)lɪŋ, -əld

two
BR tuː
AM tu

two-a-penny
BR ˌtuːəˈpɛni
AM ˌtuəˈpɛni

two-bit
BR ˈtuːbɪt
AM ˈtuˌbɪt

two-by-four
BR ˌtuːbʌɪˈfɔː(r), -z
AM ˈtuˌbaɪˌfɔ(ə)r, -z

two-dimensional
BR ˌtuːdʌɪˈmɛnʃn̩l, ˌtuːdɪˈmɛnʃn̩l
AM ˌtudaɪˈmɛn(t)ʃ(ə)n(ə)l, ˌtudəˈmɛn(t)ʃ(ə)n(ə)l

twofold
BR ˈtuːfəʊld
AM ˈtuˌfoʊld

Twohy
BR ˈtuːi
AM ˈtui

Twomey
BR ˈtuːmi
AM ˈtumi

twoness
BR ˈtuːnəs
AM ˈtunəs

twopence
BR ˈtʌp(ə)ns
AM ˈtəpəns

twopenny
BR ˈtʌpni, ˈtʌpn̩i
AM ˈtəpəni

twopenny-halfpenny
BR ˌtʌpniˈheɪpni, ˌtʌpn̩iˈheɪpn̩i
AM ˌtəpəniˈheɪpəni

twopennyworth
BR ˌtuːˈpɛnəθ, ˈtʌpnɪwə(ː)θ, ˈtʌpn̩ɪwə(ː)θ
AM ˌtəpəniˌwərθ

two-piece[1] *adjective*
BR ˌtuːˈpiːs
AM ˈtuˈpis

two-piece[2] *noun*
BR ˈtuːpiːs, -ɪz
AM ˈtuˌpis, -ɪz

two-seater
BR ˌtuːˈsiːtə(r), -z
AM ˌtuˈsidər, -z

twosome
BR ˈtuːs(ə)m, -z
AM ˈtus(ə)m, -z

two-timer
BR ˈtuːˌtʌɪmə(r), ˌtuːˈtʌɪmə(r), -z
AM ˈtuˌtaɪmər, -z

two-tone
BR ˈtuːtəʊn
AM ˈtuˌtoʊn

'twould[1] *it would, strong*
BR twʊd
AM twʊd

'twould[2] *it would, weak*
BR twəd
AM twəd

two-up
BR ˌtuːˈʌp
AM ˌtuˈəp

two-way
BR ˌtuːˈweɪ
AM ˈtuˈweɪ

two-wheeler
BR ˌtuːˈwiːlə(r), -z
AM ˈtuˈ(h)wilər, -z

twyer
BR ˈtwʌɪə(r), -z
AM ˈtwaɪər, -z

Twyford
BR ˈtwʌɪfəd
AM ˈtwaɪfərd

Tyburn
BR ˈtʌɪb(ə)n, ˈtʌɪbəːn
AM ˈtaɪbərn

Tyche
BR ˈtʌɪki
AM ˈtaɪki

tychism
BR ˈtʌɪkɪzm
AM ˈtaɪˌkɪz(ə)m

tychist
BR ˈtʌɪkɪst, -s
AM ˈtaɪkɪst, -s

Tycho
BR ˈtʌɪkəʊ
AM ˈtaɪkoʊ

Tychonian
BR tʌɪˈkəʊnɪən, -z
AM taɪˈkoʊnɪən, -z

Tychonic
BR tʌɪˈkɒnɪk
AM taɪˈkɑnɪk

tycoon
BR tʌɪˈkuːn, -z
AM taɪˈkun, -z

Tye
BR tʌɪ
AM taɪ

tying
BR ˈtʌɪɪŋ
AM ˈtaɪɪŋ

tyke
BR tʌɪk, -s
AM taɪk, -s

Tyldesley
BR ˈtɪl(d)zli
AM ˈtɪl(d)zli

Tyler
BR ˈtʌɪlə(r)
AM ˈtaɪlər

tylopod
BR ˈtʌɪləpɒd, -z
AM ˈtaɪləˌpɑd, -z

tylopodous
BR tʌɪˈlɒpədəs
AM taɪˈlɑpədəs

tympan
BR ˈtɪmpən, -z
AM ˈtɪmpən, -z

tympana
BR ˈtɪmpənə(r)
AM ˈtɪmpənə

tympani
BR ˈtɪmpəni
AM ˈtɪmpəni

tympanic
BR tɪmˈpanɪk
AM tɪmˈpænɪk

tympanist
BR ˈtɪmpənɪst, -s
AM ˈtɪmpənəst, -s

tympanites
BR ˌtɪmpəˈnʌɪtiːz
AM ˌtɪmpəˈnaɪdiz

tympanitic
BR ˌtɪmpəˈnɪtɪk
AM ˌtɪmpəˈnɪdɪk

tympanitis
BR ˌtɪmpəˈnʌɪtɪs
AM ˌtɪmpəˈnaɪdɪs

tympanum
BR ˈtɪmpənəm, -z
AM ˈtɪmpən(ə)m, -z

Tynan
BR ˈtʌɪnən
AM ˈtaɪnən

Tyndale
BR ˈtɪndl
AM ˈtɪndl

Tyndall
BR ˈtɪndl
AM ˈtɪndl

Tyne
BR tʌɪn
AM taɪn

Tyne and Wear
BR ˌtʌɪn ən(d) ˈwɪə(r)
AM ˈtaɪn ən ˈwɪ(ə)r

Tynemouth
BR ˈtʌɪnmaʊθ
AM ˈtaɪnˌmaʊθ

Tyneside
BR ˈtʌɪnsʌɪd
AM ˈtaɪnˌsaɪd

Tynesider
BR ˈtʌɪnˌsʌɪdə(r), -z
AM ˈtaɪnˌsaɪdər, -z

Tynwald
BR ˈtɪnw(ə)ld, ˈtʌɪnw(ə)ld
AM ˈtaɪnwəld, ˈtɪnwəld

typal
BR ˈtʌɪpl
AM ˈtaɪpəl

type
BR tʌɪp, -s, -ɪŋ, -t
AM taɪp, -s, -ɪŋ, -t

typebar
BR ˈtʌɪpbɑː(r), -z
AM ˈtaɪpˌbɑr, -z

typecast
BR ˈtʌɪpkɑːst, -s, -ɪŋ
AM ˈtaɪpˌkæst, -s, -ɪŋ

typeface
BR ˈtʌɪpfeɪs, -ɪz
AM ˈtaɪpˌfeɪs, -ɪz

typefounder
BR ˈtʌɪpˌfaʊndə(r), -z
AM ˈtaɪpˌfaʊndər, -z

typescript
BR ˈtʌɪpskrɪpt, -s
AM ˈtaɪpˌskrɪpt, -s

typeset
BR ˈtʌɪpsɛt, -s, -ɪŋ
AM ˈtaɪpˌsɛ|t, -ts, -dɪŋ

typesetter
BR ˈtʌɪpˌsɛtə(r), -z
AM ˈtaɪpˌsɛdər, -z

typesetting
BR ˈtʌɪpˌsɛtɪŋ
AM ˈtaɪpˌsɛdɪŋ

typewriter
BR ˈtʌɪpˌrʌɪtə(r), -z
AM ˈtaɪpˌraɪdər, -z

typewriting
BR ˈtʌɪpˌrʌɪtɪŋ
AM ˈtaɪpˌraɪdɪŋ

typewritten
BR ˈtʌɪpˌrɪtn
AM ˈtaɪpˌrɪtn

typhlitic
BR tɪfˈlɪtɪk
AM tɪfˈlɪdɪk

typhlitis
BR tɪfˈlʌɪtɪs
AM tɪˈflaɪdɪs

typhoid
BR ˈtʌɪfɔɪd
AM ˈtaɪˌfɔɪd

typhoidal
BR tʌɪˈfɔɪdl
AM taɪˈfɔɪd(ə)l

typhonic
BR tʌɪˈfɒnɪk
AM taɪˈfɑnɪk

Typhoo
BR ˌtʌɪˈfuː
AM ˌtaɪˈfu

typhoon
BR tʌɪˈfuːn, -z
AM taɪˈfun, -z

typhous
BR ˈtʌɪfəs
AM ˈtaɪfəs

typhus
BR ˈtʌɪfəs
AM ˈtaɪfəs

typical
BR ˈtɪpɪkl
AM ˈtɪpɪk(ə)l

typicality
BR ˌtɪpɪˈkalɪti
AM ˌtɪpəˈkælədi

typically
BR ˈtɪpɪkli
AM ˈtɪpɪk(ə)li

typification
BR ˌtɪpɪfɪˈkeɪʃn, -z
AM ˌtɪpəfəˈkeɪʃ(ə)n, -z

typifier
BR ˈtɪpɪfʌɪə(r), -z
AM ˈtɪpəˌfaɪər, -z

typify
BR ˈtɪpɪfʌɪ, -z, -ɪŋ, -d
AM ˈtɪpəˌfaɪ, -z, -ɪŋ, -d

typist
BR ˈtʌɪpɪst, -s
AM ˈtaɪpɪst, -s

typo
BR ˈtʌɪpəʊ, -z
AM ˈtaɪˌpoʊ, -z

typographer
BR tʌɪˈpɒgrəfə(r), -z
AM taɪˈpɑgrəfər, -z

typographic
BR ˌtʌɪpəˈgrafɪk
AM ˌtaɪpəˈgræfɪk

typographical
BR ˌtʌɪpəˈgrafɪkl
AM ˌtaɪpəˈgræfək(ə)l

typographically
BR ˌtʌɪpəˈgrafɪkli
AM ˌtaɪpəˈgræfək(ə)li

typography
BR tʌɪˈpɒgrəfi
AM taɪˈpɑgrəfi

typological
BR ˌtʌɪpəˈlɒdʒɪkl
AM ˌtaɪpəˈlɑdʒək(ə)l

typologist
BR tʌɪˈpɒlədʒɪst, -s
AM taɪˈpɑlədʒəst, -s

typology
BR tʌɪˈpɒlədʒi
AM taɪˈpɑlədʒi

typonym
BR ˈtʌɪpənɪm, -z
AM ˈtaɪpəˌnɪm, -z

Tyr
BR tɪə(r), tjʊə(r)
AM ˈtɪ(ə)r

tyramine
BR ˈtʌɪrəmiːn, ˈtɪrəmiːn
AM ˈtaɪrəˌmin

tyrannical
BR tɪˈranɪkl, tʌɪˈranɪkl
AM təˈrænək(ə)l

tyrannically
BR tɪˈranɪkli, tʌɪˈranɪkli
AM təˈrænək(ə)li

tyrannicidal
BR tɪˌranɪˈsʌɪdl, tʌɪˌranɪˈsʌɪdl
AM təˌrænəˈsaɪd(ə)l

tyrannicide
BR tɪˈranɪsʌɪd, tʌɪˈranɪsʌɪd, -z
AM təˈrænəˌsaɪd, -z

tyrannise
BR ˈtɪrn̩ʌɪz, -ɪz, -ɪŋ, -d
AM ˈtɪrəˌnaɪz, -ɪz, -ɪŋ, -d

tyrannize
BR ˈtɪrn̩ʌɪz, -ɪz, -ɪŋ, -d
AM ˈtɪrəˌnaɪz, -ɪz, -ɪŋ, -d

tyrannosaur
BR tɪˈranəsɔː(r), tʌɪˈranəsɔː(r), -z
AM təˈrænəˌsɔ(ə)r, -z

tyrannosauri
BR tɪˌranəˈsɔːrʌɪ, tʌɪˌranəˈsɔːrʌɪ
AM təˌrænəˈsɔːˌraɪ

tyrannosaurus
BR tɪˌranəˈsɔːrəs, tʌɪˌranəˈsɔːrəs, -ɪz
AM təˌrænəˈsɔrəs, -əz

Tyrannosaurus Rex
BR tɪˌranəˌsɔːrəs ˈrɛks, tʌɪˌranəˌsɔːrəs +, -ɪz
AM təˌrænəˈsɔrəs ˈrɛks, -əz

tyrannous
BR ˈtɪrn̩əs
AM ˈtɪrənəs

tyrannously
BR ˈtɪrn̩əsli
AM ˈtɪrənəsli

tyranny
BR ˈtɪrn̩|i, -ɪz
AM ˈtɪrəni, -z

tyrant
BR ˈtʌɪrn̩t, -s
AM ˈtaɪrənt, -s

tyre
BR ˈtʌɪə(r), -z
AM ˈtaɪ(ə)r, -z

tyremark
BR ˈtʌɪəmɑːk, -s
AM ˈtaɪ(ə)rˌmɑrk, -s

Tyrer
BR ˈtʌɪrə(r)
AM ˈtaɪrər

Tyrian
BR ˈtɪrɪən
AM ˈtɪriən

tyro
BR ˈtʌɪrəʊ, -z
AM ˈtaɪˌroʊ, -z

Tyrol
BR ˈtɪrl̩, tɪˈrəʊl
AM ˈtɪrəl

Tyrolean
BR ˌtɪrəˈliːən, tɪˈrəʊliən, -z
AM təˈroʊliən, -z

Tyrone[1] *forename*
BR ˈtʌɪrəʊn, tʌɪˈrəʊn
AM taɪˈroʊn

Tyrone[2] *Northern Ireland*
BR tɪˈrəʊn
AM təˈroʊn

tyrosine
BR ˈtʌɪrə(ʊ)siːn
AM ˈtaɪrəˌsin

tyrothricin
BR ˌtʌɪrə(ʊ)ˈθrʌɪsɪn
AM ˌtaɪrəˈθraɪsɪn

Tyrrell
BR ˈtɪrl̩
AM ˈtɪrəl

Tyrrhene
BR tɪˈriːn, -z
AM təˈrin, -z

Tyrrhenian
BR tɪˈriːnɪən, -z
AM təˈriniən, -z

Tyson
BR ˈtʌɪsn̩
AM ˈtaɪs(ə)n

Tywyn
BR ˈtaʊɪn
AM ˈtaʊən

Tyzack
BR ˈtʌɪzak, ˈtɪzak
AM ˈtɪzæk, ˈtaɪzæk

tzar
BR zɑː(r), tsɑː(r), -z
AM tsɑr, zɑr, -z
RUS tsarʲ

tzarevitch
BR ˈzɑːrəvɪtʃ, ˈtsɑːrəvɪtʃ, -ɪz
AM ˈtsɑrəˌvɪtʃ, ˈzɑrəˌvɪtʃ, -ɪz
RUS tsaˈrʲevʲitʃ

tzarina
BR zɑːˈriːnə(r), tsɑːˈriːnə(r), -z
AM tsɑˈrinə, zɑˈrinə, -z

tzarist
BR ˈzɑːrɪst, ˈtsɑːrɪst, -s
AM ˈtsɑrəst, ˈzɑrəst, -s

tzatziki
BR (t)satˈsiːki
AM (t)satˈsiki
GR dzadˈziːki

tzetze
BR ˈt(s)ɛtsi
AM ˈ(t)sɛtsi, ˈ(t)sitsi

tzigane
BR (t)sɪˈgɑːn, -z
AM (t)sɪˈgɑn, -z

U

u
BR juː, -z
AM ju, -z

U-2
BR ˌjuːˈtuː, -z
AM ˈjuˈtu, -z

UAW
BR ˌjuːeɪˈdʌblju:
AM ˌjuˌeɪˈdəbəlˌju

UB40
BR ˌjuːbiːˈfɔːti
AM ˌjuˌbiˈfɔrdi

Ubaid
BR uːˈbeɪd, uːˈbʌɪd
AM uˈbaɪd, uˈbeɪd

Ubange
BR ˌjuːˈbaŋgi
AM ˌjuˈbæŋgi

U-bend
BR ˈjuːbɛnd, -z
AM ˈjuˌbɛnd, -z

Übermensch
BR ˈuːbəmɛnʃ
AM ˈubərˌmɛn(t)ʃ

Übermenschen
BR ˈuːbəmɛnʃ(ə)n
AM ˈubərˌmɛn(t)ʃ(ə)n

ubiety
BR juːˈbʌɪɪti, jəˈbʌɪɪti
AM juˈbaɪədi

ubiquitarian
BR juːˌbɪkwɪˈtɛːrɪən, jəˌbɪkwɪˈtɛːrɪən, -z
AM juˌbɪkwəˈtɛriən, -z

ubiquitarianism
BR juːˌbɪkwɪˈtɛːrɪənɪzm, jəˌbɪkwɪˈtɛːrɪənɪzm
AM juˌbɪkwɪˈtɛriəˌnɪz(ə)m

ubiquitous
BR juːˈbɪkwɪtəs, jəˈbɪkwɪtəs
AM juˈbɪkwədəs

ubiquitously
BR juːˈbɪkwɪtəsli, jəˈbɪkwɪtəsli
AM juˈbɪkwədəsli

ubiquitousness
BR juːˈbɪkwɪtəsnəs, jəˈbɪkwɪtəsnəs
AM juˈbɪkwədəsnəs

ubiquity
BR juːˈbɪkwɪti, jəˈbɪkwɪti
AM juˈbɪkwɪdi

U-boat
BR ˈjuːbəʊt, -s
AM ˈjuˌboʊt, -s

U-bolt
BR ˈjuːbəʊlt, -s
AM ˈjuˌboʊlt, -s

UCATT
BR ˈjuːkat
AM ˈjuˌkæt

UCCA
BR ˈʌkə(r), ˌjuːsiːsiːˈeɪ
AM ˌjuˌsiˌsiˈeɪ

Uccello
BR uːˈtʃɛləʊ
AM uˈtʃɛloʊ

Uckfield
BR ˈʌkfiːld
AM ˈəkˌfild

UCLA
BR ˌjuːsiɛlˈeɪ
AM ˌjuˌsiˌɛlˈeɪ

udal
BR ˈjuːdl, -z
AM ˈjudəl, -z

Udall
BR ˈjuːd(ɔːl
AM ˈjuˌdɑl, ˈjuˌdɔl

udaller
BR ˈjuːdlə(r), -z
AM ˈjudlər, -z

udalman
BR ˈjuːdlmən
AM ˈjudlm(ə)n

udalmen
BR ˈjuːdlmən
AM ˈjudlm(ə)n

udder
BR ˈʌdə(r), -z, -d
AM ˈədər, -z, -d

UDI
BR ˌjuːdiˈʌɪ
AM ˌjuˌdiˈaɪ

Udmurtia
BR ʊdˈmʊəʃə(r)
AM ʊdˈmʊrʃə
RUS udˈmurtʲijə

udometer
BR juːˈdɒmɪtə(r), jʉˈdɒmɪtə(r), -z
AM juˈdɑmədər, -z

UEFA
BR juːˈeɪfə(r)
AM juˈ(w)ɛfə

uey
BR ˈjuːǀi, -ɪz
AM ˈjui, -z

Uffizi
BR (j)ʊˈfiːtsi, (j)ʊˈfiːtsi
AM juˈfitsi
IT ufˈfittsi

UFO
BR ˈjuːfəʊ, ˌjuːɛfˈəʊ, -z
AM ˌjuˌɛfˈoʊ, -z

ufologist
BR juːˈfɒlədʒɪst, -s
AM juˈfɑlədʒəst, -s

ufology
BR juːˈfɒlədʒi
AM juˈfɑlədʒi

Uganda
BR juːˈɡændə(r), jʉˈɡændə(r)
AM juˈɡændə

Ugandan
BR juːˈɡændən, jʉˈɡændən, -z
AM juˈɡændən, -z

Ugaritic *adjective and noun*
BR ˌuːɡəˈrɪtɪk
AM ˌuɡəˈrɪdɪk

ugh!
BR ə(h), ʌx, ʊΦ
AM əɡ

ugli
BR ˈʌɡlǀi, -ɪz
AM ˈəɡli, -z

uglification
BR ˌʌɡlɪfɪˈkeɪʃn
AM ˌəɡləfəˈkeɪʃ(ə)n

ugli fruit
BR ˈʌɡlɪ ˌfruːt
AM ˈəɡli ˌfrut

uglify
BR ˈʌɡlɪfʌɪ, -z, -ɪŋ, -d
AM ˈəɡləˌfaɪ, -z, -ɪŋ, -d

uglily
BR ˈʌɡlɨli
AM ˈəɡləli

ugliness
BR ˈʌɡlɪnɨs
AM ˈəɡlɪnɨs

ugly
BR ˈʌɡlǀi, -ɪə(r), -ɨst
AM ˈəɡli, -ər, -ɨst

Ugrian
BR ˈ(j)uːɡrɪən, -z
AM ˈ(j)uɡrɪən, -z

Ugric
BR ˈ(j)uːɡrɪk, -s
AM ˈ(j)uɡrɪk, -s

UHF
BR ˌjuːeɪtʃˈɛf
AM ˌjuˌeɪtʃˈɛf

uh-huh
BR əˈhə(r), ʌˈhʌ(r)
AM əˈhə

uhlan
BR (j)uːˈlɑːn, (j)ʉˈlɑːn, -z
AM ˈ(j)ul(ə)n, uˈlɑn, -z

UHT
BR ˌjuːeɪtʃˈtiː
AM ˌjuˌeɪtʃˈti

Uighur
BR ˈwiːɡʊə(r), -z
AM ˈwiˌɡʊ(ə)r, -z

Uigur
BR ˈwiːɡʊə(r), -z
AM ˈwiˌɡʊ(ə)r, -z

Uist
BR ˈjuːɪst, -s
AM ˈjuɪst, -s

uitlander
BR ˈeɪtˌlandə(r), ˈɔɪtˌlandə(r), -z
AM ˈeɪtˌlændər, -z

ujamaa
BR ˌʊdʒəˈmɑː(r)
AM ˌudʒəˈmɑ

Ujjain
BR uːˈdʒeɪn
AM uˈdʒeɪn

UK
BR ˌjuːˈkeɪ
AM ˌjuˈkeɪ

ukase
BR juːˈkeɪz, juːˈkeɪs, -ɪz
AM juˈkeɪs, -ɪz

ukelele
BR ˌjuːkəˈleɪǀi, -ɪz
AM ˌjukəˈleɪli, -z

ukiyo-e
BR ˌuːkijəʊˈjeɪ
AM ˌukijoʊˈjeɪ

Ukraine
BR juːˈkreɪn, jʉˈkreɪn
AM ˌjuˌkreɪn, juˈkreɪn
RUS ukraˈinə

Ukrainian
BR juːˈkreɪnɪən, jʉˈkreɪnɪən, -z
AM juˈkreɪnɪən, -z

ukulele
BR ˌjuːkəˈleɪǀi, -ɪz
AM ˌjukəˈleɪli, -z

ulan
BR (j)uːˈlɑːn, (j)ʉˈlɑːn, -z
AM ˈ(j)ul(ə)n, uˈlɑn, -z

Ulan Bator
BR ʊˌlan baˈtɔː(r)
AM ʊˌlan ˌbaˈtɔ(ə)r

Ulanova
BR jʉˈlanəvə(r)
AM jʊˈlanəvə
RUS uˈlanəvə

ulcer
BR ˈʌlsə(r), -z, -d
AM ˈəlsər, -z, -d

ulcerable
BR ˈʌls(ə)rəbl
AM ˈəlsərəb(ə)l

ulcerate
BR ˈʌlsəreɪt, -s, -ɪŋ, -ɨd
AM ˈəlsəˌreɪǀt, -ts, -dɪŋ, -dɨd

ulceration
BR ˌʌlsəˈreɪʃn
AM ˌəlsəˈreɪʃ(ə)n

ulcerative
BR ˈʌls(ə)rətɪv
AM ˈəlsəˌreɪdɪv, ˈəlsərədɪv

ulcerous
BR ˈʌls(ə)rəs
AM ˈəls(ə)rəs

ulema
BR ˈuːlɪmɑː(r), ˌuːlɪˈmɑː(r), -z
AM ˈuləˌmɑ, -z

Ulfilas
BR ˈʊlfilas
AM ˈʊlfiˌlas

uliginose
BR juːˈlɪdʒɨnəʊs, jʉˈlɪdʒɨnəʊs
AM juˈlɪdʒəˌnoʊz, juˈlɪdʒəˌnoʊs

uliginous
BR juːˈlɪdʒɪnəs,
jʊˈlɪdʒɪnəs
AM juˈlɪdʒənəs

ullage
BR ˈʌlɪdʒ
AM ˈəlɪdʒ

Ullapool
BR ˈʌləpuːl
AM ˈələˌpul

Ullman
BR ˈʊlmən, ˈʌlmən
AM ˈʊlm(ə)n, ˈəlm(ə)n

Ullmann
BR ˈʊlmən, ˈʌlmən
AM ˈʊlm(ə)n, ˈəlm(ə)n

Ulm
BR ˈʊlm
AM ˈʊlm

ulna
BR ˈʌlnə(r), -z
AM ˈəlnə, -z

ulnae
BR ˈʌlniː
AM ˈəlˌnaɪ, ˈəlˌni

ulnar
BR ˈʌlnə(r)
AM ˈəlnər

ulotrichan
BR juːˈlɒtrɪk(ə)n,
jʊˈlɒtrɪk(ə)n, -z
AM juˈlɑtrəkən, -z

ulotrichous
BR juːˈlɒtrɪkəs,
jʊˈlɒtrɪkəs
AM juˈlɑtrəkəs

Ulpian
BR ˈʌlpɪən
AM ˈəlpɪən

Ulster
BR ˈʌlstə(r), -z
AM ˈəlstər, -z

Ulsterman
BR ˈʌlstəmən
AM ˈəlstərm(ə)n

Ulstermen
BR ˈʌlstəmən
AM ˈəlstərm(ə)n

Ulsterwoman
BR ˈʌlstəˌwʊmən
AM ˈəlstərˌwʊm(ə)n

Ulsterwomen
BR ˈʌlstəˌwɪmɪn
AM ˈəlstərˌwɪmɪn

ult
BR ʌlt
AM əlt

ulterior
BR ʌlˈtɪərɪə(r)
AM əlˈtɪrɪər

ulteriorly
BR ʌlˈtɪərɪəli
AM əlˈtɪrɪərli

ultima
BR ˈʌltɪmə(r)
AM ˈəltəmə

ultimacy
BR ˈʌltɪməsi
AM ˈəltəməsi

ultimata
BR ˌʌltɪˈmeɪtə(r)
AM ˌəltəˈmeɪdə

ultimate
BR ˈʌltɪmət
AM ˈəltəmət

ultimately
BR ˈʌltɪmətli
AM ˈəltəmətli

ultimateness
BR ˈʌltɪmətnəs
AM ˈəltəmətnəs

ultimatum
BR ˌʌltɪˈmeɪtəm, -z
AM ˌəltəˈmeɪdəm, -z

ultimo
BR ˈʌltɪməʊ
AM ˈəltəˌmoʊ

ultimogeniture
BR ˌʌltɪməʊ-
ˈdʒenɪtʃə(r), -z
AM ˌəltəˌmoʊ-
ˈdʒenətʃər,
ˌəltəˌmoʊdʒenə-
ˌtʃʊ(ə)r, -z

ultra
BR ˈʌltrə(r), -z
AM ˈəltrə, -z

ultracentrifuge
BR ˌʌltrəˈsentrɪfjuː(d)ʒ, -ɪz
AM ˌəltrəˈsentrəˌfjudʒ, -əz

ultradian
BR ʌlˈtreɪdɪən
AM ˌəltrəˈdiən

ultraism
BR ˈʌltreɪzm
AM ˈəltrəˌɪz(ə)m

ultramarine
BR ˌʌltrəməˈriːn
AM ˌəltrəməˈrin

ultramicroscope
BR ˌʌltrəˈmaɪkrəskəʊp, -s
AM ˌəltrəˈmaɪkrəˌskoʊp, -s

ultramicroscopic
BR ˌʌltrəˌmaɪkrəˈskɒpɪk
AM ˈəltrəˌmaɪkrəˈskɑpɪk

ultramontane
BR ˌʌltrəˈmɒnteɪn
AM ˌəltrəˌmɑnˈteɪn

ultramontanism
BR ˌʌltrəˈmɒntənɪzm
AM ˌəltrəˈmɑn(t)əˌnɪz(ə)m

ultramontanist
BR ˌʌltrəˈmɒntənɪst, -s
AM ˌəltrəˈmɑn(t)ənəst, -s

ultramundane
BR ˌʌltrəˈmʌndeɪn
AM ˌəltrəˌmənˈdeɪn

ultrasonic
BR ˌʌltrəˈsɒnɪk, -s
AM ˌəltrəˈsɑnɪk, -s

ultrasonically
BR ˌʌltrəˈsɒnɪkli
AM ˌəltrəˈsɑnək(ə)li

ultrasound
BR ˈʌltrəsaʊnd
AM ˈəltrəˌsaʊnd

ultrastructure
BR ˈʌltrəˌstrʌktʃə(r), -z
AM ˈəltrəˌstrək(t)ʃər, -z

Ultrasuede
BR ˈʌltrəˌsweɪd
AM ˈəltrəˌsweɪd

ultraviolet
BR ˌʌltrəˈvaɪələt
AM ˌəltrəˈvaɪələt

ultra vires
BR ˌʌltrə ˈvaɪriːz, + ˈviːreɪz
AM ˌəltrə ˈvaɪriz

ululant
BR ˈjuː(l)jʊlənt, ˈʌljʊlnt
AM ˈəljəl(ə)nt, ˈju(l)jəl(ə)nt

ululate
BR ˈjuː(l)jʊleɪt, ˈʌljʊleɪt, -s, -ɪŋ, -ɪd
AM ˈəljəˌleɪ|t, ˈju(l)jəˌleɪ|t, -ts, -dɪŋ, -dɪd

ululation
BR ˌjuː(l)jʊˈleɪʃn, ˌʌljʊˈleɪʃn, -z
AM ˌəljəˈleɪʃ(ə)n, ˌju(l)jəˈleɪʃ(ə)n, -z

Ulverston
BR ˈʌlvəst(ə)n
AM ˈəlvərst(ə)n

Ulysses
BR juːˈlɪsiːz
AM juˈlɪsiz

um
BR (ʌ)m
AM (ə)m

umbel
BR ˈʌmbl, -z
AM ˈəmbəl, -z

umbellar
BR ʌmˈbɛlə(r)
AM ˈəmbələr

umbellate
BR ˈʌmbələt, ˈʌmbəleɪt
AM ˈəmbəˌleɪt, ˈəmbələt

umbellifer
BR ʌmˈbɛlɪfə(r), -z
AM ˌəmˈbɛləfər, -z

umbelliferae
BR ˌʌmbəˈlɪfəriː
AM ˌəmbəˈlɪfəˌraɪ, ˌəmbəˈlɪfəri

umbelliferous
BR ˌʌmbəˈlɪf(ə)rəs
AM ˌəmbəˈlɪf(ə)rəs

umbellule
BR ʌmˈbɛljuːl, -z
AM əmˈbɛljul,
 ˈəmbəl,jul, -z
umber
BR ˈʌmbə(r), -z
AM ˈəmbər, -z
umbilical
BR ʌmˈbɪlɪkl,
 ˌʌmbɪˈlʌɪkl
AM ˌəmˈbɪlək(ə)l
umbilically
BR ʌmˈbɪlɪkli
AM ˌəmˈbɪlɪk(ə)li
umbilicate
BR ʌmˈbɪlɪkət,
 ʌmˈbɪlɪkeɪt
AM ˌəmˈbɪlə,keɪt,
 ˌəmˈbɪləkət
umbilicus
BR ʌmˈbɪlɪkəs, -ɪz
AM ˌəmˈbɪlɪkəs,
 -əz
umble
BR ˈʌmbl, -z
AM ˈəmbəl, -z
umbo
BR ˈʌmbəʊ, -z
AM ˈəmboʊ, -z
umbonal
BR ʌmˈbəʊnl
AM ˌəmˈboʊn(ə)l
umbonate
BR ˈʌmbənət,
 ˈʌmbəneɪt
AM ˈəmbə,neɪt,
 ˈəmbənət
umbones
BR ʌmˈbəʊniːz
AM ˌəmˈboʊniz
umbra
BR ˈʌmbrə(r), -z
AM ˈəmbrə, -z
umbrage
BR ˈʌmbrɪdʒ
AM ˈəmbrɪdʒ
umbrageous
BR ˈʌmbrɪdʒəs
AM ˈəmbrɪdʒəs
umbral
BR ˈʌmbr(ə)l
AM ˈəmbrəl

umbrella
BR ʌmˈbrɛlə(r),
 -z
AM ˌəmˈbrɛlə, -z
umbrella-like
BR ʌmˈbrɛləlʌɪk
AM ˌəmˈbrɛlə,laɪk
umbrette
BR ʌmˈbrɛt, -s
AM ˌəmˈbrɛt, -s
Umbria
BR ˈʌmbrɪə(r)
AM ˈəmbriə
Umbrian
BR ˈʌmbrɪən, -z
AM ˈəmbriən, -z
Umbriel
BR ˈʌmbrɪəl
AM ˈəmbriəl
umbriferous
BR ʌmˈbrɪf(ə)rəs
AM ˌəmˈbrɪf(ə)rəs
umiak
BR ˈuːmɪak, -s
AM ˈumi,æk, -s
umlaut
BR ˈʊmlaʊt, -s
AM ˈʊm,laʊt, -s
ump
BR ʌmp, -s
AM əmp, -s
umph
BR ʌmf, ʊmf, hm
AM ʊmf, əmf, umf
umpirage
BR ˈʌmpʌɪrɪdʒ
AM ˈəm,paɪrɪdʒ
umpire
BR ˈʌmpʌɪə(r), -z,
 -ɪŋ, -d
AM ˈəm,paɪ(ə)r, -z,
 -ɪŋ, -d
umpireship
BR ˈʌmpʌɪəʃɪp, -s
AM ˈəm,paɪ(ə)r,ʃɪp,
 -s
umpteen
BR ˌʌm(p)ˈtiːn
AM ˈ,əm(p)ˌtin
umpteenth
BR ˌʌm(p)ˈtiːnθ
AM ˈ,əm(p)ˌtinθ

umpty
BR ˈʌm(p)ti
AM ˈəm(p)ti
UN
BR ˌjuːˈɛn
AM ˌjuˈɛn
'un
BR ən
AM ən
Una
BR ˈjuːnə(r)
AM ˈ(j)unə
unabashed
BR ˌʌnəˈbaʃt
AM ˌənəˈbæʃt
unabashedly
BR ˌʌnəˈbaʃɪdli
AM ˌənəˈbæʃədli
unabated
BR ˌʌnəˈbeɪtɪd
AM ˌənəˈbeɪdɪd
unabatedly
BR ˌʌnəˈbeɪtɪdli
AM ˌənəˈbeɪdɪdli
unable
BR ʌnˈeɪbl
AM ˌənˈeɪb(ə)l
unabridged
BR ˌʌnəˈbrɪdʒd
AM ˌənəˈbrɪdʒd
unabsorbed
BR ˌʌnəbˈzɔːbd
AM ˌənəbˈzɔː(ə)rbd
unacademic
BR ˌʌnakəˈdɛmɪk
AM ˌən,ækəˈdɛmɪk
unaccented
BR ˌʌnəkˈsɛntɪd
AM ˌənˈæk,sɛn(t)əd
unacceptability
BR ˌʌnək,sɛptəˈbɪlɪti
AM ˌənəkˌsɛptə-
 ˈbɪlɪdi
unacceptable
BR ˌʌnəkˈsɛptəbl
AM ˌənəkˈsɛptəb(ə)l
unacceptableness
BR ˌʌnəkˈsɛptəblnəs
AM ˌənəkˈsɛptəbəlnəs
unacceptably
BR ˌʌnəkˈsɛptəbli
AM ˌənəkˈsɛptəbli

unaccepted
BR ˌʌnəkˈsɛptɪd
AM ˌənəkˈsɛptəd
unacclaimed
BR ˌʌnəˈkleɪmd
AM ˌənəˈkleɪmd
unacclimatized
BR ˌʌnəˈklʌɪmətʌɪzd
AM ˌənəˈklaɪmə,taɪzd
unaccommodated
BR ˌʌnəˈkɒmədeɪtɪd
AM ˌənəˈkɑməˌdeɪdɪd
unaccommodating
BR ˌʌnəˈkɒmədeɪtɪŋ
AM ˌənəˈkɑməˌdeɪdɪŋ
unaccompanied
BR ˌʌnəˈkʌmp(ə)nɪd
AM ˌənəˈkəmpənid
unaccomplished
BR ˌʌnəˈkʌmplɪʃt
AM ˌənəˈkəmplɪʃt
unaccountability
BR ˌʌnəˌkaʊntəˈbɪlɪti
AM ˌənəˌkaʊn(t)əˈbɪlɪdi
unaccountable
BR ˌʌnəˈkaʊntəbl
AM ˌənəˈkaʊn(t)əb(ə)l
unaccountableness
BR ˌʌnəˈkaʊntəblnəs
AM ˌənə-
 ˈkaʊn(t)əbəlnəs
unaccountably
BR ˌʌnəˈkaʊntəbli
AM ˌənəˈkaʊn(t)əbli
unaccounted
BR ˌʌnəˈkaʊntɪd
AM ˌənəˈkaʊn(t)əd
unaccustomed
BR ˌʌnəˈkʌstəmd
AM ˌənəˈkəstəmd
unaccustomedly
BR ˌʌnəˈkʌstəmdli
AM ˌənəˈkəstəmdli
unachievable
BR ˌʌnəˈtʃiːvəbl
AM ˌənəˈtʃivəb(ə)l
unacknowledged
BR ˌʌnəkˈnɒlɪdʒd
AM ˌənəkˈnɑlɪdʒd
unacquainted
BR ˌʌnəˈkweɪntɪd
AM ˌənəˈkweɪn(t)ɪd

unadaptable
BR ˌʌnəˈdaptəbl
AM ˌənəˈdæptəb(ə)l

unadapted
BR ˌʌnəˈdaptɪd
AM ˌənəˈdæptəd

unaddressed
BR ˌʌnəˈdrest
AM ˌənəˈdrest

unadjacent
BR ˌʌnəˈdʒeɪsnt
AM ˌənəˈdʒeɪs(ə)nt

unadjusted
BR ˌʌnəˈdʒʌstɪd
AM ˌənəˈdʒʌstəd

unadmitted
BR ˌʌnədˈmɪtɪd
AM ˌənədˈmɪdɪd

unadopted
BR ˌʌnəˈdɒptɪd
AM ˌənəˈdɑptəd

unadorned
BR ˌʌnəˈdɔːnd
AM ˌənəˈdɔ(ə)rnd

unadulterated
BR ˌʌnəˈdʌltəreɪtɪd
AM ˌənəˈdʌltəˌreɪdɪd

unadventurous
BR ˌʌnədˈventʃ(ə)rəs
AM ˌənədˈventʃ(ə)rəs

unadventurously
BR ˌʌnədˈventʃ(ə)rəsli
AM ˌənədˈventʃ(ə)rəsli

unadvertised
BR ʌnˈadvətɪzd
AM ˌənˈædvərˌtaɪzd

unadvisable
BR ˌʌnədˈvaɪzəbl
AM ˌənədˈvaɪzəb(ə)l

unadvised
BR ˌʌnədˈvaɪzd
AM ˌənədˈvaɪzd

unadvisedly
BR ˌʌnədˈvaɪzɪdli
AM ˌənədˈvaɪzɪdli

unadvisedness
BR ˌʌnədˈvaɪzɪdnɪs
AM ˌənədˈvaɪzɪdnɪs

unaesthetic
BR ˌʌniːsˈθetɪk, ˌʌnɪsˈθetɪk
AM ˌənəsˈθɜdɪk

unaffected
BR ˌʌnəˈfektɪd
AM ˌənəˈfektəd

unaffectedly
BR ˌʌnəˈfektɪdli
AM ˌənəˈfektədli

unaffectedness
BR ˌʌnəˈfektɪdnɪs
AM ˌənəˈfektədnəs

unaffectionate
BR ˌʌnəˈfekʃnət
AM ˌənəˈfekʃənət

unaffiliated
BR ˌʌnəˈfɪlieɪtɪd
AM ˌənəˈfɪliˌeɪdɪd

unaffordable
BR ˌʌnəˈfɔːdəbl
AM ˌənəˈfɔrdəb(ə)l

unafraid
BR ˌʌnəˈfreɪd
AM ˌənəˈfreɪd

unaggressive
BR ˌʌnəˈɡresɪv
AM ˌənəˈɡresɪv

unaided
BR (ˌ)ʌnˈeɪdɪd
AM ˌənˈeɪdɪd

unalarmed
BR ˌʌnəˈlɑːmd
AM ˌənəˈlɑrmd

unalienable
BR (ˌ)ʌnˈeɪliənəbl
AM ˌənˈeɪljənəb(ə)l, ˌənˈeɪliənəb(ə)l

unalienably
BR (ˌ)ʌnˈeɪliənəbli
AM ˌənˈeɪljənəbli, ˌənˈeɪliənəbli

unalienated
BR (ˌ)ʌnˈeɪliəneɪtɪd
AM ˌənˈeɪljəˌneɪdɪd, ˌənˈeɪliəˌneɪdɪd

unaligned
BR ˌʌnəˈlaɪnd
AM ˌənəˈlaɪnd

unalike
BR ˌʌnəˈlʌɪk
AM ˌənəˈlaɪk

unalive
BR ˌʌnəˈlʌɪv
AM ˌənəˈlaɪv

unalleviated
BR ˌʌnəˈliːvɪeɪtɪd
AM ˌənəˈliviˌeɪdɪd

unallied
BR ˌʌnəˈlʌɪd
AM ˌənəˈlaɪd

unallocated
BR (ˌ)ʌnˈaləkeɪtɪd
AM ˌənˈæləˌkeɪdɪd

unallotted
BR ˌʌnəˈlɒtɪd
AM ˌənəˈlɑdəd

unallowable
BR ˌʌnəˈlaʊəbl
AM ˌənəˈlaʊəb(ə)l

unalloyed
BR ˌʌnəˈlɔɪd
AM ˌənəˈlɔɪd

unalterable
BR (ˌ)ʌnˈɔːlt(ə)rəbl, (ˌ)ʌnˈɒlt(ə)rəbl
AM ˌənˈɔlt(ə)rəb(ə)l, ˌənˈɑlt(ə)rəb(ə)l

unalterableness
BR (ˌ)ʌnˈɔːlt(ə)rəblnəs, (ˌ)ʌnˈɒlt(ə)rəblnəs
AM ˌənˈɔlt(ə)rəbəlnəs, ˌənˈɑlt(ə)rəbəlnəs

unalterably
BR (ˌ)ʌnˈɔːlt(ə)rəbli, (ˌ)ʌnˈɒlt(ə)rəbli
AM ˌənˈɔlt(ə)rəbli, ˌənˈɑlt(ə)rəbli

unaltered
BR (ˌ)ʌnˈɔːltəd, (ˌ)ʌnˈɒltəd
AM ˌənˈɔltərd, ˌənˈɑltərd

unaltering
BR (ˌ)ʌnˈɔːlt(ə)rɪŋ, (ˌ)ʌnˈɒlt(ə)rɪŋ
AM ˌənˈɔlt(ə)rɪŋ, ˌənˈɑlt(ə)rɪŋ

unamazed
BR ˌʌnəˈmeɪzd
AM ˌənəˈmeɪzd

unambiguity
BR ˌʌnambɪˈɡjuːɪti
AM ˌənˌæmbəˈɡjuədi

unambiguous
BR ˌʌnamˈbɪɡjʊəs
AM ˌənæmˈbɪɡjəwəs

unambiguously
BR ˌʌnamˈbɪɡjʊəsli
AM ˌənæmˈbɪɡjəwəsli

unambitious
BR ˌʌnamˈbɪʃəs
AM ˌənæmˈbɪʃəs

unambitiously
BR ˌʌnamˈbɪʃəsli
AM ˌənæmˈbɪʃəsli

unambitiousness
BR ˌʌnamˈbɪʃəsnəs
AM ˌənæmˈbɪʃəsnəs

unambivalent
BR ˌʌnamˈbɪvl̩nt
AM ˌənəmˈbɪv(ə)l(ə)nt

unambivalently
BR ˌʌnamˈbɪvl̩ntli
AM ˌənəmˈbɪvələn(t)li

unamenable
BR ˌʌnəˈmiːnəbl
AM ˌənəˈminəb(ə)l

unamended
BR ˌʌnəˈmendɪd
AM ˌənəˈmendəd

un-American
BR ˌʌnəˈmerɪk(ə)n
AM ˌənəˈmerəkən

un-Americanism
BR ˌʌnəˈmerɪknɪzm
AM ˌənəˈmerəkəˌnɪz(ə)m

unamiable
BR (ˌ)ʌnˈeɪmɪəbl
AM ˌənˈeɪmiəb(ə)l

unamplified
BR (ˌ)ʌnˈamplɪfʌɪd
AM ˌənˈæmpləˌfaɪd

unamused
BR ˌʌnəˈmjuːzd
AM ˌənəˈmjuzd

unamusing
BR ˌʌnəˈmjuːzɪŋ
AM ˌənəˈmjuzɪŋ

unanalysable
BR (ˌ)ʌnˈanlʌɪzəbl
AM ˌənˈænəˌlaɪzəb(ə)l

unanalysed
BR (ˌ)ʌnˈanlʌɪzd
AM ˌənˈænəˌlaɪzd

unaneled
BR ˌʌnəˈniːld
AM ˌənəˈnild
unanimity
BR ˌjuːnəˈnɪmɪti
AM ˌjunəˈnɪmɪdi
unanimous
BR juːˈnænɪməs,
jʊˈnænɪməs
AM juːˈnænəməs
unanimously
BR juːˈnænɪməsli,
jʊˈnænɪməsli
AM juːˈnænəməsli
unanimousness
BR juːˈnænɪməsnəs,
jʊˈnænɪməsnəs
AM juːˈnænəməsnəs
unannounced
BR ˌʌnəˈnaʊnst
AM ˌənəˈnaʊnst
unanswerable
BR (ˌ)ʌnˈɑːns(ə)rəbl
AM ˌənˈæns(ə)rəb(ə)l
unanswerableness
BR (ˌ)ʌn-
ˈɑːns(ə)rəblnəs
AM ˌənˈæns(ə)rəbəlnəs
unanswerably
BR (ˌ)ʌnˈɑːns(ə)rəbli
AM ˌənˈæns(ə)rəbli
unanswered
BR (ˌ)ʌnˈɑːnsəd
AM ˌənˈænsərd
unanticipated
BR ˌʌnænˈtɪsɪpeɪtɪd
AM ˌənˌænˈtɪsə-
ˌpeɪdɪd
unapologetic
BR ˌʌnəˌpɒləˈdʒetɪk
AM ˌənəˌpɑlə-
ˈdʒedɪk
unapologetically
BR ˌʌnəˌpɒləˈdʒetɪkli
AM ˌənəˌpɑlə-
ˈdʒedək(ə)li
unapostolic
BR ˌʌnapəˈstɒlɪk
AM ˌənæpəˈstɑlɪk
unapparent
BR ˌʌnəˈpærnt
AM ˌənəˈperənt

unappealable
BR ˌʌnəˈpiːləbl
AM ˌənəˈpiləb(ə)l
unappealing
BR ˌʌnəˈpiːlɪŋ
AM ˌənəˈpilɪŋ
unappealingly
BR ˌʌnəˈpiːlɪŋli
AM ˌənəˈpilɪŋli
unappeasable
BR ˌʌnəˈpiːzəbl
AM ˌənəˈpizəb(ə)l
unappeased
BR ˌʌnəˈpiːzd
AM ˌənəˈpizd
unappetising
BR (ˌ)ʌnˈæpɪtaɪzɪŋ
AM ˌənˈæpəˌtaɪzɪŋ
unappetisingly
BR (ˌ)ʌnˈæpɪtaɪzɪŋli
AM ˌənˈæpəˌtaɪzɪŋli
unappetizing
BR (ˌ)ʌnˈæpɪtaɪzɪŋ
AM ˌənˈæpəˌtaɪzɪŋ
unappetizingly
BR (ˌ)ʌnˈæpɪtaɪzɪŋli
AM ˌənˈæpəˌtaɪzɪŋli
unapplied
BR ˌʌnəˈplaɪd
AM ˌənəˈplaɪd
unappreciable
BR ˌʌnəˈpriːʃ(i)əbl
AM ˌənəˈpriʃ(i)əb(ə)l
unappreciated
BR ˌʌnəˈpriːʃieɪtɪd
AM ˌənəˈpriʃiˌeɪdɪd
unappreciative
BR ˌʌnəˈpriːʃ(i)ətɪv,
ˌʌnəˈpriːsiətɪv
AM ˌənəˈpriʃ(i)ədɪv
unapprehended
BR ˌʌnaprɪˈhendɪd
AM ˌənˌæprəˈhendəd
unapproachability
BR ˌʌnəˌprəʊtʃəˈbɪlɪti
AM ˌənəˌproʊtʃəˈbɪlɪdi
unapproachable
BR ˌʌnəˈprəʊtʃəbl
AM ˌənəˈproʊtʃəb(ə)l
unapproachableness
BR ˌʌnəˈprəʊtʃəblnəs
AM ˌənəˈproʊtʃəbəlnəs

unapproachably
BR ˌʌnəˈprəʊtʃəbli
AM ˌənəˈproʊtʃəbli
unappropriated
BR ˌʌnəˈprəʊprieɪtɪd
AM ˌənəˈproʊpriˌeɪdɪd
unapproved
BR ˌʌnəˈpruːvd
AM ˌənəˈpruvd
unapt
BR (ˌ)ʌnˈapt
AM ˌənˈæpt
unaptly
BR (ˌ)ʌnˈaptli
AM ˌənˈæp(t)li
unaptness
BR (ˌ)ʌnˈap(t)nəs
AM ˌənˈæp(t)nəs
unarguable
BR (ˌ)ʌnˈɑːgjʊəbl
AM ˌənˈɑrgjəwəb(ə)l
unarguably
BR (ˌ)ʌnˈɑːgjʊəbli
AM ˌənˈɑrgjəwəbli
unargued
BR (ˌ)ʌnˈɑːgjuːd
AM ˌənˈɑrgjud
unarm
BR (ˌ)ʌnˈɑːm, -z, -ɪŋ,
-d
AM ˌənˈɑrm, -z, -ɪŋ, -d
unarmed
BR (ˌ)ʌnˈɑːmd
AM ˈˌənˈɑrmd
unarresting
BR ˌʌnəˈrestɪŋ
AM ˌənəˈrestɪŋ
unarrestingly
BR ˌʌnəˈrestɪŋli
AM ˌənəˈrestɪŋli
unarticulated
BR ˌʌnɑːˈtɪkjʊleɪtɪd
AM ˌənˌɑrˈtɪkjəˌleɪdɪd
unartistic
BR ˌʌnɑːˈtɪstɪk
AM ˌənɑrˈtɪstɪk
unartistically
BR ˌʌnɑːˈtɪstɪkli
AM ˌənɑrˈtɪstɪk(ə)li
unary
BR ˈjuːnəri
AM ˈjunəri

unascertainable
BR ˌʌnasəˈteɪnəbl
AM ˌənˌæsər-
ˈteɪnəb(ə)l
unascertainably
BR ˌʌnasəˈteɪnəbli
AM ˌənˌæsərˈteɪnəbli
unascertained
BR ˌʌnasəˈteɪnd
AM ˌənˌæsərˈteɪnd
unashamed
BR ˌʌnəˈʃeɪmd
AM ˌənəˈʃeɪmd
unashamedly
BR ˌʌnəˈʃeɪm(ɪ)dli
AM ˌənəˈʃeɪm(ɪ)dli
unashamedness
BR ˌʌnəˈʃeɪm(ɪ)dnɪs
AM ˌənəˈʃeɪm(ɪd)nɪs
unasked
BR (ˌ)ʌnˈɑːskt
AM ˌənˈæs(k)t
unasked-for
BR (ˌ)ʌnˈɑːsktfɔː(r)
AM ˌənˈæs(k)t,fɔ(ə)r
unassailability
BR ˌʌnəˌseɪləˈbɪlɪti
AM ˌənəˌseɪləˈbɪlɪdi
unassailable
BR ˌʌnəˈseɪləbl
AM ˌənəˈseɪləb(ə)l
unassailableness
BR ˌʌnəˈseɪləblnəs
AM ˌənəˈseɪləbəlnəs
unassailably
BR ˌʌnəˈseɪləbli
AM ˌənəˈseɪləbli
unassertive
BR ˌʌnəˈsɜːtɪv
AM ˌənəˈsɜrdɪv
unassertively
BR ˌʌnəˈsɜːtɪvli
AM ˌənəˈsɜrdɪvli
unassertiveness
BR ˌʌnəˈsɜːtɪvnɪs
AM ˌənəˈsɜrdɪvnɪs
unassignable
BR ˌʌnəˈsaɪnəbl
AM ˌənəˈsaɪnəb(ə)l
unassigned
BR ˌʌnəˈsaɪnd
AM ˌənəˈsaɪnd

unassimilable
BR ˌʌnəˈsɪmɨləbl
AM ˌənəˈsɪmələb(ə)l

unassimilated
BR ˌʌnəˈsɪmɨleɪtɪd
AM ˌənəˈsɪmə-ˌleɪdɪd

unassisted
BR ˌʌnəˈsɪstɪd
AM ˌənəˈsɪstɪd

unassociated
BR ˌʌnəˈsəʊʃieɪtɪd, ˌʌnəˈsəʊsieɪtɪd
AM ˌənəˈsoʊsi-ˌeɪdɪd, ˌənəˈsoʊʃiˌeɪdɪd

unassuageable
BR ˌʌnəˈsweɪdʒəbl
AM ˌənəˈsweɪdʒəb(ə)l

unassuaged
BR ˌʌnəˈsweɪdʒd
AM ˌənəˈsweɪdʒd

unassuming
BR ˌʌnəˈsjuːmɪŋ
AM ˌənəˈs(j)umɪŋ

unassumingly
BR ˌʌnəˈsjuːmɪŋli
AM ˌənəˈs(j)umɪŋli

unassumingness
BR ˌʌnəˈsjuːmɪŋnɪs
AM ˌənəˈs(j)umɪŋnɪs

unatoned
BR ˌʌnəˈtəʊnd
AM ˌənəˈtoʊnd

unattached
BR ˌʌnəˈtætʃt
AM ˌənəˈtætʃt

unattackable
BR ˌʌnəˈtakəbl
AM ˌənəˈtækəb(ə)l

unattainable
BR ˌʌnəˈteɪnəbl
AM ˌənəˈteɪnəb(ə)l

unattainableness
BR ˌʌnəˈteɪnəblnəs
AM ˌənəˈteɪnəbəlnəs

unattainably
BR ˌʌnəˈteɪnəbli
AM ˌənəˈteɪnəbli

unattained
BR ˌʌnəˈteɪnd
AM ˌənəˈteɪnd

unattempted
BR ˌʌnəˈtɛm(p)tɨd
AM ˌənəˈtɛm(p)təd

unattended
BR ˌʌnəˈtɛndɨd
AM ˌənəˈtɛndəd

unattested
BR ˌʌnəˈtɛstɨd
AM ˌənəˈtɛstəd

unattractive
BR ˌʌnəˈtraktɪv
AM ˌənəˈtræktɪv

unattractively
BR ˌʌnəˈtraktɪvli
AM ˌənəˈtræktɪvli

unattractiveness
BR ˌʌnəˈtraktɪvnɨs
AM ˌənəˈtræktɪvnɨs

unattributable
BR ˌʌnəˈtrɪbjʉtəbl
AM ˌənəˈtrɪbjədəb(ə)l

unattributably
BR ˌʌnəˈtrɪbjʉtəbli
AM ˌənəˈtrɪbjədəbli

unattributed
BR ˌʌnəˈtrɪbjʉtɨd
AM ˌənəˈtrɪbjədəd

unau
BR ˈjuːnɔː(r), -z
AM ˈjʊˌnaʊ, -z

unaudited
BR (ˌ)ʌnˈɔːdɨtɨd
AM ˌənˈɑdədəd, ˌənˈɔdədəd

unauthentic
BR ˌʌnɔːˈθɛntɨk
AM ˌənɑˈθɛn(t)ɪk, ˌənɔˈθɛn(t)ɪk

unauthentically
BR ˌʌnɔːˈθɛntɨkli
AM ˌənɑˈθɛn(t)ək(ə)li, ˌənɔˈθɛn(t)ək(ə)li

unauthenticated
BR ˌʌnɔːˈθɛntɨkeɪtɨd
AM ˌənɑˈθɛn(t)əˌkeɪdɨd, ˌənɔˈθɛn(t)əˌkeɪdɨd

unauthorised
BR (ˌ)ʌnˈɔːθərʌɪzd
AM ˌənˈɑθəˌraɪzd, ˌənˈɔθəˌraɪzd

unauthorized
BR (ˌ)ʌnˈɔːθərʌɪzd
AM ˌənˈɑθəˌraɪzd, ˌənˈɔθəˌraɪzd

unavailability
BR ˌʌnəˌveɪləˈbɪlɨti
AM ˌənəˌveɪləˈbɪlɨdi

unavailable
BR ˌʌnəˈveɪləbl
AM ˌənəˈveɪləb(ə)l

unavailableness
BR ˌʌnəˈveɪləblnəs
AM ˌənəˈveɪləbəlnəs

unavailing
BR ˌʌnəˈveɪlɪŋ
AM ˌənəˈveɪlɪŋ

unavailingly
BR ˌʌnəˈveɪlɪŋli
AM ˌənəˈveɪlɪŋli

unavenged
BR ˌʌnəˈvɛn(d)ʒd
AM ˌənəˈvɛndʒd

unavoidability
BR ˌʌnəˌvɔɪdəˈbɪlɨti
AM ˌənəˌvɔɪdəˈbɪlɨdi

unavoidable
BR ˌʌnəˈvɔɪdəbl
AM ˌənəˈvɔɪdəb(ə)l

unavoidableness
BR ˌʌnəˈvɔɪdəblnəs
AM ˌənəˈvɔɪdəbəlnəs

unavoidably
BR ˌʌnəˈvɔɪdəbli
AM ˌənəˈvɔɪdəbli

unavowed
BR ˌʌnəˈvaʊd
AM ˌənəˈvaʊd

unawakened
BR ˌʌnəˈweɪk(ə)nd
AM ˌənəˈweɪkənd

unaware
BR ˌʌnəˈwɛː(r), -z
AM ˌənəˈwɛ(ə)r, -z

unawareness
BR ˌʌnəˈwɛːnəs
AM ˌənəˈwɛrnəs

unawares
BR ˌʌnəˈwɛːz
AM ˌənəˈwɛ(ə)rz

unawed
BR (ˌ)ʌnˈɔːd
AM ˌənˈɑd, ˌənˈɔd

unbackable
BR ˌʌnˈbakəbl
AM ˌənˈbækəb(ə)l

unbacked
BR (ˌ)ʌnˈbakt
AM ˌənˈbækt

unbaked
BR (ˌ)ʌnˈbeɪkt
AM ənˈbeɪkt

unbalance
BR (ˌ)ʌnˈbalns, -ɪz, -ɪŋ, -t
AM ˌənˈbæl(ə)ns, -əz, -ɪŋ, -t

unban
BR (ˌ)ʌnˈban, -z, -ɪŋ, -d
AM ˌənˈbæn, -z, -ɪŋ, -d

unbaptised
BR ˌʌnbapˈtʌɪzd
AM ˌənˈbæpˌtaɪzd

unbaptized
BR ˌʌnbapˈtʌɪzd
AM ˌənˈbæpˌtaɪzd

unbar
BR ˌʌnˈbɑː(r), -z, -ɪŋ, -d
AM ˌənˈbɑr, -z, -ɪŋ, -d

unbearable
BR (ˌ)ʌnˈbɛːrəbl
AM ˌənˈbɛrəb(ə)l

unbearableness
BR (ˌ)ʌnˈbɛːrəblnəs
AM ˌənˈbɛrəbəlnəs

unbearably
BR (ˌ)ʌnˈbɛːrəbli
AM ˌənˈbɛrəbli

unbeatable
BR (ˌ)ʌnˈbiːtəbl
AM ˌənˈbidəb(ə)l

unbeatably
BR (ˌ)ʌnˈbiːtəbli
AM ˌənˈbidəbli

unbeaten
BR (ˌ)ʌnˈbiːtn
AM ˌənˈbitn

unbeautiful
BR (ˌ)ʌnˈbjuːtɪf(ʊ)l
AM ˌənˈbjudəfəl

unbeautifully
BR (ˌ)ʌnˈbjuːtɪfʊli, (ˌ)ʌnˈbjuːtɪfli
AM ˌənˈbjudəf(ə)li

unbecoming
BR ˌʌnbɪˈkʌmɪŋ
AM ˌənbəˈkəmɪŋ
unbecomingly
BR ˌʌnbɪˈkʌmɪŋli
AM ˌənbəˈkəmɪŋli
unbecomingness
BR ˌʌnbɪˈkʌmɪŋnɪs
AM ˌənbəˈkəmɪŋnɪs
unbefitting
BR ˌʌnbɪˈfɪtɪŋ
AM ˌənbəˈfɪdɪŋ
unbefittingly
BR ˌʌnbɪˈfɪtɪŋli
AM ˌənbəˈfɪdɪŋli
unbefittingness
BR ˌʌnbɪˈfɪtɪŋnɪs
AM ˌənbəˈfɪdɪŋnɪs
unbefriended
BR ˌʌnbɪˈfrɛndɪd
AM ˌənbəˈfrɛndəd
unbegotten
BR ˌʌnbɪˈgɒtn
AM ˌənbəˈgɑtn
unbeholden
BR ˌʌnbɪˈhəʊld(ə)n
AM ˌənbəˈhoʊldən
unbeknown
BR ˌʌnbɪˈnəʊn
AM ˌənbəˈnoʊn
unbeknownst
BR ˌʌnbɪˈnəʊnst
AM ˌənbəˈnoʊnst
unbelief
BR ˌʌnbɪˈliːf
AM ˌənbəˈlif
unbelievability
BR ˌʌnbɪˌliːvəˈbɪlɪti
AM ˌənbəˌlivə-
ˈbɪlɪdi
unbelievable
BR ˌʌnbɪˈliːvəbl
AM ˌənbəˈlivəb(ə)l
unbelievableness
BR ˌʌnbɪˈliːvəblnəs
AM ˌənbəˈlivəbəlnəs
unbelievably
BR ˌʌnbɪˈliːvəbli
AM ˌənbəˈlivəbli
unbelieved
BR ˌʌnbɪˈliːvd
AM ˌənbəˈlivd

unbeliever
BR ˌʌnbɪˈliːvə(r), -z
AM ˌənbəˈlivər, -z
unbelieving
BR ˌʌnbɪˈliːvɪŋ
AM ˌənbəˈlivɪŋ
unbelievingly
BR ˌʌnbɪˈliːvɪŋli
AM ˌənbəˈlivɪŋli
unbelievingness
BR ˌʌnbɪˈliːvɪŋnɪs
AM ˌənbɪˈlivɪŋnɪs
unbeloved
BR ˌʌnbɪˈlʌv(ɪ)d
AM ˌənbəˈləv(ə)d
unbelt
BR ˌʌnˈbɛlt, -s, -ɪŋ, -ɪd
AM ˌənˈbɛlt, -s, -ɪŋ,
-əd
unbend
BR ˌʌnˈbɛnd, -z, -ɪŋ
AM ˌənˈbɛnd, -z, -ɪŋ
unbendingly
BR ˌʌnˈbɛndɪŋli
AM ˌənˈbɛndɪŋli
unbendingness
BR ˌʌnˈbɛndɪŋnɪs
AM ˌənˈbɛndɪŋnɪs
unbent
BR ˌʌnˈbɛnt
AM ˌənˈbɛnt
unbiased
BR ˌʌnˈbaɪəst
AM ˌənˈbaɪəst
unbiblical
BR ˌʌnˈbɪblɪkl
AM ˌənˈbɪblək(ə)l
unbiddable
BR ˌʌnˈbɪdəbl
AM ˌənˈbɪdəb(ə)l
unbidden
BR ˌʌnˈbɪdn
AM ˌənˈbɪdən
unbind
BR ˌʌnˈbaɪnd, -z, -ɪŋ
AM ˌənˈbaɪnd, -z, -ɪŋ
unbirthday
BR ˌʌnˈbɜːθdeɪ, -z
AM ˌənˈbɜrθˌdeɪ, -z
unbleached
BR ˌʌnˈbliːtʃt
AM ˌənˈblitʃt

unblemished
BR (ˌ)ʌnˈblɛmɪʃt
AM ˌənˈblɛmɪʃt
unblended
BR ˌʌnˈblɛndɪd
AM ˌənˈblɛndəd
unblessed
BR ˌʌnˈblɛst
AM ˌənˈblɛst
unblest
BR ˌʌnˈblɛst
AM ˌənˈblɛst
unblinking
BR ˌʌnˈblɪŋkɪŋ
AM ˌənˈblɪŋkɪŋ
unblinkingly
BR ˌʌnˈblɪŋkɪŋli
AM ˌənˈblɪŋkɪŋli
unblock
BR ˌʌnˈblɒk, -s, -ɪŋ, -t
AM ˌənˈblɑk, -s,
-ɪŋ, -t
unbloody
BR ˌʌnˈblʌdi
AM ˌənˈblədi
unblown
BR ˌʌnˈbləʊn
AM ˌənˈbloʊn
unblushing
BR ˌʌnˈblʌʃɪŋ
AM ˌənˈbləʃɪŋ
unblushingly
BR ˌʌnˈblʌʃɪŋli
AM ˌənˈbləʃɪŋli
unbolt
BR ˌʌnˈbəʊlt, -s, -ɪŋ,
-ɪd
AM ˌənˈboʊlt, -s, -ɪŋ,
-əd
unbonnet
BR ˌʌnˈbɒn|ɪt, -s, -ɪtɪŋ,
-ɪtɪd
AM ˌənˈbɑnə|t, -ts,
-dɪŋ, -dəd
unbookish
BR (ˌ)ʌnˈbʊkɪʃ
AM ˌənˈbʊkɪʃ
unboot
BR ˌʌnˈbuːt, -s, -ɪŋ,
-ɪd
AM ˌənˈbu|t, -ts, -dɪŋ,
-dəd

unborn
BR ˌʌnˈbɔːn
AM ˌənˈbɔ(ə)rn
unbosom
BR ˌʌnˈbʊz|(ə)m,
-(ə)mz, -əmɪŋ\-m̩ɪŋ,
-(ə)md
AM ˌənˈbʊz(ə)m, -z,
-ɪŋ, -d
unbothered
BR (ˌ)ʌnˈbʌðəd
AM ˌənˈbəðərd
unbound
BR ˌʌnˈbaʊnd
AM ˌənˈbaʊnd
unbounded
BR (ˌ)ʌnˈbaʊndɪd
AM ˌənˈbaʊn(d)əd
unboundedly
BR (ˌ)ʌnˈbaʊndɪdli
AM ˌənˈbaʊn(d)ədli
unboundedness
BR (ˌ)ʌnˈbaʊndɪdnɪs
AM ˌənˈbaʊn(d)ədnəs
unbowed
BR ˌʌnˈbaʊd
AM ˌənˈbaʊd
unbrace
BR ˌʌnˈbreɪs, -ɪz,
-ɪŋ, -t
AM ˌənˈbreɪs, -ɪz, -ɪŋ, -t
unbranded
BR (ˌ)ʌnˈbrændɪd
AM ˌənˈbrændəd
unbreachable
BR (ˌ)ʌnˈbriːtʃəbl
AM ˌənˈbritʃəb(ə)l
unbreakable
BR (ˌ)ʌnˈbreɪkəbl
AM ˌənˈbreɪkəb(ə)l
unbreakably
BR (ˌ)ʌnˈbreɪkəbli
AM ˌənˈbreɪkəbli
unbreathable
BR (ˌ)ʌnˈbriːðəbl
AM ˌənˈbriðəb(ə)l
unbribable
BR (ˌ)ʌnˈbraɪbəbl
AM ˌənˈbraɪbəb(ə)l
unbridgeable
BR (ˌ)ʌnˈbrɪdʒəbl
AM ˌənˈbrɪdʒəb(ə)l

unbridle
BR (ˌ)ʌnˈbraɪd|l, -lz, -l̩ŋ\-lɪŋ, -ld
AM ˌənˈbraɪd|əl, -əlz, -(ə)lɪŋ, -əld

un-British
BR ˌʌnˈbrɪtɪʃ
AM ˌənˈbrɪdɪʃ

unbroken
BR (ˌ)ʌnˈbrəʊk(ə)n
AM ˌənˈbroʊkən

unbrokenly
BR (ˌ)ʌnˈbrəʊk(ə)nli
AM ˌənˈbroʊkənli

unbrokenness
BR (ˌ)ʌnˈbrəʊk(ə)nnəs
AM ˌənˈbroʊkə(n)nəs

unbrotherly
BR (ˌ)ʌnˈbrʌðəli
AM ˌənˈbrəðərli

unbruised
BR ˌʌnˈbruːzd
AM ˌənˈbruzd

unbrushed
BR ˌʌnˈbrʌʃt
AM ˌənˈbrəʃt

unbuckle
BR (ˌ)ʌnˈbʌk|l, -lz, -l̩ŋ\-lɪŋ, -ld
AM ˌənˈbək|əl, -əlz, -(ə)lɪŋ, -əld

unbuild
BR ˌʌnˈbɪld, -z, -ɪŋ
AM ˌənˈbɪld, -z, -ɪŋ

unbuilt
BR (ˌ)ʌnˈbɪlt
AM ˌənˈbɪlt

unbundle
BR (ˌ)ʌnˈbʌnd|l, -lz, -l̩ŋ\-lɪŋ, -ld
AM ˌənˈbən|dəl, -dəlz, -(d)(ə)lɪŋ, -dəld

unbundler
BR (ˌ)ʌnˈbʌndlə(r), ˌʌnˈbʌndlə(r), -z
AM ˌənˈbən(də)lər, -z

unburden
BR (ˌ)ʌnˈbəːd|n, -nz, -n̩ŋ\-nɪŋ, -nd
AM ˌənˈbərdən, -z, -ɪŋ, -d

unburied
BR (ˌ)ʌnˈbɛrɪd
AM ˌənˈbɛrɪd

unburned
BR (ˌ)ʌnˈbəːnd
AM ˌənˈbərnd

unburnt
BR (ˌ)ʌnˈbəːnt
AM ˌənˈbərnt

unbury
BR (ˌ)ʌnˈbɛːr|i, -ɪz, -ɪɪŋ, -ɪd
AM ˌənˈbɛri, -z, -ɪŋ, -d

unbusinesslike
BR (ˌ)ʌnˈbɪznɪslʌɪk
AM ˌənˈbɪznɪsˌlaɪk

unbutton
BR ˌʌnˈbʌtn̩, -z, -ɪŋ, -d
AM ˌənˈbətn̩, -z, -ɪŋ, -d

uncage
BR ˌʌnˈkeɪdʒ, ˌʌnˈkeɪdʒ, -ɪz, -ɪŋ, -d
AM ˌənˈkeɪdʒ, -ɪz, -ɪŋ, -d

uncalculated
BR ˌʌnˈkalkjəleɪtɪd, (ˌ)ʌŋˈkalkjəleɪtɪd
AM ˌənˈkælkjəˌleɪdɪd

uncalculating
BR ˌʌnˈkalkjəleɪtɪŋ, (ˌ)ʌŋˈkalkjəleɪtɪŋ
AM ˈənkælkjəˌleɪdɪŋ

uncalled
BR ˌʌnˈkɔːld, (ˌ)ʌŋˈkɔːld
AM ˌənˈkɑld, ˌənˈkɔld

uncalled-for
BR (ˌ)ʌnˈkɔːldfɔː(r), (ˌ)ʌŋˈkɔːldfɔː(r)
AM ˌənˈkɑldˌfɔ(ə)r, ˌənˈkɔldˌfɔ(ə)r

uncandid
BR (ˌ)ʌnˈkandɪd, (ˌ)ʌŋˈkandɪd
AM ˌənˈkændəd

uncannily
BR ʌnˈkanɪli, ʌŋˈkanɪli
AM ˌənˈkæneli

uncanniness
BR ʌnˈkanɪnɪs, ʌŋˈkanɪnɪs
AM ˌənˈkænɪnɪs

uncanny
BR ʌnˈkan|i, ʌŋˈkan|i, -ɪə(r), -ɪɪst
AM ˌənˈkæni, -ər, -ɪst

uncanonical
BR ˌʌnkəˈnɒnɪkl, ˌʌŋkəˈnɒnɪkl
AM ˌənkəˈnɑnək(ə)l

uncanonically
BR ˌʌnkəˈnɒnɪkli, ˌʌŋkəˈnɒnɪkli
AM ˌənkəˈnɑnək(ə)li

uncap
BR ˌʌnˈkap, ˌʌŋˈkap, -s, -ɪŋ, -t
AM ˌənˈkæp, -s, -ɪŋ, -t

uncared-for
BR (ˌ)ʌnˈkɛːdfɔː(r), (ˌ)ʌŋˈkɛːdfɔː(r)
AM ˌənˈkɛrdˌfɔ(ə)r

uncaring
BR (ˌ)ʌnˈkɛːrɪŋ, (ˌ)ʌŋˈkɛːrɪŋ
AM ˌənˈkɛrɪŋ

uncaringly
BR (ˌ)ʌnˈkɛːrɪŋli, (ˌ)ʌŋˈkɛːrɪŋli
AM ˌənˈkɛrɪŋli

uncarpeted
BR (ˌ)ʌnˈkɑːpɪtɪd, (ˌ)ʌŋˈkɑːpɪtɪd
AM ˌənˈkɑrpədəd

uncase
BR ˌʌnˈkeɪs, ˌʌŋˈkeɪs, -ɪz, -ɪŋ, -t
AM ˌənˈkeɪs, -ɪz, -ɪŋ, -t

uncashed
BR (ˌ)ʌnˈkaʃt, (ˌ)ʌŋˈkaʃt
AM ˌənˈkæʃt

uncatchable
BR (ˌ)ʌnˈkatʃəbl, (ˌ)ʌŋˈkatʃəbl
AM ˌənˈkætʃəb(ə)l

uncategorisable
BR ˌʌnˈkatɪɡərʌɪzəbl, ˌʌŋˈkatɪɡərʌɪzəbl
AM ˌənˈkædəɡəˌraɪzəb(ə)l

uncategorizable
BR ˌʌnˈkatɪɡərʌɪzəbl, ˌʌŋˈkatɪɡərʌɪzəbl
AM ˌənˈkædəɡəˌraɪzəb(ə)l

uncaught
BR (ˌ)ʌnˈkɔːt, (ˌ)ʌŋˈkɔːt
AM ˌənˈkɑt, ˌənˈkɔt

uncaused
BR (ˌ)ʌnˈkɔːzd, (ˌ)ʌŋˈkɔːzd
AM ˌənˈkɑzd, ˌənˈkɔzd

unceasing
BR (ˌ)ʌnˈsiːsɪŋ
AM ˌənˈsisɪŋ

unceasingly
BR (ˌ)ʌnˈsiːsɪŋli
AM ˌənˈsisɪŋli

uncelebrated
BR (ˌ)ʌnˈsɛlɪbreɪtɪd
AM ˌənˈsɛləˌbreɪdɪd

uncensored
BR (ˌ)ʌnˈsɛnsəd
AM ˌənˈsɛnsərd

uncensured
BR (ˌ)ʌnˈsɛnʃəd
AM ˌənˈsɛn(t)ʃərd

unceremonious
BR ˌʌnsɛrɪˈməʊniəs
AM ˌənsɛrəˈmoʊniəs

unceremoniously
BR ˌʌnsɛrɪˈməʊniəsli
AM ˌənsɛrəˈmoʊniəsli

unceremoniousness
BR ˌʌnsɛrɪˈməʊniəsnəs
AM ˌənsɛrəˈmoʊniəsnəs

uncertain
BR (ˌ)ʌnˈsəːtn
AM ˌənˈsərtn

uncertainly
BR (ˌ)ʌnˈsəːtnli
AM ˌənˈsərtnli

uncertainty
BR (ˌ)ʌnˈsəːtnt|i, -ɪz
AM ˌənˈsərtn(t)i, -z

uncertificated
BR ˌʌnsəˈtɪfɪkeɪtɪd
AM ˌənsərˈtɪfəˌkeɪdɪd

uncertified
BR (ˌ)ʌnˈsɜːtɪfʌɪd
AM ˌənˈsɜrdəˌfaɪd
unchain
BR ʌnˈtʃeɪn, -z,
 -ɪŋ, -d
AM ˌənˈtʃeɪn, -z, -ɪŋ,
 -d
unchallengeable
BR (ˌ)ʌnˈtʃalɪn(d)ʒəbl
AM ˌənˈtʃæləndʒəb(ə)l
unchallengeably
BR (ˌ)ʌnˈtʃalɪn(d)ʒəbli
AM ˌənˈtʃæləndʒəbli
unchallenged
BR (ˌ)ʌnˈtʃalɪn(d)ʒd
AM ˌənˈtʃæləndʒd
unchallenging
BR (ˌ)ʌnˈtʃalɪn(d)ʒɪŋ
AM ˌənˈtʃæləndʒɪŋ
unchangeability
BR ˌʌntʃeɪn(d)ʒəˈbɪlɪti
AM ˌənˌtʃeɪndʒəˈbɪlɪdi
unchangeable
BR (ˌ)ʌnˈtʃeɪn(d)ʒəbl
AM ˌənˈtʃeɪndʒəb(ə)l
unchangeableness
BR (ˌ)ʌn-
 ˈtʃeɪn(d)ʒəblnəs
AM ˌənˈtʃeɪndʒəbəlnəs
unchangeably
BR (ˌ)ʌnˈtʃeɪn(d)ʒəbli
AM ˌənˈtʃeɪndʒəbli
unchanged
BR (ˌ)ʌnˈtʃeɪn(d)ʒd
AM ˌənˈtʃeɪndʒd
unchanging
BR (ˌ)ʌnˈtʃeɪn(d)ʒɪŋ
AM ˌənˈtʃeɪndʒɪŋ
unchangingly
BR (ˌ)ʌnˈtʃeɪn(d)ʒɪŋli
AM ˌənˈtʃeɪndʒɪŋli
unchangingness
BR (ˌ)ʌnˈtʃeɪn(d)ʒɪŋnɪs
AM ˌənˈtʃeɪndʒɪŋnɪs
unchaperoned
BR (ˌ)ʌnˈʃapərəʊnd
AM ˌənˈʃæpəˌroʊnd
uncharacteristic
BR ˌʌnkarəktəˈrɪstɪk,
 ˌʌŋkarəktəˈrɪstɪk
AM ˌənˌkɛrəktəˈrɪstɪk

uncharacteristically
BR ˌʌnkarəktəˈrɪstɪkli,
 ˌʌŋkarəktəˈrɪstɪkli
AM ˌənˌkɛrəktə-
 ˈrɪstɪk(ə)li
uncharged
BR ʌnˈtʃɑːdʒd
AM ˌənˈtʃɑrdʒd
uncharismatic
BR ˌʌnkarɪzˈmatɪk,
 ˌʌŋkarɪzˈmatɪk
AM ˌənˌkɛrəz-
 ˈmædɪk
uncharitable
BR (ˌ)ʌnˈtʃarɪtəbl
AM ˌənˈtʃɛrədəb(ə)l
uncharitableness
BR (ˌ)ʌnˈtʃarɪtəblnəs
AM ˌənˈtʃɛrədəbəlnəs
uncharitably
BR (ˌ)ʌnˈtʃarɪtəbli
AM ˌənˈtʃɛrədəbli
uncharming
BR ʌnˈtʃɑːmɪŋ
AM ˌənˈtʃɑrmɪŋ
uncharted
BR ʌnˈtʃɑːtɪd
AM ˌənˈtʃɑrdəd
unchartered
BR ʌnˈtʃɑːtəd
AM ˌənˈtʃɑrdərd
unchaste
BR ʌnˈtʃeɪst
AM ˌənˈtʃeɪst
unchastely
BR ʌnˈtʃeɪs(t)li
AM ˌənˈtʃeɪs(t)li
unchastened
BR (ˌ)ʌnˈtʃeɪsnd
AM ˌənˈtʃeɪsnd
unchasteness
BR ʌnˈtʃeɪstnɪs
AM ˌənˈtʃeɪs(t)nɪs
unchastity
BR ʌnˈtʃastɪti
AM ˌənˈtʃæstədi
unchecked
BR ʌnˈtʃɛkt
AM ˌənˈtʃɛkt
unchivalrous
BR (ˌ)ʌnˈʃɪvlrəs
AM ˌənˈʃɪvəlrəs

unchivalrously
BR (ˌ)ʌnˈʃɪvlrəsli
AM ˌənˈʃɪvəlrəsli
unchosen
BR (ˌ)ʌnˈtʃəʊzn
AM ˌənˈtʃoʊzn
unchristian
BR (ˌ)ʌnˈkrɪstʃ(ə)n
AM ˌənˈkrɪstʃ(ə)n
unchristianly
BR (ˌ)ʌnˈkrɪstʃ(ə)nli
AM ˌənˈkrɪstʃənli
unchurch
BR ʌnˈtʃəːtʃ, -ɪz,
 -ɪŋ, -t
AM ˌənˈtʃɜrtʃ, -əz,
 -ɪŋ, -t
unci
BR ˈʌnsʌɪ
AM ˈənˌsaɪ
uncial
BR ˈʌnsɪəl, ˈʌnʃl, -z
AM ˈəntʃ(ə)l, ˈən(t)
 sɪəl, -z
unciform
BR ˈʌnsɪfɔːm
AM ˈənsəˌfɔ(ə)rm
uncinate
BR ˈʌnsɪnət, ˈʌnsn̩ət,
 ˈʌnsɪneɪt
AM ˈənsəˌneɪt,
 ˈənsənət
uncircumcised
BR ʌnˈsəːkəmsʌɪzd
AM ˌənˈsɜrkəmˌsaɪzd
uncircumcision
BR ˌʌnsəːkəmˈsɪʒn
AM ˌənˌsɜrkəmˈsɪʒ(ə)n
uncircumscribed
BR ʌnˈsəːkəmskrʌɪbd
AM ˌənˈsɜrkəmˌskraɪbd
uncivil
BR ʌnˈsɪvl
AM ˌənˈsɪvəl
uncivilised
BR (ˌ)ʌnˈsɪvl̩ʌɪzd,
 (ˌ)ʌnˈsɪvɨlʌɪzd
AM ˌənˈsɪvəˌlaɪzd
uncivilized
BR (ˌ)ʌnˈsɪvl̩ʌɪzd,
 (ˌ)ʌnˈsɪvɨlʌɪzd
AM ˌənˈsɪvəˌlaɪzd

uncivilly
BR ˌʌnˈsɪvɪli
AM ˌənˈsɪvəli
unclad
BR ʌnˈklad,
 ˌʌŋˈklad
AM ˌənˈklæd
unclaimed
BR ʌnˈkleɪmd,
 ˌʌŋˈkleɪmd
AM ˌənˈkleɪmd
unclasp
BR ʌnˈklɑːsp,
 ˌʌŋˈklɑːsp, -s,
 -ɪŋ, -t
AM ˌənˈklæsp, -s,
 -ɪŋ, -t
unclassifiable
BR (ˌ)ʌnˈklasɪfʌɪəbl,
 (ˌ)ʌŋˈklasɪfʌɪəbl
AM ˌənˌklæsəˈfaɪəb(ə)l
unclassified
BR (ˌ)ʌnˈklasɪfʌɪd,
 (ˌ)ʌŋˈklasɪfʌɪd
AM ˌənˈklæsəˌfaɪd
uncle
BR ˈʌŋkl, -z
AM ˈəŋkəl, -z
unclean
BR (ˌ)ʌnˈkliːn,
 (ˌ)ʌŋˈkliːn, -d
AM ˌənˈklin, -d
uncleanliness
BR (ˌ)ʌnˈklɛnlɪnɪs
 (ˌ)ʌŋˈklɛnlɪnɪs
AM ˌənˈklɛnlinɪs
uncleanly[1] *adjective*
BR (ˌ)ʌnˈklɛnli,
 (ˌ)ʌŋˈklɛnli
AM ˌənˈklɛnli
uncleanly[2] *adverb*
BR (ˌ)ʌnˈkliːnli,
 (ˌ)ʌŋˈkliːnli
AM ˌənˈklinli
uncleanness
BR (ˌ)ʌnˈkliːnnɪs,
 (ˌ)ʌŋˈkliːnnɪs
AM ˌənˈkli(n)nɪs
uncleansed
BR (ˌ)ʌnˈklɛnzd,
 (ˌ)ʌŋˈklɛnzd
AM ˌənˈklɛnzd

unclear
BR ˌʌnˈklɪə(r), ˌʌŋˈklɪə(r), -d
AM ˌənˈklɪ(ə)r, -d

unclearly
BR ˌʌnˈklɪəli, ˌʌŋˈklɪəli
AM ˌənˈklɪrli

unclearness
BR ˌʌnˈklɪənəs, ˌʌŋˈklɪənəs
AM ˌənˈklɪrnəs

uncle-in-law
BR ˈʌŋkl̩ɪnˌlɔː(r)
AM ˈəŋkələnˌlɑ, ˈəŋkələnˌlɔ

unclench
BR ˌʌnˈklɛn(t)ʃ, ˌʌŋˈklɛn(t)ʃ, -ɪz, -ɪŋ, -t
AM ˌənˈklɛn(t)ʃ, -əz, -ɪŋ, -t

Uncle Sam
BR ˌʌŋkl̩ ˈsam
AM ˌəŋkəl ˈsæm

uncles-in-law
BR ˈʌŋkl̩zɪnˌlɔː(r), -z
AM ˈəŋkəlzənˌlɑ, ˈəŋkəlzənˌlɔ

Uncle Tom
BR ˌʌŋkl̩ ˈtɒm, -z
AM ˌəŋkəl ˈtɑm, -z

unclimbable
BR ˌʌnˈklʌɪməbl, ˌʌŋˈklʌɪməbl
AM ˌənˈklaɪməb(ə)l

unclimbed
BR ˌʌnˈklʌɪmd, ˌʌŋˈklʌɪmd
AM ˌənˈklaɪmd

unclinch
BR ˌʌnˈklɪn(t)ʃ, ˌʌŋˈklɪn(t)ʃ, -ɪz, -ɪŋ, -t
AM ˌənˈklɪn(t)ʃ, -ɪz, -ɪŋ, -t

unclip
BR ˌʌnˈklɪp, ˌʌŋˈklɪp, -s, -ɪŋ, -t
AM ˌənˈklɪp, -s, -ɪŋ, -t

uncloak
BR ˌʌnˈkləʊk, ˌʌŋˈkləʊk, -s, -ɪŋ, -t
AM ˌənˈkloʊk, -s, -ɪŋ, -t

unclog
BR ˌʌnˈklɒg, ˌʌŋˈklɒg, -z, -ɪŋ, -d
AM ˌənˈklɑg, -z, -ɪŋ, -d

unclose
BR ˌʌnˈkləʊz, ˌʌŋˈkləʊz, -ɪz, -ɪŋ, -d
AM ˌənˈkloʊz, -ɪz, -ɪŋ, -d

unclothe
BR ˌʌnˈkləʊð, ˌʌŋˈkləʊð, -z, -ɪŋ, -d
AM ˌənˈkloʊð, -z, -ɪŋ, -d

unclouded
BR (ˌ)ʌnˈklaʊdɪd, (ˌ)ʌŋˈklaʊdɪd
AM ˌənˈklaʊdəd

uncluttered
BR (ˌ)ʌnˈklʌtəd, (ˌ)ʌŋˈklʌtəd
AM ˌənˈklədərd

unco
BR ˈʌŋkəʊ, -z
AM ˈəŋkoʊ, -z

uncoded
BR (ˌ)ʌnˈkəʊdɪd, (ˌ)ʌŋˈkəʊdɪd
AM ˌənˈkoʊdəd

uncoil
BR ˌʌnˈkɔɪl, ˌʌŋˈkɔɪl, -z, -ɪŋ, -d
AM ˌənˈkɔɪl, -z, -ɪŋ, -d

uncollected
BR ˌʌnkəˈlɛktɪd, ˌʌŋkəˈlɛktɪd
AM ˌənkəˈlɛktəd

uncolored
BR (ˌ)ʌnˈkʌləd, (ˌ)ʌŋˈkʌləd
AM ˌənˈkələrd

uncoloured
BR (ˌ)ʌnˈkʌləd, (ˌ)ʌŋˈkʌləd
AM ˌənˈkələrd

uncombed
BR (ˌ)ʌnˈkəʊmd, (ˌ)ʌŋˈkəʊmd
AM ˌənˈkoʊmd

uncome-at-able
BR ˌʌnkʌmˈatəbl, ˌʌŋkʌmˈatəbl
AM ˌənˌkəmˈædəb(ə)l

uncomely
BR ˌʌnˈkʌmli, ˌʌŋˈkʌmli
AM ˌənˈkəmli

uncomfortable
BR ʌnˈkʌmf(ə)təbl, ʌŋˈkʌmf(ə)təbl
AM ˌənˈkəmftərbəl, ˌənˈkəmfərdəb(ə)l

uncomfortableness
BR ʌnˈkʌmf(ə)təblnəs, ʌŋˈkʌmf(ə)təblnəs
AM ˌənˈkəmftərbəlnəs, ˌənˈkəmfərdəbəlnəs

uncomfortably
BR ʌnˈkʌmf(ə)təbli, ʌŋˈkʌmf(ə)təbli
AM ˌənˈkəmftərbli, ˌənˈkəmfərdəbli

uncomforted
BR ˌʌnˈkʌmfətɪd, ˌʌŋˈkʌmfətɪd
AM ˌənˈkəmfərdəd

uncommercial
BR ˌʌnkəˈməːʃl, ˌʌŋkəˈməːʃl
AM ˌənkəˈmərʃ(ə)l

uncommercially
BR ˌʌnkəˈməːʃli, ˌʌŋkəˈməːʃli
AM ˌənkəˈmərʃəli

uncommissioned
BR ˌʌnkəˈmɪʃnd, ˌʌŋkəˈmɪʃnd
AM ˌənkəˈmɪʃənd

uncommitted
BR ˌʌnkəˈmɪtɪd, ˌʌŋkəˈmɪtɪd
AM ˌənkəˈmɪdɪd

uncommon
BR (ˌ)ʌnˈkɒmən, (ˌ)ʌŋˈkɒmən
AM ˌənˈkɑm(ə)n

uncommonly
BR (ˌ)ʌnˈkɒmənli, (ˌ)ʌŋˈkɒmənli
AM ˌənˈkɑmənli

uncommonness
BR (ˌ)ʌnˈkɒmənnəs, (ˌ)ʌŋˈkɒmənnəs
AM ˌənˈkɑmə(n)nəs

uncommunicable
BR ˌʌnkəˈmjuːnɪkəbl, ˌʌŋkəˈmjuːnɪkəbl
AM ˌənkəˈmjunəkəb(ə)l

uncommunicated
BR ˌʌnkəˈmjuːnɪkeɪtɪd, ˌʌŋkəˈmjuːnɪkeɪtɪd
AM ˌənkəˈmjunəˌkeɪdɪd

uncommunicative
BR ˌʌnkəˈmjuːnɪkətɪv, ˌʌŋkəˈmjuːnɪkətɪv
AM ˌənkəˈmjunəkədɪv, ˌənkəˈmjunəˌkeɪdɪv

uncommunicatively
BR ˌʌnkəˈmjuːnɪkətɪvli, ˌʌŋkəˈmjuːnɪkətɪvli
AM ˌənkəˈmjunəkədɪvli, ˌənkəˈmjunəˌkeɪdɪvli

uncommunicativeness
BR ˌʌnkəˈmjuːnɪkətɪvnɪs, ˌʌŋkəˈmjuːnɪkətɪvnɪs
AM ˌənkəˈmjunəkədɪvnɪs, ˌənkəˈmjunəˌkeɪdɪvnɪs

uncompanionable
BR ˌʌnkəmˈpanɪənəbl, ˌʌŋkəmˈpanɪənəbl
AM ˌənkəmˈpænjənəb(ə)l

uncompensated
BR ˌʌnˈkɒmp(ɛ)nseɪtɪd, ˌʌŋˈkɒmp(ɛ)nseɪtɪd
AM ˌənˈkɑmpənˌseɪdɪd

uncompetitive
BR ˌʌnkəmˈpɛtɪtɪv, ˌʌŋkəmˈpɛtɪtɪv
AM ˌənkəmˈpɛdədɪv

uncompetitiveness
BR ˌʌnkəmˈpɛtɪtɪvnɪs, ˌʌŋkəmˈpɛtɪtɪvnɪs
AM ˌənkəmˈpɛdədɪvnɪs

uncomplaining
BR ˌʌnkəmˈpleɪnɪŋ, ˌʌŋkəmˈpleɪnɪŋ
AM ˌənkəmˈpleɪnɪŋ

uncomplainingly
BR ˌʌnkəmˈpleɪnɪŋli, ˌʌŋkəmˈpleɪnɪŋli
AM ˌənkəmˈpleɪnɪŋli

uncompleted
BR ˌʌnkəmˈpliːtɪd, ˌʌŋkəmˈpliːtɪd
AM ˌənkəmˈpliːdɪd

uncomplicated
BR ˌʌnˈkɒmplɪkeɪtɪd, ˌʌŋˈkɒmplɪkeɪtɪd
AM ˌənˈkɑːmpləˌkeɪdɪd

uncomplimentary
BR ˌʌnkɒmplɪˈment(ə)ri, ˌʌŋkɒmplɪˈment(ə)ri
AM ˌənˌkɑːmpləˈmen(t)əri

uncompounded
BR ˌʌnkəmˈpaʊndɪd, ˌʌŋkəmˈpaʊndɪd
AM ˌənkəmˈpaʊndəd

uncomprehended
BR ˌʌnkɒmprɪˈhendɪd, ˌʌŋkɒmprɪˈhendɪd
AM ˌənˌkɑːmprəˈhendəd

uncomprehending
BR ˌʌnkɒmprɪˈhendɪŋ, ˌʌŋkɒmprɪˈhendɪŋ
AM ˌənˌkɑːmprəˈhendɪŋ

uncomprehendingly
BR ˌʌnkɒmprɪˈhendɪŋli, ˌʌŋkɒmprɪˈhendɪŋli
AM ˌənˌkɑːmprəˈhendɪŋli

uncomprehension
BR ˌʌnkɒmprɪˈhenʃn, ˌʌŋkɒmprɪˈhenʃn
AM ˌənˌkɑːmprəˈhen(t)ʃ(ə)n

uncompromising
BR ʌnˈkɒmprəmaɪzɪŋ, ʌŋˈkɒmprəmaɪzɪŋ
AM ˌənˈkɑːmprəˌmaɪzɪŋ

uncompromisingly
BR ʌnˈkɒmprəmaɪzɪŋli, ʌŋˈkɒmprəmaɪzɪŋli
AM ˌənˈkɑːmprəˌmaɪzɪŋli

uncompromisingness
BR ʌnˈkɒmprəmaɪzɪŋnɪs, ʌŋˈkɒmprəmaɪzɪŋnɪs
AM ˌənˈkɑːmprəˌmaɪzɪŋnɪs

unconcealed
BR ˌʌnkənˈsiːld, ˌʌŋkənˈsiːld
AM ˌənkənˈsild

unconcern
BR ˌʌnkənˈsɜːn, ˌʌŋkənˈsɜːn, -d
AM ˌənkənˈsɜrn, -d

unconcernedly
BR ˌʌnkənˈsɜːnɪdli, ˌʌŋkənˈsɜːnɪdli
AM ˌənkənˈsɜrnədli

unconcluded
BR ˌʌnkənˈkluːdɪd, ˌʌŋkənˈkluːdɪd
AM ˌənkənˈkluːdəd

unconditional
BR ˌʌnkənˈdɪʃn̩l, ˌʌŋkənˈdɪʃn̩l
AM ˌənkənˈdɪʃ(ə)n(ə)l

unconditionality
BR ˌʌnkənˌdɪʃəˈnælɪti, ˌʌŋkənˌdɪʃəˈnælɪti
AM ˌənkənˌdɪʃəˈnælədi

unconditionally
BR ˌʌnkənˈdɪʃn̩li, ˌʌnkənˈdɪʃnəli, ˌʌŋkənˈdɪʃn̩li, ˌʌŋkənˈdɪʃnəli
AM ˌənkənˈdɪʃ(ə)nəli

unconditioned
BR ˌʌnkənˈdɪʃnd, ˌʌŋkənˈdɪʃnd
AM ˌənkənˈdɪʃənd

unconfident
BR ˌʌnˈkɒnfɪdnt, ˌʌŋˈkɒnfɪdnt
AM ˌənˈkɑːnfədənt

unconfined
BR ˌʌnkənˈfaɪnd, ˌʌŋkənˈfaɪnd
AM ˌənkənˈfaɪnd

unconfirmed
BR ˌʌnkənˈfɜːmd, ˌʌŋkənˈfɜːmd
AM ˌənkənˈfɜrmd

unconformable
BR ˌʌnkənˈfɔːməbl, ˌʌŋkənˈfɔːməbl
AM ˌənkənˈfɔrməb(ə)l

unconformableness
BR ˌʌnkənˈfɔːməblnəs, ˌʌŋkənˈfɔːməblnəs
AM ˌənkənˈfɔrməbəlnəs

unconformably
BR ˌʌnkənˈfɔːməbli, ˌʌŋkənˈfɔːməbli
AM ˌənkənˈfɔrməbli

unconformity
BR ˌʌnkənˈfɔːmɪti, ˌʌŋkənˈfɔːmɪti
AM ˌənkənˈfɔrmədi

uncongenial
BR ˌʌnkənˈdʒiːniəl, ˌʌŋkənˈdʒiːniəl
AM ˌənkənˈdʒinj(ə)l, ˌənkənˈdʒiniəl

uncongenially
BR ˌʌnkənˈdʒiːniəli, ˌʌŋkənˈdʒiːniəli
AM ˌənkənˈdʒinjəli, ˌənkənˈdʒiniəli

uncongested
BR ˌʌnkənˈdʒestɪd, ˌʌŋkənˈdʒestɪd
AM ˌənkənˈdʒestəd

unconjecturable
BR ˌʌnkənˈdʒektʃ(ə)rəbl, ˌʌŋkənˈdʒektʃ(ə)rəbl
AM ˌənkənˈdʒek(t)ʃ(ə)rəb(ə)l

unconnected
BR ˌʌnkəˈnektɪd, ˌʌŋkəˈnektɪd
AM ˌənkəˈnektəd

unconnectedly
BR ˌʌnkəˈnektɪdli, ˌʌŋkəˈnektɪdli
AM ˌənkəˈnektədli

unconnectedness
BR ˌʌnkəˈnektɪdnɪs, ˌʌŋkəˈnektɪdnɪs
AM ˌənkəˈnektədnəs

unconquerable
BR ʌnˈkɒŋk(ə)rəbl, ʌŋˈkɒŋk(ə)rəbl
AM ənˈkɑŋk(ə)rəb(ə)l

unconquerableness
BR ʌnˈkɒŋk(ə)rəblnəs, ʌŋˈkɒŋk(ə)rəblnəs
AM ənˈkɑŋk(ə)rəbəlnəs

unconquerably
BR ʌnˈkɒŋk(ə)rəbli, ʌŋˈkɒŋk(ə)rəbli
AM ənˈkɑŋk(ə)rəbli

unconquered
BR ʌnˈkɒŋkəd, ʌŋˈkɒŋkəd
AM ənˈkɑŋkərd

unconscionable
BR ʌnˈkɒnʃnəbl, ʌnˈkɒnʃnəbl, ʌŋˈkɒnʃnəbl, ʌŋˈkɒnʃnəbl
AM ənˈkɑnʃ(ə)nəb(ə)l

unconscionableness
BR ʌnˈkɒnʃnəblnəs, ʌnˈkɒnʃnəblnəs, ʌŋˈkɒnʃnəblnəs, ʌŋˈkɒnʃnəblnəs
AM ənˈkɑnʃ(ə)nəbəlnəs

unconscionably
BR ʌnˈkɒnʃnəbli, ʌnˈkɒnʃnəbli, ʌŋˈkɒnʃnəbli, ʌŋˈkɒnʃnəbli
AM ənˈkɑnʃ(ə)nəbli

unconscious
BR ʌnˈkɒnʃəs, ʌŋˈkɒnʃəs
AM ənˈkɑnʃəs

unconsciously
BR ʌnˈkɒnʃəsli, ʌŋˈkɒnʃəsli
AM ənˈkɑnʃəsli

unconsciousness
BR ʌnˈkɒnʃəsnəs, ʌŋˈkɒnʃəsnəs
AM ənˈkɑnʃəsnəs

unconsecrated
BR (ˌ)ʌnˈkɒnsɪkreɪtɪd, (ˌ)ʌŋˈkɒnsɪkreɪtɪd
AM ənˈkɑnsəˌkreɪdɪd

unconsenting
BR ˌʌnkənˈsentɪŋ, ˌʌŋkənˈsentɪŋ
AM ˌənkənˈsen(t)ɪŋ

unconsidered
BR ˌʌnkənˈsɪdəd, ˌʌŋkənˈsɪdəd
AM ˌənkənˈsɪdərd

unconsolable
BR ˌʌnkənˈsəʊləbl, ˌʌŋkənˈsəʊləbl
AM ˌənkənˈsoʊləb(ə)l

unconsolably
BR ˌʌnkənˈsəʊləbli, ˌʌŋkənˈsəʊləbli
AM ˌənkənˈsoʊləbli

unconsolidated
BR ˌʌnkənˈsɒlɪdeɪtɪd, ˌʌŋkənˈsɒlɪdeɪtɪd
AM ˌənkənˈsɑləˌdeɪdɪd

unconstitutional
BR ˌʌnkɒnstɪˈtjuːʃn̩l, ˌʌnkɒnstɪˈtʃuːʃn̩l, ˌʌŋkɒnstɪˈtjuːʃn̩l, ˌʌŋkɒnstɪˈtʃuːʃn̩l
AM ˌənˌkɑnstəˈt(j)uʃ(ə)n(ə)l

unconstitutionality
BR ˌʌnkɒnstɪˌtjuːʃəˈnælɪti, ˌʌnkɒnstɪˌtʃuːʃəˈnælɪti, ˌʌŋkɒnstɪˌtjuːʃəˈnælɪti, ˌʌŋkɒnstɪˌtʃuːʃəˈnælɪti
AM ˌənˌkɑnstəˌt(j)uʃəˈnælədi

unconstitutionally
BR ˌʌnkɒnstɪˈtjuːʃn̩li, ˌʌnkɒnstɪˈtjuːʃnəli, ˌʌnkɒnstɪˈtʃuːʃn̩li, ˌʌnkɒnstɪˈtʃuːʃnəli, ˌʌŋkɒnstɪˈtjuːʃn̩li, ˌʌŋkɒnstɪˈtjuːʃnəli, ˌʌŋkɒnstɪˈtʃuːʃn̩li, ˌʌŋkɒnstɪˈtʃuːʃnəli
AM ˌənˌkɑnstəˈt(j)uʃ(ə)nəli

unconstrained
BR ˌʌnkənˈstreɪnd, ˌʌŋkənˈstreɪnd
AM ˌənkənˈstreɪnd

unconstrainedly
BR ˌʌnkənˈstreɪnɪdli, ˌʌŋkənˈstreɪnɪdli
AM ˌənkənˈstreɪnɪdli

unconstraint
BR ˌʌnkənˈstreɪnt, ˌʌŋkənˈstreɪnt
AM ˌənkənˈstreɪnt

unconstricted
BR ˌʌnkənˈstrɪktɪd, ˌʌŋkənˈstrɪktɪd
AM ˌənkənˈstrɪktɪd

unconstructive
BR ˌʌnkənˈstrʌktɪv, ˌʌŋkənˈstrʌktɪv
AM ˌənkənˈstrəktɪv

unconsulted
BR ˌʌnkənˈsʌltɪd, ˌʌŋkənˈsʌltɪd
AM ˌənkənˈsəltəd

unconsumed
BR ˌʌnkənˈsjuːmd, ˌʌŋkənˈsjuːmd
AM ˌənkənˈs(j)umd

unconsummated
BR ˌʌnˈkɒnsjəmeɪtɪd, ˌʌŋˈkɒnsjəmeɪtɪd
AM ˌənˈkɑns(j)əˌmeɪdɪd

uncontactable
BR ˌʌnˈkɒntaktəbl, ˌʌŋˈkɒntaktəbl
AM ˌənˈkɑnˌtæktəb(ə)l

uncontainable
BR ˌʌnkənˈteɪnəbl, ˌʌŋkənˈteɪnəbl
AM ˌənkənˈteɪnəb(ə)l

uncontaminated
BR ˌʌnkənˈtæmɪneɪtɪd, ˌʌŋkənˈtæmɪneɪtɪd
AM ˌənkənˈtæməˌneɪdɪd

uncontentious
BR ˌʌnkənˈtenʃəs, ˌʌŋkənˈtenʃəs
AM ˌənkənˈten(t)ʃəs

uncontentiously
BR ˌʌnkənˈtenʃəsli, ˌʌŋkənˈtenʃəsli
AM ˌənkənˈten(t)ʃəsli

uncontested
BR ˌʌnkənˈtestɪd, ˌʌŋkənˈtestɪd
AM ˌənkənˈtestəd

uncontestedly
BR ˌʌnkənˈtestɪdli, ˌʌŋkənˈtestɪdli
AM ˌənkənˈtestədli

uncontradicted
BR ˌʌnkɒntrəˈdɪktɪd, ˌʌŋkɒntrəˈdɪktɪd
AM ˌənkɑntrəˈdɪktɪd

uncontrived
BR ˌʌnkənˈtraɪvd, ˌʌŋkənˈtraɪvd
AM ˌənkənˈtraɪvd

uncontrollable
BR ˌʌnkənˈtrəʊləbl, ˌʌŋkənˈtrəʊləbl
AM ˌənkənˈtroʊləb(ə)l

uncontrollableness
BR ˌʌnkənˈtrəʊləblnəs, ˌʌŋkənˈtrəʊləblnəs
AM ˌənkənˈtroʊləbəlnəs

uncontrollably
BR ˌʌnkənˈtrəʊləbli, ˌʌŋkənˈtrəʊləbli
AM ˌənkənˈtroʊləbli

uncontrolled
BR ˌʌnkənˈtrəʊld, ˌʌŋkənˈtrəʊld
AM ˌənkənˈtroʊld

uncontrolledly
BR ˌʌnkənˈtrəʊlɪdli, ˌʌŋkənˈtrəʊlɪdli
AM ˌənkənˈtroʊlədli

uncontroversial
BR ˌʌnkɒntrəˈvɜːʃl, ˌʌŋkɒntrəˈvɜːʃl
AM ˌənˌkɑntrəˈvərsiəl, ˌənˌkɑntrəˈvərʃ(ə)l

uncontroversially
BR ˌʌnkɒntrəˈvɜːʃli, ˌʌŋkɒntrəˈvɜːʃli
AM ˌənˌkɑntrəˈvərsiəli, ˌənˌkɑntrəˈvərʃəli

uncontroverted
BR ˌʌnkɒntrəˈvɜːtɪd, ˌʌnˈkɒntrəvɜːtɪd, ˌʌŋkɒntrəˈvɜːtɪd, ˌʌŋˈkɒntrəvɜːtɪd
AM ˌənˌkɑntrəˈvərdəd

uncontrovertible
BR ˌʌnkɒntrəˈvɜːtɪbl, ˌʌŋkɒntrəˈvɜːtɪbl
AM ˌənˌkɑntrəˈvərdəb(ə)l

unconventional
BR ˌʌnkənˈvenʃn̩l, ˌʌŋkənˈvenʃn̩l
AM ˌənkənˈven(t)ʃ(ə)n(ə)l

unconventionalism
BR ˌʌnkənˈvenʃn̩lɪzm, ˌʌnkənˈvenʃnəlɪzm, ˌʌŋkənˈvenʃn̩lɪzm, ˌʌŋkənˈvenʃnəlɪzm
AM ˌənkənˈven(t)ʃnəˌlɪz(ə)m, ˌənkənˈven(t)ʃənlˌɪz(ə)m

unconventionality
BR ˌʌnkənˌvenʃəˈnælɪti, ˌʌŋkənˌvenʃəˈnælɪti
AM ˌənkənˌven(t)ʃəˈnælədi

unconventionally
BR ˌʌnkənˈvenʃn̩li, ˌʌnkənˈvenʃnəli, ˌʌŋkənˈvenʃn̩li, ˌʌŋkənˈvenʃnəli
AM ˌənkənˈven(t)ʃ(ə)nəli

unconverted
BR ˌʌnkənˈvɜːtɪd, ˌʌŋkənˈvɜːtɪd
AM ˌənkənˈvərdəd

unconvertible
BR ˌʌnkənˈvɜːtɪbl, ˌʌŋkənˈvɜːtɪbl
AM ˌənkənˈvərdəb(ə)l

unconvicted
BR ˌʌnkənˈvɪktɪd, ˌʌŋkənˈvɪktɪd
AM ˌənkənˈvɪktɪd

unconvinced
BR ˌʌnkənˈvɪnst, ˌʌŋkənˈvɪnst
AM ˌənkənˈvɪnst

unconvincing
BR ˌʌnkənˈvɪnsɪŋ, ˈʌŋkənˈvɪnsɪŋ
AM ˌənkənˈvɪnsɪŋ

unconvincingly
BR ˌʌnkənˈvɪnsɪŋli, ˈʌŋkənˈvɪnsɪŋli
AM ˌənkənˈvɪnsɪŋli

uncooked
BR ˌʌnˈkʊkt, ˌʌŋˈkʊkt
AM ˌənˈkʊkt

uncool
BR ˌʌnˈkuːl, ˌʌŋˈkuːl
AM ˌənˈkul

uncooperative
BR ˌʌnkəʊˈɒp(ə)rətɪv, ˈʌŋkəʊˈɒp(ə)rətɪv
AM ˌənkoʊˈɑp(ə)rədɪv

uncooperatively
BR ˌʌnkəʊˈɒp(ə)rətɪvli, ˈʌŋkəʊˈɒp(ə)rətɪvli
AM ˌənkoʊˈɑp(ə)rədɪvli

uncooperativeness
BR ˌʌnkəʊ-ˈɒp(ə)rətɪvnɪs, ˈʌŋkəʊ-ˈɒp(ə)rətɪvnɪs
AM ˌənkoʊ-ˈɑp(ə)rədɪvnɪs

uncoordinated
BR ˌʌnkəʊˈɔːdɪneɪtɪd, ˈʌŋkəʊˈɔːdɪneɪtɪd
AM ˌənkoʊˈɔrdnˌeɪdɪd, ˌənkoʊˈɔrdəˌneɪdɪd

uncopiable
BR ˌʌnˈkɒpiəbl, ˌʌŋˈkɒpiəbl
AM ˌənˈkɑpiəb(ə)l

uncord
BR ˌʌnˈkɔːd, ˌʌŋˈkɔːd, -z, -ɪŋ, -ɪd
AM ˌənˈkɔ(ə)rd, -z, -ɪŋ, -əd

uncordial
BR ˌʌnˈkɔːdɪəl, ˌʌŋˈkɔːdɪəl
AM ˌənˈkɔrdʒ(ə)l

uncork
BR ˌʌnˈkɔːk, ˌʌŋˈkɔːk, -s, -ɪŋ, -t
AM ˌənˈkɔ(ə)rk, -s, -ɪŋ, -t

uncorrected
BR ˌʌnkəˈrɛktɪd, ˈʌŋkəˈrɛktɪd
AM ˌənkəˈrɛktəd

uncorrelated
BR ˌʌnˈkɒrɪleɪtɪd, ˌʌŋˈkɒrɪleɪtɪd
AM ˌənˈkɔrəˌleɪdɪd

uncorroborated
BR ˌʌnkəˈrɒbəreɪtɪd, ˈʌŋkəˈrɒbəreɪtɪd
AM ˌənkəˈrɑbəˌreɪdɪd

uncorrupted
BR ˌʌnkəˈrʌptɪd, ˈʌŋkəˈrʌptɪd
AM ˌənkəˈrəptəd

uncorseted
BR ˌʌnˈkɔːsɪtɪd, ˌʌŋˈkɔːsɪtɪd
AM ˌənˈkɔrsədəd

uncountability
BR ˌʌnkaʊntəˈbɪlɪti, ˈʌŋkaʊntəˈbɪlɪti
AM ˌənkaʊn(t)əˈbɪlɪdi

uncountable
BR ˌʌnˈkaʊntəbl, ˌʌŋˈkaʊntəbl
AM ˌənˈkaʊn(t)əb(ə)l

uncountably
BR ˌʌnˈkaʊntəbli, ˌʌŋˈkaʊntəbli
AM ˌənˈkaʊn(t)əbli

uncounted
BR ˌʌnˈkaʊntɪd, ˌʌŋˈkaʊntɪd
AM ˌənˈkaʊn(t)əd

uncouple
BR ˌʌnˈkʌp|l, ˌʌŋˈkʌp|l, -lz, -lɪŋ\-lɪŋ, -ld
AM ˌənˈkəp|əl, -əlz, -(ə)lɪŋ, -əld

uncourtly
BR ˌʌnˈkɔːtli, ˌʌŋˈkɔːtli
AM ˌənˈkɔrtli

uncouth
BR ˌʌnˈkuːθ, ˌʌŋˈkuːθ
AM ˌənˈkuθ

uncouthly
BR ˌʌnˈkuːθli, ˌʌŋˈkuːθli
AM ˌənˈkuθli

uncouthness
BR ˌʌnˈkuːθnəs, ˌʌŋˈkuːθnəs
AM ˌənˈkuθnəs

uncovenanted
BR ˌʌnˈkʌvnəntɪd, ˌʌŋˈkʌvnəntɪd
AM ˌənˈkəv(ə)nən(t)əd

uncover
BR (ˌ)ʌnˈkʌv|ə(r), (ˌ)ʌŋˈkʌv|ə(r), -əz, -(ə)rɪŋ, -əd
AM ˌənˈkəv|ɚ, -ɚz, -(ə)rɪŋ, -ərd

uncrackable
BR (ˌ)ʌnˈkrakəbl, (ˌ)ʌŋˈkrakəbl
AM ˌənˈkrækəb(ə)l

uncracked
BR ˌʌnˈkrakt, ˌʌŋˈkrakt
AM ˌənˈkrækt

uncreased
BR (ˌ)ʌnˈkriːst, (ˌ)ʌnˈkriːst
AM ˌənˈkrist

uncreate
BR ˌʌnkrɪˈeɪt, ˌʌŋkrɪˈeɪt, -s, -ɪŋ, -ɪd
AM ˌənˌkriˈeɪ|t, -ts, -dɪŋ, -dɪd

uncreative
BR ˌʌnkrɪˈeɪtɪv, ˈʌŋkrɪˈeɪtɪv
AM ˌənˌkriˈeɪdɪv

uncredited
BR (ˌ)ʌnˈkrɛdɪtɪd, (ˌ)ʌŋˈkrɛdɪtɪd
AM ˌənˈkrɛdədəd

uncritical
BR (ˌ)ʌnˈkrɪtɪkl, (ˌ)ʌŋˈkrɪtɪkl
AM ˌənˈkrɪdək(ə)l

uncritically
BR (ˌ)ʌnˈkrɪtɪkli, (ˌ)ʌŋˈkrɪtɪkli
AM ˌənˈkrɪdək(ə)li

uncropped
BR ˌʌnˈkrɒpt, ˌʌŋˈkrɒpt
AM ˌənˈkrɑpt

uncross
BR ˌʌnˈkrɒs, ˌʌŋˈkrɒs, -ɪz, -ɪŋ, -t
AM ˌənˈkrɑs, ˌənˈkrɔs, -əz, -ɪŋ, -t

uncrossable
BR ˌʌnˈkrɒsəbl, ˌʌŋˈkrɒsəbl
AM ˌənˈkrɑsəb(ə)l, ˌənˈkrɔsəb(ə)l

uncrowded
BR (ˌ)ʌnˈkraʊdɪd, (ˌ)ʌŋˈkraʊdɪd
AM ˌənˈkraʊdəd

uncrown
BR ˌʌnˈkraʊn, ˌʌŋˈkraʊn, -z, -ɪŋ, -d
AM ˌənˈkraʊn, -z, -ɪŋ, -d

uncrumpled
BR (ˌ)ʌnˈkrʌmpld, (ˌ)ʌŋˈkrʌmpld
AM ˌənˈkrəmpəld

uncrushable
BR (ˌ)ʌnˈkrʌʃəbl, (ˌ)ʌŋˈkrʌʃəbl
AM ˌənˈkrəʃəb(ə)l

uncrushed
BR (ˌ)ʌnˈkrʌʃt, (ˌ)ʌŋˈkrʌʃt
AM ˌənˈkrəʃt

UNCTAD
BR ˈʌŋktad
AM ˈəŋkˌtæd

unction
BR ˈʌŋ(k)ʃn, -z
AM ˈəŋkʃ(ə)n, -z

unctuous
BR ˈʌŋ(k)tjʊəs, ˈʌŋ(k)tʃʊəs
AM ˈəŋ(k)(t)ʃ(əw)əs

unctuously
BR ˈʌŋ(k)tjʊəsli, ˈʌŋ(k)tʃʊəsli
AM ˈəŋ(k)(t)ʃ(əw)əsli

unctuousness
BR ˈʌŋ(k)tjʊəsnəs, ˈʌŋ(k)tʃʊəsnəs
AM ˈəŋ(k)(t)ʃ(əw)əsnəs

unculled
BR ˌʌnˈkʌld, ˌʌŋˈkʌld
AM ˌənˈkəld

uncultivated
BR (ˌ)ʌnˈkʌltɪveɪtɪd, (ˌ)ʌŋˈkʌltɪveɪtɪd
AM ˌənˈkəltəˌveɪdɪd

uncultured
BR (ˌ)ʌnˈkʌltʃəd, (ˌ)ʌŋˈkʌltʃəd
AM ˌənˈkəltʃərd

uncurb
BR ʌnˈkɜːb, ʌŋˈkɜːb, -z, -ɪŋ, -d
AM ˌənˈkɜrb, -z, -ɪŋ, -d

uncured
BR ʌnˈkjʊəd, ʌŋˈkjʊəd, ʌnˈkjɔːd, ʌŋˈkjɔːd
AM ˌənˈkjʊ(ə)rd

uncurl
BR ʌnˈkɜːl, ʌŋˈkɜːl, -z, -ɪŋ, -d
AM ˌənˈkɜrl, -z, -ɪŋ, -d

uncurtailed
BR ˌʌnkəːˈteɪld, ˌʌŋkəːˈteɪld
AM ˌənkərˈteɪld

uncurtained
BR ˌʌnˈkɜːtɪnd, ˌʌŋˈkɜːtɪnd
AM ˌənˈkɜrtnd

uncus
BR ˈʌŋkəs
AM ˈəŋkəs

uncustomed
BR ʌnˈkʌstəmd, ʌŋˈkʌstəmd
AM ˌənˈkəstəmd

uncut
BR ʌnˈkʌt, ʌŋˈkʌt
AM ˌənˈkət

undamaged
BR ʌnˈdamɪdʒd
AM ˌənˈdæmɪdʒd

undamped
BR ʌnˈdam(p)t
AM ˌənˈdæm(p)t

undated
BR ʌnˈdeɪtɪd
AM ˌənˈdeɪdɪd

undaunted
BR (ˌ)ʌnˈdɔːntɪd
AM ˌənˈdan(t)əd, ˌənˈdɔn(t)əd

undauntedly
BR (ˌ)ʌnˈdɔːntɪdli
AM ˌənˈdan(t)ədli, ˌənˈdɔn(t)ədli

undauntedness
BR (ˌ)ʌnˈdɔːntɪdnɪs
AM ˌənˈdan(t)ədnəs, ˌənˈdɔn(t)ədnəs

undead
BR ˌʌnˈdɛd
AM ˌənˈdɛd

undealt
BR ˌʌnˈdɛlt
AM ˌənˈdɛlt

undecagon
BR ʌnˈdɛkəg(ɒ)n, -z
AM ˌənˈdɛkəˌɡan, -z

undeceive
BR ˌʌndɪˈsiːv, -z, -ɪŋ, -d
AM ˌəndiˈsiv, ˌəndəˈsiv, -z, -ɪŋ, -d

undecidability
BR ˌʌndɪˌsaɪdəˈbɪlɪti
AM ˌəndiˌsaɪdəˈbɪlɪdi, ˌəndəˌsaɪdəˈbɪlɪdi

undecidable
BR ˌʌndɪˈsaɪdəbl
AM ˌəndiˈsaɪdəb(ə)l, ˌəndəˈsaɪdəb(ə)l

undecided
BR ˌʌndɪˈsaɪdɪd
AM ˌəndiˈsaɪdɪd, ˌəndəˈsaɪdɪd

undecidedly
BR ˌʌndɪˈsaɪdɪdli
AM ˌəndiˈsaɪdɪdli, ˌəndəˈsaɪdɪd

undecidedness
BR ˌʌndɪˈsaɪdɪdnɪs
AM ˌəndiˈsaɪdɪdnɪs, ˌəndəˈsaɪdɪdnɪs

undecipherable
BR ˌʌndɪˈsaɪf(ə)rəbl
AM ˌəndiˈsaɪf(ə)rəb(ə)l, ˌəndəˈsaɪf(ə)rəb(ə)l

undeciphered
BR ˌʌndɪˈsaɪfəd
AM ˌəndiˈsaɪfərd, ˌəndəˈsaɪfərd

undeclared
BR ˌʌndɪˈklɛːd
AM ˌəndiˈklɛ(ə)rd, ˌəndəˈklɛ(ə)rd

undecodable
BR ˌʌndɪˈkəʊdəbl
AM ˌəndiˈkoʊdəb(ə)l, ˌəndəˈkoʊdəb(ə)l

undecorated
BR ʌnˈdɛkəreɪtɪd
AM ˌənˈdɛkəˌreɪdɪd

undefeated
BR ˌʌndɪˈfiːtɪd
AM ˌəndiˈfidɪd, ˌəndəˈfidɪd

undefended
BR ˌʌndɪˈfɛndɪd
AM ˌəndiˈfɛndəd, ˌəndəˈfɛndəd

undefiled
BR ˌʌndɪˈfaɪld
AM ˌəndiˈfaɪld, ˌəndəˈfaɪld

undefinable
BR ˌʌndɪˈfaɪnəbl
AM ˌəndiˈfaɪnəb(ə)l, ˌəndəˈfaɪnəb(ə)l

undefinably
BR ˌʌndɪˈfaɪnəbli
AM ˌəndiˈfaɪnəbli, ˌəndəˈfaɪnəbli

undefined
BR ˌʌndɪˈfaɪnd
AM ˌəndiˈfaɪnd, ˌəndəˈfaɪnd

undeflected
BR ˌʌndɪˈflɛktɪd
AM ˌəndiˈflɛktəd, ˌəndəˈflɛktəd

undeformed
BR ˌʌndɪˈfɔːmd
AM ˌəndiˈfɔ(ə)rmd, ˌəndəˈfɔ(ə)rmd

undelivered
BR ˌʌndɪˈlɪvəd
AM ˌəndiˈlɪvərd, ˌəndəˈlɪvərd

undemanding
BR ˌʌndɪˈmɑːndɪŋ
AM ˌəndiˈmændɪŋ, ˌəndəˈmændɪŋ

undemandingness
BR ˌʌndɪˈmɑːndɪŋnɪs
AM ˌəndiˈmændɪŋnɪs, ˌəndəˈmændɪŋnɪs

undemocratic
BR ˌʌndɛməˈkratɪk
AM ˌənˌdɛməˈkrædɪk

undemocratically
BR ˌʌndɛməˈkratɪkli
AM ˌənˌdɛməˈkrædək(ə)li

undemonstrable
BR ˌʌndɪˈmɒnstrəbl, (ˌ)ʌnˈdɛmənstrəbl
AM ˌəndiˈmanstrəb(ə)l, ˌəndəˈmanstrəb(ə)l

undemonstrated
BR (ˌ)ʌnˈdɛmənstreɪtɪd
AM ˌənˈdɛmənˌstreɪdɪd

undemonstrative
BR ˌʌndɪˈmɒnstrətɪv
AM ˌəndiˈmanstrədɪv, ˌəndəˈmanstrədɪv

undemonstratively
BR ˌʌndɪˈmɒnstrətɪvli
AM ˌəndiˈmanstrədɪvli, ˌəndəˈmanstrədɪvli

undemonstrativeness
BR ˌʌndɪˈmɒnstrətɪvnɪs
AM ˌəndiˈmanstrədɪvnɪs, ˌəndəˈmanstrədɪvnɪs

undeniable
BR ˌʌndɪˈnʌɪəbl
AM ˌəndiˈnaɪəb(ə)l, ˌəndəˈnaɪəb(ə)l

undeniableness
BR ˌʌndɪˈnʌɪəblnəs
AM ˌəndiˈnaɪəbəlnəs, ˌəndəˈnaɪəbəlnəs

undeniably
BR ˌʌndɪˈnʌɪəbli
AM ˌəndiˈnaɪəbli, ˌəndəˈnaɪəbli

undenied
BR ˌʌndɪˈnʌɪd
AM ˌəndiˈnaɪd, ˌəndəˈnaɪd

undenominational
BR ˌʌndɪˌnɒmɪˈneɪʃn̩l
AM ˌəndiˌnɑmə-
ˈneɪʃ(ə)n(ə)l, ˌəndə-
ˌnɑməˈneɪʃ(ə)n(ə)l

undented
BR (ˌ)ʌnˈdɛntɪd
AM ˌənˈdɛn(t)əd

undependable
BR ˌʌndɪˈpɛndəbl
AM ˌəndɪˈpɛndəb(ə)l,
ˌəndəˈpɛndəb(ə)l

under
BR ˈʌndə(r)
AM ˈəndər

underachieve
BR ˌʌnd(ə)rəˈtʃiːv, -z,
-ɪŋ, -d
AM ˌəndərəˈtʃiv, -z,
-ɪŋ, -d

underachievement
BR ˌʌnd(ə)rə-
ˈtʃiːvm(ə)nt
AM ˌəndərəˈtʃivm(ə)nt

underachiever
BR ˌʌnd(ə)rəˈtʃiːvə(r),
-z
AM ˌəndərəˈtʃivər, -z

underact
BR ˌʌndərˈakt, -s, -ɪŋ,
-ɪd
AM ˌəndərˈæk|(t),
-(t)s, -tɪŋ, -təd

under-age
BR ˌʌndərˈeɪdʒ
AM ˌəndərˈeɪdʒ

underappreciated
BR ˌʌnd(ə)rə-
ˈpriːʃieɪtɪd
AM ˌəndərəˈpriʃiˌeɪdɪd

underarm
BR ˈʌndərɑːm
AM ˈəndərˌɑrm

underbelly
BR ˈʌndəˌbɛli
AM ˈəndərˌbɛli

underbid
BR ˌʌndəˈbɪd, -z, -ɪŋ
AM ˌəndərˈbɪd, -z, -ɪŋ

underbidder
BR ˌʌndəˈbɪdə(r), -z
AM ˌəndərˈbɪdər, -z

underblanket
BR ˈʌndəˌblaŋkɪt, -s
AM ˈəndərˌblæŋkət, -s

underbody
BR ˈʌndəˌbɒd|i, -ɪz
AM ˈəndərˌbadi, -z

underbred
BR ˌʌndəˈbrɛd
AM ˌəndərˈbrɛd

underbrush
BR ˈʌndəbrʌʃ
AM ˈəndərˌbrəʃ

undercapacity
BR ˌʌndəkəˈpasɪti
AM ˌəndərkəˈpæsədi

undercapitalised
BR ˌʌndəˈkapɪtlʌɪzd
AM ˌəndərˈkæpədlˌaɪzd

undercapitalized
BR ˌʌndəˈkapɪtlʌɪzd
AM ˌəndərˈkæpədlˌaɪzd

undercarriage
BR ˈʌndəˌkarɪdʒ
AM ˈəndərˌkɛrɪdʒ

undercart
BR ˈʌndəkɑːt, -s
AM ˈəndərˌkɑrt, -s

undercharge
BR ˌʌndəˈtʃɑːdʒ, -ɪz,
-ɪŋ, -d
AM ˌəndərˈtʃɑrdʒ, -əz,
-ɪŋ, -d

underclass
BR ˈʌndəklɑːs, -ɪz
AM ˈəndərˌklæs, -əz

underclay
BR ˈʌndəkleɪ
AM ˈəndərˌkleɪ

undercliff
BR ˈʌndəklɪf, -s
AM ˈəndərˌklɪf, -s

underclothes
BR ˈʌndəkləʊ(ð)z
AM ˈəndərˌkloʊ(ð)z

underclothing
BR ˈʌndəkləʊðɪŋ
AM ˈəndərˌkloʊðɪŋ

undercoat
BR ˈʌndəkəʊt, -s, -ɪŋ,
-ɪd
AM ˈəndərˌkoʊ|t, -ts,
-dɪŋ, -dəd

underconsumption
BR ˌʌndəkənˈsʌm(p)ʃn
AM ˌəndərkən-
ˈsəmpʃ(ə)n

underconsumptionist
BR ˌʌndəkən-
ˈsʌm(p)ʃn̩ɪst, -s
AM ˌəndərkən-
ˈsəmpʃənəst, -s

undercook
BR ˌʌndəˈkʊk, -s, -ɪŋ, -t
AM ˌəndərˈkʊk, -s, -ɪŋ, -t

undercover
BR ˌʌndəˈkʌvə(r)
AM ˌəndərˈkəvər

undercroft
BR ˈʌndəkrɒft, -s
AM ˈəndərˌkrɑft,
ˈəndərˌkrɔft, -s

undercurrent
BR ˈʌndəˌkʌrn̩t, -s
AM ˈəndərˌkərənt, -s

undercut[1] *noun*
BR ˈʌndəkʌt, -s
AM ˈəndərˌkət, -s

undercut[2] *verb*
BR ˌʌndəˈkʌt, -s, -ɪŋ
AM ˌəndərˈkə|t, -ts, -dɪŋ

underdeveloped
BR ˌʌndədɪˈvɛləpt
AM ˌəndərdɪˈvɛləpt,
ˌəndərdəˈvɛləpt

underdevelopment
BR ˌʌndədɪ-
ˈvɛləpm(ə)nt
AM ˌəndərdɪ-
ˈvɛləpm(ə)nt,
ˌəndərdə-
ˈvɛləpm(ə)nt

underdid
BR ˌʌndəˈdɪd
AM ˌəndərˈdɪd

underdo
BR ˌʌndəˈduː, -ɪŋ
AM ˌəndərˈduː, -ɪŋ

underdoes
BR ˌʌndəˈdʌz
AM ˌəndərˈdəz

underdog
BR ˈʌndədɒg, -z
AM ˈəndərˌdɑg,
ˈəndərˌdɔg, -z

underdone
BR ˌʌndəˈdʌn
AM ˌəndərˈdən

underdrainage
BR ˌʌndəˈdreɪnɪdʒ
AM ˌəndərˈdreɪnɪdʒ

underdrawers *plural noun*
BR ˈʌndədrɔːz
AM ˈəndərˌdrɔ(ə)rz

underdrawing
BR ˈʌndəˌdrɔː(r)ɪŋ
AM ˈəndərˌdrɔɪŋ

underdress
BR ˌʌndəˈdrɛs, -ɪz,
-ɪŋ, -t
AM ˌəndərˈdrɛs, -əz,
-ɪŋ, -t

undereducated
BR ˌʌndərˈɛdjʉkeɪtɪd,
ˌʌndərˈɛdʒʉkeɪtɪd
AM ˌəndərˈɛdʒəˌkeɪdɪd

underemphases
BR ˌʌndərˈɛmfəsiːz
AM ˌəndərˈɛmfəˌsiz

underemphasis
BR ˌʌndərˈɛmfəsɪs
AM ˌəndərˈɛmfəsəs

underemphasise
BR ˌʌndərˈɛmfəsʌɪz,
-ɪz, -ɪŋ, -d
AM ˌəndərˈɛmfəˌsaɪz,
-ɪz, -ɪŋ, -d

underemphasize
BR ˌʌndərˈɛmfəsʌɪz,
-ɪz, -ɪŋ, -d
AM ˌəndərˈɛmfəˌsaɪz,
-ɪz, -ɪŋ, -d

underemployed
BR ˌʌnd(ə)rɪmˈplɔɪd
AM ˌəndərəmˈplɔɪd,
ˌəndərɪmˈplɔɪd,
ˌəndərɛmˈplɔɪd

underemployment
BR ˌʌnd(ə)rɪm-
ˈplɔɪm(ə)nt
AM ˌəndərəm-
ˈplɔɪm(ə)nt,
ˌəndərɪm-
ˈplɔɪm(ə)nt,
ˌəndərɛm-
ˈplɔɪm(ə)nt

underequipped
BR ˌʌnd(ə)rɪˈkwɪpt
AM ˌəndərˌiˈkwɪpt, ˌəndərəˈkwɪpt

underestimate[1] *noun*
BR ˌʌndərˈestɪmət, -s
AM ˌəndərˈestəmət, -s

underestimate[2] *verb*
BR ˌʌndərˈestɪmeɪt, -s, -ɪŋ, -ɪd
AM ˌəndərˈestəˌmeɪ|t, -ts, -dɪŋ, -d̬ɪd

underestimation
BR ˌʌndərˌestɪˈmeɪʃn
AM ˌəndərˌestəˈmeɪʃ(ə)n

underexploited
BR ˌʌnd(ə)rɪksˈplɔɪtɪd
AM ˌəndərəkˈsplɔɪd̬ɪd

underexpose
BR ˌʌnd(ə)rɪkˈspəʊz, -ɪz, -ɪŋ, -d
AM ˌəndərəkˈspoʊz, -əz, -ɪŋ, -d

underexposure
BR ˌʌnd(ə)rɪkˈspəʊʒə(r), -z
AM ˌəndərəkˈspoʊʒər, -z

underfed
BR ˌʌndəˈfed
AM ˌəndərˈfed

underfelt
BR ˈʌndəfelt
AM ˈəndərˌfelt

underfinanced
BR ˌʌndəfʌɪˈnanst, ˌʌndəfɪˈnanst
AM ˌəndərfəˈnænst, ˌəndərˈfaɪˌnænst

underfinancing
BR ˌʌndəfʌɪˈnansɪŋ, ˌʌndəfɪˈnansɪŋ
AM ˌəndərfəˈnænsɪŋ, ˌəndərˈfaɪˌnænsɪŋ

under-fives
BR ˌʌndəˈfʌɪvz, ˈʌndəfʌɪvz
AM ˌˈəndərˌfaɪvz

underfloor
BR ˌʌndəˈflɔː(r)
AM ˈəndərˌflɔ(ə)r

underflooring
BR ˈʌndəˌflɔːrɪŋ
AM ˈəndərˌflɔrɪŋ

underflow
BR ˈʌndəfləʊ, -z
AM ˈəndərˌfloʊ, -z

underfoot
BR ˌʌndəˈfʊt
AM ˌəndərˈfʊt

underframe
BR ˈʌndəfreɪm, -z
AM ˈəndərˌfreɪm, -z

underfunded
BR ˌʌndəˈfʌndɪd
AM ˌəndərˈfəndəd

underfunding
BR ˌʌndəˈfʌndɪŋ
AM ˌəndərˈfəndɪŋ

underfur
BR ˈʌndəfəː(r)
AM ˈəndərˌfər

under-gardener
BR ˈʌndəˌgɑːdnə(r), -z
AM ˈəndərˌgɑrdnər, ˈəndərˌgɑrdnər, -z

undergarment
BR ˈʌndəˌgɑːm(ə)nt, -s
AM ˈəndərˌgɑrm(ə)nt, -s

undergird
BR ˌʌndəˈgəːd, -z, -ɪŋ, -ɪd
AM ˌəndərˈgərd, -z, -ɪŋ, -əd

underglaze
BR ˈʌndəgleɪz
AM ˈəndərˌgleɪz

undergo
BR ˌʌndəˈgəʊ, -z, -ɪŋ
AM ˌəndərˈgoʊ, -z, -ɪŋ

undergone
BR ˌʌndəˈgɒn
AM ˌəndərˈgɑn, ˌəndərˈgɔn

undergrad
BR ˈʌndəgrad, ˌʌndəˈgrad, -z
AM ˈəndərˌgræd, -z

undergraduate
BR ˌʌndəˈgradʒʊət, ˌʌndəˈgradjʊət, -s
AM ˌəndərˈgrædʒəwət, -s

underground[1] *adjective*
BR ˌʌndəˈgraʊnd, ˈʌndəgraʊnd
AM ˈəndə(r)ˌgraʊnd

underground[2] *adverb*
BR ˌʌndəˈgraʊnd, ˈʌndəgraʊnd
AM ˌˈəndərˌgraʊnd

underground[3] *noun*
BR ˈʌndəgraʊnd
AM ˈəndərˌgraʊnd

undergrowth
BR ˈʌndəgrəʊθ
AM ˈəndərˌgroʊθ

underhand
BR ˌʌndəˈhand
AM ˌəndərˌ(h)ænd

underhanded
BR ˌʌndəˈhandɪd
AM ˌˈəndərˌhæn(d)əd

underhandedly
BR ˌʌndəˈhandɪdli
AM ˌəndərˈhæn(d)ədli

underhandedness
BR ˌʌndəˈhandɪdnɪs
AM ˌəndərˈhæn(d)ədnəs

underheated
BR ˌʌndəˈhiːtɪd
AM ˌəndərˈhid̬əd

Underhill
BR ˈʌndəhɪl
AM ˈəndərˌ(h)ɪl

underhung
BR ˌʌndəˈhʌŋ
AM ˌəndərˈhəŋ

underlain
BR ˌʌndəˈleɪn
AM ˌəndərˈleɪn

underlay[1] *noun*
BR ˈʌndəleɪ, -z
AM ˈəndərˌleɪ, -z

underlay[2] *verb*
BR ˌʌndəˈleɪ, -z, -ɪŋ, -d
AM ˌəndərˈleɪ, -z, -ɪŋ, -d

underlease[1] *noun*
BR ˈʌndəliːs, -ɪz
AM ˈəndərˌlis, -ɪz

underlease[2] *verb*
BR ˌʌndəˈliːs, -ɪz, -ɪŋ, -t
AM ˌəndərˈlis, -ɪz, -ɪŋ, -t

underlet
BR ˌʌndəˈlet, -s, -ɪŋ
AM ˌəndərˈle|t, -ts, -dɪŋ

underlie
BR ˌʌndəˈlʌɪ, -z, -ɪŋ
AM ˌəndərˈlaɪ, -z, -ɪŋ

underline[1] *noun*
BR ˈʌndəlʌɪn, -z
AM ˈəndərˌlaɪn, -z

underline[2] *verb*
BR ˌʌndəˈlʌɪn, -z, -ɪŋ, -d
AM ˌəndərˌlaɪn, -z, -ɪŋ, -d

underlinen
BR ˈʌndəˌlɪnɪn
AM ˈəndərˌlɪnɪn

underling
BR ˈʌndəlɪŋ, -z
AM ˈəndərlɪŋ, -z

underlip
BR ˈʌndəlɪp, -s
AM ˈəndərˌlɪp, -s

underlit
BR ˌʌndəˈlɪt
AM ˌəndərˈlɪt

under-manager
BR ˈʌndəˌmanɪdʒə(r), -z
AM ˈəndərˌmænədʒər, -z

undermanned
BR ˌʌndəˈmand
AM ˌəndərˈmænd

undermanning
BR ˌʌndəˈmanɪŋ
AM ˌəndərˈmænɪŋ

undermentioned
BR ˌʌndəˈmenʃnd
AM ˌəndərˈmen(t)ʃənd

undermine
BR ˌʌndəˈmʌɪn, -z, -ɪŋ, -d
AM ˌəndərˈmaɪn, -z, -ɪŋ, -d

underminer
BR ˌʌndəˈmaɪnə(r), -z
AM ˈəndərˌmaɪnər, -z

underminingly
BR ˌʌndəˈmaɪnɪŋli
AM ˌəndərˈmaɪnɪŋli

undermost
BR ˈʌndəməʊst
AM ˈəndərˌmoʊst

underneath
BR ˌʌndəˈniːθ
AM ˌəndərˈniθ

undernourished
BR ˌʌndəˈnʌrɪʃt
AM ˌəndərˈnɜrɪʃt

undernourishment
BR ˌʌndəˈnʌrɪʃm(ə)nt
AM ˌəndərˈnʊrɪʃm(ə)nt, ˌəndərˈnɜrɪʃm(ə)nt

under-occupancy
BR ˌʌndərˈɒkjʊp(ə)nsi
AM ˌəndərˈɑkjəpənsi

under-occupy
BR ˌʌndərˈɒkjʊpʌɪ, -z, -ɪŋ, -d
AM ˌəndərˈɑkjəˌpaɪ, -z, -ɪŋ, -d

underpaid
BR ˌʌndəˈpeɪd
AM ˌəndərˈpeɪd

underpainting
BR ˈʌndəˌpeɪntɪŋ
AM ˈəndərˌpeɪn(t)ɪŋ

underpants
BR ˈʌndəpan(t)s
AM ˈəndərˌpæn(t)s

underpart
BR ˈʌndəpɑːt, -s
AM ˈəndərˌpɑrt, -s

underpass
BR ˈʌndəpɑːs, -ɪz
AM ˈəndərˌpæs, -əz

underpay
BR ˌʌndəˈpeɪ, -z, -ɪŋ, -d
AM ˌəndərˈpeɪ, -z, -ɪŋ, -d

underpayment
BR ˌʌndəˈpeɪm(ə)nt, -s
AM ˌəndərˈpeɪm(ə)nt, -s

underperform
BR ˌʌndəpəˈfɔːm, -z, -ɪŋ, -d
AM ˌəndərpərˈfɔ(ə)rm, -z, -ɪŋ, -d

underperformance
BR ˌʌndəpəˈfɔːm(ə)ns
AM ˌəndərpərˈfɔrm(ə)ns

underpin
BR ˌʌndəˈpɪn, -z, -ɪŋ, -d
AM ˌəndərˈpɪn, -z, -ɪŋ, -d

underpinning
BR ˌʌndəˈpɪnɪŋ, ˈʌndəˌpɪnɪŋ, -z
AM ˈəndərˌpɪnɪŋ, -z

underplant
BR ˌʌndəˈplɑːnt, -s, -ɪŋ, -ɪd
AM ˌəndərˈplæn|t, -ts, -(t)ɪŋ, -(t)əd

underplay *verb*
BR ˌʌndəˈpleɪ, -z, -ɪŋ, -d
AM ˌəndərˈpleɪ, -z, -ɪŋ, -d

underplot
BR ˈʌndəplɒt, -s
AM ˈəndərˌplɑt, -s

underpopulated
BR ˌʌndəˈpɒpjʊleɪtɪd
AM ˌəndərˈpɑpjəˌleɪdɪd

underpowered
BR ˌʌndəˈpaʊəd
AM ˌəndərˈpaʊərd

under-prepared
BR ˌʌndəprɪˈpɛːd
AM ˌəndərprəˈpɛ(ə)rd

underprice
BR ˌʌndəˈprʌɪs, -ɪz, -ɪŋ, -t
AM ˌəndərˈpraɪs, -ɪz, -ɪŋ, -t

underpriced
BR ˌʌndəˈprʌɪst
AM ˌəndərˈpraɪst

underprivileged
BR ˌʌndəˈprɪvɪlɪdʒd
AM ˌəndərˈprɪvɪlɪdʒd

underproduction
BR ˌʌndəprəˈdʌkʃn
AM ˌəndərprəˈdəkʃ(ə)n

underproof
BR ˌʌndəˈpruːf
AM ˌəndərˈpruf

underprop
BR ˌʌndəˈprɒp, -s, -ɪŋ, -t
AM ˌəndərˈprɑp, -s, -ɪŋ, -t

under-provision
BR ˌʌndəprəˈvɪʒn
AM ˌəndərprəˈvɪʒ(ə)n

underquote
BR ˌʌndəˈkwəʊt, -s, -ɪŋ, -ɪd
AM ˌəndərˈkwoʊ|t, -ts, -dɪŋ, -dəd

underrate
BR ˌʌndəˈreɪt, -s, -ɪŋ, -ɪd
AM ˌəndə(r)ˈreɪ|t, -ts, -dɪŋ, -dɪd

under-rehearsed
BR ˌʌndərɪˈhəːst
AM ˌəndə(r)rəˈhɜrst

under-report
BR ˌʌndərɪˈpɔːt, -s, -ɪŋ, -ɪd
AM ˌəndə(r)rəˈpɔ(ə)rt, -ˈpɔ(ə)rts, -ˈpɔrdɪŋ, -ˈpɔrdəd

under-represented
BR ˌʌndəˌrɛprɪˈzɛntɪd
AM ˌəndə(r)ˌrɛprəˈzen(t)əd

under-resourced
BR ˌʌndərɪˈsɔːst
AM ˌəndə(r)rəˈsɔ(ə)rst, ˌəndə(r)riˌsɔ(ə)rst

underripe
BR ˌʌndəˈrʌɪp
AM ˌəndə(r)ˈraɪp

underscore[1] *noun*
BR ˈʌndəskɔː(r), -z
AM ˈəndərˌskɔ(ə)r, -z

underscore[2] *verb*
BR ˌʌndəˈskɔː(r), -z, -ɪŋ, -d
AM ˌəndərˈskɔ(ə)r, -z, -ɪŋ, -d

undersea
BR ˌʌndəˈsiː
AM ˌəndərˈsi

underseal[1] *noun*
BR ˈʌndəsiːl
AM ˈəndərˌsil

underseal[2] *verb*
BR ˌʌndəˈsiːl, -z, -ɪŋ, -d
AM ˌəndərˈsil, -z, -ɪŋ, -d

undersecretary
BR ˌʌndəˈsɛkrɪt(ə)r|i, ˌʌndəˈsɛkrɪtər|i, -ɪz
AM ˌəndərˈsɛkrəˌteri, -z

undersell
BR ˌʌndəˈsɛl, -z, -ɪŋ
AM ˌəndərˈsɛl, -z, -ɪŋ

underset
BR ˌʌndəˈsɛt, -s, -ɪŋ
AM ˌəndərˈsɛ|t, -ts, -dɪŋ

undersexed
BR ˌʌndəˈsɛkst
AM ˌəndərˈsɛkst

undersheet
BR ˈʌndəʃiːt, -s
AM ˈəndərˌʃit, -s

under-sheriff
BR ˈʌndəˌʃɛrɪf, -s
AM ˈəndərˌʃɛrəf, -s

undershirt
BR ˈʌndəʃəːt, -s
AM ˈəndərˌʃɜrt, -s

undershoot
BR ˌʌndəˈʃuːt, -s, -ɪŋ
AM ˌəndərˈʃu|t, -ts, -dɪŋ

undershorts
BR ˈʌndəʃɔːts
AM ˈəndərˌʃɔ(ə)rts

undershot
BR ˈʌndəʃɒt
AM ˈəndərˌʃɑt

undershrub
BR ˈʌndəʃrʌb, -z
AM ˈəndərˌʃrəb, -z

underside
BR ˈʌndəsʌɪd, -z
AM ˈəndərˌsaɪd, -z

undersign
BR ˌʌndəˈsʌɪn, -z, -ɪŋ, -d
AM ˌəndərˈsaɪn, -z, -ɪŋ, -d

undersigned *noun*
BR ˌʌndəˈsʌɪnd, ˈʌndəsʌɪnd
AM ˈəndərˌsaɪnd

undersize
BR ˌʌndəˈsʌɪz
AM ˌəndərˈsaɪz

undersized
BR ˌʌndəˈsʌɪzd
AM ˌəndərˈsaɪzd

underskirt
BR ˈʌndəskəːt, -s
AM ˈəndərˌskərt, -s

underslung
BR ˌʌndəˈslʌŋ
AM ˌəndərˈslʌŋ

undersold
BR ˌʌndəˈsəʊld
AM ˌəndərˈsoʊld

undersow
BR ˌʌndəˈsəʊ, -z, -ɪŋ
AM ˌəndərˈsoʊ, -z, -ɪŋ

undersown
BR ˌʌndəˈsəʊn
AM ˌəndərˈsoʊn

underspend
BR ˌʌndəˈspɛnd, -z, -ɪŋ
AM ˌəndərˈspɛnd, -z, -ɪŋ

underspent
BR ˌʌndəˈspɛnt
AM ˌəndərˈspɛnt

understaffed
BR ˌʌndəˈstɑːft
AM ˌəndərˈstæft

understaffing
BR ˌʌndəˈstɑːfɪŋ
AM ˌəndərˈstæfɪŋ

understairs
BR ˌʌndəˈstɛːz
AM ˌəndərˈstɛrz

understand
BR ˌʌndəˈstand, -z, -ɪŋ
AM ˌəndərˈstænd, -(d)z, -dɪŋ

understandability
BR ˌʌndəˌstandəˈbɪlɪti
AM ˌəndərˌstændəˈbɪlɪdi

understandable
BR ˌʌndəˈstandəbl
AM ˌəndərˈstændəb(ə)l

understandably
BR ˌʌndəˈstandəbli
AM ˌəndərˈstændəbli

understander
BR ˌʌndəˈstandə(r), -z
AM ˌəndərˈstændər, -z

understanding
BR ˌʌndəˈstandɪŋ, -z
AM ˌəndərˈstændɪŋ, -z

understandingly
BR ˌʌndəˈstandɪŋli
AM ˌəndərˈstændɪŋli

understate
BR ˌʌndəˈsteɪt, -s, -ɪŋ, -ɪd
AM ˌəndərˈsteɪt, -ts, -dɪŋ, -dɪd

understatement
BR ˌʌndəˈsteɪtm(ə)nt, ˈʌndəˌsteɪtm(ə)nt, -s
AM ˈəndərˌsteɪtm(ə)nt, -s

understater
BR ˌʌndəˈsteɪtə(r), -z
AM ˈəndərˌsteɪdər, -z

understeer[1] *noun*
BR ˈʌndəstɪə(r)
AM ˈəndərˌstɪ(ə)r

understeer[2] *verb*
BR ˌʌndəˈstɪə(r), -z, -ɪŋ, -d
AM ˌəndərˈstɪ(ə)r, -z, -ɪŋ, -d

understood
BR ˌʌndəˈstʊd
AM ˌəndərˈstʊd

understorey
BR ˈʌndəˌstɔːr|i, -ɪz
AM ˈəndərˌstɔri, -z

understrapper
BR ˌʌndəˌstrapə(r), -z
AM ˌəndərˈstræpər, -z

under-strength
BR ˌʌndəˈstrɛŋ(k)θ
AM ˌəndərˈstrɛŋθ

understudy
BR ˈʌndəˌstʌd|i, -ɪz, -ɪŋ, -ɪd
AM ˈəndərˌstədi, -z, -ɪŋ, -d

undersubscribed
BR ˌʌndəsəbˈskrʌɪbd
AM ˌəndərsəbˈskraɪbd

undersurface
BR ˈʌndəˌsəːfɪs, -ɪz
AM ˈəndərˌsərfəs, -əz

undertake
BR ˌʌndəˈteɪk, -s, -ɪŋ
AM ˌəndərˈteɪk, -s, -ɪŋ

undertaker[1] *person who arranges funerals*
BR ˈʌndəteɪkə(r), -z
AM ˈəndərˌteɪkər, -z

undertaker[2] *person who undertakes something*
BR ˌʌndəˈteɪkə(r), -z
AM ˌəndərˈteɪkər, -z

undertaking[1] *arranging of funerals*
BR ˈʌndəteɪkɪŋ
AM ˈəndərˌteɪkɪŋ

undertaking[2] *something to be done*
BR ˌʌndəˈteɪkɪŋ, ˈʌndəteɪkɪŋ, -z
AM ˌəndərˈteɪkɪŋ, -z

undertenancy
BR ˌʌndəˈtɛnəns|i, ˈʌndəˌtɛnəns|i, -ɪz
AM ˌəndərˈtɛnənsi, -z

undertenant
BR ˌʌndəˈtɛnənt, ˈʌndəˌtɛnənt, -s
AM ˈəndərˌtɛnənt, -s

under-the-counter
BR ˌʌndəðəˈkaʊntə(r)
AM ˌəndərðəˈkaʊn(t)ər

underthings
BR ˈʌndəθɪŋz
AM ˈəndərˌθɪŋz

undertint
BR ˈʌndətɪnt, -s
AM ˈəndərˌtɪnt, -s

undertone
BR ˈʌndətəʊn, -z
AM ˈəndərˌtoʊn, -z

undertook
BR ˌʌndəˈtʊk
AM ˌəndərˈtʊk

undertow
BR ˈʌndətəʊ, -z
AM ˈəndərˌtoʊ, -z

undertrained
BR ˌʌndəˈtreɪnd
AM ˌəndərˈtreɪnd

undertrick
BR ˈʌndətrɪk, -s
AM ˈəndərˌtrɪk, -s

under-use
BR ˌʌndəˈjuːz, -ɪz, -ɪŋ, -d
AM ˌəndərˈjuz, -əz, -ɪŋ, -d

underused
BR ˌʌndəˈjuːzd
AM ˌəndərˈjuzd

under-utilisation
BR ˌʌndəˌjuːtɪlʌɪˈzeɪʃn, ˌʌndəˌjuːtlʌɪˈzeɪʃn
AM ˌəndərˌjudlˌaɪˈzeɪʃ(ə)n, ˌəndərˌjudləˈzeɪʃ(ə)n

under-utilise
BR ˌʌndəˈjuːtɪlʌɪz, ˌʌndəˈjuːtlʌɪz, -ɪz, -ɪŋ, -d
AM ˌəndərˈjudlˌaɪz, -ɪz, -ɪŋ, -d

under-utilization
BR ˌʌndəˌjuːtɪlʌɪˈzeɪʃn, ˌʌndəˌjuːtlʌɪˈzeɪʃn
AM ˌəndərˌjudlˌaɪˈzeɪʃ(ə)n, ˌəndərˌjudləˈzeɪʃ(ə)n

under-utilize
BR ˌʌndəˈjuːtɪlʌɪz, ˌʌndəˈjuːtlʌɪz, -ɪz, -ɪŋ, -d
AM ˌəndərˈjudlˌaɪz, -ɪz, -ɪŋ, -d

undervaluation
BR ˌʌndəˌvaljʊˈeɪʃn, -z
AM ˌəndərˌvæljəˈweɪʃ(ə)n, -z

undervalue
BR ˌʌndəˈvaljuː, -uːz, -ʊɪŋ, -uːd
AM ˌəndərˈvæljuː, -juz, -jəwɪŋ, -jud

undervest
BR ˈʌndəvest, -s
AM ˈəndərˌvest, -s

underwater
BR ˌʌndəˈwɔːtə(r)
AM ˌəndərˈwɑdər, ˌəndərˈwɔdər

underwear
BR ˈʌndəweə(r)
AM ˈəndərˌwe(ə)r

underweight
BR ˌʌndəˈweɪt
AM ˌəndərˈweɪt

underwent
BR ˌʌndəˈwent
AM ˌəndərˈwent

underwhelm
BR ˌʌndəˈwelm, -z, -ɪŋ, -d
AM ˌəndərˈ(h)welm, -z, -ɪŋ, -d

underwing
BR ˈʌndəwɪŋ, -z
AM ˈəndərˌwɪŋ, -z

underwire
BR ˈʌndəˌwaɪə(r), -z
AM ˈəndərˌwaɪ(ə)r, -z

underwired
BR ˌʌndəˈwaɪəd
AM ˌəndərˈwaɪ(ə)rd

underwood
BR ˈʌndəwʊd, -z
AM ˈəndərˌwʊd, -z

underwork
BR ˈʌndəwɜːk, -s, -ɪŋ, -t
AM ˌəndərˈwɜrk, -s, -ɪŋ, -t

underworld
BR ˈʌndəwɜːld
AM ˈəndərˌwɜrld

underwrite
BR ˌʌndəˈraɪt, ˈʌndərˌaɪt, -s, -ɪŋ
AM ˌəndə(r)ˈraɪ|t, -ts, -dɪŋ

underwriter
BR ˈʌndəˌraɪtə(r), -z
AM ˈəndə(r)ˌraɪdər, -z

underwritten
BR ˌʌndəˈrɪtn, ˈʌndəˌrɪtn
AM ˌəndə(r)ˈrɪtn

undescended
BR ˌʌndɪˈsendɪd
AM ˌəndiˈsendəd, ˌəndəˈsendəd

undescribed
BR ˌʌndɪˈskraɪbd
AM ˌəndiˈskraɪbd, ˌəndəˈskraɪbd

undeserved
BR ˌʌndɪˈzɜːvd
AM ˌəndiˈzɜrvd, ˌəndəˈzɜrvd

undeservedly
BR ˌʌndɪˈzɜːvɪdli
AM ˌəndiˈzɜrvədli, ˌəndəˈzɜrvədli

undeservedness
BR ˌʌndɪˈzɜːvɪdnɪs
AM ˌəndiˈzɜrvədnəs, ˌəndəˈzɜrvədnəs

undeserving
BR ˌʌndɪˈzɜːvɪŋ
AM ˌəndiˈzɜrvɪŋ, ˌəndəˈzɜrvɪŋ

undeservingly
BR ˌʌndɪˈzɜːvɪŋli
AM ˌəndiˈzɜrvɪŋli, ˌəndəˈzɜrvɪŋli

undesignated
BR (ˌ)ʌnˈdezɪgneɪtɪd
AM ˌənˈdezɪgˌneɪdɪd

undesigned
BR ˌʌndɪˈzaɪnd
AM ˌəndiˈzaɪnd, ˌəndəˈzaɪnd

undesignedly
BR ˌʌndɪˈzaɪnɪdli
AM ˌəndiˈzaɪnɪdli, ˌəndəˈzaɪnɪdli

undesirability
BR ˌʌndɪˌzaɪərəˈbɪlɪti
AM ˌəndiˌzaɪ(ə)rəˈbɪlɪdi, ˌəndəˌzaɪ(ə)rəˈbɪlɪdi

undesirable
BR ˌʌndɪˈzaɪərəbl
AM ˌəndiˈzaɪ(ə)rəb(ə)l, ˌəndəˈzaɪ(ə)rəb(ə)l

undesirableness
BR ˌʌndɪˈzaɪərəblnəs
AM ˌəndiˈzaɪ(ə)rəbəlnəs, ˌəndəˈzaɪ(ə)rəbəlnəs

undesirably
BR ˌʌndɪˈzaɪərəbli
AM ˌəndiˈzaɪ(ə)rəbli, ˌəndəˈzaɪ(ə)rəbli

undesired
BR ˌʌndɪˈzaɪəd
AM ˌəndiˈzaɪ(ə)rd, ˌəndəˈzaɪ(ə)rd

undesirous
BR ˌʌndɪˈzaɪərəs
AM ˌəndəˈzaɪ(ə)rəs

undetectability
BR ˌʌndɪˌtektəˈbɪlɪti
AM ˌəndiˌtektəˈbɪlɪdi, ˌəndəˌtektəˈbɪlɪdi

undetectable
BR ˌʌndɪˈtektəbl
AM ˌəndiˈtektəb(ə)l, ˌəndəˈtektəb(ə)l

undetectably
BR ˌʌndɪˈtektəbli
AM ˌəndiˈtektəbli, ˌəndəˈtektəbli

undetected
BR ˌʌndɪˈtektɪd
AM ˌəndiˈtektəd, ˌəndəˈtektəd

undetermined
BR ˌʌndɪˈtɜːmɪnd
AM ˌəndiˈtɜrmənd, ˌəndəˈtɜrmənd

undeterred
BR ˌʌndɪˈtɜːd
AM ˌəndiˈtɜrd, ˌəndəˈtɜrd

undeveloped
BR ˌʌndɪˈveləpt
AM ˌəndiˈveləpt, ˌəndəˈveləpt

undeviating
BR (ˌ)ʌnˈdiːvieɪtɪŋ
AM ˌənˈdiviˌeɪdɪŋ

undeviatingly
BR (ˌ)ʌnˈdiːvieɪtɪŋli
AM ˌənˈdiviˌeɪdɪŋli

undiagnosed
BR (ˌ)ʌnˈdʌɪəgnəʊzd, ˌʌndʌɪəgˈnəʊzd
AM ˌənˌdaɪəgˈnoʊzd

undid
BR ʌnˈdɪd
AM ˌənˈdɪd

undies
BR ˈʌndɪz
AM ˈəndiz

undifferentiated
BR ˌʌndɪfəˈrenʃieɪtɪd
AM ˌənˌdɪfəˈrenʃiˌeɪdɪd

undigested
BR ˌʌndʌɪˈdʒestɪd, ˌʌndɪˈdʒestɪd
AM ˌəndaɪˈdʒestəd, ˌəndəˈdʒestəd

undignified
BR (ˌ)ʌnˈdɪgnɪfʌɪd
AM ˌənˈdɪgnəˌfaɪd

undiluted
BR ˌʌndʌɪˈl(j)uːtɪd, ˌʌndɪˈl(j)uːtɪd
AM ˌəndiˈludəd, ˌəndəˈludəd

undiminished
BR ˌʌndɪˈmɪnɪʃt
AM ˌəndiˈmɪnɪʃt, ˌəndəˈmɪnɪʃt

undimmed
BR (ˌ)ʌnˈdɪmd
AM ˌənˈdɪmd

undine
BR ˈʌndiːn, -z
AM ˈən.din, -z

undiplomatic
BR ˌʌndɪpləˈmatɪk
AM ˌənˌdɪpləˈmædɪk

undiplomatically
BR ˌʌndɪpləˈmatɪkli
AM ˌənˌdɪpləˈmædək(ə)li

undirected
BR ˌʌndɪˈrektɪd, ˌʌndʌɪˈrektɪd
AM ˌənˌdaɪˈrektəd, ˌəndəˈrektəd

undiscerning
BR ˌʌndɪˈsɜːnɪŋ
AM ˌəndəˈsɜrnɪŋ
undischarged
BR ˌʌndɪsˈtʃɑːdʒd
AM ˌəndɪsˈtʃɑrdʒd
undiscipline
BR ʌnˈdɪsɪplɪn, -d
AM ˌənˈdɪsəpl(ə)n, -d
undisclosed
BR ˌʌndɪsˈkləʊzd
AM ˌəndəˈskloʊzd
undiscouraged
BR ˌʌndɪsˈkʌrɪdʒd, ˌʌndɪˈskʌrɪdʒd
AM ˌəndəˈskɜrədʒd
undiscoverable
BR ˌʌndɪˈskʌv(ə)rəbl
AM ˌəndəˈskəv(ə)rəb(ə)l
undiscoverably
BR ˌʌndɪˈskʌv(ə)rəbli
AM ˌəndəˈskəv(ə)rəbli
undiscovered
BR ˌʌndɪˈskʌvəd
AM ˌəndəˈskəvərd
undiscriminating
BR ˌʌndɪˈskrɪmɪneɪtɪŋ
AM ˌəndəˈskrɪməˌneɪdɪŋ
undiscussed
BR ˌʌndɪˈskʌst
AM ˌəndəˈskəst
undisguised
BR ˌʌndɪsˈɡʌɪzd
AM ˌəndɪsˈɡaɪzd
undisguisedly
BR ˌʌndɪsˈɡʌɪzɪdli
AM ˌəndɪsˈɡaɪzədli
undismayed
BR ˌʌndɪsˈmeɪd
AM ˌəndɪsˈmeɪd
undisposed
BR ˌʌndɪˈspəʊzd
AM ˌəndəˈspoʊzd
undisputed
BR ˌʌndɪˈspjuːtɪd
AM ˌəndəˈspjudəd
undissolved
BR ˌʌndɪˈzɒlvd
AM ˌəndəˈzɑlvd

undistinguishable
BR ˌʌndɪˈstɪŋɡwɪʃəbl
AM ˌəndəˈstɪŋɡwɪʃəb(ə)l
undistinguished
BR ˌʌndɪˈstɪŋɡwɪʃt
AM ˌəndəˈstɪŋɡwɪʃt
undistorted
BR ˌʌndɪˈstɔːtɪd
AM ˌəndəˈstɔrdəd
undistracted
BR ˌʌndɪˈstræktɪd
AM ˌəndəˈstræktəd
undistributed
BR ˌʌndɪˈstrɪbjʉtɪd
AM ˌəndəˈstrɪbjədəd
undisturbed
BR ˌʌndɪˈstəːbd
AM ˌəndəˈstɜrbd
undivided
BR ˌʌndɪˈvʌɪdɪd
AM ˌəndəˈvaɪdɪd
undivulged
BR ˌʌndʌɪˈvʌldʒd, ˌʌndɪˈvʌldʒd
AM ˌənˌdaɪˈvəldʒd, ˌəndəˈvəldʒd
undo
BR (ˌ)ʌnˈduː, -ʌz, -uːŋ
AM ˌənˈdu, -əz, -uŋ
undock
BR (ˌ)ʌnˈdɒk, -s, -ɪŋ, -t
AM ˌənˈdɑk, -s, -ɪŋ, -t
undocumented
BR (ˌ)ʌnˈdɒkjəmentɪd
AM ˌənˈdɑkjəˌmen(t)əd
undogmatic
BR ˌʌndɒɡˈmatɪk
AM ˌənˌdɑɡˈmædɪk, ˌənˌdɔɡˈmædɪk
undomesticated
BR ˌʌndəˈmestɪkeɪtɪd
AM ˌəndəˈmestəˌkeɪdɪd
undone
BR (ˌ)ʌnˈdʌn
AM ˌənˈdən
undoubtable
BR ʌnˈdaʊtəbl
AM ˌənˈdaʊdəb(ə)l
undoubtably
BR ʌnˈdaʊtəbli
AM ˌənˈdaʊdəbli

undoubted
BR ʌnˈdaʊtɪd
AM ˌənˈdaʊdəd
undoubtedly
BR ʌnˈdaʊtɪdli
AM ˌənˈdaʊdədli
undoubting
BR ʌnˈdaʊtɪŋ
AM ˌənˈdaʊdɪŋ
undrained
BR (ˌ)ʌnˈdreɪnd
AM ˌənˈdreɪnd
undramatic
BR ˌʌndrəˈmatɪk
AM ˌəndrəˈmædɪk
undraped
BR (ˌ)ʌnˈdreɪpt
AM ˌənˈdreɪpt
undreamed
BR (ˌ)ʌnˈdrem(p)t, (ˌ)ʌnˈdriːmd
AM ˌənˈdrimd
undreamed-of
BR (ˌ)ʌnˈdriːmdɒv
AM ˌənˈdrimdəv
undreamt
BR (ˌ)ʌnˈdrem(p)t
AM ˌənˈdremt
undreamt-of
BR (ˌ)ʌnˈdrem(p)tɒv
AM ˌənˈdremtəv
undress
BR (ˌ)ʌnˈdres, -ɪz, -ɪŋ, -t
AM ˌənˈdres, -əz, -ɪŋ, -t
undrinkable
BR (ˌ)ʌnˈdrɪŋkəbl
AM ˌənˈdrɪŋkəb(ə)l
undrivable
BR (ˌ)ʌnˈdrʌɪvəbl
AM ˌənˈdraɪvəb(ə)l
undriveable
BR (ˌ)ʌnˈdrʌɪvəbl
AM ˌənˈdraɪvəb(ə)l
UNDRO
BR ˈʌndrəʊ
AM ˈənˌdroʊ
undue
BR ˌʌnˈdjuː, ˌʌnˈdʒuː
AM ˌənˈd(j)u

undulant
BR ˈʌndjʉlnt, ˈʌndʒʉlnt
AM ˈəndjəl(ə)nt, ˈəndʒəl(ə)nt
undulate
BR ˈʌndjʉleɪt, ˈʌndʒʉleɪt, -s, -ɪŋ, -ɪd
AM ˈəndjəˌleɪt, ˈəndʒəˌleɪt, -ts, -dɪŋ, -dɪd
undulately
BR ˈʌndjʉlətli, ˈʌndʒʉlətli
AM ˈəndjələtli, ˈəndʒələtli
undulation
BR ˌʌndjʉˈleɪʃn, ˌʌndʒʉˈleɪʃn, -z
AM ˌəndjəˈleɪʃ(ə)n, ˌəndʒəˈleɪʃ(ə)n, -z
undulatory
BR ˈʌndjʉlət(ə)ri, ˈʌndʒʉlət(ə)ri, ˌʌndjʉˈleɪt(ə)ri, ˌʌndʒʉˈleɪt(ə)ri
AM ˈəndjələˌtɔri, ˈəndʒələˌtɔri
unduly
BR (ˌ)ʌnˈdjuːli, (ˌ)ʌnˈdʒuːli
AM ˌənˈd(j)uli
undutiful
BR (ˌ)ʌnˈdjuːtɪf(ʉ)l, (ˌ)ʌnˈdʒuːtɪf(ʉ)l
AM ˌənˈd(j)udəfəl
undutifully
BR (ˌ)ʌnˈdjuːtɪf(ʉ)li, (ˌ)ʌnˈdjuːtɪfli, (ˌ)ʌnˈdʒuːtɪf(ʉ)li, (ˌ)ʌnˈdʒuːtɪfli
AM ˌənˈd(j)udəf(ə)li
undutifulness
BR (ˌ)ʌnˈdjuːtɪf(ʊ)lnəs, (ˌ)ʌnˈdʒuːtɪf(ʊ)lnəs
AM ˌənˈd(j)udəfəlnəs
undy
BR ˈʌndˌi, -ɪz
AM ˈəndi, -z
undyed
BR (ˌ)ʌnˈdʌɪd
AM ˌənˈdaɪd

undying
BR (ˌ)ʌnˈdaɪɪŋ
AM ˌənˈdaɪɪŋ
undyingly
BR (ˌ)ʌnˈdaɪɪŋli
AM ˌənˈdaɪɪŋli
undynamic
BR ˌʌndaɪˈnæmɪk
AM ˌən͵daɪˈnæmɪk
unearned
BR (ˌ)ʌnˈɜːnd
AM ˌənˈɜrnd
unearth
BR (ˌ)ʌnˈɜːθ, -s, -ɪŋ, -t
AM ˌənˈɜrθ, -s, -ɪŋ, -t
unearthliness
BR (ˌ)ʌnˈɜːθlɪnɪs
AM ˌənˈɜrθlɪnɪs
unearthly
BR ʌnˈɜːθli
AM ˌənˈɜrθli
unease
BR ʌnˈiːz
AM ˌənˈiz
uneasily
BR ʌnˈiːzɪli
AM ˌənˈizɪli
uneasiness
BR ʌnˈiːzɪnɪs
AM ˌənˈizɪnɪs
uneasy
BR ʌnˈiːz|i, -iə(r), -ɪɪst
AM ˌənˈizi, -ər, -ɪst
uneatable
BR (ˌ)ʌnˈiːtəbl
AM ˌənˈidəb(ə)l
uneatableness
BR (ˌ)ʌnˈiːtəblnəs
AM ˌənˈidəbəlnəs
uneaten
BR (ˌ)ʌnˈiːtn
AM ˌənˈitn
uneconomic
BR ˌʌniːkəˈnɒmɪk,
ˌʌnekəˈnɒmɪk
AM ˌənekəˈnamɪk,
ˌənikəˈnamɪk
uneconomical
BR ˌʌniːkəˈnɒmɪkl,
ˌʌnekəˈnɒmɪkl
AM ˌənekəˈnamək(ə)l,
ˌənikəˈnamək(ə)l

uneconomically
BR ˌʌniːkəˈnɒmɪkli,
ˌʌnekəˈnɒmɪkli
AM ˌənekəˈnamək(ə)li,
ˌənikə-ˈnamək(ə)li
unedifying
BR ʌnˈedɪfaɪɪŋ
AM ˌənˈedəˌfaɪɪŋ
unedifyingly
BR ʌnˈedɪfaɪɪŋli
AM ˌənˈedəˌfaɪɪŋli
unedited
BR ʌnˈedɪtɪd
AM ˌənˈedədəd
uneducable
BR (ˌ)ʌnˈedjʊkəbl,
(ˌ)ʌnˈedʒʊkəbl
AM ˌən-ˈedʒəkəb(ə)l
uneducated
BR (ˌ)ʌn-ˈedjʊkeɪtɪd,
(ˌ)ʌnˈedʒʊkeɪtɪd
AM ˌənˈedʒəˌkeɪdɪd
unelectable
BR ʌnɪˈlektəbl
AM ˌənəˈlektəb(ə)l
unelected
BR ʌnɪˈlektɪd
AM ˌənəˈlektəd
unembarrassed
BR ˌʌnɪmˈbærəst
AM ˌənəmˈberəst
unembellished
BR ˌʌnɪmˈbelɪʃt
AM ˌənəmˈbelɪʃt
unembittered
BR ˌʌnɪmˈbɪtəd
AM ˌənəmˈbɪdərd
unembroidered
BR ˌʌnɪmˈbrɔɪdəd
AM ˌənəmˈbrɔɪdərd
unemotional
BR ˌʌnɪˈməʊʃn̩l
AM ˌəniˈmoʊʃ(ə)n(ə)l,
ˌənəˈmoʊʃ(ə)n(ə)l
unemotionally
BR ˌʌnɪˈməʊʃn̩li,
ˌʌnɪˈməʊʃnəli
AM ˌənˌiˈmoʊʃ(ə)nəli,
ˌənəˈmoʊʃ(ə)nəli

unemphatic
BR ˌʌnɪmˈfatɪk,
ˌʌnemˈfatɪk
AM ˌənəmˈfædɪk
unemphatically
BR ˌʌnɪmˈfatɪkli,
ˌʌnemˈfatɪkli
AM ˌənəmˈfædək(ə)li
unemployability
BR ˌʌnɪmˌplɔɪəˈbɪlɪti,
ˌʌnemˌplɔɪəˈbɪlɪti
AM ˌənəmplɔɪəˈbɪlɪdi
unemployable
BR ˌʌnɪmˈplɔɪəbl,
ˌʌnemˈplɔɪəbl
AM ˌənəmˈplɔɪəb(ə)l
unemployed
BR ˌʌnɪmˈplɔɪd,
ˌʌnemˈplɔɪd
AM ˌənəmˈplɔɪd
unemployment
BR ˌʌnɪmˈplɔɪm(ə)nt,
ˌʌnemˈplɔɪm(ə)nt
AM ˌənəmˈplɔɪm(ə)nt
unemptied
BR (ˌ)ʌnˈem(p)tɪd
AM ˌənˈem(p)tɪd
unenclosed
BR ˌʌnɪnˈkləʊzd,
ˌʌnenˈkləʊzd
AM ˌənənˈkloʊzd
unencumbered
BR ˌʌnɪnˈkʌmbəd,
ˌʌnenˈkʌmbəd
AM ˌənənˈkəmbərd
unendearing
BR ˌʌnɪnˈdɪərɪŋ,
ˌʌnenˈdɪərɪŋ
AM ˌənənˈdɪrɪŋ
unending
BR ʌnˈendɪŋ
AM ˌənˈendɪŋ
unendingly
BR ʌnˈendɪŋli
AM ˌənˈendɪŋli
unendingness
BR ʌnˈendɪŋnɪs
AM ˌənˈendɪŋnɪs
unendowed
BR ˌʌnɪnˈdaʊd,
ˌʌnenˈdaʊd
AM ˌənənˈdaʊd

unendurable
BR ˌʌnɪnˈdjʊərəbl,
ˌʌnɪnˈdʒʊərəbl,
ˌʌnɪnˈdjɔːrəbl,
ˌʌnɪnˈdʒɔːrəbl
AM ˌənənˈd(j)ʊrəb(ə)l
unendurably
BR ˌʌnɪnˈdjʊərəbli,
ˌʌnɪnˈdʒʊərəbli,
ˌʌnɪnˈdjɔːrəbli,
ˌʌnɪnˈdʒɔːrəbli
AM ˌənənˈd(j)ʊrəbli
unenforceable
BR ˌʌnɪnˈfɔːsəbl,
ˌʌnenˈfɔːsəbl
AM ˌənənˈfɔrsəb(ə)l
unenforced
BR ˌʌnɪnˈfɔːst,
ˌʌnenˈfɔːst
AM ˌənənˈfɔ(ə)rst
unengaged
BR ˌʌnɪnˈgeɪdʒd,
ˌʌnenˈgeɪdʒd
AM ˌənənˈgeɪdʒd
un-English
BR (ˌ)ʌnˈɪŋlɪʃ
AM ˌənˈɪŋ(g)lɪʃ
unenjoyable
BR ˌʌnɪnˈdʒɔɪəbl,
ˌʌnenˈdʒɔɪəbl
AM ˌənənˈdʒɔɪəb(ə)l
unenlightened
BR ˌʌnɪnˈlaɪtnd,
ˌʌnenˈlaɪtnd
AM ˌənənˈlaɪtnd
unenlightening
BR ˌʌnɪnˈlaɪtn̩ɪŋ,
ˌʌnenˈlaɪtn̩ɪŋ
AM ˌənənˈlaɪtn̩ɪŋ
unenterprising
BR ʌnˈentəpraɪzɪŋ
AM ˌənˈen(t)ər-ˌpraɪzɪŋ
unenthusiastic
BR ˌʌnɪnˌθjuːzɪˈastɪk,
ˌʌnenˌθjuːzɪˈastɪk
AM ˌənənˌθ(j)uziˈæstɪk
unenthusiastically
BR ˌʌnɪnˌθjuːzɪˈastɪkli,
ˌʌnenˌθjuːzɪˈastɪkli
AM ˌənənˌθ(j)uzi-ˈæstək(ə)li

unenviable
BR (ˌ)ʌnˈenviəbl
AM ˌənˈenviəb(ə)l

unenviably
BR (ˌ)ʌnˈenviəbli
AM ˌənˈenviəbli

unenvied
BR (ˌ)ʌnˈenvid
AM ˌənˈenvid

unenvironmental
BR ˌʌnɪnˌvʌɪrn̩ˈmentl, ˌʌnenˌvʌɪrn̩ˈmentl
AM ˌənənˌvai(ə)rn̩ˈmen(t)l, ˌənenˌvairənˈmen(t)l, ˌənenˌvai(ə)rn̩ˈmen(t)l, ˌənənˌvairənˈmen(t)l

UNEP
BR ˈjuːnep
AM ˈjunep

unequable
BR (ˌ)ʌnˈekwəbl
AM ˌənˈekwəb(ə)l

unequal
BR (ˌ)ʌnˈiːkw(ə)l, -z, -d
AM ˌənˈikwəl, -z, -d

unequalise
BR (ˌ)ʌnˈiːkwəlʌɪz, -ɪz, -ɪŋ, -d
AM ˌənˈikwəˌlaɪz, -ɪz, -ɪŋ, -d

unequalize
BR (ˌ)ʌnˈiːkwəlʌɪz, -ɪz, -ɪŋ, -d
AM ˌənˈikwəˌlaɪz, -ɪz, -ɪŋ, -d

unequally
BR (ˌ)ʌnˈiːkwl̩i
AM ˌənˈikwəli

unequalness
BR (ˌ)ʌnˈiːkwl̩nəs
AM ˌənˈikwəlnəs

unequipped
BR ˌʌnɪˈkwɪpt
AM ˌənəˈkwɪpt

unequitable
BR (ˌ)ʌnˈekwɪtəbl
AM ˌənˈekwədəb(ə)l

unequitably
BR (ˌ)ʌnˈekwɪtəbli
AM ˌənˈekwədəbli

unequivocal
BR ˌʌnɪˈkwɪvəkl
AM ˌənəˈkwɪvək(ə)l

unequivocally
BR ˌʌnɪˈkwɪvəkli
AM ˌənəˈkwɪvək(ə)li

unequivocalness
BR ˌʌnɪˈkwɪvəklnəs
AM ˌənəˈkwɪvəkəlnəs

unerring
BR (ˌ)ʌnˈəːrɪŋ
AM ˌənˈerɪŋ

unerringly
BR (ˌ)ʌnˈəːrɪŋli
AM ˌənˈerɪŋli

unerringness
BR (ˌ)ʌnˈəːrɪŋnɪs
AM ˌənˈerɪŋnɪs

unescapable
BR ˌʌnɪˈskeɪpəbl
AM ˌənəˈskeɪpəb(ə)l

UNESCO
BR juːˈneskəʊ, jʊˈneskəʊ
AM juˈneskoʊ

unescorted
BR ˌʌnɪˈskɔːtɪd
AM ˌənˈeskɔrdəd, ˌənəˈskɔrdəd

unessential
BR ˌʌnɪˈsenʃl
AM ˌənəˈsen(t)ʃ(ə)l

unestablished
BR ˌʌnɪˈstablɪʃt
AM ˌənəˈstæblɪʃt

unethical
BR (ˌ)ʌnˈeθɪkl
AM ˌənˈeθək(ə)l

unethically
BR (ˌ)ʌnˈeθɪkli
AM ˌənˈeθək(ə)li

uneven
BR (ˌ)ʌnˈiːvn
AM ˌənˈivən

unevenly
BR (ˌ)ʌnˈiːvnli
AM ˌənˈivənli

unevenness
BR (ˌ)ʌnˈiːvnnəs
AM ˌənˈivə(n)nəs

uneventful
BR ˌʌnɪˈventf(ʊ)l
AM ˌənəˈven(t)fəl

uneventfully
BR ˌʌnɪˈventfʊli, ˌʌnɪˈventfl̩i
AM ˌənəˈven(t)fəli

uneventfulness
BR ˌʌnɪˈventf(ʊ)lnəs
AM ˌənəˈven(t)fəlnəs

unexacting
BR ˌʌnɪɡˈzaktɪŋ, ˌʌneɡˈzaktɪŋ
AM ˌənəɡˈzæktɪŋ

unexamined
BR ˌʌnɪɡˈzamɪnd, ˌʌneɡˈzamɪnd
AM ˌənəɡˈzæmənd

unexampled
BR ˌʌnɪɡˈzɑːmpld, ˌʌneɡˈzɑːmpld
AM ˌənəɡˈzæmpəld

unexcavated
BR (ˌ)ʌnˈekskəveɪtɪd
AM ˌənˈekskəˌveɪdɪd

unexceptionable
BR ˌʌnɪkˈsepʃnəbl, ˌʌnɪkˈsepʃnəbl, ˌʌnekˈsepʃn̩əbl, ˌʌnekˈsepʃnəbl
AM ˌənəkˈsepʃ(ə)nəb(ə)l

unexceptionableness
BR ˌʌnɪkˈsepʃnəblnəs, ˌʌnɪkˈsepʃnəblnəs, ˌʌnekˈsepʃn̩əblnəs, ˌʌnekˈsepʃnəblnəs
AM ˌənəkˈsepʃ(ə)nəbəlnəs

unexceptionably
BR ˌʌnɪkˈsepʃnəbli, ˌʌnɪkˈsepʃnəbli, ˌʌnekˈsepʃn̩əbli, ˌʌnekˈsepʃnəbli
AM ˌənəkˈsepʃ(ə)nəbli

unexceptional
BR ˌʌnɪkˈsepʃn̩, ˌʌnekˈsepʃn̩
AM ˌənəkˈsepʃ(ə)n(ə)l

unexceptionally
BR ˌʌnɪkˈsepʃn̩li, ˌʌnɪkˈsepʃnəli, ˌʌnekˈsepʃn̩li, ˌʌnekˈsepʃnəli
AM ˌənəkˈsepʃ(ə)nəli

unexcitability
BR ˌʌnɪkˌsʌɪtəˈbɪlɪti, ˌʌnekˌsʌɪtəˈbɪlɪti
AM ˌənəkˌsaɪdəˈbɪlɪdi

unexcitable
BR ˌʌnɪkˈsʌɪtəbl, ˌʌnekˈsʌɪtəbl
AM ˌənəkˈsaɪdəb(ə)l

unexciting
BR ˌʌnɪkˈsʌɪtɪŋ, ˌʌnekˈsʌɪtɪŋ
AM ˌənəkˈsaɪdɪŋ

unexclusive
BR ˌʌnɪksˈkluːsɪv, ˌʌneksˈkluːsɪv
AM ˌənəkˈsklusɪv

unexecuted
BR (ˌ)ʌnˈeksɪkjuːtɪd
AM ˌənˈeksəˌkjudəd

unexhausted
BR ˌʌnɪɡˈzɔːstɪd, ˌʌneɡˈzɔːstɪd
AM ˌənəɡˈzɑstəd, ˌənəɡˈzɔstəd

unexpected
BR ˌʌnɪkˈspektɪd, ˌʌnekˈspektɪd
AM ˌənəkˈspektəd

unexpectedly
BR ˌʌnɪkˈspektɪdli, ˌʌnekˈspektɪdli
AM ˌənəkˈspektədli

unexpectedness
BR ˌʌnɪkˈspektɪdnɪs, ˌʌnekˈspektɪdnɪs
AM ˌənəkˈspektədnəs

unexpiated
BR (ˌ)ʌnˈekspɪeɪtɪd
AM ˌənˈekspiˌeɪdɪd

unexpired
BR ˌʌnɪkˈspʌɪəd, ˌʌnekˈspʌɪəd
AM ˌənəkˈspaɪ(ə)rd

unexplainable
BR ˌʌnɪkˈspleɪnəbl, ˌʌnɛkˈspleɪnəbl
AM ˌənəkˈspleɪnəb(ə)l

unexplainably
BR ˌʌnɪkˈspleɪnəbli, ˌʌnɛkˈspleɪnəbli
AM ˌənəkˈspleɪnəbli

unexplained
BR ˌʌnɪkˈspleɪnd, ˌʌnɛkˈspleɪnd
AM ˌənəkˈspleɪnd

unexploded
BR ˌʌnɪkˈspləʊdɪd, ˌʌnɛkˈspləʊdɪd
AM ˌənəkˈsploʊdəd

unexploited
BR ˌʌnɪkˈsplɔɪtɪd, ˌʌnɛkˈsplɔɪtɪd
AM ˌənəkˈsplɔɪdɪd

unexplored
BR ˌʌnɪkˈsplɔːd, ˌʌnɛkˈsplɔːd
AM ˌənəkˈsplɔ(ə)rd

unexportable
BR ˌʌnɪkˈspɔːtəbl, ˌʌnɛkˈspɔːtəbl
AM ˌənəkˈspɔrdəb(ə)l, ˌənˈɛkspɔrdəb(ə)l

unexposed
BR ˌʌnɪkˈspəʊzd, ˌʌnɛkˈspəʊzd
AM ˌənəkˈspoʊzd

unexpressed
BR ˌʌnɪkˈsprɛst, ˌʌnɛkˈsprɛst
AM ˌənəkˈsprɛst

unexpressible
BR ˌʌnɪkˈsprɛsɪbl, ˌʌnɛkˈsprɛsɪbl
AM ˌənəkˈsprɛsəb(ə)l

unexpressibly
BR ˌʌnɪkˈsprɛsɪbli, ˌʌnɛkˈsprɛsɪbli
AM ˌənəkˈsprɛsəbli

unexpressive
BR ˌʌnɪkˈsprɛsɪv, ˌʌnɛkˈsprɛsɪv
AM ˌənəkˈsprɛsɪv

unexpurgated
BR (ˌ)ʌnˈɛkspəgeɪtɪd
AM ˌənˈɛkspərˌgeɪdɪd

unfaceable
BR ˌʌnˈfeɪsəbl
AM ˌən-ˈfeɪsəb(ə)l

unfaded
BR (ˌ)ʌnˈfeɪdɪd
AM ˌənˈfeɪdɪd

unfading
BR (ˌ)ʌnˈfeɪdɪŋ
AM ˌənˈfeɪdɪŋ

unfadingly
BR (ˌ)ʌnˈfeɪdɪŋli
AM ˌənˈfeɪdɪŋli

unfailing
BR ʌnˈfeɪlɪŋ
AM ˌənˈfeɪlɪŋ

unfailingly
BR ʌnˈfeɪlɪŋli
AM ˌənˈfeɪlɪŋli

unfailingness
BR ʌnˈfeɪlɪŋnɪs
AM ˌənˈfeɪlɪŋnɪs

unfair
BR (ˌ)ʌnˈfɛː(r)
AM ˌənˈfɛ(ə)r

unfairly
BR (ˌ)ʌnˈfɛːli
AM ˌənˈfɛrli

unfairness
BR (ˌ)ʌnˈfɛːnəs
AM ˌənˈfɛrnəs

unfaithful
BR (ˌ)ʌnˈfeɪθf(ʊ)l
AM ˌənˈfeɪθfəl

unfaithfully
BR (ˌ)ʌnˈfeɪθfʊli, (ˌ)ʌnˈfeɪθfl̩i
AM ˌənˈfeɪθfəli

unfaithfulness
BR (ˌ)ʌnˈfeɪθf(ʊ)lnəs
AM ˌən-ˈfeɪθfəlnəs

unfaltering
BR (ˌ)ʌnˈfɔːlt(ə)rɪŋ, (ˌ)ʌnˈfɒlt(ə)rɪŋ
AM ˌənˈfɑlt(ə)rɪŋ, ˌənˈfɔlt(ə)rɪŋ

unfalteringly
BR (ˌ)ʌnˈfɔːlt(ə)rɪŋli, (ˌ)ʌnˈfɒlt(ə)rɪŋli
AM ˌənˈfɑlt(ə)rɪŋli, ˌənˈfɔlt(ə)rɪŋli

unfamiliar
BR ˌʌnfəˈmɪlɪə(r)
AM ˌənfəˈmɪliər, ˌənfəˈmɪljər

unfamiliarity
BR ˌʌnfəˌmɪliˈarɪti
AM ˌənfəˌmɪliˈɛrədi, ˌənfəˌmɪlˈjɛrədi

unfancied
BR (ˌ)ʌnˈfansɪd
AM ˌənˈfænsid

unfashionable
BR (ˌ)ʌnˈfaʃnəbl, (ˌ)ʌnˈfaʃn̩əbl
AM ˌənˈfæʃ(ə)nəb(ə)l

unfashionableness
BR (ˌ)ʌnˈfaʃnəblnəs, (ˌ)ʌnˈfaʃn̩əblnəs
AM ˌənˈfæʃ(ə)nəbəlnəs

unfashionably
BR (ˌ)ʌnˈfaʃnəbli, (ˌ)ʌnˈfaʃn̩əbli
AM ˌənˈfæʃ(ə)nəbli

unfashioned
BR (ˌ)ʌnˈfaʃnd
AM ˌənˈfæʃənd

unfasten
BR (ˌ)ʌnˈfɑːs|n, -nz, -n̩ɪŋ\-nɪŋ, -nd
AM ˌənˈfæsn, -z, -ɪŋ, -d

unfathered
BR (ˌ)ʌnˈfɑːðəd
AM ˌənˈfɑðərd

unfatherliness
BR (ˌ)ʌnˈfɑːðəlɪnɪs
AM ˌənˈfɑðərlinɪs

unfatherly
BR (ˌ)ʌnˈfɑːðəli
AM ˌənˈfɑðərli

unfathomable
BR ʌnˈfaðm̩əbl
AM ˌənˈfæθ(ə)məb(ə)l

unfathomableness
BR ʌnˈfaðm̩əblnəs
AM ˌənˈfæθ(ə)məbəlnəs

unfathomably
BR ʌnˈfaðm̩əbli
AM ˌənˈfæθ(ə)məbli

unfathomed
BR (ˌ)ʌnˈfað(ə)md
AM ˌənˈfæðəmd

unfavorable
BR (ˌ)ʌnˈfeɪv(ə)rəbl
AM ˌənˈfeɪv(ə)r(ə)bəl

unfavorableness
BR (ˌ)ʌn-ˈfeɪv(ə)rəblnəs
AM ˌən-ˈfeɪv(ə)rəbəlnəs

unfavorably
BR (ˌ)ʌnˈfeɪv(ə)rəbli
AM ˌənˈfeɪv(ə)r(ə)bli

unfavorite
BR ˌʌnˈfeɪv(ə)rɪt
AM ˌənˈfeɪv(ə)rɪt

unfavourable
BR (ˌ)ʌnˈfeɪv(ə)rəbl
AM ˌənˈfeɪv(ə)r(ə)bəl

unfavourableness
BR (ˌ)ʌn-ˈfeɪv(ə)rəblnəs
AM ˌən-ˈfeɪv(ə)rəbəlnəs

unfavourably
BR (ˌ)ʌnˈfeɪv(ə)rəbli
AM ˌənˈfeɪv(ə)r(ə)bli

unfavourite
BR ˌʌnˈfeɪv(ə)rɪt
AM ˌənˈfeɪv(ə)rɪt

unfazed
BR (ˌ)ʌnˈfeɪzd
AM ˌənˈfeɪzd

unfeasibility
BR ˌʌnfiːzɪˈbɪlɪti
AM ˌənfizɪˈbɪlɪdi

unfeasible
BR (ˌ)ʌnˈfiːzɪbl
AM ˌənˈfizəb(ə)l

unfeasibly
BR (ˌ)ʌnˈfiːzɪbli
AM ˌənˈfizəbli

unfed
BR ˌʌnˈfɛd
AM ˌənˈfɛd

unfeeling
BR ʌnˈfiːlɪŋ
AM ˌənˈfilɪŋ

unfeelingly
BR ʌnˈfiːlɪŋli
AM ˌənˈfilɪŋli

unfeelingness
BR ʌnˈfiːlɪŋnɪs
AM ˌənˈfiːlɪŋnɪs

unfeigned
BR (ˌ)ʌnˈfeɪnd
AM ˌənˈfeɪnd

unfeignedly
BR ʌnˈfeɪnɪdli
AM ˌənˈfeɪnɪdli

unfelt
BR (ˌ)ʌnˈfɛlt
AM ˌənˈfɛlt

unfeminine
BR ʌnˈfɛmɪnɪn
AM ˌənˈfɛmənən

unfemininity
BR ˌʌnfɛmɪˈnɪnɪti
AM ˌənˌfɛməˈnɪnɪdi

unfenced
BR ʌnˈfɛnst
AM ˌənˈfɛnst

unfermented
BR ˌʌnfəˈmɛntɪd
AM ˌənfərˈmɛn(t)əd

unfertilised
BR ˌʌnˈfəːtɪlaɪzd, ˌʌnˈfəːtlaɪzd
AM ˌənˈfərdlˌaɪzd

unfertilized
BR ˌʌnˈfəːtɪlaɪzd, ˌʌnˈfəːtlaɪzd
AM ˌənˈfərdlˌaɪzd

unfetter
BR ˌʌnˈfɛt|ə(r), -əz, -(ə)rɪŋ, -əd
AM ˌənˈfɛdər, -z, -ɪŋ, -d

unfilial
BR ʌnˈfɪliəl
AM ˌənˈfɪliəl

unfilially
BR ʌnˈfɪliəli
AM ˌənˈfɪljəli, ˌənˈfɪliəli

unfilled
BR (ˌ)ʌnˈfɪld
AM ˌənˈfɪld

unfiltered
BR ˌʌnˈfɪltəd
AM ˌənˈfɪltərd

unfinancial
BR ˌʌnfʌɪˈnanʃl, ˌʌnfɪˈnanʃl
AM ˌənfəˈnæn(t)ʃ(ə)l, ˌənˌfaɪˈnæn(t)ʃ(ə)l

unfinished
BR (ˌ)ʌnˈfɪnɪʃt
AM ˌənˈfɪnɪʃt

unfit
BR (ˌ)ʌnˈfɪt, -s, -ɪŋ, -ɪd
AM ˌənˈfɪ|t, -ts, -dɪŋ, -dɪd

unfitly
BR (ˌ)ʌnˈfɪtli
AM ˌənˈfɪtli

unfitness
BR (ˌ)ʌnˈfɪtnɪs
AM ˌənˈfɪtnɪs

unfitted
BR (ˌ)ʌnˈfɪtɪd
AM ˌənˈfɪdɪd

unfitting
BR (ˌ)ʌnˈfɪtɪŋ
AM ˌənˈfɪdɪŋ

unfittingly
BR (ˌ)ʌnˈfɪtɪŋli
AM ˌənˈfɪdɪŋli

unfix
BR ʌnˈfɪks, -ɪz, -ɪŋ, -t
AM ˌənˈfɪks, -ɪz, -ɪŋ, -t

unflagging
BR (ˌ)ʌnˈflagɪŋ
AM ˌənˈflægɪŋ

unflaggingly
BR (ˌ)ʌnˈflagɪŋli
AM ˌənˈflægɪŋli

unflappability
BR ˌʌnflapəˈbɪlɪti
AM ˌənˌflæpəˈbɪlɪdi

unflappable
BR (ˌ)ʌnˈflapəbl
AM ˌənˈflæpəb(ə)l

unflappably
BR (ˌ)ʌnˈflapəbli
AM ˌənˈflæpəbli

unflattering
BR (ˌ)ʌnˈflat(ə)rɪŋ
AM ˌənˈflædərɪŋ

unflatteringly
BR (ˌ)ʌnˈflat(ə)rɪŋli
AM ˌənˈflædərɪŋli

unflavored
BR ʌnˈfleɪvəd
AM ˌənˈfleɪvərd

unflavoured
BR ʌnˈfleɪvəd
AM ˌənˈfleɪvərd

unfledged
BR (ˌ)ʌnˈflɛdʒd
AM ˌənˈflɛdʒd

unfleshed
BR ʌnˈflɛʃt
AM ˌənˈflɛʃt

unflexed
BR ʌnˈflɛkst
AM ˌənˈflɛkst

unflickering
BR (ˌ)ʌnˈflɪk(ə)rɪŋ
AM ˌənˈflɪk(ə)rɪŋ

unflinching
BR (ˌ)ʌnˈflɪn(t)ʃɪŋ
AM ˌənˈflɪn(t)ʃɪŋ

unflinchingly
BR (ˌ)ʌnˈflɪn(t)ʃɪŋli
AM ˌənˈflɪn(t)ʃɪŋli

unflurried
BR (ˌ)ʌnˈflʌrɪd
AM ˌənˈfləɪd

unflustered
BR (ˌ)ʌnˈflʌstəd
AM ˌənˈfləstərd

unfocused
BR (ˌ)ʌnˈfəʊkəst
AM ˌənˈfoʊkəst

unfocussed
BR (ˌ)ʌnˈfəʊkəst
AM ˌənˈfoʊkəst

unfold
BR (ˌ)ʌnˈfəʊld, -z, -ɪŋ, -ɪd
AM ˌənˈfoʊld, -z, -ɪŋ, -əd

unfoldment
BR ʌnˈfəʊldm(ə)nt
AM ˌənˈfoʊldm(ə)nt

unforced
BR (ˌ)ʌnˈfɔːst
AM ˌənˈfɔ(ə)rst

unforcedly
BR ʌnˈfɔːsɪdli
AM ˌənˈfɔrsədli

unfordable
BR (ˌ)ʌnˈfɔːdəbl
AM ˌənˈfɔrdəb(ə)l

unforecast
BR (ˌ)ʌnˈfɔːkɑːst
AM ˌənˈfɔrˌkæst

unforeseeable
BR ˌʌnfɔːˈsiːəbl
AM ˌənfərˈsiəb(ə)l, ˌənˌfɔrˈsiəb(ə)l

unforeseen
BR ˌʌnfɔːˈsiːn
AM ˌənfərˈsin, ˌənˌfɔrˈsin

unforetold
BR ˌʌnfɔːˈtəʊld
AM ˌənfərˈtoʊld, ˌənˌfɔrˈtoʊld

unforgettable
BR ˌʌnfəˈɡɛtəbl
AM ˌənfərˈɡɛdəb(ə)l

unforgettably
BR ˌʌnfəˈɡɛtəbli
AM ˌənfərˈɡɛdəbli

unforgivable
BR ˌʌnfəˈɡɪvəbl
AM ˌənfərˈɡɪvəb(ə)l

unforgivably
BR ˌʌnfəˈɡɪvəbli
AM ˌənfərˈɡɪvəbli

unforgiveable
BR ˌʌnfəˈɡɪvəbl
AM ˌənfərˈɡɪvəb(ə)l

unforgiveably
BR ˌʌnfəˈɡɪvəbli
AM ˌənfərˈɡɪvəbli

unforgiven
BR ˌʌnfəˈɡɪvn
AM ˌənfərˈɡɪvən

unforgiving
BR ˌʌnfəˈɡɪvɪŋ
AM ˌənfərˈɡɪvɪŋ

unforgivingly
BR ˌʌnfəˈɡɪvɪŋli
AM ˌənfərˈɡɪvɪŋli

unforgivingness
BR ˌʌnfəˈɡɪvɪŋnɪs
AM ˌənfərˈɡɪvɪŋnɪs

unforgotten
BR ˌʌnfəˈɡɒtn
AM ˌənfərˈɡɑtn

unformed
BR ˌʌnˈfɔːmd
AM ˌənˈfɔː(ə)rmd
unformulated
BR (ˌ)ʌnˈfɔːmjʊleɪtɪd
AM ˌənˈfɔːrmjəˌleɪdɪd
unforthcoming
BR ˌʌnfɔːθˈkʌmɪŋ
AM ˌənfɔːrθˈkəmɪŋ
unfortified
BR ˌʌnˈfɔːtɪfʌɪd
AM ˌənˈfɔːrdəˌfaɪd
unfortunate
BR ʌnˈfɔːtʃnət,
 ʌnˈfɔːtjʊnət
AM ˌənˈfɔːrtʃ(ə)nət
unfortunately
BR ʌnˈfɔːtʃnətli,
 ʌnˈfɔːtjʊnətli
AM ˌənˈfɔːrtʃ(ə)nətli
unfounded
BR (ˌ)ʌnˈfaʊndɪd
AM ˌənˈfaʊndəd
unfoundedly
BR (ˌ)ʌnˈfaʊndɪdli
AM ˌənˈfaʊndədli
unfoundedness
BR (ˌ)ʌnˈfaʊndɪdnɪs
AM ˌənˈfaʊndədnəs
unframed
BR ˌʌnˈfreɪmd
AM ˌənˈfreɪmd
unfree
BR ˌʌnˈfriː
AM ˌənˈfri
unfreedom
BR ˌʌnˈfriːdəm
AM ˌənˈfridəm
unfreeze
BR ˌʌnˈfriːz, -ɪz, -ɪŋ
AM ˌənˈfriz, -ɪz, -ɪŋ
unfrequented
BR ˌʌnfrɪˈkwentɪd,
 ˌʌnfriːˈkwentɪd
AM ˌənˈfriˌkwen(t)əd,
 ˌənfriˈkwen(t)əd
unfriended
BR ˌʌnˈfrendɪd
AM ˌənˈfrendəd
unfriendliness
BR (ˌ)ʌnˈfren(d)lɪnɪs
AM ˌənˈfren(d)lɪnɪs

unfriendly
BR (ˌ)ʌnˈfren(d)li
AM ˌənˈfren(d)li
unfrightening
BR ˌʌnˈfraɪtn̩ɪŋ,
 ˌʌnˈfraɪtn̩ɪŋ
AM ˌənˈfraɪtn̩ɪŋ,
 ˌənˈfraɪtn̩ɪŋ
unfrock
BR ˌʌnˈfrɒk, -s, -ɪŋ, -t
AM ˌənˈfrɑk, -s,
 -ɪŋ, -t
unfroze
BR ˌʌnˈfrəʊz
AM ˌənˈfroʊz
unfrozen
BR ˌʌnˈfrəʊzn
AM ˌənˈfroʊz(ə)n
unfruitful
BR (ˌ)ʌnˈfruːtf(ʊ)l
AM ˌənˈfrutfəl
unfruitfully
BR (ˌ)ʌnˈfruːtfʊli,
 (ˌ)ʌnˈfruːtfl̩i
AM ˌənˈfrutfəli
unfruitfulness
BR (ˌ)ʌnˈfruːtf(ʊ)lnəs
AM ˌənˈfrutfəlnəs
unfuddled
BR ˌʌnˈfʌdld
AM ˌənˈfədld
unfulfillable
BR ˌʌnfʊlˈfiləbl
AM ˌənfʊ(l)ˈfiləb(ə)l
unfulfilled
BR ˌʌnfʊlˈfild
AM ˌənfʊ(l)ˈfild
unfulfilling
BR ˌʌnfʊlˈfilɪŋ
AM ˌənfʊ(l)ˈfilɪŋ
unfunded
BR (ˌ)ʌnˈfʌndɪd
AM ˌənˈfəndəd
unfunnily
BR ˌʌnˈfʌnɪli
AM ˌənˈfənəli
unfunniness
BR ˌʌnˈfʌnɪnɪs
AM ˌənˈfənɪnɪs
unfunny
BR ˌʌnˈfʌni
AM ˌənˈfəni

unfurl
BR ˌʌnˈfɜːl, -z,
 -ɪŋ, -d
AM ˌənˈfɜrl, -z,
 -ɪŋ, -d
unfurnished
BR (ˌ)ʌnˈfɜːnɪʃt
AM ˌənˈfɜrnɪʃt
unfussily
BR ˌʌnˈfʌsɪli
AM ˌənˈfəsəli
unfussy
BR ˌʌnˈfʌsi
AM ˌənˈfəsi
ungainliness
BR (ˌ)ʌnˈgeɪnlɪnɪs,
 (ˌ)ʌŋˈgeɪnlɪnɪs
AM ˌənˈgeɪnlɪnɪs
ungainly
BR (ˌ)ʌnˈgeɪnli,
 (ˌ)ʌŋˈgeɪnli
AM ˌənˈgeɪnli
ungallant
BR (ˌ)ʌnˈgalnt,
 (ˌ)ʌŋˈgalnt
AM ˌənˈgæl(ə)nt
ungallantly
BR (ˌ)ʌnˈgalntli,
 (ˌ)ʌŋˈgalntli
AM ˌənˈgælən(t)li
ungenerous
BR (ˌ)ʌnˈdʒen(ə)rəs
AM ˌənˈdʒen(ə)rəs
ungenerously
BR (ˌ)ʌnˈdʒen(ə)rəsli
AM ˌənˈdʒen(ə)rəsli
ungenerousness
BR (ˌ)ʌnˈdʒen(ə)rəsnəs
AM ˌənˈdʒen(ə)rəsnəs
ungenial
BR ˌʌnˈdʒiːnɪəl
AM ˌənˈdʒiniəl
ungentle
BR ˌʌnˈdʒentl
AM ˌənˈdʒen(t)əl
ungentlemanliness
BR ˌʌnˈdʒentlmənlɪnɪs
AM ˌən-
 ˈdʒen(t)lmənlɪnɪs
ungentlemanly
BR ˌʌnˈdʒentlmənli
AM ˌənˈdʒen(t)lmənli

ungentleness
BR ˌʌnˈdʒentlnəs
AM ˌənˈdʒen(t)lnəs
ungently
BR ˌʌnˈdʒentli
AM ˌənˈdʒen(t)li
un-get-at-able
BR ˌʌngetˈatəbl,
 ˌʌngetˈatəbl
AM ˌənˌgedˈædəb(ə)l
ungifted
BR ˌʌnˈgɪftɪd,
 ˌʌnˈgɪftɪd
AM ˌənˈgɪftɪd
ungilded
BR ˌʌnˈgɪldɪd,
 ˌʌnˈgɪldɪd
AM ˌənˈgɪldɪd
ungird
BR ˌʌnˈgɜːd, ˌʌŋˈgɜːd,
 -z, -ɪŋ, -ɪd
AM ˌənˈgɜrd, -z, -ɪŋ, -əd
unglamorous
BR ˌʌnˈglam(ə)rəs,
 ˌʌŋˈglam(ə)rəs
AM ˌənˈglæm(ə)rəs
unglazed
BR ˌʌnˈgleɪzd,
 ˌʌŋˈgleɪzd
AM ˌənˈgleɪzd
ungloved
BR ˌʌnˈglʌvd,
 ˌʌŋˈglʌvd
AM ˌənˈgləvd
unglued
BR ˌʌnˈgluːd,
 ˌʌŋˈgluːd
AM ˌənˈglud
ungodliness
BR (ˌ)ʌnˈgɒdlɪnɪs,
 (ˌ)ʌŋˈgɒdlɪnɪs
AM ˌənˈgɑdlɪnɪs
ungodly
BR (ˌ)ʌnˈgɒdli,
 (ˌ)ʌŋˈgɒdli
AM ˌənˈgɑdli
ungovernability
BR ˌʌngʌvn̩əˈbɪlɪti,
 ʌnˌgʌvn̩əˈbɪlɪti,
 ˌʌŋgʌvn̩əˈbɪlɪti,
 ʌŋˌgʌvn̩əˈbɪlɪti
AM ˌənˌgəvərnəˈbɪlɪdi

ungovernable
BR (ˌ)ʌnˈgʌvn̩əbl, (ˌ)ʌŋˈgʌvn̩əbl
AM ənˈgəvərnəb(ə)l

ungovernably
BR (ˌ)ʌnˈgʌvn̩əbli, (ˌ)ʌŋˈgʌvn̩əbli
AM ənˈgəvərnəbli

ungoverned
BR (ˌ)ʌnˈgʌvnd, (ˌ)ʌŋˈgʌvnd
AM ənˈgəvərnd

ungraceful
BR (ˌ)ʌnˈgreɪsf(ʊ)l, (ˌ)ʌŋˈgreɪsf(ʊ)l
AM ənˈgreɪsfəl

ungracefully
BR (ˌ)ʌnˈgreɪsfʊli, (ˌ)ʌnˈgreɪsfl̩i, (ˌ)ʌŋˈgreɪsfʊli, (ˌ)ʌŋˈgreɪsfl̩i
AM ənˈgreɪsfəli

ungracefulness
BR (ˌ)ʌnˈgreɪsf(ʊ)lnəs, (ˌ)ʌŋˈgreɪsf(ʊ)lnəs
AM ənˈgreɪsfəlnəs

ungracious
BR (ˌ)ʌnˈgreɪʃəs, (ˌ)ʌŋˈgreɪʃəs
AM ənˈgreɪʃəs

ungraciously
BR (ˌ)ʌnˈgreɪʃəsli, (ˌ)ʌŋˈgreɪʃəsli
AM ənˈgreɪʃəsli

ungraciousness
BR (ˌ)ʌnˈgreɪʃəsnəs, (ˌ)ʌŋˈgreɪʃəsnəs
AM ənˈgreɪʃəsnəs

ungrammatical
BR ˌʌngrəˈmætɪkl, ˌʌngrəˈmætɪkl
AM ˌəngrəˈmædək(ə)l

ungrammaticality
BR ˌʌngrəˌmætɪˈkalɪti, ˌʌngrəˌmætɪˈkalɪti
AM ˌəngrəˌmædəˈkælədi

ungrammatically
BR ˌʌngrəˈmætɪkli, ˌʌngrəˈmætɪkli
AM ˌəngrəˈmædək(ə)li

ungrammaticalness
BR ˌʌngrəˈmætɪklnəs, ˌʌngrəˈmætɪklnəs
AM ˌəngrəˈmædəkəlnəs

ungraspable
BR (ˌ)ʌnˈgrɑːspəbl, (ˌ)ʌŋˈgrɑːspəbl
AM ˌənˈgræspəb(ə)l

ungrateful
BR (ˌ)ʌnˈgreɪtf(ʊ)l, (ˌ)ʌŋˈgreɪtf(ʊ)l
AM ənˈgreɪtfəl

ungratefully
BR (ˌ)ʌnˈgreɪtfʊli, (ˌ)ʌnˈgreɪtfl̩i, (ˌ)ʌŋˈgreɪtfʊli, (ˌ)ʌŋˈgreɪtfl̩i
AM ənˈgreɪtfəli

ungratefulness
BR (ˌ)ʌnˈgreɪtf(ʊ)lnəs, (ˌ)ʌŋˈgreɪtf(ʊ)lnəs
AM ənˈgreɪtfəlnəs

ungreen
BR ˌʌnˈgriːn, ˌʌŋˈgriːn
AM ˌənˈgrin

ungrounded
BR (ˌ)ʌnˈgraʊndɪd, (ˌ)ʌŋˈgraʊndɪd
AM ənˈgraʊndəd

ungrudging
BR (ˌ)ʌnˈgrʌdʒɪŋ, (ˌ)ʌŋˈgrʌdʒɪŋ
AM ənˈgrədʒɪŋ

ungrudgingly
BR (ˌ)ʌnˈgrʌdʒɪŋli, (ˌ)ʌŋˈgrʌdʒɪŋli
AM ənˈgrədʒɪŋli

ungual
BR ˈʌŋgw(ə)l, ˈʌŋgjʊəl
AM ˈəŋgwəl

unguard
BR (ˌ)ʌnˈgɑːd, (ˌ)ʌŋˈgɑːd, -z, -ɪŋ, -ɪd
AM ˌənˈgɑrd, -z, -ɪŋ, -əd

unguardedly
BR (ˌ)ʌnˈgɑːdɪdli, (ˌ)ʌŋˈgɑːdɪdli
AM ˌənˈgɑrdədli

unguardedness
BR (ˌ)ʌnˈgɑːdɪdnɪs, (ˌ)ʌŋˈgɑːdɪdnɪs
AM ˌənˈgɑrdədnəs

unguent
BR ˈʌŋgwənt, ˈʌŋgjʊənt, -s
AM ˈəŋgwənt, -s

unguessable
BR (ˌ)ʌnˈgɛsəbl, (ˌ)ʌŋˈgɛsəbl
AM ˌənˈgɛsəb(ə)l

unguiculate
BR ˌʌnˈgwɪkjʊlət, ˌʌŋˈgwɪkjʊlət
AM ˌənˈgwɪkjələt, ˌənˈgwɪkjəˌleɪt

unguided
BR (ˌ)ʌnˈgʌɪdɪd, (ˌ)ʌŋˈgʌɪdɪd
AM ˌənˈgaɪdɪd

unguis
BR ˈʌŋgwɪs, -ɪz
AM ˈəŋgwɪs, -ɪz

ungula
BR ˈʌŋgjʊlə(r)
AM ˈəŋgjələ

ungulae
BR ˈʌŋgjʊliː
AM ˈəŋgjəˌlaɪ, ˈəŋgjəli

ungulate
BR ˈʌŋgjʊlət, ˈʌŋgjʊleɪt, -s
AM ˈəŋgjəˌleɪt, ˈəŋgjələt, -s

ungum
BR ˌʌnˈgʌm, ˌʌŋˈgʌm, -z, -ɪŋ, -d
AM ˌənˈgəm, -z, -ɪŋ, -d

unhallowed
BR (ˌ)ʌnˈhaləʊd
AM ˌənˈhæloʊd

unhampered
BR (ˌ)ʌnˈhampəd
AM ˌənˈhæmpərd

unhand
BR ˌʌnˈhand, -z, -ɪŋ, -ɪd
AM ˌənˈhænd, -z, -ɪŋ, -əd

unhandily
BR (ˌ)ʌnˈhandɪli
AM ˌənˈhændəli

unhandiness
BR (ˌ)ʌnˈhandɪnɪs
AM ˌənˈhændɪnɪs

unhandsome
BR ˌʌnˈhan(d)s(ə)m
AM ˌənˈhæn(d)s(ə)m

unhandy
BR ˌʌnˈhandi
AM ˌənˈhændi

unhang
BR ˌʌnˈhaŋ, -z, -ɪŋ
AM ˌənˈhæŋ, -z, -ɪŋ

unhappily
BR (ˌ)ʌnˈhapɪli
AM ˌənˈhæpəli

unhappiness
BR (ˌ)ʌnˈhapɪnɪs
AM ˌənˈhæpɪnɪs

unhappy
BR (ˌ)ʌnˈhapi
AM ˌənˈhæpi

unharbour
BR ˌʌnˈhɑːbə(r), -z, -ɪŋ, -d
AM ˌənˈhɑrbər, -z, -ɪŋ, -d

unharmed
BR (ˌ)ʌnˈhɑːmd
AM ˌənˈhɑrmd

unharmful
BR (ˌ)ʌnˈhɑːmf(ʊ)l
AM ˌənˈhɑrmfəl

unharmonious
BR ˌʌnhɑːˈməʊnɪəs
AM ˌənhɑrˈmoʊnɪəs

unharness
BR (ˌ)ʌnˈhɑːnɪs, -ɪz, -ɪŋ, -t
AM ˌənˈhɑrnəs, -əz, -ɪŋ, -t

unharvested
BR ˌʌnˈhɑːvɪstɪd
AM ˌənˈhɑrvəstəd

unhasp
BR ˌʌnˈhɑːsp, -s, -ɪŋ, -t
AM ˌənˈhæsp, -s, -ɪŋ, -t

unhatched
BR ˌʌnˈhatʃt
AM ˌənˈhætʃt
UNHCR
BR ˌjuːɛnˌeɪtʃsiːˈɑː(r)
AM ˌjuɛnˌeɪtʃsiˈɑr
unhealed
BR ˌʌnˈhiːld
AM ˌənˈhild
unhealthful
BR (ˌ)ʌnˈhɛlθf(ʊ)l
AM ˌənˈhɛlθfəl
unhealthfulness
BR (ˌ)ʌnˈhɛlθf(ʊ)lnəs
AM ˌənˈhɛlθfəlnəs
unhealthily
BR (ˌ)ʌnˈhɛlθɪli
AM ˌənˈhɛlθəli
unhealthiness
BR (ˌ)ʌnˈhɛlθɪnɪs
AM ˌənˈhɛlθɪnɪs
unhealthy
BR (ˌ)ʌnˈhɛlθ|i, -ɪə(r), -ɪɪst
AM ˌənˈhɛlθi, -ər, -ɪst
unheard
BR (ˌ)ʌnˈhəːd
AM ˌənˈhərd
unheard-of
BR (ˌ)ʌnˈhəːdɒv
AM ˌənˈhərdəv
unhearing
BR (ˌ)ʌnˈhɪərɪŋ
AM ˌənˈhɪrɪŋ
unheated
BR (ˌ)ʌnˈhiːtɪd
AM ˌənˈhidɪd
unhedged
BR ˌʌnˈhɛdʒd
AM ˌənˈhɛdʒd
unheeded
BR (ˌ)ʌnˈhiːdɪd
AM ˌənˈhidɪd
unheedful
BR (ˌ)ʌnˈhiːdf(ʊ)l
AM ˌənˈhidfəl
unheeding
BR (ˌ)ʌnˈhiːdɪŋ
AM ˌənˈhidɪŋ
unheedingly
BR (ˌ)ʌnˈhiːdɪŋli
AM ˌənˈhidɪŋli

unhelpful
BR ʌnˈhɛlpf(ʊ)l
AM ənˈhɛlpfəl
unhelpfully
BR ʌnˈhɛlpfʊli, ʌnˈhɛlpfl̩i
AM ənˈhɛlpfəli
unhelpfulness
BR ʌnˈhɛlpf(ʊ)lnəs
AM ənˈhɛlpfəlnəs
unheralded
BR (ˌ)ʌnˈhɛrl̩dɪd
AM ənˈhɛrəldəd
unheroic
BR ˌʌnhɪˈrəʊɪk
AM ˌənhəˈroʊɪk
unheroically
BR ˌʌnhɪˈrəʊɪkli
AM ˌənhə-ˈroʊək(ə)li
unhesitating
BR ʌnˈhɛzɪteɪtɪŋ
AM ənˈhɛzəˌteɪdɪŋ
unhesitatingly
BR ʌnˈhɛzɪteɪtɪŋli
AM ənˈhɛzəˌteɪdɪŋli
unhesitatingness
BR ʌnˈhɛzɪteɪtɪŋnɪs
AM ənˈhɛzəˌteɪdɪŋnɪs
unhidden
BR ʌnˈhɪdn
AM ənˈhɪdən
unhindered
BR ʌnˈhɪndəd
AM ənˈhɪndərd
unhinge
BR (ˌ)ʌnˈhɪn(d)ʒ, -ɪz, -ɪŋ, -d
AM ənˈhɪndʒ, -ɪz, -ɪŋ, -d
unhip
BR ʌnˈhɪp
AM ənˈhɪp
unhistoric
BR ˌʌnhɪˈstɒrɪk
AM ˌən(h)ɪˈstɔrɪk
unhistorical
BR ˌʌnhɪˈstɒrɪkl
AM ˌən(h)ɪˈstɔrək(ə)l
unhistorically
BR ˌʌnhɪˈstɒrɪkli
AM ˌən(h)ɪˈstɔrək(ə)li

unhitch
BR (ˌ)ʌnˈhɪtʃ, -ɪz, -ɪŋ, -t
AM ˌənˈhɪtʃ, -ɪz, -ɪŋ, -t
unholiness
BR (ˌ)ʌnˈhəʊlɪnɪs
AM ˌənˈhoʊlɪnɪs
unholy
BR (ˌ)ʌnˈhəʊli
AM ˌənˈhoʊli
unhonored
BR (ˌ)ʌnˈɒnəd
AM ˌənˈɑnərd
unhonoured
BR (ˌ)ʌnˈɒnəd
AM ˌənˈɑnərd
unhooded
BR (ˌ)ʌnˈhʊdɪd
AM ˌənˈhʊdəd
unhook
BR (ˌ)ʌnˈhʊk, -s, -ɪŋ, -t
AM ˌənˈhʊk, -s, -ɪŋ, -t
unhoped
BR (ˌ)ʌnˈhəʊpt
AM ˌənˈhoʊpt
unhoped-for
BR (ˌ)ʌnˈhəʊptfɔː(r)
AM ˌənˈhoʊp(t)ˌfɔ(ə)r
unhopeful
BR (ˌ)ʌnˈhəʊpf(ʊ)l
AM ˌənˈhoʊpfəl
unhorse
BR (ˌ)ʌnˈhɔːs, -ɪz, -ɪŋ, -t
AM ˌənˈhɔ(ə)rs, -əz, -ɪŋ, -t
unhouse
BR (ˌ)ʌnˈhaʊz, -ɪz, -ɪŋ, -d
AM ˌənˈhaʊz, -əz, -ɪŋ, -d
unhuman
BR ˌʌnˈhjuːmən
AM ˌənˈ(h)jum(ə)n
unhung
BR ʌnˈhʌŋ
AM ˌənˈhəŋ
unhurried
BR (ˌ)ʌnˈhʌrɪd
AM ˌənˈhərɪd

unhurriedly
BR (ˌ)ʌnˈhʌrɪdli
AM ˌənˈhərɪdli
unhurrying
BR (ˌ)ʌnˈhʌrɪɪŋ
AM ˌənˈhərɪɪŋ
unhurt
BR (ˌ)ʌnˈhəːt
AM ˌənˈhərt
unhusk
BR ˌʌnˈhʌsk, -s, -ɪŋ, -t
AM ˌənˈhəsk, -s, -ɪŋ, -t
unhygienic
BR ˌʌnhaɪˈdʒiːnɪk
AM ˌənhaɪˈdʒɛnɪk, ˌənhaɪˈdʒinɪk
unhygienically
BR ˌʌnhaɪˈdʒiːnɪkli
AM ˌənhaɪˈdʒinək(ə)li, ˌənhaɪˈdʒɛnək(ə)li
unhyphenated
BR (ˌ)ʌnˈhaɪfɪneɪtɪd
AM ˌənˈhaɪfəˌneɪdɪd
uni
BR ˈjuːn|i, -ɪz
AM ˈjuni, -z
Uniat
BR ˈjuːnɪat
AM ˈjuniɪt, ˈjuniˌeɪt, ˈjuniˌæt
Uniate
BR ˈjuːnɪeɪt, -s
AM ˈjuniɪt, ˈjuniˌeɪt, ˈjuniˌæt, -s
uniaxial
BR ˌjuːnɪˈaksɪəl
AM ˌjuniˈæksɪəl
uniaxially
BR ˌjuːnɪˈaksɪəli
AM ˌjuniˈæksɪəli
unicameral
BR ˌjuːnɪˈkam(ə)rl̩
AM ˌjunəˈkæm(ə)rəl
UNICEF
BR ˈjuːnɪsɛf
AM ˈjunəˌsɛf
unicellular
BR ˌjuːnɪˈsɛljʊlə(r)
AM ˌjunəˈsɛljələr
unicolor
BR ˌjuːnɪˈkʌlə(r), -d
AM ˌjunəˌkələr, -d

unicolour
BR ˌjuːnɪˈkʌlə(r), -d
AM ˈjuːnəˌkələr, -d

unicorn
BR ˈjuːnɪkɔːn, -z
AM ˈjuːnəˌkɔ(ə)rn, -z

unicuspid
BR ˌjuːnɪˈkʌspɪd, -z
AM ˌjuːnəˈkəspəd, -z

unicycle
BR ˈjuːnɪˌsʌɪkl, -z
AM ˈjuːnəˌsaɪk(ə)l, -z

unicyclist
BR ˈjuːnɪˌsʌɪklɪst, -s
AM ˈjuːnəˌsaɪklɪst, -s

unidea'd
BR ˌʌnʌɪˈdɪəd
AM ˌənaɪˈdɪəd

unideal
BR ˌʌnʌɪˈdɪəl, ˌʌnʌɪˈdiːl
AM ˌənaɪˈdɪəl

unidentifiable
BR ˌʌnʌɪˈdentɪfʌɪəbl
AM ˌənaɪˈden(t)əˌfaɪəb(ə)l

unidentified
BR ˌʌnʌɪˈdentɪfʌɪd
AM ˌənaɪˈden(t)əˌfaɪd

unidimensional
BR ˌjuːnɪdʌɪˈmenʃn̩l, ˌjuːnɪdɪˈmenʃn̩l
AM ˌjuːnədə-ˈmen(t)ʃ(ə)n(ə)l

unidiomatic
BR ˌʌnɪdɪəˈmatɪk
AM ˌənɪdɪəˈmædɪk

unidirectional
BR ˌjuːnɪdʌɪˈrekʃn̩l, ˌjuːnɪdɪˈrekʃn̩l
AM ˌjuːnədaɪ-ˈrekʃ(ə)n(ə)l, ˌjuːnədəˈrekʃ(ə)n(ə)l

unidirectionality
BR ˌjuːnɪdʌɪˌrekʃəˈnalɪti, ˌjuːnɪdɪˌrekʃəˈnalɪti
AM ˌjuːnədaɪˌrekʃə-ˈnælədi, ˌjuːnədəˌrekʃə-ˈnælədi

unidirectionally
BR ˌjuːnɪdʌɪˈrekʃn̩li, ˌjuːnɪdʌɪˈrekʃnəli, ˌjuːnɪdɪˈrekʃn̩li, ˌjuːnɪdɪˈrekʃnəli
AM ˌjuːnədaɪ-ˈrekʃ(ə)nəli, ˌjuːnədəˈrekʃ(ə)nəli

UNIDO
BR ˈjuːnɪdəʊ
AM ˈjuːnəˌdoʊ

unifiable
BR ˈjuːnɪfʌɪəbl
AM ˌjuːnəˈfaɪəb(ə)l

unification
BR ˌjuːnɪfɪˈkeɪʃn
AM ˌjuːnəfəˈkeɪʃ(ə)n

unificatory
BR ˌjuːnɪfɪˈkeɪt(ə)ri, ˌjuːnɪˈfɪkət(ə)ri
AM ˌjuːnəˈfɪkəˌtɔri

unifier
BR ˈjuːnɪfʌɪə(r), -z
AM ˈjuːnəˌfaɪər, -z

uniflow
BR ˈjuːnɪfləʊ
AM ˈjuːnəˌfloʊ

uniform
BR ˈjuːnɪfɔːm, -z
AM ˈjuːnəˌfɔ(ə)rm, -z

uniformitarian
BR ˌjuːnɪˌfɔːmɪˈtɛːrɪən, -z
AM ˌjuːnəˌfɔrməˈterɪən, -z

uniformitarianism
BR ˌjuːnɪˌfɔːmɪˈtɛːrɪənɪzm
AM ˌjuːnəˌfɔrməˈterɪəˌnɪz(ə)m

uniformity
BR ˌjuːnɪˈfɔːmɪti
AM ˌjuːnəˈfɔrmədi

uniformly
BR ˈjuːnɪfɔːmli
AM ˌjuːnəˈfɔrmli

unify
BR ˈjuːnɪfʌɪ, -z, -ɪŋ, -d
AM ˈjuːnəˌfaɪ, -z, -ɪŋ, -d

Unigate
BR ˈjuːnɪgeɪt
AM ˈjuːnəˌgeɪt

unilateral
BR ˌjuːnɪˈlat(ə)rl̩
AM ˌjuːnəˈlædərəl

unilateralism
BR ˌjuːnɪˈlat(ə)rlɪzm
AM ˌjuːnəˈlædərəˌlɪz(ə)m

unilateralist
BR ˌjuːnɪˈlat(ə)rlɪst, -s
AM ˌjuːnəˈlædərələst, -s

unilaterally
BR ˌjuːnɪˈlat(ə)rli
AM ˌjuːnəˈlædərəli

Unilever
BR ˈjuːnɪˌliːvə(r)
AM ˈjuːnəˌlivər

unilingual
BR ˌjuːnɪˈlɪŋgw(ə)l
AM ˌjuːnəˈlɪŋgwəl

unilingually
BR ˌjuːnɪˈlɪŋgwli
AM ˌjuːnəˈlɪŋgwəli

uniliteral
BR ˌjuːnɪˈlɪt(ə)rl̩
AM ˌjuːnəˈlɪdərəl

unilluminated
BR ˌʌnɪˈl(j)uːmɪneɪtɪd
AM ˌənəˈluməˌneɪdɪd

unilluminating
BR ˌʌnɪˈl(j)uːmɪneɪtɪŋ
AM ˌənəˈluməˌneɪdɪŋ

unillustrated
BR (ˌ)ʌnˈɪləstreɪtɪd
AM ˌənˈɪləˌstreɪdɪd

unilocular
BR ˌjuːnɪˈlɒkjələ(r)
AM ˌjuːnəˈlɑkjələr

unimaginable
BR ˌʌnɪˈmadʒɪnəbl, ˌʌnɪˈmadʒn̩əbl
AM ˌənəˈmædʒ(ə)nəb(ə)l

unimaginably
BR ˌʌnɪˈmadʒɪnəbli, ˌʌnɪˈmadʒn̩əbli
AM ˌənəˈmædʒ(ə)nəbli

unimaginative
BR ˌʌnɪˈmadʒɪnətɪv, ˌʌnɪˈmadʒnətɪv
AM ˌənəˈmædʒ(ə)nədɪv

unimaginatively
BR ˌʌnɪˈmadʒɪnətɪvli, ˌʌnɪˈmadʒnətɪvli
AM ˌənə-ˈmædʒ(ə)nədɪvli

unimaginativeness
BR ˌʌnɪˈmadʒɪnətɪvnɪs, ˌʌnɪˈmadʒnətɪvnɪs
AM ˌənə-ˈmædʒ(ə)nədɪvnɪs

unimagined
BR ˌʌnɪˈmadʒ(ɪ)nd
AM ˌənəˈmædʒənd

unimpaired
BR ˌʌnɪmˈpɛːd
AM ˌənəmˈpɛ(ə)rd

unimparted
BR ˌʌnɪmˈpɑːtɪd
AM ˌənəmˈpɑrdəd

unimpassioned
BR ˌʌnɪmˈpaʃnd
AM ˌənəmˈpæʃənd

unimpeachable
BR ˌʌnɪmˈpiːtʃəbl
AM ˌənəmˈpitʃəb(ə)l

unimpeachably
BR ˌʌnɪmˈpiːtʃəbli
AM ˌənəm-ˈpitʃəbli

unimpeded
BR ˌʌnɪmˈpiːdɪd
AM ˌənəmˈpidɪd

unimpededly
BR ˌʌnɪmˈpiːdɪdli
AM ˌənəmˈpidɪdli

unimportance
BR ˌʌnɪmˈpɔːt(ə)ns
AM ˌənəmˈpɔrtns

unimportant
BR ˌʌnɪmˈpɔːt(ə)nt
AM ˌənəmˈpɔrtnt

unimposing
BR ˌʌnɪmˈpəʊzɪŋ
AM ˌənəmˈpoʊzɪŋ

unimposingly
BR ˌʌnɪmˈpəʊzɪŋli
AM ˌənəm-ˈpoʊzɪŋli

unimpressed
BR ˌʌnɪmˈprest
AM ˌənəmˈprest

unimpressionable
BR ˌʌnɪmˈpreʃnəbl, ˌʌnɪmˈpreʃn̩əbl
AM ˌənəm-ˈpreʃ(ə)nəb(ə)l

unimpressive
BR ˌʌnɪmˈpresɪv
AM ˌənəmˈpresɪv

unimpressively
BR ˌʌnɪmˈpresɪvli
AM ˌənəmˈpresɪvli

unimpressiveness
BR ˌʌnɪmˈpresɪvnɪs
AM ˌənəmˈpresɪvnɪs

unimproved
BR ˌʌnɪmˈpruːvd
AM ˌənəmˈpruvd

unimpugned
BR ˌʌnɪmˈpjuːnd
AM ˌənəmˈpjund

unincorporated
BR ˌʌnɪnˈkɔːpəreɪtɪd
AM ˌənɪnˈkɔrpəˌreɪdɪd, ˌənənˈkɔrpəˌreɪdɪd

unindexed
BR ˌʌnˈɪndekst
AM ˌənˈɪnˌdekst

uninfected
BR ˌʌnɪmˈfektɪd
AM ˌənənˈfektəd

uninflamed
BR ˌʌnɪmˈfleɪmd
AM ˌənənˈfleɪmd

uninflammable
BR ˌʌnɪmˈflaməbl
AM ˌənənˈflæməb(ə)l

uninflected
BR ˌʌnɪmˈflektɪd
AM ˌənənˈflektəd

uninfluenced
BR (ˌ)ʌnˈɪnfluənst
AM ˌənˈɪnˌfluənst

uninfluential
BR ˌʌnɪmfluˈenʃl
AM ˌənənˌflʊ-ˈen(t)ʃ(ə)l

uninformative
BR ˌʌnɪnˈfɔːmətɪv
AM ˌənənˈfɔrmədɪv

uninformed
BR ˌʌnɪnˈfɔːmd
AM ˌənənˈfɔ(ə)rmd

uninhabitable
BR ˌʌnɪnˈhabɪtəbl
AM ˌənənˈhæbədəb(ə)l

uninhabitableness
BR ˌʌnɪnˈhabɪtəblnəs
AM ˌənən-ˈhæbədəbəlnəs

uninhabited
BR ˌʌnɪnˈhabɪtɪd
AM ˌənənˈhæbədəd

uninhibited
BR ˌʌnɪnˈhɪbɪtɪd
AM ˌənənˈhɪbɪdɪd

uninhibitedly
BR ˌʌnɪnˈhɪbɪtɪdli
AM ˌənənˈhɪbɪdɪdli

uninhibitedness
BR ˌʌnɪnˈhɪbɪtɪdnɪs
AM ˌənənˈhɪbɪdɪdnɪs

uninitiated
BR ˌʌnɪˈnɪʃieɪtɪd
AM ˌənəˈnɪʃiˌeɪdɪd

uninjured
BR (ˌ)ʌnˈɪn(d)ʒəd
AM ˌənˈɪndʒərd

uninspired
BR ˌʌnɪnˈspaɪəd
AM ˌənənˈspaɪ(ə)rd

uninspiring
BR ˌʌnɪnˈspaɪərɪŋ
AM ˌənənˈspaɪ(ə)rɪŋ

uninspiringly
BR ˌʌnɪnˈspaɪərɪŋli
AM ˌənən-ˈspaɪ(ə)rɪŋli

uninstructed
BR ˌʌnɪnˈstrʌktɪd
AM ˌənənˈstrəktəd

uninsulated
BR (ˌ)ʌnˈɪnsjʊleɪtɪd
AM ˌənˈɪns(j)əˌleɪdɪd

uninsurable
BR ˌʌnɪnˈʃʊərəbl, ˌʌnɪnˈʃɔːrəbl
AM ˌənənˈʃʊrəb(ə)l

uninsured
BR ˌʌnɪnˈʃʊəd, ˌʌnɪnˈʃɔːd
AM ˌənənˈʃʊ(ə)rd

unintegrated
BR (ˌ)ʌnˈɪntɪgreɪtɪd
AM ˌənˈɪn(t)əˌgreɪdɪd

unintellectual
BR ˌʌnɪntɪˈlektʃʊəl, ˌʌnɪntɪˈlektʃ(ʊ)l, ˌʌnɪntɪˈlektjʊəl, ˌʌnɪntɪˈlektjʊl
AM ˌən-ˌɪn(t)əˈlek(t)ʃ(əw)əl

unintelligent
BR ˌʌnɪnˈtelɪdʒ(ə)nt
AM ˌənənˈtelədʒ(ə)nt

unintelligently
BR ˌʌnɪnˈtelɪdʒ(ə)ntli
AM ˌənənˈtelədʒən(t)li

unintelligibility
BR ˌʌnɪnˌtelɪdʒɪˈbɪlɪti
AM ˌənənˌtelədʒə-ˈbɪlɪdi

unintelligible
BR ˌʌnɪnˈtelɪdʒɪbl
AM ˌənən-ˈtelədʒəb(ə)l

unintelligibleness
BR ˌʌnɪnˈtelɪdʒɪblnəs
AM ˌənən-ˈtelədʒəbəlnəs

unintelligibly
BR ˌʌnɪnˈtelɪdʒɪbli
AM ˌənənˈtelədʒəbli

unintended
BR ˌʌnɪnˈtendɪd
AM ˌənənˈtendəd

unintentional
BR ˌʌnɪnˈtenʃn̩l
AM ˌənən-ˈten(t)ʃ(ə)n(ə)l

unintentionally
BR ˌʌnɪnˈtenʃn̩li, ˌʌnɪnˈtenʃnəli
AM ˌənən-ˈten(t)ʃ(ə)nəli

uninterested
BR (ˌ)ʌnˈɪntrɪstɪd, (ˌ)ʌnˈɪnt(ə)restɪd
AM ˌənˈɪn(t)ərəstəd, ˌənˈɪn(t)əˌrestəd, ˌənˈɪntrəstəd

uninterestedly
BR (ˌ)ʌnˈɪntrɪstɪdli, (ˌ)ʌnˈɪnt(ə)restɪdli
AM ˌənˈɪn(t)ərəstədli, ˌənˈɪn(t)əˌrestədli, ˌənˈɪntrəstədli

uninterestedness
BR (ˌ)ʌnˈɪntrɪstɪdnɪs, (ˌ)ʌnˈɪnt(ə)restɪdnɪs
AM ˌənˈɪn(t)ərəstədnəs, ˌənˈɪn(t)əˌrestədnəs, ˌənˈɪntrəstədnəs

uninteresting
BR (ˌ)ʌnˈɪntrɪstɪŋ, (ˌ)ʌnˈɪnt(ə)restɪŋ
AM ˌənˈɪn(t)ərəstɪŋ, ˌənˈɪn(t)əˌrestɪŋ, ˌənˈɪntrəstɪŋ

uninterestingly
BR (ˌ)ʌnˈɪntrɪstɪŋli, (ˌ)ʌnˈɪnt(ə)restɪŋli
AM ˌənˈɪn(t)ərəstɪŋli, ˌənˈɪn(t)əˌrestɪŋli, ˌənˈɪntrəstɪŋli

uninterestingness
BR (ˌ)ʌnˈɪntrɪstɪŋnɪs, (ˌ)ʌnˈɪnt(ə)restɪŋnɪs
AM ˌənˈɪn(t)ərəstɪŋnɪs, ˌənˈɪn(t)əˌrestɪŋnɪs, ˌənˈɪntrəstɪŋnɪs

uninterpretable
BR ˌʌnɪnˈtɜːprɪtəbl
AM ˌənənˈtərprədəb(ə)l

uninterpreted
BR ˌʌnɪnˈtɜːprɪtɪd
AM ˌənənˈtərprədəd

uninterrupted
BR ˌʌnɪntəˈrʌptɪd
AM ˌənˌɪn(t)əˈrəptəd

uninterruptedly
BR ˌʌnɪntəˈrʌptɪdli
AM ˌənˌɪn(t)əˈrəptədli

uninterruptedness
BR ˌʌnɪntəˈrʌptɪdnɪs
AM ˌənˌɪn(t)ə-ˈrəptədnəs

uninterruptible
BR ˌʌnɪntəˈrʌptɪbl
AM ˌənˌɪn(t)əˈrəptəb(ə)l

unintimidated
BR ˌʌnɪnˈtɪmɪdeɪtɪd
AM ˌənənˈtɪməˌdeɪdɪd

uninucleate
BR ˌjuːnɪˈnjuːklieɪt
AM ˌjunəˈn(j)uklit

uninvented
BR ˌʌnɪnˈventɪd
AM ˌənənˈven(t)əd

uninventive
BR ˌʌnɪnˈventɪv
AM ˌənənˈven(t)ɪv

uninventively
BR ˌʌnɪnˈventɪvli
AM ˌənənˈven(t)ɪvli

uninventiveness
BR ˌʌnɪnˈventɪvnɪs
AM ˌənənˈven(t)ɪvnɪs

uninvested
BR ˌʌnɪnˈvestɪd
AM ˌənənˈvestəd

uninvestigated
BR ˌʌnɪnˈvestɪgeɪtɪd
AM ˌənənˈvestəˌgeɪdɪd

uninvited
BR ˌʌnɪnˈvaɪtɪd
AM ˌənənˈvaɪdɪd

uninvitedly
BR ˌʌnɪnˈvaɪtɪdli
AM ˌənənˈvaɪdɪdli

uninviting
BR ˌʌnɪnˈvaɪtɪŋ
AM ˌənənˈvaɪdɪŋ

uninvitingly
BR ˌʌnɪnˈvaɪtɪŋli
AM ˌənənˈvaɪdɪŋli

uninvoked
BR ˌʌnɪnˈvəʊkt
AM ˌənənˈvoʊkt

uninvolved
BR ˌʌnɪnˈvɒlvd
AM ˌənənˈvɑlvd

union
BR ˈjuːnɪən, -z
AM ˈjunjən, -z

union-bashing
BR ˈjuːnɪənˌbæʃɪŋ
AM ˈjunjənˌbæʃɪŋ

unionisation
BR ˌjuːnɪənʌɪˈzeɪʃn
AM ˌjunjəˌnaɪˈzeɪʃ(ə)n, ˌjunjənəˈzeɪʃ(ə)n

unionise
BR ˈjuːnɪənʌɪz, -ɪz, -ɪŋ, -d
AM ˈjunjəˌnaɪz, -ɪz, -ɪŋ, -d

un-ionised
BR ˌʌnˈʌɪənʌɪzd
AM ˌənˈaɪəˌnaɪzd

unionism
BR ˈjuːnɪənɪzm
AM ˈjunjəˌnɪz(ə)m

unionist
BR ˈjuːnɪənɪst, -s
AM ˈjunjənəst, -s

unionistic
BR ˌjuːnɪəˈnɪstɪk
AM ˌjunjəˈnɪstɪk

unionization
BR ˌjuːnɪənʌɪˈzeɪʃn
AM ˌjunjəˌnaɪˈzeɪʃ(ə)n, ˌjunjənəˈzeɪʃ(ə)n

unionize
BR ˈjuːnɪənʌɪz, -ɪz, -ɪŋ, -d
AM ˈjunjəˌnaɪz, -ɪz, -ɪŋ, -d

un-ionized
BR ˌʌnˈʌɪənʌɪzd
AM ˌənˈaɪəˌnaɪzd

Union Jack
BR ˌjuːnɪən ˈdʒak, -s
AM ˌjunjən ˈdʒæk, -s

uniparous
BR juːˈnɪp(ə)rəs
AM juˈnɪp(ə)rəs

Unipart
BR ˈjuːnɪpɑːt
AM ˈjunəˌpɑrt

unipartite
BR ˌjuːnɪˈpɑːtʌɪt
AM ˌjunəˈpɑrˌtaɪt

uniped
BR ˈjuːnɪped, -z
AM ˈjunəˌped, -z

unipersonal
BR ˌjuːnɪˈpɜːsn(ə)l
AM ˌjunəˈpɜrs(ə)n(ə)l

uniplanar
BR ˌjuːnɪˈpleɪnə(r)
AM ˌjunəˈpleɪnər

unipod
BR ˈjuːnɪpɒd, -z
AM ˈjunəˌpɑd, -z

unipolar
BR ˌjuːnɪˈpəʊlə(r)
AM ˌjunəˈpoʊlər

unipolarity
BR ˌjuːnɪpə(ʊ)ˈlarɪti
AM ˌjunəˌpoʊˈlerədi, ˌjunəpəˈlerədi

unique
BR juːˈniːk, jʉˈniːk
AM juˈnik

uniquely
BR juːˈniːkli, jʉˈniːkli
AM juˈnikli

uniqueness
BR juːˈniːknɪs, jʉˈniːknɪs
AM juˈniknɪs

unironed
BR (ˌ)ʌnˈʌɪənd
AM ˌənˈaɪ(ə)rnd

Uniroyal
BR ˈjuːnɪˌrɔɪəl
AM ˈjunəˌrɔɪəl

uniserial
BR ˌjuːnɪˈsɪərɪəl
AM ˌjunɪˈsɪrɪəl

unisex
BR ˈjuːnɪseks
AM ˈjunəˌseks

unisexual
BR ˌjuːnɪˈsekʃʊəl, ˌjuːnɪˈsekʃ(ʉ)l, ˌjuːnɪˈseksjʊ(ə)l
AM ˌjunəˈsekʃ(əw)əl

unisexuality
BR ˌjuːnɪˌsekʃʊˈalɪti, ˌjuːnɪˌseksjʊˈalɪti
AM ˌjunəˌsekʃəˈwælədi

unisexually
BR ˌjuːnɪˈsekʃʊəli, ˌjuːnɪˈsekʃʉli, ˌjuːnɪˈsekʃli, ˌjuːnɪˈseksjʊ(ə)li
AM ˌjunəˈsekʃ(əw)əli

UNISON
BR ˈjuːnɪs(ə)n, ˈjuːnɪz(ə)n
AM ˈjunəz(ə)n, ˈjunəs(ə)n

unison
BR ˈjuːnɪs(ə)n, ˈjuːnɪz(ə)n
AM ˈjunəz(ə)n, ˈjunəs(ə)n

unisonant
BR juːˈnɪsn̩ənt, jʉˈnɪsn̩ənt
AM juˈnɪsənənt

unisonous
BR juːˈnɪsn̩əs, jʉˈnɪsn̩əs
AM juˈnɪsənəs

unissued
BR (ˌ)ʌnˈɪʃ(j)uːd, (ˌ)ʌnˈɪsjuːd
AM ˌənˈɪʃ(j)ud

unit
BR ˈjuːnɪt, -s
AM ˈjunət, -s

UNITA
BR juːˈniːtə(r), jʉˈniːtə(r)
AM ˌjuˈnidə

UNITAR
BR juːˈniːtɑː(r), jʉˈniːtɑː(r), ˈjuːnɪtɑː(r)
AM ˈjunəˌtɑr

Unitarian
BR ˌjuːnɪˈteːrɪən, -z
AM ˌjunəˈterɪən, -z

Unitarianism
BR ˌjuːnɪˈteːrɪənɪzm
AM ˌjunəˈterɪəˌnɪz(ə)m

unitarily
BR ˈjuːnɪt(ə)rɪli
AM ˈjunəˌterəli

unitarity
BR ˌjuːnɪˈtarɪti
AM ˌjunəˈterədi

unitary
BR ˈjuːnɪt(ə)ri
AM ˈjunəˌteri

unite
BR juːˈnʌɪt, jʉˈnʌɪt, -s, -ɪŋ, -ɪd
AM juˈnaɪ|t, -ts, -dɪŋ, -dɪd

unitedly
BR juːˈnʌɪtɪdli, jʉˈnʌɪtɪdli
AM juˈnaɪdɪdli

United Nations
BR jʉˌnʌɪtɪd ˈneɪʃnz
AM juˌnaɪdɪd ˈneɪʃənz

United States
BR jʉˌnʌɪtɪd ˈsteɪts
AM juˌnaɪdɪd ˈsteɪts

unitholder
BR ˈjuːnɪtˌhəʊldə(r), -z
AM ˈjunətˌ(h)oʊldər, -z
unitive
BR ˈjuːnɪtɪv
AM ˈjunədɪv
unitively
BR ˈjuːnɪtɪvli
AM ˈjunədɪvli
unitize
BR ˈjuːnɪtaɪz, -ɪz, -ɪŋ, -d
AM ˈjunəˌtaɪz, -ɪz, -ɪŋ, -d
unit-linked
BR ˌjuːnɪtˈlɪŋ(k)t
AM ˈjunətˌlɪŋkt
unit trust
BR ˌjuːnɪt ˈtrʌst, -s
AM ˈˌjunə(t) ˈˌtrʌst, -s
unity
BR ˈjuːnɪt|i, -ɪz
AM ˈjunədi, -z
Univac
BR ˈjuːnɪvak
AM ˈjunəˌvæk
univalent
BR ˌjuːnɪˈveɪlnt, -s
AM ˌjunəˈveɪl(ə)nt, -s
univalve
BR ˈjuːnɪvalv, -z
AM ˈjunəˌvælv, -z
universal
BR ˌjuːnɪˈvɜːsl
AM ˌjunəˈvɜrs(ə)l
universalisability
BR ˌjuːnɪvɜːsˌlaɪzəˈbɪlɪti
AM ˌjunəˌvɜrsəˌlaɪzə-ˈbɪlɪdi
universalisation
BR ˌjuːnɪvɜːsˌlaɪˈzeɪʃn
AM ˌjunəˌvɜrsəˌlaɪ-ˈzeɪʃ(ə)n, ˌjunə-ˌvɜrsələˈzeɪʃ(ə)n
universalise
BR ˌjuːnɪˈvɜːsˌlaɪz, -ɪz, -ɪŋ, -d
AM ˌjunəˈvɜrsəˌlaɪz, -ɪz, -ɪŋ, -d
universalism
BR ˌjuːnɪˈvɜːsˌlɪzm
AM ˌjunəˈvɜrsəˌlɪz(ə)m

universalist
BR ˌjuːnɪˈvɜːsˌlɪst, -s
AM ˌjunəˈvɜrsələst, -s
universalistic
BR ˌjuːnɪˌvɜːsəˈlɪstɪk, ˌjuːnɪˌvɜːslˈɪstɪk
AM ˌjunəˌvɜrsəˈlɪstɪk
universality
BR ˌjuːnɪvɜːˈsalɪti
AM ˌjunəvərˈsælədi
universalizability
BR ˌjuːnɪvɜːsˌlaɪzəˈbɪlɪti
AM ˌjunəˌvɜrsəˌlaɪzə-ˈbɪlɪdi
universalization
BR ˌjuːnɪvɜːsˌlʌɪˈzeɪʃn
AM ˌjunəˌvɜrsəˌlaɪ-ˈzeɪʃ(ə)n, ˌjunə-ˌvɜrsələˈzeɪʃ(ə)n
universalize
BR ˌjuːnɪˈvɜːsˌlʌɪz, -ɪz, -ɪŋ, -d
AM ˌjunəˈvɜrsəˌlaɪz, -ɪz, -ɪŋ, -d
universally
BR ˌjuːnɪˈvɜːsˌli
AM ˌjunəˈvɜrsəli
universe
BR ˈjuːnɪvɜːs, -ɪz
AM ˈjunəvərs, -əz
university
BR ˌjuːnɪˈvɜːsɪt|i, -ɪz
AM ˌjunəˈvɜrsədi, -z
univocal
BR ˌjuːnɪˈvəʊkl
AM ˌjunəˈvoʊkəl
univocality
BR ˌjuːnɪvəʊˈkalɪti
AM ˌjunəvoʊˈkælədi
univocally
BR ˌjuːnɪˈvəʊkli
AM ˌjunəˈvoʊkəli
UNIX
BR ˈjuːnɪks
AM ˈjunɪks
unjaundiced
BR ˌʌnˈdʒɔːndɪst
AM ˌənˈdʒɑndəst, ˌənˈdʒɔndəst
unjoin
BR ˌʌnˈdʒɔɪn, -z, -ɪŋ, -d
AM ˌənˈdʒɔɪn, -z, -ɪŋ, -d

unjoint
BR ˌʌnˈdʒɔɪnt, -s, -ɪŋ, -ɪd
AM ˌənˈdʒɔɪn|t, -ts, -(t)ɪŋ, -(t)ɪd
unjust
BR ˌʌnˈdʒʌst
AM ˌənˈdʒəst
unjustifiable
BR (ˌ)ʌnˈdʒʌstɪfʌɪəbl, ˌʌndʒʌstɪˈfʌɪəbl
AM ˌənˌdʒəstə-ˈfaɪəb(ə)l
unjustifiably
BR (ˌ)ʌnˈdʒʌstɪfʌɪəbli, ˌʌndʒʌstɪˈfʌɪəbli
AM ˌənˌdʒəstəˈfaɪəbli
unjustified
BR (ˌ)ʌnˈdʒʌstɪfʌɪd
AM ˌənˈdʒəstəˌfaɪd
unjustly
BR ˌʌnˈdʒʌstli
AM ˌənˈdʒəs(t)li
unjustness
BR ˌʌnˈdʒʌs(t)nəs
AM ˌənˈdʒəs(t)nəs
unkempt
BR ˌʌnˈkɛm(p)t
AM ˌənˈkɛm(p)t
unkemptly
BR ˌʌnˈkɛm(p)tli
AM ˌənˈkɛm(p)tli
unkemptness
BR ˌʌnˈkɛm(p)tnəs
AM ˌənˈkɛm(p)tnəs
unkept
BR ˌʌnˈkɛpt
AM ˌənˈkɛpt
unkillable
BR ˌʌnˈkɪləbl
AM ˌənˈkɪləb(ə)l
unkind
BR ˌʌnˈkʌɪnd, -ə(r), -ɪst
AM ˌənˈkaɪnd, -ər, -ɪst
unkindly
BR ˌʌnˈkʌɪndli
AM ˌənˈkaɪn(d)li
unkindness
BR ˌʌnˈkʌɪn(d)nɪs
AM ˌənˈkaɪn(d)nɪs

unking
BR ˌʌnˈkɪŋ, -z, -ɪŋ, -d
AM ˌənˈkɪŋ, -z, -ɪŋ, -d
unkink
BR ˌʌnˈkɪŋ|k, -ks, -kɪŋ, -(k)t
AM ˌənˈkɪŋ|k, -ks, -kɪŋ, -(k)t
unkissed
BR ˌʌnˈkɪst
AM ˌənˈkɪst
unknit
BR ˌʌnˈnɪt, -s, -ɪŋ, -ɪd
AM ˌənˈnɪ|t, -ts, -dɪŋ, -dɪd
unknot
BR ˌʌnˈnɒt, -s, -ɪŋ, -ɪd
AM ˌənˈnɑ|t, -ts, -dɪŋ, -dəd
unknowable
BR (ˌ)ʌnˈnəʊəbl
AM ˌənˈnoʊəb(ə)l
unknowing
BR (ˌ)ʌnˈnəʊɪŋ
AM ˌənˈnoʊɪŋ
unknowingly
BR (ˌ)ʌnˈnəʊɪŋli
AM ˌənˈnoʊɪŋli
unknowingness
BR (ˌ)ʌnˈnəʊɪŋnɪs
AM ˌənˈnoʊɪŋnɪs
unknown
BR (ˌ)ʌnˈnəʊn
AM ˌənˈnoʊn
unknownness
BR (ˌ)ʌnˈnəʊnnəs
AM ˌənˈnoʊ(n)nəs
unlabelled
BR ˌʌnˈleɪbld
AM ˌənˈleɪbəld
unlaboured
BR ˌʌnˈleɪbəd
AM ˌənˈleɪbərd
unlace
BR ˌʌnˈleɪs, -ɪz, -ɪŋ, -t
AM ˌənˈleɪs, -ɪz, -ɪŋ, -t
unlade
BR ˌʌnˈleɪd, -z, -ɪŋ, -ɪd
AM ˌənˈleɪd, -z, -ɪŋ, -ɪd
unladen
BR ˌʌnˈleɪdn
AM ˌənˈleɪdn

unladylike
BR ˌʌnˈleɪdɪlʌɪk
AM ənˈleɪdiˌlaɪk
unlaid
BR ˌʌnˈleɪd
AM ənˈleɪd
unlamented
BR ˌʌnləˈmɛntɪd
AM ˌənləˈmen(t)əd
unlash
BR ˌʌnˈlaʃ, -ɪz, -ɪŋ, -t
AM ənˈlæʃ, -əz, -ɪŋ, -t
unlatch
BR ˌʌnˈlatʃ, -ɪz, -ɪŋ, -t
AM ənˈlætʃ, -əz, -ɪŋ, -t
unlawful
BR (ˌ)ʌnˈlɔːf(ʊ)l
AM ənˈlɑfəl, ənˈlɔfəl
unlawfully
BR (ˌ)ʌnˈlɔːfəli, (ˌ)ʌnˈlɔːfˌli
AM ənˈlɑfəli, ənˈlɔfəli
unlawfulness
BR (ˌ)ʌnˈlɔːf(ʊ)lnəs
AM ənˈlɑfəlnəs, ənˈlɔfəlnəs
unlay
BR ˌʌnˈleɪ, -z, -ɪŋ
AM ənˈleɪ, -z, -ɪŋ
unleaded
BR ˌʌnˈlɛdɪd
AM ənˈlɛdəd
unlearn
BR ˌʌnˈləːn, -z, -ɪŋ, -t
AM ənˈlɚn, -z, -ɪŋ, -t
unlearned *adjective*
BR ˌʌnˈləːnɪd
AM ənˈlɚn(ə)d
unlearnedly
BR ˌʌnˈləːnɪdli
AM ənˈlɚnədli
unlearnedness
BR ˌʌnˈləːnɪdnɪs
AM ənˈlɚnədnəs
unleash
BR (ˌ)ʌnˈliːʃ, -ɪz, -ɪŋ, -t
AM ənˈliʃ, -ɪz, -ɪŋ, -t
unleavened
BR ˌʌnˈlɛvnd
AM ənˈlɛvənd

unless
BR (ʌ)nˈlɛs
AM ənˈlɛs
unlet
BR ˌʌnˈlɛt
AM ənˈlɛt
unlettered
BR ˌʌnˈlɛtəd
AM ənˈlɛdərd
unliberated
BR ˌʌnˈlɪbəreɪtɪd
AM ənˈlɪbəˌreɪdɪd
unlicensed
BR (ˌ)ʌnˈlʌɪsnst
AM ənˈlaɪsənst
unlighted
BR ˌʌnˈlʌɪtɪd
AM ənˈlaɪdɪd
unlikable
BR (ˌ)ʌnˈlʌɪkəbl
AM ənˈlaɪkəb(ə)l
unlike
BR (ˌ)ʌnˈlʌɪk
AM ənˈlaɪk
unlikeable
BR (ˌ)ʌnˈlʌɪkəbl
AM ənˈlaɪkəb(ə)l
unlikelihood
BR (ˌ)ʌnˈlʌɪklihʊd
AM ənˈlaɪkliˌhʊd
unlikeliness
BR (ˌ)ʌnˈlʌɪklinɪs
AM ənˈlaɪklinɪs
unlikely
BR (ˌ)ʌnˈlʌɪkli
AM ənˈlaɪkli
unlikeness
BR (ˌ)ʌnˈlʌɪknɪs
AM ənˈlaɪknɪs
unlimited
BR ʌnˈlɪmɪtɪd
AM ənˈlɪmɪdɪd
unlimitedly
BR ʌnˈlɪmɪtɪdli
AM ənˈlɪmɪdɪdli
unlimitedness
BR ʌnˈlɪmɪtɪdnɪs
AM ənˈlɪmɪdɪdnɪs
unlined
BR (ˌ)ʌnˈlʌɪnd
AM ənˈlaɪnd

unlink
BR ˌʌnˈlɪŋ|k, -ks, -kɪŋ, -(k)t
AM ˌənˈlɪŋ|k, -ks, -kɪŋ, -(k)t
unliquidated
BR ˌʌnˈlɪkwɪdeɪtɪd
AM ənˈlɪkwəˌdeɪdɪd
unlisted
BR (ˌ)ʌnˈlɪstɪd
AM ənˈlɪstɪd
unlistenable
BR ˌʌnˈlɪsnəbl
AM ənˈlɪsnəb(ə)l, ənˈlɪsn̩əb(ə)l
unlit
BR ˌʌnˈlɪt
AM ənˈlɪt
unliterary
BR ʌnˈlɪt(ə)rəri
AM ənˈlɪdəˌreri, ˌənˈlɪtrəri
unlivable
BR ʌnˈlɪvəbl
AM ənˈlɪvəb(ə)l
unlived-in
BR (ˌ)ʌnˈlɪvdɪn
AM ənˈlɪvˌdɪn
unload
BR (ˌ)ʌnˈləʊd, -z, -ɪŋ, -ɪd
AM ənˈloʊd, -z, -ɪŋ, -əd
unloader
BR (ˌ)ʌnˈləʊdə(r), -z
AM ənˈloʊdər, -z
unlocatable
BR ˌʌnlə(ʊ)ˈkeɪtəbl
AM ənˈloʊˌkeɪdəb(ə)l
unlocated
BR ˌʌnlə(ʊ)ˈkeɪtɪd
AM ənˈloʊˌkeɪdɪd
unlock
BR (ˌ)ʌnˈlɒk, -s, -ɪŋ, -t
AM ənˈlɑk, -s, -ɪŋ, -t
unlooked
BR (ˌ)ʌnˈlʊkt
AM ənˈlʊkt
unlooked-for
BR (ˌ)ʌnˈlʊktfɔː(r)
AM ənˈlʊktˌfɔ(ə)r

unloose
BR (ˌ)ʌnˈluːs, -ɪz, -ɪŋ, -t
AM ˌənˈlus, -əz, -ɪŋ, -t
unloosen
BR (ˌ)ʌnˈluːs|n, -nz, -nɪŋ\-nɪŋ, -nd
AM ənˈlusən̩, -z, -ɪŋ, -d
unlovable
BR (ˌ)ʌnˈlʌvəbl
AM ənˈlʌvəb(ə)l
unloveable
BR (ˌ)ʌnˈlʌvəbl
AM ənˈlʌvəb(ə)l
unloved
BR (ˌ)ʌnˈlʌvd
AM ənˈlʌvd
unloveliness
BR (ˌ)ʌnˈlʌvlɪnɪs
AM ənˈlʌvlinɪs
unlovely
BR (ˌ)ʌnˈlʌvli
AM ənˈlʌvli
unloving
BR (ˌ)ʌnˈlʌvɪŋ
AM ənˈlʌvɪŋ
unlovingly
BR (ˌ)ʌnˈlʌvɪŋli
AM ənˈlʌvɪŋli
unlovingness
BR (ˌ)ʌnˈlʌvɪŋnɪs
AM ənˈlʌvɪŋnɪs
unluckily
BR (ˌ)ʌnˈlʌkɪli
AM ənˈləkəli
unluckiness
BR (ˌ)ʌnˈlʌkɪnɪs
AM ənˈləkɪnɪs
unlucky
BR (ˌ)ʌnˈlʌk|i, -ɪə(r), -ɪɪst
AM ənˈləki, -ər, -ɪst
unmade
BR ˌʌnˈmeɪd
AM ənˈmeɪd
unmaidenly
BR ˌʌnˈmeɪdnli
AM ənˈmeɪdnli
unmake
BR ˌʌnˈmeɪk, -s, -ɪŋ
AM ənˈmeɪk, -s, -ɪŋ

unmalleable
BR ˌʌnˈmalɪəbl
AM ˌənˈmæl(j)əb(ə)l, ˌənˈmæliəb(ə)l

unman
BR ˌʌnˈman, -z, -ɪŋ, -d
AM ˌənˈmæn, -z, -ɪŋ, -d

unmanageable
BR (ˌ)ʌnˈmanɪdʒəbl
AM ˌənˈmænədʒəb(ə)l

unmanageableness
BR (ˌ)ʌnˈmanɪdʒəblnəs
AM ˌən-ˈmænədʒəbəlnəs

unmanageably
BR (ˌ)ʌnˈmanɪdʒəbli
AM ˌənˈmænədʒəbli

unmanaged
BR (ˌ)ʌnˈmanɪdʒd
AM ˌənˈmænədʒd

unmaneuvrable
BR ˌʌnməˈnuːv(ə)rəbl
AM ˌənmə-ˈn(j)uv(ə)rəb(ə)l

unmanliness
BR (ˌ)ʌnˈmanlɪnɪs
AM ˌənˈmænlɪnɪs

unmanly
BR (ˌ)ʌnˈmanli
AM ˌənˈmænli

unmanned
BR ˌʌnˈmand
AM ˌənˈmænd

unmannered
BR ˌʌnˈmanəd
AM ˌənˈmænərd

unmannerliness
BR ˌʌnˈmanəlɪnɪs
AM ˌənˈmænərlɪnɪs

unmannerly
BR ˌʌnˈmanəli
AM ˌənˈmænərli

unmanoeuvrable
BR ˌʌnməˈnuːv(ə)rəbl
AM ˌənmə-ˈn(j)uv(ə)rəb(ə)l

unmanured
BR ˌʌnməˈnjʊəd, ˌʌnməˈnjɔːd
AM ˌənməˈn(j)ʊ(ə)rd

unmapped
BR ˌʌnˈmapt
AM ˌənˈmæpt

unmarked
BR ˌʌnˈmɑːkt
AM ˌənˈmɑrkt

unmarkedness
BR ˌʌnˈmɑːkɪdnɪs
AM ˌənˈmɑrkədnəs

unmarketable
BR ˌʌnˈmɑːkɪtəbl
AM ˌənˈmɑrkədəb(ə)l

unmarred
BR ˌʌnˈmɑːd
AM ˌənˈmɑrd

unmarriageable
BR ˌʌnˈmarɪdʒəbl
AM ˌənˈmerədʒəb(ə)l

unmarried
BR ˌʌnˈmarɪd
AM ˌənˈmerɪd

unmasculine
BR ˌʌnˈmaskjʊlɪn
AM ˌənˈmæskjəl(ə)n

unmask
BR ˌʌnˈmɑːsk, -s, -ɪŋ, -t
AM ˌənˈmæsk, -s, -ɪŋ, -t

unmasker
BR ˌʌnˈmɑːskə(r), -z
AM ˌənˈmæskər, -z

unmatchable
BR ˌʌnˈmatʃəbl
AM ˌənˈmætʃəb(ə)l

unmatchably
BR ˌʌnˈmatʃəbli
AM ˌənˈmætʃəbli

unmatched
BR ˌʌnˈmatʃt
AM ˌənˈmætʃt

unmated
BR ˌʌnˈmeɪtɪd
AM ˌənˈmeɪdɪd

unmatured
BR ˌʌnməˈtʃʊəd, ˌʌnməˈtjʊəd, ˌʌnməˈtʃɔːd, ˌʌnməˈtjɔːd
AM ˌənməˈtʃʊ(ə)rd, ˌənməˈtʃɚd

unmeaning
BR (ˌ)ʌnˈmiːnɪŋ
AM ˌənˈminɪŋ

unmeaningly
BR (ˌ)ʌnˈmiːnɪŋli
AM ˌənˈminɪŋli

unmeaningness
BR (ˌ)ʌnˈmiːnɪŋnɪs
AM ˌənˈminɪŋnɪs

unmeant
BR ˌʌnˈment
AM ˌənˈment

unmeasurable
BR (ˌ)ʌnˈmeʒ(ə)rəbl
AM ˌənˈmeʒərbəl, ˌən-ˈmeʒ(ə)rəb(ə)l

unmeasurably
BR (ˌ)ʌn-ˈmeʒ(ə)rəbli
AM ˌənˈmeʒərbli, ˌənˈmeʒ(ə)rəbli

unmeasured
BR (ˌ)ʌnˈmeʒəd
AM ˌənˈmeʒərd

unmediated
BR ˌʌnˈmiːdɪeɪtɪd
AM ˌənˈmidi-ˌeɪdɪd

unmelodious
BR ˌʌnmɪˈləʊdɪəs
AM ˌənməˈloʊdɪəs

unmelodiously
BR ˌʌnmɪˈləʊdɪəsli
AM ˌənməˈloʊdɪəsli

unmelted
BR ˌʌnˈmeltɪd
AM ˌənˈmeltəd

unmemorable
BR ˌʌnˈmem(ə)rəbl
AM ˌənˈmemərbəl, ˌənˈmem(ə)rəb(ə)l

unmemorably
BR ˌʌnˈmem(ə)rəbli
AM ˌənˈmemərbli, ˌənˈmem(ə)rəbli

unmended
BR ˌʌnˈmendɪd
AM ˌənˈmendəd

unmentionability
BR ˌʌnˌmenʃnəˈbɪlɪti, ˌʌnˌmenʃnə-ˈbɪlɪti
AM ˌən,men(t)ʃ(ə)nə-ˈbɪlɪdi

unmentionable
BR ʌnˈmenʃn̩əbl, ʌnˈmenʃnəbl, -z
AM ˌən-ˈmen(t)ʃ(ə)nəb(ə)l, -z

unmentionableness
BR ʌnˈmenʃn̩əblnəs, ʌnˈmenʃnəblnəs
AM ˌən-ˈmen(t)ʃ(ə)nəbəlnəs

unmentionably
BR ʌnˈmenʃn̩əbli, ʌnˈmenʃnəbli
AM ˌən-ˈmen(t)ʃ(ə)nəbli

unmentioned
BR ʌnˈmenʃnd
AM ˌənˈmen(t)ʃənd

unmerchantable
BR ˌʌnˈməːtʃn̩təbl
AM ˌən-ˈmɚtʃən(t)əb(ə)l

unmerciful
BR ʌnˈməːsɪf(ʊ)l
AM ˌənˈmɚsəfəl

unmercifully
BR ʌnˈməːsɪfʊli, ʌnˈməːsɪfli
AM ˌənˈmɚsəf(ə)li

unmercifulness
BR ʌnˈməːsɪf(ʊ)lnəs
AM ˌənˈmɚsəfəlnəs

unmerited
BR (ˌ)ʌnˈmerɪtɪd
AM ˌənˈmerədəd

unmeritorious
BR ˌʌnmerɪˈtɔːrɪəs
AM ˌənˌmerəˈtɔrɪəs

unmet
BR ˌʌnˈmet
AM ˌənˈmet

unmetalled
BR ˌʌnˈmetld
AM ˌənˈmedld

unmethodical
BR ˌʌnmɪˈθɒdɪkl
AM ˌənməˈθɑdək(ə)l

unmethodically
BR ˌʌnmɪˈθɒdɪkli
AM ˌənməˈθɑdək(ə)li

unmetrical
BR ˌʌnˈmetrɪkl
AM ˌənˈmetrək(ə)l

unmilitary
BR ˌʌnˈmɪlɪt(ə)ri
AM ˌənˈmɪləˌteri

unmindful
BR (ˌ)ʌnˈmʌɪn(d)fʊl
AM ˌənˈmaɪndfəl

unmindfully
BR (ˌ)ʌnˈmʌɪn(d)fəli,
(ˌ)ʌnˈmʌɪn(d)fli
AM ˌənˈmain(d)fəli

unmindfulness
BR (ˌ)ʌn-
ˈmʌɪn(d)f(ʊ)lnəs
AM ˌənˈmain(d)fəlnəs

unmingled
BR ˌʌnˈmɪŋgld
AM ˌənˈmɪŋgəld

unmissable
BR ˌʌnˈmɪsəbl
AM ˌənˈmɪsəb(ə)l

unmistakability
BR ˌʌnmɪˌsteɪkəˈbɪlɪti
AM ˌənməˌsteɪkəˈbɪlɪdi

unmistakable
BR ˌʌnmɪˈsteɪkəbl
AM ˌənməˈsteɪkəb(ə)l

unmistakableness
BR ˌʌnmɪˈsteɪkəblnəs
AM ˌənməˈsteɪkəbəlnəs

unmistakably
BR ˌʌnmɪˈsteɪkəbli
AM ˌənməˈsteɪkəbli

unmistakeability
BR ˌʌnmɪˌsteɪkəˈbɪlɪti
AM ˌənməˌsteɪkə-
ˈbɪlɪdi

unmistakeable
BR ˌʌnmɪˈsteɪkəbl
AM ˌənməˈsteɪkəb(ə)l

unmistakeableness
BR ˌʌnmɪˈsteɪkəblnəs
AM ˌənmə-
ˈsteɪkəbəlnəs

unmistakeably
BR ˌʌnmɪˈsteɪkəbli
AM ˌənməˈsteɪkəbli

unmistaken
BR ˌʌnmɪˈsteɪk(ə)n
AM ˌənməˈsteɪkən

unmitigated
BR ʌnˈmɪtɪgeɪtɪd
AM ənˈmɪdəˌgeɪdɪd

unmitigatedly
BR ʌnˈmɪtɪgeɪtɪdli
AM ənˈmɪdəˌgeɪdɪdli

unmixed
BR ˌʌnˈmɪkst
AM ˌənˈmɪkst

unmodernised
BR ˌʌnˈmɒdənʌɪzd
AM ˌənˈmɑdərˌnaɪzd

unmodernized
BR ˌʌnˈmɒdənʌɪzd
AM ˌənˈmɑdərˌnaɪzd

unmodified
BR (ˌ)ʌnˈmɒdɪfʌɪd
AM ˌənˈmɑdəˌfaɪd

unmodulated
BR (ˌ)ʌnˈmɒdjʉleɪtɪd,
(ˌ)ʌnˈmɒdʒʉleɪtɪd
AM ˌənˈmɑdʒəˌleɪdɪd

unmolested
BR ˌʌnməˈlestɪd
AM ˌənməˈlestəd

unmoor
BR ˌʌnˈmʊə(r),
ˌʌnˈmɔː(r), -z,
-ɪŋ, -d
AM ˌənˈmʊ|ə)r,
-(ə)rz, -rɪŋ, -(ə)rd

unmoral
BR ˌʌnˈmɒrl̩
AM ˌənˈmɔrəl

unmorality
BR ˌʌnməˈralɪti
AM ˌənməˈrælədi

unmorally
BR ˌʌnˈmɒrl̩i
AM ˌənˈmɔrəli

unmotherly
BR ˌʌnˈmʌðəli
AM ˌənˈməðərli

unmotivated
BR ʌnˈməʊtɪveɪtɪd
AM ənˈmoʊdəˌveɪdɪd

unmounted
BR ʌnˈmaʊntɪd
AM ənˈmaʊn(t)əd

unmourned
BR ˌʌnˈmɔːnd
AM ˌənˈmɔrnd

unmovable
BR (ˌ)ʌnˈmuːvəbl
AM ˌənˈmuvəb(ə)l

unmoveable
BR (ˌ)ʌnˈmuːvəbl
AM ˌənˈmuvəb(ə)l

unmoved
BR (ˌ)ʌnˈmuːvd
AM ˌənˈmuvd

unmoving
BR (ˌ)ʌnˈmuːvɪŋ
AM ˌənˈmuvɪŋ

unmown
BR ˌʌnˈməʊn
AM ˌənˈmoʊn

unmuffle
BR ˌʌnˈmʌf|l, -lz,
-l̩ɪŋ\-lɪŋ, -ld
AM ˌənˈməf|əl, -əlz,
-(ə)lɪŋ, -əld

unmurmuring
BR ˌʌnˈmɜːm(ə)rɪŋ
AM ˌənˈmərmərɪŋ

unmurmuringly
BR ˌʌnˈmɜːm(ə)rɪŋli
AM ˌənˈmərmərɪŋli

unmusical
BR ˌʌnˈmjuːzɪkl
AM ˌənˈmjuzək(ə)l

unmusicality
BR ˌʌnmjuːzɪˈkalɪti
AM ˌənˌmjuzəˈkælədi

unmusically
BR ˌʌnˈmjuːzɪkli
AM ˌənˈmjuzək(ə)li

unmusicalness
BR ˌʌnˈmjuːzɪklnɪs
AM ˌənˈmjuzəkəlnəs

unmutilated
BR ʌnˈmjuːtɪleɪtɪd
AM ənˈmjudəleɪdɪd

unmuzzle
BR ˌʌnˈmʌz|l, -lz,
-l̩ɪŋ\-lɪŋ, -ld
AM ˌənˈməz|əl, -əlz,
-(ə)lɪŋ, -əld

unnail
BR ʌnˈneɪl, -z, -ɪŋ, -d
AM ˌənˈneɪl, -z, -ɪŋ, -d

unnameable
BR ʌnˈneɪməbl
AM ˌənˈneɪməb(ə)l

unnamed
BR ˌʌnˈneɪmd
AM ˌəˈ(n)ˈneɪmd

unnational
BR ˌʌnˈnaʃn̩l
AM ˌənˈnæʃ(ə)n(ə)l

unnatural
BR (ˌ)ʌnˈnatʃ(ə)rl̩
AM ˌənˈnætʃ(ə)rəl

unnaturally
BR (ˌ)ʌnˈnatʃ(ə)rl̩i
AM ˌənˈnætʃ(ə)rəli

unnaturalness
BR (ˌ)ʌnˈnatʃ(ə)rl̩nəs
AM ˌənˈætʃ(ə)rəlnəs

unnavigability
BR ˌʌnnavɪgəˈbɪlɪti
AM ˌənˌnævəgəˈbɪlɪdi

unnavigable
BR ʌnˈnavɪgəbl
AM ˌənˈnævəgəb(ə)l

unnecessarily
BR (ˌ)ʌnˈnesɪs(ə)rɪli,
ˌʌnnɛsɪˈserɪli
AM ˌənˌnesəˈserəli

unnecessariness
BR (ˌ)ʌnˈnesɪs(ə)rɪnɪs
AM ˌənˈnesəˌserɪnɪs

unnecessary
BR (ˌ)ʌnˈnesɪs(ə)ri,
ˌʌnˈnesɪseri
AM ˌənˈnesəˌseri

unneeded
BR ʌnˈniːdɪd
AM ˌənˈnidɪd

unneighborliness
BR ʌnˈneɪbəlɪnɪs
AM ˌənˈneɪbərlɪnɪs

unneighborly
BR ʌnˈneɪbəli
AM ˌənˈneɪbərli

unneighbourliness
BR ʌnˈneɪbəlɪnɪs
AM ˌənˈneɪbərlɪnɪs

unneighbourly
BR ʌnˈneɪbəli
AM ˌənˈneɪbərli

unnerve
BR ʌnˈnɜːv, -z,
-ɪŋ, -d
AM ˌənˈnərv, -z,
-ɪŋ, -d

unnervingly
BR ˌʌnˈnɜːvɪŋli
AM ˌənˈnɜrvɪŋli

unnoticeable
BR (ˌ)ʌnˈnəʊtɪsəbl
AM ˌənˈnoʊdəsəb(ə)l

unnoticeably
BR (ˌ)ʌnˈnəʊtɪsəbli
AM ˌənˈnoʊdəsəbli

unnoticed
BR (ˌ)ʌnˈnəʊtɪst
AM ˌənˈnoʊdəst

UNNRA
BR ˈʌnrə(ʔ)
AM ˈənrə

unnumbered
BR ˌʌnˈnʌmbəd
AM ˌənˈnəmbərd

Uno *card game*
BR ˈuːnəʊ
AM ˈunoʊ

UNO
BR ˈjuːnəʊ
AM ˈjuˌnoʊ

uno *number*
BR ˈuːnəʊ
AM ˈunoʊ
IT ˈuno

unoaked
BR ʌnˈəʊkt
AM ənˈoʊkt

unobjectionable
BR ˌʌnəbˈdʒekʃn̩əbl,
ˌʌnəbˈdʒekʃnəbl
AM ˌənəb-
ˈdʒekʃ(ə)nəb(ə)l

unobjectionableness
BR ˌʌnəbˈdʒekʃn̩əblnəs,
ˌʌnəbˈdʒekʃnəblnəs
AM ˌənəb-
ˈdʒekʃ(ə)nəbəlnəs

unobjectionably
BR ˌʌnəbˈdʒekʃn̩əbli,
ˌʌnəbˈdʒekʃnəbli
AM ˌənəbˈdʒekʃ(ə)nəbli

unobliging
BR ˌʌnəˈblʌɪdʒɪŋ
AM ˌənəˈblaɪdʒɪŋ

unobscured
BR ˌʌnəbˈskjʊəd,
ˌʌnəbˈskjɔːd
AM ˌənəbˈskjʊ(ə)rd

unobservable
BR ˌʌnəbˈzɜːvəbl
AM ˌənəbˈzɜrvəb(ə)l

unobservant
BR ˌʌnəbˈzɜːvnt
AM ˌənəbˈzɜrvənt

unobservantly
BR ˌʌnəbˈzɜːvntli
AM ˌənəb-
ˈzɜrvən(t)li

unobserved
BR ˌʌnəbˈzɜːvd
AM ˌənəbˈzɜrvd

unobservedly
BR ˌʌnəbˈzɜːvɪdli
AM ˌənəbˈzɜrvədli

unobstructed
BR ˌʌnəbˈstrʌktɪd
AM ˌənəbˈstrəktəd

unobtainable
BR ˌʌnəbˈteɪnəbl
AM ˌənəbˈteɪnəb(ə)l

unobtainably
BR ˌʌnəbˈteɪnəbli
AM ˌənəbˈteɪnəbli

unobtrusive
BR ˌʌnəbˈtruːsɪv
AM ˌənəbˈtrusɪv

unobtrusively
BR ˌʌnəbˈtruːsɪvli
AM ˌənəbˈtrusɪvli

unobtrusiveness
BR ˌʌnəbˈtruːsɪvnɪs
AM ˌənəbˈtrusɪvnɪs

unoccupancy
BR (ˌ)ʌnˈɒkjʊp(ə)nsi
AM ˌənˈɑkjəpənsi

unoccupied
BR (ˌ)ʌnˈɒkjʊpʌɪd
AM ˌənˈɑkjəˌpaɪd

unoffended
BR ˌʌnəˈfendɪd
AM ˌənəˈfendəd

unoffending
BR ˌʌnəˈfendɪŋ
AM ˌənəˈfendɪŋ

unofficial
BR ˌʌnəˈfɪʃl
AM ˌənəˈfɪʃ(ə)l

unofficially
BR ˌʌnəˈfɪʃli
AM ˌənəˈfɪʃəli

unoiled
BR ˌʌnˈɔɪld
AM ˌənˈɔɪld

unopenable
BR ˌʌnˈəʊp(ə)nəbl
AM ˌənˈoʊp(ə)nəb(ə)l

unopened
BR ˌʌnˈəʊpnd
AM ˌənˈoʊpənd

unopposed
BR ˌʌnəˈpəʊzd
AM ˌənəˈpoʊzd

unordained
BR ˌʌnɔːˈdeɪnd
AM ˌənɔrˈdeɪnd

unordered
BR ˌʌnˈɔːdəd
AM ˌənˈɔrdərd

unordinary
BR ˌʌnˈɔːdɪn(ə)ri,
ˌʌnˈɔːdn̩(ə)ri
AM ˌənˈɔrdn̩ˌɛri

unorganised
BR (ˌ)ʌnˈɔːgənʌɪzd
AM ˌənˈɔrgəˌnaɪzd

unorganized
BR (ˌ)ʌnˈɔːgənʌɪzd
AM ˌənˈɔrgəˌnaɪzd

unoriginal
BR ˌʌnəˈrɪdʒɪnl
AM ˌənəˈrɪdʒ(ə)n(ə)l

unoriginality
BR ˌʌnəˌrɪdʒɪˈnaliti
AM ˌənəˌrɪdʒəˈnælədi

unoriginally
BR ˌʌnəˈrɪdʒɪnli
AM ˌənəˈrɪdʒ(ə)nəli

unornamental
BR ˌʌnɔːnəˈmentl
AM ˌənˌɔrnəˈmen(t)l

unornamented
BR ˌʌnˈɔːnəmentɪd
AM ˌənˈɔrnəˌmen(t)əd

unorthodox
BR (ˌ)ʌnˈɔːθədɒks
AM ˌənˈɔrθəˌdɑks

unorthodoxly
BR (ˌ)ʌnˈɔːθədɒksli
AM ˌənˈɔrθəˌdɑksli

unorthodoxy
BR (ˌ)ʌnˈɔːθədɒksi
AM ˌənˈɔrθəˌdɑksi

unostentatious
BR ˌʌnɒst(ɛ)nˈteɪʃəs
AM ˌənˌɑst(ə)nˈteɪʃəs

unostentatiously
BR ˌʌnɒst(ɛ)nˈteɪʃəsli
AM ˌənˌɑst(ə)nˈteɪʃəsli

unostentatiousness
BR ˌʌnɒst(ɛ)nˈteɪʃəsnəs
AM ˌənˌɑst(ə)n-
ˈteɪʃəsnəs

unowned
BR ˌʌnˈəʊnd
AM ˌənˈoʊnd

unoxidised
BR ˌʌnˈɒksɪdʌɪzd
AM ˌənˈɑksəˌdaɪzd

unoxidized
BR ˌʌnˈɒksɪdʌɪzd
AM ˌənˈɑksəˌdaɪzd

unpack
BR ˌʌnˈpak, -s, -ɪŋ, -t
AM ˌənˈpæk, -s, -ɪŋ, -t

unpacker
BR ˌʌnˈpakə(r), -z
AM ˌənˈpækər, -z

unpadded
BR ˌʌnˈpadɪd
AM ˌənˈpædəd

unpaged
BR ˌʌnˈpeɪdʒd
AM ˌənˈpeɪdʒd

unpaginated
BR ˌʌnˈpadʒɪneɪtɪd
AM ˌənˈpædʒəˌneɪdɪd

unpaid
BR ˌʌnˈpeɪd
AM ˌənˈpeɪd

unpainted
BR ˌʌnˈpeɪntɪd
AM ˌənˈpeɪn(t)ɪd

unpaired
BR ˌʌnˈpɛːd
AM ˌənˈpɛ(ə)rd

unpalatability
BR ˌʌnpalətəˈbɪlɪti
AM ˌənˌpælədəˈbɪlɪdi

unpalatable
BR (ˌ)ʌnˈpalətəbl
AM ˌənˈpælədəb(ə)l

unpalatableness
BR (ˌ)ʌnˈpalətəblnəs
AM ˌənˈpælədəbəlnəs

unpalatably
BR (ˌ)ʌnˈpalətəbli
AM ˌənˈpælədəbli

unparalleled
BR (ˌ)ʌnˈparəlɛld
AM ˌənˈpɛrəˌlɛld

unpardonable
BR (ˌ)ʌnˈpɑːdn̩əbl,
(ˌ)ʌnˈpɑːdnəbl
AM ˌənˈpɑrdn̩əb(ə)l

unpardonableness
BR (ˌ)ʌnˈpɑːdn̩əblnəs,
(ˌ)ʌnˈpɑːdnəblnəs
AM ˌənˈpɑrdn̩əbəlnəs

unpardonably
BR (ˌ)ʌnˈpɑːdn̩əbli,
(ˌ)ʌnˈpɑːdnəbli
AM ˌənˈpɑrdn̩əbli

unparliamentary
BR ˌʌnpɑːləˈmɛnt(ə)ri
AM ˌənˌpɑrl(j)əˈmɛn(t)əri

unpasteurised
BR (ˌ)ʌnˈpɑːst(ʃ)ərʌɪzd,
(ˌ)ʌnˈpɑːstjərʌɪzd
AM ˌənˈpæʃtʃəˌraɪzd,
ˌənˈpæstəˌraɪzd,
ˌənˈpæstʃəˌraɪzd

unpasteurized
BR (ˌ)ʌnˈpɑːst(ʃ)ərʌɪzd,
(ˌ)ʌnˈpɑːstjərʌɪzd
AM ˌənˈpæʃtʃəˌraɪzd,
ˌənˈpæstəˌraɪzd,
ˌʌnˈpæstʃəˌraɪzd

unpatented
BR ˌʌnˈpatntɪd,
ˌʌnˈpeɪtntɪd
AM ˌənˈpætn(t)əd

unpatriotic
BR ˌʌnpatrɪˈɒtɪk,
ˌʌnpeɪtrɪˈɒtɪk
AM ˌənˌpeɪtriˈadɪk

unpatriotically
BR ˌʌnpatrɪˈɒtɪkli,
ˌʌnpeɪtrɪˈɒtɪkli
AM ˌənˌpeɪtriˈɒdək(ə)li

unpatronising
BR ˌʌnˈpatrənʌɪzɪŋ
AM ˌənˈpætrəˌnaɪzɪŋ,
ˌənˈpeɪtrəˌnaɪzɪŋ

unpatronizing
BR ˌʌnˈpatrənʌɪzɪŋ
AM ˌənˈpætrəˌnaɪzɪŋ,
ˌənˈpeɪtrəˌnaɪzɪŋ

unpatterned
BR ˌʌnˈpat(ə)nd
AM ˌənˈpædərnd

unpaved
BR ˌʌnˈpeɪvd
AM ˌənˈpeɪvd

unpeaceful
BR ˌʌnˈpiːsf(ʊ)l
AM ˌənˈpisfəl

unpeeled
BR ˌʌnˈpiːld
AM ˌənˈpild

unpeg
BR ˌʌnˈpɛg, -z, -ɪŋ, -d
AM ˌənˈpɛg, -z, -ɪŋ, -d

unpenalised
BR ˌʌnˈpiːnl̩ʌɪzd
AM ˌənˈpinlˌaɪzd,
ˌənˈpɛnlˌaɪzd

unpenalized
BR ˌʌnˈpiːnl̩ʌɪzd
AM ˌənˈpinlˌaɪzd,
ˌənˈpɛnlˌaɪzd

unpeople
BR ˌʌnˈpiːpl, -z, -ɪŋ, -d
AM ˌənˈpipəl, -z, -ɪŋ, -d

unperceived
BR ˌʌnpəˈsiːvd
AM ˌənpərˈsivd

unperceptive
BR ˌʌnpəˈsɛptɪv
AM ˌənpərˈsɛptɪv

unperceptively
BR ˌʌnpəˈsɛptɪvli
AM ˌənpərˈsɛptɪvli

unperceptiveness
BR ˌʌnpəˈsɛptɪvnɪs
AM ˌənpərˈsɛptɪvnɪs

unperfected
BR ˌʌnpəˈfɛktɪd
AM ˌənpərˈfɛktəd

unperforated
BR (ˌ)ʌnˈpəːfəreɪtɪd
AM ˌənˈpərfəˌreɪdɪd

unperformed
BR ˌʌnpəˈfɔːmd
AM ˌənpərˈfɔrmd

unperfumed
BR ˌʌnˈpəːˈfjuːmd
AM ˌənpərˈfjumd,
ˌənˈpərˌfjumd

unperson
BR ˌʌnˈpəːsn, -z
AM ˈˌənˌpərs(ə)n, -z

unpersuadable
BR ˌʌnpəˈsweɪdəbl
AM ˌənpərˈsweɪdəb(ə)l

unpersuaded
BR ˌʌnpəˈsweɪdɪd
AM ˌənpərˈsweɪdɪd

unpersuasive
BR ˌʌnpəˈsweɪsɪv
AM ˌənpərˈsweɪsɪv

unpersuasively
BR ˌʌnpəˈsweɪsɪvli
AM ˌənpərˈsweɪsɪvli

unperturbed
BR ˌʌnpəˈtəːbd
AM ˌənpərˈtərbd

unperturbedly
BR ˌʌnpəˈtəːbɪdli
AM ˌənpərˈtərbədli

unphased
BR ˌʌnˈfeɪzd
AM ˌənˈfeɪzd

unphilosophic
BR ˌʌnfɪləˈsɒfɪk
AM ˌənˌfɪləˈsafɪk

unphilosophical
BR ˌʌnfɪləˈsɒfɪkl
AM ˌənˌfɪləˈsafək(ə)l

unphilosophically
BR ˌʌnfɪləˈsɒfɪkli
AM ˌənˌfɪləˈsafək(ə)li

unphysiological
BR ˌʌnfɪzɪəˈlɒdʒɪkl
AM ˌənˌfɪziəˈladʒək(ə)l

unphysiologically
BR ˌʌnfɪzɪəˈlɒdʒɪkli
AM ˌənˌfɪziəˈladʒək(ə)li

unpick
BR ˌʌnˈpɪk, -s, -ɪŋ, -t
AM ˌənˈpɪk, -s, -ɪŋ, -t

unpicturesque
BR ˌʌnpɪktʃəˈrɛsk
AM ˌənˌpɪk(t)ʃəˈrɛsk

unpierced
BR ˌʌnˈpɪəst
AM ˌənˈpɪ(ə)rst

unpin
BR ˌʌnˈpɪn, -z, -ɪŋ, -d
AM ˌənˈpɪn, -z, -ɪŋ, -d

unpitied
BR ˌʌnˈpɪtɪd
AM ˌənˈpɪdid

unpitying
BR ˌʌnˈpɪtɪɪŋ
AM ˌənˈpɪdiɪŋ

unpityingly
BR ˌʌnˈpɪtɪɪŋli
AM ˌənˈpɪdiɪŋli

unplaceable
BR ˌʌnˈpleɪsəbl
AM ˌənˈpleɪsəb(ə)l

unplaced
BR ˌʌnˈpleɪst
AM ˌənˈpleɪst

unplait
BR ˌʌnˈplat, -s, -ɪŋ, -ɪd
AM ˌənˈplæ|t, -ts, -dɪŋ, -dəd

unplanned
BR ˌʌnˈpland
AM ˌənˈplænd

unplanted
BR ˌʌnˈplɑːntɪd
AM ˌənˈplæn(t)əd

unplastered
BR ˌʌnˈplɑːstəd
AM ˌənˈplæstərd

unplasticised
BR ˌʌnˈplastɪsʌɪzd
AM ˌənˈplæstəˌsaɪzd

unplasticized
BR ˌʌnˈplastɪsʌɪzd
AM ˌənˈplæstəˌsaɪzd

unplausible
BR ˌʌnˈplɔːzɪbl
AM ˌənˈplɑzəb(ə)l,
ˌənˈplɔzəb(ə)l

unplayable
BR (ˌ)ʌnˈpleɪəbl
AM ˌənˈpleɪəb(ə)l

unplayably
BR (ˌ)ʌnˈpleɪəbli
AM ˌənˈpleɪəbli

unplayed
BR (ˌ)ʌnˈpleɪd
AM ˌənˈpleɪd

unpleasant
BR ʌnˈpleznt
AM ˌənˈpleznt
unpleasantly
BR ʌnˈplezntli
AM ˌənˈplezn(t)li
unpleasantness
BR ʌnˈplezntnəs
AM ˌənˈplezn(t)nəs
unpleasantry
BR (ˌ)ʌnˈplezntr|i, -ɪz
AM ˌənˈplezntri, -z
unpleasing
BR (ˌ)ʌnˈpliːzɪŋ
AM ˌənˈplizɪŋ
unpleasingly
BR ˌʌnˈpliːzɪŋli
AM ˌənˈplizɪŋli
unpleasurable
BR (ˌ)ʌnˈpleʒ(ə)rəbl
AM ˌənˈpleʒ(ə)r(ə)bəl
unpledged
BR ʌnˈpledʒd
AM ˌənˈpledʒd
unploughed
BR ʌnˈplaʊd
AM ˌənˈplaʊd
unplowed
BR ʌnˈplaʊd
AM ˌənˈplaʊd
unplucked
BR ˌʌnˈplʌkt
AM ˌənˈpləkt
unplug
BR ʌnˈplʌg, -z, -ɪŋ, -d
AM ˌənˈpləg, -z, -ɪŋ, -d
unplumbable
BR ʌnˈplʌməbl
AM ˌənˈpləməb(ə)l
unplumbed
BR ʌnˈplʌmd
AM ˌənˈpləmd
unpoetic
BR ˌʌnpəʊˈetɪk
AM ˌənpoʊˈedɪk
unpoetical
BR ˌʌnpəʊˈetɪkl
AM ˌənpoʊˈedɪk(ə)l
unpoetically
BR ˌʌnpəʊˈetɪkli
AM ˌənpoʊˈedək(ə)li

unpoeticalness
BR ˌʌnpəʊˈetɪklnəs
AM ˌənpoʊˈedɪkəlnəs
unpointed
BR ʌnˈpɔɪntɪd
AM ˌənˈpɔɪn(t)ɪd
unpolarised
BR ʌnˈpəʊlərʌɪzd
AM ˌənˈpoʊləˌraɪzd
unpolarized
BR ʌnˈpəʊlərʌɪzd
AM ˌənˈpoʊləˌraɪzd
unpolished
BR ʌnˈpɒlɪʃt
AM ˌənˈpalɪʃt
unpolitic
BR ʌnˈpɒlɪtɪk
AM ˌənˈpalədɪk
unpolitical
BR ˌʌnpəˈlɪtɪkl
AM ˌənpəˈlɪdɪk(ə)l
unpolitically
BR ˌʌnpəˈlɪtɪkli
AM ˌənpəˈlɪdɪk(ə)li
unpolled
BR ʌnˈpəʊld
AM ˌənˈpoʊld
unpollinated
BR ʌnˈpɒlɪneɪtɪd
AM ˌənˈpaləˌneɪdɪd
unpolluted
BR ˌʌnpəˈl(j)uːtɪd
AM ˌənpəˈludəd
unpompous
BR ʌnˈpɒmpəs
AM ˌənˈpampəs
unpopular
BR (ˌ)ʌnˈpɒpjələ(r)
AM ˌənˈpapjələr
unpopularity
BR ˌʌnpɒpjʉˈlarɪti
AM ˌənpapjəˈlerədi
unpopularly
BR (ˌ)ʌnˈpɒpjʉləli
AM ˌənˈpapjələrli
unpopulated
BR ʌnˈpɒpjʉleɪtɪd
AM ˌənˈpapjəˌleɪdɪd
unposed
BR ʌnˈpəʊzd
AM ˌənˈpoʊzd

unpossessed
BR ˌʌnpəˈzest
AM ˌənpəˈzest
unposted
BR ˌʌnˈpəʊstɪd
AM ˌənˈpoʊstəd
unpowered
BR ˌʌnˈpaʊəd
AM ˌənˈpaʊərd
unpractical
BR (ˌ)ʌnˈpraktɪkl
AM ˌənˈpræktək(ə)l
unpracticality
BR ˌʌnpraktɪˈkalɪti
AM ˌənˌpræktəˈkælədi
unpractically
BR (ˌ)ʌnˈpraktɪkli
AM ˌənˈpræktək(ə)li
unpractised
BR (ˌ)ʌnˈpraktɪst
AM ˌənˈpræktəst
unprecedented
BR (ˌ)ʌnˈpresɪd(e)ntɪd
AM ˌən-ˈpresəden(t)əd
unprecedentedly
BR (ˌ)ʌn-ˈpresɪd(e)ntɪdli
AM ˌənˈpresəden(t)ədli
unpredictability
BR ˌʌnprɪˌdɪktəˈbɪlɪti
AM ˌənprəˌdɪktəˈbɪlɪdi
unpredictable
BR ˌʌnprɪˈdɪktəbl
AM ˌənprəˈdɪktəb(ə)l
unpredictableness
BR ˌʌnprɪˈdɪktəblnəs
AM ˌənprə-ˈdɪktəbəlnəs
unpredictably
BR ˌʌnprɪˈdɪktəbli
AM ˌənprəˈdɪktəbli
unpredicted
BR ˌʌnprɪˈdɪktɪd
AM ˌənprəˈdɪktɪd
unprejudiced
BR (ˌ)ʌnˈpredʒʊdɪst
AM ˌənˈpredʒədəst
unpremeditated
BR ˌʌnprɪˈmedɪteɪtɪd
AM ˌənpriˈmedəˌteɪdɪd, ˌənprəˈmedəˌteɪdɪd

unpremeditatedly
BR ˌʌnprɪˈmedɪteɪtɪdli
AM ˌənpriˈmedə-ˌteɪdɪdli, ˌənprə-ˈmedəˌteɪdɪdli
unprepared
BR ˌʌnprɪˈpɛːd
AM ˌənprəˈpe(ə)rd
unpreparedly
BR ˌʌnprɪˈpɛːrɪdli
AM ˌənprəˈper(ə)dli
unpreparedness
BR ˌʌnprɪˈpɛːrɪdnɪs
AM ˌənprə-ˈper(ə)dnəs
unprepossessing
BR ˌʌnpriːpəˈzesɪŋ
AM ˌənpripəˈzesɪŋ
unprescribed
BR ˌʌnprɪˈskrʌɪbd
AM ˌənprəˈskraɪbd
unpresentable
BR ˌʌnprɪˈzentəbl
AM ˌənprəˈzen(t)əb(ə)l
unpressed
BR ʌnˈprest
AM ˌənˈprest
unpressurised
BR ʌnˈpreʃərʌɪzd
AM ˌənˈpreʃəˌraɪzd
unpressurized
BR ʌnˈpreʃərʌɪzd
AM ˌənˈpreʃəˌraɪzd
unpresuming
BR ˌʌnprɪˈzjuːmɪŋ
AM ˌənprəˈz(j)umɪŋ
unpresumptuous
BR ˌʌnprɪˈzʌm(p)tʃʊəs, ˌʌnprɪˈzʌm(p)tjʊəs
AM ˌənprə-ˈzəm(p)(t)ʃ(əw)əs, ˌənpri-ˈzəm(p)(t)ʃ(əw)əs
unpretending
BR ˌʌnprɪˈtendɪŋ
AM ˌənprəˈtendɪŋ
unpretendingly
BR ˌʌnprɪˈtendɪŋli
AM ˌənprəˈtendɪŋli
unpretendingness
BR ˌʌnprɪˈtendɪŋnɪs
AM ˌənprəˈtendɪŋnɪs

unpretentious
BR ˌʌnprɪˈtenʃəs
AM ˌənprəˈten(t)ʃəs

unpretentiously
BR ˌʌnprɪˈtenʃəsli
AM ˌənprəˈten(t)ʃəsli

unpretentiousness
BR ˌʌnprɪˈtenʃəsnəs
AM ˌənprəˈten(t)ʃəsnəs

unpreventable
BR ˌʌnprɪˈventəbl
AM ˌənprəˈven(t)əb(ə)l

unpriced
BR ˌʌnˈpraɪst
AM ˌənˈpraɪst

unprimed
BR ˌʌnˈpraɪmd
AM ˌənˈpraɪmd

unprincipled
BR (ˌ)ʌnˈprɪnsɪpld
AM ənˈprɪnsəpəld

unprincipledness
BR (ˌ)ʌnˈprɪnsɪpldnəs
AM ənˈprɪnsəpəldnəs

unprintable
BR (ˌ)ʌnˈprɪntəbl
AM ˌənˈprɪn(t)əb(ə)l

unprintably
BR (ˌ)ʌnˈprɪntəbli
AM ˌənˈprɪn(t)əbli

unprinted
BR (ˌ)ʌnˈprɪntɪd
AM ˌənˈprɪn(t)ɪd

unprivileged
BR (ˌ)ʌnˈprɪv(ɪ)lɪdʒd, (ˌ)ʌnˈprɪvl̩ɪdʒd
AM ˌənˈprɪv(ə)lɪdʒd

unproblematic
BR ˌʌnprɒbləˈmætɪk
AM ˌənˌprɑbləˈmædɪk

unproblematically
BR ˌʌnprɒbləˈmætɪkli
AM ˌənˌprɑbləˈmædək(ə)li

unprocessed
BR ˌʌnˈprəʊsest
AM ˌənˈprɑˌsest

unproclaimed
BR ˌʌnprəˈkleɪmd
AM ˌənˌproʊˈkleɪmd, ˌənprəˈkleɪmd

unprocurable
BR ˌʌnprəˈkjʊərəbl, ˌʌnprəˈkjɔːrəbl
AM ˌənprəˈkjʊrəb(ə)l

unproductive
BR ˌʌnprəˈdʌktɪv
AM ˌənprəˈdəktɪv

unproductively
BR ˌʌnprəˈdʌktɪvli
AM ˌənprəˈdəktɪvli

unproductiveness
BR ˌʌnprəˈdʌktɪvnɪs
AM ˌənprəˈdəktɪvnɪs

unprofessional
BR ˌʌnprəˈfeʃn̩l
AM ˌənprəˈfeʃ(ə)n(ə)l

unprofessionalism
BR ˌʌnprəˈfeʃn̩lɪzm, ˌʌnprəˈfeʃnəlɪzm
AM ˌənprəˈfeʃnəˌlɪz(ə)m, ˌənprəˈfeʃn̩lˌɪz(ə)m

unprofessionally
BR ˌʌnprəˈfeʃn̩li, ˌʌnprəˈfeʃnəli
AM ˌənprəˈfeʃ(ə)nəli

unprofitable
BR (ˌ)ʌnˈprɒfɪtəbl
AM ˌənˈprɑfədəb(ə)l

unprofitableness
BR (ˌ)ʌnˈprɒfɪtəblnəs
AM ˌənˈprɑfədəbəlnəs

unprofitably
BR (ˌ)ʌnˈprɒfɪtəbli
AM ˌənˈprɑfədəbli

unprogressive
BR ˌʌnprəˈgresɪv
AM ˌənproʊˈgresɪv, ˌənprəˈgresɪv

unprohibited
BR ˌʌnprəˈhɪbɪtɪd
AM ˌənproʊˈhɪbɪdɪd

unpromising
BR (ˌ)ʌnˈprɒmɪsɪŋ
AM ˌənˈprɑməsɪŋ

unpromisingly
BR (ˌ)ʌnˈprɒmɪsɪŋli
AM ˌənˈprɑməsɪŋli

unprompted
BR (ˌ)ʌnˈprɒm(p)tɪd
AM ˌənˈprɑm(p)təd

unpronounceable
BR ˌʌnprəˈnaʊnsəbl
AM ˌənprəˈnaʊnsəb(ə)l

unpronounceably
BR ˌʌnprəˈnaʊnsəbli
AM ˌənprəˈnaʊnsəbli

unpropertied
BR ˌʌnˈprɒpətɪd
AM ˌənˈprɑpərdɪd

unprophetic
BR ˌʌnprəˈfetɪk
AM ˌʌnprəˈfedɪk

unpropitious
BR ˌʌnprəˈpɪʃəs
AM ˌʌnprəˈpɪʃəs

unpropitiously
BR ˌʌnprəˈpɪʃəsli
AM ˌʌnprəˈpɪʃəsli

unpropitiousness
BR ˌʌnprəˈpɪʃəsnəs
AM ˌʌnprəˈpɪʃəsnəs

unprosperous
BR ˌʌnˈprɒsp(ə)rəs
AM ˌənˈprɑsp(ə)rəs

unprosperously
BR ˌʌnˈprɒsp(ə)rəsli
AM ˌənˈprɑsp(ə)rəsli

unprotected
BR ˌʌnprəˈtektɪd
AM ˌʌnprəˈtektəd

unprotectedness
BR ˌʌnprəˈtektɪdnɪs
AM ˌʌnprəˈtektədnəs

unprotesting
BR ˌʌnprəˈtestɪŋ
AM ˌənproʊˈtestɪŋ, ˌənprəˈtestɪŋ

unprotestingly
BR ˌʌnprəˈtestɪŋli
AM ˌən,proʊˈtestɪŋli, ˌənprəˈtestɪŋli

unprovability
BR ˌʌnpruːvəˈbɪlɪti
AM ˌənˌpruːvəˈbɪlɪdi

unprovable
BR ˌʌnˈpruːvəbl
AM ˌənˈpruːvəb(ə)l

unprovableness
BR ˌʌnˈpruːvəblnəs
AM ˌənˈpruːvəbəlnəs

unproved
BR ˌʌnˈpruːvd
AM ˌənˈpruvd

unproven
BR ˌʌnˈpruːvn
AM ˌənˈpruvn

unprovided
BR ˌʌnprəˈvaɪdɪd
AM ˌənprəˈvaɪdɪd

unprovocative
BR ˌʌnprəˈvɒkətɪv
AM ˌənprəˈvɑkədɪv

unprovoked
BR ˌʌnprəˈvəʊkt
AM ˌənprəˈvoʊkt

unpruned
BR ˌʌnˈpruːnd
AM ˌənˈprund

unpublicised
BR ˌʌnˈpʌblɪsaɪzd
AM ˌənˈpəbləˌsaɪzd

unpublicized
BR ˌʌnˈpʌblɪsaɪzd
AM ˌənˈpəbləˌsaɪzd

unpublishable
BR ˌʌnˈpʌblɪʃəbl
AM ˌənˈpəbləʃəb(ə)l

unpublished
BR ˌʌnˈpʌblɪʃt
AM ˌənˈpəblɪʃt

unpunctual
BR (ˌ)ʌnˈpʌŋ(k)tʃʊəl, (ˌ)ʌnˈpʌŋ(k)tʃ(ʊ)l, (ˌ)ʌnˈpʌŋ(k)tjuːl
AM ˌənˈpəŋ(k)(t)ʃ(əw)əl

unpunctuality
BR ˌʌnpʌŋ(k)tʃʊˈalɪti, ˌʌnpʌŋ(k)tjʊˈalɪti
AM ˌənˌpəŋ(k)(t)ʃəˈwælədi

unpunctually
BR (ˌ)ʌnˈpʌŋ(k)tʃʊəli, (ˌ)ʌnˈpʌŋ(k)tʃʊli, (ˌ)ʌnˈpʌŋ(k)tʃl̩i, (ˌ)ʌnˈpʌŋ(k)tjuːli
AM ˌənˈpəŋ(k)(t)ʃ(əw)əli

unpunctuated
BR (ˌ)ʌn-
ˈpʌŋ(k)tʃʊeɪtɪd,
(ˌ)ʌnˈpʌŋ(k)tjʊeɪtɪd
AM ˌənˈpəŋ(k)(t)ʃə-
ˌweɪdɪd

unpunishable
BR (ˌ)ʌnˈpʌnɪʃəbl
AM ˌənˈpənəʃəb(ə)l

unpunished
BR (ˌ)ʌnˈpʌnɪʃt
AM ˌənˈpənɪʃt

unpurified
BR (ˌ)ʌnˈpjʊərɪfʌɪd,
(ˌ)ʌnˈpjɔːrɪfʌɪd
AM ˌənˈpjʊrəˌfaɪd

unputdownable
BR ˌʌnpʊtˈdaʊnəbl
AM ˌənˌpʊt-
ˈdaʊnəb(ə)l

unqualified
BR ˌʌnˈkwɒlɪfʌɪd,
ˌʌŋˈkwɒlɪfʌɪd
AM ˌənˈkwɑləˌfaɪd,
ˌənˈkwɔləˌfaɪd

unquantifiable
BR (ˌ)ʌnˈkwɒntɪfʌɪəbl,
(ˌ)ʌŋˈkwɒntɪfʌɪəbl
AM ˌənˌkwɑn(t)ə-
ˈfaɪəb(ə)l

unquantified
BR (ˌ)ʌnˈkwɒntɪfʌɪd,
(ˌ)ʌŋˈkwɒntɪfʌɪd
AM ˌənˈkwɑn(t)əˌfaɪd

unquenchable
BR (ˌ)ʌnˈkwɛn(t)ʃəbl,
(ˌ)ʌŋˈkwɛn(t)ʃəbl
AM ˌənˈkwɛn(t)ʃəb(ə)l

unquenchably
BR (ˌ)ʌnˈkwɛn(t)ʃəbli,
(ˌ)ʌŋˈkwɛn(t)ʃəbli
AM ˌənˈkwɛn(t)ʃəbli

unquenched
BR ˌʌnˈkwɛn(t)ʃt,
ˌʌŋˈkwɛn(t)ʃt
AM ˌənˈkwɛn(t)ʃt

unquestionability
BR (ˌ)ʌnˌkwɛstnəˈbɪlɪti,
(ˌ)ʌŋˌkwɛstnəˈbɪlɪti
AM ˌənˈkwɛʃtʃənə-
ˈbɪlɪdi,
ˌənˈkwɛʃtʃənəˈbɪlɪdi

unquestionable
BR (ˌ)ʌnˈkwɛstʃn̩əbl,
(ˌ)ʌŋˈkwɛstʃn̩əbl
AM ˌənˈkwɛʃtʃənəb(ə)l,
ˌənˈkwɛʃtʃənəb(ə)l

unquestionableness
BR (ˌ)ʌn-
ˈkwɛstʃn̩əblnəs,
(ˌ)ʌŋˈkwɛstʃn̩əblnəs
AM ˌən-
ˈkwɛʃtʃənəbəlnəs,
ˌənˈkwɛʃtʃənəbəlnəs

unquestionably
BR (ˌ)ʌnˈkwɛstʃn̩əbli,
(ˌ)ʌŋˈkwɛstʃn̩əbli
AM ˌənˈkwɛʃtʃənəbli,
ˌənˈkwɛʃtʃənəbli

unquestioned
BR (ˌ)ʌnˈkwɛstʃ(ə)nd,
(ˌ)ʌŋˈkwɛstʃ(ə)nd
AM ˌənˈkwɛʃtʃənd,
ˌənˈkwɛʃtʃənd

unquestioning
BR (ˌ)ʌnˈkwɛstʃn̩ɪŋ,
(ˌ)ʌŋˈkwɛstʃn̩ɪŋ
AM ˌənˈkwɛʃtʃənɪŋ,
ˌənˈkwɛʃtʃənɪŋ

unquestioningly
BR (ˌ)ʌnˈkwɛstʃn̩ɪŋli,
(ˌ)ʌŋˈkwɛstʃn̩ɪŋli
AM ˌənˈkwɛʃtʃənɪŋli,
ˌənˈkwɛʃtʃənɪŋli

unquiet
BR ˌʌnˈkwʌɪət,
ˌʌŋˈkwʌɪət
AM ˌənˈkwaɪət

unquietly
BR ˌʌnˈkwʌɪətli,
ˌʌŋˈkwʌɪətli
AM ˌənˈkwaɪətli

unquietness
BR ˌʌnˈkwʌɪətnəs,
ˌʌŋˈkwʌɪətnəs
AM ˌənˈkwaɪətnəs

unquotable
BR ˌʌnˈkwəʊtəbl,
ˌʌŋˈkwəʊtəbl
AM ˌənˈkwoʊdəb(ə)l

unquote
BR ˌʌnˈkwəʊt,
ˌʌŋˈkwəʊt
AM ˌənˈkwoʊt

unransomed
BR ˌʌnˈransəmd
AM ˌənˈrænsəmd

unrated
BR ˌʌnˈreɪtɪd
AM ˌənˈreɪdɪd

unratified
BR ˌʌnˈratɪfʌɪd
AM ˌənˈrædəˌfaɪd

unrationed
BR ˌʌnˈraʃnd
AM ˌənˈreɪʃənd,
ˌənˈræʃənd

unravel
BR (ˌ)ʌnˈrav|l, -lz,
-lɪŋ\-lɪŋ, -ld
AM ˌənˈræv|əl,
-əlz, -(ə)lɪŋ,
-əld

unreachable
BR (ˌ)ʌnˈriːtʃəbl
AM ˌənˈritʃəb(ə)l

unreachableness
BR (ˌ)ʌnˈriːtʃəblnəs
AM ˌənˈritʃəbəlnəs

unreachably
BR (ˌ)ʌnˈriːtʃəbli
AM ˌənˈritʃəbli

unreached
BR (ˌ)ʌnˈriːtʃt
AM ˌənˈritʃt

unreactive
BR ˌʌnrɪˈaktɪv
AM ˌənriˈæktɪv

unread
BR ˌʌnˈrɛd
AM ˌənˈrɛd

unreadability
BR ˌʌnˌriːdəˈbɪlɪti
AM ˌənˌridəˈbɪlɪdi

unreadable
BR (ˌ)ʌnˈriːdəbl
AM ˌənˈridəb(ə)l

unreadably
BR (ˌ)ʌnˈriːdəbli
AM ˌənˈridəbli

unreadily
BR (ˌ)ʌnˈrɛdɪli
AM ˌənˈrɛdəli

unreadiness
BR (ˌ)ʌnˈrɛdɪnɪs
AM ˌənˈrɛdɪnɪs

unready
BR ˌʌnˈrɛdi
AM ˌənˈrɛdi

unreal
BR (ˌ)ʌnˈrɪəl
AM ˌənˈri(ə)l

unrealisable
BR (ˌ)ʌnˈrɪəlʌɪzəbl
AM ˌənˈˌriə-
ˈlaɪzəb(ə)l

unrealised
BR (ˌ)ʌnˈrɪəlʌɪzd
AM ˌənˈriəˌlaɪzd

unrealism
BR (ˌ)ʌnˈrɪəlɪzm
AM ˌənˈriəˌlɪz(ə)m

unrealistic
BR ˌʌnrɪəˈlɪstɪk
AM ˌənˌriəˈlɪstɪk

unrealistically
BR ˌʌnrɪəˈlɪstɪkli
AM ˌənˌriəˈlɪstɪk(ə)li

unreality
BR ˌʌnrɪˈalɪti
AM ˌənriˈælədi

unrealizable
BR (ˌ)ʌnˈrɪəlʌɪzəbl
AM ˌənˈriəˌlaɪzəb(ə)l

unrealized
BR (ˌ)ʌnˈrɪəlʌɪzd
AM ˌənˈriəˌlaɪzd

unreally
BR ˌʌnˈrɪəli
AM ˌənˈriəli

unreason
BR ˌʌnˈriːzn, -d
AM ˌənˈrizn, -d

unreasonable
BR (ˌ)ʌnˈriːznəbl,
(ˌ)ʌnˈriːznəbl
AM ˌənˈriznəb(ə)l,
ˌənˈriznəb(ə)l

unreasonableness
BR (ˌ)ʌnˈriːznəblnəs,
(ˌ)ʌnˈriːznəblnəs
AM ˌənˈriznəbəlnəs,
ˌənˈriznəbəlnəs

unreasonably
BR (ˌ)ʌnˈriːznəbli,
(ˌ)ʌnˈriːznəbli
AM ˌənˈriznəbli,
ˌənˈriznəbli

unreasoning
BR (ˌ)ʌnˈriːzn̩ɪŋ
AM ˌənˈrizn̩ɪŋ, ˌənˈrizn̩ɪŋ

unreasoningly
BR (ˌ)ʌnˈriːzn̩ɪŋli
AM ˌənˈrizn̩ɪŋli, ˌənˈrizn̩ɪŋli

unrebelliousness
BR ˌʌnrɪˈbeliəsnəs
AM ˌənrəˈbeliəsnəs, ˌənriˈbeljəsnəs, ˌənriˈbeliəsnəs, ˌənrəˈbeljəsnəs

unreceptive
BR ˌʌnrɪˈseptɪv
AM ˌənriˈseptɪv, ˌənrəˈseptɪv

unreciprocated
BR ˌʌnrɪˈsɪprəkeɪtɪd
AM ˌənriˈsɪprəˌkeɪdɨd, ˌənrəˈsɪprəˌkeɪdɨd

unreckoned
BR ˌʌnˈrek(ə)nd
AM ˌənˈrekənd

unreclaimed
BR ˌʌnrɪˈkleɪmd
AM ˌənriˈkleɪmd, ˌənrəˈkleɪmd

unrecognisable
BR (ˌ)ʌnˈrekəgnʌɪzəbl, ˌʌnrekəgˈnʌɪzəbl
AM ˌənˌrekəgˈnaɪzəb(ə)l

unrecognisableness
BR ˌʌn-ˈrekəgnʌɪzəblnəs, ˌʌnrekəgˈnʌɪzəblnəs
AM ˌənˌrekəgˈnaɪzəbəlnəs

unrecognisably
BR ˌʌnˈrekəgnʌɪzəbli, ˌʌnrekəgˈnʌɪzəbli
AM ˌənˌrekəgˈnaɪzəbli

unrecognised
BR ˌʌnˈrekəgnʌɪzd
AM ˌənˈrekəgˌnaɪzd

unrecognizable
BR (ˌ)ʌnˈrekəgnʌɪzəbl, ˌʌnrekəgˈnʌɪzəbl
AM ˌənˌrekəgˈnaɪzəb(ə)l

unrecognizableness
BR ˌʌn-ˈrekəgnʌɪzəblnəs, ˌʌnrekəgˈnʌɪzəblnəs
AM ˌənˌrekəgˈnaɪzəbəlnəs

unrecognizably
BR ˌʌnˈrekəgnʌɪzəbli, ˌʌnrekəgˈnʌɪzəbli
AM ˌənˌrekəgˈnaɪzəbli

unrecognized
BR ˌʌnˈrekəgnʌɪzd
AM ˌənˈrekəgˌnaɪzd

unrecompensed
BR ˌʌnˈrekəmpenst
AM ˌənˈrekəmˌpenst

unreconcilable
BR ˌʌnˈrek(ə)nsʌɪləbl, ˌʌnrek(ə)nˈsʌɪləbl
AM ˌənˌrekən-ˈsaɪləb(ə)l

unreconciled
BR ˌʌnˈrek(ə)nsʌɪld
AM ˌənˈrekənˌsaɪld

unreconstructed
BR ˌʌnriːkənˈstrʌktɪd
AM ˌənˌrikən-ˈstrəktəd

unrecordable
BR ˌʌnrɪˈkɔːdəbl
AM ˌənriˈkɔrdəb(ə)l, ˌənrəˈkɔrdəb(ə)l

unrecorded
BR ˌʌnrɪˈkɔːdɪd
AM ˌənriˈkɔrdəd, ˌənrəˈkɔrdəd

unrecovered
BR ˌʌnrɪˈkʌvəd
AM ˌənriˈkəvərd, ˌənrəˈkəvərd

unrectified
BR ˌʌnˈrektɪfʌɪd
AM ˌənˈrektəˌfaɪd

unredeemable
BR ˌʌnrɪˈdiːməbl
AM ˌənriˈdiməb(ə)l, ˌənrəˈdiməb(ə)l

unredeemably
BR ˌʌnrɪˈdiːməbli
AM ˌənriˈdiməbli, ˌənrəˈdiməbli

unredeemed
BR ˌʌnrɪˈdiːmd
AM ˌənriˈdimd, ˌənrəˈdimd

unredressed
BR ˌʌnrɪˈdrest
AM ˌənriˈdrest, ˌənrəˈdrest

unreel
BR ʌnˈriːl, -z, -ɪŋ, -d
AM ˌənˈril, -z, -ɪŋ, -d

unrefined
BR ˌʌnrɪˈfʌɪnd
AM ˌənriˈfaɪnd, ˌənrəˈfaɪnd

unreflected
BR ˌʌnrɪˈflektɪd
AM ˌənriˈflektəd, ˌənrəˈflektəd

unreflecting
BR ˌʌnrɪˈflektɪŋ
AM ˌənriˈflektɪŋ, ˌənrəˈflektɪŋ

unreflectingly
BR ˌʌnrɪˈflektɪŋli
AM ˌənriˈflektɪŋli, ˌənrəˈflektɪŋli

unreflectingness
BR ˌʌnrɪˈflektɪŋɪs
AM ˌənriˈflektɪŋɪs, ˌənrəˈflektɪŋɪs

unreflective
BR ˌʌnrɪˈflektɪv
AM ˌənriˈflektɪv, ˌənrəˈflektɪv

unreformed
BR ˌʌnrɪˈfɔːmd
AM ˌənriˈfɔ(ə)rmd, ˌənrəˈfɔ(ə)rmd

unrefreshed
BR ˌʌnrɪˈfreʃt
AM ˌənriˈfreʃt, ˌənrəˈfreʃt

unrefuted
BR ˌʌnrɪˈfjuːtɪd
AM ˌənriˈfjudəd, ˌənrəˈfjudəd

unregarded
BR ˌʌnrɪˈɡɑːdɪd
AM ˌənriˈɡɑrdəd, ˌənrəˈɡɑrdəd

unregeneracy
BR ˌʌnrɪdʒen(ə)rəsi
AM ˌənriˈdʒenərəsi, ˌənrəˈdʒenərəsi

unregenerate
BR ˌʌnrɪˈdʒen(ə)rət
AM ˌənriˈdʒenərət, ˌənrəˈdʒenərət

unregenerately
BR ˌʌnrɪˈdʒen(ə)rətli
AM ˌənriˈdʒenərətli, ˌənrəˈdʒenərətli

unregimented
BR (ˌ)ʌnˈredʒɪmentɪd
AM ˌənˈredʒəˌmen(t)əd

unregistered
BR (ˌ)ʌnˈredʒɪstəd
AM ˌənˈredʒəstərd

unregretted
BR ˌʌnrɪˈɡretɪd
AM ˌənriˈɡredəd, ˌənrəˈɡredəd

unregulated
BR (ˌ)ʌnˈreɡjʊleɪtɪd
AM ˌənˈreɡjəˌleɪdɨd

unrehearsed
BR ˌʌnrɪˈhɜːst
AM ˌənriˈhərst, ˌənrəˈhərst

unrein
BR ʌnˈreɪn, -z, -ɪŋ, -d
AM ˌənˈreɪn, -z, -ɪŋ, -d

unreinforced
BR ˌʌnriːɪnˈfɔːst
AM ˌənriɨnˈfɔ(ə)rst

unrelated
BR ˌʌnrɪˈleɪtɪd
AM ˌənriˈleɪdɨd, ˌənrəˈleɪdɨd

unrelatedly
BR ˌʌnrɪˈleɪtɪdli
AM ˌənriˈleɪdɨdli, ˌənrəˈleɪdɨdli

unrelatedness
BR ˌʌnrɪˈleɪtɪdnɪs
AM ˌənriˈleɪdɨdnɪs, ˌənrəˈleɪdɨdnɪs

unrelaxed
BR ˌʌnrɪˈlakst
AM ˌənriˈlækst, ˌənrəˈlækst

unreleased
BR ˌʌnrɪˈliːst
AM ˌənriˈlɪst, ˌenrəˈlɪst

unrelenting
BR ˌʌnrɪˈlentɪŋ
AM ˌənriˈlen(t)ɪŋ, ˌenrəˈlen(t)ɪŋ

unrelentingly
BR ˌʌnrɪˈlentɪŋli
AM ˌənriˈlen(t)ɪŋli, ˌenrəˈlen(t)ɪŋli

unrelentingness
BR ˌʌnrɪˈlentɪŋnɪs
AM ˌənriˈlen(t)ɪŋnɪs, ˌenrəˈlen(t)ɪŋnɪs

unreliability
BR ˌʌnrɪˌlaɪəˈbɪlɪti
AM ˌənriˌlaɪəˈbɪlɪdi, ˌenrəˌlaɪəˈbɪlɪdi

unreliable
BR ˌʌnrɪˈlaɪəbl
AM ˌənriˈlaɪəb(ə)l, ˌenrəˈlaɪəb(ə)l

unreliableness
BR ˌʌnrɪˈlaɪəblnəs
AM ˌənriˈlaɪəbəlnəs, ˌenrəˈlaɪəbəlnəs

unreliably
BR ˌʌnrɪˈlaɪəbli
AM ˌənriˈlaɪəbli, ˌenrəˈlaɪəbli

unrelieved
BR ˌʌnrɪˈliːvd
AM ˌənriˈlivd, ˌenrəˈlivd

unrelievedly
BR ˌʌnrɪˈliːvɪdli
AM ˌənriˈlivɪdli, ˌenrəˈlivɪdli

unreligious
BR ˌʌnrɪˈlɪdʒəs
AM ˌənriˈlɪdʒəs, ˌenrəˈlɪdʒəs

unremarkable
BR ˌʌnrɪˈmɑːkəbl
AM ˌənriˈmɑrkəb(ə)l, ˌenrəˈmɑrkəb(ə)l

unremarkably
BR ˌʌnrɪˈmɑːkəbli
AM ˌənriˈmɑrkəbli, ˌenrəˈmɑrkəbli

unremarked
BR ˌʌnrɪˈmɑːkt
AM ˌənriˈmɑrkt, ˌenrəˈmɑrkt

unremembered
BR ˌʌnrɪˈmembəd
AM ˌənriˈmembərd, ˌenrəˈmembərd

unremitting
BR ˌʌnrɪˈmɪtɪŋ
AM ˌənriˈmɪdɪŋ, ˌenrəˈmɪdɪŋ

unremittingly
BR ˌʌnrɪˈmɪtɪŋli
AM ˌənriˈmɪdɪŋli, ˌenrəˈmɪdɪŋli

unremittingness
BR ˌʌnrɪˈmɪtɪŋnɪs
AM ˌənriˈmɪdɪŋnɪs, ˌenrəˈmɪdɪŋnɪs

unremorseful
BR ˌʌnrɪˈmɔːsf(ʊ)l
AM ˌənriˈmɔrsfəl, ˌenrəˈmɔrsfəl

unremorsefully
BR ˌʌnrɪˈmɔːsfʊli, ˌʌnrɪˈmɔːsfli
AM ˌənrəˈmɔrsfəli, ˌenrəˈmɔrsfəli

unremovable
BR ˌʌnrɪˈmuːvəbl
AM ˌənriˈmuvəb(ə)l, ˌenrəˈmuvəb(ə)l

unremunerative
BR ˌʌnrɪˈmjuːn(ə)rətɪv
AM ˌənriˈmjun(ə)rədɪv, ˌenrəˈmjun(ə)rədɪv

unremuneratively
BR ˌʌnrɪˈmjuːn(ə)rətɪvli
AM ˌənriˈmjun(ə)rədɪvli, ˌenrəˈmjun(ə)rədɪvli

unremunerativeness
BR ˌʌnrɪˈmjuːn(ə)rətɪvnɪs
AM ˌənriˈmjun(ə)rədɪvnɪs, ˌenrəˈmjun(ə)rədɪvnɪs

unrenewable
BR ˌʌnrɪˈnjuːəbl
AM ˌənriˈn(j)uəb(ə)l, ˌenrəˈn(j)uəb(ə)l

unrenewed
BR ˌʌnrɪˈnjuːd
AM ˌənriˈn(j)ud, ˌenrəˈn(j)ud

unrenounced
BR ˌʌnrɪˈnaʊnst
AM ˌənriˈnaʊnst, ˌenrəˈnaʊnst

unrepairable
BR ˌʌnrɪˈpɛːrəbl
AM ˌənriˈpɛrəb(ə)l, ˌenrəˈpɛrəb(ə)l

unrepaired
BR ˌʌnrɪˈpɛːd
AM ˌənriˈpɛ(ə)rd, ˌenrəˈpɛ(ə)rd

unrepealed
BR ˌʌnrɪˈpiːld
AM ˌənriˈpild, ˌenrəˈpild

unrepeatability
BR ˌʌnrɪˌpiːtəˈbɪlɪti
AM ˌənriˌpidəˈbɪlɪdi, ˌenrəˌpidəˈbɪlɪdi

unrepeatable
BR ˌʌnrɪˈpiːtəbl
AM ˌənriˈpidəb(ə)l, ˌenrəˈpidəb(ə)l

unrepeatably
BR ˌʌnrɪˈpiːtəbli
AM ˌənriˈpidəbli, ˌenrəˈpidəbli

unrepeated
BR ˌʌnrɪˈpiːtɪd
AM ˌənriˈpidɪd, ˌenrəˈpidɪd

unrepentant
BR ˌʌnrɪˈpent(ə)nt
AM ˌənriˈpen(t)ənt, ˌenrəˈpen(t)ənt

unrepentantly
BR ˌʌnrɪˈpent(ə)ntli
AM ˌənriˈpen(t)ən(t)li, ˌenrəˈpen(t)ən(t)li

unrepented
BR ˌʌnrɪˈpentɪd
AM ˌənriˈpen(t)əd, ˌenrəˈpen(t)əd

unreported
BR ˌʌnrəˈpɔːtɪd
AM ˌənrəˈpɔrdəd, ˌenrəˈpɔrdəd

unrepresentative
BR ˌʌnreprɪˈzentətɪv
AM ˌənreprəˈzen(t)ədɪv

unrepresentatively
BR ˌʌnreprɪˈzentətɪvli
AM ˌənreprəˈzen(t)ədɪvli

unrepresentativeness
BR ˌʌnreprɪˈzentətɪvnɪs
AM ˌənreprəˈzen(t)ədɪvnɪs

unrepresented
BR ˌʌnreprɪˈzentɪd, ˌʌnˈreprɪzentɪd
AM ˌənˌreprəˈzen(t)əd

unreproved
BR ˌʌnrɪˈpruːvd
AM ˌənriˈpruvd, ˌenrəˈpruvd

unrequested
BR ˌʌnrɪˈkwestɪd
AM ˌənriˈkwestəd, ˌenrəˈkwestəd

unrequited
BR ˌʌnrɪˈkwʌɪtɪd
AM ˌənriˈkwaɪdɪd, ˌenrəˈkwaɪdɪd

unrequitedly
BR ˌʌnrɪˈkwʌɪtɪdli
AM ˌənriˈkwaɪdɪdli, ˌenrəˈkwaɪdɪdli

unrequitedness
BR ˌʌnrɪˈkwʌɪtɪdnɪs
AM ˌənriˈkwaɪdɪdnɪs, ˌenrəˈkwaɪdɪdnɪs

unresearched
BR ˌʌnrɪˈsəːtʃt
AM ˌənriˈsərtʃt, ˌenrəˈsərtʃt

unreserve
BR ˌʌnrɪˈzəːv, -d
AM ˌenrəˈzərv, ˌenrəˈzərv, -d

unreservedly
BR ˌʌnrɪˈzəːvɪdli
AM ˌənriˈzərvədli, ˌenrəˈzərvədli

unreservedness
BR ˌʌnrɪˈzɜːvɪdnɪs
AM əˈnriˈzɜrvədnəs, ˌənrəˈzɜrvədnəs
unresisted
BR ˌʌnrɪˈzɪstɪd
AM əˈnriˈzɪstɪd, ˌənrəˈzɪstɪd
unresistedly
BR ˌʌnrɪˈzɪstɪdli
AM əˈnriˈzɪstɪdli, ˌənrəˈzɪstɪdli
unresisting
BR ˌʌnrɪˈzɪstɪŋ
AM əˈnriˈzɪstɪŋ, ˌənrəˈzɪstɪŋ
unresistingly
BR ˌʌnrɪˈzɪstɪŋli
AM əˈnriˈzɪstɪŋli, ˌənrəˈzɪstɪŋli
unresistingness
BR ˌʌnrɪˈzɪstɪŋnɪs
AM əˈnriˈzɪstɪŋnɪs, ˌənrəˈzɪstɪŋnɪs
unresolvable
BR ˌʌnrɪˈzɒlvəbl
AM ˌənrəˈzɑlvəb(ə)l, əˈnriˈzɑlvəb(ə)l, əˈnriˈzɔlvəb(ə)l, ˌənrəˈzɔlvəb(ə)l
unresolved
BR ˌʌnrɪˈzɒlvd
AM ˌənrəˈzɑlvd, əˈnriˈzɑlvd, əˈnriˈzɔlvd, ˌənrəˈzɔlvd
unresolvedly
BR ˌʌnrɪˈzɒlvɪdli
AM ˌənrəˈzɑlvədli, əˈnriˈzɑlvədli, əˈnriˈzɔlvədli, ˌənrəˈzɔlvədli
unresolvedness
BR ˌʌnrɪˈzɒlvɪdnɪs
AM ˌənrəˈzɑlvədnəs, əˈnriˈzɑlvədnəs, əˈnriˈzɔlvədnəs, ˌənrəˈzɔlvədnəs
unresponsive
BR ˌʌnrɪˈspɒnsɪv
AM əˈnriˈspɑnsɪv, ˌənrəˈspɑnsɪv

unresponsively
BR ˌʌnrɪˈspɒnsɪvli
AM əˈnriˈspɑnsɪvli, ˌənrəˈspɑnsɪvli
unresponsiveness
BR ˌʌnrɪˈspɒnsɪvnɪs
AM əˈnriˈspɑnsɪvnɪs, ˌənrəˈspɑnsɪvnɪs
unrest
BR (ˌ)ʌnˈrest
AM ənˈrest
unrested
BR ʌnˈrestɪd
AM ənˈrestəd
unrestful
BR ʌnˈres(t)f(ʊ)l
AM ənˈres(t)fəl
unrestfully
BR ʌnˈrestfʊli, ʌnˈrestfli
AM ənˈres(t)fəli
unrestfulness
BR ʌnˈres(t)f(ʊ)lnəs
AM ənˈres(t)fəlnəs
unresting
BR ʌnˈrestɪŋ
AM ənˈrestɪŋ
unrestingly
BR ʌnˈrestɪŋli
AM ənˈrestɪŋli
unrestored
BR ˌʌnrɪˈstɔːd
AM əˈnriˈstɔ(ə)rd, ˌənrəˈstɔ(ə)rd
unrestrainable
BR ˌʌnrɪˈstreɪnəbl
AM əˈnriˈstreɪnəb(ə)l, ˌənrə-ˈstreɪnəb(ə)l
unrestrained
BR ˌʌnrɪˈstreɪnd
AM əˈnriˈstreɪnd, ˌənrəˈstreɪnd
unrestrainedly
BR ˌʌnrɪˈstreɪnɪdli
AM əˈnriˈstreɪnɪdli, ˌənrəˈstreɪnɪdli
unrestrainedness
BR ˌʌnrɪˈstreɪnɪdnɪs
AM əˈnriˈstreɪnɪdnɪs, ˌənrəˈstreɪnɪdnɪs

unrestraint
BR ˌʌnrɪˈstreɪnt
AM əˈnriˈstreɪnt, ˌənrəˈstreɪnt
unrestricted
BR ˌʌnrɪˈstrɪktɪd
AM əˈnriˈstrɪktɪd, ˌənrəˈstrɪktɪd
unrestrictedly
BR ˌʌnrɪˈstrɪktɪdli
AM əˈnriˈstrɪktɪdli, ˌənrəˈstrɪktɪdli
unrestrictedness
BR ˌʌnrɪˈstrɪktɪdnɪs
AM əˈnriˈstrɪktɪdnɪs, ˌənrəˈstrɪktɪdnɪs
unretentive
BR ˌʌnrɪˈtentɪv
AM əˈnriˈten(t)ɪv, ˌənrəˈten(t)ɪv
unretentively
BR ˌʌnrɪˈtentɪvli
AM əˈnriˈten(t)ɪvli, ˌənrəˈten(t)ɪvli
unretentiveness
BR ˌʌnrɪˈtentɪvnɪs
AM əˈnriˈten(t)ɪvnɪs, ˌənrəˈten(t)ɪvnɪs
unreturned
BR ˌʌnrɪˈtɜːnd
AM əˈnriˈtɜrnd, ˌənrəˈtɜrnd
unrevealed
BR ˌʌnrɪˈviːld
AM əˈnriˈvild, ˌənrəˈvild
unrevealing
BR ˌʌnrɪˈviːlɪŋ
AM əˈnriˈvilɪŋ, ˌənrəˈvilɪŋ
unreversed
BR ˌʌnrɪˈvɜːst
AM əˈnriˈvɜrst, ˌənrəˈvɜrst
unrevised
BR ˌʌnrɪˈvaɪzd
AM əˈnriˈvaɪzd, ˌənrəˈvaɪzd
unrevoked
BR ˌʌnrɪˈvəʊkt
AM əˈnriˈvoʊkt, ˌənrəˈvoʊkt

unrevolutionary
BR ˌʌnrevəˈl(j)uːʃn̩(ə)ri
AM ˌənˌrevə-ˈl(j)uʃəˌneri
unrewarded
BR ˌʌnrɪˈwɔːdɪd
AM əˈnriˈwɔrdəd, ˌənrəˈwɔrdəd
unrewarding
BR ˌʌnrɪˈwɔːdɪŋ
AM əˈnriˈwɔrdɪŋ, ˌənrəˈwɔrdɪŋ
unrewardingly
BR ˌʌnrɪˈwɔːdɪŋli
AM əˈnriˈwɔrdɪŋli, ˌənrəˈwɔrdɪŋli
unrhymed
BR ʌnˈraɪmd
AM ənˈraɪmd
unrhythmical
BR ʌnˈrɪðmɪkl
AM ənˈrɪðmɪk(ə)l
unrhythmically
BR ʌnˈrɪðmɪkli
AM ənˈrɪðmɪk(ə)li
unridable
BR (ˌ)ʌnˈraɪdəbl
AM ənˈraɪdəb(ə)l
unridden
BR ʌnˈrɪdn
AM ənˈrɪdən
unriddle
BR ʌnˈrɪd|l, -lz, -lɪŋ\-lɪŋ, -ld
AM ənˈrɪd|əl, -əlz, -(ə)lɪŋ, -əld
unriddler
BR ʌnˈrɪdlə(r), ʌnˈrɪdlə(r), -z
AM ənˈrɪd(ə)lər, -z
unrideable
BR (ˌ)ʌnˈraɪdəbl
AM ənˈraɪdəb(ə)l
unrig
BR ʌnˈrɪg, -z, -ɪŋ, -d
AM ənˈrɪg, -z, -ɪŋ, -d
unrighteous
BR (ˌ)ʌnˈraɪtʃəs
AM ənˈraɪtʃəs
unrighteously
BR (ˌ)ʌnˈraɪtʃəsli
AM ənˈraɪtʃəsli

unrighteousness
BR (ˌ)ʌnˈraɪtʃəsnəs
AM ˌənˈraɪtʃəsnəs
unrip
BR ˌʌnˈrɪp, -s, -ɪŋ, -t
AM ˌənˈrɪp, -s, -ɪŋ, -t
unripe
BR (ˌ)ʌnˈraɪp
AM ˌənˈraɪp
unripened
BR (ˌ)ʌnˈraɪpnd
AM ˌənˈraɪpənd
unripeness
BR (ˌ)ʌnˈraɪpnɪs
AM ˌənˈraɪpnɪs
unrisen
BR ˌʌnˈrɪzn
AM ˌənˈrɪzn
unrivalled
BR (ˌ)ʌnˈraɪvld
AM ˌənˈraɪvəld
unrivet
BR ˌʌnˈrɪv|ɪt, -ɪts,
 -ɪtɪŋ, -ɪtɪd
AM ˌənˈrɪv|ɪt, -ɪts, -ɪŋ,
 -ɪd
unroasted
BR (ˌ)ʌnˈrəʊstɪd
AM ˌənˈroʊstəd
unrobe
BR (ˌ)ʌnˈrəʊb, -z, -ɪŋ,
 -d
AM ˌənˈroʊb, -z, -ɪŋ,
 -d
unroll
BR (ˌ)ʌnˈrəʊl, -z, -ɪŋ,
 -d
AM ˌənˈroʊl, -z, -ɪŋ, -d
unromantic
BR ˌʌnrə(ʊ)ˈmæntɪk
AM ˌənroʊˈmæn(t)ɪk,
 ˌənrəˈmæn(t)ɪk
unromantically
BR ˌʌnrə(ʊ)ˈmæntɪkli
AM ˌənroʊ-
 ˈmæn(t)ək(ə)li,
 ˌənrəˈmæn(t)ək(ə)li
unroof
BR ˌʌnˈruːf, ˌʌnˈrʊf,
 -s, -ɪŋ, -t
AM ˌənˈrʊf, ˌənˈruf, -s,
 -ɪŋ, -t

unroot
BR ˌʌnˈruːt, -s, -ɪŋ, -ɪd
AM ənˈrʊ|t, ˌənˈru|t,
 -ts, -dɪŋ, -dəd
unrope
BR ˌʌnˈrəʊp, -s, -ɪŋ, -t
AM ˌənˈroʊp, -s,
 -ɪŋ, -t
unrounded
BR ˌʌnˈraʊndɪd
AM ˌənˈraʊndəd
unrove
BR ˌʌnˈrəʊv
AM ˌənˈroʊv
unroyal
BR ˌʌnˈrɔɪəl
AM ˌənˈrɔɪəl
UNRRA
BR ˈʌnrə(r)
AM ˈənrə
unruffled
BR (ˌ)ʌnˈrʌfld
AM ˌənˈrəfəld
unruled
BR ˌʌnˈruːld
AM ˌənˈruld
unruliness
BR ʌnˈruːlinɪs
AM ˌənˈrulinɪs
unruly
BR ʌnˈruːli
AM ˌənˈruli
UNRWA
BR ˈʌnrə(r)
AM ˈənrə
unsackable
BR (ˌ)ʌnˈsakəbl
AM ˌənˈsækəb(ə)l
unsaddle
BR (ˌ)ʌnˈsad|l, -lz,
 -l̩ŋ\-lɪŋ, -ld
AM ˌənˈsæd|əl, -əlz,
 -(ə)lɪŋ, -əld
unsafe
BR (ˌ)ʌnˈseɪf
AM ˌənˈseɪf
unsafely
BR (ˌ)ʌnˈseɪfli
AM ˌənˈseɪfli
unsafeness
BR (ˌ)ʌnˈseɪfnɪs
AM ˌənˈseɪfnɪs

unsaid
BR (ˌ)ʌnˈsɛd
AM ˌənˈsɛd
unsalability
BR ʌnˌseɪləˈbɪlɪti,
 ˌʌnseɪləˈbɪliti
AM ˌən̩seɪləˈbɪlɪdi
unsalable
BR (ˌ)ʌnˈseɪləbl
AM ˌənˈseɪləb(ə)l
unsalableness
BR (ˌ)ʌnˈseɪləblnəs
AM ˌənˈseɪləbəlnəs
unsalaried
BR ˌʌnˈsalərɪd
AM ˌənˈsælərɪd
unsaleability
BR ʌnˌseɪləˈbɪlɪti,
 ˌʌnseɪləˈbɪliti
AM ˌən̩seɪləˈbɪlɪdi
unsaleable
BR ˌʌnˈseɪləbl
AM ˌənˈseɪləb(ə)l
unsaleableness
BR (ˌ)ʌnˈseɪləblnəs
AM ˌənˈseɪləbəlnəs
unsalted
BR ˌʌnˈsɔːltɪd,
 ˌʌnˈsɒltɪd
AM ˌənˈsɔltəd,
 ˌənˈsɒltəd
unsalubrious
BR ˌʌnsəˈl(j)uːbrɪəs
AM ˌənsəˈl(j)ubrɪəs
unsalvageable
BR ˌʌnˈsalvɪdʒəbl
AM ˌən-
 ˈsælvədʒəb(ə)l
unsanctified
BR ˌʌnˈsaŋ(k)tɪfʌɪd
AM ˌənˈsæŋ(k)tə-
 ˌfaɪd
unsanctioned
BR ˌʌnˈsaŋ(k)ʃnd
AM ˌənˈsæŋkʃənd
unsanitary
BR ˌʌnˈsanɪt(ə)ri
AM ˌənˈsænəˌteri
unsatisfactorily
BR ˌʌnsatɪsˈfakt(ə)rɪli
AM ˌənˌsædəs-
 ˈfæktərəli

unsatisfactoriness
BR ˌʌnsatɪsˈfakt(ə)rɪnɪs
AM ˌənˌsædəs-
 ˈfæktərɪnɪs
unsatisfactory
BR ˌʌnsatɪsˈfakt(ə)ri
AM ˌənsædəs-
 ˈfæktəri
unsatisfied
BR (ˌ)ʌnˈsatɪsfʌɪd
AM ˌənˈsædəsˌfaɪd
unsatisfiedness
BR (ˌ)ʌnˈsatɪsfʌɪdnɪs
AM ˌənˈsædəs-
 ˌfaɪdnɪs
unsatisfying
BR (ˌ)ʌnˈsatɪsfʌɪŋ
AM ˌənˈsædəsˌfaɪŋ
unsatisfyingly
BR (ˌ)ʌnˈsatɪsfʌɪŋli
AM ˌənˈsædəs-
 ˌfaɪŋli
unsaturated
BR (ˌ)ʌnˈsatʃəreɪtɪd,
 (ˌ)ʌnˈsatjəreɪtɪd
AM ˌənˈsætʃəˌreɪdɪd
unsaturation
BR ˌʌnsatʃəˈreɪʃn,
 ˌʌnsatjəˈreɪʃn
AM ˌənˌsætʃə-
 ˈreɪʃ(ə)n
unsaved
BR ˌʌnˈseɪvd
AM ˌənˈseɪvd
unsavorily
BR (ˌ)ʌnˈseɪv(ə)rɪli
AM ˌənˈseɪv(ə)rəli
unsavoriness
BR (ˌ)ʌnˈseɪv(ə)rɪnɪs
AM ˌənˈseɪv(ə)rɪnɪs
unsavory
BR (ˌ)ʌnˈseɪv(ə)ri
AM ˌənˈseɪv(ə)ri
unsavourily
BR (ˌ)ʌnˈseɪv(ə)rɪli
AM ˌənˈseɪv(ə)rəli
unsavouriness
BR (ˌ)ʌnˈseɪv(ə)rɪnɪs
AM ˌənˈseɪv(ə)rɪnɪs
unsavoury
BR (ˌ)ʌnˈseɪv(ə)ri
AM ˌənˈseɪv(ə)ri

unsay
BR ˌʌnˈs|eɪ, -ɛz, -eɪŋ, -ɛd
AM ˌənˈs|eɪ, -ɛz, -eɪŋ, -ɛd

unsayable
BR ˌʌnˈseɪəbl
AM ˌənˈseɪəb(ə)l

unscalable
BR ˌʌnˈskeɪləbl
AM ˌənˈskeɪləb(ə)l

unscaleable
BR ˌʌnˈskeɪləbl
AM ˌənˈskeɪləb(ə)l

unscaled
BR ˌʌnˈskeɪld
AM ˌənˈskeɪld

unscarred
BR ˌʌnˈskɑːd
AM ˌənˈskɑrd

unscathed
BR (ˌ)ʌnˈskeɪðd
AM ˌənˈskeɪðd

unscented
BR ˌʌnˈsentɪd
AM ˌənˈsen(t)əd

unscheduled
BR ˌʌnˈʃedjuːld, ˌʌnˈʃedjuːld, ˌʌnˈʃedʒuːld, ˌʌnˈskedjuːld, ˌʌnˈskedjuːld, ˌʌnˈskedʒuːld
AM ˌənˈskɛˌdʒʊld, ˌənˈskɛdʒəld

unscholarliness
BR ˌʌnˈskɒləlɪnɪs
AM ˌən-ˈskɑlərlinɪs

unscholarly
BR ˌʌnˈskɒləli
AM ˌənˈskɑlərli

unschooled
BR ˌʌnˈskuːld
AM ˌənˈskuld

unscientific
BR ˌʌnsʌɪənˈtɪfɪk
AM ˌənsaɪənˈtɪfɪk

unscientifically
BR ˌʌnsʌɪənˈtɪfɪkli
AM ˌənsaɪən-ˈtɪfək(ə)li

unscramble
BR (ˌ)ʌnˈskræmb|l, -lz, -lɪŋ\-lɪŋ, -ld
AM ˌənˈskræmb|əl, -əlz, -(ə)lɪŋ, -əld

unscrambler
BR (ˌ)ʌnˈskræmblə(r), (ˌ)ʌnˈskræmblə(r), -z
AM ˌənˈskræmb(ə)lər, -z

unscratched
BR (ˌ)ʌnˈskrætʃt
AM ˌənˈskrætʃt

unscreened
BR ˌʌnˈskriːnd
AM ˌənˈskrind

unscrew
BR ˌʌnˈskruː, -z, -ɪŋ, -d
AM ˌənˈskru, -z, -ɪŋ, -d

unscripted
BR ˌʌnˈskrɪptɪd
AM ˌənˈskrɪptɪd

unscriptural
BR ˌʌnˈskrɪptʃ(ə)rl
AM ˌənˈskrɪpʃ(ə)rəl, ˌənˈskrɪptʃərəl

unscripturally
BR ˌʌnˈskrɪptʃ(ə)rl̩i
AM ˌənˈskrɪpʃ(ə)rəli, ˌənˈskrɪptʃərəli

unscrupulous
BR (ˌ)ʌnˈskruːpjʊləs
AM ˌənˈskrupjələs

unscrupulously
BR (ˌ)ʌnˈskruːpjʊləsli
AM ˌənˈskrupjələsli

unscrupulousness
BR (ˌ)ʌn-ˈskruːpjʊləsnəs
AM ˌənˈskrupjələsnəs

unseal
BR ˌʌnˈsiːl, -z, -ɪŋ, -d
AM ˌənˈsil, -z, -ɪŋ, -d

unsealed
BR ˌʌnˈsiːld
AM ˌənˈsild

unsearchable
BR (ˌ)ʌnˈsɜːtʃəbl
AM ˌənˈsɜrtʃəb(ə)l

unsearchableness
BR (ˌ)ʌnˈsɜːtʃəblnəs
AM ˌənˈsɜrtʃəbəlnəs

unsearchably
BR (ˌ)ʌnˈsɜːtʃəbli
AM ˌənˈsɜrtʃəbli

unsearched
BR ˌʌnˈsɜːtʃt
AM ˌənˈsɜrtʃt

unseasonable
BR (ˌ)ʌnˈsiːznəbl, (ˌ)ʌnˈsiːznəbl̩
AM ˌənˈsiznəb(ə)l, ˌənˈsiznəb(ə)l̩

unseasonableness
BR (ˌ)ʌnˈsiːznəblnəs, (ˌ)ʌnˈsiːznəblnəs
AM ˌənˈsiznəbəlnəs, ˌənˈsiznəbəlnəs

unseasonably
BR (ˌ)ʌnˈsiːznəbli, (ˌ)ʌnˈsiːznəbli
AM ˌənˈsiznəbli, ˌənˈsiznəbli

unseasoned
BR ˌʌnˈsiːznd
AM ˌənˈsiznd

unseat
BR ˌʌnˈsiːt, -s, -ɪŋ, -ɪd
AM ˌənˈsi|t, -ts, -dɪŋ, -dɪd

unseaworthiness
BR (ˌ)ʌnˈsiːˌwɜːðinɪs
AM ˌənˈsiˌwɜrðinɪs

unseaworthy
BR (ˌ)ʌnˈsiːˌwɜːði
AM ˌənˈsiˌwɜrði

unseconded
BR ˌʌnˈsek(ə)ndɪd
AM ˌənˈsekəndəd

unsectarian
BR ˌʌnsekˈtɛːriən
AM ˌənˌsek-ˈtɛriən

unsecured
BR ˌʌnsɪˈkjʊəd, ˌʌnsɪˈkjɔːd
AM ˌənsəˈkjʊ(ə)rd

unseeable
BR ˌʌnˈsiːəbl
AM ˌənˈsiəb(ə)l

unseeded
BR ˌʌnˈsiːdɪd
AM ˌənˈsidɪd

unseeing
BR ˌʌnˈsiːɪŋ
AM ˌənˈsiɪŋ

unseeingly
BR ˌʌnˈsiːɪŋli
AM ˌənˈsiɪŋli

unseemliness
BR ˌʌnˈsiːmlɪnɪs
AM ˌənˈsimlinɪs

unseemly
BR ˌʌnˈsiːmli
AM ˌənˈsimli

unseen
BR ˌʌnˈsiːn, -z
AM ˌənˈsin, -z

unsegregated
BR ˌʌnˈsegrɪgeɪtɪd
AM ˌənˈsɛgrəˌgeɪdɪd

unselect
BR ˌʌnsɪˈlɛkt
AM ˌənsəˈlɛk(t)

unselected
BR ˌʌnsɪˈlɛktɪd
AM ˌənsəˈlɛktəd

unselective
BR ˌʌnsɪˈlɛktɪv
AM ˌənsəˈlɛktɪv

unselfconscious
BR ˌʌnsɛlfˈkɒnʃəs
AM ˌənˌsɛlfˈkɑnʃəs

unselfconsciously
BR ˌʌnsɛlfˈkɒnʃəsli
AM ˌənˌsɛlfˈkɑnʃəsli

unselfconsciousness
BR ˌʌnsɛlfˈkɒnʃəsnəs
AM ˌənˌsɛlf-ˈkɑnʃəsnəs

unselfish
BR (ˌ)ʌnˈsɛlfɪʃ
AM ˌənˈsɛlfɪʃ

unselfishly
BR (ˌ)ʌnˈsɛlfɪʃli
AM ˌənˈsɛlfɪʃli

unselfishness
BR (ˌ)ʌnˈsɛlfɪʃnɪs
AM ˌənˈsɛlfɪʃnɪs

unsellable
BR ˌʌnˈsɛləbl
AM ˌənˈsɛləb(ə)l

unsensational
BR ˌʌnsenˈseɪʃn̩l
AM ˌʌnsen-ˈseɪʃ(ə)n(ə)l
unsensationally
BR ˌʌnsenˈseɪʃn̩li, ˌʌnsenˈseɪʃnəli
AM ˌʌnsenˈseɪʃ(ə)nəli
unsensitive
BR (ˌ)ʌnˈsensɪtɪv
AM ˌənˈsensədɪv
unsensitively
BR (ˌ)ʌnˈsensɪtɪvli
AM ˌənˈsensədɪvli
unsent
BR ˌʌnˈsent
AM ˌənˈsent
unsentimental
BR ˌʌnsentɪˈmentl
AM ˌənˌsen(t)əˈmen(t)l
unsentimentality
BR ˌʌnsentɪmenˈtalɪti
AM ˈˌənˌsen(t)əmən-ˈtæləḍi, ˈˌənˌsen(t)ə-ˌmenˈtæləḍi
unsentimentally
BR ˌʌnsentɪˈmentl̩i
AM ˌənˌsen(t)əˈmen(t)li
unseparated
BR (ˌ)ʌnˈsepəreɪtɪd
AM ˌənˈsepəˌreɪḍɪd
unserious
BR ˌʌnˈsɪərɪəs
AM ˌənˈsɪriəs
unserviceability
BR ʌnˌsɜːvɪsəˈbɪlɪti
AM ˌənˌsɜrvəsəˈbɪlɪḍi
unserviceable
BR (ˌ)ʌnˈsɜːvɪsəbl
AM ˌənˈsɜrvəsəb(ə)l
unset
BR ˌʌnˈset
AM ˌənˈset
unsettle
BR (ˌ)ʌnˈset|l, -lz, -lɪŋ\-lɪŋ, -ld
AM ˌənˈseḍəl, -dlz, -dlɪŋ\-tlɪŋ, -dld
unsettledness
BR (ˌ)ʌnˈsetldnəs
AM ˌənˈsedldnəs

unsettlement
BR (ˌ)ʌnˈsetlm(ə)nt
AM ˌənˈsedlm(ə)nt
unsevered
BR ˌʌnˈsevəd
AM ˌənˈsevərd
unsewn
BR (ˌ)ʌnˈsəʊn
AM ˌənˈsoʊn
unsex
BR (ˌ)ʌnˈseks, -ɪz, -ɪŋ, -t
AM ˌənˈseks, -əz, -ɪŋ, -t
unsexy
BR ˌʌnˈseksi
AM ˌənˈseksi
unshackle
BR (ˌ)ʌnˈʃak|l, -lz, -lɪŋ\-lɪŋ, -ld
AM ˌənˈʃæk|əl, -əlz, -(ə)lɪŋ, -əld
unshaded
BR ˌʌnˈʃeɪdɪd
AM ˌənˈʃeɪdɪd
unshakability
BR ʌnˌʃeɪkəˈbɪlɪti, ˌʌnʃeɪkəˈbɪlɪti
AM ˌənˌʃeɪkəˈbɪlɪḍi
unshakable
BR ʌnˈʃeɪkəbl
AM ˌənˈʃeɪkəb(ə)l
unshakably
BR ʌnˈʃeɪkəbli
AM ˌənˈʃeɪkəbli
unshakeability
BR ʌnˌʃeɪkəˈbɪlɪti, ˌʌnʃeɪkəˈbɪlɪti
AM ˌənˌʃeɪkəˈbɪlɪḍi
unshakeable
BR ʌnˈʃeɪkəbl
AM ˌənˈʃeɪkəb(ə)l
unshakeably
BR ʌnˈʃeɪkəbli
AM ˌənˈʃeɪkəbli
unshaken
BR (ˌ)ʌnˈʃeɪk(ə)n
AM ˌənˈʃeɪkən
unshakenly
BR (ˌ)ʌnˈʃeɪk(ə)nli
AM ˌənˈʃeɪkənli
unshapeliness
BR (ˌ)ʌnˈʃeɪplɪnɪs
AM ˌənˈʃeɪplɪnɪs

unshapely
BR (ˌ)ʌnˈʃeɪpli
AM ˌənˈʃeɪpli
unshared
BR ˌʌnˈʃɛːd
AM ˌənˈʃɛ(ə)rd
unsharp
BR ˌʌnˈʃɑːp
AM ˌənˈʃɑrp
unsharpened
BR (ˌ)ʌnˈʃɑːpnd
AM ˌənˈʃɑrpənd
unsharpness
BR ˌʌnˈʃɑːpnəs
AM ˌənˈʃɑrpnəs
unshaved
BR ˌʌnˈʃeɪvd
AM ˌənˈʃeɪvd
unshaven
BR ˌʌnˈʃeɪvn
AM ˌənˈʃeɪvən
unsheathe
BR (ˌ)ʌnˈʃiː|ð, (ˌ)ʌnˈʃiː|θ, -ðz\-θs, -ðɪŋ\-θɪŋ, -ðd\-θt
AM ˌənˈʃɪð, -z, -ɪŋ, -d
unshed
BR ˌʌnˈʃed
AM ˌənˈʃed
unshell
BR ˌʌnˈʃel, -z, -ɪŋ, -d
AM ˌənˈʃel, -z, -ɪŋ, -d
unsheltered
BR ˌʌnˈʃeltəd
AM ˌənˈʃeltərd
unshielded
BR ˌʌnˈʃiːldɪd
AM ˌənˈʃildɪd
unshiftable
BR ˌʌnˈʃɪftəbl
AM ˌənˈʃɪftəb(ə)l
unshifted
BR ˌʌnˈʃɪftɪd
AM ˌənˈʃɪftɪd
unship
BR ˌʌnˈʃɪp, -s, -ɪŋ, -t
AM ˌənˈʃɪp, -s, -ɪŋ, -t
unshockability
BR ʌnˌʃɒkəˈbɪlɪti, ˌʌnʃɒkəˈbɪlɪti
AM ˌənˌʃɑkəˈbɪlɪḍi

unshockable
BR ʌnˈʃɒkəbl
AM ˌənˈʃɑkəb(ə)l
unshockably
BR ʌnˈʃɒkəbli
AM ˌənˈʃɑkəbli
unshod
BR ʌnˈʃɒd
AM ˌənˈʃɑd
unshorn
BR ʌnˈʃɔːn
AM ˌənˈʃɔ(ə)rn
unshrinkability
BR ʌnˌʃrɪŋkəˈbɪlɪti, ˌʌnʃrɪŋkəˈbɪlɪti
AM ˌənˌʃrɪŋkəˈbɪlɪḍi
unshrinkable
BR (ˌ)ʌnˈʃrɪŋkəbl
AM ˌənˈʃrɪŋkəb(ə)l
unshrinking
BR ʌnˈʃrɪŋkɪŋ
AM ˌənˈʃrɪŋkɪŋ
unshrinkingly
BR ʌnˈʃrɪŋkɪŋli
AM ˌənˈʃrɪŋkɪŋli
unshriven
BR ʌnˈʃrɪvn
AM ˌənˈʃrɪvən
unshut
BR ʌnˈʃʌt
AM ˌənˈʃət
unshuttered
BR ʌnˈʃʌtəd
AM ˌənˈʃəḍərd
unsighted
BR (ˌ)ʌnˈsaɪtɪd
AM ˌənˈsaɪdɪd
unsightliness
BR ʌnˈsaɪtlɪnɪs
AM ˌənˈsaɪtlɪnɪs
unsightly
BR ʌnˈsaɪtl|i, -ɪə(r), -ɪɪst
AM ˌənˈsaɪtli, -ər, -ɪst
unsigned
BR ʌnˈsaɪnd
AM ˌənˈsaɪnd
unsignposted
BR ʌnˈsʌɪmpəʊstɪd
AM ˌənˈsaɪnˌpoʊstɪd
unsilenced
BR ʌnˈsaɪlnst
AM ˌənˈsaɪlənst

unsimplified
BR (ˌ)ʌnˈsɪmplɪfʌɪd
AM ˌənˈsɪmpləˌfaɪd

unsinkability
BR ʌnˌsɪŋkəˈbɪlɪti, ˌʌnsɪŋkəˈbɪlɪti
AM ˌənˌsɪŋkəˈbɪlɪdi

unsinkable
BR (ˌ)ʌnˈsɪŋkəbl
AM ˌənˈsɪŋkəb(ə)l

unsized
BR ˌʌnˈsʌɪzd
AM ˌənˈsaɪzd

unskilful
BR (ˌ)ʌnˈskɪlf(ʊ)l
AM ˌənˈskɪlfəl

unskilfully
BR (ˌ)ʌnˈskɪlfʊli, (ˌ)ʌnˈskɪlfl̩i
AM ˌənˈskɪlfəli

unskilfulness
BR (ˌ)ʌnˈskɪlf(ʊ)lnəs
AM ˌənˈskɪlfəlnəs

unskilled
BR ˌʌnˈskɪld
AM ˌənˈskɪld

unskimmed
BR ˌʌnˈskɪmd
AM ˌənˈskɪmd

unslakeable
BR (ˌ)ʌnˈsleɪkəbl
AM ˌənˈsleɪkəb(ə)l

unslaked
BR ˌʌnˈsleɪkt
AM ˌənˈsleɪkt

unsleeping
BR (ˌ)ʌnˈsliːpɪŋ
AM ˌənˈslipɪŋ

unsleepingly
BR ʌnˈsliːpɪŋli
AM ˌənˈslipɪŋli

unsliced
BR ˌʌnˈslʌɪst
AM ˌənˈslaɪst

unsling
BR ˌʌnˈslɪŋ, -z, -ɪŋ
AM ˌənˈslɪŋ, -z, -ɪŋ

unslung
BR ˌʌnˈslʌŋ
AM ˌənˈslən

unsmiling
BR (ˌ)ʌnˈsmʌɪlɪŋ
AM ˌənˈsmaɪlɪŋ

unsmilingly
BR (ˌ)ʌnˈsmʌɪlɪŋli
AM ˌənˈsmaɪlɪŋli

unsmilingness
BR (ˌ)ʌnˈsmʌɪlɪŋnɪs
AM ˌənˈsmaɪlɪŋnɪs

unsmoked
BR ˌʌnˈsməʊkt
AM ˌənˈsmoʊkt

unsmoothed
BR ˌʌnˈsmuːðd
AM ˌənˈsmuðd

unsnarl
BR ˌʌnˈsnɑːl, -z, -ɪŋ, -d
AM ˌənˈsnɑrl, -z, -ɪŋ, -d

unsoaked
BR ˌʌnˈsəʊkt
AM ˌənˈsoʊkt

unsociability
BR ʌnˌsəʊʃəˈbɪlɪti, ˌʌnsəʊʃəˈbɪlɪti
AM ˌənsoʊʃəˈbɪlɪdi

unsociable
BR ˌʌnˈsəʊʃəbl
AM ˌənˈsoʊʃəb(ə)l

unsociableness
BR (ˌ)ʌnˈsəʊʃəblnəs
AM ˌənˈsoʊʃəbəlnəs

unsociably
BR (ˌ)ʌnˈsəʊʃəbli
AM ˌənˈsoʊʃəbli

unsocial
BR ˌʌnˈsəʊʃl
AM ˌənˈsoʊʃ(ə)l

unsocialist
BR ˌʌnˈsəʊʃlɪst, -s
AM ˌənˈsoʊʃələst, -s

unsocially
BR ˌʌnˈsəʊʃli
AM ˌənˈsoʊʃəli

unsoftened
BR ˌʌnˈsɒfnd
AM ˌənˈsɑfənd, ˌənˈsɔfənd

unsoiled
BR ˌʌnˈsɔɪld
AM ˌənˈsɔɪld

unsold
BR ˌʌnˈsəʊld
AM ˌənˈsoʊld

unsolder
BR ˌʌnˈsɒld|ə(r), ˌʌnˈsəʊld|ə(r), -əz, -(ə)rɪŋ, -əd
AM ˌənˈsɑdər, -z, -ɪŋ, -d

unsoldierly
BR ˌʌnˈsəʊldʒəli
AM ˌənˈsoʊldʒərli

unsolicited
BR ˌʌnsəˈlɪsɪtɪd
AM ˌənsəˈlɪsɪdɪd

unsolicitedly
BR ˌʌnsəˈlɪsɪtɪdli
AM ˌənsəˈlɪsɪdɪdli

unsolvability
BR ʌnˌsɒlvəˈbɪlɪti, ˌʌnsɒlvəˈbɪlɪti
AM ˌənˌsɑlvəˈbɪlɪdi

unsolvable
BR ˌʌnˈsɒlvəbl
AM ˌənˈsɑlvəb(ə)l

unsolvableness
BR ˌʌnˈsɒlvəblnəs
AM ˌənˈsɑlvəbəlnəs

unsolved
BR ˌʌnˈsɒlvd
AM ˌənˈsɑlvd

unsophisticated
BR ˌʌnsəˈfɪstɪkeɪtɪd
AM ˌənsəˈfɪstəˌkeɪdɪd

unsophisticatedly
BR ˌʌnsəˈfɪstɪkeɪtɪdli
AM ˌənsəˈfɪstəˌkeɪdɪdli

unsophisticatedness
BR ˌʌnsəˈfɪstɪkeɪtɪdnɪs
AM ˌənsəˈfɪstəˌkeɪdɪdnɪs

unsophistication
BR ˌʌnsəˌfɪstɪˈkeɪʃn
AM ˌənsəˌfɪstəˈkeɪʃ(ə)n

unsorted
BR ˌʌnˈsɔːtɪd
AM ˌənˈsɔrdəd

unsought
BR ˌʌnˈsɔːt
AM ˌənˈsɑt, ˌənˈsɔt

unsound
BR ˌʌnˈsaʊnd
AM ˌənˈsaʊnd

unsounded
BR ˌʌnˈsaʊndɪd
AM ˌənˈsaʊndəd

unsoundly
BR ˌʌnˈsaʊndli
AM ˌənˈsaʊndli

unsoundness
BR ˌʌnˈsaʊn(d)nəs
AM ˌənˈsaʊn(d)nəs

unsoured
BR ˌʌnˈsaʊəd
AM ˌənˈsaʊ(ə)rd

unsown
BR ˌʌnˈsəʊn
AM ˌənˈsoʊn

unsparing
BR ʌnˈspɛːrɪŋ
AM ˌənˈspɛrɪŋ

unsparingly
BR ʌnˈspɛːrɪŋli
AM ˌənˈspɛrɪŋli

unsparingness
BR ʌnˈspɛːrɪŋnɪs
AM ˌənˈspɛrɪŋnɪs

unspeakable
BR ʌnˈspiːkəbl
AM ˌənˈspikəb(ə)l

unspeakableness
BR ʌnˈspiːkəblnəs
AM ˌən-ˈspikəbəlnəs

unspeakably
BR ʌnˈspiːkəbli
AM ˌənˈspikəbli

unspeaking
BR (ˌ)ʌnˈspiːkɪŋ
AM ˌənˈspikɪŋ

unspecial
BR ˌʌnˈspɛʃl
AM ˌənˈspɛʃ(ə)l

unspecialised
BR (ˌ)ʌnˈspɛʃlʌɪzd
AM ˌənˈspɛʃəˌlaɪzd

unspecialized
BR (ˌ)ʌnˈspɛʃlʌɪzd
AM ˌənˈspɛʃəˌlaɪzd

unspecific
BR ˌʌnspɪˈsɪfɪk
AM ˌənspəˈsɪfɪk

unspecified
BR (ˌ)ʌnˈspɛsɪfʌɪd
AM ˌənˈspɛsəˌfaɪd

unspectacular
BR ˌʌnspɛkˈtækjʊlə(r)
AM ˌən.spɛkˈtækjələr
unspectacularly
BR ˌʌnspɛkˈtækjʊləli
AM ˌən.spɛk-
ˈtækjələrli
unspent
BR ˌʌnˈspɛnt
AM ˌənˈspɛnt
unspilled
BR ˌʌnˈspɪld
AM ˌənˈspɪld
unspilt
BR ˌʌnˈspɪlt
AM ˌənˈspɪlt
unspiritual
BR ˌʌnˈspɪrɪtʃʊəl,
ˌʌnˈspɪrɪtʃ(ʊ)l,
ˌʌnˈspɪrɪtjʊəl,
ˌʌnˈspɪrɪtjʊl
AM ˌənˈspɪrɪtʃ(əw)əl
unspirituality
BR ˌʌnspɪrɪtʃʊˈalɪti,
ˌʌnspɪrɪtjʊˈalɪti
AM ˌən.spɪrɪtʃ(ə)-
ˈwælədi
unspiritually
BR ˌʌnˈspɪrɪtʃʊəli,
ˌʌnˈspɪrɪtʃʊli,
ˌʌnˈspɪrɪtʃli
AM ˌənˈspɪrɪtʃ(əw)əli
unspiritualness
BR ˌʌnˈspɪrɪtʃʊəlnəs,
ˌʌnˈspɪrɪtʃ(ʊ)lnəs
AM ˌənˈspɪrɪtʃ(əw)əlnəs
unspoiled
BR ˌʌnˈspɔɪld,
ˌʌnˈspɔɪlt
AM ˌənˈspɔɪld
unspoilt
BR ˌʌnˈspɔɪlt
AM ˌənˈspɔɪlt
unspoken
BR (ˌ)ʌnˈspəʊk(ə)n
AM ˌənˈspoʊkən
unsponsored
BR ˌʌnˈspɒnsəd
AM ˌənˈspɑnsərd
unsporting
BR ˌʌnˈspɔːtɪŋ
AM ˌənˈspɔrdɪŋ

unsportingly
BR (ˌ)ʌnˈspɔːtɪŋli
AM ˌənˈspɔrdɪŋli
unsportingness
BR (ˌ)ʌnˈspɔːtɪŋɪs
AM ˌənˈspɔrdɪŋɪs
unsportsmanlike
BR (ˌ)ʌnˈspɔːtsmənlʌɪk
AM ˌənˈspɔrtsmənˌlaɪk
unspotted
BR ˌʌnˈspɒtɪd
AM ˌənˈspɑdəd
unsprayed
BR ˌʌnˈspreɪd
AM ˌənˈspreɪd
unsprung
BR ˌʌnˈsprʌŋ
AM ˌənˈsprʌŋ
Unst
BR ʌnst
AM ənst
unstable
BR (ˌ)ʌnˈsteɪbl
AM ˌənˈsteɪb(ə)l
unstableness
BR (ˌ)ʌnˈsteɪblnəs
AM ˌənˈsteɪbəlnəs
unstably
BR (ˌ)ʌnˈsteɪbli
AM ˌənˈsteɪb(ə)li
unstaffed
BR ˌʌnˈstɑːft
AM ˌənˈstæft
unstained
BR ˌʌnˈsteɪnd
AM ˌənˈsteɪnd
unstall
BR ˌʌnˈstɔːl, -z, -ɪŋ, -d
AM ˌənˈstɑl, ˌənˈstɔl,
-z, -ɪŋ, -d
unstamped
BR ˌʌnˈstam(p)t
AM ˌənˈstæm(p)t
unstandardised
BR ˌʌnˈstandədʌɪzd
AM ˌənˈstændərˌdaɪzd
unstandardized
BR ˌʌnˈstandədʌɪzd
AM ˌənˈstændərˌdaɪzd
unstarched
BR ˌʌnˈstɑːtʃt
AM ˌənˈstɑrtʃt

unstatable
BR ˌʌnˈsteɪtəbl
AM ˌənˈsteɪdəb(ə)l
unstated
BR ˌʌnˈsteɪtɪd
AM ˌənˈsteɪdɪd
unstatesmanlike
BR (ˌ)ʌnˈsteɪtsmənlʌɪk
AM ˌənˈsteɪtsmənˌlaɪk
unstatutable
BR (ˌ)ʌnˈstatʃuːtəbl,
ˌʌnˈstatjuːtəbl
AM ˌənˈstætʃədəb(ə)l,
ˌənˈstætʃudəb(ə)l
unstatutably
BR ˌʌnˈstatʃuːtəbli,
ˌʌnˈstatjuːtəbli
AM ˌənˈstætʃədəbli,
ˌənˈstætʃudəbli
unsteadfast
BR ˌʌnˈstɛdfɑːst
AM ˌənˈstɛdˌfæst
unsteadfastly
BR ˌʌnˈstɛdfɑːstli
AM ˌənˈstɛdˌfæs(t)li
unsteadfastness
BR ˌʌnˈstɛdfɑːs(t)nəs
AM ˌənˈstɛdˌfæs(t)nəs
unsteadily
BR (ˌ)ʌnˈstɛdɪli
AM ˌənˈstɛdəli
unsteadiness
BR (ˌ)ʌnˈstɛdɪnɪs
AM ˌənˈstɛdɪnɪs
unsteady
BR (ˌ)ʌnˈstɛdi
AM ˌənˈstɛdi
unsterile
BR ˌʌnˈstɛrʌɪl
AM ˌənˈstɛrəl
unsterilely
BR ˌʌnˈstɛrʌɪlli
AM ˌənˈstɛrə(l)li
unsterilised
BR (ˌ)ʌnˈstɛrɪlʌɪzd
AM ˌənˈstɛrəˌlaɪzd
unsterilized
BR (ˌ)ʌnˈstɛrɪlʌɪzd
AM ˌənˈstɛrəˌlaɪzd
unstick
BR ˌʌnˈstɪk, -s, -ɪŋ
AM ˌənˈstɪk, -s, -ɪŋ

unstifled
BR ˌʌnˈstʌɪfld
AM ˌənˈstaɪfəld
unstimulated
BR ˌʌnˈstɪmjʊleɪtɪd
AM ˌənˈstɪmjəˌleɪdɪd
unstimulating
BR ˌʌnˈstɪmjʊleɪtɪŋ
AM ˌənˈstɪmjəˌleɪdɪŋ
unstinted
BR ʌnˈstɪntɪd
AM ˌənˈstɪn(t)ɪd
unstintedly
BR ʌnˈstɪntɪdli
AM ˌənˈstɪn(t)ɪdli
unstinting
BR ʌnˈstɪntɪŋ
AM ˌənˈstɪn(t)ɪŋ
unstintingly
BR ʌnˈstɪntɪŋli
AM ˌənˈstɪn(t)ɪŋli
unstirred
BR ˌʌnˈstəːd
AM ˌənˈstərd
unstitch
BR ˌʌnˈstɪtʃ, -ɪz, -ɪŋ, -t
AM ˌənˈstɪtʃ, -ɪz, -ɪŋ, -t
unstocked
BR (ˌ)ʌnˈstɒkt
AM ˌənˈstɑkt
unstockinged
BR ˌʌnˈstɒkɪŋd
AM ˌənˈstɑkɪŋd
unstop
BR ˌʌnˈstɒp, -s, -ɪŋ, -t
AM ˌənˈstɑp, -s,
-ɪŋ, -t
unstoppability
BR ʌnˌstɒpəˈbɪlɪti,
ˌʌnstɒpəˈbɪlɪti
AM ˌən.stɑpəˈbɪlɪdi
unstoppable
BR (ˌ)ʌnˈstɒpəbl
AM ˌənˈstɑpəb(ə)l
unstoppably
BR (ˌ)ʌnˈstɒpəbli
AM ˌənˈstɑpəbli
unstopper
BR (ˌ)ʌnˈstɒp|ə(r),
-əz, -(ə)rɪŋ, -əd
AM ˌənˈstɑpər, -z, -ɪŋ,
-d

unstrained
BR ˌʌnˈstreɪnd
AM ˌənˈstreɪnd
unstrap
BR ˌʌnˈstræp, -s, -ɪŋ, -t
AM ˌənˈstræp, -s, -ɪŋ, -t
unstratified
BR (ˌ)ʌnˈstratɪfʌɪd
AM ˌənˈstrædəˌfaɪd
unstreamed
BR ˌʌnˈstriːmd
AM ˌənˈstrimd
unstreamlined
BR (ˌ)ʌnˈstriːmlʌɪnd
AM ˌənˈstrimˌlaɪnd
unstrengthened
BR ˌʌnˈstreŋ(k)θnd
AM ˌənˈstreŋ(k)θənd
unstressed
BR ˌʌnˈstrest
AM ˌənˈstrest
unstretched
BR ˌʌnˈstretʃt
AM ˌənˈstretʃt
unstring
BR ˌʌnˈstrɪŋ, -z, -ɪŋ
AM ˌənˈstrɪŋ, -z, -ɪŋ
unstripped
BR ˌʌnˈstrɪpt
AM ˌənˈstrɪpt
unstructured
BR (ˌ)ʌnˈstrʌkt ʃəd
AM ˌənˈstrək(t)ʃərd
unstrung
BR ˌʌnˈstrʌŋ
AM ˌənˈstrəŋ
unstuck
BR ˌʌnˈstʌk
AM ˌənˈstək
unstudied
BR ˌʌnˈstʌdɪd
AM ˌənˈstədid
unstudiedly
BR ˌʌnˈstʌdɪdli
AM ˌənˈstədidli
unstuffed
BR ˌʌnˈstʌft
AM ˌənˈstəft
unstuffy
BR ˌʌnˈstʌfi
AM ˌənˈstəfi

unstylish
BR ˌʌnˈstʌɪlɪʃ
AM ˌənˈstaɪlɪʃ
unsubdued
BR ˌʌnsəbˈdjuːd, ˌʌnsəbˈdʒuːd
AM ˌənsəbˈd(j)ud
unsubjugated
BR ˌʌnˈsʌbdʒʊɡeɪtɪd
AM ˌənˈsəbdʒəˌɡeɪdɪd
unsubscribed
BR ˌʌnsəbˈskrʌɪbd
AM ˌənsəbˈskraɪbd
unsubsidised
BR ˌʌnˈsʌbsɪdʌɪzd
AM ˌənˈsəbsəˌdaɪzd
unsubsidized
BR ˌʌnˈsʌbsɪdʌɪzd
AM ˌənˈsəbsəˌdaɪzd
unsubstantial
BR ˌʌnsəbˈstanʃl
AM ˌənsəbˈstæn(t)ʃ(ə)l
unsubstantiality
BR ˌʌnsəbˌstanʃɪˈalɪti
AM ˌənsəbˌstæn(t)ʃiˈælədi
unsubstantially
BR ˌʌnsəbˈstanʃli
AM ˌənsəbˈstæn(t)ʃəli
unsubstantiated
BR ˌʌnsəbˈstanʃɪeɪtɪd
AM ˌənsəbˈstæn(t)ʃiˌeɪdɪd
unsubtle
BR ˌʌnˈsʌtl
AM ˌənˈsəd(ə)l
unsubtly
BR ˌʌnˈsʌtli
AM ˌənˈsəd(ə)li
unsuccess
BR ˌʌnsəkˈses
AM ˌənsəkˈses
unsuccessful
BR ˌʌnsəkˈsesf(ʊ)l
AM ˌənsəkˈsesfəl
unsuccessfully
BR ˌʌnsəkˈsesfʊli, ˌʌnsəkˈsesfl̩i
AM ˌənsəkˈsesfəli
unsuccessfulness
BR ˌʌnsəkˈsesf(ʊ)lnəs
AM ˌənsəkˈsesfəlnəs

unsugared
BR ˌʌnˈʃʊɡəd
AM ˌənˈʃʊɡərd
unsuggestive
BR ˌʌnsəˈdʒestɪv
AM ˌənsə(ɡ)ˈdʒestɪv
unsuitability
BR ˌʌnˌs(j)uːtəˈbɪlɪti, ˌʌns(j)uːtəˈbɪlɪti
AM ˌənsudəˈbɪlɪdi
unsuitable
BR (ˌ)ʌnˈs(j)uːtəbl
AM ˌənˈsudəb(ə)l
unsuitableness
BR (ˌ)ʌnˈs(j)uːtəblnəs
AM ˌənˈsudəbəlnəs
unsuitably
BR (ˌ)ʌnˈs(j)uːtəbli
AM ˌənˈsudəbli
unsuited
BR (ˌ)ʌnˈs(j)uːtɪd
AM ˌənˈsudəd
unsullied
BR ˌʌnˈsʌlɪd
AM ˌənˈsəlid
unsummoned
BR ˌʌnˈsʌmənd
AM ˌənˈsəmənd
unsung
BR ˌʌnˈsʌŋ
AM ˌənˈsəŋ
unsupervised
BR ˌʌnˈs(j)uːpəvʌɪzd
AM ˌənˈsupərˌvaɪzd
unsupplied
BR ˌʌnsəˈplʌɪd
AM ˌənsəˈplaɪd
unsupportable
BR ˌʌnsəˈpɔːtəbl
AM ˌənsəˈpɔrdəb(ə)l
unsupportably
BR ˌʌnsəˈpɔːtəbli
AM ˌənsəˈpɔrdəbli
unsupported
BR ˌʌnsəˈpɔːtɪd
AM ˌənsəˈpɔrdəd
unsupportedly
BR ˌʌnsəˈpɔːtɪdli
AM ˌənsəˈpɔrdədli
unsupportive
BR ˌʌnsəˈpɔːtɪv
AM ˌənsəˈpɔrdɪv

unsuppressed
BR ˌʌnsəˈprest
AM ˌənsəˈprest
unsure
BR ˌʌnˈʃʊə(r), ˌʌnˈʃɔː(r)
AM ˌənˈʃʊ(ə)r
unsurely
BR ˌʌnˈʃʊəli, ˌʌnˈʃɔːli
AM ˌənˈʃʊrli
unsureness
BR ˌʌnˈʃʊənəs, ˌʌnˈʃɔːnəs
AM ˌənˈʃʊrnəs
unsurfaced
BR ˌʌnˈsəːfɪst
AM ˌənˈsərfəst
unsurmountable
BR ˌʌnsəˈmaʊntəbl
AM ˌənsərˈmaʊn(t)əb(ə)l
unsurpassable
BR ˌʌnsəˈpɑːsəbl
AM ˌənsərˈpæsəb(ə)l
unsurpassably
BR ˌʌnsəˈpɑːsəbli
AM ˌənsərˈpæsəbli
unsurpassed
BR ˌʌnsəˈpɑːst
AM ˌənsərˈpæst
unsurprised
BR ˌʌnsəˈprʌɪzd
AM ˌənsə(r)ˈpraɪzd
unsurprising
BR ˌʌnsəˈprʌɪzɪŋ
AM ˌənsə(r)ˈpraɪzɪŋ
unsurprisingly
BR ˌʌnsəˈprʌɪzɪŋli
AM ˌənsə(r)ˈpraɪzɪŋli
unsurveyed
BR ˌʌnsəˈveɪd
AM ˌənsərˈveɪd
unsurvivable
BR ˌʌnsəˈvʌɪvəbl
AM ˌənsərˈvaɪvəb(ə)l
unsusceptibility
BR ˌʌnsəˌseptɪˈbɪlɪti
AM ˌənsəˌseptəˈbɪlɪdi
unsusceptible
BR ˌʌnsəˈseptɪbl
AM ˌənsəˈseptəb(ə)l

unsuspected
BR ˌʌnsəˈspektɪd
AM ˌənsəˈspektəd

unsuspectedly
BR ˌʌnsəˈspektɪdli
AM ˌənsəˈspektədli

unsuspecting
BR ˌʌnsəˈspektɪŋ
AM ˌənsəˈspektɪŋ

unsuspectingly
BR ˌʌnsəˈspektɪŋli
AM ˌənsəˈspektɪŋli

unsuspectingness
BR ˌʌnsəˈspektɪŋnɪs
AM ˌənsəˈspektɪŋnɪs

unsuspicious
BR ˌʌnsəˈspɪʃəs
AM ˌənsəˈspɪʃəs

unsuspiciously
BR ˌʌnsəˈspɪʃəsli
AM ˌənsəˈspɪʃəsli

unsuspiciousness
BR ˌʌnsəˈspɪʃəsnəs
AM ˌənsəˈspɪʃəsnəs

unsustainable
BR ˌʌnsəˈsteɪnəbl
AM ˌənsəˈsteɪnəb(ə)l

unsustainably
BR ˌʌnsəˈsteɪnəbli
AM ˌənsəˈsteɪnəbli

unsustained
BR ˌʌnsəˈsteɪnd
AM ˌənsəˈsteɪnd

unswallowed
BR ˌʌnˈswɒləʊd
AM ˌənˈswɑːloʊd

unswathe
BR ˌʌnˈsweɪð, -z, -ɪŋ, -d
AM ˌənˈsweɪð, -z, -ɪŋ, -d

unswayed
BR ˌʌnˈsweɪd
AM ˌənˈsweɪd

unsweetened
BR ˌʌnˈswiːtnd
AM ˌənˈswiːtnd

unswept
BR ˌʌnˈswept
AM ˌənˈswept

unswerving
BR (ˌ)ʌnˈswɜːvɪŋ
AM ˌənˈswɜːrvɪŋ

unswervingly
BR (ˌ)ʌnˈswɜːvɪŋli
AM ˌənˈswɜːrvɪŋli

unsworn
BR ˌʌnˈswɔːn
AM ˌənˈswɔː(ə)rn

Unsworth
BR ˈʌnzwə(ː)θ
AM ˈənz̩wɚθ

unsymmetrical
BR ˌʌnsɪˈmetrɪkl
AM ˌənsəˈmetrək(ə)l

unsymmetrically
BR ˌʌnsɪˈmetrɪkli
AM ˌənsəˈmetrək(ə)li

unsympathetic
BR ˌʌnsɪmpəˈθetɪk
AM ˌənsɪmpəˈθedɪk

unsympathetically
BR ˌʌnsɪmpəˈθetɪkli
AM ˌənˌsɪmpə-ˈθedək(ə)li

unsystematic
BR ˌʌnsɪstɪˈmætɪk
AM ˌənˌsɪstəˈmædɪk

unsystematically
BR ˌʌnsɪstɪˈmætɪkli
AM ˌənˌsɪstə-ˈmædək(ə)li

untack
BR ˌʌnˈtak, -s, -ɪŋ, -t
AM ˌənˈtæk, -s, -ɪŋ, -t

untainted
BR (ˌ)ʌnˈteɪntɪd
AM ˌənˈteɪn(t)ɪd

untaken
BR ˌʌnˈteɪk(ə)n
AM ˌənˈteɪkən

untalented
BR (ˌ)ʌnˈtaləntɪd
AM ˌənˈtæləntəd

untamable
BR ˌʌnˈteɪməbl
AM ˌənˈteɪməb(ə)l

untameable
BR ˌʌnˈteɪməbl
AM ˌənˈteɪməb(ə)l

untamed
BR ˌʌnˈteɪmd
AM ˌənˈteɪmd

untangle
BR (ˌ)ʌnˈtæŋgl, -lz, -l̩ɪŋ\-lɪŋ, -ld
AM ˌənˈtæŋgəl, -əlz, -(ə)lɪŋ, -əld

untanned
BR ˌʌnˈtand
AM ˌənˈtænd

untapped
BR ˌʌnˈtapt
AM ˌənˈtæpt

untarnished
BR (ˌ)ʌnˈtɑːnɪʃt
AM ˌənˈtɑːrnɪʃt

untasted
BR ˌʌnˈteɪstɪd
AM ˌənˈteɪstɪd

untaught
BR ˌʌnˈtɔːt
AM ˌənˈtɑt, ˌənˈtɔt

untaxed
BR ˌʌnˈtakst
AM ˌənˈtækst

unteach
BR ˌʌnˈtiːtʃ, -ɪz, -ɪŋ
AM ˌənˈtitʃ, -ɪz, -ɪŋ

unteachable
BR (ˌ)ʌnˈtiːtʃəbl
AM ˌənˈtitʃəb(ə)l

untearable
BR ˌʌnˈtɛːrəbl
AM ˌənˈtɛrəb(ə)l

untechnical
BR ˌʌnˈteknɪkl
AM ˌənˈteknək(ə)l

untechnically
BR ˌʌnˈteknɪkli
AM ˌənˈteknək(ə)li

untempered
BR ˌʌnˈtempəd
AM ˌənˈtempərd

untempted
BR ˌʌnˈtem(p)tɪd
AM ˌənˈtem(p)təd

untenability
BR ˌʌnˌtenəˈbɪlɪti, ˌʌntenəˈbɪlɪti
AM ˌənˌtenəˈbɪlɪdi

untenable
BR (ˌ)ʌnˈtenəbl
AM ˌənˈtenəb(ə)l

untenableness
BR (ˌ)ʌnˈtenəblnəs
AM ˌənˈtenəbəlnəs

untenably
BR (ˌ)ʌnˈtenəbli
AM ˌənˈtenəbli

untenanted
BR ˌʌnˈtenəntɪd
AM ˌənˈtenən(t)əd

untended
BR ˌʌnˈtendɪd
AM ˌənˈtendəd

untenured
BR ˌʌnˈtenjəd
AM ˌənˈtenjərd

Untermensch
BR ˈʊntəmenʃ
AM ˈʊntərˌmen(t)ʃ

Untermenschen
BR ˈʊntəˌmenʃ(ə)n
AM ˈʊntərˌmen(t)ʃn

untestable
BR ˌʌnˈtestəbl
AM ˌənˈtestəb(ə)l

untested
BR ˌʌnˈtestɪd
AM ˌənˈtestəd

untether
BR ˌʌnˈteð|ə(r), -əz, -(ə)rɪŋ, -əd
AM ˌənˈteðər, -z, -ɪŋ, -d

Unthank
BR ˈʌnθaŋk
AM ˈənˌθæŋk

unthanked
BR ˌʌnˈθaŋ(k)t
AM ˌənˈθæŋ(k)t

unthankful
BR (ˌ)ʌnˈθaŋkf(ʊ)l
AM ˌənˈθæŋkfəl

unthankfully
BR (ˌ)ʌnˈθaŋkfəli, (ˌ)ʌnˈθaŋkfli
AM ˌənˈθæŋkfəli

unthankfulness
BR (ˌ)ʌnˈθaŋkf(ʊ)lnəs
AM ˌənˈθæŋkfəlnəs

unthatched
BR ˌʌnˈθatʃt
AM ˌənˈθætʃt

untheological
BR ˌʌnθɪəˈlɒdʒɪkl
AM ˌənˌθiəˈlɑdʒək(ə)l

untheoretical
BR ˌʌnθɪəˈretɪkl
AM ˌənˌθiəˈredək(ə)l

untheorised
BR ʌnˈθɪərʌɪzd
AM ˌənˈθiəˌraɪzd

untheorized
BR ʌnˈθɪərʌɪzd
AM ˌənˈθiəˌraɪzd

unthickened
BR ʌnˈθɪknd
AM ˌənˈθɪkənd

unthink
BR ʌnˈθɪŋk, -s, -ɪŋ
AM ˌənˈθɪŋk, -s, -ɪŋ

unthinkability
BR ʌnˌθɪŋkəˈbɪlɪti, ˌʌnθɪŋkəˈbɪlɪti
AM ˌənˌθɪŋkəˈbɪlɪdi

unthinkable
BR ʌnˈθɪŋkəbl
AM ˌənˈθɪŋkəb(ə)l

unthinkableness
BR ʌnˈθɪŋkəblnəs
AM ˌənˈθɪŋkəbəlnəs

unthinkably
BR ʌnˈθɪŋkəbli
AM ˌənˈθɪŋkəbli

unthinking
BR (ˌ)ʌnˈθɪŋkɪŋ
AM ˌənˈθɪŋkɪŋ

unthinkingly
BR (ˌ)ʌnˈθɪŋkɪŋli
AM ˌənˈθɪŋkɪŋli

unthinkingness
BR (ˌ)ʌnˈθɪŋkɪŋnɪs
AM ˌənˈθɪŋkɪŋnɪs

unthought
BR ʌnˈθɔːt
AM ˌənˈθɑt, ˌənˈθɔt

unthoughtful
BR (ˌ)ʌnˈθɔːtf(ʊ)l
AM ˌənˈθɑtfəl, ˌənˈθɔtfəl

unthoughtfully
BR (ˌ)ʌnˈθɔːtfʊli, (ˌ)ʌnˈθɔːtfli
AM ˌənˈθɑtfəli, ˌənˈθɔtfəli

unthoughtfulness
BR (ˌ)ʌnˈθɔːtf(ʊ)lnəs
AM ˌənˈθɑtfəlnəs, ˌənˈθɔtfəlnəs

unthought-of
BR ʌnˈθɔːtɒv
AM ˌənˈθɑdəv, ˌənˈθɔdəv

unthought-out
BR ˌʌnθɔːtˈaʊt
AM ˌənˌθɑˈdaʊt, ˌənˌθɔˈdaʊt

unthread
BR ˌʌnˈθrɛd, -z, -ɪŋ, -ɪd
AM ˌənˈθrɛd, -z, -ɪŋ, -əd

unthreatened
BR ʌnˈθrɛtnd
AM ˌənˈθrɛtnd

unthreatening
BR ʌnˈθrɛtnɪŋ, ˌʌnˈθrɛtnɪŋ
AM ˌənˈθrɛtnɪŋ, ˌənˈθrɛtnɪŋ

unthreshed
BR ˌʌnˈθrɛʃt
AM ˌənˈθrɛʃt

unthriftily
BR (ˌ)ʌnˈθrɪftɪli
AM ˌənˈθrɪftɪli

unthriftiness
BR (ˌ)ʌnˈθrɪftɪnɪs
AM ˌənˈθrɪftɪnɪs

unthrifty
BR (ˌ)ʌnˈθrɪfti
AM ˌənˈθrɪfti

unthrone
BR ʌnˈθrəʊn, -z, -ɪŋ, -d
AM ˌənˈθroʊn, -z, -ɪŋ, -d

untidily
BR (ˌ)ʌnˈtʌɪdɪli
AM ˌənˈtaɪdɪli

untidiness
BR (ˌ)ʌnˈtʌɪdɪnɪs
AM ˌənˈtaɪdɪnɪs

untidy
BR (ˌ)ʌnˈtʌɪd|i, -ɪz, -ɪɪŋ, -ɪd, -ɪə(r), -ɪɪst
AM ˌənˈtaɪdi, -z, -ɪŋ, -d, -ər, -ɪst

untie
BR ˌʌnˈtʌɪ, -z, -ɪŋ, -d
AM ˌənˈtaɪ, -z, -ɪŋ, -d

until
BR (ə)nˈtɪl, (ˌ)ʌnˈtɪl
AM ənˈtɪl, ˌənˈtɪl

untilled
BR ˌʌnˈtɪld
AM ˌənˈtɪld

untimed
BR ˌʌnˈtʌɪmd
AM ˌənˈtaɪmd

untimeliness
BR (ˌ)ʌnˈtʌɪmlɪnɪs
AM ˌənˈtaɪmlɪnɪs

untimely
BR (ˌ)ʌnˈtʌɪmli
AM ˌənˈtaɪmli

untinged
BR ʌnˈtɪn(d)ʒd
AM ˌənˈtɪndʒd

untipped
BR ʌnˈtɪpt
AM ˌənˈtɪpt

untired
BR (ˌ)ʌnˈtʌɪəd
AM ˌənˈtaɪ(ə)rd

untiring
BR ʌnˈtʌɪərɪŋ
AM ˌənˈtaɪ(ə)rɪŋ

untiringly
BR ʌnˈtʌɪərɪŋli
AM ˌənˈtaɪ(ə)rɪŋli

untitled
BR ˌʌnˈtʌɪtld
AM ˌənˈtaɪdld

unto
BR ˈʌntʊ, ˈʌntuː
AM ˈəntu, ˈəntə

untoasted
BR ˌʌnˈtəʊstɪd
AM ˌənˈtoʊstəd

untold
BR (ˌ)ʌnˈtəʊld
AM ˌənˈtoʊld

untouchability
BR ʌnˌtʌtʃəˈbɪlɪti, ˌʌntʌtʃəˈbɪlɪti
AM ˌənˌtətʃəˈbɪlɪdi

untouchable
BR (ˌ)ʌnˈtʌtʃəbl, -z
AM ˌənˈtətʃəb(ə)l, -z

untouchableness
BR ʌnˈtʌtʃəblnəs
AM ˌənˈtətʃəbəlnəs

untouched
BR (ˌ)ʌnˈtʌtʃt
AM ˌənˈtətʃt

untoward
BR ʌntəˈwɔːd
AM ˌənˈtɔ(ə)rd

untowardly
BR ʌntəˈwɔːdli
AM ˌənˈtɔrdli

untowardness
BR ʌntəˈwɔːdnəs
AM ˌənˈtɔrdnəs

untraceable
BR ʌnˈtreɪsəbl
AM ˌənˈtreɪsəb(ə)l

untraceably
BR ʌnˈtreɪsəbli
AM ˌənˈtreɪsəbli

untraced
BR ʌnˈtreɪst
AM ˌənˈtreɪst

untracked
BR ʌnˈtrakt
AM ˌənˈtrækt

untraditional
BR ˌʌntrəˈdɪʃn̩l
AM ˌəntrəˈdɪʃ(ə)n(ə)l

untrainable
BR ʌnˈtreɪnəbl
AM ˌənˈtreɪnəb(ə)l

untrained
BR (ˌ)ʌnˈtreɪnd
AM ˌənˈtreɪnd

untrammeled
BR (ˌ)ʌnˈtramld
AM ˌənˈtræməld

untrammelled
BR (ˌ)ʌnˈtramld
AM ˌənˈtræməld

untrampled
BR ʌnˈtrampld
AM ˌənˈtræmpəld

untransferable
BR ˌʌntransˈfəːrəbl, (ˌ)ʌnˈtransf(ə)rəbl
AM ˌənˈtræn(t)sfərbəl, ˌənˌtræn(t)sˈfərəb(ə)l, ˌənˈtræn(t)sf(ə)rəb(ə)l

untransformed
BR ˌʌntrænsˈfɔːmd
AM ˌəntræn(t)s-ˈfɔrmd

untranslatability
BR ˌʌntrænsˌleɪtəˈbɪlɪti, ˌʌntrɑːnsˌleɪtəˈbɪlɪti
AM ˌənˌtrænzˌleɪdə-ˈbɪlɪdi, ˌənˌtræn(t)sˌleɪdəˈbɪlɪdi

untranslatable
BR ˌʌntrænsˈleɪtəbl
AM ˌənˈtrænz-ˌleɪdəb(ə)l, ˌənˌtræn(t)sˈleɪdəb(ə)l, ˌənˌtrænzˈleɪdəb(ə)l, ˌənˈtræn(t)s-ˌleɪdəb(ə)l

untranslatably
BR ˌʌntrænsˈleɪtəbli
AM ˌənˌtrænzˈleɪdəbli, ˌənˌtræn(t)sˈleɪdəbli

untranslated
BR ˌʌntrænsˈleɪtɪd
AM ˌənˈtrænzˌleɪdɪd, ˌənˈtræn(t)sˌleɪdɪd

untransmitted
BR ˌʌntrænzˈmɪtɪd
AM ˌəntræn(t)sˈmɪdɪd, ˌənˈtrænzˌmɪdɪd, ˌənˈtræn(t)sˌmɪdɪd, ˌəntrænzˈmɪdɪd

untransportable
BR ˌʌntranˈspɔːtəbl
AM ˌənˌtrænz-ˈpɔrdəb(ə)l, ˌən-ˌtræn(t)sˈpɔrdəb(ə)l

untravelled
BR (ˌ)ʌnˈtrævld
AM ˌənˈtrævəld

untreatable
BR (ˌ)ʌnˈtriːtəbl
AM ˌənˈtriːdəb(ə)l

untreated
BR ˌʌnˈtriːtɪd
AM ˌənˈtriːdɪd

untrendy
BR ˌʌnˈtrendi
AM ˌənˈtrendi

untried
BR ˌʌnˈtraɪd
AM ˌənˈtraɪd

untrimmed
BR ˌʌnˈtrɪmd
AM ˌənˈtrɪmd

untrodden
BR ˌʌnˈtrɒdn
AM ˌənˈtrɑdən

untroubled
BR (ˌ)ʌnˈtrʌbld
AM ˌənˈtrəbəld

untrue
BR (ˌ)ʌnˈtruː
AM ˌənˈtru

untruly
BR ˌʌnˈtruːli
AM ˌənˈtruli

untruss
BR ˌʌnˈtrʌs, -ɪz, -ɪŋ, -t
AM ˌənˈtrəs, -əz, -ɪŋ, -t

untrusting
BR ˌʌnˈtrʌstɪŋ
AM ˌənˈtrəstɪŋ

untrustworthily
BR (ˌ)ʌnˈtrʌs(t)wəːðɪli
AM ˌənˈtrəs(t)ˌwərðəli

untrustworthiness
BR (ˌ)ʌnˈtrʌs(t)wəːðɪnɪs
AM ˌənˈtrəs(t)ˌwərðinɪs

untrustworthy
BR (ˌ)ʌnˈtrʌs(t)wəːði
AM ˌənˈtrəs(t)ˌwərði

untruth
BR (ˌ)ʌnˈtruː|θ, -ðz\-θs
AM ˌənˈtru|θ, -ðz\-θs

untruthful
BR (ˌ)ʌnˈtruːθf(ʊ)l
AM ˌənˈtruθfəl

untruthfully
BR (ˌ)ʌnˈtruːθfʊli, (ˌ)ʌnˈtruːθfḷi
AM ˌənˈtruθfəli

untruthfulness
BR (ˌ)ʌnˈtruːθf(ʊ)lnəs
AM ˌənˈtruθfəlnəs

untuck
BR ˌʌnˈtʌk, -s, -ɪŋ, -t
AM ˌənˈtək, -s, -ɪŋ, -t

untunable
BR ˌʌnˈtjuːnəbl, ˌʌnˈtʃuːnəbl
AM ˌənˈt(j)unəb(ə)l

untuned
BR ˌʌnˈtjuːnd, ˌʌnˈtʃuːnd
AM ˌənˈt(j)und

untuneful
BR ˌʌnˈtjuːnf(ʊ)l, ˌʌnˈtʃuːnf(ʊ)l
AM ˌənˈt(j)unfəl

untunefully
BR ˌʌnˈtjuːnfʊli, ˌʌnˈtjuːnfḷi, ˌʌnˈtʃuːnfʊli, ˌʌnˈtʃuːnfḷi
AM ˌənˈt(j)unfəli

untunefulness
BR ˌʌnˈtjuːnf(ʊ)lnəs, ˌʌnˈtʃuːnf(ʊ)lnəs
AM ˌənˈt(j)unfəlnəs

unturned
BR ˌʌnˈtəːnd
AM ˌənˈtərnd

untutored
BR ˌʌnˈtjuːtəd, ˌʌnˈtʃuːtəd
AM ˌənˈt(j)udərd

untwine
BR (ˌ)ʌnˈtwaɪn, -z, -ɪŋ, -d
AM ˌənˈtwaɪn, -z, -ɪŋ, -d

untwist
BR (ˌ)ʌnˈtwɪst, -s, -ɪŋ, -ɪd
AM ˌənˈtwɪst, -s, -ɪŋ, -ɪd

untying
BR (ˌ)ʌnˈtaɪɪŋ
AM ˌənˈtaɪɪŋ

untypical
BR ˌʌnˈtɪpɪkl
AM ˌənˈtɪpɪk(ə)l

untypically
BR ˌʌnˈtɪpɪkli
AM ˌənˈtɪpək(ə)li

unusable
BR (ˌ)ʌnˈjuːzəbl
AM ˌənˈjuzəb(ə)l

unuseable
BR (ˌ)ʌnˈjuːzəbl
AM ˌənˈjuzəb(ə)l

unused[1] *not made use of*
BR (ˌ)ʌnˈjuːzd
AM ˌənˈjuzd

unused[2] *unaccustomed*
BR (ˌ)ʌnˈjuːst
AM ˌənˈjust

unusual
BR (ˌ)ʌnˈjuːʒʊəl, (ˌ)ʌnˈjuːʒ(ʊ)l
AM ˌənˈjuʒ(əw)əl

unusually
BR (ˌ)ʌnˈjuːʒʊəli, (ˌ)ʌnˈjuːʒʊli, (ˌ)ʌnˈjuːʒḷi
AM ˌənˈjuʒ(əw)əli

unusualness
BR (ˌ)ʌnˈjuːʒʊəlnəs, (ˌ)ʌnˈjuːʒ(ʊ)lnəs
AM ˌənˈjuʒ(əw)əlnəs

unutterable
BR ʌnˈʌt(ə)rəbl
AM ˌənˈədərəb(ə)l

unutterableness
BR ʌnˈʌt(ə)rəblnəs
AM ˌən-ˈədərəbəlnəs

unutterably
BR ʌnˈʌt(ə)rəbli
AM ˌənˈədərəbli

unuttered
BR ˌʌnˈʌtəd
AM ˌənˈədərd

unvaccinated
BR ˌʌnˈvæksɪneɪtɪd
AM ˌənˈvæksəˌneɪdɪd

unvalued
BR ˌʌnˈvaljuːd
AM ˌənˈvæljud

unvandalised
BR ˌʌnˈvændḷʌɪzd
AM ˌənˈvændlˌaɪzd

unvandalized
BR ˌʌnˈvændḷʌɪzd
AM ˌənˈvændlˌaɪzd

unvanquished
BR ˌʌnˈvaŋkwɪʃt
AM ˌənˈvæŋkwɪʃt

unvaried
BR ʌnˈveːrɪd
AM ˌənˈverid

unvarnished
BR (ˌ)ʌnˈvɑːnɪʃt
AM ˌənˈvɑrnɪʃt

unvarying
BR ʌnˈvɛːriɪŋ
AM ˌənˈvɛriɪŋ

unvaryingly
BR ʌnˈvɛːriɪŋli
AM ˌənˈvɛriɪŋli

unvaryingness
BR ʌnˈvɛːriɪŋnɪs
AM ˌənˈvɛriɪŋnɪs

unveil
BR (ˌ)ʌnˈveɪl, -z, -ɪŋ, -d
AM ˌənˈveɪl, -z, -ɪŋ, -d

unvented
BR ʌnˈventɪd
AM ˌənˈven(t)əd

unventilated
BR (ˌ)ʌnˈventɪleɪtɪd
AM ˌənˈven(t)əˌleɪdɪd

unverifiable
BR (ˌ)ʌnˈverɪfʌɪəbl
AM ˌənˌverəˈfaɪəb(ə)l

unverified
BR (ˌ)ʌnˈverɪfʌɪd
AM ˌənˈverəˌfaɪd

unversed
BR (ˌ)ʌnˈvəːst
AM ˌənˈvərst

unviability
BR ˌʌnvʌɪəˈbɪlɪti
AM ˌənˌvaɪəˈbɪlɪdi

unviable
BR ˌʌnˈvʌɪəbl
AM ˌənˈvaɪəb(ə)l

unviolated
BR ˌʌnˈvʌɪəleɪtɪd
AM ˌənˈvaɪəˌleɪdɪd

unvisited
BR (ˌ)ʌnˈvɪzɪtɪd
AM ˌənˈvɪzɪdɪd

unvitiated
BR ʌnˈvɪʃieɪtɪd
AM ˌənˈvɪʃiˌeɪdɪd

unvoiced
BR ʌnˈvɔɪst
AM ˌənˈvɔɪst

unwaged
BR ʌnˈweɪdʒd
AM ˌənˈweɪdʒd

unwakened
BR ʌnˈweɪk(ə)nd
AM ˌənˈweɪkənd

unwalled
BR ʌnˈwɔːld
AM ˌənˈwɑld, ˌənˈwɔld

unwanted
BR (ˌ)ʌnˈwɒntɪd
AM ˌənˈwɑn(t)əd

unwarily
BR ʌnˈwɛːrɪli
AM ˌənˈwɛrəli

unwariness
BR ʌnˈwɛːrɪnɪs
AM ˌənˈwɛrɪnɪs

unwarlike
BR ʌnˈwɔːlʌɪk
AM ˌənˈwɔrˌlaɪk

unwarmed
BR ʌnˈwɔːmd
AM ˌənˈwɔ(ə)rmd

unwarned
BR ʌnˈwɔːnd
AM ˌənˈwɔ(ə)rnd

unwarrantable
BR ʌnˈwɒrntəbl
AM ˌənˈwɔrən(t)əb(ə)l

unwarrantableness
BR ʌnˈwɒrntəblnəs
AM ˌənˈwɔrən(t)əbəlnəs

unwarrantably
BR ʌnˈwɒrntəbli
AM ˌənˈwɔrən(t)əbli

unwarranted
BR ʌnˈwɒrntɪd
AM ˌənˈwɔrən(t)əd

unwary
BR (ˌ)ʌnˈwɛːri
AM ˌənˈwɛri

unwashed
BR ʌnˈwɒʃt
AM ˌənˈwɑʃt, ˌənˈwɔʃt

unwatchable
BR ʌnˈwɒtʃəbl
AM ˌənˈwɑtʃəb(ə)l

unwatched
BR ʌnˈwɒtʃt
AM ˌənˈwɑtʃt

unwatchful
BR ʌnˈwɒtʃf(ʊ)l
AM ˌənˈwɑtʃfəl

unwatered
BR ʌnˈwɔːtəd
AM ˌənˈwɑdərd, ˌənˈwɔdərd

unwavering
BR ʌnˈweɪv(ə)rɪŋ
AM ˌənˈweɪv(ə)rɪŋ

unwaveringly
BR ʌnˈweɪv(ə)rɪŋli
AM ˌənˈweɪv(ə)rɪŋli

unwaxed
BR ʌnˈwakst
AM ˌənˈwækst

unweakened
BR (ˌ)ʌnˈwiːk(ə)nd
AM ˌənˈwikənd

unweaned
BR ʌnˈwiːnd
AM ˌənˈwind

unwearable
BR (ˌ)ʌnˈwɛːrəbl
AM ˌənˈwɛrəb(ə)l

unwearied
BR ʌnˈwɪərɪd
AM ˌənˈwɪrɪd

unweariedly
BR ʌnˈwɪərɪdli
AM ˌənˈwɪrɪdli

unweariedness
BR ʌnˈwɪərɪdnɪs
AM ˌənˈwɪrɪdnɪs

unweary
BR ʌnˈwɪəri
AM ˌənˈwɪri

unwearying
BR ʌnˈwɪərɪŋ
AM ˌənˈwɪrɪŋ

unwearyingly
BR ʌnˈwɪərɪŋli
AM ˌənˈwɪrɪŋli

unwed
BR ʌnˈwed
AM ˌənˈwed

unwedded
BR ʌnˈwedɪd
AM ˌənˈwedəd

unweddedness
BR (ˌ)ʌnˈwedɪdnɪs
AM ˌənˈwedədnəs

unweeded
BR ʌnˈwiːdɪd
AM ˌənˈwidɪd

unweighed
BR ˌʌnˈweɪd
AM ˌənˈweɪd

unweight
BR ʌnˈweɪt, -s, -ɪŋ, -ɪd
AM ˌənˈweɪ|t, -ts, -dɪŋ, -dɪd

unwelcome
BR (ˌ)ʌnˈwelkəm, -ɪŋ, -d
AM ˌənˈwelkəm, -ɪŋ, -d

unwelcomely
BR (ˌ)ʌnˈwelkəmli
AM ˌənˈwelkəmli

unwelcomeness
BR (ˌ)ʌnˈwelkəmnəs
AM ˌənˈwelkəmnəs

unwell
BR (ˌ)ʌnˈwel
AM ˌənˈwel

unwept
BR ˌʌnˈwept
AM ˌənˈwept

unwetted
BR ʌnˈwetɪd
AM ˌənˈwedəd

unwhipped
BR ʌnˈwɪpt
AM ˌənˈ(h)wɪpt

unwhitened
BR ʌnˈwʌɪtnd
AM ˌənˈ(h)waɪtnd

unwholesome
BR (ˌ)ʌnˈhəʊls(ə)m
AM ˌənˈhoʊls(ə)m

unwholesomely
BR (ˌ)ʌnˈhəʊls(ə)mli
AM ˌənˈhoʊlsəmli

unwholesomeness
BR (ˌ)ʌnˈhəʊls(ə)mnəs
AM ˌənˈhoʊlsəmnəs

unwieldily
BR ʌnˈwiːldɪli
AM ˌənˈwi(ə)ldɪli

unwieldiness
BR ʌnˈwiːldɪnɪs
AM ˌənˈwi(ə)ldɪnɪs

unwieldy
BR ʌnˈwiːldi
AM ˌənˈwi(ə)ldi

unwilled
BR ˌʌnˈwɪld
AM ˌənˈwɪld
unwilling
BR ˌʌnˈwɪlɪŋ
AM ˌənˈwɪlɪŋ
unwillingly
BR ʌnˈwɪlɪŋli
AM ˌənˈwɪlɪŋli
unwillingness
BR ʌnˈwɪlɪŋnɪs
AM ˌənˈwɪlɪŋnɪs
Unwin
BR ˈʌnwɪn
AM ˈənwən
unwind
BR ˌʌnˈwaɪnd, -z, -ɪŋ
AM ˌənˈwaɪnd, -z, -ɪŋ
unwinking
BR ˌʌnˈwɪŋkɪŋ
AM ˌənˈwɪŋkɪŋ
unwinkingly
BR ˌʌnˈwɪŋkɪŋli
AM ˌənˈwɪŋkɪŋli
unwinnable
BR ˌʌnˈwɪnəbl
AM ˌənˈwɪnəb(ə)l
unwiped
BR ˌʌnˈwaɪpt
AM ˌənˈwaɪpt
unwired
BR ˌʌnˈwaɪəd
AM ˌənˈwaɪ(ə)rd
unwisdom
BR ˌʌnˈwɪzdəm
AM ˌənˈwɪzdəm
unwise
BR (ˌ)ʌnˈwaɪz
AM ˌənˈwaɪz
unwisely
BR (ˌ)ʌnˈwaɪzli
AM ˌənˈwaɪzli
unwish
BR ˌʌnˈwɪʃ, -ɪz, -ɪŋ, -t
AM ˌənˈwɪʃ, -ɪz, -ɪŋ, -t
unwithered
BR ˌʌnˈwɪðəd
AM ˌənˈwɪðərd
unwitnessed
BR ˌʌnˈwɪtnɪst
AM ˌənˈwɪtnɪst

unwitting
BR (ˌ)ʌnˈwɪtɪŋ
AM ˌənˈwɪdɪŋ
unwittingly
BR ʌnˈwɪtɪŋli
AM ˌənˈwɪdɪŋli
unwittingness
BR ʌnˈwɪtɪŋnɪs
AM ˌənˈwɪdɪŋnɪs
unwomanliness
BR (ˌ)ʌnˈwʊmənlɪnɪs
AM ˌənˈwʊmənlɪnɪs
unwomanly
BR (ˌ)ʌnˈwʊmənli
AM ˌənˈwʊmənli
unwonted
BR ʌnˈwəʊntɪd, ʌnˈwɒntɪd
AM ˌənˈwɒn(t)əd, ˌənˈwɑn(t)əd, ˌənˈwoʊn(t)əd
unwontedly
BR ʌnˈwəʊntɪdli, ʌnˈwɒntɪdli
AM ˌənˈwɒn(t)ədli, ˌənˈwɑn(t)ədli, ˌənˈwoʊn(t)ədli
unwontedness
BR ʌnˈwəʊntɪdnɪs, ʌnˈwɒntɪdnɪs
AM ˌənˈwɒn(t)ədnəs, ˌənˈwɑn(t)ədnəs, ˌənˈwoʊn(t)ədnɪs
unwooded
BR ˌʌnˈwʊdɪd
AM ˌənˈwʊdəd
unworkability
BR ʌnˌwɜːkəˈbɪlɪti, ˌʌnwəːkəˈbɪlɪti
AM ˌənˌwɜrkəˈbɪlɪdi
unworkable
BR (ˌ)ʌnˈwɜːkəbl
AM ˌənˈwɜrkəb(ə)l
unworkableness
BR (ˌ)ʌnˈwɜːkəblnəs
AM ˌənˈwɜrkəbəlnəs
unworkably
BR (ˌ)ʌnˈwɜːkəbli
AM ˌənˈwɜrkəbli
unworked
BR ˌʌnˈwɜːkt
AM ˌənˈwɜrkt

unworkmanlike
BR ˌʌnˈwɜːkmənlʌɪk
AM ˌənˈwɜrkmənˌlaɪk
unworldliness
BR (ˌ)ʌnˈwɜːldlɪnɪs
AM ˌənˈwɜrldlɪnɪs
unworldly
BR (ˌ)ʌnˈwɜːldli
AM ˌənˈwɜrldli
unworn
BR ˌʌnˈwɔːn
AM ˌənˈwɔ(ə)rn
unworried
BR ˌʌnˈwʌrɪd
AM ˌənˈwɜrid
unworshipped
BR ʌnˈwɜːʃɪpt
AM ˌənˈwɜrʃɪpt
unworthily
BR (ˌ)ʌnˈwɜːðɪli
AM ˌənˈwɜrðəli
unworthiness
BR (ˌ)ʌnˈwɜːðɪnɪs
AM ˌənˈwɜrðɪnɪs
unworthy
BR (ˌ)ʌnˈwɜːði
AM ˌənˈwɜrði
unwound
BR ˌʌnˈwaʊnd
AM ˌənˈwaʊnd
unwounded
BR ˌʌnˈwuːndɪd
AM ˌənˈwundəd
unwoven
BR ˌʌnˈwəʊvn
AM ˌənˈwoʊvən
unwrap
BR (ˌ)ʌnˈrap, -s, -ɪŋ, -t
AM ˌənˈræp, -s, -ɪŋ, -t
unwrinkled
BR ˌʌnˈrɪŋkld
AM ˌənˈrɪŋkəld
unwritable
BR ˌʌnˈrʌɪtəbl
AM ˌənˈraɪdəb(ə)l
unwritten
BR ˌʌnˈrɪtn
AM ˌənˈrɪtn
unwrought
BR ˌʌnˈrɔːt
AM ˌənˈrɑt, ˌənˈrɔt

unwrung
BR ˌʌnˈrʌŋ
AM ˌənˈrəŋ
unyielding
BR (ˌ)ʌnˈjiːldɪŋ
AM ˌənˈjildɪŋ
unyieldingly
BR (ˌ)ʌnˈjiːldɪŋli
AM ˌənˈjildɪŋli
unyieldingness
BR (ˌ)ʌnˈjiːldɪŋnɪs
AM ˌənˈjildɪŋnɪs
unyoke
BR (ˌ)ʌnˈjəʊk, -s, -ɪŋ, -t
AM ˌənˈjoʊk, -s, -ɪŋ, -t
unzip
BR ˌʌnˈzɪp, -s, -ɪŋ, -t
AM ˌənˈzɪp, -s, -ɪŋ, -t
up
BR ʌp
AM əp
up-anchor
BR ˌʌpˈaŋk|ə(r), -əz, -(ə)rɪŋ, -əd
AM ˌəpˈæŋkər, -z, -ɪŋ, -d
up-and-coming
BR ˌʌp(ə)n(d)ˈkʌmɪŋ
AM ˌəpənˈkəmɪŋ
up-and-over
BR ˌʌp(ə)n(d)ˈəʊvə(r)
AM ˌəpənˈoʊvər
up and running
BR ˌʌp (ə)n(d) ˈrʌnɪŋ
AM əp ən ˈrənɪŋ
up-and-under
BR ˌʌp(ə)n(d)ˈʌndə(r), -z
AM ˌəpənˈəndər, -z
up-and-up
BR ˌʌp(ə)n(d)ˈʌp
AM ˌəpənˈəp
Upanishad
BR (j)uːˈpanɪʃad, (j)ʊˈpanɪʃad, -z
AM (j)ʊˈpænəˌʃæd, -z
upas
BR ˈjuːpəs, -ɪz
AM ˈjupəs, -əz
upas tree
BR ˈjuːpəs triː, -z
AM ˈjupəs ˌtri, -z

upbeat
BR ˈʌpbiːt, -s
AM ˈˌəpˈˌbɪt, -s

upbraid
BR ˌʌpˈbreɪd, -z, -ɪŋ, -ɪd
AM ˌəpˈbreɪd, -z, -ɪŋ, -ɪd

upbraiding
BR ˌʌpˈbreɪdɪŋ, -z
AM ˌəpˈbreɪdɪŋ, -z

upbringing
BR ˈʌpˌbrɪŋɪŋ
AM ˈəpˌbrɪŋɪŋ

upbuild
BR ˌʌpˈbɪld
AM ˌəpˈbɪld

upbuilt
BR ˌʌpˈbɪlt
AM ˌəpˈbɪlt

UPC
BR ˌjuːpiːˈsiː
AM ˌjuˌpiˈsi

upcast
BR ˈʌpkɑːst, -s, -ɪŋ
AM ˈəpˌkæst, -s, -ɪŋ

upchuck
BR ˌʌpˈtʃʌk, -s, -ɪŋ, -t
AM ˌəpˈtʃək, -s, -ɪŋ, -t

upcoming
BR ˈʌpˌkʌmɪŋ
AM ˈəpˈˌkəmɪŋ

upcountry
BR ˌʌpˈkʌntri
AM ˌəpˈkəntri

upcurrent
BR ˈʌpˌkʌrn̩t, -s
AM ˈəpˌkərənt, -s

update[1] *noun*
BR ˈʌpdeɪt, -s
AM ˈəpˌdeɪt, -s

update[2] *verb*
BR ˌʌpˈdeɪt, -s, -ɪŋ, -ɪd
AM ˌəpˈdeɪt, -ts, -dɪŋ, -dɪd

updater
BR ˌʌpˈdeɪtə(r), -z
AM ˌəpˈdeɪdər, -z

Updike
BR ˈʌpdʌɪk
AM ˈəpˌdaɪk

updraft
BR ˈʌpdrɑːft, -s
AM ˈəpˌdræft, -s

updraught
BR ˈʌpdrɑːft, -s
AM ˈəpˌdræft, -s

upend
BR ʌpˈɛnd, -z, -ɪŋ, -ɪd
AM ˌəpˈɛnd, -z, -ɪŋ, -əd

upfield
BR ˈʌpfiːld
AM ˌəpˈfild

upflow
BR ˈʌpfləʊ, -z
AM ˈəpˌfloʊ, -z

upfold
BR ˈʌpfəʊld, -z
AM ˈəpˌfoʊld, -z

up-front
BR ˌʌpˈfrʌnt
AM ˌəpˈfrənt

upgrade[1] *noun*
BR ˈʌpgreɪd, -z
AM ˈəpˌgreɪd, -z

upgrade[2] *verb*
BR ˌʌpˈgreɪd, -z, -ɪŋ, -ɪd
AM ˌˈəpˈˌgreɪd, -z, -ɪŋ, -ɪd

upgradeable
BR ˌʌpˈgreɪdəbl
AM ˌəpˈgreɪdəb(ə)l

upgrader
BR ˌʌpˈgreɪdə(r), -z
AM ˈəpˌgreɪdər, -z

upgrowth
BR ˈʌpgrəʊθ, -s
AM ˈəpˌgroʊθ, -s

uphaul
BR ˌʌpˈhɔːl, -z
AM ˌəpˈhɑl, ˌəpˈhɔl, -z

upheaval
BR ʌpˈhiːvl, -z
AM ˌəpˈhivəl, -z

upheave
BR ˌʌpˈhiːv, -z, -ɪŋ, -d
AM ˌəpˈhiv, -z, -ɪŋ, -d

upheld
BR ˌʌpˈhɛld
AM ˌəpˈhɛld

uphill
BR ˌʌpˈhɪl
AM ˌəpˈhɪl

uphold
BR ʌpˈhəʊld, -z, -ɪŋ
AM ˌəpˈhoʊld, -z, -ɪŋ

upholder
BR ʌpˈhəʊldə(r), -z
AM ˌəpˈhoʊldər, -z

upholster
BR ʌpˈhəʊlst|ə(r), -əz, -(ə)rɪŋ, -əd
AM ˌəpˈ(h)oʊlst|ər, -ərz, -(ə)rɪŋ, -ərd

upholsterer
BR ʌpˈhəʊlst(ə)rə(r), -z
AM ˌəpˈ(h)oʊlst(ə)rər, -z

upholstery
BR ʌpˈhəʊlst(ə)ri
AM ˌəpˈ(h)oʊlst(ə)ri

UPI
BR ˌjuːpiːˈʌɪ
AM ˌjuˌpiˈaɪ

Upjohn
BR ˈʌpdʒɒn
AM ˈəpˌdʒɑn

upkeep
BR ˈʌpkiːp
AM ˈəpˌkip

upland
BR ˈʌplənd, -z
AM ˈəplənd, -z

uplift[1] *noun*
BR ˈʌplɪft
AM ˈəpˌlɪft

uplift[2] *verb*
BR ʌpˈlɪft, -s, -ɪŋ, -ɪd
AM ˈˌəpˈˌlɪft, -s, -ɪŋ, -ɪd

uplifter
BR ʌpˈlɪftə(r), -z
AM ˌəpˈlɪftər, -z

uplighter
BR ˈʌpˌlʌɪtə(r), -z
AM ˈəpˌlaɪdər, -z

uplink
BR ˈʌplɪŋk, -s, -ɪŋ, -t
AM ˈəpˌlɪŋk, -s, -ɪŋ, -d

upload
BR ˌʌpˈləʊd, -z, -ɪŋ, -ɪd
AM ˌəpˈloʊd, -z, -ɪŋ, -əd

uplying
BR ˌʌpˈlʌɪɪŋ
AM ˌəpˌlaɪɪŋ

upmarket
BR ˌʌpˈmɑːkɪt
AM ˌəpˈmɑrkət

upmost
BR ˈʌpməʊst
AM ˈəpˌmoʊst

upon
BR əˈpɒn
AM əˈpɑn

upper
BR ˈʌpə(r)
AM ˈəpər

uppercase
BR ˌʌpəˈkeɪs
AM ˌəpərˈkeɪs

upper-class
BR ˌʌpəˈklɑːs
AM ˌəpərˈklæs

upperclassman
BR ˌʌpəˈklɑːsmən
AM ˌəpərˈklæsm(ə)n

upperclassmen
BR ˌʌpəˈklɑːsmən
AM ˌəpərˈklæsm(ə)n

uppercut
BR ˈʌpəkʌt, -s
AM ˈəpərˌkət, -s

uppermost
BR ˈʌpəməʊst
AM ˈəpərˌmoʊst

Upper Volta
BR ˌʌpə ˈvɒltə(r)
AM ˌəpər ˈvoʊltə, ˌəpər ˈvɑltə

Uppingham
BR ˈʌpɪŋəm
AM ˈəpɪŋəm

uppish
BR ˈʌpɪʃ
AM ˈəpɪʃ

uppishly
BR ˈʌpɪʃli
AM ˈəpɪʃli

uppishness
BR ˈʌpɪʃnɪs
AM ˈəpɪʃnɪs

uppity
BR ˈʌpɪti
AM ˈəpədi

Uppsala
BR ʊpˈsɑːlə(r),
ʌpˈsɑːlə(r),
ˈʊpsɑːlə(r),
ˈʌpsɑːlə(r)
AM ˈʊpsələ
SW ˈəpsɑːla

upraise
BR ʌpˈreɪz, -ɪz,
-ɪŋ, -d
AM ˌəpˈreɪz, -ɪz, -ɪŋ,
-d

uprate
BR ʌpˈreɪt, -s, -ɪŋ, -ɪd
AM ˌəpˈreɪ|t, -ts, -dɪŋ,
-dɪd

uprating
BR ʌpˈreɪtɪŋ, -z
AM ˌəpˈreɪdɪŋ, -z

upright
BR ˈʌprʌɪt, -s
AM ˈəpˌraɪt, -s

uprightly
BR ˈʌprʌɪtli
AM ˈəpˌraɪtli

uprightness
BR ˈʌprʌɪtnɪs
AM ˈəpˌraɪtnɪs

uprise *verb*
BR ʌpˈrʌɪz, -ɪz, -ɪŋ
AM ˌəpˈraɪz, -ɪz, -ɪŋ

uprisen
BR ʌpˈrɪzn
AM ˌəpˈrɪzn

uprising
BR ˈʌprʌɪzɪŋ, -z
AM ˈəpˌraɪzɪŋ, -z

upriver
BR ˌʌpˈrɪvə(r)
AM ˌəpˈrɪvər

uproar
BR ˈʌprɔː(r), -z
AM ˈəpˌrɔ(ə)r, -z

uproarious
BR ʌpˈrɔːriəs
AM ˌəpˈrɔriəs

uproariously
BR ʌpˈrɔːriəsli
AM ˌəpˈrɔriəsli

uproariousness
BR ˌʌpˈrɔːriəsnəs
AM ˌəpˈrɔriəsnəs

uproot
BR ˌʌpˈruːt, -s, -ɪŋ, -ɪd
AM ˌəpˈruː|t, -ts, -dɪŋ,
-dəd

uprooter
BR ˌʌpˈruːtə(r), -z
AM ˌəpˈruːdər, -z

uprose
BR ʌpˈrəʊz
AM ˌəpˈroʊz

uprush
BR ˈʌprʌʃ, -ɪz
AM ˈəpˌrəʃ, -əz

ups-a-daisy
BR ˌʌpsəˈdeɪzi
AM ˌəpsiˈdeɪsi,
ˈəpsəˌdeɪsi

upscale
BR ˌʌpˈskeɪl
AM ˈəpˌskeɪl

upset[1] *adjective*
BR ˌʌpˈsɛt
AM ˌəpˈsɛt

upset[2] *noun*
BR ˈʌpsɛt, -s
AM ˈəpsət, -s

upset[3] *verb*
BR ʌpˈsɛt, -s, -ɪŋ
AM ˌəpˈsɛ|t, -ts,
-dɪŋ

upsetter
BR ʌpˈsɛtə(r), -z
AM ˌəpˈsɛdər, -z

upsettingly
BR ʌpˈsɛtɪŋli
AM ˌəpˈsɛdɪŋli

upshift
BR ˈʌpʃɪft, ˌʌpˈʃɪft, -s,
-ɪŋ, -ɪd
AM ˈəpˌʃɪft, -s, -ɪŋ, -ɪd

upshot
BR ˈʌpʃɒt
AM ˈəpˌʃɑt

upside-down
BR ˌʌpˈsaɪ(d)ˈdaʊn
AM ˌəpˌsaɪ(d)ˈdaʊn

upsides *adverb*
BR ˈʌpsʌɪdz
AM ˈəpˌsaɪdz

upsilon
BR (j)uːpˈsʌɪlən,
ˈjuːpsɪlən,
ʊpˈsʌɪlən, -z
AM ˈ(j)ʊpsəˌlɑn,
ˈəpsəˌlɑn, -z

upstage
BR ˌʌpˈsteɪdʒ, -ɪz,
-ɪŋ, -d
AM ˌəpˈsteɪdʒ, -ɪz,
-ɪŋ, -d

upstager
BR ˌʌpˈsteɪdʒə(r), -z
AM ˌəpˈsteɪdʒər, -z

upstair *adjective*
BR ˌʌpˈstɛː(r)
AM ˈˌəpˌstɛ(ə)r

upstairs
BR ˌʌpˈstɛːz
AM ˈˌəpˌstɛ(ə)rz

upstanding
BR (ˌ)ʌpˈstandɪŋ
AM ˌəpˈstændɪŋ

upstart
BR ˈʌpstɑːt, -s
AM ˈəpˌstɑrt, -s

upstate
BR ˌʌpˈsteɪt
AM ˈˌəpˌsteɪt

upstater
BR ˌʌpˈsteɪtə(r), -z
AM ˌəpˈsteɪdər,
ˌəpˈsteɪdər, -z

upstretched
BR ˌʌpˈstrɛtʃt
AM ˈˌəpˌstrɛtʃt

upstroke
BR ˈʌpstrəʊk, -s
AM ˈəpˌstroʊk, -s

upsurge
BR ˈʌpsɜːdʒ, -ɪz
AM ˈəpˌsɜrdʒ, -əz

upswept
BR ˌʌpˈswɛpt
AM ˌəpˈswɛpt

upswing
BR ˈʌpswɪŋ, -z
AM ˈəpˌswɪŋ, -z

upsy-daisy
BR ˌʌpsɪˈdeɪzi
AM ˈˌəpsəˌdeɪzi,
ˈəpsiˌdeɪzi

uptake
BR ˈʌpteɪk
AM ˈəpˌteɪk

up-tempo
BR ˌʌpˈtɛmpəʊ
AM ˌəpˈtɛmpoʊ

upthrow
BR ˈʌpθrəʊ, -z
AM ˈəpˌθroʊ, -z

upthrust
BR ˈʌpθrʌst, -s
AM ˈəpˌθrəst, -s

uptight
BR ˌʌpˈtʌɪt, ˈʌptʌɪt
AM ˌəpˈtaɪt

uptilt
BR ˌʌpˈtɪlt, -s, -ɪŋ, -ɪd
AM ˈəpˌtɪlt, -s, -ɪŋ,
-ɪd

uptime
BR ˈʌptʌɪm
AM ˈəpˌtaɪm

up-to-date
BR ˌʌptəˈdeɪt
AM ˌəptəˈdeɪt

Upton
BR ˈʌpt(ə)n
AM ˈəpt(ə)n

up-to-the-minute
BR ˌʌptəðəˈmɪnɪt
AM ˌəptəðəˈmɪnɪt

uptown
BR ˌʌpˈtaʊn
AM ˈˌəpˌtaʊn

uptowner
BR ˌʌpˈtaʊnə(r), -z
AM ˈˌəpˌtaʊnər, -z

upturn
BR ˈʌptɜːn, -z
AM ˈəpˌtɜrn, -z

upturned
BR ˌʌpˈtɜːnd
AM ˈˌəpˌtɜrnd

upward
BR ˈʌpwəd, -z
AM ˈəpwərd, -z

upwardly
BR ˈʌpwədli
AM ˈəpwərdli

upwarp
BR ˈʌpwɔːp, -s
AM ˈəpˌwɔ(ə)rp, -s

upwell
BR ˌʌpˈwɛl, -z, -ɪŋ, -d
AM ˌəpˈwɛl, -z, -ɪŋ, -d

upwelling
BR ˌʌpˈwɛlɪŋ
AM ˌəpˈwɛlɪŋ

upwind
BR ˌʌpˈwɪnd
AM ˌəpˈwɪnd

Ur
BR ɜː(r)
AM ɜr

uracil
BR ˈjʊərəsɪl, ˈjɔːrəsɪl
AM ˈjʊrəˌsɪl

uraei
BR jʊˈriːʌɪ
AM jʊˈriˌaɪ

uraemia
BR jʊˈriːmɪə(r)
AM jʊˈrimɪə

uraemic
BR jʊˈriːmɪk
AM jʊˈrimɪk

uraeus
BR jʊˈriːəs
AM jʊˈriəs

Ural
BR ˈjʊərl̩, ˈjɔːrl̩, -z
AM ˈjʊrəl, -z

Ural-Altaic
BR ˌjʊərl̩alˈteɪɪk, ˌjɔːrl̩alˈteɪɪk, -s
AM ˌjʊrəlˌælˈteɪɪk, -s

Uralic
BR jʊˈralɪk, -s
AM jʊˈrælɪk, -s

Urania
BR jʊˈreɪnɪə(r)
AM jʊˈreɪnɪə

uranic
BR jʊˈranɪk
AM jʊˈrænɪk

uranism
BR ˈjʊərn̩ɪzm, ˈjɔːrn̩ɪzm
AM ˈjʊrəˌnɪz(ə)m

uranium
BR jʊˈreɪnɪəm
AM juˈreɪnɪəm, jʊˈreɪnɪəm

uranographer
BR ˌjʊərəˈnɒgrəfə(r), ˌjɔːrəˈnɒgrəfə(r), -z
AM ˌjʊrəˈnɑgrəfər, -z

uranographic
BR ˌjʊərənəˈgrafɪk, ˌjɔːrənəˈgrafɪk
AM ˌjʊrənəˈgræfɪk

uranography
BR ˌjʊərəˈnɒgrəfi, ˌjɔːrəˈnɒgrəfi
AM ˌjʊrəˈnɑgrəfi

uranometry
BR ˌjʊərəˈnɒmɪtri, ˌjɔːrəˈnɒmɪtri
AM ˌjʊrəˈnɑmətri

uranous
BR ˈjʊərənəs, ˈjɔːrənəs
AM jʊˈreɪnəs, ˈjʊrənəs

Uranus
BR ˈjʊərn̩əs, ˈjɔːrn̩əs, jʊˈreɪnəs
AM jʊˈreɪnəs, ˈjʊrənəs

urate
BR ˈjʊəreɪt, ˈjɔːreɪt, -s
AM ˈjʊˌreɪt, -s

urban
BR ˈɜːb(ə)n
AM ˈɜrbən

urbane
BR ɜːˈbeɪn
AM ɜrˈbeɪn

urbanely
BR ɜːˈbeɪnli
AM ɜrˈbeɪnli

urbaneness
BR ɜːˈbeɪnɪs
AM ɜrˈbeɪ(n)nɪs

urbanisation
BR ˌɜːbn̩ʌɪˈzeɪʃn, ˌɜrbəˌnaɪˈzeɪʃ(ə)n, ˌɜrbənəˈzeɪʃ(ə)n

urbanise
BR ˈɜːbn̩ʌɪz, -ɪz, -ɪŋ, -d
AM ˈɜrbəˌnaɪz, -ɪz, -ɪŋ, -d

urbanism
BR ˈɜːbn̩ɪzm
AM ˈɜrbəˌnɪz(ə)m

urbanist
BR ˈɜːbn̩ɪst, -s
AM ˈɜrbənəst, -s

urbanite
BR ˈɜːbn̩ʌɪt, -s
AM ˈɜrbəˌnaɪt, -s

urbanity
BR ɜːˈbanɪti
AM ɜrˈbænədi

urbanization
BR ˌɜːbn̩ʌɪˈzeɪʃn
AM ˌɜrbəˌnaɪˈzeɪʃ(ə)n, ˌɜrbənəˈzeɪʃ(ə)n

urbanize
BR ˈɜːbn̩ʌɪz, -ɪz, -ɪŋ, -d
AM ˈɜrbəˌnaɪz, -ɪz, -ɪŋ, -d

urceolate
BR ˈɜːsɪələt, ˈɜːsɪəleɪt
AM ˈɜrˌsɪəˌleɪt, ˈɜrˌsɪələt

urchin
BR ˈɜːtʃɪn, -z
AM ˈɜrtʃ(ə)n, -z

Urdu
BR ˈʊəduː, ˈɜːduː
AM ˈɜrdu, ˈʊrdu

Ure
BR ˈjʊə(r)
AM ˈjʊ(ə)r

urea
BR jʊˈriːə(r)
AM jʊˈriə

urea-formaldehyde
BR jʊˌriːəfɔːˈmaldɪhʌɪd
AM jʊˌriəˌfɔrˈmældəˌhaɪd

ureal
BR jʊˈriːəl
AM jʊˈriəl

uremia
BR jʊˈriːmɪə(r)
AM jʊˈrimɪə

uremic
BR jʊˈriːmɪk
AM jʊˈrimɪk

ureter
BR jʊˈriːtə(r), ˈjʊərɪtə(r), -z
AM ˈjʊrədər, -z

ureteral
BR jʊˈriːt(ə)rl̩
AM jʊˈrɪdərəl

ureteric
BR ˌjʊərɪˈtɛrɪk, jʊˈriːt(ə)rɪk, ˌjɔːrɪˈtɛrɪk
AM ˌjʊrəˈtɛrɪk

ureteritis
BR jʊˌriːtəˈrʌɪtɪs, ˌjʊərɪtəˈrʌɪtɪs, ˌjɔːrɪtəˈrʌɪtɪs
AM ˌjʊrədəˈraɪdɪs

ureterotomy
BR jʊˌriːtəˈrɒtəm|i, -ɪz
AM ˌjʊrədəˈrɑdəmi, -z

urethane
BR ˈjʊərɪθeɪn, ˈjɔːrɪθeɪn
AM ˈjʊrəˌθeɪn

urethra
BR jʊˈriːθrə(r), -z
AM jʊˈriθrə, -z

urethral
BR jʊˈriːθrl̩
AM jʊˈriθrəl

urethritis
BR ˌjʊərɪˈθrʌɪtɪs, ˌjɔːrɪˈθrʌɪtɪs
AM ˌjʊrəˈθraɪdɪs

urethrotomy
BR ˌjʊərɪˈθrɒtəm|i, ˌjɔːrɪˈθrɒtəm|i, -ɪz
AM ˌjʊrəˈθrɑdəmi, -z

Urey
BR ˈjʊəri
AM ˈ(j)ʊri

Urga
BR ˈɜːgə(r)
AM ˈɜrgə

urge
BR ɜːdʒ, -ɪz, -ɪŋ, -d
AM ɜrdʒ, -əz, -ɪŋ, -d

urgency
BR ˈɜːdʒ(ə)nsi
AM ˈɜrdʒənsi

urgent
BR ˈɜːdʒ(ə)nt
AM ˈɜrdʒ(ə)nt

urgently
BR ˈɜːdʒ(ə)ntli
AM ˈɜrdʒən(t)li

urger
BR ˈɜːdʒə(r), -z
AM ˈɝdʒɚ, -z

urging
BR ˈɜːdʒɪŋ, -z
AM ˈɝdʒɪŋ, -z

Uriah
BR jʊˈraɪə(r)
AM jʊˈraɪə

uric
BR ˈjʊərɪk, ˈjɔːrɪk
AM ˈjʊrɪk

Uriel
BR ˈjʊəriəl, ˈjɔːriəl
AM ˈjʊriˌɛl, ˈjʊriəl

urim
BR ˈjʊərɪm, ˈjɔːrɪm
AM ˈ(j)ʊrəm

urinal
BR jʊˈraɪnl, ˈjʊərɪnl, ˈjɔːrɪnl, -z
AM ˈjʊrən(ə)l, -z

urinalyses
BR ˌjʊərɪˈnalisiːz, ˌjɔːrɪˈnalisiːz
AM ˌjʊrəˈnælɪˌsiz

urinalysis
BR ˌjʊərɪˈnalisɪs, ˌjɔːrɪˈnalisɪs
AM ˌjʊrəˈnæləsəs

urinary
BR ˈjʊərɪn(ə)ri, ˈjɔːrɪn(ə)ri
AM ˈjʊrəˌnɛri

urinate
BR ˈjʊərɪneɪt, ˈjɔːrɪneɪt, -s, -ɪŋ, -ɪd
AM ˈjʊrəˌneɪt, -ts, -dɪŋ, -dɪd

urination
BR ˌjʊərɪˈneɪʃn, ˌjɔːrɪˈneɪʃn
AM ˌjʊrəˈneɪʃ(ə)n

urine
BR ˈjʊərɪn, ˈjɔːrɪn
AM ˈjʊrən

urinous
BR ˈjʊərɪnəs, ˈjɔːrɪnəs
AM ˈjʊrənəs

Urmston
BR ˈɜːmst(ə)n
AM ˈɝmst(ə)n

urn
BR ɜːn, -z
AM ɝn, -z

urnfield
BR ˈɜːnfiːld, -z
AM ˈɝnˌfild, -z

urnful
BR ˈɜːnfʊl, -z
AM ˈɝnˌfʊl, -z

urochord
BR ˈjʊərə(ʊ)kɔːd, ˈjɔːrə(ʊ)kɔːd, -z
AM ˈjʊrəˌkɔ(ə)rd, -z

urodele
BR ˈjʊərə(ʊ)diːl, ˈjɔːrə(ʊ)diːl, -z
AM ˈjʊrəˌdil, -z

urogenital
BR ˌjʊərə(ʊ)ˈdʒɛnɪtl, ˌjɔːrə(ʊ)ˈdʒɛnɪtl
AM ˌjʊrəˈdʒɛnədl, ˌjʊroʊˈdʒɛnədl

urolithiasis
BR ˌjʊərə(ʊ)lɪˈθaɪəsɪs, ˌjɔːrə(ʊ)lɪˈθaɪəsɪs
AM ˌjʊrələˈθaɪəsəs

urologic
BR ˌjʊərəˈlɒdʒɪk, ˌjɔːrɪˈlɒdʒɪk
AM ˌjʊrəˈlɑdʒɪk

urologist
BR jʊˈrɒlədʒɪst, -s
AM jʊˈrɑlədʒəst, -s

urology
BR jʊˈrɒlədʒi
AM jʊˈrɑlədʒi

uropygium
BR ˌjʊərəˈpɪdʒɪəm, ˌjɔːrəˈpɪdʒɪəm, -z
AM ˌjʊrəˈpɪdʒɪəm, -z

uroscopy
BR jʊˈrɒskəpi
AM jʊˈrɑskəpi

Urquhart
BR ˈɜːkət
AM ˈɝkət

Ursa
BR ˈɜːsə(r)
AM ˈɝsə

Ursa Major
BR ˌɜːsə ˈmeɪdʒə(r)
AM ˌɝsə ˈmeɪdʒɚ

Ursa Minor
BR ˌɜːsə ˈmaɪnə(r)
AM ˌɝsə ˈmaɪnɚ

ursine
BR ˈɜːsaɪn
AM ˈɝˌsin

Ursula
BR ˈɜːsjʊlə(r)
AM ˈɝsələ

Ursuline
BR ˈɜːsjʊlaɪn, -z
AM ˈɝsəˌlin, ˈɝsəˌlaɪn, ˈɝsəl(ə)n, -z

urticaria
BR ˌɜːtɪˈkɛːrɪə(r)
AM ˌɝdəˈkɛrɪə

urticate
BR ˈɜːtɪkeɪt, -s, -ɪŋ, -ɪd
AM ˈɝdəˌkeɪ|t, -ts, -dɪŋ, -dɪd

urtication
BR ˌɜːtɪˈkeɪʃn
AM ˌɝdəˈkeɪʃ(ə)n

Uruguay
BR ˈjʊərəgwaɪ, ˈjɔːrəgwaɪ
AM ˈ(j)ʊrəˌgwaɪ
SP uruˈɣwaj

Uruguayan
BR ˌjʊərəˈgwaɪən, ˌjɔːrəˈgwaɪən, -z
AM ˌ(j)ʊrəˈgwaɪən, -z

Uruk
BR ˈʊrʊk
AM ˈʊrʊk

Urwin
BR ˈɜːwɪn
AM ˈɝwən

US
BR ˌjuːˈɛs
AM ˌjuˈɛs

us[1] *strong form*
BR ʌs
AM əs

us[2] *weak form*
BR əs, s
AM əs

USA
BR ˌjuːɛsˈeɪ
AM ˌjuˌɛsˈeɪ

usability
BR ˌjuːzəˈbɪlɪti
AM ˌjuzəˈbɪlɪdi

usable
BR ˈjuːzəbl
AM ˈjuzəb(ə)l

usableness
BR ˈjuːzəblnəs
AM ˈjuzəbəlnəs

usage
BR ˈjuːs|ɪdʒ, ˈjuːz|ɪdʒ, -ɪdʒɪz
AM ˈjuzɪdʒ, ˈjusɪdʒ, -ɪz

usance
BR ˈjuːzns
AM ˈjuz(ə)ns

Usborne
BR ˈʌzbɔːn
AM ˈəzˌbɔ(ə)rn

USDAW
BR ˈʌzdɔː(r)
AM ˈəzˌdɑ

use[1] *noun*
BR juːs, -ɪz
AM jus, -əz

use[2] *verb 'make use of'*
BR juːz, -ɪz, -ɪŋ, -d
AM juz, -əz, -ɪŋ, -d

useability
BR ˌjuːzəˈbɪlɪti
AM ˌjuzəˈbɪlɪdi

useable
BR ˈjuːzəbl
AM ˈjuzəb(ə)l

useableness
BR ˈjuːzəblnəs
AM ˈjuzəbəlnəs

used[1] *adjective 'accustomed'*
BR juːst
AM just

used[2] *adjective 'not new', past tense of verb use*
BR juːzd
AM juzd

usedn't
BR ˈjuːsnt
AM ˈjusnt

useful
BR ˈjuːsf(ʊ)l
AM ˈjusfəl

usefully
BR ˈjuːsfʊli, ˈjuːsfl̩i
AM ˈjusfəli

usefulness
BR ˈjuːsf(ʊ)lnəs
AM ˈjusfəlnəs

useless
BR ˈjuːsləs
AM ˈjusləs

uselessly
BR ˈjuːsləsli
AM ˈjusləsli

uselessness
BR ˈjuːsləsnəs
AM ˈjusləsnəs

usen't
BR ˈjuːsnt
AM ˈjusnt

user
BR ˈjuːzə(r), -z
AM ˈjuzər, -z

user-friendliness
BR ˌjuːzəˈfren(d)linɪs
AM ˌjuzərˈfren(d)linɪs

user-friendly
BR ˌjuːzəˈfren(d)li
AM ˌjuzərˈfren(d)li

ushabti
BR uːˈʃabt|i, -ɪz
AM (j)uˈʃæbti, -z

Ushant
BR ˈʌʃnt
AM ˈəʃ(ə)nt

U-shaped
BR ˈjuːʃeɪpt
AM ˈjuˌʃeɪpt

usher
BR ˈʌʃə(r), -əz, -(ə)rɪŋ, -əd
AM ˈəʃər, -ərz, -(ə)rɪŋ, -ərd

usherette
BR ˌʌʃəˈret, -s
AM ˌəʃəˈret, -s

ushership
BR ˈʌʃəʃɪp, -s
AM ˈəʃərˌʃɪp, -s

USIA
BR ˌjuːɛsʌɪˈeɪ
AM ˌjuˌɛsˌaɪˈeɪ

Usk
BR ʌsk
AM əsk

USMC
BR ˌjuːɛsɛmˈsiː
AM ˌjuˌɛsˌɛmˈsi

USO
BR ˌjuːɛsˈəʊ
AM ˌjuˌɛsˈoʊ

USP
BR ˌjuːɛsˈpiː
AM ˌjuˌɛsˈpi

USPS
BR ˌjuːɛspiːˈɛs
AM ˌjuˌɛsˌpiˈɛs

usquebaugh
BR ˈʌskwɪbɔː(r)
AM ˈəskwəˌbɑ, ˈəskwəˌbɔ

USS
BR ˌjuːɛsˈɛs
AM ˌjuˌɛsˈɛs

USSR
BR ˌjuːɛsɛsˈɑː(r)
AM ˌjuˌɛsˌɛsˈar

Ustashe
BR ʊˈstaːʃi
AM ʊˈstaʃi

Ustinov
BR ˈjuːstɪnɒf, ˈjuːstɪnɒv
AM ˈjustəˌnɒv, ˈjustəˌnɑf, ˈjustəˌnɑv, ˈjustəˌnɔf
RUS uˈstʲɨnəf

usual
BR ˈjuːʒʊəl, ˈjuːʒ(ʊ)l
AM ˈjuʒ(əw)əl

usually
BR ˈjuːʒʊəli, ˈjuːʒʊli, ˈjuːʒli
AM ˈjuʒ(əw)əli

usualness
BR ˈjuːʒʊəlnəs, ˈjuːʒ(ʊ)lnəs
AM ˈjuʒ(əw)əlnəs

usucaption
BR ˌjuːsjʊˈkapʃn, ˌjuːzjʊˈkapʃn
AM ˌjusəˈkæpʃ(ə)n, ˌjuzəˈkæpʃ(ə)n

usufruct
BR ˈjuːsjʊfrʌkt, ˈjuːzjʊfrʌkt, -s
AM ˈjusəˌfrək|(t), ˈjuzəˌfrək|(t), -(t)s

usufructuary
BR ˌjuːsjʊˈfrʌktjʊər|i, ˌjuːzjʊˈfrʌktjʊər|i, ˌjuːsjʊˈfrʌktʃ(ʊ)ər|i, ˌjuːzjʊˈfrʌktʃ(ʊ)ər|i, -ɪz
AM ˌjusəˈfrək(t)ʃəˌwɛri, ˌjuzəˈfrək(t)ʃəˌwɛri, -z

usurer
BR ˈjuːʒ(ə)rə(r), -z
AM ˈjuʒərər, -z

usurious
BR juːˈzjʊərɪəs, juːˈzjɔːrɪəs, juːˈʒʊərɪəs, juːˈʒɔːrɪəs
AM juˈʒʊriəs

usuriously
BR juːˈzjʊərɪəsli, juːˈzjɔːrɪəsli, juːˈʒʊərɪəsli, juːˈʒɔːrɪəsli
AM juˈʒʊriəsli

usuriousness
BR juːˈzjʊərɪəsnəs, juːˈzjɔːrɪəsnəs, juːˈʒʊərɪəsnəs, juːˈʒɔːrɪəsnəs
AM juˈʒʊriəsnəs

usurp
BR juːˈzəːp, jʊˈzəːp, -s, -ɪŋ, -t
AM juˈsərp, -s, -ɪŋ, -t

usurpation
BR ˌjuːzəːˈpeɪʃn
AM ˌjusərˈpeɪʃ(ə)n

usurper
BR juːˈzəːpə(r), jʊˈzəːpə(r), -z
AM juˈsərpər, -z

usury
BR ˈjuːʒ(ə)ri
AM ˈjuʒ(ə)ri

Utah
BR ˈjuːtɔː(r), ˈjuːtɑː(r)
AM ˈjuˌtɑ, ˈjuˌtɔ

Ute
BR juːt, -s
AM jut, -s

utensil
BR juːˈtens(ɪ)l, jʊˈtens(ɪ)l, -z
AM juˈtens(ə)l, -z

uteri
BR ˈjuːtərʌɪ
AM ˈjudəˌraɪ

uterine
BR ˈjuːtərʌɪn
AM ˈjudəˌraɪn, ˈjudərən

uteritis
BR ˌjuːtəˈrʌɪtɪs
AM ˌjudəˈraɪdɪs

uterus
BR ˈjuːt(ə)rəs, -ɪz
AM ˈjudərəs, -əz

utile
BR ˈjuːtʌɪl
AM ˈjuˌtaɪl, ˈjudl̩

utilisable
BR ˈjuːtɪlʌɪzəbl, ˈjuːtl̩ʌɪzəbl
AM ˈjudl̩ˌaɪzəb(ə)l

utilisation
BR ˌjuːtɪlʌɪˈzeɪʃn, ˌjuːtl̩ʌɪˈzeɪʃn
AM ˌjudl̩ˌaɪˈzeɪʃ(ə)n, ˌjudləˈzeɪʃ(ə)n

utilise
BR ˈjuːtɪlʌɪz, ˈjuːtl̩ʌɪz, -ɪz, -ɪŋ, -d
AM ˈjudl̩ˌaɪz, -ɪz, -ɪŋ, -d

utiliser
BR ˈjuːtɪlʌɪzə(r), ˈjuːtl̩ʌɪzə(r), -z
AM ˈjudl̩ˌaɪzər, -z

utilitarian
BR ˌjuːtɪlɪˈtɛːrɪən, ˌjuːtɪlɪˈtɛːrɪən, ˌjuːtl̩ɪˈtɛːrɪən, -z
AM ˌjuˌtɪləˈtɛrɪən, -z

utilitarianism
BR ˌjuːtɪlɪˈtɛːrɪənɪzm,
juːˌtɪlɪˈtɛːrɪənɪzm,
jʊˌtɪlɪˈtɛːrɪənɪzm
AM juˌtɪləˈtɛrɪəˌnɪz(ə)m

utility
BR juːˈtɪlɪt|i, jʊˈtɪlɪt|i,
-ɪz
AM juˈtɪlɪd̬i, -z

utilizable
BR ˈjuːtɪlʌɪzəbl,
ˈjuːtlʌɪzəbl
AM ˌjudlˈaɪzəb(ə)l

utilization
BR ˌjuːtɪlʌɪˈzeɪʃn,
ˌjuːtlʌɪˈzeɪʃn
AM ˌjudlˌaɪˈzeɪʃ(ə)n,
ˌjudləˈzeɪʃ(ə)n

utilize
BR ˈjuːtɪlʌɪz, ˈjuːtlʌɪz,
-ɪz, -ɪŋ, -d
AM ˈjudlˌaɪz, -ɪz,
-ɪŋ, -d

utilizer
BR ˈjuːtɪlʌɪzə(r),
ˈjuːtlʌɪzə(r), -z
AM ˈjudlˌaɪzər, -z

Utley
BR ˈʌtli
AM ˈət̬li

utmost
BR ˈʌtməʊst
AM ˈətˌmoʊst

utopia
BR juːˈtəʊpɪə(r),
jʊˈtəʊpɪə(r), -z
AM juˈtoʊpɪə, -z

Utopian
BR juːˈtəʊpɪən,
jʊˈtəʊpɪən, -z
AM juˈtoʊpɪən, -z

utopianism
BR juːˈtəʊpɪənɪzm,
jʊˈtəʊpɪənɪzm
AM juˈtoʊpɪəˌnɪz(ə)m

Utrecht
BR juːˈtrɛkt,
juːˈtrɛxt
AM ˈjuˌtrɛk(t)

utricle
BR ˈjuːtrɪkl, -z
AM ˈjutrək(ə)l, -z

utricular
BR jʊˈtrɪkjʊlə(r)
AM juˈtrɪkjələr,
jəˈtrɪkjələr

Utrillo
BR jʊˈtrɪləʊ
AM juˈtrɪloʊ,
ʊˈtrioʊ
FR ytʁijo

Utsire
BR ʊtˈsɪərə(r)
AM ʊtˈsɪrə

Uttar Pradesh
BR ˌʊtə prəˈdɛʃ
AM ˌʊtɑr prɑˈdɛʃ

utter
BR ˈʌt|ə(r), -əz,
-(ə)rɪŋ, -əd
AM ˈəd̬ər, -z,
-ɪŋ, -d

utterable
BR ˈʌt(ə)rəbl
AM ˈəd̬ərəb(ə)l

utterance
BR ˈʌt(ə)rn̩s,
-ɪz
AM ˈəd̬ərəns,
-əz

utterer
BR ˈʌt(ə)rə(r), -z
AM ˈəd̬ərər, -z

utterly
BR ˈʌtəli
AM ˈəd̬ərli

uttermost
BR ˈʌtəməʊst
AM ˈəd̬ərˌmoʊst

utterness
BR ˈʌtənəs
AM ˈəd̬ərnəs

Uttley
BR ˈʌtli
AM ˈət̬li

Uttoxeter
BR jʊˈtɒksɪtə(r)
AM juˈtaksədər

U-turn
BR ˈjuːtəːn, -z
AM ˌjuˌtərn, -z

uvea
BR ˈjuːvɪə(r), -z
AM ˈjuviə, -z

uvula
BR ˈjuːvjʊlə(r), -z
AM ˈjuvjələ, -z

uvulae
BR ˈjuːvjʊliː
AM ˈjuvjəˌlaɪ,
ˈjuvjəli

uvular
BR ˈjuːvjʊlə(r)
AM ˈjuvjələr

UWIST
BR ˈjuːwɪst
AM ˈjuwɪst

Uxbridge
BR ˈʌksbrɪdʒ
AM ˈəksˌbrɪdʒ

uxorial
BR ʌkˈsɔːrɪəl
AM əkˈsɔrɪəl, əkˈzɔrɪəl

uxoricidal
BR ʌkˌsɔːrɪˈsʌɪdl
AM əkˌsɔrəˈsaɪd(ə)l,
əkˌzɔrəˈsaɪd(ə)l

uxoricide
BR ʌkˈsɔːrɪsʌɪd, -z
AM əkˈsɔrəˌsaɪd,
əkˈzɔrəˌsaɪd, -z

uxorious
BR ʌkˈsɔːrɪəs
AM ˌəkˈzɔrɪəs,
ˌəkˈsɔrɪəs

uxoriously
BR ʌkˈsɔːrɪəsli
AM ˌəkˈzɔrɪəsli,
ˌəkˈsɔrɪəsli

uxoriousness
BR ʌkˈsɔːrɪəsnəs
AM ˌəkˈzɔrɪəsnəs,
ˌəkˈsɔrɪəsnəs

Uzbek
BR ˈʊzbɛk,
ˈʌzbɛk, -s
AM ˈəzˌbɛk,
ˈʊzˌbɛk, -s

Uzbekistan
BR ˌʊzˌbɛkɪˈstɑːn,
ˌʌzˌbɛkɪˈstɑːn
AM əzˈbɛkəˌstæn,
ʊzˈbɛkəˌstæn

Uzi
BR ˈuːz|i, -ɪz
AM ˈuzi, -z

V

v¹
BR viː, -z
AM vi, -z

v² versus
BR ˈvəːsəs, viː
AM vi, ˈvərsəs

Vaal
BR vɑːl
AM vɑl

Vaasa
BR ˈvɑːsə(r)
AM ˈvɑˌsɑ, ˈvɑsə

vac
BR væk, -s, -ɪŋ, -t
AM væk, -s, -ɪŋ, -t

vacancy
BR ˈveɪk(ə)ns|i, -ɪz
AM ˈveɪkənsi, -z

vacant
BR ˈveɪk(ə)nt
AM ˈveɪkənt

vacantly
BR ˈveɪk(ə)ntli
AM ˈveɪkən(t)li

vacatable
BR veɪˈkeɪtəbl
AM ˈveɪˌkeɪdəb(ə)l

vacate
BR veɪˈkeɪt, -s, -ɪŋ,
-ɪd
AM ˈveɪˌkeɪ|t, -ts, -dɪŋ,
-dɪd

vacation
BR veɪˈkeɪʃn, -z,
-ɪŋ, -d
AM vəˈkeɪʃ(ə)n,
veɪˈkeɪʃ(ə)n, -z,
-ɪŋ, -d

vacationer
BR veɪˈkeɪʃnə(r), -z
AM vəˈkeɪʃənər,
veɪˈkeɪʃənər, -z

vacationist
BR veɪˈkeɪʃn̩ɪst, -s
AM vəˈkeɪʃənəst,
veɪˈkeɪʃənəst, -s

vaccinal
BR ˈvaksɪnl
AM ˈvæksən(ə)l

vaccinate
BR ˈvæksɪneɪt, -s, -ɪŋ, -ɪd
AM ˈvæksəˌneɪ|t, -ts, -dɪŋ, -dɪd

vaccination
BR ˌvæksɪˈneɪʃn, -z
AM ˌvæksəˈneɪʃ(ə)n, -z

vaccinator
BR ˈvæksɪneɪtə(r), -z
AM ˈvæksəˌneɪdər, -z

vaccine
BR ˈvæksiːn, -z
AM vækˈsin, -z

vaccinia
BR vakˈsɪnɪə(r)
AM vækˈsɪnɪə

vacillate
BR ˈvæsɪleɪt, -s, -ɪŋ, -ɪd
AM ˈvæsəˌleɪ|t, -ts, -dɪŋ, -dɪd

vacillation
BR ˌvæsɪˈleɪʃn
AM ˌvæsəˈleɪʃ(ə)n

vacillator
BR ˈvæsɪleɪtə(r), -z
AM ˈvæsəˌleɪdər, -z

vacua
BR ˈvækjʊə(r)
AM ˈvækjəwə

vacuity
BR vəˈkjuːɪ|ti, -ɪz
AM vəˈkjuədi, væˈkjuədi, -z

vacuolar
BR ˈvækjʊələ(r)
AM ˈvækjələr, ˌvækjʊˈoʊlər

vacuolation
BR ˌvækjʊəˈleɪʃn, -z
AM ˌvækjəˈleɪʃ(ə)n, -z

vacuole
BR ˈvækjʊəʊl, -z
AM ˈvækjuˌoʊl, -z

vacuous
BR ˈvækjʊəs
AM ˈvækjəwəs

vacuously
BR ˈvækjʊəsli
AM ˈvækjəwəsli

vacuousness
BR ˈvækjʊəsnəs
AM ˈvækjəwəsnəs

vacuum
BR ˈvækjuːm, -z, -ɪŋ, -d
AM ˈvækˌjum, -z, -ɪŋ, -d

vade mecum
BR ˌvɑːdɪ ˈmeɪkəm, ˌveɪdɪ +, + ˈmiːkəm, -z
AM ˌvɑdi ˈmikəm, ˌveɪdi ˈmikəm, -z

Vaduz
BR vaˈduːz
AM vəˈduz

vag
BR væg, -z, -ɪŋ, -d
AM væg, -z, -ɪŋ, -d

vagabond
BR ˈvægəbɒnd, -z
AM ˈvægəˌbɑnd, -z

vagabondage
BR ˈvægəbɒndɪdʒ
AM ˈvægəˌbɑndɪdʒ

vagal
BR ˈveɪgl
AM ˈveɪgəl

vagarious
BR vəˈgɛːrɪəs
AM veɪˈgɛrɪəs, vəˈgɛrɪəs

vagary
BR ˈveɪg(ə)r|i, -ɪz
AM ˈveɪgəri, -z

vagi
BR ˈveɪdʒʌɪ, ˈveɪgʌɪ
AM ˈveɪˌdʒaɪ, ˈveɪˌgaɪ

vagina
BR vəˈdʒʌɪnə(r), -z
AM vəˈdʒaɪnə, -z

vaginal
BR vəˈdʒʌɪnl
AM ˈvædʒən(ə)l

vaginally
BR vəˈdʒʌɪnl̩i
AM ˈvædʒ(ə)nəli

vaginismus
BR ˌvædʒɪˈnɪzməs
AM ˌvædʒəˈnɪzməs

vaginitis
BR ˌvædʒɪˈnʌɪtɪs
AM ˌvædʒəˈnaɪdɪs

vagotomy
BR veɪˈgɒtəm|i, -ɪz
AM veɪˈgɑdəmi, -z

vagrancy
BR ˈveɪgr̩nsi
AM ˈveɪgrənsi

vagrant
BR ˈveɪgr̩nt, -s
AM ˈveɪgrənt, -s

vagrantly
BR ˈveɪgr̩ntli
AM ˈveɪgrən(t)li

vague
BR veɪg, -ə(r), -ɪst
AM veɪg, -ər, -ɪst

vaguely
BR ˈveɪgli
AM ˈveɪgli

vagueness
BR ˈveɪgnɪs
AM ˈveɪgnɪs

vaguish
BR ˈveɪgɪʃ
AM ˈveɪgɪʃ

vagus
BR ˈveɪgəs
AM ˈveɪgəs

vail
BR veɪl, -z, -ɪŋ, -d
AM veɪl, -z, -ɪŋ, -d

vain
BR veɪn, -ə(r), -ɪst
AM veɪn, -ər, -ɪst

vainglorious
BR (ˌ)veɪnˈglɔːrɪəs
AM ˌveɪnˈglɔrɪəs

vaingloriously
BR (ˌ)veɪnˈglɔːrɪəsli
AM ˌveɪnˈglɔrɪəsli

vaingloriousness
BR (ˌ)veɪnˈglɔːrɪəsnəs
AM ˌveɪnˈglɔrɪəsnəs

vainglory
BR (ˌ)veɪnˈglɔːri
AM ˈveɪnˌglɔri

vainly
BR ˈveɪnli
AM ˈveɪnli

vainness
BR ˈveɪnnɪs
AM ˈveɪ(n)nɪs

vair
BR vɛː(r)
AM vɛ(ə)r

Vaishnava
BR ˈvʌɪʃnəvə(r), -z
AM ˈvɪʃnəvə, -z

Vaisya
BR ˈvʌɪsjə(r), ˈvʌɪʃjə(r), -z
AM ˈvaɪsjə, -z

Vaizey
BR ˈveɪzi
AM ˈveɪzi

Val
BR val
AM væl

Valais
BR vaˈlɛ
AM vɑˈleɪ

valance
BR ˈvaln̩s, -ɪz
AM ˈvæl(ə)ns, -əz

valanced
BR ˈvaln̩st
AM ˈvælənst

Valda
BR ˈvaldə(r)
AM ˈvɑldə

Valdemar
BR ˈvaldɪmɑː(r)
AM ˈvɑldəˌmɑr
SW ˈvaldəmar

Valderma
BR valˈdəːmə(r)
AM vælˈdərmə

Valdez
BR valˈdiːz
AM vɑlˈdiz, vɑlˈdɛz

vale
BR veɪl, -z
AM veɪl, -z

valediction
BR ˌvalɪˈdɪkʃn, -z
AM ˌvæləˈdɪkʃ(ə)n, -z

valedictorian
BR ˌvalɪdɪkˈtɔːrɪən, -z
AM ˌvæləˌdɪkˈtɔrɪən, -z

valedictory
BR ˌvalɪˈdɪkt(ə)ri
AM ˌvæləˈdɪkt(ə)ri
valence
BR ˈveɪlns, -ɪz
AM ˈveɪl(ə)ns, -əz
Valencia
BR vəˈlensɪə(r), -z
AM vəˈlentʃɪə,
vəˈlen(t)sɪə, -z
Valencian
BR vəˈlensɪən
AM vəˈlen(t)ʃ(i)ən,
vəˈlen(t)sɪən
SP baˈlenθja,
baˈlensja
Valenciennes
BR ˌvalnsɪˈen
AM ˌvælənsiˈen
valency
BR ˈveɪlns|i,
-ɪz
AM ˈveɪlənsi,
-z
valentine
BR ˈvalntʌɪn, -z
AM ˈvælənˌtaɪn, -z
Valentinian
BR ˌvalnˈtɪnɪən
AM ˈvælənˈtɪnɪən
Valentino
BR ˌvalnˈtiːnəʊ
AM ˌvælənˈtinoʊ
Valera
BR vəˈlɛːrə(r),
vəˈlɪərə(r)
AM vəˈlɛrə
valerate
BR ˈvalərent, -s
AM ˈvæləˌreɪt, -s
valerian
BR vəˈlɪərɪən,
vəˈlɛːrɪən, -z
AM vəˈlɛrɪən,
vəˈlɪrɪən, -z
valeric
BR vəˈlɪərɪk,
vəˈlɛ(ː)rɪk
AM vəˈlɛrɪk
Valerie
BR ˈval(ə)ri
AM ˈvæl(ə)ri

Valéry
BR ˈvaləri
AM ˈvæləri
FR valeʀi
valet[1] *noun*
BR ˈval|ɪt, ˈval|eɪ,
-ɪts\-eɪz
AM ˈvælə|t, væˈl|eɪ,
-ts\-eɪz
valet[2] *verb*
BR ˈvalɪt, -s, -ɪŋ, -ɪd
AM ˈvælə|t, -ts, -dɪŋ,
-dəd
valeta
BR vəˈliːtə(r), -z
AM vəˈlidə, -z
valetudinarian
BR ˌvalɪˌtjuːdɪˈnɛːrɪən,
ˌvalɪˌtʃuːdɪˈnɛːrɪən, -z
AM ˌvælə,t(j)udn-
ˈɛrɪən, -z
valetudinarianism
BR ˌvalɪˌtjuːdɪ-
ˈnɛːrɪənɪzm, ˌvalɪ-
ˌtʃuːdɪˈnɛːrɪənɪzm
AM ˌvælə,t(j)udn-
ˈɛrɪəˌnɪz(ə)m
valetudinary
BR ˌvalɪˈtjuːdɪn(ə)ri,
ˌvalɪˈtʃuːdɪn(ə)ri
AM ˌvælə't(j)udnˌɛri
valgus
BR ˈvalgəs
AM ˈvælgəs
Valhalla
BR valˈhalə(r)
AM vɑlˈhɑlə,
vælˈhælə
valiant
BR ˈvalɪənt
AM ˈvælj(ə)nt
valiantly
BR ˈvalɪəntli
AM ˈvæljən(t)li
valid
BR ˈvalɪd
AM ˈvæləd
validate
BR ˈvalɪdeɪt, -s,
-ɪŋ, -ɪd
AM ˈvæləˌdeɪ|t, -ts,
-dɪŋ, -dɪd

validation
BR ˌvalɪˈdeɪʃn
AM ˌvæləˈdeɪʃ(ə)n
validity
BR vəˈlɪdɪti
AM vəˈlɪdɪdi
validly
BR ˈvalɪdli
AM ˈvælədli
validness
BR ˈvalɪdnɪs
AM ˈvælədnəs
valine
BR ˈveɪliːn
AM ˈveɪˌlin,
ˈvæˌlin
valise
BR vəˈliːz, -ɪz
AM vəˈlis, -ɪz
valium
BR ˈvalɪəm
AM ˈvælɪəm
Valkyrie
BR ˈvalkɪr|i,
-ɪz
AM ˈvælˌkɪri,
vælˈkɪri, -z
Vallance
BR ˈvalns
AM ˈvæl(ə)ns
Vallans
BR ˈvalns
AM ˈvæl(ə)ns
Valle Crucis
BR ˌvalɪ ˈkruːsɪs
AM ˌvæli ˈkrusəs
vallecula
BR vaˈlɛkjʊlə(r)
AM vəˈlɛkjələ
valleculae
BR vaˈlɛkjʊliː
AM vəˈlɛkjəˌlaɪ,
vəˈlɛkjəli
vallecular
BR vaˈlɛkjʊlə(r)
AM vəˈlɛkjələr
valleculate
BR vaˈlɛkjʊleɪt
AM vəˈlɛkjəˌleɪt
Valletta
BR vəˈlɛtə(r)
AM vəˈlɛdə

valley
BR ˈval|i, -ɪz
AM ˈvæli, -z
vallum
BR ˈvaləm
AM ˈvæl(ə)m
Valois
BR ˈvalwɑː(r)
AM ˈvælwɑ, ˌvælˈwɑ
Valona
BR vəˈləʊnə(r)
AM vəˈloʊnə
valonia
BR vəˈləʊnɪə(r)
AM vəˈloʊnɪə
valor
BR ˈvalə(r)
AM ˈvælər
valorem
BR vəˈlɔːrem
AM vəˈlɔrəm
valorisation
BR ˌvalərʌɪˈzeɪʃn
AM ˌvæləˌraɪˈzeɪʃ(ə)n,
ˌvælərəˈzeɪʃ(ə)n
valorise
BR ˈvalərʌɪz, -ɪz, -ɪŋ, -d
AM ˈvæləˌraɪz, -ɪz, -ɪŋ,
-d
valorization
BR ˌvalərʌɪˈzeɪʃn
AM ˌvæləˌraɪˈzeɪʃ(ə)n,
ˌvælərəˈzeɪʃ(ə)n
valorize
BR ˈvalərʌɪz, -ɪz,
-ɪŋ, -d
AM ˈvæləˌraɪz, -ɪz,
-ɪŋ, -d
valorous
BR ˈval(ə)rəs
AM ˈvælərəs
valorously
BR ˈval(ə)rəsli
AM ˈvælərəsli
valour
BR ˈvalə(r)
AM ˈvælər
Valparaiso
BR ˌvalpəˈrʌɪzəʊ
AM ˌvælpəˈreɪˌzoʊ,
ˌvælpəˈraɪˌzoʊ
SP ˌbalparaˈiso

valproic
BR valˈprəʊɪk
AM vælˈproʊɪk

valse
BR vɑːls, vals, vɔːls, -ɪz
AM vɑls, -əz

valuable
BR ˈvaljʊbl, ˈvaljʊəbl, -z
AM ˈvælj(əw)əb(ə)l, -z

valuably
BR ˈvaljʊbli, ˈvaljʊəbli
AM ˈvælj(əw)əbli

valuate
BR ˈvaljʊeɪt, -s, -ɪŋ, -ɪd
AM ˈvæljəˌweɪ|t, -ts, -dɪŋ, -dɪd

valuation
BR ˌvaljʊˈeɪʃn, -z
AM ˌvæljəˈweɪʃ(ə)n, -z

valuator
BR ˈvaljʊeɪtə(r), -z
AM ˈvæljəˌweɪdər, -z

value
BR ˈvaljuː, -z, -ɪŋ, -d
AM ˈvælj|u, -uz, -əwɪŋ, -ud

value-added
BR ˌvaljuːˈadɪd
AM ˈvæljuˌædəd

valueless
BR ˈvaljʊləs, ˈvaljuːləs
AM ˈvæljuləs

valuelessness
BR ˈvaljʊləsnəs, ˈvaljuːləsnəs
AM ˈvæljuləsnəs

valuer
BR ˈvaljʊə(r), -z
AM ˈvæljuər, -z

valuta
BR vəˈl(j)uːtə(r)
AM vəˈludə

valvate
BR ˈvalveɪt
AM ˈvælveɪt

valve
BR valv, -z, -d
AM vælv, -z, -d

valveless
BR ˈvalvləs
AM ˈvælvləs

valvular
BR ˈvalvjʊlə(r)
AM ˈvælvjələr

valvule
BR ˈvalvjuːl, -z
AM ˈvælvˌjul, -z

valvulitis
BR ˌvalvjʊˈlʌɪtɪs
AM ˌvælvjəˈlaɪdɪs

vambrace
BR ˈvambreɪs, -ɪz
AM ˈvæmˌbreɪs, -ɪz

vamoose
BR vaˈmuːs, -ɪz, -ɪŋ, -t
AM vəˈmus, væˈmus, -əz, -ɪŋ, -t

vamp
BR vam|p, -ps, -pɪŋ, -(p)t
AM væmp, -s, -ɪŋ, -t

vampire
BR ˈvampʌɪə(r), -z
AM ˈvæmˌpaɪ(ə)r, -z

vampiric
BR vamˈpɪrɪk
AM væmˈpɪrɪk

vampirism
BR ˈvampʌɪərɪzm
AM ˈvæmpaɪ(ə)ˌrɪz(ə)m

vampish
BR ˈvampɪʃ
AM ˈvæmpɪʃ

vamplate
BR ˈvampleɪt, -s
AM ˈvæmˌpleɪt, -s

vampy
BR ˈvamp|i, -ɪə(r), -ɪɪst
AM ˈvæmpi, -ər, -ɪst

van
BR van, -z
AM væn, -z

vanadate
BR ˈvanədeɪt, -s
AM ˈvænəˌdeɪt, -s

vanadic
BR vəˈnadɪk, vəˈneɪdɪk
AM vəˈnædɪk, vəˈneɪdɪk

vanadium
BR vəˈneɪdɪəm
AM vəˈneɪdɪəm

vanadous
BR ˈvanədəs
AM ˈvænədəs, vəˈnædəs

Van Allen
BR van ˈalən
AM ˌvæn ˈæl(ə)n

Vanbrugh
BR ˈvanbrə(r)
AM ˈvænbrə

Van Buren
BR van ˈbjʊərn, + ˈbjɔːrn
AM ˌvæn ˈbjʊrən

Vance
BR vans, vɑːns
AM væns

Vancouver
BR vanˈkuːvə(r), vaŋˈkuːvə(r)
AM vænˈkuvər

Vanda
BR ˈvandə(r)
AM ˈvɑndə

vandal
BR ˈvandl, -z
AM ˈvændəl, -z

Vandalic
BR vanˈdalɪk
AM vænˈdælɪk

vandalise
BR ˈvandlʌɪz, -ɪz, -ɪŋ, -d
AM ˈvændlˌaɪz, -ɪz, -ɪŋ, -d

vandalism
BR ˈvandlɪzm
AM ˈvændlˌɪz(ə)m

vandalistic
BR ˌvandəˈlɪstɪk, ˌvandlˈɪstɪk
AM ˌvændəˈlɪstɪk

vandalistically
BR ˌvandəˈlɪstɪkli, ˌvandlˈɪstɪkli
AM ˌvændəˈlɪstək(ə)li

vandalize
BR ˈvandlʌɪz, -ɪz, -ɪŋ, -d
AM ˈvændlˌaɪz, -ɪz, -ɪŋ, -d

Van de Graaff
BR ˌvan də ˈɡrɑːf
AM ˌvæn də ˈɡrɑf

Vandenberg
BR ˈvandənbəːɡ
AM ˈvændənˌbərɡ

Vanden Plas
BR ˌvandən ˈplas, + ˈplɑːs
AM ˌvændən ˈplɑs

Vanderbilt
BR ˈvandəbɪlt
AM ˈvændərˌbɪlt

Van der Post
BR ˌvan də ˈpɒst, + ˈpəʊst
AM ˌvæn dər ˈpoʊst

Van Der Rohe
BR ˌvan də ˈrəʊə(r)
AM ˌvæn də(r) ˈroʊ(ə)

van de Velde
BR ˌvan də ˈvɛldə(r)
AM ˌvæn də ˈvɛldə
DU ˌvan də ˈvɛldə

Van Diemen's Land
BR ˌvan ˈdiːmənz land
AM ˌvæn ˈdimənz ˌlænd

Van Dyck
BR van ˈdʌɪk
AM ˌvæn ˈdaɪk

vandyke
BR vanˈdʌɪk, -s
AM ˌvænˈdaɪk, -s

vane
BR veɪn, -z, -d
AM veɪn, -z, -d

vaneless
BR ˈveɪnlɪs
AM ˈveɪnlɪs

Vanessa
BR vəˈnɛsə(r)
AM vəˈnɛsə

van Eyck
BR van ˈʌɪk
AM ˌvæn ˈaɪk

vang
BR vaŋ, -z
AM væŋ, -z

van Gogh
BR van ˈgɒf, vaŋ +, + ˈgɒx, -s
AM ˌvæn ˈgoʊ, -s
DU van ˈxɔx

vanguard
BR ˈvangɑːd, ˈvangaɪd, -z
AM ˈvænˌgɑrd, -z

vanilla
BR vəˈnɪlə(r), -z
AM vəˈnɪlə, -z

vanillin
BR vəˈnɪlɪn, ˈvanɪlɪn, ˈvanlɪn
AM ˈvænəl(ə)n, vəˈnɪlɪn

vanish
BR ˈvanǀɪʃ, -ɪʃɪz, -ɪʃɪŋ, -ɪʃt
AM ˈvænɪʃ, -ɪz, -ɪŋ, -t

vanitory
BR ˈvanɪt(ə)ri
AM ˈvænəˌtɔri

vanity
BR ˈvanɪtǀi, -ɪz
AM ˈvænədi, -z

vanload
BR ˈvanləʊd, -z
AM ˈvænˌloʊd, -z

vanquish
BR ˈvaŋkwǀɪʃ, -ɪʃɪz, -ɪʃɪŋ, -ɪʃt
AM ˈvæŋkwɪʃ, -ɪz, -ɪŋ, -t

vanquishable
BR ˈvaŋkwɪʃəbl
AM ˈvæŋkwəʃəb(ə)l

vanquisher
BR ˈvaŋkwɪʃə(r), -z
AM ˈvæŋkwɪʃər, -z

Vansittart
BR vanˈsɪtət
AM ˌvænˈsɪdərt

vantage
BR ˈvɑːntɪdʒ
AM ˈvæn(t)ɪdʒ

vantagepoint
BR ˈvɑːntɪdʒpɔɪnt, -s
AM ˈvæn(t)ɪdʒˌpɔɪnt, -s

Vanuatu
BR ˌvanʊˈɑːtuː, ˌvanʊˈatuː
AM ˌvanʊˈadu

Vanya
BR ˈvɑːnjə(r), ˈvanjə(r)
AM ˈvanjə

vape
BR veɪp, -s, -ɪŋ, -t
AM veɪp, -s, -ɪŋ, -t

vapid
BR ˈvapɪd
AM ˈvæpəd

vapidity
BR vaˈpɪditi
AM vəˈpɪdɪdi

vapidly
BR ˈvapɪdli
AM ˈvæpədli

vapidness
BR ˈvapɪdnɪs
AM ˈvæpədnəs

vapor
BR ˈveɪpǀə(r), -əz, -(ə)rɪŋ, -əd
AM ˈveɪpər, -z, -ɪŋ, -d

vaporer
BR ˈveɪp(ə)rə(r), -z
AM ˈveɪpərər, -z

vaporetti
BR ˌvapəˈrɛtiː
AM ˌveɪpəˈrɛdi
IT vapoˈretti

vaporetto
BR ˌvapəˈrɛtəʊ, -z
AM ˌveɪpəˈrɛdoʊ, -z
IT vapoˈretto

vaporific
BR ˌveɪpəˈrɪfɪk
AM ˌveɪpəˈrɪfɪk

vaporiform
BR ˈveɪp(ə)rɪfɔːm
AM veɪˈpərəˌfɔ(ə)rm

vaporimeter
BR ˌveɪpəˈrɪmɪtə(r), -z
AM ˌveɪpəˈrɪmɪdər, -z

vaporisable
BR ˈveɪp(ə)rʌɪzəbl
AM ˈveɪpəˌraɪzəb(ə)l

vaporisation
BR ˌveɪp(ə)rʌɪˈzeɪʃn
AM ˌveɪpəˌraɪˈzeɪʃ(ə)n, ˌveɪpərəˈzeɪʃ(ə)n

vaporise
BR ˈveɪpərʌɪz, -ɪz, -ɪŋ, -d
AM ˈveɪpəˌraɪz, -ɪz, -ɪŋ, -d

vaporiser
BR ˈveɪp(ə)rʌɪzə(r), -z
AM ˈveɪpəˌraɪzər, -z

vaporish
BR ˈveɪp(ə)rɪʃ
AM ˈveɪpərɪʃ

vaporizable
BR ˈveɪp(ə)rʌɪzəbl
AM ˈveɪpəˌraɪzəb(ə)l

vaporization
BR ˌveɪp(ə)rʌɪˈzeɪʃn
AM ˌveɪpəˌraɪˈzeɪʃ(ə)n, ˌveɪpərəˈzeɪʃ(ə)n

vaporize
BR ˈveɪpərʌɪz, -ɪz, -ɪŋ, -d
AM ˈveɪpəˌraɪz, -ɪz, -ɪŋ, -d

vaporizer
BR ˈveɪp(ə)rʌɪzə(r), -z
AM ˈveɪpəˌraɪzər, -z

vaporous
BR ˈveɪp(ə)rəs
AM ˈveɪp(ə)rəs

vaporously
BR ˈveɪp(ə)rəsli
AM ˈveɪp(ə)rəsli

vaporousness
BR ˈveɪp(ə)rəsnəs
AM ˈveɪp(ə)rəsnəs

vapory
BR ˈveɪp(ə)ri
AM ˈveɪp(ə)ri

vapour
BR ˈveɪpǀə(r), -əz, -(ə)rɪŋ, -əd
AM ˈveɪpər, -z, -ɪŋ, -d

Vapour Check
BR ˈveɪpə tʃɛk
AM ˈveɪpər ˌtʃɛk

vapourer
BR ˈveɪp(ə)rə(r)
AM ˈveɪp(ə)rər

vapourish
BR ˈveɪp(ə)rɪʃ
AM ˈveɪp(ə)rɪʃ

vapoury
BR ˈveɪp(ə)ri
AM ˈveɪp(ə)ri

vaquero
BR vaˈkɛːrəʊ, -z
AM vɑˈkɛroʊ, -z

varactor
BR vəˈraktə(r), -z
AM vɛˈræktər, -z

Varah
BR ˈvɑːrə(r)
AM ˈvɑrə

Varangian
BR vəˈran(d)ʒɪən, -z
AM vəˈrandʒɪən, -z

Vardon
BR ˈvɑːdn
AM ˈvɑrdən

varec
BR ˈvarɛk
AM ˈvɛrək

Varèse
BR vəˈrɛz
AM vəˈrɛz, vəˈreɪz

Vargas
BR ˈvɑːgas
AM ˈvɑrgəs

varia
BR ˈvɛːrɪə(r)
AM ˈvɛrɪə

variability
BR ˌvɛːrɪəˈbɪlɪti
AM ˌvɛrɪəˈbɪlɪdi

variable
BR ˈvɛːrɪəbl, -z
AM ˈvɛrɪəb(ə)l, -z

variableness
BR ˈvɛrɪəblnəs
AM ˈvɛrɪəbəlnəs

variably
BR ˈvɛːrɪəbli
AM ˈvɛrɪəbli

variance
BR ˈvɛːrɪəns
AM ˈvɛrɪəns

variant
BR ˈvɛːriənt, -s
AM ˈvɛriənt, -s

variate
BR ˈvɛːriət, ˈvɛːrieɪt, -s
AM ˈvɛriət, -s

variation
BR ˌvɛːriˈeɪʃn, -z
AM ˌvɛriˈeɪʃ(ə)n, -z

variational
BR ˌvɛːriˈeɪʃn̩l
AM ˌvɛriˈeɪʃ(ə)n(ə)l

variationally
BR ˌvɛːriˈeɪʃn̩li, ˌvɛːriˈeɪʃnəli
AM ˌvɛriˈeɪʃ(ə)nəli

variationist
BR ˌvɛːriˈeɪʃn̩ɪst, -s
AM ˌvɛriˈeɪʃənəst, -s

varicella
BR ˌvarɪˈsɛlə(r)
AM ˌvɛrəˈsɛlə

varices
BR ˈvarɪsiːz, ˈvɛːrisiːz
AM ˈvɛrəˌsiz

varicocele
BR ˈvarɪkə(ʊ)siːl, -z
AM ˈvɛrəkoʊˌsil, -z

varicolored
BR ˌvɛːriˈkʌləd
AM ˈvɛriˌkələrd

varicoloured
BR ˌvɛːriˈkʌləd
AM ˈvɛriˌkələrd

varicose
BR ˈvarɪkə(ʊ)s
AM ˈvɛrəˌkoʊz, ˈvɛrəˌkoʊs

varicosed
BR ˈvarɪkə(ʊ)st, ˈvarɪkəʊzd
AM ˈvɛrəˌkoʊzd, ˈvɛrəˌkoʊst

varicosity
BR ˌvarɪˈkɒsɪti, -ɪz
AM ˌvɛrəˈkɑsədi, -z

varied
BR ˈvɛːrid
AM ˈvɛrid

variedly
BR ˈvɛːridli
AM ˈvɛridli

variegate
BR ˈvɛːriəgeɪt, -s, -ɪŋ, -ɪd
AM ˈvɛr(i)əˌgeɪt, -ts, -dɪŋ, -dɪd

variegation
BR ˌvɛːriəˈgeɪʃn, -z
AM ˌvɛr(i)əˈgeɪʃ(ə)n, -z

varietal
BR vəˈrʌɪtl
AM vəˈraɪədl

varietally
BR vəˈrʌɪtl̩i
AM vəˈraɪədli

varietist
BR vəˈrʌɪtɪst, -s
AM vəˈraɪədəst, -s

variety
BR vəˈrʌɪtli, -ɪz
AM vəˈraɪədi, -z

varifocal
BR ˌvɛːrɪˈfəʊkl, -z
AM ˌvɛriˈfoʊkəl, -z

variform
BR ˈvɛːrɪfɔːm
AM ˈvɛrəˌfɔ(ə)rm

variola
BR vəˈrʌɪələ(r)
AM ˌvɛriˈoʊlə, vəˈraɪələ

variolar
BR vəˈrʌɪələ(r)
AM vəˈrɪələr

variolate
BR ˈvɛːriəleɪt
AM ˈvɛriəˌleɪt

variole
BR ˈvɛːriəʊl, -z
AM ˈvɛriˌoʊl, -z

variolite
BR ˈvɛːriəlʌɪt, -s
AM ˈvɛriəˌlaɪt, -s

variolitic
BR ˌvɛːriəˈlɪtɪk
AM ˌvɛriəˈlɪdɪk

varioloid
BR ˈvɛːriəlɔɪd, -z
AM ˈvɛriəˌlɔɪd, -z

variolous
BR ˈvɛːriələs
AM ˈvɛriələs

variometer
BR ˌvɛːrɪˈɒmɪtə(r), -z
AM ˌvɛriˈɑmədər, -z

variorum
BR ˌvɛːriˈɔːrəm
AM ˌvɛriˈɔrəm

various
BR ˈvɛːriəs
AM ˈvɛriəs

variously
BR ˈvɛːriəsli
AM ˈvɛriəsli

variousness
BR ˈvɛːriəsnəs
AM ˈvɛriəsnəs

varistor
BR (ˌ)vɛːˈrɪstə(r), vəˈrɪstə(r), -z
AM vəˈrɪstər, -z

varix
BR ˈvɛːrɪks
AM ˈvɛrɪks

varlet
BR ˈvɑːlɪt, -s
AM ˈvɑrlət, -s

varletry
BR ˈvɑːlɪtri
AM ˈvɑrlətri

Varley
BR ˈvɑːli
AM ˈvɑrli

varmint
BR ˈvɑːmɪnt, -s
AM ˈvɑrm(ə)nt, -s

varna
BR ˈvɑːnə(r), -z
AM ˈvɑrnə, -z

Varney
BR ˈvɑːni
AM ˈvɑrni

varnish
BR ˈvɑːn|ɪʃ, -ɪʃɪz, -ɪʃɪŋ, -ɪʃt
AM ˈvɑrnɪʃ, -ɪz, -ɪŋ, -t

varnisher
BR ˈvɑːnɪʃə(r), -z
AM ˈvɑrnɪʃər, -z

Varro
BR ˈvarəʊ
AM ˈvɛroʊ

varsity
BR ˈvɑːsɪt|i, -ɪz
AM ˈvɑrsədi, -z

Varsovian
BR vɑːˈsəʊviən, -z
AM vɑrˈsoʊviən, -z

varsoviana
BR vɑːˌsəʊviˈɑːnə(r), -z
AM vɑrˌsoʊviˈɑnə, -z

varsovienne
BR vɑːˌsəʊviˈɛn, -z
AM vɑrˌsoʊviˈɛn, -z

varus
BR ˈvɛːrəs, -ɪz
AM ˈvɛrəs, -əz

varve
BR vɑːv, -z, -d
AM ˈvɑrv, -z, -d

vary
BR ˈvɛːr|i, -ɪz, -ɪŋ, -id
AM ˈvɛri, -z, -ɪŋ, -d

varyingly
BR ˈvɛːriɪŋli
AM ˈvɛriiŋli

vas
BR vas
AM væz, væs

vasa deferentia
BR ˌvasə ˌdɛfəˈrɛnʃ(i)ə(r)
AM ˌvæsə ˌdɛfəˈrɛn(t)ʃ(i)ə

vasal
BR ˈveɪsl, ˈveɪzl
AM ˈveɪz(ə)l, ˈveɪs(ə)l

Vasari
BR vəˈsɑːri
AM vəˈsɑri

Vasco da Gama
BR ˌvaskəʊ də ˈgɑːmə(r)
AM ˌvaskoʊ də ˈgɑmə, ˌvæskoʊ də ˈgæmə

vascula
BR ˈvaskjʉlə(r)
AM ˈvæskjələ

vascular
BR ˈvaskjʉlə(r)
AM ˈvæskjələr

vascularise
BR ˈvaskjʊlərʌɪz, -ɪz, -ɪŋ, -d
AM ˈvæskjələˌraɪz, -ɪz, -ɪŋ, -d

vascularity
BR ˌvaskjʊˈlarɪti
AM ˌvæskjəˈlɛrədi

vascularize
BR ˈvaskjʊlərʌɪz, -ɪz, -ɪŋ, -d
AM ˈvæskjələˌraɪz, -ɪz, -ɪŋ, -d

vascularly
BR ˈvaskjʊləli
AM ˈvæskjələrli

vasculum
BR ˈvaskjʊləm
AM ˈvæskjəl(ə)m

vas deferens
BR ˌvas ˈdɛfərenz
AM ˌvæs ˈdɛfəˌrenz, ˌvæz ˈdɛfərənz, ˌvæz ˈdɛfəˌrenz, ˌvæs ˈdɛfərənz

vase
BR vɑːz, -ɪz
AM veɪz, vɑz, veɪs, -ɪz

vasectomise
BR vəˈsɛktəmʌɪz, -ɪz, -ɪŋ, -d
AM vəˈsɛktəˌmaɪz, -ɪz, -ɪŋ, -d

vasectomize
BR vəˈsɛktəmʌɪz, -ɪz, -ɪŋ, -d
AM vəˈsɛktəˌmaɪz, -ɪz, -ɪŋ, -d

vasectomy
BR vəˈsɛktəm|i, -ɪz
AM vəˈsɛktəmi, -z

vaseful
BR ˈvɑːzfʊl, -z
AM ˈveɪzˌfʊl, vɑzˌfʊl, ˈveɪsˌfʊl, -z

vaseline
BR ˈvasɪliːn, ˈvasl̩iːn, ˌvasɪˈliːn, ˌvaslˈiːn, -z, -ɪŋ, -d
AM ˌvæsəˈlin, -z, -ɪŋ, -d

vasiform
BR ˈveɪzɪfɔːm
AM ˈveɪzəˌfɔ(ə)rm, ˈvæsəˌfɔ(ə)rm, ˈvæzəˌfɔ(ə)rm, ˈveɪsəˌfɔ(ə)rm

vasoactive
BR ˌveɪzəʊˈaktɪv
AM ˌveɪzoʊˈæktɪv

vasoconstriction
BR ˌveɪzəʊkənˈstrɪkʃn
AM ˌveɪzoʊkənˈstrɪkʃ(ə)n

vasoconstrictive
BR ˌveɪzəʊkənˈstrɪktɪv
AM ˌveɪzoʊkənˈstrɪktɪv

vasoconstrictor
BR ˌveɪzəʊkənˈstrɪktə(r), -z
AM ˌveɪzoʊkənˈstrɪktər, -z

vasodilating
BR ˌveɪzəʊdʌɪˈleɪtɪŋ
AM ˌveɪzoʊˌdaɪˌleɪdɪŋ

vasodilation
BR ˌveɪzəʊdʌɪˈleɪʃn
AM ˌveɪzoʊˌdaɪˈleɪʃ(ə)n

vasodilator
BR ˌveɪzəʊdʌɪˈleɪtə(r), -z
AM ˌveɪzoʊˌdaɪˌleɪdər, -z

vasomotor
BR ˌveɪzəʊˈməʊtə(r)
AM ˈveɪzoʊˌmoʊdər

vasopressin
BR ˌveɪzəʊˈprɛsɪn
AM ˌveɪzoʊˈprɛs(ə)n

Vásquez
BR ˈvaskwɛz
AM ˈvæsˌk(w)ɛz, ˌvæsˈk(w)ɛz
SP ˈbaskɛθ, ˈbaskɛs

vassal
BR ˈvasl, -z
AM ˈvæs(ə)l, -z

vassalage
BR ˈvaslɪdʒ
AM ˈvæsəlɪdʒ

vast
BR vɑːst, -ə(r), -ɪst
AM væst, -ər, -əst

vastation
BR vaˈsteɪʃn
AM vɑˈsteɪʃn

vastitude
BR ˈvɑːstɪtjuːd, ˈvɑːstɪtʃuːd
AM ˈvæstəˌt(j)ud

vastly
BR ˈvɑːs(t)li
AM ˈvæs(t)li

vastness
BR ˈvɑːs(t)nəs, -ɪz
AM ˈvæs(t)nəs, -əz

VAT
BR ˌviːeɪˈtiː, vat
AM ˌvæt, ˌviˌeɪˈti

vat
BR vat, -s
AM væt, -s

Vatersay
BR ˈvatəseɪ
AM ˈvædərˌseɪ

VAT-free
BR ˌvatˈfriː
AM ˌvætˈfri

vatful
BR ˈvatfʊl, -z
AM ˈvætˌfʊl, -z

vatic
BR ˈvatɪk
AM ˈvædɪk

Vatican
BR ˈvatɪk(ə)n
AM ˈvædəkən

Vatican City
BR ˌvatɪk(ə)n ˈsɪti
AM ˌvædəkən ˈsɪdi

Vaticanism
BR ˈvatɪkn̩ɪzm
AM ˈvædəkəˌnɪz(ə)m

Vaticanist
BR ˈvatɪkn̩ɪst, -s
AM ˈvædəkənəst, -s

vaticinal
BR vaˈtɪsɪnl, vaˈtɪsn̩l
AM vəˈtɪsɪn(ə)l

vaticinate
BR vaˈtɪsɪneɪt, vaˈtɪsn̩eɪt, -s, -ɪŋ, -ɪd
AM vəˈtɪsn̩ˌeɪ|t, -ts, -dɪŋ, -dɪd

vatication
BR vaˌtɪsɪˈneɪʃn, -z
AM vəˌtɪsn̩ˈeɪʃ(ə)n, -z

vaticinator
BR vaˈtɪsɪneɪtə(r), vaˈtɪsn̩eɪtə(r), -z
AM vəˈtɪsəˌneɪdər, -z

vaticinatory
BR vaˈtɪsɪnət(ə)ri, vaˈtɪsn̩ət(ə)ri
AM vəˈtɪsn̩əˌtɔri

VAT-registered
BR vatˈrɛdʒɪstəd
AM vætˈrɛdʒɪstərd

Vättern
BR ˈvatəːn
AM ˈvɛdərn
SW ˈvɛtɛn

vaudeville
BR ˈvɔːd(ə)vɪl, ˈvəʊd(ə)vɪl
AM ˈvɔd(ə)vəl, ˈvɑd(ə)vɪl, ˈvɑd(ə)vəl, ˈvɔd(ə)vɪl

vaudevillian
BR ˌvɔːd(ɪ)ˈvɪliən, ˌvəʊd(ɪ)ˈvɪliən, -z
AM ˌvɑd(ə)ˈvɪljən, ˌvɔd(ə)ˈvɪliən, ˌvɑd(ə)ˈvɪliən, ˌvɔd(ə)ˈvɪljən, -z

Vaudois
BR ˈvɔːdwɑː(r), ˈvəʊdwɑː(r), -z
AM ˈvɑdwɑ, vɑˈdwɑ, -z

Vaughan
BR vɔːn
AM vɑn, vɔn

Vaughan Williams
BR ˌvɔːn ˈwɪliəmz
AM ˌvɑn ˈwɪliəmz, ˌvɔn ˈwɪliəmz, ˌvɔn ˈwɪljəmz, ˌvɑn ˈwɪljəmz

Vaughn
BR vɔːn
AM vɑn, vɔn

vault
BR vɔːlt, vɒlt, -s, -ɪŋ, -ɪd
AM vɑlt, vɔlt, -s, -ɪŋ, -əd

vaulter
BR ˈvɔːltə(r), ˈvɒltə(r), -z
AM ˈvɑltər, ˈvɔltər, -z

vaunt
BR vɔːnt, -s, -ɪŋ, -ɪd
AM vɑn|t, vɔn|t, -ts, -(t)ɪŋ, -(t)əd

vaunter
BR ˈvɔːntə(r), -z
AM ˈvɑn(t)ər, ˈvɔn(t)ər, -z

vauntingly
BR ˈvɔːntɪŋli
AM ˈvɑn(t)ɪŋli, ˈvɔn(t)ɪŋli

Vaux
BR vɔːks, vɒks, vəʊ
AM vɑks, vɔks

Vauxhall
BR ˈvɒks(h)ɔːl, -z
AM ˈvɑksˌ(h)ɑl, ˈvɔksˌ(h)ɔl, -z

vavasor
BR ˈvavəsɔː(r), ˈvavəsʊə(r), ˈvavəsə(r), -z
AM ˈvavəˌsɔ(ə)r, -z

vavasory
BR ˈvavəs(ə)r|i, -ɪz
AM ˈvavəˌsɔri, -z

vavasour
BR ˈvavəsɔː(r), ˈvavəsʊə(r), ˈvavəsə(r), -z
AM ˈvavəˌsɔ(ə)r, -z

Vavasseur
BR ˌvavəˈsəː(r)
AM ˌvavəˈsər

veal
BR viːl
AM vil

Veale
BR viːl
AM vil

vealy
BR ˈviːli
AM ˈvili

Veblen
BR ˈvɛblən
AM ˈveɪbl(ə)n, ˈvɛbl(ə)n

vector
BR ˈvɛktə(r), -z
AM ˈvɛktər, -z

vectorial
BR vɛkˈtɔːriəl
AM vɛkˈtɔriəl

vectorisation
BR ˌvɛkt(ə)rʌɪˈzeɪʃn
AM ˌvɛktəˌrʌɪˈzeɪʃ(ə)n, ˌvɛktərəˈzeɪʃ(ə)n

vectorise
BR ˈvɛktərʌɪz, -ɪz, -ɪŋ, -d
AM ˈvɛktəˌrʌɪz, -ɪz, -ɪŋ, -d

vectorization
BR ˌvɛkt(ə)rʌɪˈzeɪʃn
AM ˌvɛktəˌrʌɪˈzeɪʃ(ə)n, ˌvɛktərəˈzeɪʃ(ə)n

vectorize
BR ˈvɛktərʌɪz, -ɪz, -ɪŋ, -d
AM ˈvɛktəˌrʌɪz, -ɪz, -ɪŋ, -d

Veda
BR ˈveɪdə(r), ˈviːdə(r), -z
AM ˈvidə, ˈveɪdə, -z

Vedanta
BR vɪˈdɑːntə(r), vɛˈdɑːntə(r), vɪˈdantə(r), vɛˈdantə(r)
AM vəˈdɑn(t)ə

Vedantic
BR vɪˈdɑːntɪk, vɛˈdɑːntɪk, vɪˈdantɪk, vɛˈdantɪk
AM vəˈdɑn(t)ɪk

Vedantist
BR vɪˈdɑːntɪst, vɛˈdɑːntɪst, vɪˈdantɪst, vɛˈdantɪst, -s
AM vəˈdɑn(t)əst, -s

Vedda
BR ˈvɛdə(r), -z
AM ˈvɛdə, -z

vedette
BR vɪˈdɛt, -s
AM vəˈdɛt, -s

Vedic
BR ˈveɪdɪk, ˈviːdɪk
AM ˈvidɪk, ˈveɪdɪk

vee
BR viː, -z
AM vi, -z

veep
BR viːp, -s
AM vip, -s

veer
BR vɪə(r), -z, -ɪŋ, -d
AM vɪ(ə)r, -z, -ɪŋ, -d

veg
BR vɛdʒ, -ɪz
AM vɛdʒ, -əz

Vega
BR ˈviːgə(r), ˈveɪgə(r)
AM ˈveɪgə

vegan
BR ˈviːg(ə)n, -z
AM ˈveɪgən, ˈvigən, -z

veganism
BR ˈviːgn̩ɪzm
AM ˈveɪgənˌɪz(ə)m, ˈvigənˌɪz(ə)m

Vegeburger
BR ˈvɛdʒɪˌbəːgə(r), -z
AM ˈvɛdʒɪˌbərgər, -z

Vegemite
BR ˈvɛdʒɪmʌɪt
AM ˈvɛdʒəˌmaɪt

vegetable
BR ˈvɛdʒ(ɪ)təbl, -z
AM ˈvədʒədəb(ə)l, ˈvɛdʒtəb(ə)l, -z

vegetal
BR ˈvɛdʒɪtl
AM ˈvɛdʒədl

vegetarian
BR ˌvɛdʒɪˈtɛːriən, -z
AM ˌvɛdʒəˈtɛriən, -z

vegetarianism
BR ˌvɛdʒɪˈtɛːriənɪzm
AM ˌvɛdʒəˈtɛriəˌnɪz(ə)m

vegetate
BR ˈvɛdʒɪteɪt, -s, -ɪŋ, -ɪd
AM ˈvɛdʒəˌteɪ|t, -ts, -dɪŋ, -dɪd

vegetation
BR ˌvɛdʒɪˈteɪʃn
AM ˌvɛdʒəˈteɪʃ(ə)n

vegetational
BR ˌvɛdʒɪˈteɪʃn̩l
AM ˌvɛdʒəˈteɪʃ(ə)n(ə)l

vegetative
BR ˈvɛdʒɪtətɪv
AM ˈvɛdʒəˌteɪdɪv

vegetatively
BR ˈvɛdʒɪtətɪvli
AM ˈvɛdʒəˌteɪdɪvli

vegetativeness
BR ˈvɛdʒɪtətɪvnɪs
AM ˈvɛdʒəˌteɪdɪvnɪs

veggie
BR ˈvɛdʒ|i, -ɪz
AM ˈvɛdʒi, -z

vegie
BR ˈvɛdʒ|i, -ɪz
AM ˈvɛdʒi, -z

vehemence
BR ˈviːm(ə)ns
AM ˈvi(h)əm(ə)ns

vehement
BR ˈviːm(ə)nt
AM ˈvi(h)əm(ə)nt

vehemently
BR ˈviːm(ə)ntli
AM ˈviəmən(t)li

vehicle
BR ˈviːɪkl, -z
AM ˈviək(ə)l, ˈviˌhɪk(ə)l, -z

vehicular
BR vɪˈhɪkjʊlə(r), viːˈhɪkjʊlə(r)
AM viˈhɪkjələr

veil
BR veɪl, -z, -ɪŋ, -d
AM veɪl, -z, -ɪŋ, -d

veiling
BR ˈveɪlɪŋ, -z
AM ˈveɪlɪŋ, -z

veilless
BR ˈveɪlɪs
AM ˈveɪ(l)lɪs

vein
BR veɪn, -z, -ɪŋ, -d
AM veɪn, -z, -ɪŋ, -d

veinless
BR ˈveɪnlɪs
AM ˈveɪnləs

veinlet
BR ˈveɪnlɪt, -s
AM ˈveɪnlɪt, -s

veinlike
BR ˈveɪnlʌɪk
AM ˈveɪnˌlaɪk

veinstone
BR ˈveɪnstəʊn
AM ˈveɪnˌstoʊn

veiny
BR ˈveɪn|i, -ɪə(r), -ɪɪst
AM ˈveɪni, -ər, -ɪst

vela
BR ˈviːlə(r)
AM ˈvilə

velamen
BR vɪˈleɪmən
AM vəˈleɪm(ə)n

velamina
BR vɪˈlamɪnə(r)
AM vəˈlæmənə

velar
BR ˈviːlə(r), -z
AM ˈvilər, -z

velarization
BR ˌviːl(ə)rʌɪˈzeɪʃn, -z
AM ˌviləˌraɪˈzeɪʃ(ə)n, ˌvilərəˈzeɪʃ(ə)n, -z

velarize
BR ˈviːlərʌɪz, -ɪz, -ɪŋ, -d
AM ˈviləˌraɪz, -ɪz, -ɪŋ, -d

Velásquez
BR vɪˈlaskwɪz, vɛˈlaskwɪz, vɪˈlaskwɛz, vɛˈlaskwɛz
AM vəˈlazˌk(w)ɛz, vəˈlasˌk(w)ɛz
SP beˈlaskeθ, beˈlaskes

Velázquez
BR vɪˈlaskwɪz, vɛˈlaskwɪz, vɪˈlaskwɛz, vɛˈlaskwɛz
AM vəˈlazˌk(w)ɛz, vəˈlasˌk(w)ɛz
SP beˈlaθkeθ, beˈlaskes

velcro
BR ˈvɛlkrəʊ, -d
AM ˈvɛlˌkroʊ, -d

veld
BR vɛlt, fɛlt, -s
AM vɛlt, -s

veldskoen
BR ˈfɛltskuːn, ˈvɛltskuːn, -z
AM ˈvɛltˌskun, -z

veldt
BR vɛlt, fɛlt, -s
AM vɛlt, -s

veleta
BR vɪˈliːtə(r), -z
AM vəˈlidə, -z

velic
BR ˈviːlɪk
AM ˈvilɪk

velitation
BR ˌvɛlɪˈteɪʃn, -z
AM ˌvɛləˈteɪʃ(ə)n, -z

velleity
BR vɛˈliːɪti
AM vɛˈliɪdi, vəˈliɪdi

vellum
BR ˈvɛləm
AM ˈvɛl(ə)m

Velma
BR ˈvɛlmə(r)
AM ˈvɛlmə

velocimeter
BR ˌvɛləˈsɪmɪtə(r), -z
AM ˌvɛləˈsɪmɪdər, -z

velocipede
BR vɪˈlɒsɪpiːd, -z
AM vəˈlasəˌpid, -z

velocipedist
BR vɪˈlɒsɪpiːdɪst, -s
AM vəˈlasəˌpidɪst, -s

velociraptor
BR vəˈlɒsɪraptə(r), -z
AM vəˈlasəˌræptər, -z

velocity
BR vɪˈlɒsɪt|i, -ɪz
AM vəˈlasədi, -z

velodrome
BR ˈvɛlədrəʊm, -z
AM ˈvɛləˌdroʊm, -z

velour
BR vɛˈlʊə(r), vɛˈlɔː(r), -z
AM vəˈlʊ(ə)r, -z

velours
BR vɛˈlʊə(r), vɛˈlɔː(r), -z
AM vəˈlʊ(ə)r, -z

velouté
BR vəˈluːteɪ, -z
AM vəˌluˈteɪ, -z

velum
BR ˈviːləm, -z
AM ˈvil(ə)m, -z

velutinous
BR vɪˈl(j)uːtɪnəs, vɛˈl(j)uːtɪnəs
AM vəˈlutn̩əs

velvet
BR ˈvɛlvɪt, -s
AM ˈvɛlvət, -s

velveted
BR ˈvɛlvɪtɪd
AM ˈvɛlvədəd

velveteen
BR ˌvɛlvɪˈtiːn, ˈvɛlvɪtiːn, -z
AM ˈvɛlvəˌtin, -z

velvety
BR ˈvɛlvɪti
AM ˈvɛlvədi

vena
BR ˈviːnə(r)
AM ˈvinə

Venables
BR ˈvɛnəblz
AM ˈvɛnəbəlz

vena cava
BR ˌviːnə ˈkeɪvə(r)
AM ˌvinə ˈkeɪvə, ˌvinə ˈkavə

venae
BR ˈviːniː
AM ˈviˌnaɪ, ˈvini

venae cavae
BR ˌviːniː ˈkeɪviː
AM ˌvini ˈkeɪvi, ˌvini ˈkaˌvaɪ, ˌvini ˈkeɪˌvaɪ, ˌvini ˈkavi

venal
BR ˈviːnl
AM ˈvin(ə)l

venality
BR viːˈnalɪti, vɪˈnalɪti
AM vəˈnælədi, viˈnælədi

venally
BR ˈviːnli
AM ˈvinəli

venation
BR vɪˈneɪʃn
AM viˈneɪʃ(ə)n

venational
BR viːˈneɪʃn̩l
AM viˈneɪʃ(ə)n(ə)l

vend
BR vɛnd, -z, -ɪŋ, -ɪd
AM vɛnd, -z, -ɪŋ, -əd

Venda
BR ˈvɛndə(r), -z
AM ˈvɛndə, -z

vendace
BR ˈvɛndɪs, ˈvɛndeɪs
AM ˈvɛndəs

Vendée
BR ˈvɒ̃deɪ
AM vɑnˈdeɪ

vendee
BR ˌvɛnˈdiː, -z
AM ˌvɛnˈdi, -z

vender
BR ˈvɛndə(r), -z
AM ˈvɛndər, -z

vendetta
BR vɛnˈdɛtə(r), -z
AM vɛnˈdɛdə, -z

vendeuse
BR vɒ̃ˈdəːz, -ɪz
AM vɑnˈdʊz, -əz

vendible
BR ˈvendɪbl, -z
AM ˈvendəb(ə)l, -z
vendor
BR ˈvendɔː(r), -z
AM ˈvendər, -z
vendue
BR venˈdjuː, -z
AM venˈd(j)u, -z
veneer
BR vɪˈnɪə(r), -z, -ɪŋ, -d
AM vəˈnɪ(ə)r, -z, -ɪŋ, -d
venepuncture
BR ˈvenɪˌpʌŋ(k)tʃə(r), ˈviːnɪˌpʌŋ(k)tʃə(r), -z
AM ˈvinəˌpəŋ(kt)ʃər, -z
venerability
BR ˌven(ə)rəˈbɪlɪti
AM ˌven(ə)rəˈbɪlɪdi
venerable
BR ˈven(ə)rəbl
AM ˈvenrəb(ə)l, ˈvenər(ə)bəl
venerableness
BR ˈven(ə)rəblnəs
AM ˈvenrəbəlnəs, ˈvenər(ə)bəlnəs
venerably
BR ˈven(ə)rəbli
AM ˈvenrəbli, ˈvenər(ə)bli
venerate
BR ˈvenəreɪt, -s, -ɪŋ, -ɪd
AM ˈvenəˌreɪ|t, -ts, -dɪŋ, -dɪd
veneration
BR ˌvenəˈreɪʃn
AM ˌvenəˈreɪʃ(ə)n
venerator
BR ˈvenəreɪtə(r), -z
AM ˈvenəˌreɪdər, -z
venereal
BR vɪˈnɪərɪəl
AM vəˈnɪrɪəl
venereally
BR vɪˈnɪərɪəli
AM vəˈnɪrɪəli

venereological
BR vɪˌnɪərɪəˈlɒdʒɪkl
AM vəˌnɪrɪəˈlɑdʒək(ə)l
venereologist
BR vɪˌnɪərɪˈɒlədʒɪst, -s
AM vəˌnɪrɪˈɑlədʒəst, -s
venereology
BR vɪˌnɪərɪˈɒlədʒi
AM vəˌnɪrɪˈɑlədʒi
venery
BR ˈven(ə)ri, ˈviːn(ə)ri
AM ˈvenəri
venesection
BR ˌvenɪˈsekʃn, ˌviːnɪˈsekʃn, -z
AM ˈvinəˌsekʃ(ə)n, -z
Venetia
BR vɪˈniːʃə(r)
AM vəˈniʃə
Venetian
BR vɪˈniːʃn, -z, -d
AM vəˈniʃ(ə)n, -z, -d
Veneto
BR vɪˈniːtəʊ
AM vəˈnedoʊ
Venezuela
BR ˌvenɪˈzweɪlə(r)
AM ˌvenəz(ə)ˈweɪlə
SP beneˈθwela, beneˈswela
Venezuelan
BR ˌvenɪˈzweɪlən, -z
AM ˌvenəz(ə)ˈweɪl(ə)n, -z
vengeance
BR ˈven(d)ʒ(ə)ns
AM ˈvendʒ(ə)ns
vengeful
BR ˈven(d)ʒf(ʊ)l
AM ˈvendʒfəl
vengefully
BR ˈven(d)ʒfʊli, ˈven(d)ʒfli
AM ˈvendʒfəli
vengefulness
BR ˈven(d)ʒf(ʊ)lnəs
AM ˈvendʒfəlnəs
venial
BR ˈviːnɪəl
AM ˈvinj(ə)l, ˈvinɪəl

veniality
BR ˌviːnɪˈalɪti
AM ˌvinɪˈælədi
venially
BR ˈviːnɪəli
AM ˈvinjəli, ˈvinɪəli
venialness
BR ˈviːnɪəlnəs
AM ˈvinjəlnəs, ˈvinɪəlnəs
Venice
BR ˈvenɪs
AM ˈvenəs
venipuncture
BR ˈvenɪˌpʌŋ(k)tʃə(r), ˈviːnɪˌpʌŋ(k)tʃə(r), -z
AM ˈvinəˌpəŋ(kt)ʃər, -z
venisection
BR ˌvenɪˈsekʃn, ˌviːnɪˈsekʃn, -z
AM ˈvinəˌsekʃ(ə)n, -z
venison
BR ˈvenɪsn, ˈvenɪzn
AM ˈvenəzn, ˈvenəs(ə)n
Venite
BR vɪˈnaɪt|i, vɪˈniːt|i, -ɪz
AM vəˈnidi, vəˈnaɪdi, -z
Venn diagram
BR ˈvenˌdʌɪəgram, -z
AM ˌvenˈdaɪəˌgræm, -z
Venner
BR ˈvenə(r)
AM ˈvenər
venom
BR ˈvenəm, -d, -z
AM ˈven(ə)m, -d, -z
venomous
BR ˈvenəməs
AM ˈvenəməs
venomously
BR ˈvenəməsli
AM ˈvenəməsli
venomousness
BR ˈvenəməsnəs
AM ˈvenəməsnəs

venose
BR ˈviːnəʊs
AM ˈviˌnoʊz, ˈviˌnoʊs
venosity
BR vɪˈnɒsɪti
AM vɪˈnɑsədi, vəˈnɑsədi
venous
BR ˈviːnəs
AM ˈvinəs
venously
BR ˈviːnəsli
AM ˈvinəsli
vent
BR vent, -s, -ɪŋ, -ɪd
AM ven|t, -ts, -(t)ɪŋ, -(t)əd
ventage
BR ˈventɪdʒ, -ɪdʒɪz
AM ˈven(t)ɪdʒ, -ɪz
Vent-Axia
BR ˌventˈaksɪə(r)
AM ˌvenˈtæksɪə
vent-hole
BR ˈventhəʊl, -z
AM ˈventˌ(h)oʊl, -z
ventiduct
BR ˈventɪdʌkt, -s
AM ˈven(t)əˌdək|(t), -(t)s
ventifact
BR ˈventɪfakt, -s
AM ˈven(t)əˌfæk|(t), -(t)s
ventil
BR ˈventɪl, -z
AM ˈven(t)l, -z
ventilate
BR ˈventɪleɪt, -s, -ɪŋ, -ɪd
AM ˈven(t)əˌleɪ|t, -ts, -dɪŋ, -dɪd
ventilation
BR ˌventɪˈleɪʃn
AM ˌven(t)əˈleɪʃ(ə)n
ventilative
BR ˈventɪleɪtɪv
AM ˈven(t)əˌleɪdɪv
ventilator
BR ˈventɪleɪtə(r), -z
AM ˈven(t)əˌleɪdər, -z

ventless
BR ˈventləs
AM ˈven(t)ləs

Ventnor
BR ˈventnə(r)
AM ˈventnər

Ventolin
BR ˈventə(ʊ)lın
AM ˈven(t)əl(ə)n

ventouse
BR ˈventuːs, -ɪz
AM ˈven,tus, -əz

ventral
BR ˈventr(ə)l
AM ˈventrəl

ventrally
BR ˈventr̩li
AM ˈventrəli

ventre à terre
BR ˌvɒ̃tr(ə) a ˈtɛː(r)
AM ˌvɑntrə ɑ ˈtɛ(ə)r

ventricle
BR ˈventrɪkl, -z
AM ˈventrək(ə)l, -z

ventricose
BR ˈventrɪkəʊs
AM ˈventrəˌkoʊz, ˈventrəˌkoʊs

ventricular
BR venˈtrɪkjələ(r)
AM venˈtrɪkjələr

ventriloquial
BR ˌventrɪˈləʊkwiəl
AM ˌventrəˈloʊkwiəl

ventriloquially
BR ˌventrɪˈləʊkwiəli
AM ˌventrəˈloʊkwiəli

ventriloquise
BR venˈtrɪləkwʌɪz, -ɪz, -ɪŋ, -d
AM venˈtrɪləˌkwaɪz, -ɪz, -ɪŋ, -d

ventriloquism
BR venˈtrɪləkwɪzm
AM venˈtrɪləˌkwɪz(ə)m

ventriloquist
BR venˈtrɪləkwɪst, -s
AM venˈtrɪləkwəst, -s

ventriloquistic
BR venˌtrɪləˈkwɪstɪk
AM venˌtrɪləˈkwɪstɪk

ventriloquize
BR venˈtrɪləkwʌɪz, -ɪz, -ɪŋ, -d
AM venˈtrɪləˌkwaɪz, -ɪz, -ɪŋ, -d

ventriloquous
BR venˈtrɪləkwəs
AM venˈtrɪləkwəs

ventriloquy
BR venˈtrɪləkwi
AM venˈtrɪləkwi

venture
BR ˈven(t)ʃə(r), -əz, -(ə)rɪŋ, -əd
AM ˈven(t)ʃər, -z, -ɪŋ, -d

venturer
BR ˈven(t)ʃ(ə)rə(r), -z
AM ˈven(t)ʃərər, -z

venturesome
BR ˈven(t)ʃəs(ə)m
AM ˈven(t)ʃərs(ə)m

venturesomely
BR ˈven(t)ʃəs(ə)mli
AM ˈven(t)ʃərsəmli

venturesomeness
BR ˈven(t)ʃəs(ə)mnəs
AM ˈven(t)ʃərsəmnəs

venturi
BR venˈtjʊər|i, venˈtʃʊər|i, -ɪz
AM venˈt(ʃ)ʊri, -z

venturous
BR ˈven(t)ʃ(ə)rəs
AM ˈven(t)ʃ(ə)rəs

venturously
BR ˈven(t)ʃ(ə)rəsli
AM ˈven(t)ʃ(ə)rəsli

venturousness
BR ˈven(t)ʃ(ə)rəsnəs
AM ˈven(t)ʃ(ə)rəsnəs

venue
BR ˈvenjuː, -z
AM ˈvenˌju, -z

venule
BR ˈvenjuːl, ˈvɪnjuːl, -z
AM ˈvenˌjul, -z

Venus
BR ˈviːnəs
AM ˈvinəs

Venusian
BR vɪˈnjuːzɪən, vɪˈnjuːsɪən, -z
AM vəˈn(j)uʃ(i)ən, vəˈn(j)usɪən, -z

Vera
BR ˈvɪərə(r)
AM ˈvɪrə, ˈverə

veracious
BR vɪˈreɪʃəs
AM vəˈreɪʃəs

veraciously
BR vɪˈreɪʃəsli
AM vəˈreɪʃəsli

veraciousness
BR vɪˈreɪʃəsnəs
AM vəˈreɪʃəsnəs

veracity
BR vɪˈrasɪti
AM vəˈræsədi

Veracruz
BR ˌvɪərəˈkruːz, ˌve(ː)rəˈkruːz
AM ˌverəˈkruz
SP ˌberaˈkruθ, ˌberaˈkrus

veranda
BR vəˈrandə(r), -z, -d
AM vəˈrændə, -z, -d

verandah
BR vəˈrandə(r), -z
AM vəˈrændə, -z

veratrine
BR ˈverətriːn, ˈverətrɪn
AM ˈverətrən, ˈverəˌtrɪn

verb
BR vəːb, -z
AM vərb, -z

verbal
BR ˈvəːbl
AM ˈvərbəl

verbalisable
BR ˈvəːblʌɪzəbl
AM ˈvərbəˌlaɪzəb(ə)l

verbalisation
BR ˌvəːblʌɪˈzeɪʃn, -z
AM ˌvərbəˌlaɪˈzeɪʃ(ə)n, ˌvərbələˈzeɪʃ(ə)n, -z

verbalise
BR ˈvəːblʌɪz, -ɪz, -ɪŋ, -d
AM ˈvərbəˌlaɪz, -ɪz, -ɪŋ, -d

verbaliser
BR ˈvəːblʌɪzə(r), -z
AM ˈvərbəˌlaɪzər, -z

verbalism
BR ˈvəːblɪzm
AM ˈvərbəˌlɪz(ə)m

verbalist
BR ˈvəːblɪst, -s
AM ˈvərbələst, -s

verbalistic
BR ˌvəːbəˈlɪstɪk, ˌvəːblˈɪstɪk
AM ˌvərbəˈlɪstɪk

verbalizable
BR ˈvəːblʌɪzəbl
AM ˈvərbəˌlaɪzəb(ə)l

verbalization
BR ˌvəːblʌɪˈzeɪʃn, -z
AM ˌvərbəˌlaɪˈzeɪʃ(ə)n, ˌvərbələˈzeɪʃ(ə)n, -z

verbalize
BR ˈvəːblʌɪz, -ɪz, -ɪŋ, -d
AM ˈvərbəˌlaɪz, -ɪz, -ɪŋ, -d

verbalizer
BR ˈvəːblʌɪzə(r), -z
AM ˈvərbəˌlaɪzər, -z

verbally
BR ˈvəːbli
AM ˈvərbəli

verbatim
BR və(ː)ˈbeɪtɪm
AM vərˈbeɪdɪm

verbena
BR və(ː)ˈbiːnə(r), -z
AM vərˈbinə, -z

verbiage
BR ˈvəːbɪɪdʒ
AM ˈvərbiɪdʒ

verbose
BR və(ː)ˈbəʊs
AM vərˈboʊs

verbosely
BR və(ː)ˈbəʊsli
AM vərˈboʊsli

verboseness
BR vəː(ː)ˈbəʊsnəs
AM vərˈboʊsnəs

verbosity
BR vəː(ː)ˈbɒsɪti
AM vərˈbɑːsədi

verboten
BR fəˈbəʊt(ə)n,
vəˈbəʊt(ə)n,
fɛːˈbɔːt(ə)n
AM fərˈboʊtn

verb. sap.
BR ˌvəːb ˈsap
AM ˌvərb ˈsæp

Vercingetorix
BR ˌvəːsɪŋˈɡɛt(ə)rɪks,
ˌvəːsɪnˈdʒɛt(ə)rɪks
AM ˌvərsɪŋˈdʒɛdərɪks,
ˌvərsɪŋˈɡɛdərɪks

verd
BR vəːd
AM vərd

verdancy
BR ˈvəːd(ə)nsi
AM ˈvərdnsi

verdant
BR ˈvəːd(ə)nt
AM ˈvərdnt

verd-antique
BR ˌvəːdanˈtiːk
AM ˌvərˌdænˈtik

verdantly
BR ˈvəːd(ə)ntli
AM ˈvərdn(t)li

verdelho
BR vəːˈdɛljuː,
vəːˈdɛljəʊ
AM vərˈdɛljoʊ

verderer
BR ˈvəːd(ə)rə(r),
-z
AM ˈvərdərər, -z

Verdi
BR ˈvɛːdi
AM ˈvɛrdi

Verdian
BR ˈvɛːdiən, -z
AM ˈvɛrdiən, -z

verdict
BR ˈvəːdɪkt, -s
AM ˈvərdɪk|(t),
-(t)s

verdigris
BR ˈvəːdɪɡriː(s)
AM ˈvərdəˌɡris

verditer
BR ˈvəːdɪtə(r)
AM ˈvərdədər

Verdun
BR vəːˈdʌn
AM ˈvərdn,
vərˈdən
FR vɛʁdœ̃

verdure
BR ˈvəːdʒə(r),
ˈvəːdjə(r), -d
AM ˈvərdʒər, -d

verdurous
BR ˈvəːdʒ(ə)rəs,
ˈvəːdjərəs
AM ˈvərdʒərəs

Vere
BR ˈvɪə(r)
AM ˈvɪ(ə)r

Vereeniging
BR vɪˈriːnɪɡɪŋ
AM vəˈrinɪɡɪŋ
AFK fərˈiənəxəŋ

verge
BR vəːdʒ, -ɪz, -ɪŋ, -d
AM vərdʒ, -əz,
-ɪŋ, -d

vergence
BR ˈvəːdʒ(ə)ns
AM ˈvərdʒ(ə)ns

verger
BR ˈvəːdʒə(r), -z
AM ˈvərdʒər, -z

vergership
BR ˈvəːdʒəʃɪp, -s
AM ˈvərdʒərˌʃɪp, -s

Vergil
BR ˈvəːdʒ(ɪ)l
AM ˈvərdʒ(ə)l

Vergilian
BR vəːˈdʒɪliən
AM vərˈdʒɪliən,
vərˈdʒɪljən

verglas
BR ˈvɛːɡlɑː(r)
AM vɛrˈɡlɑ(s)

veridical
BR vɪˈrɪdɪkl
AM vəˈrɪdək(ə)l

veridicality
BR vɪˌrɪdɪˈkalɪti
AM vəˌrɪdəˈkælədi

veridically
BR vɪˈrɪdɪkli
AM vəˈrɪdək(ə)li

veriest
BR ˈvɛrɪɪst
AM ˈvɛriɪst

verifiable
BR ˈvɛrɪfʌɪəbl
AM ˌvɛrəˈfaɪəb(ə)l

verifiably
BR ˈvɛrɪfʌɪəbli
AM ˌvɛrəˈfaɪəbli

verification
BR ˌvɛrɪfɪˈkeɪʃn
AM ˌvɛrəfəˈkeɪʃ(ə)n

verifier
BR ˈvɛrɪfʌɪə(r)
AM ˈvɛrəˌfaɪər

verify
BR ˈvɛrɪfʌɪ, -z, -ɪŋ, -d
AM ˈvɛrəˌfaɪ, -z, -ɪŋ, -d

verily
BR ˈvɛrɪli
AM ˈvɛrəli

verisimilar
BR ˌvɛrɪˈsɪmɪlə(r),
ˌvɛrɪˈsɪmlə(r)
AM ˌvɛrəˈsɪmələr

verisimilitude
BR ˌvɛrɪsɪˈmɪlɪtjuːd,
ˌvɛrɪsɪˈmɪlɪtʃuːd
AM ˌvɛrəsəˈmɪləˌt(j)ud

verism
BR ˈvɛrɪzm
AM ˈvɛrɪz(ə)m

verismo
BR vɛˈrɪzməʊ, -z
AM vɛˈrɪzmoʊ,
vəˈrɪzmoʊ, -z
IT veˈrizmo

verist
BR ˈvɛrɪst, -s
AM ˈvɛrəst, -s

veristic
BR vɛˈrɪstɪk
AM vəˈrɪstɪk

veritable
BR ˈvɛrɪtəbl
AM ˈvɛrədəb(ə)l

veritably
BR ˈvɛrɪtəbli
AM ˈvɛrədəbli

verity
BR ˈvɛrɪt|i, -ɪz
AM ˈvɛrədi, -z

verjuice
BR ˈvəːdʒuːs
AM ˈvərdʒəs

verkrampte
BR fəˈkram(p)tə(r), -z
AM fərˈkrɑm(p)tə, -z

Verlaine
BR vəˈleɪn, vɛːˈleɪn
AM vərˈleɪn

verligte
BR fəˈlɪktə(r), -z
AM vərˈlɪktə, -z

Vermeer
BR vəː(ː)ˈmɪə(r)
AM vərˈmɪ(ə)r
DU vərˈmeːr

vermeil
BR ˈvəːmeɪl, ˈvəːmɪl
AM ˈvərˌmeɪl,
vərˈmeɪl, ˈvərm(ə)l,
vərˈmɪl

vermian
BR ˈvəːmiən
AM ˈvərmiən

vermicelli
BR ˌvəːmɪˈsɛli,
ˌvəːmɪˈtʃɛli
AM ˌvərməˈsɛli,
ˌvərməˈtʃɛli
IT vermiˈtʃɛlli

vermicide
BR ˈvəːmɪsʌɪd, -z
AM ˈvərməˌsaɪd, -z

vermicular
BR vəː(ː)ˈmɪkjʊlə(r)
AM vərˈmɪkjələr

vermiculate
BR vəː(ː)ˈmɪkjʊleɪt
AM vərˈmɪkjəˌleɪt

vermiculation
BR vəː(ː)ˌmɪkjʊˈleɪʃn, -z
AM vərˌmɪkjəˈleɪʃ(ə)n,
-z

vermiculite
BR vəː(ː)ˈmɪkjʊlʌɪt
AM vərˈmɪkjəˌlaɪt

vermiform
BR ˈvɜːmɪfɔːm
AM ˈvɜːrməˌfɔ(ə)rm
vermifuge
BR ˈvɜːmɪfjuː(d)ʒ, -ɪz
AM ˈvɜːrməˌfjudʒ, -ɪz
vermilion
BR vəˈmɪliən
AM vərˈmɪliən, vərˈmɪljən
vermin
BR ˈvɜːmɪn
AM ˈvɜːrm(ə)n
verminate
BR ˈvɜːmɪneɪt, -s, -ɪŋ, -ɪd
AM ˈvɜːrməˌneɪt, -ts, -dɪŋ, -dɪd
vermination
BR ˌvɜːmɪˈneɪʃn
AM ˌvɜːrməˈneɪʃ(ə)n
verminous
BR ˈvɜːmɪnəs
AM ˈvɜːrmənəs
verminously
BR ˈvɜːmɪnəsli
AM ˈvɜːrmənəsli
verminousness
BR ˈvɜːmɪnəsnəs
AM ˈvɜːrmənəsnəs
vermivorous
BR və(ː)ˈmɪv(ə)rəs
AM vərˈmɪv(ə)rəs
Vermont
BR və(ː)ˈmɒnt
AM vərˈmɑnt
vermouth
BR ˈvɜːməθ, və(ː)ˈmuːθ
AM vərˈmuθ
vernacular
BR vəˈnækjʊlə(r), -z
AM vərˈnækjələr, -z
vernacularise
BR vəˈnækjʊlərʌɪz, -ɪz, -ɪŋ, -d
AM vərˈnækjələˌraɪz, -ɪz, -ɪŋ, -d
vernacularism
BR vəˈnækjʊlərɪzm, -z
AM vərˈnækjələˌrɪz(ə)m, -z

vernacularity
BR vəˌnakjʊˈlarɪti
AM vərˌnækjəˈlɛrədi
vernacularize
BR vəˈnakjʊlərʌɪz, -ɪz, -ɪŋ, -d
AM vərˈnækjələˌraɪz, -ɪz, -ɪŋ, -d
vernacularly
BR vəˈnakjʊləli
AM vərˈnækjələrli
vernal
BR ˈvɜːnl
AM ˈvɜːrn(ə)l
vernalisation
BR ˌvɜːnlʌɪˈzeɪʃn
AM ˌvɜːrnlaɪˈzeɪʃ(ə)n, ˌvɜːrnləˈzeɪʃ(ə)n
vernalise
BR ˈvɜːnlʌɪz, -ɪz, -ɪŋ, -d
AM ˈvɜːrnlˌaɪz, -ɪz, -ɪŋ, -d
vernalization
BR ˌvɜːnlʌɪˈzeɪʃn
AM ˌvɜːrnlaɪˈzeɪʃ(ə)n, ˌvɜːrnləˈzeɪʃ(ə)n
vernalize
BR ˈvɜːnlʌɪz, -ɪz, -ɪŋ, -d
AM ˈvɜːrnlˌaɪz, -ɪz, -ɪŋ, -d
vernally
BR ˈvɜːnli
AM ˈvɜːrnəli, ˈvɜːrnli
vernation
BR vɜːˈneɪʃn
AM vərˈneɪʃ(ə)n
Verne
BR vɜːn
AM vɜːrn
Verner
BR ˈvɜːnə(r), ˈvɛːnə(r)
AM ˈvɜːrnər
DAN ˈvaʌˈnʌ
Verney
BR ˈvɜːni
AM ˈvɜːrni
vernicle
BR ˈvɜːnɪkl, -z
AM ˈvɜːrnək(ə)l, -z

vernier
BR ˈvɜːnɪə(r), -z
AM ˈvɜːrniər, -z
vernissage
BR ˌvɛːnɪˈsɑːʒ
AM ˌvɜːrnɪˈsɑʒ
vernix
BR ˈvɜːnɪks
AM ˈvɜːrnɪks
Vernon
BR ˈvɜːnən
AM ˈvɜːrnən
Verny
BR ˈvɜːni
AM ˈvɜːrni
RUS ˈvʲernɪj
Verona
BR vɪˈrəʊnə(r)
AM vəˈroʊnə
veronal
BR ˈvɛrnl
AM ˈvɛrənl, ˈvɛrəˌnal, ˈvɛrən(ə)l, ˈvɛrəˌnɒl
Veronese
BR ˌvɛrəˈneɪzi
AM ˌvɛrəˈneɪzi
veronica
BR vɪˈrɒnɪkə(r), -z
AM vəˈrɑnəkə, -z
veronique
BR ˌvɛrəˈniːk
AM ˌvɛrəˈnik
Verrazano
BR ˌvɛrəˈzɑːnəʊ
AM ˌvɛrəˈzɑnoʊ
verruca
BR vɪˈruːkə(r), vɛˈruːkə(r), -z
AM vəˈrukə, -z
verrucae
BR vɪˈruːkiː, vɪˈruːsiː, vɛˈruːkiː, vɛˈruːsi
AM vəˈruˌkaɪ, vəˈruki
verrucose
BR ˌvɛrəˈkəʊs, vɪˈruːkəʊs, vɛˈruːkəʊs
AM ˈvɛr(j)əˌkoʊz, ˈvɛr(j)əˌkoʊs

verrucous
BR vɪˈruːkəs
AM vɛˈruːkəs, ˈvɛrəkəs
AM vɛˈrukəs, vəˈrukəs
versa
BR ˈvɜːsə(r)
AM ˈvɜːrsə
Versailles
BR vɛːˈsʌɪ
AM vərˈsaɪ
versant
BR ˈvɜːsnt, -s
AM ˈvɜːrs(ə)nt, -s
versatile
BR ˈvɜːsətʌɪl
AM ˈvɜːrsədl
versatilely
BR ˈvɜːsətʌɪlli
AM ˈvɜːrsədli
versatility
BR ˌvɜːsəˈtɪlɪti
AM ˌvɜːrsəˈtɪlɪdi
verse
BR vɜːs, -ɪz, -t
AM vɜːrs, -əz, -t
verselet
BR ˈvɜːslɪt, -s
AM ˈvɜːrslət, -s
verset
BR ˈvɜːsɪt, -s
AM ˈvɜːrsət, -s
versicle
BR ˈvɜːsɪkl, -z
AM ˈvɜːrsək(ə)l, -z
versicolored
BR ˌvɜːsɪˈkʌləd
AM ˈvɜːrsəˌkələrd
versicoloured
BR ˌvɜːsɪˈkʌləd
AM ˈvɜːrsəˌkələrd
versicular
BR və(ː)ˈsɪkjʊlə(r)
AM vərˈsɪkjələr
versification
BR ˌvɜːsɪfɪˈkeɪʃn
AM ˌvɜːrsəfəˈkeɪʃ(ə)n
versifier
BR ˈvɜːsɪfʌɪə(r), -z
AM ˈvɜːrsəˌfaɪər, -z

versify
BR ˈvɜːsɪfʌɪ, -z, -ɪŋ, -d
AM ˈvɜrsəˌfaɪ, -z, -ɪŋ, -d

versin
BR ˈvɜːsɪn, -z
AM ˈvɜrˌsaɪn, -z

versine
BR ˈvɜːsʌɪn, -z
AM ˈvɜrˌsaɪn, -z

version
BR ˈvɜːʃn, -z
AM ˈvɜrʒ(ə)n, -z

versional
BR ˈvɜːʃn̩l
AM ˈvɜrʒ(ə)n(ə)l

vers libre
BR ˌvɛː ˈliːbr(ər)
AM ˌvɜr ˈlibrə

verso
BR ˈvɜːsəʊ
AM ˈvɜrsoʊ

verst
BR vɜːst, -s
AM vɜrst, -s

versus
BR ˈvɜːsəs
AM ˈvɜrsəs

vert
BR vɜːt
AM vɜrt

vertebra
BR ˈvɜːtɪbrə(r)
AM ˈvɜrdəbrə

vertebrae
BR ˈvɜːtɪbreɪ, ˈvɜːtɪbriː
AM ˈvɜrdəˌbreɪ

vertebral
BR ˈvɜːtɪbr(ə)l
AM vɜrˈtibrəl, ˈvɜrdəbrəl

vertebrally
BR ˈvɜːtɪbrl̩i
AM vɜrˈtibrəli, ˈvɜrdəbrəli

vertebrate
BR ˈvɜːtɪbrət, ˈvɜːtɪbreɪt, -s
AM ˈvɜrdəˌbreɪt, ˈvɜrdəbrət, -s

vertebration
BR ˌvɜːtɪˈbreɪʃn
AM ˌvɜrdəˈbreɪʃ(ə)n

vertex
BR ˈvɜːtɛks, -ɪz
AM ˈvɜrˌtɛks, -əz

vertical
BR ˈvɜːtɪkl
AM ˈvɜrdək(ə)l

verticalise
BR ˈvɜːtɪkl̩ʌɪz, -ɪz, -ɪŋ, -d
AM ˈvɜrdəkəˌlaɪz, -ɪz, -ɪŋ, -d

verticality
BR ˌvɜːtɪˈkalɪti
AM ˌvɜrdəˈkælədi

verticalize
BR ˈvɜːtɪkl̩ʌɪz, -ɪz, -ɪŋ, -d
AM ˈvɜrdəkəˌlaɪz, -ɪz, -ɪŋ, -d

vertically
BR ˈvɜːtɪkli, ˈvɜːtɪkl̩i
AM ˈvɜrdək(ə)li

vertices
BR ˈvɜːtɪsiːz
AM ˈvɜrdəˌsiz

verticil
BR ˈvɜːtɪsɪl, -z
AM ˈvɜrdəˌsɪl, -z

verticillate
BR vəˈtɪsɪlət, vəˈtɪsl̩ət, ˌvɜːtɪˈsɪlət
AM vɜrdəˈsɪleɪt, ˌvɜrdəˈsɪlət

vertiginous
BR vɜːˈtɪdʒɪnəs, vəˈtɪdʒn̩əs
AM vɜrˈtɪdʒənəs

vertiginously
BR vɜːˈtɪdʒɪnəsli, vəˈtɪɡnəsli
AM vɜrˈtɪdʒənəsli

vertigo
BR ˈvɜːtɪɡəʊ
AM ˈvɜrdəɡoʊ

vertu
BR vəˈtuː
AM vɜrˈtu

Verulamium
BR ˌvɛr(j)ʉˈleɪmɪəm
AM ˌvɛr(j)əˈleɪmiəm

vervain
BR ˈvɜːveɪn, -z
AM ˈvɜrˌveɪn, -z

verve
BR vɜːv
AM vɜrv

vervet
BR ˈvɜːvɪt, -s
AM ˈvɜrvət, -s

Verwoerd
BR fəˈvʊət
AM fərˈvʊ(ə)rt

very
BR ˈvɛri
AM ˈvɛri

Very light
BR ˈvɪəri ˌlʌɪt, ˈvɛri +, -s
AM ˈvɛri ˌlaɪt, ˈviri ˌlaɪt, -s

Very pistol
BR ˈvɪəri ˌpɪstl, ˈvɛri +, -z
AM ˈvɛri ˌpɪstl, ˈviri ˌpɪstl, -z

Vesalius
BR vɪˈseɪlɪəs
AM vəˈseɪliəs

Vesey
BR ˈviːzi
AM ˈvizi

vesica
BR ˈvɛsɪkə(r), ˈviːsɪkə(r), vɪˈsʌɪkə(r), -z
AM vəˈsaɪkə, ˈvɛsəkə, vəˈsikə, -z

vesical
BR ˈvɛsɪkl, ˈviːsɪkl, vɪˈsʌɪkl
AM ˈvɛsək(ə)l

vesicant
BR ˈvɛsɪk(ə)nt, ˈviːsɪk(ə)nt, vɪˈsʌɪk(ə)nt, -s
AM ˈvɛsəkənt, -s

vesicate
BR ˈvɛsɪkeɪt, -s, -ɪŋ, -ɪd
AM ˈvɛsəˌkeɪt, -ts, -dɪŋ, -dɪd

vesication
BR ˌvɛsɪˈkeɪʃn, -z
AM ˌvɛsəˈkeɪʃ(ə)n, -z

vesicatory
BR ˈvɛsɪkət(ə)ri
AM vəˈsɪkəˌtɔri, ˈvɛsəkəˌtɔri

vesicle
BR ˈvɛsɪkl, -z
AM ˈvɛsək(ə)l, -z

vesicular
BR vɪˈsɪkjʉlə(r)
AM vəˈsɪkjələr

vesicularly
BR vɪˈsɪkjʉləli
AM vəˈsɪkjələrli

vesiculate
BR vɪˈsɪkjʉlət, vɪˈsɪkjʉleɪt
AM vəˈsɪkjələt, vəˈsɪkjəˌleɪt

vesiculation
BR vɪˌsɪkjʉˈleɪʃn, -z
AM vəˌsɪkjəˈleɪʃ(ə)n, -z

Vespa
BR ˈvɛspə(r), -z
AM ˈvɛspə, -z
IT ˈvɛspa

Vespasian
BR vɛsˈpeɪʒn, vɛsˈpeɪziən
AM vəˈspeɪziən, vəˈspeɪʒ(i)ən

vesper
BR ˈvɛspə(r), -z
AM ˈvɛspər, -z

vespertilionid
BR ˌvɛspətɪliˈɒnɪd
AM ˌvɛspərˌtɪliˈɑnɪd

vespertine
BR ˈvɛspətʌɪn
AM ˈvɛspərˌtaɪn, ˈvɛspərˌtin

vespiary
BR ˈvɛspɪər|i, -ɪz
AM ˈvɛspiˌɛri, -z

vespine
BR ˈvɛspʌɪn
AM ˈvɛspən, ˈvɛˌspaɪn
Vespucci
BR vɪˈspuːtʃi,
vɛˈspuːtʃi
AM vɛˈsputʃi,
vəˈsputʃi
vessel
BR ˈvɛsl, -z
AM ˈvɛs(ə)l, -z
vest
BR vɛst, -s, -ɪŋ,
-ɪd
AM vɛst, -s, -ɪŋ,
-əd
vesta
BR ˈvɛstə(r), -z
AM ˈvɛstə, -z
vestal
BR ˈvɛstl, -z
AM ˈvɛstl, -z
vestee
BR ˌvɛˈstiː, -z
AM ˌvɛsˈti, -z
vestiary
BR ˈvɛstɪər|i, -ɪz
AM ˈvɛstiˌɛri, -z
vestibular
BR vɛˈstɪbjʊlə(r)
AM vɛˈstɪbjələr,
vəˈstɪbjələr
vestibule
BR ˈvɛstɪbjuːl, -z
AM ˈvɛstəˌbjul, -z
vestige
BR ˈvɛst|ɪdʒ, -ɪdʒɪz
AM ˈvɛstɪdʒ, -ɪz
vestigial
BR vɛˈstɪdʒ(ɪə)l
AM vɛˈstɪdʒ(i)əl
vestigially
BR vɛˈstɪdʒɪəli,
vɛˈstɪdʒli
AM vɛˈstɪdʒ(i)əli
vestiture
BR ˈvɛstɪtʃə(r), -z
AM ˈvɛstəˌtʃʊ(ə)r,
ˈvɛstɪtʃər, -z
vestment
BR ˈvɛs(t)m(ə)nt, -s
AM ˈvɛs(t)m(ə)nt, -s

vestral
BR ˈvɛstr(ə)l
AM ˈvɛstrəl
vestry
BR ˈvɛstr|i, -ɪz
AM ˈvɛstri, -z
vestryman
BR ˈvɛstrɪmən
AM ˈvɛstrɪm(ə)n
vestrymen
BR ˈvɛstrɪmən
AM ˈvɛstrɪm(ə)n
vesture
BR ˈvɛstʃə(r), -z
AM ˈvɛstʃər, -z
Vesuvian
BR vɪˈsjuːvɪən
AM vəˈsuvɪən
Vesuvius
BR vɪˈsjuːvɪəs
AM vəˈsuvɪəs
vet
BR vɛt, -s, -ɪŋ, -ɪd
AM vɛ|t, -ts, -dɪŋ, -dəd
vetch
BR vɛtʃ, -ɪz
AM vɛtʃ, -əz
vetchling
BR ˈvɛtʃlɪŋ, -z
AM ˈvɛtʃlɪŋ, -z
vetchy
BR ˈvɛtʃi
AM ˈvɛtʃi
veteran
BR ˈvɛt(ə)rn̩, -z
AM ˈvɛtrən,
ˈvɛdərən, -z
veterinarian
BR ˌvɛt(ə)rɪˈnɛːrɪən, -z
AM ˌvɛtrəˈnɛrɪən,
ˌvɛdərəˈnɛrɪən, -z
veterinary
BR ˈvɛt(ə)rɪn(ə)ri
AM ˈvɛtrəˌnɛri,
ˈvɛdərəˌnɛri
vetiver
BR ˈvɛtɪvə(r)
AM ˈvɛdəvər
veto
BR ˈviːtəʊ, -z, -ɪŋ, -d
AM ˈviˌtoʊ, ˈvidoʊ, -z,
-ɪŋ, -d

vetoer
BR ˈviːtəʊə(r), -z
AM ˈviˌtoʊər,
ˈvidoʊər, -z
vex
BR vɛks, -ɪz, -ɪŋ, -t
AM vɛks, -əz, -ɪŋ, -t
vexation
BR vɛkˈseɪʃn, -z
AM vɛkˈseɪʃ(ə)n, -z
vexatious
BR vɛkˈseɪʃəs
AM vɛkˈseɪʃəs
vexatiously
BR vɛkˈseɪʃəsli
AM vɛkˈseɪʃəsli
vexatiousness
BR vɛkˈseɪʃəsnəs
AM vɛkˈseɪʃəsnəs
vexedly
BR ˈvɛksɪdli
AM ˈvɛksədli
vexer
BR ˈvɛksə(r), -z
AM ˈvɛksər, -z
vexilla
BR vɛkˈsɪlə(r)
AM vɛkˈsɪlə
vexillological
BR ˌvɛksɪləˈlɒdʒɪkl
AM ˌvɛksələ-
ˈlɑdʒək(ə)l
vexillologist
BR ˌvɛksɪˈlɒlədʒɪst,
-s
AM ˌvɛksəˈlɑlədʒəst,
-s
vexillology
BR ˌvɛksɪˈlɒlədʒi
AM ˌvɛksəˈlɑlədʒi
vexillum
BR vɛkˈsɪləm
AM vɛkˈsɪl(ə)m
vexingly
BR ˈvɛksɪŋli
AM ˈvɛksɪŋli
Vi
BR vʌɪ
AM vaɪ
via
BR ˈvʌɪə(r)
AM vaɪə, viə

viability
BR ˌvʌɪəˈbɪlɪti
AM ˌvaɪəˈbɪlɪdi
viable
BR ˈvʌɪəbl
AM ˈvaɪəb(ə)l
viably
BR ˈvʌɪəbli
AM ˈvaɪəbli
Via Dolorosa
BR ˌviːə ˌdɒləˈrəʊsə(r)
AM ˌviə doʊlərˈoʊsə
viaduct
BR ˈvʌɪədʌkt, -s
AM ˈvaɪəˌdək|(t), -(t)s
Viagra
BR vʌɪˈagrə(r)
AM vaɪˈægrə
vial
BR ˈvʌɪəl, -z
AM ˈvaɪ(ə)l, -z
vialful
BR ˈvʌɪəlfʊl, -z
AM ˈvaɪ(ə)lˌfʊl, -z
via media
BR ˌvʌɪə ˈmiːdɪə(r),
ˌviːə +, + ˈmɛdɪə(r),
+ ˈmeɪdɪə(r)
AM ˈvaɪə ˈmeɪdɪə,
ˈviə ˈmeɪdɪə,
ˈviə ˈmidɪə,
ˈvaɪə ˈmidɪə
viand
BR ˈvʌɪənd, -z
AM ˈvaɪən|d, -(d)z
viatica
BR vʌɪˈatɪkə(r),
vɪˈatɪkə(r)
AM vaɪˈædəkə
viaticum
BR vʌɪˈatɪkəm,
vɪˈatɪkəm, -z
AM vaɪˈædəkəm, -z
vibes
BR vʌɪbz
AM vaɪbz
vibist
BR ˈvʌɪbɪst, -s
AM ˈvaɪbɪst, -s
vibracula
BR vʌɪˈbrakjʊlə(r)
AM vaɪˈbrækjələ

vibracular
BR vʌɪˈbrakjʊlə(r)
AM vaɪˈbrækjələr

vibraculum
BR vʌɪˈbrakjʊləm
AM vaɪˈbrækjəl(ə)m

Vibram
BR ˈvʌɪbram
AM ˈvaɪˌbræm

vibrancy
BR ˈvʌɪbr̩nsi
AM ˈvaɪbrənsi

vibrant
BR ˈvʌɪbr̩nt
AM ˈvaɪbrənt

vibrantly
BR ˈvʌɪbr̩ntli
AM ˈvaɪbrən(t)li

vibraphone
BR ˈvʌɪbrəfəʊn, -z
AM ˈvaɪbrəˌfoʊn, -z

vibraphonist
BR ˈvʌɪbrəfəʊnɪst, -s
AM ˈvaɪbrəˌfoʊnəst, -s

vibrate
BR vʌɪˈbreɪt, -s, -ɪŋ, -ɪd
AM ˈvaɪˌbreɪ|t, -ts, -dɪŋ, -dɪd

vibratile
BR ˈvʌɪbrətʌɪl
AM ˈvaɪbrəˌtaɪl, ˈvaɪbrədl

vibration
BR vʌɪˈbreɪʃn, -z
AM vaɪˈbreɪʃ(ə)n, -z

vibrational
BR vʌɪˈbreɪʃn̩l
AM vaɪˈbreɪʃ(ə)n(ə)l

vibrative
BR ˈvʌɪbrətɪv
AM ˈvaɪbrədɪv

vibrato
BR vɪˈbrɑːtəʊ, -z
AM vəˈbrɑdoʊ, -z

vibrator
BR vʌɪˈbreɪtə(r), -z
AM ˈvaɪˌbreɪdər, -z

vibratory
BR ˈvʌɪbrət(ə)ri, vʌɪˈbreɪt(ə)ri
AM ˈvaɪbrəˌtɔri

vibrio
BR ˈvɪbrɪəʊ, -z
AM ˈvɪbrioʊ, -z

vibrissae
BR vʌɪˈbrɪsiː
AM vaɪˈbrɪˌsaɪ, vaɪˈbrɪsi

viburnum
BR vʌɪˈbəːnəm
AM vaɪˈbərn(ə)m

Vic
BR vɪk
AM vɪk

vicar
BR ˈvɪkə(r), -z
AM ˈvɪkər, -z

vicarage
BR ˈvɪk(ə)r|ɪdʒ, -ɪdʒɪz
AM ˈvɪk(ə)rɪdʒ, -ɪz

vicarial
BR vɪˈkɛːrɪəl, vʌɪˈkɛːrɪəl
AM vəˈkɛrɪəl, vaɪˈkɛrɪəl

vicariate
BR vɪˈkɛːrɪət, vʌɪˈkɛːrɪət, -s
AM vaɪˈkɛriət, vaɪˈkɛriˌeɪt, vəˈkɛriˌeɪt, vəˈkɛriət, -s

vicarious
BR vɪˈkɛːrɪəs, vʌɪˈkɛːrɪəs
AM vaɪˈkɛriəs, vəˈkɛriəs

vicariously
BR vɪˈkɛːrɪəsli, vʌɪˈkɛːrɪəsli
AM vaɪˈkɛriəsli, vəˈkɛriəsli

vicariousness
BR vɪˈkɛːrɪəsnəs, vʌɪˈkɛːrɪəsnəs
AM vaɪˈkɛriəsnəs, vəˈkɛriəsnəs

vicarship
BR ˈvɪkəʃɪp, -s
AM ˈvɪkərˌʃɪp, -s

vice[1] *noun*
BR vʌɪs, -ɪz
AM vaɪs, -ɪz

vice[2] *preposition*
BR ˈvʌɪsi, ˈvʌɪsɪ
AM ˈvaɪs(i), ˈvaɪs(ə)

viceless
BR ˈvʌɪslɪs
AM ˈvaɪslɪs

vicelike
BR ˈvʌɪslʌɪk
AM ˈvaɪsˌlaɪk

vicennial
BR vʌɪˈsɛnɪəl
AM vaɪˈsɛnɪəl

viceregal
BR ˌvʌɪsˈriːgl
AM ˌvaɪsˈrigəl

viceregally
BR ˌvʌɪsˈriːgli
AM ˌvaɪsˈrigəli

vicereine
BR ˌvʌɪsˈreɪn, ˈvʌɪsreɪn, -z
AM ˈvaɪsˌreɪn, -z

viceroy
BR ˈvʌɪsrɔɪ, -z
AM ˈvaɪsˌrɔɪ, -z

viceroyal
BR ˌvʌɪsˈrɔɪ(ə)l
AM ˌvaɪsˈrɔɪəl

viceroyalty
BR ˌvʌɪsˈrɔɪ(ə)lti
AM ˌvaɪsˈrɔɪəlti

viceroyship
BR ˈvʌɪsrɔɪʃɪp, -s
AM ˈvaɪsˌrɔɪˌʃɪp, -s

vicesimal
BR vʌɪˈsɛsɪml
AM vaɪˈsɛsəml

vice versa
BR ˌvʌɪs(ɪ) ˈvəːsə(r)
AM ˌvaɪs(i) ˈvərsə, ˌvaɪs(ə) ˈvərsə

Vichy
BR ˈvɪʃi
AM ˈvɪʃi

vichyssoise
BR ˌvɪʃiˈswɑːz
AM ˌvɪʃiˈswɑz, ˌvɪʃiˈswɑz

vicinage
BR ˈvɪsɪn|ɪdʒ, -ɪdʒɪz
AM ˈvɪsn̩ɪdʒ, -ɪz

vicinal
BR ˈvɪsɪnl, ˈvɪsn̩l
AM ˈvɪsən(ə)l

vicinity
BR vɪˈsɪnɪti
AM vəˈsɪnɪdi, -z

vicious
BR ˈvɪʃəs
AM ˈvɪʃəs

viciously
BR ˈvɪʃəsli
AM ˈvɪʃəsli

viciousness
BR ˈvɪʃəsnəs
AM ˈvɪʃəsnəs

vicissitude
BR vɪˈsɪsɪtjuːd, vɪˈsɪsɪtʃuːd, vʌɪˈsɪsɪtjuːd, vʌɪˈsɪsɪtʃuːd, -z
AM vəˈsɪsəˌt(j)ud, -z

vicissitudinous
BR vɪˌsɪsɪˈtjuːdɪnəs, vɪˌsɪsɪˈtʃuːdɪnəs, vʌɪˌsɪsɪˈtjuːdɪnəs, vʌɪˌsɪsɪˈtʃuːdɪnəs
AM vəˌsɪsəˈt(j)udənəs

Vick
BR vɪk
AM vɪk

Vickers
BR ˈvɪkəz
AM ˈvɪkərz

Vickery
BR ˈvɪk(ə)ri
AM ˈvɪk(ə)ri

Vicki
BR ˈvɪki
AM ˈvɪki

Vickie
BR ˈvɪki
AM ˈvɪki

Vicksburg
BR ˈvɪksbəːg
AM ˈvɪksˌbərg

Vicky
BR ˈvɪki
AM ˈvɪki

Vico
BR ˈvɪkəʊ
AM ˈvikoʊ
IT ˈviko

vicomte
BR /ˈviːkɒ̃t, ˈviːkɒmt/
AM /ˈvaɪˌkɒnt/

vicomtesse
BR /ˌviːkɒ̃ˈtes, ˌviːkɒnˈtes/
AM /ˌvaɪˌkaʊn(t)əs/

victim
BR /ˈvɪktɪm, -z/
AM /ˈvɪktɪm, -z/

victimhood
BR /ˈvɪktɪmhʊd/
AM /ˈvɪktɪm,(h)ʊd/

victimisation
BR /ˌvɪktɪmaɪˈzeɪʃn/
AM /ˌvɪktəˌmaɪˈzeɪʃ(ə)n, ˌvɪktəməˈzeɪʃ(ə)n/

victimise
BR /ˈvɪktɪmaɪz, -ɪz, -ɪŋ, -d/
AM /ˈvɪktəˌmaɪz, -ɪz, -ɪŋ, -d/

victimiser
BR /ˈvɪktɪmaɪzə(r), -z/
AM /ˈvɪktəˌmaɪzər, -z/

victimization
BR /ˌvɪktɪmaɪˈzeɪʃn/
AM /ˌvɪktəˌmaɪˈzeɪʃ(ə)n, ˌvɪktəməˈzeɪʃ(ə)n/

victimize
BR /ˈvɪktɪmaɪz, -ɪz, -ɪŋ, -d/
AM /ˈvɪktəˌmaɪz, -ɪz, -ɪŋ, -d/

victimizer
BR /ˈvɪktɪmaɪzə(r), -z/
AM /ˈvɪktəˌmaɪzər, -z/

victimless
BR /ˈvɪktɪmlɪs/
AM /ˈvɪktɪmlɪs/

victimology
BR /ˌvɪktɪˈmɒlədʒi, -ɪz/
AM /ˌvɪktəˈmɑlədʒi, -z/

victor
BR /ˈvɪktə(r), -z/
AM /ˈvɪktər, -z/

victoria
BR /vɪkˈtɔːriə(r), -z/
AM /vɪkˈtɔriə, -z/

Victorian
BR /vɪkˈtɔːriən, -z/
AM /vɪkˈtɔriən, -z/

Victoriana
BR /vɪkˌtɔːriˈɑːnə(r)/
AM /vɪkˌtɔriˈɑnə/

Victorianism
BR /vɪkˈtɔːriənɪzm, -z/
AM /vɪkˈtɔriəˌnɪz(ə)m, -z/

victorious
BR /vɪkˈtɔːriəs/
AM /vɪkˈtɔriəs/

victoriously
BR /vɪkˈtɔːriəsli/
AM /vɪkˈtɔriəsli/

victoriousness
BR /vɪkˈtɔːriəsnəs/
AM /vɪkˈtɔriəsnəs/

victory
BR /ˈvɪkt(ə)r|i, -ɪz/
AM /ˈvɪkt(ə)ri, -z/

Victrola
BR /vɪkˈtrəʊlə(r)/
AM /vɪkˈtroʊlə/

victual
BR /ˈvɪtl̩, -z, -ɪŋ, -d/
AM /ˈvɪdl, -z, -ɪŋ, -d/

victualler
BR /ˈvɪtlə(r), -z/
AM /ˈvɪdlər, -z/

victualless
BR /ˈvɪtl̩ɪs/
AM /ˈvɪdl̩(l)ɪs/

vicuna
BR /vɪˈk(j)uːn(j)ə(r), vaɪˈk(j)uːn(j)ə(r), -z/
AM /vəˈk(j)unə, vaɪˈk(j)unə, -z/

vicuña
BR /vɪˈk(j)uːn(j)ə(r), vaɪˈk(j)uːn(j)ə(r), -z/
AM /vəˈk(j)unə, vaɪˈk(j)unə, -z/

vid = *video*
BR /vɪd, -z/
AM /vɪd, -z/

Vidal
BR /vɪˈdɑːl/
AM /vəˈdɑl/

vide
BR /ˈvaɪdi, ˈvidi, ˈviːdi, ˈvɪdeɪ, ˈviːdeɪ/
AM /ˈvɪdeɪ, ˈvidi/

videlicet
BR /vɪˈdiːlɪset, vɪˈdiːlɪket, vɪˈdeɪlɪset, vɪˈdeɪlɪket, vɪˈdelɪset, vɪˈdelɪket/
AM /vəˈdeləset, vəˈdeɪləket, vəˈdeləset/

video
BR /ˈvɪdiəʊ, -z, -ɪŋ, -d/
AM /ˈvɪdioʊ, -z, -ɪŋ, -d/

videocassette
BR /ˌvɪdiəʊkəˈset, -s/
AM /ˌvɪdioʊkəˈset, -s/

videoconferencing
BR /ˌvɪdiəʊˈkɒnf(ə)rənsɪŋ/
AM /ˌvɪdioʊˈkɑnf(ə)rənsɪŋ/

videodisc
BR /ˈvɪdiəʊdɪsk, -s/
AM /ˈvɪdioʊˌdɪsk, -s/

videodisk
BR /ˈvɪdiəʊdɪsk, -s/
AM /ˈvɪdioʊˌdɪsk, -s/

video nasty
BR /ˌvɪdiəʊ ˈnɑːstli, -ɪz/
AM /ˌvɪdioʊ ˈnæsti, -z/

videophile
BR /ˈvɪdiə(ʊ)faɪl, -z/
AM /ˈvɪdiəˌfaɪl, -z/

videophone
BR /ˈvɪdiə(ʊ)fəʊn, -z/
AM /ˈvɪdioʊˌfoʊn, -z/

videorecorder
BR /ˈvɪdiəʊrɪˌkɔːdə(r), -z/
AM /ˈvɪdioʊrəˌkɔrdər, -z/

videorecording
BR /ˈvɪdiəʊrɪˌkɔːdɪŋ, -z/
AM /ˈvɪdioʊrəˌkɔrdɪŋ, -z/

videotape
BR /ˈvɪdiə(ʊ)teɪp, -s, -ɪŋ, -t/
AM /ˈvɪdioʊˌteɪp, -s, -ɪŋ, -t/

videotex
BR /ˈvɪdiə(ʊ)teks/
AM /ˈvɪdioʊˌteks/

videotext
BR /ˈvɪdiə(ʊ)tekst/
AM /ˈvɪdioʊˌtekst/

vidimus
BR /ˈvʌɪdɪməs, -ɪz/
AM /ˈvaɪdɪməs, ˈvɪdɪməs, -əz/

vie
BR /vaɪ, -z, -ɪŋ, -d/
AM /vaɪ, -z, -ɪŋ, -d/

vielle
BR /vɪˈel, -z/
AM /vɪˈel, -z/

Vienna
BR /vɪˈenə(r)/
AM /ˌviˈenə/

Viennese
BR /ˌviːəˈniːz/
AM /ˌviəˈniz/

Vientiane
BR /vjenˈtjɑːn, vɪˌentiˈɑːn/
AM /vɪˌentiˈɑn, vjenˈtjɑn/

Vietcong
BR /ˌvjetˈkɒŋ, vɪˌetˈkɒŋ/
AM /ˌvjetˈkɔŋ, vɪˈetˈkɑŋ, ˈvjetˈkɑŋ, vɪˈetˈkɔŋ/

Vietminh
BR /ˌvjetˈmɪn, vɪˌetˈmɪn/
AM /ˌvjetˈmɪn, vɪˈetˈmɪn/

Vietnam
BR /ˌvjetˈnam, vɪˌetˈnam/
AM /vjetˈnɑm, vɪˈetˈnæm, vjetˈnæm, vɪˈetˈnɑm/

Vietnamese
BR /ˌvjetnəˈmiːz, vɪˌetnəˈmiːz/
AM /ˌvjetnəˈmiz, vɪˌetnəˈmiz/

vieux jeu
BR /vjɜː ˈʒɜː/
AM /vjɜ ˈʒɜ/

view
BR /vjuː, -z, -ɪŋ, -d/
AM /vju, -z, -ɪŋ, -d/

viewable
BR ˈvjuːəbl
AM ˈvjuəb(ə)l

viewdata
BR ˈvjuːˌdeɪtə(r), ˈvjuːˌdɑːtə(r)
AM ˈvjuˌdeɪdə, ˈvjuˌdædə

viewer
BR ˈvjuːə(r), -z
AM ˈvjuər, -z

viewership
BR ˈvjuːəʃɪp
AM ˈvjuərˌʃɪp

viewfinder
BR ˈvjuːˌfaɪndə(r), -z
AM ˈvjuˌfaɪndər, -z

viewgraph
BR ˈvjuːgrɑːf, -s
AM ˈvjuˌgræf, -s

viewing
BR ˈvjuːwɪŋ, -z
AM ˈvjuwɪŋ, -z

viewless
BR ˈvjuːləs
AM ˈvjuləs

viewpoint
BR ˈvjuːpɔɪnt, -s
AM ˈvjuˌpɔɪnt, -s

viewport
BR ˈvjuːpɔːt, -s
AM ˈvjuˌpɔ(ə)rt, -s

viewscreen
BR ˈvjuːskriːn, -z
AM ˈvjuˌskrin, -z

vigesimal
BR vaɪˈdʒɛsɪml
AM vaɪˈdʒɛsəml

vigesimally
BR vaɪˈdʒɛsɪmli
AM vaɪˈdʒɛsəmli

vigil
BR ˈvɪdʒ(ɪ)l, -z
AM ˈvɪdʒɪl, -z

vigilance
BR ˈvɪdʒɪlns, ˈvɪdʒl̩ns
AM ˈvɪdʒəl(ə)ns

vigilant
BR ˈvɪdʒɪlnt, ˈvɪdʒl̩nt
AM ˈvɪdʒəl(ə)nt

vigilante
BR ˌvɪdʒɪˈlant|i, -ɪz
AM ˌvɪdʒəˈlæn(t)i, -z

vigilantism
BR ˌvɪdʒɪˈlantɪzm
AM ˌvɪdʒəˈlæn(t)(i)-ˌɪz(ə)m

vigilantly
BR ˈvɪdʒɪln̩tli, ˈvɪdʒl̩ntli
AM ˈvɪdʒələn(t)li

vigneron
BR ˈviːnjərɒn, -z
AM ˌvɪnjəˈroʊn, ˌvɪnjəˈrɔn, -z

vignette
BR viːˈnjɛt, vɪˈnjɛt, -s
AM vɪnˈjɛt, -s

vignetter
BR viːˈnjɛtə(r), vɪˈnjɛtə(r), -z
AM vɪnˈjɛdər, -z

vignettist
BR viːˈnjɛtɪst, vɪˈnjɛtɪst, -s
AM vɪnˈjɛdəst, -s

Vignola
BR vɪˈnjəʊlə(r)
AM vɪnˈjoʊlə

Vigo
BR ˈviːgəʊ
AM ˈvigoʊ

vigor
BR ˈvɪgə(r)
AM ˈvɪgər

vigorish
BR ˈvɪg(ə)rɪʃ
AM ˈvɪgərɪʃ

vigorless
BR ˈvɪgələs
AM ˈvɪgərləs

vigoro
BR ˈvɪg(ə)rəʊ
AM ˈvɪgəˌroʊ

vigorous
BR ˈvɪg(ə)rəs
AM ˈvɪg(ə)rəs

vigorously
BR ˈvɪg(ə)rəsli
AM ˈvɪg(ə)rəsli

vigorousness
BR ˈvɪg(ə)rəsnəs
AM ˈvɪg(ə)rəsnəs

vigour
BR ˈvɪgə(r)
AM ˈvɪgər

vigourless
BR ˈvɪgələs
AM ˈvɪgərləs

vihara
BR vɪˈhɑːrə(r), -z
AM vəˈhɑrə, -z

vihuela
BR vɪˈ(h)weɪlə(r), -z
AM vɪˈ(h)weɪlə, -z

Viking
BR ˈvaɪkɪŋ, -z
AM ˈvaɪkɪŋ, -z

Vikki
BR ˈvɪki
AM ˈvɪki

Vila
BR ˈviːlə(r)
AM ˈvilə

vilayet
BR vɪˈlɑːjɛt, -s
AM ˌvɪləˈjɛt, -s
TU vɪlʌˈjɛt

vile
BR vaɪl, -ə(r), -ɪst
AM vaɪl, -ər, -ɪst

Vileda
BR vaɪˈliːdə(r)
AM vaɪˈlidə

vilely
BR ˈvaɪlli
AM ˈvaɪ(l)li

vileness
BR ˈvaɪlnɪs
AM ˈvaɪlnɪs

vilification
BR ˌvɪlɪfɪˈkeɪʃn
AM ˌvɪləfəˈkeɪʃ(ə)n

vilifier
BR ˈvɪlɪfaɪə(r), -z
AM ˈvɪləˌfaɪər, -z

vilify
BR ˈvɪlɪfaɪ, -z, -ɪŋ, -d
AM ˈvɪləˌfaɪ, -z, -ɪŋ, -d

vill
BR vɪl, -z
AM vɪl, -z

Villa *Pancho*
BR vɪˈlaː(r), vɪˈjɑː(r)
AM ˈvɪjə
SP ˈbija

villa
BR ˈvɪlə(r), -z
AM ˈvɪlə, -z

village
BR ˈvɪl|ɪdʒ, -ɪdʒɪz
AM ˈvɪlɪdʒ, -ɪz

villager
BR ˈvɪlɪdʒə(r), -z
AM ˈvɪlɪdʒər, -z

villagey
BR ˈvɪlɪdʒi
AM ˈvɪlɪdʒi

villagisation
BR ˌvɪlɪdʒʌɪˈzeɪʃn
AM ˌvɪlɪˌdʒaɪˈzeɪʃ(ə)n, ˌvɪlɪdʒəˈzeɪʃ(ə)n

villagization
BR ˌvɪlɪdʒʌɪˈzeɪʃn
AM ˌvɪlɪˌdʒaɪˈzeɪʃ(ə)n, ˌvɪlɪdʒəˈzeɪʃ(ə)n

villain
BR ˈvɪlən, -z
AM ˈvɪl(ə)n, -z

villainess
BR ˈvɪlənɪs, -ɪz
AM ˈvɪlənəs, -əz

villainous
BR ˈvɪlənəs
AM ˈvɪlənəs

villainously
BR ˈvɪlənəsli
AM ˈvɪlənəsli

villainousness
BR ˈvɪlənəsnəs
AM ˈvɪlənəsnəs

villainy
BR ˈvɪlən|i, -ɪz
AM ˈvɪləni, -z

Villa-Lobos
BR ˌvɪləˈlɒbɒs, ˌvɪləˈləʊbɒs
AM ˌviləˈloʊˌboʊs

villanella
BR ˌvɪləˈnɛlə(r), -z
AM ˌvɪləˈnɛlə, -z

villanelle
BR ˌvɪləˈnɛl, -z
AM ˌvɪləˈnɛl, -z

villeggiatura
BR vɪˌledʒ(ɪ)ə-
ˈt(j)ʊərə(r)
AM vəˌledʒəˈtʊrə
IT villeddʒaˈtura

villeggiature
BR vɪˌledʒ(ɪ)ə-
ˈt(j)ʊəreɪ
AM vəˌledʒəˈtʊreɪ
IT villeddʒaˈture

villein
BR ˈvɪlɪn, ˈvɪlem, -z
AM vəˈleɪn, ˈvɪlɪn, -z

villeinage
BR ˈvɪlɪnɪdʒ
AM vəˈleɪnɪdʒ,
ˈvɪlɪnɪdʒ

villenage
BR ˈvɪlɪnɪdʒ
AM vəˈleɪnɪdʒ,
ˈvɪlɪnɪdʒ

villi
BR ˈvɪlʌɪ
AM ˈvili, ˈvɪˌlaɪ

villiform
BR ˈvɪlɪfɔːm
AM ˈvɪlɪˌfɔ(ə)rm

Villon
BR viːˈjɒ̃
AM viˈjoʊn

villose
BR ˈvɪləʊs
AM ˈvɪˌloʊz,
ˈvɪˌloʊs

villosity
BR vɪˈlɒsɪ̈ti, -ɪz
AM vəˈlɑsədi, -z

villous
BR ˈvɪləs
AM ˈvɪləs

villously
BR ˈvɪləsli
AM ˈvɪləsli

villus
BR ˈvɪləs
AM ˈvɪləs

Vilnius
BR ˈvɪlnɪəs
AM ˈvɪlnɪəs

vim
BR vɪm
AM vɪm

vimineous
BR vɪˈmɪnɪəs
AM vəˈmɪnɪəs

vin
BR vã, van
AM væn

vina
BR ˈviːnə(r), -z
AM ˈvinə, -z

vinaceous
BR vʌɪˈneɪʃəs,
vɪˈneɪʃəs
AM vaɪˈneɪʃəs,
vəˈneɪʃəʊ

vinaigrette
BR ˌvɪnɪ̈ˈgrɛt, -s
AM ˌvɪnəˈgrɛt, -s

vinca
BR ˈvɪŋkə(r), -z
AM ˈvɪŋkə, -z

Vince
BR ˈvɪns
AM ˈvɪns

Vincent
BR ˈvɪns(ə)nt
AM ˈvɪns(ə)nt

Vinci
BR ˈvɪn(t)ʃi
AM ˈvɪn(t)ʃi

vincibility
BR ˌvɪnsɪ̈ˈbɪlɪ̈ti
AM ˌvɪnsəˈbɪlɪ̈di

vincible
BR ˈvɪnsɪ̈bl
AM ˈvɪnsəb(ə)l

vincula
BR ˈvɪŋkjʊlə(r)
AM ˈvɪŋkjələ

vinculum
BR ˈvɪŋkjʊləm,
-z
AM ˈvɪŋkjəl(ə)m,
-z

vindaloo
BR ˌvɪndəˈluː, -z
AM ˌvɪndəˈlu, -z

vindicability
BR ˌvɪndɪkəˈbɪlɪ̈ti
AM ˌvɪndəkəˈbɪlɪ̈di

vindicable
BR ˈvɪndɪkəbl
AM ˈvɪndəkəb(ə)l

vindicate
BR ˈvɪndɪkeɪt, -s, -ɪŋ, -ɪ̈d
AM ˈvɪndəˌkeɪ|t, -ts,
-dɪŋ, -dɪ̈d

vindication
BR ˌvɪndɪˈkeɪʃn
AM ˌvɪndəˈkeɪʃ(ə)n

vindicative
BR vɪnˈdɪkətɪv,
ˈvɪndɪkeɪtɪv
AM ˈvɪndəˌkeɪdɪv,
vɪnˈdɪkədɪv

vindicator
BR ˈvɪndɪkeɪtə(r), -z
AM ˈvɪndəˌkeɪdər, -z

vindicatory
BR vɪnˈdɪkət(ə)ri,
ˈvɪndɪkeɪt(ə)ri
AM ˈvɪndəkəˌtɔri

vindictive
BR vɪnˈdɪktɪv
AM vɪnˈdɪktɪv

vindictively
BR vɪnˈdɪktɪvli
AM vɪnˈdɪktɪvli

vindictiveness
BR vɪnˈdɪktɪvnɪ̈s
AM vɪnˈdɪktɪvnɪ̈s

vine
BR vʌɪn, -z
AM vaɪn, -z

vine-dresser
BR ˈvʌɪnˌdrɛsə(r), -z
AM ˈvaɪnˌdrɛsər, -z

vine-dressing
BR ˈvʌɪnˌdrɛsɪŋ
AM ˈvaɪnˌdrɛsɪŋ

vinegar
BR ˈvɪnɪ̈gə(r), -z, -d
AM ˈvɪnəgər, -z, -d

vinegarish
BR ˈvɪnɪ̈g(ə)rɪʃ
AM ˈvɪnəg(ə)rɪʃ

vinegary
BR ˈvɪnɪ̈g(ə)ri
AM ˈvɪnəg(ə)ri

Viner
BR ˈvʌɪnə(r)
AM ˈvaɪnər

vinery
BR ˈvʌɪn(ə)r|i, -ɪz
AM ˈvaɪnəri, -z

vinestock
BR ˈvʌɪnstɒk, -s
AM ˈvaɪnˌstɑk, -s

vineyard
BR ˈvɪnjɑːd, -z
AM ˈvɪnjərd, -z

vingt-et-un
BR ˌvãteɪˈɜːŋ,
ˌvanteɪˈɜːŋ,
ˌvanteɪˈɜːn
AM ˌvænteɪˈən

vinho verde
BR ˌviːnəʊ ˈvəːd|i, -ɪz
AM ˌvinjoʊ ˈvəɪdi, -z

vinicultural
BR ˌvɪnɪˈkʌltʃ(ə)rl̩
AM ˌvɪnəˈkəltʃ(ə)rəl

viniculture
BR ˈvɪnɪˌkʌltʃə(r)
AM ˈvɪnəˌkəltʃər

viniculturist
BR ˌvɪnɪˈkʌltʃ(ə)rɪst, -s
AM ˌvɪnəˈkəltʃ(ə)rəst, -s

vinification
BR ˌvɪnɪfɪˈkeɪʃn
AM ˌvɪnəfəˈkeɪʃ(ə)n

vinify
BR ˈvɪnɪfʌɪ, -z, -ɪŋ, -d
AM ˈvɪnəˌfaɪ, -z, -ɪŋ, -d

vining
BR ˈvʌɪnɪŋ
AM ˈvaɪnɪŋ

Vinland
BR ˈvɪnlənd
AM ˈvɪnlənd

Vinney
BR ˈvɪni
AM ˈvɪni

Vinnitsa
BR ˈvɪnɪ̈tsə(r)
AM ˈvɪnətsə

vino
BR ˈviːnəʊ, -z
AM ˈvinoʊ, -z

vin ordinaire
BR ˌvã ˌɔːdɪˈnɛː(r),
ˌvan +, -z
AM ˈvæn ˌɔrdɪˈnɛ(ə)r,
-z

vinosity
BR vaɪˈnɒsɪti, vɪˈnɒsɪti
AM vəˈnɑsədi

vinous
BR ˈvaɪnəs
AM ˈvaɪnəs

vin rosé
BR ˌvã ˈrəʊzeɪ, ˌvæn +, -z
AM ˌvæn rooˈzeɪ, -z

vint
BR vɪnt, -s, -ɪŋ, -ɪd
AM vɪn|t, -ts, -(t)ɪŋ, -(t)ɪd

vintage
BR ˈvɪnt|ɪdʒ, -ɪdʒɪz
AM ˈvɪn(t)ɪdʒ, -ɪz

vintager
BR ˈvɪntɪdʒə(r), -z
AM ˈvɪn(t)ɪdʒər, -z

vintner
BR ˈvɪntnə(r), -z
AM ˈvɪntnər, -z

viny
BR ˈvaɪn|i, -ɪə(r), -ɪɪst
AM ˈvaɪni, -ər, -ɪst

vinyl
BR ˈvaɪn(ɪ)l
AM ˈvaɪnl

viol
BR ˈvaɪəl, -z
AM ˈvaɪ(ə)l, -z

Viola
BR ˈvaɪələ(r), ˈviələ(r), vaɪˈəʊlə(r)
AM viˈoʊlə

viola[1] *flower*
BR ˈvaɪələ(r), ˈviələ(r), vaɪˈəʊlə(r), -z
AM ˈvaɪələ, vaɪˈoʊlə, -z

viola[2] *musical instrument*
BR viˈəʊlə(r), -z
AM viˈoʊlə, -z

violable
BR ˈvaɪələbl
AM ˈvaɪələb(ə)l

violaceous
BR ˌvaɪəˈleɪʃəs
AM ˌvaɪəˈleɪʃəs

violate
BR ˈvaɪəleɪt, -s, -ɪŋ, -ɪd
AM ˈvaɪəˌleɪ|t, -ts, -dɪŋ, -dɪd

violation
BR ˌvaɪəˈleɪʃn, -z
AM ˌvaɪəˈleɪʃ(ə)n, -z

violator
BR ˈvaɪəleɪtə(r), -z
AM ˈvaɪəˌleɪdər, -z

violence
BR ˈvaɪələns, ˈvaɪəlns
AM ˈvaɪ(ə)l(ə)ns

violent
BR ˈvaɪəlnt
AM ˈvaɪ(ə)l(ə)nt

violently
BR ˈvaɪəlntli
AM ˈvaɪ(ə)lən(t)li

violet
BR ˈvaɪəlɪt, -s
AM ˈvaɪ(ə)lət, -s

violin
BR ˌvaɪəˈlɪn, -z
AM ˌvaɪəˈlɪn, -z

violinist
BR ˌvaɪəˈlɪnɪst, -s
AM ˌvaɪəˈlɪnɪst, -s

violist
BR ˈvaɪəlɪst, -s
AM viˈoʊləst, -s

violoncellist
BR ˌvaɪələnˈtʃɛlɪst, -s
AM ˌvaɪələnˈtʃɛləst, -s

violoncello
BR ˌvaɪələnˈtʃɛləʊ, -z
AM ˌvaɪələnˈtʃɛloʊ, -z

violone
BR ˈvaɪələʊn, ˈviːələʊn, ˌviːəˈləʊneɪ, -z
AM ˌviəˈloʊneɪ, -z
IT vioˈlone

VIP
BR ˌviːaɪˈpiː, -z
AM ˌviˌaɪˈpi, -z

viper
BR ˈvaɪpə(r), -z
AM ˈvaɪpər, -z

viperiform
BR ˈvaɪp(ə)rɪfɔːm
AM ˈvaɪpərəˌfɔː(ə)rm

viperine
BR ˈvaɪpərʌɪn
AM ˈvaɪpəˌraɪn, ˈvaɪpərən

viperish
BR ˈvaɪp(ə)rɪʃ
AM ˈvaɪpərɪʃ

viper-like
BR ˈvaɪpəlʌɪk
AM ˈvaɪpərˌlaɪk

viperous
BR ˈvaɪp(ə)rəs
AM ˈvaɪp(ə)rəs

virago
BR vɪˈrɑːgəʊ, -z
AM vəˈrɑgoʊ, -z

viral
BR ˈvaɪrl̩
AM ˈvaɪrəl

virally
BR ˈvaɪrl̩i
AM ˈvaɪrəli

virelay
BR ˈvɪrɪleɪ, -z
AM ˈvɪrəˌleɪ, -z

virement
BR ˈvaɪəm(ə)nt, ˈviəmɑ̃, -s
AM ˈvɪrmɑn, -s

vireo
BR ˈvɪriəʊ, -z
AM ˈvɪrioʊ, -z

vires
BR ˈvaɪriːz
AM ˈvaɪˌriz

virescence
BR vɪˈrɛsns, vaɪˈrɛsns
AM vaɪˈrɛs(ə)ns, vəˈrɛsns

virescent
BR vɪˈrɛsnt, vaɪˈrɛsnt
AM vaɪˈrɛs(ə)nt, vəˈrɛsnt

virgate
BR ˈvɜːgeɪt, -s
AM ˈvərˌgeɪt, ˈvərgət, -s

virger
BR ˈvɜːdʒə(r), -z
AM ˈvərdʒər, -z

Virgil
BR ˈvɜːdʒ(ɪ)l
AM ˈvərdʒ(ə)l

Virgilian
BR vəˈdʒɪliən
AM vərˈdʒɪliən, vərˈdʒɪljən

virgin
BR ˈvɜːdʒɪn, -z
AM ˈvərdʒ(ə)n, -z

virginal
BR ˈvɜːdʒɪnl, -z
AM ˈvərdʒən(ə)l, -z

virginalist
BR ˈvɜːdʒɪnlɪst, -s
AM ˈvərdʒənləst, -s

virginally
BR ˈvɜːdʒɪnli
AM ˈvərdʒ(ə)nəli

virginhood
BR ˈvɜːdʒɪnhʊd
AM ˈvərdʒənˌ(h)ʊd

Virginia
BR vəˈdʒɪnɪə(r)
AM vərˈdʒɪnjə

Virginian
BR vəˈdʒɪniən, -z
AM vərˈdʒɪnjən, -z

virginibus puerisque
BR vəˌgɪnɪbəs p(j)ʊəˈrɪskwi, vəˌdʒɪnɪbəs +
AM vərˌdʒɪnəbəs p(j)ʊəˈrɪsˌkwi

Virgin Islands
BR ˈvɜːdʒɪn ˌʌɪlən(d)z
AM ˌvərdʒ(ə)n ˈaɪlən(d)z

virginity
BR və(ː)ˈdʒɪnɪti
AM vərˈdʒɪnɪdi

Virgo
BR ˈvɜːgəʊ, -z
AM ˈvərgoʊ, -z

Virgoan
BR ˈvɜːgəʊən, -z
AM ˈvərgoʊən, -z

virgule
BR ˈvɜːgjuːl, -z
AM ˈvərˌgjul, -z

viridescence
BR ˌvɪrɪˈdɛsns
AM ˌvɪrəˈdɛs(ə)ns

viridescent
BR ˌvɪrɪˈdesnt
AM ˌvɪrəˈdes(ə)nt

viridian
BR vɪˈrɪdiən
AM vəˈrɪdiən

viridity
BR vɪˈrɪdɪti
AM vəˈrɪdɪdi

virile
BR ˈvɪrʌɪl
AM ˈvɪrəl

virilism
BR ˈvɪrɪlɪzm
AM ˈvɪrəˌlɪz(ə)m

virility
BR vɪˈrɪlɪti
AM vəˈrɪlɪdi

viroid
BR ˈvʌɪrɔɪd, ˈvɪrɔɪd, -z
AM ˈvaɪˌrɔɪd, -z

Virol
BR ˈvʌɪrɒl
AM ˈvaɪˌral, ˈvaɪˌrɔl

virological
BR ˌvʌɪ(ə)rəˈlɒdʒɪkl
AM ˌvaɪrəˈlɑdʒək(ə)l

virologically
BR ˌvʌɪ(ə)rəˈlɒdʒɪkli
AM ˌvaɪrəˈlɑdʒək(ə)li

virologist
BR vʌɪˈrɒlədʒɪst, -s
AM vaɪˈralədʒəst, -s

virology
BR vʌɪˈrɒlədʒi
AM vaɪˈralədʒi

virtu
BR vəːˈtuː
AM ˌvərˈtu

virtual
BR ˈvəːtʃʊəl, ˈvəːtʃ(ʊ)l, ˈvəːtjʊəl, ˈvəːtjʊl
AM ˈvərtʃ(əw)əl

virtuality
BR ˌvəːtʃʊˈalɪti, ˌvəːtjʊˈalɪti
AM ˌvərtʃəˈwælədi

virtually
BR ˈvəːtʃʊəli, ˈvəːtʃəli, ˈvəːtʃli, ˈvəːtjʊəli, ˈvəːtjəli
AM ˈvərtʃ(əw)əli

virtue
BR ˈvəːtʃuː, ˈvəːtjuː, -z
AM ˈvərtʃu, -z

virtueless
BR ˈvəːtʃuːləs, ˈvəːtjuːləs
AM ˈvərtʃuləs

virtuosic
BR ˌvəːtʃʊˈɒsɪk, ˌvəːtjʊˈɒsɪk
AM ˌvərtʃəˈwasɪk

virtuosity
BR ˌvəːtʃʊˈɒsɪti, ˌvəːtjʊˈɒsɪti
AM ˌvərtʃəˈwasədi

virtuoso
BR ˌvəːtʃʊˈəʊzəʊ, ˌvəːtʃʊˈəʊsəʊ, ˌvəːtjʊˈəʊzəʊ, ˌvəːtjʊˈəʊsəʊ, -z
AM ˌvərtʃəˈwoʊzoʊ, ˌvərtʃəˈwoʊsoʊ, -z

virtuosoship
BR ˌvəːtʃʊˈəʊzəʊʃɪp, ˌvəːtʃʊˈəʊsəʊʃɪp, ˌvəːtjʊˈəʊzəʊʃɪp, ˌvəːtjʊˈəʊsəʊʃɪp
AM ˌvərtʃəˈwoʊzoʊˌʃɪp, ˌvərtʃəˈwoʊsoʊˌʃɪp

virtuous
BR ˈvəːtʃʊəs, ˈvəːtjʊəs
AM ˈvərtʃ(əw)əs

virtuously
BR ˈvəːtʃʊəs, ˈvəːtjʊəsli
AM ˈvərtʃ(əw)əsli

virtuousness
BR ˈvəːtʃʊəsnəs, ˈvəːtjʊəsnəs
AM ˈvərtʃ(əw)əsnəs

virulence
BR ˈvɪr(j)ʊlns̩
AM ˈvɪr(j)əl(ə)ns

virulent
BR ˈvɪr(j)ʊlnt̩
AM ˈvɪr(j)əl(ə)nt

virulently
BR ˈvɪr(j)ʊlntli
AM ˈvɪr(j)ələn(t)li

virus
BR ˈvʌɪrəs, -ɪz
AM ˈvaɪrəs, -əz

vis
BR vɪs
AM vɪs

visa
BR ˈviːzə(r), -z
AM ˈvizə, -z

visage
BR ˈvɪz|ɪdʒ, -ɪdʒɪz, -ɪdʒd
AM ˈvɪzɪdʒ, -ɪz, ɪdʒd

vis-à-vis
BR ˌviːzaːˈviː
AM ˌvizəˈvi

Visby
BR ˈvɪzbi
AM ˈvɪzbi

viscacha
BR vɪˈskɑːtʃ(ə)r, vɪˈskatʃ(ə)r, -z
AM vɪˈskatʃə, -z

viscera
BR ˈvɪs(ə)rə(r)
AM ˈvɪsərə

visceral
BR ˈvɪs(ə)rl̩
AM ˈvɪs(ə)rəl

viscerally
BR ˈvɪs(ə)rl̩i
AM ˈvɪs(ə)rəli

viscerotonic
BR ˌvɪs(ə)rəˈtɒnɪk
AM ˌvɪsərəˈtɑnɪk

viscid
BR ˈvɪsɪd
AM ˈvɪsɪd

viscidity
BR vɪˈsɪdɪti
AM vəˈsɪdɪdi

viscometer
BR vɪsˈkɒmɪtə(r), vɪˈskɒmɪtə(r), -z
AM vəˈskamədər, -z

viscometric
BR ˌvɪskəˈmetrɪk
AM ˌvɪskəˈmetrɪk

viscometrically
BR ˌvɪskəˈmetrɪkli
AM ˌvɪskəˈmetrək(ə)li

viscometry
BR vɪsˈkɒmɪtri, vɪˈskɒmɪtri
AM vəˈskamətri

Visconti
BR vɪˈskɒnti
AM vəˈskɑn(t)i

viscose
BR ˈvɪskəʊs, ˈvɪskəʊz
AM ˈvɪskoʊz, ˈvɪskoʊs

viscosimeter
BR ˌvɪskəˈsɪmɪtə(r), -z
AM ˌvɪskəˈsɪmɪdər, -z

viscosity
BR vɪˈskɒsɪti
AM ˌvɪsˈkasədi

viscount
BR ˈvʌɪkaʊnt, -s
AM ˈvaɪˌkaʊnt, -s

viscountcy
BR ˈvʌɪkaʊnts|i, -ɪz
AM ˈvaɪˌkaʊn(t)si, -z

viscountess
BR ˈvʌɪkaʊntɪs, ˈvʌɪkaʊntɛs, -ɪz
AM ˈvaɪˌkaʊn(t)əs, -əz

viscountship
BR ˈvʌɪkaʊntʃɪp, -s
AM ˈvaɪˌkaʊntˌʃɪp, -s

viscounty
BR ˈvʌɪkaʊnt|i, -ɪz
AM ˈvaɪˌkaʊn(t)i, -z

viscous
BR ˈvɪskəs
AM ˈvɪskəs

viscously
BR ˈvɪskəsli
AM ˈvɪskəsli

viscousness
BR ˈvɪskəsnəs
AM ˈvɪskəsnəs

viscus
BR ˈvɪskəs
AM ˈvɪskəs

vise
BR vʌɪs, -ɪz
AM ˈvaɪz, vaɪs, -ɪz

Vishnu
BR ˈvɪʃnuː
AM ˈvɪʃnu

Vishnuism
BR ˈvɪʃnuːɪzm,
ˈvɪʃnʊɪzm
AM ˈvɪʃnəˌwɪz(ə)m,
ˈvɪʃnuˌɪz(ə)m

Vishnuite
BR ˈvɪʃnuːʌɪt,
ˈvɪʃnʊʌɪt, -s
AM ˈvɪʃnəˌwaɪt,
ˈvɪʃnuˌaɪt, -s

visibility
BR ˌvɪzɪˈbɪlɪti
AM ˌvɪzəˈbɪlɨdi

visible
BR ˈvɪzɪbl
AM ˈvɪzəb(ə)l

visibleness
BR ˈvɪzɪblnɪs
AM ˈvɪzəbəlnəs

visibly
BR ˈvɪzɪbli
AM ˈvɪzəbli

VisiCalc
BR ˈvɪzɪkalk
AM ˈvɪzɪˌkælk

Visigoth
BR ˈvɪzɪɡɒθ, -s
AM ˈvɪzɪˌɡɑθ,
ˈvɪzɪˌɡɔθ, -s

Visigothic
BR ˌvɪzɪˈɡɒθɪk
AM ˌvɪzɪˈɡɑθɪk,
ˌvɪzɪˈɡɔθɪk

vision
BR ˈvɪʒn, -z
AM ˈvɪʒ(ə)n, -z

visional
BR ˈvɪʒn̩l
AM ˈvɪʒ(ə)n(ə)l

visionariness
BR ˈvɪʒn̩(ə)rɪnɪs
AM ˈvɪʒəˌnɛrɪnɪs

visionary
BR ˈvɪʒn̩(ə)r|i,
-ɪz
AM ˈvɪʒəˌnɛri, -z

visionist
BR ˈvɪʒnɪst, -s
AM ˈvɪʒənəst, -s

visionless
BR ˈvɪʒnləs
AM ˈvɪʒənləs

visit
BR ˈvɪz|ɪt, -ɪts, -ɪtɪŋ, -ɪtɨd
AM ˈvɪzɨ|t, -ts, -dɪŋ,
-dɨd

visitable
BR ˈvɪzɪtəbl
AM ˈvɪzɨdəb(ə)l

visitant
BR ˈvɪzɪt(ə)nt, -s
AM ˈvɪzətnt, -s

visitation
BR ˌvɪzɪˈteɪʃn, -z
AM ˌvɪzəˈteɪʃ(ə)n, -z

visitatorial
BR ˌvɪzɪtəˈtɔːriəl
AM ˌvɪzədəˈtɔriəl

visiting
BR ˈvɪzɪtɪŋ, -z
AM ˈvɪzɨdɪŋ, -z

visitor
BR ˈvɪzɪtə(r), -z
AM ˈvɪzɨdər, -z

visitorial
BR ˌvɪzɪˈtɔːriəl
AM ˌvɪzəˈtɔriəl

visna
BR ˈvɪznə(r)
AM ˈvɪznə

visor
BR ˈvʌɪzə(r), -z, -d
AM ˈvaɪzər, -z, -d

visorless
BR ˈvʌɪzələs
AM ˈvaɪzərləs

vista
BR ˈvɪstə(r), -z, -d
AM ˈvɪstə, -z, -d

Vistula
BR ˈvɪstjʉlə(r),
ˈvɪstʃʉlə(r)
AM ˈvɪstʃələ

visual
BR ˈvɪʒʊ(ə)l, ˈvɪzjʊ(ə)l,
ˈvɪʒ(ʉ)l, ˈvɪzj(ʉ)l
AM ˈvɪʒ(ə)l, ˈvɪʒ(ə)wəl

visualisable
BR ˈvɪʒjʉlʌɪzəbl,
ˈvɪʒjʊəlʌɪzəbl,
ˈvɪzjʉlʌɪzəbl,
ˈvɪzjʊəlʌɪzəbl
AM ˈvɪʒəˌlaɪzəb(ə)l,
ˈvɪʒ(ə)wəˌlaɪzəb(ə)l

visualisation
BR ˌvɪʒjʉlʌɪˈzeɪʃn,
ˌvɪzjʉlʌɪˈzeɪʃn
AM ˌvɪʒ(ə)wələˈzeɪʃ(ə)n, ˌvɪʒəˌlaɪˈzeɪʃ(ə)n, ˌvɪʒ(ə)wəˌlaɪˈzeɪʃ(ə)n,
ˌvɪʒələˈzeɪʃ(ə)n

visualise
BR ˈvɪʒjʉlʌɪz,
ˈvɪʒjʊəlʌɪz,
ˈvɪzjʉlʌɪz,
ˈvɪzjʊəlʌɪz, -ɪz,
-ɪŋ, -d
AM ˈvɪʒəˌlaɪz,
ˈvɪʒ(ə)wəˌlaɪz, -ɪz,
-ɪŋ, -d

visuality
BR ˌvɪʒʊˈalɪti,
ˌvɪzjʊˈalɪti
AM ˌvɪʒəˈwælədi

visualizable
BR ˈvɪʒjʉlʌɪzəbl,
ˈvɪʒjʊəlʌɪzəbl,
ˈvɪzjʉlʌɪzəbl,
ˈvɪzjʊəlʌɪzəbl
AM ˈvɪʒəˌlaɪzəb(ə)l,
ˈvɪʒ(ə)wəˌlaɪzəb(ə)l

visualization
BR ˌvɪʒjʉlʌɪˈzeɪʃn,
ˌvɪzjʉlʌɪˈzeɪʃn
AM ˌvɪʒ(ə)wələˈzeɪʃ(ə)n, ˌvɪʒəˌlaɪˈzeɪʃ(ə)n, ˌvɪʒ(ə)wəˌlaɪˈzeɪʃ(ə)n,
ˌvɪʒələˈzeɪʃ(ə)n

visualize
BR ˈvɪʒjʉlʌɪz,
ˈvɪʒjʊəlʌɪz,
ˈvɪzjʉlʌɪz,
ˈvɪzjʊəlʌɪz, -ɪz, -ɪŋ, -d
AM ˈvɪʒəˌlaɪz,
ˈvɪʒ(ə)wəˌlaɪz, -ɪz,
-ɪŋ, -d

visually
BR ˈvɪʒ(j)ʊəli,
ˈvɪʒ(j)ʉli, ˈvɪzjʊəli,
ˈvɪzjʉli
AM ˈvɪʒəli, ˈvɪʒ(ə)wəli

vita
BR ˈviːtə(r), ˈvʌɪtə(r), -z
AM ˈvidə, -z

vitae
BR ˈviːtʌɪ
AM ˈviˌtaɪ, ˈvidi

vital
BR ˈvʌɪtl, -z
AM ˈvaɪdl, -z

vitalisation
BR ˌvʌɪtlʌɪˈzeɪʃn
AM ˌvaɪdlˌaɪˈzeɪʃ(ə)n,
ˌvaɪdl̩ˈzeɪʃ(ə)n

vitalise
BR ˈvʌɪtlʌɪz, -ɪz,
-ɪŋ, -d
AM ˈvaɪdlˌaɪz, -ɪz, -ɪŋ,
-d

vitalism
BR ˈvʌɪtlɪzm
AM ˈvaɪdl̩ˌɪz(ə)m

vitalist
BR ˈvʌɪtlɪst, -s
AM ˈvaɪdl̩ɪst, -s

vitalistic
BR ˌvʌɪtəˈlɪstɪk,
ˌvʌɪtlˈɪstɪk
AM ˌvaɪdlˈɪstɪk

vitality
BR vʌɪˈtalɪti
AM vaɪˈtælədi

vitalization
BR ˌvʌɪtlʌɪˈzeɪʃn
AM ˌvaɪdlˌaɪˈzeɪʃ(ə)n,
ˌvaɪdl̩ˈzeɪʃ(ə)n

vitalize
BR ˈvʌɪtlʌɪz, -ɪz,
-ɪŋ, -d
AM ˈvaɪdlˌaɪz, -ɪz,
-ɪŋ, -d

vitally
BR ˈvʌɪtli
AM ˈvaɪdl̩i

vitamin
BR ˈvɪtəmɪn,
ˈvʌɪtəmɪn,
-z
AM ˈvaɪdəm(ə)n,
-z

vitaminise
BR ˌvɪtəmɪnʌɪz,
ˌvʌɪtəmɪnʌɪz, -ɪz,
-ɪŋ, -d
AM ˌvaɪdəməˌnaɪz,
-ɪz, -ɪŋ, -d

vitaminize
BR ˈvɪtəmɪnʌɪz,
ˈvʌɪtəmɪnʌɪz, -ɪz,
-ɪŋ, -d
AM ˈvaɪdəməˌnaɪz,
-ɪz, -ɪŋ, -d

VitBe
BR ˈvɪtbi
AM ˈvɪtbi

Vitebsk
BR vɪˈtɛbsk
AM vɪˈtɛbsk
RUS ˈvʲitʲipsk

vitellary
BR ˈvɪtl̩(ə)ri, vɪˈtɛl(ə)ri,
vʌɪˈtɛl(ə)ri
AM ˈvaɪdlˌɛri,
ˈvɪdlˌɛri, vaɪˈtɛləri,
vəˈtɛləri

vitelli
BR vɪˈtɛlʌɪ, vʌɪˈtɛlʌɪ
AM vaɪˈtɛˌlaɪ, vəˈtɛˌlaɪ

vitellin
BR vɪˈtɛlɪn, vʌɪˈtɛlɪn
AM vaɪˈtɛl(ə)n,
vəˈtɛl(ə)n

vitelline
BR vɪˈtɛlʌɪn,
vʌɪˈtɛlʌɪn, vɪˈtɛlɪn,
vʌɪˈtɛlɪn
AM vaɪˈtɛl(ə)n,
vaɪˈtɛlin,
vəˈtɛlin, vaɪˈtɛˌlaɪn,
vəˈtɛˌlaɪn, vəˈtɛl(ə)n

Vitellius
BR vɪˈtɛlɪəs
AM vəˈtɛlɪəs

vitellus
BR vɪˈtɛləs, vʌɪˈtɛləs
AM vaɪˈtɛləs,
vəˈtɛləs

vitiate
BR ˈvɪʃɪeɪt, -s, -ɪŋ, -ɪd
AM ˈvɪʃiˌeɪ|t, -ts, -dɪŋ, -dɪd

vitiation
BR ˌvɪʃɪˈeɪʃn
AM ˌvɪʃiˈeɪʃ(ə)n

vitiator
BR ˈvɪʃɪeɪtə(r), -z
AM ˈvɪʃiˌeɪdər, -z

viticultural
BR ˌvɪtɪˈkʌltʃ(ə)rl̩
AM ˌvɪdəˈkəltʃ(ə)rəl

viticulturally
BR ˌvɪtɪˈkʌltʃ(ə)rl̩i
AM ˌvɪdəˈkəltʃərəli

viticulture
BR ˈvɪtɪˌkʌltʃə(r)
AM ˈvɪdəˌkəltʃər

viticulturist
BR ˌvɪtɪˈkʌltʃ(ə)rɪst, -s
AM ˌvɪdəˈkəltʃ(ə)rəst, -s

Viti Levu
BR ˌvɪti ˈleɪvuː,
+ ˈlɛvuː
AM ˌvidi ˈlɛˌvu

vitiligo
BR ˌvɪtɪˈlʌɪgəʊ
AM ˌvɪdɪˈlaɪgoʊ

Vitoria
BR vɪˈtɔːrɪə(r)
AM vəˈtɔrɪə

Vitosha
BR vɪˈtəʊʃə(r)
AM vəˈtoʊʃə

vitreous
BR ˈvɪtrɪəs
AM ˈvɪtrɪəs

vitreousness
BR ˈvɪtrɪəsnəs
AM ˈvɪtrɪəsnəs

vitrescence
BR vɪˈtrɛsns
AM vəˈtrɛs(ə)ns

vitrescent
BR vɪˈtrɛsnt
AM vəˈtrɛs(ə)nt

vitrifaction
BR ˌvɪtrɪˈfakʃn
AM ˌvɪtrəˈfækʃ(ə)n

vitrifiable
BR ˈvɪtrɪfʌɪəbl,
ˌvɪtrɪˈfʌɪəbl
AM ˈvɪtrəˌfaɪəb(ə)l

vitrification
BR ˌvɪtrɪfɪˈkeɪʃn
AM ˌvɪtrəfəˈkeɪʃ(ə)n

vitriform
BR ˈvɪtrɪfɔːm
AM ˈvɪtrəˌfɔ(ə)rm

vitrify
BR ˈvɪtrɪfʌɪ, -z, -ɪŋ, -d
AM ˈvɪtrəˌfaɪ, -z, -ɪŋ, -d

vitriol
BR ˈvɪtrɪɒl
AM ˈvɪtrɪəl

vitriolic
BR ˌvɪtrɪˈɒlɪk
AM ˌvɪtrɪˈɑlɪk

vitro
BR ˈviːtrəʊ
AM ˈvɪˌtroʊ

Vitruvian
BR vɪˈtruːvɪən
AM vəˈtruvɪən

Vitruvius
BR vɪˈtruːvɪəs
AM vəˈtruvɪəs

vitta
BR ˈvɪtə(r)
AM ˈvɪdə

vittae
BR ˈvɪtiː
AM ˈvɪˌtaɪ, ˈvɪdi

vittate
BR ˈvɪteɪt
AM ˈvɪˌteɪt

vituperate
BR vɪˈtjuːpəreɪt,
vʌɪˈtjuːpəreɪt,
vɪˈtʃuːpəreɪt,
vʌɪˈtʃuːpəreɪt, -s, -ɪŋ, -ɪd
AM vaɪˈt(j)upəˌreɪ|t,
vəˈt(j)upəˌreɪ|t, -ts, -dɪŋ, -dɪd

vituperation
BR vɪˌtjuːpəˈreɪʃn,
vʌɪˌtjuːpəˈreɪʃn,
vɪˌtʃuːpəˈreɪʃn,
vʌɪˌtʃuːpəˈreɪʃn
AM vaɪˌt(j)upəˈreɪʃ(ə)n,
vəˌt(j)upəˈreɪʃ(ə)n

vituperative
BR vɪˈtjuːp(ə)rətɪv,
vʌɪˈtjuːp(ə)rətɪv,
vɪˈtʃuːp(ə)rətɪv,
vʌɪˈtʃuːp(ə)rətɪv
AM vaɪˈt(j)upəˌreɪdɪv,
vaɪˈt(j)up(ə)rədɪv,
vəˈt(j)up(ə)rədɪv,
vəˈt(j)upəˌreɪdɪv

vituperatively
BR vɪˈtjuːp(ə)rətɪvli,
vʌɪˈtjuːp(ə)rətɪvli,
vɪˈtʃuːp(ə)rətɪvli,
vʌɪˈtʃuːp(ə)rətɪvli
AM vaɪˈt(j)upəˌreɪdɪvli,
vaɪˈt(j)up(ə)rədɪvli,
vəˈt(j)up(ə)rədɪvli,
vəˈt(j)upəˌreɪdɪvli

vituperator
BR vɪˈtjuːpəreɪtə(r),
vʌɪˈtjuːpəreɪtə(r),
vɪˈtʃuːpəreɪtə(r),
vʌɪˈtʃuːpəreɪtə(r), -z
AM vaɪˈt(j)upəˌreɪdər,
vəˈt(j)upəˌreɪdər, -z

Vitus
BR ˈvʌɪtəs
AM ˈvaɪdəs

Viv
BR vɪv
AM vɪv

viva![1] *interjection*
BR ˈviːvə(r)
AM ˈvivə

viva[2] *spoken examination*
BR ˈvʌɪvə(r), -z
AM ˈvaɪvə, -z

vivace
BR vɪˈvɑːtʃi, vɪˈvɑːtʃeɪ
AM vɪˈvɑˌtʃi, vɪˈvɑˌtʃeɪ

vivacious
BR vɪˈveɪʃəs
AM vəˈveɪʃəs

vivaciously
BR vɪˈveɪʃəsli
AM vəˈveɪʃəsli

vivaciousness
BR vɪˈveɪʃəsnəs
AM vəˈveɪʃəsnəs

vivacity
BR vɪˈvasɪti
AM vəˈvæsədi

Vivaldi
BR vɪˈvaldi
AM vəˈvɑldi
IT viˈvaldi

vivaria
BR vʌɪˈvɛːrɪə(r),
vɪˈvɛːrɪə(r)
AM vaɪˈvɛrɪə, vəˈvɛrɪə

vivarium
BR vʌɪˈvɛːriəm,
vɪˈvɛːriəm, -z
AM vaɪˈvɛriəm,
vəˈvɛriəm, -z

vivat
BR ˈvʌɪvat
AM ˈvaɪˌvæt, ˈviˌvæt

viva-voce
BR ˌvʌɪvəˈvəʊtʃi,
ˌviːvəˈvəʊtʃi, ˌvʌɪvə-
ˈvəʊs|i, ˌviːvəˈvəʊs|i,
-ɪz, -ɪŋ, -ɪd
AM ˌvaɪvəˈvoʊsi,
ˌvivəˈvoʊtʃeɪ, -z,
-ɪŋ, -t

vivax
BR ˈvʌɪvaks
AM ˈvaɪˌvæks

viverrid
BR vɪˈvɛrɪd,
vʌɪˈvɛrɪd, -z
AM vəˈvɛrəd,
vaɪˈvɛrəd, -z

viverrine
BR vɪˈvɛrʌɪn,
vʌɪˈvɛrʌɪn
AM vəˈvɛrən,
vaɪˈvɛˌraɪn,
vəˈvɛˌraɪn,
vaɪˈvɛrən

vivers
BR ˈvʌɪvəz
AM ˈvaɪvərz

Vivian
BR ˈvɪviən
AM ˈvɪviən

vivid
BR ˈvɪvɪd
AM ˈvɪvɪd

vividly
BR ˈvɪvɪdli
AM ˈvɪvɪdli

vividness
BR ˈvɪvɪdnɪs
AM ˈvɪvɪdnɪs

Vivien
BR ˈvɪviən
AM ˈvɪviən

Vivienne
BR ˈvɪviən, ˌvɪviˈɛn
AM ˌvɪviˈɛn

vivification
BR ˌvɪvɪfɪˈkeɪʃn
AM ˌvɪvəfəˈkeɪʃ(ə)n

vivify
BR ˈvɪvɪfʌɪ, -z, -ɪŋ, -d
AM ˈvɪvəˌfaɪ, -z, -ɪŋ, -d

viviparity
BR ˌvɪvɪˈparɪti
AM ˌvɪvəˈpɛrədi

viviparous
BR vɪˈvɪp(ə)rəs,
vʌɪˈvɪp(ə)rəs
AM vəˈvɪp(ə)rəs

viviparously
BR vɪˈvɪp(ə)rəsli,
vʌɪˈvɪp(ə)rəsli
AM vəˈvɪp(ə)rəsli

viviparousness
BR vɪˈvɪp(ə)rəsnəs,
vʌɪˈvɪp(ə)rəsnəs
AM vəˈvɪp(ə)rəsnəs

vivisect
BR ˈvɪvɪsɛkt, -s, -ɪŋ, -ɪd
AM ˈvɪvəˌsɛk|(t), -(t)s, -tɪŋ, -təd

vivisection
BR ˌvɪvɪˈsɛkʃn, ˈvɪvɪsɛkʃn
AM ˌvɪvəˈsɛkʃ(ə)n

vivisectional
BR ˌvɪvɪˈsɛkʃn̩l
AM ˌvɪvəˈsɛkʃ(ə)n(ə)l

vivisectionist
BR ˌvɪvɪˈsɛkʃn̩ɪst, -s
AM ˌvɪvəˈsɛkʃ(ə)nəst, -s

vivisector
BR ˈvɪvɪsɛktə(r), -z
AM ˈvɪvəˌsɛktər, -z

vivo
BR ˈviːvəʊ
AM ˈviˌvoʊ

vixen
BR ˈvɪks(ə)n, -z
AM ˈvɪks(ə)n, -z

vixenish
BR ˈvɪksn̩ɪʃ
AM ˈvɪksənɪʃ

vixenly
BR ˈvɪks(ə)nli
AM ˈvɪksənli

Viyella
BR ˈvʌɪˈɛlə(r)
AM ˌvaɪˈɛlə

viz
BR vɪz
AM vɪz

vizard
BR ˈvɪzəd, -z
AM ˈvɪzərd, -z

vizcacha
BR vɪˈskɑːtʃə(r),
vɪzˈkɑːtʃə(r),
vɪˈskatʃə(r),
vɪzˈkatʃə(r), -z
AM vəˈskatʃə, -z
SP biθˈkatʃa, bisˈkatʃa

vizier
BR vɪˈzɪə(r), ˈvɪzɪə(r), -z
AM vəˈzɪ(ə)r, -z

vizierate
BR vɪˈzɪəreɪt,
ˈvɪzɪəreɪt, -s
AM vəˈzɪˌreɪt, vəˈzɪrət, -s

vizierial
BR vɪˈzɪəriəl
AM vəˈzɪriəl

viziership
BR vɪˈzɪəʃɪp, ˈvɪzɪəʃɪp, -s
AM vəˈzɪrˌʃɪp, -s

vizor
BR ˈvʌɪzə(r), -z
AM ˈvaɪzər, -z

Vlach
BR vlɑːk, -s
AM vlæk, vlɑk, -s

Vlad
BR vlad
AM vlæd

Vladimir
BR ˈvladɪmɪə(r)
AM ˈvlædəˌmɪ(ə)r
RUS vlaˈdʲimʲir

Vladivostok
BR ˌvladɪˈvɒstɒk
AM ˌvlædəˈvɑstɑk
RUS vlədʲivaˈstok

vlei
BR fleɪ, vlʌɪ, -z
AM vleɪ, fleɪ, -z

Vlissingen
BR ˈvlɪsɪŋən
AM ˈvlɪsɪŋən

Vlorë
BR ˈvlɔːrə(r)
AM ˈvlɔrə

Vltava
BR ˈv(ə)ltəvə(r)
AM ˈvəldəvə
CZ ˈvltavʌ

V-neck
BR ˈviːnɛk, ˌviːˈnɛk, -s, -t
AM ˈviˌnɛk, -s, -t

vocab
BR ˈvəʊkab, -z
AM ˌvoʊˈkæb, -z

vocable
BR ˈvəʊkəbl, -z
AM ˈvoʊkəb(ə)l, -z

vocabulary
BR və(ʊ)ˈkabjʉlər|i, -ɪz
AM vəˈkabjəˌlɛri, voʊˈkabjəˌlɛri, -z

vocal
BR ˈvəʊkl
AM ˈvoʊkəl

vocalese
BR ˌvəʊkəˈliːz, ˌvəʊklˈiːz
AM ˌvoʊkəˈliz

vocalic
BR və(ʊ)ˈkalɪk
AM vəˈkælɪk, voʊˈkælɪk

vocalisation
BR ˌvəʊkl̩ʌɪˈzeɪʃn, -z
AM ˌvoʊkəˌlaɪˈzeɪʃ(ə)n, ˌvoʊkələˈzeɪʃ(ə)n, -z

vocalise
BR ˈvəʊkl̩ʌɪz, -ɪz, -ɪŋ, -d
AM ˈvoʊkəˌlaɪz, -ɪz, -ɪŋ, -d

vocaliser
BR ˈvəʊkl̩ʌɪzə(r), -z
AM ˈvoʊkəˌlaɪzər, -z

vocalism
BR ˈvəʊkl̩ɪzm, -z
AM ˈvoʊkəˌlɪz(ə)m, -z

vocalist
BR ˈvəʊklɪst, -s
AM ˈvoʊkələst, -s

vocality
BR və(ʊ)ˈkalɪti
AM voʊˈkælədi

vocalization
BR ˌvəʊklʌɪˈzeɪʃn, -z
AM ˌvoʊkəˌlaɪˈzeɪʃ(ə)n,
ˌvoʊkələˈzeɪʃ(ə)n, -z

vocalize
BR ˈvəʊklʌɪz, -ɪz,
-ɪŋ, -d
AM ˈvoʊkəˌlaɪz, -ɪz,
-ɪŋ, -d

vocalizer
BR ˈvəʊklʌɪzə(r), -z
AM ˈvoʊkəˌlaɪzər,
-z

vocally
BR ˈvəʊkli
AM ˈvoʊk(ə)li

vocation
BR və(ʊ)ˈkeɪʃn, -z
AM voʊˈkeɪʃ(ə)n, -z

vocational
BR və(ʊ)ˈkeɪʃn̩l
AM voʊˈkeɪʃ(ə)n(ə)l

vocationalise
BR və(ʊ)ˈkeɪʃn̩lʌɪz,
və(ʊ)ˈkeɪʃnəlʌɪz,
-ɪz, -ɪŋ, -d
AM voʊˈkeɪʃ(ə)nə-
ˌlaɪz, -ɪz, -ɪŋ, -d

vocationalism
BR və(ʊ)ˈkeɪʃn̩lɪzm,
və(ʊ)ˈkeɪʃnəlɪzm
AM voʊˈkeɪʃ(ə)nə-
ˌlɪz(ə)m

vocationalize
BR və(ʊ)ˈkeɪʃn̩lʌɪz,
və(ʊ)ˈkeɪʃnəlʌɪz,
-ɪz, -ɪŋ, -d
AM voʊˈkeɪʃ(ə)nə-
ˌlaɪz, -ɪz, -ɪŋ, -d

vocationally
BR və(ʊ)ˈkeɪʃn̩li,
və(ʊ)ˈkeɪʃnəli
AM voʊˈkeɪʃ(ə)nəli

vocative
BR ˈvɒkətɪv, -z
AM ˈvɑkədɪv, -z

Voce
BR vəʊs
AM voʊs

vociferance
BR və(ʊ)ˈsɪf(ə)rn̩s
AM vəˈsɪfərəns

vociferant
BR və(ʊ)ˈsɪf(ə)rn̩t, -s
AM vəˈsɪfərənt, -s

vociferate
BR və(ʊ)ˈsɪfəreɪt, -s,
-ɪŋ, -ɪd
AM vəˈsɪfəˌreɪ|t, -ts,
dɪŋ, dɪd

vociferation
BR və(ʊ)ˌsɪfəˈreɪʃn, -z
AM vəˌsɪfəˈreɪʃ(ə)n, -z

vociferator
BR və(ʊ)ˈsɪfəreɪtə(r),
-z
AM vəˈsɪfəˌreɪdər, -z

vociferous
BR və(ʊ)ˈsɪf(ə)rəs
AM vəˈsɪfərəs

vociferously
BR və(ʊ)ˈsɪf(ə)rəsli
AM vəˈsɪfərəsli

vociferousness
BR və(ʊ)ˈsɪf(ə)rəsnəs
AM vəˈsɪfərəsnəs

vocoder
BR ˌvəʊˈkəʊdə(r), -z
AM ˈvoʊˌkoʊdər, -z

vocoid
BR ˈvəʊkɔɪd, -z
AM ˈvoʊˌkɔɪd, -z

Vodaphone
BR ˈvəʊdəfəʊn
AM ˈvoʊdəˌfoʊn

vodka
BR ˈvɒdkə(r), -z
AM ˈvɑdkə, -z
RUS ˈvotkə

vodun
BR ˈvəʊduːn
AM ˈvoʊdun

voe
BR vəʊ, -z
AM voʊ, -z

Vogel
BR ˈvəʊgl
AM ˈvoʊgəl

vogue
BR vəʊg, -z
AM voʊg, -z

voguish
BR ˈvəʊgɪʃ
AM ˈvoʊgɪʃ

voguishness
BR ˈvəʊgɪʃnɪs
AM ˈvoʊgɪʃnɪs

voice
BR vɔɪs, -ɪz, -ɪŋ, -t
AM vɔɪs, -ɪz, -ɪŋ, -t

voiceful
BR ˈvɔɪsf(ʊ)l
AM ˈvɔɪsfəl

voiceless
BR ˈvɔɪslɪs
AM ˈvɔɪslɪs

voicelessly
BR ˈvɔɪslɪsli
AM ˈvɔɪslɪsli

voicelessness
BR ˈvɔɪslɪsnɪs
AM ˈvɔɪslɪsnɪs

voice-over
BR ˈvɔɪsˌəʊvə(r), -z
AM ˈvɔɪsˌoʊvər, -z

voiceprint
BR ˈvɔɪsprɪnt, -s
AM ˈvɔɪsˌprɪnt, -s

voicer
BR ˈvɔɪsə(r), -z
AM ˈvɔɪsər, -z

voicing
BR ˈvɔɪsɪŋ, -z
AM ˈvɔɪsɪŋ, -z

void
BR vɔɪd, -z, -ɪŋ, -ɪd
AM vɔɪd, -z, -ɪŋ, -ɪd

voidable
BR ˈvɔɪdəbl
AM ˈvɔɪdəb(ə)l

voidance
BR ˈvɔɪd(ə)ns
AM ˈvɔɪdəns

voidness
BR ˈvɔɪdnɪs
AM ˈvɔɪdnɪs

voilà
BR vwʌˈlɑː(r),
vwʌˈlɑ(r)
AM vwɑˈlɑ

voile
BR vɔɪl,
vwɑːl
AM vɔɪl

vol.
BR vɒl, -z
AM vɑl, -z

volant
BR ˈvəʊlnt
AM ˈvoʊl(ə)nt

Volapük
BR ˈvɒləpʊk,
ˈvɒləpuːk,
ˈvəʊləpʊk,
ˈvəʊləpuːk
AM ˈvɑləˌpʊk,
ˈvoʊləˌpʊk

volar
BR ˈvəʊlə(r)
AM ˈvoʊlər

volatile[1] *adjective*
BR ˈvɒlətʌɪl
AM ˈvɑlədl

volatile[2] *in 'sal volatile'*
BR vəˈlatɪli,
vəˈlatl̩i
AM vəˈlɑdli

volatileness
BR ˈvɒlətʌɪlnɪs
AM ˈvɑlədlnəs

volatilisable
BR vəˈlatɪlʌɪzəbl,
ˈvɒlətɪlʌɪzəbl
AM ˈvɑlədl-
ˌaɪzəb(ə)l

volatilisation
BR vəˌlatɪlʌɪ-
ˈzeɪʃn,
ˌvɒlətɪlʌɪˈzeɪʃn
AM ˌvɑlədlˌaɪ-
ˈzeɪʃ(ə)n,
ˌvɑlədləˈzeɪʃ(ə)n

volatilise
BR vəˈlatɪlʌɪz,
ˈvɒlətɪlʌɪz, -ɪz,
-ɪŋ, -d
AM ˈvɑlədlˌaɪz, -ɪz,
-ɪŋ, -d

volatility
BR ˌvɒləˈtɪlɪti
AM ˌvɑləˈtɪlɪdi

volatilizable
BR vəˈlætɨlʌɪzəbl,
ˈvɒlətɨlʌɪzəbl
AM ˈvɑːlədl̩ˌaɪzəb(ə)l

volatilization
BR vəˌlætɨlʌɪˈzeɪʃn,
ˌvɒlətɨlʌɪˈzeɪʃn
AM ˌvɑːlədl̩ˌaɪˈzeɪʃ(ə)n,
ˌvɑːlədl̩əˈzeɪʃ(ə)n

volatilize
BR vəˈlætɨlʌɪz,
ˈvɒlətɨlʌɪz, -ɨz, -ɪŋ,
-d
AM ˈvɑːlədl̩ˌaɪz, -ɨz,
-ɪŋ, -d

vol-au-vent
BR ˈvɒləvɒ̃, -z
AM ˌvɔːləˈvɑn, -z

volcanic
BR vɒlˈkanɪk
AM vɑlˈkænɪk,
vɔlˈkænɪk

volcanically
BR vɒlˈkanɪkli
AM vɑlˈkænək(ə)li,
vɔlˈkænək(ə)li

volcanicity
BR ˌvɒlkəˈnɪsɨti
AM ˌvɑlkəˈnɪsɨdi,
ˌvɔlkəˈnɪsɨdi

volcanism
BR ˈvɒlkənɪzm
AM ˈvɑlkəˌnɪz(ə)m,
ˈvɔlkəˌnɪz(ə)m

volcano
BR vɒlˈkeɪnəʊ, -z
AM vɑlˈkeɪnoʊ,
vɔlˈkeɪnoʊ, -z

volcanological
BR ˌvɒlkn̩əˈlɒdʒɪkl
AM ˌvɑlkænl̩-
ˈɑdʒək(ə)l,
ˌvɔlkænl̩ˈɑdʒək(ə)l

volcanologist
BR ˌvɒlkəˈnɒlədʒɪst,
-s
AM ˌvɑlkəˈnɑlədʒəst,
ˌvɔlkəˈnɑlədʒəst, -s

volcanology
BR ˌvɒlkəˈnɒlədʒi
AM ˌvɑlkəˈnɑlədʒi,
ˌvɔlkəˈnɑlədʒi

vole
BR vəʊl, -z
AM voʊl, -z

volet
BR ˈvɒleɪ, -z
AM voʊˈleɪ,
-z

Volga
BR ˈvɒlgə(r)
AM ˈvoʊlgə

Volgograd
BR ˈvɒlgəgrad
AM ˈvoʊlgəˌgræd
RUS vəlgaˈgrat

volitant
BR ˈvɒlɪt(ə)nt
AM ˈvɑlətnt,
ˈvɑlədənt

volition
BR vəˈlɪʃn
AM vəˈlɪʃ(ə)n,
voʊˈlɪʃ(ə)n

volitional
BR vəˈlɪʃn̩l
AM vəˈlɪʃ(ə)n(ə)l,
voʊˈlɪʃ(ə)n(ə)l

volitionally
BR vəˈlɪʃn̩li,
vəˈlɪʃnəli
AM voʊˈlɪʃ(ə)nəli,
vəˈlɪʃ(ə)nəli

volitive
BR ˈvɒlɪtɪv
AM ˈvɑlədɪv

Volk[1] = *German
'people'*
BR fɒlk, vɒlk
AM foʊ(l)k, fɔ(l)k

Volk[2] *surname*
BR vɒlk
AM voʊk

Völkerwanderung
BR ˈfəːlkəˌvaːndərʊŋ
AM ˈfəlkə(r)-
ˌvɑndəˌrʊŋ

Völkerwanderungen
BR ˈfəːlkəˌvaːndərʊŋən
AM ˈfəlkə(r)ˌvɑndə-
ˌrʊŋən

völkisch
BR ˈfəːlkɪʃ
AM ˈfəlkɪʃ

Volkswagen
BR ˈvɒlksˌwag(ə)n,
ˈfɒlksˌvaːg(ə)n, -z
AM ˈvoʊ(l)ksˌwagən,
ˈvoʊ(l)ksˌwægən, -z

volley
BR ˈvɒl|i, -ɪz, -ɪɪŋ, -ɪd
AM ˈvɑli, -z, -ɪŋ, -d

volleyball
BR ˈvɒlibɔːl
AM ˈvaliˌbal, ˈvaliˌbɔl

volleyer
BR ˈvɒlɪə(r), -z
AM ˈvɑliər, -z

Vólos
BR ˈvəʊlɒs
AM ˈvoʊˌlɑs,
ˈvoʊˌlɔs
GR ˈvɔlɔs

volplane
BR ˈvɒlpleɪn, -z,
-ɪŋ, -d
AM ˈvɑlˌpleɪn, -z,
-ɪŋ, -d

Volpone
BR vɒlˈpəʊni
AM voʊlˈpoʊni,
vɔlˈpoʊni

Volscian
BR ˈvɒlskɪən, -z
AM ˈvɑlʃ(ə)n, -z

Volski
BR ˈvɒlski, ˈvɒlskiː
AM ˈvalski, ˈvɔlski

volt
BR vəʊlt, vɒlt, -s
AM voʊlt, -s

volta
BR ˈvɒltə(r), -z
AM ˈvoʊltə, -z

Volta[1] *African lake
and river*
BR ˈvɒltə(r)
AM ˈvoʊltə

Volta[2] *physicist*
BR ˈvəʊltə(r),
ˈvɒltə(r)
AM ˈvoʊltə

voltage
BR ˈvəʊlt|ɪdʒ,
ˈvɒlt|ɪdʒ, -ɪdʒɪz
AM ˈvoʊltɪdʒ, -ɪz

voltaic
BR vɒlˈteɪɪk
AM voʊlˈteɪɪk,
vɑlˈteɪɪk

Voltaire
BR vɒlˈtɛː(r),
ˈvɒltɛː(r)
AM vɑlˈtɛ(ə)r, vɔlˈtɛ(ə)r

voltameter
BR vɒlˈtamɨtə(r), -z
AM voʊlˈtæmədər, -z

volte
BR vɒlt, vəʊlt, -s
AM ˈvoʊlt(ə),
ˈvɑlt(ə), -z

volte-face
BR ˌvɒltˈfɑːs,
ˌvɒltˈfas, -ɪz
AM ˌvoʊlt(ə)ˈfɑs,
ˌvɑlt(ə)ˈfɑs, -əz

voltmeter
BR ˈvəʊltˌmiːtə(r),
ˈvɒltˌmiːtə(r), -z
AM ˈvoʊltˌmidər, -z

volubility
BR ˌvɒljɚˈbɪlɨti
AM ˌvaljəˈbɪlɨdi

voluble
BR ˈvɒljɚbl
AM ˈvaljəb(ə)l

volubleness
BR ˈvɒljɚblnəs
AM ˈvaljəbəlnəs

volubly
BR ˈvɒljɚbli
AM ˈvaljəbli

volume
BR ˈvɒljuːm, -z, -d
AM ˈvaljəm,
ˈvalˌjum, -z, -d

volumetric
BR ˌvɒljɚˈmɛtrɪk
AM ˌvaljəˈmɛtrɪk

volumetrical
BR ˌvɒljɚˈmɛtrɪkl
AM ˌvaljəˈmɛtrək(ə)l

volumetrically
BR ˌvɒljɚˈmɛtrɪkli
AM ˌvaljəˈmɛtrək(ə)li

voluminosity
BR vəˌl(j)uːmɨˈnɒsɨti
AM vəˌl(j)uməˈnasədi

voluminous
BR vəˈl(j)uːmɪnəs
AM vəˈl(j)umənəs
voluminously
BR vəˈl(j)uːmɪnəsli
AM vəˈl(j)umənəsli
voluminousness
BR vəˈl(j)uːmɪnəsnəs
AM vəˈl(j)umənəsnəs
voluntarily
BR ˈvɒlntrɪli
AM ˌvɑlənˈterəli
voluntariness
BR ˈvɒlntrɪnɪs
AM ˈvɑlənˌterɪnɪs
voluntarism
BR ˈvɒlnt(ə)rɪzm
AM ˈvɑlən(t)əˌrɪz(ə)m
voluntarist
BR ˈvɒlnt(ə)rɪst
AM ˈvɑlən(t)ərəst
voluntary
BR vɒlnt(ə)r|i, -ɪz
AM ˈvɑlənˌteri, -z
voluntary-aided
BR ˌvɒlnt(ə)rɪˈeɪdɪd
AM ˌˌvɑlənˌteriˈeɪdɪd
voluntaryism
BR ˈvɒlnt(ə)riɪzm
AM ˈvɑlənˌteriˌɪz(ə)m
voluntaryist
BR ˈvɒlnt(ə)riɪst, -s
AM ˈvɑlənˌteriɪst, -s
volunteer
BR ˌvɒlnˈtɪə(r), -z, -ɪŋ, -d
AM ˌvɑlənˈtɪ(ə)r, -z, -ɪŋ, -d
volunteerism
BR ˌvɒlnˈtɪərɪzm
AM ˌvɑlənˈtɪ(ə)ˌrɪz(ə)m
voluntourism
BR ˌvɒlnˈtʊərɪzm, ˌvɒlnˈtɔːrɪzm
AM ˌvɑlənˈtʊrɪz(ə)m
voluntourist
BR ˌvɒlnˈtʊərɪst, ˌvɒlnˈtɔːrɪst, -s
AM ˌvɑlənˈtʊrəst, -s

voluptuary
BR vəˈlʌptʃʊər|i, vəˈlʌptʃ(ʊ)r|i, vəˈlʌptjʊər|i, vəˈlʌptjʊr|i, -ɪz
AM vəˈləp(t)ʃəˌweri, -z
voluptuous
BR vəˈlʌptʃʊəs, vəˈlʌptjʊəs
AM vəˈləp(t)ʃ(əw)əs
voluptuously
BR vəˈlʌptʃʊəsli, vəˈlʌptjʊəsli
AM vəˈləp(t)ʃ(əw)əsli
voluptuousness
BR vəˈlʌptʃʊəsnəs, vəˈlʌptjʊəsnəs
AM vəˈləp(t)ʃ(əw)əsnəs
volute
BR vəˈl(j)uːt, -s, -ɪd
AM vəˈl(j)u|t, -ts, -dəd
voluted
BR vəˈl(j)uːtɪd
AM vəˈl(j)udəd
volution
BR vəˈl(j)uːʃn, -z
AM vəˈluʃ(ə)n, -z
Volvo
BR ˈvɒlvəʊ, -z
AM ˈvɑlˌvoʊ, ˈvɒlˌvoʊ, -z
volvox
BR ˈvɒlvɒks
AM ˈvɑlˌvɑks
vomer
BR ˈvəʊmə(r), -z
AM ˈvoʊmər, -z
vomit
BR ˈvɒm|ɪt, -ɪts, -ɪtɪŋ, -ɪtɪd
AM ˈvɑmə|t, -ts, -dɪŋ, -dəd
vomiter
BR ˈvɒmɪtə(r), -z
AM ˈvɑmədər, -z
vomitoria
BR ˌvɒmɪˈtɔːriə(r)
AM ˌvɑməˈtɔriə
vomitorium
BR ˌvɒmɪˈtɔːriəm
AM ˌvɑməˈtɔriəm

vomitory
BR ˈvɒmɪt(ə)r|i, -ɪz
AM ˈvɑməˌtɔri, -z
vomitus
BR ˈvɒmɪtəs
AM ˈvɑmədəs
von
BR vɒn, fɒn
AM vɑn
Vonnegut
BR ˈvɒnɪgʌt
AM ˈvɑnəgət
voodoo
BR ˈvuːduː
AM ˈvuˌdu
voodooism
BR ˈvuːduːɪzm
AM ˈvuˌduˌɪz(ə)m
voodooist
BR ˈvuːduːɪst, -s
AM ˈvuˌduəst, -s
Voortrekker
BR ˈfʊəˌtrekə(r), ˈvʊəˌtrekə(r), ˈfɔːˌtrekə(r), ˈvɔːˌtrekə(r)
AM ˈfɔrˌtrekər, ˈvʊrˌtrekər, ˈvɔrˌtrekər, ˈfʊrˌtrekər
Vopo
BR ˈfəʊpəʊ, -z
AM ˈvoʊˌpoʊ, -z
voracious
BR vəˈreɪʃəs
AM vəˈreɪʃəs
voraciously
BR vəˈreɪʃəsli
AM vəˈreɪʃəsli
voraciousness
BR vəˈreɪʃəsnəs
AM vəˈreɪʃəsnəs
voracity
BR vəˈrasɪti
AM vəˈræsədi
Vorarlberg
BR ˈfɔːrɑːlbɜːg
AM ˈfɔrˌɑrlˌbɜrg
Vorster
BR ˈvɔːstə(r)
AM ˈvɔrstər

vortex
BR ˈvɔːteks, -ɪz
AM ˈvɔrˌteks, -əz
vortex ring
BR ˈvɔːteks rɪŋ, -z
AM ˈvɔrˌteks ˌrɪŋ, -z
vortical
BR ˈvɔːtɪkl
AM ˈvɔrdək(ə)l
vortically
BR ˈvɔːtɪkli
AM ˈvɔrdək(ə)li
vorticella
BR ˌvɔːtɪˈselə(r), -z
AM ˌvɔrdəˈselə, -z
vortices
BR ˈvɔːtɪsiːz
AM ˈvɔrdəˌsiz
vorticism
BR ˈvɔːtɪsɪzm
AM ˈvɔrdəˌsɪz(ə)m
vorticist
BR ˈvɔːtɪsɪst, -s
AM ˈvɔrdəsəst, -s
vorticity
BR vɔːˈtɪsɪti
AM vɔrˈtɪsɪdi
vorticose
BR ˈvɔːtɪkəʊs, ˌvɔːtɪˈkəʊs
AM ˈvɔrdəˌkoʊz, ˈvɔrdəˌkoʊs
vorticular
BR vɔːˈtɪkjʊlə(r)
AM vɔrˈtɪkjələr
Vortigern
BR ˈvɔːtɪg(əː)n, ˈvɔːtɪdʒ(əː)n
AM ˈvɔrdəˌgərn
Vosburgh
BR ˈvɒsb(ə)rə(r)
AM ˈvɑsˌbərə
Vosene
BR ˈvəʊziːn
AM ˈvoʊˌzin
Vosges
BR vəʊʒ
AM voʊʒ
Voss
BR vɒs
AM vɑs, vɔs

Vostok
BR ˈvɒstɒk
AM ˈvɑːstak

votable
BR ˈvəʊtəbl
AM ˈvoʊdəb(ə)l

votaress
BR ˈvəʊt(ə)rɪs, ˈvəʊtərɛs, -ɪz
AM ˈvoʊdərɛs, -əz

votarist
BR ˈvəʊt(ə)rɪst, -s
AM ˈvoʊdərəst, -s

votary
BR ˈvəʊt(ə)r|i, -ɪz
AM ˈvoʊdəri, -z

vote
BR vəʊt, -s, -ɪŋ, -ɪd
AM voʊ|t, -ts, -dɪŋ, -dəd

voteless
BR ˈvəʊtləs
AM ˈvoʊtləs

voter
BR ˈvəʊtə(r), -z
AM ˈvoʊdər, -z

voting machine
BR ˈvəʊtɪŋ məˌʃiːn, -z
AM ˈvoʊdɪŋ məˌʃin, -z

voting paper
BR ˈvəʊtɪŋ ˌpeɪpə(r), -z
AM ˈvoʊdɪŋ ˌpeɪpər, -z

votive
BR ˈvəʊtɪv
AM ˈvoʊdɪv

vouch
BR vaʊtʃ, -ɪz, -ɪŋ, -t
AM vaʊtʃ, -əz, -ɪŋ, -t

voucher
BR ˈvaʊtʃə(r), -z
AM ˈvaʊtʃər, -z

vouchsafe
BR (ˌ)vaʊtʃˈseɪf, -s, -ɪŋ, -t
AM vaʊtʃˌseɪf, vaʊtʃˈseɪf, -s, -ɪŋ, -t

voussoir
BR ˈvuːswɑː(r), -z
AM vuˈswɑr, -z

Vouvray
BR ˈvuːvreɪ, -z
AM vuˈvreɪ, -z

vow
BR vaʊ, -z, -ɪŋ, -d
AM vaʊ, -z, -ɪŋ, -d

vowel
BR ˈvaʊ(ə)l, -z, -d
AM ˈvaʊ(ə)l, -z, -d

vowelise
BR ˈvaʊ(ə)lʌɪz, -ɪz, -ɪŋ, -d
AM ˈvaʊəˌlaɪz, -ɪz, -ɪŋ, -d

vowelize
BR ˈvaʊ(ə)lʌɪz, -ɪz, -ɪŋ, -d
AM ˈvaʊəˌlaɪz, -ɪz, -ɪŋ, -d

vowelless
BR ˈvaʊ(ə)lləs
AM ˈvaʊ(ə)(l)ləs

vowelly
BR ˈvaʊ(ə)lli
AM ˈvaʊ(ə)li

vowel-point
BR ˈvaʊ(ə)lpɔɪnt, -s
AM ˈvoʊ(ə)lˌpɔɪnt, -s

Vowles
BR vəʊlz, vaʊlz
AM vaʊlz, voʊlz

vox angelica
BR ˌvɒks anˈdʒɛlɪkə(r)
AM ˌvaks ænˈdʒɛlɪkə

vox humana
BR ˌvɒks hjuːˈmɑːnə(r)
AM ˌvaks (h)juˈmɑnə

vox pop
BR ˌvɒks ˈpɒp, -s
AM ˌvaks ˈpap, -s

vox populi
BR ˌvɒks ˈpɒpjʊliː, + ˈpɒpjʊlʌɪ
AM ˌvaks ˈpapjəˌlaɪ

voyage
BR ˈvɔɪ(ɪ)dʒ, -ɪz, -ɪŋ, -d
AM ˈvɔɪ(ɪ)dʒ, -ɪz, -ɪŋ, -d

voyageable
BR ˈvɔɪ(ɪ)dʒəbl
AM ˈvɔɪ(ɪ)dʒəb(ə)l

voyager
BR ˈvɔɪ(ɪ)dʒə(r), -z
AM ˈvɔɪ(ɪ)dʒər, -z

voyageur
BR ˌvwɑːjəˈʒəː(r), -z
AM ˌvwɑjəˈʒɛ(ə)r, -z

voyeur
BR (ˌ)vɔɪˈjəː(r), (ˌ)vwɑːˈjəː(r), (ˌ)vwʌɪˈjəː(r), -z
AM vɔɪˈjər, -z

voyeurism
BR ˈvɔɪjərɪzm, (ˌ)vɔɪˈ(j)əːrɪzm, (ˌ)vwɑːˈjəːrɪzm, (ˌ)vwʌɪˈ(j)əːrɪzm
AM ˈvɔɪjəˌrɪz(ə)m

voyeuristic
BR ˌvɔɪəˈrɪstɪk, ˌvwɑːjəˈrɪstɪk, ˌvwʌɪəˈrɪstɪk
AM ˌvɔɪjəˈrɪstɪk

voyeuristically
BR ˌvɔɪəˈrɪstɪkli, ˌvwɑːjəˈrɪstɪkli, ˌvwʌɪəˈrɪstɪkli
AM ˌvɔɪjəˈrɪstək(ə)li

vraic
BR vreɪk
AM vreɪk

vroom
BR vruːm, -z, -ɪŋ, -d
AM vrum, -z, -ɪŋ, -d

vs
BR vəːsəs
AM vərsəs

V-sign
BR ˈviːsʌɪn, -z
AM ˈviˌsaɪn, -z

V/STOL
BR ˈviːstɒl
AM ˈviˌstal

VTOL
BR ˈviːtɒl
AM ˈviˌtal

vug
BR vʌg, -z
AM vʊg, vəg, -z

vuggy
BR ˈvʌgi
AM ˈvʊgi, ˈvəgi

vugular
BR ˈvʌgjʉlə(r)
AM ˈvʊgjələr, ˈvəgjələr

Vulcan
BR ˈvʌlkən
AM ˈvəlkən

Vulcanian
BR vʌlˈkeɪnɪən, -z
AM vəlˈkeɪnɪən, -z

vulcanic
BR vʌlˈkanɪk
AM vəlˈkænɪk

vulcanisable
BR ˈvʌlkənʌɪzəbl
AM ˈvəlkəˌnaɪzəb(ə)l

vulcanisation
BR ˌvʌlkənʌɪˈzeɪʃn
AM ˌvəlkəˌnaɪˈzeɪʃ(ə)n, ˌvəlkənəˈzeɪʃ(ə)n

vulcanise
BR ˈvʌlkənʌɪz, -ɪz, -ɪŋ, -d
AM ˈvəlkəˌnaɪz, -ɪz, -ɪŋ, -d

vulcaniser
BR ˈvʌlkənʌɪzə(r), -z
AM ˈvəlkəˌnaɪzər, -z

vulcanism
BR ˈvʌlkənɪzm
AM ˈvəlkəˌnɪz(ə)m

Vulcanist
BR ˈvʌlkənɪst, -s
AM ˈvəlkənəst, -s

vulcanite
BR ˈvʌlkənʌɪt
AM ˈvəlkəˌnaɪt

vulcanizable
BR ˈvʌlkənʌɪzəbl
AM ˈvəlkəˌnaɪzəb(ə)l

vulcanization
BR ˌvʌlkənʌɪˈzeɪʃn
AM ˌvəlkəˌnaɪˈzeɪʃ(ə)n, ˌvəlkənəˈzeɪʃ(ə)n

vulcanize
BR ˈvʌlkənʌɪz, -ɪz, -ɪŋ, -d
AM ˈvəlkəˌnaɪz, -ɪz, -ɪŋ, -d

vulcanizer
BR ˈvʌlkənʌɪzə(r), -z
AM ˈvəlkəˌnaɪzər, -z

vulcanological
BR ˌvʌlkṇəˈlɒdʒɪkl
AM ˌvəlkənəˈlɑdʒək(ə)l

vulcanologist
BR ˌvʌlkəˈnɒlədʒɪst, -s
AM ˌvəlkəˈnɑlədʒəst, -s

vulcanology
BR ˌvʌlkəˈnɒlədʒi
AM ˌvəlkəˈnɑlədʒi

vulgar
BR ˈvʌlgə(r)
AM ˈvəlgər

vulgarian
BR vʌlˈgɛːrɪən, -z
AM vəlˈgɛrɪən, -z

vulgarisation
BR ˌvʌlg(ə)rʌɪˈzeɪʃn
AM ˌvəlgəˌraɪˈzeɪʃ(ə)n, ˌvəlgərəˈzeɪʃ(ə)n

vulgarise
BR ˈvʌlgərʌɪz, -ɪz, -ɪŋ, -d
AM ˈvəlgəˌraɪz, -ɪz, -ɪŋ, -d

vulgarism
BR ˈvʌlgərɪzm, -z
AM ˈvəlgəˌrɪz(ə)m, -z

vulgarity
BR vʌlˈgarɪtǀi, -ɪz
AM vəlˈgɛrədi, -z

vulgarization
BR ˌvʌlg(ə)rʌɪˈzeɪʃn
AM ˌvəlgəˌraɪˈzeɪʃ(ə)n, ˌvəlgərəˈzeɪʃ(ə)n

vulgarize
BR ˈvʌlgərʌɪz, -ɪz, -ɪŋ, -d
AM ˈvəlgəˌraɪz, -ɪz, -ɪŋ, -d

vulgarly
BR ˈvʌlgəli
AM ˈvəlgərli

vulgate
BR ˈvʌlgeɪt
AM ˈvəlˌgeɪt

vulnerability
BR ˌvʌln(ə)rəˈbɪlɪti
AM ˌvəln(ə)rəˈbɪlɪdi

vulnerable
BR ˈvʌln(ə)rəbl
AM ˈvəlnər(ə)bəl

vulnerableness
BR ˈvʌln(ə)rəblnəs
AM ˈvəlnər(ə)bəlnəs

vulnerably
BR ˈvʌln(ə)rəbli
AM ˈvəlnər(ə)bli

vulnerary
BR ˈvʌln(ə)rərǀi, -ɪz
AM ˈvəlnəˌrɛri, -z

vulpine
BR ˈvʌlpʌɪn
AM ˈvəlˌpaɪn

vulture
BR ˈvʌltʃə(r), -z
AM ˈvəltʃər, -z

vulturine
BR ˈvʌltʃʊrʌɪn
AM ˈvəltʃərən

vulturish
BR ˈvʌltʃ(ə)rɪʃ
AM ˈvəltʃ(ə)rɪʃ

vulturous
BR ˈvʌltʃ(ə)rəs
AM ˈvəltʃ(ə)rəs

vulva
BR ˈvʌlvə(r), -z
AM ˈvəlvə, -z

vulval
BR ˈvʌlvl
AM ˈvəlvəl

vulvar
BR ˈvʌlvə(r)
AM ˈvəlvər

vulvitis
BR vʌlˈvʌɪtɪs
AM vəlˈvaɪdɪs

vying
BR ˈvʌɪɪŋ
AM ˈvaɪɪŋ

Vyrnwy
BR ˈvəːnwi
AM ˈvərnwi
WE ˈvʌrnwi

Vyvyan
BR ˈvɪvɪən
AM ˈvɪvɪən

W

w
BR ˈdʌbljuː, -z
AM ˈdəbəlˌju, -z

WAAF
BR wæf, -s
AM wæf, -s

Waal
BR vɑːl
AM vɑl
DU vɑːl

Wabash
BR ˈwɔːbæʃ
AM ˈwɑˌbæʃ, ˈwɔˌbæʃ

WAC
BR wak, -s
AM wæk, -s

Wace
BR weɪs
AM weɪs, wɑs

wack
BR wak
AM wæk

wackadoo
BR ˌwakəˈduː
AM ˈ(h)wækəˌdu

wacke
BR ˈwakə(r), -z
AM ˈwækə, -z

wackily
BR ˈwakɪli
AM ˈwækəli

wackiness
BR ˈwakɪnɪs
AM ˈwækɪnɪs

wacko
BR ˈwakəʊ, -z
AM ˈwækoʊ, -z

wacky
BR ˈwakǀi, -ɪə(r), -ɪɪst
AM ˈwæki, -ər, -ɪst

Waco
BR ˈweɪkəʊ
AM ˈweɪkoʊ

wad
BR wɒd, -z
AM wɑd, -z

wadable
BR ˈweɪdəbl
AM ˈweɪdəb(ə)l

Waddell
BR wɒˈdɛl
AM ˌwɑˈdɛl

wadding
BR ˈwɒdɪŋ
AM ˈwɑdɪŋ

Waddington
BR ˈwɒdɪŋt(ə)n
AM ˈwɑdɪŋt(ə)n

waddle
BR ˈwɒdǀl, -lz, -lɪŋǀ-lɪŋ, -ld
AM ˈwadǀəl, -əlz, -(ə)lɪŋ, -əld

waddler
BR ˈwɒdlə(r), ˈwɒdlə(r), -z
AM ˈwad(ə)lər, -z

waddy
BR ˈwɒdǀi, -ɪz
AM ˈwadi, -z

wade
BR weɪd, -z, -ɪŋ, -ɪd
AM weɪd, -z, -ɪŋ, -ɪd

wadeable
BR ˈweɪdəbl
AM ˈweɪdəb(ə)l

Wadebridge
BR ˈweɪdbrɪdʒ
AM ˈweɪdˌbrɪdʒ

Wade-Giles
BR ˌweɪdˈdʒʌɪlz
AM ˌweɪdˈdʒaɪlz

wader
BR ˈweɪdə(r), -z
AM ˈweɪdər, -z

wadge
BR wɒdʒ, -ɪz
AM wadʒ, -əz

Wadham
BR ˈwɒdəm
AM ˈwadəm

wadi
BR ˈwɒdǀi, -ɪz
AM ˈwɑdi, -z

Wadi Halfa
BR ˌwɒdɪ ˈhalfə(r)
AM ˌwadi ˈhalfə

Wadsworth
BR ˈwɒdzwə(ː)θ
AM ˈwadsˌwərθ

wady
BR ˈwɒd|i, -ɪz
AM ˈwɑdi, -z

WAF
BR wɑf, -s
AM wæf, -s

wafer
BR ˈweɪfə(r), -z
AM ˈweɪfər, -z

wafery
BR ˈweɪf(ə)ri
AM ˈweɪf(ə)ri

Waffen SS
BR ˌvɑːf(ə)n ˌɛsˈɛs, ˌvaf(ə)n +
AM ˌvɑfən ˌɛsˈɛs

waffle
BR ˈwɒf|l̩, -lz, -l̩ŋ\-lŋ, -ld
AM ˈwɑf|əl, -əlz, -(ə)lɪŋ, -əld

waffler
BR ˈwɒfl̩ə(r), ˈwɒflə(r), -z
AM ˈwɑf(ə)lər, -z

waffly
BR ˈwɒfl̩i, ˈwɒfli
AM ˈwɑf(ə)li

waft
BR wɑːft, wɒft, -s, -ɪŋ, -ɪd
AM wɑft, -s, -ɪŋ, -əd

wag
BR wag, -z, -ɪŋ, -d
AM wæg, -z, -ɪŋ, -d

wage
BR weɪdʒ, -ɪz, -ɪŋ, -d
AM weɪdʒ, -ɪz, -ɪŋ, -d

wager
BR ˈweɪdʒ|ə(r), -əz, -(ə)rɪŋ, -əd
AM ˈweɪdʒər, -z, -ɪŋ, -d

Wagga Wagga
BR ˌwɒgə ˈwɒgə(r)
AM ˌwɑgə ˈwɑgə

waggery
BR ˈwag(ə)r|i, -ɪz
AM ˈwægəri, -z

waggish
BR ˈwagɪʃ
AM ˈwægɪʃ

waggishly
BR ˈwagɪʃli
AM ˈwægɪʃli

waggishness
BR ˈwagɪʃnɪs
AM ˈwægɪʃnɪs

waggle
BR ˈwag|l̩, -lz, -l̩ŋ\-lŋ, -ld
AM ˈwæg|əl, -əlz, -(ə)lɪŋ, -əld

waggly
BR ˈwagl̩i, ˈwagli
AM ˈwæg(ə)li

waggon
BR ˈwag(ə)n, -z
AM ˈwægən, -z

waggoner
BR ˈwagənə(r), ˈwagn̩ə(r)
AM ˈwægənər

waggonette
BR ˌwagəˈnɛt, -s
AM ˌwægəˈnɛt, -s

waggonful
BR ˈwag(ə)nfʊl
AM ˈwægənˌfʊl

waggonload
BR ˈwagənləʊd, -z
AM ˈwægənˌloʊd, -z

Wagnall
BR ˈwagn̩l
AM ˈwægn(ə)l

Wagner[1] *English surname*
BR ˈwagnə(r)
AM ˈwægnər

Wagner[2] *German surname*
BR ˈvɑːgnə(r)
AM ˈvɑgnər

Wagnerian
BR vɑːgˈnɪəriən, -z
AM vɑgˈnɛriən, -z

wagon
BR ˈwag(ə)n, -z
AM ˈwægən, -z

wagoner
BR ˈwagn̩ə(r), -z
AM ˈwægənər, -z

wagonette
BR ˌwagəˈnɛt, -s
AM ˌwægəˈnɛt, -s

wagonful
BR ˈwag(ə)nfʊl, -z
AM ˈwægənˌfʊl, -z

wagon-lit
BR ˌvagɒ̃ˈliː, ˌvagɒnˈliː, -z
AM ˌvagənˈli, ˈwægɒnˌli, -z

wagonload
BR ˈwag(ə)nləʊd, -z
AM ˈwægənˌloʊd, -z

wagtail
BR ˈwagteɪl, -z
AM ˈwægˌteɪl, -z

Wahabi
BR wɑːˈhɑːb|i, -ɪz
AM wɑˈhɑbi, wəˈhɑbi, -z

Wahhabi
BR wɑːˈhɑːb|i, -ɪz
AM wɑˈhɑbi, wəˈhɑbi, -z

wahine
BR wɑːˈhiːn|i, -ɪz
AM wɑˈhini, -z

wahoo
BR ˌwɑːˈhuː, wəˈhuː, -z
AM ˌwɑˈhu, -z

Wahran
BR wɑːˈrɑːn
AM wɑˈrɑn

wah-wah
BR ˈwɑːwɑː(r)
AM ˈwɑˈwɑ

waif
BR weɪf, -s
AM weɪf, -s

waifish
BR ˈweɪfɪʃ
AM ˈweɪfɪʃ

waif-like
BR ˈweɪflʌɪk
AM ˈweɪfˌlaɪk

Waikato
BR wʌɪˈkɑːtəʊ
AM ˈwaɪˌkɑdoʊ

Waikiki
BR ˌwʌɪkɪˈkiː, ˈwʌɪkɪkiː
AM ˌwaɪkiˈki

wail
BR weɪl, -z, -ɪŋ, -d
AM weɪl, -z, -ɪŋ, -d

wailer
BR ˈweɪlə(r), -z
AM ˈweɪlər, -z

wailful
BR ˈweɪlf(ʊ)l
AM ˈweɪlfəl

wailing
BR ˈweɪlɪŋ, -z
AM ˈweɪlɪŋ, -z

wailingly
BR ˈweɪlɪŋli
AM ˈweɪlɪŋli

wain
BR weɪn, -z
AM weɪn, -z

Waine
BR weɪn
AM weɪn

Wainfleet
BR ˈweɪnfliːt
AM ˈweɪnˌflit

wainscot
BR ˈweɪnskɒt, -s, -ɪŋ
AM ˈweɪnˌskɑ|t, ˈweɪnˌskoʊ|t, ˈweɪnskə|t, -ts, -dɪŋ

wainwright
BR ˈweɪnrʌɪt, -s
AM ˈweɪnraɪt, -s

waist
BR weɪst, -s, -ɪd
AM weɪst, -s, -ɪd

waistband
BR ˈweɪs(t)band, -z
AM ˈweɪs(t)ˌbænd, -z

waist-cloth
BR ˈweɪs(t)klɒ|θ, -θs\-ðz
AM ˈweɪs(t)ˌklɑ|θ, ˈweɪs(t)ˌklɔ|θ, -θs\-ðz

waistcoat
BR ˈweɪs(t)kəʊt, -s
AM ˈweɪs(t)ˌkoʊt, -s

waisted
BR ˈweɪstɪd
AM ˈweɪstɪd
waistless
BR ˈweɪstlɪs
AM ˈweɪs(t)lɪs
waistline
BR ˈweɪs(t)lʌɪn, -z
AM ˈweɪs(t)ˌlaɪn, -z
wait
BR weɪt, -s, -ɪŋ, -ɪd
AM weɪ|t, -ts, -dɪŋ, -dɪd
Waite
BR weɪt
AM weɪt
waiter
BR ˈweɪtə(r), -z
AM ˈweɪdər, -z
Waites
BR weɪts
AM weɪts
waitress
BR ˈweɪtrɪs, -ɪz, -ɪŋ
AM ˈweɪtrɪs, -ɪz, -ɪŋ
Waitrose
BR ˈweɪtrəʊz
AM ˈweɪtˌroʊz
waive
BR weɪv, -z, -ɪŋ, -d
AM weɪv, -z, -ɪŋ, -d
waiver
BR ˈweɪvə(r), -z
AM ˈweɪvər, -z
wake
BR weɪk, -s, -ɪŋ, -t
AM weɪk, -s, -ɪŋ, -t
Wakefield
BR ˈweɪkfiːld
AM ˈweɪkˌfild
wakeful
BR ˈweɪkf(ʊ)l
AM ˈweɪkfəl
wakefully
BR ˈweɪkfəli, ˈweɪkfˌli
AM ˈweɪkfəli
wakefulness
BR ˈweɪkf(ʊ)lnəs
AM ˈweɪkfəlnəs
Wakelin
BR ˈweɪklɪn
AM ˈweɪklɪn

waken
BR ˈweɪk|(ə)n, -(ə)nz, -(ə)nɪŋ\-ṇɪŋ, -(ə)nd
AM ˈweɪk|ən, -ənz, -(ə)nɪŋ, -ənd
waker
BR ˈweɪkə(r), -z
AM ˈweɪkər, -z
wake-robin
BR ˈweɪkˌrɒbɪn, -z
AM ˈweɪkˌrɑbən, -z
wakey-wakey
BR ˌweɪkɪˈweɪki
AM ˌweɪkɪˈweɪkɪ
Walach
BR ˈwɒlək
AM ˈwɑlək
Walachia
BR wɒˈleɪkɪə(r)
AM wəˈleɪkiən, waˈleɪkiə
Walachian
BR wɒˈleɪkɪən, -z
AM wəˈleɪkiən, waˈleɪkiən, -z
Walbrook
BR ˈwɔːlbrʊk, ˈwɒlbrʊk
AM ˈwalˌbrʊk, ˈwɔlˌbrʊk
Walcot
BR ˈwɔːlkɒt, ˈwɒlkɒt
AM ˈwalˌkat, ˈwɔlˌkat
Walcott
BR ˈwɔːlkɒt, ˈwɒlkɒt
AM ˈwalˌkat, ˈwɔlˌkat
Waldegrave
BR ˈwɔːld(ɨ)greɪv, ˈwɒld(ɨ)greɪv, ˈwɔːlgreɪv
AM ˈwalˌgreɪv, ˈwɔlˌgreɪv
Waldemar
BR ˈvaldɪmaː(r), ˈwɔːldɪmaː(r)
AM ˈwaldəˌmar, ˈwɔldəˌmar
Walden
BR ˈwɔːld(ə)n, ˈwɒld(ə)n
AM ˈwaldən, ˈwɔldən

Waldenses
BR wɔːlˈdɛnsiːz, wɒlˈdɛnsiːz
AM walˈdɛnsiz, wɔlˈdɛnsiz
Waldensian
BR wɔːlˈdɛnsɪən, wɒlˈdɛnsɪən, -z
AM walˈdɛnsɪən, wɔlˈdɛnsɪən, -z
Waldheim
BR ˈvaːldhʌɪm, ˈvaldhʌɪm
AM ˈwɔldˌ(h)aɪm, ˈvaldˌ(h)aɪm
Waldo
BR ˈwɔːldəʊ, ˈwɒldəʊ
AM ˈwalˌdoʊ, ˈwɔlˌdoʊ
Waldorf
BR ˈwɔːldɔːf, ˈwɒldɔːf
AM ˈwalˌdɔ(ə)rf, ˈwɔlˌdɔ(ə)rf
Waldron
BR ˈwɔːldr(ə)n, ˈwɒldr(ə)n
AM ˈwaldrən, ˈwɔldrən
wale
BR weɪl, -z, -ɪŋ, -d
AM weɪl, -z, -ɪŋ, -d
Wales
BR weɪlz
AM weɪlz
Waley
BR ˈweɪli
AM ˈweɪli
Walford
BR ˈwɔːlfəd, ˈwɒlfəd
AM ˈwalfərd, ˈwɔlfərd
Walian
BR ˈweɪlɪən, -z
AM ˈweɪliən, ˈweɪljən, -z
walk
BR wɔːk, -s, -ɪŋ, -t
AM wak, wɔk, -s, -ɪŋ, -t
walkable
BR ˈwɔːkəbl
AM ˈwakəb(ə)l, ˈwɔkəb(ə)l

walkabout
BR ˈwɔːkəbaʊt, -s
AM ˈwakəˌbaʊt, ˈwɔkəˌbaʊt, -s
walkathon
BR ˈwɔːkəθɒn, -z
AM ˈwakəˌθan, ˈwɔkəˌθan, -z
walkaway
BR ˈwɔːkəweɪ, -z
AM ˈwakəˌweɪ, ˈwɔkəˌweɪ, -z
Walkden
BR ˈwɔːkd(ə)n
AM ˈwakdən, ˈwɔkdən
walker
BR ˈwɔːkə(r), -z
AM ˈwakər, ˈwɔkər, -z
walkies
BR ˈwɔːkɪz
AM ˈwakiz, ˈwɔkiz
walkie-talkie
BR ˌwɔːkɪˈtɔːk|i, -ɪz
AM ˈwakiˈtaki, ˈwɔkiˈtɔki, -z
walk-in
BR ˈwɔːkɪn, -z
AM ˈwakˌɪn, ˈwɔkˌɪn, -z
Walkman
BR ˈwɔːkmən, -z
AM ˈwɔkm(ə)n, ˈwakˌmæn, ˈwakm(ə)n, ˈwɔkˌmæn, -z
walk-on
BR ˈwɔːkɒn, -z
AM ˈwakˌan, ˈwɔkˌɔn, -z
walkout
BR ˈwɔːkaʊt, -s
AM ˈwakˌaʊt, ˈwɔkˌaʊt, -s
walkover
BR ˈwɔːkˌəʊvə(r), -z
AM ˈwakˌoʊvər, ˈwɔkˌoʊvər, -z
walk-through
BR ˈwɔːkθruː, -z
AM ˈwakˌθru, ˈwɔkˌθru, -z

walkup
BR ˈwɔːkʌp, -s
AM ˈwɑːkˌəp, ˈwɔːkˌəp, -s

walkway
BR ˈwɔːkweɪ, -z
AM ˈwɑːkˌweɪ, ˈwɔːkˌweɪ, -z

wall
BR wɔːl, -z, -ɪŋ, -d
AM wɑːl, wɔːl, -z, -ɪŋ, -d

walla
BR ˈwɒlə(r), -z
AM ˈwɑːlə, -z

wallaby
BR ˈwɒləb|i, -ɪz
AM ˈwɑːləbi, -z

Wallace
BR ˈwɒlɪs
AM ˈwɑːləs, ˈwɔːləs

Wallachia
BR wɒˈleɪkiə(r)
AM wəˈleɪkiə, wɑˈleɪkiə

Wallachian
BR wɒˈleɪkiən, -z
AM wəˈleɪkiən, wɑˈleɪkiən, -z

wallah
BR ˈwɒlə(r), -z
AM ˈwɑːlə, -z

wallaroo
BR ˌwɒləˈruː, -z
AM ˌwɑːləˈru, ˌwɔːləˈru, -z

Wallasey
BR ˈwɒləsi
AM ˈwɑːləsi, ˈwɔːləsi

wallchart
BR ˈwɔːltʃɑːt, -s
AM ˈwɑːlˌtʃɑrt, ˈwɔːlˌtʃɑrt, -s

wallcovering
BR ˈwɔːlˌkʌv(ə)rɪŋ, -z
AM ˈwɑːlˌkʌv(ə)rɪŋ, ˈwɔːlˌkʌv(ə)rɪŋ, -z

Wallenberg
BR ˈwɒlnbɜːg
AM ˈvɑːlənˌbɜrg, ˈwɔːlənˌbɜrg
SW ˈvaːlɛnbɛrj

Waller
BR ˈwɒlə(r)
AM ˈwɑːlər, ˈwɔːlər

wallet
BR ˈwɒlɪt, -s
AM ˈwɑːlət, ˈwɔːlət, -s

wall-eye
BR ˈwɔːlʌɪ, -z
AM ˈwɑːlˌaɪ, ˈwɔːlˌaɪ, -z

wall-eyed
BR ˌwɔːlˈʌɪd
AM ˈwɑːlˌaɪd, ˈwɔːlˌaɪd

wallflower
BR ˈwɔːlˌflaʊə(r), -z
AM ˈwɑːlˌflaʊər, ˈwɔːlˌflaʊər, -z

wall-hung
BR ˌwɔːlˈhʌŋ
AM ˈwɑːl,(h)əŋ, ˈwɔːl,(h)əŋ

Wallingford
BR ˈwɒlɪŋfəd
AM ˈwɑːlɪŋfərd, ˈwɔːlɪŋfərd

Wallis
BR ˈwɒlɪs
AM ˈwɑːləs, ˈwɔːləs

wall-less
BR ˈwɔːlləs
AM ˈwɑː(l)ləs, ˈwɔː(l)ləs

Wallonia
BR wɒˈləʊniə(r)
AM wɔˈloʊniə, wɑˈloʊniə, wəˈloʊniə

Walloon
BR wɒˈluːn, -z
AM wəˈlun, wɑˈlun, -z

wallop
BR ˈwɒləp, -s, -ɪŋ, -t
AM ˈwɑːləp, -s, -ɪŋ, -t

walloper
BR ˈwɒləpə(r), -z
AM ˈwɑːləpər, -z

wallow
BR ˈwɒləʊ, -z, -ɪŋ, -d
AM ˈwɑːloʊ, -z, -ɪŋ, -d

wallower
BR ˈwɒləʊə(r), -z
AM ˈwɑːləwər, -z

wallpaper
BR ˈwɔːlˌpeɪp|ə(r), -əz, -(ə)rɪŋ, -əd
AM ˈwɑːlˌpeɪpər, ˈwɔːlˌpeɪpər, -ərz, -(ə)rɪŋ, -ərd

wallplanner
BR ˈwɔːlˌplænə(r), -z
AM ˈwɑːlˌplænər, ˈwɔːlˌplænər, -z

Walls
BR wɔːlz
AM wɑːlz, wɔːlz

wally
BR ˈwɒl|i, -ɪz
AM ˈwɑːli, ˈwɔːli, -z

Walmesley
BR ˈwɔːmzli
AM ˈwɑːmzli, ˈwɔːmzli

Walmsley
BR ˈwɔːmzli
AM ˈwɑːmzli, ˈwɔːmzli

walnut
BR ˈwɔːlnʌt, -s
AM ˈwɑːlˌnət, ˈwɔːlˌnət, -s

Walpamur
BR ˈwɔːlpəmjʊə(r), ˈwɒlpəmjʊə(r)
AM ˈwɑːlpəˌmjʊ(ə)r, ˈwɔːlpəˌmjʊ(ə)r

Walpole
BR ˈwɔːlpəʊl, ˈwɒlpəʊl
AM ˈwɑːlˌpoʊl, ˈwɔːlˌpoʊl

Walpurgis
BR vælˈpɜːgɪs, vælˈpʊəgɪs, vɑːlˈpɜːgɪs, vɑːlˈpʊəgɪs
AM vɑlˈpʊrgəs

walrus
BR ˈwɔːlrʌs, ˈwɒlrʌs, -ɪz
AM ˈwɑːlrəs, ˈwɔːlrəs, -əz

Walsall
BR ˈwɔːls(ɔː)l, ˈwɒls(ɔː)l, ˈwɔːsl
AM ˈwɑːlˌsɑl, ˈwɔːlˌsɔl

Walsh
BR wɔːlʃ, wɒlʃ
AM wɑlʃ, wɔlʃ

Walsham
BR ˈwɔːlʃəm, ˈwɒlʃəm
AM ˈwɑːlʃ(ə)m, ˈwɔːlʃ(ə)m

Walsingham[1] *place in UK*
BR ˈwɔːlzɪŋəm, ˈwɒlzɪŋəm
AM ˈwɑːlzɪŋəm, ˈwɔːlzɪŋəm

Walsingham[2] *surname*
BR ˈwɔːlsɪŋəm, ˈwɒlsɪŋəm
AM ˈwɑːlzɪŋəm, ˈwɔːlzɪŋəm

Walter
BR ˈwɔːltə(r), ˈwɒltə(r)
AM ˈwɑːltər, ˈwɔːltər

Walters
BR ˈwɔːltəz, ˈwɒltəz
AM ˈwɑːltərz, ˈwɔːltərz

Waltham
BR ˈwɔːlθəm, ˈwɒlθəm
AM ˈwɑːlθəm, ˈwɔːlθəm

Walthamstow
BR ˈwɔːlθəmstəʊ, ˈwɒlθəmstəʊ
AM ˈwɑːlθəmˌstoʊ, ˈwɔːlθəmˌstoʊ

Walton
BR ˈwɔːlt(ə)n, ˈwɒlt(ə)n
AM ˈwɑːlt(ə)n, ˈwɔːlt(ə)n

waltz
BR wɔːl(t)s, wɒl(t)s, -ɪz, -ɪŋ, -t
AM wɑl(t)s, wɔl(t)s, -əz, -ɪŋ, -t

waltzer
BR ˈwɔːl(t)sə(r), ˈwɒl(t)sə(r), -z
AM ˈwɑːl(t)sər, ˈwɔːl(t)sər, -z

Walvis Bay
BR ˌwɔːlvɪs ˈbeɪ
AM ˌwalvəs ˈbeɪ, ˌwɒlvəs ˈbeɪ

Walworth
BR ˈwɔːlwə(ː)θ, ˈwɒlwə(ː)θ
AM ˈwalˌwɚθ, ˈwɒlˌwɚθ

wampum
BR ˈwɒmpəm
AM ˈwɑmpəm

WAN *wide area network*
BR wan
AM wæn

wan *pale*
BR wɒn, -ə(r), -ɪst
AM wɑn, -ɚ, -ɪst

Wanamaker
BR ˈwɒnəmeɪkə(r)
AM ˈwɑnəˌmeɪkɚ

wand
BR wɒnd, -z
AM wɑnd, -z

Wanda
BR ˈwɒndə(r)
AM ˈwɑndə

wander
BR ˈwɒnd|ə(r), -əz, -(ə)rɪŋ, -əd
AM ˈwɑnd|ɚ, -ɚz, -(ə)rɪŋ, -ɚd

wanderer
BR ˈwɒnd(ə)rə(r), -z
AM ˈwɑnd(ə)rɚ, -z

wandering
BR ˈwɒnd(ə)rɪŋ, -z
AM ˈwɑnd(ə)rɪŋ, -z

wanderlust
BR ˈwɒndəlʌst
AM ˈwɑndɚˌlʌst

wanderoo
BR ˌwɒndəˈruː, -z
AM ˌwɑndəˈru, -z

wandoo
BR ˌwɒnˈduː, -z
AM ˌwɑnˈdu, -z

Wandsworth
BR ˈwɒn(d)zwə(ː)θ
AM ˈwɑn(d)zˌwɚθ

wane
BR weɪn, -z, -ɪŋ, -d
AM weɪn, -z, -ɪŋ, -d

waney
BR ˈweɪni
AM ˈweɪni

wang
BR waŋ, -z, -ɪŋ, -d
AM wæŋ, -z, -ɪŋ, -d

Wanganui
BR ˌwaŋəˈnuːi
AM ˌwɑŋəˈnui

wangle
BR ˈwaŋg|l, -lz, -l̩ŋ\-lɪŋ, -ld
AM ˈwæŋg|əl, -əlz, -(ə)lɪŋ, -əld

wangler
BR ˈwaŋglə(r), ˈwaŋglə(r), -z
AM ˈwæŋ(ə)lɚ, -z

wank
BR waŋ|k, -ks, -kɪŋ, -(k)t
AM wæŋ|k, -ks, -kɪŋ, -(k)t

Wankel
BR ˈwaŋkl
AM ˈwæŋkəl

wanker
BR ˈwaŋkə(r), -z
AM ˈwæŋkɚ, -z

Wankie
BR ˈwaŋki
AM ˈwæŋki

wanky
BR ˈwaŋki
AM ˈwæŋki

wanly
BR ˈwɒnli
AM ˈwɑnli

wanna *want to*
BR ˈwɒnə(r)
AM ˈwɑnə

wannabe
BR ˌwɒnəˈbiː, -z
AM ˌwɑnəˈbi, -z

wanness
BR ˈwɒnnəs
AM ˈwɑ(n)nəs

Wanstead
BR ˈwɒnstɪd, ˈwɒnstɛd
AM ˈwɑnˌstɛd

want
BR wɒnt, -s, -ɪŋ, -ɪd
AM wɑn|t, -ts, -(t)ɪŋ, -(t)əd

Wantage
BR ˈwɒntɪdʒ
AM ˈwɑn(t)ɪdʒ

wanter
BR ˈwɒntə(r), -z
AM ˈwɑn(t)ɚ, -z

wanton
BR ˈwɒntən, -z
AM ˈwɑn(t)ən, -z

wantonly
BR ˈwɒntənli
AM ˈwɑn(t)n̩li

wantonness
BR ˈwɒntənnəs
AM ˈwɑnt(n)nəs, ˈwɑn(t)nnəs

wapentake
BR ˈwɒp(ə)nteɪk, ˈwap(ə)nteɪk, -s
AM ˈwɑpənˌteɪk, ˈwæpənˌteɪk, -s

wapiti
BR ˈwɒpɪt|i, -ɪz
AM ˈwɑpədi, -z

Wapping
BR ˈwɒpɪŋ
AM ˈwɑpɪŋ

war
BR wɔː(r), -z, -ɪŋ, -d
AM wɔ(ə)r, -z, -ɪŋ, -d

waratah
BR ˌwɒrəˈtaː(r), -z
AM ˌwɔrəˈtɑ, -z

warb
BR wɔːb, -z
AM wɔ(ə)rb, -z

Warbeck
BR ˈwɔːbɛk
AM ˈwɔrˌbɛk

warble
BR ˈwɔːb|l, -lz, -l̩ŋ\-lɪŋ, -ld
AM ˈwɔrb|əl, -əlz, -(ə)lɪŋ, -əld

warbler
BR ˈwɔːblə(r), -z
AM ˈwɔrb(ə)lɚ, -z

Warboys
BR ˈwɔːbɔɪz
AM ˈwɔrˌbɔɪz

Warburg
BR ˈwɔːbəːg
AM ˈwɔrˌbɚg

Warburton
BR ˈwɔːbət(ə)n, ˈwɔːˌbəːtn
AM ˈwɔrˌbɚt(ə)n

warby
BR ˈwɔːbi
AM ˈwɔrbi

ward
BR wɔːd, -z, -ɪŋ, -ɪd
AM wɔ(ə)rd, -z, -ɪŋ, -əd

Wardell
BR wɔːˈdɛl
AM ˌwɔrˈdɛl

warden
BR ˈwɔːdn, -z
AM ˈwɔrdən, -z

wardenship
BR ˈwɔːdnʃɪp, -s
AM ˈwɔrdnˌʃɪp, -s

warder
BR ˈwɔːdə(r), -z
AM ˈwɔrdɚ, -z

Wardle
BR ˈwɔːdl
AM ˈwɔrdəl

Wardour
BR ˈwɔːdɔː(r)
AM ˈwɔrˌdɔ(ə)r

wardress
BR ˈwɔːdrɪs, -ɪz
AM ˈwɔrdrəs, -əz

wardrobe
BR ˈwɔːdrəʊb, -z
AM ˈwɔrˌdroʊb, -z

wardroom
BR ˈwɔːdruːm, ˈwɔːdrʊm, -z
AM ˈwɔrdˌrʊm, ˈwɔrdˌrʊm, -z

wardship
BR ˈwɔːdʃɪp, -s
AM ˈwɔrdˌʃɪp, -s

ware
BR ˈweː(r), -z
AM ˈwe(ə)r, -z

Wareham
BR ˈweːrm̩
AM ˈwerəm

warehouse
BR ˈweːhaʊ|s, -zɪz, -zɪŋ, -zd
AM ˈwer,(h)aʊ|s, -zəz, -zɪŋ, -zd

warehouseman
BR ˈweːhaʊsmən
AM ˈwer,(h)aʊsm(ə)n

warehousemen
BR ˈweːhaʊsmən
AM ˈwer,(h)aʊsm(ə)n

Wareing
BR ˈweːrɪŋ
AM ˈwerɪŋ

warfare
BR ˈwɔːfeː(r)
AM ˈwɔːrˌfe(ə)r

warfarin
BR ˈwɔːf(ə)rɪn
AM ˈwɔːrfərən

Wargrave
BR ˈwɔːgreɪv
AM ˈwɔːrˌgreɪv

warhead
BR ˈwɔːhed, -z
AM ˈwɔːr,(h)ed, -z

Warhol
BR ˈwɔːhəʊl, ˈwɔːhɒl
AM ˈwɔːr,(h)ɑl, ˈwɔːr,(h)ɔl

warhorse
BR ˈwɔːhɔːs, -ɪz
AM ˈwɔːr,(h)ɔː(ə)rs, -əz

warily
BR ˈweːrɪli
AM ˈwerəli

wariness
BR ˈweːrɪnɪs
AM ˈwerɪnɪs

Waring
BR ˈweːrɪŋ
AM ˈwerɪŋ

Warkworth
BR ˈwɔːkwə(ː)θ
AM ˈwɔːrk,wərθ

Warley
BR ˈwɔːli
AM ˈwɔːrli

warlike
BR ˈwɔːlaɪk
AM ˈwɔːr,laɪk

warlock
BR ˈwɔːlɒk, -s
AM ˈwɔːr,lak, -s

warlord
BR ˈwɔːlɔːd, -z
AM ˈwɔːr,lɔ(ə)rd, -z

warm
BR wɔːm, -z, -ɪŋ, -d, -ə(r), -ɪst
AM wɔ(ə)rm, -z, -ɪŋ, -d, -ər, -əst

warm-blooded
BR ˌwɔːmˈblʌdɪd
AM ˌwɔːrmˈblədəd

warm-bloodedness
BR ˌwɔːmˈblʌdɪdnɪs
AM ˌwɔːrmˈblədədnəs

warmed-over
BR ˌwɔːmdˈəʊvə(r)
AM ˌwɔːrmdˈoʊvər

warmed-up
BR ˌwɔːmdˈʌp
AM ˌwɔːrmdˈəp

warmer
BR ˈwɔːmə(r), -z
AM ˈwɔːrmər, -z

warm-hearted
BR ˌwɔːmˈhɑːtɪd
AM ˈˌwɔːrmˈhɑrdəd

warm-heartedly
BR ˌwɔːmˈhɑːtɪdli
AM ˈˌwɔːrmˈhɑrdədli

warm-heartedness
BR ˌwɔːmˈhɑːtɪdnɪs
AM ˈˌwɔːrm-ˈhɑrdədnəs

Warminster
BR ˈwɔːmɪnstə(r)
AM ˈwɔːrˌmɪnstər

warmish
BR ˈwɔːmɪʃ
AM ˈwɔːrmɪʃ

warmly
BR ˈwɔːmli
AM ˈwɔːrmli

warmness
BR ˈwɔːmnəs
AM ˈwɔːrmnəs

warmonger
BR ˈwɔːˌmʌŋgə(r), -əz, -ərɪŋ
AM ˈwɔːrˌmɑŋgər, ˈwɔːrˌmʌŋgər, -z, -ɪŋ

warmth
BR wɔːmθ
AM ˈwɔːrmθ

warm-up
BR ˈwɔːmʌp, -s
AM ˈwɔːrməp, -s

warn
BR wɔːn, -z, -ɪŋ, -d
AM wɔ(ə)rn, -z, -ɪŋ, -d

warner
BR ˈwɔːnə(r), -z
AM ˈwɔːrnər, -z

warning
BR ˈwɔːnɪŋ, -z
AM ˈwɔːrnɪŋ, -z

warningly
BR ˈwɔːnɪŋli
AM ˈwɔːrnɪŋli

Warnock
BR ˈwɔːnɒk
AM ˈwɔːrnək

warp
BR wɔːp, -s, -ɪŋ, -t
AM wɔ(ə)rp, -s, -ɪŋ, -t

warpage
BR ˈwɔːpɪdʒ
AM ˈwɔːrpɪdʒ

warpaint
BR ˈwɔːpeɪnt
AM ˈwɔːrˌpeɪnt

warpath
BR ˈwɔːpɑːθ
AM ˈwɔːrˌpæθ

warper
BR ˈwɔːpə(r), -z
AM ˈwɔːrpər, -z

warplane
BR ˈwɔːpleɪn, -z
AM ˈwɔːrˌpleɪn, -z

warragal
BR ˈwɒrəgl, -z
AM ˈwɔːrəgəl, -z

warrant
BR ˈwɒrn̩t, -s, -ɪŋ, -ɪd
AM ˈwɔːrən|t, -ts, -(t)ɪŋ, -(t)əd

warrantable
BR ˈwɒrn̩təbl
AM ˈwɔːrən(t)əb(ə)l

warrantableness
BR ˈwɒrn̩təblnəs
AM ˈwɔːrən(t)əbəlnəs

warrantably
BR ˈwɒrn̩təbli
AM ˈwɔːrən(t)əbli

warrantee
BR ˌwɒrn̩ˈtiː, -z
AM ˌwɔːrənˈti, -z

warranter
BR ˈwɒrn̩tə(r), -z
AM ˈwɔːrən(t)ər, -z

warrantor
BR ˌwɒrn̩ˈtɔː(r), ˈwɒrn̩tɔː(r), -z
AM ˈwɔːrən(t)ər, -z

warranty
BR ˈwɒrn̩t|i, -ɪz
AM ˈwɔːrən(t)i, -z

warren
BR ˈwɒrn̩, -z
AM ˈwɔːrən, -z

Warrender
BR ˈwɒrɪndə(r)
AM ˈwɔːrəndər

warrener
BR ˈwɒrn̩ə(r), -z
AM ˈwɔːrənər, -z

warrigal
BR ˈwɒrɪgl, -z
AM ˈwɔːrəgəl, -z

Warrington
BR ˈwɒrɪŋt(ə)n
AM ˈwɔːrɪŋt(ə)n

warrior
BR ˈwɒrɪə(r), -z
AM ˈwɔːriər, -z

Warsaw
BR ˈwɔːsɔː(r)
AM ˈwɔːrˌsɔ

warship
BR ˈwɔːʃɪp, -s
AM ˈwɔːrˌʃɪp, -s

Warsop
BR ˈwɔːsɒp
AM ˈwɔrsəp

Warspite
BR ˈwɔːspʌɪt
AM ˈwɔrˌspaɪt

wart
BR wɔːt, -s
AM ˈwɔ(ə)rt, -s

Wartburg
BR ˈwɔːtbəːg, ˈvaːtbəːg
AM ˈwɔrtˌbərg

warthog
BR ˈwɔːthɒg, -z
AM ˈwɑrtˌ(h)ɑg, ˈwɔrtˌ(h)ɔg, -z

wartime
BR ˈwɔːtʌɪm
AM ˈwɔrˌtaɪm

Warton
BR ˈwɔːtn
AM ˈwɔrt(ə)n

wartorn
BR ˈwɔːtɔːn
AM ˈwɔrˌtɔ(ə)rn

warty
BR ˈwɔːt|i, -iə(r), -ɪıst
AM ˈwɔrdi, -ər, -ɪst

Warwick[1] *in UK, place and surname*
BR ˈwɒrɪk
AM ˈwɔr(w)ɪk

Warwick[2] *in US, place and surname*
BR ˈwɔːwɪk
AM ˈwɔr(w)ɪk

Warwickshire
BR ˈwɒrɪkʃ(ɪ)ə(r)
AM ˈwɔr(w)əkˌʃɪ(ə)r

warworn
BR ˈwɔːwɔːn
AM ˈwɔrˌwɔ(ə)rn

wary
BR ˈwɛːr|i, -iə(r), -ɪıst
AM ˈwɛri, -ər, -ɪst

was[1] *strong form*
BR wɒz
AM wəz

was[2] *weak form*
BR wəz
AM wəz

Wasatch
BR ˈwɔːsatʃ
AM ˈwɑˌsætʃ, ˈwɔˌsætʃ

wash
BR wɒʃ, -ɪz, -ɪŋ, -t
AM wɑʃ, wɔʃ, -əz, -ɪŋ, -t

washability
BR ˌwɒʃəˈbɪlɪti
AM ˌwɑʃəˈbɪlɪdi, ˌwɔʃəˈbɪlɪdi

washable
BR ˈwɒʃəbl
AM ˈwɑʃəb(ə)l, ˈwɔʃəb(ə)l

wash-and-wear
BR ˌwɒʃ(ə)n(d)ˈwɛː(r)
AM ˌwɑʃənˈwɛ(ə)r, ˌwɔʃənˈwɛ(ə)r

washbag
BR ˈwɒʃbag, -z
AM ˈwɑʃˌbæg, ˈwɔʃˌbæg, -z

washbasin
BR ˈwɒʃˌbeɪsn, -z
AM ˈwɑʃˌbeɪsn, ˈwɔʃˌbeɪsn, -z

washboard
BR ˈwɒʃbɔːd, -z
AM ˈwɑʃˌbɔ(ə)rd, ˈwɔʃˌbɔ(ə)rd, -z

Washbourn
BR ˈwɒʃbɔːn
AM ˈwɑʃˌbɔ(ə)rn, ˈwɔʃˌbɔ(ə)rn

Washbourne
BR ˈwɒʃbɔːn
AM ˈwɑʃˌbɔ(ə)rn, ˈwɔʃˌbɔ(ə)rn

washbowl
BR ˈwɒʃbəʊl, -z
AM ˈwɑʃˌboʊl, ˈwɔʃˌboʊl, -z

Washbrook
BR ˈwɒʃbrʊk
AM ˈwɑʃˌbrʊk, ˈwɔʃˌbrʊk

Washburn
BR ˈwɒʃbəːn
AM ˈwɑʃˌbərn, ˈwɔʃˌbərn

washcloth
BR ˈwɒʃklɒ|θ, -θs\-ðz
AM ˈwɑʃˌklɑ|θ, ˈwɔʃˌklɔθ, -θs\-ðz

washday
BR ˈwɒʃdeɪ, -z
AM ˈwɑʃˌdeɪ, ˈwɔʃˌdeɪ, -z

washed out
BR ˌwɒʃt ˈaʊt
AM ˌwɑʃt ˈaʊt, ˌwɔʃt ˈaʊt

washed up
BR ˌwɒʃt ˈʌp
AM ˌwɑʃt ˈəp, ˌwɔʃt ˈəp

washer
BR ˈwɒʃə(r), -z
AM ˈwɑʃər, ˈwɔʃər, -z

washer/dryer
BR ˌwɒʃəˈdrʌɪə(r), -z
AM ˌwɑʃərˈdraɪər, ˌwɔʃərˈdraɪər, -z

washerman
BR ˈwɒʃəmən
AM ˈwɑʃərm(ə)n, ˈwɔʃərm(ə)n

washermen
BR ˈwɒʃəmən
AM ˈwɑʃərm(ə)n, ˈwɔʃərm(ə)n

washerwoman
BR ˈwɒʃəˌwʊmən
AM ˈwɑʃərˌwʊm(ə)n, ˈwɔʃərˌwʊm(ə)n

washerwomen
BR ˈwɒʃəˌwɪmɪn
AM ˈwɑʃərˌwɪmɪn, ˈwɔʃərˌwɪmɪn

washery
BR ˈwɒʃ(ə)r|i, -ɪz
AM ˈwɑʃəri, ˈwɔʃəri, -z

washeteria
BR ˌwɒʃəˈtɪərɪə(r), -z
AM ˌwɑʃəˈtɪ(ə)riə, ˌwɔʃəˈtɪriə, -z

wash-hand basin
BR ˈwɒʃhan(d) ˌbeɪsn, -z
AM ˈwɑʃˌ(h)ænd ˌbeɪsn, ˈwɔʃˌ(h)ænd ˌbeɪsn, -z

washhouse
BR ˈwɒʃhaʊ|s, -zɪz
AM ˈwɑʃˌ(h)aʊ|s, ˈwɔʃˌ(h)aʊ|s, -zəz

Washington
BR ˈwɒʃɪŋt(ə)n
AM ˈwɑʃɪŋt(ə)n, ˈwɔʃɪŋt(ə)n

Washingtonian
BR ˌwɒʃɪŋˈtəʊnɪən
AM ˌwɑʃɪŋˈtoʊnɪən, ˌwɔʃɪŋˈtoʊnɪən

washing-up
BR ˌwɒʃɪŋˈʌp
AM ˌwɑʃɪŋˈəp, ˌwɔʃɪŋˈəp

washland
BR ˈwɒʃland, -z
AM ˈwɑʃˌlænd, ˈwɔʃˌlænd, -z

washout
BR ˈwɒʃaʊt, -s
AM ˈwɑʃˌaʊt, ˈwɔʃˌaʊt, -s

washroom
BR ˈwɒʃruːm, ˈwɒʃrʊm, -z
AM ˈwɔʃˌrʊm, ˈwɑʃˌrʊm, ˈwɑʃˌrʊm, ˈwɔʃˌrʊm, -z

washstand
BR ˈwɒʃstand, -z
AM ˈwɑʃˌstænd, ˈwɔʃˌstænd, -z

washtub
BR ˈwɒʃtʌb, -z
AM ˈwɑʃˌtəb, ˈwɔʃˌtəb, -z

wash-up
BR ˈwɒʃʌp
AM ˈwɑʃəp, ˈwɔʃəp

wash/wipe
BR ˌwɒʃˈwʌɪp
AM ˈwɑʃˈwaɪp, ˈwɔʃˈwaɪp

washy
BR ˈwɒʃli, -ɪə(r), -ɪst
AM ˈwɑʃi, ˈwɔʃi, -ər, -ɪst

wasn't
BR ˈwɒznt
AM ˈwəznt

WASP
BR wɒsp, -s
AM wɑsp, -s

wasp
BR wɒsp, -s
AM wɑsp, -s

waspie
BR ˈwɒsp|i, -ɪz
AM ˈwɑspi, -z

waspish
BR ˈwɒspɪʃ
AM ˈwɑspɪʃ

waspishly
BR ˈwɒspɪʃli
AM ˈwɑspɪʃli

waspishness
BR ˈwɒspɪʃnɪs
AM ˈwɑspɪʃnɪs

wasplike
BR ˈwɒsplʌɪk
AM ˈwɑspˌlaɪk

waspy
BR ˈwɒspi
AM ˈwɑspi

wassail
BR ˈwɒseɪl, ˈwɒsl̩, -z, -ɪŋ
AM ˈwɑs(ə)l, ˈwɑˌseɪl, -z, -ɪŋ

wassail-bowl
BR ˈwɒseɪlbəʊl, ˈwɒslbəʊl, -z
AM ˈwɑsəlˌboʊl, ˈwɑˌseɪlˌboʊl, -z

wassail-cup
BR ˈwɒseɪlkʌp, ˈwɒslkʌp, -s
AM ˈwɑsəlˌkəp, ˈwɑˌseɪlˌkəp, -s

wassailer
BR ˈwɒseɪlə(r), ˈwɒslə(r), -z
AM ˈwɑsələr, ˈwɑˌseɪlər, -z

wassup
BR wɒsˈʌp
AM ˈ(h)wəsˌəp

wast[1] *strong form*
BR wɒst
AM wɑst, wɔst

wast[2] *weak form*
BR wəst
AM wəst

wastable
BR ˈweɪstəbl
AM ˈweɪstəb(ə)l

wastage
BR ˈweɪstɪdʒ
AM ˈweɪstɪdʒ

waste
BR weɪst, -s, -ɪŋ, -ɪd
AM weɪst, -s, -ɪŋ, -ɪd

wastebasket
BR ˈweɪs(t)ˌbɑːskɪt, -s
AM ˈweɪs(t)ˌbæskət, -s

wasteful
BR ˈweɪstf(ʊ)l
AM ˈweɪs(t)fəl

wastefully
BR ˈweɪstfəli, ˈweɪstfl̩i
AM ˈweɪs(t)fəli

wastefulness
BR ˈweɪstf(ʊ)lnəs
AM ˈweɪs(t)fəlnəs

wasteland
BR ˈweɪs(t)land, -z
AM ˈweɪs(t)ˌlænd, -z

wasteless
BR ˈweɪstlɪs
AM ˈweɪs(t)lɪs

waster
BR ˈweɪstə(r), -z
AM ˈweɪstər, -z

wastrel
BR ˈweɪstr(ə)l, -z
AM ˈwɑstrəl, ˈweɪstrəl, -z

Wastwater
BR ˈwɒstˌwɔːtə(r)
AM ˈwɑs(t)ˌwɑdər, ˈwɑs(t)ˌwɔdər

Wat
BR wɒt
AM wɑt

watch
BR wɒtʃ, -ɪz, -ɪŋ, -t
AM wɑtʃ, -əz, -ɪŋ, -t

watchable
BR ˈwɒtʃəbl
AM ˈwɑtʃəb(ə)l

watchband
BR ˈwɒtʃband, -z
AM ˈwɑtʃˌbænd, -z

watchcase
BR ˈwɒtʃkeɪs, -ɪz
AM ˈwɑtʃˌkeɪs, -ɪz

watchchain
BR ˈwɒtʃtʃeɪn, -z
AM ˈwɑtʃˌtʃeɪn, -z

watchdog
BR ˈwɒtʃdɒg, -z
AM ˈwɑtʃˌdɑg, -z

watcher
BR ˈwɒtʃə(r), -z
AM ˈwɑtʃər, -z

Watchet
BR ˈwɒtʃɪt
AM ˈwɑtʃət

watchfire
BR ˈwɒtʃˌfʌɪə(r), -z
AM ˈwɑtʃˌfaɪ(ə)r, -z

watchful
BR ˈwɒtʃf(ʊ)l
AM ˈwɑtʃfəl

watchfully
BR ˈwɒtʃfəli, ˈwɒtʃfl̩i
AM ˈwɑtʃfəli

watchfulness
BR ˈwɒtʃf(ʊ)lnəs
AM ˈwɑtʃfəlnəs

watch-glass
BR ˈwɒtʃglɑːs, -ɪz
AM ˈwɑtʃˌglæs, -əz

watchkeeper
BR ˈwɒtʃˌkiːpə(r), -z
AM ˈwɑtʃˌkipər, -z

watchmaker
BR ˈwɒtʃˌmeɪkə(r), -z
AM ˈwɑtʃˌmeɪkər, -z

watchmaking
BR ˈwɒtʃˌmeɪkɪŋ
AM ˈwɑtʃˌmeɪkɪŋ

watchman
BR ˈwɒtʃmən
AM ˈwɑtʃm(ə)n

watchmen
BR ˈwɒtʃmən
AM ˈwɑtʃm(ə)n

watchnight
BR ˈwɒtʃnʌɪt
AM ˈwɑtʃˌnaɪt

watchspring
BR ˈwɒtʃsprɪŋ, -z
AM ˈwɑtʃˌ(s)prɪŋ, -z

watchstrap
BR ˈwɒtʃstrap, -s
AM ˈwɑtʃˌ(s)træp, -s

watchtower
BR ˈwɒtʃˌtaʊə(r), -z
AM ˈwɑtʃˌtaʊər, -z

watchword
BR ˈwɒtʃwəːd, -z
AM ˈwɑtʃˌwərd, -z

Watendlath
BR wɒˈtɛndləθ
AM wɑˈtɛn(d)ləθ

water
BR ˈwɔːt|ə(r), -əz, -(ə)rɪŋ, -əd
AM ˈwɑdər, ˈwɔdər, -z, -ɪŋ, -d

waterbed
BR ˈwɔːtəbɛd, -z
AM ˈwɑdərˌbɛd, ˈwɔdərˌbɛd, -z

waterbird
BR ˈwɔːtəbəːd, -z
AM ˈwɑdərˌbərd, ˈwɔdərˌbərd, -z

waterborne
BR ˈwɔːtəbɔːn
AM ˈwɑdərˌbɔ(ə)rn, ˈwɔdərˌbɔ(ə)rn

waterbrash
BR ˈwɔːtəbraʃ
AM ˈwɑdərˌbræʃ, ˈwɔdərˌbræʃ

watercolor
BR ˈwɔːtəˌkʌl(ə)r, -z
AM ˈwɑdərˌkələr, ˈwɔdərˌkələr, -z

watercolorist
BR ˈwɔːtəˌkʌl(ə)rɪst, -s
AM ˈwɑdərˌkələrəst, ˈwɔdərˌkələrəst, -s

watercolour
BR ˈwɔːtəˌkʌlə(r), -z
AM ˈwɑdərˌkələr,
ˈwɔdərˌkələr, -z

watercolourist
BR ˈwɔːtəˌkʌl(ə)rɪst, -s
AM ˈwɑdərˌkələrəst,
ˈwɔdərˌkələrəst, -s

watercourse
BR ˈwɔːtəkɔːs, -ɪz
AM ˈwɑdərˌkɔ(ə)rs,
ˈwɔdərˌkɔ(ə)rs, -əz

watercraft
BR ˈwɔːtəkrɑːft, -s
AM ˈwɑdərˌkræft,
ˈwɔdərˌkræft, -s

watercress
BR ˈwɔːtəkrɛs
AM ˈwɑdərˌkrɛs,
ˈwɔdərˌkrɛs

waterer
BR ˈwɔːt(ə)rə(r), -z
AM ˈwɑdərər,
ˈwɔdərər, -z

waterfall
BR ˈwɔːtəfɔːl, -z
AM ˈwɑdərˌfɑl,
ˈwɔdərˌfɔl, -z

Waterford
BR ˈwɔːtəfəd
AM ˈwɑdərfərd,
ˈwɔdərfərd

waterfowl
BR ˈwɔːtəfaʊl
AM ˈwɑdərˌfaʊl,
ˈwɔdərˌfaʊl

waterfront
BR ˈwɔːtəfrʌnt, -s
AM ˈwɑdərˌfrʌnt,
ˈwɔdərˌfrʌnt, -s

watergate
BR ˈwɔːtəgeɪt, -s
AM ˈwɑdərˌgeɪt,
ˈwɔdərˌgeɪt, -s

waterhole
BR ˈwɔːtəhəʊl, -z
AM ˈwɑdərˌ(h)oʊl,
ˈwɔdərˌ(h)oʊl, -z

Waterhouse
BR ˈwɔːtəhaʊs
AM ˈwɑdərˌ(h)aʊs,
ˈwɔdərˌ(h)aʊs

wateriness
BR ˈwɔːt(ə)rɪnɪs
AM ˈwɑdərɪnɪs,
ˈwɔdərɪnɪs

watering
BR ˈwɔːt(ə)rɪŋ, -z
AM ˈwɑdərɪŋ,
ˈwɔdərɪŋ, -z

waterless
BR ˈwɔːtələs
AM ˈwɑdərləs,
ˈwɔdərləs

waterline
BR ˈwɔːtəlaɪn, -z
AM ˈwɑdərˌlaɪn,
ˈwɔdərˌlaɪn, -z

waterlogged
BR ˈwɔːtəlɒgd
AM ˈwɑdərˌlɔgd,
ˈwɔdərˌlɔgd

Waterloo
BR ˌwɔːtəˈluː
AM ˌwɑdərˈluː,
ˌwɔdərˈluː

waterman
BR ˈwɔːtəmən
AM ˈwɑdərm(ə)n,
ˈwɔdərm(ə)n

watermark
BR ˈwɔːtəmɑːk, -s
AM ˈwɑdərˌmɑrk,
ˈwɔdərˌmɑrk, -s

watermelon
BR ˈwɔːtəˌmɛlən, -z
AM ˈwɑdərˌmɛl(ə)n,
ˈwɔdərˌmɛl(ə)n, -z

watermen
BR ˈwɔːtəmən
AM ˈwɑdərm(ə)n,
ˈwɔdərm(ə)n

watermill
BR ˈwɔːtəmɪl, -z
AM ˈwɑdərˌmɪl,
ˈwɔdərˌmɪl, -z

waterpower
BR ˈwɔːtəˌpaʊə(r)
AM ˈwɑdərˌpaʊər,
ˈwɔdərˌpaʊər

waterproof
BR ˈwɔːtəpruːf, -s,
-ɪŋ, -t
AM ˈwɑdərˌpruf,
ˈwɔdərˌpruf, -s, -ɪŋ, -t

waterproofer
BR ˈwɔːtəpruːfə(r), -z
AM ˈwɑdərˌprufər,
ˈwɔdərˌprufər, -z

waterproofness
BR ˈwɔːtəpruːfnəs
AM ˈwɑdərˌprufnəs,
ˈwɔdərˌprufnəs

water-repellant
BR ˌwɔːtərɪˈpɛlənt,
ˈwɔːtərɪˌpɛlənt
AM ˈwɑdə(r)rəˌpɛl(ə)nt,
ˈwɔdə(r)rəˌpɛl(ə)nt

water-repellency
BR ˌwɔːtərɪˈpɛlənsi,
ˈwɔːtərɪˌpɛlənsi
AM ˈwɑdə(r)rəˌpɛlənsi,
ˈwɔdə(r)rəˌpɛlənsi

water-repellent
BR ˌwɔːtərɪˈpɛlənt,
ˈwɔːtərɪˌpɛlənt
AM ˈwɑdə(r)rəˌpɛl(ə)nt,
ˈwɔdə(r)rəˌpɛl(ə)nt

water-resistance
BR ˌwɔːtərɪˈzɪst(ə)ns,
ˈwɔːtərɪˌzɪst(ə)ns
AM ˈwɑdə(r)rəˌzɪst(ə)ns,
ˈwɔdə(r)rəˌzɪst(ə)ns

water-resistant
BR ˌwɔːtərɪˈzɪst(ə)nt,
ˈwɔːtərɪˌzɪst(ə)nt
AM ˈwɑdə(r)rəˌzɪst(ə)nt,
ˈwɔdə(r)rəˌzɪst(ə)nt

Waters
BR ˈwɔːtəz
AM ˈwɑdərz, ˈwɔdərz

watershed
BR ˈwɔːtəʃɛd, -z
AM ˈwɑdərˌʃɛd,
ˈwɔdərˌʃɛd, -z

waterside
BR ˈwɔːtəsaɪd
AM ˈwɑdərˌsaɪd,
ˈwɔdərˌsaɪd

water-soluble
BR ˌwɔːtəˈsɒljʊbl
AM ˈwɑdərˌsɑl(j)əb(ə)l,
ˈwɔdərˌsɑl(j)əb(ə)l

Waterson
BR ˈwɔːtəs(ə)n
AM ˈwɑdərs(ə)n,
ˈwɔdərs(ə)n

watersport
BR ˈwɔːtəspɔːt, -s
AM ˈwɑdərˌspɔ(ə)rt,
ˈwɔdərˌspɔ(ə)rt,
-s

waterspout
BR ˈwɔːtəspaʊt, -s
AM ˈwɑdərˌspaʊt,
ˈwɔdərˌspaʊt, -s

watertight
BR ˈwɔːtətaɪt
AM ˈwɑdərˌtaɪt,
ˈwɔdərˌtaɪt

waterway
BR ˈwɔːtəweɪ, -z
AM ˈwɑdərˌweɪ,
ˈwɔdərˌweɪ, -z

waterweed
BR ˈwɔːtəwiːd, -z
AM ˈwɑdərˌwid,
ˈwɔdərˌwid, -z

waterwheel
BR ˈwɔːtəwiːl, -z
AM ˈwɑdərˌ(h)wil,
ˈwɔdərˌ(h)wil,
-z

waterwings
BR ˈwɔːtəwɪŋz
AM ˈwɑdərˌwɪŋz,
ˈwɔdərˌwɪŋz

waterworks
BR ˈwɔːtəwəːks
AM ˈwɑdərˌwərks,
ˈwɔdərˌwərks

watery
BR ˈwɔːt(ə)ri
AM ˈwɑdəri,
ˈwɔdəri

Wates
BR weɪts
AM weɪts

Watford
BR ˈwɒtfəd
AM ˈwɑtfərd

Wath
BR wɒθ
AM wɑθ

Watkin
BR ˈwɒtkɪn
AM ˈwatkən

Watkins
BR ˈwɒtkɪnz
AM ˈwatkənz

Watkinson
BR ˈwɒtkɪns(ə)n
AM ˈwatkəns(ə)n

Watling Street
BR ˈwɒtlɪŋ striːt
AM ˈwatlɪŋ ˌstrit

Watney
BR ˈwɒtni
AM ˈwatni

WATS line
BR ˈwɒts lʌɪn
AM ˈwats ˌlaɪn

Watson
BR ˈwɒtsn
AM ˈwats(ə)n

watsonia
BR wɒtˈsəʊnɪə(r), -z
AM watˈsoʊnɪə, -z

Watson-Watt
BR ˌwɒtsnˈwɒt
AM ˌwatsənˈwat

Watt
BR wɒt
AM wat

watt
BR wɒt, -s
AM wat, -s

wattage
BR ˈwɒtɪdʒ
AM ˈwadɪdʒ

Watteau
BR ˈwɒtəʊ
AM waˈtoʊ
FR vato

watt-hour
BR ˌwɒtˈaʊə(r), -z
AM ˈwadˌaʊər, -z

wattle
BR ˈwɒtl, -z, -d
AM ˈwadəl, -z, -d

wattlebird
BR ˈwɒtlbəːd, -z
AM ˈwadlˌbərd, -z

wattmeter
BR ˈwɒtˌmiːtə(r), -z
AM ˈwatˌmidər, -z

Watts
BR wɒts
AM wats

Watusi
BR waːˈtuːs|i, -ɪz
AM waˈtusi, -z

Watutsi
BR waːˈtʊtsi
AM waˈtutsi

Waugh
BR wɔː(r)
AM wɔ

waul
BR wɔːl, -z, -ɪŋ, -d
AM wal, wɔl, -z, -ɪŋ, -d

wave
BR weɪv, -z, -ɪŋ, -d
AM weɪv, -z, -ɪŋ, -d

waveband
BR ˈweɪvband, -z
AM ˈweɪvˌbænd, -z

waveform
BR ˈweɪvfɔːm
AM ˈweɪvˌfɔ(ə)rm

wavefront
BR ˈweɪvfrʌnt, -s
AM ˈweɪvˌfrʌnt, -s

waveguide
BR ˈweɪvgʌɪd, -z
AM ˈweɪvˌgaɪd, -z

wavelength
BR ˈweɪvleŋ(k)θ, -s
AM ˌweɪvˌleŋ(k)θ, -s

waveless
BR ˈweɪvlɪs
AM ˈweɪvlɪs

wavelet
BR ˈweɪvlɪt, -s
AM ˈweɪvlɪt, -s

wavelike
BR ˈweɪvlʌɪk
AM ˈweɪvˌlaɪk

waver
BR ˈweɪv|ə(r), -əz, -(ə)rɪŋ, -əd
AM ˈweɪv|ər, -ərz, -(ə)rɪŋ, -ərd

waverer
BR ˈweɪv(ə)rə(r), -z
AM ˈweɪv(ə)rər, -z

waveringly
BR ˈweɪv(ə)rɪŋli
AM ˈweɪv(ə)rɪŋli

wavery
BR ˈweɪv(ə)ri
AM ˈweɪv(ə)ri

wavetop
BR ˈweɪvtɒp, -s
AM ˈweɪvˌtap, -s

wavily
BR ˈweɪvɪli
AM ˈweɪvɪli

waviness
BR ˈweɪvɪnɪs
AM ˈweɪvɪnɪs

wavy
BR ˈweɪv|i, -ɪə(r), -ɪɪst
AM ˈweɪvi, -ər, -ɪst

wa-wa
BR ˈwaːwaː(r), -z
AM ˈwaˈwa, -z

wawl
BR wɔːl, -z, -ɪŋ, -d
AM wal, wɔl, -z, -ɪŋ, -d

wax
BR waks, -ɪz, -ɪŋ, -t
AM wæks, -əz, -ɪŋ, -t

waxberry
BR ˈwaksb(ə)r|i, -ɪz
AM ˈwæksˌberi, -z

waxbill
BR ˈwaksbɪl, -z
AM ˈwæksˌbɪl, -z

waxcloth
BR ˈwakskl ɒ|θ, -θs\-ðz
AM ˈwæksˌklɑ|θ, ˈwæksˌklɔ|θ, -θs\-ðz

waxen
BR ˈwaksn
AM ˈwæks(ə)n

waxer
BR ˈwaksə(r), -z
AM ˈwæksər, -z

waxily
BR ˈwaksɪli
AM ˈwæksəli

waxiness
BR ˈwaksɪnɪs
AM ˈwæksɪnɪs

waxing
BR ˈwaksɪŋ, -z
AM ˈwæksɪŋ, -z

wax-light
BR ˈwakslʌɪt, -s
AM ˈwæksˌlaɪt, -s

wax-like
BR ˈwakslʌɪk
AM ˈwæksˌlaɪk

waxplant
BR ˈwakspl ɑːnt, -s
AM ˈwæksˌplænt, -s

waxwing
BR ˈwakswɪŋ, -z
AM ˈwæksˌwɪŋ, -z

waxwork
BR ˈwakswəːk, -s
AM ˈwæksˌwərk, -s

waxy
BR ˈwaks|i, -ɪə(r), -ɪɪst
AM ˈwæksi, -ər, -ɪst

way
BR weɪ, -z
AM weɪ, -z

wayback
BR ˈweɪbak
AM ˈweɪˌbæk

waybill
BR ˈweɪbɪl, -z
AM ˈweɪˌbɪl, -z

waybread
BR ˈweɪbrɛd, -z
AM ˈweɪˌbrɛd, -z

wayfarer
BR ˈweɪˌfɛːrə(r), -z
AM ˈweɪˌfɛrər, -z

wayfaring
BR ˈweɪˌfɛːrɪŋ
AM ˈweɪˌfɛrɪŋ

Wayland
BR ˈweɪlənd
AM ˈweɪlənd

waylay
BR ˌweɪˈleɪ, -z, -ɪŋ, -d
AM ˈweɪˌleɪ, -z, -ɪŋ, -d

waylayer
BR ˌweɪˈleɪə(r), -z
AM ˈweɪˌleɪər, -z

wayleave
BR ˈweɪliːv, -z
AM ˈweɪˌliv, -z

waymark
BR ˈweɪmɑːk, -s, -ɪŋ, -t
AM ˈweɪˌmɑrk, -s, -ɪŋ, -t

waymarker
BR ˈweɪˌmɑːkə(r), -z
AM ˈweɪˌmɑrkər, -z

Wayne
BR weɪn
AM weɪn

way-out
BR ˌweɪˈaʊt
AM ˈweɪˈaʊt

waypoint
BR ˈweɪpɔɪnt, -s
AM ˈweɪˌpɔɪnt, -s

wayside
BR ˈweɪsʌɪd
AM ˈweɪˌsaɪd

wayward
BR ˈweɪwəd
AM ˈweɪwərd

waywardly
BR ˈweɪwədli
AM ˈweɪwərdli

waywardness
BR ˈweɪwədnəs
AM ˈweɪwərdnəs

way-worn
BR ˈweɪwɔːn
AM ˈweɪˌwɔ(ə)rn

wayzgoose
BR ˈweɪzɡuːs, -ɪz
AM ˈweɪzˌɡus, -əz

wazzock
BR ˈwazək, -s
AM ˈwɑzək, -s

WC
BR ˌdʌbljuːˈsiː, -z
AM ˌdəbəljuˈsi, -z

we¹ *strong form*
BR wiː
AM wi

we² *weak form*
BR wɪ
AM wɪ

weak
BR wiːk, -ə(r), -ɪst
AM wik, -ər, -ɪst

weaken
BR ˈwiːk|(ə)n, -(ə)nz, -(ə)nɪŋ\-n̩ɪŋ, -(ə)nd
AM ˈwɪk|ən, -ənz, -(ə)nɪŋ, -ənd

weakener
BR ˈwiːk(ə)nə(r), ˈwiːkn̩ə(r), -z
AM ˈwɪk(ə)nər, -z

weakfish
BR ˈwiːkfɪʃ, -ɪz
AM ˈwɪkˌfɪʃ, -ɪz

weakish
BR ˈwiːkɪʃ
AM ˈwɪkɪʃ

weak-kneed
BR ˌwiːkˈniːd
AM ˌwɪkˈnid

weakliness
BR ˈwiːklɪnɪs
AM ˈwɪklɪnɪs

weakling
BR ˈwiːklɪŋ, -z
AM ˈwɪklɪŋ, -z

weakly
BR ˈwiːkl|i, -ɪə(r), -ɪst
AM ˈwɪkli, -ər, -ɪst

weakness
BR ˈwiːknɨs, -ɪz
AM ˈwɪknɨs, -ɪz

weak-willed
BR ˌwiːkˈwɪld
AM ˌwɪkˈwɪld

weal
BR wiːl, -z
AM wil, -z

weald
BR wiːld, -z
AM wild, -z

wealden
BR ˈwiːld(ə)n
AM ˈwildən

Wealdstone
BR ˈwiːl(d)stəʊn
AM ˈwil(d)ˌstoʊn

wealth
BR wɛlθ, -s
AM wɛlθ, -s

wealthily
BR ˈwɛlθɨli
AM ˈwɛlθəli

wealthiness
BR ˈwɛlθɪnɪs
AM ˈwɛlθɪnɪs

wealthy
BR ˈwɛlθ|i, -ɪə(r), -ɪst
AM ˈwɛlθi, -ər, -ɪst

wean
BR wiːn, -z, -ɪŋ, -d
AM win, -z, -ɪŋ, -d

weaner
BR ˈwiːnə(r), -z
AM ˈwinər, -z

weanling
BR ˈwiːnlɪŋ, -z
AM ˈwinlɪŋ, -z

weapon
BR ˈwɛp(ə)n, -z, -d
AM ˈwɛpən, -z, -d

weaponless
BR ˈwɛp(ə)nləs
AM ˈwɛpənləs

weaponry
BR ˈwɛp(ə)nri
AM ˈwɛpənri

wear
BR wɛː(r), -z, -ɪŋ
AM wɛ(ə)r, -z, -ɪŋ

Wear *river etc*
BR wɪə(r)
AM wɪ(ə)r

wearability
BR ˌwɛːrəˈbɪlɨti
AM ˌwɛrəˈbɪlɨdi

wearable
BR ˈwɛːrəbl
AM ˈwɛrəb(ə)l

wear-and-tear
BR ˌwɛːrn̩(d)ˈtɛː(r)
AM ˌwɛrənˈtɛ(ə)r

wearer
BR ˈwɛːrə(r), -z
AM ˈwɛrər, -z

weariless
BR ˈwɪərɪlɨs
AM ˈwɪrɨlɨs

wearily
BR ˈwɪərɨli
AM ˈwɪrɨli

weariness
BR ˈwɪərɪnɨs
AM ˈwɪrɨnɨs

wearing
BR ˈwɛːrɪŋ
AM ˈwɛrɪŋ

wearingly
BR ˈwɛːrɪŋli
AM ˈwɛrɪŋli

wearisome
BR ˈwɪərɪs(ə)m
AM ˈwɪrɪs(ə)m

wearisomely
BR ˈwɪərɪs(ə)mli
AM ˈwɪrɪsəmli

wearisomeness
BR ˈwɪərɪs(ə)mnəs
AM ˈwɪrɪsəmnəs

Wearmouth
BR ˈwɪəmaʊθ
AM ˈwɪrməθ, ˈwɪrˌmaʊθ

Wearside
BR ˈwɪəsʌɪd
AM ˈwɪrˌsaɪd

weary
BR ˈwɪər|i, -ɪz, -ɪŋ, -ɪd, -ɪə(r), -ɪst
AM ˈwɪri, -z, -ɪŋ, -d, -ər, -ɪst

wearyingly
BR ˈwɪərɪɪŋli
AM ˈwɪrɪɪŋli

weasel
BR ˈwiːzl, -z
AM ˈwiz(ə)l, -z

weaselly
BR ˈwiːzl̩i
AM ˈwiz(ə)li

weather
BR ˈwɛð|ə(r), -əz, -(ə)rɪŋ, -əd
AM ˈwɛð|ər, -ərz, -(ə)rɪŋ, -ərd

Weatherall
BR ˈwɛð(ə)rɔːl, ˈwɛð(ə)r̩l
AM ˈwɛðərˌɑl, ˈwɛðərˌɔl

weatherbeaten
BR ˈwɛðəˌbiːtn
AM ˈwɛðərˌbitn

weatherboard
BR ˈweðəbɔːd, -z, -ɪŋ
AM ˈweðərˌbɔ(ə)rd, -z, -ɪŋ

weatherbound
BR ˈweðəbaʊnd
AM ˈweðərˌbaʊnd

weathercock
BR ˈweðəkɒk, -s
AM ˈweðərˌkɑk, -s

weather eye
BR ˌweðər ˈʌɪ, ˈweðər ʌɪ
AM ˈweðər ˌaɪ

weathergirl
BR ˈweðəgɜːl, -z
AM ˈweðərˌgɜrl, -z

weatherglass
BR ˈweðəglɑːs, -ɪz
AM ˈweðərˌglæs, -əz

Weatherhead
BR ˈweðəhed
AM ˈweðərˌ(h)ed

weatherize
BR ˈweðərʌɪz, -ɪz, -ɪŋ, -d
AM ˈweðəˌraɪz, -ɪz, -ɪŋ, -d

weatherliness
BR ˈweðəlɪnɪs
AM ˈweðərlɪnɪs

weatherly
BR ˈweðəli
AM ˈweðərli

weatherman
BR ˈweðəman
AM ˈweðərˌmæn

weathermen
BR ˈweðəmen
AM ˈweðərˌmen

weathermost
BR ˈweðəməʊst
AM ˈweðərˌmoʊst

weatherproof
BR ˈweðəpruːf, -s, -ɪŋ, -t
AM ˈweðərˌpruf, -s, -ɪŋ, -t

weatherstrip
BR ˈweðəːstrɪp, -s, -ɪŋ, -t
AM ˈweðərˌstrɪp, -s, -ɪŋ, -t

weathertight
BR ˈweðətʌɪt
AM ˈweðərˌtaɪt

weathervane
BR ˈweðəveɪn, -z
AM ˈweðərˌveɪn, -z

weatherworn
BR ˈweðəwɔːn
AM ˈweðərˌwɔ(ə)rn

weave
BR wiːv, -z, -ɪŋ
AM wiv, -z, -ɪŋ

weaver
BR ˈwiːvə(r), -z
AM ˈwivər, -z

weaverbird
BR ˈwiːvəbɜːd, -z
AM ˈwivərˌbɜrd, -z

weaving
BR ˈwiːvɪŋ, -z
AM ˈwivɪŋ, -z

web
BR web, -z, -ɪŋ, -d
AM web, -z, -ɪŋ, -d

Webb
BR web
AM web

Webber
BR ˈwebə(r)
AM ˈwebər

webby
BR ˈwebi
AM ˈwebi

weber
BR ˈveɪbə(r), -z
AM ˈwebər, -z

Weber[1] *composer, physicist*
BR ˈveɪbə(r)
AM ˈveɪbər

Weber[2] *English surname*
BR ˈwebə(r), ˈwiːbə(r), ˈweɪbə(r)
AM ˈwebər

web-footed
BR ˌwebˈfʊtɪd
AM ˈwebˌfʊdəd

Webley
BR ˈwebli
AM ˈwebli

Webster
BR ˈwebstə(r)
AM ˈwebstər

web-toed
BR ˌwebˈtəʊd
AM ˈwebˌtoʊd

wed
BR wed, -z, -ɪŋ, -ɪd
AM wed, -z, -ɪŋ, -əd

we'd
BR wiːd
AM wid

Weddell
BR ˈwedl
AM ˈwedəl

wedding
BR ˈwedɪŋ, -z
AM ˈwedɪŋ, -z

Wedekind
BR ˈweɪdəkɪnd
AM ˈweɪdəˌkɪnd

wedge
BR wedʒ, -ɪz, -ɪŋ, -d
AM wedʒ, -əz, -ɪŋ, -d

wedgelike
BR ˈwedʒlʌɪk
AM ˈwedʒˌlaɪk

wedge-shaped
BR ˈwedʒʃeɪpt, ˌwedʒˈʃeɪpt
AM ˈwedʒˌʃeɪpt

wedgewise
BR ˈwedʒwʌɪz
AM ˈwedʒˌwaɪz

Wedgewood
BR ˈwedʒwʊd
AM ˈwedʒˌwʊd

wedgie
BR ˈwedʒi, -ɪz
AM ˈwedʒi, -z

Wedgwood
BR ˈwedʒwʊd
AM ˈwedʒˌwʊd

wedlock
BR ˈwedlɒk
AM ˈwedˌlɑk

Wednesbury
BR ˈwenzb(ə)ri
AM ˈwenzˌberi

Wednesday
BR ˈwenzdeɪ, ˈwenzdi, -eɪz\-ɪz
AM ˈwenzdi, ˈwenzˌdeɪ, -z

Wednesfield
BR ˈwenzfiːld
AM ˈwenzˌfild

wee
BR wiː, -z, -ɪŋ, -d
AM wi, -z, -ɪŋ, -d

weed
BR wiːd, -z, -ɪŋ, -ɪd
AM wid, -z, -ɪŋ, -ɪd

weeder
BR ˈwiːdə(r), -z
AM ˈwidər, -z

weediness
BR ˈwiːdɪnɪs
AM ˈwidɪnɪs

weedkiller
BR ˈwiːdˌkɪlə(r), -z
AM ˈwidˌkɪlər, -z

weedless
BR ˈwiːdlɪs
AM ˈwidlɪs

Weedon
BR ˈwiːdn
AM ˈwidən

weedy
BR ˈwiːd|i, -ɪə(r), -ɪɪst
AM ˈwidi, -ər, -ɪst

Wee Free
BR ˌwiː ˈfriː, -z
AM ˌwi ˈfri, -z

week
BR wiːk, -s
AM wik, -s

weekday
BR ˈwiːkdeɪ, -z
AM ˈwikˌdeɪ, -z

weekend
BR ˌwiːkˈend, ˈwiːkend, -z
AM ˈwɪkˌend, -z

weekender
BR ˌwiːkˈendə(r), -z
AM ˈwɪkˌendər, -z

Weekes
BR wiːks
AM wiks

Weekley
BR ˈwiːkli
AM ˈwikli
week-long
BR ˈwiːklɒŋ, ˌwiːkˈlɒŋ
AM ˈwikˈlɑŋ, ˈwikˈlɔŋ
weekly
BR ˈwiːkl|i, -ɪz
AM ˈwikli, -z
weeknight
BR ˈwiːknʌɪt, -s
AM ˈwikˌnaɪt, -s
Weeks
BR wiːks
AM wiks
ween
BR wiːn, -z, -ɪŋ, -d
AM win, -z, -ɪŋ, -d
weenie
BR ˈwiːn|i, -ɪz
AM ˈwini, -z
weeny
BR ˈwiːn|i, -ɪz, -ɪə(r), -ɪɪst
AM ˈwini, -z, -ər, -ɪst
weeny-bopper
BR ˈwiːnɪˌbɒpə(r), -z
AM ˈwiniˌbɑpər, -z
weep
BR wiːp, -s, -ɪŋ
AM wip, -s, -ɪŋ
weeper
BR ˈwiːpə(r), -z
AM ˈwipər, -z
weepie
BR ˈwiːp|i, -ɪz
AM ˈwipi, -z
weepily
BR ˈwiːpɪli
AM ˈwipɪli
weepiness
BR ˈwiːpɪnɪs
AM ˈwipɪnɪs
weepingly
BR ˈwiːpɪŋli
AM ˈwipɪŋli
weepy
BR ˈwiːp|i, -ɪz, -ɪə(r), -ɪɪst
AM ˈwipi, -z, -ər, -ɪst

Weetabix
BR ˈwiːtəbɪks
AM ˈwidəˌbɪks
weever
BR ˈwiːvə(r), -z
AM ˈwivər, -z
weevil
BR ˈwiːv(ɪ)l, -z
AM ˈwivəl, -z
weevily
BR ˈwiːvɪli, ˈwiːvḷi
AM ˈwivɪli
weewee
BR ˈwiːˌwiː, -z, -ɪŋ, -d
AM ˈwiˌwi, -z, -ɪŋ, -d
weft
BR wɛft
AM wɛft
Wehrmacht
BR ˈvɛːmɑːkt, ˈvɛːmɑːxt
AM ˈwɛrˌmɑkt
Wei
BR weɪ
AM weɪ
Weidenfeld
BR ˈvʌɪdnfɛlt
AM ˈvaɪdənˌfɛld, ˈwaɪdənˌfɛld
weigh
BR weɪ, -z, -ɪŋ, -d
AM weɪ, -z, -ɪŋ, -d
weighable
BR ˈweɪəbl
AM ˈweɪəb(ə)l
weighbridge
BR ˈweɪbrɪdʒ, -ɪz
AM ˈweɪˌbrɪdʒ, -ɪz
Weighell
BR wiːl, ˈweɪ(ə)l
AM ˈweɪəl
weigher
BR ˈweɪə(r), -z
AM ˈweɪər, -z
weigh-in
BR ˈweɪɪn, -z
AM ˈweɪˌɪn, -z
weight
BR weɪt, -s, -ɪŋ, -ɪd
AM weɪ|t, -ts, -dɪŋ, -dɪd

weightily
BR ˈweɪtɪli
AM ˈweɪdɪli
weightiness
BR ˈweɪtɪnɪs
AM ˈweɪdɪnɪs
weighting
BR ˈweɪtɪŋ, -z
AM ˈweɪdɪŋ, -z
weightless
BR ˈweɪtlɪs
AM ˈweɪtlɪs
weightlessly
BR ˈweɪtlɪsli
AM ˈweɪtlɪsli
weightlessness
BR ˈweɪtlɪsnɪs
AM ˈweɪtlɪsnɪs
weightlifter
BR ˈweɪtˌlɪftə(r), -z
AM ˈweɪtˌlɪftər, -z
weightlifting
BR ˈweɪtˌlɪftɪŋ
AM ˈweɪtˌlɪftɪŋ
weight loss
BR ˈweɪt lɒs
AM ˈweɪt ˌlɑs, ˈweɪt ˌlɔs
Weightwatchers
BR ˈweɪtˌwɒtʃəz
AM ˈweɪtˌwɑtʃərz
weighty
BR ˈweɪt|i, -ɪə(r), -ɪɪst
AM ˈweɪdi, -ər, -ɪst
Weil
BR vʌɪl, wiːl
AM waɪl, vaɪl
Weill
BR vʌɪl, wiːl
AM waɪl, vaɪl
Weimar
BR ˈvʌɪmɑː(r)
AM ˈvaɪˌmɑr
Weimaraner
BR ˈvʌɪmərɑːnə(r), ˈwʌɪmərɑːnə(r), ˌvʌɪməˈrɑːnə(r), ˌwʌɪməˈrɑːnə(r), -z
AM ˈwaɪməˌrɑnər, -z
Weinberger
BR ˈvʌɪnbəːgə(r)
AM ˈwaɪnˌbərgər

Weiner
BR ˈvʌɪnə(r)
AM ˈwaɪnər
Weinstock
BR ˈvʌɪnstɒk
AM ˈwaɪnˌstɑk
weir
BR wɪə(r), -z
AM wɪ(ə)r, -z
weird
BR wɪəd, -ə(r), -ɪst
AM wɪ(ə)rd, -ər, -ɪst
weirdie
BR ˈwɪədˌi, -ɪz
AM ˈwɪrdi, -z
weirdly
BR ˈwɪədli
AM ˈwɪrdli
weirdness
BR ˈwɪədnəs
AM ˈwɪrdnəs
weirdo
BR ˈwɪədəʊ, -z
AM ˈwɪrdoʊ, -z
Weismann
BR ˈvʌɪsmən
AM ˈwaɪsm(ə)n
Weismannism
BR ˈvʌɪsmənɪzm
AM ˈwaɪsməˌnɪz(ə)m
Weiss
BR vʌɪs, wʌɪs
AM vaɪs, waɪs
Weissmuller
BR ˈwʌɪsˌmʊlə(r)
AM ˈwaɪsˌmʊlər
Weizmann
BR ˈvʌɪtsmən
AM ˈvaɪtsm(ə)n
weka
BR ˈwɛkə(r), -z
AM ˈwɛkə, -z
welch
BR wɛl(t)ʃ, -ɪz, -ɪŋ, -t
AM wɛl(t)ʃ, -əz, -ɪŋ, -t
welcome
BR ˈwɛlkəm, -z, -ɪŋ, -d
AM ˈwɛlkəm, -z, -ɪŋ, -d

welcomely
BR ˈwelkəmli
AM ˈwelkəmli

welcomeness
BR ˈwelkəmnəs
AM ˈwelkəmnəs

welcomer
BR ˈwelkəmə(r), -z
AM ˈwelkəmər, -z

welcomingly
BR ˈwelkəmɪŋli
AM ˈwelkəmɪŋli

weld
BR weld, -z, -ɪŋ, -ɪd
AM weld, -z, -ɪŋ, -əd

weldability
BR ˌweldəˈbɪlɪti
AM ˌweldəˈbɪlɪdi

weldable
BR ˈweldəbl
AM ˈweldəb(ə)l

welder
BR ˈweldə(r), -z
AM ˈweldər, -z

Weldon
BR ˈweld(ə)n
AM ˈweldən

welfare
BR ˈwelfeː(r)
AM ˈwelˌfe(ə)r

welfare state
BR ˌwelfeːˈsteɪt, -s
AM ˈwelfərˌsteɪt, -s

welfarism
BR ˈwelfeːrɪzm
AM ˈwelˌferˌɪz(ə)m

welfarist
BR ˈwelfeːrɪst, -s
AM ˈwelˌferəst, -s

Welford
BR ˈwelfəd
AM ˈwelfərd

welkin
BR ˈwelkɪn
AM ˈwelkən

well
BR wel, -z, -ɪŋ, -d
AM wel, -z, -ɪŋ, -d

we'll[1] *strong form*
BR wiːl
AM wil

we'll[2] *weak form*
BR wɪl
AM wəl

Welland
BR ˈwelənd
AM ˈwelənd

wellbeing
BR ˈwelbiɪŋ
AM ˌwelˈbiɪŋ

Wellbeloved
BR ˈwelbɪlʌvd
AM ˈwelbəˌləvd

Wellcome
BR ˈwelkəm
AM ˈwelkəm

well deck
BR ˈwel dek, -s
AM ˈwel ˌdek, -s

well-dressing
BR ˈwelˌdresɪŋ, -z
AM ˈwelˌdresɪŋ, -z

Weller
BR ˈwelə(r)
AM ˈwelər

Welles
BR welz
AM welz

Wellesbourne
BR ˈwelzbɔːn
AM ˈwelzˌbɔ(ə)rn

Wellesley
BR ˈwelzli
AM ˈwelzli

wellhead
BR ˈwelhed, -z
AM ˈwel(h)ed, -z

wellie
BR ˈweli, -ɪz
AM ˈweli, -z

Wellingborough
BR ˈwelɪŋb(ə)rə(r)
AM ˈwelɪŋˌbərə

wellington
BR ˈwelɪŋt(ə)n, -z
AM ˈwelɪŋt(ə)n, -z

wellness
BR ˈwelnəs
AM ˈwelnəs

Wells
BR ˈwelz
AM ˈwelz

wellspring
BR ˈwelsprɪŋ, -z
AM ˈwelˌsprɪŋ, -z

well-to-do
BR ˌweltəˈduː
AM ˌweldəˈdu

well-wisher
BR ˈwelˌwɪʃə(r), -z
AM ˈwelˌwɪʃər, -z

welly
BR ˈweli, -ɪz
AM ˈweli, -z

welsh
BR welʃ, -ɪz, -ɪŋ, -t
AM welʃ, -əz, -ɪŋ, -t

welsher
BR ˈwelʃə(r), -z
AM ˈwelʃər, -z

Welshman
BR ˈwelʃmən
AM ˈwelʃm(ə)n

Welshmen
BR ˈwelʃmən
AM ˈwelʃm(ə)n

Welshness
BR ˈwelʃnəs
AM ˈwelʃnəs

Welshpool
BR ˈwelʃpuːl
AM ˈwelʃˌpul

welsh rarebit
BR ˌwelʃ ˈreːbɪt, + ˈrabɪt
AM ˌwelʃ ˈrerˌbɪt

Welshwoman
BR ˈwelʃˌwomən
AM ˈwelʃˌwom(ə)n

Welshwomen
BR ˈwelʃˌwɪmɪn
AM ˈwelʃˌwɪmɪn

welt
BR welt, -s, -ɪŋ, -ɪd
AM welt, -s, -ɪŋ, -əd

Weltanschauung
BR ˈvelt(a)nˌʃaʊʊŋ
AM ˈveltˈanˌʃaʊʊŋ

Weltanschauungen
BR ˈvelt(a)nˌʃaʊʊŋən
AM ˈveltˈanˌʃaʊʊŋən

welter
BR ˈweltˌ|ə(r), -əz, -(ə)rɪŋ, -əd
AM ˈweltˌ|ər, -ərz, -(ə)rɪŋ, -ərd

welterweight
BR ˈweltəweɪt, -s
AM ˈweltərˌweɪt, -s

Weltschmerz
BR ˈveltˌʃmɜːts
AM ˈveltˌʃmərts

Welty
BR ˈwelti
AM ˈwelti

Welwyn
BR ˈwelɪn
AM ˈwelwən

Wem
BR wem
AM wem

Wembley
BR ˈwembli
AM ˈwembli

Wemyss
BR wiːmz
AM wimz

wen
BR wen, -z
AM wen, -z

Wenceslas
BR ˈwensɪslas
AM ˈwensəsˌlas

wench
BR wen(t)ʃ, -ɪz, -ɪŋ, -t
AM wen(t)ʃ, -əz, -ɪŋ, -t

wencher
BR ˈwen(t)ʃə(r), -z
AM ˈwen(t)ʃər, -z

wend
BR wend, -z, -ɪŋ, -ɪd
AM wend, -z, -ɪŋ, -əd

Wenda
BR ˈwendə(r)
AM ˈwendə

Wendell
BR ˈwendl
AM ˌwenˈdel, ˈwendəl

Wendic
BR ˈwendɪk
AM ˈwendɪk

Wendish
BR ˈwendɪʃ
AM ˈwendɪʃ
Wendover
BR ˈwendəʊvə(r)
AM ˈwenˌdoʊvər
Wendy
BR ˈwendi
AM ˈwendi
Wenham
BR ˈwenəm
AM ˈwen(ə)m
Wenlock Edge
BR ˌwenlɒk ˈedʒ
AM ˌwenlɑk ˈedʒ
Wensleydale
BR ˈwenzlɪdeɪl, -z
AM ˈwenzliˌdeɪl, -z
Wensum
BR ˈwens(ə)m
AM ˈwens(ə)m
went
BR went
AM went
wentletrap
BR ˈwentltrap, -s
AM ˈwen(t)lˌtræp, -s
Wentworth
BR ˈwentwə(ː)θ
AM ˈwentˌwərθ
Wenvoe
BR ˈwenvəʊ
AM ˈwenvoʊ
Weobley
BR ˈwebli
AM ˈwebli
wept
BR wept
AM wept
were
BR wəː(r)
AM wər
we're[1] *strong form*
BR wɪə(r)
AM wɪ(ə)r
we're[2] *weak form*
BR wə(r)
AM wər
weren't
BR wəːnt
AM wər(ə)nt

werewolf
BR ˈweːwʊlf, ˈwɪəwʊlf
AM ˈwerˌwʊlf
werewolves
BR ˈweːwʊlvz, ˈwɪəwʊlvz
AM ˈwerˌwʊlvz
wergeld
BR ˈwəːgeld, ˈweːgeld, ˈwɪəgeld
AM ˈwɪrˌgeld, ˈwerˌgeld
wergild
BR ˈwəːgɪld, ˈweːgɪld, ˈwɪəgɪld
AM ˈwɪrˌgɪld, ˈwerˌgɪld
Werner
BR ˈwəːnə(r), ˈvəːnə(r)
AM ˈvərnər, ˈwərnər
wert[1] *strong form*
BR wəːt
AM wərt
wert[2] *weak form*
BR wət
AM wərt
Weser
BR ˈveɪzə(r)
AM ˈweɪsər, ˈweɪzər
Wesker
BR ˈweskə(r)
AM ˈweskər
Wesley
BR ˈwezli, ˈwesli
AM ˈwesli, ˈwezli
Wesleyan
BR ˈwezliən, ˈwesliən, -z
AM ˈwezliən, ˈwesliən, -z
Wesleyanism
BR ˈwezliənɪzm, ˈwesliənɪzm
AM ˈwezliəˌnɪz(ə)m, ˈwesliəˌnɪz(ə)m
Wessex
BR ˈwesɪks
AM ˈwesəks
Wesson
BR ˈwesn
AM ˈwes(ə)n

west
BR west
AM west
westabout
BR ˈwestəbaʊt
AM ˈwestəbaʊt
westbound
BR ˈwes(t)baʊnd
AM ˈwes(t)ˌbaʊnd
West Bromwich
BR ˌwes(t) ˈbrɒmɪdʒ
AM ˌwes(t) ˈbrɑm(w)ɪtʃ
Westbury
BR ˈwes(t)b(ə)ri
AM ˈwes(t)ˌberi
Westclox
BR ˈwes(t)klɒks
AM ˈwes(t)ˌklɑks
Westcott
BR ˈwes(t)kɒt
AM ˈwes(t)kət, ˈwes(t)ˌkɑt
West Country
BR ˈwes(t) ˌkʌntri
AM ˈwes(t) ˌkəntri
West Countryman
BR ˌwes(t) ˈkʌntrɪmən
AM ˈwes(t) ˌkəntrɪm(ə)n
West Countrymen
BR ˌwes(t) ˈkʌntrɪmən
AM ˈwes(t) ˌkəntrɪm(ə)n
wester
BR ˈwest|ə(r), -əz, -(ə)rɪŋ, -əd
AM ˈwestər, -z, -ɪŋ, -d
Westerham
BR ˈwest(ə)rəm, ˈwest(ə)r̩m
AM ˈwestərəm
westerly
BR ˈwestəl|i, -ɪz
AM ˈwestərli, -z
western
BR ˈwest(ə)n, -z
AM ˈwestərn, -z
westerner
BR ˈwestnə(r), -z
AM ˈwestərnər, -z

westernisation
BR ˌwestn̩ʌɪˈzeɪʃn
AM ˌwestərˌnaɪˈzeɪʃ(ə)n, ˌwestərnəˈzeɪʃ(ə)n
westernise
BR ˈwestn̩ʌɪz, -ɪz, -ɪŋ, -d
AM ˈwestərˌnaɪz, -ɪz, -ɪŋ, -d
westerniser
BR ˈwestn̩ʌɪzə(r), ˈwestn̩ʌɪzə(r), -z
AM ˈwestərˌnaɪzər, -z
westernization
BR ˌwestn̩ʌɪˈzeɪʃn
AM ˌwestərˌnaɪˈzeɪʃ(ə)n, ˌwestərnəˈzeɪʃ(ə)n
westernize
BR ˈwestn̩ʌɪz, -ɪz, -ɪŋ, -d
AM ˈwestərˌnaɪz, -ɪz, -ɪŋ, -d
westernizer
BR ˈwestn̩ʌɪzə(r), -z
AM ˈwestərˌnaɪzər, -z
westernmost
BR ˈwestnməʊst
AM ˈwestərnˌmoʊst
Westfield
BR ˈwes(t)fiːld
AM ˈwes(t)ˌfild
Westgate
BR ˈwes(t)geɪt
AM ˈwes(t)ˌgeɪt
westing
BR ˈwestɪŋ, -z
AM ˈwestɪŋ, -z
Westinghouse
BR ˈwestɪŋhaʊs
AM ˈwestɪŋˌ(h)aʊs
Westland
BR ˈwes(t)lənd
AM ˈwes(t)lənd
Westmeath
BR ˌwes(t)ˈmiːθ
AM ˌwes(t)ˈmiθ
Westminster
BR ˈwes(t)mɪnstə(r), ˌwes(t)ˈmɪnstə(r)
AM ˈwes(t)ˌmɪnstər, ˌwes(t)ˈmɪnstər

Westmorland[1] *in Kansas and Pennsylvania, US*
BR ˌwɛs(t)ˈmɔːlənd
AM ˌwɛs(t)ˈmɔrlənd

Westmorland[2] *in UK and in Virginia, US*
BR ˈwɛs(t)mələnd
AM ˈwɛs(t)mərlənd

Westmorland[3] *surname*
BR ˈwɛs(t)ˌmɔːlənd
AM ˌwɛs(t)ˈmɔrlənd

west-northwest[1]
BR ˌwɛs(t)nɔːˈθˈwɛst
AM ˌwɛs(t)ˌnɔrθˈwɛst

west-northwest[2] *nautical use*
BR ˌwɛs(t)nɔːˈwɛst
AM ˌwɛs(t)ˌnɔrˈwɛst

Weston
BR ˈwɛst(ə)n
AM ˈwɛst(ə)n

Weston-super-Mare
BR ˌwɛst(ə)nˌs(j)uːpə-ˈmɛː(r)
AM ˌwɛstənˌsupər-ˈmɛ(ə)r

Westphalia
BR wɛs(t)ˈfeɪliə(r)
AM ˌwɛs(t)ˈfeɪliə, ˌwɛs(t)ˈfeɪljə

Westphalian
BR wɛs(t)ˈfeɪliən, -z
AM ˌwɛs(t)ˈfeɪliən, ˌwɛs(t)ˈfeɪljən, -z

west-southwest[1]
BR ˌwɛs(t)saʊθˈwɛst
AM ˌwɛs(t)ˌsaʊθˈwɛst

west-southwest[2] *nautical use*
BR ˌwɛs(t)saʊˈwɛst
AM ˌwɛs(t)ˌsaʊˈwɛst

westward
BR ˈwɛstwəd, -z
AM ˈwɛs(t)wərd, -z

westwardly
BR ˈwɛstwədli
AM ˈwɛs(t)wərdli

Westwood
BR ˈwɛs(t)wʊd
AM ˈwɛs(t)ˌwʊd

wet
BR wɛt, -s, -ɪŋ, -ɪd, -ə(r), -ɪst
AM wɛ|t, -ts, -ɪŋ, -dɪd, -dər, -dəst

wet-and-dry
BR ˌwɛt(ə)n(d)ˈdrʌɪ
AM ˌˈwɛtnˈdraɪ, ˌˈwɛdənˈdraɪ

wetback
BR ˈwɛtbak, -s
AM ˈwɛtˌbæk, -s

wether
BR ˈwɛðə(r), -z
AM ˈwɛðər, -z

Wetherall
BR ˈwɛð(ə)rɔːl, ˈwɛð(ə)rl̩
AM ˈwɛðərˌɑl, ˈwɛðərˌɔl

Wetherby
BR ˈwɛðəbi
AM ˈwɛðərbi

wetland
BR ˈwɛtland, -z
AM ˈwɛtlənd, ˈwɛtˌlænd, -z

wetlook
BR ˈwɛtlʊk
AM ˈwɛtˌlʊk

wetly
BR ˈwɛtli
AM ˈwɛtli

wetness
BR ˈwɛtnəs
AM ˈwɛtnəs

wet-nurse
BR ˈwɛtnɜːs, -ɪz, -ɪŋ, -t
AM ˈwɛtˌnɜrs, -əz, -ɪŋ, -t

wetsuit
BR ˈwɛts(j)uːt, -s
AM ˈwɛtˌsut, -s

wettable
BR ˈwɛtəbl
AM ˈwɛdəb(ə)l

wetting
BR ˈwɛtɪŋ, -z
AM ˈwɛdɪŋ, -z

wettish
BR ˈwɛtɪʃ
AM ˈwɛdɪʃ

wetware
BR ˈwɛtwɛː(r)
AM ˈwɛtˌwɛ(ə)r

wet-weather
BR ˌwɛtˈwɛðə(r)
AM ˌwɛtˈwɛðər

we've[1] *strong form*
BR wiːv
AM wiv

we've[2] *weak form*
BR wɪv
AM wiv

Wexford
BR ˈwɛksfəd
AM ˈwɛksfərd

wey
BR weɪ, -z
AM weɪ, -z

Weybridge
BR ˈweɪbrɪdʒ
AM ˈweɪˌbrɪdʒ

Weymouth
BR ˈweɪməθ
AM ˈweɪməθ

whack
BR wak, -s, -ɪŋ, -t
AM (h)wæk, -s, -ɪŋ, -t

whacker
BR ˈwakə(r), -z
AM ˈ(h)wækər, -z

whacking
BR ˈwakɪŋ, -z
AM ˈ(h)wækɪŋ, -z

whacko
BR ˌwakˈəʊ
AM ˈwækoʊ

whacky
BR ˈwaki
AM ˈwæki

whale
BR weɪl, -z, -ɪŋ
AM (h)weɪl, -z, -ɪŋ

whaleback
BR ˈweɪlbak, -s
AM ˈ(h)weɪlˌbæk, -s

whaleboat
BR ˈweɪlbəʊt, -s
AM ˈ(h)weɪlˌboʊt, -s

whalebone
BR ˈweɪlbəʊn
AM ˈ(h)weɪlˌboʊn

whale-oil
BR ˈweɪlɔɪl
AM ˈ(h)weɪlˌɔɪl

whaler
BR ˈweɪlə(r), -z
AM ˈ(h)weɪlər, -z

whale-watching
BR ˈweɪlˌwɒtʃɪŋ
AM ˈˈ(h)weɪlˌwɑtʃɪŋ

Whaley
BR ˈweɪli
AM ˈ(h)weɪli

whaling-master
BR ˈweɪlɪŋˌmɑːstə(r), -z
AM ˈ(h)weɪlɪŋˌmæstər, -z

Whalley
BR ˌwɒli, ˈwɔːli, ˈweɪli
AM ˈ(h)wɑli, ˈ(h)wɑli, ˈ(h)weɪli

Whalley Range
BR ˌwɒli ˈreɪn(d)ʒ
AM ˈ(h)wɑli ˌreɪndʒ, ˈ(h)wɒli ˌreɪndʒ

wham
BR wam
AM (h)wæm

whammy
BR ˈwam|i, -ɪz
AM ˈ(h)wæmi, -z

whang
BR waŋ, -z
AM (h)wæŋ, -z

Whangarei
BR ˌwaŋəˈreɪ
AM ˌ(h)wɑŋəˈreɪ

whangee
BR ˌwaŋˈ(g)iː, -z
AM (h)wæŋˈgi, -z

whap
BR wɒp
AM (h)wæp

whare
BR ˈwɒr|i, -ɪz
AM ˈ(h)wɑˌreɪ, -z

wharf
BR wɔːf
AM (h)wɔ(ə)rf

wharfage
BR wɔːfɪdʒ
AM ˈ(h)wɔrfɪdʒ
Wharfe
BR wɔːf
AM (h)wɔ(ə)rf
Wharfedale
BR ˈwɔːfdeɪl
AM ˈ(h)wɔrfˌdeɪl
wharfie
BR ˈwɔːf|i, -ɪz
AM ˈ(h)wɔrfi, -z
wharfinger
BR ˈwɔːfɪn(d)ʒə(r), -z
AM ˈ(h)wɔrfəndʒər, -z
Wharton
BR ˈwɔːtn
AM ˈ(h)wɔrt(ə)n
wharves
BR wɔːvz
AM (h)wɔ(ə)rvz
what
BR wɒt
AM (h)wət
whate'er
BR wɒtˈɛː(r)
AM (h)wəˈtɛ(ə)r
whatever
BR wɒtˈɛvə(r)
AM ˈ(h)wədɛvər, (h)wətˈɛvər
Whatmough
BR ˈwɒtməʊ, ˈwɒtmʌf
AM ˈ(h)wətmoʊ
whatnot
BR ˈwɒtnɒt, -s
AM ˈ(h)wətˌnɑt, -s
what's-her-name
BR ˈwɒtsəneɪm
AM ˈ(h)wətsərˌneɪm
what's-his-name
BR ˈwɒtsɪzneɪm
AM ˈ(h)wətsɪzˌneɪm
whatsit
BR ˈwɒtsɪt, -s
AM ˈ(h)wətsɪt, -s
what's it
BR ˈwɒts ɪt, -s
AM ˈ(h)wəts ɪt, -s
what's-its-name
BR ˈwɒtsɪtsneɪm
AM ˈ(h)wətsɪtsˌneɪm

whatsoe'er
BR ˌwɒtsəʊˈɛː(r)
AM ˌ(h)wətsoʊˈɛ(ə)r
whatsoever
BR ˌwɒtsəʊˈɛvə(r)
AM ˌ(h)wətsoʊˈɛvər
what-you-may-call-it
BR ˈwɒtʃəməˌkɔːlɪt, ˈwɒdʒəməˌkɔːlɪt
AM ˈ(h)watʃəməˌkɑlɪt, ˈ(h)watʃəməˌkɔlɪt
whaup
BR wɔːp, -s
AM (h)wɑp, -s
wheal
BR wiːl, -z, -ɪŋ, -d
AM (h)wil, -z, -ɪŋ, -d
wheat
BR wiːt
AM (h)wit
wheat cake
BR ˈwiːt keɪk, -s
AM ˈ(h)wit ˌkeɪk, -s
Wheatcroft
BR ˈwiːtkrɒft
AM ˈ(h)witˌkrɑft, ˈ(h)witˌkrɔft
wheatear
BR ˈwiːtɪə(r), -z
AM ˈwidˌɪ(ə)r, -z
wheaten
BR ˈwiːtn
AM ˈ(h)witn
wheatgerm
BR ˈwiːtdʒəːm
AM ˈ(h)witˌdʒɜrm
wheatgrass
BR ˈwiːtgrɑːs
AM ˈ(h)wit ˌgræs
Wheathampstead
BR ˈwiːt(ə)mstɛd, ˈwiːt(ə)mstɪd, ˈwɛt(ə)mstɛd, ˈwɛt(ə)mstɪd
AM ˈ(h)wɛdəmˌstɛd, ˈ(h)widəmˌstɛd
Wheatley
BR ˈwiːtli
AM ˈ(h)witli
wheatmeal
BR ˈwiːtmiːl
AM ˈ(h)witˌmil

wheatsheaf
BR ˈwiːtʃiːf
AM ˈ(h)witˌʃif
wheatsheaves
BR ˈwiːtʃiːvz
AM ˈ(h)witˌʃivz
Wheatstone
BR ˈwiːtstəʊn
AM ˈ(h)witˌstoʊn
whee
BR wiː
AM (h)wi
wheedle
BR ˈwiːd|l, -lz, -l̩ŋ\-lɪŋ, -ld
AM ˈ(h)wid|əl, -əlz, -(ə)lɪŋ, -əld
wheedler
BR ˈwiːdlə(r), ˈwiːdlə(r), -z
AM ˈ(h)wid(ə)lər, -z
wheedlingly
BR ˈwiːdl̩ŋli, ˈwiːdlɪŋli
AM ˈ(h)widlɪŋli
wheel
BR wiːl, -z, -ɪŋ, -d
AM (h)wil, -z, -ɪŋ, -d
wheelbarrow
BR ˈwiːlˌbarəʊ, -z
AM ˈ(h)wilˌbɛroʊ, -z
wheelbase
BR ˈwiːlbeɪs, -ɪz
AM ˈ(h)wilˌbeɪs, -ɪz
wheelchair
BR ˈwiːltʃɛː(r), -z
AM ˈ(h)wilˌtʃɛ(ə)r, -z
wheel-clamp
BR ˈwiːlklam|p, -(p)s, -pɪŋ, -(p)t
AM ˈ(h)wilˌklæm|p, -(p)s, -pɪŋ, -(p)t
wheeler
BR ˈwiːlə(r), -z
AM ˈ(h)wilər, -z
wheeler-dealer
BR ˌwiːləˈdiːlə(r), -z
AM ˈ(h)wilərˈdilər, -z
wheeler-dealing
BR ˌwiːləˈdiːlɪŋ
AM ˈ(h)wilərˈdilɪŋ

wheelhouse
BR ˈwiːlhaʊ|s, -zɪz
AM ˈ(h)wilˌ(h)aʊ|s, -zəz
wheelie
BR ˈwiːl|i, -ɪz
AM ˈ(h)wili, -z
wheeling
BR ˈwiːlɪŋ, -z
AM ˈ(h)wilɪŋ, -z
wheelless
BR ˈwiːllɪs
AM ˈ(h)wi(l)lɪs
wheelman
BR ˈwiːlman
AM ˈ(h)wilˌmæn
wheelmen
BR ˈwiːlmɛn
AM ˈ(h)wilˌmɛn
wheelright
BR ˈwiːlrʌɪt, -s
AM ˈ(h)wilˌraɪt, -s
wheelslip
BR ˈwiːlslɪp
AM ˈ(h)wilˌslɪp
wheelsman
BR ˈwiːlzmən
AM ˈ(h)wilzm(ə)n
wheelsmen
BR ˈwiːlzmən
AM ˈ(h)wilzm(ə)n
wheelspin
BR ˈwiːlspɪn
AM ˈ(h)wilˌspɪn
wheelwright
BR ˈwiːlrʌɪt, -s
AM ˈ(h)wilˌraɪt, -s
Wheen
BR wiːn
AM (h)win
wheeze
BR wiːz, -ɪz, -ɪŋ, -d
AM (h)wiz, -ɪz, -ɪŋ, -d
wheezer
BR ˈwiːzə(r), -z
AM ˈ(h)wizər, -z
wheezily
BR ˈwiːzɪli
AM ˈ(h)wizɪli
wheeziness
BR ˈwiːzɪnɪs
AM ˈ(h)wizɪnɪs

wheezingly
BR ˈwiːzɪŋli
AM ˈ(h)wizɪŋli

wheezy
BR ˈwiːz|i, -ɪə(r), -ɪɪst
AM ˈ(h)wizi, -ər, -ɪst

Whelan
BR ˈwiːlən
AM ˈ(h)wɪl(ə)n, ˈ(h)weɪl(ə)n

whelk
BR welk, -s
AM (h)welk, -s

whelp
BR welp, -s
AM (h)welp, -s

when
BR wen
AM (h)wen

whence
BR wens
AM (h)wens

whencesoever
BR ˌwens(s)əʊˈevə(r)
AM ˌ(h)wen(s)soʊˈevər

whene'er
BR weˈneə(r)
AM (h)weˈne(ə)r, (h)wəˈne(ə)r

whenever
BR weˈnevə(r)
AM (h)weˈnevər, (h)wəˈnevər

whensoe'er
BR ˌwensəʊˈeə(r)
AM ˌ(h)wensoʊˈe(ə)r

whensoever
BR ˌwensəʊˈevə(r)
AM ˌ(h)wensoʊˈevər

where
BR weə(r)
AM (h)we(ə)r

whereabouts[1] *adverb*
BR ˌweːrəˈbaʊts, ˈweːrəbaʊts
AM ˈ,(h)werəˌbaʊts

whereabouts[2] *noun*
BR ˈweːrəbaʊts
AM ˈ(h)werəˌbaʊts

whereafter
BR we(ː)rˈɑːftə(r)
AM (h)weˈræftər, (h)wəˈræftər

whereas
BR we(ː)rˈaz
AM (h)weˈræz, (h)wəˈræz

whereat
BR we(ː)rˈat
AM (h)weˈræt, (h)wəˈræt

whereby
BR weːˈbaɪ
AM (h)werˈbaɪ

where'er
BR weːrˈeə(r)
AM (h)weˈre(ə)r

wherefore
BR ˈweːfɔː(r), -z
AM ˈ(h)werˌfɔ(ə)r, -z

wherefrom
BR weːˈfrɒm
AM ˌ(h)werˈfrʌm

wherein
BR we(ː)ˈrɪn
AM (h)weˈrɪn

whereof
BR we(ː)rˈɒv
AM (h)weˈrɑv, (h)weˈrɔv

whereon
BR we(ː)ˈrɒn
AM (h)weˈrɑn

wheresoe'er
BR ˌweːsəʊˈeə(r)
AM ˌ(h)wersoʊˈe(ə)r

wheresoever
BR ˌweːsəʊˈevə(r)
AM ˌ(h)wersoʊˈevər

whereto
BR weːˈtuː
AM (h)werˈto

whereupon
BR ˌweːrəˈpɒn
AM ˌ(h)werəˈpɑn

wherever
BR we(ː)rˈevə(r)
AM (h)weˈrevər, (h)wəˈrevər

wherewith
BR weːˈwɪð
AM (h)werˈwɪθ, (h)werˈwɪð

wherewithal[1] *adverb*
BR ˌweːwɪˈðɔːl, ˈweːwɪðɔːl
AM ˈ(h)werwəˌθɔl, ˈ(h)werwəˌðɑl, ˈ(h)werwəˌθɑl, ˈ(h)werwəˌðɔl

wherewithal[2] *noun*
BR ˈweːwɪðɔːl
AM ˈ(h)werwəˌθɔl, ˈ(h)werwəˌðɑl, ˈ(h)werwəˌθɑl, ˈ(h)werwəˌðɔl

Whernside
BR ˈwəːnsaɪd
AM ˈ(h)wərnˌsaɪd

wherry
BR ˈwer|i, -ɪz
AM ˈ(h)weri, -z

wherryman
BR ˈwerɪmən
AM ˈ(h)werɪm(ə)n

wherrymen
BR ˈwerɪmən
AM ˈ(h)werɪm(ə)n

whet
BR wet, -s, -ɪŋ, -ɪd
AM (h)wet, -s, -ɪŋ, -əd

whether
BR ˈweðə(r)
AM ˈ(h)weðər

whetstone
BR ˈwetstəʊn, -z
AM ˈ(h)wetˌstoʊn, -z

whetter
BR ˈwetə(r), -z
AM ˈ(h)wedər, -z

whew
BR h(w)juː
AM h(w)ju

Whewell
BR ˈhjuː(ə)l
AM ˈhju(ə)l

whey
BR weɪ
AM (h)weɪ

which
BR wɪtʃ
AM (h)wɪtʃ

whichever
BR wɪtʃˈevə(r)
AM ˌ(h)wɪˈtʃevər

whichsoever
BR ˌwɪtʃsəʊˈevə(r)
AM ˌ(h)wɪtʃsoʊˈevər

whicker
BR ˈwɪk|ə(r), -əz, -(ə)rɪŋ, -əd
AM ˈ(h)wɪkər, -z, -ɪŋ, -d

whidah
BR ˈwɪdə(r), -z
AM ˈ(h)wɪdə, -z

whiff
BR wɪf, -s, -ɪŋ, -t
AM (h)wɪf, -s, -ɪŋ, -t

whiffiness
BR ˈwɪfɪnɪs
AM ˈwɪfɪnɪs

whiffle
BR ˈwɪf|l, -lz, -l̩ɪŋ\-lɪŋ, -ld
AM ˈ(h)wɪf|əl, -əlz, -(ə)lɪŋ, -əld

whiffler
BR ˈwɪfˌlə(r), ˈwɪflə(r), -z
AM ˈ(h)wɪf(ə)lər, -z

whiffletree
BR ˈwɪfltriː, -z
AM ˈ(h)wɪfəlˌtri, -z

whiffy
BR ˈwɪf|i, -ɪə(r), -ɪɪst
AM ˈ(h)wɪfi, -ər, -ɪst

Whig
BR wɪg, -z
AM (h)wɪg, -z

whiggery
BR ˈwɪg(ə)ri
AM ˈ(h)wɪgəri

whiggish
BR ˈwɪgɪʃ
AM ˈ(h)wɪgɪʃ

whiggishness
BR ˈwɪgɪʃnɪs
AM ˈ(h)wɪgɪʃnɪs

whiggism
BR ˈwɪgɪzm
AM ˈ(h)wɪgˌɪz(ə)m

while
BR waɪl, -z, -ɪŋ, -d
AM (h)waɪl, -z, -ɪŋ, -d

whilom
BR ˈwaɪləm
AM ˈ(h)waɪl(ə)m

whilst
BR waɪlst
AM (h)waɪlst

whim
BR wɪm, -z
AM (h)wɪm, -z

whimbrel
BR ˈwɪmbr(ə)l, -z
AM ˈ(h)wɪmbrəl, -z

whimper
BR ˈwɪmp|ə(r), -əz, -(ə)rɪŋ, -əd
AM (h)wɪmp|ər, -ərz, -(ə)rɪŋ, -ərd

whimperer
BR ˈwɪmp(ə)rə(r), -z
AM ˈ(h)wɪmp(ə)rər, -z

whimpering
BR ˈwɪmp(ə)rɪŋ, -z
AM ˈ(h)wɪmp(ə)rɪŋ, -z

whimperingly
BR ˈwɪmp(ə)rɪŋli
AM ˈ(h)wɪmp(ə)rɪŋli

whimsey
BR ˈwɪmz|i, -ɪz
AM ˈ(h)wɪmzi, -z

whimsical
BR ˈwɪmzɪkl
AM ˈ(h)wɪmzɪk(ə)l

whimsicality
BR ˌwɪmzɪˈkælɪti
AM ˌ(h)wɪmzəˈkælədi

whimsically
BR ˈwɪmzɪkli
AM ˈ(h)wɪmzɪk(ə)li

whimsicalness
BR ˈwɪmzɪklnəs
AM ˈ(h)wɪmzɪkəlnəs

whimsy
BR ˈwɪmz|i, -ɪz
AM ˈ(h)wɪmzi, -z

whim-wham
BR ˈwɪmwam, -z
AM ˈ(h)wɪmˌ(h)wæm, -z

whin
BR wɪn
AM (h)wɪn

whinchat
BR ˈwɪntʃat, -s
AM ˈ(h)wɪnˌtʃæt, -s

whine
BR waɪn, -z, -ɪŋ, -d
AM (h)waɪn, -z, -ɪŋ, -d

whiner
BR ˈwaɪnə(r), -z
AM ˈ(h)waɪnər, -z

whinge
BR wɪn(d)ʒ, -ɪz, -ɪŋ, -d
AM (h)wɪndʒ, -ɪz, -ɪŋ, -d

whingeingly
BR ˈwɪn(d)ʒɪŋli
AM ˈ(h)wɪndʒɪŋli

whinger
BR ˈwɪn(d)ʒə(r), -z
AM ˈ(h)wɪndʒər, -z

whingey
BR ˈwɪn(d)ʒi
AM ˈ(h)wɪndʒi

whingingly
BR ˈwɪn(d)ʒɪŋli
AM ˈ(h)wɪndʒɪŋli

whingy
BR ˈwɪn(d)ʒi
AM ˈ(h)wɪndʒi

whiningly
BR ˈwaɪnɪŋli
AM ˈ(h)waɪnɪŋli

whinny
BR ˈwɪn|i, -ɪz, -ɪŋ, -ɪd
AM ˈ(h)wɪni, -z, -ɪŋ, -d

whinsill
BR ˈwɪnsɪl, -z
AM ˈ(h)wɪnˌsɪl, -z

whinstone
BR ˈwɪnstəʊn
AM ˈ(h)wɪnˌstoʊn

whiny
BR ˈwaɪn|i, -ɪə(r), -ɪɪst
AM ˈ(h)waɪni, -ər, -ɪst

whip
BR wɪp, -s, -ɪŋ, -t
AM (h)wɪp, -s, -ɪŋ, -t

whipcord
BR ˈwɪpkɔːd
AM ˈ(h)wɪpˌkɔ(ə)rd

whipcracking
BR ˈwɪpˌkrakɪŋ
AM ˈ(h)wɪpˌkrækɪŋ

whip hand
BR ˌwɪp ˈhand
AM ˈ(h)wɪp ˌ(h)ænd

whiplash
BR ˈwɪplaʃ
AM ˈ(h)wɪpˌlaʃ

whipless
BR ˈwɪplɪs
AM ˈ(h)wɪplɪs

whipper
BR ˈwɪpə(r), -z
AM ˈ(h)wɪpər, -z

whipper-in
BR ˌwɪpərˈɪn
AM ˈ(h)wɪpəˈrɪn

whippers-in
BR ˌwɪpəzˈɪn
AM ˈ(h)wɪpərzˈɪn

whippersnapper
BR ˈwɪpəˌsnapə(r), -z
AM ˈ(h)wɪpərˌsnæpər, -z

whippet
BR wɪpɪt, -s
AM ˈ(h)wɪpɪt, -s

whippiness
BR ˈwɪpɪnɪs
AM ˈ(h)wɪpɪnɪs

whipping
BR ˈwɪpɪŋ, -z
AM ˈ(h)wɪpɪŋ, -z

whippletree
BR ˈwɪpltriː, -z
AM ˈ(h)wɪpəlˌtri, -z

whippoorwill
BR ˈwɪpəwɪl, -z
AM ˈ(h)wɪpərˌwɪl, -z

whippy
BR ˈwɪpi
AM ˈ(h)wɪpi

whip-round
BR ˈwɪpraʊnd, -z
AM ˈ(h)wɪpˌraʊnd, -z

whipsaw
BR ˈwɪpsɔː(r), -z
AM ˈ(h)wɪpˌsɑ, ˈ(h)wɪpˌsɔ, -z

Whipsnade
BR ˈwɪpsneɪd
AM ˈ(h)wɪpˌsneɪd

whipster
BR ˈwɪpstə(r), -z
AM ˈ(h)wɪpstər, -z

whipstock
BR ˈwɪpstɒk, -s
AM ˈ(h)wɪpˌstɑk, -s

whipworm
BR ˈwɪpwəːm, -z
AM ˈ(h)wɪpˌwɜrm, -z

whir
BR wəː(r), -z, -ɪŋ, -d
AM (h)wɜr, -z, -ɪŋ, -d

whirl
BR wəːl, -z, -ɪŋ, -d
AM (h)wɜrl, -z, -ɪŋ, -d

whirler
BR ˈwəːlə(r), -z
AM ˈ(h)wɜrlər, -z

whirligig
BR ˈwəːlɪgɪg, -z
AM ˈ(h)wɜrliˌgɪg, -z

whirlingly
BR ˈwəːlɪŋli
AM ˈ(h)wɜrlɪŋli

whirlpool
BR ˈwəːlpuːl, -z
AM ˈ(h)wɜrlˌpul, -z

whirlwind
BR ˈwəːlwɪnd, -z
AM ˈ(h)wɜrlˌwɪnd, -z

whirlybird
BR ˈwəːlibəːd, -z
AM ˈ(h)wɜrliˌbərd, -z

whirr
BR wəː(r), -z, -ɪŋ, -d
AM (h)wɜr, -z, -ɪŋ, -d

whisht
BR (h)wɪʃt
AM (h)wɪʃt

whisk
BR wɪsk, -s, -ɪŋ, -t
AM (h)wɪsk, -s, -ɪŋ, -t

Whiskas
BR ˈwɪskəz
AM ˈ(h)wɪskəz

whiskbroom
BR ˈwɪskbruːm, -z
AM ˈ(h)wɪs(k)ˌbrʊm, ˈ(h)wɪs(k)ˌbrum, -z

whisker
BR ˈwɪskə(r), -z, -d
AM ˈ(h)wɪskər, -z, -d

whiskery
BR ˈwɪsk(ə)ri
AM ˈ(h)wɪskəri

whiskey
BR ˈwɪsk|i, -ɪz
AM ˈ(h)wɪski, -z

whisky
BR ˈwɪsk|i, -ɪz
AM ˈ(h)wɪski, -z

whisper
BR ˈwɪsp|ə(r), -əz, -(ə)rɪŋ, -əd
AM ˈ(h)wɪsp|ər, -ərz, -(ə)rɪŋ, -ərd

whisperer
BR ˈwɪsp(ə)rə(r), -z
AM ˈ(h)wɪsp(ə)rər, -z

whispering
BR ˈwɪsp(ə)rɪŋ, -z
AM ˈ(h)wɪsp(ə)rɪŋ, -z

whist
BR wɪst
AM (h)wɪst

whistle
BR ˈwɪs|l, -lz, -lɪŋ\-lɪŋ, -ld
AM ˈ(h)wɪs|əl, -əlz, -(ə)lɪŋ, -əld

whistler
BR ˈwɪslə(r), ˈwɪslə(r), -z
AM ˈ(h)wɪs(ə)lər, -z

Whistlerian
BR wɪˈslɪərɪən
AM (h)wɪˈslɪrɪən

whistle-stop
BR ˈwɪslstɒp
AM ˈ(h)wɪsəlˌstɑp

whit
BR wɪt
AM (h)wɪt

Whitaker
BR ˈwɪtəkə(r)
AM ˈ(h)wɪdəkər

Whitbread
BR ˈwɪtbrɛd
AM ˈ(h)wɪtˌbrɛd

Whitby
BR ˈwɪtbi
AM ˈ(h)wɪtbi

Whitchurch
BR ˈwɪttʃəːtʃ
AM ˈ(h)wɪt(t)ʃərtʃ

Whitcut
BR ˈwɪtkʌt
AM ˈ(h)wɪtkət

Whitcutt
BR ˈwɪtkʌt
AM ˈ(h)wɪtkət

white
BR wʌɪt, -s, -ɪŋ, -ə(r), -ɪst
AM (h)waɪ|t, -ts, -dɪŋ, -dər, -dəst

whitebait
BR ˈwʌɪtbeɪt
AM ˈ(h)waɪtˌbeɪt

whitebeam
BR ˈwʌɪtbiːm, -z
AM ˈ(h)waɪtˌbim, -z

whiteboard
BR ˈwʌɪtbɔːd, -z
AM ˈwaɪtˌbɔ(ə)rd, -z

whitecap
BR ˈwʌɪtkap, -s
AM ˈ(h)waɪtˌkæp, -s

Whitechapel
BR ˈwʌɪtˌtʃapl
AM ˈ(h)waɪtˌtʃæpəl

white-collar
BR ˌwʌɪtˈkɒlə(r)
AM ˈˌ(h)waɪtˌkɑlər

whitecurrant
BR ˈwʌɪtˌkʌrnt, -s
AM ˈ(h)waɪtˌkərənt, -s

whited sepulchre
BR ˌwʌɪtɪd ˈsɛp(ə)lkə(r), -z
AM ˈ(h)waɪdɪd ˈsɛpəlkər, -z

white-eye
BR ˈwʌɪtʌɪ, -z
AM ˈ(h)waɪdˌaɪ, -z

whiteface
BR ˈwʌɪtfeɪs, -ɪz
AM ˈ(h)waɪtˌfeɪs, -ɪz

whitefaced
BR ˌwʌɪtˈfeɪst
AM ˈ(h)waɪtˌfeɪst

Whitefield
BR ˈwʌɪtfiːld, ˈwɪtfiːld
AM ˈ(h)waɪtˌfild

whitefish
BR ˈwʌɪtfɪʃ
AM ˈ(h)waɪtˌfɪʃ

whitefly
BR ˈwʌɪtflʌɪ, -z
AM ˈ(h)waɪtˌflaɪ, -z

Whitefriars
BR ˈwʌɪtˌfrʌɪəz
AM ˈ(h)waɪtˌfraɪərz

Whitehall
BR ˈwʌɪthɔːl, ˌwʌɪtˈhɔːl
AM ˈ(h)waɪtˌ(h)ɑl, ˈ(h)waɪtˌ(h)ɔl

Whitehaven
BR ˈwʌɪtˌheɪvn
AM ˈ(h)waɪtˌ(h)eɪvən

whitehead
BR ˈwʌɪthɛd, -z
AM ˈ(h)waɪt(h)ɛd, ˈ(h)waɪtˌ(h)ɛd, -z

Whitehorn
BR ˈwʌɪthɔːn
AM ˈ(h)waɪtˌ(h)ɔ(ə)rn

Whitehorse
BR ˈwʌɪthɔːs
AM ˈ(h)waɪtˌ(h)ɔ(ə)rs

Whitehouse
BR ˈwʌɪthaʊs
AM ˈ(h)waɪtˌ(h)aʊs

White House
BR ˌwʌɪt ˈhaʊs
AM ˈ(h)waɪt ˌ(h)aʊs

Whitelaw
BR ˈwʌɪtlɔː(r)
AM ˈ(h)waɪtˌlɑ, ˈ(h)waɪtˌlɔ

Whiteley
BR ˈwʌɪtli
AM ˈ(h)waɪtli

whitely
BR ˈwʌɪtli
AM ˈ(h)waɪtli

white man
BR ˈwʌɪt man
AM ˈ(h)waɪt ˌmæn

white men
BR ˈwʌɪt mɛn
AM ˈ(h)waɪt ˌmɛn

whiten
BR ˈwʌɪt|n, -nz, -n̩ɪŋ\-nɪŋ, -nd
AM ˈ(h)waɪtn, -z, -ɪŋ, -d

whitener
BR ˈwʌɪtn̩ə(r), ˈwʌɪtnə(r), -z
AM ˈ(h)wətn̩ər, -z

whiteness
BR ˈwʌɪtnɪs
AM ˈ(h)waɪtnɪs

white-out
BR ˈwʌɪtaʊt, -s
AM ˈ(h)waɪtˌaʊt, -s

whitesmith
BR ˈwʌɪtsmɪθ, -s
AM ˈ(h)waɪtˌsmɪθ, -s

white-tail
BR ˈwʌɪtteɪl, -z, -d
AM ˈ(h)waɪtˌteɪl, -z, -d

whitethorn
BR ˈwʌɪtθɔːn, -z
AM ˈ(h)waɪtˌθɔ(ə)rn, -z

whitethroat
BR ˈwʌɪtθrəʊt, -s
AM ˈ(h)waɪtˌθroʊt, -s

whitewall
BR ˈwʌɪtwɔːl, -z
AM ˈ(h)waɪtˌwɑl, ˈ(h)waɪtˌwɔl, -z

whitewash
BR ˈwʌɪtwɒʃ, -ɪz, -ɪŋ, -t
AM ˈ(h)waɪtˌwɑʃ, ˈ(h)waɪtˌwɔʃ, -əz, -ɪŋ, -t

whitewasher
BR ˈwʌɪtwɒʃə(r), -z
AM ˈ(h)waɪtˌwɑʃər, ˈ(h)waɪtˌwɔʃər, -z

Whitewater
BR ˈwʌɪtˌwɔːtə(r)
AM ˈ(h)waɪtˌwɑdər, ˈ(h)waɪtˌwɔdər

whitewood
BR ˈwʌɪtwʊd
AM ˈ(h)waɪtˌwʊd
whitey
BR ˈwʌɪt|i, -ɪz
AM ˈ(h)waɪdi, -z
Whitfield
BR ˈwɪtfiːld
AM ˈ(h)wɪtˌfild
Whitgift
BR ˈwɪtgɪft
AM ˈ(h)wɪtˌgɪft
whither
BR ˈwɪðə(r)
AM ˈ(h)wɪðər
whithersoever
BR ˌwɪðəsəʊˈɛvə(r)
AM ˌ(h)wɪðərsoʊˈɛvər
whitherward
BR ˈwɪðəwəd
AM ˈ(h)wɪðərwərd
whiting
BR ˈwʌɪtɪŋ
AM ˈ(h)waɪdɪŋ
whitish
BR ˈwʌɪtɪʃ
AM ˈ(h)waɪdɪʃ
whitishness
BR ˈwʌɪtɪʃnɪs
AM ˈ(h)waɪdɪʃnɪs
Whitlam
BR ˈwɪtləm
AM ˈ(h)wɪtl(ə)m
whitleather
BR ˈwɪtˌlɛðə(r)
AM ˈ(h)wɪtˌlɛðər
Whitley
BR ˈwɪtli
AM ˈ(h)wɪtli
Whitlock
BR ˈwɪtlɒk
AM ˈ(h)wɪtˌlak
whitlow
BR ˈwɪtləʊ, -z
AM ˈ(h)wɪtˌloʊ, -z
Whitman
BR ˈwɪtmən
AM ˈ(h)wɪtm(ə)n
Whitmore
BR ˈwɪtmɔː(r)
AM ˈ(h)wɪtˌmɔ(ə)r

Whitney
BR ˈwɪtni
AM ˈ(h)wɪtni
Whitstable
BR ˈwɪtstəbl
AM ˈ(h)wɪtstəb(ə)l
Whitsun
BR ˈwɪtsn, -z
AM ˈ(h)wɪts(ə)n, -z
Whit Sunday
BR ˌwɪt ˈsʌnd|eɪ, + ˈsʌnd|i, -eɪz\-ɪz
AM ˌ(h)wɪt ˈsəndi, ˌ(h)wɪt ˈsənˌdeɪ, -z
Whitsuntide
BR ˈwɪtsntaɪd, -z
AM ˈ(h)wɪtsənˌtaɪd, -z
Whittaker
BR ˈwɪtəkə(r)
AM ˈ(h)wɪdəkər
Whittier
BR ˈwɪtɪə(r)
AM ˈ(h)wɪdiər
Whittington
BR ˈwɪtɪŋt(ə)n
AM ˈ(h)wɪdɪŋt(ə)n
whittle
BR ˈwɪt|l, -lz, -lɪŋ\-lɪŋ, -ld
AM ˈ(h)wɪd(ə)l, -z, -ɪŋ, -d
Whitty
BR ˈwɪti
AM ˈ(h)wɪdi
Whitworth
BR ˈwɪtwə(ː)θ
AM ˈ(h)wɪtˌwərθ
whity
BR ˈwʌɪt|i, -ɪz
AM ˈ(h)waɪdi, -z
whiz
BR wɪz, -ɪz, -ɪŋ, -d
AM (h)wɪz, -ɪz, -ɪŋ, -d
whiz-bang
BR ˈwɪzbaŋ, -z
AM ˈ(h)wɪzˌbæŋ, -z
whizkid
BR ˈwɪzkɪd, -z
AM ˈ(h)wɪzˌkɪd, -z
whizz
BR wɪz, -ɪz, -ɪŋ, -d
AM (h)wɪz, -ɪz, -ɪŋ, -d

whizzbang
BR ˈwɪzbaŋ, -z
AM ˈ(h)wɪzˌbæŋ, -z
whizzer
BR ˈwɪzə(r), -z
AM ˈ(h)wɪzər, -z
whizz-kid
BR ˈwɪzkɪd, -z
AM ˈ(h)wɪzˌkɪd, -z
whizzo
BR ˈwɪzəʊ
AM ˈ(h)wɪˌzoʊ
WHO
BR ˌdʌbljuːeɪtʃˈəʊ
AM ˌdəbəljuˌeɪtʃˈoʊ
who
BR huː
AM hu
whoa!
BR wəʊ
AM (h)woʊ
who'd[1] *strong form, who had, who would*
BR huːd
AM hud
who'd[2] *weak form, who had, who would*
BR hʊd
AM hʊd
whodunit
BR ˌhuːˈdʌnɪt, -s
AM huˈdənət, -s
whodunnit
BR ˌhuːˈdʌnɪt, -s
AM huˈdənət, -s
whoe'er
BR huːˈɛː(r), hʊˈɛː(r)
AM huˈɛ(ə)r
whoever
BR huːˈɛvə(r), hʊˈɛvə(r)
AM huˈɛvər
whole
BR həʊl
AM hoʊl
wholefood
BR ˈhəʊlfuːd, -z
AM ˈhoʊlˌfud, -z

wholegrain
BR ˈhəʊlgreɪn, -z
AM ˌhoʊlˈgreɪn, -z
wholehearted
BR ˌhəʊlˈhɑːtɪd
AM ˌhoʊlˈhardəd
wholeheartedly
BR ˌhəʊlˈhɑːtɪdli
AM ˌhoʊlˈhardədli
wholeheartedness
BR ˌhəʊlˈhɑːtɪdnɪs
AM ˌhoʊlˈhardədnəs
whole-life insurance
BR ˌhəʊlˌlʌɪf ɪnˈʃʊərn̩s, + ɪnˈʃɔːrn̩s
AM ˌhoʊlˌlaɪf ɪnˌʃʊrəns
wholely
BR ˈhəʊlli
AM ˈhoʊ(l)li
wholemeal
BR ˈhəʊlmiːl
AM ˌhoʊlˈmil
wholeness
BR ˈhəʊlnəs
AM ˈhoʊlnəs
wholesale
BR ˈhəʊlseɪl
AM ˈhoʊlˌseɪl
wholesaler
BR ˈhəʊlseɪlə(r), -z
AM ˈhoʊlˌseɪlər, -z
wholesome
BR ˈhəʊls(ə)m
AM ˈhoʊls(ə)m
wholesomely
BR ˈhəʊls(ə)mli
AM ˈhoʊlsəmli
wholesomeness
BR ˈhəʊls(ə)mnəs
AM ˈhoʊlsəmnəs
whole-time
BR ˈhəʊltʌɪm
AM ˈhoʊlˌtaɪm
wholewheat
BR ˈhəʊlwiːt
AM ˌhoʊlˈwit
wholism
BR ˈhəʊlɪzm
AM ˈhoʊlˌɪz(ə)m

wholly
BR ˈhəʊlli
AM ˈhoʊ(l)li

whom[1] *strong form*
BR huːm
AM hum

whom[2] *weak form*
BR hʊm
AM hʊm

whomever
BR huːmˈɛvə(r)
AM humˈɛvər

whomp
BR wɒmp, -s
AM (h)wɑmp, (h)wɔmp, -s

whomso
BR ˈhuːmsəʊ
AM ˈhumsoʊ

whomsoever
BR ˌhuːmsəʊˈɛvə(r)
AM ˌhumsoʊˈɛvər

whoop
BR wuːp, huːp, -s, -ɪŋ, -t
AM hup, (h)wup, -s, -ɪŋ, -t

whoopee[1] *interjection*
BR wʊˈpiː
AM (h)wuˈpi

whoopee[2] *noun*
BR ˈwʊpiː
AM ˈ(h)wupi

whooper
BR ˈwuːpə(r), ˈhuːpə(r), -z
AM ˈhupər, ˈ(h)wupər, -z

whooping cough
BR ˈhuːpɪŋ kɒf
AM ˈhupɪŋ ˌkɑf, ˈhupɪŋ ˌkɔf

whoopla
BR ˈhuːplɑː(r)
AM ˈh(w)upˌlɑ

whoops
BR wʊps, wuːps
AM (h)wʊps, (h)wups

whoosh
BR wʊʃ, wuːʃ, -ɪz, -ɪŋ, -t
AM (h)wʊʃ, (h)wuʃ, -ɪz, -ɪŋ, -t

whop
BR wɒp, -s, -ɪŋ, -t
AM (h)wɑp, -s, -ɪŋ, -t

whopper
BR ˈwɒpə(r), -z
AM ˈ(h)wɑpər, -z

whore
BR hɔː(r), -z, -ɪŋ, -d
AM hɔ(ə)r, -z, -ɪŋ, -d

who're
BR ˈhuːə, hʊə
AM ˈhʊ(ə)r, ˈhuər

whoredom
BR ˈhɔːdəm
AM ˈhɔrdəm

whorehouse
BR ˈhɔːhaʊ|s, -zɪz
AM ˈhɔr,(h)aʊ|s, -zəz

whoremaster
BR ˈhɔːˌmɑːstə(r), -z
AM ˈhɔrˌmæstər, -z

whoremonger
BR ˈhɔːˌmʌŋə(r), -z
AM ˈhɔrˌmʌŋər, ˈhɔrˌmɑŋər, -z

whorer
BR ˈhɔːrə(r), -z
AM ˈhɔrər, -z

whoreson
BR ˈhɔːsn
AM ˈhɔrs(ə)n

Whorf
BR wɔːf
AM ˈ(h)wɔ(ə)rf

whorish
BR ˈhɔːrɪʃ
AM ˈhɔrɪʃ

whorishly
BR ˈhɔːrɪʃli
AM ˈhɔrɪʃli

whorishness
BR ˈhɔːrɪʃnɪs
AM ˈhɔrɪʃnɪs

whorl
BR wɜːl, -z, -d
AM ˈ(h)wɔ(ə)rl, -z, -d

whortleberry
BR ˈwɜːtlˌbɛr|i, ˈwɜːtlb(ə)r|i, -ɪz
AM ˈ(h)wɜrdlˌbɛri, -z

who's
BR huːz
AM huz

whose
BR huːz
AM huz

whosesoever
BR ˌhuːzsəʊˈɛvə(r)
AM ˌhuzˌsoʊˈɛvər

whoso
BR ˈhuːsəʊ
AM ˈhuˌsoʊ

whosoever
BR ˌhuːsəʊˈɛvə(r), ˈhuːsəʊɛvə(r)
AM ˌhusoʊˈɛvər

Who's Who
BR ˌhuːz ˈhuː, -z
AM ˈhuzˌhu, -z

who've
BR huːv
AM huv

whump
BR wʌmp, -s, -ɪŋ, -t
AM (h)wʌmp, -s, -ɪŋ, -t

why
BR wʌɪ
AM (h)waɪ

Whyalla
BR wʌɪˈalə(r)
AM (h)waɪˈælə

whydah
BR ˈwɪdə(r), -z
AM ˈ(h)wɪdə, -z

Whymper
BR ˈwɪmpə(r)
AM ˈ(h)wɪmpər

Whyte
BR wʌɪt
AM (h)waɪt

Whythorne
BR ˈwʌɪthɔːn
AM ˈ(h)waɪt,(h)ɔ(ə)rn

wibbly-wobbly
BR ˌwɪblɪˈwɒbli
AM ˈwɪbliˈwɑbli

Wibsey
BR ˈwɪbsi, ˈwɪbzi
AM ˈwɪbzi, ˈwɪbsi

Wicca
BR ˈwɪkə(r)
AM ˈwɪkə

Wiccan
BR ˈwɪk(ə)n
AM ˈwɪkən

Wichita
BR ˈwɪtʃɪtɔː(r)
AM ˈwɪtʃəˌtɑ

Wichnor
BR ˈwɪtʃnɔː(r)
AM ˈwɪtʃnər

wick
BR wɪk, -s
AM wɪk, -s

wicked
BR ˈwɪk|ɪd, -ɪdɪst
AM ˈwɪkɨd, -ɪst

wickedly
BR ˈwɪkɨdli
AM ˈwɪkɨdli

wickedness
BR ˈwɪkɨdnɪs
AM ˈwɪkɨdnɪs

Wicken
BR ˈwɪk(ɨ)n
AM ˈwɪkən

wicker
BR ˈwɪkə(r)
AM ˈwɪkər

wickerwork
BR ˈwɪkəwɜːk
AM ˈwɪkərˌwɜrk

wicket
BR ˈwɪkɪt, -s
AM ˈwɪkɪt, -s

wicketkeeper
BR ˈwɪkɪtˌkiːpə(r), -z
AM ˈwɪkɪtˌkipər, -z

wicketkeeping
BR ˈwɪkɪtˌkiːpɪŋ
AM ˈwɪkɪtˌkipɪŋ

wicket-taker
BR ˈwɪkɪtˌteɪkə(r), -z
AM ˈwɪkɪtˌteɪkər, -z

wicket-taking
BR ˈwɪkɪtˌteɪkɪŋ
AM ˈwɪkɪtˌteɪkɪŋ

Wickham
BR ˈwɪkəm
AM ˈwɪkəm

wickiup
BR ˈwɪkiʌp, -s
AM ˈwɪkiˌəp, -s

Wicklow
BR ˈwɪkləʊ
AM ˈwɪkloʊ
Wicks
BR wɪks
AM wɪks
Widdecombe
BR ˈwɪdɪkəm
AM ˈwɪdəkəm
widdershins
BR ˈwɪdəʃɪnz
AM ˈwɪdərˌʃɪnz
Widdicombe
BR ˈwɪdɪkəm
AM ˈwɪdəkəm
Widdowson
BR ˈwɪdə(ʊ)sn
AM ˈwɪdəs(ə)n
wide
BR wʌɪd, -ə(r),
-ɪst
AM waɪd, -ər,
-ɪst
wide-angle
BR ˌwʌɪdˈaŋgl
AM ˌwaɪdˈæŋgəl
wideawake
BR ˌwʌɪdəˈweɪk, -s
AM ˈwaɪdəˌweɪk, -s
Widecombe
BR ˈwɪdɪkəm
AM ˈwɪdəkəm
widely
BR ˈwʌɪdli
AM ˈwaɪdli
widemouth
BR ˈwʌɪdmaʊθ
AM ˈwaɪdˌmaʊθ
widemouthed
BR ˈwʌɪdˈmaʊðd,
ˌwʌɪdˈmaʊθt
AM ˈwaɪdˌmaʊθ(t)
widen
BR ˈwʌɪd|n, -nz,
-n̩ɪŋ\-nɪŋ, -nd
AM ˈwaɪdən, -z, -ɪŋ,
-d
widener
BR ˈwʌɪdn̩ə(r),
ˈwʌɪdnə(r), -z
AM ˈwaɪdnər,
ˈwaɪdn̩ər, -z

wideness
BR ˈwʌɪdnɪs
AM ˈwaɪdnɪs
widening
BR ˈwʌɪdnɪŋ,
ˈwʌɪdn̩ɪŋ, -z
AM ˈwaɪdnɪŋ,
ˈwaɪdn̩ɪŋ, -z
widespread
BR ˈwʌɪdsprɛd,
ˌwʌɪdˈsprɛd
AM ˌwaɪdˈsprɛd
widgeon
BR ˈwɪdʒ(ɨ)n, -z
AM ˈwɪdʒ(ə)n, -z
widget
BR ˈwɪdʒɪt, -s
AM ˈwɪdʒɪt, -s
widgie
BR ˈwɪdʒ|i, -ɪz
AM ˈwɪdʒi, -z
widish
BR ˈwʌɪdɪʃ
AM ˈwaɪdɪʃ
Widlake
BR ˈwɪdleɪk
AM ˈwɪdˌleɪk
Widmark
BR ˈwɪdmɑːk
AM ˈwɪdˌmɑrk
Widnes
BR ˈwɪdnɪs
AM ˈwɪdnəs
widow
BR ˈwɪdəʊ, -z, -ɪŋ, -d
AM ˈwɪdoʊ, -z, -ɪŋ, -d
widow-bird
BR ˈwɪdəʊbəːd, -z
AM ˈwɪdoʊˌbərd, -z
widower
BR ˈwɪdəʊə(r), -z
AM ˈwɪdoʊər, -z
widowhood
BR ˈwɪdəʊhʊd
AM ˈwɪdoʊˌ(h)ʊd
widow-maker
BR ˈwɪdə(ʊ)ˌmeɪkə(r),
-z
AM ˈwɪdoʊˌmeɪkər, -z
width
BR wɪdθ, wɪtθ, -s
AM wɪdθ, -s

widthways
BR ˈwɪdθweɪz,
ˈwɪtθweɪz
AM ˈwɪðˌweɪz,
ˈwɪ(d)θˌweɪz
widthwise
BR ˈwɪdθwʌɪz,
ˈwɪtθwʌɪz
AM ˈwɪðˌwaɪz,
ˈwɪ(d)θˌwaɪz
Wieland
BR ˈwiːlənd
AM ˈwilənd
wield
BR wiːld, -z, -ɪŋ,
-ɪd
AM wild, -z, -ɪŋ, -ɪd
wielder
BR ˈwiːldə(r), -z
AM ˈwildər, -z
wieldy
BR ˈwiːldi
AM ˈwildi
wiener
BR ˈwiːnə(r), -z
AM ˈwinər, -z
Wiener schnitzel
BR ˌwiːnə ˈʃnɪtsl
AM ˈwinər ˌʃnɪts(ə)l
wienie
BR ˈwiːn|i, -ɪz
AM ˈwini, -z
Wiesbaden
BR ˈviːsˌbɑːdn
AM ˈvɪsbɑdən,
ˈwɪsbɑdən
Wiesel
BR ˈviːsl
AM ˈvɪs(ə)l
Wiesenthal
BR ˈviːzntɑːl
AM ˈwizənˌθɑl,
ˈwizənˌtɑl
wife
BR wʌɪf
AM waɪf
wifehood
BR ˈwʌɪfhʊd
AM ˈwaɪf(h)ʊd
wifeless
BR ˈwʌɪflɪs
AM ˈwaɪflɪs

wifelike
BR ˈwʌɪflʌɪk
AM ˈwaɪfˌlaɪk
wifeliness
BR ˈwʌɪflɪnɪs
AM ˈwaɪflɪnɪs
wifely
BR ˈwʌɪfli
AM ˈwaɪfli
wife-swapping
BR ˈwʌɪfˌswɒpɪŋ
AM ˈwaɪfˌswɑpɪŋ
wifish
BR ˈwʌɪfɪʃ
AM ˈwaɪfɪʃ
wig
BR wɪg, -z, -d
AM wɪg, -z, -d
Wigan
BR ˈwɪg(ə)n
AM ˈwɪgən
wigeon
BR ˈwɪdʒ(ɨ)n, -z
AM ˈwɪdʒ(ə)n, -z
Wiggin
BR ˈwɪgɪn
AM ˈwɪgɪn
wigging
BR ˈwɪgɪŋ, -z
AM ˈwɪgɪŋ, -z
Wiggins
BR ˈwɪgɪnz
AM ˈwɪgɪnz
wiggle
BR ˈwɪg|l, -lz,
-l̩ɪŋ\-lɪŋ, -ld
AM ˈwɪg|əl, -əlz,
-(ə)lɪŋ, -əld
wiggler
BR ˈwɪgl̩ə(r),
ˈwɪglə(r), -z
AM ˈwɪg(ə)lər,
-z
Wigglesworth
BR ˈwɪglzwə(ː)θ
AM ˈwɪgəlzˌwərθ
wiggly
BR ˈwɪgl̩i, ˈwɪgli
AM ˈwɪg(ə)li
wight
BR wʌɪt, -s
AM waɪt, -s

Wigley
BR ˈwɪgli
AM ˈwɪgli

Wigmore
BR ˈwɪgmɔː(r)
AM ˈwɪgˌmɔ(ə)r

Wigram
BR ˈwɪgrəm
AM ˈwɪgrəm

Wigton
BR ˈwɪgt(ə)n
AM ˈwɪgt(ə)n

Wigtownshire
BR ˈwɪgt(ə)nʃ(ɪ)ə(r)
AM ˈwɪgtənʃi(ə)r

wigwag
BR ˈwɪgwag, -z, -ɪŋ, -d
AM ˈwɪgˌwæg, -z, -ɪŋ, -d

wigwam
BR ˈwɪgwam, -z
AM ˈwɪˌgwɑm, -z

Wilberforce
BR ˈwɪlbəfɔːs
AM ˈwɪlbərˌfɔ(ə)rs

Wilbert
BR ˈwɪlbət
AM ˈwɪlbərt

Wilbraham
BR ˈwɪlbrəhəm, ˈwɪlbrəm
AM ˈwɪlbrəˌhæm, ˈwɪlbrəm

Wilbur
BR ˈwɪlbə(r)
AM ˈwɪlbər

Wilby
BR ˈwɪlbi
AM ˈwɪlbi

wilco
BR ˈwɪlkəʊ
AM ˈwɪlkoʊ

Wilcock
BR ˈwɪlkɒk
AM ˈwɪlˌkɑk

Wilcocks
BR ˈwɪlkɒks
AM ˈwɪlˌkɑks

Wilcox
BR ˈwɪlkɒks
AM ˈwɪlˌkɑks

Wilcoxon
BR ˈwɪlkɒksn
AM ˈwɪlˌkɑks(ə)n

wild
BR wʌɪld, -z, -ə(r), -ɪst
AM waɪld, -z, -ər, -ɪst

Wildblood
BR ˈwʌɪl(d)blʌd
AM ˈwaɪl(d)ˌblʊd

wild card
BR ˈwʌɪl(d) kɑːd, -z
AM ˈwaɪl(d) ˌkɑrd, -z

wildcat
BR ˈwʌɪl(d)kat
AM ˈwaɪl(d)ˌkæt

Wilde
BR wʌɪld
AM waɪld

wildebeest
BR ˈwɪldɨbiːst, -s
AM ˈwɪldəˌbist, -s

Wildenstein
BR ˈwɪld(ə)nstʌɪn
AM ˈwɪldənˌstaɪn

Wilder
BR ˈwʌɪldə(r)
AM ˈwaɪldər

wilder *bewilder*
BR ˈwɪld|ə(r), -əz, -(ə)rɪŋ, -əd
AM ˈwɪldər, -z, -ɪŋ, -d

wilderness
BR ˈwɪldənəs, -ɪz
AM ˈwɪldərnəs, -əz

wild-eyed
BR ˌwʌɪldˈʌɪd
AM ˈwaɪldˌaɪd

wildfire
BR ˈwʌɪl(d)fʌɪə(r)
AM ˈwaɪl(d)ˌfaɪ(ə)r

wildfowl
BR ˈwʌɪl(d)faʊl
AM ˈwaɪl(d)ˌfaʊl

wildfowler
BR ˈwʌɪl(d)faʊlə(r), -z
AM ˈwaɪl(d)ˌfaʊlər, -z

wildfowling
BR ˈwʌɪl(d)faʊlɪŋ
AM ˈwaɪl(d)ˌfaʊlɪŋ

wild-goose chase
BR ˌwʌɪl(d)ˈguːs tʃeɪs, -ɪz
AM ˌwaɪl(d)ˈgus ˌtʃeɪs, -ɪz

wilding
BR ˈwʌɪldɪŋ, -z
AM ˈwaɪldɪŋ, -z

wildish
BR ˈwʌɪldɪʃ
AM ˈwaɪldɪʃ

wildlife
BR ˈwʌɪl(d)lʌɪf
AM ˈwaɪl(d)ˌlaɪf

wildly
BR ˈwʌɪldli
AM ˈwaɪl(d)li

wildness
BR ˈwʌɪldnɨs
AM ˈwaɪl(d)nɨs

wildwood
BR ˈwʌɪldwʊd, -z
AM ˈwaɪl(d)ˌwʊd, -z

wile
BR wʌɪl, -z, -ɪŋ, -d
AM waɪl, -z, -ɪŋ, -d

Wiley
BR ˈwʌɪli
AM ˈwaɪli

Wilf
BR wɪlf
AM wɪlf

Wilford
BR ˈwɪlfəd
AM ˈwɪlfərd

Wilfred
BR ˈwɪlfrɪd
AM ˈwɪlfrɪd

Wilfrid
BR ˈwɪlfrɪd
AM ˈwɪlfrɪd

wilful
BR ˈwɪlf(ʊ)l
AM ˈwɪlfəl

wilfully
BR ˈwɪlfəli, ˈwɪlfl̩i
AM ˈwɪlfəli

wilfulness
BR ˈwɪlf(ʊ)lnəs
AM ˈwɪlfəlnəs

wilga
BR ˈwɪlgə(r), -z
AM ˈwɪlgə, -z

Wilhelmina
BR ˌwɪlhɛlˈmiːnə(r)
AM ˌwɪləlˈminə

Wilhelmshaven
BR ˈwɪlhɛlmzˌhɑːvn, ˈwɪlhɛlmzˌhɑːfn
AM ˈwɪlˌ(h)ɛlmzˌhɑvən

wilily
BR ˈwʌɪlɨli
AM ˈwaɪlɨli

wiliness
BR ˈwʌɪlɪnɨs
AM ˈwaɪlɪnɨs

Wilkerson
BR ˈwɪlkəs(ə)n
AM ˈwɪlkərs(ə)n

Wilkes
BR wɪlks
AM wɪlks

Wilkie
BR ˈwɪlki
AM ˈwɪlki

Wilkins
BR ˈwɪlkɪnz
AM ˈwɪlkɪnz

Wilkinson
BR ˈwɪlkɪns(ə)n
AM ˈwɪlkɪns(ə)n

will
BR wɪl, -z, -ɪŋ, -d
AM wɪl, -z, -ɪŋ, -d

Willa
BR ˈwɪlə(r)
AM ˈwɪlə

Willard
BR ˈwɪlɑːd
AM ˈwɪlərd

Willcock
BR ˈwɪlkɒk
AM ˈwɪlˌkɑk

Willcocks
BR ˈwɪlkɒks
AM ˈwɪlˌkɑks

Willcox
BR ˈwɪlkɒks
AM ˈwɪlˌkɑks

Willemstadt
BR ˈwɪləmstat
AM ˈwɪləmˌʃtat,
ˈwɪləmˌstat

Willenhall
BR ˈwɪlənhɔːl
AM ˈwɪlənˌ(h)ɑl,
ˈwɪlənˌ(h)ɔl

willer
BR ˈwɪlə(r), -z
AM ˈwɪlər, -z

Willesden
BR ˈwɪlzd(ə)n
AM ˈwɪlzdən

willet
BR ˈwɪlɨt, -s
AM ˈwɪlɨt, -s

Willetts
BR ˈwɪlɨts
AM ˈwɪlɨts

Willey
BR ˈwɪli
AM ˈwɪli

willful
BR ˈwɪlf(ʊ)l
AM ˈwɪlfəl

willfully
BR ˈwɪlfʊli, ˈwɪlfli
AM ˈwɪlfəli

willfulness
BR ˈwɪlf(ʊ)lnəs
AM ˈwɪlfəlnəs

William
BR ˈwɪljəm
AM ˈwɪliəm, ˈwɪlj(ə)m

Williams
BR ˈwɪljəmz
AM ˈwɪliəmz, ˈwɪljəmz

Williamsburg
BR ˈwɪljəmzbɜːg
AM ˈwɪliəmzˌbɜrg, ˈwɪljəmzˌbɜrg

Williamson
BR ˈwɪljəms(ə)n
AM ˈwɪliəms(ə)n, ˈwɪljəms(ə)n

willie
BR ˈwɪl|i, -ɪz
AM ˈwɪli, -z

willing
BR ˈwɪlɪŋ
AM ˈwɪlɪŋ

willingly
BR ˈwɪlɪŋli
AM ˈwɪlɪŋli

willingness
BR ˈwɪlɪŋnɨs
AM ˈwɪlɪŋnɨs

Willis
BR ˈwɪlɨs
AM ˈwɪlɨs

will-less
BR ˈwɪlɨs
AM ˈwɪ(l)lɨs

Willmott
BR ˈwɪlmɒt
AM ˈwɪlˌmɑt

will-o'-the-wisp
BR ˌwɪləðəˈwɪsp, -s
AM ˌwɪləðəˈwɪsp, -s

Willoughby
BR ˈwɪləbi
AM ˈwɪləbi

willow
BR ˈwɪləʊ, -z
AM ˈwɪloʊ, -z

willowherb
BR ˌwɪləʊhɜːb
AM ˈwɪloʊˌɜrb

willowy
BR ˈwɪləʊi
AM ˈwɪloʊi

willpower
BR ˈwɪlˌpaʊə(r)
AM ˈwɪlˌpaʊər

Wills
BR ˈwɪlz
AM ˈwɪlz

willy
BR ˈwɪl|i, -ɪz
AM ˈwɪli, -z

willy-nilly
BR ˌwɪlɪˈnɪli
AM ˈwɪlɪˈnɪli

willy-willy
BR ˈwɪlɪˌwɪl|i, -ɪz
AM ˈwɪlɪˈwɪli, -z

Wilma
BR ˈwɪlmə(r)
AM ˈwɪlmə

Wilmcote
BR ˈwɪlmkəʊt
AM ˈwɪlmˌkoʊt

Wilmer
BR ˈwɪlmə(r)
AM ˈwɪlmər

Wilmington
BR ˈwɪlmɪŋt(ə)n
AM ˈwɪlmɪŋt(ə)n

Wilmot
BR ˈwɪlmɒt
AM ˈwɪlˌmɑt

Wilmott
BR ˈwɪlmɒt
AM ˈwɪlˌmɑt

Wilmslow
BR ˈwɪlmzləʊ
AM ˈwɪlmzloʊ

Wilsher
BR ˈwɪlʃə(r)
AM ˈwɪlʃər

Wilson
BR ˈwɪlsn
AM ˈwɪls(ə)n

Wilsonian
BR wɪlˈsəʊniən
AM wɪlˈsoʊniən

wilt
BR wɪlt, -s, -ɪŋ, -ɨd
AM wɪlt, -s, -ɪŋ, -ɨd

Wilton
BR ˈwɪltn, -z
AM ˈwɪlt(ə)n, -z

Wilts.
BR ˈwɪlts
AM ˈwɪlts

Wiltshire
BR ˈwɪltʃ(ɪ)ə(r)
AM ˈwɪltʃɪ(ə)r

wily
BR ˈwʌɪl|i, -ɪə(r), -ɨst
AM ˈwaɪli, -ər, -ɨst

wimble
BR ˈwɪmbl, -z
AM ˈwɪmbəl, -z

Wimbledon
BR ˈwɪmbld(ə)n
AM ˈwɪmbəldən

Wimborne
BR ˈwɪmbɔːn
AM ˈwɪmˌbɔ(ə)rn

Wimbourne
BR ˈwɪmbɔːn
AM ˈwɪmˌbɔ(ə)rn

Wimbush
BR ˈwɪmbʊʃ
AM ˈwɪmbəʃ

Wimoweh
BR ˈwɪməweɪ
AM ˈwɪməˌweɪ

wimp
BR wɪmp, -s
AM wɪmp, -s

wimpish
BR ˈwɪmpɪʃ
AM ˈwɪmpɪʃ

wimpishly
BR ˈwɪmpɪʃli
AM ˈwɪmpɪʃli

wimpishness
BR ˈwɪmpɪʃnɨs
AM ˈwɪmpɪʃnɨs

wimple
BR ˈwɪmpl, -z
AM ˈwɪmpəl, -z

Wimpole
BR ˈwɪmpəʊl
AM ˈwɪmˌpoʊl

wimpy
BR ˈwɪmp|i, -iə(r), -ɨst
AM ˈwɪmpi, -ər, -ɨst

win
BR wɪn, -z, -ɪŋ
AM wɪn, -z, -ɪŋ

Winalot
BR ˈwɪnəlɒt
AM ˈwɪnəˌlɑt

Wincanton
BR wɪnˈkantən
AM wɪnˈkæn(t)ən

Wincarnis
BR wɪnˈkɑːnɪs
AM wɪnˈkɑrnəs

wince
BR wɪns, -ɪz, -ɪŋ, -t
AM wɪns, -ɪz, -ɪŋ, -t

wincer
BR ˈwɪnsə(r), -z
AM ˈwɪnsər, -z

wincey
BR ˈwɪns|i, -ɪz
AM ˈwɪnsi, -z

winceyette
BR ˌwɪnsɪˈɛt
AM ˌwɪnsɪˈɛt

winch
BR wɪn(t)ʃ, -ɪz, -ɪŋ, -t
AM wɪn(t)ʃ, -ɪz, -ɪŋ, -t

Winchelsea
BR ˈwɪn(t)ʃlsi:
AM ˈwɪn(t)ʃəl,si

wincher
BR ˈwɪn(t)ʃə(r), -z
AM ˈwɪn(t)ʃər, -z

winchester
BR ˈwɪntʃɪstə(r), ˈwɪntʃɛstə(r), -z
AM ˈwɪnˌtʃɛstər, -z

Winchmore
BR ˈwɪn(t)ʃmɔː(r)
AM ˈwɪn(t)ʃˌmɔ(ə)r

wincingly
BR ˈwɪnsɪŋli
AM ˈwɪnsɪŋli

Winckelmann
BR ˈwɪŋklman
AM ˈwɪŋkəlm(ə)n

wind[1] *verb make breathless, noun air*
BR wɪnd, -z, -ɪŋ, -ɪd
AM wɪnd, -z, -ɪŋ, -ɪd

wind[2] *verb turn, blow*
BR wʌɪnd, -z, -ɪŋ
AM waɪnd, -z, -ɪŋ

windage
BR ˈwɪnd|ɪdʒ, -ɪdʒɪz
AM ˈwɪndɪdʒ, -ɪz

Windaus
BR ˈvɪndaʊs
AM ˈvɪndaʊs

windbag
BR ˈwɪn(d)bag, -z
AM ˈwɪn(d)ˌbæg, -z

windblown
BR ˈwɪn(d)bləʊn
AM ˈwɪn(d)ˌbloʊn

windbound
BR ˈwɪn(d)baʊnd
AM ˈwɪn(d)ˌbaʊnd

windbreak
BR ˈwɪn(d)breɪk, -s
AM ˈwɪn(d)ˌbreɪk, -s

Windbreaker
BR ˈwɪn(d)breɪkə(r), -z
AM ˈwɪn(d)ˌbreɪkər, -z

windburn
BR ˈwɪn(d)bɜːn, -d
AM ˈwɪn(d)ˌbɜrn, -d

windcheater
BR ˈwɪn(d)ˌtʃiːtə(r), -z
AM ˈwɪn(d)ˌtʃidər, -z

windchill
BR ˈwɪn(d)tʃɪl
AM ˈwɪn(d)ˌtʃɪl

windcone
BR ˈwɪn(d)kəʊn, -z
AM ˈwɪn(d)ˌkoʊn, -z

wind-down
BR ˈwʌɪn(d)daʊn, -z
AM ˈwaɪn(d)ˌdaʊn, -z

winder
BR ˈwʌɪndə(r), -z
AM ˈwaɪndər, -z

Windermere
BR ˈwɪndəmɪə(r)
AM ˈwɪndərˌmɪ(ə)r

windfall
BR ˈwɪn(d)fɔːl, -z
AM ˈwɪn(d)ˌfɑl, ˈwɪn(d)ˌfɔl, -z

windfarm
BR ˈwɪn(d)fɑːm, -z
AM ˈwɪn(d)ˌfɑrm, -z

windflower
BR ˈwɪn(d)ˌflaʊə(r), -z
AM ˈwɪn(d)ˌflaʊər, -z

Windhoek
BR ˈwɪndhʊk, ˈvɪnthʊk
AM ˈwɪn(d)ˌ(h)ʊk

windhover
BR ˈwɪndˌhɒvə(r), -z
AM ˈwɪn(d)ˌ(h)əvər, -z

windily
BR ˈwɪndɪli
AM ˈwɪndɪli

windiness
BR ˈwɪndɪnɪs
AM ˈwɪndɪnɪs

windjammer
BR ˈwɪn(d)ˌdʒamə(r), -z
AM ˈwɪn(d)ˌdʒæmər, -z

windlass
BR ˈwɪndləs, -ɪz
AM ˈwɪn(d)ləs, -əz

Windlesham
BR ˈwɪndlʃ(ə)m
AM ˈwɪndlʃ(ə)m

windless
BR ˈwɪndlɪs
AM ˈwɪn(d)lɪs

windlestraw
BR ˈwɪndlstrɔː(r), -z
AM ˈwɪndlˌstrɑ, ˈwɪndlˌstrɔ, -z

windmill
BR ˈwɪn(d)mɪl, -z
AM ˈwɪn(d)ˌmɪl, -z

Windolene
BR ˈwɪndə(ʊ)liːn
AM ˈwɪndəˌlin

window
BR ˈwɪndəʊ, -z, -ɪŋ, -d
AM ˈwɪndoʊ, -z, -ɪŋ, -d

windowless
BR ˈwɪndə(ʊ)ləs
AM ˈwɪndoʊləs

windowpane
BR ˈwɪndə(ʊ)peɪn, -z
AM ˈwɪndoʊˌpeɪn, -z

windowseat
BR ˈwɪndə(ʊ)siːt, -s
AM ˈwɪndoʊˌsit, -s

window-shop
BR ˈwɪndəʊʃɒp, -s, -ɪŋ, -t
AM ˈwɪndoʊˌʃɑp, -s, -ɪŋ, -t

window-shopper
BR ˈwɪndəʊˌʃɒpə(r), -z
AM ˈwɪndoʊˌʃɑpər, -z

windowsill
BR ˈwɪndə(ʊ)sɪl, -z
AM ˈwɪndoʊˌsɪl, -z

windpipe
BR ˈwɪn(d)pʌɪp, -s
AM ˈwɪn(d)ˌpaɪp, -s

windproof
BR ˈwɪn(d)pruːf
AM ˈwɪn(d)ˌpruf

windrow
BR ˈwɪn(d)rəʊ, -z
AM ˈwɪn(d)ˌroʊ, -z

Windrush
BR ˈwɪndrʌʃ
AM ˈwɪn(d)ˌrəʃ

windsail
BR ˈwɪn(d)s(eɪ)l
AM ˈwɪn(d)s(ə)l, ˈwɪn(d)ˌseɪl

Windscale
BR ˈwɪn(d)skeɪl
AM ˈwɪn(d)ˌskeɪl

windscreen
BR ˈwɪn(d)skriːn, -z
AM ˈwɪn(d)ˌskrin, -z

windshield
BR ˈwɪn(d)ʃiːld, -z
AM ˈwɪn(d)ˌʃild, -z

windsock
BR ˈwɪn(d)sɒk, -s
AM ˈwɪn(d)ˌsɑk, -s

Windsor
BR ˈwɪnzə(r)
AM ˈwɪnzər

windstorm
BR ˈwɪn(d)stɔːm, -z
AM ˈwɪn(d)ˌstɔ(ə)rm, -z

windsurf
BR ˈwɪn(d)sɜːf, -s, -ɪŋ, -t
AM ˈwɪn(d)ˌsɜrf, -s, -ɪŋ, -t

windsurfer
BR ˈwɪn(d)ˌsɜːfə(r), -z
AM ˈwɪn(d)ˌsɜrfər, -z

windswept
BR ˈwɪn(d)swɛpt
AM ˈwɪn(d)ˌswɛpt

wind-up
BR ˈwʌɪndʌp, -s
AM ˈwaɪndəp, -s

windward
BR ˈwɪndwəd
AM ˈwɪn(d)wərd

windy
BR ˈwɪnd|i, -ɪə(r), -ɪɪst
AM ˈwɪndi, -ər, -ɪst

wine
BR waɪn, -z, -ɪŋ, -d
AM waɪn, -z, -ɪŋ, -d
wineberry
BR ˈwaɪmb(ə)r|i, -ɪz
AM ˈwaɪnˌberi, -z
winebibber
BR ˈwaɪnˌbɪbə(r), -z
AM ˈwaɪnˌbɪbər, -z
winebibbing
BR ˈwaɪnˌbɪbɪŋ
AM ˈwaɪnˌbɪbɪŋ
wineglass
BR ˈwaɪnglɑːs, -ɪz
AM ˈwaɪnˌglæs, -ɪz
wineglassful
BR ˈwaɪnglɑːsfʊl, -z
AM ˈwaɪnˌglæsˌfʊl, -z
winegrower
BR ˈwaɪnˌgrəʊə(r), -z
AM ˈwaɪnˌgroʊər, -z
wineless
BR ˈwaɪnlɪs
AM ˈwaɪnlɪs
winemaker
BR ˈwaɪnˌmeɪkə(r), -z
AM ˈwaɪnˌmeɪkər, -z
winemaking
BR ˈwaɪnˌmeɪkɪŋ
AM ˈwaɪnˌmeɪkɪŋ
winepress
BR ˈwaɪnpres, -ɪz
AM ˈwaɪnˌpres, -əz
winery
BR ˈwaɪn(ə)r|i, -ɪz
AM ˈwaɪn(ə)ri, -z
wineskin
BR ˈwaɪnskɪn, -z
AM ˈwaɪnˌskɪn, -z
Winfield
BR ˈwɪnfiːld
AM ˈwɪnˌfild
Winford
BR ˈwɪnfəd
AM ˈwɪnfərd
Winfred
BR ˈwɪnfrɪd
AM ˈwɪnˌfred
Winfrith
BR ˈwɪnfrɪθ
AM ˈwɪnˌfrɪθ

wing
BR wɪŋ, -z, -ɪŋ, -d
AM wɪŋ, -z, -ɪŋ, -d
Wingate
BR ˈwɪŋgeɪt, ˈwɪŋgeɪt
AM ˈwɪnˌgeɪt
wingback
BR ˈwɪŋbak, -s
AM ˈwɪŋˌbæk, -s
wingding
BR ˈwɪŋdɪŋ, -z
AM ˈwɪŋˌdɪŋ, -z
winge
BR wɪn(d)ʒ, -ɪz, -ɪŋ, -d
AM (h)wɪndʒ, -ɪz, -ɪŋ, -d
winged[1] *with wings*
BR wɪŋd
AM wɪŋd
winged[2] *with wings, old poetic form*
BR ˈwɪŋɪd
AM ˈwɪŋɪd
winger[1] *complainer*
BR ˈwɪn(d)ʒə(r), -z
AM ˈwɪndʒər, -z
winger[2] *player etc*
BR ˈwɪŋə(r), -z
AM ˈwɪŋər, -z
Wingfield
BR ˈwɪŋfiːld
AM ˈwɪŋˌfild
wing forward
BR ˌwɪŋ ˈfɔːwəd, -z
AM ˌwɪŋ ˈfɔrwərd, -z
wing-half
BR ˌwɪŋ ˈhɑːf, -s
AM ˈwɪŋˌ(h)æf, -s
wingless
BR ˈwɪŋlɪs
AM ˈwɪŋlɪs
winglet
BR ˈwɪŋlɪt, -s
AM ˈwɪŋlɪt, -s
winglike
BR ˈwɪŋlaɪk
AM ˈwɪŋˌlaɪk
wingman
BR ˈwɪŋman
AM ˈwɪŋˌmæn

wingmen
BR ˈwɪŋmen
AM ˈwɪŋˌmen
wingnut
BR ˈwɪŋnʌt, -s
AM ˈwɪŋˌnət, -s
wingover
BR ˈwɪŋˌəʊvə(r), -z
AM ˈwɪŋˌoʊvər, -z
wingspan
BR ˈwɪŋspan, -z
AM ˈwɪŋˌspæn, -z
wingspread
BR ˈwɪŋspred
AM ˈwɪŋˌspred
wingtip
BR ˈwɪŋtɪp, -s
AM ˈwɪŋˌtɪp, -s
Winifred
BR ˈwɪnɪfrɪd
AM ˈwɪnɪfrəd
wink
BR wɪŋ|k, -ks, -kɪŋ, -(k)t
AM wɪŋ|k, -ks, -kɪŋ, -(k)t
winker
BR ˈwɪŋkə(r), -z
AM ˈwɪŋkər, -z
winkle
BR ˈwɪŋk|l, -lz, -lɪŋ\-lɪŋ, -ld
AM ˈwɪŋk|əl, -əlz, -(ə)lɪŋ, -əld
winklehawk
BR ˈwɪŋklhɔːk, -s
AM ˈwɪŋkəlˌ(h)ɑk, ˈwɪŋkəlˌ(h)ɔk, -s
winkler
BR ˈwɪŋklə(r), ˈwɪŋklə(r), -z
AM ˈwɪŋk(ə)lər, -z
winless
BR ˈwɪnlɪs
AM ˈwɪnlɪs
winnable
BR ˈwɪnəbl
AM ˈwɪnəb(ə)l
Winnebago
BR ˌwɪnɪˈbeɪgəʊ, -z
AM ˌwɪnəˈbeɪgoʊ, -z

winner
BR ˈwɪnə(r), -z
AM ˈwɪnər, -z
Winnie
BR ˈwɪni
AM ˈwɪni
Winnie-the-Pooh
BR ˌwɪnɪðəˈpuː
AM ˌwɪnɪðəˈpu
winning
BR ˈwɪnɪŋ, -z, -ɪst
AM ˈwɪnɪŋ, -z, -ɪst
winningly
BR ˈwɪnɪŋli
AM ˈwɪnɪŋli
winningness
BR ˈwɪnɪŋnɪs
AM ˈwɪnɪŋnɪs
Winnipeg
BR ˈwɪnɪpeg
AM ˈwɪnəˌpeg
winnow
BR ˈwɪnəʊ, -z, -ɪŋ, -d
AM ˈwɪnoʊ, -z, -ɪŋ, -d
winnower
BR ˈwɪnəʊə(r), -z
AM ˈwɪnəwər, -z
wino
BR ˈwaɪnəʊ, -z
AM ˈwaɪˌnoʊ, -z
Winona
BR wɪˈnəʊnə(r)
AM waɪˈnoʊnə, wɪˈnoʊnə
Winslow
BR ˈwɪnzləʊ
AM ˈwɪnzloʊ
winsome
BR ˈwɪns(ə)m
AM ˈwɪns(ə)m
winsomely
BR ˈwɪns(ə)mli
AM ˈwɪnsəmli
winsomeness
BR ˈwɪns(ə)mnəs
AM ˈwɪnsəmnəs
Winstanley
BR wɪnˈstanli, ˈwɪnst(ə)nli
AM wɪnˈstænli, ˈwɪnstənli

Winston
BR ˈwɪnst(ə)n
AM ˈwɪnst(ə)n

winter
BR ˈwɪnt|ə(r), -əz,
-(ə)rɪŋ, -əd
AM ˈwɪn|(t)ər, -(t)ərz,
-(t)ərɪŋ\-trɪŋ, -(t)ərd

Winterbotham
BR ˈwɪntəˌbɒtəm
AM ˈwɪn(t)ərˌbɑdəm

Winterbottom
BR ˈwɪntəˌbɒtəm
AM ˈwɪn(t)ərˌbɑdəm

Winterbourn
BR ˈwɪntəbɔːn
AM ˈwɪn(t)ərˌbɔ(ə)rn

Winterbourne
BR ˈwɪntəbɔːn
AM ˈwɪn(t)ərˌbɔ(ə)rn

winterer
BR ˈwɪnt(ə)rə(r), -z
AM ˈwɪntrər,
ˈwɪn(t)ərər, -z

wintergreen
BR ˈwɪntəgriːn
AM ˈwɪn(t)ərˌgrin

winterisation
BR ˌwɪnt(ə)rʌɪˈzeɪʃn
AM ˌwɪn(t)əˌraɪ-
ˈzeɪʃ(ə)n,
ˌwɪntrəˈzeɪʃ(ə)n,
ˌwɪn(t)ərəˈzeɪʃ(ə)n

winterise
BR ˈwɪntərʌɪz, -ɪz,
-ɪŋ, -d
AM ˈwɪn(t)ərˌaɪz, -ɪz,
-ɪŋ, -d

winterization
BR ˌwɪnt(ə)rʌɪˈzeɪʃn
AM ˌwɪn(t)əˌraɪ-
ˈzeɪʃ(ə)n,
ˌwɪntrəˈzeɪʃ(ə)n,
ˌwɪn(t)ərəˈzeɪʃ(ə)n

winterize
BR ˈwɪntərʌɪz, -ɪz,
-ɪŋ, -d
AM ˈwɪn(t)ərˌaɪz, -ɪz,
-ɪŋ, -d

winterless
BR ˈwɪntələs
AM ˈwɪn(t)ərləs

winterly
BR ˈwɪntəli
AM ˈwɪn(t)ərli

Winters
BR ˈwɪntəz
AM ˈwɪn(t)ərz

wintertime
BR ˈwɪntətʌɪm
AM ˈwɪn(t)ərˌtaɪm

Winterton
BR ˈwɪntət(ə)n
AM ˈwɪn(t)ərt(ə)n

wintery
BR ˈwɪnt(ə)ri
AM ˈwɪnəri, ˈwɪntri

Winthrop
BR ˈwɪnθrɒp
AM ˈwɪnθrəp

Winton
BR ˈwɪntən
AM ˈwɪn(t)ən

Wintour
BR ˈwɪntə(r)
AM ˈwɪn(t)ər

wintrily
BR ˈwɪntrɨli
AM ˈwɪntrɨli

wintriness
BR ˈwɪntrɪnɨs
AM ˈwɪntrɪnɨs

wintry
BR ˈwɪntri
AM ˈwɪntri

winy
BR ˈwʌɪn|i, -ɪə(r),
-ɪɪst
AM ˈwaɪni, -ər, -ɪst

wipe
BR wʌɪp, -s, -ɪŋ, -t
AM waɪp, -s, -ɪŋ, -t

wipeable
BR ˈwʌɪpəbl
AM ˈwaɪpəb(ə)l

wipeout
BR ˈwʌɪpaʊt, -s
AM ˈwaɪpˌaʊt, -s

wiper
BR ˈwʌɪpə(r), -z
AM ˈwaɪpər, -z

WIPO
BR ˈwʌɪpəʊ
AM ˈwaɪˌpoʊ

wire
BR ˈwʌɪə(r), -z, -ɪŋ, -d
AM ˈwaɪ(ə)r, -z,
-ɪŋ, -d

wiredraw
BR ˈwʌɪədrɔː(r), -z,
-ɪŋ
AM ˈwaɪ(ə)rˌdrɑ,
ˈwaɪ(ə)rˌdrɔ, -z, -ɪŋ

wiredrawn
BR ˈwʌɪədrɔːn
AM ˈwaɪ(ə)rˌdrɑn,
ˈwaɪ(ə)rˌdrɔn

wiredrew
BR ˈwʌɪədruː
AM ˈwaɪ(ə)rˌdru

wireless
BR ˈwʌɪələs, -ɪz
AM ˈwaɪ(ə)rləs, -əz

wireman
BR ˈwʌɪəman
AM ˈwaɪ(ə)rˌmæn

wiremen
BR ˈwʌɪəmɛn
AM ˈwaɪ(ə)rˌmɛn

wirepuller
BR ˈwʌɪəˌpʊlə(r), -z
AM ˈwaɪ(ə)rˌpʊlər, -z

wirepulling
BR ˈwʌɪəˌpʊlɪŋ
AM ˈwaɪ(ə)rˌpʊlɪŋ

wirer
BR ˈwʌɪərə(r), -z
AM ˈwaɪ(ə)rər, -z

wireworm
BR ˈwʌɪəwəːm, -z
AM ˈwaɪ(ə)rˌwərm, -z

wirily
BR ˈwʌɪərɨli
AM ˈwaɪrɨli

wiriness
BR ˈwʌɪərɪnɨs
AM ˈwaɪrɪnɨs

wiring
BR ˈwʌɪərɪŋ
AM ˈwaɪ(ə)rɪŋ

Wirksworth
BR ˈwəːkswə(ː)θ
AM ˈwərksˌwərθ

Wirral
BR ˈwɪrl̩
AM ˈwɪrəl

wiry
BR ˈwʌɪər|i, -ɪə(r),
-ɪɪst
AM ˈwaɪ(ə)ri, -ər, -ɪst

Wisbech
BR ˈwɪzbiːtʃ
AM ˈwɪzˌbitʃ

Wisconsin
BR wɪˈskɒnsɪn
AM wəˈskɑns(ə)n

Wisden
BR ˈwɪzd(ə)n
AM ˈwɪzdən

wisdom
BR ˈwɪzdəm
AM ˈwɪzdəm

wise
BR wʌɪz, -ə(r), -ɪst
AM waɪz, -ər, -ɪst

wiseacre
BR ˈwʌɪzˌeɪkə(r), -z
AM ˈwaɪzˌeɪkər, -z

wiseass
BR ˈwʌɪzas, -ɪz
AM ˈwaɪˌzæs, -ɪz

wisecrack
BR ˈwʌɪzkrak, -s,
-ɪŋ, -t
AM ˈwaɪzˌkræk, -s,
-ɪŋ, -t

wisecracker
BR ˈwʌɪzˌkrakə(r), -z
AM ˈwaɪzˌkrækər, -z

wisely
BR ˈwʌɪzli
AM ˈwaɪzli

Wiseman
BR ˈwʌɪzmən
AM ˈwaɪzm(ə)n

wisenheimer
BR ˈwʌɪz(ə)nˌhʌɪmə(r),
-z
AM ˈwaɪzənˌ(h)aɪmər,
-z

wisent
BR ˈviːz(ɛ)nt,
ˈwiːz(ɛ)nt, -s
AM ˈwiˌzɛnt,
ˈviˌzɛnt, -s

wish
BR wɪʃ, -ɪz, -ɪŋ, -t
AM wɪʃ, -ɪz, -ɪŋ, -t

Wishart
BR ˈwɪʃət
AM ˈwɪʃərt

Wishaw
BR ˈwɪʃɔː(r)
AM ˈwɪˌʃɑ, ˈwɪˌʃɔ

wishbone
BR ˈwɪʃbəʊn, -z
AM ˈwɪʃˌboʊn, -z

wisher
BR ˈwɪʃə(r), -z
AM ˈwɪʃər, -z

wishful
BR ˈwɪʃf(ʊ)l
AM ˈwɪʃfəl

wish-fulfilling
BR ˈwɪʃfʊlˌfɪlɪŋ
AM ˈwɪʃfə(l)ˌfɪlɪŋ

wish-fulfillment
BR ˈwɪʃfʊlˌfɪlm(ə)nt
AM ˈwɪʃfə(l)ˌfɪlm(ə)nt

wish-fulfilment
BR ˈwɪʃfʊlˌfɪlm(ə)nt
AM ˈwɪʃfə(l)ˌfɪlm(ə)nt

wishfully
BR ˈwɪʃfʊli, ˈwɪʃfl̩i
AM ˈwɪʃfəli

wishfulness
BR ˈwɪʃf(ʊ)lnəs
AM ˈwɪʃfəlnəs

wishing-well
BR ˈwɪʃɪŋwɛl, -z
AM ˈwɪʃɪŋˌwɛl, -z

wish-list
BR ˈwɪʃlɪst, -s
AM ˈwɪʃˌlɪst, -s

wish-wash
BR ˈwɪʃwɒʃ, -ɪz
AM ˈwɪʃˌwɑʃ, ˈwɪʃˌwɔʃ, -əz

wishy-washy
BR ˈwɪʃiˌwɒʃi, ˌwɪʃiˈwɒʃi
AM ˈwɪʃiˌwɑʃi, ˈwɪʃiˌwɔʃi

Wisley
BR ˈwɪzli
AM ˈwɪzli

wisp
BR wɪsp, -s
AM wɪsp, -s

Wispa
BR ˈwɪspə(r)
AM ˈwɪspə

wispily
BR ˈwɪspɪli
AM ˈwɪspɪli

wispiness
BR ˈwɪspɪnɪs
AM ˈwɪspɪnɪs

wispy
BR ˈwɪspi
AM ˈwɪspi

wist
BR wɪst
AM wɪst

wistaria
BR wɪˈstɪərɪə(r)
AM wəˈstɛrɪə, wəˈstɪrɪə

wisteria
BR wɪˈstɪərɪə(r)
AM wəˈstɪrɪə

wistful
BR ˈwɪs(t)f(ʊ)l
AM ˈwɪs(t)fəl

wistfully
BR ˈwɪs(t)fʊli, ˈwɪs(t)fl̩i
AM ˈwɪs(t)fəli

wistfulness
BR ˈwɪs(t)f(ʊ)lnəs
AM ˈwɪs(t)fəlnəs

Wiston
BR ˈwɪst(ə)n, ˈwɪsn
AM ˈwɪst(ə)n

wit
BR wɪt, -s
AM wɪt, -s

witan
BR ˈwɪtən
AM ˈwɪˌtɑn

witch
BR wɪtʃ, -ɪz, -ɪŋ
AM wɪtʃ, -ɪz, -ɪŋ

witchcraft
BR ˈwɪtʃkrɑːft
AM ˌwɪtʃˌkræft

witchdoctor
BR ˈwɪtʃˌdɒktə(r), -z
AM ˈwɪtʃˌdɑktər, -z

witchelm
BR ˈwɪtʃɛlm, -z
AM ˈwɪtʃˌɛlm, -z

witchery
BR ˈwɪtʃ(ə)ri
AM ˈwɪtʃəri

witchetty
BR ˈwɪtʃɪtǀi, -ɪz
AM ˈwɪtʃɪdi, -z

witch hazel
BR ˈwɪtʃ ˌheɪzl, -z
AM ˈwɪtʃˌ(h)eɪz(ə)l, -z

witch-hunt
BR ˈwɪtʃhʌnt, -s
AM ˈwɪtʃˌ(h)ənt, -s

witchlike
BR ˈwɪtʃlʌɪk
AM ˈwɪtʃˌlaɪk

witenagemot
BR ˈwɪtn̩əjəˌməʊt, ˈwɪtn̩əgɪˌməʊt, -s
AM ˈwɪtn̩əgəˌmoʊt, -s

with
BR wɪð
AM wɪθ

withal
BR wɪðˈɔːl
AM wəˈθɔl, wəˈðɑl, wəˈθɑl, wəˈðɔl

Witham
BR ˈwɪð(ə)m
AM ˈwɪðəm

withdraw
BR wɪðˈdrɔː(r), wɪθˈdrɔː(r), -z, -ɪŋ
AM wɪθˈdrɔ, wɪθˈdrɑ, -z, -ɪŋ

withdrawal
BR wɪðˈdrɔː(r)l̩, wɪθˈdrɔː(r)l̩, -z
AM wɪθˈdrɔ(ə)l, wɪθˈdrɑ(ə)l, -z

withdrawer
BR wɪðˈdrɔː(r)ə(r), wɪθˈdrɔː(r)ə(r), -z
AM wɪθˈdrɔ(w)ər, wɪθˈdrɑ(w)ər, -z

withdrawn
BR wɪðˈdrɔːn, wɪθˈdrɔːn
AM wɪθˈdrɔn, wɪθˈdrɑn

withdrew
BR wɪðˈdruː, wɪθˈdruː
AM wɪθˈdru

withe
BR wɪθ, wɪð, wʌɪð, wɪθs\wɪðz\wʌɪðz
AM wɪǀð, wɪǀθ, -θs\-ðz

wither
BR ˈwɪðǀə(r), -əz, -(ə)rɪŋ, -əd
AM ˈwɪðǀər, -ərz, -(ə)rɪŋ, -ərd

witheringly
BR ˈwɪð(ə)rɪŋli
AM ˈwɪðərɪŋli

Withernsea
BR ˈwɪðnsiː
AM ˈwɪðərnˌsi

withers
BR ˈwɪðəz
AM ˈwɪðərz

withershins
BR ˈwɪðəʃɪnz
AM ˈwɪðərˌʃɪnz

withheld
BR wɪðˈhɛld, wɪθˈhɛld
AM wɪθˈ(h)ɛld

withhold
BR wɪðˈhəʊld, wɪθˈhəʊld, -z, -ɪŋ
AM wɪθˈ(h)oʊld, -z, -ɪŋ

withholder
BR wɪðˈhəʊldə(r), wɪθˈhəʊldə(r), -z
AM wɪθˈ(h)oʊldər, -z

within
BR wɪðˈɪn
AM wəˈθɪn, wəˈðɪn

Withington
BR ˈwɪðɪŋt(ə)n
AM ˈwɪθɪŋt(ə)n, ˈwɪðɪŋt(ə)n

with-it
BR ˈwɪðɪt
AM ˈwɪθɪt, ˈwɪðɪt

without
BR wɪðˈaʊt
AM wəˈθaʊt, wəˈðaʊt

with-profits
BR wɪðˈprɒfɪts
AM wɪθˈprɑfəts

withstand
BR wɪðˈstand,
wɪθˈstand, -z, -ɪŋ
AM wɪθˈstænd, -z, -ɪŋ

withstander
BR wɪðˈstandə(r),
wɪθˈstandə(r), -z
AM wɪθˈstændər, -z

withstood
BR wɪðˈstʊd, wɪθˈstʊd
AM wɪθˈstʊd

withy
BR ˈwɪði, -ɪz
AM ˈwɪθi, ˈwɪði, -z

witless
BR ˈwɪtlɪs
AM ˈwɪt̬lɪs

witlessly
BR ˈwɪtlɪsli
AM ˈwɪt̬lɪsli

witlessness
BR ˈwɪtlɪsnɪs
AM ˈwɪt̬lɪsnɪs

Witley
BR ˈwɪtli
AM ˈwɪtli

witling
BR ˈwɪtlɪŋ, -z
AM ˈwɪt̬lɪŋ, -z

witloof
BR ˈwɪtluːf
AM ˈwɪtˌluf

witness
BR ˈwɪtnɪs, -ɪz, -ɪŋ, -t
AM ˈwɪtnɪs, -ɪz, -ɪŋ, -t

Witney
BR ˈwɪtni
AM ˈwɪtni

Witt
BR wɪt
AM wɪt

Wittenberg
BR ˈwɪtnbɜːg
AM ˈwɪtnˌbɜrg

witter
BR ˈwɪt|ə(r), -əz,
-(ə)rɪŋ, -əd
AM ˈwɪd̬ər, -z, -ɪŋ, -d

witterer
BR ˈwɪt(ə)rə(r), -z
AM ˈwɪd̬ərər, -z

wittering
BR ˈwɪt(ə)rɪŋ, -z
AM ˈwɪd̬ərɪŋ, -z

Wittgenstein
BR ˈvɪtg(ə)nstʌɪn,
ˈvɪtg(ə)nʃtʌɪn
AM ˈvɪtgənˌʃtaɪn,
ˈvɪtgənˌstaɪn

witticism
BR ˈwɪtɪsɪzm, -z
AM ˈwɪd̬əˌsɪz(ə)m, -z

wittily
BR ˈwɪtɪli
AM ˈwɪd̬ɪli

wittiness
BR ˈwɪtɪnɪs
AM ˈwɪd̬ɪnɪs

witting
BR ˈwɪtɪŋ
AM ˈwɪd̬ɪŋ

wittingly
BR ˈwɪtɪŋli
AM ˈwɪd̬ɪŋli

Witton
BR ˈwɪtn
AM ˈwɪtn

witty
BR ˈwɪt|i, -iə(r),
-ɪɪst
AM ˈwɪd̬i, -ər,
-ɪst

Witwatersrand
BR wɪtˈwɔːtəzrand
AM ˌwɪtˈwɑdərzˌrænd,
ˌwɪtˈwɔdərzˌrænd
AFK vətˈvɑːtərsˌrant

wive
BR wʌɪv, -z, -ɪŋ, -d
AM waɪv, -z, -ɪŋ, -d

Wiveliscombe
BR ˈwɪvəlɪskəm,
ˈwɪlskəm
AM ˈwɪvələskəm

Wivelsfield
BR ˈwɪvlzfiːld
AM ˈwɪvəlzˌfild

Wivenhoe
BR ˈwɪvnhəʊ
AM ˈwɪvənˌhoʊ

wivern
BR ˈwʌɪv(əː)n, -z
AM ˈwaɪvərn, -z

wives
BR wʌɪvz
AM waɪvz

wiz
BR wɪz
AM wɪz

wizard
BR ˈwɪzəd, -z
AM ˈwɪzərd, -z

wizardly
BR ˈwɪzədli
AM ˈwɪzərdli

wizardry
BR ˈwɪzədri
AM ˈwɪzərdri

wizened
BR ˈwɪznd
AM ˈwaɪzənd,
ˈwɪzənd

wizzo
BR ˈwɪzəʊ, wɪˈzəʊ
AM ˈwɪzoʊ

wo
BR wəʊ
AM woʊ

woad
BR wəʊd
AM woʊd

wobbegong
BR ˈwɒbɪgɒŋ, -z
AM ˈwɑbəˌgɑŋ,
ˈwɑbəˌgɔŋ, -z

wobble
BR ˈwɒb|l, -lz,
-l̩ɪŋ\-lɪŋ, -ld
AM ˈwɑb|əl, -əlz,
-(ə)lɪŋ, -əld

wobble-board
BR ˈwɒblbɔːd, -z
AM ˈwɑbəlˌbɔ(ə)rd, -z

wobbler
BR ˈwɒblə(r),
ˈwɒblə(r), -z
AM ˈwɑb(ə)lər, -z

wobbliness
BR ˈwɒblɪnɪs,
ˈwɒblɪnɪs
AM ˈwɑb(ə)lɪnɪs

wobbly
BR ˈwɒbl̩|i, wɒbl|i,
-iə(r), -ɪɪst
AM ˈwɑb(ə)li, -ər, -ɪst

Wobegon
BR ˈwəʊbɪgɒn
AM ˈwoʊbəˌgɑn,
ˈwoʊbəˌgɔn

Woburn
BR ˈwəʊb(əː)n,
ˈwuːb(əː)n
AM ˈwoʊˌbɜrn

Wodehouse
BR ˈwʊdhaʊs
AM ˈwʊdˌ(h)aʊs

Woden
BR ˈwəʊdn
AM ˈwoʊdən

wodge
BR wɒdʒ, -ɪz
AM wɑdʒ, -əz

woe
BR wəʊ, -z
AM woʊ, -z

woebegone
BR ˈwəʊbɪgɒn
AM ˈwoʊbəˌgɑn,
ˈwoʊbəˌgɔn

woeful
BR ˈwəʊf(ʊ)l
AM ˈwoʊfəl

woefully
BR ˈwəʊfəli,
ˈwəʊfl̩i
AM ˈwoʊfəli

woefulness
BR ˈwəʊf(ʊ)lnəs
AM ˈwoʊfəlnəs

wog
BR wɒg, -z
AM wɑg, -z

Wogan
BR ˈwəʊg(ə)n
AM ˈwoʊgən

woggle
BR ˈwɒgl, -z
AM ˈwɑgəl, -z

wok
BR wɒk, -s
AM wɑk, -s

woke
BR wəʊk
AM woʊk

woken
BR ˈwəʊk(ə)n
AM ˈwoʊkən

Woking
BR ˈwəʊkɪŋ
AM ˈwoʊkɪŋ

Wokingham
BR ˈwəʊkɪŋəm
AM ˈwoʊkɪŋəm

wold
BR wəʊld, -z
AM woʊld, -z

wolf
BR wʊlf, -s, -ɪŋ, -t
AM wʊlf, -s, -ɪŋ, -t

Wolf[1] *English name*
BR wʊlf
AM wʊlf

Wolf[2] *German name*
BR vɒlf
AM vɑlf, vɔlf

wolfcub
BR ˈwʊlfkʌb, -z
AM ˈwʊlfˌkəb, -z

Wolfe
BR wʊlf
AM wʊlf

Wolfenden
BR ˈwʊlfndən
AM ˈwʊlfəndən

Wolff
BR wʊlf
AM wʊlf

Wolfgang
BR ˈwʊlfgaŋ
AM ˈwʊlfˌgæŋ

wolfhound
BR ˈwʊlfhaʊnd, -z
AM ˈwʊlfˌ(h)aʊnd, -z

wolfish
BR ˈwʊlfɪʃ
AM ˈwʊlfɪʃ

wolfishly
BR ˈwʊlfɪʃli
AM ˈwʊlfɪʃli

wolfishness
BR ˈwʊlfɪʃnɪs
AM ˈwʊlfɪʃnɪs

Wolfit
BR ˈwʊlfɪt
AM ˈwʊlfət

wolf-like
BR ˈwʊlflʌɪk
AM ˈwʊlfˌlaɪk

wolf-man
BR ˈwʊlfman
AM ˈwʊlfˌmæn

wolf-men
BR ˈwʊlfmɛn
AM ˈwʊlfˌmɛn

wolfram
BR ˈwʊlfrəm
AM ˈwʊlfrəm

wolframite
BR ˈwʊlfrəmʌɪt
AM ˈwʊlfrəˌmaɪt

wolfsbane
BR ˈwʊlfsbeɪn
AM ˈwʊlfsˌbeɪn

wolfskin
BR ˈwʊlfskɪn, -z
AM ˈwʊlfˌskɪn, -z

wolf's-milk
BR ˈwʊlfsmɪlk
AM ˈwʊlfsˌmɪlk

Wolfson
BR ˈwʊlfsn
AM ˈwʊlfs(ə)n

Wollaston
BR ˈwʊləst(ə)n
AM ˈwʊləst(ə)n

Wollongong
BR ˈwʊləŋɒŋ, ˈwʊləŋɒŋ
AM ˈwʊləŋɑŋ, ˈwʊləŋɔŋ

Wollstonecraft
BR ˈwʊlstnkrɑːft
AM ˈwʊlstənˌkræft

Wolof
BR ˈwɒlɒf
AM ˈwoʊˌlɑf

Wolseley
BR ˈwʊlzli
AM ˈwʊlzli

Wolsey
BR ˈwʊlzi
AM ˈwʊlzi

Wolsingham
BR ˈwʊlzɪŋəm
AM ˈwʊlzɪŋəm

Wolstenholme
BR ˈwʊlst(ə)nhəʊm
AM ˈwʊlstən,(h)oʊm

Wolverhampton
BR ˌwʊlvəˈham(p)t(ə)n
AM ˈwʊlvər-ˌ(h)æm(p)t(ə)n

wolverine
BR ˈwʊlvəriːn, -z
AM ˌwʊlvəˈriːn, -z

Wolverton
BR ˈwʊlvət(ə)n
AM ˈwʊlvərt(ə)n

wolves
BR wʊlvz
AM wʊlvz

woman
BR ˈwʊmən
AM ˈwʊm(ə)n

womanhood
BR ˈwʊmənhʊd
AM ˈwʊmən,(h)ʊd

womanise
BR ˈwʊmənʌɪz, -ɪz, -ɪŋ, -d
AM ˈwʊməˌnaɪz, -ɪz, -ɪŋ, -d

womaniser
BR ˈwʊmənʌɪzə(r), -z
AM ˈwʊməˌnaɪzər, -z

womanish
BR ˈwʊmənɪʃ
AM ˈwʊmənɪʃ

womanishly
BR ˈwʊmənɪʃli
AM ˈwʊmənɪʃli

womanishness
BR ˈwʊmənɪʃnɪs
AM ˈwʊmənɪʃnɪs

womanize
BR ˈwʊmənʌɪz, -ɪz, -ɪŋ, -d
AM ˈwʊməˌnaɪz, -ɪz, -ɪŋ, -d

womanizer
BR ˈwʊmənʌɪzə(r), -z
AM ˈwʊməˌnaɪzər, -z

womankind
BR ˈwʊmənkʌɪnd
AM ˈwʊmənˌkaɪnd

womanless
BR ˈwʊmənləs
AM ˈwʊmənləs

womanlike
BR ˈwʊmənlʌɪk
AM ˈwʊmənˌlaɪk

womanliness
BR ˈwʊmənlɪnɪs
AM ˈwʊmənlɪnɪs

womanly
BR ˈwʊmənli
AM ˈwʊmənli

womb
BR wuːm, -z
AM wum, -z

wombat
BR ˈwɒmbat, -s
AM ˈwɑmˌbæt, -s

womb-like
BR ˈwuːmlʌɪk
AM ˈwumˌlaɪk

Wombwell
BR ˈwʊmw(ɛ)l, ˈwuːmw(ɛ)l
AM ˈwʊmˌwɛl

women
BR ˈwɪmɪn
AM ˈwɪmɪn

womenfolk
BR ˈwɪmɪnfəʊk
AM ˈwɪmɪnˌfoʊk

womenkind
BR ˈwɪmɪnkʌɪnd
AM ˈwɪmɪnˌkaɪnd

women's lib
BR ˌwɪmɪnz ˈlɪb
AM ˌwɪmɪnz ˈlɪb

women's libber
BR ˌwɪmɪnz ˈlɪbə(r), -z
AM ˌwɪmɪnz ˈlɪbər, -z

womenswear
BR ˈwɪmɪnzwɛː(r)
AM ˈwɪmɪnzˌwɛ(ə)r

won[1]
BR wʌn
AM wən

won[2] *currency*
BR wɒn
AM wɑn

wonder
BR ˈwʌnd|ə(r), -əz, -(ə)rɪŋ, -əd
AM ˈwənd|ər, -ərz, -(ə)rɪŋ, -ərd

wonderer
BR ˈwʌnd(ə)rə(r), -z
AM ˈwənd(ə)rər, -z

wonderful
BR ˈwʌndəf(ʊ)l
AM ˈwəndərfəl

wonderfully
BR ˈwʌndəfʊli, ˈwʌndəfl̩i
AM ˈwəndərf(ə)li

wonderfulness
BR ˈwʌndəf(ʊ)lnəs
AM ˈwəndərfəlnəs

wondering
BR ˈwʌnd(ə)rɪŋ, -z
AM ˈwənd(ə)rɪŋ, -z

wonderingly
BR ˈwʌnd(ə)rɪŋli
AM ˈwənd(ə)rɪŋli

wonderland
BR ˈwʌndəland
AM ˈwəndərˌlænd

wonderment
BR ˈwʌndəm(ə)nt
AM ˈwəndərm(ə)nt

wondrous
BR ˈwʌndrəs
AM ˈwəndrəs

wondrously
BR ˈwʌndrəsli
AM ˈwəndrəsli

wondrousness
BR ˈwʌndrəsnəs
AM ˈwəndrəsnəs

Wong
BR wɒŋ
AM wɑŋ, wɔŋ

wonkily
BR ˈwɒŋkɪli
AM ˈwɑŋkəli

wonkiness
BR ˈwɒŋkɪnɪs
AM ˈwɑŋkɪnɪs

wonky
BR ˈwɒŋk|i, -ɪə(r), -ɪɪst
AM ˈwɑŋki, -ər, -ɪst

wont
BR wəʊnt, wɒnt
AM woʊnt, wɑnt, wɔnt

won't
BR wəʊnt
AM woʊnt

wonted
BR ˈwəʊntɪd, ˈwɒntɪd
AM ˈwoʊn(t)əd, ˈwɑn(t)əd, ˈwɔn(t)əd

wonton
BR ˌwɒnˈtɒn, -z
AM ˈwɑnˌtɑn, -z

woo
BR wuː, -z, -ɪŋ, -d
AM wu, -z, -ɪŋ, -d

wooable
BR ˈwuːəbl
AM ˈwuəb(ə)l

wood
BR wʊd, -z
AM wʊd, -z

Woodall
BR ˈwʊdɔːl
AM ˈwʊdˌɑl, ˈwʊdˌɔl

Woodard
BR ˈwʊdɑːd
AM ˈwʊdərd

woodbind
BR ˈwʊdbʌɪnd, -z
AM ˈwʊdˌbaɪnd, -z

woodbine
BR ˈwʊdbʌɪn, -z
AM ˈwʊdˌbaɪn, -z

woodblock
BR ˈwʊdblɒk, -s
AM ˈwʊdˌblɑk, -s

Woodbridge
BR ˈwʊdbrɪdʒ
AM ˈwʊdˌbrɪdʒ

woodcarver
BR ˈwʊdˌkɑːvə(r), -z
AM ˈwʊdˌkɑrvər, -z

woodcarving
BR ˈwʊdˌkɑːvɪŋ, -z
AM ˈwʊdˌkɑrvɪŋ, -z

woodchip
BR ˈwʊdtʃɪp, -s
AM ˈwʊdˌtʃɪp, -s

woodchopper
BR ˈwʊdˌtʃɒpə(r), -z
AM ˈwʊdˌtʃɑpər, -z

woodchuck
BR ˈwʊdtʃʌk, -s
AM ˈwʊdˌtʃək, -s

woodcock
BR ˈwʊdkɒk, -s
AM ˈwʊdˌkɑk, -s

woodcraft
BR ˈwʊdkrɑːft
AM ˈwʊdˌkræft

woodcut
BR ˈwʊdkʌt, -s
AM ˈwʊdˌkət, -s

woodcutter
BR ˈwʊdˌkʌtə(r), -z
AM ˈwʊdˌkədər, -z

woodcutting
BR ˈwʊdˌkʌtɪŋ
AM ˈwʊdˌkədɪŋ

wooded
BR ˈwʊdɪd
AM ˈwʊdəd

wooden
BR ˈwʊdn̩
AM ˈwʊdən

woodenhead
BR ˈwʊdnhɛd, -z
AM ˈwʊdn̩ˌ(h)ɛd, -z

woodenheaded
BR ˌwʊdnˈhɛdɪd
AM ˈwʊdn̩ˌhɛdəd

wooden-headedness
BR ˌwʊdnˈhɛdɪdnɪs
AM ˈwʊdn̩ˌhɛdədnəs

woodenly
BR ˈwʊdn̩li
AM ˈwʊdn̩li

woodenness
BR ˈwʊdn̩nəs
AM ˈwʊd(n)nəs

Woodford
BR ˈwʊdfəd
AM ˈwʊdfərd

woodgrouse
BR ˈwʊdgraʊs
AM ˈwʊdˌgraʊs

Woodhall
BR ˈwʊdhɔːl
AM ˈwʊdˌ(h)ɑl, ˈwʊdˌ(h)ɔl

Woodhead
BR ˈwʊdhɛd
AM ˈwʊdˌ(h)ɛd

Woodhouse
BR ˈwʊdhaʊs
AM ˈwʊdˌ(h)aʊs

woodiness
BR ˈwʊdɪnɪs
AM ˈwʊdɪnɪs

woodland
BR ˈwʊdlənd, -z
AM ˈwʊdlənd, -z

woodlander
BR ˈwʊdləndə(r), -z
AM ˈwʊdləndər, -z

woodlark
BR ˈwʊdlɑːk, -s
AM ˈwʊdˌlɑrk, -s

Woodlesford
BR ˈwʊdlzfəd
AM ˈwʊdəlzfərd

woodless
BR ˈwʊdləs
AM ˈwʊdləs

Woodley
BR ˈwʊdli
AM ˈwʊdli

woodlice
BR ˈwʊdlʌɪs
AM ˈwʊdˌlaɪs

woodlot
BR ˈwʊdlɒt, -s
AM ˈwʊdˌlɑt, -s

woodlouse
BR ˈwʊdlaʊs
AM ˈwʊdˌlaʊs

woodman
BR ˈwʊdmən
AM ˈwʊdm(ə)n

woodmen
BR ˈwʊdmən
AM ˈwʊdm(ə)n

woodnote
BR ˈwʊdnəʊt, -s
AM ˈwʊdˌnoʊt, -s

woodpecker
BR ˈwʊdˌpɛkə(r), -z
AM ˈwʊdˌpɛkər, -z

woodpie
BR ˈwʊdpʌɪ, -z
AM ˈwʊdˌpaɪ, -z

woodpigeon
BR ˈwʊdˌpɪdʒ(ɪ)n, -z
AM ˈwʊdˌpɪdʒ(ə)n, -z

woodpile
BR ˈwʊdpʌɪl, -z
AM ˈwʊdˌpaɪl, -z

Woodrow
BR ˈwʊdrəʊ
AM ˈwʊdroʊ

woodruff
BR ˈwʊdrʌf, -s
AM ˈwʊdrəf, -s

woodrush
BR ˈwʊdrʌʃ, -ɪz
AM ˈwʊdˌrəʃ, -əz

Woods
BR wʊdz
AM wʊdz

woodscrew
BR ˈwʊdskruː, -z
AM ˈwʊdˌskru, -z

woodshed
BR ˈwʊdʃɛd, -z
AM ˈwʊdˌʃɛd, -z

woodsman
BR ˈwʊdzmən
AM ˈwʊdzm(ə)n

woodsmen
BR ˈwʊdzmən
AM ˈwʊdzm(ə)n

woodsmoke
BR ˈwʊdsməʊk
AM ˈwʊdˌsmoʊk

Woodstock
BR ˈwʊdstɒk
AM ˈwʊdˌstɑk

woodsy
BR ˈwʊdz|i, -ɪə(r), -ɪst
AM ˈwʊdzi, -ər, -ɪst

woodturner
BR ˈwʊdˌtɜːnə(r), -z
AM ˈwʊdˌtɜrnər, -z

woodturning
BR ˈwʊdˌtɜːnɪŋ
AM ˈwʊdˌtɜrnɪŋ

Woodward
BR ˈwʊdwəd
AM ˈwʊdwərd

woodwasp
BR ˈwʊdwɒsp, -s
AM ˈwʊdˌwɑsp, -s

woodwind
BR ˈwʊdwɪnd
AM ˈwʊdˌwɪnd

woodwork
BR ˈwʊdwɜːk
AM ˈwʊdˌwɜrk

woodworker
BR ˈwʊdˌwɜːkə(r), -z
AM ˈwʊdˌwɜrkər, -z

woodworking
BR ˈwʊdˌwɜːkɪŋ
AM ˈwʊdˌwɜrkɪŋ

woodworm
BR ˈwʊdwɜːm
AM ˈwʊdˌwɜrm

woody
BR ˈwʊd|i, -ɪə(r), -ɪst
AM ˈwʊdi, -ər, -ɪst

woodyard
BR ˈwʊdjɑːd, -z
AM ˈwʊdˌjɑrd, -z

wooer
BR ˈwuːə(r), -z
AM ˈwuər, -z

woof[1] *dog's bark*
BR wʊf
AM wuf, wʊf

woof[2] *weaving*
BR wuːf, -s
AM wuf, wʊf, -s

woofer
BR ˈwuːfə(r), ˈwʊfə(r), -z
AM ˈwʊfər, -z

Woofferton
BR ˈwʊfət(ə)n
AM ˈwʊfərt(ə)n

Wookey
BR ˈwʊki
AM ˈwʊki

wool
BR wʊl, -z
AM wʊl, -z

Woolacombe
BR ˈwʊləkəm
AM ˈwʊləkəm

Woolard
BR ˈwʊlɑːd
AM ˈwʊlərd

Wooldridge
BR ˈwʊldrɪdʒ
AM ˈwʊlˌrɪdʒ

woolen
BR ˈwʊlən, -z
AM ˈwʊl(ə)n, -z

Wooler
BR ˈwʊlə(r)
AM ˈwʊlər

Woolf
BR wʊlf
AM wulf

woolgathering
BR ˈwʊlˌgað(ə)rɪŋ
AM ˈwʊlˌgæð(ə)rɪŋ

Woollard
BR ˈwʊlɑːd
AM ˈwʊlərd

woollen
BR ˈwʊlən, -z
AM ˈwʊl(ə)n, -z

Woolley
BR ˈwʊli
AM ˈwʊli

wool-like
BR ˈwʊllʌɪk
AM ˈwʊlˌlaɪk

woolliness
BR ˈwʊlɪnɪs
AM ˈwʊlɪnɪs

woolly
BR ˈwʊl|i, -ɪz, -ɪə(r), -ɪst
AM ˈwʊli, -z, -ər, -ɪst

woolly-bear
BR ˈwʊlɪbɛː(r), -z
AM ˈwʊliˌbɛ(ə)r, -z

woolly-headed
BR ˌwʊlɪˈhɛdɪd
AM ˌwʊliˈhɛdəd

woolpack
BR ˈwʊlpak, -s
AM ˈwʊlˌpæk, -s

woolsack
BR ˈwʊlsak, -s
AM ˈwʊlˌsæk, -s

woolsey
BR ˈwʊlzi
AM ˈwʊlzi

woolshed
BR ˈwʊlʃɛd, -z
AM ˈwʊlˌʃɛd, -z

Woolwich
BR ˈwʊlɪdʒ, ˈwʊlɪtʃ
AM ˈwʊlˌwɪtʃ

Woolworth
BR ˈwʊlwə(ː)θ, -s
AM ˈwʊlˌwɜrθ, -s

woomera
BR ˈwʊm(ə)rə(r), ˈwuːm(ə)rə(r), -z
AM ˈwumərə, -z

woops
BR wʊps
AM wups, wʊps

woosh
BR wʊʃ, -ɪz, -ɪŋ, -t
AM wʊʃ, -əz, -ɪŋ, -t

Woosnam
BR ˈwuːznəm
AM ˈwuzn(ə)m

Wooster
BR ˈwʊstə(r), ˈwuːstə(r)
AM ˈwustər, ˈwʊstər

Wooten
BR ˈwʊtn
AM ˈwʊtn

Wootton
BR ˈwʊtn
AM ˈwʊtn

woozily
BR ˈwuːzɪli
AM ˈwuzəli

wooziness
BR ˈwuːzɪnɪs
AM ˈwuzɪnɪs

woozy
BR ˈwuːz|i, -ɪə(r), -ɪst
AM ˈwuzi, -ər, -ɪst

wop
BR wɒp, -s
AM wɑp, -s

Worcester
BR ˈwʊstə(r)
AM ˈwustər

Worcestershire
BR ˈwʊstəʃ(ɪ)ə(r)
AM ˈwustərʃi(ə)r

word
BR wɜːd, -z, -ɪŋ, -ɨd
AM wɜrd, -z, -ɪŋ, -əd

wordage
BR ˈwɜːdɪdʒ
AM ˈwɜrdɪdʒ

wordbook
BR ˈwɜːdbʊk, -s
AM ˈwɜrdˌbʊk, -s

wordfinder
BR ˈwəːdˌfaɪndə(r), -z
AM ˈwərdˌfaɪndər, -z

word for word
BR ˌwəːd fə ˈwəːd
AM ˌwərd fər ˈwərd

wordily
BR ˈwəːdɪli
AM ˈwərdəli

wordiness
BR ˈwəːdɪnɪs
AM ˈwərdɪnɪs

wording
BR ˈwəːdɪŋ, -z
AM ˈwərdɪŋ, -z

wordless
BR ˈwəːdləs
AM ˈwərdləs

wordlessly
BR ˈwəːdləsli
AM ˈwərdləsli

wordlessness
BR ˈwəːdləsnəs
AM ˈwərdləsnəs

word-perfect
BR ˌwəːdˈpəːfɪkt
AM ˌwərdˈpərfək(t)

wordplay
BR ˈwəːdpleɪ
AM ˈwərdˌpleɪ

wordsearch
BR ˈwəːdsəːtʃ, -ɪz
AM ˈwərdˌsərtʃ, -əz

wordsmith
BR ˈwəːdsmɪθ, -s
AM ˈwərdˌsmɪθ, -s

WordStar
BR ˈwəːdstɑː(r)
AM ˈwərdˌstɑr

Wordsworth
BR ˈwəːdzwə(ː)θ
AM ˈwərdzˌwərθ

Wordsworthian
BR ˌwəːdzˈwəːðiən
AM ˌwərdzˈwərθiən

wordy
BR ˈwəːd|i, -iə(r), -ɪɪst
AM ˈwərdi, -ər, -ɪɪst

wore
BR wɔː(r)
AM wɔ(ə)r

work
BR wəːk, -s, -ɪŋ, -t
AM wərk, -s, -ɪŋ, -t

workability
BR ˌwəːkəˈbɪlɪti
AM ˌwərkəˈbɪlɪdi

workable
BR ˈwəːkəbl
AM ˈwərkəb(ə)l

workableness
BR ˈwəːkəblnəs
AM ˈwərkəbəlnəs

workably
BR ˈwəːkəbli
AM ˈwərkəbli

workaday
BR ˈwəːkədeɪ
AM ˈwərkəˌdeɪ

workaholic
BR ˌwəːkəˈhɒlɪk, -s
AM ˌwərkəˈhɑlɪk, ˌwərkəˈhɔlɪk, -s

workbasket
BR ˈwəːkˌbɑːskɪt, -s
AM ˈwərkˌbæskət, -s

workbench
BR ˈwəːkbɛn(t)ʃ, -ɪz
AM ˈwərkˌbɛn(t)ʃ, -əz

workboat
BR ˈwəːkbəʊt, -s
AM ˈwərkˌboʊt, -s

workbook
BR ˈwəːkbʊk, -s
AM ˈwərkˌbʊk, -s

workbox
BR ˈwəːkbɒks, -ɪz
AM ˈwərkˌbɑks, -əz

workday
BR ˈwəːkdeɪ, -z
AM ˈwərkˌdeɪ, -z

worker
BR ˈwəːkə(r), -z
AM ˈwərkər, -z

workfare
BR ˈwəːkfɛː(r)
AM ˈwərkˌfɛ(ə)r

workforce
BR ˈwəːkfɔːs
AM ˈwərkˌfɔ(ə)rs

workhorse
BR ˈwəːkhɔːs, -ɪz
AM ˈwərkˌh(h)ɔ(ə)rs, -əz

workhouse
BR ˈwəːkhaʊs, -ɪz
AM ˈwərkˌ(h)aʊs, -zəz

working
BR ˈwəːkɪŋ, -z
AM ˈwərkɪŋ, -z

Workington
BR ˈwəːkɪŋt(ə)n
AM ˈwərkɪŋt(ə)n

workless
BR ˈwəːkləs
AM ˈwərkləs

workload
BR ˈwəːkləʊd, -z
AM ˈwərkˌloʊd, -z

workman
BR ˈwəːkmən
AM ˈwərkm(ə)n

workmanlike
BR ˈwəːkmənlaɪk
AM ˈwərkmənˌlaɪk

workmanship
BR ˈwəːkmənʃɪp
AM ˈwərkmənˌʃɪp

workmate
BR ˈwəːkmeɪt, -s
AM ˈwərkˌmeɪt, -s

workmen
BR ˈwəːkmən
AM ˈwərkm(ə)n

workout
BR ˈwəːkaʊt, -s
AM ˈwərkˌaʊt, -s

workpeople
BR ˈwəːkˌpiːpl
AM ˈwərkˌpipəl

workpiece
BR ˈwəːkpiːs, -ɪz
AM ˈwərkˌpis, -ɪz

workplace
BR ˈwəːkpleɪs, -ɪz
AM ˈwərkˌpleɪs, -ɪz

workroom
BR ˈwəːkruːm, ˈwəːkrʊm, -z
AM ˈwərkˌrum, ˈwərkˌrʊm, -z

worksharing
BR ˈwəːkˌʃɛːrɪŋ
AM ˈwərkˌʃɛrɪŋ

worksheet
BR ˈwəːkʃiːt, -s
AM ˈwərkˌʃit, -s

workshop
BR ˈwəːkʃɒp, -s
AM ˈwərkˌʃɑp, -s

workshy
BR ˈwəːkʃaɪ
AM ˈwərkˌʃaɪ

worksite
BR ˈwəːksaɪt, -s
AM ˈwərkˌsaɪt, -s

Worksop
BR ˈwəːksɒp
AM ˈwərkˌsɑp

workspace
BR ˈwəːkspeɪs, -ɪz
AM ˈwərkˌspeɪs, -ɪz

workstation
BR ˈwəːkˌsteɪʃn, -z
AM ˈwərkˌsteɪʃ(ə)n, -z

worktop
BR ˈwəːktɒp, -s
AM ˈwərkˌtɑp, -s

work-to-rule
BR ˌwəːktʊˈruːl, -z
AM ˈwərktəˌrul, -z

workwear
BR ˈwəːkwɛː(r)
AM ˈwərkˌwɛ(ə)r

workweek
BR ˈwəːkwiːk, -s
AM ˈwərkˌwik, -s

workwoman
BR ˈwəːkˌwʊmən
AM ˈwərkˌwʊm(ə)n

workwomen
BR ˈwəːkˌwɪmɪn
AM ˈwərkˌwɪmɪn

world
BR wəːld, -z
AM wər(ə)ld, -z

World Cup
BR ˌwəːl(d) ˈkʌp
AM ˌwər(ə)l(d) ˈkəp

worlde
BR ˈwəːld(i)
AM ˈwər(ə)ld(i)

worldliness
BR ˈwəːldlɪnɪs
AM ˈwər(ə)l(d)lɪnɪs

worldling
BR ˈwɜːldlɪŋ, -z
AM ˈwɜr(ə)l(d)lɪŋ, -z

worldly
BR ˈwɜːldl|i, -iə(r),
  -ɪst
AM ˈwɜr(ə)l(d)li, -ər,
  -ɪst

worldview
BR ˌwɜːldˈvjuː, -z
AM ˈˌwɜr(ə)l(d)ˌvju,
  -z

worldwide
BR ˌwɜːl(d)ˈwaɪd
AM ˌwɜr(ə)l(d)ˈwaɪd

worm
BR wɜːm, -z, -ɪŋ, -d
AM wɜrm, -z, -ɪŋ, -d

Wormald
BR ˈwɜːmld
AM ˈwɜrməld

worm-cast
BR ˈwɜːmkɑːst, -s
AM ˈwɜrmˌkæst, -s

wormer
BR ˈwɜːmə(r), -z
AM ˈwɜrmər, -z

wormhole
BR ˈwɜːmhəʊl, -z
AM ˈwɜrmˌ(h)oʊl, -z

worminess
BR ˈwɜːmɪnɪs
AM ˈwɜrmɪnɪs

wormlike
BR ˈwɜːmlʌɪk
AM ˈwɜrmˌlaɪk

Wormold
BR ˈwɜːm(əʊ)ld
AM ˈwɜrˌmoʊld,
  ˈwɜrməld

Worms
BR wɜːmz, vɔːmz
AM wɜrmz

wormseed
BR ˈwɜːmsiːd, -z
AM ˈwɜrmˌsid, -z

wormwood
BR ˈwɜːmwʊd
AM ˈwɜrmˌwʊd

wormy
BR ˈwɜːm|i, -iə(r), -ɪst
AM ˈwɜrmi, -ər, -ɪst

worn
BR wɔːn
AM wɔ(ə)rn

Worrall
BR ˈwɒrḷ
AM ˈwɔrəl

worriedly
BR ˈwʌrɪdli
AM ˈwɜrɪdli

worrier
BR ˈwʌrɪə(r), -z
AM ˈwɜriər, -z

worriment
BR ˈwʌrɪm(ə)nt
AM ˈwɜrɪm(ə)nt

worrisome
BR ˈwʌrɪs(ə)m
AM ˈwɜriˌs(ə)m

worrisomely
BR ˈwʌrɪs(ə)mli
AM ˈwɜriˌsəmli

worrit
BR ˈwʌr|ɪt, -ɪts, -ɪtɪŋ,
  -ɪtɪd
AM ˈwɜrə|t, -ts, -dɪŋ,
  -dəd

worry
BR ˈwʌr|i, -ɪz, -ɪŋ, -ɪd
AM ˈwɜri, -z, -ɪŋ, -d

worryingly
BR ˈwʌrɪɪŋli
AM ˈwɜriɪŋli

worrywart
BR ˈwʌrɪwɔːt, -s
AM ˈwɜriˌwɔ(ə)rt, -s

worse
BR wɜːs
AM wɜrs

worsen
BR ˈwɜːs|n, -nz,
  -ṇɪŋ\-nɪŋ, -nd
AM ˈwɜrs(ə)n, -z, -ɪŋ, -d

worship
BR ˈwɜːʃɪp, -ɪps,
  -ɪpɪŋ, -ɪpt
AM ˈwɜrʃəp, -s, -ɪŋ, -t

worshipable
BR ˈwɜːʃɪpəbl
AM ˈwɜrʃəpəb(ə)l

worshiper
BR ˈwɜːʃɪpə(r), -z
AM ˈwɜrʃəpər, -z

worshipful
BR ˈwɜːʃɪpf(ʊ)l
AM ˈwɜrʃəpfəl

worshipfully
BR ˈwɜːʃɪpfᵿli,
  ˈwɜːʃɪpfl̩i
AM ˈwɜrʃɪpf(ə)li

worshipfulness
BR ˈwɜːʃɪpf(ʊ)lnəs
AM ˈwɜrʃɪpfəlnəs

worshipper
BR ˈwɜːʃɪpə(r), -z
AM ˈwɜrʃəpər, -z

Worsley
BR ˈwɜːsli, ˈwɜːzli
AM ˈwɜrzli

Worsnip
BR ˈwɜːsnɪp
AM ˈwɜrsnəp

worst
BR wɜːst
AM wɜrst

worsted[1] *noun*
BR ˈwʊstɪd
AM ˈwɜrstəd, ˈwʊstəd

worsted[2] *past tense,*
  adjective, from
  'worse'
BR ˈwɜːstɪd
AM ˈwɜrstəd

Worsthorne
BR ˈwɜːsθɔːn
AM ˈwɜrsˌθɔ(ə)rn

wort
BR wɜːt, -s
AM wɔ(ə)rt,
  wɜrt, -s

worth
BR wɜːθ
AM wɜrθ

worthily
BR ˈwɜːðɪli
AM ˈwɜrðəli

worthiness
BR ˈwɜːðɪnɪs
AM ˈwɜrðɪnɪs

Worthing
BR ˈwɜːðɪŋ
AM ˈwɜrðɪŋ

Worthington
BR ˈwɜːðɪŋt(ə)n
AM ˈwɜrðɪŋt(ə)n

worthless
BR ˈwɜːθləs
AM ˈwɜrθləs

worthlessly
BR ˈwɜːθləsli
AM ˈwɜrθləsli

worthlessness
BR ˈwɜːθləsnəs
AM ˈwɜrθləsnəs

worthwhile
BR ˌwɜːθˈwʌɪl
AM ˌwɜrθˈ(h)waɪl

worthwhileness
BR ˌwɜːθˈwʌɪlnɪs
AM ˌwɜrθˈ(h)waɪlnɪs

worthy
BR ˈwɜːð|i, -ɪz, -iə(r),
  -ɪst
AM ˈwɜrði, -z, -ər, -ɪst

Wortley
BR ˈwɜːtli
AM ˈwɜrtli

wot
BR wɒt
AM wɑt

wotcha
BR ˈwɒtʃə(r)
AM ˈwɑtʃə

wotcher
BR ˈwɒtʃə(r)
AM ˈwɑtʃər

Wotton
BR ˈwʊtn, ˈwɒtn
AM ˈwɑtn

would[1] *strong form*
BR wʊd
AM wʊd

would[2] *weak form*
BR wəd, (ə)d
AM (ə)d, wəd

would-be
BR ˈwʊdbiː, ˈwʊdbɪ
AM ˈwʊdˌbi

wouldn't
BR ˈwʊdnt
AM ˈwʊdnt

wouldst
BR wʊdst, wʊtst
AM wʊtst, wʊdst

wound[1] *injury, injure*
BR wuːnd, -z, -ɪŋ, -ɪd
AM wund, -z, -ɪŋ, -ɪd

wound² *past tense, adjective, from* **wind**
BR waʊnd
AM waʊnd

Wounded Knee
BR ˌwuːndɪd ˈniː
AM ˌwundəd ˈni

woundedness
BR ˈwuːndɪdnɪs
AM ˈwundədnəs

wounding
BR ˈwuːndɪŋ, -z
AM ˈwundɪŋ, -z

woundingly
BR ˈwuːndɪŋli
AM ˈwundɪŋli

woundless
BR ˈwuːndləs
AM ˈwun(d)ləs

woundwort
BR ˈwuːndwɜːt, -s
AM ˈwundˌwɔː(ə)rt, ˈwundˌwɜrt, -s

wove
BR wəʊv
AM woʊv

woven
BR ˈwəʊvn
AM ˈwoʊvən

wow
BR waʊ, -z, -ɪŋ, -d
AM waʊ, -z, -ɪŋ, -d

wowser
BR ˈwaʊzə(r), -z
AM ˈwaʊzər, -z

WRAC
BR rak, -s
AM ræk, -s

wrack
BR rak, -s
AM ræk, -s

WRAF
BR raf, -s
AM ræf, -s

wraggle-taggle
BR ˌragl ˈtagl
AM ˌrægəl ˈtægəl

wraith
BR reɪθ, -s
AM reɪθ, -s

wraithlike
BR ˈreɪθlʌɪk
AM ˈreɪθˌlaɪk

Wrangel
BR ˈraŋgl
AM ˈræŋgəl

wrangle
BR ˈraŋg|l, -lz, -l̩ŋ\-lɪŋ, -ld
AM ˈræŋg|əl, -əlz, -(ə)lɪŋ, -əld

wrangler
BR ˈraŋglə(r), -z
AM ˈræŋg(ə)lər, -z

wrangling
BR ˈraŋglɪŋ, ˈraŋgl̩ɪŋ, -z
AM ˈræŋg(ə)lɪŋ, -z

wrap
BR rap, -s, -ɪŋ, -t
AM ræp, -s, -ɪŋ, -t

wraparound
BR ˈrapəraʊnd
AM ˈræpəˌraʊnd

wrappage
BR ˈrapɪdʒ
AM ˈræpɪdʒ

wrapper
BR ˈrapə(r), -z
AM ˈræpər, -z

wrapping
BR ˈrapɪŋ, -z
AM ˈræpɪŋ, -z

wrapround
BR ˈrapraʊnd, -z
AM ˈræpˌraʊnd, -z

wrasse
BR ras, -ɪz
AM ræs, -əz

wrath
BR rɒθ
AM ræθ

wrathful
BR ˈrɒθf(ʊ)l
AM ˈræθfəl

wrathfully
BR ˈrɒθfʊli, ˈrɒθfl̩i
AM ˈræθfəli

wrathfulness
BR ˈrɒθf(ʊ)lnəs
AM ˈræθfəlnəs

wrathy
BR ˈrɒθi
AM ˈræθi

Wray
BR reɪ
AM reɪ

wreak
BR riːk, -s, -ɪŋ, -t
AM rik, -s, -ɪŋ, -t

wreaker
BR ˈriːkə(r), -z
AM ˈrikər, -z

wreath
BR riː|θ, -ðz\-θs
AM ri|θ, -ðz\-θs

wreathe
BR riːð, -z, -ɪŋ, -d
AM rið, -z, -ɪŋ, -d

wreck
BR rɛk, -s, -ɪŋ, -t
AM rɛk, -s, -ɪŋ, -t

wreckage
BR ˈrɛkɪdʒ
AM ˈrɛkɪdʒ

wrecker
BR ˈrɛkə(r), -z
AM ˈrɛkər, -z

Wrekin
BR ˈriːkɪn
AM ˈrikɪn

wren
BR rɛn, -z
AM rɛn, -z

wrench
BR rɛn(t)ʃ, -ɪz, -ɪŋ, -t
AM rɛn(t)ʃ, -əz, -ɪŋ, -t

wrentit
BR ˈrɛntɪt, -s
AM ˈrɛnˌtɪt, -s

wrest
BR rɛst, -s, -ɪŋ, -ɪd
AM rɛst, -s, -ɪŋ, -əd

wrest-block
BR ˈrɛs(t)blɒk, -s
AM ˈrɛs(t)ˌblɑk, -s

wrestle
BR ˈrɛs|l, -lz, -l̩ŋ\-lɪŋ, -ld
AM ˈrɛs|əl, -əlz, -(ə)lɪŋ, -əld

wrestler
BR ˈrɛslə(r), ˈrɛsl̩ə(r), -z
AM ˈrɛs(ə)lər, -z

wrestling
BR ˈrɛslɪŋ, ˈrɛsl̩ɪŋ, -z
AM ˈrɛs(ə)lɪŋ, -z

wrest-pin
BR ˈrɛs(t)pɪn, -z
AM ˈrɛs(t)ˌpɪn, -z

wretch
BR rɛtʃ, -ɪz
AM rɛtʃ, -əz

wretched
BR ˈrɛtʃɪd
AM ˈrɛtʃəd

wretchedly
BR ˈrɛtʃɪdli
AM ˈrɛtʃədli

wretchedness
BR ˈrɛtʃɪdnɪs
AM ˈrɛtʃədnəs

Wrexham
BR ˈrɛks(ə)m
AM ˈrɛks(ə)m

wrick
BR rɪk, -s, -ɪŋ, -t
AM rɪk, -s, -ɪŋ, -t

wriggle
BR ˈrɪg|l, -lz, -l̩ŋ\-lɪŋ, -ld
AM ˈrɪg|əl, -əlz, -(ə)lɪŋ, -əld

wriggler
BR ˈrɪglə(r), ˈrɪgl̩ə(r), -z
AM ˈrɪg(ə)lər, -z

wriggly
BR ˈrɪgli, ˈrɪgl̩i, -ɪə(r), -ɪɪst
AM ˈrɪg(ə)li, -ər, -ɪst

wright
BR rʌɪt, -s
AM raɪt, -s

Wrighton
BR ˈrʌɪtn
AM ˈraɪtn

Wrigley
BR ˈrɪgli
AM ˈrɪgli

wrily
BR ˈrʌɪli
AM ˈraɪli

wring
BR rɪŋ, -z, -ɪŋ
AM rɪŋ, -z, -ɪŋ
wringer
BR ˈrɪŋə(r), -z
AM ˈrɪŋɚ, -z
wrinkle
BR ˈrɪŋk|l, -lz,
  -lɪŋ\-lɪŋ, -ld
AM ˈrɪŋk|əl, -əlz,
  -(ə)lɪŋ, -əld
wrinkliness
BR ˈrɪŋklɪnɪs
AM ˈrɪŋk(ə)linɪs
wrinkly
BR ˈrɪŋkl|i, -ɪz
AM ˈrɪŋk(ə)li, -z
wrist
BR rɪst, -s
AM rɪst, -s
wristband
BR ˈrɪs(t)band, -z
AM ˈrɪs(t)ˌbænd, -z
wristlet
BR ˈrɪs(t)lɪt, -s
AM ˈrɪs(t)lət, -s
wristwatch
BR ˈrɪs(t)wɒtʃ,
  -ɪz
AM ˈrɪs(t)ˌwɑtʃ,
  -əz
wristy
BR ˈrɪsti
AM ˈrɪsti
writ
BR rɪt, -s
AM rɪt, -s
writable
BR ˈrʌɪtəbl
AM ˈraɪdəb(ə)l
write
BR rʌɪt, -s, -ɪŋ
AM raɪ|t, -ts, -dɪŋ
writer
BR ˈrʌɪtə(r), -z
AM ˈraɪdɚ, -z
writerly
BR ˈrʌɪtəli
AM ˈraɪdɚli
writhe
BR rʌɪð, -z, -ɪŋ, -d
AM raɪð, -z, -ɪŋ, -d

writhing
BR ˈrʌɪðɪŋ, -z
AM ˈraɪðɪŋ, -z
writing
BR ˈrʌɪtɪŋ, -z
AM ˈraɪdɪŋ, -z
written
BR ˈrɪtn
AM ˈrɪtn
WRNS
BR rɛnz
AM rɛnz
Wrocław
BR ˈvrɒtslɑːv,
  ˈvrɒtslav
AM ˈ(v)rɑ(t)slaf,
  ˈ(v)rɔ(t)slaf
POL ˈvrɒtswav
wrong
BR rɒŋ, -z, -ɪŋ, -d
AM rɑŋ, rɔŋ, -z, -ɪŋ, -d
wrongdoer
BR ˈrɒŋˌduːə(r), -z
AM ˈrɑŋˌduɚ,
  ˈrɔŋˌduɚ, -z
wrongdoing
BR ˈrɒŋˌduːɪŋ,
  ˌrɒŋˈduːɪŋ
AM ˈrɑŋˌduɪŋ,
  ˈrɔŋˌduɪŋ
wronger
BR ˈrɒŋə(r), -z
AM ˈrɑŋɡɚ, ˈrɔŋɡɚ,
  -z
wrong-foot
BR ˌrɒŋˈfʊt, -s, -ɪŋ, -ɪd
AM ˌrɑŋˈfʊ|t, ˌrɔŋˈfʊ|t,
  -ts, -dɪŋ, -dəd
wrong-footed
BR ˌrɒŋˈfʊtɪd
AM ˌrɑŋˈfʊdəd,
  ˌrɔŋˈfʊdəd
wrongful
BR ˈrɒŋf(ʊ)l
AM ˈrɑŋfəl, ˈrɔŋfəl
wrongfully
BR ˈrɒŋfəli, ˈrɔŋfli
AM ˈrɑŋfəli, ˈrɔŋfəli
wrongfulness
BR ˈrɒŋf(ʊ)lnəs
AM ˈrɑŋfəlnəs,
  ˈrɔŋfəlnəs

wrong-headed
BR ˌrɒŋˈhɛdɪd
AM ˌˈrɑŋˌhɛdəd,
  ˌrɔŋˌhɛdəd
wrong-headedly
BR ˌrɒŋˈhɛdɪdli
AM ˌrɑŋˈhɛdədli,
  ˌrɔŋˈhɛdədli
wrong-headedness
BR ˌrɒŋˈhɛdɪdnɪs
AM ˌrɑŋˈhɛdədnəs,
  ˌrɔŋˈhɛdədnəs
wrongly
BR rɒŋli
AM rɑŋli, rɔŋli
wrongness
BR ˈrɒŋnəs
AM rɑŋnəs, rɔŋnəs
wrong'un
BR ˈrɒŋən, -z
AM ˈrɑŋən, ˈrɔŋən, -z
wrote
BR rəʊt
AM roʊt
wroth
BR rəʊθ, rɒθ
AM rɑθ, rɔθ
wrought
BR rɔːt
AM rɑt, rɔt
wrought-iron
BR ˌrɔːtˈʌɪən
AM ˌrɑtˈaɪ(ə)rn,
  ˌrɔtˈaɪ(ə)rn
Wroxeter
BR ˈrɒksɪtə(r)
AM ˈraksədɚ
Wroxham
BR ˈrɒks(ə)m
AM ˈraks(ə)m
wrung
BR rʌŋ, -z
AM rəŋ, -z
WRVS
BR ˌdʌbljʊɑːviːˈɛs
AM ˌdəbəljuˌɑrˌviˈɛs
wry
BR rʌɪ, -ə(r), -ɪst
AM raɪ, -ɚ, -ɪst
wrybill
BR ˈrʌɪbɪl, -z
AM ˈraɪˌbɪl, -z

wryly
BR ˈrʌɪli
AM ˈraɪli
wry-mouth
BR ˈrʌɪmaʊθ, -s
AM ˈraɪˌmaʊθ, -s
wry-mouthed
BR ˌrʌɪˈmaʊðd,
  ˌrʌɪˈmaʊθt
AM ˈraɪˌmaʊθt
wryneck
BR ˈrʌɪnɛk, -s
AM ˈraɪˌnɛk, -s
wryness
BR ˈrʌɪnɪs
AM ˈraɪnɪs
Wu
BR wuː
AM wu
Wuhan
BR ˌwuːˈhan
AM ˈwuˈhæn
Wulfila
BR ˈwʊlfɪlə(r)
AM ˈwʊlfələ
Wulfrun
BR ˈwʊlfrn̩
AM ˈwʊlfˌrən
Wulstan
BR ˈwʊlst(ə)n
AM ˈwʊlst(ə)n
wunderkind
BR ˈwʊndəkɪnd, -z
AM ˈwʊndɚˌkɪnd, -z
Wuppertal
BR ˈvʊpətɑːl,
  ˈwʊpətɑːl
AM ˈvʊpɚˌtɑl,
  ˈwʊpɚˌtɑl
Wurlitzer
BR ˈwəːlɪtsə(r), -z
AM ˈwɚˌlɪtsɚ, -z
wurst
BR wəːst, wʊəst,
  vʊəst
AM wʊ(ə)rst, wɚst
Württemberg
BR ˈvəːtəmbəːɡ,
  ˈwəːtəmbəːɡ
AM ˈvɚtəmˌbɚɡ,
  ˈwɚtəmˌbɚɡ
GER ˈvʏrtmbɛrk

Würzburg
BR ˈvəːtsbəːg, ˈwəːtsbəːg
AM ˈvɜrtsˌbɜrg, ˈwɜrtsˌbɜrg
GER ˈvʏrtsbʊrk

wuss
BR wʊs, -ɪz
AM wʊs, -əz

wu-wei
BR ˌwuːˈweɪ
AM ˌwuːˈweɪ

Wyandot
BR ˈwʌɪəndɒt
AM ˈwaɪənˌdɑt

Wyandotte
BR ˈwʌɪəndɒt
AM ˈwaɪənˌdɑt

Wyatt
BR ˈwʌɪət
AM ˈwaɪət

wych alder
BR ˈwɪtʃ ˌɔːldə(r), + ˌɒldə(r), -z
AM ˈwɪtʃ ˌɑldər, ˈwɪtʃ ˌɔldər, -z

wychelm
BR ˈwɪtʃɛlm, -z
AM ˈwɪˌtʃɛlm, -z

Wycherley
BR ˈwɪtʃəli
AM ˈwɪtʃərli

wych-hazel
BR ˈwɪtʃˌheɪzl, -z
AM ˈwɪtʃˌ(h)eɪz(ə)l, -z

Wychwood
BR ˈwɪtʃwʊd
AM ˈwɪtʃˌwʊd

Wyclif
BR ˈwɪklɪf
AM ˈwɪklɪf

Wycliffe
BR ˈwɪklɪf
AM ˈwɪklɪf

Wycombe
BR ˈwɪkəm
AM ˈwɪkəm

Wye
BR ˈwʌɪ
AM waɪ

Wyke
BR wʌɪk
AM waɪk

Wykehamist
BR ˈwɪkəmɪst, -s
AM ˈwɪkəməst, -s

Wyld
BR wʌɪld
AM waɪld

Wylde
BR wʌɪld
AM waɪld

Wylfa
BR ˈwɪlvə(r)
AM ˈwɪlfə

Wylie
BR ˈwʌɪli
AM ˈwaɪli

Wyllie
BR ˈwʌɪli
AM ˈwaɪli

Wylye
BR ˈwʌɪli
AM ˈwaɪli

Wyman
BR ˈwʌɪmən
AM ˈwaɪm(ə)n

Wymondham[1] *Leicestershire, UK*
BR ˈwʌɪməndəm
AM ˈwaɪməndem

Wymondham[2] *Norfolk, UK*
BR ˈwɪməndəm, ˈwɪndəm
AM ˈwɪndəm, ˈwɪməndəm

Wyn
BR wɪn
AM wɪn

wynd
BR wʌɪnd, -z
AM waɪnd, -z

Wyndham
BR ˈwɪndəm
AM ˈwɪndəm

Wynford
BR ˈwɪnfəd
AM ˈwɪnfərd

Wynn
BR wɪn
AM wɪn

Wynne
BR wɪn
AM wɪn

Wyoming
BR wʌɪˈəʊmɪŋ
AM waɪˈoʊmɪŋ

Wyre
BR ˈwʌɪə(r)
AM ˈwaɪ(ə)r

WYSIWYG
BR ˈwɪzɪwɪg
AM ˈwɪziˌwɪg

Wystan
BR ˈwɪst(ə)n
AM ˈwɪst(ə)n

Wythenshawe
BR ˈwɪðnʃɔː(r)
AM ˈwɪðənˌʃɔ

wyvern
BR ˈwʌɪv(əː)n, ˈwʌɪvn, -z
AM ˈwaɪvərn, -z

X

x
BR ɛks, -ɪz
AM ɛks, -əz

Xanadu
BR ˈzanədu:
AM ˈzænəˌdu

xanthate
BR ˈzanθeɪt, -s
AM ˈzænˌθeɪt, -s

Xanthe
BR ˈzanθi
AM ˈzænθi

xanthic
BR ˈzanθɪk
AM ˈzænθɪk

xanthine
BR ˈzanθiːn
AM ˈzænθən, ˈzænθin

Xanthippe
BR zanˈθɪpi, zanˈtɪpi
AM zænˈtɪpi, zænˈθɪpi

xanthoma
BR zanˈθəʊmə(r), -z
AM zænˈθoʊmə, -z

xanthomata
BR zanˈθəʊmətə(r), -z
AM zænˈθoʊmədə, -z

xanthophyll
BR ˈzanθə(ʊ)fɪl
AM ˈzænθəˌfɪl

Xantippe
BR zanˈtɪpi
AM zænˈtɪpi

Xavier
BR ˈzeɪvɪə(r), ˈzavɪə(r)
AM ˈzeɪvjər, ˈzeɪvɪər
PORT ʃaviˈɛr, ʃaˈvjɛr
SP xaˈβjer

x-axes
BR ˈɛksˌaksiːz
AM ˈɛksˌæksiz

x-axis
BR ˈɛksˌaksɪs
AM ˈɛksˌæksəs

xebec
BR ˈziːbɛk, ˈzeɪbɛk, -s
AM ˈziˌbɛk, -s

xenia
BR ˈziːnɪə(r), ˈzɛnɪə(r)
AM ˈziniə

Xenix
BR ˈziːnɪks
AM ˈziniks

xenogamous
BR zɛˈnɒgəməs, ziːˈnɒgəməs, zɪˈnɒgəməs
AM zəˈnagəməs

xenogamy
BR zɛˈnɒgəmi, ziːˈnɒgəmi, zɪˈnɒgəmi
AM zəˈnagəmi

xenograft
BR ˈzɛnə(ʊ)grɑːft, -s
AM ˈzɛnəˌgræft, -s

xenolith
BR ˈzɛnəlɪθ, -s
AM ˈzɛnəˌlɪθ, -s

xenon
BR ˈziːnɒn, ˈzɛnɒn
AM ˈziˌnɑn

Xenophanes
BR zɛˈnɒfəniːz, zɪˈnɒfəniːz
AM zəˈnɑfəˌniz

xenophile
BR ˈzenəfʌɪl, -z
AM ˈzenəˌfaɪl,
ˈzinəˌfaɪl, -z

xenophobe
BR ˈzenəfəʊb, -z
AM ˈzenəˌfoʊb,
ˈzinəˌfoʊb, -z

xenophobia
BR ˌzenəˈfəʊbiə(r)
AM ˌzenəˈfoʊbiə,
ˌzinəˈfoʊbiə

xenophobic
BR ˌzenəˈfəʊbɪk
AM ˌzenəˈfoʊbɪk,
ˌzinəˈfoʊbɪk

Xenophon
BR ˈzenəfɒn
AM ˈzenəˌfɑn

xenotropic
BR ˌzenə(ʊ)ˈtrɒpɪk,
ˌzenə(ʊ)ˈtrəʊpɪk
AM ˌzinəˈtrɑpɪk

xeranthemum
BR zɪˈranθɪməm, -z
AM zəˈrænθəməm, -z

xeric
BR ˈzɪərɪk
AM ˈzerɪk

xeroderma
BR ˌzɪərə(ʊ)ˈdɜːmə(r)
AM ˌzɪrəˈdɝmə

xerograph
BR ˈzɪərə(ʊ)grɑːf, -s
AM ˈzɪrəˌgræf, -s

xerographic
BR ˌzɪərə(ʊ)ˈgrafɪk
AM ˌzɪrəˈgræfɪk

xerographically
BR ˌzɪərə(ʊ)ˈgrafɪkli
AM ˌzɪrəˈgræfək(ə)li

xerography
BR zɪəˈrɒgrəfi,
zɜːˈrɒgrəfi, zɪˈrɒgrəfi
AM ˌzɪrˈɑgrəfi

xerophile
BR ˈzɪərə(ʊ)fʌɪl, -z
AM ˈzɪrəˌfaɪl, -z

xerophilous
BR zɪəˈrɒfɪləs,
zɜːˈrɒfɪləs, zɪˈrɒfɪləs
AM zəˈrɑfələs

xerophyte
BR ˈzɪərə(ʊ)fʌɪt, -s
AM ˈzɪrəˌfaɪt, -s

xerox
BR ˈzɪərɒks, ˈzerɒks,
-ɪz, -ɪŋ, -t
AM ˈzɪˌrɑks, ˈziˌrɑks,
-əz, -ɪŋ, -t

Xerxes
BR ˈzəːksiːz
AM ˈzɝˌksiz

Xhosa
BR ˈkɔːsə(r),
ˈkɑɪsə(r), ˈkɔːzə(r),
ˈkəʊzə(r)
AM ˈkɔsə, ˈkɑsə,
ˈkoʊsə

xi
BR (k)sʌɪ, (g)zʌɪ, -z
AM ksaɪ, zaɪ, -z

Xian
BR ʃan
AM ʃæn

Ximenes
BR ˈzɪmɪniːz
AM ˈzɪmɪniz
SP xiˈmenes

Xingtai
BR ʃɪŋˈtʌɪ
AM ʃɪŋˈtaɪ

Xining
BR ʃiːˈnɪŋ
AM ʃiˈnɪŋ

Xinjiang
BR ʃɪnˈdʒ(ɪ)aŋ
AM ʃɪnˈdʒæŋ

Xiphias
BR ˈzɪfiəs
AM ˈzɪfiəs

xiphisterna
BR ˌzɪfɪˈstəːnə(r)
AM ˌzɪfəˈstɝnə

xiphisternum
BR ˌzɪfɪˈstəːnəm, -z
AM ˌzɪfəˈstɝn(ə)m, -z

xiphoid
BR ˈzɪfɔɪd
AM ˈzɪˌfɔɪd,
ˈzaɪˌfɔɪd

Xizang
BR ʃiːˈzaŋ
AM ʃiˈzæŋ

Xmas
BR ˈkrɪsməs,
ˈeksməs, -ɪz
AM ˈeksməs,
ˈkrɪsməs, -əz

xoana
BR ˈzəʊənə(r)
AM ˈzoʊənə

xoanon
BR ˈzəʊənɒn
AM ˈzoʊəˌnɑn

X-rated
BR ˌeksˈreɪtɪd
AM ˌeksˈreɪdɪd

X-ray
BR ˈeksreɪ, -z, -ɪŋ, -d
AM ˈeksˌreɪ, -z, -ɪŋ, -d

Xuzhou
BR ʃuːˈdʒəʊ
AM ʃuˈdʒoʊ

xylem
BR ˈzʌɪləm
AM ˈzaɪl(ə)m

xylene
BR ˈzʌɪliːn
AM ˈzaɪˌlin

xylocarp
BR ˈzʌɪlə(ʊ)kɑːp,
-s
AM ˈzaɪləˌkɑrp, -s

xylocarpous
BR ˌzʌɪlə(ʊ)ˈkɑːpəs
AM ˌzaɪləˈkɑrpəs

xylograph
BR ˈzʌɪləgrɑːf, -s
AM ˈzaɪləˌgræf, -s

xylographer
BR zʌɪˈlɒgrəfə(r), -z
AM zaɪˈlɑgrəfɚ,
-z

xylography
BR zʌɪˈlɒgrəfi
AM ˌzaɪˈlɑgrəfi

xylonite
BR ˈzʌɪlənʌɪt
AM ˈzaɪləˌnaɪt

xylophagous
BR zʌɪˈlɒfəgəs
AM zaɪˈlɑfəgəs

xylophone
BR ˈzʌɪləfəʊn, -z
AM ˈzaɪləˌfoʊn, -z

xylophonic
BR ˌzʌɪləˈfɒnɪk
AM ˌzaɪləˈfɑnɪk

xylophonist
BR zʌɪˈlɒfn̩ɪst,
ˈzʌɪləfəʊnɪst, -s
AM ˈzaɪləˌfoʊnəst, -s

xylose
BR ˈzʌɪləʊz, ˈzʌɪləʊs
AM ˈzaɪˌloʊz,
ˈzaɪˌloʊs

xysti
BR ˈzɪstʌɪ
AM ˈzɪsˌtaɪ

xystus
BR ˈzɪstəs
AM ˈzɪstəs

Y

y
BR wʌɪ, -z
AM waɪ, -z

yaar
BR jɑː(r)
AM jɑr

yabber
BR ˈjab|ə(r), -əz,
-(ə)rɪŋ, -əd
AM ˈjæbɚ, -z, -ɪŋ, -d

yabbie
BR ˈjab|i, -ɪz
AM ˈjæbi, -z

yabby
BR ˈjab|i, -ɪz
AM ˈjæbi, -z

yacht
BR jɒt, -s, -ɪŋ
AM jɑt, -s, -ɪŋ

yachtie
BR ˈjɒt|i, -ɪz
AM ˈjɑdi, -z

yachtsman
BR ˈjɒtsmən
AM ˈjɑtsm(ə)n

yachtsmen
BR ˈjɒtsmən
AM ˈjɑtsm(ə)n

yachtswoman
BR ˈjɒtsˌwʊmən
AM ˈjɑtsˌwʊm(ə)n

yachtswomen
BR ˈjɒtsˌwɪmɪn
AM ˈjɑtsˌwɪmɨn

yack
BR jak, -s, -ɪŋ, -t
AM jæk, -s, -ɪŋ, -t

yacka
BR ˈjakə(r)
AM ˈjækə

yacker
BR ˈjakə(r)
AM ˈjækər

yackety-yack
BR ˌjakətɪˈjak
AM ˌjækədiˈjæk

yadda-yadda
BR ˈjadəjadə
AM ˈjɑdəˈjɑdə

yaffle
BR ˈjafl, -z
AM ˈjæfəl, -z

Yafo
BR ˈjɑːfəʊ
AM ˈjɑfoʊ

YAG
BR jag
AM jæg

yager
BR ˈjeɪgə(r), -z
AM ˈjeɪgər, -z

Yagi antenna
BR ˈjɑːgɪ ənˌtɛnə(r), -z
AM ˈjɑgi ænˈtɛnə, -z

yah
BR jɑː(r)
AM jɑ

yahoo
BR ˈjɑːhuː, jəˈhuː, -z
AM ˈjɑˌhu, -z

Yahveh
BR ˈjɑːveɪ
AM ˈjɑˌveɪ

Yahvist
BR ˈjɑːvɪst, -s
AM ˈjɑvəst, -s

Yahweh
BR ˈjɑːweɪ
AM ˈjɑˌweɪ

Yahwist
BR ˈjɑːwɪst, -s
AM ˈjɑwəst, -s

yak
BR jak, -s
AM jæk, -s

Yakima
BR ˈjakɪmə(r)
AM ˈjækəmə

yakka
BR ˈjakə(r)
AM ˈjækə

yakker
BR ˈjakə(r), -z
AM ˈjækər, -z

Yakut
BR jaˈkʊt, -s
AM jæˈkʊt, -s
RUS jiˈkut

Yakutia
BR jaˈkʊtɪə(r)
AM jæˈkuʃə
RUS jiˈkutʲijə

Yakutsk
BR jaˈkʊtsk, jɑːˈkʊtsk
AM jæˈkʊ(t)sk, jəˈkʊ(t)sk

yakuza
BR jɑːˈkuːzə(r)
AM jɑˈkuzə

Yale
BR jeɪl
AM jeɪl

Yalta
BR ˈjaltə(r), ˈjɒltə(r), ˈjɔːltə(r)
AM ˈjɑltə

Yalu
BR ˈjaluː
AM ˈjɑˌlu

yam
BR jam, -z
AM jæm, -z

Yama
BR ˈjɑːmə(r)
AM ˈjɑmə

Yamaha
BR ˈjaməhɑː(r), -z
AM ˈjɑməˌhɑ, -z

Yamamoto
BR ˌjaməˈməʊtəʊ
AM ˌjɑməˈmoʊdoʊ

yammer
BR ˈjam|ə(r), -əz, -(ə)rɪŋ, -əd
AM ˈjæmər, -z, -ɪŋ, -d

Yamoussoukro
BR ˌjamʉˈsuːkrəʊ
AM ˌjɑməˈsuˌkroʊ

Yancheng
BR janˈtʃɛŋ
AM jænˈtʃɛŋ

yandy
BR ˈjand|i, -ɪz, -ɪŋ, -d
AM ˈjændi, -z, -ɪŋ, -d

yang
BR jaŋ
AM jæŋ

Yangshao
BR ˌjaŋˈʃaʊ
AM ˌjæŋkˈʃaʊ

Yangtse
BR ˈjaŋ(k)tsi, ˈjaŋsi
AM ˈjɑŋˈ(t)si

Yangtze
BR ˈjaŋ(k)tsi, ˈjaŋsi
AM ˈjɑŋˈ(t)si

yank
BR jaŋ|k, -ks, -kɪŋ, -(k)t
AM jæŋ|k, -ks, -kɪŋ, -(k)t

Yankee
BR ˈjaŋk|i, -ɪz
AM ˈjæŋki, -z

Yankee Doodle
BR ˌjaŋkɪ ˈduːdl
AM ˌjæŋki ˈdudəl

Yanomami
BR ˌjanəˈmɑːmi
AM ˌjanəˈmɑmi

Yantai
BR janˈtʌɪ
AM jænˈtaɪ

yantra
BR ˈjantrə(r), -z
AM ˈjæntrə, -z

Yaoundé
BR jɑːˈʊndeɪ, jaʊˈʊndeɪ
AM jaʊnˈdeɪ

yap
BR jap, -s, -ɪŋ, -t
AM jæp, -s, -ɪŋ, -t

yapok
BR jəˈpɒk, -s
AM jəˈpak, -s

yapp
BR jap, -s
AM jæp, -s

yapper
BR ˈjapə(r), -z
AM ˈjæpər, -z

yappy
BR ˈjap|i, -ɪə(r), -ɪst
AM ˈjæpi, -ər, -ɪst

yarborough
BR ˈjɑːb(ə)rə(r), -z
AM ˈjɑrˌb(ə)rə, -z

yard
BR jɑːd, -z
AM jɑrd, -z

yardage
BR ˈjɑːdɪdʒ
AM ˈjɑrdɪdʒ

yardarm
BR ˈjɑːdɑːm, -z
AM ˈjɑrdˌɑrm, -z

yardbird
BR ˈjɑːdbəːd, -z
AM ˈjɑrdˌbərd, -z

Yardie
BR ˈjɑːd|i, -ɪz
AM ˈjɑrdi, -z

Yardley
BR ˈjɑːdli
AM ˈjɑrdli

yardline
BR ˈjɑːdlʌɪn, -z
AM ˈjɑrdˌlaɪn, -z

yardman
BR ˈjɑːdman
AM ˈjɑrdˌmæn

yardmaster
BR ˈjɑːdmɑːstə(r), -z
AM ˈjɑrdˌmæstər, -z

yardmen
BR ˈjɑːdmɛn
AM ˈjɑrdˌmɛn

yardstick
BR ˈjɑːdstɪk, -s
AM ˈjɑrdˌstɪk, -s

Yarm
BR jɑːm
AM jɑrm

Yarmouth
BR ˈjɑːməθ
AM ˈjɑrməθ

yarmulka
BR ˈjɑːm(ʊ)lkə(r), -z
AM ˈjɑməlkə, -z

yarmulke
BR ˈjɑːm(ʊ)lkə(r), -z
AM ˈjɑməlkə, -z

yarn
BR jɑːn, -z, -ɪŋ, -d
AM jɑrn, -z, -ɪŋ, -d

yarnstorm
BR ˈjɑːnstɔːm, -s, -ɪŋ, -d
AM ˈjɑrnˌstɔ(ə)rm, -z, -ɪŋ, -d

yarran
BR ˈjarən, -z
AM ˈjɛrən, -z

yarrow
BR ˈjarəʊ, -z
AM ˈjæroʊ, -z

Yarwood
BR ˈjɑːwʊd
AM ˈjɑrˌwʊd

yashmak
BR ˈjaʃmak, -s
AM ˈjæʃˌmæk, ˈjɑʃˈmɑk, -s

Yasmin
BR ˈjazmɪn, ˈjasmɪn
AM ˈjæzm(ə)n

yataghan
BR ˈjatəg(ə)n, -z
AM ˈjædəˌgæn, ˈjædəgən, -z

Yates
BR jeɪts
AM jeɪts

yatter
BR ˈjat|ə(r), -əz, -(ə)rɪŋ, -əd
AM ˈjædər, -z, -ɪŋ, -d

yaupon
BR ˈjɔːpɒn
AM ˈjɑˌpɑn, ˈjɔˌpɒn

yaw
BR jɔː(r), -z, -ɪŋ, -d
AM jɑ, jɔ, -z, -ɪŋ, -d

yawl
BR jɔːl, -z
AM jɑl, jɔl, -z

yawn
BR jɔːn, -z, -ɪŋ, -d
AM jɑn, jɔn, -z, -ɪŋ, -d

yawner
BR ˈjɔːnə(r), -z
AM ˈjɑnər, ˈjɔnər, -z

yawningly
BR ˈjɔːnɪŋli
AM ˈjɑnɪŋli, ˈjɔnɪŋli

yawp
BR jɔːp, -s, -ɪŋ, t
AM jɑp, jɔp, -s, -ɪŋ, -t

yawper
BR ˈjɔːpə(r), -z
AM ˈjɑpər, ˈjɔpər, -z

yaws
BR jɔːz
AM jɑz, jɔz

y-axes
BR ˈwʌɪˌaksiːz
AM ˈwaɪˌæksiz

y-axis
BR ˈwʌɪˌaksɪs
AM ˈwaɪˌæksəs

Yayoi
BR ˈjɑːjɔɪ
AM ˈjɑˌjɔɪ

yclept
BR ɪˈklɛpt
AM ɪˈklɛpt

ye
BR jiː
AM ji

yea
BR jeɪ
AM jeɪ

Yeadon[1] *placename, UK*
BR ˈjiːdn
AM ˈjidən

Yeadon[2] *placename, US*
BR ˈjeɪdn
AM ˈjeɪdən

Yeadon[3] *surname*
BR ˈjiːdn, ˈjɛdn, ˈjeɪdn
AM ˈjeɪdən, ˈjidən

yeah
BR jɛː(r), jɛ(r)
AM jæ(ə), jɛ(ə)

yean
BR jiːn, -z, -ɪŋ, -d
AM jin, -z, -ɪŋ, -d

yeanling
BR ˈjiːnlɪŋ, -z
AM ˈjinlɪŋ, -z

year
BR jɪə(r), jəː(r), -z
AM jɪ(ə)r, -z

yearbook
BR ˈjɪəbʊk, ˈjəːbʊk, -s
AM ˈjɪrˌbʊk, -s

yearling
BR ˈjɪəlɪŋ, ˈjəːlɪŋ, -z
AM ˈjɪrlɪŋ, -z

yearlong
BR ˌjɪəˈlɒŋ, ˌjəːˈlɒŋ
AM ˌjɪrˈlɑŋ, ˌjɪrˈlɔŋ

yearly
BR ˈjɪəli, ˈjəːli
AM ˈjɪrli

yearn
BR jəːn, -z, -ɪŋ, -d
AM jərn, -z, -ɪŋ, -d

yearner
BR ˈjəːnə(r), -z
AM ˈjərnər, -z

yearning
BR ˈjəːnɪŋ, -z
AM ˈjərnɪŋ, -z

yearningly
BR ˈjəːnɪŋli
AM ˈjərnɪŋli

yeast
BR jiːst
AM jist

yeastily
BR ˈjiːstɪli
AM ˈjistɪli

yeastiness
BR ˈjiːstɪnɪs
AM ˈjistɪnɪs

yeastless
BR ˈjiːstlɪs
AM ˈjis(t)lɪs

yeastlike
BR ˈjiːstlʌɪk
AM ˈjis(t)ˌlaɪk

yeasty
BR ˈjiːsti
AM ˈjisti

Yeates
BR jeɪts
AM jeɪts

Yeats
BR jeɪts
AM jeɪts

Yeatsian
BR ˈjeɪtsɪən
AM ˈjeɪtsiən

yecch
BR jɛk, jɛx
AM jɛk, jək

yech
BR jɛk, jɛx
AM jɛk, jək

yegg
BR jɛg, -z
AM jɛg, -z

Yehudi
BR jɪˈhuːdi, jɛˈhuːdi
AM jəˈhudi

Yekaterinburg
BR jɪˈkat(ə)rɪnbəːg
AM jəˈkætrənˌbərg
RUS jikətʲirʲinˈburk

yell
BR jɛl, -z, -ɪŋ, -d
AM jɛl, -z, -ɪŋ, -d

Yelland
BR ˈjɛlənd
AM ˈjɛlənd

yellow
BR ˈjɛləʊ, -z, -ɪŋ, -d, -ə(r), -ɪst
AM ˈjɛl|oʊ, -oʊz, -əwɪŋ, -oʊd, -əwər, -əwəst

yellowback
BR ˈjɛlə(ʊ)bak, -s
AM ˈjɛloʊˌbæk, -s

yellow-bellied
BR ˌjɛlə(ʊ)ˈbɛlɪd
AM ˈjɛloʊˌbɛlid

yellow-belly
BR ˈjɛlə(ʊ)ˌbɛl|i, -ɪz
AM ˈjɛloʊˌbɛli, -z

yellow-bill
BR ˈjɛlə(ʊ)bɪl
AM ˈjɛloʊˌbɪl

yellow fever
BR ˈjeləʊ ˌfiːvə(r),
ˌjeləʊ ˈfiːvə(r)
AM ˈjeloʊ ˈfivər

yellowfin
BR ˈjelə(ʊ)fɪn, -z
AM ˈjeloʊˌfɪn, -z

yellowhammer
BR ˈjelə(ʊ)ˌhamə(r), -z
AM ˈjeloʊˌhæmər, -z

yellowish
BR ˈjeləʊɪʃ
AM ˈjeləwɪʃ

Yellowknife
BR ˈjelə(ʊ)nʌɪf
AM ˈjeloʊˌnaɪf

yellowlegs
BR ˈjelə(ʊ)legz
AM ˈjeloʊˌlegz

yellowness
BR ˈjelə(ʊ)nəs
AM ˈjeloʊnəs

Yellowstone
BR ˈjelə(ʊ)stəʊn
AM ˈjeloʊˌstoʊn

yellowy
BR ˈjeləʊi
AM ˈjeləwi

yelp
BR jelp, -s, -ɪŋ, -t
AM jelp, -s, -ɪŋ, -t

yelper
BR ˈjelpə(r), -z
AM ˈjelpər, -z

Yeltsin
BR ˈjeltsɪn
AM ˈjelts(ə)n

Yelverton
BR ˈjelvət(ə)n
AM ˈjelvərt(ə)n

Yemen
BR ˈjemən
AM ˈjem(ə)n

Yemeni
BR ˈjemən|i, -ɪz
AM ˈjemənɪ, -z

yen
BR jen, -z
AM jen, -z

Yen-cheng
BR ˌjenˈtʃeŋ
AM ˌjenˈtʃeŋ

Yenisey
BR ˌjenɪˈseɪ
AM ˌjeniˈseɪ

yeoman
BR ˈjəʊmən
AM ˈjoʊm(ə)n

yeomanly
BR ˈjəʊmənli
AM ˈjoʊmənli

yeomanry
BR ˈjəʊmənri
AM ˈjoʊmənri

Yeomans
BR ˈjəʊmənz
AM ˈjoʊmənz

yeomen
BR ˈjəʊmən
AM ˈjoʊm(ə)n

Yeovil
BR ˈjəʊv(ɪ)l
AM ˈjoʊvəl

yep
BR jep
AM jep

yerba buena
BR ˌjəːbə ˈbweɪnə(r)
AM ˌjərbə ˈbweɪnə

yerba maté
BR ˌjəːbə ˈmateɪ,
+ ˈmɑːteɪ
AM ˌjərbə ˈmɑˌteɪ

Yerevan
BR ˌjerəˈvan
AM ˌjerəˈvan
RUS jirʲiˈvan

Yerkes
BR ˈjəːkɪz
AM ˈjərkɪz

yes
BR jes
AM jes

yeshiva
BR jəˈʃiːvə(r), -z
AM jəˈʃivə, jəˈʃivə, -z

yesterday
BR ˈjestəd|eɪ, ˈjestəd|i,
-eɪz\-ɪz
AM ˈjestərdi,
ˈjestərˌdeɪ

yestereve
BR ˈjestəriːv
AM ˈjestərˌiv

yestermorn
BR ˈjestəmɔːn
AM ˈjestərˌmɔ(ə)rn

yesternight
BR ˈjestənʌɪt
AM ˈjestərˌnaɪt

yesteryear
BR ˈjestəjɪə(r),
ˈjestəjəː(r)
AM ˈjestərˌjɪ(ə)r

yet
BR jet
AM jet

yeti
BR ˈjet|i, -ɪz
AM ˈjeɪdi, ˈjedi, -z

Yevtushenko
BR ˌjevtəˈʃeŋkəʊ
AM ˌjevtəˈʃeŋˌkoʊ
RUS jiftuˈʃenkə

yew
BR juː, -z
AM ju, -z

Y-fronts
BR ˈwʌɪfrʌnts
AM ˈwaɪˌfrən(t)s

Ygdrasil
BR ˈɪgdrəsɪl
AM ˈɪgdrəs(ə)l

Yggdrasil
BR ˈɪgdrəsɪl
AM ˈɪgdrəs(ə)l

yid
BR jɪd, -z
AM jɪd, -z

Yiddish
BR ˈjɪdɪʃ
AM ˈjɪdɪʃ

Yiddisher
BR ˈjɪdɪʃə(r), -z
AM ˈjɪdɪʃər, -z

Yiddishism
BR ˈjɪdɪʃɪzm, -z
AM ˈjɪdəˌʃɪz(ə)m, -z

yield
BR jiːld, -z, -ɪŋ, -ɪd
AM jild, -z, -ɪŋ, -ɪd

yielder
BR ˈjiːldə(r), -z
AM ˈjildər, -z

yielding
BR ˈjiːldɪŋ
AM ˈjildɪŋ

yieldingly
BR ˈjiːldɪŋli
AM ˈjildɪŋli

yieldingness
BR ˈjiːldɪŋnɪs
AM ˈjildɪŋnɪs

yikes
BR jʌɪks
AM jaɪks

yin
BR jɪn
AM jɪn

Yinchuan
BR ˌjɪnˈtʃwɑːn
AM ˌjɪnˈtʃwɑn

yip
BR jɪp, -s, -ɪŋ, -t
AM jɪp, -s, -ɪŋ, -t

yippee
BR jɪˈpiː
AM ˌjɪˈpi, ˈjɪpi

ylang-ylang
BR ˌiːlaŋˈiːlaŋ, -z
AM ˌilɑŋˈilɑŋ, -z

YMCA
BR ˌwʌɪemsiːˈeɪ
AM ˌwaɪˌemˌsiˈeɪ

Ymir
BR ˈɪmɪə(r)
AM ˈiˌmɪ(ə)r

Ynys
BR ˈʌnɪs
AM ˈɪnɪs

Ynys-ddu
BR ˌʌnɪsˈðiː,
ˌʌnɪsˈdiː
AM ˌɪnɪsˈði

Ynysybwl
BR ˌʌnɪsəˈbʊl
AM ˌɪnɪsˈbʊl

yo
BR jəʊ
AM joʊ

yob
BR jɒb, -z
AM jɑb, -z

yobbish
BR ˈjɒbɪʃ
AM ˈjɑbɪʃ

yobbishly
BR ˈjɒbɪʃli
AM ˈjɑbɪʃli

yobbishness
BR ˈjɒbɪʃnɪs
AM ˈjɑbɪʃnɪs

yobbo
BR ˈjɒbəʊ, -z
AM ˈjɑboʊ, -z

yobo
BR ˈjɒbəʊ, -z
AM ˈjɑboʊ, -z

yod
BR jɒd, -z
AM jɑd, -z

yodel
BR ˈjəʊd|l, -lz,
-lɪŋ\-lɪŋ, -ld
AM ˈjoʊd|əl, -əlz,
-(ə)lɪŋ, -əld

yodeler
BR ˈjəʊdlə(r),
ˈjəʊdlə(r), -z
AM ˈjoʊdlər,
ˈjoʊdlər, -z

yodeller
BR ˈjəʊdlə(r),
ˈjəʊdlə(r), -z
AM ˈjoʊdlər, ˈjoʊdlər,
-z

Yoder
BR ˈjəʊdə(r)
AM ˈjoʊdər

yoga
BR ˈjəʊgə(r)
AM ˈjoʊgə

yogh
BR jɒg, -z
AM joʊg, -z

yoghourt
BR ˈjɒgət, -s
AM ˈjoʊgərt, -s

yoghurt
BR ˈjɒgət, -s
AM ˈjoʊgərt, -s

yogi
BR ˈjəʊg|i,
-ɪz
AM ˈjoʊgi, -z

yogic
BR ˈjəʊgɪk
AM ˈjoʊgɪk

yogism
BR ˈjəʊgɪzm
AM ˈjoʊˌgɪz(ə)m

yogurt
BR ˈjɒgət, -s
AM ˈjoʊgərt,
-s

yo-heave-ho
BR ˌjəʊhiːvˈhəʊ
AM ˌjoʊˌhivˈhoʊ

yohimbe
BR jə(ʊ)ˈhɪmbeɪ
AM joʊˈhɪmbeɪ

yohimbine
BR jə(ʊ)ˈhɪmbiːn
AM joʊˈhɪmbin

yo-ho
BR ˌjəʊˈhəʊ
AM ˌjoʊˈhoʊ

yo-ho-ho
BR ˌjəʊhəʊˈhəʊ
AM ˌjoʊˌhoʊˈhoʊ

yoicks
BR jɔɪks
AM jɔɪks

yoke
BR jəʊk, -s,
-ɪŋ, -t
AM joʊk, -s,
-ɪŋ, -t

yokel
BR ˈjəʊkl, -z
AM ˈjoʊkəl,
-z

Yokohama
BR ˌjəʊkəˈhɑːmə(r)
AM ˌjoʊkəˈhɑmə

yokozuna
BR ˌjəʊkəˈzuːnə(r)
AM ˌjoʊkəˈzunə

Yolanda
BR jə(ʊ)ˈlandə(r)
AM joʊˈlændə

yolk
BR jəʊk, -s, -t
AM joʊk, -s, -t

yolkless
BR ˈjəʊkləs
AM ˈjoʊkləs

yolky
BR ˈjəʊki
AM ˈjoʊki

Yom Kippur
BR ˌjɒm kɪˈpʊə(r),
+ kɪˈpɔː(r), + ˈkɪpə(r)
AM ˈjɒm kɪˈpʊ(ə)r,
ˌjɑm ˈkɪpər,
ˈjɑm kɪˈpʊ(ə)r,
ˌjɒm ˈkɪpər

yomp
BR jɒm|p, -(p)s,
-pɪŋ, -(p)t
AM jɑm|p, -ps, -pɪŋ,
-(p)t

yon
BR jɒn
AM jɑn

yond
BR jɒnd
AM jɑnd

yonder
BR ˈjɒndə(r)
AM ˈjɑndər

Yonge
BR jʌŋ
AM jəŋ

yoni
BR ˈjəʊni
AM ˈjoʊni

Yonkers
BR ˈjɒŋkəz
AM ˈjɑŋkərz

yonks
BR jɒŋks
AM jɑŋks

yoof *youth*
BR juːf
AM juf

yoo-hoo
BR ˈjuːhuː, ˌjuːˈhuː
AM ˈju,hu

Yooper
BR ˈjuːpə(r), -z
AM ˈjupər, -z

yore
BR jɔː(r)
AM jɔ(ə)r

Yorick
BR ˈjɒrɪk
AM ˈjɔrək

york
BR jɔːk, -s, -ɪŋ, -t
AM jɔ(ə)rk, -s,
-ɪŋ, -t

Yorke
BR jɔːk
AM jɔ(ə)rk

yorker
BR ˈjɔːkə(r), -z
AM ˈjɔrkər,
-z

Yorkist
BR ˈjɔːkɪst, -s
AM ˈjɔrkəst,
-s

Yorkshire
BR ˈjɔːkʃ(ɪ)ə(r)
AM ˈjɔrkʃɪ(ə)r

Yorkshireman
BR ˈjɔːkʃəmən
AM ˈjɔrkʃɪrm(ə)n

Yorkshiremen
BR ˈjɔːkʃəmən
AM ˈjɔrkʃɪrm(ə)n

Yorkshirewoman
BR ˈjɔːkʃəˌwʊmən
AM ˈjɔrkʃɪr-
ˌwʊm(ə)n

Yorkshirewomen
BR ˈjɔːkʃəˌwɪmɪn
AM ˈjɔrkʃɪrˌwɪmɪn

Yorktown
BR ˈjɔːktaʊn
AM ˈjɔrkˌtaʊn

Yoruba
BR ˈjɒrʊbə(r)
AM ˈjɔrəbə

Yosemite
BR jə(ʊ)ˈsɛmɪti
AM joʊˈsɛmədi

you[1] *strong form*
BR juː
AM ju

you[2] *weak form*
BR jə
AM jə

you-all
BR ˌjuːˈɔːl,
jɔːl
AM jɔl, ˈjuˌɔl

you'd
BR juːd
AM jud

Youel
BR ˈjuː(ə)l
AM ˈju(ə)l

Youell
BR ˈjuː(ː)əl
AM ˈjuː(ə)l
Youens
BR ˈjuːɪnz
AM ˈjuənz
you-know-what
BR ˌjuːnəʊˈwɒt, -s
AM ˈˌjuˌnoʊˈ(h)wɑt, -s
you-know-who
BR ˌjuːnəʊˈhuː
AM ˈˌjuˌnoʊˈhu
you'll
BR juːl
AM jul
young
BR jʌŋ, -gə(r), -gɪst
AM jəŋ, -ər, -əst
Younger
BR ˈjʌŋgə(r)
AM ˈjəŋgər
Younghusband
BR ˈjʌŋˌhʌzb(ə)nd
AM ˈjəŋˌ(h)əzbənd
youngish
BR ˈjʌŋɪʃ
AM ˈjəŋɪʃ
youngling
BR ˈjʌŋlɪŋ, -z
AM ˈjəŋlɪŋ, -z
youngster
BR ˈjʌŋ(k)stə(r), -z
AM ˈjəŋ(k)stər, ˈjəŋztər, -z
Youngstown
BR ˈjʌŋztaʊn
AM ˈjəŋzˌtaʊn
younker
BR ˈjʌŋkə(r), -z
AM ˈjəŋkər, -z
your[1] *strong form*
BR jɔː(r), jʊə(r)
AM jʊ(ə)r, jɔ(ə)r
your[2] *weak form*
BR jə(r)
AM jər
you're
BR jʊə(r)
AM jɔ(ə)r, jər, jʊ(ə)r

yours
BR jɔːz, jʊəz
AM jʊ(ə)rz, jərz, jɔ(ə)rz
yourself
BR jɔːˈsɛlf, jʊəˈsɛlf
AM jʊrˈsɛlf, jərˈsɛlf, jɔrˈsɛlf
yourselves
BR jɔːˈsɛlvz, jʊəˈsɛlvz
AM jʊrˈsɛlvz, jərˈsɛlvz, jɔrˈsɛlvz
youse
BR juːz
AM juz
youth
BR juː|θ, -ðz
AM juː|θ, -θs\-ðz
youthful
BR ˈjuːθf(ʊ)l
AM ˈjuθfəl
youthfully
BR ˈjuːθfʊli, ˈjuːθfli̩
AM ˈjuθfəli
youthfulness
BR ˈjuːθf(ʊ)lnəs
AM ˈjuθfəlnəs
youth hostel
BR ˈjuːθ ˌhɒst|l, -lz, -lɪŋ, -ld
AM ˈjuθ ˌ(h)ɑstl, -z, -ɪŋ, -d
youth hosteller
BR ˈjuːθ ˌhɒstlə(r), -z
AM ˈjuθ ˌ(h)ɑstələr, ˈjuθ ˌ(h)ɑs(t)lər, -z
you've[1] *strong form*
BR juːv
AM juv
you've[2] *weak form*
BR jəv
AM jəv
yowl
BR jaʊl, -z, -ɪŋ, -d
AM jaʊl, -z, -ɪŋ, -d
yo-yo
BR ˈjəʊjəʊ, -z, -ɪŋ, -d
AM ˈjoʊˌjoʊ, -z, -ɪŋ, -d
Ypres
BR ˈiːpr(ər)
AM ˈiprə

Ystalyfera
BR ˌʌstləˈvɛrə(r)
AM ˌɪstələˈvɛrə
WE ˌʌstalaˈvera
Ystrad
BR ˈʌstrəd
AM ˈɪstrəd
Ystradgynlais
BR ˌʌstrə(d)ˈgʌnlʌɪs
AM ˌɪstrəˈgɪnˌlaɪs
Ystwyth
BR ˈʌstwɪθ
AM ˈɪstwɪθ
ytterbium
BR ɪˈtɜːbɪəm
AM ɪˈtɜrbɪəm
yttrium
BR ˈɪtrɪəm
AM ˈɪtrɪəm
yuan
BR juːˈɑːn, juːˈan
AM ˌjuˈɑn
Yucatán
BR ˌjʊkəˈtɑːn, ˌjʊkəˈtan
AM ˌjukəˈtɑn, ˌˈjukəˈtæn
yucca
BR ˈjʌkə(r), -z
AM ˈjəkə, -z
yuck
BR jʌk
AM jək
yuckiness
BR ˈjʌkɪnɪs
AM ˈjəkɪnɪs
yucky
BR ˈjʌk|i, -ɪə(r), -ɪɪst
AM ˈjəki, -ər, -ɪst
Yudkin
BR ˈjuːdkɪn
AM ˈjudkən
Yugo
BR ˈjuːgəʊ
AM ˈjuˌgoʊ
Yugoslav
BR ˈjuːgə(ʊ)slɑːv, -z
AM ˈjugəˌslav, ˈjugoʊˌslav, -z
Yugoslavia
BR ˌjuːgə(ʊ)ˈslɑːvɪə(r)
AM ˌjugəˈslavɪə, ˌjugoʊˈslavɪə

Yugoslavian
BR ˌjuːgə(ʊ)ˈslɑːvɪən, -z
AM ˌjugəˈslavɪən, ˌjugoʊˈslavɪən, -z
Yuit
BR ˈjuːɪt, -s
AM ˈjuət, -s
yuk
BR jʌk
AM jək
yukkiness
BR ˈjʌkɪnɪs
AM ˈjəkɪnɪs
yukky
BR ˈjʌk|i, -ɪə(r), -ɪɪst
AM ˈjəki, -ər, -ɪst
Yukon
BR ˈjuːkɒn
AM ˈjuˌkɑn
yule
BR juːl
AM jul
yule log
BR ˈjuːl lɒg, -z
AM ˈjul ˌlɔg, ˈjul ˌlɑg, -z
Yuletide
BR ˈjuːltʌɪd
AM ˈjulˌtaɪd
yum
BR jʌm
AM j(ə)m
yummy
BR ˈjʌm|i, -ɪə(r), -ɪɪst
AM ˈjəmi, -ər, -ɪst
yum-yum
BR ˌjʌmˈjʌm
AM ˌjəmˈj(ə)m
Yunnan
BR juːˈnan
AM juˈnæn
yup
BR jʌp, -s
AM jəp, -s
Yupik
BR ˈjuːpɪk
AM ˈjuˌpɪk
yuppie
BR ˈjʌp|i, -ɪz
AM ˈjəpi, -z

yuppiedom
BR ˈjʌpɪdəm
AM ˈjəpiˌdəm

yuppification
BR ˌjʌpɪfɪˈkeɪʃn
AM ˌjəpəfəˈkeɪʃ(ə)n

yuppify
BR ˈjʌpɪfʌɪ, -z, -ɪŋ, -d
AM ˈjəpəˌfaɪ, -z, -ɪŋ, -d

yuppy
BR ˈjʌp|i, -ɪz
AM ˈjəpi, -z

yurt
BR jəːt, -s
AM jərt, -s

Yves
BR iːv
AM iv(z)

Yvette
BR ɪˈvɛt
AM ɪˈvɛt

Yvonne
BR ɪˈvɒn
AM ɪˈvɑn, ɪˈvɔn

YWCA
BR ˌwʌɪˌdʌbljuˌsiːˈeɪ
AM ˌwaɪˌdəbəljuˌsiˈeɪ

Z

z
BR zɛd, -z
AM zi, -z

zabaglione
BR ˌzab(a)lˈjəʊni
AM ˌzabəlˈjoʊni

Zacatecas
BR ˌzakəˈteɪkəs
AM ˌzakəˈteɪkəs
SP ˌθakaˈtekas, ˌsakaˈtekas

Zacchaeus
BR zəˈkiːəs
AM zəˈkijəs

Zachariah
BR ˌzakəˈrʌɪə(r)
AM zækəˈraɪə

Zachary
BR ˈzak(ə)ri
AM ˈzæk(ə)ri

Zack
BR zak
AM zæk

Zadok
BR ˈzeɪdɒk
AM ˈzeɪˌdɑk

zaffer
BR ˈzafə(r)
AM ˈzæfər

zaffre
BR ˈzafə(r)
AM ˈzæfər

zag
BR zag, -z
AM zæg, -z

Zagazig
BR ˈzagəzɪg
AM ˈzægəˌzɪg

Zagreb
BR ˈzɑːgrɛb
AM ˈzɑˌgrɛb

zaibatsu
BR zʌɪˈbatsuː
AM zaɪˈbatsu

Zaïre
BR (ˌ)zʌɪˈɪə(r), (ˌ)zɑːˈɪə(r)
AM ˌzaɪˈɪ(ə)r

Zaïrean
BR zʌɪˈɪərɪən, zɑːˈɪərɪən, -z
AM zaɪˈɪriən, -z

Zairian
BR zʌɪˈɪərɪən, zɑːˈɪərɪən, -z
AM zaɪˈɪriən, -z

zakat
BR zəˈkɑːt
AM zɑˈkat

Zakopane
BR ˌzakəˈpɑːni
AM ˌzakəˈpani, ˈzakəˌpeɪn
POL ˌzakɒˈpanɛ

Zambesi
BR zamˈbiːzi
AM zæmˈbizi

Zambezi
BR zamˈbiːzi
AM zæmˈbizi

Zambia
BR ˈzambɪə(r)
AM ˈzæmbɪə

Zambian
BR ˈzambɪən, -z
AM ˈzæmbɪən, -z

Zamboanga
BR ˌzambəʊˈaŋgə(r)
AM ˌzæmboʊˈæŋgə

zamindar
BR zəˈmiːndɑː(r), -z
AM ˈzæmənˌdɑr, -z

zander
BR ˈzandə(r), -z
AM ˈzændər, -z

Zandra
BR ˈzɑːndrə(r), ˈzandrə(r)
AM ˈzændrə

Zane
BR zeɪn
AM zeɪn

zanily
BR ˈzeɪnɪli
AM ˈzeɪnɪli

zaniness
BR ˈzeɪnɪnɪs
AM ˈzeɪnɪnɪs

Zanskar
BR ˈzanskɑː(r)
AM ˈzænˌskɑr

Zanskari
BR zanˈskɑːr|i, -ɪz
AM zænˈskɛri, zænˈskɑri, -z

Zante
BR ˈzanti
AM ˈzæn(t)i
IT ˈdzante

ZANU
BR ˈzɑːnuː, ˈzanuː
AM ˈzæˌnu

Zanuck
BR ˈzanək
AM ˈzænək

zany
BR ˈzeɪn|i, -ɪə(r), -ɪst
AM ˈzeɪni, -ər, -ɪst

Zanzibar
BR ˈzanzɪbɑː(r), ˌzanzɪˈbɑː(r)
AM ˈzænzəˌbɑr

Zanzibari
BR ˌzanzɪˈbɑːr|i, -ɪz
AM ˌzænzəˈbɑri, -z

Zaozhuang
BR ˌzaʊˈʒwaŋ
AM ˈzaʊˈʒwaŋ

zap
BR zap, -s, -ɪŋ, -t
AM zæp, -s, -ɪŋ, -t

Zapata
BR zəˈpɑːtə(r)
AM zəˈpɑdə
SP θaˈpata, saˈpata

zapateado
BR ˌzɑːpətiˈɑːdəʊ, zaˌpatiˈɑːdəʊ, -z
AM ˌzɑpədiˈɑdoʊ, -z

Zapotec
BR ˈzapətɛk, ˈzɑːpətɛk, -s
AM ˈzɑpəˌtɛk, -s
SP θapoˈtek, sapoˈtek

Zappa
BR ˈzapə(r)
AM ˈzæpə

zappy
BR ˈzap|i, -ɪə(r), -ɪst
AM ˈzæpi, -ər, -ɪst

ZAPU
BR ˈzɑːpuː, ˈzapuː
AM ˈzæˌpu

Zaqaziq
BR ˈzakəzɪk
AM ˈzakəˌzɪk

Zara
BR ˈzɑːrə(r)
AM ˈzɑrə

Zaragoza
BR ˌzarəˈgɒsə(r)
AM ˌzɑrəˈgɑsə, ˌzɑrəˈgɔsə
SP θaraˈɣoθa, saraˈɣosa

Zarathustra
BR ˌzarəˈθuːstrə(r)
AM ˌzɛrəˈθustrə

Zarathustrian
BR ˌzarəˈθuːstrɪən, -z
AM ˌzɛrəˈθustriən, -z

zareba
BR zəˈriːbə(r), -z
AM zəˈribə, -z

Zaria
BR ˈzɑːrɪə(r)
AM ˈzɑːriə

zariba
BR zəˈriːbə(r), -z
AM zəˈriːbə, -z

Zarqa
BR ˈzɑːkə(r)
AM ˈzɑːrkə

zarzuela
BR zɑːˈzweɪlə(r), -z
AM zɑːrˈzweɪlə, -z

zax
BR zaks, -ɪz
AM zæks, -əz

z-axes
BR ˈzedˌaksiːz
AM ˈziːˌæksiːz

z-axis
BR ˈzedˌaksɪs
AM ˈziːˌæksɪs

zazen
BR zɑːˈzen
AM zɑːˈzen

Z-bend
BR ˈzedbend, -z
AM ˈziːˌbend, -z

zeal
BR ziːl
AM ziːl

Zealand
BR ˈziːlənd
AM ˈziːlənd

zealot
BR ˈzelət, -s
AM ˈzelət, -s

zealotry
BR ˈzelətri
AM ˈzelətri

zealous
BR ˈzeləs
AM ˈzeləs

zealously
BR ˈzeləsli
AM ˈzeləsli

zealousness
BR ˈzeləsnəs
AM ˈzeləsnəs

zebec
BR ˈziːbek, -s
AM ˈziːˌbek, -s

zebeck
BR ˈziːbek, -s
AM ˈziːˌbek, -s

Zebedee
BR ˈzebɪdiː
AM ˈzebəˌdi

zebra
BR ˈzebrə(r), ˈziːbrə(r), -z
AM ˈziːbrə, -z

zebrine
BR ˈzebrʌɪn, ˈziːbrʌɪn
AM ˈziːbrən, ˈziːˌbraɪn

zebu
BR ˈziːb(j)uː, -z
AM ˈziːˌb(j)u, -z

Zebulon
BR ˈzebjələn, zeˈbjuːlən
AM ˈzebjəˌlɑn, ˈzebjəl(ə)n

Zech.
BR zek
AM zek

Zechariah
BR ˌzekəˈrʌɪə(r)
AM ˌzekəˈraɪə

zed
BR zed, -z
AM zed, -z

Zedekiah
BR ˌzedɪˈkʌɪə(r)
AM ˌzedəˈkaɪə

zedoary
BR ˈzedəʊər|i, -ɪz
AM ˈzedoʊˌer|i, -z

zee
BR ziː, -z
AM zi, -z

Zeebrugge
BR ˌzeɪˈbrʊɡə(r), ˌziːˈbrʊɡə(r), ˈzeɪˌbrʊɡə(r), ˈziːˌbrʊɡə(r)
AM ˈziːˌbrʊɡə
FL ˈzeːbrøxə

Zeeland
BR ˈziːlənd
AM ˈziːlənd
DU ˈzeːlɑnt

zef
BR zef
AM zef

Zeffirelli
BR ˌzefɪˈreli
AM ˌzefəˈreli
IT dzeffirˈelli

zein
BR ˈziːɪn
AM ˈziɪn

Zeiss
BR zʌɪs
AM zaɪs

Zeitgeist
BR ˈzʌɪtɡʌɪst
AM ˈzaɪtˌɡaɪst

zek
BR zek, -s
AM zek, -s

Zelda
BR ˈzeldə(r)
AM ˈzeldə

Zelotes
BR zɪˈləʊtiːz, zeˈləʊtiːz
AM zəˈloʊdiz

zemindar
BR zəˈmiːndɑː(r), -z
AM ˈzemənˌdɑr, -z

zemstvo
BR ˈzemstvəʊ, -z
AM ˈzemstvoʊ, -z
RUS ˈzʲemstvə

Zen
BR zen
AM zen

Zena
BR ˈziːnə(r)
AM ˈzinə

zenana
BR zɪˈnɑːnə(r), -z
AM zəˈnɑnə, -z

Zend
BR zend, -z
AM zend, -z

Zend-Avesta
BR ˌzendəˈvestə(r)
AM ˌzendəˈvestə

Zener diode
BR ˌziːnə ˈdʌɪəʊd, ˌzenə +, -z
AM ˈzinər ˈdaɪoʊd, -z

Zenist
BR ˈzenɪst, -s
AM ˈzenɪst, -s

zenith
BR ˈzenɪθ, ˈziːnɪθ, -s
AM ˈzinɪθ, -s

zenithal
BR ˈzenɪθl, ˈziːnɪθl
AM ˈzinɪθəl

Zeno
BR ˈziːnəʊ
AM ˈzinoʊ

Zenobia
BR zɪˈnəʊbɪə(r)
AM zəˈnoʊbiə

zeolite
BR ˈziːəlʌɪt, -s
AM ˈziəˌlaɪt, -s

zeolitic
BR ˌziːəˈlɪtɪk
AM ˌziəˈlɪdɪk

Zephaniah
BR ˌzefəˈnʌɪə(r)
AM ˌzefəˈnaɪə

zephyr
BR ˈzefə(r), -z
AM ˈzefər, -z

Zephyrus
BR ˈzef(ɪ)rəs
AM ˈzef(ə)rəs

zeppelin
BR ˈzeplɪn, -z
AM ˈzep(ə)l(ə)n, -z

Zermatt
BR ˈzɜːmat
AM ˈzɜrmɑt

zero
BR ˈzɪərəʊ, -z, -ɪŋ, -d
AM ˈziroʊ, ˈziroʊ, -z, -ɪŋ, -d

zeroth
BR ˈzɪərəʊθ
AM ˈziroʊθ, ˈziroʊθ

zest
BR zest
AM zest

zester
BR ˈzestə(r), -z
AM ˈzestər, -z

zestful
BR ˈzes(t)f(ʊ)l
AM ˈzes(t)fəl

zestfully
BR ˈzɛs(t)fʊli,
ˈzɛs(t)fl̩i
AM ˈzɛs(t)fəli

zestfulness
BR ˈzɛs(t)f(ʊ)lnəs
AM ˈzɛs(t)fəlnəs

zestiness
BR ˈzɛstinɪs
AM ˈzɛstinɪs

zesty
BR ˈzɛst|i, -ɪə(r),
-ɪst
AM ˈzes̱ti, -ər, -ɪst

zeta
BR ˈziːtə(r)
AM ˈzeɪdə

zetetic
BR zɪˈtɛtɪk
AM zəˈtɛdɪk

Zetland
BR ˈzɛtlənd
AM ˈzɛtlənd

zeugma
BR ˈz(j)uːgmə(r)
AM ˈzugmə

zeugmatic
BR z(j)uːgˈmatɪk
AM zugˈmædɪk

Zeus
BR z(j)uːs
AM zus

Zeuxis
BR ˈz(j)uːksɪs
AM ˈz(j)uksəs

Zhang
BR dʒaŋ
AM dʒæŋ

Zhanjiang
BR ˌʒanˈdʒ(ɪ)aŋ
AM ˈʒænˈdʒæŋ

Zhdanov
BR ˈʒdɑːnɒv,
ˈʒdɑnɒv
AM ˈʒdɑˌnɑv,
ˈʒdɑˌnɔv

Zhengzhou
BR ˌʒɛŋˈʒəʊ
AM ˈʒɛŋˈʒu

Zhenjiang
BR ˌʒɛnˈdʒ(ɪ)aŋ
AM ˈʒɛnˈdʒ(i)æŋ

Zhivago
BR ʒɪˈvɑːgəʊ
AM ˌʒɪˈvɑgoʊ

zho
BR zəʊ, -z
AM zoʊ, -z

Zhongshan
BR ˌʒʊŋˈʃan
AM ˌʒaŋˈʃæn,
ˈʒɔŋˈʃæn

Zhou
BR dʒəʊ
AM dʒoʊ

Zhukov
BR ˈʒuːkɒv, ˈʒuːkɒf
AM ˈʒukɔf, ˈʒukɑv,
ˈʒukɑf, ˈʒukɔv

Zia
BR ˈzɪə(r)
AM ˈziə

zibet
BR ˈzɪbɪt, -s
AM ˈzɪbɪt, -s

zibeth
BR ˈzɪbɨθ, -s
AM ˈzɪbɨθ, -s

Ziegfeld
BR ˈziːgfɛld
AM ˈzigˌfɛld

Ziegler
BR ˈziːglə(r)
AM ˈziglər,
ˈziglər

ziff
BR zɪf, -s
AM zɪf, -s

ziggurat
BR ˈzɪgʊrat, -s
AM ˈzɪgəˌræt, -s

zigzag
BR ˈzɪgzag, -z, -ɪŋ, -d
AM ˈzɪgˌzæg, -z,
-ɪŋ, -d

zilch
BR zɪltʃ
AM zɪltʃ

zillah
BR ˈzɪlə(r), -z
AM ˈzɪlə, -z

zillion
BR ˈzɪljən, -z
AM ˈzɪljən, -z

zillionth
BR ˈzɪljənθ, -s
AM ˈzɪljənθ, -s

Zimbabwe
BR zɪmˈbɑːbwi,
zɪmˈbabwi,
zɪmˈbɑːbweɪ,
zɪmˈbabweɪ

Zimbabwean
BR zɪmˈbɑːbwɪən,
zɪmˈbabwɪən,
zɪmˈbɑːbweɪən,
zɪmˈbabweɪən, -z
AM zɪmˈbabˌweɪən, -z

zimmer
BR ˈzɪmə(r), -z
AM ˈzɪmər, -z

Zimmerman
BR ˈzɪməmən
AM ˈzɪmərm(ə)n

zinc
BR zɪŋk
AM zɪŋk

zinco
BR ˈzɪŋkəʊ, -z,
-ɪŋ, -d
AM ˈzɪŋkoʊ, -z, -ɪŋ, -d

zincograph
BR ˈzɪŋkəgrɑːf, -s
AM ˈzɪŋkəˌgræf, -s

zincography
BR zɪŋˈkɒgrəfi
AM zɪŋˈkɑgrəfi

zincotype
BR ˈzɪŋkətʌɪp, -s
AM ˈzɪŋkəˌtaɪp, -s

zincy
BR ˈzɪŋki
AM ˈzɪŋki

zinfandel
BR ˈzɪnf(ə)ndɛl,
ˌzɪnf(ə)nˈdɛl, -z
AM ˈzɪnfənˌdɛl, -z

zing
BR zɪŋ
AM zɪŋ

zingari
BR ˈzɪŋgəriː,
ˈtsɪŋgəriː
AM ˈ(d)zɪŋ(g)əri
IT ˈdzingari

zingaro
BR ˈzɪŋgərəʊ,
ˈtʃɪŋgərəʊ
AM ˈ(d)zɪŋ(g)əˌroʊ
IT ˈdzingaro

zinger
BR ˈzɪŋə(r), -z
AM ˈzɪŋər, -z

zingy
BR ˈzɪŋ|i, -ɪə(r),
-ɪst
AM ˈzɪŋi, -ər, -ɪst

Zinjanthropus
BR zɪnˈdʒanθrəpəs
AM ˌzɪnˈdʒanθrəpəs

zinnia
BR ˈzɪnɪə(r), -z
AM ˈziniə, -z

Zion
BR ˈzʌɪən
AM ˈzaɪən

Zionism
BR ˈzʌɪənɪzm
AM ˈzaɪəˌnɪz(ə)m

Zionist
BR ˈzʌɪənɪst, -s
AM ˈzaɪənəst, -s

zip
BR zɪp, -s, -ɪŋ, -t
AM zɪp, -s, -ɪŋ, -t

zip-code
BR ˈzɪpkəʊd, -z
AM ˈzɪpˌkoʊd, -z

zip-fastener
BR ˌzɪpˈfɑːsnə(r),
ˌzɪpˈfɑːsnə(r), -z
AM ˈzɪpˌfæsnər, -z

zip-lock
BR ˈzɪplɒk
AM ˈzɪpˌlɑk

zip-on
BR ˈzɪpɒn, -z
AM ˈzɪpˌɑn, -z

zipper
BR ˈzɪpə(r), -z, -ɪŋ, -d
AM ˈzɪpər, -z, -ɪŋ, -d

zippily
BR ˈzɪpɨli
AM ˈzɪpɨli

zippiness
BR ˈzɪpɪnɨs
AM ˈzɪpɪnɨs

zippy
BR ˈzɪp|i, -ɪə(r), -ɪɪst
AM ˈzɪpi, -ər, -ɪst

zip-up
BR ˈzɪpʌp, -s
AM ˈzɪpəp, -s

zircon
BR ˈzɜːkɒn
AM ˈzɜrˌkɑn

zirconia
BR zɜːˈkəʊniə(r)
AM zɜrˈkoʊniə

zirconium
BR zɜːˈkəʊniəm
AM zɜrˈkoʊniəm

zit
BR zɪt, -s
AM zɪt, -s

zither
BR ˈzɪðə(r), -z
AM ˈzɪθər, ˈzɪðər, -z

zitherist
BR ˈzɪð(ə)rɪst, -s
AM ˈzɪθərəst, ˈzɪðərəst, -s

zizz
BR zɪz
AM zɪz

zodiac
BR ˈzəʊdiæk
AM ˈzoʊdiˌæk, -s

zodiacal
BR zə(ʊ)ˈdaɪəkl
AM zoʊˈdaɪək(ə)l

Zoë
BR ˈzəʊi
AM ˈzoʊi

zoetrope
BR ˈzəʊɪtrəʊp
AM ˈzoʊəˌtroʊp

Zoffany
BR ˈzɒfn̩i
AM ˈzɑfəni, ˈzɔfəni

Zog
BR zɒg
AM zɑg

zoic
BR ˈzəʊɪk
AM ˈzoʊɪk

zoisite
BR ˈzɔɪsʌɪt
AM ˈzɔɪˌsaɪt

Zola
BR ˈzəʊlə(r)
AM ˌzoʊˈlɑ, ˈzoʊlə

zollverein
BR ˈtsɒlfərʌɪn, ˈzɒlfərʌɪn, -z
AM ˈzɔlfəˌraɪn, ˈtsɔlfəˌraɪn, -z

Zomba
BR ˈzɒmbə(r)
AM ˈzɑmbə

zombi
BR ˈzɒmb|i, -ɪz
AM ˈzɑmbi, -z

zombie
BR ˈzɒmb|i, -ɪz
AM ˈzɑmbi, -z

zonal
BR ˈzəʊnl
AM ˈzoʊn(ə)l

zonally
BR ˈzəʊnl̩i
AM ˈzoʊnəli

zonary
BR ˈzəʊn(ə)ri
AM ˈzoʊnəri

zonate
BR ˈzəʊneɪt
AM ˈzoʊˌneɪt

zonation
BR zəʊˈneɪʃn, -z
AM zoʊˈneɪʃ(ə)n, -z

zonda
BR ˈzɒndə(r), -z
AM ˈzɑndə, ˈzɔndə, -z

zone
BR zəʊn, -z, -ɪŋ, -d
AM zoʊn, -z, -ɪŋ, -d

zonk
BR zɒŋ|k, -ks, -kɪŋ, -(k)t
AM zɑŋ|k, zɔŋ|k, -ks, -kɪŋ, -(k)t

Zonta
BR ˈzɒntə(r)
AM ˈzɑn(t)ə

Zontian
BR ˈzɒntiən
AM ˈzɑn(t)iən

zoo
BR zuː, -z
AM zu, -z

zoogeographic
BR ˌzuː(əʊ)ˌdʒiəˈgrafɪk, ˌzəʊə(ʊ)ˌdʒiːəˈgrafɪk
AM ˌzoʊəˌdʒiəˈgræfɪk, ˌzuəˌdʒiəˈgræfɪk

zoogeographical
BR ˌzuː(əʊ)ˌdʒiːəˈgrafɪkl, ˌzəʊə(ʊ)ˌdʒiːəˈgrafɪkl
AM ˌzoʊəˌdʒiəˈgræfək(ə)l, ˌzuəˌdʒiəˈgræfək(ə)l

zoogeographically
BR ˌzuː(əʊ)ˌdʒiːəˈgrafɪkli, ˌzəʊə(ʊ)ˌdʒiːəˈgrafɪkli
AM ˌzoʊəˌdʒiəˈgræfək(ə)li, ˌzuəˌdʒiəˈgræfək(ə)li

zoogeography
BR ˌzuː(əʊ)dʒiˈɒgrəfi, ˌzəʊə(ʊ)dʒiˈɒgrəfi, ˌzuː(əʊ)ˈdʒɒgrəfi, ˌzəʊə(ʊ)ˈdʒɒgrəfi
AM ˌzoʊəˌdʒiˈɑgrəfi, ˌzuəˌdʒiˈɑgrəfi

zoography
BR zuːˈɒgrəfi, zəʊˈɒgrəfi
AM zoʊˈɑgrəfi, zuˈɑgrəfi

zooid
BR ˈzuːɔɪd, ˈzəʊɔɪd, ˈzuːɪd, -z
AM ˈzoʊˌɔɪd, ˈzuˌɔɪd, -z

zooidal
BR zuːˈɔɪdl, zəʊˈɔɪdl, ˈzuːɪdl
AM ˌzoʊˈɔɪd(ə)l, ˌzuˈɔɪd(ə)l

zookeeper
BR ˈzuːˌkiːpə(r), -z
AM ˈzuˌkipər, -z

zoolatry
BR zuːˈɒlətri, zəʊˈɒlətri
AM zoʊˈɑlətri, zuˈɑlətri

zoological
BR ˌzuːəˈlɒdʒɪkl, ˌzəʊəˈlɒdʒɪkl
AM ˌzoʊəˈlɑdʒək(ə)l, ˌzuəˈlɑdʒək(ə)l

zoologically
BR ˌzuːəˈlɒdʒɪkli, ˌzəʊəˈlɒdʒɪkli
AM ˌzoʊəˈlɑdʒək(ə)li, ˌzuəˈlɑdʒək(ə)li

zoologist
BR zuːˈɒlədʒɪst, zəʊˈɒlədʒɪst, -s
AM zoʊˈɑlədʒəst, zuˈɑlədʒəst, -s

zoology
BR zuːˈɒlədʒi, zəʊˈɒlədʒi
AM zoʊˈɑlədʒi, zuˈɑlədʒi

zoom
BR zuːm, -z, -ɪŋ, -d
AM zum, -z, -ɪŋ, -d

zoomancy
BR ˈzuː(əʊ)ˌmansi, ˈzəʊəˌmansi
AM ˌzoʊəˌmænsi, ˌzuəˌmænsi

zoometry
BR zuːˈɒmɪtri, zəʊˈɒmɪtri
AM zoʊˈɑmətri, zuˈɑmətri

zoom lens
BR ˌzuːm ˈlɛnz, ˈzuːm lɛnz, -ɪz
AM ˌzum ˈlɛnz, -əz

zoomorphic
BR ˌzuː(əʊ)ˈmɔːfɪk, ˌzəʊə(ʊ)ˈmɔːfɪk
AM ˌzoʊ(ə)ˈmɔrfɪk, ˌzu(ə)ˈmɔrfɪk

zoomorphism
BR ˌzuː(əʊ)ˈmɔːfɪzm, ˌzəʊə(ʊ)ˈmɔːfɪzm
AM ˌzoʊ(ə)ˈmɔrˌfɪz(ə)m, ˌzu(ə)ˈmɔrˌfɪz(ə)m

zoonoses
BR zuː(əʊ)ˈnəʊsiːz,
ˌzəʊəˈnəʊsiːz
AM zoʊˈnoʊsiz,
zuˈnoʊsiz

zoonosis
BR zuː(əʊ)ˈnəʊsɪs,
ˌzəʊəˈnəʊsɪs
AM zoʊˈnoʊsəs,
zuˈnoʊsəs

zoophyte
BR ˈzuː(əʊ)fʌɪt,
ˈzəʊəfʌɪt, -s
AM ˈzoʊ(ə)faɪt,
ˈzu(ə)faɪt, -s

zoophytic
BR ˌzuː(əʊ)ˈfɪtɪk,
ˌzəʊəˈfɪtɪk
AM ˌzoʊəˈfɪdɪk,
ˌzuəˈfɪdɪk

zooplankton
BR ˈzuː(əʊ)ˌplaŋ(k)tən,
ˈzəʊə(ʊ)ˌplaŋ(k)tən
AM ˈzoʊəˌplæŋkt(ə)n,
ˈzuəˌplæŋkt(ə)n

zoospore
BR ˈzuː(əʊ)spɔː(r),
ˈzəʊə(ʊ)spɔː(r), -z
AM ˈzoʊəˌspɔ(ə)r,
ˈzuəˌspɔ(ə)r, -z

zoosporic
BR ˌzuː(əʊ)ˈspɔːrɪk,
ˌzəʊə(ʊ)ˈspɔːrɪk
AM ˌzoʊəˈspɔrɪk,
ˌzuəˈspɔrɪk

zootomy
BR zuːˈɒtəmi,
zəʊˈɒtəmi
AM zoʊˈɑdəmi,
zuˈɑdəmi

zoot suit
BR ˈzuːt suːt, -s
AM ˈzut ˌsut, -s

Zora
BR ˈzɔːrə(r)
AM ˈzɔrə

Zorah
BR ˈzɔːrə(r)
AM ˈzɔrə

zorbing
BR ˈzɔːbɪŋ
AM ˈzɔrbɪŋ

zori
BR ˈzɔːr|i, ˈzɒr|i,
-ɪz
AM ˈzɔri, -z

zoril
BR ˈzɒrɪl, -z
AM ˈzɔrəl, -z

zorilla
BR zɒˈrɪlə(r), -z
AM zəˈrɪlə, -z

Zoroaster
BR ˌzɒrəʊˈastə(r),
ˈzɒrəʊastə(r)
AM ˌzɔroʊˈæstər

Zoroastrian
BR ˌzɒrəʊˈastriən, -z
AM ˌzɔroʊˈæstriən,
-z

Zoroastrianism
BR ˌzɒrəʊˈastriənɪzm
AM ˌzɔroʊˈæstriə-
ˌnɪz(ə)m

zoster
BR ˈzɒstə(r)
AM ˈzɑstər

Zouave
BR zʊˈɑːv, ˈzuːɑːv,
zwɑːv, -z
AM ʒwɑv, ʒuˈɑv, -z
FR zwav

zouk
BR zuːk
AM zuk

zounds
BR zaʊndz, zuːndz
AM zaʊndz

Zsa Zsa
BR ˈʒɑː ˈʒɑː
AM ˈʒɑ ˌʒɑ

Z score
BR ˈzɛd skɔː(r), -z
AM ˈzi ˌskɔ(ə)r,
-z

Zubes
BR z(j)uːbz
AM z(j)ubz

zucchetto
BR tsʊˈkɛtəʊ,
zʊˈkɛtəʊ, -z
AM zuˈkɛdoʊ,
(t)suˈkɛdoʊ, -z
IT tsukˈketto

zucchini
BR zʊˈkiːn|i, -ɪz
AM zuˈkini, -z
IT tsukˈkini

Zuckerman
BR ˈzʊkəmən
AM ˈzəkərm(ə)n

zugzwang
BR ˈzuːgzwaŋ,
ˈzʌgzwaŋ,
ˈtsʊktsvɑːŋ, -z
AM ˈtsug ˌtsvæŋ, ˈzəg
ˌzwæŋ, -z

Zuider Zee
BR ˌzʌɪdə ˈziː
AM ˌzaɪdər ˈzi

Zuleika
BR zʊˈleɪkə(r),
zʊˈlʌɪkə(r),
zʊˈliːkə(r)
AM zuˈlikə, zuˈlaɪkə

Zulu
BR ˈzuːluː, -z
AM ˈzulu, -z

Zululand
BR ˈzuːluːland
AM ˈzuluˌlænd

Zürich
BR ˈz(j)ʊərɪk
AM ˈzurɪk

zwieback
BR ˈzwiːbak,
ˈtsviːbak,
ˈtsviːbɑːk, -s
AM ˈswiˌbæk, -s

Zwingli
BR ˈzwɪŋgli
AM ˈswɪŋli

Zwinglian
BR ˈzwɪŋgliən, -z
AM ˈ(t)swɪŋliən, -z

zwitterion
BR ˈzwɪtərˌʌɪən,
ˈtsvɪtərˌʌɪən, -z
AM ˈ(t)swɪdərˌaɪən, -z

Zwolle
BR ˈzwɒlə(r)
AM ˈzwɑlə, ˈzwɔlə
DU ˈzvɔlə

Zworykin
BR ˈzwɔːrɪkɪn
AM ˈzwɔrəkən

zydeco
BR ˈzʌɪdɪkəʊ
AM ˈzaɪdəˌkoʊ

zygodactyl
BR ˌzʌɪɡə(ʊ)ˈdakt(ɪ)l,
ˌzɪɡə(ʊ)ˈdakt(ɪ)l,
-z
AM ˌzaɪɡoʊˈdæktl,
-z

zygodactylous
BR ˌzʌɪɡə(ʊ)ˈdaktɪləs,
ˌzɪɡə(ʊ)ˈdaktɪləs
AM ˌzaɪɡoʊˈdæktləs

zygoma
BR zʌɪˈɡəʊmə(r),
zɪˈɡəʊmə(r),
-z
AM zaɪˈɡoʊmə,
-z

zygomata
BR zʌɪˈɡəʊmətə(r),
zɪˈɡəʊmətə(r)
AM zaɪˈɡoʊmədə

zygomatic
BR ˌzʌɪɡə(ʊ)ˈmatɪk,
ˌzɪɡə(ʊ)ˈmatɪk
AM ˌzaɪɡəˈmædɪk

zygomorphic
BR ˌzʌɪɡə(ʊ)ˈmɔːfɪk,
ˌzɪɡə(ʊ)ˈmɔːfɪk
AM ˌzaɪɡəˈmɔrfɪk

zygomorphous
BR ˌzʌɪɡə(ʊ)ˈmɔːfəs,
ˌzɪɡəˈmɔːfəs
AM ˌzaɪɡəˈmɔrfəs

zygosis
BR zʌɪˈɡəʊsɪs,
zɪˈɡəʊsɪs
AM zaɪˈɡoʊsəs

zygospore
BR ˈzʌɪɡə(ʊ)spɔː(r),
ˈzɪɡə(ʊ)spɔː(r),
-z
AM ˈzaɪɡəˌspɔ(ə)r,
-z

zygote
BR ˈzʌɪɡəʊt, -s
AM ˈzaɪˌɡoʊt, -s

zygotene
BR ˈzʌɪɡətiːn,
ˈzɪɡətiːn
AM ˈzaɪɡəˌtin

zygotic
BR zʌɪˈgɒtɪk
AM zaɪˈgɑdɪk

zygotically
BR zʌɪˈgɒtɪkli, zɪˈgɒtɪkli
AM zaɪˈgɑdək(ə)li

zymase
BR ˈzʌɪmeɪs, ˈzʌɪmeɪz
AM ˈzaɪˌmeɪz, ˈzaɪˌmeɪs

zymological
BR ˌzʌɪməˈlɒdʒɪkl
AM ˌzaɪməˈlɑdʒək(ə)l

zymologist
BR zʌɪˈmɒlədʒɪst, -s
AM zaɪˈmɑlədʒəst, -s

zymology
BR zʌɪˈmɒlədʒi
AM zaɪˈmɑlədʒi

zymosis
BR zʌɪˈməʊsɪs
AM zaɪˈmoʊsəs

zymotic
BR zʌɪˈmɒtɪk
AM zaɪˈmɑdɪk

zymotically
BR zʌɪˈmɒtɪkli
AM zaɪ-ˈmɑdək(ə)li

zymurgy
BR ˈzʌɪˌməːdʒi
AM ˈzaɪˌmərdʒi

zzz
BR zː
AM z

złoty
BR ˈzlɒt|i, -ɪz
AM ˈzlɑdi, ˈzlɔdi, -z
POL ˈzwɒti